中華大典

農業典

河南大學出版社
西南師範大學出版社

中華人民共和國國務院批準的重大文化出版工程
國家文化發展規劃綱要的重點出版工程項目
新聞出版總署列爲『十一五』國家重大工程出版規劃之首
國家出版基金重點支持項目

《中華大典》工作委員會

《中華大典》編纂委員會

《中華大典》前言

《中華大典》是運用我國歷代漢文古籍編纂的一部大型工具書。其目的是爲學術界及願意瞭解中國古代珍貴文化典籍的人士提供準確詳實、便於檢索的漢文古籍分類資料。

中國是世界文明古國之一，幾千年來纂寫和聚集的文化典籍浩如烟海。我國歷代都有編纂類書的優良傳統，具有代表性的《永樂大典》等大多已佚失，現存《古今圖書集成》編就距今也已數百年。爲了適應今天和以後研究和檢索的需要，一九八八年海内外三百多位專家學者和各古籍出版社同仁倡議，在已有類書的基礎上，用現代科學方法編纂一部新的類書《中華大典》。

國務院在關於編纂《中華大典》問題的批復中指出，編纂《中華大典》『是我國建國以來最大的一項文化出版工程』。本書所收漢文古籍上起先秦，下迄清末，約三萬種，達七億多字，分爲二十四個典，近百個分典，内容廣博，規模宏大，前所未有。

《中華大典》的編纂工作堅持科學態度和百花齊放、百家争鳴方針。儘量采用古精校精刻本，優先采用我國建國後文獻學和考古學的優秀成果。對傳統文化中重要的不同學派的資料，兼收并蓄。運用現代圖書分類的方法，對收集到的資料，精選、精編，力求便於檢索、準確可信。

這項工作從開始起就受到中共中央、國務院和有關部門的重視和支持。國家主席江澤民、國務院總理李鵬分别爲《中華大典》題詞。江澤民的題詞是：『同心同德群策群力認真編好中華大典爲建設有中國特色的社會主義服務』。李鵬的題詞是：『繼承和弘揚民族優秀傳統文化』。全國政協主席李瑞環、國務委員李鐵映也作了重要指示，要求抓緊辦理。一九九零年五月，國務院批准《中華大典》爲國家重點古籍整理項目。一九九二年九月，正式成立了《中華大典》工作委員會和《中華大典》編纂委員會，召開了《中華大典》工作、編纂會議。自此，《中華大典》的編纂工作由試點轉入正式啓動，逐步鋪開。

編纂《中華大典》，學術性很强，工作量很大，工程十分艱巨，全賴廣大專家學者和全國各有關高等院校、科研院所、圖書館、出版單位的鼎力支持與積極參與。大家本着弘揚中華民族優秀文化的心願，發揚奉獻精神，克服各種困難，團結協作，給這部巨大類書的出版提供了根本保證。在此謹表示誠摯的謝意。對本書的批評與建議，我們將十分歡迎。

《中華大典》編纂委員會
一九九七年四月
二〇〇六年十一月修訂

《中華大典》編纂通則

一、性質：《中華大典》（以下簡稱《大典》）是對漢文古籍（含已翻譯成漢文的少數民族古籍）進行全面的、系統的、科學的分類整理和彙編總結的新型類書，是在繼承歷代類書優良傳統、考慮漢文古籍固有特點的基礎上，借鑒和參照近代編纂百科全書的經驗和方法編纂而成。編纂《大典》的目的，是爲學術界及願意瞭解中國古代珍貴文化典籍的人士提供各種分門別類的、準確詳細的古代漢文專題資料。

二、規模和體例：《大典》所收古籍的時限，上自先秦，下迄辛亥革命。全書共收各類漢文古籍三萬餘種，七億多字。全書體例，着重汲取清代《古今圖書集成》所采用的經目和緯目相交織這一統一框架結構的模式，同時參照現代科學的學科、目録分類方法，并根據各類學科内容的實際情況，一般將每一大類學科輯爲一典，也有將幾個相關學科共輯爲一典的。對各典名稱，均以現代學科命名，對於所收入的各種古籍資料，亦儘可能納入現代科學分類體系之中。

三、經目：大典共分二十四個典，即哲學典、宗教典、政治典、軍事典、經濟典、法律典、教育典、語言文字典、文學典、藝術典、歷史典、歷史地理典、民俗典、數學典、物理化學典、天文典、地學典、生物學典、醫藥衛生典、農業典、林業典、工業典、交通運輸典、文獻目録典。典以下以分典、總部、部、分部分級，分部之下的標目根據各學科特點由各典自行擬定。

四、緯目：共設置九項緯目，用以包容各級經目的具體内容：

①題解：對有關學科的名稱、概念、涵義、特點等作總體介紹的資料。

②論説：有關理論部分的資料。

③綜述：有關學科或事物的系統性資料，凡有關學科或事物的性狀、制度、範疇、特點及學科地位、發展情況等具體内容均編入此緯目中。

④傳記：有關人物的傳記資料。

⑤紀事：有關學科或事物的具體活動或事例的資料。

⑥著録：重要人物或文獻的有關著作資料，如專集介紹、序跋、藏書題記，以及有關著作的成書經過、版本源流等。

⑦藝文：有關屬於文學欣賞性的散文或韻文。

⑧雜録：凡未收入以上各緯目，而又有較高參考價值的資料，均入雜録。

⑨圖表：根據有關經目的内容需要，圖與表附於相關專題之下，或集中彙總於某級經目之後。

《大典》以内容分類安排各級緯目，各級緯目的正文，一般以原書爲單位，按時代順序排列。每一條資料前標明出處，包括書名或作者名、篇名或卷次，以利讀者核對原書。

五、書目：每分典後附有該分典所收書之書目，書目包括書名、作者、時（年）代、版本等内容。時代以成書時代爲準，成書時代不詳者，以作者主要活動時代爲準，并遵從歷史習慣。

六、版本：《大典》在選用版本時儘量采用古人的精校精刻本，亦采用學術界通用的近、現代整理圈點本及現代學者校點整理本。

七、校點：爲儘可能保存古籍原貌，《大典》祇對底本中明顯的脱、訛、衍、倒進行勘正。古本中的避諱字一般不作改動，祇對缺筆字補足筆劃。後人刻書時避當朝人諱而改動的字，據古本改回。《大典》采用新式標點法。

一九九六年八月

二〇〇六年十一月修訂

《中華大典·農業典》編纂出版領導小組

組　長：張寶明　靳玉樂　王增恂

副組長：馬小泉　周安平　張雲鵬　鄭家福　楊國安

米加德

成　員（按姓氏筆畫排序）：

于　傑　王本朝　王學春　吕剛武　李　森

李偉昉　周志欽　苗書梅　秦紅雨　郭　亮

袁凱强　展　龍　陳廣勝　陳隆予　孫　曉

黄　璜　葛鄭偉　湯興華　鄒芙都　靳宇峰

鄧章應　聶昌紅　龍玉明

《中華大典·農業典》編纂委員會

《中華大典·農業典》序

農業是中國古代的重要生産部門，它關係到人的生存、社會的安定和政權的穩定。因此，它被社會上的全體人員所關注。在中國最早的文字——甲骨文中，就有關於農業生産内容的記載。

中國農業歷史學界按照古籍所載内容的具體情況，將涉農古籍分爲兩類：一類是專門記載中國古代傳統農業科學技術、生産知識和經營管理的著作，即中國古代農書；一類是書中存有涉及農業内容的一般古籍。

據考古資料顯示，中國農業産生於舊石器時代晚期與新石器時代早期交替的階段，距今已有一萬多年的歷史。到了青銅時代，即歷史上的夏、商、周時期（公元前二一—前八世紀），中國的傳統農業已經形成，并且發展爲社會的主要産業。到了春秋戰國時期（公元前七七〇—前二二一年），不僅在諸子百家中出現了農家學派，而且還出現了專門的農書。在《漢書·藝文志》中著録有成書於『六國時』的《神農》《野老》兩種和『不知何世』的《宰氏》《尹都尉》《趙氏》《王氏》等四種。上述書籍今已失傳。

由秦漢時期至清代，據《中國農業百科全書·農業歷史卷》統計，就有六百九十七種之多，按其數量多少排列依次爲：園藝類農書一百六十六種，蠶桑類農書一百五十二種，綜合類農書一百一種，竹木、茶類農書五十五種，耕作、農田水利類農書五十二種，農作物類農書四十七種，畜牧獸醫類農書三十八種，植物、氣象、占候類農書三十一種，荒政、治蟲類農書二十七種，水産類農書二十二種，農具類農書六種。如果按時代進行劃分，元代及以前農書的種類及數量依次爲：園藝類農書三十二種，綜合類農書二十種，畜牧獸醫類農書十一種，植物、氣象、占候類農書十一種，竹木、茶類農書十種，耕作、農田水利類農書三種，蠶桑類農書三種，水産類農書三種，荒政、治蟲類農書二種，農作物類農書一種，農具類農書一種。明清時期農書的種類及數量依次爲：蠶桑類農書一百四十九種，園藝類農書一百三十四種，綜合類農書八十一種，耕作、農田水利類農書四十九種，農作物類農書四十六種，竹木、茶類農書四十五種，畜牧獸醫類農書二十七種，荒政、治蟲類農書二十五種，植物、氣象、占候類農書二十種，水産類農書十九種，農具類農書五種。從上述農書的種類及變化，我們可以看到中國傳統農業的結構、地位及變化。

由於農業對於經濟、政治的影響巨大，因此中國古代社會中上至帝王將相，下至布衣百姓，無不對其給予重大關注，在他們的著作中或多或少地涉及了中國古代農業的內容。這些内容涵蓋了中國傳統農業的方方面面。

在春秋戰國時期，由於傳統農業的性質發生了明顯的變化，因此此時的農業生産有了明顯的進步，人們對於自然界的干預增强了。在先秦諸子的著作中，有不少對人與自然界關係的論述，是中國古代農業生態思想的萌芽。在一貫相承的紀傳體史書二十四史中，詳細準確地記載了中國古代歷年的風、水、雹、旱、蟲等各種農業自然灾害的發生及影響。沈括《長興集》卷九《萬春圩圖記》和胡仔《苕溪漁隱叢話前集》卷二七中詳細地講述了圩田、葑田等中國古代的土地利用。在《莊子・天運》、周去非《嶺外代答》卷四、《蘇東坡全集・後集》卷四中分别介紹了中國古代農具桔槔、踏犁和秧馬。范成大《石湖居士詩集》卷一六《勞畬耕并序》中詳細記載了三峽地區八個水稻品種；陸九淵《象山先生全集》卷三四記載了自家水稻深耕易耨的豐産經驗；高斯得《恥堂存稿》卷五最早記載了水稻生産中的烤田技術；莊綽《鷄肋編》卷上《説蕨》中有關於利用雜草作肥料的經驗。陳舜俞《都官集》卷一四《山中咏橘長咏》中記述了宋代柑橘栽培、貯藏和銷售的一整套經驗；張世南《游宧紀聞》卷五介紹了柑嫁接的經驗；莊綽《鷄肋編》卷下《韓岊論茶》記載了宋代建溪茶場的生産情况，趙希鵠《調燮類編》卷三《清飲》介紹了花茶的製作方法；周密《齊東野語》卷一六介紹了當時著名花卉産地馬塍藝花法。莊綽《鷄肋編》卷下《養柑蟻》介紹了古代的生物防治經驗。周密《癸辛雜識别集上・魚苗》記載了宋代對魚苗的生活特點已經有較深的認識，因此總結出了一套魚苗長途運輸技術，劉恂《嶺表録異》卷上介紹了唐代稻田養魚經驗，龐元英《文昌雜録・養珠法》介紹了人工養殖珍珠的經驗。王禹偁《小畜集》卷一四《記蜂》一文，詳細地描述了蜜蜂的習性、組織、蜂王、分窠、蜜蠟等方面的知識。張舜民的《使遼録》記載了遼國人用麻醉法施行馬肝部病灶切除手術。這些資料，涉及了古代農業的各個專業。

對於古籍中農業資料的整理古已有之，在晚清『富國强兵』的努力中，一些學者也整理出版農業古籍。現代著名的農業農史學家萬國鼎先生于一九二四年開始，從事祖國農學遺産的搜集整理工作，共搜集整理出三千萬字，彙編爲《先農集成》，分成若干專輯，裝訂成四百二十册，現存于南京農業大學中國農業遺産研究室。一九五五年四月，農業部農業科學院籌備小組在北京召開整理祖國農業遺産座談會。一九五八年，在周恩來同志的關懷下，國務院古籍整理出版規劃小組成立，并制定了第一個十年規劃。同年，農業出版社（今中國農業出版社）在北京成立，依靠各農業院校農史研究專業隊伍，開始系統整理出版農業古籍。截至二〇一四年，已出版農業古籍近二百種，涵蓋了十一類古代農書，整理方式有標點校勘、注釋、今譯、影印、輯佚與資料彙編等。

《中華大典》是在黨中央、國務院領導下的新中國成立以來最大的古籍整理出版工程，農史研究者有幸參與其中，在前人的基礎上，對祖國的農業遺産以新編類書的形式進行整理出版，無疑對於廣大農業工作者瞭解中國國情、促進農史研究的發展均有不可估量的作用。

《中華大典·農業典》設糧食作物、蠶桑、茶業、藥用作物、救荒植物、園藝作物、漁業水産、農田水利、農業災害、畜牧獸醫、農具倉儲和農書十二個分典，基本涵蓋了農業各要素。如前所述，中國古代農業文獻既有一定數量的專書，又或多或少地存在於浩如烟海的經史子集當中。如果繼續使用傳統的手段和出版工作流程，在短時間内利用有限的力量是難以完成編纂工作的。所以《農業典》在編纂之初，就采取了利用數字化編纂的方式。二〇〇六年七月開始由中國社會科學院李根蟠研究員任主編，依靠各高等農業院校農史研究專業人員，編定了編纂大綱，我和蘇金花研究員編定了《農業典》專用書目，各分典在此基礎上又補充了本專業的書目，依托社會上反響較好的古籍數字平臺開始了試編工作。在隨後的實際工作中，我們發現《農業典》編纂所需資料屢屢受制於商業化的數字平臺，尤其在《茶葉總部》的試編寫中遇到了引文難以核對的問題，遂於二〇〇九年底決定自主研發工作平臺，并由我和曹幸穗研究員出任主編，按照新的思路開展編纂出版工作。二〇一一年，按照國家新聞出版總署和國家出版基金規劃管理辦公室的統一部署，與未完成的各典一起納入國家出版基金管理。

《農業典》是《中華大典》確定的數字化編纂出版工作試點，任繼愈先生説：『農業典的試點工作如能成功，其意義將遠遠超越中華大典本身，它對於今後我國整個古籍整理工作，都會産生深遠的影響。』因此出版項目承擔者河南大學出版社組織了由編委會、出版社和數字編纂平臺共同參加的編纂隊伍，打破傳統編者、編輯、出版分離的做法，首先選擇《農業典·蠶桑分典》作爲試點，組織編纂者從一開始就介入平臺建設，平臺也按實際工作需求隨時調整功能，各項工作交叉進行，全面推進編纂工作。二〇一六年十月，經基金辦同意，增加西南師範大學出版社爲《農業典》出版單位，承擔《糧食作物分典》《藥用作物分典》《救荒植物分典》《園藝作物分典》《漁業水産分典》

《農具倉儲分典》的編纂任務。組織形式和工作機制的改進既是本書得以順利面世的原因，又是大型出版物出版工作方式的創新。

雖然全體編纂人員竭盡全力開展工作，但因此工作爲首創之舉，加之本人水準有限，疏漏之處在所難免，懇請讀者不吝指正。

穆祥桐

二〇一七年六月

《中華大典·農業典》凡例

一、收録範圍。《中華大典·農業典》以《中華大典》的編纂宗旨爲依據，彙編中國從先秦到清末有關農業的文獻，包括古代外國人用漢語所寫的涉及中國農業的作品和少量近代翻譯以資中國農業借鑒的國外著述，以供農業、歷史工作者和一般讀者參考和檢索。

二、結構。《農業典》分爲十二個分典，分典之下設總部、部、分部、專題四級經目。在專題之下，根據内容不同，設置題解、論説、綜述、傳記、紀事、著録、藝文、雜録、圖表等緯目。由於各分典的内容差異很大，因此各分典經、緯目的設置存在一定的不同。

三、用字。經目、緯目、標目等屬今人編寫的文字一概使用規範漢字，對所引用原文中的通用字、假借字、古今字、俗體字和舊字形等，爲最大程度保留文獻原貌，基本不作修改。

四、標目。資料標明出處，依次爲：作者生活朝代、作者及編著方式、書名、卷次、篇名。并列的資料選自同書而卷次不同，則不再另標作者及書名，僅用『又』字表示。書名與篇名加書名號《》。如果此書不分卷，將書名與篇名放在一個書名號内，中間用分隔號『·』隔開。此外，先秦典籍、二十四史、十通等大型官修書不標朝代與作者。志書前標加圓括號的年號，不加朝代與作者。對類書、志書或總集類文獻，收録其中單篇文獻時，以文章朝代與作者、文章名（加書名號）作主標目，以類書、志書或總集類文獻的書名與卷次作次標目，用小號字跟在主標目下面，省去編者、篇名。

五、校勘。脱字，在方括號内寫出補入的字。訛字，將錯字寫在圓括號中，後面在方括號中寫出改正的字。衍字，將衍字寫在圓括號中。倒字，在該字的正確位置按脱字的辦法用方括號補上，其錯誤的位置用圓括號作爲衍字處理。在使用前人校勘本時，直接使用校勘後的文字，均不再出校記。

六、節選。對古籍的省略處，用『【略】』標出。中間省略文字用『【略】』。有整段省略者，『【略】』放在上段末尾，不單獨占行。同一標目内，節選内容首尾不加『【略】』。古籍中的原注，用小號字排。

七、古籍中漫漶不可識處，以□代替。

八、數字。對古籍的卷次，用一、二、三、四、五、六、七、八、九、〇標出，不用十、百、千、萬。書名與篇名中照原版保留十、百、千、萬等。

九、以上諸項是《農業典》的通例。各分典因所涉文獻不同，各依據實際情況加以補充説明。

中華大典·農業典

農田水利分典

主編：展龍

農田水利分典

中華大典·農業典

#《中華大典·農業典·農田水利分典》編纂委員會

主　編：展　龍

副主編：祁琛雲　仝相卿　錢振宇　惠　冬

編　者：祁紅偉　劉文文　徐　進　胡旭寧　謝清風　于逢源

《中華大典·農業典·農田水利分典》説明

《農田水利分典》是《中華大典·農業典》的分典之一，由河南大學歷史文化學院、黄河文明傳承與現代文明建設協同創新中心承擔編纂工作。我國歷史文獻中有關農田水利的記載非常豐富，兹從歷代正史、别史、雜史、農書、筆記、文集、方志等史料中，輯録農田水利文獻凡四百萬字，編入《農田水利分典》，内容涵蓋歷代水利機構與職官設置、法規律令、民俗信仰和農田水利工程。

《農田水利分典》采用經緯目相交織的框架結構，共設四個總部，分别是農田水利機構與職官總部、農田水利法規律令總部、農田水利信仰總部和農田水利工程總部。各總部下或設部，部下設專題，或直接設專題。專題下分緯目，根據内容，選擇設置題解、論説、綜述、傳記、紀事、著録、藝文、雜録、圖表等緯目。在緯目之下，則以『单一、完整』的原則著録條目，每一條目須契合緯目主題，且每一條目文獻來源均標明出處，包括朝代、作者、書名、卷次和篇名。

農田水利機構與職官總部：依照時代順序和農田水利職官的階段性發展特徵，下設先秦時期水利職官部、秦漢時期水利職官部、魏晋隋唐五代時期水利職官部、宋遼金元時期水利職官部和明清時期水利職官部，共輯録相關材料約三十萬字。該總部大體勾勒出歷代水利機構與職官設置情況，是了解中國古代水利管理政策的重要參考。

農田水利法規律令總部：輯録歷代農田水利法規和詔律敕令，并按時代順序，分爲先秦秦漢魏晋時期農田水利法規律令部、唐宋遼金元時期農田水利法規律令部、明代農田水利法規律令部和清代農田水利法規律令部，共輯録相關材料近二十萬字。内容涉及歷代圍繞防洪治水、引水灌溉、工程修建與維護、水事糾紛以及民間用水事務等制定或形成的法律則例，可爲今天水利法制建設提供豐厚的歷史借鑒。

農田水利信仰總部：下設雩、龍王、河神、水神、祈雨五個專題，共輯録相關材料近六十萬字。記載了中國古代普遍而頻繁的祈雨儀式、祭祀活動及其形成的記録和思考，這些基于天人關係的水利信仰行爲與興修水利、引水灌溉一起，共同成爲古人處理水利灾害時的常見措施，成爲中國古代農田水利的組成部分，一定程度上凸顯了中國農田水利文化的多彩畫面。

農田水利工程總部：在《農田水利分典》四個總部中，本總部内容最多，下設壩、陂、埭、堤、斗門、溝、河、湖、井、渠、泉、塘、堰、垸、圩十五個部，輯録了中國古代較爲著名的水利工程，總字數約三百萬。資料主要來自歷代正史、古代農書、地理志書、文集及方志等。本總部打破按時代或地區分門别類的做法，選擇以具體水利工程爲經目，較爲完整地向讀者呈現中國古代水利工程興建史，可爲今人全面了解古代農田水利建設及工程技術提供重要參考。

《農田水利分典》的編纂工作在《中華大典·農業典》編委會大量前期工作的基礎上，從征詢文獻資料、擬定框架結構、編寫檢索詞開始，廣征博引，分門别類地輯録文獻，精選出與所在總部、專題密切關聯的條目。在此基礎上，逐條歸入相應緯目，逐句添加標點，逐字校對勘誤，最終形成全典。

古籍整理是連接歷史與現實的橋梁，是『存亡繼絶』的工作，它不僅向世人展示歷史，更重要的是保存歷史。循此，我们勇敢承担了《農田水利分典》的編纂工作。期间，雖然參編同仁皆爲醉心學術、學有所成的青年才俊，且能做到夜以繼日、盡心盡力、一絲不苟，然因工作浩繁、卷帙浩大、時間迫促，加及吾輩學識不深、功力不足，本典難免存在標目欠妥、史料遺漏、點校可議等不足，敬請方家教正。

總目

上册
農田水利機構與職官總部
農田水利法規律令總部
中册
農田水利信仰總部
農田水利工程總部
下册
農田水利工程總部

目録

農田水利機構與職官總部

先秦時期水利職官部

水官……七
題解……七
論説……七
綜述……八
傳記……九
紀事……一〇
藝文……一一
冬官……一一
題解……一一
論説……一二
綜述……一三
藝文……一五
川衡……一五
題解……一五
論説……一五
藝文……一八
澤虞……一八
題解……一八
論説……一八
綜述……二一
藝文……二三
雍氏……二三
題解……二三
論説……二三
萍氏……二五
論説……二五
綜述……二六
雜録……三〇

秦漢時期水利職官部

都水使者……三一
題解……三一
論説……三一
綜述……三一
都水长丞……三二
題解……三二
綜述……三二
紀事……三三
傳記……三四
藝文……三四
河堤使者……三五
論説……三五
綜述……三五
紀事……三五
藝文……三六
河堤謁者……三七
題解……三七
論説……三七
綜述……三七
紀事……三八
藝文……三八
雜録……三九
都水掾……三九
傳記……三九

紀事……三九
藝文……四〇
陂官、湖官……四〇
論説……四〇
綜述……四〇
紀事……四〇
藝文……四一
雲夢官……四一
論説……四一
綜述……四二

魏晋隋唐五代時期水利職官部

都水臺……四三
論説……四三
綜述……四三
紀事……四四
雜録……四五
都水監……四五
論説……四五
綜述……四五
紀事……五〇
雜録……五〇
水部……五〇
綜述……五〇
傳記……五四
紀事……五四
藝文……五五
雜録……五六
都水使者……五六
題解……五六
論説……五七
綜述……五七
紀事……五九
雜録……六〇

宋遼金元時期水利職官部

都水監……六一
論説……六一
綜述……六三
傳記……六九
紀事……七〇
藝文……九〇
雜録……九四
都水使者……九六
論説……九六
綜述……九六
傳記……九七
紀事……九七
藝文……九九
雜録……九九
都水庸田使司……九九
論説……九九
綜述……一〇〇
傳記……一〇四
紀事……一〇四
藝文……一〇六
疏浚黄河司、浚河司、浚川司……一〇八
論説……一〇八
綜述……一〇九
傳記……一〇九

紀事……一一〇
雜録……一一三
修河司……一一三
論説……一一三
綜述……一一七
傳記……一一七
紀事……一一七
河渠司……一二一
論説……一二一
綜述……一二二
傳記……一二二
紀事……一二二
藝文……一二三
雜録……一二三
堤岸司……一二四
綜述……一二四
紀事……一二四
淤田司……一二六
論説……一二六
綜述……一二六
傳記……一二六
紀事……一二六
巡河官……一二七
論説……一二七
綜述……一二七
紀事……一二八

明清時期水利職官部

都水清吏司、都水司……一二九
論説……一二九
綜述……一二九
傳記……一三三
紀事……一三六
藝文……一三七
雜録……一三八
總理河道、總督河道、總河……一三八
論説……一三八
傳記……一三九
紀事……一四一
藝文……一四一
河道總督、河臺、總河……一四二
論説……一四二
綜述……一四三
傳記……一四八
紀事……一五一
都水郎中……一五二
題解……一五二
傳記……一五三
紀事……一五三
藝文……一五三
都水分司……一五四
論説……一五四
綜述……一五四
紀事……一五八
傳記……一六〇
著録……一六一
藝文……一六一
雜録……一六三

農田水利法規律令總部

先秦秦漢魏晋時期農田水利法規律令部

《禮記・月令》……一六九
無曲防……一七一
題解……一七一
論説……一七一
綜述……一七二
紀事……一七三
汉《水令》……一七三
題解……一七三
論説……一七三
綜述……一七三
紀事……一七四
汉《均水約束》……一七四
論説……一七四
綜述……一七四
紀事……一七五
其他……一七五
論説……一七五
綜述……一七五
紀事……一七五

唐宋遼金元時期農田水利法規律令部

《水部式》……一七六
論説……一七六
綜述……一七八
著録……一七八
《天聖令・營繕令》……一七八
論説……一七八
綜述……一七八
紀事……一七九
张君平《疏决利害八事》……一七九
綜述……一七九
傳記……一七九
《農田水利約束》（《農田利害條約》）……一七九
論説……一七九
綜述……一八〇
紀事……一八〇
范成大《通濟堰規》……一八一
論説……一八一
綜述……一八一
傳記……一八三
紀事……一八四
藝文……一八五
《千倉渠水利奏立科條》……一八五
論説……一八五
綜述……一八六
《宣和編類河防書》……一八七
傳記……一八七
紀事……一八七
著録……一八七
修護堤防律……一八七
論説……一八七
紀事……一八八
藝文……一九二
《盗决堤防律》……一九四
論説……一九四
紀事……一九五
藝文……一九五
禁令……一九六
論説……一九六

紀事……一九七
藝文……一九七
金《河防令》……一九八
論説……一九八
著録……一九八
《洪堰制度》……一九八
論説……一九八
綜述……二〇〇
《用水則例》……二〇〇
論説……二〇〇
綜述……二〇二
《農桑之制》……二〇二
論説……二〇二
紀事……二〇二
其他……二〇三

明代農田水利法規律令部

趙賢《堤甲法》……二〇五
紀事……二〇五
藝文……二〇五
《修護堤防律》……二〇六
題解……二〇六
論説……二〇六
綜述……二〇七
紀事……二〇八
《盜决堤防律》……二一三
題解……二一三
綜述……二一三
紀事……二一五
藝文……二一六
《廣濟渠申詳條款》……二一七
論説……二一七
綜述……二一七
紀事……二一八
藝文……二一八

清代農田水利法規律令部

《修護堤防律》……二三三
論説……二三三
綜述……二三三
紀事……二三九
藝文……二四八
盜决堤防律……二四八
題解……二四八
論説……二四九
綜述……二四九
紀事……二五六
藝文……二六四
禁令……二六四
論説……二六四
綜述……二六五
紀事……二六五
藝文……二六六

農田水利信仰總部

雩……二七三
題解……二七三
論説……二七四
綜述……二七七
紀事……二九一
藝文……二九三

雜録……二九五

龍王……二九五

論説……二九五

綜述……二九六

傳記……三一一

紀事……三一三

藝文……三三六

雜録……三五八

河神……三六〇

綜述……三六〇

紀事……三六一

藝文……三六四

雜録……三七〇

水神……三七一

論説……三七一

綜述……三七一

傳記……三七一

紀事……三七二

藝文……三七四

雜録……三七五

祈雨……三七五

論説……三七五

綜述……三八〇

傳記……三九二

紀事……四〇〇

著録……四五八

藝文……四五八

雜録……五九七

農田水利工程總部

壩部

概説……六〇七

題解……六〇七

論説……六〇八

綜述……六一三

藝文……六二五

雜録……六二六

減水石壩……六二八

綜述……六二八

藝文……六二九

白浪河壩……六二九

塍輔壩……六三〇

笪岳壩……六三〇

綜述……六三〇

傳記……六三一

雜録……六三一

戴村壩……六三一

論説……六三一

綜述……六三四

紀事……六三五

藝文……六三六

陡亹壩……六三六

堽城壩……六三六

綜述……六三六

紀事……六三七

廣通壩……六三八

論説……六三八

綜述……六三九

紀事……六四〇

漢唐二壩 …… 六四〇
綜述 …… 六四〇
傳記 …… 六四一
紀事 …… 六四一
雜録 …… 六四一
和州橋壩 …… 六四一
金口壩 …… 六四二
綜述 …… 六四二
傳記 …… 六四三
紀事 …… 六四三
藝文 …… 六四三
雜録 …… 六四三
坎河口壩 …… 六四四
康山壩 …… 六四五
孟公壩 …… 六四六
綜述 …… 六四六
紀事 …… 六四七
南湖壩 …… 六四七
綜述 …… 六四七
紀事 …… 六四八
寧陽縣石壩 …… 六四八
青雲壩 …… 六四九
仁壽壩 …… 六四九
松華壩（松花壩） …… 六五〇
綜述 …… 六五〇
藝文 …… 六五一
雜録 …… 六五一
松沙壩 …… 六五一
文興壩 …… 六五二
綜述 …… 六五二
紀事 …… 六五二
忻口石壩 …… 六五三
新稔壩 …… 六五四
徐昇滚壩 …… 六五四
楊家壩 …… 六五五
魠魚壩 …… 六五六
漁梁壩 …… 六五六
綜述 …… 六五六
傳記 …… 六五八
紀事 …… 六五八
藝文 …… 六五九
雜録 …… 六五九
竹篦壩 …… 六六〇

陂部

概説 …… 六六一
題解 …… 六六一
論説 …… 六六一
綜述 …… 六六四
紀事 …… 六六六
安豐陂 …… 六六六
白泉陂 …… 六六七
綜述 …… 六六七
傳記 …… 六六七
藝文 …… 六六七
寶豐陂 …… 六六八
北澳陂 …… 六六八
綜述 …… 六六八
雜録 …… 六六九
昌豐陂 …… 六六九

長岡圍陂……六六九
車陂……六七〇
論説……六七〇
綜述……六七〇
紀事……六七〇
藝文……六七〇
雜録……六七一
諶家埠陂……六七一
成豐陂……六七一
大農陂……六七二
論説……六七二
綜述……六七二
傳記……六七三
紀事……六七三
藝文……六七四
雜録……六七四
登豐陂……六七五
东西陂……六七五
兕巖陂……六七五
艮石陂……六七六
廣豐陂……六七六
和豐陂……六七七
河口陂……六七七
恒豐陂……六七八
鴻隙陂……六七八
論説……六七八
綜述……六八〇
傳記……六八〇
紀事……六八一
藝文……六八一
雜録……六八三
華陂……六八三
論説……六八三
綜述……六八四
傳記……六八四
紀事……六八四
藝文……六八五
黄源陂……六八五
論説……六八五
綜述……六八五
紀事……六八六
黄坂陂……六八六
黄蠟石陂……六八七
九剧陂……六八七
論説……六八七
綜述……六八八
紀事……六八八
雜録……六八八
均豐陂……六八八
均惠陂……六八九
雷陂……六八九
綜述……六八九
傳記……六九〇
紀事……六九〇
藝文……六九〇
雜録……六九一
臨川千金陂……六九一
論説……六九一
綜述……六九二
傳記……六九四

紀事……六九五
藝文……六九九
雜録……七〇四
霖陂……七〇六
靈陂……七〇六
淩陂……七〇七
綜述……七〇七
傳記……七〇七
紀事……七〇七
藝文……七〇八
留公陂……七〇八
綜述……七〇八
傳記……七〇八
紀事……七〇九
鷺鷥陂……七〇九
綜述……七〇九
雜録……七一〇
羅陂……七一〇
羅婆陂……七一〇
綜述……七一〇
傳記……七一一
紀事……七一一
雜録……七一二
馬仁陂……七一二
論説……七一二
綜述……七一二
傳記……七一三
紀事……七一三
藝文……七一三
雜録……七一三
猫兒關陂……七一四
茂豐陂……七一四
渼陂……七一四
綜述……七一四
紀事……七一五
藝文……七一五
雜録……七一七
木蘭陂……七一九
論説……七一九
綜述……七二〇
傳記……七二四
紀事……七二八
藝文……七三四
雜録……七三七
木苪陂……七四〇
南安陂……七四〇
綜述……七四〇
傳記……七四一
雜録……七四一
南澳陂（大豐陂）……七四二
論説……七四二
綜述……七四二
紀事……七四三
傳記……七四三
藝文……七四四
雜録……七四四
南陂……七四四
南陵縣永豐陂……七四五
綜述……七四五
雜録……七四五

南雄州廣豐陂……七四五
南雄州永豐陂……七四六
寧家陂……七四六
蒲陂……七四七
鉗盧陂……七四八
論説……七四八
綜述……七四九
傳記……七五一
紀事……七五一
藝文……七五二
雜録……七五二
青陂……七五二
綜述……七五二
傳記……七五二
紀事……七五二
藝文……七五三
慶豐陂……七五三
邱侯陂……七五四
瑞豐陂……七五四
裏陂……七五五
芍陂……七五五
論説……七五五
綜述……七五八
傳記……七六一
紀事……七六四
藝文……七六七
雜録……七七〇
紹豐陂……七七九
蛇師陂……七八〇
勝塘陂……七八〇
綜述……七八〇
傳記……七八〇
石梘陂……七八一
綜述……七八一
傳記……七八一
紀事……七八二
藝文……七八三
石塘陂……七八三
論説……七八三
綜述……七八三
傳記……七八四
紀事……七八四
藝文……七八五
雜録……七八五
雙圳陂……七八五
綜述……七八五
傳記……七八六
藝文……七八六
雜録……七八六
太保陂……七八七
太平陂（太和陂、曾公陂）……七八七
論説……七八七
綜述……七八八
傳記……七八九
紀事……七八九
雜録……七九〇
泰豐陂……七九〇
天寶陂（元符陂）……七九〇
論説……七九〇
綜述……七九一

傳記……七九一
紀事……七九一
藝文……七九一
雜録……七九二
通靈陂……七九二
同豐陂……七九二
萬豐陂……七九三
萬石陂……七九三
綜述……七九三
傳記……七九五
紀事……七九五
雜録……七九五
網江陂……七九五
烏石（潭）陂……七九六
吴塘陂……七九七
論説……七九七
綜述……七九七
傳記……七九八
紀事……七九八
藝文……七九九
雜録……七九九
西陂……八〇〇
下石馬陂……八〇〇
仙人陂……八〇一
咸豐陂……八〇一
相溪陂……八〇二
祥豐陂……八〇二
蕭侯陂……八〇三
新豐陂……八〇三
熊陂……八〇四
延壽陂……八〇四
論説……八〇四
綜述……八〇四
傳記……八〇五
紀事……八〇五
藝文……八〇六
雜録……八〇六
巖橋陂（汪公陂、陳公陂、鹿石陂）……八〇六
永豐陂……八〇七
綜述……八〇七
傳記……八〇八
紀事……八〇八
益豐陂……八〇八
寅陂……八〇九
綜述……八〇九
傳記……八〇九
紀事……八一〇
藝文……八一〇
雜録……八一〇
永安千金陂……八一一
永濟陂……八一二
裕豐陂……八一二
元豐陂……八一二
源豐陂……八一三
遠陂……八一三
綜述……八一三
傳記……八一四
藝文……八一四
運河蓄泄陂……八一四
曾公陂……八一五

湛陂……八一六
綜述……八一六
傳記……八一六
障水陂……八一七
兆豐陂……八一七
鄭公陂……八一八
綜述……八一八
傳記……八一八
雜録……八一八
竺公陂……八一九

埭部

概説……八二〇
論説……八二〇
傳記……八二〇
紀事……八二〇
藝文……八二一
雜録……八二一
東平埭……八二九
馬山埭……八二九
上河埭……八三〇
論説……八三〇
綜述……八三〇
雜録……八三〇
邵伯埭……八三一
傳記……八三一
紀事……八三一
藝文……八三一
雜録……八三五
謝婆埭……八三六
徐公埭……八三六
義倉埭……八三六

堤部

概説……八三七
論説……八三七
綜述……八四二
傳記……八五〇
紀事……八五四
藝文……八五五
雜録……八五八
安公堤……八五九
白公堤……八六〇
論説……八六〇
綜述……八六〇
傳記……八六二
藝文……八六二
雜録……八六六
白河堤……八六六
綜述……八六六
紀事……八六七
雜録……八六七
寶唐堤……八六八
采芹堤……八六九
柴公堤……八六九
長春堤……八六九
綜述……八六九
藝文……八七〇
雜録……八七〇
長山堤……八七〇

綜述……八七〇
紀事……八七一
翠微堤……八七一
綜述……八七一
紀事……八七二
雜録……八七二
單公堤……八七二
綜述……八七二
傳記……八七二
紀事……八七三
雜録……八七三
東堤（浙江新昌縣）……八七三
論説……八七三
綜述……八七四
傳記……八七五
紀事……八七五
雜録……八七五
東河堤……八七六
綜述……八七六
雜録……八七七
東厢堤……八七七
綜述……八七七
傳記……八七八
紀事……八七八
雜録……八七八
董公堤……八七八
綜述……八七八
傳記……八七九
二都堤……八七九
范公堤……八七九
論説……八七九
綜述……八八〇
傳記……八八二
紀事……八八二
藝文……八八三
雜録……八八四
方公堤……八八五
綜述……八八五
傳記……八八五
紀事……八八六
雜録……八八六
福隆堤……八八六
綜述……八八六
傳記……八八六
雜録……八八六
甘棠湖堤……八八七
高公堤……八八七
拱北堤……八八八
古陽堤……八八九
綜述……八八九
藝文……八九〇
雜録……八九〇
固安堤……八九〇
觀巷堤……八九一
廣濮堤……八九一
歸仁堤……八九一
論説……八九一
綜述……八九五
傳記……八九六
紀事……八九七

藝文……八九七
雜録……八九七
郭溪古堤……八九八
海陽堤……八九九
捍患堤……九〇〇
何公堤……九〇〇
綜述……九〇〇
雜録……九〇二
胡公堤……九〇二
綜述……九〇二
傳記……九〇三
雜録……九〇三
黄湓堤……九〇三
黄師堤……九〇四
綜述……九〇四
傳記……九〇五
雜録……九〇五
黄潭堤……九〇五
綜述……九〇五
傳記……九〇六
紀事……九〇六
雜録……九〇六
嵇公堤……九〇六
吉固堤……九〇七
劍江堤……九〇七
江公堤……九〇八
綜述……九〇八
紀事……九〇九
藝文……九〇九
雜録……九〇九
蔣公堤……九〇九
接脉堤……九一〇
匡公堤……九一一
綜述……九一一
傳記……九一一
藝文……九一一
雜録……九一二
老龍堤……九一二
綜述……九一二
傳記……九一三
紀事……九一三
藝文……九一四
雜録……九一四
圖表……九一四
李公堤（浙江吴縣）……九一五
鯉魚溝堤……九一五
靈州河堤……九一六
劉堤……九一七
論説……九一七
傳記……九一七
紀事……九一七
藝文……九一七
雜録……九一七
劉公堤……九一七
綜述……九一七
傳記……九一八
雜録……九一八
龍磯堤……九一八
龍頭堤……九一九
婁江新堤……九二〇

蘆溝河堤……九二一
論説……九二一
綜述……九二一
紀事……九二二
魯公堤……九二三
陸公堤（安徽潛山縣）……九二三
陸公堤（湖北宜城縣）……九二三
論説……九二三
藝文……九二四
雜録……九二四
陸公堤（湖南善化縣）……九二四
陸公堤（順天府）……九二四
陸公堤（天津府）……九二四
陸公堤（浙江平湖縣）……九二五
梅家畲堤……九二五
蒙公堤（湖南武岡州）……九二七
南橋堤……九二七
千金堤……九二八
論説……九二八
綜述……九二八
藝文……九二九
雜録……九三一
錢公堤……九三一
譙堤……九三二
沁河堤……九三二
綜述……九三二
傳記……九三三
紀事……九三三
雜録……九三四
青林堤……九三四
青溪堤……九三六
青雲堤……九三六
缺口堤……九三七
三元堤……九三八
綜述……九三八
傳記……九四〇
紀事……九四〇
雜録……九四〇
沙湖堤……九四一
沙衔堤……九四二
沙洋堤……九四三
論説……九四三
綜述……九四三
傳記……九四八
紀事……九四八
雜録……九四八
蘇公堤……九四八
綜述……九四八
傳記……九四九
藝文……九五〇
雜録……九五五
太平堤……九五六
綜述……九五六
傳記……九五七
藝文……九五七
雜録……九五八
桃花堤……九五九
綜述……九五九
藝文……九五九
雜録……九五九

田公堤 …… 九六〇
萬工堤 …… 九六一
萬柳堤（四川黔江縣） …… 九六一
王公堤 …… 九六二
論説 …… 九六二
綜述 …… 九六三
傳記 …… 九六四
紀事 …… 九六五
藝文 …… 九六五
雜録 …… 九六五
問津堤 …… 九六五
吴家剅堤 …… 九六六
西關堤 …… 九六六
綜述 …… 九六六
紀事 …… 九六七
雜録 …… 九六七
西河堤 …… 九六七
綜述 …… 九六七
雜録 …… 九六八
新豐堤 …… 九六八
綜述 …… 九六八
雜録 …… 九六八
醒堤 …… 九六八
徐公堤（安徽銅陵縣） …… 九七〇
徐公堤（河南懷慶府） …… 九七一
徐公堤（江蘇海門廳） …… 九七一
論説 …… 九七一
藝文 …… 九七二
徐公堤（江西吉水縣） …… 九七二
學湖堤 …… 九七三
偃虹堤 …… 九七三
論説 …… 九七三
綜述 …… 九七四
傳記 …… 九七四
藝文 …… 九七五
雜録 …… 九七五
陰均堤 …… 九七五
永定河堤 …… 九七六
論説 …… 九七六
綜述 …… 九七六
傳記 …… 九七七
紀事 …… 九七八
藝文 …… 九八〇
雜録 …… 九八一
永固堤 …… 九八一
永和堤 …… 九八二
綜述 …… 九八二
藝文 …… 九八二
雜録 …… 九八二
永濟堤 …… 九八三
綜述 …… 九八三
藝文 …… 九八三
雜録 …… 九八四
永賴堤（廣東潮陽縣） …… 九八四
願豐堤 …… 九八四
綜述 …… 九八四
傳記 …… 九八五
紀事 …… 九八五
障東堤 …… 九八五
招公堤 …… 九八六

綜述……九八六
傳記……九八六
雜録……九八六
趙叚圩堤……九八七
遮浪堤……九八七
論説……九八七
綜述……九八七
傳記……九八八
紀事……九八八
中洲堤……九八八
綜述……九八八
傳記……九八九
藝文……九九〇
雜録……九九〇
鍾公堤……九九〇
綜述……九九〇
紀事……九九一
朱公堤（貴州天柱縣）……九九一
朱公堤（湖南武岡州）……九九二
綜述……九九二
傳記……九九二
雜録……九九三
滋河堤……九九三
綜述……九九三
紀事……九九四
雜録……九九四
子嬰堤……九九四
綜述……九九四
傳記……九九五
雜録……九九五
紫陽堤……九九五
綜述……九九五
傳記……九九六
藝文……九九六
雜録……九九七

斗門

概説……九九八
論説……九九八
綜述……九九九
傳記……一〇〇〇
紀事……一〇〇一
藝文……一〇〇二
雜録……一〇〇二
汴河斗門……一〇〇三
論説……一〇〇三
綜述……一〇〇三
紀事……一〇〇三
藝文……一〇〇三
蔡河斗門……一〇〇三
論説……一〇〇三
紀事……一〇〇四
曹娥斗門……一〇〇四
論説……一〇〇四
綜述……一〇〇四
龜山斗門……一〇〇四
江口斗門……一〇〇四
九里斗門……一〇〇五
林岬斗門……一〇〇五
蘆浦斗門……一〇〇六

綜述……一〇〇六
傳記……一〇〇六
雜録……一〇〇七
澉瀨堰斗門……一〇〇七
三江斗門……一〇〇七
沙塘斗門……一〇〇八
石崗斗門……一〇〇九
綜述……一〇〇九
傳記……一〇一〇
紀事……一〇一〇
雜録……一〇一〇
新港斗門……一〇一〇
秀水斗門……一〇一〇
陰均斗門……一〇一一
綜述……一〇一一
傳記……一〇一一
紀事……一〇一一
嶼頭斗門……一〇一一
朱儲斗門……一〇一二
綜述……一〇一二
雜録……一〇一三

溝部

概説……一〇一四
論説……一〇一四
綜述……一〇二〇
傳記……一〇二三
紀事……一〇二三
藝文……一〇二三
雜録……一〇二三
百丈溝……一〇二七
綜述……一〇二七
雜録……一〇二八
陳愷溝……一〇二八
論説……一〇二八
綜述……一〇二九
傳記……一〇二九
雜録……一〇二九
槐李溝……一〇二九
惠民溝……一〇三〇
論説……一〇三〇
綜述……一〇三〇
紀事……一〇三二
藝文……一〇三二
雜録……一〇三二
柳木溝……一〇三二
龍鳳溝……一〇三三
綜述……一〇三三
紀事……一〇三四
藝文……一〇三四
雜録……一〇三四
龍鬚溝……一〇三四
牧道溝……一〇三五
如意溝……一〇三五
蛇皮溝……一〇三七
秀水溝（福建龍嚴州）……一〇三七
秀水溝（江西瀘溪）……一〇三七
永潤溝……一〇三八
論説……一〇三八
紀事……一〇三八

雜録……一〇三八
魚腸溝……一〇三八
綜述……一〇三八
紀事……一〇三九
雜録……一〇三九
豫章溝……一〇三九
論説……一〇三九
綜述……一〇四〇
傳記……一〇四一
紀事……一〇四二
藝文……一〇四二
雜録……一〇四二
丈八溝……一〇四二

河部

概説……一〇四四
論説……一〇四四
綜述……一〇六三
傳記……一〇七三
紀事……一〇七三
藝文……一〇七四
雜録……一〇七五
白塔河……一〇八三
綜述……一〇八三
傳記……一〇八三
紀事……一〇八四
藝文……一〇八四
雜録……一〇八五
北溪河……一〇八五
綜述……一〇八五
傳記……一〇八五
雜録……一〇八六
便民河……一〇八六
綜述……一〇八六
雜録……一〇八七
大清河……一〇八七
論説……一〇八七
綜述……一〇九〇
傳記……一〇九二
紀事……一〇九三
藝文……一〇九六
雜録……一〇九七
圖表……一〇九九
豐稔河……一〇九九
綜述……一〇九九
雜録……一一〇〇
滏陽河……一一〇〇
綜述……一一〇〇
傳記……一一〇二
紀事……一一〇三
藝文……一一〇三
雜録……一一〇三
傳公河……一一〇五
綜述……一一〇五
傳記……一一〇五
紀事……一一〇六
雜録……一一〇六
官河……一一〇六
綜述……一一〇六
傳記……一一〇七

紀事……一一〇七
雜録……一一〇七
廣惠河……一一〇七
綜述……一一〇七
雜録……一一〇八
滹沱河……一一〇八
論説……一一〇八
綜述……一一二二
傳記……一一二五
紀事……一一二五
藝文……一一二七
雜録……一一三五
泇河……一一三八
論説……一一三八
綜述……一一五一
傳記……一一五五
紀事……一一五五
藝文……一一五五
雜録……一一五七
賈魯河……一一五八
論説……一一五八
綜述……一一六一
傳記……一一六五
紀事……一一六六
藝文……一一六七
雜録……一一六七
金水河（河北元氏縣）……一一六八
綜述……一一六八
雜録……一一六九
金水河（四川成都縣）……一一六九
論説……一一六九
綜述……一一七〇
紀事……一一七一
雜録……一一七一
金線河……一一七二
利豐河……一一七二
吕公河……一一七四
綜述……一一七四
雜録……一一七五
孟瀆河……一一七五
論説……一一七五
綜述……一一八一
傳記……一一八二
紀事……一一八二
藝文……一一八二
雜録……一一八三
洺河……一一八三
論説……一一八三
綜述……一一八三
傳記……一一八四
藝文……一一八四
雜録……一一八五
漆沮河……一一八五
論説……一一八五
綜述……一一八八
雜録……一一八九
沁河……一一九〇
論説……一一九〇
綜述……一一九一
傳記……一一九二

紀事……一一九三
藝文……一一九四
雜録……一一九四
史公河……一一九六
泗河……一一九七
論説……一一九七
綜述……一一九八
傳記……一一九九
紀事……一一九九
藝文……一一九九
雜録……一二〇一
天平河……一二〇二
瓦剅河……一二〇三
綜述……一二〇三
雜録……一二〇三
渭河……一二〇三
論説……一二〇三
傳記……一二〇四
紀事……一二〇四
藝文……一二〇四
雜録……一二〇四
衛河……一二〇五
論説……一二〇五
綜述……一二一二
紀事……一二一四
藝文……一二一四
雜録……一二一八
汶河……一二一九
論説……一二一九
綜述……一二二一
傳記……一二二二
紀事……一二二三
藝文……一二二三
雜録……一二二六
洨河……一二二七
論説……一二二七
綜述……一二二八
傳記……一二二九
紀事……一二二九
藝文……一二二九
雜録……一二三〇
圖表……一二三一
小清河……一二三二
論説……一二三二
綜述……一二四五
傳記……一二四九
紀事……一二四九
藝文……一二五〇
雜録……一二五〇
圖表……一二五三
楊公河……一二五三
沂河……一二五四
論説……一二五四
藝文……一二五四
雜録……一二五五
餘濟河……一二五六
綜述……一二五六
傳記……一二五八
紀事……一二五九
官河……一二五九

漳河……一二六〇
論說……一二六〇
綜述……一二六九
傳記……一二六九
紀事……一二七〇
藝文……一二七二
雜録……一二七四
趙王河……一二七五
論說……一二七五
傳記……一二七七
紀事……一二七七
雜録……一二七七

湖部

湖田……一二七八
論說……一二七八
綜述……一二七九
傳記……一二八〇
紀事……一二八〇
藝文……一二八二
白湖……一二八八
綜述……一二八八
傳記……一二八八
紀事……一二八九
藝文……一二八九
雜録……一二九〇
北湖……一二九一
綜述……一二九一
傳記……一二九二
紀事……一二九二
藝文……一二九二
雜録……一二九四
北香湖……一二九四
碧浪湖……一二九五
論說……一二九五
綜述……一二九七
紀事……一二九七
藝文……一二九九
雜録……一三〇二
步嵴湖……一三〇二
黿湖……一三〇三
紀事……一三〇三
藝文……一三〇四
赤瑞湖……一三〇七
赤山湖……一三〇七
論說……一三〇七
綜述……一三〇八
傳記……一三〇九
紀事……一三〇九
藝文……一三一〇
雜録……一三一〇
圖表……一三一一
慈湖……一三一一
綜述……一三一一
紀事……一三一二
藝文……一三一二
大明湖……一三一四
綜述……一三一四
紀事……一三一四
藝文……一三一四

雜録……一三一七
帶湖……一三一七
紀事……一三一七
藝文……一三一七
雜録……一三一八
當湖……一三一八
綜述……一三一八
紀事……一三一九
藝文……一三二〇
雜録……一三二二
東湖……一三二三
論説……一三二三
綜述……一三二三
紀事……一三二五
藝文……一三二九
東晉湖……一三三一
綜述……一三三一
紀事……一三三二
藝文……一三三二
雜録……一三三三
東西湖……一三三三
綜述……一三三三
紀事……一三三三
藝文……一三三五
雜録……一三三五
洞庭湖……一三三五
綜述……一三三五
藝文……一三三六
雜録……一三三八
方湖……一三三九
綜述……一三三九
傳記……一三三九
藝文……一三三九
雜録……一三四〇
房湖……一三四〇
論説……一三四〇
綜述……一三四〇
紀事……一三四〇
藝文……一三四〇
分湖……一三四一
綜述……一三四一
紀事……一三四一
藝文……一三四二
汾湖……一三四二
綜述……一三四二
紀事……一三四三
藝文……一三四三
峰湖……一三四四
芙蓉湖……一三四四
論説……一三四四
綜述……一三四五
傳記……一三四五
紀事……一三四六
藝文……一三四六
雜録……一三四八
甘棠湖……一三四八
綜述……一三四八
傳記……一三四九
紀事……一三五〇
藝文……一三五〇

雜録……一三五二
廣德湖……一三五二
論説……一三五二
綜述……一三五四
傳記……一三五六
紀事……一三五七
藝文……一三五八
雜録……一三五八
桂湖……一三六〇
綜述……一三六〇
紀事……一三六〇
藝文……一三六一
雜録……一三六二
後湖……一三六二
綜述……一三六二
紀事……一三六四
藝文……一三六五
雜録……一三六九
花嶼湖……一三七〇
綜述……一三七〇
傳記……一三七一
紀事……一三七一
藝文……一三七二
雜録……一三七二
鑒湖……一三七三
綜述……一三七三
紀事……一三七五
藝文……一三七七
雜録……一三八〇
圖表……一三八一
絳巖湖……一三八二
綜述……一三八二
傳記……一三八二
紀事……一三八二
雜録……一三八三
椒湖……一三八三
綜述……一三八三
藝文……一三八三
雜録……一三八四
焦岡湖……一三八四
論説……一三八四
綜述……一三八四
藝文……一三八六
雜録……一三八七
圖表……一三八七
錦湖……一三八八
綜述……一三八八
紀事……一三八八
藝文……一三八八
雜録……一三八九
近天湖……一三八九
九鯉湖……一三八九
綜述……一三八九
紀事……一三九一
藝文……一三九三
雜録……一三九四
九曲湖……一三九四
鉅定湖……一三九五
昆明湖……一三九五
論説……一三九五

藝文……一三九五
練湖……一三九六
論説……一三九六
綜述……一四〇一
紀事……一四〇三
藝文……一四〇三
兩湖……一四〇四
來賢湖……一四〇四
歷陽湖……一四〇五
論説……一四〇五
藝文……一四〇五
雜録……一四〇五
蓮子湖……一四〇六
綜述……一四〇六
紀事……一四〇六
藝文……一四〇六
柳浪湖……一四〇七
綜述……一四〇七
藝文……一四〇七
馬湖……一四〇八
綜述……一四〇八
藝文……一四〇八
明湖……一四〇九
紀事……一四〇九
藝文……一四〇九
莫愁湖……一四〇九
論説……一四〇九
綜述……一四〇九
紀事……一四一〇
藝文……一四一〇
雜録……一四一三
南湖……一四一三
綜述……一四一三
紀事……一四一五
藝文……一四一五
雜録……一四一八
南旺湖……一四一九
論説……一四一九
綜述……一四一九
傳記……一四二〇
紀事……一四二〇
藝文……一四二一
平湖……一四二二
論説……一四二二
綜述……一四二二
藝文……一四二三
日月湖……一四二四
綜述……一四二四
紀事……一四二五
藝文……一四二五
雜録……一四二六
三湖……一四二六
綜述……一四二六
紀事……一四二六
藝文……一四二七
上虞縣復湖……一四二八
射陽湖……一四二八
論説……一四二八
綜述……一四三〇
紀事……一四三〇

藝文……一四三一
雜録……一四三二
石湖……一四三二
綜述……一四三二
紀事……一四三三
藝文……一四三四
圖表……一四三八
文湖……一四三九
綜述……一四三九
傳記……一四三九
紀事……一四三九
雜録……一四四〇
五湖……一四四一
論説……一四四一
綜述……一四四一
紀事……一四四二
藝文……一四四二
五姓湖……一四四三
綜述……一四四三
紀事……一四四四
藝文……一四四五
雜録……一四四六
圖表……一四四六
西湖（嚴州）……一四四七
西湖（福州）……一四四八
西湖（桂林）……一四四九
西湖（杭州）……一四四九
西湖（潁州）……一四五五
西溪湖……一四五六
論説……一四五六
綜述……一四五六
傳記……一四五六
紀事……一四五七
藝文……一四五七
雜録……一四五八
夏蓋湖……一四五八
論説……一四五八
綜述……一四五九
傳記……一四六〇
紀事……一四六〇
藝文……一四六一
雜録……一四六二
圖表……一四六三
香澗湖……一四六三
綜述……一四六三
雜録……一四六三
湘湖……一四六四
論説……一四六四
綜述……一四六五
紀事……一四六六
藝文……一四六六
圖表……一四六八
湘坑湖……一四六九
新開湖……一四七〇
綜述……一四七〇
紀事……一四七〇
藝文……一四七〇
雜録……一四七一
玄湖……一四七二
綜述……一四七二

藝文……一四七二
剡湖……一四七三
紀事……一四七三
雜録……一四七三
雜録……一四七四
永安湖……一四七四
綜述……一四七四
傳記……一四七五
紀事……一四七六
藝文……一四七六
雜録……一四七九
圖表……一四七九
玉湖……一四八〇
綜述……一四八〇
紀事……一四八〇
藝文……一四八一
月湖……一四八二
綜述……一四八二
紀事……一四八二
藝文……一四八三
制府湖……一四八四
綜述……一四八四
紀事……一四八四
雜録……一四八五
周家湖……一四八五

井部

概説……一四八七
綜述……一四八七
紀事……一四九〇
藝文……一四九三
雜録……一四九四
阿井……一四九五
綜述……一四九五
紀事……一四九五
藝文……一四九六
八角井……一四九六
論説……一四九六
綜述……一四九六
紀事……一四九八
藝文……一四九九
雜録……一四九九
八井……一五〇〇
綜述……一五〇〇
雜録……一五〇一
扳倒井……一五〇一
綜述……一五〇一
紀事……一五〇二
藝文……一五〇二
雜録……一五〇四
包公井（包井）……一五〇四
綜述……一五〇四
紀事……一五〇五
藝文……一五〇五
辱井……一五〇六
論説……一五〇六
綜述……一五〇六
紀事……一五〇七
藝文……一五〇七
雜録……一五〇九

報恩寺井……一五一〇
論説……一五一〇
綜述……一五一〇
傳記……一五一〇
冰井……一五一〇
鵓鳩井……一五一一
參軍井……一五一一
曾井……一五一一
綜述……一五一一
傳記……一五一二
藝文……一五一二
雜録……一五一三
茶井……一五一三
綜述……一五一三
紀事……一五一三
藝文……一五一三
雜録……一五一四
陳宮井……一五一四
大成井……一五一五
大井……一五一五
綜述……一五一五
藝文……一五一六
丹井……一五一六
綜述……一五一六
藝文……一五一七
雜録……一五一九
丹泉井……一五二〇
綜述……一五二〇
藝文……一五二〇
雜録……一五二一
東井……一五二一
東岳神井……一五二一
董井……一五二二
綜述……一五二二
紀事……一五二二
藝文……一五二二
雜録……一五二三
凍花井……一五二三
杜公井……一五二四
綜述……一五二四
傳記……一五二四
紀事……一五二五
藝文……一五二五
雜録……一五二五
二井……一五二五
綜述……一五二五
紀事……一五二六
藝文……一五二六
方氏義井……一五二六
綜述……一五二六
紀事……一五二七
藝文……一五二七
飛井……一五二七
分金井……一五二七
佛公井……一五二八
福鄉井……一五二八
綜述……一五二八
藝文……一五二八
雜録……一五二八
甘井……一五二九

綜述……一五二九
紀事……一五二九
藝文……一五二九
雜録……一五三〇
甘泉井……一五三〇
綜述……一五三〇
傳記……一五三一
紀事……一五三一
藝文……一五三二
雜録……一五三二
葛仙井……一五三三
綜述……一五三三
藝文……一五三三
雜録……一五三四
觀風驛新井……一五三四
韓公井……一五三五
綜述……一五三五
雜録……一五三五
壺井（冰壺井）……一五三五
綜述……一五三五
紀事……一五三六
藝文……一五三六
雜録……一五三六
化龍井……一五三六
綜述……一五三六
雜録……一五三七
淮陽古井……一五三七
惠愛井……一五三七
綜述……一五三七
藝文……一五三七
雜録……一五三八
惠通井……一五三八
鷄鳴井……一五三八
汲福井（喜雨井）……一五三八
綜述……一五三八
傳記……一五三九
紀事……一五三九
藝文……一五四〇
賈太傅井……一五四〇
論説……一五四〇
綜述……一五四〇
紀事……一五四〇
劍井……一五四一
綜述……一五四一
紀事……一五四一
藝文……一五四二
雜録……一五四三
澆藥井……一五四三
綜述……一五四三
藝文……一五四三
雜録……一五四四
金鷄井……一五四四
綜述……一五四四
藝文……一五四四
雜録……一五四四
金泉井……一五四五
綜述……一五四五
藝文……一五四五
雜録……一五四五
金沙井……一五四五

綜述……一五四五
紀事……一五四六
藝文……一五四六
雜録……一五四七
景陽井……一五四七
論説……一五四七
綜述……一五四八
紀事……一五四八
藝文……一五四八
九井……一五五〇
論説……一五五〇
紀事……一五五〇
藝文……一五五一
菊井……一五五一
綜述……一五五一
紀事……一五五二
藝文……一五五二
橘井……一五五三
綜述……一五五三
紀事……一五五三
藝文……一五五三
雜録……一五五六
老翁井……一五五六
論説……一五五六
綜述……一五五六
藝文……一五五七
李公井……一五五七
綜述……一五五七
傳記……一五五八
藝文……一五五八
梁鴻井……一五五八
論説……一五五八
綜述……一五五八
藝文……一五五八
靈井……一五五九
綜述……一五五九
紀事……一五六〇
藝文……一五六〇
雜録……一五六〇
流泉井……一五六一
綜述……一五六一
藝文……一五六一
琉璃井……一五六二
綜述……一五六二
紀事……一五六二
藝文……一五六二
雜録……一五六三
龍虎井……一五六三
龍井……一五六四
論説……一五六四
綜述……一五六四
紀事……一五六五
藝文……一五六五
龍泉井……一五六六
綜述……一五六六
雜録……一五六七
羅漢井……一五六八
綜述……一五六八
傳記……一五六八
紀事……一五六八

藝文……一五六八
雜録……一五六八
呂井……一五六九
緑井……一五六九
綜述……一五六九
紀事……一五六九
雜録……一五六九
滿井……一五七〇
綜述……一五七〇
紀事……一五七〇
藝文……一五七一
雜録……一五七一
茅山泉井……一五七一
米井……一五七二
牛井……一五七二
泮池古井……一五七二
裴公古井……一五七三
綜述……一五七三
藝文……一五七三
溢城井……一五七三
平固井……一五七三
東坡井……一五七四
論説……一五七四
綜述……一五七四
雜録……一五七四
溥利井……一五七五
錢塘六井……一五七五
潛夫井……一五七六
潛公井……一五七六
橋井……一五七七
泉井……一五七七
綜述……一五七七
紀事……一五七八
藝文……一五七八
瑞井……一五七八
綜述……一五七八
紀事……一五七八
藝文……一五七九
三井……一五七九
綜述……一五七九
藝文……一五八〇
雜録……一五八〇
三元井……一五八一
綜述……一五八一
藝文……一五八一
雜録……一五八一
善淵井……一五八二
綜述……一五八二
紀事……一五八二
尚書井……一五八二
綜述……一五八二
藝文……一五八二
少陽義井……一五八三
神農井……一五八三
師泉井……一五八三
十井……一五八三
石板井……一五八四
石井……一五八四
論説……一五八四
綜述……一五八四

　藝文……一五八五
　雜録……一五八六
雙井……一五八七
　綜述……一五八七
　紀事……一五八七
　藝文……一五八八
舜過井……一五八八
舜井……一五八八
　綜述……一五八八
　紀事……一五八九
　藝文……一五八九
　雜録……一五九〇
四井……一五九〇
　綜述……一五九〇
　雜録……一五九〇
宋玉井……一五九一
　綜述……一五九一
　藝文……一五九二
　雜録……一五九二
塔院古井……一五九二
　綜述……一五九二
　紀事……一五九三
銅步井……一五九三
銅井……一五九三
涂公井……一五九三
王公井……一五九四
文井……一五九四
文君井……一五九五
　論説……一五九五
　綜述……一五九五
　藝文……一五九五
　雜録……一五九六
吴山井……一五九六
　綜述……一五九六
　藝文……一五九六
西井……一五九六
　綜述……一五九六
　藝文……一五九七
　紀事……一五九七
仙妃井……一五九七
仙井……一五九八
仙泉井……一五九八
小龍湫井……一五九九
小石庄古井……一五九九
小寨鋪神井……一五九九
孝娥井……一六〇〇
孝感縣井……一六〇〇
孝子井……一六〇一
　綜述……一六〇一
　傳記……一六〇一
　紀事……一六〇一
　藝文……一六〇二
　雜録……一六〇二
星泉井……一六〇二
徐公井……一六〇二
軒井……一六〇二
薛公井……一六〇三
薛濤井……一六〇三
　綜述……一六〇三
　紀事……一六〇四

藝文……一六〇四
雜録……一六〇五
儀真井……一六〇五
遺愛井……一六〇六
遺澤井……一六〇六
義井……一六〇六
論説……一六〇六
綜述……一六〇七
紀事……一六〇八
藝文……一六〇八
銀井……一六〇九
綜述……一六〇九
藝文……一六〇九
銀瓶井……一六一〇
論説……一六一〇
綜述……一六一〇
紀事……一六一〇
藝文……一六一〇
雜録……一六一一
玉壺井……一六一一
郁井……一六一一
浴賢井……一六一一
岳廟古井……一六一二
岳王井……一六一二
越井……一六一二
皂袍井……一六一三
張公井……一六一三
綜述……一六一三
雜録……一六一四
杖井……一六一四
支祁井……一六一四
朱公井……一六一五

渠部

概説……一六一九
論説……一六一九
綜述……一六三七
傳記……一六四六
紀事……一六五一
藝文……一六五三
雜録……一六五七
白渠……一六六七
論説……一六六七
綜述……一六六九
傳記……一六七〇
紀事……一六七一
藝文……一六七二
雜録……一六七二
板閘渠……一六七三
備水渠……一六七三
汳渠……一六七四
論説……一六七四
綜述……一六七四
紀事……一六七四
藝文……一六七四
雜録……一六七五
汴渠……一六七五
論説……一六七五
傳記……一六七六
紀事……一六七七

藝文 …… 一六七八
雜録 …… 一六七九
不忍渠 …… 一六八一
綜述 …… 一六八一
雜録 …… 一六八一
蔡渠 …… 一六八一
綜述 …… 一六八一
紀事 …… 一六八二
雜録 …… 一六八二
昌潤渠 …… 一六八二
論説 …… 一六八二
綜述 …… 一六八三
傳記 …… 一六八四
紀事 …… 一六八四
藝文 …… 一六八四
雜録 …… 一六八五
長豐渠 …… 一六八五
紀事 …… 一六八五
雜録 …… 一六八六
暢公渠 …… 一六八六
綜述 …… 一六八六
傳記 …… 一六八七
紀事 …… 一六八七
雜録 …… 一六八七
朝宗渠 …… 一六八七
成國渠 …… 一六八七
大明渠（大明支渠） …… 一六八八
綜述 …… 一六八八
雜録 …… 一六八九
大寧渠 …… 一六八九
大清渠 …… 一六九〇
論説 …… 一六九〇
綜述 …… 一六九〇
傳記 …… 一六九一
紀事 …… 一六九二
藝文 …… 一六九二
雜録 …… 一六九二
董公渠 …… 一六九二
樊惠渠 …… 一六九三
福惠渠 …… 一六九三
福興渠 …… 一六九四
副霍渠 …… 一六九四
論説 …… 一六九四
綜述 …… 一六九四
傳記 …… 一六九五
紀事 …… 一六九五
藝文 …… 一六九五
雜録 …… 一六九五
官莊渠 …… 一六九五
廣利渠 …… 一六九五
綜述 …… 一六九五
傳記 …… 一六九六
雜録 …… 一六九六
廣惠渠 …… 一六九七
論説 …… 一六九七
綜述 …… 一六九八
傳記 …… 一六九八
紀事 …… 一六九九
藝文 …… 一六九九
雜録 …… 一六九九

廣濟渠 …… 一七〇〇
論説 …… 一七〇〇
綜述 …… 一七〇〇
傳記 …… 一七〇五
紀事 …… 一七〇五
雜録 …… 一七〇六
和润渠 …… 一七〇七
洪口渠 …… 一七〇八
洪露渠 …… 一七〇九
惠農渠 …… 一七〇九
綜述 …… 一七〇九
傳記 …… 一七一〇
紀事 …… 一七一〇
藝文 …… 一七一一
雜録 …… 一七一一
惠氏渠 …… 一七一二
濟民渠 …… 一七一二
論説 …… 一七一二
綜述 …… 一七一三
紀事 …… 一七一三
雜録 …… 一七一三
井田渠 …… 一七一四
孔公渠 …… 一七一四
李渠 …… 一七一五
綜述 …… 一七一五
紀事 …… 一七一七
藝文 …… 一七一八
雜録 …… 一七一八
利導渠 …… 一七一八
利民渠 …… 一七一九
論説 …… 一七一九
綜述 …… 一七一九
傳記 …… 一七二一
雜録 …… 一七二一
利人渠 …… 一七二一
綜述 …… 一七二一
傳記 …… 一七二二
紀事 …… 一七二二
雜録 …… 一七二二
利泽渠 …… 一七二二
論説 …… 一七二二
綜述 …… 一七二二
紀事 …… 一七二三
雜録 …… 一七二三
靈渠 …… 一七二四
論説 …… 一七二四
綜述 …… 一七二四
傳記 …… 一七二七
紀事 …… 一七二八
藝文 …… 一七二八
雜録 …… 一七三一
六輔渠 …… 一七三三
題解 …… 一七三三
論説 …… 一七三三
綜述 …… 一七三四
傳記 …… 一七三四
紀事 …… 一七三四
雜録 …… 一七三四
六脉渠 …… 一七三四
論説 …… 一七三四

綜述……一七三五
傳記……一七三七
紀事……一七三七
雜録……一七三七
圖表……一七三九
龍駒渠……一七三九
龍門渠……一七三九
綜述……一七三九
傳記……一七四〇
紀事……一七四〇
雜録……一七四一
龍洞渠……一七四一
論説……一七四一
綜述……一七四四
紀事……一七四六
雜録……一七四七
圖表……一七四九
龍首渠……一七四九
論説……一七四九
綜述……一七五〇
傳記……一七五二
紀事……一七五三
藝文……一七五四
雜録……一七五四
洛渠……一七五五
洛莽渠……一七五六
論説……一七五六
綜述……一七五六
傳記……一七五七
紀事……一七五七
雜録……一七五七
馬公渠（山東魚臺）……一七五七
馬公渠（陝西韓城）……一七五八
美利渠……一七五八
木渠……一七六〇
論説……一七六〇
綜述……一七六〇
紀事……一七六〇
藝文……一七六一
雜録……一七六一
潘公渠……一七六一
潘郝公渠……一七六二
普濟渠……一七六二
綜述……一七六二
藝文……一七六三
雜録……一七六三
溥惠渠……一七六三
七星渠……一七六四
論説……一七六四
綜述……一七六七
傳記……一七六八
紀事……一七六八
藝文……一七六八
雜録……一七六九
仁義渠（河南汝州）……一七七〇
綜述……一七七〇
藝文……一七七一
雜録……一七七一
仁義渠（山西太原府）……一七七一
任公渠……一七七二

茹公渠 …… 一七七二
潤民渠 …… 一七七三
三白渠 …… 一七七四
　論説 …… 一七七四
　綜述 …… 一七七四
　傳記 …… 一七七六
　紀事 …… 一七七七
　雜録 …… 一七七八
善利渠 …… 一七七八
沈公渠 …… 一七七九
石犀渠 …… 一七七九
順濟渠 …… 一七七九
太白渠 …… 一七八〇
譚公北渠 …… 一七八〇
譚公南渠 …… 一七八一
唐來渠 …… 一七八二
天一渠 …… 一七八三
通城渠 …… 一七八四
　綜述 …… 一七八四
　傳記 …… 一七八四
　雜録 …… 一七八四
通濟渠 …… 一七八五
　論説 …… 一七八五
　綜述 …… 一七八五
　紀事 …… 一七八六
　藝文 …… 一七八七
　雜録 …… 一七八八
通利渠 …… 一七八九
　綜述 …… 一七八九
　傳記 …… 一七九〇
　紀事 …… 一七九〇
　雜録 …… 一七九〇
桐渠 …… 一七九〇
萬金渠 …… 一七九二
　綜述 …… 一七九二
　傳記 …… 一七九四
　紀事 …… 一七九四
　藝文 …… 一七九四
　雜録 …… 一七九四
萬厢渠 …… 一七九五
萬公渠 …… 一七九六
魏十二渠 …… 一七九七
　論説 …… 一七九七
　紀事 …… 一七九七
五丈渠 …… 一七九八
五爪渠 …… 一七九八
　綜述 …… 一七九八
　傳記 …… 一七九九
　紀事 …… 一七九九
　藝文 …… 一七九九
　雜録 …… 一七九九
謝公渠 …… 一七九九
興隆渠 …… 一八〇〇
　紀事 …… 一八〇〇
　雜録 …… 一八〇〇
興文渠 …… 一八〇一
伊渠 …… 一八〇一
永豐渠 …… 一八〇二
　綜述 …… 一八〇二
　紀事 …… 一八〇三

雜録……一八〇三

永濟渠……一八〇三

論説……一八〇三

綜述……一八〇四

傳記……一八〇五

紀事……一八〇五

雜録……一八〇五

永賴渠……一八〇七

綜述……一八〇七

傳記……一八〇七

紀事……一八〇七

藝文……一八〇七

雜録……一八〇七

永利渠……一八〇八

綜述……一八〇八

傳記……一八〇九

紀事……一八〇九

雜録……一八〇九

永通渠（河南嵩縣）……一八〇九

永通渠（江蘇吴縣）……一八一〇

永通渠（陝西西安府）……一八一〇

永興渠……一八一〇

張公渠……一八一一

綜述……一八一一

紀事……一八一一

雜録……一八一一

張良渠……一八一二

漳渠……一八一二

鄭渠（鄭國渠）……一八一二

論説……一八一二

綜述……一八一四

傳記……一八一五

紀事……一八一五

藝文……一八一六

雜録……一八一六

泉部

概説……一八一八

綜述……一八一八

紀事……一八一九

白鶴泉……一八二〇

綜述……一八二〇

藝文……一八二〇

雜録……一八二一

白泉……一八二一

綜述……一八二一

紀事……一八二二

藝文……一八二二

雜録……一八二二

百門泉……一八二三

綜述……一八二三

紀事……一八二三

藝文……一八二四

雜録……一八二四

百丈泉……一八二五

綜述……一八二五

紀事……一八二五

藝文……一八二六

雜録……一八二六

筆泉……一八二六

碧泉 …… 一八二七
综述 …… 一八二七
藝文 …… 一八二七
玻璃泉 …… 一八二七
综述 …… 一八二七
紀事 …… 一八二八
藝文 …… 一八二八
雜録 …… 一八二九
丹泉 …… 一八三〇
综述 …… 一八三〇
紀事 …… 一八三〇
藝文 …… 一八三〇
雜録 …… 一八三一
滴乳泉 …… 一八三一
综述 …… 一八三一
藝文 …… 一八三一
雜録 …… 一八三二
第三泉 …… 一八三二
综述 …… 一八三二
紀事 …… 一八三二
藝文 …… 一八三二
洞泉 …… 一八三三
综述 …… 一八三三
紀事 …… 一八三三
藝文 …… 一八三四
雜録 …… 一八三四
芳泉 …… 一八三四
甘露泉 …… 一八三四
論説 …… 一八三四
综述 …… 一八三五
紀事 …… 一八三五
藝文 …… 一八三六
雜録 …… 一八三六
韓泉 …… 一八三六
寒泉 …… 一八三七
综述 …… 一八三七
藝文 …… 一八三七
鶴泉 …… 一八三九
惠泉 …… 一八三九
論説 …… 一八三九
综述 …… 一八三九
紀事 …… 一八四〇
藝文 …… 一八四一
雜録 …… 一八四三
劍泉 …… 一八四三
金粟泉 …… 一八四四
综述 …… 一八四四
藝文 …… 一八四五
雜録 …… 一八四五
菊泉 …… 一八四五
澗泉 …… 一八四六
覺喜泉 …… 一八四七
橘泉 …… 一八四七
康濟泉 …… 一八四八
醴泉 …… 一八四九
論説 …… 一八四九
紀事 …… 一八四九
藝文 …… 一八四九
廉泉 …… 一八五〇
综述 …… 一八五〇

紀事……一八五一
藝文……一八五一
裂石泉……一八五一
林泉……一八五二
靈泉……一八五二
綜述……一八五二
紀事……一八五三
藝文……一八五四
雜録……一八五五
龍鼻泉……一八五五
綜述……一八五五
紀事……一八五六
藝文……一八五六
麓泉……一八五六
廟泉……一八五七
綜述……一八五七
紀事……一八五七
南泉……一八五八
綜述……一八五八
藝文……一八五八
平泉……一八五九
綜述……一八五九
藝文……一八五九
青龍泉……一八六〇
綜述……一八六〇
紀事……一八六〇
藝文……一八六一
雜録……一八六一
清白泉……一八六一
綜述……一八六一
紀事……一八六二
藝文……一八六二
雀泉……一八六二
瑞泉……一八六二
綜述……一八六二
藝文……一八六三
三疊泉……一八六三
紀事……一八六三
藝文……一八六四
山泉……一八六六
綜述……一八六六
藝文……一八六六
石泉……一八六七
綜述……一八六七
藝文……一八六七
雙泉……一八六七
綜述……一八六七
藝文……一八六八
松泉……一八六九
湯泉……一八六九
論説……一八六九
綜述……一八七〇
紀事……一八七一
藝文……一八七二
萬宗泉……一八七六
勿幕泉……一八七六
西泉……一八七六
綜述……一八七六
藝文……一八七六
相泉……一八七七

孝感泉……一八七七
心泉……一八七七
綜述……一八七七
紀事……一八七八
許泉……一八七八
顔泉……一八七九
纓泉……一八七九
應心泉……一八七九
雩泉……一八八〇
玉簾泉……一八八〇
紀事……一八八〇
藝文……一八八一
玉泉……一八八一
綜述……一八八一
紀事……一八八一
藝文……一八八三
玉髓泉……一八八四
再來泉……一八八四
趙公泉……一八八四
綜述……一八八四
藝文……一八八五
竹泉……一八八五
卓錫泉……一八八六
綜述……一八八六
藝文……一八八六
紫泉……一八八六
綜述……一八八六
藝文……一八八七

塘部

概説……一八八八
題解……一八八八
論説……一八八九
綜述……一八九四
紀事……一八九九
藝文……一九〇二
雜録……一九〇三
安豐塘……一九〇七
論説……一九〇七
傳記……一九〇八
紀事……一九〇八
雜録……一九〇八
白茆塘……一九〇九
論説……一九〇九
綜述……一九一一
傳記……一九一三
紀事……一九一三
雜録……一九一五
寶山塘……一九一九
綜述……一九一九
藝文……一九二二
北海塘……一九二二
論説……一九二二
綜述……一九二三
傳記……一九二三
紀事……一九二三
長豐塘……一九二四
長虹堤南塘……一九二四
陳公塘（陳登塘）……一九二四
綜述……一九二四

傳記……一九二六
紀事……一九二六
雜録……一九二七
青塘……一九二八
大豐塘……一九二八
大嵩塘……一九二八
綜述……一九二八
傳記……一九二九
紀事……一九二九
道豐塘……一九二九
德豐塘……一九三〇
定海石塘……一九三〇
東漊塘……一九三〇
杜湖塘……一九三一
綜述……一九三一
紀事……一九三二
風堋廟塘……一九三三
浮湖塘……一九三三
綜述……一九三三
紀事……一九三四
福山塘……一九三四
論説……一九三四
綜述……一九三四
傳記……一九三六
紀事……一九三六
雜録……一九三八
撫安塘……一九三八
富豐塘……一九三九
古塘……一九三九
圭塘……一九四〇
綜述……一九四〇
藝文……一九四一
貴涇塘……一九四二
國清塘……一九四三
綜述……一九四三
傳記……一九四三
藝文……一九四三
雜録……一九四四
海塘……一九四四
論説……一九四四
綜述……一九五〇
紀事……一九六六
藝文……一九七一
雜録……一九七五
鴻塘……一九八四
後海塘……一九八四
綜述……一九八四
紀事……一九八六
湖川塘……一九八七
綜述……一九八七
紀事……一九八八
雜録……一九八九
滸墅塘……一九八九
滙豐塘……一九九〇
匯頭石塘……一九九〇
績溪新開塘……一九九〇
漸豐塘、育豐塘、濟豐塘……一九九一
椒湖塘……一九九一
晋豐塘……一九九二
驚秋塘……一九九二

景豐塘 …… 一九九二
泮江塘 …… 一九九三
樂平官塘 …… 一九九三
樂清縣趙公塘 …… 一九九四
綜述 …… 一九九四
傳記 …… 一九九五
雷塘 …… 一九九五
李墓塘 …… 一九九六
禮豐塘、智豐塘、信豐塘 …… 一九九六
龍塘 …… 一九九七
梅墟塘 …… 一九九七
南橋塘 …… 一九九八
綜述 …… 一九九八
傳記 …… 一九九九
紀事 …… 一九九九
雜録 …… 一九九九
寧海縣南塘 …… 二〇〇〇
平陽萬全塘 …… 二〇〇〇
蒲匯塘 …… 二〇〇一
綜述 …… 二〇〇一
傳記 …… 二〇〇二
紀事 …… 二〇〇二
藝文 …… 二〇〇二
雜録 …… 二〇〇三
浦岐海塘 …… 二〇〇六
浦江縣東湖塘 …… 二〇〇七
浦江縣西湖塘 …… 二〇〇七
七浦塘、楊林塘 …… 二〇〇八
綜述 …… 二〇〇八
紀事 …… 二〇〇九
藝文 …… 二〇一〇
雜録 …… 二〇一〇
芹塘 …… 二〇一一
清漣上塘 …… 二〇一一
仁豐塘 …… 二〇一二
榮豐塘、華豐塘 …… 二〇一二
沙湖塘 …… 二〇一二
綜述 …… 二〇一二
傳記 …… 二〇一三
藝文 …… 二〇一四
上源塘 …… 二〇一四
沈窖湖塘 …… 二〇一四
書院林塘 …… 二〇一五
蜀墅塘 …… 二〇一五
綜述 …… 二〇一五
傳記 …… 二〇一六
藝文 …… 二〇一六
雜録 …… 二〇一六
祀先塘 …… 二〇一七
天寧塘（善塘） …… 二〇一七
瓦窑塘 …… 二〇一七
萬柳塘 …… 二〇一八
綜述 …… 二〇一八
紀事 …… 二〇一九
藝文 …… 二〇一九
烏金廟後塘 …… 二〇一九
吴江石塘（至正石塘） …… 二〇二〇
論説 …… 二〇二〇
綜述 …… 二〇二一
傳記 …… 二〇二三

紀事……二〇二三
雜録……二〇二四
西江塘……二〇二四
論説……二〇二四
綜述……二〇二六
傳記……二〇二八
紀事……二〇二九
雜録……二〇三三
西界塘……二〇三三
峴山通塘……二〇三四
許浦塘……二〇三五
綜述……二〇三五
傳記……二〇三五
紀事……二〇三五
藝文……二〇三六
雜録……二〇三六
鹽鐵塘（塩铁塘）……二〇三六
綜述……二〇三六
傳記……二〇三七
紀事……二〇三七
藝文……二〇三八
雜録……二〇三八
洋礅塘……二〇三九
怡豐塘……二〇三九
義豐塘……二〇四〇
盈豐塘……二〇四〇
永和塘……二〇四〇
永嘉南塘……二〇四一
論説……二〇四一
綜述……二〇四一
傳記……二〇四一
紀事……二〇四二
藝文……二〇四二
語兒土塘……二〇四三
毓秀塘……二〇四三
豫豐塘……二〇四四
元豐塘……二〇四四
元和塘（常熟塘、德遠塘、雲和塘）……二〇四四
綜述……二〇四四
傳記……二〇四五
紀事……二〇四五
著録……二〇四六
雜録……二〇四六
岳頭塘……二〇四七
綜述……二〇四七
紀事……二〇四七
柘林塘……二〇四八
鎮江塘……二〇四八
支塘……二〇四九
論説……二〇四九
綜述……二〇四九
紀事……二〇五〇
藝文……二〇五〇
至和塘（崑山塘）……二〇五〇
論説……二〇五〇
綜述……二〇五一
紀事……二〇五二
藝文……二〇五三
雜録……二〇五三
朱孝塘……二〇五四

竹塘 …… 二〇五五
鄒公塘 …… 二〇五五

堰部

概説 …… 二〇五六
題解 …… 二〇五六
論説 …… 二〇五六
綜述 …… 二〇六一
紀事 …… 二〇六五
藝文 …… 二〇六八
雜録 …… 二〇七〇
百仞堰 …… 二〇七〇
論説 …… 二〇七〇
綜述 …… 二〇七一
傳記 …… 二〇七一
紀事 …… 二〇七一
百丈堰 …… 二〇七二
論説 …… 二〇七二
綜述 …… 二〇七二
紀事 …… 二〇七二
雜録 …… 二〇七三
包角堰 …… 二〇七三
論説 …… 二〇七三
綜述 …… 二〇七四
傳記 …… 二〇七四
紀事 …… 二〇七四
雜録 …… 二〇七五
北澤堰 …… 二〇七五
論説 …… 二〇七五
綜述 …… 二〇七五
傳記 …… 二〇七六
紀事 …… 二〇七六
雜録 …… 二〇七七
濱澗湖堰 …… 二〇七七
論説 …… 二〇七七
綜述 …… 二〇七七
紀事 …… 二〇七八
漕牐堰 …… 二〇七八
綜述 …… 二〇七八
紀事 …… 二〇七九
閶門堰 …… 二〇七九
長安堰 …… 二〇八〇
論説 …… 二〇八〇
綜述 …… 二〇八〇
傳記 …… 二〇八一
紀事 …… 二〇八一
藝文 …… 二〇八一
雜録 …… 二〇八二
崇文堰 …… 二〇八二
論説 …… 二〇八二
綜述 …… 二〇八三
傳記 …… 二〇八三
紀事 …… 二〇八四
東臺河堰 …… 二〇八四
都安堰 …… 二〇八五
論説 …… 二〇八五
綜述 …… 二〇八五
雜録 …… 二〇八六
都江堰 …… 二〇八六
論説 …… 二〇八六

綜述……二〇九一
傳記……二一〇八
紀事……二一一〇
藝文……二一一五
雜録……二一一八
都圳堰……二一三五
綜述……二一三五
傳記……二一三五
風峪石堰……二一三六
鳳溪石陂堰……二一三七
埕城堰……二一三七
綜述……二一三七
傳記……二一三八
紀事……二一三八
雜録……二一三八
高加堰……二一三九
論説……二一三九
綜述……二一四七
傳記……二一六一
紀事……二一六一
藝文……二一六二
雜録……二一六三
高梘堰（高梘官堰、高梘陂）……二一七〇
孤山窊堰……二一七〇
寡婦堰……二一七一
廣寒堰……二一七一
論説……二一七一
綜述……二一七二
傳記……二一七二
紀事……二一七二
好溪堰……二一七二
論説……二一七二
綜述……二一七三
傳記……二一七三
紀事……二一七四
藝文……二一七四
横山大堰……二一七四
論説……二一七四
綜述……二一七四
紀事……二一七五
虹橋堰……二一七五
論説……二一七五
綜述……二一七五
藝文……二一七六
雜録……二一七七
鴻化堰……二一七七
論説……二一七七
綜述……二一七八
紀事……二一七九
藝文……二一七九
滹水渠堰……二一七九
虎尾堰、久經坪堰……二一八〇
黄陂堰……二一八〇
惠澤堰……二一八一
論説……二一八一
綜述……二一八一
紀事……二一八三
火燒堰……二一八三
論説……二一八三
綜述……二一八四

紀事……二一八四
藝文……二一八五
雜録……二一八五
姜村堰、席村堰……二一八五
論説……二一八五
綜述……二一八六
傳記……二一八六
紀事……二一八七
雜録……二一八七
蔣溪堰……二一八八
綜述……二一八八
傳記……二一八八
紀事……二一八八
雜録……二一八九
金口堰……二一八九
論説……二一八九
綜述……二一八九
傳記……二一九〇
紀事……二一九〇
藝文……二一九一
雜録……二一九一
廣濟堰……二一九一
綜述……二一九一
紀事……二一九二
救荒堰……二一九二
考功堰……二一九二
李公堰……二一九三
論説……二一九三
綜述……二一九三
傳記……二一九四
紀事……二一九四
廣濟堰……二一九四
論説……二一九四
綜述……二一九四
傳記……二一九五
紀事……二一九五
麗水縣通濟堰……二一九五
論説……二一九五
綜述……二一九六
傳記……二二〇三
紀事……二二〇四
藝文……二二〇六
雜録……二二〇六
六门堰……二二〇八
綜述……二二〇八
傳記……二二〇九
紀事……二二〇九
雜録……二二〇九
龍河橋堰……二二一〇
蟆頤堰……二二一〇
論説……二二一〇
綜述……二二一一
傳記……二二一二
紀事……二二一二
馬儀新墅堰……二二一三
論説……二二一三
綜述……二二一三
紀事……二二一三
縻棗堰……二二一四
論説……二二一四

綜述……二三一四
紀事……二三一五
綿江……二三一五
茗溪堰……二三一六
太保堰……二三一六
南溪堰……二三一七
論説……二三一七
綜述……二三一七
藝文……二三一七
彭家堰……二三一七
論説……二三一七
藝文……二三一八
雜録……二三一八
大陂堰……二三一八
綜述……二三一八
傳記……二三一九
莆田陂右堰……二三一九
普濟堰……二三一九
七門堰……二三二〇
論説……二三二〇
綜述……二三二〇
傳記……二三二一
紀事……二三二二
藝文……二三二三
雜録……二三二三
千工堰……二三二五
論説……二三二五
綜述……二三二五
傳記……二三二六
紀事……二三二六
藝文……二三二七
雜録……二三二七
千公堰（千工堰、孔公堰）……二三二八
綜述……二三二八
傳記……二三二八
紀事……二三二八
青龍堰……二三二九
綜述……二三二九
雜録……二三二九
清白堰……二三三〇
清溪堰……二三三〇
三道石堰……二三三一
桑子河堰……二三三一
山河堰……二三三二
論説……二三三二
綜述……二三三二
傳記……二三三四
紀事……二三三四
藝文……二三三五
雜録……二三三五
永濟堰……二三三七
論説……二三三七
綜述……二三三七
紀事……二三三八
聖水堰……二三三八
石遞堰……二三三九
壽張縣堰……二三四〇
熟溪堰……二三四〇
蜀州新堰……二三四一
廣濟堰（廣積堰、廣利堰）……二三四一

論説……二三四一
綜述……二三四一
傳記……二三四二
紀事……二三四二
雜録……二三四三
它山堰……二三四三
論説……二三四三
綜述……二三四四
傳記……二三四八
紀事……二三四九
著録……二三五〇
藝文……二三五一
雜録……二三五三
台山堰（密陂堰）……二三五八
綜述……二三五八
紀事……二三五八
藝文……二三五九
雜録……二三五九
田家堰……二三五九
同仁堰……二三六〇
土門堰……二三六〇
綜述……二三六〇
紀事……二三六一
雜録……二三六二
萬工堰……二三六二
綜述……二三六二
傳記……二三六三
雜録……二三六三
魏公堰……二三六四
吴塘堰……二三六四
論説……二三六四
綜述……二三六五
傳記……二三六六
紀事……二三六六
藝文……二三六六
雜録……二三六七
五門堰……二三六七
論説……二三六七
綜述……二三六七
傳記……二三六九
紀事……二三六九
雜録……二三六九
武安堰（靈溪堰）……二三七〇
綜述……二三七〇
傳記……二三七二
紀事……二三七二
藝文……二三七二
武陽堰、盛水堰……二三七二
論説……二三七二
傳記……二三七三
紀事……二三七三
藝文……二三七四
雜録……二三七四
西山堰……二三七五
小江湖强堰……二三七五
新津縣通濟堰……二三七五
論説……二三七五
綜述……二三七七
傳記……二三八三
紀事……二三八三

藝文……二二八五
雜録……二二八六
楊公堰……二二八六
綜述……二二八六
紀事……二二八七
雜録……二二八八
楊填堰……二二八八
論説……二二八八
綜述……二二九〇
傳記……二二九一
雜録……二二九一
驛亭堰……二二九二
論説……二二九二
綜述……二二九三
紀事……二二九三
藝文……二二九四
雲南城西堰……二二九四
曾公堰……二二九五
章公堰……二二九五
論説……二二九五
綜述……二二九五
傳記……二二九六
紀事……二二九六
藝文……二二九七
雜録……二二九七
昭覺堰……二二九八
綜述……二二九八
紀事……二二九九

埦部

概説……二三〇〇
綜述……二三〇〇
傳記……二三〇一
埦田……二三〇一
論説……二三〇一
綜述……二三〇二
傳記……二三〇三
紀事……二三〇五
藝文……二三〇六
雜録……二三〇六
官埦……二三〇六
題解……二三〇六
論説……二三〇六
綜述……二三〇七
紀事……二三〇八
雜録……二三〇八
安鄉埦……二三〇八
綜述……二三〇八
傳記……二三〇九
紀事……二三〇九
白洑埦……二三〇九
白魚埦……二三〇九
便文埦……二三一〇
大興埦……二三一〇
戴家埦……二三一〇
汈汊埦……二三一一
豐樂埦……二三一一
荷湖埦……二三一二
鶴湖埦……二三一二
黄漢埦……二三一三

金庫垸 …… 二三一三
蓼湖垸 …… 二三一三
馬家垸 …… 二三一四
梅肇垸 …… 二三一四
南湖垸 …… 二三一四
牛埠垸 …… 二三一五
沙窩垸 …… 二三一五
太平垸 …… 二三一五
濤湖垸 …… 二三一六
兔垸 …… 二三一六
香花垸 …… 二三一六
小洲垸 …… 二三一六
新豐垸 …… 二三一七
新興垸 …… 二三一七
楊湖垸 …… 二三一七
楊林垸 …… 二三一七
姚兒垸 …… 二三一七
鄭家垸 …… 二三一八
中洲垸 …… 二三一八
朱家垸 …… 二三一九

圩部

概説 …… 二三二〇
論説 …… 二三二〇
綜述 …… 二三二〇
雜録 …… 二三二五
圩岸 …… 二三三〇
題解 …… 二三三〇
論説 …… 二三三〇
綜述 …… 二三三六
傳記 …… 二三六一
藝文 …… 二三七〇
紀事 …… 二三七二
雜録 …… 二三八三
圩丁 …… 二三八九
圩田 …… 二三九〇
題解 …… 二三九〇
論説 …… 二三九一
綜述 …… 二四〇一
傳記 …… 二四二一
紀事 …… 二四二九
藝文 …… 二四四一
雜録 …… 二四四五
圖表 …… 二四五五
圩長 …… 二四五八
北城圩 …… 二四五八
綜述 …… 二四五八
傳記 …… 二四五九
紀事 …… 二四五九
雜録 …… 二四六〇
大路圩 …… 二四六〇
大有圩 …… 二四六一
綜述 …… 二四六一
傳記 …… 二四六三
紀事 …… 二四六四
雜録 …… 二四六四
东圩 …… 二四六四
都圩 …… 二四六四
綜述 …… 二四六四
傳記 …… 二四六六

雜録……二四六六
防衛圩……二四六六
豐樂圩……二四六七
綜述……二四六七
傳記……二四六七
雜録……二四六七
鳳賢圩……二四六八
廣濟圩……二四六八
綜述……二四六八
紀事……二四六八
傳記……二四六八
雜録……二四六九
藝文……二四六九
墩坪圩……二四六九
行春圩……二四六九
和安圩……二四七〇
河北圩……二四七〇
皇興圩……二四七一
黄沙圩……二四七一
濟南石圩……二四七一
永豐圩……二四七二
綜述……二四七二
傳記……二四七三
紀事……二四七四
藝文……二四七五
雜録……二四七五
寧國府圩……二四七五
政和圩……二四七六
論説……二四七六
綜述……二四七六
雜録……二四七六
萬春圩……二四七七
綜述……二四七七
傳記……二四七八
藝文……二四七八
建昌圩……二四八〇
論説……二四八〇
綜述……二四八〇
傳記……二四八一
紀事……二四八一
藝文……二四八一
雜録……二四八二
金寶圩……二四八三
傳記……二四八三
紀事……二四八三
雜録……二四八四
均墩東西兩圩……二四八五
賈塘圩（李公圩）……二四八五
利國圩……二四八六
羅渡圩……二四八六
侶湖圩……二四八七
馬家圩……二四八七
綜述……二四八七
傳記……二四八八
紀事……二四八八
雜録……二四八九
圖表……二四八九
彭公圩……二四八九
錢氏小圩……二四九〇
仁豐下圩……二四九〇

潤澤圩……二四九一
三洞圩……二四九一
三角圩……二四九二
沙河基圩……二四九二
山陽圩……二四九三
十三圩……二四九三
綜述……二四九三
傳記……二四九四
紀事……二四九四
雜録……二四九四
濤雒圩……二四九四
萬家洲圩……二四九五
西圩……二四九五
綜述……二四九五
紀事……二四九六
相国圩……二四九七
綜述……二四九七
傳記……二四九七
紀事……二四九八
雜録……二四九八
宣城圩……二四九九
永興圩……二四九九
余家塘圩……二五〇〇
雩田圩……二五〇〇
趙段圩……二五〇一

农田水利分典　引用書目

上

農田水利機構與職官總部

農田水利機構與職官總部説明

農田水利機構與職官總部依照時代順序和農田水利職官的階段性發展特徵，分爲先秦時期水利職官部、秦漢時期水利職官部、魏晉隋唐五代時期水利職官部、宋遼金元時期水利職官部和明清時期水利職官部，共輯録相關材料約三十萬字。

中國自古以農立國，水資源又是農業的命脉，所以歷代均極爲重視水政管理。我國有關設置治水職官的記載，最早見于《尚書·舜典》：『伯禹作司空』，『平水土』。水官的設置，在先秦時期已經非常普遍。春秋戰國時期，掌管農田水利的水官之屬有川衡、澤虞、雍氏、萍氏等，負責河道、溝渠、堤防等農田水利設施的巡視、管理和維修等工作。

秦漢時期的政治制度發生了巨大變化，先秦時期分封制下的公卿制變爲中央集權的三公九卿制，水政管理機構也隨之變化，出現了專業性質較强的農田水利職官。秦和漢初設有都水長丞，負責管理水泉、河流、湖泊等水利資源，『主陂池灌溉，保守河渠，自太常、少府及三輔等，皆有其官』。漢武帝時，對人員衆多、隸屬不一的水利官員加以省并，置都水使者，加以統一領導和管理。漢代還創設河堤謁者或河堤使者等職官，本爲中央臨時派出的治河專員，多以原官兼任河堤都尉，如『領河堤』、『護河堤』、『行河堤』等。魏晉時期，河堤謁者成爲中央主持水利行政的長官，逐漸成爲固定的職置，成爲隋唐都水臺的重要淵源。在一些重要的水利樞紐地帶，往往因地制宜，設置地方性的水利官員進行管理，如陂官、湖官、雲夢官等。

魏晉隋唐時期，三省六部制日漸形成，掌管國家水政的是工部中的水部，如《唐六典》規定：『水部郎中、員外郎掌天下川瀆、陂池之政令，以導達溝洫，堰決河渠。凡舟楫灌溉之利，咸總而舉之。』魏晉南北朝時期，中央置都水臺，設都水使者。隋代改使者爲監，官至四品。唐貞觀時改爲都水監，設使者二人，正五品上，下領舟楫、河渠二署，長官稱使者、都尉，屬官有主簿、録事、府、史、掌故等。唐代以後，都水監及其官署設置，不再有大的變動。都水監屬的職責，《唐六典》均有細緻的規定，如都水使者『掌川澤、津梁之政令，總舟檝、河渠二署之官署。辨其遠近，而歸其利害。凡漁捕之禁、衡虞之守，皆由其屬而總制之』，監丞、主簿『丞掌判監事。凡京畿助水，禁人因灌溉而有費者，及引水不利而穿鑿者。其應入内諸水，有餘則任王公、公主、百官家節而用之。主簿掌印，勾檢稽失。凡運漕及漁捕之有程者，會其日月，而爲之糾舉』。

宋代官、職、差遣分離，官稱與實職不一，故宋初水部形同虚設：『水部判司事一人，以無職事朝官充。凡川瀆、陂池、溝洫、河渠之政，國朝初隸三司河渠案，後領于水監，本司無所掌。』元豐改制之後才稍有改觀。與之相應，實際負責農田水利工程的多是專門設置的機構，如河渠司、淤田司、堤岸司、疏浚黄河司等。元代都水監的主要職能是防洪和管理運河，駐外的河渠司則參與地方水利工程：『元有天下，内立都水監，外設各處河渠司，以興舉水利、修理河堤爲務。』都水監在外設置的機構有行都水監（管理河堤和防洪）和都水庸田使司（管理農田水利）。這些外駐機構開始時多是因事臨時設置的，故屢有罷置，後來逐漸成爲常設，如汴梁都水庸田使司等。

明清時期的水利機構職能明顯向漕運傾斜，掌管農田水利的主要是隸屬于工部的都水清吏司，『設郎中、員外郎、主事分理之』，『郎中，滿洲五人，漢人一人。員外郎，滿洲五人，漢人一人。主事，滿洲四人，漢人二人。掌河防海塘及直省河湖淀泊川澤陂池水利之政令，凡道路之平治，橋梁之營葺，舟檝之制度，咸總而舉之』。明代的總理河道（簡稱總河）、清代的河道總督也承擔了部分的農田水利管理職能，通常按照河段下設若干道、廳、汛、鋪等。

農田水利機構與職官總部

先秦時期水利職官部

水官

題解

明 張内藴《三吴水考》卷七《水官考小序**》** 水之有官，專治水之責也。以水名官，以官治水，將平成之績是賴，非以備員也。是故六卿分職，厥有司空、諸曹、率屬，亦置都水；在外則有水利臬、大夫、郡司馬。朝廷每修水利，輒遣公卿大臣，往督其事，而以百執事佐之，近復命憲臣以璽書行事，諸所建白，重且鉅者，奏請於上，其餘一切皆得從便宜。彈壓諸司，諸司有不率不力者，皆得論刺之。其事權良重必也。憲修政舉，事乃奏功，奠我元元，福利社稷，用光史册，以告來世，斯其無負於任使乎！朝廷設官各有專責，故吏治不清則問太宰，户口不蕃則問司農，典禮多缺則問秩宗，戎事失戒則問司馬，刑獄匪平則問司寇，地利未盡則問司空，憲法罕飭則問執法，小民靡寧則問司牧，邊鄙多警則問疆吏，水利湮廢則問水官，此朝廷之所以使天下於指臂，而坐策四海者也。作水官考。

論説

《管子》卷一八《度地》 桓公曰：『請問備五害之道。』管子對曰：『請除五害之説，以水爲始。請爲置水官，令習水者爲吏：大夫、大夫佐各一人，率部校長、官佐各財足。乃取水左右各一人，使爲都匠水工，令之行水道、城郭、堤川、溝池、官府、寺舍及州中，當繕治者，給卒財足。令曰：常以秋歲末之時，閲其民。案家人比地，定什伍口數，別男女大小。其不爲用者輒免之，有錮病不可作者疾之，可省作者半事之。并行以定甲士，當被兵之數，上其都。都以臨下，視有餘不足之處，輒下水官。水官亦以甲士當被兵之數，與三老、里有司、伍長行里，因父母案行。閲具備水之器，以冬無事之時。籠、臿、板、築各什六，土車什一，雨輂什二。食器兩具，人有之，錮藏里中，以給喪器。後常令水官吏與都匠，因三老、里有司、伍長案行之。常以朔日始，出具閲之，取完堅，補弊久，去苦惡。常以冬少事之時，令甲士以更次益薪，積之水旁。州大夫將之，唯毋後時。其積薪也，以事之已；其作土也，以事未起。天地和調，日有長久，以此觀之，其利百倍。故常以毋事具器，有事用之，水常可制，而使毋敗。此謂素有備而豫具者也。』

又 桓公曰：『凡一年之中十二月，作土功，有時則爲之，非其時而敗，將何以待之？』管仲對曰：『常令水官之吏，冬時行堤防，可治者章而上之都。都以春少事作之，已作之後，常案行。堤有毁作，大雨，各葆其所，可治者趣治，以徒隸給。大雨，堤防可衣者衣之，衝水可据者据之，終歲以毋敗爲固，此謂備之常時，禍何從來？』

明 李濂《汴京遺迹志》卷五《黄河・朱光庭論治河當專責水官》 臣竊以君論一相，相擇百官，各任其職而天下治，古今不易之道也。今日朝廷内外無事，惟治河爲大役。竊緣河之所以可治，朝廷難以遙度，責在水官任職而已。其所用物料，所役兵夫，水官既任責，則朝廷自合應副，將來成功則當不惜重賞，設或敗事亦當必行重責，如此則上有所取信而不致過舉，下不敢欺罔而以實從事。臣今日所聞則異於此，朝廷只知河之當竭財力以應副，而水官不任其責，僥倖成功則自稱已力以冀重賞；以至敗事則推過朝廷，苟免重責，此不可之甚者也。伏見此役非小役也，其所責物料，所役兵夫萬數不少，若水官自不任責，則朝廷何所取信而興此大役？伏乞朝廷指揮下修河司，取責水官，委實可以回復大河結罪狀，庶使身任其責，以實從事，不至朝廷有所過舉。所繫事體甚大，伏望聖慈早賜指揮。

综述

唐 房玄齡《管子注》第一八《度地》 桓公曰：『請問備五害之道。』管子對曰：『請除五害之説，以水爲始。請爲置水官，令習水者爲吏，大夫、大夫佐各一人，率部校長、官佐各財足。財謂其禄廩。乃取水左右各一人，使爲都匠水工，爲水工之都匠。令之行水道、城郭、堤川、溝池、官府、寺舍及州中，當繕治者，給卒財足。卒謂所當治水者，財其粮用也。令曰：常以秋歲末之時閲其民，閲謂省視。案家人比地，定什伍口數，案人比地有十口五口之數當受地若干。别男女大小。其不爲用者輒免之，謂其幼小不在役則免之。有錮病不可作者疾之，著其名於疾者之數有以賙恤之也。可省作者半事之。謂疾者雖不任役，可以省視作者取其半功。并行以定甲士，當被兵之數，上其都。因力役之際并行視之，强壯者預定之以爲甲士，而被兵之數既而上其名籍於國都也。都以臨下，視有餘不足之處，輒下水官。水官亦以甲士當被兵之數，都既臨下視其兵不足之處，即甲士下之於水官，水官既得甲士，還以備兵數也。與三老、里有司、伍長行里，因父母案行，閲具備水之器，謂水官與三老、五長等行視其里，因其家之父母與之閲其備水之器。以冬無事之時。籠、臿、板、築各什六，謂什人共貯六具，下準此。土車什一，雨輂什二。車輂所以禦雨，故曰雨輂。食器兩具，每人兩具。人有之，錮藏里中，以給喪器。謂人既有貯器，當錮藏於里中，兼得給凶喪之用。後常令水官吏與都匠，因三老、里有司、伍長案行之。常以朔日始，出具閲之，取完堅，補弊久，去苦惡。其器既補弊而久有苦惡者除去之。常以冬少事之時，令甲士以更次益薪，積之水旁。州大夫將之，唯毋後時。謂將領之無得後時。其積薪也，以事之已；已，畢也。農事既畢，然後益薪。其作土也，以事未起。謂春事未起。天地和調，日有長久，以此觀之，其利百倍。故常以無事具器，有事用之，水常可制，而使毋敗。此謂素有備而豫具者也。』

明 朱長春《管子榷》卷一八《度地》 桓公曰：『請問備五害之道。』管子對曰：『請除五害之説，以水爲始。請爲置水官，令習水者爲吏，大夫、大夫佐各一人，率部校長、官佐各財足。財謂其禄稟。乃取水左右各一人，使爲都匠水工，爲水工之都匠。令之行水道、城郭、堤川、溝池、官府、寺舍及州中，當繕治者，給卒財足。卒謂所當治水者，財，其粮用也。令曰：常以秋歲末之時，閲其民，閲謂省視。案家人比地，定什伍口數，案人比地有十口五口之數當受地若干。别男女大小。其不爲用者輒免之，謂其幼小不在役者則免之。有錮病不可作者疾之，著其名於疾者之數有以賙恤之也。可省作者半事之。謂疾者雖不任役，可以省視作者取其半功。并行以定甲士，當被兵之數，上其都。因力役之際并行視之，强壯者預定之以爲甲士，而被兵之數既而上其名籍於國都也。都以臨下，視有餘不足之處，輒下水官。水官亦以甲士當被兵之數，都既臨下視其兵不足之處，即甲士下之於水官。水官既得甲士，還以備兵數也。與三老、里有司、伍長行里，因父母案行，閲具備水之器，謂水官與三老五長等行視其里因其家之父母與之閲其備水之器。以冬無事之時。籠、臿、板、築各什六，謂什人共貯六具，下準此。土車什一，雨輂什二。車輂所以禦雨，故曰雨輂。食器兩具，每人兩具。人有之，錮藏里中，以給喪器。謂人既有貯器，當錮藏於里中，兼得給凶喪之用。後常令水官吏與都匠，因三老、里有司、伍長案行之。常以朔日始，出具閲之，取完堅，補弊久，去苦惡。其器既補弊而久有苦惡者除去之。常以冬少事之時，令甲士以更次益薪，積之水旁。州大夫將之，唯毋後時。謂將領之無得後時。其積薪也，以事之已；已，畢也。農事既畢，然後益薪。其作土也，以事未起。謂春事未起。天地和調，日有長久，以此觀之，其利百倍。故常以毋事具器，有事用之，水常可制，而使毋敗。此謂素有備而豫具者也。』

【演】齊，海國也，受九河之下流，河之患，水之利害，獨後世乎哉？當時水傷之，諸侯國自爲救，一并郡縣而患乃專移之天子耳。葵丘命『毋曲防』，白圭治隣爲壑，時所汲汲可知矣。水之道，大則行之，小則防之。行用疏，防用堤。堤固，所以行之也。《管子·度地》中詳列水官之事，後世都水行河之法具矣。云何設吏，云何閲民，云何備器薪，云何事時，云何作堤，云何樹守，云何案行，云何衣据，云何取土。中外濁水入不敗。濁水，黄河也。治之詳如此，漢之瓠子金堤豈其創法哉？蓋考于此矣！上水用導，中水用堤，下水用浚，歲浚其游，增其堤，水可平行無決，安導焉？背其法而動，主開鑿，鑿而河菀廢者，今幾矣！空水衡之錢，而勤相河之作，何爲哉？故漢前非無水患，衆國受治之；漢後天子獨治之，衆治其備，豫其修，早獨治其守，弛其修，遲弛而遲，故害大而不可救也。

又 桓公曰：『凡一年之中十二月，作功有時則爲之，非其時而敗，將何以待之？』管仲對曰：『常令水官之吏，冬時行堤防，可治者章而上之都。都以春少事作之，已作之後，常案行。堤有毀作，大雨，各葆其所，可治者趣治，以徒隸給。大雨，堤防可衣者衣之，衝水可据者据之，終歲以毋敗爲固，此謂備之常時，禍何從來？』【評】行河使者當書此座右，何必玄夷、白馬？所以然者，獨水蒙壤自塞而行者，江河之謂也。歲高其堤，所以不沒也。春冬取土於中，秋夏取土於外，濁水入之，不能爲敗。

傳記

《漢書》卷二三《刑法志》 文頴曰：共工，主水官也。少昊氏衰，秉政作害，顓頊伐之。本主水官，因爲水行也。

漢 劉安《淮南鴻烈解》卷八《本經訓》 共工，水官名也。

漢 揚雄《太玄經》卷八《太玄數第十一》 神玄冥。謂水正熙也，實能水官，死則命之爲玄冥也，使其神佐顓項而并祀也。玄取其幽微，冥取其冥昧，蓋藏之時也。

漢 鄭玄《禮記疏》卷一七《月令》 其帝顓頊，其神玄冥。此黑精之君，水官之臣，自古以來著德立功者也。顓項，高陽氏也；玄冥，少皞氏之子，曰修、曰熙，爲水官。顓，音專；項，音許玉反；冥，亡丁反。【疏】注『顓項至水官』，正義曰：按《五帝德》云：顓項，高陽氏，姬姓也。又《帝王世紀》云：生十年而佐少皞，十二年而冠，二十年而登帝位，在位七十八年而崩。以水承金也。云『玄冥，少皞氏之子，曰修、曰熙』者，按昭二十九年《左傳》云少皞氏有子曰修、曰熙，又云修及熙爲玄冥，是相代爲水官也。

晉 杜預《春秋左傳正義》卷四一 昔金天氏有裔子曰昧，爲玄冥師，生允格、臺駘。金天氏，帝少皞裔遠也；玄冥，水官；昧爲水官之長。【疏】注『金天氏之長』，《正義》曰：金天氏，帝少皞，《帝系》《世本》文也。金天代號，少皞身號。《月令》於冬云其神玄冥，是玄冥爲水官也。昧爲玄冥師，師，訓長也。故云昧爲水官之長。二十九年《傳》云：少皞氏有四叔，修及熙爲玄冥。昧爲金天裔子，當是修、熙之後。《釋例》曰：修及熙皆爲玄冥。未知昧爲誰之子，或是其子孫也。

宋 洪邁《容齋隨筆・三筆》卷一《共工氏》 《禮記・祭法》《漢書・郊祀志》皆言共工氏霸九州，以其無録而王，故謂之霸。《曆志》則云：『雖有水德，在火、木之間，非其序也。任知刑以彊，故伯而不王。周人遷其行序，故《易》不載。』注言：『以其非次，故去之。』《史記・律書》：『顓帝有共工之陳，以平水害。』文穎曰：『共工，主水官也。少昊氏衰，秉政作虐，故顓帝伐之。本主水官，因爲水行也。』然《左傳》郯子所叙黄帝、炎帝五代所名官，共工氏以水紀，故爲水師而水名。杜預云：『共工氏以諸侯伯有九州者，在神農之前、太昊之後，亦受水瑞，以水名官。』蓋其與炎、黄諸帝均受五行之瑞，無所低昂，是亦爲王明矣。其子曰后土，能平九州，至今祀以爲社。前所紀謂『周人去其行序』，恐非也。至於怒觸不周之山，天傾西北，地不滿東南，此説尤爲誕罔。洪氏出於此，本曰『共』，《左傳》所書晉左行共華、魯共劉，皆其裔也。後又推本水德之緒，加水於左，而爲『洪』云。《堯典》所稱『共工方鳩僝功』，即舜所流者，非此也。時以名官，故舜命垂爲之。

宋 掌禹錫《重修昌寧公廟碑記即汾水川祠》（成化）《山西通志》卷一四 昌寧公，即金天氏之遐裔，世長水官。通汾洮，障大澤，而能似續其業，以處太原，《春秋左氏》紀之詳矣。在昔建祠居澤之陽，淵渟神瀵，洪波浩渺，蒲葦蕃膴，魚鳥游泳，力田生聚，賴其遺利。或水潦作沴，一時缺雨，府帥以牲幣禜之，必如響應之驗。及天有六氣，晦明生疾，編甿以豚蹄祝之，多獲勿藥之喜。故晉陽境中博詢群祀，最越前古。晉天福中，始有封公之號，著於地志。

明 王樵《春秋輯傳》卷一〇《昭公》 昔金天氏帝少皞有裔子曰昧，爲玄冥水官師，長也。生允格、臺駘。臺駘能業其官，宣通汾、洮二水。障大澤，以處大原。晉陽，臺駘之所居。帝顓頊用嘉之，封諸汾川，沈、姒、蓐、黄實守其祀，四國臺駘之後。今晉主汾而滅之矣。由是觀之，則臺駘，汾神也。

明 彭大翼《山堂肆考》卷一三《時令・九月・玄冥作輔》 《月令》：其帝顓項，其神玄冥。注云：顓項，黑精之君；玄冥，水官之臣，少皞之子，曰修、曰熙，相代爲水官。

明 張内藴《三吴水考》卷七《宰臣》 虞：禹，洪水横流，下民昏墊，舜命禹爲司空，疏九河，距九川，導三江，定震澤。吴：伍員，吴相國。開蘇州胥口塘、柳胥港，洩太湖積水，開溧陽銀林河，以通伐楚餉道。越：范蠡，越相國。開蘇州蠡口塘，常州蠡湖及東蠡河、西蠡河。

楚：黄歇，楚相國。開松江之黄浦，常州之申港、黄田港。後人因以名河。

紀事

《慎子・外篇》 古者五行之官，水官得職，則能辨其性味，潛而復出，合而更分，皆可辨之。故師曠、易牙品天下之水，性味不同，蓋古水官之遺法，不獨爲口腹也。

唐 杜預《春秋左傳正義》卷五三 龍，水物也。水官弃矣，故龍不生得。弃，廢也。【疏】《正義》曰：漢氏先儒説左氏者，皆以爲五靈配五方，龍屬木，鳳屬火，麟爲土，白虎屬金，神龜屬水；其五行之次，木生火，火生土，土生金，金生水，水生木。王者修其母則致其子，水官修則龍至，木官修則鳳至，火官修則麟至，土官修則神龜至。故爲其説云：視明禮修而麟至，思睿信立而白虎擾，言從文成而神龜在沼，聽聰知正而名川出龍，貌共體仁則鳳皇來儀，皆修其母而致其子也。解此龍水物者，言龍爲東方之獸，是北方水官之物也。水官廢矣，故龍不生得，言母不修，故子不至也。杜氏既無其説，未知與舊同否。此下不注，似與舊説異。或當以爲龍是水内生長，故爲水官之物。水官廢矣，故龍不生得，言水官不修，故無水内之靈獸也。若如此解，則上文物有其官，當謂五靈之物，各自有其官，官能修理，各自致物。龍是水内之物，可令水官致龍，其鳳凰、麟、虎之輩，共在天地之間，不是寢金、食火、木生、土出，未知何官致鳳何官致虎？未測杜旨，不可强言，是用闕疑，以俟來哲。

唐 段公路《北户録》卷二《鷄骨卜》 南方逐除夜及將發船，皆殺鷄擇骨爲卜，傳古法也。占吉即以肉祠船神，呼爲孟公、孟姥，其來尚矣。按梁簡文《船神記》云：船神名馮耳。《五行書》云：下船三拜三呼其名，除百忌，又呼爲孟公、孟姥。劉思貞云：玄冥爲水官，死爲水神。冥、孟聲相似，又孟公父名憒，母名衣，孟母父名板，母名履。或云冥公、冥姥，因玄冥也。

宋 魏了翁《續古今考》卷一一《附鄭玄不辨地考》 立冬，祭黑帝叶光紀於北郊。顓頊、玄冥，黑精之君，水官之臣。顓頊，高陽氏子；玄冥，少皞氏之子，曰修、曰熙，爲水官。此知五天帝、五人帝、五人臣，始見於此，他皆無所可據。秦之四帝，漢之五帝，皆非周以前制，漢儒附會，爲説三公九卿。鄭不注，知非其所通。

《文獻通考》卷八一《郊社考十四・祭寒暑》 徽宗大觀四年，議禮局言：『左氏傳《春秋》，以少皞有四叔，其一爲元冥。杜預以元冥爲水官，故歷代祀之爲司寒，則元冥非天神矣。本朝儀注：其祭司寒，禮畢燔燎，是以祀天神之禮而享人鬼也。請罷燔燎，而埋祝幣。』從之。

《宋史》卷一〇三《禮志》 大觀禮局言：『《春秋左氏傳》以少昊有四叔，其二爲玄冥。杜預、鄭玄皆以玄冥爲水官，故歷代祀爲司寒，則玄冥非天神矣。今儀注：禮畢，有司取祝幣瘞坎，贊者贊幣燔燎，是以祀天神之禮享人鬼也。請罷燔燎，而埋祝幣。』詔從其請。

明 楊慎《升庵集》卷四二《三江味别》 蘇子瞻《志林》有三江味别之説，蔡傳深非之。然以《禹貢》本文論之，揚州言三江既入，而於經言江漢，朝宗於海，則同流而自爲道可知矣。許敬宗謂濟入河洑地南出，亦以味别。以今揚子江心有南零、北零之異，則知其入而不合正不疑也。古有五行之官，水官得職，則能辨其性味，潛而復出，合而更分，皆可辨之。故師曠、易牙、俞兒、張華、王卲、陸羽、張又新、劉白芻、李季卿，品天下之水，性味不同，葢古水官之遺法，豈獨爲口腹哉？蘇子之説，葢本於此。

清 王鉞《星餘筆記》 南中多船行。其篙師須慣熟者，舊呼爲長年三老。入船多避忌，尢惡聞沉、黐、住、止等字。舊説船神名馮耳，《五行書》云下船三拜三呼其名，除百忌。又呼爲孟公、孟姥。劉思真云：元冥爲水官，死爲水神，冥、孟聲相似也。

清 王棠《燕在閣知新録》卷二一《水官辨味色潛合》 許敬宗云：『古者五行皆有官。水官不失職，則能辨味與色。潛而出，合而更分，皆能識之。』予謂合而分，人易知；潛而出，非辨味與色，烏得而知之。陸鴻漸嗜茶，于天下之水性輕重、清濁、甘淡，皆能歷歷分別其等第。嗚呼！古人用以治水，陸子用以治茶，今世乃欲求一别水味以治茶之陸子，又不可復得，豈不深可嘆也夫！

清 胡聘之《山右石刻叢編》卷二三《昌寧公廟碑・汾川昌寧公家廟記》 天有五行，水爲之夲。水之爲用大矣哉！極天下之信，善利萬物而不窮，苟失其信，亦能害萬物。至於懷山襄陵，下民昏墊，當其爲害時，聖王在上，用能俾乂，故自五帝以来，有水官掌治之。少皡之裔孫昧爲玄冥師。玄冥，乃所謂水官也，而昧爲之長。昧之子臺駘。臺駘能嗣其官業，宣汾洮，障大澤，以處太原，帝顓頊嘉其功，乃邦之汾川。厥後有沈、姒、蓐、黄四國，吿守其祀而不絶。至春秋時，晋主汾，乃始滅之。子産是以謂臺駘汾神也，良有以焉。寧化縣郭西南二十餘里，有定河村，村側有小丘，左汾堧，右谷口，高且尋仞，廣殆畝餘，上有叢祠，古往流言謂爲臺駘墓主汾神。而土俗雖承傳之乆，亦不知所以然。又諭建祠之由，弟以土地神視之，故其祠宇稔爲風雨所弊，莫之省也。今按縣境處汾水上游，實太原之域。昔者臺駘業官於此，受封於此。其生也既有功于此，而死乃葬于此，不其然乎？《祭法》曰：法施於民，以死勤事，以劳定國，能禦大菑，能捍大患，有功烈於民者則祀之。及夫日月星辰、山林川谷丘陵，非此族也，不在祀典。若臺駘，乃勤事禦菑，有功烈於民，宜在祀典之族也。禮山川之神，水旱癘疫之灾，則禜之。説者謂祭其先世主山川之神，非獨祭山川之神也。明昌五年，州得汾陽人任從仕爲判官，任諱知微，博聞之士也。因悼彼俗顓蒙瀆神之祀，乃追討圖志，以春秋傳證之。核厥事迹，知其昭然，不誣爲神之墓、神之廟矣。乃與儒士史世雄、宋鈛取舊圖經，參校編次，增補其闕，昊載兹事，以示鄉人。由是民得曉然，知所敬在，是乃相與修廣舊祠，闢其堂皇，易庫爲崇，延袤兩序，增爲周廡，敞其陽門，益之東西偏，至於塗塈瓴甓繪飾之屬，焕然一新。仍得任公所書故事、封爵、廟號榜于題額，觀者莫不喜悦。然後衆乃環聚而言曰：『惟神之塋兆廟貌既在吾里，則神之靈尚安往哉？且吾民之生成，賴汾河之利，并水而居，未嘗有泛溢之厄，得非神之力乎？今祠所既寧，吾屬當以時敬祀之，以報神休。』於是以每岁仲夏，潔誠修祀，具牢醴牲餼，奠於堂上，作樂舞戲妓，拜於堂下。是日闔邦遠近，往觀者如市，大爲聚樂，以極岁中一方之遊觀也。自承安以来，仍岁遇旱，郡僚有禱，必獲嘉澤。從此邦人荷神之庇益深，而敬事之心如神之在，誠不佞矣。若稽神之靈應在人者，遠則唐有令狐楚謝雨文之碑，次則晋有昌寧公之封，近則宋有靈感玄應公之贈、宣濟廣惠之額。今則靈威素著定河之稱，舊郡守賈公有《禱雨獲應詩》，皆可證驗。兹惟典故之實及耳目所接，可信後世者，榮書之石，以著鄉民。興祠崇典之實，庶使後来無復有昧謬如前日者云。初，民欲刻石乆矣，請於士大夫，屢不果，今又告之州帥田侯，田侯恤民之勤，而乃謙而不有，下諉庸耄，義弗免焉。大梁水張守愚謹記。

藝文

宋 蘇軾《蘇文忠公全集》卷一《次韻水官詩》 净因大覺璉師以閻立本畫水官遺編禮公，公既報之以詩，謂某汝亦作，某頓首再拜，次韻仍録二詩爲一卷以獻。

水官騎蒼龍，龍行欲上天。手攀時且住，浩若乘風船。不知幾何長，足尾猶在淵。下有二從臣，左右乘魚黿。矍鑠相顧視，風舉衣袂翻。女子侍君側，白頰垂雙鬟。手執雉尾扇，容如未開蓮。從者八九人，非鬼非戎蠻。出水未成列，先登揚旗旜。長刀擁旁牌，白羽注强拳。雖服甲與裳，狀貌猶鯨鱣。水獸不得從，仰面以手扳。空虛走雷霆，雨雹晦九川。風師黑虎囊，面目昏塵烟。翼從三神人，萬里朝天闕。我從大覺師，得此詭怪編。畫者古閻子，于今三百年。見者誰不愛，予者誠已難。在我猶在子，此理寧非禪。報之以好詞，何必畫在前。

冬官

題解

《周禮》卷二《冬官考工記第六》 國有六職，百工與居一焉。或坐而論道，或作而行之，或審曲面執，以飭五材，以辨民器，或通四方之珍異以資之，或飭力以長地財，或治絲麻以成之。【略】匠人爲溝洫，耜廣五寸，二耜爲耦，一耦之伐，廣尺深尺，謂之甽；田首倍之，廣二尺，深二尺，謂之遂。九夫爲井，井間廣四尺，深四尺，謂之溝。方十里爲成，成間廣八尺，深八尺，謂之洫；方百里爲同，同間廣二尋，深二仞，謂之澮。專達於川，各載其名。凡天下之地埶，兩山之間，必有川焉，大川之上，必有塗焉。凡溝逆地防，謂之不行。水屬不理孫謂之不行。梢溝三十里，而廣倍。凡行奠水，磬折以參伍。欲爲淵，購句於矩。凡溝必因水埶，防必因地埶。善溝者，水漱之；善防者，水淫之。凡爲防，廣與崇方，其閷參分去一，大防外閷，凡溝防，必一日先深之以爲式，里爲式，然後可以傳眾力。凡任索約，大汲其版，謂之無任。葺屋參分，瓦屋四分，囷、窌、倉、城，逆墻六分，堂塗十有二分，竇，其崇三尺，墻厚三尺，崇三之。

《通典》卷一九《職官一》　冬官水正曰玄冥。水陰而幽冥，其祀修及熙焉。

論說

漢　鄭玄《周禮注》卷四二《冬官考工記下》　匠人爲溝洫，主通利田間之水道。洫，况域反。耜廣五寸，二耜爲耦。一耦之伐，廣尺深尺謂之甽。田首倍之，廣二尺深二尺，謂之遂。古者耜一金，兩人并發之。其壟中曰甽，甽上曰伐。伐之言發也。今之耜岐頭兩金，象古之耦也。田一夫之所佃百畝，方百步地。遂者，夫間小溝，遂上亦有徑。甽，古犬反。并，步頂反。佃，音田，又音電。九夫爲井，井間廣四尺深四尺，謂之溝。方十里爲成，成間廣八尺深八尺，謂之洫。方百里爲同，同間廣二尋深二仞，謂之澮。此畿内采地之制。九夫爲井。井者，方一里，九夫所治之田也。采地制井田，異於鄉遂，及公邑，三夫爲屋。屋，具也。一井之中，三屋九夫，三三相具，以出賦税，共治溝也。方十里爲成。成中容一甸，甸方八里，出田税。緣邊一里治洫。方百里爲同。同中容四都六十四成。方八十里，出田税。緣邊十里治澮。采地者，在三百里、四百里、五百里之中，載師職曰園廛二十而一，近郊什一，遠郊二十而三。甸稍縣都皆無過十二，謂田税也。皆就夫税之輕近重遠耳。滕文公問爲國於孟子。孟子曰：『夏后氏五十而貢，殷人七十而助，周人百畝而徹，其實皆什一。徹者，徹也。助者，藉也。龍子曰：治地莫善於助，莫不善於貢。貢者，校數歲之中以爲常。』文公又問井田。孟子曰：『請野九一而助國中，什一使自賦。卿以下必有圭田。圭田五十畝，餘夫二十五畝，死徙無出鄉，鄉田同井，出入相友，守望相助，疾病相扶持，則百姓親睦。方里而井，井九百畝，其中爲公田，八家皆私。百畝同養公田，公事畢，然後治私事，所以別野人也。』又曰：『詩云：「雨我公田，遂及我私。」惟助爲有公田。由此觀之，雖周亦助也。』魯哀公問於有若曰：『年饑，用不足，如之何？』有若對曰：『盍徹乎？』曰：『二，吾猶不足，如之何其徹也？』《春秋》宣公十五年秋初税畝，傳曰：『非禮也。穀出不過藉，以豐財也。』此數者也，人謂之錯而疑焉。以《載師職》及《司馬法》論之，周制：畿内用夏之貢法，税夫無公田。以《詩》《春秋》《論語》《孟子》論之，周制：邦國用殷之助法，制公田不税。夫貢者，自治其所受田，貢其税穀；助者，借民之力以治公田，又使收斂焉。畿内用貢法者，鄉遂及公邑之吏旦夕從民事，爲其促之，以公使不得恤其私；邦國用助法者，諸侯專一國之政，爲其貪暴税民無藝。周之畿内，税有輕重，諸侯謂之徹者，通其率以什一爲正。孟子云『野九夫而税一，國中什一』，是邦國亦異外内之法耳。圭之，言珪潔也。周謂之士田，鄭司農説以《春秋傳》曰『有田一成』，又曰『列國一同』。仞，音刃。澮，古外反。廛，直連反。助，音筯。校，音教。數，色主反。下此數者同。別，彼列反。雨，于仲反徹。與，音餘。爲，于僞反。下爲其爲此同。藝，音藝。率，音律，又音類。下同。專達於川，各載其名。達，猶至也，謂澮直至於川，復無所注入。載其名者，識水所從出。凡天下之地埶，兩山之間必有川焉，大川之上必有涂焉。通其壅塞。壅，於勇反。凡溝逆地防，謂之不行。水屬不理孫，謂之不行。溝，謂造溝；防，謂脉理。屬，讀爲注。孫，順也。不行，謂决溢也。禹鑿龍門，播九河，爲此逆防與不理孫也。防，音勒。屬，之樹反。孫，音遜，注同。梢溝三十里而廣倍。謂不墾地之溝也。鄭司農云：梢，讀爲桑。螵蛸之蛸，蛸謂水漱齧之溝，故三十里而廣倍。梢，立簫反。蛸，色交反。螵，婢遥反。凡行奠水磬折以參伍，《坎》爲弓輪，水行欲紆曲也。鄭司農云：奠讀爲停，謂行停水，溝形當如磬，直行三，折行五，以引水者疾焉。奠，音亭。折，之設反，後放此。欲爲淵，則句於矩，大曲則流轉，流轉則其下成淵。凡溝必因水埶，防必因地埶，善溝者水漱之，善防者水淫之。漱，猶齧也。鄭司農云：『淫，讀爲廞，謂水淤泥上留著助之爲厚。』玄謂淫讀爲淫液之淫。漱，色救反，前注同。廞，許金反。淤，於據反。著，直略反。液，音亦。凡爲防，廣與崇方，其閷參分去一，崇，高也。方，猶等也。閷者，薄其上。閷，色界反，又色例反，注及下同。去，起吕反。大防外閷，又薄其上厚其下。凡溝防，必一日先深之以爲式，程人功也。溝防，爲溝、爲防也。里爲式，然後可以傳衆力。里，讀爲已，聲之誤也。里，音已。傅，音附。凡任索約大汲其版，謂之無任。故書『汲』作『没』，杜子春云：『當爲汲。』玄謂：約，縮也；汲，引也。築防若墻者，以繩縮其版。大引之，言版橈也。版橈築之，則鼓土不堅矣。《詩》云：『其繩則直，縮版以載。』又曰：『約之格格，椓之橐橐。』格，音各。椓，丁角反。橐，音託。葺屋參分，瓦屋四分，各分其修，以其一爲峻。葺，七入反，一音集，又子入反。囷窌倉城，逆墻六分。逆，猶卻也。築此四者，六分其高，卻一分以爲閷。囷，圜倉穿地曰窌。囷，丘貧反。窌，古孝反。堂涂十有二分，謂階前，若今令甓裓也。分其督勞之修，以一分爲峻也。《爾雅》曰：『堂涂謂之陳。』令，音零。甓，薄歷反。裓，音階。竇其崇三尺。宮中水道。竇，音豆。墻厚三尺崇三之。高厚以是爲率，足以相勝。勝，音升。

明 郝敬《禮記通解》卷六 按，孟冬之月，命工師效功，陳器勒名，考其誠，罪其不當，以窮其情，即《周禮·考工》之意。司空所以爲冬官也，蓋程物莫平于水，故命水虞收水利。亦以冬月歲終。考工，蓋古之制。讀《月令》知《周禮》非缺也。

明 王應電《周禮傳》卷五上《秋官上》 按火屬夏，故行火之政，令夏官司爟掌之。水屬冬，故治水之政，令冬官掌之。

綜述

《通典》卷一九《職官一》 崔靈恩曰：自顓頊以來，命南正重司天，火正黎司地。故重、黎之後，世掌天地官號，曰羲和。唐堯受之，乃置天地四時之官，命羲和之後，使復舊職，而掌天地之事。又分命羲仲、羲叔、和仲、和叔使主四時，爲六卿之任。及其末年，舜攝百揆，改地官爲司徒，秋官爲士，冬官爲司空，春官爲秩宗。故《尚書》曰：乃命羲和欽若昊天，分命和仲、和叔等使主四時之事。又云：百姓不親，五品不遜，契爲司徒，敬敷五教，地官之事也；皋繇作士，五刑有服，秋官之任也。禹作司空，以平水土，冬官之職也。伯夷爲秩宗，典朕三禮，此春官之所司也。

宋 王應麟《玉海》卷二一《周溝洫》 《地官》：遂人掌邦之野。野謂甸稍縣都。凡治野，夫間有遂，遂上有徑，十夫有溝，溝上有畛，百夫有洫，洫上有涂，千夫有澮，澮上有道，萬夫有川，川上有路，以達于畿。注：十夫二鄰之田，百夫一酇之田，千夫二鄙之田，萬夫四縣之田，遂、溝、洫、澮，皆所以通水於川也。遂廣深各二尺，溝倍之，洫倍溝，澮廣二尋、深二仞，經畛涂道路，皆所以通車徒於國都也。萬夫者，方三十三里少半，里九而方一，同以南畮圖之，則遂從溝横，洫從澮横，九澮而川同。其外焉，稻人掌稼下地，以水澤之地種穀。以猪蓄水，以防止水，以溝蕩水，以遂均水，以列舍水，非一道以去水也。以澮寫水，以涉揚其芟，作田注偃。猪者，蓄流水之陂也。防，猪旁堤也。遂，田首受水小溝也。列，田之畦畤也。澮，田尾去水大溝。《冬官》匠人爲溝洫，主通利田間之水道。耜廣五寸，二耜爲耦，一耦之伐，廣尺深尺，謂之甽。田首倍之，廣二尺深二尺，謂之遂。夫間小溝。九夫爲井，井間廣四尺深四尺，謂之溝。方十里爲成，成間廣八尺深八尺，謂之洫。方百里爲同，同間廣二尋深二仞，謂之澮。此畿内采地之制，采地制井田。專達於川，各載其名。識水所從出。凡天下之地埶，兩山之間必有川焉，大川之上必有涂焉。凡溝必因水埶，防必因地埶，善溝者水漱之，善防者水淫之。凡溝防，必一日先深之以爲式，程人功也。里爲式，然後可以傳衆力。疏：六鄉六遂與公邑皆爲溝洫法，三等采地乃爲井田。按《遂人》則百里之内八十一澮，此井田，則一同惟一澮，彼遂在夫間，故以南畝，遂則縱矣。此井田云。田首倍之爲遂，以南畝圖之，遂即横也。遂人溝涂之制與匠人異，遂人言五溝之制而始於遂，匠人言五溝之制而始於甽。地形有逆順，水埶有遲速，故遂人之溝澮疏，匠人之溝洫密。至於下地，又有稻人之法，《遂人》成周之制，匠人兼異代之制。夏官司險，設國之五溝，注：遂、溝、洫、澮、川也，掌固修溝池渠之固。秋官雍氏，掌溝瀆澮池之禁，春令爲溝瀆之利民者。疏：按《遂人》匠人，惟有遂、溝、洫、澮、川，不見有瀆，此云瀆亦田間通水者。《詩》『築城伊淢』，《戰國策》『東周欲爲稻，西周不下水』。鄭子駟爲田洫，正封疆而侵四族田；子産作封洫，吴會黄池，闕深溝於商魯之間，城邗溝通江淮；公劉居豳，觀其流泉，召伯營謝，泉流既清。

又卷一一九《六官》 《周禮疏》：『堯舜官號稍改。《堯典》乃命羲和。』注云：堯育重黎之後，羲和氏之子，使掌舊職，天地之官亦紀於近，命以民事。其時官名蓋曰稷、司徒，是天官稷也，地官司徒也。又云：『命羲和仲叔，使分主四方。』注：仲叔亦羲和之子，堯既分陰陽四時，又命四子爲之官，掌四時者，字曰仲叔，則掌天地者，其曰伯乎？『是有六官，分命仲叔。』注云：官名。蓋春爲秩宗，夏爲司馬，秋爲士，冬爲共工。通稷與司徒，是六官之名。鄭玄分陰陽爲四時者，分高辛時重、黎之天地官，使兼主四時耳。共工，注：水官也。堯天官爲稷，又司徒、士，此三官是堯時事，舜述前功；秩宗，舜時官也，唯無夏官之名。《夏傳》云：司馬在前，則羲叔爲夏官，是司馬也。鄭云：初堯冬官爲共工，舜舉禹治水，堯知其必成功，故改命司空，以官名寵異之，非常官也。至禹登百揆之任，捨司空之職，爲共工與虞垂益是也。始羲和之時，主四岳者，謂之四伯，後分至八伯。堯初，天官爲稷，至試舜，謂之百揆。舜命禹爲之，即天官也。以稷爲天官，職叔爲夏官，共爲六官。《通典》：舜爲六官，以主天地四時。注：崔靈恩曰：重黎世掌天地，號羲和。堯置天地四時之官，復羲和，職掌天地。又命仲叔使主四時，爲六卿，舜改地官曰司徒，秋官爲士，冬官爲司空，春官爲秩宗。

宋 章如愚《山堂考索·續集》卷一〇《經籍門·禮冬官》 冬官考工七節。《冬官》《考工》，其亡已久。有人遵集舊典，録此三十三，以爲《考工記》。雖不知其人，又不知作在何日，要知在於秦前。是以遭秦焚滅，而韋氏、裘氏等闕也。故鄭云：前世識其事者，記録以備大數爾。從『國有』至『謂之婦工』，一也。從『粵無鎛』至『夫人能爲弓車』，二也。從『知者創物』至『皆聖人所作』，三也。從『天有時』至『此天時』，四也。從『攻木之工』至『陶旊』，五也。從『有虞氏』至『周上輿』，六也。從『一器而工聚』『車爲多』，七也。《段氏》《韋氏》《裘氏》《筐人》《櫛人》《雕人》，是六闕也。

又 冬官所記之意。釋曰：《冬官》一篇，其亡已久。有人蓋集舊典，録此三十工以爲《考工記》。雖不知其人，又不知作在何日，要知在於秦前，是以得遭秦焚滅典籍。《韋氏》、《裘氏》等闕也。故鄭云：前世識其事者，記録以備大數耳。

司空名號更革。釋曰：注云：監百工者，唐虞以上曰共工者。按太史公《楚世家》云：共工作亂，帝使重黎誅之。又按《舜典》云：帝曰：咨垂汝。共工是唐虞已上者。共工者也，若然唐虞以上，皆曰共工，堯時暫爲司空，是以《尚書·舜典》二十八載後，咨四岳，欲置百揆，僉曰：伯禹作司空。注云：初，堯冬官共工，舜舉禹治水，堯知有强法必有成功，故命司空，以官異之。禹登百揆，後更名共工。是其事也。

元 富大用《事文類聚新集》卷一六《六曹部》 後周冬官有司水中大夫，有司水上士。隋文帝有水部侍郎，煬帝改承務郎。唐復故，龍朔改司水大夫。咸亨隨曹改復。宋水部無所掌。元設都水監都水一員，并隸工部。

明 彭大翼《山堂肆考》卷五〇《工部郎中附員外郎》 歷代沿革。《周禮》大司空之屬，有司水下大夫，蓋郎中之任也。晉、宋、齊皆有起部郎中，梁、陳改置起部侍郎。隋初爲工部侍郎，煬帝改起部郎。唐武德中改工部郎中，龍朔中改司水大夫，咸亨復舊，光宅、神龍并隨曹改復。宋建官本末，見本部尚書類。元豐正名，初除范子奇、高遵惠。建炎五年，詔御前軍器所隸工部郎官，及本所行移文字，并繫工部官銜。又員外郎，即《周禮·冬官》司水上士之任。隋開皇六年置工部員外郎，煬帝改起部承務郎。唐改爲工部員外郎，龍朔中改司平員外郎，咸亨、光宅、神龍并隨曹改復。宋仍唐舊，員置二人。

明 張國維《吴中水利全書》卷一七《王同祖上閣部設吴中治水專官書》 王者體國經野，設官分職，以爲民極。唐虞之時，禹作司空，以平水土。《周禮》六卿之制，有冬官大司空，闕典無考。先儒講論《周禮》，以大司空之屬逸在五卿，若遂師、縣師、稻人、草人之類是也。禹之時，洪荒草昧，故其任職也專。周公之時，治定功成，故其立法也備。帝王之制，爲萬世程憲若此。

清 康基田《河渠紀聞》卷二 《周禮·冬官》：『凡溝必因水勢，防必因地勢。善溝者水漱之，善防者水淫之。』按《周禮·秋官》：雍氏掌溝瀆澮池之禁，春令爲溝澮之利民者。利民之道在經野，凡野夫間有遂，十夫有溝，百夫有洫，千夫有澮，萬夫有川，遂從溝橫，洫從澮橫，以達於川，皆所以通水於田也。稻人掌稼下地，以潴蓄水，以防止水，以溝蕩水，以遂均水，以列舍水，以澮瀉水，故有潴以蓄水，澮以瀉水。而止水必以防者，水非防則散漫無收束，而不入於遂、溝、洫、澮，治溝防必先深之，以爲式，然後可以傅衆力。凡以傅功齊力爲民利也。善溝者因水勢，而後有建瓴吸川之形，水行就下，淘刷泥沙，所謂水漱之也。善防者因地勢，而後無湫下居水之患，夯硪潑水，使其膠結，所謂水淫之也。治水有大小之不同，而爲用則一。治溝洫之水，引水入田，有以蓄之，必有以止之。治河湖之水，必先滔之，而後可以漱之。《周禮》致太平之書，大指在盡力溝洫，通於行水，亦得要領，盡其精微，河運之機宜具於斯矣。

藝文

清 于敏中《日下舊聞考》卷一〇四《郊坰·增乾隆二十年御製閱永定河詩》 永定本無定，竹箭激濁湍。長源來塞外，兩山束其間。挾沙下且駛，不致爲災患。一過盧溝橋，平衍漸就寬。散漫任所流，停沙每成山。其流復他徙，自古稱桑乾。所以疏剔方，不見紀冬官。一水麥雖成，諺云一水一麥之地。亦時灾大田。因之創築堤，聖人哀民艱。永定築堤始自康熙三十二年。行水屬之淀，蕩漾歸清川。其初非不佳，無奈曆多年。河底日以高，堤壖日以穿。無已改下流，至今凡三遷。永定下流入淀，挾沙易淤，故下口數徙。康熙年間由柳汊口，雍正年間由三甬淀，近年改由水窑，今復漸淤。前歲所遷口，復嘆門限然。大吏請予視，蒿目徒憂煎。我無禹之能，況禹未治旃。詎云其可再，不過爲補偏。下口依汝移，總督方觀承建議移下口於北堤之東。目下庶且延。復古事更張，尋思有所難。

清 袁枚《小倉山房集》卷一一《書懷》 五聲徵音廢，四瀆濟水窮。八音匏響絕，六典冬官空。天地無全用，聖人無全功。胡爲蚩蚩氓，卜卦專求豐。與其矜榮華，一過如飄風。何不留不足，徐徐俟其終。古人數五福，子不在其中。所以東門吴，無子與有同。

川衡

題解

《周禮》卷三《地官》 川衡，每大川下士十有二人，史四人，胥十有二人，徒百有二十人。中川下士六人，史二人，胥六人，徒六十人。小川下士二人，史一人，徒二十人。

又 川衡，掌巡川澤之禁令，而平其守。以時舍其守，犯禁者，執而誅罰之。

論說

漢 鄭玄《周禮疏》卷九 川衡，每大川下士十有二人，史四人，胥十有二人，徒百有二十人。中川下士六人，史二人，胥六人，徒六十人。小川下士二人，史一人，徒二十人。川，流水也。《禹貢》曰：九川滌源。滌，徒歷反【疏】『川衡』至『十人』。釋曰：川衡者，平知川之遠近寬狹及物之所出。官及胥、徒多者，以其川路長遠，巡行勞役故也。中川、小川之等自若常法，故差少。注『川流』至『滌源』。釋曰：言『川，流水也』者，對澤爲停水。又引《禹貢》『九川滌源』者爲禹治洪水已訖，九州之川已滌除，泉源無擁塞矣。引之者證川是流水。

又卷一六 川衡，掌巡川澤之禁令，而平其守。以時舍其守，犯禁者，執而誅罰之。舍其守者，時案視守者於其舍，申戒之。【疏】『川衡』至『罰之』。釋曰：川注瀆者，皆是也。水鍾曰澤，澤與川不同官。今川衡兼云澤者，澤與川連者，則川衡兼掌之。謂若濟水溢爲滎澤，滎澤則與濟連，則管濟川者兼滎澤掌之。如此之類皆是。注『舍其』至『戒之』。釋曰：此舍其守，謂川衡之官時復巡行所守之民，當案視其所守，守人當於其舍申重戒敕之也。

宋 王安石《周官新義》卷七《地官二》 林衡，掌巡林麓之禁令，而平其守。以時計林麓而賞罰之。若斬木材，則受灋于山虞，而掌其政令。澤虞言使其地之人守其財物，而林衡不言。林衡言平其守，而澤虞不言，互見也。林之政山虞掌之，川衡掌其巡之禁令而已。然則林衡正於山虞者也，川衡正於澤虞者也。川衡，掌巡川澤之禁令，而平其守。以時舍其守，犯禁者，執而誅罰之。祭祀賓客共川奠。澤亦必如此，而不言，亦互見也。

宋 王與之《周禮訂義》卷二七 愚案：大者曰虞，故山虞、澤虞皆中士；小者曰衡，故林衡、川衡皆下士。然大山大澤大藪，徒八十人，小者皆徒二十人，此等皆山澤之民，有斬伐之事，則共其役事，已則還受職於山澤，何嘗有厚禄以養之？王氏以山川林麓澤藪所出之富足以禄此徒，非也。

又 川衡，每大川下士十有二人，史四人，胥十有二人，徒百有二十人。中川下士六人，史二人，胥六人，徒六十人。小川下士二人，史一人，徒二十人。鄭康成曰：『川，流水也。《禹貢》曰九川滌源。』賈氏曰：『官及胥徒多者，以其川路長遠，巡行勞役故也。掌巡川澤之禁令，而平其守，以時舍其守，犯禁者，執而誅罰之。鄭康成曰：『舍其守者，時案視守者，於其舍申戒之。』劉執中曰：『時謂獺祭魚之後則舍其守禁，以縱萬民漁焉。不平其守，則淵潛不可得以遂性；不舍其守，則鮮食不可得以養民。』劉執中曰：『犯禁謂以數罟入於汙池，非時取魚鼈者也。王氏曰：澤亦必如此而不言，亦互見也。』

又 易氏曰：有政令，有禁令。禁令即政令之所禁者也。山林之政令，山虞專掌之；國澤之政令，澤虞專掌之；林衡、川衡特巡山林川澤之禁令而已。是林衡正於山虞，川衡正於虞衡。然林衡列於山虞之後，川衡列於澤虞之前者，以山林川澤爲序也。山虞，物爲之厲而爲守禁。澤虞爲之厲禁，使其地之人守其財物。林衡、川衡之所謂平其守者，平此者也。山虞以時入木材，而令萬民時斬材。而林衡之斬木材，則受山虞之法。澤虞以時入財物于玉府，頒其餘于萬民，而川衡則以時舍其守山澤之利，與民共之者也。林衡正於山虞，故以時計林麓而賞罰之。川衡正於澤虞，故犯禁者執而誅罰之。平其守者，之守其禁也。若夫大田獮之日，虞人萊所田之野爲表百步，此山虞、澤虞之職，林衡、川衡無與焉。山虞以旌致禽，而澤虞以旌屬禽者，以熊虎之象宜於山，而鳥羽之飾宜於澤也。兹其辨爾。

宋 王昭禹《周禮詳解》卷一 虞衡作山澤之材。山澤之官謂之虞，川林之官謂之衡。虞以度物之爲害，衡以平多寡之政。山澤皆虞而曰虞衡，作山澤之材者。山虞掌山林之政令，則其政令施於林衡；川衡掌巡川澤之禁令，則其禁令施于澤虞矣。虞衡，山澤之官，而作山澤之材者，民職也。則此所謂虞衡，言其地之人而已。舉官以明民，亦與園圃藪牧之類舉地以明民同意作與，《詩》所謂『遐不作人』之作同興而起之之謂也。蓋先王於山澤之材，非特順其自然之天性，又從而加之栽培壅灌之人功，使小以成小，大以成大，各遂其生，各適其用，夫是謂之作。

又卷一六 川衡，掌巡川澤之禁令，而平其守。以時舍其守，犯禁者，執而誅罰之。祭祀賓客共川奠。山虞兼林之政令，川衡兼澤之禁令，林衡兼麓，澤虞兼藪。林之政，山虞掌之，林衡掌其巡之禁令而已。澤之政，澤虞掌之，川衡掌其巡之禁令而已。然則林衡者正於山虞者也，川衡正於澤虞者也。澤虞之政令而不及川，則川之政令掌於川衡，不言政令者，略之也。百川生出無常，汗漫而難制，不言物爲之厲不可厲也。澤虞曰使其地之人守其財物，則平其守者，亦各使人守其地之財物，而平其所守之多寡矣。不言者，以澤虞見之也。以時舍其守，則守者嗣守於其所，守澤之人亦必如此，而不言，則互見也。共川奠，共川物之奠也。則籩豆之實魚鱐蜃蛤之類也。不言物，則以澤虞見之矣。

明 湛若水《格物通》卷七六《修虞衡上》 地官川衡，掌巡川澤之禁令，而平其守。以時舍其守，犯禁者，執而誅罰之。祭祀賓客共川奠。臣若水通曰：此《周禮·地官》之職也。川衡之官，所以掌川澤者也。流水曰川，鍾水曰澤。平其守者，平其所出之物。舍其守者，按其所守之舍犯其禁令者。又從而誅罰之，則人有所懲於前而警於後矣。然川澤之物果何所用哉？將以供祭祀賓客之需也。川奠謂籩豆之實魚鱐蜃蛤之屬也。觀此可見先王制法，非以專於自奉而已。一爲祭祀，一爲賓客，此奉宗廟、和神人之大事也。取之以義，不亦可見哉。

明 王應電《周禮傳》卷二下《地官下》 川衡，掌巡川澤之禁令，而平其守。爲之厲禁，取之有瀌，入之以時，皆出自澤虞。此川衡主巡察之，及均平其守川之人也。以時舍其守。獺祭魚，漁人入澤梁。又若荒政之舍禁，并不爲之厲禁也。犯禁者，執而誅罰之。謂數罟及非時而入者。

明 柯尚遷《周禮全經釋原》卷一二《冬官司空第六》 川衡，每大川下士十有二人，史四人，胥十有二人，徒百有二十人。中川下士六人，史二人，胥六人，徒六十人。小川下士二人，史一人，徒二十人。釋曰：川，流水也。川衡者，平知川之大小遠近及物所生者，盖魚鼈菱芡之屬可給用者。

又 川衡，掌巡川澤之禁令，而平其守。以時舍其守，犯禁者，執而誅罰之。祭祀賓客共川奠。釋曰：川衡亦只巡察川澤之禁令而已。流水曰川，水鍾曰澤。禁令，如澤不伐夭、魚禁鯤鮞之類。平其守，均平其所守之分界也。舍其守，獺祭魚之後則舍其守禁，令民采取也。犯禁者，如數罟不入汙池，非時而取魚鼈之類。川奠，謂籩豆之實魚鱐蜃蛤之類。川衡亦受瀌於澤虞者也。

明 郝敬《周禮完解》卷四《地官司徒下》 川衡，掌巡川澤之禁令，而平其守。以時舍其守，犯禁者，執而誅罰之。祭祀賓客共川奠。時謂當漁時舍其守弛禁也。四時唯夏不漁，季冬大漁。《王制》云：『獺祭魚，然後虞人入澤梁。』奠，謂水族可奠獻者，蜃蛤之類。

清 納蘭性德《陳氏禮記集説補正》卷九《月令一》 命四監大合百縣之秩芻，以養犧牲。《集説》：四監，即《周官》山虞、澤虞、林衡、川衡之官也。前言百縣兼内外而言，此百縣鄉遂之地也。竊案：鄭注：四監主山林川澤之官，百縣鄉遂之屬地有山林川澤者也。孔氏疏之曰：《周禮》有山虞、澤虞、林衡、川衡之官，秩芻出於山林。鄭云：百縣鄉遂之屬，知非諸侯者。以取芻養牲，不可太遠。故知是畿内鄉遂云。鄉遂不兼公卿大夫之采邑也。仲夏命百縣雩祀，則兼内外諸侯也。此《集説》之所本也。然《周禮》雖有縣之名，未可謂百縣。百縣自是秦制。故臨川吴氏云：凡屬秦地，皆名爲縣，不可依周制有鄉遂采邑及諸侯之分也。四監亦不可以周制解之。《集説》一仍注疏之。舊非也。徐氏師曾云：四監，秦官，疑即《周禮》山虞、澤虞、林衡、川衡之官。下文爲民祈福，亦秦制。周人郊廟祭祀不言祈。愚案：漢文詔曰：古者祭祀不祈。知此則月令不可全以周制解矣。

清 方苞《周官集注》卷四 川衡，掌巡川澤之禁令，而平其守。以時舍其守，犯禁者，執而誅罰之。澤與川連者，則川衡兼掌之。三時皆可漁，惟别孕之時，則官舍止其所守之地，以伺察其犯禁者。林材可時計，網罟之入無可稽尋，非止于其地不可。

又《周官析疑》卷一五 川衡，掌巡川澤之禁令，而平其守。以時舍其守，犯禁者，執而誅罰之。三時皆可漁，惟别孕之時，則官以時巡而舍止其所守之地，則犯禁者知戒矣。林木可時計，網罟之入無可稽尋。又川旁居人鮮少，故巡者非時，止於其地，不可若澤藪，則其地之人守財物者多無所用，此川衡惟言守而不言厲禁，亦以川無居人故也。

清 李鍾倫《周禮纂訓》卷八 川衡，掌巡川澤之禁令，而平其守。以時舍其守，犯禁者，執而誅罰之。注：舍其守者時，案視守者於其舍申戒之。疏澤與川相連，則川衡兼掌之。若濟水溢爲滎，滎濟連是也。訓舍讀如施舍之舍。以時舍其守，謂以時開禁，使萬民得取之。

清 莊存與《周官記》卷二《司徒記》 清卑而陂之以爲澤，高而防之以爲瀆，窪而鍾之以爲池，希而區之以爲藪。經九道以正之，宅九隩以定之。外爲川澤之分，内爲田里之基。川之兩崖，皆統於川之衡。距水所不至，爲之厲禁。其中有高下迂直廣狹之數，川衡周知而謹察之。均其可居，均其可葬，均其可食，民平不争，水平不濫。民可居者，不可以無常也。壞城郭徙墳墓，無有焉。民可食者，不可以有常也。曲防壅川，增卑倍薄，無有焉。隨水所毁則舍其征，因土所成則賦之民。排水宅而居之者，相兼并使然也。棄可食而蕪之者，相争奪使然也。川衡既正，利可均布，民可長居。《詩》有之曰：『信彼南山，維禹甸之。畇畇原隰，曾孫田之。』其土平也，猶翕河其水清也。萬世永賴，其在兹乎？

清 劉沅《周官恒解》卷二《地官司徒序官》 川衡，每大川下士十有二人，史四人，胥十有二人，徒百有二十人。中川下士六人，史二人，胥六人，徒六十人。小川下士二人，史一人，徒二十人。澤虞，每大澤大藪中士四人，下士八人，府二人，史四人，胥八人，徒八十人。中澤中藪如中川之衡，小澤小藪如小川之衡。川，流水也。川有通行旅與否者，有主財物與否者，别其地，察其奸，均其利，不特巡警而已，故以衡爲名。有水爲澤，無水爲藪，其禁令均利亦如川衡，而以虞名官者，澤物之利不時有，必度其可否之宜也。以上四職，山虞、林衡相輔爲用。或虞之、衡之，悉求有益於民而無害於物。

清 俞樾《群經平議》卷一二《周官一》 以時舍其守。川衡。注曰：舍其守者，時案視守者於其舍申戒之。樾謹按：如《注義》則當云以時戒其守，不當云以時舍其守。《注儀》非也。舍，猶置也。《廣雅釋詁》：捨，置也。舍、捨古通用。襄十四年《左傳》曰：秦人竊與鄭盟而舍戍焉。此經舍字與彼同義，舍戍即置戍。以時舍其守，猶以時置其守也。

清 孫詒讓《周禮正義》卷一七 川衡，每大川下士十有二人，史四人，胥十有二人，徒百有二十人。中川下士六人，史二人，胥六人，徒六十人。小川下士二人，史一人，徒二十人。川，流水也，《禹貢》曰九川滌源。

【疏】川衡者，《曲禮》説天子六府，三曰司水。鄭彼注以爲殷制，司水於周爲川衡。川衡亦曰水虞，詳本職疏。賈疏云：川衡者，平知川之遠近寬狹及物之所出云。『胥十有二人，徒百有二十人』者，賈疏云：官及胥多者，以其川路長遠巡行勞役故也。中川、小川之等，自若常法，故差少云。『中川下士六人』者，唐石經跳行誤注云：川，流水也者。《説文》川部云：川，貫穿通流水也。《管子・度地篇》云：水之出於他水，溝流於大水及海者，命曰川水。《釋名》釋水云：川，穿也，穿地而流也。賈疏云：對澤爲停水，引《禹貢》曰：九川滌源者，僞孔傳云九州之川已滌除，泉源無壅塞，引以證川爲流水也。

又卷三一　川衡，掌巡川澤之禁令，而平其守。以時舍其守。犯禁者，執而誅罰之。舍其守者，時案視守者於其舍申戒之。【疏】『掌巡川澤之禁令』者，《荀子・王制篇》云：『污池淵沼川澤，謹其時禁，故魚鼈優多，而百姓有餘用也。』即所謂川澤之禁也。賈疏云：川注瀆者，皆是也。水鍾曰澤。澤與川不同官。今川衡兼云澤者，澤與川連者則川衡兼掌之。謂若濟水溢爲滎澤，滎澤則與濟連，則管濟川者兼滎澤掌之，如此之類皆是云。而平其守者，亦謂平其地之民，守川澤者之部分也。注云『舍其守者，時案視守者於其舍申戒之』者，鄭意舍即守者止宿之處。『以案視守者於其舍』即謂舍其守也。賈疏云：此舍其守，謂川衡之官時復巡行所守之民，當案視其所守。守人當於其舍申重戒敕之也。俞樾云：如《注義》則當云以時戒其守，不當云以時舍其守，《注義》非也。舍猶置也。《廣雅釋詁》：捨，置也。舍、捨古通用。襄十四年《左傳》曰：秦人竊與鄭盟而舍戍焉。此經舍字與彼同義，舍戍即置戍，『以時舍其守』猶以時置其守也。案：俞説亦通。

藝文

唐　房密《毁濯龍泉判》　《文苑英華》卷五二八　澤國之政，川衡是恤，止以潴防，均之溝遂，畜彼雨施，錯興水物，將廢業之不修，豈分地之爲利。雖興人之訟，中則可毁，而兩鵠之謡，據聞當復。候天時而潤澤，成我濯龍，灌秋水於涘涯，誰其辨馬。與人爲利，其利則深，仍舊爲功，其功益寡。勞雖是憚，訟則有孚。何者伍其田疇，初結怨於東里，遵彼溉灌，終見美於西門。乃謀始而獲尤，方樂成而久次。此而爲罪，夫何勸能。

清　湯右曾《懷清堂集》卷一〇《恭讀御製黄舩記》　乘流每羡龍驤遠，引纜争傳鷁首輕。大知獨先周萬物，至仁實欲濟群生。雕文繢彩曾無取，巨浪衝風了不驚。捧出奎章齊照耀，始知精意寓川衡。

清　錢陳群《香樹齋詩文集・詩續集》卷三五《恭和御製幸避暑山莊各體詩・打魚》　采鮮於澤川衡爲，《周禮・地官》川衡掌川澤之禁。四寸之目魚入之。灤河水族本充牣，年年打魚魚蕃滋。小魚用命撇波下，大魚或亦悠然也。逃淵失水兩無心，宿沙豈是善漁者。魯仲連曰：古之善漁者稱宿沙瞿子，使魚生於山，則十宿沙不得一魚焉。彼非闇於魚，山非魚所生也。我皇仁愛及網罛，魚游靈沼如江湖。偶然打魚設九罭，復挺以乂聲喧呼。臨流欲取不盡取，蜀尾穿鰓貫以口。東海寧須慕任公，濠梁底用懷莊叟。石湖西湖早如斯，小臣親見恩常施。上南巡四次，每過石湖、西湖，略陳漁具而罷，俱有詩以記，臣曾恭和。脱網逝若馬離厩，共喜天家網疏漏。

澤虞

題解

《周禮》卷三《地官司徒第二》　澤虞，每大澤大藪，中士四人，下士八人，府二人，史四人，胥八人，徒八十人。中澤中藪如中川之衡，小澤小藪如小川之衡。

又　澤虞，掌國澤之政令，爲之厲禁，使其地之人守其財物，以時入之于玉府，頒其餘于萬民。

論説

漢　鄭玄《周禮疏》卷九　澤虞，每大澤大藪，中士四人，下士八人，府二人，史四人，胥八人，徒八十人。中澤中藪如中川之衡，小澤小藪如小川之衡。澤，水所鍾也。水希曰藪。《禹貢》曰九澤既陂，《爾雅》有八藪。藪，素口反。陂，彼宜反。【疏】『澤虞』至『小川之衡』：釋曰：虞，亦度也，度知澤之大小及物之所出。用中士，尊於川衡者，以其澤之所出物衆多；胥徒少者，以其巡行處近故也。中澤小澤已下皆如川衡者，自是常法。注『澤水』至『八藪』。釋曰：澤，水所鍾者。鍾，聚也，謂聚水於其中，更無所注入。案《周語》虞大子晋云：山土之聚，澤水之鍾。《纂要》亦云：水所鍾曰澤。故知澤，水所鍾也。云水希曰藪者，希乾也。案鄭詩云：『叔在藪，火列具舉。』舉藪中田獵，明知無水。又案《爾雅》藪在《釋地》之篇，不入《釋水》，故知水希曰藪，以其藪與澤也，有水無水爲異，故於經别立官掌之。案《職方》澤藪曰：具區之類，及《毛傳》云：藪澤皆同爲一者，以其有水則爲澤，無水則爲藪，元是一物，故同解之。引《禹貢》曰『九澤既陂』者，亦謂禹治洪水既訖，九州之澤既已陂障無决溢矣。引《爾雅》『有八藪』者，《禹貢》九澤，通畿内一州，則有九。《爾雅》云八藪，除畿内一州而言。引此二文者，證藪、澤有異。案《爾雅》釋有十者，以其周秦同在雍州，秦有楊紆，周有焦護，一州有二，故十。又《爾雅》秦有楊陓，《職方》冀州有楊紆，蓋異所而同名也。

又卷一六 澤虞，掌國澤之政令，爲之厲禁，使其地之人守其財物，以時入之于玉府，頒其餘于萬民。其地之人占取澤物者，因以部分使守之，以時入之于玉府，謂皮角珠貝也。入之以當邦賦，然後得取其餘以自爲也。入出亦有時日之期。當，丁浪反，後文皆同。爲，于僞反，下注同。【疏】『澤虞』至『萬民』。擇曰：案上山虞、林衡、川衡皆不言國，獨澤虞云『國澤』者，周公設經，二虞二衡，文有不同，皆是互見爲義故也。此澤虞云『以時入之于玉府，頒其餘于萬民』，亦據中所出入玉府者多，故特言之，無妨山虞、川衡之等亦入玉府，亦是互見其義也。注『其地』至『之期』。釋曰：以時入之于玉府者，但萬民入澤，雖無正文，案王制獺祭魚，然後虞人入澤梁，草木零落，然後入山林，則萬民入澤，可同時云。謂皮角珠貝也者，澤中所出，無過此四物，皮謂犀皮，角麋角、犀角，珠出於蜯蛤，蜯蛤在澤，其具亦出澤水，故知之也。云出入亦有時日之期者，亦如山虞職所云也。

宋 王安石《周官新義》卷七《地官二》 澤虞言使其地之人守其財物，而林衡不言；林衡言平其守，而澤虞不言，互見也。林之政，山虞掌之，川衡掌其巡之禁令而已。然則林衡正於山虞者也，川衡正於澤虞者也。

又 澤虞，掌國澤之政令，爲之厲禁，使其地之人守其財物，以時入之于玉府，頒其餘于萬民。凡祭祀、賓客，共澤物之奠。喪紀，共其葦蒲之事。使其地之人守其財物，則人自爲守，所以澤雖大，莫或害其養蕃。山林川澤皆有財物，惟澤入于玉府者，澤物最小也，所以自養取薄，所以養人從厚。夫是之謂王德。又頒其餘于萬民，則雖澤物亦不盡利。

宋 黄度《周禮説》卷二七 澤虞，以時入之于玉府，頒其餘于萬民。國澤爲有皮角珠貝，非民所得有者，故以時入於玉府，而頒其餘，凌芡葦蒲，與民共之。

宋 王與之《周禮訂義》卷二六 易氏曰：有政令，有禁令。禁令，即政令之所禁者也。山林之政令，山虞專掌之；國澤之政令，澤虞專掌之；林衡、川衡特巡山林川澤之禁令而已。是林衡正於山虞，川衡正於虞衡。然林衡列於山虞之後，川衡列於澤虞之前者，以山林川澤爲序也。山虞，物爲之厲而爲守禁，澤虞爲之厲禁，使其地之人守其財物。林衡、川衡之所謂平其守者，平此者也。山虞以時入木材，而令萬民時斬材，而林衡之斬木材則受山虞之法，澤虞以時入財物于玉府，頒其餘于萬民，而川衡則以時舍其守，山澤之利與民共之者也。林衡正於山虞，故以時計林麓而賞罰之。川衡正於澤虞，故犯禁者執而誅罰之。平其守者之守其禁也。若夫大田獵之日，虞人萊所田之野爲表百步，此山虞、澤虞之職，林衡、川衡無與焉。山虞以旌致禽，而澤虞以旌屬禽者，以熊虎之象宜於山，而鳥羽之飾宜於澤也。玆其辨爾。

宋 王昭禹《周禮詳解》卷一六 澤虞，掌國澤之政令，爲之厲禁，使其地之人守其財物，以時入之于玉府，頒其餘于萬民。澤虞掌國澤之政令，則禁令掌於川衡矣。厲以限其妄入，禁以止其非法，有厲而無禁，則侵踰之心生焉，烏能使之不入者哉？使其地之人守其財物，則地與人、人與物不患其相失。地之所出，物之所宜，人習而守焉。然文王之治岐，澤梁無禁，何也？蓋商之末世，猶凶年也，以荒政拯之而已。成王、周公之時，苟不禁之，則謂之無政矣。

宋 朱熹《通鑑綱目》卷二六 《事物紀原》云：舜命益作虞，蓋掌山澤之官。《周禮》地官司徒之屬，川衡、澤虞即都水之任也。

明 柯尚遷《周禮全經釋原》卷一二《冬官司空第六》 澤虞，每大澤大藪中士四人，下士八人，府二人，史四人，胥八人，徒八十人。中澤中藪如中川之衡，小澤小藪如小川之衡。釋曰：澤，水所鍾之處，水乾則曰藪，皆百物所産之區也。謂之虞者，以能度澤藪之事者。《爾雅》有八藪之名。

又 澤虞，掌國澤之政令，爲之厲禁，使其地之人守其財物，以時入之於玉府，頒其餘于萬民。凡祭祀、賓客，共澤物之奠。喪紀共其葦蒲之事。若大田獵，則萊澤野及弊田植虞旌以屬禽。釋曰：國澤如揚之具區、荆之雲夢、豫之圃田、青之望諸、兖之大野、雍之弦蒲、幽之貕養、冀之楊紆、并之昭餘祁，皆國之大澤，財用所出，有厲禁而不以封者也，故屬於國，懼民因之以致争也。使其地之人守其財物者，澤藪之利在官，居於其地之人亦不敢以之爲生業。雖令其捕取魚利，必擇其美者進於官府，取其珍貴之物以入王府，然後以其餘頒于萬民焉。蓋皮角珠貝，非民所得有者；魚鼈蜃蛤，則與民同其利焉。先王處澤藪之方，不使民專其利以爲業，亦不蔽其利於上而不與民同。惟上爲之厲禁，下爲之守財，所以公其利。貴者獻上，賤頒于民，所以均其利也。先王於澤藪處之曲當如此。澤物之奠，亦籩豆之實，芹茆菱芡之屬也。葦以闔壙，蒲以爲席。澤野，澤之高壙可田處也。澤虞有旌，以其掌澤有鳥羽，故得注析羽，屬禽亦致禽于旌下也。澤虞與山虞同，總掌川澤，川衡其屬也。程子曰：聖人奉天理物之道在乎六府，六府之任治於五官。山澤虞衡各有常禁，故萬物阜豐而財用不乏。今五官不修，六府不治，用之無節，取之不時，豈惟物失其性。林木所資，天下皆已童赭，斧斤焚蕩，尚且侵尋不禁，而川澤漁獵之繁，暴殄天物，亦已耗竭，則將若之何？惟修虞衡之職，使將養之，則有變通長久之勢矣。

明 王應電《周禮傳》卷二下《地官二》 澤虞，掌國澤之政令，爲之厲禁，使其地之人守其財物，以時入之于玉府，頒其餘于萬民。澤虞之職，掌其政令，爲之厲禁，設其典守，大約與山虞同。財物若骨角珠貝之類，其美善者入于玉府，取之有數，餘則頒于所守及所取之民，不以爲私也。

清 李光坡《周禮述注》卷六《地官司徒第二》 澤虞，每大澤大藪中士四人，下士八人，府二人，史四人，胥八人，徒八十人。中澤中藪如中川之衡，小澤小藪如小川之衡。注曰：澤，水所鍾也，水希曰藪。《禹貢》曰九澤既陂，《爾雅》有八藪。薛平仲曰：山澤，天地之藏財用之淵，國家之所資者厚，民生之所賴者衆，如使括而歸之于上，適以開斯民競利之心；縱而委之于下，重以啓斯民忘本之念。是以爲之虞以嚴其瀼，爲之衡以平其政，使民知利之爲可資，而不知利之爲可餌，則土物愛而厥心臧，皆教化也。

清 方苞《周官集注》卷四 澤虞，掌國澤之政令，爲之厲禁，使其地之人守其財物，以時入之于玉府，頒其餘于萬民。獨澤言國者，稻人掌稼下地，則澤可稼者，仍頒于民，其餘乃澤虞之所守耳。財物之入于玉府者，犀角象齒珠貝之類也，金玉生于山，而山虞不言。入其財物于玉府者，卝人取之入于職金，而後職金以入于玉府也。

清 江永《周禮疑義舉要》卷三《地官二》 澤虞。賈疏云：山虞、林衡、川衡皆不言國，獨澤虞言國者，二虞、二衡文有不同，皆互見爲義。此説是也。凡山林川澤，皆國所有，使其地之人各占其地，種蓺草木，長養魚鼈，即九職中虞衡之民，是謂之守。而官爲之禁令，當取物之時，各入其物，以爲地職之貢。閭師所謂任衡以山事貢其物，任虞以澤事貢其物者也。入貢之餘，即是民所自有，猶必令其取物有時，取之有節。若官自取物，亦不在禁限。此二虞、二衡之通法也。

清 官獻瑤《石溪讀周官》卷二《地官司徒第二》 澤虞，每大澤大藪中士四人，下士八人，府二人，史四人，胥八人，徒八十人。中澤中藪如中川之衡，小澤小藪如小川之衡。山林川澤各分三等，與職方不同，蓋職方主于同貫利，故所掌者皆名山大川，爲一方之綱領；虞衡主于量度土地所宜，物産所殖，故以山川之大小爲設官之多寡，而撙節愛養之道至纖至悉，義各有當也。閭師職云：任衡以山事貢其物，任虞以澤事貢其物，即下角人、羽人、掌葛、掌炭諸官以其時取之于山農、澤農者是也。而專其責于虞衡之官，自王國以達于九州，生之有道，取之有時，用之有節，星羅碁置，與鄉遂之官無以異。蓋山林川澤爲國之寶，《中庸》言天地生物不側，而及山水，明寶藏之興，貨財之殖，皆在是焉。自虞衡之政不修，利之所出，惟責之三農。後世財源日涸，皆由于此。往在史館，曾以此義講進，上特命閣臣改爲旨，頒行直省。有地治之官果能實心倣古行之，其利民溥矣。

清 蔣載康《周官心解》卷一〇《地官司徒第二之五》 澤虞，掌國澤之政令，爲之厲禁，使其地之人守其財物，以時入之于玉府，頒其餘于萬民。注：其地之人占取澤物者，以部分使守之。以時入之，玉府皮角珠貝也。入以當邦賦，然後得取其餘。入出亦有時日之期。疏以時入之于玉府，無妨山虞、川衡亦入玉府，互見其義也。按萬民入澤，經無正文。疏據王制獺祭魚，然後虞人入澤梁，則偏指漁澤言矣。況取魚甚多，不止春冬，惟夏有禁乎。

清 劉沅《周官恒解》卷二《地官司徒序官》 澤虞，每大澤大藪中士四人，下士八人，府二人，史四人，胥八人，徒八十人。中澤中藪如中川之衡，小澤小藪如小川之衡。【略】有水爲澤，無水爲藪，其禁令均利，亦如川衡。而以虞名官者，澤物之利不時有，必度其可否之宜也。以上四職，山虞、林衡相輔爲用，或虞之、衡之，悉求有益於民而無害於物。

清 孫詒讓《周禮正義》卷一七《地官司徒第二》 澤虞，每大澤大藪中士四人，下士八人，府二人，史四人，胥八人，徒八十人。中澤中藪如中川之衡，小澤小藪如小川之衡。澤，水所鍾也。水希曰藪。《禹貢》曰九澤既陂，《爾雅》有八藪。【疏】「澤虞，每大澤大藪中士四人」者，《國語・齊語》云：澤立三虞。韋注云：《周禮》有澤虞之官。虞，度也，掌度知川澤之大小及所生育者。案：彼蓋兼川澤官言之。三虞者，川與澤藪皆有大中小三等也。韋注亦與鄭前注義同。《文選・魏都賦》張載注引《魯詩傳》云：古有梁騶。梁騶者，天子獵之田也。賈子《新書・禮篇》云：騶者，天子之囿也。虞者，囿之司獸者也。鍾師賈疏引《五經異義》今《詩》韓、魯説，騶虞，天子掌鳥獸官。案：賈子及韓、魯《詩》說，蓋以騶爲棷之叚字，棷與藪通，騶虞即藪澤之虞也。《職方氏・豫州》：澤藪曰圃田。《穆天子傳》云：天子里圃田之路十虞，東虞曰兔臺，西虞曰櫟丘，南虞曰富丘，北虞曰相丘。此西周畿内大澤藪之虞也。《左》昭二十年傳：晏子曰：澤之萑蒲，舟鮫守之，藪之薪蒸，虞候守之。莊述祖云：《左傳》舟鮫，鮫當爲魰之譌。《吕氏春秋・上農篇》：澤非舟虞，不敢緣名。舟虞，即舟也。案：莊說是也。彼舟虞有地守，疑即此澤虞。但彼澤藪官名不同，蓋齊制，與此經異。賈疏云：中士尊於川衡者，以其澤之所出物衆多。云『胥八人，徒八十人』者，賈疏云：胥徒少者，以其巡行處近故也。中澤小澤已下皆如川衡者，自是常法。注云『澤，水所鍾也』者，《大司徒》注義同。賈疏云：鍾，聚也，謂聚水於其中，更無所注入。案《周語》大子晋云：山土之聚，澤水之鍾。《纂要》亦云水所鍾曰澤。詒讓案：此對川爲流水也。《釋名・釋地》云：下而有水曰澤，言潤澤也。《風俗通義・山澤篇》云：水草交厝，名之爲澤。澤者，言其潤澤萬物，以阜民用也。云『水希曰藪』者，《說文・日部》云：晞，乾也。希即晞之叚字。晞則無水。故《大宰》注云：澤無水曰藪也。《風俗通義・山澤篇》云：謹案：《爾雅》『藪者，澤也』。藪之爲言厚也。草木魚鼈，所以厚養人君與百姓也。賈疏云：案鄭詩云：叔在藪，火烈具舉。舉藪中田獵，明知無水。又案《爾雅》藪在釋地之篇，不入釋水，故知水希曰藪，以其藪與澤以有水無水爲異。故於經別立官掌之。案：《職方》『澤藪曰具區』之類，及《毛傳》云藪澤皆同爲一者，以其有水則爲澤，無水則爲藪，元是一物，故同解之。引《禹貢》曰『九澤既陂』者，僞《孔》傳云：九州之澤已陂障，無決溢矣。引之者，證九州各有澤也。又引《爾雅》有八藪者，《釋地》十藪云：魯有大野，晋有大陸，秦有楊陓，宋有孟諸，楚有雲夢，吴越之閒有具區，齊有海隅，燕有昭余祁，鄭有圃田，周有焦護。此引作八藪，未知其說。《大司徒》疏引鄭《禹貢・大陸》注，亦有《爾雅》有八藪之文，疑鄭所見《釋地》本如是。郭本作十藪，乃據别本增定，非其舊也。賈疏謂『九澤，通畿内一州則有九；八藪，除畿内一州而言；《爾雅》有十者，以其周秦同在雍州，秦有楊紆，周有焦護，一州有二，故十。』其說殊迂曲，恐不足據。

又卷三一 澤虞，掌國澤之政令，爲之厲禁，使其地之人守其財物，以時入之于玉府，頒其餘于萬民。其地之人占取澤物者，因以部分使守之。以時入之于玉府，謂皮角珠貝也。入之以當邦賦，然後得取其餘以自爲也。入出亦有時日之期。

【疏】『掌國澤之政令』者，賈疏云：案上山虞、林衡、川衡皆不言國，獨澤虞云國澤者，周公設經，二虞二衡，文有不同，皆是互見爲義故也。云『爲之厲禁』者，亦謂遮列守之而設其禁也。云『以時入之于玉府，頒其餘于萬民』者，賈疏云：亦據中所出，入玉府者多，故特言之，無妨山虞、川衡之等亦入玉府，亦是互見其義也。注云『其地之人占取澤物者，因以部分使守之』者，謂近澤之人隱度澤中所産財物而取之，澤虞因别其部分，使各守其所占之界，不得相侵越也。云『以時入之于玉府，謂皮角珠貝也』者，于，注例當作『於』，各本并誤。據《獸人》云皮毛筋角入于玉府，《廛人》云凡屠者斂其皮角筋骨入于玉府，又《玉府》云掌王之金玉玩好。此四者，皆澤物之中器用者，故入之也。賈疏云：但萬民入澤，雖無正文，案《王制》『獺祭魚，然後虞人入澤梁，草木零落，然後入山林』，則萬民入澤可同時。皮，謂犀皮，角，麋角、犀角，珠出於蚌蛤，在澤，其貝亦出澤水，故知之也。云『入之以當邦賦』者，據角人、羽人、掌葛，皆以所征當邦賦，即大宰九賦『八曰山澤之賦』，亦即遂師入玉府之野賦。此官國澤財物入玉府，不云當邦賦，角人等以所征當邦賦，不云入玉府，亦皆互文見義，故鄭取彼爲釋。但依鄭《大宰・九賦》注義，賦爲口泉，彼注云『各入其所有穀物以當賦泉之數』是也。實則九賦當爲地稅，非口泉。此經所云當邦賦者，賦又當兼地稅及力征言之，二者通得稱賦也。詳《大宰》疏。《王制》云『名山大澤不以封』，注云：與民同財，不得障管，亦賦稅而已。《月令》云：孟冬乃命水虞漁師收水泉池澤之賦，是山澤有常賦。《玉藻》云『年不順成，關梁不租』，明成年澤梁有租，與關市同，租即賦也。《大戴禮記・王言篇》云：入山澤以時，有禁而無征。《荀子・王制篇》亦云：山林澤梁以時禁發而不稅。《王制》則又云：林麓川澤以時入而不禁。諸文錯異，皆與此經不合，非周制也。云『然後得取其餘以自爲也』者，謂入賦之餘，所占取之人，乃得取以自爲也。云『入出亦有時日之期』者，賈疏云：亦如山虞職所云也。

綜述

清 傅澤洪《行水金鑒》卷一六四《官司》 澤虞，每大澤大藪中士四人，下士八人，府二人，史四人，胥八人，徒八十人。中澤中藪如中川之衡，小澤小藪如小川之衡。澤虞，掌國澤之政令，爲之厲禁，使其地之人守其財物。《周禮》。澤，水所鍾也，水希曰藪。《禹貢》曰九澤既陂，爾雅有八藪。鄭注。虞，亦度也，度知澤之大小及物之所出。用中士，尊於川衡者，以其澤之所出物衆多。胥徒少者，以其巡行處近故也。中澤小澤已下皆如川衡者，自是常法。山虞、林衡、川衡皆不言國，獨澤虞云國澤者，又有不同，皆互見。賈疏。王氏曰：使其地之人守其財物，則人自爲守，所以澤雖大，莫或害其養蓄。李嘉會曰：澤屬乎國，懼民因地以致争。今海之沙岸，潮之波渚，凡利入之厚，無不租撲於官而後漁焉，此之謂也。王與之《周禮訂義》按經言大澤大藪，即如今山東濟運之昭陽、蜀山等湖，江南瀦水之射陽、汜光等湖，以及山陽、海州、奉裁之葦蕩營是也。爲之厲禁，則小民不得侵占，而容蓄之水足以濟運。守其財物，則葦草不致荒蕪，而刈穫之後足以供料，豈不大有裨于河工者哉？

清 于敏中《日下舊聞考》卷八九《郊坰》 今都水在唐虞爲澤虞，在成周爲川衡。

清 徐鼒《讀書雜釋》卷七三《命澤人納材葦》 命澤人納材葦，

《吕覽》作『乃命虞人入材葦』。高誘注：虞人，掌山澤之官。材葦，供國用也。鼐按：《周禮》有山虞、澤虞。山虞、澤虞均得謂之虞人也。澤人即澤虞也。

藝文

南朝梁 蕭統《六臣注文選》卷二《张衡西京赋》 澤虞是濫，何有春秋。綜曰：【略】澤虞，主水澤官。濫，施罔也，言不順時節，常設之也。【略】《周禮》曰：澤虞，掌國澤之政。《國語》曰：魯宣公濫於泗流。

《後漢書》卷六〇上《馬融列傳》 元初二年，上《廣成頌》以諷諫，其辭曰【略】。緩節舒容，裴回安步，降集波籞，川衡澤虞，矢魚陳罟。

雍氏

題解

《周禮》卷九《秋官》 雍氏，下士二人，徒八人。

又 雍氏掌溝瀆澮池之禁凡害於國稼者，春令爲阱擭溝瀆之利於民者，秋令塞阱杜擭，禁山之爲苑澤之沈者。

論説

漢 鄭玄《周禮疏》卷三四《秋官司寇第五》 雍氏，下士二人，徒八人。雍，謂堤防止水者也。雍，於勇反，劉如字注同。堤，了兮反。【疏】注『雍謂』至『者也』，釋曰：在此者案其職云『掌溝瀆澮池之禁』，亦是禁戒之事，故在此也。

又 卷三六《秋官司寇下》 雍氏掌溝瀆澮池之禁凡害於國稼者，春令爲阱擭溝瀆之利於民者，秋令塞阱杜擭。溝瀆澮，田間通水者也。池，謂陂障之水道也。害於國稼，謂水潦及禽獸也。阱穿地爲塹，所以禦禽獸，其或超踰則陷焉。世謂之陷阱。擭，柞鄂也。堅地阱淺，則設柞鄂於其中。秋而杜塞阱擭，收刈之時，爲其陷害人也。《書粊誓》曰：剫乃擭，敜乃阱。時秋也，伯禽以出師征徐戎。【略】【疏】『雍氏』至『杜擭』，釋曰：掌溝瀆澮池之禁凡害於國稼者，溝瀆澮池或田間通水，或在田外所須，本爲利民而造，其中有放溢奔流爲害者，則禁之。凡害於國稼者，謂水潦之等。春令爲阱擭溝瀆之利於民者，阱擭以取禽獸，溝瀆所以通水，是皆利於民，故春使爲之也。注『溝瀆』至『徐戎』，釋曰：云溝瀆澮，田間通水者也者。按《遂人》《匠人》，惟有遂溝洫澮川，不見有瀆，此云瀆，亦田間通水者，但注瀆曰川，或可以川爲瀆，舉其類也。云池謂陂障之水道也者，《詩》云彼澤之陂，毛云：澤障曰陂，今云陂障之水道，謂障澤爲陂之時，於澤通水入陂之道曰池。云阱穿地爲塹者，此則深爲，不須別設柞鄂，擭則堅地，不可得深，故須柞鄂。柞鄂者，或以爲豎柞於中，向上鄂鄂然，所以載禽獸，使足不至地，不得躍而出，謂之柞鄂也。《書粊誓》者，彼云魯侯伯禽宅曲阜，徐戎并興，伯禽往征，有此塞阱杜擭之事，故引以爲證也。云時秋也者，彼不見時節，但此說在秋，明彼亦秋，故得有剫擭敜阱之事也。禁山之爲苑澤之沈者。爲其就禽獸魚鱉自然之居而害之。鄭司農云：不得擅爲苑囿於山也。澤之沈者，謂毒魚及水蟲之屬。【疏】注『爲其』至『之屬』，釋曰：先鄭云不得擅爲苑囿於山，義雖與後鄭異，得爲一義，故引之在下文。云沈者，謂毒魚及水蟲之屬者，謂別以藥沈於水中，以殺魚及水蟲，不謂鴆，故不作鴆，作沈也。

漢 鄭玄《周禮注》卷九《秋官司寇第五》 雍氏，下士二人，徒八人。雍，謂堤防止水者也。

又 卷一〇《秋官司寇下》 雍氏掌溝瀆澮池之禁凡害於國稼者，春令爲阱擭溝瀆之利於民者，秋令塞阱杜擭。溝瀆澮，田間通水者也。池，謂陂障之水道也。害於國稼，謂水潦及禽獸也。阱穿地爲塹，所以禦禽獸，其或超踰則陷焉，世謂之陷阱。擭，柞鄂也。堅地阱淺，則設柞鄂於其中。秋而杜塞阱擭，收刈之時，爲其陷害人也。《書粊誓》曰：剫乃擭，敜乃阱。時秋也，伯禽以出師征徐戎。禁山之爲苑澤之沈者，爲其就禽獸魚鼈自然之居而害之。鄭司農云：不得擅爲苑囿於山也。澤之沈者，謂毒魚水蟲之屬。

宋 王安石《周官新義》卷一五《秋官二》 雍氏掌溝瀆澮池之禁凡害于國稼者，春令爲阱擭溝瀆之利於民者，秋令塞阱杜擭。害於國稼，謂害國及稼，不言野而言稼，蓋野之禁唯稼而已。

宋 王昭禹《周禮詳解》卷三二 雍氏掌溝瀆澮池之禁，凡害於國稼者，春令爲阱擭溝瀆之利於民者，秋令塞阱杜擭，禁山之爲苑澤之沈者。雍者，和之至。和至而過，則壅塞而不通。故雍，又爲壅塞之雍。雍氏掌堤防以止水，所以名官，謂之雍氏也。水十里相冓，則謂之溝。水之大竇則謂之瀆，水之所會謂之澮，水决於此謂之池。溝瀆池有禁，然後其害去，其利均，亦所以息争止訟也。故雍氏掌其禁。凡害於國稼者，謂害國及稼也。不言野而言稼，蓋野之禁惟稼而已。春令爲阱擭溝澮之利於民者，穿地爲穴，以陷禽獸，謂之阱。於阱中設木，以載禽獸，使足不及地，謂之擭。春令爲阱擭，以民方析而在田，宜防其害也。春令爲溝瀆，則以民方耕，宜資其灌溉也。所謂利民如此。利則収成之時爲其或陷害人也，故令塞阱杜擭。阱，井也，故塞之。擭，機也，故杜之。禁山之爲苑澤之沈者，苑，囿也。沈者，酖也。依山以爲苑，是使民得以專其利，非善政也。害之及於物者衆，非仁政也。此雍氏所以禁之。

宋 易祓《周官總義》卷二三 雍氏掌溝瀆澮池之禁，凡害于國稼者，春令爲阱擭溝瀆之利于民者，秋令塞阱杜擭，禁山之爲苑澤之沈者。掌溝瀆澮池之禁而名官以雍氏者，禁其凡害於國稼者而已。葢溝瀆澮池之利，行者不可以擅塞，止者不可以擅行，非所當行而行，非所當止而止，皆足以害國稼，此所以有雍氏之禁。然溝瀆之利，無時或廢，而田鼠、田獸之害，有時而或息。故春令爲阱擭，去其害國稼者，而後通溝瀆之利。秋不言塞溝瀆而專言塞阱杜擭，凡以遂物之性而已。若夫即獸之所居而爲苑以取之，即魚之所聚而沈藥以毒之，雖足以得魚獸，而其不仁甚矣，故從而禁之。

宋 朱申《周禮句解》卷一〇《秋官司寇下》 雍氏。下士二人，徒八人。謂堤防止水者。掌溝瀆澮池之禁，溝瀆澮，田間通水者。池，謂陂障之水道。必有禁，然後可興利除害也。凡害於國稼者。恐其水害於國及稼也。春令爲阱擭溝瀆之利於民者，穿地爲穴，以陷禽獸，謂之阱。設機以載禽獸，使足不及地，謂之擭。春農事方興，故爲阱擭以禦獸害，爲溝瀆以通水利也。秋令塞阱杜擭，秋農事已成，故塞之、杜之。禁山之爲苑澤之沈者。依山爲苑，就澤爲沈，則專利於己，而肆害於物，故禁之。

元 陳友仁《周禮集説》卷九 雍氏，下士二人，徒八人。王氏曰：掌堤防以止水，故名官曰雍氏。疏曰：其職掌溝瀆澮池之禁，亦是禁戒之事，故在此。掌溝瀆澮池之禁，凡害於國稼者，春令爲阱擭溝瀆之利於民者，秋令塞阱杜擭，禁山之爲苑澤之沈者。王氏曰：水十百相冓謂之溝，水之所會謂之澮，水之大竇謂之瀆。溝瀆澮池有禁，然後其害去，其利均矣。劉氏曰：水潦溢漲，害國之苗稼也。王氏曰：穿地爲穴，以陷禽獸，謂之阱；於阱中設木以載禽獸，使足不及地，謂之擭。春令爲阱擭，以民方析而在田，宜防其害也。春令爲溝瀆，以民方耕，宜資其灌溉也。所謂利民如此。秋則收成之時，爲其或陷害人也，故令塞阱杜擭。鄭氏曰：禁山之爲苑，不得爲苑囿于山也。澤之沈者，謂毒魚及水蟲之屬，爲其就禽獸魚鱉自然之居而害之。雜説雍氏爲阱擭溝瀆以知禽獸、水潦之害於民田者，其官與冥氏等同。雖曰爲阱擭溝瀆以去害田者，然禁山之爲苑，是不得擅爲苑於山也。澤之爲沈，是不得毒餌於澤也。聖人愛物之意，順萬物鳥獸自然之居也。

明 郝敬《周禮完解》卷一〇《秋官司寇下》 雍氏下士二人，徒八人。雍，壅塞。壅塞溝瀆陷阱，平治道路，亦清野之事。雍氏掌溝瀆澮池之禁凡害於國稼者，春令爲阱擭溝瀆之利於民者，秋冬塞阱杜擭，禁山之爲苑澤之沈者。水相構曰溝，水會曰澮，通水曰瀆，畜水曰池，禁謂蓄洩不時，旱澇不均，皆害國稼。阱擭掩捕禽獸害稼者，塹坑曰阱，置柞鄂其中曰擭，春作設以禦禽獸，秋收杜塞，恐害人也。山爲苑，專利也；澤爲沈，竭取也。謂沈毒取魚者。按壅塞溝瀆，平治道路，亦冬官之事以屬司寇者。

明 柯尚遷《周禮全經釋原》卷一〇《夏官下・秋官司寇第五》 雍氏下士二人，徒八人。釋曰：掌堤防以止水者。溝瀆澮之禁，亦禁戒之事。

又卷一一《秋官下》 雍氏掌溝瀆澮池之禁凡害於國稼者，春令爲阱擭溝瀆之利於民者，秋令塞阱杜擭，禁山之爲苑澤之沈者。釋曰：溝瀆澮池，田間蓄水者也。穿地爲穴，以陷獸謂之阱；於阱中設木以載禽獸入陷者，使足不著地，謂之擭。春令爲阱擭，以農事方興，恐禽獸害稼也，故預爲防之。溝瀆，防旱潦也，故禁之，恐防水利也。皆利民也。秋農事已成，故令塞阱杜擭，便行動，恐害人畜也。禁不得爲苑於山，使草木成長也。禁不得毒餌於澤，使魚鼈蕃育也。此皆利民之事，聖人設官司之撙節愛養之道也。

明 王應電《周禮傳》卷五上《秋官下》 雍氏掌溝瀆澮池之禁凡害于國稼者，春令爲阱擭溝瀆之利于民者，秋令塞阱杜擭，禁山之爲苑澤之沉者。水十百相冓謂之溝，水之所會謂之澮，水之大竇謂之瀆，陂障之水爲池。夫溝瀆澮池，本爲國大利也，而小民恒挾其私智，爲利己害人之事。故或以旱而爲匽上流不恤他人者，有盗人之水以自利者，有決去人之水以槁其苗者，或以潦而曲爲堤防以病他人者，或決己之水而注之人者，或決人之堤而淹没之者，至于因一竇之開，成滔天水患，一時之障，至百年湮塞，其爲害于國稼大矣。故雍氏專掌禁其事也。穿地爲穴如井以陷禽獸，謂之穽；穴中設木如鹿角以載禽獸，使不能跳躍，謂之擭。春令爲阱擭，恐禽獸之出而害苗也。與大司馬夏苗意同。爲溝瀆者，以春方資灌溉，故爲之以利于民。秋則塞阱杜擭，恐其或陷害人也。至山中爲苑囿，惡其專利；澤中毒水以取魚，必至盡滅其類，惡其非禮。戕物且恐害人，故禁之也。按：雍古文作邕，爲防水瀕障塞之意。此雍氏主凡田野開鑿閉塞之事。而以雍命官者，民害莫大于壅塞水利也。

明 王志長《周禮注疏删翼》卷二二《秋官司寇第五》 雍氏下士二人，徒八人。注：雍，謂堤防止水者也。疏：其職掌溝瀆澮池之禁，亦是禁戒之事，故在此。

清 李光坡《周禮述注》卷二一《秋官司寇第五》 雍氏掌溝瀆澮池之禁凡害於國稼者，春令爲阱擭溝瀆之利於民者，秋令塞阱杜擭。注曰：溝瀆澮，田間通水者也。池，謂陂障之水道也。害於國稼，謂水潦及禽獸也。阱穿地爲塹，所以禦禽獸，其或超踰則陷焉，世謂之陷阱。擭，柞鄂也。堅地阱淺，則設柞鄂於其中。秋而杜塞阱擭，收刈之時，爲其陷害人也。

清 方苞《周官集注》卷一〇 雍氏掌溝瀆澮池之禁凡害于國稼者，春令爲阱擭溝瀆之利于民者，秋令塞阱杜擭。瀆，水之竇也。池，陂障之水道也。凡旱而壅水以溉，潦則築堤自固，皆害于他人之稼，故禁之。曰國稼者，溝瀆澮池本以利通國之稼也。阱，穿地爲塹以禦禽獸。擭，柞鄂也，地堅阱淺，則設柞鄂于其中。春爲阱擭，防禽獸之害稼也。故秋則塞之、杜之。禁山之爲苑澤之沈者。苑，囿也。澤，地水至則陷，未至既過，皆可耕種，若規爲洿池，則其地永沈沒矣。故同于山之爲苑而禁之，以作無益害有益也。

清 惠士奇《禮説》卷一三《秋官二》 雍氏春爲阱擭，穿地爲漸，以捕禽。注云：擭，柞鄂也。堅地阱淺，則設柞鄂於其中。《淮南子》曰：走獸擠脚，蓋設柞鄂，以擠其脚而獲之。一名係蹄。《戰國策》云：人有置係蹄者而得虎，虎怒，決蹯而去。蹯，虎掌。延叔堅曰：係蹄，獸絆也，是爲柞鄂。《魯語》云：鳥獸成，設穽鄂。注云：鄂，柞格，所以誤獸也。一名䍡。以繯獸足。《逸周書》曰：不卵不䍡，以成鳥獸。然則山不爲苑澤不爲沈，春阱擭而秋杜塞之，亦所以助生阜而畜功用歟。翟氏注云：置其所食之物於絹中，鳥下來則掎其脚。絹，當作繯，俗省爲絹，其音同也。不徒係獸，兼可羅鳥。太元曰：揮其罦，絶其羂。《西京賦》所謂罝羅羂結者，即此。莊子曰：蹄者所以在兔。注云：兔，羂也，一名兔弶，巨亮反。係其脚，故曰蹄。《齊語》渠弭於有渚，繯山於有牢，即雍氏所謂澤之沈、山之苑，牢立栅以遮獸，渚立隔以捕魚。繯，《齊語》通爲環，《小匡》誤爲網，馬融《廣成頌》所謂繯橐四野之飛征也。軍行依山澤爲險阻，兼取川禽原獸以佐軍糧，《管子》所謂南伐、西伐、北伐之主者，以此雍氏之所禁也。而《管子》行之《周官》之法，至齊桓而一變矣。《墜形訓》曰：東方曰大渚，曰少海。注云：少海，澤名，則渠弭爲澤明矣。賈注云：渠弭，裨海也。其説本此。

清 蔣載康《周官心解》卷二四《秋官司寇第五之三》 雍氏掌溝瀆澮池之禁凡害於國稼者，春令爲阱擭溝瀆之利於民者，秋令塞阱杜擭。阱，才性反。擭，胡化反。注：溝瀆澮，田間通水者也。池，陂障之水道。按：春水盛漲，不雍遏恐泛溢而害國稼，故堤防以絶之。又恐民貪小利，小旱潛開，故爲阱擭於上，既使民不敢犯。又得禁獸害稼，且因之以獲禽獸之利也。阱穿地爲塹，以陷禽獸。擭，柞鄂。阱淺設柞鄂於其中，今謂之弶秋。時水涸，溝瀆足以爲利，故令杜塞阱擭，任民開通灌溉也。注：欠晰害國稼利於民互見。

清 官獻瑶《石溪讀周官》卷五《秋官司寇第五》 雍氏掌溝瀆澮池之禁凡害於國稼者，春令爲阱擭溝瀆之利於民者，秋令塞阱杜擭，禁山之爲苑澤之沈者。沈，如陸沈之沈。澤中有藪，剗去之，一望皆水，以爲池沼之樂。與爲苑者，皆棄貨于地，故禁之。

清 孫詒讓《周禮正義》卷七〇《秋官司寇下》 雍氏掌溝瀆澮池之禁凡害於國稼者，春令爲阱擭溝瀆之利於民者，秋令塞阱杜擭。溝、瀆、澮，田間通水者也。池，謂陂障之水道也。害於國稼，謂水潦及禽獸也。阱，穿地爲塹，所以禦禽獸，其或超踰則陷焉，世謂之陷阱。擭，柞鄂也。堅地阱淺，則設柞鄂於其中。秋而杜塞阱擭，收刈之時，爲其陷害人也。《書粊誓》曰：敜乃擭，敜乃阱。時秋也，伯禽以出師征徐戎。【疏】『掌溝瀆澮池之禁凡害於國稼者』者，於，經例當作于，下同，唐蜀《石經》及各本并誤。此與遂人、稻人爲官聯也。國稼，謂國農之種穀者。《地官·叙官》注云：種穀曰稼。賈疏云：溝瀆澮池，或田間通水，或在田外，所須本爲利民而造，其中有放溢奔流爲害者，則禁之。云『春令爲阱擭溝瀆之利於民者』者，春農事將興，故爲阱擭溝瀆以去害而利民也。《國語·魯語》云：鳥獸成，於是乎設穽鄂，以實廟庖。韋注云：謂立夏鳥獸已成，設取獸之物。彼爲取獸，則夏設穽鄂，較此微晚，要在秋前，與此杜塞之文不相妨也。《月令·季春》云：命司空曰，時雨將降，下水上騰，修利堤防，道達溝瀆，開通道路，毋有障塞。又《管子·四時篇》云：春三月，以甲乙之日發五政。三政曰：凍解修溝瀆，與此經合。注云『溝、瀆、澮，田間通水者也』者，溝、澮皆田閒水道，詳《遂人》《稻人》《匠人》疏。瀆者，《説文·水部》云：溝，水瀆。瀆，溝也，一曰邑中溝。《管子·地員篇》云：瀆田悉徙。尹注云：瀆田，謂穿溝而溉田。是瀆亦田閒溝名。《説苑·臣術篇》云：子路爲蒲令，備水灾，與民春修溝瀆，曰：以暴雨將至，恐有水灾，故與人修溝瀆以備之。是溝瀆以通水，所以備水灾也。又《爾雅·釋水》云：水注川曰溪，注溪曰谷，注谷曰溝，注溝曰澮，注澮曰瀆。彼溝、瀆、澮爲山閒水道。又《荀子·解蔽篇》云：醉者越百步之溝，以爲蹞步之澮。此溝大於澮。并與《遂人》之五溝異。云『池謂陂障之水道也』者，池以瀦水，與上三者爲田閒通水別也。《國語·周語》韋注云：積水曰池。《月令·仲春令》：毋漉陂池，鄭彼注云：畜水曰陂，穿地通水曰池。賈疏云：《詩》云彼澤之陂，毛云澤障曰陂，今云陂障之水道，謂障澤爲陂之時，於澤通水入陂之道曰池。云『害於國稼，謂水潦及禽獸也』者，經上云溝瀆澮池之禁，是禦水潦，下云爲阱擭，是禦禽獸，故知害於國稼兼含水潦禽獸二者言之。云『阱穿地爲塹，所以禦禽獸，其或超踰則陷焉』者，塹，舊本誤漸，宋注疏本同，今據宋附釋音本、汪道昆本、明注疏本正。《説文·井部》云：阱，陷也，重文穽，阱或從穴。又《土部》云：塹，阬也。《廣雅釋言》云：穽，阬也。《一切經音義》引《三蒼》云：穽，謂穿地爲塹，以張禽獸者也。云『世謂之陷阱』者，以其可陷禽獸，故謂之陷阱。《中庸》云『驅而納諸罟擭陷阱之中』是也。云『擭，柞鄂也，堅地阱淺，則設柞鄂於其中』者，《書費誓》孔疏引王肅云：擭，所以捕禽獸，機檻之屬。《國語·魯語》：鳥獸成，設穽鄂。韋注云：鄂，柞格，所以誤獸也。賈疏云：阱則深爲，不須別設柞鄂；擭則堅地，不可得深，故須柞鄂。柞鄂者，或以爲豎柞於中，向上鄂鄂然，所以載禽獸，使足不至地，不得躍而出，謂之柞鄂也。惠士奇云：《淮南子·俶真訓》曰走獸擠腳，蓋設柞鄂以擠其腳而獲之。一名係蹄。《戰國策·趙策》云：人有置係蹄者而得虎，虎怒，決蹯而去。《文選·檄吳將校部曲文》李注引延叔堅曰：係蹄，獸絆也。是爲柞鄂。云『秋而杜塞阱擭，收刈之時爲其陷害人也』者，春爲阱擭，所以禦禽獸之害稼，至秋成收刈之時，則無害稼之慮，且農人往來，恐誤入其中，或遭陷害，故杜塞之也。引《書粊誓》曰『敜乃擭，敜乃阱』者，今《書》作《費誓》。《説文·米部》云：粊，惡米也。周書有《粊誓》。《史記魯世家》《集解》《索隱》引《書》亦并作粊。段玉裁、阮元并謂自唐以前皆作《粊誓》，至衛包乃亡改爲《費誓》是也。又敜，今書作杜，《尚書釋文》云：杜，本又作敜。阱，今書作穽，《説文·攴部》云：敜，閉也，讀若杜。敜，塞也。案：敜、杜字通。《費誓》孔疏引鄭書注云：山林之田，春始穿地爲穽，或設擭其中以遮獸。義即本此經也。鄭以彼敜擭敜阱即此塞阱杜擭，故引以證義。云『時秋也，伯禽以出師征徐戎』者，《釋文》云：徐，劉本作郐。案：郐正字，徐借字。《説文·邑部》云『郐，邾下邑地，魯東有郐城』是也。《書序》云：魯侯伯禽宅曲阜，徐夷并興，東郊不開，作《費誓》。《書》又云：甲戌，我惟征徐戎。是其事也。『時秋也』，《蜀石經》作時非秋也，亦通。賈疏云：彼不見時節，但此説在秋，明彼亦秋，故得有敜擭敜阱之事也。吳廷華云：《費誓》無春秋之文。其杜擭塞穽，蓋爲傷牛馬而設。鄭、賈傅會爲伯禽以秋出師，謬矣。案：吳説是也。竊疑此注當如《蜀石經》作『時非秋』，或鄭意《粊誓》敜擭敜阱，非當敜之時，爲出師特發此令，故注附及之與？ **禁山之爲苑澤之沈者。**爲其就禽獸魚鱉自然之居而害之。鄭司農云：不得擅爲苑囿於山也。澤之沈者，謂毒魚及水蟲之屬。**【疏】**『禁山之爲苑澤之沈者』者，沈，湛之叚字，詳《大宗伯》疏。此申山澤之禁令，與山虞、澤虞爲官聯也。注云『爲其就禽獸魚鱉自然之居而害之』者，鱉，《蜀石經》及宋本并作鼈。案：鼈正字，鱉俗字。《玉篇·黽部》云：鼈或作鱉。此謂山爲禽獸自然之居，澤爲魚鱉自然之居，就彼而害之，所殺尤多，故特禁之。鄭司農云不得擅爲苑囿於山也者，《説文·草部》云：苑，所以養禽獸也。《淮南子·本經訓》高注云：有垣曰苑。《大戴禮記·夏小正》云：囿，山之燕者也。蓋唯君得因山爲苑囿，其民間或就山林多禽獸處，爲藩垣遮格取之，若苑囿然者，此官則禁之也。云『澤之沈者，謂毒魚及水蟲之屬』者，《荀子·王制篇》云：黿鼉魚鱉鰌鱣，孕別之時，罔罟毒藥不入澤，不夭其生，不絶其長也。楊注云：毒藥，毒魚之藥。案：《爾雅·釋木》有芫魚毒，《神農本草經·草部》云芫華可用毒魚，此澤之沈即芫華之類也。賈疏云：謂別以藥沈於水中以殺魚及水蟲，不謂鴆，故不作鴆，作沈也。案：據賈説，則唐時別本沈字蓋有作鴆者，譌謬難通，故賈㡿之也。

萍氏

論説

元 毛應龍《周官集傳》卷一一 萍氏，掌國之水禁，幾酒，謹酒，禁川游者。鄭鍔曰：先王以爲水者，既以灌溉而人溺於水者必死，酒者所以爲禮，而人溺於酒者生禍。幾則苛而察之，謹則戒而約之。商之末世，凡小大邦用喪，罔非酒惟辜；民大亂喪德，罔非酒惟行。周家懲之，故設官以幾其不當用。又謹其用之無節者，凡以止酒禍也。大川之逝，雖鳥獲之力，有所不能止，又可游乎？馮河而死，聖人不與，則川游之禁，宜哉。

明 王應電《周禮傳》卷五上 萍氏，掌國之水禁。若盜決堤防，阻絶有利溝渠，私渡關津，與鄭氏所謂水中害人之處及非時入水捕魚之類。幾酒，謹酒，用酒有時。《酒誥》惟祀兹酒，及鄉飲酒昏娶爲酒食，以召鄉黨僚友。幾者察其不當用而用，或酒正之出入非法也。飲酒有節，《酒誥》有政，有事，無彝酒。記曰：終日飲酒而不醉焉。謹者，戒其當飲者而勿過。若抑戒，既立之正，復佐之史是矣。吕氏曰：周公作《酒誥》，其刑之重，至盡執拘以歸于周，予其殺，此是冣初禁酒，恐人沉湎浸漬，傷德敗性，不過導廸民彝，防閑私欲之意。及其再變，漢文帝爲酒酺，景帝以歲旱，禁民酤酒，恐以有用爲無用，而民食不足，比之《酒誥》，所謂非惟不敢亦不暇，已無此意，然猶有重本抑末之心。及至三變，自桑弘羊建榷酒之利，其設心不過令私家不得擅爲，公家却自專其利耳。古者禁人飲酒，後來惟恐人不飲酒也。**禁川游者。**謂其私渡關津要害，故禁絶之。舊説雖習于川游，必有溺而死者，莫若禁之爲無失，亦通。萍氏掌水禁而兼酒者，酒亦水類也。夫水所以載，亦所以覆，酒所以爲人合歡，而溺則生禍。命官曰萍，取其浮水面而不沈。且《本草》著其能勝酒，則載于水而不爲害，用于酒而不能溺。周公之取類也，何其深切哉！

明 張萱《西園聞見録》卷二四《戒酒》 劉仕義曰：《周禮》萍氏掌國之水禁，幾酒，謹酒。丘瓊山曰：天下之物最沈溺人者，水也。而酒之爲物，起風波於尊罍之中，其沈溺乎人，殆有甚於水乎。《周禮》設官，以萍人掌國之水禁，而併付之以幾酒、謹酒之權，其意深矣。又《本草證類》曰：大寒海，惟酒不求，大毒大熱之物也。豈不傷天和，損精神，涸榮衛，竭天癸，夭人壽邪？呼酒尤物也，其溺如水，其烈如火，可畏也哉。又讀禮經疏義，古者承酒尊之器名之曰禁，讀推雀物之淫者，酒善使人淫泆，而故一升曰爵，此皆先王因以爲酒戒也，其爲慮至深遠矣。吁！此以爲坊，世人猶沉湎荒惑。至溺於水，燔於火，喪身亡家而莫悟，可哀也哉！

綜述

漢 鄭玄《周禮疏》卷三四 萍氏，下士二人，徒八人。鄭司農云：萍讀爲蛢，或爲萍號起雨之萍。玄謂：今《天問》萍號作蓱。《爾雅》曰：萍，蓱，其大者蘋，讀如小子言平之平。萍氏，主水禁。萍之草無根而浮，取名於其不沈溺。【略】【疏】釋曰：按其職云掌國之水禁，亦是禁戒之事，故在此也。注「鄭司」至「沉溺」，釋曰：先鄭讀萍爲蛢，取音同，云「或爲萍號起雨之萍」者，亦《天問》之文，萍亦浮萍之草也。玄謂：今《天問》者，《離騷》有《天問》篇，天不可問，故以《天問》爲名，此就足先鄭，音義同。引《爾雅》：萍，蓱，其大者蘋者，此以義相曉也。云「讀如小子言平之平」者，俗讀取音同，皆取萍水草無根而浮不沉，禁人使不沉溺如萍也。

又 卷三六 萍氏，掌國之水禁。水禁，謂水中害人之處，及入水捕魚鱉不時。捕，音步。【疏】注「水禁」至「不時」，釋曰：水中害人之處，或有深泉洪波、沙虫水弩，云捕魚鱉不時者。案《月令》，春秋及冬取魚，夏不合取魚，夏取則不時，故云不時皆禁之也。幾酒，苛察沽買過多及非時者。【略】【疏】幾酒，釋曰：萍氏幾酒者，酒亦水之類故也。不得非時，時謂若《酒誥》惟祀茲酒，又鄉飲酒及昏娶爲酒食以召鄉黨僚友，是其時也。謹酒，使民節用酒也。《書·酒誥》曰：有政，有事，無彝酒。【疏】謹酒，釋曰：此戒謹慎於酒，故引《酒誥》，有政之大目，有事之小目。夷，常也，不得常飲，明如上文合飲時乃飲也。禁川游者。備波洋卒至沈溺也。【略】【疏】禁川游者，釋曰：游謂浮游，不乘橋船，恐溺，故禁之也。

漢 鄭玄《周禮注》卷九 萍氏，下士二人，徒八人。注：鄭司農云：萍讀爲蛢，或爲萍號起雨之萍。玄謂：今《天問》萍號作蓱。《爾雅》曰：萍，蓱，其大者蘋，讀如小子言平之平。萍氏主水禁，萍之草無根而浮，取名於其不沈溺。

又 萍氏，掌國之水禁。水禁，謂水中害人之處，及入水捕魚鼈不時。幾酒，苛察沽買過多，及非時者。謹酒，使民節用酒也。《書·酒誥》曰：有政有事，無彝酒。禁川游者，備波洋卒至沈溺也。

宋 黄度《周禮説》卷五《秋官司寇上》 萍氏，掌國之水禁，幾酒，謹酒。水禁，非禁捕魚也。漁禁，獻人掌之。幾酒，苛察之也，宜若絶之，謹酒，爲其不能不用也。萍氏掌水禁而使禁酒，亦水之害人者也，故爲之設禁焉。

宋 王昭禹《周禮詳解》卷三二 萍氏掌國之水禁，幾酒，謹酒，禁川游者。萍，音平。神農之書言萍能勝酒，蓋萍之爲物能勝酒，又不沈溺，故掌國之水禁，幾酒，謹酒，禁川游者，名官曰萍氏。掌國之水禁者，蓋水雖有潤澤灌溉之利，而犯之則濡，溺之則死，民之迷愚，至有決性命之情，以争尋常之利，而不顧患害者，往往蹈而死焉，先王豈忍坐視而恬不爲之恤哉？故水之險惡能害人之所與。夫不時人水而捕魚鱉者，一切禁之，是乃所以爲仁政之周也。萍氏則掌其禁而已。幾酒、謹酒者，芻豢爲酒，非以爲禍也，酒之流生禍焉，故以禮飲酒者，常始乎治而卒乎亂。先王於爲酒器，每每致戒焉。又況飲酒用酒之際，可不爲之幾謹乎？微而察之謂之幾，制使勿縱謂之謹。幾酒則於飲酒微察其不節也，謹酒則於用酒謹制其無度也。《周書》曰：文王誥教小子：有正，有事，無彝酒，越庶國，飲惟祀，德將無醉。所謂德將無醉，以文王幾酒而庶國之飲酒者皆有節也。所謂越庶國，飲惟祀者，以文王謹酒而庶國之用酒者皆有度也。又曰：群飲，汝勿佚，盡執拘以歸於周，予其殺。成王之於酒致嚴如此，而晚周之君臣乃至於沉湎淫泆，天下化之，良可惜哉！禁川游者，亦所以防沉溺也。

宋 易祓《周官總義》卷二三 萍氏，掌國之水禁，幾酒，謹酒，禁川游者。萍浮於水而不溺於水，此萍氏所以掌禁也。蓋水雖利於涉，而亦害於游。狎而玩之，蹈而死者，多矣。惟酒亦然。古人豢豕以爲酒，非以爲禍也，酒之流則禍生焉。幾酒則微察其不節者，謹酒則謹制其無度者。又爲之禁川游者，則知溺水酣酒之禍一而已矣。

宋 朱申《周禮句解》卷一〇　萍氏，如雍氏。主水禁者，以萍爲名，比其浮於水上不沈溺也。掌國之水禁。水有灌溉之利，而犯之則沈溺，故有禁。幾酒，司察非時飲者。謹酒，使民節用酒。凡此者，以酒之能溺人猶水也。禁川游者。禁不乘舟而浮游者，亦以防沈溺也。

元 陳友仁《周禮集説》卷九　萍氏，下士二人，徒八人。鄭氏曰：萍氏，主水禁，萍之草無根而浮，取名於其不沈溺。王氏曰：神農之書言，萍能勝酒，其爲物又不沈溺，故掌國之水禁，幾酒，謹酒，禁川游者，名官曰萍氏。掌國之水禁，幾酒，謹酒，禁川游者。鄭氏曰：水禁謂水中害人之處，及入水捕魚鱉不時。幾酒，苛察沽買過多及非時者。謹酒，使民節用酒也。《書・酒誥》曰：有政，有事，無夷酒。禁川游，備波洋卒至沈溺者。劉氏曰：設萍氏之官，掌其幾戒，屬於秋官司寇者，禁之以刑也。幾酒、謹酒，先王之於酒，用之爲禮，非以亂性也。禁川游者，雖習於川游，必有溺而死者，莫若禁之爲無失也。王氏曰：幾酒則於飲酒微察其不節也，謹酒則於用酒謹制其無度也。《書》曰：文王誥教小子，有正，有事，無彝酒，越庶國，飲惟祀，德將無醉。以文王幾酒，而庶國之飲酒者皆有節也。所謂越庶國，飲惟祀者，以文王謹酒而庶國之用酒者皆有度也。又曰：群飲，汝勿佚，盡拘執以歸于周，予其殺。成王於酒致嚴如此，而晚周之君臣乃至於沈湎淫泆，天下化之，良可惜哉！禁川游者，亦所以防沈溺也。東萊曰：周公命康叔撫封侯衛，作《酒誥》一篇，其刑之重，至于盡執拘以歸于周，予其殺，此是最初禁酒，恐人沈湎浸漬，傷德敗性，不過導廸民彝，防閑私欲之意。至於《周官》之禁酒，禹之惡旨酒，皆是此意。及其再變，如漢文帝爲酒醻，景帝以歲旱禁民酤酒，比上面古人恐民傷德敗性已自不同，恐有用爲無用之物耗穀米，民食不足，此是再變。比之《酒誥》，所謂非惟不敢亦不暇，已無此意，然而猶有重本抑末之心。及至三變，自桑弘羊建搉酒之利，設心大不同，不過私家不得擅利，公家却自專其利耳。古者惟恐人飲酒，到後來惟恐人不飲酒。雜説：酒正内官自酒人以下皆奄奚爲之，勢不可呵禁外事。萍氏刑官之屬，司虣市官之屬，則掌之宜矣。後世立酒官，務在於榷酤，恐民奪其利，故亦掌禁察酒，去先王遠矣。

明 郝敬《周禮完解》卷一〇　萍氏，下士二人，徒八人。掌水禁。萍，水草川瀆壅塞，則水渟滯，防其不潔，故以官主之。本亦冬官之事，兼掌酒禁，取不沈溺意。萍氏，掌國之水禁，幾酒，謹酒，禁川游者。幾酒察私造及群飲之類，謹酒用有節飲有禮。川游，不用舟楫者。

明 柯尚遷《周禮全經釋原》卷一〇　萍氏，下士二人，徒八人。釋曰：萍之草無根而浮，以之名官，主水禁，取其不沉溺。

又卷一一　萍氏，掌國之水禁，幾酒，謹酒，禁川游者。釋曰：國之水禁，謂朝廷所用之水泉，禁之不得與人民雜取，尊朝廷，潔水泉，爲賓客祭祀之用也。幾酒者，朝廷之酒既有酒正以下司之，民間之酒其造釀之瀝，賣買之度亦幾察之，恐不如瀝而傷人也。謹酒者，無使飲酒無節，至於沈湎也。禁川游，無使人狎玩於深水，恐至沈溺者。是水禁、幾酒，則欲水與酒之潔清。謹酒、禁川游，則恐人之沈溺。溺於酒，猶其溺於水也。王氏曰：譏酒則於飲酒，微察其不節者也；謹酒則於用酒，謹制其無度也。《書》曰：文王誥教小子，有正，有事，無彝酒，越庶國，飲惟祀，德將無醉。所謂德將無醉，以文王幾酒而庶國之飲酒者皆有節也。所謂越庶國，飲惟祀者，以文王謹酒而庶國之用酒者皆有度也。又曰：群飲，汝勿佚，盡拘執以歸于周，予其殺。成王於酒致嚴如此，而晚周之君臣乃至於沈湎淫泆，天下化之，良可惜哉。

明 王樵《尚書日記》卷一一《酒誥》　《周禮》：萍氏掌國之水禁，幾酒，察非時飲者；謹酒，使民節用酒。丘文莊公曰：水溺人而酒有甚焉，周設官以掌國之水禁，而屬以幾酒，謹酒也，有以哉。

明 王志長《周禮注疏删翼》卷二五　萍氏，掌國之水禁。注：水禁，謂水中害人之處，及入水捕魚鼈不時。疏：水中害人之處，或有深泉、洪波、沙蝨、水弩，《月令》春秋及冬取魚，夏取則不時。【略】禁川游者，注：備波洋卒至沈溺也。王氏曰：幾酒，則於飲酒微察其不節也；謹酒，則於用酒謹制其無度也。《書》曰：文王誥教小子，有正，有事，無彝酒，越庶國，飲惟祀，德將無醉。所謂德將無醉，以文王幾酒而庶國之飲酒者皆有節也。所謂越庶國，飲惟祀者，以文王謹酒而庶國之用酒者皆有度也。又曰：群飲，汝勿佚，盡執拘以歸於周，予其殺。成王於酒致嚴如此，而晚周之君臣乃至於沈湎淫泆，天下化之，良可惜哉！禁川游者，亦所以防沈溺也。東萊吕氏曰：周公命康叔撫封侯衛作《酒誥》一篇，其刑之重，至於盡執拘，以歸於周，予其殺，此是最初禁酒，恐人沈湎浸漬，傷德敗性，不過導廸民彝，防閑私欲之意。及其再變，如漢文帝爲酒酺，景帝以歲旱禁民酤酒，比之《酒誥》，所謂非惟不敢亦不暇，已無此意，然而猶有重本抑末之心。及至三變，自桑弘羊建摧酒之利，則不過私家不得擅爲，公家自專其利耳。古者惟恐人飲酒，後來惟恐人不飲酒也。

清 顧炎武《日知録》卷二八《酒禁》 水爲地險，酒爲人險，故易交之言酒者，無非坎卦。而萍氏掌國之水禁，水與酒同官，黄魯直作《黄彜字説》云：酒善溺人，故六彜皆以舟爲足。徐尚書石貺有云：《傳》曰，水懦弱，民狎而玩之，故多死焉。酒之禍烈於火，而其親人甚于水，有以夫世盡夭於酒而不覺也。讀是言者，可以知保生之道。《螢雪叢説》言，頃年陳公大卿生平好飲，一日席上與同僚談舉，知命者不立乎巖墻之下。問之，其人曰：酒亦巖墻也。陳因是有聞，遂終身不飲。頃者，米醪不足而烟酒興焉，則真變而爲火矣。

清 方苞《周官集注》卷一〇 萍氏掌國之水禁，幾酒，謹酒，禁川游者。水禁，謂水中害人之處，及入水捕魚鼈不時。周制鄉飲蜡酺，皆有司及時量造，所謂公酒是也。則民間祭祀冠婚，必及時量造可知矣。老疾則官給之，所謂秩酒及頒賜之酒是也。幾酒，謂苛察無事作酒及市沽者。謹酒，謂戒毖其因事而多作者。浮水曰游，淺水可浮，川則波洋卒至，恐至沉溺也。

清 李鍾倫《周禮纂訓》卷二〇 萍氏，掌國之水禁。注：水禁謂水中害人之處，及入水捕魚鱉不時。禁川游者，注：備波洋卒至，沈溺也。

清 惠士奇《禮説》卷一三《秋官二》 根生之物爲草，草麗乎土，故掌土化者，其官爲草人。浮生之物爲萍，萍麗乎水，故掌水禁者，其官爲萍氏。

清 江永《禮書綱目》卷六三 萍氏，掌國之水禁。水禁，謂水中害人之處，及入水捕魚鼈不時。

清 段玉裁《周禮漢讀考》卷五 萍氏。注：鄭司農云：萍讀爲蛢，或爲萍號起雨之萍，玄謂今《天問》萍號作蓱。《爾雅》曰：萍，蓱，其大者蘋。讀如小子言平之平。萍氏主水禁，萍之草無根而浮，取名於其不沈溺。此注轉寫譌誤，今不能正。云今《天問》萍號作蓱，此謂今之《天問》與舊《天問》字異，不當皆作萍也。今億必求之，疑是鄭司農云：萍或爲蛢，讀爲蓱號起雨之蓱，玄謂今《天問》蓱號作萍，葢司農説或作蚊蟥蛢之蛢不可通，故讀爲蓱號起雨之蓱。王逸《楚辭注》曰：蓱，蓱翳，雨師名也。號，呼也，興起也。言雨師號呼則雲起而雨下，獨何以興之乎？蓱，一作井，一作萍，司農易蛢爲蓱翳字，今不得其解。後鄭則云《天問》蓱翳字，今本多作萍翳。考之《爾雅》，萍與蓱，正是一物而兩字，同在古音第十一部，故《天問》通用。司農既讀蛢爲蓱，則亦可徑從經作萍，萍之音如小子言平之平，經之萍氏取名於萍草之不沈溺也。幾酒，謹酒，禁川游者，皆令不沈溺。

清 劉沅《周官恒解》卷五《秋官司寇》 萍氏，掌國之水禁，幾酒，謹酒，禁川游者。鄭康成曰：水禁，水中害人之處，及入水捕魚鼈不時。幾酒，苛察沽買過多及非時者。謹酒，使民節用酒也。《書·酒誥》曰：無彝酒。川游，無故而淤於水。王氏應電曰：萍氏掌水禁而兼酒者，水所以載舟，亦所以覆舟，酒以合歡，而溺則生禍，取其類也。

清 蔣載康《周官心解》卷二二 萍氏，下士二人，徒八人。注：萍氏主水禁。萍無根而浮，取其不沈溺。

又 卷二四 萍氏，掌國之水禁。注：水禁，水中害人之處，及入水捕魚鼈不時。幾酒，注：苛察沽買過多及非時者。謹酒，注：使民節用酒也。按：恐民醉而喪德，廢時失事，又取禍也。黄文叔曰：掌水禁，而使禁酒，酒亦水之害人者也。禁川游者。注：備波洋卒至沈溺也。

清 梁章鉅《退庵隨筆》卷八 水爲地之險，酒爲人之險。《易》爻之言酒者，無非坎卦。而萍氏掌國之水禁，水與酒同官，故先王之於酒也，禮以先之，刑以後之。《周書·酒誥》曰：群飲，汝勿佚，盡執拘以歸於周，予其殺。《周禮·地官》胥師、司虣禁屬游飲食於市，若不可禁，則搏而戮之。古者群飲之罪，至重如此。《漢書·文帝紀》注曰：

漢律，三人以上無故群飲酒，罰金四兩，則禁稍弛矣。後世惟魏大安四年設酒禁，釀酤、飲皆斬。金海陵正隆五年，禁朝官飲酒，犯者死。元至元二十年禁，造酒者本身配役，財產、子女没官，皆可謂用重典。然立法太過，故亦不久而弛。予嘗閱襄勤世序言，今者生齒日繁，財用不足，但當嚴釀酒栽烟之禁，或加重其税，於民間生計無損，而於利源不無少裨，蓋亦救時不得已之一筞也。

清 陳錫路《黄嬭餘話》卷四《萍氏》 《周禮》萍氏掌國之水禁，幾酒，謹酒。按竇苹《酒譜》云：萍氏，古無其説。《本草》述水萍之功能勝酒。名萍之意，疑取之。解雖新，却未的，時解酒之爲物，起風波于杯勺，其沉溺人甚于水。萍之草無根而浮，名萍，爲其不沉溺也。故水禁、酒禁，萍氏兼掌之，此解較有理致。

清 潘任《周禮札記》 萍氏。鄭司農云：萍讀爲蛢，或爲萍號起雨之萍。玄謂：今《天問》萍號作萍。《爾雅》曰：萍，蓱，其大者蘋。讀如小子言平之平。萍氏主水禁，萍之草無根而浮，取名于其不沈溺。阮文達《校勘記》云：萍讀爲蛢，當作蛢，讀爲蓱。經當作蛢氏，後人援注改。注又易注蓱爲萍，則與下萍號爲一字矣。案：經文本作萍，司農讀萍爲蓱，鄭君仍從經作萍也。《説文》：蛢，蟜皇也，蛢爲蟲，無水草義。古經無取。疑司農原注當云：萍讀爲蓱，蛢乃誤文萍號起雨之萍，上萍字當作蓱。《楚辭》王逸注本正作蓱，是其證。司農盇讀萍爲蓱，又引《楚辭》證蓱、萍之通，鄭君云：今《天問》萍號作萍，此正司農之誤。王逸注本正作蓱，云一作萍，司農据其古本，鄭君据别本，故云今《天問》也。其云萍氏主水禁，萍之草二萍均當如字，不必改爲蓱。阮氏以鄭君增成先鄭義，故多曲説，實則鄭君正破先鄭而從經也，渾言之萍、苹、蓱皆通，析言之則苹，爲正字萍，蓱别字。《説文》：苹，蓱也，無根浮水而生者，从草，平聲。鄭君云：無根而浮，正本許説。經典中萍字皆苹之叚借，以别于苹、藾蕭。《周禮》萍氏亦是叚萍爲苹，以苹、萍从平，義得通。若蓱爲苹字之訓，非古經所習見也。

清 孫詒讓《周禮正義》卷六五 **萍氏，下士二人，徒八人。**鄭司農云：萍讀爲蛢，或爲萍號起雨之萍。玄謂今《天問》萍號作萍。《爾雅》曰：萍，蓱，其大者蘋。讀如小子言平之平。萍氏主水禁，萍之草無根而浮，取名於其不沈溺。【疏】注『鄭司農云萍讀爲蛢，或爲萍號起雨之萍，玄謂今《天問》萍號作萍』者，段玉裁云：此注轉寫譌誤。云今《天問》萍號作萍，此謂今之《天問》與舊《天問》字異，不當皆作萍也。疑是鄭司農云，萍或爲蛢，讀爲蓱號起雨之蓱，玄謂今《天問》蓱號作萍。蓋司農説或作蚑蟦蛢之蛢不可通，故讀爲蓱號起雨之蓱。王逸《楚辭注》云：蓱，蓱翳，雨師名也。號，呼也，興，起也。言雨師號呼則雲起而雨下。蓱，一作荓，一作萍。司農易蛢爲蓱翳字，今不得其解。後鄭則云《天問》蓱翳字，今本多作萍翳。考之《爾雅》，萍與蓱，正是一物，而兩字古音同部，故《天問》通用。司農既讀蛢爲蓱，則亦可徑從經作萍。案：段校近是。陳壽祺據王逸《楚辭注》本，改作今《天問》萍號作蓱，云後鄭下引《爾雅》，正明萍、蓱一物。其説亦通。引《爾雅》曰：萍，蓱，其大者蘋者，《釋草》文。《釋文》云：萍，本亦作苹。案：郭本《爾雅》作苹，注云：水中浮蓱，江東謂之薸。《釋草》别有『苹，藾蕭』。諦審注意，疑後鄭以萍爲水草，與苹爲藾蕭不同，鄭所見《爾雅》自作萍，故引證此經之萍，明其不必改蓱。《釋文》或本作苹，乃後人依郭本改，與經注上下文并不相應也。《説文·草部》云：苹，蓱也，無根浮水而生者，蓱，苹也。《水部》云：萍，苹也，水草也。三字不同。《玉篇·草部》及《廣韵·十五青》并以萍、蓱爲一字，此與《爾雅》《説文》不合，不足據也。云讀如小子言平之平者，擬萍字之音也。小子言平，未詳所本。云萍氏主水禁，萍之草無根而浮，取名於其不沈溺者，段玉裁云：經之萍氏，取名於萍草之不沈溺也。

又 **萍氏，掌國之水禁。**水禁，謂水中害人之處，及入水捕魚鱉不時。【疏】注云『水禁謂水中害人之處』者，謂禁人砅涉。《荀子·大略》篇云：水行者表深，使人無陷，亦水禁之一端。賈疏云：或有深泉洪波、沙蟲水弩。云『及入水捕魚鱉不時』者，此與𩰫人、鼈人、川衡、澤虞爲官聯也。賈疏云：案《月令》，春秋及冬取魚，夏不合取魚。夏取則不時，皆禁之也。案：取魚鱉之時，詳𩰫人、鼈人疏。又《月令·仲春》云：毋竭川澤，毋漉陂池。《國語·魯語》云：鳥獸成，水蟲孕，水虞於是乎禁罝麗。又云：魚禁鯤鮞。所謂取魚鼈之禁，《荀子·王制》篇云：汙池淵沼川澤，謹其時禁，故魚鼈優多，而百姓有餘用也。**幾酒，**苛察沽買過多及非時者。【疏】幾酒者，賈疏云：酒，亦水之類故也。注云『苛察沽買過多』者，《釋文》云：買，一本作賣。幾，訓苛察，詳司關疏。此謂民自買酒於市也。《説文·酉部》云：酤，一曰買酒也，沽即酤之叚字。《漢書·食貨志》：王莽居攝，羲和《魯匡》言：《詩》曰無酒酤我，而《論語》曰酤酒不食。夫《詩》據承平之世，酒酤在官，和旨便人，可以相御也。《論語》孔子當周衰亂，酒酤在民，薄惡不誠，是以疑而弗食。案：酒正、酒人無官酤之文，明承平世酒酤亦在民，《魯匡》妄説，不足據。然雖民閒沽買但過多，則飲之將不節，故亦察而詰之。云『及非時者』者，賈疏云：時，謂若《酒誥》『惟祀兹酒』，及鄉飲酒及昏娶爲酒食以召鄉黨僚友，是其時也。**謹酒，**使民節用酒也。《書·酒誥》曰：有政，有事，無夷酒。【疏】謹酒者，《説文·言部》云：謹，慎也，謂戒敕民，使謹慎於飲酒。《晏子春秋·諫上篇》云：晏子曰，古之飲酒者，足以通氣合好而已矣。故男不群樂以妨事，女不群樂以妨功。男女群樂者，周觴三獻，過之者誅。此即謹酒之事。注云『使民節用酒也』者，謂用酒有節度，飲不及亂也。引《書・酒誥》者，證謹酒之事。今《書》政作正，夷作彝，與鄭本異。宋附釋音本、巾箱本、注疏本，夷亦作彝，與今書同。阮元云：《韓非》引《書》，亦作夷。賈疏云：有政之大臣，有事之小臣。夷，常也，不得常飲，明如上文，合飲時乃飲也。案：賈釋蓋本鄭《書注》義。禁川游者。備波洋卒至沈溺也。【疏】『禁川游者』者，《説文・水部》云：汓，浮行水上也，重文泅，汓或从囚聲。案：游即汓之借字。《大戴禮記・曾子大孝篇》云：舟而不游。注云『備波洋卒至沈溺也』者，《一切經音義》引《三蒼》云：洋洋，大水貌也。《管子・樞言篇》云：善游者死於梁池，故禁之也。

雜録

清 梁詩正《西清古鑒》卷一三《周舟彝》 右高四寸二分，深三寸五分，口徑六寸九分，腹圍一尺九寸五分，重五十九兩，鎏金。水爲地險，酒爲人險，酒之溺人猶水也，故萍氏水與酒同禁。彝以盛酒，取象于舟，義或本此。

秦漢時期水利職官部

都水使者

題解

《宋書》卷四〇《百官志下》 都水使者一人，掌舟航及運部。秦漢有都水長丞，主陂池灌溉，保守河渠，屬太常。漢東京省都水，置河堤謁者。魏因之。漢世水衡都尉，主上林苑。

《通典》卷二七《職官九》 都水使者。虞舜命益作虞，以掌山澤。《周官》有林衡、川衡二官，掌林麓川澤之禁。漢武帝元鼎二年初，置水衡都尉。顔師古曰：山林之官曰衡，掌諸池苑，故稱水衡。張晏曰：主都水及上林苑，故曰水衡。主諸官，故曰都。有卒徒武事，故曰：尉。衡，平也，主平其税也。掌上林苑。漢趙充國以中郎爲水衡都尉，主船官也。蓋主上林離宮燕休之處。王莽改曰予虞。後漢光武省之，并其職於少府。每立秋貙劉之日，輒暫置水衡都尉，貙劉，將祭大獵之名。貙，敕俱反。事訖省。初，秦漢又有都水長丞，主陂池灌溉，保守河渠，自太常、少府及三輔等，皆有其官。漢武帝以都水官多，乃置左右使者以領之。劉向爲左都水使者是也。又《續漢百官志》曰：劉向領三輔都水。至漢哀帝，省使者官，至東京凡都水皆罷之，并置河堤謁者。

《晉書》卷二四《职官》 都水使者，漢水衡之職也。漢又有都水長丞，主陂池灌溉，保守河渠，屬太常。漢東京省都水，置河堤謁者。

論説

明 杨士奇等《歷代名臣奏議》卷二五三《水利》 王同上奏曰：古者之治五行也，必有五行之官。其去民用尤近，而逆其理，則有敗害之端，莫甚於水。故官得其任，則不憂乎水之敗害，誠其勢也。是以舜命益作虞，以掌山澤。周有川澤之禁，而後世修之，未嘗廢也。由秦漢以來，使任其事，而爲之水官，則莫若都水之職。其主灌溉陂池，保守河渠，自太常及三輔皆有其官。至武帝之時尤增重之，於是又有左右使者，使統其任而居其事者，莫不明於《禹貢》之學，而習於知水之性。故劉向以治書爲三輔都水都尉，平當以明《禹貢》領護河堤。蓋其任職之人，未嘗不修其事，而又有水工之徒以佐知其利害，是以秦漢之際言水事於書尤著。

綜述

《唐六典》卷二三 都水監使者二人，正五品上。本《周官》川衡之職。漢太常、大司農、少府内史、主爵中尉，其屬官各有都水長丞。武帝置水衡都尉，掌上林苑，有五丞，其屬官有上林、均輸、御羞、禁圃、輯濯、鍾官、辯銅令丞。又衡官、水司空、都水、農倉，又甘泉、上林、都水七官長丞，皆屬焉。至成帝，以都水官多，置左右使者各一人，則劉向護左都水使者是也。至哀帝罷之。王莽改水衡都尉曰予虞。後漢省都水，以屬郡國，而置河堤謁者五人。【略】丞二人，從七品上。《漢書》都水、水衡皆有丞，後漢省。

宋 高承《事物紀原》卷五《五監總率部第二十六》 都水使者。舜命益作虞，盖掌山澤之官。《周禮》地官司徒之屬川衡、澤虞，即都水之任也。秦始有都水長丞。漢武元鼎二年初，置水衡都尉，又以都水官多，復置左右使者。此盖設官之始也。晋武省水衡，置都水使者。自此官名乃定。

《通志》卷五四《職官略第四》 都水使者。虞舜命益作虞，以掌山澤。《周官》有林衡、川衡二官，掌林麓川澤之禁。漢武帝元鼎二年初，置水衡都尉，掌上林苑。其屬有上林、均輸、御羞、禁圃、楫櫂、鍾官、技巧、六厩、辨銅九官令丞。又衡官、水司空、都水、農倉，及甘泉、上林、都水七官長丞皆屬焉。蓋主上林離宫燕休之處。後漢光武省之，并其職於少府。每立秋貙劉之日，輒蹔置水衡都尉。貙劉，將祭大獵也。事訖省。初，秦漢又有都水長丞，主陂池灌溉，保守河渠，自太常、少府及三輔等皆有其官，漢武帝以都水官多，乃置左右使者以領之。至漢哀帝省使者官，至東京凡都水皆罷之，并置河堤謁者。

《文獻通考》卷五七《職官考十一》 虞舜命益作虞，以掌山澤。《周官》有林衡、川衡二官，掌林麓川澤之禁。漢武帝元鼎二年初，置水衡都尉，顔師古曰：山林之官曰衡，掌諸池苑，故稱水衡。張晏曰：主都水及林苑，故曰水衡，主諸官故曰都，有卒徒武事，故曰尉。衡，平也，主平其税也。掌上林苑。漢趙充國以中郎爲水衡都尉，主船官也。蓋主上林離宮燕休之處。王莽改曰予虞。後漢光武省之，并其職於少府。每立秋貙劉之日，輒暫置水衡都尉，貙劉，將祭大獵之名。貙，敕俱反。事訖省。初秦漢又有都水長丞，主陂池灌溉，保守河渠。自太常、少府及三輔等，皆有其官。漢武帝以都水官多，乃置左右使者以領之。劉向爲左都水使者是也。又《續漢百官志》曰：劉向領三輔都水。至漢哀帝省使者官，至東京凡都水皆罷之，并置河堤謁者。

清 閻鎮珩《六典通考》卷二《設官考》 初，秦漢又有都水長丞，漢武帝以都水官多，乃置左右使者以領之。哀帝省使者官，至東京凡都水皆罷之。

都水长丞

題解

《宋書》卷四〇《百官志下》 秦漢有都水長丞，主陂池灌溉，保守河渠，屬太常。

《晉書》卷二四《職官志》 漢又有都水長丞，主陂池灌溉，保守河渠，屬太常。漢東京省都水，置河堤謁者。

《通典》卷二七《職官九》 初，秦漢又有都水長丞，主陂池灌溉，保守河渠。自太常、少府及三輔等皆有其官。漢武帝以都水官多，乃置左右使者以領之。

唐 李林甫《唐六典》卷二三 都水監使者二人，正五品上。本周官川衡之職。漢太常、大司農、少府内史、主爵中尉，其屬官各有都水長丞。

《舊唐書》卷四四《職官三》 漢官有都水長，屬主爵，掌諸池沼。後改爲使者，後漢改爲河堤謁者。

清 沈欽韓《漢書疏證》卷四 監都水長丞。少府、上林、三輔者各自屬其寺，此郡國都水官，屬於大司農。

綜述

《晉書》卷二四《職官》 大司農，統太倉、籍田、導官三令、襄國都水長、東西南北部護、漕掾。及渡江，哀帝省并都水，孝武復置。

《通典》卷二八《職官十》 漢有水衡丞五人，亦有都水丞。後漢晉初都水使者有參軍二人，蓋亦丞之職任。宋因之。梁大舟卿有丞。陳因之。後魏、北齊又曰參軍，隋曰都水丞。大唐二人。

唐 李林甫《唐六典》卷二三 丞二人，從七品上。《漢書》都水、水衡皆有丞。後漢省。晉初置都水使者，有參軍二人，蓋丞之職也。宋因之。孝武帝省都水臺，置水衡令，亦無丞。梁天監七年置太舟卿，始置丞一人，班第一。陳因之。後魏都水有參事六人，北齊有參事十人，并丞之任也。隋初置都水臺，有丞二人，正第八品上。大業三年加從七品。皇朝改爲都水署丞，從八品下。貞觀中改爲使者，以署爲監，加丞秩至從七品上。【略】丞掌判監事，凡京畿諸水禁，人因灌溉而有費者，及引水不利而穿鑿者，其應入内諸水有餘，則任王公、公主、百官家節而用之。

宋 高承《事物紀原》卷五《五監總率部第二十六》 舜命益作虞，蓋掌山澤之官。《周禮》地官司徒之屬，川衡、澤虞即都水之任也。秦始有都水長丞。

又 都水監丞。秦有都水丞，漢又有水衡丞，蓋武帝置水衡即置之也。晉除水衡，有都水丞，亦先秦之舊云。

宋 林駉《古今源流至論・後集》卷四《浙江潮》 推原其由，漢猶近古，尚有水官宿業之意，有都水長丞，有河堤使者，有渭水司空，外此又有陂官、雲夢等官。《漢百官表》上。領水之職蓋非一人，此所以不慮決溢之害。

又《別集》卷一〇《水利》 漢之京師，則少府總禁池之事，其屬則有池監。《百官表》：少府掌山海陂澤之稅，其屬有上林、卜池，監有都水長丞。【略】又按：太常、少府、水衡皆有都水長丞。

宋 王應麟《玉海》卷二一《地理》 《百官表》太常屬官有都水長丞。注：如淳曰：《律》：都水治渠堤水門。《黄圖》云：三輔皆有都水。治粟内史、都水官長丞皆屬少府，屬官有都水長丞。水衡都尉屬官有水司空、都水、甘泉、上林、都水長丞。京兆尹屬官有都水長丞，左馮翊屬官有左都水長丞，右扶風屬官有都水長丞。

又 卷一二四《官制》 《表》：大常、大農、少府、水衡有都水長丞。水衡又有甘泉、上林、都水長丞。都水三丞。京兆有都水長丞。即內史。左馮翊左都水長丞，右扶風都水長丞。劉向領護三輔都水，護左都水使者臣向馮參領護左馮翊都水。息夫躬領護三輔都水。《志》：都水屬郡國，郡有都水官者，置令長及丞。有水池及魚利多者，置水官，主平水、收漁稅。

《宋史》卷一六五《職官志》 南、北外都水丞各一人。【略】五年，詔南北外都水丞并以三年爲任。七年，方議回河東流，乃詔河北、京東西漕臣及開封府界提點，各兼南、北外都水事。紹聖元年罷。元符三年，詔罷北外都水丞，以河事委之漕臣。三年復置。重和元年，工部尚書王詔言乞選差曾任水官諳練者爲南北兩外丞。從之。宣和三年，詔罷南北外都水丞司，依元豐法，通差文武官一員。

清 錢大昭《漢書辨疑》卷九《百官公卿表上》 又有都水長丞。案：左馮翊有左都水，此當有右字。

清 沈欽韓《漢書疏證》卷四 都水長丞。《管子・度地篇》除五害以水爲始，請置水官，令習水者爲吏。大夫、大夫佐各一人，取水左右各一人，使爲都匠，水工亦所屬。陵縣有，後并入三輔。

又 卷五上 都水長丞。此池籞别屬少府。《孫寶傳》：民假少府陂澤，故亦有都水官。元始二年增置海丞。

又 甘泉都水長丞上林都水長丞。《黄圖》：甘泉苑，武帝置，起仙人觀，緣山谷行，至雲陽，三百八十一里。西入扶風，周回五百四十里。此蓋領其陂渠矣。

又 都水長丞。京輔水官，亦别令他官領護。劉向爲中郎，使領護三輔都水。

又 都水長丞。當云右都水。《真誥・握真輔篇》：漢時渭橋北置都水令丞，領徒千五百人，置屬京兆。

清 陳樹鏞《漢官答問》卷二 太常【略】都水長一人，丞一人，掌治渠堤水門。

又 卷三 令史【略】都水長一人，丞一人。

又 卷四 水衡都尉【略】都水長一人，丞三人。

又 京兆尹【略】都水長一人，丞一人。《表》治渠堤水門。太常、大農、少府、水衡、三輔皆有都水。《表》有水池及魚利多者，置水官，主平水，收漁稅。《續百官志》成帝以都水官多，置左右使者各一人，至哀帝罷之。《唐六典》二十三。時使朝臣領護之。劉向以故九卿召拜中郎將領護三輔都水，馮參以諫大夫領馮翊都水，息夫躬持節領護三輔都水。

又 左馮翊【略】左都水長一人，丞一人。

又 右扶風【略】都水長一人，丞一人。

清 羅士琳《舊唐書校勘記》卷三八《列傳・李義府》 按：司津監，掌川澤津梁之政令，職從六品。龍朔元年改置。即漢之都水長，後漢之河堤謁者，晋之都水臺使，梁之太舟卿，隋之都水監，貞觀時都水使是也。

紀事

宋 程顥《二程文集》卷一二《明道先生行狀》 時中人程昉爲外都水丞，怙勢蔑視州郡，欲盡取諸埽兵治二股河，先生以法拒之。昉請於朝，命以八百人與之。天方大寒，昉肆其虐，衆逃而歸。州官晨集，城門吏報河清兵潰歸將入城，衆官相視，畏昉，欲弗納。先生曰：此逃死自歸，弗納必爲亂。昉有言，某自當之。即親往開門撫諭，約歸休三日復役，衆懽呼而入。具以事上聞，得不復遣。

元 揭傒斯《重修濟寧州會源牐記》 《北河紀》卷四 皇帝元年夏六月，都水丞張侯改作濟州會源閘成，明年春二月，具功狀，遣其屬孟思敬至京師，請文勒石。

清 沈欽韓《漢書疏證》卷五上 左都水長丞。馮參以諫議大夫使護左馮翊都水，又劉向校中書奏上，稱領護左都水使者，光禄大夫。

又 卷四九 錢大昭曰：《百官表》左馮翊有左都水長丞。是時馮翊當有河渠之事，故令參領護之。

傳記

宋 沈括《夢溪筆談》卷一〇《權智》 熙寧中，睢陽界中發汴堤淤田，汴水暴至，堤防頗壞陷將毀，人力不可制。時都水丞侯叔獻涖役，相視其上數十里有一古城，急發汴堤，注水入古城中，下流遂涸，使人急治堤陷。次日，古城中水盈，汴流復行，而堤陷已完矣。徐塞古城所決內外之水，平而不流，瞬息可塞，衆皆服其機敏。

《宋史》卷九五《河渠志》 元豐四年正月，北外都水丞陳祐甫言：滹沱自熙寧八年以後泛濫，深州諸邑爲患甚大。諸司累相度不決，謂其下流舊入邊吴宜子淀最爲便順，而屯田司懼塡淤塘濼，煩文往復，無所適從。昨差官計之，若障入胡盧河，約用工千六百萬；若治程昉新河，約用工六百萬；若依舊入邊吴等淀，約用工二十九萬。其工費固已相遠，乞嚴立期會，定歸一策。詔河北屯田轉運司同北外都水丞司相視。

又 卷三一二《曾孝廣傳》 孝廣，字仲錫，元豐末爲北外都水丞。元祐中，大臣議復河故道，召孝廣問之，言不可，出通判保州。久之，復爲都水丞。

又 卷三三四《劉彝傳》 劉彝，字執中，福州人，【略】神宗擇水官，以彝丞東南水利，除都水丞。久雨，汴漲，議開長城口，彝請但啓楊橋斗門，水即退，爲兩浙轉運判官，知處州。【略】元祐初復以都水丞召還，病卒于道，年七十。

又 卷四六八《程昉傳》 程昉，開封人，【略】兼外都水丞，詔相度興修水利。河決大名第五埽，昉議塞之，因疏塘水，溉深州田，又導葫蘆河自樂壽之東至滄州二百里，塞孟家口，開乾寧軍直河，作橋于眞定之中渡，又自衛州王供埽導沙河入御河，以廣運路。

（天順）《明一統志》卷四六《寧波府》 俞充，鄞縣人，嘉祐進士第，熙寧中爲都水丞，沿汴淤泥溉田爲上腴者八萬頃，擢天章閣待制，知慶州。

又 卷七四《福州府》 劉彝，懷安人，幼介特，從胡瑗學，善治水，第進士，爲朐山令。【略】官終都水丞。著《七經中義》百七十卷，《明善集》、《居陽集》各三十卷。

明 陳鳴鶴《東越文苑》卷三 劉彝，字執中，懷安人，受業於胡瑗，瑗稱其善治水也，舉進士爲朐山令，朐山人輯彝所以治朐山者，著爲書，號曰《治範》。爲制置三司官屬，以直諫顯；爲都水丞，以治水顯；爲處州守，以施教化顯；最後爲桂州守，以禁交阯互市賈亂也，又不救邕州之圍，免爲庶人，而名敗矣。元祐初，天子思彝治水功，復以都水丞召彝。道卒。

藝文

宋 劉攽《彭城集》卷二三《制誥·朝奉郎行都水監主簿陳安民可都水監丞制》 吏習于事者，可以勸功。爾効職都水，其已久矣。因而遷之，乃宿其業。與夫初試未習者，固有間焉。勉崇著効，毋孤寵在。

宋 蘇轍《欒城集》卷二七《西掖告詞六十一首·鄭佶都水監丞陳安民簿》 敕具官某等：朕既平政以便民，民少安矣。而大河以北，水不潤下，昏墊爲虐，故當今之政，水事爲急。以爾佶嘗丞水官，練達有素，以爾安民，屢試民事，治辨見稱，其益講求本原，以積厥職。可。

宋 許翰《襄陵集》卷一《都水丞榮毖等轉官制》 敕某官等：官吏奉事，不廢職也。而比年以來，輕重眂勞，每加賞焉者，所以示厚國家之恩，豈有量哉。爾等前日廣武諸役，力捍大河，使不爲敗，咸序其績，懋官以勸，是維寵渥，往其欽哉。可。

元 王逢《梧溪集》卷一《送賈靜安員外之行都水丞》 水部中朝世胄家，兩曾畫省對薇花。九關好附升天翼，萬里初乘貫月查。龍返故宮遺蜆蟀，民移高阜失桑麻。宣防何似河清頌，早播皇風被邇遐。

河堤使者

論說

宋 章如愚《山堂考索》後集卷五一《民門・水利》 漢都水之職，屬之水衡，郡國都水長丞則領於司農。外是則有所謂渭水司空，有所謂池監，有所謂河堤使者，有所謂陂官、湖官、浦官、雲夢官，通水之渠非一所，領水之官非一人，則亦異乎後世文具之政多矣。

清 周壽昌《漢書注校補》卷一一《百官公卿表第七上》 特進。壽昌案：《外戚傳》注引《漢雜事》：諸侯功德優盛，朝廷所敬異者，賜位特進，位在三公上加一秩。其在本傳可考者：王譚、王商、傅喜、薛宣、張禹。奉使官名：治獄使者、內者令郭穰，《宣帝紀》。奉宗廟使、袁盎爲太常奉宗廟使吳。王輔親戚使、吳王弟子德侯爲宗正，輔親戚使至吳。與上俱見《吳王濞傳》。稻田使者、燕倉。河堤使者、王延世。美俗使者、嚴羽。行寃獄使者、見《張敞傳》。直指使者。暴勝之。以上皆因事置官，已事即罷，無常員，故不列公卿百官表中。附案：尉史、士史。《田廣明傳》：尉史蘇昌，徐天麟云：漢律：近塞置都尉，百里一人，士史、尉史各二人，似皆關都尉屬，宜補入。黃國瑾附記。

又 卷二七《溝洫志》第九 河堤使者王延世使塞。壽昌案：河堤使者，漢因事置，無常員，故不見《百官表》。後許商又爲河堤都尉，不稱使者，茲又詔稱校尉，延世不稱河堤。案：漢置八校尉，皆無與治河事。王延世故官校尉，特使治河，遂有河堤使者之稱。覩下云哀帝初平當使領河堤，考《平當傳》，當以經明《禹貢》，使行河爲騎都尉領河堤，與王延世以校尉領河堤一也。又案：李尋爲騎都尉使護河堤，馮野王以故二千石使行河堤。地節中，光禄大夫郭昌使行河，皆以他官出使。河堤無專官也。

綜述

《新唐書》卷四八《百官志》 唐有河堤使者，貞觀初改曰河堤謁者。有府三人，史六人，典事三人。每渠及斗門有長一人，掌固三人，魚師十二人。初有監漕十人，從九品上，大曆後省。興成、五門、六門、龍首、涇堰、滋堤凡六堰，皆有丞一人，從九品下，府一人，史二人，典事二人，掌固二人。貞觀六年皆廢。

宋 洪邁《容齋隨筆》卷九《漢官名》 漢官名有不書於《百官表》而因事乃見者。如行寃獄使者因張敞殺絮舜而見，美俗使者因何并代嚴詡而見，河堤使者因王延世塞決河而見，直指使者因暴勝之而見，其事多見於本傳而官不再見，豈非因事置官，事已即罷乎？

宋 王應麟《玉海》卷一二四《官制》 唐有河堤使者，貞觀初改謁者六人。

宋 章如愚《山堂考索》後集卷二三《官制門》 至《食貨志》則又有好農使，《溝洫志》則又有河堤使者，《谷永傳》又有護苑使者，皆隨事而置也，非特此也。

清 汪榮寶《法言義疏》卷一三 主歷使者猶稻田使者、河堤使者、美俗使者、行寃獄使者之比，所謂因事置官，已事即罷，無常員，故不列百官表中也。

紀事

《漢書》卷二九《溝洫志》 後三歲，河果決於館陶及東郡金堤，泛濫兖、豫，入平原、千乘、濟南，凡灌四郡三十二縣，水居地十五萬餘頃，深者三丈，壞敗官亭室廬且四萬所。御史大夫尹忠對方略疏闊，上切責之，忠自殺。遣大司農非調，調均錢穀河決所灌之郡，謁者二人，發河南以東漕船五百㮴，徙民避水居丘陵九萬七千餘口。河堤使者王延世使塞，以竹落，長四丈，大九圍，盛以小石，兩船夾載而下之，三十六日河堤成。上曰：『東郡河決，流漂二州，校尉延世堤防三旬立塞，其以五年爲河平元年。卒治河者爲著外繇六月。惟延世長於計策，功費約省，用力日寡，朕甚嘉之。其以延世爲光祿大夫，秩中二千石，賜爵關内侯，黄金百斤。』

漢 荀悦《前漢紀》卷二四《前漢孝成皇帝紀》 冬十有一月，御史大夫尹忠以河決不憂職自殺。壬戌，少府張忠，御史大夫、河堤使者王延世以竹落長四丈，大九圍，盛石以兩船夾載而下之，二十六日河堤成。上嘉其功，拜爲光祿大夫，賜爵關内侯，黄金百斤。

唐 李吉甫《元和郡縣志》卷二〇《河北道一》 古堰，今名愜山，在縣西九里。成帝時河決金堤，河堤使者王延世募人塞之，蓋運土塞河之處，以其愜當人情，故謂之愜山。

《資治通鑑》卷三〇《漢紀二十二》 河平元年春，杜欽薦犍爲王延世於王鳳，使塞決河。鳳以延世爲河堤使者。延世以竹落長四丈，大九圍，盛以小石，兩船夾載而下之，三十六日河堤成。三月，詔以延世爲光祿大夫，秩中二千石，賜爵關内侯，黄金百斤。

宋 林駉《古今源流至論》後集卷四 成帝初，河決陶館，浸淫數郡，民益不利。議者謂一川兼受數河，雖高增堤防不能泄也。其後王延世編竹寘石，兩船夾載而下之，三十六日河堤告成，而陶館之水治矣。推原其由，漢猶近古，尚有水官宿業之意，有都水長丞，有河堤使者，有渭水司空，外此又有陂官、雲夢等官。《漢百官表》上。領水之職蓋非一人，此所以不慮決溢之害。

明 彭大翼《山堂肆考》卷二一《灌百川》 莊子曰：秋水時至，百川灌河。涇流之大，兩涘渚涯之間不辨牛馬。《漢書》成帝時河決潰金堤，凡灌四郡。河堤使者王延世塞以竹落，長四丈，大九圍，盛以小石，兩船夾載而下之，三十六日河堤成。改元河平。

清 孫治《孫宇台集》卷一三《開河碑記》 古者有五行之官，而水官于邦國爲尤亟。故《周禮》有遂大夫，掌夫溝澮洫之政，而漢以下有河堤使者，巡行郡邑。

藝文

明 李攀龍《滄溟集》卷一一《上朱大司空二首・其二》 河堤使者大司空，無領中丞節制同。轉餉千年軍國壯，朝宗萬里帝圖雄。春流無恙桃花水，秋色依然瓠子宫。太史但裁溝洫志，丈人何減漢臣風。

明 鄭以偉《靈山藏・杜吟》卷一《濟上贈都水熊玄丘》 河堤使者錦江秋，治行曾爲第一流。兩見名城花滿縣，又看青泲芥行舟。梅巡白雪新官閣，帆數青蓮舊酒樓。功就會源猶小試，還朝須副濟川求。

清 潘耒《遂初堂集・詩集》卷一四《豫游草・河堤》 良醫視病人，察脈審其證。悉病所從來，治之藥乃應。濁河本北流，清淮自南亘。河徙勿奪淮，淮弱而河盛。一石八斗泥，壅礙入海徑。倒灌淮上流，湖淤可涉脛。埂堰始衝決，淮南受其病。塞決固治標，要須遂其性。下流無路行，東遏必西迸。瘡平毒未消，堡閉盜猶横。旁觀方憂危，當局莫予聖。

治河近稱善，吾宗老司空。諱季馴。河徙時未久，淮流尚争雄。海口雖停沙，可以水力衝。淮主河乃客，主壯客不攻。用清以刷濁，當年策誠工。淮今僅一線，河漲猶難容。淤沙積成土，不浚焉得通。古方治今病，和緩技亦窮。疏瀹費雖多，尺寸皆有功。堤成倘蟻漏，金錢擲波中。沈歸愚曰：二詩見治河要領，貫通海口，以淮刷黄也。河堤使者宜書此詩於座右。

清 沈維材《樗莊詩文稿・詩稿寒梧集・呈河堤使者少司馬完卓亭先生四首次韻》 爲感嘉招夙駕行，礬山信過浪花平。秋風禾黍覘町俗，夕照羊牛送客程。烏鵲橋邊星又燦，丁未戊申俱在河干，有《七夕詩》，極荷梁溪嵇公賞愛且辱次和。芙蓉幕下水尤清。仰看金鑒高懸處，烟動難淆湊鏡明。

清 孫爾準《泰雲堂集詩集》卷六《聽鐘集・秋雨》 【略】却憶淮南十萬户，盡葬魚腹悲沈湘。河堤使者坐嘆息，一壺詎止千金償。空令國帑困薪楗，其魚歲歲仍吾鄉。

清 梅曾亮《柏梘山房全集・詩集》卷一《爬沙謡》 河堤使者急分憂，欲仗金堤奠一州。不見尹忠蒙切責，翻疑孫禁有奇謀。未妨故道朝朝改，那意高門歲歲修。樵米頻聞頒大使，定知赤子免魚頭。

河堤謁者

題解

《晋書》卷二四《職官志》 都水使者。漢水衡之職也。漢又有都水長丞，主陂池灌溉，保守河渠，屬太常。漢東京省都水，置河堤謁者。魏因之。及武帝省水衡，置都水使者一人，以河堤謁者爲都水官屬。及江左，省河堤謁者，置謁者六人。

（雍正）《陝西通志》卷二一《職官二》 河堤謁者。掌完堤堰利溝瀆漁捕之事。涇、渭、白渠以京兆少尹一人督視。興成、五門、六門、龍首、涇堰、滋堤，皆有丞。貞觀六年廢。

清 洪頤煊《諸史考異》卷二《晋書考異・河堤謁者》 武帝省水衡，置都水使者一人，以河堤謁者爲都水官屬。頤煊案：《宋書・百官志》晋西朝有參軍，而無謁者。謁者，則江左置也。

清 梁章鉅《稱謂録》卷二一《河堤謁者》 《通典》：東京凡都水皆罷之，并置河堤謁者。《歴代職官表》：漢侍御史，秩六百石。據《後漢書傳》稱王景由侍史遷河堤謁者，則其秩當千石。是東漢之河堤謁者，即西漢之都水使者矣。

論説

清 閻鎮珩《六典通考》卷一九八《溝洫考》 兩漢而後至南北朝，大河決塞，史家失于記注。自晋以後，不復立河堤謁者。隋煬帝時始置河渠署，又不專領河堤之事。及石晋天福間，乃令沿河藩鎮節度使、刺史皆兼河堤使。宋淳化五年，詔開封大名府暨鄆、澶等十五州皆兼本州河堤使。蓋水患日亟，力役益繁，後世所以有河道總督之設也。

綜述

《通典》卷二七《職官九》 至漢哀帝，省使者官，至東京凡都水皆罷之，并置河堤謁者。漢之水衡都尉本主上林苑，魏世主天下水軍舟船器械。晋武帝省水衡，置都水臺，有使者一人，掌舟航及運部，而河堤爲都水官屬。【略】後魏初，皆有水衡都尉及河堤謁者、都水使者官。

唐 李林甫《唐六典》卷二三 河渠署令一人，正八品下。秦及兩漢都水、水衡屬官，有河堤謁者，則河渠署令也。隋煬帝取《史記・河渠書》之義以名署，置令一人。皇朝因之。領河堤謁者、魚師。

《隋書》卷二八《百官志中》 都水臺使者及丞各二人，參軍三十人，河堤謁者六十人，録事二人，領掌船局。

《舊唐書》卷四四《百官志》 河渠署令一人，正八品下，丞一人，正九品上，府三人，史六人，河堤謁者六人，掌修補堤堰漁釣之事。

宋 王應麟《玉海》卷二一《地理》 《王景傳》：永平十三年夏，汴渠成，帝親自巡行，詔濱河郡國置河堤員吏如西京舊制。注：《十三州志》曰：成帝時，河堤大壞，泛濫青、徐、兖、豫四州略遍，乃以校尉王延世領河堤謁者，秩千石，或名其官爲護都水使者。中興以三府掾屬爲之。十五年，從駕東巡狩，至無鹽，帝美其功績，拜河堤謁者，賜車馬縑錢。《漢官儀》：舊河堤謁者，世祖改以三府掾屬爲謁者領之，遷御史中丞、刺史，或爲小郡監察。後《五行志》注陳宣爲河堤謁者。王莽簒位不仕，光武即位召。《平當傳》以經明《禹貢》，使行河爲騎都尉領河堤。《李尋傳》以尋言且有水灾，故拜尋爲騎都尉，使護河堤。前《溝洫志》遣大司農調河决所灌之郡謁者二人，徙民避水，河堤使者王延世使塞以竹落、小石，兩船夾載而下之，三十六日河堤成。河堤都尉許商與丞相史孫等共行視，圖方略。哀帝初，平當使領河堤，奏言九河今皆寘滅。《晋志》：漢都水長丞，主陂池灌溉，保守河渠，屬太常。東京省都水，置河堤謁者。崔爰有《河堤謁者箴》。魏因之。晋見後。《水經・濟水》：又東合滎瀆，注瀆水受河水，有石門謂之爲滎口石門，門南際河有故碑云：惟陽嘉三年二月丁丑，使河堤謁者王誨，疏達河川，述荒庶士。云大河衝塞，侵齧金堤，以竹籠石葺葦土而爲遏，壞隤無已，功消億萬，請以濱河郡徒，疏山采石，壘以爲鄣，功業既就，徭役用息。詔書許誨立功，府鄉規基經始，詔策加命，遷在沇州。乃簡朱軒，授使司馬登，令纘茂前緒，稱遂休功。登以伊、洛合注大河，南則緣山，東過大伾，回流北岸，其勢鬱懞，濤怒湍急激疾，一有決溢，彌原淹野，蟻孔之變，害起不測。蓋自姬氏之所常蹙，昔崇鯀所以能治，我二宗之所劬勞。於是乃跋涉躬親，經之營之，比率百姓，議之于臣，伐石三谷，水匠致治，立激岸側，以捍鴻波，隨時慶賜，説以勸之。川無滯越，水土通演，役未踰年，而功程有畢，斯乃元勳之嘉課，上德之弘表也。昔禹修九道，《書》録共功，后稷躬稼，《詩》列于雅。夫不憚勞謙之勤，夙興厥職，充國惠民，亦得湮没而不章焉？故遂刊石記功，垂示于後。使河堤謁者司馬登字伯志、王誨字孟堅。《唐志》都水監，河堤謁者六人，正八品下，掌堤堰溝瀆漁浦之事，涇、渭、白渠，以京兆少尹一人督視。

又《晉河堤謁者》　《傅玄傳》：泰始四年爲御史中丞，上疏言便宜五事。其三曰：魏初未留意於水事，先帝統百揆，分河堤爲四部，并本凡五謁者，以水功至大，與農事并興，非一人所周知故也。今謁者一人之力行天下諸水，無時得遍。伏見河堤謁者車誼不知水勢，轉爲他職，更選知水者代之。可分爲五部，使各精其方宜。其四曰：河堤謁者石恢甚精練水事及田事，知其利害，乞中書召問得失。

又卷第一二四《官制》　《溝洫志》：河決金堤，河堤使者王延世使塞以竹落，長四丈，盛以小石，兩船夾載而下之，三十六日河堤成。以五年爲河平元年。三月詔，平當爲騎都尉領河堤，李尋爲騎都尉使護河堤，馮野王以故三千石使行河堤，地節中光禄大夫郭昌使行河，河堤都尉許商。《續志》注：舊河堤謁者，世祖改以三府掾屬爲謁者領之。王景拜河堤謁者。陳宣爲河堤謁者。崔子玉《河堤謁者箴》：伊昔鴻泉，浩浩滔天，有夏作空，爰奠山川，爰及周衰，夏績陵遲。使臣司水，王道公正修明則丰川理，百川沸騰，咎在卿士。《晉志》：漢東京省都水，置河堤謁者。魏因之。及武帝省水衡，置都水使者一人，以河堤謁者爲官屬。江左省。

宋　葉廷珪《海録碎事》卷一一下《河堤謁者》　河堤謁者，漢哀帝置。

清　羅士琳《舊唐書校勘記》卷二六《職官志》　『正九品上』，沈本『上』作『下』。按《六典》《新志》同。『河堤謁者六人』，沈本『人』下有『正八品下』四字。按《六典》同。『掌修補堤堰漁釣之事』，沈本『掌』上有『河堤謁者』四字，在下文『以時價市供』之句後。按《六典》此句脱去。今考河堤謁者既爲河渠令之屬官，則其職掌自當列於河渠令職掌之後，不應反在其前，當從沈本改正，方與上下文之例相合。

紀事

《水經注》卷七《济水一》　陽嘉三年二月丁丑，使河堤謁者王誨疏達河川，遹荒庶土，案：遹近刻作述。大河衝塞，侵嚙金堤，以竹籠石，葺土而爲堨，壞隤無已，功消億萬，請以濱河郡徒疏山采石，壘以爲障，功業既就，徭役用息，未詳詔書，許誨立功府卿，規基經始，詔策加命。

《晉書》卷四七《傅玄傳》　以魏初未留意於水事，先帝統百揆，分河堤爲四部，并本凡五謁者。以水功至大，與農事并興，非一人所周故也。今謁者一人之力行天下諸水，無時得遍。伏見河堤謁者車誼不知水勢，轉爲他職，更選知水者代之。可分爲五部，使各精其方宜。【略】竊見河堤謁者石恢甚精練水事及田事，知其利害，乞中書召恢，委曲問其得失，必有所補益。

藝文

漢　崔瑗《河堤謁者箴》　明　李濂《汴京遺迹志》卷一八　伊昔鴻泉，浩浩滔天，有夏作空，《書》伯禹作司空。爰奠山川，導河積石，鑿于龍門，疏爲砥柱，率彼河滸，大陸既礙，播于北野，濟漯咸順，沂泗從流，江淮湯湯，而冀宅乃州，澮畝濊濊，東歸于海，九野孔安，四隩不殆。爰及周衰，夏績陵遲，導非其導，堙非其堙，八野填淤，水高民居，溢溢滂汩，屢決金堤，瓠子潺湲，宣房作歌，使臣司水，敢告執河。謂掌河渠之官。

宋　章樵《古文苑》卷一六《河堤謁者箴》　漢成帝時河堤大壞，以校尉王延世領河堤謁者，秩千石。洪邁《隨筆·漢官名有不書於百官表》：因事乃見者，如河堤謁者因王延世塞決河而見，豈非因事置官，事已即罷乎？後漢《循吏傳》注或名其官爲護都水使者。伊昔鴻泉，浩浩滔天，《楚詞》：鴻泉極深，何以寘之？《書》：洪水方割，浩浩滔天。有夏作空，爰奠山川。《書》伯禹作司空，又奠高山大川。導河積石，鑿于龍門，疏爲砥柱，率彼河滸，大陸既礙，播于北野，濟漯咸順，沂泗從流，江淮湯湯，而冀宅乃州，衆水各由其道，帝都始安。澮菑濊濊，澮然順流，菑害不作。東歸於海，九野孔安，四隩不殆。并見《禹貢》。爰及周衰，夏績陵遲，導非其導，堙非其堙，八野填淤，水高民居，溢溢滂汩，禹導河至鉅鹿之北，分爲九河，以殺水勢，又合爲一大河，入于渤海。至齊威公時急於功利，寘塞其八，以廣田居，於是水勢壅閼，高於民居，遂多潰決之患。屢决金堤，瓠子潺湲，宣房作歌，《史記》：孝文時，河潰金堤。武帝元光中，河決瓠子。天子自臨決河，作歌曰：河湯湯兮激潺，湲宣房塞兮萬福來。卒塞瓠子，築宮其上，名曰宣房。使臣司水，敢告執河。掌河渠之官。

雜録

清 瞿中溶《集古官印考》卷三　右印文曰河堤謁者章。案：晉、宋二史志皆言漢東京省都水，置河堤謁者。《晉書·職官志》：都水使者，漢水衡之職也。漢又有都水長丞，主陂池灌溉，保守河渠，屬太常。漢東京省都水，置河堤謁者。魏因之。及武帝省水衡，置都水使者一人，以河堤謁者爲都水官屬。及江左省河堤謁者，置謁者六人。予考酸棗令劉熊碑陰有河堤從事，蓋即謁者之屬官也。而郡國志皆未詳，可以補其闕略。

又　右印文曰左河堤謁者印。考河堤謁者，始置於後漢，魏、晉因之。然史志皆不言有左右之分，故仍附此。

都水掾

傳記

《後漢書》卷八二上《許楊傳》　許楊，字偉君，汝南平輿人也。【略】汝南舊有鴻郤陂，陂在今豫州汝陽縣東。成帝時，丞相翟方進奏毀敗之。建武中，太守鄧晨欲修復其功，聞楊曉水脈，召與議之。楊曰：『昔成帝用方進之言，前書翟方進奏壞鴻郤陂。尋而自夢上天，天帝怒曰：何故敗我濯龍淵！是後，民失其利，多致飢困。時有謠歌曰：敗我陂者翟子威，飴我大豆，亨我芋魁。方進，字子威。芋魁，芋根也，前書飴作飯，亨作羹。反乎覆，陂當復。昔大禹決江疏河，以利天下，明府今興立廢業，富國安民，童謡之言將有徵於此，誠願以死效力。晨大悦，因署楊爲都水掾，使典其事。楊因高下形埶，起塘四百餘里，數年乃立。塘堤堰水也。百姓得其便，累歲大稔。

《文獻通考》卷三五《選舉考八》　許楊善術，曉水脉，仕至都水掾。

紀事

《水經注》卷三十《淮水》　鴻陂，漢成帝時翟方進奏毀之。建武中，汝南太守鄧晨欲修復之，知許偉君曉知水脈，召與議之。偉君言：『成帝用方進言毀之，尋而夢上天，天帝怒曰：何敢敗我濯龍淵！是後，民失其利，時有童謡曰：「敗我陂翟子威，反乎覆，陂當復。」明府興復廢業，童謡之言將有徵矣。』遂署都水掾，起塘四百餘里，百姓得其利。陂水散流，下合慎水，而東南逕息城北，又東南入淮，謂之慎口淮水。

唐 白居易《白氏六帖事類集》卷二〇《雜祀第三十》　利人立祠。後漢許陽偉君爲都水掾，修鴻陂，百姓得其利。後病卒，太守鄧晨於都官爲起廟圖像，百姓思其功，皆祭祀之。

唐 李吉甫《元和郡縣志》卷一〇《蔡州》　鴻郤陂，在縣東十里。漢成帝時陂溢爲害，翟方進爲丞相，以爲決去陂水，其地肥美，省堤防之費，遂奏罷之。王莽時嘗枯旱，郡人追怨方進，童謡曰：『壞陂誰，翟子威，飯我豆，食羹芋魁，反乎覆，陂當復，誰者云，兩黄鵠。』及建武中，太守鄧晨使許陽爲都水掾，令復鴻郤陂。陽曰：昔成帝夢上天，天帝怒曰：何故壞我濯龍池！於是乃因高下形勢，起塘四百餘里，數年乃立，今廢。

明 彭大翼《山堂肆考》卷八七《政事・穿鴻郤陂》 漢鄧晨爲汝南太守，郡有鴻郤陂已廢，晨欲修復之。聞許楊曉水脉，署爲都水掾，使典其事。起塘四百餘里，累歲大稔，魚稻之利，流衍他郡。

藝文

清 羅惇衍《集義軒咏史詩鈔》卷一三《許楊》 字偉君，汝南平輿人。王莽輔政，召爲郎，稍遷酒泉都尉。莽篡位，變姓名逃匿。建武時，署都水掾。 早能聞語讖眞龍，何巇神君聽不聰。械脱狴牢刑恐濫，陂修鴻却澤常充。稻秔香裏千疇緑，荆棘叢旁一火紅。起廟圖形遺愛在，至今猶誦汝南功。

陂官、湖官

論説

宋 林駉《古今源流至論》卷四 成帝初，河決陶館，浸溢數郡，民益不利。議者謂一川兼受數河，雖高增堤防不能泄也。其後王延世編竹篔石，兩船夾載而下之，三十六日河堤告成，而陶館之水治矣。推原其由，漢猶近古，尚有水官宿業之意，有都水長丞，有河堤使者，有渭水司空，外此又有陂官、雲夢等官。領水之職蓋非一人，此所以不慮决溢之害。

清 王鳴盛《十七史商榷》卷一四《郡國官簡》 郡國縣道下所注若鐵官、鹽官、家馬官、工官、服官、發弩官、雲夢官、樓船官、陂官、湖官、均輸官、銅官、金官、木官、橘官、牧師官、圃羞官、洭浦官、差官之類，皆微末下吏，蓋不足道，且多隨時隨地設立，事過輒罷，不常置者。其正官則部刺史、太守、縣令、都尉、丞尉，外別無他官。漢郡國官制可謂簡矣。

綜述

《漢書》卷二八《地理志上》 九江郡【略】有陂官、湖官。

宋 宋祁《景文集》卷四六《壽州風俗記》 其大陂曰芍，古嘗溉百萬畝，湮水注焉。漢置陂官，歲廞月淤，吏不能治，今裁溉五十萬畝。

宋 洪邁《容齋隨筆・續筆》卷一《漢郡國諸官》 西漢鹽鐵、膳羞、陂湖、工服之屬，郡縣各有司局幹之，其名甚多。然居之者罕嘗見於史傳，今略以《地理志》所載言之。【略】嚴道有木官，丹陽有銅官，桂陽有金官，南海有洭浦官，南郡江夏有雲夢官，九江有陂官、湖官。【略】如是者蓋以百數。

宋 章如愚《山堂考索・前集》卷六六《地理門》 漢之京師，則少府揔禁池之事，其屬則有池監，有都水。水衡掌林苑之事，其屬則有水司空，有都水。三輔以行京師之職。太常以領巴陵之渠。郡國則九江有陂湖官，南海則有淮浦官，南郡江夏則有雲夢官。

又《後集》卷五一《民門》 漢都水之職屬之水衡，郡國都水長丞則領於司農。外是則有所謂渭水司空，有所謂池監，有所謂河堤使者，有所謂陂官、湖官、浦官、雲夢官。通水之渠非一所，領水之官非一人，則亦異乎後世，文具之政多矣。

紀事

明 劉辰《國初事迹》 太祖謂李善良曰：『江西、湖廣湖池設湖官辦課，歲得穀一萬餘石，中間豈無情弊？尓每歲差官体覆，有欺隱者罪之。』

明 鄧元錫《皇明書》卷三四《名將》 帥府舊有湖官漁利其中，命開通以泊運舟，凡公私勢要奪水病運道者，一裁以法。

藝文

明 劉夏《劉尚賓文集》卷四《送李湖官序》　儒者之於事功，行之當無所不獲其宜也。溧陽人李鉉始從經師嚴瑄授《尚書》，習舉子業，于時擅美譽於文場矣。後率鄉兵從征湖廣、江西，既善戰，又能謀矣。甲辰三年，用按察分司辟舉在人材科，與考功官反覆辨難不窮。未幾，除武昌府湖官。吾觀鉉聰明知識，豈止於爲湖官而已耶？【略】故湖官無騎從以動盪其心，有山水以娛樂其志。公事既畢力，又乃取奮書而讀之。尋繹昔年所未及，京師非遠也。衡鑒至公也，湖官將不汝久淹矣。故曰：儒者之於事功行之，將無所不獲其宜者，此之謂也。

明 陶安《陶學士集》卷四《夜泊蘭溪》　津吏臨堤問，湖官隔水來。乘桴新竹貢，築室舊民回。暮草蚊飛猛，秋雲鳥唳哀。長星下天末，風露一襟開。

清 張澍《養素堂文集》卷二三《重立平番令牛侯開新渠碑銘》　陂官湖官久不設，西北荒田堅如鐵。不苦水澇苦旱熱，侯與古賢同一轍。壤沃稼茂民驩悦，我之思之中心噎。

清 鄧顯鶴《沅湘耆舊集》卷一一九《于役河渠雜詩》　司空曹掾列陂湖，（自注漢有陂官湖官。）豈爲治經召暨儒。細展《漢書溝洫志》，急趨使者玉麟符。王尊早待投圭合，賈讓何勞獻策迂。傳道醨渠資引浚，冗曹只合負薪芻。

雲夢官

論説

清 吴省欽《白華前稿》卷一九《書程拳時雲夢考後》　少讀洪氏《隨筆》，以漢官制南郡、江夏郡皆有雲夢官。及考《漢志》，南郡編縣、江夏郡西陵縣有雲夢宮，猶宋玉賦所云雲夢之臺耳。沈氏《筆談》曰：舊《尚書》雲夢土作乂，唐太宗得古本，作雲土夢作乂，詔改從之。今《史記》《水經注》并同。惟《漢書》作雲夢土。胡氏《錐指》引《周禮》《爾雅》《戰國策》《淮南子》之合稱雲夢者，以謂雲可該夢，夢可該雲，雲夢在江北，不在江南，亦無夢高雲下之勢。拳時病胡氏不能確指其地，而據《元和志》直以爲即今德安府雲夢縣。禹由衡陽九江沱潛至此，地勢近豫而漸高，故曰土作乂，似極了當。然自枝江而東爲松滋，東南爲公安、石首、華容，江南岸諸藪澤皆古所謂江南之夢，至京山及鍾祥，東南境皆漢雲杜縣地。古者土與杜通，《毛詩》自土沮漆，《齊詩》作自杜，又徹彼桑土，《韓詩》作桑杜，鄭氏《周禮・校人》注相土作乘馬，《荀子》杜作乘馬，焦氏以士穀、士會之士皆作土，讀爲杜；土姓，杜伯之後，是雲杜即雲土。韋昭曰：雲土今爲縣，屬江夏。《史記》昭王自郢至雲夢，復走鄖。郢，今江陵；鄖，今德安府。雲夢之縣僅百里，患旱不患水，不可謂之藪澤，謂雲夢當合稱也，可；謂雲土，無所證據也，不可；謂雲夢皆在江北也，可；謂雲夢止爲今縣境也，不可。

清 王鳴盛《十七史商榷》卷一八《地理雜辯證》　編注云有雲夢官，南監同校本改作宮。此特因下江夏郡西陵縣有雲夢宮耳，其實未見必爲宮。

清 周壽昌《漢書注校補》卷二二《地理志第八上》　編有雲夢官。案：下江夏郡西陵亦有雲夢官，此兩官字，各本俱作宮。壽昌案：宋洪邁《容齋隨筆續集》引作雲夢官，入『漢郡國諸官』條內。《四筆》『雲夢澤』條內，亦云《漢志》有雲夢官。宋姚氏《西漢會要》、宋王氏《玉海》所引皆同，足證宋本實作官，不作宮。此亦如南海郡洭浦官、九江郡陂官、湖官之類，未可輕改作宮也。又案《晉志》南郡編下有『有雲夢官』四字，則晉時尚存此官。

又卷二五《地理志第八下》　中宿有洭浦官。錢氏坫校本徑改作洭浦關，徒以《水經》有洭水南出，洭浦關爲桂水之一語也。壽昌案：此亦如南郡雲夢官之類。宋洪氏《容齋隨筆》、宋姚天麟《西漢會要》、宋王氏《玉海》《漢官》内俱引此作官，無作關者，足知宋本《漢書》是洭浦官，即《水經》酈注亦無證及洭浦官之誤者，似未可輕改也。

宋 歐陽忞《輿地廣記》卷二七《荆湖北路上》 雲夢縣，西魏置，隋屬安州，唐因之。皇朝熙寧二年省入安陸，元祐元年復置。按《漢地理志》西陵縣爲江夏郡治，而有雲夢官，疑此地是也。

宋 洪邁《容齋隨筆・續筆》卷一《漢郡國諸官》 西漢鹽鐵、膳羞、陂湖、工服之屬，郡縣各有司局斡之，其名甚多。然居之者罕嘗見於史傳，今略以《地理志》所載言之。【略】嚴道有水官，丹陽有銅官，桂陽有金官，南海有涯浦官，南郡江夏有雲夢官，九江有陂官、湖官。【略】如是者蓋以百數。

又《四筆》卷一《雲夢澤》 雲夢，楚澤藪也，列於《周禮職方氏》。鄭氏曰：在華容。《漢志》有雲夢官。然其實雲也，夢也，各爲一處。《禹貢》所書：雲土夢作乂。注云：在江南。惟《左傳》得其詳，如邳夫人棄子文于夢中。注云：夢，澤名，在江夏安陸縣城東南。楚子田江南之夢。注云：楚之雲、夢，跨江南北。楚子濟江入于雲中。注：入雲澤中，所謂江南之夢。然則雲在江之北，夢在其南也。《上林賦》：楚有七澤，嘗見其一，名曰雲夢，特其小小者耳，方九百里。此乃司馬長卿夸言。今爲縣，隸德安，詢諸彼人，已不能的指疆域。《職方氏》以夢爲瞢，《前漢・叙傳》子文投於夢中，音皆同。

宋 章如愚《山堂考索・前集》卷六六《地理門》 漢之京師，則少府揔禁池之事，其屬則有池監，有都水。水衡掌林苑之事，其屬則有水司空，三輔以行京師之職。太常以領巴陵之渠，郡國則九江有陂湖官，南海則有淮浦官，南郡江夏則有雲夢官。夫惟既任於其內，又分於其外，又安有壅閼之憂哉！

又《後集》卷五一《民門》 漢都水之職屬之水衡，郡國都水長丞則領於司農。外是則有所謂渭水司空，有所謂池監，有所謂河堤使者，有所謂陂官、湖官、浦官、雲夢官。通水之渠非一所，領水之官非一人，則亦異乎後世文具之政多矣。

清 王鳴盛《十七史商榷》卷一四《郡國官簡》 郡國縣道下所注若鐵官、鹽官、家馬官、工官、服官、發弩官、雲夢官、樓船官、陂官、湖官、均輸官、銅官、金官、木官、橘官、牧師官、圃羞官、涯浦官、羞官之類，皆微末下吏，蓋不足道，且多隨時隨地設立，事過輒罷，不常置者。其正官則部刺史、太守、縣令、都尉、丞尉，外別無他官。漢郡國官制可謂簡矣。

魏晉隋唐五代時期水利職官部

都水臺

論説

宋 王回《議水》《宋文鑒》卷一〇六 古者之治五行也，必有五行之官。其去民用尤近，而逆其理則有敗害之端，莫甚於水，故官得其任則不憂乎！水之敗害，誠其勢也。【略】魏晉已來至於隋唐，其官亦未嘗廢。於魏則有都尉水衡之號，晉、宋、齊皆曰都水臺，或爲水衡令。及梁天監中，始改曰太舟卿，而主治舟航河堤。

明 雷禮《國朝列卿紀》卷一〇二《總理河道敘》 夫憲臣治河者，非古制也。自大禹作司空平水土，至成周以司空掌邦土，并重其事。秦漢有都水長丞，主陂塘灌溉，保守河渠，自太常、少府及三輔皆有其官。漢武帝以都水官多，乃置左右使以領之。成帝河平元年又命王延世爲河堤使者，以堤成，賜爵關内侯。至哀帝省使者官，至東京凡都水皆罷之。晉有都水臺使者，梁有大舟卿，隋唐有河渠署令丞各一人。至玄宗開元十六年，以宇文融充九河使，而其任始重。

綜述

《宋書》卷六《孝武帝本紀》（孝建元年）十一月癸卯，復立都水臺，置都水使者官。

又（孝建三年）十二月甲戌，省都水臺，罷都水使者官，置水衡令官。

《通典》卷二七《職官九》 晉武帝省水衡，置都水臺，有使者一人，掌舟航及運部，而河堤爲都水官屬。【略】孝武帝初，省都水臺，罷都水使者，置水衡令。孝建元年復置。齊有都水臺使者一人，梁初與齊同。天監七年改都水使者爲大舟卿，位視中書郎列卿之最末者，主舟航河堤。陳因之。後魏初，皆有水衡都尉及河堤謁者、都水使者官。至永平二年，都水臺依舊置二使者。北齊亦置二使者。隋開皇二年，廢都水臺入司農。十三年復置。仁壽元年，改臺爲監，更名使者亦爲監。煬帝又改爲使者，尋又爲監，加置少監，又改監及少監并爲令，領舟檝、河渠二署。大唐武德八年，置都水臺，後復爲都水署，置令，隸將作。貞觀中，復爲都水監，置使者。

唐 李林甫《唐六典》卷二三 孝武帝省都水臺，置水衡令。齊氏復置都水臺使者一人。梁武帝天監七年改爲太舟卿，爲冬卿，班第九，吏員依晉，又加當關四人。陳因之。後魏亦二官并置建，都水使者正第四品中，水衡都尉從五品中。太和二十二年，都水使者從五品而省水衡。北齊都水臺使者二人，後周有司水中大夫一人。隋都水臺使者二人，從第五品，有丞、參軍、河堤謁者、録事，船局都諸津尉、丞、典作、津長等。開皇三年，省都水入司農。十三年，復置。仁壽元年，改爲都水監。煬帝復爲使者，正五品，統舟檝、河渠二署。

又 孝武帝省都水臺，置水衡令，亦無丞。梁天監七年，置太舟卿，始置丞一人，班第一。陳因之。後魏都水有參事六人，北齊有參事十人，并丞之任也。隋初置都水臺，有丞二人，正第八品上。大業三年，加從七品。皇朝改爲都水署，丞從八品下。貞觀中，改爲使者，以署爲監，加丞秩至從七品上。

《隋書》卷二六《地理志》 太舟卿，梁初爲都水臺，使者一人，參軍事二人，河堤謁者八人。七年改焉。位視中書郎列卿之最末者也，主舟航堤渠。

又卷二七《百官志中》 都水臺，管諸津橋，使者二人，參事十人。又領都尉、合昌、坊城等三局。尉皆分司諸津橋。

又卷二八《百官志下》 都水臺，使者及丞各二人，參軍三十人，河堤謁者六十人，録事二人，領掌船局、都水尉二人，又領諸津。上津每尉一人，丞二人；中津每尉、丞各一人；下津每典作一人，津長四人。

《舊唐書》卷四四《职官志三》 晉復置都水臺，立使者一人，掌舟楫之事。梁改爲太舟卿。北齊亦曰都水臺，隋改爲都水監。

宋 孫逢吉《職官分紀》卷二三《都水使者》 後齊都水臺，管諸津橋，使者二人，參軍十人，又領都尉、合昌、坊城等三局，尉皆分司諸津。梁、隋都水臺使者及丞各二人，參軍三十人，河堤謁者六十人，録事二人，領掌船局。都水尉二人，又領諸津。上津每尉一人，丞二人；中津每尉，丞各一人；下津每典作一人，津長四人。開皇三年廢都水臺，十三年復置。仁壽元年，改臺爲監，更名使者爲監。

又 晉置都水臺都水使者一人，掌舟檝之事，官品第四。又有左、右、前、後、中五水衡。《晉起居注》及《元康百官表》：陳慎、戴熊俱以都水使者領水衡都尉。宋孝武帝省都水臺，置水衡令。齊氏復置都水臺，使者一人。梁天監七年，改太舟卿爲冬卿，班第九，吏員依晉，又加當關四人。陳因之。後魏亦二官并置建，都水使者正第四品中，冰衡都尉從五品中。太和二十二年，都水使者從五品，而省水衡。北齊都水臺使者二人，後周有司水中大夫一人。隋開皇三年，省都水入司農。十三年復置。仁壽改爲都水監。

《通志》卷五四《職官略第四》 晉武帝省水衡，置都水臺，有使者一人，掌舟航及運部，而河堤爲都水官屬。元康中，復有水衡都尉。時陳慎、戴熊俱以都水使者領水衡都尉。懷帝永嘉六年，胡賊入洛陽，都水使者奚淩先出督運得免。江左省河堤。宋都水使者，銅印墨綬，進賢兩梁冠，與御史中丞同。孝武帝初，省都水臺，罷都水使者，置水衡令。孝建元年復置。齊有都水臺使者一人。梁初與齊同。天監七年，改都水使者爲大舟卿，位視中書郎列卿之最末者，主舟航河堤。陳因之。後魏初，皆有水衡都尉及河堤謁者、都水使者官。至永平二年，都水臺依舊置二使者。北齊亦置二使者。隋開皇三年，廢都水臺入司農，十三年復置。仁壽元年改臺爲監，更名使者，亦爲監。煬帝又改爲使者，尋又爲監，加置少監，又改監及少監，并爲令，領舟檝、河渠二署。唐武德八年，置都水臺，後復爲都水監，置令，隸將作。

明 謝純《漕運通志》卷一〇《漕文略》 《清江廠題名記》，席主事書撰，其略曰：歷代有都水使、都水臺、都水監，雖品秩異等，沿革不一，大槩不出曰河渠、舟檝二者。二者相倚，皆經濟邦家者，不能缺。

（嘉靖）《山東通志》卷三八《歐陽玄撰中書右丞相領治都水監政績碑》 初，西漢太常、大司農、少府、内史、主爵都尉皆置都水長丞。武帝置水衡都尉，成帝置左右都水使者，東漢改置河堤謁者，晉改都水臺，又置前、後、左、右、中五水衡，以五使者領之。劉宋置水衡令，蕭梁改爲大舟卿，宇文周置都水中大夫，隋置都水臺使者，尋復置監、少監，又改令、少令。

清 梁章鉅《稱謂録》卷一七《都水司》 《晉書》：武帝省水衡，置都水臺。《隋書・百官志》：大舟卿，梁初爲都水臺，七年改焉，主舟航堤渠。案：尚書侍郎始得稱卿，其職統營繕、都水二司，故匠卿、舟卿皆指長官而言，非即本司郎中。又案：梁之都水臺有使者一人，參軍事二人，河堤謁者八人，《隋書》謂位視中書郎列卿之最末者也，則雖非今之都水司郎中，而位亦與今相亞矣。

清 羅士琳《舊唐書校勘記》卷三八《列傳》 按司津監掌川澤津梁之政令，職從六品。龍朔元年改置，即漢之都水長、後漢之河堤謁者、晉之都水臺使、梁之太舟卿、隋之都水監、貞觀時都水使是也。

清 朱銘盤《南朝宋會要・職官・都水臺》 都水使者一人，掌舟航及運部。文帝元嘉三十年十二月甲戌，孝武帝省都水臺，罷都水使者官。孝建元年十一月癸卯，復立都水臺，置都水使者官。

紀事

《魏書》卷一一三《官氏志》 （永平）二年正月，尚書令高肇奏都水臺請依舊二使者，參軍事、謁者，并録事、令史亦隨事更立。詔曰：「使者置二，可如所奏；其下屬司，唯須充事耳，亦何勞多也。參軍、録事并更置一，謁者加二，令史依舊。」

《隋書》卷二八《百官志下》 三年四月，【略】廢光禄寺及都水臺入司農。【略】十三年，復置都水臺。【略】仁壽元年，改都水臺爲監，更名使者爲監。

宋 高承《事物紀原》卷六《都水》 漢武元鼎二年，始置水衡。

初秦有都水丞，於是水衡方有都水。帝置都水，謂之都水臺。隋文仁壽元年，始改爲監。

明 李昭祥《龍江船廠志》卷八　南齊置都水臺，使者其屬，有官船典軍。【略】隋仁壽元年，改都水臺爲監，煬帝增置少監，領舟楫、河梁二署，署有令、丞各一人。

雜録

清 劉鳳誥《存悔齋集》卷八《丁卯江南鄉試策問五道》　問：《周官》有林衡二官，即虞舜命益以掌山澤之意。漢初置水衡都尉，又有都水長丞，其義奚若？旋以都水官多，置左右使者以領之，膺斯職者何人？厥後若河堤謁者、都水臺使者、都水使者、水衡令，歷代建置，能詳舉歟？梁改都水使者爲大舟卿，位視何等？隋改都水臺入司農，職領何事？唐改司津監丞，復改爲都水監，置使者二人，分總其事，所屬令、丞凡幾？宋之都水監判監事、同判監，及丞與主簿，以何官充之？其間任事，久暫各殊，遼金仍置都水監，元增行都水監，果無別歟？明初遣尚書治河，自後間遣侍郎、都御史總督河道之名，其昉於是歟？江防、海防有兼治歟？皇上廑念宣防，復設南河副總河一員，因時制宜，安瀾底績，生斯土者，其稽古建置，以彰令法之善可。

清 瞿中溶《集古官印考》卷一三　右大舟卿印。考《隋書・百官志》載：天監七年，以都水使者爲大舟卿，居各卿中三之一。又云：大舟卿梁初爲都水臺，使者一人，參軍事二人，河堤謁者八人，七年改焉，位視中書郎列卿之最末者也，主舟航堤渠。

都水監

論説

宋 章如愚《山堂考索・續集》卷三五《官制門・寺監》　唐世置使之贅，官制之濫，未有如唐之甚也。六官，周制也；九卿，漢制也。漢雖不如古，其一代制度，猶可言者。唐之職官曰省、曰部、曰臺、曰寺、曰監，何如是其多也。【略】工部，司空也，而少監、將作、軍器、都水監，則一司空而五之也。

元 王喜《治河圖略・治河方略》　臣竊謂水之爲利，生民之所不可闕，有國之所不可無，關於利害至重矣。歷代之虞衡、水部，本朝之都水監，所以總天下之水而重其事也。

明 張習《治水分司題名記》 明 陳暐《吳中金石新編》卷二　天之生人藉水土，而水過多則爲患。神禹氏治之功與天地準，代之職水者，雖小大不侔，其得一日而廢耶？故周有匠人、稻人，漢有水衡、水司空，宋有都水監，元有都水使司，莫非爲是設也。

綜述

《通典》卷一九《職官一》　都水使者。至宋嘗爲水衡令，梁曰大舟卿，隋嘗爲都水監，大唐嘗爲司津監，又嘗爲水衡都尉。

又卷二七《職官九》　隋開皇二年，廢都水臺入司農，十三年復置。仁壽元年，改臺爲監，更名使者，亦爲監。煬帝又改爲使者，尋又爲監，加置少監，又改監及少監并爲令，領舟楫、河渠二署。大唐武德八年，置都水臺，後復爲都水署，置令，隸將作。貞觀中，復爲都水監，置使者。龍朔二年，改都水使者爲司津監丞。咸亨元年，復舊。光宅元年，改都水監爲水衡，置都尉。神龍元年，復爲都水監，置使者二人分總其事，不屬將作，領舟楫、河渠二署。

唐 李林甫《唐六典》卷二三　都水監。使者二人，正五品上。本《周官》川衡之職。漢太常、大司農、少府、內史、主爵中尉，其屬官各有都水長、丞。武帝置水衡都尉，掌上林苑，有五丞，其屬官有上林、均輸、御羞、禁圃、輯濯、鍾官、辯銅令丞；又衡官、水司空、都水、農倉，又甘泉、上林、都水七官長丞皆屬焉。至成帝以都水官多，置左右使者各一人，則劉向護左都水使者是也。至哀帝罷之。王莽改水衡都尉曰予虞。後漢省都水以屬郡國，而置河堤謁者五人。魏因之，又兼有水衡都尉，主天下水軍舟船器械。晉置都水臺都水使者一人，掌舟檝之事，官品第四；又有左、右、前、後、中五水衡。《晉起居注》及《元康百官名》：陳慎、戴熊俱以都水使者領水衡都尉。宋孝武帝省都水臺，置水衡令。齊氏復置都水臺使者一人。梁武帝天監七年，改爲太舟卿，爲冬卿班第九，吏員依晉，又加當關四人。陳因之。後魏亦二官并置建，都水使者正第四品中，水衡都尉從五品中。太和二十二年，都水使者從五品，而省水衡。北齊都水臺使者二人，後周有司水中大夫一人，隋都水臺使者二人，從第五品，有丞、參軍、河堤謁者、録事、船局都水尉、諸津尉丞、典作、津長等。開皇三年，省都水入司農，十三年復置。仁壽元年，改爲都水監。煬帝復爲使者，正五品，統舟檝、河渠二署。大業五年，又改使者爲監，加至四品，又置少監爲五品，復改監爲令，從三品，少監爲少令，從四品。皇朝改爲都水署，隸將作，令從七品下。貞觀中，復改爲都水使者，從五品上。龍朔二年改爲司津監，咸亨元年復爲都水使者，光宅元年改爲水衡都尉，神龍元年復舊。

都水使者掌川澤、津梁之政令，總舟檝、河渠二署之官屬，舟檝署開元二年省。辨其遠近，而歸其利害。凡漁捕之禁，衡虞之守，皆由其屬而總制之。凡獻享賓客，則供川澤之奠。凡京畿之内渠堰陂池之壞決，則下於所由，而後修之。每渠及斗門置長各一人，以庶人年五十已上并勳官及停家職資有幹用者爲之。至溉田時，乃令節其水之多少，均其灌溉焉。每歲，府縣差官一人以督察之，歲終録其功以爲考課。

丞二人，從七品上。《漢書》：都水、水衡皆有丞。後漢省。晉初置都水使者，有參軍二人，蓋丞之職也。宋因之。孝武帝省都水臺，置水衡令，亦無丞。梁天監七年置太舟卿，始置丞一人，班第一。陳因之。後魏都水有參事六人，北齊有參事十人，并丞之任也。隋初置都水臺，有丞二人，正第八品上，大業三年加從七品。皇朝改爲都水署丞，從八品下。貞觀中改爲使者，以署爲監，加丞秩至從七品上。主簿一人，從八品下。《晉令》：水衡都尉置主簿一人，又左、右、前、後、中五水衡，皆有主簿。梁天監七年，太舟主簿七班之中第三，與宗正主簿同。後魏、北齊并不置。大業中置主簿一員，皇朝因之。丞掌判監事。凡京畿諸水，禁人因灌溉而有費者，及引水不利而穿鑿者；其應入内諸水，有餘則任王公、公主、百官家節而用之。主簿掌印，勾檢稽失。凡運漕及漁捕之有程者，會其日月，而爲之糾舉。

舟檝署令一人，正八品下。漢中尉屬官有都舩令、丞，水衡都尉有輯濯令。晉水衡令各有舷曹吏。《齊職儀》有舩官典軍一人。後周有舟工中士一人。隋都水使者領掌舩局都尉二人，煬帝改爲舟檝署令一人，皇朝因之。丞二人，正九品下。漢有都舩丞、輯濯丞。隋煬帝置舟檝署丞二人，皇朝因之。舟檝令掌公私舟舩及運漕之事，丞爲之貳。諸州轉運至京都者，則經其往來，理其隱失，使監漕監之。

河渠署，令一人，正八品下。秦及兩漢都水、水衡屬官有河堤謁者，則河渠署令也。隋煬帝取《史記·河渠書》之義以名署，置令一人，皇朝因之。河渠令掌供川澤、魚醢之事，丞爲之貳。凡溝渠之開塞，漁捕之時禁，皆量其利害而節其多少。每日供尚食魚及中書門下官應給者。若大祭祀，則供其乾魚、魚醢，以充籩豆之實。凡諸司應給魚及冬藏者，每歲支錢二十萬送都水，命河渠以時價市供之。

諸津，令一人，正九品上。《列女傳》有趙津吏女，自後無聞。《晉令》：諸津渡二十四所，各置監津吏一人。北齊三局尉皆分司諸津橋之事。後周有掌津中士一人，掌津渡、川瀆之制，而爲之橋梁。隋都水領諸津：上津每尉一人、丞二人，中津尉、丞各一人，下津尉一人。每津典作一人，津長四人。皇朝改置令、丞。丞一人，從九品下。皇朝因隋置。諸津在京兆、河南界者，隸都水監，在外者隸當州界。諸津令各掌其津濟渡舟梁之事，丞爲之貳。

《隋書》卷二八《百官志下》　都水監改爲使者，增爲正五品，丞爲從七品，統舟楫、河渠二署。舟楫署每津置尉一人。五年，又改使者爲監，四品，加置少監，爲五品。後又改監、少監爲令，從三品，少令從四品。

《舊唐書》卷四四《職官志三》　都水監。都水監使者二人，正五品上。《漢官》有都水長，屬主爵，掌諸池沼，後改爲使者。後漢改爲河堤謁者。晉復置都水臺，立使者一人，掌舟楫之事。梁改爲太舟卿。北齊亦曰都水臺。隋改爲都水監，大業復爲使者，尋又爲監，復改監爲令，品第三。武德復爲監，貞觀改爲使者，從六品。龍朔改爲司津監，光宅爲水衡都尉，神龍復爲使者，正五品上，仍隸將作監。丞二人，從七品上。主簿二人，從八品下。録事一人，府五人，史十人，掌固三人。使者掌川澤津梁之政令，總舟楫、河渠二署之官屬。凡虞衡之采捕，渠堰陂池之壞決，水田斗門灌溉，皆行其政令。舟楫署，令一人，正八品下。丞二人。正九品下。舟楫署令掌公私舟船運漕之事。河渠署，令一人，正八品下。丞一人，正九品上。府三人，史六人，河堤謁者六人。掌修補堤堰漁釣之事。典事三人，掌固四人，長上漁師十人，短番漁師一百二十人，明資漁師一百二十人。河渠令掌供川澤、魚醢之事，祭祀則供魚醢。諸司供給魚及冬藏者，每歲支錢二十萬送都水，命河渠以時價市供之。諸津，令一人，正九品上。丞一人，從九品下。津令各掌其津濟渡舟梁之事。

《新唐書》卷四八《百官志》　都水監，使者二人，正五品上。掌川澤、津梁、渠堰、陂池之政，總河渠、諸津監署。凡漁捕有禁，溉田自遠始，先稻後稑，渠長、斗門長節其多少而均焉。府縣以官督察。丞二人，從七品上。掌判監事。凡京畿諸水，因灌溉盜費者有禁。水入內之餘，則均王公百官。主簿一人，從八品下。掌運漕、漁捕，程會而糾舉之。武德初，廢都水監爲署。貞觀六年復爲監，改令曰使者。龍朔二年，改都水監曰司津監，使者曰監。武后垂拱元年，改都水監曰水衡監，使者曰都尉。開元二十五年，不隸將作監。有録事一人，府五人，史十人，亭長一人，掌固四人。初，貞觀六年，置舟楫署，有令一人，正八品下，掌舟楫、運漕；漕正一人，府三人，史六人，監漕一人，漕史一人，典事六人，掌固八人。上元二年，置丞二人，正九品下，掌運漕隱失。開元二十六年，署廢。

河渠署，令一人，正八品下；丞一人，正九品上。掌河渠、陂池、堤堰、魚醢之事。凡溝渠開塞、漁捕時禁，皆顓之。饗宗廟，則供魚鱐；祀昊天上帝，有司攝事，則供腥魚。日供尚食及給中書、門下，歲供諸司及東宮之冬藏。渭河三百里内漁釣者，五坊捕治之。供祠祀，則自便橋至東渭橋禁民漁。三元日，非供祠不采魚。唐有河堤使者。貞觀初改曰河堤謁者。有府三人，史六人，典事三人，每渠及斗門有長一人，掌固三人，魚師十二人。初，有監漕十人，從九品上，大曆後省。興成、五門、六門、龍首、涇堰、滋堤，凡六堰，皆有丞一人，從九品下。府一人，史二人，典事二人，掌固二人。貞觀六年皆廢。河堤謁者六人，正八品下。掌完堤堰、利溝瀆、漁捕之事。涇、渭、白渠，以京兆少尹一人督視。

諸津，令各一人，正九品上；丞二人，從九品下。掌天下津濟舟梁。灞橋、永濟橋，以勳官散官一人莅之；天津橋、中橋，則以衛士抍掃。凡舟渠之備，皆先儗其半，䙝塞、竹䉨，所在供焉。唐改津尉曰令，有録事一人，府一人，史二人，典事三人，津吏五人，橋丁各三十人，匠各八人。京兆、河南諸津，隸都水監；便橋、渭橋、萬年三橋，有丞一人，從九品下；府一人，史十人，典事二人，掌固二人。貞觀中廢。

《唐會要》卷六六《都水監》 武德八年，置都水署，隸將作監。貞觀六年八月六日，置監，罷將作監。龍朔二年，改爲司津監。咸亨元年，復爲都水監。光宅元年二月，改爲水衡監。神龍元年，復爲都水監使者，武德初，爲都水令。貞觀六年，改爲使者。龍朔二年，改爲監。咸亨元年，改爲使者。光宅元年，改爲都水府。神龍元年，改爲使者。諸津，在京兆、河南府界者，隸都水監。外州者，隸當界州縣。

宋 王欽若《册府元龜》卷六二〇《卿監部一・總序》 又林衡、川衡二官，掌林麓川澤，亦都水監之任也。【略】都水臺，開皇三年省，并司農，十三年復置。仁壽元年，改爲都水監，都水名監自此始也。有丞二人，正第八品上。【略】煬帝即位【略】又改都水監爲使者，尋又爲監，加置少卿。後又改爲令，統舟楫、河渠二署。又以都水丞爲從七品。又置主簿一員。【略】唐其都水監使者二人，掌川澤津梁之政令，總舟楫、河渠二署之官屬，其下有丞及主簿、録事、府史、亭長等員。自高祖武德初，改秘書令，少復爲監。改太史監爲局，又改殿中監爲省，又改都水監爲署，使者、監爲都水令，隸將作。又置諸津令、丞，其在京兆、河南界者隸都水監，在外者隸當州界。【略】垂拱中，又改都水監爲水衡，置都尉。【略】又以水衡都尉復爲都水監，署使者二人，分總其事，不屬將作，領舟楫、河渠二署。又改都水府復爲使者。

宋 章如愚《山堂考索・後集》卷二《官制門・總序類》 都水監使者二人，掌川澤津梁渠堰陂池之政，總河渠、諸津。監署監一人，丞二人，掌判監事。主簿一人，掌運漕、漁捕程會而糾舉之。武德初廢爲署。貞觀復爲監。龍朔改爲司津監，使者曰監。武后垂拱元年，改曰水衡監使者都尉。開元二十五年，不隸將作監。河渠署，令一人，丞一人，掌河渠陂池堤堰魚醢之事。唐有河堤使者，貞觀改河堤謁者。又斗門有長人，貞觀六年盡廢。河堤謁者六人，掌完堤堰利溝瀆漁捕之事。諸津令各一人，掌天下津濟舟梁壩橋。初，有都水署，貞觀元年改都水使者，龍朔改司津監丞，咸亨復，光宅改水衡都尉。

又卷一八《官制門》 都水使者，至宋嘗爲水衡令，梁曰大舟卿，隋嘗爲都水監。大唐嘗爲司津監，又嘗爲水衡都尉。

宋 鄭樵《通志》卷五四《職官略第四》 都水使者。虞舜命益作虞，以掌山澤。《周官》有林衡、川衡二官，掌林麓川澤之禁。漢武帝元鼎二年，初置水衡都尉，掌上林苑。其屬有上林、均輸、御羞、禁圃、楫櫂、鍾官、伎巧、六厩、辨銅九官令丞，又衡官、水司空、都水、農倉及甘泉、上林、都水七官長丞皆屬焉，蓋主上林離宫燕休之處。後漢光武省之，并其職於少府，每立秋貙劉之日，輒蹔置水衡都尉，事訖省。初，秦漢又有都水長丞，主陂池灌溉、保守河渠，自太常、少府及三輔等皆有其官，漢武帝以都水官多，乃置左右使者以領之。至漢哀帝，省使者官，至東京凡都水皆罷之，并置河堤謁者。漢之水衡都尉，本主上林苑，魏世主天下水軍舟船器械。晉武帝省水衡，置都水臺，有使者一人，掌舟航及運部，而河堤爲都水官屬。元康中，復有水衡都尉，時陳慎、戴熊俱以都水使者領水衡都尉。懷帝永嘉六年，胡賊入洛陽，都水使者奚浚先出督運得免。江左省河堤。宋都水使者銅印墨綬，進賢兩梁冠，與御史中丞同。孝武帝初，省都水臺，罷都水使者，置水衡令。孝建元年復置。齊有都水臺使者一人。梁初與齊同，天監七年改都水使者爲大舟卿，位視中書郎列卿之最末者，主舟航河堤。陳因之。後魏初皆有水衡都尉及河堤謁者，都水使者官，至永平二年，都水臺依舊置二使者，北齊亦置二使者。隋開皇三年，廢都水臺入司農，十三年復置。仁壽元年，改臺爲監，更名使者亦爲監。煬帝又改爲使者，尋又爲監，加置少監，又改監及少監并爲令，領舟檝、河渠二署。唐武德八年，置都水臺，後復爲都水監，置令，隸將作。貞觀中，復爲都水監，置使者。龍朔二年，改都水使者爲司津監丞。咸亨元年復舊。光宅元年，改都水監爲水衡，置都尉。神龍元年復爲都水監，置使者二人分總其事，不屬將作，領舟檝、河渠二監。

丞。漢有水衡丞五人，亦有都水丞。後漢、晋初都水使者有參軍二人，蓋亦丞之職任。宋因之。梁大舟卿有丞，陳因之。後魏、北齊又曰參軍。隋曰都水丞。唐二人。

主簿。晋水衡都尉有之，爲左、右、前、後、中五水衡，令悉皆有之，梁大舟卿亦有之。至隋又置，唐因之。

舟檝署。漢主爵中尉屬官有都船令、丞，水衡都尉有檝櫂令、丞。晋曰船曹吏。齊曰官船典軍。後周曰舟中士。隋爲舟檝令、丞。唐因之，令、丞各一人。

河渠署。隋煬帝置令丞各一人，唐因之。

元 富大用《事文類聚新集》卷一六《工部分掌・舊水部》 後周冬官有司水中大夫，有司水上士。隋文帝有水部侍郎，煬帝改承務郎。唐復故。龍朔改司水大夫，咸亨隨曹改復。

又 卷三四《都水監》 歷代沿革。《周官》川衡之職。漢太常、大司農、少府、内史、主爵中尉其屬官各有都水長丞。至成帝以都水官多，置左右使者各一人，劉向護左都水使者是。至哀帝罷。又有都船丞、檝櫂丞。晋置都水臺使者一人，掌舟檝之事，官品第四。隋開皇三年，省都水入司農。大業五年，改使者爲監，又置少監，後改監爲令，少監爲少令。煬帝置舟檝署，丞二人。唐因之，改爲都水署，隸將作。龍朔改爲司津監，丞二人。

《文獻通考》卷五七《職官考十一・都水使者》 虞舜命益作虞，以掌山澤。《周官》有林衡、川衡二官，掌林麓、川澤之禁。漢武帝元鼎二年，初置水衡都尉。掌上林苑，蓋主上林離宮燕休之處。王莽改曰予虞。後漢光武省之，并其職於少府。每立秋貙劉之日，輒暫置水衡都尉，事訖省。初，秦、漢又有都水長丞，主陂池灌溉，保守河渠，自太常、少府及三輔等皆有其官。漢武帝以都水官多，乃置左、右使者以領之。劉向爲左都水使者是也。又《續漢百官志》曰劉向領三輔都水。至漢哀帝，省使者官。至東京，凡都水皆罷之，并置河堤謁者。漢之水衡都尉本主上林苑，魏世主天下水軍舟船、器械。晋武帝省水衡，置都水臺，有使者一人，掌舟航及運部，而河堤爲都水官屬。元康中，複有水衡都尉。《元康百官名》及《晋起居注》曰：陳慎、戴熊俱以都水使者領水衡都尉。懷帝永嘉六年，胡賊入洛陽，都水使者奚浚先出督運得免。江左省河堤。諸公贊曰：陳勰字太和，有巧思，爲都水使者。《洛陽記》曰：千金堤，勰所置。宋都水使者銅印墨綬，進賢兩梁冠，與禦史中丞同。孝武帝初，省都水臺，罷都水使者，置水衡令，孝建元年複置。齊有都水臺使者一人。梁初與齊同，天監七年，改都水使者爲大舟卿，位視中書郎列卿之最末者，主舟航河堤。陳因之。後魏初，皆有水衡都尉及河堤謁者、都水使者官，至永平二年，都水臺依舊置二使者。北齊亦置二使者。隋開皇二年廢都水臺入司農，十三年復置。仁壽元年，改臺爲監，更名使者亦爲監。煬帝又改爲使者，尋又爲監，加置少監，又改監及少監并爲令，領舟檝、河渠二署。唐武德八年，置都水臺，後復爲都水署，置令，隸將作。貞觀中，復爲都水監，置使者。龍朔二年，改都水使者爲司津監丞，咸亨元年復舊。光宅元年，改都水監爲水衡，置都尉。神龍元年，復爲都水監，置使者二人，分總其事，不屬將作，領舟檝，河渠二署。

丞。漢有水衡丞五人，亦有都水丞。後漢、晋初都水使者有參軍二人，蓋亦丞之職任。宋因之。梁大舟卿有丞，陳因之。後魏、北齊又曰參軍。隋曰都水丞。唐二人。

主簿。晋水衡都尉有之，爲左、右、前、後、中五水衡令悉皆有之。梁大舟卿亦有之。至隋又置。唐因之。

舟楫署令。漢主爵中尉屬官有都船令、丞，水衡都尉有楫棹令、丞。晋曰船曹吏。齊曰官船典軍。後周曰舟中士。隋爲舟楫署令、丞。唐因之，令、丞各一人。

河渠署。隋煬帝置令、丞各一人。唐因之。

明 何喬新《椒邱文集》卷三《策府十科摘要・工科・水利》

秦漢以來，人君志於惠養黎元者，亦莫不汲汲於得人，以任其責。漢則京師有水衡之官，郡國有都水之職，宋三司則有都水監，諸路則有提舉。自春秋以降興水利者，代有其人。

明 李昭祥《龍江船廠志》卷八《文獻志・設官》 都水監。隋仁壽元年，改都水臺爲監，煬帝增置少監，領舟楫、河梁二署，署有令、丞各一人。

明 沈啓《南船紀》卷三《典司之一・南京工部都水司》 《周官》川衡掌川澤之禁令，而平其守，皆下士爲之。至漢元鼎，始置水衡都尉，又置左、右使者。歷漢因革不常，唯魏世主天下水軍、舟船、器械。由晉而齊、而梁、而隋，有以進賢兩冠與御史中丞同者，有爲大舟卿位視中書郎列卿之末者，有改監及少監并爲令者。唐爲使，而領舟楫、河梁之署，不屬將作郎。

清 丁子復《唐書合鈔補正》卷二《職官志四》 京兆、河南諸津隸都水監。《會要》：在京兆、河南府界者隸都水監，外州者隸當界州縣。

清 顧炎武《肇域志》卷一九 泉河史：都水，古司空之職。《周禮》：遂人屬於大司徒。秦漢以後，改置不常。唐、宋爲水部，掌川瀆、溝洫、津梁、舟楫之政。今元創會通河，令都水監掌之，始出署於外矣。

（雍正）《陝西通志》卷二一《職官二》 津令。掌津濟、舟梁、堨橋，永濟橋以勳官散官一人涖之，京兆諸津隸都水監，便橋、渭橋、萬年三橋，皆有丞。貞觀中廢。

《續通典》卷三一《職官・諸卿下・都水使者》 唐制，都水監使者二人，掌川澤、津梁、渠堰、陂池之政，總河渠、諸津監署，凡漁捕有禁，溉田自遠始，先稻後稑，渠長、斗門長節其多少而均焉。府縣以官督察。【略】丞。唐置二人，掌判監事。凡京畿諸水，因灌溉盜費者有禁。水入内之餘，則均王公、百官。【略】主簿。唐置一人，掌運漕、漁捕、程會而糾舉之。【略】舟檝署。唐置令一人，丞二人，掌天下津濟、舟梁。【略】河渠署。唐置令一人，丞二人，掌河渠、陂池、堤堰、魚醢之事。凡溝渠開塞、漁捕時禁皆顓之。饗宗廟則供魚鱐，祀昊天上帝有司攝事則供腥魚。日供尚食及給中書門下，歲供諸司及東宫之冬藏。渭河三百里内漁釣者，五坊捕治之。供祠祀，則自便橋至東渭橋非供祠不采魚。

《續通志》卷一三一《職官略・都水監》 都水使者。唐置使者二人，丞二人。宋初隸三司河渠案。仁宗嘉祐三年始置監一人，置局于澶州，曰外監。元豐中置使者一人，掌内外川澤、河渠、津梁、堤堰之事；丞二人，主簿一人。元祐中復置外都水使者，所隸有街道司。紹興十年，以監歸于工部，不復置。臣等謹按：《唐六典》以國子、少府、將作、軍器、都水爲五監，宋元豐始復唐制，後復議删并。蓋六曹二十四司之任既專，則自國子監外，四監官皆爲贅設也。至建炎初，議廢國子監而獨不及少府監，殆未審乎損益之宜矣。

清 梁章鉅《稱謂録》卷二一《河務官》 《通典》：武帝以都水官多，置左右使者以領之。《曆代職官考》：都水使者居京師，有河防重事，則出而治之，則即今總河之任也。案：六朝時又名都水台使者，唐以後又名都水監，所掌皆同。又案《宋史》，元豐正名，置使者一人，丞二人，南、北外都水丞各一人，都提舉官八人，監埽官百三十有五人，皆分職莅事。元祐八年，詔提舉汴河堤岸司隸本監。四年，復置外都水使者。【略】《宋史・河渠志》：至和二年，李仲昌提舉河渠。又云熙寧六年始置修浚黄河司，差范子淵都大提舉。《元史・百官志》：都水監秩從三品，掌治河渠并堤防、水利、橋梁、牐堰之事。至元二十八年置，二十九年領河道提舉司，大德六年升正三品，延祐七年仍從三品，太都河道提舉司秩從五品。案：元之都水監乃漢官名，而河道提舉司則襲宋舊稱也。都水監三品，不若今總河之尊；河道提舉司五品，正與河工同，知相似矣。

清 閻鎮珩《六典通考》卷二《設官考・地官沿革》 川衡。漢武帝置水衡都尉，掌上林苑。王莽改曰予虞。後漢光武省之，并其職于少府。每立秋貙劉之日，輒暫置水衡都尉，事訖省。初，秦漢又有都水長丞，漢武帝以都水官多，乃置左右使者以領之。哀帝省使者官。至東京，凡都水皆罷之。晉武帝省水衡，置都水臺，有使者一人。元康中，復有水衡都尉。宋都水使者銅印墨綬，進賢兩梁冠，與御史中丞同。孝武初，省都水臺，罷都水使者，置水衡令。孝建元年，復置。齊有都水臺使者一人。梁初與齊同。天監七年，改都水使者爲大舟卿，位視中書郎。陳因之。後魏初，有水衡都尉。永平二年，都水臺依舊置二使者。北齊亦置二使者。隋開皇二年，廢都水臺入司農。十三年，復置。仁壽元年，改臺爲監，更名使者，亦爲監。煬帝又改爲使者，尋又爲監，加置少監，又改監及少監并爲令。唐武德八年，置都水臺，後復爲都水署，置令，隸將作。貞觀中，復爲都水監，置使者。龍朔二年，改都水使者爲司津監丞。咸亨元年，復舊。光宅元年，改都水監爲水衡，置都尉。神龍元年，復爲都水監，置使者二人。

紀事

《隋書》卷二八《百官志下》 煬帝即位，多所改革。【略】分太府寺爲少府監，改内侍省爲長秋監，國子學爲國子監，將作寺爲將作監，并都水監總爲五監。

《舊唐書》卷四二《職官志一》 垂拱元年二月，改都水監爲水衡監。

雜録

唐 李白《李太白詩集注》卷一一《贈劉都使》 都使，未詳何官。詩中有「飲冰事戎幕」之句，蓋幕職也，當是兼銜，若都水監使者之類耳。

唐 李林甫《唐六典》卷七 凡在京諸司，有公廨田。【略】都水監、太子詹事府各八頃。

清 羅士琳《舊唐書校勘記》卷二六《職官志・都水監》 「掌舟檝之事。」沈本「檝」作「楫」，下文仿此。按「檝」與「楫」同，《六典》亦作「檝」。「神龍復爲使者，正五品上。」沈本無「復」字及「使者」二字。「仍隸將作監」。沈本無「仍」字，而有「開元二十五年不」七字。按《新志》同。「丞二人」，聞本自此句至「掌固三人」，皆在下文使者職掌之後。按《六典》同。然《六典》詳列丞及主簿之職掌，故官名不妨另列。此志既删去其職掌，則官名無庸别載矣。「主簿二人」。沈本注云「《新書》一人」。按《六典》同。「掌固三人」。沈本「掌」上有「亭長一人」四字，「三人」下注云：「《新書》四人」。按《六典》同。「使者掌川澤津梁之政令」。《六典》「使」上有「都水」二字。「總舟檝、河渠二署之官屬」。《六典》「二」作「三」，誤。「正九品下」，沈本此下有「漕正一人、府三人、史六人、監漕一人、漕史二人、典事六人、掌固八人」二十五字。按《新志》同。《六典》無「漕正一人」四字。上「六」字及下「一」字皆作「四」，「二」作「三」，下「六」字及「八」字皆作「三」。「舟檝署令」。沈本無「署」字。按《六典》同。「運漕之事」。六典「運」上有「及」字。「正九品上」。沈本「上」作「下」。按《六典》《新志》同。「河堤謁者六人」。沈本「人」下有「正八品下」四字。按《六典》同。「掌修補堤堰漁釣之事」。沈本「掌」上有「河堤謁者」四字，在下文「以時價市供」之句後。按《六典》此句脱去。今考河堤謁者既爲河渠令之屬官，則其職掌自當列於河渠令職掌之後，不應反在其前，當從沈本改正，方與上下文之例相合。「祭祀則供魚醢」。《六典》「祭」上有「若大」二字，「供」下有「其乾魚」三字。「諸司供給魚」。《六典》「諸」上有「凡」字，「供」作「應」。「諸津令一人」。沈本「令」下有「各」字。按《新志》同。「正九品下」，聞本、沈本「下」作「上」。按《六典》《新志》同。「丞一人」。沈本「丞」下有「各」字。「津令各掌其津濟渡舟梁之事」。《六典》「津令」上有「諸」字。

水部

綜述

《宋書》卷三九《百官志》 都官尚書領都官、水部、庫部、功論四曹。【略】魏世有殿中、吏部、駕部、金部、虞曹、比部、南主客、祠部、度支、庫部、農部、水部、儀曹、三公、倉部、民曹、二千石、中兵、外兵、別兵、都兵、考功、定科，凡二十三郎。青龍二年有軍事，尚書令陳矯奏置都官、騎兵二曹郎，合爲二十五曹。晉西朝則直事、殿中、祠部、儀曹、吏部、三公、比部、金部、倉部、度支、都官、二千石、左民、右民、虞曹、屯田、起部、水部、左主客、右主客、駕部、車部、庫部、左中兵、右中兵、左外兵、右外兵、別兵、都兵、騎兵、左士、右士、北主客、南主客爲三十四曹郎；後又置運曹，凡三十五曹。晉江左初，無直事、右民、屯田、車部、別兵、都兵、騎兵、左士、右士、運曹十曹郎，而主客、中外兵各置一郎而已，所餘十七曹也。康穆以來，又無虞曹、二千石二郎，猶有殿中、祠部、吏部、儀曹、三公、比部、金部、倉部、度支、都官、左民、起部、水部、主客、駕部、庫部、中兵、外兵十八曹郎。後又省主客、起部、水部，餘十五曹。宋高祖初，加置騎兵、主客、起部、水部四曹郎，合爲十九曹。太祖元嘉十年，又省儀曹，主客、比部、騎兵四曹郎。十一年，又并置。十八年，增删定曹郎，次在左民曹上，蓋魏世之定科郎也。三十年，又置功論郎，次都官之下，在删定之上。太宗世，省騎兵。今凡二十曹郎。以三公、比部主法制。度支主算。支，派也；度，景也。都官主軍事刑獄。其餘曹所掌，各如其名。

《南齊書》卷一六《百官志》 都官尚書，領都官、水部、庫部、功論四曹。

《晋書》卷二四《職官志》 至魏，尚書郎有殿中、吏部、駕部、金部、虞曹、比部、南主客、祠部、度支、庫部、農部、水部、儀曹、三公、倉部、民曹、二千石、中兵、外兵、都兵、別兵、考功、定課，凡二十三郎。青龍二年，尚書陳矯奏置都官、騎兵，合凡二十五郎。每一郎缺，白試諸孝廉能結文案者五人，謹封奏其姓名以補之。及晋受命，武帝罷農部、定課，置直事、殿中、祠部、儀曹、吏部、三公、比部、金部、倉部、度支、都官、二千石、左民、右民、虞曹、屯田、起部、水部、左右主客、駕部、車部、庫部、左右中兵、左右外兵、別兵、都兵、騎兵、左右士、北主客、南主客，爲三十四曹郎。後又置運曹，凡三十五曹，置郎二十三人，更相統攝。及江左，無直事、右民、屯田、車部、別兵、都兵、騎兵、左右士、運曹十曹郎。康穆以後，又無虞曹、二千石二郎，但有殿中、祠部、吏部、儀曹、三公、比部、金部、倉部、度支、都官、左民、起部、水部、主客、駕部、庫部、中兵、外兵十八曹郎。後又省主客、起部、水部，餘十五曹云。

《隋書》卷二六《百官志上》 尚書省置令，左、右僕射各一人。又置吏部、祠部、度支、左户、都官、五兵等六尚書，左、右丞各一人。吏部、删定、三公、比部、祠部、儀曹、虞曹、主客、度支、殿中、金部、倉部、左户、駕部、起部、屯田、都官、水部、庫部、功論、中兵、外兵、騎兵等郎二十二人。令史百二十人，書令史百三十人。

又卷二七《百官志中》 水部掌舟船津梁、公私水事。

《通典》卷二三《工部尚書》 武太后改工部爲冬官，神龍初復舊，總判工部、屯田、虞部、水部事。【略】水部郎中一人。《周禮・夏官》有司險，掌設國之五溝、五塗而達其道路，蓋其職也。魏尚書有水部郎。歷代或置或否。後魏、北齊有水部，屬都官尚書，亦掌舟船津梁之事。後周有司水大夫。隋初爲水部侍郎，屬工部。煬帝除『侍』字。武德三年，加『中』字。龍朔二年，改爲司川大夫，咸亨元年復舊。天寶中，改水部爲司水，至德初復舊。掌川瀆、津濟、船艫、浮橋、渠堰、漁捕、運漕、水碾磑等事。員外郎一人。後周小司水上士。隋改置，與户部員外郎同。龍朔二年以後，曹名改而官不易。

唐李林甫《唐六典》卷一《尚書都省》 魏有殿中、吏部、駕部、金部、虞曹、比部、南主客、祠部、度支、庫部、農部、水部、儀曹、三公、倉部、民曹、二千石、中兵、外兵、別兵、都兵、考功、定課，都官、騎兵，凡二十五曹郎。晋氏又加直事、屯田、起部、車部、左士、右士、運曹，其民曹、中兵、外兵分为左、右，主客又分为左、右、南、北，无農部、定課、考功，凡三十五曹，置郎二十三人，更相統摄。东晋置殿中、祠部、吏部、儀曹、三公、比部、金部、倉部、度支、都官、左民、駕部、庫部、中兵、外兵十五曹。宋高祖加騎兵、主客、起部、水部，合为十九曹。元嘉以後，又增删定、功論二曹，而省騎兵，凡二十曹郎。齐因之。梁加騎兵、虞曹、屯田，合二十三曹。陳省梁二曹，不知省何曹也。後魏有三十六郎，史阙曹名。北齐有吏部、考功、主爵、殿中、儀曹、三公、駕部、祠部、主客、虞曹、屯田、起部、左中兵、左外兵、右中兵、右外兵、都兵、都官、二千石、比部、水部、膳部、度支、倉部、左民、右民、金部、庫部二十八曹郎。隋开皇初，有吏部、主爵、司勳、考功、禮部、祠部、主客、膳部、兵部、職方、駕部、庫部、都官、刑部、比部、司門、度支、户部、金部、倉部、工部、屯田、虞部、水部二十四曹郎；三年，以刑部領都官，民部領度支。煬帝改六曹，具于本司。至龍朔二年，改吏部爲司列，主爵爲司封，考功爲司績，禮部爲司禮，祠部爲司禋，膳部爲司膳，主客爲司藩，户部爲司元，度支爲司度，倉部爲司庾，金部爲司珍，兵部爲司戎，職方爲司城，駕部爲司輿，庫部爲司庫，刑部爲司刑，都官爲司僕，比部爲司計，工部爲司平，屯田爲司田，虞部爲司虞，水部爲司川，唯司勳、司門依舊。咸亨元年復故。

又卷七《尚書工部》 工部尚書一人，正三品。侍郎一人，正四品下。工部尚書侍郎之職，掌天下百工屯田山澤之政令，其屬有四：一曰工部，二曰屯田，三曰虞部，四曰水部。尚書侍郎總其職務，而奉行其制命。凡中外百司之事，由於所屬，咸質正焉。【略】水部郎中一人，從五品上。魏置水部郎中。歷晉、宋、齊、後魏、北齊并有水部郎中，梁、陳爲侍郎。後周冬官府有司水中大夫，隋文帝爲水部侍郎，煬帝但曰水部郎。宋、齊、梁、陳、後魏、北齊并都官尚書領之，隋工部尚書領之，皇朝因焉。武德三年加中字。龍朔二年改爲司川大夫，咸亨元年復故。員外郎一人，從六品上。後周冬官府有小司水上士，則水部員外郎之任也。隋開皇六年置，煬帝改爲承務郎，皇朝復爲水部員外郎。龍朔、咸亨隨曹改復。主事二人，從九品上。水部郎中、員外郎掌天下川瀆、陂池之政令，以導達溝洫，堰決河渠。凡舟楫、溉灌之利，咸總而舉之。凡天下水泉三億三萬三千五百五十有九，其在遐荒絶域，殆不可得而知矣。其江、河自西極達於東溟，中國之大川者也；其餘百三十有五水，是爲中川者也；其千二百五十有二水，斯爲小川者也。若渭、洛、汾、濟、漳、淇、淮、漢，皆亘達方域，通濟舳艫，徙有之無，利於生人者矣。其餘陂澤，魚鼈、莞蒲、秔稻之利，蓋有不可得而備云。凡水有溉灌者，碾硙不得與爭其利。自季夏及於仲春，皆閉斗門，有餘乃得聽用之。溉灌者又不得浸人廬舍，壞人墳隧。仲春乃命通溝瀆，立堤防，孟冬而畢。若秋、夏霖潦泛溢冲壞者，則不待其時而修葺。凡用水自下始。凡天下造舟之梁四，河三洛一。河則蒲津、大陽、盟津，一名河陽。洛則孝義也。石柱之梁四，洛三灞一。洛則天津、永濟、中橋，灞則灞橋也。木柱之梁三，皆渭川也。便橋、中渭橋、東渭橋，此舉京都之衝要也。巨梁十有一，皆國工修之。其餘皆所管州縣隨時營葺。河陽橋所須竹索，令宣、常、洪三州役工匠預支造，宣、洪二州各大索二十條，常州小索一千二百條。大陽、蒲津竹索，每年令司竹監給竹，令津家、水手自造。其供橋雜匠，料須多少，預申所司，其匠先配近橋人充。浮橋脚船，皆預備半副；自餘調度，預備一副。河陽橋船於潭、洪二州造送；大陽、蒲津橋於嵐、石、隰、勝、慈等州采木，送橋所造。河陽橋置水手二百五十人，大陽橋水手二百人，仍各置木匠十人，蒲津橋一十五人。孝義橋所須竹索，取河陽橋退者以充。其大津無梁，皆給船人，量其大小難易，以定其差等。白馬津船四艘，龍門、會寧、合河等關船并三艘，渡子皆以當處鎮防人充；渭津關船二艘，渡子取永豐倉防人充；渭水鴻渡船四艘，涇水涇合渡、韓渡、劉控坂渡、眭城坂渡、覆籬渡船各一艘，濟州津、平陰津、風陵津、興德津船各兩艘，洛水渡口船三艘，渡子皆取側近殘疾中男解水者充。會寧船別五人，興德船別四人，自餘船別三人。蘄州江津渡、荆州洪亭松滋渡、江州馬頰檀頭渡船各一艘，船別六人；越州·杭州浙江渡、洪州城下渡、九江渡船各三艘，船別四人，渡子并須近江白丁便水者充，分爲五番，年別一替。

《舊唐書》卷四三《職官志二》 工部尚書一員。正三品。南朝謂之起部。有所營造，則置起部尚書，畢則省之。隋初改置工部尚書。龍朔爲司平太常伯，光宅改爲冬官尚書，神龍復舊也。侍郎一員。正四品下。龍朔爲司平少常伯。尚書、侍郎之職，掌天下百工、屯田、山澤之政令。其屬有四：一曰工部，二曰屯田，三曰虞部，四曰水部。總其職務而行其制命。凡中外百司之事，由於所屬，咸質正焉。【略】水部郎中一員，從五品上。龍朔爲司川大夫。員外郎一員，從六品上。主事二人，從九品上。令史四人，書令史九人，掌固四人。郎中、員外郎之職，掌天下川瀆陂池之政令，以導達溝洫，堰決河渠。凡舟楫溉灌之利，咸總而舉之。凡天下水泉，三億二萬三千五百五十九。其在遐荒絶域，迨不可得而知矣。其江、河，自西極達於東溟，中國之大川者也。其餘百三十五水，是爲中川。其又千二百五十二水，斯爲小川也。若渭、洛、汾、濟、漳、淇、淮、漢，皆亘達方域，通濟舳艫，從有之無，利於生人者也。凡天下造舟之梁四，河則蒲津、大陽、河陽，洛則孝義也。石柱之梁四，洛則天津、永濟、中橋，灞則灞橋。木柱之梁三，皆渭川，便橋、中渭橋、東渭橋也。巨梁十有一，皆國工修之。其餘皆所管州縣隨時營葺。其大津無梁，皆給船人，量其大小難易，以定其差。

《新唐書》卷四六《百官志一》 工部尚書一人，正三品；侍郎一人，正四品下。掌山澤、屯田、工匠、諸司公廨紙筆墨之事。其屬有四：一曰工部，二曰屯田，三曰虞部，四曰水部。【略】工部主事三人，屯田主事二人，虞部主事二人，水部主事二人。武德三年改起部曰工部，龍朔二年，曰司平，屯田曰司田，虞部曰司虞，水部曰司川。光宅元年改工部曰冬官。天寶十一載改虞部曰司虞，水部曰司水。工部有令史十二人，書令史二十一人，計史一人，亭長六人，掌固八人；屯田令史七人，書令史十二人，計史一人，掌固四人；虞部令史四人，書令史九人，掌固四人；水部令史四人，書令史九人，掌固四人。【略】水部郎中、員外郎各一人，掌津濟、船艫、渠梁、堤堰、溝洫、漁捕、運漕、碾硙之事。凡坑陷、井穴皆有標。京畿有渠長、斗門長。諸州堤堰，刺史、縣令以時檢行，而泄其決築。有埭，則以下户分牽，禁争利者。

《唐會要》卷五九 水部郎中，隋爲水部郎。武德三年加中字。龍朔二年改司川大夫。咸亨元年復爲水部郎中。水部員外郎，改復與郎中同。

宋 高承《事物紀原》卷五《水部》 《周禮・夏官》有司險，掌溝塗，盖水部之職也。魏尚書始有水部郎。

《通志》卷五三《職官略第三》 水部郎中一人。《周禮・夏官》有司險，掌設國之五溝、五塗而達其道路，蓋其職也。魏尚書有水部郎，歷代或置或否。後魏、北齊有水部，屬都官尚書，亦掌舟船津梁之事。後周有司水大夫。隋初爲水部侍郎，屬工部。煬帝除侍字。唐武德三年加中字。龍朔二年改爲司川大夫，咸亨元年復舊。天寶中改水部爲司水，至德初復舊。掌川瀆、津濟、船艫、浮橋、渠堰、漁捕、運漕、水碾磑等事。員外郎一人。後周小司水上士。隋改置，與户部員外郎同。唐龍朔二年以後，曹名改而官不易。

宋 孫逢吉《職官分紀》卷一一《水部郎中》 《晉職官志》：魏尚書郎有水部。《隋百官志》：後齊都官統水部，隋工部尚書統水部，侍郎一人。《唐職官志》：水部郎中一員，從五品上。員外郎一人，從六品上。掌天下川瀆陂池之政令，以導達溝洫，堰決河渠，凡舟楫灌溉之利咸摠而舉之。《六典》：水部郎中一人，從五品上。後周冬官府有司水中大夫。隋文帝爲水部侍郎，煬帝去侍字。皇朝因之。武德三年加中字。龍朔三年改司川大夫。咸亨元年復。天寶十一年改司水。至德初復舊。員外郎一人，從六品上。後周冬官府有小司水上士，則員外之任也。隋開皇六年置，煬帝改承務郎。皇朝復爲水部員外郎。龍朔、咸亨隨曹改復。國朝水部掌川瀆、河渠、津梁、舟楫、漕運、水碾磑之事，凡水之政令。《官品令》：水部郎中從六品。美錦未可便製。《梁書》劉孝綽兼尚書水部郎，奉啓陳謝，手敕荅曰：「美錦未可便製，簿領亦宜稍習。」爲名流所稱。何遜，字仲言，八歲能賦詩。沈約嘗謂遜曰：「吾每讀卿詩，一日三復，猶不能已。」爲名流所稱如此。遜爲參軍兼水部郎。辭控鶴之職。唐員半千五遷正諫大夫，兼控鶴、内供奉。半千以控鶴之職，古無其事。又授斯任者，率多輕薄，非朝廷進德之選，疏請罷之。由是忤旨，左遷水部郎中。

又《水部員外郎》 《隋百官志》見「吏部員外郎」門，《六典》見「郎中」門。國朝《官品令》：水部員外郎，正七品。以水曹郎處張籍。唐白居易《草詩人張籍水部員外郎制》云：夫文教張則儒行顯，王澤流則頌詩作。君上以張教流澤爲意，則服儒業詩者，宜稍進之。頃籍自校秘之任而訓國胄，今又核名揣稱，以水曹郎處籍焉。

宋 吴自牧《夢粱録》卷九《六部》 工部謂之冬官，掌工役程式及天下屯田、文武官職田、京都衢關苑囿、山澤草木、畋獵魚捕、運漕碾磑之事。唐制名爲四部，曰工部，曰屯田，曰虞部，曰水部，一皆所總也。

宋 葉適《習學記言・序目》卷三九《表志》 舊史叙水部郎中之職，天下水泉三億二萬五千五百五十九，在遐荒絶域者不可知。又言江河爲大川之外，百三十五水是爲中川，千二百五十二水是爲小川，其具載名數零餘如此，必有所考見，蓋昔人之於事物，無不用其勤矣。

元 富大用《事文類聚新集》卷一六《六曹部・工部分掌》 舊水部。歷代沿革。後周冬官有司水中大夫，有司水上士。隋文帝有水部侍郎，煬帝改承務郎。唐復故。龍朔改司水大夫。咸亨隨曹改復。宋水部無所掌。元設都水監，都水一員，并隸工部。群書要語：川衡，掌巡川澤之禁令。詩句：省中官最美，無似水曹郎。古今事實：掌津濟運漕。唐郎中員外郎掌津濟、船艫、渠梁、堤堰、溝洫、漁捕、運漕、碾磑之事。

明 王三聘《事物考》卷四《官職》 晉有起部，隋爲工部，今尚書，即周冬官大司空卿也。侍郎即周小司空也。所屬有四清吏司：曰營繕，今掌經營興造衆務；曰虞衡，因《周禮》虞衡之官，今掌天下山澤，而辨其時禁；曰都水，因隋水部，今掌天下陂池川瀆政令；曰屯田，因晉，今掌天下屯種政令。

明 黄光昇《昭代典則》卷七《太祖高皇帝》 工部掌天下百工、屯田、山澤之政，其屬有四：一曰總部，掌城垣、工匠；二曰虞部，掌捕獵、窑冶、爐冶、軍需、造紙、鼓鑄；三曰水部，掌水利、水害、壩閘、橋梁、舟車；四曰屯田部，掌屯田、墾田、圩岸、廨舍、竹木、薪炭。各部設郎中、員外郎、主事，分掌其事，而以尚書侍郎總其政務。

明 謝純《漕運通志》卷三《漕職表》 唐百官，工部尚書以下則有水部郎中、員外郎各一人，掌津澤渠梁運漕碾磑之事，外則又有河堤謁者六人，諸津令各一人。

清 傅澤洪《行水金鑒》卷一六四《官司》 魏尚書郎有水部。晉武帝受命，置水部，後又置運漕，凡三十五曹。康穆以後，有水部，後又省。大司農統都水長，東、西、南、北部護曹掾。【略】晉西朝有水部曹，又有運曹。江左有運曹。康穆以來，猶有水部曹。後又省。宋高祖初加置水部侍御史。晉西朝有水曹，凡十三曹，而置御史九人，都水使者一人，掌舟航及運部。【略】隋尚書省有水部郎。【略】隋初有水部侍郎，屬工部。【略】唐工部尚書，其屬有四，四曰水部，凡津梁道路，治以九月，水部主事二人，龍朔二年改水部曰司川，天寶十一載改水部曰司水，水部令史四人，書令史九人，掌固四人，水部郎中、員外郎各一人，掌津濟、船艫、渠梁、堤堰、溝洫、漁捕、運漕之事。【略】唐工部尚書一員，正三品。侍郎一員，正四品下。龍朔爲司平少常。尚書、侍郎之職，掌天下百工屯田山澤之政令，其屬有四：一曰工部，二曰屯田，三曰虞部，四曰水部，總其職務而行其制命，凡中外百司之事，由于所屬，咸質正焉。水部郎中一員，從五品上，龍朔爲司川大夫。員外郎一員，從六品上。主事二人，從九品上。令史四人，書令史九人，掌固四人，郎中、員外郎之職，掌天下川瀆陂池之政令，以導達溝洫，堰決河渠，凡舟楫溉灌之利，咸總而舉之。【略】《五代史》無職官志，唐臣蕭希甫傳有河堰牙官李筠告本軍謀反，《周本紀》顯德五年秋七月乙酉，水部員外郎韓彥市銅於高麗一事，則五代時亦有水部與都官、屬官矣。餘無聞。【略】宋工部尚書掌百工水土之政令，稽其功緒以詔賞罰，侍郎爲之貳，水部郎中、員外郎掌溝洫津梁舟楫漕運之事，凡堤防決溢，疏導壅底，以時約束，而計度其歲用之物，修治不如法者罰之，規畫措置，爲民利者賞之。

清 閻鎮珩《六典通考》卷二《設官考・地官沿革》 稻人，上士、中士、下士。漢有稻田使者，魏有農部郎曹，後周小司水上士，唐有司田大夫，亦曰水部郎中。宋置農田水利司，金章宗命勸農司興作水田，元有稻田提舉司，明初設庸田署令，後罷。水部郎中主灌田、水利、舟楫，磑碾不得與爭利。

又卷三《設官考・夏官沿革》 司險。魏尚書有水部郎，歷代或置或否。後魏、北齊有水部，屬都官尚書，掌舟船津梁之事。後周有司水中大夫。隋初爲水部侍郎，屬工部。煬帝除侍字。唐武德三年加中字。龍朔二年改爲司川大夫。咸亨元年復舊。天寶中改水部爲司水。至德初復舊。後周又有小司水上士。隋改爲員外郎。唐龍朔二年以後，曹名改而官不易。宋水部掌川瀆、河渠、津梁、舟楫、運漕、水碾磑及堤防疏瀹之政令。金、元無水部，而以都水監兼治其事，又有津渡、河橋、管勾等員。明工部都水清吏司郎中一人，員外郎一人。

又卷一九五《溝洫考・歷代水利》 唐水部郎中、員外郎，掌天下川瀆陂池之政令，以導達溝洫堰決河渠，凡舟楫溉灌之利，咸總而舉之。凡天下水泉三億三萬三千五百五十有九，其在遐荒絶域，殆不可得而知矣。其江、河自西極達於東溟，中國之大川者也；其餘百三十有五水，是爲中川者也；《水經》所引天下之水百三十有七，江、河在焉。其千二百五十有二水，斯爲小川者也。酈善長注《水經》引其枝流一千二百五十二。若渭、洛、汾、濟、漳、淇、淮、漢，皆亘達方域，通濟舳艫，徙有之無，利於生人者矣。其餘陂澤魚鼈、莞蒲秔稻之利，蓋有不可得而備云。凡水有溉灌者，磑碾不得與爭其利；自季夏及于仲春皆閉斗門，有餘乃得聽用之。溉灌者，又不得浸人廬舍，壞人墳隧。仲春乃命通溝瀆，立堤防，孟冬而畢。若秋夏霖潦泛溢衝壞者，則不待時而修葺。凡用水，自下始。都水使者掌川澤津梁之政令，總舟檝、河渠三署之官屬，舟楫署，開元二十三年省。辨其遠近，而歸其利害，凡漁浦之禁，衡虞之守，皆由其屬而總制之。凡京畿之內，渠堰陂池之壞決，則下於所由而後修之。每渠及斗門置長各一人，以庶人年五十以上并勳官及停家職資有幹用者爲之。至溉田時，乃令節其水之多少，均其灌溉焉。每歲府縣差官一人以督察之，歲終録其功以爲考課。丞掌判監事，凡京畿諸水，禁人因溉灌而有費者，及引水不利而穿鑿者，其應入內諸水有餘，則任諸王公、公主、百官家節而用之。唐初，興武、五門、六門、龍首、涇堰、滋堤凡六堰，皆有丞，至太宗時皆廢。

傳記

《舊唐書》卷一六〇《張籍》 張籍者，貞元中登進士第。【略】累授國子博士、水部員外郎，轉水部郎中，卒。世謂之張水部云。

紀事

《隋書》卷七三《辛公義》 時山東霖雨，自陳汝至于滄海，皆苦水災。境内犬牙，獨無所損，山出黃銀，獲之以獻，詔水部郎婁崱就公義禱焉，乃聞空中有金石絲竹之響。

《舊唐書》卷四九《食貨志下》 武德八年十二月，水部郎中姜行本請於隴州開五節堰引水通運。許之。

藝文

唐 白居易《白氏長慶集》卷一九《喜張十八博士除水部員外郎》 老何歿後吟聲絶，雖有郎官不愛詩。無復篇章傳道路，空留風月在曹司。長嗟博士官猶屈，亦恐騷人道漸衰。今日聞君除水部，喜於身得省郎時。

又 卷四九《張籍可水部員外郎制》 敕登仕郎守國子博士張籍：文教興則儒行顯，王澤流則歌詩作。若上以張教流澤爲意，則服儒業詩者宜稍進之。頃籍自校祕文而訓國胄，今又覆名揣稱，以水曹郎處焉。前年以來，凡歷文雅之選三矣，然人皆以爾爲宜，豈非篤於學、敏於行，而貞退之道勝邪？不與之寵名者，何以獎夫不汲汲於時者？可守尚書水部員外郎，散官、勳如故。

又 卷五二《王師閔可檢校水部員外郎徐泗濠等州觀察判官制》 敕前徐、泗、濠等州觀察支使，朝議郎，殿中侍御史，内供奉，上騎都尉，賜緋魚袋王師閔：朕以師律授智興，智興以軍書辟師閔，才既爲知己用，官不俟滿歲遷，所以使能而責理也。然則賛廉察，安戎旅，既命之後，吾有望於爾焉。勉副所從，佇展來効，可檢校尚書水部員外郎兼殿中侍御史充徐、泗、濠等州觀察判官，勳、賜如故。

唐 鄭谷《雲臺編》卷上《寄前水部賈員外嵩》 謝病别文昌，仙舟向越鄉。貴爲金馬客，雅稱水曹郎。白鷺同孤潔，清波共渺茫。相如辭賦外，騷雅趣何長。

宋 曾鞏《元豐類稿》卷二四《水部制》 川瀆堤防，宣其利而備其害，四方萬里之遠，郎實總領，秩甚寵焉。爾以周材，朕用選授，夫知水之不以障而導之，使行此成法也，推而見之抡事，待爾能稱其官。

明 王愼中《遵巖集》卷六《贈郭水部郎中治河》 河出崑崙決孟津，司空治水智如神。下楗欲濯淇園竹，荷鍤皆徵韓國人。玉堰七星遥證斗，金堤千里不飛塵。若逢漢帝来沉璧，應免從官助負薪。

明 薛岡《天爵堂文集》卷一七《與錢仲舉水部》 足下入淮以來，嘉事善政，有裨漕儲者，不知幾許矣。但使都門辭壇無色，士失所宗，念仁兄者不獨弟一人也。初與仁兄約秋日晤言，今已朞矣，而猶滯風塵，疲神耗智，徒有憂天之愚，了無閉户之算。憶家園此日春雨一犁，水田漠漠，且不如力耕老牛，良足自嘆。巖叟除半刺，攜家道經淮浦，此兄服足下如七十子，幸下縣榻。

明 楊守陳《楊文懿公文集》卷八《送水部主事倪君廷瞻涖所治序》 國家自作京于燕，凡郊廟宫籞之需，與百官有司軍旅之給，皆取具於東南。異時轉輸于海，涉鯨波萬里之遠，占風候濤，動踰旬朔，雖有觴深之津人，操龍驤萬斛之舟，然險怪不測，莫能違之，往往臭厥載以飽饞蛟之腹，中外病之。於是集群策，開漕河，而自淮以北、直沽以南，則皆引濟寧之水，中分而注之，各爲水門數十，時其溢涸而畜洩之，以達於淮與直沽之外。而濟寧之水，其源出於濟、兖、青、東四郡，諸山有曲而取之，有浚而行之，堤防畚鍤之工，不可一日弛者。故有司常遣官十數，役夫數千百，分理諸源，而朝廷慎簡水部一人往總理之。水部得人，則諸源常溢，水門常闢，而漕運之船以及使艦商艫夷蠻朝貢之舶，皆走朝奔夕，沛無停滯，雖在滇南、閩粤萬餘里外，不數月而達京師。故非通知水利、有才能、廉勤匪懈者，不在兹選。天順五年四月，以進士倪君廷瞻爲水部主事，往涖厥任。君與余友禮科給事中張静之爲姻婭，因相還往，知其人窮經學古，才猷卓然，而温厚沉默，未始一衒其長於人，蓋可以大受者。其涖是任，蓋亦若源然，始發而猶壅，將疏爲大川，以利天下，可坐待者。君行時，鄉之章縫偕請余文餞之，適余病瘍，不可以執筆，病已踰數月，請者申前言，欲必得余言。迺爲之言。

明 張國維《吴中水利全書》卷一七《蔡羽與伍水部書》 竊惟執事負平當貢禹之學，爲水曹之官，近者河渠紛紛，事須熟講，雖所將不同，憂國爲民之心一也。前者白茆之役，大司空爲國家興利，奮斷不惑，遂建不世之業，一勞永定，不計小費，誠偉誠善，然亦多得於天人之助，苟不因天時，相地利，乘人和，未見其濟也。今瀆川之役，憂在監司。監司，執事之僚友也。平心而熟講之，勢獨不得乎？今赴江赴海，道有遠近，稽産賦工，册有情實，而道路誼然者，弊有所起也。夫疏鑿河渠，本爲國家興利，萬民生福，然愚民不見萬世之利，先見目前之憂，智者曰鑿白茆之阻而百川速，浚吴淞之尾而東江順，事既徵矣；愚者曰大害既除，小利可緩，舊冬力役，新冬暫紓，兹所以諠然道路也。太湖達婁齊，孰速於盤門之鮎魚口；達江陰，孰速於無錫之獨山？二水既裕長，橋既多門，宜不待於瀆川也。或謂光福東通瀆川，西出滸墅，清横塘以納百川，修縱浦以向横瀝，郟亶、單鍔并有成説，勢不得已，寧失之緩，無失之驟，則天人應；徵科繁碎，寧失之輕，無失之重，則胥奸消。民有占田額多而官租不足，無阡無陌而居積鉅萬者，監司豈知之乎？草茅之人，不知忌諱，惟矜而采之。

雜録

清 梁章鉅《稱謂録》卷一七《都水司》 《宋書・何遜傳》：天監中，兼尚書水部郎。韓愈詩：『才子舊稱何水部』。白居易詩：『明朝説向詩家道，水部如今不姓何』。【略】司水大夫。《曆代沿革》：工部郎中，唐龍朔中，改司水大夫。案工部或爲水部，即今都水司郎中也。馬氏《通考》：後周有司水大夫，隋初爲水部侍郎。司川大夫。《唐書》：水部改曰司川，又稱司川大夫。案即今都水司。司險。《周禮・夏官》：司險掌設國之五溝五涂，而達其道路。案：馬端臨謂即水部郎中之稱。

都水使者

題解

《宋書》卷四〇《百官志下》 都水使者一人，掌舟航及運部。秦漢有都水長丞，主陂池灌溉，保守河渠，屬太常。漢東京省都水，置河堤謁者。魏因之。漢世水衡都尉主上林苑，魏世主天下水軍舟船器械。晋武帝省水衡，置都水使者，而河堤爲都水官屬，有參軍二人，謁者一人，令史減置無常員。晋西朝有參軍而無謁者。謁者，則江左置也。懷帝永嘉六年，胡入洛陽，都水使者爰浚先出督運得免。然則武帝置職便掌運矣。江左省河堤。

《通典》卷一九《職官一》 都水使者。至宋嘗爲水衡令，梁曰大舟卿，隋嘗爲都水監，大唐嘗爲司津監，又嘗爲水衡都尉。

又卷二五《職官七》 梁武帝天監七年【略】以光禄勳爲光禄卿，大鴻臚爲鴻臚卿，都水使者爲大舟卿，三卿是爲冬卿。凡十二卿，皆置丞、公曹、主簿。

又卷二七《職官九》 都水使者。虞舜命益作虞，以掌山澤。《周官》有林衡、川衡二官，掌林麓川澤之禁。漢武帝元鼎二年初，置水衡都尉。顔師古曰：山林之官曰衡，掌諸池苑，故稱水衡。張晏曰：主都水及上林苑，故曰水衡。主諸官，故曰都。有卒徒武事，故曰尉。衡，平也，主平其税也。掌上林苑。漢趙充國以中郎爲水衡都尉，主舡官也。蓋主上林離宫燕休之處。王莽改曰予虞。後漢光武省之，并其職於少府。每立秋貙劉之日，輒暫置水衡都尉，貙劉，將祭大獵之名。貙敕俱反。事訖省。初，秦漢又有都水長丞，主陂池灌溉，保守河渠，自太常、少府及三輔等，皆有其官。漢武帝以都水官多，乃置左右使者以領之。劉向爲左都水使者是也。又《續漢百官志》曰：劉向領三輔都水。至漢哀帝，省使者官，至東京凡都水皆罷之，并置河堤謁者。漢之水衡都尉，本主上林苑，魏世主天下水軍舟船器械。晋武帝省水衡，置都水臺，有使者一人，掌舟航及運部，而河堤爲都水官屬。元康中，復有水衡都尉。《元康百官名》及《晋起居注》曰：陳慎、戴熊俱以都水使者領水衡都尉。懷帝永嘉六年胡賊入洛陽，都水使者奚浚先出督運，得免。江左省河堤。諸公贊曰：陳勰，字太和，有巧思，爲都水使者。《洛陽記》云：千金堤，勰所置。宋都水使者銅印墨綬，進賢兩梁冠，與御史中丞同。孝武帝初，省都水臺，罷都水使者，置水衡令。孝建元年復置。齊有都水臺使者一人。梁初與齊同。天監七年，改都水使者爲大舟卿，位視中書郎，列卿之最末者，主舟航河堤。陳因之。後魏初，皆有水衡都尉及河堤謁者、都水使者官。至永平二年，都水臺依舊置二使者。北齊亦置二使者。隋開皇二年，廢都水臺入司農。十三年復置。仁壽元年改臺爲監，更名使者，亦爲監。煬帝又改爲使者，尋又爲監，加置少監，又改監及少監并爲令，領舟檝、河渠二署。大唐武德八年，置都水臺，後復爲都水署，置令隸將作。貞觀中，復爲都水監，置使者。龍朔二年，改都水使者爲司津監丞。咸亨元年復舊。光宅元年，改都水監爲水衡，置都尉。神龍元年，復爲都水監，置使者二人，分總其事，不屬將作，領舟檝、河渠二署。

丞。漢有水衡丞五人，亦有都水丞。後漢、晉初，都水使者有參軍二人，蓋亦丞之職任。宋因之。梁大舟卿有丞。陳因之。後魏、北齊又曰參軍，隋曰都水丞。大唐二人。

主簿。晉水衡都尉有之，爲左、右、前、後、中五水衡令悉皆有之。梁大舟卿亦有之。至隋又置，大唐因之。

舟檝署令。漢主爵中尉屬官有都船令、丞，水衡都尉有檝櫂令、丞。晉曰船曹吏，齊曰官船典軍，後周曰舟中士，隋爲舟檝署令、丞，大唐因之，令、丞各一人。河渠署。隋煬帝置，令、丞各一人。大唐因之。

論說

明 楊士奇《歷代名臣奏議》卷二五三《水利》 王同上奏曰：古者之治五行也，必有五行之官。其去民用尤近而逆其理，則有敗害之端，莫甚於水。故官得其任，則不憂乎水之敗害，誠其勢也。是以舜命益作虞，以掌山澤。周有川澤之禁，而後世修之，未嘗廢也。【略】而魏晉已來至於隋唐，其官亦未嘗廢，於魏則有都尉水衡之號，晉、宋、齊皆曰都水臺，或爲水衡令。及梁天監中始改曰太舟卿，而主治舟航河堤。隋唐之時又皆爲都水使者，或改曰監，而舟檝、河渠二署隸之。然於水事，或領或否矣。故天下不喻於水而失其水之性，使以憂中國者起矣。

綜述

《宋書》卷六《孝武帝本紀》 元嘉七年【略】十二月甲戌，省都水臺，罷都水使者官，置水衡令官。

又 孝建元年【略】十一月癸卯，復立都水臺，置都水使者官。

又卷一八《禮志》 御史中丞、都水使者銅印墨綬，給五時朝服，進賢兩梁冠，佩水蒼玉。

《通典》卷四〇《職官二十二》 伯益作虞，掌山澤。今虞部郎中、都水使者，是二伯益也。

唐 李林甫《唐六典》卷二三 都水監使者二人，正五品上。本《周官》川衡之職。漢太常、大司農、少府内史、主爵中尉，其屬官各有都水長丞。武帝置水衡都尉，掌上林苑，有五丞，其屬官有上林、均輸、御羞、禁圃、輯濯、鍾官、辯銅令丞。又衡官、水司空、都水、農倉，又甘泉、上林、都水七官長丞，皆屬焉。至成帝，以都水官多，置左右使者各一人，則劉向護左都水使者是也。至哀帝罷之。王莽改水衡都尉曰予虞。後漢省都水以屬郡國，而置河堤謁者五人。魏因之。又兼有水衡都尉，主天下水軍舟船器械。晉置都水臺，都水使者一人，掌舟檝之事，官品第四。又有左、右、前、後、中五水衡。晉起居注及《元康百官名》：陳慎戴能俱以都水使者領水衡都尉。宋孝武帝省都水臺，置水衡令。齊氏復置都水臺，使者一人。梁武帝天監七年，改爲太舟卿，爲冬卿班第九吏員依。晉又加當關四人。陳因之。後魏亦二官并置，建都水使者正第四品中，水衡都尉從五品中。太和二十二年，都水使者從五品，而省水衡。北齊都水臺使者二人。後周有司水中大夫一人。隋都水臺使者二人，從第五品。有丞、參軍、河堤謁者、録事、掌船局、都水尉、諸津尉丞、典作、津長等。開皇三年，省都水入司農，十三年復置。仁壽元年改爲都水監。煬帝復爲使者，正五品，統舟檝、河渠二署。大業五年，又改使者爲監，加至四品，又置少監爲五品，復改監爲令，從三品。少監爲少令，從四品。皇朝改爲都水署，隸將作令，從七品下。貞觀中復改爲都水使者，從五品上。龍朔二年改爲司津監。咸亨元年復爲都水使者。光宅元年改爲水衡都尉。神龍元年復舊。 都水使者掌川澤津梁之政令，總舟檝、河渠二署之官屬。舟檝署，開元二十三年省。辨其遠近而歸其利害。凡漁捕之禁，衡虞之守，皆由其屬而總制之。凡獻享、賓客，則供川澤之奠。凡京畿之内渠堰陂池之壞決，則下於所由而後修之。每渠及斗門置長各一人。以庶人年五十已上并勳官及停家職資有幹用者爲之。至溉田時，乃令節其水之多少均其灌溉焉。每歲府縣差官一人以督察之。歲終録其功，以爲考課。

丞二人，從七品上。《漢書》：都水、水衡皆有丞。後漢省。晉初置都水使者，有參軍二人，蓋丞之職也。宋因之。孝武帝省都水臺，置水衡令，亦無丞。梁天監七年置太舟卿，始置丞一人，班第一。陳因之。後魏都水有參事六人，北齊有參事十人，并丞之任也。隋初置都水臺，有丞二人，正第八品上。大業三年加從七品。皇朝改爲都水署丞，從八品下。貞觀中改爲使者，以署爲監，加丞秩至從七品上。主簿一人，從八品下。晉令水衡都尉置主簿一人，又左、右、前、後、中五水衡，皆有主簿。梁天監七年，太舟主簿七班之中第三，與宗正主簿品秩同。後魏、北齊并不置。大業中，置主簿一員。皇朝因之。丞掌判監事。凡京畿諸水，禁人因灌溉而有費者，及引水不利而穿鑿者。其應入内諸水有餘，則任王公、公主、百官家節而用之。主簿掌印，勾檢稽失，凡運漕及漁捕之有程者，會其日月而爲之糾舉。

舟檝署令一人，正八品下。漢中尉屬官有都舩令丞，水衡都尉有輯濯令，晉水衡令各有舩曹吏，齊職儀有舩官典軍一人，後周有舟工中士一人，隋都水使者領掌舩局都尉二人，煬帝改爲舟檝署令一人，皇朝因之。丞二人，正九品下。漢有都舩丞、輯濯丞，隋煬帝置舟檝署，丞二人。皇朝因之。舟檝令掌公私舟舩及運漕之事，丞爲之貳。諸州轉運至京都者，則經其往來，理其隱失，使監漕監之。

河渠署令一人，正八品下。秦及兩漢都水、水衡屬官有河堤謁者，則河渠署之任也。隋煬帝取《史記·河渠書》之義以名署，置令一人。皇朝因之。領河堤謁者、魚師者。丞一人，正九品下。隋煬帝置河渠署丞一人，皇朝因之。河渠令掌供川澤魚醢之事，丞爲之貳。凡溝渠之開塞，漁捕之時禁，皆量其利害而節其多少，每日供尚食魚及中書門下官應給者。若大祭祀，則供其乾魚、魚醢以充籩豆之實。凡諸司應給魚及冬藏者，每歲支錢二十萬送都水，命河渠以時價市供之。

諸津令一人，正九品上。《列女傳》有趙津吏女，自後無聞。晉令諸津渡二十四所，各置監津吏一人。北齊三局尉皆分司諸津橋之事。後周有掌津中士一人，掌津渡川瀆之制，而爲之橋梁。隋都水領諸津，上津每尉一人，丞二人，中津尉、丞各一人，下津尉一人。每津典作一人，津長四人。皇朝改置令丞。丞一人，從九品下。皇朝因隋置諸津，在京兆、河南界者隸都水監，在外者隸當州界。諸津令各掌其津濟渡舟梁之事，丞爲之貳。

宋 高承《事物紀原》卷五《五監總率部第二十六》

都水使者。舜命益作虞，盖掌山澤之官。《周禮》地官司徒之屬川衡、澤虞，即都水之任也。秦始有都水長丞。漢武元鼎二年初，置水衡都尉，又以都水官多，復置左右使者。此盖設官之始也。晉武省水衡，置都水使者。自此官名乃定。

《通志》卷五四《職官略第四》

都水使者。初，秦漢又有都水長丞，主陂池灌溉，保守河渠，自太常、少府及三輔等，皆有其官。漢武帝以都水官多，乃置左右使者以領之。至漢哀帝省使者官，至東京凡都水皆罷之，并置河堤謁者。漢之水衡都尉，本主上林苑，魏世主天下水軍舟船器械。晉武帝省水衡，置都水臺，有使者一人，掌舟航及運部，而河堤爲都水官屬。元康中，復有水衡都尉。時陳愼、戴熊俱以都水使者領水衡都尉。懷帝永嘉六年，胡賊入洛陽，都水使者奚淩先出督運，得免。江左省河堤。宋都水使者銅印墨綬，進賢兩梁冠，與御史中丞同。孝武帝初省都水臺，罷都水使者，置水衡令。孝建元年復置。齊有都水臺使者一人，梁初與齊同。天監七年改都水使者爲大舟卿，位視中書郎，列卿之最末者，主舟航河堤。陳因之。後魏初皆有水衡都尉及河堤謁者、都水使者官。至永平二年，都水臺依舊置二使者，北齊亦置二使者。隋開皇三年廢都水臺入司農，十三年復置。仁壽元年改臺爲監，更名使者亦爲監。煬帝又改爲使者，尋又爲監，加置少監，又改監及少監并爲令，領舟檝、河渠二署。唐武德八年置都水臺，後復爲都水監，置令，隸將作。貞觀中復爲都水監，置使者。龍朔二年改都水使者爲司津監丞。咸亨元年復舊。光宅元年改都水監爲水衡，置都尉。神龍元年復爲都水監，置使者二人分總其事，不屬將作，領舟檝、河渠二監。

《文獻通考》卷五七《職官考十一·都水使者》

初秦漢又有都水長丞，主陂池灌溉，保守河渠。自太常、少府及三輔等，皆有其官。漢武帝以都水官多，乃置左右使者以領之。劉向爲左都水使者是也。又《續漢百官志》曰：劉向領三輔都水。至漢哀帝省使者官，至東京凡都水皆罷之，并置河堤謁者。漢之水衡都尉，本主上林苑，魏世主天下水軍舟船器械。晉武帝省水衡，置都水臺，有使者一人，掌舟航及運部，而河堤爲都水官屬。元康中，復有水衡都尉。《元康百官名》及《晉起居注》曰：陳愼、戴熊俱以都水使者領水衡都尉。懷帝永嘉六年，胡賊入洛陽，都水使者奚淩先出督運，得免。江左省河堤。諸公贊曰：陳勰，字太和，有巧思，爲都水使者。《洛陽記》曰：千金堤，勰所置。宋都水使者銅印墨綬，進賢兩梁冠，與御史中丞同。孝武帝初省都水臺，罷都水使者，置水衡令。孝建元年復置。齊有都水臺，使者一人。梁初與齊同。天監七年改都水使者爲大舟卿，位視中書郎，列卿之最末者，主舟航河堤。陳因之。後魏初皆有水衡都尉及河堤謁者、都水使者官。至永平二年，都水臺依舊置二使者，北齊亦置二使者。隋開皇三年，廢都水臺入司農，十三年復置。仁壽元年改臺爲監，更名使者亦爲監。煬帝又改爲使者，尋又爲監，加置少監，又改監及少監并爲令，領舟檝、河渠二署。唐武德八年置都水臺，後復爲都水署，置令，隸將作。貞觀中復爲都水監，置使者。龍朔二年改都水使者爲司津監丞。咸亨元年復舊。光宅元年改都水監爲水衡，置都尉。神龍元年復爲都水監，置使者二人分總其事，不屬將作，領舟檝、河渠二署。

明 李昭祥《龍江船廠志》卷八《文獻志》

部水：晉武帝置都水使者一人，掌舟航及部運，其屬有船曹吏。【略】水衡令：宋都水使者銅印墨綬，進賢兩梁冠，與御史中丞同。武帝改爲水衡令。【略】官船典軍：南齊置都水臺使者，其屬有官船典軍。大舟卿：梁天監七年，改都水使者爲大舟卿，位視中書郎，列卿之最末者。主舟航河堤。司津監丞：唐龍翔四年，改都水使者爲司津監丞。

《續通典》卷三一《職官・諸卿下・都水使者》 唐制：都水監使者二人，掌川澤津梁渠堰陂池之政，總河渠諸津監署，凡漁捕有禁，溉田自遠始，先稻後稑，渠長、斗門長節其多少而均焉。府縣以官督察。

清 秦蕙田《五禮通考》卷二一七《嘉禮九十》 都水使者。武帝省水衡，置都水使者一人，以河堤謁者爲其屬。江左省河堤謁者，置謁者六人。

清 吴士鑒《晋書斠注》卷二四《職官》 及武帝省水衡，置都水使者一人，以河堤謁者爲都水官屬。《諸史攷異》二曰按《宋書百官志》：晋西朝有參軍而無謁者。謁者，則江左置也。案《通典・職官門》引《元康百官名》云陳愼、戴熊俱以都水使者領水衡都尉，是水衡一官，惠帝初年猶存。志文誤也。《通典》又曰：晋曰船曹吏。不見於志。及江左省河堤謁者，置謁者六人。

清 閻鎮珩《六典通考》卷二《設官考・地官沿革》 晋武帝省水衡，置都水臺，有使者一人。元康中復有水衡都尉。宋都水使者銅印墨綬，進賢兩梁冠，與御史中丞同。孝武初省都水臺，罷都水使者，置水衡令，孝建元年復置。齊有都水臺使者一人。梁初與齊同。天監七年改都水使者爲大舟卿，位視中書郎。陳因之。後魏初有水衡都尉。永平二年都水臺依舊置二使者，北齊亦置二使者。隋開皇二年廢都水臺入司農，十三年復置。仁壽元年改臺爲監，更名使者，亦爲監。煬帝又改爲使者，尋又爲監，加置少監，又改監及少監并爲令。唐武德八年置都水臺，後復爲都水署，置令，隸將作。貞觀中復爲都水監，置使者。龍朔二年改都水使者爲司津監丞。咸亨元年復舊。光宅元年改都水監爲水衡，置都尉。神龍元年復爲都水監，置使者二人。

紀事

北魏 酈道元《水經注》卷一六《穀水》 城東十五里有千金堨。《洛陽記》曰：千金堨，舊堰穀水，魏時更修此堰，謂之千金堨。積石爲堨，而開溝渠五所，謂之五龍渠。渠上立堨，堨之東首立一石人，石人腹上刻勒云：太和五年二月八日庚戌造築此堨，更開溝渠此水衡渠上，其水助其堅也，必經年歷世，是故部立石人以記之云爾。蓋魏明帝修王、張故績也。堨是都水使者陳協所造。《語林》曰：陳協數進阮步兵酒，後晋文王欲修九龍堰，阮舉協，文王用之。掘地得古承水銅龍六枚，堰遂成。

又 按陸機《洛陽記》劉澄之《永初記》言，城之西面有陽渠，周公制之也。【略】亦謂之九曲瀆。《河南十二縣境簿》云：九曲瀆，在河南鞏縣西，西至洛陽。又按傅暢《晋書》云：都水使者陳狼鑿運渠從洛口入注九曲，至東陽門。

北魏 楊衒之《洛陽伽藍記》卷四《城西》 長分橋西有千金堰，計其水利，日益千金，因以爲名。昔都水使者陳勰所造，令備夫一千，歲恒修之。

《魏書》卷九五《匈奴劉聰傳》 其都水使者襄陵王攄以魚蟹不供，將作大匠望都公靳陵以營作遲晚，并斬於東市。

宋 孫逢吉《職官分紀》卷二三《都水使者》 有巧思，晋諸公讚陳勰，字太和，殿中將軍，有巧思，遷都水使者。楊佺期《洛陽記》云：千金堤，勰所起。起千金堤。

（寶祐）《重修琴川志》卷五《叙水》 常熟爲邑，北枕大江，諸湖交貫其中，實澤國也。有陂塘以蓄灌溉，有泖瀝以泄深漲，故無旱乾水溢，而得常熟之名。然潮沙易積，浦漵多壅，每賴疏瀹浚導之功。錢氏有國時，創開江營，置都水使者以主水事，募卒爲都，號曰撩淺。宋朝因之，有卒千人，爲兩指揮。第一在常熟，第二在崑山，專職修浚。

（乾隆）《江南通志》卷四五《輿地志》 明心寺，在上海縣西南六十里。梁開平初，都水使者錢鏐建。宋治平二年賜額。

（嘉慶）《清一統志》卷一四〇《堰渠》 姚暹渠，在虞鄉縣北十里，自解州西流至縣界，入五姓湖，即古永豐渠也。北魏正始二年，都水校尉元清所開。隋大業中，都水使者姚暹重開之。决堰浚渠，民賴其利，故名。

雜録

唐 李白《李太白詩集注》卷二八《崇明寺佛頂尊勝陁羅尼幢頌并序》 郡人都水使者宣道先生孫太冲得真人《紫蘂玉笈》之書，能令太一神，自成還丹，以獻於帝。帝服享萬壽，與天同休。功成身退，謝病而去，不謂古之通微妙之士歟。《唐書百官志》：都水監使者二人，正五品上，掌川澤津梁，渠堰坡池之政。此云都水使者，乃寵異方士，而以虚銜加之耳。

宋遼金元時期水利職官部

都水監

論説

宋 王安石《臨川集》卷六二《看詳雜議》 議曰：廢都水監。臣某曰：都水監亦恐不可廢。今議者以謂比三司判官主領之時，事日煩，費日廣，舉天下之役，其半在於河渠堤埽，故欲廢之，此臣之所未喻也。朝廷以爲天下水利領於三司，則三司事叢，不得專意，而河渠堤埽之類，有當經治，而力不暇給，故別置都水監。此所謂修廢官也。官修則事舉，事舉則雖煩何傷？財費則利興，利興則雖費何害？且所謂舉天下之役半在於河渠堤埽者，以爲不當役而役之乎？以爲當役而役之乎？以爲不當役而役之，則但當察官吏之不才，而不當廢監；以爲當役而役之，則役雖多，是乃因置監故吏得修其職而無廢事也。何可以廢監乎？且今水土之利，患在置官不多，而不患其冗也。

宋 蘇軾《蘇文忠公全集》卷四《策別十八》 今河水爲患，不使濱河州郡之吏親行其災，而責之以救災之術；顧爲都水監，夫四方之水患，豈其一人坐籌於京師，而盡其利害？天下有轉運使足矣，今江淮之間又有發運，禄賜之厚、徒兵之衆，其爲費豈可勝計哉！蓋嘗聞之：里有畜馬者，患牧人欺之，而盜其芻菽也，又使一人焉，爲之廄長，廄長立而馬益癯。今爲政，不求其本，而治其末，自是而推之，天下無益之費不爲不多矣！

宋 蘇轍《潁濱遺老傳》《名臣碑傳琬琰集》下卷一一 臣謹以祖宗故事考今日本部所行，體例不同，利害相遠，恐合隨事措置，以塞弊原。謹昧死具三弊以聞：其一曰分河渠案以爲都水監。【略】昔嘉祐中，京師頻歲大水，大臣始取河渠案，置都水監。置監以來，比之舊案，所補何事？而大不便者，河北有外監丞侵奪轉運司職事。轉運司之領河事也，郡之諸埽，埽之吏兵、儲蓄，無事則分，有事則合，水之所向，諸埽趨之。吏兵得以并功，儲蓄得以并用，故事作之日，無暴斂傷財之患；事定之後，徐補其闕，兩無所妨。自有監丞，據法責成，緩急之際，諸埽不相爲用，而轉運司不勝其弊矣。此工部都水監爲户部之害一也。【略】故願明詔有司，罷外水監丞，舉河北河事及諸路都作院皆歸轉運司。至於都水、軍器、將作三監，皆兼隸户部，使定其事之可否，裁其費之多少。而工部任其功之良苦，程其作之遲速。苟可否多少在户部，則傷財害民，户部無所逃其責矣；苟良苦遲速在工部，則敗事乏用，工部無所辭其譴矣。利出于一，而後天下貧富可責之户部矣。朝廷以爲然，從之，惟都水監仍舊。

宋 葉廷珪《海録碎事》卷一一下《司津監》 龍朔，改都水監爲司津監。

宋 佚名《宋朝大詔令集》卷一六二《置在京都水監罷三司河渠司詔》 天下利害，繫于水爲深。自禹制横潰，功施于三代，而漢用平當領河堤，劉向護都水，皆當時名儒，風迹可觀。近世以來，水官失職，稽諸令典，品秩猶存。今大河屢決，遂失故常，百川驚流，或致衝冒，害既交至，而利多放遺，此議者宜爲朝廷講圖之也。朕念夫設官之本，因時有造，救敝求當，不常其制。然非專置職守，則無以責其任，非遴擇才能，則無以成其效。宜修舊制，庶以利民，其置在京都水監，凡内外河渠之事，悉以委之。應官屬及本司合行條制，中書門下裁處以聞，其罷三司河渠司。

宋 章如愚《山堂考索・續集》卷三五《官制門》 唐世置使之贅、官制之濫，未有如唐之甚也。六官，周制也；九卿，漢制也。漢雖不如古，其一代制度，猶可言者。唐之職官曰省，曰部，曰臺，曰寺，曰監，何如是其多也。【略】工部，司空也，而少監、將作、軍器、都水監，則一司空而五之也。

宋 彭百川《太平治迹統類》卷三〇 近歲以來，百司庶務多稟決于中書。臣謂政府不當侵有司之職，有司亦不當以細務汩政府。若溝洫當決之都水監，漕運決之三司，其禮樂、征伐、號令、損益自係朝廷議論，有司得以奉行。詔中書、樞密應細務合歸有司者條析以聞。

元 王惲《秋澗集》卷八九《論渾河泛溢請修治堤堰事狀》 令

都水監官相視堤岸，踈惡去處，如法修築，使一方永逸，以絶水患，寔畿內兩縣之大利也。

元 任仁發《水利集》卷二 議者又曰行都水監既是有益衙門，何爲衆口一辭，皆謂無益而明議罷之。答曰：民可使由之，不可使知之。事之利害，乆而後明，非高見遠識、勢於世故、通於水利者安知有乆遠無窮之利？彼愚民無知，但見一時工役之繁，豪民肆奸，又吝供輸募夫之費，所以百端沮撓，但謂無益，以敗乃事。殊不知浙西有數等之水，拯治方略皆不相同，非立專司，何能盡力責成辨事？使水監衙門真無益於事，古有國者亦廢而不置乆矣，何爲周、漢、唐、宋之世，未嘗一日不用心盡力經營水利之事，列之史傳，代不乏人。古諺有曰：水利通，民力鬆。斯言信矣！若浙西低下之地，不須水監整治，即今中原高阜之鄉，安用水監河道司爲哉？然則高阜之處，水監既不可闕，而低下之地，乃謂不必置立，何不智之甚也！數年之後，河港復塞，水害滋甚，有憂民忠國者出，必復興修水利之事，爲横議者豈能終沮之哉？

又卷五 是故工作未興，横議先起，本監官吏雖竭犬馬之力，若非朝廷主之，有毀而無譽，如蒙鈞詳，添力成就，免爲浮言扇惑，虚費前功，實江浙生民無窮之大幸。行都水監丞爲革行監伸冤，竊以國以民爲本，民以食爲天。古諺云：蘇湖熟，天下足。江南、浙西、蘇湖、常秀之民所望者稼穡而已，且以錢氏有國言之，一百有餘年，止一遭水患，所以倉有餘粮，民有餘食。亡宋南渡一百五十餘年，兩淮所用軍粮每日過江一萬石，其餘路分支給尤多。歸附之後，所在倉敖又且多有儲積，止遭水旱一二年耳。其時豈五日一凨、十日一雨者耶？皆是盡其人事而爲之。歸附三十餘年，累遭水患，此皆水利不治之故也。自大禹三江既入之後，世代相仍，經營修浚，千涇萬瀆，注江達海。隋唐則有都水臺，宋有司農寺、都水監、撩清指揮使、興修水利提舉司，設養軍卒數千人，朝廷未嘗一日敢忘修治水利之事，如范文正公、蘇東坡、朱晦庵、王荆公、趙霖、單諤、郟亶諸公，留心修治，各有水利文籍存焉。若浙西水利無益扵國家，前聖後賢决不爲夾縁土木之工，勞民動衆，起謗惹怨之端，只可與樂成而已。古者役民三日，豈得已而用哉？若是不耕不蠶，衣食從何所出，飽食煖衣未有不勤劳而得者也，盍亦思其本矣。今州縣官吏懼其部夫督役之劳，又有遅悞不职之罪，豪富上户各扵供給當天之費，又有科差不均之夤緣，以誑言扇惑朝廷，妄訴大逆不道者有之，或言開江禁忌不利者有之，夤縁譖毁，靡所不至，且行監官吏既不詐要民財以爲贏，又不差占民力以作私第，又與富户有讎，又不與時官争利，职分所守合爲也。若有不公之心，行無益之事，則行臺廉訪司合糾治之，緣何竟無一語？古人謂仁者見之以爲仁也，或者妄以都水監害民爲辭，人可欺，天可欺乎？即今諸處米價騰踊，皆因蘇湖數年不熟，倉無積粮故也。古之國家有九年之粮爲富足，斯言不誣矣。倘更水利不治，江河復塞，秋無他望，民不聊生，計将安出？病至膏肓，雖藥之何益也？浙西數百萬生灵之命實係於此，可不慎歟！照得今春徂夏，雨水頻并，自濟州以南，至两浙之地，四望白水，衆所見聞。唯浙西地形最爲低窪，今歲約計所收田禾已及三分之二，若非吴松江泄放涝水，秋成百無一二，況西淮以北至濟州地面并皆渰没。若以彼處收田禾分數比之虧數，何止百倍，則行監治水之功亦不小矣。窃謂國家以百姓爲根本，百姓以粮食爲根本，舍本逐末，非良策也。況每年海運粮米一二百萬石給餉都城，官民之家多食之。又有裏河客商舡隻搬運不絶粮道，故曰：蘇湖熟，天下足，豈曰小補之哉？當今明良在上，察其理而行之，實生民之大幸也。

元 王喜《治河圖略・治河方略》 臣竊謂水之爲利，生民之所不可闕，有國之所不可無，關於利害至重矣。歷代之虞衡、水部，本朝之都水監，所以總天下之水而重其事也。

元 沙克什《河防通議》卷上《河事集序》 河爲中國患遠矣！故國朝嘉祐中内置都水監以總之，元豐中外復分南北丞以行之，其如分職置吏，辟舉縣役官兵，謹堤防，植材木，頒廩賜，以至賞罰推劾之數、有司號令之文，皆有成書，閲而可考。

元 鄭元祐《僑吴集》卷八《祈晴有應序》 國初，嘗立都水監，近又立庸田司，歲預勒守令必具狀，秋收有成數，而水旱不恤也。

元 貢師泰《玩齋集》卷七《上虞縣復湖記》 迨我國朝内設都水監，外立庸田司，郡縣守令皆知河防，無渠堰，凡所以爲生民計者，可謂周密而深遠矣。

《元史》卷六四《河渠志一》 元有天下，内立都水監，外設各處河渠司，以興舉水利、修理河堤爲務。決雙塔、白浮諸水爲通惠河，以濟漕運，而京師無轉餉之勞。導渾河，疏灤水，而武清、平灤無墊溺之虞。浚冶河，障滹沱，而真定免決潦之患。開會通河於臨清，以通南北之貨。疏陝西之三白，以溉關中之田。泄江湖之淫潦，立捍海之横塘，而浙右之民得免於水患。當時之善言水利，如太史郭守敬等，蓋亦未嘗無其人焉。一代之事功，所以爲不可泯也。今故著其開修之歲月、工役之次第，歷叙其事而分紀之，作《河渠志》。

明 陳暐《吴中金石新編》卷二《治水分司題名記》 天之生人藉水土，而水過多則爲患。神禹氏治之，功與天地準，代之職水者，雖小大不侔，其得一日而廢耶？故周有匠人、稻人，漢有水衡、水司空，宋有都水監，元有都水使司，莫非爲是設也。

明 萬表《皇明經濟文録》卷一七《淞山水利》 且疏導江流，苟非專官，豈能時巡？故宋置農田水利使，元置都水庸田使、都水監等官，亦不得已也。舉事易，得人難，慎擇其人，則利無不興，獘無不革矣。

綜述

宋 曾鞏《隆平集》卷一《官司》 都水監，嘉祐三年置。

宋 章如愚《山堂考索・前集》卷六六《地理門》 國朝惠養元元，留心水利，三司則有都水監，本朝官制，都水監屬三司，員无常職，興役則差。諸路則有提舉，淳熙七年，臣僚乞委提舉常平築陂塘、修堰門，潴水爲備。州有倅貳，邑有丞佐。淳熙七年，又臣僚札子乞委諸路常平司籍定所隸郡縣公私陂塘川澤之數，專責縣丞因民暇日勸率疏導。聖旨：依令專督責縣丞於農隙日浚治疏導，廣行儲蓄。而又郡有守，邑，有令，皆得以行其浚導儲蓄之利，故修蕭何之故堰，則若許景山而廢壞之地，復蒙大利。真宗朝知興元府許景山嘗修漢蕭何所爲故堰，顧其屬曰：酇侯方定天下，乃暇爲此以灌農田，今吾豈憚一時之勞而廢萬世之利？於是因其壞堰大修之。

宋 陳均《宋九朝編年備要》卷一五《仁宗皇帝》嘉祐三年冬十一月 置都水監。罷三司河渠司，以其事屬之。

《宋史》卷一六五《職官志五》 都水監，舊隸三司河渠案，嘉祐三年，始專置監以領之。判監事一人，以員外郎以上充；同判監事一人，以朝官以上充；丞二人，主簿一人，并以京朝官充。輪遣丞一人出外治河埽之事，或一歲再歲而罷，其有諳知水政，或至三年。置局於澶州，號曰外監。元豐正名，置使者一人，丞二人，主簿一人。使者掌中外川澤、河渠、津梁、堤堰疏鑿浚治之事，丞參領之。凡治水之法，以防止水，以溝蕩水，以澮寫水，以陂池潴水。凡江、河、淮、海所經郡邑，皆頒其禁令。視汴、洛水勢漲涸增損而調節之。凡河防謹其法禁，歲計茭揵之數，前期儲積，以時頒用，各隨其所治地而任其責。興役以後月至十月止，民功則隨其先後毋過一月，若導水溉田及疏治壅積爲民利者，定其賞罰。凡修堤岸、植榆柳，則視其勤惰多寡以爲殿最。南、北外都水丞各一人，都提舉官八人，監埽官百三十有五人，皆分職涖事；即幹機速，非外丞所能治，則使者行視河渠事。元豐八年，詔提舉汴河堤岸司隸本監。先是，導洛入汴，專置堤岸司；至是，亦歸之有司。元祐四年，復置外都水使者。五年，詔南、北外都水丞并以三年爲任。七年，方議回河東流，乃詔河北、京西漕臣及開封府界提點，各兼南、北外都水事；紹聖元年罷。元符三年，詔罷北外都水丞，以河事委之漕臣；三年，復置。重和元年，工部尚書王詔言，乞選差曾任水官諳練者爲南、北兩外丞，從之。宣和三年，詔罷南、北外都水丞司，依元豐法，通差文武官一員。分案七，置吏三十有七。所隸有：街道司，掌轄治道路人兵，若車駕行幸，則前期修治，有積水則疏導之。建炎三年，詔都水監置使者一員。紹興九年，復置南、北外都水丞各一員，南丞於應天府，北丞於東京置司。十年，詔都水事歸於工部，不復置官。

又卷一八九《兵志三》 河清街道司，隸都水監。

《金史》卷五六《百官志二》 都水監：街道司隸焉。分治監，專規措黄、沁河，衛州置司。監，正四品，掌川澤、津梁、舟楫、河渠之事。興定五年兼管勾沿河漕運事，作從五品，少監正六品以下皆同兼漕事。少監，從五品。明昌二年增一員，衛州分治。丞二員，正七品，内一員外監分治。貞元元年置。掾，正八品，掌與丞同，外監分治。大定二十七年添一員，明昌五年併罷之，六年復置二員。勾當官四員，準備分治監差委。明昌五年以罷掾設二員，興定五年設四員。街道司。管勾，正九品，掌洒掃街道、修治溝渠。

舊南京街道司，隸都水外監，貞元二年罷歸京城所。都巡河官，從七品，掌巡視河道、修完堤堰、栽植榆柳、凡河防之事。分治監巡河官同此。其瀘溝、崇福上下埽都巡河兼石橋使，通濟河節巡官兼建春宮地分河道。諸都巡河官，掌提控諸埽巡河官、明昌五年設，以合得縣令人年六十者選充。大定二年設滹沱河巡河官二員。散巡河官。於諸局及丞簿廉舉人，并見勾當人六十以下者充。黄汴都巡河官，下六處河陰、雄武、滎澤、原武、陽武、延津，各設散巡河官一員。黄沁都巡河官，下四處懷州、孟津、孟州、城北，各設黄沁散巡河官各一員。衛南都巡河官，下四處崇福上、崇福下、衛南、淇上，散巡河官各一員。滑浚都巡河官，下四處武城、白馬、書城、教城，散巡河官各一員。曹甸都巡河官，下四處東明、西佳、孟華、凌城，散巡河官各一員。曹濟都巡河官，下四處定陶、濟北、寒山、金山，散巡河官各一員。凡二十五埽，埽兵萬二千人。諸埽物料場官，掌受給本場物料。分治監物料場官同此。惟崇福上、下埽物料場官與當界官通管收支。南京延津渡河橋官，兼譏察事。管勾一員，同管勾一員，掌橋船渡口譏察濟渡、給受本橋諸物等事，内譏察事隸留守司。餘浮橋官同此。右屬都水監。皇統三年四月，懷州置黄沁河堤大管勾司，未詳何年罷。正大二年，外監東置於歸德，西置於河陰。

《文獻通考》卷五七《職官考十一·都水使者》 宋都水監，判監事一人，以員外郎以上充；同判監一人，以朝官以上充；丞二人，主簿一人，并以京朝官充。掌内外河渠堤堰之事。舊例三司河渠案。嘉祐三年，始專置監以領之。輪遣丞一人出外治河埽之事，或一歲再歲而罷，其間有諳知水政，或至三年者。置局於澶州，號曰外監寺司，押司官一人。元豐八年，詔提舉汴河堤岸司隸本監。先是，導洛入汴，專置堤岸司；至是，歸之都水司。元祐時，詔南、北外都水丞并以三年爲任。七年，方議回河流，乃詔河北、京西漕臣及開封府界提點，各兼南、北外都水事。宣和三年，詔罷南、北外都水丞司，依元豐法，通差文武官一員。四年，臣僚言：都水監，因恩州修河，舉辟文武官至百二十餘員，授牒家居，不省所領何事，皆乘傳給券，第功希賞。詔除正官十一員外，餘并罷。所隸有東、西四排岸司監官，各以京朝官、閤門祇侯以上及三班使臣充，掌水運綱船輸納顧直之事。汴河上下鎖、蔡河上下鎖各監官一人，以三班使臣充，掌算舟船木筏之事。天下堰總二十一，監官各一人；渡總六十五，監官各一人，皆以京朝官、三班使臣充，亦有以本處監當兼掌者。

元 任仁發《水利集》卷八 大德八年又欽奉聖旨，以浙西連年水灾，百姓饑餓流移，不勝艱。若推原其由，盖因吴松江等處故道淤塞，每遇霖雨，潦水泛溢，不能通泄，以致淹沒田禾，民被其殃，立行都水監，仍於平江置司，專以拯治水利。

元 富大用《事文類聚新集》卷一六《工部分掌》 後周冬官有司水中大夫，有司水上士。隋文帝有水部侍郎，煬帝改承務郎。唐復故。龍朔改司水大夫，咸亨隨曹改復。宋水部無所掌。元設都水監都水一員，并隸工部。

又 卷三四《都水監》 宋初欲修水官，故專置都水監以代三司河渠司事，欲重其任，以御史知雜判監事，後亦不常其官。元置都水監，掌川澤、津梁、舟檝、河渠之事，街道司隸焉。有監、少監，有丞、掾，街道司有管勾官。

《元史》卷九〇《百官志六》 都水監，秩從三品。掌治河渠并堤防水利橋梁牐堰之事。都水監二員，從三品；少監一員，正五品；監丞二員，正六品；經歷、知事各一員，令史十人，蒙古必闍赤一人，回回令史一人，通事、知印各一人，奏差十人，壕寨十六人，典吏二人。至元二十八年置。二十九年，領河道提舉司。大德六年，升正三品。延祐七年，仍從三品。

又 卷九二《百官志八》 河南山東都水監。至正六年五月，以連年河決爲患，置都水監，以專疏塞之任。行都水監。至正八年二月，河水爲患，詔於濟寧鄆城立行都水監。九年，又立山東河南等處行都水監。十一年十二月，立河防提舉司，隸行都水監，掌巡視河道，從五品。十二年正月，行都水監添設判官二員。十六年正月，又添設少監、監丞、知事各一員。

又 卷九六《食貨志四》 都水監：都水卿俸五十三貫，米六石。少監俸三十九貫三錢三分，米三石五斗。監丞俸三十貫，米三石。經歷俸二十五貫三錢三分，米二石。知事俸二十二貫，米二石。

明 何喬新《椒邱文集》卷三《水利》 秦漢以來，人君志於惠養黎元者，亦莫不汲汲於得人，以任其責。漢則京師有水衡之官，郡國有都水之職，宋三司則有都水監，諸路則有提舉。

明 沈啓《南船紀》卷三《典司》 宋置都水監。判監事一人，以員外以上充；同判監一人，以朝官以上充；丞二，簿一，并以京朝官充，掌内外河梁堤堰之事，然猶自爲監也。恭唯本朝，凡在兩直隸者悉屬之工部都水司，郎中司其總。其在外河埽之治造船之役，差主事一員監之，故龍江閘有工部分司云。

明 吴山《治河通考》卷一〇《理河職官考》 宋都水監判監事一人，以員外郎以上充；同判監一人，以朝官以上充；丞二人，主簿一人，并以京朝官充，掌内外河渠堤堰之事。輪遣丞一人出外治河埽之事，或一歲再歲而罷。其間有諳知水政，或至三年者。置局于澶州，號曰外監寺司，押司官一人。元豐八年，詔提舉汴河堤岸司隸本監。先是，導洛入汴，專置堤岸司；至是，歸之都水司。元祐時，詔南、北外都水丞并以三年爲任。七年，方議回河流，乃詔河北、京西漕臣及開封府界提點，各兼南、北外都水事。宣和三年，詔罷南、北外都水丞司，依元豐法，通差文武官一員。四年，臣僚言：都水監因恩州修河，舉辟文武官至百二十餘員，授牒家居，不省所領何事，皆乘傳給券，第功希賞。詔除正官十一員外，餘并罷。所隸有東京四排岸司監官，各以京朝官、閤門秖候以上及三班使臣充，掌水運綱船輸納雇直之事。汴河上下鎖、蔡河上下鎖各監官一人，以三班使臣充，掌筭舟船木筏之事。天下堰總三十一，監官各一人；渡總六十五，監官各一人，皆以京朝官、三班使臣充，亦有以本處監當兼掌者。

明 王圻《續文獻通考》卷九三《職官考・都水監》 遼南面都水監，設官曰都水太監，曰都水少監，曰都水監丞，曰都水監主簿。金都水監，街道司隸焉。分治監，專規措黄、沁河，衛州置司。監，正四品，掌川澤、津梁、舟楫、河渠之事。興定五年兼管勾沿河漕運事，作從五品，少監正六品以下皆同兼漕事。少監，從五品。（明昌二年增一員，衛州分治。）丞二員，正七品，内一員外監分治。貞元元年置。掾，正八品，掌與丞同，外監分治。（大定二十七年添一員，明昌五年併罷之，六年復置二員。）勾當官四員，準備分治監差委。（明昌五年以罷掾設二員，興定五年設四員。）街道司。管勾，正九品，掌洒掃街道、修治溝渠。都巡河官，從七品，掌巡治河道、修完堤堰，栽植榆柳，凡河防之事。分治監巡河官同此。其蘆溝、崇福上下埽都巡河兼石橋使，通濟河都巡河兼建春宫地分河道。諸都巡河官，掌提控諸埽巡河官。（明昌五年設，以合得縣令人年六十者選充。大定二年設滹沱河巡河官二員。）黄汴都巡河官，下六處河陰、雄武、滎澤、原武、陽武、延津，各設散巡河官一員。（于諸局及丞簿廉舉人并見勾當人六十以下者充。）黄沁都巡河官，下四處懷州、孟津、孟州、城北，設黄沁散巡河官各一員。衛南都巡河官，下四處新鄉、崇福上、崇福下、衛南、淇上，散巡河官各一員。滑濬都巡河官，下四處武城、白馬、書城、教城，散巡河官各一員。曹甸都巡河官，下四處東明、西佳、孟華、陵城，散巡河官各一員。曹濟都巡河官，下四處定陶、濟北、寒山、金山，散巡河官各一員。（凡二十五埽，埽兵萬二千人。）諸埽物料場官，掌受給本場物料。分治監物料場官同此。惟崇福上、下埽物料場官與當界官通管收支。南京延津渡河橋官，兼譏事。管勾一員，同管勾一員，掌橋船渡口譏察濟渡，給受本橋諸物等事，内譏察事隸留守司。餘浮橋官同此。皇統三年四月，懷州置黄沁河堤大勾管司。（後罷革。）元置都水監，秩從三品，掌治河渠并堤防、水利、橋梁、牐堰之事。都水監二員，從三品；少監一員，正五品；監丞二員，正六品；經歷、知事各一員。至元二十八年置，二十九年領河道提舉司。大德六年升正三品，延祐七年仍從三品。大都河道提舉司，提舉一員，從五品；同提舉一員，從六品；副提舉一員，從七品。河南、山東都水監，至正六年以連年河決爲患置，專疏塞之任，設官品秩同。行都水監，至正八年二月，河水爲患，詔於濟寧、鄆城立行都水監。九年，又立河南、山東等處行都水監。十一年十二月，立河防提舉，隸行都水監，掌巡視河道，從五品。十二年正月，行都水監添設判官二員。十六年正月，又添設少監、監丞、知事各一員。都水庸田使司，順帝至元二年正月置，司平江，尋罷，五年十二月復立。皇明設都水司官，專掌河道一切事，屬工部。

清 顧炎武《肇域志》卷一九 《泉河史》：都水，古司空之職。《周禮》，遂人屬於大司徒。秦、漢以後，改置不常。唐、宋爲水部，掌川瀆、溝洫、津梁、舟楫之政令。元創會通河，令都水監掌之，始出署於外矣。

（雍正）《河南通志》卷三〇《職官一》　又有都水監、河防提舉司、都水庸田使，專爲河防水利而設。

《續通典》卷三一《職官九·諸卿下·都水使者》　唐制，都水監使者二人，掌川澤、津梁、渠堰、陂池之政，總河渠、諸津監署，凡漁捕有禁，溉田自遠始，先稻後稑，渠長、斗門長節其多少而均焉。府縣以官督察。宋初，隸三司河渠案，仁宗嘉祐三年始專置監以領之。判監事一人，以員外郎以上充；同判監事一人，以朝官以上充；置局於澶州，號曰外監。元豐官制行，置使者一人，掌中外川澤、河渠、津梁、堤堰疏鑿浚治之事。凡治水之法，以防止水，以溝蕩水，以澮瀉水，以陂池瀦水。凡江、河、淮、海所經都邑，皆頒其禁令，視汴、洛水勢漲涸，增損而調節之。凡河防，謹其法禁，歲計茭揵之數，前期儲積，以時頒用，各隨其所治地而任其責。興役以後月至十月止，民功則隨其先後，毋過一月。若導水溉田及疏治壅積爲民利者，定其賞罰，凡修堤岸、植榆柳，則視其勤惰多寡以爲殿最。遼南面都水監有太監、少監。金都水監，街道司隸焉，置司監掌川澤、津梁、舟楫、河渠之事。興定五年，兼管勾漕運事。又有少監，兼漕事。少監又置分治監，專規措黄、沁河，衛州。元都水監置都水監二人，少監一人，掌治河渠，并堤防、水利、橋梁、牐堰之事。順帝至正六年，以連年河決爲患，置河南、山東都水監，以專疏塞之任。八年，河水爲患，詔於濟寧、鄆城立行都水監。九年，又立山東、河南等處行都水監。又有都水庸田使司，置庸田使二人，副使二人，僉事一人。至元二年，置於平江，既而罷之。至五年，復立。十二年，因海運不通，京師闕食，詔河南窪下水泊之地置屯田八處，於汴梁添立都水庸田使司。又置都總制庸田使司，又都總制庸田使二人，副使二人，僉事六人。至正十年，置於河南、江北等處。明水利之事，掌於工部都水司。丞。唐置二人，掌判監事。凡京畿諸水，因灌溉盗費者有禁。水入内之餘，則均王公、百官。宋置二人，參領監事。遼南面都水監亦有監丞。金置二人，又置掾正，掌與丞同。元亦置二人。主簿。唐置一人，掌運漕、漁捕程，會而糾舉之。宋置一人。遼亦有之。金無主簿，置勾當官四人，准備分治監差委。元置經歷一人，知事一人。舟檝署。唐置令一人，丞二人，掌天下津濟、舟梁。宋舟檝之政掌於工部水部。遼、金、元、明俱不設專官。河渠署。唐置令一人，丞二人，掌河渠、陂池、堤堰、魚醢之事。凡溝渠開塞、漁捕時禁皆顓之。饗宗廟則供魚鮍，祀昊天上帝，有司攝事，則供腥魚。日供尚食，及給中書、門下，歲供諸司及東宫之冬藏。渭河三百里内漁釣者，五坊捕治之。供祠祀，則自便橋至東渭橋非供祠不采魚。宋不設河渠署，水土之産掌於工部虞部。金都巡河官，掌巡視河道、修完堤堰、栽植榆柳、凡河防之事。分治監巡河官同此。其盧溝、崇福上下埽都巡河兼石橋使，通濟河節巡官兼建春官地分河道。諸都巡河官，掌提控諸埽巡河官、散巡河官。凡二十六埽。黄汴都巡河官，下六處河陰、雄武、滎澤、原武、陽武、延津，各設散巡河官一人；黄沁都巡河官，下四處懷州、孟津、孟州、城北，各設黄沁散巡河官一人；衛南都巡河官，下四處新鄉崇福上、崇福下、衛南、淇上，散巡河官各一人；滑浚都巡河官，下四處武城、白馬、書城、教城，散巡河官各一人；曹甸都巡河官，下四處東明、西佳、孟華、陵城，散巡河官各一人；曹濟都巡河，下四處定陶、濟北、寒山、金山，散巡河官各一人。諸埽物料場官，掌受給本場物料。分治監物料場官同此。惟崇福上、下埽物料場官與當界官通管收支。南京延津渡河橋官，兼譏察事。管勾一人，同管勾一人，掌橋船渡口譏察濟渡，給受本橋諸物等事。元大都河道提舉司，提舉一人，同提舉一人，副提舉一人。明運河之官，以封疆大吏兼之，北運河以保定巡撫兼管河道，黄河以河南巡撫兼管河道，東河以山東巡撫兼管河道，并督理營田。互見御史臺。運河又以總督漕運總兵官兼理河道。

《續通志》卷一三一《職官略二·唐五代宋官制下·都水監》

都水使者。唐置使者二人，丞二人。宋初隸三司河渠案。仁宗嘉祐三年始置，監一人，置局于澶州，曰外監。元豐中置使者一人，掌内外川澤河渠津梁堤堰之事。丞二人，主簿一人。元祐中復置外都水使者，所隸有街道司。紹興十年以監歸于工部，不復置。臣等謹按：《唐六典》以國子、少府、將作、軍器、都水爲五監，宋元豐始復唐制，後復議删并。蓋六曹二十四司之任既專，則自國子監外，四監官皆爲贅設也。至建炎初，議廢國子監，而獨不及少府監，殆未審乎損益之宜矣。

又卷一三四《職官略五·金元官制下·都水監》　金置都水監，掌川澤、津梁、舟楫、河渠之事。有監、少監，無定員，兼漕事。少監、丞二人。所屬街道司，管勾都巡河官，掌河防之事，無定員。又有散巡河官。元置都水監，亦掌治河渠并堤防、水利、橋梁、牐堰之事。都水監二人，少監一人，監丞二人，經曆、知事各一人。所屬大都河道提舉、同提舉、副提舉各一人。

《續文獻通考》卷三《田賦考三·水利田》 元制，内立都水監，外設各處河渠司，以興舉水利、修理河堤爲務。

又 卷五六《職官考六·都水監》 宋都水監，舊隸三司河渠案。仁宗嘉祐三年，始置監以領之。神宗元豐時，置使者一人，丞二人，主簿一人。使者掌中外川澤、河渠、津梁、堤堰疏鑿浚治之事，丞參領之。凡治水之法，以防止水，以溝蕩水，以澮瀉水，以陂池瀦水，凡江、河、淮、海所經都邑，皆頒其禁令，視汴、洛水勢漲涸增損而調節之。凡河防，謹其禁，歲計茭揵之數，前期儲積，以時頒用，各隨其所治地而任其責。興役以後月至十月止，民功則隨其先後，毋過一月。若導水溉田及疏治壅積爲民利者，定其賞罰。凡修堤岸、植榆柳，則視其勤惰多寡以爲殿最。南、北外都水丞各一人，都提舉官八人，監埽官百三十有五人，皆分職涖事，即干機速，非外丞所能治，則使者行視河渠。徽宗重和元年，從工部尚書王詔言，選差曾任水官諳練者爲南、北兩外丞，尋罷之。高宗紹興十年，詔都水事歸於工部，不復置官。又所隸有街道司，掌轄治道路、人兵，若車駕行幸，則前期修治，有積水則疏導之。餘詳馬端臨考。遼南面都水監官有太監、少監、丞、主簿。金都水監，掌川澤、津梁、舟楫、河渠之事，兼管勾沿河漕運事。官有監、分治監，專規措黄、沁河；衛州置司。少監兼漕事，少監、明昌二年增一人，衛州分治。丞二人，内一人，外監分治。貞元元年，置掾一人，掌與丞同，外監分治。大定二十七年，添一人。明昌三年，并罷之。六年復置二人。勾當官四人，准備分治監差委。明昌五年，以罷掾，設二人。興定五年，設四人。所屬有街道司，管勾掌灑掃街道、修治溝渠。舊南京街道司隸都水外監，貞元二年罷歸京城所。都巡河官，掌巡視河道、修完堤堰、栽植榆柳、凡河防之事。分治監、巡河官同此。其盧溝、崇福上下埽都巡河兼石橋使，通濟河節巡官兼建春宫地分河道。諸都巡河官，掌提控諸埽巡河官、明昌五年設，以合得縣令人年六十者充選。大定二年設滹沱河巡河官二人。散巡河官。於諸局丞簿廉舉人，并見勾當人六十以下者充。凡二十六埽，埽兵萬二千人。各設官一人。黄汴都巡河官，下六處河陰、雄武、滎澤、原武、陽武、延津；黄沁都巡河官，下四處懷州、孟津、孟州、城北；衛河都巡河官，下四處新鄉崇福上、崇福下、衛南、淇上；滑濬都巡河官，下四處武城、白馬、書城、教城；曹甸都巡河官，下四處東明、西佳、孟華、陵城；曹濟都巡河官，下四處定陶、濟北、寒山、金山。諸埽物料場官，掌受給本場物料。分治監物料場官同此。惟崇福上、下埽物料場官與當界官通管收支。南京延津渡河橋官，兼譏察事。管勾一人，同管勾一人，掌橋船渡口譏察濟渡、給受本橋諸物等事。内譏察事隸留守司。餘浮橋官同此。《金史·百官志》曰：右屬都水監。皇統三年四月，懷州置黄沁河堤大管勾司，未詳何年罷。正大二年，外監東置於歸德，西置於河陰。外有規措京兆府、耀州、三白渠公事。規措官，掌灌溉民田。點檢渠堰官一人，掌點檢啓閉涇陽等縣渠堰。元都水監，掌治河渠并堤防、水利、橋梁、牐堰之事。官有監二人，少監一人，監丞二人，經曆、知事各一人。至元二十八年置。二十九年，領大都河道提舉司，有提舉、同提舉、副提舉各一人。又至正六年五月，以連年河決爲患，置河南、山東都水監，以專疏塞之任。八年二月，河水爲患，詔於濟寧、鄆城立行都水監。九年，又立山東、河南等處行都水監。十一年，立河防提舉司，掌巡視河道，隸行都水監。十二年，添設判官二人。十六年，又添少監、監丞、知事各一人。

清 王履泰《畿輔安瀾志·永定河》卷九 謹案：《金史·河渠志》：孟家山金口牐止以射糧軍守之。章宗明昌四年修漳河堤，詔依盧溝河例，招被水缺食人充夫，官支錢米不足，則調礙水人户。而都水監統領埽兵萬二千人，主堤埽之事。又大定二十六年，詔增修防軍數，皆爲黄河而設，即金口牐議增埽兵亦於全河，未有聞焉。元代水政甚詳，牐有牐户，壩有壩夫，又通津要渠閒遣禁軍守護，顧都水監獨不置兵。治渾之役，大抵派附近丁夫，佐以宿衛鎮戍之卒。歐陽玄《通惠河政績碑記》謂京城西之金口守堤吏與牐户晝夜分番邏視，不贍，則借兵士於樞密，其言可見也。

清 汪輝祖《元史本證》卷一二《證誤十二》 都水監，秩從三品。都水監二員，少監一員，監丞二員，經歷、知事各一員。大德六年升正三品。案：紀至元二十九年，仍置都水監，少監、丞、經歷、知事凡八員，此少監當是二員，升品在大德九年。《志》亦誤。

又　卷三一《證遺八》　都水監，至元二十八年置，大德六年升正三品，延祐七年仍從三品。案：紀至元七年，以都水監隸大司農司，是七年前已置都水監也。二十九年，仍置都水監，少監、丞、經歷、知事，其八員。皇慶元年，以都水監隸大司農。前此當隸中書。延祐三年增置太監二員，省卿一員。七年二月，復以都水監隸中書。三月降從三品，四月復正三品。

又　行都水監。案：紀至元十四年，以行都水監兼行漕運司事。大德八年，從中書省臣言，浚治吳江、松江海口故道，仍設行都水監以董其程。十年，升行都水監爲正三品。至大元年，從江浙行省請，罷行都水監，以其事隸有司。

清　沈欽韓注《王荆公文注》卷四《孫抗孫琳祠部郎中制》

【都水之官廢久矣。】《隆平集》：都水監，嘉祐三年置。《職官志》：舊隸三司河渠。按：嘉祐三年始專置監以領之，判監事一人，以員外郎已上充；同判監事一人，以朝官已上充；丞二人，主簿一人，并以京朝官充。輪遣丞一人出外，治河埽之事。或一歲再歲而罷，其有諳知水政，或至三年。置局于澶州，號曰外監。

清　俞正燮《癸巳類稿》卷一二《總河近事考》　河之南合于淮、泗，始宋、金時。宋時，府州長吏兼河堤使，通判兼河堤判官，有都水監，有外都水監，有都大提舉，有修河司。金府州長貳提舉河防，縣長貳勾管河防，又有巡河官、埽官，皆屬州縣。元泰定二年，立行都水監于汴梁，至正六年，又立行都水監于鄆城，爲總治河防使，此總治專官之始。

清　梁章鉅《稱謂録》卷一一《河務官》　《通典》：武帝以都水官多，置左右使者以領之。《曆代職官考》：都水使者居京師，有河防重事，則出而治之，則即今總河之任也。案：六朝時又名都水台使者，唐以後又名都水監，所掌皆同。又案《宋史》：元豐正名，置使者一人，丞二人，南、北外都水丞各一人，都提舉官八人，監埽官百三十有五人，皆分職莅事。元祐八年，詔提舉汴河堤岸司隸本監。四年，復置外都水使者。

又　《宋史・河渠志》：至和二年，李仲昌提舉河渠。又云熙寧六年始置修浚黄河司，差范子淵都大提舉。《元史・百官志》：都水監秩從三品，掌治河渠并堤防、水利、橋梁、牐堰之事。至元二十八年置，二十九年領河道提舉司，大德六年升正三品，延祐七年仍從三品，太都河道提舉司秩從五品。案：元之都水監乃漢官名，而河道提舉司則襲宋舊稱也。都水監三品，不若今總河之尊；河道提舉司五品，正與河工同知相似矣。

清　謝元淮《養默山房詩稿》卷一九《蘇臺集・步雲汀中丞吳淞江工竣開壩放水原韻》　五代吳越置都水庸田使，宋置開江兵士、城下指揮、堤舉司、監堰官，元立都水監，明有夏忠靖、周文襄專治水利，又設水利僉事、勸農、水利通判等官，成宏、正嘉中，屢命部臣莅吳治水，立塘長、圩長。

清　魏源《元史新編》卷八三《百官志三》　都水監，掌治河渠，并堤防、水利、橋梁、牐堰之事。都水監二員，從三品；少監一員，正五品；監丞二員，正六品；經歷、知事各一員，令史十人。蒙古必闍赤一人，回回令史一人，通事、知印各一人，奏差十人，壕寨十六人，典吏二人。至元二十八年置。大都河道提舉司，提舉從五品，同提舉從六品，副提舉從七品，各一員。行都水監，至正八年，因河患，詔於濟寗、鄆城立行都水監。九年，又立山東、河南等處行都水監，以河防提舉司隸之，掌巡視河道。秩從五品，增設少監、監丞、知事各一員，判官二員。

《宋會要輯稿・職官一六》　《兩朝國史志》：虞部判司事一人，以無職事朝官充。凡虞衡之政令皆歸三司河渠案，後領於都水監，本司無所掌。元豐改制，員外郎始實行本司事。

又《方域一五》　七月八日，【略】檢會朝奉郎監察御史郭知章奏：『【略】臣謂都水監，水官也，朝夕從事於河上，耳目之所聞見，心志之所思慮，議論之所綴接，莫非水也。河流之曲折高下，利害之輕重本末，宜熟知之矣。今使水官不得盡其職而惑於浮議，臣恐河事一誤，則北方之民未得安堵而樂業。伏望陛下特降睿旨，專委水官以圖經久可行之策，以幸河北一路元元之民，不勝幸甚。』

清　閻鎮珩《六典通考》卷二一《設官考》　宋都水監判監寺一人，同判監一人。建炎三年，詔都水監置使者一員。紹興十年省，并其職於工部。遼南面都水監設太監、少監，并監丞、主簿。金都水監有都監、少監。元都監二員，少監一員。明設都水司官，屬工部。

清 曾廉《元書》卷二二《職官志七上》 都水監卿二員，品俸同太府太監。少監一員，品俸同太府丞。丞二員，正六品。俸三十貫，米三石。監掌水利、河渠、堤防、橋梁、牐堰。至元七年置，十三年并入工部，隸大司農司。二十八年復置，領大都河道提舉司，有同、副。

又 行都水監，監、少監、丞各一員。至正六年，河南、山東以水患立都水監。八年，復置行都水監於濟寧、鄆城。九年，河南、山東亦立行都水監。監領河防。都提舉品秩同都水監。

傳記

宋 蘇軾《司馬文正公光行狀》《名臣碑傳琬琰集》中卷五一 詔公與張茂則同相視二股河及土堤利害。公用都水監丞宋昌言策，乞於二股之西置土堤，約水東流。

宋 黄震《黄氏日鈔》卷九二《書侯水監行狀》 都水監侯公閔東南六路轉輸之苦，引磬水溉畿内瘠鹵，成淤田四十萬頃，以給京師。又築王供埽之決，浚運河之淺，闢大湖，立新堤，開直河者凡三千餘里，盡瘁勤民，至終其身。先朝之久任士大夫，士大夫之專心實政，乃如此。不知掇拾場屋之緒餘，躐取朝廷之美官，其風始何時耶？侯名獻，字景仁，其後人子立出示其家藏之編，因三太息而書其後。

《宋史》卷二九一《宋昌言傳》 昌言字仲謨，以蔭爲澤州司理參軍。【略】擢都水監丞。熙寧初，河決棗强而北。昌言建議，欲於二股河口西岸新灘，立土約障水，使之東流。候稍深，即斷北流，縱出葫蘆下流，以除恩、冀、深、瀛水患。詔從之。提舉河渠王亞以爲不可成，不如修生堤。朝廷遣翰林學士司馬光往視，如昌言策。不兩月，決口塞。光奏昌言獨有功，若與同列均受賞，恐不足以勸。詔理提點刑獄資序，遷開封府推官、同判都水監。汴水漲，昌言請塞訾家口。已而汴流絶，監丞侯叔獻唱爲昌言罪，昌言懼，求知陝州。曆濮、冀二州。河決曹村，召判都水監，往護河堤。靈平埽成，轉少府監。卒，贈絹二百匹。

元 蘇天爵《元名臣事略》卷九《太史郭公》 公名守敬，字若思，順德邢臺人。至元二年，由提舉諸路河渠遷都水少監，八年遷都水監。十三年，都水監并入工部，遂除工部郎中。是年改治新曆。十六年，遷同知太史院事。曆成，拜太史令。二十九年，修會通河，命提調通惠河漕運事。三十一年，拜昭文館大學士、知太史院事，累請致仕，不許。延祐三年卒，年八十六。【略】二十八年，有言漕事便利者，一謂灤河自永平挽舟踰岭而上，可至上都；一謂瀘溝自麻峪可至尋麻。朝廷令各試所説。其謂灤河者，至中道，自知不可行而罷。其謂瀘溝者，命公與往，亦爲峭石所阻，舟不得通而止。公因至上都，别陳水利十有一事。其一，大都運粮河不用一畝泉舊源，别引北山白浮泉水，西折而南，經瓮山泊自西水門入城，環滙於積水潭，復東折而南，出南水門，合入舊運粮河。每十里一置閘，皆至通州，凡爲閘七，距閘里許上重置斗門，時爲提閉，以通舟止水。上覽奏，喜曰：『當速行之。』於是復置都水監，俾公領之。

《元史》卷一四五《月魯不花傳》 月魯不花，字彦明，蒙古遜都思氏。【略】至正元年，朝廷立行都水監，以選爲其監經歷。尋擢廣東廉訪司經歷。會廷議將治河決，以行都水監丞召之。

《元史》卷一八七《賈魯傳》 賈魯，字友恒，河東高平人。【略】至正四年，河決白茅堤，又決金堤，并河郡邑，民居昏墊，壯者流離。帝甚患之，遣使體驗，仍督大臣訪求治河方略。特命魯行都水監。魯循行河道，考察地形，往復數千里，備得要害，爲圖上進二策：其一，議修築北堤，以制横潰，則用工省。其一，議疏塞并舉，挽河東行，使復故道，其功數倍。

（天順）《明一統志》卷五四《撫州府》 侯叔獻，宜黄人，有志節。舉慶曆進士，累官兩浙常平使者兼都水監，建議置提舉淤田司，相地利，引樊山水灌地四十萬頃。遷河北水陸轉運判都水監，治水尤得其性，有詔獎諭。

明 陸應陽《廣輿記》卷二《人物》 沈立，歷陽人，官都水監。嘗著《河防通議》，治河者奉爲指南。歷事三朝，白首一節，藏書數萬卷，神宗覽其目，嘆曰：『富哉！』

清 黄虞稷《千頃堂書目》卷八 任仁發《水利書》十卷，上海人，官都水監，歷浙江宣慰司副使。

清 朱軾《史傳三編》卷四二《郭守敬傳》 郭守敬，字若思，順德邢臺人。【略】二十八年，命守敬相視灤河、瀘溝諸水。守敬因陳水利十有一事，帝稱善，於是復置都水監，俾守敬領之。

清 陸燿《切問齋集》卷一〇 賈魯，字友恒，河東高平人。【略】至正四年，河決白茅堤，又決金堤。濱河郡邑，濟寧、單州等處，皆罹水患，沿入會通河，特命魯行都水監。魯訪求河道，考察地形，往復數千里，備得要害，爲圖上進二策：其一議修築北堤以制橫潰，則用工省；其一議疏塞并舉，挽河東行，使復故道，其功數倍。

（嘉慶）《直隸太倉州志》卷五九《雜綴二》 朱清盛時，其子顯祖塞鹽鐵塘建宅，其塘在市者築爲衢路，人無敢言。朱氏廢，分鎮萬户李某建鼓樓於太倉塘北。泰定三年，都水監僉事李居仁毀樓、鑿塘使通。

（道光）《濟南府志》卷三四《宦迹二》 高源，字仲淵，晋州人。【略】二十八年，僉都水監，開通惠河，置閘七，橋十二，人蒙其利。

（光緒）《永嘉縣志》卷一五《人物志三》 丁志夫，字剛巽，經行先生昌期季子也。【略】辟都水監，措置修塘堤，屬官就辟北丞司句當公事，權都水監丞。大河堤防千里，志夫往還其閒，不憚寒暑，雖幽僻，必至究見利害之實，其贊水政裨益尤多，河堤、浮梁次第告功。

清 曾廉《元書》卷七八《賈魯傳》 賈魯，字友恆，河東高平人也。【略】至正四年，河決白茅堤，又決金堤。天子特命魯行都水監，循行河道，備得要害。【略】脱脱復爲丞相，乃專以河事屬魯。十一年，拜魯工部尚書，總治河防使，發汴梁、大名十有三路民一十五萬，廬州等成十有八翼，軍二萬，便宜興繕。四閱月而河成，河遂南流，合淮入海。

紀事

宋 蘇軾《經進東坡文集事略》卷一八《省費用第十三》 仁宗嘉祐三年十月二十二日，詔置在京都水監，凡內外河渠之事，悉以委之。時朝廷欲修水官，故專置此監，以代三司河渠司事，欲重其任，以御史知雜吕景初判監事，後亦不常其官。

宋 彭乘《續墨客揮犀》卷五 熙寧九年，太皇生辰，教坊例有獻香雜劇。時判都水監侯叔獻新卒，伶人丁仙見假爲一道士善出神，一僧善入定。或詰其出神何所見，道士云：『近曾至大羅見玉皇殿上有一人，披金紫，熟視之，乃本朝韓侍中也。手捧一物，竊問傍立者，云：韓侍中獻國家金枝玉葉萬世不絶圖。』僧曰：『近入定，到地獄，見閻羅殿側有一人，衣緋垂魚，細視之，乃判都水監侯工部也。手中亦擎一物，竊問左右，云：爲奈何水淺，獻圖欲別開河道耳。』時叔獻興水利，以圖恩賞，百姓苦之，故伶人乃有此語。

宋 范祖禹《范太史集》卷三九《朝請郎致仕張公墓志銘》 元豐四年，大河北決，自大名徐曲口注御河。朝廷議欲遂令黄、御河合流，以通邊漕。都水監、都運司調夫修，御史度用工二十五萬。

宋 江少虞《宋朝事實類苑》卷六七《談諧戲謔·機辨十九》 前判都水監李立之云：『介甫前作相，嘗召立之問曰：有建議欲決白馬河堤以溉東方之田者，何如？立之不敢直言其不可，對曰：此策雖善，但恐河決，所傷至多。昔天聖初，河決白馬東南，泛濫十餘州，與淮水相通，徐州城上垂手可掬水。且横貫韋城，斷北使往還之路，無乃不可。介甫沈吟良久，曰：聽使一淤亦何傷，但恐妨北使路耳。乃止。』

《續資治通鑒長編》卷一〇四 天聖四年閏五月己酉 初，解州之永豐渠始後魏正始二年，都水校尉元清引平坑水西入黄河以運鹽，而周、齊之間廢絶。隋大業中，都水監姚暹決堰浚渠，由陝入解縣。唐末至五代不復治。至本朝湮淺，舟不通，鹽運大艱，主運者耗家産幾盡。州校麻處厚詣闕訴，而右班殿直劉達因請治渠，起安邑至白家場。轉運使王博文亦言其便。復詔三司度利害。是歲卒成之，公私果利。

又卷一八九 嘉祐四年夏四月 戊辰，封澶州安濆祠龍女曰善利夫人。詔諸路提點刑獄朝臣、使臣并帶兼提舉河渠公事，從判都水監吴中復請也。

又卷一九八 嘉祐八年春正月丙寅 龍圖閣直學士、知審官院韓贄兼判都水監。初，置都水監，欲重其事，以知雜御史判。至是，知雜趙抃辭以不知水事，故命贄焉。

又卷二〇六　治平二年九月丙子　龍圖閣直學士、判都水監韓贄知河南府，坐都城内外溝洫久不治故也。

又卷二一四　熙寧三年八月　己未，京西同巡轄斗門、太常博士侯叔獻，著作佐郎楊汲，并權都水監丞，專提舉沿汴淤溉民田。先是，或言祥符、中牟之民以淤田故，大被水患。上問王安石，安石謂初不聞此。上乃遣内侍往視，還言民甚便淤田，而水患蓋無有，且言汲等皆盡力。上復以語安石，安石曰：『今歲功緒未就，都水不恊心故也。』且言來歲興作之方，因命汲等并兼都水。

又卷二一五　熙寧三年九月庚寅　同判都水監張鞏言：『乞於黄河芟灘收地，栽種修河榆柳。』上批：『速如所奏，庶早寬陝西配卒之役。』

又卷二一八　熙寧三年十二月辛巳　詔令都水監，每年直牒三班、審官院差使臣監淘公私河渠，更不逐年降宣。

又卷二一九　熙寧四年春正月辛亥　内殿承制、閤門祇候、同勾當汴口李宗善爲禮賓副使。宗善明習水事，在汴口十二年，都水監請增秩再任故也。宫苑使、帶御器械程昉爲都大提舉黄、御等河，同簽書外都水監丞。内侍簽書職事，非故事也。

又卷二二三　熙寧四年五月　壬寅，詔自今朝省及都水監、司農寺等處，凡下條貫，并令進奏院摹印，頒降諸路，歲給錢千緡，爲鏤板紙墨之費。

又卷二二六　熙寧四年八月　丁巳，入内副都知張茂則言：奉敕相度二股決河利害，乞以開封府判官宋昌言，都水監丞、河北興修水利程昉同領役事。從之。仍以昌言同判都水監。

又卷二二九　熙寧五年春正月　辛卯，同管勾外都水監丞程昉言：『塞決河當增市芟草三百二十萬，乞舉官四員置場于懷、衛州，及舉官一員提舉并優立賞格。』從之，仍給常平司錢十萬緡，所差官盤置及八分以上取旨，其餘草數委轉運司召人進納，毋得抑置。先是，朝廷委河北轉運司計置稍草，本司必欲科配百姓，且言不爾必敗事。及議安置場地，又言别無處所，乞會問提舉塞河所。至是，中書召問昉，昉乃有是奏。

又卷二四五　熙寧六年六月　癸未，都大提舉河陽懷衛州界黄沁河堤岸、供奉官王亨減磨勘三年，廣備指揮使、都水監都壕寨高超賜錢三萬，以都水監王亨等獻築土供埽，月堤閉口，比修閉決口裁省功料故也。

又熙寧六年六月戊子　知大名府韓絳言：『大河埽岸乃者檢計工料，但據官吏所見增卑培薄，初無定式。望委都水監，自今并以水面爲準，高下須一等。其向著處即堤外增貼，以絶津漏之患。仍先委外都水監丞司與當職官吏躬詣河埽，議立法。』從之。

又卷二四六　熙寧六年八月　己丑，管勾外都水監丞程昉請於保定軍東舊滹沱河南岸臺山口東南疏一川，行七十里，至乾寧界，會于御河，可無塘濼填淤之患。詔李南公與昉及屯田司同詳度置堰限，如無妨礙，即令昉計開河功料，仍令屯田司檢視今塘濼有無泄漲水處以聞。及檢視，竟不行。

又卷二四八　熙寧六年十一月　乙丑，詔同判都水監侯叔獻、權發遣監丞俞充知、主簿劉璯各升一任，權提點開封府界諸縣鎮公事吴審禮、劉淑各減磨勘二年，并以兼提舉淤田有勞也。

又卷二四八　熙寧六年十二月丁亥　都水監丞王令圖減磨勘二年，以本監言令圖刜白馬縣界鋸牙，免河勢暴溢之患也。

又熙寧六年十二月戊子　同判都水監李立之言：『雍邱縣界噎凌沫岸漫流，并入白溝河。及檢視水口以東，汴身填淤，高水面四尺，已計功修塞。』詔賜塞決口兵緡錢，築孔固斗門堰役兵準此。

又卷二四九　熙寧七年春正月乙丑　都水監請權停修白溝河，移夫浚自盟河，從之。初，詔白溝河置牐行運，分三年修。而同判都水監侯叔獻以爲差夫日逼，又見被命提舉汴河堤岸打凌，未可即往白溝，因言自盟河係疏泄汴河以南民田積水，最爲大川，近歲失於浚導，水嘗爲患，乞輟白溝夫修之，故有是詔。

又卷二五〇　熙寧七年二月癸酉　初，外都水監司勾當公事張倫請於第五埽上下簽開直河，可以引水勢復還二股故道。命監丞劉璯、王令圖、程昉參議，以子淵等領其事。

又卷二五二　熙寧七年夏四月庚午　詔都水監黄河六都大司，除開封府界白馬等縣黄河堤岸留二員，餘各減官一員，并其餘埽岸地里狹處使臣，亦具相度減并以聞。

又卷二五四 熙寧七年六月 戊子，知冀州王慶民言州有小漳河，嚮爲黄河北流所壅，今河已東流，乞發夫開浚。詔外都水監丞司相度以聞。既而不行。

又熙寧七年七月乙己 河北東路轉運司，檢定外都水監丞程昉新開永静軍葫蘆河水入沙河利害以聞。以民訴水淤漲，乞候秋收堤防稍固決水故也。

又卷二五五 熙寧七年八月己巳 又詔河北轉運使同外都水監丞司相度減省河上冗占官吏以聞。

又熙寧七年八月丙戌 同判都水監宋昌言、李立之，丞王令圖言，汴口已生新灘，秋冬之交，必稍退背，乞權閉汴口，使水涸增修堤岸、斗門畢，再相度。同判都水監侯叔獻、丞劉璯乞不閉汴口，於孔固斗門下權作截河堰，使水入斗門，候修堤岸畢即開堰。詔如叔獻等所請。

又熙寧七年八月庚寅 詔『河北旱灾，民方艱食，惟河防急切，及修城，許量調春夫，餘并權罷一年。』從判都水監李立之請也。

又卷二五八 熙寧七年十一月 癸卯，詔同管勾外都水監丞程昉罰銅三十斤。昉被旨相度河事，而不躬往，及劾罪，稱誤會朝旨，該德音特罰之。

又熙寧七年十二月己巳 同判司農寺張諤言：『本寺總領民政，推行委曲，始自畿甸，其常平官尤在得人。今府界提舉官二人，乃以都水監丞、主簿兼領，職守不專，乞許於本寺丞内選舉兩員兼府界提舉，罷都水監官。』從之。差知司農寺丞程之才、莊公岳兼管，仍令都水監丞司勾當公事三員内選留一員。

又熙寧七年十二月甲戌 詔虞部員外郎、權同管勾外都水監丞范子淵，殿中丞、權知都水監丞劉璯，文思副使朱仲立，并遷一官，子淵落權字，司勳郎中、知都水監丞王令圖等四人減三等磨勘，餘減年、支賜有差。賞開清水鎮直河及用浚川杷導可之勞也。

又卷二五九 熙寧八年春正月丙辰 詔黄河向著堤岸榆柳，自今不許采伐。後又詔雖退背堤岸，亦禁采伐。初，大名府修城，伐河堤林木爲用。都水監丞程昉以爲言，故禁之。

又熙寧八年春正月戊午 同管勾外都水監丞程昉言，開滹沱、葫蘆河直河淤田、繫浮橋、回閉水澾等部役官吏勞績，別爲三等，乞推恩。從之。

又卷二六〇 熙寧八年二月丙戌 同管勾外都水監丞程昉等言：『嘗乞以京西三十六陂爲塘，瀦水入汴通運。其陂内民田，欲先差官量頃畝，依數撥還，或給價錢。又采買材木遥遠，清汴牐欲作三二年修，仍選知河事臣僚再按視措置。』

又卷二六三 熙寧八年閏四月甲午 又詔判都水監宋昌言具析妄塞訾家口事。初，御史盛陶言汴河開兩口非便，命昌言相度，遂塞訾家口。既而水勢不調，屢開屢塞，最後費六十萬工乃濟漕運，論者歸罪於閉訾家口故也。

又卷二六四 熙寧八年五月 甲戌，同判都水監、屯田員外郎侯叔獻爲度支員外郎，升一任。以都水監言，汴口自去秋河流退背，取水淺澁，度開浚當役五萬五千人，而叔獻親帥二萬人治之有成功故也。

又卷二六五 熙寧八年六月 己酉，分命輔臣禱雨。命同管勾外都水監丞程昉、權知都水監丞劉璯提舉開廣沙河。初，昉、璯言：『王供埽下有沙河故迹，可開廣，取黄河水灌之，轉入枯河，下合御河，即黄河堤置斗門啓閉，其利有五：王供乃向著埽，免河勢變移，別開口地，一也；漕舟出汴，對過沙河，免大河風濤之患，二也；沙河分水一支入御河，大河漲溢，沙河自有節限，三也；御河漲溢，有斗門啓閉，無衝注填淤之憂，四也；德、博舟運，免數百里大河之險，五也。開河用工五十六萬七千四百九十三，請發卒萬人，役一月可成。』從其請而有是命。

又熙寧八年六月戊午 詔判都水監侯叔獻減磨勘二年，丞劉璯一年，殿直劉永年二年，以開訾家口有勞也。

又卷二六六 熙寧八年秋七月 甲戌，同判都水監侯叔獻言：『逐年開撥汴口，多創作生河，侵掘民田，廣調夫役，官司因緣爲弊。近朝廷措置，惟用訾家店舊口及簽左故道，歲減人夫、物料各以萬計。今河防無事，可以裁損。乞從本監選舉小使臣二員勾當汴口，兼領雄武埽；減罷本埽巡河使臣、京西都大使臣各二員；所領河清、廣濟依舊以六分爲額，減罷河清一指揮。」從之。

又熙寧八年秋七月己卯　詔知判官雜壓最高，并未有連判之人，結銜不帶『同』字。以中書言，知判官兩員以上方稱『同』，而侯叔獻獨判都水監，乃帶『同』字，非是，故有是命。

又卷二六七熙寧八年八月乙未　都水監言，河流變徙，乞令疏浚司因今河勢疏浚。詔外監丞司及程昉同相度合疏浚處，分上、下兩節疏浚。

又熙寧八年八月丙辰　上批：『汴水漲甚，見深一丈二尺，可火急令都水監那官一員前去上流相度減放，須管旦暮退落。』已而中書進呈水尋退落訖。

又卷二六九熙寧八年冬十月　乙未，詔都水監相度開展惠民河利害以聞。以宋用臣與巡護惠民河官乞開展河道，以便修城也。

又卷二七一熙寧八年十二月癸丑　都水監言：『孫賈斗門之西，汴河北岸，共八處可置虛堤，滲水入西賈陂，并淤田司欄水開河一道，引水透入減水河，下注霧澤陂，爲五丈河上源。乞差楊琰管勾修置，陳祐甫提舉。』從之。

又卷二七二熙寧九年春正月　己巳，同管勾都水監公事范子淵言：『北京第六埽許村港連二股河，恐向去漲水，復致漫溢爲患。今欲自南岸魚肋埽接治水埽增築一堤。』從之。

又卷二七五熙寧九年五月　壬申，詔罷開封府界溝河司，以其事隸都水監。時以開治修浚漸成，故省專官也。

又卷二七七熙寧九年秋七月　壬午，罷程昉同管勾外都水監丞，令都大制置河北河防水利，并依制置屯田使例施行。尋有詔，制置河北河防水利更不置司，其職事并依外都水監丞例施行。

又熙寧九年八月　庚戌，權判都水監程師孟言：『臣昔提點河東刑獄兼河渠事，本路多土山高下，旁有川谷，每春夏大雨，衆水合流，濁如黃河。礬山水俗謂之天河水，可以淤田。絳州正平縣南董村旁有馬壁谷水，勸誘民得錢八百緡，買地開渠，淤溉田五百餘頃。其餘州縣有天河水及泉源處，亦開渠築堰，皆成沃壤。凡九州二十六縣，共興修田四千二百餘頃，并修復舊田五千八百餘頃，計萬八千餘頃。嘉祐五年畢功，攢成《水利圖經》二卷，付州縣遵行，迨今十七年。近聞南董村田畝舊直三兩千，所收穀五七斗，自灌淤後，其直三倍，所收至三兩石。今權領都水淤田，竊見累歲淤京東、西鹹鹵之地，盡成膏腴，爲利極大，尚慮河東路猶有荒瘠之田，可引天河淤溉。乞委都水監選差官往與農田水利司并逐縣令佐檢視，有可淤之處，具頃畝工料以聞，俟修畢，差次酬賞。』從之。於是奏遣都水監丞耿琬管勾淤河東路田。

又熙寧九年九月　己巳，命權同判都水監劉璯提舉賣修置清汴材木、兼衛州界運河同管勾，外都水監丞范子淵同提舉衛州界運河、兼賣河北淤田及材木等事，都水監丞耿琬兼同都大提舉京東、西於出。

又卷二八八元豐元年二月　己亥，詔：『大河初復故道，尚或壅遏，令都水監遣丞一員，於上流王供等埽往來照管，及別差官提舉下流堤埽。』

又卷二九〇元豐元年六月　己未，詔都水監應河埽物料，於合應副路轉運及開封府界提點司，取三年中一中數爲額，委逐司管認應副錢物，闕本監計置。

又元豐元年六月　甲午，管勾外都水監丞、殿中丞耿琬兼提舉河北淤田水利司，仍自今罷置淤田一司。

又卷二九二元豐元年九月丁丑　詔都水監相度沿河榆柳，令地分使臣兼管剝机，及委都大官提舉，具利害以聞。

又卷二九三元豐元年冬十月　戊申，都水監言，自來前冬至三十日閉汴口，今歲閏月，較之常年已是深冬，慮大河凌牌爲患，乞先期閉口。詔限冬至前半月。

又卷二九五元豐元年十二月　丙辰，權御史中丞蔡確言：『河决曹村，方議塞決口未定，聞轉運使王居卿建横埽之法，决口斷流，實獲其力。而奏功之時，居卿不欲自陳，獨見漏落。乞驗問居卿所置横埽，如有明效，令都水監著以爲法。』從之。

又卷二九七元豐二年三月庚寅　時范子淵知都水監丞，畫十利以獻：歲省開塞汴口工費，一也；黃河不注京城，省防河勞費，二也；汴堤無衝決之虞，三也；舟無激射覆溺之憂，四也；人命無非橫損失，五也；四時通漕，六也；京洛與東南百貨交通，七也；歲免河水不應，妨阻漕運，八也；江、淮漕船免爲舟卒鐫鑿沉溺以盜取官物，又可減泝流牽挽人夫，九也；沿汴巡河使臣、兵卒、薪楗皆可裁省，十也。

又 卷二九八 元豐二年五月 壬辰，詔：『都水監主簿陳祐甫罷相度河事，止令逐路監司同相度以聞。都水監勾當公事孔平仲歲滿減罷，更不補人。』

又 元豐二年五月 壬寅，都水監言：『去月乙未，澶州明公埽墊。』詔：『明公埽最爲河流向著，其南纔隔大堤一重，備之不時，則與靈平之患無異。本埽見闕正官，外都水監丞司可速奏舉。差出埽兵，亦即追還，以防夏秋漲水。』

又 卷三〇〇 元豐二年九月 壬申，上批：『近差都水監勾當公事錢曜檢定諸埽樁料，聞二都大司已計夫二十餘萬，外尚有五都大司及諸河工料，如此則來歲雖起三四十萬夫未能應副，公私財用枉費過當，深爲可惜。錢曜新作水官，未曆河事，恐爲沿河冒利者所罔，不能究悉底裏，可差本監主薄陳祐甫代曜檢定以聞。』

又 卷三〇三 元豐三年夏四月 壬子，御史滿中行言：『都水監丞及巡河使臣按行河上，縱吏受賄，而逐埽軍司、濠寨人員、兵級等第出錢，號爲常例。稍不如數，則推擿過失，追擾決罰，苦於誅求，至借官錢應辦，乞體量根究施行。』詔轉運判官孫迥體量以聞，後應犯在赦後者，皆根勘論如法。

又 卷三〇四 元豐三年五月甲子 權都水監丞蘇液言：『分黃河八，都大應管逐埽職事，繪成圖，令都水監倣此，每歲首編進。從之。』

又 元豐三年五月丙戌 都水監丞言：『同外監丞并諸都大議黃河諸埽向着退背，分三等會兵夫物料數，乞令判監一員，案視推行。』詔遣判監劉定。三年正月十八日，以兵部員外郎張唐民、屯田員外郎、權發遣河北提點刑獄劉定并權判都水監，六月十五日又除提刑兼義勇、保甲。

又 卷三〇五 元豐三年六月丙辰 御史滿中行言：『昨曹村河決，止坐都水監當任官。竊以河防完固非朝夕可至，量罪定罰，宜以供職久近爲差。』詔中書立到官日限法。

又 元豐三年六月丁巳 京東西路提點刑獄司言：『緣澶州吳村堤都水監丞司開決水口，致大河水流入濮州，枯河行流，下接橫壠口已下，濮、鄆州修貼堤道。』上批：『宜令都水監勘會。今夏大河水不曾漲大，元無危急，都水因何有此施行，於農忙時致驚動勞擾并河居民以聞。』

又 卷三〇六 元豐三年秋七月 甲子，詔：『廣武、雄武上下埽雖據地形，保無疏虞，然方今霖潦不測，河流湍怒之際，須賴諳知水勢之人主領處畫，則措置不謬，免朝廷憂。可速遣外都水監丞陳祐甫往親視。』

又 元豐三年秋七月庚午 都水監言：澶州孫村陳埽及大吳、小吳埽河決。

又 元豐三年秋七月壬申 權知都水監蘇液言：『奉朝旨照管固護澶州埽岸，見往相視。』上批：『上件決口雖轉堤漫水，若遷延不塞，萬一河道變移，亦可轉爲巨患，宜下外監丞司速修閉。』

又 卷三〇七 元豐三年八月 壬子，中書吏房言：『權提點河北東路刑獄公事劉定言，都水職務什九在外，而外監丞一員所任繁重，謂宜輕之，則事均而易舉。本房欲令外都水監丞南司治河陰縣，舊都大司爲治所，分懷衛西京河陰酸棗白馬四都大河事隸之，自黃河南岸上至西京河清縣堤岸，下至白馬縣迎陽堤埽北岸；上至河陽北岸埽，下至衛州蘇村埽西岸，共三十六埽。外都水監丞北司治北京金堤，舊都大司爲治所，分澶濮金堤東流南北兩岸四都大河事隸之，自黃河北岸上至澶州大吳埽，下至滄州鹽山埽南岸；上至澶州靈平上埽，下至滄州無棣埽岸，共三十三埽。其御河上中下節，漳河兩埽，滹沱河上下節，三河在黃河北岸以北，亦令北司管勾。其官吏軍司等各中分之。都水監內外監丞舊共三員，今止令外都水監丞二員，分管南北兩司，留監丞一員，與主簿同在本監。』從之。

又 卷三〇九 元豐三年冬十月癸亥 都水監言：『奉旨改導洛通汴司作都提舉汴河堤岸司，其應係汴河公事，乞令一面管勾。』從之。

又 卷三一〇 元豐三年十一月己巳 知都水監主簿公事李士良言：『黃河見管大小使臣一百六十餘員，并委監丞以上奏舉，往往有因緣，未必習知水事，欲乞今後河埽罷舉官之制，并委審官西院、三班院選差，其都大提舉官即乞且如舊。』從之。

又 卷三一二 元豐四年五月　甲寅，知審官東院、通議大夫呂公孺，兼權判都水監，代張唐民。以御史滿中行言『唐民素無風力，加之罷老，平時曠弛，不以河防爲意，一有患則救護經畫，朝廷悉遣他官。唐民飽食安居，處之自若，恐非爲官擇人之意』故也。三年正月十八日，以兵部郎中張唐民，屯田員外郎、權發遣河北路提點刑獄劉定并權判都水監。

又 卷三二二 元豐五年春正月　己丑，詔判都水監李立之：『凡爲小吳決口所立堤防，可案視河勢向背，應置埽處，并都大巡河使臣窠名，無致虛設官司，橫潰兵夫、物料。』

又 卷三二五 元豐五年夏四月戊午　河北都轉運司言：『都水監專領河事，平時措置，本司初不與聞。近歲決溢，則均任其責。今新舊埽崖廢置開塞之際，實繫本路公私休戚，伏望許令本司同議，如不賜允從，乞免同坐。』詔河防事免同坐，如轉運司曲有沮壞，都水監按劾以聞。

又 卷三二九 元豐五年八月丙辰　應諸處廣濟橋道并隸都水監。

又 卷三三五 元豐六年五月戊戌　詔都水監增置丞一員。

又 卷三三七 元豐六年秋七月庚申　詔：『寺、監主簿止是專掌簿書，其公事自當丞以上通議施行。令取問寺、監有令主簿簽書公事處：【略】都水監使者、丞、主簿四員。【略】内長、貳、主簿可并降一官，正、丞并展磨勘二年，各不以去官原。』

又 卷三三九 元豐六年九月丁巳　户部侍郎蹇周輔言：『累奏乞不閉御河徐曲口，以通漕運，及令商旅舟船至緣邊，蒙差河北東路提舉官楊景芬，兼轉運司委官相繼案視，得量留口地，節限水勢，其事理甚明。蒙差都水監丞陳祐甫一面施行，而祐甫計惜工料，不即開撥，況徐曲口於轉運、措置兩司所繫利害甚大，乞選差深曉河事、非都水監所屬官一員，重相度行視。』詔本路安撫、提點刑獄司與知恩州官同相度以聞。

又 卷三五六 元豐八年五月庚子　詔提舉汴河堤岸司隸都水監，專一製造軍器所隸軍器監。《舊録》云：先帝導洛入汴，繕完戎器，於無事之日，皆專置司，事得以舉。至是歸之有司。《新録》辨曰：導洛水、造軍器，此非人君必躬必親之事。先帝既置司，何嘗不歸之有司耶？始則專置一司，得以核實，事既就緒，當有統屬，故各歸所隸，是亦先帝之意也。

又 卷三七七 元祐元年五月甲子　河北轉運判官杜純言：『河防舊隸本司，其決溢計之今日，未嘗加多。自置都水監，遣丞治水專領，其決溢比之前日，亦不加少。緣決溢之多寡，實不繫置與不置別司。近添差都水使者一員治水，竊謂用財役民，以備水患，事責同異，委有妨闕，請都水監不必分官專治，止可責成本司。既減外監官屬，宜置本司屬官二員，往來勾當。隨事緩急，以時計置使副、判官互出臨按，事責歸一。其物料請如舊監，以他路所出之物應副。』從之。

又 卷四三一 元祐四年八月　丁未，翰林學士蘇轍言：『【略】今自夏秋之交，暑雨頻并，河流暴漲出崖，由孫村東行。以理言之，蓋河上每歲常事耳，而都水監勾當公事李偉與河埽使臣因此張皇申報，以分水爲名，欲因發回河之議，都水監從而和之，亦以僥倖，欲成回河之役。【略】』

又 卷四三二 元祐四年八月　乙丑，都水監勾當公事李偉言，已開撥北京南沙河直堤第三鋪，放水入孫村口故道通行，具到乘勢閉塞大河北流等利害。又言：『沙堤第三鋪水勢順快，故道漸亦爲備，朝廷今日當極力必閉北流，乃爲上策。若不明詔有司，即令回河，深恐上下遷延，議終不決，觀望之間，遂失機會。乞復置修河司。』從之，仍以都提舉修河司爲名，差都水使者吳安持提舉，外都水使者范子奇同提舉，以偉爲專切管勾，應緣回河等事。

又 卷四六五 元祐六年閏八月甲申　都水監言：『請諸路沿河堤堰物料聽相度緊慢多寡移那支用。』從之。

又 卷四七七 元祐七年九月壬辰　都水監言：『准敕五百里外方許免夫。自來府界黃河夫多不及五百里，緣人情皆願納錢免行。今相度欲府界夫，即不限地里遠近，但願納錢者聽。』從之。

又 卷四七八 元祐七年十一月　壬午，權知乾寧軍張元卿言：『本軍當諸河之衝會，堤埽不可不治。』詔：『乾寧軍埽岸，令工部指揮合屬官司，每年依修檢計合役夫功，從都水監相度，委合起夫，即於本軍依近裏州軍條例，科夫功役不得過三百人，仍却於本路年額溝河夫内除豁。如功役稍大，本軍夫不足，即令都水監那融應副。』

又卷五一五元符二年九月乙卯　右正言鄒浩亦嘗言：『臣伏見都水監及外丞司官，昨緣河事遷轉官秩，升擢任使，其數不少。自去年以來，堤防屢次興築，曾不足以捍禦漲水，而公私被患，上軫聖心。則是前日以爲有功者，非特不足恃而已，又適因其逆障水勢，馴致大害，至於此極。就令百姓所失衣食之具，官司所放税賦之物，朝廷所支賑濟之費，雖以千百萬計無足恤者，然數十里生靈性命豈不重可念哉！水官方且安享禄位，俛仰自如，一時公議，莫不惑之。若但賞之於虚利未效之前，而不謫之於實害已形之後，亦何恃以爲勸沮乎？伏望睿慈特詔有司，條具都水監及外丞司官，昨因河事轉官擢任而今已見其罪狀者，出自睿斷，并行黜謫，以謝河北之民，以懲妄作之吏。』

宋陸游《老學庵筆記》卷九　元祐初，蘇子由爲户部侍郎建言：『都水監本三司之河渠案，將作監本三司之修造案，軍器監本三司之甲胄案。三司，今户部也，而三監乃屬工部，請三監皆兼隸户部。凡有所爲，户部定其事之可否，裁其費之多寡，而工部任其工之良楛，程其作之遲速。』朝廷從其言，爲立法。及紹聖中，以爲害元豐官制，罷之。建中靖國中，或欲復從元祐，已施行矣，時豐相之爲工部尚書，獨持不可，曰：『設如都水監塞河，軍器監造軍器，而户部以爲不可則已矣，若以爲可，則并任其事可也。今户部吝其費裁損之，乃令工部任河之决塞、器之利鈍，爲工部者不亦難乎？』議遂寢。相之本主元祐政事者，然其言公正不阿如此，可謂賢矣。

宋孫逢吉《職官分紀》卷一三《河渠司》　國朝皇祐三年，三司請置河渠一司，專提舉黄、汴等河堤功料事。九月，詔三司河渠司：汴河每年一開浚之。至和二年，以殿中丞李仲昌都大提舉河渠司。以仲昌知水利害，特任之。嘉祐三年，詔置都水監，罷三司河渠司。

宋李埴《宋十朝綱要》卷六《仁宗·戊戌嘉祐三年》　十一月【略】己丑，置都水監，罷三司河渠司。

又卷一二《哲宗·己巳元祐四年》　八月【略】乙丑，用都水監幹當公事李偉言，復置修河司，以都水使者吴安持提舉，范子奇副之。

宋杜大珪《名臣碑傳琬琰集》下卷一五《吴給事中復傳》　賈昌朝罷樞密使、同知諫院，爲侍御史、知雜事兼都水監，歲取防河竹索於東南二十餘萬中，復命以葦代之，減十餘萬。

又下卷一九《范直講祖禹傳》　時方遣都水監李偉分導大河入孫村口，歸故道，以解下流之急。偉因欲塞宗城决口，及移深州之費，回大河，使歸故道。左相吕大防主其議。祖禹又上疏，極言河無可塞之理。士大夫亦以爲不可塞者，十有八九。而偉希合執政，敢肆大言，欺罔朝廷，不愽謀於衆。

宋陳均《宋九朝編年備要》卷二〇《神宗皇帝》熙寧十年秋七月　河大决，北流繼絶。【略】詔遣内侍張茂則、同判都水監劉璯相度閉塞决口。尋詔泛濫民田，官爲疏畎，彼灾州縣放賦税，老幼疾病不能自存者，日給口食。

宋王應麟《玉海》卷一二四《官制·嘉祐都水監》　三年十一月己丑初置，罷三司河渠司，詔曰：漢用平當領河堤，劉向護都水，皆名儒風迹可觀。以吕景初判監，楊佐、同判孫琳、王叔夏知丞事。八年正月，用龍圖直學士韓贄。元豐改制，使者一人，丞二人，外監丞一人，總局五。元祐四年七月乙亥，復置外都水使者。

《宋史》卷一二《仁宗本紀四》　己丑，置都水監，罷三司河渠司。

又卷六一《五行志一上》　大觀元年夏，京畿大水，詔工部都水監疏導。

又卷九一《河渠志一》　英宗治平元年，始命都水監浚二股、五股河，以紓恩、冀之患。初，都水監言：『商胡堙塞，冀州界河淺，房家、武邑二埽由此潰，慮一旦大决，則甚於商胡之患。』乃遣判都水監張鞏、户部副使張燾等行視，遂興工役，卒塞之。

又卷九二《河渠志二》　七年，都水監丞劉璯言：『自開直河，閉魚肋，水勢增漲，行流湍急，漸塌河岸，而許家港、清水鎮河極淺漫，幾于不流。雖二股深快，而蒲泊已東，下至四界首，退出之田，略無固護，設遇漫水出岸，牽回河頭，將復成水患。宜候霜降水落，閉清水鎮河，築縷河堤一道以遏漲水，使大河復循故道。又退出良田數萬頃，俾民耕種。而博州界堂邑等退背七埽，歲減修護之費，公私兩濟。』從之。是秋，判大名文彦博言：『河溢壞民田，多者六十村，户至萬七千，少者九村，户至四千六百，願蠲租税。』從之。又命都水詰官吏不以水灾聞者。外都水監丞程昉以憂死。【略】十年五月，滎澤河堤急，詔判都水監俞光往治之。

《金史》卷一〇《章宗本紀二》　甲子，都水監官王汝嘉等坐河決，各削官兩階，杖七十，罷之。

又 卷二七《河渠志》　三月，行省并行户、工部及都水監官各言河防利害事。

又　四月，以田櫟言河防事。【略】百官咸謂：『【略】櫟又言乞許都水監符下州府運司，專其用度，委其任責，一切同于軍期，仍委執政提控。緣今監官已經添設，又于外監署司多以沿河州府長官兼領之，及令佐管勾河防，其或怠慢已有同軍期斷罪的決之法，凡櫟所言無可用。』遂寢其議。

又　八月，以河決陽武故堤，灌封丘而東，尚書省奏，都水監、行部官有失固護。詔命同知都轉運使高旭、武衛軍副都指揮使女奚列奕小字韓家奴同往規措。尚書省奏：『都水監官前來有犯，已經戒諭，使之常切固護。今王汝嘉等殊不加意，既見水勢趨南，不預經畫，承留守司累報，輒爲遷延，以至害民。即是故違制旨，私罪當的決。』詔汝嘉等各削官兩階，杖七十，罷職。

又 卷三五《禮志八》　大定十七年，都水監言：『陽武上埽黃河神聖后廟，宜依唐仲春祭五龍祠故事。』

元 佚名《宋史全文》卷九下《宋仁宗六》　戊戌嘉祐三年【略】十一月【略】己丑，詔置在京都水監，凡内外河渠之事悉以委之。

元 任仁發《水利集》卷一《大德八年五月中書省照會設立行都水監》　都省往來咨平江等處河道五月二十一日奏過事内一件：江浙省官人每説將來，江南、浙西地面裏諸處雨水、山水聚於太湖、澱山湖，經由吳松江通流入海。吳松江海口的故道，被海潮往來日漸淺塞了，一百有餘里田地不曾開挑呵，哏損着田禾麽道，説將來呵，合怎生開挑麽道。差人去江浙省裏講究去來，他每和省得的人一同商量了，説將來有，吳松江流水去處若不開挑呵，哏損着田禾，浙西諸色苗粮户内起夫開挑，管水利的勾當，立一箇行都水監，説將來有。俺商量來，每年海運的粮斛多在浙西，有吳松江淤塞地面，若是有人種田，或別占着的，不揀甚麽人，休教阻當。合開挑處，教浙西諸色苗粮户内起一萬五千名夫，自備什物，工役一年呵。每一名夫免粮一十五石，軍站除贍役地外，依上科。着僧道、也里可温、答夫蛮不分常住，并權豪官負，不以是何投下，不納苗粮之家，利害都一般有，五頃爲率着夫一名，這般開挑呵，爲衆人得濟官粮，也不悮了應有合行水利的勾當。立一箇行都水監專管，着更委徹里提調行御史臺、廉訪司也。教添氣力成就呵，怎生。奏呵，那般着。欽此。

又《立行都水監整治水利》　皇帝聖旨諭行中書省、行御史臺、行宣政院、宣慰司、廉訪司、轉運司、管軍官、管民官、應管大小分事官負、各投下人負、諸色軍民僧道人等：浙西近年以來屢遭水患，百姓飢餓流移，不勝艱苦。推原其由，盖因吳松江等處故道淤塞，每遇霖雨，潦水漲溢，不能通泄，以致渰没田禾，民被其殃。今立行都水監專以整治水利，相其地形，從宜疏導，庶幾水不爲灾，民得安業。所有合行事理條列于后：一，應係溝渠河道，舊有官湖，因其淤塞，人民侵占爲田，今次興工，但有妨碍，即便開浚，諸人不得阻違。違者從行都水監究治，應有圍岸督責修理，務要不致爲害。一，開挑修浚河道委行省平章政事闍里提調供給，仍斟酌差軍，鎮遏、行臺、廉訪司添力成就。一，開挑修浚河道閘堨等合用一切物料，行省即於官錢内收買應付，毋致闕悮。一，行都水監直隸中書省，於平江路置司，行移與廉訪司一體。凢有関碍行省公事轉全各路行移回報，其関碍水利各路府州司縣不爲奉行，及税户合着夫役擾而不辦，官吏因緣作弊，行都水監明白取招，受宣官議擬呈省，受敕以下就便治罪。一，浙西苗粮户内起夫一萬五千名，自備什物，每名工役一年，免粮一十五石，其軍站除贍役地外依上科。着僧道、也里可温、答失蛮不分常住，并權豪官負，不以是何投下，不納官粮之家，以地五頃着夫一名，從行都水監選委廉幹官負部夫督役，其有意立事功、廉能稱職者，聽行都水監具實迹舉明，其着夫人户雜泛差役權行蠲免。一，吳松江淤塞去處，仰行都水監與元陳言人任仁發一同監視商議，開挑務要成就，其餘河道閘堨可以疏浚興修者，本監從便施行。一，該載不盡凢可以興除利害者，行都水監就便從長整治；事重者，関部呈省。

又卷四《大德十年三月行都水監添氣力》 欽奉節該：行都水監官人每俺根底題說：近年以來，江浙省所轄地西裏吴松江等處舊河道淤塞的淺了，那水漫流幾年，渰没田禾，百姓闕食，旨交開挑舊河道的時分，干礙着官豪勢要富户每的田地上頭，使見識俺的勾當其間，入來阻壞者，可怜見呵，添氣力的旨。麽道，奏來。衆百姓每根底得濟的大勾當，有江浙省官人内提調者，交開挑者，行省、行御史臺、廉訪司等軍民官每，不揀是誰，添氣力交成就者，不揀是誰，他每勾當其間，休入去者道來。這般宣諭了呵，別了的人每有罪過者，其餘不揀甚麽合行的勾當，依着在先聖旨体例裏行者。更這行都水監官人每這般宣諭了也。麽道。做無体例的勾當，交百姓每生受行呵，他不怕那甚麽。

又卷八《大德十年三月中書省咨行都水監升隨朝正三品衙門》

准都省咨該：大德十年二月十一日奏過事内一件，節文：江南爲提調水利河道堤堰的上頭立着從三品行都水監衙門，来這裏的都水監前者奏過升做正三品来。江南行都水監所管的勾當多有依着這裏都水監的體例，升做正三品。在先委付著四負官未，如今添設両員，委付六員呵，怎生？奏呵。奉聖旨那般者。欽此。除合換授正三品，銀印另行外，欽依施行。

元揭傒斯《文安集》卷一〇《建都水分監記》 會通河成之四年，始建都水分監于東阿之景德鎮，掌凡河渠壩牐之政令，以通朝貢、漕天下，寔京師。地高平則水疾泄，故爲堨以蓄之，水積則立機引繩以輓其舟之下上，謂之壩。地下迤則水疾涸，故爲防以節之，水溢則純起懸板以通其舟之往来，謂之牐。皆置吏以司其飛輓啓閉之節，而聽其獄訟焉。雨潦將降，則命積土壤、具畚鍤，以俻奔軼衝射。水將涸，則發徒以導淤閼、塞崩潰。而時巡行周視，以察其用命而賞罰之。故監之責重以煩。延祐六年秋九月，河南張侯仲仁以歷佐詹事、翰林、太醫三院，皆能其官，且周知河渠事，選任都水丞。冬十有一月，分司東阿，詔凡河渠之政，毋襲故，毋狃私，毋阻勢怛威，惟宜適從，敢有撓法亂政，雖天子使，五品以上，以名聞，其下隨以輕重論刑，毋有所貸。侯北自永濟渠，南至河，東極汶、泗之源，滯疏决防，凡千九百餘所，咸底于理，退即所署治文書，庫冗儉陋，吏側立無所。援告于衆曰：『予承命來此，惟恪恭是畐，願以函丈之室制千里之政，役徒百工何所受職？下走群吏何所聽令？鄉遂之老、州邑之長何所禀政？荆、揚、益、兖、豫數千里，共億之吏，何所視禁？山戎島夷、遐徼絶域朝貢之使，何所爲禮？朝廷重使，何所止舍？』乃會財于庫，恊謀于吏，攻石寫材，爲堂于故署之西偏。隅隩廓深，周阿崇穹，藻繢之麗，文不勝質，几席之美，物不踰軌。左庖右庫，整密峻完。前列吏舍于兩厢，次樹洺、魏、曹濮三役之肆于重門之内，後置使客之館，皆環拱内向，有翼有嚴。外臨方池，長堤隐虹。又折而西，達于大逵，高柳布陰，周垣繚城。遐邇縱觀，仰愕俯嘆。其言曰：惟侯明慎周敏，于公罔私，故役大而民弗知，功成而監益尊，監益尊而政益行。斯河渠之利，永世攸賴。爰稽在昔，自丞相忠武王建議于江表初平之日，少監馬之貞奏功于海内一家之時，自時厥後，分治于兹者，鮮不著勤焯劳，載于簡書。而公署之役，乃以待侯，非樂侈其名以夸其民，所以正官守，肅上下，崇本而立政也，誠宜爲而不敢後。惟國家一日不可去河渠之利，河渠之政一日不可授非其人，若侯者其人矣。是役也，首事于侯至之明年某月日，卒事于至治元年某月日，合内外之屋餘八十楹。是歲九月朔，具官揭傒斯爲之記。

元周汝霖《都水監創建穀亭石閘記》《北河紀》卷四 至順二年，歲在辛未，季夏之月，會通河穀亭石閘成，凡用工九十日，金石土木之工百有八十人，徒八百二十人，石以塊計者二千七百三十，木以株計者一萬二百七十，甓以口計者二十五萬三千，灰以斤計者三十三萬五千，鐵亦以斤計者三萬一千四百，其餘麻枲、瓴甋、斧錯、瑣細覼縷各若干，除金木糧儲出於有司，他皆監司采煉陶冶，仍資傭工錢二萬五千緡。閘身縱二丈又七尺，衡二丈又二尺，高如之。雁翅四，各亘五十尺，址袤八十尺，廣百又二十尺。奉直大夫都水監丞阿里公命汝霖作文以紀之，詞曰：欽惟聖元，混一區夏，定鼎幽薊，九州内外，罔不臣順。航四海，泛九江，浮于淮，入于河，職貢糧運，商旅懋遷，以供給京師。然自東阿抵臨清二百餘里，舍舟從陸，車輓以進御河，每值夏秋霖雨泥淖，馬瘠車僨，公私病之。至元二十六年，朝廷用令史邊君、同知馬公言，開會通漕河，自安民山引汶、泗、洸等水屬之御河，度其地勢穹下，前後建石閘三十餘座，以制蓄泄。於是川途無壅，舟楫憧憧，方諸陸運，利相十百，以故國用充而民不匱，四十年于兹矣。惟棗林至孟陽薄七十餘里，湍激迅洩，沙土遺陁，閘再啓鑰，舟方一游。嘉議大夫、都水盧公因壕寨楊温等議，宜於穀亭北、鄆傳西創建石閘，滙黄良、艾河等泉，以厚水勢，則免齟齬之患。詢謀僉同，乃上之省堂，允請。令下之日，奉議大夫、少監德安帥寮屬董其事。未幾，會監丞阿里馳驛分治山東，下車之初，首以斯閘爲己任，指畫夫匠，親臨監督，靡憚晨夕，分任其事。公威嚴謹恪，寬以濟猛，人皆獻力，惟恐弗逮，故能克底厥功。經始於是歲之二月，訖功於六月，中樹巨闑，傍羅釦砌，龍鱗錯落，雁翼翬飛，冠以虹梁，縣以金鉤，周緻縝密，混若天成。於是割牲釃酒，祠河伯，會群屬於河上以落之，舉酒作樂，伐鼓啓鑰，水平舟行，颿檣翳空，舳艫相接，進退閒暇，莫不歡喜歌詠。噫！是役也，始則盧公建言之力，中則德安公經營之勤，終則阿里公踵成之功，於國於民，永賴以濟。於斯見聖朝人才之盛，守職者不苟禄而勤於效忠矣。因摭其所聞而爲之記。

元 李惟明《改作東大閘記略》（《北河紀》卷四） 是年九月，都水監馬兀公來治會通河，行視至堽城，謂衆曰：『堽城洸、汶之交，會通之咽喉，閘壞河塞，上源要害，役有先於此者乎？』於是用前監丞沈温公闢爲一大閘之議，命壕寨官梁仲祥、李讓計徒庸，度材用，量事期。以狀上中書，即從其請。

元 佚名《元典章·工部》卷二《造作·橋道·修理道路堤岸》

至元八年八月，尚書省據大司農司呈：『都水監申：「會驗中書省奏奉聖旨數内一款節該：都水監所管河渠、堤岸、道路、橋梁每歲修理。欽此。除欽依外，照得舊例：九月一日平治道路，令佐式官監督附近居民修理。十一月一日，使畢。其要道陷壞、停水，及度行旅者，不拘時月，量差本地分人夫修理。仍委按察司以時檢察。今已相近九月，須合預爲申覆，乞行下各路平治」事。』省府除已札付大司農司，就便行下各路依上施行，仰行移各道提刑按察司檢察施行。

又《體察修築堤堰》 至元二十一年二月，準御中臺咨：該準御史中丞崔少中牒：『古人防患，其慮甚長，有預備於千萬年之久者。無識之人指爲迂闊，因循不治，患出倉卒，無可柰何。謂如諸処防河堤堰，損代施工，不問水旱，常切完備。邇年以來，諸処河流大者淺縮，小者乾涸，人習見此以爲常然，遂不以漲溢爲慮，堤防缺廢，久不增築。今年大小河流汗漫，衝没舊堰，田野人烟湮没者多。此由平日但顧目前，不慮後患之故。今合於農隙之時，委各路揔管以至州縣長官，各各督察管内堤堰等事。應瀕河舊有堤堰去処，差撥附近人夫，修築廢缺。如有功績不遍，致令今後飄流居人，任滿於解由内開具，到部之日，約量大小責罰，仍委各道按察司常切竟察，似望有積年之防，無一朝之患。』牒請照驗。』準此。呈奉中書省劄付：『送工部議：得若令各路揔管并州縣長官提調修築，及令各道按察司常切竟察，似爲相應。』得此。都省議得：諸処堤堰，令各路揔管并州縣長官提調，常切驗視，但有損壞，即使修完。如有不爲用心，致令缺壞，渰没民田，令各道按察司糾察是實，取招申上，事輕約量責罰，事重別行議罪。除已劄付工部，行移合屬照會外，仰依上施行。

又《修築堤岸防水》 大德二年九月，湖廣行省準中書省咨：『據工部呈：「準都水監關：奉省札定到本監合行事内一項：沿江州縣官司，凡橋梁堤岸損壞不爲修視，及修而失時，或虚費人工而不堅固，以致爲害者，仰本監就便究治。奉此。照得防御水患，誠爲重事，累經遍行，預爲修理去訖。令各処官司看爲細務，農隙之時不行規措，直至農忙水發爲害，才行申報。雖是差官馳驛相料修理，且救一時之急，終不堅固，以此每歲妨集農務，虚勞民力，深是未便。擬合遍行各處，釐勒正官提調任其事。今後遇有合修去処，須趁農隙之時修理堅完，預防水患，實爲便益。準此。除已行移合屬照會外，據各道行省，宜從都省移咨，依上施行。」』準此。省府仰行下合屬，釐勒正官一員提調。若有衝缺堤岸，須趁農隙之時修理堅完，預防水患，毋得失時，虚費民力動摇違錯。

《元史》卷七《世祖本紀四》 辛酉，以都水監隷大司農司。

又卷一六《世祖本紀十三》 十二月乙丑，復都水監，秩從三品。

又卷一七《世祖本紀十四》 二十九年春正月【略】己亥，命太史令郭守敬兼領都水監事，仍置都水監少監、丞、經歷、知事凡八員。

又卷二一《成宗本紀四》 中書省臣言：吴江、松江實海口故道，潮水久淤，凡湮塞良田百有餘里，況海運亦由是而出，宜於租户役萬五千人浚治，歲免租人十五石，仍設行都水監以董其程。從之。【略】冬十月丁丑朔，升都水監正三品。

又卷二二《成宗本紀五》 丙寅，從江浙行省請，罷行都水監，以其事隸有司。

又卷二九《泰定帝本紀一》 庚子，姚煒以河水屢決，請立行都水監於汴梁，倣古法備捍，仍命瀕河州縣正官皆兼知河防事。從之。

又卷四一《順帝本紀四》 丁酉，以黄河決，立河南、山東都水監。

又卷四二《順帝本紀五》 九年春正月丁酉，享于太廟。癸卯，立山東、河南等處行都水監，專治河患。【略】己卯，立河防提舉司，隸行都水監。

又卷四三《順帝本紀六》 己巳，命東安州武清、大興、宛平三縣正官添給河防職名，從都水監官巡視渾河堤岸，或有損壞，即修理之。

又卷六四《河渠志一》 雙塔河，源出昌平縣孟村一畝泉，經雙塔店而東，至豐善村，入榆河。至元三年四月六日，巡河官言：『雙塔河時將泛溢，不早爲備，恐至潰決，臨期卒難措手。乃計會閉水口工物，開申都水監，創開雙塔河，未及堅久。今已及水漲之時，倘或決壞，走泄水勢，誤運船不便。』省准制國用司給所需，都水監差夫修治焉。凡合閉水口五處，用工二千一百五十五。

又 白浮甕山，即通惠河上源之所出也。白浮泉水在昌平縣界，西折而南，經甕山泊，自西水門入都城焉。成宗大德七年六月，甕山等處看閘提領言：『自閏五月二十九日始，晝夜雨不止，六月九日夜半，山水暴漲，漫流堤上，沖決水口。』於是都水監委官督軍夫，自九月二十一日入役，至是月終輟工，實役軍夫九百九十三人。十一年三月，都水監言：『巡視白浮甕山河堤，崩三十餘里，宜編荆笆爲水口，以泄水勢。』計修笆口十一處，四月興工，十月工畢。仁宗皇慶元年正月，都水監言：『白浮甕山堤，多低薄崩陷處，宜修治。』來春二月入役，八月修完，總修長三十七里二百十五步，計七萬三千七百七十三工。延祐元年四月，都水監言：『自白浮甕山下至廣源閘堤堰，多淤澱淺塞，源泉微細，不能通流，擬疏滌。』由是會計工程，差軍千人疏治。泰定四年八月，都水監言：『八月三日至六日，霖雨不止，山水泛溢，沖壞甕山諸處笆口，浸没民田。』計料工物，移交工部關支修治。自八月二十六日興工，九月十三日工畢，役軍夫二千名，實役九萬工，四十五日。

又 延祐六年十月，省臣言：『漕運糧儲及南來諸物商賈舟楫，皆由直沽達通惠河。今岸崩泥淺，不早疏浚，有礙舟行，必致物價翔涌。都水監職專水利，宜分官一員，以時巡視，遇有頹圮淺澀，隨宜修築，如工力不敷，有司差夫助役，怠事者究治。』從之。

又卷八四《選舉志四》 八年，部言：『行都水監准設人吏，令史八人，奏差六人，壕寨一十人，通事、知印各一人，譯史一人，公使人二十人。都水監令譯史、通事、知印考滿，俱於正八品遷用，奏差考滿，正九品，自用者降等，壕寨出身并俸給同奏差。行都水監系江南創立衙門，令史比例，合於行省所轄常調提控案牘内選取，奏差、壕寨人等亦須選相應人，考滿比都水監人吏降等江南遷用，典吏公使人，從本監自用。』

明王禕《王忠文公集》卷一四《郭守敬傳》 二十八年，有言漕事利便者，或謂灤河自永定挽舟踰嶺而上可至上都，或謂瀘溝自麻峪可達尋麻林。上命守敬裁度之。其言灤河者，至中道不可行；而言瀘溝者，亦以石阻舟，不可通，皆罷。守敬乃别陳水利十有一事，其一言京城運糧河，不用一畝泉舊源，别引白浮泉水，西折而南，經瓮山泊，自西水門入城，環匯於積水潭，復東折而南，出南水門，合入舊運河。每十里一置閘，北至通州，凡爲閘七。距閘里所止，重置斗門，互爲提閼，以過舟止水。上覽其奏甚喜，有旨令速行，乃復置都水監，命守敬領之。庀事於二十九年春，明年秋告成，賜名通惠河。

（正德）《姑蘇志》卷一二《水利下·復立都水庸田司》 大德二年立浙西都水庸田使司，於平江路設置，專一修築田圍，疏浚河道，澱山等湖已有官定界畔，諸人不得似前侵占，復爲民害，違者聽庸田司追斷。又潮沙淤塞河港，亡宋時設撩淺軍人，專一撩洗。仰庸田司於二、八月内，依時督責，如法疏浚，毋致壅遏。合用人工如何措置，可以常久通行，行省更爲從長計議。又浙西官田數多，俱係貧難下户種納。春首闕食，無田主借貸；圍岸缺壞，又自行修理。官司不爲存恤，以致逃竄，荒廢官田。今後管民官司并不得將此等佃户差充里正主首及當一切催甲等役，妨廢農務，失誤官租。如違，仰庸田司究治。又澱山、練湖諸人占湖爲田，歲納租米，另行收貯，若有合用修浚工料，從庸田司募工支用。

又《立行都水監》 大德八年夏五月，中書省准江浙行省咨任仁發言：吴松江淤塞，奏立行都水監，仍於平江路設置，直隸中書省，及命行省平章徹里提督疏浚。繼降詔條云：修浚河道閘壩，一切合用物料，行省即於官錢内收買應付。又浙西苗糧户内起夫一萬五千名，自備什物，每名工役一年，免粮一十五石。其軍、站除贍役地外，依上科著。僧、道、也里可温、荅失蠻不分常住，并權豪、官員不以是何投下不納官糧之家，以地五頃著夫一名。從行都水監選委廉幹官員，部夫督役。其有釐立事功廉能稱職者，行都水監具迹舉明。其著明夫户雜泛差役，權行蠲免。

明 吴山《治河通考》卷一〇《理河職官考》 至大三年十一月，河北、河南道廉訪司言：『於汴梁置都水分監，妙選廉幹深知水利之人專職其任，量存員數，頻爲巡視，職掌既專，則事功可立。』於是省令都水監議：『黄河泛漲，止是一事，難與會通河爲比。先爲御河添官降印，兼提點黄河，若使專一，分監在彼，則有妨御河公事。况黄河已有拘該有司正官提調，自今莫若分監官吏以十月往，與各處官司巡視缺破，會計工物督治，比年終完，來春分監新官至，則一一交割，然後代還，庶不相誤。』工部議：『黄河爲害，難同餘水。欲爲經遠之計，非用通知古今水利之人專任其事，終無補益。河南憲司所言詳悉，今都水監別無他見，止依舊例，議擬未當，如量設官，精選廉幹奉公、深知地形水勢者專任河防之職，往來巡視，以時疏塞，庶可除害。』省準令都水分監官專治河患，任滿交代。

明 王鳴鶴《登壇必究》卷三一《輯漕河説》 至元中，都水監郭守敬言疏鑿通州至大都河道，導昌平縣白浮村神山泉過雙塔、榆河，引一畝玉泉至西門，入都城南，匯爲積水潭，出文明門，至通州高麗莊入白河，長一百六十四里，塞清水口十二處，置壩牐二十座，節水通漕爲便。明年河成，賜名通惠。先時，通州至大都五十里，陸輓官糧，民不勝其悴，至是皆罷之。

明 馮琦《經濟類編》卷三八《漕運》 郭守敬言水利十有一事，其一欲導昌平縣白浮村神山水過雙塔、榆河，引一畝玉泉諸水入城，匯於積水潭，從東折而南，入舊河，每千里置一牐，以時蓄洩，世祖稱善。復置都水監，命守敬領之，丞相以下皆親操畚鍤爲之倡。置牐之處，往往於地中得舊時甎木，人服其識。逾年畢工，自是免都民陸輓之勞，公私便之。世祖自上都還，過積水潭，見舳艫蔽水，大悦，賜名曰通惠。

又卷七四《治河》 自開直河，水勢增漲，田廬益壞，外都水監丞程昉以不白水灾，憂死。

明 謝肇淛《北河紀》卷六《河政記》 仁宗天聖元年，以河决未塞，募民輸新芻，調兵伐瀕河榆柳。神宗元豐元年，以都水監言，給錢十萬緡下諸路，以時市樁草，非朝旨及埽岸危急，毋得擅用。

（萬曆）《開封府志》卷三二《河防》 十年夏五月，河决滎澤，詔判都水監兪允往治之。

明 張國維《吴中水利全書》卷九《水官》 八年，詔立行都水監，仍于平江路設置，直隸中書省，命行省平章徹爾提調疏浚江東、浙東西水利。

明 陳子龍《明經世文編》卷一八四《重開通惠河疏》 至元二十九年，都水監郭守敬建言疏鑿通州通惠河，引水置閘。興工之日，世祖命丞相以下皆親畚鍤爲之倡，置閘之處，往往於地中得舊時磚木，時人爲之感服。

清 孫承澤《元朝典故編年考》卷一《水利六事》 都水監郭守敬奉詔興舉水利，因建言疏鑿通州至都河，改引渾水溉田。

清 顧炎武《肇域志》卷八 大德八年五月，中書省臣言：吴江、松江實海口故道，潮水久淤，凡漂塞良田百有餘里，况海運亦由是而出，宜於租户役萬五千人浚治，歲免租人十五石，仍設行都水監以董其程。從之。

清 張伯行《居濟一得》卷六《治河議》 是年九月，都水監馬兀公來治會通河，行視至堽城，謂衆曰：『堽城，洸、汶之交，會通之喉襟，閘壞河塞，上源要害，役有先於此者乎？』於是用前監丞沈温公闢爲一大鬧之議，命壕寨官梁仲祥、李讓計徒庸，度材用，量事期，以狀上中書。即從其請。

（雍正）《河南通志》卷一三《河防二》 大定二十九年十二月，工部言：營築河堤，用工六百八萬餘，就用埽兵、軍夫外，有四百三十餘萬工當用民夫。遂詔命去役所五百里州府差雇，其不差夫之地，均徵雇錢，驗物力科之，每工錢百五十文外，日支官錢五十文，米升半。仍命彰化節度使内族裔、都水少監大齡壽提控五百人，往來彈壓。章宗明昌元年正月，尚書省言：自今凡興工役，先量負土遠近，增築高卑，定功立限，牓諭使人先知，無令增加力役，并河防所用物色，委都水監每歲於八月前先拘籍舊貯物外實闕之數，及次年春工多寡，移報轉運司計置，於冬三月分限輸納。如水勢不常，夏秋暴漲危急，則於相隣埽分防備之物用之，不足，復於所近州縣和買。然復慮人户道途泥淖，艱於運納，止依税内科折他物，更爲增價，當官支付，違者并論如律，仍令所屬提刑司正官一員監視體究。制可之。

又 元世祖至元九年七月，衛輝路新鄉縣廣盈倉南河北岸決，委都水監丞馬良弼與本路官同相視，并力修完之。

又 延祐七年七月，河決滎澤縣塔海莊東堤十步餘，又決橫堤兩重數處，又決開封府蘇村及七里寺二處，平章站馬赤及都水監官并工修築之。又決汴梁、原武，浸灌諸縣。

又 泰定二年二月，姚煒以河水屢決，請立行都水監於汴梁，仿古法備捍，乃命瀕河州縣正官皆兼知河防事。

清 王履泰《畿輔安瀾志・衛河》卷七《修治・揭傒斯都水監記略》 會通河成之四年，始建都水分監於東阿之景德鎮，掌凡河渠壩閘之政令，以通朝貢、漕天下、實京師。地高平則水疾泄，故爲堨以蓄之，水積則立機引繩以挽其舟之上下，謂之壩。地下迤則水疾涸，故爲防以節之，水溢則縋起懸板以通其舟之往來，謂之閘。皆置吏以司其飛輓啓閉之節，而聽其訟獄焉。雨潦將降，則命積土囊、具畚鍤，以備奔軼衝射。水將涸，則發徒以導淤滯、塞奔潰。時則巡河周視，以察其用命、不用命而賞罰之。故監之責，重以煩焉。謹案：至元時，會通未開，歲漕江淮至封邱，陸運一百八十里，至淇門入御河，故治河之役多在清、滄間也。都水監所云運河二千餘里，蓋兼衛河言之。先是，宋人嘗用之以輸邊矣。宋、金所用，即《紀要》所謂用衛河之全百也。會通河成，而江淮之漕由淮、泗會汶水，以達青、滄，抵通州，乃用衛河之半。

清 周城《宋東京考》卷一九《河渠・白溝》 熙寧六年，都水監丞侯叔獻請儲三十六陂及京、索二水爲源，倣真、楚州開平河，置牐，則四時可行舟，因廢汴渠。帝曰：『白溝工料易耳，第汴渠歲運甚廣，河北、陝西資焉。又京畿公私所用良材，皆自汴口而至，何可遽廢？』王安石曰：『此役苟成，亦無窮之利也。當別爲漕河，引黄河一支，乃爲經久。』馮京曰：『若白溝成，與汴、蔡皆通漕，爲利誠大，恐汴河終不可廢。』帝然之，詔劉璯同叔獻覆視。八月都水監言：『白溝自灘河至於淮八百里，乞分三年興修。其廢汴河，俟白溝畢工，别相視，仍請發穀熟淤田司并京東汴河所隸河清兵赴役。』從之。七年正月，都水監言：『自盟河畎導汴南諸水，近者失於疏浚，爲害甚大。』於是輟夫修治，而白溝之役廢。初，王安石欲罷白溝，修汴南水利，帝曰：『人多以白溝不可爲，而卿獨見可爲。』安石曰：『果不可爲，罷之誠宜；若可爲，即俟時爲之，何必計校人言也。』政和二年十月，都水監丞孟昌齡言開浚含暉門外白溝河，開堰放水，仍舊通流。

又《溝洫》 熙寧元年三月，都水監言：『畿内溝河至多，而諸縣各役人夫開淘，十纔二三，須二三年方可畢工。請令府界提點司選官，與縣官同定緊慢工料，據合差夫數，以五分夫，役十分工，依年分開淘，提點司通行點校。』從之。二年閏十一月，詔以府界道路積水，妨民輸納，命都水監差官溝畎。

清 傅恒《通鑒輯覽》卷九八 八年春二月，立行都水監于鄆城。以工部郎中賈魯爲都水監。魯循行河道，考察地形，備得要害，爲圖上進二策。其一，議修築北堤，以制橫潰，則用工省。其二，議疏塞并舉，挽河東行，使復故道，其工數倍。會魯遷中書、右司郎中，議未及竟。明年又立山東、河南等處行都水監。

清 康基田《河渠紀聞》卷七 元順帝至正八年正月，河決，陷濟寧路。二月，詔立行都水監於濟寧、鄆城，以工部郎中賈魯爲都水監。按：是時白茅、鄆城、濟寧皆爲巨浸，訪求治河方略。或言當築堤以遏水勢，或言必疏南河故道以殺水勢，而水官不得其人，迄無定見。立行都水監於鄆城，以賈魯充其使，托克托薦之也。魯嘗奉使宣撫，循行被水郡邑，具得修捍成策。及至官奉命，詣河相視，考察地形，往復數千里，悉其要害，圖進二策：一築北堤以防橫潰，一疏塞并舉，挽河東行。托克托爲相，慨然有志事功，論及河決，毅然身任其事，集衆共議，用魯後策，昌言於衆曰：帝憂下民昏熱，臣下職當分憂。事有難爲，猶疾有難治，自古河患爲難治之疾，去疾務盡。而言人人殊，殆非至計，由是力主魯策，排成遵禿魯之議，獨行其是，斯壞極思治之轉機也。

清 張鑒《冬青館集・乙集》卷三《籌運策上》 八年五月，中書省言：吴、松江實海口故道，仍設行都水監，以董其浚治。其餘如海道運糧，鎮撫司以及押綱官二人，以常選正八品爲之，此官制之不可不講者也。

《宋會要輯稿・職官五》 嘉祐三年十一月，詔置都水監，罷三司河渠司。閏十二月三日，河渠司勾當公事李師中言：『自來受三司牒，令行下諸州軍文字，雖令指揮轄下州軍，緣別無定式，致諸處都大巡河使臣及縣邑多不申狀，止行公牒。此於事體殊失輕重，以此亦難集事。乞指揮，自今都大巡河使臣及縣邑應幹河渠事并具申狀。如州縣有不應報事，或稽緩致悮事者，許牒運司取勘，下都水監定奪。』監司言：『緣已准詔置都水監，輪知監丞公事孫琳赴澶州勾當河事。欲乞下轉運司，指揮都大巡河使臣及縣邑，如有應幹河渠，并令供申。若州郡有不應報事，或稽緩致誤事，許申本監，乞取勘施行，所貴集事。檢會朝廷指揮，沿黄、汴等河州軍諸路埽修河物料榆柳并河清兵士不得擅有差借役占及采斫修蓋，令轉運司、河渠司、提刑、安撫司、河渠司勾當公事臣僚、都大巡河使臣常切點檢。今後稍有違犯，并仰取勘以聞。竊以都大巡河使臣各隸本州，不當與監司及省司官一例，直行取勘州軍官吏。自今乞只令具事申轉運司，差官取勘。監司今相度，欲依師中所請。』從之。河渠司勾當公事因李仲昌創置，緣仲昌止是知縣資序，乃帶提舉巡檢捉賊，隸澶州及河北轉運等司，故事多苟且。師中將罷去，自以言之無嫌，故有是請。

又 九年十一月二日，都水監言：『疏浚黄河司用船二百隻，浚深大河中流，令水行地中。勘會所乞，令試一過之功，今已歲餘，未曾按驗，令本監都官一員前去檢覆。兼恐占用人船，官屬太多，就令相度裁減。』於是監丞劉璯言：『疏浚黄河舊係一司，後用鐵龍爪疏導向下河道，分爲兩局。乞依舊并爲一司，勾當官乞行并宜減罷。浚河兩司共管船二百五隻，乞減罷一百八十五隻，存留二十隻。如闕，許黄河逐都大司將般物料船三十隻應副出界，遞相交替，共不得過五十隻。』從之。

又 十年九月二十八日，中書門下言：『都水監丞范子淵言，准朝命，疏浚汴河，蒙差官累行試驗，功利灼然。臣欲乞候今冬疏浚汴河了畢，將杷具、舟船等盡分與逐地分使臣，令於笑口之後河道内先檢量淤澱去處，至春水接續疏導。所貴河道上下通流，不致阻遏。仍免別差官屬，占破役兵，就便集事。』下都水監，監司乞依所請施行，從之。

又《職官六五》 二十四日，都水監丞宋昌言降一官，通判冀州王庠等令衝替，同判都水監張鞏等罰銅各二十斤，坐去年河決冀州棗强故也。時方委昌言治二股河，故特令奪官，領職如故。

又《職官六六》 二十三日，尚書刑部員外郎、知制誥熊本落知制誥，爲屯田員外郎，分司西京，饒州居住。大理寺丞、權知都水監丞陳祐甫爲潁州團練推官。權知都水監主簿、司農寺主簿史邈追兩官，與遠小處合入差遣。權知都水監丞范子淵追一官，差遣依舊。并免勒停。權河北東路轉運副使陳如儉追一官，衝替。文彦博特放罪。大名府冠氏、臨清、清平縣幹繫官吏并東流南岸都大司，并令提點刑獄司劾之。初，都水監程昉請開運河，范子淵言遣官并用浚川杷疏浚，奪水勢悉歸二股故道，退出民田數萬頃，詔大名府保明。既而文彦博奏，止因霜降水落，今年未嘗用杷而退地更多。上命熊本按視，以彦博所陳有害無利爲是，乞廢浚河司。於是子淵言，本等所陳事理未盡至公，乃詔置獄。至是獄具，浚川把僅同兒戲，子淵所陳固多妄，然史邈初勸本先行河决利害，乃見彦博，而本修私禮於彦博，非公事赴彦博飲，故上不直本也。

又《選舉二八》 十二月十一日，知都水監主簿公事李士良言：『黄河見管大小使臣一百六十餘員，并委監丞已上奏舉。其所舉往往有因緣，未必習知水事，欲乞今後河（掃）〔埽〕罷舉官之制，并委謫官西院、三班院選差。其都大提舉官，即乞且如舊。』從之。仍詔内外官司，自來舉官汛濫數多處，中書准此立法以聞。

又《食貨七》 嘉祐五年五月，知秀州羅拯言：『乞今後諸處湖塘及運河邊田土不得更令諸色人及官員請射，如有私冒侵占耕作，并以違制論。仍不以年歲遠近，令追理所得租課入官。』詔都水監相度以聞。監司看詳：『蓋緣逐路轉運司及州縣并不檢條約舉行，是致豪勢人將眾户蓄水陂湖請射，量出租稅，有妨旱歲溉救民田。今欲乞下逐路轉運司，依羅拯所請施行。如違，乞以違制科罪。』從之。

又 二十四日，兩浙轉運司言：『睦州桐廬縣令劉公臣言：「民間有古溪澗溝渠泉源接連山江，多被富豪之家漸次施工，填築作田耕種，無力之人田畝接連，或遇水旱，并不約水溉田，因茲害稼。及訟於官，又爲富豪人户與賣産之家通爲弊倖，於文契并分居帖内廣定四至，包裹溪源在内，官司據而斷遣，寔見不均。欲乞應天下郡縣鄉村有古來溪澗溝渠泉穴之處，并不得人户作埭填築，占據爲主。每遇春農之際，并仰有田分之家各據頃畝多少均攤，出備工力修開，取令深闊，盛貯其水。或遇水旱，即據田畝輪番取人澆溉。明置文簿拘管，官爲印押，給與本處鄉長收管。或有貧人下户貿易田土與別主者，亦據見佃之人承認水分。違者嚴寘之法。」本司看詳，民間水利州縣自合依此施行。今劉公臣申述已下諸州軍，令部内縣分應有古來溪澗溝渠泉穴之處，并不許人户作埭填築，占據水利。仍令逐縣置簿拘管，常行點檢。如遇水大，即令决泄，不得壅遏，却致浸沒民田；若係旱歲，亦須通放，許令眾户得水救蔭田畝。春時人户願備工開淘者從便，即不得邀難阻節。雖已施行，慮久不能遵守。』詔送詳定寬恤民力所關兩浙提刑司定奪。提刑司言：『欲依所請。』詔複送都水監相度以聞。監司看詳：『天下陂湖、塘堰、溪澗、溝渠、泉穴爲强猾之人奪利侵占作田者甚多，每至旱歲，無水澆救苗稼。若依寬恤民力所相度劉公臣并兩浙轉運司事理，寔見可行。欲乞下諸路提刑司遍下逐州縣，應有上件陂湖塘堰溪澗溝渠泉穴元係眾人所使水利，久來爲人耕占作田么，合依所請施行。仍先具根究地名、源流去處、廣狹深淺、合澆溉得多少人户田土頃畝數目，申都水監，從本監看詳施行。仰本監置簿拘管，歲時檢舉，所冀經久不廢。』詔可，仍令逐處應有陂湖塘堰、溪澗溝渠泉穴，如根究得元係眾人使水，久來爲人耕占去處，即更差官定奪，奏候朝旨施行。

又 英宗治平三年十一月，都水監言：『勘會諸處陂澤，本是停蓄水潦，近年京畿諸路州縣例多水患。詳究其因，蓋爲豪勢人户耕犁高阜處土木，侵叠陂澤之地，爲田於其間，官司并不檢察。或量起稅賦請射，廣占耕種，致每年大雨時行之際，陂澤填塞，無以容蓄，遂致泛溢，頗爲民患。不制其漸，則盡爲民患。欲乞應天下州縣及京畿陂澤之類，皆不得請射，明立界址，逐季舉行。令地分鄉耆覺察，不得容縱人户侵耕。許諸色人陳告，每畝支賞錢三千，以犯事人家財充。仍不以年歲遠近，并令追理所得地利入官。如違，其請射人并所給官司及侵耕之人，并科違制之罪。』從之。

又《方域志》：英宗治平三年三月，命同判都水監張鞏與河北轉運使沈立度治澶州上六塔河。

又 二月二日，都水監言：『中牟縣曹村袁家地可創水澾一坐，水漲出時任其自流，比之修閂門倍省工費。又因而可以淤民田千餘頃。』從之。

又 二月三日，制置三司條例司言：『同判都水監張鞏等相度得中牟縣界曹村創置水澾一坐，遇漲水時任其自流，比之修斗門大省費；又更灌二十餘裏民田，都計五十餘裏，約千有餘頃。所有合用人功物料，委京西都大司支那應副。乞依所奏施行。』從之。

又 七月二十八日，罷程昉同管勾外都水監丞，令都大制置河北河防水利并依制置屯田使例施行。續詔更不別置司，其職事并依外都水監丞例施行。

又 八月二十四日，權判都水監程師孟言：『臣昔提點河東刑獄兼河渠事，本路多土山，旁有川穀，每春夏大雨，水濁如黄河。礬山水俗謂之天河水，可以淤田。絳州正平縣南董村旁有馬壁穀水，勸誘民得錢千八百緡，買地開渠，淤瘠田五百餘頃。州縣有天河水及泉源處，開渠築堰，皆成沃壤。凡九州二十六縣，興修田四千二百餘頃，并修複舊田五千八百餘頃，計萬八千餘頃。嘉祐五年畢功，攢成《水利圖經》二卷，付州縣遵行，迨今十七年。聞董村田畝舊值兩三千，所收穀五七鬥，自淤後，其直三倍，所收至三兩碩。今權領都水淤田，竊見累歲淤變京東、西鹹鹵之地，盡成膏腴，爲利極大。尚慮河東路猶有荒瘠之田，可引天河淤溉。乞委都水監選差官往與農田水利司并逐縣令佐檢視，有可淤之處，具頃畝功料以聞。俟修畢，差次酬賞。』從之。於是奏遣都水監丞耿琬主管淤河東路田。

又　神宗元豐元年【略】六月七日，京東路體量安撫黄廉言：『本路被水後，乞有司檢計溝河，候豐熟，令所屬調丁夫浚治。梁山、張澤兩濼累歲填淤，浸損民田，亦乞自下流浚至濱州。』從之。開浚溝河，令都水監遣官同轉運司檢視工料。

又《食貨八》　二年三月七日，户部言：『得旨興修水磨茶事。初元豐中，都提舉汴河堤岸司總領即便水流用之。堤岸司（令）［今］廢，歸都水監，而措置茶事乃隸户部，事不相應。請依元豐置都提舉汴河堤岸司故事，應一司事并依舊條。』詔就差提舉茶場水磨官兼提舉汴河堤岸，專管句自洛至府界調節汴水，應副茶磨，不得有妨東南漕運。

又　《會要》：治平四年七月，都水監言：『兩浙相度到潤州至常州界開淘運河，廢置堰閘，乞候今年住運，開修夾岡河道。』從之。

又《食貨三〇》　二年三月七日，户部言：『得旨興修水磨茶事。初元豐中，都提舉汴河堤岸司總領（郎）［即］汴下流用之，堤岸司今廢，歸都水監，而措置茶事乃隸户部，事不相應。請依元豐置都提舉汴河堤岸司故事，應一司事并依舊條。』詔就差提舉茶場水磨官兼提舉汴河堤岸，專管幹自洛至府界調節汴水，應副茶磨，不得有妨東南漕運。

又《食貨四五》　七月十九日，知都水監丞范子淵請移河陰輦運司於行慶關，兼主管洛口。從之。

又《食貨五七》　九月初二日，權知都水監丞公事蘇液言：『河北、京東兩路緣河決，被患人户蒙朝廷賑濟放税，乞以其事付史官。』從之。

又《食貨五九》　九月二日，權知都水監丞公事蘇液言：『河北、京東兩路緣河決被患人户，蒙朝廷憂恤賑濟放税，河平，計錢穀等共七十二萬七千二百七貫碩有畸，而靈津廟碑失載其實。乞以其事付史官。』從之。

又《食貨六一》　嘉祐五年五月，知秀州羅拯言：『乞今後諸處湖塘及運河邊田土不得更令諸色人及官員請射。如有私冒侵占耕作，并以違制論。仍不以年歲遠近，令追理所得租課入官。』詔都水監相度以聞。監司看詳：『蓋緣逐路轉運司及州縣并不檢條約舉行，是致豪勢人將衆户蓄水陂湖請射，量出租税，有妨旱歲溉救民田。今欲乞下逐路轉運司，依羅拯所請施行。如違，乞以違制科罪。』從之。

又　七月二十八日，罷程昉同管勾外都水監丞，令都大置制河北河防水利并依置制屯田使例施行。續詔更不別置司，其職事并依外都水監丞例施行。

又《刑法一》　五月十八日詔：『自今朝省及都水監、司農寺等處，凡下條貫，并令進奏院摹印頒降諸路，仍每年給錢一千貫充鏤版紙墨之費。』

又《方域一三》　元豐五年八月二十四日，前河北轉運副使周革言：『熙寧中，外都水監丞程昉於真定府滹沱河中渡繫浮橋，比舊增費數倍，又非形勢控扼，虚占使臣、兵員，乞皆罷之。每歲八九月修板橋，至四五月防河拆去，權用船渡。』從之。

又　五年八月七日，詔應諸處廣濟橋道并隸都水監。二十四日，前河北轉運副使周革言：『熙寧中，外都水監丞程昉於滹沱河中渡繫浮橋，比舊增費數倍，乞罷之，權用船渡。』從之。

又　二十四日，詔：『三山浮橋，萬世永賴，造言者終未革心。可令都水監與當職官夙夜常切固護，如河流向著或淺澱，即行疏浚，一有缺溢，并依舊法當行處斬。若或造言搖動，以惑衆情，可立賞錢一千貫，許人告捕。其增修堤道，開分水河，依圖相度，具工料以聞。』

又《方域一四》　嘉祐七年七月，河北提點刑獄司言，河決北京第五埽。詔都水監丞王叔夏與本路轉運使調兵夫完築之。至八月埽成。

又　英宗治平三年六月二十八日，都水監言：『新知明州沈扶乞今後黄河及諸河泛漲，堤岸疏虞抹岸去處，令轉運司於鄰州選官檢視，先驗照水口兩頭堤身内近經漲水退落痕迹，仔細打量相去堤面高下丈尺，指定係是抹岸，爲複衝決，保明申監然後行。其當職官吏若檢視官定驗不實，乞行嚴斷。其恩州清陽縣界禦河衝決，乞特行衝替令佐。看詳自商胡横流後來，黄河與禦河身相合，下流梗澀。其禦河雖係所屬縣分管勾，緣承例不曾計置應付人功、物料修護，昨因懷州界泌河決溢，通注禦河，水勢添漲，倍過常歲，致禦河吞伏不盡，自通利軍已下破決堤岸甚多。其恩州清陽縣令佐失於修護，犯在赦前，乞賜詳酌。所有禦河堤岸，監司近曾奏請，已令所幹州縣管勾常檢視修護，預先計置物料、人功有備。如計置不足，即委都轉運司擘畫應副，及令沿河逐縣令佐官銜内各帶修護，逐州通判專提舉修護，并令管河道堤岸，今後河事有所責成。』從之。

又 治平三年十月二十五日，同判都水監張鞏言：『已與沈立同共相度六塔河經久利害聞奏，乞增修二股河上下約。緣正當河衝，灘面低下斜狹，欲乞來春先且極力增修下約，候夏秋委是牢固，至次年方得相度緊慢，次量進卷上約歸。』從之。

又 神宗熙寧【略】二年五月一日，詔尚書司勳員外郎、知都水監丞李立之乘驛赴闕。以議者多言二股河生堤不足築，築之無利，故詔與之計議。

又 七月二十四日，同判都水監張鞏等言：『二股河上下約累經大河泛漲無虞，乞差近上知河事臣僚一兩員，計會本路轉運司，與臣等及郡邑官吏共講求閉塞北流利害，及定時月，仍相視東流南北堤防功料。』詔送相度官翰林學士司馬光、入内副都知張茂則相度以聞。

又 七年二月五日，都大提舉大名府界金堤范子淵等言：『疏浚二股及清水鎮河通快，其退背魚肋河三道可以閉塞，庶大河水并入清水鎮及二股河，兼退出民田不少。』詔如疏浚正流，河道已深，即閉塞。初，外都水監丞、同勾當公事張倫請於第四埽上下簽開魚肋河，可以引水勢複二股河故道，命監丞劉璯、王令圖、程昉參議，以子淵等領其事。又開直河深八尺，以浚川把疏治之。至是，子淵言疏浚功狀，故有是詔。

又 四月十六日，詔：『應黄河夏秋水勢泛漲，堤岸危急，須藉夫衆救護之處，去所屬州府五十裏已上者，委本埽申所屬縣分，那令佐一員晝時上言，抽差急夫入役。及申都水監丞司并本屬州府，催促應副。仍令通判上河提舉。如不至危急，妄有拘集人夫，并坐違制之罪。仍委按察官司覺察之。』

又 六月，都水監言：『監丞劉璯狀：「勘會北京界黄河自熙寧二年閉斷北流後來，累經横決，於許家港及清水鎮行流，致水勢散漫，不成河槽，常憂壅遏之患。六年十月之内，因外監丞王令圖等各爲大河行流清水鎮，下入蒲泊，散漫不成河槽，渰侵民田，乞於北京第四、第五埽等處開修直河，使大河複還二股故道。璯尋被旨相度，還言其利，尋已施行，乃係金堤都大范子淵、朱仲立等領其事，開成其河，計深八尺，不住疏浚。又緣向上魚肋河數道分奪水勢，尋擘畫閉斷魚肋河四道，所貴擗拶水勢，全入二股河行流。今據北京新堤第五埽使臣康景通并德博州都大李襄等言，自今歲開撥北京第五埽直河并南岸閉斷魚肋河四道，擗拶水勢，全入二股河後來，水勢節次添漲七尺二寸，行流湍急，不住擁塌河崖。即目直河内水深二丈五至三丈已來，而許家港、清水鎮河極至淺漫，幾乎不流。看詳二股河見今雖是水勢深快，已成河道，蓋緣蒲泊已東接連清水鎮、許家港，向下直至四界首，漸次退出田土，別無固護。如向去却遇漫水出崖，未免依前牽迴河頭，複成水患。欲乞下外監丞司相度，候霜降水落，得清水鎮河閉斷，築漫河堤一道遮攔漲水，使大河複循故道，別無走移壅塞之患。及退出良田數萬頃，民得耕種，兼退背下博州界堂邑等七埽，減省逐年修護之費，公私俱濟。所有退出田土内，係官及人户未歸業地土，即乞許逐旋召人承佃。人户歸業，照證分明，即複給還。」監司勘會北京界第五埽所開直河，及用浚川把、鐵龍爪疏浚河道，并閉塞魚肋河等，元係劉璯相度措置，今又以爲言，乞差璯與監丞王令圖同會外都水監丞司就計其事。』從之。

又 九年正月十二日，同管勾外都水監丞司公事范子淵言：『北京第六埽、許村港連二股河，切慮向去漲水，複至漫溢爲患，欲乞自南岸魚肋埽接治水堤。』從之。

又 四月十八日，都水監丞司言：『本監已相度，致於許村港連接魚肋河築堤，委是利便，見已興修。』

又 二十四日，澶淵絶流，河道南徙，又東彙於梁山張澤濼，分爲二派，一合南清河入淮，一合北清河入於海。凡灌郡縣四十五，而濮、齊、鄆、徐尤甚，壞官亭民舍數萬，田三十萬頃。上惻然矜湣，遣禦史按視而賑濟其民。乃案圖書，相山川形勢，詔以明年春作治修塞，下都水監考事計功。以閏正首事，距五月一日新堤成，河還北流。

又　十一月十四日，都水監言：『勘會黃河遞年所役兵夫，自來土功別無成法，昨列到土法，今春試用，委得經久，可從之。』

又《方域一五》　二十五日，詔：『大河初複故道，尚或壅遏，令都水監遣丞一員，於上流王供等埽往來照管，及別差官提點下流堤埽。』

又　同日，詔新閉曹村埽都總管燕達兼都大提舉修閉決口，外都水監王令圖權同提舉修護，務令堅實。仍遣中使撫問，賜燕達以下禦筵。

又　十七日，詔都水監：『應河埽物料於合應副路轉運及開封府界提點司，取三年中一中數爲額，委逐司管認，應副錢物，闕本監計置。』

又　二十七日，詔罷左藏庫副使霍舜舉、西京左藏庫副使王鑒提舉黃汴等河榆柳，止令逐地分使臣兼管，及委都大官提舉。以都水監言剝杌累年，今已成緒故也。

又　六月五日，都水監言：『去月二十八日，澶州明公埽墊。』詔：『明公埽最爲河流向著，其南纔隔大堤一重，備之不時則與靈平之患無異。本埽見闕正官，外都水監丞可速奏舉，差出埽兵亦即追還，以防夏秋漲水。』

又　七月二十二日，知都水監丞范子淵言：『固護黃河南岸畢工，乞中外分爲兩埽。』詔以廣武上、下埽爲名也。

又　二十四日，都水監言：『同外監丞并諸都大定議黃河諸埽向著退背，分三等會兵夫物料數，乞令判監一員按視推行。』詔遣判監劉定。

又　六月十五日，權判都水監張唐民請複黃、汴諸河歲差修河客軍九千人額。從之。

又　二十五日，禦史滿中行言：『昨曹村河決，止坐都水監當任官，竊槩以河防堅固，非朝夕可致，量罪定罰，宜以供職久近爲差。』詔中書立到官日限法。

又　九月十七日，權判都水監李立之言：『北京南樂、館陶、宗城、魏縣，淺口、永濟、延安鎮，瀛州景城鎮，在大河兩堤之間，乞令轉運司相度遷於堤外。其小吴決口以下兩岸修堤，計工不少，河清兵止有千餘人，乞於南北兩丞地分客軍存留五千人，更不放凍，均與新立堤埽，興修堤道，依例月支錢二百。』從之。

又　四月三日，都水監丞李士良自劾：『滄州清池埽舊以禦河西岸作黃河新堤，地薄下，不能制水，已相度用禦河東堤治爲黃河大堤，奏俟朝旨。昨爲春夫已至役所，臣輒令都大創築生堤一道，簽上禦河東堤。』詔釋之。

又　九月十四日，都水監言：『准敕，五百裏外方許免夫。自來府界黃河夫多不及五百裏，緣人情皆願納錢免行。今相度，欲府界夫即不限地裏遠近，但願納錢者聽。』從之。

又　十一月三日，權知乾寧軍張元卿言：『本軍當諸河之衝會，堤埽不可不治。』詔乾寧軍埽岸，令工部從都水監相度，委合起夫，近裏州軍依例科夫功役，不得過三百人。如工役稍大，本軍夫不足，即令都水監那融應副。

又　七月四日，都水監丞馮忱之言：『廣武埽危急，水勢刷塌堤岸，欲乞築欄水簽堤一道。』詔令馮忱之、李偉、郭茂恂相度，從長措置。

又　二月六日，敕：『尚書工部奏，據都水監狀，東鹿上埽今年漲水過常，比之已前年分行流湍猛，委係非次變移河勢。自降作第三等向著後來，到今實及三年以上，乞依條升作第二等向著。檢會崇寧看詳尚書水部條，諸埽向著退背各分三等，每三年一定，若河勢非時變移，都水監申本部擬奏。』詔依都水監所乞，深州東鹿上埽作第二等向著。

又　四年十一月七日，都水使者孟昌齡奏：『伏覩政和四年經過夏秋漲水，河流上下并行中道，亦無泛溢緊急去處，埽岸平安。伏乞宣付史館及稱賀。』詔送秘書省，許拜表稱賀，官吏依條推恩。檢會崇寧四年大河安流推恩體例，本監使者、監、丞、主簿各轉一官，人吏等第受賜。詔經大河安流年分三次，都水監官轉一資，工部官減三年磨勘；經二次，都水監官減三年磨勘，工部官減二年；經一次，都水監官減二年磨勘，工部官減一年磨勘。內孟昌齡許回授本宗有官有服親。人吏等第支賜。

又　七月二十日，詔：『勘會廣武、雄武諸埽，腹背清汴，雖已降指揮，都水監廣貯功料，即今大河向著，下瞰都城，可令都水監常切遵守元豐舊制，於逐埽廣貯工料，過作枝梧，不得少有疏虞，官吏當行軍法。』

又 四年七月二十九日，臣僚上言：『伏見恩州累修立大河堤道，都水監行催促工料等事爲名，舉辟文武官甚多，至於百二十餘員，例皆受牒家居，繫名本監，漫不省所領爲何事。其間曾至役所者十無一二焉。』詔除正差官一十一員外，餘并罷。今後都水監因事張官，正兼管就委策，并具所得指揮姓名申尚書省差。應都水監、將作監見因事張官去處，限三日具見差委員數申尚書省裁定，不得隱漏。以上如達，并令御史臺覺察彈奏。

又《方域一六》 英宗治平二年七月，詔以狹汴河賞官吏有差。初，嘉祐六年，以汴河久不浚，詔命都水監與淮南江浙荆湖制置發運使李肅之相度利害。都水監奏：『汴河自泗州以上至南京水道直流湍駛，不複須治；自南京以上至汴口水闊散漫，以故多淺。欲乞自南京至都門三百裏修狹河木岸，扼束水勢，令深駛。俟三五年見次第，即複修汴口至京東水門外。所用椿梢止伐岸木爲之可足。』詔從之。而以岸木不足，又募民出雜梢，度以爲僧。凡用梢椿竹索三百八十四萬二百，役工百八十六萬四千，爲岸三萬一千四百步。自祖宗時固已嘗狹河，其後久不複狹，方興是役。論者紛然，以爲不利，及成，人乃便之。

又 七年八月二十一日，同判都水監宋昌言、李立之、丞王令圖言：『汴口已生雜灘，秋冬之交必稍退背，乞權閉汴口使水涸，增修堤岸鬥門，再相度。』同判都水監侯叔獻、丞劉璯乞不閉汴口，於孔固鬥門下權作截河堰，使水入都門，候修堤岸畢，即開堰。詔如叔獻等所請。

又 八年二月二十四日，同管勾外都水監丞程昉等言：『嘗乞京西三十六陂爲塘，瀦水入汴漕運，其陂内民田，欲先差官量頃畝，依數撥還，或給價錢。又采買材木遙遠，清汴閘欲作三二年修，仍乞選知河事臣僚再按視措置。』詔翰林侍讀學士陳繹、入内都知張茂則與昉等覆視以聞。其後繹等言水源足用，清汴有可以必成理。

又 十二月二十六日，都水監言：『孫賈鬥門之西、汴河北岸，共八處可置虛堤，滲水入西賈陂；并淤田司欄水堤開河一道，引水透入減水河，下注務澤陂，爲五丈河上源。乞差楊琰管勾修置，陳祐提舉。』從之。

又 九月二十六日，權判都水監俞充等言：『勘會汴口取黃河水經由京師，應副東南漕運，久來選任能吏，增置兵力，廣聚物料，以爲緩急之備。後多裁減，事難濟辦，合具申請。一、汴口久來差大使臣二員，内或小使臣一員勾當，并兼京西都大巡檢汴河堤岸賊盜鬥門。近歲兼管勾淤田，仍一員官高者同河陰縣兵馬都監，以便緩急差借河陰縣教兵士。昨因裁減日，差小使臣二員，改作勾當汴口管勾京師汴河堤岸鬥門淤田。況勾當汴口使臣所管地方，自京城西至汴口一百裏，事責重於京東都大提舉，權輕任卑，難爲集事。欲乞差諳曉河事大使臣一員，仍留見在小使臣一員勾當汴口，并兼京西都大巡檢汴河堤岸賊盜鬥門、管勾淤田。内大使臣仍同河陰縣兵馬都監，其替罷小使臣却與河上一等差遣，不爲遺闕。一、河陰管城縣等沿夾河巡檢，自汴口至趙橋地分約五十裏，并河陰縣雄武埽黃河巡河，舊有使臣二員通管，近減罷，令勾當汴口使臣兼行管勾。緣勾當汴口使臣常須在本口調匀水勢，豈可更令兼管夾河巡檢公事？欲乞比舊裁減一員，只差小使臣一員，自汴口至趙橋沿汴夾河巡檢，專切修護堤岸，兼河陰縣雄武埽巡河。乞本監選舉。一、京西都大巡河司及汴口舊管部役使臣四員，内差使臣管押人船般運鞏縣山灘柴草二員，專管勾汴口上下約堤埽外，有一員諸處部役。近裁減都大司部役，只留汴口二員，全然闕人。欲乞依舊添差部役使臣二員，從本監選舉。一、汴口舊管河清三指揮，廣濟、平塞各一指揮，并以八百人爲額，計四千人。昨減并平塞并河清第三兩指揮，欲乞只將見管河清、廣濟三指揮并依添作八百人爲額，據見少人數，乞下外都水監丞司於北京以下埽分割移河清人兵千人赴汴口填配，餘數即令招填，比舊亦減一千六百餘人。一、汴口官吏調匀水勢，固護堤埽，近經裁減賞格，却以減省工料爲重，調匀水勢爲輕，官吏務減省工料，不顧水勢，以致汴水多不調匀，阻節行運。欲今後汴口官吏任滿，減省工料雖應賞格，仍須埽岸、鬥門無虞，水勢調匀，不阻行運，方與酬獎。凡諸勾當汴口兼管雄武埽官員任滿，埽岸、鬥門無虞，調匀水勢，不阻行運，方有賞格。』并從之。

又 時范子淵知都水監丞，畫十利以獻：歲省開塞汴口工費，一也；黃河不注京城，省防河勞費，二也；汴堤無衝决之虞，三也；舟無激射覆溺之憂，四也；人命無非横損失，五也；四時通漕，六也；京洛與東南百貨交通，七也；歲免河水不應妨阻漕運，八也；江淮漕船免爲舟卒鐫鑿沈溺以盜取官物，又可減泝流牽挽人夫，九也；沿汴巡河使臣、兵卒、薪楗皆可裁省，十也。

又 七月二日，詔：『汴口閉斷黄河水，遣禮官致祭。』以都水監丞范子淵言前月甲子已塞汴口故也。

又 十五日，權判都水監張唐明請複黄河諸河歲差河客軍九千人額，從之。

又 光堯皇帝建炎元年五月二十三日，詔都水監官各降三官，都水使者陳求道降五官，須管修治汴水一切了畢，方許入城。令留守司覺察，及日具修閉次第申奏。差水部員外郎丁彬催促修補，如監官及都大巡河部役官吏等弛慢不職之人，從彬一面牒送所屬取勘，具案申奏。仍令都水監限一日開具合降官職位、姓名，申尚書省。先因河口決壞，汴水堙塞，綱運不通，於是差都水使者陳求道前去修治。求道申十五日已星夜前去，至十七日方始出門，臣寮論列，故有是詔命。

又 十月七日，詔都水監相度開展惠民河利害以聞，以宋用臣與護惠民河官乞開展河道以便修城也。

又 九年七月二十日，都水監言：『看詳提舉修京城所乞引務澤陂水至咸豐門，合入京、索河，及京、索河簽入副堤河，下合惠民河。本監相度，於順天門外簽直河身，及於染院後簽入護龍河至咸豐門南，却及京、索河，委是爲利。』從之。

又 徽宗崇寧元年二月二十三日，都水監言：『惠民河都大提舉趙思複狀，惠民河地分見役人兵興修簽河次下硬堰，今已畢功，欲乞今後遇有盗決堤堰，許諸色人等告官，仍乞立定支賞錢一百貫文。如内有徒中告首之人，乞與免罪，亦支錢一百貫充賞。』從之。

又 七年正月二十七日，都水監請暫權停修白溝河，移夫浚自盟河。從之。初詔白溝河置鋪行運，分三年修，而同判都水監侯叔獻以爲差夫日逼，又見被命提舉汴河堤岸打凌，未可即往白溝，因言自盟河係疏泄汴以南民田積水，最爲大川，近歲失於浚導，小常爲患，乞輟白溝夫修之，故有是詔。

又《方域一七》 九月五日，中書門下言：『訪聞深、祁、永寧等州軍，胡蘆、滹沱、沙河、新河山水泛漲，例皆衝決岸口，所有合修治堤防及開浚淤澱，欲令外都水監丞及水利司檢計施行，仍先具工料及令轉運司勘會浸民田頃畝都數以聞。』從之。

又 三年六月十五日，權判都水監張唐民請複黄、汴諸河，歲差修河客軍九千人額。從之。

清 賀長齡《清經世文編》卷九六《工政二》 明昌五年八月，河決陽武故堤，灌封邱，而東都水監官見水勢趨南，不預經畫，各削階罷職。

清 魏源《元史新編》卷七《成宗本紀》 辛酉，浚吴江、松江海口，役租户萬五千人，免其租人十五石。設行都水監董其程，復良田百餘里。

又卷七七《河渠志・黄河上》 黄河自金章宗明昌五年始南徙，奪汴、泗入淮。世祖至元九年七月，衛輝路新鄉縣廣盈倉南河北岸決二百餘步，將及倉，命都水監丞馬良弼修完之。【略】大德九年，黄河決徙，逼汴梁。有司權開董盆口分入巴河，以殺其勢，遂使正河水緩。明年，急遣都水監閉塞，而其勢愈大，南至歸德，北至濟寧，連年爲害。至是，工部議精選深知地形水勢者專任河防之職，往來巡視，以時疏塞。乃命都水分監官專治河患，任滿交代。仁宗延祐元年，復委太常丞郭奉政，前都水監丞邊承務、都水監卿多爾只等上自河陰，下至陳州，沿河相視。五年正月，用河北、河南道廉訪副使奥屯言，命都水監移文汴梁，分監修治，增築汴堤，通長二十餘里，捌修護城堤一道，長七千四百四十三步。下地修堤，下廣十六步，上廣四步，高一丈，六十尺爲一工。堤東二十步外取土，内河溝七處深淺高下闊狹不一，用夫八千四百有奇，周月工畢。

（嘉慶）《直隸太倉州志》卷一九《水利中》 泰定三年五月，都水監僉事李居仁修浚城中鹽鐵。十月，浚南北鹽鐵塘。

清 秦緗業、黄以周、王詒壽等《續資治通鑑長編拾補》卷九 紹聖元年二月 己酉，都水使者吴守持、都水監鄭佑言：『勘會堰梁村、縷繼張包、閘内黃決口、疏口地、開雞爪河凡五事，乞據疏内相度同議已得歸一者，使聽一面施行。』詔令相度定奪黃河利害所相度逐件事理，可以先次興工，即一面施行。【略】丁巳，相度定奪黃河利害所言：『看詳都水監所奏乞權堰梁村、縷斷張包等河門、閘内黃決口于竇家港，上下多疏口地及開雞爪河等五事，除梁村水口，據大名府路安撫、河北路都轉運使、提刑司、都水監官北外丞司狀，并稱合行堰斷，同議已得歸一，本所相度，可以先次興工。已牒逐司，一依前降朝旨，一面施行訖。』

又 三月壬申朔，相度定奪黃河利害所奏：『本所尋親到北京元城縣孫村口及館陶縣堤埽相視一帶水勢，次到梁村口、張包口及内黃縣蒲潘口相北流水勢。考之前世河流次第及廣行，詢訪利害，大抵北流勢順下，故河道常欲趨北，前後所施行，人工不少，故見今水流分路頗多。今來逐司議論不同者四事，惟張包河門等最爲要切。安撫司、都水監之意，欲於斷堰處仍起堤三十裏，以防奪動大河；轉運之意，欲存留，以爲北流下河。所陳之利害，本所契勘東流自梁村西下至孫水口一十六裏有餘。見今伏槽水勢約八九分，已來行流，然河身皆自人力所開，大段窄狹。其闞村埽乃元祐三年所置，本欲横截大河，使之東去。自闞村埽至内黃下埽，空缺者七十餘裏，張包河乃在其間，雖即今水勢淺小，然去北之勢極爲順便，但自決大吴口後來，累年之間，北流堤防，全不修葺。即日難以便依轉運、提刑司所請，張包等河門，不行縷斷流，待漲水之出，仍乞閘内黃決口，鑿開元里堤，使水勢無壅其東行；亦依安撫司、都水監所請，疏口地、開雞爪河，以助東流之水勢，保明委是諳實。』明日，詔都水者王宗望：『疾速前去提舉，照管措置，務要於向下州軍別無疏虞，候將來漲水，見得河勢行流次第，令都水監具的確利害保明聞奏。』

又 癸酉 朝奉郎、監察史郭知章奏：『臣竊見大河分東、北之流，河北生靈被害甚久，往年朝廷議欲回河，蓋嘗患之而未能也。今茲河復故道，水之趨東者已不可遏；若順而導之，閉北而行東，其利百倍。近日朝廷遣使按視，聞已開梁村，閉北流，尚有闞村、張包河等處，逐司議論未一。臣以謂都水監官，朝夕從事於河上，耳目之所見聞，心志之所思慮，議論之所相接，莫非水也。河身之曲折高下，利害輕重本末，宜熟知之矣。今使水官不得盡其職而惑於浮議，臣恐河事一誤，則河北之民，未得安堵而樂業。伏望陛下特降睿旨，專委水官，以圖經久可行之策，以幸河北一路元元之民，不勝幸甚！』

又卷一一 紹聖元年八月 辛巳，都水監言：『河勢緊要，緣楊武埽逼近京城，請敕官同共提舉固護。』詔差開封府推官趙越疾速前去救護。

清 屠寄《蒙兀兒史記》卷八《忽必烈可汗本紀》 二十九年春正月甲午朔，日食，免朝賀。復置都水監，以太史令郭守敬兼領監事。

又 庚戌，車駕如上都，敕都水監分視黃河堤堰。【略】罷東平河道提舉司入都水監。

又卷一六《妥懽帖睦爾可汗本紀》 十二月壬午朔，修大都城。辛卯，以大司農禿魯兼領都水監，集河防正官，議黃河便益事。

又卷八三《姚樞傳》 又以河屢決，請立行都水監於汴梁，仿古法捍禦瀕河州縣，正官皆兼知河防事。從之。

（同治）《蘇州府志》卷八《水》 泰定二年，都水監任仁發開松江，自黃浦口直至新洋江，江面闊十五丈。

藝文

宋 强至《祠部集》卷二四《代兩制并都水監啓》 進冒嚴塗，實憂公議之未允；出司通漕，曾乏使才之所長。并此叨恩，覥然就職。竊以升黜屬官之狀，要在聰明；轉輸本道之財，莫非籌畫。而又地惟朔野之廣，歲有洪流之虞，北壓敵疆，内儲兵食，委之大計，須曰周才。如某者，學有媿于古人，識不經於世務。蚤尸憲職，旋補諫工。因彈擊於當塗，遂流離於遠郡。生還闕下，坐陟臺端，畧未踰時，亟陪主計。贍邦家之億費，何有微勞；董金穀於一方，復更重計。決非弱植，自致榮階，此蓋伏遇某官，密借公言，曲題人品，繇褒華之溢美，俾寵數之加優。誓竭愚衷，少酬恩紀。

**宋 劉攽《彭城集》卷一九《水部郎中王諤可知濟州都水監丞錢

曜可水部郎中制》 臺郎重選，郡守優寄，朝廷待材用之宅，兼仕宦之美，是皆雍容内外之望，用爲更互出入之地。以諤効官文昌，既歷歲月，俾分符竹，往臨鉅野。以曜領護都水丞事修舉，進升省闥，仍莅起曹。勉副茂恩，力圖來效。

又卷二二《大理正燕若古可國子監丞大理寺丞李舉之可都水監主簿制》 九寺之職事，治獄爲劇。爾等皆莅官大理，是已試於其難者，屬此官罷，徙爾他局。夫猶斧斤之於攻木，根節可解，若其餘則易而無滯。國庠總胄子之版，都水主溝洫之事，以其明辨，何有弗治？毋曰弗類，勉力自効。

又卷二三《朝奉郎行都水監主簿陳安民可都水監丞制》 吏習于事者，可以勸功。爾効職都水，其已久矣，因而遷之，乃宿其業，與夫初試未習者固有間焉。勉崇著効，毋孤寵在。

宋蘇轍《欒城集》卷二七《鄭佶都水監丞陳安民簿》 敕具官某等：朕既平政以便民，民少安矣。而大河以北，水不潤下，昏墊爲虐。故當今之政，水事爲急。以爾信嘗丞水官，練達有素，以爾安民，屢試民事，治辨見稱，其益講求本原，以稱厥職。可。

宋黄康弼《續會稽掇英集》卷五《大理寺丞充都水監勾當公事陳康民》 五羊城郭一朝新，歸作黄扉侍從臣。暫向天邊辭禁闥，更於江外福吾民。錦衣上塚鄉山曉，熊軾頒條驛路春。不待朞年應報政，即看朝覲對嚴宸。

宋慕容彦逢《摛文堂集》卷五《都水監署押官李士定可右班殿直制》 敕具官某：爾以年勞應格，朕久録其祇奉之勤，并錫恩典，擢茲命秩，其往欽承。可。

宋劉安上《劉給練文集》卷二《都水監丞葛仲良爲都水使者》 都水掌河渠水衡之政令，設使者以董治之，非宿于其業習、知其源流者，不在茲選爾。智材疏敏，夙夜瘁勤，不負于丞，具有嘉績，是用命爾。以長厥官，往率其屬，益勵厥成，則稱朕意。

宋汪藻《浮溪集》卷八《郭敏修都水監丞制》 古者有水官、水學，以是學而居是官，其失鮮矣。以爾習于河事，用志不分，往督堤谿，寬吾憂顧，勿徒繁擾，而或負丞。

又《蕭倫都水監主簿制》 水失其行，堤谿不息，雖勾稽之官，有不得而廢者，今以命汝，往服朕恩。

元歐陽玄《中書右丞相領治都水監政績碑》（嘉靖）《山東通志》卷三八 中書右丞相定住公自居平章首席，既而升左相，又升右相，被命領都水監事。至正癸巳之正月迄今數年之中，浚治舊規，抑塞新弊，水政大修。都水監長貳寮佐一日具其實迹，請于翰林歐陽玄文其事于石，以貽永久。曰：國家之置都水也，始於世祖皇帝至元二十八年，丞相完澤實倡其端。當時，君相慮周制密，導昌平白浮之水西流，循西山之麓，會馬眼等諸泉，潴爲七里濼，東流入自城西水門，匯積水潭，又東并宮墻環大内之左合金水河南流，東出自城東水門，又潞河之陽南會白河，又南會直沽入海，凡二百里，是爲通惠河。置閘二十有四，跨諸閘之上，通京師内外，經行之道置橋百五十有六，乃接運粮提舉司車户千四百五十有一，隸監專治其事。閘與橋初置以木，仁宗皇帝延祐中，易木以石，次第而械之。命閘户學爲石工，以至攻木、銀鐵、煉堊皆習其技，歲械一閘，工與費若干，有司會其凡而籍之，歲以爲常，約歲若干。諸閘皆石，一切工後取具，閘户不擾而集。近年有司擅以閘户抑配各驛以給驛置。至元、延祐以來，良法美意，日就蠹壞，今右丞相以聞，有旨復還郭士英若干户，餘州縣之侵軼者悉禁絶之，故得水利不瀆，漕法不滯。且通惠河之將入海也，衡漳貫之，遡漳西南，涉瀛博之野，南至于臨清堂邑之壖，過壖而南爲會通河，盡豫、兖、青、徐四州境上之水，入河絶淮，至大江而止。二河相通，其爲水利博矣。有若京城西之金口，下視都邑水勢如建瓴，一蟻穴之漏則横潰莫制，守堤吏與閘户晝夜分番邏視，不贍則借兵士於樞密，所係尤重。故水政之修，閘户之復，丞相有功於斯甚大，可無紀述乎？玄聞其言，乃考古而徵。今水在唐虞爲澤虞，在成周爲川衡。初，西漢太常、大司農、少府、内史、主爵都尉皆置都水長丞，武帝置水衡都尉，成帝置左、右都水使者，東漢改置河堤謁者，晉改都水臺，又置前、後、左、右、中五水衡，以五使者領之。劉宋置水衡令，蕭梁改爲大舟卿。宇文周置都水中大夫，隋置都水臺使者，尋復置監、少監，又改令、少令。唐沿革不一，或稱都水局，或稱司津監，或稱水衡監，或置使者，或置都尉。趙宋爲都水監，置判監、同判及丞、主簿等員，大抵掌川澤津梁、渠堰陂池之政，兼總舟航桴筏之笄，就司其征以充用。故漢太常諸卿各有水衡，蓋征其入給俸禄，所稱水衡錢是也。聖代捐厚費以利天下，而秋毫不征其資，視都水有不可同年而語者。且歷代建都，秦、漢、唐多都雍州，阻關陝之險，漕運極艱，用水極少。其後有都洛陽、大梁，亦不過浚洛入汴，瀹汝、蔡入淮而已。我元東至于海，西暨于河，南盡于江，北至大漠，水涓滴以上皆爲國用，水政之重，可不以重臣領之乎？昔者舜舉禹治水土，益治川澤，重臣之典水政，唐虞以來之遺意也。玄職在太史，紀載爲宜。右丞相康里氏，定住其名，乃祖、乃父，三世宿位，逮事列聖，篤於忠貞，數從王師，多積功伐，有陰德餘慶施於後人。丞相揚歷臺閣三十餘年，清慎如一，熟知國家典章。及居台揆，雅量鎮浮，坐決大政，不徵辭色，百度自貞，有古大臣之風焉。系以詩曰：國置水官，象天玄冥。都水有政，治國大經。於穆皇元，龍興朔方。秉令太一，并放八荒。乃據析津，乃建神州。囊括萬派，衡從其流。東浚白浮，遵彼西山。即是天漢，流畢昴間。西挹紫害，南出皇畿。又東注海，萬派攸歸。東溟天池，若爲我潴，給我漕輓，徑達宸居。河濟淮江，陳若指掌，我鑿二渠，利盡穹壤。雖云盡利，我則不征。捐利利民，治水水平。維今右相，自董水政。舉措不領，户籍先正。昔命閘户，習煆習礪。揵木膠垔，各程其藝。循甲及乙，諸閘遍械。歲一修閘，衆藝畢來。制水有閘，通道有梁，息耗有則，啓閉有常。夫何閘户，俾役驛厩。是求善書，遽掣之肘。相君入告，閘户乃復。每歲鳩功，群匠來族。水政既舉，國計以滋。都人日用，源委莫知。彼水在國，血脉在身。百體輪津，五官嗇神。相爲股肱，水利寔興。榮衛不疑，股肱宣能。維相君力，砥柱龍門。□彼衝瀆，國之樊垣。有力斯定，有量斯寬。燮調雍容，歲不溢乾。重華在位，禹益作相。庶工底績，百川是障。世皇浚渠，相曰完澤。身先水官，相彼原隰。洵美相君，海内稱賢。罔俾哲輔，專美於前。六府三事，治先乎水。九叙惟歌，作者太史。太史作歌，載以龜趺。

元 宋褧《燕石集》卷一二《都水監改修慶豐石閘記》 牐於字，爲閉城門具，或曰以板有所蔽。近代水工用之，以時畜洩水行船。世祖皇帝至元二十九年，有昭文館大學士、知太史院、領都水監事臣郭守敬圖水爲渠，自通惠河貫京城，迤邐出南水門，過通州，抵高麗莊之壩，爲里二百。視地形創牐附崕壁及底，皆用木，凡二十四，慶豐其一也。後二十年，當至大四年，諸牐浸腐，宰相請以石易爲萬世利，且請度緩急後先作則工不迫，工不迫則周且固。仁廟敕準，有司以次第舉。由是至順元年始及慶豐之役，都水少監王温臣率其屬分督程作，日役士卒及土木金石之工千有五百五十，輸木萬章，鐵以鈞計凡八百有奇，石材三千一百，瓴甓灰藁他物無算。築基縱長百有二十尺三分，長之二爲衡，廣高二丈，間容二丈二尺。經始於是年三月之望，粤六月十有五日告成。繩架中度，完好緻密，公私善之。明年春，監丞阿禮、張宗顔状是役之爲日久，近牐之高深長廣幾何，糜費物如干，創始改作之緒，庀工之勤，成功之利之美，求識以文。予復之曰：『世祖開物成務，群策畢舉。仁廟克承先烈，措注宏遠，功不百倍不改作也。臣下奉行，惟謹事理之著者也。記是誠宜。』然予疑是牐之始命名爲何人，與創始之歲，果豐與歉，或示微意於後世歟？惜莫可得而知，何也？牐非侈靡游觀之所，國計民庸仰以給者，猶必待歲豐而後作，矧他役乎？斯果作於豐年，則是役不敢妄興，民不敢苟勞，財不敢徒用，章章矣。因其役并原其名，是爲記。

元 宋本《都水監事記》《元文類》卷三一 都水監丞張君子元，致其長颯八耳君之言曰：『吾職古爲澤衡，元制秩三品，所以列朝著者，有典掌、有屬、有事功，而廢置有沿革。然設官四十一年矣，嘗莅是者，無慮百餘人，其勤勞職業豈少哉？曹署老吏日以亡，簿書歲畀，掌故日以蠹爛，有所徵考，則茫然昧所嚮。殆非所以謹官常、備遺忘也。幸文以紀其槩，將刻石聽事，爲方來益。敢最其事於牘以溷子。』讀之，則知監始以至元二十八年丞相完澤奏置於京師，監、少監、丞各二員，歲以官一、令史二、奏差二、壕寨官二分監于汴，理決河。又分監壽張，領會通河，官屬如汴監，皆歲滿更易。泰定二年，改汴監爲行監，設官與内監等。天曆二年罷，以事歸有司，岸河郡邑守令，結銜知河防事，而壽張監至今不廢。此其沿革。大都河道提舉司官三、幕官一，通惠河牐官二十又八，會通河牐官三十又三，此其屬。通惠、金水、盧溝、白溝、御清、會通七河，通惠之廣源、會川、朝宗、澄清、文明、惠和、慶豐、平津、博濟、通流、廣利，會通之會通、土壩、李海、周店、七級、阿城、京門、壽張、土山、三又、安山、開河、岡城、兖州、濟州、趙村、石佛、新店、師莊、枣林、孟陽泊、金溝、沽頭五十五牐，阜通之千斯、常慶、西陽、郭村、鄭村、王村、深溝七壩，都城外内百五十六橋，皇城西之積水潭隸焉。凢河若壩塡淤，則測以平而浚之。牐橋之木朽甃裂，則加理。牐置則，水至則則啓，以制其涸溢。潭之冰共尚食。金水入大内，敢有浴者、澣衣者，弃土石瓴甋其中，驅馬牛往飲者，皆執而笞之。屋于岸道，因以陋病牽舟者，則毁其屋。碾磑金水上游者，亦撤之。或言某水可渠、可塘、可捍以奪其地，或某水塾民田廬，則受命往視，而决其議、禦其患。大率南至河，東至淮，西洎北盡燕晋朔漠，水之政皆歸之，此其典掌。至元二十九年，鑿通恵河，繇京師東北昌平之白浮村，導神山泉以西，轉而南會一畒、馬眼二泉，繞出瓮山後，滙爲七里濼。東入西水門，貫積水潭。又東至月橋，環大内之左，與金水合。南出東水門，又東至于潞陽，南會白河，又南會沽水，入海。凡二百里，立牐二十四，役工二百八十五萬，費以鈔計百五十二萬，米三萬八千七百石，木十六萬三千八百章，銅鐵二十萬斤，灰油藁稱是。八月經始，三十年七月畢事，以便公私。至治二年七月，石麗正門南之第一、又南苐二橋，以壯郊祀御道。蓋京師橋牐，舊皆木，宰相謂不可以乆，嘗奏，命監漸易以石。今牐之石者已九，橋之石者六十又九，餘將次苐及之。役之用洎勞，蓋可臆度，兹畧不書。泰定元年七月，釦積水潭之南岸，以石袤千二百五十尺，繚以赤闌，風雨湍浪，不崩不淖，以利往來。至治元年七月，大霖雨，盧溝决金口，勢瀕王城。補築堤百七十步，崇四十尺，水以不及天邑。此其事功。嗚呼！明典掌，建事功，在位者事也。若曹署之廢置，屬之衆寡，則亦當究知。繼官是監者，能惓惓於此，則無負數君子意矣。我世祖以上聖膺開物之運，建邦設都，樹官府國中，與列聖之文致太平，更植叠立。使佩印綬，食奉錢廩稍，秩三品，及過而上者，將數十百所，詎皆無沿革典掌與屬與事功哉？未聞出意見求搢紳先生紀之者。則數君子敬事以近文，可知矣。矧徒有典掌、有屬而無事功，稽其沿革以不能道者哉？抑水之利害在天下可言者甚夥？姑論今王畿，古燕、趙之壤。吾嘗行雄、莫、鎮、定間，求所謂督亢陂者，則固已廢。何承矩之塘堰，亦漫不可迹。漁湯、燕郡之戾陵諸堨，則又并其名未聞。豪桀之憙，有作以興廢補弊者，恒慨惜之。或又謂漷之沽口田下，可塍以稻，亦未有舉者。數君子能職思其憂若是，是殆濟矣。故以是卒記之。監者潭側，北西皆水，廳事三楹，曰善利堂。東西屋以棲吏。堂右少退曰雙清亭，則幕官所集之地。堂後爲大沼，漸潭水以入，植夫渠荷芰。夏春之際，天日融朗，無文書可治，罷食啓窗牖，委蛇騁望，則水先千頃，西山如空青。環潭民居、佛屋、龍祠，金碧黝堊，横直如繪畫。而宮垣之内，廣寒、儀天、瀛洲諸殿，皆巋然得瞻仰，是又它府寺所無。至順二年三月宋本記。

元 余闕《青陽先生文集》卷四《送月彦明經歷赴行都水監序》

中國之水，頼禹治之而悉平，而河獨爲患至今未已者，何也？河失禹之道，而治河者不以禹之所治治之也。盖河出崑崙，合諸戎之水東流，以入中國，其性勁悍，若人性之有强力。其來也甚遠，而其注中國也爲甚下，又若建瓴水扵峻宇之上，則其所難治也固宜。且中原之地，平曠夷衍，無洞庭、彭蠡以爲之滙，故河嘗横潰爲患，其勢非多爲之委以殺其流，未可以力勝也。故禹之治河，自大邳而下，則析爲三渠，大陸而下，則播爲九河，然後其委多，河之大有所寫，而其力之所分，而患可平也。此禹治河之道也。自周定時，河始南徙，訖扵漢，而禹之故道失矣。故西京時其受患特甚，雖以武帝之才，乘文、景富庶之業，而一瓠子之微終不能塞而付之，無可柰何而後已。自瓠子再决，而其流爲屯氏諸河，其後河入千乘，而德棣之河又播爲八，漢人指以爲太史馬頰河者，是其委多，河之大有所寫而力有所分，大抵偶合扵禹所治河者，由是而訖東都。至唐，河不爲患者千數百年。或者以謂王景堤防之力乃大，不然，使無屯氏及德棣諸河，河之大，無所寫而力無所分，景以尋文之防而捍，猶螳螂之駕而可以捍大車之奔，吾不信也。惟河之委既多，大有所寫，而力又有所分，景之堤防特以捍漸水之衍溢者耳。比趙宋時，河又南决，至於南渡，乃由彭城合汴、泗，東南以入淮，而漢之故道又失，以河之大，且力惟一淮以爲之委，無以寫而分之，故今之河患與武帝無異。余嘗以爲中國之地西南高而東北下，故水至中國而入海者，一皆趍扵東北。古河自龍門即穿西山踵趾而入大陸，地之最下者也。然河，天下之獨水也，凡水一石，率泥數斗，嘗道出梁、宋，觀河所决，凢水之所被，比其去，即穹居大木，盡没地中，漫不見踪迹。河之行扵地方也數十年，而河徙千乘，自漢而後千數百年，而河徙彭城，然南方之地本高於北，故河之南徙也難，而其北徙也易。自宋南渡，至今殆二百年，而河旋北，迺其勢然，非有他説也。比者河北破金堤，逾豐、沛、曹、鄆諸郡大受其害，天子哀民之墊溺，乃疏桺河，牽引之南，工不就。又遣平章政事嵬名公、御史中丞李公及禮部尚書泰不花公，沉兩珪有邸及白馬而祀之，河之患不已。乃會諸老臣集議治河者，諸老臣無能言其説，獨尚書泰不華公以爲當浚河棄道，復引河以入彭城。而待制楊梓義力以爲棄道不可浚，設使浚之，而河未必能入。庙堂無所從，遣都水使者相其便害，或者以爲當築堤起曹，南訖嘉祥東西三百里，以障河之北流，則漸可畐以導之使南。庙堂從之，乃置都水分監，以任其事。選朝臣之知水者爲都水，而吾同年月君彦明爲元幕。將行，以問於余。余不知河事者，雖然諺有之曰：不習爲吏，眂已成事。以事已成者爲君言，則古所以治河者可見也。今河惟不反故道，則其勢可障而排之使南，使反於故道，由漢之千乘以入海，則国家將無水患千餘年，如東都與唐之時乎！今禹之九河既不可復考，而河亦不復，德棣之間，漢人指以爲太史馬頬河者尚未泯，可尋究如縷河之道，是將大有所寫而力有所分，非若一淮之小而扼其勢，而使之横潰，爲吾民害也。今夫庙堂之議，非以南爲壑也，其慮以爲河之北則會通之漕廢，其係於朝廷甚重。余則以爲河北而會通之漕不廢，何也？漕以汶而不可以河也。河北則汶自彭城以下必微，微則吾有制而相之，亦可以舟以漕，《書》所謂浮于汶達于河者是也。余特欲防鉅野而使河不妄行，俟河復千乘，然後相水之宜而修治之，特一人之私言也。朝廷方事堤防，固無事此，乃以彦明言者，似迂遠而不切也。萬一堤防不足以禦河，則余之言或有時而驗焉。故爲之叙。

元 納新《金臺集》卷二《新堤謡》 近歲河決白茅東北，氾濫千餘里，始建行都水監於鄆城，以專治之。少監蒲從善築堤建祠，病民可念。予聞而哀之，乃作歌曰：『老人家住黄河邊，黄茅縛屋三四椽。有牛一具田一頃，藝桑種穀終殘年。年來河流失故道，墊溺村墟決城堡。人家墳墓無處尋，千里放船行樹杪。朝廷憂民恐爲魚，詔蠲徭役除田租。大臣襍議拜都水，設官開府臨青徐。分監來時當十月，河冰塞川天雨雪。調夫十萬築新堤，手足血流肌肉裂。監官號令如雷風，天寒日短難爲功。南村家家賣兒女，要與河伯營祠宮。陌上逢人相向哭，漸水漫漫及曹濮。流離凍餓何足論，只恐新堤要重築。昨朝移家上高丘，水來不到丘上頭。但願皇天念赤子，河清海晏三千秋。』

明 劉嵩《槎翁詩集》卷六《秋日過宛平縣學坐射亭觀梅子荷花》 舊日曾聞都水監，明時已屬泮宫祠。水通窊地生荷葉，門倚回堤出柳枝。橋外行人看習射，座隅童子解歌詩。晚凉雲錦偏留客，不記歸來馬上遲。

明 唐之淳《唐愚士詩》卷一《過張秋傷河決都水監》 可憐都水監，無復漢官儀。洲渚沈遺迹，魚龍識故碑。日斜漁唱斷，風細客帆遲。前代多耆舊，時來咏黍離。

明 倪岳《青溪漫稿》卷五《觀新修運河贈總戎平江陳公》 百里官河一棹通，力排群議仰宸衷。關西夫子能謀國，閫外將軍特奏功。役籍豈勞都水監，旌書須下大明宫。題詩聊志儒生喜，紀載還歸太史公。

明 張國維《吴中水利全書》卷一三《奇徹台言浙西水利狀》 江浙行中書、左丞相奇徹台言：浙西水利近年有司失於舉行，堤防廢弛，溝港堙塞，水失故道，民受重困。今後莫若都水監官歲委一員分治，仍令各處農事正官帶知圍田署銜，責任有歸。及監察御史言，宜復立都水庸田使司，慎選諳曉水利、恪守官箴之人，按披圖志，討論舊治，於必合開挑之處，將原額租税除豁，合用工本，官爲支給，使專其任，責以成效乃已。

清 顧嗣立《元詩選·初集》卷三三《荆門》 河塘底裏通涵管，宣泄堤防計未迂。大抵成功揺末議，却將失得較錙銖。子仁爲都水監丞日，作涵管，疏泄積潦，一時以爲便，而今或有非之者。

清 劉開《劉孟塗集·前集》卷五《讀史雜咏》 倉卒興輸役，艱難憶老成。已添都水監，更設大舟卿。白馬河邊吏，蒼龍埽上兵。但須紓國患，不用衆成城。

雜録

宋 佚名《京口耆舊傳》卷六《陳廓傳》 案：《宋職官志》都

水監置局於澶州，號曰外監。元豐正名，置南、北外都水丞各一人。紹興九年，始置南丞於應天府，北丞於東京，應明此時爲北外丞在澶州監局。然雖置局於外，仍隸在京都水監，故其『知處州』此書特標云『出知處州』，可與《宋志》互證。

《宋史》卷一五八《選舉志四》　都水監主簿李士良言：沿河幹集使臣凡百六十餘員，悉從水監奏舉，往往不諳水事，干請得之。

《金史》卷一二八《孫德淵傳》　宰相欲以故宋宦者權都水監，鑒曰：『誤國閹豎，汴人視爲寇讎，付以美官，將失人望。』遂不用。

元 周伯琦《扈從集·紀行詩》　南過鄂勒嶺，路多亂石。下臨深澗，險阻可畏，澗黄流浩汗東南數百里，穿居庸關，流至京城南盧溝，合衆水，勢甚大，名爲渾河。每歲都水監專其事，否則爲患不小。

（正德）《姑蘇志》卷一二《水利下》　經治之後，更須都水監差官按行，嚴督各州縣每歲修葺，使其經久不廢。

明 李濂《汴京遺迹志》卷六《河渠二·汴河》　宋都大梁諸水，莫此爲重，其淺深有度，置官以司之，都水監總察之。每歲自春及冬，常於河口均調水勢，止深六尺，以通行重載爲準。【略】子淵時爲都水監丞，畫十利以獻。

清 孫承澤《春明夢餘録》卷三《城池》　城河，其源出昌平州白浮村神山泉，通榆河，會一畝馬眼諸泉，匯爲七里門東流，環遶都城，曰玉河。由大通橋而下至通州高麗莊入白河，與盧溝河合，長一百六十餘里。元都水監郭守敬所鑿，賜名通惠河，又名大通河，即潞河也。

清 顧炎武《天下郡國利病書·山西·解監池上》　姚暹渠，在塩池北十里，舊云永豐渠。【略】隋大業間，都水監姚暹重開此渠，因號焉。

清 顧炎武《肇域志》卷二三　姚暹渠，舊名永豐渠，源出夏縣【略】隋大業間，都水監姚暹因渠水數犯鹽池，鳩工修浚，鹽人德之，乃更今名。

清 王履泰《畿輔安瀾志·永定河》卷九《官司》　謹案：永定河向無官司。《元史·本紀》：順帝至正十三年五月，命東安、武清、大興、宛平等縣正官添給河防職名，從都水監巡視渾河堤岸，此始事也。

又《衛河》卷五《堤防》　生堤，宋都水監丞李立之創築，在冀州、深州、河間縣界。

清 周城《宋東京考》卷一八《河渠》　蕩渠，又名通濟渠，自隋大業初疏通濟渠，引黄河通淮，至唐改名廣濟渠。宋都大梁，諸水莫此爲重。其淺深有度，置官以司之，都水監總察之，每歲自春及冬，常於河口均調水勢。

清 王太岳《四庫全書考證》卷六六《御定淵鑒類函》　都水使者類：宋都水監條判監事一人，以員外郎以上充；同判監事一人，以朝官以上充。刊本上『事』字訛『寺』，又脱下『事』字，并據《宋史》改增。

（嘉慶）《直隸太倉州志》卷五一《古迹·寺觀·嘉定縣》　滬瀆龍王廟，在黄渡鎮。元大德中，都水監李果建。明天順間，知縣龍晋修。

清 劉鳳誥《存悔齋集》卷八《經進文·丁卯江南鄉試策問五道》　問：周官有林衡二官，即虞舜命益以掌山澤之意。漢初置水衡都尉，又有都水長丞，其義奚若？旋以都水官多，置左右使者以領之，膺斯職者何人？厥後若河堤謁者、都水臺使者、都水使者、水衡令，歷代建置，能詳舉歟？梁改都水使者爲大舟卿，位視何等？隋改都水臺入司農，職領何事？唐改司津監丞，復改爲都水監，置使者二人，分總其事，所屬令、丞凡幾？宋之都水監判監事、同判監及丞與主簿，以何官充之？其間任事久暫各殊？遼、金仍置都水監，元增行都水監，果無別歟？明初遺尚書治河，自後間遣侍郎、都御史，總督河道之名，其昉於是歟？江防、海防有兼治歟？皇上廑念宣防，復設南河副總河一員，因時制宜，安瀾底績，生斯土者，其稽古建置，以彰今法之善。可。

（道光）《濟南府志》卷四八《人物四·元·高仁》　河決，都水監發山東民塞焉，死者枕籍。

清 羅士琳《舊唐書校勘記》卷二六《都水監》　『掌舟檝之事』，沈本『檝』作『楫』，下文仿此。按『檝』與『楫』同，《六典》

亦作『檝』。『神龍復爲使者，正五品上』，沈本無『復』字及『使者』二字。『仍隸將作監』，沈本無『仍』字，而有『開元二十五年不』七字。按《新志》同。『丞二人』，聞本自此句至『掌固三人』，皆在下文使者職掌之後。按《六典》同。然《六典》詳列丞及主簿之職掌，故官名不妨另列。此志既删去其職掌，則官名無庸别載矣。『主簿二人』，沈本注云『《新書》一人』。按《六典》同。『掌固三人』，沈本『掌』上有『亭長一人』四字，『三人』下注云：『《新書》四人』。按《六典》同。『使者掌川澤津梁之政令』，《六典》『使』上有『都水』二字。『總舟檝、河渠二署之官屬』，《六典》『二』作『三』，誤。『正九品下』，沈本此下有『漕正一人、府三人、史六人、監漕一人、漕史二人、典事六人、掌固八人』二十五字。按《新志》同。《六典》無『漕正一人』四字。上『六』字及下『二』字皆作『四』，『二』作『三』，下『六』字及『八』字皆作『三』。『舟檝署令』，沈本無『署』字。按《六典》同。『運漕之事』，六典『運』上有『及』字。『正九品上』，沈本『上』作『下』。按《六典》、《新志》同。『河堤謁者六人』，沈本『人』下有『正八品下』四字。按《六典》同。『掌修補堤堰漁釣之事』，沈本『掌』上有『河堤謁者』四字，在下文『以時價市供』之句後。按《六典》此句脱去。今考河堤謁者既爲河渠令之屬官，則其職掌自當列於河渠令職掌之後，不應反在其前，當從沈本改正，方與上下文之例相合。『祭祀則供魚醢』，《六典》『祭』上有『若大』二字，『供』下有『其乾魚』三字。『諸司供給魚』，《六典》『諸』上有『凡』字，『供』作『應』。『諸津令一人』，沈本『令』下有『各』字。按《新志》同。『正九品下』，聞本、沈本『下』作『上』。按《六典》、《新志》同。『丞一人』，沈本『丞』下有『各』字。『津令各掌其津濟渡舟梁之事』，《六典》『津令』上有『諸』字。

都水使者

論説

宋 王同《議水》《宋文鑒》卷一〇六　古者之治五行也，必有五行之官。其去民用尤近，而逆其理則有敗害之端，莫甚於水。故官得其任則不憂乎，水之敗害，誠其勢也。是以舜命益作虞，以掌山澤。周有川澤之禁，而後世修之，未嘗廢也。由秦漢以來，使任其事而爲之水官，則莫若都水之職。其主灌溉陂池，保守河渠，自太常及三輔皆有其官。至武帝之時尤增重之，於是又有左右使者，使統其任，而居其事者莫不明於禹貢之學，而習於知水之性。故劉向以治書爲三輔都水都尉，平當以明禹貢領護河堤，蓋其任職之人，未嘗不修其事。而又有水工之徒，以佐知其利害，是以秦漢之際言水事於書尤著。而魏晋已來至於隋唐，其官亦未嘗廢。於魏則有都尉水衡之號，晋、宋、齊皆曰都水臺，或爲水衡令。及梁天監中，始改曰太舟卿，而主治舟航河堤。隋唐之時又皆爲都水使者，或改曰監，而舟檝、河渠二署隸之。然於水事，或領或否矣。故天下不喻於水而失其水之性，使以憂中國者起矣。國家比歲之間，水之爲害亦甚矣。自京城之中，民被其苦，亦暴而衍溢者，歷月不知所以洩之。今國家懲前日之患而求于秦漢之故，爲之都水之任，專其有司，欲以知水之性，此慮患之本也。夫以患而設，備求其功効，而使之不爲虚位，則天下宜有明于水性，若秦漢之間所謂水工者出矣。苟得其水工，而又以知水者居其任，使之專其職而行于天下，就視其水之利害，得以循其故而治之，不使數遷其任，責之課最，而信其黜陟，則官得其人而分定，則事益修矣。故爲今之慮水，莫若如此。

綜述

（嘉靖）《惠安縣志》卷三《水利》　宋熙寧中興水利，内有都水使者，外則州縣倅丞分職之，而漕司考其殿最。

《續通志》卷一三二《職官略・唐五代宋官制下・都水監》 都水使者，唐置使者二人，丞二人。宋初隸三司河渠案。仁宗嘉祐三年始置，監一人，置局于澶州，曰外監。元豐中置使者一人，掌內外川澤河渠津梁堤堰之事。丞二人，主簿一人。元祐中復置外都水使者，所隸有街道司。紹興十年以監歸于工部，不復置。

傳記

《宋史》卷三一二《曾孝廣傳》 孝廣，字仲錫，元豐末爲北外都水丞。【略】河決內黄，詔孝廣行視，遂疏蘇村，鑿鉅野，導河北流，紓澶、滑、深、瀛之害，遷都水使者。洛水頻歲溢涌，浸齧北岸。孝廣按河堤，得廢澾口遺迹，曰：此昔人所以殺水勢也。即日浚決之，累石爲防，自是無水患。

紀事

宋 佚名《宣和遺事・前集》 六月，天成、聖功二橋成。都水使者孟昌齡請開鑿大伾三兩河回，引河流於河陽，作浮、空二橋，至是畢工，賜名，頒德音於河北、京東、京西。時諸路皆調夫赴役，凡數千萬人，兩河之人愁困，殆不聊生。未幾，水漲橋壞。

宋 周必大《文忠集》卷二九《興國太守贈太保王公絢神道碑》 宣和三年四月，河決恩州。魏之堤防素固，都水使者皆藉以爲功，調急夫數萬，斂薪芻無藝，刻期增築。蠶麥方登，民胥怨苦。

《宋史》卷六一《五行志一上》 宣和元年五月，大雨，水驟高十餘丈，犯都城。自西北牟駝岡連萬勝門外馬監，居民盡沒。前數日，城中井皆渾，宣和殿後井水溢，蓋水信也。至是詔都水使者決西城，索河堤殺其勢。

又 大觀元年閏十月丙戌，都水使者趙霆行河，得兩首龜，以爲瑞。蔡京信之曰：此齊小白所謂象罔見之而霸者也。鄭居中曰：首豈容有二？而京主之意，殆不可測。帝命棄龜金明池。

又 卷九三《河渠志三》 元祐四年，都水使者吳安持因紓南宮等埽危急，遂就孫村口爲回河之策。

又 六月癸酉，都水使者孟揚言：『舊河陽南北兩河分流，立中潬，繫浮梁。頃緣北河淤澱，水不通行，止於南河修繫一橋。因此河項窄狹，水勢衝激，每遇漲水，多致損壞，欲措置開修北河，如舊修繫南北兩橋。』從之。

又 四年四月壬子，都水使者孟揚言：『奉詔修繫三山東橋，凡役工十五萬七千八百，今累經漲水無虞。』詔因橋壞失職降秩者俱復之。揚自正議大夫轉正奉大夫。

又 卷一七三《食貨志上一》 五年，都水使者范子淵奏：『自大名抵乾寧，跨十五州，河徙地凡七千頃，乞募人耕種。』從之。

又 卷一七五《食貨志上三》 靖康初，汴河決口有至百步者，塞之，工久未訖，乾涸月餘，綱運不通，南京及京師皆乏糧。責都水使者陳求道等，命提舉京師所陳良弼同措置。越兩旬，水復舊，綱運沓至，兩京糧乃足。

又 卷三五四《謝文瓘傳》 紹聖末，都水使者議建廣武四埽石岸。朝廷命先治岸數十步，以驗其可否。黄流湍悍，役人多死，一方甚病，功不可成，而使者申前説愈力。文瓘條別利害，罷其役。

又 卷四七二《奸臣傳二・蔡京傳》 任孟昌齡爲都水使者，鑿大伾三山，創天成、聖功二橋。大興工役，無慮四十萬，兩河之民愁困不聊生，而京倜然自以爲稷、契、周、召也。

元 蘇天爵《元名臣事略》卷三《太師洪陽忠武王》 二十八年，都水使者請鑿渠西導白浮諸水，經都城中，東入潞河，則江淮之舟既達廣濟渠，直泊于都城之滙。上亟欲其成，又不欲役及細民，敕四集賽人及諸府人與鑿所司高深之分賦之，刻日使畢。王率其屬著役者服操畚鍤，即所賦以倡，趨者如雲，依刻而渠成，賜渠名通惠河。而河爲公私大利。上語近臣曰：是渠非伊徹察喇身率衆手，成不亟也。

《元史》卷六六《河渠志三》 先是，魯嘗爲山東道奉使宣撫首領官，循行被水郡邑，具得修捍成策。後又爲都水使者，奉旨詣河上相視，驗狀爲圖，以二策進獻。一議修築北堤以制横潰，其用功省；一議疏塞并舉，挽河使東行以復故道，其功費甚大。

明 黃淮《歷代名臣奏議》卷二五三《水利》 二年，都水使者吳玠上言曰：自元豐間，小吳口決北流，入御河，下合西山諸水，至清州，獨流砦三叉口入海。雖深得保固形勢之策，而歲月寖久，侵犯塘堤，衝壞道路，齧損城砦。臣奉詔修治堤防，禦捍漲溢。然築八尺之堤，當九河之尾，恐不能敵，若不遇有損缺，逐旋增修，即又至隳壞，使與塘水相通於邊防，非計也。乞降旨修葺。從之。

又 四年，都水使者孟昌齡獻議導河大伾，可置永遠浮橋，謂：河流自大伾之東而來，直大伾山西而止，數里方回南，東轉而過，復折北而東，則又直大伾山之東亦止，不過十里耳。視地形水勢，東西相直徑易，曾不十餘里間。且地勢低下，可以成河，倚山可爲馬頭。又有中潬，正如河陽，若引使穿大伾大山及東北二小山，分爲兩股而過，合於下流，因是三山爲趾以繫浮梁，省費數十百倍，可寬河朔諸路之役。朝廷喜而從之。

又 十一月，都水使者孟揆上言曰：大河連經漲淤，灘面已高，致河流傾側東岸。今若修閉强上埽決口，其費不貲，兼冬深難施人力。縱使極力修閉，東堤上下二百餘里必須盡行增築，與水争力，未能全免決溢之患。今漫水行流，多鹹鹵及積水之地，又不犯州軍，止經數縣，地分迤邐，纒御河歸納黃河，欲自決口上恩州之地水堤爲始，增補舊堤，接續御河東岸，簽合大河。從之。

明 謝肇淛《北河紀》卷三《河工紀》 政和五年閏正月，詔於恩州北增修御河東堤爲治水堤防。令京西路差借來年分溝河夫千人赴役。於是都水使者孟揆移撥十八埽官兵分地步修築，又取棗强上埽水口以下舊堤所管榆柳爲椿木。

《宋會要輯稿・方域一五》 哲宗元祐五年【略】三月二日都水使者吳安持言大河信水向生，請鳩工預治所，急詔發元豐庫封樁錢二十萬充雇直。

清 秦緗業、黃以周、王詒壽等《續資治通鑑長編拾補》卷一〇 紹聖元年六月 丙申，都水使者王宗望等言措置回河，自闞村以下至内黄下埽縷堤七十里，所用薪芻萬數，不少除將年計物料那融分擘外，其上件七十里，見爲七節修治，每節各管一十里。今約度每節添置梢草四十萬束，乘此秋成計置每束約用錢三十五文，計九萬八千貫。合取朝旨，應副更乞差官措置。并從之。

又 七月辛丑，廣武埽危急，詔都水使者王宗望即亟往廣武埽提舉救護。【略】甲寅，都水使者王宗望奏廣武埽已刷塌地步闊遠塌透大堤，須修捲埽岸，役兵數少，特乞在京壯役廣固共三千人，并下京東都大司於緣汴裝卸人内除府界泗洲外告差刷南京界以下裝卸一千人，并吏部差有心力使臣取押内廣固壯役差去員裝卸東京淮南各一員，低例支破，遞馬驛券，兼程前來，其人兵限使臣到，并一日内起發，及合本處支借附帶合用鍬杵等赴役。御批除廣固指揮外不差，外餘可并依所奏，日下便與處分。

又 卷三一 紹聖元年八月丙子 以權户部侍郎吳安持爲權工部侍郎。安持等言廣武埽危急，刷埽堤身二千餘步，與清、汴絶近，接洛河之南，去廣武南五六百步，或千餘步，地形稍高，自鞏縣東七里店至見今洛口約不滿十餘里，可以別開新河，引導河水近南行流，地步至少，用功甚微。都水使者王宗望行視，并開井筒，各稱利便。外其南築大堤，功力浩大，乞下合屬官司別相度保明。從之。

又 十月丁酉，都水使者王宗望言大河自元豐潰決以來，東北兩流，利害極大，十年紛争，國論不決，水官無所適從。伏自奉詔以來，凡經九月，上禀成算，遂斷北流，以除河患，望下臣等奏付史官以紀。紹聖臨御以來，聖明獨斷，至此成績，詔宗望等具析修閉北流部額官等功力，等第以聞。

又 卷十二 紹聖二年十月 甲申，三省樞密院言紹聖元年命權工部侍郎吳安持、都水使者王宗望、監水丞鄭佑自闞村而下，直至海口相視，應新舊堤防及淤淺河道，增修疏浚，可使將來盛夏不至壅滯衝決之患。即據向所閉北流之功當言等第推恩，如向去措置不當，致有衝決，爲公私大患，亦當考察事實，重作施行。詔以大流中流朝請大夫都水使者王宗望爲右中散大夫，朝奉大夫工部侍郎吳安持爲朝請大夫，候過來年漲水東流無虞，更加旌賞。若致决溢，仍舊滋長河患，當議施行。【略】丁亥，都水使者王宗望擢工部侍郎，進階三等，授中散大夫、直龍圖閣、河北都轉運使。

藝文

宋 曾鞏《元豐類稿》卷二〇《李立之范子淵都水使者制》 勑具官某：川澤河渠之政，津梁舟楫之事，置使典領，禮秩甚隆，正名之初，考擇惟慎。爾明習吏治，勞閲有聞，選於在廷，俾踐厥職，尚其祗飭，無忘訓辭。可。

宋 劉安上《劉給練文集》卷二《都水監丞葛仲良爲都水使者》

都水掌河渠水衡之政令，設使者以董治之。非宿于其業，習知其源流者，不在兹選爾。智材疏敏，夙夜瘁勤，不負于丞，具有嘉績，是用命爾。以長厥官，往率其屬，益獻厥成，則稱朕意。

宋 李綱《梁溪集》卷三八《都水使者》 王者體國之制，水政爲先。邦計賴轉輸之功，民事資灌溉之利。固堤防以虞决溢，浚畎澮以底疏通。政令具存，水衡是職。厥任甚重，匪材不居。具官某資識詳明，風猷敏劭，踐歷滋久，譽望彌休，蔽自朕心，擢總監事，流觀物理，水不異於，趨卑遠纘，禹功智必，行於勿鑿，往率乃屬，明聽朕言，佇觀厥成，嗣有褒寵。

元 宋沂《送逯都水赴海運萬户》《江西詩徵》卷三一 都水使者日邊來，黄金虎符照漕臺。笑持英簜入滄海，不比徐福求蓬萊。將軍昔騎青驄馬，風采桓桓丹闕下。紫髯如戟半成霜，議論精神更瀟洒。今年運米發東吴，三百萬石皆明珠。揚旗列戟耀雲漢，伐鼓鳴金轉舳艫。將軍尚文今尚武，何物鯨鯢敢予侮。欃槍蕩滅凋瘵平，報政歸來奏明主。

雜録

《續資治通鑑長編》卷三九六 元祐二年三月丙子 臣竊見朝廷近日用都水使者，必擇其嘗爲水官者，可謂審矣。乃所以失之也，夫既有其才又更其事者，則善無以加。然必不得已，惟才之擇焉可也。使其人明智不惑，而足以辨吾事，雖未嘗在河朔，未嘗爲水官，可用也。使其人暗陋無識，而不足以辨吾事，雖久於河朔，嘗爲水官，果何補哉？新轉運使范子奇屢在河朔矣，是前日嘗建議欲復故道者也。初，其言似乎得之詳而講之熟者，一旦朝廷遣專使李常等按其事，常等之議有所不同，子奇遽變前説而求合焉。果明智不惑之士耶？非耶？朝廷固嘗采公議而罪之矣。今復以爲轉運使，臣莫知其故也。新都水使者王孝先嘗任水官矣，是前日以鍛鍊而爲大理卿者也。孝先自作長安司録，已著暗繆之名，關中士人傳以爲笑。既任水官，茷聞善狀，及充廷尉，惟務刻深，果明智不惑之士耶？非耶？朝廷固嘗采公議而黜之矣。今復以爲都水使者，臣莫知其故也。今河北數千里之地，百姓流亡，三患未去，而欲以治水之効望此兩人，臣决知其無補而有害也。伏望聖慈以河北生靈爲慮，使都水、轉運司官各得其人，然後責之以治水之効，庶幾有成焉。

都水庸田使司

論説

元 陸文圭《牆東類稿》卷三《水旱》 庸田之設，所以築堤防、浚溝渠，亦既後時將無益與，抑豈可不爲後日之慮與？

明 張汝弼《淞山水利》《皇明經濟文録》卷一七《南直隸》 且疏導江流，苟非專官，豈能時巡？故宋置農田水利使，元置都水庸田使、都水監等官，亦不得已也。舉事易，得人難，慎擇其人，則利無不興，弊無不革矣。

清 孫治《孫宇台集》卷二七《東南水利》 夫古者水有專官，官有水學，若《周禮》之遂人、漢之水衡是也。元初立都水庸田使，泰定間，命州縣正官領之，兼知渠堰事，而于吴、淞二江則專設焉，于掌江南河渠水利，復專設焉，此不可倣其意而行之哉。

清 錢泳《履園叢話》卷四《太湖》 説者謂吴江未築長堤以前，

吴中自來無水患。既築長堤以後，横截湖流，不能宣洩，水患始于此矣。余曰不然。吴地襟江帶海，淤潮易積，雖不築堤，亦難治也。試看五代、宋、元以來，有營田軍、庸田使、農田水利使、都水營田使，以及都水監諸官，又有所謂撩淺夫、開江卒者，年治月修，故得豐稔。夫修治而不得其法，即爲水患，況不修治耶？由此言之，太湖諸口，自宜常通，不宜略塞；水利之官，自宜特設，不宜兼領耳。

綜述

元 鄭元祐《僑吴集》卷八《祈晴有應序》 國初嘗立都水監，近又立庸田司，歲預勒守令必具狀，秋收有成數，而水旱不恤也。

元 貢師泰《玩齋集》卷七《上虞縣復湖記》 竊惟溝洫澮川之制廢，陂湖池塘之利興，而叔孫敖、史起、鄭國、文翁、鄭當時、兒寬、召信臣之流，各以治能名於時，其載之史傳者，班班可見。迨我國朝内設都水監，外立庸田司，郡縣守令皆知河防，凡所以爲生民計者，可謂周密而深遠矣。

元 陳基《夷白齋稿》卷一七《送李德中序》 聖君賢相，紹隆大業。【略】又大興農政，遣使江淮，募民入畊。大河之南，遼水之東，皆置庸田運司，不使地有遺利，民有餘力。功成事集，見中土之粟，又百倍東南矣。

《元史》卷二九《泰定帝本紀一》 浙西諸郡霖雨，江湖水溢，命江浙行省及都水庸田司興役疏洩之。【略】丁未，立都水庸田使司，浚吴、松二江。

又 卷三〇《泰定帝本紀二》 置都水庸田司於松江，掌江南河渠水利。

又 卷四〇《顺帝本紀三》 十二月辛卯，復立都水庸田使司于平江。先是，嘗置而罷，至是復立。

又 卷六五《河渠志二》 鹽官州去海岸三十里，舊有捍海塘二，後又添築鹹塘，在宋時亦嘗崩陷。成宗大德三年，塘岸崩，都省委禮部郎中游中順，洎本省官相視，虚沙復漲，難於施力。至仁宗延祐己未、庚申間，海汛失度，累壞民居，陷地三十餘里。其時省憲官共議，宜於州後北門添築土塘，然後築石塘，東西長四十三里，後以潮汐沙漲而止。至泰定即位之四年二月間，風潮大作，衝捍海小塘，壞州郭四里。杭州路言：『與都水庸田司議，欲於北地築塘四十餘里，而工費浩大，莫若先修鹹塘，增其高闊，填塞溝港，且浚深近北備塘濠塹，用椿密釘，庶可護禦。』江浙省准下本路修治。都水庸田司又言：『宜速差丁夫，當水入衝堵閉，其不敷工役，於仁和、錢塘及嘉興附近州縣諸色人户内斟酌差倩，即日淪沒不已，旦夕誠爲可慮。』工部議：『海岸崩摧重事也，宜移文江浙行省，督催庸田使司、鹽運司及有司發丁夫修治，毋致侵犯城郭，貽害居民。』五月五日，平章秃滿迭兒、茶乃、史參政等奏：『江浙省四月内，潮水衝破鹽官州海岸，令庸田司官征夫修堵，又令僧人誦經，復差人令天師致祭。臣等集議，世祖時海岸嘗崩，遣使命天師祈祀，潮即退，今可令直省舍人伯顔奉御香，令天師依前例祈祀。』制曰：『可。』既而杭州路又言：『八月以來，秋潮洶湧，水勢愈大，見築沙地塘岸，東西八十餘步，造木櫃石囤以塞其要處。本省左丞相脱歡等議，安置石囤四千九百六十，抵禦鍐齧，以救其急，擬比浙江立石塘，可爲久遠。計工物，用鈔七十九萬四千餘錠，糧四萬六千三百餘石，接續興修。』致和元年三月，省臣奏：『江浙省并庸田司官修築海塘，作竹籧篨，内實以石，鱗次壘叠以禦潮勢，今又淪陷入海，見圖修治，倘得堅久之策，移文具報。臣等集議，此重事也，旦夕駕幸上都，分官扈從，不得圓議。今差户部尚書李家奴、工部尚書李嘉賓、樞密院屬衛指揮青山、副使洪灝、宣政僉院南哥班與行省左丞相脱歡及行臺、行宣政院、庸田使司諸臣，會議修治之方。合用軍夫，除戍守州縣關津外，酌量差撥，從便添支口糧。合役丁力，附近有田之民，及僧、道、也裏可温、荅失蠻等户内點倩。凡工役之時，諸人毋或沮壞，違者罪之。合行事務，提調官移文禀奏施行。』有旨從之。四月二十八日，朝廷所委官，洎行省臺院及庸田司等官議：『大德、延祐欲建石塘未就。泰定四年春，潮水異常，增築土塘，不能抵禦，議置板塘，以水湧難施工，遂作蘧篨木櫃，間有漂沉，欲踵前議，疊石塘以圖久遠。爲地脉虚浮，比定海、浙江、海鹽地形水勢不同，由是造石囤於其壞處疊之，以救目前之急。已置石囤二十九里餘，不曾崩陷，略見成效。』庸田司與各路官同議，東西接壘石囤十里，其六十里塘下舊河，就取土築塘，鑿東山之石以備崩損。文宗天曆元年十一月，都水庸田司言：『八月十日至十九日，正當大汛，潮勢不高，風平水穩。十四日，祈請天妃入廟，自本州岳廟東海北護岸鱗鱗相接。十五日至十九日，海岸沙漲，東西長七里餘，南北廣或三十步，或數十百步，漸見南北相接。西至石囤，已及五都，修築捍海塘與鹽塘相連，直抵岩門，障禦石囤。東至十一都六十里塘，東至東大尖山嘉興、平湖三路所修處海口。自八月一日至二日，探海二丈五尺；至十九日、二十日探之，先二丈者今一丈五尺，先一丈五尺者今一丈。西自六都仁和縣界赭山、雷山爲首，添漲沙塗，已過五都四都，鹽官州廊東西二都，沙土流行，水勢俱淺。二十日，復巡視自東至西岸腳漲沙，比之八月十七日漸增高闊。二十七日至九月四日大汛，本州岳廟東西，水勢俱淺，漲沙東過錢家橋海岸，元下石囤木植，并無頽圮，水息民安。』於是改鹽官州曰海寧州。

又卷九二《百官志八》 至元二年正月，置都水庸田使司於平江，既而罷之。至五年，復立。至正十二年，因海運不通，京師闕食，詔河南窪下水泊之地，置屯田八處，於汴梁添立都水庸田使司，正三品，掌種植稻田之事。庸田使二員，副使二員，僉事二員。首領官：經歷、知事、照磨各一員，司吏十二人，譯史二人。

明 姚文灝《浙西水利書》卷二《都水庸田使麻哈馬治水方略》

參詳浙西田土，多藉太湖灌溉，所利甚大。若河港閉塞，不能通徹，稍遇大雨，湖水泛溢，渰沒田禾，爲害不輕。吳松江原受太湖、澱山湖諸處上源急流，自古可敵千浦。浙西之水，來既有源，去亦有委。近年以來，上源吳江縣一帶橋塘，椿釘壩塞，流水艱澀；又沿江左右并澱山湖等處，權豪種植蘆葦，圍裹爲田；及邊近江湖河港沙灘滋生茭蘆，阻遏上源水勢，以致湖水無力，不能衝滌潮沙，遂將東江塞滿。今太湖之水不流於江，而北流入於至和塘，由太倉出劉家港入海；并澱山湖水東南流於大曹港、柘澤塘、東西横泖，由新涇、上海浦注江達海。今平江路總管李通議，并崑山州官常從仕，嘉定州達嚕噶齊雅克特穆爾，上海縣石縣尹，知水利人張桂榮、朱文祥、何珍、徐鑄、任千户一同講議，理合相其地宜，順其水性，分疏派泄，庶銷湖水泛溢之患。將上源吳江州一帶石塘橋洞一百三十餘處，每處展濶一丈，使太湖水勢快便；將太湖東南、澱山湖迤東湮塞河道，浚令深濶，以泄湖泖之水；及將平江路崑山、嘉定應有湮塞河道亦行開挑，分泄湖水，添注劉家港入海；又將各處江湖河港一切樁壩并圍裹成田、魚籪、茭蘆、葑稗阻水去處盡行起除，禁約諸人不得似前侵據，阻遏水利。

又《都水庸田司集江湖水利》 《越絶書》云：太湖周圍三萬六千頃，西南湖州諸溪、西北宣州諸溪并注之。蓋諸山峙於西北，地形高阜，兼南、北、東江海之岸皆高，水積其中，勢若盤盂，非藉江河深利何以通泄？設遇雨潦，則泛濫四溢，環湖低田，其能免渰沒乎？范文正公所謂『天開澤國，衆流所聚』，而江海之涯，地勢皆高，若欲導泄積水，在乎時時點檢太湖東岸、北岸通江河道不致諸物閉塞可也。蓋環湖低田，利在泄潦，兼沿江傍海高田，亦仗湖流奔注，衝散潮沙，使江河深利，乃可引潮澆灌。由是言之，凡太湖出水隘口宜常通利，不宜畧塞也。諸小湖在太湖迤東及北者甚多，皆能接泄太湖，注江達海。數内澱山湖關係吳松江注泄尤爲切要，其湖周圍二百五十里，自大盈、趙屯等浦以出吳松江。諸湖惟澱山湖與渾潮相接最近，若上源所注不急，則潮沙注湖，漸成淤澱。按《韻畧》：澱者，水中泥也，即淤之謂也。湖以澱名，豈非始於是乎？富勢由淤澱而圍裹成田，由是湖水與諸浦漸遠，而所泄益微。若非就湖内圍田多開河渠，及時時修浚諸浦，則此湖之塞，恐不止於是也。又按崑山郟亶云：吳江石塘障遏東流之勢，是致下流潮沙日漲，半爲平地，此處乃太湖泄水下吳松江第一要處。古賢交口立論以曉人者，必是此處不當閉塞。古來於堤間多置木橋，多鑿水洞，上則通行，下則泄水。今人不知此意，或便於行路，則壩塞河口，或惰於巡防，則密置椿橛，此又不止於橋柱之阻水也，矧以茭蘆、魚籪等物障遏。必得官司於此處榜示告戒，使之咸知利害可也。《吳郡續圖經》云：自太湖東至松江，有環曲而爲滙者甚多，賴疏瀹而後免水患。有白鶴滙者，乃嘉祐間李兵部復桂、崇寧間郟漕使亶、宣和間趙提舉霖三次開浚。又有顧浦匯者，乃沈諫議立之開浚。又有千墩、金城諸滙，乃儒者傅肱乞行疏決。又有盤龍匯者，范文正公嘗經度之。寶元間，葉内翰清臣乃灑爲新渠，道直流速，水患遂弭。推原此匯，皆由上源閉塞，湖流遲緩，潮沙積聚而成。今有河沙滙者，漲塞江心，阻水尤甚，民尤病之。及有新華背、分莊背、嚴家背暴漲爲害，俱合開鑿。蓋背即匯之異名也。

又《復立都水庸田司》 大德二年春二月，中書省奏：立浙西都水庸田使司，三品衙門，於平江路設置，專一修築田圍，疏浚河道。澱山等湖已有官定界畔，諸人不得似前侵占，復爲民害，違者聽庸田司追斷。又潮沙淤塞河港，亡宋時設撩淺軍人專一撩洗，仰庸田司於二、八月内依時督責，如法疏浚，毋致壅遏。合用人工如何措置，可以常久通行，行省更爲從長計議。又浙西官田數多，俱係貧難下户種納。春首闕食，無田主借貸；圍岸缺壞，又自行修理。官司不爲存恤，以致逃竄，荒廢官田。今後管民官司并不得將此等佃户差充里正主首及當一切催甲等役，妨廢農務，失誤官租。如違，仰庸田司究治。又澱山、練湖，諸人占湖爲田，歲納租米，另行收貯。若有合用修浚工料，從庸田司募工支用。

又《復立都水庸田司浚江河》 至正元年，中書以江浙行中書左丞相欽察台開府言：『浙西水利，近年有司失於舉行，堤防廢弛，溝港湮塞，水失故道，民受重困。今後莫若都水監官歲委一員分治，仍令各處農事正官帶知圍田署銜，責任有歸。』及監察御史言：『宜復立都水庸田使司，慎深諳曉水利、恪守官箴之人，披按圖志，討論舊治，於必合開挑之處，將原額租稅除豁；合用工本，官爲支給，使專其任，責以成效。』於是奏立使司，上請諸工部論報云：『上項河道，江浙省已嘗講議，修則官無虧糧，民可足食，雖與其餘土木之工一體停罷。』由是中書奏命行省左丞朵兒只班知水利，前都水少監任仁發董督常州、湖州、嘉興、平江與本認不分是何人户，實有納苗田一頃五十畝差夫一名，計名四萬有奇。每名日支口糧三升，中統鈔一兩，賜仁發銀一錠，襖子二領。始於是年冬十二月五日，次年正月十五日訖功，仍令講究久遠，不致淤塞良法。

（弘治）《上海志》卷五《建設志・堰閘》 烏泥涇石閘二座，在鎮東北。元泰定三年都水庸田副使任仁發置，今沙土淤塞，遺址尚存。

（正德）《松江府志》卷一一《官署》 都水庸田使司，元泰定三年即府治建，尋罷。

（正德）《姑蘇志》卷一二《水利下》 近蒙朝廷設都水庸田司，專督其事，敦本防灾，可爲良策。每年勸率百姓修築田圍，浚治河道，粗有成效。然而數年之間，事功齟齬，識者固已憂之。去年春夏之交，淫雨頻作，平江、松江大被水灾，溝洫滿盈，田園損壞。今都水庸田司又已革去，修浚之責歸於有司。

又卷二二《官署中》 都水庸田使司，大德二年立於譙樓東。七年革罷。至正元年復立於乘魚橋北。後遷織里橋東，以江淮財賦提舉司改創。

明王圻《續文獻通考》卷九七《職官考》 順帝至元六年，置都水庸田使司于平江，既而罷之。至正五年復立。十年，置河南、江北等處都總制庸田使司，使二人，副使二人，僉司六人，經歷、都事各二人，照磨兼勾管承發架閣一人，所轄軍民屯田總管府五。又有農正司，置農正一人，農丞一人，提領一人，豐盈庫提領大使、副使各一人。十二年，因海運不通，京師缺食，詔河南窪下水泊之地置屯田八處，于汴梁添立都水庸田使司，秩正三品，掌種植稻田之事。置營田使二人，副使二人，僉事二人，首領官、經歷、知事、照磨各一人。

明張國維《吴中水利全書》卷九《水官》 天祐元年，吴越錢氏置都水庸田使以主水事。募卒爲部，號曰撩淺，每都二千人。

又 大德二年，詔立浙西都水庸田使司，于平江路設置。秩三品，專理修築疏浚，倣舊制設撩淺軍人，仰庸田司于二、八月内依時督責。五年，詔罷都水庸田使司。

又 泰定元年，復立都水庸田使司，於松江府設置，從中書右丞舒瑪爾節之請，命行省左丞多爾濟巴勒知水利，前都水少監任仁發督治浙西水利。天曆元祀詔罷都水庸田使司。

又 至正元年，復立都水庸田使司，仍于平江路設置。轄江東、浙東西道。與風紀重臣交調衡，兼行工部事，掾屬皆視司臬吏遴選。命州縣農事正官結銜知渠堰事，受都水庸田使司節制。

又卷一〇《水治》 天祐元年，吴越錢氏命都水庸田司督撩淺夫疏導諸河，浚治新洋江。

又 大德二年，詔都水庸田使司董修築田圍，疏浚河道。

又 至正元年，都水庸田使遵達納實哩修治各路府州河塘，從江浙行省中書左丞相奇徹台之議。浚呉淞江，修渠堰。【略】四年，都水庸田司修捍海塘。塘長一千五百五丈八尺，爲八里六十五丈八尺，積上三百二十五萬一百三十二尺，爲庸三十二萬五千三十，僅匝月而畢工。

又 卷一三《奏狀·舒瑪爾節請立松江等處都水庸田使司狀》

丞相舒瑪爾節言：呉淞江等處若不設立衙門管領，每次挑洗甚廢貲糧，兼損民力。松江府止管兩縣，別無親管事務，欲將松江府革罷，兩縣撥與嘉興路，依前設立都水庸田使司，專掌在先所管勾當，直隸省部。以山南江北道肅政廉訪使密拉、江南浙西道肅政廉訪使張友諒爲使，任仁發雖七十致仕，還着爲副，方於水利可奏實效。

（雍正）《浙江通志》卷五三《水利》 莊婆堰，在縣西北三十里。元至大間，有蔣化主建石橋於上，長四十丈，其堰開而不閉，以通太湖之水，大利於民。至正初，庸田司復置堰，設車注之具。六年，以不便民，復開，後改爲橋。

（雍正）《河南通志》卷三〇《職官一》 又有都水監、河防提舉司、都水庸田使，專爲河防水利而設。

清 秦蕙田《五禮通考》卷二一九《嘉禮九十二》 都水庸田使司，順帝至元中置于平江，至正中又置于汴梁，使、副使、僉司各二員。

《續通典》卷三一《職官九·諸卿下·都水使者》 順帝至正六年，以連年河決爲患，置河南、山東都水監，以專疏塞之任。八年，河水爲患，詔於濟寧、鄆城立行都水監。九年，又立山東、河南等處行都水監。又有都水庸田使司，置庸田使二人，副使二人，僉事一人。至元二年，置於平江，既而罷之。至五年，復立。十二年，因海運不通，京師闕食，詔河南窪下水泊之地置屯田八處，於汴梁添立都水庸田使司。又置都總制庸田使司，又都總制庸田使二人，副使二人，僉司六人。至正十年，置於河南、江北等處。明水利之事，掌於工部都水司。

《續文獻通考》卷三《田賦考三·水利田》 成宗大德二年二月，立浙西都水庸田司，專主水利。次年十一月，置浙西平江湖渠閘堰凡七十八所。五年七月，浙西積雨泛溢，大傷民田，詔役民夫二千人疏導河道，俾復其舊。後泰定帝二年六月，立都水庸田使司，浚呉、松二江。三年正月，置於松江，掌江南河渠水利。順帝至正十二年添立於汴梁，掌種植田稻事。

又 卷五六《職官考六·都水監》 又有都水庸田使司，掌種植稻田之事。官有庸田使、副使、僉事各二人，首領官、經歷、知事、照磨各一人。順帝至元二年正月置於平江，既而罷之。至五年，復立。至正十二年，因海運不通，京師闕食，詔河南窪下水泊之地置屯田八處，於汴梁添立都水庸田使司、都總制庸田使司。

清 康基田《河渠紀聞》卷七 元成宗大德二年，立都水監庸田使於平江路。按：平江立都水監，先於至元。初，任仁發言呉淞江淤塞，奏立都水監，朝議罷之。至是，中書省奏立浙西都水庸田使於平江路，專治圩圍、疏河道。平江號稱澤國，太湖納宣歙嘉湖之水東入於海，湖海水會而江水平，故曰平江。環湖低田，利在洩潦，沿江旁海河港湖流奔注，衝沙低圩，築圍灌田，利盡東南。歷久不治，漸失其利。又困於征輸，而民病。立監，興水利、通利源也。仁發之言曰：松江故道堙塞，太湖東岸出水處或釘柵，或作堰，或築狹處爲橋，又有湖泖港汊，慮私鹽往來，多行塞斷，清水日弱，渾潮日盛，泥沙漸積，呉淞江日就淤塞。晉、宋以降，倉廩所積悉仰給於浙西之水田，國家收附江南三十餘年，浙西河港圍岸牐竇無官整治，漸致廢壞。今若募夫供役，必取辦於富户；部夫督役，必責成於有司。二者皆非所樂，是以猾吏豪民搆煽，必沮之而後已。朝廷未見日後之利，但厭目前之擾，所以成事則難，壞事則易。東坡亦云：官吏憚其經營，百姓畏其出力，所以累行而中輟，不能成久遠之利也。立論明確。自立監後，仁發浚澱山湖、呉淞舊江、大盈浦、烏泥徑，又置趙浦、潘家濱、烏泥徑三牐，皆有治績可紀，非僅托之空言矣。

清 汪輝祖《元史本證》卷三一《證遺八·百官志七》 浙西都水庸田司，案紀大德二年立，專主水利。江南都水庸田司，案紀大德七年罷。松江都水庸田使司，案紀泰定二年閏正月罷，命州縣正官領之。六月立都水庸田使司浚呉、松二江。三年置都水庸田司於松江，掌江南河渠水利，四年罷。

清 謝元淮《養默山房詩稿》卷一九《蘇臺集·步雲汀中丞呉淞

江工竣開壩放水原韻》　五代吳越置都水庯田使，宋置開江兵士、城下指揮、堤舉司監堰官，元立都水監。明有夏忠靖、周文襄專治水利，又設水利僉事、勸農、水利通判等官。成宏、正嘉中，屢命部臣莅吳治水，立塘長、圩長。

清 沈岱《吳江水考增輯》卷二《水官考》　五代吳越錢氏置都水庯田使以主水事，募卒爲部，號曰撩淺。沈志云：治河之法，歲修爲良；歲修之法，撩淺爲良。

又　元成宗大德二年，立都水庯田司。司立於平江，專董修築田圍、疏浚河道，仍仰於二、八月内依時督責疏浚。八年，立行都水監，仍於平江路設置。泰定帝泰定元年，復立都水庯田司。順帝至正元年，復設庯田司。

清 閻鎮珩《六典通考》卷二《設官考》　稻人，上士、中士、下士。漢有稻田使者，魏有農部郎曹，後周小司水上士。唐有司田大夫，亦曰水部郎中。宋置農田水利司，金章宗命勸農司興作水田，元有稻田提舉司。明初設庯田署令，後罷水部郎中，主灌田水利，舟楫、磑碾不得與爭利。

傳記

元 黄溍《金華黄先生文集》卷二七《嘉議大夫婺州路總管兼管内勸農事捏右觧公神道碑》　公諱忽都達，而字通叟。【略】遷朝列大夫、都水庯田副使。行部至錢塘，有司言民居侵入湖面，請盡撤之。公白于行省曰：『西湖水利，當疏通者，在乎九井，苟無壅塞，何多毁民屋？爲此，特小吏欲乘勢爲奸利耳。』有司不敢復言，民乃獲奠居于無擾。

（正德）《姑蘇志》卷四一《官迹五》　博囉特穆爾，字存中，唐古氏。至正辛巳，監崑山州。適初立都水庯田司，開疏河渠，受委臨督，竭思經營，兼存矜恤，工就，民罔怨恫。修舉廟學禮樂。力善愛民，有仁恕之風。

紀事

元 任仁發《水利集》卷一《大德二年都水庯田司條劃》　江浙行省准中書省咨：欽奉聖旨，設立浙西都水庯田使司，合行事理，中書省定立條劃，所在官吏咸各遵奉。江浙行省添力提調諸人不得攙攘，違者究治等事，欽此。今議擬到下項事理，都省除外，咨請遍行合屬欽依施行，准此。省府除外。今將聖旨全文抄録在前，仰欽依施行。一，江西練湖、澱山等湖已有定五官湖界畔，諸人不得似前侵占，復爲民害，違者都水庯田使就便追斷。一，浙西海水晝夜兩潮，隨帶沙泥入港，漸成壅遏。亡宋時另設撩清軍人專一撩洗，今仰都水庯田使司於二、八月内依時督責，如法疏浚，毋致壅塞，與民爲害。據浚治河道修理堤岸閘堨合用人工，如何措置，更爲從長議擬咨省。一，浙西田農種圍裹成田，若雨水傷田，則車水出圍，或值天旱，則車水入圍。其圍岸損壞并車水救田之時，本處官吏頭目人等驗圍内不以是何户計種田佃户，務要人力均齊，日夜并工，不致爲害。如有田不即救禦之人，所在官司就便勾斷。各管官吏頭目若有怠慢去處，以致傷害田禾，都水庯田使司依例究治。一，浙西官田數多，俱係是貧難佃户種納，春首闕食，無田主借貸，圍岸缺壞，又自行修理，官司不爲存恤，以致逼臨在逃，荒廢官田，深爲未便。今後官田佃户若委無已業，亦無請射田主，貧難下户止種官田，自赴官倉送納租者，管民官司并不得將此等佃户差充里正主首雜當一切催甲等役，妨廢農事，失悮官租。如違，仰都水庯田使司取招究治。一，浙西諸湖、河道、塘岸并所在閘堨、房舍，各處管民官常加修理完備，委官看守，依時啓閉，以節水勢。仰都水庯田使司徃來巡視，但有廢墮作弊，就便究治。一，澱山練湖諸人占湖爲田頃畝所納租已收入官，仰所在官司另行收貯。若有合用修浚人工物料，從都水庯田使司募工支用。年終，行省通行考較。一，都水庯田使司平江路設立司官，分輪巡視。其官員月俸戢田及徃復行移等事，并與肅政廉訪司一體定給。一，都水庯田使司官專一疏浚河道，督責修圍，不許別得差占。一，都水庯田使司凢行分事，若各路府州司縣不爲奉行，仰都水庯田使司明取招狀，自首領官以下，就便與決，正官開申行省究治。各投下另委管户人員，若有占悋阻當，亦行治罪。其路府州縣官吏勤墮，亦仰都水庸田使司具各能否實迹，通申行考較，年終，擬咨中書省定奪。一，若有該載不盡便宜事理，從行省與都水庸田使司一同擬定咨省。

又《江浙行省添力提調》 皇帝聖旨：諭江浙等處行中書省、行御史臺、行宣政院、通政院、肅政廉訪司、轉塩運使司、財賦總管府、海道運粮萬户、府路府州縣達魯花赤、管民官、鎮守軍官、各投下另委管户人員及應管分事不泌是何官吏僧道軍民諸色人等，中書省奏：浙西水鄉田粮浩大，亡宋浚水治田，另有專設官府。近年責付有司，此法廢墜。有力之家占湖爲民田，被水害。世祖皇帝時命與修，俾水通流，官民有益。然河道田圍，雖常修理，沿河上下，彼彊此界，州縣不相統屬，圍内田土別管佃户民官不能勾攝，人力不齊，事功難就，擬設浙西都水庸田使司總行督責，乞降聖旨事，准奏。據本司合行事理，中書省定立條畫，所在官吏咸各遵奉，江浙行省添力提調，諸人不得攪壞，違者究治，都水庸田使司却不得生事擾民。准此。

又《大德二年三月日庸田司通管江東兩浙》 皇帝聖旨：諭江浙等處行中書省、行御史臺、行宣政院、通政院致用院、宣慰司、肅政廉訪司、轉運塩使司、財賦總管府、海道運粮萬户、府路府州司縣達魯花赤、管民官、鎮守軍官、各投下另委管户人員但管分事不以是何官吏僧道諸色人等，中書省奏：江浙行省言浙西都水庸田使司設立以來，修築圍岸，疏浚河道，田農得濟，其浙東、江東等處多有興修水利，合令都水庸田使司通行整治，乞降聖旨事，准奏。據江東、兩浙地面應有諸河道、陂塘、堤岸、閘塡，遇有興工去處，所在有司於不以是何户内隨即并工修理，若田圍損壞，并車水救田時分，各處管民官驗周内諸色有田主佃户計，儘力修治，都水庸田使司通行督責，俾水道通流，圍岸堅固，毋致爲害。如不即救禦，應役之人，其各處官司占悋阻當，府州司縣廢墜作弊，仰都水庸田使司就便究問。年終，提本司通行考較，開坐各處勤墮實迹，申呈上司。如有合行事理，依照中書省已定條畫施行。凡在所屬，咸各遵奉。江浙行省添力提調，務要成就，諸人不得攪壞，違者治罪，都水庸田使司不得生事擾民。欽此。

又《泰定三年都水庸田使司添氣力》 長生天氣力裡，大福蔭護助裏，皇帝聖旨：江浙等處行中書省官人每根底，行御史臺官人每根底，行宣政院、宣慰司、肅政廉訪司、轉運塩使司、財賦總管府、海道運粮萬户府官人每根底，路府州縣達魯花赤管民官鎮守軍官每根底，各投下另設管户人員及應管不以是何官吏僧道衆百姓每根底，宣諭的聖旨，中書省奏：浙西水鄉田粮浩大，昔在亡宋浚水治田，設官掌之。世祖皇帝時分一切水利特命興修有來，在後專設衙門管領，民賴其利。比因責付有司委任，不專此法，遂廢河道田圍修理之時，州縣不相統屬，人力不齊，事功難就，擬合復置衙門，麼道。准奏。今命窑蘭、張友諒爲頭，設置都水庸田使司衙門，專治水利，總行督責官民田圍堤岸修理等事，如遇湮游衝決，拘該有司不即疏洗、救禦怠慢呵，或應役之人占悋阻當因而敗公墮事者，仰都水庸田使司應究治者，隨即究治，合行經田行省者，行省究治，事重者申請中書以聞。年終，比較勤惰，中書考績。其餘合行事理，從中書省定立條劃施行。江浙行省用心添力成就，諸人不得沮壞，違者治罪。都水庸田使司却不得固而擾民。

又卷八 大德二年十二月，庸田司講究設置撩清軍夫事，准都水庸田使麻合馬嘉議。

又 大德二年，欽蒙聖朝灼知江南利病，敦本防灾，於浙西平江路萬水所會之地，置立都水庸田使司正三品衙門，設官六員，僉事二員，欽受宣命。五年之間，修圍浚河，非無成効，秖緣於公歛怨，以致騰謗。

明 佚名《秘閣元龜政要》卷四 封庸田署令陳漢爲奉議大夫。制曰：庸田之官，所以司庶土，興水利，成豐穰，廣儲畜，職亦重矣，宜選老練明達之才以居此任。

（乾隆）《江南通志》卷六四《河渠志·水利治績二》 大德二年春二月，中書省奏立浙西都水庸田使三品衙門，於平江路設置，耑一修築圍岸，疏浚河道，務要田農得濟，水道流通，圍岸堅固爲一事。浙西澱山等湖已有定立官湖界，諸人不得似前侵占復爲民害，違者庸田司就便追斷。又浙西海水晝夜兩潮，隨帶沙泥入港，漸成壅遏。宋時另設撩清軍人耑一撩洗，今仰庸田司於二、八月内依時督責，如法疏浚，無致壅遏，與民爲害。據浚治河道，修理堤岸閘壩，合用人工，如何措置，可以常久通行，行省便爲從長議擬。又浙西官田數多俱係貧難佃户，春首缺食，又自行修理，官司不爲存恤，深爲未便。今後管民官不得將此等佃户差充里正主首一切等役。又澱山、練湖諸人占湖爲田，歲納租糧，官司另行收貯。若有合行修浚，人工物料從庸田司募工支用。

清 曾廉《元書》卷二二《職官志七上》 至元二年，又置都水庸田使司於平江，尋罷。五年復立。至正十二年，又立都水庸田司於汴梁。使二員，副使、僉事皆二員。

清 文廷式《元官制雜記・都水庸田使司》 大德五年省臣言：江南既平，浙西富民匿田近核實得四十萬頃，歲入粮四十萬石，絲棉等物稱是。其田在宋時有溝洫之制，澇則決太湖水入海，旱則通海潮灌田，田故饒沃。今富民堰湖爲田，旱潦無所蓄洩，官民田皆病。世祖時，役夫二十萬浚治，歲乃屢熟。請立都水庸田司治其事，有旨聽立，期年無成效，則日詳其事而考核之。七年乃乞罷，泰定二年復立，乃罷松江府而置其治，以舊管上海、華亭兩縣屬嘉興路。天曆元年，以無實效，罷治松江府，復如前。初立都水庸田使司條畫。大德二年二月初八日，完澤丞相等奏：去年也速達兒、明里不花等江浙行省官遣使來言，收附江南之後，亡宋田地爲有富户影占，尋出四萬頃田地，每年出産四十萬石糧、絲、綿等物。其田地幷種田水利之事，專一管辦合立司農司衙門。去年夏，臣等議以爲先立行司農司，管領四省地面田土，未嘗得濟，近罷之，今復立未便。又此田地内有太湖，亡宋時修理河道，今水由海中流入，深益灌溉。收附江南之後，富豪之家將湖泊水高築堤堰，悉爲旱地栽種，故其水時或漲，官民田禾損壞者衆。稟奏世祖皇帝聖旨，令二十餘萬人將堤堰挑開，修理水利。自此之後，錢糧辦集，因河道上頭，臣等別有商量。今遣使回至大都日，臣等共議聞奏，臣等與熟諳之人一處商量，若立衙門多，便不立行司農司，止立一都水庸田使司三品衙門，委付六人，令也速達兒專一提調田土河道。此説臣等復議，以爲近欽奉聖旨，裁減衙門官吏員，今却剏立，恐未爲當。臣以爲衙門冗濫者，宜裁減之，若庸田司多益於事，似爲當立。可否，乞聖旨裁。今立之，若一年無功，所在具聞當別行處之。七年二月二十四日，中書省稟：世祖皇帝時，江南地面太湖開挑之後，水過灘地，令種田官民兩便，所用夫役凡一十五萬人。今百姓之願種者種之，爲分水灌溉禾稻，恐民争訟，故置都水庸田司以治之，令其田墾闢。百姓既定，衙門爲曠，乞罷去。奉旨准。泰定二年閏正月二十一日，旭邁傑右丞相等奏：江浙省所轄吴松江河道，於軍民事務深有濟益。前者臣等稟令挑洗，今已畢工。此河，世祖皇帝之時行司農司管領江南農桑幷管水利，在後成宗皇帝時用二十萬人將吴松江河道挑開，以後休令澀滯。令管領河道，幷田禾堤堰，立都水庸田使司，秩三品，在後事務既定，罷之。後其水復澀滯，令都水監管之。曲律皇帝時，孛羅帖木兒右丞奏以都水監罷去，依先合立衙門，脱歡荅剌千言，如今若不設立官署，管之不宜。前者臣稟河道挑畢，立法計較，設官至日商量，臣等以爲其言甚當，若不設官立法，每次挑洗費錢糧，損民力，雖有松江府，止管兩縣，別無親管事務。以松江府罷去，以兩縣撥屬嘉興路管領，令行省長官提調。奉旨准。天曆元年九月十三日，都水庸田使司殊無實效，截日革罷。松江府依舊設立，其水利水害有司管領。

藝文

元 吴萊《淵穎集》卷七《庸田箴》 惟林其生，亦夥斯植。凡厥庶民，我藝黍稷。祇命農父，飭是滔人。井田之畫，溝洫以均。均以其流，畫以其絡。仁施暵乾，利化磽埆。在山者激，過顙斯搏。寧順其行，勿私汝鑿。胡水之洚，微禹其魚，胡水之汚，陸海以腴。曰漳曰涇，克釃汝渠，曰史曰白，史不絶書。胡可滅裂，胡可鹵莽。田畯之功，水庸與厚。厥有墻屋，汝謂撤之；厥有田畝，汝謂割之。慎毋輕民，民乃邦本。生養必遂，務在蓖蓑。慎毋去食，食乃民天。儲蓄必贏，否則瘠捐。自利利民，豈止川瀆。非汝之苛，我民之足。我民不足，其何能穀。世無召父，誰踵其躅。

元 楊維楨《鐵崖古樂府》卷五《匠人篇》 匠人久失職，秦人已開阡。誰望雲陽氣，木土鑿由拳。後来興利者，開渠引淮船。吴牛拖犂石，喘月不能前。老翁乏丁壯，捕女在河邊。投水作河婦，天子罷庸田。成周匠人掌溝洫畎澮之制。秦商鞅開阡陌。《地理志》始皇東望氣者云，江東有天子氣，遂令囚徒十萬，汗鑿其地，来以惡名。由拳，即後之丹陽也。丹陽，古之雲陽也。此詩蓋閔時庸田新司之擾民，時奉使觀風者有采此詩以進。先生之詩，得諷刺之要矣。

又《東維子文集》卷一二《新建都水庸田使司記》　天地位而水爲之脉絡，脈絡運而天地之功成。古者水病民，神禹治之，功與天地等。代之職水者，雖小大不侔，其得一日廢耶？此周之匠人、稻人，漢之水衡、水司空之官所由著，而今之都水使者之司所由立也。大德初，司置平江，曰行都水監。泰定年改庸田，遷松江，以置不常，人視爲疣舍，故棟宇弗葺，寄署于它所。至正元年，重置司平江，秩隆三品，轄江東、浙東西道。官與風紀重臣交調，御兼行工部事，掾屬亦皆稅司樂吏遴選，郡縣守令，今咸受節制。司之權崇勢重，視昔有加。八年，都水使者左答納失里公來，謂今聖天子切切焉以東南租税之出重在三吴，而三吴水國也，故署都水司平江，而官吏寄署他所，事體弗稱。先是，請於朝，得給官錢四萬緡，仍得撥地郡治西財賦府故基若干畝。於是鳩工庀材，經始於是年十月八日，不三月告完。中堂弘敞，挾室静密，幕司曹舍，鱗次翼張。旁爲繚垣，前爲崇閎，氣勢炎兀，規模備具。吴父老咸扶黎仰瞻，嘖嘖稱贊，以爲不自意垂白復見是司之新也。既而郡工竣事，長貳率僚屬位正新宇，相與舉酒落成。幕元僚沙君來請于維楨，願有以記。維楨考中吴水患，自宋季兵部韓殿省郟亶，父子經營，規畫亦詳矣。其漂陽五堰，江陰十四瀆，宜具大吴等瀆，松江曰塘曰浦者，凡一百三十有二，志籍尚可稽也。然未若我朝知力足以興除其利害，而德足以消其震盪漂忽之變也。大德間，三江陻塞，平章徹里氏浚治功成，民到于今稱之。邇者洪河暴決，折而西北流，天子一念動坤載，遣使沉璧而河復故道。吁！官都水者，上以聖天子之心爲心，下以徹里氏之功爲功，三吴之民尚有昏墊而無訴者乎？抑相水之職，本諸順天之理。世禾有順於理而利不興，亦未有逆諸理而害能除者。孟子曰：禹之行水也，行其所無事也。行其所無事者，順理也。鯀之反是，則以方命。命者何？即理也。以水爲職者，職與理應，雖湯湯可乂，不則天下之治水者皆鯀也，可不慎哉！左公字廷憲，居憲府，使雲南，岩岩有風采。奮髯之頃，奸膽盡落，到官視民，饑溺猶己。是年十二月，除浙東閫帥。大使尚公有用，字繼賢，是年九月卒於官。副使散竹，字質卿。康公若泰，字魯瞻，是年五月除國子監司業。僉事觀音奴公，字國賓，是年十二月除福建憲。僉事王公仲温，字輔卿。照磨李暇，字公錫。分事董役者，掾吏錢嘯、奏差蔡琳、李報也。系之辭曰：邈哉法象，類玄與黄，坎德流長。雷雨在上，江河在下，吐納陰陽。維坎之德，惠迪惟吉，徒逆惟殃。帝憫下土，具區茫茫，忽焉震蕩。周官稻人，漢司水衡，利修於農。爰穀司存，保彼東方，臬臣之良。爲天子使，材莫且幹，不吴不揚。相彼天時，以順地理，恩肥海邦。水居其壑，土反其宅，昆蟲蟄藏。阱食鑿飲，男樂其作，女修其紅。年輔屢登，順成八方，其暗悉餐。職臣報功，曰我水庸，長發農祥。

元　余闕《青陽先生文集》卷四《送樊時中赴都水庸田使序》　國家置都水庸田使於江南，本以爲民，而賦稅爲之後。往年使者昧於本末之義，民嘗以旱告，率拒之不受，而盡征其租入。比又以水告，復逮繫告者，而以爲奸治之。其心以爲，官爲都水，而民有水旱之患，如我何？扵是吴越之人咻然相譁，以爲厲已。會天子問民所苦，乃以爲民實水非奸，遂劾逐使者，破械縱民，而以聞上。朝議乃歷選公卿有學術知大體者爲之使，而吾樊君時中以江南湖北道肅政廉訪使而遷是職。自君之來，官僚叶和，吏畏民服，政以大行。命下之曰，無不相視嗟咨，以惜其去。獨其友余闕躍然曰：東南民力，自前已謂之竭矣。况今三百餘年，昔之盛者衰，登者耗，今其貧者力作以苟生，冨者悉力以供賦，有持其産爲酒食予人，人皆望而去之，其窮而無告，甚扵前世益遠矣。其可重困之？今而得賢使者以涖之，修其溝澮，相其作息，不幸而有水旱之灾，則哀矜而爲之所，民之窮者其少瘳矣乎？今之木之實繁者其枝披，其夲疏者其幹拔，况扵國與民乎哉？故善樹木者簡其實而厚其本，善爲國者疏其賦而厚其民，理之較然者也。時中慷慨有大志，臨大事果毅，不擇利害而爲之。今其行也，其能有以大慰吴越之民望、以副朝廷之倚注也必矣！二月初吉，式發鄂城，卉木繁盛，賔僚具在，各爲詩以稱美之，予故首序焉。

元　顧瑛《草堂雅集》卷一《送庸田司寶惟善經歷》　籍甚中朝彦，翩然萬里情。禮從蓮幕重，詩到水曹清。未雪辭吴會，先春入薊城。殷勤黄閣老，能不問蒼生。

又《送庸田劉運使赴閩二首》　三年溝洫敢論功，恩與鹹臺禮數崇。水部有詩皆似錦，使君無馬不爲驄。勝游不憚三山遠，薄賦欣逢四海同。甞罷檳榔有餘味，佳人休説荔枝紅。

劉向平生經濟才，獨違鵷鷺久徘徊。鶴書又赴鹹臺去，虎節還從水部來。路入七閩連百粤，心依五嶺望三台。遙知别後書堪寄，春近南雲有雁回。

又卷一三《送劉庸田之福建鹽使》 閩南此去幾千里，江轉晴灘百丈牽。鹵中莎草白勝雪，船尾蕉花紅欲燃。秋風到官近八月，水部行囊無一錢。矯首涼雲望征雁，賢聲又待過人傳。

明 孫原理《元音》卷八《和康庸田魯瞻公言懷韻》 震澤三江入堰瀦，今年春雨又生魚。漢廷數有寬租詔，魯史元無告糴書。溝洫已非神禹迹，東南空引白公渠。袖中夙有匡衡疏，也擬金門候屬車。

明 陶安《陶學士集》卷二《送庸田僉事》 庸田使者乘軺車，閱得太史河渠書。姚江農民西引領，庶幾來此吾其蘇。傷心今歲夏秋月，甘雨不降禾苗枯。海潮東回救不得，老稚無異涸轍魚。曩從官軍過州境，編户奔走頻供需。計畝歛錢築城去，役繁未見民力紓。正逢稔歲亦饑餒，遭此乾暵窘室廬。往年有詔甚寬厚，恩澤至今流海隅。既蠲湖田主户米，亦減水深長蕩租。皇華光臨浙江左，忍視瘡痏無完膚。曉霜方寒問道路，冬雨未霽行泥塗。我願歲豐水旱無，公賦早輸私有儲。國家富足民歡娛，且免使者勤馳驅。

又卷五《送樊照磨與庸田官履餘姚旱田回紹興郡幕**》** 都水使軺江上駐，郡僚馳驛共經過。旱田官賦今蠲免，屬邑民痍更撫摩。水路歸舟睒月色，山家冷竈借陽和。蓬萊清淺神仙府，歲晚梅花照碧波。

疏浚黄河司、浚河司、浚川司

論説

宋 文彦博《潞公集》卷二三《不保明浚河第一》 臣本司准都水監牒，保明范子淵乞酬奬浚川功効。尋點勘所取到逐州縣地分河水漲溢及後來減退事狀，即與范子淵所奏稍異，難議雷同保明，已别具本司奏訖。臣詳浚川司所浚河身始末，盡在水底，深淺固難詳驗。又只憑本司使所轄河埽使臣及都大提舉官供析保明，至於所屬州縣，亦望風畏憚，不敢異議。欲乞今後浚川司所浚河道，别差不干碍公正敢言臣僚覆行定驗，所貴不誤朝廷行賞。

又《不保明浚河第二》 范子淵所奏去年浚川退出分數地土，今年夏末又却多瀕浸了。其去年用杷疏浚退出地少，今年不曾用杷，却退出地多，顯是自因秋深，河水減退，故本司不敢扶同保明。況浚川司所置官屬頗多，占破人船不少。别司官心知利害，率不敢言，言之必以爲沮害功利，故且緘默。人情如此，恐非朝廷之福。臣今因都水監牒要保明，方敢依實公言。伏乞朝廷詳察。

又《不保明浚川第三》 臣昨奉聖旨，令保明浚川司疏浚過河事，尋取責逐地分州縣的實事狀，并皆不同。及爲疏浚過處，其河水次年却依舊泛溢，瀕浸民田。兼次年不曾用杷，却亦水退，即河水漲落，决不由杷之疏浚，雖河瀕至愚之人悉皆曉知，所以臣不敢雷同保明。及爲衛州刱開運河不便，亦具奏聞。緣此事理，備見水官不職，枉費才力，兼多是狂妄希賞。只如所開運河，云有五利：其一曰綱運出汴，對過沙河，免涉大河風濤之險。且汴口在河陽界内，沙河口在衛州王供埽下，自出汴口，由黄河下水相去尚近百里，豈是出汴對過沙河？既通德、博舟運，亦可免得數百里大河之險。且沙河口在衛州西南，德博在大名東北，上下相去遼遠，即與沙河水陸道路都不相干，不知因何免得數百里大河之險？只圖朝廷聽信，遂興力役。乞朝廷詰問水監官，即見虚實。猶恐飾詐，即乞將水監官所陳事狀付臣，容臣子細開折聞奏。

宋 呂中《大事記講義》卷一五《神宗皇帝》 至熙寧初，河决冀，遂分爲東北流。司馬光以爲河分則爲患小，而安石主塞北流之議。北流既塞，其决如故，然猶曰『河决之不可救也』，程昉以塞河已開矣。漳河開，未畢役，而河復决衛州矣。水官俱得罪，而程昉獨無罰，反使董塞河之役，安石且爲昉下而主之益力矣。甚者造杷爪以浚川，以爲禹之設法，而置浚川司使行之。浚河之役方興，而河又大决於澶州矣。安石初不知河事，特信一程昉耳，豈念河北之民哉！

清 康基田《河渠紀聞》卷六　宋神宗熙寧六年，提舉浚河司范子淵開直河。按宋人回河之謬，意在復京東道，及河流趨北，兼恐失險。又以王安石之抝，范子淵諸人之巧，附會迎合，至於屢挫不移。自六塔回河不成，無敢復言。横隴變易爲二股之説，二股塞而更進上約簽河由篤馬入海，猶穿六塔入横隴也。至東流未徙，遽塞北流，泛濫五州軍境，漫及澶、衛、恩、冀諸州，貫衝爲一患，更甚於決棗强時。而猶執前説，更開直河，置浚河司，以范子淵提舉司事。是時北流閉已久，水或横決散漫，常虞壅遏，命范子淵及朱仲立於大名四五埽間開河，入二股故道，河深八尺，用浚川杷浚二股及清水鎮别出之河，凡退背魚肋皆塞之。浚川杷者，選人李公義鐵龍爪、揚泥車之法也。安石善其法，宦官黄懷信以爲可用，患其太輕，增損别製，曰浚川杷。其法以巨木長八尺，齒長一尺，列於木下，如杷狀，以石壓之兩旁，繫大船，各用滑車絞之去來，撓蕩泥沙。然水深則杷不及底，水淺則齒碍泥沙，曳之不動。丁役畏責，反齒於上而曳之。人皆目笑。安石以爲善，賞懷信，而命公義官，且言於帝曰：『開直河，以杷浚之，水當隨杷入河，置數千杷則諸河淺澱，皆非所患。』下其法於大名，子淵試不可用。會安石意，遽易其説曰『善』，是皆以天下爲可罔也。歐陽公言：大河負三決之虞，復故道，開六塔，不浚使入海，則上流必決。海口淤而横隴、商胡屢決，皆以下流而害及上流者也。與其虚費天下之財，虚舉大衆之役，而不能成功，終不免爲數州患。空勞歲用之夫，何如因水所在，增治堤防，疏其下流，浚以入海，此深悉回河之有害無利，知河之不可力挽而東也。況水已北歸，海口深濶，創堤千有餘里，此基可恃。因而善守之，上可復禹河故迹，下亦較西漢故瀆爲近。古延至曹邨大決，六塔、二股、直河皆廢，河流自北而南，禍遍於澶、濮、濟、鄆，下及徐、邳，回河之誤，一至於此。安石力主范子淵，程昉及去位後，昉以不白水灾憂死，呂陶劾子淵興役，糜帑虐民，功七年不成，黜知峽州。蘇文忠爲詞曰：『汝以有限之材，興必不可成之役，驅無辜之民置之必死之地』，世以爲名言。《綱目》書開直河以著率民入塗炭之實，書子淵提舉浚川司以正爲禍始之罪，而義自見矣。

綜述

宋 陳均《宋九朝編年備要》卷一九《神宗皇帝》【癸丑】熙寧六年【略】夏四月【略】置浚河司。初，有選人李公義者，獻鐵龍爪、揚泥車法以浚河。内侍黄懷信以爲其法未盡，乃别制浚川杷，謂禹所以浚川者也。人皆知其不可用，惟王安石信之。至是，乃别置浚河司，命外都水監丞范子淵爲都大提舉，開直河，用杷爪疏浚二股及清水河道。八年閏四月，賜公義、懷信田各二十頃。公義請先自北京至海驗一過之功。是秋，河溢大名，判府文彦博奏河溢壞民田，多者六十村，户至萬七千，少者九村，户至四千六百。上既蠲其租，乃命都水詰官吏水灾如此，胡不以聞。都水第言：濵河薄有水患而已。九年，安石去位，始命覆驗，遂罷局，復并一司，止令子淵提舉。先是，子淵奏用杷疏浚二股河上下，奪過水勢，復歸二股，退出民田數萬頃，乞推賞官吏。朝廷下彦博覆實，彦博奏：『河水浩大，非杷可浚。夏溢秋涸，固其常理。去年八月霜降水落，方露所退地，是豈疏浚之功？今年杷未嘗用，退地更多。又所浚河身，盡在水底，深淺固不可知。雖河濵愚人，皆知其無益。臣不敢雷同欺罔。』詔知制誥熊本行視，本奏如彦博言。十年五月，乃命御史蔡確與知諫院黄履致獄定奪。明年正月，獄成，子淵追一官，本落職，分司西京，餘得罪者數人。

明 黄淮《歷代名臣奏議》卷三八《治道》　監察御史裏行彭汝礪奏曰：『【略】如浚川司所役日三千人，日給錢三十；以歲計之，工積至百十萬；以月計之，金積至三千緡。其他物至廪禄衣賜，一未論也。其利害，則陛下固自試之久矣。』

傳記

宋 章定《名賢氏族言行類稿》卷一二《文彦博》　宋朝文彦博，字寬夫，汾州介休人也。【略】熙寧六年，除司空、河東節度使，判河陽，徙判大名府。初，選人李公義請爲鐵龍爪以浚河，宦者黄懷信更作浚川杷，天下指笑，以爲兒戲。王安石獨信之，除范子淵都水監丞，置浚川司行其法。子淵奏功，言疏道水勢，西歸故道，退出民田數萬頃。朝廷疑其妄，事下大名。彦博曰：『河水汗漫，非杷可浚，雖甚愚之人皆知無益。去年退地止因霜降水落，今年未嘗用杷，而退地更多。臣不敢雷同欺罔。』

宋 杜大珪《名臣碑傳琬琰集》下卷一三《文忠烈公彦博傳》 彦博，字寬夫，汾州介休人。【略】初，選人李公義爲鐵龍爪以浚河，宦官黄懷信更作浚川杷，天下指笑，以爲兒戲。王安石獨信之，除范子淵都水外丞，置浚川司行其法。子淵奏功求賞，言疏導水勢，悉歸故道，退出民田數萬頃。朝廷疑其妄，下大名府保奏。彦博言：『河水汗漫，非把可浚，雖甚愚之人皆知無益。去年退地止因霜降水落，今年未嘗用把，而退地更多。臣不敢雷同欺罔。』奏至，上不悦，命知制誥熊本與都水主簿陳祐甫、河北漕臣陳知儉按視，如彦博言。子淵乃求對，言本等意安石罷，彦博必相，故附會其説，且先詣彦博納拜宴飲。于是知雜御史蔡確亦言本奉使不公，詔確與諫官黄復雜治置獄，逮繫二百餘人。數月獄成，子淵及本等皆重坐，彦博勿問。

紀事

宋 司馬光《涑水記聞》卷一五 初，選人李公義建言，請爲鐵龍爪以浚河。其法用鐵數斤爲爪形，沉之水底，繫絙，以船曳之而行。宦官黄懷信以爲鐵爪太輕，不能沉，更請造浚川杷。其法以巨木長八尺，齒長二尺列於木下，如杷狀，以石壓之，兩旁系大絙，兩端矴大船，相距八十步，各用革車絞之，去來撓蕩泥沙，已，又移船而浚之。事下大名安撫司，安撫司命金堤司管勾官范子淵與通判、知縣共試驗之，皆言不可用。會子淵官滿入京師，王介甫問子淵：『浚川鐵杷、龍爪法甚善，何故不可用？』子淵因變言：『此誠善法，但當時同官議不合耳。』介甫大喜，即除子淵都水外監丞，置浚川司，使行其法，聽辟指使二十人，給公使庫錢。子淵乃於河上令指使分督役卒，用二物疏浚，各置曆，書其課曰：『某日於某埽浚若干步，深若干尺。』其實水深則杷不能及底，虚曳去來；水淺則齒礙泥沙，曳之不動，卒乃反齒向上而曳之。所書之課，皆妄撰，不可考驗也。會都水監丞程昉建議於大名河曲開直河，既成，子淵屬昉稱直河淺，牒浚川司使用杷浚之，庶幾附以爲功，從之。既而奉上狀，昉、子淵及督役指使各遷一官。先是，大名府河每歲夏水漲，則自許家港溢出，及秋水落，還復故道，皆在大堤之内。熙寧八年，子淵復欲求功，乃令指使諷諸埽申大名府云：『今歲河七分入許家港，三分行故道，恐河勢遂移，乞牒浚川司用杷疏浚故道。』府司從之。是歲旱，港水所浸田不過萬頃，子淵用杷不及一月而罷。九年，子淵上言：『去歲大河幾移，賴浚川杷得復故道，出民田數萬頃。其督役官吏，更乞酬獎。』事下都水監，監司保奏，稱子淵等有奇功，乞加優獎。是時，天下皆言浚川鐵杷、龍爪如兒戲，適足以資談笑，王介甫亦頗聞之，故不信都水監之言，更下河北轉運、安撫司，令保奏。會介甫罷相，文潞公上言：『河水浩大，非杷可浚，秋涸固其常理，雖河濱甚愚之人，皆知浚川杷無益於事。臣不敢雷同保明，共爲欺罔。』奏上，上不悦，命知制誥熊本與都水、轉運司共按視浚川利害。本乃與都水監主簿陳祐甫、河北轉運使陳知儉共按問，諸埽言：『八年，故河道水减三尺，杷未至間已增二尺，杷至又增一尺，又從此以前十年，水皆夏溢秋復，不惟此一年。』乃奏：『水落實非杷所致。』子淵在京師，先聞之，遽上殿言：『熊本、陳知儉、陳祐甫意謂王安石出，文彦博必將入相，附會其意，以浚川杷爲不便。臣聞本奉使按事，乃詣彦博納拜，從彦博飲食，祐甫、知儉皆預焉，及屏人私語，今所奏必不公。且觀彦博之意，非止言浚川杷而已。陛下一聽其言，天下言新法不便者必蜂起，陛下所立之法大壞矣。』上以爲然。於是知雜禦史蔡確上言：『熊本奉使不謹，議論不公，乞更委官詳定浚川是非。』十年，詔命確與知檢院黄履詳定，有是非者取勘聞奏。確於是置獄，逮系證佐二百餘人，獄逾半年不决。上又命入内供奉官馮宗道試浚川杷於汴水，宗道辭以疾；上令俟宗道疾愈必往試之，宗道乃請與子淵偕往。每料測量，有深於舊者，有爲泥沙所淤更淺於舊者，有不增不减者，大率三分各居其一。宗道每日具實奏聞，上意稍寤，治獄微緩。會滎澤河堤將潰，詔判都水監俞充往治之，充奏河危將决，賴用浚川杷疏導得免，具圖以聞。上嘉之，於是治獄益急。時郊赦將近，詔浚川事不以赦原。獄具，子淵坐上言詐不實，熊本、陳祐甫坐赴食違制，陳知儉坐報制院不實。元豐元年正月辛未，敕：熊本落知制誥，奪一官，以屯田員外郎分司；范子淵、陳祐甫奪一官，職任如故；陳知儉奪一官，充替。

《續資治通鑒長編》卷二五二 熙寧七年夏四月 庚午，詔置疏浚黄河司。差虞部員外郎、提舉大名府界金堤范子淵，都大提舉疏浚黄河口自衛州至海口。又以衛尉寺丞李公義爲勾當公事。先是，王安石以浚川杷法下大名府路安撫司，安撫司令子淵與通判、知縣共試驗之，皆言其法不可用。安石必使用之，子淵亦不敢違。子淵二十五日奏疏浚二股及清水鎮河，皆言用浚川杷。會子淵以事至京師，安石問子淵，浚川杷法甚善，何故頃言其不可用？子淵即對曰：『此誠善法，但當時同官議不合耳。』安石大悅，遂專置浚川司，命子淵領之，仍以公義爲屬。子淵言：『今創置司局，合具條約、應疏浚河道合用人船，并下本地分都大司於諸埽差撥；如船不足，即乞從本司移牒於三門白波輦運司應副。自衛州至海口，全藉有心力使臣分委勾當，乞不拘常制，舉使臣十員、指使二員。合製造疏浚木杷、鐵龍爪等，乞下沿河州軍應副，工匠於諸埽各抽差，就轉運、金堤兩司差坐船二只，本司官當直兵士於都大司河清差撥。官員請俸、遞馬驛券、軍典人數、公吏食錢，并依都水外監丞司例。本司公事，并與本路轉運提舉司及外都水監丞司公移行遣。』并從之。

又 卷二六三 熙寧八年閏四月壬寅 賜都大提舉疏浚黄河司勾當官李公義、内侍黄懷信官淤田各十頃，賞浚河勞也。

又 卷二六四 熙寧八年五月己丑 衛尉寺丞、都大提舉疏浚黄河司勾當公事李公義言：『先乞用船三百隻，浚大河中流，令水行地中。今且乞用船五十隻，鐵爪五十副，役兵四百人，自北京至海口驗一過之功，乞遣官打量河道深淺，果如所陳，即增船至二百隻。』詔都水監應副。

又 卷二七九 熙寧九年 十二月癸未朔，命知制誥熊本與都水監、河北轉運司官同相視疏浚汴河及衛州運河利害以聞。先是，大名府河每歲夏水漲，則自許家港溢出，及秋水落，還復故道，皆在大堤之内。范子淵既用浚川杷開直河受賞，復欲求功，乃令指使諷諸埽申大名府云：『今歲河七分入許家港，三分入故道，恐河勢遂移，乞牒浚川司用杷疏治。』府司從之。會歲旱，港水所浸田不過萬頃，子淵用杷不及一月而罷，時熙寧八年也。其明年，子淵自言，去歲大河幾移，賴浚川杷得復故道，出民田數萬頃，其督役官吏，乞加酬獎。事下都水監，監司請優與酬獎，如子淵所乞。始，王安石極稱浚川杷可用，故力主子淵。或言子淵于河上令指使分督役卒用杷疏治，各置歷書，其課曰：某日於某埽浚若干步，深若干尺。其實水深則杷不能及底，虚曳去來，水淺則齒礙沙泥，曳之不動，卒乃反齒向上而曳之。所書之課，悉妄撰不可考驗也。故天下皆指浚川杷爲兒戲。既久，安石亦頗聞之，及都水保奏子淵酬獎，安石遂不信，更下河北轉運、安撫司保奏。於是文彦博言子淵欺罔，乞行覆驗。詔詰子淵，子淵言：『自熙寧六年置浚河司，將前三年比較用杷功利，共省諸埽物料計錢三十九萬緡，及減差夫六百六十九萬。』上乃使蒲宗孟等於汴河用杷，試其事。又遣本等往河北究實。彦博又言，衛州開舊沙河入御河行運，艫皆知其有害無利，亦乞委官相視。而都水監言，運河乞置雙牐，倒放舟船實便，與彦博所言皆不同，故并以命本。彦博言：『安撫司準都水監牒，保明范子淵乞酬獎浚川功效。尋點檢所取到逐州縣地分河水漲溢，及後來減退事狀，即與范子淵所奏稍異，難議雷同保明，已别具本司奏訖。臣詳浚川司所浚河事始末，盡在水底，深淺固難詳驗，又只憑本司并所轄河埽使臣及都大提舉官供析保明。至于所屬州縣，亦望風畏憚，不敢異議。欲乞今後浚川司所浚河道，别差不干礙公正敢言臣僚，覆行定驗，所貴不誤朝廷行賞。范子淵所奏去年浚川退出分數地土，今年夏末又却多淹浸了。其去年用杷疏浚，退出地少，今年不曾用杷，却退出地多，顯是自因秋深河水減退，故本司不敢雷同保明。況浚川司所置官屬頗多，占破人船不少，别司官心知利害，率不敢言，言之必以爲阻害功利，故且緘默。人情如此，恐非朝廷之福。臣今因都水監牒要保明，方敢依實公言，伏乞朝廷詳察。』又言：『臣昨奉朝旨，令保明浚川司疏浚過河事，尋取責逐地分州縣的實事狀，并皆不同。及爲疏浚過處，其河水去年却依舊泛溢，淹浸民田，兼次年不曾用杷，後亦水退，即河水長落，決不由杷之疏浚。雖瀕河至愚之人，悉皆曉知。所以臣不敢雷同保明，及爲衛州創開運河不便，亦具奏聞。緣此事理備見，水官不識，枉費財力，兼多是狂妄希賞，只如所開運河，云有五利，其一曰綱運出汴對過沙河，免涉大河風濤之險。且汴口在河陽界内，沙河口在衛州王供埽下，自出汴口，由黄河下水，相去尚近百里，豈是出汴對過。沙河口在衛州西南，德、博在大名東北，上下相去遼遠，即與沙河水陸道路都不相干，不知因何免得數百里大河之險。只圖朝廷信聽，遂興力役，乞朝廷詰問都水監官，即見虚實。猶恐飾詐，即乞將都水監官所陳事狀付臣，容臣子細開析聞奏。臣自再到大名，有都水監官輕妄擘畫河事甚多，如欲決黄河大小吴埽地，放水淤田，及欲於嵬固下埽開直河，并放清水。如此等事，猶賴定奪官力議罷之，不爾，即爲害不細。臣所以乞審擇水官，望朝廷垂察。』

又 卷二八二 熙寧十年五月 庚午，詔：『侍禦史知雜事蔡確、知諫院黄履定奪衛州運河及疏浚黄河利害異同，理曲不實之人，劾罪以聞。如合就案驗，輟官一員及取旨，遣内侍同往。』初，熊本既受命與都水監主簿陳佑甫、河北轉運使陳知儉共按問諸埽，言：『八年，故河道水減三尺，浚川杷未至間，已增二尺，杷至又增一尺，且從此以前十年，水皆夏溢秋複，不惟此一年，水落實非杷所至。』本等乃集臨清、冠氏縣十五人責狀，及據埽上水曆，即南岸以杷試驗，雖小有增深寸數，翌朝再測，已與未浚時無異。又訪議者，皆以運河之興有費無利，且爲官私之患，遂以文彥博所陳爲是，奏乞廢浚川司。時范子淵在京師先聞之，遽上殿言：『熊本、陳佑甫意謂王安石出，文彥博必將入相，附會其意，以浚川杷爲不便。臣聞本奉使按事，乃詣彥博納拜，從彥博飲食，佑甫、知儉皆預焉，及屏人私語。今所奏必不公。且觀彥博之意，非止言浚川杷而已。陛下一聽其言，天下言新法不便者必鴌起，陛下所立之法大壞矣。』上頗惑其言，詔以本等奏送都水監及外監丞司。子淵遂訟本等以七月中北岸水曆定五月中南岸河流漲落，又不皆至河所視其利害，及大名府已嘗保明用杷浚二股功利，牒轉運司；兼本等專取索浚河司事，總四千七百餘紙，即未嘗取索大名府安撫司、轉運司事相參照。而確亦劾本奉使不謹，議論不公，乞更委官定奪是非。故就委確及履仍即禦史臺置獄推究。九年十二月癸未朔，本初受命相視，元豐元年正月己巳，本責。熊本集有禦河及浚川二札子，可刪取增入，今附見。『臣勘會河北路州軍自來賞給茶貨等，以至沿邊榷場要用之物，并自黄河運至黎陽出卸，轉入禦河，費用止於客軍數百人添支而已。向者，朝廷曾賜米河北，亦於黎陽或馬陵道口下卸，倒裝轉致，費亦不多。昨因程昉等擘畫，於衛州西南循沙河故迹，決口置牐，鑿堤引河，以通江淮舟楫，而實邊郡倉廩。自興役至畢，凡用錢、米、工料二百萬有奇，今後每歲用物料一百一十六萬、厢軍一千七百餘人，約計費錢五萬七千餘貫。昨開河行水，才百餘日，所過船栰六百二十五，而衛州界禦河淤淺已及三萬八千餘步，沙河左右民田渰浸者幾千頃，所免税租一千貫、石有零。故議者皆謂此河之興，有費無利，而又生公私之患。臣近准敕命躬親按視，其利害之實，誠如議者所論，然尚有大者。且衛州居禦河上游，而西南當王供向著之會，所以捍黄河之患者，一堤而已。今穴堤引河，而置牐之地才及堤身之半。詢之土人，云自慶曆八年後，大水七至，方其盛時，游波有平堤者。今河流安順三年矣，脱複轡水暴漲，則河身乃在海口之上。以湍悍之勢，而無堤閘之阻，汜濫沖溢，下合禦河，當此之時，臣恐墊溺之禍，不特在乎衛州，而瀕禦河郡縣皆罹其患矣。夫建功立事，將以便茲民而惠萬世也，故利之博者，不計其費。今此河之興，一歲所濟船栰其數至於如此，而以爲經久公私之利，不測之患萌於每歲，不貲之費積於無窮，而議者弗及焉，豈陛下所以垂世裕民之意哉？臣博采衆論，究極利病，咸以謂完固堤堰，新口存牐而勿治，庶可以銷淤澱決溢之患，而省無窮之費，萬一他日朝廷欲由此河轉粟塞下，則暫開亟止，或可以紓飛挽之勞。其議論子細，臣已同吴審禮等具狀奏聞去訖，伏望決於聖斷，早降指揮。又臣近准敕計會都水監、本路轉運司，那官兵同相度疏浚黄河利害聞奏，謹具如後：一、范子淵奏，將熙寧七年以後三年内應管諸埽所用物料并差夫數目，一例衮合，稱：比向前未用杷三年減得物料七百七十餘萬，及不差二十二萬三千餘夫。臣勘會沿河共管八十四埽，三年内計重疊疏過向著二十二埽，其不經疏浚去處至多，因逐年河水調匀，别無決溢横費，兼檢會熙寧六年十二月敕節文：河北差夫不得過五萬人，亦系朝廷指揮減却所差人數。一、范子淵奏稱：「熙寧七年已後至九年終，疏浚過灘觜及因此退出灘地共三十六萬餘步，減省得開撅并卷埽二千七百餘萬工，物料九百五十餘萬。」臣尋躬親并差官及取索文案，照會得已疏浚灘觜地步及退出灘淺去處，即今多却依舊。及取問得自來河上堤埽向著，即不曾用人兵於對岸開撅灘觜，所下埽緪多少，亦只據向著緊慢。今來有曾疏浚處所用物料，比元約全不曾經疏浚處所用物料却多，以至雖曾疏浚，却無有退灘淺去處。一、范子淵奏稱：「熙寧八年八月内，二股河泛溢，河道變易，在王胡莊尋用杷疏導水勢，奪歸二股河，退灘内民田數萬頃。」臣契勘當年二股河次下埽分，各有河水長落尺寸、月日，公檢照證得未用杷以前河勢已減退，兼王胡莊、許村港遞年黄河泛漲出岸，渰浸民田，至霜降水落退出。一、臣與陳知儉等曾將杷船於黄河淺處略行試驗，雖微有增深尺寸，隔日便有淤澱。伏緣河流湍猛，變易自如，并兩岸相去闊遠，其浚川杷雖暫時可以疏導淤淺，至於張官置局，差占人船，施功尋丈，而云能回奪大河；自立工料，而云能減省費用，此議者所以紛紛也。其利害子細，臣已同陳知儉等具狀奏聞外，所有都大提舉疏浚河司公事，仍乞先次廢罷。』

又卷二八五 熙寧十年 十一月戊申朔，詔知審刑院崔台符録問浚河司公事，命官不以輕重、吏人徒以上皆不以赦原。

《宋史》卷九二《河渠志二》 六年四月，始置疏浚黄河司。先是，有選人李公義者，獻鐵龍爪揚泥車法以浚河。其法：用鐵數斤爲爪形，以繩系舟尾而沈之水，篙工急棹，乘流相繼而下，一再過，水已深數尺。宦官黄懷信以爲可用，而患其太輕。王安石請令懷信、公義同議增損，乃别制浚川杷。其法：以巨木長八尺，齒長二尺，列於木下如杷狀，以石壓之；兩旁系大繩，兩端矴大船，相距八十步，各用滑車絞之，去來撓蕩泥沙，已又移船而浚。或渭水深則杷不能及底，雖數往來無益；水淺則齒礙沙泥，曳之不動，卒乃反齒向上而曳之。人皆知不可用，惟安石善其法，使懷信先試之以浚二股，又謀鑿直河數里以觀其效。且言於帝曰：『開直河則水勢分。其不可開者，以近河，每開數尺即見水，不容施功爾。今第見水即以杷浚之，水當隨杷改趨直河，苟置數千杷，則諸河淺澱，皆非所患，歲可省開浚之費幾百千萬。』帝曰：『果爾，甚善。聞河北小軍壘當起夫五千，計合境之丁，僅及此數，一夫至用錢八緡。故歐陽修嘗謂開河如放火，不開如失火，與其勞人，不如勿開。』安石曰：『勞人以除害，所謂毒天下之民而從之者。』帝乃許春首興工，而賞懷信以度僧牒十五道，公義與堂除；以杷法下北京，令虞部員外郎、都大提舉大名府界金堤范子淵與通判、知縣共試驗之，皆言不可用。會子淵以事至京師，安石問其故，子淵意附會，遽曰：『法誠善，第同官議不合耳。』安石大悅。至是，乃置浚河司，將自衛州浚至海口，差子淵都大提舉，公義爲之屬。許不拘常制，舉使臣等；人船、木鐵、工匠，皆取之諸埽；官吏奉給視都水監丞司；行移與監司敵體。

《宋會要輯稿・職官五》 神宗熙寧七年四月三日，詔置疏浚黄河司，差虞部員外郎范子淵都大提舉疏浚黄河自衛州至海口；衛尉寺丞李公義勾當公事。是月，范子淵言：『今創置司局，具條約，應疏浚河道合用人船，并下本地分都大司，於諸埽差撥。如船不足，即乞從本司移牒，於三門白波輦運司應副。自衛州至海口，全藉有心力使臣分委句幹。乞不拘常制，舉使臣十員，指使二員。合制造疏浚本把、鐵龍爪等，乞下緣河諸軍應副。工匠於諸歸指名抽差，就轉運、金堤兩司差座船二隻。本司官、當直兵士只於都大司河清差撥。官員請俸、遞馬驛券、軍典人數、公吏食錢并依都水外監丞司例。本司公事并與本路轉運、提刑、提舉司及外都水監丞司公移行遣。』并從之。

又 九年十一月二日，都水監言：『疏浚黄河司用船二百隻，浚深大河中流，令水行地中。勘會所乞令試一過之功，今已歲餘，未曾按驗，令本監都官一員前去檢覆。兼恐占用人船、官屬太多，就令相度裁減。』於是監丞劉璯言：『疏浚黄河舊係一司，後用鐵龍爪疏導向下河道，分爲兩局。乞依舊并爲一司，勾當官乞行并宜減罷。浚河兩司共管船二百五隻，乞減罷一百八十五隻，存留二十隻。如闕，許黄河逐都大司將般物料船三十隻應副出界，遞相交替，共不得過五十隻。』從之。

又 十年九月二十八日，中書門下言：『都水監丞范子淵言，准朝命疏浚汴河，蒙差官累行試驗，功利灼然。臣欲乞候今冬疏浚汴河了畢，將杷具、舟船等盡分與逐地分使臣，令於閉口之後河道内先檢量淤澱去處，至春水接續疏導。所貫河道上下通流，不致阻遏。仍免别差官屬，占破役兵，就便集事。』下都水監，監司乞依所請施行，從之。

雜録

清 朱鋐《河漕備考・歷代治河考》 浚川耙，人皆知其無用，安石獨善之，爲置浚河司。浚川耙以圓扒八尺横于中，以鉄爲齒，齒列三，兩端有輪，以舟駕之，行淺水中，舟過則泥去。

修河司

論説

宋 朱光庭《上哲宗論回河》《諸臣奏議》卷一二七《方域門》 臣竊以君論一相，相擇百官，各任其職而天下治，古今不易之道也。今日朝廷内外無事，唯治河爲大役。竊緣河之所以可治，朝廷難以遥度，責在水官任職而已。其所用物料、所役兵夫，水官既任責，則朝廷自合應付，將來成功，則當不惜重賞，設或敗事，亦當必行重責。如此，則上有所取信而不致過舉，下不敢欺罔而以實從事。臣今日所聞，則異於此。朝廷只知河之當竭財力以應付，而水官不任其責，僥倖成功則自稱己力以兾重賞，以至敗事則推過朝廷苟免重責，此不可之甚者也。伏見此役非小役也，其所責物料，所役兵夫，萬數不少。若水官自不任責，則朝廷何所取信而興此大役？伏乞朝廷指揮下修河司，取責水官，委實可以迴復大河結罪狀。庶使身任其責，以實從事，不至朝廷有所過舉。所繫事體甚大，伏望聖慈早賜指揮。貼黄：臣近曾上奏，乞朝廷法禹之治水，行其所無事。今朝廷以東流當治，然聞都水官不自任，則將來敗事，推過朝廷，豈可得也？伏乞朝廷指揮，令水官身任其責，庶幾興役，不敢有安。

宋 蘇轍《欒城集》卷四五《乞罷修河司札子》 臣伏見大河北流，經今十年，已成河道，每年夏秋泛溢，孫村地形低下，漲水東出。因此張問等輩，欺罔朝廷，建爲回河之議。自此北京生靈，懷魚鱉之憂，日夜爲遷徙之計。監司守臣及敕遣使者，皆言其不便，朝廷亦知其難矣。而去歲八月，宣德郎李偉，輒敢獻言，欲閉塞北流，回復大河，力排衆議，僥倖萬一，私覬功賞。朝廷爲之置修河司，調發民夫，劃刷役兵，差文武官吏收買梢芟，百廢并舉。河北、京東西路，公私爲之騷動，萬口一詞，知其無成。上賴陛下聖明，照知利害，然猶未能盡罷其役。始令且開減水河，次因旱灾，令權罷修河，放散夫役。然修河司依前不罷，李偉仍提舉東流故道。後因給事中范祖禹封還敕命，尋奉四月五日聖旨，李偉差遣候過漲水檢舉取旨。臣訪聞是時大臣面許陛下，俟求得一人可代偉者，即令偉罷去。夫偉以欺君動衆，害及數路，據法當即日誅竄以謝天下。今乃遷延至此，況有前件聖旨，必非虚言，理當檢舉施行，以信大臣前説。今漲水已退，而偉終不能罷。據今月三日聖旨，止是依吴安持等所請，候霜降水落，從北丞司相度，將梁村口至孫村河身内妨礙處，取豁壁掠，候冰凍消釋，相地形順便，隨宜開導，務令深闊，釃爲二渠。臣詳觀安持等説，蓋猶挾奸意，觀望朝廷，欲徐爲興動大役之計，以固權利。不然，但掠行開撥口地，則北外丞司自可辦事，自不須復存修河司及留李偉，使時進奸謀，以敗大計也。以臣觀之，修河司若不罷，偉若不去，河水終不得順流，河朔生靈終不得安居。伏乞指揮大臣速罷修河司，以檢舉前敕，流竄李偉，以正國法。取進止。貼黄：臣觀大河北流，北京在其東，軍民倉庫所在，河朔之都會也。昔人遠爲漲溢之備，於其西岸開三河門，使漲水西流於空閒之地，至館陶合入河身，故北京苦無大患。今自李偉等閉塞三河門，築截河馬頭，指水鋸牙，激水東向，仍於東岸第三、第四、第七鋪開發河道，恣令漲水灌注北京之上。今歲八月，漲水東流，幾與北京簽横堤平，南望彌泛五十餘里。是時北京中，若雨不止、風不定，本京必致疏虞。今偉等申請，皆没此目前實害，而探言北流深、瀛泛浸之害，以爲不可不存東流，以分减水勢。據今年深、瀛等州堤坊新複，未甚高厚，然皆不至决溢，若將來歲歲增築，使與從前河堤相若，加以海口深决，漲水不得停留，縱有小溢，必不至深害，雖無東流，未爲患也。故臣以爲偉等皆妄言，苟欲自便耳，若不斥去，則論無由得伸，最河坊之巨蠹也。

又《再乞責降李偉札子》 臣近奏乞罷修河司，并責降李偉等。尋准九月二十六日聖旨，李偉權發遣北外監承提舉東流。又准十月二日聖旨，罷提舉修河司。臣以爲河司雖罷，而李偉不去，與不行臣言無異。【略】蓋朝廷之所以罷修河司者，謂回河不可復行故也。回河既不可復行，則偉罔上誤國之罪審矣。今乃以初任知縣，權發遣都水監丞，則是有罪之人更得違法進擢，此公議所以不伏也。且修河司雖罷，而李偉不去，奸言時至，河事變更不定，河朔生靈無時得安，此又公議之所深憂也。

又卷四七《論黄河東流札子》 自置修河司以來，使過朝廷應副，見錢四十九萬餘貫，其佗公私所費，猶不在此數。

宋 范祖禹《范太史集》卷五《辭免給事中狀十月八日》 右臣準閤門告報，已降告命，除臣試給事中者，聞命震恐，無所容措。臣竊以門下封駁之職，最爲要塗，比虚其員，蓋重此選。臣自居言責，曾無裨補萬分之一，今超越西垣，擢置左省，臣不唯才識愚陋，所不敢當，在於義分，亦不遑處。伏緣臣近上言回河不便，乞罷修河司，實繫生民休戚，數路安危，未蒙朝廷辨别臣之所言是非。若臣言是，乞賜施行；若臣言非，即當顯黜。而論列未及累日，遽蒙進官，由臣非才，不能稱職。内省愆咎，唯俟譴誅，豈敢貪冒，復當遷寵。伏望聖慈特賜追還新命，除臣一外任差遣。

又《辭免給事中狀十月十三日》 臣近奏乞追還除臣試給事中恩命，除一外任差遣，準尚書省札子，奉聖旨不許辭免者，睿恩深厚，天地難踰。臣義有未安，敢避煩瀆。伏緣臣近論回河不便，乞罷修河司，臣所引先帝詔書，及陛下昨降罷修河司指揮，及中外人言皆以爲非便，臣不知大臣何以止信一李偉之言，遂不用先帝詔書，及却改陛下先降指揮，一切不恤人言，而無故興大役，動大衆，困擾數十州生靈，將来河不可回，民不堪役，何變不有，何事不生？爲無窮之費，又有無窮之害。而章奏纔出，未及累日，遽蒙優遷。臣竊惟陛下設置諫官，責之以言，欲得其忠，益若不然其言而復進其官，將何以来天下鯁直之論，亦非朝廷黜陟之典。諫官以言責事陛下，職在於救正，若忘其職業，而唯貪寵利，陛下雖不以爲罪，臣亦何以勝中外四面之責哉？伏望聖慈特賜，辨别臣言之是非，然後議其升黜，則臣之幸。所有告命，不敢祗受。

又卷一六《論回河狀》 右臣伏見元豐四年五月，河决小吴。六月三日，神宗皇帝詔旨更不修閉决口。至十二月，又宣諭輔臣曰：『以道治水，無違其性。』其詔書及聖語已書於實録，謹節録進呈。恭惟先帝聰明睿智，窮神燭理，不出九重而洞知河之利害，斷以聖意，如親臨覩，雖神禹復生，亦不過此。所以終先帝之世，人莫敢輕議。河行大吴，今已九年，自元豐八年以來，議者乃有異同，朝廷疑惑，故前遣李常、馮宗道，後又遣臣叔百禄、趙君錫案視，皆言無可塞之理，即用北流爲便，士大夫亦言不可塞者十有九，可謂衆矣。昔堯之時，洪水滔天，堯咨四岳誰可治水者，四岳皆薦鯀，堯知鯀不可用，曰：吁咈哉！方命圮族！言其爲人狠戾，必不能順五行之性也。四岳皆曰試之，堯乃命鯀治水，九載而功不成。夫堯既知鯀不可用，然而勉從四岳者，何也？稽於衆，捨己從人也。雖勉從四岳，然鯀治水果無成功，卒如堯之言。夫以堯之聖，知鯀不可用，然猶捨己以從人，而况執政大臣出一言而欲天下莫之敢違乎？夫河爲四瀆之宗，萬水所會，自大禹患其難治。然禹所以能治之者，順水之性而已。漢武帝時，河決瓠子，使汲黯、鄭當時興人徒塞之，輒復壞。武帝好神仙，時方憂河決，方士言曰：『黄金可成，而河決可塞，不死之藥可得，仙人可致也。』此四者皆武帝所欲而不能得，故方士以此説之。至以塞決河，比求神仙及長生，其難可知也，自是以後二十餘年不復塞。武帝既封禪，巡祭山川，因祠太山，還至瓠子，自臨決河，沈白馬玉璧，令群臣從官自將軍以下皆負薪填決河，帝悼功之不成，作《瓠子》之歌，乃卒塞之，名曰宣防，其難亦至矣。昨朝廷使李偉分導大河入孫村口歸故道，以紓下流之患，遂命偉專管勾疏導二股河。臣竊詳李偉止因開沙河直堤第三鋪口放漲水入孫村口，强名之爲二股，水落當復如故，其理必難久行。就使大河能成二股，則東西兩流占地愈多，所備益廣，堤防之費自倍。先朝亦嘗爲二股而終不成者，河之大，勢必歸於一故也。而李偉因此乃欲以塞宗城決口及移深州之費，回奪大河，復歸故道，希合執政，無所忌憚，敢肆大言以罔朝廷。朝廷更不博謀於衆，即依偉奏，置都提舉修河司，亦未嘗審問吴安持可與不可，即令與范子奇同提舉。安持既開直堤第四鋪口，而第七鋪危急。觀安持奏自八月八日救護，至二十八日，日數不爲不多，用梢草等百萬物料不爲不豐，調急夫至六七千人力不爲不至，官吏自夜達旦不爲不勤，埽緷愈危，隨即墊去，甚於漏卮，何時窮已，終不能守，而直堤自潰決百餘步。今纔開一鋪，而河勢變移，人意已不能測，功役已不爲小，安持所奏，已執兩端。將來閉塞北流，何止萬倍於此。若其無成，豈宜任責。又聞范子奇爭言河不可回，朝廷已令分析。昨謝卿材奏乞兼領河事，制置一年，必使國用不加費，民力不加勞，河清住招，物料住買，水行地中，冀不決溢，河灘之地漸可耕墾，自來春府界京東不銷調夫，亦免科出夫錢。又乞赴闕稟議河事，自河決以來，監司未嘗肯任咎責，獨卿材所奏如此，朝廷何不且試之一年？若其無成，顯行黜責，如此則誰不盡力，孰敢妄言？而尚書省批令先具措置利害聞奏，不令赴闕。昨先移卿材河東，及復置修河司，而改用范子奇，意謂子奇必不敢違耳。然子奇亦明言不可者，豈固欲違朝廷哉？子奇久任河北，必亦知其可與不可也。臣竊見去年初遣二使之時，大臣方且力爭，或曰可塞，或曰不可。今言不可者已罷免，所以廟堂無異議之人，止用一李偉之言，暴然復興此役。用物料，發急夫，調兵已不爲少，凡河役一起，則公私遂空，將來聚十萬兵夫，不唯窮困河北一路生靈，京東、京西亦皆震擾。人民離散，盜賊并興，國之大憂，或在於此。今河去北京止十五餘里，若進馬頭迫蹙河水，則其勢不可測知。脱有踈虞，北京將何以捍禦？當此之時，雖誅李偉輩不足以謝天下生靈。陛下悔之何及？夫河不可塞，在理甚明。稽之帝堯，則當從衆；驗之神禹，則當順下；質之先帝，詔書具存。陛下昨欲遣使之時，先已降詔，恐人有觀望之意，復追改之，此乃陛下以大公爲心，無所專主，不輕河事，慎之至也。及二使還奏，大臣論議，猶不能一，獨陛下聖意主張，遂罷修河司，數路之人方稍休息，中外無不以爲至當。今纔歷三時，復爲回河之役，先帝既以爲不可，陛下又以爲不可，而執政耻其前言之失必欲遂，非不復顧天下之安危，生民之休戚，妄舉大役，輕動大衆，河本無事而人强擾之，臣不知執政以何爲詞？必以北流有決溢之害也。夫夏秋之際，百川皆漲，非獨大河。河中、河陽兩山之間猶時有決溢，况於河北？河出平地，無所扼束，而北流堤防未理，水性趨下，安得全不爲患也？今秋水潦多於常年，如昨潁昌水入城郭，陳、蔡亦有水災，豈由河不復故道乎？熙寧中，河決曹村東南，注鉅野，與漢武帝時瓠子正同。河決而南，不可不塞，故大興人徒塞之。然曹村之役，人力已無所施，一夕河自退背，靈平乃成，故議者以爲天助，非人功也。祖宗時王楚、横壠、商胡皆不可塞；非不欲塞也，勢不可回也。先帝知其如此，及河決而北，遂不復閉，蓋幸其北去，無南決逼近都邑之患。而河薄西山，稍近禹之故道。李垂、孫民先嘗欲導河使之北流，當時議者但以功費太大，力不能爲而已。今河自行其地，此乃天意，非人事也。夫河者，天地之氣，氣之所向，誰能禦之？今東行故道已高，借使能以人力開之，至海終不能使水自下升高。自大禹以來，未聞用人功開土渠而引大河行其中者。今不以人意順水，而法使水隨人意，此乃鯀陻洪水、汨陳五行之失也。元豐中，范子淵爲武濟之役，欲横絶大河，費國財，害人命，不可勝計，京西之人恨不食子淵之肉。及其敗事，奸臣黨庇止奪一官，陛下嗣位，方加貶責。今欲塞北流，與子淵何以異？校其勞費與其爲害，又非武濟之比也。夫水官欲興河役，正如邊臣欲生邊事，官員使臣利於功賞俸給，吏胥主典利於官物浩大，得爲奸倖，豪民利於貴售梢草，瀕河之人利於聚衆營爲。凡言回河之利者，率皆此輩，非爲國家計也。且以國家今日事力何如漢武帝與先帝之時，以漢武帝之雄材、先帝之神武，皆以塞河爲難，而今日執政容易爲之，此臣所不敢信也。假使有可回之理、可塞之勢，方今國用虚乏、民力困敝，朝廷唯宜安静，猶當省費息民，況必無可回之理乎？又有言北流之害者，或曰淤塘濼，或曰河入北界則失中國之險，此皆私憂過計也。塘水不依原法已久，非緣河决而後淤淺，今河入界河日益深濶，東流幾二百里乃入於海，昔以界河爲阻，今以大河爲限，其爲天險，豈有過於此者乎？漢武帝時，齊人延年上書，請案圖書，觀地形，令水工開大河上嶺，出之匈奴，東注之海，可以省堤防備塞、士卒轉輸、匈奴侵盗、覆軍殺將、暴骨原野之患。天下常備匈奴而不憂百越者，以其水絶壤斷也。此功一成，萬世大利。武帝壯之，詔報曰：延年計議甚深，然河乃大禹所道也。聖人作事爲萬世功，通於神明，恐難改更。夫延年猶欲决河以灌匈奴，武帝以其非禹迹，故不爲也。今設使河入北界，此乃天送禍於契丹也。彼河入百里則失百里之地，入二百里則失二百里之地，河之所在，國之灾也。何利於我而必欲專之？議者又以爲恐敵渡河入寇，此又私憂過計也。今河上流自西夏，經北敵，乃入中國，自古未有匈奴以舟師入寇者也，況其居下流乎？若北敵能以舟檝與中國校勝，此則書契以來未之聞也。假使東流成功，北流退爲平陸，臣不知朝廷能聚兵於北境，浚塘水而修界河乎？凡以北朝爲説者，皆以妄言，恐朝廷望陛下拒絶勿聽而已。自古欲舉大事，動大衆，必先盡天下之言，不惡異同之論，使人人各伸所見，而後利害是非出焉。至於治河，必委忠實可信之人，其論議必斷以經術，非專用貪利邀功之人也。漢武帝使汲黯、鄭當時塞瓠子猶復壞，成帝時平當以經明禹貢使行河領河堤，今乃欲望大禹之功於王孝先、李偉之徒，不亦難乎？陛下凡兩遣使行河，執政皆不以爲信，而獨信一李偉。輕犯大河，與討伐西北二邊無異，其費無有限極，國財民命委於洪流，比之邊事，尤不可計。而朝廷晏然爲之，此臣之所大惑也。臣愚伏望陛下明諭大臣，博采群言，息意回河，勿輕動衆，無以有限之財力、生民之性命填不測之巨壑，勿爲無窮之役，興無涯之費，以狗一言之失，而望必不可成之功。罷都提舉修河司，散遣官吏兵夫，以弭將然之患。其北流决溢，隨宜救護，委外都水使者自來春爲始亟理堤防，仍速行相度修閉諸處决口。臣自聞復置修河司指揮，即欲建言。緣臣叔百禄嘗被使指言，出臣口理亦有嫌，是以躊躇至於閱月。今中外詾詾，皆言不便，臣有言責，當陛下耳目之任，若避嫌緘嘿，坐觀國事有誤，則臣之罪大矣，陛下亦何賴焉？是以冒昧，竭盡其誠，唯陛下深察。臣無任，懇悃激切之至。

又卷一七《乞罷回河札子》　臣竊聞已有旨除臣試給事中，臣蒙陛下擢任言職，未有毫分裨補，今遽蒙遷擢，實懷愧懼，雖捐軀隕首，無以上報。然臣有愚懇，不敢不陳。臣自九月以來，聞朝廷復置修河司，實見人情詾詾不安，皆言回河不便。臣因經筵，每與傅堯俞相見講求利害，皆以爲此事至大，不可不言。至二十八日，臣方進入文字，今纔數日，聞堯俞改授吏部尚書，臣除左省之職。臣非不知給事中職高而責輕，諫議大夫班下而責重，人情誰不以升進爲榮，以免憂責爲喜？然臣竊以回河之役，最爲當今大患。又聞差使臣五十九員往五十九州剗刷差兵赴役，又差内臣大使臣四員團結興發次第，如此天下豈不騷動？且河北百姓未嘗告訴乞朝廷回河，而無故興此大役，逆天地之理，易山川之位，以國財民命填無窮之壑，而取不測之憂，此實安危所繫，臣豈敢不力爭？夫河不可回，臣論之已詳。朝廷若以臣言爲然，即乞罷回河之役，以免河北將來倒垂之急，息數十州困擾之患。臣願以一身救數路生民之命，雖死無憾。若河不可不回，以臣言爲不然，則當顯行黜責，不當却得優遷。此乃執政大臣欲以美職塞臣等之口，使人貪利而不言耳。朝廷若使執政得以官職誘人，則畏威者無不鉗口，貪利者亦皆結舌，天下利害之實，人主何由得知，此非陛下之福也。恭惟大皇太后陛下方垂簾聽斷，皇帝陛下未親政事，正當明目達聰之時，而大臣乃以陛下官爵爲蔽言之具，臣雖至愚，所不敢當。臣若黽勉就職，是與執政同爲欺君。若陛下一日覺悟，以臣爲如何人也？伏望陛下詰問大臣，臣所引先帝詔書可用與不可用，陛下昨降罷修河司指揮可行與不可行，今來復置修河司是與不是，中外人言便與不便，然後考核臣言之是非。若臣言是，乞賜施行；若臣言非，乞加黜責，免至叨冒恩命，再三辭避，煩瀆天聽。臣無任，懇激之至。取進止。

又《乞罷河役狀》　臣所領工房，伏見朝廷應副修河司須索，如支河陰、汜水等處綱米五萬石，及差裝卸兵士三千人，洛口、雄武埽鍬手各三百人，支在京箔場蘆蓌四萬領，修設兵營寨之類，日有行下文字。臣昨爲諫官，極論回河不便，未蒙施行。今河役不息，功費漸大，恐修河司須索不止於此，朝廷若不罷河役，則無不應副之理，門下亦無由不行下。臣稽之於古，考之於今，質之中外人言，竊謂此功必不可成，恐雖應副，枉費國財民力，有害無利。謹具所聞見回河不便，畫一如後。【略】河清兵士爲修河司諸處抽使，所存無幾，水政如此，豈得爲河不爲患？及有決潰，則歸咎北流，便欲回河，豈爲實論？【略】一，近依修河司所請，降朝旨下河北轉運司并修河司曉諭州縣民户，向去别無科配物料。臣竊恐此止是空文，物料不出於民，何從而得興動大役，豈有不騷擾者？但恐朝廷雖降此指揮，民間困苦亦無由盡，知如役兵死未免，只作逃亡申報，民夫死則官中更不知數，此尤可哀憫也。【略】一，臣案歐陽修言：慶曆中，横壠之水自下流先淤，是時修爲河北轉運使，海口已淤一百四十餘里，其後下流既梗，乃於商胡口決。據此，則先是上流不快，上流乃決，小吴之決，恐亦無異商胡。今修河司專閉塞北流，而不管故道可行與不可行、海口快與不快，若海口出泄不快，將如之何？今只打量孫村口高下便望成功，亦恐利害未盡。

宋 杜大珪《名臣碑傳琬琰集》中卷二九《范資政百禄墓志銘》

元豐以前，未有回河之論。八年以後，乃有横議，王孝先、俞瑾輩緣旁以自進爾。臣既案視，究見利害，而大臣廷議，踰月未決，臣竊惑之。況小吴之決，先帝神幾睿斷，不下堂而見萬里之外，順天地高卑之性，知百川脉絡之理，明詔中出，藏在有司，大略以故道淤高，理不可復，更不修塞，遠近心服，人無異論。今一孝先乃敢妄議，乞罷修河司，以省大費。正孝先、瑾之罪，以明典刑。

綜述

明 吴山《治河通考》卷一〇《理河職官考》　四年，復置修河司。五年，罷修河司及檢舉。

清 靳輔《治河奏績書》卷一《河決考》　哲宗元祐四年，置修河司。時安燾、文彦博、吕大防力主東流，曰大河北流，失國中之險。蘇轍、范純仁、胡宗愈、王存等力言不可，以爲勢必不能。不聽。

清 康基田《河渠紀聞》卷六　宋哲宗元祐六年，罷修河司，李偉以趙偁權轉運使。按，此欲止回河之役而更置也。初以東流可復，置修河司。蘇轍言河不可回，宜罷修河司，李偉令河北轉運司專治北流堤岸，遂以偁權其事。

傳記

宋 王稱《東都事略》卷七七《范鎮傳》　百禄，字子功，父鍇爲衛尉寺丞，鎮之兄也。【略】自元豐河決小吴。元祐初，水官請回河故道，命百禄與趙君錫同行視。百禄以東流高仰，不可回，乞罷修河司，以省大費。

紀事

宋 蘇轍《欒城集》卷四一《乞罷修河札子》　黄河既不可復回，則先罷修河司。只令河北轉運司盡將一道兵功修貽北流堤岸，罷吴安持、李偉都水監差遣，正其欺罔之罪，使天下曉然知聖意所在。【略】貼黄：訪聞修河司承受、内臣鄭居簡近爲黄河故道不可復行，不敢虚占本職請受，乞先罷任，已蒙朝廷允許。以此觀之，顯是修河司不消復存。其吴安持、李偉尚自貪祿怙權，未即引去，伏乞早賜罷免。所有修河司見管職事，即乞依去年正月二十八日已降指揮，令河北轉運司結絶。又訪聞修河司妄舉大役，略無所益而費用錢糧、物料萬數不少，河北灾傷之後，極不易應副。縱是封樁錢物，亦出自民力，深可痛惜。臣欲乞委河北提、轉不干礙官，具前後所費用過數目，結罪保明聞奏，所貴朝廷上下，具知蠹害之實，今後慎于興作。

《續資治通鑑長編》卷四〇六 元祐二年冬十月丁亥 河北都轉運使顧臨等奏：『昨准朝旨，勘會河北自河決以來，至今未見開修的確利害，令與水官講畫合興修去處及所用工料，保明聞奏。續准朝旨，以講議河事所爲名。近因都水使者王孝先奏，將講議河事所與提舉修河所并，以都大提舉修河司爲名。竊聞舊例，須是已有興修去處，始立提舉修河司總領其事。今來方候河水減落，見行港勢所向，較量利害申陳，顯見難以預置興修司局；既將講議河事所并爲都大提舉修河司，又却復分講議與修河兩項行遣，不惟名實異同，深慮文移交互。欲乞將應緣講議河事行遣并依元降朝旨，以講議河事所爲名，候議定合行開修去處奏聞，及依故事朝廷差官覆實，委得允當，許令興工，即復爲都大提舉修河司。』詔依所奏，候議河事興工，即復爲都大提舉修河司。

又 卷四一六 元祐三年十一月甲辰 瞻又言：『臣近日簾前同進呈文字，竊見三省所奏，爲修河欲只作減水河，於元料合用人夫裁減分數，自昨來都水監丞及都省兩次幾減一半以上。既不回河，只且減水，即於第四鋪、孫村口河道内自合裁減夫數，其北流依舊通行，豈可大減工料？兼云令修河司通那使喚，尤爲不可。昨來修河司指北流宗城口焦家堤決溢，謂欲回河以紓其患。今既不從其説，則本司惟喜北流有決，資爲回河之議，安肯那移人夫修葺堤防，使之堅固？必且幸其水患，損壞民田，衝注塘濼，取以爲辭，不復顧恤生靈被害之苦，深爲不便。今監丞雖領北流，然是修河司使者屬官，實難執守。竊緣北流數年，并不曾修全堤埽，以致昨來宗城口焦家堤、南宫上下埽相繼潰決，此理當然，固不足怪。若更減却夫工，何以枝梧？朝廷若誠欲且開小河減水，未便閉塞河身，即乞令修河司結攬通認北流，將來分擘與元計人夫物料，以防疏虞，庶其公共承當河事。不爾，別委知曉河事官一員行都水丞事，不隸本監，專主回河，馬頭以北河岸，用元計料合使人夫物料修治堤埽，以備將來決溢，即責任有在，可保經久。』

又 卷四二一 元祐四年春正月辛卯 貼黄：『見今修河司官吏幾百餘人，諸州催促物料使臣四五十員，工部每數日一次檢舉催督，即諸路騷擾可知，理須早行放罷抽回。臣等豫聞國論，職事自合如此商量，然猶不免區區冒煩聖覽者，實欲上裨聰明之萬一。伏望二聖特垂采擇，如臣等所言實有可取，只乞因輔臣奏對之際，特賜聖諭，早令依百祿、君錫之議，罷回河減水之役，不獨臣等之幸，乃天下之幸也。』二十八日，罷回河及修河司。

又 元祐四年春正月戊戌 范百祿、趙君錫等既面奏河不可回，乞罷修河司，旬日不報，於是又奏疏曰：『臣等聞治水之道無他，惟在順其就下之性而已。禹行其所無事，是以能成萬世之功。或反禹之所爲，此鯀之所以致敗也。竊謂本朝河決必塞，已塞復決，未嘗復回於故道也。今河行大伾之西，至于大陸，分注木門，由閻官道會獨流口入界河，東歸於海，合禹之迹，前人所欲爲而不可得者也。元豐以前，未有回河之論。八年之後，乃有一王孝先、俞瑾輩敢妄議回河，孝先身爲水官，無容不知有此。臣既按視究見利害，而大臣廷議，踰月未決，臣竊惑之。伏惟太皇太后陛下、皇帝陛下仁心侔天地，利澤施四海，周旋曲盡，無一闕政。每聞一處灾傷、盜賊，惻怛不忍，動於天顔，是以五年之閒，中外蒙德，懽忻鼓舞，不可勝紀。若今來萬一議論試輒爲之，則非徒河不可回，回之必有大害。臣恐數路半天下之生靈，財困力敝，國家諸路常平司封樁錢物，立見耗竭，民閒誅求既廣，嗟怨者多，和氣一傷，水旱亦至。當是之時，流亡盜賊無所不有，而公私匱竭，責將安歸？臣實寒心，不知議者何以不決。昔周靈王時，穀、洛二水鬥，將毁王宫，王欲壅之，太子晋力諫以爲不可，懃惓反覆，幾二千言，大抵止以共、鯀爲戒，禹、四岳爲法，而曰：『天所崇之子孫，或在畎畝，由欲亂民也；畎畝之人，或在社稷，由欲靖民也。』其靖亂之効，逆順之理，炳如日月，昭示萬世。追原太子晋尊愛君父之心，謂自后稷以來，迄文、武、成、康而僅克安民，由厲王而下基禍十五世，惟民不静，以爲王業之憂，直以壅塞穀、洛迺周家福祚興廢短長之所繫。古人尊愛君父之心，切至如此！臣按穀、洛二水纔及黄河百分之一，穀、洛猶不可壅，以其係周家之廢興，況黄河百川之伯，四瀆之最尊者乎？今人欲壅之，非見侮，則是愚且狂矣。詩云：今此下民，或敢侮予。孟子云：能治其國家者，誰敢侮之？今國家無事，一妄人議論直敢以數百千里之外，朝廷所不見，自古所難成之事，致害天下。伯鯀之誅，止因稱遂共工之過，壅防百川，稽舜之政治，殛二凶而咸服。蓋以爲高高下下，迺天地之性，若高者强之使下，下者强之使高，則是逆天地之性。逆天地之性，則必害天地之生民，蠹天下之生物。自古以來，未有如此而能成功立事，興利除害者也。昔堯於鯀得非始信其言與四岳之薦乎？及至九年，績用弗成，而徒汨陳五行，反爲大害，乃悔而更之。廢父興子，才及四載，而禹告成功。今考書傳載籍，禹之所爲，止於隨山浚川，高高下下者，行其所無事而已，未聞有逆折洪流，使回故道之事也。且孝先以即日大河港勢方順，欲趁今年回河，必望朝廷半年之間，逐急計置五千萬物料。臣竊計此數決不可置場收買，必須科配六七路百餘州軍，騷擾七八百縣百姓，文符急於星火，期會比於軍興，鞭笞峻刑，枷錮滿道。臣聞河朔父老説往時六塔閉塞北流，民間見錢五百文，方了得一束稍草。審如此言，生靈何罪？況今京西、陝西連歲不稔，老幼相携，流離道路，縣官拯救常苦不給，而又將來閉塞北流之際，全藉人力衆多，是時役夫不知幾何萬數。臣等昨來移文會到諸處，終不報答，人情觀望，此可見矣。臣等請停罷修河司以來，將近一月，上殿面奏，亦已旬餘，寂然未聞朝廷行下，中外竊議，以爲河論未決，人莫不疑怪。臣惶恐待罪，不知所裁。又況元豐四年，小吴河決未兩月，而神宗皇帝神機睿斷，不下堂而見萬里之外，順天地高卑之性，知百川脈絡之理，明詔中外，藏之有司，其大略曰：「故道已是淤高，理不可復，自今更不閉塞。」於是遠近心服，人無異論。今孝先等迺敢横議，違戾先帝明詔，意欲旁緣以自進爾。伏望睿慈亟罷修河司，以省大費，正孝先之罪，以明典刑，則天下幸甚！』貼黄：『臣竊以壅防百川，古人所忌，周太子晋力諫靈王壅穀、洛二水之事是也。況黄河百川所聚，迺天地之脈絡，豈有以人力多寡，擗約不順其性，久之而不致患害者？臣等考古驗今，灼見不便，區區愚心既知其如此，夙夜憂惶，不敢緘默，乞賜聖鑒，特達施行。』又貼黄：『臣等昨相度利害奏聞後，方始知得元豐四年曾降上件詔札，尋即移文通利軍等處取會録到，合具奏聞，疏入即乞付外。』

又 元祐四年春正月己亥 范百禄等既還自河上，常又言：『臣伏見范百禄等相視黄河，已見得不可還復故道，利害甚明，而修河司尚未降指揮廢罷。訪聞本司見今辟官一百餘員，請受供給不少，役過兵夫六萬三千餘人，計五百三十萬工，約費錢糧四十萬許貫，買物料已費七十餘萬貫，用過條、束二百九十餘萬，今不即廢罷，枉費日滋，欲望早降指揮。其王孝先等妄有建議，上惑朝聽，枉耗國財，伏乞重行降黜，嚴示懲戒。』

又 卷四三〇 元祐四年 秋七月己巳朔，冀州南宫等五埽危急，詔撥提舉修河司物料一百萬應副。

又 卷四三二 元祐四年八月 乙丑，都水監勾當公事李偉言，已開撥北京南沙河直堤第三鋪，放水入孫村口故道通行，具到乘勢閉塞大河北流等利害。又言：『沙堤第三鋪水勢順快，故道漸亦爲備，朝廷今日當極力必閉北流，乃爲上策。若不明詔有司，即令回河，深恐上下遷延，議終不決，觀望之間，遂失機會。乞復置修河司。』從之，仍以都提舉修河司爲名，差都水使者吴安持提舉，外都水使者范子奇同提舉，以偉爲專切管勾應緣回河等事。五年十月二日，罷修河司。蘇轍、孫升云云。八月二十八日，初用都水議。又玉牒云：『詔以回復大河，置都提舉修河司，調夫十萬人。』

又 卷四三三 元祐四年九月乙未 御史中丞傅堯俞言：『臣伏覩都水使者吴安持、李偉等決大名第三鋪口，欲因漲水，回大河於孫村口，使還故道，暴集薪芻，屢差夫力，傍河之民，殆不堪命，訖無成績，虚費不可貲計。若知不可而强爲，是貪賞欺天；若果可爲而不效，是不虞敗事。欺天敗事，未嘗議刑，奸險之人，既無所懲艾，故今又欲興作大役，數十倍於前日，假託神怪，侮惑朝廷，先爲謬悠之談，而不肯任責。是國家將傾半天下之力，徇安持等以僥倖於萬分之一。苟不成功，生靈何罪！決爲此者，豈朝廷之福？乞重責安持等，以戒將來。夫事以議從，策由衆定。今衆人之論，不然者多，新除水官，亦復異議，欲望聖慈且罷修河司，以安衆心，少休民力，詳觀大河之變，果有大害，徐復議之，詢謀僉同，庶無後悔。』

又 卷四三六 元祐四年十二月甲寅 三省、樞密院言：『昨令都提舉修河司從長擇一順快處回河，差夫八萬，和雇二萬充引水正河工役外，北外都水丞司檢計到大河北流人夫二十萬四千三百一十八人，故道人夫七萬四千四百五十六人，兩項共計二十七萬八千七百七十四人。今都水監丞李君貺等檢計裁減到共十九萬四千九十八人。』詔令修河司且開減水河，其差夫八萬人，於數内減作四萬人，充修河工役；于李君貺等裁定差夫内，共減作一十萬人，令修河司通那分擘役使，餘依前降指揮。

又 卷四三九 元祐五年三月 戊辰，侍御史孫升言：密疏五年三月三日。『臣伏見李偉、吴安持自去歲興回河之議，二人相與誣罔朝廷，而安持詭譎多奸，既已誑惑大臣，不肯同任其責，萬一僥倖其成，則欲享其利，敗事則將歸之建議者，遂令李偉于去年八月獨奏陳大河要切利害，其畧云：「今來大河已是分流，即更不消開淘。因昨來一決之後，東流自是順快，渲刷漸成港道，見今已爲二股，約奪大河三分以來。今若得夫二萬，于九月便興工，至十月寒凍時已畢，因而引導河勢，豈止爲二股通行而已，亦將遂爲回奪大河之計。今來既因擗撈東流，修全鋸牙，當迤邐增進，一埽取一埽之利，比至來年春夏之交，遂可全復故道。」又云：「竊觀今日兩岸增進馬頭鋸牙，其沙河堤水口自已通快，顯有全回之勢，惟有都水使者吴安持曉夕講究，見得上件利害灼然。安持遣臣暫付尚書省稟議。伏望早賜宸斷，即乞復置修河司，其官屬諸般事件并依昨來已降條例施行，所貴司存既正，凡百悉有條理，可以乘時建立大事。」李偉、吴安持協比爲此奸言，朝廷遂以爲信，并依所奏施行。今日考其奏請之言，無一驗者，而枉費財用民力，已不可勝數，遠近爲之騷然。上賴祖宗社稷之靈，聖聽睿斷之果，照察奸言，一切放罷，不然患害有不可言者。臣訪聞都水使者吴安持未罷河役之日，既見其議漸伸，聖聽已察，物論喧然，而安持知其奸言敗露，端坐都城，不往役所提舉，乃于朝班中揚言云：「有司止是奉行朝旨而已。」乃知向日獨令李偉建議奏請，陰持奸謀，不肯同任其責明矣。蓋小人懷邪，不顧朝廷利害，不恤國家費用，不愛生靈性命，止在竊取名器，憑藉事權，以爲私謀。如前日罔上壞法，爲市易冒竊恩賞，雖其父命且不聽從，遺患公私，至今未已，欲其忘身徇國，何可得也？有臣如此，將安用之。臣愚以爲大河之議，未有萬全之畫，朝廷豈免北顧之憂？則宜選擇諳知河事，久曾經歷，公忠誠實有守之人，以爲水官，使之經營講究，庶幾有補于今日。如吴安持、李偉利口輕儇，欺罔奏陳，傳播中外，奸言顯露，罪惡難掩，伏乞早賜指揮罷黜，以協天下公議；仍乞罷修河司，候有定議，別聽朝旨，中外幸甚！』

又 卷四四九 元祐五年冬十月癸巳 詔罷都提舉修河司。

又 升又言：『李偉去年八月奏陳大河要切利害云：「今來大河已是分流，即更不消開淘。因昨來一決之後，東流自是順快，渲刷漸成港道，見今已爲兩股，約奪大河三分已來。今只得夫二萬，於九月便興工，至十月寒凍時已爲畢。因而引導河勢，豈止爲二股通行而已，將遂爲回奪大河之計。今來既因擗刷東流，修葺鋸牙，當迆次增進一埽，取一埽之利，比至來年春夏之交，遂可復全故道。乞復置修河司，司存既正，凡百悉有條理，可以乘時建立大事。」朝廷遂以爲信，并依所奏施行。後來耗費國家財用民力，不可勝計，遠近騷然，河北生靈爲之困弊。其二股通行，已即淤澱，故道全復，顯爲欺罔。上賴二聖察見狂妄，遂罷修河司。

宋 陳均《宋九朝編年備要》卷二三《哲宗皇帝》元祐四年 秋八月，復修河司。范純仁既罷相，都水監用其幹當公事李偉之言，復興河議，云已開發孫村口故道通行，請乘勢閉塞北流，乃置司，差都水使者吴安持提舉，外都水使者范子奇同提舉，而以偉爲管勾回河等事。范祖禹、傅堯俞力諫不聽。

又 元祐五年 冬十月，罷修河司。時范祖禹除給事中，愈力言回河之害。知潁昌府范純仁亦馳奏，謂河無可回之理。吕大防堅主河議，收之不行。一日，簾中忽宣諭純仁之言有理，宜從其請。遂又罷河役。及蘇轍爲御史中丞，乃請并罷修河司，流竄李偉，以正國法。

宋 吕中《大事記講義》卷一九《水患》 元祐三年四月，以吕公著爲司空同平章軍國事。宋興以來，以三公平章軍國事者四人，二人者吕公著父子也。吕大防、范純仁爲左、右僕射，議回河。初，大河東流，元豐中河決，遂北流。先帝知故道不可復，因道之北流。時回河之議，文彦博、吕大防、安石主之，范純仁、蘇軾以爲不可，曰：令范百禄、趙君錫相視。四年，范百禄、趙君錫見東流高、北流下，知河決不可回。范純仁請罷之。八月，復修河司。純仁既罷相，都水監又請塞北流。祖禹、堯俞力諫，不聽。王巖叟終以東流爲是。五年十月，罷修河司。蘇轍上疏云：大河流自來東西移徙，皆有常理。蓋河水所至輒淤，淤填既高，必欲下而決。論河決之言，當以蘇轍之言爲正；去河決之患，當以神宗之言爲正。而東流、北流，皆未有定論也。

《宋史》卷九二《河渠志二》 乙丑，李偉言：『已開撥北京南沙河直堤第三鋪，放水入孫村口故道通行。』又言：『大河已分流，即更不須開淘。因昨來一決之後，東流自是順快，渲刷漸成港道。見今已爲二股，約奪大河三分以來，若得夫二萬，於九月興工，至十月寒凍時可畢。因引導河勢，豈止爲二股通行而已，亦將遂爲回奪大河之計。今來既因擗拶東流，修全鋸牙，當迤邐增進一埽，而取一埽之利，比至來年春、夏之交，遂可全復故道。朝廷今日當極力必閉北流，乃爲上策。若不明詔有司，即令回河，深恐上下遷延，議終不決，觀望之間，遂失機會。乞復置修河司。』從之。【略】戊申，蘇轍言：『臣去年使契丹，過河北，見州縣官吏，訪以河事，皆相視不敢正言。及今年正月，還自契丹，所過吏民，方舉手相慶，皆言近有朝旨罷回河大役，命下之日，北京之人，驩呼鼓舞。惟減水河役遷延不止，耗蠹之事，十存四五，民間竊議，意大臣業已爲此，勢難遽回。既爲聖鑒所臨，要當迤邐盡罷。今月六日，果蒙聖旨，以旱灾爲名，權罷修黄河，候今秋取旨。大臣覆奏盡罷黄河東、北流及諸河功役，民方憂旱，聞命踴躍，實荷聖恩。然臣竊詳聖旨，上合天意，下合民心。因水之性，功力易就，天語激切，中外聞者或至泣下，而大臣奉行，不得其平。由此觀之，則是大臣所欲，雖害物而必行。陛下所爲，雖利民而不聽。至於委曲回避，巧爲之説，僅乃得行，君權已奪，國勢倒植。臣所謂君臣之間，逆順之際，大爲不便者，此事是也。黄河既不可復回，則先罷修河司，只令河北轉運司盡將一道兵功，修貼北流堤岸。罷吴安持、李偉都水監差遣，正其欺罔之罪，使天下曉然知聖意所在。如此施行，不獨河事就緒，天下臣庶，自此不敢以虚誕欺朝廷，弊事庶幾漸去矣。』【略】九月，中丞蘇轍言：『修河司若不罷，李偉若不去，河水終不得順流，河朔生靈終不得安居。乞速罷修河司，及檢舉六年四月庚子敕，竄責李偉。』

河渠司

論説

元 蒲道源《閑居叢稿》卷一七《與蔡逢原參政第二書》 某聞之周有天下，修廢官，四方之政行焉。蓋官有可廢，有不可廢。可廢而不廢則爲冗員，不可廢而廢則爲闕事。興元之河渠司，乃不可廢者也。興元之爲郡，其地之廣衍，視他大郡不及什之二三，所恃者惟渠堰而已。渠堰之水，興元民之命脉也。渠堰在在有之，無慮數十，然皆不及山河堰之大，其澆溉自褒城縣竟于南鄭縣。江北之境，舊設河渠司以領之，其秩五品。其任職也專，其受責也重，故堰之修理無抛弃滲漏之水，水之分俵無澆溉不均之田。視夫水之多寡以爲水額，强不得以欺弱，富不得以兼貧。澆溉之法，自下而上，間有亢旱之年，而無不收之處。及朝廷以天下繁冗之官，遣使可減者減之，當時議者曾不究其實，希合取容，例爲可罷使者，實不知其利害，信意從之。自是以來，委之有司，而有司復差設掌水者率不知水利之人，是以政出多門而不一矣。法生多弊而莫制矣。堰不堅密，水抛弃於無用；拔蓋水門也，無人巡視筒蓋，則水以澆田者高下任移，自下而上澆溉之法廢，强得欺弱，富得兼貧，以力争奪，數日之間，倏忽過時，而不及事，官府又不爲理，如秦人視越人之肥瘠。歲稍值旱，惟田近上源之渠者得收，下源遠渠者全不收矣。修堰之時，下源者一例納木供役而不得水澆溉，賦税公田之徵定額，則不可免民轉溝壑可知矣。其罷河渠司也，不過歲省官吏俸給數千緡之費爾，然足食、足賦税不闕，以今賑濟所費，校之孰爲多乎？某竊謂欲復立河渠司，朝議非年載間不可定，莫若省府權分委屬陝西渠堰官吏奏差等官各一員，監視興元渠堰，庶使水利均平，歲無荒歉之患，蓋利於民即利於國也。某閒不安分而僭越至此者，韓子所謂畏天命而憫人窮也。蓋前日不敢言又不可言，今則敢言又可言矣，惟相公裁之。不宣。

綜述

宋 蘇軾《經進東坡文集事略》卷一八《省費用第十三》 仁宗嘉祐三年十月二十二日，詔置在京都水監，凡内外河渠之事悉以委之。時朝廷欲修水官，故專置此監以代三司河渠司事，欲重其任，以御史知雜吕景初判監事，後亦不常其官。

宋 孫逢吉《職官分紀》卷一三《河渠司》 國朝皇祐三年，三司請置河渠一司，專提舉黄、汴等河堤功料事。九月，詔三司河渠司：汴河每年一開浚之。至和二年，以殿中丞李仲昌都大提舉河渠司。以仲昌知水利害，特任之。嘉祐三年，詔置都水監，罷三司河渠司。

又卷二三《都水使者》 國朝初欲修水官，故專置都水監以代三司河渠司事，欲重其任，以御史知雜判監事，後亦不常其官。

《元史》卷六四《河渠志一》 元有天下，内立都水監，外設各處河渠司，以興舉水利、修理河堤爲務。

傳記

明 柯維騏《宋史新編》卷一一〇《楊佐傳》 楊佐，字公儀，及進士第，累遷河陰發運判官幹當河渠司。皇祐中，汴水殺溢不常，佐度地鑿瀆以通河流，於是置都水監。

紀事

《續資治通鑑長編》卷一七〇 皇祐三年五月 壬申，初置河渠司，隸三司。

又卷一七一 皇祐三年九月 己未，詔三司河渠司與兩制、臺諫官同議塞商胡、郭固決河。初，河決商胡，至是又決郭固，朝廷議修塞，而中外章疏交上，所報不同，故議之。

又 皇祐三年九月丙子 詔河渠司：汴河每歲一開浚之。《楊佐傳》云：皇祐初，汴水殺溢不常，漕舟不屬，佐度水勢鑿口地要害處，自是通流無患。朝廷察佐曉河事，故使領都水。佐領都水，不知是何年。傳又云：自河陰發運判官入勾當河渠司，是年五月初置河渠司，恐每歲浚汴，或與相關。

又卷一七五 皇祐五年秋七月癸丑 蘄州判官李虛一上《漑漕新書》四十卷，其間頗言修六塔之便，詔送河渠司，備檢閱。

又卷一八一 至和二年九月 丁卯，詔：自商胡之決，大河注金堤，寖爲河北患。其故道又以河北、京東歲飢，未能興役。今勾當河渠司事李仲昌欲約水入六塔河，使歸橫隴舊河，以舒一時之急。其令兩制以上臺諫官與河渠司，同詳定開故道、修六塔利害以聞。

又卷一八六 嘉祐二年冬十月 乙丑，都官員外郎陳昭素勾當三司修造案公事，侍御史丁詡言三司勾當公事罷才數年，今河渠司勾當已有兩員。若修造案又置一員，乃是廢二員而置三員也。

宋 楊仲良《宋通鑑長編紀事本末》卷四七《仁宗皇帝·塞河》 皇祐三年 八月己未，詔三司河渠司與兩制臺諫官同議塞商胡、郭固決河，仍詔河北都轉運使吕公弼、提舉河堤綦仲宣赴闕同議。

又 至和二年九月丁卯，詔自商胡之決，大河注金堤，寖爲河北患。其故道又以河北京東歲飢，未能興役。今勾當河渠司事李仲昌欲約水入六塔河，使歸橫壠舊河，以紓一時之急。其令兩制以上臺諫官與河渠司同詳定開故道、修六塔利害以聞。

宋 陳均《宋九朝編年備要》卷一四《仁宗皇帝》 皇祐三年 五月，置河渠司于三司。

又卷一六 嘉祐三年冬十一月 置都水監。罷三司河渠司，以其事屬之。

《宋史》卷九三《河渠志三》 明年八月，河涸，舟不通，令河渠司自口浚治，歲以爲常。

《元史》卷五《世祖本紀二》 八月己丑，郭守敬請開玉泉水以通漕運；廣濟河渠司王允中請開邢、洺等處漳、滏、澧河，達泉以漑民田。并從之。

《續文獻通考》卷三《田賦考三·水利田》 京兆舊有三白渠，自元伐金以來，渠堰缺壞，陝人雖欲種蒔，不獲水利，賦税不足，軍興乏用。梁泰奏請修成渠堰，比之旱地，其收數倍，所得糧米可以供軍，遂令泰充宜差規措三白渠使，郭時中副之，置河渠司於雲陽縣。

又　武宗至大三年，從陝西行臺御史王承德請，展修石渠。至是以奉元歲旱，河渠司郭嘉議請令涇陽近限水利户添差修築，命行之。【略】懷慶路同知阿哈瑪特言，天久亢旱，夏麥枯槁，秋穀種不入土，民匱於食。中統間嘗開廣濟渠，置河渠司，遇旱則官爲驗工多寡，分水灌濟源、河内、河陽、温、武陟五縣民田三千餘頃。後因豪家截河起堰，立碾磨，壅遏水勢，又經霖雨壞渠，河渠司尋亦革罷。今五十餘年，舊迹可考。若將舊渠開浚，禁安磨碾，設立牐堰，旱則放牐澆田，澇則閉牐退水，公私俱利。從之。

《宋會要輯稿・職官五》　仁宗皇祐三年五月二十三日，三司請置河渠一司，專提舉黄、汴等河堤功料事。從之，命鹽鐵副使劉湜、判官邵飾主其事。九月，詔三司河渠司，汴河每年一開浚之。五年六月，蕲州判官李虚一上《溉漕新書》四十卷，詔送河渠司以備檢閲。其書蓋記古今河渠事。虚一特循一資。至和二年十二月，以殿中丞李仲昌都大提舉河渠司，以仲昌知水之利害，特任之也。嘉祐三年十一月，詔置都水監，罷三司河渠司。閏十二月三日，河渠司勾當公事李師中言：『自來受三司牒，令行下諸州軍文字，雖令指揮轄下州軍，緣别無定式，致諸處都大巡河使臣及縣邑多不申狀，止行公牒。此於事體殊失輕重，以此亦難集事。乞指揮，自今都大巡河使臣及縣邑應干河渠事并具申狀。如州縣有不應報事，或稽緩致悮事者，許牒運司取勘，下都水監定奪。』監司言：『緣已准詔置都水監，輪知監丞公事孫琳赴澶州勾當河事。欲乞下轉運司，指揮都大巡河使臣及縣邑，如有應干河渠，并令供申。若州郡有不應報事，或稽緩致悮事，許申本監，乞取勘施行，所貴集事。檢會朝廷指揮，沿黄、汴等河州軍諸路埽修河物料榆柳并河清兵士，不得擅有差借役占及采斫修葢，令轉運司、河渠司、提刑、安撫司、河渠司勾當公事臣僚、都大巡河使臣常切點檢。今後稍有違犯，并仰取勘以聞。竊以都大巡河使臣各隸本州，不當與監司及省司官一例，直行取勘州軍官吏。自今乞只令具事申轉運司，差官取勘。監司今相度，欲依師中所請。』從之。河渠司勾當公事因李仲昌創置，緣仲昌止是知縣資序，乃帶提舉巡檢捉賊，隸澶州及河北轉運等司，故事多苟且。師中將罷去，自以言之無嫌，故有是請。

藝文

宋　佚名《宋朝大詔令集》卷一六二《置在京都水監罷三司河渠司詔》　天下利害，繫于水爲深。自禹制横潰，功施于三代，而漢用平當領河堤，劉向護都水，皆當時名儒，風迹可觀。近世以來，水官失職，稽諸令典，品秩猶存。今大河屢決，遂失故常，百川驚流，或致衝冒，害既交至，而利多放遺，此議者宜爲朝廷講圖之也。朕念夫設官之本，因時有造，救敝求當，不常其制。然非專置職守，則無以責其任，非遴擇才能，則無以成其效。宜修舊制，庶以利民，其置在京都水監，凡内外河渠之事，悉以委之。應官屬及本司合行條制，中書門下裁處以聞，其罷三司河渠司。

雜録

明　邱濬《瓊臺會稿》卷八《會試策問》　又設都水監於京都，而於外又有河渠司，以興舉水利、修理堤防爲務。説者謂其一代之事功，亦不可泯。如決雙塔、白浮諸水爲通惠河以濟漕運，而京師無陸轉之勞，導渾河、疏灤水而武清、平灤無墊溺之虞，浚潞河、障滹沱而真定免決嚙之患。今其陳迹故在，亦可以因而修之於今否？

（萬曆）《紹興府志》卷一六《水利志一》　鞏初蒙恩，通判此州，問湖之廢興於人，未有能言利害之實者。及到官，然後問圖於兩縣，問書於州與河渠司，至於參核之而圖成，熟究之而書具，然後利害之實明，故爲論次，庶夫計議者有考焉。

《宋會要輯稿・食貨四六》　此諸河道，皆是祖宗留心之地、國家大計所資，忽而不圖，是亦有司之過矣。詔應通行漕運河道，宜令三司下逐地分當職官吏檢計的確功料，來春盡功開淘，須管通快。仍令都大提舉河渠司更切提轄擘畫施行，勿令稍有阻滯。

堤岸司

綜述

宋 王應麟《玉海》卷二二《地理》 三年五月二十二日，改提舉職爲汴河堤岸司。

《文獻通考》卷五七《職官考十一·都水使者》 元豐八年詔提舉汴河堤岸司隸本監。先是，導洛入汴，專置堤岸司，至是歸之都水司。

《宋史》卷一六五《職官志五》 元豐八年，詔提舉汴河堤岸司隸本監。先是，導洛入汴，專置堤岸司。至是亦歸之有司。

紀事

《續資治通鑑長編》卷三〇九 元豐三年冬十月癸亥 都水監言：『奉旨改導洛通汴司作都提舉汴河堤岸司，其應係汴河公事，乞令一面管勾。』從之。

又卷三三一 元豐五年十二月庚申 提舉汴河堤岸司言：汴河堤岸起三年四月修築，至今年十月八日畢工。詔都水監官覆視保明以聞。

又卷三三一 元豐五年十二月丙寅 都大提舉汴河堤岸司言：『準朝旨，爲原武埽閉合水口，見增防堰，令本司權閉斷魏樓、孔固、榮澤㪷門五七日。自閉合三㪷門，汴水增漲，今自開遠門浮橋以上凌排查塞，水欲抹岸，望速降指揮開撥沿汴㪷門；及乞於京西向上汴河兩岸，相度可潰水處，即決堤分減水勢。』詔如實危急，即依奏。

又卷三四〇 元豐六年冬十月庚子 都提舉汴河堤岸司言：『近爲汴水添漲，京西四㪷門分減不退，以致開決堤岸。今近京除孔固㪷門減水不入黃河外，已下雖有孫賈㪷門減水入廣濟河，然下尾窄狹，不能盡吞。伏乞欲於萬勝鎮舊減水河汴河北岸修立㪷門，自第一鋪下至第五鋪合河處，開淘舊河，并自第十一鋪創開生河一道，下合入刀馬河，實役人夫一萬三千六百四十三人，限一月畢工。乞下都水監於來年春夫內差發。』從之，仍作二年間修。

又卷三五四 元豐八年夏四月辛未 詔户部侍郎李定，取都提舉汴河堤岸司所領事，并提舉京城所管課利，條析以聞。五月乙未并罷。都大提舉汴河堤岸司，元豐二年二月二十二日初置，三年五月十二日改今名。

又卷三五六 元豐八年五月乙未 户部侍郎李定奏：『先奉旨，令臣取索都提舉汴河堤岸司所管事件聞奏，又奉旨，專切提舉京城所管課利事件，令臣一就取索。今具到都提舉汴河堤岸司專切提舉京城所管課利事件。』詔：『汴河堤岸及房廊水磨、茶場，京東西沿汴船渡，京岸朝陵船，廣濟河船渡，京城諸處房廊四壁花果、水池、冰雪窖、菜園，并依舊。萬木場、天漢橋及四壁果市，京城猪羊圈、東西麵市、牛圈、垜麻場、肉行、西塌場，各廢罷。令賈種民等依罷物貨場已得指揮，堆垜般運。東南及西河客人物貨亦廢罷。其見管官吏人等并京東西牧力勝殘，并仰賈種民等一就相度，措置聞奏。洛口兩岸灘地，令提舉京西北路常平張綬相度、措置聞奏。其依舊去處已前并向去及廢罷窠名所收課利，并於内藏庫送納，別作帳樁管，以備朝廷支用。』

又卷三五六 元豐八年五月庚子 詔提舉汴河堤岸司隸都水監，專一製造軍器所隸軍器監。《舊録》云：先帝導洛入汴，繕完戎器於無事之日，皆專置司，事得以舉。至是，歸之有司。《新録》辯曰：導洛水，造軍器，此非人君必躬必親之事，先帝既置司，何嘗不歸之有司耶？始則專置一司，得以核實，事既就緒，當有統屬，故各歸所隸，是亦先帝之意也。

又卷四九三 紹聖四年十二月丙寅 詳定一司敕令所言：『京城内汴河兩岸，各留一丈五尺爲堤面，官私不得侵占。承告侵占京城内堤岸者，檢定送開封府，其賞錢乞先以雜收錢代支，却於犯人理還。京城内汴河堤岸人户，輒有侵占者，許人經都提舉汴河堤岸司告。』從之。

又卷四九七 元符元年夏四月辛丑 工部言：請復置都提舉汴河堤岸司，乞應緣河事經畫奏請等事，并須關報本部。從之。復置都提舉汴河堤岸司，要見的是何年罷，元豐八年五月三日，止罷堤岸司所收課利。

宋 李埴《宋十朝綱要》卷一〇下 元豐八年四月 辛未，詔户部侍郎李定條具堤岸司所領事及京城所課利以聞。【略】罷汴河堤岸司所領天漢橋、方木場、果子行、猪羊圈等。

又卷一四 元符元年四月 辛丑，復置都大提舉汴河堤岸司。

《宋史》卷一六《神宗本紀三》 甲申，復命韓存寶經制瀘夷。詔改都大提舉導洛通汴司爲都提舉汴河堤岸司。

又卷九二《河渠志》 十月辛亥，提舉汴河堤岸司言：洛口廣武埽大河水漲，埽岸，壞下牐斗門，萬一入汴，人力無以枝梧，密邇都城，可不深慮。詔都水監官速往護之。

《宋會要輯稿·職官二七》 三年三月二十四日，都大提舉導洛通汴司宋用臣言：『近泗州置場，堆垛商貨，本司船承攬般載，將欲至京。乞以通津水門外順成倉爲堆垛場。』從之。是歲五月二十二日，詔改都大提舉導洛通汴司爲汴河堤岸司。

又《食貨八》 元豐六年二月二十七日，都提舉汴河堤岸司言：『丁字河水磨，近爲浚蔡河開斷水口，妨闕茶磨。本司相度通津門外汴河去自盟河咫尺，自盟河下流入淮，於公私無害。欲置水磨百盤，放退水入自盟河。』從之。

又 二年三月七日，户部言：『得旨興修水磨茶事。初元豐中，都提舉汴河堤岸司總領，即便水流用之。堤岸司今廢歸都水監，而措置茶事乃隸户部，事不相應。請依元豐置都提舉汴河堤岸司故事，應一司事并依舊條。』詔就差提舉茶場水磨官兼提舉汴河提岸，專管句，自洛至府界調節汴水，應副茶磨，不得有妨東南漕運。

又《食貨四七》 宣和元年六月十八日，詔陳留縣等處應開決河口地速行修閉，仍令都提舉汴河堤岸司、洛口都大司依已降指揮，疾速放水行綱運，不管小有阻節，令尚書省繼日催促。

又《食貨五六》 九月四日，尚書省言：『汴河堤岸司所管房廊、水磨、茶場，及京城所所管房廊歲入錢數，除代還免行錢指定合支數外，并充本曹年計支用。按在京諸色行户總六千四百有奇，免輪差官中祇應，一年共出緡錢四萬三千三百有奇，數内約支二萬六千九百有奇充和雇諸色行人祇應等錢外，餘一萬六千四百有奇，榷貨務送納，准備户部取撥充還支過吏禄錢。其在京免行錢，盡行放罷。自來以免行錢充吏禄及食料錢等，并以所撥汴河堤岸司及京城所房廊錢内給。其諸色行人自來差赴官中祇應人數，下開封府并依舊條。』從之。

又《方域一六》 天禧元年正月，都大巡檢汴河堤岸韋繼昇、張君平言：『汴河逐年栽種榆柳，并於人户科配，栽種失時，少有青活。遞年增數帳管，遂勒逐鋪作畦，收榆莢種蒔，於閑隙地内栽種。欲望自今任三年，如能沿河於閑地栽種椑五萬株已上青活，委新官點檢交割，州府保明聞奏，令佐免選，與家便官，使臣免短使，京朝官知縣優與親民。其在任官每一年栽種二萬株，亦與依前項處分。』詔緣汴河州軍管勾河堤京朝官使臣、令佐等任滿，如委栽種及五萬株已上青活，河堤別無疏虞，新官點檢交割，取本州府官吏保明以聞。仍自齎赴闕，於中書、樞密院通下，候看詳應條，京朝官使臣與免短使、家便差遣，令佐免選。如不應條，不及數，顯有情倖，幹繫繫官吏重行朝典。

又 十月四日，都水監言：『奉旨改導洛通汴司作都提舉汴河堤岸司，其應係汴河公事，乞令一面主管。』從之。五年三月十八日，提舉汴河堤岸宋用臣言：『面奉旨，金水河透水槽阻礙上下汴舟，令臣相度措置，其舊透槽可廢撤。』從之。

又 二十日，都提舉汴河堤岸司言：『准朝旨，爲原武埽閉合水口，見增防堰，令本司權閉斷魏樓、孔固、滎澤門五七日。自閉合三門門，汴水增長，今自開遠門浮橋以上，凌排查塞，水欲抹岸，望速降指揮開撥沿汴門門，及乞於京西向上汴河兩岸相度可櫃水處，即決堤分減水勢。』詔：如實危急，即依所奏。

又 紹聖四年五月二十二日，都大提舉汴河堤岸賈種民言：『元豐年導洛通汴，改汴口爲洛口，止係通放洛河清水，名汴河爲清汴。水勢淺澀，即益以櫃内清水。自元祐年，於黃河撥口分引渾水，令自澾上流入洛口，比之清洛難以調節。乞將汴河依元豐年已修狹河身丈尺深淺，檢計合用物力，具數申尚書省，複元豐清汴，立限修浚，通放洛水，仍置洛門門。』從之。

又 元符元年四月二十二日，工部言：『請復置提舉汴河堤岸司，乞應緣河事經畫奏請等事，并須關報本部。』從之。

又 宣和元年七月九日，中書省言：『都提舉汴河堤岸司言，近因野人衝抹沿汴堤岸及河道淤淺去處功料不少，若止役河清即功不勝。欲乞本司出備錢物，專委本路漕臣賈讜、李祐，候將來農隙和雇人夫應副開修，逐具奏聞。』從之。

淤田司

論説

清 汪師韓《韓門綴學》卷三《河淤田》 余出使至宿州，得一石碑，乃唐人鑿六陡門，發汴水以淤下澤，民獲其利，刻石以頌刺史之功，則淤田之法其來蓋久矣。宋設淤田司，領都水淤田，如程師孟者，且言爲利極大。至哲宗元祐以後，水利浸緩。而徽宗崇寧間，蔡京猶以荒閒可耕，瘠鹵可腴，爲紹復先烈，大概利害，相爲倚伏，而君子小人用心各不同。賈讓亦言填淤加肥之利，高田五倍，下田十倍，後世擾民之政，其爲前代行之有效者，何可勝道哉！

綜述

《文獻通考》卷七《田賦考七·官田》 開封府界、諸路系省莊屯田、營田，稻田務及司農寺户絶、水利田，并都水監官莊、淤田司四十四萬七千四百四十八頃一十六畝，内三司官田莊四千五百九十三頃四十畝零，總收租餘斛㪷匹帛六萬一千四百九貫、石、匹；都水監、淤田司官莊五百五十四頃一十九畝零，總收租斛㪷五萬二百一十石、斤，秸稈等五十萬一千六十六束、斤。

《宋史》卷一九八《兵志十二》 諸監既廢，淤田司請廣行淤溉，增課以募耕者。而河北制置牧田所繼言，牧田沒於民者五千七百餘頃。乃嚴侵冒之法，而加告獲之賞，自是利入增多。

傳記

（天順）《明一統志》卷五四《撫州府》 侯叔獻，宜黄人，有志節，舉慶曆進士，累官兩浙常平使者兼都水監。建議置提舉淤田司。相地利，引樊山水灌地四十萬頃，遷河北水陸轉運判都水監。治水尤得其性，有詔獎諭。

紀事

《續資治通鑑長編》卷二五八 熙寧七年十一月壬寅 知諫院鄧潤甫言：『淤田司引河水淤酸棗、陽武縣田，已役兵四五十萬，後以地下難淤而止。相度官吏初不審議而妄興夫役，乞加絀罰。』詔差府界提點蔡確究實以聞。其後確言元檢計、按覆官有不實，命開封府悉劾之。

又 卷二六三 熙寧八年閏四月乙未 提舉淤田司言去年淤田五千六百餘頃，詔提舉官減三年磨勘。

又 卷二六八 熙寧八年九月癸未 提舉出賣解鹽張景温言，陳留等八縣鹻地可引黄、汴河水淤溉。詔都大提舉淤田司相度以聞。其後，淤田司言此地當興工役，引水淤之，乃詔次年差夫。

又 卷二八八 元豐元年二月甲寅 都大提舉淤田司言，京東、西淤官私瘠地五千八百餘頃，乞依例差使臣等管勾。從之。

又 卷三〇一 元豐二年十二月 壬子，詔開封府界牧地可耕者爲官莊，從都大提舉淤田司請也。

宋 陳均《宋九朝編年備要》卷一八《神宗皇帝》 熙寧二年五月 叔獻尋與楊及提舉淤田引水於畿縣、澶州間，歲壞民田廬，而朝廷不知。六年秋，詔賜二人田各十頃。九年冬，罷淤田司。

《宋史》卷九五《河渠志五》 十一月壬寅，知諫院鄧潤甫言：『淤田司引河水淤酸棗、陽武縣田，已役夫四五十萬，後以地下難淤而止。相度官吏初不審議，妄興夫役，乞加絀罰。』詔開封劾元檢計按覆官。

又 元豐元年二月，都大提舉淤田司言：『京東、西淤官私瘠地五千八百餘頃，乞差使臣管幹。』許之。【略】十二月壬申，二府奏事，語及淤田之利。帝曰：『大河源深流長，皆山川膏腴滲漉，故灌溉民田，可以變斥鹵而爲肥沃。朕取淤土親嘗，極爲潤膩。』二年，導洛通汴。六月，罷沿汴淤田司。

《宋會要輯稿・食貨二》 元豐元年二月九日，都大提舉淤田司言：『京東、西官私瘠地五千八百餘頃，乞依例差使臣等主管。』從之。

又 十二月十八日，詔開封府界收地可耕者爲官莊，從都大提舉淤田司請。

又 三年二月八日，提點永興軍等路刑獄、駕部員外郎王孝先知邠州。孝先言：淤田營田司自熙寧七年至十年，費錢十五萬五千四百餘緡。六月十五日，都大提舉淤田司請以雍丘縣黄西等十棚牧地爲官莊田，從之。

又《食貨六三》 元豐元年二月九日，都大提舉淤田司言：『京東、西官私瘠地五千八百餘頃，乞依例差使臣等主管。』從之。

巡河官

論説

《金史》卷二七《河渠志》 參知政事馬琪言：『都水外監員數冗多，每事相倚，或復邀功，議論紛紜不一，隳廢官事。擬罷都水監掾，設勾當官二員。又自昔選用都、散巡河官，止由監官辟舉，皆諸司人，或有老疾，避倉庫之繁，行賄請托，以致多不稱職。擬升都巡河作從七品，於應入縣令兼舉人内選注外，散巡河依舊，亦於諸司及丞簿廉舉人内選注，并取年六十以下有精力能幹者。到任一年，委提刑司體察，若不稱職，即日罷之。如守禦有方，致河水安流，任滿，從本監及提刑司保申，量與升除。凡河橋司使副亦擬同此選注。』

綜述

《金史》卷二七《河渠志》 金始克宋，兩河悉畀劉豫。豫亡，河遂盡入金境。數十年間，或决或塞，遷徙無定。金人設官置屬，以主其事。沿河上下凡二十五埽，六在河南，十九在河北，埽設散巡河官一員。雄武、滎澤、原武、陽武、延津五埽則兼汴河事，設黄汴都巡河官一員於河陰以涖之。懷州、孟津、孟州及城北之四埽則兼沁水事，設黄沁都巡河官一員於懷州以臨之。崇福上下、衛南、淇上四埽屬衛南都巡河官，則居新鄉。武城、白馬、書城、教城四埽屬浚滑都巡河官，則處教城。曹甸都巡河官則總東明、西佳、孟華、淩城四埽。曹濟都巡河官則司定陶、濟北、寒山、金山四埽者也。故都巡河官凡六員。後又特設崇福上下埽都巡河官兼石橋使。凡巡河官，皆從都水監廉舉，總統埽兵萬二千人，歲用薪百一十一萬三千餘束，草百八十三萬七百餘束，椿杙之木不與，此備河之恒制也。

又 卷五六《百官志》 都巡河官，从七品。掌巡视河道、修完堤堰、栽植榆柳、凡河防之事。分治监巡河官同此。其泸沟、崇福上下埽都巡河兼石桥使，通济河节巡官兼建春官地分河道。诸都巡河官，掌提控诸埽巡河官、明昌五年设，以合得县令人年六十者选充。大定二年设滹沱河巡河官二员。散巡河官。于诸局及丞簿廉举人，并见勾当人六十以下者充。黄汴都巡河官，下六处河阴、雄武、荥泽、原武、阳武、延津，各设散巡河官一员。黄沁都巡河官，下四处怀州、孟津、孟州、城北，各设黄沁散巡河官各一员。卫南都巡河官，下四处崇福上、崇福下、卫南、淇上，散巡河官各一员。滑浚都巡河官，下四处武城、白马、书城、教城，散巡河官各一员。曹甸都巡河官，下四处东明、西佳、孟华、凌城，散巡河官各一员。曹济都巡河官，下四处定陶、济北、寒山、金山，散巡河官各一员。凡二十五埽，埽兵万二千人。

清 俞正燮《癸巳類稿》卷一二《總河近事考》 河之南合于淮、泗，始宋金時。宋時府州長吏兼河堤使，通判兼河堤判官，有都水監，有外都水監，有都大提舉，有修河司。金府州長貳提舉河防，縣長貳勾管河防，又有巡河官、埽官，皆屬州縣。元泰定二年，立行都水監于汴梁。至正六年，又立行都水監于鄆城，爲總治河防使，此總治專官之始。

《續通志》卷一三四《職官略·都水監》 金置都水監，掌川澤津梁舟楫河渠之事。有監、少監，無定員，兼漕事。少監、丞二人，所屬街道司。管勾都巡河官掌河防之事，無定員，又有散巡河官。

紀事

《金史》卷二七《河渠志》 先是，祥符縣陳橋鎮之東至陳留潘崗，黄河堤道四十餘裏以縣官攝其事，南京有司言，乞專設埽官，十九年九月，乃設京埽巡河官一員。二十年，河決衛州及延津京東埽，彌漫至於歸德府。檢視官南京副留守石抹輝者言：『河水因今秋霖潦暴漲，遂失故道，勢益南行。』宰臣以聞。乃自衛州埽下接歸德府南北兩岸增築堤以捍湍怒，計工一百七十九萬六千餘，日役夫二萬四千餘，期以七十日畢工。遂於歸德府創設巡河官一員，埽兵二百人，且詔頻役夫之地與免今年稅賦。二十一年十月，以河移故道，命築堤以備。

又 十二月，通濟河創設巡河官一員，與天津河同爲一司，通管漕河閘岸，止名天津河巡河官，隸都水監。八年六月，通州刺史張行信言：『船自通州入閘，凡十餘日方至京師，而官支五日轉腳之費。』遂增給之。

又 大定八年六月，滹沱犯真定，命發河北西路及河間、太原、冀州民夫二萬八千，繕完其堤岸。十年二月，滹沱河創設巡河官二員。

《元史》卷六四《河渠志》 雙塔河，源出昌平縣孟村一畝泉，經雙塔店而東，至豐善村入榆河。至元三年四月六日，巡河官言：『雙塔河時將泛溢，不早爲備，恐至潰決，臨期卒難措手。』乃計會閉水口工物，開申都水監，創開雙塔河。未及堅久，今已及水漲之時，倘成決壞，走泄水勢，悞運船不便。』省準制國用司給所需，都水監差夫修治焉。凡合閉水口五處，用工二千一百五十五。

清 傅澤洪《行水金鑑·官司》卷一六五 金世宗大定十年二月，滹沱河剏設巡河官二員。《金史·河渠志》。金世宗大定十九年九月，設京埽巡河官一員。《金史·河渠志》。金世宗大定二十七年二月丁亥，命沿河京府州縣長貳官并帶管勾河防事。《金史·世宗本紀》金章宗泰和六年春正月癸卯，始以沿河縣官兼管勾漕河事，州府官兼提控。《金章宗本紀》。十二月通濟河，剏設巡河官一員，與天津河同爲一司，通管漕河牐岸。上名天津河巡河官隸都水監。《金史·河渠志》。

（雍正）《河南通志》卷一三《河防二》 大定二十年，河決衛州及延津京東埽，彌漫至於歸德。詔自衛州埽下接歸德府南北兩岸增築堤，以捍湍怒，遂於歸德府剏設巡河官一員，埽兵二百人，凡役夫之地與免今年稅賦。【略】是年，設都巡河官六員，分任河務。雄武、滎澤、原武、陽武、延津五埽則兼汴河事，黄汴都巡河官蒞之。懷津、孟津、孟州及城北四埽則兼沁水事，黄沁都巡河官蒞之。崇福上、下、衛南、壩上四埽屬衛南巡河官，武城、白馬、書城、教城四埽屬濟滑都巡河官，東明、西佳、孟華、浚城四埽屬曹甸都巡河官，定陶、濟北、寒山、金山四埽屬曹濟都巡河官。又特設崇樞上下埽都巡河官，兼石橋使一員。凡巡河官皆水監廉舉，總統埽兵萬二千人，歲薪百一十一萬三千餘束，草百八十三萬七百餘束，椿杙之木不與焉。此備河之恒制也。

明清時期水利職官部

都水清吏司、都水司

論説

（嘉靖）《河間府志》卷二《建置志・城池》　治水之法，《禹貢》一書尚矣。迨及成周，惟以溝洫備旱潦。歷漢而下，始開河渠以資灌溉，水利之興，良由于此。洪惟皇元，尤以水害致其憂，以利遂民之生，都水司官于是乎設。歲以御河漕民間之粟供京畿以億萬計，厥利懋哉。

明 李昭祥《龍江船廠志》卷三《官司志》　明興法古，并建六部，政無旁出。河梁舟楫之事，凡在兩直隸者，皆隸都水司，郎中總其事，主事分往監督，故衛河、清江、龍江皆有分司，有提舉司，綱舉目張，超越前代矣。然衛河、清江專理漕務，皆永樂以後增置，唯龍江則肇自洪武初年，專爲戰艦而設也。正德戊寅，復注選主事駐札管理，責任既專，而防範益密矣。

清 郭夢星《午窗隨筆》卷二《春夏秋冬卿》　三代後官無以卿名者，自蕭梁天監七年始，改太常爲太常卿，宗正爲宗正卿，大司農爲司農卿，是爲春卿。少府爲少府卿，加置太府卿、太僕卿，是爲夏卿。衛尉爲衛尉卿，廷尉爲廷尉卿，將作大匠爲大匠卿，是爲秋卿。光禄勳爲光禄卿，大鴻臚爲鴻臚卿，都水使者爲大舟卿，是爲冬卿。夫太常典樂，宜入春官；太僕掌馬，宜入夏官；廷尉理刑，宜入秋官；都水司修浚，宜入冬官。至旁卿之以四時分者，不知亦有取義否？按：光禄、鴻臚二官，南宋時均省入禮部，而不隸工部。

綜述

明 沈啓《南船紀》卷三《南京工部都水司》　按《周官》川衡掌川澤之禁令而平其守，皆下士爲之。至漢元鼎，始置水衡都尉，又置左右使者。漢因革不常。唯魏世主天下水軍舟船器械。由晋而齊而梁而隋，有以進賢兩冠，與御史中丞同者，有爲大舟卿位視中書郎列卿之末者，有改監及少監并爲令者。唐爲使，而領舟楫河梁之署，不屬將作郎。宋置都水監判監事一人，以員外以上充；同判監一人，以朝官以上充；丞二，薄一，并以京朝官充。掌内外河梁堤堰之事，然猶自爲監也。恭唯本朝凡在兩直隸者，悉屬之工部都水司，郎中司其總，其在外河埽之治造船之役，差主事一負監之，故龍江閒有工部分司云。

明 王圻《續文獻通考》卷九三《職官考・都水監》　皇明設都水司官專掌河道一切事，屬工部。

《明會典》卷二《吏部一・官制一・京官・工部》　屬官國初設子部四，曰營部、虞部、水部、屯部，設郎中、員外郎各一員，後改爲營繕、虞衡、都水、屯田四清吏司，以首領官主事爲司官，司各一員，後陸續添設營繕司員外郎二員、主事四員，虞衡司郎中二員、員外郎一員、主事二員，都水司郎中三員、主事九員，屯田司郎中一員、主事一員。嘉靖四十三年，革虞衡司管盔甲廠郎中一員，添主事一員管理。四十四年，革屯田司管易州山廠郎中一員，改設主事一員。隆慶二年，改都水司管沽頭閘主事於夏鎮閘。三年，革都水司管濟寧閘主事一員。六年，革都水司管清江造船主事一員，添設協理司事主事一員。萬曆五年，添設都水司管徐淮河道郎中一員，革都水司管吕梁洪主事一員。六年，革都水司管徐州洪主事一員。九年，革虞衡司管遵化鐵冶郎中一員。

又　都水清吏司郎中五員，内一員管理沙河至儀眞河道，一員管理靜海主濟寧河道，一員督理通惠閘河并天津河道，一員管徐淮河道。員外郎一員，主事七員。内一員管器皿廠，一員管六科廊，二員管徂徠等泉兼管濟寧閘，一員管夏鎮閘。

又卷三《吏部二・官制二・南京官・南京工部》　都水清吏司郎中一員，舊有員外郎一員，嘉靖三十七年革。主事二員。内一員管新江口船隻。

又卷一九六《工部十六・都水清吏司》 郎中、員外郎、主事，分掌川瀆、陂池、橋道、舟車、織造、衡量之事。内一員提督清江浦造船，隆慶六年加設。

又卷二〇八《工部二十八・南京工部・都水清吏司》 凡南京橋道水洞損壞坍塌。本部委官相計修理。凡南京錦衣等衛、大小黄船、俱本部委官五年一修，十年一造。内在京師河下聽用者、遵奉欽限修造。在各衛者，遇該修則徑自相計興工。遇該造，則奏行覆查，候再奏得允，然後計料改造。正德十四年，奏省覆查回奏：凡南京新江口戰巡等船，俱本部五年一修，十年一造。合用物料如遇缺乏，坐派直隸蘇、松等府州解用。南京中軍都督府差撥官軍，協同各船旗軍。龍江提舉司官吏匠作供役合用工食，於本部雇工班匠或蘆課銀内支給。仍添設本司主事一員，於龍江提舉司督理修造。凡南京錦衣等衛快船損壞，弘治以前，本部委官相勘明白，每隻給銀七十兩，令該衛官軍打造。後定本部給銀一百五兩，南京兵部給銀四十五兩，共一百五十兩，南京兵部委官督造。其底船釘板，二部會估變賣，定以十兩資助本船打造工食。餘價以三分爲率，本部收二分，兵部一分，各於該給之數扣除。

明 徐學聚《明典彙》卷三五《吏部二・官制・京官・工部》 尚書，左、右侍郎各一員，掌天下百工營作山澤采捕窯冶屯種榷稅河渠織造之政令，其屬初曰營部，曰虞部，曰水部，曰屯部，後改爲營繕，分掌宫府器仗城垣壇廟經營興造之事；虞衡，分掌天下山澤采捕陶冶之事；都水，分掌川瀆陂池橋道舟車織造衡量之事；屯田，分掌屯種墳塋抽分柴炭之事；四清吏司。司各郎中、員外郎、主事一員，後陸續添設，營繕司員外郎二員，主事四員；虞衡司郎中二員，員外郎一員，主事二員；都水司郎中三員，主事九員；屯田司郎中一員，主事一員。嘉靖四十三年，革虞衡司郎中一員，添設主事一員。四十四年，革屯田司郎中一員，改設主事一員。隆慶間，革都水司主事二員，又添設主事一員。萬曆五年，添設都水司郎中一員，革主事二員。

南京工部尚書、右侍郎各一員，四司郎中各一員。營繕司員外郎，嘉靖三十七年革，萬曆十一年復設。都水司員外郎，嘉靖間革。營繕司主事三員，嘉靖三十七年革一員。虞衡司主事二員，萬曆九年革一員，十一年復設。都水司主事二員，屯田司主事一員，嘉靖二年添設一員，首領司務一員，所屬衙門：營繕所、龍江、清江、提舉司、文思院、寶源局、軍器局、織染所、龍江、瓦屑壩抽分局。

明 李默《驗封清吏司・吏部職掌》 都水司，揀撥都吏一名，令吏三名。褾科、織造科、河防科。大撥令史四名，典吏二十五名。内二名揀改入。

明 謝肇淛《北河紀》卷五《河臣紀》 北河都水司公署在東阿、陽穀、壽張三縣之交，其地曰張秋。宋真宗時名景德鎮，元設都水分監於此。國朝弘治七年，河決張秋，命都御史劉大夏等塞之，因更鎮名曰安平。公署在河之西南，未詳其建於何年。嘉靖十四年，郎中郭敦重修。四十四年，郎中姜國華以堂宇皆南向，而公門獨折而東，非居正之體，乃費公帑二百金改。而南門之左爲坊表，其右爲土地神祠。大門三間，儀門三間，大堂五間，東、西廊房各六間，左幕廳三間，右吏書房三間，外厨房二間，衙内上房五間，東、西厢房各三間，左書房三間，右厨房三間，旁小房三間，東樓五間，其上有小閣三間，樓前有堂五間，東連房五間，堂之外東、西小軒各二間，外爲客廳三間，左、右耳房各一間，廳南菜園半畝許。萬歷四十年二月，衙房五間灾，四十一年春重建。

明 何士晋《工部廠庫須知》卷七《街道廳》 虞衡司注差員外郎，三年有關防，有公署，專司街道、溝渠，而時稽核其通塞。錢糧關領於各司，或動支各城、坊、房號銀，五城兵馬司咸隸焉。見行事宜：每年查理都城内外街道、橋梁、溝渠、各城河墻、紅門、水關及蘆溝橋堤岸等處，或遇有坍壞，即動支都水司庫銀修理，臨時酌估多寡不等，其城外河遇淤淺挑浚，亦動都水司庫銀，或借班軍挑浚。每年春季開浚五城溝渠，以通水道，以清積穢。凡官溝，動支兵馬司房號銀。中城五十五兩，東城一十二兩，南城二十四兩，西城二十兩，北城不支。民溝聽民自開。各衙門溝行總甲開，如上林苑、五府等溝，本衙門自開。

又卷九《都水司》 掌川瀆、陂池、橋道、舟車、織造、衡量之事，除奉敕分理於外者爲北河差郎中、南河差郎中、中河差郎中、夏鎮閘差郎中、南旺泉閘差主事、荆州抽分差主事、杭州抽分差主事、清江廠差主事，其錢糧俱不係本部，故不載。載通惠河、器皿廠、六科廊皆本司總理者所屬，爲文思院大使、副使，織染所大使、副使。

又卷一〇《通惠河》 都水司奉敕注差員外郎三年駐通州，掌通會河漕政。自大通橋至通州，迤南至天津止。其中閘垻之事皆隸焉，兼管修理通州倉厫并灣廠收發木料事。

明 施沛《南京都察院志》卷二〇《職掌十三巡視五城職掌・五城會典》 凡京城該管地方街道坍塌、溝渠壅塞及皇城周圍坍損，工部都水司行委分管，填墊疏通。

明 陳子龍《明經世文編》卷三五一《議復部臣經略江南河道疏》 顧事必專官而後善計，必遠慮而後成。查得江南河道水利，原設有都水司郎中一員，專一其事，蓋白河有通惠河郎中，漸南有北河郎中，又漸南有南河郎中，又遠而南，有江南郎中。

《明史》卷七二《職官志一》 工部尚書一人，正二品；左、右侍郎各一人，正三品。其屬司務廳，司務二人，從九品；營繕、虞衡、都水、屯田四清吏司，各郎中一人，正五品。後增設都水司郎中四人，員外郎一人，從五品。後增設營膳司員外郎二人，虞衡司員外郎一人，主事二人，正六品。後增設都水司主事五人，營膳司主事三人，虞衡司主事二人，屯田司主事一人。【略】都水典川澤、陂池、橋道、舟車、織造、券契、量衡之事。水利曰轉漕，曰灌田，歲儲其金石竹木卷埽，以時修其閘壩洪淺堰圩堤防。謹蓄洩以備旱潦，無使壞田廬墳隧禾稼。舟楫磑碾者不得與灌田争利，灌田者不得與轉漕争利。凡諸水要會，遣京朝官專理以督。有司役民，必以農隙，不能至農隙，則僝功成之。凡道路津梁，時其葺治。有巡幸及大喪、大禮，則修除而較比之。

清 查繼佐《罪惟録・職官志》卷二七 都水司，典川瀆、陂池、泉濼、洪淺、道路、橋梁、舟車、織造、券器、衡量之事。

清 顧炎武《肇域志》卷一九 《泉河史》：都水，古司空之職。《周禮・遂人》屬於大司徒。秦漢以後，改置不常。唐、宋爲水部，掌川瀆、溝洫、津梁、舟楫之政。今元創會通河，令都水監掌之，始出署於外矣。國初，都水清吏司亦曰水部，設郎中、員外郎、主事分理之，凡四方閘堰、陂池、泉濼、洪淺、橋梁之務，得以贊尚書而詔於人主。遷都之後，尤重漕政，始差主事一員，疏導山東泉源及分汶水，以利漕渠。其後或以通政，或以郎中，無常職，尋罷不遣。

清 顧炎武《天下郡國利病書・揚州》 國朝設工部都水司官，掌天下陂池川瀆之政令。

又《山東下》 正德間，都御史劉愷建南版新開二閘，以後歲遣都水司主事一員治河。嘉靖七年，主事鄭允璋奏革閘務，并隸磚廠、營繕司，河道改屬張秋都水司。

清 傅澤洪《行水金鑒》卷一六五《官司》 明工部尚書左、右侍郎掌天下百工營作，山澤采捕窯冶屯種榷税河渠織造之政令屬有水部，後改水部爲都水清吏司，郎中、員外郎、主事分掌川瀆、陂池、橋道、舟車之事。

又 自虞舜命伯禹作司空，帝曰：俞，咨禹，汝平水土。至秦漢有都水長丞，漢武帝以都水官多，乃置左右使者以領之。成帝以王延世爲河堤使者，哀帝初，平當爲鉅鹿太守，以明《禹貢》，使行河，爲騎都尉，領河堤。晋武帝置都水臺，而河堤爲都水官屬。梁改都水使者爲大舟卿，其最卑者主舟航河堤。後魏初，有水衡都尉及河堤謁者、都水使者。隋煬帝河渠署置令、丞各一人。唐因之。開元中，以宇文融爲九河使。石晋置堤長。宋置都水監、黄御等河都大提舉、巡河主埽使、提舉河防司。元以工部尚書爲總治河防使。國朝或以工部尚書、侍郎、侯、伯、都督提督運河，自濟寧分南北界，或差左右通政、少卿，或都水司屬，又遣監察御史、錦衣衛、千户等官巡視運河閘泉。宣德以後，遣郎中一人提督濟寧河道，主事一人提督徂徠等處泉源，已而部郎罷遣，以山東參政副使管理河漕。天順二年，以河南道副使一員，整理濟寧以北河道。成化初，改命通政駐札張秋，掌衛河、會通河漕政，北至天津，南至魚臺一帶，凡泉湖閘壩堤淺之事皆隸焉。旋以山東副使兼攝之，尋改都水司郎中奉敕行事，凡沿河有司及管河文武官員悉聽節制。又除都水司主事二員奉部檄行事，一駐札寧陽，一駐札濟寧，掌諸泉源閘壩之政，凡有司管泉管河官員皆屬焉。弘治十八年，南旺別設分司，以濟陽都水兼攝。正德十四年，專差主事一員駐札南旺。嘉靖二十四年，罷遣南旺主事，而以寧陽主事兼攝其政。隆慶三年，罷遣濟寧主事，而三分司之政俱屬寧陽。其臨清閘座，則正德間設都水司主事一員管理，嘉靖七年罷之，而屬其事於甎廠。

然地雖分管，而總理之者北河郎中也。既又以濟寧、東昌、天津三兵備道，奉敕帶管河政，凡事與北河分司會議呈請，其文武官屬郡有丞判，州有判，縣有簿尉，閘有官衛，有指揮所，有千百户，各守其疆，不相逾越。

清 鄂爾泰《八旗通志》卷四三《職官志二》 都水清吏司郎中滿洲五人，員外郎滿洲五人，主事滿洲四人。

《清會典》卷七〇《工部》 都水清吏司郎中滿五人，漢一人；員外郎滿五人，漢一人；主事滿四人，漢二人。掌水利、河防、橋梁、道路。街道廳，滿、漢各一人，司官簡委歲一更代。掌平治道塗清理溝洫。

《清會典則例》卷三《吏部》 都水司，漢郎中一人，員外郎二人，主事十有一人。【略】是年，裁都水司漢員外郎一人、主事一人、虞衡司員外郎一人。【略】六年，裁營繕、虞衡、屯田司漢主事各一人，都水司主事四人。【略】十一年，增都水司漢員外郎二人，一人管京城内外河道，一人管玉泉山河道。十二年，裁都水司漢主事四人。【略】三十八年，裁蒙古郎中、員外郎，裁漢軍員外郎四人，都水司漢員外郎二人。

清 厲荃《事物異名録》卷八《爵位部·工部》 司川，《唐書》：水部改曰司川。按，即今都水司也。司水大夫，《歷代沿革》：工部郎中，唐龍朔中，改司水大夫。按，工部疑爲水部，即今都水司郎中也。

《續通典》卷三一《職官九·都水使者》 明水利之事，掌於工部都水司。

《續通志》卷一三五《職官略·明官制上》 明置都水司郎中五人，員外郎一人，主事七人，掌川澤、陂池、橋道、舟車、織造、券契、量衡之事。南京工部都水司郎中一人，員外郎一人，主事二人。

《清通典》卷二五《職官三》 工部尚書，滿洲、漢人各一人，掌天下工虞器用，辨物庀材，以飭邦事。所屬有營繕、虞衡、都水、屯田四清吏司。【略】都水清吏司郎中，滿洲五人，漢人一人。員外郎，滿洲五人，漢人一人。主事，滿洲四人，漢人二人。掌河防海塘及直省河湖淀泊川澤陂池水利之政令，凡道路之平治，橋梁之營葺，舟楫之制度，咸總而舉之。歲十有二月則藏冰，夏而出之，以供祭祀宫府之用焉。

《清通志》卷六五《職官略二·工部·都水司》 郎中滿洲五人，漢人一人。員外郎滿洲五人，漢人一人。主事滿洲四人，漢人二人。掌河防、海塘及直省河湖、淀泊、川澤、陂池、水利之政令。

《清文獻通考》卷八一《職官考五·工部》 康熙十一年，都水司漢員外郎增二人，一管京城内外河道，一管玉泉山河道。共三人。三十八年裁二人。【略】都水司漢主事初設十一人，順治十五年裁一人，康熙六年裁四人，十二年裁四人。

清 汪啓淑《水曹清暇録》卷一 都水司，執掌天下海塘、河渠、橋梁、道路、織造、船政、藏冰、器用、關税之事。凡水利曰灌溉，其竹木卷埽，以時修，其閘壩、磽淺、堰圩、堤防，謹蓄泄以備旱潦。舟楫、磑碾不得與灌田争利，灌田水不得與漕運争利。役以農隙。凡鱗介萑蒲之利，聽民取而薄征其租。凡道路塞其坑坎，凡橋梁曰舟梁，曰石渠，計工力而創修，其大津不能梁者，官給舟人量其大小難易而食之。凡船有曰糧船，曰茅檮船，曰江山船，曰明堂船，曰河馬船，曰河糧船，曰塘船，曰麻陽船，曰茅篷船，曰使客船，曰六撓船，曰小木船，曰戰船，曰哨船，曰犂犂船，曰趕繒船，曰雙篷船，曰唬船，曰快哨船，曰沙船，曰八槳船，曰柳船，曰浚船，曰拖風船，曰平底槳船，曰紅船，曰花座船，曰槳船，曰擺馬船，曰八槳哨船，曰六槳船，曰四槳船，曰大船，曰京報哨船，曰巡船，曰小船，曰巡江船，曰水艍船，曰釣船，曰艍船，曰仔船，曰烏船，曰黄快船，曰紅馬船，曰宣樓船，曰仙船，曰便民船，曰杉板頭哨船，曰小船，曰小巡船，曰快哨巡船，曰海哨巡船，曰雙篷艍船，曰大舶船，曰六櫓船，曰兩櫓槳船，曰四櫓船，曰八櫓船，曰一櫓槳船，曰急跳槳船，曰快槳船，曰艟艚船，曰艟艚船，曰快馬船，曰樓唬船，曰救生船，曰座船，曰站船，凡數十種，皆會其財，下諸司核其成造修理，斟酌多寡、久近、勞逸而均劑之。凡織造，誥敕制帛移江寧織造辦理而慎節之。其藏冰以備祭祀，以給各署解炎之需。至于表匣、厨櫃各處應用器皿，皆屬本司成造，移送各關木税報銷，查核有無短少，荊關抽分差遣等事。

清 梁章鉅《稱謂録》卷一七《都水司》 都水司，皇朝《通考》：都水清吏司，掌水利、河防、橋道、舟車、券契、量衡之事。案，工部或爲水部，即今都水司郎中也。馬氏《通考》：後周有司水大夫，隋初爲水部侍郎。司川大夫，《唐書》：水部改曰司川，又稱司川大夫。案，即今都水司。【略】水衡、都水臺、大舟卿，《晉書》：武帝省水衡，置都水臺。《隋書・百官志》：大舟卿梁初爲都水臺，七年改焉，主舟航堤渠。案，尚書侍郎始得稱卿，其職統營繕，都水二司，故匠卿、舟卿皆指長官而言，非即本司郎中。又案，梁之都水臺有使者一人，參軍事二人，河堤謁者八人，《隋書》謂位視中書郎列卿之最末者也，則雖非今之都水司郎中，而位亦與今相亞矣。

清 閻鎮珩《六典通考》卷三《設官考・夏官沿革》 司險，魏尚書有水部郎，歷代或置或否。後魏、北齊有水部，屬都官尚書，掌舟船津梁之事。後周有司水中大夫，隋初爲水部侍郎，屬工部。煬帝除侍字。唐武德三年，加中字。龍朔二年，改爲司川大夫。咸亨元年，復舊。天寶中，改水部爲司水，至德初復舊。後周又有小司水上士，隋改爲員外郎。唐龍朔二年以後，曹名改而官不易。宋水部掌川瀆、河渠、津梁、舟楫、運漕、水碾磑及堤防疏瀹之政令。金、元無水部，而以都水監兼治其事。又有津渡、河橋管勾等員。明工部都水清吏司郎中一人，員外郎一人。

傳記

明 毛憲《古庵毛先生文集・靡悔軒集》卷七《竹莊處士陳公墓志銘》 公陳姓，諱褒，士榮其字，竹莊其別號也。【略】進署都水司郎，奉璽書巡南河，乃令所屬曰寶應、高郵湖堤築圮不常者，由卑隘水易爲患故耳，於是量出公費，增高拓廣，甃築益固，以利永久。

明 張邦奇《張邦奇集・靡悔軒渠》卷七《河南右參政陸公墓志銘》 公諱鏞，字時鳴，號拙庵。【略】升工部都水司郎中，嘗與一二大臣奉命築河西務陂塘，工告竣矣，公曰：是旦夕計也。設法增築之，而水恃以無患。

（弘治）《八閩通志》卷五一《選舉》 十一年，乙未。謝遷榜陳奐。漳浦人，工部都水司主事。【略】十四年，戊戌。曾彥榜蘇鏸，龍溪人，長史。吴超。漳浦人，工部都水司主事。

明 張時徹《芝園集・定集》卷四三《明故承德郎工部都水主事少山戴公墓志銘》 公諱鰲，字時化，別號少山，奉直公季子也。【略】丁酉，授工部都水清吏司主事，治徐州洪。洪故有二道，外洪大石獸踞小者戟列，時時破舟殺人，而内洪則紆迴滯澀，沙石壅閼，不可以舟，又堤岸善崩，齧而窪者太半。公至，則殫力經畫，琢其巉砦，碎其蛩磧，直其掩曲，抉其壅塞，以堤以路，延袤二里許，舳艫上下，如履平地，而數十年之害，一旦夷之。

明 胡直《衡廬精舍藏稿》卷二四《歐陽乾江先生行狀》 君諱紹慶，字幻承。【略】會徐州洪與治河相涉，需才尤急，秉銓者遂擢君工部都水司主事，又便君迎養。壬申，蒞洪，有議開泇河者，輔臣托爲訪驗。君躬履興參，復書寢議，獨陳疏河事凡五條：一曰審泛原，二曰預泛備，三曰嚴疏浚，四曰堅堤築，五曰專責任。蓋意在疏浚，不必開鑿。朝省以爲確論。先是，河淤徐沛，運塞貯虧，朝命鎮山朱公、兩溪萬公相繼督理，而君分理其間，乃疾馳沿河下上數百里，起境山，至梁山，審視講求，預條規畫，明若觀火，備陳二公，遂創築兩岸河堤。北岸梁山壩至李家庄而竟，南岸自清凉寺下起，至大港珀闗家口而竟，加築計萬丈餘。君咸躬督，一旦屹屹，并峙黄河始復歸束。君又爲四議：一言守堤當如守邊，定爲限期，各夫役許挈家從事；二言夫役既有信地，每三里合建一鋪，四鋪置一老人爲督，聽各夫耕牧，如河南泰黄堤景象；三言植柳四言復淺溜夫額銀，設淺溜夫若干助挽。朱、萬二公韙其議行之，已而茶城口及溜溝爲洄流淤塞胡家庄二里，泥淤旋挑旋塞，遂稱積患。君舟居野坐，風飡雨巡，鳩工集材，造爲束水活木壩，兩岸對峙，用木樁維繫，空其中，與閘口等，置木簸箕，分布夫役，扒撈沙泥。又編板障其空，稍令水積輒起洩之時積時洩泥，則隨溜水徑去。每進半里，許成一活木壩，如前法始一日僅過二十艘，萬公虞焉，得君是策，即數十里河溝如常。越日遂過百三十艘，三數日間，艘盡行。萬公手札慶曰：奇哉！遂下活木壩、木簸箕式于張秋、濟寧，至今爲成法焉。

明 李贄《續藏書》卷二七《知府徐公》 徐公九經【略】自司

空出遷都水司郎中，治張秋諸漕河道。故通漕者與通鹽者近而不相接，以故漕水溢則泛濫爲田患。九經議築減水橋於沙灣使相接，漕水溢則有所通而不侵田，少則有所限而不至涸。工成，至於今賴焉。

明 焦竑《國朝獻徵録》卷五一《工部都水司郎中趙君泰墓表》

公諱泰，字熙和。【略】廉以持己，惠以及民，勤以涖事，凡利民之務，必爲之。開孟瀆、得勝二河，作魏村閘及郡城外東、西二橋，功成而民不勞。歲旱，齋沐禱於城隍，大雨霑足。

又《吴郎中瑞墓志銘》 公諱瑞，字德徵。【略】改工部都水司，出理徐州洪水利。時諸商載酒千艘經徐，欲餽金如艘數。先通公故人，露餽金意，以義峻却。故人信其操履介潔，揚言於衆，以譽之。其於洪事，利則修舉，害則剗革，逾年而政通頌興。弘治乙酉，秩滿，赴部尚書。與公舊相識或勸之私謁當得美除，竟不往。升本司郎中，奏敕總督濟寧以南河道值久旱，舟膠不前，公知而兼程抵任，相宜從事，鑿新河，浚舊河，增壩閘，時蓄泄水通而舟前，軍民稱便。

又《承德郎工部都水主事少山戴公鰲墓志銘》 公諱鰲，字時化，別號少山。【略】丁酉，授工部都水司主事，治徐州洪。洪故有二道，外洪大石獸踞小者載列，時時破舟殺人，而内洪則紆回滯澁，沙石壅閼，不可以舟。又堤岸善崩，齧而窪者太半。公至，則殫力經畫，琢其巉碞，碎其蛩磧，直其掩曲，抉其壅塞，以堤以路，廷袤二里，許舳艫上下，如履平地，而數十年之害，一旦夷之。

又 卷九〇《陝西布政司右布政使孟公麟墓志銘》 公諱麟，字瑞魯，別號西野，姓孟氏。【略】改都水司，提督南直隸水利六事，於凡侵河防占官湖者，痛懲以法。

明 敖文禎《薜荔山房藏稿》卷八《明通議大夫都察院右副都御史東泉鄔公行狀》 公諱某，字某，號東泉，姓鄔。【略】補都水司郎中，視河張秋時大挑浚。公馳駐南旺，督工疏瀹諸閘，以時啓閉，飭修五空橋傾圮，民漕兼利。

明 謝肇淛《北河紀》卷五《河臣紀》 張水工部都水司郎中題名。楊恭，字克敬，陝西岐山縣人，甲申進士，成化十年任加升右通政，仍管河。陳英，字廷賢，浙江鄞縣人，壬辰進士，成化二十三年任。呉珍，字汝賢，浙江長興縣人，乙未進士，弘治四年任。汪僎，字簡之，江西弋陽縣人，辛丑進士，弘治四年任。陳綺，字于章，浙江太平縣人，戊戌進士，弘治七年任。張縉，字朝用，山西陽曲縣人，己丑進士，弘治十年任。韓鼎，字廷器，陝西合水縣人，辛丑進士，弘治十四年任。商良輔，浙江淳安縣人，官生，弘治十八年任。錢榮，浙江慈溪縣人，進士，正德元年任。田佑，字廷相，直隸贛榆縣人，巳丑進士，正德三年任。王溱，直隸浚縣人，舉人，正德五年任。李思儒，字宗正，直隸高陽縣人，庚戌進士，正德六年任。陸應龍，字翼之，直隸長洲縣人，巳未進士，正德六年任。荀鳳，字文端，直隸徐州人，丙辰進士，正德八年任。楊淳，字重夫，陝西臨潼縣人，戊辰進士，正德十一年任。畢濟時，字汝霖，江西貴溪縣人，辛未進士，正德十三年任。孔鳳，字廷瑞，山東海寧州人，舉人，嘉靖元年任。錢瀾，字師孟，直隸阜城縣人，舉人，嘉靖四年任。李煌，字德融，江西浮梁縣人，丁丑進士，嘉靖六年任。李重，字子任，直隸江都縣人，辛巳進士，嘉靖七年任。佟應龍，字師言，直隸山陽縣人，辛巳進士，嘉靖八年任。劉守良，字君燧，直隸贛榆縣人，辛巳進士，嘉靖十年任。郭敦，字君厚，福建晋江縣人，舉人，嘉靖十二年任。楊旦，字啓東，河南郾城縣人，辛己進士，嘉靖十四年任。邵元吉，字德旋，浙江餘姚縣人，壬辰進士，嘉靖十六年任。王廷，字仕卿，四川南充縣人，壬辰進士，嘉靖十八年任。朱懷幹，字中正，浙江歸安縣人，壬辰進士，嘉靖二十年任。張文鳳，字公儀，直隸常熟縣人，己丑進士，嘉靖二十年任。歐陽烈，字懋之，江西泰和縣人，舉人，嘉靖二十三年任。趙瀛，字文海，陝西三原縣人，巳丑進士，嘉靖二十四年任。呉崇文，字質夫，河南光山縣人，辛丑進士，嘉靖二十五年任。嚴中，字執甫，浙江餘姚縣人，戊戌進士，嘉靖二十七年任。沈科，字子進，浙江嘉善縣人，甲辰進士，嘉靖三十年任。梁恩，字子承，湖廣巴陵縣人，甲辰進士，嘉靖三十二年任。鄔璉，字宜瑩，江西新昌縣人，甲辰進士，嘉靖三十四年任。徐九思，字子慎，江西貴溪縣人，舉人，嘉靖三十四年任。汪泓，字汝東，直隸旌德縣人，舉人，嘉靖三十五年任。史朝賓，字應之，福建晋江縣人，丁未進士，嘉靖三十八年任。王陳策，字師董，直隸泰州人，丁未進士，嘉靖四十一年任。周望，字道見，廣東東莞縣人，癸丑進士，嘉靖四十三年任。吳道直，字敬甫，直隸定州人，癸丑進士，嘉靖四十三年任。姜國華，字邦直，浙江慈溪縣人，巳未進士，嘉靖四十四年任。朱茹，字以彙，四川瀘州人，癸丑進士，嘉靖四十四年任。陳應麟，字仁卿，錦衣衛籍，浙江鄞縣人，已未進士，嘉靖四十五任。游季勳，字英甫，江西豐城縣人，壬戌進士，隆慶元年任。涂淵，字時躍，江西南昌縣人，乙丑進士，隆慶二年任。張純，字碩恒，福建漳浦縣人，乙丑進士，隆慶四年任。劉泮，字汝化，江都縣籍，江西泰和縣人，壬戌進士，隆慶四年任。金學曾，字子魯，浙江錢塘縣人，戊辰進士，隆慶六年任。汪審，字惟幾，江西弋陽縣人，戊辰進士，隆慶六年任。牛若愚，字思明，河南祥符縣人，己未進士，萬歷二年任。徐儒，字邦範，江西臨川縣人，乙丑進士，萬歷四年任。張德夫，字子成，江西浮梁縣人，己丑進士，萬歷七年任。屠元沐，字日新，浙江嘉興縣人，己丑進士，萬歷八年任。顧其志，字太沖，直隸長洲縣人，辛未進士，萬歷十一年任。郁文，字從周，浙江山陰縣人，丁丑進士，萬歷十四年任。吳之龍，字汝陽，直隸武進縣人，庚辰進士，萬歷十五年任。李民質，字元素，直隸東明縣人，癸未進士，萬歷十八年任。詹在泮，字獻功，浙江常山縣人，丙戌進士，萬歷二十年任。黃承玄，字履常，浙江秀水縣人，丙戌進士，萬歷二十一年任。康夢相，字予賚，江西泰和縣人，丙戌進士，萬歷二十四年任。張甲徵，字茂一，山西蒲州人，癸未進士，萬歷二十八年任。李之藻，字振之，浙江仁和縣人，戊戌進士，萬歷三十二年任。趙可教，字子修，四川溫陵縣人，壬辰進士，萬歷三十三年任。施爾志，字章甫，浙江嘉興縣人，壬辰進士，萬歷三十五年任。沈朝璋，字季彪，浙江仁和縣人，甲辰進士，萬歷三十八年任。謝肇淛，字在杭，福建長樂縣人，壬辰進士，萬歷四十一年任。

明 過庭訓《本朝分省人物考》卷五三《章拯》 章拯，字以道，號樸庵，蘭溪縣人。【略】乙丑，服闋，授工部都水司主事，管理沽頭閘，有遺愛。既去，而民思之，立碑記其事。

又 卷六〇《徐九思》 徐九思，貴溪人。【略】出遷都水司郎中，治張秋諸漕河道。故通漕者與通鹽者近而不相接，以故漕水溢則泛濫爲田患。九思議築減水橋于沙灣使相接，漕水溢則有所通而不侵田，少則有所限而不至涸。工成，至于今賴焉。

明 何三畏《雲間志略》卷一六《張水部青原公傳》 張烈，字明建，號青原，華亭里人。【略】授工部都水司主事。既至受事，一月即出，相度南旺諸泉源處。南旺所部七十二泉，有官，有夫，有甲長，顧泉老與諸左右吏胥相蒙爲奸，部使者僅以體貌自尊，未嘗歷川谷巡視，徂徠諸泉源多致閼塞，而公一以疏通爲事。日策馬巡堤上，水涓涓可通處，則命其主者浚之，而罷泉官之不職者，擬草疏條其事於朝。至馬房一泉，尤爲汶水所賴，公決意開浚，嚴督夫役，一日而泉流以通，乃作詩紀之石，願後來任事者與之同心。公之能勤其官，以舊告新如此。

清 孫奇逢《夏峰先生集》卷九《吏部郎中玉笥馬公墓志銘》 公諱光裕，字繩詒，號玉笥。【略】乙酉，舉於鄉。丁亥，擢南宮觀政禮部，授工部都水司主事，奉使督理衛河。衛河無錢穀讞税，職惟導丹、衛、淇、洹之水達漕濟運。公率所屬力勤疏導，凡閘夫河丞諸常例，悉罷去。刻有《衛河圖説》，源流疏浚可考也。

清 汪森《粵西詩文載・文載》卷七〇《人物》 馮承芳，蒼梧人，其先桂林人，移居，遂家焉。學問該洽，才識明敏，登嘉靖癸未進士，授工部都水司主事。河決昌平，震驚陵寢，上怒甚，議處部堂主司承芳褫職歸林下，所著有《靜觀録》、《桂山吟稿》。

（雍正）《浙江通志》卷一六七《循吏》 錢養廉，《杭州府志》：字國維，仁和人，萬曆己丑進士，授工部都水司主事，管河夏鎮。時汶泗諸水以夏鎮爲壑，而昭陽諸湖在其下流，養廉乃先從堤旁開二支河以殺水勢，又議於昭陽湖側鑿石通道至徐邳以下出口，則內水無壅閼，而漕渠可百年無事。

（嘉慶）《直隸太倉州志》卷三一《人物・治行二》 五世孫錫爵，字汝修，萬歷二年進士。初，令永新舉卓異，由工部營繕主事改都水司。時漕河水決，言治水者蜂起，尚書潘季馴言河强淮弱，惟築堤束水，用水刷沙，可以濟漕。錫爵力贊之。

（道光）《濟南府志》卷五一《人物七》 徐準，字子式。【略】乙未，擢工部都水司主事。是時河決，浸及祖陵，天子震怒，奪河臣官，下河漕兩大臣疏付水部屬準，問治水狀。準揆度久大，不欲以公私田廬委之於淮，闢海口以分其勢，浚黄壩以輸其委，河之入海，若建瓴然，計費銀六十萬，工八萬。績上，上嘉悦。

（嘉慶）《清一統志》卷一一九《池州府二·人物》 佘毅中，銅陵人，萬歷進士，授工部都水司主事，治泉南旺爲通月河，治汶築洸濟以裨運道，總河潘季馴以最聞。適黄淮失故道，漕河中阻，勢漸迫泗州，晋毅中署郎中事，駐中河，理徐邳一路。毅中承季馴指，盡塞崔鎮決口，築堤一萬二千丈有奇。河工成，詔以京堂用，而毅中竟以瘁卒於河，贈太僕卿。

清 徐開任《明名臣言行録》卷四〇《太守徐公九思》 出遷都水司郎中，治張秋諸漕河道。故通漕者與通鹽者近而不相接，以故漕水溢則泛濫爲田患，公議築減水橋于沙灣，使相接漕水，溢則有所通而不侵田，少則有所限而不至涸。工成，至于今賴焉。

紀事

明 錢穀《吴都文粹續集》卷八《風俗、令節、公廨·治水分司題名記》 初得主事貴溪姚君文灝，不久以病免。廷臣會議，須老成練達如都水司郎副新喻傅公爲稱，遂陞升正郎，領璽書而來。身任其事，徧曆所轄，相地宜，究委源，即分司之在蘇者處之，其松、常、嘉、湖等六郡以時巡之於焉。開陂塘，浚浦港，鑿溝澮，築堤防，以至輿梁之備、運河之通，凡有益於官民者，慮之無不周，而行之無不敏。矧疆宇之廣，往返動數十百里，其爲工，非可以尋丈計、時日論也。如是勤渠三年而治功告成，雖遇水溢弗爲患，歲屢登，而民咸悦。

明 高拱《高文襄公集》卷一一《掌銓題稿·議加恩管河郎中張純疏》 該總理河道兼提督軍務、都察院右副都御史潘季馴題稱：『河工已成，管理南河工部都水司郎中張純，志行貞亮，才識充融，全河皆其履歷，要害固所熟知，欲保是河，誠非本官不可。但本官資俸不淺，倘從別補，況昔年新河堤壩，累有勞績。今歲開復邳河，又當首叙，稍從優處，亦不爲過。合無將本官擢以副使之職，專理河道，俟三年之後著有成績，他擢南河仍復故銜等因。奉聖旨：吏部知道。欽此。』欽遵抄出送司，查得郎中張純調補營繕司郎中，隨將員外呂一静升補管河郎中訖。查呈到部，爲照郎中張純已經調補，似難復留，但河道係國家重務，本官既能熟知其事，將來必有成績，可望至於加升副使，則屬有地方，必受撫按節制，理河翻爲不便。相應酌處，合候命下，將張純仍以都水司郎中，照舊管理河務，待河工有成，另議超升。郎中呂一静即改營繕司郎中，回部管理司事，等因。隆慶五年八月十七日題。十九日奉聖旨：是。

明 張銓《國史紀聞》卷五 以蘭芳爲工部右侍郎。初，芳爲吉安知府，有善政，坐事謫爲辦事官，專治河渠，以通漕運。累有建明，即還授都水清吏司主事。至是，尚書宋禮薦其才，故有是命。

明 謝肇淛《北河紀》卷六《河政記》 嘉靖二十年，山東布政司分守東兖道參政暨工部都水司管理南旺閘座主事同遵明旨，照得南旺湖跨漕東西，其東湖跨汶南北，南曰蜀山，北曰馬踏，縈迴百五十里，原係濟運水櫃。自正德三年以來，節被豪右占侵，據爲己業，及因堤岸傾頽，召民佃種，辦納子粒，一遇旱乾，遂阻糧運。今按圖志，爰清疆域，定立界石，東自泰晏橋頭界石起，由小河口跨長溝運河，至秦家舊閘南界石止，計長三十里；南至秦家舊界石起，由山家營一帶堤岸，至孤柳樹西界石止，計長四十六里；西自孤柳樹界石起，跨運河，由弘仁橋至北界首止，計長三十四里；北自弘仁橋北界石起，跨黑馬溝，由苑村至泰晏橋頭東界石止，計長四十里。除豁税糧子粒，以杜侵占之端。週圍栽植柳株，以防盗耕。敢有肆行無忌仍蹈前非者，定行照例充軍發遣。

明 張國維《吴中水利全書》卷九《水官》 八年，敕差工部都水司主事姚文灝提督蘇、松、常、鎮、杭、嘉、湖水利。十年，敕差工部都水司郎中傅潮提督蘇、松、常、鎮、杭、嘉、湖水利。本年奉旨置太倉州，設水利判官一員。十四年，敕差工部都水司郎中臧麟提督蘇、松、常、鎮、杭、嘉、湖水利。【略】本年敕差工部都水司署郎中事，員外郎林文沛署郎中事，主事顔如環分理蘇、松等處水利。【略】九年，敕差工部都水司郎中朱衮提督蘇、松、常、鎮水利。

又 卷一二《敕諭》 弘治八年皇帝敕諭工部都水清吏司主事姚文灝：直隸、蘇、松、常、鎮及浙江杭、嘉、湖七府并蘇州、鎮江等衛所地方廣闊，錢糧浩大，每歲收成，全資水利。積年以來，河港、溝渠、湖塘等項盡皆壅塞，或被豪强之人占爲己業，旱無所溉，雨無所洩，以致田穀不登，軍民缺食。近差工部左侍郎徐貫往會巡撫等官通行疏浚，已奏工完，但恐歲月寖久，港瀆漸致堙塞，水利不能興舉，圩岸愈見坍塌，財賦無從出辦，兹特升爾前職，命爾專一往來前項府衛地方，提督各該管官員修理湖塘，疏通河港，開浚溝渠及一應圩岸，未經修築者及時修築，各處閘壩未盡修理者隨宜修理。合用木石等料，於各該田有力之家從公勸諭，或別爲措置。人夫於所在附近軍衛有司相度起工，仍須督役以時，調度有法，使蓄洩有備，旱澇無虞，毋事虚文，務臻實効，以爲地方經久之計爾。其勉之慎之。故敕。

又 正德十四年皇帝敕諭工部都水清吏司署郎中事員外郎林文沛：先該巡視浙江都御史許廷光、都給事中呉巖奏請添設大臣，專管江南水利，已命巡撫應天等府、工部尚書兼都察院右副都御史李充嗣不妨原務，兼理前事。近該李充嗣奏要添設官屬，協修水利，巡按御史馬禄亦奏要添設官員，專一管理，該部議覆，兹特命爾前去蘇、松等府地方聽巡撫委任，分投督浚，協贊成功。凡江湖、川澤、河道、溝洫務要用心勘視，核實工料，呈報巡撫，酌議錢糧濟用。如官吏軍民但有阻撓，悉聽勘詳處治。爾其夙夜黽勉，克供厥職，如憚勞塞責，罪有攸歸，故敕。同差工部都水清吏司署郎中事主事顏如環分管，敕諭同。

清 談遷《國榷》卷二一 乙卯，平江伯陳瑄上言：『運軍十二萬，宜僉民倍增分班，以有死充軍者沿河立衛，編伍屯種，江南民運對撥近衛，給路費，長運至京河道壅塞，濟寧設都水司，沿河郡縣各銓官專職，仍大臣二員督之。』下廷議，其因徒立衛，置都水司，沿河設官，寖之；餘命侍郎王佐往淮安與瑄及尚書黄福酌之，不果行。

藝文

明 張鼐《寶日堂初集》卷二一《工部都水清吏司員外郎陸之祺》 水衡職事在川澤梁間，其于佐漕疏泉脉而濟國喉，是惟敏而集于事者，吾寵光所界也。爾工部都水司員外郎陸之祺郁郁藻思，恂恂冲度，擢英春第，文譽擅乎，雕龍展采，冬官政績，優于祛蠹，一塵莫染，主爨而不整地之毛百度，惟貞庀材，而能惜國之耗，董兹漕務，畀以泉司，慎啓閉而悉平疏往來。其并濟舳艫飛輓佐習習之檣，烏倉廩陳因借源源之流，水利既存，于濟國功已高于富民。是用覃恩，授爾階爲奉直大夫，錫之誥命。夫爾以茂年而諳泉堤，以文才而習轉運，其于將作之務料入而綜其目，慎出而考其成，勿濫勿壅，以宣以節，汝平水土，予日望焉。欽哉。

（萬曆）《青浦縣志》卷七《藝文志上・誥封工部郎中周思兼文》 今天下陂池用瀆之政令，領於水部郎中。而繁开之明敏，雋練之士使，當其任，則無以經制□事，通國□於不匱也。稽兹選者，厥惟艱哉。爾工部都水清吏司署郎中事員外郎周思兼小心畏義，博學知方。思兼起期名州，出牧即能率身軌物，勤政利民，簡屬冬官，屬祐汝績，再試今職，益服初勤，庶幾不負所學者矣。兹雷奏最，特進爾階，奉直大夫錫之誥命。於戲，業以遠到爲期，名以永終爲貴。爾尚懋求來効，毋替前猷，予亦嗣有崇寄。欽哉。

明 黄洪憲《碧山學士集・別集》卷二《工部都水清吏司主事邵伯悌并妻敕命一道》 敕曰：冬官水部，掌陂池川瀆之政。自國家漕會通河，而引汶鑿渠，宣防繕塞，歲遣郎官均勞出入以董其事，任至重也。爾工部都水清吏司主事邵伯悌器資宏達，才諝敏明，擢自廷掄，官于水部。而爾操修克慎，幹齊惟勤，出理泉源，乃功惟叙，兹因奏最，授爾階承德郎錫之敕命。夫國家有大興作，不吝爵賞，以待有功。今壽官鼎建，將作浩煩，而河漕歲屢宵旰，爾尚矢心殫力，隨事竭忠，朕有顯擢，以酬汝績。懋哉。

明 汪應蛟《撫畿奏疏》卷八《海濱屯田試有成效疏》 天津巡撫萬議欲募人捐貲，内浚溝渠，外築塘堰，都水司主事沈朝焕請聽民開墾，建閘蓄泄，許爲世業，俱經依議覆准，向無成効。蓋緣天津一片砂磧，鹹水横溢，非損數萬金則堰閘未能建築，鹹水何以堵截，非用數萬人則荒蕪未易開墾，斥鹵不堪菑畬，逐末商賈詎肯輕萬金以成難成之業，土著游民未肯出餘力以治難治之田。

明 楊守勤《寧澹齋全集・文集》卷一〇《工部都水清吏司主事

黄元會并妻敕命》 敕曰：朕念水衡告詘，慎乃儉德，屢詔所司停不急之務，而庀材飭用，莫或廢也。非廉慎精練之士，疇若予工，賦兹明命。爾工部都水清吏司主事黄元會稚度醇衷，清操邃識，掄英楓陛，宣職水曹，而爾守勵，飲冰處膩，一塵不染，才如游刃，程功百度，維貞能于備物，前用之中，不失制節，謹度之意，經理密而器無窳濫，綜理精故帑有餘貲，可謂祗厥叙，已是用，授爾階承德郎，錫之敕命。方今河決不常，運道爲梗，淮徐以北，清濟以南，夏鎮固一大咽喉也。巨浸稽天，不虞時有，朕甚慮焉。業已晋爾副郎，往視事矣，因勢制宜，若何而可，尚矢乃心，殫乃力，以圖永賴。朕不忘峻陟汝。

清 錢謙益《牧齋初學集》卷九五《外制五・工部都水清吏司主事金元嘉授承德郎》 敕曰：司空諸曹郎惟水衡有河渠之役，銜命而出，掌堤防畚鍤之事，以分理行河之政，而漕運賴焉。非中外敭歷，夙有能聲者，不在兹選。具官某擢穎制科，流徽宰邑，師廉平爲治之績，急吏緩民，循沉實守正之風，隨牒平進，休有民譽，著於工曹司庫，藏而鈐鍵，惟嚴筦出，内而棼絲必理，人地相稱，人皆知水部之名，出入均勞，我是有河漕之寄，乃以覃恩授具階。夫吕梁之渠閘肇自平江，命爾以中河爲界，畫地而守，爲漕政計至殷也。今東方侵梗，運道戒嚴，以治河寓治兵，即以治兵兼治河，斯平江之績舉矣。爾無以水曹，戒越俎也，朕則顯陟汝。

清 王鐸《擬山園選集》卷六《工部都水司員外郎笪繼良》 制曰：國有六職，水部居一，掌波池川澤之政，按水泉河渠，勿令閼塞，水土有攸濟焉。爾工部某官笪繼良，爾歷任盤根利器，庀事冬官，遠緝桑欽，式遏瓠子，勞陸海之上，循衣帶之間，群工用光，五材惟叙，是用云。嗚呼，河徙病我漕運，荷畚開洫，俾田廬不害，厥費不貲，爾務殫心萬全，有濟國計，朕罔汝戾，乃汝陟。

雜録

明 張鳳翼《夢占類考》卷七《吏部都水司》 吴員外瑞初登第，其同年吴洪夢瑞牙牌上刻吏部都水司，初不解，後瑞選南京吏部考功主事，竟轉工部都水司員外，始驗夢云。

清 汪啓淑《水曹清暇録》卷七 都水司河防科貯有《木龍成規》一册，乃江蘇泰州同李炳所輯，卷首恭録《御製木龍詩》云：『刊木遺來天用奇，淤沙禦水兩兼宜。密茭奚事搴横浦，曲岸居然漲遠涯。鱗次常令波浪静，蟠拏未許蜈蛟馳。陳堯佐創高斌繼，績奏安恬制永垂。』繪圖箋釋亦頗詳悉，而獨不載宋時陳堯佐創始原尾。

總理河道、總督河道、總河

論説

明 雷禮《國朝列卿紀》卷一〇二《總理河道叙》 夫憲臣治河者，非古制也。自大禹作司空平水土，至成周以司空掌邦土，并重其事。秦漢有都水長丞，主陂塘灌溉，保守河渠，自太常、少府及三輔皆有其官。漢武帝以都水官多，乃置左右使以領之。成帝河平元年，又命王延世爲河堤使者，以堤成，賜爵關内侯。至哀帝，省使者官，至東京凡都水皆罷之。晋有都水臺使者，梁有大舟卿。隋、唐有河渠署，令、丞各一人。至玄宗開元十六年，以宇文融充九河使，而其任始重。宋太祖乾德五年，念河渠潰決爲民患，詔開封等十七州長吏兼本州河堤使。太宗興國二年，河決，命左衛大將軍李崇矩往治。九年，河決，又命侍衛步軍都指揮使田重進往治。真宗咸平三年，命堤防轉運使勿委以他職。仁宗天聖五年，命轉運使五日一奏河事。至和二年，命龍圖閣直學士施昌言總領其事。哲宗元祐元年，命秘書監張問相度河北水勢。元符二年，又命張商英爲龍圖閣侍制、河北都轉運使兼專功提舉河事。南渡以降，皆以京朝官三班使臣充，亦有以本處監當兼掌者。元仁宗元祐十一年，又特命工部尚書賈魯爲總制河堤使，進秩二品。然歷代治河，特謹水患而已，非賴之以濟漕運。惟元都於燕，至元末以江南貢賦未達於都，始從郭都水議，自濟寧至臨清開渠數百里，引水入御河，直抵通州濟漕，名曰會通河。於是終元之世，公私漕販，南北無阻，爲國家大利。國朝建都金陵，漕運事寢，所謂堰簗崩壞淤塞殆盡。及用兵梁、晋間，使大將軍徐達開塌場口入於泗，以通運道。後因河口壅淤，乃修師家莊、石佛諸閘，又開濟寧州西耐牢陂接引西鄆黄河水，以通梁、晋之粟。永樂初，徙都北京，貢賦仰資東南，悉由海運，糧艘往往淪没風濤。九年，以濟寧州同知潘叔正言，特命工部尚書宋禮同都督周長等發山東丁夫鑿會通河，又同刑部侍郎金純開黄河故道，自開封城北起，下達鄆城，至魚臺塌場口，以入漕河。至十年，始議會通河偕運北京。至十三年，遂罷海運，而平江伯陳瑄亦疏鑿淮揚一帶，南至漕運，遂會通矣。緊後河道奔潰壅溢，數省繹騷，間遣部院大臣往治事，畢則罷。其運河自濟寧分南北界，或差左右通政、少卿或都水司屬分理，又遣監察御史、錦衣衛、千户等官巡視。其沿運河之閘泉及徐州、吕梁二洪，皆差官管理。或以御史，或以郎中，或以河南按察司官，後皆革去，而止設主事，三年一代。然皆爲漕運之河，不爲黄河也。惟總督河道大臣，則兼理南北直隸、河南、山東等處黄河，亦以黄河之利害與運河關也。總督之名，自成化、弘治間始，或以工部侍郎，或以都御史。至正德四年以來，定爲額員，專命憲臣提督，常於濟寧駐札，凡漕河事悉聽專掌官區處，他官不得侵越。凡所徵椿草并折徵銀錢備河道之用者，毋得以别事擅支。凡府州縣添設通判、判官、主簿，閘壩官專理河防，不許别委。凡府州縣管河及閘壩官有犯行，巡河御史等官問理，别項上司不得徑自提問，其視前代豈不益重哉？我國家漕河形勝誠天造地設而有所待者，夫自通州以至儀真，凡三千里，而南旺分水，適當其中，南由閘抵徐州，則會黄河至淮安入海，而揚州湖水接之以達於江北，由閘抵臨清則會衛河至天津入海，而通州白河接之以達於京。南北地理之遠近既侔，而水道之接濟亦類，雖圖畫亦不能盡其妙，誠天下河道第一形勝，我聖朝億萬載無疆之業也。彼胡元烏足以當此第？時異勢殊，弊由法起，名爲轉輸而變爲直達，既乃公私交征，軍疲民困，至使論者復有於海於陸之思，則豈先朝之初意然哉？今詳各官宦履於後，其行實見於事紀，其勳德茂著者，表爲列傳。

明 黄克纘《數馬集》卷三三《東閣下書》 開河事，總河極力擔當，最爲可服，凡在同事，俱當左右贊襄之。但河本難治，而總河易言之。川壅而潰，其傷必多，此任事者之計失，將貽害于他日也。某極知越俎有罪，然隣馬之逸，猶爲園葵之憂，況身與其事者乎？不得已具疏一言，庶幾廣求善後之策，即招人彈射所不顧也。抑自古議事而意見不合，則必去其異議者，而後持議者得以收功。今日之事，似當容某告致以專委任而責成功，但不將利害明言而去，則人將以某爲悻悻求勝者，故復有此疏耳。伏惟台臺裁察。

傳記

明 雷禮《國朝列卿紀》卷一〇二《總理河道行實》 金純，字德修，直隸鳳陽府泗州人。由大學生擢吏部文選司郎中，累官刑部左侍郎。永樂九年，命看視河勢。先是，洪武元年，太祖高皇帝用兵梁晋間，使大將軍徐達開塌場口入於泗，以通運道，後因河口壅塞淤，乃修師家莊、石佛諸閘，又開濟寧州西耐牢坡接引曹鄆黄河水以通梁晋之粟，後故道復塞，至是命純發河南運木丁夫開浚故道，自開封城北引水下達鄆城，復入魚臺塌場口，出穀亭北十里，以修太祖時故事，今所謂永通、廣運二閘也。十年回京，累官刑部尚書。詳刑部。張信，字懋孚，河南開封府祥符縣人，己卯解元。永樂九年，以工部右侍郎浚河道。十二年謫交阯。詳兵部。蔣廷瓚，字邦瑞，直隸大名府滑縣人。永樂九年，以工部右侍郎浚黄河。十一年，出爲貴州左布政使。詳工部。黄福，字如錫，山東萊州府昌邑縣人。宣德四年，以工部尚書兼詹事，命整理河道。五年回京，調行在户部，歷南京户部尚書、參贊機務。詳南京户部。石璞，字仲玉，河南彰德府臨彰縣人。正統十三年，以工部尚書命治沙灣決河不能成功，本年回部，歷兵部尚書。詳南京都察院。王永和，字以正，直隸蘇州府崑山縣人，永樂甲午舉人。歷兵科都給事中。正統十三年，以工部右侍郎命治沙灣決河不能成功，本年回部。詳工部。王文，字千之，直隸保定府束鹿縣人。正統十三年，以都察院右都御史命續治沙灣決河不能成功，本年回院，歷左都御史，改吏部尚書。詳内閣。徐有貞，字元玉，直隸蘇州府長洲縣人，宣德癸丑進士。累官左春坊、左諭德兼翰林院侍讀。景泰四年冬十月十一日，景皇以河决沙灣七年，久弗克治，集左右丞弼暨百執事之臣於文淵閣，議舉可治水者，僉以有貞應詔，乃錫璽書命行之。有貞祗承明命，戒吏飭工，撫用士衆，咨詢群策，率興厥事，已乃周爰巡行，自北東徂南西，踰灣、汶，沿衛及沁，循大河，道濮、洸以還，既究厥源，因度地行水，乃上陳於上曰：『臣聞用平水土，其要在得天時、地利、人事而已。天時既經，地利既緯，而人事於是乎盡。且夫水之爲性，可順焉以導，不可逆焉以湮。禹之行水，行所無事，用此道也。今或反是，治所以難。蓋河自雍而豫，出險隘而之夷曠，其勢既肆，又由豫而兗，土益疏，水益肆，而沙灣之東所謂大洪之口者，適當其衝，於是決焉。而奪濟、汶入海之路以去，諸水從之而泄，堤以潰，渠以淤，澇則溢，旱則涸，此漕途所謂阻者。然欲驟而堙焉則不可。今欲救之，請先疏其水勢，平乃治其決，決止乃浚其淤，因爲之方，以時節宣，俾無溢涸之患，必如是而後有成。』制曰：可。有貞乃經營焉。作治水之牐，疏水之渠，起張秋，今堤之首西南行九里而至於濮陽之濼，又九里而至於博陵之堤，又六里而至於壽張之沙河，又八里而至於東西影塘，又十有五里而至於白嶺之灣，又三里而至於李準之涯。由李準而上，又二十里而至於竹口蓮花之池，又三十里而至於大豬之潭，乃踰范暨濮，又上而西，凡數百里，經澶淵以接河沁。河沁之水過則害，微則利，故遏其過而導其微，用平水勢。既成，名其渠曰廣濟，牐曰通源。渠有分合，而牐有上下，凡河流之旁出而不順則堰，有九長亵，皆至萬丈。九堰既設，其水遂不東衝沙灣，乃更北出，以濟漕渠之涸。阿西、鄄東、曹南、鄆北沮洳而資灌漑者，爲頃百數十萬。行旅既便，居民既安，有貞知事可集，乃參綜古法，擇其善而爲之，加神用焉，爰作大堰，其上建以水門，其下繚以虹堤，堰之架濤截流，栅木絡竹，實之石而鍵之鐵，蓋合土水火金而一之，用平水性。既乃導汶泗之源而出諸山，滙澶濮之流而納諸澤，遂浚漕渠，由沙灣而北至於臨清凡二百四十里，南至於濟寧凡二百一十里，復作放水之牐於東昌之龍灣魏灣凡八，爲水之度，其盈過丈則放而淺之，皆通古河以入於海。上制其源，下放其流，既有所節，且有所宣，用平水道，由是水害以除，水利以興。初，議者多難其事，至欲棄渠弗治，而由河沁及海以漕，然卒不可行也。時又有發京軍疏河之議，有貞因奏蠲瀕河州縣之民馬役庸役，而專事河防，以省軍費，輕民力，天子從之。是役也，凡用人工聚而間役者四萬五千有奇，分而常役者萬三千有奇，用木大小之材九萬六千有奇，用竹以竿計倍木之數，用鐵爲勉有十二萬，鋌三千，絙百八，釜二千八百有奇，用麻百萬，荆倍之，藁秸又倍之，而用石若土則不計其筭。然其用糧於官以石計，僅五萬而止。自始告祭興工，至於工畢，凡五百五十有五日。承命於景泰癸酉之冬，經始於甲戌之春，施工於乙亥之夏，而告成之於秋，上詔見奉天門嘉勞焉。因命之居京，管臺事。丙子春，有貞請敕載至乃擴前功，益爲大水之備。時方暵乾，衆莫喻其意，頗以爲過防。及秋而大水洊至，泗汶淇衛河沁一時俱溢，環東兗之間，若海之浸者，三月逮冬始平。運河南北千餘里故堤高岸之缺而不完者，無慮百數十所，而沙灣之正堤、大堰獨巋然而存，嶷然而安，其旁近之城郭田疇皆恃焉，而免墊没之患。以水之來有所捍，而去有所泄也。於是東兗之軍民耆老合辭以請：今兹之水蓋洪武以來所未嘗有，而耄耋之人所未嘗見也，今堤與堰爲之保障，非牐與渠爲之排解，吾田吾産，其池潢矣；吾耄吾倪，其魚鱉矣。然水之變不測，今兹之溢，以龍灣六牐泄之，而猶未盡也，以故感應祠之缺，堤又須公爲之救築焉，而益爲之防焉。有貞曰：唯唯。月中既築感應祠之缺，而作堰月之堤、鱉甲之堰，比沙灣水門大堰差小，而埽法略等，復行度東昌龍灣六牐之上，官窑之口置牐一，穿新渠而屬之東平，載廟之津置牐一，疏古河而屬之大清，并前六牐爲八，而皆注之海焉。乃探禹之遺秘，本星土經緯之理，鑄玄金而作法象之器，建之堤表大河感應二祠之中，以爲悠久之鎮，蓋盡人事、符天造、制物宜、假群神，其道并行也。既訖工，有貞復回院，後入閣。詳内閣。陳泰，字吉亨，福建邵武府光澤縣人，永樂癸卯舉人。景泰五年，以都察院左僉都御史疏理徐州、吕梁二洪及儀真至濟寧諸處河道。七年，改撫蘇、松等府。詳總督漕運。薛遠，字繼遠，直隸廬州府無爲州人。天順四年，以工部右侍郎命治河南決河，回部改户部，歷左侍郎、總儲尚書。成化六年，仍命治河南，本年回部，歷南京兵部尚書。詳南京兵部。喬毅，字志弘，山西太原府樂平縣人，正統戊辰進士，擢吏科給事中，歷大理寺左少卿。成化六年，以工部右侍郎命治漕河。時亢旱，水淺舟膠，檄有司加工疏浚，齋沐禱於江海之神。江潮汜湧，入漕河運船，乘潮通行，人謂精神所感。八年，遷工部左侍郎。詳工部。王恕，字宗貫，陝西西安府三原縣人。成化八年，以南京刑部左侍郎命巡視河防。恕奏：揚州一帶全藉湖水，議將河身比湖身浚深三尺，則湖水自來雖旱，亦可不阻船。又高郵湖每遇西風，損壞船隻，議浚内堤，作外堤，以便行船，修復閘座。從之。九年，改南户部，遷都察院左副都御史，巡撫雲南，歷右都御史，改南院右都御史，南京兵部尚書致仕。後起吏部尚書。詳吏部。

明 涂山《明政統宗》卷二三 十一月，工部尚書趙璜卒，贈太子太保，謚莊靖。璜，江西安福人。總理河道之設，自璜始。璜有幹局，臨事敏贍，所在以才見推，而孜孜奉公，有大臣之節，士論許之。

紀事

明 徐昌治《昭代芳摹》卷二〇 總理河道刑部侍郎王恕奏：去年自京師直抵揚州南北三千餘里水旱灾傷，今歲雨雪少降，狂風彌月，土乾麥槁，民不聊生。乃三月初四日，山東地方忽暗黑如夜，乞詔廷臣講究恤患之策，并祭告各處山川之神。上敕：今年税糧盡與蠲免，仍遣劉吉往祭告諸神，以祈雨澤。

藝文

明 王世懋《王奉常集》卷五《賀潘少司寇載晉御史大夫總理河道序》 我印川潘公撫江右之再歲，天子策茂勛，召入爲少司寇。藩之右伯徐君中行業已偕諸官長，爲文稱賀矣。未幾，吏部以總理河道缺，亟上請天子復晉公爲御史大夫兼少司空以往。命下而公以受代，猶在境内，於是江右之士民交口而詫於途曰：我公有大造於我江之民，天子是以載錫而亟寵之如此。不然，胡三閱月間，位益而崇、權益而尊、轄益而廣也？即我二三大夫，亦罔不動色而言曰：此江右異數，而大中丞所希覯者，是當踵賀。左參議王世懋乃抗言於末坐，曰：夫是安足爲公賀哉？今薄海黎庶，賴天子明聖以脱於兵燹饑饉之苦，單于諸骨都疑塞則干城之將偃甲而晝臥，島夷嶺蛺以次鏟削，文武大吏摇白羽而治之。獨黄河潰不常，時厄漕道、陵寢、都邑之所關，六軍萬姓咽喉之所繫，縣官所日夜宵旰而側席者此耳。一旦密勿之臣建石畫請大臣專督責，而遐方吏士知有公者，必曰：非公而誰？及其議於朝縉紳先生抵掌而談曰：必公也。銓衡九卿以名上而首褒然者，果公也。至於天子所内簡於裏而外俞群議者，則亦惟公。命下之日，而天下恬然，曰：吾故知爲公耳。蓋公爲御史，即以能聲位九卿。肅皇帝時首河事，則公已柄用有功以憂去，而民大思，已復起治河功垂成，以讒廢，而民益思。及是再起，涖江右而再膺新命於兹，凡河事愈亟而公之任愈專且大。昔孟子以禹行水爲大智，謂能不鑿而行所無事也。公在肅皇帝時，天下已服公智能，然公不務揣摩，不善傅會，其行已治民愛才下士，粹然一出於正，以故中擯不得行，而識者卒善公之智而能不用。今茲有事於河也，公有故智在夫，亦由行禹之道乎？今夫士繇一命，而進積日取，勞用循謹，登八座者，比比而是，公爲名九卿垂廿載，即至是九遷而登師傅，於公難之乎？且也位益崇則責益大，權益尊則報益難，轄益廣則務益繁，而公亦豈用此自得也？獨以爲天下有大事，北挂胡，南挂越，舉無足道，必於其至難者待之公，而天下所屈指，與縣官所屬意不謀而同聲，不卜而定命，以是緣人情而窺天意，其將告成事於玄圭也，非難矣。世懋蓋上以爲天子得人賀，而下以爲中原之民、將漕之卒得完生於版築挽刺之間者賀也。諸大夫皆曰善，請以子之言，爲我公告。

明 胡忻《欲焚草》卷一《河决請點總河并參河臣疏》 題爲河防潰決，運道迫阽，仰懇聖明亟點總河以專責成，治河保運事。臣□事科中接得總河李化龍揭帖，爲霪雨異常，河水大漲，堤岸漫決，據實奏報事。内稱：節據管河郎中等官劉不息等報稱七、八月間大雨如注，窮晝極夜，黄水泛漲，致將豊縣行堤衝決壹百餘丈，單縣行堤衝決二百餘丈，河水入豊堤口者十之七八，單堤口者十之三，淮安王公堤陡裂四百零八丈，蟄陷二三尺不等，勢甚危急等。因臣見之，不勝駭愕。我國家定鼎幽燕，京師億萬兆生靈，取給東南，每歲四百萬糧儲賴河是輸，則運道固國家之咽喉也。黄河自西往東，與運河并虞其横衝，故築堤以捍之。行堤切近運河，尤運道之保障也。堤自單決，則張秋一帶危；自豊決，則魚濟一帶危；王公堤決，則清口一帶危。張秋、魚濟、清口之間一危，是無運道也，無運道，是無京師也，可不爲寒心哉！河之水十七八豊堤口，十三入單堤口，是全河盡北矣。全河北而運道乃無恙者，以水猶并堤而東，與舊決口之水匯入昭陽湖，南出李家口，未遽奔騰而北耳，此天幸也。水性靡常，變遷叵測，有堤尚爾，衝決無堤，何所不至。迨茲秋深水平，正可相度興工，而主宰權衡總河焉。依今總河李化龍已丁母憂矣，具疏請代，且再三至矣。揆之人情，協之禮制，萬萬乎不可留矣。而河患之急，又剥膚然眉如此，則新總河之點用，尚可一日稽緩哉？蚤一日則蚤見一日之功，遲一日則遲誤一日之事，保障已撤，咽喉將絶，東南四百萬糧儲何余之御以□□京師，京師億萬兆生靈又安所取給而不至坐困？我皇上自爲社稷計，則新總河之點用，當不俟臣詞之畢矣，抑臣於河上諸臣不能無議焉。夫七、八月河漲堤決之時，非總河恭報分水河成故道漸復之時乎？河方横溢如此，堤方潰決如此，而總河方以成功報，豈總河安於隱蔽乎？將總河居憂，而管河諸臣生玩愒心匿焉而不蚤報也？夫未決時不能同心協力，多方護救，既決又隱匿不以時聞，臣竊謂河上諸臣似不可不一究懲也。伏望皇上念河防決裂已極，運道危迫已甚，亟將會推總河三人中欽點一人，責令星馳上任，躬親料理，圖上治河保運方略，仰慰聖懷，仍將河上諸臣量行查究，以懲其玩。惟復念水災異常，人力無能爲也，曲賜恩貸，統乞聖明裁奪。

又《再請點總河疏》　題爲河決運危，經畫更始，仰懇聖明亟點督臣，專責殫精，督率料理事。臣竊惟黄河之爲運道患也若寇賊，然虞其内侵，故築縷、遥、太行三大堤捍禦之，絶不使北。自去年河決蘇家莊，而縷、遥二堤列在河外，惟行堤一綫障河蔽運。今秋雨霪河漲，堤決豐、單，全河盡北，寇賊盖在門庭矣。所不直北害運者，以水猶并堤而東，昭陽湖能受之耳。頃聞人言河沙淤湖幾平，冬間水落，可幸無事，轉盼春來桃花水發，湖必不能容河，河必逆流横溢，南陽、濟寧一帶運道必危，漕必阻絶，即迦河亦屬無用。總河謂河不得不治，又不得不早治者，此也。然治之欲早治也，必總河安心任職而後可。今總河李化龍丁母憂，已五閱月，疏詩代且再四。至三年之愛，情必不可奪，萬世之經制，必不可違。近雖屢有明旨責之督率料理，而身羈于苫塊，誰爲督率？心分于憂恤，誰爲料理？與其强留所宜去，失時而廢事，孰若速簡所可用托重而恃力哉？且琴瑟不調，必舉而更張之，乃可鼓也。總河分黄護堤之畫，決裂罔功，似宜大更局面，庶幾可底平成。彼當大故，居哀感中，自謂一物不能見，一步不可行，倘若因循時日，蹉跎事機，無裨於河，有害於運，噬臍可及乎！嗟嗟畿輔荒亂，倉廩空虚，咽喉有梗，根本可慮，臣早夜以思，幾廢寢食。惟是簡任督臣，嚴敕治河保運，今日第一喫緊要務。而李三才、黄克續、曹時聘三人者，需次近地，可以朝拜命而夕受職。惟皇上御筆一點，則國有任事之臣，家有慎終之子，聖明何愛焉！臣不任肫，切候命之至。

河道總督、河臺、總河

論説

《清續文獻通考》卷一一五《職官考一》　咸豐三年，户部侍郎王慶雲奏略稱：竊思理財之方首在節用，節用之要首在省官。今耗蠹最甚，亟宜分别裁併者，莫如河工、漕運兩衙門。河工耗國，漕運耗民，而因以耗國。然其弊總由於官多。如山東、河南既有兩巡撫兼管河務，而又設河東河道總督專管黄、運兩河，此河督之冗也。沿河道員皆有管轄廳汛之責，皆應管理錢糧，而又設河庫道司其出納，此河道之冗也。自河夫改爲河兵，沿河設營，統以裨弁，平時駐宿河干熟諳水性者，弁兵也；搶險防護雲梯磩築以性命與水争者，弁兵也。乃廳官專管錢糧，汛官分司工段，以冒支多寡爲缺分肥瘠，求其識水性之平險、諳修守之機宜者，百無一二，此廳汛文員之冗也。【略】河東河道總督擬援案裁併兩巡撫管理也。國初設河道總督一員，駐札濟寧，兼管東南二河事務。康熙十六年，移駐清江，將河南工程奏歸巡撫管理。康熙四十四年，奉上諭，山東河道照河南例令各巡撫就近料理。至雍正二年，始設副總河於武陟，兼管山東河務，逾年升爲總河。伏思雍正以前，東河并未專設總督，而黄、運歲報安瀾。竊以爲總河兼管兩省，鞭長莫及，不如巡撫各司一省稽察既便，呼應亦靈，况河南、山東兩巡撫本係兼管河務情形，亦無虞不熟，擬請遵照。康熙四十四年，諭旨裁河東河道總督一缺，令山東、河南兩巡撫分司本省河務，以專責成。如有交涉事件，仍令會商辦理。前者雍正年開設直隸河道總督，乾隆十四年裁歸直隸總督管理，此實裁併總河之成案。再查道光十一年，兩淮鹽政裁缺案，内奉上諭，陶澍奏恭繳養廉裁減浮費一摺所奏甚是，見鹽務改歸總督管理，總督養廉優厚，足敷辦公，所有鹽政應支養廉銀兩，著歸入節省項下，解交户部充用。至鹽政衙門浮費較多，統計前後裁減，每年費用十六萬兩有零。其外支浮費著查明，一併删減。今河督改歸巡撫，與鹽政改歸總督事同，一律所有删節養廉費用各事宜應由各該撫詳細查奏。至江南既有河道總督，其兩江總督即無庸兼管河防，庶事權專一，平時既免牽掣，有事亦無可推諉。

綜述

《清會典》卷四《官制四・外官》 河道總督，正二品，加尚書銜，從一品。山東、河南一人，江南一人，直隸河道以總督兼理。

又卷一三《户部・漕運》 凡漕政掌於漕運總督，各省以糧儲道專司之，各府以管糧同知通判分治之，徵收兑運，由州縣官總其成於巡撫、布政使司。運道疏浚，牐壩啓閉，自江北至淮，自淮北至天津，則河道總督任之。天津以北，倉場侍郎經理之。歲以給事中、御史分巡，通州而下，天津、濟寧、淮安至揚子江口，以稽察運道，剔除漕弊。

又卷七四《工部・都水清吏司・河工》 江南河道總督一人，掌黄淮會流入海、洪澤湖汕黄濟運、南北運河洩水行漕、及瓜洲江工、支河湖港疏浚堤防之事。所屬河庫道一人，掌出納河帑。淮徐河道一人，轄銅沛、邳睢、宿虹、桃源同知四人，豐蕭碭、宿遷運河通判二人，二十四汛州同、州判各一人，縣丞五人，主簿十有二人，巡檢七人，分管詳見《則例》。淮揚河道一人，轄山清裏河、山清外河、山安、海防、江防同知五人，高堰、山盱、桃源、安清、中河、揚河揚糧水利通判六人，三十八汛州同、州判各三人，縣丞十有四人，主簿十人，巡檢八人，又西溪司、安豐司管河巡檢各一人，十四牐牐官十有一人，分管詳見《則例》。河營參將一人，統轄淮徐淮揚各營。淮徐河營游擊一人，轄九營，守備九人，二十一汛千總八人，把總十有三人。淮揚河營游擊一人，轄十一營，守備十有一人，二十六汛千總九人，把總十有七人。葦蕩營參將一人，轄左右營，守備、千總、把總各二人。山東河南河道總督一人，掌黄河南下、汶水分流、運河蓄洩及支河湖港疏浚堤防之事，所屬山東運河道一人，轄運河、沂郯海贛同知二人，伽河、捕河、上河、下河、泉河通判五人，二十八汛州同、州判各三人，縣丞十人，主簿十有二人，分管詳見《則例》。分理泉河州同二人，府經歷三人，縣丞六人，巡檢一人，四十八牐牐官三十一人。兖沂曹兼管黄河道一人，轄曹單黄河同知一人，四汛縣丞一人，主簿二人，巡檢一人。黄運河營守備一人，轄七汛，千總五人，把總二人，東昌、德州二衛管河守備各一人，德州運河南北兩岸管河、千總各一人。河南開歸陳道一人，轄上南河、下南河同知二人，儀考、商虞通判二人，十二汛州判一人，縣丞七人，主簿四人。彰衛懷道一人，轄懷慶、黄河開封上北河、下北河同知三人，彰德河務、衛輝鹽河、懷慶河務、曹儀河務通判四人，二十汛縣丞八人，主簿十人，巡檢二人，又林縣管河典史一人，豫河、懷河二營守備各一人，協辦、守備各一人，轄七汛，千總四人，把總三人。直隸總督兼河道總督一人，掌漳衛入運歸海、永定河歸淀、疏浚堤防之事，所屬永定河道一人，轄石景山、永定河南岸、北岸同知三人，三角淀通判一人，十五汛州判三人，縣丞、主簿各五人，吏目二人。通永河道一人，轄北運河務關同知一人，北運河、楊村薊運糧河通判二人，十三汛州同一人，州判四人，縣丞三人，主簿五人。天津河道一人，轄南運河、津軍河間河捕同知二人，泊河、子牙河通判二人，西汛、清河、故城、吴橋管河縣丞各一人，東汛、景州、滄州管河州判各一人，天津管河縣丞一人，東光、交河、南皮、青静、海獻管河主簿各一人，青縣管河巡檢一人。清河道一人，轄保定河務同知一人，正定糧馬河通判一人，分汛冀州、祁州、安州管河州判各一人，武强、隆平、寧晋兼管河務知縣各一人，清苑、蠡高、陽新、安雄、安肅、新城管河縣丞各一人，保定、任邱唐管河主簿各一人，滿完、方順橋管河巡檢各一人，深澤管河典史一人。大廣順河道一人，轄廣大漳廣平河務漳河同知三人，分汛永年、邢臺、沙河、南河、平鄉、廣宗、鉅鹿、唐山、内邱、任、元城、大名、魏、東明、長垣兼管河務知縣十有五人，元城、大名、魏、長垣管河縣丞各一人，永年、成安管河典史各一人。永定河河營守備一人，轄南北岸、淀河三汛，千總、把總各一人，石景山汛千總一人，北運河汛千總、把總各三人，南運河汛千總一人，把總八人，東淀垈船千總一人，西淀垈船把總一人。

《清會典則例》卷一三一《工部·都水清吏司·河工一》 順治初年，設河道總督一人，駐札濟寧州，後移駐清江浦。綜理黃、運兩河事務。通惠河分司一人，駐札通州。北河分司一人，駐札張秋。南旺分司一人，駐札濟寧州。夏鎮分司一人，駐札夏鎮。中河分司一人，駐札吕梁洪。南河分司一人，駐札高郵州。衛河分司一人，駐札輝縣。分管所屬境内歲修搶修等事。【略】三十六年，諭：海口爲黃水入海之道所關，甚屬緊要，河道總督每年委賢能河官專管修理，勿致壅滯。欽此。【略】八年，議準設直隸河道總督一人。【略】江南河道總督一人，所屬河庫道一人。淮徐河道一人，轄六廳，同知四人，通判二人，二十四汛州同、州判各一人，縣丞五人，主簿十有二人，巡檢七人。內大壩、運河二汛各巡檢二人。淮揚河道一人，轄十一廳，同知五人，通判六人，三十八汛州同、州判各三人，縣丞十有四人，主簿十人，巡檢八人，十四牐牐官十有一人。內一官管四牐。河營參將一人，轄淮徐河營游擊一人，守備九人，千總八人，把總十有三人。淮揚河營游擊一人，守備十，有河營參將一人，轄淮徐河營游擊一人，守備九人，千總八人，把總十有三人。淮揚河營游擊一人，守備十有一人，千總九人，把總十有七人。葦蕩營參將一人，轄守備、千總，把總各四人。山東河南河道總督一人，所屬山東運河道一人，轄七廳，同知二人，通判五人，二十八汛州同、州判各三人，縣丞九人，內一丞管二汛。主簿十有二人，分理泉河州同二人，府經歷三人，縣丞六人，巡檢一人，四十八牐牐官三十一人。內一官管二牐者九，一官管三牐者四。兗沂曹兼管黃河道一人，轄一廳，同知一人，四汛縣丞一人，主簿二人，巡檢一人，河營守備一人，千總五人，把總二人，管河衛守備二人，千總二人。河南開歸陳道一人，轄四廳，同知、通判各二人，十二汛州判一人，縣丞七人，主簿四人。彰衛懷道一人，轄七廳，同知三人，通判四人，二十汛縣丞八人，主簿十人，巡檢二人，河營守備二人，協辦守備二人，千總四人，把總三人。直隸總督兼管河道總督一人，所屬永定河道一人，轄四廳，同知三人，通判一人，十五汛州判三人，縣丞、主簿各五人，吏目二人。通永河道一人，轄三廳，同知一人，通判二人，十三汛州同一人，州判四人，縣丞三人，主簿五人。天津河道一人，轄四廳，同知、通判各二人，西汛縣丞三人，東汛州判二人，縣丞一人，主簿五人，巡檢一人。清河道一人，轄二廳，同知、通判各一人，分汛州判三人，兼河務知縣三人，縣丞七人，主簿三人，巡檢二人，典史一人。大廣順河道一人，轄三廳，同知三人，分汛兼河務知縣十有五人，縣丞四人，典史二人，河營守備一人，千總八人，把總十有四人，垈船、千把、總各一人。

《清通典》卷三三《職官十一》 河道總督，江南一人，駐淮安清江浦。掌黃、淮會流入海，洪澤湖汕黃濟運，南北運河洩水行漕，及瓜洲江工，支河湖港疏浚堤防之事。山東河南一人，駐濟寧州。掌黃河南下，汶水分流，運河蓄洩，及支河湖港疏浚堤防之事。直隸一人，掌漳、衛入運歸海，永定河疏浚堤防之事，以總督兼管。順治初，止設總河一人，總理黃、運兩河事務，駐札濟寧州。康熙十六年以後，江南河工緊要，移駐清江浦。雍正二年，以河南武陟、中牟等縣堤工緊要，設副總河一人，駐札濟寧州。總河兼理南、北兩河，副總河專理北河。七年，改總河爲總督江南河道，副總河爲總督河南山東河道，分管南、北兩河。初，南、北兩總河并兼兵部尚書右都御史銜。乾隆四十八年奉旨，以總河無地方之責，況又有道員升署及簡擢初任之員，嗣後但給與兵部侍郎右副都御史銜，著爲令。直隸河道總督，雍正八年置河庫道一人，河道十一人。河庫道駐札清江浦，掌出入河帑而歲要其成於總督。江南淮徐河道駐徐州，淮揚河道駐淮安，山東運河道駐濟寧，直隸永定河道駐固安，皆掌專理河務。山東兗沂曹兼管黃河道駐兗州，河南開歸陳道駐開封，彰衛懷道駐武陟，直隸通永河道駐通州，天津河道駐天津，清河道駐保定，大廣順河道駐大名，皆掌分巡所屬而兼理河務。其山東運河道、河南二道、直隸五道又兼掌河帑之出納。管河同知二十七人，通判二十五人，州同十人，州判二十人，縣丞七十三人，主簿六十九人，巡檢二十五人，吏目二人，典史四人，兼管河務知縣十八人。江南淮徐河道轄銅沛、邳睢、宿虹、桃源，同知四人。豐蕭碭、宿遷、運河通判二人，二十四汛州同、州判各一人，縣丞五人，巡檢十人，主簿十有二人。淮揚河道轄山清裏河、山清外河、山安海防、江防同知五人，高堰、山盱、桃源、安清、中河、揚河、揚糧水利通判六人，三十八汛州同、州判各三人，縣丞十有四人，主簿十人，巡檢八人。又西溪司、安豐司、管河巡檢各一人。山東運河道轄運河、郯沂海贛同知二人，泇河、捕河、上河、下河、泉河通判五人，二十八汎州同、州判各三人，縣丞九人，主簿十有二人。分理泉州州同二人，府經歷三人，縣丞六人，巡檢一人，兗沂曹道轄曹單黄河同知一人，四汎縣丞一人，主簿二人，巡檢一人。河南開歸道轄上南河、下南河同知二人，儀考、商虞通判二人，十二汎州判一人，縣丞七人，主簿四人。彰衛懷道轄懷慶、黄河、開封、上北河、下北河同知三人，彰德河務、衛輝鹽河、懷慶河務、曹儀河務通判四人，二十汎縣丞八人，主簿十人，巡檢二人，又林縣管河典史一人。直隸永定河道轄石景山、永定河南岸、北岸同知三人，三角淀通判一人，十五汎州判三人，縣丞、主簿各五人，吏目二人。通永河道轄北運河務關同知一人，北運河、楊村薊運糧河通判二人，十三汎州同一人，州判四人，縣丞三人，主簿五人。天津河道轄南運河、津軍、河間、河捕同知二人，泊河、子牙河通判二人，西汎、清河、故城、吴橋管河縣丞各一人，東汎、景州、滄州管河州判各一人，天津管河縣丞一人，東光、交河、南皮、青静海、獻管河主簿各一人，青縣管河巡檢一人。清河道轄保定河捕同知一人，正定糧馬河通判一人，分汎冀州、祁州、安州管河州判各一人，武强、隆平、寧晋兼河務知縣各一人，清苑、蠡高、陽新、安雄、安肅、新城管河縣丞各一人，保定、任唐管河主簿各一人，滿完、方順橋管河巡檢各一人，深澤管河典史一人。大廣順河道轄廣大漳廣平河務，漳河同知三人，分汎永年、邢臺、沙河、南河、平鄉、廣宗、鉅鹿、唐山、内邱、任、元城、大名、魏、長垣管河縣丞各一人，永平、成安管河典史各一人。凡河務自管河同知以下爲專司，知縣爲兼職，各掌沿河堤堰壩牐，歲修搶修及挑浚淤淺，導引泉流并江防海防各工程，同知、通判、總理督率州同、州判以下分汎防守。牐官四十三人，掌司牐之啓閉，以時蓄洩。江南十四牐，牐官十有一人，内一官管四牐。山東四十八牐，牐官三十一人。内一官管二牐者九，一官管三牐者四。直隸一人。江南河標副將二人，游擊一人，都司三人，守備二人，管理塘務一人，千總八人，把總十有六人，管理塘務二人。河東河標副將一人，游擊二人，都司一人，守備二人，管理塘務一人，千總六人，把總十有二人，掌催護工程。江南河標中軍副將一人，其屬中軍都司一人，管理塘務一人，左右哨千總二人，把總五人。河標左營副將一人，其屬中軍都司一人，千總二人，把總三人，右營守備一人，千總一人，把總二人，蕭營都司一人，把總二人。河標右營游擊一人，其屬中軍守備一人，左右哨千總三人，把總四人。河東河標中軍副將一人，其屬都司一人，管理塘務一人，千總二人，把總四人。河標左營游擊一人，其屬守備一人，千總二人，把總四人，右營亦如之。江南河營參將一人，游擊二人，守備二十人，千總十有七人，把總三十人。葦蕩營參將一人，守備二人，千總二人。山東黄運河營守備一人，千總五人，把總二人。東昌、德州二衛管河守備各一人，德州運河南北兩岸管河千總各一人。河南豫河、懷河二營守備各一人，協辦守備各一人，千總四人，把總三人。直隸永定河營守備一人，千總九人，把總十有五人。凡河營參將以下，皆掌河工調遣及守汎防險之事。葦蕩營參將以下，掌采葦蘆以供修築堤埽之用。江南河營參將轄淮徐營游擊一人，九營守備九人，二十一汎千總八人，把總十有三人。淮揚營游擊一人，十一營守備十有一人，二十六汎千總九人，把總十有七人。葦蕩營參將轄左右營守備、千總、把總各二人。山東黄運河營守備轄七汎，千總五人，把總二人。河南豫河、懷河二營守備轄七汎，千總四人，把總三人。直隸永定河營守備轄南北岸淀河三汎，千總、把總各一人。石景山汎千總一人，北運河汎千總、把總各三人，南運河汎千總一人，把總八人，東淀垡船千總一人，西淀垡船把總一人。

又卷七一《兵四·緑營兵制上》 河東河道總督一人，駐札濟寧州。統轄本標官兵、防河各營。河標中營中軍副將一人，中軍都司一人，駐札袁家口。千總二人，把總四人，兵四百六十名。左營參將一人，中軍守備一人，駐札南陽閘。千總二人，把總四人，兵四百六十名。右營游擊一人，中軍守備一人，駐札戴家廟。千總二人，把總四人，兵四百六十名。濟寧城守營都司一人，中軍守備一人，千總一人，把總二人，兵五百二十九名。運河營守備一人，千總一人，把總一人。黄運河協辦守備一人，駐札曹縣。把總二人，兵二百二名。【略】江南河道總督一人，駐札淮安府清江浦。統轄本標官兵、防河各營。河標中營：中軍副將一人，中軍都司一人，千總二人，把總五人，兵六百七十九名。左營副將一人，駐札徐州府。中軍都司一人，守備一人，駐札夏鎮。千總三人，把總四人，兵九百三名。蕭營都司一人，駐札蕭縣。把總二人，兵二百四十名。右營游擊一人，駐札桃源縣。中軍守備一人，千總三人，把總四人，兵七百七十名。淮徐淮陽河營參將一人，駐札清河縣清口。淮徐河營游擊一人。駐札宿遷縣。豐蕭碭河營守備一人，駐札蕭縣順河集。千總一人，把總三人，兵三百九十三名。銅沛河營守備一人，縣駐札銅山縣。千總一人，把總二人，兵三百九十七名。睢靈南岸營守備一人，駐札睢寧縣。千總一人，把總一人，兵三百九十七名。邳州北岸營守備一人，駐札邳州。千總一人，把總一人，兵一百六十一名。宿虹營守備一人，駐札宿遷縣小古城。千總一人，把總一人，兵一百六十六名。宿遷營守備一人，駐札宿遷縣城。千總一人，把總一人，兵一百八十五名。桃源南岸河營守備一人，駐札桃源縣。千總一人，把總一人，兵一百六十二名。桃源北岸河營守備一人，駐札桃源縣徐昇壩，千總一人，把總一人，兵一百五十四名。運河營守備一人，駐札宿遷縣。把總三人，兵一百二十四名。淮揚營游擊一人。駐札安東縣。裏河營守備一人，駐札清河縣清江浦。千總一人，把總二人，兵二百五十名。外河營守備一人，駐札清河縣老壩口。千總二人，把總一人，兵三百二十六名。海防河營守備一人，駐札阜寧縣童家營。把總三人，兵二百五十名。山安營守備一人，駐札安東縣。千總一人，把總一人，兵一百四十名。安阜營守備一人，駐札安東縣佃湖。千總一人，兵四十名。高堰營守備一人，駐札山陽縣高堰。千總一人，兵四十五名。山盱營守備一人，駐札山陽縣。把總一人，兵三十二名。中河營守備一人，駐札清河縣楊家堡。千總一人，把總二人，兵二百五十八名。高寶運河營守備一人，駐札高郵州。千總二人，把總二人，兵二百十二名。江防營守備一人，駐札江都縣瓜洲。千總一人，把總一人，兵一百二十三名。葦蕩營參將一人，駐札清河縣。左營守備一人，駐札海州。千總一人，把總二人，兵七百十二名。右營守備一人，駐札阜寧縣。千總一人，把總二人，兵七百十七名。船務守備一人，把總二人，兵一千八百六十四名。

《清文獻通考》卷七九《職官考三》 河道總督，直隸一人，以總督兼轄；山東、河南一人，江南一人，巡撫山東、山西、河南、江蘇、安徽、江西、福建、浙江、湖北、湖南、陝西、廣東、廣西、雲南、貴州各一人，直隸、四川、甘肅總督兼管。

又 卷八五《職官考九》 河道總督掌黃河、運河之政，直隸一人，以總督兼轄，山東、河南一人，江南一人。所屬專管河務官另載後，標下官詳武職。臣等謹案：初設河道總督一人，總理兩河事務。康熙十七年，以河南歲修工程交河南巡撫管理。四十四年，以山東河道交山東巡撫管理。雍正二年，設副總河一人，管河南河務。四年，兼山東河務。七年，分南、北兩河，一管理江南，一管理山東、河南。雍正八年，設直隸總河一人，協理一人，後改歸直隸總督。

又 臣等謹案：河道總督所屬，除府縣以地方官兼轄河務者，具載府縣官員內；道員之管理河務者，直隸、清河道、通永道、天津道、河南開歸陳許道、河北道、山東兗沂曹道、江南淮揚海道等缺俱有兼巡地方之責，亦不載其專司。河道自道員及同知以下，黜陟考核皆掌於河道總督。特分載於後。直隸河道總督屬永定河道一人，同知九人，通判八人，州同三人，州判十一人，縣丞二十六人，主簿二十二人，吏目三人，閘官三人。宛平縣縣丞、主簿各一人，大興縣慶豐閘閘官一人，俱係河員，已載順天府下，此不載。河東河道總督屬山東運河道一人，同知二人，通判六人，州同二人，州判三人，縣丞五人，主簿十三人，巡檢二人，閘官二十九人，河南同知五人，通判三人，州判一人，縣丞十八人，主簿十四人。江南河道總督屬河庫道一人，淮徐河務道一人，同知十一人，通判八人，直隸州州同一人，州同一人，直隸州州判一人，州判三人，縣丞十九人，主簿二十三人，道庫大使一人，巡檢十七人，閘官十四人。

清 康基田《河渠紀聞》卷一三 是年始設河道總督，駐濟寧，設管河道分理南北部司，定地分駐協理。按：河道總督專設自是始，統攝河道漕渠之政令，以平水土，通朝貢，漕天下利運，率以重臣主之，權尊而責亦重。元時賈魯爲總治河防使，都水分監司河渠牐壩飛輓啓閉之節，他官不得侵越。明初，平江伯陳瑄充漕運總兵官，經理開河，遣侍郎、提督、御史、錦衣、千户等官巡視。正統、景泰間，總漕兼理河道，設漕運都御史，管通州至儀眞漕河，并令提督河道，專屬都御史。至成化七年，始設總理河道侍郎一員，嗣復以河道分三節設官理之。正德間，專設總理侍郎都御史兼軍務。嘉靖初，遣都御史提督河道，山東、河南、直隸巡撫皆受節制。萬歷初年，添設河漕總督都御史，革河道都御史，命巡撫照地分管山東、河南、兩直隸，巡撫衙内添兼管河道，仍與專敕徐州、海防、山東、河南四道，南、北、中三郎中，南旺、夏鎮二主事分地管理。至萬歷三十年，復分設河、漕二臣。明末，總河缺，數年不補。至是始設河道總督，駐濟寧。濟寧道管南河，駐濟寧。兗東道管北河，駐張秋。淮徐海防、開歸管河各道分地專管。工部督廠分司駐臨清，北河分司駐張秋，濟寧分司駐濟寧，夏鎮分司駐夏鎮，分駐協理，規制大備矣。

清 吴振棫《養吉齋叢録》卷三　順治間，河道總督駐濟寧。康熙十七年，移清江浦。二十七年，移濟寧，以協理之。侍郎開音布、徐廷璽駐清江浦。三十一年，總河移清江浦。三十九年，裁協理。四十四年，山東河道交巡撫管理。雍正二年，設副總河於武陟。五年，以副總河管山東、河南河務。七年，分設南河河道總督，駐清江浦，改副總河爲山東、河南河道總督，駐濟寧。八年，設直隸河道水利總督，駐天津。於是北河、南河、東河爲三督，若協理、協辦、幫辦、學習諸名，又隨時別經簡派者，自康熙至嘉慶，往往有之，非定員也。九年，設北河副總河於固安，又設東河副總河，移南河副總河駐徐州。乾隆二年，副總河俱裁。六年，復設南河副總河，旋裁。十四年，裁直隸河督歸總督管理。於是總河凡二人，而加南河協辦河務官，其後協辦，歸巡漕御史。南河以兩江總督總理，山東、河南巡撫亦兼河務。二十二年，設南河副總河，二十三年裁。嘉慶十一年，設南河副總河，十五年裁。十九年設東河副總河，二十年裁。道光二年，巡漕御史裁。六年，設南河副總河，九年裁。

（光緒）《重修天津府志》卷一二《考三・職官三・國朝・河道總督》　順治元年，設總河，轄直隸、山東、河南、江南、浙江等處河務，駐濟寧州。雍正九年，議準直隸河工關係重大，添設直隸正副總河，曰河道總督，駐札天津府，專管河務，令四道廳員及印河各官受其節制，一切事務俱照河東總河例行。乾隆元年，裁副總河。十四年，裁正總河，直隸河務歸并總督管理。《會典》。雍正：　劉於義，江蘇武進，進士，九年以總督兼署，是年新設。以下俱録前志。沈廷正，奉天，監生，九年任。徐湛恩，奉天，進士，九年任副總河。王朝恩，奉天，監生，十年任。顧琮，滿洲人，十一年任。定柱，滿洲人，十一年任副總河。朱藻，奉天人，十三年任。劉勷，山西人，十三年任。乾隆：　顧琮，二年再任。朱藻，奉天人，三年再任。顧琮。三年三任。

又 卷二九《經政三・漕運・國朝》　直隸總督管理各省總河，嚴督沿河文武各官催重儹空，勿使停滯，專責各官修理閘壩，以資啓閉，預期挑浚淤淺，修築堤岸，以保運道。凡關河道事務皆其專政，一應河官咸歸管轄，梗阻運道、侵冒錢糧及沿河文武官員催儹不力者，悉聽參治。《漕運則例纂》。考舊制，河道總督一員，駐札濟寧，兼管直隸、山東、河南、江南等處河道。雍正八年，又增設直隸河道總督一員。乾隆三年裁去，歸并直隸總督管理。《新通志》。

清 陳康祺《郎潛紀聞》卷四　國初，河道總督行署駐山東濟寧州。康熙十六年，聖祖以江南功程重大，特令移駐淮安清江浦。雍正三年添設北河總督，駐濟寧，而改南河總督仍駐清江。

《清續文獻通考》卷一一五《職官考一》　江南河道總督統轄三道、二十廳，文武員弁數百員，操防修防各兵數千名，原以防河險而利漕行，自河流改道，舊黄河一帶本無應辦之工，官多闒冗，兵皆疲惰，虚費餉需，莫此爲甚。所有江南河道總督一缺，著即裁汰。

《清史稿》志一〇八《河渠志一》　七年，改河道總督爲江南河道總督，駐清江，以孔毓珣任，省副總河。以曾筠爲山東河道總督，駐濟寧。

又 卷一一六《職官志三》　河道總督，江南一人，山東河南一人。直隸河道以總督兼理。掌治河渠，以時疏浚堤防，綜其政令。營制視漕督。順治元年，置總河，駐濟寧。康熙十六年，移駐清江浦。二十七年，還駐濟寧，令協理侍郎開音布等駐其地。三十一年，總河并駐之。三十九年，省協理。四十四年，兼理山東河道。雍正二年，置副總河，駐武陟，專理北河。七年，改總河爲總督江南河道，駐清江浦，副總河爲總督河南山東河道，駐濟寧，分管南北兩河。八年，增置直隸正、副總河，爲河道水利總督，駐天津。自是北河、南河、東河爲三督。九年，置北河副總河，駐固安，并置東河副總河，移南河副總河駐徐州。十二年，移東河總督駐兗州。乾隆二年，省副總河。厥後省置無恒。十四年，省直隸河道總督。咸豐八年，省南河河道總督。光緒二十四年，省東河河道總督，尋復置。二十八年又省，河務無專官矣。

傳記

（嘉慶）《清一統志》卷一〇四《人物》　龔宏，嘉定人，成化進士，知兗州府。正德中，爲湖廣布政使。中貴縱僕從殃民，宏盡收繫之。黄河溢，宏由應天府尹擢右副都御史治之，河溢旋止。兩進工部右侍郎及尚書，并領河事。河道之設專官，自宏始。

清　俞正燮《癸巳類稿》卷一二《總河近事考附編年姓名》　河之南合于淮、泗，始宋、金時。宋時府州長吏兼河堤使，通判兼河堤判官，有都水監，有外都水監，有都大提舉，有修河司。金府州長貳提舉河防，縣長貳勾管河防，又有巡河官、埽官，皆屬州縣。元泰定二年立行都水監于汴梁，至正六年又立行都水監于鄆城，爲總治河防使，此總治專官之始。明初以差遣。成化七年，有總理河道官，八年裁。正德三年，設總理河道侍郎。四年，兼僉都御史，駐濟寧。嘉靖四十四年，設總督河道、漕運官，旋裁。隆慶四年，總理河道官加提督軍務，兩直隸、山東、河南有河地方兵備道俱屬焉。萬曆六年，裁總理河道、總督漕運，而設總理河漕官。七年，給山東、河南、北直、南直巡撫專敕管河道，以漕運兼河道。十六年，復設總督河道官，駐濟寧。二十六年，又幷總理河漕官。三十年，分河漕。三十三年以後，稱總理河道，亦稱總督河道。天啓七年，以中官總督河漕。國朝順治時，河道總督駐濟寧。康熙十七年，移清江浦。二十七年，移濟寧，以侍郎開音布、徐廷璽協理，駐清江浦。三十一年，總河移清江浦。三十九年，裁協理。四十四年，山東河道交巡撫管理。雍正二年，設副總河于武陟。三年，以兩廣總督孔毓珣協理江南河道，以前總河靳輔子參領靳治豫晋工部侍郎，爲協理。五年，以副總河管山東、河南河務。六年，清江有侍講學士西柱、内閣學士尹繼善、僉都御史徐承恩協理協辦，又靳治豫與奉天府丞黎致遠同在工。七年，分設南河河道總督，駐清江浦，改副總河爲山東河南河道總督，駐濟寧。八年，設直隸河道水利總督，駐天津，曰北河。山東河南曰東河，江南曰南河，是爲三河四省。而僉都御史朱藻協理東河。九年，設北河副總河于固安，又設東河副總河。十一年，南河總河嵇曾筠丁憂，以高斌署理，命從嵇曾筠學習。時嵇在任守制也。十二年，設南河副總河。時三河總河、副總河凡六人。乾隆元年，裁東河副總河，移南河副總河駐徐州。二年，副總河俱裁。六年，復設南河副總河，旋裁。七年，兩江總督尹繼善協理河務。十三年，倉場侍郎張師載往江南學習河務。十四年，張師載協辦河務，改直隸河督事歸地方總督管理，兼支總河養廉。于是，三河總督河道凡二人，而加南河協辦河務官。其後協辦歸巡漕御史，南河以兩江總督總理，山東、河南巡撫亦兼河務。十八年，布政使富勒赫南河學習河務，前總河白鍾山以按察使銜協理河務。二十二年，南河設副總河，二十三年裁，而工部尚書嵇璜留工，又以安徽巡撫高晋協理，分駐徐州。三十年，江蘇巡撫明德協理河務。五十四年，侍郎韓鑅幫辦河務。嘉慶元年，山東布政使康基田幫辦南河，奏事列名總督、總河。後十年，南河左營改徐州鎮，仍聽總河節制。十一年，南河設副總河，十五年裁。十六年，尚書吴璥幫辦南河，奏事不列名。十九年，東河設副總河，二十年裁。道光二年，巡漕御史裁。六年，南河設副總河，九年裁。十二年，簡京官五品以下東河、南河學習。官制各記述不同，因編年記其人，使互檢焉。順治元年，河道總督楊方興。駐濟寧，七月任，鑲白旗漢軍，廣寧生員。十四年，楊方興，七月，加太子太保，予告。朱之錫。七月授，十月初二到任，義烏人，丙戌進士，康熙十二年，請封，部駁。乾隆四十五年，追封助順永寧侯，爲河神。十七年，十五年，宋之錫丁憂，在任守制。朱之錫，四月假。楊茂勛，署，鑲紅旗漢軍，監生。苗澄，以僉都御史署。朱之錫。十二月初三日回任。康熙五年，朱之錫，二月卒。盧崇峻，鑲黄旗漢軍官學生，十一月調。楊茂勛。八年，楊茂勛，調。羅多。十年，羅多，二月調。王光裕。十六年，王光裕，二月罷。靳輔。文襄，六月授，鑲黄旗漢軍，官學生，官立祠。二十七年，十七年，總河移清江浦。仍移濟寧。初有南、北、中三分司部員，十七年二月裁撤。其河道工程，委該地方監司府佐貳管理。二十三年十一月初十日，上臨視武墩工，謂靳輔云：『爾前奏將南北河道各分司裁去，極好，他們知得甚麼？河道不過每日打圍罷了。』又問高堰下埽防護事宜，云：『前番差人出來看，俱是瞎看，是看銀子罷了。』見靳文襄《治河書》。靳輔，三月罷。王新命。四川文台人，入鑲黄旗漢軍，笔帖式。三十一年，移清江浦。二十七年，靳輔、于成龍俱奉差，開音布、徐廷璽俱監理下河工程。王新命，二月罷。董訥，署，平原人，進士。靳輔，十一月十九日卒。于成龍。襄勤，鑲紅旗漢軍，蔭生。三十四年八月，有馮佑協理。于成龍，八月下艱。董安國。三十七年，董安國，七月罷。于成龍。三十九年，三十八年，有協理河務府尹徐廷璽、江蘇巡撫宋犖、郎中朱成格、員外郎赫韶瑟、登德、費揚古。張文端任總河，奏其無用，撤回。于成龍，三月卒。徐廷璽，署。張鵬翮。文端，遂寧人，進士，大學士。四十八年，四十一年，效力内閣學士張格端、侍講張希良、侍讀學士史夔、左諭德鄭開吉、少詹事邵遠平、工部郎中丁易、王晋楫、員外達古禮、王登魁、刑部主事程兆彪、内閣中書楊守知、楊穆中、書科中書張伯行。張鵬翮，十一月内遷。趙世顯。六十年，趙世顯，十一月罷。陳鵬年。恪勤，署，湘潭人，進士，六十一年十一月實授。雍正元年，陳鵬年，正月卒。齊蘇勒。勤恪，正白旗滿洲，官學生，與靳文襄同祠。二年，設副總河于武陟，管北河。副總河稽曾筠。文敏，四月授，無錫人，進士，大學士。五年，正月，副總河兼河南山東河務。先是三年，廣督孔毓珣協辦朱家海工，十二月靳治豫以工部侍郎協理。副總河兼河南山東河務嵇曾筠。七年，六年正月，侍讀學士西柱協理。四月，内閣學士尹繼善協理。五月，僉都御史徐承恩協理。又靳治豫與奉天府丞黎致遠同至南河。七年五月，徐承恩升閣學，仍協理南河。是年，河督分二，副總河裁，南河駐清江浦，東河駐濟寧州。齊蘇勒，二月卒。尹繼善，文端，鑲黄旗滿洲，進士，大學士，署，三月缺改，署南河督。副總河嵇曾筠，三月缺裁，補東河督。江南河道總督尹繼善，四月署，至十二月。孔毓珣，温僖，曲阜人，恩貢生。河南山東河道總督嵇曾筠。三月授。八年，九月，僉都御史朱藻協理北河。南孔毓珣，四月卒。嵇曾筠，署，十月實授。東嵇曾筠，四月署南。田文鏡，署，正黄旗漢軍，監生。沈廷正。鑲白旗漢軍，筆帖式。九年，九月，設東河副總河。東沈廷正，九月調。朱藻。東河副總河高斌。文定，鑲黄旗滿洲，大學士。九月授。十年，東副高斌，三月調。孫國璽，十一月調。阿蘭泰。十一年，十一月，派部院賢能司官二員往南河學習河務，酌量委辦估工查料等事，以二年爲期，或咨回本任，或保留題補。南嵇曾筠，四月，大學士，仍管理。高斌。署。十二年，總河嵇曾筠在任守制。七月，設南河副總河。南高斌，七月回任。嵇曾筠。在任守制。南河副總河白鍾山，莊恪，正藍旗漢軍，官學生，七月授，十二月升。高斌。東朱藻，十二月調。白鍾山。東副阿蘭泰，十二月升。劉勷。十三年，南嵇曾筠，十二月總理海塘。高斌。南副高斌，四月回任。劉永澄。乾隆元年，裁東副總河。南副劉永澄，十一月調。德爾敏。東副劉勷。十一月罷，缺裁。二年，裁南副總河。南副德爾敏。四月調，缺裁。六年，二月，設南副，八月裁。南高斌，八月調。完顏偉。鑲黄旗滿洲，筆帖式。南副完顏偉。二月授，八月升，缺裁。七年，南完顏偉，十二月調東。白鍾山。東白鍾山，十二月調南。完顏偉。十一年，八年二月，兩江總督協理河務。南白鍾山，三月罷。顧琮，署，鑲黄旗滿洲，監生，九月調。周學健。新建人，進士。十三年，是年三月，禮館進書，列銜江南河道總督尹繼善。是年八月，倉場侍郎張師載江南學習河務。南周學健，閏七月罷。高斌。大學士，管南河，十二月，革大學士，仍留南河。東完顏偉，三月内遷。顧琮。十八年，十四年八月，張師載協辦南河。十六年三月，調安徽巡撫，仍防伏秋大汛，高斌復大學士。四月初十，諭旨稱副總河張師載。十八年，富勒赫以布政使南河學習河務。七月，參河務弊竇。是年，清查河務錢糧，又值漫口，孫嘉淦奏河道應北行。本傳未載，見《皇朝奏議》。十月，白鍾山以按察使銜協辦南河。南高斌，七月罷。策楞，署，鑲黄旗滿洲世襲公，九月。尹繼善。十九年，東顧琮，二月罷。白鍾山。二十年，南河成。案：是年劉統勛署河督，本傳在二十一年。南尹繼善，二月調。富勒赫。二十一年，是年陳世倌奏減水壩事，有《弃云梯關外堤議》。南富勒赫，十月罷。劉統勛，署，文正，諸城人，進士，大學士，十二月。愛必達。鑲黄旗滿洲，生員。二十二年，設南河副總河。南愛必達，正月調。白鍾山。南副嵇璜，正月授，文恭，無錫人，進士，大學士，文敏子，父子總河。東白鍾山，正月調南。張師載。愨敬，儀封人，舉人，蔭生。二十三年，裁南河副總河。安徽巡撫高晋協理南河伏汛、秋汛，分駐徐州。南副嵇璜。三月内用，缺裁，文恭升工部尚書，仍留查工程。二十六年，二十五年，移清河縣，治清江浦。南白鍾山，三月卒。高晋。文端，鑲黄旗滿洲，大學士，文定侄，叔侄總河。二十八年，東張師載，十一月卒。葉存仁。江夏人，監生。二十九年，是年四月，弃云梯關外堤。東葉存仁，六月卒。李宏。正藍旗漢軍，監生。三十年，三月，南河總河高晋改兩江總督，仍總理河務。是年，江蘇巡撫明德亦協理河務。是後南河歸兩江總督總理。南高晋，三月，兩江總督。李宏。東李宏，三月調南。李清時。三十二年，東李清時，七月卒。嵇璜。三十三年，東嵇璜，九月内遷。吳嗣爵。錢塘人，進士。三十六年，南李宏，八月卒。吳嗣爵。東吳嗣爵，八月調南。姚立德。錢塘人。四十一年，三十九年，定銷六賠四項總河督撫分數。南吳嗣爵，三月内遷。薩載。四十四年，南薩載，正月，兩江總督。李奉翰。庫道署，尋實授，正藍旗漢軍，監生，前河督李宏子，父子總河。東姚立德，四月罷。袁守侗，長山人，監生，十二月，直隸總督。陳輝祖。祁陽人，蔭生。四十五年，是年阿文成桂看海口，言不與水爭地。南李奉翰，二月調東。陳輝祖，十二月調。李奉翰。東陳輝祖，二月調南。李奉翰，十二月調南。韓鑅。署，尋實授，畢節人，貢生。四十七年，四十六年七月，嵇璜有《令河仍歸山東故道奏》。四十七年，查河源。是年四月，因青龍岡引河經考城縣城南，籌議遷移。至四十九年，興築于北六十餘里之堌陽，本儀封地也。東韓鑅，七月丁艱。何裕城。署，尋實授，靖州人。四十八年，東何裕城，三月調。李奉翰，南河兼署。蘭第錫。吉州人，舉人。五十四年，南李奉翰，三月調東。康基田，署，興縣人，進士。蘭第錫。東蘭第錫，三月調南。李奉翰。嘉慶二年，乾隆五十五年待郎韓鑅、嘉慶元年山東布政使康基田皆幫辦南河工程。南蘭第錫，十二月卒。康基田。東李奉翰，九月，兩江總督。康基田，十二月調南。司馬騊。江寧人，監生。四年，四月，江督費淳更議南河總理條款，江寧布政使孫曰秉奏河工不得派地方官。東司馬騊，三月卒。吴璥。錢塘人，進士，大學士，前河督吴嗣爵子，父子總河。五年，南康基田，二月罷。吴璥。東吴璥，二月調南。王秉韜。鑲黄旗漢軍，舉人。七年，東王秉韜，七月卒。嵇承志。無錫人，舉人，文敏侄孫，文恭侄，三世總河。九年，南吴璥，十二月病。徐端。德清人，監生。東嵇承志，四月内遷。徐端，十二月調南。李亨特。正藍旗漢軍，監生，前河督李宏孫，李奉翰子，三世總河。十一年，設南河副總河。南徐端，六月改副。戴均元。大庾人，進士，大學士。南河副總河徐端。六月授。東李亨特，四月罷。吴璥。十三年，議補還云梯關外大堤。南戴均元，三月病。徐端。南副徐端，三月，河督。那彦成。文毅，正白旗滿洲，進士。東吴璥，六月内遷。馬慧裕。十四年，南徐端，正月改副。吴璥。南副那彦成，正月罷。徐端。東馬慧裕，七月調。陳鳳翔。崇仁人，監生。十五年，補還云梯關外南北大堤，以次興築。兩江總督松筠請引沁水至汶口，覆查沁入河不可入衛。又參吴璥、徐端逢灣取直徐端奏系遵照舊章程辦理。是年，裁南河副總河。南吴璥，八月病。徐端，十二月罷。蔣攸銛，鑲藍旗漢軍，進士，大學士，十二月仍回浙江巡撫。陳鳳翔。南副徐端。八月總河缺裁。東陳鳳翔，十二月調南。李亨特。十七年，十六年，尚書吴璥幫辦南河。南陳鳳翔，八月罷。黎世序。襄勤，羅山人，進士，有專祠。十八年，東李亨特，九月罷。戴均元。十九年，設東河副總河。東戴均元，正月内遷。吴璥。東副李鴻賓。五月授，德化人，進士。二十年，裁東河副總河。東吴璥，正月内遷。李鴻賓，署，三月病。吴璥，署，四月李鴻賓乞養。李逢亨。竹溪人，副貢生。東副李鴻賓。正月署。河督缺裁。二十一年，東李逢亨，十一月回永定河道任。葉觀潮。閩縣人，舉人。二十四年，二十二年三月，大挑舉人知縣揀分三河四省借補分汛佐貳，以知縣本銜升轉入則例。東葉觀潮，八月罷。李鴻賓，十月自陳。葉觀潮。二十五年，東葉觀潮，三月罷。吴璥，□月差南河。張文浩。會稽人，監生。道光元年，東張文浩，月丁艱。姚祖同，署，錢塘人，舉人。□月，前河督姚立德子，父子總河。嚴烺。仁和人，監生。四年，南黎世序，□月卒。張文浩，十二月罷。嚴烺。東嚴烺，十二月調南。張井。膚施人，進士。六年，設南河副總河。南嚴烺，三月調東。張井。東張井，三月調南。嚴烺。南河副總河潘錫恩。四月授，涇縣人，進士。九年，裁南河副總河。南副潘錫恩。四月丁艱，缺裁。十一年，東嚴烺，十月病。林則徐。候官人，進士。十二年，閏九月，諭内閣、翰詹、六部、都察院，各保送一員引見，發東河、南河學習，二年爲期，由河督分别送部引見，及咨回本任，每兩年揀派一次，其大挑試用照舊例。東林則徐，二月調。吴邦慶。霸州人，進士。十三年，正月，派京員徐法績、盧毓嵩、德克金布往東河，朱襄、曾錫恩、何俊、黄世銘往南河，交總河差遣委用。南張井，三月病。麟慶，鑲黄旗滿洲，進士，回京持服。張井，署，九月。麟慶。

清錢儀吉《碑傳集》卷七六《于成龍》 于成龍，字振甲，漢軍鑲紅旗人，以廕生授直隸樂亭縣知縣，遷通州知州。時山西永寧人于清端公廉名爲天下第一，以與成龍名姓相同，陰物色之，知其才，特薦爲江寧府知府。康熙二十三年，升安徽按察使。二十五年，擢直隸巡撫，旋授左都御史。先是，靳輔開中河，成龍以爲非便，及開浚下河，議又不協。而靳輔疏中則稱司臣于成龍訪采輿論，審量經營之處，頗費苦心，以故卒繼王新命畀授河道總督。三十一年莅任，成龍以桃清中河南岸逼近黄河，地勢卑下，潴水瀰漫，難以築堤，乃自盛家道口至清河，棄中河下段改鑿六十里，名曰新中河。又江南羅口發源東省、雲蒙諸山，各澗匯流而成沂河，由沂、郯而入邳境，水從羅口分流，出徐唐口面入運河，其正河至隅頭集徑入駱馬湖，凡遇水發，瀰漫兩岸，淹没田廬，請於沂河兩岸築堤一萬八千一百八十丈，建閘啓閉，而其由羅口分汛者，仍入運河濟運。三十四年，以左都御史督餉西路軍營。三十七年，再任，明年卒於官。謚襄勤，入祀賢良祠。

又《張鵬翮》 張鵬翮，字運青，四川遂寧籍，湖廣麻城人。【略】三十九年，調任河道總督。時上以仲莊閘清水出口逼溜使南，恐礙運口，命自陶家莊以下楊家莊處開挑引河，令中河之水從此出口，雖楊家莊地勢低窪，閒有倒灌不過一二里，清水仍然頂出。鵬翮乃相度形勢，於清邑中河鹽壩施工挑挖，令中河之水穿子堤，由雙金門閘入鹽河，至花家莊迤東穿黄河縷堤，至楊家莊出口。又於花家莊鹽河撐堤之上建閘洩水，漕鹽兩利，動帑七萬八千餘，兩河道大治。加太子太保。疏請敕下史館，編輯治河事宜，遴選進士、舉人學習精通發工效川，上即以命鵬翮，於是纂成《聖謨全書》二十四卷，恭呈乙覽。四十七年，授刑部尚書，尋調户部、吏部。六十一年，晉太子太傅。雍正元年，授武英殿大學士。三年卒，加贈少保，謚文端。十年，入祀賢良祠。

又《齊蘇勒》　齊蘇勒，滿洲正白旗人。由欽天監溥士遷主事郎中，出任永定河分司。康熙六十年，授翰林院侍講，督修河南武陟縣黄河决口。六十一年，升山東按察使，協理運河道事。雍正元年，授河道總督。二年，以德勝至張莊河形陡直，水勢建瓴，於適中六里建設石壩，令較上下兩閘各減六尺，水小資其攔蓄，水大聽其漫溢，漕運便之。三年，加兵部尚書。五年，督塞朱家口决河，加太子太傅。尋卒於官。

又《李宏》　李宏，字濟夫，一字用茲，號湛亭，正藍旗漢軍。初以州同知薦，曆江南河庫道，疏浚淮、揚、徐、海、鳳、潁泗各郡縣支幹河道一百數十餘處，動帑二百四十餘萬有奇。二十九年，授河東河道總督，以江南耿家塞險要，察勘對岸，引渠切攤，順勢帑節。工平，赴陝州三門查探黄河來曆，諮度久安之計。

清　李元度《國朝先正事略》卷五《靳文襄公事略》　靳公諱輔，字紫垣，遼陽人。【略】十六年，授河道總督。時黄水四潰不復歸海，清口運道盡塞。公上下千里，泥行相度，喟然曰：『河之壞極矣！是未可以尺寸治之也。審全局於胸中，徹首尾而治之，庶有瘳乎？』遂條上河工事宜，分列八疏，大畧謂：事有當師古者，有當酌今者，有當分别先後者，有當一時并舉者，而大恉以因勢利導爲主。廷議以軍興餉絀難之，姑令量修要害。公又疏言：清江口以下不浚築則黄淮無歸，清口以上不鑿引河則淮流不暢，高堰之决口不盡封塞則淮分而刷河不力，黄必内灌而下流，清水潭亦危。且黄河南岸不堤則高堰仍有隱憂，北岸不堤山以東必遭衝潰，故築堤岸、疏下流、塞决口，但有先後，無緩急，今不爲一勞永逸之計，屢築屢圮，勢將何所底止。疏上，廷議如前。聖祖以河道關係重大，下前後廷議，令再具奏。公堅持前議，上特如所請，蓋上深知公忠勇沈毅，可任大事，故排群議用之也。公感激知遇，昕夕不遑，開通清口爛泥，淺引河四道浚清江浦至雲梯關外，河身築束水堤萬八千丈，塞王家岡、武家墩、高家堰諸决口，河堤外加築縷堤及格堤，於徐州、宿遷築減水壩十三座。清水潭舊堤潰，最號險工，公用棄深就淺計，築西堤九百二十餘丈，東堤六百餘丈，更挑新河八百四十丈，奏改名永安河。

紀事

《清會典則例》卷一三二《工部・都水清吏司・河工二》　四十七年，諭：河工動用錢糧輒以數萬、數十萬計，河官當估計之時，先故浮估以爲日後節省之地，此皆河工積弊。嗣後凡有修理工程，河道總督務親詣察勘確估具奏，不可一任河官浮冒估計。欽此。

又卷一三三《工部・都水清吏司・河工三》　康熙二年，覆準：凡黄運湖河大工告竣，保固限滿，交汛修防，其工當大溜頂衝，汛水長發，在在險急。相度情形，必須每年動帑，用長樁大埽修築加鑲，歲以爲常。嗣後歲修工程，令河道總督俟秋汛水涸時，即估計具題。【略】二十四年，議準：搶修工程堤岸埽壩，偶被損傷，該管廳官一面申報河道總督，一面即運料修防，勒令剋期告竣，仍詳具工費繕册題銷。【略】五十二年，覆準：嗣後一應歲修搶修工程，均令河道總督親勘，以杜冒銷之弊。

又卷一三四《工部・都水清吏司・水利》　又議準：吴淞、天妃、七浦三牐各設牐官一人，白茅徐、六涇二牐共設牐官一人，均令河道總督於河工效力人員内選補。九曲、得勝、孟瀆三河牐，交與該縣縣丞就近管理。又開浚揚屬、烏塔溝、槐子河、界河、車路、海溝、伍佑場、王家港、牛灣、泰城以東各處淤淺，以資灌溉。【略】著江南督撫暨河道總督令管理水利河務各官及濱河州縣，各於所屬境内相視河流淺阻，每歲農隙，募夫挖浚，定爲章程，逐年舉行，必令功施可久，惠濟民生，毋得視爲具文，玩誤工作及陽奉陰違，絲毫擾累。欽此。

清　王先謙《東華録・順治四》　河道總督楊方興奏：黄河爲害，自古有之。去歲遭逆闖蹂躪之餘，官竄夫逃，無人防守，伏秋水性。自黄河北岸小宋曹家口等處盡皆衝决，濟寧以南廬舍田禾大半漂沒。若不乘此水勢稍涸，鳩工急築，恐秋水一漲，勢必大潰，不惟物力倍費，且恐河北一帶盡爲澤國。章下户、工二部速議。

又《東華續録·乾隆八十九》 戊寅，諭：河工重務，關繫國計民生，最爲緊要，全在河臣平日留心查勘，未雨綢繆。姚立德自擢任河道總督以來，僅能謹飭自守，於修防堵築機宜，全未講求爲思患豫防之計。且其平日辦事輭弱，屬員不知儆畏。上年儀封漫口，屢築屢衝，推原其故，皆由豫省河身寬廣，漫灘之水，衝有溝槽。姚立德未能豫計堵塞，以致水漲，時穿近堤，根且河形。近年漸已趨偪南岸，姚立德并不早爲籌畫妥辦，因循貽誤，所以在在衝决，此皆姚立德經理不善所致。且堵築儀封漫口，屢有蟄塌，日久未能竣事，物料狼藉，帑項虚糜。姚立德爲河防專責，更難辭咎。伊目覩情形若此，亦何顔復爲總河乎？姚立德本係革職留任之員，即著革任，仍留工次，效力贖罪。所有河東河道總督員缺著袁守侗補授，刑部尚書員缺著胡季堂補授，其刑部侍郎員缺著杜玉林補授。

《清續文獻通考》卷一三二《職官考十八·總督巡撫》 十五年，諭徐端補授江南河道總督，毋庸另設副總河。【略】咸豐八年，諭裁南河河道總督。

又 光緒二十四年六月，諭：裁河東河道總督，所有舊管之山東運河著歸山東巡撫就近兼管，以專責成。【略】又十月，諭：前因湖北、廣東、雲南三省巡撫，并河道總督應否復設，先後諭令軍機大臣、吏部會同妥議具奏，兹據詳加擬議會奏，請旨辦理各摺片。【略】至河道總督一缺，專司防汛修守事宜，亦非河南巡撫所能兼顧，并著照舊設立，任道鎔著仍回河道總督之任。該督撫等務，當體念時艱，實事求是，毋負朝廷慎重設官之意。二十八年，諭政務處會同吏部、兵部奏遵議河東河道總督錫良奏陳河工變通事宜一摺。黄河改道以來，直隸、山東兩省修守工程久歸督撫管理，錫良原奏所稱漕米改折，運河無事，河臣僅司堤岸，撫臣足可兼顧等語，該河督身親目擊，自屬確實可憑，所有河東河道總督一缺著即裁撤，一切事宜改歸河南巡撫兼辦。另片奏宜裁宜留及分别緩急各節，均著照所請行，仍責成錫良將裁撤各事宜一手經理，俟諸事辦有頭緒，再行奏明請旨。至裁汰各員弁及應裁兵丁，著吏部、兵部隨時查核辦理。至見既裁撤總督，請將兖沂曹濟道移駐濟寧分管營運事務，并河防城守營運河道屬各河營弁兵應否裁留，及此後運河修浚事宜，著山東巡撫察酌地方情形，詳議具奏。

都水郎中

題解

明 李樂《見聞雜紀》卷一一 國家都北漕河，特重沿河，郡置通判，縣置丞各一員，專任漕事，總于都水郎。

清 萬斯同《明史》卷六九《職官志上》 洪武初，置工部及官屬。六年，增尚書侍郎各一人，設總部、虞部、水部、屯部。總部郎中員外郎各二人，餘各一人。八年，增立四科，科設尚書、侍郎及官屬如刑部數。尚書侍郎、郎中各一人，員外郎二人，主事五人，照磨二人。十三年定官制，尚書一人，侍郎一人，四屬部各郎中、員外郎一人，主事二人。十五年增侍郎一人。二十二年改總部爲營部。二十九年，又改四部爲營繕、虞衡、都水、屯田四清吏司，詳具吏部。司各郎中、員外郎、主事一員。正統以後增營繕員外郎二員，主事四員，虞衡郎中二員，員外郎一員，主事二員，都水郎中三員，主事九員，屯田郎中一員，主事一員。嘉靖四十三年，革虞衡、屯田各郎中一員，改設主事一員。隆慶間革都水主事二員，又增設一員。萬曆五年增都水郎中一員，主事二員。九年革虞衡郎中一員。嘉靖、萬曆、天啓間，嘗添設尚書一員。

《續通典》卷二七《職官》 都水郎中一人，員外郎一人，主事二人，掌川陂池橋道舟車織造券契量衡之事。凡諸水要會，遣京朝官專理，以督有司。凡公侯伯鐵券，差其高廣。凡祭器册寶乘輿符牌襍器，皆會則於内府。凡度量權衡，謹其校勘而頒之，懸式於市，而罪其不中度者。洪武六年爲水部，二十九年改爲都水屯田郎中。

《續通志》卷一三五《職官略·明官制上》 都水郎中、員外郎、主事。明置都水司郎中五人，員外郎一人，主事七人，掌川澤陂池橋道舟車織造券契量衡之事。南京工部都水司郎中一人，員外郎一人，主事二人。

傳記

（萬曆）《開封府志》卷一八《人物》　李景繁，字邦泰，儀封人。【略】改工部主事，歷轉都水郎中，管漕河。時漕塞自儀眞入淮，凡三百里。上命景繁同都御史董治，乃募夫八萬人分布之。初浚邵伯湖，次廣陵驛以及朴樹灣，儀眞、瓜洲漸加深廣，引河外諸陂塘水以灌之。又欲引江水入漕，都御史以下皆難之。景繁曰：有害，我當其咎。遂下令有司具土石，潮至，大決壩閘，江水入奔，聲如雷會。又大雨水，瀰瀰與岸平，乃塞壩，舟遂大行。又河經徐州，將嚙其城，景繁作石堤于城北，半匝其城，遂免水患。功竣，遷山西右參議，轉四川左參政。

明 文震孟《姑蘇名賢小紀》卷上《都水郎張公》　張公瑋，字嘉玉，【略】亡何以都水郎治漕事。時逆瑾初用事，其黨縱横江淮間，公一繩以法，舟過漕則檢而没其私，權奸歛手相戒，亡犯張郎中。俄而瑾以蜚語告變，逮繫詔獄，酷訊無所得，乃以奉使乘肩輿非制落職，戍遼陽。

紀事

明 杜啓《冶長涇普濟石橋記》（《吴中金石新编》卷四）　故有木橋名曰普濟，廢已久矣，陸行不通若干年。【略】既而都水郎中傅公奉敕來督三吴水利，巡行至其地，詢知橋事始末，以爲於官與民有不得不舉者。存歸召知縣劉侯與議之。侯曰如命，究厥費數以補給之，尚未敷也，公又出公帑若干緡，俾之盡斥舊規，乃甃巨石爲之，命水利縣丞竇胤董之，價充材備，民樂趨之，不兩月告成。縱計一百五十尺，衡一十六尺，隆三十三尺，上爲懸虹之勢，中穹，兩垂影飲河，流下爲偃月之形，洞空輪廓，帆檣徑度，直欄横楯，偉觀村落，不誇改名，以便稱謂。於是諸用事者請紀石以表公績。嗚呼！民以義舉而幾廢，於官閲歷數年，公則興之，侯乃承之，始畢民志，亦維艱哉。固宜書之，以示後者，勸懲存焉，作《冶長涇普濟石橋記》。公名潮，字曰會，別號静齋，江右新喻人，成化辛丑進士，歷今官，公勤廉恕，於凡河道事，畢盡心力，以爲民利，類此橋者尤多。侯名珂，湖廣興國人，弘治丙辰進士，初試縣爲政。修整竇胤，山西隰州人，出身太學生，奉事克謹。餘用事，姓名列於陰。

明 陳霽《吴郡溪瀆三橋記》（《吴中金石新编》卷四）　三橋之弗葺，先後數年矣。尚書工部都水郎中新喻傅公奉璽書督水利於三吴，興廢疏滯，鉅細覃舉，既二年，行郡經澤中，臨視茲土，集耆老問狀曰：是葺之晚，其加崇乎？然毋勞爾民。下屬邑理其役，發帑鳩工，伐石聚材，民爭趨之。堤塹借作，工用次舉，繕危以安，代木以石，拓舊規新，高廣有加焉。靡公私錢十有八萬，役夫千人。始作於弘治辛酉春三月，成於其冬之十月。【略】諸吏民謀曰：公惠民深矣。茲一役也，功倍而利博，廢而克完，亟而弗勞，不有述也，其奚考引公德，以詔於後乃。相與來請，爲列其事，以書於石。

明 崔銑《洹詞》卷二《李公碑》　嘉議大夫、四川布政司、右參政李公，諱景繁，字邦泰【略】二十三年，遷虞衡員外郎，遷都水郎中，管漕河。時漕河塞自淮入儀真，凡三百里，舟膠不行，有詔命都御史暨郎中治，李公獨任之。募夫八萬人，初浚邵伯湖、揚子橋、三汊河，廣皆六丈；次浚廣陵驛東，廣倍於三汊；次浚樸樹灣，廣三倍於初；次浚儀真壩、瓜洲壩，廣倍於樸樹者，三深於舊各五等。

明 陳懿典《陳學士先生初集》卷一四《中大夫整飭昌平兵備山西按察司按察使鴻川許公墓志銘》　而擢都水郎中，有弘濟之役。弘濟河者，寶應越河也。先是泗水發天長、盱眙，溢入白馬、汜光二湖中，加以伏秋，一望無涯，漂溺日報。公議於老堤外開越河，總河李、王兩公先後上其奏，而朝議難之，謂老堤開鑿，內外受水，非遠策。又引白侍郎所開康濟渠，用圈田木堤爲便。公柝言兩策無益，徒耗水衡金錢，而越河成則水性順，注侵嚙不足患。得旨報可，身行河上，甫四月而功告成，費止十二萬金，而延袤四十里，至今爲高寶利。

藝文

明 林文俊《方齋存稿》卷四《送都水郎中柯君治河序》　河之

源，出崑崙，禹自積石導之，自大伾而北，既釃爲二，至大陸，又北播爲九，然後爲逆河，以入於海。其治之之法如此。河所經地萬餘里，既合諸戎、中國之水，其勢益大，其治尤難，非屢散裂而順導之，莫能爲功也。周定王時，河始南徙。漢時，初決瓠子，其後再決，遂流爲屯氏諸河，而德棣之河又自播爲八，亦偶合禹時所謂九河者耳。自時厥後，河不爲害者最久，至宋南渡而屯氏、德棣之河廢。於是河復南注，合淮以入海，而曹、鄆、徐、沛之間大受其害，遂以至今也。一二年來，河之支港寖以淤澱其害彌甚，每河流泛溢，自徐以南數千里漫爲巨浸，其一支出沛之境者，往往浸行平地，挾泥沙以來，而沛漕受之，爲之堙矣。國家歲漕四百萬石，徐、沛四達咽喉之地也，可不爲慮乎。於是執政大臣至於群工百執事各獻治河之策，有謂宜疏渦河故道以殺水勢者，有謂河勢東徙難以力爭者，有謂宜棄沛之堙河而堤其旁昭陽湖爲渠以通漕者，其説紛紛，靡所適從。朝廷患之，乃起老臣總理河事，而選工部官屬長於治河者爲之副。吾柯君奇徵特授都水郎中以行，責亦重矣。今九河故道既不可尋，屯氏、德棣諸河又難猝復，聽其東徙，與會通之漕不足憂乎，堤昭陽與能必其不衝嚙乎。以愚策之，必多爲釃水之渠，使河不妄行，然後度水勢之緩，急地形之堅脆，或防也，或浚也，要在散裂而順導之耳。奇徵多聞廣識，自六籍子史至於水經地志諸書，無不究知。受命以來，日從士大夫之治水者講求其説，區畫已定。況聖天子在位，德及山川，威攝百神，固宜河伯受命而川澤順軌，豈若漢武躬勞萬乘帥群臣負薪寘河而不能塞瓠子之決者。予喜奇徵將有成功也，遂書以贈。

都水分司

論説

清 崔維雅《河防芻議》卷五《條議》 一議改司爲道，以專地方責成也。竊惟軍國大計，在河與漕。而幹理河漕者，有司與道。查南河分司管理淮、揚漕河工程，中河分司管理邳、宿、桃、清黄河工程，兼收税課。昨康熙十一年經總河題准，畫地責成，似乎責有攸歸，成功可期矣。但歷稽南河地方十餘年來分司數官，往往屢經參處，河工有悞。如清水潭潰決數載，淤沒兩郡，桃清上下堤岸衝決數次，阻運病民，豈盡司官人不稱職？亦以地方之責不專，遷代之期太速故也。今兩河劇工告竣無期，而爲經久善後之計，惟在改司爲道，以責成功而已。何以言之？道員挨俸升遷，積年在任，分司差滿輪換，計日即更，其久暫不同也。道員有統轄州縣之權，呼之即應，分司無箝束有司之柄，呼應不靈，其事任不同也。夫河、漕二者非他事可比，其誤與不誤，所争止在俄頃之間。趨赴稍遲，釀害莫救，而實與不實，所驗又在數年以後，責成不久，補苴皆虚，當其工程緊急，必呼地方之有司，使其争先而恐後，此惟道官能之，司官不能也。必呼地方之居民，使其子來而趨事，此惟道官能之，司官不能也。況乎道官在任年久，利害切身，其爲工也，必圖堅牢；司官差竣即回，視同傳舍，其爲工也，未必鞏固。即事相較，種種懸殊。今淮屬有道而揚屬無道，邳、宿、桃、清南岸有道而北岸無道，譬之人身兩手，一手無力則半體偏廢，彼有力之一手，安能提挈全身，而運動如意耶？是責成雖專，而欲功之全收，尚未可必也。合無并將南河分司、中河分司俱改道員，庶幾事權并重而呼應皆靈，在任俱久而責成皆實，以之濬漕，則逐步有人而飛輓必捷；以之防河，則各堤有人，而修築自堅。較之用暫差之分司孑處河干旋至即去者，其事功相去不同遠矣。或曰，事戒紛更，法宜循舊，不知以一官易一官，非紛更也，改前轍而期後效，何拘拘於循舊爲也？司銓政者，其賜采擇焉。

綜述

（嘉靖）《山東通志》卷一五《公署》 工部分司，一在濟寧州城南三里間建，一在寧陽縣治北間建，一在壽張縣安平鎮間建，一在汶上縣南旺鎮間建，管泉主事兼蒞焉。

明 邵寶《遵化縣鐵廠志》《名臣經濟録》卷五二 工部分司，在縣東六十里鐵廠中。永樂間，俱以各衛指揮領其事。宣德末，始委虞衡司官董之分司。正統九年，主事張孚建。成化間，主事馬祥鼎新焉。正舍三間，中外門各三間，左司房三間，譙樓三間，右雜器庫、鐵庫計二十四間，米庫一間，吏舍四間，雜造局六間，爐冶所、鐵砂場、獄二十六間，爐房九間，公廨過廳一間，寢室五間，四顧樓柒、炭場、萃景樓、翫翠齋各三間，滌煩樓亭一間，厢房四間，户所廳各三間，在儀門外軍器局三間，在廳北倉房五間，在廳西北。【下闕】

又《蕪湖分司題名記略》（明經濟文録）卷一六《工部下》　工部分司在蕪湖縣者，實自成化七年始。當時建議者以漕運舟船之料供應什器之料，民不勝其科率，蓋取諸材木之榷焉。而蕪湖爲畿輔近地，當川湖二省下流，商筏所聚，故分司於是乎建。大司空歲請于朝，簡委員外郎若主事一人主之，期年乃代。

明　吴仲《通惠河志》卷上《公署建置》　都水分司壹座，坐落通州舊城内，頭門叁間，正廳伍間，後廳伍間，後堂伍間，前後左右厢房共拾貳間，厨房肆間。嘉靖捌年，該臣題奉，欽依新建。

明　陳九德《明名臣經濟録》卷一八《遵化鐵廠志略》　工部分司，在縣東六十里鐵廠中。永樂間，俱以各衛指揮領其事。宣德末，始委虞衡司官董之。

（嘉靖）《惟揚志》卷七《公署志》　工部分司館，即磚廠，在通濟閘西北。【略】工部分司館，在州西，爲巡河工部郎中治所。

（萬曆）《紹興府志》卷三《署廨志》　工部分司，在蕭山縣東南十五里單家堰。嘉靖十一年，薛主事僑買民地建。

明　張萱《西園聞見録》卷九二《工部六・鈔關》　工部分司在蕪湖縣者，實自成化七年始。當時建議者以漕運舟船之料供應什器之料，民不勝其科率，蓋取諸材木之榷焉。而蕪湖爲畿輔近地，當川湖一省下流，商筏所聚，故分司于是乎建。大司空歲請于朝，簡妥員外郎若主事一人主之，期年乃代。

明　熊尚文《賦役成規》　南河工部分司供應銀貳百肆拾柒兩柒錢陸分捌釐，遇閏加銀貳拾兩肆錢捌分壹釐貳毫伍絲。【略】南河工部分司供應銀貳百肆拾柒兩柒錢陸分捌釐。【略】南河工部分司皂隸拾貳名，每名工食銀拾兩捌錢，共銀壹百貳拾玖兩陸錢。【略】裁南河工部分司巡河快手銀壹拾貳兩。【略】扣解南河工部分司淺老工食銀肆拾陸兩陸錢。【略】裁南河工部分司巡河快手銀拾貳兩。

明　謝純《漕運通志》卷三《公署》　工部分司。清江修船廠，在淮安城西北。徐州洪廠，在洪岸之左。吕梁洪廠，在洪岸之左。沛縣管閘廠，在縣治南。濟寧管閘廠，在縣治之左。平安鎮管河廠，在本鎮。高郵管河廠，在州治之左。山東管泉廠，在寧陽縣城内。

明　馬麟《續纂淮關統志》卷二《建置》　明初，差工部分司一員駐札清江浦，督造運船，兼管閘座，設抽分廠。凡船料、樑頭、竹木、灰石等項三十稅一，以爲供造漕船之需。

清　薛鳳祚《兩河清彙》卷一《運河》　通惠河分司所轄渾河東流，至張家灣入白河，俱係流沙淤淺，遇夏秋水漲，督率沿河州縣官夫役，兩岸晝夜巡邏。運河兩岸工程遇有衝決，該地方官估計，由河廳送司呈送總河。大者題請錢糧舉修，工小者動支本衙門河庫銀兩鳩築。凡淺原設各衛軍夫，今俱裁，有淺動本司歲修銀兩覓夫，有淺則挑，無則止工，部給發巡環，按季填報，年終申總河咨銷。北河分司所轄閘河例有大挑、小挑之役，每至歲杪回空過盡，築壩絶流，正月初旬動工，二月中旬報完，今改定二月初一日開堤。南旺分司所轄泉源每於大挑、小挑之後，巡勘諸泉，使其通流，直達汶、泗諸河，入漕濟運。南旺、安山二湖，每遇山水漲發，開通各口斗門，一以殺水勢，保全運堤；一以撤泥沙，免澱河腹。夏鎮分司所轄嶧縣中有彭口朱姬莊要害，每小挑當年，大挑間年。邳州泇河八閘更有大泛口等處要害，其内高亢之處，砂礓淤泥疏鑿不易，額例一年小挑，三年大挑。

又卷二《運河》　通惠河分司部差三年一代，駐札通州。本司所轄通惠河自昌平州入内府，由大通橋至通州，又會白河，至天津衛入運河，凡三百六十里。北河分司部差三年一代，駐札張秋。本司所轄河道北自直隸、河間府静海縣稍直口起，南至山東兗州府魚臺縣邢莊閘止，長一千八百二十里一百八十步。濟寧道兼轄本道所轄運河、泉湖與北河、南旺二分司，同南旺分司部差三年一代，駐札南旺。夏鎮分司部差三年一代，駐札夏鎮。本司所屬除黄河外運河、泇河，自山東魚臺縣王家口起，爲直隸蒲縣河道，至山東滕縣劉昌莊，爲山東嶧縣界吴家橋，又自呉家橋起，至江南邳州界黄莊止，共二百零八里。中河分司部差三年一代，駐札吕梁。本司所轄除黄河外運河即泇河，自江南邳州黄林莊起，至駱馬湖口止，長一百九十里。南河分司部差三年一代，駐札高郵州。南河之域，北至清口，南至瓜州，東至海門，東北至安東，所屬淮安、揚州、高郵、寶應、江都、儀真，及山陽、清河、泗州、盱眙、通泰、泰興、興化、如皋、海門。萬曆五年别設中河郎中，始定今制。

清 顧炎武《天下郡國利病書·淮徐》 徐州洪工部分司在洪東岸面西，提督本洪主事蒞政之所。本洪宋元皆名白步，在州城東南二里許，巨石盤踞，巉崿齟齬，汴、泗經流其上，衝激怒號，驚濤奔浪，迅疾而下，舟行艱險，少不戒，即破壞覆溺，害與洪水等，故名曰洪。其形象川字，有三道焉：中曰中洪，西曰外洪，東曰月河。月河即今裏洪。相傳唐尉遲敬德經署徐州、吕梁二洪，热火石爛，從而鑿之，遂成水道。宋元祐中，京東轉運司上言朝廷，委官度地势穿鑿，修月河石堤，置上下閘。本朝永樂十二年，平江伯陳瑄鑿洪通漕，更于洪口置閘。正統七年，參將湯節於洪上流築堰，逼水歸月河，於南口設閘，壅積水勢。成化中，主事郭昇、尹珎饒泗。嘉靖中，主事戴鰲、陳穆相継鑿去洪内亂石，修砌両岸牽路石壩。二十五年，主事馮有年修砌東岸石堤十六丈。初，城東北汴水横流，衝溢運艘，牽挽艱甚。正德初，治河郎中胡禮鑿新河，自三里溝至洪上，乃復合流入洪，始分殺水勢，爲漕便利。無何土人見便，日漸下石堙阻。參將萬表懸購疏抉，仍移所司厲禁。迄今汴水雖盛，猶得亡險焉。本司之設，專爲粮運。先年命官不一，永樂十九年，侯伯分理洪閘河道，継差御史王矩、户部郎中楊璉。至正統以來，始銓選工部都水司主事一員，領精微，批蒞任，督理洪事，兼理徐州。境山二閘，凡三年一代焉。初，本司不干閘務。嘉靖二十年，兵部左侍郎王以旂題奉欽依兼理。成化二十年，工部侍郎杜謙建議工部添置主事一員，修治河、沁水道，下達徐州洪，主事以河南黑洋山河、沁水利深淺尺寸，月一疏聞。弘治初年，添置主事，停罷本司，月報如故。徐州洪閘在洪東月河南口，正統中，參將湯節建議設語見上。景泰中，水漲閘壞。嘉靖二十年，治水兵部侍郎王以旂議復境山鎮閘。在境山舊有積水閘，天順四年，判官潘東建，後廢。嘉靖二十年，侍郎王以旂議設今閘。高家灘水閘，淺鋪一十五所。夾溝淺、白廟兒淺、許家淺、白洋圈上淺、白洋圈下淺、梁山淺、坨城淺、秦梁洪淺、新洪淺、九里溝淺、狼屎溝淺、青田淺、乾谷堆淺、白洋淺、李家溝淺。

又 吕梁洪工部分司在洪東岸向西，提督本洪主事蒞政之所。本洪在州城東南五十里，上下二洪，綿亘七里。洪中諸石，森列如齒，水脉勁疾，遇險怒號，白浪騰沸，一瞬数里，爲南北至險焉。唐宋疏鑿修治，遺迹并與徐洪同。本朝成化八年，主事張達修砌石堤。上洪長三十五丈，下洪長三十六丈。十六年，主事費瑄修築堤壩。嘉靖二十一年，主事徐有讓修砌石堤。吕梁上閘、下閘在洪南北，俱正統中忝將湯節建議設，後壞。嘉靖二十年，侍郎王以旂議復。淺鋪七所。黄鍾集淺、石橋淺、孟城湾淺、侯家石淺、房村淺、龍塘淺、雙溝淺。

又 沽頭工部分司在沛縣治南二十里，泗河東岸，提督胡陵城諸閘座主事蒞事之所。本司自成化中，上從總漕之請，差委主事一員，提督閘座。弘治戊申，罷。甲寅，復之。正德丁卯，再罷。辛未，復之。嘉靖癸未，又罷。乙未，又復之。黄河入漕，而沽頭利涉，故罷；黄河南徙，而諸閘泉微，故又復。今銓選更代事宜，并與二洪同。胡陵城閘，在沛縣治北五十里。沛縣轄。廟道口閘在沛縣治北三十里。沛縣轄沽頭上閘，在沛縣治南二十里。沽頭中閘，在上閘南七里。沽頭下閘，在中閘南八里俱。本州轄。謝溝閘，在沛縣治南四十里。沛縣轄。新興閘，在沛縣治南五十八里。沛縣轄。黄家閘，在州治北六十里。本州轄。淺鋪三十四所，徐州地方十五淺：謝溝小閻村淺、滎家淺、泉水小閘淺、留城上淺、留城中淺、留城下淺、賀家淺、皮溝上淺、皮溝中淺、皮溝下淺、李家淺、侯村上淺、侯村下淺、黄家淺。沛縣地方一十九淺：湖陵城淺、鷄鳴臺淺、廟道口淺、張家庄淺、泗亭淺、金溝口淺、金溝上淺、金溝中淺、金溝下淺、魯村淺、上閘上淺、上閘下淺、卢家淺、馬家淺、破閘淺、下閘上淺、上閘下淺、梁村淺、閻村淺。積水閘四座，留城閘，屬徐州轄；金溝口閘，在沛縣治南八里，薛河并昭陽湖水入漕之處；昭陽湖閘，見本湖下；鷄鳴臺閘，在沛縣治東北五十五里，河北岸。蓄水昭陽湖，在縣治東北八里，縈回八十餘里，北屬滕縣，南屬沛縣。永樂八年，於湖口建石閘，於東西二湖口建板閘。成化八年，改爲石閘。弘治七年，重修。遇漕河水涸，開閘放湖水入薛河，由金溝口閘達于漕河。湖所受水不一，北沙河出滕縣北龍山西南，流經魚臺縣境入湖；辛庄橋河出滕縣西南五十里，南流十里入湖；滳河出滕縣界西南入湖；荆溝泉出滕縣東北十五里，泉眼百餘，水流迅急，西南流八十里至辛庄橋，漫流爲澤。正統六年，參將湯節開渠十里，引水入湖，塞其両流故道，復於此岸建回龍以鎮之。草廠、窑廠六座。沛縣、金溝鷄鳴臺各一座，蕭縣、豐縣各一座，碭山縣二座。

又《山東上》 工部分司北河郎中一員，駐札張秋，掌衛河、會通河漕政。北至天津，南至魚臺一帶，允泉湖閘壩堤淺之事皆隸焉。永樂間，設員外郎、主事二員分理。成化初，改命通政，旋以山東副使兼攝之，已設都水郎中。弘治間，罷郎中，爾以通政任。至十八年，始定注選郎中一員領敕行事，以三年爲期，滿則請代，著爲令。

清 傅澤洪《行水金鑒》卷一六六《官司》 國家漕運全資黄、運兩河，特設河道總督一員，駐札濟寧，總理兩河事務。至於通惠、北河、南望、夏鎮、中河、南河、衛河，各設分司管理。通惠河分司駐札通州。順治初差漢司官一員，三年更代。十二年，添差滿洲理事官一員，筆帖式一員，一年更代。十四年，裁滿官，三年更代。康熙元年，復設一年更代。六年，裁。九年，復差滿司官一員，筆帖式二員，三年更代。十年，裁筆帖式。十八年，照内外河差例，一年更代。二十年，仍改三年更代。二十三年，改令各部院衙門掣籤差遣。北河分司駐札張秋。順治初，差漢司官一員，三年更代。康熙九年，添差滿司官一員，筆帖式二員。十年裁筆帖式。十七年，裁分司，歸并濟寧、天津二道管理。南旺分司駐札濟寧州。順治初，差漢司官一員，三年更代。康熙九年，添差滿司官一員，筆帖式二員。十年，裁筆帖式。十五年，裁分司，歸并濟寧道管理。夏鎮分司駐札夏鎮。順治初，差漢司官一員，三年更代。康熙九年，添差滿司官一員，筆帖式二員。十年，裁筆帖式。十五年，裁分司，原管滕、嶧二縣河道閘座歸東兗道管理，沛縣河道閘座歸淮徐道管理。十七年，滕嶧河務改歸濟寧道管理。中河分司舊駐吕梁洪。後移駐宿遷縣。順治初差漢司官一員，三年更代。四年，添差滿司官一員。八年，裁。十二年，復差滿官，一年更代。十四年，裁。其間有三年更代，四字疑衍。康熙元年，復差一年更代，四年，裁。九年，復添滿司官一員，筆帖式二員。十年，裁筆帖式。十七年，裁分司，分歸淮揚、淮徐二道管理。南河分司駐札高郵州。順治初，差漢司官一員，三年更代。康熙九年，添差滿司官一員，筆帖式二員。十年，裁筆帖式。十七年，裁分司，分歸淮揚、淮徐二道管理。衛河分司駐札輝縣。順治十三年，差漢司官一員。本年裁歸衛輝府同知兼理。十四年，復差，三年更代。康熙四年，裁歸分守河北道及衛輝府通判管理。六年，裁河北道，令通判專理。九年，復設河北道。

又卷一七四《河道錢糧》 通惠河分司所轄通州、武清等州縣衛河道錢糧額徵銀八千三百一兩三錢五分零，又木税銀七千一百兩。北河分司所轄兗州、東昌、河間三府河道錢糧額徵銀一萬五千八百九十八兩五錢七分零，蔴一萬二千八百七十八觔八兩。康熙十七年裁分司，歸并濟寧、天津二道。南旺分司所轄濟南、兗州二府河道錢糧額徵銀二千九百三十六兩八錢七分零。康熙十五年裁分司，歸并濟寧道。夏鎮分司所轄廬州、鳳陽、揚州、兗州、徐州河道錢糧額徵銀一千五百一十四兩三錢五分零。康熙十五年裁分司，滕、嶧二縣歸東兗道，沛縣歸淮徐道。十七年滕、嶧改歸濟寧道。中河分司所轄淮安、廬州、鳳陽、徐州、和州、滁州河道錢糧額徵銀二萬八千一百三十八兩九錢八釐零，兼徵鈔銀五千二百五十兩，又石價銀六百五十兩，遇閏月加徵銀五十四兩二錢。順治十五年加徵六百兩。康熙五年歸淮海道徵收，七年歸徐屬河務同知徵收，八年仍歸本司，十一年兼徵徐州税契銀三千六百兩，二十年加三千兩。康熙十七年裁分司，分歸淮揚、淮徐二道。南河分司所轄揚州、廬州、鳳陽、江寧、徐州并江防廳河道錢糧額徵銀三萬四千五百三十一兩四錢二分零，又由閘税銀六千六百六十六兩零，康熙二十年增銀一千兩。康熙十七年裁分司，分歸淮揚、淮徐二道。

《清會典則例》卷一三二《工部・都水清吏司・河工一》 通惠河分司一人，駐札通州。北河分司一人，駐札張秋。南旺分司一人，駐札濟寧州。夏鎮分司一人，駐札夏鎮。中河分司一人，駐札吕梁洪。南河分司一人，駐札高郵州。衛河分司一人，駐札輝縣。分管所屬境内歲修、搶修等事。康熙四年，裁衛河分司，歸於彰衛懷道管理。十五年，裁南旺分司，歸濟寧道管理。又裁夏鎮分司。所有滕、嶧二縣河道各牐歸東兗道管理，沛縣河道各牐歸淮徐道管理。十七年，裁北河分司，分歸濟寧、天津二道管理。又裁中河、南河分司，分歸淮揚、淮徐二道管理。【略】十五年覆準，夏鎮分司所設淺溜夫、南旺分司所設泉夫盡行裁去，北河分司所設額夫裁半，餘皆照額留用。

清 王履泰《畿輔安瀾志・永定河》卷九 南、北兩岸分司各一員，康熙三十七年設，駐固安縣。又設分管南、北岸正、副筆帖式各十八員，四十二年裁。分司一員，筆帖式九員，四十三年仍增設正、副筆帖式各二十員，四十五年裁副筆帖式。雍正元年，裁南岸分司，歸北岸分司，并裁筆帖式八員。四年，升爲永定河道，罷分司筆帖式。

又　永定河向無官司。《元史·本紀》：順帝至正十三年五月，命東安、武清、大興、宛平等縣正官添給河防職名，從都水監巡視渾河堤岸，此始事也。明弘治間，添設河道總督，統理南北直隸、河南、山東數省河務，然爲黄，非爲渾也。遇有潰溢，所在奏聞，或命卿貳大臣，或都水司屬選廉幹深知水利者督修治之，官不常設。萬曆七年，命保定巡撫兼管河道，始布令諸屬，而地方有司時亦竭力捍禦，以修防爲己任。我朝自康熙三十七年開新河以後，修築長堤，遂有南、北岸分司及筆帖式等員。雍正四年，怡賢親王奏撤筆帖式，改分司爲道，添增汛員。凡沿河州縣水田溝洫亦令道員董之，定爲考成，缺出，即以河員選補，然官制猶未備也。今則上自總督兼理河道，下至丞倅及千把之屬，罔敢或懈，故詳列之，以見規畫之密，官守所在，有可考鏡焉。

清 陳琮《永定河志》卷二《職官表》　永定河道。康熙三十七年原設南、北岸兩分司，雍正元年裁南岸分司，以北岸分司兼管南岸分司事。四年，改設永定河道。原轄南岸同知一員，州判、縣丞、主簿、吏目十六員，千總二員，把總二員，今轄石景山南岸、北岸同知三員，三角淀通判一員，州判三員，縣丞七員，主簿七員，吏□二員，河營守備一員，石景山南、北岸千總各一員，南、北岸把總各一員，淺船把總一員，鳳河東堤分防經制外委一員，淺船經制外委二員，隨轅經制外委九員，額外外委六員。

又 卷九《建置考·衙署》　北岸分司署在固安縣城内北新街西，大堂三間，東西科房六間，二堂五間，内宅三間，二門三間，頭門三間。康熙三十七年建，雍正四年改爲河道署。南岸分司署在固安縣城内牛市巷，制同北岸分司署。康熙三十七年建，雍正四年移建北關街。

紀事

明 程敏政《篁墩集》卷二〇《吕梁洪新建工部分司記》　余被召北上之濟江也，工部主事蕭山來君遣人逆致書曰：不佞分司吕梁再期矣。覽觀治所，見役夫漕卒之在候者千數，而地隘無以容公廨，處於委巷而與所蒞相闕，周防之弗及也。雖職思其憂，而莫之遂。揭太平李公以都憲總漕之節入覲，南旋過焉，工部郎中建昌謝君緝亦以行河至，與之議而是之，則進以告公，公曰：經遠之圖也，宜亟爲之。爰下徐州。時陝右何君宗理以進士知州事，謂封域所在，力任之，而以兩洪所貯折價有餘，請取辦焉。庀材召工，舁石畚土，出内有典，贏縮有稽，以價易隣地之在民者，而斥其陋巷，除爲道司，瞰於河中，爲視事之廳十六楹。前樹坊曰分司，爲大門，爲重門，左右爲步廊，廳之南爲狀元亭，則以今贊善費君宏嘗從其伯父員外瑄讀書於此也。經始弘治丁巳之春，踰三月告成。規撫亢爽，内外有嚴，士民聳觀，山水增壯，李公之功也。敢請記以示來者，讓不獲。道出淮陽會李公語之，故公憮然曰：此來君之所經畫締構，吾何力焉。夫天下之事成於同，敗於異，若茲吕梁之役，可以觀政矣。夫自國家都北以來，漕東南之粟，由淮入泗，以達京師。而吕梁要衝也。幹方之臣、上計之吏、蕃漢入貢之使、四方貿貨之商旅，又往來無虚刻，下上之不時，濤石之所鬥，激恒爲舟患，乃置篙師、戈夫以濟，而或有相先之争、相觸之怨，故工部分司一人領之，三歲一更，著爲令，及今百三十年至者，取受成竣事而已。來君不以艱遺後人，而李公主之，謝君贊焉，何君又專其責，相其成，費不勤官，役不弊民，可謂賢矣。夫任事者不以喜功而嫌，合議者不以策非已出而沮，此古同心同德者之所難也。使進而致主以澤天下，亦不出此，况河防一事哉？後之人升其堂而思政，憩其亭而思學，皆有益世教，非一時飾厨傳闢苑囿以樂燕私者比，是不可以無記。李公名蕙，字德馨，成化己丑進士，今都察院右都御史。來君名天球，字伯韶，弘治庚戌進士。是爲記。

明 李昭祥《龍江船廠志》卷四《建置志》　嘉靖十五年，主事王利建工部分司坊於路口。今易其額曰龍江船廠。又因路苦淖，悉甃以磚。右副都御史顧璘爲記云：南都石城之西，沿清江而下，置工部分司，授水部尚書郎一人，總今提舉司之政，督治江防戰艦，厥務重矣。前視事者多歷其人，政日益舉。自陽信和齋王君利來董司事，精核敏亮，百務焕修。嘗坐外庭，見百工赴役者，值霖雨泥淖，露體没足，跋涉孔艱，惻然念之，且自訟曰：任王事而不備，謂之不忠；覩民瘼而不恤，謂之不惠。吾將誰諉乎？於是相地曲直，爲道者凡三百六十丈有奇，廣狹如度，不越歲告成。去跛即平，視故都御史容庵金公所葺舊道未備者，益更新充拓，仍建耒識，以壯觀塑。里有金生遷實，容庵公之從子，樂圯道之聿新，聆輿人之共誦，率同里滕生泰輩謁余爲文以紀，厥羌且曰：特君仁政之緒耳。昔聞令翼城及順義時，定婚葬之禮，均里甲之稅，鋤横暴之族，屈强禦之勢，解淹滯之獄，仁聞四達，臺府交薦。擢官南來，父老留連車下，若失怙特，可不謂仁人也乎！今蒞茲任政，固有大於修道者，願因此以著嘉績之一，遂不讓，爲之記。廠内有分司、提舉司、幇工指揮廳各一區，蓬廠一所云。

又 工部分司建自成化初年，坐東向西，前有池，跨石爲梁。正德十四年，主事王煒增建後廳三間，左右廂房以爲寢室。嘉靖七年，主事方鵬建儀門及牌坊三座，中曰工部分司，左曰監收，右曰督造。又立分司題石碑。目爲記云：環留都長江也，天塹之也。人固之，江操耳，戰船由設也。江爲通津，警往來之暴，有巡船焉。由江而入，臨都城曰龍江，十餘里，分司署焉。分都水司督造船事，而駐□於此也。所屬有提舉司，有幇工廠，造船之所也。屬官提舉一員，副提舉二員，典史一員。正德年間裁減，存提舉副提舉各一員，今止存提舉矣。凡造船之料物司之也。計料有科，人匠有科，屬建各承行也。人匠皆洪武、永樂年間取江西、福建、浙廣、浙江、南直隸邊江府縣熟於造船者，挈家於提舉司隸籍。今知藝者，百無一二，召外匠也。幇工有軍指揮，千、百户各一員，率以趨之；聽提舉司取撥於江口之營也，工峻皆随船歸操焉。分司惟督視其成，若夫驗料、正費、謹作、衛工，亦不敢辭勞也。利之潛在，弊端毛舉，匪明蔽宜，匪公蔽仁，匪介蔽惠，徒法無威，妄費濫功，非也。難易之間，克任與否，嫌疑非所計，無愧而已。是職也，成化以前，文案灰燼。二十三年，本部奉欽依委官一員，嚴督提舉司官吏、匠作及南京中軍部督府差撥官軍，督造之責盖重也。往歲部委攝行乃事，更代不常，右侍郎新泰崔公請于廷，添注主事一員，帯俸南京工部都水司，比洪闸例，專任三年，滿日起送吏部改選。督造之責始專也。予始承乏人，曰：南京之清秩也。抵任，諸寮曰：吾部之仙宮也。予以爲然，可免俗累矣？按其事舛外然，略無統紀，既而視船於營，弊殆甚焉。予心不遑寧也。夫以保障重寄，乃兒戲如此哉！江南窮民膏血，取集于船，必視爲官物焉，仁者不爲也。歸其究其在我者，一一經理之，料惟真，用惟當，工惟精，弊者滌，廢者復，斯工速用舒。船皆爲經久圖也。但歸于營，吾末如之何矣。右侍郎懷慶何公轉聞命下，檄予會同兵部職方、兵科，按季點閘，故壞船者陪且罪。吁！持刃断水，能如之何？然愈於不爲也。漸可致警，工作庶乎少息，民徵可疏，緩急可有備矣。不自反者，乃裁咎焉，惑也。所惜者，交承不面，事與俱往，來者之容心，未必不猶我之初來也。茲用石端疏分司專任者姓諱、附籍、任年月于其下，來者如次而具，則專任分司者，自是秩然于目矣。雖然，人之賢否，職之舉墜，觀之者得以持其名而臧否之，予不能無罪也。僭及膚妄，非敢爲衒且佞激云耳，惟同志君子矜恕焉，幸也。十七年，主事張瀚建更樓於門之左右隅。二十六年，主事裘衍建希侃堂於儀門之北，依穀亭於堂左。自爲解云：魯江子至龍江之明年，爲嘉靖丁未。時維朱明，伏金于庚，當風鼓霎，蘊隆鬱蒸，乃命童子移几席，擇樹陰而避之。北隅有木，秀發芃樸，古幹卷曲，高者若昂，而下者若伏，廹近閣者，屋然如屋。薫風徐徐，日光凝緑。時有長者之車賁然過，余招之燕坐，餉以瓜蔬。客曰：南有喬木，不可休息。喬木果若是之班乎？魯江子曰：有杕之杜，生于道左，信非杕杜之所可及也。客曰：木托于君，迭爲主賔，陶菊周連，奕世相聞。惜也維穀，材非栗榛，傳謂惡木，末由自新，柑參與墨，世稱哲人，或回朝歌之車，或忌駡毋之門，常恐不善親于其身。子也力學，泛愛親仁，甘與惡木，日相比隣，毋乃不可乎！魯江子曰：天之沃沃，叢生卉育，胡爲以惡，厚經于木。子必有據，爲我終告。客曰：穀之生理，外枉中脆，大難備夫楝樑，小亦不可製器。工師臨之，過而弗視。或楮或薪，局局小枝，由櫝而惡，誰毀誰譽。魯江子曰：出于天者爲命，畀于物者爲性，性固本于天成，命實由乎一定。孰委化以流行，孰委順而名正。美惡于物何由，僭莫違夫性命。即以其材，遂訾其惡，脱有抱善之類，陋巷獨樂，顧可以名惡，使才如蹠蹻，亦將以善類而自托。客曰：然則然矣，登崇明堂，緝治總章，斲削簠簋，黼黻廟廊，信如穀也，柰何輿辟木而争長？魯江子曰：子能不主故常，變化回翔，闊視玄聽，知微知彰，以達觀于物情否耶？吾明尤物總總，必有侈用，侈用繁興，貞元日傾，聖人所以不責異物者，慮其外本而内末，施天下以奪争。是故巢大而民，茅茨而君。詎曰：知巧罔及，夫人常維風而反蔽，敢追琢乎儀文；使穀生斯時，遘會逢機，招摇茅茨，并駕齊驅，投之所嚮，何往弗宜，豈終受玄卿之污染，附翼燧氏，常供烈焰之需。悲夫！至德無爲，管、商出而崛奇，校葉繁盛，墳典益衰，澶漫摘僻，蹩躠疑跂，致使後進，禮樂瀾倒波趨；懷大雅之君子，日皎皎乎白駒，乃欲舉天下于隆古，吾將悵惘而誰歸。客蕩蕩默默，乃不有得，三復俛仰，恍惚滋感。魯江子撫南柯而歌曰：嗟所報兮，維木之良。自古在昔兮，爾棟爾梁。慨高才之彙征兮，爾拙斯藏。誰云巧善而拙惡兮，使我心傷。願搆亭以寤笑兮，聊與子而徜徉。歌既，寫之亭中，以質諸好古者。二十八年，燬于火，室宇蕩盡，唯希侃堂僅存。今改題曰景陶齋□。三十一年，主事李昭祥重建，視舊制稍崇廣之，改爲南向。自爲記云：龍江廠所司，特船務爾，提舉董之矣。分司何居，司督察也。夫事夕則蠹，必幹乃亨，情怠則媮，必飭乃振。故曰：琴瑟蔽則更蒙之，聖人遇變而通道，固然也。我聖祖龍興蕩□□闢，率先吴漢。吴漢皆澤國，故舟楫爲要焉，此提舉司所由設也。有貳，有史官，備責專，復隷諸水部，可不謂慎宜重哉！于時人人奮庸，藝精業監，舳艫蔽江，用罔弗利矣。迨熙洽既处，四海遏劉，上下相謀，視水軍爲虚設，而舟楫之務不復一加之意。謀國者長慮遠覽，圖善厥終，謂提舉官卑，秩下不足倚，遂疏請專任部屬，時往督察，于是分司建焉。然□部相去二十里，而遥官多攝事，蒞不以時，蠹者未盡，幹媮者未盡，飭奸宄之侵漁而詭迹者未盡，麗於法也，復請添選主事，駐札專理。夫船務一也，或守諸提舉而有餘，或督以部屬而不足，豈難易之勢遂懸殊哉？敬與怠焉爾矣。余去秋承乏茲官，則分司已先弗戒燬，無遺壓席，蓁莽眡事，因嘆曰：有居而至者弗時，且怠若事，矧無居乎？乃白于大司空樸溪潘翁，將重建焉。翁曰：可。遂以見屬鳩工度材，歲莫經始，□事首建，墉垣周繚，門閾中啓，可以止茇矣。餘乃以次底績，爲中門，爲左右廂，爲後堂，爲川堂，規制既具，翼然改觀，而書齊寢室，神祠警合，左右嗣興，庶幾完美，計爲屋三十有六楹，門之外爲綽楔三，凡六閲月而竣事。是役也，以經畫則受之樸翁，以經費則出之公帑，以規制則循其故址，易西向南，以受陽也。余不能少有與焉。既成矣，將扁其廳，或以舊額告曰濟川，余易之曰敬事。夫敬，始于吾心，而充之可以□百姓，使居是堂者恒惟委任之專，懲玩愒之弊，日兢兢焉，思毖厥後，毋俾其不試而□旦以塞責，毋憚于更張而因循以避怨，則久思效能三必信度□初盛美可以復臻長幹□飭綸無□敬矣。否則上袍下竄，終以僨事瀆川之功，不亦遠？後食之堂，名以素絲，食之不浮，則委蛇而有羔羊之風矣。遂紀諸石，將與同志者共勗焉。別作吏隱堂於左，以爲衙舍。又遷三坊於前而新之，易其額，中曰水衡別署，左曰省試，右曰監督。鑿井疏泉，揷柳移竹，於是方隅不倚，規制整肅，葱鬱幽雅，與馬鞍諸峰爭勝矣。

明 王家彦《王忠端公文集》卷三《速淮報延遲疏》 崇禎二年，舊總河李若星畫界分理，南自邢家莊起，北至靳家口止，則南旺分司所轄。北自静海縣起，南至靳家口止，則北河分司所轄。至前歲因畫界之後，分夫分水，南北互執不便，因將南司分理之地仍歸北河。今南自南陽，北抵静海，沿河延袤一千四百里，則皆北河分司事也。至津潞之間五十九淺，則通惠河分司，職有專屬。際此雨澤未沾，水象日涸，應令各屬河官駐宿河干，率額設淺夫，於本管境内遇淺即浚，務使深通無阻，不得只以水旱聽天，則南北周流，抵灞無誤，回空如期，漕事其克濟乎。統惟嚴敕施行。臣無任，悚息待命之至。崇禎九年四月十三日具題。

清 顧祖禹《讀史方輿紀要》卷三三《山東四・東平州》 六年，霖雨大溢，決張秋東岸，截流奪汶，徑入於海，而漕河中竭，南北道阻，乃命劉大夏等治之，於上流西岸疏爲月河三里許，塞决口九十餘丈，而漕始復通。又疏塞其上流數處，於兩岸築堤減水，南下由徐淮故道，又於舊决口南一里築滚水石壩，以防復衝張秋之患，亦謂之減水壩。八年，功成，賜今名。抱河爲城，周八里，北河都水分司治焉。

（乾隆）《江南通志》卷一〇三《職官志・文職》 吕梁洪工部、徐州洪工部。正統後，定差工部都水司主事。嘉靖二十年兼理徐州、境山二牐。萬歷六年裁，歸并吕梁工部分司。夏鎮工部四員。成化二十一年設沽頭工部分司，嘉靖四十四年河决沽頭，始移駐夏鎮。

《清會典則例》卷一三六《工部・關税》 十八年議準，暫停臨清甎差，其版牐税務交與北河分司管理。【略】十七年奏準，裁北河分司，臨清牐税務歸并濟寧道兼管。

清 康基田《河渠紀聞》卷一三 是年，裁夏鎮分司歸運河廳管理，又裁臨清分司并歸北河管理。

清 李調元《童山集》卷一六《誥授中憲大夫永定河道韞山陳公墓志銘》 康熙三十七年，命撫臣于成龍築堤疏浚，自盧溝挖新河，由固安北十里至永清朱家庄，延袤二百餘里，廣十五丈，始賜名永定。并設南北岸分司各一員，後復命北岸兼理。

傳記

明 何三畏《雲間志略》卷一七《顧符丞龍海公傳》 顧名世，字應天，號龍海，上海人。【略】己未進士，授工部分司武林南關。自來關使者輒以脂膏自潤，而公于貢額外絶不私取一嬴錢，即束薪斗粟，亦未嘗索諸津梁間，商民是以有冰壺之頌。及公去，而勒石頌功焉。

明 馬麟《續纂淮關統志》卷八《題名》 清江廠工部分司附。謝彦城江西人，吳觀江西人，潘失名籍，胡臻陽曲人，趙簡臨邑人，貢士，朱昂無爲人，貢士，項倫瑞安人，貢士，張溥順天人，貢士，張滎湖廣人，貢士，歐陽熙泰和人，相傑泰興人，李昂仁和人，張鼐江都人，楊懋宛平人，沈𢿱華亭人，郭緝經廬陵人，屠勳平湖人，蕭奎常熟人，吳郁休寧人，林壂閩縣人，杜恒吉水人，徐璒華亭人，姚文灝貴溪人，汪澤餘姚人，王大用上海人，張琮江寧人，席書□寧人，吳山武進人，曹崐錦衣衛，陳炫南海人，邊偉任邱人，畢濟時貴溪人，王鏌南城人，任恩南宫人，貢士，陳煥餘姚人，丁瓚丹徒人，張絅吉水人，吕希周，邵經濟仁和人，江東朝城人，徐存義餘姚人，高燿清苑人，陳堯通州人，郭乾任邱人，葉選餘姚人，楊周錢塘人，朱家相歸德人，李洞菜陽人，陸夢豹豊城人，張任嘉定人，黄宸咸寧人，周望東莞人，沈維藩定州衛人，張問仁西寧衛人，顧堅吴縣人，王楣遵化人，曹慎鎮江衛人，張瀾冠縣人，龔廷璧龍游人，吳守節真定人，舉人，徐儒臨川人，張譽新建人，陳瑛莆田人，許應逵嘉興人，蔡國炳晋江人，黄曰謹鎮海人，章憲文華亭人，孫瀾洛陽人，包應登錢塘人，羅尚賓長汀人，舉人，周訓臨川人，王宗義易州人，沈孝徵南塩人，魏時應南昌人，楊櫝德州人，周之龍湘潭人，高維崗神木人，王莅石首人，王好善寶坻人，錢文薦慈溪人，朱啓元山陰人，官生，張時俊沂水人，顧元鏡歸安人，劉鍊永清人，張明昌錢塘人，龔震英□西，楊所修四川人，劉芳烈官生，王泰交山東人，馮達道長洲人，張安茂松江人，李允禎德州人，胡尚衡池州人，吴宗孟失爵里，徐致章廬州人。

（乾隆）《江南通志》卷一〇三《職官志・文職五》 謝彦誠，歐陽熙，張鼐，姚文灝，吕希周，許應逵，沈孝徵，朱啓元，龔震英，楊所修，以上督理漕船工部分司。鄧珏，王淮，劉秉常，朱應昌，項喬，凌雲翼，許孚遠，彭汝成，王洙，龔養性，張東暘，郭子章，宋存德，以上儀徵工部分司。方全，董模，談倫，李承勳，魏公濟，陳萬言，林繼皋，梁汝璧，陳大章，葉夢熊，袁志高，祝萬齡，李三奇，孫時偉，以上監督鳳陽倉户部分司。郭安，李淑玉，閻恕，康紹宗，華金，王維垣，陳捷，李燧，趙訥，姜士昌，周大模，葉煒，張曉，宋統，殷盛黄，以上徐州倉户部分司。王矩，楊璉，王豫，朱衮，羅循，彭登瀛，萬文卿，以上徐州洪工部分司。徐儀，王溥，過璘，張文錦，蔣應奎，陳洪範，唐鍊，陳邦彦，傅淑訓，王命禹，余宗，以上吕梁洪工部分司。陳宣，侯寧，曾鑾，錢錫汝，詹思謙，黄元會，吴昌期，宫繼蘭，以上夏鎮工部分司。謝表，蔣益，吴日新，顧雲鳳，李之藻，朱國盛，林廷輝，以上高郵工部分司。

著録

清 錢曾《錢遵王述古堂藏書目録》卷四《掌故》 《儀瓜工部分司志》四卷，四本。

藝文

明 楊廉《楊文恪公文集》卷三三《南旺湖工部分司修造記》

漕河自儀真抵淮安，皆諸湖無源之水也。自清河直抵通州，皆諸派有源之水也。無源之水，如調過之馬，御之也易。有源之水，如泛駕之馬，控制爲其難焉。汶水北會黄河，過臨清，南會沂泗，過濟寧，又會黄河，過徐州，至淮河，豈非所謂有源之水哉？當其中分也，上下數百里皆視之以爲盈涸，寔漕河一大要會也。蓋在南旺湖之間所設諸牐以爲之蓄泄者，舊以管泉主事兼之。泉出泰山諸處，而主事者往來其間，至南旺則一歲之間殆亦無幾。惟其歲至無幾，恒舍於府館而已。近年朱君寅蓋管泉而兼之者，顧漕事一一具備，而謂獨於一公署省之，在物理有不當然者。乃請於總理河道侍郎趙公璜，公然之。於是經畫調度，前爲門二重，重三間，兩門相去之間，東西爲胥卒房，各三間。至爲廳事，爲退寢，則各五間。寢事之前，東西爲廊，各十間。後寢之後，爲書室三間。書室稍前，右向爲延賓之所，左向爲庖庫之所，各二重，重各三間。書室之北爲方池焉。始之以某年某月日，成之以某年某月日，董其事者，濟寧衛指揮李岱也。公署既成，居無幾，何總督漕運都御史叢公蘭謂，權不可以不專，官不可以贅設，乃歸朱君於諸泉。時王君鑾在沽頭，以其贅也，乃改檄焉。君至，嘆曰：一榱一桷，一瓦一石，出於朱君之勞厥心，而本於趙公之主厥議也，何可使之泯泯焉，以致後来者無所於考耶？遂具書南京，屬予爲記。竊惟諸牐之有部屬專官，舊惟臨清、濟寧、沽頭三處而已。今沽頭以黄河之出於徐州者，浩浩蕩蕩，十數年間水高於牐何啻丈餘，固無事乎啓閉。而南旺當汶水之分，水大而淤長，水小而舟膠，其所以爲之消息盈虚，有不可以故常視者，亦河道之由海，自然而然耳。然則廢沽頭以興南旺，豈非随機應變之道哉？夫運渠之利害大矣，古今講求者衆矣，以廷和之才識，其於尚書宋公禮、平江侯陳公瑄所以開其先者，必盡得之。至於前人所未到處，亦當别有所見。異時謂南旺分水大有功於漕河，吾將於廷和乎徵之。或謂元虞集氏，謂瀕海之地肥沃，宜稻堤圩而田之，其所得殆不止於歲運。又謂我朝大學士丘公浚，謂海運不可不興，此固可備一時之講説，而恐非今日之切務也，予願王君且姑置之。或又謂司牐惟禁權豪爲第一義，余謂王君不當其任，猶能力抗貴近，而庇豐沛之民，矧當其任哉？總漕計者之及於君，亦以有見於此。是爲記。

明 邵寶《容春堂集・續集》卷一一《工部蕪湖分司題名記》

公署之有題名舊矣，姓名、邑里、科第、官階、差遣、歲月之外，不加一詞，而褒貶之公論，付之後人。書之者無心，而觀之者足以爲勸爲戒。其微而婉也，有詩之義；其簡而嚴也，有春秋之體。是故君子尚之，而歷世不能廢也。我國家承平百五十有餘年，百司庶府，莫不任人就列，内而省臺，外而藩臬郡縣，至於寓館署廳，皆有所謂題名者，蓋世平治久，制備文繁，雖不出於令甲，而於事體，亦若有不可缺者如此。工部分司在蕪湖縣者，實自成化七年始。當時建議者以漕運舟船之料供應什器之料，民不勝其科率，盖取諸材木之榷焉。而蕪湖爲畿輔近地，當川、湖二省下流，商筏所聚，故分司於是乎建。大司空歲請於朝，簡委員外郎若主事一人主之，期月乃代。越弘治、正德，至於今，蓋五十有六年矣，歷官五十有三人。先是，弘治乙丑，主事永平張君秉清者嘗一題之，今主事岳池張君大用謂其簡略失次也，通加詳訂，序書分注，以刻諸石，將俾繼自今有所考焉，用爲後人指議之地。刻既成，則託吾友李生原道書請予爲記，予惟六卿分職，莫非天工王事，而虞衡所職，則涉於權利，士大夫之自好者，往往不屑於是。然君子論爲已之學者，率謂錢穀簿書不足爲累，蓋于其心，不於其迹，其道固然也。況公私義利之辨，正君子所當先講者，故不當其事則已，苟事有所當，則夫地也，吾致力焉，而自考焉，實於斯在。蓋以公滅私，固君子立心之要，以義爲利，尤君子制事之宜。以是事國，何職不共？以是立身，何德不進？易是則上干官箴，下招物議，刑書史筆，不在於今，則在於後，雖有他美，莫之能贖，而況無美可稱者哉？古今記題名者，莫不以司馬公諫院爲先，要其大指，不過忠詐直回四言而已。而後人所議，率不能外。今予之虞於後人者，豈有他哉？亦惟曰：某也公，某也私，某也義，某也利云爾。嗚呼！人有恒言，後之視今，猶今之視昔也，可不畏哉！可不儆哉！張君發身賢科，始仕初政，乃是之蒞，而於斯記汲汲焉圖之。予知君之能愛斯名也，亦可以觀乎其人矣。矧原道乃吾同年，贈司空舫齋先生之子，文行粹然，克肖家學，凡所稱君，其言也信。因附書之，而不敢加一詞者，亦題名體也。

明 李旻《工部分司題名記》（嘉靖）《仁和縣志》卷一四　太祖高皇帝平天下，爲斯人慮至深且遠，謂漕運爲舟，厥費惟侈，不欲重勞於民也。於竹木産聚之所，稽其數，除其税，而什一抽分之，以充用。又慮夫竹木歲至，數有盈縮，非若田賦之有定籍，税務卑官或從而乾沒焉，乃命工部慎簡其屬，遣監治之，此杭郡抽分廠所由設也。其後或遣或否。成化初，始用舊制，遣以爲常。而朝廷管修器用，時或取贏於此，不專爲官漕之需矣。舟之所需，亦但取銀貨，歲有常數，官爲鬻竹木以畀之。自員外郎浮梁舒君清盡捐腳餘資以爲公署廨舍，至於今餘三十年，相繼而當其事者，皆一時之選。然而始則以不足公家之所需爲急，終則欲加於前政之所入爲能，或不免於鉤鉅刻核之作，遑暇及他事哉？雖不盡然，而勢不得不然也。弘治丁巳，主事江都高君濟實來，是歲適值營修竹木，供用織造，又奏分腳價，而漕舟之常數又不可缺，君質敏而才長，達於政體，處之各得其宜，且能薄取於下，得益之道。每曰：吾受教於尚書徐公，毋刻於斂，毋淹其期，吾敢負斯言哉？暇日閱故案，見前政氏名，已往之迹昭然具在。丙戌歲以後，得二十九人，又有監察御史三人嘗同事者，前此則漫漶不可考矣。以爲今茲不有以紀之，亦將泯於無聞，且其則不遠鑒戒攸存，後之視今，猶今之視昔也，紀之宜哉！乃列諸貞石，而請予爲之記。於是乎書。

明 吳仲《通惠河志》卷下《碑記·工部都水分司題名記》　通州設有工部衙門二，其一曰廠，乃營繕分司，專以督修大運倉庾以儲軍餉，其所由來久矣；其一爲都水分司，則嘉靖七年爲修通惠河而設也。特置郎中一員以領其事，例以三年爲代，奉敕行事，職主通惠河，兼管天津一帶漕運河道。凡閘壩之修營、堤岸之培護、水道之疏浚，咸屬攸司，聽得隨宜從事。而軍衛有司事涉河道者，統受約束。與營繕分司雖所職不同，要之均爲漕運計也。嘉靖辛亥，余以制回籍家居。明年壬子夏四月，都水正郎姚江王君惟中來督河道事。一日謁余而請曰：『都水分司之設，扵今二十有四年矣。前後司事者若干人，徃徃得代而去，而無所記名。今求之，則已識忘相半矣。所幸年未甚久，而案牘間有可稽，舊吏故役亦有存而有記憶者，公餘校之，積案參之，舊人得前此司事者十有三人，及今不爲題其名籍，久之皆將淪沒而無所扵考矣。茲將序其姓名，注其任履，附以科貫，勒之石，以豎扵廳事之左，用昭既徃、俟方來也。惟公其記之。』余曾叨二司空，且與王君有夙雅，義不能以不文辭也。嘗觀孔子有曰：夏禮吾能言之，杞不足徵也；殷禮吾能言之，宋不足徵也，文獻不足故也。夫文以事具也，獻以名存也，匪名無以考獻，匪獻無以徵文，則文獻乃有國者之不可缺，而後世題名之制，實因以義起者，正以備一官之文獻以存徵也。古者史失且求之野，而況建有衙署，置有官屬，行有文檄，事事其間者，乃若逆旅過客，徃而莫知其名，後有考其事者，將孰從而徵之？且事體關乎軍國，建白起扵臺章，議擬慱之廷論，而裁定斷自宸衷，雖一方之經營，實天下之大計，秉史筆，光所必諳也，題名惡可已乎？是役也，關中何君伯直實經始也。費省功倍，入至扵今□之方議生祠，以報功德，可使乆而聞乎。□相繼事者亦多，名流時彦，度時若功，各有樹立，均之不可没其名也。然何君首事□務倥偬，題名之事，固有不遑爲者，相繼□於可爲也，而向未之爲。王君来此視事甫一月耳，而乃即爲之，古人所謂事一職而不肯苟，然爲者則其重名義而慎所舉動，可占矣。他日見其題名者，將曰：某居若官□，職若職也；某幹若事，能建若功也。而不然者，亦將指其名而議之。然則題名所係大矣哉，余重王君請，乃爲是以復之。若河道修建之末，衙署隷行之事宜，則備載《通惠河志》，兹不必贅也。是爲記。嘉靖壬子仲秋吉旦，賜進士第、嘉議大夫、刑部左侍郎、前都察院左副都御史、郡人潞橋楊行中撰。

明 馬世奇《澹寧居詩集》卷中《送于瀛長工部分司南河二首》

携來仙嶺片雲高，使節依然見紫庬。須令民間歌聖澤，長如八月廣陵濤。

又 臣心如水見清郎，仍得伊人水一方。甓社舊傳珠似日，爲君收却碧銀光。

清 陳田《明詩紀事》戊籤卷一七《真州工部分司》 隱隱高城月，冥冥晚市烟。歸來人競渡，棹入蓼花天。

雜録

（成化）《中都志》卷三《公宇》 淮河北岸分司，在府治東北二十里。

（嘉靖）《惟揚志》卷七《公署志》 都水分司館，在府西。

（嘉靖）《仁和縣志》卷三《寓治》 工部分司，在候潮門東。

（雍正）《畿輔通志》卷二七《行署》 工部分司，在州治西北。

農田水利法規律令總部

農田水利法規律令總部説明

農田水利法規律令總部輯録了歷代中央和地方的農田水利法規和詔律敕令，依照時代順序分爲先秦秦漢魏晋時期農田水利法規律令部、唐宋遼金元時期農田水利法規律令部、明代農田水利法規律令部和清代農田水利法規律令部，共輯録相關材料近二十萬字。

水資源是中國古代農業的命脈，它的分配和利用，牽涉到衆多人口的利益乃至生命財産安全，所以歷代統治者針對防洪治水、引水灌溉、工程修建和維護、水事糾紛等諸多涉水問題，都有明確的法律規定。而民間在處理用水事務的長期實踐中，也形成了一系列約定俗成的用水則例，從而構成了中國古代水利法規的基本内容，也爲今天的水利法制建設提供了豐厚的歷史借鑒。

我國的水利法規在春秋時期已經出現。最初的水法多是某個水利門類的單項法規，或附屬在某個國家大法的相關條款中，如《禮記·月令》規定：『是月（季春三月）也，命司空曰：時雨將降，下水上騰，循行國邑，周視原野，修利堤防，道達溝瀆，開通道路，毋有障塞。』葵丘之盟中也有『無曲防』的規定，以協調諸侯國之間的水利問題。漢代出現了專門的農田用水詔令，如漢武帝《減内史稻田租挈詔》、漢和帝《疏導溝渠詔》等。一些地方官員在處理地方水務時，也制定出地方性法規，如倪寬《水令》、召信臣《均水約束》等。

唐代出現了我國現存第一部專門性的水利法典《水部式》，共三十五條，兩千六百餘字，包括農田水利管理、碾的設置及其用水量的規定、航運船閘和橋梁渡口的管理和維修等内容，標志着水利事業發展的新階段。宋代中央水利法規以熙寧二年由制置三司條例司推行的《農田水利約束》（又稱《農田利害條約》）最爲著名，它是王安石變法的重要産物，旨在鼓勵和規範農田水利設施的建設，對北宋水利工程的大規模興建具有巨大的推動作用。此外，該時期的國家大法，如《唐律疏議》《宋刑統》《慶元條法事類》《至正條格》等都有關于農田水利的規定。這一時期值得注意的現象是，民間自發約定的用水規則也開始大量出現，如宋代的《千倉渠水利奏立科條》《通濟堰規》和元代的《洪堰制度》《用水則例》等。

明清時期的國家大法如《大明律》以及《大明會典》《大清會典》等保存了不少農田水利法規，在某些内容的規定上也遠較前代詳細。這一時期的農田水利法規有三點值得注意：第一，明清時期的衆多法律專書，如《大明律釋義》《律例指南》《大清律集解附例》《歷代刑法考》等，都對國家大法中的相關條目進行了詳悉的辯證和解讀。第二，明清存世文獻豐富，保存了大量有關用水糾紛的判決案例，爲法律的實行情況提供了鮮活的證明。第三，清代中後期，隨着與西方國家交流的日漸深入，許多農田水利法規越來越多地受到了西方相關法規的影響，内容上也開始出現了越來越多的處理中日、中美等國際互動中的用水規範，從而開啓了中國農田水利法規的近代化歷程。

農田水利法規律令總部

先秦秦漢魏晋時期農田水利法規律令部

《禮記·月令》

《禮記·月令》 是月也，命司空曰：時雨將降，下水上騰，循行國邑，周視原野，修利堤防，道達溝瀆，開通道路，毋有障塞。

又 是月也，農乃登穀，天子嘗新，先薦寢廟。命百官始收斂，完堤防，謹壅塞，以備水潦。

漢 鄭玄注《禮記》卷五《月令第六》 是月也，命司空曰：時雨將降，下水上騰，循行國邑，周視原野，修利堤防，道達溝瀆，開通道路，毋有障塞。廣平曰原，國也，邑也，平野也。溝瀆與道路，皆不得不通，所以除水潦、便民事也。古者溝上有路。

宋 衛湜《禮記集説》卷四一《月令》 是月也，命司空曰：時雨將降，下水上騰，循行國邑，周視原野，修利堤防，道達溝瀆，開通道路，毋有障塞。鄭氏曰：『廣平曰原，國也，邑也，平野也。溝瀆與道路皆不得不通，所以除水潦、便民事也。古者溝上有路。』孔氏曰：『此既爲雨决水，而云開通道路，恐道路非可决之物。故鄭云「溝上有路」，言道達溝瀆之時，須修溝上道路。案《周禮》遂人職云：「溝上有畛，川上有路。」此言溝上有路，是道路之總名，與彼别也。』嚴陵方氏曰：『司空，掌土之官，凡此所命，皆土之事，故以命焉。時雨，應時之雨也。方春物生，需雨澤之時，故其雨謂之時雨。時雨然或過淫，則趨下之水反上騰而爲灾，故命以豫備之術也。循行，則行之有序也。周視，則視之無遺也。修利，則修而利之，使無害。道達，則道而達之，使無壅。開通，則開而通之，使無窮。皆欲其無有障塞而已。障言蔽，顯以爲隱，塞言室虚而爲實。凡此，皆豫備水灾之術也。

宋 張虙《月令解》卷三《季春之月》 是月也，命司空曰：時雨將降，下水上騰，循行國邑，周視原野，修利堤防，道達溝瀆，開通道路，毋有障塞。《周禮》：司空掌邦土，月令亦設此官而命之。春時多雨，下水上騰，蓋水氣相感而然。雨多害物，故爲之備。循行國邑之間，周視原野之地，有堤防則當修利，有溝瀆則當道達，有道路則當開通，使之無有障塞。如此爲備，則雨多不爲害矣。

又 卷七《孟秋之月》 是月也，農乃登穀，天子嘗新，先薦寢廟。命百官始收斂，完堤防，謹壅塞，以備水潦。經言收斂，非止爲時物也。向之疏達者，今廉以深矣。向之開通者，今修以補矣。事事物物，皆以應摯斂之義。曰堤防，曰壅塞，或全或謹，此爲水潦之備而已。

元 吴澄《禮記纂言》卷六下《月令》 命百官始收斂，完堤防，謹壅塞，以備水潦。修宫室，坏墻垣，補城郭。鄭氏曰：『順秋氣，收斂物也。八月宿直畢，畢好雨。完堤防，謹壅塞，以備八月也。修宫室，坏墻垣，補城郭，象秋收斂，物當藏也。』方氏曰：『秋主收斂，人之奉天，則有收斂之事。聚土而壅之，之謂壅；升土而壅之，之謂塞。凡此所以備水潦也。』胡氏曰：『坏土塊，蟄蟲坏户，亦謂以土增益其穴。』澄謂堤防有闕壞處則完之，其無堤防而當水之来路者或坏，高其低處，則曰壅，或填實其虚處，則曰塞。皆所以遏水之来也。』謹謂常用心察視，豫爲戒備也。人之居，内有宫室，外有墻垣，又外有城郭，爲人之障蔽，皆當修之、坏之、補之，謂或整治其舊，增益其新，象天地之閉塞也。

元 陳澔《雲莊禮記集説》卷三《月令》 是月也，命司空曰：時雨將降，下水上騰，循行國邑，周視原野，修利堤防，道達溝瀆，開通道路，毋有障塞。司空掌邦土，此皆其職也。

明 邱濬《大學衍義補》卷九九 《禮記》季春之月，命司空曰：時雨將降，下水上騰，循行國邑，周視原野，修利堤防，道達溝瀆，開通道路，毋有障塞。鄭玄曰：『溝瀆與道路，皆不得不通，所以除水潦便民事也。古者溝上有路。』方慤曰：『修利，則修而利之，使無害。道達，則道而達之，使無壅。開通，則開而通之，使無窮。皆欲其無有障塞而已。障言蔽，顯以爲隱，塞言室虚以爲實。凡此，皆豫備水灾之術也。」臣按：先王當季春之月，恐自時厥後大雨，時行水潦將至，或至于淹没道路，而成淖濘，有妨車馬行旅之往來，故先時而爲之備水患也如此。

清 王夫之《禮記章句》卷六《月令》 是月也，命司空曰：時雨將降，下水上騰，循行國邑，周視原野，修利堤防，道達溝瀆，開通道路，毋有障塞。國王城内邑采邑；原野，郊外；修者，整其積圮；利者，順其地勢；道達，疏浚之也。溝瀆之上爲道路，溝瀆浚則道路通矣。【略】完堤防，謹壅塞，以備水潦。堤護岸，防障水，衝壅以土，塞以木石。水潦，秋霖漲。

清 方苞《禮記析疑》卷六《月令》 完堤坊謹壅塞以備水潦。古者井田之溝洫所以備水潦，非如東南下濕，可蓄水以溉田。《小雅》：『滮池北流，浸彼稻田』，蓋豐、鎬之間，偶或有此。《周官》：稻人掌稼下地，蓋必積水之區，始可用溉其餘。平原廣陸，惟望雨澤，故旱則雩祀，未聞有蓄水溉田之法。季春之令曰『修利堤坊，道達溝瀆，毋有障塞』，此月完堤坊、謹壅塞，以備水潦。修完堤坊者，近川之地以防泛濫，如齊、趙沿河爲堤也。導溝瀆，去壅塞者，使壠間之水順達於川，而不害稼也。《尚書》曰『浚畎澮距川』，《孟子》曰『七八月之間，雨集溝澮皆盈，其涸也，可立而待也』，則主於宣洩而非蓄以灌溉明矣。井田既廢，齊、魯、周、鄭之間，往往困於水灾。無溝洫，而積潦不得達於川也。《春秋》書魯雩旱甚多，而大水僅一見於宋，蓋非常之灾，始害於粢盛，其餘水潦俱不能爲敗。季春修利堤防，毋有障塞；孟秋則完堤防，謹壅塞，何也？修利者，溝澮間之小堤防也。自四月至六月，雨之大小久暫無常，惟開通其障塞，使田隴之水得達於川而已。季秋所完，則近江河之大堤防也。伏秋之汛，期日有定，雖水潦盛昌，但堤防完固，於水勢衝激、土性墳壚之所壅塞惟謹，則汛期一過，即終歲無虞矣。

清 程廷祚《論語説》卷二《盡力乎溝洫》 尚書云：『決九川，距四海，浚畎澮距川』，此獨言溝洫者。蓋決九川者，萬世之功，浚畎澮者，時時之事，故不同也。《月令》載：『季春命司空修利堤防，道達溝瀆』，孟秋『完堤防，謹壅塞，以備水潦』，溝洫之事，一歲之中而三致意焉。此皆水土既平以後之定制也。三代蓋俱踵而行之。按《考工記》匠人爲溝，注云：所以通利田間之水道，其名有遂、有溝、有洫，至澮而專達於川。其下澤之地，則又以豬防爲畜水之法。蓋古人之制溝洫，以去水害爲先，因而收其利。後世溝洫與井田俱廢，潦則平陸江湖，旱則赤地千里，因之饑饉流離，盜賊蜂起，或竟至于不救。《禹貢·錐指》云：『禹決川疏河，所以抑洪水；盡力溝洫，所以備洪水』，其論最善。今井田雖不可復，若於承平無事之時，中原數千里内，相其高下之宜，多穿溝渠，使之逶迤相扶，各滙于大川而止。既令水旱有備，亦足以防戎馬之馳突，不亦善乎！有志于此者，委其事于守令，而勿遽責其成效可也。

清 杭世駿《續禮記集説》卷二六《月令》 是月也，命司空曰：時雨將降，下水上騰，循行國邑，周視原野，修利堤防，道達溝瀆，開通道路，毋有障塞。朱氏申曰：『堤防以捍水者，溝瀆以行水者，道路人所往來。』姜氏兆錫曰：『命司空者，《周禮》，司空掌土也。騰，滿溢之象。道，引也。』方氏苞曰：『近夏江河之流浸長而騰起，非雨潦所積，故以下水別之。』李氏光坡曰：『下水上騰者，恐時雨過多，下流之水將上泛濫。』

清 孫希旦《禮記集解》卷一七《月令第六之三》 完堤防，謹壅塞，以備水潦。應氏鏞曰：『夏時修利堤防，無有壅塞。秋時則完而謹之。蓋夏潦不可堤也，秋潦則可堤矣。一通一障，其爲民禦患一也。』愚謂季春修利堤防，當大雨時行之後，不能無損壞，故又修之，辰角見而雨畢，是時雨猶未畢，故云備水潦。

清 朱彬《禮記訓纂》卷六《月令》 是月也，命司空曰：時雨將降，下水上騰，循行國邑，周視原野，修利堤防，道達溝瀆，開通道路，毋有障塞。注：『廣平曰原，國也，邑也，平野也。溝瀆與道路皆不得不通，所以除水潦、便民事也。古者溝上有路。』高注：『《吕氏春秋》曰：司空，主土官也。是月下水上騰，恐有浸漬，害傷五稼，故使循行遍視之郊外。曰野障壅塞絶也。』王氏懋竑曰：『開通道路，當言水之道路。其修利堤防，所以束水使無泛溢。道達溝瀆，所以決水使無壅遏。皆以開通水之道路。若修治道路，則不得云開通矣。』

清 劉沅《禮記恒解》卷六《月令》 是月也，命司空曰：時雨將降，下水上騰，循行國邑，周視原野，修利堤防，道達溝瀆，開通道路，毋有障塞。司空掌邦土，故命之以預防水患。下水上騰，水氣上浮。御案堤以蓄水，防以止水，溝以通水，瀆以受水。而溝上之路，亦田畛之水所由以入溝者。内而國邑，外而原野，皆疏通之，毋有障塞，所以備潦而於疏通之中，寓潴蓄之法。

無曲防

題解

三國魏 何晏《論語注疏》卷一二下《告子章句下》 其五命之曰：無曲防，言不得曲防其水以專利也。當通水利，而防鄣之而已。【略】五禁，即五命是也。【略】無曲防，是爲無曲防障其水以專利者也。故先王制畎遂溝洫，所以爲此矣。是齊桓會諸侯于陽穀，《公羊》以爲障谷；會諸侯于葵丘，《穀梁》以爲無壅泉。凡此可見矣。

宋 張栻《孟子説》卷六《告子下》 五命曰無曲防，無敢違王法而以己曲意設防禁也。

宋 董煟《救荒活民書》卷一 葵邱之會，五命曰：無曲防，無遏糴。煟曰：趙岐注云：無曲防，無曲意設防禁也。無遏糴，無止穀不通鄰國也。然必當時已有遏糴之患，故齊威因諸侯之會而預戒之。

宋 李明復《春秋集義》卷二〇《僖公》 五命曰無曲防，正如《戰國策》所載，西周欲爲稻，東周不下水，戒他不得曲相防遏。

明 茅坤《無曲防三句》 清 方苞《四書文》卷六《孟子下》 恤鄰而尊王，五霸同盟之辭也。夫鄰封者，兄弟之國，而王朝者，爵賞所出也。曰恤之，曰尊之，其斯五霸之善乎。昔孟子述其同盟之辭而終之以此，若曰自周室既衰，諸侯放恣，不復知有修睦之典與共主之義也久矣。凡我同盟，其可不亟反之乎？今夫天灾流行，旱乾水溢，國之常也。而况在鄰服，則利不相先，害不相後，所謂脣齒之國，其情尤當體者，故爲之浚其畎澮，時其潴瀉，斯則猶有古者與國之意存焉。無徒以四境爲悦，旱則爲之閉其泉，若以自溉也，而不與人同其利也。水則爲之障其川，若以自固也，而不與人同其害也。如此者謂之曰曲防。曲防者，吾同盟勿與也。

清 秦篤輝《經學質疑録》卷二〇 無曲防，閻百詩曰：曲防，《公羊傳》作障谷，《穀梁傳》作壅泉，皆不若《孟子》曲防爲確。漢賈讓言：蓋堤防之作，近起戰國，壅防百川，各以自利，大抵葵邱既會，申明天子之禁，諸侯猶有所憚而不敢爲。所以《詩序》於檜之卒篇曰：思周道也，傷天下之無王也。於曹之卒篇曰：思治也，傷天下之無伯也。

論説

《孟子・告子下》 五霸桓公爲盛葵丘之會，諸侯束牲載書，而不歃血。【略】五命曰：無曲防，無遏糴，無有封而不告。曰：凡我同盟之人，既盟之後，言歸于好。今之諸侯皆犯此五禁，故曰今之諸侯，五霸之罪人也。齊桓公，五霸之盛者也，與諸侯會于葵丘，束縛其牲，但加載書，不復歃血，言畏桓公，不敢負也。【略】無敢違王法而以己曲意設防禁也，無遏止穀糴不通鄰國也，無以私恩擅有所封賞而不告盟主也。言歸于好，無搆怨也。公施此五命，而今諸侯皆犯之，故曰罪人也。

宋 黎靖德《朱子語類》卷七九《尚書》 或問：齊威塞九河以富國事果然否？曰：當時葵丘之會申五禁，且曰無曲防，是令人不得私自防遏水流，他終不成，自去塞了。最利害處，便是這般亦難憑。

（嘉靖）《河間府志》卷二《建置志》 予謂水利之在天下，是猶人生血氣貫通于身，無一息之停，否則受患四體，非復吾有。水亦不可一日壅也。《洪範》云：水曰潤下。《孟子》亦曰：水無有不下，是欲順而導之行，其所無事。白圭罪人，以鄰國爲壑。齊桓伯者尚有『無曲防』之禁，孰謂堂堂天朝，隆平之世，而乃若是邪。

清 崔述《考信録》卷四《舜體國經野上》 惟鄭康成以爲八流皆塞，説獨近是。然謂齊桓塞以自廣則誣，朱子與蔡氏據孟子曲防之禁駁之，固也。然即使桓公無曲防之禁，而此八流亦非一時之所能塞，乃水勢與人事積漸而爲之耳。

清 胡培翬《研六室文鈔》卷三《穀梁傳雍泉説》 《穀梁傳》：

僖公九年，葵邱之會，壹明天子之禁曰：毋雍泉，毋訖糴，毋易樹子，毋以妾爲妻，毋使婦人與國事。所載天子之禁，止於如是，不及《孟子》之詳。然壅泉與曲防，其義自通。蓋欲壅泉水，必設堤防。水性就下，設堤防以塞其流，則上之潰決必甚。《國語》謂：防民之口甚於防川，川壅而潰，傷人必多，斯曲防壅泉之害也，桓公所以禁之。《管子》作：毋曲堤。堤與防同。《公羊傳》：僖三年，陽穀之會曰：無障谷。障谷，亦謂壅泉。何氏注云：無障斷川谷，專水利也。范注《穀梁》壅泉云：專水利以障谷，義亦同。朱子注《孟子》無曲防云：不得曲爲堤防，壅泉激水，以專水利，病鄰國是也。趙邠卿注謂以曲意設防禁，失之。

清 傅澤洪《行水金鑑》卷七《河水》 蓋堤防之言乃大槩之言，施之得其當，則爲束水以導河，施之失其當，則爲壅土以遏河。齊作堤以遏河之入海而自利，此曲防之堤也。趙、魏作堤以遏河，此防患之堤也。皆非以束水導河也。故葵丘之會曰：無曲防。白圭爲堤障水，以注鄰國，則孟子闢之。故讓以爲堤防之作近起戰國，蓋疾其以堤防爲民害耳。今若不問堤防之是與非，而但以堤防爲是，則是葵丘之載書可無戒，而白圭之功果愈於禹也。若但以堤防爲非，則是太原、岳陽可無修，而九澤可無陂也。

綜述

明 吴寬《家藏集》卷五一《書邵通判決防詩後》 春秋葵丘之命曰無曲防，而孟子譏白圭以隣國爲壑，侯非知爲政者乎？

明 陳耀文《正楊》卷一《葵丘之會》 《孟子》載齊桓公五禁曰：無曲防，無遏糴。《公羊》曰：無障穀，無貯粟。《穀梁》曰：無雍泉，無訖糴。《左傳》遏糴作蘊年。修辭各不同，韓文所謂惟古於詞必已出，信矣。《左傳》《公羊》俱不載盟辭。《左傳·襄公十一年》公會晉侯伐鄭，同盟於亳，載書曰：凡我同盟，毋蘊年，毋壅利，毋保奸，毋留慝，或間茲命，司慎司盟，名山名川，群神群祀，先王先公，明神殛之。此范宣子辭也，乃謂爲齊桓之盟何耶？葵丘之會在僖公九年，相去已九十年矣。

清 錢陳群《香樹齋詩文集》卷二八《治河略》 且自春秋曆戰國，裂土分疆，各自爲計，觀葵邱之盟曰無曲防，而白圭之治水自謂愈禹，斯堤堰之所由起也。

清 梁章鉅《制義叢話》卷一八 請言桓公之五命，其一曰無曲防。凡天下之地勢，兩山之間必有川，大川之上必有涂，故防者，池渠之所以爲固也。宋之大水天灾爲病，魯之淫雨，國史屢書，貴乎障堤之修利焉。且夫遂人之經野也，十夫有溝，百夫有洫，千夫有澮，上地毋敢侵界也。稻人之稼田也，以瀦蓄水，以遂均水，以列舍水，下地毋或塞流也。乃不能禍福同心，專利而欲以鄰爲壑，遷害而俾，其民爲魚，則曲防之爲禍最烈。維齊當日府海，致蜃蛤之饒，守澤無舟鮫之禁，豈於防而私之。姑無論荆有潁湛，豫有波溠，冀有汾潞，而水潦之備豫不巧於轉移，斯數世賴之耳。不然者，周之衰也，穀洛流壅諫於子晋矣。晋之遷也，郇瑕水淺議於韓厥矣。旱乾水溢，澤浸未通，而强則鑿邗滿之流，虐則決晋陽之水，豈其道哉！【略】天生五材水爲首，資利普而成功多。故溝瀆川渠，先王定其制於匠氏、遂人之職，而湫淫蓄洩更揆其勢於稻人，而後樹藝之産於土宜土物之中，而移粟通財，更委其權於司救，而後邦國之用不患凶荒，則是曲防也，遏糴也，固王命所戒也。寡人願申之曰無曲防，無遏糴，蓋嘗統天下之大勢而觀之，而知中原之水防宜善也。

清 陳立《公羊義疏》卷二九 桓公曰：無障谷。【注】無障斷川谷專水利也。水注川曰溪，注溪曰谷。【疏】注『無障』至『利也』。《孟子·告子下》：無曲防。趙注：無敢違王法而以已曲意設防禁也。《管子·大匡篇》《霸形》篇并言：無曲堤，謂曲設堤防以障遏水泉，使鄰國受水旱之害。則彼之曲防、曲堤，即此之障谷。下九年，《穀梁傳》曰：毋壅泉。注云：專水利以障谷，是以此傳之障谷解壅泉也。閻氏若璩《釋地續》云：漢賈讓奏言，蓋堤防之作，近起戰國，雍防百川，各以自利。齊與趙、魏以河爲竟，趙、魏瀕山，齊地卑下，作堤去河二十五里，河水東抵齊堤，則西泛趙、魏，亦爲堤去河二十五里，則是河水西抵趙、魏，堤亦東泛齊矣。夫曰近起戰國，豈非葵丘既會，申明天子之禁，諸侯猶有所憚，而不敢爲。至七雄地大勢專，人人得自爲鯀，而不難以鄰國爲壑也。宋氏翔鳳《四書釋地辨證》云：《管子·霸形篇》：楚人攻宋，鄭要宋田，夾塞兩川，使水不得東流東山之西，水深滅垝。尹知章注：楚人又遮取宋田，夾兩川，築堤而壅塞之。又云：桓公與楚王遇於召陵之上，而令於遇上曰無貯粟，無曲堤。又云：東發宋田夾兩川，而楚不敢塞也。按此，乃壅塞水流，使鄰無灌田之利。當時楚人實有是事。《左傳》《國語》所不載，而《管子》載之。其事專以病鄰，非以堤防治水之比。故《公羊·僖三年》曰：無障谷，《穀梁·僖九年》曰：無雍泉，蓋塞水不東，害同遏糴。曰障，曰雍，形容利害，較曲防二字更切。若治水禁用堤防，則桓公即壅遏入流者，何善爲他人計，而不善自爲計。若此也，按宋氏此說，於何氏專水利之義尤爲明顯。

紀事

宋 蔡模《孟子集疏》卷一二《告子章句下》 五霸桓公爲盛葵丘之會，【略】五命曰：無曲防。【略】無曲防，不得曲爲堤防，壅泉激水，以專小利，病鄰國也。

汉《水令》

題解

漢 劉熙《釋名疏證補》卷六 有《水令》，見前漢《兒寬傳》，此律中之細目也。

清 方以智《通雅》卷二七《刑法》 版挈，版令也。租挈，收田之挈令也。田律，蒐田律也。水令，用水之約束也。【略】兒寬奏開六輔渠，定《水令》。師古曰：用水之次，定爲法令。

論說

清 周壽昌《漢書注校補》卷四〇《公孫宏卜式兒寬傳第二十八》 定水令以廣溉田。壽昌案：召信臣爲民作《均水約束》，即定《水令》遺法也。

清 薛允升《唐明律合編》卷二七《工律》 漢律有及其門首洒漕之語，見《說文》，蓋謂壅水於人家門首，有妨害也。又《漢書·兒寬傳》：定水令以廣溉田。師古曰：爲用水之次，且立法令，皆使得其所也。唐律均不載，後則更視爲不急之務矣。

清 沈家本《歷代刑法考》卷一九《水令》 《兒寬傳》遷左内史，寬奏開六輔渠，定《水令》，以廣溉田。顔注爲用水之次，具立法令，皆使得其所也。按：此《水令》專爲六輔渠而定，用水各有次序，以免人民之争端，與召信臣之《均水約束》大略相同，非通行郡國之令也。

綜述

唐 顔師古注《漢書》卷五八《兒寬傳》 寬表奏開六輔渠，韋昭曰：六輔爲京兆、馮翊、扶風、河東、河南、河内也。劉德曰：於六輔界中爲渠也。師古曰：二說皆非也。《溝洫志》云：兒寬爲左内史，奏請穿六輔渠以益溉鄭國旁高卬之田。此則於鄭國渠上流南岸更開六道小渠，以輔助溉灌耳。今雍州雲陽、三原兩縣界此渠尚存，鄉人名曰六渠，亦號輔渠。故《河渠書》云：關内則輔渠、靈軹是也。焉說三河之地哉。定水令以廣溉田。師古曰：爲用水之次，具立法令，皆得其所也。宋祁曰：注令皆下當添使字。

宋 王應麟《玉海》卷六五《詔令·漢水令》 《倪寬傳》：寬表奏開六輔渠，定《水令》以廣溉田，收租職稅，時裁闊狹，與民相假貸。注：師古曰：用水之次，具立法令，皆得其所也。《召信臣傳》：遷南陽大守，躬勸農耕，信臣爲民作《均水約束》，刻石立於田畔，以防分争。《何并傳》注：如湻曰：公令吏死官舞法屬。

清 何焯《義門讀書記》卷四 定水令以廣溉田。召信臣爲民作

《均水約束》，本之兒大夫也。

清 沈家本《歷代刑法考》卷一 水令，《兒寬傳》：定水令。按：水令，他未見。

紀事

《漢書》卷五八《兒寬傳》 寬表奏開六輔渠，定《水令》以廣溉田。

（天順）《明一統志》卷三二《西安府上》 鄭國渠，在富平縣南二十里，即韓水工鄭國説秦所穿渠也。漢左内史兒寬又於此渠上流開六小渠以輔助，定《水令》以廣溉田，名六輔渠。

明 黎遂球《蓮鬚閣集》卷一七《賀增城邑侯陸公得士序》 寬治民務在於得人心，吏民大信愛之。開六輔渠，定《水令》以廣溉田。

汉《均水約束》

論説

清 沈兆澐《篷窗續録》卷下《循吏傳論》 若班史之紀召翁，乃真能養民者矣。養民而民不知所以養，故始之以躬耕勸農，出入阡陌，所以先之、勞之也。先勞盡矣，而民仍不知所以養，故繼之以行視水泉，開通溝瀆，起提閼數十處。溝瀆與提閼，功相濟也，而常至相悖。有溝瀆無提閼則洩，提閼於所不當提閼，則壅洩與壅，各宜其宜，因地因時因人乃悉宜之，必深明水性而後實水利，此眞養民之大經濟哉。雖然經濟宏矣，興其利而不防其害，無益也。翁卿乃爲作《均水約束》，刻石田畔，水多均之少，水少均之多，水近遠則均，以引近至遠，水高下則均，以引高就下，争尺寸，争杯勺，并争刻晷，約束之使無争，庶幾無弊而利眞興矣。

清 沈家本《歷代刑法考》卷一九《均水約束》 《兒寬傳》遷左内史，寬奏開六輔渠，定《水令》，以廣溉田。顔注爲用水之次，具立法令，皆使得其所也。按此《水令》專爲六輔渠而定，用水各有次序，以免人民之争端，與召信臣之《均水約束》大略相同，非通行郡國之令也。

又《召信臣傳》：遷南陽太守，行視郡中水泉，開通溝瀆，起水門提閼凡數十處，以廣溉灌，歲歲增加，多至三萬頃，民得其利，畜積有餘。信臣爲民作《均水約束》，刻石立於田畔，以防分争。顔注：閼所以壅水。《補注》：齊召南曰：案提應作堤，又案信臣於南陽水利，無所不興，其最鉅者，鉗盧陂、六門竭，并在穰縣之南，灌溉穰、新野、昆陽三縣。後漢杜詩修其故迹，民有召父、杜母之歌。晉杜預復其遺規，地有二十九陂之利，故讀《後漢書》《晉書》及《水經注》《通典》，而嘆信臣功在南陽，并於蜀李冰鄴史起也。顔注太略，錢大昕曰：提閼，即堤壜也，古讀閼，如焉，亦作傿。《後漢書·董卓傳》於所度水中爲立傿，以爲捕魚。注云：《續漢書》傿字作堰，其字義則同，但異體耳。又作堨。《後漢書·王景傳》與將作謁者王吳共修，作後儀渠，吳用景堨流法，水乃不復爲害。閼，又有遏音，故字亦作遏。《水經注》載魏劉靖碑云，以嘉平二年，立遏於水道高梁河，造戾陵遏，即戾陵堰也。《説文》無堰字。《周禮·𩱋人》以時𩱋爲梁。鄭司農云：梁，水堰也。堰水爲關空，以笱承其空，是漢人亦作堰也。周壽昌曰：堤，堤字通。《刑法志》提封作堤封可證。沈欽韓曰：《長安志·涇渠圖制》云：立三限閘以分水，立斗門以均水，凡用水，先令一吏入狀，官給申帖，方許開斗。自十月一日放水，至六月遇漲水歇渠，七月往罷。每夫一名溉夏秋田二頃六十畝，仍驗其工給，水行之序次，自下而上，晝夜相繼，不以公田越次霖潦輟功。此均水之法也。按：信臣之《均水約束》，其法不傳。沈氏引《涇水圖制》爲證，其大旨當亦如是。

綜述

清 方以智《通雅》卷二七《刑法》 版挈，版令也。租挈，收田之挈令也。田律，蒐田律也。水令，用水之約束也。【略】兒寬奏開六輔渠，定《水令》。師古曰：用水之次，定爲法令。召信臣作《均水約束》。

清 何焯《義門讀書記》卷四 定水令以廣溉田。召信臣爲民作《均水約束》，本之兒大夫也。

清 沈欽韓《漢書疏證》卷三四《均水約束》 《管子·度地篇》：常以毋事具器，有事用之，水常可制，而使毋敗。《周策》：東周欲爲稻，西周不下水，此不均之事也。《長安志·涇渠圖制》云：立三限閘以分水，立斗門以均水，凡用水，先令斗吏入狀，官給申帖，方許開斗。自十月一日放水，至六月遇漲水歇渠，七月往罷。每夫一名溉夏秋田二頃六十畝，仍驗其工，給水行水之序，須自下而上，晝夜相繼，不以公田越次霖潦輟功。

清 周壽昌《漢書注校補》卷四〇《公孫宏卜式兒寬傳第二十八》 定水令以廣溉田。壽昌案：召信臣爲民作《均水約束》，即定《水令》遺法也。

紀事

《漢書》卷九〇《召信臣傳》 召信臣，字翁卿，九江壽春人也。**【略】**時行視郡中水泉，開通溝瀆，起水門提閼凡數十處，以廣溉灌。歲歲增加，多至三萬頃，民得其利，畜積有餘。信臣爲民作《均水約束》，刻石立於田畔，以防分爭。

（成化）《中都志》卷五《人才》 召信臣，字翁卿，九江壽春人。**【略】**出爲南陽太守，勸民，有方略，好爲民興利，作《均水約束》，其化大行，民以殷富，號曰召父。

其他

論説

清 沈家本《歷代刑法考》卷一 《溝洫志》：元鼎六年，上曰：令内史稻田租挈重，不與郡同。顔注：租挈，收田租之約令也。約令，亦挈束之意也。絜，《説文》：縣持也，於絜令之義較遠。《釋名》：絜，結也，結束也，束持之也，與絜束之意爲近。然則絜者正字，挈叚借字。

綜述

宋 王應麟《玉海》卷六五《詔令》 《溝洫志》：元鼎六年，上曰：令内史稻田租挈重，不與郡同。注師古曰：租挈，收田租之約令也。

清 顧炎武《日知録》卷二七 《溝洫志》：内史稻田租挈重。挈，偏也。《説文》有用字。注云：角一俯一仰。意同。

紀事

《漢書》卷二九《溝洫志》 自鄭國渠起至元鼎六年，百三十六歲。而兒寬爲左内史，奏請穿鑿六輔渠，以益溉鄭國傍高卬之田。上曰：農，天下之本也，泉流灌寖，所以育五穀也。左、右内史地，名山川原甚衆，細民未知其利，故爲通溝瀆，畜陂澤，所以備旱也。今内史稻田租挈重，不與郡同，其議減。令吏民勉農，盡地利，平繇行水，勿使失時。

《後漢書》卷四《孝和孝殤帝紀第四》 十年春三月壬戌，詔曰：堤防溝渠，所以順助地理，通利壅塞。今廢慢懈弛，不以爲負。刺史二千石其隨宜疏導，勿因緣妄發，以爲煩擾，將顯行其罰。

唐宋遼金元時期農田水利法規律令部

《水部式》

論説

《水部式》（敦煌殘卷）

涇、渭白渠及諸大渠，用水溉灌之處，皆安斗門，并須累石及安木傍壁，仰使牢固。不得當渠造堰。諸溉灌大渠，有水下地高者，不得當渠堰，聽於上流勢高之處，爲斗門引取。其斗門皆須州、縣官司檢行安置，不得私造。其傍支渠有地高水下，須臨時蹔堰溉灌者，聽之。

凡澆田，皆仰預知頃畝，依次取用，水遍即令閉塞，務使均普，不得偏并。諸渠長及斗門長至澆田之時，專知節水多少。其州、縣每年各差一官檢校。長官及都水官司時加巡察。若用水得所，田疇豐殖，及用水不平并虛棄水利者，年終録爲功過附考。

京兆府高陵縣界，清、白二渠交口，著斗門，堰清水。恒准水爲五分，三分入中白渠，二分入清渠。若水雨過多，即與上下用水處相知開放，還入清水。二月一日以前，八月卅日以後，亦任開放。

涇、渭二水大白渠，每年京兆少尹一人檢校。其二水口大斗門，至澆田之時，須有開下，放水多少，委當界縣官共專當官司相知，量事開閉。涇水南白渠、中白渠、南渠，水口初分，欲入中白渠、偶南渠處，各著斗門，堰南白渠水一尺以上，二尺以下，入中白渠及偶南渠。若水雨過多，放還本渠。其南、北白渠，雨水泛漲，舊有泄水處，令水次州縣相知，檢校疏決，勿使損田。

龍首、涇堰、五門、六門、升原等堰，令隨近縣官專知檢校。仍堰別各於州、縣差中男廿人、匠十二人，分番看守，開閉節水。所有損壞，隨即修理。如破多人少，任縣申州，差夫相助。

藍田新開渠，每斗門置長一人，有水槽處置二人，恒令巡行。若渠堰破壞，即用隨近人修理。公私材木并聽運下。百姓須溉田處，令造斗門節用，勿令廢運。其藍田以東，先有水硝者，仰磑主作節水斗門，使通水過。

合璧宮舊渠，深處量置斗門節水，使得平滿，聽百姓以次取用。仍量置渠長、斗門長檢校飛若溉灌周遍，令依舊流，不得因兹棄水。

河西諸州，用水溉田，其州、縣、府、鎮官人公麻田及職田，計營頃畝，共百姓均出人功，同修渠堰。若田多水少，亦准百姓量減少營。

揚州揚子津斗門二所，宜於所管三府兵及輕疾内量差，分番守當，隨須開閉。若有毀壞，便令兩處并功修理。

從中橋以下洛水内及城外，在側不得造浮磑及捺堰。

洛水中橋、天津橋等，每令橋南北捉街衛士灑掃，所有穿穴，隨即陪填。仍令巡街郎將等檢校，勿使非理破損。若水漲，令縣家檢校。

諸水碾磑若擁水，質泥塞渠，不自疏導，致令水溢渠壞，於公私有妨者，碾磑即令毀破。

同州河西縣瀵水，正月一日以後，七月卅日以前，聽百姓用水。仍令分水入通靈破。

諸州運船，向北太倉從子苑内過者，若經宿，船別留一兩人看守，餘并閳出。沙州，用水澆田，令縣官檢校。仍置前官四人。三月以後九月以前行水時，前官各借官馬一匹。會寧關有船五十只，宜令所管差强了，官檢校，著兵防。勿令北岸停泊。自餘緣河堪渡處，亦委所在州、軍嚴加捉搦。

滄、稼、貝、莫、登、萊、海、泗、魏、德等十州，共差水手五千四百人：三千四百人海運，二千人平河。宜二年與替。不煩更給勳賜，仍折免將役年及正役年課役，兼准屯丁例，每夫一年各沾一丁。其丁取免雜徭人，家道稍殷有者，人出二千五百文資助。

勝州轉運水手一百廿人，均出晋、絳兩州。取勳官充，不足兼取白丁，并二年與替。其勳官每年賜勳一轉，賜絹三疋、布三端，以當州應入京錢物充。其白丁充者，應免課役及資助，并准海運水手例，不願代者，聽之。河陽橋，置水手二百五十人；陝州大陽橋，置水手二百人。仍各置竹木匠十人，在水手數内。

其河陽橋水手，於河陽縣取一百人，餘出河清、濟源、堰師、祀水、鞏、温等縣。其大陽橋水手出當州，并於八等以下户，取白丁灼然解水者。分爲四番，并免課役，不在征防、雜抽使役及簡點之限。一補以後，非身死、遭憂，不得輒替。如不存檢校，致有損壞，所由官與下考水手決開。

安東都裏鎮防人糧，令萊州召取當州經渡海得勳人諳知風水者，置海師二人，拖師四人，隸蓬萊鎮。令候風調海晏，并運鎮糧。同京上勳官例，年滿聽選。

桂、廣二府鑄錢及嶺南諸州庸調，并和市、折租等物，遞至揚州訖，令揚州差綱部領送都。應須運腳，於所送物内取充。

諸溉灌小渠上先有碾磑，其水以下即棄者，每年八月卅日以後，正月一日以前，聽動用。自餘之月，仰所管官司，於用磑斗門下著鎖封印，仍去却磑石，先盡百姓溉灌。若天雨水足，不須澆田，任聽動用。其傍渠疑有偷水之磑，亦准此斷塞。

都水監三津，各配守橋丁卌人，於白丁、中男内取灼然便水者充。分爲四番上下，仍不在簡點及雜搖之限。五月一日以後，九月半以前，不得去家十里，每水大漲，即追赴橋。如能接得公私材木筏等，依《令》分賞。三津仍各配木匠八人，四番上下。若破壞多，當橋丁、匠不足，三橋通役；如又不足，仰本縣長官量差役，事了日停。

都水監漁師，二百五十人。其中，長上十人，隨駕京都；短番一百廿人，出虢州；明資一百廿人，出房州。各分爲四番上下，每番送卌人。并取白丁及雜色人五等已下户充，并簡善采捕者爲之，免其課役及雜搖。本司雜户、官户并令教習，年滿廿補替漁師。其應上人，限每月卅日，文牒并身到所由。其尚食、典膳、祠祭、中書、門下所須魚，并都水采供。諸陵，各所管縣供。餘應給魚處及冬藏，度支每年支錢二百貫，送都水監，量依時價給直。仍隨季具破除見在，申比部勾覆，年終具録，申所司計會，如有回殘，入來年支數。

京兆府浦橋、河南府永濟橋，差應上勳官并兵部散官，季別一人，折番檢校。仍取當縣殘疾及中男，分番守當。濡橋番別五人，求濟橋番別二人。

諸州貯官船之處，須魚膏供用者，量須多□，役當處防人采取。無防人之處，通役雜職。

皇城内溝渠擁塞停水之處及道損壞，皆令當處諸司修理。其橋將作修造，十字街側令當鋪衛士修理。其京城内及羅郭墻，各依地分，當坊修理。

河陽橋每年所須竹索，令宣、常、洪三州□丁匠預造。宣、洪州各大索廿條，常州小索一千二百條，腳以官物充。仍差綱部送，量程發遣，使及期限。大陽、蒲津橋竹索，每三年一度，令司竹監給竹，役津家水手造充。其舊索每委所由檢覆，如斟量牢好，即且用，不得浪有毀換。其供橋雜匠，料須多少，預申所司量配，先取近橋人充。若無巧手，聽以次差配，依番追上。若須并使，亦任津司與管匠州相知，量事折番，隨須追役。如當年無役，准《式》征課。諸浮橋腳船，皆預備半副，自餘調度；預備一副，隨閥代換。河陽橋船於□、洪二州，役丁匠造送；大陽、蒲津橋船，於嵐、石、限、勝、慈等州，折丁采木，浮送橋所，役匠造供。若橋所見匠不充，亦申所司量配，自餘供橋調度，并雜物一事以□。仰以當橋所換不狂用物，回易便充。若用不足，即預申省，與橋側州、縣相知，量以官物充。每年出入破用，録申所司勾當。其有側近可采造者，役水手、鎮兵、雜匠等造貯，隨須給用，必使預爲支擬，不得臨時闕事。

諸置浮橋處，每年十月以後凌，牡開解合，抽正。解合所須人夫，采運榆條，造石籠及組索等雜使者，皆先役當津水手及所配兵，；若不足，兼以鎮兵及橋側州、縣人夫充。即橋在兩州、兩□者，亦於兩州、兩縣准户均差，仍與津司相知，□須多少，使得濟事。役各不得過十日。

蒲津橋，水匠一十五人；虔州大江水贛石險難□□，給水匠十五人，并於本州取白丁便水及解木作□充。分爲四番上下，免其課役。

孝義橋，所須竹簸，配宣、饒等州造送。應□□塞系簸，船別給水手一人，分爲四番。其洛水簸，取河陽橋故退者充。

綜述

唐 劉禹錫《劉夢得文集》卷二八《高陵令劉君遺愛碑》　涇水東行，注白渠，釃而爲三，以沃中，故秦人常得善歲。按《水部式》，決泄有時，畎澮有度，居上游者不得擁泉而顓其腴，每歲少尹一人行視之，以誅不式。兵興已還，寖失根夲，涇陽人果擁而顓之。

唐 白居易《白氏六帖事類集》卷二三　畎澮清白渠斗門式：《水部式》：京兆府高陵界清白二渠交口置斗門堰，清水恒准爲五分，三分入白渠，二分入清渠。若雨水邊多，即上下用水處相開放，還入清水。三月一日已前，八月二十日已後，任開放之。

（乾隆）《西安府志》卷七《大川志》　劉禹錫曰：涇水東行，注白渠，釃而爲三，以沃關中，按《水部式》，決洩有時，畎澮有度，少尹一人行視之。白渠之利不廢，關中可無磽憂也。

（道光）《重修涇陽縣志》卷三《限水之始》　涇水東行，按《部式》：決洩有時，畎澮有度，居上游者不得壅泉而專其腴，每歲少尹一人行視，以誅不式。按：唐代涇渠《部式》，後世不傳，在當時必有明文，故高陵令劉仁師得以循故事，考式文，遵正令，使無越制也。宋天聖六年，涇陽縣尹李同立約以限水，其所立之約，亦不傳。元李好文作《長安志圖》，載元代《用水則例》甚詳，今所行者，皆本元制。

著録

清 吴慶坻《蕉廊脞録》卷五　上虞羅叔蕴振玉喜藏書，耽翫古籍，攷訂宋元版本尤精確。辛亥，京師變亂，避地日本西京，乃以所得敦煌石室影照本原本爲法人伯希和親至石室所得，伯以影照本轉餉叔蕴影印十八種，皆中土久佚之珍祕，石室遺書之精華。蓋原卷既歸，歐洲東方學者無從窺見。叔蕴節縮衣食，爲之傳布，俾千年祕笈復顯於世，彌可寶貴。叔蕴於每書後皆有考訂，精博無倫。士鑒購得之，茲列其目如左：**【略】**《水部式》。

《天聖令・營繕令》

論説

《天聖令》卷二八《營繕令》　諸近河及陂塘大水，有堤堰之處，州縣長吏以時檢行。若須修理，每秋收訖，勸募衆力，官爲總領。或諸津橋道路，每年起九月半當界修理，十月使訖。若有阬、渠、井、穴，并立標記。其要路陷壞、停水交廢行旅者，不拘時月，量差人夫修理。非當司能辨者，申請。諸堰穴漏，造絙及供堰雜用，年終豫料後功多少，隨處供修。其功力大者，檢計申奏，聽旨修完。其應供奉古陂可溉田利民，及停水須疏決之處，亦准此。至春末使訖。其官自興功，即從別敕。若暴水汎溢，毁壞堤防，交爲人患者，先即修營，不拘時限。應役人多，且役且申。若要急，有軍營之兵士，亦得充役。若不時經始致爲人害者，所轄官司訪察，申奏推科。諸傍水堤内，不得造小堤及人居。其堤内外各五步并堤上，多種榆柳雜樹。若堤内窄狹，隨地量種，擬充堤堰内用。

綜述

唐 長孫無忌《唐律疏議》卷二七　諸不修堤防及修而失時者，主司杖七十；毁害人家，漂失財物者，坐贜論減五等；以故殺傷人者，減鬪殺傷罪三等。即水雨過常，非人力所防者，勿論。疏議曰：依《營繕令》：近河及大水有堤防之處，刺史、縣令以時檢校，若須修理，每秋收訖，量功多少，差人夫修理。若暴水泛溢，損壞堤防，交爲人患者，先即修營，不拘時限。若有損壞，當時不即修補，或修而失時者，主司杖七十。毁害人家，謂因不修補及修而失時，爲水毁害人家，漂失財物者，坐贜論減五等，謂失十疋杖六十，罪止杖一百。若失衆人之物，亦合倍論。以故殺傷人者，減鬪殺傷罪三等，謂殺人者徒二年半，折一支者徒一年半之類。

清 沈家本《歷代刑法考·明律目箋三·營造》 此古之興律，唐曰擅興，而無此目。惟唐有《營繕令》，明仿之，而定此名。

紀事

宋 李昉《文苑英華》卷五二六《田農門·修堤請種樹判》 乙修堤畢，復請種樹功價，有司以爲不急之務，乙固請。《營繕令》：諸候水堤内不得造小堤，及人居其堤，内外各五步并堤上種榆柳雜樹，若堤内窄狹地種，擬充堤堰之用。善防既畢，固合程功，柔木載施，亦將補敗。乙之亟請，誰謂過求，隱惟之役雖終，列樹之思尚切，有司見阻，無備實難。苟悋養材之資，蓋非長利，遠求爲揵之用，豈不重勞？當有取於繕完，顧何煩於藝植？且十年可待，五步足徵，防在未萌，著之先甲，因而致用，庶無瓠子之灾，言之不從，恐累匏瓜之繫。

张君平《疏决利害八事》

綜述

宋 杜大珪《名臣碑傳琬琰集》中卷二二《張文定公方平墓志銘》 汴河控引江淮，利盡南海。天聖以前，歲發民浚之，故河行地中。有張君平者，以疏導京東積水，始輟用汴夫，其後淺妄者争以裁减費役爲功，河日以堙塞。今仰而望河，非祖宗之舊也。

《宋史》卷九四《河渠志》 二年七月，内殿崇班、閤門祇候張君平等言：『準敕按視開封府界至南京、宿、亳諸州溝河形勢，疏决利害凡八事：一、商度地形，高下連屬，開治水勢，依尋古溝洫浚之，州縣計力役均定，置籍以主之。二、施工開治後，按視不如元計狀及水壅不行、有害民田者，按官吏之罪，令償其費。三、約束官吏，毋斂取夫衆財貨入己。四、縣令佐、州守倅有能勸課部民自用工開治不致水害者，叙爲勞績，替日與家便官。功績尤多，別議旌賞。五、民或於古河渠中修築堰堨，截水取魚，漸至澱淤，水潦暴集，河流不通，則致深害，乞嚴禁之。六、開治工畢，按行新舊廣深丈尺，以校工力，以所出土於溝河岸一步外築爲堤埒。七、凡溝洫上廣一丈，則底廣八尺，其深四尺，地形高處或至五六尺，以此爲率，有廣狹不等處折計之，則畢工之日，易於覆視。八、古溝洫在民田中久已淤平，今爲賦籍而須開治者，據所占地步爲除其賦。』詔令頒行。

傳記

《宋史》卷三二六《張君平傳》 张君平，字士衡，磁州滏阳人。【略】谢德权荐君平河阴窖务，擢阁门祇候，管勾汴口。建言：岁开汴口，当择其地；得其地，则水湍驶而无留沙，岁可省功百余万。又请沿河县植榆柳，为令佐、使臣课最，及瘞汴河流尸。悉从其言。天圣初，议塞滑州决河，以君平习知河事，命以左侍禁签书滑州事兼修河都监。既而河未塞，召同提点天封府界县镇公事。以尝护滑州堤有功，特迁内殿崇班。君平以京师数罹水灾，请委官疏凿近畿诸州古沟洫，久之，稍完，遂诏畿内及近畿州县长吏，皆兼管沟洫河道。【略】君平有吏材，尤明于水利，自议塞河，朝廷每访以利害。河平，君平且死，论者惜之。

《農田水利約束》（《農田利害條約》）

論説

宋 苏轼《苏轼文集》卷四九《上神宗皇帝书》 至於所行之事，行路皆知其難。以下言水利難成。時新頒《農田水利約束》，古陂廢堰皆當興復。何者？汴水濁流，自生民以來，不以種稻。秦人之歌曰：涇水一石，其泥數斗，且溉且糞，長我禾黍。何嘗曰長我粳稻耶？今欲陂而清之，萬頃之稻必用千頃之陂，一歲一淤，三歲而滿矣。陛下遽信其説，即使相視地形，萬一官吏苟且順從，真謂陛下有意興作，上糜帑廩，下奪農時，堤防一開，水失故道，雖食議者之肉，何補於民天下？

綜述

元 陳桱《通鑒續編》卷八 頒《農田水利約束》於諸路，由是爭以水利爲言矣。

紀事

《宋史》卷一四《神宗本紀》 丙子，罷諸路提刑武臣，頒《農田水利約束》。

《宋史》卷九五《河渠志》 十一月，制置三司條例司具《農田利害條約》，詔頒諸路：『凡有能知土地所宜種植之法，及修復陂湖河港，或元無陂塘、圩埠、堤堰、溝洫而可以創修，或水利可及眾而爲人所擅有，或田去河港不遠，爲地界所隔，可以均濟流通者；縣有廢田曠土，可糾合興修，大川溝瀆淺塞荒穢，合行浚導，及陂塘堰埭可以取水灌溉，若廢壞可興治者，各述所見，編爲圖籍，上之有司。其土田迫大川，數經水害，或地勢汙下，雨潦所鍾，要在修築圩埠堤防之類，以障水潦，或疏導溝洫畎澮以泄積水。縣不能辦，州爲遣官，事關數州，具奏取旨。民修水利，許貸常平錢穀給用。』初，條例司奏遣劉彝等八人行天下，相視農田水利，又下諸路轉運司各條上利害，又詔諸路各置相度農田水利官，至是以《條約》頒焉。

明 馮琦《宋史紀事本末》卷八《王安石变法》 丙子頒《農田水利約束》，自是進計者紛然，數年間，諸路凡得廢田萬七百九十三處三十六萬一千一百七十八頃有奇，而民給役勞擾。

（正德）《姑蘇志》卷一一《水利上》 二年十二月，頒《農田水利約束》。

《宋會要輯稿·食貨一》 十一月十三日，制置三司條例司言：乞降《農田利害條約》付諸路，應官吏、諸色人有能知土地所宜、種植之法，及可以完復陂湖河港，或不可興復，只可召人耕佃，或元無陂塘、圩埠、堤堰、溝洫，而即今可以創修，或水利可及眾而爲之占擅，或田土去眾用河港不遠，爲人地界所隔，可以相度均濟疏通者，但于農田水利事件并許經管勾官或所屬州縣陳述。管勾官與本路提刑或轉運商量，或委官按視，如是利便，即付州縣施行。有礙條貫，及計工浩大，或事關數州，即奏取旨。其言事人并籍定姓名、事件，候施行訖，隨功利大小酬獎。其興利至大者，當議量材録用。內有意在利賞人不希恩澤者，聽從其便。應逐縣各令具本管內有若干荒廢田土，仍須體問荒廢所因，約度逐段頃畝數目，指說著望去處，仍具今來合如何擘畫立法，可以糾合興修，召募墾闢，各述所見，具爲圖籍，申送本州。本州詳看，如有不以事理，即別委官覆檢，各具利害開說，牒送管勾官。應逐縣并令具管內大川溝瀆行流所歸，有無淺塞合要浚導，及所管陂塘堰埭之類可以取水灌溉者，有無廢壞合要興修，及有無可以增廣創興之處。如有，即計度所用工料多少，合如何出辦。或係眾户，即官中作何條約與糾率；眾户不足，即如何擘畫假貸，助其闕乏。所有大川流水阻節去處，接連別州縣地界，即如何節次尋究施行。各述所見，具爲圖籍，申送本州。本州詳看詳，如有不盡事理，即別委官覆檢，各具利害牒送主管官。應逐縣田土邊迫大川，數經水害，或地勢污下，所積聚雨潦，須合修築圩埠堤防之數，以障水患；或開導溝洫，歸之大川，通泄積水。并計度闊狹、高厚、深淺各若干工料，立定期限，令逐年官爲提舉，人户量力修築開浚，上下相接。已上亦先具圖籍申送本州，本州看詳，如有不盡事，即別委官覆檢，各具利害牒送管勾官。所有州縣攢寫都大圖籍合用書筆，或添雇人書，許于不係省頭子錢內支給。諸色公人如敢緣此起動人户，乞覓錢物，并從違制科罪；其贓重者，自從重法。應據州縣具到圖籍并所陳事狀，并委管勾官與提刑或轉運商量，差官覆檢。若事體稍大，即管勾官躬親相度。如委便民，仍相度其知縣、縣令，實有才能，可使辦集，即付與施行。若一縣不能獨了，即委本州差官，或別選往彼協力了當。若計浩大，或事關數州，即奏取旨。其有合與水利及墾廢田用工至多縣分，若知縣、縣令不能施行，即許申奏對換，或別舉官，或替下官，仍別與合人差遣。若本縣事務煩劇，兼所興功利浩大，合添丞佐去處，即依今年二月中所降添員指揮別具開奏。應有開墾廢田、興修水利、建立堤防、修貼圩埠之類，工役浩大，民力不能給者，許受利人户于常平、廣惠倉係官錢斛内連狀借貸支用，仍依青苗錢例作兩限或三限送納。如是係官錢斛支借不足，亦許州縣勸諭物力人出錢借貸，依例出息，官爲置簿及催理。諸色人能出財力糾率衆户，創修興復農田水利，經久便民，當議隨功利多酬獎。其出財頗多、興利至大者，即量財才録用。應逐縣計度管下合開溝洫工料及興修陂塘、圩垾、堤堰、斗門之類，事關衆户，却有人户不依元限開修及出備名下人工物料，有違約束者，并官爲催理外，仍許量事理大小，科罰錢斛。其錢斛，官爲置簿拘管，收充本鄉衆户工役支用。所科罰等第，令管勾官與逐路提刑司以逐處衆户見行科罰條約同共參酌，奏請施行。應知縣、縣令能用新法興修本縣農田水利，已見次第，令管勾官及提刑或轉運使、本州長吏保明聞奏，乞朝廷量功績大小，與轉運官或升任、減年磨勘、循資，或賜金帛，令再任，或選差知自來陂塘圩垾、堤堰溝洫、田土堙廢最多縣分，或充知州、通判，令提舉部内興修農田水利。資淺者，且令權入。其非本縣令佐，爲本路監司、管勾官差委擘畫興修，如能了當，亦量功利大小比類酬獎。詔并從之。

范成大《通濟堰規》

論説

清 李遇孙《栝苍金石志》卷五《通濟堰規》 栝蒼山峻而源促，土瘠而涸易，田藉灌溉而有成水，非激捍而不入，故麗水之堰不一。東則有好溪、緑苗，南則有寺後、觀坑，北則有麗陽、妃溪，又北有黄山、泗洲。畎岸諸堰，惟西之通濟水利最大，始剏於梁天監，至宋明道、元祐、政和、紹興，屢皆修築，然未立規條，不無旋葺旋廢之虞。至乾道間，石湖范公來守是郡，與判官蘭陵張澈謀修復之，并刻規立石，以告來者。後之浚汚通塞，實賴其法。迄今六百七十餘年，碑石剥落，文字闇湛，幸記言十四行，文字較大，鐫刻稍深，尚可臆擬之，亦栝蒼文獻之可徵信者也。按《宋史》，石湖官處州，每多善政，如剏義役，隨家貧富，輸金買田，次第甲乙，助當役者至二十年，民以爲便，詔頒其法於諸路。志皆不書，是可援史以補志缺。又云梁天監中，詹、南二司馬於松陽、遂昌之間作通濟堰，激溪水四十里，溉田二十萬畝。今考通濟堰在松陽、麗水之間，則史謂松、遂之間者，誤矣。碑云水環數十百里，則史謂激溪水四十里者，亦誤。據此皆可證史之誤。又云成大爲訪故迹，叠石築防，置堤閘四十九所，立上中下水則，溉灌有序，民食其利，而堰規不言四十九閘，則史較詳也。夫世知石湖善文而不知石湖亦善書，今觀是碑，文意該簡，書逼蘊黄，雖吉光片羽，誠足寶貴。

綜述

清 李遇孙《栝苍金石志》卷五《通濟堰規》 堰首。集上中下三源田户，保舉下源十五工以上、有材力、公當者充。二年一替，與免本户工。如見充堰首當差保正長，即與權免，州縣不得執差，候堰首滿日，不妨差役。曾充堰首，後因析户工少，應甲頭脚次，與權免。其堰首有過，田户告官追究，斷罪改替。所有堰堤斗門、石函葉穴，仰堰首寅夕巡察。如有疏漏倒塌處，即時修治。如過時以致旱損，許田户陳告，罰錢三十貫，入堰公用。

田户。舊例：十五工以上，爲上田户，充監當。遇有工役，與堰首同共，分局管幹。每集衆，依公於三源差三名，二年一替。仍每月輪一名，同堰首收支錢物人工。或有疏虞不公，致田户陳告，即與堰首同罪。或大工役，其合充監當人，亦抑前來分定窠座管幹，或充外役，亦不蠲免，并不許老弱人抵應。内有恃强不到者，許堰首具名申官追治，仍倍罰一年堰工。

甲頭。舊例：分九甲。近緣堰田多係附郭上田户典賣，所有堰工，起催不行。今添立附郭一甲。所差甲頭，於三工以上至十四工者差充，全免本户堰工。一年一替，委堰首集衆上田户，以秧把多寡，次第流行，依公定差。如見充别役，即差下次人，俟别役滿日，依舊脚次。仍各置催工曆一道，經官印押收執。遇催到工數，抄上，取堰首僉人。堰首差募不公，致令陳訴，點對得實，堰首罰錢二十貫，入堰公用。

堰匠。差募六名，常切看守堰堤。或有疏漏，即時報堰首修治。遇興工，日支食錢一百二十文足。所有舡缺，遇舟舡上下，不得取受情倖容縱，私折堰堤。如疏漏，申官決替。

堰工。每秧五百把，敷一工；如過五百把有零者，亦敷一工。下户每二十把至一百把，出錢四十文足；一百把以上至二百把，出錢八十文足。二百把以上敷一工。鄉村并以三分爲率，二分敷工，一分敷錢。城郭止有三工以下者，并敷錢。其三工以上者，即依鄉村例，亦以三分爲率，每工一百文足。如有低昂，隨時申官增減。官給赤曆二道。二道一年一易，内一道充收工，一道充收錢糧。并仰堰首同諭月上田户，逐時抄上不得容情增減作弊，不許泛濫支使。如違，許田户陳告，官司勘磨得實，其管掌人輕重斷罪外，或偷隱一文以上，即倍罰，入堰公用。至歲終，結算有錢，樁管在堰。其堰工，每年并作三限催發，謂如田户管六十工，每限發二十工，設使不足，又量分數催發，田户不得執定限。如遇大興工役，量事勢輕重，敷工使用。値年分堰堤不損，用工微少，堰首不得多敷工數，掠錢入己。如違，即依隱漏工錢例責罰。田户不如期發工納錢，仰堰首舉申勾追，倍罰一年工數。

舡缺。出行舡處，即石堤低處是也。在堰大渠□通舡往來，輪差堰匠兩名看管。如遇輕船，即監梢公那過。若舡重大，雖載官物，亦令出卸空船拔過，不得擅自倒拆堰堤。若當灌溉之時，雖是官員船，并輕船，并合自沙洲牽過，不得開堰泄漏水利。如違，將犯人申解使府，重作施行。仍仰堰首以時檢舉，申使府出榜約束。

堰槩。自開拓槩至城塘槩，并係大槩，各有濶狹丈尺。開拓槩中枝，濶二丈八尺八寸，南枝濶一丈一尺，北枝濶一丈二尺八寸。鳳臺兩槩，南枝濶一丈七尺五寸，北枝濶一丈七尺二寸。石刺槩，濶一丈八尺。城塘槩，濶一丈八尺。陳章塘槩，中枝濶一丈七尺七寸半，東枝濶一丈八寸二分，西枝濶八尺五寸半。内開拓槩遇亢旱時，揭中枝一槩以三晝夜爲限，至第四日，即行封印；却揭南北槩陰注，三晝夜訖，依前輪揭。如不依次序及至限落槩，槩首申官施行。其鳳臺兩槩不許揭起外，石刺、陳章塘等槩，并依放開拓槩次第揭吊。或大旱，恐人户紛爭，許申縣那官監揭。如田户輒敢聚衆持杖恃强，佔奪水利，仰槩頭申堰首或直申官，追犯人究涓，斷罪號令，罰錢二十貫，入堰公用。如槩頭容縱，不即申舉，一例坐罪。其開拓、鳳臺、城塘、陳章塘、石刺槩皆係利害去處，各差槩頭一名，并免甲頭差使。其餘小槩頭與湖塘堰頭，每年與免本户三工。如違誤事，本年堰工不免，仍斷決。

堰夫。遇興工役，并仰以卯時上工，酉時放工。或入山斫篠，每工限二十束，每束長一丈，圍七尺，至晚差田户交收。一日兩次點工，不到即不理工數。

渠堰。諸處大小渠堰如遇淤塞，即請衆田户。衆田户分定窠座丈尺，集工、開淘各依古額。其兩岸并不許種植竹木。如違，依使府榜文施行。

請官。如遇大堰倒損，興工浩大，及亢旱時，上役難辨，許田户即時申縣，委官前來監督。請所委官常加鈐束，隨行人吏不得騷擾，仍不得將上田户非理凌辱，以致田户憚於請官修治及時旱損。如違，許人户經縣陳訴，依法施行。

石函斗門。石函或遇沙石淤塞，許破堰工、開淘、斗門。遇洪水及暴雨，即時挑閘，免致沙石入渠。纔晴水落，即開閘放水入堰渠。輪差堰匠以時啓閉。如違，致有妨害，許田户告官，將堰匠斷罪。如堰首不覺察，一例坐罪。

湖堰塘。務在潴蓄水利，或有淺狹去處，湖堰首即合，報堰首及承利人户，率工開淘，不許縱人作捺爲塘，及圍作私田，侵佔種植，妨衆人水利塘湖。堰首如不覺察，即同侵佔人斷罪，追賞錢一十貫，入堰公用。許田户告。

堰廟。堰上龍王廟、葉穴龍女廟，并重新修造，非祭祀及修堰，不得擅開，容閑雜人作踐。仰堰首鎖閉看管，洒掃崇奉，愛護碑刻，并約束板榜。堰首遇替交割，或損漏，即衆議，依公破工錢修葺。一歲之間，四季合用祭祀，并將三分工錢支破，每季不得過一百五十工。

水淫。一處在地名寶定、大堰路邊通蔭溪邊田合留外有私創處，并合塡塞。其爭佔人許被害田户申官追斷。

逆掃。諸湖塘堰邊有仰天及承坑塘，不係承堰出工，即不得逆掃堰内水利，田户亦不得容縱，偷遞其承。堰田各有堰水，不得偷掃別堰水利，及不許用板木作捺，障水入田，有妨下源灌溉。亦仰人户陳首重斷，追賞錢一十貫，入堰公用。

開淘。自大堰至開拓槩，雖約束以時開閉斗門、葉穴，切慮積累沙石淤塞，或渠岸倒塌，阻遏水利，今於十甲內，逐年每甲各樁留五十工，每年堰首將滿於農隙之際申官，差三源上田户，將二年所留工數并力開淘，取令深澗，然後交下次堰首。

葉穴頭。葉穴係是一堰要害去處，切慮啓閉失時，遂致衝損，兼捕魚人向後作弊，今於比近上田户專差一名，充穴頭，仰用心看管。如過大雨，即時放開閘板，或當灌溉時，不得擅開。所差人兩年一替，特免本户逐年堰工。如違，誤事斷罪，倍罰本户工仍看管龍女廟。

堰司。於當年充，甲頭、田户議差能書寫人一名充，三年一替，如大工役，一年一替，免充甲頭一次，不支僱丁錢。或因緣騷擾，及作弊，申官斷替。

堰簿。堰簿已行攢造都工簿一面，堰首收管田秧等第簿一面，請公當上田户一名收管，三年一替。遇有鬮割仰人户，將副本自陳，并砧基，先經官推割，次執干照，請管簿上田户對行鬮割。至歲終，具過割數目、姓名送堰首改正。都簿如無官司憑照，擅與人户鬮割，許經官陳告，追犯人赴官重斷，罰錢三十貫，入堰公用。

右依淮州縣備據到官張文林申重修，到前項規約州司點對委，是經久除已保明供申轉運衙及提舉常平衙外行下鐫石施行。乾道五年四月望日，右文林郎、處州軍事判官張澈立石。

（光緒）《處州府志》卷四《水利志》　乾道初，州守范成大重築，刻規於石。自記：按長老云，蕭梁時詹、南二司馬所作，至乾道戊子，垂千載矣。往迹蕪廢，中下源尤甚。明年春，郡守吴人范成大與軍事判官蘭陵張徹修復之，事悉具新規。三月，工始告休，成大馳至陡門，落成於司馬之廟。竊悲夫水無常性，土亦善湮，修復之甚難，而潰塞之實易，惟後之人，與我同志，嗣而葺之，將有考於斯，故刻其規於石。按：規二十條，石刻漫漶，僅見於《堰志》。今揭其大旨，以備覽。曰堰首者，聽田户保充，免其他役二年，而代巡察堤堰諸所以時葺治也。曰田户者，於上田户中選充，名監當，佐堰首，掌其財物功過與同也。曰甲頭者，以田户秧把多寡，次第配差，兼稽察堰首公私也。曰堰匠者，定差看守，以時報堰首繕完也。曰堰工者，計秧把賦錢給工，終歲而會其羨餘也。曰船缺者，令堰匠守缺，遇行舟重滯者，令卸其物以輕裝過，不使損及堰堤也。曰堰槩者，設槩於牐，揭之則水順下，閉之則左右分注，以灌田揭閉，皆定以期日，毋得越次紊争也。曰堰夫者，夫役以卯集酉散日再巡數之也。曰堰渠者，以時浚渠，并禁栽竹木於渠岸也。曰請官者，遇大工役，許田户陳請，令長委官督率也。曰石函陡門者，差堰匠淘石函淤塞，察水勢衰旺，啓閉陡門也。曰湖塘堰者，堰湖塘以瀦水，禁佔爲私田以妨利也。曰堰廟者，仰堰首，謹司龍王、龍女二廟，灑掃享祀，守護碑刻也。曰水淫者，惟設於障水入口之處，不得更有私創也。淫之爲義，方言以鑿地道通水爲淫，非《考工》水淫義也。曰逆掃者，禁於所坐水利之外掃水歸田，及用木障水以防下原也。曰開淘者，堰首年滿，令上田户并力開淘淤塞，務取深廣，以爲交替也。曰葉穴頭者，立穴頭司，牐甚雨則取其板洩之，不使汎溢入田也。曰堰司者，於甲頭中選能書者一人司載筆之役也。曰堰簿者，以上田户一人簿計田秧等第，歲終具過割姓名、數目授諸堰首也。曰堰山者，堰志有其目而没其文，但云舊堰每春以木篠修之，伐材於山。自何澹改爲石堤，鬮於有司，請給此山，山遂爲何氏物云。【略】宋乾道間，郡守范公奉議完復是堰，以田户分爲三源，鳩工有規，度程有法，凡啓閉出納之限，靡不詳刊於石。

傳記

宋 謝維新《事類備要》後集卷七三《守臣門》　范成大，字至能，知處州。處多山田，梁天監中，詹、南二司馬作通濟堰於松陽、遂昌間，溉田二十萬頃。堰壞五十年，公尋故迹，置閘，以節啓閉。堰成而水大至，公被召躬往勞工。父老懽呼曰：堰成而公忍去我耶？至今蒙其利。

《宋史》卷三八六《范成大傳》　范成大，字致能，吴郡人。【略】處多山田，梁天監中，詹、南二司馬作通濟堰，在松陽遂昌之間，激溪水四十里，溉田二十萬畝。堰歲久，壞，成大訪故迹，疊石築防，置堤閘四十九所，立水則，上中下溉灌有序，民食其利。

（洪武）《蘇州府志》卷三三《人物》　范成大，字至能，吴縣人。【略】作通濟堰，蒐訪故迹，叠石築防，置堤閘，立水則，溉灌有序，民食其利，重修堰規。

明 莫震《石湖志》卷四《鄉賢》　宋中大夫參知政事贈少師崇國文穆公石湖先生范公成大，字至能，吴縣人。【略】作通濟堰，蒐訪故迹，叠石築堤，置防閎，立水則，灌溉有序，民食其利，刻《重修堰規》于石。

（嘉慶）《清一統志》卷三〇五《名宦》　范成大，蘇州人，乾道中知處州。【略】處多山田，舊有通濟堰，灌田二十萬畝，歲久圮壞。成大訪故迹，叠石築防，置堤閎四十九所，立水則，上中下溉灌有序，民食其利。

清 潘樫章《松陵文獻》卷二《人物志二》　范成大，字至能，《宋史》云吴郡人。【略】處多山田，爲修梁時通濟堰，壘石築防，置堤閘四十九所，立水則三等，溉灌有序，重刻堰規於石，民賴其利。

（道光）《蘇州府志》卷七八《人物》　處多山田，通濟堰久壞，成大訪故迹，壘石築坊，置堤閎四十九年，立水則，溉灌有序，民食其利，刻《重修堰規》於石。

（同治）《蘇州府志》卷七八《人物五》　范成大，字至能，吴郡人。【略】處多山田，通濟堰久壞，成大訪故迹，壘石築防，置堤閎四十九所，立水則，溉灌有序，民食其利。

紀事

（萬曆）《栝蒼彙紀》卷七《地理紀》　乾道間，郡守范成大重加修葺，有堰規二十條，見堰廟石刻。范自爲記，略曰：通濟堰，按長老記云，蕭梁時詹、南二司馬所作。至乾道戊子，垂千載矣。往迹蕪廢，中下源尤甚。明年春，郡守吴人范成大與軍事判官蘭陵張澈修復之，事悉具新規。三月，工徒告休，成大馳至斗門，落成于司馬之廟。竊悲夫水無常性，土亦善湮，修復之甚難，而潰塞之實易。惟後之人與我同志，嗣而葺之，將有考于斯。故刻其規于石。

（嘉靖）《浙江通志》卷八《地理志第一》　乾道間，守范成大重加修葺，有堰規二十條，備見堰廟石刻。

（雍正）《浙江通志》卷六一《水利》　乾道間，郡守范成大重加修葺，有堰規二十條刻於石。范成大《重修通濟堰記》：按長老云，蕭梁時詹、南二司馬所作，至乾道戊子，垂千載矣。往迹蕪廢，中下源尤甚。明年春，郡守吴人范成大與軍事判官蘭陵張澈修復之，事悉具新規。三月，工徒告休，成大馳至斗門，落成於司馬之廟。竊悲夫水無常性，土亦善堙，修復之甚難，而潰塞之實易。惟後之人與我同志，嗣而葺之，將有攷於斯。故刻其規於石。

清 李遇孫《栝苍金石志》卷五《通濟堰規》　右宋郡守范公成大《通濟堰記》并《堰規》二十條，乾道四年頒發。五年，張澈立石。郡志僅録記略，又脱去六十八字，今摹石刻始全。然規石雖存，字迹模糊難辨，今取相傳《堰志》一書録之。原刻尚有堰山一條，共二十條，此止十九條。據《堰志》云，堰規凡二十條，今除去堰山一條，蓋舊堰自春初起工，用木篠築成堰堤，取材於山，欄水入堰。自開禧元年，郡人參政何澹築成石堤，以圖久遠，不費修築，因請於有司給此山。今山爲何氏物業，非堰山矣。是則何氏因捐築石堤後，據山爲己有，遂除去堰山一條，而石刻上本有堰山一條，字既剝落，無從取證，亦仍《堰志》之舊，存十九條矣。竊謂通濟堰溉田二千頃，爲麗邑水利之最大者，范公規條，百世遵守可也。郡志録其記而遺其規，未免輕重失宜。余所以急取《堰志》補之，以還其舊堰志向。右刻本自宋元來流藏民間，致有增減錯譌，人人聚訟。明萬曆三十六年，麗宰樊良樞又定新規八條，重刻是書，官弁頒行，使知同文，與民相誓，後有私意增減者，天神共鑒，亦可謂盡心民事矣。今明刻亦不可得，止有抄本流傳，人亦罕見。余從府房存案中借閱之，安得守土君子取范、樊二公規條，并曆代修堰事宜，及宋、元、明、國朝諸記再付剞劂，以垂永遠，豈非不朽盛事哉？

清 李遇孙《栝苍金石志》卷五《范石湖書通濟堰碑》 通濟堰合松陽、遂昌兩溪之水，引而東行，環數十百里，溉田廣遠，有聲名溯東。按長老之記，以爲蕭梁氏時詹、南二司馬所作，至宋中興乾道戊子，垂千歲矣。往迹蕪廢，中下源尤甚。明年春，郡守吴人范成大與軍事判官蘭陵人張澈始修復之，事悉具新規。三月工徒告休，成大馳至斗門，落成于司馬之廟。竊悲夫水無常性，土亦善堙，修復之甚難，而潰塞之實易，惟後之人，與我同志，嗣而葺之，將有政於斯，今故列其規於石以告。四月十九日，左奉議郎權發遣處州軍州主管學事兼管内勸農事范成大書。

（光緒）《處州府志》卷二六《范石湖書通濟堰碑》 文凡十四行，行書，徑一寸五分，堰規附載水利。通濟堰，合松陽、遂昌兩溪之水，引而東行，環數十百里，溉田廣遠，有聲名溯東。按長老之記，以爲蕭梁氏時詹、南二司馬所作，至宋中興乾道戊子，垂千歲矣。往迹蕪廢，中下源尤甚。明年春，郡守吴人范成大與軍事判官蘭陵人張澈始修復之，事悉具新規。三月，工徒告休，成大馳至斗門，落成于司馬之廟。竊悲夫水無常性，土亦善堙，修復之甚難，而潰塞之實易，惟後之人與我同志，嗣而葺之，將有考於斯，今故列其規於石以告。四月十九日，左奉議郎、權發遣處州軍州主管學事兼管内勸農事范成大書。右宋郡守范公成大《通濟堰記》，并《堰規》二十條。乾道四年頒發，五年，張澈立石。舊志僅録記略，又脱去六十八字，今摹石刻始全。然規石雖存，字迹模糊難辨，今取相傳《堰志》一書録之。原刻尚有堰山一條，共二十條，今止十九條。據《堰志》云，堰規凡二十條，今除去堰山一條，蓋舊堰自春初起工，用木篠築成堰堤，取材於山，攔水入堰。自開禧元年，郡人參政何澹築成石堤以圖久遠，不費修築，因請於有司給此山。今山爲何氏物業，非堰山矣。是則何氏因捐築石堤後，據山爲己有，遂除去堰山一條，存十九條，附載水利。

《千倉渠水利奏立科條》

論説

（乾隆）《濟源縣志》卷六《千倉渠水利奏立科條碑記》 准司農寺牒准熙寧三年八月二十七日中書札子提舉京西路常平廣惠倉兼管司農田水利差役事殿中丞陳知儉狀准中書札子准三司使公事吴充札子奏：臣任京西轉運使日，竊見孟州濟源縣舊有渠堰，傳沿爲唐河陽節度使温造壅濟水以溉民田，謂之千倉渠，歲久堙廢，本州引此水灌城壕池沼、植蒲蓮之外，大姓以水磑專其利者久矣。臣遂肆濟源縣種診募民興復渠堰，堰成，民得種稻。鄉時畝爲錢百餘者，今幾貳仟錢，則厚薄可見。然用水多少，未有限約，而害渠堰之利者，常在水磑之家，及引水入州城經數十里，水行地上，堤道小不如法，則皆决泾散溢，以此民之所用不得其半，亦可惜也。□□□指揮本務邢提舉官壹員，親詣地頭，詢求利害，立爲科條，民上下均停浸灌，以息争訟，務令經久，不爲豪有力者規錮其利。□□□□□降敕命指揮，仍令本縣令佐銜位中書管勾渠堰，所貴用心。取進止。右奉聖旨，宜令京西路提舉官依三司上項奏請事理具，合立科條，聞奏札付。提舉京西路常平廣惠倉司准此。□□□□孟州濟源縣親詣地頭，詢訪利害，勾集稻田人户，立定科條，謹具畫一如後，知儉詢訪到上件利害，立到科條，并在前項開□□畫地圖壹本連在前。知儉契勘上件，濟瀆昨自嘉祐八年興復古千倉渠堰水，種稻民甚獲利，後來止因豪民要濟水專□□將入州城水盗决入溴河，致得州城水小，於治平二年，本州差官下縣點檢，而所差官不究盗水之弊，遂於濟水作堰□□其石堰分減水利，因此千倉渠稻田漸成廢壞。况民間興置水田，各别置牛具，增添農器，費用不少，昨來止得二年之利，各已□□因此多下貲本，破壞家業，至今未得復舊。及後來分減水勢之後，用水不足，人户争訟多口，不能爲利之久，而爲害已至矣。今□□立上項條約，已具狀申奏，况朝廷更賜詳酌。如可施行，乞降敕指揮，降下孟州遵守，并下轉運提刑司常切覺察，及乞依吳充奏□令本□□□□中帶管勾渠堰，以爲永遠之利。奏聞去訖。今先具詢訪到利害共一十件，逐件各別立條約于後。右進呈聖旨，宜令京西轉運司并依所奏施行，札付司農寺准此，牒請一依中書札子指揮施行，關牒各屬去處，照會施行。今將前項利害各立科條如後。

一、濟水更不分入濟河，并入千倉渠，澆灌稻田。

一、孟州城池只用濟河泉水，常於龍港溝點檢，不得令人盜決，如遇大旱水小，亦不得於千倉渠濟水內分減。

一、懷州更不分濟水，入州城如遇開閘，水還濟河，許依舊通流。

一、龍潭水自來合濟水入千倉渠，不得引入別河，興置水磨等分減水勢，如依舊却還千倉渠者，即許使用。

一、於濟水上源舊石闥處置閘一座，每年正月十五日已後開閘，水盡入千倉渠。至九月一日已後閉閘，水盡入濟河，許水磨户使用。如遇閉閘時月非汛水長，亦許開閘減放。如遇閏月節氣，早晚不定，至九月稻田未熟，尚要水澆灌，須候不用水亦許開閘。如遇閘有損壞，并係水磨户晝時修整，不得有悮稻田使用。每遇開閘，并須申縣，取稻田人户狀，實不用水，委官監視，方得開閘。仍候向去人户修築堤塘，可以將無用水收蓄，增置稻田，亦更不開閘充動磨使用。

一、千倉渠兩岸地土，除自嘉祐八年後來至今年已前，已曾經種及現種稻田地土，先許耕種作水田外，其餘并未得興作水田，後來年舊田興作了日，尚有餘剩水勢，即許衆户申縣，相度所剩水勢，更可以的實增添多少頃畝，自許里道已東，沿渠自上及下，從近及遠，添展地土，亦不得廣有增添，却致水少，復成争訟。其今來合種水田地土，并委本縣據人户姓名、地段、頃畝、四至，置簿拘管。如有添展，亦依此施行。

一、稻田人户全閘定渠水後，每一時辰澆田一頃，以一閘內所管田地頃畝通算時辰。如一閘內收水不盡，許以次閘同共收使，通計頃畝，算用時辰，如田土閘一里已外，據頃畝以五時辰充四時辰。每遇開閉，并須上下甲頭同共照管，時辰纔滿，立便開閘。上閘已西郭術地內，舊有水口一個，澆灌見種稻田約四十畝，原不用閘堰，已現定水口濶五寸，深四寸，并有泉四眼，或水餘旋行閉塞，即不得透水入濟河。其管阡陌道兩邊，各有引水渠，并許公共引水使用，地主不得占□，亦不得深作壕塹。如田段在中間，不近阡陌道，許於并段上流人户畦隔內通水使用，不得攔占。

一、今來許里道上閘已西不得更置閘堰及舊各不得增高，如上閘已下添移閘堰，并甲官，取上下隣閘人户定奪，無妨礙，方得添移。

一、沿渠人户分作上流、中流、下流三等，每等各置甲頭一人，以逐等內地土物力最関百姓充管地分內都丈頃畝、用水時辰、開閉閘堰、供報文字，如敢作弊，歛掠人户錢物，并行嚴斷。

一、已上所立條約，如州縣官吏故有違犯，争奪水勢，乞科違制之罪，仍許人户經轉運提刑司陳訴。如稻田人户自相侵犯，不守條約，乞從違制失定斷。

綜述

（雍正）《河南通志》卷一七《水利上》　千倉渠，在縣北，詳注見前河內縣濟瀆水利中。其源發自本縣濟池，與龍潭水分爲上、下二堰，上堰六閘，下堰五閘，定規：穀雨築堰，秋分決壩，放水入□河，自穀雨至霜降，無水利地户不得浸灌旱田，分減水勢，又不得妄置水塏，惟旋折原渠，不減原水者，方許置用。渠寬三丈六尺，深五尺，長三十五里，經由數村灌田，下流入河內縣。

（乾隆）《重修懷慶府志》卷七《千倉水科條碑略》　提舉京西路常平廣惠倉兼管司農田水利差役事陳知儉准中書札子准三司使公事吳充札子奏：孟州濟源縣舊有渠堰，傳沿爲唐河陽節度使温造壅濟水以溉民田，謂之千倉渠，歲久湮廢。本州引此水灌城濠池沼、植蒲蓮之外，大姓以水磑專其利者久矣。臣遂使濟源縣种診募民興復渠堰，堰成，民得種稻。鄉時畝爲錢百餘者，今幾二千錢，則厚薄可見。然用水多少，未有限約，而害渠堰之利者，常在水磑之家，及引水入州城經數十里，水行地上，堤道小不如法，則皆決注散溢，以此民之所用不得其半，亦可惜也。親詣地頭詢求利害，立爲科條，上下均停浸灌，以息争訟，務令久。共十一件條約進呈云云。今上下堰皆穀雨築堰，秋分決壩，自穀雨至霜降，無水利地户不得浸灌旱地，分減水勢，亦不得安置水磑。惟折旋原渠，不減原水者，方許置用，蓋猶本陳公之遺制也。

《宣和編類河防書》

傳記

（嘉慶）《重刊江寧府志》卷五五《沈立金陵記》 按：立，歷陽人，所著有《宣和編類河防書》一百九十卷，《都水記》二百卷，《名山記》一百卷，皆見《宋志》，蓋深於地理之學者也。

紀事

宋 王應麟《玉海》卷二二《地理》 皇祐三年五月壬申，置河渠司于三司。五年七月癸丑，蘄州判官李虚一上《溉漕新書》四十卷，其書記古今河渠事，其閏言塞六塔，便詔送河渠司。【略】嘉祐五年功畢，集成《水利圖經》二卷付州縣遵行，迨今十七年。尚慮河東荒瘠之田可引河以溉，奏遣都水丞景琬視之。元豐之制，水部掌水政。崇寧二年十月，有司請推廣元豐水政。宣和二年八月二十九日，《編類河防書》成，二百九十二卷。

著録

《宋史》卷二〇四《藝文志》 《宣和編類河防書》一百九十二卷。

清 沈叔埏《頤彩堂文集》卷四 宋《景德朝陵地理記》《宣和編類河防書》。

（光緒）《直隸和州志》卷三六《藝文志》 《宣和編類河防書》二百九十二卷，沈立著。元豐之制，水部掌水政。崇寧二年十月，有司請推廣元豐水政。宣和二年八月二十九日，《編類河防書》成，二百九十二卷。

修護堤防律

論説

唐 長孫無忌《唐律疏議》卷二七《雜律・失時不修堤防》 諸不修堤防及修而失時者，主司杖七十；毀害人家、漂失財物者，坐贓論減五等；以故殺傷人者，減鬭殺傷罪三等。謂水流漂害於人。即人自涉而死者，非。即水雨過，常非人力所防者，勿論。疏議曰：依《營繕令》：近河及大水有堤防之處，刺史、縣令以時檢校。若須修理，每秋收訖量功多少，差人夫修理。若暴水泛溢，損壞堤防，交爲人患者，先即修營，不拘時限。若有損壞，當時不即修補，或修而失時者，主司杖七十。毀害人家，謂因不修補及修而失時，爲水毀害人家，漂失財物者，坐贓論減五等，謂失十疋杖六十，罪止杖一百杖。若失衆人之物，亦合倍論。以故殺傷人者，減鬭殺傷罪三等，謂殺人者徒二年半，折一支者徒一年半之類。注云：謂水流漂害於人，謂由不修理堤防而損害人家，及行旅被水漂流而致死傷者。即人自涉而死者，非所司不坐。即水雨過常，非人力所防者，無罪。

宋 竇儀《刑統》卷二七《不修堤防盜决堤防》 諸不修堤防及修而失時者，主司杖七十；毀害人家，漂失財物者，坐贓論減五等；以故殺傷人者，減鬭殺傷罪三等。謂水流漂害於人。即人自涉而死者，非。即水雨過常，非人力所防者，勿論。其津濟之處，應造橋航及應置船、栰而不造置，及擅移橋、濟者，杖七十；停廢行人者，杖一百。疏：諸不修堤防及修而失時者，主司杖七十；毀害人家，漂失財物者，坐贓論減五等；以故殺傷人者，減鬭殺傷罪三等。注云：謂水流漂害於人，即人自涉而死者，非。又云：即水雨過常，非人力所防者，勿論。議曰：依《營繕令》：近河及大水有堤防之處，刺史、縣令以時檢校。若須修理，每秋收訖，量功多少，差人夫修理。若暴水泛溢，損壞堤防，交爲人患者，先即修營，不拘時限。若有損壞，當時不即修補，或修而失時者，主司杖七十；毀害人家，謂因不修補及修而失時，爲水毀害人家、漂失財物者，坐贓論減五等，謂失十疋杖六十，罪止杖一百。若失衆人之物，亦合倍論。以故殺傷人者，減鬪殺傷罪三等，謂殺人者徒二年半，折一支者徒一年半之類。注云：謂水流漂害於人，謂由不修理堤防而損害人家，及行旅被水漂流而致死傷者。即人自涉而死者，非，所司不坐。即水雨過常，非人力所防者，無罪。

宋 謝深甫《慶元條法事類》卷四九《農桑門》 紹興五年十月六日敕：勸會種植榆柳林木之類，本爲修築埽岸，堤備黄河，及官司營繕以充財植。擾攘以来，黄河無修築，官司罷營繕，將縣丞種植榆柳木推賞權罷，候邊事寧息日依舊。

紀事

宋 佚名《宋大詔令集》卷一六〇《置河堤判官詔》 朕每念河堤潰决，頗爲民灾，故嘗置使以專掌之，思設僚佐，共濟其事。自今開封府、天雄軍、鄆、澶、滄、滑、孟、濮、懷、鄭、齊、棣、德、博、淄、衛、濱十七處，各置河堤判官一員，即以逐州通判充；如闕通判，委本州判官兼領之。

又 卷一八一《都水使者趙霆奏黄河埽岸科夫修築事御筆》 河防夫工，歲役十萬，濱河之民，困于調發，可上户出錢免夫，下户出力充役，皆取其愿。買土修築，可相度條畫聞奏。

又《遣使案行遥堤詔》 近年以來，河堤頻决，壞廬舍，壞田畝，數郡被其灾。先是築遥堤以遏民利，其膏沃多種藝居處於其中，河漲即罹其患，宜令殿中侍御史柴成務、國子監丞趙孚、供奉官萬彦恭、殿直郭載分往黄河南北岸按行遥堤，有不完處，發丁男治之。民先占堤内種植者，免其税，遷于善地焉。

又 卷一八二《蘇湖相度圩岸御笔》 禹貢三江既導，震澤底定，今三江之名既失其所，水不趨海，故蘇湖被患。可委本路監司選擇能臣，檢按古迹，循導使之趨下，并相度圩岸聞奏。

又《屯田司修完塘堤御筆》 潴水爲塘以除水患，留屯營田以實塞下，爰自祖宗設官置吏，分職聯治，自可一司專揔其事。歲月浸久，州縣習玩，訪聞比来塘堤不修，水潦穿溢，出害民田，綿亘千里。雖有司存上下苟簡，殆同虚設，可令屯田司并循祖宗以来塘堤故迹，重加修完，務令堅固，即别不得增益，更改引惹生事。本司可比本路提點刑獄序官提刑之上舉官按罪，吏属等務，可令相度條具來上。餘悉仍舊。

《續資治通鑑長編》卷八四 大中祥符八年六月 詔自今汴水添漲及七尺五寸，即遣禁兵三千沿河防護。

又 卷九〇 天禧元年十二月戊子 诏京畿諸州築河堤，悉以軍士給役，無得調發丁夫。

又 卷一〇五 天聖五年九月 丙辰，诏：滑州修河兵夫，比多疾病，其令醫官院遣醫分治之。候罷役，較其全失之數以聞。

又 卷二五六 熙寧七年九月戊申 河北西路察访使沈括言：『近有旨，令两浙路转运使等各提举一州第二料水利，转运司奏称有未便。臣在本路，与监司日夕聚议凡半年，王庭老未尝言有未便，今有此异同，乞行推究。』诏水利第二料除不可兴修外，并先从低下处兴工，中、高田不得一例围裹，仍令庭老具析前后异同以闻。

又 卷二七〇 熙寧八年十一月 癸亥，樞密使吴充言：『聞汴水凌牌擁遏京城中，今河道已凍合，慮恐提防别有疏虞，乞詔都水監速閉汴口。』上批：『依今晚指揮，令判監一員往汴口監督，連夜閉塞，無信妄説利害，小有遷延。』尋又詔：『聞汴口嘗有不閉口指揮，致無準備，其令歲備閉口材料，毋得誤事！』『毋得誤事』乃十二日詔，今并書此，可附見。記聞所載復命侯叔獻開訾家口，亦不詳叔獻事迹。然吴充乃憂不閉口致疏虞，記聞則謂開訾家口免阻絶，利害殊不同，當考。

又 卷一七一 皇祐三年十二月己亥 開封諸縣歲差八分人夫以開浚溝渠，頗爲煩擾。自今凡有堙塞處，聽所在人户自開浚，而官爲檢視之。

又 熙寧七年四月庚午 詔都水監黄河六都大司，除開封府界白馬等縣黄河堤岸留二員，餘各減官一員，并其餘埽岸地里狹處使臣，亦具相度減并以聞。

又卷一三　開寶五年六月　是月，下詔曰：近者澶濮等數州霖雨洊降，洪河爲患，朕以屢經決溢，重困黎元，每閲前書，詳究經瀆，至若夏后所載，但言導河至海，隨山浚川，未嘗聞力制湍流，廣營高岸。自戰國爭利，堙塞故道，小以妨大，私而害公，九河之制遂隳，歷代之患弗弭。凡搢紳多士，草澤之倫，有素習河渠之書，深知疏導之策，若爲經久，可免重勞，并許詣闕上書，附驛條奏。朕當親覽，用其所長，勉副詢求，即示甄奬。

《元史》卷六四《河渠一》　至元三年七月六日，都水監言：運河二千餘里，漕公私物貨爲利甚大。自兵興以來，失於修治，清州之南、景州以北，頹闕岸口三十餘處，淤塞河流十五里，至癸巳年朝廷役去四千修築浚滌，乃復行舟，今又三十餘年，無官主領，滄州地分水面高於平地，全籍堤隁防護。其園圃之家掘堤作井，深至丈餘，或二丈，引水以溉蔬花。復有瀕河人民就堤取土，漸至闕破，走洩水勢，不惟澀行舟，妨運糧，或致漂民居，沒禾稼。其長蘆以北，索家馬頭之南，水內暗藏樁橛，破舟船，壞糧物，部議以濱河州縣佐貳之官兼河防事，於各地分巡視，如有闕破，即率衆修治，拔去樁橛，仍禁園圃之家，毋穿堤作井、栽樹取土。都省准議。

元　任仁發《水利集》卷一　大德二年立都水庸田司。江浙行省准中書省咨：大德二年二月初八日奏過事內一件：去年也速答兒、明里不花等江浙行省官人每教賽典赤叔叔说将來有，收附江南之後，亡宋時田地有氣力的富户每影占着有，麽道，奏了，尋出四萬頃田地來。那地內每年出産四十萬石粮絲綿布鈔等物，這田地并種田水利勾當專一管辦，合立司農司衙門。麽道，説将來呵。去年夏裏俺商量了奏來，在先立行司農司衙門管着四省地面來，不得濟。麽道。近間革罷了也。如今復立呵，不宜也者。又則這田地內有太湖，亡宋時修理河道，教水徃海裏流入去呵，田未根底多得濟來。收附江南之後，冨豪人户每將那湖泊水築堤堰當住，做了旱地種田的，上頭那水漲漫出來，係官并有姓的田禾撚損壞。麽道。世祖皇帝根底奏了，教二十餘萬人将那堤堰挑開修理來，自修理之後，錢粮辦集，因那河道的上頭，俺有一箇商量，如今教使臣回去到大都，俺衆人商量了，奏呵，怎生？奏呵，那般者。麽道。聖旨有來。俺和理會的人每一處商量來，若立衙門呵，多得濟。有不教立行司農司，立一箇都水庸田使司三品衙門，委付六箇人，教也速答兒省官的地面里專一提調田土河道呵，怎生？這言語裏面，俺的一半伴當説爲衙門官吏多，麽道。欽依聖旨，見行商量裁減有，却刱立衙門呵，宜麽？又俺一半伴當説不得濟呵，衙門官吏裁減有，這衙門若立呵，説多得濟，有雖那般呵，咱每奏者。教立的，不教立的，皇帝識者商量來，奏呵。奉聖旨，如今教立者，行一年不得濟呵。那裏説將來，那其間理會也者。欽依施行，准此。省府除外，仰欽依施行。

又　大德二年，都水庸田司條劃江浙行省准中書省咨：欽奉聖旨，設立浙西都水庸田使司，合行事理，中書省定立條劃，所在官吏咸各遵奉。江浙行省添力提調，諸人不得攪擾。違者究治等事。欽此。今議擬到下項事理，都省除外，咨請遍行合屬。欽依施行。准此。省府除外，今將聖旨全文抄録在前，仰欽依施行。一、江西練湖、澱山等湖已有定立官湖界畔，諸人不得似前侵占，復爲民害。違者，都水庸田使就便追断。一、浙西海水晝夜兩潮，隨帶沙泥入港，漸成壅遏。亡宋時另設撩清軍人專一撩洗，今仰都水庸田使司於二、八月內依時督責，如法疏浚，毋致壅塞，與民爲害。疏浚治河道，修理堤岸閘埧，合用人工，如何措置，更爲從長議，擬咨省。一、浙西間農種圍褁成田，若雨水傷田則車水出圍，或值天旱則車水入圍。其圍岸損壞，并車水救田之時，本處官吏、頭目人等驗圍內不以是何户計種田佃户，務要人力均齊，日夜并工，不致爲害。如有田不即救禦之人，所在官司就便勾断，各管官吏頭目若有怠慢去處，以致傷害田禾，都水庸田使司依例究治。一、浙西官田數多，俱係是貧難佃户種納，春首閑食，無田主借貸，圍岸缺壞，又自行修理，官司不爲存恤，以致逼臨在逃，荒廢官田，深爲未便。今後官田佃户若委無已業，亦無請射田主，貧難下户止種官田，自赴官倉送納租者，管民官司并不得將此等佃户差充里正、主首、雜當一切催甲等役，妨廢農事，失悮官租。如違，仰都水庸田使司取招究治。一、浙西諸湖河道塘岸，并所在閘埧房舍，各處管民官常加修理完備，委官看守，依時啓閉，以節水勢。仰都水庸田使司徃來巡視，但有廢墮作弊，就便究治。一，都水庸田使司官負專一疏浚河道，督責修圍，不許別得差占。

又　江浙行省添力提調皇帝聖旨，諭江浙等處行中書省、行御史臺、行宣政院、通政院、肅政廉訪司、轉塩運使司、財賦總管府、海道運粮萬户府、路府州縣達魯花赤、管民官、鎮守軍官、各投下另委管户人員及應管分事，不以是何官吏、僧道、軍民諸色人等，中書省奏，浙西水鄉，田粮浩大，亡宋浚水治田，另有專設官府。近年責付有司，此法廢墜。有力之家占湖爲民田，被水害。世祖皇帝時命與修，俾水通流，官民有益。然河道田圍雖常修理，沿河上下，彼疆此界，州縣不相統属，圍内田土別管佃户民官不能勾攝，人力不齊，事功難就，擬設浙西都水庸田使司，總行督責，乞降聖旨事，准奏。據本司合行事理，中書省定立條畫，所在官吏咸各遵奉。江浙行省添力提調諸人不得攪壞，違者究治。都水庸田使司却不得生事擾民。准此。

又　大德二年三月日，庸田司通管江東、兩浙，皇帝聖旨，諭江浙等處行中書省、行御史臺、行宣政院、通政院、致用院、宣慰司、肅政廉訪司、轉運塩使司、財賦總管府、海道運粮萬户府、路府州司縣達魯花赤、管民官、鎮守軍官、各投下另委管户人員，但管分事，不以是何官吏、僧道諸色人等，中書省奏，江浙行省言，浙西都水庸田使司設立以來，修築圍岸，疏浚河道，田農得濟。其浙東、江東等處多有興修水利，合令都水庸田使司通行整治，乞降聖旨事，准奏。據江東、兩浙地面應有諸河道陂塘堤岸閘堪，遇有興工去處，所在有司於不以是何户内隨即并工修理。若田圍損壞，并車水救田時分，各處管民官驗周内諸色有田主佃户，計儘力修治，都水庸田使司通行督責，俾水道通流，圍岸堅固，毋致爲害。如不即救禦應役之人，其各處官司占恡阻當，府州司縣廃墜作弊，仰都水庸田使司就便究問，年終提夲司通行考較，開坐各處勤墮實迹，申呈上司。如有合行事理，依照中書省已定條畫施行。凡在所属，咸各遵奉。江浙行省添力提調，務要成就，諸人不得攪壞，違者治罪。都水庸田使司不得生事擾民。欽此。

又　大德四年二月日，大德八年五月，中書省照會設立行都水監，都省往來咨，平江等處河道五月二十一日奏過事内一件，江浙省官人每説將來，江南、浙西地面裏諸處雨水、山水聚於太湖、澱山湖，經由吳松江通流入海，吳松江海口的故道被海潮往來，日漸淺塞了一百有餘里，田地不曾開挑呵，哏損着田禾，麽道。説将來呵。合怎生開挑，麽道。差人去江浙省裏講究去來，他每和省得的人一同商量了，説将來有。吳松江流水去處若不開挑呵，哏損着田禾，浙西諸色苗粮户内起夫開挑，管水利的勾當立一箇行都水監，説将來有。俺商量來，每年海運的粮斛多在浙西，有吳松江淤塞地面，若是有人種田，或別占着的，不揀甚麽人，休教阻當，合開挑處，教浙西諸色苗粮户内起一萬五千名夫，自備什物，工役一年呵，每一名夫免粮一十五石，軍站除贍役地外，依上科。着僧道、也里可温、答夫蛮不分常住，并權豪官員，不以是何投下，不納苗粮之家，利害都一般，有五頃爲率，着夫一名，這般開挑呵，爲衆人得濟官粮也不悮了。應有合行水利的勾當，立一箇行都水監專管着，更委徹里提調，行御史臺、廉訪司也教添氣力成就呵，怎生？奏呵，那般着。欽此。

又　立行都水監整治水利。皇帝聖旨，諭行中書省、行御史臺、行宣政院、宣慰司、廉訪司、轉運司、管軍官、管民官、應管大小分事官員、各投下人員、諸色軍民、僧道人等，浙西近年以來屢遭水患，百姓飢餓流移，不勝艱苦。推原其由，盖因吳松江等處故道淤塞，每遇霖雨，潦水漲溢，不能通泄，以致渰没田禾，民被其殃。今立行都水監專以整治水利，相其地形，從宜疏導，庶幾水不爲灾，民得安業。所有合行事理條列于后：一、應係溝渠河道舊有官湖，因其淤塞，人民侵占爲田，今次興工，但有妨碍，即便開浚，諸人不得阻滯。違者，從行都水監究治。應有圍岸督責修理，務要不致爲害。一、開挑修浚河道，委行省平章政事闍里提調供給，仍斟酌差軍鎮遏，行臺、廉訪司添力成就。一、開挑修浚河道閘堪等合用一切物料，行省即於官錢内收買應付，毋致闕悮。一、行都水監直隸中書省，於平江路置司，行移與廉訪司一體。凡有関碍行省公事，轉全各路行移回報其関碍水利，各路府州司縣不爲奉行，及税户合着夫役擾而不辦，官吏因緣作弊，行都水監明白取招受宣，官議擬呈省，受勅以下，就便治罪。一、浙西苗粮户内起夫一萬五千名，自備什物，每名工役一年免粮一十五石，其軍站除贍役地外，依上科着僧道、也里可温、荅失蛮不分常住，并權豪官員，不以是何投下，不納官粮之家，以地五頃着夫一名，從行都水監選委廉幹官員，部夫督役，其有意立事功廉能稱職者，聽行都水監具實迹舉明。其着夫人户，雜泛差役權行蠲免。一、吳松江淤塞去處，仰行都水監與元陳言人、任仁發一同監視，商議開挑，務要成就。其餘河道閘堁可以疏浚興修者，本監從便施行。一、該載不盡，凡可以興除利害者，行都水監就便從長整治，事重者關部呈省。

又 大德八年七月日，行都水監添氣力皇帝聖旨，行中書省、行御史臺、行宣政院官人每根底，宣慰司、廉訪司、轉運司、海道運粮萬户府官人根底，軍民管根底，各投下頭目每根底，和尚、也里可温、先生、答失蛮每根底，宣諭的聖旨，中書省官人每奏，行都水監官人每俺根底題説，近年以來，江浙省所轄地面裏，吳松江等處舊有河道淤塞的淺了，那水漫流，這幾年渰没田禾，百姓闕食生受的，上頭立了行都水監衙門行了，聖旨交開挑舊河道的時分，于碍着官豪勢要富户每的田地上頭，便見識俺的勾當。其間入來阻壞，有可怜見呵，添氣力的聖旨，麽道奏來。衆百姓每根底得濟的大勾當，有江浙省官人内提調者，開挑者，行省、行御史臺、廉訪司等軍民官，每不揀誰添氣力交成就者，不揀是誰，他每勾當其間，休入去者道來，這般宣諭了呵。别了的人每有罪過者，其餘不揀甚麽合行的勾當，依着在先聖旨體例行者，這行都水監官人每因着這般宣諭了也，麽道。做無體例勾當交百姓每生受呵，他每不怕那甚麽聖旨。大德十年三月十六日，先八兒委有時分寫來，五月十三日行監開讀。

又 中書省札付：開江立閘皇帝聖旨裏：中書省来呈：爲吳松江置立閘座等事，得此施行。間准江浙行省咨，亦爲此事。都省議得吳松江既已開通，置立閘座，所擄本戢除克江陰州尹年將致仕，□期相近例合之任。緣上項閘座，即係欽奉聖旨，事意已經差委，本戢馳驛前去，與江浙行省左丞朶兒只班資政一同親詣各處督責，拘該有司，依上修置。外拟復立庸田使司，遴選諸知水利廉能官員，除已另行早爲銓注，仍咨江浙行省照驗去訖，合行仰照驗，依已行事理施行。□守閘座人夫與行省官一同議擬呈來，湏議札付者。

又 泰定三年，都水庸田使司添氣力長生天氣力里，大福廕護助裏，皇帝聖旨：江浙等處行中書省官人每根底，行御史臺官人每根底，行宣政院、宣慰司、肅政廉訪司、轉運塩使司、財賦總管府、海道運粮萬户府官人每根底，路府州縣達魯花赤、管民官、鎮守軍官每根底，各投下另設管户人員及應管不以是何官吏、僧道、衆百姓每根底，宣諭的聖旨，中書省奏：浙西水鄉，田粮浩大，昔在亡宋浚水治田，設官掌之。世祖皇帝時分，一切水利特命興修有來，在後專設衙門管領，民賴其利。比因責付有司，委任不專，此法遂廢。河道田圍修理之時，州縣不相統属，人力不齐，事功難就，擬合復置衙門，麽道。准奏。今命啓蘭張友諒爲頭，設置都水庸田使司衙門，專治水利，總行督責官民田圍堤岸修理等事。如遇湮游衝决，拘該有司不即疏洗救禦，怠慢呵，或應役之人占悋阻當，因而敗公墮事者，仰都水庸田使司應究治者随即究治，合行經田行省者，行省究治。事重者，申請中書以聞。年終比較勤惰，中書考績。其餘合行事理，從中書省定立條劃施行，江浙行省用心添力成就。諸人不得沮壞，違者治罪。都水庸田使司却不得固而擾民。

明 謝肇淛《北河紀》卷六《河政紀》 宋太祖乾德五年正月詔：大名淄滄德博等州長吏并兼本州河堤使。

又 太宗淳化二年三月，詔長史以下及巡河主埽使臣經度行視河堤，勿致隳壞，違者寘於法。

又 開寶五年正月詔曰：應緣清御等河州縣，除準舊制種藝桑棗外，委長吏課民别種榆柳及土地所宜之木。仍案户籍高下，定爲五等。第一等歲樹五十本，第二等以下遞減十本。民欲廣樹藝者，聽之。孤寡惸獨者免。

又 天禧三年，詔河北路經水灾州軍勿復科調丁夫具守捍堤防，役兵仍令長吏存恤而番休之。

《宋會要輯稿·方域一四之三》淳化二年三月 今歲時雨霶霈，川流暴漲，慮河堤脆薄之處，或有蛇鼠所穴，牛羊踐履，岸缺成道，積水衝注，因而壞決，以害民田。宜委諸州河堤使、長吏以下及巡河主埽使臣經度行視，預圖繕治。苟失備慮，或至壞隳，官吏當寘于法。

又《食貨七之一一》慶曆三年十一月七日 訪聞江南舊有圩田，能禦水旱，并兩浙地卑，常多水灾，雖有堤防，大半隳廢；及京東西亦有積潦之地，舊常開决溝河，今罷役數年，漸已堙塞，復將爲患。宜令江淮、兩浙、荆湖、京東、京西路轉運司，轄下州軍圩田并河渠、堤堰、陂塘之類合行開修去處，選官計工料，每歲於二月間未農作時興役，半月即罷。仍具逐處開修并所獲利濟大小事狀保明聞奏，當議等第酬奬。內有係灾傷人户，即不得一例差夫搔擾。如吏民有知農桑可興廢利害，許經運司陳述，件析利害，畫時選官相度，如委利濟，亦即施行。

藝文

唐 元稹《元氏長慶集》卷三《修堤請種樹判》　乙修堤畢，復請種樹功價。有司以爲不急之務。乙固請營繕，令諸侯水堤內不得造小堤及人居，其堤內外各五步并堤上，種榆、柳、雜樹。若堤內窄狹地種，擬充堤堰之用。

善防既畢，固合程功，柔木載施，亦將補敗。丁之亟請，誰謂過求？隱椎之役雖終，列樹之思尚切。有司見阻，無備實難。苟恡養材之資，盍非長利；遠求爲揵之用，豈不重勞？當有取於繕完，願何煩於藝植？且十年可待，五步足徵，防在未萌，著之先甲。因而致用，庶無瓠子之灾；言之不從，恐類匏瓜之繫。

宋 李昉《文苑英華》卷五二七《無夫修堤堰判》　河南諸州申無夫修理堤堰，請與之平價，仍免外徭。省司以爲與平價則官無所供，免外徭則公事廢闕，不之許。州訴人實阻饑，恐不及冬成，至春復桃花水爲害。

對　元承先　備預不虞，古来善策，隨事興理，今亦宜然。於廓長河，邈界中國，来萬里之外，歷數州之間。榮光載浮，竹箭長下。千里作曲，呈瑞馬以出圖；三日成霖，或迷牛而爲害。永言諸郡，夾河之壖，堯水屢逢，媧灰未正。俾太守沉馬，空竭精誠，將軍負薪，猶勞太息。則必土功展事，金堤爰起。匪用齊人之力，孰免爲魚之嘆；恭聞漢事，以蠲六月之徭。大哉聖朝，實平百姓之價！公家之事，知無不爲，苟利於人，胡爲不可？省司所見，未窒盈庭之辭；州訴宜從，可塞如川之口。

同前　郭尚温　使人以時，不奪農務，前王令典，歷代通規。頃屬月離畢星，天作霖雨，緣河諸郡，水害方殷。王尊之祭徒誠，陽侯之怒無息。是隳堤堰，乃請修營。動衆興功，雖不違於九月；免徭酬直，或大優於百姓。握蘭則两停俱廢，恐未得於隨時；剖竹則二事兼全，亦頗同於太過。况頻遭墊溺，人實阻饑，若不冬成，必貽春慮。理湏折衷，事遣合宜，則丞相無壞陂之尤，將軍免負薪之苦。

同前　劉閏　邦寧本固，書稱經理之方；慮始樂成，易著變通之義。且河分南北，境控青徐，壤雜下田，土爲上賦。荐逢堯水，乍闕殷儲，感發於中，思索其極。順時令，庀工徒，版築爰興，堤防互設，崛然特起，同斷岸之孤標；的爾殊形，狀屯田之錯峙。期於永逸，汔用小康。望免外徭，式酬平價，州將當撫循之寄，顧瞻黔黎，省司應出納之權，愛存府庫，俱爲奉國，咸是循公。探源君混其淄澠，究理頗别於涇渭，何則？雖言營造，本資其井田，徒謂繕修，未起於桑梓。力常有限，徭或可蠲，役靡踰時，價無冝給。是則上省勞費，人忘阻饑，無闕於農，不僭於素。縱使堤踈瓠子，不復興歌，浪起桃花，誰能爲害？

同前　孟楚瓊　五材并用，水德靈長，八卦裁成，坎宫流潤。銀河有飄查之浪，金堤苦懸米之憂。《漢書》以《溝洫》興謡，《史記》乃《河渠》發咏。疏導得理，編甿以寧。眷彼諸州，是稱修葺。堤堰縱横，瓠子湏切，黎人阻饑，匏瓜莫食。遠由蘭署，庶救梅林，何高見之不同，而平價之無給。夫則非人莫可，人則非食罔存。數日暫勞，猶宜不許，累旬重役，焉可闕如？官供尚且云無，私備奚能取濟？况國家無事，主是唐堯，河内有倉，吏非汲黯，但使凖格興役，何必申省拘文？公課自有常程，令式寧無舊例。免徭請價，義竊惑焉。

又《修河堤不溉田判》　乙主河堤，郡守詰其不以溉田。詞云：亦有以據。

對　唐南華　長河千里，聖主一清，漢帝宣防，猶負薪於瓠子；王尊東郡，尚堅立以安人。所以河公不仁，時聞泛濫；主司有事，每見堤防。盍却略於石門，亦摧殺其水怒。傅以客土，將全其邑居；聚之淇竹，實拯以昏墊。常流不弛於正道，泗野寧浮於翳桑？諒巡植之爲功，奚褰帷而見詰？必人同鄭、白，食我京師。或且溉而有餘，何屯膏而不作？均夫鄴令，招不智於漳河；異彼武安，頓遺利於鄗邑。良能沃野，義在隨時。請據《河渠》之書，無忘《溝洫》之志。

又 卷五二八《清白二渠判》　得清白二渠交口不著斗門堰府司科高陵令罪云是二月一日以前。

對　清白二渠，其來自遠，善利萬物，聞諸古昔。故疏溝若雨，荷鍤如雲，利彼秦坰，興功鄭白。雖鑿鑿南畆，人歌日出之功；而翹望西成，不假月離之潤。所以每加修葺，式建堤防，各有司存，標諸令式。高陵令以遷鸎入仕，翔鸞布德，宣風百里，早副天心。管轄二渠，正當交口，欲加門堰，諒有前規。即此經營，非無徃例，但以金堤柳色，未變新枝；玉琯葭灰，尚飄春雪。節未逾於二月，事不越於三章。府局論辜，竊以未可。欲加罪也，其如詞乎？

同前　溝洫之宜，堤防是急，惟禹盡力，乃安生人。自鄭渠來興，秦壤增利。清白相映，雲天并開，稻粱交陰，雨汗俱發，東風適降，南畆初勤，曉波猶微，春修未遽。縣令以恤人從術，計役乘閒，雖蟄户驚飛，方期伐木，而斗門議立，且恐勞人。未爲瓠子之決，欲後桃花之水。府司按職，體要俱懷，聽風俗於初聞，謂絃歌於未理。誠以溉灌無闕，經營有圖，豈乖蒲宰之明，當寬柳惠之黜。情存審慎，可適隨時。

同前　三輔名區，千里奥壤，決渠爲雨，荷鍤成雲。衣食之源，見資於甽畆；桑麻之地，實賴於溝渠。故隱於金椎，沉之石揵，用防飄梗，爰備墊流。縣令職在字人，化兼馴翟，用遵常式，或未成規。良以秋潦未收，且疑於瓠子；春流詎泛，未慮於桃花。修葺既非後時，府科何其速耳。請從按記，愚謂合宜。

同前　劉仲宜　殷俗富人，實惟稼穡，分疆列土，必假溝渠。白公入秦，卒興涇水之利；史起居魏，大引河流之溢。信衣食之是資，知珠玉之非貴。理宜順時役築，作制堤防。惟彼高陵，地稱三輔，瞻言沃壤，良由二渠。完謹苟虧，畜洩乖用，必貽罪戾，何以逃刑？且如雨畢除道，既候於天時；水涸成渠，再編於月令。斗門不設，交渠未修，功雖闕於千金，時靡過於二月。遽即科殿，恐爽庶平。請從矜釋，謂合通典。

同前　薛霽　導水東流，百川歸海，甘泉北對，二渠交錯。灌注不息，黔黎資上善之功；奔瀉無窮，生靈得下潤之廣。鄭國創業，白公繼焉，秦兼十倍之資，韓得數年之力。決渠降雨，不待商羊之歌；荷鍤成雲，寧假飛龍之氣。理合克奉時令，謹塞堤防，水潦盛昌，懼有奔突。桃花泛溢，增修及二月之前；瓠子興謠，流潤安四人之業。縣宰弦歌緝化，鸞雉添祥，雷震一時，風行百里，遵乎令典，誡未失時。見彼章程，不罹其咎。有詞難罰，無濫斯人。

同前　劉晋　作利生人，實資水德，至於泛溢，或以灾成。故立彼堤，存夫令式。雖墨綬爲化，不願於勞人；而黄潦或湧，益深於害物。況作事謀始，合用於農隙；啓塞隨時，豈待於春仲？論事乃拙於爲政，語對何聞於有司？堰既不立於千金，刑亦安疑於兩壁。郡侯所詰，爰案科條。

又《毁濯龍泉判》

輿人毁濯龍泉，或失其利。楊氏因形勝，興廢業，邑人訴勞役不伏事。

對　因興立功，就敗成罰，天之所壞，人莫能支。泉既稱於濯龍，歌未聞於黄鵠，是爲廢墜，匪克修平，則當程以土功。議其遠邇，同夫鄰令，舄鹵更生其稻粱；媿彼秦人，荷鍤能降其雲雨。若乃虞藪澤之利，述形勝之由，非曰子來，驚乎慮始。無有猶可，勿對其庸。

同前　李翥　秦起曲江之沼，漢興濯龍之泉。或因山壅流，或平地出水，皆導達溝瀆，修利堤防，竭役費財，窮侈極麗。今國家罷苑囿燕游之所，爲農桑禾黍之場，浸彼稻粱，實我箱庾，事失業廢，其何可知？楊氏用因其資，大興其利，非直務，盡地利，蓋亦誘人歸本。我疆我理，既叶農夫之慶；載勞載役，徒使邑人有言。

同前　裴春卿　水德利物，在乎泉源，農功以時，資於灌沃。必欲壅畜無泄，將以源防，有用輿人，何者輒起，訟於漚菅？楊氏不争，更有興於負鍤。詎謝王尊之堰，重開方進之陂。既以樂成，何徵役本。

同前　蘓令問　濯龍之奥，泉源交屬，楊氏因形以利物，輿人捨舊以謀新。且河渠列於八方，溝洫陳於十志，類百工之居肆，同五行之廢封。既設潤下，是資宜命，水工鳩諸藪澤，以文無害，雖訟何傷？邑中之黔，實興我役，汝南之鵠，亦著人謠。物之常情，難與適變。同源異口，史起尊其前；刋石表界，信臣旌於後。苟利於物，何恤於言？既無稽於簡孚，終有慙於割斷。待資閱實，方定刑名。

同前　房客　澤國之政，川衡是恤，止以瀦防，均之溝遂，畜彼雨施，錯興水物。將廢業之不修，豈分地之爲利？雖輿人之訟，中則可毁，而兩鵠之謡，據聞當復。候天時而潤澤，成我濯龍；灌秋水於涘涯，誰其辨焉？與人爲利，其利則深，仍舊爲功，其功益寡。勞雖是憚，訟則有乎。何者？伍其田疇，初結怨於東里；遵彼溉灌，終見美於西門。乃謀始而獲尤，方樂成而久次。此而爲罪，夫何勸能。

同前　屈突湑　道達溝瀆，浚利川源，允符禮經，克茂邦政。啓塞苟失，艱荒荐臻，惟彼濯龍，稱善利物。不貴離畢之澤，惟俟決渠之降。奚其毁敗，詎潤溝塍。遂使彼黍離離，竟無成於東作；我稷翼翼，豈有收於南畆？而上膺帝澤，下虧甿業，伊輿人之是除，同漢相之斯廢。楊氏以量彼地勢，度兹土宜，興繼絶業，如何不可？既月長而日引，亦暫勞而永逸。邑人之訴，稍乖常典，此而不罰，誰謂其宜。

《盗决堤防律》

論説

唐 長孫無忌《唐律疏議》卷二七《失時不修堤防》　諸盗決堤防者，杖一百。謂盗水以供私用。若爲官檢校，雖供官用亦是。若毁害人家及漂失財物臟重者，坐臟論。以故殺傷人者，減鬬殺傷罪一等。若通水入人家致毁害者，亦如之。疏議曰：有人盗決堤防，取水供用，無問公私，各杖一百。故注云：謂盗水以供私用。若爲官檢校，雖供官用，亦同。水若爲官，即是公坐。若毁害人家，謂因盗水泛溢以害人家，漂失財物，計臟罪，重於杖一百者，即計所失財物坐臟論，謂十疋徒一年，十疋加一等。以故殺傷人，謂以决水之故殺傷者，減鬬殺傷罪一等。若通水入人家致毁害、殺傷者，一同盗決之罪，故云亦如之。

又　其故决堤防者徒三年，漂失臟重者準盗論，以故殺傷人者以故殺傷論。疏議曰：上文盗水因有殺傷，此云故決堤防者，謂非因盗水，或挾嫌隙，或恐水漂流自損之類而故决之者，徒三年。漂失之臟重於徒三年，謂漂失人三十疋臟者，準盗論，合流二千里。若失衆人之物，亦合倍論。以决堤防之故而殺傷人者，以故殺傷論，謂殺人者合斬，折人一支流二千里之類。上條，殺傷人減鬬殺傷罪一等，有殺傷畜産償減價，餘條準此。今以故殺傷論，其殺傷畜産，明償減價。下條水火損敗，故犯者，徵償。

宋 竇儀《刑統》卷二七《不修堤防盗决堤防》　諸盗決堤防者，杖一百；謂盗水以供私用。若爲官檢校，雖供官用，亦是。若毁害人家，及漂失財物，臟重者，坐臟論；以故殺傷人者，減鬬殺傷罪一等。若通水入人家致毁害者，亦如之。其故決堤防者，徒三年；漂失臟重者，準盗論；以故殺傷人者，以故殺傷論。疏：諸盗決堤防者，杖一百。注云：謂盗水以供私用。若爲官檢校，雖供官用，亦是。又云：若毁害人家，及漂失財物臟重者，坐臟論；以故殺傷人者，減鬬殺傷罪一等。若通水入人家致毁害者，亦如之。議曰：有人盗決堤防，取水供用，無問公私，各杖一百，故注云：謂盗水以供私用，若爲官檢校，雖供官用，亦同。水若爲官，即是公坐。若毁害人家，謂因盗水泛溢，以害人家，漂失財物，計臟罪重於杖一百者，即計所失財物坐臟論，謂十疋徒一年，十疋加一等。以故殺傷人，謂以决水之故殺傷者，減鬬殺傷罪一等。若通水入人家，致毁害殺傷者，一同盗決之罪，故云亦如之。又云：其故决堤防者，徒三年；漂失臟重者，准盗論；以故殺傷人者，以故殺傷論。議曰：上文盗水，因有殺傷，此云故決堤防者，謂非因盗水，或挾嫌隙，或恐水漂流自損之類而故决之者，徒三年。漂失之臟重於徒三年，謂漂失人三十疋臟者，准盗論，合流二千里。若失衆人之物，亦合倍論。以决堤防之故而殺傷人者，以故殺傷論，謂殺人者合斬，折人一支，流二千里之類。上例：殺傷人，減鬬殺傷罪一等；有殺傷畜産，償減價。餘條准此。今以故殺傷論，其殺傷畜産，明償減價。下條水火損敗，故犯者徵償。臣等參詳：今後盗決堤防致漂溺殺人，或衝注却舍屋、田苗、積聚之物，害及一十家以上者，頭首處死，從減一等。溺殺三人，或害及百家上者，以元謀人及同行人并處死。如是盗決水小堤堰，不足以害衆，及被驅率者，准律處分。

宋 謝深甫《慶元條法事類》卷六《職制門三》　諸稱不以赦降原減，餘緣奸細事，或傳習妖教，託幻變之術，及故决盗決江河堤堰已決外，餘犯若遇非次赦或再遇大禮赦者，聽從原免。

紀事

《續資治通鑑長編》卷一〇八 天聖七年十二月 丁酉，詔河北盜决屯田堰岸者，從盜决堤防律，再犯者，送河南州軍編管。

又 卷一一七 景祐二年七月 癸酉，詔河北有塘泊處知州軍兼并管勾屯田堤道事。景祐初，劉平去真定，楊懷敏領屯田司如故，塘泊日益廣，至吞没民田，蕩溺邱墓，百姓始告病，乃有盜决以去水患者。懷敏奏立法，依盜决堤防律，於是知雄州葛懷敏請立木爲水則，以限盈縮。從之。

《元史》卷六四《河渠一》 至元三年七月六日，都水監言：運河二千餘里，漕公私物貨爲利甚大。自兵興以來，失於修治，清州之南、景州以北，頹闕岸口三十餘處，淤塞河流十五里，至癸巳年朝廷役去四千修築浚滌，乃復行舟，今又三十餘年，無官主領，滄州地分水面高於平地，全籍堤堰防護。其園圃之家掘堤作井，深至丈餘，或二丈，引水以溉蔬花。復有瀕河人民就堤取土，漸至闕破，走洩水勢，不惟澀行舟，妨運糧，或致漂民居，没禾稼。其長蘆以北，索家馬頭之南，水内暗藏樁橛，破舟船，壞糧物，部議以濱河州縣佐貳之官兼河防事，於各地分巡視，如有闕破，即率衆修治，拔去樁橛，仍禁園圃之家，毋穿堤作井、栽樹取土。都省准議。

明 謝肇淛《北河紀》卷六《河政紀》 太宗淳化二年三月，詔長史以下及巡河主埽使臣經度行視河堤，勿致隳壞，違者寘於法。

《宋會要輯稿·食貨七》 今鄉村春夏澆田自上流使水，秋冬澆田自下流使水。如違，乞以盜决堤防條科罪。

又 或遇大雨，即率衆户防守；遇愆亢使水，須衆議。同開决自上及下，均匀灌溉，不得壅障。所産魚蛤、蒲葦、蓮芡之類，須秋成方得采捕。乞明立條約，若是盜决堤防，情理重者，嚴寘之法。詔下三司施行。

藝文

宋 李昉《文苑英華》卷五二四《津吏告下方傷水判》 得津吏告：下方傷水，請毁左右堤。水工丙固争。

對 魏烜 决河之虞，備聞前載；堤防之設，厥務匪輕。故得其宜，則俗除陻墊；如失其道，則人受沉淪。由是禹得玄珪，漢陳白璧，古來所慎，寧其怠諸。且將毁右堤則左堤不理，下方之弊爲患將深。漢代成規，自宜遵奉，不違舊載，昧於物宜。輕此毁除，未聞其可。水工之議，謂得通方。

同前 梁漢 遠通漕引，近切河渠，擁左右之連堤，隨淺深之積態。屬流水之至，長河杳起，桃花淼淼，實類迷牛之闕。竹箭滔滔，方比鑿龍之迅；委輸無限，傷害爲虞，既爲長堤固全，豈使下方傷水。導之則可，毁之匪宜。無從津吏之言，請依水工之見。

同前 鄭遂初 九土之宜，高卑異等；百川之勢，面背殊源。所以堤設沉薪，以防其溢；河流酸棗，竟被其灾。今者津吏所陳，水浸方盛，請毁堤而取便，遂抑强而扶弱。考古頹傾之異，前後乖奉之宜，未爽《河渠》之篇，深荷《溝洫》之記。工人有諍，即事雖通，請更辨於今刑，方可遵於古典。

同前 盧韞價 覆釜遐源，濫觴遥派。龍門激浪，飛竹箭於千里；馬頰驚流，擁桃花於三月。尺波不住，素序或臨，霧逐牛迷，查隨客至。維舟不易，航葦稱難。洪濤之委無涯，下方之傷遄及。堤防是制，啓塞隨時。固之則兩傷，毁之乃雙美。津吏宅生禹迹，行偶堯封，名厠水官，位居河右，使廻天之浪，遥注百川，濺日之波，滂流九派。水工末品，真買公心，笄垂柳之懸堤，借瓠子之成咏。雖守挈瓶之智，還貽膠柱之責。依津吏之請，杜水工之疑。不俟終日，於是乎在。

同前 李仲和 潤下斯弊，漂流是虚，欲崇堙塞，必藉堤防。津吏以下方致灾，冀應除毁；水工以長堤作務，不可依憑。競有兩端，事難雙允。請闢千里，無虧五詞。則拯溺不待於規行，聞諸往説，而塞川頗類於防口。得以今辰，方見《河渠》之書。自閑標準，《溝洫》之志，以會規模。左毁則右傷，右傷則左弊，左右俱毁，便沉下方。津吏之言雖陳，水工之志難奪，既不合毁，咸宜告知。

又 卷五二八《陂防判》 甲秉權決去陂水，人相傳云有两鵠，言陂當復。甲以惑衆，云：飯我豆食羹芋。魁科，不伏罪。

對 秉國之權，非賢奚可，因人所利，君子不奪。甲爲政者，異於是乎。以爲畜水不流，竭之何害；豈知舊防是要，罷之或損。且川浸藪澤，殖物於是乎生；蒲魚稻粱，爲利於是乎傳。齊人理國，職此之由，潰塘涸源，過孰斯甚。葢藏或寡，純固則盈。割鱻厭粱，空思於舊貫；飯豆煮芋，奚取於託言？愚謂載以既陂，政可遵於夏訓；廢而興謗，事無取於漢臣。此則有過能改，彼當内訟自直。無往不復，傳者何傷？聊以抒憂，未爲惑衆。甲自不典，人無匪彝，輒欲笞之，末由也已。

同前 樊晦 開物議制，興化優人，務先適時，權貴合道。甲爲正典，欲遵救弊，決其澤障，成我井疆。冀茨粱有作，蕪蓑無嫌；何已日未乎，率籲斯戚。然在釐變俗，必觀習土，與其芋羹豆食，黄鵠興謡，曷若池陽谷口，白渠作頌。自邑告命，當反古以順今；代天救人，奚愎衆而從己。謂莫益或擊，須移轍知方，成既無終，往何難復。雖聞言不信，將降戾乎齊甿；而有怨是叢，請懲忿於鞭朴。

同前 任璆 紐金曳組，賢不兼利，決水窒陂，權曷由己。伊甲開甿洗務，無聞史起之功；鳩藪牧臯，習爲翟進之理。俾初汪萬頃，隱長天而不見；載翔千仞，下高風而有言。評其放紛，固將必復，而草木震色，猶失其潤。况舄鹵偏溉，孰不思肥？寄黄鵠而遺音，實蹲鴟而猶美。且受羹含菽，利不天來，委畆宿糧，事資陂漲。今奪衆水，不及私恩，是曰殘人，何以富俗？更収威也，能無辭乎？與其秉權以求利，曷若秉禄以自馭。請遏其清畆之流，罔替我僭鱗之所。

同前 裴鼎 天生五材，水善利物，且溉且糞，長我黍禾；爲堤爲防，制爲畜泄。甲秉國鈞軸，作人父母，可以興利除害，仍舊貫以從時。豈宜違俗變常，歸疑作師乃心而改作？使或者相駭，訛言不懲，託黄鵠以興詞，冀洪波之必復。烏鳴亳社，抑有前聞；石言魏榆，斯無可采。昔田疇是闢，歌鄭卿之遺愛；今羹芋興謡，嗟漢臣之不軌。緬想翟公之策，安可效諸？竊詳寗越之鞭，非其罪也。

同前 于季重 政在利農，人惟守業，順其事者，莫不胥悦；變其舊者，曾是興謡。惟甲國均是秉，具瞻斯重，永言溝洫，而新見謀。水旱不僭，資變理而成化；人天可望，冀敦勸而有秋。然則南陽之陂，自滮池而爲洼澤；鄰旁之水，因舄鹵而作膏腴。是泛是流，俯雲雨之攸潤；我疆我理，棲豆芋之餘糧。方進不忘於前蹤，白公且同於斯類。此則有益於國，專利而行；未可式禮苟愆，更從人欲。陂兮當復，聽乃輿言，惑衆論笞，責則何甚？黄鵠既聞於師古，焉敢定刑；丹筆亦有於無稽，終宜伏念。寘之理也，誰曰是乎！

禁令

論説

唐長孫無忌《唐律疏議》卷二七《雜律・占山野陂湖利》 諸固山野陂湖之利者杖六十。疏议曰：山泽陂湖，物产所植，所有利润，与众共之。其有占固者杖六十，已施功取者不追。

宋 謝深甫《慶元條法事類》卷四九《農桑門》 諸江河、山野、陂澤、湖塘、池濼之利與衆共者，不得禁止及請佃、承買，監司常切覺察。如許人請佃、承買，并犯人糾劾以聞，河道不得築堰，或束狹以利種植。即潴水之地，衆共溉田者，官司仍明立界至，注籍。

又 諸以水溉田，皆從下始，仍先稻後陸。若渠堰應修者，先役用水之家，其碾磑之類壅水於公私有害者，除之。

又 諸大渠灌溉皆置斗門，不得當渠造堰。如地高水下，聽於上流爲斗門引取，申所屬檢視置之。其傍支俱地高水下，須暫堰而灌溉者，聽。

又 諸小渠灌溉，上有碾磑，即爲棄水者，玖月壹日至拾二月終，方許用水。捌月以前，其水有餘，不妨灌溉者，不用此令。

又 諸緣道路、渠堰官林木，隨近官司檢校。枯死者，以時栽補，不得斫伐，及縱人畜毁損。

宋 謝深甫《慶元條法事類》卷五《職制門二》 考課格【略】一應干職事有無廢弛，措置施行，有無不當。【略】農田水利應興修而不興修。

紀事

宋 蔡久軒《恃富凌族長》《名公書判清明集》卷一〇 本司以勸農，河渠繫銜水利，固當定奪。【略】仍帖縣嚴行，不許富豪霸占水利以困小民。

宋 佚名《宋朝大詔令集》卷一八二《蜀江修堰禁約御筆》 蜀江之利，置堰溉田，旱則引灌，澇則疏導，故無水旱之患，其利甚博。然歲計修堰之費，斂於民工作之人，并緣爲奸，濱江人以户困於騷動。自今如敢妄有檢計，大爲工費，計所剩坐贓論。入，已準自盜法許人告。

《續資治通鑑長編》卷一七二 皇祐四年四月庚辰 詔：去冬修河兵夫逃亡及死者甚衆，蓋官吏不能撫存，自今宜會其死亡數而加罰之。

又 卷一八八 嘉祐三年十一月 己丑，詔曰：天下利害，繫於水爲深。自禹制横潰，功施於三代；而漢用平當領河堤，劉向護都水，皆當時名儒，風迹可觀。近世以來，水官失職，稽諸令甲，品秩猶存。今大河屢決，遂失故常，百川驚流，或致衝冒。害既交至，而利多放遺，此議者宜爲朝廷講圖之也。朕念夫設官之本，因時有造，救弊求當，不常其制。然非專置職守，則無以責其任，非遴擇才能，則無以成其效，宜修舊制，庶以利民。其置在京都水監，凡内外河渠之事，悉以委之。應官屬及本司合行條制，中書門下裁處以聞。其罷三司河渠司，以御史知雜吕景初判監鹽鐵判官，領河渠司事楊佐同判，河渠司勾當公事孫琳、王叔夏知監丞事。

《元史》卷六四《河渠一》 至元三年七月六日，都水監言：運河二千餘里，漕公私物貨爲利甚大。自兵興以來，失於修治，清州之南、景州以北，頹闕岸口三十餘處，淤塞河流十五里，至癸巳年朝廷役去四千修築浚滌，乃復行舟，今又三十餘年，無官主領，滄州地分水面高於平地，全籍堤隁防護。其園圃之家掘堤作井，深至丈餘，或二丈，引水以溉蔬花。復有瀕河人民就堤取土，漸至闕破，走洩水勢，不惟澀行舟，妨運糧，或致漂民居，沒禾稼。其長蘆以北，索家馬頭之南，水内暗藏椿橛，破舟船，壞糧物，部議以濱河州縣佐貳之官兼河防事，於各地分巡視，如有闕破，即率衆修治，拔去椿橛，仍禁園圃之家，毋穿堤作井、栽樹取土。都省准議。

明 謝肇淛《北河紀》卷六《河政紀》 真宗咸平三年，詔緣河官吏雖秩滿，須水落，受代知州、通判，兩月一巡堤。縣令、佐迭巡堤防，轉運使勿委以他職。又申嚴河上盜伐榆柳之禁。

又 天禧三年，詔河北路經水災州軍勿復科調丁夫具守捍堤防，役兵仍令長吏存恤而番休之。

又 仁宗天聖元年，以河決未塞，募民輸新芻，調兵伐瀕河榆柳。神宗元豐元年，以都水監言，給錢十萬緡下諸路，以時市椿草。非朝旨及埽岸危急，毋得擅用。

藝文

宋 佚名《宋朝大詔令集》卷一八二《沿河州縣課民種榆柳及所宜之本詔》 修利堤防，國家之歲事；勸課種蓺，郡縣之政經。繕完未息於科徭，刊伐慮空於林木，如聞但責經費，不思教民言念，于兹殊乖治体。自今應沿河州縣，除舊例種蓺桑麻外，委長吏課民別種榆柳及所宜之木，仍按户籍高卑，定爲五等：第一等歲種五十本，第二等四十本，餘三等依此第而減之。民欲廣種樹者亦自任，其孤寡癃病者不在此例。

又 卷二一四《緣邊城池依誓約止行修葺外移徙寨柵開浚河道悉禁止詔》 頃以外邦來修信好，務寧民庶，爰有誓言，乃眷疆埸所宜遵守。自今緣邊城池依誓約止行修葺外，自餘移徙寨柵，開浚河道，無大小悉禁止之。

金《河防令》

論説

元 沙克什《河防通議》卷上《河防令》 一、每歲選舊部官一員，詣河上下，兼行户工部事，督令分治都水監，及京府州縣守漲部夫官，從實規措，修固堤岸。如所行事務有可久爲例者，即關移本部，仍候安流，就便檢覆次年春工物料訖，即行還職。一、分治都水監道，勾當河防事務并馳驛。一、州縣提舉管勾河防官，每六月一日至八月終，各輪一員守漲，九月一日還職。一、沿河兼帶河防知縣官，雖非漲月，亦相輪上提控。一、應沿河州縣官，若規措有方，能禦大患，及守護不謹，以致堤岸疏虞者，具以奏聞。一、河橋埽兵，遇天壽聖節及元日、清明、冬至、立春，各給假一日。祖父母、父母吉凶二事，并自身婚娶，各給假三日。妻子吉凶二事者，止給假二日。其河水平安月分，每月朔各給假一日，若河勢危急，不用此令。一、沿河州府遇防危急之際，若兵力不足，勸率于擬水手人户，協濟救護。至有幹濟，或難迭辦，須合時暫差夫役者，州府提控官與都水監及巡河官同爲計度，移下司縣，以近遠量數差遣。一、河防軍夫疾疫須當醫治者，都水監移文近京州縣，約量差取，所須用藥物并從官給。一、河埽堤岸遇霖雨漲水作發暴變時，分都水司與都巡河官往來提控官兵，多方用心，固護無致爲害。仍每月具河埽平安，申覆尚書工部呈省。一、除滹沱、漳、沁等河以其各有埽兵守護，其餘爲害諸河，如有臥著衝刷危急等事，并仰所管官司約量差夫，作急救護。其蘆溝河行流去處，每遇泛漲，當該縣官與崇福埽官司，一同協濟固護。差官一員，係監勾之職，或提控巡檢，每歲守漲。此令係金時所著，并見監本。

著録

《金史》卷四五《刑志》 十二月，所修律成，凡十有二篇。【略】凡五百六十三條，爲三十卷，附注以明其事，疏義以釋其疑，名曰《泰和律義》。自官品令、職員令之下曰【略】《河防令》十一條。

明 王圻《續文獻通考》卷一六七《刑考》 十二月，司空襄進新定律令敕條格式，凡十二卷。【略】《河防令》十一條。

《續通志》卷一四六《刑法略》 《河防令》十一條。

清 畢沅《續資治通鑑》卷一五六《宋纪》 十二月己卯，【略】新修律成，凡十有二篇。【略】凡五百六十三條，爲三十卷，附注以明其義，疏義以釋其疑，名曰《泰和律義》自官品令、職員令之下曰：【略】河防令。

清 閻鎮珩《六典通考》卷一七九《刑典考》 《河防令》十一。

《洪堰制度》

論説

元 李好文《長安志圖》卷下《泾渠图说・洪堰制度》 聖朝因前代故迹，初修洪口石堰，修洪口，即谷口也。前代已有是名，方言云石阻河流爲洪。又蜀人謂水口爲洪。今縣有射洪，徐有吕梁二洪，義與此同。沅案：古曰谷口，曰瓠口，此曰洪口，谷、瓠、洪三音相近，亦即焦穫之穫也。當河中流，直抵兩岸，立石囷以壅水。囷行東西，長八百五十尺，每行一百零六箇，計十一行，濶八十五尺，總用囷一千一百六十六箇。

照得洪口往日，水擊西岸，渠口在東，勢直衝堰，故常吹去。今來復擊東岸，自癸巳年創立渠堰，每年增修云云。囷行廣密，委是堅牢，雖遇水漲，止是衝破龍口，或捲去堰上石頭，或吹損囤口，或衝透囤眼，故每歲增修，及淘石渠上下泥沙，人功不輟。又舊例：水軍三十人看堰，今議得令各縣差富實人夫二名，五縣計一十名看堰，若有微損，即便補修。近來修理，物色石囤，每箇用椽兩□四十八條，搟稷二條，棗條六十，擔石積，長五百七十五尺，高一丈，濶一尺，白草一十擔，椽每人一日采打二條爲一工，橐條每人一日采打一擔爲一工，石積每人一日搬運長五尺、高一尺、濶一尺爲一工，草每人一日采打五擔爲一工。編造，每囤用夫六名，一日編造一箇爲六工。填囤，每囤用夫一十二名，爲一十二工。囤眼，每箇石積一百四十五丈、高一尺、濶一尺，白草五擔填囤眼，每箇夫三名爲三工。下囤脚索，每囤用索二條，各長三十尺，每條麻半斤，錐囤麻，每箇用麻四兩，其餘什物在外。

石渠下廣一丈二尺，上廣一丈四尺，土渠下廣一丈八尺，上廣五尺，深視地形之高下，渠岸兩邊各空地一丈四尺。舊例：岸兩壁無得當攔巡水道徑。後稱空地者放此。案：今見行渠身即宋之豐利渠也，王御史新開石渠亦同，但身不及耳。其立囤處，河身亦窄，今凡用囤二行，數皆減於舊矣。

立三限閘以分水，凡二所。三限閘，其北曰太白渠，中曰中白渠，南曰南白渠。太白之下，是爲邢堰。邢堰之上，渠分爲二，北曰務高渠，南曰平皐渠。彭城閘渠分爲四，其北曰中白渠，其南曰中南渠，又其南曰高望渠，又其南曰隅南渠。中南之下，其北分者曰析波渠，其南分者曰昌連渠。渠岸兩邊，各空地八尺，凡渠不能出水，則改而通之。

照得三限、彭城兩處，蓋五縣分水之要，北限入三原、櫟陽、雲陽，中限入高陵、三原、櫟陽，南限入涇陽。至分水時，宜令各縣正官一員親詣限首，眼同分用，庶無偏私。若守閘之官不應，或妄起閘一寸，即有數徼餘水透入別縣，甚宜關防。三限閘，在今洪口下七十里，彭城閘，又在下二十里。或曰：平石者，秦人音訛也，今并稱之。《圖經》云：中白渠首承太白渠，東入高陵界；南白渠首承中白渠，亦入高陵界；《長安志》云：白渠自涇陽縣界三限下中限爲一渠，流至縣界。彭城以下，分爲四渠。注曰：唐寶曆元年，令劉仁師請更水道，渠成，名曰劉公渠、彭城堰。今按涇渠水道斗門，時多變易，以故或與舊迹不同，皆因歲久，渠深岸高，水不能上。凡其可通之處，輒爲一渠，其名亦異。今惟三限下正渠及彭城下四渠猶係舊名，其析波渠道已非故迹。今中限正渠彭城閘二，其北有一小渠，名曰狂渠。閘下其北又一小渠，名曰寧王渠。若此之類，固不能備載也。

立斗門以均水，總爲斗一百三十有五。渠岸兩邊各空地五尺，限上斗門十九。南邊自白公斗起水，次曰長渠斗、成村斗、染渠斗、駙馬斗、聖女大斗、聖女小斗、智光斗、石刼斗、七刼斗、何氏斗、李相公斗、威聖斗、店西斗、寧村斗、小留斗、雙槐斗、張房斗、三屋斗，凡一十九。南限斗門十二，自南邊唐婆下斗起水，次唐婆中斗、唐婆上斗、楊南斗、杏園斗、端正斗、佛寶斗、盧從斗、長流斗、落橋斗、省斗、曹午斗，凡一十二。中限斗門十，南邊西魯斗起水，次赤賜上斗、赤賜下斗、楊三斗、西王郭馬斗，凡五。北邊小渠長流馮下斗起水，次長流馮上斗、園內斗、高陽斗、狂渠斗，凡五。北限斗門五，南邊石囤斗起水，次東公主斗、西公主斗、南北王斗，凡四。北邊師和斗一。務高斗門二十三，南邊安業斗起水，次周閏斗、東安仁斗、長閏斗、段洪斗、歸厚斗、西安仁斗、豐樂斗、通流斗、阜民斗、歲豐斗、閏陵斗、柿園斗、掘斗、大王斗、小王斗、景公斗、通斗、翟家斗、穆王斗、薦福斗，凡二十一。北邊廣盈、務高二斗。平皐斗門八，南邊觀相下斗起水，次觀相中斗、觀相上斗、曲渠下斗、曲渠上斗、平皐下斗、平皐中斗、平皐上斗，凡八。中白斗門二十三，南邊永壽斗起水，次安陽斗、安慶斗、東陽斗、善利斗、普濟斗、普閏斗、廣利斗、周吉下斗、周吉上斗、王化斗、任村斗、留趙斗、渭化南北二斗、興聖斗、神策斗，凡十七。北邊武强一斗，閏寧王斗，小渠上斗二、下斗二、中斗一，凡五。中南斗門十五，南邊兩金斗起水，次安陽斗、望豐上下二斗、豐阜斗、豐穰斗、富仁斗、孝義斗、辛家斗、仁壽斗、高望斗，凡十一。北邊廣濟斗、馬家斗、通遠斗、六宅斗，凡四斗。析波斗門一，北邊通缺斗一。昌連斗門三，南邊下、中、上，凡三斗。高望斗門十一，南邊信陵斗起水，周夏上下二斗、嚴應斗、通利下上二斗、閏益斗、閏仁斗、通閏斗、魏閏斗，北邊仁公斗、隅南斗門五，南邊信陵斗起水，次安信斗、房家斗、新開斗、東魯斗，凡五。凡水出斗，各户自以小渠引入其田，委曲必達。舊例：仰渠司正官預爲修渠，砌叠斗口，使無壅滯。又體知得人户偷開斗口，故使渠岸頹毁，望令渠水偏入其地，亦有懶惰不肯修理，仰巡監官、斗門子預爲催督。利户修理渠口，或令石砌木圍，無致損壞，透漏費水。又如遇開斗澆田，渠司差人隨逐水頭，監督使水，如有違犯，即便申報。退水槽，凡遇漲水泄以還河。

凡修渠堰，自八月興工，九月工畢。春首則植榆柳以堅堤岸。年例先于七月委差利户，各逐地面開淘，應于行水渠道，須管行水通快。

又每遇春首，令各斗利户逐其地面，廣栽榆柳，以堅堤岸。免至當時修理，及禁諸人不得斫伐。

凡水廣尺深尺爲一徼，以百二十徼爲準守者，以度量水口，具尺寸，申報所司，憑以布水，各有差等。

舊例：三限、平石兩處，係關防分水禁限，五縣各差監户一名，與都監一同看守限口，每日探量水深尺寸，赴司申報。徼音叫，古有徼道，謂巡禁道也。水家取以爲量水準則之名。今農者耕地，一方謂之一徼，義與此同。其法：量初入渠水頭深廣方一尺謂之一徼，假令渠道上廣一丈四尺，下廣一丈上下，相折則爲一丈二尺，水深一丈，計積一百二十尺，爲水一百二十徼，是水之至限也。其三限口各以廣狹，視此爲準。守限者每口探量，具徼數申報所司，憑以分俵。水盛則多給，水少則少給。凡遇用水斗，吏具民田多寡，入狀承合，得徼數，刻時放水，流畢，隨即閉斗交付。以上斗分，大槩水一徼，一晝夜，溉田八十畝。違者罪罰之。今時下流閘下石渠岸裏有一石鼊，前人刻以志水者也。爲之語曰：水到兒觜，百二十徼水。嘗聞主守者曰：今水雖至，其則猶不及全徼。蓋渠底不及古渠之深也。又水法多言水直，直，本是程字，亦音訛也，正猶彭城作平石云耳。

綜述

(乾隆)《涇陽縣志》凡例　一涇水。邑中巨川，自秦至今，爲利固多，害亦不免。前志襍采書傳，《渠堰制度》《用水則例》，而後志更貫串其條目，陳列其形勢，殊非泥古論。今而因革，均有可考，毋庸再爲增減，因彙叙而存之。

又卷二《水利志》　其《渠堰制度》《用水則例》俱詳前志，今悉遵守，似無庸再贅。

清 杜文瀾《古謡諺》卷二八《人爲洪堰量水語》　《長安志圖・洪堰制度》：聖朝因前代故迹，初修洪口石堰，凡水廣尺深尺爲一徼，以百二十徼爲準守者，以度量水，日具尺寸，申報所司，憑以布水，各有差等。注云：今□平流，閘下石渠岸裏有一石鼊，前人刻以志水者也，爲之語曰云云。嘗聞主守者曰：今水雖至其則，猶不及全徼。蓋渠底不及古渠之深也。

《用水則例》

論説

元 李好文《長安志圖》卷下《用水則例》　凡用水，先令斗吏入狀，官給申帖，方許開斗。舊例：仰上下斗門子預先具狀開寫斗下村分利户種到苗稼，赴渠司告給水限申帖，方許開斗。上下斗分承水時刻澆過苗色頃畝，申破水直違時者斟酌斷遣。

自十月一日放水，至六月。遇漲水歇渠，七月住罷。照得十月一日放澆夏田，三月澆麻白地及秋白地，四月止澆一色麻苗一遍，五月改澆秋苗。今渠司舊例：五月澆秋，每夫三十畝，此時麻正仰澆，秋苗亦渴，放水人户計其所利，麻重□苗將水分澆，水司爲不係一色，輒便斷罰，深爲未便，議得各人合得水限，於内分用又不過其所限，雖非一色苗稼，合從民便，以厚其利。又舊例：驗工合澆麥苗秋禾頃畝，間遇天旱，可澆者不得使水，不須澆者却令使水。如此澆溉，妨悮不便。今後驗合澆頃畝，如不過元數，從民便使水，毋得因而多澆，如違斷罰。

每夫一名溉夏秋田二頃六十畝，仍驗其工給水。今實溉一頃八十畝。照得舊日渠下可澆五縣地九千餘頃，每夫一名澆地一頃三十畝。自十月一日入水溉田，至七月十五日住罷，方才周遍。即今五縣地土，亦已開遍，大約不下七八千頃，所起人夫一千五百名，每夫澆地一頃七十畝，計地二千五百餘頃，亦是十月入水，七月方罷，以此揆之，則所澆之地實同，而入官之地數則少，明見其餘地畝，每歲止是貨賂渠斗人吏，盜用澆溉，事發斷罪，民甚苦之。乂切知人民數多，一家之地多者不過一二頃，少者或十畝，故一頃三十畝爲限，取夫一名，以此計之，則上户之家不過二名，下户或三户或五户出夫一名，今日地廣民稀，難同此例。一家所占多者或十頃至五頃，雖小户不下一頃有餘，是故人民畏其夫多匿地盜澆，冒罪致罰，接踵相繼，議得不若令夫一名依前限一頃三十畝爲則，加地一倍，止出夫一名，添給其水，如此加倍，則民雖少，亦可擬往日人户三分之二矣。如有盜澆，供地不實，嚴行斷罰。又舊例：每夫一名，計澆田夏田一頃三十畝，秋田四十畝，共一頃七十畝。議得今地廣人稀，若依舊例，其水有餘，中間不無巡水之徒，令無夫之家買水澆溉。今擬令人户更不增添夫數，每夫一名令澆二頃六十畝，庶望革去買水之弊。又人户合澆田禾頃畝，照依舊例驗工，輪番使水，各斗下若有在前不出夫役使水之家，今後無得使水濫澆。官斗、門子人等私賣與水者，依例斷罰。

行水之序，須自下而上，晝夜相繼，不以公田越次霖潦輟功。舊例：各斗分須要從下依時使水澆溉，了畢，方許閉斗，隨時交割。以上斗分，無得違越時刻，又使水屯户與民挨次自下而上溉田。又體知得用水之家多使驅丁看水，至冬月澆田，遇夜避寒貪睡，使水空過，至明却稱不曾澆溉，遲違田時，枉費水利，合行嚴加斷罰。

又五縣行使□水斗口，舊例：自下而上，挨排次序放澆，却因地形高低不等，累經洪水吹灌，渠深地高，在前官司權令打立截堰放澆。今來體知得其餘斗分不畏公法，屯利人户將地不盡實報，倚仗人衆，接上築，打私堰，將下次利户合使水直改豁，恣意放澆，直至夜深，却將水直分豁下流，已下利户，不曾堤備，以致泛溢，澆過不應地畝，或還入河，虚費水利。議得除渠深地高，必用倒堰斗口，比及定奪以來，權且依舊。外至其餘斗分，務要依例，自下而上，挨排次序，照依元供地畝合澆水直放澆，無得似前打立截堰，縱意多澆，違者斷罰。案：五縣之地，本皆斥鹵，與他郡絶異，必須常溉，禾稼乃茂，如失疏灌，雖甘澤數降，終亦不成。是以涇渠之利，一日而不可廢也。

諸違官禁作奸弊者，斷罰有差。照得大司農司元定若有違犯水法多澆地畝，每畝罰小麥一石。至元二十年，承奉宣慰司札付犯水人户有做夫之家，亦有不做夫之家，議得如係不做夫之家，每畝罰小麥一石，興工利户，每畝五斗。至元二十九年，陝西漢中道肅政廉訪司講究得違犯水法，不做夫之家每歲減半，罰小麥五斗；興工利户，每畝二斗五升。外據犯罪，每畝笞七下，罪止四十七下。又按舊例，凡攙越盜用，渠岸修築不牢，澆溉不應地土，渠吏蔽匿不申，及斫護岸樹木，無故於三限行立者，皆有罪罰。

（乾隆）《涇陽縣志》卷四《涇渠制度》 舊志略云：歷代修洪口石堰，當河中流，直抵南岸，立石囷以壅水，令其入渠。囷行東西長八百五十尺，濶八十五尺，每行總用一百六十六囷，凡十一行。每囷用椽四十八條，檘稷二條，棗條六十，檐編之實石。其中每縣役二人看堰，但遇水漲損堰，隨即修之，此堰之制也。渠首開石，下廣一丈二尺，上廣一丈四尺，石盡處爲土渠，下廣一丈八尺，上廣五丈，深視地之高下，渠兩岸上各空地一丈四尺，例禁無得當攔巡。水道徑自洪口下行七十里，當縣之北五里，許立三限閘以分水，故又稱曰三白渠。其北曰大白渠，中曰中白渠，南曰南白渠。大白渠之下是爲邢堰，邢堰之上，渠分爲二，北曰務高渠，南曰平皋渠。中白渠之下二十里是爲彭城閘，渠分爲四，其北曰中白渠，其南曰中南渠，又其南曰高望渠，又其南曰隅南渠。中南渠之下，其北分者曰析波渠，其南分者曰昌連渠。獨南白渠無分。三限、彭城兩處乃各縣分水之要，北限入三原、櫟陽、雲陽，中限入高陵、三原、櫟陽，南限入涇陽，每分水時，各縣官一員至限，公共分之，乃無偏私。若守閘官妄起閘一寸，即有數徼餘水透入別縣。立斗門以均水總。爲斗一百三十有五，限上斗門十九，南限十二，中限十，北限五，務高渠二十三，平皋渠八，中白渠二十二，中南渠十五，高望渠十一，隅南渠五，析波渠一，昌連渠三。渠兩岸上各空地八尺，凡渠不能出水，則啓而通之。凡水出斗，各户自以小渠引入其田，委曲必達。又置退水槽，遇水漲泄以還河，此渠之制也。又每者令利户植榆柳以堅堤岸。其三限、彭城二限口，各縣役監户一名與教監同守之，以防盜水。凡水廣尺深尺爲一徼，以百二十徼爲準。守者以度量水，日具尺寸，申報所司，憑以布水，各有差等。

又《涇渠用水則例》 舊志略云：凡用水，先令斗吏入狀，具斗内村户苗稼，官給由帖，方許開斗。用畢，各斗以承水時刻澆過頃畝田苗申破水直。水直，猶水程也。每歲自十月一日放水，至七月中住罷。初論麥苗秋禾麻，溉有定時，違者罪之，尋令聽民便，但不得過應有水限耳。其水限，初每一夫溉夏秋田二頃六十畝，後改一頃七十畝。用水之序，自下而上，最下一斗，溉畢閉斗，即刻交之上斗，以次遞用。斗内諸利户各有分定時刻，其遞溉次序亦如之。夜以繼日，不得少違。有多澆者，斷罰有差。初，每畝罰麥五斗，若非利户者一石。後減半焉。又斗吏匿盗水不報，利户修渠岸不堅，罰護岸樹，無故於三限行立者，皆有罰。

又《冶清渠用水則例》 冶渠四堰，清渠六堰，凡十二月皆用之，皆月一周。其用水，渠下利户各以其地之上下爲序，自下而上，下地時刻盡，乃交之上地者。若數渠共堰，渠亦自下而上，每渠先下渠，下渠日時盡，閉渠，上渠乃開，謂之下閉上開云。按涇、冶、清，歷代所溉州縣，大抵涇陽、醴泉、高陵、櫟陽、臨潼、雲陽、三原、富平諸處，而醴泉與其灌溉者，止一斗之田。櫟陽、雲陽又相繼并革，故諸書或曰八邑、七邑、六邑不同，惟秦時渠水注洛，洛在今同州。漢時由石川河注渭，石川東去洛尚有百餘里，不能及同州矣。明初，所溉猶與唐宋同。今惟醴泉、涇陽、三原、高陵四邑，歷代俱專官董其事。漢有都水使者，唐令京兆少尹一人督視，宋有三白渠提舉，元有三白渠使，尋立屯田府兼司其事，明有水利僉事、管水同知及縣主簿，而今皆廢矣。督修之責，在縣令與丞焉。本朝雍正七年，復設水利通判，專司其事。又唐時於白渠成村斗分水三分，長流入縣，以資溉用，名曰水門，不知於何時更定，每月惟初一、初五、初十、十五入縣，凡四次，此則不在溉田之數者。

綜述

（乾隆）《涇陽縣志》凡例 邑中巨川，自秦至今，爲利固多，害亦不免。前志襍采書傳《渠堰制度》《用水則例》，而後志更貫串其條目，陳列其形勢，殊非泥古論今，而因革均有可考，毋庸再爲增減，因彙叙而存之。

（乾隆）《涇陽縣後志》卷二《水利志》 其《渠堰制度》《用水則例》俱詳前志，今悉遵守，似無庸再贅。

（道光）《重修涇陽縣志》卷三《限水之始》 涇水東行，按《部式》：決洩有時，畎澮有度，居上游者不得壅泉而專其腴，每歲少尹一人行視，以誅不式。按：唐代涇渠《部式》，後世不傳，在當時必有明文，故高陵令劉仁師得以循故事，考式文，遵正令，使無越制也。宋天聖六年，涇陽縣尹李同立約以限水，其所立之約，亦不傳。元李好文作《長安志圖》，載元代《用水則例》甚詳，今所行者，皆本元制。

《農桑之制》

論説

清 顧炎武《天下郡國利病書・北直隸中》 按元初定稅制，獨水田以五升爲其利也。中統二年，鑿沁河，渠成，溉田四百六十餘所，此其水利之始。三年，詔給懷州新民耕牛二，俾種水田，此其水田之始。至元七年，以都水監司、大司農頒《農桑之制》，凡河渠之利，委本處正官一員，以時浚治。或民力不足者，提舉河渠官相其輕重，官其導之。地高水不能上者，命造水車，貧不能濟者，官給其材木。俟秋成，驗使水家，俾均輸其直。田無水者鑿井，井不得水者，聽種區田，其有水者，不必區種。近水又許鑿池養魚，并鵝鴨之畜，及種蒔蓮藕、雞頭、菱芡、蒲葦等以助衣食。九年，又詔諸路開復水利。三十七年，薊州、漁陽等處稻户饑，給糧三十日，以東無開焉。時主雖急于勸課，而丞相主其事，漢人史天澤方有事于啓土，自此首撥皆其種，未嘗知此爲先務。雖有姚樞、張文謙，北平不能大行其説焉。至荅剌罕鑿稱海古渠，溉溉田少，試于和林獲利，及其卒而即廢，不聞復議水田矣。

清 孫宗彝《愛日堂詩文集》卷一《河南鄉試策問》 漢興，屢下勸農之令。宋始令縣補爲農師，元頒《農桑之制》十有四，有可法者若何。明初，有司考課，必書農桑之績，時司牧盡農官也。

紀事

《元史》卷三〇《泰定帝本紀》 丁丑，頒農桑舊制十四條于天下，仍詔勵有司以察勤惰。

又 卷九三《食貨志》 是年，又頒《農桑之制》一十四條，條多不能盡載，載其所可法者：【略】農桑之術，以備旱暵爲先。凡河渠之利，委本處正官一員，以時浚治。或民力不足者，提舉河渠官相其輕重，官爲導之。地高水不能上者，命造水車，貧不能造者，官具材木給之。俟秋成之後，驗使水之家，俾均輸其直。田無水者鑿井，井深不能得水者，聽種區田，其有水田者，不必區種，仍以區田之法，散諸農民。

清 鄂爾泰《授時通考》卷四三《勸課》 泰定帝致和元年，頒農桑舊制十四條於天下。

清 沈欽韓《後漢書疏證》卷三 至元七年，頒《農桑之制》，田無水者，聽種區田，其有水田者，不必區種，仍以區田之法，散諸農民。

清 屠寄《蒙兀兒史記》卷一三 致和元年春正月乙丑朔，【略】命續蠶麥圖，頒農桑舊制十四條於天下，仍詔勵有司以察勤惰。

其他

宋 謝深甫《慶元條法事類》卷四九《農田水利敕令格》 户婚敕。諸潴水之地，輒許人請佃、承買，并請佃、承買人各以違制論，許人告。未給、未得者，各杖壹百。

田令 諸田爲水所衝，不循舊流，而有新出之地者，以新出地給破衝之家。可辦田王姓名者，自依退復田法。雖在佗縣亦如之。兩家以上被衝，而地少給不足者，隨所衝頃畝多少均給，具兩岸異管從中流爲斷。諸雨水過常，而潴積爲害，及於道路有妨者，令佐監督導。決水大者，州差官計度，仍申監司。若功役稍衆，轉運司應副，并差官同本州相度行訖，具應用財力及導決次第，申尚書本部。諸州雨雪過常，或愆亢，提舉常平司體量，次月申尚書户部。諸江河、山野、陂澤、湖塘、池濼之利，與衆共者，不得禁及請佃、承買，監司常切覺察。如許人請佃、承買，并犯人糾劾以聞。河道不得築堰或束狹以利種植。即潴水之地，衆共溉田者，官司仍明立界至，注籍。請佃及買者，追地利入官。諸陸田興修爲水田者，稅依舊額輸納，即經伍料，提點刑獄司報轉運司，依鄉例增立水田稅額。

河渠令 諸以水溉田，皆從下始，仍先稻後陸。若渠堰應修者，先役用水之家，其碾磑之類壅水於公私有害者，除之。諸大渠灌溉，皆置斗門，不得當渠造堰。如地高水下，聽於上流爲斗門引取，申所屬檢視置之。其傍支俱地高水下，須暫堰而灌溉者，聽。諸小渠灌溉，上有碾磑，即爲棄水者，玖月壹日至拾貳月終，方許用水。捌月以前，其水有餘，不妨灌溉者，不用此令。

賞格 諸色人告請佃、承買，潴水之地，每取畝錢叁貫，壹佰貫止。

宋 謝深甫《慶元條法事類》卷五《職制門二》 一應干職事有無廢弛，措置施行有無不當，如轉運司移用財賦不當，致在有縻費及虧損官錢，或場務不因灾傷而課額虧減，或措置無術而歲計不足，及應合餘還諸司及別路所欠錢物而失於計置，致大叚虧少，提點刑獄司不督察主兵，及捕盜官訓練士卒修整器甲，提主常平司所管常平户絶田産，場務不以時檢舉出賣，或積欠課利，農田水利應興修而不興，修造簿不以時，或不如法，編排保甲不如令之類，皆爲廢弛。【略】一、勸農桑如增墾田畝，或創修堤防水利，或修整隳廢，勸課栽，植桑柘枣之類。

元 拜柱《通制條格》卷一六《田令》 一、隨路皆有水利，有渠已開而水利未盡其地者，有全未曾開種并剏可挑撅者，委本處正官壹員，選知水利人員一同相視，中間別無違礙，許民量力開引。知民力不能者，申覆上司差提舉河渠官相驗過，官司添力開挑。外據安置水碾磨去處，如遇澆田時月，停住碾磨，澆溉田禾。若是水田澆畢，方許碾磨依舊。引水用度，務要各得其用。雖有河渠泉脉，如是地形高阜，不能開引者，仰成造水車，官爲應副人匠，驗地里遠近，人户多寡，分置使用。富家能自置材木者令自置，如貧無材，本官爲買給，已後收成之日，驗使水之家均補還官。若有不知造水車去處，仰申覆上司関様成造。所據運塩、運粮河道，仰各路從長講究可否，申覆合干部分定奪，利國便民，兩不相妨。【略】一、若有該載不盡，農桑水利於民有益，或可預防蝗旱灾咎者，各隨方土所宜，量力施行，仍申覆上司照驗。一、前項農桑水利等事，專委府州司縣長官，不妨本職，提點勾當。若有事故差出，以次官提點。如但有違慢沮壞之人，取問是實，約量斷罪。若有恃勢不伏，或事重者，申覆上司究治。其提點官不得勾集百姓，仍依時月下村提點，止許將引當該司吏壹名，祗候人壹貳名，毋得因而多將人力搔擾取受。據每縣年終比附到各社長農事成否等第篇，申本管上司，通行考較。其本管上司却行開坐所屬州縣提點官勾當成否，編類等第，申覆司農司及申户部照驗，才候任滿，於解由内分朗開寫排年考較到提點農事功勤廢惰事迹赴部照勘呈省，欽依見降聖旨比附以爲殿最，提刑按察司更爲體察。至元二十八年十二月十五日，中書省奏：江南勸課農桑那裏的路官每親身巡行呵，搔擾百姓，有不教行呵，怎生？麽道，奏呵。與理會的南人每一處商量了説者。麽道，聖旨有來。俺衆人與南人每一處商量來，那的每也則這般説有：江南勸課農桑的不教官人提調着呵，百姓每也不怠慢向前，有不教官人每巡行，依時節行文書呵，中也者。麽道，説有。俺也那般商量來，麽道，奏呵，那般者。麽道。聖旨了也。欽此。至元二十九年閏六月，欽奉聖旨，宣諭諸路府州司縣、達魯花赤、管民官、提點農桑水利官員人等：據中書省奏，在前爲勸農的上頭各處立着勸農司衙門來，後頭罷了，并入按察司時節，按察司名兒裏與了聖旨來，如今按察司改做肅政廉訪司也，依那體例裏倒换與他每聖旨宣諭，似望各各盡心，早得成就，准奏。仰各道肅政廉訪司照依已降聖旨，巡行勸課，舉察勤惰，隨路若有勤謹官員，仰各路具實迹牒報，巡行勸農官體覆得實，申大司農司呈省聞奏，於銓選時定奪。如文字遲慢，仰廉訪司官即將當該司吏對提點官就便取招，申大司農司責罰。其各路并府州提點官違慢者，大司農司取招呈省定奪，外據社長委有公謹實效之人行移巡行，勸農官體察得實，申覆大司農司定奪。如有違慢者，仰就便依理責罰黜罷。這般省諭了呵。勸農官吏人等，却不得因而取受，看循面情，非理行事。本處官司及不以是何人等，亦不得使氣力搔擾社長，妨奪勸農事務。如違，治罪，仍仰肅政廉訪司照依已降聖旨，更爲體察施行。大德二年九月，中書省、御史臺呈江南行臺咨：各道報到農桑文册，俱係司縣排户取勘栽種數目，自下而上申報文字所費人力紙札，無非擾民。江南地窄人稠，與中原不同農民，世務本業，擬合欽依聖旨，依時節行文書勸課，免致取勘，動摇兵部。議得既是江南農事，行御史臺親行提調，明咨地窄人稠，多爲山水，所占大與中原不同，土着農民，世務本業，不須加勸而自能勤力，以盡地利，合准御史臺所擬依時行文字勸課相應。都省准呈。

趙賢《堤甲法》

紀事

清 顧炎武《天下郡國利病書·湖廣下》 江水之患，全在荆州一郡，夾岸南北凡六縣，北岸則江陵、監利堤凡四萬九千餘丈，南岸則枝江、松滋、公安、石首堤凡五萬四千餘丈。明嘉靖庚申歲，洪水决堤無慮數十處，而極爲要害者，枝江之百里洲，松滋之朝英口，江陵之虎渡、黄潭鎮，公安之頭鋪、艾家堰，石首之藕池，諸堤衝塌深廣，難爲力者也。每歲有司隨築隨决，迄無成功。至四十五年十月，知府趙賢估議請築，務期堅厚。自丙寅歷戊辰，凡三冬，六縣堤稍就緒。始立《堤甲法》，每千丈堤老一人，五百丈堤長一人，百丈甲一人，夫十人。江陵北岸總共堤長六十六人，松滋、公安、石首南岸總共堤長七十七人，監利東西岸總共堤長八十人，夏秋守禦，冬春修補，歲以爲常。

（康熙）《潛江縣志》卷一〇《河防志》 嘉靖庚申，黄潭一决，瀰漫數百里，人烟幾絶。至丙寅十月，荆州知府趙賢大議修築，凡歷三冬而績乃成，立《堤甲法》爲守，自是始無江患焉。

（康熙）《松滋縣志》卷六《水利》 按，明嘉靖庚申歲，江水漲泛溢河，夾洲朝英口决，縣奉府守趙公惟賢修築，務期堅厚，始遵檄立《堤甲法》，每十丈堤老一人，五百丈堤長一人，每百丈堤甲一人，夫十人。夏秋守禦，冬春修補，歲以爲常。堤恃以無恐者，幾四十年。

（乾隆）《枝江縣志·田賦志第三》 嘉靖四十五年丙寅十月，荆州知府趙賢估工請築，歷三冬至戊辰，六縣諸堤始就，乃立《堤甲法》，每計千丈設堤老一人，五百丈設堤長一人，每百丈設堤甲一人，每十丈設一夫，令其夏秋守禦，冬春修補，歲以爲常。

（乾隆）《江陵縣志》卷八 嘉靖間，知府趙賢始立《堤甲法》，每千丈堤老一人，五百丈堤長一人，堤甲一人，夫十人。江陵北岸總共堤長六十六人。

（同治）《重修監利縣志》卷三《江防志·徵修章程》 自明嘉靖三十九年堤防潰決，荆岳幾爲巨澤。至四十五年十月，知府趙賢興築，自丙寅暦戊辰，凡三冬，六縣堤俱就緒，始立《堤甲法》，每千丈堤老一人，五百丈堤長一人，百丈堤甲一人，夫十人。監利東西兩岸總共堤長八十人，夏秋守禦，冬春修補，歲以爲常。明季兵燹，盡圮。

（光緒）《荆州府志》卷一八《堤防志二》 明知府趙賢始立《堤甲法》，每千丈堤老一人，五百丈堤甲一人，夫十人。江陵北岸共堤甲六十餘人。至今因之，惟裁去烟夫名目。

又卷一九《堤防志三》 明嘉靖庚申，河夾洲朝英口提決，郡守趙賢飭令修築，始立《堤甲法》。每千丈堤老一人，五百丈堤長一人，百丈堤甲一人，夫十人。夏秋守護，冬春修補，歲以爲常。萬曆壬子江堤大潰，修築三載，工始竣。

藝文

趙天相《縣尹汪公省吾解任贈别》（同治）《松滋縣志》卷一一 國家重民牧，職守專厥司。古有循良吏，民歌樂只詩。我邑有父母，豈第與民宜。躬行粹道德，家學紹裘箕。早拔黌宫萃，高折蟾宫枝。秉鐸傍九華，春風化雨施。聲教豚魚格，蒲車兩代推。無端隕霜雪，椿摧悽復悽。著作等身富，出岫雲遲遲。伯樂傾心久，騏驥獻丹墀。福星來楚北，幸臨我鳩兹。蒼生託懷抱，情切起瘡痍。嗟嗟古澤國，堤甲法久垂。藉非勤捍築，何以蘇群黎。我公綢繆早，星月忘胼胝。歲修除積弊，百里鞏鴻基。忽值陽侯怒，懷襄勢可危。民溺由己溺，民飢由己飢。狂瀾手能挽，重任肩獨仔。中流成砥柱，輿誦無異詞。名曰汪公堤，爲勒遺愛碑。憶昔白蘇公，芳徽有如斯。忽又異端起，惡氛張若鴟。聞警鋭以進，渠魁殲靡遺。除莠即安良，分别善撫綏。刑書勤諭讞，蒲鞭示意笞。愛民既如子，愛士父兼師。衡才量玉尺，鐵網羅英姿。尤恤單寒子，廣厦庇董帷。宦況清如水，風化雅與維。憐彼湮節苦，闡揚樹型儀。忠孝并貞烈，搜羅祀崇祠。春秋親致祭，籩俎薦明粢。我思牧民宰，能如公者誰。官箴本聖學，經術飭吏治。自愧樗櫟材，曆曆獲親窺。春風坐三載，忍聽賦驅驪。望望旌旗轉，喧喧父老追。借寇不可得，徒留去後思。祖帳遮道設，相見又何時。

《修護堤防律》

題解

明 應檟《大明律釋義》卷三〇《河防》 疏義曰：河防，自秦漢魏晋皆無其目，唐承隋制，亦不具載稽之唐律。可見者惟侵占阡陌、失時不修堤防、盜決河防三條，屬之雜律。國朝于工律内特立河防一篇，凡四條，其盜決河防、失時不修堤防二條，則仍唐舊，改侵占阡陌爲侵占街道，取唐不修堤防條内應造橋航船栰而不造之義，别立修理橋梁道路一條，總名曰河防。

論説

明 劉惟謙《大明律》卷三〇《工律二・失時不修堤防》 凡不修河防及修而失時者，提調官吏各笞五十。若毁害人家、漂失財物者，杖六十。因而致傷人命者，杖八十。若不修圩岸及修而失時者，笞三十。因而渰没田禾者，笞五十。其暴水連雨，損壊堤防，非人力所致者，勿論。

明 舒化《大明律附例》卷三〇《工律二・失時不修堤防》 凡不修河防及修而失時者，提調官吏各笞五十。若毁害人家、漂失財物者，杖六十。因而致傷人命者，杖八十。若不修圩岸及修而失時者，笞三十。因而渰没田禾者，笞五十。其暴水連雨，損壊堤防，非人力所致者，勿論。

萬曆《湖廣通志》卷二一《水利志・修築堤防總考略》 近年深山窮谷，石陵沙阜，莫不芟闢耕耨。然地脉既疏，則沙礫易圮，故每雨則山谷泥沙盡入江流，而江身之淺澁，諸湖之湮平，職此故也。欲盡心力以捍民患，惟修築堤防一事耳。故備考古今可經久而通行者，葢有十焉。一曰審水勢。東洗者，必西淤，下溢者，必上湧，築堤者審其勢而爲之址。最難禦者，莫如直衝之勢，議者退爲曲防，故荆州虎渡穴口之堤，先年愈退愈決。而後直逼江口，以遏水衝，乃得無恙。他如順注之傾涯，則堤勢宜迂；急湍之回沙，則堤勢宜峻。二曰察土宜。一遇決口，必掘浮泥見根土，乃築堤基，其所加挽者，必用黄白壤。三曰挽月堤。洗在東涯，則沙回而西；淤在南塍，則波漩而北。故往往古堤反抱江流者，爲水所齧。即臨傾涯之上，勢甚孤懸，必先勘要害之地，而預築重護之堤。四曰塞穴隙。貛屬螻蟻窠穴，秋冬水涸，遍察孔端，極探其原，而爲之防。五曰堅杵築。木杵不如石樗，石樗不如牛轢。六曰捲土埽。塞決口爲上，護成堤次之。法埽以萑葦爲衣，以楊柳枝爲筋，以黄壤爲心，以穀草爲紼纚，因決口之淺深，水勢之緩急，而爲長短大小者也。若堤防初成，土尚未實，必以楊柳枝爲埽，横棲於堤外，則可以禦波濤而堤無恙。七曰植楊柳。八曰培草鱗。九曰用石甃。當衝決之要處，若非石堤，必不能回水怒而障狂瀾。十曰立排樁。將大木長丈餘，密排植於堤之左右，聯以紼纚，結以竹葦，則風浪先及排樁，而堤可恃以不傷也。

又 卷二一《水利志・護守堤防總考略》 決堤之故三，有堤甚堅厚而立勢稍低，漫水一寸即流開水道而決者；有堤形頗峻而横勢稍薄，湧水撼激即衝開水門而決者；有堤雖高厚而中勢不堅，浸水漸透即平穿水隙而決者。要皆修築既疏，而防守復怠，故坐致此患耳。故防範護守之計，條議有四。一曰立堤甲。每千丈僉一堤老，每五百丈僉一堤長，每百丈僉一堤甲，凡堤夫十人。一應堤防事宜，官守之。而有垸處所，亦設有垸長、垸夫，其法與堤甲同，仍不論軍屯官庄。凡受利者，各自分堤若干丈。二曰豁重役。凡堤老、堤長、堤甲及垸長、垸甲人役，各復其身，每遇編審，即與豁除别差，則彼得一意於堤防。三曰置鋪舍。查照漕河事例，於堤上創置鋪舍三間，令堤長人役守之，則往來棲止，不患無所，而防護事務亦庶幾不致妨悮矣。四曰嚴禁令。凡有奸徒盜決，故決江漢堤防者，即照依河南、山東事例發遣，揭示通衢，以警偷俗。

明 申時行《大明會典》卷一七三《刑部十五・失時不修堤防》

凡不修河防及修而失時者，提調官吏，各笞五十。若毀害人家、漂失財物者，杖六十。因而致傷人命者，杖八十。若不修圩岸及修而失時者，笞三十。因而渰没田禾者，笞五十。其暴水連雨，損壞堤防，非人力所致者，勿論。一凡運河一帶，用强包攬閘夫、溜夫二名之上，撈淺鋪夫三名之上，俱問罪。旗軍發邊，衛民并軍丁人等發附近各充軍。攬當一名，不曾用强生事者，問罪，枷號一箇月發落。

明 應檟《大明律釋義》卷三〇《河防》 失時不修堤防。凡不修河防及修而失時者，提調官吏各笞五十。若毀害人家、漂失財物者，杖六十。因而至傷人命者，杖八十。若不修圩岸及修而失時者，笞三十。因而渰没田禾者，笞五十。其暴水連雨，損壞堤防，非人力所制者，勿論。釋義曰：防岸所以障水，不修則有潰決之患，故不修或修而失其當修之時，提調官吏豈得辭其責哉？故其罪如此。水，卒暴之水，連雨，連日之雨也，此非人力所能制者，故勿論。

明 佚名《憲綱事類·憲體》 一圩埧堰陂塘。仰本府州縣提調官常川體勘境内應有圩岸埧堰坍缺，陂塘溝深壅塞，務要趁時修築堅完，疏浚流通，以備旱潦，毋致失時，有傷禾稼，及因而擾害於民。

明 張内蘊《三吴水考》卷一《詔令·詔令小序》 水利先詔令者，一以宣天子之德意，一以重臣子之事權。奏功集事，恒必因之。主上尊居九五而神運萬方，身在穆清而慮周田野，其於水利之廢興，生民之利病，譬如捧大明以燭，幽遐所在，洞然明了，故命官專督，畀以一方生靈之寄，惟恐後時，而必重其事，權錫以璽書，所以計安元元者至切也。人臣而膺兹簡命，命專則人思殫精，權重則事無掣肘，而疏鑿底定之政可次第舉行，以延訪盡人情，以講求合機宜，以舉刺肅諸司，以賞罰勸工役。百爾有衆，所以雲蒸風動而踉蹡奔走畚鍤之下者，惟此以鼓舞之。此水利之所以先詔令也。

清 薛允升《唐明律合編》卷二七《工律》 河防凡四條。箋釋：唐律侵巷街阡陌、失時不修堤防、盗決堤防三條載在雜律，明仍其制，以爲此篇。然既總名河防，而侵占街道、修理橋梁道路二律，與河防有何關涉而亦入於此門耶？愚按：唐律均係堤防，明律於盗決、故決則改爲河防，於失時不修則仍曰堤防，且俱添入圩岸陂塘等語。解者遂謂河防係在官築防之堤，圩岸陂塘係民間水利之業，盗決河防則害及於官，盗決圩岸陂塘則害及於民之説矣。然律内明言毀害人家，漂失財物，及殺傷人，又何嘗非害及於民耶？

綜述

姚文灝《浙西水利书》卷二《申飭水利事宜條約》 欽差提督浙西水利工部主事姚爲興修水利事本職，節該欽奉敕諭：專一往來蘇、松、常、鎮及浙江杭、嘉、湖七府，并蘇州、鎮江等處衛所地方提督、各該官員，修理湖塘，疏通河道，開浚溝渠，及一應圩岸未經修築者及時修築，各處閘壩未盡修理者隨宜修理，合用木石等料於各該田多有力之家，從公勸諭，或别爲措置。人夫於所在附近軍衛有司相兼起用，仍須督役以時，調度有法，使蓄泄有備，旱澇無虞，以爲地方經久之計。自揣疎庸，尚賴所屬，同心恊力，所有合用事宜，仰各遵守施行。計開：一、不論低田、高田，俱以十分爲率。低田以一分爲堤岸，高田以一分爲溝池，則餘九分可以永無旱澇。其五等圩岸田低於水者，底濶一丈五尺；田與水平者，底濶一丈四尺；田高於水一尺者，底濶一丈二尺；田高於水二尺者，底濶一丈；田高於水三尺者，底濶九尺。面濶比底各減半，高亦以水爲準。外面各離水八尺。一、應修圩岸，該管排年量田高下，照依五等岸式督率圩户，各就田所修築，假如田頭濶五丈者即修岸五丈，濶十丈者即修岸十丈。或有貧難并逃絶人户，田頭及溝頭岸則衆共修築。其圩心田户，若有徑塍者，自修徑塍；無徑塍者，與衆同修逃户及溝頭岸。排年則管修一圖圩岸，糧耆則管修一區圩岸。各縣治農官則提督一縣，各府治農官則提督一府。若一圖圩岸不修罪坐排年，一區圩岸不修坐罪糧耆，等而上之。一縣、一府責各有歸，或不論田頭濶狹，但論有田多寡，照田出人，照人分岸，使一總修築。亦可以高鄉溝渠糧耆同里老相勘本區該開河渠幾處，某渠爲急，某渠次之，依次并開浚。工程小者或今年開幾渠，明年開幾渠，工程大者或今年開半段，明年開半段。一二年之後，無不通之渠矣。一、低鄉有等大圩，一遇雨水，茫然無收，該管人員務要督率圩户，於其中多作徑塍，分爲小圩，大約頻渰去處，一圩不過三百畝，間滸去處，一圩不過五百畝。如此，則人力易齊，水潦易去。一、圩岸上俱要砌内外車場，高低水涸，不得因車水放水，輒便掘岸。一邊臨湖蕩圩岸外，須種茭蘆，以禦風浪。其狹河宣泄去處，却不許一槩侵種以遏水。一、軍衛屯田坐落應修圩内及應開河道，俱照民家協同修浚，不許坐視，管屯官一體及時提督。

明 張日升《孝義縣重修南曹村普濟民渠記》（乾隆）《汾州府志》卷三

○　聖朝大政畢舉，其於水利一事，特注意焉。既設郡縣以分領之，又命重臣以總督之，無非欲其水之大小凡可以利民者，悉令築堰鑿渠，以備旱潦而灌民田。尤慮其職之舉廢，無以勸懲，故於律戒其官失時不修堤防，懲其民則曰盗決河防，俾人人趨所以利民，而避所以病民者。

明 謝肇淛《北河紀》卷六《河政記》　沿河兩岸栽柳護堤。兖東二府各州縣衛所管河閘官下民鋪夫每名種二十株，軍鋪十五株，撈淺、閘溜、堤壩等夫十八株。河間府屬各河官下民鋪夫每名種二十株，軍鋪十五株，歲以爲常。其卧柳不拘夫數，每鋪三百株，與高柳相兼栽植。卧柳者，出土新柳也。每年冬，前本部奉總河檄通行查勘，但有枯損空缺去處，俱責令立春後補栽。不如數者，扣曠工銀入官。盗拔者問罪。

又　每年入秋，通行沿河一帶州縣衛所管河官將沿河各湖并運河堤岸生長蘆葦、蒿蓼、水紅等草盡行収割，每夫一日采取二十束，每束曬乾二十斤，以草盡爲止。如法堆垜苫蓋，以備河工埽料之用。積久浥腐者，出陳變價。采不足數、捏報及偷盗者問罪。

明 徐石麒《可經堂集》卷二《清理讞略》　許鳴遠，本犯爲清口泥壅誤漕被逮者也。惰於趨事，致誤輓輸，洵有罪矣。然《盗決河防律》蓋指阻絶泉源，壅激專利，故意壅漕者。言若鳴遠所犯，則玩時失事，當引《失時不修堤防律》從重論罪，止杖八十耳。初擬附近，再擬邊衛，不其廢律而任意乎？且伏秋水漲，清董易淤，其情尚有可原。七十老人荷戈塞上，其人亦有可恤，當依《失時不修堤防》本律科斷。或念年老收贖，皆聖恩也。

清 薛允升《唐明律合編》卷二七《工律》　失時不修堤防。凡不修河防及修而失時者，提調官吏各笞五十。若毁害人家，漂失財物者，杖六十。因而致傷人命者，杖八十。若不修圩岸及修而失時者，笞三十。因而渰没田禾者，笞五十。其暴水連雨，損壞堤防，非人力所致者，勿論。愚按：此律與唐律大略相同，而罪名則比唐律輕至數等。唐律有水火有所損敗，故犯者徵償，誤失者不償等語，《疏議》云：故犯謂故決堤防，通水入人家之類，若不修堤防而致損害之類，則不償明律不載，未知何故。再，唐律專言堤防，明律增入圩岸，是不修圩岸提調官吏亦坐笞罪矣。上條以河防及圩岸陂塘分别官私，此律圩岸之私家，何以反無罪名耶？亦不知其故。漢律有及其門首洒涾之語，見《説文》，蓋謂壅水於人家門首，有妨害也。又《漢書·兒寬傳》：定水令以廣溉田。師古曰：爲用水之次且立法令，皆使得其所也。唐律均不載，後則更視爲不急之務矣。

紀事

明 黄光昇《昭代典則》卷一一　乙亥，遣國子監生及人才分詣天下郡縣督修水利。上諭之曰：耕稼，衣食之源，民生之所資，而時有旱澇，故不可以無備。成周之時，井田之制，行有瀦防溝遂之法，雖遇旱澇，民不爲病。秦廢井田，溝洫之制盡壞，議者遂因川澤之勢引水以溉田，而水利之設興矣。朕嘗令天下修治水利，有司不以時奉行，致令民受其患。今遣爾等往各郡縣，集吏民，乘農隙，相其宜，凡陂塘湖堰可瀦蓄以備旱暵，宣泄以防霖潦者，皆宜因其地修治之。毋妄興工役，掊克吾民。衆皆頓首受命，給道里費而行。

（嘉靖）《太原縣志》卷五《申明水利禁例公移》　山西布政使司分守冀寧道右參政蘇爲水利不均，乞明改正，以順人情，以復舊規事。嘉靖二十二年五月二十九日，蒙巡按山西監察御史童批，該本道呈，行據太原縣申准，本縣知縣張追相關稱，復拘渠長張鎮等到官查審，供稱晉祠泉源從古酌量地勢，分爲四渠，儘其水力，所至澆浸，旁近稻粟田畝，今以十分計之：南渠一分有半，澆地南至棗園頭而止；中渠一分，澆地東南至東庄營而止；六堡河渠半分，澆地東至大寺村而止；北七分，澆地北過縣城之北，至董茹村而止。各渠該澆之地，王府與民間忝錯相連，分日用水，各不相妨。每渠各設渠長一人，提督小甲多少不等，各照地界，分管水利。每年二月内，率領有地用水之人均出夫役，疏浚渠道。于三月初一日，同時起程放澆。其中、南六堡三渠用水不遠，又係長流，多不啓閉，素少争競。及主府用水，該府自有號令，俱且不論，只以北渠言之。每年三月初一日，先澆晋府地，一日畢。至初二日，澆寧化府地二日，至初三日畢。初四日，方澆本縣民地三日，至初六日畢。初七日，又澆晋府地，輪流如前，週而復始，俗名軍三民三，此係舊規，遵行已久。前項王府與民間澆地，各輪三日，俱晝夜相繼。至弘治年間，北渠渠長張弘秀將民間夜水獻與晋府，至今民地止得日間用水，夜水全無，以致水少，不能遍及董茹等村。又緣北渠原設水甲二十二人內，縣南十二人，縣北十人，其縣北水甲因見用水艱難，陸續與縣南水甲八程止存二程，水利愈少。今縣南水甲頂八名，水澤有餘，得以任意行私，從此遂啓賣水買水之弊，妄立有例無例之名，委得恃强貪利，貧弱受害，積習年久，罪惡多端。今蒙取供，不能蔽隱等因得此，除親履各渠查訪審驗相同外，議得晋水經流之地，皆爲應溉之田。水行渠中，必盈科而進；地臨水畔，資櫛比而澆，柰何司水以靈源之惠澤，肆私家之邸肆，與奪惟財是視，高下一任其手，苟非貨賄，雖地當畦塍，必曰汝地無水，雖夫多盡力，必曰汝夫無例。本有水而詭稱冒妄，已買水而不容赴工。賣水者惟彼得買之，從此遂有無水之田。買水者惟彼得用之，從此遂有無地之水。膏澤已沃於連畛，涓滴未沾於鄰區，至使尺隴有饒瘠之殊，一歲有豐凶之異。彼方恃家族强梁，徒黨衆盛，思與争訟，則家計窘迫，徭賦莫供，飲恨吞聲，迄於死徙而已。管水者玩法遺害如此，則用水者亦皆蔑視成規，恃財逞力，侵霸水利，妨害灌貧，健訟連年，戕賊人命，此等宿弊，未經懲戒，奸風日滋，誠爲可惡。所據前向人犯，相應重治革退，別選公廉，充補原役，庶舊規可復，宿弊可除，法令可行。但頑民無知，因襲已久，且干人衆，似或可原，及照私獻夜水、擅賣水程等項俱屬違法，通行究治改正，緣今歲久人没，似難輒議，并王府地畝分日自澆，似難干預外，合候申詳允日，省令北渠渠長張鎮督同水甲崔永現二十二名改過從新，恪遵明憲，將本渠該澆地畝，畝畝相連，均分爲二十二節，明立疆界，大約每地十畝出夫三名，每夫三十名統以水甲，一名是爲一程，凡一名該澆地畝，只在一節之中，不得越過數畝數里，亂跨別節之內。每遇澆水，挨次客排，自上而下。如澆盡上程地畝，方澆下程，不許甲地之内有乙之水，乙地之中有甲之地，以致乍近乍遠，過延時日。或前或却，開啓争端，俟縣南水甲十程澆遍，然後放水一程與縣北水甲，澆灌週而復始，永爲定規。管水者勿得取賂徇私，用水者勿得買求自便。惟有地者即有水，無地者則不得用有水者，即出夫無夫者，則不許用。如此則立法簡易，示信昭明，地有常水以澆，人有定法可守，自無賣水、覇水之弊，兼革求財角力之風，不但均沾惠利，亦且潛窒亂源。

明 鄧元錫《皇明書》卷一　戊戌春正月，以康茂才爲營田使，諭之曰：比因兵亂，堤防頽圮，民廢耕耨，故設營田司，以修築堤防，專掌水利。今軍務實殷，財用爲急，理財之道莫先於農功。故命爾分巡爲營田，俾高無患乾，卑不病潦，務令農功得興，大抵設官爲民，非病民，但使有司增餙館舍，迎送奔走無益，民反害之，則非予付任之意。

明 申時行《大明會典》卷一九九《凡水利職官》　弘治八年，令浙江按察司管屯田官，帯管浙西七府水利。仍設主事或郎中一員專管，三年更代。正德九年，設郎中一員，專管蘇松等府水利。十二年，遣都御史一員，專管蘇松等七府水利。十六年，遣工部尚書一員，巡撫應天等府地方，興修蘇松等七府水利，浙江管水利僉事聽其節制。尋設郎中一員，於白茆港、吴淞江分理開浚。嘉靖三年，罷蘇松等府管水利郎中，仍行浙江管水利僉事帯管。四年奏準貴州水利委官屯僉事帶管，年終具所修浚陂塘壩堰丈尺，造册，送部查考。五年，奏準雲貴水利委管屯副使帶管，年終具所修浚圩岸、陂塘、壩堰、閘洞、溝渠丈尺，造册，送部查考。六年，令巡撫官督同水利僉事用心整理蘇松水利，毋得虚應故事。十三年，令各處按察司屯田官兼管水利。四十五年，題準東南水利不必專設御史，令兩浙巡鹽御史兼管。隆慶元年，題準四川水利、茶法、屯鹽并歸一道。六年，特降敕書，以東南水利專責成巡撫。萬曆三年，令巡江御史督理江南水利。四年，添設淮安水利僉事一員，於河南按察司帶銜令革。

又 卷一九九《凡水利禁令》　正統二年，令有司秋成時修築圩岸，疏浚陂塘，以便農作，仍具疏繳報，俟考滿，以憑黜陟。弘治十八年，令各府州縣治農官不得別項差占，年終具所轄水道通塞浚否緣由，造册奏繳，考核黜陟。嘉靖七年，令陝西、河南、山東撫按等官嚴督守令疏浚河水，設法堤防，以備旱潦，能修舉者，照例旌擢。又令各處撫按守巡官嚴督所屬，以時修浚圩岸、壩堰、陂塘、溝渠之在境内者。十年，令决河上緊修築疏通，糧運、户工二部多方從長計議，責令刻期報完。二十五年，令南直隸巡撫都御史督屬修浚太倉州、常熟、崑山等縣七浦、白茆、新涇等河，鹽鐵、許浦等塘仍令巡按御史驗勘。二十六年，題準琉璃、胡良、滹沱等河各下流壅塞，渰没民田，令順天、保定各巡撫官親詣查勘，作速開浚。隆慶三年，題準凡河南等處霸占源頭阻絶河道者，各該巡撫衙門查照故決泉源條律，爲首者發附近衛所，係軍，調發邊衛，各充軍著爲例。

又 洪武三十一年，欽頒教民榜文一款：一民間或有某水可以灌溉田苗，某水爲害可以堤防，某河壅塞可以疏通，其當里老人會集踏看丈量見數，計較合用人工，并如何修築，如何疏通，定晝計策，畫圖貼説，赴京來奏，以憑爲民興利除害。

明張國維《吳中水利全書》卷一一《詔命》 崇禎元年，召對平臺記注上取户科右給事中黃承昊所奏疏令讀，承昊奏曰：東南時患水灾，因水利不修之故。臣因疏詞，不敢冗長，故未暢所欲言。前禮部員外郎陳懋德有疏言之極詳，乞并臣疏下工部行之。上問：水利何謂，不修是何地方？承昊對云：是蘇松地方。閣臣道登、龍錫同并奏云，臣道登即蘇州人，臣龍錫即松江人。水利是東南一件大事，但修理須要錢糧。懋德本内説原設有開河銀兩。上問：幾何？對曰：亦不多。臣等前已擬處撫按酌議具奏。上沈思久之，云：要修水利，可擾民否？臣龍錫奏：正惟恐擾民，故須行本處撫按酌量。上曰：水利事著公議來奏。黃承昊上鹽屯疏，内云：西北多曠土，則開荒無法也，責在有司，當以考成，課其殿最。東南多水灾，則水利不修也，宜加浙直巡鹽御史敕書一道，令其兼管水利，嚴督道府而舉劾之，非專題水利不入。章疏附贅於此云。

又 崇禎九年，特旨這水利興復事宜著撫按，責成司道督有司親巡查驗審地，因時設法疏浚，務期蓄洩得宜，高下均利。如有奸豪占塞阻撓，即忝拏究治。其支河、汀堰等項，分別貧富，各輸財力，使民樂趨事，不許濫委冗員衙役乘機生擾，并忝治修築海塘及嚴核殿最通一體，著實遵行。

又卷一二《敕諭》 宣德五年，皇帝敕諭工部右侍郎周忱：今命爾往南京、應天、蘇州、松江、常州、鎮江、太平、寧國、池州、徽州、安慶、廣德州巡撫，遞年一應税糧務在從長設法，區畫得宜，使人不勞困輸，不後期。尤在敷宣德意，撫恤人民，扶植良善。其水田、圩岸，爾亦相度時宜整理，俾無旱潦之患，庶副朕委任之重欽哉。故諭。

又 成化七年，皇帝敕諭浙江提刑按察司僉事吴瑞：茲特命爾前去專管蘇、松、常、鎮、杭、嘉、湖七府水利，巡行踏勘所屬地方，分督修治湖塘、疏浚河港兼理溝洫、增築圩岸閘壩務，相地勢水形，使便蓄洩，有資灌溉。應用錢糧，着有司查明設處，或有田之家行府縣勸令輸力。如有侵占河道，聽爾拿問改正。所屬軍衛有司，聽爾調委，仍須呈報。巡撫聽其節制用過錢糧轉呈巡撫類奏。爾其克殫厥心，勤勞乃職，如任使不效，責有攸歸，故敕。以後水利僉事同。

又 弘治七年，皇帝敕諭工部左侍郎徐貫、兼都察院右僉都御史往同巡撫應天等府都察院右僉都御史何鑒：朕惟直隸，蘇、松、常、杭、嘉、湖六府，數年以來，屢被水灾，圍田渰没，廬舍漂溺，民既無聊生，財賦又何自而出。今特命爾會同彼處巡撫、都御史親詣其地，逐一踏勘。如果前日之水道形迹具存，今日之水患實由於此，即於所在司府州縣量取丁夫錢糧，督同委官人等以次興工修築疏浚。凡敕内該載不盡事宜，聽爾便宜處置。文武職官、軍民人等有負才識、諳曉水利者，悉聽委用職官。敢有違慢乖方、狥私廢事者，五品以下徑自提問應奏請者忝奏施行。其興工之際，務審水道利害，人情從違，固不可畏難退避，失經國之良圖，亦不得鑿空妄爲，致小民之嗟怨。殫心畢慮，利國便民，斯不負朝廷委任之意。故諭。

又 正德八年，皇帝敕諭都察院右副都御史俞諫：近蘇、松、常、鎮、杭、嘉、湖七府屢被水灾，圍田渰没，糧賦積逋，民生艱困。茲特命爾前去會同巡撫、都御史遍歷地方，相度形勢，尋源泝委，應修浚挑築者亟行修浚挑築，務使水利常通，旱潦有備。所屬官員聽爾遴擇委用，工費錢糧移會巡撫，設法動支，并不許官吏豪强阻滯撓法，如有不遵，聽爾忝奏處治。爾其殫竭乃猷，克臻厥績，毋負特簡責成之意。故諭。

又　正德十四年，皇帝敕諭巡撫應天等府工部尚書兼都察院右副都御史李充嗣：近蘇松等府連遭水患，糧運缺乏，廷臣建議亟修水利，特升爾前官不妨巡撫事，督理修浚各府湖澤河港塘堰，坐委所屬能幹官員及時料理，仍不時躬巡勘視務，使蓄洩得宜，旱澇有賴。應用錢糧，聽爾設處；承委官員分別勤惰，聽爾舉劾，如違慢悞事，徑自拿問，應奏請者奏請究治。修浚完工，具册奏報。爾爲大臣，受兹簡命，宜殫厥衷，毋負任使。特諭。

明　張内藴《三吴水考》卷一《詔令》　宣德五年，敕諭工部右侍郎周忱：今命爾往南京、應天、蘇州、松江、常州、鎮江、太平寧國、池州、徽州、安慶、廣德州巡撫：遞年一應税糧，務在從長，設法區畫得宜，使人不勞困輸，不後期，尤在敷宣德意，撫恤人民，扶植良善。其水田圩岸，爾亦相度時宜整理，俾無旱潦之患。庶副朕委任之重欽哉。故諭。

又　正統九年，皇帝敕諭工部右侍郎周忱：近聞浙江、嘉湖等府，直隸、蘇松等府今秋多雨，潦水暴溢，渰沒田稼，漂蕩民居，溺死人畜，蓋因各處遞年將舊通江海河港乘乾旱之時築塞爲田耕種，及因遞年沙漲，以致水不流通，人受其患。今特命爾會同巡按御史，嚴督各該府縣，拘集耆民里老人等詢訪踏勘各處，原通江海河港故道果被豪强之人築塞爲田，即令退還，并年深淤塞之處，爾等公同計議，督令府縣官起倩人夫開挑，務要水道通行，不至爲患。其餘湖池、陂塘、圩岸可以蓄洩水利、防備旱澇者，悉從其修築開通。其間果有豪强之徒占據把持以爲己利者，爾竟拿問，輕即量情懲治，情重者具奏區處。用工之際，尤須量度地勢，酌量民力。其殷富田多之家，務令儘力用工；貧難下户及田少糧重者，酌量差遣，不可誤其生理。如工程浩大、人力艱難、非旬月可成者，爾宜審度用工，宜令受利近便去處同心同力，切不可妨廢農時。朕惟豪强專利，小民受害，論法難容，今姑宥其罪，使之自新，保其身家。爾爲朝廷重臣，宜表率同事，公以存心，廉以律身，毋苟具文移以塞責，毋狃於小利以爲功。爾克盡職，民受實惠，朕惟爾嘉朝廷以安養斯民爲念，宜深體朕心，爲民造福，以副任使。或有窒礙難行之事，亦須體諒人情，從長計議奏來，不許違誤。故諭。

又　嘉靖中，敕諭巡撫都御史歐陽必進曰：朕惟國家財賦取給東南，近該前巡撫都御史丁汝夔及巡按吕光洵，各題稱蘇、松、常、鎮四府地方連年水旱頻仍，皆由水利湮廢，以致民困賦逋，貽患非細，乞要查舊例，通行修浚事，下該部轉行彼處查勘，得太倉州、常熟、崑山等縣，七浦、白茆、新涇等河港，鹽鐵、許浦等塘堰修浚有官民并力合修者，其所費財用有原派導河夫及存留各項銀米并撫按司府州縣贓罰與夫應解錢糧堪以那借者，俱令支用。已經該部議奏前來，相應依擬。爾見有地方巡撫之責，特命專理其事。爾宜查照節題事理，及巡按委官勘處緣由，將四府支河、幹河動支前項銀米查議。原奏官民合修分修地方，坐委能幹官員，責令及時修理，庶幾事克有濟爾。仍照先年撫臣李充嗣事例，不時躬往督視，務使緩急有備，旱澇無虞，期於一勞而永逸。各該承委官員，除巡按御史每年閲視工程分別勤惰舉劾外，如有違慢悞事者，五品以下，爾即徑自挐問，應奏請者，奏聞施行。事完之日，通將修浚過緣由畫圖貼説，并用過錢糧數目造册奏繳，及將勤幹賢能官員通行論奏，以憑旌擢。

明　徐學聚《國朝典彙》卷一九一《工部》　二十六年，定，凡各處閘壩陂池，引水可灌田畝以利農民者，務要時常整理疏浚。如有河水横流泛濫，損壞房屋田地禾稼者，須要設法堤防止遏。或所司呈稟，或人民告訴，即便定奪奏聞。若隸各布政司者，照會各司；直隸者，札付各府州。或差官直抵處所，踏勘丈尺濶狹，度量用工多寡。若本處人民足完其事，就便差遣；倘有不敷，著令鄰近縣分添助人力。所用木石等項，於官見有去處支用。或發遣人夫，於附近山場采取，務在農隙之時興工，毋妨民業。如水患急於害民，其功可卒成者，隨時修築，以禦其患。

明　孔貞運《皇明詔制》卷三　農作以水利爲要，各處堤防閘垻或年久坍塌，不能蓄泄，陂塘淤塞，及舊爲豪强占據，小民不得灌溉，已令修復。或有未修復者，該管官司仍即依舊整理，應修築者悉令修築，不許怠惰。或有倚恃豪强占據水利者，以土豪論罪。布政司、按察司、巡按御史巡歷提督，務見實効。若苟且文書，虚應故事，一體論罪。

又卷四　内外各處造作，除城垣、河道、倉厫急務，所在官司具奏修理外，其餘一應不急之務暫且停止，各衙門不許擅自移文興工修造。果有應修造者，亦要奏請定奪。

又卷七　河防水利，小民衣食之源，關係最重，各有專官管理。該管官員務要躬親巡歷，嚴督所屬修築圩岸，疏浚溝渠。但有權豪刁潑之家修建池亭，設立碾磨，阻壞水利，坑陷錢糧者，并聽自首，拆毁改正，與免本罪。若有抗拒官府，執迷不首者，許鄰佑之人告舉究治。所在官司容情故縱者，事發，一體治罪。

又　江南財賦所自出，水利所係至重。近年所司官往往忽而不講，旱澇無備，一遇凶荒，税糧無措。浙江設有水利僉事，帶管南直隸，地方各府縣又復設有治農通判、縣丞等，上下因循，坐視廢弛，已往不究，着巡撫官督令水利僉事往來巡歷，着落府縣治農官員將槩管地方水利講求議處，何處水源所當疏通，何處經流所當挑浚。冬末春初，將池塘、壩堰、溝塍、圩岸趁時協力挑浚修築，使高低之田俱有所備，不爲旱澇所傷。夫役取諸得利之家，若工程浩大，量起臨境人互相幇工，合用錢糧，巡撫查取。

又卷九　大江南北，財賦所出，全資水利，各處設有水利僉事，各府縣又有水利通判縣丞等官。近來往往視爲末務，上下因循，一遇水荒，即奏乞蠲免賑濟，引天灾以逃責，豈爲民父母之道？今後各該撫按督令，專管水利，司道官往來巡歷，着落有司官將該管地方水利着實講求議處，何處當疏通其源，何處當挑浚其流，壩堰圩岸在在增修，使蓄泄有備，旱澇無傷。合用夫役，取諸得利之家，毋令騷擾。若工程浩大，撫按官查將先年導河夫役用剩貯庫及該府州縣洲池魚課奏留修理堤坃等銀兩酌量動支。有司官有仍前曠職誤事及地方强豪勢要之家阻撓壅塞專利病民者，撫按官參挐處治。

又　大江南北財賦所出，全資水利。各處設有水利僉事，各府縣又有水利通判、縣丞等官。近來往往視爲末務，上下因循，一遇水荒，即奏乞蠲免賑濟，引天灾以逃責，豈爲民父母之道？今後各該撫按督令專管水利司道官往來巡歷，着落有司官將該管地方水利着實講求議處，何處當疏通其源，何處當挑浚其流，壩堰圩岸在在增修，使蓄泄有備，旱澇無傷。合用夫役，取諸得利之家，毋令騷擾。若工程浩大，撫按官查將先年導河夫役用剩貯庫，及該府州縣洲池魚課奏留修理堤坃等銀兩酌量動支。有司官有仍前曠職誤事，及地方强豪勢要之家阻撓壅塞，專利病民者，撫按官參挐處治。

明佚名《皇明詔令》卷一一《初建三殿兩宮成詔》　農作以水利爲要，各處堤防閘壩或年久坍塌，不能蓄泄，陂塘淤塞，及舊爲豪强占據，小民不得灌溉，已令修復。或有未修復者，該管官司仍即依例整理，應修築者悉令修築，不許怠慢。敢有豪强占據水利者，以土豪論罪。布、按二司官、巡按御史巡歷提督，務見實效，若苟且文書，虚應故事，一體論罪。

又《初建三殿兩宮成詔》　農作以水利爲要，各處堤防閘壩或年久坍塌，不能蓄泄，陂塘淤塞，及舊爲豪强占據，小民不得灌溉，已令修復。或有未修復者，該管官司仍即依例整理，應修築者悉令修築，不許怠慢。敢有豪强占據水利者，以土豪論罪。布按二司官、巡按御史巡歷提督，務見實效，若苟且文書，虚應故事，一體論罪。

又卷一六《星變寬恤詔》　勳戚勢要之家不許霸佔關厢、渡口、橋梁、水陂及開設鋪店、販賣鈔貫，抽要柴薪，勒措擺渡、牙保水利等錢，侵害小民。違者，許巡城御史并該管地方官員捉拏參奏。

又卷一七《立皇太子詔》　勳戚勢要之家有例不許霸占關厢、渡口、橋梁、水陂及開設鋪店、販賣鈔貫、抽要柴薪、勒措擺渡、牙保水利等錢，侵害小民。違者，許巡城巡按并該地方官員忝究治罪。行之年久，人心玩易，其再與申明，嚴加禁約。

又卷一八《即位詔》　皇親勳臣及勢要之家，有例不許受人投獻地土，包攬錢糧，霸占關厢、渡口、橋梁、水坡及開設鋪店，停勒客貨，販賣鈔貫，抽要柴薪、占奪田室、措勒牙保水利等錢，侵奪民利。違者，許科道及巡按、巡城并該管地方官員參奏，治以重罪。行之年久，人心玩易，都察院其再申明，嚴加禁約。

又卷一九《即位詔》　河防水利，小民衣食之源，關係最重，各有專官管理。該管官員務要躬親巡歷，嚴督所屬修築圩岸，疏浚溝渠。但有權豪刁潑之家修建池亭，設立碾磨，阻壞水利，坑陷錢糧者，并聽自首，拆毁改正，與免本罪。若有抗拒官府，執迷不首者，隣佑之人舉告究治。所在官司容情故縱者，事發，一體治罪。

又卷二〇《寬恤詔》　江南財賦所自出，水利所係至重。近年所司官往往忽而不講，旱澇不備，一遇凶荒，税糧無措。浙江設有水利僉事，帶管南直隸。地方各府縣又復設有治農通判、縣丞等官，因循坐視，廢弛已往，不究着巡撫官督令水利僉事往來巡歷，着落府縣治農官員將槩管地方水利講求議處，何處水源所當疏通，何處經流所當挑浚。冬末春初，將池塘圩堰溝塍圩岸趁時協力挑浚修築，使高低之田俱有所備，不爲旱澇所傷。夫役取諸得利之家，若工程浩大，量起隣境人夫，互相幫工。合用錢糧，巡撫查處。先年，導河夫用剩貯庫銀兩及贓罰，無礙官錢應用，不許虚應故事。

（乾隆）《汾州府志》卷二七《諭巡鹽監察御史張更化敕》　近該浙江巡撫官題稱：浙西杭、嘉、湖與直隸、蘇、松等府均爲國家財賦之地，水利所係甚重，乃今遭罹水患，民瘼攸關，要將浙、直二水利事務併令巡鹽御史一體兼理，該部議覆相應。今特命爾不妨原務，兼管蘇、松、常、鎮四府及杭、嘉、湖各府地方水利，在浙江則行水利道，在直隸則行兵備道。爾須查照先今該部題準，事理往來，督率各該司道及各府州縣掌印官，責令水利官帶同塘長人等躬親相度，考究原委，要見某處係上游水匯，某處係下流支港，應分某水以殺其勢，應闊某岸以緩其衝，應浚某湖以會其流，某處陡閘應修，某處塘堰應築，合用人工隨宜區處。其劉家河、黄浦、七浦、白節其緊要河港湖匯，併浙直交界所有未經開通及已開仍欠深闊，與夫塘堰涇瀆陡門閘霸等項應修應浚應復舊應新置者，通勘估計議處。如一圩之中塘岸溝池等項不煩多費者，即令得業之家量田多寡，出力修浚。果係工力浩大，動支淘河等銀應用，如再不敷，會同撫按官從長計處。撫按亦要悉心遠計，務求共濟，不得推諉。其該道并府州縣掌印水利等官敢有怠玩誤事，若勢豪之家侵塞水利，姑令首正免罪，敢有隱瞞及違拒阻撓者，即行拿問。干礙職官，指名參奏。某水利官營求別差，曠廢職業，或需索常例，利己病民，應拏應參，并聽舉行如例。每年終將修浚過緣由造册奏繳，復命之日，仍將所屬大小官曾否有益水利照例舉劾，以昭勸懲。爾爲憲臣，受兹重委，須夙夜殫心，務俾水利興舉，旱澇有備，以爲益國便民之計。如或因循苟且，虚應故事，責有所歸，爾其欽承之。故敕。

《盗决堤防律》

題解

明 應檟《大明律釋義》卷三〇《河防》　疏義曰：河防自秦漢魏晋皆無其目，唐承隋制，亦不具載。稽之唐律，可見者惟『侵占阡陌』『失時不修堤防』『盗决河防』三條，屬之雜律。國朝于工律内特立河防一篇，凡四條，其『盗决河防』『失時不修堤防』二條則仍唐舊，改『侵占阡陌』爲『侵占街道』，取唐『不修堤防』條内應造橋航船栰而不造之義，别立『修理橋梁道路』一條，總名曰《河防》。

綜述

明 劉惟謙《大明律》卷三〇《工律二盗决河防》　凡盗决河防者，杖一百。盗决圩岸陂塘者，杖八十。若毁害人家，及漂失財物渰没田禾，計物價重者坐贓論。因而殺傷人者，各減鬥殺傷罪一等。若故决河防者，杖一百，徒三年，故决圩岸陂塘減二等。漂失贓重者，准竊盗論，免刺。因而殺傷人者，各以故殺傷論。

明 應檟《大明律釋義》卷三〇《河防》　凡盗决河防者，杖一百。盗决圩岸陂塘者，杖八十。若毁害人家，及漂失財物，渰没田禾，計物價重者，坐贓論。因而殺傷人者，各減鬭殺傷罪一等。若故决河防者，杖一百，徒三年。故决圩岸陂塘，減二等。漂失贓重者，准竊盗論，免刺。因而殺傷人者，以故殺傷論。釋義曰：河防，謂河之防障也。圩者，低田陂者下津岸塘所以防水也。决者開决通水之謂，盗决止於偷水，故决則有害人之意矣，故罪之輕重如此。

明 雷夢麟《讀律瑣言》卷三〇《盗决河防》　凡盗决河防者，杖一百。盗决圩岸陂塘者，杖八十。若毁害人家，及漂失財物，渰没田禾，計物價重者，坐贓論。因而殺傷人者，各減鬭殺傷罪一等。若故决河防者，杖一百，徒三年。故決圩岸陂塘，減二等。漂失贓重者，准竊盜論，免刺。因而殺傷者，以故殺傷論。言曰：河防者，乃國家積水以資漕運者也。盜決以濟已私者，杖一百。圩岸陂塘者，乃民間止水以防旱潦者也。盜決以爲已利者，杖八十。若因盜決而致水勢漲漫，毀害人家，及漂失財物，渰没田禾者，求利於已遺害於人，計所損物價，坐贓論，罪止杖一百，徒三年。因而殺傷人者，雖其爲水殺傷，而實由盜決以致之也，減鬬殺傷人罪二等。若故決者，本非求利於水，明有害人之心，且近於强矣，故決河防者杖一百，徒三年。故決圩岸陂塘，杖八十，徒二年。漂失贓重者，准竊盜論，罪止杖一百，流三千里。因而殺傷人者，雖其爲水殺傷，而實由故決以致之也，抃以故殺傷人論罪。盖盜決者，圖以利已，原無殺傷人之心也。故決者，欲以害人，不復爲殺傷人之慮也。《問刑條例》：一、凡故決山東南旺湖、沛縣昭陽湖、属山湖、安山積水湖各堤岸，并阻絶山東泰山等處泉源，有干漕河禁例，爲首之人發附近衛所，係軍，發調邊衛，各充軍。其閘官人等用草捲閣閘板盜泄水利，串同取財，犯該徒罪以上，亦照前問發。一、河南地方盜決及故決河防，毀害人家，漂失財物，渰没田禾，犯該徒罪以上，爲首者若係旗，舍；餘丁民人俱發附近充軍；係軍，調發邊衛。

明 申時行《大明會典》卷一七二《刑部十四》 凡盜決河防者，杖一百。盜決圩岸陂塘者，杖八十。若毀害人家及漂失財物渰没田禾計物價重者，坐贓論。因而殺傷人者，各減鬬殺傷罪一等。若故決河防者，杖一百，徒三年。故決圩岸陂塘，減二等。漂失贓重者，準竊盜論，免刺。因而殺傷人者，以故殺傷論。一、凡故決盜決山東南旺湖、沛縣昭陽湖、屬山湖、安山積水湖、揚州高寶湖、淮安高家堰、柳浦灣、及徐邳上下濱河一帶、各堤岸、并阻絶山東泰山等處泉源，有干漕河禁例，爲首之人發附近衛所，係軍調發邊衛，各充軍；其閘官人等用草捲閣閘板，盜泄水利，串同取財，犯該徒罪以上，亦照前問遣。一、河南等處地方盜決及故決堤防，毀害人家漂失財物，淹没田禾，犯該徒罪以上，爲首者若係旗舍餘丁民人，俱發附近充軍；係軍，調發邊衛。

明 舒化《大明律附例》卷三〇《工律二·盜決河防》 凡盜決河防者，杖一百。盜決圩岸陂塘者，杖八十。若毀害人家及漂失財物渰没田禾，計物價重者，坐贓論。因而殺傷人者，各減鬬殺傷罪一等。若故決河防者，杖一百，徒三年。故決圩岸陂塘，減二等，漂失贓重者，准竊盜論，免刺。因而殺傷人者，以故殺傷論。《集解》：河防者，江河之障也。圩者，低田岸以防之。陂者，下澤塘以防之者也。此律前節重一盜字，如因捕魚過船之類，後節重一故字。《會典》：凡侵占各河岸牽路爲房者，治罪，撤去。凡徵椿草錢粮備河道之用者，毋得别事擅支。成化年間，令：凡閘，惟進鮮船隻隨到隨開，其餘務待積水。若豪强逼脅，擅開走泄水利，及閘開不依幇次争鬬者，聽閘官。將應問之人拿送管閘，并巡河官處究問。因而閣壞船隻，損失進貢官物，及漂流係官粮米，并傷人者，各依律例，從重問罪，干礙豪勢官員參奏究治。其閘内船已過，下閘已閉，積水已滿，而閘官夫牌故意不開，勒取客船錢物者，亦治以罪。《問刑條例》：一、河南地方盜決及故決河防，毀害人家，漂失財物，渰没田禾，犯該徒罪以上，爲首者若係旗，舍；餘丁民人俱發附近充軍；係軍，調發邊衛。一、運河一帶用强包攬，閘夫溜夫二名之上，俱問罪。旗軍發邊衛，民并軍丁人等發附近各充軍，其攬當一名不曾用强生事者，問罪，枷號一箇月發落。附考增例：一、蘇、松、常、鎮、杭、嘉、湖七府，蘇州、鎮江等衛所地方，係官湖塘蕩泊多被奸頑之徒占爲己業，或盜賣勢豪，及有盜決、故決堤防等項情弊事發，勘問明白，依律照例發落，具湖塘應比擬者，仍明具招由，奏請定奪。一、故決蜀山湖、安山積水湖堤岸及用草捲閣閘板盜世水利得財，犯該徒罪以上，并故決、盜決山東運河，爲首者若係旗，舍，餘丁民人俱發附近充軍；係軍，調發邊衛。一、用强包攬守口澇淺鋪夫二名以上者，問罪。旗軍發邊衛，民并餘丁人等發附近各充軍。若止强攬一名者，問罪枷號一箇月發落。

明 謝肇淛《北河紀》卷六《河政》 凡閘溜夫受雇一人冒充二人之役者，編充爲軍。冒一人者，枷項徇衆一月。畢，罪遣之。凡故決山東南旺湖、沛縣昭陽湖堤岸，及阻絶山東泰山等處泉源者，爲首之人并遣從軍；軍人犯者，徒於邊衛。

清 薛允升《唐明律合編》卷二七《工律》 盜決河防。凡盜決河防者，杖一百。盜決圩岸陂塘者，杖八十。若毀害人家，及漂失財物，渰没田禾，計物價重者，坐贓論。因而殺傷人者，各減鬥殺傷罪一等。若故決河防者，杖一百，徒三年。故決圩岸陂塘，減二等。漂失贓重者，准竊盗論，免刺。因而殺傷人者，以故殺傷論。愚按：此《周禮》雍氏所掌害於國稼之事也。箋釋：盗決者，唐律注謂盗水以供私用。今按如捕魚過船之類，皆是也。凡此皆以求濟己私，初無害人之意，故罪止擬杖。若故決者，《唐律疏議》云：故決，非因盗水，或挾仇隙，或恐漂流自損之類。凡此皆非求利於水，明有害人之心，故擬徒罪也。其説甚明，乃必添入圩岸陂塘何耶？若謂河防重而圩岸陂塘輕，而一有毀害人家等情，何以又無分别耶？再，原律并無或取利，或挾仇，小注不知何時添入。輯注：按盗者，掩襲而决之，不敢使人知也。故者，决然而决之，不復畏人知也，猶强竊盗之。别罪之輕重，由此論定，不在害人不害人也。河防係在官築防之堤，圩岸陂塘係民間水利之業。盗决河防則害及於官，盗决圩岸陂塘則害及於民，且與人有讐而欲害之者，更必私下盗决，不使人知。何謂盗决無害人之意，取利挾讐之注，雖在故决之内，而實兼盗决言之也。如此立論，亦云辯矣。而既有害人之心，殺傷人者何以又得各減一等耶？

紀事

明張國維《吴中水利全書》卷一一《詔命》 隆慶三年，詔凡霸占源頭、阻絶河道者，各該巡撫衙門查照盗决泉源條律。爲首者發附近衛所，係軍，調發邊衛，各充軍，著爲例。

又卷一二《敕諭》 萬曆十六年，皇帝敕諭：湖廣提刑按察司副使許應逵近該撫按官題稱：江南水患不常，亟宜復設專官管理。該部議覆相應，命爾前去專管蘇松等四府水利，駐札松江府地方，兼理農務。爾宜查照該部題准事理，踏看所屬地方，估計工程，議處錢糧，起調人夫，涇港湮塞者設法開浚，圩岸低薄者著實修築，務使支河疏通達於江海，堤防堅固可禦水澇。如官民勢豪之家占種淤地侵奪水利者，爾即清查改正。敢有抗拒阻撓應拿問者，逕自拿問，應忝奏者忝奏處治。四府及所屬州縣官員悉聽委用，如有重大工程應合奏請者，申呈撫按官奏請施行。其不急工程，聽爾便宜斟酌，不必虚費財力，致拂人情錢糧等項，除聽撫按官總理節制外，别衙門不得干預，爾亦不得闕白忝謁，致妨公務。每年終，仍將做過工程、用過錢糧轉呈撫按官造册奏繳，清册送部查核。爾爲憲臣，受兹委任，須躬親相度，竭力經理，不避勞怨，使水利興舉，益國便民，斯爲稱職。如或因循苟且，虚應故事，責有所歸，爾其慎之勉之。故敕。

明張内藴《三吴水考》卷一《詔令》 正統九年，敕諭工部右侍郎周忱：近聞浙江嘉湖等府，直隸、蘇州等府地方今秋多雨，潦水暴溢，渰没田稼，漂蕩民居，溺死人畜，蓋因各處遞年將舊通江海河港乘乾旱之時，築塞爲田耕種，及因遞年沙漲，以致水不流通，人受其患。今特命爾會同巡按御史嚴督各該府縣，拘集耆民里老人等詢訪，踏勘各處原通江海河港故道，果被豪强之人築塞爲田，即令退還。并年深淤塞之處，爾等公同計議，督令府縣官起倩人夫開挑，務要水道通行，不至爲患。其餘湖池、陂塘、圩岸可以蓄洩水利、防備旱潦者，悉從宜修築，開通其間。果有豪强之徒占據把持以爲己利者，爾即拏問，輕則量情懲治，情重者具奏區處。用工之際，尤須相度地勢，酌量民力，其殷富田多之家，務令儘力用工，貧難下户及田少糧重者，酌量差遣，不可誤其生理。如其工程浩、人力艱難、非旬月可成者，爾宜審度用工，宜令受利近便去處同心用力，切不可妨廢農時。朕惟豪强專利，小民受害，論法難容，今姑宥其罪，使之自新，保其身家。爾爲朝廷重臣，宜表率同事，公以存心，廉以律身，勤以從事，必誠必信，用圖久遠，毋虚勞民力，毋苟具文移以塞責，毋狃於小利以爲功。爾克盡職，民受實惠，朕惟爾嘉。朝廷以安養斯民爲念宜，深體朕心，爲民造福，以副任使。或有窒礙難行之事，亦須體諒人情，從長計議奏來，不許違誤。故諭。

（嘉靖）《太原縣志》卷五《申明水利禁例公移》 山西布政使司分守冀寧道右參政蘇爲水利不均，乞明改正，以順人情，以復舊規事。嘉靖二十二年五月二十九日，蒙巡按山西監察御史童批，該本道呈，行據太原縣申准，本縣知縣張追相關稱，復拘渠長張鎮等到官查審，供稱晋祠泉源從古酌量地勢，分爲四渠，儘其水力，所至澆浸，旁近稻粟田畝，今以十分計之：南渠一分有半，澆地南至棗園頭而止；中渠一分，澆地東南至東庄營而止；六堡河渠半分，澆地東至大寺村而止；北七分，澆地北過縣城之北，至董茹村而止。各渠該澆之地，王府與民間忝錯相連，分日用水，各不相妨。每渠各設渠長一人，提督小甲多少不等，各照地界，分管水利。每年二月內，率領有地用水之人均出夫役，疏浚渠道。于三月初一日，同時起程放澆。其中、南六堡三渠用水不遠，又係長流，多不啓閉，素少争競。及主府用水，該府自有號令，俱且不論，只以北渠言之。每年三月初一日，先澆晋府地，一日畢。至初二日，澆寧化府地二日，至初三日畢。初四日，方澆本縣民地三日，至初六日畢。初七日，又澆晋府地，輪流如前，週而復始，俗名軍三民三，此係舊規，遵行已久。前項王府與民間澆地，各輪三日，俱晝夜相繼。至弘治年間，北渠渠長張弘秀將民間夜水獻與晋府，至今民地止得日間用水，夜水全無，以致水少，不能遍及董茹等村。又緣北渠原設水甲二十二人內，縣南十二人，縣北十人，其縣北水甲因見用水艱難，陸續與縣南水甲八程止存二程，水利愈少。今縣南水甲頂八名，水澤有餘，得以任意行私，從此遂啓賣水買水之弊，妄立有例無例之名，委得恃强貪利，貧弱受害，積習年久，罪惡多端。今蒙取供，不能蔽隱等因得此，除親履各渠查訪審驗相同外，議得晋水經流之地，皆爲應溉之田。水行渠中，必盈科而進；地臨水畔，資櫛比而澆，柰何司水以靈源之惠澤，肆私家之邸肆，與奪惟財是視，高下一任其手，苟非貨賄，雖地當畦塍，必曰汝地無水，雖夫多盡力，必曰汝夫無例。本有水而詭稱冒妄，已買水而不容赴工。賣水者惟彼得買之，從此遂有無水之田。買水者惟彼得用之，從此遂有無地之水。膏澤已沃於連畛，涓滴未沾於鄰區，至使尺隴有饒瘠之殊，一歲有豐凶之異。彼方恃家族强梁，徒黨衆盛，思與争訟，則家計窘迫，徭賦莫供，飲恨吞聲，迄於死徙而已。管水者玩法遺害如此，則用水者亦皆蔑視成規，恃財逞力，侵覇水利，妨害灌貧，健訟連年，戕賊人命，此等宿弊，未經懲戒，奸風日滋，誠爲可惡。所據前向人犯，相應重治革退，別選公廉，充補原役，庶舊規可復，宿弊可除，法令可行。但頑民無知，因襲已久，且干人衆，似或可原，及照私獻夜水、擅賣水程等項俱屬違法，通行究治改正，緣今歲久人没，似難輒議，并王府地畝分日自澆，似難干預外，合候申詳允日，省令北渠渠長張鎮督同水甲崔永現二十二名改過從新，恪遵明憲，將本渠該澆地畝，畝畝相連，均分爲二十二節，明立疆界，大約每地十畝出夫三名，每夫三十名統以水甲，一名是爲一程，凡一名該澆地畝，只在一節之中，不得越過數畝數里，亂跨別節之內。每遇澆水，挨次審排，自上而下。如澆盡上程地畝，方澆下程，不許甲地之內有乙之水，乙地之中有甲之地，以致乍近乍遠，過延時日。或前或却，開啓争端，俟縣南水甲十程澆遍，然後放水一程與縣北水甲，澆灌週而復始，永爲定規。管水者勿得取賂狥私，用水者勿得買求自便。惟有地者即有水，無地者則不得用有水者，即出夫無夫者，則不許用。如此則立法簡易，示信昭明，地有常水以澆，人有定法可守，自無賣水、覇水之弊，兼革求財角力之風，不但均沾惠利，亦且潛窒亂源。

藝文

明 錢穀《吴都文粹續集》卷一〇《公廨・兵備道敕諭》 皇帝敕曰：蘇、松、常、鎮四府係南畿重地，國家財賦取給于此。徃年因盗賊生發，貽患地方，特設專官整飭兵備。今特命爾專在太倉州駐札，徃來四府沿江沿海一帶地方，督同軍衛有司掌印捕盗官員，操練官軍，揀選民快，修浚城池，演習水戰，緝捕盗賊，巡捉私鹽，聽理詞訟，兼提督各衛所屯田子粒，務令以時耕種，依期徵納，禁革奸弊。官吏、旗軍人等敢有越占科歛，剝削軍士，及侵占屯田，包攬拖欠屯種者，依法究治。其各府水利，督令有司官吏設法整理。湖蕩河港淤塞淺狹者即爲疏浚，閘壩堤防圩岸及禦潮海塘坍塌損壞者即爲修築，不許豪强之徒侵占毁壞，違者一體究治，仍聽巡撫官節制。捕盗事情有應與總督備倭官員計議者，計議停當而行。各該所屬官員有廉能幹濟者，具奏旌奬。貪殘不職，六品以下徑自拿問，五品以上并軍職參奏處治。爾爲憲臣，受兹委任，須盡心竭力，正己率下，務使武備修明，賊盗屏息，水利興舉，屯粮充足，斯稱任使。如或仍前，專事逢迎，奔疲道路，因循苟且，虚應故事，責有所歸，爾其慎之慎之。故敕。

（乾隆）《汾州府志》卷二七《諭巡鹽監察御史張更化敕》 近該浙江巡撫官題稱：浙西杭、嘉、湖與直隸、蘇、松等府均爲國家財賦之地，水利所係甚重，乃今遭罹水患，民瘼攸關，要將浙、直二水利事務併令巡鹽御史一體兼理，該部議覆相應，今特命爾不妨原務，兼管蘇、松、常、鎮四府及杭、嘉、湖各府地方水利，在浙江則行水利道，在直隸則行兵備道。爾須查照先今該部題準事理，往來督率各該司道及各府州縣掌印官，責令水利官帶同塘長人等躬親相度，考究原委，要見某處係上游水匯，某處係下流支港，應分某水以殺其勢，應闊某岸以緩其衝，應浚某湖以會其流，某處陡閘應修，某處塘堰應築，合用人工，隨宜區處。其劉家河、黄浦、七浦、白節其緊要河港湖匯，併浙直交界處，所有未經開通及已開仍欠深闊，與夫塘堰涇瀆陡門閘霸等項應修、應浚、應復舊、應新置者，通勘估計議處，如一圩之中塘岸溝池等項不煩多費者，即令得業之家量田多寡，出力修浚。果係工力浩大，動支淘河等銀應用，如再不敷，會同撫按官從長計處，撫按亦要悉心遠計，務求共濟，不得推諉。其該道并府州縣掌印水利等官敢有怠玩誤事，若勢豪之家侵塞水利，姑令首正免罪，敢有隱瞞及違拒阻撓者，即行拿問。干礙職官，指名參奏某水利官營求別差，曠廢職業，或需索常例，利己病民，應拏應參，并聽舉行如例。每年終，將修浚過緣由造册奏繳。復命之日，仍將所屬大小官曾否有益水利照例舉劾，以昭勸懲。爾爲憲臣，受兹重委，須夙夜殫心，務俾水利興舉，旱澇有備，以爲益國便民之計。如或因循苟且，虚應故事，責有所歸，爾其欽承之。故敕。

《廣濟渠申詳條款》

論説

（道光）《河内縣志》卷一三《水利志》　河内志書載兩河之下分二十四堰，以出力開河之民别爲利户，濟民之有利者分五堰，河孟、温武之有利者分十九堰，每月兩輪，照號用水，必先武陟，次孟温，次河濟，自下而上，俾狡惰者不得無功竊利，法至善也。迨日久弊生，加以人情喜逸而惡勞，如武孟温僅有分堰之名，并無分水之實，究其故，伊等懈於疏浚凂河，民代爲出夫，即代用其水，是經製壞而争端起矣。致令濟民之無利者得以藉口曰：五邑協力，開河水，利盡歸河内，他邑既不沾澤，壞我濟地，將糧换水，而獨不可用水乎？於是爲橋閘，開溝洞，培蘆葦，無利無號之私閘，實有妨於有利有號之公堰。由故，明以迄於今，河民嘵嘵不休，而此案究竟未結也。職等仰體上憲一視同仁之至意，會商確勘，忝考舊卷，博采輿情，查袁令二十四堰之分設，委爲百世不易之良規。欲息斯民之争端，當復前賢之舊制，合無仍照袁令，詳定各堰名色，令各邑秉公查將有利之户造册送府用印，發各縣存案，設立堰長，照號使水，自下而上，河民既不代用三邑之水，濟民何由垂無利之涎。

綜述

清　賀長齡《清經世文編》卷一一五《工政二十一》　勝國河内令袁公應泰所建之廣濟渠爲著。渠即古枋口，晋司馬孚易以石，晋之沁水至是入豫境。古址久堙，袁公令河内相度水勢，鑿石山爲洞，置閘司啓閉，引水出洞口東南流，歷濟河温武四縣界，又數分支流，以資傍潤。其自著《廣濟渠申詳條款碑記》，詳著其用水護堰諸法甚晰，然其創始之艱，用力之勤，亦可概見。

（嘉慶）《清一統志》卷二〇三《懷慶府》　二十四堰，在河内縣南。明河内令袁應泰鑿廣濟渠，分二十四堰，曰永益、水利、長豐、天富、永福、廣福、和豐、廣豐、大豐、大有、太平、廣有、永濟、廣阜、新興、廣隆、萬盈、長濟、興隆、興福、宏福、萬億、大濟、永通。

（道光）《河内縣志》卷一三《水利志》　廣濟河，開自明朝，河内令袁公應泰志切愛民，疏通水利，鑿穿太行，三年成功，五邑被澤。其間督工捐銀，公而忘私者，大抵諸公直之功居多。計一河其分二十四堰，漸因水利不均，澆灌維嘆多遞高阜自。康熙六十年以來，止存十五堰，興工使水而已。然其用水之日期，派定之時刻，皆因夫役之多寡，亦因河勢之上下，不得以私意混亂增減之也。

紀事

（乾隆）《孟縣志》卷三《地理第三》　廣濟河。明萬曆二十八年，河内令袁應泰鑿山引水爲渠，由濟源河□孟縣、温縣、武陟，至唐郭入于黄河。渠濶八丈，長一百五十里，分二十四堰，使水各有時刻，勒石詳記厥功。

（道光）《河内縣志》卷九《山川志》　萬歷間，河内令袁應泰復於五龍口開廣濟渠。又按《河内縣志》，縣令袁應泰鑿山開洞，自枋口引沁水，由濟源縣界入河内，經温、武二縣，由唐郭村入黄河，廣八丈，長一百五十里，分二十四堰，使水各有時刻。此由枋口以下鑿山開洞，引沁水經南岸灌溉民田之來源也。

藝文

清　袁應泰《廣濟渠申詳條款記》（乾隆）《重修懷慶府志》卷七　河内地方歲苦亢旱，幸遇院司道府嘉惠窮民，興利明文不啻三令而五申之。本縣仰體至意，申蒙詳允，開鑿廣濟渠一道，業已竣事告成矣。但規畫久而易湮，人情習而滋玩，欲圖永遠之利，宜詳經制之力。二載以來，熟觀水勢，深維弊源，條列事宜如左，詳允勒石，永爲遵守。一、明河基以防侵占。本河自太行山鑿洞引水，經濟源、孟縣、河内、温縣、武陟，達於黄河，延袤一百五十里，濶八丈，俱係除糧官地。又價買濟源民田，開減水河一道，以防泛溢衝決之患，長一百零九十丈，濶四丈，亦係移關該縣除糧，永爲官地。如隣河居民侵種，兩岸湮没，舊制以盗決堤防治罪。一、定渠堰以均利澤。本河一渠共分二十四堰。第一永益堰，由官莊至休昌，長三里。第二永利堰，第三常豐堰，俱并入永益堰。第四天富堰，由許村，長二里。第五永福堰，順入利人河。第六廣福堰，由許村官莊入豐稔河歸黄河，長一百二十里。第七和豐堰，由辛村高村，長五里。第八廣豐堰，由東許村金塜至小管入黄河，長一百二十里。第九大豐堰，由南尋西李家橋曲溝柿園，上坯賈村至黄罔所減水入黄河，長一百三十里。第十大有堰，由南尋北董至沙岡，長三十里。沙岡有鄭府寄莊地七頃五十畝，除本堰三分水一日。第十一太平堰，由武家作、張家作至劉家莊，長一十里。第十二廣有堰，由七里橋、故事、馬鋪至古潤入沁河，長二十五里。第十三永濟堰，由護城、祝策、彭城、祝香鎮至蘇王東宏福堰，長七十里，尚香西砌欄水閘，減水入沁河。第十四廣阜堰，由南屯、沙岡至辛王，長一十里。第十五新興堰，由里村、泠家莊、賈村至北正，長一十八里。第十六廣隆堰，由五王，長二里。第十七萬盈堰，由分水石、七里屯、衛村至彭城，長三十里。第十八常濟堰，由住村、珍珠莊、高照至耿家莊，入澇河，歸黄河，長六十九里。第十九興隆堰，由郭村、王里、李家莊至北張氏，一十八里。第二十興福堰，由彭城、尚香鎮至劉家莊，長一十里。第二十一宏福堰，由蘇王、南徐潤至南張，長一十五里。第二十二萬億堰，由西泠至東周，長十里。第二十三大濟堰，由北泠至杜家莊，長八里。第二十四永通堰，由保封、董宋、趙家莊至唐郭入黄河，長四十里。中間支渠之在各堰者，遍滿原隰，不妨隨便開導，惟此二十四大堰較其遠近，酌其盈縮，民以稱均平矣。此中如强有力者擅開一堰，計日分水，即減别堰之利，若係上流，尤宜嚴禁。一、泄餘水以免泛溢。本河水勢頗迅，兼以秋雨驟集，溝澮之水皆入於河，不無囓堤之慮。前於本河要害處所，開減水河一道以泄之，仍動本縣積剩公費銀，建立石閘一座。但水勢疾於建瓴，兩岸易於衝塌，宜用石砌兩旁，以垂永久。見有設立修理本河公田租穀，每年一百二十石，動支一年以供其費，庶石堤完固，蓄泄備而水利益永矣。一、設閘夫以便防守。本河洞口及減水河口與分水去處所，俱有設立石閘，以時啓閉，惟閘夫是賴。相應於石洞設二名，減水河、分水閘各一名，每名工食銀七兩二錢。查有本縣冗役吹手可裁三名，青夫、洎鋪陳庫夫可各裁一名，改給閘夫工食，庶無加派之擾，而興事用人，兩爲便益。一、分水次以禁攙越。大旱之時，民以水利爲命，乃强梁者肆爲兼并，而小民捐滴無望焉，於是相率而告高阜，或疾視吞聲，莫敢誰何。應編定水分，自下而上，挨次引灌。除大月浸河水一日，各堰不敢呈討引灌外，每月以二十九日爲率，每日百刻，共計二千九百刻，共夫四百六十二名，每名分全河水六刻二分七釐七毫，自第二十四堰而上至第八堰，共夫四百六十名，半分全河水二十五日六時。每月兩輪，每輪一十二日九時。上輪自初一日子時起，至十三日申時止；下輪自十五日午時起，至二十八日寅時止，以十分計之：萬盈等十一堰四分二釐，廣有等二堰二分八釐，太平等四堰三分爲一號，白第七堰而上至第一堰，共夫五十五名，半分全河水三日六時。每月兩輪，每輪一日九時。上輪自十三日酉時起，至十五日巳時止；下輪自二十八日卯時起，至二十九日亥時止，以十分計之：天富等三堰四分四釐，永益等三堰五分六釐爲一號。各堰通融照夫輪灌，仍令二十四堰各建一閘，一閘之中計百步總砌一陰洞，引水入於渠，灌田俱各用鎖，總管司之。凡遇用水之時，發鑰開閘，及陰洞依次放水，攙越之弊不禁而自無矣。如仍前恃强攙越，計畝罰穀，俱入廣濟倉同公田穀，備修河之用。一、栽樹木以固堤岸。各處河堤多植柳樹，以其根株盤結，可以固堤而障水也。相應於春初之時，着令各鄰本河居民遍栽柳株，數年之後，即可成林，不惟堤岸堅固，而材木不可勝用矣。

清 袁應泰《廣濟河申詳條款碑記》（康熙）《河南通志》卷四七

懷慶府河內縣爲興水利、定經制、以垂永乆事，照得本縣前因地方歲苦亢旱，幸遇院司道府嘉惠窮民，興利明文不啻三令而五申之。本縣仰體至意，申蒙詳允開鑿廣濟渠一道，業已竣事告成矣。但規畫乆而易湮，人情習而滋玩，欲圖永遠之利，冝詳經制之方。二載以來，熟觀水勢，深維弊源，是用不揆愚昧，條列事宜如左，伏候詳允，勒之於石，永爲遵守等因申蒙本府詳批，據詳具見，訏謨遠慮，冝勒諸貞石，以垂永乆。又蒙分守河北道右參政蔡詳批，該縣開河廣濟，惠民無窮，據議條款，悉如議行，仍勒石以垂永乆。又蒙分守河北道殷詳批，該縣爲地方圖永利，悉心計畫，無遺慮矣，自冝勒石遵守。又蒙管河道右參政朱詳批，河工告成，據議條件，冝勒石以垂永乆，不許官民諸色人等擅興異議，致毁成功。又蒙河南布政司姚詳批，開渠引水，其利已不可勝言，而又事制曲方，條分縷晰如是，誠不朽之偉績也，如議偹勒之石，以便永行。又蒙總理河道工部右侍郎曾詳批，條議陸款，鑿鑿有裨河務，俱如議行，仍勒石以垂永乆。又蒙巡按御史楊詳批，分守河北道查報本道隨行，本府覆查各款緣由申道覆查相同，呈蒙本院詳批，覆議各款悉當准行，繳蒙此批道札付帖，仰本縣官吏照帖偹奉札付批詳內事理，即將款開事宜一一查照施行等，因蒙此案查先該本縣申報開渠緣由，蒙本府署印推官趙詳，看得廣濟一渠本官慨然以導利爲己任，躬親相視，極力開鑿，取透石洞，況所費出於本官節省公費及自己獎勵等項銀兩，于庫藏毫無所支，百姓時或有助之者，亦不過沿河利水之民願出急公，非勢以迫之，較之張益州鑿渠惠民始猶不免怨讟者，似過之矣。好謀卒以成謀，利民實以利國，即令焦土變爲沃壤，一勞永逸，千百年賴之功，亦偉矣哉。轉呈分巡帶管分守道僉事殷覆，看得廣濟一渠知縣袁應泰履其地，相視原隰，查有石嶺可以穿洞，因洞爲閘，啓閉由我，可免衝淤之患，可資灌溉之利，業經申請動支倉穀，委官督理開鑿，該縣仍躬督調畫。今工告成，雖所費銀穀逾於原估之數，然皆本官節省雜支公費，并獎勵柴薪等銀，殊于庫藏，毫無支費。此渠一開，不惟懷民百世永利實在于斯，而目前救荒之策莫過是矣。轉報河無按三院，蒙巡按御史袁詳批，該縣開百世之利，從此河內可稱富矣。候會議優叙其管功效勞人役，冠帶門扁，如議給賞。繳蒙巡撫都御史曾詳批，中州水利，最爲喫緊，祇緣有司秦越民瘼，輒以弁髦棄之，可慨也。知縣袁應泰志鋭先勞，親調度鑿山開洞，因洞爲閘，部署規畫，一一中窾。本院展閲置説，益知良工心獨苦矣，且不費帑藏，不擾里甲，十閲月而工成，可灌田伍千頃餘，即濟、孟、温、武均利其利，豈直河內百世賴之已哉！仰道行令該縣查動官銀十二兩先行優獎，仍候另叙；其効勞各役如議，分别准給冠帶門扁以示獎勸。餘照行。繳蒙總理河道工部尚書劉詳批，沁水清冽宜人，夏秋水發，又洶湧可畏，知縣袁應泰鑿山開渠，引水灌田，爲覃懷興百世之利，可與鄭國比美。准動河道銀十兩折充花幣封送本官，見本部院優禮之意。縣丞趙宗鼎、唐時雍各獎勵銀三兩，公直甄、周南等八名各賞銀一兩，仍給冠帶。榮身、馬淳等十七名各賞銀伍錢，仍給門扁示旌。守巡兩道督率有功，另行叙録。蒙此，依蒙詳遵行間，今蒙前因，合將後開經制事宜勒之於石，以便永乆遵守施行。計開：一、明河基以防侵占。竊照本河自太行山鑿洞引水，經濟源、孟縣、河內、温、武陟達於黄河，延袤一百五十里，濶八尺，俱係除糧官地。又價買濟源民田，開減水河一道，以防泛溢衝決之患，長一里零九十尺，濶四尺，亦係移官該縣除糧永爲官地。如隣河居民侵種，兩岸湮沒，舊制以盗决堤防治罪，本府覆議得廣濟河渠既係除糧官地，惟利其無糧，則人多垂涎，覩今日之成功，防異時之侵界，意念深矣，允宜勒諸貞石，以垂永久。等因到道。本道看得河渠既已開成，河岸當防挖決，若不嚴禁，恐無知小民侵種，年深日久，混爲民地。今欲勒石，明計其尺丈，小民不得侵占，誠永遠之計也。一、定渠堰以均利澤。本河一渠共分二十四堰，第一永益堰，由官庄至休昌，長三里。第二永利堰，第三常豊堰，俱并入永益堰。第四天富堰，由許村，長二里。第伍永福堰，順入利入河。第六廣福堰，由許村官庄，入豊稔河歸黄河，一百二十里。第七和豊堰，由辛村高村，長五里。第八廣豊堰，由東許村金塚至小營入黄河，長一百二十里。第九大豊堰，由南尋西、李家橋、曲柿園、玉坯、賈村至黄悶，可減水入黄河，長一百三十里。沙崗有鄭府寄庄地七頃五十畝，除本堰三分水一日。第十一大平堰，由武家作、張家作至劉家庄，長一十里。第十二廣有堰，由七里橋、故事、馬舖至古澗入沁河，長二十五里。第十三永濟堰，由護城、祝策、彭城、尚香鎮至蘓東宏福堰，長七十里。尚香西砌欄水閘，減水入沁河。第十四廣阜堰，由南屯、沙崗至辛王，長一十里。第十五新興堰，由里村、冷家庄、賈村至北真，長一十八里。第十六廣隆堰，由五王，長二里。第十七萬盈堰，由分水石、七里屯、衛村至彭城，長三十里。第十八長濟堰，由隹村、珎珠庄、高照至耿家庄入澇河歸黄河，長六十九里。第十九興隆堰，由郭村、王里、李家庄至北張，長一十八里。第二十興福堰，由彭城、尚香鎮至劉家庄，長一十里。第二十一宏福堰，由蘓王、南徐澗至南張，長一十五里。第二十二萬億堰，由西冷至東周，長一十里。第二十三大濟堰，由北冷至杜家庄，長八里。第二十四永通堰，由保封、董宋、趙庄至唐郭入黄河，長四十里。中間支渠之在各堰，遍滿原隰，不妨隨便開導，惟此二十四大堰較其遠近，酌其盈縮，民以稱均平矣。此中如强有力者擅開一堰，計日分水，即減别堰之利，若係上流，尤宜嚴禁，盖勢可擁之以自利，而下地遂至涓滴不霑矣。侵奪不均，弊由于此。本府覆議得河渠既開，利澤自廣，不有定數，則豪强未免侵并。據議，較遠近，酌盈縮，計日分水，週而復始，誠公利杜爭之長策也。等因到道。本道看得河渠既有二十四堰，若不立爲定規，則不免有不均之弊。據酌其遠近，度其多寡，計日分水，誠均平之法，杜爭之謀也。一、泄餘水以免泛溢。竊照本河水勢頗淩，兼以秋雨驟集，溝澮之水皆入于河，不無嚙堤之慮。前于本河要害處所開減水河一道以泄之，仍動本縣節剩公費銀建立石閘一座，但水勢疾于建瓴，兩岸易于衝塌，宜用石砌兩幫，以垂永久。見有設立修理本河公田租穀每年一百二十石，動支一年以供其費，庶石堤完固，蓄泄脩而水利益永矣。本府覆議，得泄水河渠建立石閘，爲計周矣。惟是伏秋水湧，岸堤易塌，既有本河公田租穀，相應勘明量支修築，如無衝決，不得動支。等因到道。本道看得河水泛漲，堤岸不可不固。今議泄水去處，捐公費以建石閘，動公租砌石幇，費一年之穀，爲久遠之圖，誠深謀遠慮者也。一、設閘夫以便防守。竊照本河洞口及減水河口與分水去處，俱有設立石閘，以時啓閉，惟閘夫是賴。相應于石洞設二名，減水河、分水閘各一名，每名工食銀七兩二錢，查有本縣冗役吹手可裁二名，青夫暨舖陳庫夫可各裁一名，改給閘夫工食，庶無加派之擾，而興事用人兩爲便宜。本府覆議，得石洞減水各洞口石閘勢必得人看守，以司啓閉，既經該縣查有吹手、青夫、舖陳庫夫可裁，即以前項工食給與閘夫，相應准從。等因到道。本道看得河渠既設有閘，開閉必耑用人，設立閘夫，殊爲允當。應照所議，一分水次，以禁攙越。窃照大旱之時，民以水利爲命，乃强梁者肆爲兼并，而小民涓滴無望焉。於是相樂而告，高阜或疾視吞聲，莫敢誰何。相應編定水分，自下而上，挨次引灌。除大月侵河水一日，各堰不得呈討引灌外，每月以二十九日爲率，每日百刻，共計二千九百刻，共夫四百六十二名，每名分全河水六刻二分七厘七毫。自第二十四堰而上至第八堰，共夫四百六十名，半分全河水二十五日六時，每月兩輪，每輪一十二日九時。上輪自初一日子時起，至十三日申時止，下輪自十五日午時起，至二十八日寅時止，以十分計之：萬盈等十一堰四分二厘，廣有等二堰二分八厘，太平等四堰三分爲一號。自第七堰而上至第一堰，共夫五十五名，半分全河水三日六時，每月兩輪，每十一日九時。上輪自十九日酉時起，至十五日巳時止，下輪自二十八日卯時起，至二十九日亥時止，以十分計之：天富等三堰四分四厘，永益等三堰五分六厘爲一號，各堰通融照夫輪灌。仍令二十四堰各建一閘，一閘之中計百步總砌一陰洞，引水入子渠。灌田俱各用鎖。總管司之凡遇用水之時，發開閘及陰洞，依次放水，攙越之弊不禁而自無矣。如仍前恃强攙越，計畝罰穀，俱入廣濟倉同公田穀，備修河之用。本府覆議，得利之所在，人必爭焉。强凌弱，衆暴寡，勢必然也。砌洞分水，總管司挨次灌田，用杜攙越，違者罰穀如例，良工心獨苦于斯見矣。相應准從。等因到道。本道看得開河原賴衆工，用水必需廣濟，方爲均平。今議編定水分，每一堰建一閘，每百步砌一洞，不許恃强攙越，如有狥情違禁，許不得水之人赴縣稟官，從公驗看，連坐罰穀修河，誠均利之良法也。一栽樹木以固堤岸。竊照各處河堤多植柳樹，以其根株盤結，可以固堤而障水也。相應于春初之時，着令各鄰本河居民遍栽柳樹，數年之後即可成林，不惟堤岸堅固，而林木不可勝用矣。本府覆議，得沿河樹柳，根可固堤，材不勝用，一舉而兩利焉。惟栽植必於春首稽覆，責在河官，如有根株盤結，其捍水障堤之功不細矣。等因到道。本道看得沿河植柳，誠爲固堤良法。柳近水而易長，堤因柳而愈堅。三五年後，固可成林。果能着實舉行，不惟有益于堤，而材木不可勝用，亦且有利于斯民也。

又《廣濟河渠水利碑記》 廣濟洞渠石閘一座，兩空，每空流水高四尺，闊五尺六寸，閘北面寬三丈二尺，高三丈，望水門二座，東西角門二座，上欄杆十空，閘板、鐵索、滑車俱全，閘夫看守。石洞長二十一丈，底濶一丈二尺，高一丈。石河長二十三丈，底濶一丈二尺，深七丈九尺。山神廟迤南上接入廣濟河身，買濟源縣官莊里民葢汝器地五畝，價銀五兩，并兩岸壓佔山坡地一十五畝，俱該縣除糧永不起科，其地二十畝地，名郭登閘。修建豐稔河架橋一座，陰洞四空，每空中高五尺一寸，濶四尺三寸，兩頭各高七尺五寸，長二丈五尺。許村開減水河一道，長一里零九十丈，濶四丈，用價買濟源縣許村民段廷檜等地一十七畝二分三釐九毫，共用價錢二十九千五十七文，移關該縣除糧。大河欄水閘一座，兩空，減水閘一空，北官路橋一座，利仁河架橋一座，閘夫工食用價買沈良貴地一十八畝，價銀一十八兩，閘夫耕種看守本閘，納糧租課准作工食。大豐堰減水欄水閘一座，兩空，每空濶四尺四寸。分水閘一空，下高二尺，濶一尺八寸，上濶四尺六寸。減水置買本縣利上四圖九甲吴宗孝等中下地二十畝，價銀八兩，閘夫承糧耕種，看守本閘，永遠遵守。太平堰夫十五名，各處疏挑河工，免調，經年補修看守大河。張村至分水石堤岸并千倉渠，架橋以防不虞。西七里屯分水石處，河南萬盈等十一堰口，濶七尺三寸，北河永濟等四堰口濶五尺七寸，底帮各長十一丈八尺，深四尺五寸，西官路大磚石橋一座，兩空，南七里大磚石橋一架，俱本縣俸贖官銀修建。初鑿太行山穿洞并修建大石閘、架橋及減水河、閘橋、分水石等處，委官公直甄周南、王尚智、蕭守祖、侯應時、趙陽、趙九所、張思聰、張思周、黄延壽、李應光、閻思化、成齊、李太運、李應守、段國玉、李邦寧、郝有義、葢汝能、馬九叙、張守志等，本縣知縣袁，申請准給冠帶、牌匾、獎賞，又申請免其夫役一名，子孫同衆，永遠用水。如本身地少，不足夫一名者，免盡本身，不得冒免他人。各給帖文，永久遵守。第一永益堰，第二永利堰，第三常豐堰，俱順入第一堰，共夫三十一名半，老人葢汝能。第四廣豐堰，順入豐稔堰。第五永福堰，順入利仁河。第六天福堰，夫二名。第七廣福堰，夫十四名。第八和豐堰，夫八名。三堰共夫二十四名，老人李士楚。第九大豐堰，減水夫六十二名半，又新興堰，夫十八名，順入一堰，共夫八十名半，老人盧三顧。第十大有堰，夫四十六名，老人王行外。鄭府三分水一日。第十一太平堰，夫十五名，老人楊文清。第十二廣有堰，夫十一名半，外公田二名，老人周天琴。第十三永濟上、中、下三堰，夫一百二名，老人朱冠、張炯、王九星。第十四廣阜堰，夫八名，老人宰光賢。第十五新興堰，夫十九名半，順入大豐堰，夫十八名，止存夫一名半，老人李進禄。第十六廣隆堰，夫四名半，第十七萬盈堰，夫四十三名，老人王應舉。第十八常濟堰，夫十五名半，老人劉夏□。第十九興隆堰，夫九名半，老人嚴光明。第二十典福堰，夫十四名，老人劉福增。第二十一宏福堰，夫二十七名半，老人梁谷完。第二十二萬億堰，夫八名半，老人梁誦。第二十三大濟堰，夫十名，第二十四永通堰，夫七名，老人李尚梧。廣濟洞自洞至河内縣界，濟源縣地河長六千九百六十四步。河内縣地方至分水石，河長八千二百步。大豐堰、減水河，河内縣長四十五里，温縣七十五里，投入黄河。永濟堰北河投入宏福堰，長一萬五千四十步。尚香西減水河長五百四十步，投入沁河。廣有堰投入沁河，長六千二百五十步。萬盈等堰南河，河内縣河長一千一十七步，温縣河長一千二百步，武陟縣河長一萬二千八十步，投入黄河。河内縣頂濟源縣界，利上三圖八甲，歲字一號，中心區頭狄虎，内除廣濟河身，濶六步。利上四圖五甲，潤字一號，中心楊希泉、西北角橛頭史應禄，內除廣濟河身，濶六步。寬平五圖八甲，日字一號，中心杜臣，內除廣濟河身，濶六步。寬平五圖八甲，東北角橛頭楊宗禮，內除廣濟河身，濶六步。崇上六圖十甲，温金字五回四號，中心司道，內除廣濟河身，濶五步四尺四寸。崇上六圖十甲，東南角橛頭李住，內除廣濟河身，濶八步。崇上六圖二甲，西南角橛頭梁田，內除廣濟河身，濶八步。崇上二圖十甲，西北角橛頭王魁，內除廣濟河身，濶八步。温水字四回六號，刷邊中心馬守安，東北角橛頭魏崇湯，內除廣濟河身，濶六步。崇下五圖二甲，温水字一回六號，中心崔敖，東北角橛頭魏來、李思聰，內除廣濟河七里南堰河身，濶五步。西北角橛頭李翏，內除七里南堰河身，濶四步。温縣太平鄉四圖八甲，天字十一號，十四區中心趙來朝，內除廣濟河身，濶六步。武陟縣天字十五號，第十二區外刷邊，九區區頭秦漢，西北角橛頭張朋，內除河身地二十二畝五釐四毫。

清 袁應泰《廣濟河公田碑》（道光）《河內縣志》卷一四

懷慶府河內縣爲買田積穀以濟河工以永水利事。蒙欽差管河兼管水利河南等處承宣布政使司右參政兼按察司僉事朱案驗，申呈撫按兩院。據河內縣申稱，依蒙動支本道原發俸薪錢一百六十七兩三錢四分三釐，買上地一頃六十三畝八分四釐四毫，又該本縣節省工費銀三十六兩一錢五分六釐，續買上地三十六畝一分五釐六毫，其地二頃整，令民佃種，每年除納正糧外，每畝額定租穀六斗，共穀一百二十石。現在改爲租銀，每年秋後正□七十兩四錢一分，送城內新立廣濟倉收貯，專備春荒挑河，借給利户食用，候秋收抵斗還倉，不許別項借動。仍立循環文簿，每兩季赴合管上司衙門例換，并租户收掌人役姓名申報稽查。仍將地主姓名、地段、畝數、地隣、四至豎立碑記，據此爲照。本道前任河北見懷□□□亢旱，救濟無策，已同該府縣議開廣濟渠矣。但河不浚則易淤脈，民則易擾，本道於伐庖時，遂置田積穀，以圖經久。而該縣能助銀增買，且欲置循環交簿例換，以便稽查，規畫調停，具見同心共濟之雅合。候詳示刊立石碑，以垂永久等因，具呈蒙巡撫曾□按袁批允備蒙批詳內事理施行等因到縣，蒙此，合將前項用價買過地段、畝數、四至并議定祖穀備細刻立石碑，令後來知此穀專濟河工，不得別項借動，亦不得任民逋負，永爲遵守施行。計開：利上七圖南魯村民梁鶴共地五段，計地七十四畝三分，每畝價銀一兩。一段地二十四畝三釐七毫，東至公田，西至路心，南至河岸，北至竹園；一段地一拾七畝八分四釐一毫，東至路心，西至小河，南至楊進禮，北至楊守仁；一段地一十畝三分四釐五毫，東至梁守成，西至呂加言，南至廟，北至小河；一段地九畝四分八釐四毫，東至楊進，西至崔登，南至河岸，北至廟劉琴；一段地八畝，東至李發，西至叚五，南至武堰河，北至黄澄清，每畝價銀一兩。利上五圖東王讚村民周天眷地二段，共二十畝，每價錢一千文，其錢二十千文，折銀二十三兩五錢三分。一段地一十六畝，東至路心，西至小河，南至河心，北至本主；一段地四畝，東至小河，西至河心，南至本主，北至周友年、周宰。一段地二十畝，東至道，西至河心，南至劉遇，北至劉遇，每畝價銀一兩。利上六圖武家作民蕭守祖地二段，共一十八畝五釐六毫，每畝價銀一兩，共銀一十八兩五錢六釐。一段地十四畝四分一釐三毫，東至小河，西至張貴，南至武堰河，北至馮春雨；一段地三畝六分四釐三毫，東至本主，西至蕭化，南至本主，北至路。里村民馮春榮一段地，一十七畝四分，東西至河界，南至馮應節，北至賀應舉，每畝價銀一兩。馮應時一段地七畝九分二釐，東至小河，西至路，南至張明，北至李孟時，每畝價銀一兩。馮應節一段地四畝四分二釐四毫，東至河，西至路，南至劉計道，北至馮春榮，每畝價銀一兩。馮伯千一段地二十一畝二分，東至小河，西至路，南至馮伸，北至張恭，每畝價銀一兩。馮春魁一段地八畝七分，東至小河，西至路，南至賀成，北至劉計道，每畝價銀一兩。吴進才一段中下地一十畝，東至吴宗孝，西至賣主，南至廣濟河，北至小河，每畝價銀四錢。吴宗孝一段中下地一十畝，東至張思聰，西至吴進才，南至廣濟河，北至小河，每畝價銀四錢。大豐堰閘夫耕種，又濟源縣民沈良貴一段地一十八畝，東至叚本直，西至董智孝，北至利人河，南至小河心，每畝價銀一兩。減水河閘夫耕種，各爲看閘工食。蒙歛差管河利河南等處承宣布政使司右參政兼按察司僉事朱思明、懷慶府知府王命爵、同知通判賈熙載、唐元偉、通判劉東騰、推官趙元吉、縣丞唐時雍、河內縣知縣袁應泰、主簿汪增彩、典史胡深同立石。萬歷癸卯七月吉旦。

清代農田水利法規律令部

《修護堤防律》

論説

清 凌銘麟《律例指南》卷二《水利》 盡力溝洫，明農之大政。大約南土重蓄洩，北土重灌溉。然蓄洩得宜，仍可資其灌溉；而灌溉有法，亦必以時蓄洩。重蓄洩者，多本乎天，因其勢而利之，則善矣。重灌溉者，多成乎人，必開鑿遏防。設堰立閘，立約啓閉，未曾經始協工之處，雖水遶其地，不許取用。水有數支散布數村者，其分流也，有多寡之別。有一渠遶數村縣者，其得水也有後先之次，有日時之限，有渠長、溝長、老人以董之。違例踰約，則獄訟以興，司牧者于此當申明舊例，禁止盜決。修浚以時，董理者必捍公正勤慎之人董之，則得要領矣。

又卷一六《頒行新政十條示》 一修水政。江邑雖襟帶江海，而河狹水淺，易於淤塞，此不惟舟楫難通，灌溉失利，至於漕兑之候，旗船不能利涉，尤屬可虞。凡附近河道居民遇有枯涸壅滯，即行申報，以憑相度開通畫界分尺，陸續疏浚，隨方修築，庶水利常通，而無一朝於塞之患。不許居民人等填委浮土礫石，致成淺涸之漸。違者，究治不恕。

清 沈家本《歷代刑法考·明律目箋三·河防》 古無此名。此律各條，唐在《雜律》中，明分出而立此篇。薛云：既總云《河防》，而《侵占街道》《修理橋梁道路》二律，與《河防》有何關涉，而亦入於此耶？又云：唐律均係堤防，明律於盜決、故決則改爲河防，於失時不修則仍曰堤防，且俱添入圩岸陂塘等語，解者遂謂河防係在官築防之堤，圩岸陂塘係民間水利之業，盜決河防則害及於官，盜決圩岸陂塘則害及於民之説矣。然律内明言毁害人家漂失財物及殺傷人，又何嘗非害及於民耶？按《周禮·秋官》：雍氏掌溝瀆澮池之禁，凡害於國稼者，野廬氏掌達國道，至于四畿，比國郊及野之道路、宿息、井、樹。此門諸條，正二氏之職也。

清 佚名《新例要覽·水利營田》 新開堤岸工程有関河工之處，如有貽悮，應將州縣與該管道員照例分別議處，仍查明着落賠修。各州縣官將所管水利營田頃畝數目實在、有無修廢，於每年終逐一造册，申報該管河道查核。如該管州縣官不能經理修浚，以致河道溝洫淤塞坍塌，已開水田有荒廢者，應照墾地後復荒之例，將州縣降三級，住俸；該管道官降一級，住俸；俱勒限一年。督令疏浚開墾，限内開完者，准其開復，不完州縣，降三級調用，道官降一級調用。如該州縣規避處分，造報不實，應照溺職例議處。該管道官狥隱不行揭報，該督撫不行題參者，俱應照狥庇例議處。奉旨依議。

綜述

清 凌銘麟《律例指南》卷一〇《失時不修堤防條贅言》 律説：不修河防，是全不修也；修而失時，是當修之時不曾修也。提調官吏兼正佐首領、司典各吏，凡隨在管事者皆是也，擬還職役。例説：運河即通惠河，自大通橋南至天津衛爲北河，自天津衛南至濟寧州爲中河，自沛縣南至清河縣河口，南至瓜州儀眞縣，各設都水郎中一員分管，而總之以都御史。又於南旺分水處設管泉主事，於夏閘設管閘主事，臨清設員外郎各一員。

又卷一六《修水政》 江邑雖襟帶江海，而河狹水淺，易於淤塞，此不惟舟楫難通，灌溉失利，至於漕兑之候，旗船不能利涉，尤屬可虞。凡附近河道居民，遇有枯涸壅滯，即行申報，以憑相度開通，畫界分尺，陸續疏浚，隨方修築，庶水利常通，而無一朝於塞之患。不許居民人等填委浮土礫石，致成淺涸之漸。違者，究治不恕。

清 張我觀《覆甕集》卷八《稟藩憲》 一海塘歲修之例，宜酌均也。會邑海塘，西自山陰交壤之宋家漊起，東至曹娥文昌閣止，延袤六十五里，其間之石土塘堤或遇久雨，或遇大潮，不無冲削，恐有鹹水内入，例惟坐落都啚，向出現甲田户按畝承修。不意去秋風潮爲患，塘堤多損，荷蒙皇仁憲澤，動帑發築，遵經催儹，業已報竣。然風雨潮汐，時或難免，歲修之舉，不得不行。倘泥於舊例，仍責現甲之人，則挨過本年，即欲卸肩下甲，且力少塘多，加工之處，有名無實。雖嚴飭加增高濶，終屬虚應故事。向惟現甲三百八十畝之田户承修者，今請以十遞三千八百畝田户均修，俾按畝齊出，衆擎易舉，奸巧者不得逞，詭避者無所施。每年得增高濶一尺，積十年而可至丈，實禦患之第一要務。卑職雖經飭行，惟恐豪强阻撓，伏懇憲恩頒示，嚴行通飭，咸使遵守，庶用力均而塘必固，害自除也。一、支河港汊宜及時開浚，以濟田禾也。東自曹娥，西至西興一帶官塘運河，自應各地方有司及時開浚，不致有礙舟楫。至於支河港汊舟楫不通，官役鮮到，淤塞恒多，而民間田畝，實賴灌溉，若必取給於官，力有難支。卑職以爲宜於農隙時，督令兩岸田主出飯食，佃户出工力，委官分甲，較量丈尺、濶狹、深淺，及時開浚，務令勞逸均而工易竣，庶幾車戽得便，旱澇無虞。然欲利民，又恐勞民，仰惟憲臺裁酌，飭示遵行。

清 朱軾《大清律集解附例》卷三〇《失時不修堤防》 凡不先事修築河防及雖修而失時者，提調官吏各笞五十。若毁害人家、漂失財物者，杖六十。因而致傷人命者，杖八十。若不先事修築圩岸及雖修而失時者，笞三十。因而渰没田禾者，笞五十。其暴水連雨損壞堤防非人力所致者，勿論。注：此言提調官吏當豫防水患也。首節言不修河防及修而失時以至毁害漂失致傷人命之罪，二節言不修圩岸與修而失時致渰田禾之罪，末節言暴水連雨損壞堤防者，非人力所能捍禦，故得勿論。

條例 原例：一、凡運河一帶用强包攬閘夫溜夫二名之上，撈淺鋪夫三名之上，俱問，發附近充軍。攬當一名，不曾用强生事者，問罪，枷號一箇月發落。

欽定例 一、遇河工緊要工程，如有浮議動衆以致衆力懈弛者，將倡造之人擬斬監候，附和傳播者杖一百，即於工所枷號一箇月。其指稱夫頭包攬代僱勒揹良民者，二名以上，發附近充軍；一名者，杖一百，枷號一箇月發落。

清 周夢熊《合例判慶雲集》 失時不修堤防。四堤四防之有法，版築宜勤；龍見火見之有時，綢繆須早，所以河檜最重水櫃水閘之兼修，至于溝洫，亦詳損田損禾之足慮。今某衣袽不戒，防潴無方，坐看竹箭之傾流，誰爲荷鍤，甚且町畦之盡失，無望耕鋤。職稱提調之謂，何宜于笞刑而加杖。新例凡不修河防及雖修而失時，提調官吏各笞五十。若毁害人家、漂失財物者，杖六十。因而致傷人命者，杖八十。若不修圩岸及修而失時者，笞三十。因而淹没田禾者，笞五十。

清 李紱《穆堂類稿》別稿卷四二《失時不修堤防》 櫃閘以時啓閉，官漕固利有攸行。岸埽因地修填，居民實恃以無恐。苟宣房不築，黄河湧瓠子之波；若淮泗未防，清濟泛桃花之浪。誰非赤子，翦作波臣，一望清苗，滙爲澤國。今某職在防川，情偏狎水，非王尊之忠勇，安能踞浪以全民。無賈讓之謀謨，敢詆築堤爲下策。欲舒民命，宜肅官刑。

清 三泰《大清律例》卷三八 一、浙省修築塘工估需銀兩，飭令承修之員專案請領，不得牽混并領，亦不得通融那用。領銀之後，將辦過物料數目申報上司委員查驗。如堆貯物料與所報相符，承查之加具保結，申詳貯用。倘有虧缺及挪移掩飾情弊，即行揭參，查驗官扶同徇隱，一并參處。至各塘保固限内如有坍塌，即著落承修之員賠修。若遇有異常潮汐，委非人力可施，查明工程堅固，錢糧俱歸實用者，准取結保題，免其賠修。如物料苟簡，工程草率，錢糧不歸實用，致有衝塌，照例題參，著落賠修。一、豫省應修水利，地方有動用帑項者，承修各員果能實力辦理，俟保固三年之後，該督撫核題并交部分别議叙。倘有不預行修築，以致田畝被淹，即將各員交部分别議處。若侵蝕錢糧，工程不能堅固，承修之員照侵欺河工錢糧例，參革治罪，該管各官徇隱不報，俱照例議處。

又 河工估計工程。總河及該督撫分司委員，確查工段、丈尺、樁埽、料物，如果與所估物料數目相符，核實具題，發帑興修。如估計過多，物料數目不符，查出即行指參。承查之員扶同徇隱，交部議處。至完工之日，再行確查。如工程單薄，物料尅減，錢糧不歸實用，以致修築不堅固，將承修之員立即參究，分别入己、不入己定罪。侵冒銀兩，勒限追賠。

又 卷三九 凡不先事修築河防及雖修而失時者，提調官吏各笞五十。若毁害人家、漂失財物者，杖六十。因而致傷人命者，杖八十。若不先事修築圩岸及雖修而失時者，笞三十。因而渰没田禾者，笞五十。其暴水連雨，損壞堤防，非人力所致者，勿論。條例：一、凡運河一帶用强包攬閘夫、灑夫二名之上，撈淺鋪夫三名之上，俱問，發附近充軍。攬當一名，不曾用强生事者，問罪，枷號一箇月發落。一、遇河工緊要工程，如有浮議動衆，以致衆力懈弛者，將倡造之人擬斬監候，附和傳播者杖一百，即於工所枷號一箇月。其指稱夫頭包攬代雇勒揹良民者，二名以上，發附近充軍；一名者，杖一百，枷號一箇月發落。一、楚省歲修堤塍，如有勒揹業户將夫土包折銀錢者，照河工包攬閘夫溜夫撈淺鋪夫例，分別名數定擬。一、河工承修各員采辦料物，如有奸民串保領銀，侵分入己，以致虧帑誤工，該總河將承辦官參究，仍將虧帑奸民該州縣嚴查追比，倘有徇縱等情，亦即查參，交部議處。其虧帑串保奸民審實，照常人盜倉庫錢糧律計贓治罪，應追銀兩逾限不完，著落原領官名下追賠。一、凡堤工，宜加意慎重，以固河防，除現在已成房屋無礙堤工者免其遷移外，如再有違禁增盖者，即行驅逐治罪，并將徇縱容隱之官弁交部分別議處。

清 沈書城《則例便覽》卷六《離任》 直隸河員交代。一、直隸河工錢糧及存貯物料，河汛各員遇有升遷事故，均照州縣倉庫錢糧例，定限兩月交代。南河廳員交代。一、河工廳員交代，照直隸州例，由該管道員加結詳咨，如承修大工，當另案歸結。其餘一切工程，該廳員遇有升遷事故，俱限三個月交代結報。如錢糧繁多，照州縣例展限。

又 卷四八《河工》 河銀紀録。一、河銀一年内全完三百兩以上者，紀録一次。

又 南河核減分賠銀兩。一、南河辦工人員未完核減分賠等項銀兩，責令該道廳等官以奉到部咨之日爲始，分別勒限嚴追。其有應支俸廉人員，即於該員應得俸廉内儘數扣抵，倘扣不足數，或不支俸廉之員，逾限不完，將該員分別查議。如係現任，停其升調，係効力人員，暫行革去職銜，仍留工完日開復。如仍不完納，現任人員即行革職，効力人員即行革去職銜，咨解江蘇巡撫轉飭監追照例治罪，於該員任所旗籍查封財産變抵，其承追不力之廳員及河庫道，參復參照承追雜項錢糧定例議處。

又 黄、運兩河沖決。一、黄河水勢洶湧，與運河不同。修築黄、運河堤岸，定限保固一、三年。如黄、運河堤岸半、一年内沖決者，將經修防守同知、通判、州縣等官均革職，道官降四級調用，總河降三級留任。如運、黄河堤岸過半、一年限内沖決者，將經修防守同知、通判、州縣等官降三級調用，道官降二級調用，總河降一級留任。如過限年沖決者，將管河各官俱革職，戴罪修築，道官住俸，督修工完開復，總河罰俸一年。若限年之内修築之官已去，而防守之官疏忽致有沖決者，將原修防守之官一體處分。其限年内，本官所修堤岸沖決隱匿不報、另指别處申報沖決者，將經修防守各官革職，司道降五級調用，總河不行確查具題，降三級調用。一、河工堤岸沖決處少而該管官報多者，降二級調用，轉詳官降二級調用，具題之總河降一級留任。至沖決地方，限十日内申報，如過十日報者，降二級調用。如沿河堤岸預先不行修築以致漕船阻滯者，將經管官降一級調用，該管官罰俸一年，總河罰俸六個月。

又 河工知府處分。一、知府有地方之責，如遇沖決等事，照道員處分。

又 河工挑積土方。一、黄、運兩河堤岸令河道總督轉飭經管，廳汛各官督率在工兵夫，各照本汛應挑土方數目逐漸堆積工所以資工用。每年除寒暑兩月外，其餘每月黄河積土十五方、運河積土十二方，每月查明細數，詳報總河衙門。倘不能如數挑積，專汛官罰俸一年，該管廳員罰俸半年。若挑積不及一半，將專汛官降一級留任，戴罪儹挑，俟如數挑積之日，准其開復。該管廳員罰俸一年。

又 南河查驗積土。一、南河堆積土牛，責成文武官員實力辦理，於正月内册報。總河委該管道員參游通行驗看，如有不足，即行揭參，照河工挑積土方例議處。

又 南河購辦葦稭。一、河工購辦葦柴秫稭於四五七八月間發辦，均限十二月底全數到工。如逾限不完，承辦之該廳州縣降三級調用，該管道府罰俸一年。仍將未完物料著落接任之員，押令參員，催追完報。倘有侵挪空，即照虧空錢糧例嚴參治罪。

又 廳員互查工料責成道員親勘結報。一、河工辦料修工，責令文武廳營分別專管，兼管互相稽查。如廳員辦料歲内不能全到，守備修做埽工不能如式，許廳員守備據實揭報題參，將專管辦料工之廳員、守備降三、一級調用，守備、廳員奏明免議。倘守備、廳員容隱不報，經該管上司查參，將兼管之守備降一級留任，廳員罰俸一年。該管各道不時親身赴工查勘結報，該督親勘，倘所報不實，係辦料遲延，廳員修做不如式，守備降三、一級調用者，將道員降二、一級調用留任。

又 河工燒燬料物。一、河工燒燬料物，該管官有借端捏飾情弊者，革職嚴審究追。其巡查不力以致燒燬料物價在一千兩以下者，初參該管官罰俸一年，限一年賠完；限滿不完，降一級留任，再限一年賠完；限内全完開復。限滿不完及完不足數，降一級調用，加級紀録不准抵銷。一千兩至五千兩者，初參該管官降三級留任，戴罪賠補，限一年内賠完開復，限滿不完及完不足數，照所降之級調用，加級紀録不准抵銷。其離任後仍限一年賠完，無完革職。至五千兩以上者，初參該管官革職，暫免離任，戴罪賠補，限一年内賠完開復，限滿不完及完不足數，革任。其降調革職、革任人員俱留工交與河道總督轉飭地方官，勒限一年追完，如不賠完，著落家產追賠。

又 承修河工定限及修工不堅處分。一、凡堤岸工程俱限半年完工。如限内不完，承修官罰俸一年，督修道府罰俸半年。再限三個月完工，如再不完，承修官降一級調用，督修道府罰俸一年。如係革職戴罪承修之官，半年限内修完，准其開復，逾限不完，降一級調用。其降調官，工程另委別官，限三個月完工。如不完，罰俸一年。督修道府所屬官員，工程一年内不完，降一級調用。如限内不完，總河不行題參，罰俸三個月。若係限内難完大工，總河預先題明，如有承修違限者，仍照例議處。一、分管官所築堤工有一、二、三處，夯杵不堅，盛水即漏，并有二丈、三四丈、五丈以上不豐滿合式者，降一、二級調用革職。監理官所轄分管官有因築堤不堅固合式一二三四員議處者，將監理官罰俸一年，降一二級調用革職，如議處議叙相同者，准予抵算。如係監理官揭參者，准免連坐。如興舉大工，附近地方官不協同設法募夫，不將急需柳草等項物料上緊協買解運，或稱非係本汛推卸以致遲誤河工者，州縣、道府官降三、一級調用。

又 河工估價。一、河工承修之員估計工程如存心浮冒，照溺職例革職，承查之員扶同狥隱，照狥庇例議處。至工完之日，該總河督撫等確勘，如工程單簿，料物尅減，以致不能保固，將承修之官照侵欺錢糧例治罪，其侵欺銀兩勒限著落該員家產追賠。所修單簿工程，另委賢員動帑堅固修築，工完題銷。倘一時水勢暴漲，人力難施，致有冲決，該總河督撫查明保題，仍照黄、運兩河冲決例，分別年限處分。

又 工程賠累虧空。一、河工官員或因工程屢修屢塌，賠累實多，以致虧空者，初參時該道揭内聲明免其離任，勒限半年賠完，免議；如不完，解任，再限一年全完。准以原官補用限内完數，及半者減等議處。若逾限不完，照例治罪。

又 河工修築不堅賠修章程。一、現修工處不堅固，怠忽草率，該上司查參責令賠修堅好，免其議處。倘賠修之處又不堅固，則治其罪。又修工處衆，錢糧費繁，實係不能賠修者，則嚴行治罪。若修築不堅，致有冲決力，能賠修者委員督令賠修，不能賠修者題參革職，另派賢員動帑修築，將所用錢糧勒限一年，令其照數賠還。如限内賠完，仍准開復；逾限不完，交部治罪，仍將未完銀兩著落家產賠還。如家產不能賠還，著落給發錢糧之上司賠補。微員不得輕給帑金。一、河庫出納係道員專司，領帑做工係廳員職掌，其微員末弁以及効力人員，止令防守。險工、催儹、夫役及押運物料不得輕給帑金。遇有緊急工程，必須添佐雜等官儹辦者，亦必愼才具堪用、家道殷實之員，取具該道廳等保結，令其承辦，將職名報部備查。如濫行委以致虧空帑金、工程不完者，將本身革職，限一年追完，完日復還原職；逾限不完，將該廳官革職戴罪，勒限一年賠完，完日開復；再逾限不完，將該廳官革職，該道降四級賠完。完日，該道准其開復。如又限内不完，將該道降四級調用，該督降一級，與該廳一體同賠。完日，該督准其開復；不完，將該督每案罰俸一年，仍著該督及道廳同賠還項。各省修做一切工程，均照此例辦理。

又 河水漫決。河流不移，分別賠修。一、堤岸冲決、河流遷徙者，照舊例處分外，至河水漫決、河流不移者，年限内外令經修防守官賠修，俱革職戴罪，勒限六個月修完。道官俱各降四級，督賠工完開復。如年限内不完，將賠修官革職，道官降四級調用，總河降一級留任。未完工程，仍令賠修，如限内不完，道官不行揭報，總河不行題參，照狥庇例議處。

又 直隸河道工程。一、雍正五年十一月二十五日，奉旨：凡堤工事務，承修官與地方有司均有責任，定例昭然。嗣後直隸河道工程著河員與地方官協同承修防護，務期保固無虞。如限内有冲決之處，著落河員與地方官照例賠修。倘再敢怠玩推諉，著一并革職，照南河河員李世彥、孫國瑜之例，枷號工所，仍令賠修，以爲忽視工程之戒。該部知道。欽此。

又 直隸河工冲決處分。一、直隸河工分爲四局，一切河道工程，令該管官各分工段保固。如有堤岸修築不堅，一年内冲決者，該管官降三級調用，管河道官降二級調用，總督降一級留任。一年外冲決者，該管官俱革職，戴罪修浚，道員住俸，督修完日開復。若河工冲決例應查參知府者，照道員例處分。

又 稽察河南省衛河。一、河南省衛河五閘責成管河道同知、通判、縣丞、主簿等官不時稽察，倘有盗塞官渠，壅水自利，及河官通同作弊閘官，照故決、盗決山東江南漕河律治罪，印官照失察例議處。

又 河南堤工。一、河南省堤工如遇水長，管河等官協同地方官率領堡夫合力搶護。如有怠玩誤工，將管河地方官照黄河冲決例議處，仍著落賠修。

又 山東堤工。一、山東省運河縴路堤工除尚屬完整及堤裏成河本無堤埝而一岸可以行縴者毋庸估修，并縴地中有居民稠密，縴路窄狹不能加帮土工，必須加鑲防風，仍照運河搶修，案内隨時擇要估修外，其頂冲受險，并卑薄殘缺，各工照例一面題估，一面動撥司庫銀兩飭發承修，各員上緊儹修，令該管道府會同運河道親臨照估，按段驗收。如有偷減草率，將承修官、參處官，堤土石各工照例責令承修官依限保固三年，如限内坍塌殘缺，著落承修官賠修，限滿交廳汛各官防守。每年重空糧船過完之後，該管員弁督令兵淺等夫將該管縴堤普加修補。如不謹愼修防，致有殘缺，即以防守疏忽處分。民埝照向例交與該管州縣修防，如不實力修防，致有殘損，照要堤橋不行預修以致損壞例議處。

又 河南省水利議處議叙。一、河南省應修水利如係動帑修築工程，承修各官果能實力辦理，俟保固三年之後，該督撫題請交部議叙，其專統轄監督修之員果能督率有方，各屬内毫無怠忽，照河工秋汛平穩之例量加議叙。倘承修官不預期修築，以致田畝被淹者，降一級調用，專統轄監督修之員罰俸一年六個月。倘承修官有虚冒錢糧，侵蝕入己，以致工程不堅者，革職治罪。該管各官徇隱不報，照徇庇例議處。

又 堵塞支河。一、江南、山東、河南等省黄河兩岸灘地冲刷支河，每年於霜降水落之後，廳營各官逐一勘估計移，會地方官覆勘，核計土方，分派兵夫堵築。如兵夫額土不敷，即撥民夫堵築，統限霜降後一月内會造清册，詳道核轉定限，次年春融興工，桃汛前完竣結報。該管河道親驗轉詳經過伏秋汛後并無坍塌者，將廳印各官加一級；二年内亦能無誤，加銜一等；三年内始終無懈，以應升之缺即用。如廳營各官於水落後不即親加勘估移會印官覆勘，如印官推諉不即查勘堵築，及桃汛前不能完竣者，經管官降一級調用，該管官罰俸一年，總河罰俸六個月。至堵築不堅，致有坍塌，及衝突奪溜情事，將承築各員照管築堤工夯杵不堅分别處數丈數之例議處，監理并兼管營汛各官亦照管築堤工議處，監理官之例議處。

又 江南河道隨時詳請挑浚。一、江南河道於每歲秋冬水落之時，該管官詳加查勘，造册通報。如有淤墊阻塞之處，或勸用民力，或動帑開疏，責令該管道府遍歷稽查，報明督撫，督率妥辦。如有不詳報挑浚以致淤淺者，將專管官降一級調用，兼轄官罰俸一年。

又 河南、山東衛、漳等河失時不治。一、衛、漳兩河民埝工程，責令地方官親勘勸民歲修，年終出具完固印結，詳送該總河等報部。如失時不修，將該管官降一級調用，捏報完固者革職。一、沂、泗、府、洸、白馬、冲、魏、青趙、馬頰、徒駭、老黄等河，各該地方官於每年汛後逐一查勘，如有淺阻梗塞之處，立即督率民夫挑浚深通，并勸諭紳士居民搭葢木橋，以便行走。年終出具印結，申送該總河等查核。如失時不治，將該管官罰俸一年，兼轄官罰俸六個月。

又 湖廣堤岸。一、湖廣堤岸冲決，印河各官俱罰俸一年，督撫罰俸六個月。

又 湖北有堤州縣稽查堤長。一、湖北堤岸印河各官加意稽查堤長，只許傳喚僱工，毋許濫行克扣。如有曠誤行私，勒索滋擾，將該印河各官均罰俸一年。

又 水利營田。一、直隸水田溝洫經工員營治完竣，交與地方官收管。如有該管州縣官不能經理修浚，以致河道溝洫淤塞坍塌，已開水田復有荒廢者，照墾地後復荒之例，將州縣、道官降三、一級，住俸，俱勸限一年督令疏浚開壑。限内開完，准其開復；不完，州縣、道官降三、一級調用。如該州縣規避處分，造報不實，照溺職例議處。道官狥隱不行揭報，或已經揭報，督撫不行題參者，俱照狥庇例議處。

又 蘇松等府水利。一、蘇松等府兼管水利之員，一年内疏浚河道修築堤岸果有成效，該管道申報督撫核實保題，准加一級。二年亦能無誤工程，加衔一等。三年之内始終無懈，以應升之缺即用。其有玩視興修，致河道淤淺、堤岸傾圮者，該管道不時詳揭，該督撫題參，照河工堤岸預先不行修築例降一級調用，所用錢糧責令賠補。

又 河南、山東栽種楊葦侵佔民地。一、河南、山東沿河附近印河文武員弁并瀕河民人於沿河官地及自己地内出資捐栽楊葦，准其將成活數目造册報部議叙，仍將栽成楊葦責令汛官收管培養。倘有枯損偷盜等事，即將汛官參處仍令賠補。如廳汛各官有將民地指爲官地，强佔栽種，希圖議叙者，革職，照强佔官民山場河泊律治罪。

又 栽柳不如數處分。一、運河額夫照河兵例，每名栽柳二十株於運堤兩旁，簽栽成活，并令堤後坦脚栽植雜菓樹木，該督等每年造册咨報工部。如栽不及數者，將專管官罰俸一年，兼轄等官罰俸六個月。栽不及一半者，專管官降職一級，暫留原任，戴罪補栽，兼轄官罰俸一年。枯損在一百株以内者，責令專管官賠補。至一百株以上者，降一級留任，俟賠完之日開復。

清 沈書城《則例便覽》卷四九《河工自行核減銀兩》 一、河工每年銷算歲修、搶修等工，經該總河自行核減銀兩，准其題銷之日起，扣限追完報部。如數在三百兩以下、上者，扣限三、六個月追完，限滿不完及完不足數，將該員降一級留任，再罰俸一年。接扣三個月，如再不完，限三個月，降一級留任，再扣三個月。如果全完，准其開復。倘仍不完，即照虧空例革職。監追其該管河道督催不力，如本員罰俸一年，降一級留任，革職者，將該管河道罰俸六個月、一年，降一級留任。

《清會典則例》卷一三二《工部・河工二》 一工式。堤高一丈者，上寬三丈，下寬十丈。先於本土鏟去地皮草根，坑窪不平之處均填補整齊，施以水硪，然後加以新土，層層潑水夯硪，期於一律堅實，總以籤試不漏爲度。月堤首尾屬於大堤河流逼近堤根者，於大堤之外如式圍築。越堤形式與月堤相仿，堤外圍築，使水流遶越而過。遥堤離大堤稍遠，築堤以爲重障。縷堤水緩之處，單堤兀立，以資收束。埽，江南河工埽高自五尺至一丈，作一丈長，計料用柴二十三束至五十束，秫稭二十二束至五十束，草百五十束至三百束，柳二十束至七十束，大纜一條至四條，小繯四十條至一百二十條，留橛一根至八根，籤椿一根，楸頭滚肚繩一條，填埽眼用柴八束至十五束，草二十束至四十束。河東高自五尺至二丈，作十丈長，計料用柳草各四百束至七千二百束，大纜、小繯各百條至四百條，留橛二根，籤椿二根，箍頭繩三十條至一百四十條，揪頭繩二條至八條，滚肚繩二條至十條。埽箇高丈餘者，用穿心繩一條，填埽眼用柳草各七十五束至千二百束。直隸高自三尺至一丈，作一丈長，計料用葦四十束至四百五十束，大葦緶七條，小葦緶七條至二十條，揪頭滚肚繩一條，留橛、籤椿各二根，填埽眼用葦四束半至五十束。以上均令相機酌用，總以不出此數爲度。其式有魚鱗、龍尾、丁頭等名，用以挑溜開行，護堤作障。牐，迎水裏頭各横長三丈，雁翅各斜長六丈，金門口寬二丈二尺，由身直長二丈四尺，分水雁翅各斜長八丈，裏頭各横長三丈，砌石二十四層，高二丈八尺八寸，每丈用墻面石一丈，裏石一丈。裏石之後，以河甎襯之，每丈用甎七十塊。墻石之後，下馬牙椿每丈每路二十段。入裏下梅花椿，每丈每路十五段。墻石每丈扣生鐵錠二箇，熟鐵鋦二箇，牐底鋪石，悉照上下裏頭迎水分水寬長丈尺鋪砌，再於底石之下每丈下梅花椿三十段，横竪扣生鐵錠四箇，牐上下每丈每路下關石椿二十根，外接築三合土，每方用石灰十石，沙淤土九十石，三合土每丈下頂土椿二十段，三合土上下口每丈下關土椿每路二十段，兩墻各二十四層，除蓋面一層外，其餘每層金門兩墻下版雙槽，并上下裏頭迎水分水雁翅轉角共十有六處，每處用熟鐵錠二箇。牐版二槽用木厚八九寸，長如金門口寬之制，每塊用鐵環二箇，啓閉用□麻繩二條，絞關石六塊，每塊長五尺，每石一丈用灌砌石灰一石，每河甎一塊用灌砌石灰一升，每灰一石用糯米汁五升，三合土每灰一石用汁米六升，每米一石用熬汁柴二十束。滚水壩，每座上裏頭各斜長三丈，高一丈三尺二寸，上雁翅各長三丈，高一丈八寸，金門由身各長四丈，高九尺六寸，下雁翅各長十丈，高一丈二尺，束水墻各長六丈，高一丈四尺四寸，下裏頭各長四丈，高一丈五尺六寸。墻面石後襯砌裏石，裏石之後襯砌河甎。墻石之下每丈每路下馬牙椿二十段，入裏每丈每路下梅花椿十五段，面石每丈接頭扣生鐵錠二箇，與裏石合縫，扣熟鐵鋦二箇，照金門鋪砌。壩底横長七十丈，上下坦坡中鋪石脊寬二十丈，底石下視土質之浮堅，定下椿之稀密，或上口下鎖口椿二路，下口下關石椿三路，石縫每丈横竪扣生鐵錠四箇，聯絡一片，砌石、襯裏、襯甎、砌灰、灌汁、熬汁等項均與建牐同。遇水勢盛漲，即令開放，水從壩脊滚出。水涸之時，仍於脊上用柴土叠鑲，關攔堵禦。束水壩、攔水壩，凡遇全流，門户宣洩過多，藉以蓄留水勢。磯觜壩尖出河流，以分水勢。竹絡壩，以竹簍盛貯碎石成砌，每簍長一丈或九尺，高三四五尺，寬五尺至七八尺不等，每兩簍横放，交接之處上下空縫，均用塊石填實，上面簍縫用竹編紮聯絡，與簍面一式平整，每石簍用絆簍篾纜一條，每纜一條，用勾纜椿二根，用以洩漲。涵洞每座口寬二尺四寸，由身直上四丈五尺，上水裏頭各横長三丈，迎水、雁翅各長九尺，下分水、雁翅各長六尺，裏頭各横長三丈，砌石三層，高三尺六寸，每丈用雙料面石一丈，洞底後四角裏頭、迎水、分水皆用料半石鋪砌，上用蓋面石一層，墻石後襯以河甎，每丈用河甎七十塊，墻石下每丈每路下馬牙椿二十段，梅花椿十五段，洞底石下每丈每路下頂石梅花椿三十段，洞口上下迎水、分水每丈每路下關石椿二十段，雙料石每丈用灌砌石灰一石，料半石，每丈用灌砌石灰七斗五升，河甎每塊用灌砌石灰一升，汁米、熬柴均與建牐同。木龍編木自五層至十一層，長自數丈至數十丈，寬自三四丈至八九丈，均測水勢淺深，核定規制，以挑河面大溜。其底層餘溜，用地成障。木龍面層中心空檔之上，仿天平架式搭架，上繫□麻繩，障繫於架上，從龍身中空檔插下，直入河底。大溜遇障不能經過，自順障斜趨，衝刷對岸沙灘。再木龍遠出河心，迎溜安設，龍底竪繫纜直柱，扣繫上纜，岸上用犁戧帶住纜頭，不令走移。紮龍時，逐層縱横編木，留眼方二尺以作戧位，貫以大戧，從眼插入河底，以防大溜衝動。每戧安設葫蘆架一座，上用股車挽住戧頭大纜，便於絞車隨時起下。旁岸紮成升關木，木龍漸次升出，每次駕用眠車絞關，匠夫齊力升犁，頂住溜頭。每龍身之前，設護盤以護龍挑溜。六楞障，長二丈四尺，高六尺，中心龍骨一根，用攢木十八塊，週圍六面龍脊楞木六根，兩頭中間三處各用大撐木十根，每面用小撐木十二根，編以柳笆，升關木一根，夾椿二根，柢橛一根，留橛二根，下於埽外，攩溜護埽。三楞障，長二丈，高五尺，三面龍骨三根，中心空檔，編以柳笆，大小撐木與六楞相仿。柳障，長四丈，頭寬一丈四尺，尾寬二丈，高十七層，一順一横成造。每層順木六路，每層横木通梁五道，斷梁八道，貫心接椿四根，升關木二根，靠關木三根。排木障，長三丈，貫心接椿八根，離埽數尺，挨順監籤四路，深入河底。椿頂出水，每路二根，中留空檔，計十二層，横下排木，間以柳枝逼溜挂淤，每接椿一根，用楊木二根，陰陽筍扣搭合縫，旁加幫木，皆用鐵箍。救生椿，每長十丈，釘椿木二十根，每根長二丈九尺，入土一尺，管木十根，每根長二丈三尺，竪檔高四尺，釘梯木一根，横檔寬五尺一二寸，梯木長九尺，兩頭出椿木之外各一尺八九寸、二尺不等，俾遭風溺水之人得以攀援而上。康熙十七年題準，築堤取土或百丈外，或里餘，近者離堤二十丈或十五丈外，每堆土六丈爲一層，杵三遍，硪三遍，層層杵硪，期於經久堅固。又題準，河工頂衝之地，即以舊堤爲縷堤，於舊堤之外别築遥堤，以爲重門保障。二十八年題準，竹絡壩務令如式建造，使水從壩過，而壩不動摇，水動沙停，而壩益堅固。三十九年議準，嗣後加幫之堤，將原堤重杵，再加新土。創築之堤，將平地杵深數尺，加土建築。又議準，平常工程向用龍尾埽、稀釘排椿，一遇風浪，即易塌卸，均令停止。又議準，嗣後一應石工，無論馬牙、梅花等椿，皆用整木深釘，無論面裏丁頭等石鏨鑿，務極平整，石灰重篩，用米汁搗杵膠黏，又用鐵錠、鐵鋦聯絡，該道廳驗看，如違揭報。又覆準，分修工程每人有一定丈尺，令總河於分修之官交界處所各立石椿，上鐫修理官姓名。舊堤亦立石編號，鐫明舊堤字樣，造册報部。如有不依定式致被衝决者，治以罪。三十九年覆準，永定河工程刷岸太甚者間下大埽，其平常下埽，以四五六七尺爲度。四十年題準，石工所用馬牙、梅花等椿，土堅之地用一木二截，土鬆之地仍用一木整椿。四十二年諭，洪澤湖風浪危險，每致損船，著於沿湖坡岸釘椿木以廣救濟。欽此。又奉旨，指示河溜險要地方，頂大堤起下長椿大埽，建築挑水大壩，長出河流挑溜開行，上水建築雁翅并護崖埽，下水接下魚鱗埽、護崖埽，埽上一式加鑲，與大堤平。四十四年，高家堰險要之所增設救生椿五處。雍正二年覆準，河工鑲墊理宜畫一，自雍正二年爲始，每工程寬長一丈，高一尺，用葦柴三十八束，秫稭如之。永爲定式遵行。五年議準，月堤離河甚遠者，就近圍以套堤，甚長者上下截以格堤，作重門保障。又覆準，黄河大溜頂衝及埽灣之處，遇河崖汕塌，近至堤根，當多募人夫，廣用鍁鍬，將臨河堤崖受衝處所切成斜坡，復伐取密葉大柳懸於坡上，以禦急溜。十一年議準，河工需用石料，雙料面石裏石寬厚均一尺二寸，單料面石裏石寬一尺二寸，厚六寸，河甎寬五寸，厚三寸三分，長一尺二寸。又議準，河工修防全在臨時審度，應探水勢之淺深，酌量用埽之大小，層路之多寡，籤樁之粗細，加鑲之寬厚，隨時核定。又議準，沉水大埽并埽上加鑲，每長一丈用秫稭三十八束，水淺防風每單長一丈，用秫稭三十束，土半方。又議準，河工鑲填每寬長一丈，高一尺，柴工用柴三十八束，柳工用柳二十八束，草工淮揚道所屬用草一百十有四束，淮徐道所屬用草一百九十束，均壓土五分。如水勢深湧，於鑲填之上籤樁一根。又定龍尾埽，每長十丈，高一尺，用柳十八束，葦柴十八束，小繶百條，每條重六斤。又議準，建築牐壩須於上流先築排樁土壩一道，攔水施工，量河面寬深，每丈籤下排樁十根，夾木二根，蘆笆四片，絆纜二條，壩内填土。十三年奏準，河東工程埽壩舊例長一丈，用柴三十八束，黄、運、湖、河水深之處沉下大埽，與埽上加鑲，水深湍激，蟄陷靡常，自應照數動用。其水淺之處，因恐風浪汕刷堤根，用柴鑲護抵檔，名爲防風。雖有蟄陷，尚非頂衝者可比。每丈應節省八束，著爲定式。乾隆五年議準，清口乃黄淮交匯之區，繫黄運湖河之樞紐，應於風神廟前東壩接長三十丈，只留口門二十丈，以資收束。運口頭壩外拆去蓄清壩，自東向西，接長五十五丈，運口頭壩之南接長挑水壩，如磨盤墩式，迴流入運。六年議準，黄河自宿遷，經桃源，至清河，二百餘里，運河南岸自宿遷十字河至清河，雙牐通築縷堤二萬五千二百五十二丈，又格堤九道，自十字河至桃源、九里岡，通築萬一千四百八十四丈，又格堤五道，應以運河南岸縷堤作黄河北岸遥堤。八年議準，堵築河口皆水深溜急，若下梗埽鑲接，勢必滲漏，須先用軟鑲盤築壩臺，猶恐水激撼動，加細長麻繩兜纜拴繫，并用長大楊樁梅花籤丁，按層鋪土搥壓，庶免滲漏。接下丁頭埽除例用工料外，加用粗長滚肚揪頭麻繩拴繫橛樁，上加鑲墊背，後接築靠堤，以資堵閉。

十一年諭：朕聞洪澤湖周圍寬廣五百餘里，遇風起浪涌船，有漂溺之患。康熙年間，聖祖仁皇帝特設救生樁釘於石工之外，被溺之人全活甚多。今夏家橋地方有舊葦壩一座，并高堰迤南順水壩一座，皆有口門，爲遭風船躲避之所，於行舟甚屬有益。再於高堰廳屬之老堤頭、山盱廳屬之高澗壩迤南，又徐家灣、周橋四處，各增設護堤救生壩，俾沿河一帶人船恃以安全。欽此。又覆準，裏河廳屬運口爲淮揚運河之關鍵，全賴口門收束，頭二三壩口門以不出四丈爲度。

又 經費 順治初年，定經徵河銀三百兩以上，歲内全完者，紀録一次。又定河工歲修錢糧，先給一半，餘俟物料交完方準找給。康熙七年題準，額銀不及三百兩者不準紀録。又定江南、浙江等屬額徵河銀，分令各廳就近收支。二十二年議準，直隸、山東、河南、江南、浙江河工錢糧有蠲灾闕額銀八萬兩，令該撫於地丁錢糧内照數撥補。二十四年覆準，嗣後搶修工程五百兩以内者，該督詳開各工細數，造册彙題。三十二年奉旨，河庫錢糧著照盤察州縣錢糧例行。三十五年題準，江南既設管河道，一應河工錢糧，均歸道庫支收。三十七年題準，大工歲修錢糧均交與總河自行經管。三十八年覆準，裁江南管河道錢糧，仍照舊例，歸於各廳收放。四十七年諭，河工動用錢糧輒以數萬、數十萬計，河官當估計之時，先故浮估以爲日後節省之地，此皆河工積弊，嗣後凡有修理工程，河道總督務親詣察勘，確估具奏，不可一任河官浮冒估計。欽此。四十八年覆準，河道錢糧令淮徐道管理，清江地方并無城垣，不便收貯，應於淮安府城内建庫收貯，仍令道役看守巡察。五十二年議準，嗣後山東、河南河庫每年令各該撫盤察，江南河庫每年令總河盤察，出具并無虧空印結，送部存案。出結後有虧空者，除責令各賠外，仍將該督撫照徇庇例議處。六十年覆準，各河道下扣過建曠銀，嗣後務於本年年終即行起解，不得遲延。雍正三年覆準，豫省修理工程，河庫錢糧或有不敷，於布政使司庫内撥解，就近支給。四年議準，永定、通永、天津、清河四道，每道額給歲修銀萬五千兩石，景山給歲修銀二千兩，動撥本省田賦存貯道庫，以資修理。倘有不敷，題請再撥，統於年終報部。五年覆準，東省魚臺縣境内新築長堤，給歲修銀千兩，於地丁銀内動支。八年奏準，江南河庫錢糧，蘇屬每年徵解河銀十有一萬二千二百三十七兩五錢有奇，安屬每年徵解河銀二萬三千四百五十三兩，浙省每年徵解河銀一萬五百二十五兩二錢，淮關每年額解河銀二萬六千八百二十四兩八錢，儀由牐每年額解河銀七千六百六十六兩六錢各有奇，兩淮鹽政每年額撥銀三十萬兩，兩淮鹽運使司每年額解節省銀五萬兩，兩廣鹽運使司額解節省銀萬兩，兩浙鹽運使司額解節省銀萬兩，長蘆鹽運使司額解節省銀萬兩，山東鹽運使司額解節省銀七千兩，福建鹽運使司額解節省銀三千兩，下江司庫每年撥解河庫銀九萬九千八百二十八兩有奇，以上貯庫銀六十七萬五百三十六兩有奇，以供歲修、搶修及河營兵餉、夫役工食之用，逐年所用錢糧，總河將用過數目報部，其庫貯銀見存若干，每年量撥銀若干之處，據實詳題。又覆準，江南險工處所除豫備歲修搶修物料外，再發銀三萬兩，照豫省例，每年辦料，堆貯上游濟用。九年議準，永定河疏浚尾閭，增給歲修銀五千兩。十年覆準，汶上縣南旺分水口東沙草壩，給歲修銀千五百兩，不敷，臨時再請。如有餘剩，留爲下年之用，於司庫地丁銀内題撥。十一年奉旨修理山東運河工程需銀五萬九千餘兩，於東省存公項下動支應用。十二年議準，葦蕩營界内不産葦柴之地，招民開墾升科，所徵錢糧造入河銀册内題報。如内有民田給還原業户耕種輸糧，嗣後每二年一次清釐，有淤墊者即令開墾，按年升科，仍將附近産葦之地照數撥補。又覆準，山東通省管河道收支東省一應河銀及兵夫工食并大小浚酌募幫貼銀，均令解貯管河道庫内各廳遇有應用之處備領支給。十三年議準，河工幫貼銀照淮、徐等倉錢糧之例，分作十分核算，經徵州縣衛所等官初參，欠不及一分者，停升督催，欠一分者罰俸六月，欠二分者罰俸一年，欠三分者降俸一級，欠四分者降俸二級，欠五分者降職一級，欠六分者降職二級，欠七分者降職三級，欠八分者降職四級，以上皆令戴罪徵收，停其升轉，完日開復。欠九分、十分者皆革職。經管督催之司道府直隸州知州欠不及一分者停升督催，欠一分者罰俸三月，欠二分者罰俸六月，欠三分者罰俸一年，欠四分者降俸一級，欠五分者降俸二級，欠六分者降職一級，欠七分者降職二級，欠八分者降職三級，欠九分者降職四級，以上皆令戴罪督催，停其升轉，完日開復。欠十分者革職。督撫欠不及一分者停升督催，欠一分二分者罰俸三月，欠三分者罰俸六月，欠四分者罰俸一年，欠五分者降俸一級，欠六分者降俸二級，欠七分者降職一級，欠八分以上者降職二級，以上皆令戴罪督催，停其升轉，完日開復。署印官欠一分、二分者罰俸三月，欠三分、四分者罰俸六月，欠五分、六分者罰俸九月，欠七分、八分者罰俸一年，欠九分、十分者降一級調用，欠不及一分、署印不及一月者免議。其被參後，州縣衛所等官限一年内全完，如不全完，原欠不及一分者罰俸一年，欠一分、二分者降三級調用，欠三分、四分者降四級調用，欠五分、六分者降五級調用，欠七分、八分者革職。經管督催之司道知府直隸州知州限一年半全完，如不全完，原欠不及一分者罰俸一年，欠一分、二分者降三級調用，欠三分、四分者降四級調用，欠五分、六分者降五級調用，欠七分、八分以上者革職。督撫限二年全完，如不全完，原欠不及一分者罰俸一年，欠一分、二分者降二級調用，欠三分、四分者降三級調用，欠五分、六分者降四級調用，欠七分、八分者降五級調用，欠九分、十分者革職。其接徵接催官均以到任之日爲始，接徵州縣衛所等官亦限一年，接徵布政使司道府直隸州知州亦限年半，接催督撫亦限二年，如不能完，題參照見在未完分數以初參例議處。至帶徵積年拖欠之大小各官，限二年全完，如不能全完，皆依定例，照職任處分。如有徵解不前者，該撫照例題參。是年十一月諭，河防堤岸牐壩等項工程有關運道民生者，定例皆動正項錢糧，乃各省竟有於田畝派捐者，豈皆出自小民之願？大都上司因節省錢糧起見，授意屬員爲粉飾之計，相沿日久，官吏藉端苛索，民間所費必至數倍，不特苦累民生，亦於國計無補。於乾隆元年爲始，一槩革除，仍嚴飭所屬官吏毋得私行徵派，以爲民困，其疏揠運河等項工程需用銀，著該督撫核實奏明，於公項内酌量動用報銷。欽此。乾隆元年諭，河南孟縣地方有小金堤一道，捍禦黄河，向繫民修民築，民間未免竭蹶，著河東總河將此項堤工確實勘估，委官承修，其需用錢糧核實報銷，毋得絲毫派累。欽此。又議準，江南徐屬等各廳一應額收外解河銀，自乾隆二年爲始，悉令改歸河庫道收貯。如有收支解放兵餉，及修造浚船、柳船，并給發物料人夫工銀按時給發，仍將收發款項隨時詳報，每於年終，該督照例盤察。又覆準，山東疏揠運河動用公項銀。又奏準，江南各廳自運葦蕩營柴六十萬束，調撥辦石歸公船於應給各廳水脚内酌量分給，葦蕩營雇募水手運貯廠内，令各廳轉運交工，各廳應繳柴價及扣過運價與葦柴報銷，一同造册，毋得入於歲修搶修内通融銷算。又奏準，東省黄河著照豫省例，撥存公銀萬兩，辦料堆貯上游供用。再豫省原撥辦料銀萬兩，亦覺不敷，應再撥銀二千兩，一并采辦。又覆準，河南孟縣小金堤工程歲撥銀四千兩辦料，供歲修搶修之用。又奏準，歲修搶修鑲墊工程需用土方，令於估銷册内據實造報，不必入於埽料内銷算。又議準，嗣後豫省北岸、黄運兩河歲修搶修等工需用各項錢糧，并懷河營官兵俸餉銀，該布政使司徑發河北道收支估修報銷文册，照南河淮揚、淮徐二道例，徑送該督察核，堡夫工食兵丁生息銀隸河北道所屬者，就近解交，將收支出入數目造册送核，年終盤察。又題準，東省徭夫幫貼銀於山東司庫田賦内撥給，又黄河搶修辦料銀七千兩、運河搶修辦料銀三千兩亦於田賦項下撥給。又覆準，豫東二省河工，每年歲修搶修銀分貯庫内，遇有險工，詳明動支。又覆準，永定等四道額給歲修銀外，豫備銀十萬兩，存貯天津道庫，專供緊要工程之用。每年將動撥餘剩數目造入歲報册内核銷，仍扣明餘剩之數，再於户部咨領，補足十萬之額。又議準，大名道額給歲修銀萬五千兩。又題準，通永道歲修銀無項可動，應赴户部支領。三年議定，東省每年歲修撥銀黄河二千兩，運河東沙壩千五百兩，隔堤水口千二百兩，捕河沙灣埽工三千兩，分爲三年之用。黄河搶修七千兩，運河搶修三千兩，加增料價銀三千兩，以千兩爲歲修、二千兩爲搶修，統計豫撥銀萬八千七百兩，永爲定額。又奏準，豫省南北兩岸、黄沁兩河歲修搶修工程，每年豫撥銀七萬兩，永爲定額。四年覆準，江南宿遷縣、泰州舊額河工漕項荒闕銀，自雍正十三年爲始，在於田賦銀内照數撥補，免其捐賠。又議準，山東運河每當春夏之交，山水未發，均須建築草壩，以束水勢，而濟運艘河臣暨管河道廳指示該州縣動支司庫存公銀建築。十年覆準，直隸、山東、河南三省每年協濟江南河工銀著停止撥解，留充本省河工之用。其江南河工不敷銀，於附近各州縣田賦内撥給。十二年議準，自乾隆七年起，新舊編紮木龍用過木植工料銀照各廳每年報銷，歲修搶修工程之例核明實用數目，按年按工造册估銷。十三年議準，嗣後江南、黄運兩河歲修搶修工程所用錢糧不得過四十萬兩上下。十五年奏準，永定河下口增疏浚銀五千兩。十七年議準，清河、大名二道原定歲修銀各萬五千兩，每年赴部支領。今二道所屬工程平稳，毋庸歲修，停止請領。十八年奏準，永定河歲修銀定額萬兩，搶修銀萬二千兩。又奏準，江南河工經費其有定款定數者，仍應照數支銷。其有定款而無定數者，以乾隆五年報部之數爲準。除見在協辦河臣二人各分給五百兩以資公用外，其河臣勘工盤費及修理廨舍工食犒賞等項，準其動支銀五千兩，按月支給。河庫道修理天平庫署等項，準其動支銀五百兩，均聽各該處自行通融辦理。其無定款定數者，照耗羡章程，遇有動用之處，令河臣奏明辦理。

又 物材 康熙十二年題準，大工需柳，先從本地采辦，再有不敷，於近省協濟。十七年覆準，宿、桃山、清安等縣每土一方給銀一錢三分，徐、廬、泰、睢、邳等府州每土一方給銀一錢四分，永爲定例。三十七年奏準，將房山等十二州縣錢糧解永定河分司購買物料備用。三十八年覆準，江南海州山陽地方設立葦蕩營官兵，每年采葦一百十有八萬餘束作爲定額。三十九年議準，嗣後排樁購木，令該道廳赴工驗看，是否與原估尺寸相符，承築之官樁用整木籤釘、埽用整柴鑲塞。如修築不堅，該道廳揭報徇隱者一并題參，汛弁斥究。五十二年覆準，江南裏河、山盱兩廳工程均用蕩柴，每束二分二釐，徐屬地方捲埽鑲墊參用荻蘆，每束一分，如用秫稭開銷蘆價者，該督察明題參。五十八年覆準，海州山陽地方蕩地淤墊，不産葦柴，裁汰官兵，省俸餉銀一萬八千餘兩。又淤地墾種升科銀四千餘兩，購買葦柴如額。五十九年覆準，嗣後一應購買物料，嚴飭河官協同地方官親身赴買，仍取具地方官并無累民等弊印結送部，如被累之百姓具呈出首，許該地方官詳報，總河督撫據實題參。雍正三年議準，嗣後豫省修築平易堤工，每土一方給銀九分六釐，永爲定例。其險工取土較遠者，該道察核酌增，不得浮冒。如不肖河官以近土作遠土，捏飾冒銷者，題參。四年覆準，海州山陽地方蘆葦叢生，復設葦蕩營官兵采割，除照舊額一百二十萬束外，再增采三十萬束。五年覆準，豫省河工歲修所用秫稭，定於八月内動道庫銀分給，各廳限十月照額辦足，仍令管河道察驗。如限内不能辦完及有短少者，指名題參，工竣核實。每百斤以七分報銷。又覆準，河工辦料百萬斤限十日，二百萬斤限二十日，照數遞增，并令依限交工。如逾限不完，將承辦遲延職名題參。又覆準，各河同知、轉發各官承辦物料，取具分辦人員，照數領足價值印甘各結，申送察核。如無各結，即將該同知侵扣短少之處參究。分辦之官不能如數交完物料者，一并題參分别治罪。又覆準，嗣後豫省采買歲修搶修物料，廳汛各官互相稱收印官分辦者，亦令廳官稱收取具，并無短少印甘各結存案。如有徇隱，即將該廳汛官題參，加倍治罪。又覆準，豫省豫備物料，堆貯險工上游，編立字號，每堆以五萬斤爲率，倘有霉爛虧空情弊，即將該廳汛各官題參，著落賠補。又議準，開浚河道，浚河之土四面各濶一丈高一尺爲一方，給銀九分，積高一丈爲一大方，給銀九錢。又覆準，豫省河工承辦物料報完之日，委就近賢員盤察，具結申送。如有短少，即著承辦稱收之官分賠。倘盤察之人瞻徇情面，照徇庇例議處。短少物料，仍照盤察倉庫例分賠。倘盤察原繫實貯以後，該員私自挪移變賣，察出，將該員照侵蝕錢糧例治罪。六年，定河工采辦葦價，山安、外河二廳每束銀二分，桃源裏河、高堰、安清、中河四廳每束銀二分一釐，揚河江防、宿虹、宿桃、中河四廳每束銀二分二釐，徐屬邳、睢二廳每束銀二分五釐，山盱廳每束銀二分四釐，麻價，直、桃源以下八廳每斤銀一分三釐。河甎寬五寸，厚三寸，長一尺二寸，各廳一例定價，每甎銀一分二釐，永爲定例。八年奏準，各省督撫總河將工程緩急、物料貴賤悉心察訪，務照本處市價確估題明，九卿集議具奏，刊册頒行。又覆準，江南一應工程需用柴草，飭令各廳照豫省之例，每年於九、十月内豫計需用之料，動支見存河庫銀備辦十分之七，分貯緊要之處備用。仍委就近州縣盤察。如辦不足數，以侵蝕錢糧例題參治罪。倘盤察之人扶同徇隱，將短少物料照倉庫錢糧例分賠，仍將失於督察之該管道與扶同徇隱之盤察官一并題參，分别議處。又議準，直隸各河工每葦柴一束長一丈，徑五寸，乾者每束銀一分五釐，濕者一分三釐五毫，青者一分。秫稭亦以長一丈，徑五寸爲一束，乾者每束銀九釐五毫，濕者七釐五毫，青者六釐。稻草十斤爲一束，價銀一分至一分六釐。柴，每斤價銀一分四釐至二分，各有差。麻，每斤價銀六分。十年奏準，總河所轄各廳所出河租麻若干，官柳若干，兵采草若干，每歲造册報部。十一年議準，豫省上南河、下南河、上北河、下北河、黄河、歸河、沁河等七廳，東省黄河、運河、捕河、泇河、上河、下河、海贛等七廳，需用土方，無論水旱，每方價銀自八分一釐至二錢一分六釐，運河土方附近取土者，每方價銀九分六釐，隔河取土者，每方價銀一錢二分，隔河用船裝運者，每方價銀一錢四分，水内撈土者，每方價銀二錢四分。杉木樁料，圍圓一尺一寸至三尺，每根價銀自一錢七分至七錢，永爲定例。又議準，江南黄運湖河興舉甎石樁埽柴草工程，需用各項物料，淮徐等所屬及徐屬同知，今改銅、沛、邳、睢、宿虹、桃源、宿遷、運河、裏河、外河、山安、海防、高堰、山盱、安清、中河、揚河、揚糧、江防等十四廳柴，仿照柳枝青濕乾之例酌定，每年九月至十二月交工，柴性帶潮，仍照三十斤之數稱收，正月至四月柴性微乾，每束酌定二十六斤。若五、六、七、八等月，新陳交際，柴性全乾，每束酌定二十二斤，用十六兩官秤稱收，永禁箍收之法。再有短少，即行參究。椿木圍徑不等，長自一尺以下及一尺至五尺，其價自七分至二十一兩六分不等，内徐屬廳椿規價直與市價相仿，高堰、山盱二廳各工椿木由湖涉險轉運維艱，按市價加入運脚，較與漕規相符。其邳、睢等十一廳各按地之遠近，照徐屬等處酌量遞減。土方從乾地握土，每方價銀八分。如有積水加戽水，銀一分五釐。搶築及加幫堤工，并填壩壓埽等工，土價分别遠近、乾濘、難易，酌定八則，每方價銀自一錢二分五釐至二錢五分。石料計丈給銀，雙料面丁石每丈自九錢至一兩九錢，雙料裏石每丈自四錢至九錢，單料面丁石每丈自三錢六分至九錢五分各有差。單料裏石，各廳均照雙料裏石折半給銀。石灰每百斤價銀自七分二釐至一錢四分四釐，汁米每石價銀一兩二錢，熟鐵每斤價銀四分，生鐵一分五釐，鐵索、鐵釘每斤價銀三分。自雍正十年爲始，凡歲修等工，均照此例估銷。十二年議準，江南葦蕩營舊額葦柴一百五十萬束，自雍正十二年爲始，加增葦柴二十萬束，統計正柴一百七十萬束，飭令左、右二營分采，全數交工，按例繳價解庫，按年清額，永爲定例。又議準，葦蕩營額采柴各廳雇船自運，六十萬束交貯工所，其餘一百一十萬束仍令浚船及期趲運交廠。又議準，江省所屬各廳近處乾地取土，離堤十五丈至五十丈，每方銀一錢二分五釐，遠處乾地取土，離堤五十丈以外至百丈，及近處濘地取土，離堤十五丈至五十丈，每方銀一錢三分六釐。遠處濘地取土離堤五十丈以外至百丈，每方銀一錢五分，堤根有積水坑塘，遶越乾地取土，離堤五十丈以外至百五十丈，每方銀一錢七分。遶越濘地取土，離堤五十丈以外至百五十丈，每方銀一錢八分。隔堤、隔河遠處乾地取土，離堤二百丈以外至三百丈，每方銀一錢九分。隔堤、隔河遠處濘地取土，離堤二百丈以外至三百丈，每方銀二錢。水底取土，離堤三十丈至五十丈，每方銀二錢五分。按款刊榜，永爲定例遵行。又議準，江南葦蕩營原額葦地八千頃九十三畝有奇，於産葦稠密處所，丈明原額畝數，飭令營兵照額采取葦柴，交工濟用。又覆準，江南江防同知疏浚引河每土一方給銀一錢一分。又議準，豫省河工每年搶修所用秫稭，先期酌定敷用之數，與歲修同時發帑，於十一月内一同照數辦足，運貯工所，價直亦照歲修之例，每百斤以七分報銷，永定成規。十三年議準，葦蕩營丈出淤地一千八百十有一頃九十五畝有奇，産葦茂密，以雍正十三年爲始，令左、右二營增采正柴五十五萬束，按年清額，永爲定例。又議準，東省黄河搶修工程需用秫稭，照豫省搶修之例，於山東管河道庫節省銀内酌量工程之緩急、需用物料之多寡動支銀五千兩，給發黄河廳，依限辦料，貯工價直，照歲修例，畫一報銷。又議準，直隸堰河旱土每方價銀七分，泥濘土每方銀九分，蘆根土每方銀一錢四分，各道同水中撈土，天津、永定、大名三道均每方銀一錢一分，通永、清河二道均每方銀一錢八分，又永定河道水葦板方每方銀一錢三分，通永河道礓石土每方銀八分。築堤旱土，天津、通永、大名三道均每方銀一錢，永定河道每方七分，清河道每方一錢六釐六毫。離堤十五丈至三百丈乾地、濘地取土，各道均與江南土方之例同。水中撈土，離堤三十丈至五十丈，天津、通永、清河、大名四道與江南例同。永定河道每方銀二錢一分。又議準，山東運河需用河甎，每塊長尺有二寸，寬五寸，厚四寸，價銀一分六釐。面石每丈運脚自十里至二三十里，價銀一兩八錢，三十里外至四十里加銀一錢。裏石每丈價銀九錢，生鐵料每斤價銀一分，石灰每百斤一錢四分四釐，汁米每石一兩六錢。又議準，豫省需用楊椿上北、上南二廳在洛陽、濟源等縣采辦，洛陽與濟源相對，運至上北河廳屬，原武汛以百五十里爲則，陽武汛以二百里爲則，封邱汛以二百五十里爲則。運至上南河廳屬滎澤汛以百五十里爲則，鄭州汛以二百里爲則，陽武汛南岸堤工在中牟縣工段之内，以二百五十里爲則。下北、下南二廳在鞏、孟、孟津等縣采辦，孟津與孟縣斜對，在洛陽縣之下，運至下北、下南二廳屬，祥符汛以二百五十里爲則，陳留汛以三百里爲則，自陳留至蘭陽河道無多，亦以三百里爲則，儀封汛以三百五十里爲則，沁河、黄河、歸河三廳在温、偃師等縣采辦，偃師與温縣相對，在鞏、孟之下，運至沁河、黄河二廳屬，武陟汛以五十里爲則，運至黄河廳屬，滎澤汛北岸以百里爲則，運至歸河廳屬，考城汛以三百里爲則，商邱汛以三百五十里爲則，虞城汛以四百里爲則。東省需用楊椿，黄河廳屬曹、單二汛，在曹州、單、曹、城武、定陶、金鄉六州縣采辦。曹汛各工，曹縣以五十里爲則，曹州以二百里爲則，定陶縣以百五十里爲則，單縣、城武縣均以百里爲則，金鄉縣以二百五十里爲則。單汛各工，單縣以五十里爲則，金鄉、城武二縣均以二百里爲則，曹縣以百里爲則，定陶、曹州均以二百五十里爲則。自四百里以至五百里，照加一脚價扣算，以次遞減。每根圍圓自一尺至五尺，長自一丈三尺至五丈三尺，購辦在四百里者，每根價銀六分至三兩四錢五分，遞減至五十里者，每根銀三分九釐至二兩三錢四分三釐五毫，脚價在内。乾隆元年覆準，德州城濠所産蘆葦，責令地方官經管，采割備用。又議準，直隸楊椿，通永、大名、清河三道椿規圍圓一尺至四尺，長一丈二尺至四丈三尺，價銀八分六釐至十兩八錢五分七釐，永定河道椿規徑四寸至一尺，長一丈五尺至三丈四尺，價銀二錢五分至一兩二錢各有差。天津道椿規長一丈五尺，徑八寸者，價銀六錢，徑七寸者五錢，徑六寸者四錢。又奏準，江南江防同知歲修江工，采辦碎石，每百斤定銀一分二釐。二年諭，豫東二省河工所用歲修搶修之柴，皆州縣領銀采辦，交工應用，每斤價直搶修給銀九毫，歲修給銀六毫，此十餘年之例。昨據欽差條奏，豫省歲修六毫之價，不敷采辦，請槩給九毫，以裕民力。朕已允行。但思東省與豫省河道毗連，壤地相接，所需物料價直大率相同，豫省既已加增，則東省歲修之價，亦應照豫省之例，給與九毫，俾運工車價敷足，小民益可踴躍趨事。欽此。又諭，豫東二省河工所用歲修搶修之柴，向因給價不敷采買，已降旨每斤加至九毫，以紓民力。兹聞江南徐州所屬州縣濵臨黄河，與山東、河南接壤有葦蕩難，以挽運藉用秫稭之處甚多，采辦之價亦覺不足，所當一體加恩者，著將應加價直照豫東之例加至九毫，著爲定例。欽此。三年議準，豫東二省河工需用物料，險要工程隨時交收，其每年所備歲修搶修物料均於八月以前布政使司照額撥銀，移解道庫，該道於八月内給廳印各官分頭采辦，承辦之官務於十二月内全數交工備用，遲誤者參劾，嚴加議處。又覆準，豫東二省承辦秫稭交工時，令附近不管河工之同知通判驗收。五年議準，河工各廳汛可以增辦蘆葦者，飭令河官增辦。應用河灘地內可種蘆葦之處，勸民栽種，以資應用。八年議準，東省坑塘窪地所栽葦草，每束重二十斤，雇人采割，并運送到工，脚價共給刀工銀六釐。又議準，直隸河甎長寬價直均照山東運河之例，豆渣石、青白石每長一丈，寬厚一尺，均給價銀三錢四分，豆渣石每里遞加運費二分，青白石每里遞加運費二分二釐五毫。又議準，豫省山稍草每束重三十斤，給價銀二分七釐。蘆根每束重七斤，價銀五釐四毫。草每束重七斤，雇夫采割，給刀工銀一釐六毫。坑塘葦束，價直與東省同。又議準，永定河石灰每百斤價銀二錢，通永、天津二道各減五分。汁米每石槩給銀二兩八錢，熟鐵料價與江南同。生鐵錠每斤價銀，永定河一分六釐，天津、通永各增一分。生鐵片每斤價銀，永定、通永各一分二釐，天津減二釐。九年覆準，嗣後河工各廳交代經手工程錢糧，務將各項存貯物料一并交清，如有虧闕，立即參究追賠。又奏準，江南河工豐碭、銅沛二廳鑲修工程專辦秫稭，每年七月內酌定銀數，分發各州縣承辦，定限十月完，半年內全完，令不管河工之廳官秉公驗收。又議準，江南豐碭、銅沛、邳、睢、宿虹、運河、桃源、桃清、裏河、外河、山安、海防、高堰、山盱等十三廳需用楊木，照豫東二省椿規，視木之大小、路程之遠近接算，運費加增價直。十六年奏準，江南木龍工程累年，新木、舊木并淤損之木詳悉分別，按年確核，以上年存工、存廠之木爲舊管，以本年增購及別工撥用之木爲新收，以折損沙淤及移撥別工者爲開除，以見在存工木龍并存廠木植爲實在，造具四柱清册，送部察核。

清 佚名《新例要覽》 分賠河帑 五年十月。一、嗣後黃河一年之內、運河三年之內，堤工陡遇冲決，而所修工程實係堅固，於工完之日已經總河督撫保題者，止令永修官賠修四分，其餘六分准其開銷。如該員修築錢糧俱歸實用、工程已完未及題報而陡遇冲決者，該總河督撫將冲決情形并該員工程果無浮冒之處據實報題，亦令賠修四分，其餘俱准開銷。如黃河一年之外、運河三年之外，堤工陡遇冲決，而該管各官係防守謹慎并無疏虞懈弛者，該總河督撫查明具題，止令防守該管各官共賠四分，內河道分司、知府共賠二分，同知、通判、守備、州縣共賠一分半，縣承、主薄、千總、把總共賠半分，其餘六分准其開銷。其承修防守各員俱令革職留任，戴罪効力，工完之日，方准開復。倘總河督撫有題不實者，後經查出，照狥庇例，嚴加議處。所修工程仍照定例，勒令各官分賠還項，奉旨依議。

又 修築暫動庫銀。一、議得總河齊奏陽武大堤坝，請將錢糧着令王希舜捐修。奉旨，河工關係緊要，着暫動庫銀修築，所動庫銀着落，王希舜、馬豫塡補，欽此。今查豫省兩岸堤工應添遥堤、月堤，自應一例修築等語，查豫省陽武等屬先動司庫修築，疾趲完工，其南北兩岸堤工仍令河道董理，完工核減題銷，責令王、馬炤數還庫，其各堤工俟伏汛後，確估具題可也。奉旨依議速行。

又 彼灾不報，浮議動衆。一、嗣後如有沿河州縣遇有被淹之處，地方官會同河員親歷確勘。被淹根由，據實通報。如有隱匿民灾者，照報灾怠忽例議處。查報不實者，照溺職例議處。一、嗣後凡遇緊要工程，如有浮議動衆，以致衆力懈弛者，嚴查倡造之人，比炤妖言惑衆律斬監候。如有附和浮言，互相傳播者，比照妄言例杖一百，仍於本所枷號一個月。其指稱夫頭包攬代僱，希圖勒措良民者，將承包不力之人，照河工一帶用强包攬閘夫溜夫之律，二名以上者發附近充軍，一名者枷號一個月，仍杖一百發落。奉旨依議。

又 河工題估題銷 二年十月。一、給發錢糧，務擇諳練河務才能之員，酌量功程大小，交與修築。如修築不固，致有冲決，力能賠修者，另派賢員督其賠修；不能賠修者，題參革職，另派賢員給發錢糧修築。將所用錢糧勒限一年照數賠完，限內全完，准其開復。逾限不完，交與刑部治罪，仍將未完錢糧着落家産賠修。如家産不能賠修者，着落給發錢糧之上司賠補全完。至歲修工程，應於本年十月內題估，次年四月內題銷，如逾限不銷，即將所用錢糧着落授受之員賠完。至於搶修工程，係搶一時，若不預爲題估，恐致躭延。且所用錢糧自二二十兩至四五十兩，一年不下數百件，一估一銷，奏牘繁多，應令督撫將冲決動用何項錢糧之處咨報工部，於完工之日彙題奏銷。如遲至次年四月不題銷者，將所用錢糧亦着落授受之員賠完。其歲修及大工動用何項錢糧之處，該督撫於題估時一并題明。

又 河工估價 四年二月。一、嗣後承修之員估計工程，總河、副總河及該督撫分司委員確察工段丈尺、椿埽料物，如有果與所估物料數目相符，核實具題，發帑興修。如估計過多，存心浮冒，查出，即照溺職例革職；承查之員不實詳查，扶同狥隱，即照狥庇例議處。至工完之日，該總河、督撫分司再行逐一確查做過工程果否，務使堅固，與原估丈尺錢糧數目相符。如工程單薄，物料尅減，錢糧不歸實用，以致修築不堅，不能保固，將承辦官指名題參，照侵欺錢糧例處分治罪。其侵欺銀兩，勒限着落該員家産追賠還項。至所修单薄工程，該員既經浮冒，工程必難保固，令總河、督撫等另選能事賢員動帑堅固修築，工完題銷。但河防重大，水性無常，倘一時水勢暴漲，人力難施，致有冲决，該總河、督撫查明報題，仍照舊例。黄河堤岸半年内、運河堤岸一年内冲決者，經修防守同知、州縣、通判等官均行革職，分司道員降四級調用，總河降二級留任。黄河堤岸過半年限、運河堤岸過一年限内冲决者，將經修防守同知、通判、州縣等官降三級調用，分司道員降二級調用，總河降一級留任。如遇年限内冲决者，將管河各官俱革職，戴罪督修，分司道員住俸督修，工完開復，總河罰俸一年。奉旨依議。

清　佚名《大清詔令》卷三　一、東南財賦之地，素稱沃壤。連年水旱爲灾，民生重困，皆因失修水利，致誤農功。該督撫素成地方官慈心講求，疏通水道，修築堤防，以時蓄泄，俾水旱無虞，民安樂利。一、頻年治河，旋塞旋決，夫役埽料，民累不堪。或有司借端加派，或濫用委官，侵冒詐索。該督撫嚴加清釐，築戢仍須講求長策，刻期竣工，勿得延緩滋害。

清　薛允升《讀例存疑》卷五〇　河工估計工程。總河及該督撫分司委員確查工段、丈尺、椿埽、料物，如果與所估物料數目相符，核實具題，發帑興修。如估計過多，物料數目不符，查出即行指參。承查之員扶同徇隱，交部議處，至完工之日再行確查。如工程單薄，物料尅減，錢糧不歸實用，以致修築不堅固，將承修之員立即參究，分別入己、不入己定罪，侵冒銀兩，勒限追賠。此條係雍正四年工部議准定例，乾隆五年改定。謹按：此不獨河工爲然，一切工程均應照辦。處分例：河工承修之員，估計工程存心浮冒者，革職。承查之委員扶同徇隱者，降三級調用，應參看。

又　屬搶修等工每年應需物料，務於八月内預動銀兩給發購辦，按照漕規價值據實秤收，毋許重收累民。十月照額辦足，交工取具，并無短少，印甘各結存案。倘承辦之員限内不能如數辦足，將料物秤收短少，希冀掩飾，并將舊爛物料攙入，或經廳汛，印官於互相秤收之時查出揭報；或經該督訪聞，立即嚴參議處。如過期發銀，購辦遲滯，分別查參其上年餘剩物料。該管河道查盤實數，出具并無虧空印結呈報。倘盤查缺少，扶同徇隱，及有霉爛侵虧等弊，即將文武汛員與盤查不實之上司一并參處，照數分賠補項。此條係雍正十三年定例。謹按：此指河工應需物料預爲購辦而言，例首似應提出河工字樣。處分例：有河工預備物料，以廳員爲專管官，守備爲兼管官。修做埽工，以守備爲專管官，廳員爲兼管官，及河工料垛霉爛各互相稽察一條。又處分例：河工購辦葦柴於四五月間發辦，購辦秫稭於七八月間發辦，以十二月底作爲初限云云。與此例不同，均應參看，此似指南河而言。

又　浙省修築塘工，估需銀兩，飭令承修之員專案請領，不得牽混并領，亦不得通融挪用。領銀之後，將辦過物料數目申報上司委員查驗。如堆貯物料與所報相符，承查之員加具保結，申詳貯用。儻有虧缺及挪移掩飾情弊，即行揭參，查驗官扶同徇隱一并參處。至各塘保固限内如有坍塌，即著落承修之員賠修。若遇有異常潮汐，委非人力可施，查明工程堅固，錢糧俱歸實用者，准取結保題，免其賠修。如物料苟簡，工程草率，錢糧不歸實用，致有衝塌，照例題參，著落賠修。此條係雍正十三年定例。謹按：此專指浙江省海塘工程而言，與工部例略同。《工部則例》尚有蘇松太等處刑例。

又　豫省應修水利，地方有動用帑項者，承修各員果能實力辦理，俟保固三年之後，該督撫核題，并交部分別議叙。倘有不預行修築，以致田畝被淹，即將各員交部分別議處。若侵蝕錢糧，工程不能堅固，承修之員照侵欺河工錢糧例，參革治罪，該管各官徇隱不報，俱照例議處。此條係乾隆二年户部議覆，河南按察使隋人鵬條奏定例。謹按：此專指河南一省而言，各省均有水利，不獨豫省爲然，似應改爲通例。

又　卷五一　凡不先事修築河防及雖修而失時者，提調官吏各笞五十。若毀害人家、漂失財物者，杖六十。因而致傷人命者，杖八十。若不先事修築圩岸及雖修而失時者，笞三十。因而渰沒田禾者，笞五十。其暴水連雨損壞堤防非人力所致者，勿論。此仍明律，順治三年添入小注。條例：一、凡運河一帶用强包攬閘夫溜夫二名之上，撈淺鋪夫三名之上，俱問，發附近充軍。攬當一名不曾用强生事者，問罪枷號一箇月發落。此條係前明《問刑條例》。箋釋云：包攬各夫二名、三名以上，問豪强求索係官給工食，問常人盜攬當一名，及有人應役又不多取工錢，止問不應，或違制之罪。謹按：包攬驛遞夫役見《兵律・驛使稽程》，應參看。一、遇河工緊要工程，如有浮議動衆以致衆力解弛者，將倡造之人擬斬監候，附和傳播者杖一百，即於工所枷號一箇月。其指稱夫頭包攬代雇勒措良民者二名以上，發附近充軍；一名者，杖一百，枷號一箇月發落。此條係雍正六年定例。謹按：夫役工匠挾制颺散，見公事應行稽程，應參看。一、楚省修堤塍，如有措勒業户將夫工包折銀錢者，照河工包攬閘夫溜夫撈淺鋪夫例，分别名數定擬。此條係雍正六年定例。謹按：此專指楚省而言，皆所謂一事一例也。一、河工承修各員采辦料物，如有奸民串保領銀，侵分入己，以致虧帑誣工，該總河將承辦官參究，仍將虧帑奸民發該州縣嚴查追比，儻有徇縱等情，亦即查參，交部議處。其虧帑串保奸民審實，照常人盜倉庫錢糧律計贓治罪，應追銀兩逾限不完，著落原領官名下追賠。此條係雍正十二年定例。謹按：常人盜倉庫錢糧律無死罪，舊例亦較今爲寬。此處云照律治罪，如至一百兩以上，如何擬斷記核。一、凡堤工，宜加意慎重，以固河防，除現在已成房屋無礙堤工者免其遷移外，如再有違禁增蓋者，即行驅逐治罪，并將徇縱容隱之官弁交部分别議處。此條係乾隆二年欽奉上諭，恭纂爲例。謹按：所奉上諭，原指江南黄、運兩河而言。

清 沈家本《歷代刑法考・充軍考中》 《工律》：失時不修堤防一運河一帶用强包攬閘夫二名之上，撈淺鋪夫三名之上，民并軍丁人等附近把持行市律。

清 沈家本《大清現行新律例・大清現行刑律案語河防》 原例：一、豫省應修水利地方有動用帑項者，承修各員果能實力辦理，俟保固三年之後該督撫核題，并交部分别議叙，倘有不預行修築以致田畝被淹，即將各員交部分别議處。若侵蝕錢糧，工程不能堅固，承修之員照侵欺河工錢糧例參革治罪。該管各官徇隱不報，俱照例議處。臣等謹按：此係豫省應修水利地方之專例，查各省均有水利，地方應即纂爲通例。至如何應行議叙，如何應行議處，事隸吏部，毋庸載入刑律，應即節删。謹將修改例文開列於後：一、各省應修水利地方有動用帑項者，承修各員若侵蝕錢糧，致工程不能堅固，照侵欺河工錢糧例參革治罪。

又 失時不修堤防。原律：凡不先事修築河防及雖修而失時者，提調官吏各笞五十。若毀害人家、漂失財物者，杖六十。因而致傷人命者，杖八十。若不先事修築圩岸及雖修而失時者，笞三十。因而渰沒田禾者，笞五十。其暴水連雨損壞堤防非人力所致者，勿論。臣等謹按：此係明律，應仍其舊，惟笞杖照章改爲罰金，均應依數分等處罰。謹將修改律文開列於後：凡不先事修築河防及雖修而失時者，提調官吏各處五等罰。若毀害人家、漂失財物者，處六等罰。因而致傷人命者，處八等罰。若不先事修築圩岸及雖修而失時者，處三等罰。因而渰沒田禾者，處五等罰。其暴水連雨損壞堤防非人力所致者，勿論。

又 原例：一、凡運防一帶用强包攬閘夫溜夫二名之上，撈淺鋪夫三名之上，俱問，發附近充軍。攬當一名，不曾用强生事者，問罪，枷號一個月發落。一、遇河工緊要工程，如有浮議動衆以致衆力解弛者，將倡造之人擬斬監候，附和傳播者杖一百，即於工所枷號一個月。其指稱夫頭包攬代雇勒措良民者二名以上，發附近充軍；一名者，杖一百，枷號一個月發落。一、楚省歲修堤塍，如有措勒業户將夫工包折銀錢者，照河工包攬閘夫溜夫撈淺鋪夫例，分别名數定擬。臣等謹按：以上三例，第一條係前明《問刑條例》，用强包攬夫役二三名即問附近軍，似嫌過重。按用强包攬與豪强求索情事相等，擬將此項罪名即改爲照豪强求索財物律計贓准枉法論，其攬當一名不曾用强生事者，例係枷號一月，惟枷號既經改章，本條用强包攬罪名亦擬減輕，則此項罪名亦應酌減，擬改爲照不應爲而爲律科罪。第二條前一層言浮議動衆之罪，情節較重，擬分出，另爲一條，斬候罪名照章改爲絞候，其附和傳播者例係滿杖加枷，現在枷杖均經改章，若并行折罰，殊形苛碎，擬酌改爲照違制律治罪。至指稱夫頭包攬代雇一層，與包攬閘夫溜夫情罪相等，應修并於第一條，以省繁瑣。第三條言楚省歲修堤塍措勒業户包折夫工，本係照包攬閘夫溜夫例治罪，應即移附於第一條之末，并將楚省二字改爲各省，以便通引。謹將修并例文開列於後：一、凡運河一帶用强包攬閘夫溜夫二名以上，撈淺鋪夫三名以上及河工指稱夫頭包攬代雇勒措良民二名以上者，俱照豪强求索財物律計贓准枉法論，攬當一名不曾用强生事，并勒措良民一名者，俱照不應爲律科罪。各省歲修堤塍，如有勒措業户將夫工包折銀錢者，亦照此例分别名數定擬。一、遇河工緊要工程，如有浮議動衆以致衆力懈弛者，將倡造之人擬絞監候，附和傳播者照違制律治罪。

又 原例：一、河工承修各員采辦料物，如有奸民串保領銀，侵分入己，以致虧帑誤工，該總河將承辦官參究，仍將虧帑奸民發該州縣嚴查追比。倘有徇縱等情，亦即查參，交部議處。其虧帑串保奸民審實，照常人盜倉庫錢糧律計贓治罪。應追銀兩逾限不完，著落原領官名下追賠。臣等謹按：此例應仍其舊，惟總河應改爲兼管河道督撫州縣。徇縱查參議處一層，事隸吏部，亦應節删，以免繁冗。謹將修改例文開列於後：一、河工承修各員采辦料物，如有奸民串保領銀，侵分入己，以致虧帑誤工，該兼管河道督撫將承辦官參究，仍將虧帑奸民發該州縣嚴查追比審實，照常人盜倉庫錢糧律計贓治罪。應追銀兩逾限不完，著落原領官名下追賠。

又 原例：一、凡堤工，宜加意慎重，以固河防，除現在已成房屋無礙堤工者免其遷移外，如再有違禁增蓋者，即行騙逐治罪，并將徇縱容隱之官弁交部分别議處。臣等謹案：此例應仍其舊。惟官弁分别議處一層，應由吏部陸軍部查照則例辦理，毋庸載入刑律，應即節删。謹將修改例文開列於後：一、凡堤工，宜加意慎重，以固河防，除現在已成房屋無礙堤工者免其遷移外，如再違禁增蓋者，即行騙逐治罪。

又《核訂現行刑律河防》 失時不修堤防。原修改例文：一、凡堤工，宜加意慎重，以固河防，除現在已成房屋無礙堤工者免其遷移外，如再違禁增蓋者，即行驅逐治罪。謹按：此條係乾隆二年定例，現在二字係指當時而言，承行既久，應行節删。例末治罪一語，亦涉含混，擬改爲照違制律治罪，以昭明晰。謹將修改例文開列於後：一、凡堤工宜加意慎重，以固河防，除已成房屋無礙堤工者免其遷移外，如再違禁增蓋者，即行驅逐，照違制律治罪。

清 沈家本《大清現行刑律》卷三六《河防》 失時不修堤防。凡不先事修築河防及雖修而失時者，提調官吏各處五等罰。若毁害人家、漂失財物者，處六等罰。因而致傷人命者，處八等罰。若不先事修築圩岸及雖修而失時者，處三等罰。因而淹没田禾者，處五等罰。其暴水連雨損壞堤防非人力所致者，勿論。條例：一、凡運河一帶用强包攬閘夫溜夫二名以上，撈淺鋪夫三名以上，及河工指稱夫頭包攬代雇勒措良民二名以上者，俱照豪强求索財物律計贓准枉法論，攬當一名不曾用强生事，并勒措良民一名者，俱照不應爲律科罪。各省歲修堤塍，如有勒措業户將夫工包折銀錢者，亦照此例，分别名數定擬。一、遇河工緊要工程，如有浮議動衆以致衆力懈弛者，將倡造之人擬絞監候，附和傳播者照違制律治罪。一、河工承修各員采辦料物，如有奸民串保領銀，侵分入己，以致虧帑誤工，該兼管河道督撫將承辦官參究，仍將虧帑奸民發該州縣嚴查追徵審實，照常人盜倉庫錢糧律計贓治罪，應追銀兩逾限不完，著落原領官名下追賠。一、凡堤工，宜加意慎重，以固河防，除已無礙堤工者免其遷移外，如再違，即行驅逐，照違制律治罪。

清 端方《大清光緒新法令》 一、河工保獎酌定限制。查安瀾例保，若永定河，若東明黄河，若南河廳汛各員，兩年各彙保二十員，均按尋常勞績請獎。山東、黄河防汛，則兩年彙保四十員，内異常十員，尋常三十員擬請。嗣後，飭令沿河各督撫照山東河工例，繪具圖説，將沿河口岸地名、相距里數及所在有工、無工詳細注明，并某年派某員駐某段一併咨部立案。後如經曆大汛，平穩無事，三年准按尋常勞績列保一次，文職不得過十員，武職奏咨併計不得過十員。山東則三年文職准保二十員，武職奏咨併計准保二十員，如有搶險工程，准於二十員内聲明，按各項異常勞績請保二三員，否則統按尋常勞績列保，不得稍涉冒濫。其大工分段認修，各員合龍後，按等列保，咨部存案。如保固限内潰決，即將認修之員保案撤銷，仍照章責令賠修，以杜冒功偷減等弊。至大工合龍，事非恒有擬候，届時由督工大臣察酌工程難易、溜勢、緩急，將在工人員差委、銜名、薪水數目先期咨部立案，以便酌定限制。一、漕河防護保獎酌定限制。查黄河自咸豐五年銅瓦厢决口。兩江轄境本無河患，擬嗣後將南河年例保案停止。惟河工防護，亦關緊要，嗣後遇有湖河盛漲，水勢危險，防護實在出力，應准查看情形，按尋常勞績酌量請獎，文武併計仍不得過十員。若偶爾防護，并無危險情形，概不得率行請獎，以杜冒濫。

紀事

清 張鵬翮《治河全書》卷一《上諭》 康熙二十三年十二月初一日，奉旨：徐州長樊大壩等處雖經衝決，河流未徙，該管各官革職賠修，俱着寬免。嗣後堤岸衝決，若河流遷徙，應照定例處分。倘係河水漫決，河流不移者，應否免其革職，止令賠修？着確議定例具奏。

又 康熙三十一年十一月二十四日，奉旨：高堰障淮敵黃，關係最爲緊要。若使堤内受水，則内外浸灌衝激，甚屬危險。高堰之堤不固，雖另增堤數層，有何裨益？這運料小河，增加堤岸，無用高堰，應作何加修，以期永遠堅固。應遣大臣前往察視，所遣大臣職名開列具奏。其中河張莊運口築堤建閘等項，着河臣將工費估計，題到再議。具奏。欽此。

又 康熙三十三年閏五月十六日，准工部咨：爲欽奉上諭事，康熙三十三年閏五月初十日，大學士伊桑阿、阿蘭泰、王熙、張玉書、學士德珠、温寳、戴通、沈圖、宋柱、王掞、李柟、顧藻轉傳上諭，保護中河堤岸，子堤先經總河于成龍以甚屬緊要，應速修理等因具題，今又以水長不能修理，俟水涸之時修理等因具題，河道關係甚大，若俟水涸之時修理，如伏秋水長之時，堤岸有無致於衝決之處，速行文與于成龍，再行詳察，定奪具奏。

又 康熙三十八年三月初一日，皇上巡幸高家堰，閲視畢，隨諭大學士伊桑阿、阿蘭泰、尚書馬齊、侍郎常綬、喻成龍、李柟、總漕桑格、總河于成龍、恊理河務府尹徐近璽、江寧巡撫宋犖、員外郎赫韶瑟、登德、費揚古等：朕念河道，國儲民生攸關，親行巡幸，由運河一帶以至徐州迤南黃河細加看閲，黃河底高灣多，以致各處受險。又至歸仁堤、高家堰運口等處，留心細閲，見各堤岸愈高，而水愈大，此非水大之過，皆因黃河淤墊甚高，以致節年漫溢。黃河若淤高二尺，則水高二尺，淤高一丈，水即高一丈。若治河單以築堤，終屬無益。如不將黃河刷深，徒費錢糧，且運口太直，黃水倒灌，兼之湖口淤墊，以致清水不能暢流，各河與洪湖之水如何得能敵黃？若將清河至惠濟祠埽灣由北岸挑引入惠濟祠後入河，而運河再向東斜流入惠濟祠交滙，黃水如何得能倒灌？朕欲將黃河各險工頂溜灣處開直，使水直行刷沙。若黃河刷深一尺，則各河之水少一尺；深一丈，則各河之水淺一丈。如此刷去，則水由地中而行，各壩亦可不用。不但運河無漫溢之虞，而下河淹漫之患似可永除矣。朕意如此是否？爾等直奏，不得以朕旨爲必是。朕亦是一時意見，亦不保其必然。且攔黃壩灣曲，馬家港窄狹，雖將時家馬頭之口堵築，而黃水不能暢流，山陽南岸輯家莊等處險工甚屬可虞。至於下河不必挑浚，如將上河修築堅固，則下河不治而自治矣。今朕念民生運道，親行巡幸，如不溯本窮源，分晰條治，於民生何益？將来每歲加幇高家堰等堤，堵築時家馬頭等口，徒至縻費錢糧，淹害百姓。今應將清口之西壩臺加添挑水壩，修築堅固，加長過於東壩臺，將清口安置裏邊。洪澤湖擇其水深之處，開直成河，使湖水流出，黃河灣曲之處直挑引河，使各險處不得受衝。董安國、馮佑將河道廢壞已極，此各工程責令賠修贖罪。其下河見有積水，不得不引出歸海，將串場河、射陽湖、蝦須沙溝一帶挑通，引積水流出歸海，其欄黃壩應行挑拆。時家馬頭暫緩堵築，俟黃水流定，汰黃堤築成之日，再將時家馬頭決口堵塞。至於歸仁堤，人皆稱係保護明季皇陵，此俱係妄談。三四十里路之堤，如何護得明季皇陵？此堤之修，專因水漲之時，毛城鋪等處發来之水，至歸仁堤攔回，仍歸黃河之意。此堤亦應酌量修築。至於運河之水，少有不濟，治之甚易。爾等係河臣，係爾等專責，若此治法一成，則河道可保無虞。如不然，另想別策，務必將被淹州縣之水灾盡除，方不負朕南巡救民之意。爾等若挑㓂引河其原有工程，仍照舊令，各官修防，不可怠忽。俟挑完引河，黃水歸入故道，再將下河串場河、射陽湖、涇河、蝦須沙溝挑數處通流，使水歸海。至於邳州、清河、桃源、安東、山陽、寳應、高郵、江都、泰州、興化、鹽城等州縣百姓，困苦已極，如欲賑濟，而窮民不沾實恵，殷實之人反得行其冒賣。每一州縣或截留漕糧一萬石，或截留數千石，比時值減價糶賣，則窮民實有裨益。邳州差部官一員糶賣，其餘別處米石責成總漕桑格、總河于成龍同地方大臣委令地方官糶賣。如此救治，諒百姓似不致流離，河道永無衝決。朕意如此，是否允當，爾等直奏，不得以朕旨爲必是。爾等會同速議具奏。

又 康熙三十八年三月初三日，聖駕看閱黄河堤岸，傳上諭：王公堤甚屬險要，務須加幇高寬，修築堅固。

又 康熙三十八年三月初六日，奉上諭：諭河道總督于成龍：朕初五日自淮安起行，沿途細閱河堤，除河底已高，東邊甚窪，毋庸置議外，朕所駐蹕界首鎮前湖邊用水平測算，河水比湖水高五尺八寸。揆此湖水似不能越此堤而入運河，前往高郵，未知若何。但當河之石堤雖被水汕壞，朕公同細閱，被人搬去損壞之處亦復不少，此固屬要工，修築亦不甚難，爾差賢員作速查驗，應即儹工修築。嗣後查閱工程有應修築之處，照此頒旨。特諭。

又 康熙三十八年四月二十二日，河道總督于成龍奉旨：着將運河東岸堤工凡有石工殘缺者，仍補修石工，其土工堤内有水之處，下埽幇築減水壩，俱堵塞堅固，用心防護。越壩更爲緊要，亦着加幇防護。淮安府涇、澗兩河必須挑浚深通，毋任淤墊。

又 康熙三十八年四月二十二日，河道總督于成龍奉旨：如有漫頂堤内積水之處，即釘排樁幇築減水各壩，俱着堵塞堅固。堤防要緊，凡有懶惰河官不留心防範者，輕則即行懲處，重則處後逐斥，切不可姑容從事，致悮河工。

又 康熙三十八年四月二十四日，河道總督于成龍、協理河道府尹徐近璽奉上諭：東岸有一段堤工修得甚好，朕已給箭一枝，執箭説與爾知。此等官員不奬勵，何以服衆！

又 康熙三十八年十一月二十三日，准工部咨：爲敬陳兩河堤岸修治情形，仰祈睿鑒事，都水清吏司案呈，奉本部送工科抄出，該本部等衙門會覆河道總督于成龍奏前事等因。於康熙三十八年十月二十日奏奉旨：朕撫御寰區，愛養兆民，視同赤子，務期無一人不獲其所。比年淮陽所屬地方罹於水患，百姓田廬俱被淹没，生業蕩然，朕懷深切軫念，屢經蠲租賑濟。乃黄河墊高，清口低下，淮水不能流出，百姓仍被水灾，弗獲寧處，念此淮揚數州縣生靈，豈可不急爲拯救乎？今海内無事，惟河工最爲緊要。水患未平，民生失所，朕用是時廑於懷，若何修理河道以濟民生。爾等與九卿、詹事、科道各官，亦宜切念。頃問南省來人，云黄水比淮水高一尺有餘，若將高堰堤岸增加堅築，以束淮水，使刷黄而行，亦似有益。但淮水潴聚，而黄河挑汛又至，則高堰危險，亦未可定。今或堅修高堰堤岸以束淮水，使之刷黄，或移清口於清江浦之左右，或另浚河道，以通舟楫，俱宜一一講求。此事關係甚鉅，爾等會同九卿、詹事、掌印、不掌印科道等官細閱河圖詳議，再將二本一并議奏。欽此。臣等恭聆上諭，仰見我皇上軫念淮揚地方百姓，必欲拯除水患，底於安全，河務關係運道民生，甚屬緊要，難以懸議。總河于成龍、徐廷璽見在地方應令率同賢能道廳等官親身前往，將作何興工之處詳勘，速行定議，具題到日，臣等再行會同請旨，可也。康熙三十八年十一月十一日題，本日奉旨：河工關係重大，豈惟另尋河道，不可得從新創作，亦屬繁難。高堰堤岸縱多方堅築，清水亦不能出。今惟當議清口，於他處兩岸俱用石工堅砌，使清水流通。朕南巡時，曾以另開清口面諭于成龍，于成龍亦奏稱淮水可從武家墩向清江浦移改，此事着總河于成龍及府尹徐廷璽會同河道各官詳看，清口當移於何處，所用石工等項作何，速行辦備，着即詳議於鹵前具奏。餘依議。

又卷二《上諭》 康熙四十年十一月二十二日，中書永奇齎工部議覆：總河張鵬翮請將高郵州陸漫閘岸改築土堤一事，於康熙四十年十一月十四日，大學士伊桑、阿馬竒、吳琠、熊賜履、學士辛保、傅紳、來道、常壽、來福、范承勳、曹鑒倫等摺本啓奏，奉旨：陸漫閘西岸改築土堤内外鑲柴，見今錢糧雖省，但蘆柴易至朽爛，不能堅久，二三年後又致重修。張鵬翮在任時雖無可虞，若張鵬翮或離任，或淮黄水漲有險危之處，鑲柴工程朽爛，豈不更難？着將這情由備寫，差員前往張鵬翮處，令其確議具奏。

又 康熙四十一年六月十八日，准内閣咨：康熙四十一年六月初三日，大學士伊桑、阿馬竒、吳琠、熊賜履、學士來道、常壽、鐵圖、紀爾塔渾、王九齡、曹鑒倫、劉光美等奉上諭：朕因永定河南岸不時衝坍，特旨令將南岸修築石堤，看來甚有裨益。今黄河兩岸自徐州以下至於清口，通行修築石堤，可否永遠有益？若果有益，見在庫帑不爲缺少，朕於錢糧一無所惜，修築此堤，應於何處采取石料，作何轉運，約計幾年可以告成？着張鵬翮齊集河員詳議具奏。

又　康熙四十二年三月初二日，河道總督臣張鵬翮奉上諭：王公堤關係運道民生最爲緊要，堤岸單薄，樁工漸朽，應再加幇，以資捍禦，不可因淤灘可恃而忽之也。

清　查祥《兩浙海塘通志》卷首《詔諭》　雍正元年九月十七日，王大臣等欽奉上諭：錢鏐時所築塘堤中間雖被沖壞，至今尚有存者。數年來，督撫等所修塘堤俱虚冒錢糧，於不當修築處修築，以致隨修隨壞。又聞得赭山有三處海口，今一處淤沙壅塞，水不通流。若浚治疏通，使潮汐不致留沙壅塞，則海寧一帶塘工方可保固。有言之者雖未必稔知，不可不留意。或地方大臣恐糜費錢糧，將此等處雖明知而不顧也。爾等傳諭該督撫知之。欽此。

又　雍正二年八月二十四日，户部欽奉上諭：前因浙江督撫等摺奏，七月十八、十九等日，驟雨大風，海潮泛溢，衝決堤岸，沿海州縣近海村莊居民田廬多被漂沒。朕即密諭，速行具本奏聞賑恤，但思被灾小民望賑孔迫，若待奏請方行賑恤，恐時日耽延，灾民不能即沾實惠。朕心深爲憫惻。着該督撫委遣大員踏勘被灾小民，即動倉庫錢糧，速行賑濟，務使灾黎不致失所。其應免錢糧田畝即詳細察明請蠲。凡海潮未至之村莊，不得混行冒蠲。至於緊要堤岸衝決之處，務使速行修築，無使鹹水流入田畝。朕念切痌瘝，務令早沾實惠。該地方官各宜實心奉行，加意撫綏，俾凋瘵得蘇，生全速遂，以副朕勤恤民隱至意。該部即行，各該督撫遵奉速行。特諭。

又　雍正二年十二月初四日，吏部尚書朱軾面奉上諭：浙江沿海塘工最爲緊要，署巡撫石文焯前奏，必須通用石塊修築，後又奏稱不必用石，如此全無定見，誠恐貽悮塘工。朕已批諭，令法海、佟吉圖作速詳議具奏矣。但恐法海等初任，不諳練地方情形，汝做過浙江巡撫，必知海塘緣由，着汝馳驛前往浙江，將作何修築之處，會同法海、佟吉圖詳查定議，交與法海修築，汝即回京。朕思海塘關係民生，必須一勞永逸，務要工程堅固，不得吝惜錢糧。江南海塘亦爲緊要，汝浙江事竣，即至蘇州，會同何天培、鄂爾泰將查勘蘇松塘工如何修築之處，亦定議具奏。欽此。

又　雍正三年十一月，署浙江巡撫傅敏因紹興府知府特晋德於條石塘内填用亂石，飭令改築，據實題奏。奉旨：據奏紹興府海塘工程原議皆用條石，後以條石不易購致，限期已迫，遂用條石托外亂石填中，今恐日後坍塌，仍改用條石，請寬限期等語，海塘工程關民生最爲緊要，必須一勞永逸，若因條石一時難以購致，從前便當聲明緣由，奏請展限，何得草率從事。和順係隆科多結納私人，特晋德曾經隆科多在朕前薦舉，此必特晋德受隆科多之囑託照看和順，是以聽其苟且塞責。傅敏不早行查奏，亦屬狥情，着交與新任巡撫李衛悉心查勘指示，更改修理，務期永遠堅固。張楷在江南修理塘工，用木樁密釘似爲有益，可否倣行，并令李衛酌量，該部知道。欽此。

又　雍正十一年正月内，大臣海望總督李衛等陛辭，赴浙查勘海塘，面奉諭旨：爾等到浙詳細踏勘，如果工程永固，可保民生，即帑金千萬，不必惜費。欽此。

又　雍正十一年十二月二十三日，欽奉上諭：朕因浙省海塘關係緊要，是以特命大臣前往會同該督等相度形勢，定議興修，又恐在工人員或怠緩稽遲，不能即時建築，特令將軍阿里衮、副都統隆昇會同該督等督催辦理。近聞堵塞尖山開挑引河已經該督等查勘數次，尚欲再看再商，但以行文閩省，調取善水之人試探爲辭，議論紛紜，終無定議，全不思海水潮汐有時，若遲至潮水長盛之時，如何施工？且采辦石料，又互相推諉，舍近求遠，致稽時日。該督等既不努力辦公，而阿里衮、隆昇亦俱袖手旁觀，不上緊催辦。若各工内實有難以施工，應奏聞請旨之事，亦應及早奏明，何得半年以來，尚無頭緒？着傳諭程元章、阿里衮、隆昇、張坦麟、汪漋、穆克登額等速將各項工程及時修築，毋得仍前怠忽。欽此。

又　雍正十二年十二月二十九日，欽奉上諭：朕聞浙江海塘工程現在修理尖山已堵築三分之一，人心甚是踴躍。但尖山夫役每日給工銀三分六釐，稍覺不足。今當初春之月，水淺潮平，正趲築工程之候，着照引河挑夫之例，每日加銀一分四釐六毫。今運送多資人力，每方增銀六分，俾夫役等工食寬裕，努力修築，早告成功，以慰朕念。欽此。

又　雍正十三年七月十一日，欽奉上諭：前聞浙省海塘於本年六月初二日風潮偶作，衝決之處甚多，朕心甚爲軫念，已降旨詢問情由，并令速行搶修，以防秋汛。今朕訪聞得今歲風潮不過風大水涌，并非昔年海嘯可比，且爲時不久，未有連日震撼衝汕情形，若平日隨時補苴，防護謹密，自不致潰决如此之多。總因數年來經理官員將舊日工程視同膜外，并不隨時修補，且將原題准其在於歲修案内報銷之工不許修築，以致根脚空虛，處處危險，不能捍禦風浪。又海防兵備道乃特設專司之員，責任綦重，從前隆昇、程元章等請將同知成貴題補，朕因其平日不曾經歷河工，誠恐未必勝任，且升用太驟，是以姑令署理試看。今聞伊於工程并未諳練，兼之患瘧，經年不能辦事。東塘同知張偉爲人軟弱，安坐海寧；西塘同知李飛鯤存心狡猾，日在省城奔競，俱非實心任事之員。而隆昇與程元章等意見又不相同，汪漋、張坦麟但知隨聲附和，不顧國家公事。前因虐使民夫，尅減工料，經朕降旨申飭，略知收斂，然每石萬觔尚折減六七折不等，欲符原估六萬兩之數，一任宕匠包賠，逃亡悮工。平時人事廢弛若此，何以抵禦狂瀾？况朕不惜數百萬帑金，冀□保全一方民生，而各官懷挾私意，不知爲國爲民，宜乎上天垂象以示儆也！兵備道係緊要之員，受減貴患病溺職如此，隆昇、程元章、汪漋、張坦麟總理協辦所司做事，郝玉麟既在浙江，豈無見聞，何以俱不是參？着伊明白回奏，兵備道員缺，即着伊等在於如府□□□□自今秋汛，正大搶修保護最爲緊務，一切事宜，俱交與隆昇、程元章、汪漋、張坦麟等悉心料理，倘仍蹈前轍，再有疏虞，致傷田廬民命，必將伊等從重治罪，不稍寬貸。郝玉麟既不據實奏聞，亦不能置身事外。至於僱募人夫，采辦物料，務須公平給值，聽從民便，俾閭閻踴躍從事，不得涉於勉强，或繩以官法，刑驅勢迫，擾累地方，致辜朕愛養民生之至意。特諭。

又　雍正十三年七月十五日，欽奉上諭：浙江海塘工程原在平日隨時補苴，防護謹密，始可禦猝然之風浪。乃近年以來，經理官員將舊日工程以爲非己身經手者，視同膜外，不加修補，以致今年六月初二日風大水湧，遂潰决塘工如此之多，此朕訪聞最確者。朕爲浙省海塘宵旰焦勞，無時或釋，且不惜多費帑金，登斯民於袵席。年來所降諭旨，不下數十百次矣。隆昇、程元章、汪漋、張坦麟，皆朕特簡之大員，委以防川之重任，且訓諭諄諄，望其實力奉行，勉以和衷共濟，豈料伊等私心蔽錮，意見參差，但分彼此之形，全無公忠之念，安有身在地方目覩堤岸空虛而不督率屬員先事預防急爲修補者？隆昇、程元章、汪漋、張坦麟俱着交部嚴察議奏。目今江南塘工告竣，王柔着補授浙江海防兵備道，速赴新任。欽此。

又　雍正十三年八月初八日，大學士朱軾面奉上諭：浙江海塘關係民生最爲緊要，因隆昇與程元章意見不合，以致遲悮工程，特差爾前往督率之。隆昇等聽爾節制，如何修築之處，爾做過浙江巡撫，自必諳練。但工程浩大，需用錢糧斷斷不可吝惜。舊塘先須修築完固，以資捍禦，切不可因塘身臨水挪動尺寸，挪移一步即衝塌一步，何時是已？至修建魚鱗大石塘，乃一勞永逸之計，不可因塘外沙漲，停止修築。縱使沙漲數十百里，民人居處耕種亦不可恃，必須大工完竣，方可垂之久遠，於地方有益。其石料、夫工價值照時給發，若扣尅留難，則利民之事反以病民。如有此等情弊，務嚴參重處，毋得姑容。欽此。

清　徐士林《徐雨峰中丞勘語》卷四《許準告謝芳恩等案》　據該縣申送謝部、許隱公等，互控龍磜坡水利卷宗前來，本道披閱卷圖，該縣詳斷龍磜坡之水永遠分流灌溉，以公水利，是矣。惟是勘斷水利，不但剖目前之是非，必當權將來之利害。如坡口各圳地勢，水面高低、深淺、闊狹，皆當和盤打算，方能有利無害，永杜争端。今查縣看簡略不詳，圖内亦未注明高低各項尺寸。且兩造互争，在天旱之時，該縣履勘，在得雨之後，更當悉心權衡，不可草率了局。即如詳稱謝姓水圳逆流而上，水來較難，將坡口總匯之處纍石堵塞，使水壅注以灌已田等語，夫水性就下，斷無逆流而上之理，如果坡口低而謝圳高，勢必纍石堵塞，激水灌田，許姓不得資其涓滴，利在謝，害在許矣。謝不纍石，水必不能倒流謝圳，以灌謝田，則分流之斷，豈非空談？而嘉靖、萬曆年閒，謝姓久以分流控告，又復何爲？且争水利者，皆爲天旱而起，今雖大雨時行，而旱時水勢可以計算而得。假如謝圳高坡口五尺，坡口水深一丈，謝圳方可引灌；一當亢旱之時，坡口水減五尺，謝田即不得稍沾餘瀝，此不可不爲謝姓計。謝圳在上，許圳在下，設若謝圳挖之甚深，疏之甚闊，則又將奪正河而旁流，在下之田勢必失利，此又不可不爲許姓計。此等緊要關鍵，若非逐一敲推，酌定成局，斷難絶弊而杜争。至溪水距謝田高下若干，遠近若干，其如何難於車水之處，該縣既經親勘，看内何無一字言及？謝姓現豎縣門之碑，許姓指以爲假，而許姓之碑又現在何處？看内亦無一字言及，事關水利，不厭詳慎，合飭確勘妥議。爲此牌仰官吏，照牌事理。立即親詣告争處所，確勘坡口與謝圳地勢高下若干，現在水深闊若干，許圳深闊若干，及謝姓車水難易情形，逐細相度明白，酌定水圳深闊分數，務使亢旱之時兩姓均沾水利，妥議詳覆，并將勘過坡口各圳高下、深淺、闊狹各尺寸逐細注入圖内，連卷并送查核，以憑定案。其許姓碑現在何處，一并查明聲覆，慎勿率延，致干未便，速速！

（乾隆）《古浪縣志》卷七《渠壩水利碑文》　古浪，處在山谷，土瘠風高，其平原之地，賴水滋灌，谷壩稱利。向例使水之家但立水簿，開載額糧。暨用水時刻，如有坍壩淤塞，即據此以派修濬。無論紳衿士庶，俱按糧出夫，并無復免之例。歷年以來，雖亦無其事端，□猶未得經久之道也。兹蒙撫憲大人黄矜恤民瘼，加意水利，飭令各分水渠口俱立石碣，用垂久遠，以防偏枯兼并之弊。良法美意，所以爲群黎許者至詳且盡。凡兹士庶，莫不踴躍樂從，懽欣載道矣。兹遵憲采，將各壩額糧、額水并分水渠口、長潤以及流灌條由刊刻於後：一、各垻渠口廣狹不等，各載於後。一、各垻糧草多寡不一，各載於後。一、各垻各使水花户册，一樣二本，鈐印一本，存縣一本，管水鄉老莅執，稍有不均，□簿查對。一、各垻水利鄉老，務於渠道上下不時巡視。倘被山水洓發冲壞，或因天雨坍塌，以及淤塞淺窄，催令急爲修摩，不得漠視。一、各垻水利鄉老，務要不時勸諭，化道農民。若非已水，不得强行邀截混争。如違，稟縣處治。一、各垻修濬渠道，紳衿士庶俱按糧派夫。如有管水鄉老派夫不均，致有偏枯受累之家，稟縣拿究。乾隆八年四月十八日，邑令安泰勒石。

清　翟均廉《海塘録》卷一　康熙四十六年十二月十四日，工部奉上諭：朕宵旰勤民，視如赤子，無一時一事不思爲閭閻圖經久之計。江南、浙江生齒殷繁，地不加增而仰食者日衆，其風土陰晴燥濕及種植所宜，迥與西北有異，朕屢經巡省，察之甚悉。大抵民恃田畝爲生，田資灌溉爲急，雖東南名稱水鄉，而水溢易泄，旱熯難支。夏秋之間，經旬不雨，則土坼而苗傷矣。濱河低田，猶可戽水濟用，高仰之地，力無所施，往往三農坐困。朕兹爲民生再三籌畫，非修治水利、建立閘座，使蓄水以灌輸田疇，無以爲農事緩急之備。江南省蘇州、松江、常州、鎮江，浙江省杭州、嘉興、湖州各府屬州縣或近太湖，或通潮汐，宜於所有河渠水口度地建閘，隨時啓閉，水有餘則宣洩之，水不足則潴蓄以備用。其有支河港蕩淤淺者，宜并加疏浚，使引水四達，仍行建閘，多蓄一二尺之水，即田高一二尺者資以灌溉矣；多蓄四五尺之水，即田高四五尺者資以灌溉矣。行之永久，可俾高下田畝無憂旱潦，此于運河無涉，而于民生實大有裨益。今漕運總督與江浙督撫方料理截漕散賑，爾部速移文該督撫等，令將各州縣河渠應建閘蓄水之處，并應建若干座，通行確察，明晰具奏。爾部即遵諭行。特諭。

又　乾隆元年三月初五日，工部欽奉上諭：朕聞浙江紹興府屬山陰、會稽、蕭山、余姚、上虞五縣有沿江、沿海堤岸工程，向係附近里民按照田畝派費修築，而地棍衙役於中包攬分肥，用少報多，甚爲民累。嗣經督臣李衛檄行府縣定議，每畝捐錢二文至五文不等，合計五縣共捐錢二千九百六十餘千，值銀三千餘兩，民累較前減輕，而胥吏等仍不免有借端苛索之事。朕以愛養百姓爲心，欲使閭閻毫無科擾，著將按畝派錢之例即行停止。其堤岸工程遇有應修段落，著地方大員委員確估，於存公項内動支銀兩興修，報部核銷，永著爲例。特諭。

又　乾隆二十七年三月初三日，内閣奉上諭：朕稽典時巡，念海塘爲越中第一保障，比歲潮勢漸趨北大亹，實關海寧、錢塘諸邑利害，計於老鹽倉一帶柴塘改建石工，即多費帑金，爲民間永遠禦灾捍患，良所弗惜。而議者率以施工難易，彼此所見紛岐。昨于行在，先命大學士劉統勳、河道總督高晋、巡撫莊有恭前往工所簽試樁木，朕抵浙次日，簡從臨勘，則柴塘沙性澁汕，一樁甫下，始多扞格，卒復動揺石工，斷難措手。若舊塘迤内數十丈許，土即宜樁，而地皆田廬聚落，將移换石工，毁拆必多。思衛民而先殃民，其病甚於醫瘡剜肉矣，朕心不忍。且并外塘棄之乎？抑兩存而贅疣可乎？以兹蒿目熟籌所可爲吾民善後者，惟有力繕柴塘，得補偏救弊之策耳。地方大吏其明體朕意，悉心經理，定歲修以固塘根，增坦水石簍以資擁護，庶幾盡人事而荷神庥，是朕所宵旰廑懷不能刻置者。至繕工欲固，購料不得不周，現在采辦柴薪，非河工秫葦之比，向爲額定官價所限，未免拮据，應酌量議加，俾民樂運售而官易集事，其令行在户部會同該督撫詳加定議以聞。朕爲浙省往後咨度之苦心，其詳具見志事一詩。督撫等并將此旨于工次勒石一通，永志遵守毋忽。欽此。

又 乾隆四十五年三月初三日，内閣奉上諭：海寧州石塘工程所以保衛沿海城郭田廬，民生攸繫，從前四次親臨，指授機宜，築塘保護，連年潮汛安瀾，各工俱爲穩固。今朕巡幸浙江，入疆伊始，即親往閲視，石塘工程尚多完好，惟遶海寧城之魚鱗石塘内有工二十餘丈，外係修石作墻，内填塊石，曆年久遠，爲潮汐沖刷，底樁霉朽，兼有裂縫蹲矬之處。又城東八里之將字號至陳文港密字號，止有石塘工七段，約共長一百五六十丈。地當險要，塘身單薄，亦微有裂縫，此塘爲全城保障，塘下坦水所以捍護塘工，皆不可不預爲籌辦。著將兩處塘工均改建魚鱗石工，一律堅穩，并添建坦水，以垂永久。該督撫即派妥員確勘估計具奏。又石塘迤上前經築有柴塘四千二百餘丈，現尚完整，究不如石塘之鞏固。雖老鹽倉有不可下樁爲石塘之處，經朕親見，然不可下樁處，未必四千餘丈皆然。朕於民瘼所繫，從不惜帑省工，俾資保護。著該督撫即將該工内柴塘可以改建石塘之處，一并派委誠妥大員據實逐段勘估奏聞辦理。如計今歲秋間可以辦竣，即撥帑趕緊興修。若秋間不能完竣，則竟俟秋後辦理。該督撫其董率所屬，悉心經畫，以期工堅料實，無濫無浮，務期濱海群黎永享安恬之福，以副朕先事預籌至意。欽此。

《清會典則例》卷一三三《河工三·修防》 康熙二年覆準，凡黄、運、湖、河大工告竣，保固限滿，交汛修防，其工當大溜頂衝汛水長發，在在險急，相度情形，必須每年動帑，用長樁大埽修築加鑲，歲以爲常。嗣後歲修工程，令河道總督俟秋汛水涸時，即估計具題。十八年題準，搶修工程雖難豫定，或因河流遷徙損及堤岸，或因三汛屆臨致壞工程，亦應照歲修例估計具題，其費以五百兩爲率，別項大工不在此限。二十四年議準，搶修工程堤岸牐壩偶被損傷，該管廳官一面申報河道總督，一面即運料修防，勒令剋期告竣，仍詳具工費，繕册題銷。三十七年議準，永定河工照黄河歲修、搶修之例辦理。五十二年覆準，嗣後一應歲修、搶修工程，均令河道總督親勘，以杜冒銷之弊。雍正二年議準，嗣後歲修工程於本年十月内題估，次年四月内題銷，逾限不銷者，著授受各官賠償工費，至搶修工程，將衝决丈尺、動用何項錢糧報部。工完之日，彙册題銷。遲至次年四月不題銷者，如前賠償。其歲修及別項大工動用何項錢糧，於題估日一并聲明。三年議準，永定河工程，如遇緊要險工，一面興修，一面具題其歲修、搶修工程，亦令先行題估，工竣題銷，以杜侵冒。七年諭，黄河堤岸乃運道民生所關，最爲緊要，年來殫心經理，增卑培薄，堤工堅固，共慶安瀾，獨是工程告竣，例應歸汛修防，而額設河兵堡夫只能修補水浪衝激之處，防備臨時搶護之用，至於堤身一年之内風雨淋漓、車馬踐踏，漸至侵損者，亦勢所必有，而堤遠工多，不能責諸寥寥兵役也。朕留心訪察已久，又復詢問通曉河工之人，知《河防一覽》内載有每歲令夫加高五寸之請，即從前總河亦有每丁一名招募幫丁四名給以堤内空地耕種免糧歲令加高五寸之議，與朕計慮實相符合。朕思堤工雖千有餘里，若按丈每年加修五寸計費，不過三四萬金，倘置之不問，一年剝削四五寸，合十年而計之，其所費之多，恐有不止於加修之數者。況河流漲漫不時，難以豫料，何若逐年增修，爲未雨綢繆之計？欽此。十年議準，歲修工程應編列字號，開明起止段落，長濶高厚尺寸，造册報部。至搶險別建之工，交汛修防，應附入歲修者，於題估册内豫爲聲明。乾隆四年議準，山東運河每年春夏之交，山水未發，令建築草壩以收水勢而濟漕運，歸於歲修案内題銷。十三年議準，江南堤工綿亘數千餘里，於每年加高五寸之外，歲修、搶修内通融辦理，以該年節省之數加培堤工。

又 卷一三四《河工四·考成保固》 順治初年，定黄、運兩河堤岸修築不堅，一年内衝决者，管河同知、通判、州縣等官降三級調用，分司道員降一級調用，總河降一級留任。如異常水灾衝决者，專修督修官皆住俸，修築完日開復。本汛堤岸衝决，隐匿不報，別指他處申報者，加倍議處。如一年外衝决者，管河等官革職戴罪修築，分司道員住俸督修，完日開復。本汛堤岸衝决，隐匿不報，別指他處申報者，管河等官降二級調用，分司道員降一級調用，總河不詳察具題，罰俸一年。如地方衝决少而申報多者，降三級調用，轉詳官降二級調用，總河不察實具題，降一級留任。無論一年、二年遇有衝决地方，限十日申報，逾限者降二級調用。其沿河堤岸不能先期修築，以致漕船阻滯者，經管官降一級調用，該管官罰俸一年，總河罰俸六月。十六年議準，河工各官遇有升遷降調事故，將任内修防事宜造册交代，離任後有堤岸衝決者，該管官參處。十七年題準，修築堤岸工完，令承修官出具伏秋無虞印結，同册奏銷。如本年衝決者，即指名參處。康熙元年題準，黄河堤岸衝決在一年内者，參處修築之官；在一年外者，參處防守之官。運河堤岸衝決在三年内者，參處修築之官；在三年外者，參處防守之官。如黄河工未至一年、運河工未至三年，修築官於保固限内去任，防守官不爲料理，致被衝决者，將防守官一并參處。九年題準，河工衝決，地方承辦椿柳等物遲緩，或稱非繫本汛推諉誤工者，皆降一級調用，不行轉催之上司，罰俸一年。十五年議準，河道關繫甚大，堤岸往往衝決，皆由修築不堅、防守怠玩所致，宜嚴定處分之例。嗣後不得諉之水灾具題，黄河堤岸仍定限一年，運河堤岸仍定限三年。黄河堤岸半年内、運河堤岸一年内衝决者，經修防守等官皆革職，分司道員降四級調用，總河降三級留任。黄河堤岸過半年、運河堤岸過一年衝決者，經修防守等官降三級調用，分司道員降二級調用，總河降一級留任。如已過年限衝決者，管河各官皆革職戴罪修築，分司道員住俸，督修工完開復，總河罰俸一年。若年限内衝決，經修之官已去，仍將經修官與防守官一同處分。其年限内本汛堤岸衝決，別指他處申報者，經修防守等官皆革職，分司道員降五級調用，總河不察實具題，降三級調用。其餘仍照舊例。十七年議準，知府有地方之責，嗣後如遇衝決等事，照道員處分。承修兩河堤岸，一應工程均限半年完工。半年不完，承修官罰俸一年，督修道府罰俸半年。再展限三月完工，如仍不完，承修官降一級調用，督修道府罰俸一年。如承修官原繫革職戴罪之人，半年限内不完，降一級調用，不準展限，工程别委他官，仍限三月完工，不完罰俸一年。督修道府所屬官員工程一年内不完，降一級調用，限内不完，總河不題參，罰俸三月。若實繫大工，不能依限完竣，令總河豫爲題明，其監理廳印分管佐雜等官，所築堤工合式堅固，該管廳印河官出具甘結，道府驗實加結，申送總河勘實具題，準照應升之官加二級，即升原非正途者均作正途，一例升遷。至分管官所築堤工有一處不堅固，或一二丈不豐滿合式者，降一級調用；兩處不堅固，或三四丈不豐滿合式者，降二級調用；三處不堅固，并五丈以上不豐滿合式者，革職。監理官所轄分管官有一人議處者，監理官罰俸一年；二人議處者，降一級調用；三人議處者，降二級調用；四人以上議處者，革職。由監理官揭參者免坐，如議處議叙相同者，準與抵算。若興舉大工，附近地方官不協同設法募夫，不將急需柳草等項速買解運，致誤河工者，題參將州縣官降三級調用，道府降一級調用。凡舉劾大計，將河工一并考成，河道果無衝決，或旋決旋修，不致殃民損課者，方準薦舉。又議準，各省河工堤岸有無衝決，該督撫於年終造册報部。三十三年諭，嗣後堤岸衝決，倘河水漫決，河流不移者，應否免其革職，止令賠修，著確議定例具奏。欽此。遵旨議準，嗣後堤岸衝決，河流遷徙者，照定例處分。若堤岸漫決，河流不移者，免其革職，責令賠修。年限内漫决者，經修官賠修；年限外漫決者，防守官賠修。又覆準，嗣後一應工完，年終報部之日，將各部院堂官及科道官職名開列具題，簡命察勘，竢驗明所修丈尺、用過埽料等物，與原估題疏相符，準其開銷。如有不符，巧飾謊報等情，交部嚴加議處。三十四年，奉旨察勘無益，嗣後差遣察勘，永行停止。三十九年諭，河工積弊，汛官利於堤岸有事，修建大工得以侵冒河帑，又希圖修橋建牐，興無益工程，於中取利。著嚴飭各官痛改前非，加謹修防。倘有故違，定行正法，以示懲戒。其地方有司官漠視河工，致有遺誤者，題參到日，將地方官亦行正法。河官平時須豫備物料，以爲不時修防之需。欽此。又議準，嗣後侵帑誤工，如分管微員照例懲處，其見任河官及在工效力旗員，即行題參革職。又議準，嗣後呈報險工，該道親行察勘確實，即令動帑搶修，一面估計申報，總河察核，如繫假捏，即以謊報題參，該道徇隐一并參處。又覆準，嗣後堤岸衝決，河流不移者，管河各官皆革職戴罪，勒限半年賠修，分司道員各降四級督賠，工完開復。如限内不完，承修官革職，分司道員降四級調用，總河降一級留任，未完工程仍令賠修。其應賠工程已經奏明動帑者，仍將應賠銀亦照賠修例勒限處分。如限内不完，分司道員不揭報、總河不題參者，皆照徇庇例議處。又議準，凡黄河曲處，揠浚引河，果屬深濶，偶至淤墊者，該督親勘保題，免其賠修。四十二年詔，河工官員領正項錢糧修築堤岸，被水衝決，應賠還者，照例追賠，其自捐銀修堤，完工之後被水衝決，或因地勢難築，竣工無期，若仍責令賠修，甚屬可憫，著總河察明具題，免其賠補。四十六年覆準，河南堤工由巡撫就近料理，如遇水長，即嚴飭管河等官率領堡夫搶護。如怠玩貽誤，將該地方官照黄河定例議處，仍察明年限，著落賠修。四十九年議準，嗣後修防工程河道，按工發帑，廳官領銀，承辦其微末官弁及効力人員，止令防守催趲押運物料，不得輕給帑金。如果才優家裕，該廳申詳，該道轉報，該督方準給發。如濫委匪人，致虧帑誤工者，本人革去職銜，限一年追完復職。逾限不完，出結廳官革職戴罪，勒限一年賠完，完日開復。該道降四級，亦勒限追賠，完日開復。限内不完，即依所降之級調用，該督降一級，與該道一同分賠，完日開復。不完，每案罰俸一年，仍著督道廳分賠還項。五十二年覆準，嗣後修築工程，該廳呈報到日，該督與道員即親勘工程，驗明物料具題，修築工完，察勘報銷。如修築不堅，短少物料，將承修之官題參，從重治罪。如該道不揭報，該督不題參者，皆照徇庇例議處。雍正二年議準，一應工程嚴飭承修官據實估報，如估報時仍留核減餘地者，該督撫題參，嚴加議處。又議準，嗣後給發錢糧，交與諳練河務之人修築。如修築不堅，致有衝決者，委官督令賠修。不能賠修者，題參革職，别委賢員給發錢糧修築，將所用錢糧勒限一年賠完，準其開復。逾限不完，交刑部治罪，仍著落家屬賠完，如力不能完，著落發錢糧之上司賠補全完。四年諭，賠修之例，甚屬無益。從來河官領帑修工，必豫留賠修地步，以致錢糧不歸實用，工程斷難堅固。即幸而得保無虞，而錢糧終歸入己。似此情弊，相習成風，必照侵欺錢糧例，嚴加治罪，方足示懲。著九卿詳議具奏，欽此。遵旨議準，嗣後承修之官估計工程，總河與該督撫分司勘明工段丈尺、樁埽料物，如果與所估數目相符，核實具題，發帑興修；如估計過多，有心浮冒，察出，即照溺職例革職。察勘之官不實心詳核，扶同徇隱，即照徇庇例議處。至工完之日，該總河督撫分司再逐一察勘修過工程，果否如式堅固與原估丈尺錢糧數目相符。如工程單薄，物料剋減，錢糧不歸實用，以致修築不堅，不能保固，將承修官指名題參，照侵欺錢糧例分别治罪。其侵欺銀著落該員家産勒限追賠，所修工程令總河督撫等别委賢員動帑修築堅固，工完題銷。又議準，直隸子牙河、南運河新修工程均照運河例，保固三年，北運河工程較永定河稍平易，較南運河則爲險要，立限保固二年，限内衝決，照例賠修。五年諭，向聞河工不肖之員，有將完固堤工故行毀壞，希圖興修，藉端侵蝕錢糧者，著該督時加察訪，再有此等不法之員，著即奏聞，於工程處正法示衆。欽此。又諭，直隸河工衝決之處，著落河官與地方官賠修，再敢惰玩，一并革職，枷示工所。欽此。又諭，河工追賠之項，其中情由不一，有該員侵蝕入己者，有修築草率，本不堅固易致衝決應當賠修者，有當潰決之時該員豫知例當賠修而以少報多先留地步者，甚至有故意毁壞工程以便興修開銷者，種種弊端，不可枚舉，皆法所難寬。但亦有經手之人本無情弊，而照例則應分賠者，在該員情稍可原，而承追之時無力全完，亦於國帑無益，其如何酌量，分别定例，方爲妥協？著九卿詳議具奏。欽此。遵旨議準，嗣後黄河一年之内、運河三年之内，堤工陡遇衝決，所修工程原繫堅固，於工完之日已經總河督撫保題者，承修官止賠修四分，其餘六分準其開銷。如該員修築錢糧均歸實用，工程已完，未及題報，而陡遇衝决者，該總河督撫據實保題，亦令賠修四分，其餘均準開銷。如黄河一年之外、運河三年之外，堤工陡遇衝決，該管各官實繫防守謹慎者，該總河督撫察實具題，止令防守該管各官共賠四分，内河道知府共賠二分，同知、通判、州縣、守備共賠分半，縣丞、主簿、千總、把總共賠半分，其餘六分準其開銷。其承修防守各官，皆革職留任，戴罪効力，工完之日，準其開復。倘總河督撫保題不實，照徇庇例議處，仍照定例，勒限分賠還項。又議準，永定河新修工程照黄河例，保固一年。又議準，嗣後沿河州縣遇有被淹之處，令地方官會同河官親勘被淹情由，據實通報。如有隱匿民灾者，照報灾怠玩例議處，察報不實者，照溺職例議處。八年議準，嗣後不請開放之牐，審度形勢，果繫不應開放，雖限内未開，亦應準其保固年限，以免承修官守候之苦。如本應開放之牐，承修官因修築不堅，故意不請開放，希圖掩飾，雖已過三年，仍應以開放之日起限保固，并將故意遲延之承修官及不行察報之該管官一并參處。十年諭，河中石塊、木樁牴觸糧艘，著河臣嚴飭河道等官，於水落時沿塗察看，悉行起除，以清河路。倘辦理疏忽，仍有起除不净等弊，著巡漕御史參奏，將該管河道等官從重議處。欽此。十一年覆準，永定河貼砌片石等工仍保固一年，别項加修新工保固三年，漳河、滹沱河并太行堤工照黄河例保固一年，其餘平易工程照運河例保固三年。十二年議準，黄河堡夫挑積土方不及數者，專汛文官罰俸一年，該管廳官罰俸六月。挑積不及半者，專汛文官降職一級留任，遵挑該管廳官罰俸一年。兵丁挑積土方不及數并不及半者，專管汛弁及該管將備議處亦如之。乾隆十年諭，從前石林口衝決，用過修築工料銀二十三萬九千一百餘兩，部議著落河官賠補，原以該處舊有土壩，致被衝決，應照疏防之例賠修。第聞石林土壩乃河臣率民修築之工，并未動用錢糧，與永定河官堤疏防衝決者有間。且七年黄水異漲，亦非尋常可比，動項既多，該管各官勢必艱於賠償，著加恩，免其追賠。嗣後凡有堤防之處，務須事先綢繆，毋得再蹈前轍。若稍有疏虞，決不寬貸。欽此。十五年議準，嗣後開浚河道，以領帑日爲始，限十日興工。須戽水築堤者，準於限外酌展半月。計土千方，限半月竣工，數多者準此加展。修建橋牐堤壩等工，均限兩月興工，工料數百兩及千兩者，以興工日爲始，限三月；三四千兩者，限四月。各竣工，其工料自五千兩至萬兩以上者，如平易工程亦限四月竣工。果工程險要，不能依限告竣者，準於估報冊内豫行聲明，酌展限期。違者，皆交部議處。

清　祝慶祺《刑案匯覽》卷六〇《失時不修堤防》　督咨李嘉申主令孫璞等糾衆抗差一案。查例載：遇河工緊要工程，如有浮議動衆，以致衆力懈弛者，將倡造之人擬斬監候等語。此案李嘉申等因永定河附堤村莊設有險夫，每户承種官地六畝五分，凡有應行裁灣取直工程，派險夫挑挖土方，每力給銀四分。嘉慶十六年春間，挑挖老坎兜灣工程需用土方過多，各夫延挨觀望，地方孫璞等見各夫不肯上工，向李嘉申商議起意糾衆抗差，主令孫璞等赴工求減不准，遂將承領工方價銀呈繳，各村均各效尤。李嘉申慮及興訟，告知孫璞等向各夫湊錢應用，經該汛員訪聞查拿，孫璞拒捕，致傷河兵。該省以此次挑挖老坎工程不過疏消兜灣，并非緊急工程，且李嘉申之主謀求減繳價，究由村衆先已懈弛，孫璞向其商議所致，與倡造浮言致誤要工者有間，將李嘉申於河工緊要工程倡造浮言動衆，致衆力懈弛，斬罪上量減擬流，孫璞依爲從擬徒，仍加拒捕罪二等，擬流等因咨部。查此項挑挖工程，雖村衆因需用土方過多，延挨觀望，先已懈弛，而求減繳價實由李嘉申首先主謀，不得不坐以倡議之罪。惟河工緩急，各有不同，倡議動衆，致衆力懈弛，問擬斬候，例内原指明緊要工程而言。若尋常疏浚歲修工程，自不得與防堵搶險要工并論。既據該省查明此項工程并非緊急，將首從各犯於河工緊要工程倡議動衆例上分別量減問擬，核其情節，尚屬相符，似可照覆。嘉慶十七年説帖。

鄭錫慶《林惠齋興水利碑記》（光緒）《樂清縣志》卷一二　邑之刊石紀功者亦多矣，未有没泄後而鄉人追念其功，相與捐金勒碑以傳者，吾於惠齋林公見之。吾鄉陡埭，昔遭閩變，所在多廢。至康熙中，葉松圃、陳侯大年來守兹土，始大興水利，功莫隆焉。緣例轄於□廳，後署移大荆，水利又弛。公勇於義，毅然以振興爲己任。乾隆五十二年初舉事，謂興水利在固堤防，因倡修地團王陡，又魚地陡，冬圮載酒，與築者禦寒，村人踴躍，不日告成。其他堤埭，悉爲督理。堤防既固，啓閉又不可不嚴。夏秋田需水嚴緊固已，公尤以冬水爲急，謂此下種本也。防之不早，來春遇旱，將若何？故每冬令必常使之閉，至失啓，其害有五：時大水不速啓，低田必淹，一也；水激埭必崩，二也；縱不然，低田人必訣以救淹，三也；埭決費難支，四也；水洩無以禦旱，五也。有此五害，其何以堪？故每遇大水，必急使之啓，如是者有年。考舊邑志有圩長以專責成，嘉慶八年，倣其法，請倪公本毅設總閘一人，司督察蒙允外，日折節就見，曰：邑乃有慎重水利如公乎！嘆服者再。自是巡查責總閘。時總閘林東萊係公保充，以故盡心督察，衆閘自不敢盜決。公坐總，大綱不煩而肅，各憲聞公名，皆悉心委任。前後三十餘年，有弊必禀，無禀不究。公固急公，長官亦賢矣哉！所以得行其志，而水利復興也。粤稽往昔沿海各都鹹潮充斥，晚禾十載九荒，自公振興後，堤防固啓閉嚴，河有足水，車灌足恃，而海濱斥鹵之田化爲沃壤者，不知幾萬畝也。占有助王養民者，公殆其人歟？時盤石衛沿江各地并額其廬，一曰澤并流長，一曰仁人利溥，蓋有由矣。或譽之，曰：吾殆爲己耳。若謂志在利人，彼白沙嶺以東，吾何不往謀？其不伐如此。公壽七十八，卒於嘉慶二十二年，遠近惋惜。誄之曰：惠齋宜哉，迄今三十餘年矣。鄉父老相與慨慕曰：林公某某，昔日振興陡埭。縣志采其事實入水利卷，亦已彰矣。然吾與若等世受其賜，弗親爲紀述，不亦飲水忘源乎？於是僉謀捐金勒碑，追緣成勞，以爲報董事諸公，猥以記來。屬慶固公出，以涉嫌辭，客曰：鄉先哲東平萬公跨江爲橋，以濟人之險。梅溪王公，實其甥也。嘗書其事於册，子又何嫌。慶乃敢爲之記。余小子，學問聲名不及梅溪萬萬，何足以重公？若公澤在農田，鄉人至今猶賴之，以視東平何多讓焉？鄭錫慶撰。

清 潘文舫《新增刑案匯覽》卷一六《造作不如法》 堤工作不如法有碍水利。吏部奏：丁士彬等承修灌縣堤工，先後領十數萬卷，查做法係將河底挖深，加椿貫鐵等工嗣經逐款傳問，據丁士彬親筆書覆大修之時，係於堤前鑲砌石工，并未將舊堤全拆等語，除錢糧有無浮冒侵蝕，應俟恩承等查明，到日再議。核其所築新堤一百三十丈，并未照原稟做法修築，現已冲刷過半，所存石工無幾，應將前署成綿、龍茂道、川東道丁士彬、前署灌縣事榮昌縣知縣陸保德，均照修工不堅五丈以上，不豐滿合式者革職公罪例，无議以革職。光緒五年案。

又《失時不修堤防》 楚督奏：署京山縣丞張福鐀奉委督修張璧口堤工，挖動老堤，以致新舊各堤被水冲潰，老堤亦潰崩多丈，淹斃多命，冲壞墳墓，雖經查係悞聽首事生員吴道源之言所致，又據該處紳民供稱，該革員將老堤開口，意在引水歸溝，使新堤見水淤泥以固堤脚，係爲保護新堤起見，初無害人之心，核與故决河防律文内取利挾仇者有間。惟該革員職司水利，堤工是其專責，不能諉過，於民當挖口之時，既有紳耆赴堤力阻，乃竟不允停挖，且紳民所供新堤高寬均不及老堤，辦理實屬草率。查明淹斃人口已有七十六名口之多，其無下落者與冲壞墳墓尚不知其數，情節重大，未便稍涉輕縱。臣等遍查律例，并無作河治罪明文。張福鐀可否比照故决河防因而殺傷人者，以故殺論故殺者斬監候律，擬斬監，候請旨飭部核議施行。光緒九年案。

清 沈家本《大清現行新律例·大清現行刑律案語營造》 原例。一、河工估計工程。總河及該督撫分司委員確查工段、丈尺、椿埽、料物，如果與所估物料數目相符，核實具題，發帑興修。如估計過多，物料數目不符，查出即行指參。承查之員扶同徇隱，交部議處。至完工之日，再行確查。如工程單薄，物料尅減，錢糧不歸實用，以致修築不堅固，將承修之員立即參究，分别入己、不入己定罪。侵冒銀兩，勒限追賠。臣等謹按：河工估計過多，及承查員徇隱，均止參處，無庸載入刑律，應即節删。惟尅減物料，以致修築不堅固，應分别入己、不入己定罪一層，應仍載入，謹將修改例文開列於後。一、河工完竣，應行確查，如工程單薄、物料尅減、錢糧不歸實用，以致修築不堅固，將承修之員立即參究，分别入己、不入己定罪。侵冒銀兩，勒限追賠。

又 河工完竣，應行確查，如工程單薄，物料尅減，錢糧不歸實用，以致修築不堅固，將承修之員立即參究，分别入已、不入己定罪。侵冒銀兩，勒限追賠。謹按：承修工程之員尅扣錢糧，應行參究治罪，不第河工爲然，似無須特設專例，此條擬請删除。

藝文

清 張鵬翮《治河全書》卷二《御製河臣箴》 自古水患，惟河爲大。治之有方，民乃無患。禹疏而九，平成攸賴。降及漢唐，决復未艾，漸徙而南，宋元滋溢。今河昔河，議不可一。昔止河防，今兼漕法，既弭其患，復資其力。矧此一方，耕鑿失職，澤國波臣，痌痛已極。肩茲鉅任，易容怠佚。毋俾金堤，潰於蟻穴。毋使田廬，淪爲蛟窟。毋徒縻國帑而勢難終日，毋虚動畚築而功鮮核實。務圖先事盡利導策，莫悔後時飾補苴術。勿以私而背公，勿辭勞而就逸。惟潔清而自持，兼集思而廣益，則患無不除，績可光册。示我河臣，敬哉以勗。

盗决堤防律

題解

清 沈家本《歷代刑法考》明律目箋三《河防》 古無此名。此律各條唐在雜律中，明分出而立此篇。薛云，既總云河防，而侵占街道、修理橋梁道路二律，與河防有何關涉，而亦入於此耶？又云，唐律均係堤防，明律於盗决、故决則改爲河防，於失時不修則仍曰堤防，且俱添入圩岸陂塘等語。解者遂謂河防係在官築防之堤，圩岸陂塘係民間水利之業，盗决河防則害及於官，盗决圩岸陂塘則害及於民之説矣。然律内明言毁害人家、漂失財物及殺傷人，又何嘗非害及於民耶？按《周禮·秋官》：雍氏掌溝瀆澮池之禁，凡害於國稼者。野廬氏掌達國道至于四畿，國郊及野之道路，宿息、井、樹。此門諸條正二氏之職也。

論說

清 凌銘麟《律例指南》卷二《水利》 盡力溝洫，明農之大政。大約南土重蓄洩，北土重灌溉。然蓄洩得宜，仍可資其灌溉；而灌溉有法，亦必以時蓄洩。重蓄洩者，多本乎天，因其勢而利導之則善矣；重灌溉者，多成乎人，必開鑿遏防，設壩立閘，立約啓閉，未曾經始協工之處，雖水逺其地，不許取用。水有數支散布數村者，其分流也有多寡之別，有一渠逺數村縣者。其得水也有後先之次，有日時之限，有渠長、溝長、老人以董之，違例踰約，則獄訟以興。司牧者于此當申明舊例，禁止盜決，修浚以時，董理者必捍公正勤慎之人董之，則得要領矣。

清 祝慶祺《刑案匯覽》卷一八 廣東撫一咨，查：粵省各屬民間灌溉田畝，多不盡藉池塘渠堰，或有山水天泉，彼此田畝毗連，應行上流下灌，或有公共溝渠，各用工力，車灌滋蔭，下過中築田塍，區分界限，此等偶有私行宂放，争毆釀命者，亦事所常有。伏查定例所指，自用工力挑築他塘渠堰蓄水以備灌田，此係一人私有之水，如被池人竊放，自應依例，按其所灌田禾畝數照侵占他人田畝治罪。如有拒捕，依罪人拒捕科斷，至格殺一條，例内雖未指出，亦已包在拒捕之内，自可遵照辦理。惟其中有本係山水天泉，彼此公共溝渠，自用工力車灌在田，并非倚强多占，此水在溝渠則爲公，其在田内則爲己，有遇有私放争毆以及拒捕、格殺等事，亦似應援照定例，以竊盜定擬，但例内止言自築池塘渠堰，未及車灌田水，而田水一項，又有上下流灌及公築田塍之下不同，若不明示區别辦理，即多歧誤。嗣後如田畝上下毗連，下面之田向係從上面田内引水灌溉，不過有公共田塍，分其田塍，分别界址，需水之除，上下或有堵决争競，以及公共溝渠，彼此或有恃强多占毆釀命，此係争論公共之水，自難以竊盜科斷。至溝渠本係公共，向來彼此輪日車取，或同時各田。有貪圖安逸，將他人田内積水私行决放，利己損人，甚至攔阻逞兇，拒捕格殺，此等案件應否偷放用工挑築池塘渠堰之水一律辦理，咨請部示等因。查竊放他人田水，遇有殺傷計訟，應照侵占田畝及擅殺罪人，并分别曾否拒捕定擬之。案例内專指自築塘堰而不及費用工力車灌公其溝渠蓄水者，誠以物各有主，所有塘堰既係自費工力挑築，則塘内之水實屬己有，以并無水分之人偷宂他人費力蓄積之水，情同竊盜，故定以罪人科斷。至於公其溝渠，或係上流下接，或係彼此分灌，輪日遞車，或同時各田。凡屬固有水分之家，均應按照公議鄉規，均勻引灌。如有貪圖安逸，不肯自用工力赴公渠車灌，將他人田内積水私行决放，甚至攔阻逞兇，致成命案，此等游惰之人，損人利己，固屬法所必懲。但其中情形不一，如公渠之水已盡，上流之水已絶，則先灌者未有恃强多占之事，後决者亦不得責以貪安偷放之情。蓋此等公渠，及上流下接之水，本非挑築池塘渠堰可比，自不便執一而斷，惟在地方官隨案詳悉，履勘細鞫，起釁確情，驗公水之有無，定决放之曲直，各按本律分别辦理，不必添設多條，轉致隔礙。□有該撫聲請私放他人車灌，公其田水，概照偷放用工挑築塘堰一律辦理之處，應毋庸議。乾隆五十四年説帖。

清 沈家本《大清現行新律例・大清現行刑律案語河防》 原例：一、豫省應修水利地方有動用帑項者，承修各員果能實力辦理，俟保固三年之後，該督撫核題，并交部分别議叙。倘有不預行修築以致田畝被淹，即將各員交部分别議處。若侵蝕錢糧，工程不能堅固，承修之員照侵欺河工錢糧例，參革治罪，該管各官徇隱不報，俱照例議處。臣等謹按：此係豫省應修水利地方之專例，查各省均有水利地方，應即纂爲通例。至如何應行議叙，如何應行議處，事隸吏部，毋庸載入刑律，應即節删。謹將修改例文開列於後：一、各省應修水利地方有動用帑項者，承修各員若侵蝕錢糧，致工程不能堅固，照侵欺河工錢糧例，參革治罪。

綜述

清 凌銘麟《律例指南》卷一〇《工律河防類・盗决河防條賛言》 律説：各減鬥傷，各字總承河防、圩岸、陂塘說。故決者，或係取利，或係挾讐。漂失贓重於徒者，罪止滿流。圩者，低田也。岸，所以防水者。陂者，下澤也。塘，所以積水者。盜決止是取水供用，故止坐杖。因而傷人，初非其本心，故減鬥殺傷一等。故決是有心求利，或報私讐，故徒。因而殺傷人者，以故論。不言各者，蒙上節也。二因字皆兼尊卑貴賤言，若係親屬，各依服制論，故決水潰因而殺弟殺兄，依殺弟兄律。餘倣此。因決水而與人爭毆至死，依鬥殺。

又 第一條例說：南旺湖屬汶上縣，昭陽湖今屬滕縣，屬山湖在長子縣，安山積水湖今屬東平州，高乃高郵，寶乃寶應。若取魚蝦者，依違制。第二條例說：爲首者，依例爲從者，依本律。若盜決、故決而無毀害、渰失、漂沒，及雖有毀沒而計贓不至徒者，或雖至徒而殺人應擬死者，并不得槩引此例。

又《敬誦盜決河防條贅言》 律說：各減鬥傷，各字總承河防、圩岸、陂塘說。故決者，或係取利，或係挾讐。漂失贓重於徒者，罪止滿流。圩者，低田也。岸，所以防水者。陂者，下澤也。塘，所以積水者。盜決止是取水供用，故止坐杖，因而傷人，初非其本心，故減鬥殺傷一等。故決是有心求利，或報私讐，故徒。因而殺傷人者，以故論。不言各者，蒙上節也。二因字，皆兼尊卑貴賤言。若係親屬，各依服制論。故決水潰，因而殺弟殺兄，依殺弟兄律。餘倣此。因決水而與人爭毆至死，依鬥殺。

又 第一條例說：南旺湖屬汶上縣，昭陽湖今屬滕縣，屬山湖在長子縣，安山積水湖今屬東平州，高乃高郵，寶乃寶應。若取魚蝦者，依違制。第二條例說：爲首者依例，爲從者依本律。若盜決、故決而無毀害、渰失、漂沒，及雖有毀沒而計贓不至徒者，或雖至徒而殺人應擬死者，并不得槩引此例。

清 朱軾《大清律集解附例》卷三〇《工律・盜決河防》 凡盜決官河防者，杖一百；盜決民間之圩岸陂塘者，杖八十。若因盜決而致水勢漲漫，毀害人家，及漂失財物，渰沒田禾，計物價重於杖者，坐贓論，罪止杖一百，徒三年。因而殺傷人者，各減鬥殺傷罪一等，各字承河防、圩岸、陂塘說。若或取利，或挾讐，故決河防者，杖一百，徒三年。故決圩岸陂塘，減二等，漂失計所失物價爲贓重於徒者，准竊盜論，罪止杖一百，流三千里，免刺。因而殺傷人者，以故殺傷論。注：此保水利以弭水患也。凡官河之堤防、民間之圩岸陂塘，所以備水利之蓄泄，若盜決私用，雖一時無害，亦應分別責懲。若決口水勢漲漫，以致人家及財物、田禾爲水所毀害、漂失、渰沒者，計其物價重於盜決之杖罪者，坐贓論罪。因而殺傷人者，雖爲水所殺傷，而罪實由於盜決，各減鬥殺傷罪一等。蓋原盜決之意，不過私圖利己，原無害人之心，故罪止滿徒，即致殺傷人而亦減等科罪也。若故決者，或恃强取利，或挾讐害人，與盜決之情不同，是以決河防者坐滿徒。決圩岸陂塘者減二等，漂失贓重者准竊盜論，免刺。罪止滿流，因而殺傷人者，雖爲水所殺傷，而實同於有意故殺人者，斬候。傷人者，各驗其輕重定罪。原例：一、故決盜決山東南旺湖、沛縣昭陽湖、蜀山湖、安山積水湖、揚州高寶湖、淮安高家堰、柳浦灣及徐、邳上下濱河一帶各堤岸，并阻絶山東泰山等處泉源，有干漕河禁例，軍民俱發邊衛充軍，其閘官人等用草捲、閣閘板盜泄水利，串同取財，犯該徒罪以上亦照前問遣。一、河南等處地方盜決及故決堤防，毀害人家，漂失財物，渰沒田禾，犯該徒罪以上，軍民俱發邊衛充軍。欽定例：一、凡黄河一年之内、運河三年之内，堤工陡遇衝決，而所修工程實係堅固，於工完之日已經總河督撫保題者，止令承修官賠修四分，其餘六分准其開銷。如該員修築錢糧俱歸實用，工程已完，未及題報而陡遇衝決者，該總河督撫將衝決情形并該員工程果無浮冒之處據實保題，亦令賠修四分，其餘俱准開銷。如黄河一年之外、運河三年之外，堤工陡遇衝決，而該管各官實係防守謹慎，并無疏虞懈弛者，該總河督撫查明具題，止令防守該管各官共賠四分，内河道分司知府共賠二分，同知、通判、守備、州縣共賠一分半，縣丞、主簿、千總、把總共賠半分，其餘六分准其開銷。其承修防守各員俱令革職留任，戴罪効力，工完之日方准開復。倘總河督撫有保題不實者，後經查出，照徇庇例嚴加議處，所修工程仍照定例，勒令各官分賠還項。若河員有將完固堤工故行毀壞，希圖興修，借端侵蝕錢糧者，該總河察訪奏聞，於工程處正法。

清 三泰《大清律例》卷三九《盜決河防》 凡盜決官河防者，杖一百；盜決民間之圩岸、陂塘者，杖八十。若因盜決而致水勢漲漫，毀害人家及漂失財物、渰沒田禾，計物價重於杖者，坐贓論，罪止杖一百，徒三年。因而殺傷人者，各減鬥殺傷罪一等，各字承河防、圩岸、陂塘說。若或取利，或挾讐，故決河防者，杖一百，徒三年。故決圩岸、陂塘減二等，漂失計所失物價爲贓，重於徒者，准竊盜論罪，止杖一百，流三千里，免刺。因而殺傷人者，以故殺傷論。條例：一、故決盜山東南旺湖、沛縣昭陽湖、蜀山湖、安山積水湖、揚州高寶湖、淮安高家堰、栁浦灣及徐、邳上下濱河一帶各堤岸，并阻絶山東泰山等處泉源，有干漕河禁例，軍民俱發近邊充軍，其閘官人等用草捲閣閘板盜泄水利，串同取財，犯該徒罪以上，亦照前問遣。一、河南等處地方盜決及故決堤防，毁害人家，漂失財物，渰没田禾，犯該徒罪以上，軍民俱近邊充軍。一、凡黄河一年之内，運河三年之内，堤工陡遇衝決，而所修工程實係堅固，於工完之日已經總河、督撫保題者，止令承修官賠修四分，其餘六分准其開銷。如該員修築錢糧俱歸實用，工程已完未及題報而陡遇衝決者，該總河、督撫將衝決情形并該員工程果無浮冒之處據實報題，亦令賠修四分，其餘俱准開銷。如黄河一年之外、運河三年之外，堤工陡遇衝決，而該管各官實係防守謹慎，并無疏虞懈弛者，該總河、督撫查明具題，止令防守該管各官共賠四分，内河道分司、知府共賠二分，同知、通判、守備、州縣共賠一分半，縣丞、主簿、千總、把總共賠半分，其餘六分准其開銷。其承修防守各員俱令革職留任，戴罪効力，工完之日方准開復。倘總河、督撫有保題不實者，後經查出，照徇庇例嚴加議處。所修工程仍照定例，勒令各官分賠還項。若河員有將完固堤工故行毁壞，希圖興修，借端侵蝕錢糧者，該總河察訪奏聞，於工程處正法。一、凡盜決河南、山東等處臨河大堤，爲首者發近邊充軍，盜決格月等堤，發附近充軍。因而殺傷人者，仍照律定擬。

清 佚名《新例要覽・故壞堤工》 奉上諭：河工関係國計民生，向聞有不肖之員竟有將完固堤工故行毁壞，希圖興修，借端侵蝕錢糧，其情出可痛恨。着交總河時加察訪，倘有此等不法之員，着即奏聞，即於工程之處正法示衆。

清 薛允升《讀例存疑》卷二九 一、民間農田如有於已業地内費用工力挑築池塘瀦蓄之水，無論業主已未車戽入田，而他人擅自竊放以灌已田者，不問黑夜白日，按其所灌田禾畝數，照侵占他人田，一畝以下笞五十，每五畝加一等罪，止杖八十，徒二年。有拒捕者，依律以罪人拒捕科斷。如有被應捕之人殺傷者，各依擅殺傷罪人問擬。若於公共江河川澤溝瀆築成渠堰，及於公共地内挑築池塘占爲已業者，俱不得濫引此例。如有殺傷，仍各分别謀故鬥毆定擬。此條係乾隆五十二年刑部議覆河南巡撫畢沅題，正陽縣民潘毓秀因無服族孫潘士德私竊伊所蓄塘水，將其砍傷身死一案。此案應否以親屬相盜論，與彼門條例參看，纂輯爲例。嘉慶六年修改，八年改定。謹按：各自費用工力挑築池塘蓄水，自係不分是否已業，重在費用工力，重在蓄水備灌，故不准他人擅放也。與律内山野柴草木石用工力砍伐積聚而擅取者，亦准竊盜之意相符。蓋蓄水之地，雖非已業，而用力挑築池塘，則可據爲已有，猶之柴草木石本非已物，既已砍伐積聚，亦不得任聽他人擅取。改定之例添入已業一層，殊嫌未盡允協。此條原例本極平妥，嘉慶六年修改之例以是否車戽入田爲斷，固屬未協。即八年改定之例，以築成渠堰是否在已業地内爲斷，亦未平允。是費用工力一層，竟可置之勿論矣。即如官荒沙洲，亦非已業，如費用工力，開墾成熟，例得升科管業，豈亦得謂之并非已業耶？江河川澤之水，人人得而取之，若築成池塘渠堰等，類則非江河川澤矣。水已歸入池塘渠堰，即與江河川澤之水不同。不分别是否用力挑築，而分别是否已業地内，假如於大河旁邊空地費用工力築成渠塘，間時蓄水以備灌田，至用水時旁人不費工力將水放去，遽以凡論是人任其勞而已享其利矣，有是理乎？責蓄水者未免過嚴，而治放水者未免太寬，情法固應如是耶？費用工力築塘，不但費力，亦且費財，本爲蓄水灌田，亦係法所不禁，若不肯築塘蓄水，已屬惰農，乃攘竊他人之利，肥已損人，更屬可惡。不照准竊盜論，已覺從寬。改定之例嚴於蓄水之人，而寬於竊放之輩，未知何意。

又 卷五一《盜決河防》 凡盜決官河防者，杖一百。盜決民間之圩岸陂塘者，杖八十。若因盜決而致水勢漲漫，毁害人家，及漂失財物，渰没田禾，計物價重於杖者，坐贓論，罪止杖一百，徒三年。因而殺傷人者，各減鬥殺傷罪一等，各字承河防、圩岸、陂塘說。若或取利，或挾讐，故決河防者，杖一百，徒三年。故決圩岸陂塘減二等，漂失計所失物價爲贓重於徒者，准竊盜論，罪止杖一百，流三千里，免刺。因而殺傷人者，以故殺傷論。此仍《明律》，順治三年添入小注。條例：一、故決盗决山東南旺湖、沛縣昭陽湖、蜀山湖、安山積水湖、揚州高寶湖、淮安高家堰、柳蒲灣及徐、邳上下濱河一帶各堤岸，并河南山東臨河大堤，及盗决格月等堤，如但經故盗决，尚未過水者，首犯先於工次枷號一箇月，發邊遠充軍；其已經過水，尚未侵損漂没他人田廬財物者，首犯枷號兩箇月，發極邊烟瘴充軍；既經過水，又復侵損漂没他人田廬財物者，首犯枷號三箇月，實發雲、貴、兩廣極邊烟瘴充軍。因而殺傷人者，照故殺傷問擬。從犯均先於工次枷號一箇月，各減首犯罪一等。其阻絶山東泰山等處泉源，有干漕河禁例，軍民俱發近邊充軍。閘官人等用草捲、閣閘板盗泄水利，串同取財，犯該徒罪以上，亦發近邊充軍。此例原係三條，一係前明《問刑條例》，《箋釋》：故决、盗决南旺等湖，阻絶泉源，則關係漕河，其事尤重，故漕禁有充軍之例。俱依盗决、故决本律。爲首之人引例，爲從不引。閘官人等串同取財，問枉法發附近充軍。《集解》：此盗水以供私用者也，專爲故决漕河而設，則知正律所指河防不專漕河矣。一係前明《問刑條例》，按：此非因盗水或恐漂流自損也。《集解》：此專指河南等處言者，蓋河南逼臨黄河，河以南皆恃堤以自固，故特設此例。一係乾隆二十一年河東河道總督白鍾山條奏定例，按：此亦指盗决河南、山東等處臨河大堤而言。嘉慶九年修并，二十五年改定。謹按：南旺、昭陽等湖，漕運攸關，故問擬充軍。河南濱臨大河，一經盗决堤防，爲害匪淺，故亦擬充軍。從無大堤已經决開，尚未浸損漂没之理，似應以浸損漂没之多寡，仿照失火例酌加枷號記核。律以盗决、故决爲罪名輕重之分，例則并無區别，亦不言盗、故决之由，殊未明顯。原例首條係指取利而言，下二條非恐自損，即意在損人，頗覺明晰。修并一條，似應詳爲叙入。

又　凡黄河一年之内、運河三年之内，堤工陡遇衝决，而所修工程實係堅固，於工完之日已經總河督撫保題者，止令承修官賠修四分，其餘六分准其開銷。如該員修築錢糧俱歸實用，工程已完，未及題報而陡遇衝决者，該總河督撫將衝决情形并該員工程果無浮冒之處據實保題，亦令賠修四分，其餘俱准開銷。如黄河一年之外、運河三年之外，堤工陡遇衝决，而該管各官實係防守謹慎，并無疏虞懈弛者，該總河督撫查明具題，止令防守該管各官共賠四分，内河道分司知府共賠二分，同知、通判、守備、州縣共賠一分半，縣丞、主簿、千總、把總共賠半分，其餘六分准其開銷。其承修、防守各員俱令革職留任，戴罪效力，工完之日方准開復。儻總河督撫有保題不實者，後經查出，照徇庇例嚴加議處，所修工程仍照定例，勒令各官分賠還項。若河員有將完固堤工故行毁壞，希圖興修，借端侵蝕錢糧者，該總河察訪奏聞，於工程處正法。此條係雍正五年欽奉上諭議准定例。謹按：此指工程實係堅固，陡遇衝决而言。修築黄河堤岸，定限保固一年，修築運河堤岸，定限保固三年，見處分則例。於工程處正法，可謂嚴矣。而從未辦過，亦具文耳。

清　沈家本《大清現行新律例·盗决河防》　原律：凡盗决官河防者，杖一百；盗决民間之圩岸陂塘者，杖八十。若因盗决而致水勢漲漫，毁害人家，及漂失財物、淹没田禾，計物價重於杖者，坐贓論，罪止杖一百，徒三年。因而殺傷人者，各減鬥殺傷罪一等，各字承河防、圩岸、陂塘説。若或取利，或挾讐，故决河防者，杖一百，徒三年，故决圩岸陂塘減二等，漂失計所失物價爲贓重於徒者，准竊盗論，罪止杖一百，流三千里，免刺。因而殺人傷者，以故殺傷論。臣等謹按：此仍明律。順治三年，添入小注。惟盗故决河防及圩岸陂塘等項，但當以被害之輕重爲罪名之輕重，不必分别官民。《唐律疏議》謂盗河防取水供用，無分公私。故决堤防者，非因盗水，或挾嫌隙，或恐水漂流自損之類，其義可見。明例雖分河防及圩岸陂塘爲兩層，亦祇以被害重輕爲别，蓋被害重不當以民而輕，被害輕不當以官而重也。今律注内增入官民字樣，核與古律之意不符，應仍删去。杖罪照章改爲罰金，應依數分等處罰。徒流附杖，照章寬免。免刺二字，應節删。謹將修改律文律注開列於後：凡盗决河防者，處十等罰；盗决圩岸陂塘者，處八等罰。若因盗决而致水勢漲漫，毁害人家，及漂失財物，淹没田禾，計物價重於罰者坐贓論，罪止徒三年。因而殺傷人者，各減鬥殺傷罪一等，各字承河防、圩岸、陂塘説。若或取利，或挾讐，故决河防者，徒三年。故决圩岸陂塘，減二等，漂失計所失物價爲贓重於徒者，准竊盗論，罪止流三千里。因而殺傷人者，以故殺傷論。

又　原例：一、故决、盗决山東南旺湖、沛縣昭陽湖、蜀山湖、安山積水湖、揚州高寶湖、淮安高家堰、柳蒲灣及徐、邳上下濱河一帶各堤岸，并河南、山東臨河大堤，及盗决格月等堤，如但經故盗决尚未過水者，首犯先于工次枷號一個月，發邊遠充軍；其已經過水，尚未侵損漂没他人田廬財物者，首犯枷號兩個月，發極邊烟瘴充軍；既經過水，又復侵損漂没他人田廬財物者，首犯枷號三個月，實發雲、貴、兩廣極邊烟瘴充軍。因而殺傷人者，照故殺傷問擬。從犯均先于工次枷號一個月，各減首犯罪一等。其阻絶山東泰山等處泉源，有干漕河禁例，軍民俱發近邊充軍。閘官人等用草捲、閣閘板盗泄水利，串同取財，犯該徒罪以上，亦發近充軍。臣等謹按：充軍條例俱以極邊軍與四省烟瘴軍爲差等之分，并無以極邊烟瘴與四省烟瘴分差等之處，此例盗、故決堤岸未侵損漂没田廬財物者，發極邊烟瘴充軍，侵損漂没者，發雲、貴、兩廣極邊烟瘴充軍，是以極邊烟瘴與四省烟瘴分差等，名實均與通例不符，擬即改爲極邊安置，與烟瘴地方安置以示區別。其餘近邊、邊遠充軍，均照章分别里數，改流。惟例未犯該徒罪以上發近邊充軍一層，若照章改爲流二千五百里，與本罪已至滿流者相牴觸，擬改爲於本罪上加一等定擬。枷號已改罰金，擬即酌予寬免。謹將修改例文開列於後：一、故決盗決山東南旺湖、沛縣昭陽湖、蜀山湖、安山積水湖、揚州高寶湖、淮安高家堰、柳浦灣及徐、邳上下濱河一帶各堤岸，并河南山東臨河大堤，及盗決格月等堤，如但經故盗決尚未過水者，首犯流三千里；其已經過水，尚未侵損漂没他人田廬財物者，首犯發極邊安置；既經過水，又復侵損漂没他人田廬財物者，首犯發烟瘴地方安置。因而殺傷人者，照故殺傷問擬。從犯各減首犯罪一等。其阻絶山東泰山等處泉源，有干漕河禁例，軍民俱流二千五百里。閘官人等用草捲、閣閘板盗泄水利，串同取財，犯該徒罪以上，於本罪上加一等定擬。

又 原例：一、凡黄河一年之内、運河三年之内，堤工陡遇衝決，而所修工程實係堅固，於工完之日已經總河督撫保題者，止令承修官賠修四分，其餘六分准其開銷。如該員修築錢糧俱歸實用，工程已完，未及題報而陡遇衝決者，該總河督撫將衝決情形并該員工程果無浮冒之處據實保題，亦令賠修四分，其餘俱准開銷。如黄河一年之外、運河三年之外，堤工陡遇衝決，而該管各官實係防守謹慎，并無疏虞懈弛者，該總河督撫查明具題，止令防守該管各官共賠四分，内河道分司知府共賠二分，同知、通判、守備、州縣共賠一分半，縣丞、主簿、千總、把辦共賠半分，其餘六分准其開銷。其承修防守各員俱令革職留任，戴罪効力，工完之日方准開復。倘總河督撫有保題不實者，後經查出，照徇庇例嚴加議處。所修工程仍照定例，勒令各官分賠還項。若河員有將完固堤工故行毁壞，希圖興修，借端侵蝕錢糧者，該總河察訪奏聞，於工程處正法。臣等謹按：此係黄、運兩河保固及分别議處賠修之例，除河員將完固堤工故行毁壞，希圖興修，借端侵蝕錢糧一層，仍應載入刑律外，餘俱毋庸載入，擬即節删。總河應改爲兼管河道督撫。謹將修改例文開列於後：一、河員有將完固堤工故行毁壞，希圖興修，借端侵蝕錢糧者，該兼管河道督撫察訪奏聞，於工程處正法。

又 原例：一、民間農田如有於己業地内費用工力挑築池塘潴蓄之水，無論業主已未車戽入田，而他人擅自竊放以灌己田者，不問黑夜白日，按其所灌田禾畝數，照侵占他人田，一畝以下笞五十，每五畝加一等罪，止杖八十，徒二年。有拒捕者，依律以罪人拒捕科斷。如有被應捕之人殺傷者，各依擅殺傷罪人問擬。若於公共江河川澤溝瀆築成渠堰，及於公共地内挑築池塘占爲己業者，俱不得濫引此例。如有殺傷，仍各分别謀故鬬毆定擬。臣等謹按：此條係乾隆五年定例，嘉慶六年修改，八年改定。笞五十，罪名照章罰金，應改爲處五等罰、徒罪，附杖應節删。謹將修改例文開列於後：一、民間農田如有於己業地内費用工力挑築池塘潴蓄之水，無論業主已未車戽入田，而他人擅自竊以灌己田者，不問黑夜白日，按其所灌田禾畝數，照侵占他人田，一畝以下處五等罰，每五畝加一等罪，止徒二年。有拒捕者，依律以罪人拒捕科斷。如有被應捕之人殺傷者，各以擅殺傷罪人問擬。若於公共江河川澤溝瀆築成渠堰，及於公共地内挑築池塘占爲己業者，俱不得濫引此例。如有殺傷，仍各分别謀故鬬毆定擬。

清 沈家本《大清現行刑律》卷三六《河防・盗決河防》 凡盗決河防者，處十等罰。盗決圩岸陂塘者，處八等罰。若因盗決而致水勢漲漫，毁害人家，及漂失財物，渰没田禾，計物價重於罰者，坐贓論，罪止徒三年。因而殺傷人者，各減鬬殺傷罪一等，各字承河防、圩岸、陂塘説。若或取利，或挾讐，故決河防者，徒三年，故決圩岸陂塘減二等。漂失計所失物價爲贓重於徒者，准竊盗論，罪止流三千里。因而殺傷人者，以故殺傷論。條例：一、故決盗決山東南旺湖、沛縣昭陽湖、蜀山湖、安山積水湖、揚州高寶湖、淮安高家堰、柳浦灣各堤岸，并河南山東臨河大堤，及盜決格月等堤，如但經故盜決，尚未過水者，首犯流三千里；其已經過水，尚未侵損漂沒他人田廬財物者，首犯發極邊安置；既經過水，又復侵損漂沒他人田廬財物者，首犯發烟瘴地方安置。因而殺傷人者，照故殺傷問擬。從犯各減首犯罪一等。其阻絕山東泰山等處泉源，有干漕河禁例，軍民俱流二千五百里。閘官人等用草捲、閣閘板盜泄水利，串同取財，犯該徒罪以上於本罪上加一等定擬。一、河員有將完固堤工故行毀壞，希圖興修，借端侵蝕錢糧者，該兼管河道督撫察訪奏聞，於工程處正法。

又卷二二一　一、民間農田如有於己業地内費用工力挑築池塘瀦蓄之水，無論業主已未車戽入田，而他人擅自竊放以灌己田者，不問黑夜白日，按其所灌田禾畝數，照侵占他人田一畝以下處五等罰，每五畝加一等罪，止徒二年。有拒捕者，依律以罪人拒捕科斷。如有被應捕之人殺傷者，各以擅殺傷罪人問擬。若於公共江河川澤溝瀆築成渠堰，及於公共地内挑築池塘占爲己業者，俱不得濫引此例。如有殺傷，仍各分別謀故鬥毆定擬。

清　沈家本《大清刑律》第一三章《放火決水及妨害水利罪》

第一百九十二條：決水浸害第一百八十六條所列建築物、鑛坑之一，或他人所有田圃、牧場及其他利用之地者，處死刑、無期徒刑或一等有期徒刑。

第一百九十三條：決水浸害前條所列以外之他人建築物、鑛坑或土地者，處三等至五等有期徒刑，或一千圓以下、一百圓以上罰金。因而致有前條損害之危險者，處二等至四等有期徒刑。實有損害者，其刑與前條同。

第一百九十四條：決水浸害自己所有之地，因而致有前條第一項損害之危險者，處五等有期徒刑，拘役或一百圓以下罰金。實有損害者，其刑與該項同。因而致第一百九十二條損害之危險者，處二等至四等有期徒刑。實有損害者，其刑與該條同。

第一百九十五條：因過失決水而致有第一百九十二條之損害者，處五等有斯徒刑，拘役或一千圓以下罰金。因而致有第一百九十三條之損害者，處拘役或五百圓以下罰金。因過失決水而致有前二項損害之危險者，處一百圓以下罰金。

第一百九十六條：於火災、水災之際，隱匿損壞防禦之器械，阻遏從事防禦之人，或以他法妨害鎮火、防水者，處三等至五等有期徒刑，或一千圓以下、一百圓以上罰金。其於第一百九十一條之災害而妨害防禦者亦同。

第一百九十七條：妨害他人灌溉田畝之水利者，處四等以下有期徒刑，拘役或三百圓以下罰金。決水者，仍依決水之例處斷。故意妨害水利、荒廢他人田畝者，處二等至四等有期徒刑。因妨害水利致令他人田畝荒廢者，處三等至五等有期徒刑。

清　俞廉三《大清民律草案》　第一千條：土地所有人遇由鄰地自然流至之水，不得妨阻。謹按：土地所有人若圖一己之利益，任意修築堤防，開鑿溝渠，妨阻由鄰地自然流至之水，鄰地必變爲澤國，漸成廢土，既有礙公衆之衛生，且有害國家之利益，故特設本條，使土地所有人有承水之義務，自鄰地言之，則爲排水之權利。

第一千零一條：水流若因事變在低地阻塞高地，所有人得自以費用，施必要之工事，以疏通之。前項擔負費用，若有特別習慣者，從其習慣。謹按：承水地之所有人不得妨阻自然流至之水，此爲消極之義務。既使負此義務，即應與以積極之權利。蓋自然流至之水，因事變在低地阻塞時，若不畀以疏通之權，則流至之水源源而來，停蓄之水復無去路，其土地勢必變爲澤國。故本條許其有排水權，以保護其土地也。

第一千零二條：甲地因蓄水、排水或引水所設之工作物破潰阻塞，致損害及乙地，或恐其及之者，甲地所有人須自以費用，施必要之工事，修繕疏通，或豫防之。前條第二項規定，於前項適用之。謹按：在甲地之蓄水、排水等工作物因破潰或阻塞，致水汎濫流溢者，其損害必及於乙地。乙地雖有承水之義務，然必令其受此損害，是加重其義務矣。故特設本條，使甲地所有人負修繕之義務。

第一千零三條：土地所有人不得設置使雨水流及於鄰地之工作物。謹按：鄰地雖有承水義務，然設置工作物使雨水直下至鄰地，若令鄰地亦不與較，是亦加重其義務，有害鄰地之土地。故特設本條，不使土地所有人設置此等工作物。

第一千零零四條：高地所有人欲使浸水之地乾涸，或排泄家用、農、工業用餘水以至河渠，或溝道爲界，得使其水通過低地前項水道，須擇於低地損害最少之處所及方法爲之，高地所有人須對低地之損害支付償金。謹按：浸水地使其乾涸，及排泄家用，及農、工業用之餘水，爲人類衛生及利用土地所必需者，本條一面認高地所有人之所有權，一面復保護低地所有人之利益也。

第一千零零五條：土地所有人因使其土地之水通過得使用高地，或低地所有人所設之工作物，但須按其受益之分擔負設置保存工作物之費用。謹按：高地及低地之所有人爲疏水故，於自己土地上設工作物，其他之土地所有人爲使水通過得使用之，否則必更設置同一目的之工作物，曠廢財物殊甚，故設本條以防其弊。

清　端方《大清光緒新法令》　第一百八十八條：凡故意溢水浸害第一百八十二條各款所記營造物、鑛坑至一種以上，或他人所有田圃、牧場及此外利用之地者，處死刑、無期徒刑或一等有期徒刑。沿革：唐律：諸盜決堤防者，杖一百。若毀害人家及漂失財物贓重者，坐贓論。以故殺傷人者，減鬭殺傷罪一等。若通水入人家致毀害者，亦如之。其故決堤防者，徒三年。漂失贓重者，准盜論。以故殺傷人者，以故殺傷論。明律：凡盜決河防者，杖一百。盜決圩岸陂塘者，杖八十。若毀害人家，及漂失財物，渰沒田禾，計物價重者，坐贓論。因而殺傷人者，各減鬭殺傷一等。若故決河防者，杖一百，徒三年。故決圩岸陂塘減二等。漂失贓重者，准竊盜論，免刺。因而殺傷人者，以故殺傷論。現行律與明律同。

第一百八十九條：凡決水使浸前條所記外之他人營造物、鑛坑或土地者，處三等以下有期徒刑，或一千圓以下、一百圓以上罰金。因而致有前條所記損害之危險者，處二等至四等有期徒刑。實有損害時，其刑同前條。

第一百九十條：凡決水使浸自己所有之地，因而致有前條第一項所記損害之危險者，處五等有期徒刑、拘留或一百圓以下罰金。實有損害時，其刑同該項。因而致有第一百八十八條所記損害之危險者，處二等至四等有期徒刑。實有損害時，其刑同該條。

第一百九十一條：凡因過失決水致有第一百八十八條所記損害者，處五等有期徒刑，拘留或一千圓以下罰金。因而致有第一百八十四條所記損害者，處拘留或五百圓以下罰金。若因過失決水致有前二項所記損害之危險者，處一百圓以下罰金。理由：自第一百八十八條至本條，規定決水之危害。水災與火災無別，故其處分亦宜從同。但其性質有火災無其例，而水灾有其例者，如荒廢他人利用之地是也。以水灾可荒廢幾千萬方里之禾稼，故特附揭其情形。

第一百九十四條：凡妨害他人灌溉田畝之水利，或圖妨害者，處四等以下有期徒刑、拘留或三百圓以下罰金。決水時，仍適用決水罪之例。故意荒廢他人田畝，因而妨害水利者，處二等至四等有期徒刑。因妨害水利致有前項損害者，處三等以下有期徒刑。注意：本條第二項豫謀荒廢他人田畝，其第三項因妨害水利之結果致生荒廢之損害并非豫謀，故二者處罰之輕重不同。

又　一長衝大林寺衝等處爲山泉發源之所，山下田畝賴此灌溉，公司不得截留水道，致礙農田。

又《商部咨南洋小輪傾煤入水籌法永禁文》　光緒三十年二月初六日，據翰林院侍讀學士惲毓鼎等呈稱，竊江蘇運河一帶河道深通，溝洫縱横，三農利賴。河中一歲之淤，小民每於農隙掉舟挖取，用以治田，在官無挑浚之勞，而於民得肥苗之用。自小輪行駛以來，所燒煤滓沿途傾棄入水淤泥之中，雜入滓質，農田誤取，損害良苗。近年大河行輪之處，小民不復挖淤，支河溝渠積淤，無多時有争奪之事。計小輪一日夜燒煤四五噸，大者更多，其滓以五成計算，是每輪每日常有四五千觔煤滓入水。現今華輪、洋輪往來如織，淤河一寸，旱時水不能上潦時，易於泛濫，農田常受數寸之害。至河道淺阻，行輪亦將自受其弊。届時再謀開浚，工程必大，費用更鉅。天下之患，當其始時，忽而不覺，及其既著，補救甚難，往往如此。伏思小輪行駛内河，所以推廣商務，在今日萬無禁阻之理。惟傾煤入水，查照上海、天津租界河巡章程，皆行明禁。如有違犯，送領事官辦理，分別議罰。蓋泰西公法最重河道，辦法特嚴。内河等處自應照辦，爲此環求賜准。咨行兩江總督、江蘇巡撫札飭各關道，會同稅務司查照租界河巡章程，凡內河行走小輪之處，相度情形，妥籌善法，永禁小輪不准傾煤入水，違者照章議罰，并咨行各國領事官，令洋商各小輪一體遵守，此係中國自主之權，外人斷無異議。推之各省內河及長江及翻陽洞庭諸湖，并海輪近口一百里內，皆可一律照辦，庶水道無淤阴之患，農務、商務兩受其益。伏候大部鑒核俯准，迅咨辦理等情前來。查內港行輪既經定有專章，嗣後內河航路自必日多一日，若任聽該輪傾倒煤滓入水，不特於農田水利兩有所損，并恐河身淺阻，即行船亦屬不宜。除批挂發外，相應咨行，貴督查照，迅飭各關道會同稅務司妥籌切實辦法，一俟籌定後，即行示禁。華、洋各輪一體遵守，以清河道。仍將如何辦法咨覆本部察核可也。

又 第五十八款鑛地水利。各省內地之江河、湖港可行舟艇之處，均歸國家管轄，官民公用。所有江河等處水道，鑛商不得藉故擅擬更改，亦不得分注上流之水，致奪下流居處之水利。

又 第五十一款，鑛地洩水法。鑛中之水屬鑛商者，應由鑛商自行設法挹注。惟挹注時不得損礙別人產業。如在地面挹注，照本地向例放水，不得阻礙現有水道。

第五十二款，洩水受害者應予賠償。倘因鑛中積水，或因別故，該鑛商雖已得知，仍不遵照章程所定期內設法疏洩，以致鑛內、鑛外別人之利益受損，該鑛商應訂立合同賠償，或由本省總局斷賠。

第五十三款，鑛局有迫令除患之權。設使數家鑛產同在一處，因有水患，以致被灾，不能開采，如果各該鑛商曾經倡議設法除患而未能協商定議者，總局應即迫令各該鑛商公同捐資，設法除患，酌量定斷辦理。

又 按鑛務正章第五十款所指本章附款詳列於下：一、溝渠之合例義務即云，設若甲主不防護硔內溝渠，以致乙主產業受損，或甲主不如法極力防護該溝渠，以致其水流至乙主產業者，甲主應當賠償乙主。

紀事

清 藍鼎元《鹿洲公案》卷上《幽魂對質》 延長、埔上、塘子等鄉共築陂障水，輪流以灌溉其田。八、九月之間旱，江、羅兩家恃强衆，紊規約，不顧朔日爲楊家水期，恣意桔槔，奄所有而踞之。楊仙友不服，操刀向阻，弟兄楊文煥、楊世香隨之。羅明珠奔回，告其鄉老江立清，號召鄉衆。江子千、江宗桂、羅達士、羅俊之、江阿明、江阿祖、江阿滿、江阿尾、江獻瑞等四五十人，荷戈制梃，環而攻之。楊學文見父、叔在圍困之中，亦招呼三十餘人與之格鬥。衆寡不敵，仙友殲焉。文煥等紛紛逃竄。世香受重傷不能自脫，被擒入寨內，誇示豪雄，實以醫藥調劑，恐其死也。是時，署潮令者爲大埔尹白公。驗傷通報，未訊而歿。冬十月十有八日，餘攝篆視事，庭鞫再三，莫肯居兇手者。詞證江拱山、謝文卿，以格鬥人多，刀梃交下，實不知爲誰。詢之未死之楊世香，亦僅知傷己者爲羅俊之、江阿尾、江獻瑞，而致斃楊仙友之元凶，亦不能知其爲誰也。將江、羅兩姓人犯，隔別細詢，撫之以寬，動之以情，示之以威，加之以三木，鉤距畢施，刑法用盡，總以不知二字抵塞，無一人一言之稍有罅漏者。余於是亦無可如何也。居數日，陰晦，淒風慘淡。漏下人寂，餘呼兩造齊集，謂之曰：『殺人償命，古今不易。汝等清夜自思，設汝被人殺死，而人不償汝命，汝爲寃魂，能甘心乎？汝等所希冀僥倖，不肯招承者，以無人指質耳，我已牒城隍尊神，約於今夜二更，提出楊仙友鬼魂，與汝質對。汝等雖有百喙，亦難以掩飾矣。』命隸役分攝諸人，隨詣城隍廟。鳴鐘鼓，焚香再拜，起坐堂皇。先呼楊仙友鬼魂上堂聽審，憑空略問數語。謂階下諸人曰：『楊仙友在此，欲與汝等對質。汝等舉頭觀之，此以手捧心、血染紅衣者是已。』衆人或昂首而觀，或以目竊睨，惟羅明珠、江子千、江立清三人低首不視，若爲弗聞也。余即呼羅明珠至，正言曰：『仙友在此，欲汝還其一命，汝尚何推諉哉？』明珠駭顫，良久不能答。余曰：『汝平日利口狡賴，今仙友寃魂在茲，汝則不敢置喙，其爲汝殺死無疑。若不實言，當刑訊。』明珠服曰：『吾梃擊其頭，傷在偏左。仙友之死由鋒刃，乃江子千，與吾無涉也。』繼呼江子千至，問之，子千不承。余曰：『汝自與楊仙友辯論。』子千熟視不語。余曰：『汝不見寃魂乎？魂言羅明珠執木棍傷其額顱之左，汝執長刀刺其胸膛，僵於地，汝拔刃，血隨之湧出。當日情形如此，汝尚何容辯哉？』子千曰：『是也。』余曰：『仙友之死，由汝二人。魂所言無妄乎？』曰：『無妄矣。』余曰：『當日號召多人，指麾令殺者爲誰？』曰：『江立清也。』

遣役將子千、明珠入廟中暗處。呼江拱山謂之曰：『楊仙友怪汝，汝明知殺彼之仇，不以實告，欲沈其冤。今與汝爲難，汝受賄幾何，即以汝償其命矣。』拱山叩頭曰：『殺人者，江子千、羅明珠；主令者，江立清。奈何以無干之人償其命乎？』繼呼江宗桂、羅達士、江阿明、江阿祖、江阿滿，細加詢問，皆如拱山等所言。江立清恃其老也，刑法不能加，鬼神不能嚇，堅諉不知。詰問良久，終不承。余見其病甚，度不久奄人世，乃謂曰：『衆證明確，即同獄成。仙友言，禍由立清，終不肯使活，將奪其魄於道。』即將江子千、江立清諸人按律定擬，解赴大吏。甫三日，而立清卒。潮人遂以爲真有鬼神也。疑獄難決之處，不得不用權術。試思此案，若非冤魂對質，何能使兇手伏辜。即將數十人盡加刑夾，愈夾愈不得情，如何定讞？妙在晦夕凄風，乃冤鬼出來之時，城隍攝鬼，又是衆人所信。許多排場，森森凜凜，令人毛髮悚豎，而神機妙用，全在舉頭一覷。蓋罪人心虛，自然與衆不同也。此竅既得，便可迎刃而解。曲詳慎，無枉無縱，令君直是包閻羅。

清 徐士林《徐雨峰中丞勘語》卷一《謝鴻等互控建閘案》 審得桐城生員謝鴻等告監生李惟選等擅塞官河一案。一則防水害而不顧人之失利，一則爭小利而不顧人之受害，各挾私意，兩不相下。縣斷不服，繼以控府。本府提核縣卷，復委經曆司踏勘繪圖，并取兩造呈圖對閱，其形其勢，瞭若指掌。姚家河來自掛車，由西而東，至青龍塲，正流之外，分爲南北兩支，總歸於鴨子湖。其南支之東則爲謝、張等姓之田，其勢頗高；南支之西則爲李、姚等姓之田，其勢反低。謝、張等田資此河以灌溉，而李、姚等田上有引水渠，原不借此支河之水，下有溝口，通連支河，田低河高，未有不倒灌而入者。且李、姚等田，其上多山，山水驟至，圩内皆盈，雖有溝口，但河水逆流而入，山水又安能順流而出？是支河者，謝、張等姓之利，李、姚等姓之害也。今李惟選等建閘河口，以防倒流，存留溝口，以洩積潦，其自爲計則得矣，然其如謝、張諸姓何哉？衆姓數頃之田，錯出河内，近大河者，登水利於大河，近支河者，登水利於支河。今建高一尺數寸之閘座，是當大旱之時，河深一尺數寸，而謝、張等田遠大河而近支河者，曾不得稍沾餘瀝，誰其甘之？況以三丈之河面只留闊三尺，高二尺八寸之閘門，水口既小，出水自遲，三千畝之禾苗，其能稍緩須臾勿死耶？即據稱建閘始自嘉靖年間，此說豈容拘執？滄桑變更，今昔不同，儻當年支河之東一片荒茅，并無隴畝，誰復禁爾塞河者？既有田矣，官河之水，與衆公之，閉塞之權，豈在爾哉？至以支河捏稱古溝，更屬荒唐。青龍塲在河中央，水爲塲阻，激而分支，其性使然。雖泛漲之時，不無倒注於田，而安流之勢，要必會歸於湖，是河非溝，毫無疑義。今强稱世業古溝，又云閘溝之水，伊等陰受其福，而不知貪天功以爲己力，其將誰欺？況開溝之時，二十里壤地，豈係無主，竟任爾祖疏之鑿之而莫之與爭耶？阻河拂衆，捏詞狡飾，此李惟選等防水害而不顧人之失利者也。乃謝鴻等不鳴於官，輒率衆毁閘，互相鬥毆，該縣親勘，又復橫肆無狀，夜郎自大，狂態逼露。本府先傳訊供，據稱『李田汙下被淹，乃係天造地設，於人何尤』，庭訊之下，又稱『李田在上，生田在下，豈有此高彼低之理』，前後反覆，自相矛盾。又稱『移河口閘於溝口，李田即可無虞』。夫設閘溝口，固可避河水矣，若當大潦水積，一啓閘而河水與圩水交敵，圩水不能出，河水反先入，勢不至化田畝爲巨浸不止。謝鴻等乃知爭小利耳，豈復顧人之害哉？今兩造者，獨不思易謝、張諸姓之田爲李、姚諸姓之田，肯令一帶沃土化爲石田乎？易李、姚諸姓之田爲謝、張諸姓之田，肯令數頃腴壤付諸波臣乎？人情不平，獄訟煩興，殊堪痛恨。查閱縣斷：『閘口用石數塊，餘用土堆。』閘果有害，土亦不可；閘果無害，石亦何妨？草率游移，難成信案。本府查度形勢，斟酌利害，應將李惟選等所建閘座，改與大河底相平，閘門改寬八尺，以暢河流。閘門上毋覆石土，以便啓閉；閘板加厚，以防水勢。再於溝口另建一閘，遇旱則開河口之閘，閉溝口之閘，謝、張等田既受灌溉之利，李、姚等田亦不致被倒浸之害。遇潦則閉河口之閘，開溝口之閘，李、姚等田既不受山水之害，謝、張等亦未嘗失河水之利。仍著兩造各立一閘長，相度水旱，公同啓閉，勿許徇私害衆，再啓爭端。本府撫綏六皖，衆姓皆吾赤子，水通水利，大關民生，不忍爾等利己害人，禍連訟結。縣已薄罰，免其究擬，平情剖斷，均受其益，倘敢抗違，即屬冥頑不靈，三尺法不能爲爾等寬矣！謝鴻等是否强伐李姓埂樹，仍聽縣查明歸結可也。立案行縣，飭即遵行。并書貼照墻。

（道光）《太原縣志》卷一七《晉祠北河水利碑》 太原縣正堂紀

録二次徐爲勢熖莫敵無奈投憲事。乾隆七年十月十三日，蒙本府正堂加一級紀録七次王帖文本年十月初六日蒙山西等處承宣布政使司布政使嚴札付，本年十月初一日蒙巡撫山西太原等處地方提督、雁門等關軍務兼理雲鎮兼管全省提督印務、兵部右侍郎兼都察院右副都御史、世襲騎都尉加一級紀録四十四次喀批本司呈詳，查得太原縣民賀蘭瑜等互争水例一案，先據王星等與朱周冕等互控到司，經前司批行，該府等確查，去後緣王星等分居金勝、董茹二村，朱周冕等居住花墖縣城等處，咸賴晋祠北河水，例向係軍三民三分程，以六晝夜挨輪，使水軍三，澆灌小站、古城等營；屯地民三，灌溉花墖、在城、金勝、董茹等村民田。每年自三月初一日起，至八月初一日止，立有排單，照依分定日期輪流使水，各無異説。惟是二月三十日以前，八月初二日以後，排單内未經開載，内除小站營稻田水無所用外，向係古城、花墖等村挨次輪灌，金勝、董茹二村從未分程。間有使水之時，亦係花墖等村灌溉已畢，水無所用，然後分用，原無一定程期。乾隆四年八月内，金勝村翟斌等欲使秋水，花墖村朱周冕等攔阻不允，因而具控。經該縣前任錢令批令小站、古城兩營渠長周廷玉等議處，因向無金勝一定程期，彼時告争，正使秋水之時，評給金勝、董茹秋水二程，具詞和息，在花墖等村民以爲暫借，故爾應允。至乾隆六年八月内，金勝、董茹原有厚等又欲使水，據花墖等村渠甲張産等具控，該縣據訊，花墖等村民堅稱二月三十日以前、八月初二日以後，并無金勝、董茹二村水例，不容使水。金勝、董茹二村又稱，現有水帖執照爲據，例得使水兩造，各執一説，經該縣查閲金勝村所執水帖執照相背，不足爲憑。但金勝、董茹二村三月以後、八月以前既同在北河使水，若春秋之水不能沾潤，亦非情理之平當。經該縣斷令，除三月初一日起，至八月初一日止，仍照排單使水外，嗣後每年春水自驚蟄起，秋水自八月初二日起，六日一輪，挨至第三輪之第三、第四兩晝夜，給與金勝、董茹二村春水兩程，秋水兩程，取具兩造，遵依在案。詎王星等心猶不足，具控前司，隨批太軍廳查報，去後嗣據該廳請復，增金勝、董茹二村春秋水各一程，具詳經署司，以該廳議請增程之説，與該縣前斷意見，似未畫一，批令太原府再加詳察核議。去後嗣據該府詳花墖等村與金勝、董茹使水程期，現有排單各執一紙，均屬相符。但查金勝村順治五年水帖内開：每年自正二月至穀雨，小站稻田水無所用，聽從古城、花墖、金勝各二日二夜，穀雨後照軍民分定日期使水，至處暑以後，小站稻田水又無所用，聽從古城、花墖、金勝各二日二夜等語，又查金勝村順治七年執照内開：每年三月初一日起程，先軍後民，輪流灌溉，并非穀雨起程，亦非處暑爲止。水帖執照既屬相背，則金勝村所稱穀雨以前、處暑以後分程輪灌之處，均難憑信。況順治年間以來即有排單，即照排單使水，且排單各執無異，自非花墖私立明矣。若果春秋水例金勝、董茹二村有分，因何不早争論，遲至數十年後始行執帖控告？其爲牵混無疑。況金勝村所執之帖係順治五年間所給，至順治七年業已改爲執照。而執照内使水之法與水帖迥不相符，諒係從前行有未便，所以改議，則是順治五年之水帖於七年上已同廢紙。且現在所行，均照排單使水，是排單實爲現行之例，所當遵守。今該廳又以王星等哀禀地多水少，不敷灌用，且春水已非播種之時，秋水亦在收割之後，所争之水必歸無用。又請改換程期，殊屬偏徇。查該縣所定三輪之第三、第四，不特正值春分種麥之時，即或稍愆時候，亦分所應得，若改換二輪，以致應有水分之地不能及時灌溉，而借水灌地之家反得如期滋灌，實非情理之平。況一經改易，有亂各村程期，難免異日復起争端。且控争秋水，實屬貪得無厭，未便如該廳所議。惟是晋祠北河雖無金勝、董茹二村春秋水利，但春水自驚蟄以後，正播種二麥之候，必須灌溉，方能發生。且春水較秋水爲急，若仍照該縣前斷，僅給春水二程，誠恐或有不敷，應請嗣後每年春水自驚蟄起於該縣前，斷兩程三輪中之第三、第四之外，再加一程，給與金勝、董茹二村，以爲夥灌夏田之用。至於八月初二日以後，秋禾已將成熟，需水無多，從前該縣斷給秋水二程，既稱已足敷用，不必再行添給改移。倘兩造再敢違斷妄争，即嚴拿究治，以儆刁健。乾隆四年，卷案既經審係，經承遺失。該縣業經責革在案，應無庸議。再查，水帖執照既係遠年無用廢紙，應請俟批允後，塗銷附卷，飭令該縣另給印照，俾令兩造永遠遵守。仍取兩造，遵依送查備案，相應詳請憲臺察核，批示遵行等情到司，據此本司隨查兩造使水成例，既經照排單遵行，且據王星等自供春秋水例，原無一定程期，總向花墖村總渠長商議，纔得使水等語。又據兩營渠長周廷玉等供二、八月使水，原無翟斌們一定程期等語，是水帖執照久已不遵，今請每年春水自驚蟄起於前斷兩程之外，再加一程給與金勝、董茹二村爲夥灌夏田之用。八月初二日以後，前斷秋水二程已足敷用，不必改移，所議均屬平允，已經如詳照斷歸結，飭遵在案。兹賀蘭瑜等復又奔控憲轅，蒙批再行提卷，秉公確核定議。又朱周冕等續控憲轅，亦蒙批示，并查俱經檄，飭太原府查議，去後兹據該府核議詳覆，前來本司覆查。晋祠北河水例向無金勝、董茹二村春秋程期，惟因驚蟄以後，正植播種二麥之時，必須灌溉，方能發生。該縣前斷僅給春水二程，恐有不敷，於三輪中第三、第四兩程之外，又增一程，已屬分外。至於八月初二日以後，秋禾已將成熟，需水無多，已足敷用，亦可無庸添給。該府等前議已屬允協，今詳稱仍請照依前議，飭議遵行，似應如其所請，轉飭遵照，至金勝等村呈驗一切水帖執照，既與現在成規相背，則與廢紙無異，仍準收存，徒啓争端，前議塗銷附卷，亦應如府議飭令塗銷，附卷并請各另給印照一張，畫一遵守。再，此案并無滅例蒙蔽之處，王星等於批結之後，匿名不出，又更名賀蘭瑜等赴憲翻控，甚屬不合，該府請將賀蘭瑜、戎貴龍、何玉各枷號一個月，滿日重責三十板，以儆刁健。亦應如其所請，轉飭發落，并飭令勒石，永遠遵照。嗣後兩造敢再違斷妄争，即行詳請，嚴拿究治。仍取具遵依碑摹，并令將發落過緣由具報備查，是否允協相應，轉詳合候憲臺核奪批示，飭遵蒙批，查前議批斷，甚爲允協，仰即轉飭遵照，其一切水帖執照，塗銷附卷，免啓争端，各另給發印照遵守。至王星等以歷來無程之水已斷，加春水三程、秋水二程，心猶未足，復妄生覬覦，匿名不出，又更名賀蘭瑜等，膽敢嘵瀆，刁健已極，本應并懲，姑從寬即飭，將賀蘭瑜等照議枷責發落，以儆刁風。并令勒石，永遠遵照。嗣後敢再違斷，妄争滋事，即嚴拿詳請究治，仍取遵依碑摹，并發落過緣由具文報查，繳縣卷、水帖、執照、排單、轉帖、碑摹，碑志、帖單，遵依發還，蒙此擬合就行。爲此，仰府官吏查照院憲批詳内事理，即轉飭將一切水帖執照塗銷附卷各另給印照遵守，并將賀蘭瑜等照議枷責發落，以儆刁風，并令勒石，永遠遵照。嗣後敢再違斷妄争滋事，即嚴拿詳請究治，仍取具遵依碑摹，并發落緣由具文申報，以憑轉報查毋違等因，到府帖，仰到縣，蒙此遵將一切水帖執照塗銷附卷各另給發印照，永遠遵守，并將賀蘭瑜等照議枷責發落，訖嗣後再敢違斷妄争滋事，即嚴拿詳請究治，除將遵依碑摹并發落過緣由另文申報外，遵蒙勒石以志不朽云爾。乾隆七年十二月勒石。

清 許槤《刑部比照加减成案續編》卷七　福撫題劉旺旺等於己業洲田内種草衛田，被潘紀輝等擅行拔取，該犯等各自捕毆，致斃潘紀輝等五命，與争洲仇鬥者不同，應比例問擬。將劉旺旺等均比依民間農田如於己業地内費川工力挑築池塘潴蓄之水，他人擅自竊放，被應捕之人殺傷者，各依擅殺傷罪人問擬，罪人不拒捕而擅殺，以鬥殺論，鬭殺者絞律，擬絞監候。

清 全士潮《駁案新編》卷三二《安徽司》　一起爲捕殺決堤命犯酌擬緣由恭摺具奏，仰祈聖鑒。事據安徽巡撫農起奏稱：前任亳州知州江恂通詳，州民尹尚岳施放鳥鎗，致傷盜穵官堤之王忝幅、王佩身死一案，緣亳州境内有宋湯河一道，乾隆二十二年大興水利，案内欽差大臣勘明該河兩岸地勢西高東低，奏請在于河東築堤一道，保護田庄，以防水患，相安已久，頗資利賴。四十五年六月内，天雨連旬，河水驟漲，河西之王忝幅因近河莊間有雨水停積，糾約王佩等數十人潛往河東盜穵官堤，希圖泄水，適值河東之尹尚岳驚見，因住處南堤逼近，恐堤潰水衝，首先及禍，即攜防夜编號鳥鎗，喊同莊隣阻捕。王忝幅等仍穵掘不止，尹尚岳目擊堤勢將潰，愈加情急，遂將鳥鎗望堤施放嚇阻，致將王忝幅、王佩打傷身死，隨同往捕之李林亦將河西之陳淇格鬥致斃，其同往偷穵之人站立堤埂，遥望河東之人奔回救水，時值口潰溜急，勢正洶湧，站立之處頃刻塌陷，以致傅懷、傅順、張臣、魏理文等四人一并落水淹斃。報經該州勘明所決之口，水向東湧，横流無際，堤東一帶田廬盡被淹漫，隨飭照舊堵築，録供通詳，歷審無異，此起釁致死實在情形也。臣查宋湯河堤埂，動帑修築，係屬官堤，河東村壯地處窪下田莊墓，藉兹保障。六月中旬，正值田禾雜粮揚花結實之候，小民終歲勤動，秋收在望，生計攸關，當此河流泛漲，附近居民理應協力保護，方免潰決之患。乃王忝幅等偶因天雨停積，于河水漲之時膽敢糾約多人，擅將河東官堤恃强穵掘，以致遠近村莊突遭淹漫，利己害人，居心險惡，情殊可恶，此風斷不可長。查鳥鎗殺人，照故殺律擬斬，係指尋常案犯因他事起釁致死者而言，其偷穵官堤，放鎗捕殺，例内雖無治罪專條，而盜决河防律有准竊盜并論之語。今王忝幅等盗决官堤，未係有罪之犯，尹尚岳恐堤潰水衝，首先及禍，亦屬應捕之人。且于危急之時，放鎗嚇阻，事起倉卒，勢在自救，既與尋常故殺不同，即與應捕人致死罪人無異。若依鳥鎗殺人例一律擬斬，似覺無所區别。今據臬司審照罪人不拒捕而擅殺律，擬絞監候，似于懲戒兒頑之中，仍示慎重河防之意。除另行恭疏具題外，合將酌擬緣由，聲明情節，專摺奏明。伏乞皇上敕部議覆施行。謹奏。乾隆四十六年十二月二十一日，奉上諭：據農起奏審擬亳州民尹尚岳將盗窆官堤之王忝幅、王佩用鳥鎗打傷身死一案，請照罪人不拒捕而擅殺律擬絞監候等語，此案王忝幅因所居地近河西，雨水停積，輒敢糾約王佩等數十人潛往河東，盗窆官堤，希圖宣河西積水時，住居河東之尹尚岳目擊堤勢將潰，情急放鎗，致將王忝幅、王佩打傷身死，核其情節，王忝幅等盗决官堤，以致該處遠近田廬悉被淹没，情罪重大，非尋常罪人可比。尹尚岳因河東地處窪下，恐堤潰水衝，勢在危急，放鎗嚇阻，係爲保護地方起見，并無挾嫌情事，其所用鳥鎗亦係遵照舊例在官編號，并非私製所有。此案原擬絞候之尹尚岳着加恩，免罪釋放，該部知道。摺并發。欽此。

又《河南司竊故他入費用工力挑策地塘□堰蓄水新例》 一起爲請定刀窃辰田蓄水之例以重農務事會，看得正陽縣潘毓秀砍傷潘士德身死一案，據河南巡撫畢沅疏稱：緣潘毓秀係潘士德無服姪孫，固庄居住，素無仇隙。潘毓秀與潘士德各有池塘蓄水灌田，潘毓秀塘水與潘士德田畝毗連。乾隆五十二年三月十四日，潘士德因已田缺水，偕子潘仁就近在潘毓秀塘内車水灌滿，未向潘毓秀告知。午後，潘合回家吃飯，潘士德在彼看管水車時，值潘毓秀由集買得鉄鍬回歸，從田旁經過瞥見，嗔其私自車水，即用鉄鍬欲挖田埂，放還塘水。潘士德攔阻混罵，赶攏欲毆，潘毓秀閃避，潘士德復用頭向撞，潘毓秀順用鉄鍬砍傷潘士德髮際，潘士德牽及潘毓秀父母，辱罵不止，并聲言欲與拚命。潘毓秀一時氣忿，頓起殺機，復用鉄鍬連砍其偏左并脑門相連額顱，立時殞命，報驗審供不諱，詰無加功之人。查已死潘士德係潘毓秀無服叔祖，將潘毓秀依故殺律，擬斬監候等因，具題前來。臣等伏查農務，以耕鑿爲先，而民田尤水源爲養，蓋水火雖係民間常用之物，然如江湖以及行潦，凡天雨地泉，任人挹注，原不能據爲己有，至民間以己力私築溝塘，蓄水灌溉，所以備不時之需。若係兩家公共塘，彼此約會，均匀引灌，或一家私行多放，已屬理曲，尚不得以窃盗論。若係各自費用工本，所鑿池塘各有界限，如所蓄之水被人窃放，當禾苗待澤之際，在窃水者得以滋養其田禾，而蓄水者必致枯槁其苗稼，則一家之口食無資，終歲之辛勤枉費，是蓄水被窃，較之被窃財物更爲切膚。蓋財物猶可追賠，而水則流而無返。此等窃水之人，情更險於窃盗。惟因天地自然之利，各省辦理此等窃水起衅、毆斃人命之案，以例無明文，概依鬬殺本罪定擬，而臣部核覆，時因鬬殺與擅殺同一絞，抵無關罪名，出入俱隨案照覆，止於秋審時酌量情節輕重，分别實緩，亦未經奏請，另定專條。今此案潘毓秀與潘士德既各有池塘蓄水灌田，是潘毓秀所蓄之水與潘士德毫無關涉，界限分明。時值三春，農功方急，前潘士德私行窃放，瘠人肥己，實不得不謂之罪人。潘毓秀經見，欲挖田硬放還，反被赶毆撞頭，并牽及伊父母辱罵，該犯頓起殺機，用鉄鍬連砍其偏左等處殞命，殺雖有心，而死者係屬罪人擅殺，原包謀故，援情定讞，擬以絞候，實得理法之平。若如該撫所擬，將潘毓秀仍照平人故殺一律擬斬，是使蓄水被窃之塘主有種無收，一家既不免於啼飢，而一身復終罹於重辟，且恐農田需水之時，益長匪徒肆窃之漸，情法實未平允。總緣律例未有專條，故引用鮮所依據。臣等悉心酌議，應請嗣後除江河川澤，及公共塘堰溝渠，并雖非公共而向係通融引灌者，不在例禁外，其各自費用工力，挑築池塘渠堰等項，蓄水以備灌田，明有界限，而他人擅自窃放以灌己田者，即按其現在所灌田禾畝數，照侵占他人田一畝以下，笞五十，每五畝加一等罪，止杖八十，徒二年。有拒捕者，依罪人拒捕科斷。有被應捕之人追捕殺傷者，依擅殺傷罪人問擬。如此明立科條，庶於農務不無裨益，而引斷亦歸平允矣。是否有當，伏乞皇上睿鑒。如蒙俞允，現届臣部纂修律例之年，即將此條載入例册，并通行各省，一體遵行。所有潘毓秀一犯，即照新例改依罪人已就拘執，而擅殺以鬬殺論律擬絞，候秋後處决等因。乾隆五十二年十二月十二日奏。本日奉旨：依議。欽此。

清 祝慶祺《刑案匯覽》卷一八 安撫題李長春毆死窆埂竊放田水之李庭年一案，查：農務以耕鑿爲先，而民田尤藉水源爲養，如輪應車灌公塘之水，被死者争先車灌，或被堵住公共水溝，獨灌己地，似此起釁，因而毆斃人命者，自不得以擅殺罪人論。若各自費用工本，車戽入田，或己力自築溝塘，蓄水灌溉，所蓄之水被人竊放，較之被竊財物更爲切膚，故定例竊放田水之犯，如被應捕之人殺死，依擅殺罪人問擬。卷查嘉慶十八年湖北省林理添毆死穵埂放田水之林幗棟一案，又二十年浙江省鄭有貴毆死私開新圳竊放田水之朱士斌一案，又二十一年安徽省方社幅毆死開穵田塍竊放田水之方社南一案，均依擅殺罪人律，擬絞監候，題結在案。此案李長春之父李超見李庭年用刀撬穵田埂，開溝放水，向阻爭罵，被李庭年刀傷左耳，該犯攜木趨護，毆傷李庭年左手腕等處，逃跑因被追趕，該犯拾木椎毆傷李庭年右肐肘等處殞命。查李庭年私自撬穵田埂，開溝放水，竊灌己田，所放之水是公是竊，未據聲叙明晰，該省率將該犯依鬥殺律，擬絞監候，實未允協。該司駁令覆審，詳叙妥擬，係屬按例辦理，應請照辦。嘉慶二十二年説帖。

又　廣西撫題梁秉芥竊放曾誠周山水戳死曾誠周一案，查例載：民間農田如有於己業地内費用工力挑築池塘瀦蓄之水，無論業主己未車戽入田，而他人擅自竊放，以灌己田，有拒捕者，依律以罪人拒捕科斷。若於公其築成渠堰，及於公其地内挑築池塘，占爲己業者，如有殺傷，仍各分別謀故鬥毆定擬等語，是竊放田水之案，以是否己業公地爲罪名之輕重，歷係如此辦理。此案梁秉芥田畝與曾誠周地畝毗連，曾田在上，梁田在下，向在田旁河岸各自築壩，車水灌溉。嗣梁秉芥因車壩壞爛，前往修築，見己田乾涸，曾誠周田内積水充滿，即用鐵鍬穵開曾誠周田基，放水灌入己田。曾誠周見而趕阻，并用禾鎗戳傷梁秉芥右臁肕。梁秉芥舉鍬回毆，致傷曾誠周偏左等處殞命。詳核原題供招，并據勘明曾姓田基穵開一口，如果勘訊屬實，是田旁河水雖係公其，而曾姓將河水車入己田，則己自費工力，梁秉芥將曾姓田内業經車戽之水穵放，不能不以竊放他人田水論。因此將曾誠周毆死，自應以拒捕殺人定擬。惟細核案情，河爲公其之河，其水即爲兩家，公其車戽之水，梁姓車壩壞爛，勢不能坐視田禾之乾涸，而待車壩之修復，其欲車河水入伊田内，勢不得不借曾姓之車壩，穵曾姓之田坎，引水以灌己田。如果該犯不向死者言明，輒行私自穵放，則是利己之業，損人之禾，其拒捕之罪自不可逭。若係借用車壩過水，曾向死者商量不允，因而爭鬥釀命，其竊放既屬有因，則其互鬥之情即有可恕。種種情節，關係緊要，未據詳訊聲叙，輒以梁秉芥穵放田水，係輕罪不議，率將該犯依其毆律，擬絞監候，情罪不相符合，案關斬絞出入，似應駁令覆審妥擬。至該司所查，上年該省盧燈然一案，係兩家公其水壩，分東北兩溝引灌，因死者堵伊東壩，致溝水不能入伊田内，爭鬥起釁，致斃人命，其所引之水係在公其壩内，并非自田内竊出，是以仍照凡鬥科罪，與此案情節迥殊，合并聲明。嘉慶二十三年説帖。

又　安徽司查例載：民間農田如於己業挑築池塘蓄水，他人擅自竊放，有拒捕者，依罪人拒捕科斷。若於公其江河川澤，不得濫引此例。如有殺傷者，仍分別謀故鬥毆定擬等語。今安撫咨潛山縣民張昇和等違斷築壩，懷民陳名立往阻，被李云從戳傷，後抽風身死，并谷産施放鳥鎗，致傷吴焰彩等一案。細閲案情，潛、懷兩邑連界，官河經官斷禁築壩，潛邑民人張昇和因田畝常被淹浸，復糾約謝思淇等築壩。懷邑民人陳名立與吴焰彩等瞥見，往阻，致相爭毆。陳名立被在逃之潛民李云從戳傷，後抽風身死，吴焰彩等亦被潛民谷産放鎗致傷，該省將現獲幫毆助勢之謝思淇等照餘人律擬杖咨部。該司以李云從等違斷築壩，貽害鄰田，與故決河防者相同，即係罪人。陳名立恐淹壞田畝，前往攔阻，即屬應捕之人，駁令照罪人拒捕殺人科斷。職等公同詳核，查李云從等違斷築壩，貽害鄰田，固屬損人利己，惟所築之壩係在官河，并非陳名立等己業。陳名立等即因恐妨田禾，亦止應控官究辦，不得謂係應捕之人。況例内於公其江河川澤，尚不得依罪人拒捕科斷，則在官河築壩致死攔阻之鄰邑民人，更未便照罪人拒捕定擬。且擅殺罪人及罪人拒捕例内各有專條，若非例内載明，即不得率行牽引，致啓流弊。此案該省照其毆律辦理，尚屬允協，自可毋庸議駁，應請交司照覆。嘉慶十六年説帖。

又卷三〇　貴州司查例載：民間農田如有於己業地内費用工力挑築池塘瀦蓄之水，他人擅自竊放，以灌己田，有拒捕者，以罪人拒捕科斷。被應捕之人殺傷者，各依擅殺傷罪人問擬。又律載：罪人持仗拒捕，其捕者格殺之勿論。若已就拘執及不拒捕而擅殺，以鬥殺論。又鬥毆殺人者，絞監候。又共毆人致死，下手傷重者，絞監候。又例載：兩家互毆，致斃人命，除死者多寡不同，或故殺鬥殺情罪不等，仍照本律定擬外，其兩家各斃一命，果各係兇手本宗有服親屬，將應抵人犯均免死減等，發近邊充軍各等語。此案王桃田土與徐學奎田地毗連，王桃家田旁界內有水塘一口，係王姓費用工力開築蓄水灌田，徐學奎因己田缺水，邀同胞弟徐學海等前往王桃家田邊竊戽塘水，王桃之父王廷仲聞知，喊同王桃等阻止爭鬧。徐學奎拾石擲傷王桃左額角腦後，王桃用身帶鐵鏢格戳，致傷徐學奎心坎殞命。徐學海攏護王桃，拾石擲傷其偏右，因其辱罵，王桃復用鏢戳傷其肚腹殞命。徐學奎胞弟徐學周與黃添順趕場轉回路過，因而趨護，黃添順用刀砍傷王廷仲腦門右跑走，王廷仲趕毆，徐學周用水車柄毆傷王廷仲右肩甲、右臂膊殞命。該撫以王桃因徐學奎將伊拒傷，用鏢格戳致死，例得勿論，其因徐學海向其辱罵，將其戳斃，應照擅殺擬絞。徐學周因不知係竊水起釁，見伊弟兄被毆倒地，趨攏救護，與黃添順共毆王廷仲殞命，應照共毆人致死律擬絞。惟查已死之王廷仲、徐學奎、徐學海係該犯王桃、徐學周有服親屬，應否將王桃、徐學周均照兩家互毆各斃一命例減等擬軍，抑仍各照本條科斷。罪關生死，出入咨部核示等因。查互鬥各斃一命，各係兇手有服親屬，例准將應抵人犯免死減軍，惟死者多寡不同，或故殺、鬥殺情罪不等者，始不在減等之列。詳繹例內所稱情罪不等，係專指一故一鬥，顯有斬絞之分者而言。所稱死者多寡不同，亦係專指所斃之命均應絞，抵此造應抵之數浮於彼造應抵之數者而言。若律睥雖屬稍殊，而所科罪名并無區別。死者縱有多寡，而應抵之數適足相當。則仍應減等定擬，方與例意相符。今王桃擅殺徐學海身死，徐學海之兄徐學周亦共毆王桃之父王廷仲殞命，雖一照擅殺問擬，一照共毆問擬，稍有參差之處，惟按律均應絞候，核與例載故殺、鬥殺罪分斬絞者不同。至王桃另斃徐學海之兄徐學奎一命，訊係格殺律得勿論，既不能以此重該犯之罪，自應仍以擅殺徐學海一命論，與毆斃王廷仲一命之徐學周一律准予免死減軍，以昭平允。惟細核案情，王桃戳斃徐學奎之時，如果因徐學奎拾石向擲，以刀格石，倉猝致死，固應照律勿論。若徐學奎拾石將王桃擲傷之後，已屬徒手，復被王桃回戳斃命，則應仍依擅殺罪人律擬以絞，抵不得概援格殺勿論之律。該撫并未詳叙供招，率行咨請部示，本部礙難臆斷，應令該撫研究明確，按例妥擬具題。道光十二年說帖。

又卷四一　福撫題張承鶴戳傷小功兄張承照身死一案，此案張承鶴因小功兄張承照偷放伊家田水，灌溉己田，該犯理論被罵，并携鐵鏟向毆，該犯奪鏟過手，復被舉脚向踢，該犯順用鐵鏟回戳其右腿，張承照趕攏揪住該犯髮辮，用拳毆打，該犯掙扎不脫，一時情急，用鏟嚇戳，適傷其右腿殞命。查死者竊放田水，在凡人係屬罪人，今係小功服兄，不便加以罪人之名，祇可謂之理曲，亦爲尊者諱、爲親者諱之義。該犯同論被毆情急，嚇戳適傷，核其情節，實可矜憫。該省於疏內聲明，實屬情輕，該司照例夾簽，洵屬允協。嘉慶二十四年說帖。

又卷五六　福撫題劉旺旺等各自趕毆致斃潘紀輝等五命一案，此案劉旺旺等有公共洲田三百四十餘畝，報墾升科，領有執照，迨後陸續坍塌，僅存老洲四十餘畝，因係鄉愚，不知定例，未經報豁，虛賠糧額。旋有新壅沙洲一片，約有六十餘畝。該犯等各用工本，將坍塌老洲一并開墾，種草衛田。潘紀輝等因新壅沙洲與伊等洲田附近，將劉旺旺等所種衛田之草拔取搬回。適劉旺旺等五人赴田工作，見而喊捕，互相爭毆，致斃潘紀輝等五命。查劉旺旺等報墾升科，老洲勘有坍塌，其新壅沙洲例得撥補。劉姓費用工本，種草衛田，與挑築池塘蓄水灌田事同一轍，潘紀輝等擅將田草拔取，劉旺旺等五人各自趕毆，致傷潘紀輝等五人身死，此案并無原謀，應各抵各命，將劉旺旺等五犯俱比照民間農田如於己業地內費用工本挑築池塘瀦蓄之水，他人擅自竊放，被應捕之人殺傷者，各依擅殺罪人問擬，例擬絞監候等因。查律載：鬥毆殺人者，不問手足他物金刃，并絞監候。又例載：民間農田如於己業地內費用工力挑築池塘瀦畜之水，擅自竊放以灌己田者，照侵占他人田畝律科斷。如有被應捕之人殺傷者，各依擅殺傷罪人問擬。又沿河沙洲地畝被沖坍塌，即令業户報官勘明注册，遇有淤漲，亦即報官查丈，照原報之數撥補。此外多餘漲地，不許霸占。如從前未經報坍，不准撥給各等語。此案劉旺旺等族內有公共洲田二百四十餘畝，早年報查升科，迨後陸續坍塌，該犯等不知定例，未經報豁，虛賠糧額，嗣該犯等洲下新壅沙洲一片，例應撥補。該犯等各用工本將坍塌老洲一并開墾，種草衛田，潘紀輝等因新壅沙洲與伊等洲田附近，各將該犯等所種衛田之草拔取搬回，該犯等見而喊捕，各自趕毆，致斃潘紀輝等五命，該撫將劉旺旺等比照農田已業池塘瀦蓄之水，他人擅自竊放，被應捕之人殺傷，各依擅殺傷罪人問擬例擬絞監候等因具題，臣部查：殺傷竊放田水之人依擅殺傷罪人問擬之條，原以潴蓄在於己業，竊放係屬他人，事與侵占田畝無殊，故例得照擅殺科斷。至沙洲被沖坍塌，必須報官勘明注册，遇有淤漲，亦必報官查丈撥補，多餘漲地不許霸占，未經報坍，不准撥給。定例已有明文，原以杜侵占而防爭競。今劉旺旺等洲田雖有坍塌，但從前未經報官勘明注册，現有新壅沙洲，按例即不應撥給，即不得爲該犯等己業，乃該犯等輒即開墾種草衛田，將拔草之潘紀輝等毆傷身死案，係爭洲讐鬪，與擅殺竊放田水罪人之案情節不符，該撫於新壅沙洲尚未勘丈明確，率將該犯等比照擅殺科斷，已屬擬於不倫。且劉旺旺等袒族兇毆，致斃彼造五命，難保無預謀糾毆，及另有起釁別情，案情尚未確鑿，引斷亦未允協，應令審訊明確，按例妥擬。道光十一年說帖。

又卷六〇《盗决河防》 欲图淤地故决河防淹没田禾。隸司查律載：盗决河防致水勢漲漫，渰没田禾，計物價重者坐贓論，罪止杖一百，徒三年。若取利故决河防，計漂失物價贓重者，准竊盗論，罪止杖一百，流三千里，免刺等語。今直隸省道光七年冬季外結徒犯册開滄州民高三洛等盗决河堤一案，高三洛與高右疙疸會遇，道及減河水大意，欲灌水淤地。高三洛起意盗决河堤，高老疙疸應允，分携鋤鍬至高家口莊外南減河南岸，同將堤岸刨開一口，河水往下灌注，致吕家橋等十餘村莊田禾多被渰漫，收成歉薄。本部詳核案情，該犯等盗决河堤，意欲灌水淤地，係屬取利故决，其河水灌注，致十餘村田禾被渰，收成歉薄，贓難數計，實與僅圖免害因而盗决者不同。該督僅將高三洛依盗决河防渰没田禾計物價重者坐贓論，罪止滿徒律，擬杖一百，徒三年。聽從盗决之高老疙疸於高三洛滿徒上減一等，杖九十，徒二年半，是不察其取利故决之心，僅科其尋常盗决之罪，殊未允協，應令核明例案，妥擬咨報。道光九年說帖。

又 救護民埝急迫搶用官廠物料。江督奏：沈華錫因輪當工頭防護民埝，適該處官閘開啓，減洩河水溜勢湧激，致將該犯防護處所堤根沖塌，一時料物無措，該犯情切救護田廬，隨將官廠料物搬搶，以應民埝之用，估值價銀二百四十兩。但該犯糾搶爲防護起見，與得財入己者有間，惟官廠存貯料物均關帑項，與倉庫錢糧無異。應將沈華錫比照竊盗庫貯銀錢，首犯數至一百兩以上絞候例，量減一等，擬杖一百，流三千里。道光二年江蘇司案。

又 奸徒聚眾强挖官堤漂沒田廬。江蘇司查例載：直省刁民擅自聚衆至四五十人，尚未毆官者，照光棍例，爲首斬立决，爲從擬絞監候。又河員有將完固堤工故行毀壞，希圖興修，端端侵蝕錢糧者，該總河察訪奏聞，於工程處正法。又名例律載：共犯罪而首從本罪各別者，各依本律首從論各等語。此案龍窩汛十三堡奸民聚衆强穵官堤，掣動全黄大溜入湖，經該尚書等訊係在逃之陳端起意爲首，張開泰、趙步堂二犯聽從糾人，復督同刨穵陳明等十三犯，或在場照看，或幫同刨穵，或轉爲送信，聲明將來嚴拿陳端到案時，必應比照光棍例從重問擬，正法河干。將張開泰等二犯依盗决堤岸，既經過水漂没他人田廬爲首例，擬以枷號三個月，實發烟瘴充軍，陳明等十三犯依决堤爲從例，加一等，擬以流二千里等因。臣等查其犯罪而首從本罪各别者，律得各依本條科斷。若罪名并非各别，則引斷不容兩歧。今陳端等聚衆執持器械，捆縛巡兵穵堤放水，以致决口寬大，糜帑害民，迥非尋常盗决河防可比。該尚書等聲明將來拿獲陳端時，應照光棍爲首例正法，情罪洵屬允協。第禍固首於造意之犯，而事實成於附和之人，衡情定斷，自應將聽從糾人復督同刨穵之張開泰等二犯依光棍爲從例擬以絞候，并未糾人亦未捆縛巡兵之陳明等十三犯依光棍爲從例，量減擬以滿流。乃該尚書等僅將張開泰等於盗决河防本例上分別加等問擬，一事兩引，核與定例不符。再臣等詳核案情，頗多疑竇，即如原奏内所稱，陳端趕集遇見陳堂等談及黄河水大，意欲糾人穵决放泥淤地一節，臣等伏思盗决河防罪名綦重，該犯等放泥淤地，希圖不可必得之微利，而輕蹈必不可逃之王章，且又不謀於家而謀於市，其事已非情理。況檢查供招，陳端與陳堂在集商謀之語，曾被路過之海東樓聽聞，是陳端倡議之始，既已傳播於行人，而該汛弁兵耳目切近，千總沈得功又係陳端兒女姻親，何至毫無覺察，任令輾轉糾邀？謂穵堤僅係陳端造意，該弁兵等均未同謀，殊難憑信。又原奏所稱陳端令張開泰邀人，張開泰隨轉邀海東樓等各許給錢二百文同往穵堤一節，臣等伏思，人孰不愛其身家，而禍莫烈於蕩析，聽糾之海東樓等多係沿河居民，詎不知決口一開，廬舍必遭漂沒，何以一聞糾約穵堤，輒貪些微之雇值，忘蕩析之奇灾。人雖至愚，不宜出此。又原奏所稱陳端等同至十三堡地方，張開泰等督令衆人刨穵，陳端等在兩旁攔截行人，并喝令數人將堡兵楊德、田賦捆縛一節，臣等伏思河干堡房林立，聲勢原屬相聯，況當秋汛喫緊之時，防範尤宜倍力，豈有任其攔截行人、任其捆縛堡兵，而附近民夫并不齊集、鄰堡兵丁并不趨護之理？又原奏所稱，効用百總張有功巡見趕至張家灣，向沈得功報知，沈得功正在張家灣搶險，聞信騎馬趕至決口地方，時已天明，復折回張家灣搶厢防風一節，臣等檢閲供招，張家灣係在兵九堡地方，距兵十三堡決口之處不過數堡，而沈得功供詞内係於四更時聞信，若使立即馳往，各犯未必全逃，何以遲至天明始行趕到？其情已屬可疑。況本汛河堤既經決口，即使勢難搶堵，亦當俟該河督到工後聽候查勘，不應遽行折回。若謂張家灣水大堤險刻難遠離，獨不思十三堡決口既開，水勢奔洩，張家灣相距甚近，何至復有險工？是沈得功所供多不足憑，即難保無知情同謀事後狡飾情事。罪名既未允協，案情亦多疑竇，臣部礙難率覆。應令該尚書等研究確情，按例妥擬具奏，到日再議。道光十二年説帖。欽差朱等奏：桃南穵堤從犯陳堂等奉部駁審，遵照改擬一摺。此案陳堂、張開泰、趙步堂等聽從糾約穵堤，已據各犯證供係陳端起意糾謀，自應以在逃之陳端爲首，俟將來到案時，應比照刁民擅自聚衆至四五十人，尚無鬨堂塞署，照光棍例，擬斬立決，正法河干，以彰國憲。陳堂、張開泰、趙步堂各有田畝，希圖受淤，聽從商謀，并代糾人幫同穵堤，應照光棍爲從科斷。前據署尚書穆等審依盜決河防爲首律擬軍，究屬輕縱。陳堂、張開泰、趙步堂均應比照光棍爲從例，擬絞監候，秋後處決。趙步堂業已病故，應毋庸議。陳欽等十九犯聽從糾往穵堤，應於陳堂等絞罪上減一等，杖一百，流三千里。范淇啓等雇令穵堤不允，被脇勉從，與被脇同行者有間，應於陳欽等流罪上再減一等，杖一百，徒三年。堡兵人等比照倉庫值更之人不覺盜者，杖一百。已革桃南通判、守備、千總、主簿田鋭等比照失察私越關津律杖一百加一等各杖六十徒一年，不足示懲，應請發往軍臺効力贖罪。桃源縣劉履貞、把總錢永貴應欽遵諭旨，革職枷號，工竣免其治罪。河督張淮、揚道王參將、張尤吉、薛業經奉旨摘去頂戴，部議革職留任，戴罪在工，應俟工竣，恭候欽定等因。道光十三年正月十九日，奉旨：此案已革同知銜署桃南通判田鋭、桃南營守備張順清、龍窩汛千總沈得功、桃南縣南岸主簿王積芬，防守堤工，是其專責，乃不能先事預防，致奸民盜穵決口，全黄入湖，事後復以無據之言冒昧具禀，情罪較重，僅照失察私越關津律加等杖六十，徒一年，不足示懲，田鋭、張順清、沈得功、王積芬均著發往軍臺効力贖罪，以爲玩視河防者戒。餘依議。欽此。

又 盜挖私堤決口過水湮沒秋禾。湖督奏謝同敖等盜決州堤一案。查該犯等所穵之堤雖係民間私堤，非山東、河南臨河大堤可比，惟決口過水，致秋禾雜糧俱被渰沒，小民終歲辛勤，一旦化爲烏有，且因此釀成十四命重案，未便輕縱。將謝同放比照故決河南、山東臨河大堤漂沒他人田廬財物例，枷號三個月，實發烟瘴充軍。道光二年案。

藝文

清 梁他山《讀律琯朗・防河》 盜決官河杖一百，盜決民田杖八十。若係故決害人者，杖百徒三罪應得。橋梁道路不修理，提調官吏笞三十。應置渡船不置者，官吏亦應笞四十。

禁令

論説

清 凌銘麟《律例指南》卷二《水利》 盡力溝洫，明農之大政。大約南土重蓄洩，北土重灌溉。然蓄洩得宜，仍可資其灌溉，而灌溉有法，亦必以時蓄洩。重蓄洩者，多本乎天，因其勢而利之則善矣。重灌溉者，多成乎人，必開鑿遏防，設堰立閘，立約啓閉，未曾經始協工之處，雖水遠其地不許取用。水有數支散布數村者，其分流也有多寡之別。有一渠遠數村縣者，其得水也有後先之次，有日時之限，有渠長、溝長、老人以董之。違例踰約，則獄訟以興。司牧者于此當申明舊例，禁止盜決，修浚以時；董理者必擇公正，勤慎之人董之，則得要領矣。

綜述

清 端方《大清光緒新法令・續改内港行輪章程十款》 第四條：凡在中國内港行駛之輪船，如有損傷堤岸或各項工程，應責成該輪船將該堤岸工程查係損傷以及他項因傷受虧一切賠償業主。如有淺水河道，恐因行輪至傷堤岸以及相連之田地，中國欲禁小輪之行駛者，知會英國官員查明，實有妨礙，即行禁止英輪行駛該河，但華輪亦應一律禁止。至華、洋輪船并不得駛過内河向有壩閘之處，防有損傷該處壩閘，致礙水利。

又《中日續議内港行輪章程》 四、凡在中國内港行駛之輪船，如有損傷堤岸或各項工程，應責成該輪船將該堤岸工程查係損傷以及他項因傷受虧一切賠償業主。如有淺水河道，恐因行輪致傷堤岸以及相連之田地，中國欲禁小輪行駛者，知會日本國官員查明，實有妨礙，即行禁止日輪行駛該河，但華輪亦應一律禁止。至華、洋輪船并不得駛過内河向有壩閘之處，防有損傷該處壩閘，有礙水利。

又《農工商部等會奏核議鑛務章程摺》 第五十八款：鑛地水利。各省内地之江河湖港可行舟艇之處，均歸國家管轄，官民公用所有江河等處水道，鑛商不得藉故擅擬更改，亦不得分注上流之水，致奪下流居處之水利。

清 顔世清《約章成案匯覽》乙篇卷一〇上《上海新定虹口租界章程》 第八條：吴淞江不在美租界内，水利之事歸中國地方官經管。所有北岸岸綫將來應由地方官與美領事工部局員會同劃定，以後修建駁岸，不得填築綫外。工部局如在吴淞江添造橋梁，同現在所造之橋，一律不能再低。倘在北岸建築碼頭，亦不得填出河外，淤墊河身，有礙水利。

又《蘇州日本租界章程・光緒二十三年》 第二條：界内管理道路橋梁以及巡捕之權，由日本領事官管理。其道路橋梁今議日本領事官設法造修，與中國地方無涉，但照圖内所劃應設道路橋梁之外，若另開道路，凡於彼此人民水利有關之處，須與地方官妥商辦理。

又《福州日本租界條款・光緒二十五年》 第九款：大橋以下至馬江一帶所有河道水利之事，仍歸中國地方官管理。劃定租界後，如日本商民於租界北方河岸及新洲上修建駁岸，填築馬路，不得填出河外，以致淤塞河身，致碍水利。惟大橋以下，沙灘甚多，專界坪數丈尺定後。此後沿江沿洲如有續漲沙岸，應歸中國管理。倘日本官商欲在北方河岸通至新洲，無論如何辦理，總不得阻碍來往行船，更不準用土填塞河身，致碍水道。

紀事

《清會典則例》卷一三三《河工三・禁令》 順治五年覆準，安山南旺兩湖地，業經升科者，聽民佃種，其餘湖地，不許開墾妨漕，永爲令。又覆準，衛河渠口每年四月以後盡行堵塞，不許偷放。【略】十三年覆準，南旺、臨清、大浚及各處河官揠浚本境淤淺，築壩未開之先，豫頒告示，禁止一應官船不許先期逼勒開壩，貽誤工程。【略】七年議準，畿輔堤岸關繫緊要，禁止附近莊佃私開渠口。八年議準，直隸渾河堤工禁止車行，如有損壞者，咎歸該管官。【略】三十年覆準，河南河内縣丹河發源太行山，至丹河口分渠九道，内惟小丹河、上秦河二渠通衛濟漕，嗣後如雨足之年，於三月初用石絡裝石横塞河渠，使水歸小丹河入衛濟漕，仍留涓滴灌田，至五月秒重運已過，則開放河渠，塞小丹河口，以防山水漫溢。倘遇亢旱之年，自三月朔至五月望，令三日放水濟運一日，塞口灌田，過此以後，仍從民便。至輝縣束刀泉爲衛水之源，民間設五牐以蓄水灌田，向例於五月初一日封版放水濟運，但五月正農功需水之時，應量渠之高下，用竹絡裝石堵塞，使各渠之水常盈，則正流足以濟運，餘潤可以灌田。其安陽縣之萬金堤亦令仿束刀泉五牐之法，用竹絡裝石，相時塞牐通渠，務使民漕兩無妨礙。【略】四十四年覆準，南旺湖涸出灘地不許違例耕種，令地方官出示嚴禁。又覆準，嗣後有故決盜決南旺、昭陽、蜀山、安山、積水等湖，揚州高寶湖、淮安高家堰、柳浦灣及徐邳上下濱河一帶各堤岸，并阻絕山東泰安等處泉源，有干漕河禁例者，不論軍民，槩發邊衛充軍，其牐官人等用草卷閣牐版盜洩河水，串通取利，犯該徒罪以上，亦照前問遣。又議準，漕河各牐務依漕規啓閉，官員經過，不許徇情擅自開放洩水，致稽重運，違者不宥。【略】雍正元年，諭：每年漕船遲滯，皆由運河阻淺。運河之水，全賴山東諸湖蓄水，以資灌注，近歲漸就淤積，居民或占成田地，以致水少不能濟運。今宜乘夏秋雨水之時，豫爲蓄水之計，凡沿河田地已經成田者，不必追究，其未經耕種者，速宜嚴禁，不可侵占。至諸湖堤防，須修築堅固，引河牐壩，務啓閉得宜，則湖水深廣，運河流通不竭，漕艘自無阻滯之虞。欽此。【略】又議準，小丹河、桓河各牐令該撫嚴飭河官不時疏浚，仍遵舊制，三日放水濟運，一日塞口灌田，於糧船趲行回空之期，該河官親至水口，秉公啓閉，將水勢情形設立循環號簿，五日一次報明該管印官，仍嚴禁偷放。如河官通同賣水，以致漕船阻滯者，指名題參，嚴加治罪。【略】二年諭：江南黃、運兩河堤工向有民人蓋房居住者，經河臣等議，令拆毀遷移，以防作踐，旋以小民安土重遷止，令移去險要工所之房屋，其餘仍舊存留，此國家體恤貧民之恩澤也。各堤民房皆無額徵租税，惟高郵、寶應、江都、甘泉、山陽五州縣每年有應徵租銀三百八十餘兩，其間拖欠不完者，往往有之。若留此輸公之項，雖爲數無幾，而追呼不免，恐有胥吏藉端苛索之弊，著將此項租銀永行停止，并將累年拖欠悉予豁除。惟是堤工乃河渠之保障，理宜加意慎重，以固河防，除見在已成房屋無礙堤工者免其遷移外，將來不許增蓋。如有違禁增蓋者，即驅逐治罪，并將徇縱容隱之官弁分別議處。欽此。又諭：今年五月，山東雨少，運河水淺，糧艘不能銜尾而進，沿途揠淺起撥甚費經營，而臨清以北更多阻滯。朕細加訪察，臨清以北全賴衛水，合汶濟運，而衛水發源於河南衛輝府，至臨清五百餘里，居民往往私洩灌溉，經前任河臣題定，每歲於五月初一日盡堵渠口，使衛水全歸運河。今日久法弛，衛水來源小民不無偷放，遂致運河水勢長落不時，重運艱於北上。目前正當緊要之時，所當稽察嚴禁者，著直隸、河南督撫速行辦理，務使衛水不致旁洩，糧運遄行無阻。欽此。

（乾隆）《南靖縣志》卷二《官洋北充等處山澤水利示禁碑文》

官洋、北充等處一帶山水，民生樵牧者在于斯，葬埋者在于斯，乃巨豪勢猾，侵恣屠蠹，貧弱疲瘵，愁嘆無貲。萬歷辛巳歲九月，里民相率遮道求救，縣父母慨然諗于衆曰：噫！有是哉！余爲汝袪其害也。汝苟利矣，余爲汝興焉。衆讙然曰：父母之言，其仁人之言哉！即歸其山于官而與民樵葬浚其流以灌田，潤澤桔槔，濡沃桑麻，杜、召、劉、張，非其匹儔耶。仁至利溥億兆，弗忘請勒于石，以垂不磨。邑侯李姓，諱大欽，庚辰科進士，江西浮梁人也。一、涵溪口陂圳一道，自涵溪内起，歷險圳，過橋頭山，至甘棠社倉前，紆延三里許，灌田二百餘畝。每遇秋夏水漲，陂口沖壞，農民鳩工修築，費用浩繁，始得通水流灌，民重賴焉。一、茭東坑保上陂圳水道一條，自茭東坑保土名溝尾起，至中興保後寨埔止，紆延五里許，引水流灌田二百餘畝。一、茭東坑保下陂圳水道一條，自雙溪口起，至墩下社止，紆回三里許，引水分灌田二百餘畝。

（宣統）《臨安縣志》卷八《杭嘉湖道豐水利禁示》　案查：前據臨安縣民許□正等呈控周茂金等朦禁散放水段阻捺索詐控蒙，委員會同勘明詳定，仍照舊章，準其散放，詎周茂金等抗違不遵，仍行搶盜，叩請出示勒石嚴禁等情。當查此案前據兩造疊次上控，奉撫憲批，府委員會縣勘明，議令該處竹木仍照舊章，准其散放，四月閉堰，蓄水灌田，八月開堰，聽放竹木，惟封堰期内概不準放運，并令將前縣李令禁碑立時毁銷。周茂金等敢再拘執前示，恃衆要挾，即行解省，嚴辦詳明，撫憲批示，飭府勒石，嚴禁立案。茲聞周茂金等仍有違斷搶盜情事，殊屬刁玩，除飭縣嚴拏解辦外，合亟出示，勒石嚴禁，爲此示仰闔屬軍民人等知悉。自示之後，務按詳定章程，如遇放運竹木到堰，立即放行，毋得阻捺勒索，乘機搶盜。倘敢故違，一經訪聞，或被控告，定即飭縣按名嚴拏，從重懲辦，決不寬貸，名宜凜遵。毋違。

藝文

清　佚名《大清詔令》卷六《册立皇太子詔》　河工連年修築，糜費不貲。茲當兵餉浩繁，着該管大小各官潔已奉公，加意節省，以濟軍需。勿得因仍積獘浮冒開銷，致滋民困，如有發覺，定從重治罪，決不饒恕。

又卷七《五旬聖壽恩詔》 一、河工官員領正項錢粮，修築堤岸，被水衝決，應賠還者，照例追賠。其自損銀兩，修堤完工之後，被水衝決，或因地勢難築，竣工無期。若仍責令賠修，甚屬可憫，着總河察明具題，免其賠。

農田水利信仰總部

農田水利信仰總部説明

農田水利信仰總部包括雩、龍王、河神、水神、祈雨等内容，共輯録相關材料约六十萬字。

由于技術條件的制約和對自然、氣候等現象及特徵認識的模糊，古人在面對農田水利灾害時往往會祈求天地、神靈的護佑，以獲得心理的慰藉。這些祈求和祭祀活動與興修水利、引水灌溉一起，共同成爲古人處理水利灾害時的常見措施，因此也成爲中國古代農田水利活動的必要構成部分。

雩，『祈雨之祭也』，是國家性質的祭祀大典，至遲在殷商時代已經流行。周代以農立國，祈雨之習更盛，宫中專設雩祭官及舞雩的女巫：『司巫，掌群巫之政令，若國大旱，則帥巫而舞雩。』雩祭之禮，天子、諸侯都曾舉行：天子雩于天，級别最高，稱爲『大雩』；諸侯雩于境内山川，稱『雩』。雩祭的對象，除上天外，還有山川百源和宗廟社稷等。雩祭分爲『常雩』和『因旱而雩』兩種。『常雩』爲固定時間的祭祀，《左傳》曰『龍見而雩』，即指蒼龍七宿在建巳之月（夏曆四月）出現在東方，此時萬物始盛，急需雨水，故每年此時有雩祭；『因旱而雩』指因大旱成灾而舉行的雩祭，多在夏、秋兩季。雩祭歷代均有舉行，多在長期乾旱、危及農業生産之際，以示統治者重農之心、慰農之情，是最高形式的官方祈雨儀式。

民間在水旱灾害發生之時，多祈求于龍王、河神、水神等各種神靈，各地也都建有龍神廟、水神廟等。其中，龍王信仰最爲普遍，先秦時期就已出現，在唐代前後，龍王成爲最爲重要的祈雨、祈晴的對象。河神，亦稱河伯，主要指黄河之神，這也是黄河對中國農業的重要作用的體現。水神多指長江和其他河流的神靈，形象不一，但共同承擔着佑護風調雨順的神通和責任。

民間的祈雨儀式豐富多彩，形態各異。從其性質而言，既有官方許可的祭祀，也有民間秘密舉行的各類淫祀；從主持者來説，既有地方長官主導，也有民衆自發，還有宗教人士參與其中；從其所使用的儀具來看，既有傳統的旗鼓鑼杖，也有蜥蜴、鵝等祈雨專用的具有『靈力』的動物；從祈雨方式來看，既有籲天告請、焚香拜祭，也有與神約以血食，更有通過斷臂等自殘手段以求天神感應者。中國古代普遍而頻繁的祈雨活動，引發了古人的長期不斷的記録和思考，彰顯了天人關係的一個重要面相，也凸顯了中國農田水利文化的豐富多彩。

農田水利信仰總部

雩

題解

宋 戴溪《春秋講義》卷一上《桓公》　《禮記·月令》：仲夏之月，天子雩。帝用盛樂，謂之大雩，諸侯雩境内之山川而已。葢雩者，祈雨也，先事而祈王者，重農之意也。原注：常祀祈雨者，謂之雩。遇旱而祭者，亦謂之雩。傳者專以雩爲旱祭，特知其一爾。魯僭用天子之禮，故大雩郊禘，率與天子同，使春秋悉書之，將不勝其書也，故因事而書，以示戒也。今大雩之所以書者，非時也。夏當雩而秋行之，時已晚矣。凡書大雩者，其義同。

宋 李明復《春秋集義》卷七《桓公》　謝湜曰：天子祭天有四：冬至郊，孟春祈穀，孟夏大雩，季秋明堂是也。諸侯不得祭天，祈穀行於社稷，雩禮行於境内之山川而已。雩，祈雨之祭也。大雩祭天，而雩，天子之禮也。夏百穀需雨之時，故雩以孟夏。秋大雩，失天時也。然則大雩，書僭也；秋大雩，書怠也。孟子曰：民事不可緩也。魯雩以秋，而人君無恤農之誠，由此見矣。

宋 陳深《讀春秋編》卷二《桓公》　大雩。雩，祈雨之祭也。左氏曰：龍見而雩。杜氏注：龍見建巳之月，蒼龍宿之體，角亢七宿，昏見東方，萬物始盛，故祭天，遠爲百穀祈膏雨。雩，歲之常祀，不書。春秋凡雩二十二，未有當建巳之月，葢勤民之祭，未嘗先舉，及旱而始祭，乃遍舞山川百神之間，故非其時則書，譏其慢也。《公羊》所謂旱祭也。故雩而雨則書雩，以見非禮，且志旱也；雩而不雨則不書雩，而書旱，以紀灾也。謂之大者，雩于上帝，用盛樂，天子之祀也；諸侯雩于境内之山川百神耳。魯大雩，非禮也，書之所以譏其僭也。

元 劉壎《隱居通議》卷二七《禮樂·雩祭》　周制，《月令》：建巳月，大雩五方上帝。其壇名曰雩禜，於南郊之傍，以太昊青、炎帝赤、軒帝黄、少昊白、顓帝黑配五帝。《左傳》：龍見而雩，乃角亢星見時，周之六月陽氣盛，恒旱，故雩。雩之爲言遠也，遠爲百穀以祈膏雨。若國大旱，則司巫帥巫而舞雩；若旱暵，則女巫舞雩。世人常言舞雩，未知其義始此。

元 陳則通《春秋提綱》卷九《雜例門·魯雩例》　嗚呼！魯之雩其有二乎？有常雩，有旱雩。建巳之月，蒼龍之宿，昏見于東方。是時，舉雩禮以祭之，祈百穀仰膏雨也。若乃旱而雩，則因旱而後雩也。雩而雨，則但曰雩。雩而不雨，或旱而不雩，則始曰旱。經無建巳之月書雩者，其魯之常祭歟？或一年而兩雩，或一月而又雩者，其旱甚歟？然則雩以大書，何也？天子之雩主上帝，諸侯之雩主山川、星辰。《春秋》書大雩，則魯人僭天子之禮而雩上帝矣。然則成王賜魯以天子之禮樂，毋乃是歟？曰：誰爲是言？若吾夫子之言則信，若吾夫子之言則信。

明 汪舜民《静軒先生文集》卷六《序·族伯希文先生禱雨有感序》　司巫舞雩，所以禱雨也。

明 陳士元《論語類考》卷一二《禮儀考·舞雩》　元按：雩祭名有二義，一祈穀，一因旱也。《春秋》書大雩、又雩，《周禮》司巫帥巫而舞雩，此因旱而雩也。《左傳》謂龍見而雩，《詩序》謂春夏祈穀而雩上帝。龍者，東方七宿，其形如龍。建巳之月，龍星始見，天子乃雩，祀五精帝，配以五人帝，諸侯則雩祀百辟卿士之有益於民者，以祀穀實，葢聖人愛民心切，故爲百穀祀帝祈膏雨也。《周禮·小宗伯》：兆五帝於四郊。鄭玄注云：夏雩，總祭五帝是也。魯之舞雩在城南，故魯以南門爲雩門。鄭玄謂雩壇在南郊之旁，葢有所據。《春秋緯》孝異云：雩者，呼嗟求雨之名。《月令》云：大雩用盛樂。故雩而舞者，樂之容也。《周禮》舞旱暵則用皇舞，謂染鳥羽五采，象鳳凰之羽以爲舞也。《周禮》女巫旱暵則舞雩，乃女巫執皇而舞也，葢女與皇皆陰類，舞所以達陽中之陰。董仲舒祈雨之術：閉南門，縱北門，或亦古者達陰之意也。漢承秦焚之後，雩禮已廢，而漢舊儀所稱雩壇，惟指龜山沂水爲言，豈魯之雩壇至漢尚存，嘗即其地舉雩祀耶？夫古之雩，帝必升烟，而梁之雩則謂火不可以祈水，而爲坎以瘞，陽方不可以求陰，而移壇於東。古之雩樂以舞爲盛，而齊之雩則尚謳歌而已，非古制也。賈公彥釋《周禮》司巫帥巫舞雩之説，乃謂帥女巫兼男巫舞也。且引曾點『童子六七人，冠者五六人』爲證，謂舞人必有童冠，是以點爲司巫矣，可詫哉！

清 張爾岐《蒿庵集》卷一《與鄧温伯書》　禱雨之事，古所謂雩也。雩之説，雜見經傳，按其所雩諸神，則上帝也，山川也，宗廟社稷也，五祀也，百辟卿士之有益於民者也，蓋因分之所祀者而致禱焉。

清 張尚瑗《三傳折諸・穀梁折諸》卷六《雩者爲旱求者也》

《荀子・天論》篇：日月食而救之，天旱而雩，非以爲得求也，以文之也。與傳文詞異而指則合。

清 鄂爾泰《授時通考》卷四六《勸課・祈報》　大雩者，祭於帝而祈雨也。一説郊祀天祈農事，雩祭山川而祈雨也。

清 雷學淇《介庵經説》卷一〇《孝經・舞雩之禮有二》　祈，叫也；舞，號雩也，其義實相證。凡祈禱之祭，未有不叫號所祭以祈其佑祐者。《雲漢》之詩所述王言是其證已。雩者，禱雨之祭也，其所舞即皇舞。古禮王社、侯社皆在籍田之中，天子在南郊，侯國在東郊，有壇壝樹木，祈報之禮皆于此行之，此即舞雩之所也。魯僭王禮，雩于帝，故壇在南郊。《周官》：舞師教皇舞，帥而舞社稷之祭祀；教皇舞，帥而舞旱暵之事。皇舞不言其處，即承上社稷言之也。鄭注以皇爲五色羽，形制亦如帗，蓋義取祓除旱氣，皇皇然求神之佑祐也。古之雩祭，禮有大小，《夏小正》曰：三月祈麥實。越有小旱，此歲之小雩也。在《周禮》即男巫之春招弭以除疾病，女巫之掌歲時祓除釁浴，旱暵則舞雩也。蓋旱則皇舞，而雩爲麥祈實，不旱則但行招弭之祭帗舞，以祓除釁浴耳。《論語》謂：莫春者，浴乎沂，風乎舞雩。即此後世廢春雩之禮，但于上巳修禊。此鄭人秉蕑之陋俗耳，何足言禮？又《夏小正》曰：四月越有大旱。此在周制，即時訓之小暑，至《左傳》之『龍見而雩』，月令之『大雩帝以祈穀實』也，此雩本在四月中氣後，其時角、亢二宿昏中于午，故行大雩之禮，爲百穀祈實，此三代之通制也。秦距周初恒星差十二度，五月朔氣，龍始昏中，故《吕氏春秋》謂小暑至大雩帝皆在仲夏，漢初著爲《月令》，儒者從之。故《春秋傳》雩月之名，注者異説，戴君《夏小正傳》謂蓄蘭在五月五日，爲沐浴也，此日采蓄衆藥，以蠲除毒氣，其説之附會，亦由于此，然即此可證雩宗之禮其舞號者，實有祓除旱氣、禱祈甘雨二義。

論説

宋 陳暘《樂書》卷一九七《樂圖論・舞雩》　《周禮》：舞師掌教皇舞，帥而舞旱暵之事。《司巫》：若國大旱，則帥巫而舞。巫，女巫，旱暵則舞雩。凡邦之大烖，歌哭而請。《月令》：仲夏命樂師修鞀鞞鼓，均琴瑟管簫，執干戚戈羽，調竽笙篪簧，飭鐘磬柷敔。命有司爲民祈祀山川百源。大雩帝，用盛樂。《爾雅》曰：舞，號雩也。然則大雩帝，則昊天上帝及五帝也。用盛樂，則宫架歌黄鍾、奏大吕、舞雲門也。今夫雩樂以舞爲盛，後世或選善謳者歌詩而已，則北齊之禮，非古制也。

宋 沈棐《春秋比事》卷一一《雩論》　按《周官》旱暵則舞雩者，旱祭之名。然天子雩乎上帝，用盛樂，故稱大雩。諸侯雩乎境内山川，其禮樂殺于天子，則不得謂之大雩矣。而《春秋》於群公之年書大雩者二十有一，以諸侯而用天子之禮，其僭亂可知矣。凡書之意，皆謂此也。《左氏》謂龍見而雩，過則書之。又曰：書不時也。《公羊》謂言雩則旱見，言旱則雩不見。凡書者，記灾也。《穀梁》以謂雩月，正也，雩得雨曰雩，不得雨曰旱。又曰：冬無爲雩。又曰：秋大雩，非正也。毛澤未盡，人力未竭，未可以雩也。月雩，正也，其時窮人力盡，然後雩，雩之正也。何謂其時窮人力盡？是月不雨則無及矣，是年不艾則無食矣。雩者，爲旱請也。古之人重請，以爲非遜也。夫《左氏》以爲龍見而雩，則建巳之月也。凡於是月而雩，則爲常禮，故經不書六月雩，而至於他月則書之，所以譏其過禮也。夫先王之制，雩禮急於爲民而已。天時不雨，害民稼穡，則雩之可也。何必拘於建巳之月，使必建巳之月然後爲正，則他月有旱暵之灾，先王豈有拘於禮文，坐視民之饑饉而不恤哉？此《左氏》之説非也。《公羊》謂記灾，是又失聖人之旨。夫《春秋》之書，灾異自有常文，若大水大旱，載於經者多矣，聖人豈以祭祀之禮記灾異乎？此《公羊》之説亦非也。《穀梁》以月雩爲正，時雩非正。夫爲民父母，救民之急，將匍匐之不暇，而曰毛澤未盡，人力未竭，以行其區區之遂，不亦鄙哉？此《穀梁》之説亦非也。蓋凡雩者，爲旱禱也。一月之旱，故雩書月；一時之旱，故雩書時。以是論之，説皆爲未得。然書雩之例，時月而不日，唯昭公季年八月上辛大雩、季辛又雩。一月之間，兩書雩，且曰又者，《公羊》謂聚衆以逐季氏，此似得其意而未盡。説者曰：僭禮、瀆禮，皆常談也。考之經，是時昭公失位，季氏專權，國人不與，故兩舉而行祭祀，以市愛民之譽，求免禍而已。是以《春秋》兩書而疾之。嗚呼！古者先王修德應天，勤恤民隱，無或豫怠，是以雨暘得時，得時而民康阜，不幸水旱之灾出於非常，則至誠惻怛，形於祭祀，所以存事天愛民之心而已，豈區區恃以要僥倖之福哉？春秋之時，暴君汙吏殘民以逞，干戈相尋，賦斂百出，徭役無時，使斯民困於塗炭，蓋亦極矣，方且舉祭祀之虚文，以愚其國人，吁，可笑哉！

宋 章如愚《山堂考索·别集》卷一四《禮樂門·雩祀》 求雨之祭，書雩祀之失者，莫詳於夫子之《春秋》；辨雩祀之時者，莫詳於潁達之《月令疏》。夫雩者，求雨之祭也，建巳之月常用焉。故有以雩音近吁，而謂女巫吁嗟之祭。又以雩爲遠，而謂遠爲百穀求雨之祭。曰吁，曰遠，義雖不同，其所以爲求雨之祭一也。是故天子雩於上帝，諸侯雩於上公，言雩祀之必有别也。天子禱九州山川，諸侯禱封内，大夫禱所食邑，言雩祀之必先禱也。或者則曰：周以四月，秦以五月，何也？吁是特未之思耳，蓋是周人以建子爲正，四月雩者，今之二月也。秦人以建亥爲正，五月雩者，亦今之二月也。周曆起元自冬至甲子，故四月以東方蒼龍星見而雩。秦曆自孟春起，日在營室五度，故仲夏之月以昏亢中而雩。要之亢中，此所以爲龍見也。不然，周何以用四月，秦何以用五月乎？雖然《穀梁》説以得雨曰雩，《公羊》説以言雩則旱見，是又二家之説爲不同，而愚以鄭氏釋廢疾證之，則《穀梁》之説爲得也。

宋 魏了翁《禮記要義》卷六《月令·有雩有禱》 雩之與禱所以異者，《考異郵》説云：天子禱九州山川，諸侯禱封内，大夫禱所食邑。又僖公三時不雨，帥群臣禱山川，以過自讓。凡雩必先禱，故此，經云乃命百縣祈祀山川百源，始大雩帝是也。禱者不雩，僖公二年冬十月及三年春正月、夏四月，直爲禱祭，不爲雩，以非雩月，故不雩。

宋 吕大圭《春秋或問》卷五《大雩》 或問書雩之義。曰：《春秋》書大雩者二十，而此其始也。左氏以爲龍見而雩，謂建巳之月，蒼龍之宿，昏見東方，萬物始盛，待雨而大，故爲求雨之祭，過則書。《公羊》曰旱祭也。謂之旱祭，則不拘於龍見之時矣。要之龍見，而雩自是常祀。旱而雩，則因旱而後雩也。經無建巳之月雩者，則知雩乃旱祭也，非失時之謂也，書雩以見旱也。《周禮》：國大旱，則司巫帥巫而舞，雩是也。公羊謂之記灾，信矣。然聖人不特爲記灾書也。書之曰大，則其爲僭可知矣，聖人於魯之僭禮，皆不直書，必因事而後見。如書禘，則因吉禘于莊而書；如郊，則因卜郊不從乃免牲，郊牛之口傷，改卜牛，牛死乃不郊，而書聖人之意微矣。

元 熊朋來《五經説》卷七《雜説·評雩禜》 祭法：雩禜祭水旱。漢儒謂雩者吁嗟，禜者營域；若雩禜，兼祭水旱也。又案司巫大旱則帥巫而舞雩，女巫旱暵則舞雩。是雩，祭旱也。鬯人禜門用瓢齎注引：魯莊二十五年秋大水，鼓用牲於門。是禜祭水也。自秦變古，雩禜禮廢。漢武帝元封六年，旱，女子巫丈夫不入市。昭帝始元六年，旱，雩禁舉火。故雩以祈雨，用皁衣；禜以祈晴，用朱衣。雩則閉陽而求諸陰，禜則閉陰而求諸陽。後漢行雩禮，衣皁。晋穆帝采後漢禮，舞童皆皁服，持羽翳，歌《雲漢》之詩。齊梁至隋，皆歌《雲漢》詩。梁武帝以雩壇不當在南郊正陽之方，移之東郊，又謂：雩祭燔燎，以火祈水，於理爲乖，改燎爲瘞。議郎朱异謂：《雲漢》詩有瘞無燎也。十五年，又定祈雨七事，一理冤獄及失職者，二賑鰥寡孤獨，三省徭役，四舉賢，五黜貪，六恤怨曠，七減膳。舞童皁服，爲八列，各執羽翳，每列歌《雲漢》一章。後魏文成帝和平元年，雩旱，選伎工端絜善謳者，歌《雲漢》，每列一章。古人救旱之法，自七事外，若徙市、禁屠、斷扇、官府露坐聽政，皆可舉行。近世祈雨，不知以陰求陰，既不反求七事，專以僧道法師符醮焫香燒燭燔符燎楮祗助其熱，不知古人救旱必用女巫。今用僧道法師，若果戒行精至，亦亢陽之人，非所以求雨。後世貴僧道而賤巫，古無僧道法師，今爲人祈禱，是亦巫爾。若郡邑急於救旱，不得女巫，或用女冠比丘尼，以陰求陰也。余之爲瑟譜也，妄意爲世用，則擬歌《載芟》於春社，歌《良耜》於秋社，歌《雲漢》於雩旱，祈雨多在六月，以林鍾商譜首章，以林鍾羽譜後七章。此詩誠古人雩祭所歌，然其譜須於咏嘆之聲，寓歌哭之意，易招怪吠，自念志與時違，不敢附於譜中。今未必能信用《雲漢》之詩，惟以陰求陰，則救旱請雨者所宜急。若禜門則雨中閉南門，用甘瓠二，去蔕刳其中，一以奉盛，一以奉醴，朱衣伐鼓於門，祭畢開門，屢獲開霽，此亦古禮之有驗而可行於後世者。自舜禋六宗，已有雩禜，古人救水旱者在此，而流俗慢之。甚者科率富民以爲齋醮，官買香燭，迎送土偶，擾遍坊市，何以救水旱乎！

明 賀復徵《文章辨體彙選》卷三八四《九月大雩》 雩月，雩之正也。秋大雩，非正也。冬大雩，非正也。秋大雩，雩之爲非正，何也？毛澤未盡，人力未竭，未可以雩也。雩月，雩之正也，月之爲雩之正，何也？其時窮人力盡，然後雩，雩之正也。何謂其時窮人力盡？是月不雨，則無及矣；是年不艾，則無食矣，是謂其時窮人力盡也。雩之必待其時窮人力盡，何也？雩者，爲旱求者也；求者，請也。古之人重請，何重乎請？人之所以爲人者，讓也，請道去讓也，則是舍其所以爲人也，是以重之。焉請哉？請乎應上公。古之神人有應上公者，通乎陰陽，君親帥諸大夫道之而以請焉。夫請者，非可貽托而往也，必親之者也，是以重之。

清 李驎《虬峰文集》卷一八《雩辨》 《禮·月令》：仲夏之月，命有司爲民祈祀山川百源，大雩帝，用盛樂。或曰：帝，五精之帝也，爲壇於南郊之旁雩之。予按《詩小序》：噫嘻！春夏祈穀於上帝也。夏祈穀即雩，明明曰上帝，安得謂帝爲五精之帝？古歲祭天，四雩在其中，而四祭之外，又祭五帝者五，此三山陳氏之説也。則雩雖壇於南郊之旁，命有司爲民祈祀，其禮或微，與郊異，然亦祭昊天上帝，而非祭五精之帝也。《周頌》：思文后稷，克配彼天。配上帝也。鄭氏康成乃謂郊爲祀感生之帝，周木德，靈威仰木帝，周人以稷配天，配木帝也。夫諸侯雖得與天子同稱君，而不得與天子同稱王，豈五帝竟得與上帝同稱天乎？則鄭氏之誣，不待辨而明。而雩帝非雩五精之帝，益可推已。

清 王概《雩説》《清經世文编》卷四五 客有問於王子曰：方今旱魃爲虐，自春徂夏，不雨六十日矣。田禾蒔者未及其半，大率取諸陂塘灌輸而已。膏澤將竭，何以繼之？即制府暨郡邑大夫軫念斯民，禁屠沽，息訟獄，建醮壇，召方士，齋心祈請，亦復旬日，而亢陽愈驕，農禾交瘁，將何法以處此乎？王子曰：古之憂旱恤灾，莫《雲漢》一詩，其詩八章，呼號迫切，別無他語，惟有祈禱，顧今之祈禱非古之祈禱也。《左傳》曰：龍見而雩。龍者，東方角宿，孟夏初旬昏中始見，即有雩祭，是雩不待旱而歲有常祭矣。秦漢以後，雩始廢，大旱乃一舉行，然猶天子降服，親詣南郊，以七事自責，七日乃祈岳瀆及諸山川之神能興雲雨者，又七日祈社稷及古百辟卿士有益於人者，又七日祈宗廟及古帝王有神祠者，又七日祀五天帝及五人帝，各依其方。《詩》云：『不殄禋祀，自郊徂宫，上下奠瘞，靡神不宗。』郊即天地，宫即宗廟，自天而上，自地而下，無不盡其奠瘞之禮也。又七日不雨，乃遍祈社稷山林川澤之神聚於一處，命舞童六十四人皆衣元衣，爲八列，各執羽翻而舞，每歌《雲漢》一章，七日復如其初。郡縣有司雩祭亦然，但舞用六而不用八耳。今人不知雩禮，率聽一二黄冠妄挾符咒，驅使鬼神，彼黄冠者有何神術而能格昊天、召風雨乎？必賢有司齋戒沐浴，極其虔誠，復行古禮，敬恭明神，俾無悔怒，或者天心可格而甘霖可望也。客曰：雩祭廢已久，且歷代祭法不同，今將何所折衷乎？曰：古者四時皆有雩祭，春設壇於東方，植青旗，以甲乙日，爲大小蒼龍，用木數。夏設壇於南方，植朱旗，以丙丁日，爲大小赤龍，用火數。季夏設壇於中央，植黄旗，以戊巳日，爲大小黄龍，用土數。秋設壇於西方，植白旗，以庚辛日，爲大小白龍，用金數。冬設壇於北方，植黑旗，以壬癸日，爲大小黑龍，用水數。梁武帝以爲雨既屬陰而求之陽，方不已悖乎？東方爲萬物養生之始，則雩壇當在東方。唐太宗以爲冬旱無傷於農，何以雩爲？且雨屬水，水能克火，則雩壇當在北方。此論尤確。今果行雩祭，宜擇水日，建四通之壇於郡邑北門外，高廣六尺，上植黑旗六。其神玄冥，祭以六黑狗，酒脯佐之，又以壬癸日取北方潔净之土爲大黑龍一，長六丈，居中，小龍五，各長三尺，於其外，皆北向。中間相去六尺，道士六人、童子三十六人，皆齋三日，衣黑衣，手執皁旗而舞。道士教童子以《雲漢》之詩，其聲吁吁，作呼號狀，蓋雩之爲義，即嗟吁祈雨之謂也。有司則率其寮屬及鄉先生諸生拜跪壇下，七日不雨，則索取境内祠廟大小遠近諸神聚於一壇而虔祀之。《詩》所謂靡神不舉，靡愛斯牲。《周禮》所謂國有凶荒，則索鬼神而祭之也。雨則報以牲牢，不雨則神不得返其舍，山林川澤群公先正庶有以助我耳。雖然，此猶祈雨之文而非祈雨之實也。古成湯禱雨桑林，翦其爪髮，自爲犧牲而祝曰：政不節與？使民疾與？宮室崇與？女謁盛與？苞苴行與？讒夫興與？何不雨至斯極也。後世人君以七事自責，一曰理冤獄，二曰輕徭賦，三曰恤鰥寡，四曰進賢良，五曰黜奸邪，六曰會合男女使無怨曠，七曰減膳徹樂，勞其身以爲民。故東海殺孝婦大旱三年，于公至一祭其墓而雨，此理冤獄之驗也。桑宏羊興酤榷鹽鐵之利而天下旱，卜式曰：宏羊爲天子大臣，至與小人争利，烹宏羊天乃雨，此輕徭賦之驗也。周暢爲河陽尹時久旱，暢因收葬城外客死骨骼萬餘人，而澍雨立降，此恤鰥寡之驗也。光武時汝南大旱，太守鮑昱躬自往問高獲，獲白以急罷三部督郵，昱從之，果得大雨，此進賢良之驗也。後漢和帝時旱，幸洛陽寺録囚，知其冤滯，因收洛陽令，抵司隸罪，左降河南尹，未及還宮而大雨，此黜奸邪之驗也。董仲舒在江都苦旱，問吏家在百里外者，行書告縣遣妻視夫而雨，此會合男女之驗也。束皙、戴封、諒輔之徒，皆以守令祈雨，暴身於廷，至欲舉火自焚，而大雨立降，此勞身爲民之驗也。今牧民者撫躬自察，於此七事者何有何無，天人冥默之間，豈無有感而遂通者乎？則雩祭爲祈雨之文，而七事爲祈雨之實矣。客曰：審如君言，經史可據。請録其語以獻於郡邑賢大夫，爲祈雨之助。

清 張尚瑗《三傳折諸·公羊折諸》卷一《大雩者何旱祭也》 經書大雩者二十，又雩者一，而皆在於秋之三月，則因旱而雩非不時，譏慢之謂也。在禮，天子用盛樂，大雩帝，諸侯則歌舞而已。魯有舞雩之臺，則猶歌舞也，而亦謂之大雩者，時方旱魃，舉國皆呼。經言大雩所以志舉國之呼，亦非僭天子禮樂之謂也。其有或曰大旱，或曰不雨者，不雨非歲事則不言旱，旱而不雩則不言雩，旱而大雩則書以志災，無他義也。

又《言雩則旱見言旱則雩不見》 《周禮》：司巫，國大旱則率巫而舞雩。《荀子》日月食而救之，天旱而雩，非以爲得求也，以文之也。君子以爲文也，百姓以爲神，凡災異修省之術，不過如此。

又《穀梁折諸》卷六《秋大雩非正也》 龍見而雩，故夏月爲雩之正。冬大雩非正。成公七年，《傳》譏之矣。襄公五年，秋大雩，《傳》未之譏，蓋秋斂猶爲望雨之候。此獨言非正者，以其爲九月也。然周九月乃夏正七月。《豳風》八月其穫，以孟秋之雩爲非，似亦有辨。

清 錢陳群《香樹齋詩文集·文集》卷一五《跋一·恭録御製祈雨文敬跋》 人君代天養民，以誠格天。偶遇水旱，爲民請命，然契昭格，古今同揆。史稱桑林之禱，立致大雨，顧殷道尚質，成湯自責，僅列六事，祀典備于成周。《春秋傳》：龍見而雩。鄭康成謂：旱亦修雩。雩有二義，一曰雩，遠也，遠爲百穀求雨，爲常雩；一曰雩，音近吁，吁嗟以求雨，是爲旱雩。湯之禱以實不以文，後世禮隆物備，或專事祈禱，精意未達，則又無取焉。周宣側身修行，遇災而懼，詩人美之。孔子刪詩，以憂旱八章列于《大雅》之正，而又以六月之詩列于《小雅》之正，其義深矣。

綜述

漢 王充《論衡》卷一五《明雩篇》 變復之家，以久雨爲湛，久暘爲旱。旱應亢陽，湛應沈溺。或難曰：『夫一歲之中，十日者一雨，五日者一風，雨頗留，湛之兆也；暘頗久，旱之漸也。湛之時，人君未必沈溺也；旱之時，未必亢陽也。人君爲政，前後若一，然而一湛一旱，時氣也。』《范蠡·計然》曰：『太歲在子水，毁；金，穰；木，饑；火，旱。』夫如是，水旱饑穰，有歲運也。歲直其運，氣當其世，變復之家，指而名之。人君用其言，求過自改。暘久自雨，雨久自暘，變復之家，遂名其功，人君然之，遂信其術。試使人君恬居安處，不求己過，天猶自雨，雨猶自暘。暘濟雨濟之時，人君無事，變復之家，猶名其術。是則陰陽之氣，以人爲主，不説於天也。夫人不能以行感天，天亦不隨行而應人。《春秋》魯大雩，旱求雨之祭也。旱久不雨，禱祭求福，若人之疾病，祭神解禍矣。此變復也。《詩》云：『月離于畢，比滂沲矣。』《書》曰：『月之從星，則以風雨。』然則風雨隨月所離從也。房星四表三道，日月之行，出入三道。出北則湛，出南則旱。或言出北則旱，南則湛。案月爲天下占，房爲九州候。月之南北，非獨爲魯也。孔子出，使子路齎雨具。有頃，天果大雨。子路問其故，孔子曰：『昨暮月離于畢。』後日，月復離畢。孔子出，子路請齎雨具，孔子不聽。出果無雨。子路問其故，孔子曰：『昔日，月離其陰，故雨；昨暮，月離其陽，故不雨。』夫如是，魯雨自以月離，豈以政哉？如審以政，令月離于畢爲雨占，天下共之，魯雨，天下亦宜皆雨。六國之時，政治不同，人君所行，賞罰異時，必以雨爲應政令，月離六七畢星，然後足也。魯繆公之時，歲旱。繆公問縣子：『天旱不雨，寡人欲暴巫，奚如？』縣子不聽。『欲徙市，奚如？』對曰：『天子崩，巷市七日；諸公薨，巷市五日。爲之徙市，不亦可乎？』案縣子之言，徙市得雨也。案《詩》《書》之文，月離星得雨。日月之行，有常節度，肯爲徙市故，離畢之陰乎？夫月畢天下占，徙魯之市，安耐移月？月之行天，三十日而周。一月之中，一過畢星，離陽則陽。假令徙市之感，能令月離畢陽，其時徙市而得雨乎？夫如縣子言，未可用也。董仲舒求雨，申《春秋》之義，設虛立祀。父不食於枝庶，天不食於下地。諸侯雩禮所祀，未知何神。如天神也，唯王者天乃歆。諸侯及今長吏，天不享也。神不歆享，安耐得神？如雲雨者氣也，雲雨之氣，何用歆享？觸石而出，膚寸而合，不崇朝而辨雨天下，泰山也。泰山雨天下，小山雨國邑。然則大雩所祭，豈祭山乎？假令審然，而不得也。何以效之？水異川而居，相高分寸，不決不流，不鑿不合。誠令人君禱祭水旁，能令高分寸之水流而合乎？夫見在之水，相差無幾，人君請之，終不耐行。況雨無形兆，深藏高山，人君雩祭，安耐得之？夫雨水在天地之間也，猶夫涕泣在人形中也。或賚酒食請於惠人之前，未出其泣，惠人終不爲之隕涕。夫泣不可請而出，雨安可求而得？雍門子悲哭，孟嘗君爲之流涕。蘇秦、張儀悲説坑中，鬼谷先生泣下沾襟。或者儻可爲雍門之聲，出蘇張之説以感天乎？天又耳目高遠，音氣不通。杞梁之妻，又已悲哭，天不雨而城反崩。夫如是，竟當何以致雨？雩祭之家，何用感天？案月出北道，離畢之陰，希有不雨。由此言之，北道，畢星之所在也，北道星肯爲雩祭之故下其雨乎？孔子出，使子路齎雨具之時，魯未必雩祭也。不祭，沛然自雨，不求，曠然自暘。夫如是，天之暘雨，自有時也。一歲之中，暘雨連屬。當其雨也，誰求之者？當其暘也，誰止之者？人君聽請，以安民施恩，必非賢也。天至賢矣，時未當雨，僞請求之，故妄下其雨，人君聽請之類也。變復之家不推類驗之，空張法術，惑人君。或未當雨，而賢君求之而不得，或適當自雨，惡君求之，遭遇其時。是使賢君受空責，而惡君蒙虛名也。世稱聖人純而賢者駮。純則行操無非，無非則政治無失。然而世之聖君，莫有如堯、湯。堯遭洪水，湯遭大旱。如謂政治所致，堯、湯惡君也；如非政治，是運氣也。運氣有時，安可請求？世之論者，猶謂堯、湯水旱。水旱者，時也，其小旱湛，皆政也。假令審然，何用致湛？審以政致之，不修所以失之，而從請求，安耐復之？世審稱堯、湯水旱，天之運氣，非政所致。夫天之運氣，時當自然。雖雩祭請求，終無補益。而世又稱湯以五過禱於桑林，時立得雨。夫言運氣，則桑林之説絀；稱桑林，則運氣之論消。世之説稱者，竟當何由？救水旱之術，審當何用？夫灾變大抵有二，有政治之灾，有無妄之變。政治之灾，須耐求之。求之雖不耐得，而惠愍惻隱之恩，不得已之意也。慈父之於子，孝子之於親，知病不祀神，疾痛不和藥。又知病之必不可治，治之無益，然終不肯安坐待絶，猶卜筮求祟，召醫和藥者，惻痛慇懃，冀有驗也。既死氣絶，不可如何，升屋之危，以衣招復，悲恨思慕，冀其悟也，雩祭者之用心，慈父孝子之用意也。無妄之灾，百民不知，必歸於主，爲政治者慰民之望，故亦必雩。問：政治之灾，無妄之變，何以別之？曰：德酆政得，灾猶至者，無妄也；德衰政失，變應來者，政治也。夫政治，則外雩而內改，以復其虧；無妄，則內守舊政，外修雩禮，以慰民心。故夫無妄之氣，歷世時至，當固自一，不宜改政。何以驗之？周公爲成王陳立政之言，曰：時則物有間之，自一話一言，我則末，維成德之彦，以乂我受民。周公立政，可謂得矣。知非常之物，不賑不至，故敕成王自一話一言，政事無非，毋敢變易。然則非常之變，無妄之氣間而至也。水氣間堯，旱氣間湯。周宣以賢，遭遇久旱。建初孟季，北州連旱，牛死民乏，放流就賤。聖主寬明於上，百官共職於下，太平之明時也。政無細非，旱猶有，氣間之也。聖主知之，不改政行，轉穀賑贍，損酆濟耗。斯見之審明，所以救赴之者得宜也。魯文公間歲大旱，臧文仲曰：修城郭，貶食省用，務嗇勸分。文仲知非政，故徒修備，不改政治。變復之家，見變輒歸於政，不揆政之無非。見異懼惑，變易操行，以不宜改而變，秪取灾焉！何以言必當雩也？曰：春秋大雩，傳家在宣、公羊、穀梁無譏之文，當雩明矣。曾晳對孔子言其志曰：暮春者，春服既成，冠者五六人，童子六七人，浴乎沂，風乎舞雩，咏而歸。孔子曰：『吾與點也！』魯設雩祭於沂水之上。暮者，晚也。春，謂四月也。春服既成，謂四月之服成也。冠者、童子，雩祭樂人也。浴乎沂，涉沂水也，象龍之從水中出也。風乎舞雩，風，歌也。咏而饋，咏歌饋祭也，歌咏而祭也。説論之家，以爲浴者，浴沂水中也。風，乾身也。周之四月，正歲二月也。尚寒，安得浴而風乾身？由此言之，涉水不浴，雩祭審矣。《春秋左氏傳》曰：啓蟄而雩。又曰：龍見而雩。啓蟄、龍見，皆二月也。春二月雩，秋八月亦雩。春祈穀雨，秋祈穀實。當今靈星，秋之雩也。春雩廢，秋雩在。故靈星之祀，歲雩祭也。孔子曰：『吾與點也！』善點之言，欲以雩祭調和陰陽，故與之也，使雩失正，點欲爲之，孔子宜非，不當與也。樊遲從游，感雩而問，刺魯不能崇德而徒雩也。夫雩，古而有之。故《禮》曰：雩祭，祭水旱也。故有雩禮，故孔子不譏，而仲舒申之。夫如是，雩祭，祀禮也。雩祭得禮，則大水，鼓，用牲于社，亦古禮也。得禮無非，當雩一也。禮祭也社，報生萬物之功。土地廣遠，難得辨祭，故立社爲位，主心事之。爲水旱者，陰陽之氣也，滿六合，難得盡祀，故修壇設位，敬恭祈求，效事社之義，復灾變之道也。推生事死，推人事鬼，陰陽精氣，儻如生人能飲食乎？故共馨香，奉進旨嘉，區區惓惓，冀見荅享。推祭社言之，當雩二也。歲氣調和，灾害不生，尚猶而雩。今有靈星，古昔之禮也。況歲氣有變，水旱不時，人君之懼，必痛甚矣。雖有靈星之祀，猶復雩，恐前不備，肜繹之義也。冀復灾變之虧，獲豐穰之報，三也。禮之心悃愊，樂之意歡忻。悃愊以玉帛效心，歡忻以鍾鼓驗意。雩祭請祈，人君精誠也。精誠在内，無以效外，故雩祀盡已惶懼，關納精心於雩祀之前。玉帛鍾鼓之義，四也。臣得罪於君子，獲過於父，比自改更，且當謝罪。惶懼於旱，如政治所致，臣子得罪獲過之類也。默改政治，潛易操行，不彰於外，天怒不釋，故必雩祭。惶懼之義，五也。漢立博士之官，師弟子相訶難，欲極道之深，形是非之理也。不出横難，不得從説；不發苦詰，不聞甘對，導才低仰，欲求裨也，砥石劘厲，欲求銛也。推《春秋》之義，求雩祭之説，實孔子之心，考仲舒之意。孔子既殁，仲舒已死，世之論者，孰當復問？唯若孔子之徒，仲舒之黨，爲能説之。

晋 杜預《春秋釋例》卷三《郊雩烝嘗例第二十四》　桓八年春正月己卯，烝。夏五月丁丑，烝。釋例曰：啓蟄而郊，謂夏正建寅之月，于是祀南郊，配后稷，以祇農事也。龍見而雩，謂建巳之月，蒼龍七宿之體昏見東方，于是大雩，祭天，遠爲百穀祈膏雨也。始殺而嘗，謂建酉之月，蒹葭蒼蒼，白露爲霜，陰氣始殺，嘉穀始熟，于是薦嘗于宗廟也。閉蟄而烝，謂建亥之月，草木枯槁，昆蟲閉蟄，履霜堅冰，萬物皆成，可薦者衆，于是享祭，烝于祖考也。言凡祀，舉郊雩烝嘗，則天神人鬼地祇之祭皆通也。其他群祀不録可知也。礿祠及地祇，經無其事，故不備言，亦約文以相包也。過則書者，謂非其時，非其祀，不旱而雩之類是也。始夏而雩者，謂純陽用事，防有旱灾，而祈之也。至于四時之旱及，又因用此禮而求雨，故亦曰雩。宗廟之祀也，既有天雨，又須所薦之物可薦，卜日又有吉否，則仲月其常也。故周禮祀號日以四時仲正之也。經書正月烝，得仲月之時也。其夏五月復烝，此爲過烝，若但書夏五月烝，則唯可知其非時，故先發正月之烝，而後經書五月烝，以示非時，并明再烝瀆也。四時享祀，孝子之所以致忠，故雖大灾，大禮，大凶亡，喪哀，是以廢大事乃有闕。今以建未之月而修嘗祭之禮，非也。然既戒日致齋，御廪雖灾，不害嘉穀，祭亦不應中廢。故經書乙亥嘗，以示過。釋之以不害也。傳曰：春不雨，夏六月雨，自十月不雨至于五月。不曰旱，不爲灾也。然則雖書不雨，必須將爲灾，然後得雩。常事不書，諸書雩而傳不以旱釋之者，皆過雩也。經書過雩則與旱雩不别，故傳七發之。天子郊祀，因望祭四方衆神。諸侯不得依天子，唯望祭其封内山川、分野之星，是謂三望。魯以周公故，得用天子禮樂，故雖諸侯而特郊祀，配以后稷，其望祭也，自從常祀制也。常祀自祭之所必，故禮唯卜郊日。而又卜可郊與否。今郊既配有日，而更復疑卜，或既耕而後卜郊，廢上天之祀，而别祀三望，闕大存小，怠慢失序，故經書猶傳，皆隨而發之也。此事三見卜而傳釋其二，以明卜郊不從，與郊牛死所以不郊，雖異而譏同也。成七年不郊，亦俱以牛事，故不重釋也。辛丑用郊，文異而邱明不發，傳明時史之辭，非聖意也。凡以旱爲雩者，傳皆從而釋之。上辛、季辛，一月之中再雩，釋其旱甚，明皆得禮也。先儒之辯郊雩烝嘗，各據所見，多不審悉。今博采以斷諸疑。曆法，正月節立春，啓蟄爲中氣。二月節驚蟄，春分爲中氣。三月節清明，穀雨爲中氣。四月節立夏，小滿爲中氣。五月節芒種，夏至爲中氣。六月節小暑，大暑爲中氣。七月節立秋，處暑爲中氣。八月節白露，秋分爲中氣。九月節寒露，霜降爲中氣。十月節立冬，小雪爲中氣。十一月節大雪，冬至爲中氣。十二月節小寒，大寒爲中氣。凡十二月而節氣有二十四，共通三百六十六日，分爲四時，間之以閏月，故節未必得恒在其月初，而中氣亦不得恒在月之半。是以傳舉天宿氣節爲文，而不以月爲正。僖公、襄公夏四月卜郊，但譏其非所宜卜，而不譏其四月不可郊也。孟獻子曰：啓蟄而郊，郊而後耕。耕謂春分也，言得啓蟄即當卜郊，不應過春分也。案曆法有啓蟄、驚蟄，而無龍見、始殺、閉蟄，此古人所名不同，然其法推，不得有異。傳曰：火伏而後蟄者畢，此謂十月始蟄也。至十一月則遂閉之，猶二月之驚蟄既啓之後，遂驚而走出，始蟄之後，又自閉塞也。白露、秋分謂之始殺。龍星之體昏見，謂立夏之月，言得此月節，則當卜祀。過涉次節，則以過而書。故秋雩書不時，此涉周之立秋節也。土功作者不必月日，故亦書龍見而畢務，戒事也。火見而致用，水昏正而栽，日至而畢，此其大準也。周禮祭宗廟以四仲，蓋言其下限也。《月令》之書，出自吕不韋，其意也，欲爲秦制，非古典也。潁氏因之以爲龍見五月。五月之時，龍星已過于見，此爲彊牽天宿以附會吕不韋之《月令》，非所據而據，既以不安，且又自違《左氏傳》稱秋大雩書不時，此秋即潁氏之五月，而忘其不時之文，欲以雩祭。劉賈又以爲諸書用，皆不宜用，案反于禮者也。施之用郊，似若有義。至于贊用幣及用鄫子，諸若此比，皆當須書用以別所用者也。若不言用，則事叙不明，所謂辭窮，非聖人故造此用以示義也。且諸過祀三望之類，奚獨皆不書用邪？案《左氏傳》用幣于社，稱曰得禮。冉有用矛于齊師，孔子以爲義，無不宜用之例也。丘明云：我師豈欺我哉？

《隋書》卷七《禮儀志二》　《春秋》『龍見而雩』，梁制不爲恒祀。四月後旱，則祈雨，行七事：一、理冤獄及失職者；二、振鰥寡孤獨者；三、省繇輕賦；四、舉進賢良；五、黜退貪邪；六、命會男女，恤怨曠；七、撤膳羞，弛樂懸而不作。天子又降法服。七日，乃祈社稷；七日，乃祈山林川澤常興雲雨者；七日，乃祈群廟之主於太廟；七日，乃祈古來百辟卿士有益於人者；七日，乃大雩，祈上帝，遍祈所有事者。大雩禮，立圓壇於南郊之左，高及輪廣四丈，周十二丈，四陛。牲用黄牯牛一。祈五天帝及五人帝於其上，各依其方，以太祖配，位於青帝之南，五官配食於下。七日乃去樂。又遍祈社稷山林川澤，就故地處大雩。國南除地爲墠，舞童六十四人。祈百辟卿士於雩壇之左，除地爲墠，舞童六十四人，皆袨服，爲八列，各執羽翳。每列歌《雲漢》詩一章而畢。旱而祈澍，則報以太牢，皆有司行事。唯雩則不報。若郡國縣旱請雨，則五事同時并行：一、理冤獄失職；二、存鰥寡孤獨；三、省徭役；四、進賢良；五、退貪邪。守令皆潔齋三日，乃祈社稷。七日不雨，更齋祈如初。三變仍不雨，復齋祈其界内山林川澤常興雲雨者。祈而澍，亦各有報。陳氏亦因梁制，祈而澍則報以少牢。武帝時，以德皇帝配，文帝時，以武帝配。廢帝即位，以文帝配青帝。牲用黄牯牛，而以清酒四昇洗其首。其壇墠配饗歌舞，皆如梁禮。天子不親奉，則太宰、太常、光禄行三獻禮。其法皆采齊建武二年事也。梁、陳制，諸祠官皆給除穢氣藥，先齊一日報之，以取清潔。天監九年，有事雩壇。武帝以爲雨既類陰，而求之正陽，其謬已甚。東方既非盛陽，而爲生養之始，則雩壇應在東方，祈晴亦宜此地。於是遂移於東郊。十年，帝又以雩祭燔柴，以火祈水，於理爲乖。儀曹郎朱异議曰：『案周宣《雲漢》之詩，毛注有瘞埋之文，不見有燔柴之説。若以五帝必柴，今明堂又無其事。於是停用柴，從坎瘞典。』十一年，帝曰：『四望之祀，頃來遂絶。宜更議復。』朱异議：『鄭衆云：「四望謂日月星海。」鄭玄云：「謂五岳四鎮四瀆。」尋二鄭之説，互有不同。竊以望是不即之名，凡厥遥祭，皆有斯目。豈容局於星漢，拘於海瀆？請命司天，有關水旱之義，爰有四海名山大川，能興雲致雨，一皆備祭。』帝從之。又揚州主簿顧協又云：『《禮》「仲夏大雩」，《春秋》「龍見而雩」，則雩常祭也，水旱且又禱之，謂宜式備斯典。』太常博士亦從協議。祠部郎明岩卿以爲：『祈報之祀，已備郊禋，沿革有時，不必同揆。』帝從其議，依舊不改。大同五年，又築雩壇於借田兆内。有祈珝，則齊官寄借田省云。

後齊以孟夏龍見而雩，祭太微五精帝於夏郊之東。爲圓壇，廣四十五尺，高九尺，四面各一陛。爲三壝外營，相去深淺，并燎壇，一如南郊。於其上祈谷實，以顯宗文宣帝配。青帝在甲寅之地，赤帝在丙巳之地，黄帝在己未之地，白帝在庚申之地，黑帝在壬亥之地。面皆内向，藉以藁秸。配帝在青帝之南，小退，藉以莞席，牲以騂。其儀同南郊。又祈禱者有九焉：一曰雩，二曰南郊，三曰堯廟，四曰孔、顔廟，五曰社稷，六曰五岳，七曰四瀆，八曰滏口，九曰豹祠。水旱癘疫，皆有事焉。無牲，皆以酒脯棗栗之饌。若建午、建未、建申之月不雨，則使三公祈五帝於雩壇。禮用玉幣，有燎，不設金石之樂，選伎工端潔善謳咏者，使歌《雲漢》詩於壇南。自餘同正雩。南郊則使三公祈五天帝於郊壇，有燎，座位如雩。五人帝各在天帝之左。其儀如郊禮。堯廟，則遣使祈於平陽。孔、顔廟，則遣使祈於國學，如堯廟。社稷如正祭。五岳，遣使祈於岳所。四瀆如祈五岳，滏口如祈堯廟，豹祠如祈滏口。

隋雩壇，國南十三里啓夏門外道左。高一丈，周百二十尺。孟夏之月，龍星見，則雩五方上帝，配以五人帝於上，以太祖武元帝配饗，五官從配於下。牲用犢十，各依方色。京師孟夏後旱，則祈雨，理冤獄失職，存鰥寡孤獨，振困乏，掩骼埋胔，省徭役，進賢良，舉直言，退佞諂，黜貪殘，命有司會男女，恤怨曠。七日，乃祈嶽鎮海瀆及諸山川能興雲雨者；又七日，乃祈社稷及古來百辟卿士有益於人者；又七日，乃祈宗廟及古帝王有神祠者；又七日，乃修雩，祈神州；又七日，仍不雨，復從岳瀆已下祈如初典。秋分已後不雩，但禱而已。皆用酒脯。初請後二旬不雨者，即徙市禁屠。皇帝御素服，避正殿，減膳撤樂，或露坐聽政。百官斷傘扇。令人家造土龍。雨澍，則命有司報。州郡尉祈雨，則理冤獄，存鰥寡孤獨，掩骼埋胔，潔齋祈於社。七日，乃祈界内山川能興雨者，徙市斷屠如京師。祈而澍，亦各有報。霖雨則禜京城諸門，三禜不止，則祈山川嶽鎮海瀆社稷。又不止，則祈宗廟神州。報以太牢。州郡縣苦雨，亦各禜其城門，不止則祈界内山川。及祈報，用羊豕。

《通典》卷四三《禮二・吉一・大雩》　周制，月令：建巳月，大雩五方上帝。《春秋左氏傳》曰：『龍見而雩。』角亢見時，周之六月，陽氣盛，恆旱，故雩。雩之爲言遠也，遠爲百穀以祈膏雨。其壇名曰雩禜，祭法曰：『雩禜祭水旱。』鄭云：『雩禜，水旱壇。』於南郊之傍。雩祭天地，故從陽位。以總五天，不可偏在四方，故於南郊。配以五人帝。太昊配青帝，炎帝配赤帝，軒轅配黄帝，少昊配白帝，顓頊配黑帝。命樂正習盛樂，《月令》云：『仲夏樂師修鞀鞞鼓，均琴瑟管簫，執干戚戈羽，調竽笙篪簧，飭鐘磬柷敔。』而俱作故曰盛樂也。篪音池。舞皇舞。析白羽爲之，形如帗也。舞師云：『教皇舞，帥而舞旱暵之事。』暵，呼旱反。《月令》：『命有司爲民祈祀山川百源、百辟卿士有益於民者，以祈穀實。』天子雩上帝，諸侯雩山川。卿士謂古之上公以下，若句龍、社稷之類也。何休注《春秋公羊傳》曰：『旱則君親之南郊，以六事謝過自責：政不善歟？人失職歟？宫室崇歟？婦謁盛歟？苞苴行歟？讒夫昌歟？使童男童女各八人而呼雩也。』按《月令》本出於管子，即周時人也。至秦吕不韋編爲《吕氏春秋》，漢戴聖又取集成《禮記》，徵其根本，并周制。若國大旱，則司巫帥巫而舞雩。注云：『雩，旱祭也。天子於上帝，諸侯於上公之神。』若旱暵，則女巫舞雩。雩，呼嗟求雨之祭。使女巫舞，旱祭崇陰也。鄭司農云：『求雨用女巫，故《檀弓》曰：歲旱，繆公召縣子而問曰：「吾欲暴巫，奚若？」曰：「天則不雨，而望之愚婦人，無乃已疏乎！」』《左傳》曰：『龍見而雩。』謂建巳之月，蒼龍宿之體，昏見東方，萬物始盛，待雨而大，故祭天，遠爲百穀祈膏雨。《公羊傳》曰：『言雩則旱見，言旱則雩不見。』皆善人君能感懼天灾，應變求索，憂人之急，非四時常祭。不雩則言旱，旱而不害物則言大雩，言大雩則大旱可知也。《穀梁傳》曰：『雩得雨曰雩，不得雨曰旱。』《禮》云『龍見而雩』，常祀不書，書者皆爲旱故。得雨則喜，以月爲正。不得雨則書旱，明灾成也。漢承秦滅學，正雩禮廢。旱，太常祝天地宗廟。董仲舒《春秋》：『春旱，令縣邑以水日禱社稷山川，家人祠户。無伐名木，無斬山林。暴巫聚蛇八日。於邑東門外爲四通壇，方八尺，植蒼繒八。其神共工。祭以生魚八，玄酒，具清酒膊脯。擇巫之潔清辨利者爲祝。祝齋三日，服蒼衣。先再拜，乃跪陳。祝曰：「昊天生五穀以養人。今五穀病旱，恐不成實。敬進清酒膊脯，再拜，雨幸大澍，即奉牲禱。」復再拜起，以甲、乙日爲大青龍一，長八丈，居中；爲小龍七，各長四丈，於東，皆東嚮，相去八尺。小童八人，皆齋三日，服青衣而舞。田嗇夫齋三日，青服而立。鑿社通閭外溝。取五蝦蟆置社中。池方八尺，深一尺。具酒脯，祝如初。取三歲雄雞與三歲豭猪，皆燔之於四方通神宇。令人闔邑里南門，置水其外。開里北門，具老豭猪一，置之里北門外。市中亦置豭猪一。聞鼓皆燒豭猪尾，取人骨埋之，開山泉積薪燔之。通橋道之壅塞。得雨報以豚酒黍，茅席無斷也。夏令縣邑以水日家人祠灶神，無舉土功。更大浚井。暴釜於壇，杵臼於術，七日。爲四通壇於邑南門外，植赤繒七。其神蚩尤。祭之以赤雄雞七，玄酒，具清酒膊脯。祝齋三日，服赤衣，拜跪陳祝如春。以丙、丁日爲大赤龍一，長七丈，居中；小龍六，各長三丈五尺，於南，皆南嚮，相去七尺。壯者七人，皆齋三日，服赤衣而舞之。司空嗇夫亦齋三日，服赤衣而立。鑿社通閭外溝。取五蝦蟆置社中。池方七尺，深一尺。具酒脯，祝齋衣拜祝如初。取三歲雄雞、豭猪，燔之四方通神宇，開陰閉陽如春也。季夏，禱山陵以助之。令縣邑十日一徙市於邑南門外，五日禁男子無入市。家人祠中霤。無舉土功。聚巫市旁。爲四通之壇於中，植黄繒五。其神后稷。祭之母䱇五。玄酒，具清酒膊脯。令各爲祝齋三日，黄衣，餘皆如春。以戊、己日爲大黄龍一，長五丈，居中；小龍四，各長二丈五尺，於中央，皆南嚮，相去五尺。丈夫五人，齋三日，黄服而舞。老者亦齋三日，衣黄而立。通社中於閭外溝，蝦蟆池方五尺，深一尺，他如前。秋暴兵尫巫九日。無舉火事，無煎金器。家人祠門。爲四通壇於邑西門外，方九尺，植白繒九。其神太昊。祭之桐木魚九，玄酒，具清酒膊脯。白衣。他如春。以庚、辛日爲大白龍一，長九丈，居中；小龍八，各長四丈五尺，於西方，皆西嚮，相去九尺。鰥者九人，皆齋三日，服白衣舞之。司馬亦齋三日，白衣而立。蝦蟆池方九尺，深一尺。他如前。冬，舞龍六日，禱於名山以助之。家人祠井。無壅水。各爲四通壇於邑北門外，方六尺，植黑繒六。其神玄冥。祭以黑狗子六，玄酒，具清酒膊脯。祝齋三日，黑衣。祝如春。以壬、癸日爲大黑龍一，長六丈，居中；小龍五，各長三丈，於北方，皆北嚮，相去六尺。老者六人，皆齋三日，黑衣而舞。尉亦齋三日，黑衣而立。蝦蟆池皆如春。四時皆以水日，爲龍必取潔土。令吏人夫婦皆偶處。』《新論》曰：『劉歆致雨，具作土龍。爲土龍者，以龍見輒有風雨興起，以迎送之，故緣象其類爲之。』武帝元封六年，旱，女子及巫丈夫不入市。成帝五年六月，始命諸官止雨，朱繩反縈社，擊鼓攻之。是後水旱常不和。干寶曰：『朱絲縈社。社，太陰也。朱，火色也。絲屬離。天子伐鼓於社，責群陰也；諸侯用幣於社，請上公也；伐鼓於朝，退自責也。此聖人厭勝之術。』後漢自立春至立夏盡立秋，郡國上雨澤。若少，各掃除社稷，公卿官長以次行雩禮以求雨。《春秋繁露》曰：『大旱雩祭而請雨，大水鳴鼓而攻社，天地之所爲，陰陽之所起，或請焉，或攻焉，何如也？曰：大旱，陽滅陰也。陽滅陰者，尊厭卑，固其義也，雖太甚，拜請之而已。大水者，陰滅陽也。陰滅陽者，卑勝尊也。以賤凌貴者，逆節，故鳴鼓而攻之，朱絲而脅之，爲其不義，此亦春秋之不畏强禦也。變天地之位，正陰陽之序，直行其道而不忌其難，義之至也。』閉諸陽，衣皁，興土龍。《山海經》曰：『大荒東北隅中有山，名凶犂土丘，應龍處南極，殺蚩尤與夸父，不得復上，故下數旱，旱而爲應龍之狀，乃得大雨。』郭璞曰：『今之土龍，本此。氣應自然冥感，非人所能。』立土人舞童二佾，七日一變如故事。反拘朱索縈社，伐朱鼓。禱賽以少牢如禮。晉武帝咸寧二年春，旱，因後漢舊典，諸旱處廣加祈請。五月，祈雨於社稷山川。東晉穆帝永和年，有司議，制雩壇於國南郊之旁，依郊壇近遠，阮諶云『壇在巳地』。按得衛宏《漢儀》稱『魯人爲雩壇在城東南』。諸儒所説皆云壇，而今作墠。又《論語》樊遲從游於舞雩之下，衛宏所説魯城東南，舊迹猶在焉。祈上帝百辟。旱則祈雨，大雩社稷、山林、川澤。戴邈議云：『周冬及春夏旱，禮有禱無雩。天旱日淺則灾微，旱日久則灾甚。微則禱小神社稷之屬，甚乃大雩帝耳。按《春秋左氏傳》之義，春夏無雨未成灾，雩而得雨則書雩，不得雨則書旱，明灾成也。然則始雩未得便告飢饉之甚，爲歌哭之請。』舞僮八佾六十四人，皆玄服，持羽翳，而歌《雲漢》之詩章。時博士議：『雲漢之詩，宣王承厲王，撥亂遇灾而懼，故作是歌。今晉中興，奕葉重光，豈以周人耗斁之辭乎！漢魏之代，別造新詩，晉室太平，不必因故。』司徒蔡謨議曰：『聖人迭興，禮樂之制，或因或革。《雲漢》之詩，興於宣王，今歌之者，取其修德禳灾，以和陰陽之義，故因而用之。』齊明帝建武二年旱，雩，以武帝配饗於雩壇。時祠部郎中何佟之議曰：『皇齊以武帝配五精於明堂，今亦宜配享於雩壇矣。今武帝遏密未終，自可不奏樂，至於旱祭舞雩，蓋是吁嗟之義，既非懽樂，此不涉嫌。祝史稱祠，仰祈靈澤，舞雩無闕。』梁武帝天監元年，有事雩壇。壇於南郊之左，高及廣輪四丈，周十二丈，四陛。帝以爲雨既類陰，而求之正陽，其謬已甚。東方既非盛陽，而爲生養之始，則雩壇應在東方，祈晴亦宜此地。遂移於東郊。十年，帝又以雩祭燔柴，以火祈水，於理爲乖。於時停用柴燎，從坎瘞典。時議曹郎朱异議曰：『按周宣《雲漢》之詩，毛注有瘞埋之文，不見燎柴之説。若以五帝必柴，則明堂又無其事。』大同五年，又築雩壇於籍田兆内。四月後旱，則祈雨行七事。一，理冤獄及失職者；二，賑鰥寡孤獨；三，省傜輕賦；四，舉進賢良；五，黜退貪邪；六，命會男女，恤怨曠；七，徹膳羞，弛樂懸而不作。天子降法服。七日，乃祈社稷。七日，乃祈山林川澤常興雲雨者。七日，乃禘群廟之主於太廟。七日，乃祈古來百辟卿士有益於人者。七日，乃大雩上帝，遍祈前祈所有事者。大雩禮於壇，用黄牯牛一，祈五天帝及五人帝，各依其方，以太祖配，位於青帝之南，五官配食於下。七日乃去樂。又遍祈社稷山林川澤，就故地處大雩。國南除地爲墠，舞僮六十四人，皆衣玄服，爲八列，各執羽翳。每列歌《雲漢》詩一章而畢。旱而祈澍，則報以太牢，皆有司行事。唯雩則不報也。若郡縣邑旱請雨，則五事同時并行。五事謂黜退貪邪以上，如前議。守令皆齋潔三日，乃祈社稷。七日不雨，更齋祈如初。三變仍不雨，復齋祈其界山林川澤常興雲雨者。祈而澍，亦各有報。陳因梁故事。武帝時，以德皇帝配；文帝時以武帝配；廢帝以文帝配。牲用黄牛，而以清酒四升洗其首。其壇墠配饗歌舞，皆如梁禮。天子不親奉，則太宰、太常、光禄行三獻禮。其法皆采齊建武二年舊典。後魏文成帝和平元年四月旱，詔州郡於其界内，神無大小悉洒掃，薦以酒脯。年登之後，各隨本秩，祭之以牲牢。北齊以孟夏龍見而雩，祭太微宫五精帝於夏郊之東。爲圓壇，廣四十五尺，高九尺，四面各一陛。爲三壝外營，相去深淺，并燎壇，一如南郊。後主時，録尚書、總知内外兵及機密高阿那肱獨秉朝政。尚書郎中源師立嘗諮那肱云：『龍見當雩。』問師立云：『龍見何處，作何顔色？』師立云：『此是龍星見，須雩祭，非是真龍見。』那肱又云：『漢兒多事，强知星宿。』其墻面如此，竟亡齊國。若建午未申之月不雨，則使三公祈五帝於雩壇，禮用玉帛，有燎，不設樂，選伎工端潔善謳咏者，使歌《雲漢》之詩於壇南，其儀如郊禮。隋制，雩壇國南十三里啓夏門外道左。高一丈，周二十丈。孟夏龍見，則雩五方上帝，配以五人帝於上，太祖配饗，五官從祀於下。牲用犢十，各依方色。若京師孟夏後旱，則祈雨，行七事。如梁之七事。七日，祈岳鎮海瀆及諸山川能興雲雨者；又七日，祈社稷及古來百辟卿士有益於人者；又七日，乃祈宗廟及古帝王有神祠者；又七日，乃修雩，祈神州；又七日，仍不雨，復從岳瀆以下祈禮如初。秋分以後不雩，但禱而已。皆用酒脯。初請後二旬不雨者，即徙市禁屠。皇帝御素服，避正殿，減膳撤樂，或露坐聽政。百官斷傘扇。令家人造土龍。雨澍，則命有司報。州縣祈則理冤獄，存鰥寡孤獨，掩骼埋胔，潔齋祈於社稷。七日，乃祈界内山川能興雲雨者，徙市斷屠。雨澍亦有報。大唐武德初，定令：每歲孟夏，雩祀昊天上帝於圜丘，景皇帝配，牲用蒼犢二。五方上帝、五人帝、五官并從祀，用方色犢十。貞觀雩祀於南郊，顯慶禮於圜丘。開元十一年。孟夏後旱，則祈雨，審理冤獄，賑恤窮乏，掩骼埋胔。先祈岳鎮海瀆及諸山川能興雲致雨者，皆於北郊遙祭而告之。又祈社稷，又祈宗廟，每以七日皆一祈。不雨，還從岳瀆如初。旱甚，則大雩。秋分後不雩。初祈後一旬不雨，即徙市，禁屠殺，斷扇，造大土龍。雨足，則報祀。祈用酒脯醢，報准常祀，皆有司行事。已齋未祈而雨，及所經祈者，皆報祠。至二十年新撰禮，其正雩旱禱，并備本儀。起居舍人王仲丘議：『按貞觀禮，孟夏雩祀五方上帝、五人帝、五官於南郊，顯慶禮則雩祀昊天上帝於圜丘。按鄭玄注《月令》云：「雩於上帝者，天之別號，允屬昊天，祀於圜丘，尊天位也。」然雩祀五帝既久，亦請二禮并行，以成大雩帝之義。』

宋 趙抃《清獻集》卷七《奏狀論久旱乞行雩祀》 臣竊見自去冬今春夏已來，京東、河北連接畿甸不雨既久，麥苗焦死，物價涌貴，秋田復無所望，流民餓殍，充滿道路。亢旱已甚，疫癘漸興，人心徬徨，憂畏不寧。臣愚伏望陛下憫兹元元，特賜聖旨下有司，依古雩祀之法，并天地、宗廟、社稷、五岳、四瀆，分命臣僚精加祈禱，下修人事，上應天心，庶幾早降雨澤，變沴氣爲和氣，則天下幸甚。

宋 劉敞《春秋傳説例·雩例》 諸侯之雩，主星辰山川。天子之雩，主上帝。魯用天子之禮，故曰大雩也。雩得雨則曰雩，不得雨則書旱矣。書不雨者，旱而不害物也，或歷時而書不雨，或逾時而書不雨，見所害也。案劉敞《春秋傳》云：『一時不雨，書之常也。歷時而言不雨，慢也，無志乎民也。歷月而言不雨，閔也，有志乎民也。』附録于此。

宋 王珪《華陽集》卷四五《真宗雩祀配議》 翰林學士王珪等言：『殿中侍御史趙鼎奏：「唐故事已有遞遷之典，最足考驗。臣復請遞遷真宗配孟夏雩祀，以太宗專配上帝。祈穀、孟冬、神州地祇，循用有唐故事。如此，則列聖參侑，對越於昊天；厚澤流光，垂裕於萬祀。」臣珪等按祀典，天地大祭有七，皆襲用歷代故事，以始封受命、創業之君配神作主。至於明堂之祭，用古嚴父之道，配以近考。故朝廷在真宗則以太宗配，在仁宗則以真宗配，今則以仁宗配。方仁宗始以真宗配明堂，罷太宗之配，而太宗先已配祈穀、雩祀、神州地祇，本非遞遷。今明堂既用嚴父之道，則真宗配天之祭當罷，難議更分雩祀之配。』

宋 陳祥道《禮書》卷九〇《雩祀》 《周禮》：舞師掌教皇舞，帥而舞旱暵之事。旱暵之事，謂雩也。暵，熱氣也。鄭司農曰：皇舞，蒙羽舞。玄謂皇析五采羽爲之。亦如帗。司巫，掌群巫之政令。若國大旱，則帥而舞雩。雩，旱祭也。天子於上帝，諸侯於上公之神。鄭司農云：魯僖公欲焚巫尪，以其舞雩而不得雨。女巫旱暵則舞雩。使女巫舞旱祭，崇陰也。鄭司農云：求雨以女巫。故《檀弓》曰：歲旱，穆公召縣子而問焉，曰：吾欲暴巫而奚若？曰：天則不雨，而望之愚婦人，無乃已疏乎。凡邦之大烖，歌哭而請。有歌者，有哭者，以異悲哀感神靈也。大司徒以荒政十有二，聚萬民。十有一日索鬼神。《雲漢》之詩，所謂靡神不舉，靡愛斯牲也。黨正春秋祭禜。禜，謂雩禜。水旱之神。蓋亦爲壇位如祭社稷云。稻人旱暵，共其雩斂。稻，急水者也。《大祝》：國有大故天烖，彌祀社稷禱祠。大故，兵寇也。天灾，疫癘水旱也。小祝掌小祭祀，逆時雨寧風旱。《禮記·檀弓》：歲旱，穆公召縣子而問焉：天久不雨，吾欲暴尪而奚若？曰：天則不雨，而暴人之疾子虐，毋乃不可與？然則，吾欲暴巫而奚若？曰：天則不雨，望之愚婦人，於以求之，毋乃已疏乎？徙市，則奚若？曰：爲之徙市，不亦可乎？徙市者，庶人之喪禮。今徙市，是憂戚於旱若喪。《月令》：仲夏命樂師修鞀、鞞、鼓，均琴、瑟、管、簫，執干、戚、戈、羽，調竽、笙、篪、簧，飭鍾、磬、柷、敔。爲將大雩，帝習樂也。命有司爲民祈祀山川百源，大雩帝。用盛樂，乃命百縣雩祀，百辟卿士有益於民者，以祈穀實。陽氣盛而常旱，山川百源能興雲雨者也。衆水始所出，爲百源，必先祭其本乃雩。雩，吁嗟以求雨之祭也。雩帝，謂爲壇南郊之旁，雩五精之帝，配以先帝也。自鞀鞞至柷敔皆作，故曰盛樂。凡他雩，用歌舞而已。百辟卿士，古者上公若勾龍、后稷之類也。《春秋傳》曰：龍見而雩。雩之正當以四月。凡周之秋，三月之中而旱，亦修雩禮以求雨。因著正雩于此月，失之矣。天子雩上帝，諸侯以下雩上公。周冬及春、夏雖旱，禮有禱無雩。《正義》曰：雩音近吁。又女巫，凡邦之大災，歌哭而請。旱，又是大烖，故須吁嗟求雨。注《春秋》者以雩爲遠，非鄭義也。云雩帝，謂爲壇南郊之旁，雩五精之帝者，以雩是祭天，當以陽位，以五天總祭，不可遍在四方，故知在南郊也。以自外主者，無主不止，當以人帝配之。大皞配靈威仰，炎帝配赤熛怒，黄帝配含樞紐，少皞配白招拒，顓帝配叶光紀，故云配以先帝也。祭法：雩禜，祭水旱也。《詩·噫嘻》：春夏祈穀于上帝。祈，猶禱也。《月令》：孟春祈穀于上帝，夏則龍見而雩。桓五年，《左傳》：郊特牲，郊之祭也。大報天而主日。《書》、《傳》云：祀上帝於南郊，所以報天德。然則郊所以報天，而云祈穀者，以人非神之德不生，爲郊祀以報其已徃又祈其將來，故祈報兩言也。襄七年，《左傳》曰：郊祀后稷以祈農事，故啓蟄而郊。郊而後耕，是郊爲祈報之事也。案：《禮記大傳》注云：王者之先祖，皆感大微五帝之精以生，蒼則靈威仰，皆用正歲之正月郊祭之。然則夏正郊天，祭所感一帝而已。《月令注》云：雩祀五精之帝，則雩祭五帝矣。郊雩所祭，其神不同。此序并云祈穀于上帝者，以其所郊之帝，亦五帝之一，同有五帝之名，故一名上帝，可以兼之也。《月令》：孟春祈穀于上帝。注云：上帝大微五帝者，亦謂祈穀所祭，是大微之一，不言祈穀，總言五帝。《論語》曰：浴乎沂，風乎舞雩，咏而歸。《荀子》曰：雩而雨，何也？曰：無何也，猶不雩而雨也。日月食而救之，天旱而雩，小筮而後決大事，非以爲得求也，以文之也。故君子以爲文，而百姓以爲神。以爲文則吉，以爲神則凶。又曰：湯旱而禱曰：政不節與？使民疾與？何以不雨至斯極也？宮室崇與？婦謁盛與？何以不雨至斯極也？苞苴行與？讒夫興與？何以不雨至斯極也？桓五年秋大雩，僖十一年秋大雩，十三年秋九月大雩，成三年秋大雩，七年冬大雩，襄五年秋大雩，八年九月大雩，十六年秋大雩，十七年九月大雩，二十八年秋八月大雩，昭三年八月大雩，六年秋九月大雩，八年九月大雩，十六年秋八月大雩，二十五年七月上辛大雩，季辛又雩，定元年九月大雩，七年秋大雩，十二年秋大雩，九月大雩。桓五年，《左傳》曰：凡啓蟄而郊，龍見而雩。龍見建巳之月。過則書。莊十年，《傳》曰：魯公子偃伐宋師，出自雩門。公羊曰：大雩者，何旱祭也？雩，旱請雨祭名。不解大者，祭言大雩，大旱可知也。君親之南郊，以六事謝過自責。然則何以不言旱，言雩則旱見，言旱則雩不見，何以書？記灾也。趙子曰：凡祈澤曰雩，稱大，國遍雩也。勤民之祀也，故志之。《爾雅》曰：雩，號祭也。

《爾雅》曰：雩，號祭也。鄭氏曰：雩，吁嗟求雨之祭也。女巫凡邦之大烖，歌哭而請，則《爾雅》、鄭氏之説是也。杜預以雩爲遠，誤矣。《春秋》書雩二十有一，皆在七月以後。左氏曰：龍見而雩，過則書。蓋龍見建巳之月，而建巳乃陽亢之時，陰氣所以難達也，故雩祀作焉。過此而後雩，此春秋所以譏也。大雩，禮之盛也，猶所謂大旅、大饗。趙氏謂雩稱大，國遍雩，誤矣。《詩序》曰夏祈穀於上帝，《月令》曰大雩帝，則雩祀昊天上帝及五帝也。鄭氏謂雩祀五精之帝，然《周禮》稱上帝與五帝不同，則上帝非止五帝也。《月令》曰命百縣雩祀百辟卿士，則百辟卿士之祭亦曰雩也。鄭氏曰天子雩上帝，諸侯雩上公，然《周禮》小祝掌小祭祀，逆時雨寧風旱，則百辟亦天子所祀也。祭法有雩禜之壇，春秋之時，魯以南門爲雩門，先儒皆以魯之舞雩在城南。鄭氏曰雩爲壇於南郊之旁，其説蓋有所受也。古者雩歛在稻人，雩樂以皇舞，以女巫。皇與女，陰也，則舞所以達陽中之陰而已。董仲舒祈雨之術，閉南門，縱北門，蓋亦古者達陰之意也。然則雩祀上帝必升烟，後世乃謂用火不可以祈水而爲坎以瘞，就陽不可以求陰而移壇於東。梁禮，雩必自郊徂宫。後世或祈山林、川澤、群廟、百辟卿士，然後及於上帝，亦梁禮也，北齊及唐皆然。雩樂以舞爲盛，後世或選善謳者歌詩而已，皆非古也。

宋 高閌《春秋集注》卷一四《僖公一》 六月雨。此記不雨之終也。且建巳之月，萬物始盛，待雨而大，古者以是月雩而祈雨，則六月之雨尤爲可喜。

《通志》卷四二《禮略第一·大雩》 周制，《月令》：建巳月，大雩五方上帝。《左氏傳》曰：龍見而雩。角亢見時，周之六月，陽氣盛，常旱，故雩，爲百穀以祈膏雨。其壇名曰雩禜，於南郊之傍，配以五人帝，太昊配青帝，炎帝配赤帝，軒帝配黄帝，少昊配白帝，顓帝配黑帝。命樂正習盛樂，《月令》云：仲夏，樂師修鞀鞞鼓，均琴瑟管簫，執干戚戈羽，調竽笙箎簧，飭鐘磬柷敔而俱作，故曰盛樂也。舞皇舞，析白羽爲之，形如帗也。《舞師》云：教皇舞，帥而舞旱暵之事。《月令》：命有司爲民祈祀山川百源，百辟卿士有益於民者，以祈穀實。天子雩上帝，諸侯雩山川。卿士謂古之上公以下若勾龍、社稷之類也。何休注《春秋公羊傳》曰：旱則君親之南郊，以六事謝過自責，政不善歟？使人失職與？宮室崇歟？婦謁盛歟？苞苴行歟？讒夫昌歟？

使童男童女各八人而呼雩也。按《月令》本出於管子，即周時人也，至秦呂不韋編爲《呂氏春秋》，漢戴聖又集成《禮記》，原其根本并周制。若國大旱，則司巫帥巫而舞雩。若旱暵，則女巫舞雩。漢承秦滅學，雩禮廢。旱，太常禱天地宗廟。《新論》曰：劉歆致雨，具作土龍。武帝元封六年，旱，女子及巫丈夫不入市。成帝五年六月，始命諸官止雨，朱繩反縈社，擊鼓攻之，是後水旱常不和。干寶曰：朱絲縈社，社太陰也，朱火色也，絲屬離。天子伐鼓於社，責群陰也。諸侯用幣於社，請上公也。伐鼓於朝，退自責也。此昔人厭勝之術。後漢自立春，至立夏，盡立秋，郡國上雨澤若少，郡縣各埽除社稷，公卿官長以次行雩禮以求雨。《春秋繁露》曰：大旱雩祭而請雨，大水鳴鼓而攻社。閉諸陽，衣皁，興土龍。《山海經》曰：大荒東北隅中有山名凶犂土邱，應龍處南極，殺蚩尤與夸父，不得復上，故下數旱，而爲應龍之狀，乃得大雨。郭璞曰：今之土龍本此，氣應自然冥感，非人所能。立土人，舞僮二佾。七日一變，如故事。反拘朱索社，代朱鼓，禱賽以少牢如禮。晋武帝咸寧二年春，旱，因後漢舊典，諸旱處廣加祈請。五月，祈雨于社稷山川。東晋穆帝永和中，有議制雩壇於國南郊之旁，依郊壇近遠，阮諶云：壇在巳地。按得衛宏《漢儀》稱，魯人爲雩壇，在城東南。諸儒所説皆云壇，而今作墠。又《論語》，樊遲從游于舞雩之下。衛宏所説魯城東南，舊迹猶在。祈上帝百辟，旱則祈雨，大雩社稷、山林、川澤，舞僮八佾，凡六十四人，皆皁服，持羽翳，而歌《雲漢》之詩。齊明帝建武二年，旱，雩，以武帝配饗於雩壇。梁武帝天監元年，有事雩壇。壇於南郊之左，高及廣輪四丈，周十二丈，四陛。帝以爲雨既類陰，而求之正陽，其謬已甚。東方既非盛陽，而爲生養之始，則雩壇應在東方，祈晴亦宜此地，遂移於東郊。十年，帝又以雩祭燔柴，以火祈水，於理爲乖，於是停用柴燎，從坎瘞典。時議曹郎朱异議曰：按周宣《雲漢》之詩，《毛注》有瘞埋之文，不見燎柴之説。若以五帝必柴，則明堂又無其事。大同五年，又築雩壇於籍田兆内，四月後旱，則祈雨，行七事，一理寃獄及失職者，二賑鰥寡孤獨，三省徭輕賦，四舉進賢良，五黜退貪邪，六命會男女恤怨曠，七徹膳羞弛樂。天子降法服。七日，乃祈社稷。七日，乃祈山林川澤常興雲雨者。七日，乃祈群廟之主于太廟。七日，乃祈古來百辟卿士有益於人者。七日，乃大雩上帝，遍祈前祈所有事者。大雩禮於壇，用黄牯牛一，祈五天帝及五人帝，各依其方，以太祖配，位於青帝之南，五官配食於下。七日，乃去樂。又遍祈社稷山林川澤，就故地處大雩。國南除地爲墠，舞僮六十四人，皆衣皁服，爲八列，各執羽翳，每列歌《雲漢》詩一章而畢。旱而祈雨，則報以太牢，皆有司行事。唯雩則不報也。若郡國縣旱請雨，則五事同時并行。五事則謂黜退貪邪，以上如前議。守令皆齋潔三日，乃祈社稷。七日不雨，更齋祈如初。三變仍不雨，復齋，祈其界山林川澤常興雲雨者。祈而澍，亦各有報。陳因梁故事。武帝時，以德皇帝配；文帝時，以武帝配；廢帝時，以文帝配。牲用黄牛，而以清酒四升洗其首。其壇墠配饗歌舞，皆如梁禮。天子不親奉，則太宰、太常、光禄行三獻禮，其法皆采齊建武二年舊典。後魏文成帝和平元年四月，旱，詔州郡於其界内神無大小悉洒埽，薦以酒脯。年登之後，各随本秩，祭以牲牢。北齊以孟夏龍見而雩，祭太微以五精帝於夏郊之東，爲圓壇，廣四十五尺，高九尺，四面各一陛，爲三壝，外營相去深淺并燎壇，一如南郊。若建午、未、申之月不雨，則使三公祈五帝於雩壇，禮用玉帛，有燎，不設樂，選伎工端絜善謳咏者，使歌《雲漢》之詩於壇南，其儀如郊禮。隋制，雩壇國南十三里啓夏門外道左，高一丈，周二十丈，孟夏龍見則雩五方上帝，配以五人帝於上，以太祖配饗，五官從祀於下。牲用犢十，各依方色。若京師孟夏後旱，則祈雨行七事。如梁之七事。七日，祈岳鎮海瀆及諸山川能興雲雨者。又七日，祈社稷及古來百辟卿士有益於人者。又七日，乃祈宗廟及古帝王有神祠者。又七日，乃修雩祈神州。又七日，仍不雨，復從岳瀆以下祈，禮如初。秋分以後不雩，但禱而已，皆用酒脯。祈請後二旬不雨者，即徙市禁屠，皇帝御素服，避正殿，減膳撤樂，或露坐聽政，百官斷傘扇，令家人造土龍。雨則命有司報。州縣祈則理寃獄，存鰥寡孤獨，掩骼埋胔，絜齋祈于社稷。七日，乃祈界内山川能興雲雨者，徙市斷屠。雨亦有報。唐武德初，定令每歲孟夏，雩祀昊天上帝於圓丘，景皇帝配，牲用蒼犢二，五方上帝、五人帝、五官并從祀，用方色犢十。貞觀雩祀於南郊，顯慶禮於圓丘。開元十一年，孟夏後旱，則祈雨，審理寃獄，賑恤窮乏，掩骼埋胔，先祈岳鎮海瀆及諸山川能興雲雨者，皆於北郊遥祭而告之，又祈社稷，又祈宗廟。每月七日皆一祈，不雨還從岳瀆如初。旱甚則大雩，秋分後不雩。初祈後一旬不雨，即徙市禁屠殺，斷扇，造大土龍。雨足則報祀。祈用酒脯醢，報准常祀，皆有司行事。

宋 魏了翁《禮記要義》卷六《月令·雩之正以四月又有因旱而

雩》　命有司爲民祈祀山川百源，大雩帝，用盛樂，乃命百縣雩祀，百辟卿士有益於民者，以祈穀實。注云：陽氣盛而常旱，山川百源，能興雲雨者也。衆水始所出爲百源，必先祭其本乃雩。雩，吁嗟，求雨之祭也。雩帝，謂爲壇南郊之旁，雩五精之帝，配以先帝也。自鞀鞞至柷敔皆作，曰盛樂。凡他雩，用歌舞而已。百辟卿士，古者上公，若勾龍、后稷之類也。《春秋傳》曰：龍見而雩，雩之正，當以四月。凡周之秋三月之中而旱，亦修雩禮以求雨，因著正雩，此月失之矣。天子雩上帝，諸侯以下雩上公，周冬及春夏雖旱，禮有禱無雩。

宋　黄震《黄氏日鈔》卷一三《讀春秋·定公》　九月大雩，立煬宫。岷隱曰：甚矣，小人之誣也！昭公之出也，以宋公之薨、叔孫之卒歸之天，及昭公之薨也，季氏大雩以爲媚，立煬宫以爲報。蓋昔者昭公之逐季氏，兩嘗大雩，而不克濟。季氏嘗致禱于煬公，故小人得藉口以求媚而致報焉。愚按：岷隱之説，雩雖祈雨古禮，春秋世變，往往非時而雩，或者轉而爲祈福之祀歟。若今季氏之雩，又類淫祀。神之所吐，名雖雩而實則非矣。木訥曰：小人爲惡，内有不安，則謟鬼神以要福。季氏逐君，天地所不容，何有於煬公？煬公，伯禽之子，自煬至昭二十二世矣，神靈何在？季氏疑得罪於周公，伯禽故爲之祀，其子所謂媚竈者也。宗廟有常制，魯之廟已異矣。成公立武宫，固已違制，今又立煬宫，是魯祀八世也。天子七廟，而魯之廟八，其可訓乎？愚意季氏果以私禱而立煬宫，未必增附群公昭穆之廟，或者武宫、煬宫皆非禮創立，亦同淫祀耳，名雖煬，而實亦非矣。

明　夏言《夏桂洲文集》卷一一《請舉雩壇祀典疏》　臣昨者伏覩敕諭，以太廟享祀制宜，未稱孝敬之情。伏惟太祖高皇帝聖德豐隆，神功偉盛，顧不得南面居尊，乃尊奉聖祖爲始祖，居始祖之位，每歲孟春行特享之禮。自太宗而下，并各居一幄，而同日行禮。其夏、秋、冬三享，仍於太祖之室相向行時祫禮，仍於季冬行大祫禮，以德祖居尊，及懿、熙、仁三祖合享於太廟，親王功臣俱配食於兩廡。歲暮節祭，歸之奉先殿，行禮世廟，止行四旹之享。歲暮之祭，亦歸之崇先殿。聖謨丕顯，卓越古今，祀事孔明，茂延基祚，甚盛舉也。竊惟前代表列祖宗功烈，稱秩廟祀多出儒臣建議，禮官詳定，幾於聚訟，猶或過差，未有如我皇上仁孝充積，一旦發自天衷，親摛聖藻，百年之大典遂定，七廟之神以安。但昨該尚書李時會臣，以聖諭欲於奉天殿行秋報禮，於丹陛上行大雩禮。臣竊伏惟念二禮之行於殿陛，或非其地。竊窺陛下聖意，必以爲秋報類於大享，又明堂乃天子布政之宫，故以奉天殿擬之。但古之明堂制度，其説非一，有謂去國之南三里之外、七里之内，要非王者嘗居，故朝諸侯、出政令則居焉，而亦可以祀天地、交神明於此。我聖祖於圜丘未成之時，固嘗即奉天殿以祀天矣，蓋一旹權宜，原非作則，古人禮制，要難盡同。今奉天殿乃陛下紫宸正衙，萬國朝會，嚮明出治之所，而一旦以之行奠獻禋祝之事，臣竊以爲未宜。若陛下聖意以出郊大數，則宜以山川一祀特遣大臣代行，而秋報仍行於大祀殿，庶亦得以伸配帝之敬於我太宗，而於陛下分配祖宗，兼舉祈報之義，蓋全且盡矣。至于大雩之禮，臣按《春秋左氏傳》龍見而雩，蓋於建巳之月，萬物始盛，待雨而大，故祭天爲百穀祈膏雨也。又《月令》雩帝用盛樂，乃命百縣雩祀，祀百辟卿士有益於民者，以祈穀實。《通典》曰：建巳之月，雩五方上帝，其壇名曰雩禜，於南郊之傍，命樂工習盛樂，舞皇舞。本朝大學士丘濬亦謂天子於郊天之外，别爲壇以祈雨者也。三代盛時，當龍見之月，則有大雩之祭，但後世此禮不傳，而在位者遇有旱暵之灾，輒假異端之人爲祈禱之事，不務以誠意感格，而以法術劫制上帝之靈，誣亦甚矣。濬意欲請於郊兆之傍，擇地以爲雩壇，命禮官參酌古今雩祭之禮，每歲孟夏以後舉行，庶幾上感天心，以致雨暘之旹若。其説似亦可從。臣愚以爲陛下於孟春上辛既祈穀於上帝矣。祈穀云者，固所以祈雨暘旹若，以大我穀黍也，苟自二月以至四月以後，旹雨而雨，旹暘而暘，則大雩之祭，陛下可以免於親行，而遣官以代之。惟其雨澤愆期，則陛下躬即其地，以行禱祝，其作樂陳舞，亦須少倣古昔之儀，庶足以稱陛下爲民切遠之心，而於古人之禮爲不失也。

又《詳議雩壇禮制疏》　竊惟大雩之祭，乃古先帝王爲民切至之心，蓋以建巳之月，萬物始生，請命上帝，以祈膏雨，其與祈穀之祭，意義本同。慨自秦漢以來，正雩禮廢，顧茲茂典有待而行，仰惟皇上敬天勤民，稽古善治，斷自淵衷，特下敕旨，令臣等恭建雩壇于部，天神降休，臣民丕應，固將成之不日，永奠萬年。臣等行與駿奔，豈勝慶幸。所據祭品、樂舞等項，必須斟酌古今，以成一代希曠之典，庶幾仰稱皇上祈天保民之盛心。臣等謹逐一議擬，開坐前件，請自聖明裁定。嘉靖十一年三月十三日題，奉聖旨，准用。燎壇著工部會議，畫圖來看，樂舞、服色還查議停當，具議依擬。計開：一，祭品。臣等仰惟雩壇之制雖與圜丘不同，而大雩之祭比之祈穀實大，其玉帛、籩豆、醴齊、牲牢等件俱合照祈穀品數，伏乞聖裁。一，罏鼎。照得雩壇上去地一級，其四圍合用罏鼎四箇，壇面合用罏鼎二箇，比之圜丘所用，合稍減四分之一，庶規制相等，欲候命下，轉行内府鑄造。一，燎壇。按陳氏《禮書》曰：雩祀既祀上帝，必升烟。後世謂用火不可以祈水，而爲坎瘞，殊非古禮。今照雩壇焚帛，合用燎壇一座，其高廣規制，乞命工所内外官會議建造，相擇吉地，畫圖上請，惟復止用燎壇。俱乞聖裁。一，樂舞。謹按《月令・仲夏》命樂師修鞀鞞，均琴瑟管簫，執干戚戈羽，調竽笙篪簧，飭鐘磬祝敔，大雩帝，用盛樂。而杜氏《通典》亦曰：雩，五方上帝命樂正習盛樂，舞皇舞，蓋雩祀之禮，所以祈雨澤，必備極聲容之盛，以詔告于天地之間，而宣達陰陽之氣。故郊以禮爲重，雩以樂爲主。今照雩祀在近，雖杜氏五精之帝，其説近誣，而四時成歲之功所據，雩祀上帝合照圜丘樂舞之數，以四方之色成造樂舞之服，務極鮮明，令彩色錯然，舞歌間作，足以達宣和氣，庶稱古人盛樂皇舞之制。一，樂章。合用迎神奠帛、進俎獻爵、徹饌送神等曲，乞命翰林院撰擬，請自聖明裁定。

《明會典》卷八四《禮部四十二・雩祀》　國家凡遇水旱灾傷及非常變異，或躬禱，或露告于宮中，或于奉天殿陛，或遣官祭告郊廟陵寢及社稷山川，無常儀。嘉靖八年，春祈雨，冬祈雪，皆御製祝文，躬詣南郊，祠皇天后土，遂躬祠山川神祇于山川壇。次日，祠社稷壇，冠服淺色，鹵簿不設，馳道不除，皆不設配，不奏樂。後建崇雩壇，始定雩祀之儀。十七年，躬禱雨于崇雩壇，青服，用一牛，以熟薦。具禮樂，與雩祀同，亦不設配。萬曆十三年，上親禱郊壇，却輦步行，有涉禱儀，詳具于後。嘉靖十一年，定雩祀儀。

明 俞汝楫《禮部志稿》卷二六《祠祭司職掌・雩祀》　國家凡遇水旱灾傷及非常變異，或躬禱，或露告於宮中、於奉天殿陛，或遣官祭告郊廟陵寢及社稷山川，無常儀。嘉靖八年，春祈雨，冬祈雪，皆御製祝文，躬詣南郊，祠皇天后土，遂躬祠山川神祇於山川壇。次日，祠社稷壇，冠服淺色，鹵薄不設，馳道不除，皆不設配，不奏樂。後建崇雩壇，始定雩祀之儀。十七年，躬禱雨於崇雩壇。青服，用一牛以熟薦，具禮樂與雩祀同，亦不設配。萬曆十三年，上親禱郊壇，却輦步行，有步禱儀。

又 卷八一《雩祀建燎壇》　嘉靖十一年，禮部尚書夏言奏：雩壇在泰元門外，道里迴遠，車駕經由，無駐蹕之所。祭時設幕次，雩壇既祀上帝，禮當升烟，俗謂祈水不宜用火，乃爲坎瘞，非禮。臣等以爲雩祀焚帛，宜用燎壇，請于雩壇外壝之内神路左方建燎壇一座，靈星門外之左空地一區，可設幕次，詔從其請，遂名其壇門曰崇雩。

《明史》卷四八《禮志二》　大雩。明初，凡水旱灾傷及非常變異，或躬禱，或露告於宮中，或於奉天殿陛，或遣官祭告郊廟、陵寢及社稷、山川，無常儀。嘉靖八年，春祈雨，冬祈雪，皆禦製祝文，躬祀南郊及山川壇。次日，祀社稷壇。冠服淺色，鹵簿不陳，馳道不除，皆不設配，不奏樂。九年，帝欲於奉天殿丹陛上行大雩禮。夏言言：『按《左傳》龍見而雩，蓋巳月萬物始盛，待雨而大，故祭天爲百穀祈膏雨也。《月令》：雩帝用盛樂，乃命百縣雩祀，祀百辟卿士有益於民者，以祈穀實。《通典》曰：巳月雩五方上帝，其壇名雩禜，於南郊之傍。先臣丘濬亦謂：天子於郊天之外，別爲壇以祈雨者也。後世此禮不傳，遇有旱，輒假異端之人爲祈禱之事，不務以誠意感格，而以法術劫制，誣亦甚矣。濬意欲於郊傍擇地爲雩壇，孟夏後行禮。臣以爲孟春既祈穀矣，苟自二月至四月，雨暘時若，則大雩之祭，可遣官攝行。如雨澤愆期，則陛下躬行禱祝。』乃建崇雩壇於圜丘壇外泰元門之東，爲制一成，歲旱則禱，奉太祖配。十二年，夏言等言：『古者大雩之祀，命樂正習盛樂、舞皇舞。蓋假聲容之和，以宣陰陽之氣。請於三獻禮成之後，九奏樂止之時，樂奏《雲門之舞》。仍命儒臣括《雲漢》詩詞，制《雲門》一曲，使文武舞士并舞而歌之。蓋《雲門》者，帝堯之樂，《周官》以祀天神，取雲出天氣，雨出地氣也。且請增鼓吹數番，教舞童百人，青衣執羽，繞壇歌《雲門之曲》而舞，曲凡九成。』因上其儀，視祈穀禮。又言：『大雩乃祀天禱雨之祭。凡遇亢旱，則禮部於春末請行之。』帝從其議。十七年，躬禱於壇，青服。用一牛，熟薦。

《清通典》卷四二《禮·吉二·雩祀》　臣等謹按：古者龍見而雩，以爲百穀祈膏雨，是孟夏之雩，乃每歲常行之典。至遇旱而禱，則爲大雩。我朝列聖相承，旰食宵衣，勤求民瘼，凡遇水旱，躬詣圜丘祈禱，即古大雩之義。乾隆七年，上命禮臣集議定制，每歲孟夏行常雩，禮儀與冬至大祀同。旱至季夏祈禱既遍，乃奉特旨敬舉大雩，所以爲民請命者，益致精虔，敬稽典制，詳載于篇。又凡祈雨之事，義與雩同，謹從類紀云。乾隆八年四月，始行常雩禮於圜丘。先是，御史徐以升奏言：『按《春秋傳》曰龍見而雩，蓋古者有雩祭之典，所以爲百穀祈膏雨也。《祭法》曰：雩宗，祭水旱也。《月令》：仲夏之月，命有司祈祀山川百源，大雩帝，用盛樂，命百縣雩祭百辟卿士有益於民者，以祈穀實，是爲常雩。乃若偶逢亢旱，則又有雩。《周禮·稻人》：旱暵共其雩斂，《春秋》書雩二十有一，故有一月而再雩者，旱甚也，是又因旱而雩，義雖不同，要之雩祭之典，自古有之。考雩字爲吁嗟求雨之義，其制則爲壇於南郊之旁，故魯南門爲雩門，是雩壇實有其地矣。自西漢之世，雩禮始廢，旱則禱祀天地宗廟。晉永和時議制雩壇於國南郊，梁武帝始移於東郊，又改燎柴而從坎瘞。唐太宗又雩祀於南郊。宋制，孟夏雩祀昊天上帝。前明雩壇在泰元門外，是歷代皆雩也。我朝禮制具備，《會典》載有躬禱之儀，獨於雩祭尚未設有壇壝，似屬缺典。雖郊祀亦有雲雨風雷之神與岳鎮海瀆之位，而禮必有所專設，乃於祈禱之典，似更覺誠敬周詳。伏乞敕下禮臣，博求典故，詳考制度，於京城之内擇地建立雩壇，倣古龍見而雩之禮，每年及期擇日致祭。偶遇亢旱愆陽，雨澤稀少，即於此望告岳鎮海瀆及諸山川能出雲雨者，以祈求雨澤，毋庸於各宫觀處祈禱。再者，祈雨、祈晴事同一體，倘有雨水過多，祈求開霽之處，請照《祭法》雩宗祭水旱之例，亦於雩壇致禱，庶誠敬克伸於典禮，似爲允協。至於直省州縣，亦應并設雩壇，俾展祈求之典。』疏上，詔禮臣詳議，尋議奏：『孟夏龍見，擇日行常雩，禮祀昊天上帝於圜丘，以列聖配享四從壇，從祀於下。前期禮部奏請，皇上親詣行禮，或遣親王恭代。孟夏後旱則祈天神地祇太歲壇，次祈於社稷壇，次祈於太廟，皆七日一祈。不雨或小雨不足，還從各壇祈禱如初。旱甚，乃大雩，祀昊天上帝於圜丘。先經祈禱太廟，既已虔告列祖，此次不設配位，仍設四從壇於下。雨足則報祀，或已齋未祈而雨，及所曾經祈禱者皆報祀，如常儀。其以前望祭四海之禮可以停止。再考古大雩用舞童二佾，衣元衣，各執羽籥，歌《雲漢》之詩。今蒙皇上倣《雲漢》詩體御製歌詩八章，聖念懇誠，宸章剴切，從古未有，應令舞童習歌，交内務府製辦教演。若久雨祈晴之處，歷考前代皆無禜祭雩壇之禮，請倣《春秋左傳》鼓用牲於社，及《文獻通考》禜祭國門之禮，但伐鼓禜祭於京師國門，視水来涌集最多之門而祭。仍雨不止，則伐鼓用牲，祭於社，毋庸於各壇祈禱。至直省州縣所有耕耤田中，皆設有壇祀，應令於孟夏擇日行常雩禮。或有亢旱，亦每七日先祭界内山川，次祭社稷。致齋虔禱雨澤，但不得用大雩之禮。其或淫潦爲災，則伐鼓用牲，禜祭城門，以祈晴霽，不必另設雩壇。至京師雨暘愆期，皇上於大内祈禱，其專承祈禱之官，天神、地祇、社稷、太歲各壇遣王大臣一人，太廟、上帝遣親王一人，應陪祀各官皆一體齋戒，詣壇行禮。如遇皇上親詣圜丘，王以下俱陪祀。』疏上，皆從之。是歲，初舉雩祭。皇上已降旨親詣行禮，太醫院臣奏聖體微患初愈，不宜勞動。左右大臣言皇上誠敬之心至肫至切，足以昭格穹蒼，雩祭爲常行之典，不必今歲一定親行，乃遣恒親王弘晊恭代行禮。九年四月，皇上親詣圜丘行常雩禮。先五日奉諭：『雩祭之典，所以爲百穀祈膏雨也。從前定議禮儀，悉照恭祀圜丘之制行。朕思目下畿輔雨澤愆期，此次舉行雩祭，正望恩迫切之時，非每夏常雩可比。其先期前詣齋宫，及祭畢回鑾，朕俱御常服，不乘輦，不設鹵簿，不作樂，以示虔誠祈禱爲民請命之意。』二十四年四月，常雩，皇上親詣行禮，以天時亢旱，步行致禱。先三日奉諭旨：『日者恭逢雩祀，農民望澤正殷，朕宵旰靡寧，仰祈靈貺，宜從抑損，以懋寅承。前期詣壇齋宿，所司應設法駕、鹵簿一概停止，視壇位拈香，時服常服，至翼朝，由齋宫步行恭詣，幄次行禮。』五月，皇上步禱社稷壇，御製祝文，薦玉行禮，詳見社稷。六月，大雩於圜丘。前五日，『奉諭旨：朕躬祭方澤，值祈雨之時，竭誠籲懇，未獲甘霖，夏至已踰，迫不可待，後日即進宫徹膳虔齋，思過待命。』十一日，敬舉大雩之禮，以祈天佑。御製祝文曰：『臣奉命嗣服，今二十四年。無歲不憂旱，今歲甚焉。曩雖失麥，可望大田，兹尚未種，赤地里千。嗚呼！其恵雨乎。常雩步禱，未蒙靈佑。方社方澤，均漠弗佑。爲期益迫，嗟萬民誰救。敢辭再瀆之罪，用舉大雩，以申前奏。嗚呼！其恵雨乎。上天仁愛生物爲心，下民有罪，定宥林林，百辟卿士，供職惟欽。此罪不在官，不在民，實臣罪日深。然上天豈以臣一身之故，而令萬民受灾害之侵？嗚呼！其恵雨乎。謹以臣身，代民請命，昭昭在上，言敢虚佞。計窮力竭，辭甗誠罄。油雲沛雨，居歆賜應。嗚呼！其恵雨乎。謹告。』先一日，皇上乘馬詣齋宫齋宿。正祭日，戴雨纓冠，素服，步詣圜丘壇行禮。越日大雨霑足，乃令直隸總督飭所屬有司勸種晚禾，酌借牛具耔種，以待秋成。二十八年四月，微旱，值常雩行禮，皇上躬致祈禱，禮成，得雨。復以雨未霑足，親詣玉泉及黑龍潭祈雨，并遣官虔禱天神地祇各壇，尋得渥雨。報祀如禮。三十二年四月，常雩後十日，親詣黑龍潭祈雨，并遣官虔禱天神地祇各壇，尋得大雨。報祀如禮三。十五年四月，微旱，常雩後旬日餘，親詣黑龍潭祈雨，并遣官致禱天神地祇各壇，得雨，報祀如禮。四十三年四月，常雩行禮，皇上以雨澤稀少，躬致祈禱。越十日，復親詣黑龍潭祈雨，并遣官致祭天神地祇各壇請雨。逾七日，再禱如初，又遣官往石匣龍潭虔祈，尋得渥雨，均報謝如禮。凡雩祀儀節，具《大清通禮》。臣等謹按：乾隆八年，皇上肇舉雩祀以来，孟夏常雩，歲皆親詣，惟巡幸之年，遣官恭代。二十四年六月，旱甚，特行大雩之禮，并御製禱雨告風文，仁愛相通，感孚即應。至每歲常雩間值望雨之時，詣齋宫日，不乘輦，不設鹵簿。次日步行赴壇，躬致誠祈，甘膏即沛。或以偶未優霑，復親禱龍潭，以期渥霖。并敕禮臣按例虔申祈請，精誠感格，無不立應。記注所書有不能盡述者，兹恭纂數次于篇，以見敬勤之至。五十年來，常如一日。又自畿輔以至各省，雨澤或稍愆期，即馳詢地方大吏，并再三申諭，毋許諱飾。一經奏報優霑，即御製詩篇以志喜慰。恭誦之下，仰見聖心肫切，所由感召天和，綏豐屢慶，億萬斯年，常膺昊貺焉。

清 來保《大清通禮》卷一《吉禮·大雩之禮》 孟夏常雩後不雨，既遍祈天神、地祇、太歲、社稷，三復仍不雨，乃諏吉，修大雩禮於圜丘。右諏吉。既諏吉，翰林院撰擬祝辭，或親製祝文，先期齋戒如常禮，齋之日禁斷屠宰。祀前一日，皇帝御常服，詣太和殿眡祝版，執事官咸常服，太常寺卿率屬入壇，潔器陳，備脯醢果實，設皇天上帝神座於圜丘第一成，南向；設四從神位於第二成，東西向。皇帝詣壇齋宿，常服出宫，乘騎不乘輦，不設鹵簿，不陳樂，前引後扈大臣、侍衛咸常服，導從午門鳴鐘，不陪祀王公百官常服跪送。駕至南郊，由壇西門入，至昭亨門外降騎，步行入壇。恭眡壇位，上香行禮如儀。右減服御徹樂。祀之日，皇帝雨冠素服，步禱於壇。扈從官暨陪祀、執事各官咸雨冠素服，恭行雩禮。不燔柴，不進俎，不飲福受胙，餘樂章、樂舞及玉帛器數悉與常雩同。皇帝行三獻禮畢，復位北向立。協律郎引舞童十有六人，衣玄衣，執羽翳，進爲八列。典儀贊舞童歌詩，贊引奏跪，皇帝跪，群臣皆跪，舞童乃舞皇舞，按節歌《御製雲漢詩》八章。詩曰：『瞻彼朱鳥，鶉首是臨。協紀辨律，羽蟲徵音。萬物芸生，有壬有林。有事南郊，陟降維欽。瞻仰昊天，生物爲心。』一章。『維國有本，匪民伊何。維民有天，匪食則那。爲民祈福，平秩南訛。我祀敢後，我樂維和。鼉鼓淵淵，童舞娑娑。』二章。『自古在昔，春郊夏雩。旱則致禱，田燭朝趨。盛禮既陳，神留以愉。雷師闐闐，飛廡衙衙。霈時甘霖，利我新畬。』三章。『於穆穹宇，在郊之南。對越嚴恭，上帝是臨。庇蔭嘉穀，用将悃忱。惴惴我躬，肅肅我心。六事自責，仰彼桑林。』四章。『權輿粒食，實維后稷。百王承之，永奠邦極。惟予小子，臨民無德。敢懈祈年，潔衷翼翼。命彼秩宗，古禮是式。』五章。『古禮是式，值兹吉辰。玉磬金鐘，大羹維醇。玄衣八列，舞羽繽紛。既侑上帝，亦右從神。尚鑒我衷，錫我康年。』六章。『惟天可感，曰惟誠恪。惟農可稔，曰惟力作。恃天慢人，弗刈弗穫。尚勤農哉，服田孔樂。咨爾保介，庤乃錢鎛。』七章。『我禮既畢，我誠已将。風馬雹車，旋駕九閶。山川出雲，爲霖澤滂。雨公及私，興鋤利甽。億萬斯年，農夫之慶。』八章。歌畢引退，贊引奏拜興，皇帝率群臣行三拜禮興，乃徹饌送帝神，望燎，并如常雩之儀。禮畢，皇帝還宫，午門鳴鐘，不陪祀王公百官常服，跪迎如初儀。右大雩。

清 方中履《古今釋疑》卷五《大雩》 雩有二，有孟夏大雩，有因旱而雩。鄭氏曰：雩，吁嗟求雨之祭也。雩祭謂爲壇南郊之旁，雩五精之帝。《通典》曰：建巳月，雩五方上帝，其壇名曰雩禜。雩，祭旱也；禜，祭水也。於南郊之傍，命樂正習盛樂，舞皇舞。楊信齋曰：按《左傳》啓蟄而郊，龍見而雩，此《詩頌》所謂春夏祈穀于上帝也。龍見而雩，與《周禮》所掌，《春秋》所書不同。《周禮·司巫》帥巫而舞雩，爲旱而雩也。《春秋》書雩二十有一，因旱而雩也。龍見而雩，乃建巳之月，萬物始盛，待雨而長，聖人爲民之心切，遂爲百穀祈膏雨，與啓蟄而郊之意同。是以樂則必用盛樂，與它祭異聲音之號，所以詔告于天地之間，以達神明也。郊非不用樂也，以禮爲主；雩非不用禮也，以樂爲主，各隨其宜也。但鄭注言雩五精之帝，疏言春夏秋冬共成歲功，則不可偏祭一帝，其言似矣。然天一而已，因時迭王，則有五帝之名。《易》曰：帝出乎震是也。祭于四郊，則有五帝之位，小宗伯兆五帝于四郊是也。鄭氏謂夏雩總祭五帝，是一天而有五祭，祭于南郊乎？抑兼祭于四郊乎？其義何居？陳氏《禮書》曰：《春秋》書雩二十有一，皆在七月以後。《左氏》曰龍見而雩，過則書，蓋龍見建巳之月，而建巳乃陽盛之時，陰氣所以難達也，故雩祀作焉。過此而後雩，此春秋所以譏也。故《穀梁》曰：秋大雩，非正也，冬大雩，非正也。祭法有雩禜之壇。春秋之時，魯以南門爲雩門，先儒皆以魯之舞雩在城南。鄭氏曰：雩爲壇于南郊之傍，其説蓋有所受也。履按自鄭氏之説行諸儒，莫之能決。有雩祀五方上帝、五人帝、五宫于南郊者，如唐貞觀禮是也。有雩祀昊天上帝于圜丘者，如唐顯慶禮是也。及開元中王仲丘奏祀昊天上帝于圜丘，尊天位也。然雩祀五帝既久，請二禮并行，以成大享帝之義。既祀昊天上帝，又祀五帝，是猶明堂并祀上帝、五帝之誤也。且雩祀上帝，必升烟，後世乃謂用火不可以祈水，而爲坎以陰就陽，不可以求陰。而移壇于東。梁禮，雩必自郊徂宫，後世或祈山林、川澤、群廟、百辟卿士。然後及于上帝，亦梁禮也。北齊及唐皆然。雩樂以舞爲盛，後世或選善謳者歌詩而已。北齊禮皆非古也。明嘉靖中，始建崇雩壇于圜丘之旁，以祀天禱雨。歲旱，則于季春之末禮部奏請行禮，蓋二雩合而爲一，所謂大雩者，猶大旅、大饗。而吴幼清、孫明復、胡康侯皆云《春秋》書大雩乃惡其僭天子之禮，故特謂之大，誤矣。

清　秦蕙田《五禮通考》卷二二《吉禮二十二·大雩》　蕙田案：《月令》曰『大雩帝』，《左傳》云『啓蟄而郊龍見而雩』，即《詩頌》所謂春夏祈穀于上帝也。其禮天子諸侯皆有之，然天子所雩者上帝，故曰大；諸侯特雩境内之山川，不名曰大。《春秋》書『魯大雩』，魯僭禮也。孟夏大雩，雖無水旱亦行之，禮之常也。若國大旱，則無論夏秋，皆得雩，至冬則無雩，故穀梁子曰『冬無爲雩也』。《春秋》大雩二十有一，書雩以記灾，書大以志僭。然古聖王遇灾而懼，爲民請命，當水旱時，靡神不舉，又不止雩上帝而已。《周禮》以索鬼神爲荒政十有二之一，後世不知恐懼修省，反躬罪己，乃有焚巫徙市之事，抑末矣。漢無雩祀，而旱祭非一。至齊、梁，乃有雩壇，而所雩有五天帝、五人帝，皆非古義。唐有正雩，有旱禱。宋以雩帝爲大祀。明嘉靖時有雩祭，雖不盡古，然亦近焉。

清　昭槤《嘯亭續録》卷一《大雩》　本朝列聖憂勤民瘼，每於雨澤愆期，必敬謹設壇祈禱。乾隆七年，特旨每歲巳月擇日行常雩禮，如冬至郊壇之制。皇帝躬詣行禮，所用敬衣、旗幟皆皂色，以祈甘霖速降。常雩既舉，如未得雨，先祈天神、地祇、太歲三壇，次祈社稷。遣官各一人，皆七日一告祭。各官咸齋戒陪祀。如仍不雨，還從神祇等壇祈禱如初。旱甚，乃大雩。皇帝躬禱昊天上帝於圜邱，不設鹵簿，不除道，不作樂，不設配位，不奠玉，不飲福受胙，三獻樂，祇用舞童十六人，衣玄衣，爲八列，各執羽翳，歌純皇帝《御製雲漢詩》八章，餘儀與常雩同。祭後雨足則報祀之，所以感格蒼穹，軫念農業，實爲自古所未有也。

（嘉慶）《直隸太倉州志》卷四《營建上·壇廟》　雩壇不另建。國朝乾隆七年，奉旨：歲孟夏，擇日即先農壇設木主，一書風雲雷雨之神，一書山川之神，一書縣社之神，一書縣稷之神，并奉先農神主雩祭，如仲春祭先農禮。

清　蔡孔炘《經學提要》卷六《雩祀》　周章成曰：雩有二，有常雩，有因旱而雩，龍見之雩，常雩也。龍見者建巳之月，蒼龍之宿昏見東方也。《月令》則在仲夏之月，所云命有司爲民祈祀山川百源，大雩帝，用盛樂，乃命百縣雩祀百辟卿士有益于民者，以祈穀實是也。按大雩帝，帝即天也，注疏謂合祭五帝，又有配以五人帝之説，不可從。用盛樂，謂韶鞞、鼓琴瑟，管簫、干戚戈，羽竽笙篪、簧鍾磬柷、敔干九物并作，山川百源能興雲雨，故先祭之。百縣言畿内之邑，而畿外諸侯以下，可知百辟卿士，如句龍后稷之屬，其禮不得用盛樂，用歌舞而已。秋大雩，《春秋》七書，桓公五年胡傳大雩者，雩于上帝，用盛樂也。魯諸侯而雩帝，故特謂之大。及上辛大雩，季辛又雩，昭公二十五年之類，因旱而雩也。按舞師教皇舞，帥而舞旱暵之事，司巫國大旱則帥巫而舞雩，女巫旱暵則舞雩，此皆因旱而雩也。旱暵之雩，《周禮》止曰舞，其殺于大雩可知。魯侯國龍見之雩，擬于天子，已不可。況旱暵之雩而用大雩，尤無謂矣。《春秋》非無龍見之雩也，以爲常事，故不書耳。其書雩者二十有一，書秋者七，書八月者四，書七月者二，書九月者七，書冬者一，皆在七、八、九月，蓋周之七、八、九月乃夏之五、六、七月，正百穀望雨之時，遇旱則必雩以求雨。《左傳》以秋雩爲不時見，桓公五年傳失之矣。惟成公七年冬大雩，乃爲不時，故《穀梁傳》云：冬無爲雩也。若冬春遇旱，有禱無雩。

清 閻鎮珩《六典通考》卷一〇〇《禮制考·歷代雩禮》 古者雩舞以皇及女巫，象其陰也，舞以達陽中之陰而已。董仲舒求雨之術，閉南門，縱北門，亦達陰之意。然雩祀上帝必升烟，後世乃謂用火不可以祈水，而爲坎以瘞，就陽不可以求陰，而移壇于東。雩必自郊徂宮，後世或祈山川林澤群廟，百辟卿士，然後及于上帝。雩樂以舞爲盛，後世或選善謳者歌詩，皆非古也。

（光緒）《湘潭縣志》卷七《禮典第七》 孟夏，常雩於壇。舊遵部頒，日後通用四月九日支祭銀五兩，祈雨山川社稷壇，亦朝服，用少牢。七日不雨，卜日更禱。其報祭亦如之。祈晴，禜城門，鼓，用牲，補服，六叩首。三日不霽，祭社壇如祈雨之禮。凡禜，皆斷屠，祭銀知縣備給。

紀事

《宋書》卷一七《禮志四》 晉武帝咸寧二年春，久旱。四月丁巳詔曰：諸旱處廣加祈請。五月庚午，始祈雨于社稷山川。六月戊子獲澍雨。此雩禜舊典也。

宋 李攸《宋朝事實》卷七《道釋》 真宗咸平間，知揚州魏羽上雩祀五龍祈雨法，詔頒諸路。其法以甲乙日擇東地作壇，取土造青龍，土器之大小、龍之修短餘方皆如之。凡旱建壇，取五行生成之數焉。長吏齋三日，詣龍所汲流水，設香茗果，率官屬日再至祝酹，不用樂、巫覡。雨足，送龍水中。

元 陳則通《春秋提綱》卷九《雜例門·魯雩例》 桓五年秋大雩。僖十有一年秋八月大雩，十有三年秋九月大雩。成三年秋大雩，七年冬大雩。襄五年秋大雩，八年秋九月大雩，十有六年秋大雩，十有七年九月大雩，二十有八年秋八月大雩。昭三年八月大雩，六年秋九月大雩，八年秋大雩，十有六年九月大雩，二十有四年秋八月大雩，二十有五年秋七月上辛大雩，季辛又雩。定元年九月大雩，七年秋大雩，九月大雩，十有二年秋大雩。

明 嚴嵩《南宮奏議》卷一二《請定躬禱郊雩禮儀》 嘉靖十七年四月十七日，該輔臣李時等面會臣嵩捧讀聖諭：『近少旱，朕正憂禮部已請命所司致禱外，又聞近郊小民踣斃，心加憂之。朕處人上，罪在朕躬。即今十八日爲始，與卿等齋心潔慮，禁止屠宰三日，青衣辦事。二十一日，朕躬禱郊雩。目會嵩示群臣知之，勿忽。十八日暫罷朝一日。』欽此。欽遵，仰惟我皇上恩覆黎元，志勤稼穡，天時亢暵，宸慮憂勞，遽形罪己之詞，亟致籲神之禱，此誠聖帝明王視民如傷之盛心也。臣嵩即已出給告示，宣示百官，咸令知悉外，所據躬禱郊雩禮儀，臣查得嘉靖十二年五月內崇雩壇告成，該本部具儀上請，奉聖旨：『是，依擬行。』今奉前因，查得前項儀注凡遇一歲亢暵，禮部奉行，欽天監擇仲夏吉日舉行。前期五日，太常寺奏請欽命文武大臣視牲，前期三日告請太祖配神，但目今已奉聖諭二十一日致禱，期已迫促，則於禮文儀節之詳未能悉備，合無視牲告祖俱於前期一日，其正祭禮儀應否照舊，儀用、牲幣、樂舞以祭服行事惟復照常祭告儀，以青服行事，伏乞聖明裁定。嘉靖十七年四月十八日，奉聖旨：『茲禱甘澤，乃修省之事，只宜青衣，上香進帛，三獻八拜，成禮，百官陪拜，未可用所開全儀，亦不必奉祖配便。具此儀來行，祭用酒果、脯醢、牛一以熟薦。』

又《請定雩祀樂舞》 嘉靖十二年五月該本部題崇雩壇告成，其合行儀注增設樂舞一應事宜，俱經奉有欽依遵行外，目今天時亢暵，臣等擬欲恭請皇上舉行雩祀盛典，而儀物未備，隨據太常寺手本開稱崇雩壇增設樂舞、製造舞衣羽旄等項，先奉欽依，行移各該衙門造辦，去後俱未造送等因到部。臣等謹按，古者龍見而雩，乃建巳之月，萬物始盛，待雨而長，聖人爲民之心切，故祭天遠爲百穀祈膏雨也，與啓蟄之郊其意同。然樂則必用盛樂，與他祭獨不同。《通典》曰：禜於南郊之旁，命樂正習盛樂，舞皇舞。蓋樂舞者所以振盪聲容，宣暢和氣，詔告天地，感通神明，冀其陰陽和而雨澤始降也。查得先年本部議擬正樂之外，神樂觀增設鼓吹數畨，選教舞童百人，青衣執羽，繞壇周旋歌、《雲門》之曲，而舞曲凡九成。而終又查得已經撰有歌章頌之該寺，惟是一應舞衣羽旄等項未經造辦。仰惟皇上憲則古先，敦崇祀典，諸所彝章焕然大備，而恭建崇雩壇於圜丘之旁，以祀天禱雨，爲民祈福，誠哲王之重務、勤恤民隱之盛心也。但今壇制雖成，儀物尚未完備，豈非有司者之責歟？臣等仰承德意，稽核舊文，理合申明，題請恭俟命下，行移各該衙門，將應用舞衣羽旄等項作速造辦如制，給送該寺。其選教舞童一節，查得四郊九廟，朝夕日月及歷代帝王等壇見在樂舞生通計二千二百名，屢據該寺呈稱，各生在逊尚且名數短少，選補不敷。今若再加增設，愈益浩繁，非惟收選之難，抑且經費之冗。臣等以爲各壇舞生雖係分設既定，要之舉祀供役，自非并集一時，似可通融兼習，不必復有增設，合無行令該寺就於見在樂舞生二千二百名内，揀選年幼質秀者百名，以充雩壇之數，本部札仰該寺堂上官一員專一提督教演，務要音節詳明，聲容閑習，以俟緩急應時而用，庶幾聖明鉅典，兼總條貫，靡有闕遺，我皇崇祀爲民之心可少慰矣。嘉靖十七年四月二十二日。

明 張自烈《芑山詩文集》卷一八《記一·雩記》 崇禎十六年袁四月至七月不雨，苗焦卷無復蘇者，民相向泣曰：魃灾我已。又聚族謀曰：弗穫我殍，追呼迫安之，率老稚詣郡邑，泣請蠲郡邑，曰：蠲必不可得，檄司巫雩。雩累月旱甚，民田近渠者，方日事桔槔。它宦田壤接，則宦佃實梗之。雖百桔槔蔑濟，宦佃曰：我能禍福，若何雩爲煽。宦僕數十人，絡繹阡陌間，渠自上流趨民澮者，絶流導入宦畮，民不邀涓滴。迨宦畮水溢，宦佃决，令他道出，委諸壑，民視苗立槁耳。宦佃又訹民曰：若欲溉，盍賂我？民粥衣履雞豚往賂，佃得賂，與宦僕酣笑爲樂，不予溉如故。民恚莫誰何也，仰天泣不已。宦佃曰：若輕我，獨不畏宦耶？須臾數十人前曰：我宦家僮，孰我當捽争溉者垂斃，衆愕眙無人色，走籲宦門，扃弗得入，泣而還，或曰：不賂宦僕，禍且酷。宦僕陽受賂，陰阱之，導佃膚愬。宦曰：甲某争溉，乙某捽某。佃宦急疏甲乙名白縣，縣箠之。民泣呼曰：魃灾，我天無知哉？環泣者數千人。未幾，市猾者思行劫，罔郡邑曰：故例，旱擊龍湫乃雨。邑曰：擊。諸猾收召徒黨，揭竿往，夜肆掠螯人，里老迹之，則曰我衙邑命擊湫者，群譁去。或嘆曰：雩盗竿也，民何辜？魃害熾矣，益以宦，益以佃僕猾，則是天旱一，人旱四也。不荒於歲荒於人，豈不殆哉！往余游四方，聞邑苦澇，苦催科，傷之。今里居復苦旱患，滋蔓不止。余雖慕古，范文正、劉善，明思有以拯之弗逮，因次其事以明虐有熾於魃者，而尤慨吏兹土者之備灾失宜也，庶後之仁人君子鑒焉。郡人某記。

清 董沛《正誼堂文集》卷二一《論議·辛巳常雩祭服議》 光緒七年，恭際孝貞顯皇后大喪，臨江府以四月五日成服，越四日適届常雩，郡守周公謂藩司公文開列禮部奏定祭祀日期，四月初九日行常雩禮，大祀天於圜丘，徧諭所屬一體遵照，未嘗稱中祀，宜按定例。大喪百日期内，凡遇大祀遣官，朝服行禮之制，外官亦一體朝服行禮，於是署清江縣事董沛謹獻議曰：伏考禮部奏定祭祀日期，皆天子之制。故四月九日常雩，大祀天於圜丘，與十一月二日冬至禮無區别。省中遍諭所屬一體遵照，特遵照本年應祭之日期，非謂所屬官吏一體可以祭天也。常雩之禮，周制壇在南郊之旁，自唐武德初始雩上帝於圜丘，合爲一壇，至今仍之。《大清會典》所載皇帝雩於郊壇，所祀爲皇天上帝，故稱大祀。外吏雩於神祇壇所，祀爲風雲雷雨山川之神，并祀城隍，故稱中祀。兩處分列，其禮秩然，如謂皇帝常雩可以祀天，外吏亦可以祀天，必非臣子之所安也。外吏既非祀天，而謂神祇壇亦可以稱大祀，又非《會典》之所許也。南北郊帝王廟朝日夕月，諸典禮藩司公文亦一一列之，豈將令郡縣守吏一一遵之乎？直省無祭天之壇，即不敢行祭天之禮，如從大祀，果於何所行之？然則公文所稱一體遵照者，斷非謂朝廷之大祀，外吏亦一體作大祀也。《禮》曰大雩帝，《詩序》曰春夏祈穀於上帝，皆天子之禮也。南齊始以武帝配，是爲祖宗配享之始。我朝則三祖列宗皆在配位，此何等禮，而謂外吏亦可稱大祀邪？《禮注》曰：雩，旱祭也。諸侯於上天之神，此即今制天神壇之所本也。又曰：諸侯雩山川，此即今制地祇壇之所本也。外吏即諸侯也，行常雩於神祇壇，蓋亦衷諸禮矣。夫先聖之禮，以經訓爲萬古之宗，本朝之書以《會典》爲一代之法，參稽所及，天子之常雩與直省郡縣之常雩實有等差，自宜依定例，大喪百日，期内凡遇中祀，素服行禮爲允協，不能僭大祀朝服之制也。再考光緒元年孟夏，常雩，江西祭日適届毅皇后大喪，縞素期内，頗聞省中亦朝服致祭，一時權宜，與禮不符，未可執稱定制。況皆傳聞之語，并無案牘可稽，何敢以之爲據哉！謹議。或謂乾隆九年部頒常雩祝文，首稱某官某致祭於社稷先農山川之神，疑有社稷，亦可援稱大祀，不知此舊制也。嘉慶二十四年重修《通禮》，道光初頒行，列常雩於神祇壇，并不列於社稷壇，則是常雩之禮與神祇壇一律耳。且即令祝號有社稷，亦未可稱大祀也。《會典》分卷等次秩然，當時纂修諸臣豈不知祝號之有社稷，社稷之爲大祀，而顧於直省之常雩仍入之中祀，非無説也。帝王廟之三皇，羲農黄帝也，則列爲中祀矣。先醫廟之三皇，亦義農黄帝也，則夷於群祀矣。禮有區別，豈在一端。不能因三皇之神而升，先醫爲中祀，何能因社稷之神而升常雩爲大祀邪？至於《撫轅日鈔》開列祭期，皆外官行禮之事，而乃刊布所屬，亦曰某日常雩，大祀天於圜丘，其爲謬妄不可勝言矣。

藝文

唐 白居易《白氏長慶集·文集》卷四九《得景爲宰秋雩刺史責其非時辭云旱甚若不雩恐爲災》 居常授時，政則行古；恤人救弊，道在從宜。旱將害於粢盛，雩難拘於秋夏。景象雷是職，不雨其憂，苟旱魃之愆時，虐既太甚，雖蓐收之戒序，雩亦何傷。冀有聞於鸛鳴，庶無慮於狼顧。馨香以感，夕且望於月離；稼穡其傷，時難遵於龍見。雖事乖魯史，而義合隨時。製錦執言，是亦爲政，褰帷致詰，未可與權。

宋 蘇頌《蘇魏公集》卷七《和丁御史出郊雩祀夕雨初霽》 雩帝臨初孟，涓辰用吉辛。肆儀慙陋學，司直接名臣。出從籠街馭，時觀避路人。雨餘鮮野服，雲霽變魚鱗。觚陛牲匏潔，公卿冕佩榛。共期嚴薦享，上副聖心純。

宋 葉夢得《建康集》卷四《再祈雨諸廟文》 古者謂吁嗟求雨爲雩，皆請于山川百源，而《春秋》得雨，書大雩，皆在建午、建未、建申之月，是知水旱豐凶，雖天有數，苟精意以禱，山川之靈亦必應之。

宋 樓鑰《攻媿集》卷四八《雩祀祝文》 前一日奏告太宗室。伏以旱魃挻灾，禱而既應，覆出爲虐，其害愈深。爰即紫壇，仰祈清昊。熙陵之德，實配彼天。豫告威靈，願垂昭格。有請于帝，蘇此遺黎。

上帝。伏以旱氣方隆，禱既如響。飛蝗肆孽，禳之亦消。奈何常暘，又以示譴？朕實不德，民則非辜。祇祓郊丘，謹修雩祀。仰祈上帝，哀閔下民。蚤興雲雷，大沛雨澤。無有遠邇，均被滂沱。坐變凶年，復成樂歲。邦本所繫，惟天佑之。

太宗。伏以天灾流行，固知代有。今歲之旱，尤所弗堪。禱雨應期，方幸周浹。陽居大夏，茲焉益驕。爰即泰壇，恪修雩祭。稽諸故典，作主侑神。曾孫菲凉，宜致疵癘。殃及萬姓，實惟焦心。在天之靈，願垂矜閔。亟頒甘澤，以迄康年。

皇地祇。伏以至哉坤元，厚德載物，生我百穀，以活斯人。比雨應祈，種幸入土。苗而未秀，又復亢陽。滌滌山川，物意焦灼。國有故典，禱旱以雩。后土資生，敢伸虔告。願垂大惠，敕使百神，三日爲霖，溥及萬域，以蘇焦槁，以致豐登，庶幾有邦，可以長保。

再奏告宗廟別廟。伏以顧惟菲凉，負荷至重。常暘之罰，乃遍黎元。飛蝗未清，雨而復旱。投誠列聖，威靈在天。閔予曾孫，以及赤子。亟垂昭格，沛以甘霖。迄用康年，保邦是賴。

太社大稷岳鎮海瀆五方山林。伏以惟民之生，以食爲命。聰明正直，亦惟相依。今茲旱灾，日既太甚。側身致禱，遍于百神。仰冀爲霖，沛然四洽。庶有秋之可望，豈嘉報之敢稽。

明 李夢陽《空同集》卷五《琴操·雩旱》 望君兮曾波，雨霾兮兩河，驂豐隆兮駕馮夷，蹇將至兮風薄之，吹笙兮擊鼓，絙絃兮會舞，君不來兮使我心苦。雲冥冥兮晝晦，神靈惠兮甘雨，我稷兮我黍，穀之兮士女，編龍兮堂墠，禽蜥蜴兮水際，吐雲兮上下，使鳩鳥兮騰逝，紛總總兮神欲下，猋爲駕兮龍爲馬，君誰須兮不來，日將莫兮怨思。

明 嚴嵩《鈐山堂集》卷一八《頌·雩殿紀成頌》 嘉靖癸卯夏四月丙戌，我皇上新作雩殿成，昭靈貺也。先是，壬寅之夏，時雨偶愆，旱熯爲沴，皇上爲民軫念，即苑内之太素殿建壇，致禱于神，而甘澤隨霈，歲以有秋。於是仰帝眷之洪垂，嘉神君之效職，思以崇厥報者，乃發淵衷，諏剛日，即舊基構靈宇以尊事于神焉。其地匯以金海，帶以瓊山，漣漪澄浸，鏡涵一碧之天，峰巒崒嵂，鰲戴三山之軸，宛然蓬島瀛洲。閬風玄圃之上，允爲仙聖之所宅，神明之攸萃也。既成，規構閎偉，地位肅嚴，前爲雩禱之壇，其後爲太素殿，以奉祖宗列聖神御。齋館列峙，榜揭輝暎，臨海爲亭，曰龍澤，曰龍湫。東爲弘濟祠，經始昨秋，至是而告成焉。臣謹按先王制禮，法施于民，禦大菑、捍大患者則祀之，故山林川澤能出雲爲風雨見怪物者靡不載在祀典。《周禮》孟夏大雩，爲民祈祀山川百源，洪惟皇上竭一誠以感通，代萬方而祈福。斯殿之建，昭昭神靈必永依于斯，動彰顯應，時雨時暘，爲祥爲吉以，遂我皇上之所祈矣。臣式瞻鴻構，恭覩駿儀，敬作頌辭，用紀成績。其辭曰：於赫上帝，制運太清。爲民選辟，以宰群生。於穆我皇，統乾作聖。圖治保邦，夙夜維競。粵在昨歲，亢熯荐臻。皇曰艱哉，曷拯我民。爰事于神，既禱既禋。百神效靈，龍澤隨霈。歲登豐穰，民罔菑害。皇曰休哉，明明帝賚。曷其欽承，以報神惠。乃命司空，乃相厥土。鳩材庀工，作此殿宇。神贊其謀，地呈其吉。始自去秋，功成不日。虹梁架漢，霞棟于霄。璿宮寶殿，矗屹岧嶤。三成絢錦，九陛駢玉。鳳彩龍文，怵精炫目。工徒告訖，皇情豫懽。陳儀備典，奉以攸安。妥侑有所，神則來格。九光璀璨，萬靈翕赫。風馭雷車，洋洋在列。黿鼉龜魚，百恠蜿蜒。恍惚變幻，濆薄周旋。潏潏寶淵，神龍之宅。飛騰大空，妙化頃刻。時作甘霖，以救旱竭。我皇乾乾，敬恭明神。一念所祈，惟國與民。惟聖感神，惟神輔德。歆乃精誠，報以休澤。休澤維何，介福寔多。出入訶護，保合太和。雲行雨施，應禱而致。醜胡寇賊，潛驅默制。弘殖天民，永綏皇祜。鎮我大明，億千萬祚。

明 尹臺《洞麓堂集》卷八《御史大夫周公旱雩得雨詩示答二首》 數月江帆一雨無，黄沙颯岸野田枯。方春衆盜愁兼劇，比郡三農困得蘇。敢愛牺牲將奠瘞，即防白屋轉流逋。時霖果應南郊雩，一夜雲雷土盡酥。

督府上卿天下無，淮陽出鎮憐彫枯。憂時隱念懸魚釜，計國深思入爨蘇。民有長謡歌惠恤，吏無横索及窮逋。霏微更愜千人望，霑沃真成九地酥。

明 汪道昆《太函集》卷一一二《自夏五月不雨迄秋而大雨行蓋陳令君齋宿郊舍雩祭神祇再挾日而始應境内具曰令君雨歌且儛之余因以詩爲謡得三十六韻》 南國仍湯沐，頻年若雨暘。鎡基時有待，章甫惠無疆。茂宰工爲邑，賢聲雅擅場。棠陰櫱召伯，花縣靚潘郎。百里深膏澤，三旬阨亢陽。蓬心徒泄泄，蒿目獨皇皇。内省寧無咎，先憂政未央。即看騶從減，已任駿奔忙。挾日增炎赫，籲天竟渺茫。臥龍鞭不起，涸鮒斗相望。流火防河斷，行屍判澤量。叩閽輕震慴，席藁重徬徨。衆奮争驅魃，孤窮忍暴尫。無辜思沫呴，有罪請身當。出舍依郊外，除壇近水傍。清齋虔五夜，露禱誓三光。赤汗衣逴滜，頳顔蓋罷張。踆踆群望走，翼翼萬靈將。鱗激重淵客，牲沈百谷王。踉蹌投古廟，匍匐遍窮鄉。雲漢元通洛，桑林卒應湯。帝心孚肸蠁，天意顯循良。東望滂暘谷，西來暗大鄣。波濤翻陸海，霹靂殷匡牀。石燕俄霑灑，商羊尚跳梁。九農懸自觧，一國喜如狂。穡事收穮蓘，田功奏積倉。宿舂彌菜色，朝食待粳香。尺璧安求飽，刀圭詎備荒。直須供賦稅，良用足烝嘗。佩犢應踰境，鳴琴不下堂。昇平酬主聖，豈弟荅時康。遠道駑騕褭，卑枝枳鳳皇。太丘承祖德，少皥發農祥。奄忽踰三載，相將沛四方。仗誰陳便利，河内借平章。

清 陳昌圖《南屏山房集》卷一一《賦得龍見而雩》 九重移翠葆，七宿候蒼龍。雩祭因時舉，星躔向夕逢。澤甘祈普遍，典重失虔恭。察次咨馮相，明禋命秩宗。隆儀昭俎豆，盛樂奏笙鏞。建巳天懸象，惟寅帝劭農。升香巫乍告，好雨畢還從。膏渥郊原满，商霖洽化醲。

清 胡天游《石笥山房集·詩集補遺》卷上《雩》 今我賦旱雲，太甚曾未普。津脈縮吴越，得歲更何地。伏聞周公章，雩請亦所備。歌哭盡州野，西郊轉迢遰。山岳不自救，焦焚痛膚髻。寧無出雲資，暫溉千里廢。但含肥□窟，助厥妖女祟。機淫索叢墟，非鬼尚必逮。薄仗淼至尊，竿鐸熱闤闠。豈惟走父老，公府劇奔筮。將謂膏澤敷，幽理實所寄。神勞安得説，毋乃困牲醴。殷勤閉陽門，會合欣縣吏。終占熒惑渴，金火猛陵制。庸詎説魯僖，或恐東海蔽。兹聞天人應，轉捷等吁噦。遠思晏大夫，諷諫實所濟。復懷永元世，未及屬車逝。况兹饑逋餘，凋版互纏癘。幸追淮揚守，放缺董生記。精誠取迴斡，童稚陋嬉戲。晚窺涉波豕，忽嬌潛淵蜧。出裝煩雷公，覆手醒萬悴。分施及野人，宵夢溼垢膩。

清 錢載《蘀石齋詩集》卷一九《六月庚申上虔行大雩禮成辛酉雨恭紀》　直達呼天意，惟陳罪己詞。端寧頌風伯，宿己致雲師。帝赫誠終應，年康德可爲。頻瞻檐滴響，小暑土方滋。

清 潘奕雋《三松堂集・詩集》卷一八《試帖・大雩用盛樂》

龍見時惟夏，諏辰祀典行。禮明鸞輅舉，樂備鳳簫迎。肅穆行初獻，鏗鏘奏九成。近光民協志，祈雨帝含情。柳外聽仙韻，花間駐翠旌。臣惟將敬志，工亦識中聲。登降求昭度，升歌用達誠。佇看甘澍降，四海樂豐盈。

清 薛雪《抱珠軒詩存》卷三《戊午五月不雨雩禱十日始得復不果悵然有作》　忽聞蕉葉上，點滴兩三聲。仰見浮雲合，還穿夕照明。河傾情最愜，燕舞勢猶輕。豈是經過處，何人阻灌城。

雜録

宋 樂史《太平寰宇記》卷一〇八《江南西道六・虔訓》　雩山，在縣二十五里。耆老相傳云，昔人祈雨於此山下，往往感應，故曰雩山。

清 桂馥《札樸》卷九《鄉里舊聞・雩壇》　吾邑沂水之南壇，上有石刻曰舞雩壇，蓋因《論語》附會耳。《南齊書・禮志》雩壇高廣，《禮》、《傳》無明文。案《覲禮》設方明之祀，爲壇高四尺，雩祭五帝，粗可依放。馥以舊壇高大，定非雩壇，蓋魯侯郊祀之壇也。

龍王

論説

《吕氏春秋》卷二〇《恃君覽・召數》　四曰類同相召，氣同則合，聲比則應，故鼓宮而宮應，鼓角而角動，以龍致雨，以形逐影。龍，水物也，故致雨。影出於形，形行日中，則影隨之，故曰以形逐影。

漢 董仲舒《春秋繁露》卷一三《同類相動》　今平地注水，去燥就濕；均薪施火，去濕就燥。百物其去所與異，而從其所與同，故氣同則會，聲比則應，其驗皦然也。試調琴瑟而錯之，鼓其宮則他宮應之，鼓其商而他商應之，五音比而自鳴，非有神，其數然也。美事召美類，惡事召惡類，類之相應而起也。如馬鳴則馬應之，帝王之將興也。其美祥亦先見，其將亡也，妖孽亦先見。物故以類相召也，故以龍致雨，以扇逐暑。

漢 劉安《淮南鴻烈解》卷一六《説山訓》　因高而爲臺，就下而爲池，各就其勢，不敢更爲。聖人用物，若用朱絲約芻狗，若爲土龍以求雨，芻狗待之而求福，土龍待之而得食。土龍致雨，雨而成穀，故得待土龍之神，而得穀食。一説土龍待請雨之，所得食酒肉者也。

漢 王充《論衡》卷五《感虚篇》　龍何故登玄雲？神何故棲崑崙？夫龍之登玄雲，古今有之，非始益作井而乃登也。方今盛夏，雷雨時至，龍多登雲。雲龍相應，龍乘雲雨而行，物類相致，非有爲也。【略】九變復之道，所以能相感動者，以物類也。有寒，則復之以温，温復解之以寒。故以龍致雨，以刑逐暑，皆緣五行之氣，用相感勝之。

又 卷六《龍虚篇》　雷龍同類，感氣相致，故《易》曰雲從龍，風從虎。又言：虎嘯谷風至，龍興景雲起。龍與雲相招，虎與風相致。故董仲舒雩祭之法，設土龍以爲感也。

唐 馬總《意林》卷二《吕氏春秋二十六卷》　以龍致雨，以形逐影，類同則相召，氣同則相合，聲比則相應，故鼓宮宮應鼓角角動。

唐 羅隱《讒書》卷二《龍之靈》　龍之所以能靈者，水也；涓然而取，霈然而神。天之於萬物，必職於下以成功。而龍之職水也，不取於下，則無以健其用；不神於上，則無以靈其職。苟或涸一川然後潤下，涸一澤然後濟物，不惟濡及首尾，利未及施而魚鼈已敝矣，故龍之取也寡。

唐 佚名《無能子》卷下《魚説第四》　河有龍門，隸古晋地，禹所鑿也。懸水數十仞，淙其聲雷然，一舍之間，河之巨魚，春則連群，集其下力而上泝，越其門者，則化爲龍。於是拏雲拽雨焉，河壖纖鱗望之，相謂曰：彼亦魚也，而超變如此，豈與我撥撥然壖而游，戢戢然穴而藏哉。其一曰惑矣，汝之思也。夫天地之内，物之頒形者千萬焉。形之巨細分之，大小相副焉。隨其形足，其分各適矣。彼超變者河之時，波則與之驚，澄則與之平，意順力渾，沉浮安定，及其思變也。連群而姤，泝瀑而怒，意疲力困，乃雲乃雨。夫雲雨來隨，蒸潤之氣自相感爾，於彼何有哉。彼若有心於雲雨之間，有時而墮矣。無心自感，又何功乎？角其上，足其下，與吾鬐鬣一也。吾鬐鬣而游，彼角足而騰，未嘗不順也。豈以吾壖游之無争，穴藏之無虞，人不知而害不加之，樂易其角，足雲雨之勞乎。

宋 李如箎《東園叢説》卷下《天雨》 天將雨，必先蒸濕，雲氣騰結，而後降雨。又龍見而雨必旋至，以雨主於龍乎，則何待於蒸鬱而後作雨也？又有薄雲而後作雨者，且龍所取江河之水，曾幾何而爲泛溢懷襄之患者，何哉？二者之説，蓋無定論也。俗諺有云：『人能變火，龍能變水。』此雖俗説，細詳之，亦甚有理。夫天下之理不能以無爲有，有其本矣，亦必有所待而後發見。夫木之爲性，火實存焉，然火無以自見。人以一灼之火而變之，則木俱火也，以至焚邱陵燎原野，無所不可者，假人之力而致之也。雲之爲氣，水實存焉。然水亦無以自見，可以爲霡霂，而不可致霶霈。龍以一酌之水而變之，則雲俱水也。以至於漲江河盈澗谷，亦無所不可者，假龍之力以致之也。火木雲龍，二者相待而成者也。俗諺雖有此説，然不能推其理之所在，因爲之説。

宋 朱翌《猗覺寮雜記》卷上 牧之《阿房賦》：『複道横空，未雩何龍。』議者謂龍星也，非眞龍也，不可比複道。《北史》：源師夏以龍見請雩，時高阿那肱録尚書事，謂爲眞龍出見，大驚喜，問龍所在，作何顔色，師曰：『此是龍星初見，依禮當雩郊壇，非眞龍也。』阿那肱忿然曰：『漢兒多事，强知星宿！祭事不行。方牧之下筆時偶不記此耶？雖然凡物之生于下者，皆有星主乎上。雩，《爾雅》注，吁嗟請雨，雨龍所司也。龍星雖非眞龍，然所主龍也。故請雨則以其夏見之時，又《爾雅》螮蝀謂之雩。螮蝀，虹也，以比横空之複道，又何害？

宋 黎靖德《朱子語類》卷二《理氣下》 問龍行雨之説。曰：龍，水物也。其出而與陽氣交蒸，故能成雨。但尋常雨，自是陰陽氣蒸鬱而成，非必龍之爲也。密雲不雨，尚往也。蓋止是下氣上升，所以未能雨，必是上氣蔽蓋，無發洩處，方能有雨。横渠《正蒙》論風雷雲雨之説，最分曉。

又 卷三《鬼神》 問：『龍行雨如何？』曰：『不是龍口中吐出，只是龍行，時便有雨隨之。』

又 卷一三八《雜類》 先生問四明龍現事。璘答云：『頃歲鄞縣趙公萬禱雨於天井山之龍井，曾有龍現。張左藏良臣作記云，俄有光發波間如叢炬，復紅焰飛動，下見龍之首甚大，不違顔咫尺，大復現小，復現全體，鱗甲爚爚有光，久不沒。陰氣颯然，見者魄喪神動。』曰：『見王嘉叟，云見龍初出水，先有物如蓮花之狀，而後水湧，異物出，兩眼光如銅盤，與趙尉所見頗合。』

明 郎瑛《七修類稿》卷二《天地類·夏雨》 夏月雨暘鬲輒，而三時不同者，蓋雨乃陰氣，從地而生。夏則陽氣盛，極於外或有陰生，即爲消爍。惟龍陽物也，隨時以計，雲從龍者，陰氣附陽而升也。升必降而爲雨。《埤雅》所謂蚊龍雨也。龍各有域，故鬲輒也。至於咫尺而分者，此陽氣消陰之不盡，俗謂過雲雨也。余時龍已潜，陰陽常和，雨之正也。

綜述

漢 董仲舒《春秋繁露》卷一六《求雨第七十四》 春旱求雨，令縣邑以水日令民禱社，家祀户，無伐名木，無斬山林。暴巫聚蛇八日，於邑東門之外爲四通之壇，方八尺，植蒼繒八。其神共工，祭之以生魚八、元酒，具清酒、膊脯。擇巫之清潔辯言利辭者以祝。祝齋三日，服蒼衣，先再拜，乃跪陳，陳已，復再拜，乃起。祝曰：『昊天生五穀以養人，今五穀病旱，恐不成。敬進清酒、膊脯，再拜請雨。雨幸大澍，奉牲禱。』以甲乙日爲大蒼龍一，長八丈，居中央；爲小龍七，各長四丈，於東方。皆東鄉，其間相去八尺。小童八人，皆齋三日，服青衣而舞之。田嗇夫亦齋三日，服青衣而立之。諸里社通之於閭外之溝，取五蝦蟇，錯置社中。池方八尺，深二尺，置水蝦蟇焉。具清酒、膊脯，祝齋三日，服蒼衣，拜跪，陳祝如初。取三歲雄雞、三歲猪，皆燔之於四通神宇。令閭邑里南門，置水其外；開北門，具老猳猪一，置之于里北門之外；市中亦置一猳猪，聞鼓聲皆燒猪尾，取死人骨埋之。開山淵，積薪而燔之。決通道橋之壅塞，不行者決瀆之。幸而得雨，報以猪一，酒、鹽、黍財足，以茅爲席，毋斷。夏求雨，令邑以水日，家人祀竈。無舉土功，更大浚井。暴釜於壇，臼杵於術，七日爲四通之壇於邑南門外，方七尺，植赤繒七。其神蚩尤，祭之以赤雄雞七、元酒，具清酒、膊脯。祝齋三日，服赤衣，拜跪，陳祝如春辭。以丙丁日爲大赤龍一，長七丈，居中央。又爲小龍六，長各三丈五尺，於南方。皆南鄉，其間相去七尺。壯者七人，皆齋三日，服赤衣而舞之。司空、嗇夫亦齋三日，服赤衣而立之。鑿而通之閭外之溝，取五蝦蟆，錯置里社之中，池方七尺，深一尺。酒、脯祝齋，衣赤衣，拜跪，陳祝如初。取三歲雄雞、猳猪，燔之四通神宇。開陰閉陽如春。季夏禱山陵以助之，令縣邑壹徙市於邑南門之外，五日禁男子無得行入市，家人祠中霤，無興土功。聚巫市傍，爲之結蓋。爲四通之壇於中央，植黃繒五。其神后稷，祭之以母肫五、元酒，具清酒、膊脯。令名爲祝齋三日，衣黃衣，皆如春祠。以戊巳日爲大黃龍一，長五丈，居中央。又爲小龍四，各長二丈五尺，於南方。皆南鄉，其間相去五尺。丈夫五人，齋三日，服黃衣而舞之。老者五人，亦齋三日，衣黃衣而立之。亦通社中於閭外溝，取蝦蟇池方五尺，深一尺。他皆如前。秋暴巫至九日，無舉火事，无煎金器，家人祀門。爲四通之壇於邑西門之外，方九尺，植白繒九，其神大昊。祭之桐木魚九、元酒，具清酒、膊脯，衣白衣，他如春。以庚辛日爲大白龍一，長九丈，居中央。爲小龍八，各長四丈五尺，於西方。皆西向，其間相去九尺。鰥者九人，皆齋三日，服白衣而舞之。司馬亦齋三日，衣白衣而立之。蝦蟇池方九尺，深一尺，他皆如前。冬儛龍六日，禱於名山以助之。家人祀井，無壅水。爲四通之壇於邑北門之外，方六尺，植黑繒六。其神元冥，祭之以黑狗子六、元酒，具清酒、膊脯。祝齋三日，衣黑衣，祝禮如春。以壬癸日爲大黑龍一，長六丈，居中央。爲小龍五，各長三丈，於北方。皆北鄉，其間相去六尺。老者六人，皆齋三日，衣黑衣而舞之。尉亦齋三日，服黑衣而立之。蝦蟇池，皆如春。四時皆以水日，爲龍必取潔土爲之，結蓋，龍成而發之。四時皆以庚子之日，令吏民夫婦皆偶處。凡求之大體，丈夫欲藏匿，女子欲和而樂。

漢 劉安《淮南鴻烈解》卷四《墬形訓》 湯遭旱，作土龍以像龍。雲從龍，故致雨也。

漢 王充《論衡》卷一六《亂龍篇》 董仲舒申《春秋》之雩，設土龍以招雨，其意以雲龍相致。《易》曰：『雲從龍，風從虎。』以類求之，故設土龍。陰陽從類，雲雨自至。儒者或問曰：夫《易》言雲從龍者，謂真龍也，豈謂土哉？楚葉公好龍，墻壁槃盂皆畫龍，必以象類爲若真是，則葉公之國常有雨也。《易》又曰：『風從虎』，謂虎嘯而谷風至也。風之與虎，亦同氣類。設爲土虎，置之谷中，風能至乎？夫土虎不能而致風，土龍安能而致雨？古者畜龍，乘車駕龍，故有豢龍氏、御龍氏。夏后之庭，二龍常在；季年夏衰，二龍低伏。真龍在地，猶無雲雨，况偽象乎？禮畫雷樽，象雷之形，雷樽不聞能致雷，土龍安能而動雨？頓牟掇芥，磁石引針，皆以其真是，不假他類。他類肖似，不能掇取者，何也？氣性異殊，不能相感動也。劉子駿掌雩祭，典土龍事，桓君山亦難以頓牟、磁石不能真是，何能掇針、取芥，子駿窮無以應。子駿，漢朝智囊，筆墨淵海，窮無以應者，是事非議誤，不得道理實也。曰：夫以非真難，是也；不以象類說，非也。夫東風至，酒湛溢，鯨魚死，彗星出。天道自然，非人事也。事與彼雲龍相從，同一實也。日，火也；月，水也。水火感動，常以真氣。今伎道之家，鑄陽燧取飛火於日，作方諸取水於月，非自然也，而天然之也。土龍亦非真，何爲不能感天？一也。陽燧取火於天，五月丙午日中之時，消煉五石，鑄以爲器，乃能得火。今妄取刀劍偃月之鉤，摩以向日，亦能感天。夫土龍既不得比於陽燧，當與刀劍偃月鉤爲比。二也。齊孟嘗君夜出秦關，關未開，客爲鷄鳴而真鷄鳴和之。夫雞可以奸聲感，則雨亦可以偽象致。三也。李子長爲政，欲知囚情，以梧桐爲人，象囚之形。鑿地爲埳，以盧爲槨，臥木囚其中。囚罪正則木囚不動，囚寃侵奪，木囚動出。不知囚之精神着木人乎？將精神之氣動木囚也？夫精神感動木囚，何爲獨不應從土龍？四也。舜以聖德，入大麓之野，虎狼不犯，蟲蛇不害。禹鑄金鼎象百物，以入山林，亦辟凶殃。論者以爲非實，然而上古久遠，周鼎之神，不可無也。夫金與土，同五行也，使作土龍者如禹之德，則亦將有雲雨之驗。五也。頓牟掇芥，磁石、鉤象之石非頓牟也，皆能掇芥，土龍亦非真，當與磁石、鉤象爲類。六也。楚葉公好龍，墻壁盂樽皆畫龍象，眞龍聞而下之。夫龍與雲雨同氣，故能感動，以類相從。葉公以爲畫致眞龍，今獨何以不能致雲雨？七也。神靈示人以象不以實，故寢臥夢悟見事之象。將吉，吉象來；將凶，凶象至。神靈之氣，雲雨之類，神靈以象見實，土龍何獨不能以僞致眞？八也。上古之人，有神荼、鬱壘者，昆弟二人，性能執鬼，居東海度朔山上，立桃樹下，簡閲百鬼。鬼無道理，妄爲人禍，荼與鬱壘縛以盧索，執以食虎。故今縣官斬桃爲人，立之户側；畫虎之形，著之門闌。夫桃人非荼、鬱壘也，畫虎非食鬼之虎也，刻畫效象，冀以禦凶。今土龍亦非致雨之龍，獨信桃人畫虎，不知土龍。九也。此尚因緣昔書，不見實驗。魯般、墨子刻木爲鳶，蜚之三日而不集，爲之巧也。使作土龍者若魯般、墨子，則亦將有木鳶蜚不集之類。夫蜚鳶之氣，雲雨之氣也。氣而蜚木鳶，何獨不能從土龍？十也。夫雲雨之氣也，知於蜚鳶之氣，未可以言。釣者以木爲魚，丹漆其身，近之水流而擊之，起水動作，魚以爲真，并來聚會。夫丹木非真魚也，魚含血而有知，猶爲象至。雲雨之知，不能過魚，見土龍之象，何能疑之？十一也。此尚魚也，知不如人。匈奴敬畏郅都之威，刻木象郅都之狀，交弓射之，莫能一中。不知郅都之精神在形象邪？亡也將匈奴敬鬼精神在木也？如郅都之精神在形象，天龍之神亦在土龍。如匈奴精在於木人，則雩祭者之精亦在土龍。十二也。金翁叔，休屠王之太子也，與父俱來降漢。父道死，與母俱來，拜爲騎都尉。母死，武帝圖其母於甘泉殿上，署曰「休屠王焉提」。翁叔從上上甘泉，拜謁起立，向之泣涕沾襟，久乃去。夫圖畫，非母之實身也，因見形象，涕泣輒下，思親氣感，不待實然也。夫土龍猶甘泉之圖畫也，雲雨見之，何爲不動？十三也。此尚夷狄也。有若似孔子，孔子死，弟子思慕，共坐有若孔子之座。弟子知有若非孔子也，猶共坐而尊事之。雲雨之知，使若諸弟子之知，雖知土龍非真，然猶感動，思類而至。十四也。有若，孔子弟子疑其體象，則謂相似。孝武皇帝幸李夫人，夫人死，思見其形。道士以術爲李夫人，夫人步入殿門，武帝望見，知其非也，然猶感動，喜樂近之。使雲雨之氣如武帝之心，雖知土龍非真，然猶愛好感起而來。十五也。既效驗有十五，又亦有義四焉。立春東耕，爲土象人，男女各二人，秉耒把鋤。或立土牛，未必能耕也。順氣應時，示率下也。今設土龍，雖知不能致雨，亦當夏時，以類應變，與立土人、土牛同義。一也。禮，宗廟之主，以木爲之，長尺二寸，以象先祖。孝子入廟，主心事之，雖知木主非親，亦當盡敬，有所主事。土龍與木主同，雖知非真，示當感動，立意於象。二也。塗車、芻靈，聖人知其無用，示象生存，不敢無也。夫設土龍，知其不能動雨也，示若塗車、芻靈而有致。三也。天子射熊，諸侯射麋，卿大夫射虎豹，士射鹿豕，示服猛也。名布爲侯，示射無道諸侯也。夫畫布爲熊麋之象，名布爲侯，禮貴意象，示義取名也。土龍亦夫熊麋、布侯之類。四也。夫以象類有十五驗，以禮示意有四義。仲舒覽見深鴻，立事不妄，設土龍之象，果有狀也。龍暫出水，雲雨乃至。古者畜龍，御龍常存，無雲雨，猶舊交相闊遠，卒然相見，歡欣歌笑，或至悲泣涕，偃伏少久，則示行各恍忽矣。《易》曰『雲從龍』，非言『龍從雲』也。雲樽刻雷雲之象，龍安肯來？夫如是，傳之者何可解？則桓君山之難可説也，則劉子駿不能對，劣也。劣則董仲舒之龍説不終也。《論衡》終之，故曰亂龍者終也。

《隋書》卷七《禮儀志二》 隋雩壇，國南十三里啓夏門外道左。高一丈，周百二十尺。孟夏之月，龍星見，則雩五方上帝，配以五人帝於上，以太祖武元帝配饗，五官從配於下。牲用犢十，各依方色。京師孟夏後旱，則祈雨，理冤獄失職，存鰥寡孤獨，賑困乏，掩骼埋胔，省徭役，進賢良，舉直言，退佞諂，黜貪殘，命有司會男女，恤怨曠。七日，乃祈岳鎮海瀆及諸山川能興雲雨者；又七日，乃祈社稷及古來百辟卿士有益於人者；又七日，乃祈宗廟及古帝王有神祠者；又七日，乃修雩，祈神州；又七日，仍不雨，復從岳瀆已下祈如初典。秋分已後不雩，但禱而已。皆用酒脯。初請後二旬不雨者，即徙市禁屠。皇帝御素服，避正殿，減膳撤樂，或露坐聽政。百官斷傘扇。令人家造土龍。雨澍，則命有司報。州郡尉祈雨，則理冤獄，存鰥寡孤獨，掩骼埋胔，潔齋祈于社。七日，乃祈界内山川能興雨者，徙市斷屠如京師。祈而澍，亦各有報。霖雨則禜京城諸門，三禜不止，則祈山川岳鎮海瀆社稷。又不止，則祈宗廟神州，報以太牢。州郡縣苦雨，亦各禜其城門，不止，則祈界内山川。及祈報，用羊豕。

唐 黄子發《相雨書·禱雨》 冬春夏秋四時之首甲子日，不宜雨，雨必旱在六十日後。以此之時請雨，則用壘土爲龍，使二童舞之入山，如此數日，則天降甘霖也。故《淮南》曰，土龍致雨。凡少年婦女仰天大號泣不語，則雨降。《神農求雨書》曰：春夏雨日而不雨，甲乙命爲青龍，又爲火龍，東方小童舞之。丙丁不雨，命爲赤龍，南方壯者舞之。戊巳不雨，命爲黄龍，壯者舞之。庚辛不雨，命爲白龍，又爲火龍，西方老人舞之。壬癸不雨，命爲黑龍，北方老人舞之。如此不雨，遂潛處，闔南門，置水其外。開北門，取人骨埋之。如此不雨，命祝巫而暴之，暴之不雨，神山積薪，擊鼓而焚之。

唐 釋玄奘《大唐西域記》卷三《烏仗那國》 曹揭釐城東北行二百五六十里，入大山，至阿波邏羅龍泉，即蘇婆伐窣堵河之源也。派流西南，春夏含凍，昏夕飛雪。雪霏五彩，光流四照。此龍者，迦葉波佛時生在人趣，名曰殑祇，深閑咒術，禁禦惡龍，不令暴雨，國人賴之，以蓄餘糧。居人衆庶感恩懷德，家税斗穀以饋遺焉。既積歲時，或有逋課，殑祇含怒，願爲毒龍，暴行風雨，損傷苗稼。命終之後，爲此池龍，泉流白水，損傷地利。釋迦如來大悲御世，愍此國人獨遭斯難，降神至此，欲化暴龍，執金剛神杵擊山崖。龍王震懼，乃出歸依，聞佛説法，心净信悟。如來遂制勿損農稼。龍曰：凡有所食，賴收人田。今蒙聖教，恐難濟給，願十二歲一收糧儲。如來含覆，愍而許焉。故今十二年一遭白水之灾。

唐 釋道世《法苑珠林》卷七《日月篇第三之餘・降雨部》 依《分别功德論》，云雨有三種，一天雨，二龍雨，三阿修羅雨。天雨細霧，龍雨甚麤，喜則和潤，瞋則雷電。阿修羅爲共帝釋鬥，亦能降雨，麤細不定。依經，雨亦多種，或有無雲而雨，或有先雲而雨，或有因龍而雨，或有不依龍而雨。寔由衆生自業所感，具如經説也。

《通典》卷四三《禮三・吉二・大雩》 隋制，雩壇國南十三里啓夏門外道左，高一丈，周二十丈。孟夏龍見，則雩五方上帝，配以五人帝於上，太祖配饗，五官從祀於下。牲用犢十，各依方色。若京師孟夏後旱，則祈雨，行七事。七日，祈岳鎮海瀆及諸山川能興雲雨者；又七日，祈社稷及古來百辟卿士有益於人者；又七日，乃祈宗廟及古帝王有神祠者。又七日，乃修雩，祈神州；又七日，仍不雨，復從岳瀆以下祈禮如初。秋分以後不雩，但禱而已。皆用酒脯。初請後二旬不雨者，即徙市禁屠。皇帝御素服，避正殿，减膳撤樂，或露坐聽政。百官斷傘扇。令家人造土龍，雨澍，則命有司報。州縣祈則理冤獄，存鰥寡孤獨，掩骼埋胔，潔齋祈於社稷。七日，乃祈界内山川能興雲雨者，徙市斷屠。雨澍亦有報。大唐武德初，定令：每歲孟夏，雩祀昊天上帝於圜丘，景皇帝配，牲用蒼犢二。五方上帝、五人帝、五官并從祀，用方色犢十。貞觀雩祀於南郊，顯慶禮於圜丘。開元十一年，孟夏後旱，則祈雨，審理冤獄，賑恤窮乏，掩骼埋胔。先祈岳鎮海瀆及諸山川能興雲致雨者，皆於北郊遥祭而告之。又祈社稷，又祈宗廟，每以七日皆一祈。不雨，還從岳瀆如初。旱甚，則大雩。秋分後不雩。初祈後一旬不雨，即徙市，禁屠殺，斷扇，造大土龍。雨足，則報祀。祈用酒脯醢，報准常祀，皆有司行事。已齋未祈而雨，及所經祈者，皆報祠。至二十年，新撰禮，其正雩旱禱，并備本儀。

唐 段成式《酉陽雜俎・前集》卷一《禮異》 凡節，守國用玉節，守都鄙用角節，使山邦用虎節，土邦用人節，澤邦用龍節，門關用符節，貨賄用璽節，道路用旌節。古者，安平用璧，興事用圭，成功用璋，邊戎用珩，戰鬭用璩，城圍用環，灾亂用雋，大旱用龍，龍節也，大喪用琮。

《唐會要》卷二二《龍池壇》 開元二年閏二月詔，令祠龍池。六月四日，右拾遺蔡孚獻《龍池篇》，集王公卿士以下一百三十篇。太常寺考其詞合音律者，爲《龍池篇樂章》，共録十首。十六年，詔置壇及祠堂，每仲春將祭則奏之。十八年十二月二十九日，有龍見于興慶池，因祀而見也。敕太常卿韋縚草祭儀，縚奏曰：臣謹按《周禮》以副辜祭四方百物。《祭法》曰：能出雲爲風雨者，皆曰神。龍者，四靈之畜，亦百物也。能爲雲雨，亦曰神也。《禮》有『公食，大夫饗』之文，即生曰食，亦曰饗矣。其饗之日，合用仲春之月。《易》曰『震爲龍』。震者東方，春用于時，二月也。饗之法，請用二月，有司筮日，池傍設壇，官致齋，設籩豆，如祭雨師之儀，以龍致雨也。其牲用少牢，樂用鼓鐘，奏姑洗，歌南吕。鄭玄云，風師、雨師及小祀用此樂，凡六樂者，三變而致鱗物。今享龍，亦請三變，舞用帗舞，樽用散酒，以一獻。《周禮》曰：凡祭群小祀用之也。詔從之。二十三年五月一日，宗子請率月俸，于興慶宫建龍池聖德頌，以紀符命。望令皇太子中書令張九齡、禮部尚書李林甫充檢校使，從之。五日，宗子請令寧王憲題額，侍中裴耀卿充模勒使。

至天寶二年五月五日又重建立，殿中監褒信王璆撰文，皇太子書并題額。貞元六年六月，復祭五龍壇。

宋 王鞏《甲申雜記》 老人多言曆日載：幾龍治水，惟少爲雨多，以其龍數多即少雨也。又舊言：雨暘有常數，春多即夏旱，夏旱即秋霖，皆大不然。崇寧四年，歲次乙酉，凡十一龍治水，自春及夏及秋，皆大雨水。

宋 莊綽《鷄肋編》卷中 凡大祠、中祠用樂，內中祠風、雨、雷師、五龍堂、先蠶，并不用。天地、日月、九宫祠日遇忌日，不妨作樂。太社、太稷以下，則備而不作。天地、宗廟、神州地祇、太社、太稷、五方帝、日月、太乙、九宫貴神、蜡祭百神、太廟奏告，并爲大祠，散齋四日，致齋三日；先農、風師、雨師、雷師、至聖文宣王、昭烈武成王、五龍堂、先蠶、先代帝王、岳鎮海瀆，并爲中祠，散齋三日，致齋二日；馬祖、先牧、中霤、靈星、壽星、馬社、司中、司命、司人、司禄、司寒、馬步，并爲小祠，散齋二日，致齋一日。

宋 葉夢得《避暑録話》卷下 吳越之俗，以五月二十日爲分龍日，不知其何據。前此夏雨時，行雨之所及必廣。自分龍後，則有及有不及，若有命而分之者也。故五六月之間，每雷起雲族，忽然而作，類不過移時，謂之過雲雨。雖三二里間亦不同。或濃雲中見若尾墜地，蜿蜒屈伸者，亦止雨其一方，謂之龍挂。深山大澤，龍蛇所居，其久而有神，宜有受職者，固無足怪。屋廬林木之間，時有震擊而出，往往有隙穴，見其出入之迹，或曰此龍之嬾而匿藏者也。佛老書多言龍行雨甚苦，是以有畏而逃。以是推之，龍之類蓋不一。一雨分役，亦若今人之有官守、長貳、佐屬，其勤惰、材不材爲之長者各察而治之耶？

宋 朱翌《猗覺寮雜記》卷上 蛟龍得雲雨，有二。《劉元海傳》云：晋武用李憙之説，以元海平凉州。孔恂曰：元海若平凉州，斬樹機能，恐凉州方有難。爾蛟龍得雲雨，非復池中物。吳《周瑜傳》：劉備借荆州，瑜請築館于吳，多具美女珍玩，以娱其心志云云。今不知出此猥以土地資業之臣，恐蛟龍得雲雨，終非池中物也。

宋 吴自牧《夢粱録》卷一一《諸洞》 錢塘崇化名白龍洞，其洞有龍居焉。朝家曾祈雨暘有感，敕封侯爵，爲顯靈孚濟美號，賜廟額。

又《溪潭澗浦》 潭者，寶月山寶月寺之西，曰黑龍潭。其潭莫測深淺，亢旱水不竭。一名天井。山下有天井巷，晴則潭水碧色可愛，將雨則湛黑，郡人以此候晴雨多驗。祝文。白文公《祭黑龍潭文》：黑龍惟龍，其色元，其位坎，其神壬癸，與水通靈。昨日歷禱，四方寂然無應。今故虔誠潔意，改命於黑龍，龍無水，欲何依？神無靈，將恐歇。澤能救物，我實有望於龍。物不自神，龍豈無求於我？若三日之內，一雨滂沱，是龍之靈，亦人之幸。禮無不報，神其聽之。仁和臨平鎮東湖曰白龍潭。漁浦潭。按今《輿地志》，在郡西南。龍游潭，在仁和皐亭山；鉢盂潭，在南高峰，及仁和大年鄉石塘東。玉兒潭，在郡西五十里；浣紗潭，在仁和臨平鄉；羊鐵潭，在艮山門外；西湖三潭，古人相傳在湖中。

宋 袁文《甕牖閑評》卷三 夏間久旱，四方不免祈求，而雨隨至者，多是龍捲江河之水而上，非陰陽交感而成也。觀徽宗政和七年，夏大雨，有二魚落殿中省廳屋上，其事見《國史後補》。雨中那得有魚，此雨是江河之水爲龍所捲而上無疑矣。

宋 羅泌《路史》卷三九《餘論二·神農求雨書》 大旱雩祭而祈雨，大水鳴鼓而攻社。被雩以青衣，繫社以朱索，此陰陽之義也。《神農求雨書》曰：春夏雨日而不雨，甲乙命爲青龍，又爲火龍，東方小童舞之。丙丁不雨，命爲赤龍，南方壯者舞之。戊巳不雨，命爲黄龍，壯者舞之。庚辛不雨，命爲白龍，又爲火龍，西方老人舞之。壬癸不雨，命爲黑龍，北方老人舞之。如此不雨，遂潛處，闔南門，置水其外，開北門，取人骨埋之。如此不雨，命祝巫而暴之，暴之不雨，神山積薪，擊鼓而焚之。漢董仲舒爲請雨法，春令縣以水日禱社稷山川，家人祠户禁伐，聚虵八日，爲壇東門，植八蒼繒，祠共工，八生魚，玄酒，膊脯。甲乙日，共十一青龍，東方，東鄉八僮衣青舞之。田嗇夫青衣立，里社通溝池，置五蝦蟆，焚雄雞老猳。闔南門置水其外，開里北門。焚老猳，埋骨開泉，夏，令縣邑以水日家人祀竈，暴釡爲壇。南門外植十赤繒，祠蚩尤，十赤雞。丙丁日共七赤龍。南方，南鄉七壯衣赤舞之。赤衣而立，通社燔雞猳，如春祠，季夏禱山陵，無舉土。令縣邑十日，一徙市南門外。五日，家人祠中霤，及稷以母五壇，帝旁植五黄繒。戊巳日，爲五黄龍，中央，南鄉，五丈夫衣黃舞之。老者黃衣立，通社。立秋，暴兵尪巫。無舉火，煎金器，家人祀門，祠太昊，以九桐魚，植九白繒。庚辛日，爲九白龍，西方，西鄉，九鰥白衣舞之，司馬白衣。立冬，舞龍六日，禱名山以助之，家人祠井，無壅水。祠玄冥，以雞犬六。壬癸日，立六黑龍，北方，北鄉，六老人衣黑舞之。尉黑衣立。他隨方色。蝦蟆池皆如春。儀雨至，報以豚酒黍，茅席無斷，衣物鄉位，各從方色。四時皆以水日爲龍，開陰閉陽，焚薪瘞骨，十日各異。又奏江都王母，收廣陵女子爲人祝者，視一月。諸巫母聚郭門，爲壇，以脯酒祭女，擇寬便徙市，毋納丈夫。丈夫毋相從飲，令吏妻各。往視其夫，到即起，雨而止。劉歆致雨，其作土龍，吹律，諸方備具，盖本諸此。漢世旱則公卿官長以次雩禮，士人舞僮，七日一易，如故事。自立春，盡立秋，郡國上雨澤以爲農也。故《尸子》云：神農之理，天下欲雨則雨。五日爲行雨，旬日爲穀雨，旬五日爲時雨，萬物咸利。故曰神雨。五日一風，十日一雨，豈非太平之應哉？

宋 王象之《輿地紀勝》卷一一七《廣南西路·高州·景物下》

龍湫山，在郡東二十里，下有石穴，泉源四時不絶。遇旱禱之，雲雨立至，邦人因立廟焉。龍湫井，在電白縣東二十里，一泉出巖石之下，四時常湧，有以竹木刺之，則雷雨立至。

宋 真德秀《西山文集》卷一七《申請息山龍王封爵狀》 竊惟潭之爲郡，負岳瀕湖，山川秀異，神物之所窟宅，故南岳大潙、道吾等山皆有龍湫，然相去數百里，致禱頗難，求其密邇城闉，靈迹彰灼者，莫息山潭若也。息山在郡城外之東南一里許，山下有潭，方可數畝。潭上舊有龍神祠，其水清澈，四時旱潦，未嘗盈涸。按之圖志，以爲昔嘗見龍浮水數十丈。後人鑄銅筩，泄水入城，而匯于湘。筩水湧至則必雨。歲旱，或壇而禱焉。五代晋時有王眞人錫者，以桂陽牙校至長沙，適值大疫，乃入息山，取潭水和藥，以施病者，全活甚衆，則知兹山之潭，有龍居之久矣。乾道戊子，帥臣尚書沈公介因旱致禱，沉索測之，竟莫知其底止。爾後本州每遇雨暘稍愆，隨禱輒應。今年仲夏，守臣真某嘗走祠下，以分龍得雨爲禱，且與神約，即雨則繕其祠屋以報，未幾果雨，則既如約矣。乃仲秋癸巳，又以旱禱于神，用皇祐法，置壇歃血，復與神約，即雨則請爵號于朝，甲午遂雨。丙申又大雨，槁苗復蘇。迄成中熟。其影響之應，未有速於此者。如南岳大潙等山龍潭，皆已蒙朝廷賜之封爵，獨息山潭近在城隅，昭灼若此，而乃祠宇弗治，爵號未攽，儻不以事實有請于朝，豈惟無以彰神龍之靈，慰邦人之望，而昔之與神約者，亦自食其言矣。除已增葺祠屋以荅神休外，伏覩嘉定十五年正月慶寶赦文，應諸路州縣境内，有岳瀆神祠，并仰長吏致祭，其有因雨暘水旱祈禱感應實有惠利及民，靈迹顯著者，保明奏聞，須至申聞者。右謹具申轉運使衙，欲乞照前項赦條，保明申奏朝廷，特賜封爵，或降廟額，庶幾有以躋神之榮，而徼福於潭，人俾無旱乾水溢之虞，誠非小補，奉敕賜靈澤廟爲額。

宋 祝穆《方輿勝覽》卷三《喜興府》 陳山，在海鹽縣東北四十里，有龍潭及廟，祈雨必應。

又 卷六《浙東路·紹興府》 龍瑞宮，在會稽東南二十里，道家謂黃帝時嘗建候神館于此，有龍現壇。憲汪綱以旱來祈，有物蜿蜒于壇上，人皆知爲神龍變化也。繼而雨如傾注。葉正則詩：感格孰知汪仲舉，步虛未了龍來語。會稽秦望都洗清，越人喚作提刑雨。

又 卷三七《廣東路·循州》 龍潭，在嶅山，上有三潭，龍藏焉，祈雨必應。

宋 李俊甫《莆陽比事》卷七《雨禱龍潭》 龍潭，在莆田縣北。碧瀨溪，亦曰鼇瀨。昔有黑白二龍見水上，因立五龍廟其旁，旱禱輒應。又九鯉湖龍潭，太守朱端學嘗命郡寮禱旱，取潭水歸迎拜之。次有白龍曳尾，見雲端。觀者如堵，繪圖紀其異。白龍巖，在興化縣巖内，寬廣仰視有白龍糾纏其上，左右相向，頭角爪牙，鱗鬣皆具，鄉人塑龍公像其中，旱禱即雨。

宋 黃震《黃氏日鈔》卷六一《讀文集·外集·祝文》 祈雨旱，非人力之能爲，雨者，神龍之所作。

（紹定）《澉水志》卷上《古迹門》 白龍母冢，在鎮東南長墻山後叢棘中。每歲秋閒，白龍來視母冢，必然風雨大作。

（紹定）《吴郡志》卷一三《祠庙下》 靈濟廟，在府東南，舊五龍堂也。淳熙十年秋，大旱，郡守耿秉即設廳作祈雨道場，設行雨龍王位於東西序，有蜥蜴見於香案果飣之上，蜿蜒不去。終日雲合，秉以杯珓祈之，若有靈異。已而大雨三日。具以事聞，詔賜靈濟廟爲額。

（景定）《嚴州續志》卷七《桐廬縣・古迹》　龍潭，在金牛鄉，距縣十五里，潭在山谷間，相传有龍宅焉。淳熙壬寅，邑令邵普迎水禱旱有應，因作送龍詞。其一曰：四山迴環兮古龍湫，山木陰翳兮枝相樛。轟雷掣電兮耀靈虬，膏澤霧霈兮歲有秋。其二曰：奠桂酒兮椒漿，雜肴蔬兮薦堂皇。願龍垂休兮時厥雨，賜豐年之報兮不敢忘。

又卷八《遂安縣・古迹》　雙龍洞，在龍津鄉，洞門餘五六丈，仰視碧石如覆釜，中有兩石龍附壁而起。洞泉極旱不涸，祈禱輒應。【略】　靈應廟，在湧泉鄉，神姓方，自後晋即有祠。嘉泰中，賜今額。紫龍王廟，在縣西南十五里，乃紫龍山之神。山有三池，歲旱請水祈禱，以水中得生物爲雨讖。端平乙未，知縣趙師峕新其廟，以荅神賜。

宋陳元靚《歲時廣記》卷二《夏・分龍節》　《圖經》：池州俗以五月二十九三十日爲分龍節，雨則多大水。閩人以夏至後爲分龍雨，各有方。

（咸淳）《臨安志》卷二八《山川七》　銅坑山，在縣南五十里，東接分水，南帯淳安，西亘績溪。其最高峰，名銅坑。窮絶處有龍池三，草木蔭蔽，龜蛇浮游，或雲氣籠罩必雨，歲旱禱焉。福泉山在縣西南五十里，神龍所居，雲出其中，則大雨。

又卷三六《山川十五》　黑龍潭，在寶月山寶月寺之西，莫測深淺，亢旱不竭。一曰天井山下有天井巷，晴則潭水碧色可愛，將雨則湛黑，郡人以此候晴雨多驗。祝文。白文公《祭黑龍潭文》：黑龍惟龍，其色元，其位坎，其神壬癸，與水通靈。昨日歷禱四方，寂然無應。今故虔誠潔意，改命於黑龍。龍無水，欲何依？神無靈，將恐歇。澤能救物，我實有望於龍。物不自神，龍豈無求於我？若三日之内，一雨滂沱，是龍之靈，亦人之幸。禮無不報，神其聽之。

又卷三八《山川十七》　烏龍井，在縣東七十里福濟廟，廣四尺，深七尺，冬夏不竭，旱歲賴以給。相傳昔臯蕪將軍之烏馬跑於地得泉，遂以烏龍名之，禱雨應如響。

又卷七四《祠祀四》　靈澤廟，在徑山能仁寺，去縣五十里，即唐國一禪師開山時所現龍神也。每歲雨暘愆期，邑人禱之多應。紹興八年，賜靈澤廟額，累封爲顯應孚祐昭濟龍王。

宋高承《事物紀原》卷一〇《布帛杂事部・土龍》　《淮南子》曰：土龍致雨。許慎注云：湯遭旱，作土龍。《山海經》曰：應龍殺蚩尤，及夸父不得，復上故數旱。旱而作應龍之狀，乃得雨。注云：今之土龍取此，則是湯作土龍，述黄帝之事。

《金史》卷三五《禮志八》　大定四年五月，不雨。命禮部尚書王競祈雨北岳，以定州長貳官充亞、終獻。又卜日於都門北郊，望祀岳鎮海瀆，有司行事，禮用酒脯醢。後七日，不雨，祈太社、太稷。又七日，祈宗廟，不雨，仍從岳鎮海瀆如初祈。其設神座，實樽罍，如常儀。其樽罍用瓢齊，擇甘瓠去柢以爲尊。祝板惟五嶽、宗廟、社稷御署，餘則否。後十日，不雨，乃徙市，禁屠殺，斷傘扇，造土龍以祈。雨足則報祀，送水中。十七年夏六月，京畿久雨，遵祈雨儀，命諸寺觀啓道場，祈禱。

《文獻通考》卷九〇《郊社考二十三・雜祠淫祠》　十八年，有龍見於興慶池，因祀而見也。敕太常卿韋縚草祭儀，縚奏曰：『臣謹按《周禮》，以疈辜祭四方百物。《祭法》曰：能出雲爲風雨者，皆曰神。龍者，四靈之畜，亦百物，能爲雲雨，亦曰神也。《禮》有公食大夫饗之文，即生曰食，亦曰饗矣。其饗之日，合用仲春之月。《易》曰震爲龍震者，東方。春用事於二月也。饗之法，請用二月，有司筮日，池旁設壇，官致齋，設籩豆，如祭雨師之儀，以龍致雨也。其牲用少牢，樂用鼓鐘，奏姑洗，歌南吕。鄭元云：風師、雨師及小祀，用此樂。凡六樂者，三變而致鱗物。今享龍，亦請三變，舞用帗舞，罇用散酒，以一獻。《周禮》曰：凡祭群小祀用之也。詔從之。

元王惲《玉堂嘉話》卷三　僧傳古《坐龍》。至元元年，宣慰張順齋爲春旱于范大師觀迎此龍於嚴東平北宅。每旱，張是圖輒雨，此日亦然。龍蒼胡蹲坐火雲中，項與鱗甲間皆有緑髮，世所畫皆蛸蚓耳。

元鄧牧《洞霄圖志》卷一《龍王仙官祠》　在西廡後，宋建炎間建，賜額嘉應廟，至元壬午清虚齋建。今洞天、福地二仙官，并祠於此，從古制也。祠下撫掌泉與大滌泉源通，俱號龍井。初，以宋紹興九年内旨詣洞投鐵簡，得雨，封善應侯。敕曰：朕惟山林川谷出雲氣爲風雨者，必加禮秩，以謹奉祠。矧茲洞天，神靈所宅，屈伸變化，呼吸風雲，若時徂陽，旋施膏澤。有司言狀，寵錫侯封，用孚惠於烝黎，以欽承於渙綍，可特封善應侯。慶元三年，加封善應靈濟侯。嘉泰元年，加封善應靈濟昭貺侯。端平三年，加封善應靈濟昭貺廣福侯，又特封靈澤公。

（至元）《嘉禾志》卷五《溪潭》 白龍潭，在府西北三里。考證世傳有龍蟠伏於中，歲旱，嘗禱雨焉。

（至大）《金陵新志》卷一一上《祠廟》 廣濟廟。《句容縣志》：天聖觀祔龍神祠貌前有龍池。昔陶隱居遷雷平池，小龍豢養於此。歲遇旱禱雨，府縣官迎請，致醮每應。紹興間賜額，淳熙、紹熙間敕，両封敷澤廣應侯。

（延祐）《四明志》卷七《山川考·潭·定海縣》 清林龍潭，在縣江南七里，久已湮塞。嘉泰中旱，縣令商逸卿訪求故迹，禱雨即應。自此逢亢旱，縣官率士民詣潭，請龍祈雨，屢有奇驗。釣巖龍潭，在海晏三都，去縣百里，地名福泉山。縣境遇旱，官吏詣潭祈龍，雨澤隨至。

又《象山縣》 白龍潭，在縣南三十里伍師山嶺，遇旱禱雨多應。清潭，在縣西南十里，山木陰翳，上有石霤，注水于潭，石壁多菖蒲。主簿陳震嘗爲旱禱雨，甫下山而雨大作。湧泉潭，在縣西南十五里，潭水清淺，人謂龍穴。亢旱則斬鵝祭之，鐃鼓方鳴，泉即湧出。

又 青峰潭在縣西南二十五里，宋紹興間主簿袁逵禱雨有應。龍洞，在縣東南二十五里鋸門山之趾，世傳五龍聚會之所。洞瞰巨海，中如石屋，濶數丈。每歲上巳，邑人俟潮汛退，艤舟入洞觀之。巖花石乳，繽紛懸墜，下有白黑棊子石布于沙磧。更入四五丈，巖洞深迥，洶湧澎湃，寒陰凜然，不可進矣。天將大雨，水如雷鳴，聲聞十餘里。歲旱，投以朱書鐵簡，則雨立應。

又《鄞縣》 太白山龍洞，縣東六十里，旱暵禱之輒應。天井山有三井，旱暵祈禱，得蜥蜴或鰕蟹之雨即應。延福寺天王像堂之前有靈鰻井，遇歲旱，禱雨感應。

又卷一八《釋道考·慈溪縣》 大隱山至道宮縣，西南四十里，下有龍潭。唐天寶二年，遣使投金龍禱雨，泛出黑漆木板，有金書『大寶永昌』四字，雨隨應，乃賜潭名。

（至正）《四明續志》卷九《祠祀》 順濟廟，縣東南七里，即白龍王祠。有潭，禱雨輒應。宋淳熙八年，僧法秀建。寶祐六年，賜今額。

（天順）《明一統志》卷二《保定府》 龍潭有二，俱在淶水縣西北三十里釜山樂平山間，遇旱，禱雨輒應。【略】龍井，在府城南，相傳有龍居焉，旱禱即應。

又卷四《順德府》 石井岡，在府城西北七里，一名龍岡。岡上有井，大如車輪，漢光武營軍所鑿。又相傳石勒時天旱，佛圖澄於此岡掘一死龍，濟以水乃蘇，咒而祭之，龍騰空而上，雨即降，因名龍岡。

又卷五《永平府》 裂坡山，在府城西南二十五里，下有龍潭。歲旱，居民於此祈雨。【略】雙龍池，在撫寧縣八里，傍有龍王廟。歲旱，於此祈雨。【略】大海陀山，在懷來衛城東北三十里，極高峻，許下有龍潭，禱雨有應。

又卷七《鳳陽府》 龍井，在舊府城開元寺中。又，蒙城縣西四十里，亦有龍井，又名聖水井。歲旱，禱雨輒應。

又卷一〇《常州府》 嘉山，在府城西北一百里，山有白龍潭，鄉人歲旱，於此山禱雨。【略】由里山，在江陰縣東南一十五里，山頂出雲，邑人視爲雨候，上有龍祠，旱禱有應。【略】白龍山，在江陰縣東南四十里，上有龍洞。歲旱，禱雨於此。

又卷一四《安慶府》 騰雲山，在府城西南一百三十里，上有龍廟，民於此祈雨，以望雲氣，故名。【略】靈山，在桐城縣南一百三十里，山上有龍池，祈雨多應，每出雲則雨。【略】西源山，在宿松縣北三十里，中有龍井者九，泉源益流，四時不竭，井側有龍祠，祈雨多應。

又一七《廣德州》 大洞，在州城東北七十里，廣數丈，深不可測。游者秉燭而入，有石燕群飛，乳泉滴瀝，神人佛像，碁盤鐘磬之屬，皆白石天成。其東洞水深不可入，昔傳神龍所居，遇旱，禱雨輒應。【略】白雲山，在州城西北五十里，山有龍洞，相傳能爲霖雨，雲氣觸石而出，英英連山，故名。鳳凰山，在州城西北五十里，下有龍洞，能興雲雨。

又卷一八《滁州》　石駝山，在州城西北二十二里，上有龍王祠，遇旱，禱雨有應。【略】烏龍山，在來安縣南一十八里，上有烏龍王廟，祈雨多應。【略】白龍泉，在琅琊山，歲旱，禱雨輒應。【略】柏子潭，在州城西南三里，潭西北隅，水深莫測，有龍出没其中，祈雨輒應。

又卷二二《濟南府》　白龍池，在泰山下，寬廣數尋，深不可測。上有龍祠，禱雨輒應。

又卷二四《東昌府》　黑龍潭，在范縣南一十五里，相傳潭有龍，能興雲雨。宋熙寧間禱雨有應，封其神爲妙應，立廟于潭之北。

又卷二五《登州府》　九龍池，在寧海州東南四十里，池有九，或如甕缶，或如盆盎。上有神祠，歲旱，禱雨輒應。【略】八角池，在濰縣東二十五里，傍有龍池，禱雨輒應。【略】六灣龍神廟，在府城北三十里，廡下有潭，水渟滀而静深，世傳有龍潛焉。又西有五龍祠，禱雨皆應。

明 朱諫《雁山志》卷一《潭》　大龍湫潭，在大瀑布下巖石間，瀑水直瀉入潭，潭水常沸。潭邊有慈濟廟，旱時祈雨，多有驗。僧官詮上人嘗言其靈異。

（嘉靖）《許州志》卷一《地里志・山川》　黑龍潭，在州南十五里，即石梁之匯處，水最深。靈井，在州西三十里，其水色玄而氣温，澇不溢，而旱不涸，灌田數百畝。每祈雨輒應，民以爲龍潛其中，故名。又宜靛傍近數百家，歲獲厚利。龍華井，在州北五里，深三丈許，水常不涸，祈雨輒應。如靈井，舊志《靈井詩》：碧甃俯銀床，疑寒紫綆長。千年閟靈應，九夏挹清涼。漱齒詩喉潤，澄心俗慮忘。三農如有旱，虔禱注甘雨。

（嘉靖）《彰德府志》卷二《地理志二》　白龍潭，在崑閬溪中，舊傳有白龍見於此。歲旱祈雨必應。宋元祐中，嘗有遊客乘醉戲自巖上，投石潭中。倏忽，雷電風雹俱起，遠近傳懼。是後，無敢敖戲巖上者。

靈澤侯廟，在倚屏峰東南半山，宋元豐中，郡守祈雨於蒼龍洞有應，奏聞於朝，封以侯爵，因建此廟。燒香亭，在廟東北三里餘，其徑險峻。每歲官私於此望蒼龍洞祭禱焉。

明 袁黄《皇都水利・論建都當興水利・涞水考》　山之嶺有龍湫焉，青龍潛之，禱雨多驗。

（萬曆）《應天府志》卷二〇《祠祀志》　廣濟廟，在茅山前，有龍池。相傳陶隱居豢龍于此，歲旱，禱輒應。宋紹興敕封敷澤廣濟侯，歲令有司驚蟄日祀之。

（萬曆）《會稽縣志》卷二《地書二・山川》　龍潭，在静林山，祈雨屢應。

（萬曆）《紹興府志》卷八《山川志五・潭》　龍潭，在静林山，祈雨屢應。

（崇禎）《吴興備志》卷一四《建置徵》　天目龍神廟，在孝豐縣金石鄉，廟有龍井，邑人禱雨最驗。每歲，春秋二祀。

清 方以智《物理小識》卷二《風雷雨日劇暘類》　祈雨古法：董子言土龍祈雨之事，王彦威驗李玘以白蛇醫二甕青衣小兒擊甕致雨之事，舊説有泥楓人而環呼蜥蜴者，此也成式曰蜴與蛇私爲親家，智按《異物志》曰：魚躍蜥蜴從草中，下共浮水上而交。蓋與龍通氣也，蛇背傷蜥蜴，輒銜草傅之，或以口所含雹療之，故號蛇醫。潛山下九井，旱殺犬，投其中，遂大雨。喧曰：潭中有龍處投鐵，雨立降。中通曰：或取即且燕蛙膏血茵草而投潭中，必大風雨，溢潭而後已。一曰：龍淵投虎骨，龍即起。

清 蔣鳴玉《政餘筆録》卷三　台四嶺多龍潭，旱則群取之禱咒。閔公躬取一蛇，其水果沸，起三四尺。或云以針投之，則雷雨洗盪，傾民舍，龍可怒，宜可豢。禱而獲，咒而下，有欲之凢龍耳？

清 陸隴其《三魚堂集》卷三《雜著・靈壽》　龍王者何？其地祇之主龍者歟，抑古豢龍、御龍之類歟。古者祈雨，天神則有風伯雨師，地祇則有名山大川。隋唐間祈雨，初祈岳鎮海瀆及諸山川能興雲雨者。七日，乃祈社稷及古來百辟卿士有益於民者。又七日，乃祈宗廟及古帝王有神祠者。又七日，乃修雩祈神州。宋興，始有五龍廟及九龍堂之祈。蓋龍神之祀，於古無聞，有之，自宋始也。至廟貌冕服擬於王者，特世俗從二氏之説耳。

清 蒲松齡《聊齋文集》卷二《募修龍王廟序》　淄東七里有栁泉，邑乘載之志勝也。水清以冽，味甘以芳，釀增酒旨，瀹增茗香，桑苧翁劃試之，驚。自上泠外，得未曾有也。深丈許，水滿而溢，穿甃石，㶁㶁出焉。故土人又名滿井，泉涓涓自流，自溢，自波折，聽呼者，牛馬之。其出也，滙者淵之，流者溪之。夏潦秋霖，客水相續，則泱泱然河矣。蘭若外爲泉，泉外爲河，河外爲山，山族而居。每坐泉上，小山簇簇，作兒孫羅列，圓如米方，印如覆削，壁開丹嶂，雜以垂楊。緑縈青繚，白渾無斷。際河之陰，一道通南北，往來鮮賞者，輒坐流連。冬之日，甃石爲燠溽，暑行人望陰投止，望泉投止，脱汗笠，鮮衣冒，柳腰則飲，則浴，則甜坐。坐頃，風飀飀，泉泠泠，自謂與蓬萊不易也。泉不知何年何主人所創焉者，甃石不甚斧鑿，爲游人所坐，衣磨拂而滑之。泉旁栟大百圍，爲雨浸以濡而空之矣。泉最久，故其神最靈。每暘亢，遠近舁栟，輦駐其下，呼神者三谷淵淵有應聲，其聲徹，雨則立澍。天性上人以是故立意募祠之，俾祈禱有所憑依，其志良佳。然彼爲一方祝調順，愚兼喜爲邑中點景色也，故序之。

清 景星杓《山齋客譚》卷四《又龍》 龍井，居西湖之西，有龍居之。吴葛稚川煉丹於此。明正統中，宦者李德游龍屬旱，令人淘之，得鐵牌二十面，玉佛一像，金銀各一鋌，上有元豐字。次得一石，以八十人出之，奇怪突兀，高可六尺，鎸有『神運』二字。縫又得鐵牌十五，銀二，條上有赤烏年號，蓋皆投龍以致雨者。

清 揆叙《隙光亭雜識》卷四 吳俗，田家以上巳日聽蛙聲占水旱。午前鳴主高田熟；午後鳴主低田熟。粵中則言，蛙聲大主水大，蛙聲小主水小。諺云：『田雞聲啞，田好稻把；田雞聲響，田好蕩槳。』唐人詩：田家無五行，水旱卜蛙聲，則此説固有本也。又有分龍日，以四月二十日爲小分龍，五月二十日爲大分龍。前此雨，必遍及。自分龍後或及或不及。若有分之者，然分龍次日雨，則主豐稔。

清 查禮《銅鼓書堂遺稿》卷三一《麗水龍神廟碑》 環太平郡城之水，曰麗江。江之源有三，其二來自交趾，未詳其所出。一進水口關，交人名牧馬江。一進平而關，交人名威猛江。二水東流，至龍州合。又東六十里，與明江水合。明江出南寧上思州十萬山，西南流逕太平土思州界。又西過寧明州東，又北與牧馬、威猛二水合，三水會流，東北繞崇善縣城，又東逕左州、永康州界，又東北過新寧州西，又東北至宣化縣境，合温水。案桑欽《水經》曰：『斤江水出交趾龍編縣東北，至鬱林領方縣，東注於鬱。』又曰：『温水出牂牁夜郎縣，又東至鬱林廣鬱縣爲鬱水，又東至領方縣東，與斤南水合，東北入於鬱漢之領方，今之賓州宣化縣地。斤江水，又名斤南水。考之《水經》，核之《地輿》，今之麗水，即古之斤水也。《粵西省志》與《太平府志》僅載麗江，而均未詳斤水之名，何未之前考歟？麗江自關口内流注於温，逕府一，州與縣五，盤猛迴折九百里。其閒人民之飲汲，舟楫之利渡，灌溉田園，宣洩溪磵，通造化，司雨澤，實皆賴之。是此水之福一方，惠於人者溥矣。《傳》曰：『山川有能潤於百里者，天子秩而祭之。』噫！斯水固宜有廟以安神焉。乾隆丁丑夏，旱。余率僚屬虔禱於神，苦無專祠，設主於城隍前，旋得甘霖。是歲，尚有秋。余隨謀之丞倅牧令，用建廟以享神，遂各捐俸輸金，搆地於郡城外江之左岸，伐木鳩工，使土茗盈。州吏目鄭暹董其役，經始於戊寅之孟夏，奏功於己卯之季春。肖神之像祀之。雲檐畫棟，傑殿層階，兼之林木交陰，巖嵐拱翠，洵爲郡城祠宇之巨觀也。後此之暵潦，亦歲時豐歉之不齊，不能保其必無。今既有廟矣，守土者果能精誠潛孚，以與神明相感召，則雨暘時若，有求必應，如響斯荅矣。余既創此廟，復推明是水之出入，今古異名，支流異派，以及利澤所被，悠遠廣大，用勒諸石，俾斯郡之官與民咸敬事無怠焉。兼作歌詩，以侑神，曰：『彼交之水兮，來自龍編之東。曰斤曰麗兮，今古之名不同。注於温兮，達於鬱。厥流延洪兮，爲蠻氓之除祓。司雨澤兮邊陲。奠神之宅兮，爰肇其基。神之來兮簫鼓，神之悦兮風雨，充我民兮倉箱，報我神兮酒漿。祈神之庥庇兮，無旱無潦。頌千年之廟食兮，俎豆永好。』

（雍正）《四川通志》卷二三《山川·保寧府·南部縣》 感應山，在縣南五里，禱雨輒應。龍靈山，在縣南二十里，背西山，與小盤龍相近。山勢如龍，禱雨有驗。【略】黑龍潭，去縣五十里，一山屹立，林木葱蔚。宋時利州久旱，郡守酌潭水禱之，即雨。【略】龍祠山，在州西南三里，高三百丈，舊名九龍山。唐貞觀中，嘗於山上置九龍祠，山腹有洞，洞前石壁如屋，中有九井，求雨輒應。【略】驛騑池洞，在州南二里，一名龍洞，横側而入，深不可測，禱雨輒應。【略】禱龍窟，在五子山前，禱雨輒應。

又卷二四《山川·順慶府·渠縣》 龍湫，在縣東四十里，有瀑布數十，自絶頂掛洞口，下爲龍湫，禱雨輒應。【略】紫竹山，在縣北九十里，下有龍洞，禱雨輒應。【略】高坎龍洞，在縣東四十里，有石牀龍迹，祈雨輒應。

又卷二五《山川·直隷嘉定州·榮縣》 榮黎山，在縣東十五里，上有龍池，禱雨輒應。【略】龍潭，在州東八十里，禱雨輒應。【略】龍王灘在縣西十五里，水積山谷，深數十丈。天旱，士人取水禱之，即雨。【略】龍潭，在縣西三十里，相傳潭下有龍，禱雨輒應。【略】巔池在縣南一百里，山頂周圍一里，有龍潛其中，禱雨輒應。【略】應龍崖，在縣東二里，降福山下，禱雨輒應。

又《直隷達州》 龍尾山，在州西七十里，州有龍洞，禱雨多靈。【略】龍洞，在州東南五十里，高數丈，内有重門複洞，相傳爲龍窟。遇旱，禱雨有感。【略】大峽洞，在州西南七十里，洞内有水，四時不涸，禱雨輒應。

（雍正）《浙江通志》卷一〇《山川二·杭州府下·富陽縣》 靈巖山，《咸淳臨安志》一名湖南山，在縣南三十里，山下有仁惠龍王廟。先，有僧曇超居杭之靈苑山，有龍化爲老人，詣曇超曰：鄉民耕山，逼我居室。群龍怒閉膏雨以害稼，吾不忍民之苦。聞師道行，必能化伏諸龍。師允其請，至觀山，結壇戒衆，浮舟誦經，雨大霑足。群龍復請師居湖南靈巖山，峻不能陟，龍化白馬，載師以登，至今石上馬迹尚存。巖下有池，歲旱，禱之則雨，賜號靈悟大師，而龍以仁惠爲額。【略】西徑山，《成化杭州府志》：在縣北五十里，唐代宗時僧法欽至山下，據石牀而坐。俄有老人曰：『吾龍也，自師至此，吾屬皆不安息。當挈歸天目山，願以此地爲立錫之所。』乃導欽至五峰間，指一湫曰：『吾去後，湫當涸矣。』言訖不見。頃之，風雨終夕，平旦視之，已爲平陸，僅存一穴，今龍井是也。

（雍正）《畿輔通志》卷二四《山川·川·宣化府》 大海沱潭，在龍門縣鵰鶚堡東三十里大海沱峰，峪間有泉，下滙爲潭，禱雨輒應。【略】聖井，在武邑縣西北三十五里龍堂村，每旱禱雨，以瓶懸井之半，瓶中有水，雨即應。

又卷四九《祠祀·保定府》 青龍神祠，在完縣增山村東獅陀林，昔有僧名盧，自江南来，寓居獅陀林，秘磨崖下。一日，有二童子拜於前，盧納之。時久旱，童子白於盧，委身龍潭。須臾，化青龍各一，遂雨。事聞，賜盧感應禪師，設祠致祀。明宣德年，龍時出沒，禱雨輒應。

又卷五〇《祠祀·正定府》 龍王廟，在正定縣北，前有龍井，遇旱禱雨輒應。【略】龍井廟，在州北一里。金大定四年，州民李通建。明正統五年，判官章綸重修，井旁有二廟相并，俗呼雙廟，禱雨多應。

又卷五二《寺觀·正定府》 天寧萬壽寺，在平山縣覺山。宋元豐元年建寺，有靈蛇二，名大青、小青，相傳爲龍種。宋時，禱雨有應，一封福應侯，一封利澤侯。至今種類不絶，居八角井中。時出與僧人床榻相接，旱則禱之。

（乾隆）《歷城縣志》卷六《山水考·山一》 龍山，在城西南十二里，山陰一洞，可供游憩。自礦村之南，山而西北分者，禹登山爲大。《九域志》云：禹所嘗登也，山有洞曰龍洞，亦名龍洞山。宋元豐二年，封□□神爲順應侯。其峰之最奇者曰三秀，曰獨秀。有□潭三，水不甚深，而大旱不竭，禱雨多應。自鑛村山至此，可六七里。楊載《趙公行狀》：公旱禱龍洞山，有雲如車蓋，隨馬而行。頃之，大雨驟至。逾月復旱，東門外有龍潭，潭上有廟，公爲文以責之。是夜，雷雨大作，槁苗復蘇。東龍洞山，府東南三十里，山如重甗，西洞透深一里許，秉火可入。東洞在萬仞絶壁之上，洞口釜鬲，尚存烟火之迹如墨，蓋昔人避兵引緪以上，中必有泉，不知其深幾許耳。有翠屏巖，獨秀峰、三秀峰，峰側龍祠，郡邑禱雨極應，宋封靈虚公。《九域志》又云：禹登山，謂禹治水嘗登。【略】藏龍澗，在龍洞西北，山形變化，應接不暇。張養《浩龍洞山記》：歷下多名山水，龍洞爲九勝。洞距城東南三十里，舊名禹登山。按《九域志》：禹治水，至其上，故云。中有潭，時出雲氣，旱禱輒雨，勝國嘗封其神曰靈惠公。

清 王棫《秋燈叢話》卷一四 恩施龍洞山，在城東七里，山半有洞，高廣丈餘。洞口水盈盈清淺，内則淵深不測，相傳爲龍窟也。洞有潮，子午時則至。其未至之先，有聲如雷，俄霧氣迷濛，自洞中出，而洞口水騰湧若鼎沸。如是者三，潮即噴激上射，高可數尺，迅折而下，匹練飛空，勢若倒海。砰湃之聲，震溢山谷。食頃，始退落如初。歲旱，守令祈雨，必焚疏通誠，遣官往祭。俟潮至，以瓶取水馳歸，雨立降。不誠，則潮不至。

《清會典則例》卷八四《禮部·群祀二》 一祭昭靈沛澤龍王之神。康熙二十年，以都城西北三十餘里金山之麓，舊有黑龍潭，禱雨輒應，重建祠宇，御製碑文勒石。雍正二年，以禱雨霑足，御製碑文，親灑宸翰，勒石廟庭。乾隆三年，諭黑龍潭龍神福國佑民，靈顯素著，每遇京師雨澤愆期，祈禱必應，是明神功德，實能膏潤田疇，順成年穀，爲萬姓之所仰賴。昔年皇祖式廓廟貌，建立豐碑，皇考又復易以黄瓦，用昭敬禮。今應議加封號，以示尊崇。著大學士會同該部，定議具奏，欽此。遵旨議準，敕封爲昭靈沛澤龍王之神，製造神牌，安設供奉，遣官致祭一次。祭文由翰林院撰擬，祭品由太常寺備辦。每歲春秋致祭，用黑色禮神制，帛一、羊一、豕一、簠簋各二、籩豆各十、尊一、爵三。

一祭玉泉龍神廟，建於静明園内玉泉山。乾隆九年，奉旨封京都玉泉山龍王之神，爲恵濟慈佑龍神。十六年，奉玉泉山龍神祠，易以緑琉璃瓦。又諭京師玉泉靈源浚發，爲水德之樞紐。畿甸衆流環匯，皆從此瀠注。朕歷品名泉，實爲天下第一。其澤流潤廣恵，濟者博而遠矣。上有龍神祠，已命所司鳩工崇飾，宜列之祀典，其品式一視黑龍潭。該部具儀以聞，欽此。遵旨議準，謹按玉泉出西山，東流環注京師，距通州，合白潞，以達於海。靈源浚發，流澤布恵，利賴於畿輔實多，允宜列之祀典。竢廟工完竣，照例遣禮部堂官一人往祭，并請敕賜鴻文，勒石祠左，用以昭紀神功。春秋二祭，祭品、儀禮均與祭黑龍潭龍神同。

清 許宗彦《鑒止水齋集》卷一四《説記·汀州府龍神祠記》

汀郡崇岡複嶺，山多於地，田瘠而艱水，雨暘之候，於民事尤急，稍愆焉輒有禱，禱必於龍神。古者龍見而雩，龍左角天田，官是主田穀，故角亢爲疇星，文省爲壽，其義一也。解者失之久矣。漢初，令天下立靈星祠，祀以壬辰。壬爲水，辰爲龍，從其類也。然則龍之祀，昉于此乎？郡素無龍祠，就他所祈之。廟貌之不修，急而請焉，其能應乎？廉使嘉定李公治汀，乃闢隙地，搆屋三楹，以專祀龍神。於是歲時祈報有所，民和年豐，神降之福。公爲政用心至周，其於利民之事，汲汲如不及。孔子稱子産爲恵人，公實近之。繼公守汀者，無錫孫公，能循公之績，以勤於民。宗彦於兩公，皆石交，故樂道其事，記而陷之壁，俾後之人無廢墜焉。

清 吴榮光《吾學録初編》卷九《禮典門一·龍神祠》 東海顯仁龍神，南海昭明龍神，西海正恒龍神，北海崇禮龍神，皆於雍正二年敕封。其在各省各城者，守土官於歲春秋祭黄運龍神於河南武陟縣及江蘇清河縣之清口，祭普潤鹽井龍神於雲南各鹽井，祭寧渠普利龍神於甘肅寧夏、寧朔二縣，祭龍神於江蘇揚河廳屬，祭延庥顯應分水龍神於山東汶上縣，祭助順昭靈龍神於嘉峪關外得勝墩，祭佑濟龍神於直隸涿州，祭涵元普澤龍神於甘肅蘭州府，祭裕源興寶礦脈龍神於雲南東川府，祭寧民普恵鎮海雪山龍神於浙江慈溪縣，祭宣潤敷化龍神於湖北武昌府，祭昭靈普潤九龍神於陝西大荔縣。每歲秋季，祭青海龍神於西寧口外。六月朔日，祭涵元昭泰鎮海龍神於浙江鎮海縣，祝文隨時撰擬，行禮儀節，與祭名山大川祠同。謹案：禮部每歲通行外省祭祀日期，有祀龍神祠月日，守土官歷遵行，至民間祈報，原所不禁，但不得歛錢賽會，演劇蟠燈，務華美而耗八口之資，習游觀而荒四民之業，甚至争道角勝，釀成鬥毆重案，尤爲法所難貸。至於端陽競渡，始於楚人。其俗遂浸淫於各省，原不過年豐人和，藉以稍紓力作，非爲祀神而設也。何至彩飾龍舟千橈，鬥捷旂幢，鉦鼓喧譟，中流兩岸，閒人觀者如螘，而蒨粧婦女，亦復攙雜其中，墮珥遺簪，深爲風俗之玷。彼操舟者，或以巧拙相形，因而兇頑自逞，叢毆辱詈，落水受傷，皆嬉游無節之所由起也。

清 胡培翬《研六室文鈔·補遺·涇縣龍神廟碑》 昔韓昌黎撰南海神廟碑，以節度使孔戣廣大廟宫，治庭壇改作東西兩序，齋庖之房百用具修，爲時龢歲豐所由致。夫神聰明正直而壹者也，豈云以是求媚哉？亦謂治民者爲民祈福，必先致敬於神。而崇廟貌而新之，正所以盡誠敬之意也。兼塘顧侯宰涇之明年，乙未夏旱，禱於神，盡禮朝三夕一，兼旬不懈，神降之澤，歲以有收。先是，涇未立龍神廟，刺史陳君晴嵐攝邑篆，始於大安寺之禪室，貌神像祀焉。侯則以爲規橅之未備也，楹宇之未崇也，庭唐之未深也，乃擴而大之，更於其前建廟三間，中奉神像，而風雲雷電之神，以次并列。又建享堂三間，爲牲酒豆籩陳設之所，修其庭除，高其門廡，規制大備。明年澍雨應時，歲以大熟。廟在大安寺之東，其寺尚有隙地數十弓，前臨學池，侯曰：茲地在學東南，邢家所謂巽方也。當整齊高聳，以翼文運。乃出俸錢，命工伐山木，架閣。其上，顔曰龍光，以與池中洗心亭對。又於隙地之南得舊碑，知爲明邑令劉公名世亨生祠遺址，遂建屋三間，供劉公栗主於中，顔曰棠陰精舍，旁以待齋宿，顔曰聽雨山房。又修葺僧寮三間，顔曰雨花堂。蓋終始不忘爲民祈澤之意。又其寺久未修，上雨旁風所在皆有，侯，亦重葺之，盡易其腐瓦圮桷，加以黝堊，焕然一新。是役也，經始於道光乙未四月，落成於丙申七月，共用錢二千五百緡，出民力者十之六，出俸錢者十之四，與孔公之百用具修，將毋同。始侯至涇清獄訟，絶苞苴，重懲奸民矯詐之風，遇牙角細故，則立剖之，訟日以希。每歲增助書院膏火四十名，以廣文教。奉檄修郡城，捐廉倡率輸金於郡，以濟鉅工，亦既政清事理矣。獨以農田雨澤，關繫民命，而惓惓於茲廟之興，既竣工，優游無事，侯乃曰：登龍光閣，俛仰憑眺辨山色之陰晴，樂池泉之澄澈，與邑紳士吟咏其中。弦歌之聲，不絶於里黨，棠陰之化，將見於今日，其可紀也已。顧侯，無錫人，名翰，蒹塘其號，嘉慶庚午與培翬同舉於鄉。侯之來，培翬適承乏涇川講席，相與處此四年矣。而茲廟又鄰近講院，習知其事，故以勒石之文屬，不敢辭也。爰紀其顛末，而系以詩曰：『百穀之生，仰膏若醴。浹旬不雨，則苗槁矣。矧茲涇邑，處重巒中。厥土墳起，尤資雨功。往時祈澤，遍禱群神。紛紛趨拜，禮失則煩。侯崇茲廟，禱祀有宗。丹雘既茨，以莫不庸。楹桷既堅，堤膚克鞏。神安其位，膏流澤涌。惟侯在涇，善政畢舉。不侮矜寡，不畏强禦。神馨侯德，非以廟崇。侯曰崇廟，吾以致恭。敬恭有常，享祀不忒。歲歲降康，黍稌萬億。惟德感神，惟神惠民。敬告來者，視此刻文。』

清 梁章鉅《農候雜占》卷四《龍占》 鱗蟲三百六十，龍爲之長，能幽能明，能小能大，能短能長。春分而登天，秋分而入淵。龍能變水。《東園叢説》：天將雨，必先蒸溼，雲氣騰結，而後降雨。又龍見而雨必旋至，以雨雲於龍乎，則何待于蒸鬱而後作雨也？又有薄雲而能作雨者，且龍所取江河之水，曾幾何而竟爲泛溢懷襄之患何哉？蓋雲之爲氣，水實存焉。水無以自見，可以爲霡霂，而不可致霶霈。龍乃以一勺之水變之，則雲俱水也。雲從龍，假龍之力以致之也。立夏分龍之説，到處有之。蓋龍于是時始分界行雨，各有區域，故有咫尺之間，晴雨頓殊者，龍爲之也。五月二十六日雨，爲分龍雨。惟閩俗以夏至後雨，爲分龍雨。《田家五行志》云：凡見黑龍，主無雨，縱有亦不多。白龍下，雨必到。諺云：黑龍護世界，白龍壞世界。又龍陣雨，始自何一路，只多行此路，無處絶無，諺云：『龍行熟路。』又龍下頻主旱，又諺云：『龍多乃旱。』交州水淵有神龍，每旱，州人以芮草置淵上，流魚則多死，龍怒，即時大雨。四月二十日小龍晴分懶龍主旱，雨分健龍主雨。五月十三日爲龍生日，當有風雨。五月二十分龍，次日有雨則歲豐，無雨則旱。同上云五月二十爲大分龍日引雨，浙諺云云。二十分龍廿一雨，破車閣在弄堂裏。二十分龍廿一鬟，扳到黄秧便種豆。《農政全書》引諺云云。又杭州諺云：二十分龍二十雨，四十九日曬龍衣。二十分龍廿一雨，車兒閣在衖堂裏。鎖龍門，分龍日無雨而有雷，謂之鎖龍門。六月六下雨，龍袍反曬四十天。此揚州諺。六月初八西北風，驚動海中龍。立夏清風至，而龍昇天。有僧講經山寺，一叟來聽，問其姓氏，曰山下老龍也。幸歲旱，得聞聽法。僧曰能救旱乎？曰：天帝封閉江湖，禁妄用。僧曰此硯水可乎，龍，乃就硯吸水去。俄雷雨大作，水色多黑。見《幕齋燕談》。僧涉者，西域人，能以秘咒下神龍。每旱，群使咒龍請雨，久之，龍下鉢中，天乃大雨。見《晋書》。

清 顧禄《清嘉録》卷三《三月・白龍生日》 十八日爲白龍生日，前後旬日，陰晴不常。鄉民以是日雨，卜白龍之歸，謂龍歸省母，則農有秋。案《歲時瑣事》：三月十八日，龍湫山與吴之陽山，多雲霧雷雨，俗傳爲白龍生日。相傳東晋隆安中，有繆氏女産白龍，事甚神異，土人建龍母廟於山之巔。熙寧九年，始遷於澄照寺。宋胡偉《白龍廟碑》：每歲三月十八日，龍歸省母，前期旬日，天氣肅寒，四山烟雨，乍晴復合。正誕之辰，龍必見形，或長身尋丈，隱顯於衆山之上；或小如蜥蜴，依於廟貌，暴風雷雨，澍溝號木，則其驗也。《常昭合志》以五月十三日爲白龍生日，謂白龍瞟娘，必主雷雨危致。明《岳陽風土記》亦以五月十三日爲白龍生日，謂是日雨則歲豐。

又 卷五《五月・分龍雨》 二十日爲分龍，俗以分龍之次日雨謂之分龍雨，主雨暘調順，歲必有秋。有二十分龍廿一雨，水車擱拉衖堂裏之諺。又云：『二十分龍廿一雨，石頭縫裏都是米。』自是以後，分方行雨，俗謂之夏雨隔爿田。蔡雲《吴歈》云：南阡朗日帶長虹，北陌頑雲鬭疾風。偶凑分龍得新雨，山村水蕩説年豐。案陸放翁《避暑録》：吴俗以五月二十日爲分龍日，前此夏雨時行，所及必遍。自分龍以後，或及或不及，若有命而分之者。故五六月間，每雷起雲簇而不移時，謂之過雲雨，雖二三里亦有不同。長、元、吴《志》皆作夏雨隔田晴，又云四月二十日爲小分龍，五月二十日爲大分龍。分龍次日雨，主豐稔。

清 祁寯藻《馬首農言·雜説》 時憲書幾龍治水，俗云龍少雨多，龍多雨少，殊不盡然。道光十四年，二龍治水，時雨調勻。十五年，八龍治水，夏旱秋潦。漁洋山人《居易録》引王定國《甲申雜記》云：崇寧四年乙酉，凡十一龍治水，自春夏迄秋，皆大雨水溢。

清 鄒漢勛《斆藝齋文存》卷六《邵陽重修龍神火神劉猛將軍廟記》 郡城南隅有泉，曰濂泉。甘測甲郡内，昔人祀龍神于此。我世宗憲皇帝雍正五秊，頒龍神二像于直省，令守土大臣虔誠禱祀。于是，天下水泉池澤之神少有靈異者，咸得削于祀典。而水泉之有禱也，于龍神禮尤重。邵陽舊有龍神祠二，龍山之龍湫，與此濂泉是已。龍山雖在宋賜廟額，厤元、明相沿，祈禱不絶。而濂泉㠯近在城内，獨專龍神之饗云。火神廟，舊在郡治之南。葢國初所建，厤久摧積。康熙癸巳，迻神像與龍神共龕，垂帷㠯別之。是時，龍神、火神咸爲無文之秩，固未有專尊也。不廿秊而有守土虔奉龍神之詔書，則龍神獨尊，遲之又久。至純廟時，湖南巡撫陳文恭公始檄所屬㠯春秋仲月上戊祀火神，而火神亦爲典祀。于是一廟之中，神有二尊。或曰：廟居正南高顯之地，于㠯宅火神也宐。或曰：廟在濂泉之側，爲龍神之舊，不可迻也。郡城之東，有砥柱磯焉，舊有五顯祠，所謂康濟廟也。廟側有注生夫人祠，相傳爲先禖神明季通守霍公于此，弗無子獲所請，因崇斯祠。我朝湯文正公奏除五通淫祠，五顯㠯疑佀汏，注生夫人祠亦虚。乾隆壬午之歲，郡拍鄭公㠯注生廢祠下臨資水之潫潭，謂可宅龍神，因迻奉于此。自是吾郡龍神不在濂泉，而在資水之潭，而火神始獨專有此廟焉。梟乎！道光之初，砥柱之龍神廟塹爲風雨所剝落，復即濂泉爲廟，而火神、龍神又并廟而凥，皆在濂泉之側矣。其時火神廟中，又別有堂祀財神，有閣祀觀音大士，皆時俗相沿之祀，非正典也。道光甲申，郡伯翟公入廟致虔，見棟宇傾欹，垣墉剝蝕，集郡中紳耆謀之，罔不欣嘫。㠯應城内及負郭之廛，毋慮數千主者，皆輸其租，十之一別有樂輸者焉。共獲緡錢二千，有畸貯之質邸㠯權子母。至道光乙未，子錢三千餘緡，共子母錢六千五百餘緡。又增益樂輸錢一千八百緡，葢八千餘緡矣。乃伐石掄材，購地拓基，新正殿㠯奉火神，殿左右設鐘鼓樓，樓冄爲長廊，廊冄右爲土神祠，左爲財神閣，廟左別院則爲龍神廟焉。宫濂泉于廟内，泉本縣崖側出，因壘石穹其下，浚爲井，首曰龍首，末曰龍尾。又爲一池一井，分濂泉㠯周注乎廟中。泉冄爲龍神殿，殿側有聽事長官奉祀，及月朔致虔愒息于此。其右有閣二，冄奉大士，後奉劉猛將軍。劉猛將軍者，元代指揮，今頒祀典，爲治蝗神。吾郡舊未有祠，至是邑大夫張君㠯行省檄新建者也，閣後又有聽事一，士紳之所愒息也。其外皆周之㠯垣，有門有亭有防。門之外，復有臺門。歲時修祀事，則舞于臺。臺側之平地，皆城石爲基。葢經始于丙申季春，而落成于己亥首夏，所費近萬緡云。烏乎，㠯一縣之民，致力于此。經營至十餘秊之久，爲錢近千萬之多，而民皆歡欣鼓舞，不㠯爲厲已。是則神焜燿，普潤，救灾扞患之功悳，淪洽于肌髓，而民自不容已也嘫。考之經，記火神者，熒惑星也，在周削于實柴之典，故與歲鎮大白辰諸星同祀，未聞特異于諸星，而頒之天下。其特祀而頒之天下也，葢自宋崇寍始，宋自㠯火悳王，故特崇之。至今數百秊，廢而獨興，而湖南特盛，則㠯南方亦火方也。龍神者，即《月令》所云名源淵澤井泉也。《史記》《漢書》之朝那湫，亦其比。㠯吾邵論之，龍山，名原也；濂泉，井泉也，是皆于法應祀者也。《詩》曰：田祖有神，秉畀炎火。猛將軍其是與。八蜡之祭，《辭》曰：昆蟲毋作是蝗蝝者，八蜡之所司，猛將軍宐祀于八蜡者也。八蜡之祀不修，猛將軍其可少乎哉？若夫火神之廟額，《宋》曰離明殿，近世曰乾元宫，殆㠯坎離爲乾坤之用，離本乾體也。乾元云者，謂乾㠯爲元非乾之元也。或曰邵之火神，獨靈異于諸方，則㠯南岳配朱鳥，爲火之宅，而南岳實邵陽龍山之所衍云。

清 董醇《甘棠小志》卷四《記祠廟第九》 龍王廟二，一在官河上岸，瀕邵伯湖；一在官河下岸，瀕艾陵湖。鎮全盛時，龍舟競渡，紅兒緑女，多於此聚觀。陳息凡鍾祥言龍神之祀，重利民也。考《神農求雨書》，甲乙日不雨，命爲青龍；丙丁日不雨，命爲赤龍；戊巳日不雨，命爲黃龍；庚辛日不雨，命爲白龍；壬癸日不雨，命爲黑龍。各按五方，分命小童子、壯者、老人舞之。若不雨，闔南門，置水其外，開北門，取人骨埋之。近代祈報，蓋本諸此。又《占候書》云：四月二十日爲小分龍，五月二十日爲大分龍，各有所主，往往而應。第周秦以來，未聞顯列祀典，惟壬辰之祠，始見《後漢書·祭祀志》。昔高祖令天下立靈星祠，以后稷配食。舊説謂星爲天田，一曰龍左角爲天田官，主穀祀，用壬辰位祠之。壬爲水，辰爲龍，爲就其類，然實祠后稷，而非專祠龍神。其立祠而號龍王祠，蓋自晋明帝始。是時釋氏入中國，因有龍王之號。《伽藍記》所載龍王嗔佛行化，興大雲雨，此其徵也。又《道書》載：二月，龍神朝上帝者凡數見，而龍王、龍神之稱，遂著在祀典矣。國朝自京師黑龍潭、玉泉山皆設祠，以祀龍神，下及直省郡邑，各有專祠云。

清 曾國藩《曾文正公詩文集·文集》卷二《靈谷龍神廟碑記》

龍於古不列祀典，國有大水，智者不禜。或有旱暵，圭璧祈禳，亦不及之。漢世儒者，以龍能興雲致雨，乃別四時方色，爲象土禺繒纘，有禱輒應。其後五龍、九龍之堂浸作，祀事興矣。國家褒崇龍祀，祭式祝號，一準王儀。自京師黑龍潭，暨各行省，皆立廟虔奉。甘澤時降，人蒙其庥。金陵省治之東，有泉曰八功德。水出於鍾山之陽。靈谷之寺舊有龍神祠，屢獲嘉應。洎兵興祠燬，壇宇蕩然無存。同治六年，自春徂夏，數月不雨，禜禱之術既窮，國藩乃與布政司李君宗羲、督糧道王君大經、鹽巡道龐君際雲，先後求諸靈谷之神，四祈而四效，旋叩而立應。最後甘霖滂沛，圻壤膏流，槁苗勃興，嘉蔬蓊蔚，陂澤旁匯，魚鼈讙泳，歲仍有秋，民用康樂。於是，乃相與重構斯廟以報賽，而妥靈棼橑，堅致黝堊，無華取足，嚴祼獻之儀，酌質文之衷而已。蓋金陵自六代以來，號爲名都，梵宇琳宮，震耀今古，勳戚甲第，湧殿飛甍，往往數千百年，遺構尚存。獨至粵賊洪楊之亂，埽地剗除，無復一椽片瓦之留遺，即靈谷寺屢興屢廢，亦無似此次之澌盡者。今龍神廟巋立基緒，而全寺之踵修，名迹之興復，不知更待何年！《易》稱龍爲乾德，萬物資始，厥施甚普。自今以往，意者百工雲興，日新月盛，將盡還承平之舊乎？斯固守土之吏所寤寐誠求者也。

（道光）《濟南府志》卷七《山水三·水·淄川水》 《蒼龍灣舊志》云：在蒼龍峽，俗傳龍蟠于中。遇旱，禱雨輒應。【略】《龍潭縣志》云：石溪下流數武，水勢蜿蜒若龍。天陰欲雨，往往見龍挂，旱時禱之輒應。【略】《魚龍灣縣志》云：在錦秋湖中，水旋渦不定，傳是龍窟。天將雨，往往見龍挂，雨罷，還歸於此。【略】《黑龍潭新志稿》云：在城東南篤馬河内，雖大旱不涸，其深不測，官吏禱雨於此。潭旁有龍泉寺。

又卷一八《祠祀·歷城》 龍洞神廟，在府城東南三十里禹登山上，禱雨輒應，宋封靈虚公。【略】龍女廟，在東門外，禱雨輒應。【略】石龍庵，縣治東十五里長白山之別麓，側有龍王廟，廟前巨石作龍形，禱雨輒驗，庵名因此。

清 方濬師《蕉軒隨録》卷一二《邯鄲龍王廟鐵牌》 《一統志》載：聖井在邯鄲縣西北二十里高阜上，水與井平，其深莫測。水溢出北流，匯而爲池，禱雨多應。《邯鄲縣志》：元祐二年，鄉人董社長輩建龍王廟，井居廟中神像前。遇水旱，於此取禱，屢有徵驗。井周徑九尺有奇，井底堆鐵牌。禱雨者請鐵牌供奉之，雨應時而至。同治丁卯，京師亢旱，會稽張靄堂農部霞在總理衙門行走，言於恭邸及各堂官，遂屬靄堂親往邯鄲請鐵牌至京，奉安都城隍廟中。未至時，即陰雲密布，禮成而甘霖大沛，畿南千有餘里，旬日之間，一律霑足，官紳士庶罔不額手稱慶。恭邸奏聞皇太后皇上，聖心悦，豫命内務府製造金牌一面，龍旗彩仗各一分，交該廟道士，永遠陳設，并派萬藕舲尚書赴廟報謝，尚書時兼尹順天也。

清 鄒存淦《田家占候集覽》卷一《鱗介》 龍下便雨主晴，凡見黑龍下，主無雨，縱有亦不多。白龍下，雨必多。水鄉諺云，黑龍護世界，白龍讓世界。龍下頻主旱，諺云多龍多旱。龍陣雨，始自何一路，只多行此路，無處絶無，諺云：『龍行熟路。』凡鯉、鯽魚在四、五月間，得漲必散子，散不盡，水未止。盛散水勢，必定夏至前後得黃鰌魚甚。散子時，雨必止。雖散不甚，水終未定最。

清 盧秉鈞《紅杏山房聞見隨筆》卷一〇《仙佛神鬼隨筆》 嶺表人多祀龍女，蓋容縣南百花庄有龍潭，水深泓莫測。昔有猺女汲水其間，爲龍所攄，陰雲覃幕。既歸，嘗有寒氣逼人，人莫之敢近，女亦不自覺也。歲餘遂産一龍，下地時，即有雲霧雷雨扶去，猺女亦無恙。數年後，猺女卒，龍復來擁其骸，向潭側立，成邱阜，萬峰回抱，龍負骸入穴埋之。今人呼爲龍母山，土人立廟祀之，禱雨輒應。又梧江一帶地方亦多有龍女廟，土人祈以禱雨，亦靈驗。

（光緒）《重修安徽通志》卷二八《山川五・太平府》　晋山，府東十五里，一名甑山，壁立百仞，有龍窟。歲旱，居人焚此窟以起龍，往往得雨。【略】磕山繁昌縣南十里，上有龍池，長流不竭。有龍堂，禱雨輒應。【略】柏子潭州西北隅，水甚深，上有五龍祠，禱雨頗應。【略】庶子泉州南瑯琊山，以唐庶子李幼卿得名。宋王禹偁有詩。又有白龍泉。歲旱，禱雨輒應。【略】白雲山，州西北三十里，有石洞，名龍泉，四時不竭，能興雲雨。每雲起，英英連山，故名。一名鳳皇山。

又卷三三《山川十・六安州》　香爐崖，英山縣西五里，《舊志》云：有仙迹，亦有龍井，祈雨輒應。【略】桃源洞，霍山縣西北五十里，有瀑布泉，數百丈，闊如河，又有龍井三穴，禱雨取水輒應。【略】烏龍潭，州西百三十里，歲旱，取水禱雨時應。【略】嘉山，盱眙縣西南百五十里，相傳宋將孟良於此立寨，遺迹尚存，上有龍王廟，禱雨即應。

傳記

漢 劉向《列仙傳》卷下《陶安公》　陶安公者，六安鑄冶師也。數行火。火一旦散上行，紫色衝天，安公伏冶下求哀。須臾，朱雀止冶上，曰：『安公安公，冶與天通。七月七日，迎汝以赤龍。』至期，赤龍到，大雨，而安公騎之，東南上。一城邑數萬人衆，共送視之，皆與辭決，云：『安公縱火，紫炎洞熙。翩翩朱雀，銜信告時。奕奕朱虬，蜿然赴期。傾城仰覿，回首顧辭。』

北魏 崔鴻《十六國春秋》卷四二《前秦録十・僧涉公》　僧涉公者，西域人，一云本蜀人，不知何姓。少爲沙門，以堅建元十一年至長安，虚静服氣，不食五穀，日行五百里，言未然之事，驗若指掌，有秘咒，能下神龍。時天大旱，堅命咒龍請雨，龍便下鉢中，其雨霈然。堅及群臣親就鉢中觀之，咸嘆其異。堅奉爲國神，士庶皆投身接足，自是無復灾旱之憂。

南朝梁 釋慧皎《高僧傳》卷一〇　涉公者，西域人也。虚靖服氣，不食五穀，日能行五百里，言未然之事，驗若指掌。以苻堅建元十二年，至長安，能以祕咒，咒下神龍。每旱，堅常請之咒龍。俄而，龍下鉢中，天輒大雨。堅及群臣親就鉢中觀之，咸嘆其異。堅奉焉國神，士庶皆投身接足。自是，無復炎旱之憂。至十六年十二月，無疾而化，堅哭之甚慟。卒後七日，堅以其神異，試開棺視之，不見尸骸所在，唯有殮被存焉。至十七年，自正月不雨，至于六月，堅減膳撤懸，以迎和氣。至七月，降南，堅謂中書朱彤曰：『涉公若在，朕豈燋心於雲漢若是哉？此公其大聖乎。』彤曰：『斯術幽遠實，亦曠古之奇也。』

《晋書》卷九五《藝術傳・僧涉傳》　僧涉者，西域人也，不知何姓。少爲沙門，苻堅時入長安，虚静服氣，不食五穀，日能行五百里，言未然之事，驗若指掌，能以祕祝下神龍。每旱，堅常使之咒龍請雨，俄而龍下鉢中，天輒大雨。堅及群臣，親就鉢觀之。卒於長安。後大旱移時，苻堅嘆曰：『涉公若在，豈憂此乎？』

唐 段成式《酉陽雜俎・前集》卷一一《廣知》　王彦威尚書在汴州之二年，夏旱，時袁王傳季玘過汴，因宴，王以旱爲言。季醉曰：『欲雨甚易耳，可求蛇醫四頭，十石甕二枚，每甕實以水，浮二蛇醫，以木蓋密泥之，分置於鬧處，甕前後設席燒香，選小兒十歲以下十餘，令執小青竹，晝夜更擊其甕，不得少輒。』王如言試之，一日兩夜，雨大注。舊説龍與蛇師，爲親家焉。

《舊五代史》卷七一《唐書四十七・許寂傳》　誠惠初於五臺山出家，能修戒律，稱通皮骨肉三，命人初歸向，聲名漸遠，四方供饋，不遠千里而至者衆矣。自云能役使毒龍，可致風雨，其徒號曰降龍大師。京師旱，莊宗迎至洛下親拜之，六宫參禮，士庶瞻仰，謂朝夕可致甘澤。禱祝數旬，略無徵應。或謂官以祈雨無驗，將加焚燎，誠惠懼而遁去。及卒，賜號法雨大師，塔曰慈雲之塔。

宋 施德操《北窗炙輠録》卷上　張望道，吾鄉長者人也，嘗作秀州司户。遇大旱，本府所以望山川，禱佛祠，祀土龍，坐蜥蜴，縱徙市，所謂致雨之術無不試，卒不雨。後欲乞水于海鹽縣神山之龍池，衆白太守，以爲張司户爲人忠厚誠慤，使爲之禱，宜有所感動，遂遣之。及望道乞水回至中道，果大雨，村人皆羅拜雨中。自後，州境有水旱，使望道祈之，往往輒應，當時號爲感應司户。

《宋史》卷二五七《元扆傳》　元扆，字君華。【略】歲旱，吏白召巫，以土龍請雨。元扆曰：『巫本妖民，龍止獸也，安能格天？惟精誠可以動天。』乃集道人，設壇潔齋三日，百拜祈禱，澍雨沾洽。

（嘉靖）《彰德府志》卷五《官師志》　李儁，華容人，舉人，以户部司務升任，居官廉，才無過人者。歲至六月，不雨，率僚屬徒行詣城西白龍潭，禱已大雨，歲則大熟。成化二年，升山西右參政。

明 屠隆《由拳集》卷一八《記·重建敕封昭靈張龍王祠碑記》

張龍王，諱路斯，唐進士，宣城令也。宣城令，則曷爲龍也？斯所謂玄同者也。夫陽烏螭螬，物有必化，而況玄聖神明之德乎？眞人託寄於物，而獨化於無方，且躡靈虚而消摇乎？抱炁而守神，夫炁抱則累釋，累釋則亡不之矣。神守則器廢，器廢則亡不化矣。故崧高爲申甫，安知申甫之不復爲崧高也？傅説爲列星，安知列星之不復爲傳説也？人知柱下史著五千言出關而西也，不知夏商而前，通玄鬱華，庶成録圖，務成尹壽眞行之爲柱下者，幾庶吿乎？烏可詰哉？則又烏知。宣城令之非龍，龍之非宣城令也。抑龍之物神，故其爲用大矣？聖眞託焉，玄德宅焉，靈變出焉，體潛泥涂，而功配亭毒。熯之則萬物立槁，而沬之則四海含潤，所操者玄，而及物者鉅。故易號龍德，厥位六焉。六者，何德？玄同也。張龍王者，吿相傳顯上人，盖焦氏臺故宅也，乃記所稱絳綃九子之事，則大奇矣。而近於誣六合之内，顧何不有也？誣也乎哉。隆以旱，禱於王，故祠不崇朝而雨，再登王祠則又大雨也。靈氣於昭乎烈哉！於是邑人爲王改築官祠焉，而屠子爲之記。

明 彭大翼《山堂肆考》卷四《天文·雨·處士驅龍》　唐牛僧孺，字思黯，鎮襄陽，久旱，有處士能豢龍，公請致雨。處士曰：『江漢間無龍，獨湫泊中有黑龍難制，强驅之，必爲灾。』公固命之，果大雨，漂流萬户。又宋真宗咸平間知揚州魏羽上雩祀五龍祈雨法，詔頒諸路。其法以甲乙日，擇東方地作壇，取土造青龍。丙丁日擇南方地作壇，取土造赤龍。餘三方可類推。凡旱建壇，取五行生成之數，長吏齋三日，詣龍所，汲流水，設香茗果，率郡官日再至，祝酬不用樂并巫覡，雨足，送龍於水。

清 汪价《中州雜俎》卷一二《龍王祝壽》　馬之瑶，太康人，棄家學道，游太室之頂。雨雪絶糧，或數日不食，人召之食，又能大啖。當邑旱，持畫一軸，謂人曰：『吾與龍王祝萬壽，爲汝輩乞雨。』忽聳身入潭中，須臾復出，衣履不濡，曰：『某日當雨。』後果驗。

（道光）《濟南府志》卷三七《國朝宦迹五》　康基田，字仲耕，號茂園，山西太原府興縣人。【略】嘉慶元年，升山東布政使，兼管河務。值春旱，彌月不雨，種不得下，步禱於龍洞，止宿廟中。數日，甘霖大沛。

又卷四八《人物四》　張宏，字可大，幼嶷然加成人。長博通諸國語，及嗣爲政，以繼述爲心。屬大旱，徒步四十里禱雨龍洞，既奠，而雨霑足。

又卷五三《人物九》　馮仝，字茶人，歷城人，嘉慶庚申順天舉人，官河南郾城知縣，有寃獄，前官不能决。仝至一訊即與昭雪，民爲立碑。嘉慶十八年，滑匪跳梁，豫省咸警，百計防虞，民恃無恐。夏亢旱，徒步烈日下，至黑龍潭祈雨，往返七十餘里，甘霖立沛，蕎麥被霜，捐俸賑濟，令於隙地種油菜，買菜籽給之，民得不饑。轉歲大豐，有麥秀兩歧之瑞。在郾六年，以慈母稱。

（同治）《徐州府志》卷二一下《宦績傳》　樓應登，浙江諸暨人。崇禎五年，以曹掾任蕭尉。操行伉直，處事慈祥，決斷能盡人情，而不可干以私。時邑多火灾，術家謂東山石剁豖過甚所致。應登培築之，火患遂息。邑大旱禱雨，應登取水龍潭，炎暑烈日中，徒步往返數十里。翼日，乃大雨。

（光緒）《重修安徽通志》卷一八一《宦績·安慶府》　熊仁泰，字紫田，潛山人，知山東朝城縣，廉能有聲。會天旱，步行二十餘里，禱雨龍神廟。士民爲設饌甚豐。仁泰見村童，令持其所食來，則糠秕雜豆萁也。曰：『民食如此，何能下咽？』命瘞之，雨立注，朝城人至今祠祀之。

紀事

北魏 崔鴻《十六國春秋》卷一六《後趙録六·石虎中》 又命佛圖澄自行祈雨，俄有白龍降于祈所，其日澍雨，方數千里，是年大收。

唐 封演《封氏聞見記》卷八《魚龍畏鐵》 海州南有溝水，上通淮、楚，公私漕運之路也。寶應中，堰破水涸，魚商絶行。州差東海令李知遠主役修復，堰將成輒壞，如此者數四，用費頗多，知遠甚以爲憂。或説：『梁代築浮山堰，頻有闕壞，乃以鐵數萬觔積其下，堰乃成』。知遠聞之，即依其言而塞穴。初，堰之將壞也，輒聞其下殷如雷聲，至是其聲移于上流數里。蓋金鐵味辛，辛能害目，蛟龍護其目，避之而去，故堰可成。大曆中，刑部郎中程皓，家在相州，宅前有小池，有人造劍，于池内淬之，蛇魚皆死。予家井中有魚數十頭，因有急，家人以藥杵投之于井，信宿，魚皆浮出，知魚亦畏鐵焉。

唐 李德裕《次柳氏舊聞》 玄宗嘗幸東都，天大旱，且暑。時聖善寺有竺乾僧無畏，號三藏，善召龍致雲之術。上遣力士疾召無畏請雨。無畏奏云：『今旱，數當然耳，召龍興雲，烈風迅雷，適足暴物，不可爲也。』上强之曰：『人苦暑病矣，雖暴風疾雷，亦足快意。』無畏不得已，乃奉詔。有司爲陳請雨具，而幡幢像設甚備。無畏笑曰：『斯不足致雨。』悉令撤之，獨盛一鉢水，以刀攪旋之，胡言數百咒水。須臾，有如龍狀，其大類指，赤色，首瞰水上，俄復沒于鉢水中。無畏復以刀攪水，咒者三，頃之，白氣自鉢中興，如爐烟，徑上數尺，稍引去，出講堂外。無畏謂力士曰：『宜去，雨至矣。』力士絶馳而去，還顧，見白氣疾旋，自講堂西，若一匹素者。既而昏霾大風，震雷以雨。力士纔及天津之南，風雨亦隨馬而馳至。衢中大樹多拔。力士比復奏，衣盡沾濕。時孟温禮爲河南尹，目覩其事。温禮子皞，嘗言於臣亡祖先臣，與力士同。吏部員外李華撰《無畏碑》，亦云：奉詔致雨，滅火返風，昭昭然遍於耳目也。今洛京天津橋有荷澤寺者，即高力士去請咒水祈雨，回至此寺前，雨大降，明皇因於此地造寺而名荷上聲澤焉。寺今見存。

唐 康駢《劇談録》卷上《華山龍移湫》 咸通九年春，華陰縣南十餘里，一夕風雷暴作，有龍移湫，自遠而至。先是，崖巃高亞，無貯水之所。此夕回從數丈小山，從東西直亘南北，峰巒草樹，一無所傷，碧波回塘，湛若疏鑿。京洛符旅，無不枉道而觀。有好事者自輦轂、蒲津相率而至，車馬不絶，逮於累月。

唐 李綽《尚書故實》 牛相公僧孺鎮襄州日，以久旱祈禱，無應。有處士不記名姓，衆云豢龍者。公請致雨，處士曰：『江漢間無龍，獨一湫泊中有之，黒龍也，難制，强駈逐，必慮爲灾。』公固命之，果有大雨。漢水泛漲，漂溺萬户。處士懼罪，亦亡去。十年前有人他處見，猶在。

唐 段成式《酉陽雜俎·前集》卷三《貝編》 僧一行窮數，有異術。開元中嘗旱，玄宗令祈雨。一行言：『當得一器，上有龍狀者，方可致雨。』上令於内庫中遍視之，皆言不類。數日後，指一古鏡鼻盤龍，喜曰：『此有真龍矣。』乃持入道場，一夕而雨。或云是揚州所進初範模，時有異人至，請閉户入室數日，開户模成，其人已失。有圖并傳于世。此鏡五月五日於楊子江心鑄之。

又 卷九《事感》 相傳黎幹爲京兆尹，時曲江塗龍祈雨，觀者數千。

《新唐書》卷一四五《王縉傳》 八年，復召爲京兆尹。時大旱幹，造土龍，自與巫覡對舞，彌月不應，又禱孔子廟。帝笑曰：『丘之禱久矣。』使毁土龍，帝减膳節用，既而霔雨。

五代 杜光庭《録異記》卷五《龍》 荆州富陽縣倚山爲廨，内有劉文龍井極深，井中有龍窠，傍入不知幾許，欲晴霽及將雨，往往有雲氣自井而出。光化中，有道士稱自商山來，入井中取龍窠及草藥而去。其後，有令黄馴者，到任之後，常繫馬於井旁，滓穢流潰盡入于井中。或有譏之者，飾辭以對。歲餘，馴及馬皆瞽。

《舊五代史》卷四六《唐書二十二·末帝紀上》 庚寅，幸龍門祈雪。自九月至是，無雨雪故也。

宋 蔡絛《鐵圍山叢談》卷六 相州古鄴郡，其西有隆慮，名山也。寺則齊禪師道場，亦名刹也。寺大門之前，左右二池，東爲黄龍、西爲白龍所窟宅、政和閒適大旱，安陽人禱於池，既大澍。於是，一時爲之飛奏，詔加封爵焉。及褒命下世，俗不知厥繇，但迎置諸東池而已。一旦，雲霧四合如墨，天大雷電異常。有頃，衆登寺樓望，則了然見白龍與黄龍拏戰，而黄龍敗焉。白龍乃奮迅下取山嶺，將塞東池垂半矣。黄龍既護其居，故屢鬬而屢敗，且不已。其右山谷閒，白龍之所據，則水屯於門之外，波浪高踰寺樓也。群髡大懼，爲焚香諷咒於樓之上，始悟向之大雨，實白龍爲之，而黄龍冒其賞，故一至此競。於是寺髡力爲之講解，仍許再告請上，終日始得平，白龍因收水而退矣。詔復封白龍焉。吾妻家相人也，有妻兄檢得親見，故特爲吾道之。且龍號稱神物，能變化，誠高遠乃亦争虚名，角勝負，未免作世俗態，所以貴乎君子。

宋 江少虞《新雕皇朝類苑》卷六九《神異幽怪·湫神》　寧州眞寧縣要册湫，自唐天后、中宗朝多祈雨有驗。歲旱，遣中使持錦織，及鎮宣徽樂工三五十人，作樂於祠庭。僖宗乾符中，封神爲應聖侯。昭宗光化中，進封普濟王。開寶九年，太宗在南府，遣親吏市馬秦州，過宿於湫房。夢人告云：『晋王登帝位。』至長安，赦至，果符其言，遂以聞。明年五月十三日，白龍見池中，長數丈，東鄉吐雲，雲白色。自辰至午而沒，見者數千人。郡以聞，遂下詔封顯聖王，增修祠宇。先是，涇州界有湫，方四十里。水停不流，冬夏不增減。水清澈不容穢濁，或有喧汙，輒興雲雨。歲旱，土人多祈雨於此，傳云龍之所居。《漢書郊祀志》云：春祠官所領湫淵，安定朝那者是也。其後屢稱湫有靈應，朝那無聞焉。而天下山川限曲，亦往往有之，皆神龍之所蟠蟄。建州浦城縣福羅山有龍潭，歲旱，土人祀之，或投鐵龍，立致雨。

宋 范坰《吴越備史》卷一《武肅王》　先是五年，邑中大旱。邑令道士東方生起龍以祈雨，生曰：『茅山前池中有龍，然不可起，起必大異。』邑令乃止。明年復旱，又召東方生起，龍將臨池，遽指王所居，曰：『池龍已生此家矣。』

宋 釋惠洪《僧寶傳》卷五《邵武龍湖聞禪師》　一日有老人來拜謁，聞曰：『丈夫家何許？至此何求？』老人曰：『我家此山，有求於師，然我非人，龍也，以疲墮行雨不職，上天有罰當死，賴道力可脱。』聞曰：『汝得罪上帝，我何能致力？雖然，汝當易形來。』俄失老人所在，視坐榻旁有小蛇尺許，延緣入袖中屈蟠。暮夜風雷挾坐榻，電砰雨射，山岳爲搖振，而聞危坐不傾。達旦晴霽，垂袖，蛇墮地而去。頃有老人至，泣淚曰：『自非大士之力，爲血腥穢此山矣。』念何以報厚德，即穴巖下爲泉曰：『他日衆多無水，何以成叢林？此泉所以延師也。』泉今爲湖，在半山，號龍湖。

宋 王讜《唐語林》卷三《方正》　代宗時久旱，京兆尹黎幹于朱省門街造龍，召城中巫覡舞雩，幹與巫覡史起舞，觀者駭笑。經月不雨，幹又請禱于文宣王。上聞之曰：『丘之禱久矣。』命毁土龍，罷祈雨，減膳節用，以聽天命。及是大霈，百官入賀。

又卷五　明皇時亢旱，禁中築龍堂祈雨，命少監馮紹正畫西方未畢，如覺雲起，生梁棟間，俄而大雨。明皇嘗幸東都，天大旱且暑，時聖善寺有竺乾僧無畏，號曰三藏，善召龍致雨之術。上遣力士疾召無畏請雨。無畏奏曰：『今旱，數當然爾，召龍興烈風雷雨，適足暴物，不可爲也。』上使强之，曰：『人苦暑久矣，雖暴風疾雷，亦足快意。』無畏辭不獲已，遂奉詔。有司爲陳請雨具，而幡幢像設甚備。無畏笑曰：『斯不足以致雨。』悉令撤之，獨盛一鉢水。無畏以小刀于水鉢中攪旋之，梵言數百咒水，須臾之間，有龍其狀如指，赤色，首瞰水上。俄頃，没于水鉢中。無畏復以刀攪水，咒者三。有頃，白氣自鉢中興，如爐烟，徑上數尺，稍引去講堂外。無畏謂力士曰：『亟去，雨至矣。』力士馳馬去，而四顧見白氣疾旋，自講堂而西，若尺素騰上。既而昏霾，大風震雷，暴雨如瀉。力士馳及天津之南，風雨亦隨馬而至矣。街中大樹多拔，力士復奏，衣盡沾濕。孟温禮爲河南尹，目見其事。温禮子嘗言于李栖筠，與力士同在先朝。吏部員外郎李華撰無畏碑，亦云前後奉詔禳旱致雨，滅火回風，昭昭然遍諸耳目也。

宋 俞壹《紹興重修龍堂記》（嘉靖）《江陰縣志》卷八　深山大澤，龍實居之。在漢則郡國湫淵領于祠官，而天田之祀位于壬辰。壬爲水，辰爲龍，就其類也。三農之事，雨澤是資。龍升而雲從，雲行而雨施，其爲吴民之利博矣。故龍之所在，旱必禱焉。左太冲謂蟠龍潛於沮澤，應鳴鼓而興雨，諒其言乎。江陰據北江上，洪濤怒瀾，極目無際，蓋神龍之所窟宅。逾江而南未十里間，有山曰由里，林木紛敷，岡阜相屬。是山之巔有白龍洞，而靈壇峙乎其下，昔人即是而禜焉。今郡守宗丞富公涖政之明年，自春不雨，以至于夏。麥已秀而未實，稻欲生而未蓺。漕舟絶流，公私告病閔閔然，民惟歲之憂。公兢惕滋甚，見于言色，日與其僚并走群祀，公躬率之，庶僚莫不精意以從，嘉觬集矣，猶未均浹。耆舊以由里龍祠來告，公祗服祀事，無憚險遠，中夕而往，黎明止于祠下。牲酒既陳，鼓鍾迭奏，薦祼降登，禮無違者，精誠交孚，神用顧饗。爰稽舊聞，酌彼泉源，設次于郡之禪居，朝夕禱請不懈益嚴。油雲朝隮，時雨驟降，土膏其動，可耕可稼。公亟命其僚報祭于庭，耋艾縱觀，歡謡載路。先是廟屋傾圮，遺址僅存，上雨旁風，莫之蔽覆。於是命工庀徒建祠宇，設貌像，嚴嚴翼翼，不日而成。壹嘗聞之顔師古謂龍之所居，山川隈曲，往往有之。穢濁諠汙，皆所不容。而唐天復中，臨溪守宰祈雨于龍湫，雲雷倏興，雨雹立至，官吏蒙濕而歸，蓋龍之爲靈也昭昭矣。葺其墻屋，新其壇墠，神於此憑依，則祥應荐臻，雨暘以時，氛祲熄滅，肅亢陽之驕，爲有秋之利，奚旱之可虞。壹僑寓是邦，恭覩靈迹，謹叙其大槩，使後之人知龍之有德於民，無怠修祀，以承公之志云。

宋 陳巖肖《庚溪詩話》卷下 《舊傳》有太守因旱祈雨於龍潭，得小雨而未甚應。因作一絶云：祈雨精誠尚未通，浮雲開闔有無中。潭龍恐我羞歸去，略灑些些表不空。因寫投此詩潭中，繼即大雨隨足。

《續資治通鑒長編》卷五六 景德元年三月乙酉 元扆在定州，凡五年。屬久旱，州吏白召巫作土龍祈雨。元扆曰：『巫本妖民，龍止獸也。惟精誠可以格天。』乃集道士設壇醮潔，齋三日，百拜懇祈，信宿而雨。

又 景德元年三月己丑 已丑，上謂侍臣曰：『近頗亢旱，有西州入貢胡僧自言善咒龍祈雨，朕令精舍中試其術，果有符應。事雖不經，然爲民救旱，亦無所避也。』

又 卷六三 景德三年五月丙辰 詔以畫龍祈雨法付有司鏤板頒下。

宋 洪邁《夷堅支志·己》卷八《陳州雨龍》 陳州以六月不雨，徧禱莫應。父老詣郡守言：『旱既太甚，非路通判不能以致雨。』守素謂路爲妄人，殊不信，勉從之。路欲就，設廳作法，亦唯唯。乃命施青布帟幕，圍障四傍，中一巨盆，汲水半之，焚香步印，叱咤良久，語守曰：已請到龍矣。守偕僚佐往視盆中，隱隱見一物，如羊豕而小，蟠伏不動，腥氣遠聞，懔然覺寒色始加異焉。嚴奉至三日，又語守曰：『今日龍行，雨勢必小異而去，幸勿驚懼也。』日亭午，白氣如棼絲，自盆出於幕外。俄頃，陰翳晦昧，飛電震霆，穿揭屋脊，一府吏士僵卧相屬，大雨翻傾。迨暮，甘霔盈尺許，遠近沾足，遂成豐年。

宋 劉爚《雲莊集》卷四《新建州境龍王祠記》 嘉定七年夏六月，不雨，祠太一于湘心亭。夜漏下且十刻，遥祝于江之靈曰：洋洋川流，神龍是宅。盍哀斯人，亟霈之澤，膏我田疇，活我黍稷，廟于湘潜，維以報德。越十日，雨大至，歲以有秋。時通守張侯國均、從事王壄方被郡檄，築岳麓、湘江二壇，因屬役焉，得地于壇之左方，面蒼巒，俯流碧，於置祠爲稱，乃闢乃夷，乃攻乃治，我材孔良，我工惟時。冬十二月告成，凡龍宫之神在境内者，悉合而祠之，堂皇言言，貌像嚴嚴，或公或王，圭冕蟬聯。有疑而諗者，曰：雨者，陰陽之氣和也，謂龍尸之，奚所據依？且其静而淵潜，動而天飛，非鬼非幽，何以廟爲？予曰：雨非龍雲弗興，在易之乾，取象于龍，以其神變之莫測也。故昌黎韓氏謂其出入人鬼之間，而眉山蘇公亦謂行爲人，飛爲龍，變化往來不可窮。然則壇而祭之，可也，廟而祠之，亦可也。古今異宜，豈必皆同？苟可爲民，予敢弗共？是役也，董督惟謹，靡金錢百一十萬有奇，棄粟六十有一石，而取材於場，不與焉。予既叙次其事，且爲之辭，俾歌以侑神。其辭曰：龍之潜兮幽幽，或江而潭兮，或山而湫。羌何爲兮安卧，不我民兮顧憂。旱熯兮良苦，歲將饑兮誰愬。遲龍君兮不來，極予目兮湘浦。龍之升兮雲從，變化欻春兮有雷有風。騰百川兮雨四極，膏大田兮稼滋殖。崇崇新宫，觴豆潔兮粢盛豐，冀龍君兮我饗，祚我民兮無窮。

（淳熙）《三山志》卷八《公廨類二》 會應廟。通仙門外，舊號靈澤。淳熙十四年，安撫賈選祈求，屢有感應，乃新廟宇。是歲九月，奏改今額。淳熙十四年十二月二日禮部狀，准都省批下福建安撫使賈選狀，照得福州去歲自入冬以來，亢旱日久，麥不入種，徧走群祀，寂無感應。按之圖籍，本州通仙門外，舊有五龍廟，塑位五方，配以方色，靈迹顯異。選遂具辭致禱，一念方啓，雨勢頓作。奠祭未徹，大雨隨至。連夕霧霈，四郊霑足。又於十二月二十八日，并今年正月二十日，以大小麥垂熟，陰雨不解，遣官致祭，皆一禱而晴，二麥悉獲收刈。選緣是時拘於近制，不敢陳乞恩典，止給錢委官新其廟貌。自是節次祈禱，無不響荅。又今年六月初三日，本州以旱禾已熟，晚田闕水，亦一禱而雨。至六月二十日，選齋捧御香，躬詣祈雨，感應稍遲。選詳思其由，再以圖籍考之，見得大觀三年禮部符備坐敕命，天下應有五龍會應廟處，自合依已封王爵稱呼：青龍神封廣仁王，赤龍神封嘉應王，黄龍神封孚惠王，白龍神封義濟王，黑龍神封靈澤王。今福州五龍廟亦是五方龍神，其廟號封爵自合遵用大觀三年指揮，而今來廟額，乃因乾道二年守臣禱雨有應，失於檢照，遂請於朝，以靈澤名額，而邦人又止以偽世舊號呼爲五龍順化王。度神之意，恐或在是。乃於二十六日具此意默禱，且約如獲感通，當爲奏請，乞正大觀廟號封爵。是夕大雨，傾霔累日，高下之田，悉賴以濟。兼福州諸縣所在，多是高仰山田，水澤易涸，踰旬不雨，即以旱告。前月二十九日，選又因闕雨，遣官祈禱，方書祝文，雨勢大至，日夜不止。今月初二日，告謝甫畢，即漸開霽，次日晴明。越十日，又雨兩日而止，非獨晚禾賴以成熟，而一歲再插之田皆有剩水，悉得秀茂，豐登可望。委是有功於民，一邦之人倚以爲命，欲望特賜敷奏，照大觀三年指揮，正其廟號封爵，給降誥命并舊額、敕、牒，以彰靈異，以慰邦人之願。伏候指揮後，批送部勘當。由尚書省、本部尋行下太常寺，檢照到《國朝會要》：東京会應廟、春明坊五龍祠，元祐四年七月賜額。先是，熙寧十年八月，信州言州有五龍廟，禱雨有應，賜廟額曰會應。自是，五龍廟皆以此爲名額。大觀二年十月，詔天下五龍神皆封王爵。青龍神封廣仁王，赤龍神封嘉應王，黄龍神封孚惠王，白龍神封義濟王，黑龍神封靈澤王。本寺今勘當，欲乞將福州五龍廟從《國朝會要》大觀二年已封王爵、廟額，一體稱呼。本部勘会：今來本官奏，照得：福州去歲入冬以來，亢旱日久，麥不入種，遂具致禱，一念方啓，雨勢頓作，奠祭未徹，大雨隨至。又今年六月內，晚田闕水，一禱而雨。及今年七月內，又闕雨，遣官禱祈，雨勢大至。委是有功於民，欲望特降眷旨，照大觀三年指揮正其廟號、封爵，給賜誥命，并舊額、敕、牒。本部照得：今來本官奏到前項事理，應得《國朝會要》，合行一體稱呼。其本官奏陳，乞給降告命、敕、牒於本部，雖無似此條法指揮，今來本官奏：福州諸縣高仰山田悉得雨秀茂，豐登可望，委是有功於民。一邦之人，倚以爲命。本部今勘當，欲乞朝廷特降指揮：從大觀二年已封王爵廟額，指揮給降敕札，下本州照會施行申聞事。十一月三十日，奉聖旨：依禮部勘當到事理施行。

宋羅大經《鶴林玉露》卷一二《擒虎尋龍》　紹興乙卯，以旱禱雨。諫議大夫趙霈上言：『自來祈禱斷屠，止禁猪羊。今後請并禁鵝鴨。』時胡致堂在西掖見之，笑曰：『可謂鵝鴨諫議矣。』聞虜中有龍虎大王，當以鵝鴨諫議當之。嘉定中，察院羅相上言：『越州多虎，乞行下措置，多方捕殺。』正言張次賢上言：『八盤嶺，乃禁中來龍，乞禁人行。』太學諸生遂有『羅擒虎，張尋龍』之對。

（紹定）《吴郡志》卷一三　陽山靈濟廟，在澄照寺傍，白龍母廟也，無碑碣可考。有僧祖照者，以父老相傳，述其事於壁云：東晋隆安中，山下居民繆氏家有女，及笄出行，風雨暴至，天地陡暗，避於今所謂龍塘之側。俄有一白衣老人，語女曰：『氏族爲誰？居何所？』女答姓繆，指山之西。曰：『我家舍于陽山三峰之下，家有父母。』老人曰：『天色如此，吾無所歸，欲假館待旦而前，可乎？』女曰：『當告父母。』老人强之再三，遂首肯，語竟遽失老人所在。女歸有娠，父母惡之，逐出，匄食隣里。明年三月十八日，至今所謂龍塚之上，産一肉塊，居民怪之，驚弃水中。倏焉塊破，化而爲龍，夭矯母前，若有所告。其母驚絶于地，即有風雨雷電，飛沙折木，咫尺不辨人物之異。既開霽，但見白龍昇騰而去，衆乃厚葬其母。自後累降巫語，始祠之於山巔，而雨暘失候，祈禱必應。太平興國間，建廟於山南曹巷。熙寧九年，遷于澄照寺之東隅。建炎間，主僧覺明復一新之。相傳龍子分職瀟湘，每歲是日，必歸山間，風雨凄冷，人以爲龍子誕日，云過是，山中方有春意。其去也，或變怪之狀見於雲間。紹興十九年六月某日，犇雲靉靆，起于是山，俄頃，盲風驟雨大作，龍自郡城過，捲去女墻數百丈，居人余氏家小亭吸入雲中，及有負販者被吸復墮而無傷焉。又云：昔有白鬚老人至鎮江江步買船，自云後長沙來，與船人錢十千，先付五千，餘錢約至蘇州陽山看親處還。登舟即令篙工悉睡，日暮抵許市上岸去，蓋已三百六十里矣。舟人至山下尋覓，值風雨大作，避於廟中，於像前得錢五千，方悟神龍之歸。乃以錢設僧供，辭謝而去。比歲，祈龍母屢應，大吏以聞。紹興二十九年四月，詔賜靈濟廟爲額。乾道四年告下，封顯應夫人。

靈濟廟，在府東南，舊五龍堂也。淳熙十年秋，大旱。郡守耿秉即設廳作祈雨道場，設行雨龍王位於東西序。有蜥蜴見於香案果飣之上，蜿蜒不去，終日雲合。秉以杯珓祈之，若有靈異，已而大雨三日。具以事聞，詔賜靈濟廟爲額。

《宋會要輯稿》禮五　京城東春明坊五龍祠，太祖建隆三年自元武門徙于此。國朝緣唐祭五龍之制，春秋常行其祀，用中祀禮。真宗大中祥符元年四月，詔修飾神帳。哲宗元祐四年七月，賜額。先是，熙寧十年八月，信州有五龍廟，禱雨有應，賜額曰會應。自是，五龍廟皆以此名額云。徽宗大觀二年十月，詔天下五龍神皆封王爵：青龍神封廣仁王，赤龍神封嘉澤王，黃龍神封孚應王，白龍神封義濟王，黑龍神封靈澤王。

《宋史》卷三五《孝宗本紀三》　六月戊寅，以久旱，班畫龍祈雨法。

又卷六二《五行志》　太祖從周世宗征淮南，戰于江亭，有龍自水中向太祖奮躍。乾德五年夏，京師雨，有黑龍見尾于雲際，自西北趨東南，占主大水。明年，州府二十四水壞田廬。開寶六年四月，單父縣民王美家，龍起井中，暴雨飄廬舍，失族屬，及壞舊鎮廨舍三百五十餘區，大木皆折。七年六月，棣州有火，自空墮于城北門樓，有物抱東柱，龍形，金色，足三尺許，其氣甚腥。旦視之，壁上有烟痕爪迹三十六。大中祥符二年八月，青蛇出無爲軍廨，長數尺宣和元年夏，雨晝夜，凡數日。及霽，開封縣前茶肆中有異物，如犬大，蹲踞臥榻下，細視之，身僅六七尺，色蒼黑，其首類驢，兩頰作魚頷，而色正緑，頂有角，生極長，於其際，始分兩歧，聲如牛鳴，與世所繪龍無異。茶肆近軍器作坊，兵卒來觀，共殺食之。已而京城大水，訛言龍復讐云。紹興初，朱勝非出守江州，過梁山，龍入其舟，纔長數寸，赤背緑腹，白尾黑爪，甲目有光，近龍孽也。行都柴垛橋旌忠廟，三蛇出沒庭廡，大者盈尺方，鱗金色，首脊有金錢，遇霽或變化數百于蕉卉間。廟徙而蛇孽亦絶。十一年四月，衡山縣浄居巖有蛇長二丈，身圍數尺，黑色而方文，震死，山水大至。先是，山氣遇夜輒昏昧，蛇斃始明。二十五年六月，湖口縣赤龍横水中如山，寒風怒濤，覆舟數十艘，士卒溺者數十人。三十年春，宜黄縣大蛇見于丞治，長二丈，捕之，縱數里外。俄復至者數四。乾道五年七月乙亥，武寧縣龍鬥于復塘村，大雷雨，二龍奔逃，珠墜，大如車輪，牧童得之。自是，連歲有水災。

又卷六五《五行志》　二年，建州民楊緯言：元年三月，大雷雨，所居之西有黄龍見。下獲一木如龍，而形未具。七月，大雷雨，復有龍飛其下。及霽，木龍尾翼足皆具，歸合舊木，宛然一體，圖象以進。

又卷一〇二《禮志》　咸平二年，旱。詔有司祠雷師、雨師。内出李邕祈雨法：以甲乙日擇東方地，作壇取土，造青龍。長吏齋三日，詣龍所汲流水，設香案茗果餈餌，率群吏鄉老，日再至祝酹，不得用音樂、巫覡。雨足，送龍水中，餘四方皆如之，飾以方色。大凡日干及建壇取土之里數，器之大小，及龍之修廣，皆以五行成數焉，詔頒諸路。景德三年五月旱，又以畫龍祈雨法付有司刊行。其法：擇潭洞，或湫濼林木深邃之所，以庚辛、壬癸日，刺史、守令帥耆老齋潔，先以酒脯告社，築方壇三級，高二尺，闊一丈三尺，壇外二十步界以白繩，壇上植竹枝，張畫龍，其圖以縑素，上畫黑魚，左顧環以天黿十星，中爲白龍，吐雲黑色。下畫水波，有龜左顧，吐黑氣如綫，和金銀朱丹飾龍形。又設皂幡，刎鵝頸血置槃中，楊枝洒水龍上，俟雨足三日，祭以一豭，取畫龍，投水中。大中祥符二年，旱，遣司天少監史序祀玄冥、五星於北郊，除地爲壇望告，已而雨足，遣官報謝，及社稷。初，學士院不設配位，及是問禮官，言祭必有配，報如常祀，當設配坐。又諸神祠、天齊、五龍用中祠，祆祠城隍用羊一，八籩八豆，舊制不祈四海，帝曰百谷之長，潤澤及物，安可闕禮？特命祭之。天禧四年四月，大風飛沙折木，晝晦數刻。命中使詣宫觀建醮禳之。天聖三年九月，帝宣諭：『近内臣南中勾當迴，言諸處名山洞府投送金龍玉簡，開啓道場，頗有煩擾。速令分析投龍處，不得開建道場。』

金 鄭澤《重建龍神廟碑》《金文最》卷四〇　縣城北七里許有古魏城。城西北隅有一泉，其竇如綫，派分四流，遠護百里，活芮之民，斯水之功也。頃年遇旱歉，令尹因而禱之，遂得神應，乃降甘雨，始命爲龍泉也。制小屋，圖其形，寫龍之貌，爲鄉人禱祀之所。邇來十有餘載，神屋破漏，墻壁頽毁，圖形剝落，日爲牛羊蹂踐穢雜腥臊之地。洎泰和五年，自春徂秋，曆四甲子無雨。雖有風雪，亦不及農用，土地磽确，墾種不入。夏四月中，夜有神人貽夢於群牧使袁公，茲土僭陽日久，子何不親告龍所？公夢覺曰：『我以職司此地，所部不少。況黎人懸懸之心，思雨如渴。神夢若生，胡不爲之？』行乃命駕，幸所部詣神。致酒脯，敬陳夜夢，陰以祝之。其夜二更，風起雲布，甘澤大降，乃擇吉日，備椒漿、桂酹、三牲，以答神應，爰命官僚同觀樽俎之盛也。澤乃詣神，祝曰：澤官忝字人，昧於前知，乃令神居處狹隘，牛羊無禁，斯澤之政闕也。然甘澤降矣，其於耕種之勞足即未足。神能驅作百神，加之大雨，使耕者無礙於捍格，種者不懷焦悴之患。如神響應，即集鄉人剗除舊舍，建立新宇，炎炎赫赫，必使光明。斯神神應也，如截道飈，如敲石火之疾不若也。大降甘雨，勢如盆傾。沛流百川，原隰滋茂，使禾稼得所，耕人笑歌，乃命鄉人庀工徒，具畚鍤，祠屋重新，丹青四壁，古木環鬱，山翠迴合，乃自然肅敬之地也。使巫者啓導，大陳羊豕，馨香品列，以答神知。有山有川，即有靈有祈；有天有地，即有君有臣。向使靈不應，人何以敬？臣不信，君何以知？夫礫石不去，壞壁同之；蕭艾不去，蘭蕙同之。神之無靈，草木同之。斯人與神，其道不遠矣。泰和六年月日。

（至元）《嘉禾志》卷二二《三塔白龍潭記》 漕渠出通越門，直西三里，斗折以北，面其曲爲今景德寺。前有三塔枕其流，流之深倍，左右四尺，龍之所宅也。寺有伽藍祠，號順德龍王。葢嘗有封爵，莫考其所以始。舊俗云：風檣雨櫂，淪溺不測。往来者謂險迹江湖間，乃相與硺石，韞舍利，建浮圖，鼎足鎮之，所謂三塔者也。塔初成，炅光夜明，險害乃已，豈其依佛慧力，易暴以仁，如《華嚴經》所言，遂以福德有此珠宮貝闕耶。《圖經》亦不載始末。元豐己未歲，有張君勝者，作《三塔白龍潭》詩，其序云：爾或云近歲有艬舟河上，夜半風雨晦明，遷之數十步，棹夫幾殆。然皆以此非深山大澤，且不考知其故，意故易之。淳熙元年夏五月，潭之所大雨雹，殆陽不克也，克必過。過則爲旱，已而不雨。至於秋七月，孕者待雨秀發，莢者待雨堅好，有旨禱群望，最後築壇，刑白鵝，坎血以祠，蘊隆如故。郡刺史毗陵張公元成顧曰：『將何以拯民憂？』時習曰：歲旱，取虎顱骨納之有龍湫潭中，可以致雨。法，用長綆繫之，雨足即出之。先大夫嘗行之京口，雨旋至，請加之於三塔之潭。公曰：『諾。』獻議者疑之。夫事既亟矣，知之而不能行，欲行之而不勇不誠，謂吾民何？於是綿蕝如法。己未，公從僚吏出禱，小雨隨之。越三日丁酉，禱畢，蜿蜒雲端，不終朝大雨。翼日，又雨雹。繞佛廬震，而人虢虢然，如在其左右。不涸不流，不萎不蘇，歲以大熟，邦人大喜。嗟夫！十日不雨則饑，五日不雨則饉。今饑饉不作，盜賊俱無，人以爲是故，然孰知龍之自？乃即廟貌寵新之。命車命服，始追用王儀，丕宣厥靈。客有過之者，爲時習言川澤之物，莫智於龍。上古之世，有以龍名官者。官修其事，則禱雨其艱哉。厥後不能紀遠，乃紀於近。近而民事，爲民師者，今或日所不給，又烏暇議龍之智。矧曰天地陰陽之事？其言似有旨，故并書之。十月九日，通直郎、知秀州嘉興縣事、毗陵李時習記。

元柳貫《待制集》卷一五《横山龍神廟記》 婺、衢二水，會於蘭陰，合流而下，爲蘭溪。治城占水之東而直，其西南有山，横障衢水之衝者，横山也。水方湍捍，而巖崖扼之。泓渟灣洄，匯爲深淵，宜有龍神潜於其中。出光景，騰雲氣，蓄泄雷雨，而潤澤群物，其爲造化之府，章章異哉。然則神之嘉惠於兹土舊矣，而民之報事于神者，宜何如？山故有龍神祠。比歲因廢不舉，厥咎在民，而吏亦安能無責乎爾？重紀至元二年，其歲乙亥，夏秋不雨，赭原焦野，民憂無年。長牧僚吏爲遍禱群望，靡牲殫幣，神弗顧答。州判官王侯庭鈺獨深繫心焉，乃進父老而問郡故，得龍淵之迹，郊郭數里，而近練日宿齋，屏却車騎，親即其處，取香瓣，書齋意，厲深潔，誠漌于明神。垂瓶而挹清泠，張旂而導先御。見山際升雲如縷，有頃，玄陰四塞，甘澍滂流，四境既足，萬槁咸蘇，民吏交口歸德于侯。侯曰：盍新祠廟，昭荅神貺？乃出湌錢，以爲民倡。又明年，廟成，具石来請刻辭。嗟乎！神智變化，莫靈於龍矣。淵飛而天行，豈有迹哉？然而窟宅斯在，肹蠁潜通，雖未可的然求之方體之中，而亦不可漠然委之方體之中，惟夫以心感心，以神格神，則所謂神智變化，而爲靈者，無在不在，真若蓄之，宫沼可豢而擾也。王侯以賞延入官，廉静寡欲，而篤於愛物，肆兹閔旱之誠，實本宜人之政。龍維神物，不聞則已，聞之其有弗饗者乎？然則廟而祀之，以申儆于方来，是則不可以無記也。乃記而鑱之扵石。

元 吴師道《敬鄉録》卷一〇《五龍王廟記》 龍王廟，鄱陽故祀典也。郡侯有禱虔則應，賢有德則應。集英殿修撰永嘉王公，由侍御史守鄱之明年，六月不雨，吏請修廟。公曰：『三日不雨，龍失其職。三日滂沛，當修如法。』是夕，大雷電，以雨闔境，告足歲，遂大稔。人喜而後知公之能約束，而龍之知敬公也。公檄將官趙廣修其祠，工甫畢，有小龍狀如蛇，見祠下，蟠屈如一大錢，文彩炳焕，廣見而拜之。小龍昂首起立，若與爲禮者。衆皆屬目，俄失所在，亦甚異矣。噫！世人之諄諄喻之而不帥，威而使之而不肯從，况於神乎？况於龍乎？今公之于龍，一號令之應，亦如響，既新其宇，靈詠煜然。公之德與龍之所以靈，皆不可不書也。趙素剛直，其言不妄，説龍若是，故并記之。

元 陸友仁《吴中舊事》 淳熙已未，歲夏秋之交，天久不雨，所在苦旱。吴郡醮祭，踰月不效。通判趙師瑀怒見於色。適有寓客林通判光祖，自少奉道，得法于路真官，有起龍致雨符，其應如響。趙具詞瀝懇于林，林爲飛牘，奏三境上言檄告水府。令其子永壽偕趙客陳擇齎往，林屋洞投之。洞盖太湖龍窟，土民云欲雨時，則洞口出雲如饋餾。兩人涉巨浸，抵靈佑觀，集道流，具香几，詣洞焚檄，竟褰裳以入，其前嘉木一本，童童若幢云。

元 鄭元祐《甘泉龍神祠禱雨記》《吴都文粹續集》卷一五 吴概以水爲國，東出而爲吴江。其州郭低窪，人烟聚落於浦溆之閒，洲渚之上。州既左江右湖，雲濤烟水，其爲神龍之宫，靈怪之宅，尚何異哉？自非神龍依人以著靈，而人托龍之庥以爲命，則其四封之内，呼吸而詔之者，故何難哉？州之東行，涉江湖而爲梁者相望，獨第四橋之下，水最深，味最甘，色湛寒碧。唐陸羽嘗品第之，入《茶經》，則其異於衆水也必矣。世傳有龍居之，州人即其橋之北水之中沚建祠以享龍，謂之甘泉龍神祠，其來蓋甚久矣。至正三年夏，大旱，田禾焦然，將就槁。時高昌巴延實勒公爲達嚕噶齊，憂心惻然，乃捐已俸，市香蠟，宿齋戒，躬親祠致於昭靈觀，道士富如心乞爲壇墠籲天，而公躬率幕僚胥吏之屬，悉徒步謁神祠下，再拜稽首，爲民請命。富君乃用其教法，役神召龍，鍊鐵符，投橋下。符纔入，而雷自水起，玄雲四垂，雨即隨至。公驚喜，以手加額，曰：『神明不遠如此哉。』船迎龍水至州署，有赤鯉躍入船中。雨既告足，即昭靈醮謝，比竣事，復迎牲祠下，合樂大祭，以答靈貺，州遂有年。於是州之民讙然言曰：『吾州依龍以爲命，故水旱必禱，然未有若我公誠心懇至，一念之頃，神人孚合，其響應若執左券交相付者，其故何哉？』於是遂昌鄭元祐曉於衆曰：『若知公嘗爲泗州長尹乎？天久雨，泗之民將爲魚，公箋詞以請於上帝。其詞有曰：甘減一紀之壽禄，願起百姓於泥塗。詞焚而雨霽。然則公之臨政愛民，至於不惜身命，有如此者，爾民亦知之乎？』於是州之民悉公之心，戴公之惠，其恃公以爲民命也有所在矣。作《甘泉龍神祠禱雨記》。

明 金幼孜《重修陽山白龍祠記》《吴都文粹續集》卷一二 龍之爲靈著矣！下上日星，浮游海岳，感風雲，濡惠澤，變幻恍惚，不可爲像，則夫世之所稱神靈，無逾於龍者哉。宜其肇迹之地，人益崇信，廟食之久，神愈彰應，而祀典之盛，累千百年爲不替焉。距姑蘇郡城西二舍許，曰陽山，有白龍祠，其神誕育之異，相傳肇自晋隆安中，而其靈顯感應，莫盛於唐，尤莫盛於宋元之間。錫號崇祀，後先相望。逮我聖朝，飭嚴祀事，命有司春秋致祭，著在令典。乃宣德五年，禮部郎中况鍾伯律奉命來守是邦。歲夏秋之交，闔郡大旱，禾則盡槁。伯律乃攄誠禱神，已而大雨沾溉，歲以獲稔。仲秋之月，當祀神。先期望夕，伯律齋宿公館，夢神告以祠宇將傾，亟即修葺。翌日，以其故，語諸僚佐，咸嗟異之。將祀之旦，天氣澄明，靈飆颯爽，雲彩發祥，蜿蜒焜燿，至誠感孚，神實降歆。既竣事，伯律周覽祠下，喟然興嘆，以爲神之澤被及一方，而祠宇傾圮若是，豈所以妥神靈？宜乎神之預協夢徵。吾儕忝莅斯郡，詎可不思改創，以答神休耶？遂倡郡邑僚屬，捐俸市材，鳩工而重修之。而民之好事樂助者益衆。未幾，棟宇赫奕，廟貌一新，既相與落其成，復謀勒貞石，以貽永久。伯律乃致書，請予文記之。惟禦灾捍患，神之功，而事神治人，守之職也。白龍之神，其肇迹之故，余不能詳，而自廟食以來，曆世滋久，能霈澤敷惠，以蔭蘇人所謂有禦灾捍患之功者；伯律出牧於茲邦，天子嘗賜璽書，委以重寄，而能欽承德意，興利除弊，和洽其政，人以大治。復以餘力，修葺神祠，徼茲福祉，以惠其民，可謂盡事神治人之職矣。二者皆不可不書也。予故表著之，以爲蘇人告，且俾後之繼守於是者，讀斯文，尚求如伯律之舉於其政哉。宣德六年，資善大夫、太子少保、禮部尚書金幼孜撰。

明 徐溥《謙齋文録》卷二《重修龍神廟記》 兗州府新作堽城閘，閘之上，古有龍神祠，至是并新之，以嚴祀事，以厭水患。粤自前元疏河渠，引清濟汶泗，立閘節水，以通燕薊江淮，舟楫萬里。我太宗文皇帝改都於燕，天下朝貢之往來，漕運之絡繹，濟寧之地爲尤要焉。故凡河渠壩閘之政令，歷世謹之。且謂河道非自然長流，而濟南，兗東諸泉上源，以時浚導，嚴立閘堰，常輟朝臣以蒞之。成化五年，吾義興張君盛，以都水主事，往治其事。巡行周視，得舊堰二，一曰堽城，一曰金口。金口在兗城東五里，約泗水西流至濟。堽城在兗城之北八十里，分汶水入西南，亦會於濟。二堰與閘，其創已久。然金口土築，不時潰溢，役費歲以萬計，吏緣爲奸，民用滋害。堽城雖石堰，歲久弗治，沙土冒其上，弊與金口等，而水利且日縮矣。張君因曰：與其屢費而病，曷若暫勞而久佚？以金口舊堰在沂泗合流之南，其地窪不可爲，議將徙北若干步。明年，遂徵工發役，授規屬吏，木石麻鐵灰粟之類，便宜調度，不以煩民。甃石爲閘，以防衝决，并疏沂河以就之。惟堽城沙深河濶，未易即工。又屬歲祲，姑有待，而張君秩滿還朝矣。後僉都御史陵陽牟公巡撫山東，見金口之績而嘉嘆之。及見堽城堰，則曰：『此獨不可修耶，所少者，張水部耳！』言上奏薦，因得張君再至，民乃欣然趨赴堽城。不逾年，而堰成。復置閘，以殺水勢。前後三載，而大功告成。歷年勞費厲民者，一旦失去，朝廷河渠之利，永有攸賴，張君之績偉矣哉！夫廟祀龍神，固爲堰閘而設，故廟記於堰閘特詳焉，後人嗣而葺之。張君之澤，垂之不朽，而龍神之祀，亦與享而無窮矣。是役也，協心贊成者，知府錢源；董其事者，同知徐福；分理則閘官梁洪也。張君，字克謙，庚辰進士，自主事升員外郎，今官山東布政使司左參議。

明 范純《嘉定縣重修滬瀆龍王廟記天顺三年**》**《吴中水利全書》卷二五

滬瀆龍王廟者，祀吴淞江之神也。吴淞江爲太湖咽喉，吐納湖水，且資以溉田，而民食賴之，以足江界。今崑山、嘉定、上海三縣，而淤塞不通已百四十餘年，故澇無所洩，旱無所救，水患滋甚，民食屢艱。天順二年，都察院左副都御史崔公巡撫南畿，咨詢民隱，首及平江嘉定縣，尹龍君晉力請治之。公是其議，即率君親臨其地，觀視咨嗟，遂檄三縣各出夫一萬，擇日興役，且責成於君。君至，止爲二邑倡，迺選夫長，迺立藁舍，迺宸錢米，迺時作輟。子來雲集，歡喜趨事，始於庚辰春二月，至三月而畢功。夫工計一百九十八萬，米石計二萬七千，錢文計二十萬五千。江深一丈一尺，濶十丈二尺，長起夏駕口，至孫基浜，共長一萬三千七百一丈。江復通流，逶迤入海，而神之靈將日昭赫，其祀事亦有所託而相爲無窮也。余因代輿人之誦，而爲之記。

明 吴寬《家藏集》卷三六《陽山白龍神廟重修記》 陽山，在吴郡西北二十里，而近視他山，特高且大，盖吴之鎮也。相傳昔有白龍産其下，其説載於郡志，甚異。其神秩於祀典，廟而祀之，亦甚久矣。夫山之高大者，能出雲雨，必有神司之。而龍之爲物，用雲雨以爲靈者也，使依得其地，則足以致其用，昭其靈，而山得龍以依，其澤益溥，其勢益尊，而他山固不足以擬之矣。陜右孟公以監察御史擢守蘇州。明年爲弘治庚戌，入夏不雨，公以農事爲憂，曰：『國家餉粮，多仰給是郡，使禾槁不収，非惟民無以爲食，其何以免徵斂之苦乎？』乃七月朔，齋沐已，率僚屬行禱廟中，未至而雨，遠近沾足，民皆歡然頌公。公曰：『此神之賜也，其何以爲報哉？』顧其廟貌傾圮，弗修者六十年於此。若舊有獻殿，特存其址而已。乃具材用，徵工役，擇人董治，未及數月，而功告成。適長洲丞魯聰以公事上京師，俾持書來請文爲記。夫《洪範·庶徵》曰：『肅時雨，若無所謂禱者。』《春秋》始書『大雩』。《公羊傳》曰：『大雩者，旱祭也。』至漢世，令郡國上雨澤，旱則公卿官長以次行雩禮，則有所謂禱矣。世之長民者，視《範》之説，其身之修，本也；《春秋》之説，其事之舉，末也。不修其身，而徒舉其事，雖禱於神，神將不降其居，不歆其祀，尚何有雨之應哉？故於廟之成，因書公之所以感乎神者，必有其道，則後之禱於此者，其亦知所謹哉！

明 戴冠《濯纓亭筆記》卷五 成化間，湖廣旱，襄王欲得祈雨者，或云黄州有人善此術。王使召之，其人與三人俱來，入山遍求龍，見一石上有青緑暈，曰：此有龍矣，恨老。乃以錐抉石上，果有一穴。久之，穴漸大，復以一竹筒探入穴口，穴中水隨溢出。須臾雲氣四合，雷電交作，風雨驟至。其人以瓶罌負石穴中水入城，雨方可五里許，城中皆遍，惜所及不廣。其人云某處有龍，年少，可多得雨。王恐龍怒，致水患難制，遂厚賜其人而遣之。吾蘇夏御史璣知大庾縣。時歲旱，邑人云大庾嶺下有龍湫，祈則有雨，但山谷深險不可入。昔有主簿往祈，以繩縋入，雨驟至，從者或溺死。自後，人不敢入。夏公從數人以往，以索自縋下，出則令從者先登，復以索援引而上。其地有水洞，方可半里許，水皆玄色，沸湧流出，溪澗古木，大可數抱，蔽翳天日。山箐深密，幽僻可怖。以器繞水求龍，但得一生物，則龍至矣。或蝦或魚，或蜥蜴之類，得則疾出，仍以筆志巖下一小石，得雨後，乃令人送龍至故處，而取石以爲信。否則人從中道棄龍不至故處，後祈雨，則龍不應矣。夏公爲人誠篤，龍出雨降，送之，一如故事云。

又卷六　弘治癸丑夏六月，紹興郡不雨，以故事，迎龍於郊外名山。太守遣邑丞往，用水桶盛三龍來以布覆之。闔郡官吏父老匍匐拜跪，導以簫鼓儀仗，供於城隍祠中，使羽流朝夕焚香諷經。予詣祠下，求龍觀之，羽流發覆以視，乃一蜥蜴，再發一器曰線龍者，乃一水蛭耳，餘一器不復觀，知其皆此類也。明日一龍死，謬云飛去，郡中果雨。自太守以下，復送之郊外，禮數甚虔。郡人啧啧以爲神於乎。昔韓退之感二鳥而賦。蓋二鳥雖微，非僞也。今三龍乃贋物，而蒙敬禮如此。又會逢澍雨之適，其僞得不敗，亦云幸矣。雖然世之幸者，豈特三龍哉。予在紹興日，庠士章材、章檗言其家去海不數里，海上有山，多龍湫。歲旱，則往求龍。嘗有人得三足鼈，以盆盎盛之。或在或亡，蓋神物也。予嘗讀《爾雅》曰：鼈三足，爲能。《山海經》曰：從山多三足鼈，道家有天地、水府、三官神像，像前塑一物如鼈，而三足，曰能。俗傳龍，將下吸水作雨，能則先往水垢自浄，諸蟲魚皆遁去，蓋若龍之前驅云。

（弘治）《偃師縣志》卷三《偃師縣重修黑龍王廟記》　去偃師縣治之北北邙山之陽，迂回曲屈而上，有屋巋然，曰黑龍王廟。廟之東北，僅百步許，有泉穴二處，曰黑龍潭。故老相傳有黑龍出没于此，因名焉。《圖志》謂：此二水常不竭旱，禱即雨，故立廟，其上爲邑人祈禱之所。然莫究其刱建之始矣。歷歲滋久，棟桁而柱，撓瓦凋零，而丹青漫漶，神像亦殆入於毁矣。邑之父老見者興嗟，欲撤而新之，顧力有不逮。於是糾集糾鄉之士，而詢謀僉同，乃始事於天順元年四月八日，而成功則於五月之末也。棟守一新，丹青焕發，神像則端坐正笏，冕冠黼裳，儼然王者之尊。衆謀紀其事，以傳永久，丐予言以文諸石。予謂水莫大於海，物莫神於龍，而王則爵之最尊者也。按水神之尊者，惟四海龍王。然各有所居所理焉，廣利居南海，而所理廟在萊州；廣德居南海，而所理廟在廣州；廣潤居西海，而所理廟在河中府；廣澤居北海，而所理廟在孟州。孟州後爲孟縣，今濟源舊爲州屬，邑廟即其地也，與偃師南北相望，是即神所理之域疆。宜其穴出二泉以著靈異，而廟食兹土也。《禮》山林、川谷、丘陵，能出雲爲風雨，見怪物，皆曰神。諸侯在其地則祭之。然則神之能駕馭風雲，鼓舞雷霆，沛雨澤，生萬物以利吾民，則廟而祀之，固宜也。廟側二水混混流衍，居民食其利者甚衆。邑凡有旱灾，輒往祈之。祈之而輙應，以至鄰封旱，亦乞靈走祈，以瓶汲而去，謂之取水。水往而雨亦随之，故遠近皆稱黑龍王廟潭水有靈，而旱乾則仰之也。其有功於民，如此可無文字以示後來？於是爲之銘曰：『倬彼邙山，綿綿秀峙，有廟巋如，有神栖只，神行馭龍，雲旗靡靡，載啓靈泉，穴出山趾，流衍潤澤。歲登禾黍，匪天之爲，乃神所予，肆我士民，匪神何倚。鳩工庀林，聿新祠宇，以禱以祀，以享以祀，琢石刻銘，以語君子。』

明　李默《孤樹裒談》卷五《英宗上之上》　正統中，京師旱，街巷小兒爲土龍祷雨，拜而歌曰：『雨帝雨帝，城隍土地。雨若再来，还我土地。』成群噪呼，不知所起。未幾，有監國即位之事，継有復辟之夆。説者謂雨帝者，与弟城隍者，郕王再来，还土地復辟也，以謡爲有徵也。

明　陳師《禪寄筆談》卷九《異類》　曾文禪師往邵武山中，一日，有老人來，謂曰：『我龍也，以度行雨不職，上天有罰當死，賴師道力可脱我。』俄失所在，有一小蛇尺許，從坐榻旁，延緣入師袖中蟠曲。夜，風雨挾坐榻，山岳摇動，文師危坐不傾側。旦霽，垂袖，蛇墮地而去。予謂龍，神物也，能潛能飛，能大能小，能隱形，能化物，豈群物局于一哉？予曾覽《別記》：宋有一士人，中指有一紅筋長亘，時作鼓動伸伏之狀。士人戲曰：『此吾家赤龍也。』後偕友人泛湖，出臂倚舟欄，覺指隱隱動躍，殆非常時。忽天際雲合，雷雨交作。士人曰：『得非吾家赤龍欲去乎？』尋裂指而去，士人亦無恙。

明 沈一貫《喙鳴詩·文集》卷五《天井山龍王祠記》 郡西南山穹隆若天下者，四明也。四明之麓，盖四達，而趍東北者勝，是爲郡治。方道半曰：天井神龍，宫于其間。井有五，近人者三，可迹而禱祈。其二則栖嶄巖，與天隣矣。其應祈澤槁，往往著靈異，遠不可知。信之，故牒而嚴祠之。自唐來已聞，入國家載在祀典，歲遣有司致祭云。其後有司少懈，或使廣文攝，既又假民冠帶而攝。今年海内大祲，斗米銀二錢。六月既望，復當麗牲之日，而郡二龍公視縣事嘆享之不誠，民亡以賴也，自往酹焉。明日，祠銅盆浦，又明日，祠金沙，遍龍之所在，郡人謂之快舉。秋七月，旱。先是，五月旱，是爲重氛，民嗷嗷罔旦夕矣。郡侯張公暨龍公與楊公、黎公、唐公皆跣足而走望，爲壇壝，召諸神，焦然稽首。張公復以《繁露》從事，而身求龍于慈溪龍公再來是山，捫蘿上第五井，百稽而延佇之。有蛇躍入盎中，絳紗幕以歸。中道視之，蛙在其傍，而蛇啖之。衆讙曰：『龍得魃矣。』越三日，雨。明日，雨。又明日，大雨，蛇飛中庭而去，年遂大穰，民用乂安。初，侯之禱祠下也，曰：『雨，當爲神新宫而更貌之。』至是，乃命僧德基奉所施錢鳩工，既翼既焕，而請沈子志之。嗟夫龍之神，自古聞矣，而具顯於吾土，又具顯于今侯之祈，雖民私求于龍者亦甚衆，而龍應祈又甚異，往往畫畦分畛而雨之，不越香水一步。或嘲龍不太别白乎。夫龍盖有謂也，帝方屯膏，未得請，不敢越命。然不無軫于民之荼，則姑聽其虔者而私潤之不辭，煦煦名此，龍之至仁也。《易》曰『見龍在田』，其是之謂乎。至于芳馨潔蠲，精誠上熏，九闗爲開，山川播施，則騰躍雪衢，而浸漬下土，此龍之大行而志得也。然則待禱而出，使人神之以爲名，盖非龍之欲哉？在九五曰『大人』，與天地合其德，則龍德之盛矣。吾病世之尊龍者，忘其十雨五風之力，而區區于暵雪一杯以爲功，故表之。若此使瞻者無期，而不肅然。張公文奇，蘇之長洲人；龍公德孚，楚之武陵人；楊公汝浤，楚之彭城人；黎公可耕，粤之陸川人；唐公世堯，粤之平樂人；楊公、黎公，時爲别駕，唐公爲司理。

明 葉應驄《都察院右副都御史石樓陸公釕行狀》《國朝獻徵録》卷六二 乙酉，郡大旱，公爲禁屠弛刑，靡神不禱。民間謂龍王神最靈，遣官迎之。則聞有巫者，托神妄爲，公詣神祝曰：『龍，靈物也，土木非龍也。三日無雨則曝，六日則焚。』六日無雨，果焚之。大雨如注，禾乃登。

明 郭子章《續名馬記》卷上《行雨青驄》 《玄怪録》：李靖微時，射獵山中，會暮，抵一朱門，夜半聞扣門甚急，見一婦人，曰：此龍宫也。今天符命行雨，二子皆不在，欲奉煩，遂命黄頭被青驄馬，并一小瓶，戒曰馬躩地嘶鳴，即取瓶中水一滴馬騣上。既而，靖連三十餘滴，平地水三丈。

明 于慎行《穀城山館文集》卷一五《平地濼重建龍王廟記》 平陰東北十里有山，曰龍骨。群峰環而拱之，如合抱焉。山之東南，有白石之窟，含氣出雲，雨則爲兆，若龍洞然。山之西阯有滙水之陂，雨則成澤，若龍湫然。其傍隈曲盤回，有百室之聚命，曰平地濼。濼者，泊也。山坳有祠，謂之龍骨，以祠龍而雩焉。祠不知所刱始，惟其前樹幢之石狀如追蠡，則已千百年物，而岡阜之間，必嘗有龍蜕之迹，故以名也。父老傳説，當其香火盛時，雨暘時若，禾稼如雲，牛羊被野，周山而田，熙然康樂，不逢害菑，故亦曰平地樂。樂者，濼也。嘉靖甲寅秋，忽有雲雷之異，見怪物焉。祠遂震裂，日以傾圮，旱潦爲菑，澤不時降，居民苦之。里人孫公時爲文學，倡義募緣，亟圖修復，未成而没。後四十年，厥嗣侍御君既苐爲貴吏，而里中若有神降，曰復祠者，孫氏也。侍御聞之，泫然泣曰：『是先人之志夫，予其敢弗繼承。以邀神貺。』遂諏日鳩衆，出俸金四十，爲里人倡。遠近聞之，助者雨集。公之兄璟，實董其功。不踰歲，祠成，像設孔安，堂階有穆，周垣樓觀，亦肅以整，巍然水府之宫矣。侍御以書抵予，使爲之記。夫龍何神哉？《志》曰：『合而成體，散而成章，乘乎雲氣，而養乎陰陽。故曰神靈之精也。』然考之典記，山林川澤有貍沈之祀，風雨雲雷有槱燎之祀，而未嘗及龍，何與？蓋嘗思之，上古聖神在位，天地之氣，絪緼訢合，以澤百物。而龍者，乘陰陽之和，上躋下降，以神於其間，是致風雨順寧，疵癘不作。帝舜之世，其臣有董父者，能擾龍而馴之，命之曰豢龍氏。夏后之世，其臣有劉累者，能擾龍而馴之，命之曰御龍氏。蓋所謂御且豢者，固非能眞得其物，飲食而調服之也。惟是潔其烝嘗，掌其祝號，以精禋而饗之。若今巫覡嘏史之流，以事神爲職者爾。此非龍之所由祀與？三代以下，地天不通，和氣乖鬲，世之視龍，至求之委蛇，罔象不得其形，而二氏之官亦廢。然郡邑之吏，猶以春秋秩祀，修山川雲雨之祠，而田更里父，亦時就雲雨之所興，山川之所聚，立爲廟貌，以備不歲之雩，而號之曰龍君，則龍之祀固未嘗廢也。夫雲行雨施，品物流行，則雲雨者，龍之所馮。深山大澤，實生龍蛇，則山川者，龍之所自，即山川雲雨之交，而求龍以事之。以歲時雩禱，而迎其福祥，非即二官之遺意耶！抑古有之泥蟠而天飛者，應龍之神也。時暗而夊章者，君子之德也。故乾之爲卦，取象於天，而其六爻之動，皆取象於龍，故曰時乘六龍以御天也。侍御附風雲之會，以瑞聖世。其遵龍矣，豈其且潛且躍，徒使天下想望其澤，雩而願利見之猶卒未耶？必不然矣。書而識之石，以爲契焉。

明 龐一夔《改建龍王廟記》《廣東文選》卷一三　蘭津支流，伏地中數百里，穿九竇上，出太保東麓，滭沸滈淈，類九龍吐水，僰人附會爲沙壹觸沉木，孕九隆故地，若商玄鳥，而周履歆也，荒唐不經。乃滙爲易羅池，東西溝分澮列四十一號，灌田二萬四千三百畝。雨或愆期，齊民襏襫披星，需次頃刻不相讓，得水寸陰猶寸金。夫神瀵出滋穴，四埒注醪醴于終北，奇矣。未見灌溉之利，涇渠、鄭陂，澤斥鹵爲沃壤，利矣。未見其發源之奇，玆池兼利與奇有之，禮貍沉所宜祀乎。歲久甃缺，岸善崩，葑礫妨壅，龍王祠舊去池遠，撓傾漫漶，旁風上雨，神不福民。歲癸巳，大旱，水流幾不屬，郡侯清江文垣陳公嚴曲防以均利民，越甲午，大熟，則晉署邑騰越守王君僉謀捐俸浚池治堤，環植桃柳以固岸土，匪爲游豫，遷祠池上，棟宇翾翼，肖土像神，令日顧諟靈源，毋俾壅塞，民大歡悅。起工冬十月朔，落成于乙未春正初吉。千户夏世臣董之，予紀其成，嗟乎！有功德於民則祀，守之職也。興雲雨以時利民，非神職乎？甌窶滿篝，汙邪滿車，予效齊禳之祝以責之神，庶神與守交爲民，而祠遷非諛已。

明 許弘綱《群玉山房文集》卷三《石井潭龍王廟記》　吴寧諸山皆自括蒼走東白，離合而爲縣治。其枝餘西出爲甑山，龍勢奔騰，至此亦欲稍見其奇，故甑山之背，雙峰之肩，溪壑壘峒，崖壁崎嶇，隱隱若龍盤而露其鱗爪者，此石井所由潭也。潭深廣如井，規而塹之，疑出神工鬼斧，泠泠一水，下注潭中，甘美泓澄，非山外諸泉比也。入谷既深，人迹罕到，龍斯窟焉。天將雨，則白雲英英起谷中，其龍之候歟？天啓乙丑，里中旱，余方家食，乃率族祈雨玆潭，以六月壬寅齋沐，將事甲辰，悉族步拜以禱，日始入火雲内，忽電光四起，夜中雨如注。乙巳，復大雨，平地水流沒趾，池沼皆盈，歲稱大有。丁卯，余歸自南樞，鄉復旱，乃復申故事以請，蓋七月戊辰也。越庚午，大風蓬蓬起西北，雨連日夜不休，霑足滿盈，不啻前度，人固已嘖嘖稱奇矣。至崇禎戊辰，余年七十有五，筋力漸衰，即族人仍以旱告，而倖難屢徼，濆且不告，曰：予小子敢數數亟貪天工，顧痌瘝一體之謂，何而忍泄泄。爰偕諸父老，部署子弟，抖擻裁濯，益毖益嚴，而諄諄然，告以天之不假易也。蓋龍以孟秋朔日至，信宿而雨，連日夕皆雨，輿龍而還，則又雨。里中所得，視鄰境較多，始幸藉手以復于宗老矣。夫雨暘之事，天爲政；雲雨之司，龍爲政，自古記之已然，天不自顯其用，而往往寄之於龍。龍不輕耀其靈，而往往聽之於禱。禱有誠有不誠，則龍有應有不應。天之示人顯矣，世惟以遠視天，故善者怠，惡者肆，猥云天近，而茀挾浮游之音貌，以冀獲十于一朝，天其爲我市乎。余宗三禱而三應，敢謂得天，亦惟是丈人之承蜩，不以萬物易蜩之翼云爾。憶余始令金沙，乞靈茅山，應時澍雨，比放龍還壑，倏忽間從焚楮中作雲從烟，雲中呈現龍尾四五尺，斜日炤之熒熒然，乃更奇耳。夫一媍之寃，能致三年之旱。千夫之禱，顧不能爲三日之霖，我未之見也。潭間舊有龍王廟，宋嘉祐中創立。開禧元年，賜額靈濟，自後旋修旋圮，湫隘不堪。余稍拓之，而爲文以記其事，見龍所馮依不專在廟，而天所鑒佑則必在誠。誠之至也，龍可馴，雨可握，而況于人乎？況于家庭州里乎？余願與鄉人交勗所未至，恒若大旱之望雨也，則幾矣。

明 俞汝楫《禮部志稿》卷八八《禱雨封龍神》　洪熙元年，以久旱得雨，封大青龍神爲弘濟大青龍神，小青龍神爲靈顯小青龍神，賜名所居山爲翠微山。命禮部歲以春秋仲月，遣順天府官致祭，遂遣成國公朱勇諭祭神，曰：朕睠睠一念，憂憫黎庶。今東作之初，雨澤不降，春耕不遂，何以粒民？爰禱於神，以祈甘霈。曾不踰日，雨及公私，神之福民，厥功烜赫。今特封大青龍爲弘濟大青龍神，小青龍爲靈顯小青龍神，賜龍所居山名曰翠微山，以彰神靈。仍敕有司春秋致祭，著爲常典，尚其益弘顯化，永福兆民。蓋平則門外三十里盧師山有潭，世傳有大小二青龍出沒不時，遇旱致禱輒雨。及是久不雨，命劉淵然等禱，皆不應，遂即親禱焉，雨隨注，故有是命。

明 王遜《莎羅模龍王祠碑記》（乾隆）《寧夏府志》卷一九　永樂二年冬十月廿八日，內使李修召臣遜至樂善堂，傳王命曰：『在昔嘗夢莎羅模龍神祠，今已新其棟宇，舉所當祭，而麗牲之碑，未有刻文。故茲命汝。』臣遜既退伏，讀王之夢記曰：予以蒐山，車次峽口，遇天大雪苦寒，心爲人憂，夜夢山林謁于神祠，不知何神。問之守者，對曰：『此爲莎羅模龍王祠也。』殿閣門廡，金碧粲然，典禮者導予登自東階，見服霞帔若后妃者，南面而坐，旁侍二女，前列一几，上置牛首，拜茵織成山川五彩狀。予欲拜際，見衣元衣執圭若王者，令人答予拜。及去，予始就拜，茵有一青衣答拜，皆褒拜，乃止。予欲退際，則霞帔者起坐，仇酒飲。予以辭，尋自飲。已，復仇酒投予，知辭不獲，竟飲而寤，實改元春正月廿五夜也。明日，問之地著，對曰：『去此西不三舍，信有所謂莎羅模山焉。下有三泉湧出，地中雷鳴電迅，瑩綠澄清，其深叵測，而爲莎羅模，祈答剌模、失哈、剌模三龍王之蟄窟，於禱旱澇雨暘輒應，一方賴之。』昔有其祠，燬于元季。今存瓦礫而已。與予夢符，乃嘆異曰：『人神道殊，幽明理一，舉祭在予，不可緩也。』因遣官致祭，于往雪寒如昨。既竣事，則陰霾四開，太陽宣精，春意盎然。軍人歡謡，予則易憂而爲喜矣。揆之夢記，是非山林川澤之神，感乎王之憂人，亦欲效職封內，以禦菑捍患之功，食祭無窮，故見于夢者若此乎？謹按：春官太宗伯，掌建邦之天神人鬼地示之禮，以今夢記，則繫地示，其祭有三，以貍沉祭山林川澤爲血祭疈辜之一。盖血祭。用之以祭社稷、五福、五岳。疈辜用之，以祭四方百物，皆所以祭地示也。今夫賀蘭在封内爲名山，延亘數百里，以限夷夏。若莎羅模山者，則爲賀蘭之首，峭拔極天，巖谷庨豁，林木蔽空，以逆河流。九曲到海之勢，繫祭山林川澤以貍沈者。于是乎，在西望崑崙，乃王母所理陰氣之都會。若王之夢霞帔者，豈其闡靈歟？不然，奚以牛首置几哉？以牛在十二支爲丑土象也。矧崑崙，又名地首，其爲王母闡靈，足徵矣。若元衣者，即地著所謂龍王也。其神元衣水象也，龍爲辰，變化惟能。以十甲戌加子至辰爲壬，乃水化也。以壬加子，至辰爲丙，乃火化也。雨屬水，暘屬火，于禱旱潦，而雨暘輒應者，非繇龍爲辰變化惟能哉。若登自東階者，東階以登主，西階以登，客禮也。惟君臨臣，則不然。辰統于君，故登自東階，示主人神可知也。若拜茵織成山川狀者，亦示山林川澤之祭，封內所當舉，是故其神之欲食祭，際王欲拜闡靈而先令人答王拜也。于際欲退，則闡靈者，飲以仇酒，嘉栗馨香，而王竟飲者，以明國祚之與地首同其悠久，又足徵矣。嗟乎！爲君之主，人神大矣哉！是宜山林川澤之神，感乎王之憂人，亦欲效職封内，以禦菑捍患之功，食祭無窮，故見于夢者若此也。記不云乎，人神道殊，幽明理一。王言及此，社稷之福，直經言也。今已新其棟宇，舉所當祭，臣遜不敏，敢措辭哉。然職在文學，不可以辭。竊取《左氏》傳經之義，用釋《夢記》經言于麗牲之碑，且俾後之觀者知所起敬焉。辭曰爲夢，有三致觭，咸陟精神所感得。今占吉致出思慮而至有因晝之，俯仰爲觭繇人無心感物，無所拘滯，乃咸陟爲各有其意。揆今《夢記》，可謂兼之。軍次峽口，俯仰在茲雪寒，人憂思慮，則是神之感乎，有因而至，亦欲效職感物，無心拘滯，何有所夢山林。睠茲賀蘭，奠安西夏，若莎羅模，則其爲亞。陰陽二氣，金母木公，雨暘生物，共理西東。知是名山脉來地首，國胙足徵，與同悠久，以人神主，實在爲君事，見於夢。肹蠁絪緼，惟仁存心，克念王制，山川神示，舉所當祭，道殊理一。經言可尊，傳義竊取，用釋經言，人憂乃仁祭舉乃義，請視刻碑，可知世世。

明 葉向高《蒼霞餘草》卷一《龍神感應記》　天啓元年辛酉，余蒙召北行，行至淮陰屬前數日，風雨大作，黃河乍漲，淤泥乘之而下，清口壅塞且二十里。余與大行呂君奇策各令人往測之，其淺處不盈尺，即輕舟亦不得渡。管河郡丞趙君廷琰欲用力挑浚，而其勢不能。余不得已，謀陸行，復以病不能興，進退維谷。僉謂：『金龍四大王可禱也。』余迂其說，然試爲文告于神，長年輩亦醵錢血牲，屬呂君肅拜以請。忽一人爲神言：此河屬張將軍，吾當問之，若外河則我當護送。已，又一人爲將軍言，更數日乃可濟。龍神言：『此太遲，不可至。一二日，亦不可。』乃曰：『詰朝即有水可通舟矣。』余殊不信，而視河水寖長，晨起則增至數尺，淤泥盡去，舟人歡呼，牽挽而前，沛然無礙。既出口，復苦風逆，余復禱于神，遂得便風，過清口，見黃水澎湃，奔湍迅急，挽舟者進寸退尺，甚有戒心，幸藉風力，一日至桃源。次日，風大利，遂至宿遷。蓋頃刻間，百二十里矣。是日有蛇附舟之柁後，蜿蜒蟠伏。以一紙蓋其上，不知所由來，舟人驚詫，曰：『此龍也，勿動。』薄暮升柁樓，倏忽不見，外河護送之，言此其驗歟？余之庸劣，何以致神惠？然河塞而通，水消而長，蛇而登舟，登舟而得風，事皆甚奇，豈聖天子之召命，寵靈實式臨之，故得此歟？昔夫子不語怪，乃吾鄉天妃之著靈于海，與玆神之著靈于河，隨叩隨應，捷於桴鼓，耳目所及，不可一端。盡要以國家數百萬軍儲之轉，輸南北數千里舳艫之來往，皆于此寄命。斷有神以司之，而非渺茫迂遠之譚耳。余既記此，俾趙君石于廟。更三歲，謝事歸，重拜廟下。讀前記，間有未詳。偶與河使者藩參、朱君國、盛管河郡丞張君元，弼山陽令孫君肇興譚而異之，因增一二語。礱舊石重刻，使往來者得悉其事，亦爲神添一段佳話焉。

明 曹學佺《蜀中廣記》卷八二《川西道二》 唐開元中，成都萬歲池傍有僧誦《法華經》，每夜見一老叟來聽。僧怪問之曰：『我池中龍也。』僧曰：『今方旱，何不降雨？』叟曰：『凡雨須天符，不爾，天誅之。今當爲師降雨，師其葬我。』是夕，大雨質明，池邊見一大蛇，斬爲兩段。僧取焚之，爲立塔，呼爲龍壇焉。

明 伍芳《龍王廟碑》《粵西詩文載》卷三八 鎮守廣西太監王公至之明年丁亥，大旱，民心焦勞，公憂之。同欽差總兵官歐公，曁巡按三司官，遍謁神宇禱之，不雨。軍民相率合詞請曰：『癸水門之東有山，屼然枕江上，山之下有還珠洞，淵深不可測，相傳有神物潛伏於中，能致雷雨。願禱焉，可以甦民困。』公等俯順民情，齋沐親禱其處，果得雨，田疇沾足。民又請曰：『盍建龍王祠於山之巔，以答靈貺。』僉議從之，乃各捐己俸，命工集材，瀕江作堂三間，設主其中。經始於是年九月，落成於明年之戊子五月。廟垂成，天又旱，公等促工就緒，復往禱祠下。是日，天乃大雨，越五日，乃止。幽明感通，如響斯應。嗚呼！公等切於愛民憂國之心，而神之昭格如此。祭法曰：『有功於民，則祀之；能捍大災、禦大患，則祀之。』若神則廟食，此土宜矣。謹用書之於石。

清 查繼佐《罪惟録》卷六《英宗睿皇帝》 夏五月，左都御史顧佐致仕。佐性嚴重，守正疾邪，有不便者輒摘之去。六月，京師旱，時小兒爲土龍禱雨，歌於塗曰：『雨帝而帝，城隍土地，而若再來，還我土地。』

清 傅維鱗《明書》卷五〇《郊祀志》 時久旱不雨，二童子自云能限雨期，言訖即投龍潭。須臾，化青龍二，果得雨。事聞，賜僧號曰感應禪師，又別設醮於龍潭上。宣德中，禱雨偶應，遂加封號，春秋遣順天府官致祭。遇歲旱，遣官祭告。近遇大旱，每禱無應，其無足崇奉明矣。

清 余金《熙朝新語》卷一五 浙江金華吴紫廷鳳來，乾隆庚辰進士，任廣西象州知州。境内有山，山上有龍潭，旱時祈雨甚靈。吴不信，嘗帶從役數十人，入山禱雨。初見潭水甚清，一無鱗介。俄頃，忽見有紅白魚數頭，出没其間。從者羅拜曰：『龍神見矣。』吴不信，引弓射之。一魚血淋漓，帶箭去。衆惶懼不知所爲，吴大言曰：『果係龍神，當現眞相，吾始信耳。』言未畢，四山昏黑，作雲霧，對面不辨人，潭水决，超數丈。龍頭仰浮水面，其狀如牛，雙角有鬚，兩眼若漆，而所射之魚，仍帶箭游泳於龍之左右，若侍從然。吴始信服，再拜謝過。未幾，大雨如注。

清 周亮工《因樹屋書影》卷五 荆湘僧居近水有龍，時挾雷雨出入。種園張老者，術士也，嗔此龍損物，密禁以法。龍潛告僧曰：『某乃龍也，住此水多年。今爲張老所禁，命在危急，請和尚救之，願酬一寶珠。』僧如其言，以告張老。張曰：『和尚勿救此龍，若受其珠，後悔無及。』僧懇請不已，張老乃放龍，移出潭水。張老去後，雷雨忽作，壞僧舍，奪其珠。予過虎林，有同鄉生，爲人丐事，事平索金。不得，更挾同鄉生短長，生以爲苦。余笑以此語生，神龍尚作此狡獪，况世人耶？同鄉生大笑去。

清 儲方慶《儲遯庵文集》卷三《白龍神廟記》 白龍神之有功清源大矣哉。始，余爲選人時，授清源令。有先宰清源者，用保舉留輦下，爲余言清源事甚悉，且云清源之害，莫大于白石山水。每夏秋淋潦，水發如黄河，直衝城之西門，居民有漂蕩憂。今白石堰修築，可數十年無水患，因叙其修堰本末，鳩工集事之勞，彙成一書，以授余。余因心志之，而尤幸得以仰承其庇也，及涖任閲月，吏持牒而前，曰：『請發邑之丁夫修白石堰。』余嘿然不應。翼日，吏白如故，至于旬日，吏之交口請修堰者甚迫。余瞋目叱之，曰：『是固某公已修之堰，可數十年無患，而爾欲余欺，以騷動吾民耶？』亟發篋中書示之，吏俯首而笑仰而言曰：『吏何敢欺吾君？君以某公之載于書者爲足憑，盍枉君駕以驗吏言之僞誠？如君言，吏服罪可矣。』余即日就道，抵堰口里許下馬，行亂石間。既望見堰，堰悉頹壞，其闕處至數十丈。當城之衝者，尤塌毁無遺迹。余顧之愕然，曰：『某公云何而若是哉？』吏曰：『自有清源來，即有堰。固歲一修者也。修堰不獨某公，而公掠美。以愚吾君，君何訝焉？請亟治之，可一歲無患。』余既嘆前言之不足信，又慮歲歲修堰，爲民病無已時也。亟召邑之耆老，群集于公廷而計之，將謀所以固斯堰者。適會秦隴兵興，天子命建威將軍駐牧晋陽，以備西陲。郡檄屬邑供糗粱，峙芻藁。吾民日奔走於饋運，冀一息之暇，應修堰工，不可得也。延及仲秋，山水時至，城郭瀕于傾危，椽吏皆以不修堰爲余咎。余重違衆論，出宿次舍，算邑之丁夫，令以來年仲春，畢役于堰上。然供億日急，雅不忍分民之力，而人情又難于厭服，因與縣尉徘徊沙石中，見有孑然數椽屹立山崖者，問諸土人，曰：『此白龍神廟也。』余顧謂尉曰：『白龍神廟不應在山中，豈以山水爲害大？故立廟于此，假神力捍禦耶。今修堰，則民重役；不修堰，則城壞，二罪等耳。盍祈諸神，以紓吾憂乎？乃躬詣廟所，再拜求庇于神，而復停修堰。夫役葢從吏，莫不竊笑之。明年春，山水改道而南去。城下十里許，東行入于汾河。秋水泛濫，不及城郭，清民由是知白龍廟之神。又明年秋，歲大旱，祈禱輒不應。余登山謁白龍廟，而得雨者。再歲，復大稔。噫嚮使清源之民與宰清邑者，知白龍神有功于清。如是，其大歲時修祀，以致誠敬，則清邑之無水患，不自今日始，而在上者。既以堤防，邀虛譽在下者。又懵然不知經理之，宜徒使閭里豪强，與執牘之吏。因緣爲奸，以勞民爲利藪也，豈不悲哉？余將以朝命去官，故列其事于石，貽後之君子。謹記。

清 褚人穫《堅瓠集·廣集》卷二《鬚龍》 《異識資譜》：關雲長公美鬚髯，內一鬚長二尺餘，色如漆索而勁，若自震動，必有大征戰。公在襄陽時，夜夢一青衣神辭曰：『我烏龍也，久附君身，以壯威武。今君事去矣，我先往。』語畢，化爲烏龍，駕雲而去。公寤而恠之，夜走麥城與吳兵對。天曙將鬢，失其長者，公始悟前夢辭去者，是鬚也。未幾，遂有臨沮之變。至晋太始元年，樊城大旱，祈雨無效。有司夢黑衣神，自稱鬚龍，能爲我立廟，當致雨以救民。有司焚香告許，至午果雨。雨霽，淡雲中烏龍現身。有司遂爲創祠，掘土得一長鬚，意即龍也。因以塑於龍神頸中，題其廟曰鬚龍廟。

又《五集》卷一《祈雨》 有大守祈雨於龍潭，得小雨，而未甚應，作一絶云：祈雨精神尚未通，浮雲開合有無中。神龍恐我羞歸去，略洒些些表不空。投詩潭中，大雨隨足。明末辛巳壬午，吾蘇亢旱，當事祈禱，不克。默回天意，早霈甘霖，滑稽者作對云：妖道惡僧，念退風雲雷雨；貪官汚吏，拜出日月斗星。爲一時傳誦。

清 潘永因《宋稗類鈔》卷二〇《博識第三十一》 東坡熙寧十年知徐州，李邦直因沂山龍祠祈雨有應，作詩寄東坡，東坡和之。末云：半年不雨坐龍慵，但怨天公不怨龍。今来一雨何足道？龍神社鬼各無功。無功日盜大倉粟，嗟我與龍同此責。勸農使者不汝容，因君作詩先自劾。李邦直來謁東坡，因戲笑言：承見示詩，只是勸農使者，不管恁地事。元豐二年，東坡下御史臺獄，嘗供此詩云，本因龍神慵墮不行雨，却使人心怨天公。以譏諷大臣不任職，不能燮理陰陽，却使人心怨天子。以天公比天子，以神龍社鬼比執政大臣及百執事也。

清 景星杓《山齋客譚》卷一《龍》 海鹽邊海爲治，康熙初年，天旱，數月不雨。一日，大風、震雷、疾雨，田中發水尺餘。一龍乘勢隨水將入于海，中道風息雲散，田中水竭，膠不得去，竟槁于道。

清 陳夢雷《松鶴山房詩文集》卷一五《奉天龍王廟慶誕碑文》

歲在昭陽大淵獻，建未之月，盛京里社父老，以故事，望前二日，爲龍神誕辰，將召優伶合樂稱祝，復屬余一言紀其事。余惟古祀典有功德於民則祀之。維神體陽德，而凌太虛，鞭霆電，噓雲漱霖，以滌氛盪炎，沾濡動植，澤溥利閎，明禋是恪，尚矣。覽揆之旦，疇稽厥始，倘亦父老，崇德報功，推人事以致媚，玆之意者耶。竊謂百神在天，猶國家之有百執事也。人臣平日守職，奉官考績，報稱靡有，卓犖可紀，及一旦非常緩急，當大任，决大疑，蠲大患，動在社稷，澤被天壤，乃相與稱頌不衰。維神亦然，國家太和，洋溢比歲，五風十雨。神之效靈，貢休習焉。罔紀今歲，肥蚓爲虐，自邃左西抵畿輔，驅牛者叩天，荷鋤者束手，盛京諸當事乃相與潔齋致籲，里社徬徨，考鐘伐鼓，乃以仲夏之晦，霡霂沃焦。是月朔後三日，甘澍大霈，枯榮萎潤，抜條濯翠，菰茹蕃穎，粟薈忭躍，農圃歡呼，叟穉競誦，靈貺湛恩，汪濊嘉辰，斯邇薦馨爰倍。而余以居東之二年，親覩厥事，載筆頌颺，實嗣往歲，或者水府鮫宮，稱觥貢酹，吾神當亦怡然爲之一醉也。

清 許登逢《青笠山房詩文鈔》卷五《新建白龍神廟記代》

人與神之相感，微矣哉。某蓋於督憲陳公所自述，而憬然悟也。公以康熙六十年辛丑，特簡來司河務。於時河方決豫之武陟，公星言夙駕，親至北涯，周環相度，謂河流剽悍，挾泥沙與俱馳，途迂則易潰，水湧則易淤，是不當争其下流也。盍於廣武山前，開支河二十五里，直其途而束其水，以注於滎澤大河，斯建瓴之勢矣。明年，得請於朝，役夫群集，畚鍤如雲，遴屬吏十人，以董厥役，某亦從其後焉。不三旬而告成功，仕宦商賈之道於新河者，舳艫相接，咸以爲聖天子知人善任也。而公當赴豫時，假寐輿中，夢有素裳、白鬢、垂旒、束帶者，迎導於前，寤而詢諸左右，莫不訝曰：是殆河之白龍王耶。至是河成，公曰：此神之功也，其敢忘報，乃乞基立廟於滎澤岳山寺之左，以鳩工庀材屬之某，而工無惰窳，材無毀棄，則陽武謝丞，某亦與有勞焉。於是，棟宇維新，翬飛翼挺，其像設輝光燦發，奕若有神，髣髴公之所夢云。考龍神之祀，始見於西漢太史所記湫淵祠朝那是也而三代以來無聞焉。某嘗竊疑之。昝先王之爲祀典也，凡有功於天地間者，罔弗秩而祀之，以致其報。細至於一猫一虎，以其能食田之鼠與豕，亦且索饗，而不遺。矧龍得五行之氣之精，而河固水之大者也，爲龍乏長者宰制乎其間，乘游氣而得便勢，可以鞭駕風霆，移易陵谷，齋明以籲之，專切以禱之。其靈爽飛揚，形體隱現，赫然如即乎。其人，而予杌隉以安全，轉窘迫爲休暘。其功算不歸於神，而報享之事以起，要亦事理所必然，而何獨見遺於三代歟？宜乎公之亟圖其廟祀也。雖然公自受任以來，上體九重南顧之心，下念瀕河郡邑漂淪失業之苦，不惜勞其身以周其事，悉其心以寧吾民，皇皇然若規畫乎；其家。諄諄然若拊摩乎其子。施設夲諸仁義，感通動於精誠，不待有所籲且禱於神，而神自効其能以默相之，公蓋所謂人中之龍也。若夫棟宇之新，像設之具，猶是文之所爲享，而豈其潛孚之理之所存乎。廟之落成也，公向爲文勒諸石，亦既詳於紀述矣。某不敏，奉公之指揮，曰以所仰測乎公者。書之如此，雖其辭不文，或亦得藉公以垂不朽，寧非某之厚幸哉。

清 揆叙《隙光亭雜識》卷四

段氏素英之世，雲南大旱，或言金輪寺有圓石如磨，高僧摩伽陀所遺也。天旱，以其石浸池，即雷雨，名曰濟旱石，遂欲令人舁取。國相高侯曰：『遠難致也。』因就都下黑龍潭，以虎頭投之，名曰攪龍。以龍虎能致風雲也。果得雨。

清 陳世英《丹霞山志》卷八《大明巖龍王閣記》

庚寅秋七月，余客韶南，以同里周子錫甫隱於仁化之大明巖。于是不靳杖履，過而訊焉其間。後，先同隱者南陽中丞李孝源公、儀部李鑒、湖邑宰王明羽、古穰李經宇之數公者，皆具名碩之望，遺世忘情，不奥治亂，浮沉雅欲，與山靈相終始也。探幽討奇，不顧險遠，覽歷經絶，卜築斯巖，大得桃源之境焉。其問津者，實始于孝源李公。初，大明巖無名，錦石巖有名，蓋其巔有丹霞鉅石，高廣相當，約有里許，東壁得名大明巖。錫、甫、羽三公鑿作結茅，安宇其下，依山爲龕，借石爲欄。由是，諸公相謀居是巖也。烏足以妥山靈，而爲斯山貺經宇。李公捐貲八十餘金，搆高閣，祀龍王神于其上，仍糾同志，施租十石，爲歲時祈禱地也。閣之瀕者爲泉，泉可飲。人蓄泄爲池，池可灌溉。跨池爲橋，橋可升巖。噫嘻！奇哉！千百年荒絶之陬，一旦而廬舍井然，堂閣焕然，恍若天地留此一塊地，以予諸公爲桃源者。余登巖，時適閣，告成問記于余。余塵襟俗狀，未足以發杼諸公之志，而著山靈之奇，亦但因其所見而質言之已矣。當夫丙戌以前，其爲巖也。山雲去來，木石卧起，薈蔚亂青，藤蘿藂碧，泉流星映，殘夜日生，虎嘯猿啼，鹿奔獸走，雖極天下有情人亦存而莫問。迨丙戌以後，其爲巖也。石勒成磴，孔引成流，亂木經疏，衆壑就理，犬吠松岑，鷄鳴竹末，雲烟襟起，聲響交聞，黍熟豚肥，呼盧浮白。雖天下無情人，未有不適情移志于此者也。大抵一代奇崛之人，必有一代奇崛之地以居之。此天不居於廟堂華屋之下肆展經綸，即居之於崇山峻嶺之中遵養時晦，此天地留一塊地以爲諸公遺世忘情也者。今日謂之桃源，他日謂之東山亦可。

清 張金城《新建峽口龍神廟碑記》（乾隆）《寧夏府志》卷二〇

古者祀典咸秩群神凡有功于其土之民者，則祀於其土。食其利者享其報，理固然也。寧夏四渠，各有龍神廟，而建於唐來渠者凡三。一在峽口，爲河渠之源，修浚時祈祀於此。一在西門橋開水後，於此報謝焉。而正閘上之龍神廟，則專主唐來者也。然向皆專祀龍神，未有議以他神從祀者。乾隆丙申，遼海王公來守是邦，患渠淤澱，非倍增工夫，大加修治，日久且塞。時方入覲，力陳疾苦，奏請借帑八萬五千兩，遂釐章剔弊，謀大舉修浚。未幾晋位，本道觀察使專司其事，不辭勞瘁，周歷渠干，竭慮殫精，不遑暇食。而頻年河流出峽，勢折東趨，遇甚漲瀰漫，波入唐來渠口，水只數尺，稍減則渠涸。又自正閘以下數十里，渠皆瀕山，白沙浩浩，隨風轉徙。常以千夫之力，旬日之功，一夕顛霾乎衍復。故公籌畫焦勞，幾用成疾。每禱於上下神祇，唏吁涕零，默祝庇佑。已而興工逾月，清和開霽，暴風不作，沉沙不揚，而且黄流洄洑，改折而西。若或導之，適與唐來口相注。民吏争覩，歡騰踴躍，工績用成，渠流普暢，此皆我公視民事如己事，至誠感孚，神之相佑其應如響也。公曰：『是宜增作龍神廟，以昭報祀。』然考六壬十二將，日降婁曰躔河魁清明，猶二月中氣，用事修浚必始此，一歲之利胥賴焉，應與龍神并祀。文風神舊列祀典，而《河圖》云：辰星主沙。是沙亦有主者，皆宜從祀左右，使繼自今有事斯渠，因河之利，而天時相之，風恬沙静，用力省而成功多，不亦美乎。僉曰：善。乃擇於峽口上去舊廟十里許，鳩工庀材，刻期興作，廟未就而公開藩本省。去時猶至工所，周視諄囑余竊幸嗣公後典此郡，追隨渠畔，勸理有日，几百麻估與有慶焉。是用仰體公意，敬慎厥事。不踰月，廟成，正殿三楹，配殿六楹，旁置游廊、耳房，以爲歲修憩宿之所，門庭垣墉，既飭既備，嚴嚴翼翼，規模宏敞，誠可以棲靈爽而迓神貺矣。猗歟休哉！神人之感召以誠，幽明之好生無二，公體君心，以愛邊民。神亦鑒公心，以佐盛治，兩相感應，降福無彊，豐年穰穰。斯土之民，世虔報賽，永懷公仁，亦用溥聖天子之湛恩於勿替也。是爲記。

清 莽鵠立《重修龍王廟記》《長蘆鹽法志》卷一八　予今而知天之申命保佑，神之誠通感召，有如斯之靈且速耶。今年春天不雨，天子親徂郊圻，警蹕旋臨，而雲油雨沛，澤乎四方。《詩》曰：農夫有慶，萬壽無疆，天下頌焉。夫川后岳瀆之所以効靈，以聖人之心即天心，故感通而佑命之，其靈且速如此。越兩月，仲夏，天津蕞爾區，或耘或耔，之後東南其畝，重望雲霓。是時也，百穀既播，二麥未登，予思天津爲神京畿輔，人烟輳集，秋斂無望，則黎民阻饑。予方以爲憂，詢知鹽關之南，有龍神祠爲靈昭昭。予亟聞於元戎徐公兩觀察年公、段公及同城文武群僚庶士，即於是月二十有七日庚子，以禋以祀，虔告於神，而衆商亦從予禱焉。厥明辛丑二十有八日，尚烈日炎風，迨至未刻雷起兑方霖雨如注，自申至夜分方止，四野霑足。及入五月，長霤涔涔，又曰：以相繼前之喜雨，至是而愁霖，向之憂旱，至是而苦澇矣，予復憂之。六月朔壬申，予再禱以求晴。越朝，果薰風自南，雲斂日霽。於是，津之衆商覩神之靈且速如此，皆曰予之誠有以感召之也，咸歸功於予。予進而曉之曰：『雲行雨施，天下平者，聖天子之神運也；雨暘時若，百靈効順者，聖天子之德化也。今之旱而雨，雨而晴，感應如響者，天之申命保佑也。予何有焉？』衆商復爲予請曰：『公不有其功，神惠宜報也。請公題額，以昭其靈。吾儕捐資，以新其宇。』予忻從其議，即首爲捐金。元戎觀察諸公皆樂助，以成衆商之志。予因爲記以壽石，俾後之覽者，知神之奏，績於清時，商之慕義於不朽，皆仰體聖天子之精誠感召，以惠此一方。自此天不屯膏，地無遺利，時和歲稔，海不揚波，聖澤汪洋，永永無極，皆於是乎兆。且望後之人虔修廟祀，以傳神惠於無斁焉。

清 張若敏《龍神廟碑記》（乾隆）《寧夏府志》卷二〇　《禮》：凡有德於民者，則祀之。而惟農田水利之澤，其施於民者爲尤溥。中邑夾河而治，決引灌溉，據銀川之上游，食德而飲和者千百年。然廟祀不立，典禮有缺，抑亦政教之弗詳也。歲丙子，邑侯滇南黄公以名進士移守此邦，始至之日，常志於斯矣。時軍役繁興，民力重勞，未及舉。越明年，富公攝西路司馬，水利專職也，首夏迎水祀神，爲壇於官渠橋之北阡，曠野卑濕，公慨然曰：『是豈足以迓神休哉。』其特建祠。維黄公亦曰：『其必特建祠。』爰是捐清俸，計規模，商諸士民，議建河渠龍神廟。邑之紳士遂群相鼓舞，樂勷其成焉。面厥土之所宜，求故材之可因，爲正殿三楹，東西廡六楹，垣以周墻，表以高閈，土木葺除，堊丹漆。始工於戊寅之五月，而落成於己卯之三月，亦足以妥神靈矣。二公命爲文以記之。敏應之曰：夫禮固緣情以起者也，中邑勢處邊塞，土脉沙鹵，歷代用武之地，迄今兩河繡錯連阡，士歌豳雅，濃頌樂郊，四方賓客，舟車絡繹以至。冠婚喪祭，盡力竭情。棗梨桑杏，春華秋實。佳哉沃壤，亦何利之溥而物之阜也？使非藉澤星河，挹注洪流，其何能若是？夫食德思報，民豈無心，而典祀之義未明，亦因循而不克舉。茲二公者，特秩無文，肇舉元祀，向之平蕪磧礫，剷削修餙，期年之間，巍然雲屯而霞舉，雖守土作吏，推治民者以事神，實已舉數百年來人人之所齗齗未滿，拳拳欲申者，而一旦暢然，其無憾矣。廟既成，釋奠且有日。每歲四月立夏，邑之文武官吏，儼然造焉。凡邑之力農而服田者，咸盂酒豚蹄而從之，名曰迎水之祭。秋收報賽，邑之官吏又儼然造焉。邑之士庶亦庾億倉盈，含鼓而從之，名曰謝水之祭。其將享之意明而誠，其祀典之瑤光以大，殆所謂緣情以盡禮，酌今而準古者矣。夫豈猶尋常瀆。

清 周以勳《重葺龍王祠記》（道光）《濟南府志》卷六七　齊東城枕情河，河爲濟北鹽艘往來通舟楫之地。蜿蜒而東，至歸仁鎮，入蒲臺，而後歸海。數百年來，民依爲利，故於城東建龍王廟，春秋祠之，所以被潤澤，厚民生，典至鉅也。廟之建，不知始自何人。康熙二十四年，知縣余爲霖庀材修葺，邑人盧寵踵而新之，迄今垂數十年，風雨所摧，鳥鼠攸穴，廟貌日即傾頹，過者輒爲心惻。余壬戌春來攝縣事，見廟後牛楹椽欹，瓦脱門廢，不掩土臺，磚石亦就欹落，其何以崇德報功，垂肸蠁於無窮也？夫吾儕小人，皆有闔閭，況神靈呵護，有大功德於民者顧燥溼寒暑之不庇乎？此亦司牧者責。爰於癸亥三月，以公項所餘不足，又捐廉，益以三十萬錢，鳩工練日，經之營之，曩時荒歲，埽而更之。古自天子諸侯以下，皆得立社。今之郡縣，即古之諸侯國社之制，其所當立社之祭也。山林川澤，罔弗從焉。龍王之祠，所以出雲降雨，利濟民生，亦由林川澤之一祀。廢而不修，鞠爲灌莽，神其怨恫，物其疵癘矣乎。余竊慨天下之事，成壞相因，斯廟之廢而復興，且至再三，後之君子，以時補葺，因而廣之，高其宗膺，擴其階除，塗暨丹青，煥然畢備，其以祈水旱，顧風雨必有靈迹燀赫者，是余之志也。夫於其落成，遂爲之記。

清 孫星衍《孫淵如先生全集》卷一《台州府松門山天后宫龍王堂碑記》　海之祀見於《經》，証者惟《詩》、《周頌般序》有祀四岳河海之文，《禮樂》記云：『三王之祭川也，先河而後海。』漢武詔以河海潤千里，令祠官修祠爲歲事。南北朝以來，有蓬萊海若之祀。隋始近海立祠，唐始封王東海，曰廣利。宋加淵聖廣德、助順廣德之號，祠於明州，定海，詔爲大祀。而天妃之祀，見於正史，則始於元。至元南海女神靈惠夫人，以護海運有奇應，加號積至十字、十二字，廟曰靈應。他書以爲始自宋，又舉人神以實之，皆不見於正史。前明崇禎時，復封碧霞元君，國朝屢以靈應，加封尊爲天后。今上嘉慶四年，增封護國庇民妙應昭靈昭應宏行普濟福佑群生誠感咸孚顯神贊順乘慈篤佑天后。台州府松門山天后宫、龍王堂，舊廟所在也。嘉慶五年，太歲庚申，爲今撫部阮公莅浙之明年，稔海盗之鴟張日久，將加大創，預絶其賫糧偵伺之路。先事請製大戰艇，又奏請閩粤舟師會剿，得旨，則嚴守禦設方略，購獲盗詗數十人，盗大窘蹙。六月十二日合師，海風大作，一夕漂没盗船數百，殲戮沈溺無筭。設伏島嶼，擒獲其竄匿者又數百人。海疆之民鼓譟相慶，曰此撫部之力。撫部曰：此天子之德。天子曰：繄神之功。乃俞撫部所請，發藏香，葺神廟，御書扁額，賁懸於天后宫、龍王堂，以荅神休。《經》曰：『天明威自，我民明威。』《傳》曰：『陽感天不旋日，諸侯不旋時，大夫不過期。』惟撫部知民疾苦，爲之造海舶，請舟師，故師未至而盗氣懾。惟天子能用儒臣仲國，威奮智勇，故士氣倍而神靈格。惟天鑒聖君賢臣，一德一心，與民噢咻，故不費折衝，不煩轉餉，俾海隅有按堵之日。不然，神廟之建數百年，海盗之患非一日，海風波濤亦時作，而必乘國家赫怒整旅之日，効靈受賜於宣室，是則神之靈皆天子之德，中丞之力，民之所不能忘，不可不紀也。若夫水爲土妃，又在坎位，女宿所居，象餙似之。有舉莫廢，亦祀典也。星衍母服未除，授經此土，撫部阮公以親見其事，屬爲文以紀神靈。錫予之盛，不敢以卑位辭。銘曰：『皇皇地祇，孰主宰是。居陰配天，有元肇祀。朝宗於東，爲百谷王。翼翼神廟，溯自隋唐。神光之祐，管寧以濟。越在我朝，反風示異。松門巖巖，海若所依。潢池出没，神怒睨之。天子命我，虓虓大府，靖此海隅，有文有武，聲威大張，詗伺以窮。取其鯨鯢，覆其艨艟，屏翳乘之，亦有胥種。神之格思，仁者有勇。殲厥渠魁，福我蒸黎。海波不揚，明臺受釐。天章昭回，燀炳神宇。滄桑既閲，祀典有舉。毋弛民務，毋賫盗糧。遠臣監司，敢告封疆。』

清 唐仲冕《陶山文録》卷七《古浪縣重修龍王廟記》　龍神水

君，即雨師也。古稱淵泉所在，皆有龍司之。能出雲爲風雨，故曰神。古浪，故漢蒼松縣，班孟堅云縣南山松陜水出焉，北至揟，次入海。漢揟次故城，在縣北，今名古浪水也，又長泉水注焉。城河即谷水之下流，大河頭渠，在縣東南三十里。縣境有七渠，共溉田五百二十餘頃。水濡則稔，涸則嗛，興雲致雨，龍之爲靈昭昭也。城南舊龍王廟，倚山臨水，神應顯著。每歲六月，禱賽雲集，列肆演劇，民大和會。自嘉慶三年，爲山水激蕩，神殿僅存，期會衰歇，歲亦累荒。籛以檮昧，來宰斯土，惟冀得歲，少免冐尤。今夏兩月不雨，旱氣蘊隆。自知瘝曠爲神所訶，然念神必仁愛，群生當不因令失職，而忍視其飢困，乃齋心叩禱，甘霖立霈，藉獲有秋，非神之宥籛而福吾民，曷克致此。於是，邑士庶咸曰：『百室賴神以寧』，而神居顧敝壞不修，況邑長曾以興建致禱，而親爲之倡乎。爰相與踴躍蠲輸，鳩工庀材，刻期訖功，廟貌巍然，聿復前制，以答神貺。令爲之紀其事，考邑近邊徼，唐宋不列版圖，勝國屬衛置所，我朝改設今縣。而嘉峪以西，拓地二萬餘里，蓋昔邊而今腹矣。忻逢聖天子百靈効職，萬邦屢豐，獻享交神，積和塞明，故能使遐陬蒙庥，祈報昭應若此也。籛奉職無狀，感神人之交暢，敢不敬夙夜，以奉薦馨香。是爲記。

清 郝懿行《曬書堂集》卷一一《重修石泉洞龍神廟碑丁丑》

福山之西，棲霞之東，有山曰老阿坡。北麓有洞，所謂石泉者也。洞外有龍神廟，不知建自何年。歲時旱暵，村人禱雨輒有應。古無祠龍請雨之事，《詩》言：『方社禮禜山川，或禱澍於桑林，亦祈甘於田祖。』降至後世，祠龍以召甘霖。其法：取潔土爲龍，四時各按其日，與其方色，詳於《繁露》之書，然猶未嘗神而祀之也。其奉爲神而禱祠以求者，蓋興於秦漢以來。春秋桓五年，《大雩傳》云：龍見而雩，說者以龍見爲建巳之月，蒼龍之宿昏見東方，萬物待雨而盛大，故雩，爲百穀祈膏雨。《周禮·司巫》：若國大旱，則帥巫而舞雩，舞師亦教皇舞，帥而舞旱暵之事。豈皆祭龍星歟？而《漢書·郊祀志》高祖詔天下立靈星祠，説者謂龍星左角曰：天田，即農祥也。晨見而祭之，龍神有祠，蓋昉於此。《益部耆舊傳》：趙瑤爲閬中令，遭旱，請雨於靈星，應時大雨，後人祀龍神以請雨當即漢世祠靈星之義，故《論衡·祭意》篇以靈星爲祭水旱；《明雩》篇以靈星即爲雩祭，而《月令·仲夏·大雩》亦云：命有司爲民祈祀山川。《百源祭法》又言：山川能出雲爲雨，皆曰神。然則今之龍神，實應祀典，廟而祀之，固其宜矣。又案《福山縣志》載：石泉洞深十許丈，初入石徑紆迴，至底平坦，可容數百人。舊傳：鄉人避亂，爇火入焉，中有清潭，深莫測。又載：泉石幽邃，和煦如春。意者洞天勝境，龍神所憑。要以有功於人，故食於茲土。廟之左右舊有八蜡、藥王二祠。歲久，祠廟俱就傾頹，鄉人葺而新之。鳩工未竟，司事者走京師，募衆善用濟厥功。請余爲文志其事，余以神有功德，能逆時雨，寧風旱，宜鄉人樂新其廟。《雜書》乃言：龍神各有主名，崇以王號，其語多荒怪不足道。余因稽諸經史傳記，擇言尤雅者著於篇，俾後來有以考。至於石泉之幽奇，洞天之靈勝，邑乘具詳，固無煩余文以傳也。

清 阮元《揅經室集·三集》卷二《元大德雷塘龍王廟碑記》

余家墓廬在雷塘之北，其邨名龍王廟。顧求其廟，無有也。問之老農，曰：廬前石坊之西，王氏墓，乃廟故基。明代王氏以廟基爲墓，遷其碑于廬東土神小廟。後余乃重葺土神廟，出其碑，洗而拓之。碑正書篆額，乃元大德五年辛丑，昭毅大將軍揚州路總管府達魯花赤兼管內勸農事孛蘭奚等，重修宋龍王廟之碑也。雷塘在唐宋爲巨浸，以其立都雍豫，江淮轉運，當入泗汴，豬水濟漕故也。元用海運，而塘水尚存，明漕于燕，不恃塘水，仇鸞等乃洩水開阡陌矣。元讀碑有感於靈迹數百年，究不可沒，乃以墓廬三楹立座，設龍王象，庶使邨民歲時有所禱祀，以濟旱暵。立其碑于庭之南，而記其略于碑陰。嗚呼！王氏者，明大宦，毀廟爲墓傎矣。余四世祖武德將軍以明末葬于邨之東北，曾祖、祖考三世祔葬焉。今余獲神碑，而復神祀禮也。碑載龍有降雨之靈，宋封昭佑王，元代混一區宇，合淮東宣慰司隸于揚，命中書剥九字行司事，撫治全淮，公元勳世家，碩德重望，式副下剥十一字。己亥庚子，禱雨皆應。八月，廟落成，殿六楹，門六楹，環堵三十五丈，中塑像，旁繪雨部象。揚州路儒學教授馬允中撰文，并書：『辛丑四月立碑。』同官者，正議大夫揚州路總管兼管內勸農事移剌慶堅，奉政大夫治中馬居仁、奉政大夫同知□□推官馬蕭、判官劉知事、劉經歷、張提控、林監工、許其列銜孛蘭奚居右之首行，移剌慶堅等以次左之。蓋用元國書右行法也，官制與元史皆合。惟孛蘭奚以中書行司事官揚州，于史無徵，《元史》列傳卷十八、卷二十、卷二十二，名孛蘭奚者凡三人，考其官迹年代，似皆不合，移刺慶堅等亦皆不見于史，蓋此孛蘭奚爲史所失載之人也。

清 李兆洛《養一齋集・文集》卷一一《黑石潭順濟龍王廟重修碑記》 嘉慶十有八年秋七月，旱，田疇龜坼，禾菽焦暵，赫曦當空。農夫怨咨，靡神不禱，寧莫我聽。余則齋袚至於兹山，跪拜而祝之。既三日，雲陰晻靄，清風滌煩，飛揚旌斿，神靈惚恍，雷電震煜，雨澤滂濞，四野沾霔，枯濡槁蘇，歲以有秋。民用歡躍，兹山靈湫，厥名黑石。元時封順濟龍王，至正三年，安豐路總管張謙禱雨而應，曾碑其事。自爾以後，禱而應者屢矣，不勝記，亦莫有記之者。夫百神者，分天之職者也。天之心愛人，而神承之。天之有旱潦疵癘，非天心也，陰陽之氣之偶乖反者也。天廣大而不能遍，則天之憾也。神承天之施，以導其和，而弭其沴。故天下之待命於神也，猶其待命於天。此邦之人頗怠於耕作，仰天澤以爲豐歉，雨暘稍愆則焦，然嗟愁神都於此，安其寢處，長養其孫。予時游其野，不聞怨呼之聲，固神之所樂者也，此其所以禱而輒應也。張謙碑已欹斜灌莽間，爲重立之，翼以亭，因刻其事，爲享神之歌，使我民歲時歌之以樂神。歌曰：矗崱屴兮山皋，石積鐵兮風饕。俯靈淵兮窅深，泬是守地户兮，群神所曹。神之都兮舂舂，葺荷屋兮擁蘅芷，貝闕兮珠宮。曠彷佛兮淮之涘，神之游兮登天門。從螭虬兮朝玉，宸鏘佩纕兮接天語。爲我民兮訴愁苦，民之愁兮天爲憐，逮天澤兮神所專。雲車兮風馬，相從兮來下，頓飛轡兮故鄉，羌仿偟兮四野，澤流兮滂滂，沾原隰兮被陵岡。雷轟轟兮不怒，電爍爍兮空光。許給靈廬，儼以祇候兮妖魃跳而遁藏，揭升降兮神勞，止我民歡兮天喜仰。造物兮太空，歸荃宰兮神之功。擊牲兮列俎，傳芭兮坎鼓，神淹留兮容與，年屢豐兮肅告，禋歲將事兮罔不寅。歲復歲兮年復年，神與我民兮宜予宜孫。

清 許宗彥《鑒止水齋集》卷一八《碑墓・台州東湖新建龍王廟碑》 今上御極之六年冬，特畀額奉命知台州府事。次年夏，浙東苦旱，自四月至六月不雨，苗植于田者焦且槁。巡撫使者日祈雨于吴山，守郡官各就所治爲壇以請。畀額率屬齋肅步禱，于六月初五日始，越七日，雨弗降，赫日如赭，天無片雲，民情滋懼。十二日，時加未臨海之前，所有龍見海中，雲氣扶之徐徐上，頭角鱗鬛，宛然可覩。海濱居人群聚指視，兒童或驚且譁，龍遂奮勢起，風大作，雷電繼之，雨如注。郡所屬境同時霑遍。繼是日，有小雨，苗之焦者潤，槁者興，比秋收獲無所歉。鄰郡亦以次得雨，然較遲，有歉入者。惟台地、濱海、環山俗凋边，每歲催科，常絀額支，港曲折通，大洋逋逃之藪，不能無莠民。歲一不登，奸僞叢起，以畀額之德薄才淺，其將何以治此？今荷龍神之靈沛，然獨早野有藏。蓋四境謐寧，此皆聖天子，勤民盛德，無遠弗届有以昭，假于大神，非畀額區區所感應也。於是，吏民相與請曰：『神之佑吾郡者，彰顯如是。吾儕獲享其利，敢勿思所以報。昔槽潭二龍致雨，南宋時立祠以祭，郡之故實也。』畀額按：郡向有龍神廟在後山，久不葺，地僻，于禱祀弗便。東門外東湖地爽，塏，有山水之美，宜于建祠。因捐俸爲倡，俾六縣一衞之長各輸貲助，郡民踴躍趨工，不數月落成。廟貌聿新，榮宇整飭，齋庖之房咸備，于以祀龍神，爲郡民仰酬靈貺，而凡風雲雷雨之司，力足庇吾民者，亦咸在。自今伊始，和甘以時，螟螣不作，吾民其益敦孝弟，務力田，爲聖世良民，以默邀神鑒。歲順成之福，守土者，何幸如之。爰刊石爲記，而系以迎神送神之歌，詞曰：靈惋惋，雲滃興般常羊登。天門神之，徠歌且舞，澤下尺年，若土布蘭旨兮，勺藥芬願，須臾兮微感心湖，玉液兮峰翠屏，神將歸。風泠泠，麥禾扶疏嘉穀成，吾民報祀兮，匪今斯今。

清 張澍《養素堂文集》卷八《重修大足縣龍王宮碑記》 邑界榮昌、永川、銅梁、安岳之間，覃椒小巘，無高山之蘊，蓄曲澗淺，瀨無大川之滙，疏土壤不爲膏，沃糞種不爲劬，録而歲多收斂，不虞饑饉。民飽長鎗，不愁旱嘆者，由雨澤之及時也。嘉慶之二十一年，女妭爲虐，當康不來，苗禾如焚，泉澤胥竭，農甿輟捷，咨嗟無年。邑令趙君憫民之將毛食也，禱于東門外之龍王宮，冀得甘霖，以蘇群命。旋即沛然合境，荷神之嘉貺也。走相告語，謀新厥廟，以酬普淖。趙君飭監生劉增爲首事，募集衆貲，恢廓靈瓌，軒豁肸飭，稱漚鬱焉。余于戊寅之六月，署篆斯土，入其境，火雲燒空，野田龜坼，詢諸父老，不雨者六旬矣。眡事後，即設壇步禱，昕夕靡寧，自陳無狀，默祝有秋，豐隆大出，以將其雨，地乃不赤，天實至仁，豈余誠之至諴能感哉？邑之人宜何如？豐融肸蠁，以仰畣神庥耶。兹因劉生之請爲文，而紀其靈應，且爲迎神送神之曲以侑之。其辭曰：神之來兮如雲，洪頣舉兮翻翁。風伯翼從兮雨師驩欣，電母熠燿兮雷公砏磤。薦肥豕兮旨酒芬，雲黔霠兮蕭烟焄。神之去兮如猋，商羊跳足兮焦明羽翛。東海之童兮青驄驕，阿香車推兮藥師瓶。搖山之髮兮瞬不焦，歲其有兮民歌且謡。

清 陶澍《陶文毅公全集・文集》卷三三《大龍山龍神祠孚澤亭碑記》 皖城之北三十除里，有山翼然，若屏若幕，蜿蜒而硒硉者，大龍山也。其山西麓有靈湫，介兩□間，是曰天井，爲神龍之所翕栖。前明洪武中，敕封天井順濟龍王，國朝因之。循靈湫而西有祠，建自明成化甲辰。至我朝屢加修葺，邦之人閔雨則禱。道光四年夏，兼旬弗雨，澍爲文以禱，獲應，猶未渥也。六月十一日晨興，屏騶從，詣山顛，親禱於龍湫之上。其時赤日當空，余自集賢關騎行十餘里，至祠所，荒庭摧落，展拜於蒼苔瓦礫間。復徒步登山，約三里許，始抵白馬石前。俯天井而致禮焉。歸途塵埃障塞，余方欽欽然，懼無能爲民請命，以爲神羞。比入城而雨足，颯然忽至，逮轅門則滂沱立沛矣。邦人皆喜，計是日往返烈日中，凡六十餘里，而雨大至。又前後遣廬州府宋守、安慶府汪守往禱，輒得雨，其應如響，歲則大熟。噫！上年水灾之後，吾民顛沛流離，元氣未復，微此雨，其何以蘇念及此？而神之賜大矣！神之食報尤宜矣。爰擇基於靈湫之右岸，因崖爲厂而建亭焉，名之曰孚澤，以答靈貺。更率屬捐廉，重新祠宇，而紀其事於石，系之以辭，以爲邦人無畺之庥之禱。辭曰：龍山兮嵯岈，鬱礧砢兮硍硟。群峭摩空兮爛天葩，朝烟夕霧兮，龍伯之所。家是爲天井兮，石洞谽谺。六時不塵兮，一雨皆花。神之翕兮，偃虬户而息鯨牙。神之出兮，擁玉螭而掣金蛇。朝神游兮，淮浦夕。神憩兮江沙阿香萍，號相從兮如麻。雲中之君兮，紛曆曆，以排衙顧。大地之盼澤兮，分瓊液與流霞，沛醴泉爲甘雨兮，盈甌婁而逮汙邪。慰三農之厚望兮，播百穀而孔嘉，願靈貺之，長昭兮祝滿篝而滿車。

清 慵訥居士《咫聞録》卷二《龍神祠》 雲南大理山多龍洞。昆明有士人，夏月讀書山寺，一夜月光如霽，見老人策杖而至，揖與之言，清談娓娓，議論風生，疑以爲同寓寺中也。由是，夕必至談，必至三更。月餘，老人别曰：『我謫居此地，明日限滿當去。我居大理府外平溪，異日君得志，經過當有良晤。』後數年，士人以貢生選授浪穹縣教諭，訪之，果有平溪。至其境，即有童子來迎，曰：『吾奉主命，掃徑以待。』士曰：『爾主何人？』曰：『吾主即昔年山寺中月明談心老人也。』因隨之同入深林，見有宫殿嵬峩，老人已拱候門外，迎揖而入，款洽甚殷。老人曰：『前約不虚，亦夙緣也。既到此，姑盤桓數日，以申曠隔之情。』重逢舊雨，更覺綢繆。每食豐潔異常，固辭得歸，老人送至林外，呼童子取豆一盂，曰：『僻處山林，無物爲敬，聊以將意。』士人辭不受。老人强納諸袖，士人輕視。夫豆隨行隨落，至半途，舉手摸取視之，乃瓜子金也。悔之，仍由舊路覬尋，但見靈湫深邃，潭水澄鮮，上有小廟，顔曰：龍神祠。曰：此老或即是神也。士人撮土爲香，伏謁盡禮，惆悵而返。噫！士人之遇龍神也，幸矣。當其别時，已露謫居之言，則已知非凡人也。而偏忽之。迨後踐約相遇，見宫殿嵬峩，儼然貴冑之家，而猶漫不爲意，反輕其所贈之物，以至大半失去，是蓋食苜蓿之命也，可不必往尋矣，而又反尋之，可謂愚亦極矣。然此士人以瓜子金而返，非謂龍神而返之也，不見其廟，彼猶蚩蚩焉耳。

清 姚瑩《東溟文集・後集》卷一三《蓬州新建龍神祠碑》 《周禮》大宗伯有風師雨師之祭，鄭康成以箕、畢二星解之，蔡邕《獨斷》亦謂箕星其象，在天能興風；畢星其象，在天能興雨。祠此神以報其功。後儒多不從之，蓋謂風雨皆天地之氣，其精自有神主之。箕、畢二星，特從所好，非即風雨之神。此論善矣，然神不可見也。若龍之能興雲雨而澤萬物，則昭昭然。聖人作《易》，以龍德爲乾象，孔子贊之曰：雲行雨施，是其證也。然則謂雨師之神，非龍可乎。天下皆知龍能爲雨，而不以雨師當之者，世儒之固也。《史記・封禪書》：秦并天下，而雍有風伯雨師廟，各以歲時奉祀。《漢書・郊祀志》：平帝元始五年，王莽奏分雷公風伯廟於東郊兆，雨師廟於北郊兆。《隋書・禮儀志》：晋元帝建武元年，以仲春、仲秋，并令郡國縣兼祀風伯雨師。夫雷公之稱、風伯之號，皆不見於經，而當時儒者未嘗非之。若龍神之爲雨師，不猶愈乎。今制天下府州縣，皆以風雲雷雨之神，及山川城隍之神，共爲一壇，與社稷同日致祭。然京師仍有黑龍潭，祭禮尤重。每有禱祈，皇帝常親行禮，而天下府州縣亦莫不有龍神之祠。蓋禮經有本有文，國制有典有例，祭之於壇，則稱雨師，以合禮典；祭之於廟，則從龍神之實，以洽人心。其于禮經國制，庶無戾哉。瑩以道光二十六年，至蓬州禮壇廟謁龍神，獨無專祠，而列龍神相於眞武神廟之側，室總牓之曰雨師。壇既廟矣，而謂之壇，且龍神已不正其位，又并眞武而從雨師之稱，非惟褻慢，名實九乖，不經孰甚焉。乃謀諸蓬人士，别爲龍神建祠，卜於城東北隅。玉環山之麓，侈有三泉，嚮爲禱雨之湫。本太平庵地址，衆官人買之，請獻以建神祠庵僧。復稍有所獻，於此妥神，庶得其所，可以澤萬物，而福我蓬人乎。經始於二十七年七月，成工於明年二月，凡用工物銀壹百有七兩二分，錢一千三百八十一千。捐資者，闔州紳庶，而藍君世茂倡捐公錢，自備食用，且獨任工程之事，伍君聯芳商贊成之。神堂前後二所，各六楹，東西夾室，廂房、庭軒、更衣之室咸備。寬峻整固，足以奉靈，棲陳儀物。自兹以往，歲獲有秋，雨暘時若，永無水旱灾忒，惟神之賜也，敢不敬歟？

清 胡聘之《山右石刻叢編》卷三三《五龍王感應記》 大元至順三年，歲次壬申，春已季矣。甲天下之雄勝者，莫過於河東壯。河東之地，歲爲古今天下之脊者，莫隆於上黨。是邑也，乃倚於潞。潞之爲郡，其亦偉歟。潞之東南，僅半舍之内，巍乎森然有敕賜五龍廟在焉，咸有加賜王號，盖其德符於五方者也。昔多應感，民因立廟，於理宜哉。《祭法》曰：聖王之制，祭祀也，能禦大灾則祀之，能捍大患則祀之。矧魃氣爲虐，歲之豐凶，民之生死，實所繫焉，豈不爲之大灾患也歟？考諸五字，爲義驗諸其疇。五居皇極，又合於五行之數。論諸河圖，亦居其中。然則五之爲義，其尚矣哉。當其福祐一方，民庇千里，惠亦非淺，变陰晴於頃刻，振雲雷於須臾。風伯雨師，率皆聽命。然則民之所以依於神，神之所以庇於民，亦惟守土之官致敬竭誠，齋心袚慮，以感格焉。是知神之爲靈，豈可怠忽苟且，而欲僥神之惠也。比年至順庚午及辛未間，雨澤失序，雪瑞愆期，民皆嗷嗷，物至枯槁。已蒙誠意交孚，神明感格，殫報國之忠，實憂民之志，精白一心，敬詣神域，凡禱雪雨，則有影形之應也。今者歲舍壬申，魃氣如前，有奉訓大夫潞州達魯花赤孛羅帖木兒、奉議大夫知州温珪輔、承事郎同知劉深、州吏杜希晦、忠翊校尉上黨縣達魯花赤蛮子、典史張君輔、司吏李克恭等，於三月二十日謹備清酌，詣廟百拜。僅及三日，遂雷雨大至，成霖洽旬，霑濡至矣。其屢禱屢應，捷如桴鼓，何其神驗之速耶！《書》曰：至誠感神，信不誣矣。若然則龍之靈通，□萬变照鑒洞徹，視之弗見，聽之弗聞，使人齋心盛服以承祭祀，洋洋乎如在其上，如在其左右，有感遂通，禱之必應。如卜筮之信，如符合之真，如影響之敏，其故何哉？此神之靈也。僉曰龍之爲神，其靈照矣。神之於民，其惠愽矣。切謂神之所以靈應者，感其祈禱之誠耶？祈禱之所以感於神龍之靈耶？願刻石廟，著厥美焉。本村鄉耆，諗予爲記，予不獲已。今忘其固陋，喜其神龍靈應感誠，致雨救旱，是以妄用鄙意，隱括其具道之實，於是乎書，謹繫以銘：備國四靈，爲福九有。躲祕淵泉，威施宇宙。倏忽变化，頃刻飛揚。緩不可測，速亦難量。掣電撑霆，震雷驅雨。乾德之符，生意之主。屢禱屢應，至靈至神。永歆祀享，千古惟新。

又《五龍廟禱雨感應記》 碑高三尺三寸，廣一尺八寸，二十行，行四十六字，正書，今在長治縣。 大元泰定四年，歲次丁卯，夏已季矣，恒暘爲沴，禾黍欲槁，民庶皇皇，殆無生意。蔚公士行知潞州事時，則有若達魯花赤禿干帖木兒，同知完顔儀、判官聶思恭，暨上黨縣達魯花赤埜閭縣尹宋惟儼、主簿王恭，公慨然謂之曰：『天既惜雨，民將若何？宜禮山川，走群望。』衆皆曰：『唯唯。』遂謹齋戒，詣靈宇，車未旋而雨應，時六月十四日也。越十有八日乙酉又雨，厥後屢雨，故年豐而穀登。迨天曆元年歲戊辰，秋七月不雨，越十有九日己卯，公禱之即雨。後□屢雨，歲則大熟。至於冬十月，經值西兵。明年春正月，天又不雪，民遂瘡痏。越廿有一日，己卯公禱之即雪，浹洽乎大田，遂興乎東作。上黨縣尹張仁輔行焉。至於夏四月，旱虐又熾，豆麥乾死，穀種不下。越十有九日丙午，公先命上黨縣達魯花赤帖木兒不花敬禮神水，遂與同知完顔儀、州判冉大年、吏目牛閶、上黨縣尉張惟寧、典史鄭忠潔牲醴詣祠而祭焉，越廿一日戊申，甘澍大作。自茲以來，雨暘時若，連城接境，優渥霑足，白叟黃童，欣然相慶，以謂自今以始，歲其有于胥樂兮，足以起吾之瘡痏乎。郡民韓順等因友人皇甫世傑爲先容，以公之偉政，來命予記，植石於麗牲之所，傳之不朽不灭，可乎，辭不獲已，請以祀神之遺告之。昔季路問事鬼神，孔子曰：未能事人，焉能事鬼。葢人與神一而二，二而一者也。能事乎人，所以能事乎神也。人乎神乎，果同異乎。視之而不見，聽之而不聞，乃以爲異也，一而二也。及其格思也，肹蠁布寫，洋洋乎如在其上，如在其左右。體物而不可遺，乃以爲同也，二而一也。所以能一之者，不過曰誠而已，誠無不動，故也。不誠，無物未有能動者也。如蔚公之事神，其誠矣乎。此所以禱而應，感而通也。則平日之事人而爲政者，尤可見矣。嗚乎！後之爲郡者，當以蔚公之心爲心，而斯民不得其所。若恬不加省，獨不有愧於心乎。公諱恕，士行其字也，太原人。天曆弍年六月吉日，上黨縣儒學教諭李章記。

又 卷三六《五龍神像記》 五龍神廟，在潞之東南三十里，處太行之孤峰，其來遠矣。按《晋史》所載，自慕容時，肇厥祥靈，首建廟事，故邦邑歲祀，在河北居多。皇宋之熙寧三年五月，旱。開國公劉涣刺潞州軍州事，禱雨于祠，而靈雨飛傾，酬神之賜，始塐五方龍像於正殿之後堂。大觀戊子歲八月，靈雨害稼，河東轉運判官王恒祈晴㨗應，迺以狀聞，敕賜曰會應王，褒神之應也。然五龍亦各錫以王號，東方曰廣仁，南方曰真澤，西方曰義濟，北方曰靈澤，中方曰孚惠，本其德而言也。且神所居之山，由是得名，亦曰五龍焉。兹山峙表封內，爲名鎮，禮宜秩祭，故潞之邦伯嚴祀之。至正辛巳，太原菊軒張侯瞻甫諱，景巖名，埜仙布化，剛明果毅，奕宦天朝，蓋學而仕，仕而學者也。烏府薦能，俾來尹是邦。歲壬午，會天亢陽，雨不時若。山待童而泉涸，禾麥半槁，地赭噓烟，耄稚呻吟，而跂踵望雲霓者萬萬，實侯理政之明年也。侯惻然諗諸僚佐曰：『士先天下之憂而憂，後天下之樂而樂。吾奉聖天子明訓，承宣斯土，職膺字牧，而雨澤愆期，闔境之民，匪遑奠居，寧却禄食，不忍戕百穀以傷民。雖旱乾之厄，天灾示譴，民上之責，果可逭乎？考之往昔，則成湯有七年之旱，且嬰茅斷爪，躬禱林藪，所以重民食也。我當齋沐致虔於龍山之神，懇求甘澍，以慰民望，可乎？』僉曰：善遂竭誠滌慮嬰醮酎，走拜宇下，民之觀仰者坌集。香酌未竟，雨之作者霈然，感神庥而上下懽忭。侯憫靈祠汨于草莽，歲曆綿久，繪彩剝蝕，簷楣崩墮，雖萬木□能支也。首新庇神前殿三楹，并應門等，梓匠獻智，民叶情者蟻附，摧者扶之，缺者補之。凡基礎榱甍，簷扉瓦棁，悉以絢袦，四望環墻，隅楞峻直，未十旬，美功克完。豐縈之狀，倍蓰於昔，叢給之需，咸備於官，而民弗擾也。尚慮雨暘祈請，無水以供神釜，於廟門東南二十余步，相地作井。神靈暗符侯德，未逾丈而飛泉上達，既又肯亭，其上覆翼。斯井置扃壁，衞觀者之瀆。又明年甲申秋，侯説稼躬省神宇，尤慮作新之志靡周，挽鄉邦耆老喻之曰：『殿後有五龍之故堂焉，肇造于古，迨今千載。瓦墜土浸，木腐神弊，板蕩凋落，千百之存，奚翅一二。況龍之爲神，皷風霆，駕烟霧，出没乎宇宙，而變化莫測。雖神之形寓乎此，而神之靈在天，且敬神之念存於此，則神之靈也應乎彼。廟貌不嚴，何以稱栖神之願哉？我將新其堂，暨其像，以塞靡周之念，爾其輸力乎？』衆皆曰：『諾。』侯命上黨縣主簿散只兀台董其役，乃割俸金爲木石之資，趍役者雲會，經營謀畫如前殿之制。落成之日，顔其扁以壯輪奐之光，繼而命工塐五龍於堂內，楺木爲骨，組繪爲皮，羽甲文彩，各以其宜。取大易飛龍在天之象，以中央之孚惠，居正楹；廣仁、真澤居東楹；靈澤、義濟居西楹。而龍之黼黻，色以異尚，鬚目鱗鬣，齒距形角，毫末纖備，遒活奮迅，而廻顧夜光之珠，靁皷風霆于巽方，電嫗掣金蛇於坤位，咸駕馭祥光，爲之前驅，烟雲布護，晻靄一堂，瞻者爲之起敬。創役於處暑之先，訖功於重陽之後。有五龍鄉耆老郭才等，請文於予，用紀鼎新之盛，甞惟天下之事創始非難，而繼述爲難。且龍山在郡圻堺中，爲名鎮，而龍居之，亘古而祀事弗泯，故龍之靈有在而陰祐一方。曩者廟貌雖存，委圮之勢，日就崩毁。始也禱雨勃應，報神賜，大新前祠，終又改塐五龍於後殿。昔者作其形於皇宋之熙寧，今乃新其像于大元之至正，舉數百年之廢墜，爲一朝之美觀，侯敬神之志爲何如？將見風雨以時，物不疵癘，歲獲有年之登，神所以復侯功、篤民祐也渥矣。他日沃壤之民，歲時香火于祠下，則酌龍湍而憶深澤，捫穹碑而思至德，咸曰：我侯往矣，德澤斯存，俾吾耕鑿以利，而享含哺之樂，嗚呼仁哉！又豈徒作峴山之悲而已。故直書其槩，備將來之鑒云爾。其文曰：太行之嶺，有峰蔚焉。霧滃雲蒸，高出乎天。上有靈祠，是曰五龍。昭成祀典，源自慕容。龍乎允靈，維民事之。職司潤物，曆年久之。壬午亢陽，群姓喧喧。潞之有牧，厥惟菊軒。憂民之憂，子愛彌篤。禾麥將枯，我寧不告。奔走祠下，齋沐亶誠。酌以芬苾，天瓢奄傾。荷神之棋，靈宇皆新。于經于營，贊役子民。龍之像古，艷彩凋落。置彼穹堂，於焉改作。色凖五方，文以金碧。蜿蜒其形，昂莪孔碩。雲行雨施，渥我黍稷。神貺昭荅，淵乎叵測。伊孰其功，曰侯之力。於萬斯春，懋茲昌德。

又 卷四〇《龍王感應記》 龍於天地間爲物最神，善變化屈伸，咫尺巨細，亦靈恠矣哉。故世之人仍以王號卑焉。考諸傳記，未聞有褒錫之典，特示尊崇之意爾。凡立廟肖像，欽行祀事，以其庇庥一方，受福居多，於水旱、風雷、雨雹之災，寔捍蔽之。祭法曰：法施於民，則祀之；以死勤事，則祀之；以勞定國，則祀之；能禦大災、捍大患，則祀之。矧神以王稱，助造化，司風雨，奇恠不測，可無祀乎？朝爲盲風，夕爲劇雨，神實司之。乾端坤倪，軒豁呈露，神亦與焉。今澤州治之西南約五里許，有祠曰龍王祠。邦人常以風雨不時，霜雹代作，行事祠下。事訖輒應，神之有功於氓，常耿耿也。至至正二十有二年，州太守杜公在官之明年也，公諱九思字有文。時值陰雨極。備稽之洪範傳，將有咎徵之驗。於是，公暨監郡公買閭字彦德忽都帖木兒字元貞、同知本州事武德舉字大用、判官黑厮字元英、李有孚字德彰、朱綬字仲方，合謀於庭，曰：今國家多故，調度徵索，舉出於民，儻神不之祐，俾饑饉荐臻。凡司州事者，安得辭其責歟？盍竭誠祀禱焉？即率州之佐吏，暨郡縣長吏以下，各齋祓吉，醞酒殽香燭以備。謹于是年夏五月十有二日五皷，作詣廟下，以供晨事，切以其咎在人自譴，既而洋洋如在，來格來享，闔廟促旋，祥飈四吹，陰雨解駁，日光穿漏，而晴不移時。又於是月二十有九日，雹雷交作，雹下甚密，僉率執事以祭，如初禮，其雹即止。又於是年冬十月十有二日，亦以陰雨未解，故祭告如雹禮，其晴如初，遵故事也。逮至正二十三年，總戎太尉中書平章公復以朱君來守是州。公諱文明，字焕章。時夏四月至五月，不雨，禾盡槁，遂暨上官屬，并州之耆艾。於是月朔，具祝文齋祓，備禮如前祭事，咸奔走□祠下恪供乃事，除帽跣足，深自咎罰，奠祭禮數，皆中儀式，祈以甘□澤時澍慰人心也。前此雨暘時若，五穀胥熟，歲仍大和，惠有所歸。是歲，將西稔兆見具於灌祭後，其惠在人，寧不知有所歸乎。噫！神所依者，人人所享者神，苟人心誠敬在是，神之肸蠁即在是，天下載祀典屋而神者非一所，果皆靈驗耶？抑斯人不恭之咎耶。今茲挾王爵而起，居群龍之右，惟修事益虔，故前後祀享祈應，如桴鼓影響，靡不捷也。宜澤居南北之衝，凡徵需調用，較之他郡浩繁，舉在官者尤難於平理。爲州若縣，惟以廉慎自持者免，公等以廉慎自將，人各以廉慎自勵，故官無曠職，而民無曠業，行以齒古循吏，無所與遜，事神治民，宜莫不備至焉。咸願鑱廟石以著厥美，故欣然書之，以諗來哲。其辭曰：山之陬兮崗之阿，作廟翼翼兮，鬱虡崔嵬。神之來兮無常，羅肴修兮奠瓊漿。風雲從生兮，天地一方。閟淵宫兮奥窔，慰我民兮，不悲以笑。澤之限兮，晋之鄙。自始□逮今兮，受多福祉，卑無苦濕兮，高無□乾，五穀穰穰兮，功不可攀。祐我邦家兮，億萬斯世。嗟余在官兮，敢忘祀事。

清 吴汝綸《桐城吴先生詩文集》卷四《靈谷龍神廟碑代》 龍於古不臚典祀，自三代時，國有旱暵，彌祀侯禳，皆不及龍。龍淵藏而神動，泥蟠而天飛，變化升降，雨起雲從，百靈怪變，奔屬後先。即有大旱，應上公不得請，石破魚枯，山川之神，不自救護，或以方色爲象龍，土寓繪繢，則隨禱而應。於是五龍九龍之堂浸作，稍祀事矣。國家懷柔百神，褒崇龍祀，祭式祝號，一準王儀。世宗皇帝在位五年，以爲龍神專司雨澤，吏宜虔奉，乃稽古立象，頒賜直省，俾各行事祠下。自是，廟祀如法，神用顧享。金陵省治之東有泉曰八功德者，出於鍾山之陽，靈谷之穴。或曰最舉其水泉之美以爲名。或曰在梁天監，神龍表祥，靈沼沸成，本乎浮圖而名也。舊有龍祠，屢獲嘉應，洎兵興，祠燬，庭壇不蠲，牛羊入垣，神無所降依，人無所承事。屬當悴荒，未遑規度。同治丁卯，自春徂夏，厤月不雨，天澤上屯，驕陽亢愆，陰閉不升，日暄風燥，苗且盡槁，歲將壞成，萬夫偟躟，若熬若焦。余惟守土無狀，甘被殃疾，奈何造罰於不辜之甿。既爲辭躬告百祀，遂遣僚屬，就祠鍾阜，馨香僾升，神即默頷，是饗是答，簫雲上游。靁車軥軥，曜靈夜光，叱避伏匿，陰陽太和，甘雨滂沛，嘉穀露徹，歲灾不成。惟此邦之人，蒙蔭庥而祠，廟毁隤報饗，弗稱無以供給神役，不即不圖，神其勿許。其秋乃命徒屬以錢若干，作而新之，堂陛楝楹，是恢是度，赤白赭堊，期不陊剥。冬十一月，廟成，乃考引禮典揚，推始末鑱石，以紀其事。曾相國云前，半矜鍊典雅。

又《石匣龍神廟記代》 自漢世以應龍能致雲雨，則往往爲土寓龍，或別方色，繢之繪，用事禜禱，所從來尚矣。及西域説興，言龍特異，然《淮南子》論形兆之化育，謂五土之氣，是生五澒，澒生金，金生龍，龍入藏生泉，泉之埃上爲雲，陰陽相薄爲雷，激揚爲電，其説絶奇。今西域之稱硝石水銀，金鐵雷電，與龍同物，又有合於淮南之旨，則龍之靈能致雲雨，固不可易也。國家祇祀勤民，邁越前古，暘雨小愆，輒幷走群望，於龍祀尤謹，而近畿密雲縣北石匣之潭，時巡木蘭所經行地，高宗、仁宗皆嘗行事祠下，屢獲嘉應，褒崇祝號，形諸咏歌，其祀又加謹焉。厥後行不時至，吏惰弗視，廟宮傾圮，明神罔棲。光緒二年夏，畿内大旱，臣某實承詔修葺是祠。詔下浹辰，甘雨滂沛，萎起枯滋，萌隸驩泳，大哉至誠之化，瀆神効職！《易》稱龍德曰自强不息，詩美右序以懷濡百神爲言，意在斯乎？祠旁故有行在所，天子念物力鉅艱，命且勿治，獨奉神唯謹。臣某德薄，能勘與蒙嘉祐，敢有不承役成，因記始末，俾覽者考吾前説，知祀事之明。考吾後説，知皇靈振叠之不測也。役凡三閲月，用白金四千八百有奇。經始於閏月某甲子，落成於七月某甲子。督是役者，北河主簿周士培也。其年某月李某記。

藝文

唐張九齡《曲江集》卷二《奉和聖製燭龍齋祭》　上帝臨下，鑒亦有光。孰云陰隲，惟聖克彰。六月徂暑，四郊愆陽。我后其勤，告于壇場。精意充溢，群靈鼓舞。蔚兮朝雲，霈然時雨。雨我原田，亦既有年。燭龍煌煌，明宗報祀。于以助之，天人帝子。聞《詩》有訓，《國風》兹始。

唐白居易《白氏長慶集》卷四《黑潭龍》　黑潭水深色如墨，傳有神龍人不識。潭上架屋官立祀，龍不能神人神之。豐凶水旱與疾疫，鄉里皆言龍所爲。家家養豚漉清酒，朝祈暮賽依巫口。神之來兮風飄飄，紙錢動兮錦傘摇。神之去兮風亦静，香火滅兮盃盤冷。肉堆潭岸石，酒潑廟前草。不知龍神饗幾多，林鼡山狐長醉飽。狐何幸？豚何辜？年年殺豚將餧狐。狐假龍神食豚盡，九重泉底龍知無？

又卷二四《祭龍文》　維長慶三年，歲次癸卯，八月癸未朔，二日甲申，朝議大夫使持節杭州諸軍事守杭州刺史上柱國白居易，率寮吏薦香火，拜告于北方黑龍：惟龍其色玄，其位坎，其神壬癸，與水通靈。昨者歷禱四方，寂然無應。今故虔誠潔意，改命於黑龍。龍無水欲何依，神無靈將恐歇，澤能救物，我實有望於龍。物不自神，龍豈無求於我？若三日之内，一雨滂沲，是龍之靈，亦人之幸。禮無不報，神其聽之。急急如律令。

唐元稹《元氏長慶集》卷六〇《祈雨九龍神文》　稹始長慶二年夏六月相天子無狀，降居于同，愁慙焦勞，求念隱思，有以報陛下莫大之恩。涉歲于兹，理用不效，冬不時雪，春不時雨。越二月，宿麥不滋，耒耜不刺。大懼兹歲患成于人，以羞陛下之奬寄，刻責罪悔，罔識攸□。凡天降疵厲，必因於人，豈予心之虚削孤獨，依倚氣勢耶？將予刑之僭濫失所，冤哀無告耶？或予政之抑塞和令，開泄閉藏耶？舉動云爲，罔不在我，神怒天譴，降灾于我身，我不敢讓。今夫蠢蠢何罪，物物何知，使不肖者長理，而灾害隨至，無乃天之降罰不得其所耶！痛毒惻怛，無所赴露。惟龍司水于同，同人神之，謹齋戒沐浴，叩首揮淚，願以小子稹爲千萬請命於龍。龍其鑒之：克三日，雨我田疇，其育以報。不然，灾于予身，亦足以謝。伏惟尚饗。

又《報雨九龍神文》　同州刺史元稹，謹以清酌庶羞之奠，敬祭于九龍之神。是月己巳，刺史稹以二從事蒙受塵露，百里詣龍，爲七邑民赴訴不雨。予固慙惻，言訖涕下，親爲龍言。龍意享若，是夕而應，庚午而降，辛未而洽，癸酉而飫，甲戌而霽，乙亥而報。報典不渝，龍祐宜永，訖是嘉穀，勿旱勿霪，歲其有成，無忘龍德。尚饗。

唐韓愈《昌黎先生文集》卷二三《曲江祭龍文》　維年月日，京兆尹兼御史大夫韓愈，謹以香果之奠，敢昭告于東方青龍之神：天作旱灾，嘉穀將槁。乃於甲乙之日，依准古法，作神之象，齊戒祀禱。神其享佑之，時降甘雨，以惠兹人。急急如律令。

唐劉禹錫《劉夢得文集》卷一《和河南裴尹侍郎宿齋天平寺詣九龍祠祈雨二十韻》　有事九龍廟，潔齋梵王祠。玉簫何時絶，碧樹空凉飈。吏散埃壒息，月高庭宇宜。重城肅穆閉，澗水潺湲時。人稀夜復間，慮静境亦隨。緬懷斷鼇足，疑想乘鸞姿。朱明盛農節，膏澤方愆期。瞻言五靈瑞，能救百穀萎。咿喔晨鷄鳴，闌干斗柄垂。修容謁神象，注意陳正辭。驚飈起泓泉，若召雷雨師。黑烟聳鱗甲，洒液如棼絲。豐隆震天衢，烈缺揮火旗。炎空忽淒緊，高霤懸綆縻。生物已霧霈，濕雲稍離披。丹霞啓南陸，白水含東菑。熙熙飛走適，藹藹草樹滋。浮光動宮觀，遠思盈川坻。吴公敏於政，謝守工爲詩。商山有病客，言賀舒厖眉。

唐 王涇《大唐郊祀録》卷七《祀禮》 祝文：維某年歲次月朔日，子嗣天子臣遣某官姓名敢昭告於青龍之神。惟神行雲施雨，發生東方，降澤效靈，品物咸賴。赤龍云惟神配德正陽，澤被庶物，興雲致雨，應時往潛。黄龍云天用之尊，德施周溥，鑒於誠享，保合太和。白龍云惟神乘兹兑澤，以悦品彙，式應顥氣，克祐西成。黑龍云惟神佐予玄冥，實司坎德，茂昭庶物，以乂嘉薦。

宋 楊億《武夷新集》卷一八《代中書請依詔頒行畫龍祈雨法狀》 臣等伏以先天合德，易象攸稱，勤雨憂民，策書所紀。恭惟皇帝陛下光膺駿命，奄宅中區，視百姓以如傷，慮三時之有害，博訪弭灾之術，期臻阜俗之方，或稍屬於亢陽，即遍走于群祀，恭修禳禬，薦獲感通。觸石興雲，俄千里而雨集，力田望歲，果百谷以秋成。信雩禜之有徵，由穹玄之降祐。式頒明詔，誕告庶邦，永消愆伏之虞，同躋仁壽之域。臣等叨居輔弼，仰奉憂勤，燮調之効無聞，將順之誠彌切。願奉宣于睿旨，庶大庇于群黎。伏請付有司雕印，頒行天下。

宋 宋庠《元憲集》卷一〇《七言律詩·五鼓度洛水謁九龍祠禱雨馬上作》 跨陌津橋十里亭，前騶横絶犯嚴更。銀河蕩漾斜垂地，瑤斗闌干倒倚城。苑濶樹頭迷闕影，川長烟外認灘聲。農疇閔雨心祈切，上盡叢祠日未明。龍祠在洛北絶高處。

宋 宋祁《景文集》卷四八《里社龍神祈雨文》 維至和二年，歲次乙未，二月乙丑朔，越十二日庚子，具官宋祁謹以酒脯、果茗、養羞、舒雁之牲，敢告于里社龍神：比亢陽爲沴，順氣弗效，農夫告勤，是用遣僚屬有請于龍，彌跨四旬，雨雪三集，潤纔及寸輒止。今土脈冒蒸，百昌萌芽，此時不雨，歲且大乏。惟人依神爲庇，惟神享人之祀，歸窮上叩，不應不止。神其走驅雷風，興雲致雨，彌漫沾足，潔滌品彙，無令無年，以貽龍羞。

又《里社龍神謝雨文》 敢告于里社龍神，乃雨弗時若，將害粢盛，以庚子致禱于龍。期五日當應，蒙亮哀叩，訖甲辰油雲四躋，佳澍霈霔，有請必答，克就豐歲，顯應如期，震動我民。刺史雖德薄，敢忘龍之惠，澄醪潔羞，仰薦報禮。

宋 歐陽修《歐陽文忠公集·外集》卷二〇《祭五龍祈雨文》 伏以去秋之潦，豐不補凶，飢民食糟麥爲命。而天久不雨，苗將槁焉。旱非人力之能移，徒知奔走。雨者，龍神之所作，其忍不爲，薄奠拙辭，致誠而已。尚饗。

宋 曾鞏《元豐類稿》卷四〇《五龍堂祈雨文》 乃四月，以旱禱于邪溪蕕山，應時得雨，麥以豐成，稻可播種，獨異扵他境。寔維其賜，今稻田又乾矣。此邦之人，皆謂龍虎之河，五龍之神，禱雨輒應。余敢不告，神其降鑒，大施澤于斯民，使獲有年，則人扵報神，亦維無斁。無俾蕕山邪溪專美于此邦，以作神羞。

又卷四一《祭五方龍祈雨文》 龍之變化無方，而其有功扵人者，則在扵能興雲雨。嗚呼！今旱甚矣，是用稽古，爲爾某龍之象，位于某方，薰祓以禱，爾尚圖厥戢，其亟以時，肆爲膏澤，以大施于此土，無愆厥應，俾有後羞。惟爾有神，亦尚永有依歸。

宋 蘇頌《蘇魏公集》卷二七《祝文·五龍廟賜會應廟為額祭告五龍之神祝文》 維元祐四年，歲次己巳，八月戊戌朔，十日丁未，皇帝謹遣某官某致祭於五龍之神：伏以雲行雨施，實賴陰功，廟食壇祠，抑惟舊典。粤瞻靈宇，載飾崇堂，方屬考成，特加顯號，神其安妥，惠此黎元。尚享。

又卷七一《祭文·祭張公龍王廟祈雪》 祭于張公龍王之神：伏以應龍之德，神化無方。靜而淵潛，則其用莫見。動而天飛，則其利尤博。故大易之所賛，三聖之所述，其至德盛美，豈虚也哉？穎之近境，地有靈泉，神物所蟠，廟貌斯在。風俗向信，州邑報祈，歲無饑凶，實賴神貺。今亢陽爲沴，雨雪不時，嘉種將枯，民用咨怨。某受天子命，作吏于兹，惟民疾苦之是憂，惟時灾情之是恤，所以夙夜惶懼，將祈于神。案俗舊儀，挹彼源液，惟神昔嘗應化于是邦，今則血食于一境，必能奮起利用，陰運化工，驅風召雲，灑潤流澤，使千里浹洽，五稼滋茂。時格和平，人叶康靖，非獨守吏蒙其福釐，抑所以延神休于無窮，豈不偉歟？

又《祭張公龍王廟謝雪》 近以冬暘爲厲，農畝愆澤，遍走群祀，未獲嘉應。粤瞻淮壖，蓋有龍穴，嘗顯異迹，奠此一方。爰徇民心，遵用祠法，靈泉甫暨，陰雲遂興，雨雪其滂，遠近告足。恭惟龍德潛用，利見莫測，豈守吏虛薄所能感動？因荐肴醳，昭報神休，冀無後艱，以永暘貺。

又《祭張公龍王廟謝雨》 向以常暘寖甞，歷時不雨，農疇罔闢，播種後期。雖遍請于近祠，尚有遲于嘉應。俯因衆欲，覃竭至誠。顧瞻靈湫，實惟龍宅，挹兹泉液，置彼凈方，罄夙夜以致虔，迨浹旬而非懈。陰雲甫集，甘澤沛然。長人之心少獲，寧處千里之廣，頗遂膏蘇。因荐酺肴，昭報休惠，光令名于不朽，冀丕祐于無窮。

宋 劉摯《忠肅集》卷一〇《請龍神文》 伏以元陽之沴，粤自仲夏，至于九月，歲旱不免，而此太甚。夙夜以懼，咎不勝執，謹稽用古法，以詔書從事，繪圖靈象，封牲奠酒，祇伏壇次，傾吐至誠。蓋行天召雲，飄忽變化，一振甘潤，以救焦灼，此龍之一戲，足以不勞而神者，其幸賜之，敢忘昭報。

宋 鄭俠《西塘集》卷五《代龍潭祈雨文》 祀有典，先王所以勤恤民隱，謂夫非人力之所能及，則惟神是怙，國家尊隆禮敬。近者制敕，凡名山大川，能出雲雨，神靈顯赫者，所在咸以名聞。神於福清境內標表第一，凡以靈異卓絶。自有是邑以來，歲時灾害，苟以告者，未嘗不蒙休應，其功力在民者甚著。以去歲蝗螟爲害，今春麥不全收，民極艱乏，幸而耕播之初，甘雨屢降，民究其力，以赴田畝。原田高下，蒼翠一色。乃自仲夏至今，不雨矣數日，膏腴坼裂，苗稼黄瘁，民心遑遑，小大憂恐，若旦晚填墜溝壑者。神於此時，得無深念乎？某爲宰於此，固才力有限，而小大之訟，分决裁處，不敢不盡其心。其有以致咎罰于有神者，願以身當，無禍吾民物爲也，乃其寸誠發心，如一燧之在爐亮。神之指呼風雲，馳走霆電，化焦燠爲清凉，變乾暵爲濡澤，俾民易憂以懽，且死而生，望易於一燧之在爐也，然則何憚而不爲哉？此某所以祇祓而來告。

宋 孔平仲等《清江三孔集》卷一九《祭甘露泉龍神文》 惟神蘊靈德之無方，超萬里而一息，上下天地，無有隔閡，而蟠于一水之間，豈非待其時，而後發歟？今亢陽爲害，自秋至春，原野焦涸，首種未布，此神施澤濟物之時也。蓋齊之有司，奔走群望，經歲曆時，而嘉應寂蔑，咸以謂變化出沒，號召風雲者，莫如神之敏也。是用有請焉。刺史無狀，其誠意不足以感動。然齊人之望，其亦至矣，惟神閔之。謹告。

宋 劉弇《龍雲集》卷三〇《祭順濟龍王文》 夫雲雨，固王事也。千里赤地，凡神而食此土地，宜愧之。而王未暇及此，豈太守咎耶？謹用所以當告者，待命祠下。惟王其利澤斯民。毋忽。尚饗。

宋 華鎮《雲溪居士集》卷三〇《海門縣祭龍王文二首》 惟王潛升自得，運用無方，媲四極以分都，奄百谷以居長，序臨長夏，日在初躔，式展彝章，欽修祀事，剛鬣既腯，柔毛則肥，蔬核允時，酒醴維旨。凡此有造，罔或不虔，庶致微誠，上闕昭鑒。伏願風濤妥息，雨暘叙時，堤防固完，水泉安宅，人無泛溢之警，歲享豐穰之休。伏惟尚饗。

惟王每歲上春興土功，備水潦，簡書所載，令之職也。今兹興事，奉修故實，惟神宅靈重淵，當此漕路，河防保固，默賴神休。役事之初，祗款祠宇，庶格靈貺，相我功夫。尚饗。

宋 周行己《浮沚集》卷六《超化寺龍潭請水文》 惟神無方，遍滿虛空，而水性亦遍滿虛空。水之所積，神龍之所宅也。惟龍能大能小，或隱或見，變化無常，能以一滴之水，遍滿虛空。大地霑潤，萬物滋生，龍之爲神昭昭矣。而原武小邑，密鄰神龍之宅，自春不雨，以涉夏中，穀苗將槁，函種不立，民心嗷嗷。惟令之憂，儻令弗虔，惟神之殛，而憫此民庶，將弗得食。願丐一滴之靈泉，以爲此方之霖雨，因及普天，遂周四海。惟龍之神，感而遂通，不疾而速，又何難焉。

又《超化寺龍潭謝雨文》 比以農工在務，時雨愆期，望陰雲之弗興，久旱魃之爲虐。虔傾丹悃，遐仰仙祠，恭迎聖地之靈泉，遠致敝邑之凈利。神龍變化，雲雷勃興，曾不崇朝，而下大雨，群心感悦，諸穀遂成。是用式薦馨香，恭答靈貺，仍憑凈梵，還致靈潭。惟神聽之弗忘，永吾民之多福。

宋 周南《山房集》卷三《送龍泉祝文》 九華之峰兮，千仞其崇。有淵其渟兮，潛虬之宮。升虛陵冥兮，隨感而通。粤春徂夏兮，旱氣蘊隆。首種弗入兮，歲將鞠凶。群望并走兮，靈雨未濛。乃飭禮幣兮，改命于龍。靈波出地兮，暘烏微曚。豐隆轟車兮，屏翳冥空。四方播灑兮，吹漓以風。神非無意兮，天嗇其功。既開其始兮，忍靳其終。是一勺水兮，變化無窮。吏德良薄兮，匪施未洪。久而不返兮，懼於不恭。酒脯菲薄兮，莫明予衷。惟神終惠兮，賜之雨足而年豐。

又《迎龍池水祝文》　假守云：初亢陽爲盭，四月維夏，五種未藝。儻少須臾，立見流徙。穹谷之淵，神龍是宅。翕忽噓氣，穹壤被澤。敢命別乘，躬乞去聲。靈液黿魚，在鼎竚立，以俟靈雨隨車，明神之賜。

宋 葉夢得《建康集》卷四《謝雨送洞府龍神文》　旱暵之憂，慄慄危懼，遍禜百神，曾莫肯顧。粵惟神龍呼吸雲霧，是惟其職，奔走往訴，敢勤于行，救此朝暮，風馬在途，若聞指呼，一雨三日，澗壑流注，焦槁盡興，如手親拊，敢曰時澤，實惟膏乳。愧我不德，孰逃神怒。仰懷威靈，自以民故。奠斝拜賜，尚弗我吐。功成不言，載肅徒御。躬率邦人，言餞于路。鼓鐘喧轟，旂纛翩舞。神德在人，既飽既哺。我獨何爲，永鏤肺腑。

又《謝雨送洞府龍神文》　比之亢陽，往干時澤，惠然肯臨，爲我心惻。雲車始興，百靈并趨，浹日五雨，無槁不蘇。愧我非德，何以拜賜？有呼必聞，則惟神志。往餞于途，旗纛有光，我心孔懷，曷日而忘。惟天與君，靡民不育，惟我與神，皆民之牧。願廣此心，各竭幽明，俾歲如兹，永慰民生。

宋 晁公遡《嵩山集》卷三《三月二十日東山雲蜿蜒而上衆指曰龍也已而大雨》　東山龍起風雨來，勢雖甚暴天無雷。蜒蜿氣上黑雲合，喧豗浪打蒼崖回。千林通躰有膏澤，四郊晝時無塵埃。舊聞此地亦勝絶，夜夜神光如五臺。

宋 周紫芝《太倉稊米集》卷六三《三龍神祈雨場》　右伏以珠宮貝闕，夙瞻廟貌之嚴，絳節雲旗，敢冀幽靈之格。挈瓶甫至，霈澤隨興。信山川之出雲，見膏澤之及物。當秉佛念，益顯神慈。用蘇既偃之禾，蔚爲豐歲，遂及旋歸之駕，永奠靈湫。

宋 沈與求《龜溪集》卷一一《奉迎嘉山龍井水祝文》　矯矯神龍，惟水爲所。吹噓成雲，噴薄成雨。惟兹井泉，爲龍所主，一勺之多，澤遍九土。挈此瓶罌，置我庭宇。煒煒電壺，坎坎雷鼓，發揚英靈，浹洽周溥，溉我田疇，滋我稷黍，毋使我民，仍歲饑阻。則惟報之，如御田祖。

宋 鄭剛中《北山集》卷六《祭龍門求雨文》　深山大澤，水石勝絶之地，乃能鍾靈氣而藏異物，神龍之居是也。惟神積德累功，陰行圓滿，乘靈氣，據幽深，故能變化風雷，呼召雲霧，滋膏遍布，福利一方。斯民有求未遂者，皆得往而告焉。今吾邑中，多稼既殖，甘雨遽愆，禱禬乞靈，莫副所請，意者其亦未叩於神乎？蠲擇嘉辰，躬詣廡下，使某奉靈潭一酌之泉，致吾里千畦之秀，實爲大惠。萬一不報而還，豈但徒行有愧而已。叩龍門而不雨，亦惟神羞。

宋 馮時行《縉雲文集》卷一《龍鶴禱雨》　地靈丘壑邃，危路入紫烟。藤蘿闞尺水，中有龍潛淵。青曦弄驕暉，紹興丙辰年。嗷嗷周餘民，生理諒難全。令尹謝不敏，來上天公牋。一念如絲芒，已斡造化權。夜半雷遶山，雨出山之巔。凌晨眺四郊，草木亦欣然。民戴神之休，次謂令尹賢。賢則吾豈敢，庶逭失職愆。甲兵久不洗，風霾漲塵寰。兹事非神助，若爲快濯湔。物極理必反，否泰如循環。神龍儻有意，速起飛九天。

宋 劉才邵《檆溪居士集》卷三《賦得蛟龍得雲雨》　賢能攄逸志，振迹比蛟龍。雲雨時方得，烟霄路自逢。濯鱗霑帝澤，擁足脱塵蹤。物外將輕矯，池中豈解容。依乘應有待，際會合相從。寄語懷才者，明時好奮庸。

宋 陸游《渭南文集》卷二四《福州歐冶池龍鯶溪河口五龍祈雨祝文》　繚垣闔宇，渚水灌木，窈然而幽陰者，龍之神也。升天御雲，濟世澤物，霈然而成功者，龍之仁者也。聰明正直，有禱必應者，又其所以食于民也。歷時不雨，粢盛將害，則龍亦何心視民之窮，如越人之視秦也。變化呼吸，轉灾爲豐，在龍之力，其易如指之屈伸也。犧牲醪幣，吏之所以報龍者，其敢怠而弗親也。

宋 朱熹《晦庵集》卷八五《卧龍潭送水文》　往分靈液，来即祠壇，誠未格於幽潛，澤尚愆於田畝。惟時淹久，懼弗吉蠲，敢奉冰壺，言歸貝闕，別禱餘潤，用弭炎氛，尚神聽之淵冲，鑒惟衷而響答。

宋 劉爚《雲莊集》卷二《諸龍廟》　自龍君之來，境内之雨者屢矣。然潤澤則有之，而霑洽則未也。或謂龍之爲神，動則升霄，静則安江。潭公庭之煩渫，非可樂也。是用還于靈湫，就伸禱請。今旱勢極矣，蚤稼之傷者已不可復全，而下田晚稻，苟得一雨，霈然充溢，則尚庶幾中熟之望。龍君亦何靳一嘘吸之勞，而不以救千萬人於溝壑乎？菲薦肅陳，以寓誠意，尚惟歆饗，亟副所期。

又《五處龍王》　比繇舛政，召致旱灾，數有謁於龍君之靈，龍君不以爲瀆，曰是知過，而能自儆者也。入秋以來，屢賜之雨，雖旱稼或虧，而晚苗甚茂。倘白露之前，更賜一再之雨，則歲功畢矣。謹命僚屬，且謝且祈，龍君之仁，其尚念之。

宋 陳造《江湖長翁集》卷三〇《龍水祝文》　比以旱故，投誠于龍，寅奉此水庸展控扣之意。果蒙顧歆，信次即雨，来日又雨，今復大雨。民以呼舞，吏釋重負。神之威靈，應祈如響，更祈惠況，調護雨暘，卒兹穡事，則終始之施，與民不忘。

宋 樓鑰《攻媿集》卷八二《龍女廟祈雨祝文二首》　旱潦有數，天實爲之。千里之潤，神實司之。歲以旱告，将困吾民，天高難諶，用求于神。幽蟄奮起，霈然膏澤，俾成豐年，何以報德？

靈既在民，廟食久矣。靈雖不渝，祠則甚圮。旱禱未答，或其在是。吏職養民，視飢猶已，神相于幽，休戚共只。願嘘立雲，沛澤千里，何以報神？葺祠舊址，丹青相輝，棟宇豐侈。神之聽之，誓有如水。

又《二龍潭請聖水祝文》　歲以旱告，靡神不舉。百穀方仰于膏雨，神龍猶卧于靈湫。爰遣屬僚，修郡故事，仍将緇流，諷唄致禱，挹彼注兹，雖曰聖水，一勺之多，賦靈于中。端如泰山，膚寸之潤，三日之霖，将于此乎求之。神尚肯來，慰此渴望。

又《迎四龍王行道祝文》　深山大澤，是生神龍。旱魃爲灾，迎之幽宫。聖水一勺，神在其中。甘霖未施，吏罔措躬，旗旄幡幢，往從紺容。願驅妖沴，回禄祝融。願呼群靈，屏翳豐隆。尊居黄堂，指麾成功，膏雨浪浪，黍苗芃芃，策勳而歸，報神何窮。

又《巾子山龍潭請聖水祝文》　《記》曰：天降時雨，山川出雲。然惟神龍所居，則膚寸之雲雨輒應之。郡苦亢旱，祈禬之禮，遍于群神。雲出相望，膏澤未下。竊惟巾子山一郡之望，真龍之所居也。謹命縣大夫修敬靈湫，匄聖水以伸誠禱，願興雲霓，沛以甘雨，以慰渴想，以蘇千里，以示神應于無窮，不其休哉。

又《九龍潭請聖水祝文》　神龍之居，實爲靈山。旱憂吾民，神不得閒，從人之來，奮起幽蟄。來即公堂，杯水可挹，玄雲四興，千畝含滋。爲此澤者，非神而誰。求之于初，萬目所矚，于以将之，其敢不肅？神乎既居，願安幽宫，節宣雨暘，相予屢豐。

宋 陳傅良《止齋文集》卷一二《知平江府沈楑奏五龍靈濟廟乞加封第一位龍王封東靈侯第二位龍王封西侯第三位龍王封中侯第四位龍王封南平侯第五位龍王北寧侯》　敕某神等：朕雖不令祠宫祝，專鄉獨美，至四方長吏有爲吾民請曰：某山川之神，能恵於其方，則褒崇之典，朕靡愛焉，以庶幾古蜡百神之義。矧惟五龍以時節雨暘，功著近甸，雖良二千石雅不言機祥，而具道所以然之故，文詞爛焉，爰錫命書，秩以侯爵，則所以寵嘉神貺，以從民欲者，何如哉？尚終恵之，俾世世享。可。

宋 趙善括《應齋雜著》卷四《祈雨龍王文》　農之播種耘植，非水則不能施其力，神所知也。今三時在候，農事正亟，而雨不降。溝渠已涸，浸灌已乏，民告勤而無補，吏欲救而無術。不禱于神，則吏亦何所施其力耶？惟侯受君爵命，饗兹廟食，當鑒誠懇，陰賜其恵，悠然而雲，沛然而澤，以除民之病，以紓吏之責，此亦侯之職也。俾歲有成，則闔境之民，感侯之恵，永永無斁矣。

又《謝龍王文》　民以病告，吏以誠禱，神以靈報，此日下有相須之理，幽顯有必通之道。粤秋七月，旱則苗槁，民以病告於令，令以誠禱於廟，神意昭格，響答殊效，雖未有報神之功，敢爲歌詩，侑其觴而爲之導。歌曰：雷鼓兮轟轟，舞雲纛兮掉霓旌；電鏡兮業業，耀珠宫兮翻貝闕。翳日烏兮金紫銷，落河魚兮銀海潮。南畝盈兮龜兆潤，木田秀兮蝟毛奮。禾黍兮芃芃，時和兮歲豐。昔侯來兮萬民徯，今侯歸兮千里喜。秀麓兮蒼巒，方池兮翠壇。簫鼓聲兮奠芳酒，香火緑兮期永久。聽吾民兮奏侯功，錫鎮玉兮蒙帝封。

宋 虞儔《尊白堂集》卷三《龍池禱雨》　御府金奩出寶薰，爇來池上定知聞。龍應覆手能爲雨，岫豈無心漫出雲？秧插高田猶未遍，泉流幽澗恐難分。奉常典禮吾方與，毋作神羞。視秩文。

宋 劉過《龍洲集》卷九《七言絶句·三登徑山而雨或曰龍王相迎予笑而戲以詩》 細雨霏霏洒路塵，龍神有意迓佳賔。世間小節成姑息，盍念熬煎烈骨人。

宋 釋居簡《北磵詩集》卷九《禱雨龍詞》 魃奚爲旱虐，亟問海隅龍。山吐四更月，樓敲三叠鐘。天應怜獨苦，年亦豈終凶。霹靂轟平地，霶然足四封。

宋 衛涇《後樂集》卷一九《隆興府吴城山龍王廟祈晴文》 惟神興雨成雲，變化無際。時則爲澤，過則爲沴。方旱而霖，物蒙其濟，方穫而潦，害且不細。嗟我農人，當此斂穧，零雨其濛，終風且曀，并走群望，浹旬未霽，築場納禾。公私所繫，下奪民食，上妨國計，惟爾有神，廟食世世，害於粢盛，胡然供祭，爰即祠宇，肅陳牲幣，亟導晴曦，盡驅陰翳，收斂神功，以須嗣歲。

又《隆興府龍王廟禱雨文》 鸛鳴垤而零雨，望切輿情。龍噓氣而成雲，敬申誠懇。乃四月之維夏，正三時之務農。膏澤少愆，歲事未卜。惟神所宅，實福此邦，儼威靈於今古之間，妙變化於須臾之頃，用遣一介之吏，虔修百拜之誠。願施陰陽開闔之權，亟下風雷鼓舞之令，大爲霖於三日，以加惠於一方。神無常享，於誠少鑒微衷之請，旱不苦禱，而雨庶幾循吏之風。

又《龍潭禱雨文》 兖月之收成在邇，正切望霖；屯膏之沾潤未周，若爲蘇旱。輒指潛珍之所，虔伸霈澤之祈。其始自今，毋時或惰。噴泉溪畔，早騰變化之蹤，報雨峰前，亟布沾濡之賜。歲其克稔，民敢忘休。

宋 許應龍《東澗集》卷九《龍井請水祝文》 龍潜於淵，孰窮變化。天久不雨，敢後禱祈。矧外臺方切於咨諏，而靈迹欲求於顯著。願因亢旱，大霈甘霖，既足既霑，益廣及民之利。至三至再，即膺封爵之榮，已削牘以敷陳，冀垂休而昭鑒。

宋 陳宓《龍圖陳公文集》卷五《延平六月祈雨感應賡林堂長韻》 喚起神龍百里來，中腸一夜九縈回。天心自爲民心動，多謝諸賢舉賀杯。

宋 真德秀《西山文集》卷四九《諸龍潭祈雨祝文》 乃者甲寅以後之雨，距今甫半月耳。炎風烈日，相爲煽薄。故雖下田之水，亦有竭告者，况高卬之地乎？吏有從田間来者，以爲數日不雨，則多稼可虞。自聞斯言，膺肺如灼。盖民之窘於貴糴，于兹半載矣。盻盻焉惟早稼登場是望，以紓其困，以救其急者，非常歲比也。今嘉穀方苗，而膏澤弗繼，一或失望，其將柰何，此某之所以痛心疾首，而有檮于龍君之靈也。郡紱所縻，不克躬詣，而遣官以前。惟龍君之神變迅速，興雲雨以澤萬物，直一噓吸間耳。以一噓吸之勞，而可以救數十萬生靈之命，龍君其肯靳乎？敢再拜以竢。

又《諸廟祝文》 自龍君之来，境内之雨者屢矣。然潤澤則有之，而霑洽則未也。或謂龍之爲神，動則升霄漢，静則安江潭。公庭之煩渫，非所樂也，是用還于靈湫。五龍安濟云靈祠，就伸禱請。今旱勢極矣！蚤稼之傷者，已不可復全，而下田晚稻，苟得一雨，霈然充溢，則尚庶幾中熟之望。龍君亦何靳一噓吸之勞，而不以救千萬人於溝壑乎？菲薦肅陳，以寓誠意，尚惟歆饗，亟副所期。

又《五處龍王上封雷池祝文》 比繇舛政，召致旱灾，有謁於龍君之靈。龍君数不以爲瀆，曰是知過而能自儆者也。入秋以来，屢賜之雨，雖早稼或虧，而晚苗甚茂。儻白露之前，更賜一再之雨，則歲功畢矣。謹命僚屬，且謝且祈。龍君之仁，其尚念之。

又《祭龍壇祝文》 比以時澤未浹，古之雩祀有所謂象龍致雨可考，盖三代之禮也，乃立壇壝，將遍象五方之龍而致禱焉。自北而東，雨已随之。嗚呼！其亦可謂靈也已肆，命邑長祇謝于神。白露之前，更蘄甘霔，迄爲有年，則某將廟而祀之，不敢忘龍君之德也。

又《五龍堂祝文》 五龍之祠，於祀典爲最重。某之至也，嘗命官僚分謁，而未克躬拜于庭，屬以霖雨過度，惕然不敢寧。訊之幙屬，謂王神靈。變化莫測，所當先禱焉，用敢齊心有請。願王以一噓吸之間，豁開陽明，屏除陰沴，留此嘉澤，以時施焉。庶幾穉苗獲全，豐歲可望。某與邦人將戴施於無窮，其曷敢忘報？

又卷五〇《龍湖祝文》 龍湖之神，迺者季春以来，雨弗時若，幾於靡神不舉矣。雖蒙響答，纔數刻而止。田疇之槁，猶自若也。謹按圖志，晋邑之南，龍湖在焉。淵渟瑩徹，周數十里，盖有神物宅乎其中。湖上有祠，靈應夙著。某以城鑰之守，弗克躬造，而命邑尉往致祈焉。謹拜于庭，遥致忱悃。伏願油然而雲興，霈然而雨注，以震耀龍君之威靈，俾歲有秋，而人弗告病，則某之所以圖報者，其曷敢忘？謹告。

又《南峰潭祝文》 南峰龍潭之神同前。謹按圖志，南峰有潭，神龍宅焉。昔在淳熙，有令嘗禱雨。于是，随獲甘霔，灵響著聞。屬兹旱暵，冝控忱請。某以城鑰之守同上，伏願油然而雲興，霈然而雨注，以將我龍君之神靈，俾歲有秋，而人弗告病，則某之所以圖報者，其曷敢忘？謹告。

又《龍潭祠之神》 同前謹按圖志，佛嶺有祠，下瞰龍潭，靈應彰灼，属兹旱暵，冝控忱請。某以城鑰之守同前，伏願油然而雲興，霈然而雨注，以震耀尔神之威靈，俾歲有秋。同前

又《福遠廟祝文》 福遠廟諸位龍王，乃季春以来，雨不時若，幾於靡神弗舉矣，而旱氣彌烈。竊意廟貌之靈，有當躬禱而未及者矣。考按圖志，惟神之居於方爲東所主者，生於位爲辰，其象爲龍。紹興中守臣因旱以請，又有變化飛騰之異。某皆在嘉定，亦嘗致禱，而有獲焉。昨者僅命官僚，而未果親謁，此某之罪也。是用涓日之良，頓首庭下。顧廟雖有號，而封爵未崇。願神昭示威靈，随禱立應，霈然大雨，盡起欲槁之苗，轉凶爲豐，活我黎庶，則某當顯白于朝，衮服命圭，以爲神之報。兹言弗爽，天日實臨。謹告。

宋 魏了翁《鶴山全集》卷九九《再設九龍醮詞》 時澤昭蘇，僅遍畇畇之原隰，陽驕暘梗，又驚滌滌之山川。民易喜而爲憂，物向榮而俄悴。寔繄政事之謬，以戾陰陽之和，斯民何辜？大命近止，敢復憑於馨薦，以荐控於宗祈。黨頼帝臨，不崇朝而遍雨，尚令田畯。乃力穡以有秋。震懼庶寧，瞻卬以俟。

宋 杜範《清獻集》卷一八《龍王祝文》 惟神躍淵升天，變貨無迹，興雲致雨，功用莫測。奕奕靈祠，奠一邦域，屬以常暘，祈禱孔亟。神之格思，随賜甘澤，惜不爲霖未遍，疇陌圩田少濟。山田尚圻，更冀明靈念我矜測，霈然滂沱，南畝洋溢，種蒔若雲，皆神之賜。迄用有年，戴德何極。

又《廣惠王龍王社壇祝文》 比以旱魃肆虐，歲事可虞，遍走百神，用祈甘澤。惟神不以守之始至，未有德于民而厭棄之，爰鑒其衷，有禱斯應，興雲致雨，凡再致三，而意猶未艾也。千耦一耘，西成可望，聊陳薄薦，少荅洪休，更冀時爲三日之霖，高高下下，弥滿充溢，則戴神之賜，其永無窮。

宋 方大琮《鐵庵集》卷三八《城下龍王廟》 自去秋迄今，龍澤之潛久矣。土人以社節爲播種之始。是日。雷雨大作奮躍矣。衢必有妙於變化者，種漸入土，若繼此霑洽，則不至再瀆神聽。今乃上猶潤而烈日燥之，雲欲合而朔風散之，方欲雨未雨之時，儻振其蟄，而神其化，則一呼吸間，四澤皆滿，農用之不竭也。吏與民望神之切如此，神其克惠相之。

宋 鄭震《清隽集·吴江太湖龍王殿》 吾謁龍王殿，龍王在何許？太湖三萬頃，水族龍爲主。離離明月宫，渺渺寒烟渚。天下有旱蝗，吾亦能行雨。

宋 祝穆《方輿勝覽》卷四九《和州·歷陽·龍洞山廟游文清九言禱雨辭并序**》** 慶元庚申，夏不雨，燥風挾日，播植蕉黄。九言涖邑，全椒遍禱莫孚，或言烏江有龍洞山，山出青蛇，神龍之裔，人多崇之。因民之憂，越境躬造。自湯泉入山未百步，有蛇而藍者，遒絶中道。從者喜曰：龍也。凡禱雨類索于山，幸遽得之勿失。余疑焉。夫山川吐雲，霈爲潤澤，盖天地陰陽之氣也。人一氣相爲流通，精神悫惻，乃有感動。龍靈物，能乘陰陽變化，故言興雨，必求之。若可捕也，龍其何神？挹洞水足矣，捕蛇非禮也。既至，酌奠甫畢，忽顧石楯之上，翠鱗驤首，盤不盈握，目光警耀，若竚而竢。衆亦驚怪，奉以潔器，雲陰護行，空濛絲散，用彰厥應。明日，飄潤草木。又明日，簷溜鏓琤，四民喜驩。炷香再拜。餞龍之日，遂大傾注，溪澗充盈，豐登有兆。嘗觀天下至毒，螫莫過虺蝨。江南有號青竹者，修細如筯，螫人若針芒，死者十九，幸而一活，肢膚已殘。今蛇無異青竹，唯弗傷人，以手掬之，夷猶不懼，復能吸酒。盖形雖同，而善惡遠甚，兹爲龍裔歟？古今以来，君子小人，狀貌固同，唯交際而情遂見，蛇亦然哉。蛇本螫類，而慈祥若此，是尤可敬異也已。

湯泉主僧道海曰：蛇室洞傍，弗搜弗獲。今先五里而見，其相迎也。又知世雖我捐而神不余斁也。既感龍君之意，乃爲辭曰：山峒峨兮岩幽，望君居兮大江流。斂變化兮嵌竇，起霈澤兮九州。烏倓倓兮暘空，鼓坎坎兮阿丘。儼裔孫兮戾止，吸巵酒兮嬉游。謂余不来兮盍虔，修澉泉潴兮石洌。老木毅兮枝樛，御雲氣兮顯晦，靈夭矯兮千秋。

宋 吴泳《鶴林集》卷一一《外制·臨安府餘杭縣洞霄宫龍神封靈澤公祠制》 敕具某神：昔景德畫龍以祠雨，天聖塑龍于會靈觀亦雨，繪像尚爾，況真龍哉？方旱魃爲灾，百神遍走而未應。興自朕懷，以黙祠禱，中使未還而甘澤已滂沱矣。建爾上公，對予光命。可。

宋 黄震《黄氏日鈔》卷九四《祝文·五龍王》 天之澤物兮甘雨，龍之上天兮雨下。土配天其澤兮聖主。某雖一尉之微兮，决不忍閣君之澤，視民焦苦。

宋 姚勉《雪坡舍人集》卷四七《迎龍王》 《大禮》：大川能興雲致雨則祀之。瑞有神龍，于潭攸宅，蓋一方之司命。歲且秋矣，不雨害成，焦焉弗寧。艱奏是懼，比邦侯延，致神御祠于郡庭，亦既禱而雨矣。兹百姓重迎之道宫，以祈神其矜而從所欲乎。起蜿蜒于重淵，布雲雱于曾宇，沛澤三日，普施四郊，惟龍君是望，永享祀于兹土。

又《迎龍王祈雨》 嘘雲吐雨，厥惟神龍。王實司之，歎可使豐。不雨月餘，苗且槁死，王食是邦，忍使及此？敢奉神御于梵之庭，靈旗欻來，駕風鞭霆，載霧甘霖，活我嘉穀，感神之庥，曷日而足。

宋 牟巘《陵陽集》卷二二《祈雨詣龍王祝文》 《禮記》謂：山林川谷丘陵出雲氣爲風雨，見怪物者爲神。然則是山之泉，其神而爲龍也。固將嘘氣成雲，伏光景，撼震電，神變化，水下土，無疑矣。越自分龍以來，高原告病，民吁嗟求雨者日甚。若飄灑未足，旱氣頗深，儻如是數日，低疇且見告矣。萬人之命，一歲之計，懸於旦夕。神其忍深閟熟視而不之恫乎？潔誠以祈神，其亟請於帝，驅風霆，出雲雨，振迅之頃，澤遍千里，槁乾胥浹，歲則大熟，吏得以逃其責，而神益以昭其所爲神者。民之報其敢後。

又《送渠渡龍王回廟祝文》 比者亢暘彌月，嘉氣弗効，高原秀稻，日就槁萎。是用致神以來，一意精禱，不敢事語言爲神瀆，豈意神肯顧哀，弭節之明日而雨，淋浪滂沛，越三日未已也。槁者澤，萎者蘇，千里動色，曰維神之功。嗚呼！神勤施于民，其信而可恃者如此！繼自今民其益有所依賴矣。某實不職，三年之間，勤神者再。雖予取予求，不汝厭斁，而某寧不重自媿乎？牲酒斯陳，少伸荅謝，神其終相我穡事，俾汔於成，無有害。某受代有日，尚嗣告於神以去。

宋 陳著《本堂集》卷三六《騷辞·剡縣解雨五龍潭等處送神辭》 稼如茨兮黍與粳，十日不雨兮彼蒼御。龍君兮徽祥，環嵊之土兮雨其滂。焦捲發秀兮摇晚凉，田水泱泱兮秋風香。龍倪歌舞兮飽有望，神之賜兮何可忘？登山臨水兮送將，神亦勞止兮歸安故鄉。

元 王惲《秋澗集》卷六三《謝龍神文》 維至正四年，歲次下丣，夏六月丁巳朔，廿日丙子，翰林修撰郡人王惲，謹以香酒之奠，敬祭于縣西平成鄉龍公之神：矯矯神龍，柄雨之機，亢陽爲灾，非雨則饑。土而力農，乃分所宜。惟百創理，一旱則堕。霈澤在天，屢及我私疇，敢不祗若神之威德也。尚饗。

元 仇遠《金淵集》卷二《七月丙辰迎土山龍王入郛》 秋陽皜皜人皆苦，安得清風掃殘暑。河流欲斷泉脉乾，一望高田變焦土。洮湖白龍迎入城，行道燒香入亭午。青天已響阿香車，平地未見商羊舞。昔時曾説雨催詩，今朝還要詩催雨。願龍速降神力澍甘霖，萬落千村熟禾黍。

元 蒲道源《閑居叢稿》卷二二《謝雨祭金華五龍神文》 惟神珠宫具闕，水府沉沉，無求於世，金華之陰。我以灾旱，吁嗟往尋。罌負勺水，幸神肯臨，應不旋踵，惠以甘霖。祈哀乞憐，罄我之忱，濟人利物，乃神之心。有牲既封，有酒既斟。匪以報德，尚冀時歆。官民餞送，旛纛鐃音，儻有懇請，願賜于今。

又《祈雨祀金華五龍》 升潜以時，雨暘隨禱。今歲夏旱，不能蓺稻。下濕頗苗，隨亦焦槁。遍走群望，日愈杲杲。金華五龍，深淵自寶，靈應昭然，傳聞父老。挈瓶求泉，敢計遠道，安置琳宫，預期灑掃。惟神克誠，豈薄蘋藻。嗟我邦民，殍死莫保。望沛甘霖，天瓢傾倒。滿集溝塍，路餘潢潦。我民送神，旛幢華好。繼自于今，敢忘洪造。

元 許有壬《至正集》卷六九《石龍神祠禱雨文》 伏謂天之所

以生長百穀者，雲雨是先。其行其施，神司其權。今秘厥靈，深潛於淵，遂令恒暘徵咎，龜我大田。嘉穀欲槁，惔焚日熚，嗸嗸疾民，饑饉將癲。神恵斯土，其忍恝然。牧者獲戾，民兮何愆？誠格斯應，肸蠁在前。幸驅屏翳，騰波上天。以降甘澍，渥枯爲鮮。祀事敢怠，欽於永年。

元 宋褧《燕石集》卷一一《祝文・白浮山龍神祝文元統二年二月二日**》** 靈源北導，釃爲河渠，以溉以舟，實利萬世，逮冰斯泮，載通厥流。神其相之，永祐天府。

明 李繼本《一山文集》卷七《禱雨祭龍神文》 維大明洪武二十七年，歲次甲戌，夏四月庚午朔，越十五日甲申，承事郎知保定府雄縣事周士瞻等，敢昭告于五方行雨龍神：蒼生告病，值首夏之旱乾；赤地回蘇，沐甘霖而優渥。溥施元惠，俯慰丹心。竊念士瞻等恩佩朝章，位居邑尹，職在撫字，心切憂勤。茲當平秩之時，適遇乾封之日，憫五稼之初殖，懼沾溉之愆期。方遇烖而歌《雲漢》之詩，乃喜雨而秉《春秋》之筆。望霓而仰傾盆之澤，灌園而釋抱甕之勞。鴻造無私，太平有象，謹陳詞而伸謝，遂致禱以祈庥。伏惟五方行雨，龍神赫赫，厥靈洋洋如在，無致不遂，有感必通。再駕飈輪，重箋玉帝，叱豐霳而鞭列缺，震霹靂而驅蜚廉。月離畢，豕涉河，變化式隨於默運，麥連雲，禾同穎，豐穰尚冀於湛恩，謹以剛鬣庶品，清酌之奠，式陳明薦。尚饗。

明 殷奎《强齋集》卷五《祈雨告馬蒙龍王文》 土地墝燥，民物彫攰，雍之諸縣，蓋莫咸陽若也。一遇旱熯，則束手無措。飢餓轉徙，而莫之恤也。今茲農事方殷，而雨不遂降。宿麥將就槁，而秋田尤不可以墾闢也。吏民相視，控告無所，是用請命于神，以寛我吏責，續我民食也。夫神司民命，然民乃神主，而吏則民役也。民或失所，則神且乏享，不獨有司廢職也。民能事神，神當不棄民。苟斡旋陰陽，時降甘澤，俾民免於飢，而吏與蒙旣，則戴神之功，永永無斁也。

又《六月廿三日祈雨告龍王文》 惟神潛靈清渭，宅是奥區，克庥于人，以有廟祀。今茲大旱，蟲蟲如焚，爲虐已甚。陰雲纔合，暴風簸揚，隨輒解散，穀將盡槁，民且乏食，賦税百役，其何以供？有司震懼，罔所用力，并走群望，未獲嘉應。惟爾有神，民所敬祀，有司不職，無能媚神，百姓可念，宜蒙矜恤。是用奔走，告急于神，神尚有知，俯垂顯貺。

明 鄭真《滎陽外史集》卷五六《龍王堂祈雨祝文》 惟神靈化，周流風雲，倏忽澤遍下土，以生以育。惟時孟夏，三農播植，膏雨不時，瞻望饑渴，禱於祠下。敢忘厥職，願施甘澍，潤及原隰，俾此禾黍，其興如淳，是種是穫，繄神之德。

又《祈雨祭龍王文》 惟神宅是名山，神化周洽，民以旱告，應不踰夕。維時不雨，有妨農業，仰惟靈鑒，普遍膏澤，俾我畝以種以穫，國有常報，敢墜厥職。惟神變化不測，膏澤流傳。維時孟夏，天乃不雨，仰惟昭鑒憫此，悠然沛然，長此稷黍。

明 唐之淳《唐愚士詩》卷四《邵伯鎮龍王廟》 夜合花香槐子肥，廟門人集祭龍妃。靈風洒面雲旗濕，知是朝來行雨歸。

明 葉盛《涇東小稿》卷八《祈雨祭五龍文》 維成化三年，歲次丁亥，四月丙申朔，越四日己亥，某官某等謹封鶵潔壇，齋宿戒飲，率大小將吏，祭于宣府城北五龍之神：乃以春夏苦旱，耕播失時，亦既分禱群祀，而神不見答。旱氣弥厲，烈風日加。邦人咸謂城北五龍君祠比年致禱無弗應者，茲特有求於神。夫神既信於此邦之人，必能終惠於此邦之人。尚念之哉，特與神約。自今三日，期必得雨，雨必霑足，則此邦之人，其報事神，當無怠時，而神之依人，亦將永永有聞。神必效靈降祥，無作神羞。尚享。

明 何喬新《椒邱文集》卷二八《祭文・平陽祭龍文》 旱魃爲祟，嘉穀將焦。遍禱群神，未獲甘雨。惟神變化不測，以興雲降雨爲職者。爰準古法，作神之象，齋戒以禱焉。神其誕昭靈貺，瀉天瓢以沃焦土，宣嘉澤以滌炎氛，則官民受賜多矣。謹告。

又《禱龍湫文》 清泠之淵，惟神之宫。藏雲蓄雨，有感斯通。神飛於天，雲行雨施。或潛於淵，山澤明媚。翼翼靈雨，在山之巔。吏民承祀，罔敢後先。惟茲晋陽，亢旱已極。大田如頳，靡有菽麥。雨暘旱澇，實神尸之。民死幾盡，神胡不哀。膚寸之雲，三日之雨。神苟祐民，厥施斯溥。雷以爲鼓，電以爲旗。千里之內，甘雨淋漓。俾我平皐，芃芃積黍。畀我疲民，嘻嘻笑語。豐年穰穰，敢忘神庥。吹笙考鼓，以薦腒鱐。謹告。

明 張旭《梅巖小稿》卷五《白龍王廟》 一片残碑臥夕陽，水神靈鎮白雲鄉。何當鞭起龍行雨，散作恩波潤四方。

明 羅虞臣《羅司勳集・文集》卷五《祭文・告龍潭文》 維嘉靖十一年六月十七日，建昌府推官羅虞臣，敢告五土龍之神：虞臣等郤乘輿，暴赤日，攬汗徒行，用精禱于爾龍，然所望爾龍，爾龍之職力所能耳，非有雨金飄粟，出乎爾龍之職之外，與力之所弗能者之望也。夫以職求，宜以職應，有能宜以時施。且爾龍號稱靈智，方其董祓告旱。若劘切之不動，呼號之不應，人必以爾冥頑，與蛇虺無異，至謂古傳記所載，凡龍之説皆謾也，安稱所謂靈智者哉？然聞吏有嘗禱於龍，龍亟往應之。所謂劘切之不動，呼號之不應，龍其否矣，豈爾龍之能信於前，而不能驗於後耶？今天旱極，龍其亟以時，肆爲膏澤，以大施於此土，使人皆爾頌曰龍功。龍功能興雲雨，傳記所載不誣，是又吏之所望於爾龍也，爾龍其圖之。

明 孟思《孟龍川文集》卷一八《祭龍王文》 維嘉靖三十六年五月朔某日，浚縣舉人孟思謹以清香楮幣，敢昭告于廣澤王之龍神曰：粤惟天澤均沛者也。今兹恒暘，亦均灾者也。何東西北南，既雲既雨，獨兹浚境旱既太甚，浚必有以致兹灾矣。然窮士小民，寧無一善一良可憫恤者乎？惟神之靈。下上雲天，霈興雨澤，賜之甘霖，以蘇民命，庶不濫及矣。其無位匪司，莫可以迴神之怒戾。然社祈臘報，亦供祀事，謹率鄉耆雩嗟請命，居高聽卑，亦有聞而哀焉，則神賜民生，民亦有以供時享矣。謹告。

明 金瑶《金栗齋文集》卷五《永寧縣旱禱龍王廟謝文》 維神職司水府，治轄龍群，廟食兹永，於今七春，惟永有灾，維神是倚，永不失祀，神不失庇。乃者天旱，曠月彌旬，控訴無所。乞水於神，惟神有靈，應感隨禱，二日而雨，野流浩浩，偃者以立，稿者以生，植杖以俟，四望青青，天而雨玉，饑不能粟。惟兹一雨，金璧萬斛，天而雨珠，寒不得襦。惟兹一雨，五袴疊儲，農歌於野，婦騰於路，頌神之惠，擊壤含哺。惟神之德，廣及普天，澤流於永，豈永所專？某等不德，惟神是式，敢貪神功，以爲己力？跽拜矢言，以告罪愆，惟神福永，香火萬年。尚饗。

明 楊巍《存家詩稿》卷五《七言律・古龍王廟》 一間古廟向黄昏，四壁空瞻土像存。未見歲時供伏臘，猶聞雷雨覆鄉村。沙痕風積香花地，藥蔓秋懸霹靂門。漫説精靈能變化，眼前摇落不堪論。

明 張鳳翼《句注山房集》卷二〇《雜著・龍神禱雨詞》 維神變合金精，化涵水府，八部稱尊，四靈推主，既田見以文明，復雲從而物覩。總乾象八十一鱗，成歲功三十六雨。硯池涓滴，不須告社之黿，馬鬣滂沱，寧事置潭之虎。澤被茨梁，德昭寰宇。維今歲虐，乃遘驕陽，屏翳失潤，禁伯無良，塍疇坱壿，士女旁皇。載歷三春，地匝木仙之指，洊登九夏，衣藏玉女之岡。日有冠而非黑，月無額而不暘。三農未作萬寶，何嘗？某身任撫綏，每懷顛仆，目擊旱荒，敢忘鞠疚。祀雲氣于斗樞，盻月華于畢宿。悵鳴鸛以幾迷，望噞魚而欲瞀．摇摇夕樹，期符少女之占，肅肅朝壇，冀驗木神之咒。鞭陽石其何時，閉南門兮莫救。是用吉蠲致雩，將享求歆，推舉石燒山之禱，竭積薪環艾之忱。六事省躬不敢後，桑林剪瓜，八章憫下，寔有同《雲漢》熏心。維飱在簠，維醴在斟，俯陳白念，仰叩甘霖。倘龍神之有赫，控蜧馭以來，臨庶不霪與不雺，祈如坻而如京。尚饗。

明 吕坤《去僞齋文集》卷一〇《祈雨祝龍王文》 頻年苦旱，百穀鮮登，國稅靡供，民生奚賴。惟上帝仁覆閔下，惟龍王能作甘霖。今值夏長秋生之時，獨靳雲行雨施之惠。循省罪端，寔由某等。葢膏澤不下於民，故亢陽特示之罰。勉修實政，仰荅天心。外所願自作之孽，寧降割於某身，需足之恩，幸蚤及於萬姓。竭誠拜禱，神其鑒之。

明 屠隆《栖真館集》卷三《七言古詩・長歌投包家灣龍王乞雨奉龍伯貞使君命作》 君不聞洞庭彭蠡何砰湃，横絶荆南散霧派。又不聞陵水羅水徵神功，咸陽八水天下雄。官奴城北江如練，夕景朝光常變幻。紅霞杳靄掛城頭，白霧溟濛赴江面。下有百丈大龍湫，空洞深黑不可見。金牓銀題耀日明，龍君高坐霧虛殿。神鼉作柱虹霓梁，水晶爲幰珊瑚牀。武夫繡旗開萬隊，侍女寶袜紛兩行。有時戲挾雷霆下，噴沫飛泉倚空瀉。鱗甲隱隱尾梢雲，岸走巨石屋飄瓦。蹙海聲連地軸翻，燒山光射天門赭。須曳電止波臣閑，依舊清江碧一灣。曾問道士譚經去，亦有高僧説法還。上帝禁方祕丹檢，往往散落行人間。龍君純陽合有道，盻蠁明威累應禱。家家穰田滿汙邪，歲歲爲霖潤枯槁。去年陽九民應灾，幾令千里無蒿萊。所喜郡伯躬雩祭，我知龍君亦見哀。四野連朝雨霑足，農夫鼓掌歲應熟。子婦行看菜色回，閭閻漸見流移復。早禾黄雲登庭除，晚禾赤日愁焦枯。使君投誠向水府，雨師匍匐陽侯趨。澤國多龍住靈境，金沙銅盆及天井。大江復有包家灣，威神相埒功相等。使君好道古至人，手持三尺稱如神。况乃文章重仇筆，將無氣味合延津。新篇一字珠一斛，龍宫得之應見珍。顧我從旁覺形穢，公膂之言何足陳。

又卷二三《疏·上包家灣龍王求雨疏》　某日者以亢旱故，貽書大江以北父老，相共齋心禜雩禱雨。父老得某書，遂鼓舞踴躍祈禱，乃恭詣灣上，請聖疏辭，以某爲首，實不以聞於某，無從蒲服，隨父兄三老之後，百年稽顙，爲萬姓請命。蒙王降靈，臧獲謂主者，不至餘子何爲。某聞之不勝駭異，嘆服王之威命靄爽，肸蠁桴鼓，鑒觀有赫昭昭如此。某虛薄小器，行劣才踈，顧自分一念慈悲惻隱，先人後己，區區之心，從幼有之。設令人饑而我獨飽，人寒而我獨煖，人苦而我獨樂，有如置於水火，坐於針氊，必不能安也。某嘗爲潁上青浦令，先後凡五年有奇。水旱祈禱，詎維竭誠，亦云捨命當爲。潁上夏五月，大旱禱雨，日不應，乃日自曝庭中，夜望空搏顙。至旦，形骸焦枯，神氣惙惙。此時命如懸絲，老母妻孥環哭不知也。若此凡三日，而大雨霑足。當在青浦，春夏之交，淫雨大潦，田禾渰没，下民嗷嗷。某祈晴不應，五鼓起，徒跣至城隍祠，坐淋雨中。至天曙，叟民始覺，時已大委頓，父老抱持慟哭，不爲動。俄而雲散雨止，杲杲日出。凡六大雨潦，六坐淋漓中，咸登即晴霽，卒免水灾。去歲大饑之後，夏復苦旱。某是時雖已家食矣，而父兄子弟疾苦相關，情不能已，登一小樓，竊爲此土人民乞哀上帝，以及龍神，望灣上而長跽待命，霣膝爲紫黑而不休，此王所照知也。而今者夏復大旱，睹此疾疢，某庸得晏然所以不至，爲鄉人徃而不相聞耳？而乃者王遂大章靄睨，訝某之不至。某之爲鄉父兄三老，得無踈矣。是用栗栗祗懼，王豈以某夙昔禱祠，誠切猥蒙注念邪？不然者，以王威德，何有於蟣蠓一夫而重，訝其不至也？悲夫！海上之民極矣！去歲之饑，子婦行乞，肩摩趾錯，餓莩僵仆，川塞涂擁，草無留根，木無完皮，固已大不堪命。令歲復旱，赤地千里，蚤禾將盡，焦枯晚稼。尚未蒔插，萬姓皇皇，朝不謀夕，悲夫悲夫！一歲之饑，民已大困。今歲若再不登，海㬰人類，恐遂盡絶矣。某竊念上帝以好生爲心，龍神以濟物爲德，生民以來，覆載生成，所賴全活多矣。寧至今日，而遂忍令人類盡絶邪！悲夫！下民作過多端，積業深重，降灾示罰，天道昭明。灾令知愢，罰令知改，顯行懲創，害實愛之。帝命神休，於是爲大，然必不忍遂令人類之滅絶也。貧民作過，多爲饑寒所迫，雖曰可疾，亦實可憐。富家奢婬侈汰，瘠人肥己，罪惡種種，即如一遇饑荒，積穀丘陵，日索高價，歲荒日甚，則穀價日高。推其心，蓋惟恐歲之不荒，荒之不甚，以故貧人遇荒，動至死亡，富家遇荒，愈增殷富。罪業如此，宜其召灾感變，水旱沓仍，悲夫悲夫！水旱灾情，富家貧人，同遇共睹，而貧人爲烈。召灾感變，富家之罪，百倍於貧，而饑荒餒死則貧人，非富家也。悲夫！古人有言：『終歲不製衣則寒，一日不再食則饑。』某雖爲廉吏，家無負郭田，終以託身衣冠之末，幼有文字之声。日營一日，歲度一歲，裘葛充身，藜藿充口，幸不大至乏絶，常私感天地神明芘佑之恩，而裴佪四顧，遠近人民，迫於饑寒，濱於死亡者，莫可僂指矣。悲夫！朔風皴肉，嚴霜砭肌，而苧練不完；单衣破盡，酷日灼人，炎塵鑠體，而餓眼生花。饑腸殷雷，欲生無計，求死未得。父母怨嗟，妻孥對泣。某每披衣而緩衿，臨食而癈箸，低回太息，不能爲情。甚至爲饑餓驅逐，出門求食，盡日無有，腹枵声咽，忽然什地。以今觀世人飽煖安樂者，十不能二三；饑寒死亡者，十殆有七八。某常解身上之衣，吐口中之食，以少爲貧窮地，如以一滴沃陸海，其何能濟。而展轉哀憐，無時不恫予衷。夫某白地凡夫耳，猶時爲此世界人民哀憐隱惻，不能已已，其在龍神，宜當何如矣？夫衣食者，人民之所甚難，而雨澤者，想龍神之所甚易也。以祈甚易，濟所甚難，某願王之亟留心也。即令下民應灾，上帝禁雨，王亦乞以小民死亡之狀，疏奏於帝，帝亦必惻然動念。臣某與帝，遂王與帝近，并望以臣某哀疏轉聞於帝，帝或亦不深罪，即罪及臣，其於王無與也。情切冒陳，不任皇恐，悚息待命，一二日内，望雨澤至矣。

又《投包家灣龍王求雨疏》　維王鍾英宇宙，誕德山川，潜曜弢光，揚靄顯德，順斗罡以達化，佐上帝以行權。推神炁之車輪，握陰陽之機棙，蟄藏則滅影銷声，一真混沌；奮迅則包陵蕩谷，六合奔騰。忻喜則風恬日朗，鈴管笙簫；震怒則電掃飇馳，旌麾羽騎。天門上下，倏忽千回，震旦逞來刹萬里，興雲雨而恩澤。惟時，在在之祈求必應；潤枯槁而蒸民。乃粒；歲歲之，功德無疆。纖雲起於寸縷，僅半餉而穹昊，彌滃微波，傾于一杯，不崇朝而大地霑足，自非玄妙入神，清虚證聖，曷克臻此者哉。是以虹梁鼇柱，仙都之界，壯于皇居。金牓銀題，水府之宫，耀于天日。霞爲棟，雲爲窻，絡索間珊瑚之網；玉作牀，珠作帳，流蕤控瑪瑙之鈎。風鬟霧鬢，鮫綃之侍女三千；電舌星眸，犀甲之武夫十萬。雕胡飯進玉饌之羹，堂下鵝笙侑食；水晶盤劈銀絲之膾，階前鳳吹傳觴。道士登玄珠之閣，繙經而講長生；主人坐夜明之樓，爇香而執如意。爰欽清都，上聖永延龜鶴之齡；轉悲穢土，下臣目促蜉蝣之晷。切維徃年雨潦，五穀不登，今歲饑傷，萬民無告。今者藉王寵⿱雨弱，歲以有穫，脱民枵餒，幸及食新，而脱禾未登，天道亢旱。司牧愍旱，固嘗疾首而星馳；野夫憂慮，時亦累齋心而露禱。某既仰陳功德，以王⿱雨弱而告彼郡侯，復俯竭庸，愚譔蕪辭，而獻之王所。伏乞大彰⿱雨弱爽，普惠甘霖，蘇我槁苗，肉此枯骨，仍賦長歌一章，敬呈觀覽。某不勝皇恐屏營之至。

又《由秦集》卷二一《祭神文·祭張龍王文》 維神乘雲躡空，呼吸陰陽，吐納靈潮，鼓鑄萬品。德莫玄焉，功莫鉅焉。始自李唐，迄我皇朝，昭明一日也。戊寅之歲，歲大旱，隆齋宿敬禱於神，神不以隆爲菲薄，幸惠顧元元之民，降以甘雨。雨乃時四郊霑足，萬姓欣藉，神体大哉。隆又敬用不腆，偕邑博士，若文學諸生，若千夫長、百夫長，若父老子弟，頓首祠下，用陳謝悰。神爽在乎，風肅肅來矣，始與神約，重修廟宇。隆當躬率邑人，伐木畚土而來，不敢卒負。

明 黄克纘《數馬集》卷一五《龍潭禱雨》 龍王宫殿碧潭深，臥映明珠秋正沉。我欲題詩驚龍起，乘雲飛去作甘霖。

又《得雨投謝龍潭》 深秋龍臥已多時，忽聽人間喚雨師。躍入天門雲氣合，等閒平地見淋漓。

又卷一六《夏日龍潭禱雨》 誰云灤水有龍蟠，空設靈潭禱雨壇。若識歷山農父意，爲霖初夏未應難。

又《得雨謝龍潭》 潛龍一躍便飛天，雷動雲蒸雨沛然。欲答神功無奠瘞，裁詩爲報太平年。

明 祝以豳《詒美堂集》卷二二《烏龍井廟募緑疏》 葢聞青驄躩地，一滴爲宇宙之霖；皓髮臨淵，七日漲昆明之水。豈黑本水屬，凡善雨者，必推烏龍。而龍以水神，被咒水者，率從龍濼。吾鄉去海三里，而近有烏龍井廟。昔聞黑馬跑地而得泉，後人因泉相地以建刹。西騫鳳嶼，東枕鷹峰，大海洸瀁以滙南，千山岞㟧而倚北。天輸神瀵，既窈窕以静深；地啓精廬，亦莊嚴而偉麗。誠鹽官之名區，而東南之福地也。邇者邑侯郭公憫旱魃爲殃，齋七日而躬先步禱，致甘霖立澍，溥四境而望慰力耕，斯實吾侯澤物之仁，格於蒼穹，以致彼靈如響之應，通於玄漠。顧百年琳宇，盡傾四大之風即丈六金身，難免五濁之刼。致黔黎之榮禱靡式，抑緇素之皈禮何堦？侯復俯順輿情，首捐俸帑，於是僧明正等憫玆甌脱，誓刱旃檀，遍告有情，勿謂布金爲有漏，倘能無恡，即是種福於無邊。水母且因之效靈，蓮開火宅；國王亦爲之助順，寶聚恒沙。苟辦信心，奚煩饒舌。謹疏。

明 黄汝亨《寓林集》卷三一《禱龍王之神文》 惟神效靈江海，膏潤萬方。某下土之吏，奉職無狀，獲戾小民，獲譴上天。天乃困茲下民，當茲農種，亢旱浹旬。民憂無秋，怨咨遍野，下吏惶惑，無所用禱。有司之辜，民則何罪？亦既率屬丞、簿尉、博士、父老、子弟遍告城社，群祀諸方靈神，亦莫不索，焚修禱祈，亦罔不至，神若罔聽。恭惟上清體帝好生，悲憫下土，資始道力，斡旋玄工，驅役風雨，靈應川瀆。敢率官吏人等，致心齋沐，北向再拜，乞神垂慈萬命。時乘九龍，輪一滴水，普八功德，潤枯越稿，宏沛甘霖，來蘇其咨之民，稍逭怨恫之罰。某等不勝哀哀祈懇之至。謹疏。

明 羅大紘《紫原文集》卷八《禱東羅約絲潭龍神文》 惟龍之潛居兹潭，與潭之淵停噴薄兹土也，未有顯名于世。夫龍惟奉時令，布雲雨，潤物澤民爲職耳。名之顯不顯，于龍何恨？顧名不顯，則靈不彰，而下民之奔走，有司之禱祠，神巫之歌舞，遺東羅而不之，亦有識者之所不滿也。今歲春夏之間，寒雨傷苗。五月初旬，播植方終，晴霽十日，禾稼政榮。一雨之後，甘霖頓絶。且米價大湧，小民多飢。救濟無力，而泉源漸涸，流布不周，乾田之稻，已盡槁死，有源之地，僅存十三。夫民以食爲命，食以稻爲本。假令僅存之稻，槁而不熟，則民食何賴？民生無聊，孑遺之怨，豈獨在周？閭里皇皇，惟填溝壑是憂，戾夫爲之流涕，況乎上仁？又烏能已。紘不自量淺薄，妄爲衆生請命皇天，禱祈崇仙觀之北山，而有事于茲潭也。《書》曰：『大旱，汝作霖雨。』此時而深卧幽冷之宮，不自振奮，以解赤土之難，亦無爲貴龍矣。龍誠有知，聽紘之禱，行帝之令，含元氣，乘雲霧，杖雷霆，而大敷施雨澤，以活我生民，則功德存乎桑梓，名績書于天府，山水載于志乘，九邑之人驩呼祝誦，與瀟瀧鄱湖并垂無窮，此亦龍之利也。紘今與龍約，此時惠降靈源，還至法壇，從東羅至崇仙四十里，而近陰雲隨行，泧壇之際，霖雨驟降，自未至酉三時不住，溝洫洋溢，溪澗充滿，時維龍之功。若過期不雨，即雨或疏促無當，我輒毁壇仆旛，散神逐巫，以明茲潭之非有龍，與龍之無靈，惟神財之。茲以生香、茶酒、楮幣，沈放潭水，充龍供養，惟神忻受。

明　高攀龍《高子遺書》卷一二《告龍王文》　直隸常州府無錫縣高攀龍，謹齋戒焚香，告於龍王之神曰：天下之物萬矣，惟龍則謂之神龍。夫物則不神，神則非物。龍亦物也，而謂之神者，豈非以其能上下天淵之間，使雨澤之時行，輔陰陽之不及與？不然，則吾見其無以異於魚鱉之族，而有無不足爲世輕重也。邇年霪雨爲灾，五穀不登，東南之民，饑而死者十之一二，疫而死者又十之一二。今天復不雨，苗將槁矣；更五日不雨，苗當半槁；十日不雨，則苗盡槁。公家之廩已竭於上，私家之蓄已罄於下，迄於明年，民當十而死八九矣。去冬，天子仁惠，大約捐東南田租之半。今年復不有秋，天子將復捐其半乎？則所不捐之半，亦無從出也。將盡捐之乎？則國賦無從出也，而亦無救乎民之死亡。夫天下之田，天下之人所待哺也。東南之田，非獨東南之人所待哺。天子六宮妃嬪之膳，百官之食禄，以至沿邊戍卒之餉，皆待哺於此。東南而復荒，則吾不知其勢之所終也，以爲國運自此而傾乎。則天子明聖，宰相和同，無紛更叢脞之擾，未宜據絶於天，何民之困一至此也？古人有言：居廟堂之上則憂其君，處江湖之遠則憂其民。攀龍進不在廟堂，退不在江湖，而日夜戚戚皇皇，既憂其君，又憂其民，無可與告者。不得已告之龍神。夫神龍也者，能上下天淵之間，使雨澤之時行，輔陰陽之不及者也。神則無不在，匹夫匹婦之精誠皆足以感觸之，誠有鑒於一念之精誠，三日之内，大沛甘霖，易四野洶洶之情爲欣欣之色，則龍之爲神昭昭矣。謹引領以望。伊川以河工成，非龍女力。先生以亢旱籲龍神。河工，人所爲也。歸德於龍，則懈勞人之心。靈雨，人所不能爲也。業有以僭致恒暘者，在田之大，人姑以此致無聊之思。焉。況也《雲漢》呼天飛龍之事，古人視天，人神相感之際，有如一氣之通者。

明　倪元璐《倪文貞集》卷五《擬碑・奉敕擬撰巨馬橋龍神祠碑文》　朕聞聖王先成民而後致力於神，故凡物不足以安大衆則不舉焉。若有功烈於民，雖冥棲淵沈，必求其靈而報之，古之制也。出畿南百四十里，古涿鹿之野，天都砥矢之觀，八境輪蹄之會，有橋利涉，曰巨馬。歲久日深，霖摧波嚙，剥圮蕩然，僅存基碣而已。方時凍涸，褰裳可從，及其春霆作波，秋颷騰滂，危湍箭激，闊岸霄分，望洋結行子之悽，鼓柮駭陽侯之怒，朕聞而痛之。昔孟軻非鄭，是興溱洧之譏，晉武平吴，遂起富平之築，杠梁以時，王政之著者也。然朕不欲問帑少府，迺悉索宮儲，命官致工，自某年月日，至某年月日而成。橋高如千丈，延亘如千步，堅緻壯闊，視昔有加。朕又念水失其歸，則踶觸時作，詔使分流，出渚納於巨河，倘亦善建不拔者矣。先是凡三築輒圮，既成，人以爲異。朕曰：『其神於茲土者，可祀也。』吏乃上言龍神之靈。夫龍陽德，而列職於陰，其處於水，則亦有分上焉。考漢以雍州諸水近天子都，加車乘駵駒以祀。今涿去都咫，而神著靈如此。夫朕之臣有讀書行義，冒險畢忠，功施於民，而捍其大患者，朕必畀之。上賞於神，則庸靳乎。昔禹怒無支，武懟河伯彼頑既譴，此勸宜旌明矣。是用封神爲某，爵錫之廟貌，亦若吏堂皇以聽也。嗟乎！朕務開仁塗而濟天下，懼猶未能，神則相朕，使河清道，夷民終有慶。《易》曰：『可用汲王明，并受其福。』言水德之可循，幽元之有錫也，豈有如國僑之云我無求於龍哉？立石勒銘，傳諸永世，冀三光爲配，四瀆并垂云爾。銘曰：『天府巨津，視履所萃，有轟其梁，以舉厥墜。誕周浮黿，嗤唐卧虹。載其熙攘，我軌攸同。晉臣舉觴曰：天子聖予，則何有神實？予聽包靈王海列職，臣波淮渦不舞，瓠子無歌。有嘉斯績，崇封進之。搆楹飭俎，範其雄儀。國靈歆蒸，神光焕發。於萬斯年，視此銘碣。』

**明　張國維《吴中水利全書》卷二七《祝文・林應訓開江祭龍神

文》 惟神職司利濟，永底民生，分方奠位，以赫厥靈。惟是震澤東南，具區三江，既入旮墊攸除，歷年既久，湮塞靡常，疆畝泛濫，稼用弗臧，時浚時於。詢諸僉謀，咸謂長橋實係咽喉。長橋既辟，爰及吴淞二水，安流三江，遂通予膺簡，命相厥地宜，欲復故道，實首於兹。穆卜良辰，大工伊始，繇湖及海經三百里，總總林林，億兆生氓，我實董正，授之規程。念兹力役，實惟佚道。俾相勸勉，神之大造，我憂風雨，重以祁寒。惟恒暘燠，神錫之安。凡此疏浚，曰天子命，惟神效靈，惟民從令，凡我官屬，恪勤敬承，敢有怠事，神其糾繩，祈兹収功，不疾而速。國裕民殷，并受其福。謹用牲醴，式申虔告，遹觀厥成，永言食報。

又《林應訓又祭龍神文》 三江既入，神禹之功。震澤底定，於吴則通。惟此東江，久湮不治，水源壅閼，爲民之厲。天子仁聖，軫念東南，疇咨元宰，群謀是參，臣未巡行，恭承簡命，夙夜祇慄，勉圖報稱，鳩工集事，役不踰時。相其土宜，疏以導之，百川可安，三農無害，匪臣之勞，神實大賴。漢塞瓠子，歲久始平，豈如今日，俛仰西成。君相同心，荷兹靈貺，臣亦遇合，職幸無曠，自今伊始，必屢豐年。大府所儲，仰給於田。水常潤下，河不溢流。降福穰穰，以奠千秋。神協人謀，敢不報賜。合樂陳牲，告虔明祀。

清 閻爾梅《白耷山人詩文集·詩集》卷四《分水龍王廟》 世無酈道元，誰爲《水經注》。乃能窺源流，南北分雙路。南北各行數千里，七十二泉相母子。舟楫往還難易，均國家命脉生于此。命官治河屬大臣，鍬鍤勞勞，夙夜勤。不然錢穀百萬，艘安得空。言乞鬼神，鬼神有功，亦有罪視，彼河臣忠。與怠圭璧枉沉，犧牲死風濤，無恙年年在。

清 吴偉業《梅村家藏稿》卷一一《後集四·五言律詩·南旺謁分水龍王廟》 鱗田往來中，靈奇奪禹功。平分泰山雨，兩使濟河風。岸似黄牛斷，流疑白馬通。始知青海上，不必盡朝東。

清 曹溶《静惕堂詩集》卷一五《五言律·分水龍王廟》 劈流資利涉，設險頌神功。陰火雲旗下，蘋香貝闕中。蛟螭森畫壁，沙土潤靈風。所遇多奇迹，吾終逐轉蓬。

清 彭孫貽《茗齋集》卷二《精嚴寺見祈雨祠龍者》 清凉来古刹，随喜住孤筇。幢影摇晴靄，經聲静午鐘。法蓮生旱藕，鉄鉢瘖雩龍。稽首楊枝佛，天花雨石淙。

清 彭鵬《古愚心言》卷一《龍潭祈雨疏》 康熙二十年秋八月十一日，莆人彭鵬謹告於壺公山龍潭之神曰：今者走群望而莫之應也，相率而祈於爾。噓氣成雲，惟爾之能，其竄匿古木及簷楹則爲乖，惟爾不職，爾之族有角曰虬，無角曰螭，皆得請於天。爾若聚族而辭曰：秋分入於淵，自遠於天，而莫得請。然吾聞董仲舒，漢儒也，《繁露》載稱：秋求雨以庚辛日，爲大白龍一，長九尺，爲小龍八，各長四丈五尺。其間相去九尺，鰥者九人，齋三日，服白衣而舞之。夫取其象若葉公之畫也，猶足以興，而九人致齋，猶可以祈，而况至爾之潭，呼爾籲爾，不似葉公好爾，爾下而却走也。又凡貴者賤者，賢者不肖者，致齋同日，殆不止九人然也。惟爾興雲致雨，救此焦枯，不爾將登而請諸蝌井，井以蝌名，潭以龍名，潭大而井小，萬一觸石而起蝌尸，其能使人謂大澤廣淵，嘗出雲氣，其説皆誕。而井谷射鮒甕敝漏，且得向爾而驕語矣。而爾若又有辭曰：雨禁封江湖，擅用者無赦，能爲孫居士見救則可。是爾之能，上諉於天，下諉於人，交諉而終莫恤也，此方之民可奈何。

清 李繼白《望古齋集》卷四《七言古·龍王堂觀小兒祈雨》 旱既太甚日當午，金石銷流沃焦釜。我來看山拜龍堂，攀緣下馬天尺五。削壁有泉穴堂下，云是神物出没宇。前有方池涓涓流，朱魚緑藻清可數。祠上小兒十百群，喧聲裸體伐靈鼓。山僧列椀爲傳餐，須曳角盡商羊舞。此輩塊然鮮知識，至誠須恤蒼生苦。虬松盤偃勢搏人，謖謖寒風入耳聞。巉巖怪石驚欲落，吞吐萬變爲出雲。空潭深深如太古，俯視下地氣氤氲。嗟呼！誰爲霖雨，遍商郊洒，此天下枯稿，而待澤於此山之猸。

清 張雲章《樸村詩集》卷一《古詩·分水龍王廟》 龍宫鬱岧嶤，瞻拜肅上頭。正臨鵝河口，百道泉紛糾。未須嚴涇渭，先與分波流。上水輸京國，下水潤諸州。惟神司其閒，萬古長悠悠。

清 陳夢雷《松鶴山房詩文集·文集》卷一五《奉天龍王廟慶誕碑文》 蓋聞東方七宿，爲萬靈之尊，東海一區，實百川之長。盛京星屬尾箕，壤連溟渤，龍王之神，宜其宅焉者也。我皇上聖武，旁昭百神，受職邇者，玉輦所經，五風十雨，神庥所被，行將書大有而慶盈寧矣。城之西，舊以井泉感應，建龍王廟。里人歲以季夏望前之二日，爲神誕辰，釀金置樂，集優人稱祝，而廟住持僧董其事。夫神體陽德，而乘元氣，噓吸風雲，以陟降太虛，宜若不屑人世紛華劇戲之爲者，然于父老崇德報功之意，則曷可少焉？且以見海宇昇平，民物蕃阜，而陪京根本重地，比户可封，歌豳擊鼓，幾忘帝力于何有，吾知神一顧之當莞爾者矣。然則是舉也，以卜鴻圖之奠。于磐石而廟食，亦并未其馨香，敬以此意爲神，進萬年之一觴。

清 陳儀《陳學士文集》卷一二《祭龍神驅怪文》 惟天子至仁，心上帝之心，事下民之事。特命怡親王興修畿輔水利，惟王奉上意，竭誠而致行之，乾乾翼翼，寤寐弗釋於懷。惟下民受上恩深厚，黽勉趨事，罔敢言勞。長堤之役，涉波負塗。尺積寸累，朝夕惟風雨是憂。用祈貺于明神，惟下走儀，適以其時至，實懼且憂。率畚鍤之夫，而虔禱于堂下。神如佑諸，則以分龍日無雨爲應，惟神奉若天道效靈于天子，自是歷三旬不雨，以無墮我成功。今七十里長堤，屹然波中者，皆神力也。而善來營之西，洄流漩洑，波濤險怪，倏忽起滅，實有物以憑之。頹岸十餘丈，隨補輒壞，至于再三，水工爲之束手，足以上厪王慮，遣官遠來，將欲分流複埭，以避其勢。夫明盛之世，百靈效職，兹何物怪，狡焉思逞，是敢于違天慢神，妬禹工而病堯民也？蟻穴可潰金堤，矧此異類偪處岸側，憑陵水勢，蕩齧土工？不亟屏除，終爲大厲。用敢昭告于明神，仰藉威靈，驅之遠徙，期以三日，群醜盡行，俾瓠子之安流，庶宣房之永固，馳聞朱邸，上達楓宸，必將褒答神功，崇其廟祀，惟神鑒之。

又《祀龍神祈晴文》 惟天子大聖，奉天之道，而致力於民。特命賢王巡行郡縣，興除水利害，區畫條理甚備。百靈效職，唯神之功甚茂而章。方六月水大，至下民之執役者，望雲而咨，願假晴霽。旬日乃自分龍不雨，至于浹月，環視鄰邑，潰防決岸者踵告，惟兹長堤蜿蜒，洪濤巨浸中，尺寸累積，豕塗燕泥，其勢不烈於此矣。迄無墮我成功，豈人力也哉？堤以內秔稻二百頃，半已登場。精米之在市者，斗錢二百。災祲之餘，人裹其腹，皆食神惠也。而善來營物怪憑流，洄漩頹岸，仰藉靈爽，近已順安，萬口嗟異，僉曰神寔驅之，凡兹顯灌，儀不敢隱，具以報王。今堤工幾告竣矣，比日陰翳，日氣不舒，時有凄雨。乘以冷風，人夫寒栗，何以出入波中？取塗泥而致之堤上也，工作有程，欲已不可，欲速不能。八月行盡矣，九月肅霜，我功如何？夫憫小民之勞，增其傭值，而邀惠于王者，下吏之職也。司風雲之變，假我晴暘，而得請于天者，明神之力也。當大雨時行之會，尚能掃豐隆，驅列缺，鞭雨工而去之，況兹太昊執矩之日，秋陽發光之候乎？唯神歛其噓氣，扇以清風，杲杲日出，溶溶波暖，民氣奮樂，康功用迄，荅賢王昭格之誠，膺朝廷明禋之典，豈不偉與？下吏儀願充祝史，虔告于明神，惟其鑒之。

又《祭黑龍潭龍神祈雨文》 使行將去矣，愆陽熯虐，良苗欲焦，蝝已成蜚，此長吏之憂下民之病也，使亦何言？且前年夏，曾苦旱矣，使走以告，大神鑒之，旋雨。去年夏，又以旱告，則又雨。連二歲大熟，使疏神之德，將啓厥宇以報，而是邦之人，莫我肯從，迄用闕焉。今使行將去矣，方惄然負疚之不遑，抑又何言？雖然大神之潛靈於此，毋亦唯是恭帝之命，作鎮是邑，布天澤而滋萬彙，驅風魃以福兆人，用修我職焉耳。塵衆蚩蚩，其□以報不報爲喜愠也必矣。然則使之職亦詎，宜以去不去爲語默乎？若是則不敢不言，且使之待罪於此四年矣。其有怠君之命，慢民之事，營身之圖者，大神久已厭而絶之矣，其尚聽從其言，再告而再應之與？而既已聽從其言，再告而再應之矣，是鑒其生平無有怠命慢民而營身之圖者，則豈以其將去也，而遂不有其言，而不一聽從之也。若是則愈不敢不言，用是恭詣靈湫，再拜稽首而言曰：愆陽熯虐，良苗欲焦，蝝已成蜚矣，可若何伏？惟大神布天澤以滋萬彙，驅風魃以福兆人，以恭帝之命。敢告。

又《祭陡河龍神謝水文》 嗟我田工，惟水是資。滔滔靈河，實灌注之。決渠成雨，我町畦。雖有愆陽，挹注無虧。人事之修，以補天時。田之待營，利專在兹。今我蒞止，弗雨五旬。禱而罔應，憂我農人。雖有涓滴，只以浥塵。種播不芽，苗槁不新。河流日减，曾不盈涓。藉以沾濡，杯水車薪。爰走唐山，虔告明神。天澤之施，閟兹一域。雨禁絶重，則不可得。河水恃源，其出曷極。黝黝神湫，韜涵莫測。湧雪噴雷，誰能斬塞。盈我河流，及我溝洫。用代膏雨，維神之力。歸來十日，望水如恩。夜聽蛙皷，朝驗波痕。何期神惠，果我願言。初驚湍激，漸喜波飜。盤渦旋轉，怒浪霆奔。黑蜧跳擲，赤鯉騰騫。埭失舊岸，遏没孤根。我喜伊何，失雨得水。以引以溉，挹茲注彼。以節以宣，分疆析理。嘉種斯苗，良苗亦起。神澤旁流，農夫受祉。迄用康年，以報天子。俎牲釃酒，敬奠河干。瓣香嗽詞，用告我虔。遥瞻嵐岫，雲氣連蜷。祈既有感，報亦宜然。莫深匪淵，莫高匪天。誠之所格，神其賁焉。

清 揆敘《益戒堂詩集·詩集》卷五《分水龍王廟》 汶水出原山，東馳歸尾閭。人力遏其流，西南注漕渠。滙爲南旺湖，衆泉之所瀦。地高南北下，建瓴屋脊如。灌輸引一綫，分流濟國儲。其三下青冀，其七趨兖徐。神功資冥祐，鎮以潛靈居。吾來攬遺迹，想象疏鑿初。謀國捌石畫，萬古知有餘。安得覯斯人，坐使河患除。仰紓饑溺憂，不復嗟淪胥。

又《後集》卷三《分水龍王廟》 啣尾糧艘運道通，飛帆來往見奇功。衆流盡滙澄湖表，兩派平分急溜中。鼠竄古祠寒映月，鴉鳴高岸怒生風。司空事迹垂青史，水伯年年報祀同。

清 桑調元《弢甫集五岳集·恒山集》卷四《詩·龍王廟》 烈日土龜坼，蚴蟉龍氣升。油雲罩霄漢，注雨盈溝塍。四種禾盡熟，屢豐歲畢登。銀壁畫夔跜，華榱聳崚嶒。廣輪仰滂沛，尺木横憑陵。山村賽火赤，社鼓鳴鼛鼛。

又 卷六《詩·龍王堂》 丹青畫壁起龍堂，雲氣氤氲正繞梁。六月甘霖喜沾渥，三秋爟火賽熒煌。靈山洞壑潛螺女，遙海樓臺接蜃王。猶有雨工沙上集，傳芭匏管奏洋洋。

清 尹繼善《尹文端公詩集》卷七《恭和御製惠祐龍王廟元韻》 展禮酬靈貺，惟寅命秩宗。神功襄帝力，廟貌映山容。相度煩咨儆，宣防賴協恭。祥雲能作雨，出岫自從龍。

清 楊錫紱《四知堂文集》卷二八《祈雨告福湖利農龍神文》 惟神位鎮湖湘，職司行雨，爲憲皇所分封，實農功所利賴。今錫紱奉天子命，來撫是邦。下車伊始，即雨澤愆期。曾率同在城文武，於月之六日，虔禱於神。雖賞獲甘霖，而爲時甚暫，霑足未能。越今二旬，徒見陰雲之布，未蒙惠澤之施。瞻彼中田，殆將黄萎。夙夜憂懼，莫知所措。豈凉德之躬，不堪撫循重任；抑政事之行，有乖土俗民情，以致上天降譴，旱魃爲灾。然紱竊思之，如紱行負神明，則殃咎之來，宜加紱身，百姓其何辜焉？用是再率文武屬吏，竭誠懇籲。惟神念民之所天，厥惟五穀，時將仲秋，勢難再待，默運神通，挽回造化，大施解澤，立沛甘霖。起既槁於隴上，彧彧芃芃，懷新秀於田中，與與翼翼。則湖湘士女，莫不食神之貺。如五日不雨，則穀用不登，豈惟無以上慰聖天子粒我烝民之意，即神爲國家調燮陰陽，捍灾禦患，惠此一方之職，毋乃亦有所缺。至紱之曠廢隕越，又無論也，惟神其鑒之。謹告。

（雍正）《畿輔通志》卷八《宸章·聖祖仁皇帝·黑龍潭重建龍王廟碑》 《傳》曰：神有功德於民，則祀之；能捍大患禦大灾，則祀之。非此族也，不載祀典。朕自御極以來，夙興夜寐，惟思稼穡爲小民之依，所期時和歲豐，嘉生樂育。然年穀順成，雨澤是資。《詩》曰：琴瑟擊鼓，以祈甘雨。信乎天心仁愛，亭毒萬物，而協靈効順，優渥霑足之應，皆有神焉以司之。亦如分猷布澤之無敢曠厥職焉。距京師西三十餘里，金山之麓有潭，泓然以深，不泛不涸。前代時以亢旱禱望其地，輒能興致霖雨，因名黑龍潭焉。潭之側，倚山瞰壑，舊有祠宇，以祀其神。朕數以祈雨，駐蹕於茲。爰謀式廓其廟貌，以昭靈貺，而敬民事。今者四郊之内，雨暘時若，歲登大稔。工適告成，惟神之功德，實能膏澤田疇，以福庇生民。揆諸捍患禦灾之義，莫大於此。用是勒諸貞石，垂示無窮，寧不偉歟。

清 全祖望《鮚埼亭集》卷二四《碑銘·碧沚龍神廟碑銘》 明道先生行狀云：上元之茅山有龍池，其龍如蜥蜴，而五色。祥符間，命中使取二龍。至中途，中使奏一龍飛空而去。自昔嚴奉以爲神物，先生嘗捕而脯之，使人不惑。及朱文公，之高弟滕達道爲鄞，慰文公嘗叩以天井山五龍靈迹之果否，則文公亦疑之，而未敢遽以爲妄。若吕忠公來鄞，力詆阿育王山龍井之誕，葢大程子之緒言也。愚考唐白香山新樂府黑龍潭詩，極言祀龍之謬，已出大程子之先。雖然龍之爲靈昭昭也，其在經則見於《易》，其在傳則見於《春秋繁露》。諸書作雲施雨，不可以爲誣妄，而造物之變化，亦有不容盡以儒言斥之者，此類是也。夫陰陽愆伏而爲旱，陰陽和而爲雲雨，以常理推之其故，皆由於二氣䫉茲，庶物何能操其權？然而詩人之嗟。旱也，則歸其咎於魃魃，果何物遂能致旱？及考之圖譜，誠有所謂魃者，非虚假之言也。謂魃尚能致旱，而龍不能致雲雨，則固矣。夫感天和，恤民隱，苟實有如成湯者，豈畏乎魃，亦豈藉乎龍？

然有中和位育之功，則盡人性，以盡物性，不祥之魃退聽而至靈之龍効命，正不必謂其無也。不然則古人雩禱之禮皆可廢，而《詩》所云靡神不舉者，不亦謬耶？特愚民惑於此，而妄以徼福，則有如白氏之所譏者，或曰：然則其得取而脯之者，何耶？曰：天下無不靈之龍，而未嘗不爲人所豢，故亦未嘗不爲人所醢，古有之矣。然因此而謂龍之非靈，則不可也。即以吾鄉天井之龍言之，有求於山者，或得蛇，或得蜥蜴，或得蛙，皆能有驗。顧前明太守林夢官祈得蛙不雨，手刃之而雨，是殆即變置社稷之説，而究之，得雨則未可謂其于旱潦無豫也。碧沚龍祠，即阿育王龍神之行館，浮屠以爲護塔之神，此妄言也。若其靈之著，足以庇民，則見於舊碑多矣。顧予家在祠右，每入祠，見座中衣冠像設，殊爲不根，天下亦豈有龍而人者？乃與里社諸公議，以木主代之，而爲之銘，其詞曰：南湖白龍輕去其鄉兮，西湖靈鰻來洋洋兮。寓公涖止城中有光兮，育王金沙時携將兮。五龍更番降神幢兮，作雲施雨嘉惠敢忘兮。伐鼓考鐘十洲滄茫兮，南湖白龍輕去其鄉兮。曷歸乎來同翺翔兮，不見淵靈香火未央兮。

清　沈維材《樗莊詩文稿·文稿》卷七《祝文·龍王廟祈雨疏》

惟神威臨下土，有感皆通，澤沛中天，無求不給，五風十雨，只祈調爕，得宜九府四州，何致流離失所？桃汛之欣看無恙，方慶風恬，麥秋之佇報有收，專祈雨潤。藉非豐稔，民人何以爲生？有此旱乾，官吏將無失德。荷宸章之特賜，方期愷澤長流，借爾丹忱罄，俾予愷澤流，御製詩句。念病體之初痊，總賴神明默佑。常出郊而看麥，頗欣沃野之蘢葱。偶入廟而拈香，竊幸甘霖之沾灑。節交初夏，夏雲頓湧奇峰，地屬中原，原野都成樂土，緑簑青笠，畫入豳風，黑壤黄壚，書陳禹貢。烏猶呼以鍜磨，如聞餅餌之香，牛不喘於扶犁，詎費桔槔之力。連雲有句，舊喜吟詩，得雨必書，新教置簿。殿陛之憂勤，惕厲民飢，何異已飢。閭閻之鼓舞，懽忻麥熟，還同穀熟，況聖主頻加賑恤，念切黎元，在脩官忝，任撫綏保如赤子，向來心政，半爲民生，此際手疏，全憑神鑒。旦明謹凛，率闔屬而齋，夙夜不遑，爲窮詹而請命，沛來甘澍，便勝雨珠，浥盡狂塵，不愁泥玉。既優既渥，既霑既足。望明靈之溥濟，卿感何窮，乃聖乃神，乃武乃文。奉至德以懷柔，瞻光不遠，兩岐五穗，祥生先自。祥符萬户千邨，豫順端歸，豫省昇平有象，造化無私。不盡丹忱，統希玄感。謹疏。

清　于敏中《日下舊聞考》卷一〇六《郊坰西十六·增聖祖御製黑龍潭重修龍王廟碑記》　《傳》曰：神有功德於民，則祀之。能捍大患，禦大灾，則祀之。非此族也，不載祀典。朕自御極以來，夙興夜寐，惟思稼穡爲小民之依，所期時和歲豐，嘉生樂育。然年穀順成，雨澤是資。《詩》曰：琴瑟擊鼓，以祈甘雨。信乎天心仁愛，亭毒萬物，而協靈効順，優渥霑足之應，皆有神焉以司之，亦如分猷布澤之無敢曠厥職焉。距京師三十餘里，金山之麓有潭，泓然以深，不乏不涸。前代時以亢旱禱望其地，輒能興致靈雨，因名黑龍潭焉。潭之側倚山瞰壑，舊有祠宇，以祀其神。朕數以祈雨，駐蹕于兹。爰謀式廓其廟貌，以昭靈貺，而敬民事。今者四郊之内，雨暘時若，歲登大稔，工適告成。惟神之功德，實能膏澤田疇，以福庇生民，揆諸捍患禦灾之義，莫大於此。用是勒諸貞石，垂示無窮，寧不偉歟。

清　陸燿《切問齋集》卷九《禱龍神文》　維年月日，知山東濟南府事陸燿，謹以清酌庶羞之奠，告於龍神之靈曰：惟神有興雲作雨之奇，立槁嘘枯之效。是以官吏奉祀而唯謹，百姓奔走而恐後也。今兹濟南境内，三冬乏雪，春雨仍稀。太守念此嗷嗷，不遑甘食。震雷一奮，萬物昭蘇，神力所加，何生不育？今宜雨而暘，春行且盡，信由太守失職，殃及斯民。神之聰明，寧有差忒。是用潔蠲禱告，速霈甘霖。感謝神庥，群黎共賴，惟神昭鑒。尚饗。

清　趙翼《甌北集》卷二《分水龍王廟》　一水分南北，中疑有轉輪。地應天下脊，我亦路岐身。長策潘從事，精心汶老人。如何來往客，但解祀龍神。

清　康基田《龍洞記》（道光）《濟南府志》卷六六　泰山之北麓，有山曰龍洞山。有祠祀龍神，禱雨輒應。白宋以來，屢有靈徵，立碣廟中。丙辰春余，承宣山左，彌月不雨，種不得下，乃入山步禱，止宿廟中，數日甘霖大沛。爰酬神貺，聿新祠宇，往來相視，然後知是山之詭奇絶特，不與群峰爲類。初由華不注山南過龍溪、眉溪，行二十餘里，至山口澗道，盤曲兩山，回合如門。環拱互抱，高可蔽日。直至出口，廟見。廟立山趾，山如重甑，四圍陡絶。上有東西二龍洞。東洞出萬仞絶壁上，人陟其巔，自下望之如蟻。中有泉可吸飲，洞口瓦缶尚存，相傳昔人避兵於此。西洞在山腰鳥道，盤辟而上。洞内邃深，繚曲至數百步外，人不敢前。洞之北有石，從平地拔起，無所依附。圍可數畝，高聳入雲。視曰影如建表，群鳥集石罅，懸葛垂蘿，風烟出入。上多古木，望之若莎草，若叢栵，卒莫得而陟也。東洞之西，奇峰突出，山骨森露，削若壁，隤若墜，峻嶒若劍戟。上有亭，可遠眺山石峰巖之奇勝，嵚崟相屬，耳目不經見，思議所不能喻顧。其地久荒，蓬蒿没人。亟開名山面目，妥奉明神祠前，更立重軒，高其垣，門左右立亭以配之。宊棟櫨桷楹礎之殘缺者易之，齊廊庖庫之久廢者興之，茅舍廥積之當道者移之。然後立軒三楹於西山峰下，東望絶巘，西挹翠峰，設堂三楹於西洞，左腋面洞北崒嵂之峰，丹霞映户，青筍列楣。土木之事，不文不鏤。功既成，棟宇連欐，通望周博，地靈啓運，神安其居。發泰岱北麓之精華，作濟南都會之屏障。非獨明祀，事美觀瞻。成民利物之大，於是乎在，不可以不記。

清 朱休度《小木子詩三刻·壺山自吟稿》卷中《今年春及夏不雨每三六九集村民各迎龍神號呼行雨動以四五十處余既一一虔禮而慰以去屢問卜無雨象五月八日甲午芒種事急矣余乃率僚庶蒲伏更禱於恒岳行祠越三宿丙申雨自子及辰霡霂方甚忽益之以雪紛紛迄午乃霽晚登城四眺山山白矣詢之衆一老云五月雪易化化時其膏不流山坡苗得滋受却勝於驟雨之速瀉也喜用東坡聚星堂韻賦一篇紀之》 今年芒種無苗葉，噫氣號空沙簸雪。打鑼擂鼓迎龍公，千村喊雨聲愁絶。爲民請命職應爾，鞠躬禮禱腰從折。率衆籲天天不應，夜夜眼穿雲變滅。陽亢陰生疑必戰，雷興電作光先掣。乍喜五更雨釀膏，忽驚六出花飄纈。維岳降神惠我民，遠勝雨珠雨玉屑。炎風朔雪轉盼間，浩嘆死生駒影瞥。始知夏蟲可語冰，造化幻奇非一説。明日雪消趕種秋，典門爭贖鋤頭鐵。冬春間，農人多以鋤質錢，比種時乃贖之。

清 檀萃《草堂外集》卷一〇《賽廉泉龍神文》 維年月日，里老某等以牲酒庶羞，賽於廉泉之龍神：水德靈長，誕北維而降瑞；神功優渥，蔭南國以流膏。貝闕珠宫，簾疑滴水，菂房荷蓋，欄實疏芳，宜其潤周千里之遥，封埒五王之貴。福因肸蠁，情乃細丝。惟神化布元，乾德分蒼，震能立陰陽之道。是居廉讓之閒，地接三郊，寺稱十里。佳名肇錫，曾緣吴隱之傾瓢；靈氣紛馳，安用楊羲之取石。雨工朝牧，山滿群羊，電使宵馳人奔駿驤，馬當南顧，達水府以通靈；雷港東流，走波臣而導秘。夫冰鱗竹笋，孝子能以精通，鐵版丹書，神君曾由禱致。兹邦往事，奕世宏休，翊乃翼佐洪鈞，心通造化，池間跳躍，無虞緇服之求，柱外升騰，不待青衣之擲者哉。且夫烈殊僑火，自無溱洧之喧豗；仁溢堯天，久靖錢塘之拘怒。妙於不測，時本無私。每當待澤之殷，不厪望霓之慮。雲峰簇簇，直衝香茗之尖；雨脚垂乘，遍洒嘉禾之上。滴紅蓮而肥甲，滋白玉以盈房。戎菽之角胥懸，胡麻之莖齊竦。木棉怒潰，開古貝之繁花；烟葉濃生，披雲霞之秀彩。施何汪穢，賽必精誠，會值分龍，饋殊燒無，敢效豚蹄之祝，常符豕滴之徵。某燒尾無從，暴腮恆慣。然三叟之來曾識，二奴之取能兼。明知嗜慾全消，人間難豢；第念功勛至大，神力宜酬。伏冀監格時臨，居歆不忒，霓旌翠蓋，盼下土而停車，蓀壁茈壇，溯上方而稱蹕。地據大雷之勝，時逢好雨之知。邑有賢公，可免灌壇之暴；天無沴氣，不逢介休之淫。亢旱不驚，魃終投圊。雨暘時若，稷已盈倉。捋鬚爰躍，充料之蝦。啣葉自飛，滌污之鳥。

清 黄達《一樓集》卷二《分水龍王廟》 諸泉交滙處，古廟俯林皋，吴榜南流下，燕雲北望高。寧同沈璧險，不借束薪勞，估客行塗便，平分水一篙。

清 李苞《巴塘詩鈔》卷上《六月六日赴龍王塘納凉》 約伴過野橋，溪邊趁幽事。點點白楊花，依依青草地。湍激驚雷霆，石蹲駭贔屭。傍有泉一泓，大樹久蔭庇。前因禱雨切，率衆徒步至。三日降甘霖，萬民紓愁思。是處龍宫通，何人燕脯寄。重來倍虔肅，相與詫靈異。昔人避暑飲，今日臨流醉。蟬蛻發新聲，蠅來嘗異味。脱鈎魚有神，卸鞍馬如意。西日射食單，南風醒酒氣。予季興未盡，猶作彈碁戲，竚立望小洲，霜衣一鶴跂。

清 劉秉恬《公餘集》卷一《祭龍神祠》 碧水澄潭廟宇隣，水精宫殿奉龍神。每逢蠲吉虔誠拜，爲祝終年雨露匀。靄靄爐烟香不斷，青青池草色長春。官僚及早來趋事，禮節森嚴俎豆新。

又 卷三《春祀龍神祠》 雨足三春候，龍宫祀典誠。爰來祈麥實，兼以禱秋成。壘石爲山小，開池蓄水清。門前饒雅趣，數畝翠波瀠。

又 卷六《二月三十日祀龍神》 來朝逢上巳，今日祀龍辰。節晦知蓂落，春深喜柳勻。精誠祈默祐，香帛敢虔申。所禱恩膏普，調和福萬民。

又 卷七《五月朔日龍神祠拈香》 九龍池畔謁龍宮，節届朱明曉景融。荷蘂田田離水翠，榴花艷豔綴枝紅。峰嵐縹緲祥烟裡，樓閣差參王鏡中。惟籲及時甘雨降，普霑膏澤益農功。

又 卷八《七月朔日龍神祠拈香》 眼看池沼有殘荷，月朔拈香忽七過。深感今年霑早雨，共欣到處插秋禾。小山曲折饒生意，緑水潺湲入大河。惟禱神靈長默護，豐登歲歲賜民和。

清 紀大奎《雙桂堂稿·續稿》卷七《成都龍王廟祈雨文》甲戌二月 竊自冬春不雨，數月於兹，麥苗將萎，民命何倚？誠恐陰陽愆伏，天地不交，用敢布列九宮，盤旋二氣，象坎離之交錯，合坤乾以絪緼。供養明神，冀獲孚佑，未蒙昭鑒，尚滯甘霖。愧誠意之未通，曷殷憂之能釋。謹擇本日庚申之候，值開八方坤地之門。先引之以戊坎之元，遂定之以敦艮之位。一白通而膏澤沛，生門闢而品物榮。福衍無量之虚空，道宏各正之性命。伏惟鑒兹法象，念此群黎，油然而作雲，沛然而下雨，不可緩矣，此其時矣，虔誠抒告，明神鑒之。初設九宮壇，道士絳衣一，黑衣一，中宮轉壇僧人誦余丁卯什邡製，九宮誦言内删去『神龜負之出』六句。凡九遍畢，經壇衆僧接誦《大雲輪經》一段，周而復始。每日申時，用三元過宮法，紫白等旗更移一次，三日雨未降，遂以紫白盡列中宮，外布八門，按廟艮坤，向於戊申日庚申時。值艮入中宮，正門在坤，先於戊午時，本日坎白在中水星起壇，至申時。八白定中宮，兑爲雨門，離爲雷門，震爲雲門，坎爲風門。命道士取一白旗，中宮一轉自雨門出，遶壇一周，風門入，雨門出，雲門入，雨門出，雷門入，雨門出，雨門入，正門出，遶壇三周，雨門入，安旗原位，轉壇如前法。凡設壇過宮出入等時，僧齊念『天地絪緼』四字。

又 卷九《求雨告龍神廟文》戊寅五月 竊大奎不德，不能感召天和。前者屢沐甘霖，未獲普遍。今又多日不雨，田疇乾涸。憫兹小民，何以爲生？今謹擇月之初九丙午日壬辰時，敬設雲輪壇於萬壽宮，虔禱渥澤。伏乞明神降臨壇所，藉顯輪蓋之威，速沛滂沱之雨。農田有望，民命在兹。急切陳詞，尚祈昭鑒。

清 劉鳳誥《存悔齋集》卷九《敕撰文·黑龍潭白龍潭玉泉山龍神祈晴消水祝文》 維神秩崇典祀，惠及烝黎。司暄潤之權衡，作邦畿之保障。屢昭靈應，肅展虔忱。屬以季夏初旬，值此連霖八日。蛙沈土竈，外郭南西；蟻穴金堤，盧溝左右。雖届時行之候，懼貽民墊之灾。朕篤念知依，責躬任咎，命庶卿而撫恤，走群望以祈禳。仰福國之有靈，鑒愛民而同切。放光明而掃曀，乂若時暘；消霪潦以歸槽，水行由地。籲求昭格，默相養恬。

清 查揆《篔穀詩文鈔·詩鈔》卷一九《禱於昭龍王祠越日得雪喜賦二首時已逾立春二日矣》 六時禪板和神弦，但乞祥霙下梵天。小祀未嫌修漢臘，奇寒原不礙堯年。群靈自欝飛雲棟，萬竈争開種玉田。日縣門懸榜樣，太常齋禁六街前。獸炭圍爐酒不辭，繽紛天與土膏滋。即論霖雨功何讓，却趁春風到略遲。百堞雲陰仙鶴聚，一犁花影老農篩。飛書夜半衝泥出，未許郵籤駐少時。郡縣得雪由六百，里馳報大府入奏。

清 斌良《抱冲齋詩集》卷九《句吴轉漕集三·五月廿八日行抵任城時久不雨民苦亢旱河水淺阻漕舟轉運維艱因祇禱龍神祠詰朝甘霖大霈河流陡漲舟得迅發暑亦頓減喜成四十韻》 霖雨吹吴會，薰風到海陘。行旂期迅發，畫鷁奈淹停。郡出邾婁舊，時剛亢旱形。焦烟嘘沮洳，𪎊麥灼枯葶。泮淺苔衣坼，溪乾石髮腥。那將涓滴水，共濟越吴舲。舊説權收汶，癡心冀引涇。庸租勞里甲，牽挽困輸丁。雩隊誇縉服，祠官笑挈瓶。虚投虓虎骨，枉誦勝鬘經。石燕慵騰踔，天鵝慎飭刑。幾曾帆席轉，鎮曰竹窗扃。羽扇遮王導，藜牀坐管寧。頭銜冰自懔，心鎮暑難醒。原兆頻占蔡，狂談藉伐邢。篘香開酒户，乳泛憶茶廳。羇宦愁常積，山農涕欲零。天原矜衆庶，予代肅維馨。牛堰沈雙璧，龍堂整八鋣。白衣瞻大士，蒼水夢仙靈。礎蟻潛移穴，商羊倏舞庭。岱雲膚寸合，嶧澤徹宵泠。服賈欣回棹，畬田快附瓴。飛甘歌楚些，謝降酹湘醽。澤被民全活，誠孚事豈冥。神功人莫測，佳話爾其聆。心坦雲同白，峰回眼倍青。輕颸含細葛，碎點破浮萍。草没羅含宅，蒲香柳惲汀。不須牽百丈，宛似汎長溟。

碧漲添瓜蔓，銀潢燦穀星。新謡甘澤起，舊夢對牀聽。静愛雲低幔，休吟月轉欞。詩痕沁蝴蝶，凉意帶蜻蜓。暫住欣多豫，情閒寄野坰。蔫紅大房茜，潑墨小山屏。浪迹仍書簏，勞生繫組綎。慨同燕趙士，題遍短長亭。薄酌偕劉昶，高文愧阿鄗。聊當記里鼓，漫作益齋銘。

又 卷三六《藏衛奉使集一・冬春無雪近畿亢旱余禱於靈雨寺古佛并龍王神祠前至方順旅舍題壁感懷》 客歲燕南冬少雪，麰麥價騰喧市賈。今春晴暖勝長年，十丈塵飛沾袂履。田畯殷憂見顔色，大麥焦黄愁目覩。我適乘軺曆保陽，頗聞嗟嘆農民語。瓣香致禱靈雨祠，冀灑甘膏施澤普。苾芻莞爾前致詞，使君毋迺徒自侮。乘軺萬里遠綏邊，倘值淫霖路多阻。老農望澤客喜晴，兩洽神龍亦難主。使君況未牧斯邦，代肅明禋殊越俎。余謂山緇見胡隘，天下黔黎皆率土。兩利相形擇其重，歲豐迥勝羈行旅。況復江南遍緩征，近畿稔可充天庾。望澍情殷胞與同，奚必沾沾分爾汝。悁脰何來石燕翔，迎眸幾見商羊舞。妄心村社擬刑鵝，枯骨深潭冀投虎。昊綍垂鑒時雨零，甘聽傍人嗤市譽。天瓢急灑潤畦塍，伫待油然苗田黍。郵籤濡滯復何妨，跋淖長征亦快舉。綏邊他日詔東歸，敬潔牲牢酬佛祖。

清 陳文述《頤道堂集》卷一二《古今體詩・五龍神祠題壁》

五龍祠中香燈瑩，五龍祠下潭水腥。潭廣一丈深二尺，水色黯黯涵深青。人言其下龍所伏，五龍雖分實一族。甘霖之沛等閒耳，一雨應知四郊足。豈知一龍已上天，去棲金爵觚稜前。一龍南入羅甸川，天使大澤膏窮邊。一龍突兀牙須全，嘘雲欲霧噴毒泉。一龍抱珠白日眠，雨工懶臥不受鞭。中央一龍率龍部，但作風雷不行雨。甲光向日照天地，怒鬣跛鼇盡龍語。學龍語傳龍意，揚鬐一怒軒天地。東田潤澤西田枯，神龍之神太恣肆。龍兮龍兮爾職在，行雨爾力能迴天。爾何不學商傅説作霖雨，大田一例多豐年使我亦得煩疴蠲，亦能焚香頌德銘汝賢。

清 吴榮光《石雲山人集・文集》卷二《安陵龍神廟禱雨文》嘉慶十四年巡漕任内 時至四月初旬矣，吴橋一帶，雨澤全虚，萬目燋急，何言可喻。詢得安陵地界，有龍神廟，使者爲民請命，齋心减食，默禱於神。使者奉天子命，視漕到此。凡民間疾苦，皆得上聞。今安陵枯旱，民田焦矣，運道涸矣，或使者之不德，以上干天譴，故降淫威於我民耶？使者奉天子命而來，倘有不德，如貪賍枉法、徇私廢公等事，不可上對天子，即不可上對天。爾神所司雷霆甚便，請即殛之，以保全此境。使者之奉天子命，視此一方，猶神之奉天命，爲天子司此一方。天子之仁愛吾民，與天心之仁愛吾民等，使者與神皆奉命以視民疾苦也。使者有不德如前事，則使者負天負天子，罪實當殛。天以此方之民俾神司之，神坐視其枯槁而不救，神亦負天，并負天子。使者得以手毁神像，圮神宫，以告諸天帝矣。今與神約限三日，三日不雨，使者將正慢民之罪，毋貽後悔。若使者有貪賍枉法、徇私廢公等事，神其以應得之罪誅之，勿以使者一人而重困吾百姓也。己巳四月初九日，詣龍神廟默禱。初十日，甘雨連沛竟日，益深敬畏。

清 胡承珙《求是堂文集》卷二《祈雨龍神廟文》 維道光二年三月丙午朔，越祭日辛未，福建臺灣兵備道胡承珙、臺灣鎮總兵官觀喜等，謹以清酌庶羞之奠，致祭于龍神之靈曰：惟神尺木不階，寸膚斯合。角尾東方之宿，德在好生；黍苗南國之膏，職司布澤。粤自元冬潛閟，久踰啓蟄之期，迨兹青律發生，正值服犁之候。星言既戒，霓望方股，傾鸛垤以無聞，臨蜿淵而未躍。昨致牲醪之敬，爰申圭璧之祈，而乃箕哆頻張，蓱號未起。雖暫霑於霢霂，猶勤佇於滂沱，故知載渴之懷，非一勺所能潤。尚幸已降之令，或再出而無難。伏望鑒此愚誠，恕其瀆告，鱗堂貝闕，應鳴鼓而有聞，金支翠旗，紛隨驂而莅止。大布霖三之惠，稍迴巽二之威。青疇涣其流泉，赤嵌鬱爲樂土。曰雨而雨，群占比缶之孚；若烟非烟，敢忘升香之報。尚饗。

清 謝元淮《養默山房詩稿》卷二八《楓觀集・南旺分水龍王廟登禹王臺》 到此人皆喜，源頭處處通。滙分南北順，帆借往來風。波水滔滔白，霜林樹樹紅。大哉神禹績，萬古仰成功。

清 程恩澤《程侍郎遺集》卷五《三月廿二日奉命詣静明園龍神廟謝雨敬紀八韻》 聖主祈甘雨，川祇護醴泉。慈雲隨念至，靈液應時宣。麥翠三農慶，花紅萬井妍。趨公搖佩急，銜命獻香虔。廟貌山腰迴，墻陰水脈圓。周迴鳩鵲觀，清切濯龍淵。樹色深春後，烟光半霽前。歸鞍尤愜賞，活活滿新田。

清 吴文鎔《吴文節公遺集》卷七〇《祈雨祭龍神文》 惟神功

司雲雨，澤衍寰瀛，秉佛教之慈悲，荷聖言之嘉讚，靈明益著，感應無方。茲者匝月亢陽，晚禾插而欲萎，畢星失好，微澤灑而旋停。刻切憂惶，特申呼籲。以某職司守土，宜膺殃咎於一身。惟神性本好生，豈忍屯膏於百彙。伏願滃興雲族，迅馭雷車，甘澤沛而盈缶用占，良苗穌而滿車致慶。無任屏營，敬祈昭格。

又《祈雨祭龍神文》 維神馭之無不周兮，曾不定以方隅。知神惠之易遍兮，代天工而捷於須臾。竭吾誠而未有應兮，豈神聽之虛無翳。愆咎之集於藐躬兮，忱戔戔其未孚。情迫切而莫訴兮，惟神之默鑒此搶呼仰高穹之尊邈兮，非草土臣之意所敢輸。賴神之上承而下育兮，相左右而提扶。神之本慈教以秉德兮，忍置此下民之慘吁。豈緣守土之不職兮，遽遷怒而及此無辜。雲膚寸而雨不崇朝兮，行潤稿而津枯。曷靳茲一日之澤兮，不以慰渴望之喁喁。儻更五日而不加憫兮，百物其奚以昭穌。詞覼縷而瀆再三兮，冀以達此區區。知神之仁覆無量兮，旋且大澤之覃敷。徯引領而曷有極兮，庶幾惠施之涵濡。

又《祈雨祭龍神文》 嗚呼！時過穀雨，農待澤以方殷，功溥興雲，神垂援而最捷。昨逢丙夏，邀神惠而倉庾未充。茲及丁春，徯神貺而蒼黔益切。念守官之不職，灾有由招，怪神鑒之攸分，罰毋及衆。伏乞宏施願力，大發慈悲，速敷三日之霖，快慰萬民之望，立蘇枯槁，緊神之求。凡有咎殃，惟某是畀，呼籲上聞，屏營曷極。

清 何紹基《東洲草堂詩鈔》卷二一《苦旱以來龍洞岱岳祈禱未應四月八日從兗州請靈石來供奉龍王廟中丞率屬每日兩次步禱初十日余亦往叩歸作此詩并示書院諸生同作》 三冬無雪氣不收，三春不雨田無疇。豪門冷澹悵花事，野老慘戚傷麥秋。遣官尋雲陟岱谷，策騎請水驚龍湫。層壇不憚排日禱，點滴隨逐狂風休。適逢佛誕入初夏，虔奉靈石來兗州。淳化五年五月五，真言咒祈甘露流。靈石上刻真言，千年前事或可據，三五日内何曾酬。或云豐歉屬天意，詎能暘雨供人求。矧茲片石蕞爾甚，非比大山尊且優。自古朝廷布膏澤，九重端拱惟凝旒。宰相委蛇臺諫静，大吏淟涊卑官憂。偉哉雲根蓄幽異，近承岱氣爲匹逑。徑當雷霖剖胸出，一救菽麥沈痼瘳。神岳崇厚豈汝妒，汶濟交涸資包羞。功成惠溥不矜伐，旋伏井底如潛虬。嗟余頹廢不任職，爲此寢食安敢偷。衆官禱罷車馬散，潛往悲叩難自由。赤日方炎午未後，濃雲忽起東南陬。欲雨不雨意難測，屯膏何忍甘效尤。石乎未可自貶抑，能聽吾言應點頭。

清 托渾布《瑞榴堂詩集》卷二《分水龍神廟》 兩戒分南北，黄河瀏且清。紛飛帆葉葉，浩皛水盈盈。古廟瞻靈迹，神旗颭晚晴。斜陽来舵尾，津鼓聽司聲。

清 王柏心《百柱堂全集》卷四七《告龍神文》 惟今上御極之十一年，歲次辛酉，螺山市居民等，謹以香楮清酌之儀，致告於龍神之靈而言曰：蓋聞具變化之靈者，不駭俗以自炫；首鱗族之尊者，不近人以自卑。故蟄於山則不厭層巖之峻，潛於淵則不厭大澤之深。蓋非是不足以適其性，崇其體也。螺山上市江堤於去夏告潰，八月以後，洪潦復至。外護二洲，忽然中裂，延及岸址，坼爲深潭，長且里許，瀾將百丈，漂没廬墓，不可勝計。僉以爲風浪雖猛，非神力不至是，遂謂淵中有龍神處此。初疑黿鼉之類，乘濤肆虐，假竊神名，既而傾圮，益甚怪異頻徵，遠近訛言，且謂神將降罰於茲土，於是居人憂悸，罔知所措。竊念此方視它境壤瘠而民樸，既遭昏墊，蕩析離居，困苦極矣。不蒙神恤，反將加之重譴，民則何辜，遂難解免耶。今亦不敢自寬刻責，謹與父老子弟夙夜齋慄，念咎不遑，洗濯其心，潔清其慮，擇日於決岸之側，立壇召僧，諷宣梵唄，將借慈悲，用宏濟度，且瀝微忱，昭告於神。夫棄尊嚴之水府，而與常鱗。凡介雜處，潢汙行潦間，不可謂智。破阡陌，壞民居，大爲陷穽，斷往來津渡，不可謂仁。負其汨陵，谷水下土之材，以淪胥乎飢寒無聊之赤子，不可謂勇。使果鯨蛟蜃鱷，敢行冒托，能作禍祟，則望約束而屏除之，無作神羞。如其神偶翔游，淹留茲土，則願超然遠舉，徙於幽邃漭瀁之區。近則洞庭，遠則溟渤，屈蟠其間，何在不可爲靈湫者？俾我民亦將邀福於神，長無驚恐，爾田爾宅，安全生聚，盡力耕耘，上納國家租賦，以其暇日，型仁講讓，益美風俗，斯則神之大智、大仁、大勇，所以輔翊上天好生之德，我民將世世永有賴焉。其敢忘神之大惠，敢布腹心，惟鑒而閔之，無任悚息待命之至。謹告。

清 管同《因寄軒文集·二集》卷六《禱雨龍神文》 天膏澤兮吾氓，司厥事兮惟神。屯其膏兮弗沛，不神懟兮誰陳？伊六月兮徂暑，將晚禾兮植土。赤日麗兮丹霄，雲英英兮不雨。肥蚓伺兮山之陬，魃一足兮思出游。腹雷霆兮不吐，將無作兮神羞。謂霖雨兮天所施，匪有天帝兮涓滴不可私。爲烝黎兮請命，雖獲譴兮奚辭。我禱于天兮天諒許，惟明神兮庶予輔。帥水族兮波臣，揚蛟旂兮振鼉鼓。苗欲槁兮重蘇，慶豐年兮樂有餘。民既飽兮孔晏，河海奠兮神安居。

又《再禱龍神文》 惟天有雨，神則主之。惟民有求，神實予之。芃芃禾苗，待神興之。求而弗獲，何以登之。伊神於民，豈其釁之。噓氣成雲，又豈靳之。靳必不然，釁民招之。憫茲蠢蠢，神護調之。獲釁者誰，請獨殃之。不在此數，毋連傷之。土欲焦矣，誰其注之。惟神有靈，亟氾布之。

又《天寧寺禱雨龍神文》 嗚乎，明神禱者數矣！霖之不興，伊何故矣？青青之苗，暵其枯矣。雨而弗降，曷由蘇矣？苗弗蘇矣，人弗飽矣。民之仳離，不可道矣。惟官爲民，情孔殷矣。司雨者神，盍上陳矣。頃者禱祈，恐弗潔矣。易地而壇，庶其得矣。紺宇寶幢，神格思矣。惠我滂沱，毋後時矣。

清 吴俊《榮性堂集》卷一一《龍王廟謝雨》 曉來濕霧罩琳宮，舒卷神功肸蠁中。千里稻均三尺溉，九秋穫兆十分豐。祇林唄動皈慈姆，火宅盆傾屏祝融。多少邦人來謝雨，練香爭拜越臺東。

又卷一三《古今體詩·九月十八日禱雨白雲山龍神祠是日夜半雨作至次日辰時方止》 臥聽喧聲發瓦溝，懸知畝澮已通流。佛慈那忍蒼鵝厄，天近匪從蜥蜴求。重九野鋪遲刈稻，十三州種隔年穄。攬衣躍起淋浪舞，夜半驚龍乍出湫。

又卷一四《古今體詩·和石翁二月初四日雨中祀龍神》 春雷殷地舞湫龍，肅拜珠宮薦醑濃。澤滿大瀛樓市幻，烟含十郡甲勾龍。亟誅害馬方蕃馬，已慶休農更劭農。齋沐趨陪尚書，履祀功謝雨比禋宗。

清 汪士鐸《汪梅村先生集》卷一二《祭鍾山龍神文》文 鎮撫兆庶，首重祈年，霡霂霑足，有開自天。歲在强梧，雨澤屢愆。以社以方，遍於山川。我犧既碩，我祀孔虔。我祝致告，旱魃仍瘨。惟茲鍾阜，龍神赫熚。上格九穹，下徹重泉。有渰興雲，東陌南阡。四禱四應，馨此吉蠲。緇耦黛耜，耘耔甫田。黍稷稻粱，倉箱萬千。敬惟明德，仁惠蟬聯。鳩工庀材，作廟翼然。背負翠巘，俯瞰靈淵。在昔蕭梁，朱公安禪。神性冥契，亦儒亦元。入風出霆，神衛嫕娟。吹椒咤桂，神享辯擩。時雨時暘，神德周宣。如坻如京，神力幷連。上琴下簫，鐘鏗鼓鼘。神來娭娭，非霞非烟。福我江表，甘澍連緜。尚饗。

又《外集·鍾山龍神祠祭文》 紺幰縹輀，泰始之藉甸畿，元皀青皋，攝提之崇先穡。雖決渠而降雨，賴尺木之興雲。惟神降德，蕭梁毓靈，鍾阜灌溉，周乎江表。泛灑遍於郊坰，爰肅祀儀，特隆壇墠，茲展歲事，敬薦犧羊。奠椒酒以停鑾，祝稻粱之長畝。大旂閃於列缺，靈輿駕於飛廉。所願菰穗穭麥，芃芃霑霡霂之仁；查下橫塘，翼翼慶倉箱之積。尚享。

清 汪士鐸《悔翁詩鈔》卷七《鍾山龍神廟》 老龍夭矯不受羈，奮鬣西飲潮溝水，饞涎濺地化青溪，噴薄明珠數十里。掉頭昂作獅子蹲，氣壓瘦蛟眠不起。脊脅散矗青芙蓉，上貫斗牛照蒼紫。邇來渴睡空回盤，松柏零落雲烟寒。帝賜北湖洗鱗甲，喚作霖雨蘇江干。雷公砰彭電母走，甘澍既霑遍九有。華堂高敞老龍歸，之而淋漓醉椒酒。

清 齊學裘《見聞續筆》卷一三《黄山靈巖天鄣齊雲梅源游草戊戌三月起九月止玉溪記**·卧雲庵坐雨》** 吟遍黄山峰六六，好携竹杖撥雲回。老天留我看鋪海，時遣龍公送雨來。

清 華長卿《梅莊詩鈔》卷一二《借帆集·南旺分水龍王廟登來汶樓》 滔滔汶水自東來，直達中泓忽擘開。岸束波聲環左右，風吹帆影兩徘徊。南流潮過珠梅牐，北去濤奔挂劍臺。白老人功推第一，登樓憑吊布衣才。

清 張文虎《舒藝室詩存》卷六《與緩老子密小浦壬叔游靈谷寺新建龍王廟觀八功德水訪志公墖》 赫赫新祠廢寺旁，龐眉何處識龍王。不因救旱休輕出，好護甘泉惠十方。

清 俞樾《春在堂詩編》庚癸編《分水龍王廟》 汶水西來疾如駛，南北分流從此始。盤渦怒捲風蕭蕭，中有神龍分此水。我來祠下維扁舟，拂衣竟登來汶樓。樓前疑有巨靈手，直從咫尺分鴻溝。水勢既分漕道利，數百年來拜神賜。也同鐵弩射潮强，更比金釵劃泉鋭。方今寇盗猶縱横，漕船打鼓無由行。安得神龍更助力，銀河净洗東南兵。

清 董沛《正誼堂文集》卷二四《祭文・禱普濟龍神文》 光緒九年七月七日，江西建昌縣知縣董沛，謹遣本縣典史首成怡致告於安義縣聖水潭普濟龍神之前曰：敝邑亢旱，一月餘矣。禾稼焦枯，望雨孔亟，沛忝守吏，德薄灾生，覩此暘威，憂心如灼。伏惟明神受先帝之封，榮被宸翰，造福於江右者，不獨一鄉也。矧此建昌近在鄰壤，敢乞旌旆辱賜降臨，俾敝邑封，輿咸慶霑足，荷天之庥，即明神之賜也。尚其鑒之。謹告。

清 施補華《澤雅堂詩二集》卷六《龍神祠祈雪數日矣長至之夕遂得微雪喜而有作》 畢竟龍公老解慚，瓊花試手落毿毿。剛逢至日寧非瑞，小舞迴風尚未酣。萬里天威行塞外，三冬地氣似江南。明年種麥家家早，已喜千畦潤澤含。

雜録

北魏 酈道元《水經注》卷一七《渭水》 舊天水郡治，五城相接，北城中有湖水，有白龍出，是湖風雨隨之。故漢武帝元鼎三年，改爲天水郡。

唐 莫休符《桂林風土記》 漓山，在訾家洲西，一名沈水山，以其山在水中，遂名之。古老相傳，龍朔中曾降天，使投龍于此。今每歲旱，請雨潭中，多有應。

唐 段成式《酉陽雜俎・續集》卷五《寺塔記上》 不空三藏前多老松，歲旱，則官伐其枝爲龍骨以祈雨。蓋三藏役龍，意其樹必有靈也。

宋 吴曾《能改齋漫録》卷一一《詩・東坡和李邦直祈雨詩》 東坡熙寧十年知徐州，李邦直因沂山龍祠祈雨有應，作詩寄東坡，東坡和之。末云：半年不雨坐龍慵，但怨天公不怨龍。今来一雨何足道？龍神社鬼各無功。無功日盗大倉粟，嗟我與龍同此責。勸農使者不汝容，因君作詩先自劾。李邦直來謁東坡，因戲笑言承見示詩只是勸農使者，不管恁地事。元豐二年，東坡下御史臺獄，嘗供此詩云，本因龍神慵堕不行雨，却使人心怨天公，以譏諷大臣不任職，不能燮理陰陽，却使人心怨天子。以天公比天子，以神龍社鬼比執政大臣及百執事也。邦直嘗答蘓子由詩：匕飯盤蔬强少留，相逢何物可消憂？緑君未得酒中趣，與我漫爲方外游。草亂不容移馬迹，山雄全欲逼城樓。濟時異日須公等，莫狎翩翩海上鷗。東坡和云：五斗塵勞尚足留，閉門却欲治幽憂。羞爲毛遂囊中穎，未許朱雲地下游。無事會須成好飲，思歸時欲賦登樓。羡君幕府如僧舍，日向城西看浴鷗。此詩集所不載，故見於此。

宋 佚名《宋朝大詔令集》卷一五一《政事四・儆灾一・頒畫龍祈雨法》 雩禜之祭，《禮經》其存禳禬之文，祠令攸載，朕頃居儲貳，兼治王畿。虞十雨之有愆，致千箱之失望，預防農害，常訪異聞。或云畫龍以祠，其術甚著，屢罔驕亢，嘗事禱祈，靈感遄臻，嘉澍來應，宜頒寓縣以祐蒸黎，庶消旱暵之灾，用慰憂勤之念。其畫龍祈雨法，令付有司，宜令雕印頒下。

又 卷一五三《政事六・儆灾三・頒祭龍祈雨雪詔》 夫旱暵之數，自昔常然，禳禬之方，救灾爲急。欽惟先聖，篤在劭農。恩獲閔雨之求，早得繪龍之法。鏤行方板，著定明科，班之庶邦，副在公府，以虞三時之致害，懼百穀之愆宜，導迎甘膏，消弭熏虐。自奉遵於憲矩，多獲驗於雩塲。歷年祀以寖深，慮詔文之殘缺。宜新刊刻，用廣宣行。且以識聖彦之憂勤，伸菲躬之繼述。眷言守宰，得奉粢盛，所以庇民，莫先育穀。凡因祠禱，務竭精誠。庶洽至和，以躋長治。宜令本處如此收，嘗遇愆雨雪，即嚴潔依古法祈求。祭龍法，光令一道士於壇上敕水解穢，少遠壇壝，然後祭龍。或無道士處，但焚香可也。

明 婁元禮《田家五行》卷上《四月類》 二十日小分龍，晴分懶龍，主旱；雨分健龍，主水，東南風；分黑龍，主旱，正南風；分赤龍，主大旱，西南風。分黄龍，主上下大熟，西北風；分白龍，主大水，東北風。分青龍，主小水。

又 卷下《鳥獸類・論龍》 龍下便雨，主晴。凡見黑龍下，主無雨，縱有亦不多。白龍下，雨必多。水鄉諺云：黑龍護世界，白龍壞世界。龍下頻生旱，諺云：多龍多旱。龍陣雨始自何？一路只多行此路，無處絶無，諺云：龍行熟路。

明 文洪《文氏五家集》卷一四《録事詩集·分水龍王廟》 廟貌神龍，古徂徠據上游，泉源七十二，南北水分流。

明 郎瑛《七修類稿》卷二《天地類·龍治水》 嘗聞老人相傳，曆日所載，龍多治水即雨少，龍少即雨多也。又傳雲夏潦則秋旱，理也。而《甲申雜記》記：熙寧四年乙酉，十一龍治水，其年自春及秋，皆大雨水。今嘉靖丙申，十二龍治水，而雨水之多，亦如熙寧，冬則連晴二月也。

明 余繼登《淡然軒集》卷二《疏·黑龍王廟復命疏》 爲欽奉聖諭，事先該禮部以金山黑龍王廟甘霖應禱，加封廟號、潭名，立碑紀功，題請遣官前往潭所，相視碑基，奉聖旨：是。着侍郎余繼登、吕鳴珂去，欽此。臣等遵旨，於二十六日蚤，陛辭西行，一路陰雲四合，細雨淋漓。比至祠下，天日開霽，近祠村民聞臣等至，皆扶老攜幼，擁列道側，懽呼向臣等言：今春不雨，麥已將稿，穀種未布，百姓已無生理。幸賴皇上慈悲，爲民虔禱，至誠格神，時雨應祈。旬日以來，麥盡吐穗，穀盡布種，有秋可望。其感戴皇仁，如天如地，真有莫能名言者。臣等竊喜，我皇上一念爲民真心，遂能感神感民，至於如此。充此心也，即堯舜熙皥，盛治無難致矣。進至廟中，見真人張國祥率朝天宫道士正在廟中建謝雨齋醮。臣等祇詣龍神，起視祠宇，見正殿三楹，建在山頂，廟貌整嚴，規制工麗。問之，乃萬曆十三年我皇上臨幸後所重修者。臣等因同國祥上下相視，廟前至廟門，隙地一段，深一丈五尺，濶五丈三尺，廟門外右爲向下階級，門左隙地一段，止深一丈二尺八寸，不足立碑建亭。又下一層，有三碑亭并列，其中一碑，乃成化二十二年二月憲宗純皇帝御製碑。碑身高四尺二寸，濶二尺一寸，下面石座計四層，共高四尺九寸。左面一碑，乃萬曆十四年三月皇上爲聖母慈聖宣文明肅皇太后製禱雨龍潭靈應碑。碑身高六尺五寸，濶二尺六寸，石座高二尺三寸，濶三尺五寸，右面一碑亦同。時我皇上御製禱雨靈應碑，碑身碑座俱與左一座同。碑亭三座，各方一丈五尺。又下一層左爲龍潭，右爲隙地一段，深三丈，濶二丈八尺。此處立碑建亭，正與皇上先所立碑亭在上一層者相對，況龍王廟在上，龍潭在旁，足仰稱我皇上紀述功德之意。此去又下一層，即爲大門。門外不遠，即爲潭水所滙處，以南又皆僧舍佛殿，去廟潭稍遠，不堪作基。臣等謹具述所看視，據實開奏，伏希皇上宸斷，如果前地相應立碑，乞敕下工部，募工礱石，擇吉建立。奉聖旨：工部知道。

明 曹學佺《蜀中廣記》卷一〇六《畫苑記第二》 五代歐陽烱《應天寺門左壁天王畫歌》曰：【略】畫龍致雨非偶然，包含萬象藏心裡。變現百般生眼前，後來畫品列名賢。

清 阮葵生《七録齋文鈔》卷三《請石匣龍神入祀典札子》 竊密雲縣石匣龍潭，龍神効靈助順，仰蒙皇上念其澤被畿輔，特發帑金，交周元理同臣增修祠宇。當經臣等飭委霸昌道，領帑轉發密雲縣，鳩工庀材，并經臣等公同履勘？繪圖貼説，恭呈御覽。即扵上年八月興修，因隆冬暫行停止，扵今春復行開工，嗣據密雲縣具報工竣，臣即面奏，親往驗收，并懇御賜匾聯碑文？仰蒙俞允。兹臣親至該處，照依估册，及前繪圖樣，逐一查勘，俱係如式修造，尚無偷減草率之處。復見該處士人來往歡瞻，熙穰不絶，僉稱此地龍神，久昭靈應，今蒙皇上大發帑金，重新廟貌，所以爲民祈澤者，至深且厚。小民瞻仰之下，歡感交至，異口同聲，咸出真情。臣伏思輪奐聿新，既愜輿情之感戴，豆登載祀，宜崇報享扵春秋。仰祈皇上天恩，敕部將石匣龍神載入順天府祀典，頒發祭儀。臣等祗奉遵行，從兹綸綍，欽承禋祀，永鐫于青簡，靈昭丕應，豐穰遍慶扵黃圖矣。

清 畢沅《山左金石志》卷二二《重修龍神祠碑》 皇慶元年十月，立正書碑，高五尺一寸，廣二尺七寸，在日照縣。右碑文十九行字，徑一寸三分，前日照縣尹二行在碑右，標題之下，字徑五分，薛師讓撰，王恭禮書。

清 黄恩彤《鑒評别録》卷一三《漢紀十一·孝順皇帝》 顗復上疏言：『自冬涉春，訖無嘉澤。朝廷廣爲禱祈，暴龍移市。臣聞皇天感物，不爲僞動，災變應人，要在責己。』書奏，特拜郎中，辭病不就。暴龍祈雨之法，見于《春秋繁露》。董仲舒爲漢儒之首，而所言幾同巫覡，何也？顗雖以陰陽名學，而云皇天不爲僞動，應變要在責己，即王嘉所云應天以實不以文者也，足以正世俗厭勝祈禳之失。

清 方濬師《蕉軒隨録》卷一一《金井龍神祠碑記》 湖州山川

幽險，以金井爲最，在弁山之東麓。梁貞明初有黄龍見，故又名黄龍洞。宋真宗時，禱旱靈應，賜金簡於龍神祠。明初，道士潘桂源鑄鐵牌以實之。舊藏郡署内庫，鼎革後失去。乾隆己酉夏，不雨者兩月。郡守雷輪率屬致禱，復於郡圃愛山臺下，得潘鑄鐵牌，土花剥食，隱現五星，靈文割牲，塗釁懸洞。中不數刻，甘霖如注，歲以有秋。先世父莅湖時，重建神祠，并爲之碑記，敬録於此。記云：粤自高聞天語，重巒分蒼弁之支；寒出地根，石窟閟神龍之穴。春祈秋報，暘雨無愆；捍患禦灾，潛靈斯妥。膏澤因之暢遂，品彙賴以華滋。秩祀之興，由來尚矣。則有吴興福地，金井名區，列丹竇於巖間，簇雲簷於天半。虹梁百尺，界石扇而中開；鱗爪千年，破危厓而飛去。奔騰絶壑，忽走雷聲。蕭瑟平林，常含雨氣。是知仙靈窟宅，彌增洞壑之幽深；風雨均調，悉藉神功之布。固宜翠屏華蓋，侈述靈蹤；桂廡松楹，肅將祀典。在昔宋熙寧間，孫州守祈暘而應，遂建祠於洞之右，偏祀龍神焉。爾其烟扉豁達，霧道縈紆，傍碧嶂而開基，緣丹梯而結宇。谽谺一徑，疑接珠宫。盤曲千尋，還憑石闕。虚堂掩冉，遥聞笙鶴之音；靈駕趍趕，直挾風雲之氣。加以憑陵奥壤，噓噏重淵。揚馨而罔象潛驅，觸石而豐隆遠震。鐵牌高揭，雲陰陡起於天邊；金簡初投，濤響俄奔於地底。虹垂碧澗，即擬騰虚。雨洗空壇，無勞説法。斯則煇煌寶篆，不慙顯利之名；窈窕崇祠，深慰閭閻之望。無何滄桑屢易，躔度載更，殘碑志興廢之年，靈馭失迴翔之地。飛仙絡繹，猶認三茅；古洞蒼茫，空留雙柱。一田芝草，尋遺礎而無存；萬壑松濤，訝長吟而不返。棟宇由其傾覆，肸蠁奚以昭虔。士淦綰綬山墟，探幽靈穴。蒼精毓秀，神鑱鬼削之多奇；繡野臚歡，陰伏陽愆之罔告。胥邀神貺，合奉明禋。

特標像設之區，用展雩宗之禮。雖重甍迢遰，有待經營；而正殿崔嵬，先從締造。由是憑高搆址，據險分楣，崇楹界縹緲之中，飛宇出青冥之表。晨曦流景，暉畫栱而高懸；怪石昂霄，簇虯簷而竦峙。千鍾石乳，净滴苔階；四壁銀濤，寒生繡座。雕簾浸月，驪珠含的皪之光；藻井棲烟，魚縢結聯翩之影。豈直鉤連角尾，上應星躔；錯落丹黄，下方鱗屋。昔者葦蕭傳火，莘老寫其游；悰神井流雲，坡翁酬其雅什。并因祈禱，各著篇章。爰於殿廡之旁，合奉吉蠲之祀。飄飖神馭，游碧漢而初回；寂寞吟魂，入清都而宛在。從此薦馨仲夏，紀勝靈湫，話舊迹於朱梁，訪神蹤於祕府。庶幾雲車風馬，千秋昭顯應之奇；物阜年豐，四境享康平之福。工既竣，書年月於石，并作神絃之曲，以樂神曰：貝闕兮金堂，實廡門兮芳香。靈連蜷兮徠止，揚華綏兮紛旖旎。弭雲蓋兮翠旌，靈既留兮中庭。歷祕巖兮迢遰，通林屋兮杳冥。分龍兮吉日，坎鼉鼓兮絙瑤瑟，靈殷殷兮遠翔，錫祉福兮樂且康。爛楊光兮熉爚，靈之歸兮赴幽壑。沛施澤兮年年，長雨暘兮時若。大清道光三年，歲次癸未，清和月初吉，郡守定遠方士淦譔。

清 鄒存淦《田家占候集覽》卷三《三月》 十八日爲白龍生，日前後，旬日陰晴不常，鄉民以是日雨卜白龍之歸，謂龍歸省母，則農有秋。

又 卷四《四月》 廿八日，亦爲小分龍日，宜雨，如不雨，俗云分嬾龍主旱。諺云：『四月廿八小分龍，是日當雨惡乾風。』

又 卷五《五月》 十三日【略】爲白龍生，日當有風雨，一云是日雨，則歲豐。【略】

二十日，《釋名》：分龍日。雲和則歲熟。爲大分龍日，占同小分龍，無雨而有雷，謂之鎖龍門。雷主當地少雨，是日農家早以米篩盛灰藉之紙，至晚視之。若有雨點迹，則秋不熟，穀價高，人多閉糴。諺云：『二十分龍，廿一鰲，拔起黄秧便種豆；二十分龍，廿一雨水，車閣在衖堂裏。』【略】廿五日，亦爲分龍日，大晴則大旱，諺云：熟不熟，但看五月廿五六。又云：此日陰沉沉，穀子壓田塍。【略】廿九日，楚俗以廿九三十爲分龍雨，則多水。

河神

綜述

清 張鵬翮《治河全書》卷一四《章奏·祭河神典禮》 太常寺謹題，爲欽奉上諭事，内閣等衙門題前事，内開康熙二十三年十月十二日上諭：大學士明珠前至黃河，當祭河神，應行典禮，爾衙門會同禮部太常寺議奏，欽此。欽遵，該臣等會議得，皇上軫念民生，巡狩山東等處，歷泰山，已行祭祀東岳之禮。今又奉有應祭河神之上諭，允爲盛典，查四瀆之神，原遣官致祭。康熙十一年，金龍四大王廟亦遣大臣致祭。今皇上省地方風俗，觀民生情形，涉渡黃河，應於駕臨宿遷縣。次日早，亦照例遣大臣前往金龍四大王廟，供香帛，讀祝文致祭。但先經祭祀，曾用何項供品，無憑稽查，應行文總河，照先預備，其祝文由翰林院撰擬可也。爲此謹題請旨。等因。康熙二十三年十月十四日題，本日奉旨依議。

清 劉啓端《清會典圖》卷二〇《禮二十・河神廟位次及陳設圖》 河神廟在綺春園内，殿中三龕，中一龕長源佑順淮瀆神位，左一龕顯佑、通濟、昭靈、效順金龍四大王位，右一龕靈佑襄濟黃大王位。位前籩豆案三，案上各設簠二、簋二、籩十、豆十。案前俎三，皆中區爲二，各實羊一豕一。又前香几三，上陳香鑪三；鐙几六，上陳燭臺六；瓶几六，上陳花瓶六，均插貼金木靈芝。籩豆案東旁饌桌一，案前少西祝案一，均南嚮；東尊桌一，西嚮；西尊桌一，東嚮。殿外檐下正中爲承祭官拜位，北嚮；導引二人，東西面讀祝官一人，立祝案之西；東面司香、司帛、司爵各二人，立於東尊桌之東。西面司香、司帛、司爵各一人，立於西尊桌之西。東面典儀一人，立殿外東階。西面東尊桌上設銅爵六，西尊桌上設銅爵三。又帛篚一奠獻，皆奠於籩豆案。樂部和聲署設慶神，歡樂於甬路旁廟門外。東燎鑪一，掌燎官率燎人立於燎鑪之南北面。

清 鄒弢《三借廬贅譚》卷九《河神》 黃河之水，爲患中原，歷朝以來，無術可弭耶。本朝乃特設河督，統攝河道。分司之歲費數百萬，奏安瀾，聞搶險，其故何耶？地土薄弱，水不歸道，司理之員顧目前之效，不能相輔成功也。故例：凡新蒞任之員，先祭河神，而後視事。按河神之懋膺封號者四：一爲栗襄勤公，諱毓美，曾官河督，晉太子太保，道光時人。一爲金龍四大王，姓謝，諱緒，行四，浙江人。南宋諸生殉國難，以少時讀書金龍山，故有是稱。一爲朱大王，諱之錫，順治丁亥進士，亦浙人，官河道總督，盡力河防，没而爲神。一爲黃大王，河南偃師人，諱守才，生而爲神，年七歲，即乘舃飛上緱山，曾焚符而止，沁溢祝天，以救杞灾。送周王於金陵，三時即返；捲黨柱於荆口，一掃成功。康熙間自擇地於萬安山，嶺離山坎向，臨死謂子孫曰：余生未受封，死當護國嗣。是屢著靈異，香火不衰。

紀事

金 張瑋《大金集禮》卷三七《雜祠廟・河神》 大定十九年十一月十七日奏稟，言事者以瀘溝河水勢泛漲，損壞民田，乞官爲封册神號，建立祠堂，檢討得典故止載祭祀岳鎮海瀆，其山林川澤之神有功德於人者，乃降封爵，未有非在祀典，止用損壞民田，賜號建廟之理，難准所言施行。從之。

又 大定十七年十二月，以都水監節次申稟，陽武上埽聖后廟乞檢料修整，倒换誥敕，并每年五月一日降香祈謝，尋檢討到唐令：岳鎮海瀆，中祀也。其祭用酒脯醢牲饌太牢，祀官當界都督刺史充，有事故者遣上佐行事，遇旱而祈，其禮亦如之。其餘山川判司行事，縣則令丞行事，遇旱亦用酒脯醢。今聖后之廟，蓋山林川澤之屬，爲小祀，宜依有唐仲春祭五龍祠故事，以羊豕各一，外仍設酒脯醢，於二月内卜日行祀事，祭官差隨縣縣令充。外降香一節，歷代俱無，似禮佚，并前代已封加敕誥，亦難倒换，蒙准呈行下。

明 俞汝楫《禮部志稿》卷八一《堤河神位號》 正統五年，工部左侍郎李庸言，固安堤，通濟河，皆已建祠設像，而祀典未秩，稱謂無名，請令禮官定議封號，太常歲修時祀，事下禮部議。尚書胡濙等言，洪武中以岳鎮海瀆封爵不經，止稱爲某岳某瀆之神，一洗相沿之陋，今固安、通濟，無緣復襲繆典。至欲秩祀太常，則永樂中，開浚濟寧通漕，爲萬世利，其祠廟尚未有常祀。今崇報之典，不應有加於彼。請但於朔望，令耆老土人供奉香火，其固安堤稱爲瀘溝河之神，通濟河稱爲通濟河之神，於禮爲當。從之。

清 李繼白《望古齋集》卷一一《記・修建漳河神廟碑記代》 《禹貢》曰：覃懷底績，至於衡漳。蓋漳水二，其一出上黨沾縣大黽谷，曰清漳；其一出長子縣鹿谷山，曰濁漳。二水異源，而下同流至臨漳而著，秋夏與黃河相亞，其引水灌田而魏文以富，則又西門令之遺趾也。應詔入都，至磁之豐樂，擊楫中流，見其汪洋澎湃之勢，天地震動。中有魚龍出没，雨吼風摶，窮奇萬狀，以沛澤此一方而沃饒百里，其波及下土者，皆神之餘，安得一官坐治，仰承神惠，以朝夕而俎豆之也？既而承乏茲土，自都入境，即册祝修虔，以邀神佑。望之洪濤無際，知惠我人斯矣。蒞治之三月，閱邑人有南郭廟事之舉，立碑致享，問序於余。余以受命漳邑，則漳神之妥侑，與社稷等分，不容辭，而又懼荒略不克道揚其盛，非以光其事也。竊念漳之爲利，億萬斯年，使民殷饒，沃富生生，自庸神之惠也。其頻歲以來，蕩析離居，罔有定止，盍非神之怒此一方而守土者之責也。歲告水患於上，請蠲請緩，以奔命不暇，不則册籍隱没，里胥挪移，小民未必得蒙實惠，何如昭其典物，潔其明禋，神之福我，永奠此邦家者哉？神無日不愛我漳而籲懷茲邑，知其必有所應之也。繼自今伊始，其城郭人民惟神是賴，土田豐沃惟神是功，宦海無驚，而商車日轃，惟神是佑。且雀臺岸磧之下，拍浪飛濤，天下之大文章在焉。得數偉人應之，爲霖爲楫，則又河伯之助也。余初受職，愧未能修西門令灌田之績，而待澤下流知恩將及。惟爾有神，尚克相予，以無忘今日祝也。

清 張鵬翮《治河全書》卷一《上諭》 康熙二十三年十月十二日上諭：大學士明珠前至黃河，當祭河神。應行典禮，爾衙門會同禮部太常寺議奏。

又卷一八《章奏·請封河神》 兵部尚書兼都察院右都御史、總督河道、提督軍務臣張鵬翮謹題，爲河神效靈，請敕賜封號，以答靈貺事：臣惟聖明在上，百神效靈，《詩》載懷柔百神，允猶翕河之頌，古今不易之理也。臣今年奉命治河，值河工潰敝之後，夙夜惴惴，懼無以仰報主恩之重。履任後，循往例，謁金龍四大王之神，即禱祝曰：黃淮不治，下民昏墊，我皇上軫念國計民生，宵旰憂勤，不惜數百萬帑金修治河工，凡以爲民也。然護國庇民，神亦與有責焉。仰藉神庥，默相安瀾，蚤奏成功，當特疏恭請，敕賜封號，以答神庥。自是海口疏通，伏秋二汛，黃不出岸，糧艘進口，間有淺澀，即降陰雨，水長濟運。十一月初三日，清水出運口，淮、黃交會，一水兩分，南北兼濟，儼然神助，此皆我皇上聖德感孚，故爾河神效靈。攷之禮經，能爲民禦災捍患者則祀之。又查順治二年，河清十里，兩堤克奠，前河臣楊方興題請特封顯佑通濟之號。褒揚神庥，自昔已然，於今爲烈。伏乞我皇上敕加封號，更請御書匾額，垂示永久，則我皇上懷柔之典光昭萬世矣。等因，於康熙三十九年十一月初十日題，十二月初一日奉旨該部議奏，欽此。欽遵，於本月初二日抄出到部，該臣等議，得河道總督張鵬翮疏稱，臣奉命治河，仰藉神庥，海口疏通，皆我皇上聖德感孚，故爾河神效靈，伏乞敕加封號，更請御書匾額，垂示永久等語，查順治二年奉聖旨，黃河神特封顯佑通濟金龍四大王之神在案，今我皇上聖德感孚，河神效靈，海口疏通，應如該督所請，將加封字樣由内閣撰擬，其給賜御書匾額，垂示永久，俟命下之日交與翰林院，將御書匾額發出之日，頒發河道總督，恭製懸挂，可也。等因，於康熙三十九年十二月初七日題，本月初九日奉旨依議。

清 沈起元《敬亭詩文·文稿》卷八《福漕河神靈異記壬申》 乾隆歲在辛未秋七月，晉水驟盛，齊豫積潦，黃、運兩河一時漲溢，河決河南，灌入運河。而山東之東平、張秋并決，運河所經，在在危險，臨清爲汶、衛、漳三水合流之衝，堤岸尤岌岌。州牧王俊晨夜河干，不遑寢處，虔禱於漳河之神。是時，水勢騰湧，堤不没者一板而竟得無恙。王牧感荷神祐，馳書濟南，索余文，將勒珉石，以紀功德。神廟在州河口北岸，康熙六十年建，每漕運淺阻，司漕者致禱，水立長，屢有靈感。雍正三年，大吏上聞，奉旨敕封福漕漳河之神，春秋致祭，載在祀典。余考漳河之去來，而嘆河神之福！我國家漕運，豈僅區區淺阻漲溢之際哉？漳水自臨清，由成安元城入館陶，以達衛河，其故道也。乃萬曆二年，北徙館陶之流絶，已一百二十四年。於康熙三十六年六月，驟至館陶入衛，於是東南數百萬漕艘，得暢流北上，無艱阻，此豈人力之所決排疏瀹而致之者？是皆神之所爲矣。蓋我朝重熙累洽，仁功聖德，淪浹蟠際，而列聖之敬天事神，精誠感孚，呼吸幽明，是以景運方昌，百神效順，而漳河之神乃特挽北流，以顯衛我漕運之功，宜其有禱必應，遇灾成祥也。夫漳水自晉而豫，而齊、魯，而燕，以入海。神之威靈無不屆，寧獨私我臨清然？廟在州境，神所憑依，州之吏民享祀祈禱，呼籲奔走於其下，於神尤尊且親，神其忍聽臨清萬户一民失所哉？堤之固，無足異者。余因念天人感應，如響應聲。今臨清吏民，荷神之庥，獲保田禾家室。其所以仰答神貺者，匪直馨香俎豆之是將是享，當亦惟吏日敬其事，民日厚其俗，以無作神羞，以膺永永無疆之福祐，是在於善成之者，敬書之以報王牧之委。王牧，余同年友也，勤慎愛民，固亦神之所鑒云。

清 王鐸《擬山園選集》卷六〇《創建河神永濟廟碑》 庚午之冬，河東鹽瀍御史新城百斯王公過津，余見焉。御史曰：予欲給于國，利于生民，乂於五穀，使民免於水禍，惟河伯允廸哉？因前席問曰：公過陝州，創河神廟有之乎？公曰：有之。葢公之始濟陝也，有司以陳祀行事告，整衣冠，肅盥酌，其諸牲牷體醍爲其夙，無神宫也，皆鞠而肆諸野，於是驚沙飛激，愁鼓四惘，雨霿風癲，咸爲暴虐。祼薦之禮，爲風雨所偪，處遄以竣祀事，祀必不懌，公愀肰念曰：名山大川，實生雲气，致雨澤，且陜州夾山于三門七井，誰不資之有攸往也？神有顯道，入阜于休，其誰曰可？以不理五行，以滑于神之蠲，夫是之踣弊。予有省土之責，玆用飾乎，則其宜也。若仍其猥雜不妥，而神弗和，神即不以無宫宇攸止，爽二其德，而降之疾僨以害，陝之上下人心獨能怡耶？故鐘水豐物，水無沈气，比類百則，物無害生，未有不以和應和也者。吾陝豈斧鉞刀墨之民耶？即不媚神若之何？荒上逆事，弗爲位也。其謂之何其誰曰：祥公如境，即割庖厨金若干，以經始廟，故而授畫于陝之守者。是季三月，鳩孱厥功，至四月而三其楹，卜半畝而宫焉。至辛未之夏，公過其地，牧民者畢輳，武士韋韐，執殳戟者悉集，左右御史曰：神以人馮，而人摩厲之于義。神實啓我，某敢不拜。公遂匡其帛幣，鐘鼓斯考，火烈具舉，趨鏘卒獲駿，奔走于廟，是時露曀之气俱屏，望大河浤潨，舟檣瀠過，水族、鬼物、百怪之所潛，懾日不午，黖月不傍，匡干以仰視之，重門廣庭，殿寑閑閑，宲櫺翼翼，既潔苾而弘壯，神必醉止。遠矚之，負崇，岡之逶迤，林麓梴楙，而公敬恭明神之義，肰後與神嗜訢合，乃爾欻肰惬肰，勿勿洞洞于雲烟莽蒼中矣。是歲春暨秋，水不外嚙，田洫誕治，無復底箸滯淫之患，民得以事其老壽，勤于軍國，敦其本而食其末。有司不聞鎸譙之令，非玆廟一新，鼊攸備乎？夫境内山川，古諸侯祀無絶者，爲神人不瀆五行之材，允克光于有仁，民之廬舍，五穀有有其賴，人畏無噩，其于國爲有禮，其于祭瀍禦捍厥灾患，無有水傷沴于陝，非公弗克新廟，用迎于休，非公軫乃兆民，亦弗克潔，己以腆于神，以新斯廟，神時若人事熙矣。嗚呼！公于一州且知所輕重，而三省所貽御史之利，在在既允亨哉！御史笑曰：否否，予何功之克。遂避席，盤辟拜手，乃作樂章，俾民永謌。祭之曰：神之靈礡兮閒廣深，沓龍門兮觸嶔崟陝，鮮庭衃兮翃孔碩樹，彼松栢兮晝陰森，靈之來兮恭忠，駕連蜷兮御雨，君轡朱豹兮從群，翕不我即兮象繽紛？天門開兮灂爲旋，廟假肅兮怵人心。右迎神。函飶兮豆登，炷焮兮光容，穆穆兮匕鬯，婉轉兮獻聲。鬱金遠脃兮烝肴以升，神之方飽兮康止率興，小大兮馨中，肸蠁乎格兮歆參差，儀則罔缺兮樵朙明。右降神。山栲叢兮溼以蘿，神所娱兮閟户多，金碧錯兮蓼花摩，漭沆就兮水如舞。回飇張兮龍蛟峨，誠之串兮佑民禾，逐癘祉被兮受遹，將那田祖歲報兮涉有吉波。春秋兮灌獻，風雨兮崇河。右送神。

清 戚學標《鶴泉文鈔續選》卷五《衡家樓新建河神廟碑代》

嘉慶九年三月二十二日，河南衡家樓工成，黄流順軌，中外臣民相慶，咸以工險成速，聖天子如天之福，皇帝曰：噫！此民之幸而神之佑。其議於堤旁建河神廟崇祀，昭靈貺也。惟自古非常之功，類有神靈之助。《周頌·時邁》述『天子懷柔百神，及河喬岳』而般之，《詩》云『允猶翕河』，又顯著山川之瑞應，四瀆之祀，載於典禮，此明謝肇淛作《北河紀》特終以河靈，以爲事有非人力可倖者，殆冥冥有以相之。方口之漫也，全河水勢直趨東北，大溜奔騰，口門刷寬至數百丈，大名、長垣一帶首被浸延，及東省張秋鎮妨阻運道，而上游秦家廠相繼報險，僉謂河既失其道，强塞必無功，即成非可歲月計。皇上軫念民灾，宵旰焦勞，外則博采廷議，躬禱於神，默自引咎，致其爲民請命之誠，而庶幾上蒼之垂祐，卒之神之應也如響。自八年十月六日興工，萬鍤雲集，天日和霽，無寒冰苦雨之患，民得施力。間有沉埽，立時搶護，而引河之放，龍門之合，并有驟風自西南來，鼓盪而助其勢，或更委順而東，不使溜之溢而趨北，工成計前後僅六閲月，信乎天之佑我國家，百靈效順，而非皇上虔恭寅畏，致其昭格，盡人事而迓天庥，何以臻此？先是青龍岡之決，彦寶祖大學士公親在工相度，著有成勞。彦寶父嘗使行萬里，窮河源，今彦寶復承命，董塞此役，謹遵宸訓，偕地方在事諸賢同力一心，勤敏將事，藉手奏功，以仰副皇上三世委重至意。工甫竣，而彦寶積勞致疾，諭旨先回京調理，會今九月廟成，賜額廣佑，御製滿漢碑文，勒石蓋亭，仍命彦寶詣工致祭，終始其事。帝德之孚，神應之赫，幽冥默契，芘佑無窮，將永慶安瀾，爲萬世利賴。而彦寶得展拜階下，附名麗牲之碑，何其榮且幸也！

清 薛福成《庸盦筆記》卷四《述異·賈莊工次河神靈迹》 同治甲戌，河決賈莊，山東巡撫丁稚璜宮保親往堵塞，以是年冬十二月開工，頗見順手。而大王、將軍絶不到工，至光緒乙亥二月間，險工疊出，用秸料至五千六百七十萬斤、料至二百七十萬斤。十三日後，停工待料占埽，或蟄或走，或似嘔吐。連日西北風大作，大溜自引河直射口門，萬夫色沮。十五日午刻，口門里許，河水清忽見底，毫髮可鑒。十七日，粟大王至。越日，黨將軍至。又明日，金龍四大王至。自十六至十九日，桃汛忽發，口門深至五丈四五尺，種種奇險，兵弁員役束手相向。二十一日，大溜忽入引河，口門水勢日平。二十三日以後，料大集，各大王、將軍亦雲集兩壩。二十六日，南壩開工。二十八日，北壩開工。是日，金門中流忽浮黑鴨一對，游泳上下，幾一時許，倏不復覩。河員謂係抱鴨將軍，每遇堵口，出現最利。越日，復有虎頭曹四將軍端坐綑箱船上，形同緑蛙，而體較長，請入香盤，毫不驚躍。又有楊四將軍者，狀如蜥蜴，長祇寸餘，双眸怒突，遍體生花，從簷際躍入宮保帽中，遣官送至大王廟，行七八里伏不稍動，安坐供盤數日。三月初六日寅刻正，兩壩合龍，然壩基尚未壓到河底，河水自壩下瀆涌而出，形勢岌岌。初八日，雷雨大作，共言陳九龍將軍至矣。是夜，雷雨不止，龍占打下丈餘，隨即添培高厚土櫃邊壩二，齊塡壓到底，即刻斷流。蓋人力無所不施，不得不借於神力也。聞河工凡見五毒，皆可謂之大王、將軍，如蛇、蠍虎、蟾蜍皆是也。然託於蛇體者爲最多，但其首方，其鱗細，稍與常鱗不同。位愈尊，靈愈顯，則形愈短。金龍四大王長不滿尺，降至將軍有長三尺餘者。又如金龍四大王金色，朱大王朱色，黄大王黄色，粟大王粟色，皆偶示迹象，以著靈異。各就其神位之前，蟠伏盤中，而昂其首，或一二十日不動，或忽然不見，數日復來，其去來皆無蹤迹。而鱗色璀燦，或忽然黄變爲朱，朱變爲緑，謂之换袍；或忽然死於盤中，謂之脱殻。其死蛇須送水濱，即自沈於河底，或數日後仍現於河干，蓋其所附之蛇偶死，而大王實未死也。又有某大王在盤中生數蛋而去者。此次大功告成，宮保即專摺請加封號，奉旨金龍四大王封號，著禮部查照康熙二十三年加封天后成案辦理；其黄大王、朱大王、陳九龍將軍、楊四將軍、黨將軍、劉將軍、曹將軍，着禮部一并議奏，并建立粟大王專祠，以答神庥云。

藝文

宋 蘇轍《欒城集》卷三四《北京南開二股河祭河瀆星辰祝文》 維元祐四年，歲次己巳，月朔日，嗣天子名，謹遣承議郎、行太常博士、充祕閣校理、武騎尉劉唐老敢昭告于尾宿星：乃者暑雨過常，河流東溢。因有司之來告，請以時而決疏，兵役暴興，冀明靈之垂祐；民心苟利，幸開塞之恊宜。尚饗。

宋 晁補之《鷄肋集》卷六〇《代澶州韓諫議祭河文》 維年月日，具官韓某，謹以牢醴之奠，告祭于靈源王之神曰：天子以季秋祇見合宮，禮成，告祭及河喬岳，罔不率舉。而某位古諸侯境内之祭，得預行焉。惟神聰明正直，國有典祀，靈長之性，并千七百載，厚地而不洩。坎德既平，則惟神祥。以茂昭聖，天子之功。神之血食終古，豈不韙歟！尚饗。

宋 汪藻《浮溪集》卷二二《祭河文》 惟神以海爲宗，主百穀也。霧雹風雷，氣停蓄也；曰雨曰暘，相民欲也。鞭笞犀龍，起潜伏也；方春敷榮，俟嘉沐也。胡爲陰陽，戾盈縮也；冰澌既融，潮未復也。戢然千艘，尾銜屬也。聖人中天，世司牧也。一夫阻飢，爲頻蹙也。貔貅萬屯，懼枵腹也。神寧惡予，倦揮沃也。靈呵豈難，費升掬也。詔恩臨祠，奉牲玉也。尚驅雲師，既霑足也。繄邦是圖，匪私瀆也。

元 蒲道源《閑居叢稿》卷二二《祭通惠河神文》 維神主司靈源，不溢不竭，安其波濤，利我舟楫。何以報之？牲酒肥潔。神其鑒茲，永永無斁。

明 邊貢《華泉集》卷一四《文集·祭河文》 維神配鎮北岳，受國顯封。湯湯洪流，萬水是宗。踰周越梁，爰達於海。潤田澤疇，濟物千載。某按部茲境，往來一年，反命屆期，臨流告虔，既張我帆，載擊我楫。神其相之，以利我涉。尚饗。

明 鄭曉《鄭端簡公奏議》卷一《淮陽類・告謝河神疏》　題爲黄河淤塞異常，乞賜亟處，以重漕務，以安地方事。嘉靖三十三年三月初四日申時，准禮部咨，准工部咨，稱看得去歲河流泛溢，糧運梗塞，上廑聖慮，特允輔臣之議，遣官祭告河神，修築疏浚。茲甫六月之間，河工告成，水歸故道，本年漕艘如期早達。其感應之機既已著昭，則祈報之典難以偏廢，欲乞敕下禮部查議，題請舉行，庶幾河流永正，而國計有賴等因，節奉聖旨，告謝河神，禮部奏來行，欽此。欽遵，查得嘉靖三十二年二月内該本部議覆，今次黄河興工疏浚，須仗聖誠感孚，庶幾神效。其靈所據大河之神，東岳泰山之神，東鎮沂山之神，徐州洪金龍廟，吕梁洪神廟，清河天仙水母廟，邳州河神廟，及沿河一帶靈感應祀諸神，俱應祭告。已經題奉欽依，行彼處漕運都御史等官分詣祭告外，今該前因，看得徐邳河道疏浚告成，實我皇上至德感格上玄所致，而諸神陰佑默相之力亦有不可誣者，所據告謝之典，委應舉行，合候命下，行移翰林院撰告文，太常寺差屬官一員，齎捧香帛前赴彼處，總督漕運都御史、管河都御史、山東巡撫都御史動支官錢，買辦祭品，照依前次祭告諸神，各隨所近地方竭誠致祭。其沿河一帶顯應諸神，仍聽各官分委各府州縣正官一體告謝。事畢之日，通將告謝過神祇各另具奏，未敢擅便等因，題奉聖旨，是。欽此。欽遵，備咨前來隨該太常寺博士李東華齎捧告文香燭帛到臣遵照前次祭告諸神，各隨所近地方致祭，查得清河天仙水母廟之神係淮安府地方，即行該府動支官錢，買辦牲醴祭品，臣擇於本月初八日先期齋戒，竭誠祭告，其邳州河神廟之神行令淮安府署印同知吕尚古，及查靈感應祀河淮二瀆之神、天妃聖母之神、靈應陰澤侯之神、龍王廟之神、平江恭襄侯之神，俱各備牲醴，并行令通判党淳、知縣史朝宜、縣丞劉教授、仇俊卿等，亦各先期齋戒，於初十日分投一體，竭誠致祭訖。竊惟國家財賦，仰給東南，而淮、徐一帶河道實係通漕要路。去歲，河流泛漲，糧運梗阻，田廬淹没，民不聊生。上廑聖慮，遣官祭告河神，修浚未幾，工即垂成，水歸故道，百川朝宗，萬艘通利，商賈輻輳，軍民奠安。復荷聖明留念，遣官頒賜祝文、香帛，前來告謝。臣竊待罪漕司，仰見我皇上純誠粹德，天神感孚，地靈效順，人心豫説，國儲豐盈，實宗社萬萬年無疆之休也。臣等幸甚！天下幸甚！嘉靖三十三年三月十一日進。奉聖旨，該部知道。

明 趙時春《浚谷集・文集》卷七《祭衛河神文》　維嘉靖三十一年，歲次壬子春，三月癸未朔，越八日庚寅，前任兵部武庫司主事，見任山東按察司兵備僉事平涼趙時春，謹以剛鬣柔毛庶品之儀，奉妥衛河水神之位曰：凡山川興雲出雨，有利生民者，人咸以爲必有神主之，矧自大河南徙，九河諸水咸扵是匯，專達扵海，尊同四瀆，又爲國家運艚阜貨，脉絡兩畿，襟舌八州，神之利益，顧不大哉！時春曩於庚寅之歲，疏乞却瑞禁諛，自底狂辜，道于茲河，蒙神弘庇，大著厥靈，曾祝有事，茲土廟食，以報神休。今經二十三載，統兵扵斯，以衛畿甸，戎馬粮糗，由河運致，土地人民，賴神降澤，丕振兵威，托神佑助。昔承靈貺，今叨職守神之缺祠，寔惕厥衷，不遑寧虔，建宇揭主，昭虔妥靈，遵禮題爲衛河水神之位，稱至扵神，尊莫大焉。世俗煩黷，不敢妄加。伏唯時降日澤，以阜我民，通利舟楫，以裕國用，震迅雷雨，以掃胡塵，將時春有大賴焉。故茲昭告。尚饗。

明 屠隆《由拳集》卷二一《祭神文・祭河神文》　隆受命於朝，來撫茲邑。邑東門實臨大河，水歲齧故堤，所不侵城者不一，武而近悳。旦莫魚龍挾九子而上，竊其威命，以馮陵我下土。我下土之人，亦曰惴惴乎罔敢寧居。不佞臨河而觀之，則亦惟大有恫于予心。乃涉穎之二旬，是爲春王正月六日，不佞則率邑慱士諸生，及千夫長、百夫長及邑之父老子弟，荷畚而来，是興東門之役。顧邑小而民貧，歲苦不登，而賦歛日急，艱是役矣！大懼不克奏厥功，則敬用不腆，邀寵靈於明神。維神歲與祀典，血食茲土，維不鄙余小子，幸哀憐元元，相余不逮。毋以使者昊其威權，以傷余土工。土工之成，則匪曰人力，寔維神休。民以脱於蕩析之灾，不佞與二三君子庶幾無郵，而神亦永永歆歲祀弗替，明德顧不遠哉！其或不念黔首之命，朝夕大布其威力，而行其恣睢，即民其魚乎？神且不血食。神即弗念予小子，其幸卒哀憐元元。余小子或無道不仁，以私利敗其官常，余則有罰，其幸毋駕禍我元元之民。誠幸不鄙余小子，而重哀憐下民，則洪河一夕化爲大堤。惟神力爾，畚鍤何爲？不然，歲食溪澗之毛，以普昭民力，載在祀典，修事有虔，而漠不問下民之疾苦，将焉用之？神之無靈，余則弗敬爾。維神其圖之。

又　頻年来洪水爲妖，故堤不守，天吴之屬得以行其威靈，薄我城垣，震驚有衆。馬壁不用，空桑安歸？民大恩，不克保厥室家。降受命下車，父老郊迎，語我以故，長跽請命焉。降是用朝夕廩廩，不皇寧居。躬率萬姓，負畚鍤而前。以天之道，鬼神之靈，敬下尺一。境内雲集，萬夫雷動，不假鞭箠，使其民奏功旬日，黔首不怨。豈惟不怨？道路載驩。則亦惟明神鑒我款款，陰隲下民，神休大哉！某敬率諸執事，薦尒蘋藻，用申報祀，以章明伐。今陛下仁聖，閔念萬方。隆亦日有兢兢，務澡行修事，無黷貨，無淫刑，計安元元至切也。神之聽之，其幸無以大水傷我土功，奠我民居。予或有黷貨，有淫刑，予是用罰，其無以我民。民之奠安，神則血食；民之流離，神則不血食。靈爽肅肅，聞予此言。

明　王心一《蘭雪堂集》卷五《謝河神文》　歲在乙卯暮春之初，予以赴選長安，北渡黃河，設醴具牲，祭告河神，祈以安瀾，無有恐怖。喜河流之若平，挂輕帆以乘風，乃賦其事，敬謝河神。其文曰：觀水者大海，若而小河伯。嗟乎！此非知河者也。乃若水從天來，起自積石，源繞崑崙，繇亘南北，呼吸應三靈，吞吐連四瀆，瀉萬里其如帶兮，復奔流而倒海，赤岸無窮，逶迤折曲，迴流激湍，潺湲之聲，不絕如雷，驚心駭目。忽高崖之欲墜兮，俄流沙以成堆。惟河深之不測兮，乍浮沉而屢移。悵逝波其曷已兮，遥望洋以興思。爾乃順流縱柂，逆流揚帆，集飛鷗於遠浦兮，戲游魚於錦瀾。忽焉黃沙晝晦，狂風若號，怒浪翻空，天地震搖，飄篷莫繫，没人焦勞，神乃爲援諸溺兮，於是鯨波順馮夷調。若夫流沫千里，潰堤決防，懸水百仞，泛溢無常，漂邑沈竈，噴薄如狂，治河使者且爲役萬人之作，傾水衡之錢，彼河神之弗順，徒臨流以張皇，惟聖人之既出兮，遂神明之降靈。羡波臣之不驚兮，乃澄如其鏡清。嗟予！褰裳不前兮，思利涉以何因？感河神之不我棄兮，載予以安瀾，而送予以兼程。揚雙帆兮泝流水，不五宿兮半千里，抵河洲兮獲勞止。凡我同舟兮，頌神功而靡已。

明　吴麟徵《吴忠節公遺集》卷四《祭河文》　維崇禎十五年，歲次壬午，八月己酉越朔，三日庚子，刑科左給事中吴麟徵謹備牲牢酒醴，敢昭告於河泊之神曰：徵自己卯，予告里居三襈，憂患疊更，氣力衰耗，乃蒙新恩，起補原職。值國步之多艱，欲全身而不可。爰命舟楫，黽勉即行。惟神相之。尚饗。

清　汪琬《堯峰文鈔·詩鈔》卷四《河神廟》　前代遺靈在，森然曳冕旒。拜瞻紛估客，歌舞襍巫優。賽雨來春社，分風送曉舟。文螭如可駕，髣髴護安流。

清　陳錦《勤餘文牘》卷六《祀河神文戊辰三月**》**　維年月日，皇朝末吏南國儒生祭告於金龍四大王之神曰：嗚呼！禦灾捍患，朝廷隆禋祀之文；崇德報功，岳瀆視公侯之秩。洪惟大王，恭逢盛世，見金身於水涘，遍玉食於河堧。咫尺憑依，萬人瞻敬，夙聞靈異，幸遂親承。惟念運渠爲天庾之本根，實國儲之命脈，以黃濟運，如屋建瓴。何乃三汛乍平，一泓遽斷，良以大流撲岸，濁浪含沙，人閒之尺瀆難容，眼底之桑滄易變。允矣難施夫人力，誰歟克挽乎天心。某一介書迂，未肩國事，念祖宗之成憲，惜民物之生涯，願使萬舶交馳，一帆徑達，俾貿遷之無阻，冀轉漕之有資。意惟雪浪掀天，毋使洪流捲地。竭走石飛沙之力，効導河入海之能。庶幾千夫畚掮，不令民力徒勞；萬里梯航，其仰神靈顯佑。國課豐登，而無煩蹈海；游民樂業，而不致爲非。懷此十年，於今一禱，代民請命，爲國淡灾。當官之祈報無靈，下士之痌瘝在抱。倘爾神鑒及愚忠，示之奇效，行將上陳大府，奏晉崇封。嗚呼！精衛能飛，東海之波濤幾息；昌黎可作，衡山之雲霧爲開。惟文章能泣鬼神，則牲體難酬靈貺。尚饗。此戊辰三月，張秋軍次祀金龍四大王文也。王姓謝，名緒，以兄弟行居四，宋南渡不仕，隱金龍山，歿爲河神。能見龍身出於黃、運兩河閒，聽人迎禮。時以河北勦捻，諸軍餫饋需舟，帥府命開張秋八里廟河淤十一里，三月工竟而王適至，迎之入廟受禮。顧賊氛正近，上下警備。予堅不演劇，衆議譁然，因作是文祀之。焚訖，而二龍竟杳。是年伏汛，亦竟不再淤，長江礮划千計，渡黃入衛，漲落以時，若迎護然。八月閒，殲賊河東，阻其竄路，水力居多。厥後帥檄再三，命予禱河神，留汛以歸南師。予與翟孝廉增榮峻堤岸助之，悉數南下，并導兩岸陂水灌之，救出膠淺民船無算。乃稟請奏聞，得欽賜大王廟額，曰『榮光普佑』，蓋以踐是文奏晋崇封之語云。附河神靈迹。予所見金龍四大王神迹，其來時必借一能識者，見其形，候人迎擁，以木盤置側，祝王自登，官則脱帽，作盤敬謹，高捧輿仗導前，安置殿案，聽其上下盤旋，至有各就其王之位者，即萬衆譁瞻，烟火薰炙，略無驚疑。神體長四寸許，方首，鋭尾，青黑質金文，或變黄緑，俗所謂换袍是也。既入廟，不演劇不去，去則就盤中自沓，如是爲常。朱、黄二王體同，而較長寸許。將軍以下益長，且大約亦無逾七八寸者。凡水患、兵灾、大工興作，來則多吉。惟九龍將軍體大逾尺，至則有警，屢試輒驗。其異體者曰楊四將軍，四足，一尾，具蝘蜓形，江漢間多見之，曾一至工次。壬申二月，侯家林河工南北兩垻預設神棚，大王相繼至者，四將軍至者三十餘，絡繹隱見，不可蹤迹。時丁中丞與予駐北垻，王亦多駐北岸者，蜿蜒坐中三數月，直至立廟請封，事竣乃去。内有向所罕見者，曰栗大王，故河督栗公毓美也，近已奏加封號。又一龍體長細弱，爲白老人英，并在工次。一日，白忽爲栗所吞，吞竟，而栗腹仍若無物者。守棚員虔叩求解，則吐之，無傷。迨三吞，則白僵仆，乃送之河，越日又至，後亦無他。凡王明來隱去，示人有常，即涸置案上多日，不飲不食，其潤澤若新出於水者。問之父老，則曰：某歲王至張秋，入廟數月不去，忽僵卧廟祝米甕，人莫敢動。越日開甕，腥滿一室，將設祭而投之河，俄視甕中，則蠕動如生，仍在坐沓沙、參戎、衍志爲予言之，今賈莊工次多僵仆盤中，身輕如蜕，俗謂之脱袍。袍在而王又至者有之。

清　彭鵬《古愚心言》卷一《泃邑造軟橋渡八輪石車移河神牒戊辰正月臨泃稿》　三河宰彭鵬拜手稽首，敢昭告於本縣錯河河神曰：神與吏皆禀天子命，莫敢不敬，莫敢不慎者也。今者恭逢太皇太后梓宫經由，墊道造橋，凡境内所司土地神祇皆與有事焉。錯河，支流也，如畫壤分官，大小肥瘠之不同，其名爲吏一也。鵬所以有錯河河神之請，本月初九日，奉通永道孟□准，護理守道方□關，蒙署院巡道胡□□檄行三河縣，將現在所有浮橋速修堅固，此外仍於錯河橋上流造搭堅固大橋一座，遵即一一修理外，而再搭大橋，專爲運石八輪等車而設。伏思陵工需石甚緊，車渡不容稽遲，急而變通，設爲軟橋，橋身用大繩四條平鋪，浮水東西兩岸，各竪大樁木八根，下地五尺，將大繩兩頭扎木樁上，其浮水大繩匀鋪黍稭扎把，每把扎寬一尺，用三股繩將把子連扎，再鋪大繩四條，夾住把子，上下用中繩扎緊，此爲橋身。兩岸繩頭仍扎樁木，再於錯河橋橋樁繫游繩八條將軟橋繩繫，防急流也。所過大石車從軟橋行，石車渡水，有黍稭把子，車輪不墜泥，拉車馬騾過錯河橋河東，按掛排列，一皷登岸，此軟橋行車之法也。隨自東岸至西岸，繩量河身八丈七尺有奇，又駕一葉，以篙度河底，淺處二尺，深處不過二尺六七寸，又自錯河橋至設軟橋處，計一十七丈五尺，游繩八條，丈尺如其數，一一準備，伺候車渡。已經徑詳撫院工部外，仍詳通永道轉詳院部裁奪。當兹河水只二三尺，不能載舟，若以船運石，船膠車覆，恐不免，而况橋船年久，勢難支撑，墩木歲深，朽無一備，三邑爲圈，投殘區，小民結茅墁土以居，無木商杉客、巨室大家，可以借材，輾轉思惟變通，而設軟橋者急也，急而必圖其濟也，又非敢不恭，且慎而苟焉，以從事者也。伏惟河神尚克陰相，以無負共濟，斯幸矣。須至牒者。

清　李光地《榕村集》卷三四《祭河神文》　年月日，告于永定河、漳、滏、滹河暨順天保河、十五河之神曰：比年聖主，勤念民灾，廣修堤岸，荷神休佑，三載于兹。卑濕之場，盡獲豐稼，明德遠矣，神功懋焉。今歲入夏以來，雨澤孔多，挾以晋豫，洪流河防，往往危潰。雖天道之有愆恒，知神心之無悔怒。伏祈秉兹秋令，肅以金風，淫潦不降，駭濤不張，千里坊墉，永爲民蔽。完者以固，缺者以苴。無墮靈功，幽翼聖世。我吏民其敢懈歲事以忘神貺。謹以剛鬣柔毛清酒之奠，望伸禱祈。尚饗。

清　顧汧《鳳池園詩文集·詩集》卷七《黄河神祝文》　惟神澤被生民，功高中土，凡有祈禱，無不昭應。兹因滎澤縣治瀕臨大河，適當沁水之衝，更受新灘之逼，直趨南岸，危險異常，士庶驚惶，官役憂懼，非惟一邑沉溺堪虞，實切四郊淹没之患，汧等合屬省誠僉謂。安瀾效順，職莫專於尊神。福國佑民，權莫重於尊神。是以秉志蠲香，謹遣南河同知王巩歸誠，請命於神座，伏冀廣運威靈，默垂慈護，使黄沁合流於北岸，埽工保固於南堤。神其鑒允，敢命官吏備料鳩工，欽承無懈，用是虔修牲醴，仰邀歆享。布此丹衷，不勝懇禱。謹告。

又《文集》卷七《永定河神祝文》　惟神溯源天池，伏流馬邑，發爲桑乾，直達京國。蘆溝而南，天津以北，地衍土疏，遷徙衝激。我皇御寓，四海静波，厪憂宵旰，黄運兩河，因念兹水，田宅攸虞，不安厥性，或致墊淤，屢勞乘輿，躬親相度，舍舟步行，遍歷村落，經始郭務，迄柳乂泊，入淀會清，畀歸海若。特命群臣，兼綜分理，汧也不材，亦膺任使，召自田間，聿來河涘，黽勉赴工，天威在咫，神鑒明聽，好生利物，順性安瀾，至誠感格，靈祇默佑，和風晴日，俾早竣工，克告成績。金堤鞏固，田廬安定，造民之福，佐國之慶，汧獲藉手，對揚休命，虔修祭品，歆格來聽。

清 陳儀《陳學士文集》卷一二《祭浭水河神文》 水於畿東，灤爲大，至有江名，然無資於澆溉之利，惟沽亦然。以下通潮汐，陵糈藉以轉輸，故命曰運河。然其上盈涸無常，涸則糧艘不前，盈即氾溢四出，爲田廬害。其最利於人而無害者，惟陡與浭。陡河灌田至數萬畝，雖有漫決，而闐淤所至，化瘠爲腴，秋稼所失，夏麥旋償以倍蓰，且永成沃土，厥利無窮。唯浭亦然，而源高流盛，淤衍之力較陡河所及愈廣，故夾岸百餘里田皆膏腴，園圃連屬，聚落繁密，烟火相通，大者千室，小者亦數十百家，瀕河生齒之蕃，未有及此者也。獨灌溉之利，徐尚寶言之而未及試耳。皇帝四載春，怡賢親王奉命視京東水利，請於沿河一帶建閘開渠，數十里内無非沃壤。又言近河居民引流種菜，千畦百隴，在在皆然，未見有利于圃而不利農者，是浭水可田，與陡河等。特彼先此後，措施以次第云爾。五年秋，水溢漫且決者數道，旋即消落，而闐淤已二三尺，厥田上上矣。故令德茂妬前，又欲自委疏防之罪，方決時，譸張其辭以聞，謂廬舍田園無一存者，至震動朝著，聖主其咨，遣使賚金，馳驛振救，至則井里晏然，故令以虚妄斥罷，而還鄉河之名。聞者悚息，遂隱然爲畿東巨害矣。嗟乎！一夫造謗，名瀆銜冤，豈不痛哉！夫秦以涇饒，鄴以漳富，陂而決之，且溉且糞，長我禾麥，古人之用水如此其勤也，然彼固濁流壅培，自其性爾。今浭水清泚，孕自靈泉，百折而西，其流可鑒也。一遇夏秋雨集，則噴薄懸瀑而下，水石泥半，濁漳同色，無砂礫之溷，有糞溉之饒。凡所瀰漫，畝皆獲倍蓰。畇畇原隰，惟浭實甸之，浭亦何負于人？且人不能用水，水自爲人用，乃猶没其利而獨張其害。蚩蚩者氓，亦忘其身享之利，而妄相翕附以爲害，此某之所爲憤惋而不平者也。今年二月，周行水次，追秉賢王遺意，度地于孫家渠之南，建閘開渠，引流西注，作水田二區，計二百頃。圍圩周防，溝澮貫達，經始之時，疑沮者猶斷斷于河害不休，子乃辯析端末，授意于令尉，俾播告于有衆。令鴻俊清彊有遠識，尉文標久于任，習其土與人，爰破群疑而毅然即事，以三月某日起工，圍溝既以次告竣。六月某日，閘始成，筮吉，引溜入渠以灌，禮宜虔告于河神，于是設位肆筵，刑牲斸醪，召伶侑享，簫鼓既作，使者某率賓吏髦耇，載拜釃酒于河流，復昌言河之爲利于民者普且渥，而無有少害甚悉，宜永念崇報，揄揚神功，神其益錫福爾有衆。自今以始，水土沃潤，風雨以時，黍稌咸登，灾害永息。髦耇皆恍然若寤，稽首而言：今知河之未始爲害，吾儕小人食其利而不覺也。于是合辭致祝于大神，維神聽之和平焉。

清 李紱《穆堂類稿・初稿》卷四八《告衛河神文》 維雍正元年八月二十有二日，經筵講官、兵部右侍郎李某，謹以牲醴果核，祭告於衛河之神曰：國家漕粟東南，上供天庾，所關甚鉅。今歲漕粟過淮稍後，天子特遣卿貳南行催儹，荷天之庥，霖雨以時，風水咸宜，舟行迅速，盡出諸閘，兹至衛河，風忽逆阻。惟神沿河廟食，享國家褒崇之典，宜於河道有孚佑之功。敬陳牲牷，用申昭告，其即返風爲順，迅達天津，庶神威有赫，廟食亦永永弗替。謹告。

清 尹會一《健餘先生文集》卷六《祝文・告河神文》 惟神生而忠義，殁爲神明。明生於義，威德彌靈。神威不怒，河防奠寧。神德溥博，顯濟蒼生。六月陽亢，禾將無青，呼吸拯救，雨降苗興，萬姓咸悦，萬寶可成。爰將牲醴，用報神功。神功難報，永永抒誠。尚饗！

又 惟神威靈有赫，翕河允猶。源分天上，澤普中州。滋息萬物，稼穡盈疇。金堤鞏固，共慶安流。蒼生永賴，天子懷柔。壽民壽國，萬福來求。用陳牲醴，敬祝鴻庥。神其祐之，永奉千秋。尚饗！

清 錢載《蘀石齋文集》卷一《祭敕建河神廟告成加封文》 維神源尊星宿，潤達滄溟。夙襄土宇之安，鴻播民人之利。仰溯祖功宗德，奠大川以升馨；用符秋報春祈，推隆禮而受福。靈祇既妥，奕禩同瞻。朕撫寓是勤，賓河彌恪，念兹雁户農稼者數十州，鞏我金堤，歲修者億萬帑，爰以孫家之集溢于丙子之秋，敕臣工亟完築塞。春風載展，巡緑野于江壖；夏月親臨，視黄流于徐境。齋心虔格，順軌慶臻。荷神明默相之勞，捷于呼吸；欣大溜遄歸之暢，滌彼閼淤。實感宏庥用申，祗荅命官立廟。即地鳩材。規山勢于雲龍，雄開方位，轄水維于淮泗，静鎮疆原。越稔歲而落成，撰良辰以致告。既新専祀，特進崇稱，謹加封神爲顯佑通濟昭靈效順廣利安民金龍四大王。粹穆輝容，炳麟祝號，增于前典，巍彰庇物之仁；垂有後徽，普協祐邦之吉。從此翠旓肅指，分左廡右廡以揚[illegible]；經瀆恬趨，合上游下游而秉令。淵涵九曲，桃花瓜蔓，常清澤沃，萬年休氣，榮光益茂。潔將牲醴，綏享初儀。永鑒誠禋，翊和盛化。

又《祭伊犁河神文》　朕受命承家，化綏億域，懷神秩祀，馨格一心。爰從乙亥之春，王師申討，始達伊犂之境，時雨效靈，準人既即叙以敉寧，回部更偕來而式廓。波恬兩岸，屢憑舟騎之通；派合千山，早受版章之隷。惟神嘉貺，翊我大勳。萬里而遥，久繪圖以攬勝；五年而近，常掞藻以攄忱。特崇賚帛之文，肇舉祭川之典。瑞升雲物，自今加澤邊氓，功溉土田，以歲長歆國祀。浩浩崑墟之北，比于瀆尊；洋洋蒲海之東，昭茲坎德。醴牲用潔，遣告維虔。諭祭宋臣中書令、濟陽郡王謚武惠曹彬文：勳伐紀于旂常，官司秩祀神明，憑其土地，廟食垂庥。荅氓庶而報功，訓臣僚以爲憲。維爾篤生燕境，被澤吴邦，早淳厚以居懷，夙清廉而飭行，洵可謂靖共守位、文武兼資者矣。至于金陵平定之功，非徒謙德不矜之譽，惜一城之生聚，忍即虔劉，誓諸將以焚香，迄無肆刃。祗此體天之寸念，允宜馨俎于茲疆。朕重涖江壖，載昭祭典，靈旓風雨，尚降福于春人；近社雞豚，永薦芬于秋稼。肅然來止，以克歆承。諭祭明臣方孝孺等文：穹壤之存，忠義緜歲月而逾新；豆籩之妥，神明媲旂常而勿替。爰昭鉅典，亦遣專官。維爾方孝孺等閒代鍾英，同時聚俊，屬明邦之肇造，遘靖難以艱貞。各守秉彝，祗誓心以不二；俱扶陽德，洵報主而靡他。斧鑕甘之如飴，綱常重之若鼎。懔然生氣，豈人謀之弗臧；灼厥先幾，柰天意之有在。於戲！龍攀鳳附，不儕十廟于雞鳴；玉潔霜晶，自壯千秋于木末。朕重巡江國，特畀禮宗，薦以藻芳，靈其歆只。諭祭明臣新建伯謚文成王守仁文：致君高匡濟之勳，鼎鍾紀美；聞道重守先之業，俎豆垂光。允模楷之無偏，宜苾芬之有恪。惟爾稟資異敏，造詣精深，初不畏于直言，龍場被謫，既克平夫逋寇；南贛知軍，洎乎迅定逆藩。甚者久滋譏口，乃思田之招撫，與八寨之埽除。智慮彌周，神明愈湛。雖德性超象山之悟，語近禪宗；而良知接孟氏之傳，祀從文廟。於戲！功名學術，氣節文章，萃于一身，風乎百世，朕夙嘉乃喆，重涖南疆，望其桑梓之墟，錫以蘋蘩之奠，靈兮來格，咨爾欽承。敕建河神廟碑：河自達豫而下，逶迆入徐境，道狹而曲，勢迅而易沓，過此復逶迆數百里，乃挾洪澤之波以出乎海口，于是障徐之衝，頻歲用力尤鉅。乾隆丙子秋，徐之孫家集奪溜，亟命大臣董役，築塞惟謹。丁丑春，朕重舉南巡，夏四月涖徐，親閲令官測量河身，務祈大溜直趨，刷深復舊，而于徐之城外增築石堤，更培固諸岸工。荷天之寵，庇神之庥，時則恬瀾，順軌閼淤，胥通彌望，沃野興耕，民氣和樂。夫崇德報功，國有常典，矧朕夙夜齋心，法祖敬天，懷柔百神，訖于四海，所勤勤不敢少自暇逸，冀馨香之孚格者，凡以爲民。維神佑國奠河，護漕，澤境，功德之鉅，克稱瀆宗。我世祖章皇帝開天肇宇，化綏萬靈，順治三年敕封神爲顯佑通濟金龍四大王。我聖祖仁皇帝德協清寧，省岳巡河，親籌厎績，康熙二十九年敕加封神爲顯佑通濟昭靈效順金龍四大王。惟茲清江暨阜河并建有靈廟，春秋永祀。今神鑒朕涖徐親閲之誠，順軌效祥，捷于桴鼓，是所以保壤鞠氓，滋昌年穀者，實惟神聰明正直，潜佑默助之功爲多，其敢忘秩祀？爰以其年，命守土臣相地銅山縣雲龍山之北，峻深允吉，創立新廟，用崇申專祀，祗報鴻庥。明年冬，廟成，傑構既焕，宜晋崇稱，特加封神爲顯佑通濟昭靈效順廣利安民金龍四大王。龍德協應，王爵載尊，祝號丕揚，歆于萬禩，惟是河水之所經，若山林、川谷、丘陵、田疇、屋廬，自徐之上迄于下，舉可生遂我民者，咸賴神之龔行天職，以是惠是普，又豈惟澤永蔭于徐也與？享事初行，穹碑斯樹，增舊典，紀豐功，流慶無極，敬作迎送之曲，俾歌以妥而代銘焉。其詩曰：導長源崑崙墟，沛吾仁東海趨，中湉瀾兮于徐，曁上下兮舒舒。雲龍兮山起，揚翠旌兮清光萬里。靈之來兮春風，田鼓兮鼕鼕。靈之下兮秋月，稻香兮稃稃。陳嘉醴兮簫管諧，説吾人兮龍堂開。龍堂開，雲靉靆，山凝華水澄采。敕群靈兮安驅，望青天兮海在，靈之留兮洋洋，五土賴兮樂康，靈之旋兮肅肅，和氣周兮百瀆，願靈兮舒舒，既安驅兮又寧居。光前典兮饗于徐，綏我萬年兮潤中區。

清 劉秉恬《述職吟》卷上《謁河神廟》 神靈資默祐，殿宇建堤邊。繞户千株柳，開窗萬頃烟。庇民安梓里，禦漲保桑田。乘早來瞻拜，齋心一秉虔。

清 陸錫熊《寶奎堂集》卷一《祭河神文》 惟神化洽資生，功昭濟物。溯靈源於九曲，懷柔推四瀆之宗；導遠派於三門，利賴遍中州之壤。自昨金堤忽潰，憐下隰之成灾；因而茭楗頻搴，遣重臣以董役。屢頒庫鏹，徵材兼及於青徐；特發倉儲，拯溺倍先於儀考。乃錨雲之競集，績難就夫三冬；顧簸浪之仍飏，功復虧乎一簣。籌委輪於引溜，移上游而冀底安瀾；軫疾苦於窮簷，逾半載而弗蒙垂祐。撫朕躬而自責，慚旰宵之誠意未孚。倘神聽而可回，念黎庶之顛連，何罪爰舉崇河之典。尚邀靈貺，速蕆鉅工。

清 陶澍《陶文毅公全集》卷六〇《詩集·清江浦謁河神廟》 夾道旌旗耀日紅，是日河帥邀同閲視河工，營弁具儀衛甚都。瓣香河口謁靈宫。生前黄石名猶在，偃師黄守才，國初人。生前屢著神異，沿河多廟祀之。嘉慶十八年，敕封惠濟河神。死後馮夷氣尚雄。金龍四大王姓謝，名緒，讀書金龍山，宋謝太后之族。元兵至，赴水死，遺言黄河北流，乃其復仇時。明太祖起兵，其事果驗。海若已傳天女號，天后林氏女，素著靈於閩海。書生權借大王風。朱之錫，國初時河臣，乾隆中大學士阿桂治河，當堤成時，有旂書朱字，至堤而没，奏請入祠。今民間稱朱大王。年來奠定多簫鼓，一例迎神合數公。清江浦有二公祠，祀平江伯陳瑄、宫保潘季馴。又有四公祠，祀本朝河臣靳輔、齊蘇勒、高斌、嵇曾筠，皆以治河著績。

清 朱次琦《朱九江先生集》卷九《文·南海縣黄鼎司南沙三十鄉鼎建石堤祭河神文》 維道光年月日，南海縣黄鼎司紳士，原任廣西桂林府知府張業南等，謹以柔毛剛鬣，致祭於河道之神曰：滔滔北流，水鉅維擘也。曰湞，曰武，曰桂，曰湟，駢支來下，萬弩突也。寸瀾朝增，下流百也。時而牂牁侵焉，益怒且讙，如火加薪，如虎翼也。吁我南鄉，砑當其劇也。沙走雷駴，日降割也。非神之不愛人，消長逢其適也。哀我人斯，至此極也。井竈田廬，隨蕩潏也。鼉黽斯游，魚龍宅也。翦及塋瘞，泣潛魄也。嗟嗟我人，曷以供王稅於上，下何以守存殁也。今之不圖民，氣將墨也。爰呼於衢，解衣散錢，大聲疾也。絡石堤波，漢遺法也。如彼錢塘磯，固羅刹也。如彼吴筧，圉震澤也。我聞在昔，畫不一策也。水犀控弦，波臣北也。西門傴僂，河伯擲也。悍而不可爲，而黠不可迹也。惟神茲歆，鑒誠臆也。牲牷阜肥，歆香秫也。砥平鏡清，歸墟勿溢也。海復爲陸，石斯泐也。滃爲祥雲，蒸爲和風，甘雨渥也。歲功順成，衣充而腹實也。江漢比靈，揚馬出也。永永萬年，饜神德也。尚饗！

清 施補華《澤雅堂詩二集》卷一八《河神多著靈異栗恭勤公其一也載在祀典信不可誣利津冬月築堤恭勤陟降作此詩以禱之》 神龍倏變化，何必不蛇形。神人遞隱見，何必不龍名。生爲人中龍，力捍黄河平。殁爲龍中人，風濤驅百靈。恭勤靳張後，灑濬功有成，抛磚出新法，足闢千雷霆。百年績未遠，弭節時巡行。左揖金華朱，右挈湘潭陳。正氣扶本朝，現身如使星。父老相識孰，能説公性情。千畚萬鍤閧，簫管常送迎。冰天興此役，事苦任匪輕。公來相哀憐，豈曰通精誠。願助築堤障，堅若十仞城。渤海萬赤子，永免魚頭生。晴曰手足暖，來往騰歡聲。華也未足顧，公念飢疲民。

清 施補華《澤雅堂文集》卷八《告河神文》 鹽運使銜甘肅侯補知府施某，謹致告於大河之神曰：十二年二月十四日，欽差廣西巡撫張曜復奉天子之命，馳視章邱所隷何王莊决口，十六日自張秋方舟東下，以趨章邱其營務處。甘肅侯補知府施某，實由章邱而東，并齊東蒲臺，達於利津，勘四縣被淹村聚受灾之重輕。至利津下游，循漫流入海之路，觀其通塞。所以分使臣之勞，驗民生之困，將以其實上告於天子，求發賑而捍患也。天子之尊，神人受治，降康紓禍，哀矜元元，神功在國，而德在民，所爲膺封號而受享祀也。河患之亟久而未寧，雖曰天意，亦作神羞，具官此行，明靈所鑒，狂飈振厲，舟却不前。六日於兹，是用布告。伏望爲民爲國，助以順風，所歷情形，俾速上報，區區之誠，不以私請，唯諒其愚而許之。無任祈禱之至。謹告。

雜録

清 李星沅《李文恭公遺集·奏議》卷一九《江督·附奏遵旨代謝河神片子》 再欽奉上諭：李星沅奏霜降安瀾一摺，此皆仰賴河神默佑，普慶安瀾。覽奏之餘，欣幸欽感，著發大藏香十炷，交李星沅虔詣河神廟，代朕敬謹祀謝，用答神庥，欽此。臣欽遵，擇吉恭齎頒到藏香，親詣河湖各神廟，敬謹告祭，默陳聖主報祀之誠，常邀福佑安瀾之慶，理合附片具奏，伏乞聖鑒。謹奏。硃批：知道了。欽此。

水神

論説

明 蔣臣《無他技堂遺稿》卷一四《疏引・水神廟引》 余讀金龍大王之寔，未始不欷歔流涕，而嘆神之忠憤，震古爲烈也。昔宣尼嘉微、管之功，能以其得君行政，乘勢因時，易爲雄耳。若神以一布衣，諸生而獨以一死争，千古内外之防，非使黄河逆流，豈足以奮其雄心，而張其壯志哉！河于四瀆中爲最鉅，雖禹之明德，不過行所無事耳，遏既倒之狂瀾而障之，惟神實能，是以循河而居，蹈河而涉者，無不以神爲依歸，若慈母之庇其嬰兒也。嗟乎！神今安往哉！嗟乎！神今安往哉！凡祀神者，無不極廟祀之崇，致明禋之潔。而白洋河一鎮所以棲神者，殊湫陋不稱。余遯荒南歸時，寔栖迹于此。今廟僧以搆殿爲請，夫神之在天壤間，如水之行地中，無往而不在者也。黄河之來也，伏地中者三千里，今無乃潛龍勿用時乎？余不能不填膺流血而有籲於神也，爲識數語以訂之。

綜述

《水經注》卷三三《江水》 常璩曰：縣有山澤水神，旱時鳴鼓請雨，則必應嘉澤。《蜀都賦》所謂應鳴鼓而興雨也。

清 林華皖《治鮮集》卷一《行願説》 如臨水時，當願人民廣開水田，吸水上行，水車、水碓，方便等智，一切咸修。又願水神知進知退，勿以旱澇傷殘禾稼。如是水德，方名無礙，能轉水輪。

（光緒）《香山縣志》卷四《輿地上・山川》 綠潭，在古鶴村，距縣城九十里，發源於大仙嶺。其上爲青潭、滑石潭，綿亙數里。旋折而西，石壁峭立。中界飛瀑，下注爲潭。四旁石如砌，水深數丈，澄澈甘洌，其流可灌田十餘頃。相傳有水神，曰娘子。歲旱，呼而祝之，雨立應。

傳記

宋 白玉蟾《武夷集》卷二《木郎祈雨咒》 水神，名玄冥，字流精。雨神，名滂滉，字鬱光。火神，名回禄，字祝融。以水神、雨神驅奔火神也。【略】水神，名玄冥。波神，名翻海。江神，名幽靈。此言波神用力，與江神用力，而水神亦同力行雨也。

明 陸容《菽園雜記》卷八 天妃之名，其來久矣。古人帝天而后地，以水爲妃。然則天妃者，泛言水神也。元海漕時，莆田林氏女，有靈江海中，人稱爲天妃，此正猶稱岐伯、張道陵爲天師，極其尊崇之辭耳。或云水陰類，故凡水神皆塑婦人像，而擬以名。又如湘江以舜妃，鼓堆以堯后，蓋世俗不知山水之神，不可以形像求之，而謬爲此也。

明 楊慎《升庵集》卷七三《鄱陽水神》 餘姚戚瀾，字文湍，景泰二年進士，授翰林編修。丁艱服闋上京，渡錢塘，風濤大作，有絳紗燈數百對，照江水通明，丈夫九人，帕首袴韡，帶劍乘白馬，飛馳水面如平地。舟人大恐，戚公曰：『毋懼，吾知之矣。』推窓看之，九人皆下馬跪，公問曰：『若輩非桑石將軍九弟兄耶？』曰：『然。』曰：『去，吾諭矣。』皆散。公命舟人返棹，曰：『有事，吾當還。』遂歸。抵家，謂家人曰：『某日吾將逝矣。』及期沐浴朝服坐，嚮九人率甲士來迎，行踐屋瓦，瓦皆碎，戈矛旌幟，晃耀填擁。有頃，公卒。後車騎騰踔，前後若有所呵衛者，隱隱入室而滅。後瓊山丘文莊公夫人入京，舟過鄱陽湖，夜夢朱衣貴人來見曰：『吾仲深故人戚瀾也，見爲水神。昨奉天符，應覆數百艘舟，夫人慎毋渡。』舟子方解維欲行，夫人急止之。瞬息大風，舟行者皆溺。明日，夫人乃渡，至京以告文莊。文莊感其意，緘文祭之。

明 王鏊《震澤集》卷一五《記·黃陵岡水神祠記》 中國之水，河最大，其泛濫潰溢所至，郊隧、園田、官亭、民舍，盡爲洪流所去，則洪流復爲平陸，若有神焉司之，故諺謂之神水。漢人亦云江河之決皆天事，非由人力。昔禹治水不成，過衡山，夢滄水使者，授金簡玉字之書；過會稽，夢人衣玄纁，告以石函之文，其事頗不經。然《書》云：天迺錫禹洪範九疇。《易》曰河出圖，洛出書。蓋聖人之誠，上通於天，天迺祐之，其動乎思慮，發乎夢寐，固若有相之者歟！其亦有神爲之邪，而可謂之誣哉！弘治二年，河決張秋，漕道幾壞。華容劉公大夏以都察院右副都御史奉命治之，公往來究豫間，相厥源委，謂黃陵岡爲張秋上流，而滎澤之孫家渡又爲黃陵岡上流，迺檄張僉事鼐、朱參政瑄發卒治之。時張秋再決，水勢稽天，上下皇皇，莫知所出。公方有事黃陵岡，夜夢婦人冠珮黙坐，跣其一足，明日語諸屬。鼐曰：水神見像，役其成矣。公曰：果然者，當立廟以祀。已而上命御馬監太監李興、平江伯陳鋭同來莅事，興治張秋，鋭治黃陵岡，大夏治孫家渡，鼐與都指揮僉事劉勝治荆隆口，俱以八年正月始事，上奮下勵，浹旬諸口悉合，河復故道，漕運無虞，上下晏然。河平之月日，有詔建祠于安平鎮，祀龍王於黃陵岡。而鼐等復以水神見像，報不可忘，迺復以餘財建祠若干楹，肖夢中之像以祀，以答神休，以卒公志，而來請記。予以諸君朞月之間，成此偉功，國家大得天人之助，有不可誣者，故撰次其槩，使歸鑱諸石。

明 馮琦《宗伯集》卷一五《重修聖水神祠記》 郡城東偏七里許，地出泉，曰聖水池，可盈丈，清泠可鑒。舊有龍神祠，不知起時。元司農元哲溥化寔重建之。溥化鎮山東，歲大旱，執圭幣遍走群祀，無有效，則使使即水聖祠禱焉。俄而寸雲膚合，霖雨大降，遠近賴之。蓋嗣是旱輒禱，禱未始無應也。鄉人相與崇事之，春秋泮涸無廢祀。顧祠無常主，歲久圯壞。丙子夏，不佞某從叔咸過其地，臨池而樂之，已而伏謁祠下，流塵凝榭，斷碑委砌，惟時靈風肅然也。周視而嘆已，相謂先服官於朝者，請以俸入新之。是年，某舉於鄉，其明年舉進士，守官史局，以神之靈不至顛隮，獨奈何昭大神而棄言焉？且歲一不熟，我鄉人比肩接迹，膝行蒲伏，閔閔焉仰膏雨之來也，曰神庶幾據我。比者歲數登，民得媮衣甘食，以樂有年，緊神是賴，而祠廢不治，則靈貺不答也。某於是新其殿庭，餙以藻繪，池上搆亭，亭前建鐘樓，而復爲文諭鄉父老，神啓其心，不余違也。共建兩廡，各數楹。以丁丑七月始事，以十二月竣。又五年，而某奉使東還，一再過之，則改舊觀矣。於是載酒陳牲而告曰：以歲之不易，三時之不害，某乃得與鄉父老共葺靈宇，以棲神於此，神其俾我風雨以時，稼穡用登，誘我民衷，一惟農桑是圖，迸我蟊賊，無使爲虐於茲土也。庸肆其大德以保釐我東人，我東人世世奉祀，毋敢墮，此於事神成民，豈不兩無負哉？不佞既書此記成事，復爲作歌以樂之。歌曰：抗神宇兮清流，搴芳若兮汀洲，穆將愉兮靈修，惚若臨兮夷猶。令膏雨兮先驅，登大田兮有秋，鳴鐘兮拊鼓，奠桂酒兮椒醑。風嫋嫋兮欲來，雲憑憑兮承宇，靈連蜷兮朱宮，杳冥冥兮紛來。從駐八龍兮臨曲池，駕蒼虬兮逐文魚。被霧縠兮雜雲羅，御微風兮揚素波。皇剡剡兮既留，猋遠舉兮陽阿。望渺渺兮極浦，木蕭蕭兮愁予。匊芳馨兮滿堂，奉靈祀兮終古。

明 管紹寧《賜誠堂文集》卷五《奏疏·加封水神疏》 題爲遵旨加封水神事，祠祭清吏司案呈：奉本部送，八月二十五日文書房接出，上傳着禮部將一路大小河神俱加字號，該部議來，欽此。欽遵接出到部，送司案呈到部。該臣等看得，聖母南臨，百神呵護，鼓楫則陽矦息浪，揚帆則川后效靈。自中州以抵都門，波平風靜，鸞舟不驚。聖母無疆之禧，皇上格天之孝，已於此乎徵之。然陰佑默相者，諸神之職，而旌德報功者，皇上之仁。謹將一路大小河神各擬封號上請。計開：原敕封黃河福主金龍四大王，今加封黃河福主靈通康祐金龍四大王。原敕封蕭公順天王，今加封嘉祐蕭公順天王。原敕封洞庭君主，今加封禧祐洞庭君主。原敕封宗三静江王，今加封惠祐宗三静江王。原敕封紫靈臺上楊四將軍，今加封護國庇民楊四將軍。原敕封晏公平浪矦，今加封英顯晏公平浪矦。原敕封護國開河顯應有感白鱔大王，今加封護國開河顯應有感靈昭白鱔大王。黃大王，今封通元顯濟大王。劉公普濟眞君，今封昭肅劉公普濟眞君。天地水府三官大帝，今上尊號莊憲昭端恭敦慈穆天地水府三官大帝。當今顯化楊二太公，今封嘉祐顯化楊二太公。當今顯化楠栂將軍，今封顯化靈佑楠栂將軍。洲頭膠尾守界之神，今封洲頭膠尾隆祐守界之神。浦子口城隍之神，今封浦子口城隍瑞祐之神。浦子口五聖之神，今封浦子口英祐五聖之神。原敕封護國庇民妙靈昭應宏仁普濟天妃，今加封護國庇民妙靈昭應宏仁普濟安定慈惠天妃。金元六七總管，今封金元六七忠祐總管。水仙五位王矦，今封水仙五位靈濟王矦。聶四官人，封慶祐聶四將軍。岨山小姐，今封岨山慈祐夫人。駙馬陳矦，今封嘉祐駙馬陳矦。大江寧海伯施相公，今封大江昭宣寧海伯施相公。耿七公，今封隆祐耿七將軍。吕梁洪神，今封吕梁洪靈祐眞神。分水娘娘，今封嘉惠分水夫人。一切閘神，今封襄濟閘神。白洋河神，今封白洋河顯濟眞神。已上俱中州至南京一路大小河神，謹遵上傳，擬進封號。伏候敕旨施行。於崇禎十七年十一月初八日奉聖旨，水神俱依擬，速頒行。

《清文獻通考》卷一〇六《群祀考下·直省專祀》 十二年，令祀山西介休縣水神廟。時巡撫石麟奏介休縣上堡村向有水泉久淤，於十一年秋冬復發，又湧新泉，可灌民田，其處向有水神廟，請重修致祀從之。

清 薛福成《庸盦筆記》卷四《述異·水神顯靈》 鬼神爲造化之迹，而迹之最顯者莫如水神。黄河工次，每至水長之時，大王、將軍往往紛集河工，吏卒居民皆能識之，曰某大王、某將軍，曆曆不爽。同治七年，捻賊張總愚竄入直隸、山東交界，今伯相合肥李公扼守黄、運兩河，設大圍以困之。當是時，各營兵勇不滿十萬，而汛地緜廣數千里，人數不敷甚鉅。賊以全力并衝一處，一處失防，則全局皆廢，固非確有把握也。然竟以滅賊者，是時大雨時行，河水泛溢，平地積潦，往往盈丈，賊四面奔突，皆爲水所阻，官軍因得以合力痛勦，蓋若有神助焉。李公調長江水師提督黄軍門（翼升）率舢板礮船北上，至張秋，阻淺不能進，衆人咸請軍門詣大王廟行香。舟人忽報曰：『黨將軍至矣。』曰：『何在？』曰：『在河干。』先是，北運河涸如平地，至是河水驟湧，船隨水進，所向無阻。隱隱于數十步外，見一紅旂在前，大書『黨』字。軍門祝曰：『此役若滅賊，必請于大帥奏加封號。』於是，李公調軍門扼守泊頭鎮至捷地壩，共河墻一百二十里。軍門既至，審視形勢，謂將吏曰：『吾水師力尚單薄，而汛地頗廣，且運河水旺，尚無可虞。賊若由減河北竄，則大局壞矣。吾欲決捷地壩，引運河水入減河，則吾可高枕無虞。又恐居民不願，致啓争論。』正躊躇間，衆又請軍門拈香，曰『大王現矣。』軍門登河墻拈香畢，憑墻下望，見若有一蛇蜿蜒河側，長不過尺餘，或曰黨將軍也，或曰楊四將軍也，或曰某某大王也。方欲遣人諦視，忽對岸堤上有一蛇，長十餘丈，首如七石巨缸，鱗彩燦爛，三昂其首，驟聞天崩地塌之聲，則捷地壩陷矣。運河冰滔滔滚滚灌入減河，賊果北竄，阻水不得度，望洋嘆恨而去。賊既滅，軍門以語李公，請爲黨將軍奏加封號。未及舉行，但爲奏請南書房書一匾額而已。及李公總督直隸，歲辛未，畿輔大水。一日，天津吏民讙言黨將軍見於河干，請郡守、縣令往迎之。縣令讓以坐轎，不肯入；郡守乃以坐轎讓之，送入大王廟中。既而大王、將軍陸續踵至，津民連日焚香演劇以侑之。已逾兩月，李公謂屬吏曰：『今值饑饉之年，物力艱貴，與其耗之演劇，不如賑濟饑民。』欲將大王、將軍送之河干。正在商議，外間尚未知也，一優人忽自廟中戲臺跳至臺下，大言曰：『我黨得住也，李少荃與我有舊，本是一會之人。戊辰之役，我爲出力不少。滅賊成功，得有今日。乃既不爲我請封，今者演劇爲樂，復欲驅我，何太無情誼也？』言畢，優人偃卧於地，良久乃醒。問以前事，茫然不知。於是屬吏力請李公聽其演劇，凡三閲月，而大王、將軍乃漸去。津民復相與醵錢，重修大王廟，焕然一新。

清 胡聘之《山右石刻叢編》卷三六《重修孚惠宫記》 碑連額高三尺一寸一分，廣一尺八寸，二十三行，行三十四字，正書。額題六字，篆書，今在絳州。 正平監邑孛蘭奚公，蒙古尊族饔吉剌氏也。用廕基仕次選是任。至正壬午春，□野以勉農業，因謁鼓堆之孚惠宫，迺問宫所祠爲何神，有告以此山之下，水泉出湧，無有竭時，是水之澤，寔大惠利邑中庶民。凡食用黍稷、秫稻、果蔬、菽麥、卉植之贍，漬濯磨碾之便，皆惟是賴。人以其功，關於民命之重，故報德而祠焉。以□爲陰，屬陰象爲萬物之靈者，女人是也。迺尸聖母之像，爲水神之憑。依神之有靈，旱禱之即雨，雨禱之即暘。宋賢相司馬公及梁尹祠記董真人重修宫碑，備載其實，信山川之靈，勝而典禮，當受祈報之饗者也。監邑聞是言，乃曰：『神之昭績，若是大著，何其祠宇廟貌，傾圮特甚，雖風日雨露，尚不能全庇神，亦豈常安棲此哉！且今既祠之，祠而又不能極其敬，與不祠何别？昔時洪水汨亂，堯首擇禹治之。水既平乂，然後稷得教民樹藝，今吾爲農事，至此使民受吾勸而力作，假若天降旱澇，神不錫福，以救邑民，亦不能遂生矣。吾於農事將何功？』乃大出己俸，以爲民倡。使吏程泛章董工，理政之暇，又不遠数十里，虔虔詣祠下，而頤指所令修治。有增有易，有塗有繪，計用萬餘阡緡，於是焕然一新。輝暎山澤，龍盤金而繞梁，鳳呈瑞而騫宇。芝英産棁，雲景依甍，大户耀丹而殷春雷，蠹壁施章而列輿衛。霜瓦甃鴛，虹棟閣漢，螺黄赭堊，内外炫精，来者莫不喜羡。乃今知神得妥靈，而愈賜遐祉於斯民矣！提點道士劉志順詣予請曰：宫之祠宇，興自晋隋，逭宋金兵革，廢弛蕩盡。吾宗姜真人者，德感古祖宸極，力大緣重，鄉人堅請之復興此祠，不幸工事未殫，而真人遐舉，經今七十年餘，吾宫九薄，不能継續，鄉士大夫又莫肯先施，前此監牧多不暇問。匪今邑長有愛民敬神之實，不数年又成遺址矣。吾願垂其善於不朽，以報德且勉後人，鑒是而踵迹焉。於是廣寧儒學冷掾浚儀趙友正爲之記。

藝文

宋 佚名《太上三洞神咒》卷一〇《祈禳召遣諸咒・祈雨咒》

吾召軫水神，參壁生風雨。箕豹起風雲，亢龍隨蛟舞。五星起陽庭，靊霳居坎所。闞伯撼水車，牛金阿香女。婁狗水精靈，鬼羊生尅火。懸澍丹田中，寸澤盈海渚。旱魃滅蹤形，五雷神顯武。急急如律令。

元 胡祗遹《紫山大全集》卷一九《祭汶水神文》 維大元歲次癸未，四月乙酉朔，越四日戊子，某官某謹致祭昭告於汶水之神：聖天子臨御二十五年於兹矣，五行循序，庶徵惟和，聖算睿思。以謂水由地中行，猶血脉之榮一身，大經緜絡，一有溢滯，則身爲之失和。所以敷平導決，地平天成，萬世永賴，夏禹以爲己任，八年於外而不辭也。惟神載在經傳，實爲名水。惟其開導修潔之不至，障塞壅蔽，曲爲堤防，不惟不盡神用，而爲民害。是用命某等敬順神德，轉失爲功，乘水潤下，直走京師，遐方異域，月輸歲貢，如山如阜，不復告勞神之力也。伏願祈寒不能凝其行，秋潦不能鼓其勇，載泛載浮，有恒無替。四時牲酒，肥腯馨香，著之祀典，與國無疆。尚饗。

又《祭泗水神文》 維大元歲次癸未，四月乙酉朔，越四日戊子，某謹致祭昭告於泗水之神：皇帝事天勤民，神人咸喜。六合之内，名山大川，能興雲致雨者，罔不望秩禋祀。海瀆受職，川澤効靈，九夷八蠻，通道致貢。陸行山宿，輪蹄困憊。浮重致遠，無若水運。是以按圖命官，疏導穿決，舟楫所通，遠邇咸集。惟神源高委長，徹達南服。來威來庭，萬里取便。某等拜受廷命，開除壅蔽，疏導堙淤。贊神功而舒民勞，達方物而饒國用。伏願旱不淺澁，霖不濫溢，溶溶漾漾，不舍晝夜。祥飈送颿，櫂歌奏功。與國無窮，廟貌血食。尚饗。

明 程敏政《篁墩集》卷六七《鏵卜橋》 荷鋤方出郭，徵詔忽臨身。問吉占田具，祈靈拜水神。風雲曾得意，溪壑自生春。竚立長橋下，悠悠迹未陳。

明 朱曰藩《山帶閣集》卷三《孟夏二十七日行田雜歌》 雨過青坪不見人，剪茸新鹿白如銀。數聲皷笛叢祠近，知是祈年賽水神。

明 郭正域《合并黄離草》卷一五《楊村水神祠》 四聖祠前水不波，扁舟來往捻如梭，渡河只怕風波惡，平地風波且奈何。

清 陳瑚《確庵文稿・詩歌》卷五下《阻風八里江謁水神馮大王廟》 山色連雲水接天，大王祠廟自何年，巴人祭告三千里，楚帥輸將十萬錢。有力慣分風上下，無心頻看月虧圓。投牲沉璧由來事，乞放征舲去似仙。

清 查禮《銅鼓書堂遺稿》卷一四《苦旱再禱即日得雨》 春月多甘霖，陰晴時相半。巒中漲江流，畎畝愁浸漫。入夏日杲杲，檐溜聲久斷。山田既坼裂，畬地艱溉灌。炎熱苦逼人，静坐亦增嘆。旱魃權奪天，風雨無由唤。虔禱麗水神，施澤僅如汗。不憚再三瀆，終吝救民難。侵尋已入秋，禾稻漸成炭。嗚呼奏鮮食，余罪於何逭。不知咎安歸，齋沐夜待旦。擇期復禱之，雲自山川判。須臾欣沛然，江天頓浩瀚。

清 朱休度《小木子詩三刻・壺山自吟稿》卷中《夏日放衙無事屢至新築巽妙軒雜成》 寬瀁重開大圓鏡，新楣合署小方壺。水神受命靈如響，夏雨行苗潤似酥。拂拭山林揩老眼，揣摩風月撮吟鬚。道人勤溉偕前樹，百歲成陰自寸柎。余新種四松於水神堂前，【略】山舊有水神堂，祀龍母以禱雨，不知幾百年。

又 卷下《自題壺泉垂釣圖》 年年禱雨水神堂，贏得篝車歲屢康。一日兩衙更何事，來游此地看雲忙。

雜録

明 曹學佺《蜀中廣記》卷六〇《方物記第二·鱗介》 常璩云：魚復縣有澤水神，天旱，鼓其傍即雨。故《蜀都賦》云：潛龍蟠於沮澤，應鳴鼓而興雨也。公孫述據蜀，殿前井中有白龍出，以爲瑞應。因自號白帝，改元曰龍興，即此地矣。

清 林侗《來齋金石考略》卷上《李靖上西岳書》 楊東里謂：此碑乃衛公爲布衣時，厭隋亂已極，負濟世之志，奮欲有爲，而禱於岳神之祠。士莫重乎立志養氣，衛公此書，志已先定，而氣籠宇内矣，宜其依附日月而焜燿旂常也。王元美謂：此書粗豪不成語斷，亦後人附會之談。而書却有意出入右軍、永興間。趙子函亦謂：此好事者所爲。而唐劉餗言：衛公祈神，且請告以官位，詞色抗厲。後有聲曰：僕射好去，顧不見，後果如言。以此觀之，真有是事耶！又《小説》載：公射獵，行雨事，謂公水神。旱灾祈應，殆異人，或不可以常理論也。此碑明成化陝西布政朱英翻宋刻，立石於岳廟五鳳樓内甬道東後周華岳碑後數步，計十九行，每行十九字，或二十字。宋刻在潞州者，崇寧間刻在藤縣者，紹興刻兩地，皆有廟在。

清 厲荃《事物異名録》卷二八《神鬼部·水神》 滈池君。《史記》：有人持璧遮秦使者曰：爲吾遺滈池君。按：滈池君。水神也。

天吴、馮夷。《淮南子》：水神曰天吴，亦曰馮夷。又，馮夷即河伯。

禺彊。《山海經》：北方禺彊。注：水神也。

清 陳虬《治平通議·蟄廬文略》卷八《瑞安廣浚北湖條議》 吾邑祠宇甚多，而獨無水神，亦非思源之道。宜就河埭橋等處，立廟以祀水神。

祈雨

論説

《後漢書》卷九一《周舉傳》 陰陽閉隔，則二氣否塞；二氣否塞，則人物不昌；人物不昌，則風雨不時；風雨不時，則水旱成灾。陛下處唐虞之位，未行堯舜之政，近廢文帝、光武之法，而循亡秦奢侈之欲。内積怨女，外有曠夫。今皇嗣不興，東宫未立，傷和逆理，斷絶人倫之所致也。非但陛下行此而已，竪宦之人，亦復虚以形勢，威侮良家，取女閉之，至有白首，歿無配偶，逆于天心。昔武王入殷，出傾宫之女；成湯遭灾，以六事剋己；魯僖公遇旱而自責祈雨，皆以精誠，轉禍爲福。自枯旱以來，彌曆年歲，未聞陛下改過之效，徒勞至尊暴露風塵，誠無益也。又下州郡祈神致請。昔齊有大旱，景公欲祀河伯，晏子諫曰：『不可。夫河伯以水爲城國，魚鱉爲民庶。水盡魚枯，豈不欲雨？自是不能致也。陛下所行，但務其華，不尋其實，猶緣木求魚，却行求前。誠宜推信革政，崇道辯惑，出後宫不御之女，理天下冤枉之獄，除太官重膳之費。夫五品不訓，責在司徒，有非其位，急宜黜斥。臣自藩外擢典納言，學薄智淺，不足以對。《易傳》曰：陽感天，不旋日。惟陛下留神裁察。

宋 高閌《春秋集注》卷一四《僖公》 六月雨。此記不雨之終也。且建巳之月，萬物始盛，待雨而大，古者以是月雩而祈雨，則六月之雨尤爲可喜。國之大事，不可不書，亦見僖公憂喜在乎民也。夫所謂王者，豈能使陰陽無旱潦哉，如以斯民爲憂而已。故歷書之，以見急雨之意焉，所謂務農重穀者也。

宋 黄震《黄氏日鈔》卷一三《讀春秋七·定公》 九月大雩，立煬宫。岷隱曰：甚矣，小人之誣也！昭公之出也，以宋公之薨、叔孫之卒歸之天；及昭公之薨也，季氏大雩以爲媚，立煬宫以爲報。蓋昔者昭公之逐季氏，兩嘗大雩，而不克濟。季氏嘗致禱于煬公，故小人得藉口以求媚而致報焉。愚按：岷隱之説，雩雖祈雨古禮，春秋世變，往往非時而雩，或者轉而爲祈福之祀歟。若今季氏之雩，又類滛祀。神之所吐，名雖雩而實則非矣。木訥曰：小人爲惡，内有不安，則諂鬼神以要福。季氏逐君，天地所不容，何有於煬公？煬公，伯禽之子，自煬至昭二十二世矣，神靈何在？季氏疑得罪於周公，伯禽故爲之祀，其子所謂媚竈者也。宗廟有常制，魯之廟已異矣。成公立武宫，固已違制，今又立煬宫，是魯祀八世也。天子七廟，而魯之廟八，其可訓乎？愚意季氏果以私禱而立煬宫，未必增附群公昭穆之廟，或者武宫、煬宫皆非禮創立，亦同滛祀耳，名雖煬，而實亦非矣。

宋 黎靖德《朱子語類》卷九〇《禮七》 祈雨之類，亦是以誠感其氣，如祈神佛之類，亦是其所居山川之氣可感。今之神佛所居，皆是山川之勝而靈者。雨亦近山者易至，以多陰也。

元 徐明善《芳谷集》卷三《真文忠公禱雨説》 紫極王月潭師禱雨必雨，其徒言師但危坐默存而已，蓋積誠所感也。予寓紫極嘗爲師舉西山真公息愠矜三語，欣然有悟，屬予抄以寄焉。蓋吾之氣，即天地之氣，其禱雨也，猶呵之必有潤也，在誠通爾。使禱者皆如真公行事者，皆如師必雨，宜也。今之禱者，未易語此，而行事者不無徼利矜名之心，如其俱息，固無感通之理；苟含怒蕴欲，其心焦火，則益以暵赫，不亦宜乎？或謂大旱有數存其間，非禱可得，若湯七年旱是也。予謂誠則必通，然雖通也，或雲不待簇而雨，或雨而不澍，或暫澍而繼以杲日，卒不能有此之謂數。邇者丙午、丁未、戊申，豈不曰三年旱乎？七年猶是也。必曰非禱可得，是人與天不相貫也。公言雲蒸雨降，從一念中流出，豈欺我哉！

明 烏斯道《春草齋集》卷八《禱雨詩序》 古者壇而樹爲祭天，禱雨之處曰舞雩，是故旱而禱於壇，禮也。然《雲漢》之詩曰：『靡神不舉，靡愛斯牲』，又非專於壇。何也？《周禮》有荒政則索鬼神而祭之，是遇天灾而遍禱也。古之有國者皆得而遍禱，今郡縣遍禱於封内，其亦索鬼神之禮也。至正二十六年夏五月至六月不雨，川涸土壆，禾病民瘵，旄倪遑遑不能寧處。慶元路總制慈溪縣事朮温台元臣侯曰：吾爲臣理民，天降其咎，不在我乎？召所部官分詣山川鬼神以幣禱，躬訪邑東山谷閒龍湫，免冠拜祈神之貺弗得命。自辰之午，跪沙石中。忽若有物，蜿蜒凌空，玄雲四合，左右曰：雨將至。侯旋未至邑而雨。侯以爲未足，徒跣行道上，遍至神宇，叩頭以請。越三日大雨，槁物蘇息，民情歡忭，遠邇衣冠之士咸歌侯之德，俾不佞序其事。竊惟侯禱而雨，孰不謂三才一致而有以感通神明也。嗚呼！所以感通之妙，其可易言哉？蓋天地之道無思也，無爲也，侯不涉毫髮私意，中心無所思爲而對越於神明，人神無閒矣，則風雨之興，甘澤之注，豈由彼而至哉？矧侯忠孝豈弟，夙聞於時，又烏得不感於神明也！今慈之民皆曰：吾邑之内，吾侯之雨也。詎知侯以郡守禱所屬州，若縣非侯之雨乎。念侯勤勞如是，他日天子用侯作霖雨，侯豈異夫今日所禱之心哉！昔柳子嘗序於群公之上，謂古之贈禮必以輕重，兹某所序，亦何敢辭也。

明 張鳳翼《處實堂集・續集》卷六《戊己稿書・與沈郡公論祈雨書》 今歲亢旱，兩結壇致禱，不驗。藉諸賢邦君協恭齋心，不辭勞瘁，遠邇告虔。月初已應甘澍，勢將霑足。不知何緣，忽來妄人，窺伺雲氣，慆天之功，復禱學左，本無道術，大言欺衆，通國之人傳爲笑謔。褻天侮神，莫此爲甚。雲屢興而輒散，雨欲至而中止，殆此之故。《北史》魏主言：飄風旱氣，皆誠慕未濃，幽顯無感。愚以爲逐此人，天乃雨，不知明臺以爲何如？一得之慮，敢獻之，從者幸勿以出位爲讝。

明 李元吉《讀書囈語》卷七《左傳》 焚巫尪，蓋使之祈雨而不得，故欲焚之，如後世之請雨不得而自焚者也。以爲二人，又以爲天惡尪形，又以爲天閔尪病，故不雨者，皆非也。《檀弓》縣子對穆公之言，則以巫與尪明爲兩人矣。此傳聞前世之事，而未知傳之者之誤也。

清 孫奇逢《夏峰先生集》卷三《禱雨説》 客問：『禱雨之説，於理有諸？』曰：『有之。』曰：『極備極無，天行已定之數，九年水，七年旱，堯湯不免，何有于有司與士庶哉？』曰：『堯湯水旱，堯湯未嘗一日忘儆戒修省。堯曰洚水儆予，湯以六事自責，畢竟以人修天，世際雍熙，治成解網。若怠荒不恤天變，何所恃以格感天心？曰肅時雨若，曰狂恒雨若，《洪範》豈漫無所據而言。』客曰：『君爲天之子，感格猶易，公卿大夫則疏矣，士庶則又微矣，格天事夫豈易言？』曰：『卿士佐君以治民，鬼神代天以效用，陰陽五行，總此極至之理。鼓盪流轉于天地間，善感善應，惡感惡應。鄭俠繪圖以進曰：請下臣言十日不雨，斬臣頭以正欺罔之罪。王艮往謁陽明，請於父不允，其父令禱雨應而後允行。二子禱雨而雨應者，誠故也。今六十日不雨，禾盡槁，士庶之禱雨千人萬人，各爲性命，無有不誠。况邑侯賢而憂民，其告虔于山川鬼神者，已非一日。四境合而應之，合而感之，顯微無間，情理相通，此亦必得之數也。』客于是戢志肅容，躬詣壇所而請命焉。

清 彭孫貽《茗香堂史論》卷二《北史》 文宣因祈雨無效，毁西門豹祠，掘其冢。毁祠甚矣，掘冢尤可恨也。

清 王夫之《讀通鑒論》卷二九《五代中》 依附經義，以亂祀典，如董仲舒土龍祈雨之術，徒以褻天而導淫祀，長巫風，敗風教，則懼以增迷，人事廢而天固不可格也。

清 熊賜履《閑道録》卷一八《倪元恢》 或曰桑林之禱，大雨立應，有諸？余曰：天子位與天通，聖人德與天通，成湯以聖人居天子之位，如家有克肖之子禀命于親，其速于感通，自然之理也。獨《説苑》身爲犧牲，乃附會之説耳。若果爾，不幾于褻天矣乎？後世若董仲舒之閉陽門，《荆州記》之鞭陰石者，妄也。若魯繆公之欲曝巫尪，魯僖公之欲焚巫尪者，不明也。若漢五官椽諒輔之自曝，漢西華令戴封之自焚者，過中也。乃若象龍致雨，楊雄且知非之，奈何唐代宗時京兆尹黎幹作土龍祈雨，自與巫覡對舞，彌月不驗。代宗命毁土龍，減膳節用，即日而雨。同時有行營節度使馬璘，見里巷造爲土龍，聚巫祈雨。璘曰：旱由德政之不修，土龍何爲？即令撤之，明日遂雨。後唐莊宗時，五臺僧誠惠自言能降伏天龍，呼風召雨，妄誕自尊，坐受莊宗之拜。及禱雨數旬，術窮懼誅，遂潛自逃去而死。如此等事，亦可以爲左道之明證矣。觀于今之鄉俗，尤屬可笑。陳兵奪雨，如同寇亂，僧道誦經，崇尚異端，名曰逆天；衆拜而謔笑盈路，犒勞而醉酒傾歌，名曰褻天；以魚蝦爲眞龍，以食肉爲齋戒，名曰欺天。吾恐天心方且厭棄之，安望其矜憐而有甘霖之降哉？雖然愚氓蚩蚩無論，已乃有過期而雨，士庶獻諛，立石通衢，稱頌功德者。倘令洛陽年少見之，其不流涕而長太息也者幾希。或曰：禱雨請龍，其理何如？余曰：龍能致雨，其説匪謬。而飛昇變化，惟神龍則然耳。時遇大旱，邑宰親往迓龍，必于巨壑深淵之處，虔恭下拜，巫祝陳詞，據其一時所見之物，或魚或蝦之類，藏于缾盎之間，置于壇場之上，供奉香火，護視惟謹。噫！天下豈有神龍乃肯變形縮體入于缾盂罌盎，而受制于人哉？此與持戈逐魃之事，皆斷無是理者也。《抱朴子》西域方士縮龍之説，妄矣。倘不得已而隨俗從衆，則請龍之形迹，不若請龍之神靈。惟形迹則假托神靈而褻瀆殊甚，惟神靈則形迹俱泯而莫測其然，于是設香案，結彩亭，詣水滸，焚祝文，迎其神而歸之，又必先迎風雲雷雨及本境山川社稷城隍里社之神，聚于一壇，不召師巫，不誦經咒，朝夕而拜禱之。其餘則詣各神之祠廟而拜禱之，以盡吾荒政索鬼神雲漢靡神不舉之禮焉。又必一色青衣，戒葷酒，禁喧笑，斷傘扇，沿途而步拜之，至于天之雨否，則非吾之所敢必也。蓋吾之祈禱，惟盡吾哀籲之心耳，敢謂藐焉一夫能感動天地而必得其雨哉？故天而雨焉，吾之幸也，其不雨焉，吾之心不敢以少懈也，如此而已矣。昔者，周宣王爲天之子，則位與天通，側身修行，則德與天通，固宜昊天之惠寧矣。然且不能回雲漢之灾，况蚩蚩之庶民乎？或曰：《周禮》所載巫祝之官，殆近于後世術家之説，豈周公亦信巫祝乎？余曰：周時巫祝之官，即今日太常之職，非如鄉俗之端公以鼓角代琴瑟、以旋走代綴兆、以極鄙極俚之語代陳詞者比也。况《周禮》亦多附會之言，非盡周公之書，難于憑據。余觀近世官民祈雨，藉口司巫舞雩，率用端公僧道，褻瀆神明，迷而不悟，故辨之如此，俾人識之爾，但竭誠致禱，不泥古，不狥今，如前條所論云。

清 田雯《古歡堂集》卷二六《序·祈雨書序》 余撫黔之明年，歲己巳，七月不雨，乾封繆盭，憂之。先是，思州守王君民皥録董子《春秋繁露》一書寄余，言求雨罔弗應。因倉皇馳吏，凡書夜三百里，檄之來，以試其所學。王君至，設壇西郊，齋祓治事，一倣《繁露》所載。例七日，果雨。余灑然異之，知其學非無據。王君亦自以其言之有徵也，刋其書，欲廣行於世。余按董仲舒少治公羊春秋，下帷講誦，生平所撰著，大抵明經術，切當世之務。《王杯》《清明》《竹林》諸編十餘萬言，不僅《繁露》一書也。惟其學本《春秋》也，故三策之對，於天人陰陽之故，反覆開陳。武帝重其人，凡治申韓儀秦之言者悉罷之，亦以任德不任刑，稱其學之醇耳。如此，則術數、讖緯、灾異、占驗之紛紛，宜爲董氏所不道矣。而《繁露》一書，於求雨特詳，似近於誕。夫雨果可以書求也？桑林之禱，六事自責，未聞其襄摭何書也。弘羊之烹，卜式不爲多事乎？夫仲舒之傳《洪範》也，以五行五事連類以從，雜引《春秋經傳》、班固《五行志》引斷考證，謂非公孫弘、歆向父子、眭孟、夏侯勝、京房、谷永、李尋之徒所及，然其説稽之往古而多踈，驗之將来而不應，後世學者群疑之，疑其鑿談涌辨，穿户鑿牖，與夫術數、讖緯、灾異、占驗之家無以異。況乎《繁露》十七卷，其詞俚，其義淺，新安程氏以爲必非廣川本旨，即《漢書》仲舒傳亦云：求雨閉諸陽，縱諸陰。顔師古注爲禁舉火水灑人之類，與王君今日所爲大相脗合，然究未嘗指定《繁露》一書爲如是也，豈非孟堅之略歟？晉葛洪《西京雜記》云董仲舒夢蛟龍入懷，作《春秋繁露》；漢應邵《風俗通義》武帝迷於鬼神，信越巫，仲舒數以爲言，武帝欲驗其道，令巫詛之，仲舒朝服，南面，誦咏經論，巫遂死，皆事之無可稽者。子不語怪力亂神，而謂仲舒語之乎？子産曰天道遠，人道邇。而仲舒獨不以爲然乎？或者廣川本書散失無存，後之學者揣摩《繁露》之大義而傅會之，爲求雨之一術，如新安程氏所辨云耳。雖然，士君子自束髮受書，即以利民濟物爲期，亦顧其事之合於道與否。苟其足以利民濟物，則泥於古而行於今，與夫變乎法而達於事，何不可者！《大易》爲卜筮之書，而深求其理，無不明。《周禮》乃致太平之書，而誤用於人，則釀害，此讀書之難也。禦大灾，捍大患，救天時之不常，鞠哉庶正，疚哉冢宰！側身修行，以挽回天變，又治民者之責也。王君才優而志潔，學粹而職修，治行爲黔中最，縱不假《繁露》之書以求雨，雨罔弗應。他人治行不逮王君，雖百其書，恐亦莫之應也。雨不應而咎書之不足信，且從而訾詆之，其不足語於仲舒春秋之學也，亦大可嘆矣！

清 鄭性《南溪偶刊·題羅侯祈雨鼎新潭圖》 龍本水族一物耳，蠕然詎足號神靈。江南民俗何日始，乞霖往往龍焉憑。君不聞昔者神農聖人也，嘗列五方之色象其形，舞之亦不能必雨，曝骨焚山窮伎能。又不聞成湯遭旱作土龍，七年無補身爲牲，桑林一禱雨千里，陰陽感格惟精誠。三韓羅侯才無匹，英年割雞來慈邑。下車歲旱民倉皇，禱及鼎新緑鱗出。雲師風伯須臾會，散菽隨人處處給。人人喜雨頌羅侯，羅侯不有同蘓軾。繪圖似欲歸之龍，留與千秋作紀述。吁嗟乎！龍苟能雨胡不雨，必俟羅侯一拜揖。

清 錢陳群《香樹齋詩文集》卷一五《恭録御製祈雨文敬跋》 人君代天養民，以誠格天。偶遇水旱，爲民請命，然契昭格，古今同揆。史稱桑林之禱，立致大雨，顧殷道尚質，成湯自責，僅列六事，祀典備于成周。《春秋傳》：龍見而雩。鄭康成謂旱亦修雩。雩有二義，一曰雩，遠也，遠爲百穀求雨，爲常雩；一曰雩，音近吁，吁嗟以求雨，是爲旱雩。湯之禱以實不以文，後世禮隆物備，或專事祈禱，精意未達，則又無取焉。周宣側身修行，遇灾而懼，詩人美之。孔子删詩，以憂旱八章列于《大雅》之正，而又以六月之詩列于《小雅》之正，其義深矣。我皇上敬天勤民，二十四年中無時或釋，見于政事，形于詩文。時凛乾惕，近而畿輔，遠而薄海，間遇水旱偏灾，外則多方賑恤，内則恐懼修省，所謂不聞亦式，不諫亦入，用能感召天和，躋斯民于仁壽。今年夏，京師旱，上減膳步禱，親裁祈雨文二篇，本《蔡傳》所謂『稷以親言，帝以尊言』，《集説》所云『自郊徂宫，上下奠瘞，莫不禋祀』是也。臣讀而恭繹之，仰見聖主視民疾苦若己，推而納之，虔恭惻怛，不能自已之誠，字裏行間自然流露，吁嗟之義溢于音節之中，視《雲漢》之詩更爲懇摯，宜乎上帝百神鑒觀歆格，旋沛甘霖，以蘓民困。臣謹案：吕祖謙曰『六月言功，《雲漢》言心，無是心安，得有是功哉』，與孔子存詩之義自合。是心也，推而放之四海而準，無遠邇之殊，無今古之異。西師告捷，其不遠矣。臣又案：《雲漢》八章，維時世臣仍叔所作，即後世恭代之文也。宣王之心，仍叔能傳之耳，御製二篇，共三百五十餘言，非近臣、史臣能贊一詞者。臣固舊史官，讀而書之，敬識如右，庶幾竊附仍叔之末云。乾隆二十四年八月四日，臣錢陳群恭跋。

（雍正）《畿輔通志》卷三《詔諭》 雍正三年七月十一日諭，舊歲直隸總督李維鈞奏稱，畿輔地方每有蝗蝻之害，土人虔禱於劉猛將軍之廟，則蝗不爲灾。朕念切痌瘝，凡事之有益於民生者，皆欲推廣行之。且禦灾捍患之神，載在祀典，即《大田》之詩亦云：『去其螟螣，及其蟊賊，無害我田穉。田祖有神，秉畀炎火。』是蝗蝻之害，古人亦未嘗不藉神力以爲之驅除也。曾以此密諭數省督撫留意，以爲備蝗之一端。今兩江總督查弼納奏，稱江南地方有爲劉猛將軍立廟之處，則無蝗蝻之害，其未曾立廟之處，則不能無蝗。此乃查弼納偏狹之見，譏諷朕惑於鬼神，專恃祈禱以爲消弭灾祲之方也。其他督撫亦多有設法祈雨、祈晴之奏者。夫天人之理，感應不爽，凡水旱蝗蝻之灾，或朝廷有失政則天示此以警之，或一方之大吏不能公正宣猷，或郡縣守令不能循良敷化，又或一郡一邑之中風俗澆漓，人心險僞，以致陰陽沴戾，灾祲薦臻，所謂人事失於下則天道變於上也。故朕一聞各直省雨暘愆期，必深自修省，思改闕失，朝夕乾惕，必誠必敬，冀以挽回天意。爾等封疆大吏暨司牧之官，以及居民人等，亦當恐懼修省，交相誡勉，改愆悔過，崇實去僞。夫人事既盡，自然感召天和，灾祲可消，豐穰可致，此桑林之禱所以捷於影響也。蓋惟以恐懼修省，誠敬感格爲本，至於祈禱鬼神，不過借以達誠心耳。若專事祈禱，以爲消弭灾祲之方，而置恐懼修省、誠敬感格於不事，是未免浚流而舍其源，執末而遺其本矣，亦安有濟乎！况上天好生，栽培傾覆，原因物之自召，而愚民無知，每遇水旱，不知返躬省咎，更爾多生怨懟，罪愆重增，此乖戾之氣上干天和，以致頻遭降罰，荒歉連年，多由於此也。朕實有見於天人感應之至理，而斷不惑於鬼神巫禱之俗習，故不惜反覆明晰言之。内外臣工黎庶，其共體朕意。

清 紀昀《閲微草堂筆記》卷五《灤陽消夏録五》　癸亥夏，高川之北墮一龍，里人多目覩之。姚安公命駕往視，則已乘風雨去。其蜿蜒攫拏之迹，蹂躪禾稼二畝許，尚分明可見。龍，神物也，何以致墮？或曰是行雨有誤，天所謫也。按世稱龍能致雨，而宋儒謂雨爲天地之氣，不由於龍。余謂禮稱天降時雨，山川出雲，故《公羊傳》謂觸石而出，膚寸而合，不崇朝而雨天下者，惟泰山之雲，是宋儒之説所本也。《易文言傳》稱，雲從龍，故董仲舒祈雨法召以土龍，此世俗之説所本也。大抵有天雨，有龍雨。油油而雲，瀟瀟而雨者，天雨也；疾風震雷，不久而過者，龍雨也。觀觸犯龍潭者，立致風雨，天地之氣能如是之速合乎？洗鮓答誦禁咒者，亦立致風雨，天地之氣能如是之刻期乎？故必兩義兼陳，其理始備，必規規然。膠執一説，毋乃不通其變歟。

清 汪輝祖《學治臆説》卷下《各鄉土地神與土神有别》　所謂土神者，四境共事之神也。至各鄉土地神，則又有説。楚俗每逢祈雨，里民各舁其土之神，鳴鑼擊鼓，至縣堂請地方官叩禱，寧遠亦然。歲己酉四月，余方率屬步禱，而舁神者先後集於大堂，凡二十餘神。禮房吏援例請以禮，余曰：是非禮也。命移神座分列大堂左右，升堂，各鄉耆跽而請。余告之曰：若輩之爲是舉，謂民之需雨急也。民需雨而官不知，宜以神告儆。今官固先民而禱矣，是爲何者？况官之行禮，爲九叩首，爲六叩首，爲三叩首，國有定制，無敢增減，權幽明合一之理，各鄉土地神分與地保等地方官，不可與地保平行，土地神獨可與地方官抗禮乎？不可抗禮而舁以見官，是謂褻神，且神而有知，應赴城隍神祈求，不暇入縣門也。若其無知，則土偶耳，官爲叩禱，於禮無稽。余非不愛民者，悖禮經而違國典，不可且不敢也。其速舁爾神以歸，道逢戚友，傳述余言，不勞更入城也。衆皆唯唯退後，遂無至者。然此在莅治二年後，民已相信，故能以莊語曉之。否則，必謂官不恤民，或滋饒舌。隨事制宜，未可一例行也。

清 錢泳《履園叢話》卷三《請雨》　請雨祈晴之説，自古有之，如《檀弓》《吕氏春秋》《荀子》《春秋繁露》皆有載者。如董江都之閉陽門則雨，欲止則反是之謂也。余謂晴雨是天地自然之理，雖帝王之尊，人心之靈，安能挽回造化哉？即有道術，如畫符遣將，呼風唤雨諸法，亦不過盡人事以待天耳。杭人請雨祈晴，則全仗觀音力，尤爲可笑。究竟觀音果能祈雨耶，不能祈雨耶，吾不知之也。阮雲臺宫保巡撫浙江，適逢大旱，未往天竺進香，而人心遂大不服，嘖有繁言，世俗之惑一至於此。

清 黄恩彤《鑒評别録》卷一三《漢紀十一·孝順皇帝》　暴龍祈雨之法，見于《春秋繁露》。董仲舒爲漢儒之首，而所言幾同巫覡，何也？覬雖以陰陽名學，而云皇天不爲僞動，應變要在責己，即王嘉所云應天以實，不以文者也，足以正世俗厭勝祈禳之失。

清 羅汝懷《緑漪草堂集·文集》卷六《祈雨説上》　里中歲旱祈雨，則迎境内山寺之神，烏石峰頂廟塑神像，俗謂之寨主。案，元末有上湘人易華，聚鄉勇於此山禦寇，殆所謂寨主者。每迎神循行田里，則各色旗纖金鼓，鐵銃紙爆，狂奔喧闐，僧道徒衆飲酒盛气，汗喘將事，謂之搶雨，亦偶得雨，然不經甚矣。夫陰陽和而後雨澤降，旱者陽盛陰衰，地气不能上騰以交天气，泫宖静以生陰，《樂記》曰凡聲，陽也。矧金鼓之振厲愈以助陽乎，是謂逆理矣。往常德大水，鎮將用礮轟擊，其意或在慴遇水怪，然伸陽抑陰，實爲得理，對觀則所以制旱者可知矣。然則當如之何？曰朝廷官府自有典章，若士庶之私行於鄉者可禱於里社，及里中大山大水之神，有功德可福於民之神，擇寺觀潔浄場地書立牌位，陳設清茶、元酒、脯果之屬，旗幟尚黑，以象北方玄冥，古者四時皆有雩，爲壇各於其時之方。梁武帝謂雨既屬陰而求之陽方爲悖。唐太宗謂水能克火，雩壇當在北方。集里人齋戒，戒屠沽幷歌唱呼叫之聲。沐浴素服，以水日持香往禱，行禮讀祝畢，誦《詩・大雅・雲漢》八章，以六遍爲節，取天一生水、地六成之之義。誦畢行禮，遇翌日亦如之，得雨而止。古者於夏初龍見而雩之外復有雩，雩者吁嗟其聲以求雨之祭，則誦《詩》者當有曼緩悽惻之致，吁嗟之義也。《春秋・莊二十五年》左氏傳曰：非日月之眚不鼓，又曰唯正月之朔慝未作，日有食之，于是乎用幣于社，伐鼓于朝，而以夏六月辛未朔日食之，鼓用牲於社爲非當，然則陽月用鼓而陰月不用鼓者，非所以順時乎！周六月本夏之四月，而以爲不當鼓者，蓋以長歷推之，知辛未實周正七月，非六月也。

又《祈雨説下》 昔成湯禱雨桑林，翦其爪髮，自爲犧牲，祝曰：『政不節與？使民疾與？宮室崇與？女謁盛與？苞苴行與？讒夫興與？』所謂六事自責也。後世人君亟以七事自責，曰理冤獄，曰輕徭賦，曰恤鰥寡，曰進賢良，曰黜奸邪，曰會合男女使無怨曠，曰減膳徹樂勞其身以爲民。觀於于公之祭含冤之孝婦，漢廷烹言利之宏羊，渥澤應期，昭然不爽，則當察致旱之由，亦以修致雨之本也。《雲漢》之詩曰：『靡神不舉，靡愛斯牲。』觀於成湯，則祈禱之不宐用牲明矣。抑《左氏春秋傳》曰凡天灾有幣無牲，則周禮之不用牲尤明也。伏攷《大清通禮》，孟夏常雩後不雨，乃祈天神、雲師位左，雨師位右，風伯次左，雷師次右。地祇、五岳居中，五鎮右，五陵山左，四海次右，四瀆次左，均北向。京畿名山居東，京畿大川次東，均西向。天下名山居西，天下大川次西，均東向。太歲，以上皆遣官同日祇告。不雨，越七日禱於社稷。仍不雨，乃諏吉修大雩於圜丘。先期齋戒，禁斷屠宰，祀前一日，太常寺卿備脯醢果實，設皇天上帝神座，皇帝御常服，詣壇齋宿，常服出宮，乘騎不乘輦，不設鹵簿，不陳樂，前引後扈，大臣侍衛咸常服導從。駕至南郊，由壇西門入，至昭亨門外降騎步行，入壇上香行禮。祀之日，皇帝雨冠素服，步禱於壇，恭行雩禮，不燔柴，不進俎，不飲福受胙，餘樂章樂舞及玉帛器數，悉與常雩同。皇帝行三獻禮畢，復位北面立，協律郎引舞童十有六人，衣元衣，執羽翳，進爲八列，皇帝跪，舞童舞皇舞，按節歌御製《雲漢》詩八章，皇帝率群臣行三拜禮，興，乃徹饌，送帝神，望燎，幷如常雩之儀。其祈天神、地祇、太歲，皆備脯醢果實，無眂牲割牲之文，惟報祀報祭則有之。而直省府州縣常雩後旱潦，祈禱條中有備牲牢字。夫以天子所不用，而用之於臣下乎？當爲禮臣校訂之偶疏，所宐刊正。抑《禮記・樂記》曰樂樂其所自生，又曰樂章德，《郊特牲》曰昏禮不用樂，幽陰之義也。樂，陽气也。以此推之，則古人享祀有樂，而禱祀無樂。夫旱，變也，灾也，所以交於神明者，視常祀當有閒矣。

清 陳鶴《明紀》卷二〇《憲宗紀三》 夫爵以待有德，賞以待有功也。今或無故而爵一庸流，或無功而賞一貴倖，祈雨雪者得美官，進金寶者射厚利。方士獻煉服之書，伶人奏曼延之戲，掾史胥徒皆叨官禄，俳優僧道亦玷班資。一歲而傳奉或至千人，數歲而數千人矣。數千人之禄，歲以數十萬計，是皆國之命脈、民之脂膏，可以養賢士，可以活饑民，誠可惜也。

清 羅用霖《重修昭覺寺志》卷四《藝文・序・御製大雲輪請雨經序》 蓋聞混沌分，乾坤奠，刼運循環，性之初也。仰不知其所高者天也，俯不知其所厚者地也，於其中間，陰陽造化，百物備也。然而陰陽相合，則百物有成，陰陽相左，則百物有損，總之盛衰消長，莫不由氣之使然。元經花甲，一週所歷，歲月凶樂不一，但見陰晴過分，未嘗不洗心而明禱也。去年冬，制軍李護法送來御製《大雲輪請雨經》一函，歸藏，焚香披讀，乃知我皇上聖意仁慈，普濟群品。秖是旱魃作祟，何代無之，雖蒼生自禍，猶可假秘，密而謝過。切想我蜀之大，非一二部所能庵知寺曉也，是以鳩工重刊，以廣帝德，以便誦習。或遇祈禱之日，不致演揚失則，庶幾格天順人，永無亢慮云。時乾隆五十一年二月，昭覺第六代方丈了元重刊并序。

綜述

漢 董仲舒《春秋繁露》卷一六《求雨第七十四》 春旱求雨，令縣邑以水日令民禱社稷山川，家人祀户。無伐名木，無斬山林，暴巫聚烓八日。於邑東門之外爲四通之壇，方八尺，植蒼繒八。其神共工，祭之以生魚八，玄酒，具清酒、膊脯，擇巫之清潔辯言利辭者以爲祝。祝齋三日，服蒼衣，先再拜，乃跪陳，陳已，復再拜，乃起。祝曰：『昊天生五穀以養人，今五穀病旱，恐不成實，敬進清酒、膊脯，再拜請雨，雨幸大澍。』奉牲禱，以甲乙日爲大蒼龍一，長八丈，居中央。爲小龍七，各長四丈，於東方，皆東鄉，其間相去八尺。小童八人，皆齋三日，服青衣而舞之。田嗇夫亦齋三日，服青衣而立之。諸里社通之於閭外之溝，取五蝦蟇，錯置社中。池方八尺，深二尺，置水蝦蟇焉。具清酒、膊脯，祝齋三日，服蒼衣，拜跪，陳祝如初。取三歲雄雞、三歲豭，皆燔之於四通神宇。令閭邑里南門，置水其外。開北門，具老豭猪一，置之于里北門之外。市中亦置一豭猪，聞鼓聲，皆燒猪尾。取死人骨埋之。開山淵，積薪而燔之。决通道橋之壅塞，不行者决瀆之。幸而得雨，以猪一，酒、鹽、黍財足，以茅爲席，毋斷。夏求雨，令邑以水日，家人祀竈。無舉土功，更大浚井。暴釜於壇，臼杵於術，七日。爲四通之壇於邑南門外，方七尺，植赤繒七，其神蚩尤。祭之以赤雄雞七，玄酒，具清酒、膊脯，祝齋三日，服赤衣，拜，跪陳祝如春辭。以丙丁日爲大赤龍一，長七丈，居中央，又爲小龍六，長各三丈五尺，於南方，皆南鄉，其間相去七尺。壯者七人，皆齋三日，服赤衣而舞之。司空、嗇夫亦齋三日，服赤衣而立之。鑿而通之閭外之溝，取五蝦蟆，錯置里社之中，池方七尺，深一尺，酒脯，祝齋，衣赤衣。拜跪陳祝如初。取三歲雄雞、豭猪，燔之四通神宇，開陰閉陽如春。季夏禱山陵以助之。令縣邑壹徙市，於邑南門之外五日，禁男子無得行入市。家人祠中霤，無興土功。聚巫市傍，爲之結蓋。爲四通之壇於中央，植黄繒五。其神后稷。祭之以母肫五，玄酒，具清酒、膊脯，令名爲祝齋三日，衣黄，皆如春祠。以戊已日爲大黄龍一，長五丈，居中央。又爲小龍四，各長二丈五尺，於南方。皆南鄉，其間相去五尺。丈夫五人，齋三日，服黄衣而舞之。老者五人，亦齋三日，衣黄衣而立之。亦通社中於閭外溝，取蝦蟇。池方五尺，深一尺，他皆如前。秋暴巫至九日，無舉火事，無煎金器。家人祀門。爲四通之壇，於邑西門之外，九尺，植白繒九。其神大昊。祭之桐木魚九，玄酒，具清酒，膊脯。衣白衣。他如春。以庚辛日爲大白龍一，長九丈，居中央。爲小龍八，各長四丈五尺，於西方。皆西向，其間相去九尺。鰥者九人，皆齋三日，服白衣而舞之。司馬亦齋三日，衣白衣而立之。蝦蟇池方九尺，深一尺，他皆如前。冬儛龍六日，禱於名山以助之。家人祀井。無壅水。爲四通之壇，於邑北門之外，方六尺，植黑繒六，其神元冥。祭之以黑狗子六，玄酒，具清酒、膊脯，祝齋三日。衣黑衣。祝禮如春。以壬癸日爲大黑龍一，長六丈，居中央。爲小龍各長三丈，於北方。皆北鄉，其間相去六尺。老者六人，皆齋三日，衣黑衣而舞之。尉亦齋三日，服黑衣而立之。蝦蟇池如春。四時皆以水爲龍，必取潔土爲之，結蓋，龍成而發之。四時皆以庚子之日，令吏民夫婦皆偶處。凡求雨之大體，丈夫欲藏匿，女子欲和而樂。

漢 衛宏《漢官舊儀·補遺》 求雨。太常禱天地宗廟社稷山川以賽，各如其常牢禮也。四月立夏旱，乃求雨、禱雨而已。後旱，復重禱而已。訖立秋，雖旱不得禱求雨也。

晋 葛洪《西京雜記》卷一 昆明池刻玉石爲魚，每至雷雨，魚常鳴吼，鬐尾皆動。漢世祭之以祈雨，往往有驗。

唐 歐陽詢《藝文類聚》卷一〇〇《灾異部·祈雨》 董仲舒曰：廣陵女子諸巫，毋小大，皆相聚其郭門外，爲小壇，以脯酒祭，便移市，市使門者無内丈夫，丈夫無得相從飲食。又令吏各往視其夫，皆言到即赴，雨澍而已。又曰：江都相仲舒，下内史承書從事，其都間吏家在百里内，皆令人故行書告縣，遣妻視夫。賜巫一月租，使巫求雨。復使巫相推擇絜浄易教者祭，跪祝曰：天生五穀以養人，今五穀病旱，恐不成。敬進清酒甘羞，再拜請雨。又曰：春旱求雨，令縣邑以水日令民禱社，家人祠户，無斬山林，曝巫聚尫，以玄酒脯再拜請雨，奉牲禱。以甲乙日爲大蒼龍一，長八丈，居中。爲小龍七，長各四丈，於東方嚮，其間相去八尺。小童八人，皆齋三日，服青衣而舞之。諸里社取五蝦蟇，錯里社之中，池方八尺，深一尺，置水蝦蟇焉。其酒脯祝，齋三日，拜跪陳祝如初。取三歲雄鷄，與三歲豭猪，皆燔之於四通神雩。又曰：夏求雨，令縣邑以水日，家人祀竈，無舉土功，更水浚井，曝釜甑杵臼于衢，七日。爲四通之壇於邑南門之外，方七尺，植赤繒七，其神蚩尤。祭之以赤雄鷄七，玄酒、清酒，祝齋三日，服赤衣，跪陳祝如春辭。以丙丁日爲赤龍一，長各七尺，齋三日，服赤衣而舞之。司空、嗇夫亦齋三日，服赤衣而立之。鑿社而通之閭外之溝，取五蝦蟇置社之中，池方七尺，深一尺，酒脯、祝齋、衣拜、跪陳祝如初。取三歲雄雞、猳猪，燔之四通神雩。開陰陽如春。又曰：季春禱山陵以助之。令縣邑一徙市於邑南門之外，五日禁男女毋得行入市。家人祠中霤，毋舉土功。聚巫市旁，爲四通之壇於中央，植黄幡五，其神后稷。祭之毋肫五，玄脯，祝齋三日，衣黄衣，皆如春辭。以戊巳日爲大黄龍一，長五丈，居中央。又爲小龍，長各三丈五尺。士姓五人，皆齋三日，服黄衣而舞之。老者五人，齋三日，衣黄衣而立之。亦通社中於閭外之溝，蝦蟇池方五尺，深一尺，皆如前。玄晋傅咸《喜雨賦》序曰：『泰始九年，自春不雨，以涉夏節，草木共然。百姓以堯有九載之水，湯有七年之旱，恐遭斯運，并有懼心。聖皇勞慮，分使祈禱，遍于群臣。余以太子洗馬兼司徒請雨，百辟莅事，三朝而大雨降，退作斯賦。』文晋曹毗《請雨文》曰：『下邳内史曹毗，敬告山川諸靈。頃節運錯戾，旱亢陰消。川竭谷虚，石流山燋。天無纖雲，野有横飆。盛夏應暑而或凉，草木無霜而自凋。遑遑農夫，輟耕田畔；悠悠舟人，頓棹川岸。雲根山積而中披，雨足垂零而復散。聖主當膳而減味，牧伯忘餐而過晏，民庶拊心而顰顣，搢紳不期而同嘆，斯亦憂勤之極情，而明靈之達觀矣。』梁陸倕《請雨賽蔣王文》曰：『陸周祚胤，鍾岳降精，聰明正直，得一居貞。無方無體，不疾不行，化馳九縣，位冠百靈。東掩屢愆，西郊已戢，偶龍矯首，泥人鶴立，神聽孔殷，靈應揮霍。儵覩翻伊，俄聞倒洛，樂周神畢，恩洽酒闌。靈談抗袖，鬼笑投柈，推茲且引，於萬斯歡。』梁任孝恭《賽鍾山蔣帝文》曰：『嘗聞河南少雨，漢主避其正殿，許下輟潤。魏后計彼塵書，和氣乖違，陰陽舛互，風至若湯，雲生猶火，速能制茲東井，告彼南箕，水滿畢星，氣衝卯地，使君子有釁之心，耕夫無慼慼之念。』梁簡文帝《祭灰人文》曰：『積注奄旬，祭在灰人。消茲獸炭，焚此柱薪。積如玉屑，聚若遊塵。庶人之風不拂，獄吏之慢寧陳。當令金光小史，侍使玉童，奏雲師於執法，力水伯於天宮。鎖星誅於電女，貫索囚於雷公，廓重氛於八極，静連絲於四空。既曈曈於車蓋，又赫赫於飛盤。且疑威於趙盾，實望近於長安。』

唐 黄子發《相雨書·禱雨》 冬春夏秋，四時之首。甲子日不宜雨，雨必旱，在六十日後。以此之時請雨，則用壘土爲龍，使二童舞之入山。如此數日，則天降甘霖也。故《淮南》曰：『土龍致雨。』凡少年婦女，仰天大號泣不語，則雨降。《神農求雨書》曰：『春夏雨日而不雨，甲乙命爲青龍，又爲火龍，東方小童舞之。丙丁不雨，命爲赤龍，南方壯者舞之。戊巳不雨，命爲黄龍，壯者舞之。庚辛不雨，命爲白龍，又爲火龍，西方老人舞之。壬癸不雨，命爲黑龍，北方老人舞之。如此不雨，遂潛處，闔南門，置水其外，開北門，取人骨埋之。如此不雨，命祝巫而暴之。暴之不雨，神山積薪，擊鼓而焚之。』

唐 釋道世《法苑珠林》卷五一《敬塔篇第三十五之餘》 隋益州郭下福感寺，【略】益州旱澇，官人祈雨必於此塔。祈即有應，特奇感徵，故名福感寺。

唐 蕭嵩《大唐開元禮》卷三《序倒下·祈禱》 凡京都孟夏以後旱，則祈岳鎮海瀆及諸山川能興雲雨者於北郊，望而告之。又祈社稷，又祈宗廟，皆七日一祈。不雨，還從岳瀆如初。旱甚則修雩，秋分以後不雩。初祈一旬不雨，即徙市，禁屠殺，斷繖扇，造土龍。雨足則報祀。祈用酒脯醢，報用常祀，皆有司行事。已齋及未祈而雨，及所經祈者皆報祀。凡州縣旱則祈雨，先社稷，又祈界内山川能興雲雨者，餘准京都例。若岳鎮海瀆，州刺史上佐行事。其山川，判司行事。縣則縣令、縣丞行事。祈用酒脯醢，報以少牢也。霖雨不已，禜京城諸門。門别三日，每日一禜。不止，乃祈山川岳鎮海瀆三日。不止，祈社稷、宗廟。若州縣，禜城門。不止，祈界内山川及社稷。三禜一祈，皆准京都例，并用酒脯醢。國城門報用少牢，州縣城門用特牲也。

《通典》卷一〇八《禮六十八·開元禮纂類三·序倒下·祈禱》 京都孟夏以後旱，則祈岳鎮海瀆及諸山川能興雲雨者於北郊，望而告之。又祈社稷，又祈宗廟，皆七日一祈。不雨，還從岳瀆如初。旱甚則修雩，秋分以後不雩。初祈一旬不雨，即徙市，禁屠殺，斷繖扇，造土龍。雨足則報祀。祈用酒脯醢，報用常祀，皆有司行事。已齋及未祈而雨，及所經祈者皆報祀。凡州縣旱則祈雨，先社稷，又祈界内山川能興雲雨者，餘準京都例。若岳鎮海瀆，州刺史上佐行事。其山川，判司行事。縣則縣令、縣丞行事。祈用酒脯醢，報以少牢也。霖雨不已，禜京城諸門。門别三日，每日一禜。不止，乃祈山川岳鎮海瀆三日。不止，祈社稷、宗廟。若州縣，禜城門。不止，祈界内山川及社稷。三禜一祈，皆準京都例，并用酒脯醢。國城門報用少牢，州縣城門用特牲也。

唐 王涇《大唐郊祀録》卷二《凡例中》 凡州縣旱則祈雨，先社稷，又祈界内山林能興雲雨者，餘準京都例。若岳鎮海瀆，州則刺史上佐行事；餘山川，判司行事；縣則令、丞行事。祈用酒脯醢，報以少牢。

《舊唐書》卷二四《禮儀志四》 京師孟夏以後旱，則祈雨，審理冤獄，賑恤窮乏，掩骼埋胔。先祈岳鎮、海瀆及諸山川能出雲雨，皆於北郊望而告之。又祈社稷，又祈宗廟，每七日皆一祈。不雨，還從岳瀆。旱甚，則大雩，秋分後不雩。初祈後一旬不雨，即徙市，禁屠殺，斷傘扇，造土龍。雨足，則報祀。祈用酒醢，報准常祀，皆有司行事。已齋未祈而雨，及所經祈者，皆報祀。若霖雨不已，禜京城諸門，門別三日，每日一禜。不止，乃祈山川、岳鎮、海瀆；三日不止，祈社稷、宗廟。其州縣，禜城門；不止，祈界内山川及社稷。三禜一祈，皆准京式，并用酒脯醢。國城門報用少牢，州縣城門用一特牲。永泰二年春夏，累月亢旱，詔大臣裴冕等十餘人，分祭川瀆以祈雨，禮儀使、右常侍于休烈請依舊祠風伯、雨師於國門，舊壇復爲中祠。從之。

宋 釋贊寧《東坡先生物類相感志》卷三《地部下》 卧石：在棣陽興安縣，其石形如人，而体青黄隱起，而謂之石人，可以祈雨，小舉則大雨也。石牛：在鬱林銅池中，其牛時出池間，歲旱，民殺牛祈雨，以血泥致石牛背，祠畢便雨，泥洗净便晴，郡人見爲常式。石鯨動：漢武帝昆明池中刻石爲鯨魚，每風雷而魚常吼躍，鬐鬣皆動，漢時祈雨甚驗。

宋 樂史《太平寰宇記》卷二九《關西道五・華州》 車箱谷，一名車水渦，在縣西南二十五里，去敷水谷七里，深不可測。祈雨者以石投之，其中有一鳥飛出，應時獲雨。

又 卷四四《河東道》 山領有湯王池，俗傳旱祈雨於此。

又 卷一〇八《江南西道六・澤州》 空山祠，晋咸康五年太守庾恪於山西麓中建立神廟，曆代祈雨，最有靈應。【略】雩山，在縣二十五里。耆老相傳云，昔人祈雨於此山下，往往感應，故曰雩山。

又 卷一〇九《江南西道七・吉州》 昔王子喬曾控鶴於此，故以王爲名，旱則祈雨必應。按《山川記》云：禱祈之時，有人誤喚奴者，則隨其所犯，鄉境雨至，必見雲開，卒無霑潤。相傳云，王喬既去奴，墮於此，因爲神，至今操烈不可犯，民爲之諱。【略】太和縣有木山廟，民祈禱雨旱頗有應，後有道士燒之，歲爲之大熟。

又 卷一二六《淮南道四・廬州》 其山昔有小栗，因以爲名。頂有一井，口員三丈，莫測深淺，後人以靈異，凡逢旱多於井上祈雨，甚有徵效，俗呼爲天井。

宋 楊侃《兩漢博聞》卷四《求雨》 董仲舒爲江都相，治國以春秋灾異之變，推陰陽所以錯行，故求雨閉諸陽，縱諸陰，其止雨反是。師古曰：謂若閉南門，禁舉火，及開北門，水灑人之類是也。

宋 寇宗奭《本草衍義》卷一七 石龍子，蜥蜴也，今人但呼爲蜴晰。大者長七八寸，身有金碧色。仁廟朝，有一蜥蜴在右掖門西浚溝廟中，此眞是蜥蜴也，鄭將元有詩。有樵者於澗下行，見一蜥蜴自石罅中出，飲水訖而入。良久，凡百十次，尚不已。樵者疑不免，飜石視之，有冰雹三升。樵人訝而去，行方三五里，大雨至。良久，風雹暴作。今之州縣，依法用此祈雨。經云治五癃，破石淋，利水道，亦此義乎？

宋 李攸《宋朝事實》卷七《道釋》 真宗咸平間，知揚州魏羽上雩祀五龍祈雨法，詔頒諸路。其法以甲乙日擇東地作壇，取土造青龍，土器之大小、龍之修短，餘方皆如之。凡旱建壇，取五行生成之數焉。長吏齋三日，詣龍所汲流水，設香茗果，率官屬日再至祝酹，不用樂、巫覡。雨足，送龍水中。

宋 羅泌《路史》卷三九《餘論二・神農求雨書》 大旱雩祭而祈雨，大水鳴鼓而攻社。被雩以青衣，繫社以朱索，此陰陽之義也。《神農求雨書》曰：『春夏雨日而不雨，甲乙命爲青龍，又爲火龍，東方小童舞之。丙丁不雨，命爲赤龍，南方壯者舞之。戊巳不雨，命爲黄龍，壯者舞之。庚辛不雨，命爲白龍，又爲火龍，西方老人舞之。壬癸不雨，命爲黑龍，北方老人舞之。如此不雨，潛處，闔城門，置水其外，開北門，取人骨埋之。如此不雨，命巫祝而暴之。如此不雨，神仙積薪，擊鼓而焚之。』漢董仲舒爲請雨法，春令縣以水日禱社稷山川，家人祠户，禁伐，聚蚍八日，爲壇東門，植八蒼繒，祠共工，八生魚，玄酒，膊脯，甲乙日，共十一青龍，東方東鄉，八僮衣青舞之。田嗇夫青衣立，里社通溝池，置五蝦蟆，焚雄雞老猳，闔南門，置水其外，開里北門，焚老猳，埋骨，開泉。夏令縣邑以水日家人祀竈暴釜，爲壇南門外，植十赤繒，祠蚩尤，十赤雞。丙丁日，共七赤龍，南方南鄉，七壯衣赤舞之，赤衣而立通社，燔雞猳，如春祠。季夏禱山陵，無舉土，令縣邑十日一徙市南門外，五日，家人祠中霤及稷，以母蛇五，壇帝，旁植五黄繒。戊巳日，爲五黄龍，中央南鄉，五丈夫衣黄舞之，老者黄衣立通社。立秋暴兵尩巫，無舉火煎金器，家人祀門，祠太昊，以九桐魚，植九白繒。庚辛日，爲九白龍，西方西鄉，九鰥白衣舞之，司馬白衣。立冬舞龍六日，禱名山以助之，家人祠井，無壅水，祠玄冥，以雞犬六。壬癸日，立六黑龍，北方北鄉，六老人衣黑舞之，尉黑衣立，他隨方色，蝦蟆池皆如春儀。雨至，報以豚酒黍茅席，無斷衣物，鄉位各從方色。四時皆以水日，爲龍開陰閉陽，焚薪薶骨，十日各異。又奏江都王母收廣陵女子爲人祝者，視一月，諸巫母聚郭門，爲壇，以脯酒祭，女擇寬便徙市，毋納丈夫，丈夫毋相從飲。令吏妻各往視其夫，到即起雨而止。劉歆致雨，其作土龍吹律，諸方備具，盖本諸此。漢世旱，則公卿官長以次雩禮，士人舞僮七日一易如故事。自立春盡立秋，郡國上雨澤以爲農也。故《尸子》云神農之理天下，欲雨則雨，五日爲行雨，旬日爲穀雨，旬五日爲時雨，萬物咸利，故曰神雨。五日一風，十日一雨，豈非太平之應哉？

宋 羅願《爾雅翼》卷一七《釋鳥五・鶂》　古唯祈雨用之，它祭亦希。

宋 葉適《習學記言》卷三六　《梁禮》：雩不爲常祀。四月後旱，則以七事祈雨：一理冤獄失職者，二振鰥寡孤獨者，三省繇輕賦，四舉進賢良，五黜退貪邪，六命會男女恤怨曠，七撤膳羞弛樂懸而不作。郡國則五事，同時并行。爲國命之通塞者，莫如政；爲人命之通塞者，莫如食。至是，足以有變矣，此亦制禮之善也。魯欲焚巫尩，臧文仲以爲當修城郭，貶食省用，務穡勸分。至《檀弓》又言徙市，而董仲舒乃修閉縱陰陽之術，自以行之一國，無不得所欲。蓋雖儒者號知經，及其施之於用，則達禮而通政者少矣。

宋 唐愼微《證類本草》卷二一《蟲魚中品總五十六種・石龍子》　石龍子，蜥蜴也。今人但呼爲蜴蜥，大者長七八寸，身有金碧色。仁廟朝有一蜥蜴在右掖門西浚溝廟中，此真是蜥蜴也。鄭狀元有詩。有樵者於澗下行，見一蜥蜴自石罅中出，飲水訖而入，良久，凡百十次，尚不已。樵者疑不免，黐石視之，有冰雹一二升。樵人訝而去，行方三五里，大雨至，良久，風雹暴作。今之州縣依法用此祈雨。經云治五癃，破石淋，利水道，亦此義乎。

宋 章如愚《山堂考索・前集》卷三六《禮門・祈報類》　國朝凡水旱灾異，有祈報之禮。祈用酒、脯、醢，報如常祀。或乘輿親禱，或分遣朝臣云云。建隆二年，學士王著言秋稼將登，稍愆時雨，望令近臣依舊典禮，告祭天地、宗廟、社稷，及望告岳鎮、海瀆於北郊，以祈雨。詔用其禮，惟不祀配座，雨足報祭如禮。端拱二年十月御書一幅授吕蒙正等曰：『萬方有罪，罪在朕躬。願兹雨雪愆期，應是祅星所致。爲人父母，莫或遑寧，當與卿等審刑政之闕失，念稼穡之艱難，恤物安人，以祈垂佑。』翊日，蒙正等引兩漢故事，星火水旱，皆免三公，願上印綬，以爲調燮無狀。帝慰勉久之。先是，彗星謫見之後，自七月不雨，至是凡五岳四瀆、名山大川，無不遍禱，曾無響應。帝憂念人民，故有是詔。淳化三年五月，帝以久愆時雨，憂形于色，謂宰相曰：『歲旱滋甚，朕懇禱精至，并走神示，而猶未獲膏澤者，豈非四方刑獄冤濫，郡縣吏不稱職，朝廷政理有缺乎？』是夕降雨尺餘。翌日，宰相以時雨應期賀，帝曰：『朕孜孜求理，視民如傷，内省於心，無所負矣。而久僭時雨，蓋陰陽之數，非朕之所憂者，在政化之未孚，官吏之不稱職爾。』因切責宰相，李昉等慙懼拜伏，退，上表待罪，賜璽書諭答。咸平二年閏三月，知揚州魏羽上唐李邕雩祀五龍祈雨之法，詔頒於諸路。帝曰：『此法前代所傳，不用巫覡，蓋防褻慢，可令長吏精潔行之。』注：其法以甲乙日，擇東方地作壇，取土造青龍。長吏齋三日，詣龍所，汲流水，設香案茗果飱餌，率群官鄉老，日再至祝酹，不得用音樂、巫覡，以致媟瀆。雨足，送就水中，餘四方皆如之，飾以方色。大凡日干及建壇取土之里數、器之大小、龍之修廣，皆取五行生成數焉。景德二年五月，詔頒畫龍祈雨法。注：其法擇潭洞或湫濼林木深邃之所，以庚辛、壬癸日，刺史縣令帥耆老齋潔，先以酒脯告訖，築方壇三級，高一尺，闊一丈三尺，壇外二十步，界以白繩。壇上植竹枝，張畫龍。其圖以縑素，上畫黑魚左顧，環以元黿十星，中爲白龍吐雲黑色。其下畫水波，有龜亦左顧吐星氣如綫。和金銀朱丹飾龍形。又設皂旛，刎鵝頸，取血置盤中。楊枝灑水龍上。俟雨足，三日賽以一豭，取畫龍投水中。祥符二年二月，以愆雨遣官祀太一宫，以禮院言太一宫兩廊有十精太一十六神，并主風雨，望遣官分拜。天禧元年三月，以旱遣官禱天地宗廟社稷，及祠宇名山大川靈迹之處。中書門下言舊制四海不祈。帝曰百谷之長，潤澤及物，安可闕禮？特命祭之。慶曆三年五月，諫官以天旱，請遣官祈雨，帝曰：『朕已宫中蔬食，密禱上天，引咎罪己，庶獲豐懋之應。』宰臣章得象曰：『陛下奉天憂民，至誠如此，必有感召。』帝曰：『天灾流行，亦朕躬無德所致。』得象曰：『此乃臣等備位衡宰，未能宣布善政，以召和氣。』帝曰：『時政中瑣細之務，不足留意，惟是民間疾苦，須當省察，有以利天下者必行之。卿等更宜公共訪求，以答天意』云云。其後雨應，宰臣賀雨，帝曰云云：『比欲下詔避寢撤膳，以申責己之意。朕不當此虚名，夙夜清心，密爲祈請爾。』八年六月，帝謂輔臣曰：『朕比以苦雨，日夜蔬食，夙夜禱于上帝，倘霖淫未息，當去食啜水，冀移灾朕躬。然不欲外聞之，恐其近名也。』宰臣文彦博對曰：『今景氣澄晏，聖德感通也。』皇祐四年十二月，無雪。初，帝以愆亢，責躬減膳，每見輔臣，則憂形于色，麗藉等因言：『臣等不能燮調陰陽，而上煩陛下責躬引咎，願守散秩而避賢路。』帝曰：『是朕誠不能感天，而惠不能及民，非卿等之過也。』是夕乃得雪。治平元年五月，詔自今水旱，命官禱于九宫貴神，從胡宿之請也。熙寧十年四月，中書門下言御前降到蜥蜴祈雨法，排辦其法，捕蜥蜴十數枚，置之甕中，漬之以雜木葉，選童男數十人，衣青衣，青塗面及手足，仍持柳枝沾水散洒，且咒曰：『蜥蜴蜥蜴，興雲吐霧，雨今滂沱，汝今歸去。』如是者晝夜嬰繞而言。是月十八日，依法爲之。至二十夜雨，詔附宰鵜祈雨法後頒行。

宋 謝采伯《密齋筆記》卷四 祈雨，三代用巫覡，後世用僧道。唐僧不空、羅公遠、一行、無畏祈雨法各不同。范石湖《吴船録》記蜀中祈雨九不同，增堰壅水，入支江，三四宿，水即遍，謂之攝水。水皆如期而應。嘉州雷洞初禱，香幣不應，則投死彘及婦人敝履之類以振觸之，雷風隨發。息壤遇旱，則郡守設祭掘之，掘至石棲之簷，則雨作矣。辛幼安云親驗，信然。

《東漢會要》卷五《禮三・請雨》 自立春至立夏，盡立秋，郡國上雨澤若少，府郡縣各掃除社稷，其旱也，公卿官長以次行雩禮求雨，閉諸陽，衣皂，興土龍，立土人，舞僮二佾，七日一變，如故事。反拘朱索社，伐朱鼓。禱賽以少牢如禮。

宋 黄震《黄氏日鈔》卷六一《讀文集・柳文祝文》 祈雨旱，非人力之能爲雨者，神龍之所作。

（寶慶）《四明志》卷一三《鄞縣志》 延福院，縣東南二十里，唐大中十三年建，名天王，皇朝治平元年賜今額。院有天王像，堂之前有靈鰻井，遇歲旱，祈雨輒應。

《宋會要輯稿・禮四》 乾道四年八月六日，詔頒江陰軍繳到《祈雨雪法》。兩浙西路安撫司申：『江陰軍申：祭龍求雨，乞散之天下。都省批送禮部看詳，本部下太常寺：勘會，繳到《祈雨雪法》，具載皇祐二年六月中書門下牒。先朝曾降《祈雨法》下諸處，慮年深損墜，令再將舊敕雕板模印成册，係崇文院送都進奏院，頒下諸路州、軍、監、縣等。至今委是年深，均慮損墜不存，今欲依兩浙西路安撫司申，將江陰軍繳到皇祐二年《祭龍祈雨雪法》，内添入繪畫龍等樣制，從禮部行下臨安府鏤板，用黄紙印造成册，發納禮部，禮部行下都進奏院，頒降諸州、府、軍、監、縣等，如法收掌。遇愆雨雪，嚴潔依法祈求。

一、置壇法。先擇左側有龍潭或秋濼，或水泉所出，水邊林木鬱茂，或有洞穴深邃堪畏之處，或居靈祠古廟，以爲壇地，取庚、辛、壬、癸及成日、滿日丑時置壇。本處刺史、縣令并官屬、耆宿、應執事人皆先齋潔。祭日，官屬并公服靴笏，餘人并常服。其日具酒、脯、白魚乾、信幣、帛繒五赤、時菓、名香，一俎、二豆、兩爵。布浄席二領，南向，以白魚乾、信幣置俎上，時菓實豆中，香爐置俎豆南。又以新襆覆箱，箱内安皁繒，置香爐南，并陳於席上。又以浄樽盛酒，陳席東。又設祀官位於席南。州則刺史親祀，縣則縣令親祀。禮生引祀官就位。執事者實一爵，置俎上，祀官再拜跪奠。執事者又實一爵，祀官又拜奠。讀祝於壇地之東南角。讀祝人，州縣各依常式。祝文曰：『維某年某月某朔某日，具官姓名，謹以清酌、脯鱅鱐音肅，乾魚也。時、信幣、帛繒之奠，昭告於某處社令后土神居之靈。伏以久愆甘雨，祈雪即言久愆嘉雪。將害農功，夙夜懷憂，罔知所懟，今於此地置壇求龍。伏惟社令后土神君監此精誠，無或艱阻，俾龍克饗其祭，尚不爲灾。尚饗！』讀文訖，祀官再拜。執事捧幣箱立祀官前，授爵飲酒，再拜，遂取皁繒及酒脯等於席南瘞之。坎深一尺。瘞訖，撤席。造方壇，壇用浄土築成。凡三級，每級高一尺。上級方闊一丈三尺，中級、下級四面各容一尺七寸，皆以浄泥泥之。去壇二十步，圍以白繩，無令人入。應州縣官屬、耆宿，并於白繩外陪位，非祀官及執事者并不得輒入。

一、畫龍法。取新浄絹五尺，横界爲三節。於下節畫水，水有波岸。水中畫黿，左顧，口吐黑氣，初如線形，引至二三寸，漸大，散作黑白雲。又於中節畫龍，龍色隨日干，庚、辛日畫作白龍，壬、癸日畫作黑龍。若取張僧繇畫盤龍樣，尤佳也。龍口吐黑白氣成雲，黑色宜多。又於上節畫天，用朱砂點十黑爲天元黿星形，星中畫黑魚，亦左顧，勿令鬐鬣太分明，亦勿令與龍所吐雲氣相接。其龍以金、銀、朱砂和黃丹作色飾之，極令鮮明。

一、祭龍法。先令一道士於壇上敕水解穢，然後祭龍。或無道士處，但焚香步虛，遶壇一匝可也。大意在屏囂雜、斷汙濁。取新竹二竿，各長七尺，竿頭帶少葉，植於壇上。或無竹處，以葦及楊柳代之，尺數并依竹竿。竿頭各掛一皁幡，各長二尺四寸，取龍幡掛兩竹之間。龍前置新席一，設俎豆、酒脯、時、名香，燒香以糖灰火，勿用炭。龍畏炭也。亦勿用鐵器，龍亦畏鐵器也。又取白鵝一隻，無鵝處以鳧雁代之。籠於壇南，以物束口，無令作聲。又設祀官位於其南。自置壇後，應預祭官屬、耆宿并執事者，并齋潔，絶葷辛、宴飲及吊喪問疾。祭日，以亥時集壇下，子時行事。壇之東西各設燈纂二，又於東南置罍洗。如無罍洗，代以潔器。官屬、耆宿并陪位於白繩外。禮生引祀官至罍洗盥手畢，又引就位，再拜，奠酒，再奠，再拜。讀祝文曰：『維某年某月某朔某日，具位官姓名，謹以清酌、脯羞、花菓、名香，薦舒雁之牲，敢告於里社神龍。某授命大君，來祈陰貺。伏以亢陽爲沴，甘雨久愆，祈雪即云嘉雪久愆。慮害農功，莫遑夙夜。今則謀於黿筮，啓此壇場，備薦吉蠲，用求靈應。伏望即日駕電驅風，祈雪即云召雪驅風。降爲膏澤。至誠必報，無作龍羞。伏惟尚饗！』讀文訖，祀官奠酒，再拜。授爵飲酒訖，又拜。執事者用新盤，不擇茲𤬪瓦、漆、素銅、錫，但新潔者，取鵝於壇南，刀割其項，三分存一，勿令斷。盤盛血，至於壇上，承之以俎。又以盤盛鵝身於壇南，取血奠之。奠訖，祀官再拜，陪位者并拜。又祝云：『五日内雨足，祈雪即云雪足。當更賽謝。』又再拜，撤席，撤俎豆，唯留血盤於壇上。別添香火。又以大盆盛浄水，以楊柳枝條略點水灑龍幡訖，置於水上。祀官并執事者俱出。至來日午時前，不得更令人至壇側，常數十步遣人巡邏之。

一、驗雨法。次日寅時前，刺史、縣令率官屬、耆宿等拜於壇南白繩外，遣執事者入壇，視血盤中，如無物，得雨雪疾。或有蝦蟆、蜥蜴、蜈蚣、百足之類，即有大水。所見蟲蛇并送水中，不可損犯。或得飛鳥、蟻子及蟲鳥糞，即由祀官心不精潔，故禱無應。雨雪降遲，當再虔誠祈看訖，執事人取盤洗血，并鵝於壇前掘坎瘞之。龍幡且置壇上，時令添香換水，候雨雪足即收之。

一、賽龍法。雨雪足，候三日，用猳猪一，宰於壇東面，取血，以盤盛，置壇前。及取猪去毛，煮於壇外。既熟，別盛以盤，加以時及酒，不設俎豆，唯在精潔。又設祀官位如前。禮生引祀官就位，再拜奠酒訖，又再拜。讀祝文曰：『維某年某月某朔某日，具官姓名，敢告於里社神龍。近以亢陽爲灾，立壇祈禱，果蒙靈感，獲此甘澤。雪降即云獲此嘉雪。今擇吉日，以報神德。伏惟尚饗！』讀文訖，祀官再拜，授爵飲酒訖，又拜。執事人餕於白繩外，事畢拆繩。又於壇外取土塊置壇上，祝云：『祈雨已畢，祈雪即云祈雪已畢。無有後報，急急如律令！』祀官等并閉氣而還。龍幡賽訖，送置左側大水或潭穴中。并從之。

又《禮二〇》 天目山龍祠，在臨安府於潛縣。徽宗崇寧三年正月，賜廟額昭應。政和三年九月，封淵源侯。光堯皇帝紹興十年十二月，封淵源平施侯。二十五年六月，封靈濟王。以祈雨有應，特封。二十九年，加封靈濟昭應王。

又《禮二一》 惠氏侯廟，廟在渭州。神宗熙寧八年七月，宰臣韓絳言：頃奉使陝西，到渭州祈雨于亂石湫神行廟，雨雷即降，功利及民，望褒崇。詔封侯。

又 徽美顯靈王廟，廟在陝西路延安府。【略】唐天成二年正月，刺史高萬金因祈雨有應立廟。

又 靈源廟，廟在衛輝府。眞宗咸年元年春，遣使祈雨有應。四月詔曰：『衛州百門廟神靈攸居，貌像斯設，凡所請禱，必答勤誠，不有嘉名，孰謂昭報，宜賜廟額曰靈源。』

《宋史》卷一〇二《禮志五》 祈報。《周官》：『太祝掌六祝之辭，以事鬼神，示其福祥。』於是歷代皆有禬禜之事。宋因之，有祈、有報。祈，用酒、脯、醢，郊廟、社稷，或用少牢；其報如常祀。或親禱諸寺觀，或再幸，或徹樂、減膳、進蔬饌，或分遣官告天地、太廟、社稷、岳鎮、海瀆，或望祭於南北郊，或五龍堂、城隍廟、九龍堂、浚溝廟，諸祠如子張、子夏、信陵君、段干木、扁鵲、張儀、吴起、單雄信等廟亦祀之。或啓建道場於諸寺觀，或遣内臣分詣州郡，如河中之后土廟、太寧宫，亳之太清、明道宫，兖之會眞景靈宫、太極觀，鳳翔之太平宫，舒州之靈仙觀，江州之太平觀，泗州之延祥觀，皆函香奉祝，驛往禱之。凡旱、蝗、水潦、無雪，皆禜禱焉。

《文獻通考》卷一二九《樂考二・歷代樂制》 宣帝時改前代鼓吹，朱鷺等曲製爲十五曲，述受魏禪及戰功之事。帝每晨出夜還，恆陳鼓吹。嘗幸同州，自應門至赤岸數十里閒，鼓吹俱作，祈雨仲山，還令京城士女於街巷奏樂以迎之，公私頓弊，以至於亡。

元 陳性定《仙都志》卷上《祠宇》 靈澤廟，在雙龍洞前，即雙龍之靈。郡志云：宋咸淳七年，知縣陳紹若禱雨有感，保奏敕賜廟額，至今士民祈雨輒應。古廟甚隘，恒定新之。

元 楊瑀《山居新話》 蒙古人有能祈雨者，輒以石子數枚浸於水盆中玩弄，口念咒語，多獲應驗。石子名曰鮓答，乃走獸腹中之石。大者如雞子，小者不一，但得牛馬者爲貴，恐亦是牛黄、狗寶之類。

（延祐）《四明志》卷七《山川考・潭・定海縣》 清林龍潭，在縣江南七里，久已湮塞。嘉泰中旱，縣令商逸卿訪求故迹，禱雨即應。自此，逢亢旱，縣官率士民詣潭請龍祈雨，屢有奇驗。釣巖龍潭，在海晏三都，去縣百里，地名福泉山，縣境遇旱，官吏詣潭祈龍，雨澤隨至。

（天順）《明一統志》卷六一《黄州府》 三角山，在蘄州東北一百二十里，峰巒秀，頂有三尖，故名。上有二龍潭，祈雨有應，因立三峰院。

又 卷七四《福州府》 鱔溪，在府城東二十里。相傳閩越王郢時，有鱔長三丈，郢射中之，鱔以尾纏繞，人馬俱溺。唐貞元時，廉帥王翃祈雨有感，因立廟祀焉。今名鱔溪廟。

明 程敏政《明文衡》卷二一《笠作贊》 祝蜥蜴以祈雨，龍之同類也。

（成化）《山西通志》卷五《祠廟》 濟瀆行祠有三，一在臨縣東南五里甘泉溝。宣德四年，知縣李専遣人詣濟瀆請水，至有雨應，即建水樓一座。正統五年，知縣郭玄建祠。成化六年，知縣睢讓重建。一在浮山縣東南一十五里，大街里東溝之下，元至元六年建。一在澤州西南五里洞雲泉之前，皆以祈雨有應建。

明 劉績《霏雪録》 祈雨法有刑白鵝者。坡詩『蒼鵝無罪亦可憐，斬頸横盤不敢哭』，《志林》云：『鵝能警盜，亦能却虵，且又有祈厄，悲夫！』坡《賀雨晴》又有『而况刑白鵝下策，君勿取』之句。

明 郎瑛《七修類稿》卷二六《辯證類・呼鼠召鶴》 世有能呼鼠召鶴者，予嘗求之。乃以蟹黄和生漆，假以書符焚之，則群鼠自至，蓋鼠性喜其氣也。又見儲泳《祛疑》曰用狼糞黑犬皮，又羽流召鶴。《國朝經書》自有南岳符咒，依法行之則來。《祛疑》又曰用活鶏血書符咒，字皆從反，大與經書不同。予想左道流傳，自各有异，如祈雨之術，或五雷，或清征，或用女人，或用童子，或用飛禽，種種不可記也。

明 李濂《汴京遺迹志》卷一一《祠廟庵院》 二郎廟，在城南之奉神岡，即灌口二郎神也。正統十三年戊辰四月，汴旱，祈雨有感。祥符知縣米榮、縣丞朱璟重修殿宇，焕然一新，開封府儒學教授三衢吾用溥撰碣記，今尚存。

明 張時徹《芝園集・别集公移》卷三《祈雨案》 一爲祈禱雨澤事。照得本院近由川東一帶抵省因天時亢旱，雨澤久愆，二麥既欠秀實，夏禾尚難布種，百姓皇皇，所在告急。適當地方困弊，豈可復罹凶灾？古稱休咎之徵，各有攸致，而天人之應，誠如影響。苟非政事有闕，何以陰陽乖和？凡我有位，能不軫念民艱，以回天意？合就通行祈禱。爲此案仰布政司即行本司并都、按二司掌印佐貳等官，并通行所屬州縣等衙門，俱痛自修省，以補積愆哀無告之煢民，禁征求之貪吏，革無名之妄費，罷不急之工作，清理獄囚，毋致淹禁，輕省罪罰，毋事酷刑，務在加意撫綏，期於消弭灾沴。仍禁止屠沽。沐浴齋戒，督率合屬官吏、師生、耆老人等，恭詣城隍廟行香，各寺觀僧道焚香誦經，一體祈禱，務期甘霖早降，年穀順成，人民樂業。各該衙門俱備出給大字告示省諭，仍各具行過日期、得雨日時，回報查考。

明 陳耀文《天中記》卷五八《鵝》 祈雨。宋祈雨雪法：擇靈祠爲壇，取白鵝，割項盛血，并鵝奠之。次日，俱於壇前瘞之。《事實》東坡云：『鵝能警盗，亦能却蛇，且又有祈雨之厄，悲夫！』

明 王世貞《弇州四部稿》卷一六三《説部·宛委餘編入》 左氏焚巫尪，謂其尪瘦，鼻孔向上，天憫之，不爲雨，以故焚巫。其言極俚可笑。然古有祈雨而焚身者，蓋不但焚巫也。桂陽先賢畫讚臨武張熹，字季智，爲平與令時，天下大旱，熹乃積柴自焚，主簿崇、小史張化從熹焚焉。焚後，靈雨澍應。又濟北戴封，字平仲，爲西華令，旱乃自焚，天雨火滅，官至太常。後之焚身者，僧也。

明 駱問禮《萬一樓集》卷四九《士夫習尚》 今之士大夫無有不言佛老，談陰陽家術者，每至一方改學遷治，自謂郭璞復生。偶旱祈雨，愚謂儒者自有正禮，而召巫師，設雷壇，無處不然，觀風者可以一慨。

明 張萱《疑耀》卷六《古祀必卜》 今郊祀蒸嘗之禮，皆遵古制而行，獨卜其吉凶，則絶不講矣。愚謂他祭皆有定期，可以不卜，至於今之祈雨、祈晴者，即雩也。原無定期，獨不可倣古而卜乎？但古人龍見即雩，乃建巳之月，不待雨暘愆期而後舉之，蓋先已爲民祈禱。至於雨暘愆期之日，又復爲民祈禱也。今建巳之月大雩，古禮亦不復行矣。

明 焦周《焦氏説楛》卷七 蝘蜓依墻而生，故名守宫。此與《博物》載東方朔語武帝者不同。又《説文》云：『在草曰蜥蜴，在壁曰蝘蜓。』《爾雅疏》：『在草澤者名蠑螈、蜥蜴，在壁者名蝘蜓。』守宫蜥蜴，又名蛇醫，又名龍子，色青，紺長二三尺，可用祈雨者是也。守宫，俗名蝎虎，灰色，大如指，術家養以點婦臂者是也。一説皆龍種，不可犯。《夷堅志》：『嵩山有大蜥蜴數百，長三四尺，取水纔入口，即吐雹，俄頃滿地。忽震雷，皆失去，雨雹大作。』

明 曹學佺《廣西名勝志》卷四《鬱林州》 顧微《廣州記》云：鬱林郡東南山上有池，池有石牛，百姓祈雨，殺生牛，以牛血和泥，泥石牛背。祭畢，即大雨。洗石牛背，泥盡乃晴。

明 曹學佺《蜀中廣記》卷五《名勝記第五·川西道·成都府五·彭縣》 溪源山，高數百丈，延袤二十餘里。山麓有洞，旱時祈雨。巫者初入，握火燭之。行少頃，跂足而望，懸崖中有斧鑿痕，如井，深數十百丈，牖一線之明，而烟熖臭然上衝，謂之天生眼。至此少偃息，復入第三、四、五、六洞。洞下重淵，深不可測。盛夏水冷如冰，以編竹筏寢其上，逡巡蟻附而入，抵第七洞，龍所穴也。始用符咒取水，盛竹筒而出，離洞口即有風雷，隨之而雨作焉。間值洞中水壅，巫者多不得出。

明 葛寅亮《金陵梵剎志》卷一三《普濟庵》 在郭城麒麟門外西北，去所領廣惠院十五里，西去朝陽門三十里，東城，黄龍山。宋政和間，蔣山寺佛鑒祈雨有感，里人爲建庵，後成荒墟。國朝洪武間，僧正映重建。

清 陳夢雷《松鶴山房詩文集·文集》卷一三《與王京兆書》

今歲初夏，小民祈雨山右，人竟有情願捨身以鐵鉤鉤其肌肉以行遂至殞命者，又十數人叩頭步禱，直至千山，足踵皮潰，不知痛楚。其同心輕死，一至於此。

清 納蘭性德《通志堂集》卷一七《淥水亭雜識三》 《文獻通考》止有祈雨、祈晴，并無祈雪。愚嘗謂《通考》雖千古奇書，而多未備，茲其一端乎。又考《唐書禮樂志》并祈雨、祈晴，亦缺疏矣。祈雪禮，實昉于宋。

清 陸廷燦《南村隨筆》卷五《鮓答》 鮓答，乃走獸腹中所産，狗、牛、馬者良，形如石子，大者若雞卵，蒙古人以之祈雨。

清 王棠《燕在閣知新録》卷八《巫》 祈雨以巫，其來久矣。《周禮·司巫》：若大旱，則帥巫而舞雩。鄭玄曰：雩，旱祭也。天子於上帝，諸侯於上公之神。鄭澔曰：『吁嗟其聲以求雨，謂之雩。』魯僖公亦以巫尪舞雩不得雨，欲焚之。後世不獨求雨，凡疾病皆用巫，此亦有本。考《周禮》，女巫凡邦之火烖，歌哭而請，即其義也。今巫一道，世無其傳，此在後世勝前世之一事。

又《求雨》 古人求雨用巫，故大旱則舞雩。鄭澔曰：『雩者，吁嗟其聲以求之謂也。』此蓋求於天，求於山川，無所謂雷師、雲師、雨師之文也。後世無巫，而用方士，相感不以誠而以術，用符咒指斥怒罵，幸而得雨，則歸其功於符咒，此亦祈雨之變局也。今將俗傳求雨法開列於後。《神農求雨書》云：甲乙日不雨，爲青龍東方，童子舞之。丙丁不雨，爲赤龍南方，壯者舞之。戊巳不雨，爲黄龍中央，壯者舞之。庚辛不雨，爲白龍西方，老人舞之。壬癸不雨，爲黑龍北方，老人舞之。如此不雨，潛處闔南門，置水其外，開北門，取人骨埋之。《廣州記》云：鬱林郡百姓殺牛祈雨，以牛血和泥，泥石牛背。祠畢，天雨。石牛背泥盡，即晴。又《淮南子》：作土龍以致雨。仲舒曰：旱則取五蝦蟇置之社中，池方八尺，深一尺。春則池方七尺，夏方五尺，秋方九尺，冬則如春，具酒餔陳告。《西陽雜俎》云：李杞以蛇醫四頭置於二甕，實以水木，蓋泥封。令十歲小兒執小青竹晝夜擊其甕，一日即雨。《倦游雜録》云：取蜥蜴或蝎虎置於水甕，皆可得雨。又董仲舒本傳云：祈雨則閉諸陽，縱諸陰，其止雨反是。注云：如閉南門，内舉火，及開北門，水灑人之類也。又有祀五龍法：甲乙日擇東地建壇，取土造青龍。長史齋三日，詣龍所，汲水，設香茗，不用樂，不用巫。長史日再至虔禱云。

（康熙）《江西通志》卷一〇《山川四》 二虎巖，在府城南五十里。宋淳化中，僧慧政因旱於巖上曝身祈雨。時有二虎，伏巖畔。

（雍正）《廣西通志》卷四三《寺觀·梧州府·懷集縣》 真武宫，在縣北，爲祈雨所。

清 吴高增《玉亭集》卷一三《禱雨説附祈晴**》** 《洪範》：恒陽，陽愆而旱也。《五行傳》曰：旱不謂常陽而謂旱者，以爲灾也。遇灾而懼，先時補救。以人格天，則有祈禳之法。理本諸正，非矯誣也。羅隱曰：雨暘者，天地之權。天高不自理，而寄之山川；地厚不自運，而憑之鬼神。及時祭祀，則饑饉不作。《詩》稱靡神不舉，《通典》則謂祈諸岳鎮海瀆之神，示所先也。《傳》稱龍見而雩，爲旱求也。國家惟常雩之典，每歲行之。若遇旱而行雩禮，則祀天神、地祇、社稷壇、太歲壇，七日一祈，不雨，祀天於圜丘，禱於太廟。俟霑足，報祀。我皇上倣《雲漢》詩體，御製詩歌八章，用舞童十六人，按舞歌詩，行於畿内者，至誠感神，有明驗矣。邇年京師偶值旱暵，聖主下清刑之詔，感召天和，外而郡縣有司，敢不仰體宸衷，念切民瘼乎？夫成民者致力於神，神之靈昭昭，謂能爲民禦灾捍患也。故祈雨當按古法，通變合宜，求其事易功倍者次第舉行。先社稷、城隍，與民最親也。岳鎮海瀆及境内山川、風雲、雷雨，春秋致祭，俱有粟主設壇告虔，仰叨庇佑也。禱於龍神，司雲雨也。雲合將雨，風以散之，則先祭風神，懼屯膏也。例禁屠沽，祀則用牲，神人道殊，饗必特殺，齋必變食也。緇黄諷經，相沿舊俗，僧綱道紀，各敬乃事也。《神農求雨書》有土龍致雨法：甲乙日不雨，爲青龍，東方小童舞之；丙丁日不雨，爲赤龍，南方壯者舞之；戊巳日不雨，爲黄龍，中央壯者舞之；庚辛日不雨，爲白龍，西方老人舞之；壬癸日不雨，爲黑龍，北方老人舞之。闔南門，開北門，此亦一法也。《續漢書》曰：祈雨閉諸陽門，衣皂衣，興土龍，立土人，選舞童。董江都閉諸陽，縱諸陰，即此意也。宋熙寧中久旱，令坊巷以甕貯水，插柳枝，泛蜥蜴。《西陽雜俎》載李玘爲王彦威祈雨，用二甕貯水，每甕泛二蛇醫，即蜥蜴，俗名潛龍。封口，置閒處，設席焚香，選幼童十歲以下者十餘，各令執小竹，晝夜擊甕不少輒，如言試之，果得大雨。以上諸法，在設誠而致行之，顧其間有正本之道焉。桑林得責躬之義，克殷行伐暴之仁，鄭弘、曹褒俱平政，有去殘不煩苛之美，祝良、田仁會并自曝，有引罪挺精誠之思，寇萊公之對修政，顔眞卿之省冤獄，咸合於正。若暴尪焚巫，咒龍燒山，或殘忍非道，或誕妄不經，均聖賢之所屏絶。即管輅之占風驗星，召雷電風雨之神，亦清河守之好異也。夫爲民上者，因地制宜，恪恭將事，要惟誠以動天，則休徵協應，理固然也。其或霪潦爲灾，則伐鼓祭門，以祈晴霽。《左傳》鼓用牲於社，《文獻通考》禜祭國門，亦古禮也。雩祭燔柴，禜祭不用火，爲坎以瘞，鳴鼓於社，扶陽抑陰之義也。南方求晴，令居民供奉日宫太陽之位，則又相沿祈晴之法。録之以備參考。

《續通典》卷五四《禮·吉·禜》 宋太祖、太宗時，凡京師水旱稍久，帝親禱者，則有建隆觀，大相國、太平興國寺，上清、太乙宮，甚則再幸，或撤樂減膳，進蔬饌。遣官禱者，則天齊、五龍、城隍、佛神四廟，大相國、開寶、報慈、崇明、崇夏五寺，及建隆觀，令開封祭九龍、浚溝、黄溝、子張、子夏、信陵君、段干木、扁鵲、張儀、吴起、單雄信廟。至道後，又于寺觀建道場，復遣常參官詣岳瀆致祠。真宗咸平後，祈禱又增玉清昭應、景靈宮、祥源觀、太一宮。高宗紹興後，每祈水旱，則迎天竺寺觀音入城，或就明慶寺建道場，或遣官就天竺祈禱。理宗端平三年，以霖雨害稼，命近臣禱于天地、宗廟、社稷及宫觀岳瀆等處。

清 李鼎元《師竹齋集》卷一四《游華山記》 又一里爲南峰，三峰最高處也。上有仰天池、黑龍潭，祈雨輒應。宋崇寧二年，封顯潤侯。

《清會典則例》卷八三《禮部·中祀四》 十七年奏準，神祇壇本無專祀，惟祈雨則祇告於壇，而不奏樂。自乾隆七年，始增設樂章。揆之一應因事祇告之禮，均不作樂，殊未畫一。至甘雨霑足，報祭告壇，僅用酒菓脯醢，與祈告相同，又與報祭之禮未稱，請嗣後各壇告祭，停止作樂，至報祭時，均應加籩豆牲牢，即將神祇壇樂章用於報祭。如此一轉移間，則告祭之儀不致互異，而報祭之典亦昭隆盛。十八年奏準，凡祈雨之祭，時當待澤孔殷，蠲誠致禱，與因事祇告之禮原有不同，儀文自宜周備。今奉諭旨，祭禮用樂，以導和氣。而格神祇乃事神之禮，與齋戒徹懸，自致誠恪，其義各異。且樂足以宣通陰陽之氣，祈雨致祭，仍以用樂爲是。欽此。嗣後遇祈雨祭告，仍用樂章。

又卷一六二《内務府掌儀司二》 每遇祈雨，日禁止屠宰，日素服，日齋戒，日不給筵席。

清 馮雲鵬《掃紅亭吟稿》卷八《古近體詩乙酉年作**表正巍巍·請雨篇》** 道經祈雨，有大木郎、小木郎神咒，俱奇麗如韓昌黎七古。

清 包世臣《小倦游閣集》卷一七《正集十七·閘河日記》 天旱甚，自張秋至此，居民皆插柳于門首，擊鼓祈雨，嚴斷屠沽。而沿河仍有以柳筐藏肉至船旁爲市者，官禁顢頇久矣，私禁亦復不齊。人心風俗月異日不同，遂至此極耶。

清 吴振棫《養吉齋叢録》卷八 舊時齋宫宵漏，下鳴畫角嚴鼓以爲節。乾隆十四年，高宗謂齋者耳不聽樂，此非所以專致其精明也，敕議停止。明洪武時，改定祭品、祭器，然祭器雖存古名，而仍代以瓷。高宗始命考按經典範銅爲器，頒之闕里，而壇廟猶未暇及也。後復命考制繪圖，一律更造，因事祇告之禮，舊時不用樂，故祈雨告祭，停止作樂。高宗謂祭祀用樂，乃事神之禮，與齋戒撤懸者不同。且樂所以通陰陽之氣也，於祈雨宜仍令用樂。

清 馮詢《子良詩存》卷八《求雨》 旱田萬口合不得，裂土似聞聲唧唧。土不能言我代言，官長有官民有田。無田民死官依然，亦未知官賢不賢。求雨不得願官遷，官遷隆隆至開府。昨聞大吏跪旱土，龍之爲靈昭昭也。無端火德變爲馬，啾啾赤帝騎爾來。昔何靈異今虺隤，有善不終生亦死。有權不用神亦鬼，東雲赫耀西雲翳。欲晴故陰似游戲，桔槔升天覓入地。得勿天厭人機智，煎而窮之使人畏。爨薪是骨湯是淚，含辛茹苦皆天意。豐年易得飯無味，枯塵壓地乾風吹。禾稼向秋如草衰，幸未逾時心尚癡。叢叢黄中搜緑遺，似緑非緑苗一絲。一絲萬命人不知，擴而充之百卉腓。此造物者力噫憑，誰肅冠裳屏蓋傘。官衣長，民衣短，香殘烟滿，心急步緩。不得語愁得語歡，歡或在民愁在官。愁不如歡心辛酸，法師鐃角轟到天。雷不得鼓，電不得鞭，天自寂寞人喧闐。喪家之狗聲皇然，喘月之牛心茫然。牛兮努力自供養，勿累城南癡宰相。今日解司庫，明日解道庫，征解有期額有數，偶一愆之爲罣誤。嗚呼！安得此情向天訴，五風十雨如期赴。

清 紀大奎《雙桂堂稿·續稿》卷九《先天壇集易傳求雨文》

大地定位，山澤通氣，雷風相薄，水火不相射。八卦相錯，雷以動之，風以散之，雨以潤之，日以烜之，艮以止之，兑以説之，乾以君之，坤以藏之。神也者，妙萬物而爲言者也。動萬物者，莫疾乎雷；撓萬物者，莫疾乎風；燥萬物者，莫熯乎火；説萬物者，莫説乎澤；潤萬物者，莫潤乎水；終萬物、始萬物者，莫盛乎艮。故水火相逮，雷風不相悖，山澤通氣，然後能變化，既成萬物也。是故剛柔相摩，八卦相盪，鼓之以雷，霆潤之以風雨，日月運行，一寒一暑，乾道成男，坤道成女，乾知大始，坤作成物，乾以易知，坤以簡能。夫乾，確然示人易矣；夫坤，隤然示人簡矣。大哉乾元，萬物資始，乃統天；至哉坤元，萬物資生，乃順承天。雲行雨施，品物流形，大明終始，六位時成，時乘六龍以御天。呵呵呵。

鐘鼓應經文，一字一聲，至呵聲長哮，則鐘鼓急鳴，滃滃淵淵，呵畢仍回誦『天地定位』起，周而復始。計穿旗凡三遍，穿楊枝水凡三遍，共六遍，畢。

壇式。方棹八張，用羅經格定先天八卦方位。大浄瓶八箇，盛水，插楊柳枝。製各色旗八面，旗底濶一尺六寸，尖長二尺四寸。青竹竿三尺六寸，乾黛青色，兑白色，離赤色，震碧色，巽緑色，坎黑色，艮粉黄色，坤鵝黄色，各敬書乾、兑、離、震、巽、坎、艮、坤字樣。坤、離、艮、兑墨書，乾、坎、震、巽粉書。

拈香禱祝禮畢，神前發旗。發乾一，擊磬一聲；發兑二，磬二聲；離三，静；震四，擂鼓；巽五，敲木魚；坎六，鐘鼓齊發；艮七，鐘一扣；坤八，鐘三扣，道士二人叩首，迭領入壇。按先天方位，乾一，兑二，離三，震四，巽五，坎六，艮七，坤八，以次遞安楊柳瓶内，畢，出壇叩首。凡出入，俱在西南乾、巽之間。神前左右道士四人，誦天地定位經文二人，鳴鐘鼓，一字一聲。交壇道士二人，入壇，一立正南乾位取旗，一立正北坤位取旗，先交六次。穿壇道士一人，入正西坎位取旗，乾坤二旗，再交六次，每一交則坎旗一穿。六交、六穿畢，乾移兑位，坤移艮位，坎移巽位。又六交六穿，乾移離，坤移坎，坎移乾。又六交六穿，乾移震，坤移巽，坎移兑。又六交六穿，乾移坤，坤移乾，坎移離。又六交六穿，乾移艮，坤移兑，坎移震。又六交六穿，乾移坎，坤移離，坎移坤。又六交六穿，乾移巽，坤移震，坎移艮。又六交六穿，乾又至乾，坤又至坤，坎又至坎。又六交六穿，又移兑移離，周流交穿不息。至經文誦畢，呼呵時，鐘鼓急鳴。乾坤坎二旗依次出壇外左，旋從巽、坎至兑、乾，疾轉三周，畢，復誦經文，進壇，從乾坤坎本位六交六穿起，以次移兑移離，如前儀。凡出入三次，畢，仍安旗各瓶内，出壇叩首。道童三人，左手持水碗，右手執楊柳枝，入壇，照前式，每位六交六穿，以楊枝洒水。至呼呵時，出壇疾轉，洒水三周，復入如前。出入三次，畢。出壇穿壇畢，僧人誦《雲輪經》一段間之，經分七段。誦畢，道士復穿壇如前儀。僧道相間不停。

按：此式出入三次，續於己卯年，改用初次乾坤旗交坎旗穿二次，取兑艮旗交坎旗穿三次，取震巽旗交坎旗穿乾坤，正交兑、艮、震、巽，皆隅交坎旗，皆本位正穿，皆不論交穿数，總以呼呵時出壇右，旋乾兑至坎、巽，疾轉三周。至穿楊枝，則照原式，每位六交六穿，只遶壇一次，畢。後調旗交穿法亦同。

按：此法與原式均可，用此法較周密。

若起壇日不雨，次日不雨，則第三日調旗道士四人，静敲木魚，誦『天地絪緼』四字不絶聲。交壇道士二人叩頭起，入壇，先至乾、坤二位取旗，一交，二交，三交，以乾旗安坤瓶，坤旗安乾瓶。次至兑、艮二位取旗，三交，兑旗安艮瓶，艮旗安兑瓶。次至離、坎二位取旗，三交，離安坎瓶，坎安離瓶。次至震、巽二位取旗，三交，震安巽瓶，巽安震瓶。八方俱調。畢，出壇，詣神前叩頭，仍穿壇，四道士仍前誦天地定位經文。二道士入壇，至坤、乾位，一道士入壇，至正東坎位，各取旗六交、六穿，次移艮兑，六交六穿如前儀，八位周流交穿。呼呵，出壇疾轉。凡三進三出，及道童三進三出，悉如前儀。

若得透雨，即須還旗。仍誦『天地絪緼』四字不絶聲。道士二人，以次三交，還旗，先乾、坤，次兑、艮，次離、坎，次震、巽，一一各歸原瓶，再誦經文一遍，只敲木魚，不擊鐘鼓。道士二人，先在乾、坤位，空手六交，只交不穿，次移兑、艮，次離、坎、震、巽，八位周流，俱六交不穿。至呼呵時，出壇三轉，畢，詣神前叩頭，然後撤壇。

撤壇之儀。衆道士敲木魚，頌『風調雨順，物阜民安』八字不絶聲，入壇内右轉三周，出壇外左旋三周，俱如常步，不疾走，復入壇右轉三周，畢。依次一、二、三、四、五、六、七、八，取旗出壇，悉詣神前，用紙帛爐中化訖。

清 宋廣業《羅浮山志會編》卷三《地理志·名勝·三壇觀》

西南有祈雨壇，亦曰百尺壇。舊志：朱明洞前當五龍堂之南，有祈雨壇，其高百尺，唐元宗賜祭之所。嘗因大旱，命道士申太芝至此禮醮山川。後凡賜祭，則行禮于此。

（道光）《濟南府志》卷一一《古迹一·章丘縣》 甘澍亭，《通志》云在縣北女郎山。金泰和閒，縣令劉思温祈雨有應，因建此亭。邑人劉皤有記，今廢。

又卷一八《祠祀・歷城》　泰山行宮，在大明湖南。【略】道光乙未，巡撫鍾祥以祈雨靈應，再新廟貌，并以奏聞。按：碧霞元君之號，出道家書，今廟常爲省會祈雨之所。

（道光）《肇慶府志》卷八《古迹・新興縣》　岱山寺，【略】按此寺向爲祈雨之所。

（道光）《遵義府志》卷四四《藝文三・碑記・國朝・總兵王公德政碑》　近世法家祈雨之術有二，一則書符咒水，酣醉慢罵，大叫狂走，名曰醉翁祈禱；一則其聲哀，其容戚，如怨如慕，如泣如訴，名曰哀告祈禱。

清　陳作霖《可園詩存》卷一六《倦游草・茶山尋靈應觀拜諸葛武侯像遂下至宛在亭望薛廬復循烏龍潭新堤抵顔魯公祠四首》　觀在宋爲隆恩祠，以祈雨有驗而立。

清　震鈞《天咫偶聞》卷一《皇城》　遇旱時，回人輒於山頭燔生羊，誦回咒，祈雨頗有驗，蓋其國俗也。札韃，似石卵，生馬腹中，亦回人禱雨所用。

（同治）《韶州府志》卷三八《列傳・釋道・宋》　凡祈雨，必沐浴齋戒。先一日，巫師焚牒於廟，次詣巖傍，俟其蜥蜴大小數十旋遶而出，巫師取一二置盆水，鼓樂導迎以歸，官民羅拜，雨立至。

清　李虹若《都市叢載》卷六《古迹》　黑龍潭，在先農壇西，亦爲祈雨之所。其潭中水涸時，中有一井，以石甃焉。其潭有三，一在城西畫眉山，一在房山縣，一及此也。

（光緒）《湖南通志》卷七二《典禮志二・祀典一・祈雨儀節》

凡遇亢旱，祈求雨澤，先一日齋戒，禁止屠宰。至期，各官朝服，致祭山川壇。次日，致祭社稷壇。祭品、儀節俱照春秋祭禮行。另用祝文，不飲福受胙。凡祭壇兩日，委官雨纓素服，詣城隍廟、龍王廟讀祝文，行香兩壇。祭畢後，各官每日同詣城隍廟、龍王廟行香。第七日爲止。龍王廟、城隍廟皆行二跪六叩首禮。凡七日内得雨，開屠，擇日行報，祭禮同日。先祭山川壇，次祭社稷壇，祭品、儀節照前，另用祝文，飲福受胙。次祭城隍廟，次祭龍王廟，俱用祝文，祭品、儀節照春秋禮行。如七日不雨，或雨小不足，暫停開屠一日，仍齋戒如前。先祭山川壇，次祭社稷壇，委員赴城隍廟、龍王廟行香。各壇廟俱另用祝文。兩壇祭畢，每日各官俱詣城隍廟、龍王廟行香。得雨後，報祭如初。凡遇祈禱、齋戒、致祭、行香之日，遵部文，令僧道諷經，委員查看，應自齋戒日爲始，道紀司督率衆道，僧綱司督率衆僧，於龍王廟諷經，長沙府委官查看。如亢旱太甚，各官步禱行香，凡祭壇俱穿朝服行禮，祭後仍雨纓素服餘日。各廟行香，俱雨纓素服，惟報祭日則各廟俱穿補服。凡祈雨，禁止屠宰，惟祭壇用牲，各衙門照常辦事，不理刑名，不宴會，不聲礮，不鼓吹，不鳴金，不張蓋。官衙相見，戴緯帽，穿素服，迎送欽使，仍用禮服。凡外府州縣祈雨，務遵部議，以次致祭兩壇。其舊例祈禱之廟，仍赴行香，得雨一體報祭，行禮次序、服色悉照省會遵行。

清　劉世珩《南朝寺考》卷三《宋・祈澤寺》　祈澤寺，在祈澤山，距城二十里。原注：今高橋門外，宋少帝景平元年建。梁置龍堂。有初法師者，誦《法華經》。龍女獻泉，在寺之右。唐會昌中，廢。南唐祈雨有驗，復修。宋治平中，改名祈澤治平寺。暦元迄明，常爲祈禱雨澤之所焉。

清　李文田《元秘史注》卷五　金幼孜《北征録》曰：永樂八年五月二十八日，發雙清源，午至河，縛筏渡水，得一木板，上有虜字。譯史讀之，乃祈雨之言也。虜語謂之札達，華言云詛風雨，蓋虜中有此術也。《東華録》康熙五十六年諭曰：『書册所載，有所謂雷斧雷楔，大約得自深林者皆石，得自平原者皆銅。朕所得最多，將小石一塊置於泉水攪之，即可祈雨。』蒙古謂之查達，《齊書册》則曰查達也。方觀承《松漠草詩注》曰：『蒙古、西域祈雨，以楂達石浸水中，咒之輒驗。楂達，生駝羊腹中，圓者如卵，扁如虎脛，在胃似鸚武觜者良。色有黃、白。駝羊有此則漸羸瘁，生剖得者尤靈。』

傳記

《後漢書》卷三五《張純傳》　時歲災旱，祈雨不應，乃上表曰：

『此年不登，人用飢匱。今復久旱，秋稼未立，陽氣垂盡，歲月迫促。夫國以民爲本，民以穀爲命，政之急務，憂之重者也。臣蒙恩尤深，受職過任，夙夜憂懼，章奏不能叙心，願對中常侍疏奏。』即時引見，復口陳時政之宜。明日，和帝召太尉、司徒幸洛陽獄，録囚徒，收洛陽令陳歆，即大雨三日。

晋 干寶《搜神記》卷一一　後漢諒輔，字漢儒，廣漢新都人。少給佐吏，漿水不交，爲從事，大小畢舉，郡縣歛手。時夏枯旱，太守自曝中庭，而雨不降。輔以五官掾出禱山川，自誓曰：『輔爲郡股肱，不能進諫納忠，薦賢退惡，和調百姓，至令天地否隔，萬物枯焦，百姓喁喁，無所控訴，咎盡在輔。今郡太守内省責己，自曝中庭，使輔謝罪，爲民祈福，精誠懇到，未有感徹。輔今敢自誓，若至日中無雨，請以身塞無狀。』乃積薪柴，將自焚焉。至日中時，山氣轉黑，起雷，雨大作，一郡沾潤，世以此稱其至誠。

晋 葛洪《神仙傳》卷一〇《董奉》　董奉者，字君異，侯官縣人也。【略】後常大旱，百穀燋枯。縣令丁士彦謂綱紀曰：『董君有道，必能致雨。』乃自賫酒脯見君異，説大旱之意。君異曰：『雨易得耳。』因仰視其屋曰：『貧家屋皆見天，不可以得雨，如何？』縣令解其意，因曰：『先生但爲祈雨，當爲架好屋。』於是明日士彦自將吏人，乃運竹爲起屋，屋成當泥塗，作人掘土取壤，欲取水作泥。君異曰：『不煩運水，日暮自當雨也。』其夜大雨，高下皆足。

北魏 崔鴻《十六國春秋》卷一六《後趙録六·石虎中》　又命佛圖澄自行祈雨。俄有白龍降于祈所，其日澍雨方數千里。是年大收。

又 卷七五《前凉録六·索綏》　五年夏六月，大旱，令諸祈雨之官皆咏《雲漢》詩。綏曰：『《雲漢》，陳周宣之美，非祈旱之文。昔周鼎之出漢，吾丘不賀。今辭與事違，恐非致澤之意也。』玄靚乃止。

又《張植》　張植仕駿爲西域校尉，與奮威將軍牛霸、蠻騎校尉張冲從沙州刺史楊宣征西域。時值六月，至於流沙，無水，士卒渴甚，死者過半。植乃剪髮肉袒，徒跣升壇，慟泣祈雨。俄而雲起西北，雨水成川，乃殺所乘馬祭天而去。

北魏 酈道元《水經注》卷一五《洛水》　祝良，字召卿，爲洛陽令。歲時亢旱，天子祈雨不得。良乃曝身階庭，告誠引罪，自晨至中，紫雲水起，甘雨登降。人爲歌曰：『天久不雨，烝人失所，天王自出，祝令特苦，精符感應，滂沱下雨。』

南朝梁 釋慧皎《高僧傳》卷九《神異上·竺佛圖澄》　竺佛圖澄者，西域人也，本姓帛氏。【略】時又久旱，自正月至六月，虎遣太子詣臨漳西釜口祈雨，久而不降。虎令澄自行，即有白龍二頭降於祠所，其日大雨，方數千里，其年大收。

唐 釋道宣《續高僧傳》卷二〇《習禪五本傳十四附見五·釋明浄》　釋明浄，密州人。【略】貞觀三年，從去冬至來夏，六月迴然無雨，天子下詔釋李兩門岳瀆諸廟，爰及淫祀，普令雩祭。於時萬里赫然全無有應，朝野相顧慘愴無賴。有潘侍郎者，曾任密州，知浄能感，以狀奏聞，敕召至京，令住祈雨，告以所須一無捐費，惟願静念三寳慈濟四生，七日之後，必降甘澤。若欲酬德，可國内空寺并私度僧并施其名，得弘聖道。有敕許焉。雖無供給，而別賜香油。於莊嚴守静房禪默至七日，向曉，問守衛者曰：『天之西北應有白虹，可試觀之。』尋聲便見。浄曰：『雨必至矣。』須臾雲合，驟雨忽零。比至日晡，海内通洽，百官表奏皇上之功，浄之陰德全無稱述。新雨初晴，農作并務，苗雖出隴，更無雨嗣，萎仆將死，設計無所。左僕射房玄齡躬造浄所，請重祈雨。浄曰：『雨之昇降，出自帝臣，浄有何德，敢當誠寄？前許無報，幽顯同憂，若循素請，雨亦應致。』以事聞奏，帝又許焉。乃敕權停俗務，合朝受齋。浄乃依前静坐，七日之末，又降前澤，四民歡泰。

宋 釋贊寧《宋高僧傳》卷一《譯經篇第一之一》　釋不空，梵名阿目佉跋折羅，華言不空金剛，止行二字略也。【略】是歲，終夏愆陽，詔令祈雨，制曰：『時不得賒，雨不得暴。』空奏立孔雀王壇，未盡三日，雨已浹洽。帝大悦。【略】嘗因歲旱，敕空祈雨。空曰：『過某日可禱之。或强得之，其暴可怖。』敕請本師金剛智設壇，果風雨不止，坊市有漂溺者，樹木有拔仆者，遽詔空止之。空於寺庭中捏泥媪五六，溜水作梵言罵之。有頃，開霽矣。【略】凡應詔祈雨，無他軌則，但設一繡座，手簸旋數寸木神子，念咒擲之。當其自立於座上，已伺其吻角，牙出目瞬，則雨至矣。

又卷二《譯經篇第一之二》 釋善無畏，本中印度人也。【略】又屬暑天亢旱，帝遣中官高力士疾召畏祈雨。畏曰：『今旱，數當然也。若苦召龍致雨，必暴。適足所損，不可爲也。』帝强之，曰：『人苦暑病矣，雖風雷，亦足快意。』辭不獲已。有司爲陳請雨具，皤幢螺鈸備焉。畏笑曰：『斯不足以致雨，急撤之。』乃盛一鉢水，以小刀攪之，梵言數百咒之。須臾，有物如龍，其大如指，赤色，矯首瞰水面，復潛于鉢底。畏且攪且咒，頃之，有白氣自鉢而興，逕上數尺，稍稍引去。畏謂力士曰：『亟去，雨至矣。』力士馳去，迴顧見白氣疾旋，自講堂而西，若一匹素，翻空而上。既而昏霾，大風震電，力士纔及天津橋，風雨隨馬而驟，街中大樹多拔焉。力士入奏，而衣盡霑濕矣。帝稽首迎畏，再三致謝。

又卷五《義解篇第二之二》 釋一行，俗姓張，鉅鹿人也。【略】又開元中嘗旱甚，帝令祈雨。曰：『當得一器上有龍狀者，方可致雨。』敕令中官同於内庫中遍視之，皆言弗類。數日後，指一古鑒鼻盤龍，喜曰：『此眞龍也。』乃將入壇場，一日而雨，其異術通感爲若此也。

又卷二三《遺身篇第七》 釋道舟，姓管氏，朔方迴樂人也。【略】又嘗截左耳爲民祈雨，復斷食七日請雪，皆如其願。

又卷二五《誦讀篇第八之二》 釋清虚，姓唐氏，梓州人也。【略】神龍二年，準詔入内祈雨，絶二七日雪降。中宗以爲未濟時望，令就寺更祈請。即於佛殿内精禱，并煉一指。纔及一宵，雨周千里，指復如舊。

又卷二六《興福篇第九之一》 釋自覺，博陵望都人也。【略】時恒陽節度使張君患炎旱，聞覺精苦，躬入山請其祈雨。張語之曰：『某無政術，致累百姓三年亢陽，借苦引咎自責，良無補矣。或云龍王多依師聽法，忘其施雨，願師垂救旱之誓，有如白水，如念蒼生，請輟禪定，略入軍府。』覺乃虔恪啓告龍神，末移晷刻，天輒大雨，二辰告足。

宋 李昉《太平廣記》卷二一《神仙二十一·孫思邈》 孫思邈，雍州華原人也。【略】時大旱，西域僧請於昆明池結壇祈雨，詔有司備香燈。凡七日，縮水數尺，忽有老人夜詣宣律師求救，曰：『弟子昆明池龍也，無雨時久，匪由弟子。胡僧利弟子腦，將爲藥，欺天子言祈雨，命在旦夕，乞和尚法力救護。』宣公辭曰：『貧道持律而已，可求孫先生。』老人因至思邈，謂曰：『我知昆明龍宫有仙方三十首，若能示予，予將救汝。』老人曰：『此方上帝不許妄傳，今急矣，固無所恪。』有頃，捧方而至。思邈曰：『爾但還，無慮胡僧也。』自是池水忽漲，數日溢岸，胡僧羞恚而死。

又卷四七《神仙四十七·宋玄白》 宋玄白，不知何許人也，爲道士。【略】又游越州，適大旱，方暴尫禜龍以祈雨，涉旬，亢陽愈甚。玄白見之，以爲凡所降雨，須俟天命，非上奏無以致之。遂於所止玄眞觀焚香上祝，經夕大澍，雨告足。越人極神異之。復南游到撫州，又逢天旱祈禱。有道士知玄白能致雨，州人請之，遽作術飛釘城隍神雙目。刺史韋德隣怪其貯婦女復釘城神，此類狂也，將加責辱。健步輩欲向之，手脚皆不能動，悉自仆倒，枷杖亦自摧折。玄白笑謂德隣曰：『使君干忤劉根，欲見誅罰祖禰耶？』德隣方懼，祈謝。須臾致雨，禮而遣之。其靈術屢施，不可備録。後之南城縣，白日上昇而去。

宋 張君房《雲笈七籤》卷一二〇《棠十一·道教靈驗記·范希越天蓬印祈雨驗》 范希越，成都人也。事北帝修奉之術，雕天蓬印以行之，祭醮嚴潔，逾於常法。廣明庚子歲，三月不雨，五月愈望，人心燋然，穀稼將廢，願於萬歲池試行神印，爲生靈祈雨。於是詣至真觀致齋，是日庚辰，以戌時投印池中，陰風遽起，雲物周布，亥時大雨，達曉及辰，大雷迅電，驚震數四，至巳少霽，乃得歸府。昇遷橋水，漸及馬腹，羅城四江，平岸流溢，螟蝗之屬，淹漬皆死，自是有年矣。駕駐成都，上知其道術，召對，問以逆冦誅鋤、宫城尅復之事，命持印於内殿奏醮。積雨之中，雲霽月朗，是夕夢神人示以誅冦復城之兆。上大悦，授太常寺奉禮郎，累遷主客員外郎、衛尉少卿，錫以朱紱。黄巢捷至，果符聖夢之旨，特加寵異。自言初居貴膠巷，印篆初成，而鑾冦凌突，居人奔散，藏印於堂屋瓦中。鑾去之後，四隣焚爇，其所居獨在，疑印之靈也。

宋 王存《元豐九域志》卷二《河北路》 趙仙翁祠。仙翁名夔，字靈和。大旱爲民祈雨，積薪自焚，世謂大假而仙矣。郡縣多立祠焉。

宋 陳田夫《南岳總勝集》卷下《叙唐宋得道異人高僧》 田虚應，字良逸，齊國人。【略】潭州旱，祈雨之，久不獲，召虚應，蓬髮弊衣，至郡無言，雨自下。又甞久雨不止，郡守建壇于衡岳觀，默然岸幘而坐，洎昇壇即霽。

（淳熙）《三山志》卷三三《寺觀類一・僧寺》　祈雨僧。僧義收，後梁時人。貞明三年春不雨，至五月，義收以膏焚指，不雨，積薪通衢，期七日自焚，炬舉而後雨。後游洪州，將歸，欲遮留，乃截左臂付之曰：『吾去後不雨，出以祈，必應。』衆塑其像，以臂附之。

（嘉定）《赤城志》卷三五《人物門四・釋・本朝》　清徹，仙居人，戒行高潔。天禧中，嘗截一掌，爲衆祈雨，立應。

宋 釋志磐《佛祖統紀》卷八《興道下八祖紀第四》　十七祖法智尊者知禮，字約言，四明金氏。【略】咸平三年，郡大旱，與慈雲同修光明懺祈雨。約三日無應，當燃一手供佛，懺未竟，雨已大浹。《慈雲行業記》云：約三日不雨，自焚。如期果大雨。太守蘇爲刻石爲記其事。

又卷一〇《章安旁出世家旁出之二》　法師尊式，字知白，葉氏，天台寧海人。【略】咸平三年，四明大旱，郡人請祈雨。師同法智異聞師率衆行，請觀音三昧，冥約三日不雨，當焚其軀。如期雨大至。太守蘇爲建碑，以述靈異。

又卷一三《諸師列傳第六之三》　法師處謙，永嘉潘氏。【略】郡大旱，要師祈雨。師至龍湫，語曰：『汝受智者大師付囑，遇旱當施甘澤，何不憶耶？』忽大風黑雲從湫起，驟雨如注。

又卷一四《諸師列傳第六之四》　行人宗利，會稽高氏。【略】政和元年，天旱，詣日鑄山帝舜祠祈雨，感龍王現金色身，甘雨沾足。

元 許有壬《圭塘小稿》卷九《大元故翰林學士資善大夫知制誥同修國史賜推忠守正亮節功臣資政大夫河南江北等處行中書省左丞上護軍追封魏郡公謚文肅暢公神道碑銘》　公諱師文，字純甫。【略】歲旱當禱，公曰：『聞先旱必哀於民，天可欺乎？』乃捐俸致禱，不日沾足。當塗民坐殺牛祈雨，囚械者六十餘人。公惻然曰：『雨暘愆期，守令責也。民殺牛致雨，爾縱不愧于心，尚忍聽其訟乎？』即破械出之。

（天順）《明一統志》卷八二《雷州府》　秦時中，洪武中知雷州府，謹厚端嚴，僚屬吏民咸畏仰之。歲旱，祈雨輒應，修復陂塘，民沾其利。各邑鄉都建立壇所，以嚴春祈秋報之祀。

明 葉盛《水東日記》卷二一　王叔英，字原采，天台人。洪武戊寅，知漢陽縣。事多惠政，有《四月禱雨文》三首，其詞曰：維年月日，具位某官，敢昭告於風雲雷雨之神、本府山川之神、本府城隍之神曰：天不施雨澤於茲土，殆三越月矣。斯土之民，實以官多役衆，大困於差徭，固有得雨而不暇耕者，況失雨而使之不得耕乎？固有已耕而不暇種者，況失雨而不得種乎？且今時將夏半矣，及今而雨，則秧未老者尤可種，已老者猶可再育。過此不雨，則秧既老者不可種，欲再育而時失。夫種而不穫者有矣，孰有不種而穫者乎？民於此時，固有乏食已久而屢窘於飢餒者矣，況至秋而無穫，其何以爲生乎？是則民命生死之機，實決於此。爲官而食祿於是土者，視民失所而不能救，固爲官者之恥也。爲神而血食於是土者，視其民失所而不之救，豈非亦神之羞乎？借使神爲縣令者，徒有愛民之心而未有仁民之政，徒有憂民之志而未能去民之疾，或以是而警之，或以是而罰之，則斯民何罪而被此波及之禍乎？今叔英謹齋潔以告于神，如或者以縣令涖事未久，終能蘇息是民而姑待之、姑恕之，則宜即賜之雨，以慰斯民之望；或者以縣令終無能爲，或反有病於是民，則宜亟罰之、亟誅之，止及其身足矣，不當使斯民亦蒙茲濫罰也。叔英今謹待罪於壇墠之次，自今日至於三日不雨，至四日則自減一食，至五日不雨則減二食，六日不雨則當絶食飲水，以俟神之顯戮，誠不忍見斯民失種致饑以死而獨生。惟神其鑒之，惟神其哀之。

某自今月二十三日禱雨於神，神於是日及夕即大降之雨。次日之晨，以神之施惠未已，不敢自休以褻靈貺，謹告於神，俟命于齋宿之所，至于今日，雨意有加未已。竊以即今惠澤既已厭足，不可有加。葢雨三日爲霖，過則爲灾，況今田麥尚有未收穫者，多雨則腐不可食，而禾田雨多則水溢，而秧不可種，近種者亦浸傷而不可活。過則爲灾，其實如此，神不可以不鑒而憫之。自今日以前之雨，神如果以憫斯民之病，從其縣令之請而降也，則乞神之大惠止於今日。今既告于神，宜還俟命於次，必待神之斂惠，天色霽朗，然後敢辭謝而退。如至明日，雨復不止，是必神有罪於縣令也，亦不敢復謁於神矣。當自二十七日始，如前日之誓，日減一食。如不得命，必至於絶食，以俟神之顯戮。惟神察之。

某於今月壬戌，以天久不雨，斯民過時失種，必將致饑以死，故於其夕齋宿於神之壇次。翼日癸亥，用禱於神，神即日大賜之雨。甲子，某以神惠未已，不敢自休，以褻靈貺，故俟命于次。乙丑，以雨勢未已，又懼其過而爲災，復禱於神，乞以斂惠。又即於其夕雲收天霽，通邑人民，莫不歡喜。祈雨而雨，祈晴而晴，感應之速，捷於影響，顧我何修，而能致此方？其初欲禱雨于神也，或者以謂時將雨矣，何以禱爲？及其既雨也，或者以謂雨自降耳，豈禱之能致及乎？雨勢未已，欲俟神之斂惠而後退也，或者以謂此梅月之雨，宜未即已，不可以俟。某皆不顧乎人言，而獨求乎神意，卒致感應若此。神之意，豈不以某雖未有仁民之政，而已有愛民之心乎？雖未能去民之疾，而已有憂民之志乎？是則神之於此，非徒以勸某也，乃所以勸凡爲民牧者，使以愛民爲心，憂民爲志，則可以交於神明也，豈徒爲某一人之私哉！某之爲是言，非敢誇功於人也，乃歸功於神耳；非敢求德於民也，乃歸德於神耳。夫神之功德，於此雖有犧牲，不足以爲謝，惟當念神之功，而益以勤民爲職；體神之德，而益以恤民爲務。是乃所以爲報也，是乃所以爲謝也。若夫區區世俗菲禮，適足以爲神之瀆耳。故不敢施於神，惟神其鑒之。

明 崔銑《洹詞》卷五《蔡公禱雨記》 蔡公巨源，監儲於小灘，道出元城，視其田不墳，其麥禾不豐，問諸農，曰：是不雨六閱月矣。蔡公曰：《春秋》書雨、不雨，襃勤民而貶彼否者，是乃司之怠也。夫吾爲民雩。既夕，沐而齋，厥明禱。忽焉而潤風墨雲并發，徐雨浹日，民德而神之。崔子在鄴，聞之曰：是固當然。夫三才者，一氣之運也。既曰一只感而必應，速而必欻。來君子者，志卓明，心氣直，以大章其明，胡昏不開；遂其直，胡逆不順。舉世濁而所化清，萬有瘁而所居榮，在古四士且能之，蔡公爲千里之伯，肇入翰林及今，玆其學粹而精，其介端而安，夫果充其志與氣之所徵也，胡不致直一雨而已。夫鄴守馬君朝卿善予言，乃率凡事斯役者，共刻石紀德。蔡君名潮，臨海人，玆爲河南右布政使云。

（正德）《大名府志》卷六《官守志·名宦·魏縣》 趙夔，字虚和，武帝時爲令。歲大旱，自焚祈雨，民感之，立祠，稱文君。

明 焦竑《焦氏類林》卷三《政事》 祝良，字石卿，爲洛陽令。歲時亢旱，天子祈雨不得，良乃暴身階庭，告誠引罪，自晨至中，紫雲沓起，甘雨登降，人爲之歌曰：天久不雨，烝人失所。天王自出，祝令特苦。精符感應，滂沱下雨。

明 徐復祚《花當閣叢談》卷六《徐石林》 道士徐石林，本吾族人。【略】萬曆十八年，吳中自四月至五月將盡不雨，郡守石侯崑玉焦心祈禱，卒無雨。或言於石侯，此非徐石林不可，然其人道高，非可以尺一召。石侯遂備禮親往迎請。石林不肯見，逃之廁，而爲同侶所泄，不得已出見。謂石侯曰：『此天灾流行，雨恐不可得，徒費禱耳。』石侯曰：『地坼苗枯，三日内不雨，民立槁矣。縱禱而不應，奈何坐視乎？且謂民牧何也？』石林嘆曰：『三吴福，貧道禍矣。然以明公誠誼不可辭，可先結壇於元妙觀，貧道五更上壇。』問所須，曰：『無有，止用鼓數十架置壇四旁，瓦百片置壇上而已。』石侯别去，石林造伯起言。别伯起問：『别何往？』石林曰：『今歲吴中之旱，實係天灾，貧道感賢郡侯親顧，義不可辭。貧道禱必有雨，第恐干天之怒，不可復活。』伯起曰：『然則如何？』曰：『某明日登壇，後日必雨。後日爲貧道本命日，祈雨必呵斥諸神名諱，雨至後，貧道必無幸矣。知君義重，敢以身後事相託。我死，望以柳車一具，就子胥廟前空地焚化，拾骨置一瓶中，付廟中道士看守。兩年後，眞人府當有人至，付歸可也。其月孛尊像供奉多年，姑留公静室，府中人至，一并付之。死生之託，無負吾言。』石林平日不飲酒，是夜索酒飲至四鼓，曰：『可登壇矣。元妙觀去君家不百步，可送我？』挽伯起手行，纔至觀門，而石侯至。行香畢，赤日旋起，纖雲盡屏，石林就壇上焚符三通，亦擂鼓三通，俄頃四邊雲起罩日，雷聲隱隱。石林大呼曰：『擂鼓數十架。』鼓一時齊發，石林就壇取片瓦擲空中，每擲一瓦，輒得一雷，鼓聲與雷聲、瓦碎聲争奮。自辰至酉，觀者人人股慄，而雨終不得。是夜，石林不下壇，露立至天明。石侯又至，石林拱手曰：『恭喜，雨至矣，可以答賢侯躬顧之誠矣！』言畢，拜伏壇上。須臾，霹靂四起，大雨如注，從辰至申，可三尺許。石林尚伏壇上，不少動，雨止方起，顧其形神，不復似人矣。步至階級前，方欲舉步，下而失足，一墜立死。壇下衆共扶之，不動矣。石侯聞之，掩淚嘆曰：『賢哉！以一人之命全三吴之命也！』出俸金二鐶，買棺斂。伯起請停其柩於元妙觀三日，受合郡紳衿士庶吊拜畢，然後如其戒，收其骨，付子胥廟道士收供。至次年，眞人府果有人來請，然不知其死也。

明 徐象梅《兩浙名賢録》卷四一《劉元益應龜》 劉應龜，字元益，義烏之青岩人。少恢疏，常落落多大志。咸淳間，游太學，馬丞相高其材，將妻以女，應龜不可，由是名稱籍甚。久之，以優升解褐。德祐間，退隱南山之南，人稱山南先生。會使者行部知應龜賢，强起主教鄉邑，尋引疾歸，所著《夢稿》《痴稿》《祈雨留稿》，共二十卷。

又 卷四九《方技・葉玄》 葉玄，新昌人。幼時渡槐潭溺水，見一赤面長鬚人救之，得不死。自是遂通符咒，諳五雷祈雨法。成化間，郡大旱，守白公延之祈雨，即時大澍，四郊霑足。府倅女爲妖所惑，書符懸之。少頃，震雷擊巨虵死，女漸愈，後不知所終。

又《邵太初》 邵太初，龍泉人，嘗學符水於龍虎山。正統間，知縣張羽延之祈雨，築壇於台山之陽。叱符揮劍，雲即滃合，握訣步罡，則雷電交作，俄而虹貫雨收。太初曰此必有撓吾法者，索之。壬癸，草澤中見隱眞道士吴友清坐，留槎州中，冠髻間藏一小符，衆責之，笑曰吾戲太初耳。乃咒其符，投之水，傾雨如注。

明 釋明河《補續高僧傳》卷二《義解篇・宋四明知禮法師傳》 知禮，字約言，四明金氏子。【略】咸平中，郡大旱，與慈雲同修光明懺祈雨，約三日無應，當燃一手供佛。懺未竟，雨已大浹。

清 萬斯同《明史》卷四〇三《佞倖傳上》 鄧常恩，臨江人；趙玉芝，番禺人，并曉方術。【略】二十一年正月，言官極論其弊，以孜省及常恩等爲罪魁，且曰：諸人每祈雨雪不效，則極其褻侮，偶或自降，輒矯爲己功，尤不可不罪。乃貶孜省上林監丞，常恩本寺丞，而玉芝、玒中等并如故。

清 屈大均《廣東新語》卷九《事語・麥公雨》 麥公貞庵，名秀岐，番禺人，萬曆間以舉人知萬年縣。縣民棄女者載道，公於家鄉取乳母十餘人，拾而養之廨中。兒稍長，乃還其父母。天大旱，上官使公祈雨。公不肯祈，問之，則曰：『萬年百姓不仁，生女輒棄，天故以大旱罰之。民自今若不棄女，皆上要約於縣，縣乃爲之祈雨。』上官諾之。公於是出教與民約，民皆樂從，願勿復棄女。公乃徒跣出郊伏禱，大雨如注，民以爲麥公雨云。

清 張貞《杞田集》卷七《墓志銘・誥授奉政大夫禮部儀制清吏司郎中曹公墓志并銘》 公曹姓，諱貞吉，字廸清，一字升六，別號實庵。【略】公念邑中大旱，亟用東坡先生虎頭祈雨法，禱于西峰九龍潭。虎首甫沈，風雷驟起，澍雨霑足，邑人立石放生池記其事。

（雍正）《四川通志》卷三八之三《仙釋・龍安府・元》 張羽士，至正間嘗師赤脚張神仙，善行雷法，祈雨輒應。遇吕蓬頭，授以黄白術，遂以風魔醉酒，行歌顛狂，竟不知所終。

（雍正）《浙江通志》卷一四九《名宦四・杭州府・明》 黄昇，《昌化縣志》號與竹，番禺人，舉鄉試，由肥鄉學擢昌化令。嘗六月祈雨，芒履出禱，入則焚香私第，密禱如外。三禱三雨，邑中虎爲民害，以文禱於神，虎去。

又 卷一五一《名宦六・湖州府・明》 張應雷，《西江志》金溪人，隆慶進士，授湖州府推官。會大旱祈雨，僚屬視爲故事，應雷獨齋居露處，爲民步禱，大雨隨之。

又 卷一五六《名宦十一・嚴州府・國朝》 王光鼎，《名宦留祀册》鑲黄旗人，康熙三十五年知嚴州府。歲丁丑，二麥不登，芒種之後，連旬不雨，米價騰貴。光鼎捐俸倡糴，減價平糶，由是紳衿富室感發興起，廣運接濟，民賴以安。妖狐作祟，居民子女多受其害。光鼎親製檄文，詣城隍廟告神驅逐，妖狐滅迹，被祟有死而復生者。臘月廣施絮襖於貧民，嚴郡灘高水急，津渡最險，而建邑小里埠與桐邑南關外爲尤甚，光鼎捐資添設渡船。因亢旱祈雨，自暴烈日中，冒盛暑，病篤，百姓願減壽祈保。及卒，老幼奔哭，罷市輟耕。

又 卷一九七《方技下・紹興府・明》 葉元紹，《興府志》：新昌人，幼時渡槐潭溺水，見一赤面長鬚人救之不死，自是遂通符咒，諳五雷祈雨法。成化間，郡大旱，郡守白公延之祈雨，即時大澍。府倅女爲妖所惑，書符懸之。少頃，震雷擊巨蛇死，女漸愈。後不知所終。

又 卷二〇一《仙釋四・嚴州府・元》 錢九五，《萬曆嚴州府志》淳安人，居蜀阜。幼習五雷天心正法，樵采山中，有雷部神爲孕婦所魘，九五爲之解釋得去，因授以呼雷法。時縣苦旱，尹俾祈雨，應禱而降。

（雍正）《廣西通志》卷八七《仙釋》 王真人，不知何許人。明景泰間，謫戍馴象衛。有道術，能致雷雨，以手書符篆於人掌中，人握之行數步，望其方開手，則雷轟然而起。歲旱，有司祈雨連日弗應，真人曰：開屠撤壇，某日某時請迎雨。至期，日益酷烈，真人書符篆焚之，向空叱咤，擊令木，雷雨交作，平地水深三尺。

（雍正）《畿輔通志》卷六八《名宦·永平府》 田仁會，長安人，永徽中爲平州刺史。歲旱，自暴以祈雨，雨大至，穀遂登。人歌曰：『父母育我兮田使君，挺精誠兮上天聞，中田致雨兮山出雲，倉廩實兮禮義申，君常在兮不患貧。』

（乾隆）《貴州通志》卷三二《人物·方技》 張道人，貴陽府人，逸其名，有道行。自幼不娶，得祈雨秘術。萬歷間旱，巡撫郭子章招致之。道人築壇於城西，縞衣披髮，運五雷訣，刻次日日中雨，至期，天無纖雲，人皆誕之。道人書符於童子掌握之，令詣太守請迎雨。童子至郡堂，開掌，忽霹靂一聲，衆未至壇，而霖雨大注。

（乾隆）《甘肅通志》卷四一《方伎》 明康永惠，萬壽宮高士也。遇異人，授以雷法。其術最秘，歲旱祈雨立應。

清 于敏中《日下舊聞考》卷一四一《京畿》 原赤肚子，不知何許人。正德辛未入密雲城，入豕圈，與豕同眠，無穢氣，人皆異之。後徙學宮傍，又徙滕家巷居民簷下，壘磚爲井，踞坐，以足頂尾閭，兩拳握六指不放如勾。問之則不言，與之食則食，不食葷酒，不多食，過午則不食，與之衣則裂之、避之，與之貨則給僧以誦經。赤身髴首，覆以片氊，祈寒盛暑勿侵也。居民市鬻者與之輒多利，競致之，入人寢室如其家，不避婦女，有戲之者，亦躍足昂首，嬉然而笑。置囹圄中，數日不食亦不死。許内臣爲繪象京師，及四方好事者，俱呼以仙。嘉靖壬辰，春夏大旱，居民强令祈雨，凡八日不食，至五月十二日雨，乃食，十三日又雨，人益異之。

清 張九鉞《紫峴山人全集·文集》卷七《誥授中憲大夫河南糧鹽道荷池劉公家傳》 公諱文徽，字予受，號荷池，一號淑庵，行八，寶慶府武岡州人也。【略】中原癸卯、甲辰大旱，赤地千里，風日爇灼，公奉檄河北散籽種，兼撫恤，晝夜馳數百里歸，蠲戒設壇，祈雨東郊九龍臺，高二百尺，井居臺半，素靈異。公捧金盂，率僚屬料頭行烈日中，登臺乞水，奉諸壇。有進秦隴間戽泉驚龍致雨法，曰刮潭。公曰：吾必試之瀍河小龍泉。是日，徒步出郊，士民千餘垛香，捧公以行，悉徒鼓勇擊水鼓鼜鼜，震邙山動。未幾，雲大合，雨隨車蓋如注，民大有秋。

清 錢大昕《潛研堂集》卷四四《湖北荆宜施道前翰林院修撰陳公墓志銘》 公諱初哲，字在初，別號永齋。【略】歲旱，依《春秋繁露》祈雨法，又步禱龍神廟，雨應時降。

（嘉慶）《清一統志》卷三三九《漢陽府·人物》 李昌祚，字文孫，若愚孫，順治壬辰進士。由翰林檢討出守河北，大興水利，累遷大理卿，盡心平反。時鄖陽民聚衆祈雨，誤毆長吏，有司以謀叛聞。昌祚平心讞之，置爲首者於法，餘悉釋免

又卷三五七《長沙府·人物》 劉壽，長沙人，順帝時爲洛陽令。歲旱祈雨不得，暴身階庭，告誠引罪，遂得雨。人爲之頌曰：『天久不雨，烝人失所，藉誠感應，滂沱下雨。』

又卷三六三《徐州府·名宦》 董我前，富順人，崇禎中知衡山縣。歲祲，爲民祈雨，暴行烈日中，月餘不懈，時雨洊至。

又卷三九九《龍安府·名宦》 徐炎，浙江人，乾隆四十二年知平武縣。以常平倉民多積欠不能償，即捐廉采補，取民欠册焚之。歲大旱，立壇祈雨，引咎自責，拜禱烈日中，果大雨。

（嘉慶）《直隸太倉州志》卷二八《人物·列傳三·寶山縣·國朝》 李錫秦，字瞻仲。【略】旋擢太平府知府，府屬寧明州。土民聚衆祈雨，汛兵止之，抗不從，遂以叛聞。提督總兵議興兵進勦，檄委錫秦贊軍務。錫秦力阻之，馳往察，其抗者予杖，餘寨賴以無恙。

清 鄧顯鶴《沅湘耆舊集前編》卷一六《讖記歌謠·劉壽求雨歌》 《楚寶·名臣祝良傳考異》有云：案《湖南通志》，又引《長沙耆舊傳》，劉壽，字均長，長沙人，官至太尉，順帝時爲洛陽令。歲旱祈雨不得，暴身階庭，告誠引罪。自辰至午，甘雨登降，人爲之歌云云，與

此小異，殆因同爲洛陽令而悮也，傳記之不同如此。今并附録於此：天久不雨，蒸人失所。精誠感應，滂沱下雨。

（道光）《濟南府志》卷五三《人物九》 馮仝，字茶人，歷城人。嘉慶庚申順天舉人，官河南郾城知縣。有寃獄前官不能決，仝至一訊即與昭雪，民爲立碑。嘉慶十八年，滑匪跳梁豫省，咸警百計防虞，民恃無恐。夏亢旱，徒步烈日下，至黑龍潭祈雨。往返七十餘里，甘霖立沛。蕎麥被霜，捐俸賑濟，令於隙地種油菜，買菜籽給之，民得不饑，轉歲大豐，有麥秀兩岐之瑞。在郾六年，以慈母稱。

（道光）《肇慶府志》卷二〇《人物九·仙釋·明》 大師者，不知何許人，曾因避難，居廣寧之龍龕寺。萬曆初，村人值旱祈雨，山麓間忽起白雲，遙見一白衣人影嚮雲際，咸踴躍羅拜，俄而雨遂滂沱，衆皆詫異。因躡向者雲起處，見其地崩摧少許，獲一石碑，自述自龍龕始末，終有二語云：『龍龕藏錫杖，衣鉢在南華。』其餘語今不可復考。鄉人神其事，遂建寺以奉焉。

清 王培荀《鄉園憶舊録》卷六 吾邑耿家莊有范姓，善祈雨，置書蛙口中，壓砧下移日啓，視蛙無矣。作法拘之，出視口中書信，有雨則許若，無雨不能强也。云使蛙于龍，號范神仙。

清 俞樾《春在堂雜文·五編》卷四《開原縣訓導華君墓表》 華氏，本江蘇無錫人。【略】遇旱則用董子祈雨之法，遇疫則修周官招弭之法，遇寇警則講商子摶力之法，遇灾歲則行左氏勸分振廩之法。

清 宣鼎《夜雨秋燈録·續録》卷四《司徒如意郎君》 司徒霈，晋人也。【略】明年夏，苦旱，孝廉科頭跣足，捧香行烈日中，爲民祈雨澤。中酷暑，病將不起，呼公子而諭之曰：『吾死後，宦槖蕭然，汝寧棄吾骨，徒步歸，毋輕受民賻。違，則化厲鬼殺汝。』公子泣受遺訓，及溘逝，民爭哭於縣庭之門，曰：『家翁家翁，何棄吾民之速乎！』巷哭者三日，野哭者三日。

（同治）《徐州府志》卷二二上之下《人物傳》 焦桐，字遇春，宿遷人。【略】庚辰夏，兩月無雨，禱輒不應。桐曰：『民愛我，我爲民，祈雨死無憾。』齋三日，脫帽跣足至東門外，登橋自投於江，衆爭救出之。俄頃雨如注，民謂精誠所感，爲建生祠。以罣誤歸，囊無餘貲，送者夾道，至有泣下者。

（光緒）《重修安徽通志》卷一四九《職官志·名宦十三·泗州》 陸豫，字樹齋，江蘇寶山拔貢。咸豐四年，任蕪湖知縣，調署天長。時髮逆偪近，豫爲民捍禦，勞瘁卒官。接任者爲上元胡嘉霖，字子吉，招集民勇，設卡局，日夜盤詰，屢獲賊諜，著有《保甲團練規條》，士民遵行，賴以安堵。大旱祈雨，深自咎責，遘疾而卒。

又 卷一八七《人物志·宦績十·徽州府》 汪日宣，本名淦，字麗泉，黟縣人，嘉慶己卯進士，授檢討。道光十五年，授四川重慶府知府，葺學宫，復育嬰堂，教植桑麻，整頓十四屬社倉，建江北廳城。黔匪穆賢繼之亂，日宣率勇守綦江，七旬事平，民遂無恐。道光十九年夏，旱，日宣以祈雨暴卒。是夕大雨，歲有秋。民泣思之，祀名宦祠。

又 卷一八八《人物志·宦績十一·寧國府》 沈淮，字伯淵，涇縣人，成化丁未進士，知益都縣。俗遇歲旱，擊枯骨椿祈雨，淮嚴禁之，以誠禱輒應。民饑，發倉賑之。卒於官。子儼扶櫬歸里，民爭餽賮，却不受，曰：『吾父清白，安敢受此辱先人。』

又 卷二六二《人物志·方技一·安慶府》 明何公冕，潛山人。遇異人授符籙，習之能呼風雨，役鬼神。會歲旱，郡守呼令祈雨，公冕對役笑曰：『吾非汝可呼者。但汝往來烈日良苦，吾書符汝手，令握固馳府，即有片雲覆頭上。』役至，守怒術士不來，役告以故，令開掌，則雷電交作，莫不驚懼。守躬往迎之。公冕曰：『上帝封雨部，當暫取揚子江水解熱，澤及五十里耳。』移時大雨如注，雜魚鰕齊下。

（光緒）《廣州府志》卷一三九《列傳二十八·宋》 林無齋，佚其名，新會大澤那西村人，與陳考同時學道術。相傳陳在羊城祈雨，有司問所須，陳云須神廟前泥馬作法。雨降，陳遂乘泥馬而去。陳年一百二十八歲，別見《耆壽傳》。無齋能用五雷法，尤善祈雨。俗傳其幻術甚多，或置屐化鯉，或剪蓑成魚。午餉，佃人無齋自炊，輒遣婦去。一日婦擷菜屋後，見一老父疾喚曰：速歸救乃夫。婦奔入門，見無齋以一足代薪，火正熾，失聲大呼。無齋曰：命也，死矣。因謂所親，此土地神所爲怒我，平時敕其代看守牛犂報復我也。我死，可置火炭口中，葬前山，正對其廟。已而果死，婦如其言。廟果焚，再建再焚，鄉人乃改築土壇，自長叢竹爲衛，人莫敢折。神旋示夢曰：吾當避之，往開平水口矣。闔龍坑虎山上立有石碑，鐫感應仙師林無齋真人數字，俗呼祈雨碑。至今鄉人祈雨，猶至碑下，或曰林無齋祈雨碑不止一處云。

（光緒）《湘潭縣志》卷八之五《人物第八・列傳三・方技外傳》

柳師不知何時人，其故居在城東，蓋宋後道士也。祈雨霾符劍土中，動則風雷。康熙中，釋竹浪禱雨，則肉袒，爇香臂背，焦肉流脂，刻期雨至，而體故不傷。或掬香焚手中，繞山行十餘里，還而澍雨。又以大竹懸長牖藩溷間，舉而拂之烈日中，風颯颯吹雲四集，移時雨大至。竹浪，零陵王氏子也，自祁陽至縣昌山，見錦奄峰，曰：此佛地也。趺坐七日，雪没頂，忽下山告人曰：夜有兩虎掘余出。衆往視之，虎迹縱横，因爲建寺。力舉巨鐘，博學能文，嘗募穀，或施四石筐，獨負而上。乾隆四年，豫約潙山僧茶毗期，先日告鄭居士曰：舌胃不化，無苦燒也。沐浴結跏，説偈而逝。潙僧果至，舉火皆如其言。鄉人像事之，禱雨輒應。

（光緒）《重修天津府志》卷三九《傳一・宦績一・歷朝》　宋漢，字天章，膠州人。【略】祈雨，禱烈日中，應時而降。

（光緒）《湖南通志》卷二一一《人物志五十二・技術・國朝》

湯宗舜，字新我，得祈雨法。康熙七年，邑大旱，知縣李率宗舜祈禱，甘霖大沛。三十五年，衡郡數月不雨，招宗舜建壇求之，大雨連日，郡人懽忭，咸以雨師目之。

紀事

《荀子》卷一九《大略篇》　湯旱而禱，曰：『政不節歟，使民疾歟，何以不雨至斯極也？』

《晏子春秋・内篇・諫上第一・景公欲祠靈山河伯以禱雨晏子諫第十五》　齊大旱逾時，景公召群臣問曰：『天不雨久矣，民且有饑色。吾使人卜，云：祟在高山廣水。寡人欲少賦斂以祠靈山，可乎？』群臣莫對，晏子進曰：『不可。祠此無益也。夫靈山固以石爲身，以草木爲髮，天久不雨，髮將焦，身將焦，彼獨不欲雨乎？祠之無益。』公曰：『不然，吾欲祠河伯，可乎？』晏子曰：『不可。河伯以水爲國，以魚鱉爲民。天久不雨，泉將下，百川竭，國將亡，民將滅矣。彼獨不欲雨乎？祠之何益！』景公曰：『今爲之柰何？』晏子曰：『君誠避宫殿暴露，與靈山、河伯共憂，其幸而雨乎！』於是景公出，野居暴露三日，天果大雨，民盡得種時。景公曰：『善哉！晏子之言，可無用乎！其維有德。』

漢　劉向《説苑》卷一《君道》　湯之時，大旱七年，雒坼川竭，煎沙爛石。於是使人持三足鼎祝山川，教之祝曰：『政不節耶？使人疾耶？苞苴行耶？讒夫昌耶？宫室營耶？女謁盛耶？何不雨之極也？』蓋言未已而天大雨，故天之應人，如影之隨形，響之効，聲者也。詩云：『上下奠瘞，靡神不宗。』言疾旱也。

晉　干寶《搜神記》卷一八　廬江龍舒縣陸亭流水邊有一大樹，高數十丈，常有黄鳥數千枚巢其上。時久旱，長老共相謂曰：彼樹常有黄氣，或有神靈，可以祈雨，因以酒脯往亭中。有寡婦李憲者，夜起，室中忽見一婦人，著繡衣，自稱曰：『我樹神黄祖也，能興雲雨。以汝性潔，佐汝爲生。朝來父老皆欲祈雨，吾已求之於帝，明日日中大雨。』至期果雨，遂爲立祠。憲曰：『諸卿在此，吾居近水，當致少鯉魚。』言訖，有鯉魚數十頭飛集堂下，坐者莫不驚悚。如此歲餘，神曰：『將有大兵，今辭汝去。』留一玉環，曰：『持此可以避難。』後劉表、袁術相攻，龍舒之民皆徙去，唯憲里不被兵。

南朝梁　釋慧皎《高僧傳》卷三《譯經下・求那跋陀羅》　大明六年，天下亢旱，禱祈山川，累月無驗。世祖請令祈雨，必使有感，如其無獲，不須相見。跋陀曰：『仰憑三寶、陛下天威，冀必降澤。如其不獲，不復重見。』即往北湖釣臺燒香祈請，不復飲食，默而誦經，密加祕咒。明日晡時，西北雲起如蓋，日在桑榆，風震雲合，連日降雨。明旦，公卿入賀，敕見慰勞，嚫施相續。

《宋書》卷一七《志第七・禮四》　晉武帝咸寧二年春，久旱。四月丁巳詔曰：諸旱處廣加祈請。五月庚午，始祈雨于社稷山川。六月戊子獲澍雨。此雩禜舊典也。

《魏書》卷七《高祖紀上》　五月乙酉，車駕祈雨於武州山。俄而澍雨大洽。【略】五月丁巳，帝祈雨於北苑閉陽門，是日澍雨大洽。

又卷一九《南安王楨》 楨又以旱祈雨于群神。鄴城有石虎廟，人奉祀之。楨告虎神像云：『三日不雨，當加鞭罰。』請雨不驗，遂鞭像一百。是月，疽發背，薨，謚曰惠。

又卷七三《奚康生》 在州以天旱，令人鞭石虎畫像。復就西門豹祠祈雨，不獲，令吏取豹舌。未幾二兒暴喪，身亦遇疾，巫以爲虎豹之祟。

《北齊書》卷四《文宣帝紀》 是夏大旱，帝以祈雨不應，毁西門豹祠，掘其冢。

《北史》卷三《魏本紀》 五月，車駕祈雨於武州山，俄而澍雨大洽。**【略】**五月丁巳，帝祈雨於北苑閉陽門，是日澍雨大洽。

又卷七《齊本紀》 大旱，帝以祈雨不降，毁西門豹祠，掘其冢。

又卷一〇《周本紀》 壬午，幸仲山祈雨。至咸陽宫，雨降。

又卷一八《南安王楨》 楨又以旱祈雨于群神。鄴城有石季龍廟，人奉祀之。楨告神像云：『三日不雨，當加鞭罰。』請雨不驗，遂鞭像一百。是月，疽發背，薨，謚曰惠。

又卷二三《于栗磾傳》 建德二年，出爲安州總管。時大旱，溳水絶流。舊俗：每逢亢旱，禱白兆山祈雨。帝先禁群祀，山廟已除。翼遣主簿祭之，即日澍雨，歲遂有年。百姓感之，聚會歌舞頌之。

唐 虞世南《北堂書鈔》卷九〇《祈禱》 祈雨暴身。《長沙耆舊傳》云：祀良，字召卿，爲洛陽令，時亢旱，祈雨不得，良乃暴身階庭，告誠引罪，自辰至申，紫雲沓起，甘雨乃降。民歌之曰：『天久不雨，蒸民失所。天王自出，祝令時苦。精符感應，滂沱而下。』

唐 釋道宣《續高僧傳》卷八《義解篇四正紀十四附見二·釋曇延》 六年，亢旱，朝野荒然，敕請三百僧於正殿祈雨累日，無應。帝曰：『天不降雨，有何所由？』延曰：『事由一二。』帝退，與僚宰議之，不達意，故敕京兆太守蘇威問延一二所由。答曰：『陛下萬機之主，群臣毗讚之官，并通治術，俱愆玄化，故雨與不雨，事由三耳。』帝遂躬事祈雨，請延於大興殿登御座南面授法，帝及朝宰五品已上咸席地北面而受八戒，戒授纔訖，日正中時，天有片雲，須臾遍布，便降甘雨，遠邇咸感。帝悦之，賜絹三百段。

唐 許嵩《建康實録》卷一三《世祖孝武皇帝》 己亥，詔公卿致祭山岳祈雨。

唐 杜甫《杜詩闡》卷八《夏日嘆》 乹元二年夏四月，以久旱祈雨。時輔國專掌禁兵，事無大小，輔國口爲制敕。公曰：『上天久無雷，無乃號令乖。』朝廷所相者，李峴、李揆、吕諲、第五琦等。李峴具陳輔國專權亂政狀，輔國忌之，以他事出。

唐 李德裕《次柳氏舊聞》 玄宗嘗幸東都，天大旱且暑，時聖善寺有天竺乾僧無畏，號三藏，善召龍致雲之術。上遣力士疾召無畏請雨。無畏奏云：『今旱，數當然耳。召龍興雲，烈風迅雷，適足暴物，不可爲也。』上强之曰：『人苦暑病矣，雖暴風疾雷，亦足快意。』無畏不得已，乃奉詔。有司爲陳請雨具，而幡幢像設甚備。無畏笑曰：『斯不足致雨。』悉令撤之。獨盛一鉢水，以刀攪旋之，胡言數百咒水。須臾有如龍狀，其大類指，赤色，首噉水上，俄復没于鉢水中。無畏復以刀攪水，咒者三。頃之，白氣自鉢中興，如爐烟，溼上數尺，稍引去，出講堂外。無畏謂力士曰：『直去，雨至矣。』力士絶馳而去，還顧，見白氣疾起自講堂西，若一匹素者。既而昏霾，大風震雷以雨。力士纔及天津之南，風雨亦隨馬而馳至，衢中大樹多拔。力士復奏，衣盡沾濕。時孟温禮爲河南尹，目覩其事。温禮子皡嘗言於臣亡祖先臣，與力士同。吏部員外李華撰《無畏碑》亦云奉詔致雨，滅火返風，昭昭然遍於耳目也。今洛京天津橋有荷澤寺者，即高力士去請咒水祈雨，回至此寺前，雨大降，明皇因於此地造寺，而名荷澤焉。寺今見存。

唐 李亢《獨異志》卷上 唐天后朝，處士孫思邈居於嵩山修道。時大旱，有敕選洛陽德行僧徒數千百人，於天宫寺講《人王經》以祈雨澤。有二人在衆中，鬚眉皓白，講僧曇林遣人謂二老人曰：『罷後可過一院。』既至，問其所來。二老人曰：『某伊、洛二水龍也，聞至言，當得改化。』林曰：『講經祈雨，二聖知之乎？』荅曰：『安得不知。然雨者，須天符乃能致之，居常何敢自施也。』林曰：『爲之奈何？』二老曰：『有修道人以章疏聞天，因而滂沱。某可力爲之。』林乃入啓，則天發使嵩陽召思邈，内殿飛章，其夕天雨大降。思邈亦不自明，退詣講席，語林曰：『吾修心五十年，不爲天知，何也？』因請問二老。二老荅曰：『非利濟生人，豈得昇仙？』於是思邈歸蜀青城山，撰《千金方》三十卷，既成，而白日沖天。

唐 段成式《酉陽雜俎·前集》卷二 孫思邈嘗隱終南山，與宣律和尚相接，每來往，互參宗旨。時大旱，西域僧請於昆明池結壇祈雨，詔有司備香燈。凡七日，縮水數尺。忽有老人夜詣宣律和尚求救曰：『弟子昆明池龍也，無雨久，匪由弟子。胡僧利弟子腦，將爲藥，欺天子言祈雨，命在旦夕，乞和尚法力加護。』宣公辭曰：『貧道持律而已，可求孫先生。』老人因至思邈石室求救。孫謂曰：『我知昆明龍宮有仙方三千爾，傳與予，予將救汝。』老人曰：『此方上帝不許妄傳，今急矣，固無所悋。』有頃，捧方而至。孫曰：『爾第還，無慮胡僧也。』自是池水忽漲，數日溢岸，胡僧羞恚而死。

又 卷三 不空言：『可過某日，今祈之必暴雨。』上乃令金剛三藏設壇請雨，連日暴雨不止，坊市有漂溺者。遽召不空，令止之。不空遂於寺庭中捏泥龍五六，當溜水，胡言罵之。良久，復置之，乃大笑。有頃，雨霽。玄宗又嘗召術士羅公遠與不空同祈雨，互校功力。上俱召問之。不空曰：『臣昨焚白檀香龍。』上令左右掬庭水嗅之，果有檀香氣。【略】不空每祈雨，無他軌則，但設數繡座，手簸旋數寸木神，念咒擲之，自立於座上，伺木神吻角牙出，目瞚，則雨至。

又 僧一行，窮數有異術。開元中嘗旱，玄宗令祈雨。一行言：『當得一器，上有龍狀者，方可致雨。』上令於內庫中遍視之，皆言不類。數日後指一古鏡鼻盤龍，喜曰：此有真龍矣。乃持入道場，一夕而雨。

唐 趙璘《因話録》卷四《角部》 元和初，南岳道士田良逸、蔣含弘皆道業絶高，遠近欽敬。【略】潭州大旱，祈禱不獲，或請邀致先生。楊公曰：『田先生豈爲人祈雨者耶！』不得已，迎之。先生蓬髮弊衣，欣然就輦。到郡，亦終無言，即日降雨。

唐 康駢《劇談録》卷上《狄惟謙請雨》 會昌中，北都晉陽縣令狄惟謙，梁公之後，守官清恪，有蒲密之政，撫綏勤恤，不畏强禦。屬州境亢陽，涉歷春夏，數百里水泉農畝無不耗斁枯竭，禱於晉祠者數旬，略無陰曀之兆。時有郭天師者，本并土女巫，少攻符術，多行猒勝之道。有監軍使將至京師，因緣中貴，出入宮掖，其後軍牒告歸，遂以天師爲號。既而亢旱滋甚，闔境莫知所爲，僉言曰：『若得天師一到，晉祠則灾旱不足憂矣。』惟謙請於主帥，主帥難之。惟謙曰：『灾厲流行，甿庶焦灼，若非天師一救，萬姓恐無聊生。』於是主帥親自爲請，巫者唯而許之，惟謙乃具車輿，列幡蓋，迎於私室，躬爲控馬。既至祠所，盛設供帳，豐潔飲饌，自旦及昏，磬折於堦庭之下，如此者翌日，語惟謙曰：『我爲爾飛符于上界請雨，已奉天帝之命，必在虔懇至誠，三日雨當足矣。』繇是，四郊士庶奔走雲集，三夕于兹，曾不降雨。又曰：『此土灾沴所興，亦由縣令無德，我爲爾再上天請，七日方合有雨。』惟謙引罪於己，奉之愈恭。俄而又及所期，略無霑霔，郭乃驟索馬入州宅，惟謙拜留曰：『天師已爲萬姓此來，更乞至心祈禱。』於是勃然而怒，罵曰：『庸瑣官人，不知道理。天時未肯下雨，留我將復奚爲？』惟謙謝曰：『非敢更煩天師，候明旦排比相送耳。』於是惟謙宿誡左右曰：『我爲巫者所辱，豈可復言爲官。明晨别有指揮，汝等或須相稟，是非好惡，縣令當之。』及曉，伺門未開，郭已嚴飭歸騎，常供設，肴醴一無所施，坐於皇堂，大恣呵責。惟謙曰：『左道女巫，妖惑日久，當須斃在兹日，焉敢言歸！』叱左右坐於神前，鞭背三十，投於潭水。祠後有山，高萬千丈，遽令設席焚香，從吏悉皆放還，簪笏立於其上。於是合縣駭愕，云長官打殺天師，馳走者紛紜，觀者如堵。是時，炎旱累月，爍石流金，晴空萬里，略無纖翳。祠上忽有片雲如車蓋，俄頃漸高，先覆惟謙立所，四郊雲物隨之而合，雷震數聲，甘澤大澍，焦原赤野，無不滋潤。於是士庶數千，自山頂擁惟謙而下。州將以杖殺巫者，初亦怒之，既而精誠有感，深加嘆異，與監軍發表上聞，俄有詔書褒奬，賜錢五十萬，寵賜章服，爲絳、隰二州刺史，所理咸有政聲。敕書云：『狄惟謙，劇邑良才，忠臣華胄。覩此天厲，將瘴下民。當請禱於晉祠，類投巫於鄴縣，曝山椒之畏景，事等焚軀；起天際之油雲，法同翦爪，遂使旱風潛息，甘澤旋流。天心猶鑒於克誠，余志豈忘於褒善。特頒朱紱，俾耀銅章，勿替令名，更昭殊績。』

《舊唐書》卷二《太宗本紀》 六月戊寅，以旱親録囚徒，遣長孫無忌、房玄齡等祈雨於名山大川，中書舍人杜正倫等往關內諸州慰撫。

又令文武官各上封事，極言得失。

又卷八《宣宗本紀》 丁卯，至自温湯。以關中旱，遣使祈雨于驪山，應時澍雨，令以少牢致祭，仍禁斷樵采。

又卷一三《德宗本紀》 四月丁丑，以久旱，令陰陽人法術祈雨。

《舊五代史》卷七二《許寂傳》 又有僧誠惠。誠惠初於五臺山出家，能修戒律，稱通皮、骨、肉三命。人初歸向，聲名漸遠，四方供饋，不遠千里而至者衆矣。自云能役使毒龍，可致風雨，其徒號曰降龍大師。京師旱，莊宗迎至洛下，親拜之。六宫參禮，士庶瞻仰，謂朝夕可致甘澤。禱祝數旬，略無徵應。或謂官以祈雨無驗，將加焚燎，誠惠懼而遁去。及卒，賜號法雨大師，塔曰慈雲之塔。

宋孫光憲《北夢瑣言》卷一九 五臺山僧誠慧，其徒號爲降龍大師。鎮州大水，壞其南城。誠慧曰：『彼無信心，吾使一小龍警之。』自言能役使毒龍故也。同光初到闕，權貴皆拜之，唯郭崇韜知其爲人，終不設拜。京師旱，迎至洛下祈雨，數旬無徵應。或以焚燎爲聞，懼而潛去，至寺慚恚而終。建塔，號法雨大師，何其謬也。

《唐會要》卷二三《龍池壇》 開元二年閏二月，詔令祠龍池。六月四日，右拾遺蔡孚獻《龍池篇》，集王公卿士以下一百三十篇。太常寺考其詞合音律者，爲《龍池篇樂章》，共録十首。十六年，詔置壇及祠堂，每仲春將祭則奏之。十八年十二月二十九日，有龍見于興慶池，因祀而見也。敕太常卿韋縚草祭儀，縚奏曰：『臣謹按《周禮》，以疈辜祭四方百物。祭法曰：能出雲爲風雨者，皆曰神。龍者，四靈之畜，亦百物也。能爲雲雨，亦曰神也。《禮》有公食大夫饗之文，即生曰食，亦曰饗矣。其饗之日，合用仲春之月。《易》曰震爲龍。震者，東方，春用于時二月也。饗之法，請用二月，有司筮日，池傍設壇，官致齋，設籩豆，如祭雨師之儀，以龍致雨也。其牲用少牢，樂用鼓鐘，奏姑洗，歌《南吕》。鄭玄云風師、雨師及小祀用此樂，凡六變者，三變而致鱗物。今享龍，亦請三變。舞用帗舞，樽用散酒，以一獻。《周禮》曰凡祭群小祀用之也。』詔從之。二十三年五月一日，宗子請率月俸于興慶宫，建《龍池聖德頌》，以紀符命，望令皇太子、中書令張九齡、禮部尚書李林甫充檢校使。從之。五日，宗子請令寧王憲題額，侍中裴耀卿充模勒使。至天寶二年五月五日，又重建立。殿中監褒信王璆撰文，皇太子書并題額。貞元六年六月，復祭五龍壇。元和十二年四月，上以自春以來，時雨未降，正陽之月可雩祀，遂幸興慶宫堂祈雨。忽有一白鸕鷀浮沉水際，群類翼從，左右咸異之。俄而不見。方悟龍神之變化，遂相率蹈舞稱慶，後大雨果下。

又卷五〇《摩尼寺》 貞元十五年四月，以久旱，令摩尼師祈雨。

《太平廣記》卷八八《異僧二・佛圖澄》 又久旱，自正月至六月，虎遣太子詣臨漳西釜口祈雨。久而不降，虎令澄自行，即有白龍二頭降於祠所，其日大雨，方數千里，其年大收。

又卷一〇四《報應二・吕文展》 唐吕文展開元三年任閬中縣丞，雅好佛經，尤專心持誦《金剛經》，至三萬餘遍，靈應奇異。年既衰暮，三牙并落，念經懇請，牙生如舊。在閬中時，屬亢旱，刺史劉浚令祈雨，僅得一遍，遂獲沛然。又苦霖潦，別駕使祈晴，應時便霽。前後證驗非一，不能遍舉。

又卷二六〇《嗤鄙三・黎幹》 唐代宗朝京兆尹黎幹以久旱祈雨於朱雀門街，造土龍，悉召城中巫覡舞于龍所。幹與巫覡更舞，觀者駭笑，彌月不雨。又請禱于文宣王廟。上聞之曰：『丘之禱久矣。』命毁土龍，罷祈雨，減膳節用，以聽天命。及是甘澤乃足。

又卷三四二《鬼二十七・趙叔牙》 貞元十四年戊寅夏五月旱，徐州散將趙叔牙移入新宅，夜中有物窗外動摇窗紙聲，問之，其物自稱是鬼，吴時劉得言，窟宅在公牀下，往來稍難，公爲我移出，城南臺雨山下有雙大樹，是我妻墓，墓東埋之，後必相報。叔牙明旦出城視之，信，即日掘牀下，深三尺，得骸骨，如其言葬之。其夜，鬼來言謝曰：『今時旱，不出三日有雨，公且告長史叔牙。』至明通狀，請祈雨，期三日雨足，節度使司空張建封許之給其所須。叔牙於石佛山設壇，至三日且無雨，當截耳。城中觀者數千人，時與寇隣，建封以爲詐妄有謀，晚衙杖殺之。昏時大雨，即令致祭，補男爲散騎。時人以爲事君當誠，實令趙叔牙隱鬼所報雨至之期，故自當死耳。

宋錢若水《太宗皇帝實録》卷七七 上以京師少雨，命有司講求故實。有司言，凡京都旱則祈岳鎮海瀆及諸山川能興雲雨者，於北郊望而告。又祈宗廟社稷，每七日一祈，不雨，還從北郊如初，雨足則報賽，用酒脯醢如常祀。詔以給事中、參知政事李昌齡祠北郊，張洎祠太廟，寇準祠社稷。

宋 錢易《南部新書》卷六　王彦威鎮汴之二年，夏旱，時袁王傅李玘過汴，因宴，王以旱爲言。李醉曰：可求蛇醫四頭，十石甕二，每甕以水浮二蛇醫，覆以木蓋，密泥之，分置於閙處。甕前設香席，選小兒十歲以下十餘，令執小青竹，晝夜更互擊其甕，不得少輟。王如其言試之，一日兩度，雨大注數百里。舊説龍與蛇醫爲親家。咸平中，今祕書楊監億任正言、知處州，上祈雨法，亦此類也。

宋 彭乘《墨客揮犀》卷三　熙寧中，京師久旱。按古法，令坊巷各以大瓮貯水，插柳枝，泛蜥蜴，使青衣小兒環繞呼曰：『蜥蜴蜥蜴，興雲吐霧，降雨滂沱，放爾歸去。』開封府准堂札，責坊巷等觀祈雨甚急，而不能盡得蜥蜴，往往以蝎虎代之。蝎虎入水即死，無能神變者也。小兒更其語曰：『冤苦冤苦，我是蝎虎，似凭昏昏，怎得甘雨！』

宋 王讜《唐語林》卷五　明皇時亢旱，禁中築龍堂祈雨，命少監馮紹正畫西方木畢，如覺雲起生梁棟間，俄而大雨。

《資治通鑑》卷一六七《陳紀一·高祖武皇帝》　齊主以旱祈雨於西門豹祠不應，毁之，并掘其冢。

又 卷二二五《唐紀四十一·代宗睿文孝武皇帝》　京師旱，京兆尹黎幹作土龍祈雨，自與巫覡更舞。彌月不雨，又禱於文宣王。上聞之，命撤土龍，減膳節用。秋七月戊午，雨。

又 卷二七三《後唐紀二·莊宗光聖神閔孝皇帝中》　初，五臺僧誠惠以妖妄惑人，自言能降伏天龍，命風召雨。帝尊信之，親帥后妃及皇弟、皇子拜之。誠惠安坐不起，群臣莫敢不拜，獨郭崇韜不拜。時大旱，帝自鄴都迎誠惠至洛陽，使祈雨，士民朝夕瞻仰，數旬不雨。或謂誠惠，官以師祈雨無驗，將焚之，誠惠逃去，慙懼而卒。

宋 曾鞏《元豐類稿》卷四〇《題禱雨文後》　福州元豐元年戊午，自四月甲子至五月辛巳，凡十有八日不雨，田已憂旱。太守率屬吏士，分禱諸佛祠，迎像能致雨者陳之通路，用浮圖法爲道場，率屬吏士羅拜以請。丁亥夜五鼓，出禱鱔溪，屬吏士分禱群望。己丑，率屬吏士蔬食。夜四鼓，就城南近水祭告后土，將爲壇祭龍。庚寅，蔬食如己丑。夜三更，就壇壝，刲鵝祭龍。辛卯夜五鼓，就視牲血，以法推之，當得雨。壬辰，就紫極宫壇，用青童二十有八人，更咒蜥蜴如古法。癸巳，分禱諸祠未遍者，取黄蘖山龍潭水置道場，率屬吏士往請。甲午，又往。乙未夜二更，得雨，連三日夜，遠近皆有餘。蓋自辛巳至丙申，凡十有六日，無日不致禱。自丙戌至甲午，四境多得雨。至丁酉，乃皆有餘。是日，罷道場，還所迎像及水，送蜥蜴南澗之濵。庚子，遍祭謝。欲知閩粤之間，兼旬不雨，則已憂旱，而請禱之爲不誣也。故刻其祝辭於石，而并識之。

宋 王得臣《麈史》卷下《乖謬》　人有言曰：良田畏七月。蓋百穀秀實之時，正需雨也。安陸郡一歲禾稼甚茂，而七月不雨。一日，見當職者，告以祈雨，但言他而不答。八月又見之，乃召日者占雨期。日者告以將雨，其人乃曰：是不用宰鵝也。余觀朝廷頒《祈雨雪文》三卷，藏於郡縣，如宰鵝皆有次第，豈至八月尚可爲之。

宋 王鞏《甲申雜記》　内侍劉永逵奉命北岳祈雨，久之不應，召群巫訊之，皆不驗。或謂一巫甚驗，劉亟召之。巫甚倨慢，曰：『嘉應侯也。』劉曰：『嘉應侯爵，豈憑女巫自售。』巫叱怒不已。劉曰：『侯之廟在京師何地？』巫妄指他所，劉遂加鞭捶。

宋 王鞏《聞見近録》　慈聖光獻皇后養女范觀音得幸，仁宗温成患之。一歲大旱，仁宗祈雨甚切，至燃臂香以禱，宫人、内璫皆左右燃之。祈雨之術備盡，天意弗答，上心憂懼。温成養母賈氏，宫中謂之賈婆婆，威動六宫，時相認之以爲其姑，乃陰謂丞相，請出宫人以弭灾變。上從之。温成乃白上非出所親厚者，莫能感天意，首出其養女，以率六宫。范氏遂被出。而雨未應。上問臺官李柬之，曰：『惟册免議未行耳。』是夕鎖院，賈氏營救不獲。時相從工部侍郎拜武鎮軍節度使、同中書門下平章事、判北京，雨遂霔。

宋 王鞏《甲申聞見二録補遺》　先公任諫官時，大旱請對，乞駕出祈雨。仁宗曰：『太史言月二日當雨，月一日當出。』先公曰：『臣謂是日無雨。』上曰：『卿何以知之？』曰：『陛下既知有雨，則安用祈求？知有雨而求，非誠也。天非至誠不格，臣是以知無雨也。』上曰：『明日當出。』先公曰：『臣乞傳旨閤門。』上即召近璫喻曰：『明日于醴泉觀等處祈雨。』先公曰：『何不遠出，豈憚熱乎？凶歲，百姓衣食將不給矣。』上每意動，則耳輪先赤，厲聲曰：『待去西太一宮。』先公曰：『乞傳旨。』上曰：『卿不知典故，出城不預告也。』先公曰：『此國初以來防不虞耳。今太平久矣，人渴望清光，預使知之，不過村落觀駕者多爾。』上乃喻旨，翌日特召先公隨駕，非例也。是日熾日，塵埃遍空，上色不怡。及歸，至瓊林苑憩蹕，有雲烟起西太一宮上。上瞻顧間，雷霆大震，遂雨。至鄭門，自逍遥輦易平頭輦，且徹蓋以承雨。入内，傳旨先公明日入對。及對，上喜甚曰：『此雨卿所致也。』先公曰：『陛下盛德格天，天下之幸。』上曰：『昨日歸内，不敢寢於殿下，設香案，焚生龍腦十七斤以謝天，左右進纖亦却之。立至三更，自頂至踵，無不霑濕。』先公曰：『陛下雖答天之誠如此，盛德之至也。然陰氣不可不防，宜爲社稷自重。』上曰：『當無雨之際，恨不身爲犧牲，何暇自愛也。』

宋 曹勛《松隱集》卷三五《天竺證悟智公塔銘》 紹興二十七年夏，久旱，奉旨祈雨。師宴禱曰：『三日不雨，老朽將奚益？』誠心所格，雨乃隨至。

宋 侯溥《靈泉縣瑞應院祈雨記》《成都文類》卷三八 府之邑曰靈泉，而邑之聚曰洛帶者有佛廟，其名瑞應。廟之所以名此，以祥符中樞直任公中正奏之，名之所以得此，以開皇中信相菩薩致之。信相菩薩，名也；菩薩，隋蜀郡青城縣黑水溪褚氏女也。其傳曰麻衣竹笄，善説法要。會歲飢，以龍頭小鼎爲粥以飼人，日飫千萬，不竭不盈，人始異之。死之日，用竺法火化，異香彌山，舍利晶瑩。會昌擯佛，其塔亦圮。大中中，白丞相敏中節度劍南，始命法潤禪師訪其塔之舊石而刻其象。自爾迄今，其驗益神。凡時之旱暵，必禱焉。今年春二月，雨膏弗時，甲者弗牙，苞者弗葩，民吁以嗟。知府事、大資政諫議南陽公曰：『久矣，吾聞褚菩薩之爲靈也！盍請禱焉？』乃命試主將作簿樊靖款瑞應，具香供，以菩薩之象歸於府。蓋十有三日辛巳，發自洛帶，條風隨車，自東而西，距府十里，密雨遽作，通夕霈灑，潤可一尺。公前期戒屬吏齋謹，越翼日，帥屬吏以笙歌皷逆於門外，而設供於大慈佛廟，炬密烟，乳蔬麪。方丈且告之曰：『民旱久矣，是以有今日之請，願留七日，以祈甘澤。』是夕又大雨。越三日乙酉，通夕大雨，非特一尺之潤而已。原隰鏄發，今合以濡；草木焦禿，今榮以狩。既七日，復命靖奉之以歸於瑞應，公送之如始逆焉。葢嘗思之，道無所不在，而佛無所不是。翠竹黄花，同歸妙用。故雖塔石之象，亦足以爲惠澤於一方。夫誠者在我，則應者在彼，苟我之不誠，而求彼之應，其亦難矣乎！今夫石象之應，豈菩薩惓惓於其間哉？南陽公之純誠所召耳！溥目是靈感，輒書其事，使人知菩薩之驗與公之誠爲表裏，不以不誠而專恃於乞靈云。熙寧七年五月日記。

宋 呂南公《灌園集》卷九《黄籙祈雨記》 天下之方術，有見者能爲，唯謹者能傳，克誠者能用。自道而觀世，則消息盈虚若非力之所容致；自世而觀道，則凡相靡相張、相資相亡、相終相始，必有以寓乎常而適其變者。此博達之家所以坐覽群學，而捐情於棄絶也。先王之盛時，其奉天地，順陰陽，於何弗至？而於祈禳禱請，有官有文，委曲備具，是惟爲國之訓。後世教治政令有不明，有不行，積久而遺初，游波而昧源，爲士者且不知領略，豈論於蠢蠢之民哉？方術之多滿世，其何怪？且彼爲之，其有以矣。愛人利物以本其志，尊天敬神以行其言，智不必能通天地，而人皆準倣而揄揚之矣。夫以閉南縱北，縈絲摶土而救歲旱，攷之經嘗著乎，而用每得志，則其傳之莫禦也固宜。比及下流，徙市禁屠，歌呼奔走，以至焚暴，無所不至，而固令不沮，豈亦爲其有以歟？爲譬則耕，傳譬則時，用譬則力，道譬則穀，穀無不可養人者，耕之方不必同，而事同；有耕有不耕，而時同。耕且時矣，而心不專，志不致，則亦鹵莽焉而已矣。今世之論，或鄙方術如棄絶之晚，即或用之而不能誠，是皆未足以言至理。蓋古之所謂克誠，豈草草之云，固有以尊其德性矣。不然，匹夫媪孺叩顙而囁嚅，亦可以蒙君子之感格矣。熙寧天子在宥十載，以海内登稔，故易紀號爲元豐，而郡縣溥率。山川之神，所主異數，風土之沴，參差或見，猶之十尺華壇，非不温密，而一毛不得，理不無之。三年時，南城夏不雨彌三月，縣令爲之盡室不茹葷，夙宵出拜，土龍舞巫如市，而夜漢愈明徹。當是時人以爲雨果不可禱。四年、五年皆然。六年時，臨邛李侯爲令，政事畢舉，是夏閏六月復旱，閱兩旬，爲七月朔旦，李侯率其佐禱於仙都，至則問道士亦有方術乎？對曰：『教有黄籙道場，是可以致，而無信奉者，故未嘗用。』李侯懇然趨爲之，香烟始升，晴昊忽微曀。有頃，四山雲合雷作，雨大至，國野以達四境，皆言霑足。於是人知李侯之誠有以克，而方術之足用，雨非不可禱也。李侯爲余言：『識戒執，作戒僞，未克乎戒，不足以言學。苟爲克之，焉往而不善？皆知道無所不在，而方術之擇；皆知方術之可存，而黃籙之忽其末之思乎！爲我記之，以告能用者，以慰能傳者，亦將有博達者雍容而評裁乎。其知之乎？』余辭不獲，遂以記。

宋 陳巖肖《庚溪詩話》卷下　舊傳有太守因旱祈雨，於龍潭得小雨，而未甚應，因作一絶云：『祈雨精誠尚未通，浮雲開闔有無中，潭龍恐我羞歸去，略灑些些表不空。』因寫投此詩潭中，繼即大雨隨足。

宋 江少虞《新雕皇朝類苑》卷五《祖宗聖訓·仁宗》　二十七日，幸西太一宮祈雨。日色方熾，上命撤蓋。既還，乃雨。

又卷六九《神異幽怪·湫神》　寧州眞寧縣要册湫，自唐天后、中宗朝多祈雨有驗。歲旱，遣中使持錦繖，及鎮宣徽樂工三五十人作樂於祠庭。僖宗乾符中，封神爲應聖侯。昭宗光化中，進封普濟王。開寶九年，太宗在南府，遣親吏市馬秦州，過宿於湫房，夢人告云晉王登帝位，至長安，赦至，果符其言，遂以聞。明年五月十三日，白龍見池中，長數丈，東鄉吐雲，雲白色，自辰至午而沒，見者數千人。郡以聞，遂下詔封顯聖王，增修祠宇。先是，涇州界有湫，方四十里，水停不流，冬夏不增減，水清澈不容穢濁，或有喧汙，輒興雲雨。歲旱，土人多祈雨於此，傳云龍之所居。《漢書·郊祀志》云：春祠官所領湫淵，安定朝那者是也。其後屢稱湫有靈應，朝那無聞焉。而天下山川限曲，亦往往有之，皆神龍之所蟠蟄。建州浦城縣福羅山有龍潭，歲旱，土人祀之，或投鐵，龍立致雨。

《續資治通鑑長編》卷五 乾德二年二月　丁酉，遣左拾遺梁周翰等馳驛，分詣五岳祈雨。

又卷一六 開寶八年三月　癸巳，命近臣祈雨於在京祠廟。

又卷三〇 端拱二年八月　上以歲旱減膳，遍走群望，皆弗應。是夕手詔，賜宰相趙普等曰：『萬方有罪，罪在朕躬。自星文變見以來，久愆雨雪。朕爲人父母，心不遑寧，直以身爲犧牲，焚於烈火，亦足以答謝天譴。當與卿等審刑政之闕失，念稼穡之艱難，恤物安民，庶祈眷佑。』時普被疾請告，即以授呂蒙正等。壬申，蒙正等詣長春殿謝曰：『陛下臨御以來，躬親萬機，勤恤民隱，未嘗有纖微之失。蓋臣等調燮無狀，致此愆亢。漢制：水旱策免三公，臣等實任其責，願上印綬，避賢者路。』上慰勉之。知制誥王禹偁上疏曰：『臣嘗讀《墨子》，有《七患》一篇，言水旱凶饑之事，雖本小説，似有裨於時政。大抵一穀不收謂之饉，二穀不收謂之旱，三穀不收謂之凶，四穀不收謂之餽，五穀不收謂之饑。饉則大夫以下皆損其禄五分之一，旱則損其二，凶則損其三，餽則損其四，饑則盡無禄，廩食而已。今旱雲不霑，宿麥未苗，既無九年之蓄，可憂百姓之饑，望陛下特降詔書，上下君臣之間，政教有闕，自乘輿服命以下，至百官奉料，非宿衛軍士、邊庭將帥，悉第減之。上答天譴，下厭人心。候雨足如故。臣朝行中家最貧，奉最薄，然願首減奉，以贖耗蠹之咎。外州歲市，紫茜、皮翎、筋骨之數，亦望權停一年。事材八作、文思紫雲工巧之技亦罷其作。近城掘土侵墓者瘗之，外州配隷之衆，非贓盜者釋之，然後戒州縣吏以古昔猛虎渡河、飛蝗越境之事。境内山川靈廟，并委祈禱。其餘軍民刑政之弊，非臣所知者，望委宰相裁議頒行，但感人心，召和氣，變灾爲福，惟聖人行之。』知制誥田錫言：『臣今奉詔差在太一宮，用青詞致醮祈雨者，竊以時雨愆亢，聖慮焦勞，自秋涉冬，祠禱皆遍。陛下親降乘輿，躬謁寺觀，有以見仁主憂民之旨，聖人恤物之心。雖灾沴流行，何代蔑有？而帑廩儲積，可備不虞。然自今歲以來，天見星妖，秋深雷震，繼以旱暵之沴，可虞饑饉之灾，此實陰陽失和，調燮倒置，上侵下之職而燭理未盡，下知上之失而規過未能，所以成兹咎徵，彰乎降鑒，或乾文示變，或沴氣生妖。昨陛下以上天垂譴告之文，御樓行赦，德音朝發，妖彗夕消。天不言而感報昭彰，神幽贊而應答遄速。今以宿麥未種，甘雨未零，人心不寧，農望已失。或聞小小寇盜聚散靡常，嗷嗷蒸黎，憂畏實甚。愆陽既戾于寒沍，厥疾乃生于癘疵，民或流亡，穀必翔貴。尚賴陛下聖德，宗廟慶靈，蠢兹獯戎，騷邊頓息，惠然諸國，底貢交修。不然，則人心一搖，盜計斯得，何以静潢池弄兵之嘯聚，何以禦戎馬南牧之奔衝。惟是秋冬，又無雨雪，此乃天意尚欲垂誡，聖心諒亦深思。豈刑繫之間，尚未平允，法令之設，尚爾煩苛。或力役未悉矜蠲，或奢靡未盡撙節。言路雖啓，蹇諤者未必一一聽從，王道雖行，孤苦者未必人人受賜。或刑賞過于常理，因喜怒失于厥中。嘉言納忠，或見破于横議，任賢待下，或鮮終于至誠。若然，則雖旰食疚懷，宵衣軫念，孜孜萬務，適足勞于聖躬，翼翼小心，尚未臻于至化。今舉大略，上犯宸嚴。《禮》曰：王言如絲，其出如綸。《書》曰：謹乃出令，令出惟行。今朝廷所行，或異于是。謀始稍虧于審謹，令出無愧于改更，有敕下方用，尋即罷方用，御札謁清廟，尋罷謁清廟，以是知急速機務，寧無錯行。臣之愚蒙，豈敢逭于誅戮，臣之遭遇，安忍負于聖明，是以因事上言，庶裨萬一。伏望陛下因此時旱，更降詔書，引咎責躬，以答天譴，布德覃慶，以安民心。蠲減征徭，簡約科禁，搜察淹滯，登進才良。猛士守方，無使黷鄰召怨，朝臣典郡，正宜選廉任能。或旌別勤勞，或省閲浮泛，振廩通貨以救餓殍，加估收儲以備闕乏。蕃戎蹂踐之處，士庶陷歿之家，哀亡恤存，憫其餘苦，掩骼置奠，慰彼沈冤，閭里再命于復除，孤寡量優其給賜，儉約奉己以合禮，謹静息民以安邊。詳延忠鯁之臣，詢究灾祥之理，弭灾求理，正在此時，變沴致祥，屬當今日。若旱沴不已，歲歉相仍，盜聚葦蒲，伺隙而動，狄乘饉塞，幸灾爲虞，是則國家之慮實深，朝廷之憂非淺也。」疏奏，上不悦，宰相亦怒錫疏有『調變倒置』等語，尋罷知制誥，以户部郎中出知陳州。

又卷四八 咸平四年春正月 丁未，兵部郎中直昭文館韓援等八人分詣岳瀆祈雨。【略】丁巳，幸大相國、開寶天壽寺、上清宫祈雨。戊午雨。自去冬旱，上每御蔬食，憂悯切至，是日方臨軒決事。雨沾衣，左右進蓋，却而不御。

又卷五六 景德元年三月乙酉 元宸在定州凡五年，屬久旱，州吏白召巫作土龍祈雨，元宸曰：『巫本妖民，龍止獸也，惟精誠可以格天。』乃集道士設壇醮，潔齋三日，百拜懇祈，信宿而雨。

又 〔景德元年四月〕辛巳，命知制誥晁迥詣北岳祈雨。【略】甲午，遣常參官詣五岳四瀆祈雨。是日大雨，遂留不遣。【略】己丑，上謂侍臣曰：『近頗亢旱，有西州入貢胡僧自言善咒龍祈雨，朕令精舍中試其術，果有符應。事雖不經，然爲民救旱，亦無所避也。』

又卷六三 景德三年五月丙辰 詔以畫龍祈雨法付有司，鏤板頒下。

又卷七一 大中祥符二年 二月戊子，詔如聞近歲命官祈雨，有司第給祝板，不設酒脯。按令文，凡祈以酒及脯醢，報准常祀，宜令有司自今祈報，虔遵禮令，務在蠲潔。【略】乙巳，幸大相國寺、上清宫、景德開寶寺祈雨。戊申，又遣官祀太一，又祀元冥五星於北郊。己酉，雨。【略】庚戌，布衣林虎伐登聞鼓上言：『國家遣官祈雨，車駕遍詣宫寺，雖再雨而未足。願去邪佞尸素之臣，明賞罰黜陟之令，則天自雨。』上曰：『所言邪佞尸素，當明斥其名；賞罰黜陟，悉陳非當。朕豈吝於采拔？然姓林名虎，尚怪者也。』命中書召問，虎無以對。罷之。

又卷八四 大中祥符八年二月戊辰 謁玉清昭應宫，幸開寶寺、上清宫祈雨。

又卷八八 大中祥符九年九月甲寅 時以愆亢，有龜山僧智悟請就開寶寺福聖塔斷左手祈雨，是日雨降。自秋不雨，上憂形于色，減膳徹樂，遍走群望，及是霑霈，中外忻慶，分遣官致謝于所祈處。上作《甘雨應祈詩》，近臣畢和。

又卷一〇五 天聖五年六月 甲戌，幸玉清昭應宫及開寶寺祈雨。丙子，詔開封府諸縣決繫囚，無或淹滯。以近州皆雨，而畿甸獨未雨故也。丁丑，雨。

又卷一一二 明道二年二月 丁亥，祈雨于會靈觀、上清宫、景德開寶寺。

又卷一一八 景祐三年六月 庚戌，以河北久旱，遣官詣北岳祈雨。

又卷一四〇 慶曆三年四月 丙辰，遣官詣五岳四瀆祈雨。

又卷一四一 慶曆三年五月 庚辰，幸相國寺、會靈觀祈雨。辛巳，上謂輔臣曰：自春夏不雨，歲時失望，蓋朕不德所致。但日於禁中蔬食精禱，引咎而已。【略】戊子，雨，輔臣稱賀。上曰：『天久不雨，將害民田，朕每焚香上禱于天。昨夕，寢殿中忽聞微雷遽起，冠帶露立殿下，須臾雨至，衣皆沾濕。移刻雨霽，再拜以謝，方敢升階。自此尚冀槁苗可救也？』章得象曰：『非陛下至誠，曷以致天應若此？』上曰：『比欲下詔罪己，撤樂減膳，又恐近於崇飾虚名，不若夙夜精心密禱爲佳爾。』

仁宗皇帝慶歷年，京師夏旱，諫官王公素乞親行禱雨，帝曰：太史言月二日當雨，一日欲出禱。公曰：臣非太史，知是日不雨。帝問故，公

又卷一七〇　皇祐三年六月　丁酉，上謂輔臣曰：『近遣內侍往嘉州祈雨，而本州具僧道威儀，迎候境上，如此則遠人多擾矣。其令轉運司禁止之。』

又卷一七二　皇祐四年三月　丁卯，遣官祈雨。戊辰，上謂輔臣曰：『開封府奏，婦人阿齊爲祈雨斷右臂，恐惑衆，不可以留京師，其令徙居曹州。』

又卷二〇一　治平元年四月甲申　司馬光言：『伏見權御史中丞王疇，建言乞陛下循真宗故事，幸諸寺觀祈雨，朝廷雖從其請，而講議選日已踰旬浹，至今車駕未出，衆論狐疑，皆云事恐中輟。臣愚竊以陛下踐位已踰朞年，京城百姓未聞屬車之音，重以嚮者聖體不安，遠方之人妄造事端，訛言未息，若聞車駕一出，則遠近釋然，莫不悅喜。況今春少雨，麥田枯旱，禾種未入，倉廩虛竭，閭里饑愁。陛下爲民父母，當與同其憂苦，祈禱群神，豈可晏然視之，不以疚懷？況詔命已降，流聞四方，若復遷延，久而不出，則道路之人逾增猜惑，不若嚮時初無此議也。且王者以四海爲家，故稱乘輿，或稱行在，車駕暫出，近在京城之內，亦何必拘瞽史之言，選揀時日，忘萬民朝夕之急？殆非成湯桑林、周宣雲漢之意也。臣愚伏望陛下斷自聖心，於一兩日之間，車駕早出，爲民禱雨，以副中外顒顒之望。』甲午，祈雨於相國天清寺、醴泉觀。帝久不豫，至是士庶驩呼相慶。五月己亥，詔：『自今水旱，命官禱於九宮貴神。』初，胡宿上言：『竊見前書所載，九宮貴神實司水旱，雖不見經，而當時尊祀次昊天上帝。唐明皇、肅宗嘗親祀之。雖太和降爲中祀，至會昌即復其禮，仍以宰相往修祠事。國家祇若舊典，列於常祀，至和中，因修時祭，光祿小吏慢祀而震死者二人，威靈所傳，耳目未遠。今首夏垂盡而時雨尚愆，有惻上仁，遍走群望。昔宣王遭旱，《雲漢》之詩曰：「上下奠瘞，靡神不宗。」況水旱之神，又可闕諸？臣愚以爲宜因此時特遣近臣并祀九宮貴神。』詔禮院詳議。於是，禮官議以國朝舊制，每歲雩祀外，水旱稍久，則遣官告天地、宗廟、社稷及諸寺觀、宮廟，九宮貴神今列大祀，亦宜準此命官就壇祈禱。故從之。

又卷二六三　熙寧八年閏四月甲午　按：七年七月十六日，分命輔臣祈雨。二十七日，又祈雨。八月十一日，又以久旱祈雨。《記聞》稱曰：陛下幸其當雨，以禱不誠也。不誠不可動天，臣故知不雨。帝曰：明日禱雨醴泉觀。公曰：醴泉之近，猶外朝也，豈憚暑不可遠出耶？帝每意動則耳赤，耳已盡赤，厲聲曰：當禱西太一宮。公曰：乞傳旨。帝曰：車駕出郊不預告，卿不知典故？公曰：國初以虞非常，今久太平，預告使百姓瞻望清光者，衆爾無虞也。諫官故不扈從，明日，特召王公以從。日色甚熾，埃霧漲天，帝玉色不怡，至瓊林苑回望西太一宮，上有雲氣如香烟已起，少時雷電雨甚至。帝却逍遥輦，御平輦，撤蓋還宮。又明日，召公對，帝喜曰：朕賴卿得雨幸甚。又曰：昨即殿庭雨立百拜，焚生龍腦香十七斤，至中夜舉體盡濕。公曰：陛下祀天當恭畏，然陰氣足以致疾，亦當戒。帝曰：念不雨，欲自以身爲犧牲，何戒也！

又卷一四七　慶曆四年三月乙丑　諫官歐陽修言：『臣伏見近出內庫金帛，賜陝西以救饑民。風聞江、淮以南，今春大旱，至有井泉枯竭、牛畜瘴死、雞犬不存之處，九農失業，民庶嗷嗷，然未聞朝廷有所存恤。陛下至仁至聖，憂民愛物之心，靡所不致，但患遠方疾苦，未達天聰，苟有所聞，必須留意。下民疾苦，臣職當言。昨江、淮之間，去年王倫蹂踐之後，人户不安生業，倫賊纔滅，瘡痍未復，而繼以飛蝗，自秋至春，三時亢旱。今東作已動，而雨澤未霑，此月不雨，則終歲無望。加又近年以來，省司屢於南方斂率錢貨，而轉運使等多方刻剝，以貢羨餘。江、淮之民，上被天災，下苦盜賊，內應省司之重斂，外遭轉運之誅求，比於他方，被苦尤甚。今若不加存恤，將來繼以凶荒，則饑民之與疲怨者相呼而起，其患害不比王倫等偶然狂叛之賊也。臣謂民怨已久，民疲可哀，因其困時，宜速施惠，不惟消弭盜賊之患，兼可以悅其疲怨之心。伏望聖慈特遣一二使臣，分詣江、淮名山，祈禱雨澤，仍下轉運司并州縣，各令具逐處亢旱次第奏聞，及一面多方擘畫，賑濟窮民，無至失時以生後患。』丙寅，遣內侍詣兩浙、江、淮祠廟祈雨。

又卷一五四　慶曆五年二月　辛亥，祈雨于相國、天清寺、會靈、祥源觀。【略】辛丑，幸西太一宮祈雨。所過神祠，皆遣中使致禱。【略】上之幸西太一宮也，日方炎赫，却蓋不御，及還而雨，是日大浹。

又卷一六八　皇祐二年六月　己巳，再頒先朝祈雨雪法，令所在置嚴潔處。

汴水大漲，恐不然，當是凌排衝溢堤岸耳。

又卷二八一 熙寧十年五月壬寅 内出蜥蜴祈雨法，試之果驗，詔附宰鵝祈雨法頒行之。

又卷二八八 元豐元年二月 戊辰，分命輔臣祈雨於郊廟社稷，仍令京東、京西、河北、河東、陝西、淮南等路愆雨州軍長吏禱名山靈祠。

又卷五〇七 元符二年三月 乙丑，詔輔臣詣天地、社稷、宗廟、宫觀、寺院等處祈雨。

宋 孔平仲《續世説》卷二《政事》 田仁會爲郢州刺史，天旱，仁會自曝祈雨，竟獲甘澤，其年大熟。百姓歌曰：『父母育我田使君，精誠爲人上天聞，田中致雨山出雲，倉廩既實禮義申，但願常在不患貧。』

又卷六《排調》 後唐僧誠惠云能役使毒龍，可致風雨，其徒號爲降龍大師。京師旱，莊宗迎至洛下，親拜之，六宫參禮，士庶瞻仰，謂朝夕可致甘澤。禱祝數旬，略無徵應。或謂官以祈雨無驗，將加焚燎，誠惠懼而遁去。及卒，賜號法雨大師，塔曰慈雲之塔。

宋 朱翌《猗覺寮雜記》卷下 後漢戴封爲西華令，大旱，積薪坐其上自焚，火起而雨。凉輔爲廣漢掾，太守禱雨連日無所得，輔自暴庭中，祝曰云云。輔今敢自祈禱，積薪聚茭茅自環，發火其旁，將自焚。未及日中，澍雨沾足。近世浮屠氏多爲自焚祈雨以惑人，不知自古士大夫已如此，不可專罪浮屠也。

宋 周煇《清波雜志》卷三 一日盛暑亭午，上在水殿熱甚，詔靈素作法祈雨。久之，奏云：『四瀆上帝皆命封閉，唯黄河一路可通。但不能及外。』詔亟致之。俄震雷大霆，霆皆濁流，俄頃即止。中使自外入，言内門外赫日自若。徽宗益神之。

宋 邵博《聞見後録》卷二九 汾晋間祈雨，裸袒叫呼，奮臂爲反覆手狀，又以水洒行道之人，殆可笑。按《董仲舒傳》注有閉陰縱陽，以水洒人之説，蓋其自也。

宋 李柄《淵靈廟禱雨記》《明州阿育王山志》卷五 乾道二載夏六月不雨，農以病告。郡用故事，分遣僚屬并走群祀，乃檄柄與權節度推官王道禱于淵靈廟鰻井，且俾迎鰻以來，廟在東郡三十五里，阿育王山廣利禪寺，井凡七，相去數步，水僅盈尺，蓋鰻之所居。鰻寔能致雨，故歲旱又禱於是，柄、道被命，以甲申至寺，具香花，集僧，俱步入祠下，焚香致意，梵唄鐃皷，繞井三匝未見也。柄懼齋戒弗虔，無以格神之靈，且亢暘之月久，害必及民，顧何以復于郡，又再拜而告曰：『太守閣學趙公治民事神，無不用誠，幸以民之旱俾柄有求於神，神何嗇焉。羞淵潛而不見，使千里禾稼坐至於槁，甚非太守望神之意，亦神之羞也。』少焉，蜿蜒浮游於祠東第二井，舉沙囊以迎之，遂躍以入。僧俗驚喜咸曰：『鰻不常出也。昔時至禱者，率一二日乃見，未有若是之速也。』乙酉，以鰻入郡城，置于白衣觀音寺，建道場，雨雖即應而未沛然，越己丑，太守乃躬率群官致敬，奉鰻于郡治禱焉。是日天乃大雨，明日又自晝雨，凡三日，高下霑足，市井田野歡呼歌舞，皆知所自。逮壬辰，又遣柄送歸鰻井，既拜，雲興雨作，及寺乃止。翌日，定海亦以鰻歸，先我而至，盤旋數刻，逮是之人已，始俱不復見。嗟乎！鰻之爲靈也昭昭矣！柄自念承乏劇邑，公有租賦，民有衣食，其責在已。平時愚陋，益已見於政事間，當遇歲旱，既不能坐薪自焚，示信百里，深有愧於前古，又豈能感冥冥之神哉？竊謂太守有憂民之心，神有及物之功，神之靈非太守之誠有不能格，民旱非神之賜有不能蘇，吾太守以誠而致雨，自念以始，千倉萬箱，家給人足，其神之力歟？敢敬書于石。若鰻之變化靈應，聞于舊者，《贊寧傳》云，茲不復述。七月一日，右承奉郎知明州鄞縣主管學事勸農公事李柄記。

宋 董煟《救荒活民書》卷一 慶曆七年，以旱避正殿，詔中外臣寮指陳當世切務。又下詔曰：『咎自朕致，民實何愆。與其降咎於人，不若降灾於朕。』辛丑祈雨，炎日却蓋不御。

宋 徐鹿卿《清正存稿》卷五《福州請雨記》 紹定壬辰夏六月不雨，至於秋七月，遍走群祀未效。大帥番陽李公以石鼓閩重鎮，其下衆水所滙，必出雲爲風雨，乃命屬吏南昌徐鹿卿致禱。丙申，詣寺齋宿。丁酉黎明，登岧崱，禮畢而雨，是夕大雨，戊戌又大雨，己亥雨止。槁者蘇，涸者流，刻而識之，侈神之休。右記刻于鼓山大頂峰，隸書，在朱文公『天風海濤』四大字之傍。

宋 趙與時《賓退録》卷一　明年，京師大旱，命靈素祈雨未應，蔡京奏其妄。上密召靈素曰：『朕諸事一聽卿，且與祈三日大雨，以塞大臣之謗。』靈素請急召建昌軍南豐道士王文卿，乃神霄甲子之神兼雨部，與之同告上帝。文卿既至，執簡敕水，果得雨三日。

宋 佚名《宣和遺事》前集　秋七月，河南、淮北大旱。詔有道高士王文卿祈雨，不應，文卿奏曰：『九江、四海、五湖龍君皆奉上帝敕命，且停行雨。獨黄河神未奉睿旨。』帝曰：『卿可召黄河神行雨麽？』文卿領旨，向京師太一宫立壇祈雨。翼日升壇，祝曰：『大宋皇帝借黄河三尺水，以濟焦枯。』不移時，甘雨大作，遍地皆雨黄雨，以應黄河之水。

宋 陳葆光《三洞群仙録》卷六　道士宋元白，一日越州大旱，方曝尫檄龍以祈雨，久之，亢陽愈甚。元白謂人曰：『凡所降，須俟天符，非上奏無以致。』於是止，於元真觀焚香上祝，經夕大雨告足。越人神異之。信州復旱，郡將特請禱，元白遂作術，以告城隍之像，則須臾致雨。

宋 吴曾《能改齋漫録》卷一八《王丞相禱雨》　真宗朝，黄震知亳州永城縣。時大旱，王丞相欽若爲郡倅，至邑祈雨，夜祭祠下，王默禱：他日如至台輔，四更當雨。黄密知之，私戒皷吏，促其更籌，遽擊四皷，而雲未應。王亦自信之重，莊嚴而待。及期，果雨，竟如所望。

宋 洪邁《容齋詩話》卷三《水旱祈禱》　海内雨暘之數，郡異而縣不同，爲守爲令，能以民事介心，必自知以時禱祈，不待上命也。而省部循案故例，但視天府爲節，下之諸道轉運司，使巡内州縣，各詣名山靈祠，精潔致禱，然固難以一概論。乾道九年秋，贛、吉連雨暴漲，予守贛，方多備土囊，壅諸城門，以杜水入，凡二日乃退。而臺符令禱雨，予格之不下，但據實報之。已而聞吉州於小廳設祈晴道場，大廳祈雨，問其故，郡守曰：『請霽者，本郡以淫潦爲灾；而請雨者，朝旨也。』其不知變如此，但爲威侮神天，幽冥之下，將何所据憑哉？俚語笑林謂：兩商人入神廟，其一陸行，欲晴，許賽以猪頭；其一水行，欲雨，許賽羊頭。神顧小鬼言：『晴乾喫猪頭，雨落喫羊頭，有何不可？』正謂此耳。坡詩云：『耕田欲雨刈欲晴，去得順風來者怨。若使人人禱輒遂，造物應須日千變。』此意未易爲庸俗道也。

宋 洪邁《夷堅志・乙志》卷一六《鄒平驛鬼》　肇仕豫，爲吏部侍郎，出知棣州。因大旱，用番法祈雨，執肇坐於烈日中，汲水數十桶，更互澆其體，遂得病死。

又《戊志》卷一《杉洋龍潭》　淳熙甲辰歲，福州盛夏不雨，府帥趙子直命諸邑凡境内有神祠湫淵靈異之處，悉加敬禱。古田縣杉洋山有三潭，在巖嶺陗拔間，居民每往祈雨，多獲甘霖。於是邑丞陳某詣其處，焚香致詞罷，向潭簪笏端立，願一睹龍形。丞爲人愿慤，移時不懈。俄黑雲從山腰起，遍覆大空，一物躍出第三潭，盤於巖石之上，蓋龍股也。色正黄，其大如椽。陳倉卒趨下，得民家少憩，即時大雨，周浹一縣，三日乃止。郡上其事於朝，詔加封立廟。

又《辛志》卷六《玉山陳和尚》　信州玉山縣務林鄉下巖寺童行陳生，【略】稱爲陳和尚。凡境内水旱疾疫，命之禱輒應。鄉人當三伏問雨期，曰某日某時，不差晷刻，至有陳佛之稱。乾道九年七月間，縣大旱，士民投詞於丁邑宰，乞招之祈雨。丁迫於民情，勉從之，而終不信也。齋場既辦，請之曰：『師能知何日有雨？』曰：『明日申時。但須至誠齋潔，方獲感應。』已而不然，丁咄其惑衆，將置於理。陳笑曰：『闔縣之人盡知齋戒，仰望膏澤，以蘇苗稼。長官獨茹葷自若，爲民父母如此，顧歸咎於我哉？』丁曰：『何以知我葷饌？』曰：『今已食鹹鴨卵，尚餘其半，庖僕亦不敢喫，見在廚内罩子裡。吾言不妄言。』丁悵然自悔：『願容洗心懺謝，重建三日道場，不知可致雨否？』陳曰：『試看三日外如何。』及會散僧退，暑氣正炎，忽片雲起西北，雷震一聲，登時傾注，周一晝夜方晴。

宋 黎靖德《朱子語類》卷九〇《禮七》　某在南康祈雨，每日去天慶觀燒香。某説，且謾去。今若有箇人，不經州縣，便去天子那裏下狀時，你嫌他不嫌他？你須捉來打，不合越訴。而今祈雨，却如何不祭境内山川，如何更去告上帝？

又卷一二六《釋氏》　向在浙東祈雨，設醮拜得腳痛，自念此何以得雨，自先不信。

又卷一二七《本朝一》　歲旱，壽皇禁中祈雨有應。一日，引宰執入見，恭父奏云：『此固陛下至誠感通，然天人之際，其近如此，若他事一有不至，則其應亦當如此。願陛下深加聖慮，則天下幸甚。』恭父斯語，頗得大臣體。

宋 李心傳《建炎以來繫年要録》卷九〇 ［紹興五年六月］辛亥，趙鼎進呈，以旱乞分委侍從官等遍走群祀祈雨澤。上曰：『亢陽如此，朝廷政事闕失，更宜講求。』

又卷一三〇 ［紹興九年秋七月］己亥，秦檜言：『陛下齋居蔬食以祈雨澤，考之典禮，惟當損大官常膳。』上曰：『雖損膳，豈免日殺一羊，天意好生，朕實不忍。』既而雨應。

又卷一八一 ［紹興二十九年二月］癸亥，上謂宰執曰：『祈雨略應，未至霶霈。且令斷屠三日，所免止是猪、羊，民間緣此，競食鷄鵝魚蝦之屬，害物命多過百倍，可更斷三日，生命微物悉禁之。』【略】夜雷聲初作。

宋 趙孟堅《彝齋文編》卷三《五洩禱雨記》 五洩龍祠，在越諸暨西境，界接星婺，號小雁蕩，亦東浙名山也。唐賢逮國朝先達題咏多佳句，其叙山川勝槩及龍神靈異，則未之該也。余爲令，丙午值旱，七月二日躬禱祠宇。時方敕賜廟號豐澤，夕郎趙君扁字甚偉。余默禱神泉，且言於主僧曰：『禱而雨，當有紀。』果應甦濟。將屬筆，余以御史風聞斥歸臥故廬。明年七月仍旱，暑風竹簟間，追想去歲禱祭經行之詳，述寄寺僧，補山中闕文云。谿邑西南行，歷大悲寺，次陶朱巖，西向半里，豁見通達，平石坦布天成，匪由甃砌。逾三里，無掬土纖草。右松林而左右澗，澗之左右，壁層叠漆，黑水絲絲下注，經之如簾，松風水聲夾道，隨送不絶。又西向，當籠雞山，翠峰崔嵬，白雲聊絡，無論陰晴，奇變常新。它山縱有雲象，輒復散去，此山雲氣無窮觀也。是日出郊，微雨漏晴，朦明掩靄，輿行折復，互見尤奇。由此西行二十里，大溪中石子甕盎磊塊，皆白色，以旱而然。中僅一衣帶水，涉壓而渡，回望東岸，叢篁蓊薱，石壁屹起，插脚清溪，直上百尺，鱗叠方整若城塹、若搗砧。墻堵繩引行二百許步，無纖差。若謂天然，胡能爾整？謂人爲厥，豈易致駭視嘆？尚欲刻號『叠石壁』三字，亦弗及也。自是奇峰互呈，拳擎髻擁，螭蹲鬼獰，沿溪引路，九鎖而入。越十二里，無居人，詣半地，祇禱必先告。又二里次外龍洞，又二里次裏龍洞，洞門皆在山腰，仰望陰閴靡測，碎石紛委，元圭蒼璧，角銛棱鋭，新若鑿斫，儼昭異物攸居爬抓下委，二洞出雲，一黑一白。禱已，雲氣騰空合，乃降雨。又二里，抵寺門，細泉淙潺，隨步聽之醒冷。謁祠宇，古木障天，巔崖欲僕，隨瞌增怖。拜祝已，入寺，昏鼓動，宿憩遲。五鼓告佛殿，告祖師堂。初由天旱，師謂西潭青蛇曰：『旱暵滋甚而弗行雨，安可？』諸蛇首肯，飛空乃雨，故禱必先焉。乃詣東源，由寺西行向北折，山屏圍壁峙，灌木蒼薈，靡知上極。泉自頂來，有五節，故曰五泄雲。然可見僅三耳，中節最峻，弗可詣，陟別峰望焉。及禱祈，官吏至，望瀑布從石壁中飛十餘丈如懸練，沖激一潭，若翻雪噴露，著人寒森，猶曰旱爾，積雨更烈。望瀑設褥位，陳奠祭，拜跪，瀝酒，讀祝詞，屏若聽伺，端笏跼蹐，僧梵揚聲，震撼林穀，數刻，久愈懇至。從者覘伺，金線蜿蜒出水中，盥具迎接斯上，長三尺餘，首尾如一。官吏拜迎至佛殿，奉安已，乃詣西潭，亦由寺西行五里，溪中水盡涸，易小輿，崎嶇履石子如車輪、如伏黿，苔封凝滑，著脚殊難。兩崖樛木垂藤蔽晦，窅不見天，豐草腰齊，蛇虺拳宅，疑畏殆莫可屬步。間亦野花清芬，細蒲沿石，幽夐自暢。行方半，前驅言已得小青蛇，蓋西潭靈物皆然，率龍子龍孫也。仍詣西源，拜奠祭祝如禮。群山互來奔湊，下瞰枯木幽篁，尤極寥閴。禮畢，奉安五夜，演揚梵事，詰朝迎導歸邑。三日雨應，差官送置靈物歸潭。此餘躬歷然者。若前權縣事丞趙希恪所上朝廷乞封號述詞尤彰，謂方拜祈西源，青蛇覤潭中，三接三不就，問從者，駭曰：『蛇在祠，官靴褥際矣。』爲尤異。孟堅曰：『龍靈而神者也，正直而仁者也，其呼吸風雷，發施雨澤彈指頃耳，胡不常雨？必待致禱，乃示威顯，何歟？豈卷舒虚空，出入溟海，化微而著，憚厥勞歟？抑稟司帝命曰雨而雨，不敢擅歟？抑民之無良，不昭蔭佑，必底艱虞，乃救之垂死歟？抑横目不仁，黨奸蔑善，有致札瘥，宜以延其殃歟？不然，有龍尒靈，密在近比，而流金爍石，奚此地之頻歟？』并記以昭神靈以示警戒。諸王孫趙孟堅子固記。

（紹定）《吴郡志》卷一三《祠廟》 靈濟廟，在府東南，舊五龍堂也。淳熙十年秋，大旱，郡守耿秉即設廳作祈雨道場，設行雨龍王位於東西序，有蜥蜴見於香案果飣之上，蜿蜒不去，終日雲合。秉以杯珓祈之，若有靈異，已而大雨三日。具以事聞，詔賜靈濟廟爲額。

宋 釋志磐《佛祖統紀》卷三九《法運通塞志第十七之六》 三月，詔密州師净禪師至京祈雨。師結齋坐禪感天，西北白虹晝見，大雨通濟。

《宋史》卷一〇二《禮志》 咸平二年旱，詔有司祠雷師、雨師。內出李邕《祈雨法》：以甲、乙日擇東方地作壇，取土造青龍，長吏齋三日，詣龍所，汲流水，設香案、茗果、餈餌，率群吏、鄉老日再至祝酹，不得用音樂、巫覡。雨足，送龍水中。餘四方皆如之，飾以方色。大凡日干及建壇取土之里數，器之大小及龍之修廣，皆以五行成數焉。詔頒諸路。景德三年五月旱，又以《畫龍祈雨法》付有司刊行。其法：擇潭洞或湫濼林木深邃之所，以庚、辛、壬、癸日，刺史、守令帥耆老齋潔，先以酒脯告社令訖，築方壇三級，高二尺，闊一丈三尺，壇外二十步，界以白繩。壇上植竹枝，張畫龍。其圖以縑素，上畫黑魚左顧，環以天黿十星；中爲白龍，吐雲黑色；下畫水波，有龜左顧，吐黑氣如綫，和金銀朱丹飾龍形。又設皂幡，刎鵝頸血置盤中，柳枝灑水龍上，俟雨足三日，祭以一豭，取畫龍投水中。大中祥符二年旱，遣司天少監史序祀玄冥五星於北郊，除地爲壇，望告。已而雨足，遣官報謝及社稷。初，學士院不設配位，及是問禮官，言：『祭必有配，報如常祀。當設配坐。』又諸神祠、天齊、五龍用牛祠，祆、祠城隍用羊一，八籩，八豆。舊制，不祈四海。帝曰：『百穀之長，潤澤及物，安可闕禮？』特命祭之。天禧四年四月，大風飛沙折木，晝晦數刻，命中使詣宮觀，建醮禳之。天聖三年九月，帝宣諭：『近內臣南中勾當回，言諸處名山洞府，投送金龍玉簡，開啓道場，頗有煩擾。速令分析，投龍處不得開建道場。』康定二年三月，以黄河水勢甚淺，致分流入汴未能通濟，遣祭河瀆及靈津廟。又澶州曹村埽方開減水直河，而水自流通，遣使祭謝，後修塞，禮同。治平四年十二月，詔以來歲正旦日食，命翰林學士承旨王珪祭社。熙寧元年正月，帝親幸寺觀祈雨，仍令在京差官分禱，各就本司先致齋三日，然後行事。諸路擇端誠修潔之士，分禱海鎮、岳瀆、名山、大川，潔齋行事，毋得出謁宴飲、賈販及諸煩擾，令監司察訪以聞。諸路神祠、靈迹、寺觀，雖不係祀典，祈求有應者，并委州縣差官潔齋致禱。已而雨足，復幸西太一宮報謝。九年十二月，以安南行營將士疾病者衆，遣同知太常禮儀院王存詣南岳虔潔致禱，仍建祈福道場一月。又以西江運糧獲應，命本州長吏往祭龍祠。十年四月，以夏旱，內出《蜥蜴祈雨法》：捕蜥蜴數十納甕中，漬之以雜木葉，擇童男十三歲下、十歲上者二十八人，分兩番，衣青衣，以青飾面及手足，人持柳枝沾水散灑，晝夜環繞，誦咒曰：『蜥蜴蜥蜴，興雲吐霧，雨令滂沱，令汝歸去！』雨足。元豐元年十月，太皇太后違豫，命輔臣以下分禱天地、宗廟、社稷，及都內諸神祠。又作祈福道場於寺觀及五岳、四瀆凡靈迹所在。八年，帝疾，分禱亦如之。又以京城火災，建醮於集禧觀，且爲民祈福。元祐元年十二月，以華州鄭縣山摧，命太常博士顔復往祭西岳。七年，詔：『太皇太后本命歲，正月一日，京師及天下州軍，各齋僧尼、道士、女冠一日，在京宮觀、寺院，開建道場七晝夜，內外獄囚并設食三日。』八年，太皇太后違豫，祈禱如元豐，仍致禱諸陵。又令南京等處長吏，詣祖宗神禦所在建置道場。紹興二年三月苦雨，命往天竺山祈晴，即日雨止。四年，知樞密院張浚言：『四川自七月以來霖雨、地震，乞制祝文，名山大川祈禱。』上曰：『霖雨、地震之灾，豈非兵久在蜀，調發供饋，民怨所致。當修德以應之，又可禱乎？』七年正月一日，詔：『朕痛兩宮北狩，道君皇帝春秋益高，念無以見勤誠之意，可遣官往建康府元符萬歲宮修建祈福道場三晝夜，務令嚴潔，庶稱朕心。』又謂輔臣曰：『宣和皇后春秋浸高，朕朝夕思之，不遑安處。已遣人於三茅山設黄籙醮，仰祝聖壽。』是歲七月，張浚等言：『雨澤稍愆，乞禱。』上曰：『朕患不知四方水旱之實，宮中種稻兩區，其一地下，其一地高，高者其苗有槁意矣，須精加祈禱，以救旱暵。』八年，宰臣奏積雨傷蠶，上曰：『朕宮中自蠶一薄，欲知農桑之候，久雨葉濕，豈不有損？』乃命往天竺祈晴。三十二年，太常少卿王普言：『逆亮誅夷，虜騎遁去，兩淮無警，舊疆浸歸。茲者回鑾臨安，當行報謝之禮。』從之。嘉定八年八月，蝗，禱於霍山。九年六月蝗，禱群祀。淳祐七年六月大旱，命待從禱於天竺觀音及霍山祠。

又 卷三四《孝宗本紀二》 八月乙未，班祈雨雪之法于諸路。

又 卷三五《孝宗本紀三》 六月戊寅，以久旱，班畫龍祈雨法。甲申，幸太一宮、明慶寺禱雨。

又卷六六《五行志》　景祐三年六月，河北久旱，遣使詣北岳祈雨。慶曆元年九月丁未朔，遣官祈雨。二年六月戊寅，祈雨。三年，遣使詣岳瀆祈雨。四年三月丙寅，遣内侍兩浙、淮南、江南祠廟祈雨。五年二月，詔天久不雨，令州縣決淹獄。又幸大相國寺、會靈觀、天清寺、祥源觀祈雨。六年四月壬申，遣使祈雨。七年正月，京師不雨。二月丙寅，遣官岳瀆祈雨。三月辛丑，西太乙宫祈雨。皇祐元年五月丁未，遣官祈雨。三年，恩、冀諸州旱，三月分遣朝臣詣天下名山大川祠廟祈雨。至和二年四月甲午，遣官祈雨。嘉祐五年，梓州路夏秋不雨。七年三月甲子，罷春燕，以久旱故也。辛丑，西太乙宫祈雨。治平元年春，京師踰時不雨，鄭、滑、蔡、汝、潁、曹、濮、洺、磁、晋、耀、登等州，河中府、慶成軍旱。二年春，不雨。熙寧二年三月，旱甚。三年，諸路旱。六月，畿内旱。八月，衛州旱。五年五月，北京自春至夏不雨。七年，自春及夏，河北、河東、陝西、京東西、淮南諸路久旱。九月，諸路復旱。時新復洮河亦旱，羌户多殍死。八年四月，真定府大旱。八月，淮南、兩浙、江南、荆湖等路旱。九年八月，河北、京東、京西、河東、陝西旱。十年春，諸路旱。元豐二年春，河北、陝西、京東西諸郡旱。三年春，西北諸路旱。五年，亢旱。六年夏，畿内旱。元祐元年春，諸路旱。正月，帝及太皇太后車駕分日詣寺觀禱雨。是冬復旱。二年春，旱。三年秋，諸路旱，京西、陝西尤甚。四年春，京師及東北旱，罷春燕。八年秋，旱。紹聖元年春，旱，疏決四京畿縣囚。三年，江東大旱，溪河涸竭。四年夏，兩浙旱。元符元年，東南旱。二年春，京畿旱。建中靖國元年，衢信等州旱。大觀二年，淮南、江東西諸路大旱，自六月不雨，至于十月。政和元年，淮南旱。三年，江東旱。四年，旱，詔振德州流民。宣和元年二月，詔汝、潁、陳、蔡州飢民流移，常平官勒停秋。淮南旱。四年，東平府旱。五年夏，秦鳳路旱。是歲，燕山府路旱。建炎二年夏，旱。紹興二年，常州大旱。帝問致旱之由，中書舍人胡交修奏：守臣周杞殘酷所致，尋以屬吏坐贓及殺不辜，竄嶺南。三年四月，旱。至于七月，帝蔬食露禱，乃雨。五年五月，浙東西旱五十餘日。六月，江東、湖南旱。秋，四川郡國旱甚。六年，夔潼、成都郡縣及湖南衡州皆旱。七年春，旱七十餘日。時帝將如建業，隨所在分遣從臣，有事于名山大川。六月，又旱，江南尤甚。八年冬，不雨。九年六月，旱六十餘日，有事于山川。十一年七月，旱。戊申，有事于岳瀆。乙卯，禱雨于圜丘、方澤、宗廟。十二年三月，旱六十餘日。秋，京西、淮東旱。十二月，陝西旱。十八年，浙東西旱，紹興府大旱。十九年，常州鎮江府旱。二十四年，浙東西旱。二十九年二月，旱七十餘日。秋，江浙郡國旱。三十年春，階、成、鳳、西、和州旱。秋，江浙郡國旱，浙東尤甚。隆興元年，江浙郡國旱，京西大旱。二年，台州春旱，興化軍、漳、福州大旱，首種不入，自春至于八月。乾道三年春，四川郡縣旱，至于秋七月，綿、劍、漢州、石泉軍尤甚。四年夏六月，旱，帝將撤蓋，親禱于太乙宫而雨。時襄陽、隆興、建寧亦旱。八月，詔頒皇祐祀龍法于郡縣。

《宋會要輯稿・禮五》　京城東春明坊五龍祠，太祖建隆三年自元武門徙于此。國朝緣唐祭五龍之制，春秋常行其祀，用中祀禮。真宗大中祥符元年四月，詔修飾神賬。哲宗元祐四年七月，賜額。先是，熙寧十年八月，信州有五龍廟禱雨有應，賜額曰會應，自是五龍廟皆以此名額云。徽宗大觀二年十月，詔天下五龍神皆封王爵，青龍神封廣仁王，赤龍神封嘉澤王，黄龍神封孚應王，白龍神封義濟王，黑龍神封靈澤王。

又《禮一八》　國朝凡水旱灾異，有祈報之禮。祈用酒、脯、醢，報如常祀。宫觀寺院以香茶、素饌。京城玉清昭應宫、上清宫、景靈宫、太一宫、太清觀、會靈觀、祥源觀、大相國寺、封禪寺、太平興國寺、天清寺、天壽寺、啓聖院、普安院，以上乘輿親禱。或分遣近臣告昊天上帝於南郊，皇地祇於北郊或南郊。祠太廟，社稷，望祭諸方岳鎮海瀆。天齊仁聖帝廟、五龍堂、城隍廟、祆祠，報慈寺、崇夏寺、報先寺、九龍堂、浚溝廟、子張、子夏廟，信陵君廟、段幹木廟、扁鵲廟、張儀廟、吴起廟、單雄信廟，以上并敕建、遣官。九龍堂以下舊只令開封府遣官，後皆敕差官。仍令諸寺院宫觀開啓道場。今水旱亦令依古法祈求。五岳四瀆廟、河中府后土、亳州太清宫、兖州會真宫、河中府太寧宫、鳳翔府太平宫、舒州靈仙觀、江州太平觀、亳州明道觀、泗洲延祥觀、兖州景靈宫、太極觀，以上并敕差朝臣或内侍，自京齎香合、祝板，馳驛就祈。五岳真君觀、泗洲普照寺、西京無畏三藏塔，以上并遣内臣詣建道場。

太祖建隆二年六月十九日，翰林學士王著上言：『秋稼將登，稍愆時雨，望令近臣按舊禮告祭天地、宗廟、社稷，及望告岳、鎮、海、瀆於北郊，以祈雨。』詔用其禮，惟不祀配座及名山大川；雨足，報祭如禮。四年五月一日，以旱，命近臣遍禱天地、社稷、宗廟、宫觀、神祠、寺，遣中使馳驛禱於岳瀆。自是凡水旱皆遣官祈禱，唯有變常禮則別録。

乾德二年三月十一日，遣左拾遺梁周翰等馳驛分詣五岳祈雨。

端拱二年十月二十三日，御書白牋一幅降宰相趙普第曰：『萬方有罪，罪在朕躬。顧茲雨雪愆期，應是妖星所致。爲人父母，心莫遑寧，直以身爲犧牲，焚於烈火，亦未足以荅謝大譴。當共卿等審刑政之闕失，念稼穡之艱難，恤物安人，以祈垂祐。』時普以疾在告，即以御札授吕蒙正等。翌日，蒙正等詣長春殿曰：『臣等伏讀御札，若負芒刺。自陛下纘承寶位，一紀有餘，躬覽萬幾，勤恤民隱，未嘗有纖微之失。蓋是臣等任處弼諧，用愆霖雨，願上印綬，以荅天譴。』帝慰勉久之。先是彗星謫見之後，自七月不雨，至是凡五岳四瀆、名山大川，無不遍禱，殊無響應。帝憂念烝民，不遑安寢，故有是詔。

淳化元年四月五日，命中使分詣五岳祈雨。二年三月三十日，帝以歲蝗旱，減損常膳，并禱群望，而甘澤未應，降手詔曰：『宰相吕蒙正與參知政事等共於文德殿前築一台，朕當暴露於其上，三日不雨，卿等當焚朕以答天譴。』蒙正等惶恐，共匿詔書，不宣布於外。未幾而膏澤沾足，飛蝗盡死。淳化三年五月十六日，帝以久愆時雨，憂形於色，謂宰相曰：『歲旱滋甚，朕懇禱精至，并走神祇，而猶未獲膏澤者，豈非四方刑獄冤濫，郡縣吏不稱職，朝廷政理有所缺乎？』是夕降雨尺餘。翌日，宰相以時雨應期，相率拜賀，帝曰：『朕孜孜求理，視民如傷，内省於心，無所負矣，而久愆時雨。蓋陰陽之數，非朕所憂，朕所憂者在政化之未孚，官吏之不稱職耳。』因切責。宰相李昉等慚懼拜伏，退，上表待罪，賜璽書諭荅。

至道元年二月十三日，命中使分詣五岳祈雨。至道二年三月十五日，以歲宿戒，親詣諸寺觀祈雨，會大風，不果出，遣宣政使王繼恩以下分禱，命有司講求故實。太常禮院上言：『按典禮，凡京都旱，則祈岳、鎮、海、瀆及諸山川能興雲雨者，於北郊望而祭之。又祈宗廟、社稷。每七日一祈，不雨，還從北郊如初。旱甚則雩，雨足則報。祈用酒、脯、醢，報如常祀，皆有司行事。已齋及未祈而雨者，皆報祀。』遂遣參知政事李昌齡祠北郊，張洎、寇准分祠太廟、社稷。又命官詣皇建院、寶相寺、天壽院、啓聖院、觀音院、普净院、定力院、天壽顯静寺、顯聖寺、等覺院、天清寺祈禱。

真宗咸平元年三月八日，詔曰：『農功伊始，膏澤未霑，爰伸至誠，庶獲嘉應。宜遣官告祈天地、宗廟、社稷、岳瀆、京城祠廟、寺觀。』四月四日，以京東、河北旱，遣使於衛州白鹿山百門廟祈雨。後以祈應，賜名靈源廟。五日，詔曰：『時雨未洽，宿麥可憂，恤然疚懷，再伸勤請。宜特遣工部侍郎畢士安祠五龍堂，刑部侍郎郭贄、給事中柴成務、知制誥李若拙祠太一宫。令以今月九日早赴逐處焚香虔祈，以副朕意。』五月七日，幸相國寺焚香禱雨，升殿而雱霈。復冒雨幸太平興國寺、啓聖院、建隆觀，賜僧道錢帛茶荈。教坊伶官見於道左，賜錢三百千，不令扈從。從駕衛士悉霑濕，賜新衣易之。咸平二年三月十四日，以旱，詔有司祠雷師、雨師。四年二月亦然。閏三月三日，工部侍郎、知楊州魏羽上唐李邕《雩祀五龍堂祈雨之法》，詔頒於諸路。帝曰：『此法前代所傳，不用巫覡，蓋防褻慢。可令長吏清潔行之。郡内有名山大川、宫觀寺廟，并以公錢致禱。』其法以甲乙日，擇東方地作壇，取土造青龍。長吏齋三日，詣龍所，汲流水，設香案、茗、餈餌，率群臣、鄉老日再至祝酹。不得用音樂、巫覡，以致媟瀆。雨足，送龍水中。餘四方皆如之，飾以方色。大凡日干及建壇取土之里數、器之大小及龍之修廣，皆取五行生成數焉。五日，幸太一宫、天净寺禱雨。前一日，帝與宰臣俱蔬食，以致精懇。十日，得雨，群臣皆賀，因詔罷諸無名力役、不急營造。三年六月一日，詔遣使祠兩浙境内名山、大川、祠廟。先是帝以其地灾疫，深所軫念，命三館檢討祈福靈迹以聞，至是命使禱祭，以祈福應。十二月二十八日，遣翰林學士梁周翰以來歲元日詣太一宫設醮一月，爲民祈福。四年二月十五日，幸開寶、天壽、相國寺、上清宫祈雨。翌日，雨。自去冬至是，雨雪稍愆，帝憂軫至甚，每御蔬食。是日臨軒，御衣霑濕，左右進蓋，却而不御。景德元年四月二十七日，以京城旱，命知制誥晁補詣北岳禱雨。五月十一日，遣常參官詣五岳四瀆祈雨。是日大雨霑足，不遺。六月九日，命知制誥陳堯咨北岳祈雨。七月六日，大雨。翌日，帝謂侍臣曰：『近頗亢旱，有西州入貢胡僧自言善呪龍祈雨，朕令於精舍中試其術，果有符應。事雖不經，然爲民救旱，亦無避也。』閏九月十七日，以邢州修城畢功，命考功郎中、直秘閣潘慎修詣州祭醮，爲民祈福。

大中祥符二年二月，詔：『如聞近歲命官祈雨，有司止給祝板，不設酒脯。其令自今祈報，一如《禮令》。』七日，詔：『自今中書門下特差官祈禱，并前一日致齋。祠廟祭告，并用香、幣、酒、脯、醢等，仍令太常禮院牒諸司寺監供應。祠官不虔，禦史台糾舉以聞。』帝聞遣官祈雨，有司止給祝板，不設酒脯，因出《禮令》、故事示宰臣，命申明之。其賽謝日，諸宮觀、寺院官給錢五千造食，宮觀仍用青詞。神廟則翰林給酒，御廚造食，遣寬衣天武官舁往，仍給紙錢、紙馬。十八日，愆雨，遣知制誥錢惟演、直史館高伸、職方員外郎高冕祠太一宮。禮院言『太一宮兩廊有十精太一十六神，并主風雨，望增遣官分拜』故也。司天少監史序祀玄冥五星於北郊，除地爲壇望告。都官員外郎梁楚祀雨師、雷師於本壇。又特祀景德、天清、顯聖、顯寧、顯静五寺。二十六日，以雨足，遣官報謝社稷。初，學士院不設配位，及是以問禮官。太常禮院言：『祭必有配，報如常祀，當設配座。又諸神祠，天齊、五龍用中祠例；祆祠、城隍用羊、八籩、八豆。既設牲牢、禮料，其御廚食、翰林酒、紙錢、駝馬等更不復用。其五岳、四瀆、泗州普照寺、西京無畏三藏，先遣朝臣祈請，亦當報謝。』詔止令樞密院遣使臣馳往報謝，餘從請。四月十日，以河北久旱，遣祠北岳。五月二十五日，以陝西旱甚，遣使分詣鳳翔府上清太平宮、汾陰后土、西海、西岳、河瀆顯聖王廟、西岳真君觀祭醮。仍令各前三日致齋。如陝西更有自來靈顯宮觀、寺院、神廟，委轉運使選官精虔祈禱。七月二十日，詔諸路祈禱雨雪所須禮料，并從官給。先是以祈雨法頒諸州，至是上封者言州縣多因緣率斂，故有是命。大中祥符三年八月六日，以昇、洪、潤州亢旱火災，遣内侍馳往撫問軍民，犒設將校、耆老，及醮禱管内名山、大川、神祠有益於民者。八年二月十七日，命宰臣以下分詣寺觀祈雨，遣官禱岳瀆，仍命參知政事丁謂建道場於五岳觀。是時觀修營尚未畢工。二十二日，幸玉清昭應宮、開寶寺、上清宮焚香禱雨。大中祥符九年九月十三日，以自秋不雨，帝慮首種失時，憂形於色，減膳徹樂，遍走群望，命輔臣分祈天地、宗廟、社稷、神祠、宮觀、佛寺。即日雨降，分遣官致謝於所禱之處。時有泗洲龜山僧智悟請就開寶寺福聖塔斷右手祈雨，及是帝作《甘雨應祈》之詩，命近臣畢和。二十八日，詔曰：『虞衡所職，斬伐以時。屬直館之并興，顧地材而畢取。落成伊始，美報爰申，俾展精修，用符昭報。宜令京東西、陝西、淮西、江南、兩浙、荆湖南路，應曾經采木石處，遣長吏及佐官建道場，内興功大處七日，小處三日。仍設清醮以伸報謝。』

仁宗天聖二年三月二十三日，詔以中春農事興，畿甸久無雨澤，遣官詣五岳四瀆祈求，仍詣會靈觀池上塑龍。翌日雨足，詔在京宮觀、祠廟擇日賽謝。岳、瀆在外者，止就會靈觀望祭，更不差官。三年九月六日，帝宣諭：『近内臣南中勾當，迴言諸處名山洞府投送金龍玉簡，每開啓道場，頗有煩擾，不得清净。速令分析諸路投龍處所，仍今後不開建道場。』宰臣王曾等曰：『亦聞投龍之處，每建道場，預差人夫般送賫料物色，踰越山嶺，煩擾貧民。或如聖意，今後務從簡省，實爲至當。』明道二年三月二十二日，幸會靈觀、上清宮、景德寺、靈感宮請雨。景祐元年正月八日，太子洗馬致仕邢中和言：『自去冬雨雪愆亢，聖心祈禱未應。臣剋課正月九日、十八日必降甘雨，望遣官躬祀九宮貴神、十精太一，必有靈應。』詔差兩制官一員精虔祈禱。九日，詔開封府令街坊人户依古法精虔祈求雨雪。十九日，以獲應報謝。四月二十六日，詔：『河東路愆雨，令逐州軍長吏躬詣名山、祠廟、宮觀、寺院，依古法精虔祈求。』五月二十二日，幸靈感塔、上清宮、祥源觀，以愆雨應期報謝。七月十一日，幸慈孝寺、會靈觀，以秋稔報謝。三年六月一日，詔：『河北路愆雨，差朝臣詣北岳，及令轉運使、州軍長吏詣名山、祠廟、寺觀，依古法祈求。』慶曆三年四月十七日，遣官詣五岳四瀆祈雨。五月十四日，幸大相國寺、會靈觀祈雨。先是諫官以天旱，請遣官祈雨，帝曰：『朕已宮中蔬食，密禱上天，引罪責己，庶獲豐稔之應。』宰臣章得象曰：『陛下奉天憂民，至誠如此，必有感召。』帝曰：『天災流行，亦朕躬無德所致。』得象曰：『此乃臣等備位衡宰，未能宣布善政，以召和氣。適聞天語，甚不遑安。』帝曰：『時政中瑣細之務，不足留意，惟是民間疾苦，須當省察，有以利天下者必行之。卿等更宜公共訪求，以荅天意。』得象曰：『兵興已來，賦役頗重，臣等固當夙夜思度，務在康濟，惟恐才力有所不逮。」二月十二日，詔：近遣官祈雨獲應，并令祭謝。是日，宰臣賀雨，帝曰：「昨夕陰雲始布，朕露立殿庭，仰空禱望，須臾雨至，衣盡沾濕，嬪御輩亦立雨中久之。」章得象曰：「苟非至誠如此，何以感動天地！」帝曰：「朕比欲下詔避寢徹膳，以申責己之意，然不當爲此虚名，夙夜精心，密爲祈請。」四年三月四日，遣内侍往兩浙、淮南祠廟祈雨。五年二月二十四日，幸大相國寺、會靈觀、天清寺、祥源觀祈雨。二十八日獲應，復詣報謝。六年四月二十一日，以陝西旱，遣内侍往寧州要册湫建道場祈求。皇祐元年七月五日，定州少雨，初，知州韓琦言：「河朔久不雨，而禱祈無應。若興自聖懷，禱於天地山川，宜獲嘉澤。」尋遣秘閣校理張子思以默詞祈於北岳，至是以雨足聞奏。二年三月十一日，命朝臣乘傳詣天下名山大川祠廟請雨。八月十五日，詔再頒先朝祈雨雪法，令所在置嚴潔處，遇愆旱即依法祈雨。十二月二十一日，知制誥胡宿言：「事神保民，莫先祭祀。比年以來，水旱相仍，切意有所未至。望令天下具名山大川能興雲雨者增入祀典，春秋禱祀。」從之。三年六月七日，詔：「近遣内侍往嘉州祈雨，而本州具僧道威儀候迎境上，遠人勞擾，其令轉運司自今禁止之。」四年三月十一日，遣官祈雨。帝謂輔臣曰：「開封奏，婦人阿齊爲祈雨斷臂，恐惑衆，不可以留京師，其令徙居曹州。」七年三月十八日，幸西太一宮普安禪院祈雨。

英宗治平元年四月十九日，命輔臣禱雨於天地、宗廟、社稷，及遣使禱五岳四瀆、名山大川、諸祠廟。二十八日，幸相國寺、天清寺、醴泉觀，以旱灾，爲民祈福。先是權御史中丞王疇言：「真宗咸平元年三月小祥，是歲五月親出禱雨。然則皇祖舊典，在諒闇中亦嘗有所臨幸，但不爲宴樂之事耳。陛下光有天下，不唯都城之人願瞻天日之表久矣，雖四方之遠，亦皆嚮風而環首，想聽輿馬之音，以自慰也。伏料聖孝思慕之勤勤，必尚未忍及於游幸，然諸路宮觀所以奉真靈而延福禧，與諸帝后神御所在，恐宜於聽斷奉養之暇，有所饗謁而請禱，以表尊先奉神之心。顧乘輿服御或不當全用常例，乞下太常參詳。」仍詔禮院詳定。至是詣寺觀禱雨。五月四日，詔：「自今水旱，命官禱於九宮貴神。」從樞密副使胡宿請。二十七日，命輔臣分詣郊廟、社稷、宮觀，謝帝躬康復。閏五月十四日，詔：久旱，將以十七日禱雨於禁中。宰臣請以是日分禱於宮觀寺院，從之。二十三日，以應祈，復命報謝。二年正月二十八日，以旱，命宰臣已下自二月二日分詣諸宮觀寺院祈求。三月獲應，復命報謝。三月六日，詔五岳四瀆、名山大川處差知州、通判祈雨。四年五月十三日，詔差朝臣五岳四瀆諸水府祈雨。十九日，以感，復命報謝。

神宗熙寧元年正月二十一日，詔：「古者有望祭山川之禮，今獨闕此，宜令禮官講求故事，以時舉行。令在京差官分禱，宜各就本司先致齋三日，然後行事。諸路擇端誠修潔之士分禱東海、四鎮、五岳、四瀆、名山、大川。至祠所潔齋行事，毋得出謁、宴飲、賈販，及諸煩擾。仰監司察訪聞奏。諸路神祠、靈迹、寺觀雖不係祀典，祈求有應者，并委州縣差官潔齋致禱。」二十七日，幸西太一宮謝雨。先是正月十九日幸相國、天清寺、集禧、醴泉觀祈雨，又下詔舉望祭禮，及諸處遍祈，帝又謂輔臣曰：「朕嘗於禁中發大誓願祈雨雪，俟有驗，當詣西太一宮謝之。」至是雨足，乃往。二月七日，雨甚，帝曰：「時雨應祈，春苗有望。」樞密使文彦博曰：「雨雪久愆，若非陛下精神動天，何以致此？」帝曰：「天道不遠，苟懷康濟之心，必蒙昭荅。」樞密副使韓絳曰：「若上下協心，專務康濟生靈，必獲天祐。」四月十二日，詔：「河北、京東尚未得雨，可指揮兩路闕雨州軍長吏，親禱所在名山神祠。」七月二十八日，以霖雨未至，遣官祈天地及宗廟、社稷、五岳、四瀆，仍令輔郡長吏齋潔祈祭所在名山靈祠，開在京寺觀縱士庶焚香五日。二年四月三日，幸集禧觀、醴泉觀、大相國寺祈雨。閏十一月二十三日，三司使吴充言：「每歲宮觀祈禱，率用黄白紙錢不少。竊謂祇奉上真，理宜虔潔，紙錢於古無稽。乞自今請寢罷。」從之。十二月二十四日，三司又言：「准詔今後應奉道場之物悉准舊例，然禱雨雪或有未應，則計日支賜，倍有煩費。欲望除本命生辰年交保夏道場僧道恩例准舊外，非泛供設滿一月，班首人十五千，餘各十千。一月外只依一月例。半月以上，及二七日、七日、三日，皆遞減半，惟衣服仍舊。」從之。五年六月一日，詔：「時雨未降，輔郡名山聖祠可指揮所在長吏精虔祈禱。」三日，幸集禧觀、大相國寺祈雨。九日，復幸謝雨。七年二月十八日，詔河北東西、京東、永興、秦鳳路轉運司，令久愆雨澤去處，長吏擇祠廟精加祈求。三月十三日，以旱，遣官分禱京城、畿内諸祠、五岳、四瀆，各委長吏致祭。五月九日，詔河南路轉運司：『見闕雨州軍令逐處長吏訪尋所在名山靈祠能興雲雨者，開設道場，精虔祈求。』七月七日，詔：『陝西路亢旱，秋種未入，令轉運司訪名山靈祠祈雨。』八月十一日，詔：『久旱，禱雨未應，其令長吏躬禱岳瀆。』十八日，詔諸監司訪名山靈祠，委長吏祈雨。又遣輔臣告於中太一宮。是日，又詔：『京師久旱，祈禱多日，未獲感應，可差官就中太一宮致告十神太一，并開建道場，差宰臣以下致告。』又令諸路轉運、提點司訪尋轄下州縣名山靈祠，委長吏精虔祈禱。九月三日，命輔臣分詣天地、社稷、宮、寺等處謝雨，五岳四瀆仰逐處長吏虔行祠賽三日。帝以連日雨，諭輔臣曰：『朕禁中令掘地一尺五寸，土猶滋潤，如此必可耕耨。』韓絳曰：『陛下憂憫元元，禱祠備至，精神上達，亟致感通。臣等比與太一齋祠，竊觀執事者踰旬未嘗解帶，以見聖意虔恭，左右之臣亦不敢小怠也。』八年三月二十一日，河北西路轉運使劉航言：『自冬頗愆雨雪，乞遣中使於曲陽大茂山真令洞投龍以禱。』從之。閏四月十九日，詔定州路自春闕雨，令知州薛向躬禱北岳。二十一日，詔永興等路亢旱，令轉運司訪名山靈祠，委長吏祈禱。二十三日，詔真定府界旱甚，令孫固親禱名山靈祠。六月一日，詔淮南旱甚，令轉運司委州軍長吏祈禱名山靈祠。七月二十三日，詔諸色晚田見闕雨澤，選日差官祈禱。又詔淮南、兩浙等路久苦旱灾，遣尚書職方員外郎張維祈禱，仍令逐路有載在祀典靈顯祠廟，所在長吏精虔祈禱。九年六月二十七日，又詔：『訪聞京西路（須）［頃］闕雨澤，西京尤甚，速令所在訪名山靈祠，長吏精虔祈禱。』九月十三日，詔輔臣詣天地、社稷、宗廟、寺觀祈雨。十年三月十六日，詔開封府界、京東、河北東路見愆雨澤，令提點及轉運司訪尋管下名山靈祠，委所在長吏躬親精虔祈禱。』四月十二日，詔：『諸路少雨州軍，令轉運司訪境内名山靈祠，委長吏祈禱，如獲感應，旋具奏聞。』元豐五年三月二十八日，詔河北等路祈雨，亦令旋具感應處聞奏。二十三日，中書門下言：『禦前降到蜥蜴祈雨法，四月十八日舉行，二十日而雨。』詔附宰鶉祈雨法後頒行。其法：捕蜥蜴十數至甕中，漬之以雜木葉。選童男十三歲以下、十歲以上二十八人，分兩番，間日衣青衣，以青塗面及手足，人持柳枝，霑水散灑，晝夜環繞，誦曰：『蜥蜴蜥蜴，興雲吐霧。雨若滂沱，放汝歸去。』元豐元年正月九日，詔京南、京西、淮南轉運司訪管内名山靈祠，委長吏躬親祈禱雨雪。自後二年、三年、五年、六年、七年，諸路或雨暘失時，即詔轉運司移文郡縣，并如元年正月九日詔。二月二十三日，詔輔臣分詣天地、宗廟、社稷等處祈雨，仍令京東西、河北、河東、陝西、淮南等路雨澤愆少州軍轉運司，訪尋管下名山靈祠，委長吏精虔祈禱。三月九日，詔中書門下：時雨未足，可選日遣官祭禱風伯、雨師、雷師。十六日，又遣官祭禱玄冥五星以下。二年二月二十八日，詔：『河北、京東、河東、陝西久愆時雨，漸見害稼，可分遣禮官躬親東、西、北岳、五台山祈禱。』四月十二日，詔：『聞兖、鄆、徐、濟等州久無雨澤，穀麥失望，人情不安。近雖已差内臣見在東岳道場，可遣禮官詣彼祈禱。所有廣西今春亢旱，可下安撫轉運司訪名山靈祠，所在差官禱雨。』三年七月七日，詔：『西北諸路久愆雨澤，令知定州韓絳躬詣北岳祈禱；東、西、中岳令所在知州依此。』四月三日，詔輔臣謝雨於天地、宗廟、社稷。初，自春不雨，祈禱備至，及是雨尺餘，帝喜見於色，諭輔臣曰：『禁中令人掘地，潤及一尺五寸，秋成當復有望，殆天助也。』王珪曰：『陛下正身修德，格於皇天，前後祈禱，未嘗不應。』帝曰：『卿等更宜悉心補朕不逮，庶合天意。』六年五月十六日，詔：『訪聞陝西諸路見苦少雨，守臣祈禱，久未感應。宜令轉運司更切訪名山靈祠，所在擇日恭致朝命，委官虔祈。』七年三月二十四日，詔：『淮南、京東、京西路即今闕少雨澤，可令轉運司各訪尋管下名山靈祠，所在委長吏躬親精虔祈禱。』

哲宗元祐元年正月二十四日，太上皇后詣中太一宮集禧觀，二十七日，皇帝詣大相國寺，皆以祈雨。四年三月二十四日，詔：『京西路闕雨，中岳、河、瀆及淮、濟各委長吏祈禱，仍遣内侍賫香就建道場。』五年五月十二日，詔：『昨爲闕雨，差官詣兖州東岳等處祈求，名山大川就差本處長吏祈禱。已獲感應去處，就委本處長吏選日恭詣賽神。』紹聖元年四月八日，詔：『時雨稍愆，令開封府及諸路依例祈求，畿内諸祠即提點司選官精禱。』十八日，詔諸州長吏躬詣五岳四瀆祈禱。二十一日，輔臣以畿内縣降雨狀進呈。帝曰：『聞諸路頗得膏澤，良可喜也，但未遍及爾。又聞一麥皆有成熟之望，不知粟已布種未也？』輔臣皆曰：『雨澤雖降，尚憂未渥，見已祈禱。』至二十五日而雨足，遣輔臣謝宮觀寺院。四年五月三日，詔令陝西、河東、京東路闕雨州軍，應管下岳瀆及名山大川并諸祠廟，自來祈禱感應之處，并令長吏精虔祈求。其合用祝文令學士院依例修撰。元符二年二月二十七日，詔陝西路闕雨去處，令逐州軍長吏選諸境内名山大川、祠廟精禱。三月十一日，詔輔臣分詣宮觀寺院祈雨。二十二日，詔輔臣分詣天地、宗廟、社稷、宮觀、寺院等處祈雨；諸路闕雨州軍，令長吏於管下岳瀆名山并諸祠廟自來祈禱感應之處，選日精虔祈求，其合用祝文令學士院依例修撰。三年五月二十四日，詔諸路如有闕雨去處，令逐州軍長吏選日詣境内名山大川、祠廟精禱。

徽宗崇寧五年五月二十四日，宰臣以愆雨祈求，上曰：『二十六七必有雨。』已而果驗。趙挺之曰：『陛下天縱將聖，雖曆象陰陽占候，無不蹟其精微。』上曰：『天地之間不離陰陽五行之數，今日太一移宮，水限也，故有雨。』政和二年五月二十六日，差近臣詣宮觀寺院祈雨。未及禱而雨，改報謝。宣和四年二月七日，駕詣廣聖宮，卜以卯時焚密表祈雨，申時雨降。六月八日，時高宗駐越州，故令宰執、侍從至當地寺院祈雨。以下起高宗時事。令宰執率侍從官詣越州圓通觀音院祈雨，合用香令入内内侍省請降。自後凡用香并如之。紹興元年十九日亦用此禮。七月二日，詔宰執率侍從官詣天慶觀、圓通寺謝雨。十月二十二日，詔就圓通院開建祈雨道場，日輪侍從官一員燒香，每五日宰執官前去祈禱。二年八月二十六日，詔令簽書樞密院事權邦彦詣天竺寺祈雨。三年六月二十一日，詔：『訪聞兩浙東路稍愆雨澤，令本路帥司差官詣寺觀廟宇嚴潔祈禱。』七月四日，詔輪宰執從官一員詣上天竺寺祈雨。十六日，上以愆雨，謂輔臣曰：『朕宮中素食已累日，尚未降澤，令斷屠。精禱雖至，然尚慮政事未平，刑獄冤濫，可速令疏決平反。在外州縣令提刑親行疏決，務在刑清也。』至是就法慧寺祈雨，斷屠宰三日。五年二月二十五日，詔：『雨澤稍愆，恐妨農事，應臨安府界載在祀典，及名山大川、神祠、龍洞，在内分差從官，在外遣職事官，親詣祈雨。』五年六月九日、八年十一月五日、九年六月十七日并同此例。六月九日，宰臣趙鼎奏請分遣侍從官遍走群寺祈雨，上曰：『亢陽如此，朝廷政事闕失，更宜講求。』沈與求曰：『《雲漢》之詩雖云「上下奠瘞，靡神不宗」，不廢禱祈之事，要之以側身修行爲本，必蒙嘉應。』十三日，詔：『訪聞湖南久愆雨澤，可令帥臣席益恭詣南岳廟祈禱。應合用祠祭之物并於上供錢内支破，務要精潔，庶獲感應。』二十一日，宰臣趙鼎等奏：『甘澤應祈，皆陛下寅畏怵惕，精誠所格，乞御常膳。』上曰：『朕累日寢食不安者，豈特爲國無儲蓄，而望歲之心甚切，兼恐歲飢民貧，起而爲盜，朝廷不免遣兵討定，殘殺人命，亦天道之所宜憫也。』二十二日，中書門下省言：『昨日稍愆雨澤，祈禱天地、宗廟、社稷、岳瀆、四海、雨師、雷師、應臨安府界載在祀典及名山大川神祠、龍洞，今已獲感應，望并令元差官各詣逐處報謝。』從之。自是每祈晴雨有應，并依此禮。八月二十四日，内降德音：『應潭、柳、鼎、澧、岳、復州、荆南、龍陽軍、循、梅、惠、英、廣、韶、南雄、虔、吉、撫州、南安、臨江軍、汀州管内應名山大川，及歷代聖帝明王、忠臣烈士，有功及民，載於祀典者，委所在差官嚴潔致祭。』時以平賊寇也。紹興七年二月九日，詔：『應平江府界載在祀典，及名山大川、神祠、龍洞，在内分差侍從，在外委所屬縣分知縣，親詣祈雨。』二十六日，詔：『雨澤稍愆，恐妨農事，應建康府界載在祀典，及名山大川、神祠、龍洞，在内分差侍從官，在外委所屬縣分知縣，親詣祈雨。』七年六月七日、七月八日并同此制。六月七日，詔：『諸路如有闕雨去處，令轉運司行下逐州縣，差官祈禱。』七月十三日，宰臣張浚等言雨澤稍闕，乞率從官禱雨，又乞弛役、慮囚等數事，因奏：『如浙西諸郡及宣州、廣德軍地形下，未覺旱；如鎮江、建康府地形高，最覺闕雨。』上曰：『朕患唯不知四方水旱之實，宮中種兩區稻，其一地下，其一地高，昨日親閲之，地高者其苗有槁矣。須精加祈求，庶早得雨澤。』十三日，詔：『稍愆雨澤，恐傷禾稼，可差官祈禱。』天地差參知政事陳與義，宗廟差宣州觀察使仲鬻，社稷差户部侍郎王俣，五岳、五鎮差禮部侍郎吴表臣，四海、四瀆差禮部侍郎陳公輔，雨師、雷師差太府少卿鄭作肅。十七日，宰臣張浚奏：『祈雨已多日，而未有感應。』上曰：『昨日有雲物，意遂作雨，而夜深乃散。卿等更求可以感召和氣事，悉意爲之。』六月二十日詔已迎請上天竺觀音就法慧寺祈求雨澤，令臨安府禁屠宰三日，并雞鴨之類并不得宰殺。其後法慧寺廢爲懷遠驛，每迎請就明慶寺。九年七月二十一日，宰臣秦檜等奏：『陛下齋居蔬食，以祈雨澤，考之典禮，唯當損太官常膳。」上曰：「雖損膳，豈免日殺一羊？天意好生，朕意實不忍殺。」「臣檜等既欽嘆上至仁之心，愛人及物，雖一羊不忍，推此如應天，何患天心不格？」既而甘霔應禱霑足。十一年七月六日，詔雨澤稍愆，令太常寺祈禱九宮貴神。十二月，尚書省言：「旱暵爲灾，深恐害稼，依禮例，合差官祈禱天地、宗廟、社稷、岳鎮、海瀆、雨師、雷神。」從之。十二年五月九日，知臨安府俞俟言：「上天竺靈感觀音自車駕駐蹕，每遇水旱，凡有祈求，必獲感應。今來本寺修建殿宇，望給降度牒，添助修造，庶示褒崇。」詔令於本係省錢支賜錢五千貫。十九年七月十二日，輔臣以甘雨應祈，乞拜表稱賀，上曰：「若更五日無雨，則禾稼有傷，如浙東等處尤高，得此雨，極爲利濟，秋成遂可必。徑山等處祈禱感應，可與加封。」二十一年十二月十五日，上宣諭輔臣曰：「連日小雨，臘雪未應期，已遣使祈禱太乙祠。」是日晚，雪作。翌日，上謂秦檜曰：「昨晚便得雪，甚可喜。」檜等曰：「陛下至誠昭格如此，當率百官拜表稱賀。」二十九年三月四日，詔：「雨澤尚愆，令太一宮、寧壽觀精加祈禱，仍禁屠宰三日。」八日，詔以久旱祈禱未應，禁屠宰三日，及雞鴨魚蝦應干生命之屬，并行禁斷。

乾道四年六月十二日，詔臨安府於今月十三日早，如法迎請觀音入城祈雨。十六日，上宣諭宰執曰：「天久不雨。」宰臣陳俊卿奏曰：「陛下憂閔元元，念穡事之重如此，只此一念，便可感動天地。」上曰：「朕亦欲却蓋，烈日中歸，庶或可以動天意。卿等可檢故事有此否。」十七日尚書省言：「近雨澤稍愆，臨安府奉上天竺觀音，就明慶寺祈禱。」詔日輪侍從官一員燒香。又詔：「應臨安府界載在祀典，及名山大川、神祠、龍洞，在内分差侍從，在外委所屬縣知縣，親詣祈雨。合用香令入内内侍省請降。仍令本府具合祈禱處，日下申尚書省。」十八日，宰臣蔣芾奏言：「昨日并夜得雨滂霈，皆陛下聖德感動天意。」上曰：「此雨極可喜，但不知四遠及外方州郡亦遍及否?」陳俊卿奏曰：「觀今早雲氣未散，次第遠處亦皆有雨，車駕來日更不必出。」上曰：「今既得雨，却未須出，姑俟他日。」顧蔣芾曰：「卿可詣太一宮謝，須是臻至。」芾奏曰：「臣謹當齋戒祗事，却差執政詣明慶寺觀音處謝雨。」上曰：「甚好！」是日殿庭雨再下，天顔有喜色，顧芾曰：「若更得數日雨，使四遠通濟，則今秋可望一熟。」王炎奏曰：「得此一雨，中外人情孰不欣快，豈是小事！」先是十六日有旨，欲以十九日幸太一宮、明慶寺祈雨，至時得雨，故止令宰執詣謝。二十七日，詔：「雨澤稍多，令臨安府止屠宰三日，及雞鴨魚蝦應生命之屬，并行禁斷。」八月六日，禮部言：「兩浙安撫司以祭龍求雨法來上，乞布之天下。按皇祐頒降祈雨雪法册，無繪畫龍等，惟廣德軍元解發印造到内有繪畫樣制，至今年深，慮致損墜，乞於昨來祭龍祈雨雪内添入繪畫龍等樣制，從本部下臨安府鏤板，以黄紙如法印造成册，納本部，本部下都進奏院頒降諸路州、府、軍、監、縣等，嚴加收掌，遇愆雨雪，精潔祈求。」從之。七年五月十七日，詔：「臨安府已迎請天竺觀音就明慶寺祈雨，令宰執十八日前詣燒香，自十九日輪侍從官一員祈禱。及應臨安府界載在祀典并名山大川、神祠、龍洞，在内分差侍從官，在外委所屬縣知縣親詣祈雨。合用香，令入内内侍省請降。仍令本府具合祈禱處，日下申尚書省。其湖、秀、常州、平江、鎮江府闕雨處，亦令所屬縣親詣祈禱。」十八日，上宣諭宰執曰：「自去冬郊祀以來，雨暘時若，誠不易得。」虞允文奏曰：「陛下聖德上當天心，如元旦受册寶，天色澄霽，近日恭請太上出郊，終日開晴，至晚乃雨。天心昭昭，其應不虚。」上曰：「雨暘尤好，麥已登場，稻田亦下種矣。」允文等奏曰：「農人得雨種稻，得晴刈麥，兩不闕事，誰知帝力之大也！」上曰：「朕心惟望百姓富足，國計又其次，民富則國富矣。」允文奏曰：「自古帝王只以豐年爲祥瑞，蓋富實之本。」梁克家奏曰：「陛下無一念不在百姓，上天降鑒，必有美報。且如去秋一兩郡小歉，聖心焦勞，分委臣下措置。入春以來，并無流民，所活不知幾千萬人。蠶麥倍登，盛德之報。」上曰：「前日蠶麥豐熟，朕親拜表章，以荅天休。此去秋成，即與卿等同燒香也。」同日，詔爲祈雨，其十九日早晚御膳并進素。七月十六日，宣諭臨安府少尹：「見祈雨澤，可禁屠宰三日。闕報浙西州軍，依此嚴切禁斷，仍精加祈禱。」十一月二十四日，詔：「近日闕雨，令臨安府精加祈禱，及令兩浙安撫、轉運司行下所部守令，務在嚴潔。應感，每五日一次具雨澤狀申尚書省。」二十九日，宰執奏禱雨雪事，上宣諭曰：「昨寫與龔茂良、陳彌作問兩路雨雪，朕之憂心形於寤寐。」虞允文奏曰：「聖心焦勞，臣等兢懼。近聞江西得雨，此間雖未甚雨，若遂禱而得之，亦足少寬宵旰之念。」淳熙三年五月二日，參知政事龔茂良、李彥穎奏：「農事正興，民間以久不得雨爲慮。適連夜霶霈，極可慶。」上喜甚，曰：「朕日夕以此爲憂，早上方於宮中焚香拜謝天地。更乞終惠，成此豐年，以寬焦勞之念。」茂良等言：「陛下憂民閔雨如此，誠意所格，天且不違，茲誠大慶。」同日，詔：「近來雨澤霑足，浙間種蒔已見次第，可令江東、淮南漕臣，具管下州縣得雨日辰，及布種禾稼分數以聞。」七年五月十三日，上謂輔臣曰：「昨日日間雨雖小，至夜頗霶霈。」右丞相趙雄等奏曰：「昨日吳淵未曾取旨，遽欲迎請天竺觀音入城。繼聞有旨令吳淵只就寺中祈禱，甚當。陛下之禱久矣！」上曰：「朕每自修省，唯恐不逮，孳孳爲民，未嘗敢忽。庶幾天心昭格，雨暘以時。」雄等奏曰：「成湯遇旱，則以六事責己；宣王遇旱，則側身修行。陛下仁孝勤儉，日新一日，聖德之修，固有素矣，非若宣王因有懼而修也。」上曰：「成湯禱旱之辭，朕每疑好事者增益之。且湯之不邇聲色，自無女謁，何至於盛？今曰女謁盛邪，則是湯果嘗有此事矣？」雄等奏曰：「不邇聲色，載之於《書》，女謁之盛，見於傳記，今當以《書》爲正。」八月四日，上謂輔臣曰：「祈雨未應，朕欲初六日就禁中設醮祈禱。卿等來日宜齋戒，後日拈香。」又云：「朕欲下詔求言，自職事官以上各令實封言事。」是夕雨。淳熙九年六月十二日，詔遣內侍闕禮詣紹興府降香禱雨。是月二十二日已獲感應，復命報謝。十年七月四日，車駕詣景靈宮行禮，次幸明慶寺拈香祈雨。十三年六月十一日，宰執進呈祈雨放房緡，上曰：「亦須禁屠宰，臨安一日殺多少物命！」王淮等奏：「禱雨未應，聖心焦勞，臣等不勝惶灼。」上曰：「朕欲親詣太一宮燒香，次至明慶。」淮等奏：「祖宗禱雨太一宮，雖有故事，但當此盛暑，懼勞聖躬。」上曰：「朕爲百姓，不憚出一日，亦欲小民知朕此意。」淮等奏：「乾道間亦曾降旨，適會有雨。」上曰：「當時却不曾出。」十三日，宰臣王淮等奏：「雨澤愆期，陛下欲十四日先就殿庭焚香禱天，次詣太一宮、明慶寺燒香。淮等及侍從欲就十五日分禱天地、宗廟、宮觀諸處。」上曰：「序當如此。」十四日，幸太一宮，次明慶寺觀音前焚香禱雨。七月十日，太常寺言：「亢陽爲沴。檢照國朝典禮，凡京都旱，則祈岳、鎮、海、瀆，及諸山川能興雲雨者，於北郊望告；又祈宗廟、社稷，及雩祀上帝、皇地祇。」詔命宰臣已下分詣祭告。八月三日，已獲感應，復命報謝。十四日，命祕書省著作佐郎、兼權兵部郎官梁汝永往徑山龍潭，大宗正丞、兼權刑部郎官李祥往廣德張王祠，各齎御香、祝板祈雨。八月二日，宰執進呈太常寺乞謝雨，王淮等奏：「初疑後時，而禮官謂有祈必有報。」上曰：「既是天地、宗廟、社稷、宮觀，亦不容已。若更月十日無雨，人將乏水飲，則奈何？」淮等奏：「報謝只用酒脯。」上曰：「如何無牲牢？」淮等奏：「國朝典禮，祈用酒脯，謝如常祀，合用牲牢。但紹興以來并止用酒脯，惟雩祀用牲，然雩無報謝之禮。」上曰：「前日歌《雲漢》之詩，如何？」淮等奏：「亦如法。」淳熙十六年閏五月二十三日，詔：「近聞建康府闕少雨澤，令守臣精加祈禱，務要速獲感應。仍將見禁公事疾速決遣，毋致淹延。如本路更有闕雨去處，令帥臣依此施行。」十月十九日，臣僚言：「祈雨奏告天地，大抵用法酒二升、鹿臡五合。此則所宜厚者，簡而不虔，乞依儀制用酒、脯、醢，報謝用牲牢。」從之。

紹熙元年六月十九日，詔：「雨澤稍愆，恐妨禾稼，可日輪侍從一員詣上天竺靈感觀音前精加祈禱，務要速獲感應。」是月二十二日獲應，命官報謝。五年四月二十一日，爲闕雨，詔差太府少卿林湜詣臨安洞霄宮，祕書監薛叔似詣徑山龍潭，司農卿萬鍾詣天目山龍洞祈禱。至五月十三日獲應，命元差官報謝。同日，中書門下省言：「兩浙、江東西、兩淮州軍間有稍闕雨澤去處，已委守令祈禱，未獲感應。」詔逐路轉運司行下所部闕雨州縣，仰守令躬詣管內寺觀神祠，嚴潔精加祈禱，務要速獲感應。仍禁屠宰三日，以指揮到次日爲始。同日，詔：「祈雨未獲感應，令臨安府迎請上天竺靈感觀音，就明慶寺精加祈禱，仍禁屠宰三日。」七月九日，詔：「雨澤稍愆，日輪侍從官一員詣上天竺靈感觀音前精加祈禱，務要速獲感應。凡遇祈禱及獲應日，宮觀祠廟則命元差官，上天竺觀音前、霍山廣惠廟則命日輪至官致謝。」其香皆係入內內侍省請降。慶元元年六月、二年三月、三年四月、五年四月，嘉泰元年四月、六月、三年四月，開禧元年七月、二年六月、三年五月，嘉定元年四月、二年五月、六年五月、七年六月、八年三月、五月、九年五月、十年六月、十一年五月、十月、十三年六月、十四年正月、十七年六月，亦如之。八月二十四日，詔：「近日雨澤稍多，日輪侍從一員詣上天竺靈感觀音前精加祈禱。』慶元元年正月、五月、二年八月、四年四月、七月、八月、五年八月、嘉泰三年三月，開禧元年九月、二年三月、三年八月，嘉定三年五月、四年八月、五年三月、八月、六年正月、七月、七年九月、九年八月、十年四月，亦如之。開禧三年二月十一日，詔：『雨澤稍愆，兩浙州軍令本路轉運司行下所部闕雨州縣，委自守令親詣管下靈應神祠精加祈禱，務獲感應。』嘉定元年閏四月亦如之。五月二十九日，以雨澤稍多，詔令執政、侍從分詣祈禱天地、宗廟、社稷、宮觀、岳鎮海瀆、風雷雨師。慶元三年三月二十六日，詔：『雨澤稍愆，令臨安府守臣詣天竺山精加祈禱，務獲感應。』自後凡遇雨暘愆期，并有是命。四月九日，詔雨澤稍闕，令宰執、侍從分詣祈禱天地、宗廟、社稷、岳、鎮、海、瀆群神。嘉泰元年五月、開禧三年五月、嘉定八年四月亦如之。六年四月二十四日，宰執進呈次，謝深甫等奏：『日來諸處闕雨，前日乞輪侍從祈禱，隨即傾注，但未滂沛。惟陛下發一念之誠，庶幾感應必速。』上曰：『止得一日之雨，未能霑足。』二十七日，詔：『雨澤稍愆，令臨安府迎請上天竺靈感觀音就明慶寺，同所輪侍從精加祈禱，務獲感應。』嘉泰元年五月、開禧元年七月、嘉定元年閏四月、七年六月、八年三月、十年六月、十四年正月，亦如之。五月四日，詔令逐路轉運司行下所部闕雨州縣，仰守令躬詣管內寺觀神祠，更切嚴潔，精加祈禱，務要速獲感應。仍自指揮到日，禁屠宰三日。開禧二年六月、嘉定元年閏四月、七年六月、八年三月亦如之。同日，都省言闕雨祈禱未應，詔分遣官詣臨安府洞霄宮、徑山龍潭、天目山龍洞祈禱，仍令臨安府及安撫司差近上官三員同齎祝版前去。嘉泰元年五月、開禧元年七月、嘉定元年四月、七年六月、八年三月、十四年正月亦如之。後又命官詣龍井惠濟廟祈禱。同日詔：『祈雨未應，遣官齎御封香、祝版前去廣德軍，同守臣躬詣廣惠廟精加祈禱。』嘉泰元年五月、開禧三年二月、嘉定元年閏四月、七年十月、八年三月、十四年正月亦如之。十四日，都省言：『亢陽爲沴，祈禱未獲感應。檢照典禮，凡京都旱，則再祈岳、鎮、海、瀆，及諸山川能興雲雨者，於北郊望告，又祈宗廟、社稷，及雩祀於圜壇。』詔宰臣以下分詣祭告。嘉泰元年五月、嘉定八年四月亦如之。十八日，詔明慶寺迎請觀音祈禱，令豐儲倉支米七十石充本寺食用。二十一日，宰臣京鏜奏：『雨澤應期，中外欣喜，皆自陛下側身修行，有以感格。』上曰：『連日滂沛，遂過所望。』嘉泰元年五月七日，詔：『雨澤稍愆，分差卿監、郎官詣臨安府東岳天齊仁聖帝、吴山忠武英烈威顯靈佑王、天王神、城隍廟、福順王廟、旌忠觀祈禱。』開禧元年六月、三年五月、嘉定八年三月、十年六月、十四年正月亦如之。三年九月二十日，詔：『雨澤稍多，分遣卿監詣東岳天齊仁聖帝、吴山忠武英烈威靈顯祐王、天王神、城隍廟、旌忠觀祈禱。』開禧三年五月、嘉定五年九月、六年正月、十年四月亦如之。嘉定元年閏四月二十四日御筆：『朕念常暘爲沴，夕惕靡寧。雖已齋心致禱於宮中，及命群臣遍走名祠，而精誠未至，雨澤尚愆。朕以二十七日親詣太一宮及明慶寺燒香。仍令三省行下諸路監司、守臣，各體朕意，虔加祈求，務獲通濟。』既而獲應，詔令宰臣詣太一宮、執政詣明慶寺致謝。八年三月二十八日，詔雨澤稍愆，差官祈禱雨師、雷神、風師。二十九日，詔雨澤愆期，兩浙路州縣社稷各令守令精加祈禱。四月六日，車駕詣景靈宮朝獻行禮，次幸太一宮及明慶寺靈感觀音前，拈香祈雨。已而獲應，五月九日詔令宰執并詣致謝。十一日御筆：『農事既興，時雨未浹，皆朕涼德所致，已於宮中蔬食，密禱上天，省過責躬。可自今月十二日爲始，避殿、減膳、撤樂。仍令輔臣分祈天地、宗廟、社稷，庶獲嘉應，以慰民心。』十五日，御筆：『自春入夏，雨澤愆期，夙夜疚懷，靡遑寧處。已令遍禱群祀，雖獲感應，尚未霑足。應諸路闕雨州縣靈迹、神祠、寺觀，雖祀典所不載，而水旱應禱者，各委郡長吏差官，潔齋祈禱。』十七日，兩浙路運判章良肱言：『目今正當營種之時，管下州縣間有闕雨去處，雖已行下兩浙州縣，分委官於自來靈感寺觀廟宇精加祈禱，及親詣上天竺觀音寺、龍井玉泉諸廟祈求，雖獲感通，猶未霑足。今欲躬親前去徑山龍洞祈禱，乞賜指揮。』從之。五月二十七日，臣僚言：『臣竊聞神宗朝旱暵爲灾，司馬光上疏，以爲京師近雖獲雨，而畿甸之外旱氣如故，願陛下雖徇群臣之請，御正殿，復常膳，猶應兢兢業業，憂勞四方。此先正之格言，聖主之所樂聞也。今者王畿近甸旱既太甚，河渠爲陸，稻畦如石，人情嗷嗷，天意莫解。若更旬浹，事將若之何？執事者祈禱無效，奔走力疲。近者雨方小應，未應謝而遽謝。臣又再三請陛下御殿復膳，陛下不得已而從之，亦其未應請而遽請也。然則其果謂天人可欺邪？其遂委之無可奈何，而不復圖所以救灾之道邪？臣伏思，天心未嘗無感通之理，殆今日猶未盡所以應天之實。姑以數端言之。臣聞遷善改過，取象風雷，貴其速也。陛下昨頒求言之旨，而詔書格於五日之餘，明主急聞切直之意殆不其然。臣是以疑應天之不以實也。動人以言，所感者淺；言又不切，人誰肯懷？伏讀求言之詔，責躬之義未深，具文之意莫揜，臣是以疑應天之不以實也。士子投書，司匭扞格，逡巡數日，扣閽乃通。蓋導人使諫之誠不孚，故有司疑沮之遂見，尚可謂應天以實乎？搢紳應詔，掇拾細故；後省看詳，未盡施行。藥皮膚之病而諱心腹之疾，尚可謂應天以實乎？方日者誇雨應而興白龍之祠，走群望以舉謝雨之禮，乃有阡陌細民指行事官而怨訕，携槁苗於都城以赴愬者。昔固有袖死蝗請賀，而飛蝗蔽天者，今壅蔽無乃類此邪？近甸之旱勢既彌甚，江淮之間，赤地相望，間有所植新秧，盡爲蝗蝻所損，而州縣申述，或謂雨已通濟，或謂雨意未已，或謂蠶麥收成，貢諛説之書，行蒙蔽之實。昔人有言州縣奏雨，一寸云三寸，三寸云一尺。今欺罔無乃過之耶！舉是數端，則非惟應天之無實，且欺天以自文。欲以格天，臣知其難矣！方今都城米價日以翔踴，增長不已，將斗粟千金，而有司未聞措置。西湖瀦水，且防滲漏，貴勢取放，以供園池，有司順承惟謹。湖山久年不竭之泉，今者亦就枯涸。城中鬻水於山者，雙斛幾至半百。淮甸行旅，率以數十金而得一杯水。或謂此等氣象，數十年來之所無。天變如斯，而所以應之者類不甚切，臣實爲之寒心。況旱勢已深，小暑届候，縱使得雨，稼事無及，或可蘇瀕水之禾，或可植霜熟之稻，大勢已去，所種能幾？是惟亢陽赫烈，中外憂虞，儻非三日之霖，一驅旱魃之虐，將恐鬱攸疵癘，相挺而起，多端之虞，不特無年而已。臣願陛下上軫宸慮，俯察先言，雖從御殿復膳之請，益圖銷變召和之道，毋以施行一二者爲已足，毋以指陳激切者爲過當，毋以凶荒有數未必由人而興，毋以勢分相遼難爲人言所制。圖以理勝，不必求以氣勝；樂與衆同，不必故與衆違。所謂智高天下而聽於至愚，威加四海而屈於匹夫。容小所以爲大，善下所以爲深。古聖君賢相之事業，其配天無私，同地厚載者皆在於此。更乞速降指揮，令有司再行祈禱，必誠必敬，期於感通，以見朝廷不忘閔雨，有志乎民，於以稍慰人心，杜患微眇。』從之。嘉定十年六月八日，詔令兩浙漕臣詣上天竺靈感觀音前及詣霍山廣會廟行祠祈雨。嘉定十四年正月七日，詔：『歲暮以來，雨澤未應。當此春首，農事漸興，令兩浙州軍監司、守臣以下精嚴祈禱。仍於各州軍應城内外有靈壇、古迹、寺觀及龍潭、靈祠等處，守臣躬親前去。如其地里隔涉，州委職官、縣委佐官，各行前去，務要精虔，速獲感應。』

又《瑞異二》 咸平二年閏三月，京城不雨。宰臣張齊賢等奏曰：『春候已殘，雨澤未降，此乃臣等燮理無效。欲求譴黜，以塞天下之責。』帝曰：『朕獲纘基構，賴卿等輔翼。但慮政務闕失，卿等相規以道，無惜直言。』即詔：『天下繫囚非十惡枉法、已殺人者死以下減一等。瘞暴骸，葺破塚。罷有司力役之無名、營繕之不急者。中外臣庶各上直言。』景德元年，京師夏旱，人多暍死。帝遣中使於寺觀施藥，令太醫擇方救療，揭於衢路，頒示天下。又以河北歲旱大熱，遣知制誥晁迥詣北岳祈雨，罷北面役兵。

熙寧元年正月十四日，詔：『以經冬無雪，令各述朕躬過失、時政未符天意者。』宰臣曾公亮等同對，引咎拜謝。上曰：『日與卿等相見，議政之外，未聞忠規。朕非欲文飾，誠冀卿等極言闕失，以答天變也。』十七日，曾公亮言：『臣二上表及再進札子，以陰陽不調，雨雪愆亢，乞從免黜。面蒙敦諭，未賜允從。伏望體臣至誠，許從罷黜。』手詔答曰：『亢沴踰時，物蒙其害，此上帝之警予，奚煩輔臣累牘請避！書經百上，朕亦不聽也。』二十二日，以尚書職方郎中知登州許遵權判大理寺。知諫院吴申言：『陛下虔精請雨，未獲近應。古有望祭山川之禮，今祈神，此理獨闕，宜令禮官講復其故。及諸路州縣仙聖之祠，雖不在祀典，而水旱應祈者，并委州縣遣官潔齋致禱。』從之。至二十五日方雨。四月十一日，上批：『河北、京東尚未得雨，可指揮兩路闕雨州軍長吏親禱所在名山祠。』【略】七年二月十八日，京東、陝西等路久旱，詔轉運司各遣長吏祈雨。三月六日，詔以旱祈雨未應，自六日易服，避正殿，減常膳。同日，臣詣閤門拜表，以虜使之來，誕辰之慶，宜復常禮，後三上表，猶不許。十三日，以旱，遣官分祈禱京城并畿内諸祠，其五岳四瀆并委長吏致禱祭。仍令諸路監司檢察巡按所部淹延枝蔓刑獄，審刑、大理未斷公案，疾速結絶以聞。【略】二十一日，權河北西路轉運使劉航言：『自冬以來，頗愆雨雪，乞遣使於曲陽大茂山真人祠投龍以禱。』從之。二十八日，以久旱，詔中外許直言闕失。【略】八月十一日，詔：

『久旱，禱雨未應，其令長吏躬禱岳瀆。聞涇原、環慶、鄜延路自七月後得雨，其闕麥種者官貸之，官無麥種即借錢糴。』十六日，詔諸路監司訪聞山靈祠，委長吏祈雨。又遣輔臣告於中太一宫。【略】［元祐］二年四月十日，詔：『時雨久愆，旱灾甚廣，可自今月十一日後避正殿，減常膳，公卿大夫其勉修厥職，共圖消復。』又詔：『尚慮尚書六曹有四方牒訴奏請文字，或賞罰難明，或民情有冤，廢置未決，郎官怠於省覽，吏人苟逃日限，非理沮難，使抱冤之人，無所赴愬。宜差御史中丞傅堯俞、右司郎中杜紘、殿中侍御史孫升赴吏曹，侍御史王巖叟、右司員外郎孫覽、監察御史韓川赴户曹，給事中張問、監察御史上官均赴禮曹，左司郎中韓宗道、監察御史張舜民赴兵曹，右諫議大夫梁燾、左司郎中范純禮、殿中侍御史吕陶赴刑曹，右司諫王覿、監察御史張舜民赴工曹，點檢自去年正月至年終文字，抽索看詳。其間有執文害事，不近人情者，并元條删改、勘當住滯者，促令結絶。其指揮不當，及非理問難，鹵莽判收者，亦許牒本部再與施行。其元行吏人情輕者且與原罪，重者特行懲責。宜令三省、樞密院審度行下。』先是，右司諫王覿言：『陛下必欲有以感天意，即乞下詔責躬，以其未能肅欽，以致不肅之罰也。然後詔三省以振朝綱，去民賊，詔樞密院以嚴邊防、治軍政，詔六曹、寺監以修職事、戢胥吏，詔御史台以舉不職，詔監司以察縱弛，詔郡守以戒偷惰，凡政事之不肅者皆修完之，如此而雨猶未降，臣甘伏嚴誅，以爲妄言之戒。』詔以覿言降詔。二十二日雨，群臣詣閤門拜表，請御正殿，復常膳。自是五上表，從之。五年四月二十二日，詔：『冬雪不效，春雨弗若，逮此孟夏，旱灾如焚。雖禱祠備至，而神莫之答。可自今月二十三日後減常膳，不御前殿，及將來五月一日罷文德殿視朝。』至五月十一日，始雨，群臣詣閤門拜表，請御正殿，復常膳。自是凡四上表，乃允。自去年冬不雪，至是始雨也。

紹興三年七月二十七日，宰臣吕頤浩等言雨足。上曰：『日者亢陽，朕甚憂之，以爲穡事無望矣。今霑足如此，殆此有秋。《春秋》二百四十年，書大有年者纔一，書有年者再而已，以知豐登之難得也。』頤浩等退，相謂曰：『上至誠閔雨如此，宜豐年之未假也。』先是，自六月二十三日雨，後雖雨，微潤輒止，上極憂勞，省躬修政，折獄致刑，弛力役，罷苛撓，以圖嘉應。至祈禳，皆蔬食潔誠而爲之。自十六日已後屢雨，至是雨足。二十八日，詔復常膳。【略】

孝宗乾道四年六月十七日，詔：『近日雨澤稍愆，臨安府已迎請上天笠靈感觀音就明慶寺祈禱，令日輪侍從官一員前去燒香。』七年七月十七日同。七年六月十三日，詔：『比來近路州軍微愆雨澤，江西、湖南尤甚。見爲民祈禱，令御廚七月二日早晚御膳并進素。』十七日，詔迎請天竺觀音就明慶寺祈雨。十八日，有旨：『爲見祈求雨澤，今月十九日早晚御膳令御廚并進素。』十一月二十四日，詔：『近日闕少雨澤，令臨安府精加祈禱。仍令兩浙安撫、轉運司行下所部州軍，委守令嚴潔祈禱，務在感應。每五日一次，具雨澤文狀申尚書省。』九年十一月二十一日，詔令臨安府并諸路州縣闕少雨澤去處，委長吏精誠祈禱。名山大川、聖迹祠廟降旨委監司郡縣遣官嚴潔致祭。【略】八年七月十七日，詔：『去歲諸路州軍有旱傷去處，其監司、守臣修舉荒政，民無浮殍，各與除職轉官。』【略】十四年七月七日，詔：『政事不修，旱暵爲虐，可令侍從、台諫、兩省卿監、郎官、館職疏時政闕失及當今急務，毋有所隱。自來日避殿，減膳，撤樂。』【略】嘉泰二年七月十六日，都省札子：『勘會雨澤稍愆，竊慮江浙兩淮州軍間有闕雨去處，合行祈禱。』詔令兩浙、江東西、兩淮轉運司各行下所部闕雨州縣，委自守令親詣管下靈應神祠，精加祈禱，務獲感應。

又《刑法二》　［仁宗天聖五年］八月七日，河東路提點刑獄朱正辭言：『河陽、懷、澤州已來，鄉村百姓百十人爲群，持幡花螺鈸鼓樂，執木槍棹刀，歌舞叫嘯，謂之迎聖水以祈雨澤，斂取錢物，誑惑居民。』閤門祗候韓永錫言：『陝西州軍及京畿許、鄭界少壯子弟聚集起置上廟朝岳社，人（名）［各］著青緋衫子，執擎木素棹刀及木槍、排旗子沙羅，作隊迎引祭祀之物，望行禁止。』中書門下檢會《編敕》：『諸色人上岳及祭諸祠廟，并不得置造平頭輦，黄凉傘、黄纓、茜緋鞍復係禁物色，并亂集衆人，執擎兵刃，如違，畫時收捉勘斷。』詔神社槍旗等嚴行鈐轄，如有違犯，内頭首奏取敕裁，及許陳告。

金　王若虚《滹南遺老集》卷四三《焚驢志》　歲己未，河朔大旱，遠邇焦然無主賴。鎮陽帥自言憂農，督下祈雨甚急。厭禳小數，靡不爲之，竟無驗。既久，恔誣之説興。適民家有産白驢者，或指曰：此旱之由也。雲方興，驢輒仰號之，雲輒散不留。是物不死，旱胡得止。一人臆倡，衆萬以附。帥聞，以爲然，命亟取，將焚之。驢見夢于府之屬某曰：『冤哉，焚也！天禍流行，民自罹之，吾何預焉？吾生不幸爲異類，又不幸墮于畜獸。乘負駕馭，惟人所命；驅叱鞭箠，亦惟所加。勞辱以終，吾分然也。若乃水旱之事，豈其所知，而欲寘斯酷歟？孰誣我者，而帥從之。禍有存乎天，有因乎人，人者可以自求，而天者可以委之也。殷之旱也，有桑林之禱，言出而雨；衛之旱也，爲伐刑之役，師興而雨；漢旱，卜式請烹弘羊；唐旱，李中敏乞斬鄭注。救旱之術多矣，盍亦求諸是類乎？求之不得，無所歸咎，則存乎天也，委焉而已。不求諸人，不委諸天，以無稽之言，而謂我之愆。嘻，其不然！暴巫投魃，既已迂矣。今茲無乃復甚？殺我而有利于人，吾何爱一死？如其未也，焉用爲是以益惡？濫殺不仁，輕信不智，不仁不智，帥胡取焉？吾子，其屬也，敢私以訴。』某謝而覺，請諸帥而釋之。人情初不懌也，未幾而雨，則彌月不鮮，潦溢傷禾，歲卒以空。人無復議驢。

《金史》卷九《章宗本紀一》 ［明昌元年］五月不雨，乙卯，祈于北郊及太廟，朝于隆慶宮。是月凡三朝。【略】壬戌，祈雨于社稷。【略】己巳，復祈雨于太廟。【略】丙子，以祈雨，望祭岳鎮海瀆于北郊。【略】［三年三月］丁酉，命有司祈雨，望祀岳鎮海瀆于北郊。【略】甲辰，祈雨于社稷。【略】丁卯，復以祈雨，望祀岳鎮海瀆山川于北郊。【略】［五月］甲戌祈雨于社稷，是日雨。【略】乙酉，以雨足，致祭于社稷。戊子，百官賀雨足。【略】己丑，以雨足望祀岳鎮海瀆。

又卷一〇《章宗本紀二》 ［承安元年三月］甲辰，遣參知政事尼厖古鑒祈雨于社稷。丁未，復遣使就祈于東岳。夏四月辛亥，命尚書右丞胥持國祈雨于太廟。壬子，遣使審决寃獄，京城禁傘扇。【略】乙丑，命御史大夫移剌仲方祈雨于社稷。壬申，命參知政事馬琪祈雨于太廟。【略】戊寅，上以久不雨，命禮部尚書張暐祈于北岳。己卯，遣官望祭岳鎮海瀆于北郊。五月庚辰朔，觀稼于近郊，因閱區田。乙酉，以久旱，徙市。庚寅，詔復市如常。【略】庚子，雨足。

又卷一一《章宗本紀三》 ［泰和三年四月］丁巳，敕有司祈雨，仍頒土龍法。

又卷一二《章宗本紀四》 ［泰和四年二月］丁酉，以山東、河北旱，詔祈雨東北二岳。【略】［三月］癸酉，命大興府祈雨。【略】乙酉，祈雨于北郊。【略】壬辰，祈雨于社稷。【略】［四月］己亥，祈雨于太廟。【略】丙午，定衣服制。以祈雨，望祀岳鎮海瀆于北郊。癸丑，祈雨于社稷。甲寅，以久旱，下詔責躬，求直言，避正殿，減膳撤樂，省御廐馬，免旱灾州縣徭役及今年夏稅，遣使審繫囚，理冤獄。乙卯，宰臣上表待罪，詔答曰：『朕德有愆，上天示異。卿等各趨乃職，思副朕懷。』【略】庚申，祈雨于太廟。壬戌，萬寧宮端門災。五月乙丑，祈雨于北郊。有司請雩，詔三禱岳瀆社稷宗廟不雨乃行之。癸酉，平章政事徒單鎰、尚書左丞完顔匡罷。甲戌，雨。乙亥，百官上表請御正殿，復常儀。乙酉，謝雨于宗廟。丁亥，報祀社稷，汰隨朝冗官，定省令史關决公務，詭稱已稟，擅退六部、大理寺法狀及妄有所更易者罪。辛卯，報謝岳鎮海瀆。

又卷三五《禮志八》 大定四年五月，不雨，命禮部尚書王競祈雨北岳，以定州長貳官充亞、終獻。又卜日於都門北郊望祀岳鎮海瀆。有司行事，禮用酒脯醢。後七日不雨，祈太社、太稷。又七日祈宗廟，不雨，仍從岳鎮海瀆如初祈。其設神座，實樽罍，如常儀。其樽罍用瓢齊，擇甘瓠去柢以爲尊。祝板惟五岳、宗廟、社稷御署，餘則否。後十日不雨，乃徙市，禁屠殺，斷傘扇，造土龍以祈。雨足則報祀，送龍水中。十七年夏六月，京畿久雨，遵祈雨儀，命諸寺觀啓道場祈禱。

元 李志常《長春真人西游記》卷下 五月，京師大旱，農不下種，人以爲憂。有司移市立壇懇禱，前後數旬無應。行省差官齎疏，請師爲祈雨醮三日兩夜。當設醮請聖之夕，雲氣四合，斯須雨降，自夜半及食時未止。行省委官奉香火來謝曰：『京師久旱，四野欲然，五穀未種，民不聊生，賴我師道力，感通上眞，以降甘澍。百姓僉曰神仙雨也。』師答曰：『相公至誠所感，上聖垂慈，以活生靈，吾何與焉？』使者出，復遣使來告曰：『雨則既降，柰久旱未霑足何？更得滂沱大作，此旱可解，願我師慈悲。』師曰：『無慮，人以至誠感上眞，上眞必以誠報人，大雨必至。』齋未竟，雨勢海立，是歲有秋。【略】自春及夏又旱，有司祈禱屢矣，少不獲應。京師奉進會衆，一日，謁師爲祈雨醮，既而消灾等會，亦請作醮。師徐謂曰：『吾方留意醮事，公等亦建此議，所謂好事不約而同也，公等兩家但當殷勤。』遂約以五月一日爲祈雨醮，初三日爲賀雨醮，三日中有雨，是名瑞應雨，過三日雖得，非醮家雨也。或曰：『天意未易度，師對衆出是語，萬一失期，能無招小人之訾邪？』師曰：『非爾所知也。』及醮，竟日雨乃作。翌日盈尺，越三日，四天廓清，以終謝雨醮事，果如其言。

元 吴澄《吴文正集》卷三五《撫州路達魯花赤禱雨記》 至順三年六月不雨，至於七月，水田乾坼，稻苗委瘁。早熟之稻僅収，已損其半。民情惶惶，所在禱雨，俱未應驗。撫州路元侯答不花，蒙古人也，自總管劉侯致仕而去，郡事叢於一身。憂民之憂，日不遑食，夜不遑寢。六月二十一日以後，日領官屬衷籲上下神祇，彌旬彌月，食素宿外，内訟自責，誓不得雨不止。迨及七月下旬，旱勢逾劇。侯曰：『吾祈澤於道觀僧寺，心慮殫矣。崇仁華葢、相山，其山高峻，興雲致雨，夙稱靈應，曷往祈焉？』乃於二十四日午離郡，行百餘里，三更至崇仁縣，分遣崇仁令崔顯詣相山，躬詣華葢山。四更而起，行百餘里，憇山之陰，距山巔四十里而宿。二十六日癸巳晨興，及山麓，草屩步行而陟，午至山上，達誠於山靈。忽雷聲震動，午後下山，旋得雨。二十七日二更，還次崇仁縣，又得雨。二十八日乙未子初刻，離崇仁縣，午至白虎窰，距郡城三十里，大雨。至龔家渡，距郡城十五里，再雨。未時還至玄妙觀，陰靄四合，又雨。其夜一更後，密雲布空，風雷電交作，雨大降。二十九日五更，雨大降亦如之，經一時之久。三十日辰時，雨復降。侯之誠感山之靈，應如響之答，可謂神速已。侯曰：『雨雖應祈，恐遠近旱甚，有未霑足。吾其申請於社稷。』命郡士檢尋天旱祈社稷壇禮，八月二日己亥昧爽前，率僚佐祭於社稷壇，儒生贊相，一遵禮典。侯拜跪進退，心敬容肅，終事不忒。祭畢，四日、五日、六日之夜皆雨，或滂沛，或淋漓，漸而不驟，膏潤浹洽，而雨意未已也。七日之昏，大雨，達於八日之旦，竟日綿綿而不斷絶。三日以往爲霖，其此之謂歟？郡之父老咸曰：『此郡四五十年以來，未見有郡侯如此憂民、如此敬神者，亦未見有祈雨得如此靈應者，我民咸願紀其實，以無忘侯之德。』澄之子京竊禄郡庠，每日奔走，從侯之後。予就養於子，亦留郡城，親見郡侯憂民之仁，敬神之誠，禱雨之應，因父老之言，順郡民之願，而叙其事如右。噫！旱暵，天數也；祈禱，人事也。以人事回天數，豈易哉！諸侯得祭社稷及境内山川，古之禮也。旱而求雨，則祈於其所得祭之神。侯不憚勤勞，觸冒炎暑，躬造名山，且爲百姓請命於侯社，既協於禮，又盡其誠。自登山之日以至於七月晦，一雨、二雨、三雨、四雨、五雨、六雨、七雨、八雨；自祭社之日以至於今，亦復一雨、二雨、三雨、四雨、五雨、六雨，而遂竟日以雨。涸澮通流，枯澤滿溢，千里之旱頓蘇。前己巳歲大旱，庚午歲大饑，民之莩死奚翅數百千人。今兹之旱弗救，將復如前矣。侯竭其力以活數百千之民命，其心也誠之篤，故神之應之也速；其德也仁之諶，故民之感之也深。予素居田野，稼穡是寶，與斯民同感侯之德者也。

元 黎崱《安南志略》卷一《古迹》 古州佛春驟雨，山之巨木流至州津，回旋不去。民異而觀之，内有石類佛，民禱神驗，即雕木爲佛，遇旱祈雨輒應，故曰法雲法雨。

元 虞集《道園學古録》卷六《詔使禱雨詩序》 陝右比歲以旱饑告，縣官出粟與財，省賦已責以振之，而不能救。力田者布種於土，而暵燥弗生。貨幣并竭，商賈弗至。去歲，國家有大正於逋誖宿慝，守者迷去效之宜，神怒人怨，天不悔禍。及計窮歸服，而吾民之病日深矣。居者瘠殍，行者道殣，存者十二三。天子爲選大吏治行省臺，出大農之帑鉅萬者數，而雨終不降，人無生意。於是行省臺之臣使人入告于朝曰：『天子幸念疲甿，使臣等奉宣德意，既竭駑鈍，靡神不舉而靈貺弗臻。意者天子使專使，持玉幣，以禮其山川，庶有濟乎？』宰相即日以聞，天子愀然以興曰：『孰能稱朕使者？』於是翰林直學士普顔實立，以誠愨精敏，將命直指。乃四月己亥受旨幄殿，陰雲低回，肹蠁孔邇。學士乃召驛傳，謹齋戒，不留宿于家。乙卯，祀西岳。五月丁巳朔，雲電雷雨大作。辛酉，與行省臺臣共禱于城中之群祀。壬戌，與左丞亦憐眞禱於太一元君廟，即大雨。其日，又詣高山太白峽靈湫廟。湫在絶頂，峽隘石險，炎暍喘汗，牽掖僅至，親致上命，下即祠官，幾數十里。祠故唐作，積蕪不治，墻毁瓦墮，妥歆無所祠者。俟命門下，上無庇蓋。跼蹐中夜，并見雲興于湫，頃而滃合。明日又禱，大澍連日。於是東自陝州，西至鳳翔，南達興元，北暨鞏昌，皆來告足。甲戌，至鳳翔，與憲使郡守祀於雅臘蛮神之廟。雅臘蠻者，高昌部大山有神，高昌人留關中者，移祀於此云。既祠，又雨。丁丑，祀西鎮之吳岳，亦雨。竣事乃還。而隴陝之間，田苗浡興，瓜蔓有實。稍有廬處，而守者下車詢咨，則曰：『宿種在土，得雨始萌，壅埴日滋，是以怒長。苗秀且實，而瓜瓞可食矣。』由是疾疫頓愈，而流移未遠者漸克來歸。七月辛酉，復命于上都。行省臺各遣使入奏，如其言。而學士以其副致國史，予得而觀焉。嗚呼！天豈不念斯民哉？彼旱饑至於斯極者，誰實爲之？聖神一念之發，使者將命之謹，而效應如此，逆順誠僞之辨，可不察乎！故備書之，與吾黨之士咏歌焉。

又 卷三四《撫州路經歷趙師舜祈雨有感序》 天子提封千萬里，以民人社稷，分計於遠近大小之吏。受其任者，知職分之所在，各思不忘其憂，蒼蒼之生，其庶矣乎。自一郡而論之，大政小事不可以數舉也。先事而爲之備，則無過甚之灾；事至而盡其謀，則無不及之失。相先以致其勞，則無苟避之患；當事而致其誠，則無不成之功。是以貴乎得君子以爲之用也。臨川郡城，至正壬午，春夏之雨不闕，六月之旱，監郡倅貳參佐皆以爲己憂。華山、相山，皆二百四五十里，自昔吏民之所同禱也。於是守臣之同僚争求先行，幕府二三君子亦曰不可以勞吾長也，亦争先請行。會他郡有大獄未決，太守楊公始至旬日，行省轅公往鞫之。於是經歷趙君師舜曰：叨長斯幕，非吾事而誰事也？乃七月庚子朔，齋戒就道，二日至華山之麓。以事之遽也，分遣崇仁簿馬孶詣相山，期三日之旦，各陟山巔。祝告之辞方宣，精神之敷已感。雲滃興於川谷，雨遥注於郡城，奉貺而還。雷隱隱達晝夜不絶，清凉載途，徒御歡喜，沛澤所注，合郡内外無不告足，於是而有年可望焉。夫遇旱而禱，懼而神明念之，禱而靈雨應之，故有之已。今兹忱禱於俄頃之間，沛澤於千里之遠，若是神速而溥博者，則未始多見也。此先其事之憂，當始之謹，相先之善，積誠之感，豈不信乎！凡爲政者，夆事動念，莫不由此，則天人豈有二致乎？此報國之大者也。故郡邑之士多爲之賦詩，而前史官虞集，書其端如此云。師舜，名雷澤，儒雅士也。自憲史歷掾陜右，來官臨川，明敏知大體。其親年六十餘，隱居勾曲之山，尊道行義，人謂之義齋先生。

元 黄溍《金華黄先生文集》卷一〇《天目山禱雨記》 至正二年夏四月，不雨，江浙行中書省宰執都司親禱于杭之宗陽宫，俾真人唐永年爲作符檄，朱書鐵簡，命道士持詣天目山，祈靈於兩龍祠，仍遣吏同臨安、於潛兩縣長貳奉香幣以從。十五日乙卯，抵太微蓋元洞天至道宫，白于靈濟顯澤昭德聖烈王。十六日丙辰黎明，以楮鏹藉疏狀符檄投諸龍池。疏狀符檄皆逆流北上，俄若有啓其封而展之者。至洞口，遂與所授鐵簡俱沉水中。已而陰雲四起，下山甫一里，雨隨至。亭午抵玄靄山真慶觀，白于護國庇民廣濟明著天妃之神，以楮鏹藉符檄鐵簡投諸龍井，如前儀，符檄獨浮不下。或謂此天妃祠，而緘題云玄靄龍王，宜其弗納。乃以意默謝，封忽自啓而沉。還至於潛縣廨，雷雨大作。潤澤所被，合境告足。爰命儒學提舉黄溍直書其事，光揚神休。二十日庚申謹記。

元 陳旅《安雅堂集》卷四《亂石湫禱雨詩序》 泰定戊辰之歲，陝右大旱，民日益困。有司散利去幾索，鬼神莫之能禦。六盤染織提舉燕山馬君愀然曰：天人之相去邈矣，職位之有守不可越矣，然亦有流通而無間者乎？吾雖非守土臣，然食其禄者，憂其事也。况吾禄實出於民，而諉曰閔雨非吾職也，是豈仁人之用心哉？即屏葷酒，沐浴齋戒，輒俸錢買薌幣祝奠之物，負之行五十餘里，至亂石湫拜奠而默禱焉。忽靈風生水上，如神騰鬼趯，湫底湧出樽酒，流抵岸側，若將授君者。左右咸驚異以爲神，所以表精誠而昭嘉貺也，宜拜貺。君再拜受而飲之，以器入湫水，迎至郡城，寘諸叢祠，有雲隨軒蓋，大澍連日，槁者蘇，仆者起，愁嘆亡聊者鼓舞而驩欣，民于是歌頌馬君如祝東長生焉。余聞君爲人正而静，居官以廉介，自將是宜有以格神明也。易曰：東鄰殺牛，不如西鄰之禴祭，實受其福。吾於馬君，有以知其然乎！

又 卷六《韓明善禱雨詩序》 會稽韓明善先生以學行著于東南，部使者数慰薦，盖雅約不事榮進，且老矣，盖古所謂修其天爵者。至元後丙子歲，夏五月至於秋七月不雨，原隰盡疊，陂渠膠舟，民瘵滋甚。先生齋潔潜禱于天地山川之神，乃大澍三日，蕘蘇滯行，物意條鬯。邦人審雨，則相與告語曰：『先生未嘗有民社之責，能澤加於民若此，使有位於時，所施宜何如也？』盍賦詩美之，以無忘先生之恵。』來請序。余聞有天爵者，有天職焉。何謂天爵？我所固有者也。何謂天職？我所當爲者也。天地萬物，不外乎吾身，則位天地、育萬物，皆吾職之所當爲者矣。庚桑楚居畏壘之山，而畏壘大穰，庚桑楚豈必有民社之責哉？夫以所當爲者，恠而不爲，則其平日之所以用其心力者，皆非其職可知矣。先生之閔閔乎籲雨也，亦惟懼夫職之不修，初非有干譽扵人之心，而德其施者固可以弗報也。晉東廣微爲民禱雨，而應人歌之曰：『東先生，通神明，請天三日甘雨零。』又曰：『何以酬之，報東長生。』越人之歌韓先生，將亦若晉人之報東長生乎？

元 鄭元祐《僑吳集》卷九《吳江甘泉祠禱雨記》 吳槩以水爲國，東出而爲吳江，其爲州郭低窪，人烟聚落於浦漵之間、洲渚之上耳。州既左江右湖，雲濤烟水，其爲神龍之宮，靈怪之宅，尚何異哉！自非神龍以著靈而人托龍之庥以爲命，則其四封之内呼吸而沼之者，顧何難哉？州之東行，涉江湖而爲橋者相望。獨第四橋之下，水最深，味最甘，色湛湛寒碧，唐陸羽嘗品第入《茶經》，則其異於泉水也必矣。世傳有龍居之，州人即其橋之北水之中沚建祠以享龍，謂之甘泉龍王祠，其來蓋甚乆矣。至正三年夏，大旱，田禾焦然就槁，民心皇皇無賴。時高昌雅缺理公爲州達嚕噶齊，憂心惻然，乃捐己俸，市香燭，宿齋戒，躬致情詞於昭靈觀道士富恕，乞爲將誠籲天。而公率僚幕胥吏之屬，悉徒跣謁龍于祠下，再拜稽首爲民請命。富君乃用其教法役神召龍，煉鐵符投橋，水符纔入，而雷殷殷自水起，玄雲四垂，雨即隨至。公忽驚且喜，以手加額，曰：『神明不遠如此哉！』船迎龍漫至州署，有赤鯉躍入公舟中，公命僮捧縱之。波雨霶沱，告足，即昭靈設醮謝。比竣事，復迎牲祠下，合樂大饗，以荅龍神之靈貺，是州遂成有年。於是州之人驩然曰：『吾州依龍以爲命，故水旱必禱。然未有若我公誠心懇至，一念之頃，神人孚合，其嚮應葢若執左券交相付者，其故何哉？』遂昌某曉於衆曰：『若知公嘗爲泗州長吏乎？天乆雨，泗之民將爲魚。公牋詞請于上帝，詞有曰：『甘減一年之壽禄，願起百姓於泥塗。』詞焚而雨霽。然則公之惠政愛民，至不惜身命有如此爾，民亦知之乎？』於是州之民悉公之心，戴公之惠，恃公以爲命有在矣。作《禱雨感應》以記之。

元 吳當《學言稿》卷二《題丁縣令禱雨記後》 丙子歲旱，邑宰丁侯躬迎仙臨川山，又起龍湫，乃得大雨。學士虞公爲書《蘇公喜雨亭記》，復序其事以遺之。方夏時苗盛，恒陽歲事愆。皇皇良宰念，秩秩禱祠虔。牲幣修群祀，旌幢擁列仙。幽穿青澗底，危陟白雲顛。清廟神来只，瑶臺夜肅然。月生丹井露，霧濕石爐烟。肸蠁期真貺，精誠徹邈玄。蛟龍盤窟宅，圭璧達淵泉。甘澍隨車至，靈飈卷旆旋。爲霖因往日，行潦及前川。吏治能無愧，農功屢有年。弦歌春藹藹，民物思綿綿。已覺謳吟溢，惟令翰墨傳。昔賢曾志喜，太史續雄篇。

元 貢師泰《玩齋集》卷七《道山亭禱雨記》 至正二十年夏，閏五月不雨，六月壬辰雨，既而又不雨。有司遍禱弗應，民甚憂之。戊申，廉訪使贍思丁有嗣，副使元努國器，僉事亦憐真士弘、必剌的納仲賢、鄭潛彦昭，經曆達里麻，蒙古清遠知事黄普顔帖木爾顔肅，照磨傳居信忠卿相與謀曰：『夫閩山高水深，神多靈異，能出雲雨，禦菑患，以芘其民。今旱若兹，禱且弗應，吾誠其有未至乎？不然，則是政失其平，行愆於常，雖有告，不吾聽也。』迺皆出宿於外，爲壇道山之亭，而祝祭之。曰：『寇逞於暴，兵横於貪，殘傷之遺，已無以生。神又不我恤，使之遑遑然無所控愬，亦何至斯極也！用敢白於神，今日不雨至明日，明日不雨至三日，三日終不雨，則吾徒固無所逭其罪，神亦獨能辭其責乎？』既事，靈風肅然，神若歆止。五漏将盡，陰雲四合。厥明風雨大至，池沼溝澮皆溢，水㶁㶁流不止。焦枯既蘇，歡呼震野。於是大夫士相率爲歌詩以頌休美，而求予記其事。嗚呼！山川之神，不遠吾誠。誠吾心以致夫神，神其有不格者乎？《書》曰『至誠感神』，《傳》曰『神依人而行』，兹雨也，其有以哉！是宜書。

元 陳性定《仙都志》卷下《碑碣》 紹興間，郭契敷、蔣善昭、趙善詩、楊景奉詔詣仙都《祈雨記》磨崖于鏡巖。

元 楊維楨《東維子文集》卷一〇《送鄧煉師祈雨序》 洪武二年夏旱，松陵太守陳府公初下車，首詣翟曇祠求雨。十日不降，守怒，欲焚曇象，浮屠氏拜以免。六月二十日壬午，移禱于鄧煉師法壇，明日移壇公宇，守自製心詞一章，告天曰：『下民六月之旱無伸，所求上天三日之霖，有感斯應。』鄧爲奏章上帝，然後役五雷丁甲，呼吸鬼物。是日少玄風從西北起，迅霆一聲振屋瓦，大雨如注。一日雨，二日雨，三日大雨足。松民咸抹手相慶，曰：『此府公方寸中雨，而非鄧之法力，則亦無以成其誠感之速也。』守命屬吏於琮乞一言於東維先生，爲鄧之勞。先生爲叙其事，而又侈之以歌曰：『東海水，枯沃焦，神工無處尋天瓢。松陵太守閔民苦，疾呼鄧師誅惡妖。誅跛妖，役丁甲，蚩尤鼓風旗倒拽。插龍龍走白龍潭，迅霆夜擘千將匣。於乎，縣令不積薪，將軍不拜井。爐烟一穗達丹誠，三日甘霖雲萬頃。君不見漕家粮船星火急，瓜州渡頭河水澁。蒼天蒼天不悔禍，海民盡作枯魚泣。鄧師鬼工煩叱訶，稻田粒粒真珠多。松陵太守報新政，和氣化作擊壤堯民歌。』

元 戴良《九靈山房集》卷六《禱雨詩序》 中書左丞某公署事之初年，天不雨，自夏六月至於秋七月，禾盡槁。民以病告公，愀然憂形於色。於是公之賓佐合辭進曰：『公毋憂也。古有桑林之祝、雲漢之祀，皆所以致力於神也。天而不雨，盍禱之神乎？』越翌日丙午，夜漏半，公躬率郡縣有司走神所，而雨即嘉應。公復與神約，三日雨足。丁未雨，戊申雨，己酉又雨，連雨數日而止。民乃大喜，咸以爲神之所賜，而歸德焉。金華戴良獨不謂然。天以神和四時、乳百穀，於以煦養其生息者也。今乃嗇其施以病民，必希吏之懇禱而後應，是豈神之本心哉？非神之本心而乃章章如是者，蓋公之精誠有以上格於天故也。公之所以上格於天者，非在乎禱之之日也。其素行固已合於冥冥也久矣，是故無求而不得，無感而不應也。然則禱之神非歟？曰：是也。夫雨暘者，天之所權也。山川者，神之所伏也。雨暘不時，歲有饑饉，則禱之山川之神，豈非天之高且遠也，不可以自聞，不可以自見，而寄之神，是神用天之權也。故天使之雨，神得而雨之；天不使之雨，神固不得而雨之也。公是以神其聰而天無不聞也，神其明而天無不見也。無不聞，無不見，此公之所以致夫雨也。夫如是，民固當視公爲神也。於是民愈喜，咸退而爲喜雨之詩，以歸德於公，且俾次第其言，爲之序。詩曰：『維浙之東，維黍芃芃，今既穟矣，伊誰之功？維我相君，視民如子，撫綏輯寧，俾安田里。俾耕俾種，俾耘俾耔，苗則既秀，雨澤不時。相君睠焉，爲民憂之，誠之所感，天不我違。山川出雲，降以甘雨，既優既渥，厥施斯普。今之上腴，昔也焦土，今之發榮，昔也槁莽。農人相慶，蹈舞蹁躚，且歌且謡，擊壤以言。維今之雨，匪降自天，維我相君，錫此豐年。稼之有秋，匪由民力，維我相君，錫此膏澤。我有童烏，捧腹歡如，亦有鮐老，今可以飽。我聞我兵，將討不庭，有餱有糧，可以啓行。相君有心，與天爲一，維國維民，咸食其德。田之多稼，周人所美，時之有年，魯史所紀。爰作此詩，志今之喜，頌我相君，令聞不已。』

元 佚名《元典章》禮部卷三《祈風雨不得支破官錢》 至元七年十月，尚書户部承奉尚書省札付：禮部呈，據西京路申，爲本境風旱祈雨，用過羊酒等物價錢乞除破事，呈奉尚書省札付，除已依數除破外，仰遍行各路，今後遇天旱預爲申覆，省府明文無得一面支破官錢。奉此。

元 李繼本《一山文集》卷三《禱雨詩序》 劉侯爲繁畤丞，政務寬簡，民物清晏，郊野無犬吠之警。洪武辛亥夏，不雨，民嗷嗷無生意。侯適以事詣大府，未遑恤也。縣父母享扵龍祠以禱之，弗應。遍禮群祠，又弗應。自是奔走告祀，不懈益虔。五月二十有二日乃雨，民以爲未洽也。未幾，侯竣事還，衋然傷之。乃潔齋致誠，徒跣露髻，㪺水於南山之龍湫，侑以香幣，奉以牲酒，以薦於群祠，以享以祀，以祝以祈，以罄夫悃愊之忱。時六月七日也。是日晝漏下二十刻，青天無雲，炎光爓地。薌燎始上，浮靄四垂，霞飈回旋，電雷訇發。感格之機既昭，滂洽之澤斯至。越九日乃雨，明日又雨，又明日大雨，民翕然以樂，躍然以忭，而驩然如更生。邑之士咸見之咏歌，而謁予序其端。余惟記不云乎：『天降時雨，山川出雲。』蓋雨降自天，信非吾人所能力致者。然而有可致之道焉，何也？吾盡吾誠焉耳。惟誠可以開金石、貫幽顯、動天地、感神明，雨澤之降，毋惑也。况侯爲民以請命，而竭誠以籲天，精意昭垂，洞達無間，天其有不應乎？昔者唐叔有善政而禾同穎，景公出善言而星退舍，李廣利拔劍刺山而飛泉湧出，與夫劉昆熄江陵之火，韓愈開衡山之雲，感應之機，古今一轍，固非方士者流以奇術秘計簧鼓乎顓蒙者比也。予田野之細氓，沐侯之惠深，謹摭其實而序之。侯字仲儀，江西人。

元 王禮《麟原文集》卷四《贈通守王公祈雨詩序》 天下之事，有適然遇之于天者，幸也，初非有可必之道也。惟其屢試而不移，既久而愈驗，則其信于天者，非偶然矣。贛通守王公，祈年于雩陽也。前三四年，余嘗過之，睹士類喜雨之什而序之矣，然猶以爲是適然耳。其後凡禱，莫不孚應。今年夏不雨，公蹙然曰：『爽報非我憂，不雨則無禾，深可憂也。』即具香幣，遍走群望，俄而風雲隨興，甘雨竟日，既霑既足，近悅遠安。然後知公之所以信于天者，非幸也，有可必之道也。若夫適然之感，一遇之已耳，未嘗有至再至三者。至于再三，已非可以倖致，況至于五六，至于八九，而無或一爽者乎？公之大過人者，于斯乎卜矣。然嘗觀之信于天者，每不諧于人，不能不致疑于有物。夫以公之連年討賊，功亦茂矣，而爵不過初命之大夫，無以慰國爾忘家之心，而棄城全軀之臣，秉鈞衡，列台鉉，比比有焉。噫！人無不至，惟天不容僞。彼諧于人者，又果能一信于天乎？信于天者，數數然也。則其不諧于人者，無足慮矣。朱子有言：不求人知，而求天知。公之心也。友人吴伯淵得諸賢頌咏獻于公，而徵予序。余故表公之所以信于天者，以告夫庶民小子云。

又《美王太守祈雨詩序》　郡太守太原王公君澤，莅政廬陵之明年，汲汲惟恐黎庶之失所，遇利害悉興除之。於是政平俗安，方千里倚之爲泰山，爲慈父。夏五月，連旬不雨，赫威如爐，民無所喙息，而苗日槁矣。公惻然曰：『吾郡之民，俛焉日給公上之需於常賦外，而未嘗有幾微怨咨之色形於顔面，真良民也。今遭時之盭如此，將仰無以充國家之賦，俯無以爲事育之資，吾且奈之何哉？』遂遍禱於老佛之宫，神仙之所，又遣府史乞靈於龍湫。公則齋戒沐浴，夜直雩壇以俟，遲不得命，則不冠不履，奉所祀之神，周巡闤闠，以致罪己意。而日竟不曀，衆益疑焉。禮則知雨之終可必也，蒼蒼而上，窮阨而呼必可聞，隱痛而祈必可感，蓋形勢高而視聽卑也。先是，公於歉月，寬里役舊輸之虧者數百人，歡聲載道，上聞於天。洗寃澤物之意，隱然與東海祭孝婦同科。況其素行之孚於上下，交於神明而無愧者哉？此禮所以知雨之終可必也。既而賜履之境，靡不沾足。于是郡邑之士，咸爲詩歌，以咏太守之德，而謁禮爲之序。禮觀一雨之應，國家財賦之出，生民事育之資，舉有所利賴，緊誰力哉！賦咏之可也，遂歌之可也，序而傳之亦可也。故書。

《元史》卷二六《本紀·仁宗本紀三》　帝嘗夜坐，謂侍臣曰：『雨暘不時，奈何？』蕭拜住對曰：『宰相之過也。』帝曰：『卿不在中書耶？』拜住惶愧。頃之，帝露香默禱，既而大雨。左右以雨衣進，帝曰：『朕爲民祈雨，何避焉！』

明　胡翰《胡仲子集》卷七《香溪仁惠廟禱雨記》　洪武十有一年夏六月不雨，環郡之邑，厥田高者釁圻，下者剛燥，陂澤既竭，原泉不通，稼日就槁，農民告病。郡邑修禱祀之禮，籲天叩神，或應或否，而旱熯如故。洎秋七月不雨，農民告病益急，從政者患之。蘭溪距郡五十里，其邑旱不爲灾，踰邑而西又二十五里，爲香溪，入其疆則其澤之竭者演而注，其土之焦者淖而沃，田間芃芃，皆美稼也。余爲愕且喜，問諸父老，皆曰：『先是固旱矣，農告病矣，賴吾司征之長吉安劉君思忠而免於歉。乃六月己丑，君率父老禱於里之偃王廟，合百神而享之。明日丙寅，入蟠山，禱於天津廟。廟故有大神，曰澤潤，曰澤沛，蓋司龍者也。迎而致之，及途而雨，越三日戊辰又大雨，猶未洽也。七月癸酉，君露跣道上，禱之益虔。明日甲戌，神應之以雨，越三日戊寅又大雨，吾稼仰之以足，靡不就實，是則神之賜也，君之貺也，吾民戴之，每食恨不尸而祝焉。』余聞而愈愕，劉君非有民社者，曷爲而及是哉？既而過友人之門，陳如圭氏、吳德璋氏皆曰：『誠如父老言，然不寧惟是。往年禱雨，脱我於蘊隆之毒，亦惟君僂僂以將事，吾懼無以報之，則著爲咏歌之辭，而今又重蒙德焉。其感而應也，灼有攸徵矣。向使吾二人言之，人孰信之，使吾鄉人言之，雖信而未必深也。今先生幸辱臨茲土，而寓目焉，咨及下走，走不敢隱。懼余言不足以侈君之貺，不於先生圖之，而孰圖之？先生苟不鄙夷，得託諸文字，庶其傳信矣乎！』余謝而退。他日，童良仲至郡，則具其事以請。《春秋》譏不閔雨而著喜雨，善其有志於民也。今郡邑猶古侯伯之國，從政者孰不有志於民，寧風旱，逆時雨，凡禮之所當爲者，悉致力焉，而猶莫能致其所難，必劉君一司征耳。其職不過榷貨財，督税課，取諸商賈之類，與郡邑有民社者異矣，顧不忍農人之無稼，殫厥心而拯之，天亦輒應之，豈有他哉？宇宙分事，即吾分事，昔江西陸子嘗有是言，君固習聞之矣。況其近者一視同仁而無間，可也。天之仁愛吾民，恒欲厚其生，不幸而丁斯之旱，豈使之無孑遺哉？故一夫致其格，一鄉遂其育，積誠之至，則天心順成之矣。余取鄉人之言，論著君之美，以見喜雨者能閔雨也，不臨民而有志於民，尤所善也，此春秋之義，是宜書之，以告來者。

明　妙聲《東皋録》卷中《周玄初禱雨詩序》　常熟致道觀鶴林周

君玄初有道術，能劾治鬼物，及祠祭禳禬，吳人多信之。洪武二年夏，大旱，邑人士相與起君禜雨，不崇朝，雨連大澍，歲遂有秋，邑人愈尊信其術，乃求吾徒之能言者賦詩以贈之，而謁余序，且道玄初之言曰：『夫天人之分，固懸絶矣。吾以眇然之身寄其間，而能感而吾應，召而吾從，無不如志者，惟此心焉耳。蓋天即理也，神而明之，存乎其人。苟以心契理，理合於天，將無施不可，獨雨乎哉？凡吾動作麾斥，以示吾用者，蓋將駭常人耳目，以神吾術耳。然所以致雨者，不在彼而在此也。』余聞其言，曰：『噫！此吾家惟心之旨也。初何自而得之哉？夫得其小者猶若此，况其大者乎？信乎道無二致也。』余嘗過黄泥之坂，入丹霞館，見其壇宇閴寂，梧竹森映，若化人之居，意必有人焉。俄而修然長身，峩冠縞衣，出見客，即玄初也。挹其言，果有道者，爲賦《來鶴亭》詩而去，今十五年矣。及得左轄周公所爲《鶴林先生傳》而讀之，益知其傳授端緒、師友淵源有自，而世方以禁架之術多君者，豈知玄初哉？此吾徒樂道其善而頌聲作焉。由是以知吾聖人盡心知性，窮神極化之妙，無所不在，推其緒餘，而所霑丐者亦多矣。故題其首，簡而申余意焉。詩凡如干篇。

明 黄淮、杨士奇《歷代名臣奏議》卷二四三 慶歷中，陝西經略安撫使范仲淹奏乞差官陝西祈雨，疏曰：『臣今月五日至華州華陰縣，入西岳廟燒香。切見本廟有老醫官一員監當。其廟廷闊遠，舍屋甚多，只有剩員一十四人，盡是老年病患，供應洒掃不前。在國家崇奉五岳之意，似非嚴謹。今來關中大旱，永興、同、華、陝、虢以來，無二三分秋苗，粟米每㪷一百五十文足，兼鄉村無可收糴，人心嗷嗷，賊盜不少。欲乞聖慈選精謹使命至西岳廟專行祭告，并於陝西靈湫等處祈雨澤，以救生民。仍乞委轉運使一員赴西岳廟，點檢廟貌、祭器、法物，并添差兵士洒掃防護。所貴崇奉之禮，不致廢墜。』

明 梁潛《泊庵集》卷七《贈趙法師祈雨有感序》 夫天地之化合于人之一身，惟有道者能以此而感彼，中和位育之説是也。而道家者流，或以其精神默運化機，竊啓玄秘，一呼吸之頃而風霆應之，此豈獨其術使然哉？亦其氣與天地流通也耶？永樂癸巳夏五月，不雨，民方憂之。江西經暦沈侯壽之以藩垣之命，與邑宰洪侯宗傑禱之，而命道士趙希老以其教蒇事，遂卜日建壇於延真觀，率其屬各服其事。既飛章帝廷，乃集百神，使各以其職聽命，約某甲子雨，即不雨有罰。至其時，炎威益熾，山川如滌，而希老已升壇候命矣。四顧雲集而雨不降，希老曰：『其民之有愆，抑守者之辜耶？是有任其責者，而民何罪？』復請于帝，期必雨乃止。爲之約如初，及期果雨，而未足也。希老禱益虔，責雨益急。逾三日，遂大雨，四野告足，三農欣舞，禾稼勃然，歲以大豐。嗟夫！此所謂其氣與天地流通者非耶！夫五氣迭運於天地之間，而人事作于下者，往往黙與之應。余不足以天，然嘗嘗有感於人事之際，如東海孝婦之類皆是也。其機應如此，故知挽天意而回之者，易爲力；盡人事而合天心者，難爲功也。而世之禱祈之士，或任其術而不察焉，此余有以告之希老也。於是民父老嚴建德、椽吏郭以存求爲文，以著其美。

明 王英《王文安公詩文集》卷三《雷公廟禱雨記》 大同，古之雲中郡也。郡城西北二十餘里有山，巍然而高。山之陽有雷公廟，其神則相傳昔有雷姓者，正直剛方，死而有靈，邦人祠之，水旱疾疫必禱。舊有碑，不載其事，謂廟建自元魏時，歷唐、宋至遼、金，益大其廟。元末燬于兵。國朝洪武壬子，鎮守都指揮使周立、王約復建廟，有禱輒應，人敬仰之，廟稍壞必争加修葺，至于今翼然如新也。聖天子在位之七年，爲正統辛酉夏五月，大同不雨，鎮守總兵官征西前將軍武進伯朱公冕、理將闔戎務山東右參政沈公固，暨都指揮馬公義、大同知府欒瑄齋沐禱于神，乃大雨，禾秀而茂。六月又不雨，公復禱于神，又大雨。是歲，郡中大稔，郡耆老與衛之列校願刻石以紀靈應，而瑄以考績來京，乃請予記。嗚呼！風雲雷雨，其神所當祀者，而雷則陰陽相薄而成，聲赫然有神，先儒謂在天之神陰陽造化是也。斯廟未必非雷神，而又以爲雷姓者爲神，果誠然乎？亦豈非其人能禦灾捍患，有德及人，故神而祀之歟？夫天，神也，人，鬼也，有幽明之間也，未易昭格者也。能秉一心之誠，以祈以禱，則必有所感通。所謂天神格，人鬼享，又曰有其誠則有其神是已。征西公來鎮此邦，號令嚴肅，將士效用，邊鄙安寧，旱而致禱輒應，豈特能副上委任之重哉，又能以誠而格神也，能憂民之憂，不使民饑困者也。神之靈，征西公之誠，宜有記。凡後之蒞是邦者，必有所視效於是，廟必加崇祀焉。瑄之徵記在辛酉冬，予莫考神之詳，未敢執筆。後二年癸亥夏，始勉爲之書，而沈公則拜户部右侍郎，仍理戎務云。

明 王直《抑庵文集》卷三《棲真道院修造記》 元泰定乙丑，縣北門曾起濆，別號雷淵，以儒業来授徒。又精通道法，數爲人禱禳。歲大旱，遠近祈雨皆不應，禾悉就槁。曾公乃建壇致禱，閉縱陰陽，驅役鬼神，雷奔電激，飈駭雲合，随所號召，無不如意。三日，雨大澍，境内陂池皆充滿，是歲大熟，一鄉之人皆篤信而尊禮之。曾公亦自念神靈于己若有深契然者，遂捨家絶俗，專攻道術。

又 卷六《送蕭志祥祈雨有感序》 永樂二十年，泰和春旱，至夏初，雖間有霡霂之微，而無益於民事。陂池皆竭，田野焦然，農人興嗟，束手無措。縣大夫永嘉鄭君、貳令茂名吴君深憂之，齋袚一心，并走群望，浮屠老子之宫遍禱焉。既而得小雨，猶無益也。二君乃謀於衆，求所以致雨之術。於是有以蕭先生志祥爲言者，曰：『是道立行修能，興雲爲雨，以利萬物者也。』二君喜，即熏沐爲書，命使者禮請於其廬。先生曰：『濟物，吾心也。』即與使者偕来。二君率吏民迎之，盡禮，乃就延真觀設壇禱焉。敬恭将事，朝夕不懈。先生爲文書，告上下神祇，四月丙申登壇。時天宇湛然，旱勢益盛。先生取水，向日噀之，油雲勃興，日光韜晦，靈風飄揚，旗纛晻靄，若上下神祇交集於壇者。明日丁酉遂雨，人以爲未足。越四日壬寅，先生又以其法檄井，井水盡黑汲而遍洒焉，雨亦随至。甲辰又雨，猶以爲未足。先生乃危坐一室，鍊氣養神，檄召神祇，使必有以副人望。於是戊申大雨，庚戌乃止。自城邑以達於四郊，懽呼之聲，流聞遠邇，大夫君子交口相慶。於乎！先生之術亦何其神哉。而先生退然若不與其事者，曰：『予敢貪天之功以爲己力乎！』先生泰和人，自少學道，遨游五嶺，數徃来羅浮山中。羅浮，仙人之藪澤也，蓋必有相遇於冥漠之表者，故有得於中，顯於用，而又無慕乎外如此。雖然，縣之大夫與其屬謀曰：『先生固無事於名，而吾徒受其惠者，豈可無述哉？』乃使来求於予，曰：『子親見其事者也，宜勿辭。』噫！非獨予見也，人莫不見也。乃爲序之，使他日傳先生者有徵焉。

明 葉盛《菉竹堂稿》卷五《袁御史禱雨詩序》 天可動乎？未易也。匹夫而可以動天乎？尤未易也。天不雨，御史禱而雨，是豈偶然乎？非也。御史之誠所致也。然則誠可以動天矣。天順壬午夏，廣西久旱，巡按監察御史錢塘袁純告於有官者曰：『水旱天灾，廣人王民，吾与若皆命吏也。夫吾與若爲天子命吏，責在安民。玆旱矣，是天有弗格，而民將有弗安。吾過甚矣，亦豈非若等事乎？』言已，又發諸聲詩以播告之，詩皆寓罪己責人意，蓋不以過歸諸人，不以弊諉諸天，御史之心也。于是衆皆謂御史言出御史之心之誠，我無有不動心相率祷雨，既而得雨，却未幾又旱，又禱而又雨，嘆今暵虐且滋至矣。吾儕小人爲命史，有王民，視天灾而弗之戒者亦有之，使人人皆御史，若則天意不亦少回，吾人不亦少瘳也耶？御史詩，士夫君子多屬和之。至明年三月，子始見焉，蓋子時方憂旱而喜聞雨也。感嘆之餘，爲序而詩之。詩曰：『堯仁如天，湯湯洚水，湯非不仁，旱弊千里。動天以人，一惟尔誠。維御史純，視民犹己，欲雨而雨，易憂以喜。載霑載濡，弗足弗止。民曰随車，亦曰御史。御史曰：噫！我寧有是。歛福錫民，拜稽天子。』

明 葉盛《涇東小稿》卷五《禱雨記》 成化丁亥春，宣府以及隣邑久不雨，種不土入，苗則大稿，風砂無時，夏麥篤没，火灾旋作，人用靡寧。守臣大懼，齋戒爲文，書述所以體國憂民意，上籲神明，下飭諭闔，属期以四月之朔，禁屠宰，潔渠路，水以盆缶，臿以柳萌，家虔户禱，拈籤于城隍神祠。祝史曰吉，且遍謁諸廟，焚燎以告，如是者三日。不雨，乃各蔬食，割鵝祭于城壮五龍祠。祠杯珓云甚靈，擲之如其法，亦惟曰告。又三日不雨，懼益甚，相與爲謀，使佛者乞靈。衆近郊結壇壝，禱于朝玄觀中，兩總戎偕宿觀之西側寮，旦夕偕衆爲禮。八日癸卯，城中大小将吏悉却去僕馬，奉香鐙，皇皇步通衢間，所至祠廟，輒謁拜，不間遠僻，復入觀中羅拜。頫伏請盖，渴雨焦急，志願必得雨而後已也。是日申末刻，雲合，微有雨，且始得聞雷。際晚，雷雨有加，土潤指許。明日，天積陰雲極盛，雨徐徐。入深夜徹曉不止，迫午即開霽。有生萬物，欣欣浡浡，各遂其性。既而各属相継走急脚以霑渥来告諸公者，皆有喜色，而總戎顔公又其口祈乎卜而屢得吉焉者也。大言相告曰：雨遲疾雖有時，然神不吾欺亦明矣。抃是又遍詣諸祠廟致謝，且謀立石，紀神之貺，而以属抃余。嗟乎！雨可以禱諸神而得之乎？神固曰天而雨者，天之所爲也。雨以禱而得，是天不尔違也。神以雨而信，是天不爾欺也。夫天不神違，人可以感天矣；天不神欺，人其可以欺天乎哉。請曰禱雨而益思嚴，夫吾人所以事天之道焉。遂爲之記，使刻之。禱雨官僚、羽人皆列諸其陰。

明 汪玩《詣南岳禱雨記》《衡岳志》卷六 嘉靖己丑冬，余奉命通判衡州府事，由湘東買舟而來，道衡山，遥瞻南岳之峰，攢秀聯青，雲氣吞吐，頃刻萬狀，識者可不將扣知爲巨灵所宅。時倥偬，弗克進謁。歲庚寅六月，以公幹至衡山。南岳之勝，復宛然在目。時方夏旱，安福彭君簪知縣事，余語之曰：『夫雨乃陰氣上升，陽氣下接，和爲雨降。而名山大澤實陰氣所萃，南岳名山也，予往禱之。』即日齋戒存誠，翌辰啓行，時溽暑，途熱如蒸，從望岳門而出，忽陰雲四合，火日蔽蒙，郊外良田膴膴，禾頴青黄相錯，而或間以紅蓮緑盖，望之如鋪錦焉。行五里，喬松夾道，連陰如橋，叢秀如盖，清風微動，凉飈四簿，頓覺襟期開豁，殊有清況。時見田夫野婦競引桔橰以溉，久曝于日，面若枯梨，爲憮然久之。行三十里，始抵行館，而日晡矣。邑庠諸生胡其然請省牲，夜二皷，祝事於堂。堂距館一里許，事竣回館，少憇，忽聞窓外有雨聲，亟視之，密雨如織，心喜甚，賦五言近体一首。五皷雨弗止，束燎以行。入殿門，雨忽收霽，乃躹躬屏氣，趋蹌俎豆，洋洋然若有昭臨於欝鬯之間者焉。禮成歸館，而雨復至。庠胡生進曰：『先生格神，捷應若斯。』予曰：『神之惠也，予何德而至此耶？』黎明，欲躬叩其巔，以畢予誠，以終徼神惠，從者有難色，予决策生焉。由廟石循塢以登，依麓有屋數楹，爲胡文定公書院。時茂草茸塞，山徑甚狹，上數里有飛泉噴遵於懸崖間。下窪爲潭，潭名約絲。相傳夙有灵物宅于中，歲旱，以絲繫瓶汲水，禱輒應。由潭旁而上，仰見車留、獅子二峰，對峙於雲霧間，疑爲絶頂矣。至則前峰復起，級石爲磴，兩旁皆黝谷，田叠如梯，流水出叢薄間，淙淙有聲。至半山亭，有僧烹茗以進，下視四野，平岡拖阜，縱横奔逸，去如鯨竄，旋如龍翔，而中經以大河縈徊如帶，村落遠近，屋帖于地，人或出没終田野間，細視之，僅長咫尺，宛如圖畫中然。坐良久，僧出水澄劉先生五言近体一章，倚几和之。過此，山益高，路益峻，古木益深，風聲益怒。時有幽禽怪鳥叫號互荅於斷岩深谷中，殊有異狀。至觀音堂憇坐，老僧獻茗，云自平地至此，高九千七百三十丈矣。由堂折而南，再登數里許，爲祝融峰，南岳絶頂高又三百丈矣。四顧數百里，寸目可週，北望洞庭湖，隱約於蒼芒中，如杯沼然。回視前覩諸峰，皆在寫下，狀如胡僧膜拜羅列于前，又如弟子之侍嚴師，俯拱内向，無踞傲鮮腆之態。自峰回南下，有黔石如截壁，周袤數十丈，飛瞷黝谷，下深數千尺，名曰舍身臺，旁視之，令人毛髪洒洒。中有横線痕一條，澗僅寸許，老僧指云：『人有循此以過者。』予怪疑之，謂非羽化弗能也。東距數武有會仙橋，橋畔有怪石，亦瞰深谷，與橋不相属，名曰試心石。云人能跳而越之，則其心可試矣。予從者有二人能跳越之，後有欲繼者，予呵止之。回至觀音堂，又見水澄先生壁間有題，予復次之。由堂而上有望月臺，時予徘徊於峰巒間，雨脚弗止，而霧氣如掃，景象開明。有老僧進曰：『雨乃神之應，而霧開又神縱覽之意也。』予咲而不荅。既而循南而下，至鶏公崖，寺頗荒凉，景亦瀟索。行十里至南臺寺，寺址高亢，叠石以登，飛簷瞰閣，諸象在目，亦可爲亞觀矣。距寺數里有石山卓立，鑿級爲梯，乃舍輿，緩步而下，旁隱隱有牛迹，説者謂曾有金牛過此所遺也。相距數百武，有三石，高各丈餘，圍倍之，叠立道側，名曰飛來石。既而下山進謁集賢書院，祀名賢十人，中爲韓昌黎云，次李鄴侯，又次爲宋趙清獻公、陳瑩中公、胡澹庵公、敬夫張子、胡文定公、晦庵朱子、胡致堂、胡五峰，以次并列，而致堂、五峰則兩旁爾。謁畢，至行館，日晡矣。兹行也，予有二樂焉。一因禱雨而輒得雨，雖未敢謂精誠之通，然亦偶與行會也。一尋幽吊古，得歷觀先賢遺迹。迹因人光，而興景慕之心，抑或爲修德之助也。若夫登高舒嘯，騁遠索吟，甚乃載酒以酣，挾妓以流，則非予所安焉。謹志之，藏之巾笥，時覧以自警云。

明 汪舜民《静軒先生文集》卷六《序·族伯希文先生禱雨有感序》 司巫舞雩，所以禱雨也。古之人或以德，或以政，不巫而得雨者亦多矣。然必在位爲神人之主，而此身所關者重，乃可得之。是故湯主天下，禱桑林而雨；魯僖主一國，放佞理究而雨；徐州刺史百里嵩主一郡，行部而雨；西華令戴封主一邑，積薪自焚而雨。未聞有不在其位，可以不巫而得之者。不在其位，可以不巫而得之，其道無他，一於誠而已，若吾族伯希文先生禱雨而應是也。先生，族之儒者，旁通于毉，平生一言一行，非誠不立。惟其誠，故毉投劑輒效，起死回生，如執左券，探囊中物。其於禱雨，非素藝也。歲乙巳，旱，鄉巫禱累日弗應。先生覩之，嘆曰：『太空冥冥，非誠曷格？』乃屏巫，率衆禱之，不終朝果雨。嗣是歲旱，衆志必在先生。先生憫農夫之望，必從而禱，禱必雨，雨必流通。今年六月旱，賴先生一雨二日，七月復旱，先生適以蠱留于鄰邑，鄉巫病弗效，苗且槁矣。族伯希明遣人要先生歸，就壇禱之，一雨者三日，而雲霧靄然，猶未怠也。於是鄉人懷先生之惠，族弟廷玉暨好事者又俾舜民爲文紀其績。噫！舜民身親見之矣。其壇中書八卦、星曜之象，則與古之檄召五星者相似。凡名山古洞，神之所伏，必命人往乞其靈，則與古之禱于山川藪澤者相似。於古洞得壽蛙，甕而畜之，則與古之盛蛇蠱貯蜥蜴者相似。日必引鄉之人焚香行道，望空下拜，又爲祝詞，俾人行且誦以籲于天，則與古之命小童壯舞者相似。或獨坐日中，跪而默禱，則又與古之出野暴露者相似。先生之禱，其於巫初不甚異，然在巫則不應，在先生則其應如神，何耶？誠、不誠之分也。此誠一至，大而動天地，感鬼神，小而信豚魚，孚草木，況於雨澤一事云乎哉？使先生有位于時，推此誠而行之，則天下無旱歲矣。舜民前年出按張掖，辨死獄，旱久得大雪，人皆以爲喜，偶然也，初無先生之誠也。鄉進士曰儼曰嵩，皆先生之子，指日有位，與舜民同在仕籍。凡治民事神之際，舉當以先生之誠是勉。成化丁未八月六日序。

明 戴冠《濯纓亭筆記》卷五　成化間，湖廣旱，襄王欲得祈雨者。或云黄州有人善此術，王使召之。其人與三人俱來，入山遍求龍，見一石上有青緑暈，曰：此有龍矣。鄉老乃以錐抉石上，果有一穴，乆之，穴漸大，復以一竹筒探入穴口，穴中水隨溢出。須臾，雲氣四合，雷電交作，風雨驟至。其人以瓶罌負石穴中水入城，雨方可五里許，城中皆遍。惜所及不廣。其人云：『某處有龍，年少可多得雨。』王恐龍怒，致水患難制，遂厚賜其人而遣之。

吾蘇夏御史璣知大庾縣，時歲旱，邑人云大庾嶺下有龍湫，祈則有雨，但山谷深險不可入。昔有主簿往祈，以繩縋入，雨驟至，從者或溺死，自後人不敢入。夏公從數人以往，以索自縋下，出則令從者先登，復以索援引而上。其地有水洞，方可半里許，水皆玄色，沸湧流出。溪澗古木，大可數抱，蔽翳天日，山箐深密，幽僻可怖，以器繞水求龍，但得一生物，則龍至矣。或蝦或魚，或蜥蜴之類，得則疾出，仍以筆志巖下一小石。得雨後，乃令人送龍至故處，而取石以爲信。否則，人從中道棄龍，不至故處，後祈雨則龍不應矣。夏公爲人誠篤，龍出雨降送之，一如故事云。

明 程敏政《篁墩集》卷二八《謝令君張公禱雨活民序》　弘治己酉夏六月不雨，稻之早者将敗而不實，晚者将萎而不秀，低田戽塘水以蘇，旦暮而塘以涸，高田龜拆，将遂不可以復拯。米價翔踴，物色憔悴，民老穉告急於令君張公。張公曰：『噫！是誠在我。』於是合僚屬，進吏民，以是月十九日悉齋於公。禁市中勿殺，以斆和氣。禱於山川之神，不雨，則又褫衣免冠，徒跣行禱，以示罪己。越翼日雨，又越翼日，大雨霶霈不止，遠近霑足，早稻遂登，晚稻勃興，塘水溢增，米價斗落，如戰北而勝，如病危而生。耆民金希傑等相與慶曰：惟聖天子錫賢侯以福吾民，上天假賢侯之誠以活吾民，不可不知也。請頌令君之德，而責之予。予方蒙恩被放還里中，蓋有耕鑿之役於令君之野，亦方以旱爲憂，乃更以雨爲慰，則爲之言曰：天人之際，雖若懸絶，然所以感通之，則有道焉，不越乎心而已。心仁則天爲之昭，假予之以福；心酷則天爲之震怒，畀之以螯，必然之理也。前代之爲令者，何如其人哉！固有因旱而卧積薪欲自焚以救民饑者矣，亦有指庭樹葉未枯而笞告旱者矣，此其心之所存，仁酷之異，何啻霄壤，乃謂神理有靈否，民心有愛憎，或怨天而尤人，豈不過哉？若張公之所以假神感民，豈獨一時修省之誠而已？蓋其平日之心思以仁民爲治本，求不負其所學，故其誠之所致，在天爲甘霖，在地爲嘉穀，在人爲豐年，如執左符，不約而同，吾以是知天人之際可畏如此。而頌聲不作，其何以昭令君之功，而爲長民者之勸哉？張公，名錞，字汝器，定州人，起名進士，爲休寧。予不及其初政，暨南歸，而歲無麥，民以饑告，公親發廩，以貸貧者，走四鄉，冒大暑，廢常餐，或篝燈呼召，至夜分不倦，惟恐畸人、寡婦、病翁、弱子有一之失所，饑民懽呼，如得慈父。而公又勤於職務，日不暇給，方未雨之前憂，不及視政，既雨之後，常一日省遣八十餘事，皆予所目睹者。問嘗推其所學，授諸生經，親督教之。當賓興之期，士之就試南都者，作興尤力，蓋其教養兼舉，政刑兩優，當爲一時州縣巨擘，循良之旌，臺憲之徵，可屈指也。故因禱雨一事而并著之，以爲異日去思之張本云。

明 羅玘《圭峰集》卷二《序・詔使禱雨有感詩序》 成化丁未，大旱，計其地，則自京畿以達於幽、并、雍、豫、青、齊之境，於地爲至廣；計其時，自孟春二月至於夏四月，於時爲最久。禾不得以按，麥不得以穫，乃至皇上焦勞，徹樂損膳，出御便殿，齊小大群臣，震恐肅栗，罔敢戲豫，敬天之渝然也。上又思惟山川鬼神遠罔聞知，乃詔廷臣奉幣祝，分走群望，而少宰劉公當北岳，暨醫巫閭，群使既出，乃戊午，玄雲翳空，伏雷殷殷，雨乃降，尚未洽也。己未又雨，庚申始大雨霑足。上乃弛齊群臣，始復常視事，而群臣各以遠近爲先後，反命闕下。劉公，予鄉人也，往私覿之公，爲余道曰：『始陛辭，出張掖門外，黄埃濛濛，千里不見蒼翠色，牛羊齕枯稿，老者泣，婦人啼，有荷擔而立者，何暇問種植事也。既雨禱還，下及數里，仆者起，稿者茁，折者條，青葱之色横皆交睫，耕夫滿野，而謳歌之聲盍己洋洋乎盈耳矣。嗚呼，休哉！』予因起贊曰：『公獨不見景鐘乎？其有聲甚大也，擊之而無杵，與操其杵而不擊者均之，不能發其聲，而語人曰鐘之無聲，豈不過哉？今夫天地之氣升而爲雲，降而爲雨，其固然也。至其鬱而不升且降也，甚於鐘之藴其聲，而人之精誠一有感觸，而遂至於升且降也，甚於杵之擊。況於至仁之主與？夫精誠之使其操杵而擊，當何如哉？』公曰：『然。』同時覿公者皆有詩，因使予書前言以爲序。

明 王雲鳳《博趣齋稿》卷七《古詩・送喬亞卿希大禱雨東岳東海有序**》** 正德庚午正月至五月不雨，民用怨咨，禾稿於野，漕河湮塞，餽運不至。户部左侍郎喬君奉命禱雨於岱宗、于沂山、于東海，用幣禮也。君子謂君宜將是事，而君若有重負焉，心在國與民也。往年嘗同君游華山，君飄然有塵外之想，今兹行乃古人之所願而不可得，至有吾何修之嘆者，安能無所樂耶？予嘗獨登泰山，踏天門之白雲，倚日觀之老樹，歷覽無際，庶幾覩天地之圓方。今君之往，予又安得無感耶？於是作歌贈君。

明 林希元《林次崖文集》卷八《序・賀譚瓶臺邑侯禱雨有應序》 同安連被倭奴之禍，嘉靖庚申春，東作方興，雨復愆期，自三月辛卯一雨，農皆播種，繼是不雨，至於四月，穀之苗者欲槁，未播者田如龜裂，四野皇皇，穀價日湧。丙午，邑侯瓶臺譚公乃齋戒沐浴，率僚屬、師生、耆民禱於皇天、后土、雷霆、風雨、岳瀆諸神曰：『嗚呼！郊多白骨，既室家之難完；野無青苗，又俯仰之何賴？是皆余不職所致，百姓何辜？憂心如熏，求虞於旻天上帝。』帝心感動，牒初發而夕陰雲四布，雨連夜達旦，苗之欲槁者復青，穀之未播者獲播。然或雨或間，未沾洽也。侯又痛加修省，躬自暴露，率士庶協心祈禱。未幾，上天同雲，靈雨霢霂優渥，四郊沾足，苗之青者咸秀，未播者盡播，閭里農工商賈罔弗鼓舞懽慶，諸士夫裂彩爲幛，需予文致賀。予按志氣天人交相感動，然必其分有以相屬，然後其氣相通，其感相應。故魯之郊祀上帝，夫子曰：吾不欲觀季氏；旅於泰山，子曰：曾謂泰山不如林放。蓋諸侯祭封内山川天地，非其所祭，大夫祭五祀山川，非其所祭，皆分無相屬而氣不相通也，感焉攸應。今夫天降下民而責之君，君代天子民而責之守令，百里之地，受之於君，民望之爲父母也，人子有欲而不能遂，有惡而不能去，爲父母者焉不之恤？恤之而不得，焉不告於天？天之愛民甚矣，分相屬而氣相通焉，有不應者乎？侯自下車，問閻之幽隱，民生之利病苦樂，風俗之美惡厚薄，周爰咨諏，欲以次經理，已而平賦税，審徭役，均勞逸，節財用，凡可以致民於康乂者無不爲。素喜講學，故於學校尤加意，朔望與諸生講論，多所發明，四時考校，差等第以示激勸。學宫少壞，輒加修葺。至獄大小必盡其情，吏不得高下其手，有疑者或親臨詳讞，其於要囚，服念五六日，求其生不得，然後丕蔽焉。倭在滄浯，告於當道，切欲求援，城池最重，謀於鄉士夫，極力防守。是民之所欲則與聚，所惡則勿施，眞所謂豈弟君子、民之父母也。侯之政已簡在帝心，故一禱而即應，與昔桑林之禱，以六事自責，言未已而雨至；齊大旱，景公出暴三日而天大雨，彼皆心切於民故耳。侯何以異於是？侯，廣之新會人也，其先來自宋南渡有曰譚萬庄者，富雄江南，侯之四世祖也，八傳至龍所，侯之尊甫也，爲博士弟子，受禮於鄉先生黄容庵之門。侯生有異質，承家學，八歲通三場，九歲以俊秀先登於邑，咸稱曰譚異人。年十六，以儒士案元與南海馬拯入試，馬發解冢宰。默泉翁時督學，慰之曰：汝庚子解首也。馬雖先登，然福萬不汝及。庚子，果舉鄉試第二人。默泉翁甚喜，自謂知人。予忝一日之知，亦爲國家得人。賀又執贄於湛甘泉先生之門，將益窮其所至。甘泉極器重之，盡謂進士上第當如拾芥。七試南宫乃不利，亦命也。二十年，始就今職。然東西南北之涉歷，人情細故備嘗之矣，故一施於政而精練如素官，其所立如此，使由是而益進不已焉，必且飛騰雲漢，依光日月，霖雨蒼生，將來事業豈可量哉！予日望之。

又《贈彭石坡邑侯禱雨有應序》 嘉靖庚戌季夏，穀既登，大旱，晚禾不植，農民病焉。邑侯石坡彭先生戚曰：『吾民一歲之計也。』乃卜日齋戒，率諸生吏民禱於山川、社稷、城隍之神，未踰日而大雨，晚禾盡植。至秋七月，禾方敷榮，又旱，禾且悴。侯又戚曰：『今茲不雨，前功廢矣。』又卜日齋戒，禱如初，踰日又大雨，遠近沾足，禾乃弗悴。有問於余曰：『前茲縣官，禱雨有既久而後應者矣，有既久而卒不應者矣，何我公有禱即應之若是乎？』予曰：『天人有感通之理，顧其人何如耳？』曰：『天之於人遠矣，何感通之易乎？』曰：『一氣散爲萬類，天地、人物、山川、鬼神，其分雖殊，其氣一也。呼吸有以相通，故本末有以相應。今夫陽燧方諸之於日月何其遠也，然取水火而即應，豈非其氣之同與？』曰：『世有禱而不應者，何也？』曰：『同而無間則通，有間則不通矣。凡物無情則無欲，無欲則無間，有情則有欲，有欲則有間，陽燧方諸無情也，其感通也固宜。人有情也，感而弗應，豈無故乎？是故賤臣叩胸，霜飛燕地，庶女告天，風振齊臺，同無間也。夫匹夫匹婦同而無間，尚能動天地、感鬼神，况天子天下之主，郡守一郡之主，縣令一邑之主，生民之命脈關焉？若欲不情起，氣不欲間，天地鬼神其違之乎？是故桑林祈禱，甘霖大沛，江陵德政，反風滅火。中牟德化，三異徵祥，推本窮源，豈無自哉？彭侯之禱雨而即應也，可以求其故矣。』夫守令於民，培養以厚其生，開導以引其德，禁止以防其淫，刑罰以懲其惡。四者，政之經也，治之本也。若夫錢穀、訟獄、簿書之類不謂非政，然非其本也。今之爲守令者，吾惑焉。本末倒置，大經不講，惟錢穀、訟獄、簿書是務，又浚民膏以自肥，剝民膚以立威，沿情起欲，其氣與天地鬼神間隔不通，禱而求應，不亦難乎？彭侯之爲同也，異於是。始至問俗，知博弈風熾，民由以蕩産也；聲妓習盛，民由以喪德也；治喪用浮屠氏，俗由以壞也；不孝父母，倫理由以喪也；耕牛屠宰，天地之和以傷，水旱由以起也，咸嚴禁而痛治之，略弗少恕，是守令之體，爲政之經，帝王君師之道也。視俗吏之棄本趨末，弗啻天淵之隔焉。子視其民，務休養惠利而不爲之傷，催科從緩，鮮額外無名之征，用度有經，鮮犯禮傷財之惠，民蒙其仁矣；大小之獄必盡其情，苟犯吾法，不少假借，民服其明且公矣；請托不行，苞苴不入，不徇里正之私，懸榜預禁，其律已嚴矣；知吏能爲奸，始漸遠而終絶之，其馭下嚴矣。至於學校人才，尤加意作興，簿書期會不失其常，事上接下不廢其禮，蓋其情未起，欲其氣與天地鬼神合同而未間，故感而遂通，禱而即應也。是豈偶然哉？諸生蔡某、葉某輩重侯之政行，求予言以當歌頌。予志在國家生民，每聞守令之善，雖在他邦猶樂道，况父母之邦乎？故不辭而爲之言。

又卷一二《雜著・題高明朱尹祈雨有應册》 人有恒言，天人相爲感通。余嘗祈雨於欽，而信其然。今觀於高明祈雨之卷，而益信其然。戊戌之歲，自春徂夏不雨，穀種不入地。余懼，率僚屬、師生、耆老禱於境内山川、社稷、城隍諸神，三日不雨，又三日，凡境内之神罔弗禱，又不雨。余乃免冠帶自責，素巾縞，衣芒履，屏僕馬，徒步率僚屬沿途以拜，已而陰雲漸起，若有雨意。明日如之，雨意漸盛。三日如之，禮未終，陰雲四合，甘雨大沛，四郊霑足。士夫曰：『前人祈雨，甚至鞭巫竟弗應者，此侯積誠之所致也。』余曰：『或偶然耳已。』而僚友平川朱侯陟尹高明，已亥之夏不雨如欽，侯禱之如欽，凡八九日始大雨亦如欽，士夫感侯之誠於爲民也，共爲詩章歌頌其事，裝演成册，持以示余。余乃嘆曰：天道幽遠，不可測知。感通之理，未必其然。以今欽、高觀之，其信然乎。夫在天且然，而况於人乎！聞高明之民，狡而健訟，以侯之積誠，能感乎天者，又焉知其不可化乎？子願侯之進於是，且以望高明之民。

明 倪輅《南詔野史・神僧祈雨》 至正二十五年，雲南大旱，人言定遠有神僧瑜伽，能降龍役鬼，啓王、梁王遣人迎至。僧設壇祈雨，咒畢，鉢中出一小蛇，遂大雨。王喜，酧以金帛，辭歸，役鬼荷担。

明 郎瑛《七修續稿・奇謔類・祈雨》 嘉靖癸亥，杭因祈雨，府差景隆錢道士往富陽縣龍門山取龍，去縣幾百里，山路崎嶇，荆棘叢密，衣体俱爲損傷。至則本地鄉民亦爲雨，而潭中已得一蛙，供於庙矣。道士焚牒拜潭，亦得四蝦一蛙，置瓮以行。途間辛苦，不免與同事者怨，以爲一蛙而費苦錢粮人役如此，至杭無雨，可責食之。頃刻，雷雨作交，淋漓遍体，咫尺不可辨也。晚視瓮中，二物無一存。駭然，只得仍到龍潭拜求。廟僧曰勢不可得矣。復又懼以官法，僧不得已，供蛙與之至杭，果得雨。將送還潭，視之瓮中，又無矣。予舊聞蕪人都少卿言，同年陸景福知寧波，日取金線于天井山之事亦然。意于辨證類中論龍乃神物，非若程子所云乃獸，人得而玩者，非也。今益信諸。

又 吾友吴惟可謹，丁丑進士，嘗與予言，其祖宦游某地，時天旱，守延一法師祈雨。師曰：『今天久旱，非入龍湫驅龍則不可得。闔郡官人當拜俟于湫，慎不可驚懼呼我名也。』守疑且信之，師至湫所，焚符躬下，頃之乘龍而起，游泳湫面，時雨如注，諸官莫敢退。久之，守不得已，呼其名令止，則龍轟然掀法師于空中，直逝而下，雨即止也，法師身落如裂帛。期年，其子痛父不得其死，焚符入湫以誅龍，偶見父乃藍面衛一宫門，問其子何來。子以意告之，父曰：『汝快行。吾術不精，罰至如此。汝切勿習之。』又曰某處延一道士祈雨，其術名月孛法。用十五六歲女子，共入密室，雖綫縫以紙封固。守欲得雨之速，任其所爲。惟見黑雲密布，雷聲隱隱，雨則無之，勢將移日矣。守乃令人密開紙縫以瞰之，則道士披發仗劍，足躡女子陰門，而彼此口舌盡出，勢已垂危。時則霹靂一聲，大雨如注，道士起步，而女子蘇省矣。後有知此法者云，當時無人開縫，則道士、女人俱死于室。嗚呼！二子之術業未精，一則致死，一則幸生，世有恃術以强爲者，夫豈能奪天之功耶！此郭景純尚亦不能逃于今午。

明 謝肅《密庵詩文稿》辛卷《贈王高士禱雨詩序》 洪武十二年秋七月，杭郡旱，太守劉侯彦清率僚佐建壇于佑聖觀，命觀主某禮致高士王景舟將求雨澤，遂相與即壇所，齋潔三日，太守爇香，籲于天曰：『某承天子命，以守杭郡，實東南都會，而布政使司所治土廣民稠，民所賴以生者，土所産之五穀也。五穀槁而民就饑，斯固守土者之責也。其責有五：寃獄未理歟，徭役未均歟，窮民未養歟，遺賢未薦歟，常祀未禋歟，何亢陽之甚也？願天降菑於我，弗及無辜之民，而即賜之以雨。』祀已，高士被紫霞之衣，戴七星之冠，佩蒼龍之劍，容貌既肅，升于壇表，以太守禱雨之意達於天地鬼神矣。乃凝然而坐，儼然若思，心正氣順，與造化者翕合焉。頃之，忽俯仰指顧，若使鬼神，上下奔走，於青天白日中奮聲一呼，而飄風起，再呼而玄雲集，三呼而雷電交至，大雨如注，三日乃霽。田疇霑足而槁禾復實，江河盈滿而膠舟復行，郡人相慶，莫不歸惠於太守，太守則歸惠於高士，高士又歸惠於天地鬼神，而郡人疑焉。君子曰：『人與天地鬼神本同一氣，其理可以感通，而無間乎顯幽。然非太守之誠，不足以感天地，非高士之術，不足以役鬼神。二者相須，故能致霖雨而禦旱暵，轉凶歲而爲豐年。斯惠也，豈無所歸哉？』郡人之疑既解，而太守爲徵大夫士詩歌以美景舟，屬序於余。余不得辭。蓋聞之在神農時，赤松子者實爲雨師。在成周時，襘禜舞雩，皆掌之官，以禱水旱。在大漢時，董子仲舒欲晴，蔽陰而縱陽，欲雨閉陽而縱陰。然則闔闢陰陽，祈報鬼神，使雨暘時若，固儒者之事，而治天下者亦未嘗不以設官也。自官失其守，而儒者鮮或講之，講之者逞逞，遯於山林湖海間。有若景舟出爲郡邑，檄鬼神，禳水旱，即人目以爲道家之法。嗚呼！是果道家之法也耶？雖然景舟嘗業儒，善歌詩，寄迹道家者流，得月鼎莫公一氣雷法，又且游金門羽士鄧仲修氏，凡所禱祈，輒有靈應。故余推太守所美景舟者而書之，庶幾作者之意也。

明 黄省曾《五岳山人集》卷三二《吴郡請雨記一首》 嘉靖甲午六月，不雨者幾四旬矣。炎熯灼土，禾本枯絶，三農皇迫，將委秋有。於是中丞侯公、監察李公、郡守王公、貳倅蔡公皆下燭民隱，焦然軫憂，乃諷《雲漢》之章，咸秩之祀，靡不奔叩，且曰：『道家者流，不有召雨之師乎？民其窘矣，夫何而弗舉？』乃推羽人石明玉者爲之請師。予適避暑於其觀也，問之石生曰：『爾也若何爲之請？』石生曰：『其始也符諸五雷，其究也擊夫流虎而已。』予曰：『雷霆者，天地之大令也。非德通神明者，何以感之？且擊之云者，怒而請也。予聞之董仲舒曰：大旱雩祭而請雨，大水鳴鼓而攻社。攻者，怒之也。旱則不然者。大旱，陽滅陰也，尊之厭卑，固其義也。雖有太甚，請之而已，敢有加焉爾？以怒而爲請，吾懸知雨之不得降也。爾之往也，高臺四眺，夫亦候雨而已矣。』石生曰：『然則儒家何以爲請？』予曰：『儒家之請也，索諸陰陽之端，通其類，設其象而致之者也。《周禮》曰：以槱燎祀雨師。槱者，積薪也；雨師者，畢也。蓋以雨者，山川出雲，上極而降者也。故開啓山淵，積薪燔之而祀焉，且助升盛之氣也。司巫曰：若國大旱，則帥巫而舞雩。公羊氏曰：大雩，旱祭也。故何休以爲君親之郊，陳六事而謝過，使男女之童者舞而呼雩。呼嗟求雨，故謂之雩也。於國門之外，爲四通之壇，就郊義也。《漢儀》曰：閉諸陽，衣皂，興土龍。蓋旱者陽之亢，故國門閉南而開北；皂者，北方之色也；龍者，雲之從也，龍出而雲，雲行而雨，故爲五色之土龍，各于其方，《山海經》有之，旱而爲應龍之狀，乃得大雨。郭璞曰：氣應自然，非人所能爲也。桓譚曰：龍見者輒有風雨興起，以迎送之故，緣其象類而爲之土龍也。然此特象龍爾也。陽山之墟，不有白龍之神乎？産於隆安，顯於天成，而靈於紹興，見於湘中，潛於瀏陽，而游于率湖，蓋無禱而弗應者。若洪武之中，郡守張公冠徃禱于白龍之神，一時山椒雲興而雨澍。其高道玄初者，亦甞投札而求之矣。今也墠樹于斬伐，地蹙而廟圯，倘有事於兹也，庶幾其雨乎？』石生曰：『吾自有事，無暇於龍也。』乃於辛丑結壇，越丁未而不雨，於是臺郡諸公益用嗟悼。又且案祀典，考輿乘，而十二之夕，郡公躬率諸僚，遠觸炎道，星駕齋沐，以爲白龍之禱，由是冥感誠契，旭朝興雲，咸覩蜿蜒騰矯之狀，五馬未歸而靈雨普降矣。然非臺郡諸公興廉剔汚，民志暢躍，又且舍車遵告，肅虔昭格，則白龍之應未必若是之速也。自是戊申既雨，甲寅、乙卯皆雨，殷其方震，而奠瘞之宗猶未已也。省曾覩百庶之欣悦，敬書爲記，以見兹雨之降神貺，臺郡諸公之德，而非請師也。

明 樂天大笑生《解愠編》卷二《燮理手段》 齊有貧民相率泣訴于艾子，曰：『吾儕以刷印楮幣爲生，每遇春夏，旱輒印雨龍以售祈雨之人，遇秋冬雨潦印日神以售祈晴之人，歲以爲常。盖緣丞相燮理有定數，吾儕得遂生理，詎意今歲反常，春夏多雨，而秋冬旱暵，俾吾輩猶照常刷印，枉費財力，而楮幣無所售，衣食窘甚，無乃燮理者故意反常以病吾黨耶？』艾子笑曰：『此乃丞相怒。人道燮理手段，年年一般，且要倒過耳。』

明 徐輶《榕陰新檢》卷七《名僧・飛臂禱雨》 僧義收，後唐時居於萬歲寺。貞明元年，閩中春夏不雨，義收以膏燃指而咒之，積薪通衢，期七日自焚。方烈日，觀者山湧。須臾，有黑雲從鉢盂中起，大雨立注十刻，黑雲復歸鉢盂，烈日如初。其後洪州大旱，州人聞收名，詣寺請焉，收截左臂與之，曰：『出此以禱，必有應者。』及臂入境，雷雨大作，臂隨飛去。是日，義收在萬歲寺閉關入定。及出關，兩臂宛然。

又卷一六《大旱禱雨》 萬曆乙未夏秋，閩省大旱，官府令諸鄉村作土龍、捕蜥蜴祈雨，富人閉糶索高價，陳幼孺有禱雨謡云：『禱雨禱雨，土龍背裂蜥蜴死。貧民撾鼓號籲天，淵中老龍不得眠。師巫禹步走田野，唇焦面赤喉生烟。東隣富兒檢厢籍，陳陳尚有三年積。但願粟價十倍售，何必年年是豊日。貧人籲泣復怨嗟，火雲祈得紅如霞。龍王無靈天帝遠，巫師漸次逃還家。土龍前致富翁語，但旱貧人不旱汝。』

（嘉靖）《嘉興府圖記》卷四 本朝成化間，郡内大旱。知府徐霖召道士沈嵩高，亦用虎骨攪龍，不旋踵，大雷雹雨霑足。霖喜，謝道士詩曰：『導人掌上一瓢水，太守城中千頃禾。好雨四郊流帝澤，清風隨處聽吴歌。』道士秀州人，居修真，有坐功，能符咒及五雷諸法，祈雨暘，祛祟已疾，多驗。

又卷二〇 紹熙間六月，海鹽令李直養祈雨於陳山顛之龍湫，得小龍子歸。既得雨，送小龍連四龍子歸靈湫，徑入石罅，四龍子亦不見。其水極清，洞見鬚髮，大旱不涸，大水不溢。縣有水旱，令躬至靈湫請水，至縣廳祈禱，無不感應。

（嘉靖）《延平府志》卷二《地理志》 雙髻。兩峰峭拔千仞，如劍倚天外，又名雙峰山。昔陸道人祈雨曝身於山巔，山腰雲暝，雷轟四郊，大雨滂沱，而峰頂日色如常。

明 陳全之《蓬窗日録》卷七《詩談一・諭張制誥令世子守派》 舊傳太守因旱祈雨於龍潭，得小雨而未應，因作一絶云：『祈雨精神尚未通，浮雲開闔有無中。潭龍恐我羞歸去，略洒岁岁表不空。』因寫詩投潭中，繼即大雨隨至。

明 鄭二陽《鄭中丞公益樓集》卷二《珥村祈雨記》 甞言天人一體，有感必應，况水旱之灾，關係一方，生民苟辦誠心，齋沐懇禱，即或氣數偶值其愆，而天心仁愛，未有不應念立轉化沴爲祥者。惟是雨暘各有所司，祈禱有法，庶可按期責效耳。崇禎甲申，大江以南，自八月初旬一雨，而後越五十日，旱魃肆虐，河底龜拆。諺語有稻怕秋旱之忌，禾既就稿，麥難布種，農家失望，不勝皇皇。兼以江北寇氛孔棘，地方不遑之徒勢且洶洶蠢動。余適以避地僑寓丹陽珥村，老友盛翁茂卿年七十有八，齒隆德邵，祭酒一方，因相與商訂祈雨之舉，專人于維揚善慶庵請《仁王護國經》《大雲輪請雨經》。蓋《請雨經》乃佛在龍宫爲龍王說法，囑行大慈風雨，隨時利益萬物，而《護國經》則言護佛果以護國者，且其中所云大火、大水、大風等七難俱起，正即此時之灾狀。又云此經能鎮毒龍，能令諸大龍王降注甘雨，潤澤草木，能遂人心，名《如意珠》。於是蠲吉孟冬朔日，敦延净僧于靈山廟，如式布壇，禮誦二經。據考經云，太乙碧玉之府木郎皓靈神君居左，主祈雨；瑞華東靈神君居右，主祈雪。時屆冬矣，并設供焉。盛翁又特延茅山羽士建壇廟前，虔持太乙木郎神咒，仗劍步罡，焚符告天。因思唐時大旱，敕選維陽行僧千百人，于天宫寺講《仁王疏國經》以祈雨澤。有二老人鬚眉皓白，講僧曇林問所從來，老人曰：『某伊、維二水龍也。』林曰：『講經祈雨，二聖知之乎？』答曰：『安得不知。然雨者，須天符乃能致之，居嘗何敢自施也。』林曰：『爲之奈何？』二老曰：『有修道人以章疏聞天，因而滂沱，某可力爲之。』林乃入奏，發使嵩山，召孫思邈飛章，其夕雨大降。今日此舉，僧道分壇，于二老所云，允自符合。盛翁躬率子弟暨諸鄉耆，焚香頂禮，而法侶登壇之朝，即期以十有四日可望甘霖，果于月之十二日赫曦當空，忽而陰雲驟合，細雨霡霂。夫以兩閲月枯旱乍獲微雨，萬姓歡忻。至十四、十五兩日，大雨如注，繼續之大雪繽紛，六出稱瑞。盛翁於是同諸大衆搏顙禮謝，謂一時數百里間，無不渥被諸天龍王之澤矣。然實未始陳牲設醴，拜答諸天神將也。解壇後二三日，羽士行矣。靈山廟僧衆及附近居民，每于晨夕見有兜鍪金甲如廟宇所塑天將之流者，徙倚建壇之所，盤桓不去。相與告盛翁，因又恭具牲醴，禮拜聲謝，然後寂無所見。蓋佛法清净，惟貴齋素，而道教則尊崇諸天神將，法必血食，各有所宜，未可偏廢者。因并記之，以見天人感應之理真如桴鼓，則夫至誠未有不動者，信矣！

明 陳汝錡《甘露園短書》卷七《璅語》 楊用修云：僧綱司與僧會司各揑觀音祈雨，相遇争道。僧綱司行者曰：『咄！避道！吾之觀音爲姑爾，寺觀音姪女也。』聞者笑倒。按《楞嚴》觀世音云：『徃昔有佛，亦名觀音，我於彼佛發菩提心。』是師與弟同一號也。又《華嚴》有天王名觀世言，音是菩提，與諸天同一號也。何觀世音之多耶？雖分姑姪，乃亦無妨。

明 郭子章《六語》卷五《唐謡》 唐田仁會爲平州刺史，歲旱，自暴以祈，雨大至，穀遂登。人歌曰：『父母育我兮田使君，挺精誠兮上天聞，中田致雨兮山出雲，倉廪實兮禮義申，願公常在兮不患貧。』

明 朱國禎《湧幢小品》卷一五《祈雨法》 《春秋繁露》中有祈雨法，貯水巨甕，雜柳枝，聚蜥蜴寢其上，復以木固其泥封。令十歲幼童環，日夜鞭，雨立至。此宣城徐華陽尚書試於蜀中有驗，人謂仲舒深於陰陽五行之説，不虚矣。

明 顧起元《客座贅語》卷四《祈雨》 都中祈雨，小兒扛香亭，沿街市籲呼龍王，見路人持傘者擊而碎之。或曰：『此何始也？』予曰：『魏孝成定雩祭儀，自斷屠諸舊典外，有百官斷傘扇一條，《開元禮》因著斷扇之文，此其繇也。』又道人登壇祈禱用婦人，或曰：『毋乃爲瀆與？』予曰：『以陰求陰，董廣川有是言矣。羅泌《路史》論雩祭宜用女巫，意蓋本此。漢武帝祈雨儀，用女子、女巫，丈夫遂至不許入市。道士之用婦人，亦自有義，未可盡非之也。』

明 屠隆《栖真館集》卷二〇《禱雨記》 萬曆十七年己丑夏，明州旱，蚤稼焦枯，晚稼未蒔插，民大恐，有司憂勞。五月廿四日，郡守姑蘇張侯、邑令豫章徐侯各率僚屬，結壇雩禱。六月初一日，徐侯親詣天井山請龍，行至冷水窩，山上雲霧四合，雷雨交作，溝塍輒溢。是夕宿天井寺，侯自譔疏文，漏下三鼓，徒步登山，繇寺入井距二十里而遥，磴道險絶，侯攀蘿附葛而上。山有五井，從一井抵五井，彌入彌險，苐五井在絶巔罙阻，蘘箐蔚密，蛇虺縱衡，樵牧罕至者，直捫其巔，再拜長跽，投疏。寺僧報井中真龍見，長數丈許，色正黄，良久而没。頃之，蛇走水面，繇崖壁上井，侯搏顙不已，躍而傍岸，自入籠中。已發還邑，雨輒隨車，三十里霔足，侯入境而雨，出境復雨，龍之肸蠁如此。侯退食署中，亦焚香朝夕密禱，卜之關壯繆侯，得繇云庚日雨。初四日二鼓，侯復親詣銅盆浦請龍，夜宿江上，夢覺，聞空中有神語：『明日雨，侯無憂。』黎明整衣端拜，投疏於江。時羽士亦投一疏，兩疏并浮水上，侯疏徐沉潭底，而羽士疏竟長流，斯已奇矣。少選風起波湧，一弹塗沂流來躍入銅盆。龍以銅盆名，復以銅盆獲，詎不尤奇哉。侯還拜道上，三步一拜，面赤體瘁，流汗至踵，道旁父老觀如堵墻，無不咨嗟感動，有泣下者。俄而雲合，甘雨立應，則初五庚日也。闟壯繆與江上神語適符契疇，謂天道遠乎？往歲夏旱時，張侯在郡丞武陵龍侯署邑雩龍禱雨，其應如響，語在龍侯紀年中。今年夏復旱，徐侯竭誠，天立澍雨，乃張侯及諸僚佐之懇款均之，足以格天神而走屏翳，是元元之所恃以無恐也。于是部民隆稽首爲之作頌曰：海國夏旱，茫茫江曬，烈日赭地，火雲絳天。稿我稼穡，涸我原田。民痌誰籲，吏憂莫宣。徐侯曰嘻，罪在民牧。雩而精誠，徒步跣足。屏輿減騶，江行野宿。望畝以嗟，拊農而哭。捫蘿附葛，緣磴陡嶺。履絶巉嵓，窮歷五井。瀑噴其面，棘傷其脛。黄龍晝見，波騰修蛇，躍而入籠，有雨隨車。旦出日暴，宵歸露禱。炎埃堀堁，江濤浩淼。天神告期，雨示之兆。且行且拜，貌瘁體臞。奔走蒲服，汗與淚俱。觀者感泣，父老滿衢。澍雨立應，溢溝盈渠。驩声遍野，我苗其蘇。民曰我侯，實呴哺予。天道孔邇，疾於皷桴。敢告司牧，視此楷模。

明 屠隆《由拳集》卷一八《記·禱雨記前》 屠隆爲潁上之明年，是爲萬曆戊寅四月，有事壽春。四之日大風，明日人言潁上大雨，雹傷麥苗，隆方食憂惧，食噎幾殆。歸視東郊，原野空也，稽顙謝過，自傷爲令亡狀，皇天嫁禍我民，仰天而哭。已入中庭，對邑父老又哭。父老曰：『天禍下民遠矣！他郡邑雹灾者，汴梁以北，建業以南多有之，寧獨潁上矣，使君無爲自苦。』隆曰：『風雨不避灌壇乎？余寔不德，以召此殃也。奈何以他郡邑爲解。』至五月，又大旱，爲文禱於城隍，又禱於張龍王之神。會里人召村巫降神，妄言禍福，隆察其有異，縶而廉得其詐。禱二日不雨，隆曰：『天之降禍深矣！而雹爲灾民已重，不堪而又加之歲旱，寧有噍類者。』隆乃赤日暴中庭，從朝至暮。越二日又不雨，博士諸生齊民心憐，余環而涕泣者以百千数，曰：『潁邑小，不貧，粟猶支一二年。歲旱，民不即至死也，而胡以苦使君至此極爲？』隆謝曰：『隆不獨爲吾民，且以盡吾心焉。天降灾吾邑，而方且泄泄然，息陰就凉，以自爲愉快，吾愳重有戮辱，縶獨爲民，故吾暴日中。蒼蒼凉凉，處一室則愵焉如焚矣。』爲文告於神者三，始頓首謝過乞憐，其辭哀已而激切，語涉不遜，命遷神對暴日中，日晡乃已。即夕雲起，詰朝而雨，明日又雨。然陰雲如黛，雨不甚霑足。隆又愳入禱玄帝廟，既出，隆忽與同官曰：『盍與諸君返玄帝廟待雨乎？』遂返入後殿。俄見上帝像坐群神東偏，隆驚曰：『此何爲？』同官曰：『其上故有玉皇閣下神像，修閣，閣成而不上，今且數年於兹矣。』隆曰：『天子祀上帝，諸侯祀封内山川，即神像下邑安得有之？而又令居群神東偏，彼群神奚而安也。且記稱上帝所居，常有紅雲擁護，雖直仙罕得見其面，而令居湫隘近樵，竪簡甚矣，天之降罰，無乃是乎？即奚以專罪令爲也？』於是亟命上之。隆與同官免冠頓首，伏不敢仰視。先是，嘗謀上神像，聚三百人不能動而止，至是才須四十人耳，如雲登焉，畢哉。是時，日向暝矣，應時大雨，竟夕四郊霑足，自是連日大雨。嗚呼！又異哉。夫上帝高拱上清，其靈氣當不在是，乃維天聰明，何不燭矣！矧又百神在邪？應時冥雨，理或有之，雹而旱，旱而禱，不得雨，禱而得雨，而又微，盖至是而後大雨如響也。入禱玄帝廟，既出矣，復入何爲乎？嗚呼！可畏哉。朝出禱，夕還内舍，窮日夜不休，形容顦顇無人色，家人謂隆遂駭相視而泣，婦心憐隆，亦同隆夜蒲伏稽首達曙，期在必得雨乃已，心又私計，禱祠如此，而神卒不應，將遂謂窅濄不可詰嗟乎？詎謂其如響也，神理孔章可畏哉。隆於此滋惴惴愳矣，古之貪殘恣睢負心者，豈誠謂天道神明遠哉？隆謂此事可用以自警，亦可以警古也，故記之。

又《禱雨記後》 始隆暴日以求雨也，官師士民及家人咸曉之曰：『夫雨暘，天也，天積氣也，隆隆高爾矣，弗可梯也，泬廖忝矣，北坱茫蕩忝矣，呼弗聞也，叩弗應也，諛之弗喜也，觸之弗怒也，若頑焉，當其潦也，弗格之使倒流也，當其旱也，弗挩河漢而瀉之也，大化獨運適焉爾矣，遭其適也，故潦於堯而旱於湯。夫潦於堯而旱於湯，堯弗知天也，天亦弗知堯也，湯弗知天也，天亦弗知湯也。何物而堯？何物而湯？何物而天適焉爾矣？子暴而求必雨，天且不雨，而三日，而五日，而百日，子即立稿潁水之上竟不雨也，弗遭其適矣。子如天何？天如子何？則無乃不惠乎？何爲自苦？』隆應之曰：『非也。子不聞精誠之極乎？夫精誠之極者不惠也，不惠所以精誠也，精誠之極，神明通焉，無不可爲矣。故可以耳視而可以目聽也，可以手行而足指也，神可存而器可廢也。粗而入精，形殼蜕也；闇而生光，玄照朗也。故大煎可挾，而六幕可游也。大鵬蚊虻，焦螟嵩山，須彌芥子，毫光六合，秋毫泰山，泰山秋毫，小大一矣。不知彭之爲殤，不知殤之爲彭，不知龍伯之爲僬僥，不知僬僥之爲龍伯，修短齊矣。天卑邪，地高邪，日月闇邪，深谷朗邪，流而五岳耶，九河峙邪，齊州近邪，眉睫遠邪，螟蚷者飛耶，翼而蜿蜒邪。軒孔雖聖，吾不知其聖；夸父雖愚，吾不知其愚；黄屋左纛雖貴，吾不知其貴；被裘帶索雖賤，吾不知其賤，萬物之觀齊矣，是皆不惠之道也。不惠所以精誠也，精誠則神一，神一則物化，物化則累釋，神明通焉。故風可反也，日可回也，月可捫也，雹可掉也，霜可夏也，陽可冬也，水可蹈也，石可游也，龍可下也，馬可角也，理也，豈怪也哉？夫六合廣矣，何所有？何所爲？何所不有？何所不爲？有而有，爲而爲，無有而有，無爲而爲，有而無有，爲而無爲，無不有也，無不爲也。有而有，爲而爲，理也，人之所信也；無有而有，無爲而爲，亦理也，人之所不信也。人之所不信而怪名焉，亦惑矣。今夫員而方，蒼蒼茫茫者何物？爝而煌煌朗照八方者何物？嵲巕而欝，蒼淼而茫洋，浩浩湯湯者何物？蹼聲砰彭，閃爍而有光者何物？鬒而清揚，顱而目眶，須而吻張，手攫而足躋，有聲郎郎者何物？今此偶一見之，斯不亦大怪乎？六藉所載，諸子所傳，《山海》《玄經》之所列，《齊諧》《夷堅》之所志，都是物矣。昔北山愚公不自量，欲移太行、王屋二山，聚族而運之，河曲智叟啞然而咍之，愚公不止也，且吉吉子孫平焉。操蛇之神聞之，惧其不止也，告之於帝，帝感其誠，夸蛾氏二子負二山，遂移之也。又有遭仙人山中者，求其不死之術，仙人畀一木，令穿石焉，石穿乃仙。其人受教，無日夜寒暑，鐃寒垂四十年，石穿而仙去矣。夫山非可移也，石非可穿也，精誠之極也。隆誠不惠，無以謝諸公行休矣。』屠子語未畢而雨。

明 徐學聚《國朝典彙》卷一六《朝端大政·祈禱祠醮》　二十九年三月，禮部以亢旱請令順天府官祈雨。上曰：『去冬無雪，今春不雨，凡百五十日。如再及半月，麥禾皆失潤溉。朕躬禱爲民，卿等以上下相關，百官亦當修省，恐應天不可以虚文，第令該府官竭誠以禱。』至是，上躬禱于禁中，命英國公張溶等分告各宫廟。三十年五月，上以時久不雨，乃宣諭禮臣，命祭告郊廟，遍于群祀。既而以雨未霑足，風霾間作，復詔諸司祈禱。至是得雨，遣成國公朱希忠告謝。

四十年四月，禮部尚書袁煒言：『邇者皇上建典祈雨，靈澤隨降，中外無不欣躍。但霡霂于連朝，未沾足于四野，既而旱勢復作，風霾竟日，上厪宸慮，遣官祭告，宵旰焦勞，靡神不舉，是宜上帝降靈，玄渥昭應。然陰雲屢令而不雨，旱霾浹旬而未解，此皆大小臣工不能靖共職業，致此旱灾。平時既無勵翼之修以謹天戒，遇灾又乏寅英之協以贊聖謨，君父憂勤于上，漠然坐視，豈臣子服勞之義哉？乞命大臣分禱各宫廟，百官齋素修省。』上曰：『卿等所言，一體之義也。其如議行。』乃命英國公張溶等分詣各宫廟行禮，百官青衣齋宿，以得雨爲期。罷行屠九日。尋諭禮部曰：『昨遣官禱雨，應祀神祇，得無有遺乎？其議增之河海，雨澤所資，且開漕不聞請禱，何也？』因遣禮部侍郎李春芳、董份等分祭神祇壇、金海等神，命河道御史胡植祭大河。

明 張大復《梅花草堂集》卷四《胡道士祈雨記》　天啓五年乙丑夏六月不雨，茲田龜坼，苗葉如赭，守土者患之。集諸羽衣，預告城隍之神。既十日而旱愈甚，莫可誰何，將募巫而暴焉。諸羽衣競以古對曰：古受善術，可刻日驗也。邑父老亦争言古有戒行，當格天，于是守土者聘古視事，而古方病嘔逆，食糜不能二盂。私自念吾受法于上清，上清真人與我秘，濟世爲務，而吾惜吾嘔，不爲斯人一强起？昔昔之歲，民幾爲魚，今去魚又立槁耶？則請主者卜壇壝。乃卜壇壝，得景德寺武安王廟之南址；請卜日，則得月之八日甲寅。古仗劍登壇，誡其徒李素、張天麟、周天謣、徐玄之護而禀令焉，乃步虚巽水，檄請三限，而老弱纍纍呼曰：『焦不及夕矣，而堪此三限乎？』既月之初十乃雨，雨濡郊南北。有飛雲過壇壝，土釁輒止，農以爲未足。古步虚如初，十二日戊午又雨。古曰：『此兩限矣，未也。』而古面焦如鐸，風行之，且欲鮮，老弱輩意甚憐，古而群喙加篤焉。月既望，古中夜起演上清法，嚙指血作檄，檄訖，告其徒衆曰：『雨從西北来。』乃倒置壇向，向天門。黑雲四合，大雨如泀，自辰至酉，淋淋勿絶，一縣民大喜過望。是役也，始于月之八，終于望之既，一日又二日，虔轂壇壝無慢。雨既，有老氓集田旅踵古門謝曰：『錬士之法，足可侔天。雖然吾輩每望見錬士面焦土鐸，且鮮心怦怦焉，惧弗集事矣。然諦視之，焦而不削。問所噉食，輒数十器，不似曩者登壇時食糜不盡二盂也。豈非天哉！豈非天哉！雖然昔昔之旱，曾不及夕矣，而限必以三，何居？』古曰：『蓋謂之五雷鞭龍法，云循限而禱，其盼蠻答，無容淆亂，脱令噏指不雨，計無復之耳。』氓曰：『吾年少時，見劉矦之禱也以周惟岑，祝矦王矦、之禱也以夏大倫，而未有限者，限三何居？』古曰：『彼斯之謂使者檄，吾斯之謂鞭龍五雷檄也。』『然則鞭龍五雷何如？』古曰：『先天玉樞上將，是謂靈官。昔者靈官受敕于上帝，得騎龍行雨，龍不及，靈官怒殺而醢之，以其筋爲格帶。帝怒，讁靈官，遂爲湘陽神。血食湘陽之民，率以童男女祀而後始得安其土，宜墮矣。薩真君憐而收之，而靈官故欲投隙以伺真君，漎游十二年，真君不間，乃降此天地之正氣，從玉樞分姓者也。道法之正，天弗能違，古何力之與有？故夫《春秋繁露》所載五分行雨之法，與夫虎頭致雨，龍湫興雲，豈不沛然下之？而後無驗者，非限也。』氓拜稽首，稱天師而退。是歲九月九日，天晶日明，蒸民乃粒。病居士張某薰沐爲之記。

明 徐應秋《玉芝堂談薈》卷九《禱雨之奇》 牛相公僧孺鎮襄州日，久旱祈禱無應。有處士不記姓名，衆云豢龍者，公請致雨，處士曰：『江漢間無龍，獨一湫泊中有之，黑龍也。强斲逐，必慮爲灾難制。』公固命之，果有大雨，漢水泛漲，漂溺萬户。《次柳氏舊聞》玄宗常幸東都，天大旱。時聖善寺有天竺乾僧無畏，號三藏，善召龍致雨之術。上召之請雨，曰：『今旱數當然耳。召龍必興烈風，雨適足暴物，不可爲也。』上强使之。有司爲陳請雨之具，悉命去之，獨盛一鉢水，以小刀攪旋之，梵言數百祝水。須臾，有如龍狀，其大類指，赤色，首噉水上，無畏復以刀攪水。頃之，白氣自鉢中興，如爐烟上，稍稍引出講堂外，如一匹練，既而昏霾大風，雷霆而雨。《從容録》。魏郡開成中大旱，遍禱山岳，或言西沈陸先生道行精明，請之必驗，迨至呼吸數過，五指連拂之，爪甲間皆出雲烟之氣，惟中指氣象甚盛。先生曰：『郡中雨得足，諸縣皆獲八分，亦小稔。』既而其説不誣。俞震齋，沙人，秘傳符籙，精五雷祈禱術。同時有黄天玄者，住持宜福觀，亦能此術。洪武二十年，閩中大旱，藩司召二人祈雨。既至分東西立壇，分書朱墨二符，私約曰：『吾二人雨當如其符色。』乃以書符硃墨二硯分投水缸中。須臾雨至，一壇水黑，一壇水紅，時并異之。俞晚居其里之三官堂，一日有老媼來見，曰：『某山母龍也，行雨失律，天公震怒，劫在日午，望法官相救。』俞曰：『能幻形小之乎？』媪作蜓蜓，俞取投盂中，覆以令牌，端坐俟之。須臾，暴雷雨擊，至數遍，過午乃息。俞曰：『去矣。』龍出，仍化爲媪，拜謝曰：『他日法官祈雨，媪當効力。』於是每三年輒來一朝。歲六月初旬，有暴風疾雨繇南而北，人曰龍姑。朝俞云。

明 蔡獻臣《清白堂稿》卷一六《豪山禱雨紀事》 歲癸丑夏霪，稻有未歛而芽者，人曰是必旱秋。既自七月至八月不雨，福興三郡禾焦泉枯，魚鱉蛙鱔之屬盡矣。署同者日催科敲扑是務，徒晨昏詣朝元觀祈禱耳。坊里士民亦各設壇，以其境之神禱。米價日踴錢日賤，東溪之流不絶若綫，民無如矣。考邑志，縣南三十里馬鞍山下有廟焉，宋朱文公簿邑禱焉而應，真文忠公泉遺官禱焉而應，我明成化間張令公遜禱焉而又應，是豪山之神也。廟制昔敞今圮，會有孝廉欲奪之者，士人乃相率建數楹焉。予又嘗道豪嶺間，聞楓坑人言馬頭石嵌下有龍池，凡請水者必於是，王明叟所謂天將雨，龍擊水聲如鐘磬者也。乃以九月之六日，具香果，爲文，躬拜於廟以禱。已乃陟馬山，求所謂龍池者。山陡絶，用小兜輿由中崙登，然兩人翼而扳躋者半之。山間清潭瀑沛，沁人腸胃，而石嵌小池，則涸已久矣。至絶頂，疲甚，渴不可得水。余偃卧石上，顧見海數環在衣帶間，而風日微茫，四盼不甚了了，乃緣舊徑扶翼而下。比至邑，漏下二鼓矣，而碧落頗作雲氣，詰朝日乍陰乍明，其夜遂以霡霂，越三日乃止。邑人大悦，猶恨其未足也。嗚呼！旱潦歲所時有，余雖不敢貪天之功，其敢忘神之賜乎？後之司民命者，可以修三公故事矣。且如張令公新廟之役，其可以已乎哉？是日同陟者，余弟體謨、姪信卿，及邵參戎之孫宗周，并記之。

明 楊漣《楊忠烈公文集》卷三《贈别駕郭公甘雨序》 當公謁選人，得參佐吾鄖子時，長安友人書來，稱初見公，恂恂敬飭君子也。再見之，氣恬而韻遠，神安而力定。與語吏弊民隱，井井秩秩也。意復欲然，常有以自下，既得公家世于其里人，好行其德，而一念不欺，一事不苟，內外少壯一日也。吾子識之，此鄖子之福矣。已公褰帷入境，漣不佞，得以部民拜公古風，瞻衡接詞，私謂友人知言，屬有應。得公攝令事，甫下車，朝三老子弟，問民間疾苦，一切與民休息，小大之訟，必盡其情，一筆之下，慎重再三，更不忍輕杖一人，羈一人。伍伯廷偶立，無所事事，曹掾抱案牘，畫諾而已。會五月亢甚，一望土龜坼也，村市汹汹然，米價涌騰。公疏神步禱，神色爲癯，雨應日降，既霑既足，百物回稿，市歌村舞，曰：『公生我，諸生某某等聚族而謀于予不佞，方今東西交訌，無藝之征，并剜心醫瘡，閭左無生之象，吾子亦既耳而目之矣。若復五月無禾，八月無穡，吾應共索之枯魚肆耳，而我輩二三措大苦倍之，則今日之雨也，爲德于吾儕詩書之族爲更大。且守令如公，亦詩書不數數見矣。而況其代庖，不浚我以生足耳。乃其精心以生我，吾子能無一言？』楊子曰：『諸君亦知雨之所以應公禱者乎？』曰：『且無論其他，如公體貌尊倨矣。令若丞尉，堂下肅拜受事，得一溫色爲快。民某氏，卑細矣，公以雨之故，望門閉輿，再肅而懇凂焉，此一念通帝座矣。』曰：『不有其尊，能以身禱矣，未也。萊蕪之甑，韲鹽一柈，公之子至，庖人蒸乾腊以私，公色而得之，痛自斥責，吾不能誠信于子也。飭于人之共見，弗見而欺焉。神其予我，是不亦不顯亦承乎？』曰：『不私其子，能以家禱矣，未也。天人之際，幽明之間，感通之數，固在衆人不及詳，妻子所不知，而己亦不覺。其勃然發者，諸君不聞公所祈雨時，糧胥以嚴徵請乎？公曰：「此時旱，民心正慌，而忍催科吏？」曰：「及今并之猶緩，至旱而民不應徵矣，其若參罰何？」公曰：「民無生矣，寧吾參罰。」此一言也，與祈雨無涉，而天地之心也，神之聽之矣。昔之禱雨而應者，可覆按也。有愛民之心窮而迫于若無以自已者，桑林之爲犧，環柴聚艾之自焚是也。有生物之心真而發于若不能自禦者，人之不忍殺，已之寧自代，當甘減壽是也。窮迫之極，欝自蒸而爲雲，真惻之至，澤自解而爲雨。宇宙在手，造化生心，此物此志也。《管子》曰：「五政得時，時雨乃來。」董子曰：「怨夫愁婦之氣通，則上薄而爲甘澍。」自公之來，耜安于耕，機安于織，詩書安于誦讀，估客安于廛，行旅安于市，向時拘攣之勢若解而舒，漚霧之氛若滌而浄，彫敝之色若膏而潤，咻噢之聲若蘇而暢。深山窮谷，元和之氣，既以蘊藉絪緼，而一點盎然生意，又有以薄而通之，興雨祈祈，應禱也，非以禱應，冥漠之合理數之自然也。無寧惟是，公之鄉人所曰，公不苟不欺，內外少壯如一日乎。此謂丘之禱久矣，又在無以有貴，無以有味之先者矣。』諸生听然而笑，曰：『是善言我公之雨，安得無以公歸而長生我乎？是又不然。應龍之飛天也，敷潤滋化，有地無不仰濡。前日之雨，四暨旁沾，雨實私公，公則非應可私。且今憔悴之天下，獨恨不得至誠如公，作蒼生霖雨耳。我儕小人，且不忍以治中別駕獨私我公于湏子，而況應。然則吾儕但當如太康中人之歌東先生也。』曰：『請天三日甘雨零，何以酬之願長生。公聲名鵲起公卿間，得以畢其霖雨之用，社稷實嘉賴之，吾應亦何嘗不日坐公滋培中。』諸士曰：私以我公之雨吾應也，公矣吾子之言我公雨也。請得備書之，以質天下之仰公膏雨者。

明 馮夢龍《古今譚概》卷二七《十七字詩》 正德間，有無賴子好作十七字詩，觸目成咏。時天旱，府守祈雨未誠，神無感應，其人作詩嘲之曰：『太守出禱雨，萬民皆喜悅，昨夜推牕看，見月。』守知令人捕至，曰：『汝善作十七字詩耶？試再吟之，佳則釋爾。』即以別號西坡命題，其人應聲曰：『古人號東坡，今人號西坡。若將兩人較，差多。』守大怒，責之十八。其人又吟曰：『作詩十七字，被責一十八。若上萬言書，打殺。』守亦哂而逐之。

明 劉萬春《守官漫録》卷三《外編政事覆轍計三十七條》 會天大旱，請雨城隍之神。夫人教祝詣廟，焚香默禱此事，祈神于夢中開示疑獄。其夜，祝遂宿神廟中，夢神降而告曰：『明日路上有祈雨小兒，可自問之。』既覺，未審云何，蚤起拜神畢，行至市中，果遇群兒執旗伐鼓，引龍神而來。祝命吏捕逐群兒，群兒迸走，適遺一小黃旗於地，遂令收取還衙，以示夫人。夫人曰：『奸婦者是黃旗無疑矣。』

明 董斯張《廣博物志》卷一七 《宋》祝良爲洛陽令，歲時亢旱，天子祈雨不得，良乃暴身階庭，告誠引罪，自晨至中，紫雲沓起，甘雨登降，人爲之歌曰：『天乆不雨，蒸人失所。天王自出，祝令持苦。精符感應，滂沱下雨。』

明 查應光《靳史》卷一七 慈聖光獻皇后養女范觀音得幸仁宗，溫成患之。一日，歲大旱，仁宗祈雨甚切，至然臂香以禱，宮人內璫皆然。祈雨之術備盡，天意弗答，上心憂懼。溫成養母賈氏，宮中謂之賈婆婆，威動六宮，時相認之以爲其姑，乃陰謂丞相，請出宮人以弭灾變，上從之。溫成乃曰：『上非出所親厚者，莫能感天意。』首出其養女，以率六宮。范氏遂被出，而雨未至。上問臺官李東之，曰：『惟册免議未行耳。』是夕鎖院，賈氏營救不獲。時相從工部侍郎拜武鎮軍節度使、同中書門下平章事、判北京，雨遂降。

明 釋明河《補續高僧傳》卷二〇《明落魄僧》 永隆姑蘇施氏子【略】二十五年壬申，朝廷度僧，師引其徒起步京師【略】又取香一瓣，書風調雨順四字，語内臣曰：煩奏上，遇旱以此香祈雨必驗。須臾，秉炬自焚，烟焰凌空，異香撲人，群鶴飛翔於龕頂良久。火餘，斂舍利無算。於是三千餘人悉宥罪給牒爲僧，皆師賜也。時大旱，上召僧録司官迎師所遺之香到天禧寺率衆祈雨，以三日爲期。至夜，即降大雨。上喜而謂群臣曰：『此眞永隆雨耳。』

明 王同軌《耳談類增》卷一〇《吪侃言篇·僞道士制妖》 洪都村中一大家廳樓崇敞，每夜聲響特異，以爲妖，遷避而虚其室。有道士過門，稱自龍虎山來，其家大喜，邀入與約妖除當厚酬。道士入居，夜見碩鼠尾巨如椎，躍入破柱，擊出斬之。盖鼠尾始被狸齧流血，行沙中霑沙重，復沙乾巨如椎，其作響聲，皆是物而非妖。道士乃山下鬻曆符者，偶殺鼠而非法，自是聲響都絶，道士重得賂，名益彰，争相款。後爲某縣祈雨，以飯投厠中，所以激龍怒。舊有此術，果得雨，而雷從壇上擊道士死。王資敬談。

（萬曆）《嘉定縣志》卷一三《仙釋》 松江大旱，延嘉興道士祈雨，多聚赤練蛇焚之，久卒無驗。子庭戲曰：『誰呼蓬島青頭鴨，來殺松江赤練蛇。』其滑稽類如此。

明 吕毖《明朝小史》卷二《永隆雨》 二十五年，下渡僧之令，沙彌至者三千餘人。中有冒請者，帝怒，悉命錦衣衛戮之。蘇州尹山寺僧永隆請焚身以救免，帝允之，敕中官以武士衛其龕至雨華臺。永隆出龕望闕，拜辭入龕，書偈一首，又取旱以此香祈雨必驗。乃秉炬自焚，骸骨不倒，異香逼人，群鶴舞于龕頂，帝乃宥三千人誅。時大旱，帝命以所遺香至天禧寺禱雨。至夜，雨大降。帝曰：『此真永隆雨。』

《明史》卷四〇《五行志》 狂人。正統三年六月辛酉，有僧常因旱積薪，欲自焚以祈雨，火舉而走，既獲之，發龍門充軍。

清 談遷《國榷》卷四〇 ［成化二十三年五月］乙卯，遣廷臣賚香帛分禱天下山川祈雨。

又 卷六〇 ［嘉靖三十年三月］丙午，上祈雨，齋三日，遣告郊廟群祀。【略】丙辰，仍命禱雨。

清 彭孫貽《茗香堂史論》卷二 奚康生。梁武聞其引强至十餘石，特作二大弓，長八尺，把圍尺二，箭粗如長笛，送康生。即集文武平射，尚有餘力，表送武庫，爲相州。以天旱，鞭石虎畫像，就西門豹祠祈雨不獲，令吏取豹像舌。兩兒暴卒，身亦遇疾，巫以爲虎豹爲祟，康生眞麄官不學。

清 蔣超《峨眉山志》卷五《神仙》 唐天后朝大旱，有敕選洛陽德行僧徒數千百人，於天官寺講《大王經》以祈雨澤。有二人在衆中，鬚眉皓白，僧曇林遣人謂曰：『罷後可過某院。』既至，問其從來，曰：『予伊、洛二龍也。』林曰：『講經求雨，二聖知乎？』答曰：『焉得不知。然雨者，須天符乃能致之，居常何敢自施？』林固求之。二老曰：『有修道人以章疏達天，某始可効力。』林乃入啓則天，發使嵩陽，宣孫思邈入内殿飛章。其夕大雨，思邈亦不自明，退詣講席，問曰：『吾修心五十年，不爲天知何也？』因請林代問二老，答曰：『非利濟生人，豈得昇天？』於是思邈歸青城山，搜《千金方》三十卷。既成，白日昇舉。

清 王士禎《池北偶談》卷八《秦襄毅公年譜》 成化元年在葭州，欲以二月十三日齋沐祈雨。有父老百餘詣縣告曰：『本州邊地苦寒，每歲至四月方有雨，此時祈雨，徒勞心耳。』予曰：『天道焉可知也。』至期行香焚檄，十五至十七，連雨三日。予乃發粟賑貸，給民子種，通借牛犋，民大悦。四月麥苗將黄，乃選差公當老人催徵。五月十五日，催完發運。六月初三日，告繳通關在葭。七月里甲公用每人止用銀六分，禱雨四次輒應。或以事出境公幹，百姓聞予將回，則喜曰：『雨來矣。』

清 褚人穫《堅瓠集》五集卷一《祈雨》 有大守祈雨於龍潭，得小雨，而未甚應，作一絶云：『祈雨精神尚未通，浮雲開合有無中。神龍恐我羞歸去，略洒些些表不空。』投詩潭中，大雨隨足。明末辛巳壬午，吾蘇亢旱，當事祈禱，不克默回天意，早霈甘霖，滑稽者作對云：『妖道惡僧，念退風雲雷雨；貪官汚吏，拜出日月斗星。』爲一時傳誦。

又 卷二《雨帝謡》 正統末，京師旱，街上小兒爲土龍祈雨，拜而歌曰：『雨帝雨帝，城隍土地。雨若再來，還我土地。』成群噪呼，不知所起。未幾，有監國即位之事，繼又有復辟之舉。謂雨帝者，與弟也。城隍土地，謂郕王有此土地也。雨再來，還土地，謂駕旋而復辟也。

（康熙）《江西通志》卷一二九《北巖禱雨記》 北巖在武山禮斗石下，最陰寒，中空洞如屋，有泉注焉。其東、西、南三面皆峭壁，惟北向可眺望。相傳古陶皮、二仙人修煉之所，唐曉了禪師亦嘗憩焉。或名曰觀音巖，有石像、石爐，攲傾其中，不知創自何時。近歲遭兵亂，草木蒙翳，豺虎入宅，人迹罕至。國朝洪武二年夏，不雨踰月，民走壇廟，至迎龍湫潭，越數十百里外，咸不應。南溪士族有蕭君鵬舉，獨怒而憫焉。乃詢父老往時禱雨故事，或有以北巖告者，君曰然。即齋戒，出宿三日以俟命。以六月戊辰，具薌幣，潔粢醴，望巖而行。且行且拜，進至巖下，鄉民聞而來會者，復數十百人。將事既畢，始下巖，隧望見雲氣自西南稍稍來合，雨數點灑淅過。將抵廟山，復有黑雲如車蓋，起巖上，會疾風引而西，雨驟下如注。禱者咸俯伏山下，眉髮沾浹，衣巾淋漉泥潦中，不敢去。自午達申不止。明日，山下田隴間水潦交流，塍路漫不可辨，禾鮮翠挺挺起立。丁丑復雨，歲以大稔。蕭君則曰繄仙靈之賜，不可不報。乃八月辛未，相率翦彩爲金幣，爲幡幢，復結草爲車輿亭臺，作鼓吹以報侑之。又明日，合錢爲牲酒賽田神，因以勞賞從事者，無不歡欣醉飽，感謝明賜。而蕭君獨歉然，若不能以自致者。余時留館中，見其報之之勤，而益信其祈之之懇也。又聞自蕭氏之禱既應，凡四境皆望走，即無不獲雨者。夫位無崇卑，事無大小，惟至誠可以貫金石、通天地。由是觀之，則凡有民社之寄，而諉曰非其責，可乎？或者不知盡己，顧乃屑屑焉以求媚於虛無靈怪之末，則亦過矣。作《北巖禱雨記》。

清 徐旭旦《世經堂初集》卷五《通天池禱雨記》 庚辰之夏，旱魃爲虐。某憂且慙，曰：『民幾頓乎，長吏之不修攸致。』痛自刻責，齋肅步禱於城隍之神者三日，而雲靄未生也。父老曰：『縣之東百二十里有通天池，古雩所也。有弗虔，虔則必應。』余乃偕祝史往焉。鷄鳴而駕，日昃而至。池在平地，縱横五尺許，水在污泥，莫測其脈。命農罟治之，除淤及泉，亦約五尺許，下有木格焉，蓋先民以拒四至之漫勢，雖弗克而遺迹猶存也。泉沸自西南，不轉眄遂盈尺，而竅系終不得詳。就池上拜祝，宿於北一里之民舍。丑初，復詣池拜祝，取浄瓶三汲之，如其量，奉置香案，迎歸城隍神前，再拜安之。是夕，滿空氤氲。次早，率衆禮神，對瓶肅禱如初。返步市中，而油然浮動，仰觀幾眩矣。頃之，風自東來，雷起城頭，電擲檐楹，雨傾盆盎。由午及申，乃間。亥中復雨，雷電如午晌。余焚香悚坐待旦。卯辰又雨。傳閽者詢之曰：『雨可乎？』曰：『可矣。』己末稍霽，率衆向城隍廟稱謝，而市幾可舟，乃用小輿至神前，對瓶頓首曰：『神工之不測如是乎！盛矣！余幸矣！』衆曰：『幸矣！盛矣乎！』父老曰：『盛矣乎！慶矣！』衆咸曰：『慶矣！』此六月八日也。越日，祝史請謝水。余曰：『謝神矣，奚云謝水？』祝史曰：『求雨請水于池，得雨返水于池，舊然也。』余曰：『誠然。將親往焉。』祝史曰：『請之者邑侯，送之者祝史，亦舊然也。』乃令少府代偕之。少府返，問雨所濟狀，曰：『庶幾緑野焉。』毋何再旬，而民復稱旱，曰：『此秀實之時也，不雨，西成鮮望。』父老復偕祝史進曰：『曷再禱諸？』余曰：『先是之應也，適然耳。薄德之躬，其未敢再瀆。』父老曰：『有弗虔，虔必再應。』余曰：『勉諸。』竊自維曰：『向弗躬謝，而神弗終余赦也。』退而矢曰：『願已饑而民得食，已寒而民得衣，已節筭而群生以延睠。兹吾民而屢祲未盡夭扎者，邀宥有秋，庶舒其喘息，以俟有德者撫綏乎？』齋肅加飭，戒以三日，再籲池所。如期，復鷄鳴而駕行，六十里至寒巖，日杲杲中矣，倏而輕風襲裾，有雲來東南，漸湧天心，衆遥指曰：『異哉！上升處實通天池也。』且樍山勢證之曰：『夫非蘆峰以東乎？』余舉手加額，曰：『天果憐孑遺，某困泥塗，勿恤也。』呼吸間，雷電一如向日，或曰：『曷止諸？』余曰：『爲雨行也，乃爲雨止乎？進諸。』至桃源，則平地濤作矣。衆擎代肩，水嚙人膝，幾二里，衆苦矣樂之。酉初抵池，體無乾浄，弗能爲禮。乃語祝史曰：『惟昔未能謝，再以躬禱，悔之幸爾。再沐甘澍，其静言永夜，以再禱之禮爲并謝之禮，可乎？』祝史唯唯。翌辰，詣池前，陳詞展禮而退，時則池盈且溢，滔滔瀰二石梁之瀑矣。會學博饋素饌就池畔，偕祝史啖之，意致頗適。衆父老曰：『溆水之源，以龍堆爲大宗，而通天則鼻祖也。』復指池東半里許，曰：『此瓊臺雙闕也。下有數泉，俱輔翼斯池者。』率往觀之，草如鋪茵，水没馬蹄者，可二畝，四際測之，不辨所從出。忽若心神所接有茫然者，相視錯愕，人面衣冠皆赤色，余坐嬴驄如轉火輪，急策走百餘丈，乃反顧之，但見長虹亘空，乘接水際，衆從紫氣中出來，雨障雲屯，奔逐無緒，山震林吼，午未欲燈而磊綴窟穴之民舍，慄慄乎若層㙲而塊觧者，則前者波興于市，濤起于陸之又一傾注也。已而颷掃濃陰，霄澄清霽，人馬俱有爽氣，乃與祝史渡澗而西，黍稷桑麻次第入望，父老擎拳境上，童子舞躍社旁，乃咸曰：『慶矣！秀而實可知已。』余曰：『幸矣！誠秀而實，是不有民神之賜矣。』繼照而皎月升，再甜而蒸煩息，巡吏欲炷清夜之膏，從者喜乘晚風之凉。未及平旦，即已返署，當偕祝史詣謝城隍之神，衆復至曰：『慶矣！』父老復曰：『盛矣哉！可慶也，抑可異。』余曰：『禱而應，常也。神工如是何異焉？』父老曰：『初雨不踰界，今雨亦如之，後辰山以西，酉陽以東，南山之南，北山之北，俱若有待，是以異也。况風雲虹電之迎繞，好事者且不勝紀，而謂不異哉！』余曰：『以若所言，滋媿矣。民吾民也，忍畛域其間，又貪天之功以自詡，是欺之也，而顧曰異？』乃相與謝去。時七月朔有六日也。

又卷一〇《先兄清獻公傳》 初，徐旱且蝗，官民祈雨匝月，卒無應。先兄至，即步禱方七日，而大雨如注者二日夜，徐之四境皆霑足，以是得有秋。

清 姚之駰《後漢書補逸》卷一九《張奮》 奮爲司空時，歲灾旱，祈雨不應，乃上表。即時引見，復口陳時政之宜，帝召太尉、司徒幸洛陽獄録囚徒，天雨三日。案：奮，字雅通，張純子。奮葢知有寃獄當雪，因口陳之，故録囚而澍雨立至也。

清 蔡世遠《二希堂文集》卷二《晋陽靈雨詩序》 康熙六十年，歲辛丑，山右大饑，平陽、汾州尤甚。左都御史今相國高安朱公銜命徃賑，賴以全活者無算。雍正元年，朱公與余同事，禁廷爲我言設賑事宜，且曰陽曲令沈君治行爲山右第一，余曰吾姻也。時心已識之。後山右人又爲我言，沈君治陽曲，陽曲省會地，能恤民造士。上憲胥役若旗兵有舞法者，執治不貸，無敢譁。他郡縣獄有難讞者，皆曰當畀沈君云。尤樂言其祈雨一節，三祈三應，官民驚嘆以爲神。君嘗三任山右，初令陽曲，次牧沁州，後守汾州。兩膺天子特簡，皆有惠政。越庚戌歲，沈君以需次入京，攜《靈雨詩》一册示余，余因得詳爾日民情。葢自庚子秋至辛丑夏，歷三時不雨，求輒不應。君率紳士步行百二十里，至五臺山神祠禱焉。是夜即雨，連三日夜大雨，陽曲之四隅莫不沾足。君歸，中丞率大小屬郊迎，萬民擁道，歡呼忭慶。余於是嘆天人之感甚神而誠信之，無不可格也。平日誠以治民而民信之，則凡有事於民，莫不應矣；誠以事天而天信之，則凡有禱於天，莫不應矣。何謂信於天以信於民者，卜之；何謂信於民以誠以治民者，卜之。誠之道貴豫而忠於民，即所以信於神。沈君平日行善於民，爲民植福，民心服且信焉，故天亦信之，三祈而三應，其偶然歟？非歟。詩以道性情，且紀實也。不必工，要亦本於誠而已。

清 王應奎《柳南隨筆》續筆卷二《僧大汕》 康熙間，廣東旱，當事祈雨不應。有浮屠大汕者，榜其門曰：老僧有風雲雷雨出賣。當事亟禮致之禱，果得雨，大汕以是名聞百粤。安南國王阮某厚幣招往，餽珍寶無算，至以黄金填寺額云。

清 甘汝來《甘莊恪公全集》卷一六《宦迹紀略》 辛丑之四月，因公詣保府。時旱魃爲虐，數月不雨，民心胥慼。制府趙公深爲㢓念，百計祈求，亢旱如故。見余至，甚喜，因諭曰：『聞汝祈雨甚虔，求無不應，可爲我監壇務，殫厥誠以蘇我民。』余受命唯謹，即日齋戒從事，晝夜不離壇場，閱二日而雨，再閱三日而又雨。因旱久土燥，趙公以爲未足也。再閱五日，而始大雨，遠近霑足。趙公曰：『此賢令力也。』

清 李繼聖《尋古齋詩文集》卷一《龍鳳潭禱雨記》 風雲雷雨，氣之所聚，神必棲焉。其不時，及神不欲行而氣散也，則當以人心之誠聚之，故感而相通。萬年縣東隅有龍鳳潭，去城七十里，相傳禱雨多驗。禱之之法，邑令先設壇於城隍廟，遣道士徃陳供素果殽各五器，賫表啓一道，藉以黄紙，浮游水面，紙自斜側下啓入。少頃，乃取錫壺亦眠浮諸水，神賜水壺立而没，還自出，抱歸壇，必雨。不雨，啓與壺不入也，入則其下儼有引手者，所聞靈異葢如此。乾隆辛未，歲旱甚，予如法求之，得霡霂連日。復求之，道士同衆至其處，夜半冷風猝過，失所供素果五盂，衆狂喜，以爲神受之矣，尤未嘗見聞之事也。越日，果降滂沱一候。予愧德凉，不能重邀神惠，以膏四野，乃三致齋戒，乘兜輿徃禱。近潭五里許，徒步小澗中，亂石上跳躍，彳亍兩涯無蹊徑，澗盡爲潭，潭在石壁下，環圓約十餘丈，深不可測。其旁高峰對峙，茂林蓊翳。左峰有曲徑達壁，壁後一峰如座，水自弋陽來，亦小澗也。繞兹峰之左麓，注壁爲瀑布，高二丈餘，入潭丁冬郎當，微風吟葉，蟲鳥雜響，雖張樂洞庭，不是過矣。右峰懸崖巉突，崖下四碑，明正德萬歷時所竪，皆勒書『劉真人得道處』數大字，無記叙文，亦無名號。予向碑行禮，觀道士所爲如所聞，得神水，拳拳服膺。出谷方三十里，陰雲陡合，甘雨沛然。予竟體淋漓，役夫歡呼疾走，莫不以爲神人感應在呼吸間。時六月廿一日也。嘗之辭曰：『再三瀆神，固不厭其瀆也。匪不厭其瀆，不厭其誠也。是以叩禱壇下，而廿四日又雨，邑庶幾乎免於旱。夫誠者，天地鬼神人物之道之府也，予亦一念之誠云爾已矣，况至誠者乎？桑林之事何疑焉？且予觀其飛瀑爲潭，潭又發爲澗，過兩石門，出頂雲峰下，兩石門者，澗身一束，中昂大石，如扃户而水自罅瀉也。頂雲峰者，當潭之面，鋭削如旗竿，而水自旋轉也。乃越樂平界入江入湖，則其流澤廣遠，而靈氣更合江湖爲一體者也，豈惟是兹邑之福神福地乎哉？』復紀以詩：『溯澗徒行仰地靈，壑中樵牧未曾經。鬼神朝罷月逾白，龍鳳鳴來山更青。雲展寶幡升朵朵，石班玉笋立亭亭。何須馬上加零滴，乞得仙潭水一瓶。』歲辛未，家六叔宰萬年憂旱，聞境内龍鳳潭仙靈感應，兩遣道士祈求皆雨，因未霑足，遂撰記及半，躬往禱，以半稿投於潭，祝其大賜甘霖。乃成篇用彰神惠，果如所願。其人、其神、其事、其地并文而五不朽矣。論幽明之相報，萬世一時，毋乃若桃李玖瑤之相去乎。姪啓晨注。

《續通典》卷四八《禮》　真宗咸平二年，旱，詔有司祠雷師、雨師，内出李邕祈雨法頒諸路。其法以甲乙日擇東方地作壇，取土造青龍，長吏齋三日，詣龍所汲流水，設香案茗菓餈餌，率群吏鄉老日再至，祝酹不得用音樂、巫覡。雨足，送龍水中，餘四方皆如之。飾以方色，大凡日干及建壇取土之里數、器之大小及龍之修廣，皆以五行成數焉。【略】［景德三年］是年五月旱，又以畫龍祈雨法付有司刊行。其法擇潭洞，或湫濼林木深邃之所，以庚辛壬癸日刺史守令帥耆老齋?，先以酒脯告社令訖，築方壇三級，高二丈，濶一丈三尺，壇外二十步，界以白繩。壇上植竹枝，張畫龍，其圖以縑素，上畫黑魚左顧，環以元黿十星。中爲白龍吐雲黑色，下畫水波，有龜左顧吐黑氣如綫，和金銀朱丹飾龍形，又設皂旛刎鵝頸血置盤中，柳枝洒水龍上。俟雨足三日，祭以豭豕，取畫龍投水中。【略】仁宗慶曆中，大雩之儀皆用犢、羊、豕各一。神宗熙寧十年四月，以夏旱，内出蜥蜴祈雨法。其法捕蜥蜴數十，納甕中，漬之以雜木葉。擇童男十二歲以下、十歲以上者二十八人，分兩畓，衣青衣，以青飾面及手足，人持柳枝，霑水洒散，晝夜環繞，誦咒曰：『蜥蜴蜥蜴，興雲吐霧。令雨滂沱，放汝歸去。』

清　袁枚《新齊諧》卷七《孛星女身》　山東有施道士者，善祈晴雨。乾隆十二年，東省大旱，撫軍准泰祈雨不得，鎖道士而逼之。道士曰：『雨非不可得也，但須某日孛星下降，公捐錦被一條，白金百兩，某捐陽壽十年，方可得雨。』撫軍如其言。至期，道士登壇，呼一童子近前，令其伸手，畫三符于掌中，囑曰：『至某處田中，見白衣婦人，便擲此符。彼必追汝，汝以次符擲之。彼再追，汝以第三符擲之。速歸上壇避匿可也。』童子往，果見白衣婦，如其言擲一符，婦人怒，弃裙追童。童擲次符，婦人益怒，解上衣，露兩乳奔前。童擲三符，忽霹靂一聲，婦人褻衣全解，赤身狂追。童急趨至壇，而婦人亦至，道人敲令牌喝曰：『雨！雨！雨！』婦人仰卧壇下，雲氣自其陰中出，彌漫蔽天，雨五日不止。道士覆以錦被，婦漸蘇，大恚耻曰：『我某家婦，何爲赤身卧此？』撫軍備衣服令著，遣老嫗送歸，以百金酬其家。事後問道士，道士曰：『孛星，女身，而性淫能爲雲雨，居天上，亦赤體，惟朝北斗之期，始著衣裳。是日下降田間，吾以符攝入某婦之身，使替代而來。又激怒之，使雷雨齊下。然用法太惡，必遭陰譴矣。』不數年，道士暴亡。

清　阮葵生《茶餘客話》卷一四《釋》　唐會昌中，沙汰僧尼，毁寺四千六百餘區，毁招提蘭若四萬餘所，歸俗僧尼二十六萬，大秦穆護祆僧二千餘人，收良田數千萬頃，奴婢十五萬人。蓋官造者爲寺，私造者爲招提蘭若。大秦穆護者，釋氏之外教，如摩尼之類祆胡神也。武宗好道教，故汰僧，是乃平添數十萬游手坐食之人，不知何以置之，豈能安静無事乎？明太祖最惡僧尼，嘗聚僧盡埋土中，僅留首土上，命鏟之，名鏟頭。會有一僧，鏟去一首，復生一首，如此數十次，遂下度僧之令，沙彌至者三千餘人。中有冒請者，帝怒，命皆戮之。吴僧永隆請焚身以救免，帝允之。永隆取香一瓣，書風調雨順四字，語中侍曰：『煩語陛下，遇旱以此香祈雨必驗。』乃秉炬自焚，異香逼人，群鶴舞於龕頂，帝乃宥三千人。時大旱，以遺香禱雨即應。上曰：『此眞水隆雨也。』朝廷舉事，自有大中至正之道，其上矯枉過直，必至違道逆情，其下亦反常爲怪，乃物極必反之勢。聖明之世，豈有是哉？元牘記石刻有湖隱上人，贊云：『非俗非僧，非凡非仙，打破荆棘林，透過金剛圈。眉毛斯結鼻孔，撩天燒了護身符，落紙如雲烟。有時結個茅庵荒山巔，有時長安市上酒家眠。氣吞九州，囊無一錢。時節到來，奄如脱蟬。湧出舍利八萬四千，贊嘆不盡，而説偈言。』嗚呼！無賴不測，此殆所謂秃顛者乎。

清 和邦額《夜譚隨録》卷四《靳總兵》 公憂歲旱，數祈雨不應，乃至城隍廟，與神約三日内若不雨，必毁像焚廟。是日向午，黄沙蔽天，閭閻間挑燈爲市，日暮遂雨。初如毛，漸如絲，既而大雨如注，盡夜方止，四野沾足，一郡歡聲雷動，紳衿父老齊集轅門，焚香拜祝多福。

清 汪志伊《稼門詩文鈔》卷三《記·龍井禱雨記》 龍井當西湖之西風篁嶺之上，澄然一泉，玉漱珠瀉。環泉四面，闌以石，如井形。相傳有龍在焉，禱雨輒應。考志，明正統間，值歲旱，令力士淘之。初得鐵牌二十四面，玉佛一枚，金銀各一錠，上鑿大宋元豐年號。次得石高可六尺許，奇恠突兀，上有神運二字，其旁多款識，漫漶不可讀，不知何代所镌。繼又得銕牌十五面，銀一條，上鑿吴赤烏年號，蓋皆投龍以祈雨者。其日黑雲四匝，泉頭洶湧，懼而止焉。知此地有靈湫，而後以龍名，而龍之神應於兹井也，由來遠矣。嘉慶元年秋七月，渴雨。故事，官杭土者，每暘雨愆期，必禱於天竺大士，不答，則迎來郡城，朝夕禮拜，迄應，送返寺。余循其舊，率僚屬先赴天竺祈焉。越日，迎奉於郡城之海會寺。久之，仍不雨。予曰：『雨必有所自爲。維龍井之神，蓋護法而佑斯民者。』因蠲月之二十八日，率杭守詣風篁嶺，禱於神前。禱畢，繫甃缾取井底水，掩蜥蜴四入木罌，飼以水草，歸供大士香案。是日甫稷，風隆然而起，雲油然而來，雨沛然而降，緜緜延延，徹三晝夜，田疇既霑足矣。吏民咸慶，轉歉爲豐。乃敬還大士于山，歸蜥蜴故處，而遣官新龍神之像，兼葺其祠，題其額曰『靈湫神應』。夫以上天之仁愛斯民也，豈故屯其膏耶？苟大士之慈，龍神之惠，上召天和而下貽民福，藉以釋司牧者憂也。如曰誠感斯通，則衆君子之力，予何有焉！謹志之，以告後之守土者。

清 趙良澍《肖巖詩鈔》卷一一《過奉新有感》 又歲旱，大吏祈雨不得，民有謗于道者，謂奉新邑宰耳，有禱必應，豈大吏反不能然，誠與不誠故也。大吏聞之，怒，急檄先伯父到省祈雨，將以罪之，是夕竟得甘霖。

清 紀大奎《雙桂堂稿》續稿卷九《先天壇集易傳求雨文》 余去合州時，道正于、元銘以余所作納音壇求雨，止四日可用，戊辰，己巳，戊戌，己亥。力求六十日。求雨之法自願存心，處事奉持天理，每日早晚向天銘心，不敢妄作非理之事。余惟求雨，臨時變動，本無定法，然感其誠篤，有類儒生，因集《易傳》，作先天壇求雨之法，仍仿前納音壇儀式，示之道士，其毋忘天理銘心之意，則必有驗矣。丁丑七月。

清 袁棟《書隱叢説》卷七《邪不敵正》 唐會昌中，晉陽縣令狄惟謙，梁公之後，守官清恪。屬州境亢陽，時有郭天師者，女巫也，僉請祈雨，惟謙迎之。翌日，語惟謙曰：『飛符上界請雨，已奉天帝之命，必虔懇至誠，三日雨足矣。』至期無雨，又曰：『此土灾沴所興，亦由縣令無德，我爲爾再請七日，方合有雨。』惟謙引罪而已。及期又不雨，巫乃驟索馬欲去，惟謙留之，乃駡曰：『庸瑣官人，不知道理。天時未肯下雨，留我奚爲？』惟謙謝曰：『非敢更煩天師，候明旦排比相送耳。』于是惟謙宿誡左右曰：『我爲巫者所辱，豈可復言爲官？明晨别有指揮，是非好惡，縣令當之。』及曉，郭已嚴飾歸騎，常供不設，大恣呵責。惟謙曰：『左道女巫，妖惑日久，當須斃在兹日，焉敢言歸！』叱左右坐於神前鞭背三十，投於潭水，合縣駭愕。俄頃，甘澤大澍，焦原赤野，無不滋潤。詔書褒美，寵賜章服焉。

又卷一二《古事相類》 又有管寧長官祈雨，積薪自焚，而雨降者。

清 沈兆澐《織簾書屋詩鈔》卷四《癸巳十一月受代赴蘇作》 壬辰，旱，用《春秋繁露》法求雨輒應，是年中稔。

清 王培荀《鄉園憶舊録》卷六 利津有人善祈雨，然不輕試，必極旱，村人懇切迫求，乃勉應云：『雲雨關天數，逆天必遭譴。雖濟人與利己有别，而祈雨一次，必減壽一年。』其法：於曠野以棹爲壇，層累極高，危坐其上。先接衆繩，令極長，乃默默作法。俄天上雲片片往來，抛繩而上，直入雲際，若繫之者。雲聚愈多，漸而彌漫，以手掣繩，力不能支，數十人共掣，如曳垂天之帆。雨降不過數里，不能遠被。

又　滎縣何氏子，祖母病，思肉，值旱祈雨禁宰，不得已，禱神破腹割肝，烹之以進，病竟痊，割處亦不甚疼苦。作詩記之。詞如竹枝，不欲以文没質，云：『誰言五鼎博親歡，肉出兒身味倍甘。舉世紛紛誇盡孝，算來伊獨有心肝。』

清　吴振棫《養吉齋叢録》卷八　乾隆十八年，增製祈雨、報雨樂章。嘉慶十二年，增製祈晴、報晴樂章。

清　管同《因寄軒文集》初集卷七《商邱濟瀆祠記》　河南商邱縣有濟瀆祠，祠之内去地數丈下，流水潛行，其勢湍激，相傳爲濟之伏流云。民以石板覆之，掩以土，相戒不可啓，啓則女多淫逸。惟大旱，不得已，乃相率百官一開，其陰氣鬱勃上達，雖旱甚，無不立雨滂沱者。《書・禹貢》言濟入於河，溢爲滎。滎水在今滎澤縣，自康成注書，已云塞爲平地矣。觀此始知濟既過河，仍伏流於地下。其溢出爲滎者，雖塞而伏流者，未嘗絶行也。蓋濟性勁悍致遠如此。宋程大昌者，乃謂滎非濟水，因濟而溢，意疑濟力不能貫河，豈不謬哉。事不目見耳聞，不可臆斷其有無，此類是矣。然經言濟溢爲滎，而今水乃南至商邱，不知其水自滎而來耶？抑别自曹鄆貫河而南，而其流先出於此耶？經傳不言，不可考。要之，惟濟伏流，則商邱人稱爲濟水，固不可謂誣矣。嘉慶十一年，予客河南，觀有司祈雨是祠，乃良驗。商邱有濟水，古所不言，而考水道者，亦多未之知，故記而載之，以示他鄉之好古者焉。

清　柳堂《宰惠紀略》卷四　光緒二十五年己亥，自春徂夏，三月不雨，春麥將萎，秋禾未布，水災方淡，旱象又成。官吏咨嗟，農民愁嘆。循例當祈雨，而太尊赴會，垣無主壇者，余則切切然爲民請命之苦衷，未嘗一刻去也。太尊於四月朔歸，次日謁見，未及請命，即囑余曰：『天亢旱，宜祈雨。君其先設壇，祈而不應，余續祈，意以爲商羊之舞，必不在三二日内也。』余諾之，即於明日屬章少尉赴水車張家取水，水至，率同城文武官步迎北關外。先是，太尊祈雨，設壇泰山行宫，余以神尊非縣令卑官所能通，改設城隍廟。先是，設壇後即歸署，除每日早晚步禱外，仍照常判事。余以心之不能專一也，移居神廟之東廊下，囑家人不許白公事，齋戒清心，焚香静坐，時檢古來祈雨故實閲之。是日亥刻，成祈雨五古詩一章，以朱筆書，跪讀畢，叩頭至地，涕泣而焚於神前。初四日寅刻，又成祈雨文一章，書讀焚一如前時。早祈已至，同城文武官循例至察院西官廳候余，余率文武官舉手捧香，步行烈日中，至神前如禮。同城去，余仍留東廊下，擬作祈雨賦稿，方及半而雲已油然作矣。時晚祈又至，一如早祈，禮未及成，而雨已淋漓降，一時文武官衣冠濕如洗，相顧皆欣然有喜色，而惟恐澤之未大沛也。詎海翻盆傾，自酉至亥，三時乃止，益以霡霂。天光嚮辰，日色晴霽，問之農人，四野優渥，如慶更生。余方焚香叩頭，太尊函至以謝，降期垂問。余即請太尊詣廟行禮徹壇。壇徹初八日，演劇製祝，以答神庥焉。議者僉歸余之誠感，夫余何德而能感神哉？亦天心仁愛，不忍斯民之飢而死耳。爰記顛末，而附以詩一、文一、賦一，蓋焚之以當祝詞者。

詩

民以食爲天，稼穡惟所寶。麥得氣尤多，寔堅而寔好。去歲黄流灾，布種苦不早。時哉已及春，耕耨殊草草。猶幸長盈溝，人望青未了。儻得雨及時，民可謀一飽。奈何春夏間，亢陽雨澤少。穗小葉生丹，數寸科欲槁。麥命即民命，無麥民難保。斯民果何辜，而以旱繼澇。豈其天嗜殺，幽冥理難曉。抑或吏貪污，心如白日皎。再者吏不仁，慈祥常在抱。不然吏失刑，賞罰有顛倒。果爾罪在吏，願神事冥討。且毋靳降康，移禍於億兆。坐卧不自安，惄焉心如擣。來伴神明居，焚香夜祈禱。無緣達至誠，俚語當章表。神如鑒余心，一雨百愁埽。苗枯可復生，生者機浩浩。如人病醫痊，感恩同再造。豈止官吏慶，騰歡到父老。歲易歉爲豐，報賽答穹昊。

文

嗚呼！明則有官，幽則有神。惟神與官，同保斯民。況威靈公素著顯赫，默佑一方，民皆戴德。今春及夏，三月不雨，父老驚惶，奔告官府，天再不雨，二麥將枯，麥枯無食，豈能生乎？爲民父母，忍視其死，匍匐神前，求救赤子。禦灾捍患，亦神之責，願顯神通，大降膏澤。膏澤不降，是神無靈，春祠秋嘗，食報何憑？抑或致灾，由無善政，余自當之，請留民命。爲民請命，叩頭至地，神如聞知，先正余罪。急遣鬼卒，來繫吾頸。時有以帶鎖求雨爲詞者，故云然。以余一身，贖數萬衆。嗚呼！尚饗。

賦

維大造之無私，原普被而靡遺。胡陽和之失御，致雨澤之愆期。水干土而作妖，雷行天而失威。三足烏見，四翼蛇飛，木未秋而欲落，麥交夏而垂萎。五穀不熟，民食何依。凡百君子，惄如調飢，思挽回之有術，率同官以禱之。禱曰：『嗟予小子，負質卑弱，學希聖賢，志甘淡泊。世載讀書，一官始博，來宰惠民，百廢俱作，雖無大善，尚無大惡，胡天不吊，多憂少樂。既黃流之爲灾，復旱魃之爲虐。無麥何秋，無秋何穫。俯仰無資，室家焉託。萬姓離愁，十分焦灼。焚香叩頭，杯酹清酌。爰齋居而明心，祈感召夫冥漠。且夫暴風拔木，驕陽害苗，金縢表姬旦之異，桑林沛成湯之膏，此格天之能事也，吾豈敢望。』夫聖朝若夫獄理袁安，墳封孝婦，列傳稱汝南之賢，不才鄙東海之守，此皆一洗沈冤，澤降甽畝，雖未審慎於幾先，猶能補苴於事後。反躬自維，予小子庶其無負也。支頤微思，握管停揮，豈上天之垂佑，儼興雨之祁祁，則見濃雲密布，狂風不吹，始猶霢霂，繼乃淋漓。山川以滌，草木以滋，麻麥芃芃，黍稷離離。農夫之望，已慰報賽之禮。無違謹率僚庶，敬謝神祇；已成禱雨之賦，復歌喜雨之詞。一歌曰：『黃金遍野兮不足爲瑞，不如此雨兮占富歲。』二歌曰：『珠玉满堂兮不可以食，不如此雨兮我庾維億。』三歌曰：『富有倉箱兮足備凶荒，非限於一家兮即域於一方，不如此雨兮無棣千萬户，户户慶豐穰。』三歌既畢，天光晴霽，川岳效靈，乾坤色喜。因稽首而送神，禱雨之禮成矣。

初八日謝降，太尊以文屬余。夫謝降之文，羌無故實。余方冀至誠感神，特藉文以揚神庥焉。辭曰：

『夫維明神，職司陰陽。靈威素著，保障一方。前因亢陽，田禾將槁，百姓愁嘆，群僚奔禱。天宥下民，濃雲密布，風静無聲，雨落如注。自酉至寅，斷續未已，洗滌山川，乾坤色喜。三農已慰，庶物以滋，麻麥芃芃，黍稷離離。父老相告，歲儉爲豐。巍巍蕩蕩，惟神之功。神功浩蕩，民莫能名。率衆致祭，聊表至誠。天鑒余誠，莫靳膏澤。五風十雨，永歌帝德。尚饗。』并製楹聯懸之正殿，云：『天灾原代有，偶爾誠通，敢忘毖後懲前，時時警惕；皇降本無私，常兹默佑，便教五風十雨，歲歲豐穰。』

天人相通之理，固不爽哉！光緒二十四年，黃水爲灾，余鄉以地勢沮洳，自秋迄冬，不得種麥。然以闔境論之，下種居七八，秋成固大可望也。迺水潦既降，冬無雪，次年正月無雪，二月不雨，三月不雨，大水之後，無麥將繼書矣。四月朔日，我邑候柳公純齋承府尊命祈雨，次日取水，三日設壇，四日遂得雨。士農歡忭相慶，咸以手加額曰：『此雨，我公之所祈也。』或曰：『天道難知，會逢其適耳。』或曰：『公素精明，宜不信鬼神，而乃齋宿城隍廟，初不類其生平。』余姑聽之，弗與辨。既讀我公祈雨文，而乃嘆積誠之感爲不虛也。憶三月鳳岡在海邑書院，我公以他事賜函，而憂旱之情，惻然溢於言表，與文中意切祈禱，以府尊未在城，無所稟承，而方寸未嘗或忘，若合符契。其承府尊命，無煩諏吉，即於次日取水者，爲民請命，迫而不及待也。其曰以泰山神尊，恐不能感通，設壇不於行宫，而於城隍廟者，謙抑之甚，精誠之所積也。其齋宿廟中，不回衙署，示虔也。其情詞迫切，欲以一身贖衆命者，父母斯民之懷，窮而無所復之也。禮拜之暇，詳稽古人祈雨遺事，作詩焚化，繼以作賦者，示專也。所謂主一無適者也。嗚呼！焉有精誠若此而不足以感鬼神通冥漠者乎？願持此文以示世之膠執己見以議公者。邑舉人李鳳岡書後。

又卷五 光緒二十六年春，余以宣講聖諭，勸民息訟，赴東南鄉各集鎮。連日狂風，黃塵蔽野，春麥垂萎，秋禾未布。農夫懸耒，翹首望澤。欲歸而禱，恐鄰於瀆，去歲四月，旱甚，求雨於城隍廟，靈應無比，有文記其事。嗣秋七八月，麥已布種十之七八，定太尊以省中祈雨，强爲效尤，瀆神甚矣，宜其不應。余鑒前失，非眞旱不敢設壇。心竊憂之。適至聶索橋，值演劇賽神，主莊長馬秀山客寓，爲余道前太尊及前某令祈雨靈應一二事，纚纚可聽，因命僧洒掃廟宇，潔治香案，余於是夜齋坐，清心虔誠默祝，昧爽步行至眞武廟前，拈香如禮，問諸父老曰：『雨以十日爲期，可乎？』僉曰：『未晚也。』余叩頭至地，禱曰：『知惠民縣事柳堂聞神之靈應久矣，敢以民命相煩，十日以内，如降甘霖，皆神之賜也。堂將率諸父老，以敬答神庥。』禱訖，歸署，命住持僧朝夕焚香以代。此三月上巳也。乃不出五日，大雨傾盆，自戌至丑，三時乃止，則神之靈應爲何如哉！尤可異者，毗連之區，多未雨澤，而本境惟胡家集一帶雖已得雨，不堪布種。余以公至其地，復默爲禱，夜降大雨一陣，詰朝叱犢之聲已遍郊野，屈指計之，仍不出十日内也，則神之靈應又爲何如哉！一時農民懽聲如雷，咸相與致賀，以祈禱之功歸余。余辭不敢居，夫亦謂會逢其適，未必因祈而然耳。而諸父老則曰：『非神之雨，有春日雷電以風若决江河者乎？非祈之功，有界畫分明，合境均霑而鄰封未被者乎？且眞武，北方司水者也，雨之來未有不從西北者，此亦其一證矣。』余以諸父老言近理而感戴神德也，姑不與辯，爰諏吉日，製祝謝神，以酬前志，洽與情焉。至祈禱之功，則終不敢居也。

清 汪士鐸《汪梅村先生集》卷六《鍾山禱雨記》 昭矣哉！天人之應若桴鼓也，故《洪範》之説，以恒暘之咎歸於僭僭者差也。所以儆有位者，使勤民事而弭災害也，故《春秋》書大雩，何氏解之曰：『善其戒，懼天灾，應變，憂民。』又曰：『不書地，常地也。』然《雲漢》之詩則曰：『靡神不舉，靡愛斯牲。』言禱祠迫切，凡山林、川谷、邱陵能出雲爲風雨者，罔不致祀，不必常地也。同治六年，自春徂夏，金陵不雨，高田龜坼，下隰揚塵，上下交懼。於是自爵相曾公以下，齋戒潔明，四出請雨。而某與縣丞郁君則禱於鍾山之三茅真君，曆日既久，精誠益溥，迨日短至，甘霖果降，品物咸嘉，歲則大熟。民情熙熙，歸功於神，謂茲邦之罹禍亂十有餘年，今所孑遺之民，水火鋒鏑之餘也，天固不忍重困之。然其干戈敗亡之氣，實不足以迎祥善而召天和，非有爵相之夕惕若厲，不足以感天心；非軍門黄公之捍患、方伯李公之清慎、觀察龐公、王公暨太守涂公之勤職愛民，亦不足以孚天眷，至某之降服疏食，露宿山椒，真君雖謝之而天心未回，復何裨於萬一哉？既大有年，因釀金新真君之廟，而記其顛末，以諗後之有心民事者，勿徒求之空言也。

又 卷七《記吴木齋蔣文若事》 吴名林，字木齋，嘉定人，嘗令應山。天旱，祈雨不可得，則步行之某山禱之，猶不得，聞某山有上下潭，潭有龍，龍無定居，以空瓶封固，置塘側，如中忽有水，則龍在焉，以分數測雨多寡，否則龍所不享也。吴聞乃步行至其塘祈之，瓶空無涓滴，縣人大恐。吴又齋戒，獨行之上塘，路益險仄，不容履，捫葛依籐，蛇行以上，從者僅二人。又上數里，徑逾阻，榛莽穢蔚，蛇蝎蛛絲四布，無路，則又止一人。獨携鄉民一人上，又十餘里，乃得所謂上塘者。四山匼匝，喬木大可十餘圍，塘周二十餘畝，澄鮮寒冽，雲影天光，空闊無際。吴置瓶塘側，以紅錦封瓶口甚固，時獨一鄉人爲導，忘持香燭。吴伏地虔禱，語及兵亂，民皆失所，脱更旱荒，益無孑遺，縣令無狀，請神殛之，俾墜其命，無克遺育，神必哀此一縣生靈，祈速賜甘澤，縣令不得雨，今死此塘矣。祝訖，伏地哭不起，鄉民勸之，罔聞也。少頃，民曰：『瓶上有蜻蛉集，何也？』趨視之，瓶已得水。民喜告吴，吴不信，匍匐往視之，果有水，且甚多，乃急謝神，自奉歸。行至半道，天已雲起，未至縣，大雨四注，各鄉霑足。至縣堂謝神，啓瓶，有物自瓶出，騰空而上，測瓶水及一寸，而鄉民告雨皆尺餘云。

清 齊學裘《見聞續筆》卷五《求雨鐵牌記》 湖州郡庫藏求雨鐵牌，仙迹也。乾隆間，前守雷公輪有記，予搜獲，刻入《金并洞志》中，并附録於此。

古者郡國旱，公卿行雩禮，閉諸陽門，與土龍，立土人，舞童二佾，七日一處禮也。丙午春，余奉簡命，守吴興。故事，歲五月二十日，太守率僚佐具牲醴往郡北弁山之黄龍洞致祭於龍神，答神貺也。四載以來，雨暘時若，上下安之。己酉夏，不雨者兩月，民心皇然，走告余，願請古所遺鐵牌者以祈之。時惟設壇通籙，日與諸從事徒步禱天寧寺，至所云鐵牌者，余固未之知也。有老僕進而啓曰：『昨郡圃愛山臺，大風拔木，於址下見一古鐵形模甚異，將所謂鐵牌者非耶？』亟取視之。土花剝蝕，隱隱現五星靈文，果鐵牌也。隨割牲塗釁，遣法曹王君賫往山麓懸諸洞中，不數刻，天油然作雲，雨如注者累日，田野霑足，槁枯勃興，向之皇然待澤者，一朝頓解其隱憂，以此見天心之仁愛斯民，而神物之不終湮没也。顧牌之所由來，不可以不記。按宋眞宗朝遇旱禱黄龍洞輒應，遂錫金簡。考《爾雅》，簡謂之畢，《説文》云：簡，牒也。又蔡邕《獨斷》云：策者，簡也。古以竹木，唐宋以金玉。大中祥符間，有玉牒文，其明徵矣。明初，已無復存者。潘羽士桂源鑄鐵牌以實之。夫鐵本金屬，牌者牓也，緣有紐，故謂之牌，其義即取諸此歟？若夫霈澤宏敷，休徵立應，則神之靈也，民之福也，余何力之有焉？爰敬謹貯藏，爲後之守此土者備雩祭之一助云。

又 卷一五《冒賞》 盧云周浦東有道者，名陳小和尚。其叔某精于易理，占文王課神驗。乾隆四十五年六月間，天時亢旱，流金鑠石，禾棉盡欲就槁。某占得三日内當雨，上海邑尊孫公祈雨甚切，縣賞格，言如有祈得者，予錢二百千文。陳貪之，進言我能求之。孫公問所須何物，陳本無法術，詭言架啓將臺、法壇，命僧道于下誦經禮懺而已。于臺上向日曝之，自當有驗。孫公許姑試之，三日後果傾盆大雨，人咸謂小和尚之功，而不知其狡謀逸獲也。

清 方濬頤《二知軒文存》卷二三《青龍泉禱雨續記》 光緒丙子閏五月二十四日，揚州苦旱。先是，太守英傑與江都令譚祖慶、署甘泉令李德溥設壇於贊化宮城隍廟禱雨，令僧道虔諷木郎咒，既三日，雨未降，浚頤乃率守令致祭青龍之泉，取水供壇。三日，陰雲密布，即降微雨。復遣甘泉李令往禱於甘泉山靈雨臺故址，浚頤率守令又步禱三日，至二十九日雨，六月初二、初三日皆雨，初四日夜大雨達旦，滂沱霑足，轉歉爲豐。當祭泉取水時，予與式梁太守約得雨築亭，太守慨然任其事。今仰荷神庥，旬日之間醲膏普被，渥澤覃敷，龍之爲靈昭昭若此，夫豈獨伽藍尊者見重於浮屠氏耶？官斯土者，固宜築亭設幕，歲時享祀，以昭誠敬。并禁民間毋得出汲，俾神安其宅，而民受其福，乃爲之銘曰：有泉近郭，有臺在山。蘇枯潤槁，奚旱之患。蜀井儻通，尺木斯妥。飛騰九霄，雨我粒我。玉虎表異，銀牀降靈。布澤行惠，走雲驅霆。

清 游戲主人《笑林廣記》卷八《祈雨》 官命道士祈雨，久而不下，怪其身體不潔，褻瀆神明，以致如此，乃盡拘小道，禁之獄中，令其無可掏摸。越數日，獄卒稟曰：『老道士祈雨，小道士求晴，如何得有雨下？』官問何故，獄卒曰：『他在獄唸道：但願一世不下雨，省得我們夜夜去熬疼。』

清 鄭光祖《一斑録》雜述二《大旱》 乾隆五十年，自春及夏，河流已小，刈麥後雨澤更少。五月底、六月初，野人遍張紙旗，畫龍祈雨。米價始不過二千餘文一石，粿麥七八百文一石，望雨不得，倏忽騰貴。七月，石米至六千餘文，粿麥三千餘文，產米之鄉，高區全荒，低區往年易没者轉稔，然此十不及一也。

清 李元度《國朝先正事略》卷一九《陸朗夫中丞事略》 其初莅長沙也，夢吟七言長句，記一聯云：『能開衡岳千重雲，但飲湘江一杯水。』會總督特昇額公以閲兵來長沙，公迎謁畢，還署。總督來候，公方午食，見所食皆菽乳菜韭，訝之。公曰：『天久不雨，地方官戒殺清齋，爲祈雨耳。』總督素豪侈，聞言瞿然，詈其奴曰：『吾此來，傳舍酒肉如山，何不以祈雨告耶？』既歸寓，乃盡撤之。人美總督之知過，而益嘆公之清德，其感人者速也。

清 宣鼎《夜雨秋燈録·續録》卷二《鞭石祈雨》 兖郡之東有黑風口，滙萬山磵水，奔濤激浪。由此出南陽湖，清灝一泓，蛟龍窟宅。其上爲青蓮閣，傳爲太白故居，其下有石人，長七尺，其首爲雷霆震去，童童如刑天之形，沉於水底，緑苔如毛。郡偶苦旱，石人即自浮出波。太守遣役曳登岸，暴炎炎烈日中，水浸淫如汗下。少頃，即有纖雲起於天末，雷震震，雨絲絲矣。若踰日不至，即又遣御者執鞭罵而笞之。一日不雨笞一日，三日不雨笞三日，越五日無不雨。此祈雨最奇者也。嘗有牧兒夜宿其左，朦朧間，見一紅袍紗帽貴人，自摘其首，就水邊盥濯面上垢，懷出小梳，櫛髮盤髻，如螺抉耳。就肩，仍似生成，毫無痕迹。牧兒怖，欲呼，貴人揖之曰：『子知我即石人精靈乎？』曰：『唯唯。』曰：『我此邦宰官也。生時貪婪，性愛黃白，死化爲石，雷擊其元，亦可爲賕吏誡矣。而上帝復惡我幻迹，警我頑軀，凡遇旱災，必假手世人，橫加撻詈，今已匝月，甘霖未施，骯髒輿臺，奇辱究何能忍？我告子，致旱者，灞東古墓其上有朱色鳥，悲鳴飛繞不能去，其下有僵尸，仰天一笑，龍即墮而食其腦。若掘而火之，雨即至。然非眞節婦一點淚，恐掘即飛去，愈不能制也。子爲我告諸太守，感激深矣。』言已，悲涕而隱。牧兒寤，明日入告太守，如其言，果於灞東得墓，且有朱鳥之異。啼聲嗚嗚，出於老屋。問誰何，土人曰：『此爲亡夫廬墓之上官氏也。』即延至，命略灑苦淚，黃土成斑，衆姓揮鋤，尸遽掘出，已體生毛修修，目在頂炯炯，拉雜摧燒，暴雨如注，溝澮皆盈矣。田畯歡呼，爲之酬牧兒，謝節婦，鼓樂送太守回衙，而石人仍不願祀之，惡其貪也。然由是永不浮出，豈上天旌其一念之善與？究之父老壽百歲者，尚親見其石，蓋其色黝黑如墨云。懊儂氏曰：墨骨化石，節淚斬魃，均得未曾有。

又《泥和尚》 時邑苦旱，禾枯如黃髮，樹剝如赤膚。宰白足徒行，爇香步禱，而旱如故。邑有神巫張四喜者，築高臺，環柴薪，自則搖鈴擊鼓，歌神歌，舞神舞，百端媚神，誓於衆曰：『三日不雨，請然薪焚巫，巫不悔。』越三日而旱如故，衆將舉炬，巫哀涕叩首，乞恕狂言。衆大笑，聽其逸。又一老儒顧守經者，遍繙祕笈曰：『致雨者龍也，天不雨，龍病甚矣，當藥以治之。』乃結壇摶泥沙爲龍形，而空洞其腹，編虯殻爲鱗，嵌雀卵爲睛，削柳枝爲尺木，煮藥盈巨甕，皆荆防發散之劑，灌之一日夜，仍不雨。又一西賈游山獲一圓沙石，如氣毬，曰：『此鮓荅也。龍交驢所産者，西域法以之祈雨，無不應。』乃於壇上置大盤汲水，終日以圓石滚弄之。三日石破碎，而仍不雨。更有議披髮斬旱魃，咒水迎蛇醫，法未施而嘲謔至焉。夕粘一帖於壇，曰：『神巫良可哀，爲祈雨不下臺，幾乎遍體都燒壞。顧老不知羞，爲祈雨，藥龍搜，開方枉做醫龍手。西賈太無良，爲祈雨，蛋滚傷，今番欠了驢兒帳。』一時傳爲笑柄，而炎炎之火繦逾熾矣。

清 張之洞《張文襄公奏議》卷五九《查明許應騤參款摺》 原奏謂匪徒以祈雨爲名，無故焚毁釐卡鹽館，至擊斃人數亦不相符，其縣城斬决四名，係王士駿審，係滋事抗捐之犯，由該督臣批，令就地正法。

清 胡聘之《山右石刻叢編》卷二九《應潤廟祈雨記》 碑高三尺九寸四分，廣二尺，二十三行，行三十七字，正書，今在平遥縣超山。《應潤廟祈雨靈應記》，本縣儒學教諭武亮撰，鄉貢進士支茂書。《書》曰至誠感神，又曰至誠可以動天地，感鬼神，感而遂通者，神也。夫天地鬼神，未有不誠而能動者也。方皇元大德之四年春，迨夏無雨，黄埃彌空，蹇陽肆虐，二麦乾槁，草木焦卷，人民惶惶有離散之嘆。適達魯花赤完顔大帖木兒受敕命，來監是邑。公善騎射，美容止，正直方嚴，中心樂易，祗慎厥職，治人以明，事神以誠，内外单盡，不爲表襮。聽事之際，以歲旱爲憫，於是修雩祀，作土龍，遍謁縣内神祠禱之，則輒無一應，遂詢諸耆老，有以超山應潤侯言者。公是日齋戒，躬詣靈山，謁神宇，嚴香火，極誠敬，暴身致禱，不旋踵而玄雲四合，洪雨河注。越五日，公以牲醪用荅神貺，輒又雨，均浹縣境。於是二麦舒榮，草木滋茂，秋遂大稔。本縣儒吏温仁甫翌日踵門，以記爲請，用示將來，以表神侯之靈應者也。僕辞不獲已，姑以公啓心之由，神侯靈應之實以紀之。且山林、川谷、丘陵，能出雲爲風雨，見恠物者皆曰神。况吾邦超山應潤之名，前贊祈禱之實，鄉先生教諭張公已備言之矣，不必喋喋云耳。夫感應者，在神之靈，人之誠，幽明感通，如響之應聲耳。藉神之無靈，人之無誠，焉能致感應哉？是有其誠則有其神，無其誠則無其神，非神之靈則不能歆公之誠，非公之誠則不能感神之靈，幽明既交，是誠意接矣。昔張雍士遜爲射洪令，適歲旱，禱白崖神，即雨，士遜立，須雨足乃去，蜀人異之。我完顔公禱超山之神即雨，則與士遜何異哉？於是乎書之。時大德六年，歲在玄默，攝提格孟夏一日記。

又 卷三三《五龍廟禱雨感應記》 碑高三尺三寸，廣一尺八寸，二十行，行四十六字，正書，今在長治縣。大元泰定四年，歲次丁卯，夏已季矣，恒暘爲沴，禾黍欲槁，民庶皇皇，殆無生意。蔚公士行知潞州事，時則有若達魯花赤禿干帖木兒、同知完顔儀、判官聶思恭暨上黨縣達魯花赤埜閭、縣尹宋惟儼、主簿王恭公慨然謂之曰：天既惜雨，民將若何？宜禮山川，走群望。衆皆曰唯唯。遂謹齋戒，詣靈宇，車未旋而雨應，時六月十四日也。越十有八日乙酉，又雨，厥後屢雨，故年豐而穀登。迨天曆元年，歲戊辰，秋七月不雨，越十有九日己卯，公禱之即雨，後□屢雨，歲則大熟。至於冬十月，經值西兵。明年春正月，天又不雪，民遂瘠痏。越廿有一日己卯，公禱之即雪，浹洽乎大田，遂興乎東作。上黨縣尹張仁輔行焉，至於夏四月，旱虐又熾，豆麥乾死，穀種不下。越十有九日丙午，公先命上黨縣達魯花赤帖木兒不花敬禮神水，遂與同知完顔儀、州判冉大年，吏目牛閶、上黨縣尉張惟寧、典史鄭忠潔牲醴，詣祠而祭焉。越廿一日戊申，甘澍大作。自茲以來，雨暘時若，連城接境，優渥霑足。白叟黄童，欣然相慶，以謂自今以始，歲其有于胥樂兮，足以起吾之瘠痏乎。郡民韓順等因友人皇甫世傑爲先容以公之偉政來命予記，植石於麗牲之所，傳之不朽不灭，可乎？辭不獲已，請以祀神之遺告之。昔季路問事鬼神，孔子曰：未能事人，焉能事鬼。蓋人與神一而二，二而一者也。能事乎人，所以能事乎神也。人乎神乎，果同異乎？視之而不見，聽之而不聞，乃以爲異也，一而二也。及其格思也，肹蠁布寫，洋洋乎如在其上，如在其左右，體物而不可遺，乃以爲同也，二而一也。所以能一之者，不過曰誠而已。誠無不動故也，不誠無物未有能動者也。如蔚公之事，神其誠矣乎，此所以禱而應，感而通也。則平日之事人而爲政者，尤可見矣。嗚乎！後之爲郡者，當以蔚公之心爲心，而斯民不得其所若，恬不加省，獨不有愧於心乎。公諱恕，士行其字也，太原人，天曆弍年六月吉日，上黨縣儒學教諭李章記。

又 卷三五《平定祈雨記》 碑高一尺一寸，廣一尺五寸，二十行，行十四字，正書，今在平定州。去年春及夏無雨，穀不下種，麥苗亦□槁矣。市糴欲閉，而四民嗸嗸。官府奔走致禱方嚴，而白君仲和者不忍坐視，迺獨謀於心曰：惟州之西有嘉山焉，其神曰靈源公，驗諸見聞，有禱輒應，遂以香幣而往。嘉山去城近十五里，徒跣拜禮，每步者再，既至廟下，免冠暴露，謂皆某等細民無知，有干和氣。而明日雨，既霑既足，百穀用成，乃爲樂歲。愚惟嘉山爲一州之鎮，能興雲致雨，在所當禱。而白君仲和者爲一介之人，虔誠內專，感格昭然，矧其淂爲而爲者乎？其感通之妙，其又不止乎如是而已也。

又《崔府君廟祈雨記》

碑高三尺八寸八分，廣二尺四寸三分，二十四行，行四十二字，正書，今在平定州。《護國顯應王廟祈雨感應記》，翰林直學士、中順大夫、知制誥、同修國史經筵官揭傒斯撰，嘉議大夫晋寧路總管兼管本路諸軍奥魯勸農事劉允忠書，中奉大夫江西等處行中書省參知政事聶輝篆。平定，古上父也，繇州治東三里曰長樂坊，有崔府君廟，敕封護國顯應王，不知何代賜也。俗傳廟則建自宋宣和間，重修則金泰和間也。州里遠近之人，疾癘瘴札，水旱灾害，凡禱于廟者輒應，猶谷之於聲，形之於影，斷斷然必著也。至正初元，自春迄夏，六月不雨，境內土龜坼，禾稼殆槁，農民嗷嗷。承務郎、同知平定州事保保，字國卿，公召僚屬告曰：我輩有此土之寄，而坐視其旱，年穀不登，上匱國家賦入之儲，下罹民人饑饉之苦，可乎？迺於是月丁巳齋沐，合如干人，免冠跣足，走廟焫香，羅拜禱于像前。明日雨大降，不滛不縮，坼者以合，槁者以蘇，嗷嗷者而懌懌。七月，禾或秀而未實，或實而未堅，猶顒顒然望一雨之至而弗獲。已而復禱于廟如初禮，雨亦如初降，秋乃大熟，家擎户歓，公無逋租，私有露積。明年春，父老相謂曰：『吾民飽食而樂于此者，伊誰之賜也。』遂命里人張淵以狀來求文，以紀州牧之德，以彰神王之靈。詩云：『豈弟君子，民之父母。』彼有司者其能爲民之父母矣。禮云：『禦大菑，捍大患則祀之。』彼神明者其能救菑患矣。雖然，苟神之靈，非誠之至不感也；苟誠之至，非神之靈不應也。神之靈矣，誠之至矣，斯可言感應也。按府君者，祁州鼓城人，父母禱北岳而生府君，唐貞觀舉孝廉，仕至磁川釜陽令，晝理陽，夜理陰。一日，与楊叟奕罷，見黄衣執符言曰：『上帝命以玉珪、玉帶、冠服召及五岳。』衛兵百餘人拜畢，奏簫韶之樂，又取白馬至。府君命二子取紙筆，曰：『吾將去矣。』遂書『白』字以逝，世傳爲白字碑。安禄山叛，上夢府君見，曰：『駕毋别方，禄山必滅矣。』駕還闕立廟，封顯聖護國嘉應侯。武宗朝天下大水，禱之即止，封護國感應公。宋真宗封護國西濟王。今因求記，故并著其事以告邦人，抑使後之爲州牧者知所敬知所法云。至正二年三月晦日記。

又卷三六《靈源公祈雨記》

碑高三尺一寸九分，廣一尺七寸九分，二十二行，行三十九字，正書，今在平定州。平定，古之榆關也。至正壬午歲，境內大旱，自春徂秋，罔有雨澤，赤地千里，而纖卉莫生焉。越明年癸未，魃虐尤甚，陽石熾火，渴井騰烟，粦麥灰槁，菽粟焦焚，一郡之民流離逊散，靡所至止。死亡餓殍，罔有孑遺，農民蹙頞，市户嗷嗷。夏四月，本州忠翊校尉、達魯花赤阿兒思海蘭牙，承務郎、同知諱保保，字國卿□□而言曰：『我輩有此土之寄，安忍坐視其旱耶？年穀不登，上匱國家賦入之儲，下罹人民飢饉之苦，可乎？』迺於是月丁巳齋沐，以潔祭禮，免冠跣足走廟，焫香羅拜，同意同心，虔誠祈禱於□□靈源公之祠象前，祝曰：『札乾水溢，境內山川之實任其責，守土之臣亦不得逊其辜。然而盍彰吾之咎，納吾之誠，洪敷甘澍而蘇吾民者耶？何癘吾赤子之甚也？』明日雨大降，不滛不縮，越翼日方霽，酥澤洽壤，品類苗之槁者爲之穌，禾未櫌者爲之播矣，民之嗷嗷者爲之謳歌。是歲大稔，室家相慶曰：獲西成之望，得保軀命者，皆我達魯花赤、同知二公德之所致也，可得而忘也？於是本里耆老孫聚、張仁卿等求文來謁於余，曰：『達魯花赤共同知秉丹衷而回天意，啓精誠而格幽冥，苟非欽明德義，至誠感神，能若是乎？雖有感應之速者，無以加諸，請以爲記，鑚之金石，以傳不朽。』余聞而善之。故人之感於神者，誠也，非玉帛之謂也；神之應於人者，亦誠也，非杳冥之謂也。雖然，苟神之靈非誠之至不感也，苟誠之至非神之靈不應也。神之靈矣，誠之至矣，斯可言感應也矣。嗚呼！則我公之憂民也深，故其應之也速，其操心也精，故其報之也大。頼公之德而生者，萬世其無斁矣。

又卷三九《聖母廟禱雨碑》

碑連額高三尺九寸六分，廣二尺一寸，三十七行，行四十一字，正書，額題虎公禱雨靈應之碑八字，篆書，今在絳州。絳爲晋寧屬郡，提封揵太行群山，矗然爲天下脊。厥田剛坂，恒暘浹旬則物已告瘁。至正乙未夏，五徂六月不雨，隰龜原赭，民用大恐。同知州事虎公詢於衆曰：

『天不眷佑茲土，降此大厲，暘槁百穀，則民將死徙，我不敢以貳守道責。』於是偕文學掾苗君桓捐俸致幣，遍走群望，爽期恝無所應。公乃益修昭格之誠。或告：『聖母祠在鼓堆山顛，歲凡水旱疾疫，有禱必應，州人甚神之，盍往禱？』諸公於是齋益嚴，蠲益潔，誠益加精，物益加腆，携黄冠醮祠下，再拜俯伏，請曰：『同知不才，奉皇上命，通守絳民。今魃鬼公肆淫虐，欲顛民於饑，守臣不恤，則大失皇上寄民命初意，躬率吏民，待罪祠下，敢徼神貺。』禮成，日熖愈熾。翌日，公徒跣手香以出，衆戚曰：『山磴縈回，石齟齬，齒植鋒利，非足所堪。』公曰：『吾自責耳。若等第履，勿我恤。』時烈日亭午，地膚焚如，行數匝，衆汗湯若氣饋，若殆不能立，復首地以請。公曰：『我非矯情以干譽，必雨乃履。』衆泣，公亦泣。俄而滃然雲興，微雨霢霂。公愈益恪謹。是夕大雨霶霈，三日乃止，闔境交賀有秋。郡民僉曰：『雨，天雨也；禱而雨，郡倅之雨也。微斯雨，則吾將死徙無所，何自而得歡聚之樂哉？』乃鼓舞衢路，相與歌曰：『公雨我矣，歲聿登矣，我室我居，無轉徙矣。猗歟賢倅，厚我生矣。』恒過絳，適聞歌是者，遂從而詰之，曰：『同知惠絳民止於一雨而已乎？』歌者曰：『奚止是□□□公下車甫朞，薙弊種惠，剸苛剷黠，罷癃之民如瞶而聞，如瞽而視，如執焚以濯，如大暑鑠膚而沐□□□嘻嘻怡怡，家政咸理。其見諸民情者如是。開民室積年之途，正他驛取便之弊，修城無再築之勞，□□□箕斂之酷，其見諸行事者又如此，公惠豈一雨可蔽哉？』予聞之，歛衽嘆曰：『嗚虖！恒齒冑監時，與公爲同齋生，固知其抱負卓越不凡。辛卯歲大比，公釋褐，名在第一。其弟朶烈圖公廷對魁天下士，一日殷然名動京師，則四海固已拭目以觀其展采錯事。今公筮仕云初而烜赫籍甚若此，誠足副人望者。』與苗君□公禱雨之迹，丐文劖石，仍賡衢謡，爲詩凡十章，并刻諸左方，俾觀民風者有所獻焉。公蒙古氏名虎篤達爾，字仲亨，濟寧人，官承務郎云。詩曰：畇畇甫田，百穀藝止。我耘我耔，亦已茂止。旱既太甚，不恤自天。亢暘蘊隆，焚隰燎原。原隰孔焚，稼也阽槁。瞻彼《雲漢》，維憂用老。猗與郡倅，勤政且虔。時茲奠瘞，克致沛然。沴燮而和，歉易以豐。實頴實栗，櫛比墉崇。寧我妻孥，樂我父子。舍哺鼓腹，奚虞轉徙。粲粲盤餐，惟公我餔。渠渠夏屋，惟公我居。官有租矣，私有酺矣。以宴以享，百禮胥矣。河猶可帶，公壽無艾。山猶可礪，公福無替。願公大年以相我。有元至正十五年八月日，州民耆老白村陳國英澤、掌村田平等立石。

又卷四〇《監州忽都帖木兒禱雨獲應記》 碑高三尺四寸，廣二尺二寸五分，十九行，行三十五字，字徑六分，正書，額篆書，今在鳳臺縣。皇元之所以設監牧爲郡之表率，民庶之命脉，導揚風化，宣明治體，其能傾否挽泰，□□□樂，超然有爲，而克盡厥職者，其唯我監州公忽都帖木兒見之矣。公自至正辛丑夏分符南來，監牧是郡，下車之始，通□□□□旱，惻然傷心，謀諸同列，曰：『自春徂夏，亢陽極備。百穀未播，民將疇依。矧茲兵興日□□□□億繁夥，加以歲頻於歉，民多阻飢。若乃坐視狼狽，無術拯援，不職之愆，其焉可逭？□□□州治東北有山澌城，山之幽邃，湯宮在焉。且昔旱虐請水，每禱輒應。公等以戎事□□□□宜恪慎乃職，吾獨躬詣焉。』乃免冠徒跣，自輸香楮，從皂隸一二，敬謁宇下，精意懇切，□□□動厥神，須臾靈液瓶降，首戴以歸。遂奠於五龍之祠而致敬焉。甫及祠，陰雲四合，其□□□霶霔，闔境沾足。越宿而又大作，是則萬彙咸蘇，群情胥悦。一日郡耆艾申待宗等來□□爲文，以彰盛美。愚不自揆，曰：『公之禱也肅，齋戒，不茹葷，不憚跋涉之遠，風日之毒，□□□禱輒應，捷猶影響，蘇千里之焦枯，回五城之生意，使嗷嗷者喁喁然，苟非公有動天感神之德，恤物之仁者，其能若是耶？故《書》曰『惟德動天』，又曰『至誠感神』，旨哉言乎，不我誣矣。□□□古所謂隨車洗冤之雨誠可謂異，世而同符，蓋公之德澤，豈止如斯而已，他日端揆廟堂沛商霖以蘇海内之望者，吾期以爲必矣，又豈特濡一郡、澤一方而已哉？遂忘蕪□□嘉爲之記。

清 王先謙《東華續録·康熙三十九》［康熙二十六年六月］丁酉，上素服詣天壇祈雨，出入西天門皆步行，是夜雨。

又《康熙四十三》［康熙二十八年四月己卯］上復傳諭曰【略】至祈雨一事，朕非不留意。前此屢率諸臣禱於天壇，幸皆遇雨，此天愛蒼生，於朕毫無與焉。目今諸臣誠心祈禱，與朕祈禱無異，若能切直言事，是即所以召甘霖也。朕自幼過勞，知慮所及弗復如前，目力不能書寫細字，諸疾時作，不離灼艾。今一身之識見、精力不敢自恃，惟爾諸臣之勤慎是賴。明示朕懷與諸臣，其悉之。

又 ［康熙二十八年五月］庚戌，大學士九卿等奏：『近聞山東、河南大雨霑足，直隸、大名諸府皆有雨。京城昨晚亦已得雨，皇上於宮中日日虔禱，朝夕儆惕，茹素修省，憂勞過甚，請稍舒睿懷，以頤養聖躬。』上曰：『朕可與他人比耶？先人而憂，後人而樂，理固宜然。近因久旱無雨，憂勞過甚，以致癯弱。人或可欺，天亦可欺耶？日前祈雨，朕雖未躬往，而每次祈禱，朕皆竭誠齋戒，荷天之眷，得降雨澤，此後兩澤霑足，朕庶解焦勞也。』又命禮部侍郎張英傳諭諸臣曰：『朕從來覽觀載籍，備悉古帝王遇灾修省之道，所以深加儆懼。遇有灾變，即小心兢業。朕之憂慮，恒在衆人之先。今畿輔地方亢旱日久，念係根本之地，故朕心甚爲憂惕，寢食靡寧耳。可傳諭諸臣知之。』

又《康熙九十七》 ［康熙五十五年五月］辛酉，諭扈從諸臣：『朕因祈雨，屢降諭旨，在京諸臣遲延日久，并不奏聞。今始奏稱熱河得雨，臣等不勝忻幸之語。止於此處得雨，有何忻幸？部院諸臣但知營求財賄，在家安逸而已。求雨之處，未必親到。朕兩降諭旨，命嵩祝鈔發京師，乃并不直書申飭，又不嚴查奏參。伊平日但務趨奉李光地、趙申喬，令於朕前稱伊之善。今漢大臣輕視滿大臣，咸習以爲常矣。朕幾次令科道陳奏，伊令科道緘口不言，皆入李光地、趙申喬之黨，瞻徇情面，唯唯諾諾而已。伊乃大學士也，是非所在，豈特當與衆言之，即於朕前，亦當懇切言之。朕所用大學士三十四人矣，未見有如嵩祝者。伊自謂能自守之人，乃趨奉二阿哥，隱匿德麟逃走之事，與噶禮結親自守者，果如是乎？且索額圖、噶禮，朕皆誅之，嵩祝豈更甚於索額圖、噶禮，朕不能誅之乎？抑畏伊鑲籃旗之黨乎？今滿洲大臣内無能令漢大臣心服者，朕因仍用馬齊爲武英殿大學士兼户部尚書，穆和倫爲户部尚書，著嵩祝即馳驛前往京城，問用不勝忻幸之語者爲誰，祈雨不到者爲誰，嚴查奏參。若仍徇情面，一經覺察，必將嵩祝并誅之。陳名夏，即伊榜樣也。』

又 庚午，大學士嵩祝奏參尚書趙申喬、王頊齡，左都御史范時崇，侍郎傅紳、李華之，學士蔡升元、王之樞、彭始摶，詹事王奕清，於祈雨處俱不親到，殊屬溺職，應交吏部都察院嚴加議處。大學士王掞、副都御史郝林以患病爲辭，於祈雨處親到一二次，亦屬不合，應交吏部察議。近因雨澤未足，重煩皇上廑念，乃九卿等不虔心祈禱，反於奏摺内妄稱忻幸，甚屬不合，應將會題此事之九卿諸臣交與未預此事之九卿諸臣嚴加議處，至於奏報雨澤霑足與否及浸地幾許之處，實係禮部專責不行明白具奏，甚屬溺職，應將禮部堂官等交與吏部都察院嚴加議處。臣既奉明旨，不即奏參，實係庸劣愚昧，應將臣一併交部嚴加議處。從之。**【略】**丁丑，諭大學士等：『禮部已將大雨霑足、停止祈雨之處具奏，今内務府總管赫奕復將祈雨之處請旨，奏事如此疏忽，殊屬不合，著將赫奕革去工部尚書并内務府總管，其恩詔所得廕生，亦著革退。』**【略】**六月己丑朔，九卿等遵旨察議尚書趙申喬、王頊齡，左都御史范時崇，侍郎傅紳、李華之，學士蔡升元、王之樞、彭始摶，詹事王奕清奏摺妄書不勝忻幸之語，祈雨處又不親到，殊屬不合，俱應革職。禮部尚書赫碩咨、陳詵，侍郎二鬲、王思軾、胡作梅祈雨乃其專責，并不虔心祈禱，雨澤曾否霑足之處又不明白具奏，殊屬不合，俱應革職。大學士蕭永藻、王掞，學士星峨泰、長壽，吏部尚書張鵬翮，侍郎孫柱、李旭生、湯右曾，户部尚書傅爾笏納、吕履恒，兵部尚書殷特布，侍郎黨阿賴、田從典，刑部尚書賴都、張廷樞，工部侍郎王度昭，左副都御史董宏毅、郝林，通政使周道新祈雨處雖曾親到，奏摺妄稱不勝忻幸之語，亦屬不合，俱應革職留任。大學士不將在京諸臣不虔誠祈雨奏報遲延之處即行指名參奏，亦屬不合，應革職留任。得旨：『趙申喬、王頊齡、范時崇、傅紳、李華之、蔡升元、王之樞、彭始摶、王奕清俱著降三級留任，恩詔所得廕生俱著革退；陳詵、二鬲、王思軾、胡作梅俱著降五級留任，恩詔所得廕生俱著革退；蕭永藻、星峨泰、長壽、張鵬翮、孫柱、李旭升、湯右曾、傅爾笏納、吕履恒、殷特布、黨阿賴、田從典、賴都、張廷樞、王度昭、董宏毅、郝林、周道新俱著降二級留任，恩詔所得廕生俱著革退。四月内，朕起身前一日，曾面諭大學士王掞，爾氣色不好，仍似有病，今歲爾宜在家調養。王掞將此緣由并未聲明，今若同衆議處，與朕從前面諭不符，王掞著寬免。』**【略】**辛丑，諭大學士等：『熱河地方雖日日布雲，時有雷電，而雨未大沛，問各處來人，言京城四圍亦覺稍旱，此處自十五日起齋戒祈雨，京城亦從十五日起一體祈雨，將此旨速行傳諭禮部。』

又《康熙九十九》 ［康熙五十六年五月乙未］都察院遵旨察議，

祈雨事關民生，甚屬緊要。今五月初三日亥時下雨，至初四日寅時止，禮部遲至未時具奏報雨，乃禮部之專責，俟欽天監知會後始行具奏，殊屬溺職，應將尚書殷特布、陳詵，侍郎薩哈布、王思軾、羅瞻等革職。得旨，殷特布著革職，陳詵、薩哈布、王思軾、羅瞻著革職留任。

又《康熙一百》　［康熙五十六年十一月］癸酉，諭皇子及諸大臣等：『京師初夏每少雨澤，朕臨御五十七年，約有五十年祈雨，每至秋成，悉皆豐稔。昔年曾因暵旱，朕於宫中設壇祈禱，長跪三晝夜，日惟淡食，不御鹽醬。至第四日，步詣天壇虔禱，油雲忽作，大雨如注，步行還宫，水滿兩鞾，衣盡霑溼。後各省人至，始知是日雨遍天下。朕自謂精誠所感，可以上邀天鑒。後太皇太后不豫，朕以保育恩深，益復虔誠步禱，請減己算爲聖祖母延年，詎意竟不可回。朕以此抱痛於心，知天道幽遠，難可期必。朕爲聖祖母不能祈求永年，而爲民請命，即使天心有感，能不負慚於中乎？自此以後，每遇求雨，朕但於宫中齋戒，不復躬親祈禱，此意從未告人，諸臣所未知者也。』上言及此，流涕嗚咽，不能自止，諸臣莫不感動。頃之，又諭曰：『禮部於各寺廟祈雨所用僧人道士，但務虚文，殊無實意，大約每月十八、二十、二十二、二十四等日往往有雨，人多言宜及此數日祈禱。朕以爲既知有雨，何用禱爲？若知有雨而後禱，此心便已不誠矣。總之，天行不齊，多賴人事補救。朕倉有餘粟，帑有餘金，隨時隨地皆可賑濟，故雖逢旱歲，亦不能爲災也。』

又《康熙一百五》　康熙五十九年五月辛巳，諭大學士等：『今年爲祈雨，屢次降旨，雖已得雨，尚未霑足，應虔誠祈禱，至政事有可更改之處，著九卿議奏。』

又《雍正六》　［雍正三年］五月戊戌朔，直隸總督李維鈞奏，各屬晴雨并見，遵董仲舒《春秋繁露》祈雨之法，虔誠祈禱，得旨覽奏，因檢《春秋繁露》，細閲其祈雨之法，朕意似此皆可不必，蓋獲罪於天，無所禱也。大凡地方水旱，沴不虚生，或朕朝政闕遺，或爾等封疆大吏治理紕繆，或小民習尚澆漓之所致。消弭之道，當應之以實，不應之以文，惟返躬修省，克己改過，然後齋肅籲懇，則天人交感之際，潛孚默契，有如響之應聲，但庸愚視爲杳渺無憑耳。朕即位以來，凡有祈禱，從未命僧道之流設壇作法。朕嚴恭寅畏，敬天之心，無時敢懈，至於鬼神之道，體物不遺，第宜敬而遠之，固不可輕忽，亦不可溺信。而涉於貪瀆，茲亟應省察吏治，檢點刑名，其有關於國政者，奏聞於朕。我君臣期共懋勉，以恭迓天休，可也。又奏向與年羹堯通問稀疏，近與相絶，得旨據奏，與年羹堯通問歲不過一二次，殊屬狡辯。西安總督署前未有隔五日不見直隸總督李維鈞之使者，衆目昭彰，何能遮掩。但人非聖賢，孰能無過。如果奮然易轍，不少依回，猶可謂之勇於自新。若似此巧言粉飾，以狡獪爲得計，以隱蔽爲深謀，恐一旦發覺，罪無可逭，斷不能逃。朕之鑒察，爾其思之。』

又《雍正七》　［雍正三年七月丙午］諭大學士等【略】朕專恃祝禱爲消弭灾祲之方也，其他督撫亦多有奏稱設法祈雨、禱晴者。夫天人之理，感應不爽。凡水旱蝗蝻之灾，或朝廷有失政則天示此以儆之，或一方之大吏不能公正宣猷，或郡縣守令不能循良敷化，又或一郡一邑之中風俗澆漓，人心險僞，以致陰陽沴戾，灾祲薦臻，所謂人事失於下則天道變於上也。故朕一聞各直省雨暘愆期，必深自修省，思改闕失，朝夕乾惕，冀回天意。爾等封疆大吏暨司牧之官以及居民人等，亦當恐懼修省，交相儆誡。夫人事既盡，自然感召天和，灾祲可消，豐穰可致，此桑林之禱所以捷於影響也。蓋惟以恐懼修省，誠敬感格爲本，至於祈禱鬼神，不過借以達誠心耳。若專恃祈禱以爲消弭灾祲之方，而置恐懼修省於不事，是未免浚流而舍其源，執末而遺其本矣。朕實有見於天人感應之至理，而斷不惑於鬼神巫禱之俗習，故不惜反復明晰言之内外臣工黎庶，其共體朕意。

又《乾隆八十七》　丁酉，［乾隆四十三年六月］諭軍機大臣等：『據鄭大進奏各屬得雨情形一摺内，有岳瀆效靈之語，不應爲此言。以施澤濟民之事目爲效靈，朕閲之，心甚不安。昨棨柱摺中用此語，曾傳諭訓示，今鄭大進復如此措詞，何皆心存慢忽，不知敬奉神明乎！又據稱，輝縣、獲嘉、修武、新鄭、武陟、林縣得雨，尚未霑足，甘霖之續沛，旦暮可以豫期等語，尤爲失當，已於摺内批示。豫省雨澤久愆，朕宵旰焦勞，幾於無策。茲命虔禱岳祇，幸即渥霑甘澍，救百萬蒼生之命。朕感謝之餘，倍深寅畏。鄭大進身爲巡撫，亦當常體此心，以邀靈貺，豈可意存滿足，且謂旦暮可期？數月來，伊等非不設壇祈雨，而屢求不應，未必非此等輕忽之心所致也。所有未經霑足之輝縣等六縣，仍宜籲邀優澍，并令各該縣一體設法誠求，務期普渥甘膏，及時趕種秋稼，以冀有收，豈可因他處均霑，置此六縣於膜外，聽其向隅乎？至於章奏自有體裁，措語尤宜明順，屢見該撫奏摺多有妄用文調及辭不達意之處，該撫素能實心辦事，奏牘本非所長，亦當慎選幕賓，妥爲繕稿。該撫惟當將通體大意悉心核定，轉不必於字句之閒率意推敲，致令文氣晦滯，亦不得圖省修金，延請庸劣不通之人輕略從事也。將此傳諭知之，仍將輝縣等六縣曾否得雨普遍之處即行覆奏。』

又《乾隆九十七》　［乾隆四十八年四月］乙酉，山東旱，以明興不親祈雨，切責之。【略】乙丑，上詣黑龍潭祈雨。

又　［五月］壬子，定祈雨陪祀官員在公署齋宿例。

又《乾隆一百十五》　［乾隆五十七年四月］丁卯，諭：『前日御史曹錫齡奏，京畿得雨未能霑足，請將法司問擬立决之案，除情罪重大者照例辦理外，其餘命盜案件内按律問擬，即應處决之犯暫停題奏一摺，已經降旨飭行。第思禁屠祈雨，原期感召天和，若於祈雨之齋戒日期及致祭之本日，亦照常進立决本，實不足以昭誠敬。是其奏原有一半可行，查向例，凡遇祈雨齋戒日期，刑部并不停進立决本章，即本月二十一日係齋戒祈雨之期，刑部亦曾呈進，所辦誠屬未協。此事阿桂未免因老年重聽，不能領會，遂相沿舊例辦理，而軍機大臣於朕降旨時都未奏，及朕一時忽略，當引以爲咎。朕於臣工功過，權衡至當，豈肯令軍機大臣曉曉迴護？嗣後凡遇祈禱雨澤之前一日及祭日，此二日所有刑部應請立决之本俱著停止進呈，以速感孚而昭誠敬，著爲令。』

又《咸豐八十七》　［咸豐九年己亥］丙午，諭：『内閣玉明等奏久旱得雨，商民呈請演劇酬神一摺，奉天爲陪都重地，道光年閒曾奉諭旨，不容戲班聚集，致趨侈靡。茲據該將軍等奏，商民等以酬神祝嘏，呈請演戲，自應俯順輿情。嗣後該省地方遇有祈雨、謝秋、祝嘏等事，准該商民等演戲三五日，仍報明地方官，俾示限制。此外省城以内大小文武官員以及商民人等，仍恪遵前奉諭旨，概不准尋常演戲，以敦樸素而杜奢華。』

又《嘉慶九》　［嘉慶五年閏四月］戊午，諭：『太常寺衙門具奏社稷壇恭謝雨澤，請照春秋祭祀儀注舉行，曾詢之該寺堂官，據稱親詣社稷壇祈雨舊儀，係由金水橋北步行前往，至報祀，向係遣官行禮，并無親詣儀注，是以此次循照春秋親祭常例，乘輿至社稷壇北門外，鋪設樱薦處降輿等語，但思祈求雨澤，既經步行祈禱，若報祀之禮稍有不同，轉似得有雨澤，略涉滿假，朕何敢出此？况朕從前隨侍皇考往黑龍潭求雨，皇考至山門降輿，升階數十級，俱係步行而上，報祀之儀亦同，節年從無更改。試思龍神尚如此申敬，况社稷壇典禮尤隆，既經步禱，自應步謝，方足以申誠敬。嗣後除春秋祭祀仍照舊定儀注舉行外，如遇祈禱雨澤及親詣報祀各典禮，均步行前往，所有此次儀注，著太常寺遵照改定具奏，并載入會典，永遠遵行。』

又《嘉慶二十三》　［嘉慶十二年四月］己亥，諭：『向來祈雨、報雨本無樂章，迨乾隆十八年始行增設，至祈晴、報晴本不時有，嘉慶六年曾因雨水稍多，舉行此禮，彼時未經議設樂章，因念雨暘祈報，民瘼攸關，典禮自宜畫一，所有祈晴、報晴應行增設樂章之處，著樂部、太常寺查明，交翰林院妥擬進呈，候朕閲定，交太常寺載入則例，永遠遵行。』

諭光禄寺卿錢楷奏京師春夏以來，雨澤稍稀，請循照《漢書》求雨閉陽縱陰之説，將見在正陽門外修築之石道暫停工作，以期甘霖速沛一摺，五行生剋制勝，雖見諸傳記，大率經生强爲傅會，其事多迂窒不可行。即如《漢書》求雨，注内所稱閉南門、禁舉火之類此，或在一鄉一邑尚可遵循，偶一爲之。至京師都會之地，車馬輻輳，行旅絡繹，又豈能拘泥陳言，槩行禁止？設令正陽、崇文、宣武三門暫閉數日，尚復成何政體？從前實光鼐惑於此説，竟有不開房門，從窗牖行走之事，豈非大笑談乎？朕見因京城雨澤愆期，昕夕齋心默禱，惟期勘修實政，敬迓天和。若謂將見在所修之石道暫停工作數日，遂可以立沛甘霖，恐感應之理，未必在此，所奏應無庸議。至伊前日召見時，面奏太常寺則例所載祈報晴雨儀注不同，因當時記憶不眞，奏對舛錯，自請文部議處一節，已另降諭旨，交太常寺等衙門查明，補纂樂章，以昭畫一錢。楷簡任太常寺未久，旋即升任於該衙門事例，記憶自未眞確，所有伊自請處分，著加恩寬免。

又《道光二十五》　［道光十二年六月］癸巳，上自地壇門外步詣方澤祈雨，御製祝文曰：『伏思天下之廣，不免水旱難齊，即偶遇愆陽缺雨，銜誠致禱，均蒙立沛甘霖，咸叨恩貺。今歲入夏以來，經月不雨，非常亢旱。臣雖憂懼難名，亦無補救。步禱三壇社稷，未荷殊恩。總緣臣愆尤，日積不戒於驕侈，即有敗度敗禮之行，或一念之羞，有干天罰，或用人行政逞已見而失正當，玆當垂慈示儆，雖深自咎悔，已云無及。謹齋戒祈禱，步叩方澤，欽惟后土皇地祇，德配上天，功昭下土，當玆旱既太甚之時，序逢小暑之後，萬姓嗷嗷，百穀難望，君爲輕民何罪？嗚呼，愧悚交加，莫知所措。敬祈后土皇地祇赦臣已往，許以自新，立沛恩膏，以拯萬姓。臣無任憂惕慚悔之至。』甲午，命定親王奕紹詣泰山祈雨，御製祝文。

清 鄒弢《三借廬贅譚》卷三《求雨聯》 道光時，吾邑旱，邑令捐職者也。至崇安寺求雨，久不得，民心惶懼。故例，凡求雨，官不動刑。時徵冬漕，民間以歉收，遽難清繳，今日動刑比追，血肉狼藉。某生暗書一聯於堂上云『血板比銀漕，上干天怒；白衣求雨水，聊慰民情』陰刻之至。

清 盧秉鈞《紅杏山房聞見隨筆》卷一二《巾幗隨筆》 光獻太后養女范觀音得侍仁宗，頗見寵幸，温成皇后患之。值大旱，仁宗祈雨甚切，命宮人、内璫皆燃臂香以禱求，訖無靈應，上心益危懼。温成皇后養母賈氏，宮中謂之賈婆婆，乃陰謂丞相等，請出宮人以弭灾旱，仁宗從之。温成與賈氏等皆言，非出素所親厚者，莫能感回天意，首出范觀音，以率六宮。范氏被出，而雨仍未下。上問臺官李東之，曰：『惟册免租之議未行耳。』是夕免租之議方下，而大雨如注。余謂仁宗之勇於納諫，温成之巧於固寵，兩得之矣。

清 華學瀾《辛丑日記》 初七日，寅正起，卯初行，泥深没髁，輿夫不勝其苦。十餘里，漸就坦平，雖爲沙地，亦雨小故也。三十里辰正至新店尖，於旅店街市壁上多用白灰大書『好大雨』等字，如京師之祈雨書紙懸門者，然足徵此地之少雨矣。

（光緒）《撫寧縣志》卷一六《志餘》 縣治西南三十里許有官莊，舊傳有女産一蛇，如綫，不忍棄，潛以水蓄之，漸有鱗甲，逢雷雨亡去。每陰雨之夜就乳，女即氣絶，去後復蘇。女母苦之，於就乳時，潛擊以刃，誤中其尾，遂去不復來。女方驚疑，忽夢物告己曰：『吾已得所，在北峪龍潭中矣。』即邑志所載龍潭靈雨處也。事近不經，而至今官莊每逢歲旱祈雨，裹糧赤足，不憚險阻。志云：『士民在此潭祈雨者，水取雨隨，然皆不若官莊之靈且應也。』相傳以爲外家之見私云。

著録

《通志》卷六四《藝文略》 《祈雨雪法》一卷。

元 慶吉祥《至元法寶勘同總録》卷六 《大雲祈雨壇法》一卷，唐天竺三藏大廣智不空譯。

明 焦竑《國史經籍志》卷三《史類》 《祈雨雪法》一卷。

清 錢曾《錢遵王述古堂藏書目録》卷九 《先天斗母祈晴符秘》一卷，一本，抄。《先天斗母祈雪符秘》一卷，一本，抄。《先天斗母祈雨墨書》一卷，一本，抄。

清 羅用霖《重修昭覺寺志》卷三 《祈雨經全部》，嘉慶十年超凡和尚刻。

藝文

《吕氏春秋》卷八《仲秋紀》 昔者湯克夏而正天下。正，治也。天大旱，五年不收，湯乃以身禱於桑林，曰：余一人有罪，無及萬夫；萬夫有罪，在余一人。無以一人之不敏，使上帝、鬼神傷民之命。於是剪其髮，斷其手，以身爲犧牲，用祈福於上帝。民乃甚説，雨乃大至。

南朝梁 蕭統《六臣注文選》卷四二《與廣川長岑文瑜書》 璩白：『頃者炎旱，日更增甚，沙礫銷鑠，草木焦卷，處涼臺而有鬱蒸之煩，浴寒水而有灼爛之慘。宇宙雖廣，無陰以憩，《雲漢》之詩，何以過此。土龍矯首於玄寺，泥人鶴立於闕里，修之曆旬，靜無徵效，明勸教之術，非致雨之備也。知恤下民，躬自暴露，拜起靈壇，勤亦至矣。昔夏禹之解陽盱，殷湯之禱桑林，言未發而水旋流，辭未卒而澤滂沛。今者雲重積而復散，雨垂落而復收，得無賢聖殊品，優劣異姿，割發宜及盧，翦爪宜侵肌乎？周征殷而年豐，衛伐邢而致雨，善否之應，甚於影響，未可以爲不然也。想雅思所未及，謹書起予。』應璩白。

唐 張説《張燕公集》卷二五《奉敕赤帝壇祈雨文》 維開元十年歲次壬戌四月壬申朔，十四日乙酉，曾臣侍中源乾曜、中書令張嘉貞、兵部尚書張説，謹以清酌昭告于赤帝：『自冬涉春，至兹夏首，宿麥將秀，時雨未洽。皇帝降服減膳，避正廢懸，恐害粢盛，是憂黎庶。仁旨之勤已極，兆人之感未通，何辜于天，而此不惠？曾臣乾曜等同力聖日，無敢怠荒，薄才批政，多所不及，神則不雨，或此之由，内訟恇惶，莫知啓處。曾臣等若上無補衮，下不利人，妨功害能，負恩竊位，惟神臨照，簡擇其心，降禍厥身，墜禄損命，三臣當咎，足謝天責。萬姓何辜，俾失農望。今因夏享，展禮既終，上杼聖衷，懇祈人命，至誠必感，佇流嘉液，旨酒獻誠，神其尚饗。』

唐 張九齡《曲江集》卷一四《賀祈雨有應狀并御批》 『右臣等昨面奉恩旨，緣秋稼有望，時雨蹔衍，念及黎元，見于顔色。方躬自祈請，誠勤夙夜，上靈昭鑒，嘉瑞必臻。昨日申酉之間，雲物果應，初含五色，正覆於壇場，未及終宵，更灑於城闕，遂使炎埃宿潤，雪暑暫清，實冀膚寸之資，畢致普天之澤。臣等多昧，徒仰於成造；蒼生何幸，每及於聖私。無任欣戴抃躍之至。仍望宣付史館。』御批：『朕每念元元，無忘夙夜。頃來少雨，是用精祈，所見徵祥，果成其應。豈朕之德，天實爲之。今則滂沱，與卿等同慰。請付史館者，依。』

唐 杜甫《杜詩詳注》卷一五《雷》 大旱山岳焦，密雲復無雨。南方瘴癘地，罹此農事苦。封内必舞雩，峽中喧擊鼓。真龍竟寂寞，土梗空傴俯。籲嗟公私病，税斂缺不補。故老仰面啼，瘡痍向誰數。暴尪或前聞，鞭巫非稽古。請先偃甲兵，處分聽人主。萬邦但各業，一物休盡取。水旱其數然，堯湯免親睹。上天鑠金石，群盗亂豺虎。二者存一端，愆陽不猶愈。昨宵殷其雷，風過齊萬弩。復吹霾翳散，虚覺神靈聚。氣暍腸胃融，汗滋衣裳汙。吾衰尤拙計，失望築場圃。

唐 獨孤及《毘陵集》卷一九《祭岏山文》 年月日，朝散大夫、檢校司封郎中、兼舒州刺史、充當州團練守捉使、賜紫獨孤及奉敕，以清酌之奠，敢昭告於岏山神之靈：頃緣亢陽不雨，粢盛將敗，敢以人欲，乞靈於神，謂必肸蠁，遄賜介福。俄以浹日，未蒙降衷。潤礎不徵，觸石無望，稼穡盡瘁，澗溪將竭，豈有悔怒，將爲毒痛？不然，何瘨我以旱，使滌滌至此？今元元怨咨，皇帝旰食，下罪己之詔，崇群神之祀，將以敬恭之懇，邀福于明神。神其沛然迴慮，驟降以雨，使枯苗復生，飢者得食，上以應聖主乾乾之心，下以副萬人顒顒之望。是人性命與神存亡，敢不以太牢、少牢、剛鬣、翰音之薦，以爲明祀，以報純嘏。若猶陽固陰蓄，蘊沖如初，神則不明，人將何賴？亦當撤惟馨之奠，寢嚴禋之儀，祭禮興廢，在此一雨。敢因陳告，庶無神羞。尚饗。

又《祭吴塘神》 年月日，朝散大夫、檢校司封郎中、兼舒州刺史獨孤及謹以清酌之奠，敢昭告於吴塘神之靈：山作靈鎮，神實司之。人作神主，及實尸之。神非人，罔以薦馨香；人非神，罔以降福祥。馨香不薦，伊人之尤；福祥不降，亦神之羞。及剖符爲邦，今二年矣，制節謹度，不敢怠遑，庶無罪悔，以奉禋祀。祀未豐潔，政或頗纇，實及之責，非人之愆。惟神祐之，俾大有年。今盛夏旱蒸，五稼將枯，田畯訴號，靡知其辜。神明豈不降鑒下土，油然爲雲，沛然作雨，使萬人歡康。百穀阜滋，灑我公田，遂及我私。我京我庾，維萬維億，豈伊人粒，神亦血食，衆心顒顒，非歲曷望。望之濟否，惟神所相。尚饗。

唐 韓愈《昌黎先生文集》卷九《郴州祈雨》 乞雨女郎魂，炰羞潔且繁。廟開鼯鼠叫，神降越巫言。旱氣期銷蕩，陰官想駿奔。行看五馬入，簫颯已隨軒。

唐 劉禹錫《劉夢得文集》卷一《和河南裴尹侍郎宿齋大平寺詣九龍祠祈雨二十韻》 有事九龍廟，潔齋梵王祠。玉簫何時絶，碧樹空涼颸。吏散埃塵息，月高庭宇宜。重城肅穆閉，澗水潺湲時。人稀夜復閒，慮静境亦隨。緬懷斷鼇足，疑想乘鸞姿。朱明盛農節，膏澤方愆期。瞻言五靈瑞，能救百穀萎。咿喔晨鷄鳴，闌干斗柄垂。修容謁神象，注意陳正辭。驚飇起泓泉，若召雷雨師。黒烟聳鱗甲，洒液如棼絲。豐隆震天衢，烈缺揮火旗。炎空忽淒緊，高霤懸綆縻。生物已霶霈，濕雲稍離披。丹霞啓南陸，白水含東菑。熙熙飛走適，藹藹草樹滋。浮光動宫觀，遠思盈川坻。吴公敏於政，謝守工爲詩。商山有病客，言賀舒厖眉。

唐 柳宗元《詁訓柳先生文集》卷三七《爲王京兆賀雨表一》

臣某言：臣昨日面奉進旨，以近日少雨，今月内無雨，即須祈禱，今日便降甘雨者。天且不違，神必有據，密雲與綸言繼發，時雨將天澤并流。臣某誠懽誠慶，頓首頓首。伏惟皇帝陛下憂切蒸黎，慮深稼穡，思彼未兆，防於無形。滲漉每出於湛恩，變化必隨於廣運。宸衷暫惕，已矯御天之龍；聖謨既宣，遂洽漏泉之澤。霮䨴周布，霏微四施，黍稷盡成，公私皆及。野夫鼓舞，知帝力之玄通；官吏歡呼，見天心之黙喻。臣某牧人京邑，動仰皇靈，渥澤徒加，涓滴無助。無任感悦屏營之至。

又《爲王京兆賀雨表二》　臣某言：臣伏見今月二十四日，時雨溥降。伏以聖心積念，天意遽迴，移造化之玄功，革陰陽之常數。臣某誠慶誠抃，頓首頓首。皇帝陛下仁育蒼生，恩同赤子。自頃天雨未降，時稼或愆，貶食齋戒，至誠幽達。又慮宿麥無備，播種失時，出於宸衷，特令賑貸。睿謨潛運，甘雨遂周。布濩垂陰，隨聖澤而俱遠；滂沱積潤，與恩波而共深。臣某才術無聞，謬司邦甸，生成必資於帝力，進退何補於天工。沐浴太和，慙荷無極。無任慶躍屏營之至。

又《爲王京兆賀雨表三》　臣某言：今月十三日面奉進旨，緣自春來少雨，宜即差官精誠祈禱者。十四日，臣便差官分赴靈迹，其日雲陰四合，至十五日甘雨遂降。伏惟皇帝陛下言爲神化，動合天心，未成旱暵之虞，已積憂勤之慮。衆靈受職，薈蔚且躋於南山；百穀仰榮，滂霈遂霑於東作。睿謨朝降，膏澤夕周，知天人之已交，識陰陽之不測。然則周王徒勤於方社，殷帝虚美於桑林。豈若無災而早圖，未禱而先應。化超前聖，道貫重玄，遍野同歡，傾都相慶。臣之欣躍，倍萬恒情。

又《爲王京兆賀雨表四》　臣某言：臣於三月二十九日奉進旨於諸靈迹處祈雨，至三十日甘雨遂降者。臣聞惟聖有作，先天不違，發令而祥風已興，致誠而玄液旋被。臣某誠欣誠賀，頓首頓首。伏惟皇帝陛下側身防患，道邁周王，盡力勤人，功超夏后。聖謨廣運，驅百靈以從風；神化旁行，滋五稼而流澤。油雲四合，膏雨溥周，農壤遂一於肥磽，滲漉盡霑於遐邇。蒸黎咏德，知必自於聖心；草木欣榮，如有感於皇化。有年之慶，實在於斯。臣以無能，謬領京邑，上勞宸慮，運此歲功。無任喜懼屏營之至。

又《賀親自祈雨有應表》　臣某言：臣得上都院官金部員外郎韓述狀報，以時雨未降，親自於龍堂祈禱，有靈禽群翔，自成行列，如隨威鳳，以翼龍舟，其日降雨者。伏以時或僭陽，歲之常候，式當聖日，無害豐年。陛下敦本務農，憂人憫雨，宸慮所至，天心自通。故得瑞鳥迎舟，掩商羊之舞；仙雲覆水，協從龍之徵。初泛洒於上宫，遂滂霈於率土，自中徂外，皆荷生成。雨公及私，靡不碩茂。殷后徒勤於自剪，周公空愧於舞雩。臣以庸虚，謬司垣翰，有年之慶，惟聖之功。臣某不任喜慶屏營之至。

唐 柳宗元《河東先生集》卷四一《雷塘禱雨文》　惟神之居，为坎为雷，专此二象，宅于岩隈。风马云车，肃焉徘徊，能泽地产，以祛人灾。神惟智知，我以诚往。钦兹有灵，爰以庙飨。苟失其应，人将安仰？岁既旱暵，害兹生长，敢用昭告，期于肸蠁。某自朝受命，临兹裔壤，莅政方初，庶无淫枉。潔廉自持，忠信是仗，苟有獲戾，神其可罔！擢擢嘉生，惟天之養，豈使粢盛，夷於草莽！騰波通氣，出地奮響，欽若成功，惟神是獎。

唐 元稹《元氏長慶集》卷六〇《祈雨九龍神文》　稹始長慶二年夏六月相天子無狀，降居于同。愁慙焦勞，求念隱思，有以報陛下莫大之恩。涉歲于兹，理用不效，冬不時雪，春不時雨。越二月，宿麥不滋，耒耜不剌，大懼兹歲，患成于人，以羞陛下之奨寄，刻責罪悔，罔識攸咎。大凡天降疵厲，必因於人。豈予心之虚削孤獨，依倚氣勢耶？將予刑之僭濫失所，冤哀無告耶？或予政之抑塞和令，開泄閉藏耶？舉動云爲，罔不在我，神怒天譴，降灾于我身，我不敢讓。今夫蠢蠢何罪，物物何知，使不肖者長理，而灾害隨至，無乃天之降罰，不得其所耶？痛毒惻怛，無所赴露。惟龍司水于同，同人神之，謹齋戒沐浴，叩首揮淚，願以小子稹爲千萬請命於龍，龍其鑒之。克三日，雨我田疇，其有以報。不然，灾于予身，亦足以謝。伏惟尚饗。

又《報雨九龍神文》　同州刺史元稹，謹以清酌庶羞之奠，敬祭于九龍之神。是月己巳，刺史稹以二從事蒙受塵露，百里詣龍，爲七邑民赴訴不雨。予固慙惻，言訖涕下，親爲龍言，龍意享若，是夕而應，庚午而降，辛未而洽，癸酉而飫，甲戌而霽，乙亥而報。報典不渝，龍祐宜永。

訖是嘉穀，勿旱勿霪。歲其有成，無忘龍德。尚饗。

唐 李涪《刊誤》卷下《祈雨》 庚子歲，夏旱，禾黍不逾尺，京城米粟日增其價。一日，達彼九重，天子下詔宰臣禱祀所宜，承命不過一二日，虔誠於郊廟，乃下太常擇日，太卜署狀，宜用來月六日癸亥。至是，旱苗悉爲枯荄矣。

唐 杜牧《樊川集》卷一四《祭城隍神祈雨文》 下土之人，天實有之。百穀豐實，寒暑合節，天實生之。苗方甲而水湮之，苗秀好而旱莠之，饑即必死，天實殺之也。天實有人，生之孰敢言天之仁，殺之孰敢言天之不仁。刺史，吏也，三歲一交。如被管庫，敢有其寶玉；如彼傳舍，敢治其居室？東海孝婦，吏冤殺之，天實冤之，殺吏可也，東海之人，於婦何辜，而三年旱之？刺史性愚，治或不至，厲其身可也，絶其命可也，吉福殃惡，止當其身，胡爲降旱，毒彼百姓？謹書誠懇，本之於天，神能格天，爲我申聞。

又《第二文》 牧爲刺史，凡十六月，未嘗爲吏，不知吏道。黄境隣蔡，治出武夫，僅五十年，令行一切，後有文吏，未盡削除。伏臘節序，牲醪雜須，吏僅百輩，公取於民，里胥因緣，侵竊十倍，簡科民貲，半於公租，刺史知之，悉皆除去。鄉正村長，强爲之名，豪者尸之，得縱强取，三萬户中多五百人，刺史知之，亦悉除去。蠒絲之租，兩耗其二銖；稅穀之賦，斗耗其一升，刺史知之，亦悉除去。吏頑者笞而出之，吏良者勉而進之，民物吏錢，交手爲市。小大之獄，面盡其詞，弃於市者，必守定令。人户非多，風俗不雜，刺史年少，事得躬親，疽抉其根矣，苗去其莠矣，不侵不蠹，生活自如。公庭晝日，不聞人聲，刺史雖愚，亦曰無過。縱使有過，力短不及，恕亦可也，殺亦可也，稺老孤窮，指苗燃鼎，將穗秀矣，忍令萎死，以絶民命？古先聖哲，一皆稱天，舉動行止，如天在旁。以爲天道，仁即福之，惡即殺之，孤窮即憐之，無過即遂之。今旱已久，恐無秋成，謹具刺史之所爲，下人之將絶，再告於神，神其如何？

唐 李群玉《李群玉詩集》卷中《送崔使君蕭山禱雨甘澤遽降》

謝公一拜敬亭祠，五馬旋歸下散絲。不假土龍呈夭矯，自然石鷰起參差。預聽禾稼如雲語，應有空濛似霧詩。已向爲霖報消息，潁川徵詔是前期。

唐 李商隱《樊南文集詳注》卷五《爲舍人絳郡公鄭州禱雨文》

年月日，鄭州刺史李某，謹請茅山道士馮角，禱請於水府真官。伏以旱魃爲虐，應龍不興，困杲日於詩人，苦密雲於易象。生物斯瘁，民食攸艱。某叨此分憂，俯慙無政。爰求真侶，虔禱陰靈。減哺表勤，褰帷引咎。伏乞下通榮播，上導天潢，合爲膏澤之原，用息蘊隆之患。其於效信，敢或逡巡？暴露託詞，焦勞結慮。泉間候氣，樹杪占風。惟望玉女之披衣，敢駭商羊之鼓舞？竊希玄感，聽察丹誠。

又《賽城隍神文》 年月日，賽於城隍之神。惟神據雉堞以爲雄，導溝池而作潤。果成飄注，以救炎焚，敢愒斯牲，用報嘉種。神其永通靈感，長懋玄功。導楚子之餘波，霈晋國之膏雨。苟能不昧，報亦隨之。

五代 杜光庭《廣成集》卷一四《蜀王青城山祈雨醮詞》 伏以五岳上司，總眞粤府，雄稱天國，峻極仙都。鎮厚地以巍峩，捧太穹而峭拔，眞靈所會，水陸攸尊。敷惠育於群方，廣包容於三蜀。陽崖蕩日，陰壑藏雲。讚時則表貺垂禎，叶聖則呈祥薦瑞，古今宗仰，遐邇依憑。臣叨荷聖慈，鎮臨重地，兼梓遂黔巫之境，亘微瀘巒蜑之封，位極台衡，任崇將相。每慮功輕恩厚，福過灾生，循分兢榮，拊心憂惕。自青春届序，甘雨愆期，農畝虧功，驕陽害物。雖歷申祭祀，遍告神明，密雲但布於西郊，蘘雨未霑於南畝，皇皇衆庶，叩向無門。竊惟大道垂文，天師演教，有章奏之品，有祈醮之科，將展焚修，須依靈勝，是用披心雲洞，拜手仙峰，佇眞侶之感通，冀明誠之御達。賜臣以時和歲稔，拯臣以雨順風調，驅肥遺於窮荒，舞商羊於中境。巖巒曹屬，鼓列闕以舒威；洞府龍神，震雷霆而助化。消除虐魃，蘇息枯苗，克歆黍稷之馨，允洽京坻之望。臣當悦心求理，勠力徇公，上荅靈慈，求承道祐。謹差九都押衙檢校尚書右僕射、前黎州刺史曹岳，與左右街弘教大師賜紫杜光庭，虔誠章醮，歸命希恩。不任。

又《蜀王葛仙化祈雨醮詞》 伏以四七在天，垂文定位；三八鎮地，設象分靈。列宿所以統幽明，諸化所以司罪福。况心宿爲天皇之府，上清乃神仙之都。逈控長川，倚玉輪之聳秀；雄臨巨屏，面銅馬之膏腴。緬彼福庭，廣廕庸蜀。臣本命所係，獲在茲山，而謬握珪符，仍居仙域。

每慮位崇任重，力寡才輕，超五爵以疏封，制六鎮而爲政。或賞刑乖當，或撫宇失和，下有怨咨，上虧仁育，兢憂未暇，咎戾旋加。粤自仲春，即愆時雨，塵侵壠畞，赫日騰威，風鑠郊原，油雲匿影。生靈嘆息，懼失於農功，沼沚魚喁，將懸於枯肆，焦勞在念，叩啓無由。至於餚膳精豐，備陳於廟貌；牲牢肥腯，無恡於禱祈。徒罄誠心，靡聞響答。仰惟神仙濟物，罔間幽明，大道好生，普均慈施。太上著修禳之品，三天開奏醮之科。恭望神峰，遠傾凡懇，虔申大醮，仰叩至眞。伏惟惻鑒所陳，大私恩宥，赦其愆咎，賜以福祥，使雷電揚威，龍神悦豫，霈霑渥澤，克致豐穰。南山騰虺虺之音，東作盛芃芃之稼。永諧望歲，允契有年。誓勤修奉之儀，上副眞靈之貺。不任。

宋 田錫《上太宗論旱灾》《宋名臣奏議》卷三七 臣今奉敕，差在太一宮用青詞文設醮行祈雨者。竊以時雨愆亢，聖慮焦勞，自秋涉冬，諸寺及廟雖遍祠禱，未彰感通，以至陛下親降乘輿，躬詣諸廟寺觀，有以見仁主憂民之旨，聖人恤物之心。雖灾沴流行，何代蔑有，而帑廩儲積，可備不虞。然自今歲以來，天見星祆，秋深雷震，繼以旱暵之沴，可虞饉飢之灾。此實陰陽失和，調爕倒置，上侵下之職而燭理未盡，下知上之失而規過未能。所以成兹咎徵，彰乎降鑒，或天文示變，或沴氣生祆。昨陛下以天垂謫告之文，御樓行赦，德音朝發，祆星夕消。天不言而感報昭彰，神幽贊而應荅遄速。今以粟麥未種，甘雨未降，人心不寧，農望已失。或聞小小冦盗，聚散靡常，嗷嗷蒸黎，憂畏實甚。愆陽既盭於寒沍，厥疾乃生於癘疵，民或流亡，穀必翔貴。尚賴陛下聖德，宗廟慶靈，蠢爾玁戎，騷邊稍息，惠然諸國，底貢交修。不然，人心一摇，盗計斯得，何以静潢池弄兵之嘯聚，何以禦胡馬南牧之奔衝？惟是秋冬，夂無雪雨，此乃天意，尚欲垂戒，聖心諒亦深思。豈刑繫之間，尚未平允；法令之設，尚爾煩苛？或力役未悉矜蠲，或奢靡未盡撙節。言路雖啓，蹇諤者未必一一聽從；王道雖行，孤苦者未必人人受賜。或刑賞過於常理，或喜怒失於厥中。嘉言納忠，或見破於横議；任賢待下，或難於至誠。若然，則雖旰食勞懷，宵衣軫念，孜孜萬務，適足勞於聖躬；翼翼小心，尚未臻於至化。今舉大略，上犯宸嚴。《禮》曰：『王言如絲，其出如綸。』《書》曰：『愼乃出令，令出惟行。』今朝廷所言，或異於是。謀始稍虧於審謹，令出無愧於改更，以是知急速機務，寧無錯行。臣之愚衷，豈敢逭於誅戮？臣之遭遇，安忍負於聖明？是以因事上言，庶裨萬一。伏望陛下因此時旱，更降詔書，引咎責躬，以答天戒。進德覃慶，以安民心。蠲減征徭，簡約科禁，搜察淹滯，登進才良。猛士守方，無使黜賢召怨；朝臣典郡，正宜選廉任能。或旌別勤勞，或省閱浮泛。振廩通貨，以救餓殍；加估收儲，以備闕乏。蓄戎蹂踐之處，士庶陷歿之家，哀亡恤存，憫其餘苦，掩骼置奠，慰彼沉寃。閭里再命於復除，孤寡量優其給賜。儉約奉己以合禮，謹静息民以安邊。詳延忠鯁之臣，詢究灾祥之理。弭灾求理，正在此時；變沴致祥，屬當今日。若旱沴不已，歲歉相仍，盗聚萑蒲，伺隙而動，狄乘饉塞，幸灾爲虞，是則國家之慮實深，朝廷之憂非淺也。端拱二年十月上，時知制誥。

宋 楊億《武夷新集》卷一八《代中書請依詔頒行畫龍祈雨法狀》 臣等伏以先天合德，易象攸稱；勤雨憂民，策書所紀。恭惟皇帝陛下光膺駿命，奄宅中區，視百姓以如傷，慮三時之有害。博訪弭灾之術，期臻阜俗之方。或稍屬於亢陽，即遍走于群祀。恭修禳禬，薦獲感通。觸石興雲，俄千里而雨集；力田望歲，果百谷以秋成。信雩禜之有徵，由穹玄之降祐。式頒明詔，誕告庶邦。永消愆伏之虞，同躋仁壽之域。臣等叨居輔弼，仰奉憂勤。爕調之効無聞，將順之誠彌切。願奉宣于睿旨，庶大庇于群黎。伏請付有司雕印，頒行天下。

又 卷二〇《宣陽觀祈雨文》 咸平二年月日，知軍州事楊某，謹遣麗水縣尉侯，儼以香黍酒紙之奠，致禱于宣陽觀葉天師之神。卉物具腓，驕陽爲患。倬彼雲漢，昭回于天。畏景載炎，膏澤靡降。川源將竭，稼穡卒瘏。比屋嗷嗷，大命近止。去歲小歉，斯民薦飢。貧者不厭于糟糠，富室亦空於擔石。羮藜啜菽，力耕數耘。期乎有秋，以續其命。而朱夏將半，溽暑方隆。肥蚓興妖，旱魃爲虐。人亦勞止，天其忍諸？唯神佐佑化工，惠綏兹土。廟貌載肅，陰隲孔昭。乃眷含生，詎可無意？人者神之主，食者民之天。民失其天遂至於死，神乏其主復將疇依？神其鑒兹下誠，請于上帝。使龍起沮澤，蜿躍曾波；電鞭一揮，雨足散灑。溝塍流溢，溪谷沸騰。蕖然善苗，如揠而長；年穀大稔，厲鬼不行。家獲倉箱之儲，人免塗炭之患。當潔祀典，以荅神休。若分野纒灾，陰陽作沴，凡有殃咎，宜加守土者之身。百姓無辜，庶可以免。

宋 范仲淹《范文正奏議》卷上《奏乞差官陝西祈雨》 臣今月五日至華州華陰縣，入西岳廟燒香，切見本廟有老醫官一員監當。其廟廷闊遠，舍屋甚多，只有剩員一十四人，盡是老年病患，供應灑掃不前，在國家崇奉五岳之意，似非嚴謹。今來歲中大旱，永興、同、華、陝、虢以來，無二三分秋苗，粟米每斗一百五十文足，兼鄉村無可收糴，人心嗷嗷，賊盜不少。欲乞聖慈選精謹使，命至西岳廟專行祭告，并於陝西靈湫等處，祈雨澤以救生民。仍乞委轉運使一員，赴西岳廟點檢廟貌、祭器、法物，并添差兵士洒掃防護，所貴崇奉之禮，不至廢墜。

宋 宋庠《元憲集》卷五《謁龍門無畏師塔祈雨作》 梵聖遺靈骨，洪緣福故都。慈深雲不斷，法遍雨常俱。使節開真櫬，朝廷近遣中貴人開棺祈雨。天香奉供爐。拳拳依帝力，餘潤冀昭蘇。

又 卷一〇《春季開無畏靈塔祈雨至夏初霶洽》 春晦西峰雁塔開，香雲清梵徹昭回。初疑咒鉢降龍出，終似軍持注水來。百穀根莖流慧潤，四郊氛祲卷暘灾。守臣無狀均靈貺，如驗元非贊燮才。

又《五鼓度洛水謁九龍祠禱雨馬上作》 跨陌津橋十里亭，前騶横絶犯嚴更。銀河蕩漾斜垂地，瑤斗闌干倒倚城。苑濶樹頭迷闕影，川長烟外認灘聲。農疇閔雨心祈切，上盡叢祠日未明。

又《未曉出城陪州長考功李員外禱雨大悲禪刹》 城上繁星五鼓初，江皋申禱訪精廬。林回半隱翔鴛刹，野濶平飛晝隼旟。十地真容陪合掌，百城甘澍待隨車。先秋閔雨農心樂，宜在麟編直筆書。

宋 宋祁《景文集》卷五《仲夏愆雨穉苗告悴輒按先帝詔書繪龍請雨兼禱霍一淮瀆二祠戊寅蕆祀己卯獲雨謹成喜雨詩呈官屬》 盛夏挾驕陽，于以搆炎熯。歊塵坌天蓋，烈御煽雲漢。稻穎茁然秀，涸流不勝灌。田畯恤歲功，釋耒共愁嘆。太守忝農使，閉閣重慙惋。曾是謬政綱，曾是濫囚犴。一食三失匕，冀亦思過半。馳祝訴群望，願以身塞讁。先帝隱民瘼，致和格靈變。圖龍著繪法，令甲布州縣。愚計不知出，奉行安敢慢。外日築層壇，丙夜封舒雁。奉匜再三跪，信辭靡虚薦。幸勿爲龍羞，敢不報神眷。翼日耿弗寐，徂野視宵奠。幽血粲静斸，執事便傳讚。薄誠蒙昭享，距躍私自忭。回車未及稅，雲油黕焉遍。窮海遂浵浵，籠山茲漫漫。旱麓衆卉蘇，焦原暍氛散。寸苗蔚如握，新波鱗欲涣。何意一溉窘，有望千箱衍。揆予乏嘉績，聖詔仰成憲。恤祀神罔恫，昏作人胥勸。抒藻拙言詞，竊用慰群掾。

又 卷二三《相國寺祈雨馬上口占》 青鴛刹下天香集，丞相車前佛月低。知有風人無限思，火城催向五門西。

又 卷四八《長源公廟再祈雨文》 仲夏以來，甘澍愆候，秔稻方茂，浸灌告勞。天高日烈，雲族弗應，年之儉穰，近在旦暮。祁也省咎，弗敢舍安，分命乃僚，奔告群祀。意者政弛而多類歟？獄寃而無告歟？賕賂行歟？捐瘠多歟？有一于是，長人任罪，疾癘是降，誅罰是嬰。不當感損佳應，以害百穀；惟公望紀斯土，流潤千里。願監溥訴，垂庇我民。驅祓旱殃，大沛膏澤。就成苞穎，于萬斯倉。甘潔神粢，充衍國賦。養老嬉幼，無有後艱。神實賜之，其敢忘德。不敢私請，謹以清酒制幣，歸窮申款。

又《南岳祈雨文》 仲夏以來，日烈風熯。雲油戢澍，于茲四旬。祁竊惟荆揚之人，以稻爲命，稻不時穫，終焉阻飢。今穉秀甫興，浸灌云竭。原師田畯，憂控不寧。卜之二旬，翹仰甘澤。有年在此，無年亦在此。惟帝宅是靈岳，保佑下民。歆馨監虔，厥由景嚮。願賜霶霈，以獎歲功。俾我百穀，嶷然霑足。使得上奉邦賦，次潔神粢，老癃壯食，充養室家。天造陰隲，帝實尸之。至于長人之官，政事疵纇，顯誅幽殛，亶無所逃。元元孔嘆，徯帝得請。符印有守，不獲身請祕祠，謹遣文學參軍文郁，竭誠代訴。

又《里社龍神祈雨文》 維至和二年歲次乙未二月乙丑朔，越十二日庚子，具官宋祁，謹以酒脯果茗養羞舒雁之牲，敢告于里社龍神：比亢陽爲沴，順氣弗效。農夫告勤，是用遺僚屬有請于龍，彌跨四旬，雨雪三集，潤纔及寸輒止。今土脈冒蒸，百昌萌芽，此時不雨，歲且大乏。惟人依神爲庇，惟神享人之祀。歸窮上叩，不應不止。神其走驅雷風，興雲致雨，彌漫沾足，潔滌品彙，無令無年，以貽龍羞。

又《祈雨文》 去歲前嘆後潦，斯人困甚，朝廷蠲减徭賦，以救流亡。今春膏盈憤，雨弗霑霈，宿麥告悴，穀未及種，力農駭嗟，和氣屯凝。惟神一境之望，陰相天惠，泄風出雲，是庇是資。敢修禬典，以丐豐嘏。

宋 梅堯臣《宛陵集》卷六《南陽謝公祈雨》 雲龍本職雨，不雨其失職。萬草欲焚如，千疇幾赭色。刺史爲民憂，侵晨車競飭。揭來款宫祠，豈不念黍稷。暑靄隨輪軒，滂沱遍畛域。孰謂雲龍愚，能成仁惠德。濯濯群物新，葱葱衆苗殖。莫比邵父渠，初塹用人力。

又 卷八《祈雨未獲申諸司狀》 本軍今歲苗稼茂盛，但自六月以来，一向缺雨，高下之田，率皆告病。早稻抽穗者，亦多焦卷。連日祈求，雖四郊間有得雨去處，却未沾足。萬人之命，一年之計，決此數日。雖已多方疏剔獄訟，講行寛恤，如諸牢囚繫，勘酌疏放，合催錢物，等第寛減外，竊念謬政致菑，實爲守者之罪，豈容恬然自處。謹蔬食，閉閣自省，應出入并用小轎，儀物後樂并省，少見身自貶削之意。仍備申諸臺，乞賜申奏，將某罷黜，以謝千里之民。

宋 石介《徂徠石先生全集》卷二〇《鄆州知州祈雨文》 黄石之靈：夫萬民恃五穀而生也，百穀仰膏雨而長也。故一日無穀，則民困且饑；逾月不雨，則穀焦且死。自去年正月，風雨不順序，天變乎上，歲凶乎下，黎民阻飢，皇皇焉日望其新麥，曰：庶幾不死矣！三月且不雨，麥不出壠，穀不出土，日凄風亢陽，旱既太甚。其政不修邪？其化不流邪？刺史不德而民無告邪？陰陽逆而不順，和氣塞而不來。苟以政不修，化不流，守吏不德而民無告，天示譴，則罪在守吏。凡有禍有罰，宜加守吏，守吏且不敢怨，不敢辭，民何辜而天不雨，以絶民之食？神聽不明，罰不當罪，民不肯受而敢咨敢嗟。神儼然南面，有此土宇，厥民歲供飲食，祇事於神。有辜當神罰，民其奚辭乎？無罪而罹禍，民其肯受乎？惟神其移於某身，而使斯民活。且神昔在炎漢，曾以三略授子房，建萬世基矣。人民亟受其福，其功略大矣，其德略遠矣。而有土方千里之内，并在神之左右，豈不能爲作福休以庇覆膏沐之？守吏既不德不明，不能養斯民，神又其棄諸？惟神仁於斯民。

宋 祖無擇《龍學文集》卷一〇《祈雨祝文》 無擇謹以清酌之奠，敢昭告於仰山之神：惟袁之民，庇於神舊矣。今天子以無擇有罪，俾守兹土，曾未朞月，民以旱告。無擇殊不知所以獲戾於神，豈神以朝廷謫無擇之身尚存餘責，而神責之乎？不然何當雨而不雨，使千里之内戴目而望膚寸之雲以雨其田疇，心憂且悲，將繼之血。無擇儻無罪，而神責之，不明；有罪而移其責於民，不仁。不明不仁，虧神之德。其作霖雨，以活百姓之命。厥或後時，雖雨無益也。尚饗。

宋 歐陽修《歐陽文忠公集》卷一〇《留守相公禱雨九龍祠應時獲澍呈府中同寮》 古木鬱沉沉，祠亭相衮臨。雷驅山外響，雲結日邊陰。霡霂來初合，依微勢稍深。土膏潛動脉，野氣欲成霖。隴上連雲色，田間擊壤音。明光應奏瑞，黄屋正焦心。帝邑三川美，離宫萬瓦森。廢溝鳴故苑，紅蘤發青林。南畝猶須勸，餘春尚可尋。應容後車客，時作洛生吟。

又 卷四九《祈雨祭漢高皇帝文》 維年月日，具官歐陽修謹以清酌庶羞之奠，致祭于漢高皇帝之靈而言曰：吏有常職，來官于滁者，不三四歲而易也。神食于此，無窮已也。神與吏，於滁人孰親且久，孰宜愛其人之深也？滁人敢慢其吏而犯吏法者有矣，未聞有敢慢神而犯威靈也。其畏信勤事於吏，孰若畏信勤事於神也？吏於凡小事，猶皆勤有法令約束，違則有罰，孰若神之變化不測，而能與民轉灾爲福也？吏朝夕拜禱，彌旬越月而無所感動；神之召呼風雲，開闔陰陽而役使鬼物，頃刻之間也。今民田待雨急矣，吏知人力不能爲，猶竭其力而不得已，况神之易爲也？况滁人畏信勤事之久而親，神宜愛之深也，而又有可以轉灾爲福、變化不測之能也。吏誰敢與神較？而修輒以此爲黷者，蓋哀民之急辭也。其政不善而召灾旱，又以爲黷神，宜降殃於修，而賜民以雨，使賞罰并行而兩得也。民之幸也，修之願也。尚饗。

又《求雨祭漢景帝文》 維年月日，具官修告于漢孝景帝之神：縣有州帖，祈雨諸祠。縣令至愚，以謂雨澤頗時，民不至於不足，不敢以煩神之視聽。癸丑，出于近郊，見民稼之苗者荒在草間，問之，曰：『待雨而后耘耔。』又行，見老父曰：『此月無雨，歲將不成。』然後乃知前所謂雨澤頗時者，徒見於城郭之近，而縣境數百里山陂田畝之間，蓋未及也。修以有罪爲令於此，宜勤民事神以塞其責。令既治民獄訟之不明，又不求民之所急，至去縣十餘里外，凡民之事，皆不能知，頑然慢於事神，此修爲罪又甚於所以來爲令之罪。惟神爲漢明帝，生能惠澤其民，布義行剛，威靈之名，照臨後世，而尤信於此土之人。神其降休，以答此土之民之信。尚饗。

又《祈雨祭張龍公文》 維年月日，具官修謹以清酌庶羞之奠，致祭于張龍公之神曰：刺史不能爲政而使民失所，其咎安歸。而又頑傲愚冥，無誠慤忠信之心可以動於物者，是皆無以進説於神，雖其有請，宜不聽也。然而明天子閔閔憂勞於上，而生民嗷嗷困苦于下，公私并乏，道路流亡，於此之時，以一日之雨，救一方之旱，用力至少，其功至多，此非人力之所能爲，而神之所甚易也。苟以此説神，其有不動於心者乎？幸無以刺史不堪而止也。刺史有職守，不獲躬走祠下，謹遣管界巡檢田甫布兹懇迫。尚饗。

又《外集》卷二〇《祭五龍祈雨文》 伏以去秋之潦，豐不補凶，飢民食糟麥爲命，而天久不雨，苗將槁焉。旱非人力之能移，徒知奔走。雨者，龍神之所作，其忍不爲？薄奠拙辭，致誠而已。尚饗。

宋 趙抃《清獻集》卷四《次韻周源屯田禱雨二首》 城東野老告予知，四載凶荒語益悲。遠水又成千里涸，闊天無復寸雲垂。倉箱勢絶豐登望，道路人爲殍死期。刺史至誠天若應，願留遺愛入生祠。

炎曦禾稼猛於燒，欲問靈龜兆已焦。雨意幾時隨氣協，雷威何日勝氛妖。漢朝八使煩敦遣，周室三公重燮調。有禱願將明德薦，芳馨何必在蘭椒。

宋 韓琦《安陽集》卷一〇《駕幸西太一宫祈雨》 曉蹕聲乾下九重，西郊岑寂款琳宫。驕陽尚作三春旱，多稼期霑一雨豐。恤物致虔歸上德，應誠爲荅即神聰。從來聖感無旋日，不在商巖傅説功。

又卷一六《次韻答簽判沈唐太丞應祈雨足》 一雨滂沲過作霖，油雲隨禱極陰森。微誠未必回天意，靈荅潜知渴衆心。瑞絶莫先惟在穀，價高難擬不論金。朝來田畯更相賀，犂下侵溼二尺深。

又卷四二《揚州祭聖母祠祈雨文》 維慶歷六年歲次丙戌，某月某朔某日，具官某，謹以清酌之奠，昭告於聖母之靈。某聞之於《詩》曰：旱既太甚，靡神不宗。則知古人閔雨之際，不愛牲幣。凡神能福於民而於民之所奉者，皆得索而祭焉。今歲夏季以來，境内不雨，穡人狼顧，以田爲憂。長民者亦嘗設壇禱龍，款祠求神，齋恪之誠，不爲不至。近方靈應有荅，而民望未厭。是用陳兹薄薦，乞靈於神。神其體斯民所奉之心，示神能福之之意。廣敷陰施，惠此一方。使時澤沛然，年穀大獲。則民知神德，不謂無靈。尚饗。

又《北岳祈雨文之一》 維皇祐元年歲次己丑，六月壬戌朔，十四日乙亥，具官某，謹遣屯田員外郎、通判軍州事游開，以清酌之奠，敢昭告於北岳安天元聖帝。惟神享有常岳，視帝而祀，故距河而北，凡民有水旱疫癘之灾，則歸心於神，謂神主於我，必轉灾而福之。某幸爲州，於廟祠之下，每旦開日，則思有以濟於民，報於君，以不愧於神。雖然，不敢獨私一郡，而邀神之福。竊惟國家視天下，以河朔爲根本。去歲雨水爲大沴，民大半以饑死，天子宵興旰食，哀而恤之。賴蠶事既登，麥秋有成，捐瘠之民，粗有生意。而涉夏不雨，旱氣日甚，民心嗷嗷，以穀爲虞。天子聞之，不得不重貽北顧之憂。某是敢以北民所歸之心，且道天子仁聖慈愛之德，弗私所治，而告虔於神。神其振激威靈，指呵雷電，霈乎嘉澤，潤我民疇。使兩河間普洽西成之望，則神上以寬九重之焦勞，下以副萬民之歸饗。巍巍廟食，與昊天齊，其稱謂宜哉。尚饗。

又《北岳祈雨文之二》 維皇祐二年歲次庚寅三月戊子朔，五日壬辰，具官某，謹以清酌之奠，敢昭告於北岳安天元聖帝。某聞天之爲道也，惟民善惡而禍福之。然推其仁於福則所任者多，於禍，則有所不忍焉。神之爲靈也，能謹其所以禍福而協天之仁者也。比歲以來，河朔之民，罹大饑饉，幸而全者無幾。某爲治祠下，行二朞矣。夙夜祗慄，不敢慢其政，以干神禍。每春夏之交，水旱萌沴，穡人駭憂，必請救於神，而神應之。夫豈守臣一冥禱而能感於神哉？誠蚩蚩之民，無大罪惡，天與神哀其窮，不忍終其禍而致然也。今歲方春，而群陰用事，霾風晝昏，陽氣迫而未宣，雨意兆而復收。農力于田，惟歲是虞。豈天與神仁於任福，而不忍禍之之意邪？神其驅叱癘妖，奮示威德，霈然施澤，俾遂有年。則民知神休，孰不思報。尚饗。

又《太原諸廟祈雨文》 維皇祐五年，歲次癸巳閏七月戊辰朔，某日，具官某，謹遣某官，以清酌之奠，致禱於某神。某聞天道之主於仁，不則人何以保其生；神之道亦主於仁，不則人何以通其誠？嗚呼！天與神之道皆主於仁矣，何一方霜旱之後，既俾其田大茂，垂及有年，而反枯槁之、蝥蠈之，使民終日哀祈呌呼，奠一施其仁，寂然莫應邪？某治并始數月，雖然，爲政一日不合於民，宜爲天氣之病，顧民是何罪哉？是用齋戒省咎，將民意以有告於神。惟神助天化育，功在祀典，哀民之誠，迫切如是。亟驅風雲，沛然下雨，掃滌癘氣，銷弭蟲孽。則千里之內，神一施其仁，而瘁死之苗，起爲豐穎；咨嗟之嘆，轉爲歡謡。民歸神之心何如哉！尚饗。

又《諸廟祈雨文》　維皇祐六年歲次甲午正月丙寅朔，二十七日壬辰，具官某，謹遣某官，以清酌庶羞之奠，有禱於某神。去歲歷秋冬逮今，雨雪不時降，細民駭嗟，以田爲憂者，實半天下。天子惕然，引咎齋戒祈禱，無所不至，而卒未大應。今復時疫暴作，民中其疾者十有八九。雖星分所次，流灾有常，而天子慈仁愛民，夙夜焦勞，守土之臣，皆奉命修職，不敢有苛刻之政上病天氣天忍極肆其酷，冥然而不顧哉？天道高遠，區區草芥之誠，固不足以達。賴吾境有靈德之神，開發天意，轉禍爲福。灑甘澤以沃枯壤，鼓和氣而驅癘妖。使農及耕耘，民安里閈。上紓天子旰食之慮，下俾守土之臣省過勤政，自新不怠。則天施未暢，繄神而啓迪之，宜民不怨天而信於神，神之功茂矣。尚饗。

宋 陳襄《古靈集》卷一九《文·祈雨祝文》　某以王事，不能遍走山川神祇，謹擇日月，牲酒陳於龍壇之隅，置諸位来爾諸廟之神以告之，神其聽予言。今來自春徂夏，膏雨不時，川澤既竭，田苗將稿。人大恐怖，若無所依託，予亦不暇于飲食。今農夫終歲勤勞于稼穡，惟天子租賦是供，亦惟爾神明粢醴是奉，爾尚庇庥于人，不可安以處也。縣令既否德，不能活民，惟神活之。亦惟爾世世于民，永有康食。予雖比于罰，敢有詞。神其降甘雨。

又卷二一《祈雨》　慶曆甲申歲，旱極憂民田。農夫不得耕，相顧愁凶年。帝心恐民憂，詔遣祈山川。郡國舉祀典，齋戒陳豆籩。望祭復雩龍，禱之必精虔。經旬杳無報，旱氣增于前。菑田揚飛塵，井谷無寸泉。炎炎天地中，草木皆欲燃。俗云有鰻魚，靈異古所傳。太守順民心，命駕而迎焉。樂以鐘鼓音，薰以沈檀烟。儵驚西郊寒，靄靄離山巔。急雨下滂沱，迅雷亦填填。須臾畎畝盈，一境皆欣然。始爲穴中魚，竊弄陰陽權。山川豈無神，不能通于天。蛟龍豈無靈，不能興於淵。有若賞罰柄，反使奸臣專。

又卷二三《寄謝三井山禱雨二首》　曾禱神龍井，雲林杳莽間。蘋蘩朝薦廟，風雨夜離山。百里田疇熟，一年囹圄閒。因循失報謝，石險路難攀。

其二　何年修廟貌，棟宇已摧殘。牲幣三時少，風泉四月寒。野僧多稌穥，古木有衫欒。深欲重修葺，蹉跎又解官。

宋 韓維《南陽集》卷一五《五臺山開啓祈雨道場默詞本》　伏以物當長養，賴雨以成，苟爲弗時，民則奚望。覺皇仁惻，均覆萬生，忍視其艱，不以慈濟？

又《後苑瑶津亭開啓粉壇祈雨道場齋文》　伏以夏春之交，百物茂長，雨暘咸失，歲望以愆。欽惟覺慈，等視群品，尚冀流澤，遍此十方。

宋 文同《丹淵集》卷一三《狗溪迎湫祈雨輒應》　夏雨渴久矣，秋苗憂槁然。至誠通祝版，靈覕逐香烟。桐被應無訟，囷倉定有年。曹公三大堰，一夜滿民田。

又卷三五《奉詔禱雨祭中梁山》　某年月日，朝廷以久旱不雨，詔守臣各於其境內躬自精禱者，某謹詣中梁山致祭于某神曰：自王畿以至于天下郡國，自去冬以至于今秋，虐魃肆厲，害兹黎首，雨不時降，庶種萎殄，大田耗敗，衆用囏食，流庸載道，靡所歸止。天子畫然震懼，夙夜勤閔，抑尊損制，深自刻約，致款上下，久莫之應，側省何咎，心焉如灼。走使方內，靡神不舉，誠亦至矣。而卒未蒙報，尚謂名山靈祠，有或漏略，俯已博逮，庶宜來相。乃專詔守臣，即訪所治，有紀在典，躬薦明饗。惟神肇自融結，遂司梁、漢，屼然巨鎮，遐邇尊望。旁開澗谷，遠抱林藪，風雷藏畜，雲霧蒸吐，歲或愆旱，有取必得。今天子臨制，海縣無不總統，如神之宅，是曰王土。神亦自當竭贊供事，以上紓天子之憂，往籲上帝，均辦厥職，普浹膏澤，救止大命。是則神之所以奉上帝、輔天子、愛百姓之休功茂德，恢大宏遠，不獨區區限此一方也。神之聰明，必能體天子如此之意。守土者安敢更用煩言，以瀆左右哉！

宋 劉敞《公是集》卷五〇《鄆州禱雨文》　某年月日，某官某謹以清酌庶羞，祭于東岳天齊仁聖帝：某初署政，周詢民事，僉曰春夏閔雨，至于六月，非不雨也，下雨而不甚，此乃《春秋》所記聖人所憂，故祇祓厥身，分遣有司，將以吉日丁酉乞靈于爾大神。未及厥期，而雨三降，豈謂至誠能昭于天？惟爾大神實監其衷，曷敢隱神之賜，使人不聞？躬執祀事，以彰靈德。神亦顧哀下民，永終厥惠。

又《禱雨文》　年月日，某官某謹率官屬，恭禱于某神曰：天子憂閔元元，數下詔令，并遣使者，則勸耕務穡，亦惟是上下空匱，無以供億百神之故。今天弗雨，毛澤竭矣，大懼無以庇民事神，不敢不請。惟爾有神，克相天子，敷惠于下。下民其康，神以永享。牲幣不敢愛，罪戾不敢祈。惟爾有神鑒之。

宋 黄庶《伐檀集》卷下《西岳祈雨文》　維年月日，具官某，謹遣某，以清酌庶羞之奠，祭于金天順聖帝之神。惟神福此方之民，國之屏也。故天子歲兩時署祝詞，遣吏以祭，未嘗懈。陜以西自正月不雨，至于今將六十日，苗之在野，欲秀而實者，若不望秋，穀與豆種不得入，民蓋皇皇也。某來守兹土未一月，視此朝夕恐懼，所以未至，凡境内食民之祭，雖里祠皆將奔走，以爲民請，矧神一方之望，而天子所禮也。敢不以告。尚饗。

宋 司馬光《温國文正公文集》卷二八《乞車駕早出祈雨札子》

臣伏見權御史中丞王疇等建言，乞陛下循真宗故事，幸諸寺觀祈雨。朝廷雖從其所請，而講議選日已踰旬浹，至今車駕未出，衆論狐疑，皆云事恐中輟。臣愚竊以陛下踐位已踰朞年，京城百姓未聞屬車之音，重以屬者聖體不安，遠方之人妄造事端，訛言未息。若聞車駕一出，則遠近釋然，莫不悦喜。況今春少雨，麦田枯旱，禾種未入，倉廩虚竭，閭里飢愁。陛下爲民父母，當與之同其憂勞，祈禱群神，豈可晏然視之，不以疚懷？況詔命已降，流聞四方，若復遷延久而不出，則道路之人愈增猜惑，不若屬時初無此議也。且王者以四海爲家，故稱乘輿，或稱行在，今車駕蹔出，近在京城之内，亦何必拘瞽史之言，選揀時日，忘萬民朝夕之急，殆非成湯桑林、周宣《雲漢》之意也。臣愚伏望陛下断自聖志，於一兩日之間車駕早出，爲民祈雨，以副中外喁喁之望。取進止。

又卷八〇《豢龍廟祈雨文》　年月日，宣德郎將作監主簿、權知韋城縣事司馬光，謹率吏民，具清酌庶羞之奠，致祭于豢龍之神：昔者聖王設官分職，畜擾神物以爲人用。後世喪業，神寔繼之。知龍嗜慾，服事夏后，王嘉神勞，胙以此土，歲祀超忽，廟貌仍存。闔縣奔走，春秋薦獻，却灾致福，保佑斯人。今大夏將盡，而歷時不雨，穀苗槁死，不可復殖。倉廩無儲，民將何恃？民寔神主，神寔民休。百姓不粒，誰供神役？邑長有罪，神當罰之；百姓無辜，神當愛之。天有甘澤，龍寔司之，以時宣施，神寔使之。槁者以榮，死者以生，旱氣消除，化爲豐登。然後自迩及遠，粢盛牲酒，以承事神，永永無斁。伏惟尚饗。

宋 王珪《華陽集》卷一三《東西太乙宫開啓祈雨道場青詞》

伏以自春以來，天久不雨，農事失望，焦勞如焚。上穹愛民，靡誠不應。順氣來復，祈昭厥祥。

又《集禧觀洪福殿開啓祈雨道場青詞》　伏以歲將西成，陰與陽盭，多稼未茂，農心焦勞。桂華馮馮，肅若靈下。潤雨先布，群生蒙休。

又《在京諸宫觀開啓祈雨道場青詞二道》　顧以猥承鴻業，德未至天。陰陽盭和，雨弗時降。黍稷將槁，害于歲成。永念下民，疚心如灼。冀蒙閔佑，靡物不滋。顧德弗明，尊御大統。自春涉夏，雨不降滋。寤寐永嘆，思救勞止。至功助化，終惠群生。

又卷一四《集英殿禱天地祈雨道場密詞》　伏以夏序之初，物生方楙，天陽驕厲，農畝焦勞。惕惟眇德之臨，深念群元之夥。而時氣未順，秋成曷期。敢祇薦于齋衷，庶默回于善應。終興潤雨，以助登年。

又《西京無畏三藏祈雨默詞》　伏以自冬終春，陽氣升鬱。時雨弗降，害于嘉生。覺慈無邊，具大神智。濟民及物，灑澤應期。

又卷一六《紫宸殿開啓祈雨道場齋文》　伏以淑律過中，驕陽作沴。嚮歸慈於梵席，蘄濟望於農疇。而密雲雖興，膏澤未應。念歲事之如灼，祓宸塗而載嚴。尚冀至心之通，終垂能力之助。

又《集英殿開啓祈雨道場齋文》　伏以自春涉夏，陰陽鬱并。雨弗降滋，至於害歲。嗣膺丕統，焦勞如焚。有覺大慈，力隨普應。

又《集英殿開啓護摩祈雨道場齋文》　伏以方夏長物，雨弗降滋。嘉種用傷，歲將安仰。乃祓祕殿，歸崇妙緣。庶興能仁，遍澤群土。

又《集英殿開啓祈雨粉壇道場齋文》　伏以驕陽薄陰，秋氣未附。

密雲留雨，農疇靡滋。結祕法於道場，假能仁於溥界。默回嘉應，大澤群元。

又《集英殿接續開啓祈雨道場齋文》 伏以秋籥適中，天未降澤，農疇皆槁，民將遇饑。敢載祓於禁楹，庸嗣嚴於梵席。終蘄慧力，溥濟含生。

又《西京無畏三藏前開啓祈雨道場齋文二道》 伏以方春東作，雨弗降滋。歲事將虧，群心如灼。大慈濟物，應現無方。油然興雲，以澤萬物。

伏以秋氣已肅，亢陽薄陰。槁禾盈疇，民望如灼。大慈覺世，通於至忱。油然興雲，遍澤嘉植。

又《西京竺法三藏泗州普照明覺大師前開啓祈雨道場齋文》 伏以春夏之交，雨不時降。宿麥將瘁，民咨亡聊。顧守邦圖，永思厥咎。大慈濟物，通于至忱。彌沴爲祥，期布嘉澤。

宋 曾鞏《元豐類稿》卷八《夜出城南禱雨》 海天重叠四山雲，半出星辰亦半昏。上得藍轝是中夜，雨街燈照九重門。

又 卷三九《泰山祈雨文》 維泰山，歷古至今，有天下者，巡狩封禅，勒成告代，莫不之焉。或企足動容，卒莫能至。實卓瑋殊尤，神明之地，故天下宗焉。二典所記，其光靈威烈，焯示萬世，夫豈他山可得而視！維齊與魯，獲仰而事，粒食縷衣，莫匪陰施。今二邦不雨，自四月已訖于兹。積水之澤，塵起冥冥。粟將槁死，蝗亦滋生。雖政或不良，足以致此，而百姓何罪？冝蒙哀矜。彼撮土之山，勺水之川，尚能與民爲福，錫之有年，豈如泰山，朝出一雲，墓澤天下，其勢之易，易扵轉圜。而比近託麗，顧不能憐，殆莫之或告，告或不虔。夫民之生，蓋亦艱矣。無儲與藏，重歛煩使，歲一不登，多瀕扵死。奸强無知，或起乘時，聚爲盜攘，以取誅夷。循理安業，田間之民，亦與俱亡，奚可不傷！鞏受命天子，守藩于東，敢齋以嚴，告于靈宮。惟神閔人之病，助歲之功，霈然下雨，变沴爲豊。尚俾斯民，以牛羊黍稷，得承事于無窮。

又《泰山祈雨文》 惟神含德體仁，鎮兹東夏。興雲致雨，澤施八紘。今此齊邦，近在山趾。方夏乆旱，麥苗將萎。吏思其繇，奔走群望。而人微言賤，不能上動，頻陰復散，忽已兼旬。念此疲民，弊扵征歛。方歲之富，食常不足，一遇烖害，必捐溝壑。惟神威烈，覆被群生。顧此比州，冝先蒙賜。豈伊靈眷，獨忍遺之？今是用飭遺士民，布誠祠下，情窮詞急，冀獲哀矜。使一雨霈然，則倒懸可觧。尚其降鑒，無作神羞。

又《岳廟祈雨文》 去歲之旱，有請于神，蒙畀嘉澤，田則大稔。今春河役，發民二萬，更迭賫送，衆又倍之。盖此齊人出者幾半，迨其反室，維夏之初。勞費既深，又違穡事。夫民数歲，乃遇一稔，敝之如此，其幾尚完。今二麥方包，而亢陽爲虐。吏任其咎，所不敢逃。惟民何辜，賴神終惠。能致雲雨，則實在神。尚其念之，故敢以告。

又《襄州諸廟祈雨文》 今麥苗方出，而時澤尚愆。冬令乆行，而寒氣未應。嗟吏治之不善，以奸陰陽；惟神理之無方，能興雲雨。是用兢惕以任咎，蠲祓以乞靈。尚期降休，以荅人望。

又《大悲祈雨文》 維歲孟冬，盛陽猶亢。旱暵滋乆，陰寒未興。吏非循良，敢不任咎？佛有慈惠，則宜降祥。是敢躬瀝懇誠，虔祈覔廕。俾風雲之奮作，致雨雪之漸涵。田畒順成，里閭安輯。仰期真理，俯徇輿情。

又《襄州岳廟祈雨文》 自秋不雨，方冬尚温。麥田苦扵旱乾，民室憂扵病癘。永惟責任，内集兢慙。惟神作鎮岱宗，著靈南夏。敢瀝由衷之懇，冀回降鑒之仁。遂俾膏澤以時，祈寒式序。甽畮克諧扵豊富，里閭皆保扵靖康。尚其垂訓，副此群望。

又《又諸廟祈雨文》 去歲經冬，時雪不厚。今兹春晚，膏澤尚微。農扵稲田，待水而種。苦兹旱涸，人用焦然。吏不能有惠扵民，而惟歲之善，則刑清事簡，尚有望焉。是用瀝懇，有禱于神。惟神依人，尚其降鑒。使霈然下雨，以大濟于此邦。則人扵事神，亦曷不盡？

又《薙山祈雨文》 自去秋之始，至于今春之暮，雨不霶霈。今麥苗將病，稲種未布，農事急矣，而禱請未効。惟神靈應在人，是用奔告。尚其降鑒，大施澤于此邦，使民獲善歲而不罹于艱厄，則人扵報神之賜，亦曷敢不虔？

又《邪溪祈雨文》 自去秋至今，雨常不足。今麥苗將槁，稲種未布。而春既盡矣，若又不雨，至扵十日，則麥必盡死，稲不可種，民將安所寄命乎？吏知其急，而不知其所以爲；神知其急，而力能爲雨者也，其亦何惜数尺之澤，救民於無所寄命之急乎？故敢以請，神其鑒之。

又卷四〇《五龍堂祈雨文》　乃四月以旱，禱于邪溪薤山，應時得雨，麥以豐成，稻可播種，獨異於他境，寔維其賜。今稻田又乾矣，此邦之人，皆謂龍虎之河，五龍之神，禱雨輒應，余敢不告？神其降鑒，大施澤于斯民，使獲有年，則人於報神，亦維無斁。無俾薤山邪溪專美于此邦，以作神羞。

又《靈溪洞祈雨文》　吏不勝任，荐致旱菑。禱于山川，爲黷已甚。然稻田日瘁，民命所託，夙夜憂懼，不知所爲。維爾有神，世載靈德。是用靦顔有請，忘其慙羞。尚其降祥，時賜甘雨。俾歲無害，維神之休。

又《又大悲祈雨文》　盛夏在辰，常暘爲沴。稻將萎瘁，人用嗟憂。縣吏治之不明，致奸和氣；維佛乘之無礙，善濟群生。是敢同祓精誠，虔祈竟蔭。覬滂沱於膏澤，俾浹洽於原田。用救焦枯，實依慈惠。

又《諸葛武侯廟祈雨文》　天子以歲久旱，所被者廣，分命守臣禱其境内鬼神之有靈德在于人者。維靈有志于民舊矣，故敢以告。尚其降鑒，大施澤于四方，以称天子憂人閔雨之意。

又卷四一《諸廟祈雨》　今者盛秋已晚，庶物將成，矧兹麥苗，實待雨澤。而驕陽尚熾，畏暑未消，野有焦枯之憂，人懷膏澤之望。敢祈靈德，甫徇輿情。蕩藴隆之菑，以升嚴氣；濡滲漉之施，以遂嘉生。實賴神休，允諧衆志。

又《諸廟祈雨文》　時寒未若，雨雪尚愆。麥有立苗之艱，人違墐户之適。敢依靈德，瀝致勤誠。惟順導於大和，俾霈施於膏澤。克諧衆望，實賴陰休。

又《諸廟祈雨文》　民之艱於稼穡，賴歲屢豐，得以足衣食而償其力，吏亦得以無所事於勸而偷禄。今兹春仲，麥苗滿野，得雨而成。則民得以継其豐年之樂，而吏亦得預其幸。神之食於此土，爲能澤於斯民也，故敢以告。尚其賜之，以称人望。

又《諸寺觀祈雨文》　春氣已中，農功方急。而膏澤未洽，土脉尚乾。敢恭致於精誠，用仰祈於覺蔭。尚其降雨，俾獲有年。

又《祭土祈雨文》　農勤甚矣，歲既暮春，麥待雨而成，菽粟待雨而種，而旱暵爲虐，人用憂嗟。今將爲壇，象龍以禱。是用先事，告爾土神。尚其降休，無咈人望。

又《祭五方龍祈雨文》　龍之變化無方，而其有功於人者，則在於能興雲雨。嗚呼！今旱甚矣，是用稽古。爲爾某龍之象，位于某方，薫被以禱。爾尚圖厥戢，其亟以時，肆爲膏澤，以大施于此土。無愆厥應，俾有後羞。惟爾有神，亦尚永有依歸。

又《太清明道宫祈雨文》　旱踰時矣，麥既萎死，而菽粟未種。皇帝憂劳，遣吏分禱。尚其致雨，無俾歲害。久兹東睠，實在靈德。

宋　劉敞《公是集》卷七《種蔬二首》　種蔬南岡下，地薄旱亦久。抱甕出復入，拮据病两手。輟耕起長嘆，四海萬億畝。過亢今若兹，我誰與餬口。縣官祈雨澤，四望已并走。巫女歌且舞，土龍矯其首。上天何寥寥，百請未一偶。霖雨待爾輩，古人亦可醜。咄嗟《雲漢》詩，萬古竟何有。天地何不仁，百姓爲芻狗。

宋　蘇頌《蘇魏公集》卷二七《中太一宫真室殿開啓祈雨道場青詞》　維元祐五年歲次庚午二月丙申朔，二日丁酉，嗣天子臣某謹遣入内内侍省東頭供奉官、勾當龍圖天章寶文閣臣王綬，請道士三七人，於中太一宫真室殿開啓祈雨道場，謹上啓元始天尊、太上道君、太上老君、混元上德皇帝：伏以春爲陽中，萬物待資生之澤；雨弗時若，庶民懷焦亢之憂。敢致潔於清場，用祈靈於真室。伏冀穹旻降鑒，甘澍普霑，獲五稼之豐登，俾群生之茂遂。仰繄神貺，克底時康。無任懇倒之至。謹詞。

又《後苑華景亭開建祈雨齋文》　維元祐五年歲次庚午二月丙申朔，二日丁酉，皇帝遣入内内侍省内東頭供奉官、管勾後苑譚扆等，請僧三七人，於後苑華景亭建祈雨道場。伏以自冬徂春，稍闕滂沱之潤；彼民望歲，深懷愆亢之虞。爰仗佛乘，仰祈神貺。修舉六時之供，導迎四序之和。冀甘澤之霑濡，俾嘉生之茂遂。緬維大覺，昭鑒丹誠。謹言。

又《五龍廟賜會應廟為額祭告五龍之神祝文》　維元祐四年歲次

己巳八月戊戌朔，十日丁未，皇帝謹遣某官某致祭於五龍之神：伏以雲行雨施，實賴陰功。廟食壇祠，抑惟舊典。粤瞻靈宇，載飾崇堂。方屬考成，特加顯號。神其安妥，惠此黎元。尚享。

又《五岳四瀆等處祈雨祝文》 維元祐五年，歲次庚午，某月某朔，某日某甲子，皇帝某謹遣某官，敢昭薦於東岳天齊仁聖帝：伏以春序方中，驕陽爲沴；託居人上，深軫農收。邈瞻靈祠，虔致精禱。伏冀無方善應，有濟上隮。流膏澤而遍大田，消祲氛而爲樂歲。敢申至懇，仰荷神休。尚享。

又《天地社稷宗廟宫觀等處祈雨青詞祝文》 維元祐五年，歲次庚午，三月丙寅朔，四日己巳，嗣天子臣某，謹遣太中大夫、守尚書左僕射兼門下侍郎、上柱國、汲郡開國公、食邑三千九百户、食實封一千户臣吕大防，敢昭告於昊天上帝：伏以雨暘弗若，稍愆六氣之和；穀麥未滋，慮失三農之望。託居人上，祇畏天明。虔齋祓以致誠，冀神靈之降祐。霈滂沱之澤，普浹原田；廓氛祲之祥，化爲樂歲。將俾動植，均蒙福休。尚享。

又《在京會應廟等處祈雨齋祝文》 維元祐五年，歲次庚午，三月丙寅朔，四日己巳，皇帝謹遣朝奉大夫、試尚書刑部侍郎、上護軍、河南縣開國男、食邑三百户、賜紫金魚袋趙君錫，恭告於五龍之神：伏以驕陽爲沴，時雨稍愆，庶民其咨，嘉種將槁。仰憑神化，垂恤黔黎。合膚寸之雲，霈爲大澤；育來牟之實，登乃有年。殫罄精衷，恭期善應。尚享。

又卷七一《祭雙廟祈雨》 唐故張、許二公中丞之神：自昔至德之初，公以忠果，殞于睢陽。後人感慕風誼，祠而享之。于今且三百載，而嚴奉如存者，得非以公生既有禦灾捍患之功，殁當有遺芳餘烈福于生民？宜乎歲時報祈，載在祀典，不爲無益也。今涉秋閔雨，將害粢盛。某爲長人，惟兹是恤。心雖深念而力不能救，是敢夙夜齋戒，致禱于公。公既血食此邦，惟民是依，固宜享于潔誠，應以甘澤，使已稔之稼槁而復茂，將耨之種時其稔登。繄公之賜也。公其鑒此。

又《祭喬太尉廟祈雨》 漢太尉喬公之神：合宋之境，古祠以十數，其最爲民所向信者，公之神也。去歲冬旱，某始齋祓，請禱祠下，未信宿而獲雨雪之應。于是歲時報賽，未嘗懈于禮焉。今年自六月不雨，至于仲秋，禾菽既秀而將擾，來麰已種而不入。農疇咨閔，某實念之，不敢不再告于神。惟神既嚮受報于民，固當恤此灾沴，復興雲雨，潤澤一方，使時無艱食之嘆，然後神享豐盛之祀益無媿也。

宋 王安石《臨川集》卷四六《金明池上開啓祈雨粉壇道場齋文》 伏以肅設祠壇，宗祈解澤。膏潤之祥甫兆，赫炎之懼更深。實恃靈明，厚矜黍庶。遂令沾足，用格豐穰。

又卷六〇《請皇帝御正殿復常膳表二道》 臣等言：奉聖旨以祈雨未應，避正殿減常膳者。陽春生物，偶霑澤之稍愆；睿意恤民，遽側身而自抑。德已修於銷變，數或係於非常，當復彝儀，用安群下。恭惟皇帝陛下天仁博施，神智曲成，躬忘旰食之勞，坐講日新之政。四時協序，萬物致和。適當化養之辰，宜得涵濡之澤。少違常候，深軫清衷。退師氏之正朝，約太官之盛饌。仰窺謙德，志在閔民。然而遐虜來朝，當即法宫之位；誕辰人慶，合陳燕狙之珍。事有所先，禮難偏廢。伏願仰回淵聽，俯狥輿情，夙御九筵之居，并羞十閣之具。上以全於國體，下以副於臣誠。臣無任。

又卷八六《祈雨文》 惟神美名正氣，索之前史詳矣。噫！昔人也，挺王臣之節，忠信我任，德誼我負，故時君倚焉；今其神也，享廟食之貴，陰陽吾職，禍福吾柄，故州民賴焉。今千里旱暵，及時不雨，農夫悼心，郡將失色。某遂躬率僚屬，來請于大廡下。惟神全死生之大名，開聰明于一方，霈甘霔以足民食，則前謂人神之靈，於古今無愧焉。尚饗。

宋 王安中《初寮集》卷八《請梁才甫詣狄公廟祈雨札子》 某伏覩近日寺觀祈雨，精意感通，數有雲霓之應，而甘澤未霈，民心焦然。某二十六日至城南迓李真州，俟於狄公祠下，見故相國程公琳禱雨祝詞，故龍圖王公廣淵大書於石，題其後，略云：丞相精心爲詞，躬禱廟所，即日獲應，遂大有秋。都人德丞相而神梁公，今録於左方。某謹按：梁公，有唐名臣，時以謂北斗以南，一人而已。方武后盜國，廬陵廢處，唐室不絶如綫，梁公引誼屢争，瀕死不悔。武后感悟，三思不得立，廬陵復爲皇太子。又引張柬之卒與桓彦範等誅二張，立中宗，吕温爲之贊曰：

取日虞淵，洗光咸池，潛受五龍，夾之以飛。史臣以爲名言。公嘗爲魏郡守，民懷其恵，唐高適過魏，作三君咏。其一乃咏梁公祠，蓋自唐以來，廟食於此。昔者共工、后稷、契、禹之屬，皆祀以爲土穀之神。傅説爲列星，荀攸爲太山君，柳子厚爲羅池神。以公忠義慷慨，再造唐室，其精爽不昧，必能庥其所嘗涖之國，故張乖崖以窮歸，范文正以辭贊，而程相國以旱禱。《雲漢》之詩，以旱既太甚，則靡神不宗。今道釋之禱已罄，而忠賢之祀未舉，某竊遲之。漢東海有孝婦寃死，郡中枯旱三年。于公白太守，殺牛自祭孝婦，因表其墓，天立大雨。歲熟，郡中以此重于公。夫以匹婦之靈，且能致雨，況如梁公近古大賢，以程相國之事觀之，其效可見。欲乞更賜詢考，涓日潔齋，備盡誠懇，請雨於梁公祠下，庶幾早霔嘉澤，無害西成。

又《大名狄梁公廟祈雨文》 維公忠貫天地，氣勁金石，仗義蹈險，凛凛一德。武孽鳴晨，唐日中蝕。公徐請命，賷血横臆，廬陵既還，五龍來翼。大明升照，匪公孰力？扶顛之功，草木所知。寧豐、汝南，罔不懷思，魏人載德，百世奉祠。獨賢斗南，豈但一時，維此魏人，所欲必告。農功穡事，有相之道，今茲之稼，既方既阜。迨天閔雨，民憂用禱。維古上公，神通陰陽，吁嘘而雩，抑有故常。公降自天，去復騎星，留游舊都，髣髴英靈。某在茲居守，神交冥冥，忠義之感，尚想典刑。胡不慨然，吸呼雷霆，流恵焦槁，與之蘇醒。儻霔嘉澤，歲得上熟，自公及私，異世蒙福。祠庭之完，奉嘗之續，率民報貺，當罄祇肅。

又《河間諸廟祈雨文》 維帝奉天保民，惟天畀民粒食，惟民殫力於穡。帝克聖，天克純佑，民罔不承休於四方，亦既屢有年。有一不登，則吏底於罰，夫民何咎。矧茲兩河，比索於秋事，冬不雪，春亦亢旱，今乃重靳甘雨，將害民之麥禾。吏以慄慄，候雲霓之油然。氣方凄而風，陰甫合而霽，抑吏之精意未達於神與？乃以吉日，奔走群祀。伏冀憫哀斯民，亟畀膏澤，甦其枯槁，同底豐穰。庶幾歲不洊飢，吏亦靡悔。

宋 劉攽《彭城集》卷七《赤甲祈雨是日獲之》 君不見赤甲之淵色如墨，中有神物不可測。潛雖伏矣心念國，翕忽變化誰能識。五月亢陽裂金石，婦女悲號望膏澤。簫鼓甘香樂靈德，須臾晦冥天正黑。風雷硼轟震穹碧，霧雨滂沱掃炎赫。生物欣欣動顔色，樵童牧豎亦嘆息，千秋萬歲無終極。

又卷九《五龍井禱雨》 湯年不過此，丘禱亦何頻。石井無多水，泥蟠詎有神。舞雩聲寂寞，剪爪事酸辛。萬古爲霖意，長嗟傅野人。

又卷一七《陪馬守蜀山禱雨》 丘禱亦以久，齋居先筮從。鳴騶趁殘夜，觸石會前峰。簫鼓終椒奠，風霆起蟄龍。化工輕瞬息，幽貺振舂容。灑濯埃塵絶，虚凉灝氣逢。小人思學稼，即事喜年豐。

宋 張侃《張氏拙軒集》卷四《鳳鳴洞祈雨三絶》 山蹊屈曲費躋攀，來謁仙姑氣貌閒。曾與人間祈得雨，姓名從此徹天顔。

洞口流泉清徹骨，崖頭瀑布冷侵人。隔凡不許纖塵入，誰識中潛縱壑鱗。

六月官河已斷流，農家無水蔭田疇。我來欲問姑求雨，要勝常年望有秋。

宋 鄭獬《鄖溪集》卷一二《請駕出祈雨札子》 臣竊以首冬已來，久愆雨澤，旱氣相薄，屢發火災，乘此春温，恐生癘氣。雖陛下焦心引咎，夙夜祇懼，天地四方，靡神不禱，霈發德音，解釋纍囚，肸蠁無應，未見嘉澤，下民狼顧，實亦不寧。臣欲望陛下暫飭鑾駕，近幸神祠，躬自虔祈，以表誠至，必有美證，期於旦夕。況陛下宅憂，踰年不出禁闥，京都士民想望天表，俾之一聞清蹕，瞻見威顔，民心感悦，天意自解，甘霈之來，或可符應。臣不勝拳拳。

宋 范純仁《范忠宣公文集》卷一〇《祈雨》 天心仁愛，遂群物之常生；神道聰明，感至誠而善應。下國方罹於耗斁，真科曲示於祈禳。敢瀝懇以求哀，冀轉菑而爲福。伏念臣欽承君命，假領帥權，爰當莅職之初，適遇荐饑之後。盜賊盈獄，餓莩蔽塗，賑發將竭於囷倉，疲瘵尚虞於溝壑。近從初夏，復遘亢陽，田野焦枯，公私窮蹙，豈斯牲之敢愛，曾靡神而不宗。徒罄群心，未蒙嘉澍。臣之危懼，日甚焚惔，疾魃虐之方揚，嗟民命之近止，叫閽無路，踏地何容。是用祗叩琳宫，虔遵寶籙，降九天之真聖，延三界之靈神。恭修豺獺之誠，仰致潢汙之薦。敢冀高穹悔禍，上帝垂慈，霈爲三日之霖，滌此一方之沴。不違物願，咸繫鴻私。

宋 劉摯《忠肅集》卷四《乞禱雨疏》 臣伏見近日都城之中，火灾頻起，人情惶懼，轉相驚訛。蓋自冬春以來，久旱所致。今晝夜暴風，氣候乾燥，故易以致火，必得雨澤，乃可消伏。欲望聖慈命官精潔祈禱，以安人心，以致天澤。兼已近四月中氣，春麥方實，夏麥將結，正渴雨之時也。伏乞速降指揮。取進止。貼黃。臣按五行傳曰：賢佞分別，官人有序，率由舊章，則火得其性。若信道不篤，或讒夫昌邪勝正，則火失其性。恭惟陛下聖政英斷，其于辨別賢佞，固已至矣。然更願陛下常以此事留心，勿使讒言可進，邪或勝正，則天人之際，應如影響，一雨不難致而濫焰息矣。

又《歲旱待罪奏》 臣等伏睹春夏以來，旱沴深廣，遍走群望，雨澤未應。上煩聖慮，焦勞惻怛。奉今月九日詔書，避殿損膳，深自退抑。臣等伏惟灾異之應，必由政事，政事失當，咎在臣等。今乃致陛下降刻責之言，裁居養之節，則是歸過君父，臣等夙夜悚惕。伏望特賜罷黜，以懲不職。或先次依故事各降官職，庶幾少謝天戒。臣等以三省闕人，不敢闔門待罪，各且在職聽命，伏乞早賜處分。

又卷一〇《荆州祈雨文》 荆州田品居下，而人不務畜聚，使常得善歲，猶汲汲不能裕公私之充。矧天不雨，至于五月，陂澤磽赤，一種未入。比者穀價已翔，民駭然以相顧，守土者惕然自省以爲憂。心雖憂之，而雨不可以力致也。雨，神之所能爲也。今油然屢雲，而膏屯不施，或者重其德，待其有請而後與之耶？豈特民一歲之望，至于爲牲牢粢酒，所以承事于神者，亦有繫焉。

又《應詔祈雨文》 謹以清酌之奠，奉宣天子之意，而致之于高山聖賢之神曰：京師畿輔，天下根本，乃去年冬迨今暮春，不雨不雪，民心焦然。天子仁聖，咨顧憫惻，并走群望，日徯罔應。尚念神之主山川者有山川之守，食其境内者有境内之責，疑其有此分職而不可以奪之，故又詔天下求神之未秩于祀典，出處可以自得，靈施休應，民所依信，如人抱道，德畜膏澤，不在其位，需時見求，然後一紓非常之功，以爲國家補者，俾以禮祀之。今府吏民，于是咸以神爲言。若夫驅移風雲，飄忽變化，朝夕萬里，而轉灾爲祥，此神之所以不測而震靈，乘會以赴功之時也。

又《祈雨文》 年穀既粒，蝨孽未殄，實由秋陽沴氣之所容養也。又八月藝麥之候，而行澤失時，如炎如焚，民駭相顧。惟神食于此土，不能聽其吁嗟，爲興雲雨灑濯之，則吏與民敢怠昭事之報。

又《青州祈雨文》 維青丘帶山爲地，氣深土渴，藝植之事，天澤是賴者，視他方爲亟。歲春將窮，而時雨未霈，宿麥既苗，將厄其長。盛陽驕燥，疾沴且興，守土之吏，不能率衆戚以籲于神，吏則失職。惟神操縱陰陽，用贊化育，降食此土，休戚與同。若乃時其雨暘，相厥歲事，則神之職又何失歟？

又《建壇祈雨文》 旱熯爲灾，至于此極，群祀遍走，膏澤尚屯。今將求龍啓壇此地，惟神矜惻農事，鑒此至誠，毋或阸龍，不俾顧享。苟獲多應，神預有功。

宋 郭祥正《青山集》卷一四《蘭陵請雨》 夜半何所適，請雨之名山。蘭陵古仙府，妙迹殊可攀。秘文呼蟄龍，舒雁薦層壇。屏氣注誠想，百靈啓玄關。緑章封事奏，金闕承恩還。林風生泠泠，澗溜添潺潺。遥峰靄冥霧，倏歘迷區寰。殷雷無猛威，激雨增微瀾。寧獨濡枯焦，永願消塵煩。

宋 郭祥正《青山續集》卷三《祈雨》 皇天久不雨，旱風滿東國。春田廢鉏犁，秋事闕牟麥。縣官緊租税，守令抱憂責。交馳謁群望，不敢愛牲帛。而我處學宫，于郡乃賓客。霜寒怯早起，卧聽車馬適。方兹祈求急，不預奔走役。精誠獲蒙報，豈不沾潤澤。古有支離形，亦有支離德。而我頗施施，支離在官職。雖然憫元元，覽鏡見顔色。高咏雲漢篇，千秋意悽惻。

又卷四《題贛州嘉濟廟祈雨感應》 江東禱雨真靈迹，香火未收簷溜滴。城中到此夜五更，渡口歸時水三尺。高田流滿入低田，萬耦齊耕破曉烟。但願吾民得飽飯，年年歲歲是豐年。

宋 蘇軾《東坡後集》卷一《禱雨龍公既應劉景文有詩次韻》

張公晚爲龍，抑自龍中來。伊昔風雲會，咄嗟潭洞開。精誠苟可貫，賔主真相陪。洞簫振羽舞，白酒浮雲罍。言從闕洲妃，遠去焦氏臺。倒傾瓶中雨，一洗麥上埃。破旱不論功，乘雲却空回。嗟龍與我輩，用意豈遠哉。使君今子義，英風冠東萊。笑説龍爲友，幽明莫相猜。

宋 蘇軾《東坡續集》卷二《真興寺閣禱雨》 太守親從千騎禱，

神翁遠借一盃清。雲陰黯黯將噓遍，雨意昏昏欲醖成。已覺微風吹袂冷，不堪殘日傍山明。今年秋熟君知否，應向江南飽食粳。

宋 蘇軾《蘇文忠公全集》卷五《立秋日禱雨宿靈隱寺同周徐二令》 百重堆案掣身閑，一葉秋聲對榻眠。牀下雪霜侵户月，枕中琴筑落堦泉。崎嶇世味嘗應遍，寂寞山栖老漸便。惟有問農心尚在，起占雲漢更茫然。

又 卷八《和李邦直沂山祈雨有應》 高田生黄埃，下田生蒼耳。蒼耳亦已無，更問麥有幾。蛟龍睡足亦解慚，二麥枯時雨如洗。不知雨從何處來，但聞呂梁百步聲如雷。試上城南望城北，際天菽粟青成堆。饑火燒腸作牛吼，不知待得秋成否。半年不雨坐龍慵，共怨天公不怨龍。今朝一雨聊自贖，龍神社鬼各言功。無功日盜太倉穀，嗟我與龍同此責。勸農使者不汝容，因君作詩先自劾。

又 卷一六《祈雨迎張龍公祝文一首》 維元祐六年，歲次辛未，十月丙辰朔，二十五日庚辰，龍圖閣學士、左朝奉郎、知潁州軍州事蘇軾謹請州學教授陳師道，并遣男右承務郎，迨以清酌庶羞之奠，敢昭告于昭靈侯張公之神：稽首龍公，民所祇威，德博而化，能潛能飛。食于潁人，淮潁是依。受命天子，命服有輝，爲國庇民，凡請莫違。歲旱夏秋，秋穀既微。冬又不雨，麥槁而腓。閔閔農夫，望歲畏饑。并走群望，莫哀我欷。於赫遺蜕，靈光照幃。惠肯臨我，言從其妃。翻舞雩咏，薦其潔肥。雨雪在天，公執其機。游戲俛仰，千里一麾。被及淮甸，三輔王畿。積潤滂流，浹日不晞。我率吏民，鼓鐘旄旗。拜送于郊，以華其歸。尚饗。

又《祈雨僧伽塔祝文一首》 維元祐七年，歲次壬申，三月甲申朔，十二日乙未，龍圖閣學士、左朝奉郎、新知揚州軍州事充淮南東路兵馬鈐轄蘇軾，謹以香燭茶果之供，敢昭告于大聖普照王之塔：淮東西連歲不稔，農末皆病，公私并竭，重以浙右大荒，無所仰食。望此夏田，以日爲歲。大麥已秀，小麥已孕，時雨不至，垂將焦枯。凶豐之決，近在旬日。軾移守廣陵，所部十郡，民窮爲盜，職所當憂。才短德薄，救之無由。伏願大聖普照王以解脱力行平等慈。噫欠雲雷，咳唾雨澤，救焚拯溺，不待崇朝。敬瀝肝膽，尚鑒聽之。

又《北岳祈雨祝文一首》 維元祐九年，歲次甲戌，四月壬寅朔，十六日丁巳，端明殿學士兼翰林侍讀學士、左朝奉郎、定州路安撫使兼馬步軍都總管、知定州軍州及管内勸農使、輕車都尉、賜紫金魚袋蘇軾，敢以制幣茶果清酌之奠，敢昭告于北岳安天元聖帝：都城以北，燕薊之南，既徂歲而不登，又歷時而未雨。公私并竭，農末皆傷。麥將槁而禾未生，民既流而盜不止。豐凶之決，近在浹辰。溝壑之憂，上貽當宁。仰止喬岳，食于朔方。卷舒雲霓，呼吸雨霽。若其安視小民之急，何以仰符上帝之仁。軾以短才，謬膺重寄。儻有罪以致旱，寧降罰于微躬。今者得請于朝，齋居以禱，旦夕是望，吁夏而求。雨我夏田，兼致西成之富；實兹邊廩，少寬北顧之憂。拜賜以時，敢忘其報。尚饗。

又《祈雨諸廟祝文一首》 某神之靈，去歲之秋，民苦饑饉，望此一麥，以日爲歲，不雨彌月，敢以病告。與其救之於已竭，不若起之於未枯。敢冀有神，時賜甘澤。豐登之報，我其敢忘。尚饗。

又 卷三四《徐州祈雨青詞一首》 河失故道，遺患及於東方，徐居下流，受害甲於他郡。田廬漂蕩，父子流離。飢寒頓仆於溝坑，盜賊充盈於犴獄。人窮計迫，理極詞危。望二麥之一登，救饑民於垂死。而天未悔禍，歲仍大荒。水未落而旱已成，冬無雪而春不雨。烟塵蓬勃，草木焦枯。今者麥已過期，穫不償種，禾未入土，憂及明年。臣等恭循舊章，并走群望。意水旱之有數，非鬼神之得專。是用稽首告哀，籲天請命。若其賦政多僻，以謫見于陰陽；事神不恭，以獲戾于上下。臣實有罪，罰其敢辭。小民無知，大命近止。願下雷霆之詔，分敕山川之神。朝隮寸雲，暮洽千里。使歲得中熟，則民猶小康。

又《禱雨蟠溪文一首》 歲秋矣，物之幾成者，待雨而已。穟者已秀，待雨而實，三日不雨，則穟者不實矣；荚者已孕，待雨而秀，五日不雨，則荚者不秀矣。野有餘土，室有閒民，待雨而耕且種。七日不雨，則餘土不耕，閒民不種矣。穟者不實，荚者不秀，餘土不耕，而閒民不種，則守土之臣將有不任職之誅，而山川鬼神將乏其祀。兹用不敢寧居，齋戒擇日，并走群望，而精誠不歆，神不顧答，吏民無所請命。聞之曰：虢有周文武之師太公，其可以病告。乃用大祲之禮，禱而不祠。穀梁子曰：古之神人，有應上公者，通乎陰陽，君親帥諸大夫道之而以請焉。夫生而爲上公，没而爲神人，非公其誰當之？《詩》曰：維師尚父，時維鷹揚，涼彼武王，肆伐大商，会朝清明。公之仁且勇，計其神靈無所不能爲也。吏民既以雨望公，公亦當任其責。敢布腹心，公實圖之。尚饗。

又《鳳翔太白山祈雨文一首》　維西方挺特英偉之氣，結而爲此山。惟山之陰威潤澤之氣，又聚而爲湫潭。缾罍罐勺，可以雨天下，而況於一方乎？乃者自冬徂春，雨雪不至，西民之所恃以爲生者，麥禾而已。今旬不雨，即爲凶歲，民食不繼，盗賊且起。豈惟守土之臣所任以爲憂，亦非神之所當安坐而熟視也。聖天子在上，凡所以懷柔之禮，莫不備至，下至於愚夫小民，奔走畏事者，亦豈有他哉？凡皆以爲今日也。神其盍亦鑒之，上以無負聖天子之意，下以無失愚夫小民之望。尚饗。

宋　蘇軾《東坡内制集》卷一《奏告天地社稷宗廟宫觀寺院等處祈雨雪青詞齋祝文》　伏以朞年以來，水旱作沴，迨兹徂歲，復苦常暘。疾疫將興，農末俱病。方齋居而默禱，庶精意之登聞。敢祈春臘之交，沛然雨雪之賜。願均介福，敷錫群生。

又卷二《五岳四瀆等處祈雨祝文》　期年以來，水旱作沴，振廪同食，冠蓋相望。已責勸分，公私并竭。惟待一熟之麥，以蘇垂死之民。而冬不雨以徂春，苗將秀而不實，顧惟冲昧，有失政刑，感傷陰陽，延及鰥寡。既非下民之罪，亦豈上帝之心。惟神聰明，毋愛膏澤，則民有息肩之漸，神無乏祀之憂。

又《大相國寺開啓祈雨道場齋文》　伏以旱暵既久，麥禾將空；仰惟天人之師，宜專雲雨之施。庶幾慈愍，寬我憂危。

又《集禧觀開啓祈雨道場青詞》　洞淵龍王，水府聖衆：饑饉之患，民流者朞年；吁嗟之求，詞窮於是日。乃眷陰靈之宅，實爲雲雨之師。涵濡之功，指顧而辦。罔吝天澤，以答民瞻。

又《諸宫觀寺院等處祈雨青詞齋文》　饑饉之患，民流者期年；吁嗟之求，詞窮於是日。仰惟至道之助，推廣上天之仁。召呼群龍，時賜霈澤。罔以不德，而廢其言。

又《天地社稷宗廟神廟等處祈雨祝文》　惟德弗類，致常暘之灾；斯民何辜，有薦饑之懼。旬浹不雨，麥禾皆空。循省再三，夙夜祗慄。引領雲霓之望，援手溝壑之餘。既窮之詞，其忍弗聽。

又《五岳四瀆等處祈雨祝文》　天人之交，應若影響。雨暘不順，咎在貌言。失之户庭，害及寰宇。求治雖切，不當天意之中；聽言雖多，未聞民病之實。刑罰有過，賦役未平。一人之愆，百姓何罪？避坐徹膳，猶當許其自修；悔禍轉灾，庶或救之將墜。於神盍反掌之易，而民免擠壑之憂。仰瞻雲霓，待命旦夕。

又《鄭州超化寺祈雨齋文》　伏以常暘爲灾，歷時愈熾；秋穀未蓺，夏苗將空。天意未回，佛慈所愍。願以不思議智力，大解脱神通，時興法雲，普賜甘澤。

又卷八《後苑瑶津亭開啓祈雨道場齋文》　六月徂夏，方金火之争；三農望秋，乏雷雨之施。嗟人何罪，逢歲之艱。自非妙覺之等慈，孰極疲民於重困。有嚴禁苑，祗建净筵。念我憂勞，錫之膏澤。非獨起焦枯於田野，抑將掃疾疫於里閭。嘉與含生，永均介福。

又《西岳廟開啓祈雨道場青詞》　伏以二華之尊，作鎮於西極；兆人所急，望歲於秋成。穀既日滋，雨不時霈。敢以病告，于我有神。閔兹將槁之苗，賜以崇朝之澤。惟神之德，非我敢忘。

又卷九《後苑瑶津亭開啓祈雨道場齋文》　伏以常暘之沴，歷月於兹。近自都畿，遠及關輔。豈獨西成之害，將爲宿麥之憂。仰止覺慈，必垂善救。普集山川之守，來登梵釋之筵。罔吝膏濡，以興焦槁。

又《西路闕雨於濟瀆河瀆淮瀆廟祈雨祝文》　伏以水旱之事，山川所司。農服穡以有秋，天密雲而不雨。愧我不德，瀆於有神。願爲三日之霖，大慰一方之望。國有常報，我其敢忘。

宋　蘇轍《欒城集》卷五《次韻子瞻祈雨》　世故紛紛誰復閑，蛟龍不雨獨安眠。人間已厭三秋旱，澗底猶慳一掬泉。廟令酒殽時醉飽，田家糠粃久安便。憂心未已誰知恤，更把爐香試一燃。

又卷七《和李邦直學士沂山祈雨有應》　宿雪雖盈尺，不救春夏旱。吁嗟遍野天不聞，歌舞通宵龍一戰。旋開雲霧布旌旗，復遣雷霆助舒卷。雨聲一夜洗塵埃，流入溝河朝不見。但見青黍與禾，老農起舞行人歌。汙邪滿車尚可許，供輸到骨期無它。水行天地有常數，歲歲出入均無頗。半年分已厭枯槁，及秋更恐憂滂沱。誰能且共蛟龍語，時布甘澤無庸多。

又卷一八《太白山祈雨詩》 田漫漫，耕揭揭。拔陳草，生九穀。人功盡，雨則違。苗不穗，莩不米。哀將飢兮！

山巖巖，奠南西。嗟我民，匪神依。伐山木，藝稷黍。求既多，訴不已。猶我許兮！

山爲灰，石爲炭。水泉沸，百草爛。神予我，旱奪之。孰爲是，驕不威。尚可弛兮！

雷馮空，雨騰淵。誅孽妖，反豐年。顧千里，瞬三日。神在堂，龍爲役。是何惜兮！

雨既止，百穀復。築場壤，治困篚。爲酒醴，伐豚羔。舞長袖，擊鳴鼉。匪以報兮！

又卷二六《齊州祈雨雪文二首》 惟神出入造化，呼召風雲，播灑甘澤，膏潤下土。今茲歷時不雨，麥不得種。饑饉既至，疫癘將起。守土之吏，知任其憂而不知所爲。神能仁愛斯民，又能作爲雨雪，以生育萬物，是以敢告。苟克有應，嘉雪時降，以寬吏民之憂，敢不有以報也？尚饗。

某攝守濟南，適丁旱災。自秋徂冬，迄此春莫，菽粟不登，麥不得種。秋田既耕，種不入土。公私匱竭，食將不繼。官吏震懼，并走祠聖。精誠不格，報不時至。暴風振揚，雲合輒解。嗷嗷相視，知殞溝壑。粤茲耆艾，稽首來告，曰維此土，西附岱麓。蒙神之休，常以有年。雲興膚寸，實雨天下。矧伊我邦，而或棄遺。神不遺我，我則不告。是用祇具牲酒，請命有神。吏之不處，無所逃罪。民知歸神，神豈棄之。茲誠不亡，甘雨時至。迨秋有成，民免於死，將戴神之功，展其四支，以求事神無斁。尚饗。

又《齊州祈雨青辭》 嗚呼！民愚無知，吏怠弗教。鬼神不享，積釁成厲。旱氣充塞，五種失藝。饑饉既至，疾疫將起。禱求百神，寂寥無聞。民既窮瘁，吏亦震恐。各知咎殃，將自洗濯。而神怒未怠，膏澤不至。栗栗危懼，無所歸命。敢因舊儀，祇薦誠悃。維皇天后土，靡不覆幬。日月宿燿，靡不臨照。山川岳瀆，靡不容載。哀矜無辜，縱舍有罪。并包含養，與道爲一。祓除妖孽，布導和氣。時播甘雨，以救民命。亦俾我守臣，開蒙大賜，以寬憂責。

又《筠州祈雨青辭》 臣來是邦，歲比不登。去夏大水，泛溢城邑。繼以秋旱，民食不足。庶幾今歲，五種歲茂，以釋餘病。而亢陽爲災，不雨彌月，水泉耗竭，多稼殄瘁。雲物告異，災火時發，上下恐懼，不知所措。惟吏之不德，無以仰當天心；惟民之無良，有以召致神怒。雖自洗濯，并走祠望，而誠意淺陋，靈貺不答。將嘿不以告，而民不可棄，神亦不終棄人。謹歸誠天地，請命百神，尚克收如焚之威以布甘雨，使民得稼穡，各安其居，使我守土之臣，亦蒙大賜。

又卷三四《後苑粉壇祈雨祝文》 維元祐五年，歲次庚午，四月丙申朔，皇帝遣入內侍省內東頭供奉官、勾當後苑譚扆等，請僧三七人，於後苑華景亭開啓粉壇祈雨道場：伏以自冬常旸，涉夏未雨，四方千里，二麥一空。惕焉不德之慙，貽我烝民之病。爰假佛乘之妙力，大啓天竺之净壇。庶使鍾梵既交，作雲雷於清晝；膏澤普潤，復禾黍於有秋。豈獨微衷之私，實亦衆志之願。謹言。

又《五岳四瀆祈雨祝文》 維元祐五年，歲次庚午，月朔日，皇帝某謹遣左朝散郎充集賢校理、守尚書禮部郎中崔公度敢昭薦于東岳天齊仁聖帝：伏以君德不修，天澤弗應。自冬涉夏，困於常暘。失麥與禾，何以卒歲？率土之廣，匪神孰依？雖或政令之失宜，嗟彼烝庶之何罪？尚祈甘雨，克畀豐年，衆之所同，神罔終棄。尚饗。

又《奏告五星祈雨祝文》 維元祐五年，歲次庚午，四月丙申朔，八日癸卯，嗣天子某，謹遣左奉議郎守尚書吏部員外郎趙屼敢昭告于東方歲星：伏以膏澤不時，咎在邦政。烝庶何罪，橫罹深災？惟神聰明，實司造化。尚霈甘雨，卒成豐年。衆所共祈，神豈弗答。尚饗。

又《中太一宮祈雨青詞二首》 維元祐五年，歲次庚午，二月丙申朔，二日丁酉，嗣天子臣名謹遣入內侍省內東頭供奉官臣李永言，請道士三七人，於中太一宮真室殿開啓祈雨道場，謹上啓元始天尊、太上道君、太上老君、混元上德皇帝：伏以冬雪不效，春雨過期。雲族屢興，風災輒至。牟麥既病，秋種未入。嗟民何罪，籲天不聞。惟側身念咎之誠，不敢自赦；而絜齋祈福之舊，亦莫少愆。庶見膏澤之滂流，尚俾飢民之粒食。懇禱斯極，眞聖所臨。無任懇倒之至。謹詞。

維元祐五年，歲次庚午，五月朔日，嗣天子名，謹遣入内内侍省内東頭供奉官勾當三館秘閣臣李永言，請道士三七人，於中太一宮真室殿開啓祈雨道場，謹尚啓元始天尊、太上道君、太上老君、混元上德皇帝：伏以常暘爲虐，夏以及中。精禱未孚，雨不逾尺。麥雖粗入，未足以充八口之飢；禾則始生，猶當竢三日之澤。人謀竭矣，天意謂何？惟至道之竅微，運元化於俄頃。慈閔衆庶，覆護邦家。召呼風雲，廣施千里之潤；勃興黍稷，終致百室之盈。永與斯民，同仰靈德。無任懇倒之至。謹詞。

宋 彭汝礪《鄱陽集》卷九《禱雨》 萬物紛紛出，驕陽苦蠹侵。盛衰占物理，憂樂念人心。又作祇園禱，誰爲傅説霖。無誠動幽隱，子細卜山禽。

宋 范祖禹《范太史集》卷二八《西岳開啓祈雨道場青詞》 伏以自陝以西，失時不雨，旱苗將槁，粒食且艱。惟神岳之配天，主油雲之降澤，載馳使傳，申飭祠宮，祗薦精誠，仰祈休應。俾三農之望歲，無爽于西成；庶八蜡之記方，益欽于明祀。

宋 鄭俠《西塘集》卷五《代祭社稷祈雨文》 古之建國，左祖右社，示民之生，必本其先。而衣食所本，土穀而已。而聰明仁惠，能出力以平險阻，教耕藝，皆得以配享無窮。推迹所崇，不其至歟！大海之傍，連年焦旱，細民艱乏，至於妻孥并棄，莩死於道，可爲痛心者，今歲爲甚。幸而春夏足雨，以爲秋稼稍登，即病悴遺民可以少濟，迫茲不雨，又且逾月，誠恐復如去秋，則民不噍類。憂慮之深，殆廢眠食。以某忝爲長也，神祀有常典，而旱溢祈禱，首著于令，豈非輔祐朝廷衣食民物有從來乎？夫賤者力耕耨，貴者勤勸相，此則人之所得而致；若乃叱呼雲龍，奔走雷電，嘘翕俄頃，滂沛田野，使枯槁將死而復生，非神而誰能？是用潔蠲齋宿，以爲民請，惟神臨之。

又《代龍潭祈雨文》 祀有典，先王所以勤恤民隱，謂夫非人力之所能及，則惟神是怙，國家尊隆禮敬。近者制敕，凡名山大川能出雲雨神靈顯赫者，所在咸以名聞。神於福清境内標表第一，凡以靈異卓絶，自有是邑以來，歲時灾害，苟以告者，未嘗不蒙休應，其功力在民者甚著。以去歲蝗螟爲害，今春麥不全收，民極艱乏，幸而耕播之初，甘雨屢降，民究其力，以赴田畝，原田高下，蒼翠一色。乃自仲夏至今不雨矣數日，膏腴圻裂，苗稼黄瘁，民心遑遑，小大憂恐，若且晚填墜溝壑者，神於此時，得無深念乎！某爲宰於此，固才力有限，而小大之訟，分决裁處，不敢不盡其心。其有以致咎罰于有神者，願以身當，無禍吾民物爲也。乃其寸誠發心，如一燧之在爐。亮神之指呼風雲，馳走霆電，化焦燠爲清凉，變乾暵爲濡澤，俾民易憂以懽，且死而生，望易於一燧之在爐也，然則，何憚而不爲哉？此某所以祗祓而來告。

又《代祭崇應公祈雨文》 民之所事，明則有官長，幽則有鬼神，凡以其於已有庇護，而使之不失其所是也。泉濱海之國，土隘民稠，壤地磽确，稼穡良苦，所賴雨澤以時降，否則焦旱不收，既已仍歲，民流徙以轉溝壑多矣。幸茲春夏，甘澍饒足，禾稼將成，近復不雨，誠恐枯旱，復如前時，民何以堪，故不勝愁憂而至於不眠者。以某忝爲長於茲也，惟神聰明惠直，廟食于是，而温陵之人，家有嚴饗。雖稚兒女子，無不知依神之明且靈，非有大庇護之力，而能使之若是乎？夫聖賢之舉也義，而義者，時而已矣。有大庇護之力，而不能於此時，未見其爲義也。瞑雲藏山，龍託淵藪，呼叱俄頃，傾瀉川澤，萬室之衆，同一欣喜，神豈無意乎？此太守所精誠來告也。

又《代祭顯應王廟祈雨》 民所恃以生者食，而稼穡之待雨澤亦若是。晋江仍歲焦旱，細民艱食，而至父子相棄，流移甚矣。矧莩死于道，不可勝計乎！幸而春夏雨澤稍足，以爲今歲有豐稔之望，饑疫遺民庶幾少濟。涉秋而來，復爾暵乾，誠恐又如去歲，則民不聊賴。夫叱呼靈龍，驅使電雷，此神所從容而餘力；原田圻裂，苗稼枯槁，萬室焦然，此則吏所經營之大急。以有餘濟大急，固神與吏相爲表裏，以佐斯民之道也。故敢精懇而來告焉。

宋 孔平仲等《清江三孔集》卷一九《祈雨文》 旱暵爲虐，詩人所疾。歲不一登，民憂百出。矧齊之旱，自秋及春。種不入土，邑多流人。雲雷其興，下雨滂沛。施功一朝，可及終歲。神食此土，當爲民憂。民望久矣，無爲神羞。

又卷二一《祈雨》　皇天久不雨，旱風滿東國。春田廢鉏犁，秋事闕牟麥。縣官緊租賦，守令抱憂責。交馳謁群望，不敢愛牲帛。而我處學宮，于邦乃賔客。霜寒怯早起，卧聽車馬適。方兹祈求急，不預奔走役。精誠倘蒙報，豈不沾潤澤。古有支離形，亦有支離德。而我頗施施，支離在官職。雖然憫元元，覽鏡見顔色。高咏雲漢篇，千秋意悽惻。

又卷二二《題贛州嘉濟廟祈雨感應》　江東禱雨真靈迹，香火未收膋溜滴。城中到此夜五更，渡口歸時水三尺。高田流滿入低田，萬耦齊耕破曉烟。但願吾民得飽飯，年年歲歲是豐年。

宋　黄庭堅《豫章黄先生文集》卷一〇《次韻文少微判官祈雨有感》　窮儒憂樂與民同，何況朱輪職勸農。終日齏鹽供一飯，幾時膚寸冒千峰。未湏丘垤占鳴鸛，只要雷霆起卧龍。從此滂沲遍枯槁，愛民天子似仁宗。

又卷二一《祈雨文三首》　晚稻既苗，稙禾將粒，雲物不雨，西南其風。高田塵埃，下田龜坼，歲且無入，柰何斯民。維爾有神，庇民以食，能出雲雨，化灾爲穰。吏將率民，豢牲釃酒，以報靈德，豈不休哉。

今歲雨暘時節，既登麥而美禾，迺五月辛巳迄于今，不雨以風。粒者將不得堅，粟苗者將不得遂蕃，痟牛而耕、汗背而耘者，將不得食。將無以奉輸貢賦，供給祭祀，官吏且失其職，故以吉日丙寅，夙夜駿奔，并告於爾神。蒙神之休，荅以膏雨，而漏下不能三刻，星斗晏然，使人視四郊之枯槁，色故自如。鄙諺有云：狐埋之而狐搰之，是以無成功。春夏之交，神賜厚矣，豈於幾成而敗之？神聰明正直，其忍不終惠民？吏職不虔，獄訟之不得，其情使之，或奪其時，吏則有罪，神降灾于厥躬，勿俾民病。尚享。

維吉日丙寅，奔走丞佐，以歲事謁于廟庭。靈雨其濛，爲惠未遍。越戊辰，實用不寧。身率群吏，靡神不宗。過蒙明神，降鑒勤瘁，忘長吏之罪，而大庇民。隕雨未申之交，畎澮皆盈，旱苗蘇醒，民有慶色，傳相告語，實神之雷風，與民成功，澤則優渥。乃己巳、庚午，天高日融，四無雲陰。雖蟻集于丘，魚噞于淵，膏雨祁祁，殆不可復。愚民冒陂池之澤，至於昆弟以鋤耰相逐。雖風俗之不美，吏化之未加，抑亦有以使然。惟神血食此邦，分風雨之柄，呼吸晦冥，足以解紛善歲，捐神所易，成吏所難。是用慘怛三請，神其終賜之。俾民知神之光烈，威神永有依歸。及其牲牷肥大，酒醴酎甘，將教民美西成之報焉。尚饗。

宋　黄庭堅《山谷別集》卷七《玉山祈雨文》　謹以清酌時羞之奠，致告于玉山之神。作鎮此邦，能出雲雨；食口十萬，實依神休。乃六月交，稻方水槈，旱乾無澤，西南其風。雨將愆期，民則無歲，怨嗟盈野，豈神本心。某職思其憂，敢用控告。神其呼吸明晦，風馬雲車，行天作霖，百里多稼，享民報事，豈不休哉！

宋　黄庭堅《山谷外集》卷一〇《祈雨》　臣聞鶴鳴九皋，上雲霄之丕聞，蟻居大澤，知陰雨之方來。蓋動蠕之慘舒，皆範圍於覆載。民之疴瘠，帝實哀矜。伏以八卦位而四時成，六氣和而萬物得。因其材而篤焉，則易爲力；非其時而望之，則無見功。敢殫祇祓之心，儻動昭回之鑒。維是民社，介乎江山。以陂澤爲家，以稻杭爲命。仰口而哺者，蓋且十萬；塗足而耘者，逮其惸嫠。夏方用事而養禾，土則溽暑而不雨。失此幾會，且爲饉凶。走百神以告哀，蒙小惠而未濟。是用洗心虚寂，戒日吉蠲，款帝閽之崇高，請民命於溝壑。惟天地實民父母，忍赤子之渴飢？雖山川能出風雲，必有司其號令。恭惟成就萬德，照知四方。顧哀下土之黔，坱圠鴻鈞之造。錫予膏澤，躋登豐年。重念賤微一介之臣，典司百里之命，傾投五體，瞻望紫宸，無任祈天俟聖激切依歸之至。

宋　釋惠洪《石門文字禪》卷三《臨川陪太守許公井山祈雨書黄華姑祠》　臨川富山水，井山最深幽。愧我今日來，自非清散游。試問井中龍，吾行汝知不。高秋嗜酣卧，此計非良謀。晚稻已及穗，一雨足可收。曷不躍而起，霈然瀉南州。要看賢使君，放衙擁黄紬。

又卷二八《祈雨》　秋夏之交，豐凶其辨。稻杭植而未粒，天日融而益烝。乞命眞乘，肅祈景貺。惟覆載之父母，將呼吸其風雲。願興無礙之慈，副此有求之懇。

又卷三〇《祈雨文》　仍歲饉凶，民之艱食，亦以衆矣。而菜色喘沫者，猶并首以望有秋，如痿者之不忘起也。春夏之交，風雨時若，方將奮躍，似有生意，而比日毒暑益熾，四無雲陰，車鵶夜鳴，田龜晝坼，饉凶之憂，恐在朝夕。《傳》曰亨牛而不鹹，敗所成矣。又曰行百里者半九十，爲不克終。豈神之賜昌其始而終奪之邪？吏以不職，上天降罰，吏躬任之，民其何辜？而神亦坐視其病哉？謹率丞佐，群趨并走，致恭于祠下，雀息以俟休答。神其哀憐之。

宋 畢仲游《西臺集》卷一二《祈雨文》 宿麥在田，愆陽斯久，野無潤澤，癘氣相仍。仰惟神明，保佑茲土，不腆醪醴，品物維時，將之以誠，庶格靈貺。

又《取聖水文》 自冬徂春，曆時不雨，并走群望，罔乎其應。麰麥將槁，徼福祠下，神不吝澤，隨禱而至。方夏旱暵，秋穡可憂，飢疫已萌，餒胔在道。嗷嗷之衆，匪神孰依？謹蠲厥誠，再卜靈貺。惟神之仁，克終厥賜，風雲勃興，大雨時至，有秋之望，則庶幾焉。神實可爲，苟緩無救。

又《謝雨文》 祝史初陳，已見油雲之布野；神靈來相，遂蒙甘澤之應時。非惟夏麥之少穌，固亦秋種之可入。率循南畝，庶幾西成。惠勝櫟陽之金，功倍鄭渠之利。含哺擊壤，釃酒匪惰，游刃封羊，敢茲拜貺。

又《又祈雨文》 近以春旱之久，謁款廟祠，迨今踰時，未拜，靈貺雖雲雨之施屢作屢止，有以潤枯槁，屏塵翳，而秔稻之種，未入于田，其已入者，稂莠坌生，耘治不給，不敢覬其成就。維邑西距義陽，南走安陸，其間無數舍，而西南之田，飽于潤澤，以爲天之行，則豈足迹之相接，而飢穰之不同耶？以爲令之罪，則宜令自任其咎，而民猥受其辜耶？不然，豈請禱之方有所未至，而如神聰明正直，每祈每應，而今顧不矜其民耶？時已失矣，農事迫矣，十日之間，雲興雨作，霈然而爲賜，則猶可已去稂莠而布嘉種，過此則已矣，無望于歲矣。酒醴惟清，耆羞惟誠，再卜神休，引領而俟。苟能鑒茲，則當具牲牢，備簫鼓，盡禮致恭，以謝廡下。

又《嵯峨山祈雨文》 華原冬不雪，春不雨，嘗以民病告矣。雖獲嘉應，膚寸而止。今又兩月不雨，宿麥淒慘已槁而無望，地復磽确如石田不可耕，春候將過，秋種未入，民之流亡殍踣，可立以待。詢諸邦人，皆曰莫如我嵯峨聖母，慈仁深厚，威靈溥博，覆護茲土，豈前日之禱誠未至，而蒙應亦淺耶？將守臣有罪，神未原赦，而民反受其病耶？故躬走祠下，請罪于神，而致其誠。庶幾膏澤之大應，而法必有旨，方得信宿于外，且懼後時不能回枯改涸，以慰答斯民之嗷嗷。謹移文通判軍州事湯景仁，代奉牲牢酒醴，再此赴愬。三日至五日，霈然浹洽，周于境内，則在田之麥，猶可望一二，而秋種畢入，儌幸不至流亡殍踣，以遺神之羞。于斯時也，敢不祗率邦人，奉其歡欣鼓舞之心，而昭報嵯峨聖母之賜，永永事神不怠。

又《祈雨取聖水文》 夏麰已槁，大田方困于生塵；秋耜未興，比屋重憂于粒食。名山在望，霑潤無窮，北雍行祠，威靈如舊。敬以三農之望，求于一勺之多。簫羽初來，雲霓已布，願霈滂沱之澤，少寬旱暵之憂。庶幾有年，毋庸罪歲，聿懷盛德，永浹斯民。

又《又祈雨文》 麰麥未秀，穀種不入，雖憫然望歲，如有飢渴，而密雲屢興，霈澤未下，是用以民疾苦，赴愬于神。惟神廟食茲土，民賴以生，厥歲美惡，神實司之。願蒙嘉應，以卒農事，當雨作矣，即拜神休。

又《耀州祭諸廟祈雨文》 國家承天宥民，期于靖治。神爲有道，以相我國家。水旱之至，憂實同之。而自十月至于五月不雨，麥槁在田，禾種未入，道路流散，非廩給之所能振。天子聞而憫焉，故發德音，下明詔，俾郡國之吏遍舉常祀，敢薦吉蠲，以導靈貺。如應于三日之内，則有秋之望，尚得一半。非惟免民于溝壑，而吏之與民，其敢不上承天子之意，永以事神。

宋 華鎮《雲溪居士集》卷三〇《代高郵縣祈雨祭諸廟文》 惟神旱乾水溢，天實爲之，雖有良農，無所致力。欽惟明神，克殄時患，高郵下澤，水田萬井。踰月不雨，溝塍皆涸，吏民嗸嗸，赴愬無地。惟神降靈，邑有祠宇，歆此血食，豈忘我民。敢致恪恭，仰徯降格，時霈甘雨，俾民有秋。尚饗。

又《代高郵縣祈雨祭齊淵聖公文》 惟公今以時雨愆期，水泉涸竭，仲夏之月，農功弗施，境有明神，敢怠精禱。惟公昔在周末，一匡天下，尊隆王室，今茲小邑，廟貌所在，一雨之賜，寧或惜之。敢罄乃誠，仰俟靈貺。尚饗。

宋 李昭玘《樂静集》卷一三《靈惠塔祈雨疏》 稼事方興，時澤不足。既任承流之責，宜先閭境之憂。敢露精衷，上干慈聖。伏願法雲遍覆，神力摠持，遽興三日之霖，少穌千里之旱。仰惟惠照，俯狥哀祈。

宋 許翰《襄陵集》卷三《武勝軍普潤廟嘉顯侯祈雨有應封崇應公敕》 敕某神：神能以威靈利澤，震聳一方，而惠施其民，則封爵加焉，國之典也。今神進封至公，過古四瀆，所視可謂盛矣。尚其勤民，務副一方祈嚮之意，以稱名寵。

宋 晁補之《鷄肋集》卷一一《澶守諫議韓璹禱雨有應》 長蜺飲井井欲乾，白黿鳴窟凄風寒。公馬未駕陰漫漫，公歸溼幙濡旌幡。霜刀不染鵝頸殷，塗龍安享雩舞閑。隰桑有沃柔可攀，小麥青青大麥攢。拜公起舞公顏歡，明日空堦響夜闌。屋漏不復愁衣單，帡幪廣厦安如山。

又 卷一三《東坡先生移守廣陵以詩往迎先生以淮南旱書中教虎頭祈雨法始走諸祠即得甘澤因為賀》 去年使君道廣陵，吾州空市看雙旌。今年吾州歡一口，使君來爲廣陵守。麥如櫛髮稻立錐，使君憂民如己飢。似聞維舟禱靈塔，如絲氣上淮西脽。隨軒膏澤人所待，風伯何知亦前戒。虎頭未用沈滄江，龍尾先看掛清海。爲霖功業在傅巖，如何白首擁彤幨。世上饞夫亂紅紫，天教仁政滿東南。青袍門人老州佐，干世無成志消惰。封章去國人恨公，醉笑從公神許我。瓊花芍藥豈易逢，如淮之酒良不空。一釂孤鴻烟雨曲，平山堂上快哉風。

又 卷六一《齊州祭社稷祈雨文》 吏慢不德，無政事，無以奉社稷而臨民人。夏潦爲灾，此邦之失業未復者，户十一二，且他邦之轉徙廩食者寓焉。今冬又不雪，至春不雨，將大饑疫。吏何以爲吏，民何以爲民，神食於其土，吏可罰，民不可窮也，何爲使至於此極哉？顧吏無辭以謁於神，而誠可哀，庶幾潤澤，沛然一洒之。尚饗。

宋 張耒《張右史文集》卷二七《和上維道祈雨有應》 江郷長夏亢陽驕，太息秋原稻穗焦。暑氣暮收秦地火，雨聲秋響浙江潮。夜齋凉送簷間滴，曉枕清聞竹上飄。椒糈禮神慚德薄，聖朝當宁四時調。

又 卷四五《祭天齊仁聖帝并城隍祈雨文》 比以旱故，禱于一二神：幸時雨之沛施，免斯民于饑饉。而誠薄未格，報至不時，豈媚于神者有未至耶？抑在兹者或不舉也？今旱既甚矣，民亦殆哉，莫知所爲，惟有致禱。謹遣僚属，遍詣祠宫，於赫有神，時賜甘沛。惟民與吏，皆獲即安。牲酒馨香，將以爲報。

宋 鄒浩《道鄉集》卷四《次韻和知府歐陽叔弼學士禱雨武侯祠》 盲風日日吹塵土，謾説有年歌自古。紛紛機械空作勞，况乃象龍求致雨。黄堂學士極憂心，忍復寘前事懸堵。倘助豐穰能出雲，境内山川無不舉。丞相威靈凛一方，遠矚祠宫途可取。旌旗拂曉動長庚，彷彿飛雲趨兩府。精神洞達金石開，此意豫應神已覩。况公愛民如愛子，不以斯民供鼎俎。居士庵中常默然，田里人人自安處。他時刀劍倚市門，徃往買牛耕草莽。心絶多岐禮義生，和氣氤氳見眉宇。惟天至聦下其耳，飽聽歡謡薦佳語。故宜神力導休祥，不待牲醪集軒廡。胡爲風旱夂未寧，行矣斗柄将建午。豈煩瑞祝更殷勤，禱處由來似尼父。三分天下指掌間，顧此提封才一羽。沛爲甘澤定不難，溝澮縱横互吞吐。坐令百穀暗郊原，會見腰鐮分勤苦。儒宫釜魚端欲生，自笑年來遽如許。雖無高廩并坻京，猶得朝昏鳴食皷。

宋 毛滂《東堂集》卷四《伯駿同官以僕禱雨龍湫屢效百里荐歲熙和官曹無事作詩見寵輒次韻奉酬一首》 荐歲熙和屬卧龍，得分閒暇與君同。春篁縷雪衾裯足，午甑吹珠頰輔豐。蜥蜴興雲誰汝信，商羊舞雨自言功。州人欲識餘霙雪，寄與飛廉百里風。

又《二月二十八日禱雨龍湫》 折腰五斗自難堪，每爲斯人食不甘。赤地黄埃迷澤國，老龍飲血亦分甘。

宋 陳淵《默堂集》卷八《次韻李聳卿賀太守禱雨有應二首》

一寸丹誠貫上穹，坐令千里走龍宫。驕陽彌月苗將槁，甘雨連宵澤已豐。便覺風霜傾意盡，豈愁荆棘致年凶。江南歲漕知無缺，遥想中都喜氣同。

使君憂國願年豐，肯放炎威夂病農。盡道胸中藏渤澥，誰知筆下起蛟龍。曉凉秋氣生蘄簟，夢斷簷聲帶梵鐘。高卧已傳民訟息，秖應仁政古難逢。

又 卷二二《代人祈雨文》 右，伏以佛以方便，誓度衆生，人之歸依，如仰慈父。不有難名之神力，寧伸莫訴之勤誠。恭惟佛牙舍利，具本凈明，得常堅固。真精所寓，蓋有感而必通；變化無方，亦何求而弗獲。今兹亢陽爲害，早稻將枯。奔告已勤，殆遍山川之祀；懇祈雖切，未舒溝壑之憂。是用遠款名藍，恭迎真馭。冀垂仁於焦卷，稍借助於明靈，霈爲三日之霖，大布一方之澤，吏則不德，敢冀矜憐；民也何辜，在所深憫。尚期皇覺，俯遂群心。

又《永豐祈雨文》 造物無情，神司其柄。孰是弗求，唯誠之聽。往者積雨，平地可泳，過足而止，不爲民病。曾未踰月，旱田已盛。炎威赫然，遽爲旱證。神始休之，今豈爾吝。甘澤久愆，咎在疵政。謹款靈祠，爲民請命。咳唾風雲，沛然響應。匪我敢私，百里之慶。

宋 周行己《浮沚集》卷六《原武神廟祈雨文》 天地之候，四氣之序，雨潤日暵，蓋各有時。自春徂夏，膏澤未霈。先時者苗將就稿，後時者種未入土，民有憂之。惟令民之父，民憂亦憂，民喜亦喜；神食于此土，令之憂亦神之憂也。令職其明，神職其幽。修政布德以召和，令之職也；驅雷行雨以利物，神之職也。苟失其時，則失其職矣。是用潔蠲，吉辰恭祈，嚴像虔奉，苾芬之薦，仰期肸蠁之靈，神其念之，神其念之。

又《超化寺龍潭請水文》 惟神無方，遍滿虛空，而水性亦遍滿虛空。水之所積，神龍之所宅也。惟龍能大能小，或隱或見，變化無常，能以一滴之水遍滿虛空，大地霑潤，萬物滋生，龍之爲神昭昭矣。而原武小邑，密鄰神龍之宅，自春不雨，以涉夏中，穀苗將槁，函種不立，民心嗷嗷，惟令之憂。儻令弗虔，惟神之殛，而憫此民庶，將弗得食，願丐一滴之靈泉，以爲此方之霖雨。因及普天，遂周四海，惟龍之神，感而遂通，不疾而速，又何難焉。

又《代楚州李守寺觀祈雨》 萬寶告成，屬有陽于旱暵；百靈薦祉，竟無望于皇慈。永惟民食之難，實賴神天之祐。肅將誠潔，躬叩高明。祈布慈雲，普施法雨。使有生悉霑于利，澤均率土，咸遂于豐登。

又《又代諸廟祈雨》 刺史惟民之憂，民惟食之憂。神食于茲土，福于茲土。民之憂，刺史之憂也；刺史之憂，神之憂也。方秋百穀將成，雨弗時至，秀者不實，實者未豐。民憂之，刺史惟民憂之憂，而神亦惟刺史憂之憂也。是用肅將明祀，遍禱神祠，惟神憂其憂而効其靈，使民不失望焉。神之德也，刺史之職也。

又卷九《原武祈雨有應呈諸同僚》 嗷嗷憂旱魃，懇懇叩神祠。自疏官多曠，無辜歲莫饑。奇峰俄變黑，甘液遽如飴。雷電寧無物，風雲自有師。荒郊回沃壤，槃穗發萎枝。攝邑乖爲政，同僚實副時。民心惟禮義，邦本繫安危。食足無他事，恩餘及我私。白看雲子粒，滑想杜陵匙。拂拭萊蕪甑，香炊定可期。

宋 廖剛《高峰文集》卷二《乞禁奉邪神札子》 臣訪聞宣州涇縣六十里內，地名同公坑。有女巫奉邪神名丁先生，不知所起之因。一二年來，邪道甚盛，一方之人爲所誑誘，焚香施財，略無虛日。去歲有姓李人經提刑司陳告，雖曾行下本縣，毀拆廟宇，而其徒利於所得，更倡神怪之事，群起占護，縣亦無如之何。即日鄰比鄉村往往食菜，結爲邪黨，近因旱暵，輒以祈雨爲名，聚集不逞之徒，率數百爲群，持棒鳴鑼，遍行村落，穿歷市井，至於鄰境州縣亦有相應和而來者。竊恐小人無故群聚，別致生事，欲乞行下本州，取爲首者痛治之。若罪不至死，亦須編置他州，以解愚民之惑，消亂於未萌也。

宋 廖剛《高峰文集》卷一二《七月祈雨文》 炎威未斂，穡事方中。密雲屢蔚於西郊，甘澤尚愆於南畝。穀價爲湧，河流不通。是當昭告於靈慈，冀獲俯從於虔禱。滂沱三日，用將成歲之功；鼓舞一方，孰曰非神之賜。

又《諸廟祈雨文》 炎威乍赫，穡事方興，雨澤稍愆，人情爲慮。用涓誠於吉日，祈昭貺於高穹。西郊密雲，俄成甘霈，大田多稼，行慶豐年。是惟神靈爲此方惠，守臣幸蒙其休也。

宋 蘇過《斜川集》卷一《郡守禱雨獲應》 秋陽六十日，閔閔歲可懼。原田龜坼塊，城市塵没屨。誰歟悲若人，活彼於旦暮。精禋發仁惻，誠意輒上訴。神山閟靈湫，水旱天所付。潛虬嬾廢職，暴虎往鬬怒。抑無東海冤，又豈桑羊蠹。天心自響答，民語酌道路。嗟予生理拙，飢飽共農圃。披衣夜不眠，聽此簷閒語。沈疴忽去體，黄壤流膏乳。少寬縣令責，盡復南畝故。呼兒酌我酒，欲寫無佳句。聊同千里謠，非公誰與哺。

又卷六《禱雨懺文》 今爲亢陽不雨，害於麥禾；迎請龍王，未獲感應。輒自思惟誰執其咎？此皆閻浮衆生，造罪深重。身、口、意、業，及貪、嗔、癡，包藏禍心，損人利己，不忠不孝，欺天欺神，昧其本心，造成重罪。降鑒不遠，何以召和氣之祥？積惡所薰，自然致天災之報。膏澤未降，農末俱憂，饑饉將興，死亡必至。謹發誠心，恭請法師寅公，誦戒懺悔；又請長老演公，爲作證明。投誠佛前，求哀作禮。重念人有自新之路，佛開懺悔之文。儻能易慮而洗心，尚可赦過而宥罪。一意悔過，更無他辭。已造未來，今悉自懺。願垂慈愍，副此禱祈。變罪垢爲福田，施法水爲甘雨。救此焦枯之厄，庶免流離之災。

又《祈雨祝文》 主上欽崇，天道敷佑。下民躬薦徽稱，以嚴上帝。霈鴻恩於率土，稱元祀於百神。乃眷明靈，實參化育，名紀載籍，功冒黎元。冀昭鑒於德音，益導迎於和氣。均播厥福，永孚于休。

宋 翟汝文《忠惠集》卷一〇《昊天殿祈雨文》 瞻彼甫田，蔚然多稼，行遂九秋之望，尚愆一雨之施。惟是高原，亦既亢旱。冀昊穹之昭格，俾時澤之周流。降此康年，恃之卒歲。

又《神霄殿祈雨文》 運在金穰，已屬豐年之望；時方火老，爰臻亢旱之憂。乃聞高原，既泣枯穗，仗霄晨之丕佑，斡陰陽之至權。雲上於天，用敷剛健之德；月離於畢，終致滂沱之祥。

又《泗州傳衣塔祈雨文》 比歲告饑，民方罹於艱食；常暘爲沴，天復降於疾威。念吏道之興妖，致農工之失職。祓躬自咎，雪涕祈哀。仗大士之悲憐，閔群生之危墊。慈雲廣布，法雨周施。霈然嘉澤之流，戢此驕陽之熾。庶令老弱，旋見豐登。

又《佛寺祈雨文》 豐年已兆，嘉澤尚愆。雖蒙一雨之施，未厭三農之望。敢憑精意，恭叩覺慈。冀法澍之周施，抑驕陽於已熾。滋我多稼，溢於大田。

又《密州祈雨文》 嗚呼！嘉穀在田，方苕穎也，胡寧淹月不雨，唯旱證也？穀將槁而菽不得植，抑民無所寄命也。眷此邦歲饑，流冗未靖也。若禍未悔，神於人實不遑也。我其敢辭罪罰，失刑政也。矜人籲辜，神幸曲聽也。惠然賜之尺雨，速休應也。我將駿奔走，震神威令也。饌牲酒報德，繼自今其永也。

宋 葉夢得《建康集》卷二《祈雨》 老農酣歌望捫腹，旱魃何爲敢予毒。九淵再拜款神龍，仰望但見屯雲簇。天公愛民亦自惜，我愧無功神弗福。願看一洗注天瓢，未須震暴如車軸。

今年淮西蹙邊騎，王師盡掃無餘類。武王伐紂報豐年，今者驕陽豈天意。東求三茅西采石，塔中至人肯徒視。明朝掣電駭翻盆，婦子猶能飽遺滯。

又《祈雨未應復請於茅山采石庶幾得遂之》 苗當七八月之間，甘膏不濡何太慳。飛塵蓬勃晝欲暝，坐視雲物占群山。五日一風十日雨，天方勤民輔明主。作書未敢訟風伯，寄謝群龍少勞苦。

群龍分馳不難興，噴薄雲霧隨飛騰。中田勿憂龜兆坼，倏忽便看溝塍盈。老農何功報神力，但趣官租飽軍食。中原軍儲自足供，爾土明年更開闢。

又卷四《祈雨諸廟文》 眷兹江壖，例若愆亢，適惟敝邑，雨澤以時。布種既周，秋成可望，尚須霑霈，以訖有收。願推濟物之慈，更廣油雲之施。仍均遠邇，咸獲豐穰。豈徒一邦，獨受大賜。尚祈孚鑒，克諒菲誠。

又《再祈雨諸廟文》 古者謂吁嗟求雨爲雩，皆請于山川百源，而《春秋》得雨，書大雩，皆在建午、建未、建申之月，是知水旱豐凶，雖天有數，苟精意以禱，山川之靈亦必應之。某待罪此邦，無政及民，干神之誅，則已多矣。重惟一方兵火之餘，春夏以来，雖幸穡事偶周，而亢陽爲災，時澤不繼。苟復困之，蓋有不勝憂者。用是惕然，卧不安席，詢諸耆舊，遍禜于境内神祇。昔魯僖公有憂民之心，《春秋》歷月不雨則書，而文公之怠，歷時纔一書，豈惟不容于王法，亦以見神厭其德而弗之福。某之譴，尤固無所逃。若其區區未忘于民，則尚惟聰明俯鑒，朝暮之間，賜以霑渥，無俾重爲民病。乃罪罰當降于身，則不敢辭。

又《祈雨請寶公入城文》 兵戈之後，十室九空，公私所須，惟在南畝。苟或罹于一歉，即坐致于百艱。幸兹春夏之交，適獲雨暘之節。疲氓盡力，布種稍周。懼廹驕陽，尚資時澤。敢祈覺力，重憫凋殘。特紓愆亢之憂，賜以霑濡之惠。遺秉滯穟，豈惟足一時婦子之求；積庾高囷，庶以償十年溝壑之患。精誠所叩，妙應無方。

又《祈雨諸廟文》 某待罪此邦，行三年矣。無政及民，而神每相之。雨暘以時，歲常有秋，故當艱難之際，彫瘵稍蘇，公私兼濟者，神之賜也。今淮甸用師之後，上方經理中原，調度所須，孰非出于民者？旬月以来，常暘爲沴，宿麥將刈，穀種未播。人以旱告，是用惕然。雖抱病，不敢安于室，起而有請，遍禜山川百靈曰：斯民之困久矣！天既厭亂，剪除妖孽，克復王業，適在今日。然必先得年，而後可濟。其奔走從事，相與祇承帝命，豈惟群有司之職，神亦預有責焉。尚此朝暮，賜之餘澤，使無失其西成之望。神之爲貺，蓋有待于他時者，惟無替其常德。

又《祈雨請寶公入城文》 亢陽爲孽，必在春夏之交；饑饉所憂，常當師旅之後。方淮壖之罷警，適雨澤之不時。麥苗之須，朝夕是懼。雖遍走群望，預竭吁嗟之求；非歸依大雄，孰協慈悲之應？仰憑覺力，洞鑒悃誠。憫其卒歲之危，惠以崇朝之施。少安彫瘵，兼濟公私。

又《祈雨寶公塔文》 頃迫春耕，控祈未幾；玆緣民病，復敢有言。念此疲氓，方安舊業。開口待哺，惟玆耕耨之勤；盡力撫循，猶有溝壑之慮。豈容仍歲，不獲有秋？已愆布種之期，重軫曠瘝之責。敢逃屢瀆，曲冀垂慈。法施無邊，固未忘於終惠；危誠易感，尚有俟於崇朝。

又《祈雨諸廟文》 布種失時，民以病告；雨暘應節，惟神是司。敢以吁嗟之求，而冒聰明之鑒。誠意既迫，在此旦暮之間；靈貺俯臨，不難指顧之惠。竭誠懇請，指日爲期。

宋 劉一止《苕溪集》卷二五《祈雨》 故歲不登，新田未墾，曾無寸澤，坐閱上春。仰天地之垂慈，有風雲之赴感。國無六年之蓄曰急，矧今民之方饑。雨自三日，以往爲霖，願濟時而僅足。

郡號瀕海，壤地實腴，而陂澤無瀦蓄之利。雨暘過差，民悉以告於吏。吏持牲酒，禱群祀，不則縮手無他力也。今境内不雨，僅閱兩旬，河流日損，舟楫告病。農懷隱憂，吏已罔知所出，惟神明食此久矣，曲折之狀，宜知之詳。其終惠之，敢同以請。

宋 周紫芝《太倉稊米集》卷六二《興國祈雨設醮》 旱暵爲灾，天無定數；吁嗟求雨，古有常儀。勢甚兢危，辭當迫切，敢陳懇悃，仰冒誅夷。伏念臣某寅奉制言，畀司郡寄，惟玆小國，僻在大江。千里之田，民尚耕於荆棘；一年之賦，吏已督於課租。少值凶荒，必皆流冗。顧人情之可憫，在吏責以何辭？況穀粟之將成，僅資一雨；則風雲之易感，豈待崇朝？人欲可從，天心必格。如臣冗散，亦冀矜憐。上帝降康，力救蘊隆之苦；斯民安堵，敢忘覆護之恩。

又卷六三《祈雨設醮》 右伏以旱魃爲灾，民無生意，商羊出舞，雨不崇朝。顧沾丐之尚微，見懇祈之未至。是用再延於羽衆，必期上格於璇穹。願矜螻蟻之誠，震作雲雷之澤。百昌皆生於土，俱蒙一雨之恩；三日以往爲霖，遂有千倉之慶。

又《三龍神祈雨場》 右伏以珠宫貝闕，夙瞻廟貌之嚴；絳節雲旗，敢冀幽靈之格。挈瓶甫至，霈澤隨興。信山川之出雲，見膏澤之及物。當秉佛念，益顯神慈。用蘇既偃之禾，蔚爲豐歲；遂及旋歸之駕，永奠靈湫。

又卷六八《諸廟祈雨》 凡民無知，所恃以生者，唯忠信慈惠之長與夫聰明正直之神而已。今玆守土之吏既已弗德，無以惠此一方，天降之咎，罰在雨暘，而神猶藐焉曾不加恤，則是斯民，其終無告而已邪？此邦之人，罹其天灾，可謂酷矣。夏六月積雨不止，下田既已悉爲汙沱，種之入土不知其餘幾。今秋七月而不雨，則是苗之槁者又復病矣。雖甚無知者視之猶將惻然，況神之功德在民、廟食玆土，其忍坐視而弗之救歟？及今而雨，尚猶可及。過是，神雖欲予之，其何補於民哉！維神其亟圖之。

宋 李彌遜《筠溪集》卷一七《比見帥憲禱雨甚虔枕上聞簷聲爲之不寐因成》 兩公精意與神交，平地能令水滿篙。雲氣遠收晴嶂合，雨聲偏傍夜床高。轆轤未暇分甘井，舴艋應知避怒濤。願受一廛須及早，秋成猶得飽兒曹。

又卷二一《祈雨祝文》 維紹興九年，歲次己未，八月戊申朔，初四日辛亥，具位李某，謹以清酌庶羞之奠，敢昭告於英烈忠澤顯佑公。維神聰明正直，惠此一方，千里之人，頌神之庥如一口，所以奉神者，惟恐其後也。今旱既太甚，苗將盡槁，老稚愁嘆之聲聞於阡陌，奔走致告，凡九日矣。神尚坐視，不一垂手救之乎？惟守與神，實被其責，謹率郡僚，叩謁祠下。神其不待轉晷，上叩帝閽，俾豐隆阿香駿奔就職，霈爲三日之霖，庶垂死之根獲更生之賜，以慰千里雲霓之望，則神之德益彰，守亦依神得以逃責。不然，守且失職，而神於斯民亦有負矣。尚饗。

又 維紹興九年，歲次己未，八月戊申朔，十一日戊午，具位李某，謹以清酌庶饈之奠，敢昭告於英烈顯佑公。漳居山陬，負販者不至，食齒之衆，仰耕以給。一有水旱，則爲患滋甚。紹興己未，秋不雨，民有憂色。守曰：吁！兹其敢遑。乃帥郡執事遍走群祀者十日。八月辛亥，告於某神，請不停晷，爲霖三日，以蘇民憂。護蕭酌醴，裸而降正，晝日赤赫，微雲興焉。有頃，雷動風行，若飜江河而下，一郡大駭且喜。明日又大雨，又明日亦雨，如約乃止。嗚呼！守與神語若鐘應，若響合，若叩門而求水火。然神之依人，未有如是昭昭者也。守則不德，顧何以得神之休。神其曰：千里之人德我，我豈負千里之人哉！惟神佐佑斯民，其終庇之。有求必應，有受必除。勿替自今之惠，守尚能白神之功登於聞，侈神之靈詔於後，以永神無窮之聞。尚饗。

宋 沈與求《龜溪集》卷一一《泗州傳衣塔祈雨疏》 比歲告饑，民方罹於艱食；常暘爲沴，天復降於疾威。念吏道之興妖，致農工之失職。祓躬省咎，雪涕祈哀。仗大士之悲憐，憫群生之危阽。慈雲廣布，法雨周施。霈然嘉澤之流，戢此驕陽之熾。庶令老弱，旋見豐登。

又《昊天殿祈雨疏二首》 瞻彼甫田，蔚然多稼。行遂九秋之望，尚愆一雨之期。惟是高原，亦既亢旱。冀昊穹之昭格，俾時澤之周流。降此康年，恃之卒歲。

荐饑之後，艱食是憂。望嗣歲之豐登，脱斯民之流殍。而常暘爲沴，時雨久愆。麥齊龍而復萎，禾入土而隨槁。三農危懼，百吏倉皇。唯仗籲辜之誠，可瀆蓋高之聽。伏望垂慈下土，遍敕群神，令出風雷，大霈雨師之澤；候分雲漢，亟收旱魃之威。尚幸時之小康，用拯民之大命。

又《三清殿神霄殿祈雨疏》 運在金穰，已屬豐年之望；時方火老，爰申亢旱之憂。乃聞高原，既泣枯穗。仗霄晨之丕佑，斡陰陽之至權。雲上於天，用敷剛健之德；月離于畢，終至滂沱之祥。

又《佛寺祈雨疏》 豐年已兆，嘉澤尚愆。雖蒙一雨之濡，未厭三農之望。敢憑精意，參扣覺慈。冀法澍之周施，抑驕陽於已熾。滋我多稼，溢于大田。

又《金山廟祈雨祝文》 秀居湖海原隰之間，厥壤斥鹵，三農於水無所蓄藏，故雨涉旬則病水，不雨涉月則病旱。水旱之禱，不容不瀆。春夏之交，千里龜坼，嘗瀝懇於爾神。神實憫之，賜以甘霔。守無以荅揚神之休德，既上其事，請加封崇。今者不雨，亦既兼旬。多稼向萎，通渠就涸，居民行商，皆以病告。守不忍避，瀆神其嘯召風雲，雨我邦域，揉此沴氣，卒爲豐年。守亦俾民，承事益謹。謹告。

又《奉迎嘉山龍井水祝文》 矯矯神龍，惟水爲所，吹嘘成雲，噴薄成雨。惟兹井泉，爲龍所主，一勺之多，澤遍九土。挈此瓶罍，置我庭宇，燁燁電壺，坎坎雷鼓。發揚英靈，浹洽周溥，溉我田疇，滋我稷黍。毋使我民，仍歲饑阻，則惟報之，如御田祖。

宋 鄭剛中《北山集》卷一二《丁巳年七月二十一日禱雨中元水府八月六日展謝祠下皆被旨也然禱後越七日始雨神所為耶其不然也審自神出不無愆期之尤有如不然神之饗上賜也多矣爲詩以問之》 奉祝出閶闔，禱雨祠中元。陳祠信已薦，拱俟心亦虔。山雲屢觸石，散去如飛烟。慙衷迫秋陽，汗流頸徒延。趦趄念亡状，歸馬不敢鞭。雲臺欲旬浹，蹇兆方解懸。皇慈喜嘉霔，報貺禮弗偏。謂乃百神功，共相成豐年。遣昨致祠吏，奔趨各如前。我載謁水府，意惑口莫言。黄屋四海心，責已湯未賢。抑畏動黎庶，精誠格高圓。正恐三日雨，帝敕下九天。神令享豐報，然乎其不然。貪功認有者，鄙賤人所憐。神聰冠四瀆，宜弗蹈爾愆。益思賛元化，後效圖所先。小臣此將命，芒刺終未捐。

又卷一四《祈雨祭文》 某五月十八日被旨吏於此土，視事之初，不雨者兼旬矣。西方宿重兵，勤遠餉，夏田已不苗而槁；吏與民倚犁鋤，治廪窖，前指秋成爲命。今也烈日如焚，風埃燥飛，所播殖者復有夏田焦灼之漸，吏猶衣冠而履湯火。伏自計料修身弗謹，爲政弗惠，未應遽得罪於神靈，如欲因是以警平素之不敏，則此民何負哉！神其膏澤之。尚享。

又 某聞蜡祭合百神於南郊，以爲歲報者也。先一日，户部以水旱蟲蝗之報禮部，使黜其方守之神而不祭，爲其平日享一方香火牲牢之奉，而不能庇護其民，故黜之也。鳳之河池縣，大軍屯泊，財賦會聚，吏民蒙境内百神之休相多矣。今年夏旱異常，衆會巾子山靈助王，可禱而雨。王有廟焉，貌其像於山之陽；有龍焉，湫其神於山之陰。取湫水赴邑禱之，踰旬不報也。豈使民之過惡酷烈，雖神無所致其力耶？抑所謂神者，頃亦得名於偶爾也？一者某未能辨也。或初禱弗虔，未當神意，故甘澤嘉霔，閟而未與，亦不可得而知也。今宣撫使涓辰祓濯，躬詣祠下，遣官再酌靈湫而奉之，謹與神爲三日之約。儻能如約相報，惠雨盈尺，則躬率鼓吹餞歸之後，亟當修嚴廟宇，羅列羊豕，上靈休於朝而永侈爵號。若曰三日有未能，約五日，過五日，雖雨非神之賜也，而神之祠自是衰矣。某謹再拜以告。尚享。

又卷二一《夜聞雨聲賦古風時趙使君祈雨之翌日也》 山齋道人夢魂清，夢中細響忽可聽。三峽流泉出幽隱，萬蠶食此春葉聲。又疑相如夜病渴，蠏眼亂沸石鼎鳴。呼童起視果安在，云是四簷甘雨傾。于時火流祇三日，田兆正作龜縱橫。昨朝太守拜壇下，五龍奉命雲雷驚。小兒放散蜥蜴去，神鼓罷撃巫舞停。田翁翻溝出賸水，婦子田邊笑相迎。商量今歲多釀酒，是間指日當雲平。山齋一飽想無慮，摩腹卧看秋風生。

又卷二八《祈雨疏文》 雨暘不時，農民何罪；政事失當，官吏可誅。念承乏於此方，曾視事之未久。心誠無愧，責豈易逃。萬室告勞，運轉久勤於軍餉；千倉跂望，寬蘇倚俟於秋成。願布慈雲，化爲甘雨。救群生之就燎，鑒危懇之倒垂。惟此投誠，不勝悲切。

宋 傅察《忠肅集》卷下《玉佛殿祈雨文》 自夏迄今，常暘爲沴，晚苗未立，宿麥已空。咸懷溝壑之憂，豈復倉箱之望。靡神不舉，既牲幣之屢陳；謂天蓋高，曾精誠之罔答。載稽衆志，仰叩覺慈。閲海藏之秘文，備蒲塞之盛饌，庶資妙果，寖致殊祥。況千百億身，散金光於普率；而三十二相，現玉質之端嚴。意將大濟於此方，忍使含生之無愬。願回威德，俯鑒歸依。霈膏澤於崇朝，蔚新禾於長畝。在諸佛有反掌之易，俾千里有鼓腹之娛。是大因緣，敢忘報稱。

又《代鮑欽止祈雨青詞》 臣罪廢之餘，受天子之命，假守是邦。夙夜寅畏，所以稱明詔惠元元者，未有一得。而顧瞻原野，則苗之茁者，曾不數寸，農夫之倚耒者，種猶未入也。嗚呼！天之遍覆，施育群生，其忍使至此耶？今山川望祀，既已屢走，吁嗟之求，辭亦窮矣。臣又初至，未能有以協媚於上下，而溝壑之憂，近在旦夕。是用齋戒爲壇，請命於上帝。庶幾愍茲，分敕百神，大沛膏澤，永爲民休。其自今尚克力職，以謝洪庥也。

又《又祈雨青詞》 天維顯思，常監觀而從欲；心亦憂止，敢齋戒以求哀。念千里之何辜，歷三時之不雨。秋種未入，而室有閒民；夏苗將枯，而野無長穗。紅塵蓬勃，赤日蘊隆。吁嗟之詞既窮，山川之望咸舉。雖密雲屢布，終閟澤於崇朝；顧高廪方陳，懼流灾於凶歲。仰瀆蓋高之聽，冀垂遍覆之恩。召屏翳以先驅，呼豐隆而作解。既優既渥，將遂及於我私；無臭無聲，亦何知於帝力。

又《祈雨青詞》 愆陽爲灾，歷春不雨，農夫告病，田畝將空。既率循於舊章，屢奔走於群望。豈積誠之至，未能感神；抑水旱之來，實爲有數。敢請下民之命，仰叩上天之仁，冀蒙監觀，昭其誠悃。膚寸之合，亟召呼於群龍；三日之霖，遂沛澤於萬宇。

宋 蘇籀《雙溪集》卷一五《禱雨靈康》 年月日，三具位以精饌香燭酒果之奠，告于靈順顯佑廣惠王之祠：惟王庇鑒疆土，揭雨暘柄。至于弭寇兵，招海賈，皆陰騭顯相。爵秩尊嚴，禬禜響答。某等被命莅州，視事伊邇，涓日躬薦。念連歲灾旱，稼穡焚如，比屋艱餒，賦入匱乏，神貺邈然。今茲上春，時澤未降，麥隴焦乾，井泉枯耗，嘉生懼殞，民情嗸嗸，將爲道殣。某等無庸，宜當咎責。惟王大慈大力，仁惠此方，敢以瘥瘵，上煩救護。謹齋祓歸誠，慄慄危懇。聰直矜惻，於赫靈應。誕降甘霈，溥潤山藪。高下咸均，歲事豐康。闔境一心，永永虔報。

宋 鄧肅《栟櫚集》卷二三《祈雨》 畏日炎炎，固將爍石，斯民切切，誓欲焚巫。不有一滴之禪，孰均四方之惠。恭惟定應大師，法轉乾坤，道周夷夏，夙從衆願，每慰群生。今此哀祈，更希慈念。笑驅雷電，去挽天上之銀河；澤遍根莖，坐失人間之火甕。當使斬鵝之忍，化爲鼓腹之游。實望慈航，速濟苦海。某等瞻天望聖，哀祈之至。

宋 張嵲《紫微集》卷三四《祈雨文》 陽驁隔并，忽已兩更於弦望；潔誠禱解，未蒙赦罪於神明。俯仰之間，淵冰是蹈。敢陳危懇，上控元穹。竊以甘井既眢，晚禾垂槁，人懷危懼，溝壑可虞。衆望雲霓，朝夕是急。豈下民之稔惡，由長吏之非良。何以致然，一至於此。籲天未應，跼地靡容。且吏治不虔，固當重責；而民生不易，罹此何辜？願拯民灾，身當天譴。如旱乾之有數，敢預知於他邦？而膏澤之所滋，冀獨私於闔境。儻蒙恩而宥過，願降祐於崇朝。使嘉霔及今，尚能有濟；若良苗既死，不可復還，後雖悔之亦無及矣。危迫之懇，罄竭於斯，冒瀆天威，不敢自赦。

又《祈雨告靈澤廟文》 惟神利澤一方舊矣！先是，守土之吏嘗鋪陳休烈，告於朝以求旌賁而未遂也。紹興乙丑，某被命典州，會夏秋之間，雨不時降，將病農功，有禱於神，悉蒙嚮答。遂申前請，乃十一月癸酉，禮部以天子之命下本州，賜神之廟曰靈澤。今既遣官以告於神，且俾營表廟壖，度爲祠宇，以永爲邦人揭虔妥靈之地。惟神侈上之賜，以終庇於一方。尚饗。

又《祈雨白文》 比申旱禱，既獲感通。油雲密興，甘霔未洽。枯禾欲舉，眢井復滋。願終賜之，以彰慈力。

又《祈雨文》 春農力作，時方賴於雨霖；旱氣如焚，田忽成於龜兆。既種秧之未入，何歲事之可期。合境之人，相顧失色。念民生可憫，宜寬擠壑之憂。惟吏治不修，當塞降灾之責。敢抒危懇，上瀆穹蒼。霈甘霔於連霄，俾四澤之咸溢。惟祈靈鑒，即賜顧哀。

又《祈雨文》 本州封內，賴神之靈，雨暘所須，不謁而獲，嘉穀向成，而江山一邑，獨以旱告。竊惟斯民，坐視他邑之農，皆以緩滯而已，獨有閔然望歲之憂，不惟吏所悼嘆，在於有神，寧或忍之？願施周澤之恩，一解向隅之病。尚饗。

又《祈雨謝諸廟文》 本州封內，賴神之靈，自春涉秋，雨暘所須，不謁而獲。嘉穀向成，行觀銍艾。敢修微薦，用達悃誠。尚祇歲事，以申報禮。尚饗。

宋 朱松《韋齋集》卷一一《謝福州祈雨疏》 常暘爲灾，南畝告病。民瀕溝壑，諒軫佛慈。政戾陰陽，寔繇吏責。僧伽大士，法身常住，願力無邊，降升人天，運用悲智。伏願洞昭精悃，深憫疲羸，并告山川之靈，大敷雷雨之施，一蘇焦槁，式副歸依。

又卷一二《代福州禱雨諸祠文》 七閩之農，鑿山堤海以爲田，雨暘之節，小失其常，則有旱沴之憂。今茲春夏以来，陽亢而雨慳，高者源泉涸枯而不可耕，下者又爲海鹵之所浸蝕，溝壑在前，民今其懔懔，敢布腹心于我明神。惟神秩于明庭，廟食茲土，斯民歲時奔走饋祀，世世而無敢怠者，凡以神能佐佑陰陽，易凶爲豐，以免於饑饉流殍之故也。惟神奮張威靈，誕布甘澤，以荅斯民之望，吏亦預受其賜。

宋 胡寅《斐然集》卷三《禱雨》 久閟天公澤，焦然品彙情。遏雲虹屢飲，擊海電空明。禱祀山川遍，薰修道釋并。帝心終閔物，國力未休兵。帽覆烏龍頂，軍移黑蟻營。乍看雲葉密，遥想浪花平。早熟攙先刈，高荒趁晚耕。歸逋庭少訟，交潤水無争。喜氣連城洽，餘波集澮盈。蕉心重自展，荷葉密相傾。菊映蘭兼茂，松連竹共清。杯觴初料理，書帙尚縱横。欲賦田園樂，猶慚組綬縈。隱淪千古重，名利一絲輕。釣客風流遠，農師局次生。庶幾逃責罰，户户有坻京。

又卷五《吴守祈雨有應》 延陵宿望冠三吴，又見熙朝老大夫。善政舊聞風偃草，清規今信浦還珠。山川每應精神禱，禾稼全憑潤澤蘇。可但邦人歌五袴，也知還客慰焦枯。

宋 馮時行《縉雲文集》卷一《龍鶴禱雨》 地靈丘壑邃，危路入紫烟。藤蘿閟尺水，中有龍潛淵。青曦弄驕暉，紹興丙辰年。暵暵周餘民，生理諒難全。令尹謝不敏，來上天公牋。一念如絲芒，已斡造化權。夜半雷遶山，雨出山之巔。凌晨眺四郊，草木亦欣然。民戴神之休，次謂令尹賢。賢則吾豈敢，庶逭失職愆。甲兵久不洗，風霾漲塵寰。茲事非神助，若爲快濯湔。物極理必反，否泰如循環。神龍儻有意，速起飛九天。

宋 劉才邵《櫆溪居士集》卷一一《漳州諸廟祈雨祝文》 自春之初，涉夏將半，常暘爲沴，民心嗷嗷。雖嘗懇祈，未獲霑足，失政致咎，吏何所逃。以時雨暘，亦神之職，旱而苗槁，移蒔無期。絶粒之憂，決於數日，坐視不救，豈神之心。政恐精誠，不能感格，是用竭虔，重叩嚴祠。願施甘澤，一變凶歲，俾民遂其生而神職不曠，在此舉矣。幸審圖之。

又《漳州圓山祈雨祝文》 去冬渴雨，地脉不滋，涉春以來，旱灾繼作。田壤龜坼，秋苗就枯，豐凶之分，不待旬日。人心嗷嗷，無所控告。獨郡政之多失，致灾咎之相仍。顧民何辜，願賜矜恤。是用潔齋，躬謁祠下。惟神威靈，福芘茲土，勢急辭危，豈忍坐視。願加善救，俯鑒虔祈，霈爲三日之霖，蘇此一方之旱。

又《天慶觀開元寺春祈雨疏》 涉春已深，雖土膏之久震；驕陽爲沴，致地脉之不滋。深虞東作之失時，無復秋成之可冀。輒攄至懇，仰叩高真。願矜播種之民，早賜滂沱之澤，雲霓在望，旦暮是期。

又《寺觀再祈雨疏》 曠職致灾，宜自當於罰譴；歸誠仰瀆，豈敢避於再三。深惟農時，已逼芒種。哀此衆民之命，繫於數日之間。顧人力之何施，冀天心之俯鑒。

宋 劉子翬《屏山集》卷一一《禱雨蟹泉》 厥旱訟風伯，苦雨誅雲師。天公良獨難，爾民多怨咨。夏潦包原隰，苗端漲清漪。冬暄但流塵，土堅不銜犁。陰陽有乘除，此理固可推。惟神執天權，憫物思濟之。穴泉類蹄迹，幽靈隱其涯。髣髴小雙螯，控御蛟龍隨。名居列曜尊，箕畢可指撝。顧匪郭索倫，甞辱左手持。滂沱爲一縱，豈惟潤東菑。灝灝燠氣清，浮浮瘴烟披。將聞鼓腹謡，寧求折肱醫。寸澤垂二惠，此功神所尸。遥知青青麥，春風滿陵陂。吾儕飽湯餅，敢後椒漿期。

宋 趙鼎臣《竹隱畸士集》卷三《騎立山禱雨》 秦頭東銜楚尾及，奠方作鎮神靈集。他山迤邐盡徒趨，中有一峰長騎立。雨暘吁嗟走祠下，神往救之如躍馬。深中百丈寒潭底，爵名上公地千里。

又卷四《騎立山禱雨詩二首》 絶壁臨無地，飛泉落半天。潭中看止水，澗下響驚川。江漢威南及，嵩邙勢北連。尋山應最易，騎立衆峰前。

乞雨甘重繭，瞻天劇戴盆。無才修政事，有靦傍祠門。馬足盤山肋，泉聲漱石根。雲霓如響答，蘋藻願星奔。

又卷一六《親詣騎立山崇應公祠禱雨請水祝文》 歲之旱甚矣！民之命棘矣！今儲蓄既殫，而禾麥皆病，數月不雨，將無死所。禱于群神，未云獲也。吾州之民，所仰望而歸者莫如神；能出雲雨以赴民之急者亦莫如神。是用不遠百里，蔬食膝行，躬請命於祠下。惟神之福斯民，食斯土，蓋已久矣。願神霈然錫以甘雨，使宛穰之南、江漢之北歡呼竭蹷，以歌頌神之功，則神之威靈不亦偉歟？尚饗。

又《祈雨祭靈星祝文》 自春不雨，以達于夏。麥且盡死，民將無所得食。吏愚不敏，以不獲媚于上下，夙夜惶懼，靡神不宗。吁嗟而求，曾莫我聽。夫人凛凛，憂在溝壑。咸以神之威靈，諗于守吏，曰：疇昔閔雨，無請不獲。今玆之旱，匪神孰依？謹涓吉辰，謁款祠下。伏願急民之病，愍吏之愚，霈爲膏澤，潤此枯槁。庶幾神不愧于民，民有託于神，吏于其間，預受其祉，則凡犧牲幣帛所以奉祀神者，其敢有愛？尚饗。

又《請大湖山聖幡祈雨祝文》 伏以善救之恩，初無遠邇；由衷之懇，豈隔賤微。焦然枯槁之民，仰止慈悲之宇。投誠而請，跂立以須。伏願至感旁通，深仁默應。龍神受命，隨旆影以俱來；雲雨奏功，滿農心而各足。

又《祈雨禱后土祝文》 土爰稼穡，神之功也。今苗皆在田，而旱魃爲虐，苟置不問，則土失其職，於神之功無乃替乎？惟厚德載物，山峙川流，使雲蒸于山，龍躍于川，曾不崇朝，澤被南畝。神之辦此，易若反掌，庸忍坐視而自棄其功於垂成之際哉？幸神鑒玆，亟揚乃職，無俾槁枯，爲神之羞。若令與民，其敢忘報？尚饗。

又《諸廟祈雨祝文》 吏無善政以裕于民，幸歲之豐可以一飽。今冬雪既乾，而春澤未降，苗不出壠，農以大恐。吏則有罪，民實何辜？是用潔齋，禱于祠下。神之愛民甚矣，豈不惻然而念之乎？

又《請僧希肇詣襄陽府大悲燒香祈雨祝文》 伏以報施等差，有鄰富家貧之異；慈悲傳遍，無此疆爾界之殊。南得雨以既周，北望雲而尤切。冀軫納隍之慮，敢辭越境之求。愍衆黎元，出大威力。崇朝赴感，風行漢水之陽；作解流恩，惠滿穰城之下。

又《定州請聖水祝文》 民以穀爲天，穀以雨爲命。自春涉夏，既暵以乾。禱于群神，靡愛牲幣。雖雲則屢密，而雨仍未濡。周咨庶民，歷訪嘉應，迺得黄山利民侯、大茂山利澤侯之祠，曰：靈湫所鍾，靡請不獲。敬遣官僚，躬造廟下。請借一勺之水，以濟蒸民之生。神其鑒衷，毋我有吝。尚饗。

又《請内鄉縣聖水祝文》 歲既洊饑，春仍不雨。禱于群神，靡愛牲幣。休應雖格，膏澤未周。欽聞名山，大庇玆土。有答如響，無感弗通。用涓穀辰，遠致誠請。願爲七日之期，以丐盈尺之潤。當具顯烈，請命于朝。不惟吏民膺受多福，而神之潛德因是而彰聞，顧不韙歟？尚饗。

又《祈雨請聖水祝文》 乃者旱乾之憂，乞靈於神，使者出郭，雨乃驟至，是神之有大惠於斯人也。今稻不入土，螟螣將興，民待一雨以蘇溝壑之命。謹遣官屬，赴愬祠下。願爲七日之期，以申前約。休應昭格，其敢食言。當聞于朝，以請爵命之榮。惟神其幸聽之。

又《祈雨請水祝文》 郡依山而耕，民待麥以食。雖雨雪之屢滋，尚雲霓之有望。吏愚無狀，不知所爲，欽神之靈，延頸稽首。謹遣官屬，謁款祠下，願借一勺之水，以活萬民之命。我亦惟是，酒醴牲牢，其敢有愛？尚饗。

又《祈雨請水祝文》　天地好生，豈欲致水旱之沴；郡縣失職，不能感陰陽之和。嗟曆歲以洊饑，又中春而不雨。麥且盡槁，民實何辜？伏願默鑒誠忱，大興惻怛。假茲一勺之水，賜以滂沱，俾我千里之民，脱於餓殍。

又《祈雨祝文》　神之食於茲土久矣。閭里細民，欽神之威，時節奉祀，惟恐不及。非神之靈響有以陰中其心，則何以得此聲於河間之壤哉？然而守土之吏，未獲展犧牲；司勳之府，未獲議封爵。意者神之功德，將有待而顯歟？今河間之境，踰時不雨，農夫閔閔，莫保其命。山川百神之祀無不謁也，而未獲膏潤之答。神不於此日發其威靈，以取寵於朝廷，則後而失其時矣。謹謁祠下，恭爲三日之約。誠能霈然作爲雨澤，滌去旱乾，則吏雖疏賤，敢不條具功狀以聞于朝，當求爵命，以彰神功。此神一舉手須臾之勞，而千萬年血食不朽之烈也。神亦有意於吏之言乎？再拜俯伏，以俟威命。

又《祈雨祝文》　火耕水耨，竭人力以無遺；爍石流金，當驕陽之可畏。于茲不雨，大懼無年。靡所瞻依，莫知控告。是用恭款琳宫之閟，肅陳仙衞之嚴，仰叩紫庭，跪敷丹懇。伏惟至神無間，宻化難名，翕闢兩儀，斡旋四氣。雷驚電擊，驅八部之天龍；霧集雲飛，會五方之岳帝。霈然一雨，遍灑八紘。

又《祈雨祝文》　自夏徂秋，亢陽可畏。維民與吏，粒食是憂。仰惟諸神，陰相下土。盡起乖龍之蟄，大誅旱魃之妖。雨以潤之，既答三農之望；物其有矣，將觀百室之盈。

又《祈雨祝文》　江湖之左，皆灌溉之田；黟歙之間，多仰高之地。山林水淺，土瘠民勞。雨纔曠于浹旬，食頗憂于終歲。丐求餘潤，謁款諸祠。惟神宅據幽遐，職司變化。飛天潛地，固恍惚以難名；噀雨吹風，宜須臾而可致。冀蒙霈渥，以解怨咨。

宋 史浩《鄮峰真隱漫録》卷二三《昌國洩潭祈雨疏》　民亦勞止，莫蘇就槁之苗；天必從之，願霈爲霖之雨。恭投鷲嶺，祇禱龍淵。灑道清塵，肅花幔而匝地；升雲上氣，溪水澤以盈疇。凡我有生，敢忘大賜。

又《昌國縣衙祈雨疏》　炎曦久亢，天外峰攢，秋稼垂成，田間龜坼。傾斯民之渴望，祈我佛之哀憐。載涓公宇之塵，用啓祇園之會。伏願濃雲靄若，甘雨霈然。蘇萬隴之焦枯，慰終年之勤動。普均生殖，仰戴慈仁。

又《福州祈雨設水陸疏》　某猥以孱陋之姿，被此蕃宣之寄。由政刑之失當，致水旱之相乘。心實知非，咎將誰執。況紀綱不振，列城有獄訟之寃；而教化不明，百姓積貪嗔之過。叢茲衆惡，悉本一身。和氣爲之消亡，咎徵自然發現。已期年而在鎮，無十日之伸眉。今則不雨經時，涉春已久，農欲興於耒耜，澤不潤於田疇。種無入土之期，人有望霓之急。雖兩宵震電，獲粗及於焦枯；然三日爲霖，猶覬優於霡霂。感通已賴神力，障隔實在人心。不敢怨天，唯當罪己。用啓冥陽之供，以昭懺悔之誠。謹取湻熙元年二月二十一日重於福州府廳修設水陸大齋之會，普申供養。諸佛菩薩，莫不梵唄宣揚，花幔散墜。既設嘉餚珍果，又陳風馬金錢，演章句之甚深，變聲香之無盡。仰惟法馭，咸賜光臨。驅旱魃以歸空，策驕龍而效職。使此連畦之白壤，化爲萬頃之清漪。澤澤其耕，欣欣有喜。荷蓑荷笠，歲功實自於權輿；曰雨曰暘，時節更緊於保護。則斯民之一飽，皆列聖之洪施。某既克蒙成，又當追責，誓圖竭力，仰報垂慈。

又卷四二《祈雨文》　旱既太甚，苗則槁矣。惟曰怨咨，末由也已。我徂東山，坐看靈起，龍乘是氣，震驚百里。三日以往，霡霂既優，勃然興之，乃亦有秋。農夫之慶，迄可小休，神之聽之，無作神羞。

宋 李石《方舟集》卷四《禱雨》　吾家何必自耕耘，淮上新添戰馬群。聖水泆流天漢永，顛風扇雪地爐焚。但教東海無寃氣，便可西郊放宻雲。浪遣虵醫與龍鬬，邈然天聽若無聞。

又卷五《史宰北湫禱雨》　龍卧西山護宻陰，肯來北洞禮觀音。便分楊柳軍持水，與作商巖旱歲霖。

又卷一四《祈雨祝文》　比者時雨有愆，吏不敢以旱言，懼以爲瀆也。迺今日轉盛，而勢未回，辭欲陳而情以迫者，歲大旱，民何以生。

兹用不敢不告，神其相之。霈爲三日之霖，以惠此一方，吏敢不敬神之休。

宋 黄公度《知稼翁集》卷下《秋旱祈雨》 萬頃膏腴欲坼龜，禱祠曾不補毫釐。朝廷無事政刑簡，天地何心嶺海飢。絶徼難逢霖雨手，隱憂先到老農眉。誰能鞭策卧龍起，乞與滂沱一解頤。

宋 王十朋《梅溪集·後集》卷七《祈雨不應》 歉歲還鄉益困窮，瓶無儲粟酒尊空。醉經且學文中子，閔雨難祈應上公。

又 卷一七《祈雨未應提舶知宗道觀焚香明日遂雨提舶有詩次韻》 一雨誰之力，因公發善心。同爲上公請，小作傳岩霖。高廩行将實，南風日已駸。涓辰祈善利，感應亦猶今。

又 卷二八《諸廟祈雨文》 兹者七月不雨，禱祈未應。神廟食于此，其可坐視而不救乎？油然雲，沛然雨，在神呼吸間也。宜速効職，毋作神羞。

又《諸廟祈雨文》 前日不雨，有請于神，三日而應，繄神之仁。今又不雨，其誰之咎？灾不自作，罪在郡守。守固有罪，斯民何辜？曰雨而雨，在神吸呼。山川出雲，沛爲膏澤。不作神羞，吏亦逃責。

又《韓魏公祠祈雨文》 惟公生爲我宋之元勛，死爲紫府之真人。育于泉南，必念斯民。泉人愛公，祠象一新。願以嘉祐治平之霖雨，沛然一洗千里旱暵之塵。

又《祈雨疏》 旱不自作，端繇郡政之荒；民亦何辜，仰冀天心之閔。月屬流火，時逢亢陽。百穀不得其生，群黎無以爲命。咸切望霓之志，輒殫請禱之誠。閉諸陽而縱諸陰，媿乏董生之術；油然雲而沛然雨，願興宋國之苗。

宋 喻良能《香山集》卷五《被郡檄禱雨丹井山徐真君祠登山拜畢即獲滂霈追用韓文公郴州祈雨韻》 欲解驕陽厄，寧辭祀禮繁。純誠殫翆翆，英烈仰言言。雲陣千屯合，雷聲萬馬奔。晚來歸路好，飄灑勢騰軒。

又 卷一三《余禱雨龍湫翼日響應兒子興之有詩紀實仲文季直弟亦既同賦老子久不作詩因得絶句》 龜齡昔禱五龍廟，曰雨而雨若有期。我無能爲此云役，雲螭何事不相違。龜齡王公昔守鄱陽，禱雨龍祠，不旋踵而應，事見《五龍廟碑》。

宋 趙蕃《淳熙稿》卷二《趣章永豐祈雨》 高田卷蒼埃，下田積荒穢。頻聞父老嘆，似訴車戽苦。吾鄉地猶薄，有類家素窶。旱繇十日晴，潦自三尺雨。吏斯靡常禱，神得誇屢許。近雖略豐稔，曾不厚倉庾。桑麻籍銖兩，門户强撐拄。往時属初夏，揷秧未終畝。甘膏偶愆候，人意已深阻。沛然天爲賜，翕爾農遂舉。沉憂釋阽危，樂事覬安堵。迨今幾何日，所曆無廢土。豈惟勞手足，殆欲病腰膂。早禾穗且寔，晚稻花半吐。更寛經旬虞，當作有歲取。奈何又觖望，嗟爾復奚補。雲師匪云怠，風伯敢固拒。烹鵝竟何術，象龍恐非古。精誠茍潛運，響應猶或俯。誰能任此責，再拜謝明府。

宋 張擴《東窗集》卷四《紹興己未七月六日被旨禱雨風水洞七日清晨詣祠下是晚大雨通夕留宿慈嚴寺中八日始還城》 晚謁叢祠意已通，妙香來自禁城中。老龍聊辦一泓費，闔境自歌終歲功。暑溽不應留枕簟，秋聲忽已到梧桐。明朝上馬五十里，更乞靈君吹面風。

宋 陸游《渭南文集》卷二三《江西祈雨青詞》 天惟至仁，久寛水旱之譴；吏實有罪，仰累陰陽之和。既閔雨之歷時，敢叩閽而請命。伏念臣濫膺上指，出使近畿，深惟冥頑固陋之資，莫副惻怛丁寧之訓。徒積勤於夙夜，冀無負於幽明。然而風采不足以讋服豪强，惠愛不足以撫綏鰥寡。政媮愒日，田疇曠陂澤之修；訟積淹時，囹圄困桁楊之繫。務均力役，而或蔽於所見；思廣賑恤，而或緣以爲奸。既莫致於善祥，懼卒罹於饑饉。是用諏辰之吉，稽首以陳。伏望推善貸之慈，霈曲成之惠，雖有司曠職，宜伏雷霆之誅，然比屋何辜，流爲溝壑之瘠？若復未回於洪造，遂將絶望於有秋。敢殫皇皇哀迫之誠，冒貢懇懇吁嗟之禱。庶格九霄之澤，少紓一道之憂。稼穡順成，儻僅蒙於中熟，里閭疾苦，誓靡壅於上聞。

又《嚴州祈雨青詞》 歲律肇新，農功伊始，居者慮陰淫陽伏之沴，耕者懷旱乾水溢之虞。仰惟上穹，職是玄化，俯遂群黎之育，式均六氣之平。敢即熙壇，恭陳薄薦。所冀歲豐民樂，寛九重宵旰之憂；賦足刑清，逭衆吏簡書之責。敢忘惕勵，仰對生成。

又《祈雨疏》 九秋伊始，百穀將登。念零雨之稍愆，率群情而致禱。仰惟慈蔭，曲鑒丹誠。三日爲霖，俯慰雲霓之望，大田多稼，上寬宵旰之憂。

又《嚴州祈雨疏》 倬彼雲漢，尚愆霖雨之期；害於粢盛，俯劇淵冰之懼。敢輸丹悃，仰叩真覺。慈冀占離畢之祥，少逭屯膏之咎。

時雨少愆，上勞宵旰，詔音亟下，恭致禱祈。敢冀覺慈洪恩，誕敷惠澤。

龜占墨而尚違，凛有屯膏之懼；龍蟠泥而未舉，方繄解澤之施。冀軫鴻慈，曲成樂歲，俯慰闔境雲霓之望，上寬淵衷宵旰之憂。

又卷二四《福州城隍昭利東岳廟祈雨文》 閩之風俗，祭祀報祈，比他郡國最謹，以故祠廟之盛，甲於四方。斧斤丹堊，靡有遺巧，重門傑閣，焕然相望。則神之所以福其人者，亦宜與他郡國異。而自夏訖秋，驕陽爲害，水泉淺涸，草木焦卷，多稼彌野，將茂而槁。夫幽顯之際雖遠，然豈有享其奉而不恤其害者？惟神聰明，宜動心焉。

又《福州歐冶池龍鱏溪河口五龍廟祈雨祝文》 繚垣閟宇，豬水灌木，窈然而幽陰者，龍之神也。升天御雲，濟世澤物，霈然而成功者，龍之仁者也。聰明正直，有禱必應者，又其所以食于民也。歷時不雨，粢盛將害，則龍亦何心，視民之窮，如越人之視秦也？變化呼吸，轉灾爲豐，在龍之力，其易如指之屈伸也。犧牲醪幣，吏之所以報龍者，其敢怠而弗親也。

又《福州閩王閩忠懿王祈雨祝文》 維神之生，禦灾捍患，有功德於此邦之人。没而祀之，非獨父老子弟不忘神之功德意者，神亦眷眷於此邦没而不已也。歷時不雨，稼穡將害，吏雖不言，神其忍安視弗救耶？雖然，敢不以告。

又《嚴州祈雨祝文》 新定爲郡，介于溪山之間。雨暘少愆，輒能病稼。戊申水溢，方禱于神，會未再旬，復以旱告。吏政無以格陰陽之和，而惟神之濆。群趨廟庭，僕僕亟拜，神固不以吏罪而棄斯民，吏獨無愧於神乎？尚力厥事，以蓋兹愧，神其監臨之。

甲辰，詔旨以閔雨，命郡守致禱，惟神受職，欽承上命。某被命來守，幸及終，更不敢以去郡有期，怠荒厥事。屏逐暴吏，慰安疲民，稽于幽明，儻逭咎責。而嘉穀方秀，時雨未渥，維神正直，宜監于兹。敢列忱辭，恭俟嘉澤。

又《嚴州馬目山祈雨祝文》 維神有祠，兹山尚矣。唐剌史韓泰以禱雨獲應，載新廟貌。今又四百餘年，而未列命祀，無以慰父老祝史之心。今兹旱勢已極，某雖愚，蒙恩假守，得以專達于朝，敢與爾神期以三日，甘澤霑足，槁苗復興，當列奏乞封，以侈神之威靈。顧以守郡不獲親行，謹遣廸功郎建德縣主簿汪仲儀，即事祠下，而某帥郡僚，望拜于軍門，傴以俟命。

考於圖志，得神之威靈而致禱焉。既累日矣，誠弗能格。雖間得小雨，地不及濡，塵不及歛，而赫日復出矣。然父老之言，以爲比夕雲物多起神之祠傍，意者神哀憫斯民，終有以活之也，敢復以請。慺慺之誠，神尚鑒之。

又《嚴州廣濟廟祈雨祝文》 不雨且再旬矣，井泉涸竭，黍菽告病。閭巷講救焚之備，郡庭決争汲之訟。秋陽益熾，疾癘將作。吏雖愚，猶知恐懼，豈神之聰明而忘之乎？出雲興雨，以一洗之，神之德於斯民豈有既哉！

宋 范成大《石湖詩集》卷六《知郡檢計齋醮禱雨登時感通輒賦古風以附輿頌》 六月火雲高偃蹇，使君有意憐焦卷。一封紅篆驛金龍，雨氣倏隨爐燎滿。風師避路雷車鳴，石破天驚檐溜傾。不知稻本頗甦否，但覺溪聲如百霆。稅駕朱旛未云久，造化功成屈伸肘。我評兹事與天通，知公小試調元手。清壇深夜賓衆真，前驅霓旌後飈輪。定有靈官識仙伯，報道紫皇思侍臣。

宋 周必大《文忠集》卷三七《潭州祈雨設醮青詞》 政績繆戾，至干陰陽之和；物當發生，乃愆雷雨之澤。雖嘗奔走於群祀，未敢瀆煩於上穹。今春色已深，農務正急，而陂池久涸，田畝失耕。若非致力於初，何以責成於後。孰能爲地，惟可呼天。伏望閔民無辜，赦臣有罪，擴乾坤之鴻施，釋黎庶之憂心。三日爲霖，示有秋之嘉應；多龍則旱，破自昔之俚談。

又《南岳行宫祈雨文》 冬春之交，無大雨雪，候踰驚蟄，農務方興。田畝未濡，陂池尚涸。先事而慮，豈惟有司，稽首靈祠，齋心致禱。

願恢貺施，霈之甘霖，以兆豐年，其敢忘報！

又《南岳正廟祈雨文》 臣守藩無狀，沴氣干和，乃自歲端雨不時若。驚蟄而後，暖氣蚤來，三春過半，種未入土。耕夫束手，穡事可虞。仰止帝廷，歸誠請命。臣實有罪，罰其敢逃？民之無辜，祈賜矜憫。願下膏澤，庇茲一方，呼吸之間，霈以甘雨。敢忘報稱，庸謝鴻恩。

又卷八三《請寶公祈雨疏文》 自春及夏，久愆膏澤之施；若吏與民，咸有旱乾之思。雖靈祠之遍走，迄誠意之未孚。仰惟無礙之慈悲，夙副有生之願欲。敢勤象駕，還顧法筵。俾黔黎共罄於瞻依，庶哀憫曲垂於亟救。伏願至仁易感，洪誓不違。出慈雲鍾阜之間，隨車而至；霈法雨秦淮之上，及物無遺。永言歸饗之心，全賴生成之賜。

又《祈雨雪文三首》 道觀。天覆群生，禱祈必應。時臨穹臘，潤澤偶愆。麰麥可虞，癘疵或作。祇叩博臨之鑒，冀垂下濟之仁。呼風雲於朝夕之間，霈雨雪於冬春之際。庶豐年之協應，致沴氣之潛消。誓竭微誠，仰酬洪造。

佛寺。歲云莫矣，適困常暘。雨以潤之，正須惠澤。用竭一心之懇，式瞻雨足之尊。惟六出之花繽紛來下，則兩岐之麥秀實可期。仰緊無碍之慈，速副有生之望。

寶公塔。豐年所繫，皆卜於冬春；嗣歲將興，尚愆於雨雪。敢歸誠於鍾阜，用徼福於金容。瞻彼慈雲，願散彌天之潤；擴茲慧力，亟書平地之祥。惟二麥之無憂，則一坼之有賴。

又卷九六《郴州蘓仙觀冲素真人禱雨靈應加號冲素普應真人敕》 朕聞之，仙以忠孝仁義爲本，然則馭風騎氣，雖已遊乎八極之外，而所以眷顧舊邦者，宜未忘也。具封陰功，宿植妙道，早成白馬，飄然千有餘歲，屢豐之應，于今賴之。是用按天寶之祠，衍元符之號，至人莫測于强名，顧何有哉？亦俯從衆志而已。可。

宋楊萬里《誠齋集》卷二《夜同文遠禱雨老岡祠》 秋熱常年無此例，今宵有月不能凉。槁苗似妬詩人懶，作意催成禱雨章。

又卷三《和蕭伯振禱雨》 雲氣微昇又霍然，虚疑數點長三川。渚東秔稻今無雨，杜曲桑麻莫問天。餓死何愁更平糴，野夫半去只荒田。來辞託命長鑱柄，黄獨那能支一年。

又卷三一《中元前賀余處恭尚書禱雨沛然霑足》 數點飄聲供晚晴，二更傾瀉到天明。雷驅雲氣如旋磨，雨遍山村却入城。簟面頓無秋後暑，簷牙冣愛夢中聲。尚書幸有爲霖手，偏洒江東作麽生。

又卷九七《常州禱雨疏》 吏之多罪，積繆政以傷和；春聿唯深，乃淹時而閔雨。懼首種之不入，舉小民而曰咨。籲天有祈，徼福丕應。伏願召龍震電，詔山出雲。雨遍崇朝，霖以三日。千耜舉趾，勿令東作之違時；力穡有秋，允協西疇之望歲。

又《又常州禱雨疏》 時維仲夏，言蓺其苗。瞻彼大田，無寸之水。敢丕單於情素，以率籲於穹蒼。伏念臣菲然抱虚，膺此治劇。積乃繆政，傷于大和。荐雩以有祈，尚屯膏而未洽；儻更崇朝而不雨，則將卒歲以無秋。民亦何辜，吏實多罪。伏願降臣以百殃之罰，以儆罔功；錫民以三日之霖，來蘇此旱。格于上熟，慰彼群生。

宋釋寶曇《橘洲文集》卷八《疏·台州祈雨疏》 天地有生成之功，物皆仰止；陰陽亡乖沴之氣，人自爲之。致此千里無辜之民，均被一時不雨之患。方祈悔過，無越洗心。敢虔扣於真乘，輒上干於崇聽。伏願佛慈廣被，帝意潛回。驅策群龍，大霈滂沱之澤；包羅萬彙，同輸鼓舞之誠。誓以捐軀，期於報德。

宋衛博《定庵類稿》卷四《祈雨祝文諸神廟**》** 季夏六月，苗者秀，秀者實，芸者歌於野，饁者讙於路，則惟其時。今吾四封原田之植則老而未畦，下澤之苗則悴而不阜。農有望雲之嘆，吏興閔雨之憂。中夜以思，欲救無所。惟神秩有常祀，依人而行，歲之豐凶，宜與同其職。吏之不德，罰何可辭？念此一方，亟敷大貺。沛爲三日之雨，用成百穀之祥。觴豆孔嘉，荅揚敢後？

又《祈雨祝文寶公塔**》** 某來閱三時，於師三有請矣。雨暘之應，惟吏所召。吏實不德，舉必有祈。祈而獲焉，師則大貺之矣，吏得無愧於中哉？去年冬不雪，今年春不雨，精意甫交，閔焉響荅。有繭如盎，有麥如雪，緊誰之功，師與天通。今夏且季，密雲在郊。秧苗老而未畦，菽粟閔而未遂。豐凶之決，在於此日。吁嗟之求，敢爾展布。雖威神自在，普應無方，而因緣出現，光靈是宅。宜篤此邦之祐，沛爲三日之霖。一念所加，百靈并應。若民與吏，永有依歸。

又《祈雨祝文再禱實公塔**》** 九夏之季，農務孔棘。高下俱病，歲將若何？乃丙寅之雨，鼓無行路，冀終大貺，是以有辛未之祀，且謝且祈。而密雲在郊，風則醨之；神龍在淵，誰爲起之？非吾真覺，何以告之？轟雷車摇，電幟指麾，百靈呼召，屏翳一雨。濯枝以寛望歲，師之賜也，民之福也，吏之幸也。

宋 許綸《涉齋集》卷五《禱雨有喜》 已用計然策，猶煩傳説霖。綿延三日往，慰藉九重深。柱礎收餘潤，摩圍散薄陰。何庸尸祝力，聖主自誠心。

又卷七《致齋禱雨次轉庵韻》 夏中春閏合炎蒸，何事凉風日夜清。大旱望霓如許切，密雲不雨太無情。何妨閉閣齋三日，有媿聞蟬第一聲。遥想轉庵同此際，苦辭猶作渴蛙鳴。

又《次韻廣文賀太守祈雨感應》 天上爲霖正玉衡，農家占雨驗書檠。黄堂懇惻煩精禱，緑野歡呼得遍畊。束晳未游猶要雨，蘇端好過莫教晴。廣文飯足渾閒事，吉語時聞更動情。

宋 趙善括《應齋雜著》卷四《祈雨雪疏》 愆陽既久，訝逢雪之何遲；有衆皆驚，見同雲之誕布。謹輸愚悃，仰扣佛慈。伏願洒一枝水，而遍滿河沙；剪六出花，而開成瓊玖。預卜豐穰之兆，潛消疫癘之灾。急舞回風，應一陽之順序；尺堆平地，首三白以呈祥。

又《祈雨雪疏》 冬無愆陽，偶罹亢旱。佛有惠力，普濟衆生。比申悃愊之私，嘗扣圓通之聽。未蒙休應，益究精誠。輒修供於精藍，謹祈哀於覺蔭。伏望發常圓滿，願興大慈悲心，施法雨以潤澤焦枯，散天花而莊嚴世界。瑠璃瓶内，瀉洶湧之春濤；楊柳枝頭，集紛紜之瑞霰。一同蒙惠，三白呈祥。

又《祈雨龍王文》 農之播種耘植，非水則不能施其力，神所知也。今三時在候，農事正亟而雨不降，溝渠已涸，浸灌已乏。民告勤而無補，吏欲救而無術。不禱于神，則吏亦何所施其力耶？惟侯受君爵命，饗兹廟食，當鑒誠懇，陰賜其惠。悠然而雲，沛然而澤，以除民之病，以紓吏之責，此亦侯之職也。俾歲有成，則闔境之民感侯之惠，永永無斁矣。

又卷五《和伍解元喜祈雨有感》 癡龍偃蹇玩歲月，深居白雲抱幽石。有時江海肆貪殘，坐視天焦地皮坼。分疆守職各有方，止沸詎可揚其湯。曰暘而暘雨而雨，何待酹酒焚爐香。不謂神心有城府，必需精禱方降雨。刑鵝割牲饜口腹，緇衣黄冠誦章句。上天有意生斯人，假爾群祀江之濆。弄權推怨各所施，帝怒碎戮猶微塵。吁嗟癡龍今已矣，異日憂深目前喜。勿將風雨希民求，歲歲豐穰盡天賜。我家亦有二頃田，膏澤霈然長有年。神心儻不悖天意，與民共賦噫嘻篇。

宋 朱熹《晦庵集》卷六《和章國華祈雨呈平父諸兄三首》 極目平疇半欲枯，遥知精禱意無餘。更憐不待豚蹄祝，便得汙邪暗滿車。

九重清夜仰昭回，旱魃知從何處來。不是幽人祈得雨，又煩丹詔走風雷。

晴窗揮汗苦驕陽，雨檻披衣快晚凉。多謝龍公餘事業，爲驅寒谷變炎方。

又卷八五《祈雨疏》 丁壯在田，厲農功之既作；陰雲布野，閔時雨之尚愆。由拙政之不修，顧疲民而何罪。肆陳丹悃，仰賴蒼穹。伏願鼓以雷霆，亟霈爲霖之施；澤及牛馬，并銷連死之憂。瞻仰歸誠，吁嗟請命。

又卷八六《廣佑廟祈雨文》 大王有功德於此土之人，苟有雨暘之憂，無不禱于大王。其禱之也，則無不昭答，如影響之隨至，斯民之心歸之如父母，信之如蓍蔡者，有年於此矣。間者上天降灾，陽僭陰伏，嘉生百物，不蒙滋潤。熹等乃大速戾，于厥禱祠之事，罔克專于大王，懈墮弗虔，咎由熹等。而使千里之民田疇涸枯，禾稼槁悴，今其甚者，有若燔灼矣。雖并走群望，懇祈備至，而雲氣將交，旋即解駁，焦然不能有膚寸之合，秋陽益驕，燥烈殊甚，物之蒙害，日以益深。若自今以往，三日不雨，則千里之民所恃以爲生者蕩析無餘，而無以爲食，其老弱將轉乎溝壑而死，少壯者將散而爲盜賊，以争其旦夕之命，其禍亂之至，豈有所極哉！失今不救，三日之後，大王雖顧而哀之，不可拯已。故熹等私竊計議，以爲莫若奔走歸誠，請命于大王之祠下。大王若哀其迫切，赦其前愆，有以惠綏之，則三日之内，熹等齋宿以俟休命。三日而不應，則是大王終棄絶之，熹等退而恐懼，以待誅殛，不敢復進而禱矣。恭惟大王闔造化，一雨之恩，蓋其餘事，誠有意哀此千里之民，則願無愛而亟爲之，熹等之願也。拜伏于庭，不勝哀扣懇切之至。謹告。

又《豐利侯祈雨文》　熹多病不才，濫尸郡寄，修政不德，以干陰陽之和。自秋以来，天久不雨，早稻雖已收成，而晚田不免告病。吁嗟之禱，遍于群望，而嘉澤未應，風日益高，氣日益寒，雲既合而復離，禾既秀而不能有以實也。朝兢夕惕，不遑啓居。惟侯聰明，久食兹土，雨暘之柄，惟厥攸司。日者雖已致祠，懼或不能蠲潔以達誠意，欲躬走謁，又恨符印之守，不克以前。謹遣某官奔告祠下，而熹祗率僚吏拜送于門，西望叩頭，再拜以請。惟侯哀矜，賜之一雨，以卒終歲之惠，則豈惟吏之不良獲免於戾，而邦人父子實蒙其休，所以報事侯者，其敢有懈也！

又《祈雨文》　間以旱災，奉詔致禱，閲月踰時，雨不可得。稻之早熟者，什失八九，而吏之所以爲禮樂與辤者，亦既竭矣。欲取水湫淵，詣祠祀而專力乎人事之備，則又念夫稻有晚出而未就者，不能無冀幸於萬一。於是感嘆憤激，不能自已，躬詣靈液，而冀于有神。請復與神爲三日之期，以聽休命。惟神受職帝庭，降食兹土，以福其人爲事。今人之急如此，神若弗聞，亦何神哉？若三日不雨，雨而不周且浹于四封，惟天聰明，吾恐神之不得安其室。神尚聽之，毋忽。

又《祈雨文》　吏既不德，無以媚于上下，以召和氣，而福斯人，其所以布主恩，救民命者，罔不惟神之依，故熹往者嘗輒有請於神，而亦既受其賜矣。然方是時，霖潦之灾，獨環越百里之間爲然，若今之旱，則自浙河以東，爲州者七，無不告病，捐瘠之民，凛然日有狼顧之憂。乃不齊祓奔走，以告于神，其將安所歸命？敢叩祠庭，頓顙屏息，以俟嘉應。惟神幸哀憐之。謹告。

又《請雨謁北山神文》　乃者邑民以歲事有謁于君侯，君侯過恩賜之吉卜，而許以来，是故將有以鎮撫綏寧之也。民其敢不懽欣舞歌以樂神賜，吏其敢不潔齊芬苾以拜神休。惟風雨水旱癘疫之不時，以君侯之不顯威神，是震是祓，俾無災害，則豈惟斯人專美其賜，吏亦與免扵曠弛之憂。惟君侯之留意焉。

宋 劉爚《雲莊集》卷二《諸廟祈雨》　聖經所重，惟麥與禾。今禾既登場，所至告稔，拜神之賜腆矣。乃季秋以來，雨不時至。高田之麥欲種而無水以耕，下田之麥已種而無水以溉，此農人之所甚憂。況夫風高氣燥，則居者用虞；泉枯井竭，則汲者告病。惟神幸哀斯民而賜之嘉澤，使憂者以愉，虞者以安，病者以息，是一舉手而三患弭矣。神其可無意乎？

又《仙游山頂祈雨》　竊聞天以雨暘之柄付之山川百靈，猶人君以刑政之事付之牧伯守宰也。民有戚嗟愁嘆之未伸，牧伯守宰不得而專者，當同心一意請于朝廷，然後民瘼可蠲。歲有旱乾水溢之不時，山川百靈不得而專者，當同心以請于上穹，然後灾變可息。蓋推行天地之仁者，山川百靈之職也；推行朝廷之政者，牧伯守宰之任也，顧焉有幽明之間哉？夫雨暘之數，雖出於天，然上穹至仁，易以誠格。今境内之旱，可謂酷矣。回造化之意而救生靈之灾，正斯民有望於山川百靈之時也。伏惟慈仁，毋以定數不移者諉諸天，而以爲民請命者任諸己，使甘澤早霈，而嘉穀獲全。神既有辭於民，民亦永永事神無斁。謹白。

又《諸龍潭祈雨》　迺者甲寅以後之雨，距今甫半月耳。炎風烈日，相爲煽薄。故雖下田之水，亦有告竭者，況高仰之地乎？吏有從田間來者，以爲數日不雨，則多稼可虞。自聞斯言，膺肺如灼，蓋民之窘於貴糴，于兹半載矣。盻盻焉，惟早稼登場是望，以紓其困，以救其急者，非常歲比。今嘉穀方苗，而膏澤弗繼，一或失望，其將奈何？此某之所以痛心疾首而有禱于龍君之靈也。惟龍君之神變迅速，興雲雨以澤萬物，直一噓吸之勞而可以救數十里生靈之命，龍君其肯靳乎？敢再拜以俟。

又《祭大仙祈雨》　嗚呼！噓風霆，噴雨霧，變化倏忽，莫如南臺百丈之山，而普熙靈澤，實以命典司其間。夫以佛道之尊，仙道之大，固萬靈之所以聽命，巖洞之幽邃，湫淵之深窈，又神龍之所蟠，宜百數十年，以旱致禱者莫不猶響之斯答，未嘗有如今日之艱，豈佛與仙之仁，無意於救此土之厄乎？抑天時之當爾，而天意之未還乎？嗚呼！昔歲之饑民病極矣！雖去冬一稔，曾未蘇其痍瘢，倘或再歉，則顛連於溝壑，歔呼於山谷，殆將何所不至，豈容一日之少安？則今兹之豐凶，乃民命存亡之決；而賜雨之淹速，則又豐凶之所關。此某之所以望雲霓而涕泗，瞻原野而辛酸也。吾佛與仙之仁，於此而不亟救，則是寘斯人於度外，而坐視其塗炭。昊穹至仁，必不忍以萬物爲芻狗。吾佛與仙，倘爲斯人而力請，則天意可回，化驕暘而爲霖雨，殆猶反掌之非難。嗚呼！事勢迫矣，民望極矣，吾佛與仙真之救不可不亟矣！是用寫哀誠而嘑怨，敢罄竭其肺肝，興玄雲之靉靉，沛大雨之瀰漫，起禾稼之將枯，洗瘡痍而復完，則某將大書深刻于巖石之上，昭聖功之不刊。嗚呼！謹告。

又《社稷神風雲雷師壇祈雨》 六月之雨，《春秋》書之于册，蓋喜之也。以六月之雨爲可喜，則其不雨爲可憂明矣。比自甲寅以來，雨之弗繼者兼旬，于此芃芃之苗，無以膏潤，其憂固不大矣乎！既以籲于天，又將愬于神，洞酌未伸，嘉澤已霈，蓋爲之喜而不寐。明發夙興，敬拜于壇壝之下，爲民而謝，且爲民而禱焉。淅玉炊薌，數日以俟，惟神終此大惠，俾吾民均遂一飽之樂，豈不休哉。謹告。

宋 張孝祥《于湖集》卷二七《祈雨文》 三湘之區，比歲不熟。乃今七月，復以常暘，風霾未休，陂澤弗戒。吏則失職，民其何辜？頓首求哀，齋心望報，賜之一雨，惠我豐年。百穀用成，四海獲潤。

又《謝諸廟祈雨文》 郡縣吏不謹於事神，誕降之灾以警懼之。乃自夏六月至于秋七月不雨，禾立而槁，陂池將竭。環視無策，是用致禱于神。惟神赦吏之愆，哀此下民，惠我有年，沛以甘澤，吏得苟安其職，神亦永有粢盛。

又《迎嘉顯孚濟侯求雨文》 望神之來，以日爲歲。飇輿在望，亦既勞止。一觴門迎，祇薦微衷，隨車之澤，立冀昭答。

又《公安二聖祠祈雨文》 春氣已敷，時澤弗降，人牛俱病，川瀆揚塵。惟我二如來，芘此一都會，飲食必祝，疾痛則呼。願起光明之香雲，遂澍甘露之法雨。潔齋以請，昭應爲期。

又《請顯應彌勒瑞像祈雨文》 自冬徂春，累月不雨，癘疫交作，鬱攸婁驚。井泉一空，天霧四塞。旱既太甚，變不虚生。哀此下民，緊我大士。伏願慈雲普覆，法雨均霑。運諸佛之神通，慰一州之繫望。

宋 陳造《江湖長翁集》卷四《禱雨福溪巖》 我訪福溪巖，行行黍稌中。人家打麥罷，鄰里笑語同。迎官問來意，不信有蘊隆。淙激田間泉，詰曲走青虹。此泉有餘用，此巖無闕供。福巖真福地，爲民保年豐。縹緲三花仙，蜿蜒千尺龍。翛然乞靈地，陪此超世翁。是巖既磨滅，是泉乃終窮。洪慈小决擇，妙化符鴻濛。彼此猶屯膏，無乃坐怨恫。稽首貢此言，庶其鑒丹衷。

又卷一〇《陳伯固史君禱雨得雪爲作》 妖魃肆虐挻餘灾，麥田未麥空黄埃。饑民忍饑守鄉土，倚公力挽和氣回。梵筵告旱初拜手，補陀仙人已回首。楊枝一麾神受職，雪龍占先效奔走。飛翔作意擅曉昏，膏潤趁時救枯朽。人名此雪宗丞雪，祈禳取携屈伸肘。德政可但人間最，大士與徒龍與友。閔雨競喜雪應祈，今段尤拜天賜厚。歸前帝席指日冀，更遣奇祥福諸後。太歲在戌如在酉，看取乞漿還得酒。

又卷一四《禱雨鳳凰山二首》 跨鳳西来得好山，千年人與鳳俱還。本覡法席專蘄絶，先遣山靈鑿捍頑。聞道碧泓嚴水印，（或請雨于龍，龍見日，帝印封水不敢取。）試携清醥闖雲關。此心炯炯龍應識，莫遣歸塗更厚顔。

人心神理未交孚，敢愛微軀走道塗。雲氣滿山空夢永，秧畦夾澗就焦枯。罷羸眼看號庚癸，感格吾猶愧鼓桴。老去憂民心易折，龍公高卧得知無。

又卷一七《禱雨木欄堂四首》 池上客熟無那，池中魚不自濡。安得凉烟泛坐，緑荷盡日跳珠。

絶知豐凶有數，豈必天地不仁。鶺鴒底用緘口，晨霞徒解欺人。

物享用達幽秘，政戾自奸陰陽。我已泣刑白鵶，誰繼請烹洪羊。

醮壇烟斷金鼎，缺月印天一梳。想知瞻望雲漢，君王寢帳猶虚。

又卷一九《祈雨而應范簿有詩次韻四首》 蒼黄日日冒黄塵，敢意誠通主雨神。曉起遽聽沾足報，天心政爾念疲民。

瓣香親謁睡巖龍，高卧逶迤豈自公。巖下望龍須一怒，向来作止繫凶豐。

久無音信日邊来，憂國誰憐愴老懷。想見天顔歡喜甚，鴛鴻入賀滿堯階。

山城粗滿望霓心，老去私憂念自深。更祝今宵繼疇昔，并煩魯史紀爲霖。

又卷三〇《諸廟祈雨祝文》 時將徂夏，雨不時霈。農功告病，群情焦然。惟神陰騭此境，民所依賴，用走祠下，爲稼事請。西成有無，繫此數日。伏願謁帝祈命，鞭龍起伏，俾我郡民晏享嗣歲之樂，則職幽司明，兩爲無負。

又《龍池祈雨祝文房州》　吏政之繆，致此旱暵，夫復何言。然龍之神靈，宫此福地，民所以怙，如慈父母，吏民之情，捨龍曷愬。是用躬扣靈湫，伸控蟻螻之悃，伏冀慈仁愍惻，念郡民之窮窶，恕假守之弗逮，施以大雨，使畢稼事，兩邑數萬口，即今解倒垂之憂，繼此享温飽之樂，吏亦少殺其恥，其敢辟再三之瀆。仰惟宏貸之仁，毋惜一引手之勞，副此翹企。

又《龍堂祈雨祝文》　龍之窟宅此地，威靈顯著，民所依怙。今茲之旱，捨龍孰愬，懇請屢矣，其答如響。然雨未霈然，禾則尋槁。郡政之悖，有奸陰陽，吏之過也，民則何罪，使至此極？夏序將終，三兩日得大雨，或餘中熟，過是，民必流亡，吏且獲譴，亦恐龍之不容恝然也。躬走祠下，委誠歸命。伏冀哀憐，副此欽企。

又《散解龍廟祈雨祝文》　是山之泉，灌溉之利，居郡十八，而神則尸之。郡民依神，何啻怙恃。久無大雨，泉流衰殺。近雖應祈，而遠邇聞見之間，多未沾洽，澤枯涸福，郡民自昔取必于龍，茲用祇謁祠下。惟惻然動心，申以三日之霖，俾千里均被神休，吏亦陰荷貺施，惟龍鑒念之。

又卷三九《祈雨雪寺疏》　雨雪愆期，民人告病，咎由吏職，憂甚頭然。懇祈不憚於再三，感格庶幾於萬一。冀諸佛無方之應，錫以有年；喜六花盈尺之祥，始自今日。佐春工之發育，起壠麥之焦枯。宻賴等慈，是蒙休應。凡一穀不熟謂饉，少息凶年襁負之悲，自三日以往爲霖，更迎嗣歲金穰之慶。欽惟悲願，洞鑒翹誠。

又《祈雨雪觀疏》　麥苗告病，由雨雪之愆期；吏職所憂，仰昊穹之是禱。屢殫蠲潔，有冀感通。見晛瀌浮，喜祟朝而汛洒；罔時恫怨，慰嘉穀之焦枯。荷陰隲於神休，凝至和於歲事。既沾既足，生我百穀，佇可期盈尺之祥；是穮是蓘，必有豐年，庶無復荐饑之嘆。是伸謝悃，願鑒丹誠。

又《祈雨觀音疏》　久旱爲憂，斯民抱倒垂之病；無剎不現，大士有宏濟之仁。肇告丹誠，即蒙休應。油然雲，沛然雨，且蘇槁乾；林而生，總而群，庶絶愁嘆。是伸昭報，少答洪私。更推三日爲霖之功，迄終百穀用成之惠。我相衆生相，寧間自他；梵音海潮音，普同依怙。

又旱氣赫然，民情憂甚。禮嚴祠禜，念丹誠籲天而莫通；教在音聞，惟大士應聲而必赴。寅羞静供，哀扣能仁。伏願辭補陁内院而慰依怙心，視光福報恩而無去來相。大雲澍法雨，蘇百穀於惔焚；膏澤多豐年，寬九重之憂顧。

又《解散祈雨道場疏》　比緣久旱，祇扣能仁。赴初願之利它，答微誠而應供。漂然汛灑，雖粗慰於民情；尋亦槁乾，恐竟傷於歲事。敢勤法馭，久駐城闉，猶冀等慈，不忘終惠。油雲沛雨，寬聖上宵旰之憂；應物現形，賴世間慈悲之父。

又《祈雨滿散疏》　時雨愆期，稼事告病，哀民愁之已甚，邈帝眷之未回。虔演仙科，迄終醮席。恭願一下霈然之澤，載矜蠢爾之氓。三日爲霖，尚奏豐登之慶；兩宫稱壽，頓寬宵旰之憂。嘉與海隅，永依道蔭。

又《真武殿祈雨疏》　曆時不雨，農以軫憂。在天之神，職司兼濟。矧無幽而不燭，信有禱以必從。伏願訶畢宿以騰芒，叱龍公而起伏。自三日以往，霈甘澤以沾滋，靡一穀不登，厎斯民之富庶。誠或交於水位，祥冀兆於金穰。

又《銅像觀音祈雨疏》　適長嬴時，民嗟久旱。有慈悲父，誓濟含生。儼補陀海上之晬容，罄索訶世間之真禱。伏願辭獅子座，覆以慈雲；倒龍伯宫，霈爲韭雨。體九重之宵旰，息比屋之怨咨。仰冀遺聞，永依慈怙。

又《諸廟祈雨疏》　曆時之旱，闔境其咨。念平時奉嘗之神，是所依者；於斯民饉歉之感，渠能恝然？躬即靈祠，瀝陳懇禱。伏願體當宁之意，護國不忘；圖嗣歲之功，籲天有請。鞭起群龍之伏，霈爲三日之霖。坐俾邇遐，迄臻富足。

又《祈雨觀音滿散疏》　旱氣蘊隆，人情跼蹐。念彼大士，應身剎塵；仰惟能仁，赴世哀籲。茲嚴羞於浄供，庸申控於洪慈。現聲音圓通，諒自他之不隔；澍甘露法雨，俾焦卷之立蘇。佇俟有年，庶幾本誓。

又《祈雨真武滿散疏》　穀今就枯，雨不時霈。仰惟真聖，幽必燭而願無不通；矧今盛時，人何辜而旱既太甚。肆申控扣，所冀哀矜，可無普潤之功，用解倒垂之望。

又《祈雨諸廟滿散疏》　政奸陰陽，雖吏之責；物厎疵癘，亦神是憂。比殫請雨之誠，冀動依人之鑒。敏有甚於桴鼓，庶或感通；望方切於雲霓，倚需貺施。

又《福溪巖祈雨疏》　小郡罹惔焚之旱，屢羞控祈；至人以利濟爲心，肯厭塵黷。躬造棲真之地，冀施起廢之仁。伏願俯光明臺，宏悲願海，察下吏熏心之迫，慰斯民戴目之須。起潭洞龍眠，霈三日爲霖之澤；與里閭爵躍，沐一時起死之恩。

又《志公巖祈雨疏》　繆政奸和，遂成常暘之沴；至仁惻物，屢殫歸命之誠。雖響應之不遲，終屯膏之未溥。爰茲謁款，所冀感通。伏願推願力之洪深，悼民生之困弊。起睡龍之久伏，布作蜚霖；掃旱魃之如焚，迄臻中孰。

又《祈雨開啓疏》　多稼在田，曆時不雨，嗟民愁之已甚，邈帝眷之未回。虔演真科，冀迎景貺。伏願鑒含生倒垂之病，推妙造宏貸之仁。霈三日之霖，俾嘉生之翕應；餘三鬴之食，尚中孰之指期。庶令邇遐，盡免捐瘠。

又《祈雨滿散疏》　田苗槁矣，雨意邈然，已虔演於仙科，庶默回於帝眷。伏願鑒藻芹之微薦，鼓橐籥之至和。導迎休祥，翕楚氛之盡掃；霈作膏澤，蔑湯旱之爲憂。嘉與天民，同依道蔭。

宋 張栻《南軒集》卷四二《祝文·祈雨》　服嶺以南，土剛而農惰。夏秋之交，數日不雨，已或告病。求神雖瀆，理不容緩。伏惟矜惠下民，早沛甘澤，周及四境。俾克大濟，豐年之報，敢不敬修？

又《祈雨》　春且盡矣，民將蒔田，而時雨少靳，土膏不滋。歲事所係甚重，是用奔走，控告明神。伏惟矜憐，沛以甘澤，周遍浹洽，克濟南畝。寔惟神休，吏之不恭，敢不修省？

又《祈雨》　惟今之歲，賴神之休，早稻既穫矣，而彌旬不雨，禾之晚者秀而未實，一簣之功，正在今日。是用奔走控告，沛澤之賜，惟神終惠之。

又《祈雨》　惟茲晚稼，既視其生長，以至于今，亦且穗矣。必待一雨之沛，而後成實，乃或靳焉，害于垂成。惟神之仁，獨不矜此，豈人事有以干陰陽之和歟？政有不平，刑有不中，驕怠之或萌，實長民者之責。惟民之寡弱，獨何與此，盍降罰于吏而苦其民？今茲一日不雨，則有一日之傷，事既迫矣，號呼于神，惟神其哀念之。

又《祈雨》　維茲之歲，已届暮春。時澤未洽，麥苗就稿。穀種不入，人心皇皇。吏用恐懼，奔走以告。惟神之仁，哀此下民。沛以甘雨，雷動風行。周溥霑足，以開有年。敢不敬恭，克承休德。

宋 薛季宣《浪語集》卷一五《以漕司命祈雨祝文》　某不敏，適時多艱，縣政不修，澤不下逮，積怨於民，獲罪於神。乃歲仲秋，亢陽不雨，黍稷薿薿，害於垂成。受命祈田，憂心靡見。神其降監，哀此下民。興雨祁祁，實函斯活；致天之罰，於令之身。神道聰明，崇朝其澤。

又《祈雨祝文》　某涖事武昌，於今歲三涉矣。其誠不能感物，積怨結於人心。歲有水旱之菑，輒歸之雩禜，而神不吾違也，寧不多愧！乃歲中夏，苗斯茂矣，雨澤不降，龜拆於田。荏苒更旬，秋成何望，屬當師役，民將弗堪。神其憐之，副此哀禱。

又《諸廟祈雨祝文》　某薄德不知政務，治失其道，積怨於民，魃作亢陽，致天之罰。咎惟自作，民罪伊何？瘡痍未瘳，重之虐政，庶幾一稔，尚保室家。愾惟澇田，既淪於水。高原且固，望絕秋成。凡厥庶民，蘊蓄何有？奪之廩食，父母胡生？神道依人，毋靳膏沐。維時降監，雨彼稻粱。小吏有愆，不敢逃責。

宋 周孚《蠹齋鉛刀編》卷二六《祈雨疏》　不職之愆，冒聞于上，常暘之罰，波及于民。炎風扇灾，雨不克施，烈日造釁，稻將或枯。雖殫縷縷之詞，難述皇皇之意。仰祈真蔭，少鑒危誠。錫之三日之霖，慰此一方之望。

又《觀音殿祈雨疏》　去歲之旱，民所收無幾，補創救敗，望在今歲。今將夏矣，而早禾之種尚未入土，吏民皇皇，無所歸命。惟我大士，憫吏之愚，哀民之窮，賜以三日之澤，以慰一方之望。蓋爲力雖微，而爲惠實大。惟大士鑒之。

又《寺觀祈雨疏》　常暘作沴，害將及於麥禾；至慈鑒民，應不逾於辰浹。錫以滂沲之澤，俾消旱暵之憂。惟是鴻私，敢忘昭報？尚期終惠，以克有秋。

又《觀音殿祈雨疏》 某以不才，濫長此邦。去歲之旱，民無食者幾半。今歲夏矣，而天又不雨，農民嗷嗷，無以爲計，拱手待斃。某誠何心，謹齋心滌慮，乞憐于我大士。惟大士至慈至聖，不遺我民，油然而雲，錫以甘澤。豈惟無辜之民得被實惠，而不肖之吏亦有以逃其責也。大士其鑒之。

又《請靈巖惠應菩薩祈雨疏》 去歲之旱亦已亟矣。喁喁之民，所以不至流散者，以種既入土，而西成之際尚冀萬一也。今夏将中，而雨不至，已種者無自而生，未種者拱手待斃，是誠可哀也。此邦之人，以大士爲命。興哀飢羸之民，赦吏不肖之罪，錫之一雨，而使克有秋，捨大士将誰望耶！謹遣官撰日以告。

又卷二七《祈雨青詞》 政刑之誤，有干陰陽，凶豐之期，决在朝莫。塵蓬勃以翳物，氣蘊隆而中人。夏苗已空，秋穀復槁。雖長吏之可罪，然下民之何辜。伏願俯鑒危衷，少回哀眷。召神龍於俄頃，挫旱魃於屈伸。苟焦爍之害既除，則流亡之憂可弭。傾投五體，瞻仰九閽。

宋 林亦之《網山集》卷八《祈雨》 吁嗟求雨，適當仲夏之時；膚寸合雲，敢起祟朝之望。是雖人欲，其亦天心。竊惟并海而耕，可以爲田者少。雨不時降，歲其多荒。矧是懷新之苗，已如蘊祟之蔓。非呼天而有禱，即望霓之無由。爰躋龍蟠，以救龜坼。伏願群仙并下，列聖洞昭，掃蘊隆於須臾，望阡陌而沾足。無遠不被，沛然三日之霖；可祝而來，倏爾一念之頃。

又《衆人祈雨》 吁嗟求雨，已無望於雩壇；翻覆爲雲，更有祈於龍井。謂人事之已盡，庶佛力之可憑。即見巨靈，有来膏澤。

宋 陳傅良《止齋文集》卷四四《桂陽軍禱雨文》 某假守於此，大懼涼薄，不足以司民社，用昭事明神，以祈歲事。乃者烈風荐作，嘉澤弗周，粟既空乏，禾且憔悴。夫爲吏之日短，神與民相依之日長，奈何以吏之不德，而爲斯民病也？敬中前請，敢告終惠。

又《謝龍山渡明應侯文》 維侯所宅，桂陽之望。風雨不時，於是焉禱其諸古之所謂境内名山川歟。兹者嘉澤弗周，烈風荐作，菽粟幾空，禾且就槁。固宰物者所以謫吏，而侯亦豈遂忘此土也？遣官乞靈，齋宿以竢，侯不督過而辱霈施之，某雖無以愈人，猶足以伐石譔詞，昭示後来，永永無怠。

宋 王炎《雙溪類稿》卷二七《西峰禱雨疏》 人情恐懼，同苦旱乾；佛道慈悲，稍沾膏潤。欲丐渥優之澤，敢伸悃愊之私。再具忱辭，仰干明聽。恭惟垂正法眼，具大悲心。閻浮提世中，未嘗過去；兜率陀天上，本自如來。言念衆生，可通危悃。方亢陽之爲沴，恐南畝之無成。已聞閭閻有嘆息愁恨之聲，豈免道路致攘奪流移之患。方千室共嚴於齋戒，而四郊漸沐於霑濡。伏願一錫飛空，群龍起蟄，幾聲鐵笛，化爲天下之雷音；五色錦衣，散作人間之雲蔭。沛然甘雨，興此槁苗，當俾凶年，復爲樂歲。引手加額，果獲免於阻饑；以口語心，顧敢忘於大造。

又《祈雨疏》 農夫是蔍是蓘，方懷仰膏澤之勤；旱魃如惔如焚，大懼失豐年之望。衆所甚急，吏其敢安。念遷徙之新民，耕汚萊之瘠土。百夫有洫，千夫有澮，僅築鑿於陂池；二歲爲菑，三歲爲畬，始翦除於荆棘。儻灌溉失水泉之利，則老羸有溝壑之憂。天雖高而其聽甚卑，人可矜而必從所欲。是用敬諏剛日，訊掃公庭。瞻上帝之傳臨，祈群靈之并集。興雲雷於瞬息之頃，垂雨露於枯槁之餘。懇懇私心，敢意潜通於蒼昊；蚩蚩生齒，庶幾沾丐於鴻私。

又 環地百里，非膏腴之田；務農三時，仰灌溉之利。凡老幼張頤而食者，皆家室垂磬之蕭然。矧自夏以徂秋，方炊新之有日，仰昊天其星有嘒，雲霧不興；嗟農夫我稼既同，水泉且竭。懼官吏不任於撫字，使閭閻未免於嗟咨。是用恭布忱辭，仰干聰聽。惟風馬肯臨於壇宇，庶雲龍并會於空虚。渰淒淒，雨祈祈，洗除旱暵；黍與與，稷翼翼，同樂豐年。

又《祈雨疏》 人以穀而爲命，必望豐登；苗非雨則不生，有妨種藝。矧兹瘠土，加以惰農，稍潤澤之愆期，即田疇之告病。敬伸愚款，仰叩高真，願成三日之霖，普及一雷之地。何蓑何笠，既可殖於良苗；如櫛如墉，庶終收於多稼。

又《天慶觀祈雨疏》 三農刈穫，雖在秋成；百穀萌芽，實由春作。乃以此時而不雨，難乎卒歲之無饑。況乏蓋藏，公私凛凛；未能播種，老稚喁喁。輒控丹誠，仰干洪造。吏如有罪，敢免譴訶；民實何辜，願垂矜憫。雲雷一動，沛爲三日之霖；穜稑并生，終獲千倉之積。

又《丁卯祈雨疏》　孟秋之始，方近農收。浹辰以來，遽憂旱暵。且三時所務，最爲勤苦；而一時不食，未免阻饑。合老穉之忱辭，修禱祈之故事。翻經精舍，取水靈湫。叩諸佛之慈悲，丐神明之佑助。水泉竭而得雨，雖珠玉之不如。稉稻熟而有年，庶丁黄之相保。不勝悃款，仰冀矜從。

又《罷祈雨疏》　山焦石裂，方憂旱甚之灾；雷動雲興，遽沐沛然之澤。稼穡變乾槁而秀潤，閭閻息愁嘆而懽忻。保我秋成，賴誰陰賜。佛之道以慈悲而濟物，神之德以正直而依人。有如父母之愛心，不忍庇倪之枵腹。憫其渴雨，丐以餘波。敢謂禱祈，可達幽明之際；第深感激，不忘生育之恩。

宋　樓鑰《攻媿集》卷四八《洞霄宫徑山天目山龍井祈雨祝文》

伏以國方多事，所願年豐。春夏以來，甘澤未足，種不入土，遺蝗已繁。當宁興思，旱氣甚廣，近雖得雨，猶未霈然。遣官禱祠，齋心以俟，庶祈響答，三日爲霖，大慰九農，敢忘仲報。

又《祈雨感應報謝祝文》　天地。伏以涉春以來，旱氣甚廣，種未入土，上下隐憂。宵旰齋心，日致忱禱，皇皇后帝，（皇地祇云坤元后土。）實賜鑒臨。曰雨而雨，隨時孚應，蓺我稷黍，寖成小康。盡彼萬物，不足以報，矢詞告謝，少致衷誠。

宗廟。伏以亢陽爲灾，幾害穡事。國計所繫，無所控祈，夙夜投誠，父母先祖。敢期上徹，在天之靈，霡霂滂沱，幾無虚日。旱魃退聽，良苗勃然，所在中熟，實踰始望。傾心報謝，其敢弗虔。

别廟。伏以亢陽已甚，嘗致禱祈，甘雨以時，實爲孚應。兹成中熟，獲濟民生，幽贊爲多，可無致謝。

十神太一九宫貴神。伏以民爲邦本，食乃民天，歲一不登，何以爲國？頃以旱甚，禱于尊神，（九宫貴神，云禱于貴神。）如響應聲，隨車滂沛，甫時雨若，易歉爲豐。敢罄謝誠，尚求終惠。

岳鎮海瀆五方山林。伏以國方多事，豈堪旱灾，虔誠禱祠，靡神不舉。時雨之降，實由山川，三日之霖，四遠霑足。歲事將就，虔謝敢稽。

太社太稷雨師雷師風師。伏以顧惟菲德，致此亢陽；仰賴百神，鑒予忱禱，風雨時至，雷霆疾驅，遠邇均霑，成此中熟。一祈一報，敢怠此誠。尚惟居歆，益加敷佑。

又卷八二《龍女廟祈雨祝文二首》　旱潦有數，天實爲之；千里之潤，神實司之。歲以旱告，将困吾民，天高難諶，用求于神。幽蟄奮起，霈然膏澤，俾成豐年，何以報德。

靈貺在民，廟食久矣，靈雖不渝，祠則甚圮。旱禱未答，或其在是。吏職養民，視飢猶已，神相于幽，休戚共只。願嘘玄雲，沛澤千里。何以報神，葺祠舊址。丹青相輝，棟宇豐侈。神之聽之，誓有如水。

又《郭先生廟祈雨祝文》　維兹斗城，先生卜之；曆千百年，民用安之。亢陽有禱，神又聽之，廟貌之崇，後其圖之。

宋　楊冠卿《客亭類稿》卷一〇《祭諸廟祈雨文》　四月維夏，庶草繁廡，嗟我農夫，俶載南畝。浸彼稻田，以祈甘雨。工祝致告，神之聽之。油然作雲，陰雨膏之。有功於民，何日忘之。

宋　陸九淵《象山集》卷二六《石灣禱雨文》　惟皇宋紹熙元年，岁次庚戌，六月甲申朔，十有三日丙申，奉議郎新權發遣荆門軍事、兼管内勸農營田事陸某，謹以元酒茗飲、蓬萊之香、清陂之蓮，就所居青田石灣山頂除地爲壇，昭告于是鄉五方山川神祇：蓋聞天子祭天地，諸侯祭其境内名山大川，雩禜祭水旱，山林川谷丘陵能出雲爲風雨則祭之。國有常典，掌在有司，非其職守，誰敢奸焉。然輔相不任燮調，以吏事爲責；守令無暇撫字，以催科爲政。論道經邦，承流宣化，徒爲空言；簿書期會，獄訟財計，斯爲實事。爲日久矣。况今日輿圖未歸，東南事力有限，而朝廷、百官、有司、城郭、宫室、郊社、宗廟諸費，事大體重，未易損削。東西被邊殆幾萬里，養兵之費乃十八九。公卿大臣，寬厚有體，日以靖恭謹重相告誡，方重改作、惡紛更，服膺仍舊貫之旨，則民力日屈，郡縣日困，守令救過不給，其勢然也。旱雩水禜，雖欲竭精盡誠，而本職常務，所分過半矣。故祈禱散在庶民，遍滿天下，乆以爲常。法有其文，官無其禁，亦其勢然也。今不雨彌月，龜坼已深，水泉頓縮，陂池鄉涸。車聲塞耳，而浸不終畝；憂色在面，而嘆不成聲。民心自危，日加一日。客有病某者曰：『居是鄉者，莫不憂一鄉之事。今人所常行，而法所不禁，乃獨守區區古説，坐視旱暵之灾，不一出心力，以祈神明，以輔郡縣，以慰鄉里，以分父兄之憂，無乃類刻舟求劍，嫂溺不援者乎？』某因念今天下一家，郡守再期，縣令三期而易之矣。今日事體，又有如前所陳者。某嘗備員朝著之末列，今又分符荆壘，待次于家。郡縣不鄙其愚，禮以上客，父兄子弟往往過而問以所長，誠無以分父兄之憂，慰子弟之望，則客之所病，不爲過矣。是用齋戒以祈于爾有神。是鄉之東，有象山、雲臺、仙巖、龍虎、湖嶺、豪嶺、侯棟、仙鶴、中山，南有崖山、雲林、白馬、頭陀、麻姑、軍峰、余源、清江、南山、登高，西有大嶺、崇嶺、靈谷、何嶺、明珠、觀原、翁塘、火源、官山、箭溪、四集，北有柘崗、金峰、禪嶺、積烟、吉嶺、萬石塘、斗門、石瀨、沙岡、三牛、桂枝，駢羅環遶，韜奇蘊秀，炳靈兆異，歲享鄉民禱祈祭祀者多矣。旱魃如此，不爲一出雲爲風雨，以殺其虐而惠斯民，則父兄子弟之責望，恐不獨在某也。惟爾有神裁之。尚饗。

又《荆門禱雨文》　荆門，故楚國也。江、漢爲疆，沮、漳在境，東有百頃，南有龜山，西有玉泉，北有上泉，中爲蒙泉，皆炳靈效異，爲此土之望。旱乾水溢，實與守臣同其責。往歲之冬，兹歲之春，霈澤殊嗇。今既立夏矣，陂池涸絶，種未入土，斯民凛凛有無年之憂。守臣不德，當身受其咎，斯民何辜？謹卜日爲壇於蒙泉山頂，刑鵝薦血，瘞于兹壇之右，庸敬告于爾有神，其尚鑒于兹。

又《東山禱雨文》　謹率闔郡官僚，以元酒茗飲，致告于山川之神：荆門爲郡，大抵在江、漢之間，正南爲江陵，而江實在焉。唯沮、漳由當陽以入江，在郡之西。正北爲襄陽，而漢實略襄陽而後南折，爲長林東境。故荆門之山，發於嶓冢，止於西山。蒙泉原其下，以在郡之西，故曰西山。其支山沿溪而東，以繞郡治，有峰峨峨然，曰東山，有浮圖在其上，於西山爲賓。季春之月，以不雨之久，爲壇西山之巔，以致其禱。靈應響荅，沛然爲霖。比日又以不雨，申致其請，連三日皆詣壇致請。有雲油然，有雨瀟然，而竟未霶霈。正晝間開霽，二日三日之夕，西北境有雷雨甚久，電光密邇，而不及郡城。東南土田至廣，仰雨尤急，殊不霑及。竊惟所以事神者未至。古之祠山川者，皆爲壇望其所祠。今西山之壇，既獲靈應，不敢廢也。然觀東山正爲西山之賓，西望則山川之本，原皆森列在前，宜爲壇以致禱。是用於此申致前請，惟神其鑒之。

又《東山刑鵝禱雨文》　謹率闔郡官僚，詣東山新壇，以望西山，敢告于兹土五方山川之神：自九月庚辰致禱之後，境内每有雨澤。凡詣壇之時，雲氣必變，雨澤雖未霑洽，可見靈應。然郡城至今未得大雨，諸鄉亦未遍。竊懼所以事神之禮未至，春季致禱西山之時，刑鵝薦血，瘞于壇側，用著厥誠。兹月之禱，此禮未講，惟神恕其不逮，而許其自新，其尚鑒兹誠。

又《上泉龍潭取水禱雨文》　兹歲不雨之久，是月六日於蒙泉山頂爲壇致禱。十有二日，又於東山望壇申致厥請。自六日之朝，有雲油然，有雨祈然，由郡城以及諸鄉，是故諸鄉循環得雨，但未霶霈浹洽。雖蒙靈應，未終大惠。是用竭誠致請，敢敬以净瓶迎泉，歸置郡治東荆岑亭上，朝夕致敬，以幸靈沛。尚饗。

宋　袁説友《東塘集》卷四《禱雨于保福寺是日大雨至》　常暘爲虐勢流金，稽首長松幸屈臨。一佛等慈清苦海，衆生度厄浴甘霖。沛然而下期中熟，可以無饑免大祲。好雨悛人愁抱釋，退思疇昔尚熏心。

又卷一六《紹興府祈雨祝文》　民有疾苦，必訴之天，訴之神，天陰騭下民，而神則依人而行也。東越春夏不雨，訴之天，訴之神，既賜之甘澤矣，甫月不雨，烈日所惔，毒熱所剥，而旱復甚於前日。官惕惕於上，民熬熬於下，訴之天、訴之神浹旬矣，而雨不至，民之疾苦莫切於此也。惟神血食東南，救民疾苦，非一歲月，方兹旱告，神念此民，其肯不動心乎？某守土無善狀，固不能召神之休，然百萬生靈，神必不忍弗恤也！運神之靈，竭神之力，告諸上帝，令諸群龍，使霶霈傾霔於千里之内，而民遂更生焉。民足衣食，神安血食，將永永無替，豈不休哉！某敬九頓首，百拜以告。

宋　虞儔《尊白堂集》卷一《縣中迎石金山甘靈大士就放生池祈雨早上偕簿尉往炷香》　甘雨祈三日，香雲捧一龕。依歸甘露滅，珍重蔚頭藍。官事何當了，枯禪且罷參。蓮花初出水，朝日借紅酣。

又《過登源英濟廟祈雨》　古廟出靈響，吾儕非過求。山田雖欠雨，陂水尚通溝。出郭漸無日，祈年望有秋。豚蹄真狹甚，明信或堪羞。

又卷三《過登源英濟廟祈雨》 連年因旱禱叢祠，未免斯民有怨咨。擬學催科今晚矣，不能引去更何之。下田敢有百車望，好雨猶寬三日期。慚愧農家私水利，桔槔雖巧不容施。

又《王簿不憚暑途親扣石金祈雨盖有志乎民者也以小詩简之》

饑饉憂渠欲洊臻，大田不雨已生塵。何人有力能鞭石，老令無能漫積薪。諸佛未嘗違衆願，上蒼寧不憫斯民。誠煩仇覽登山屨，爲扣巖前彼上人。

又《徽州績溪縣六月二十五日迎汪王於縣廳祈雨未之應也七月三日率同官再禱焉酌獻方畢陰雲四合甘霔大霈因以小詩紀實》 何須禱旱必桑林，試扣叢祠丐一臨。再拜爐烟方裊裊，四周雲氣已駸駸。田龜向去亡凶兆，垤鸛新來有好音。多謝神靈憐老令，肯傾膏澤慰民心。

又卷四《往天目祈雨》 伏謁三池上，難窮一壑幽。萬山從此起，衆水盡分流。暑雨雖愆夏，陰風鎮若秋。天高還有目，地險好回頭。御府金奩賜，仙壇鐵板投。不須憂旱魃，直是起潛虬。聖主思霖切，微臣盡日留。精誠三禱罷，神聽一聞不。霶霈斯爲澤，遲回恐作羞。奉常司典禮，秋報敢忘優。

宋 楊簡《慈湖遺書》卷六《湍水巖禱雨詩》 戊辰之夏，天久不雨，農嗟失時，孰不徬徨。邑人余崇因幹到縣之石臺鄉，遇一老人曰：『此地龍潭靈甚，名湍水巖，居士胡不祈於此？』崇回視間，老人已不復見，其神矣！繼到湍巖，果是聖迹，禱而歸。告於邑之士庶，令君張君聞之，齋宿同詣潭，所化龍隨見，甘雨沛然。吾邑無不種之畝，惠至渥也。崇號湍巖居士，一力經營，刻立碑記，裝飾神像，龍天感應，歲斯上熟，不可不記。慈湖楊某。

湍水龍潭古迹遺，不因老叟有誰知。鄉人禱雨無靈日，雲魃常暘尚在時。説與縣家誠且信，去從潭所宿爲期。回頭甘澤蘇枯槁，插種工夫未是遲。

精禱何須到處臨，只祈湍水沛甘霖。驅除旱魃無餘事，感召靈神在寸忱。庭砌已酣行蟻戰，山川能動老龍吟。當知一飽皆公賜，雷地何人無喜心。

宋 楊簡《慈湖遺書》續集卷一《祈雨》 東作方興，民田盡槁，膏雨雖至，猶未通洽，深念他時老穉轉死於溝壑，某爲此邑之父母，不勝痛切。惟明神哀憐之。

又《祈雨》 天人一致，聖愚一性；雨暘一機，三才一氣。本氣太和，安覩乖厲。民物紛紛，意欲棼棼。忿争攘奪，情僞萬狀。爲槖爲蠹，爲悖爲亂。感動上下，愆錯陰陽。豈天之爲，實人之咎。是用齋禱，起民敬心。惟敬可以格天，惟敬可以通聖，惟敬可以致雨，惟敬可以致一。人具此敬，不敬斯離。敬斯復初，不可度思，矧可射思。

又《諸廟祈雨》 至神至寂，曷往曷來，舊章是稽，載迎慈像。顧錫隨軒之澤，終惠望霓之氓。

東作方興，民田就槁，一誠共禱，雲雨崇朝。千里歡顔，重雲劇斂。既獲感通之漸，曷稽膏霈之期。咎在人心，固非天意。願憫此改過遷善，寖寖獲養，成就禮義，生於給足。惟大慈錫以沛然之澤。

又《祈雨青詞》 虛明博大，三才變化，其中雨暘，愆違千里。危懼以請，臣則有罪。德未純明，民雖無知，性本静止。生死骨肉之機，判於今日；啜菽飲水之命，懸於上穹。錫以三日之霖，解此四邑之急。發道中之妙用，若有機緘；運物表之神功，不動毫髮。

又 愆陽爲灾，民則有罪。民愚罔覺，宜宥以寬。臣覺雖微，亦粗安止，曷未精一，有愧純明。臣不可赦，尚蒙帝恩。衆禱同虔，累應敷潤。未被沛然之澤，不勝旦暮之憂。千里嗷嗷，一誠懇懇。恭修碧玉太乙醮禮，初禱輒應，終日通洽，甲乙丙夜，如注如傾。生死骨肉之恩，感深至骨；虛明變化之妙，不可度思。更祈三日已往之霖，卒濟百穀時播之務。

又《永嘉季春祈雨碧玉醮青詞後雨作改用》 三才一致，人自愆違。久旱衆憂，兹焉貢禱。累蒙應矣，未至霶然。仰碧玉之垂慈，憫蒼生之無告。赦臣知罪之故，取民遷善之新。啓醮初筵，日庚申而奏請；夬澤終夕，夜甲乙而如傾。四邑懽呼，拜生死骨肉之大賜；九天變化，妙雲行施雨之神功。更祈三日已往之霖，卒濟百穀時播之務。臣無任至感至禱、激切屏營之至。

宋 彭龜年《止堂集》卷三《因禱雨論車駕不過重華宫無以消弭灾眚疏紹熙五年三月》 臣恭聞二月二十三日有旨，日輪侍從官一員詣天竺寺禱雨。臣雖庶官，次亦當行。臣于今月四日齋戒夙興，奉將淵旨，跪辭致敬，惟懼不虔。然朝廷祈禱以來，臣竊觀天意，未見感通，纔雨即風，纔風即晴，常若有散之而不得合、格之而不得下者。訪之諸處，皆未浹洽，農事已過，旱勢可憂。臣自服職柱下，凡四閱月，已兩被旨禱雨天竺，皆無昭格，此蓋諸臣誠敬不足，不能仰達宸衷，合被譴呵，理無疑者。然臣竊伏自念水旱之災，何世蔑有，靡神不舉，具有憲章。若成湯之桑林，周宣之雲漢，無非反己自咎，藉以徼福於神，蓋未有祗事祈禱以冀感通者也。臣竊聞仁宗皇帝每遇水旱，必露立仰天，痛自刻責，盡精竭慮，無所不至，而韓琦猶謂『陛下欽順上天之誡，可謂至矣，其於消伏灾眚之道，則猶未焉』。琦所謂消伏灾眚之道者，即《書》所謂『惟先格王正厥事』者是也。當是時，廷臣多持此論。故景祐元年旱，李淑歸咎于爵賞過優，康定元年，天久不雨，麗籍以謂費用奢廣、出納不嚴所致，二臣之言灾異，亦異乎漢之諸儒矣。然概之『格王正厥事』之説，則誠有此理也。富弼謂：『天地人本是一氣，氣既相貫，氣動則應。人君欲考天地灾祥，以是察之而已。』臣竊觀今日所以不雨，所以召此者，雖未易數，然其大者未有若過宫者也。臣非彊自牽合，欲得陛下因此警懼，幸聽臣言，實緣天人相與，理政如此。夫匹夫之賤，孝於父母，猶能致天降甘露，地冽美泉，設或不然，禍亦視此。而況陛下據億兆人之上，則其勢力感通，必視億兆之衆，蓋不止如匹夫而止也。陛下豈不見去歲未過宫之前，黒子見於日，赤眚作於夜。既過宫之後，瑞雪忽降，灾變盡消，感應之理，其速如神。則臣以爲今日不雨，在於不過宫，豈過也哉？且向來無雪，固常禱而不應矣。去歲之雪，乃因不禱而得之，陛下非不禱也，禱於壽皇即禱於天竺也。今不一定省之北宫，而但懇祈釋氏，使釋氏無靈則已，釋氏有靈而真可禱也。臣知必監陛下事親之念，必不監陛下命臣之旨也。何也？兩宫不和，則天下不和；天下不和，則天地不和；天地不和，則釋氏雖欲彊雨以應陛下之求，將不可得矣。蓋天地和則雨，未有不和而雨者。陛下一念儻回，則和自陛下而生；一念不回，則和自陛下而乖，顧釋氏何有哉？陛下儻不聽臣之言，非特不能得雨於釋氏，陛下今歲郊祀，合祀天地，而不先求夫所以得天地者，臣尤以爲憂也。《孝經》曰：『事父孝，故事天明；事母孝，故事地察。』謂之明察者，蓋無毫釐不盡之謂也。於父母有不盡之心，則於天地有不盡之心矣。此心儻有毫釐之不盡，尚何以事天地乎？此臣又非特爲不雨而言也。情出迫切，言詞狂悖，天威咫尺，俯聽誅夷。惟陛下裁幸。取進止。

又卷一五《安福縣祈雨文》　天監不遠，一念即通，人欲未從，煩言成黷。致民之請，知罪莫逃。伏念某等竊禄成貪，莅官無狀，諸吏暴横而不知禁止，百姓饑饉而無以拯援。仰干至和，乃召仍歉。屬天時之偶順，幸穡事之將登。一雨愆期，四郊觖望。雖禱祈之既久，然昭格之尚遲。謝罪無門，籲天有路。爰致靈湫之餘澤，敬開真字之玄科。自三日以往爲霖，儻蒙賜賚；無一夫不被其澤，皆得承庥。

又《安福縣祈雨文》　惟是邑頻年旱暵，民物彫瘁；邑吏困于奉上之不給，無力救民。道殣相望，徒增盡傷。今年雨暘時若，稻秀相穲，數日不雨，人情恐然。此皆吏無德所感，非民之罪。惟神社稷云實相稼穡，諸廟云血食此土必不以吏之故，移栽于下。敢用昭告，儻霈然之澤不日同浹，使民有千倉萬箱之望，實惟神休。神雖不責報于吏，吏亦安敢不敬。

宋曾豐《緣督集》卷一一《會昌縣詣盤古山南安巖主祈雨雪文》　臈不雪，麥不結，其數特未决也，而農家有此説也。臈不雨，禾不稱，其理特未諭也，而農家有此語也。惟公生而恤吾氓也，昏則與之明也，仆則與之興也，死則與之生也。兹歲麥禾或不孕也，則吾氓又死証也，其勢必累縣令也，他禱不如公應也，敢爲氓請命也。尚享。

又卷一二《假守晋康祈雨青詞》　禾苗未實，蹄地不皇，何意非虔，籲祈可應。况備負而假守，又繫職於勸耕。斯望年登，乃逢陽九。五穀虧功於一雨，三農失擬於千倉。豈聰明正直之忍聞，敢齋戒沐浴以敬告。伏願列貞降鑒，四岫出雲。沛爲三日之霖，使民之幸；馴致九年之蓄，與國增休。蒙荷不資，皈依無極。

宋趙蕃《淳熙稿》卷一二《言長律·七言律初五日呈潘提舉時禱雨應而未洽》　潦退旱隨至，吏憂民足傷。陂塘待天雨，饘粥仰官倉。事勢胡能久，收成亟所望。關心厪漢節，用意格穹蒼。忽已雲霓合，兼之雷電將。驟来能點點，快落遂浪浪。未復田疇緑，纔蘇菜隴黄。粗能寬閔閔，聊且慰皇皇。末世耽饕佛，前聞戒暴尫。于公明孝婦，卜式訟弘羊。是可資邦本，寧唯致歲穰。公行有餘力，我句漫斯狂。半載官離次，欲歸行絕糧。何當荷簑笠，及此濟江湘。

宋 陳亮《龍川集》卷二二《石井祈雨文》 惟龍伸縮變化，吁吸雲雨，一潭之間，龍則安焉。民有不告，其答如響。惟此境被龍之澤舊矣，歲一不周，亦龍之恥。龍之澤，不終朝而被天下，十里之間嗷嗷如此，豈龍之所安乎！油然之雲，雨既有緒，起而成之，何啻反掌之易也。

又《廣惠王祈雨文》 昔之爲農月也，用其力甚勤，而干於神者有時也。陂池湖濼，宿有儲水，雨不時至，民無預憂，神於斯時享民之報爲甚逸也。今農之惰亦甚矣，方春無事，宜可以用其力，而陂池不塞，湖濼不治，委天之澤，若不足急。四月之間，田有青草，淺耕而易種之，耘耔不虔，嘉種不達，幸其與青草俱活也，指爲有秋之望。十日無雨，則皇皇奔走告於神，神憐其愚而降之澤，以爲歲可常也，不改其惰，而懇請之數，頑不自省，神豈能終惠於如此之惰民乎？亮等今思厥愆慙恨入地，欲預爲之儲，則既已無及，坐而視之，將無所得食以死，永永無事神之日，强顔又哀告焉，而雲雨滿天，若將許其告者，神更寬其誅，卒賜一歲之澤，而農之惰，猶習其故，可以棄之溝壑，無疑矣。矢心陳辭，伏惟待賜。

又《佑順侯祈雨文》 民至愚也，而獨虔於神，苟可以用其勤者，雖髪膚有所不愛，神亦察其愚而矜之，往往輒應，故民之言神者多異。惟神之正大，豈爲異以驚動夫愚民哉！人情皇皇，其勢自爾，而非人之心也。亮於民之中，又愚之尤者也。平居不能事神，緩急亦將有求於神，顧何時而必神之答！迺其心以爲叢祠相望，靈響百出，其異不足依。可尊而信者惟神，正大而不爲異者惟神，以昔聖賢所以惻然興仁、澤人利物而不蘄乎報者而望乎神。今苗稼焦然，一日二日不雨，苗且槁死，藁秸將不能以及牛馬，神寧忍聞此而惜一舉足之力哉？故亮率其徒，敬拜祠下，而致其心焉。於其間又有爲浮屠之法以乞靈於神者，彼其心以爲舍此無所用其誠，亮之力不足以達神之心，一切聽其所以自致者。危窘至此，神宜如何矜之？凡相與而來者，察其心，皆無所愛，獨亮期神以正大之事，始末不渝。神不亮聽，於亮自爲得其分，顧民之置神於異者終不已，而神之事果非亮之所能知。亮足未嘗登此巖也，而心獨至焉。今茲來登，而又不答，豈惟望於世者狹，而望於神者亦狹矣。敢有再瀆，神則殛之。

宋 晁公遡《嵩山集》卷一六《中巖祈雨道場》 惟長於千夫百夫，若歲大旱，乃至於一日二日，靡神不宗。終焦槁之未濡，凡禱祈而莫應。皆謂尊者，近在中嵓，盖一念之乜慈，兼六通而無礙。密雲自西郊不雨，能憫斯時；隱雷在南山之陽，可召而至。敬遣官屬，祗設浄筵，願以守土之拘，阻於伏地以請。其如激切，當即感通。

又《祈雨設醮》 爲政不善，害於時和。自夏以來，再以旱告。固知上天不宜屢瀆，每念荒年實有可憂。豈惟轉車人徒之屬連，無以奉饟；亦恐父子兄弟之离散，不能爲邦。願憫夏畦久劳而未償，無使秋稼垂成而或敗。歲則大熟，民可小康。

又 民之貧困，未有甚於此時；田無歛收，則使餓於我土。惟天眷佑，以時雨暘。乃自是月以來，遂致膏澤不下，田畝之苗莫立，堤閼之水未通。今者部封，惕焉憂懼。儻三日之不雨，必百穀之無秋。如此閔閔農夫，丕降汝罪；告于皇皇后帝，寧丁我躬。吁嗟以祈，隕越于下。

又 卷二八《祈雨文》 因天事天，因地事地，國家嘗爲百穀之祈，曰雨而雨，曰暘而暘，郡縣庶無三時之害。吏之不德，累於此方。非霖潦之爲灾，則旱暵之告病。乞晴之禱方遂，干澤之請復聞。政乃弗修，瀆亦太甚。宜降刺史以罪疾，罔害斯人之粢盛。十日雨而五日風，幸今歲美；一年耕而三年食，得逭民飢。

又《第五尊者祈雨文》 惟我應眞，既授佛記，隨其往處，而作福田。想謂有三近古之風，異於它方國土。故得第五尊者之至，爲此大事因緣。若時相傳，每禱必應，乃當孟夏之月，屬苦亢陽之災，願乞錫端之泉，霈爲封内之雨。

又《慈濟廟請湫水文》 惟神所宅，滙而爲泉。其烝出雲，而上於天。膏澤溢流，施於土田，無有槁乾，俾有豐年。得命於朝，廣食豆籩。豈其降登，有不潔蠲。乃夏之始，致此旱然。請挹而歸，潤及無邊。敬自今茲，孰敢不虔？

又《慈姥巖請湫水文》 尊者於此方，蓋將示正法藏；衆生以是水，則能作大福田。頃得挈瓶而歸，遂救闔境之旱。惟火宅之焰方熾，故水種之苗易乾。冀終惠於豐年，敢復求於餘潤。

宋 仲并《浮山集》卷一〇《祈雨文》 禾棲南畝，竚期倉庾之登；雲密西郊，盍慰田廬之望。演秘言於琅笈，輸誠意於璿穹。念此吴人，力於農事。寧婦子而盈百室，所望有秋；先公田而後我私，尚資一雨。伏願興油雲於反掌，霈膏澤於崇朝。潛消螟螣之灾，畢刈茨梁之稼。仰祈天鑒，曲徇民言。

宋 王阮《義豐集》《普陁山觀音巖祈雨一首》 南風不爲雨，躬即寶陀求。地勢到此盡，天河相接流。鼇舒千丈背，蜃吐數層樓。念彼觀音力，揚枝洒有秋。

宋 虞儔《尊白堂集》卷二《連日禱雨猶未應也數語漫述皇恐之意呈簿尉》 誰令旱魃逞神奸，悵望西疇一雨慳。日永六龍方緩轡，天高九虎政當關。不論賦入今難辦，見説流移昔未還。地上小臣真蟣蝨，禱祈無效秖慚顔。

小兒曼倩儘狂奸，試掉雷車與破慳。慰我農民須早計，憐渠歲事頗相關。齋盂并日渾忘味，詩債如山只欠還。謝令冥頑推不去，毫絲無補亦胡顔。

又 卷三《龍池禱雨》 御府金奩出寶薰，爇來池上定知聞。龍應覆手能爲雨，岫豈無心漫出雲。秧插高田猶未遍，泉流幽澗恐難分。奉常典禮吾方與，毋作神羞視秩文。

又《委長洲趙丞禱雨陽山龍祠有應》 不向龍祠小乞靈，連宵那得雨冥冥。勢方聚處中心喜，聲漸微時側耳聽。便覺田頭秧稻緑，更誇隴首麥苗青。豐登自此無公事，只有棠陰蔽廣庭。

又《再委趙丞陽山送龍禱雨》 傳聞神姥産英靈，雷電當時亦晦冥。好雨固宜隨禱應，夜窻曾誤幾番聽。關心病守頭空白，失喜農夫眼倍青。水溢旱乾寧有數，人間無路叩天庭。

老龍高卧復何求，韜斂風雷自一湫。不恨如麻無雨脚，却愁生耳有禾頭。向來河内慚移粟，此去江邊欲其舟。龍若有靈須早計，霖霪莫待火西流。

又 卷四《六月二十一日戊寅率同寮詣登源祖廟中迎英濟禱雨是日也雨隨車至越翼日己卯繼之至中宵方霽自辛巳至于乙酉遂沛然霑足丙戌敬送神因書二小詩以紀靈異》 蓱號起雨風頭好，禾稼如雲水面肥。從此豐年無一事，前歌後舞送神歸。

催科太拙愧無功，撫字徒勞技已窮。正直却應神誤聽，秖憑香火報年豐。

又《端午日被旨禱雨天目山次日至臨安縣道中》 伊軋籃輿度翠微，蕭疏甲隊小紅旂。杜鵑强欲知人事，苦苦聲聲勸我歸。

緑林深處囀黄鸝，光景渾如初夏時。尚覺風頭能瑟瑟，却憂雨脚反遲遲。

又《偕簿尉過石照山禱雨》 紫金岩電間閃爍，寶網香雲時吐吞。況有降魔大圓鏡，豈因旱魃更游魂。

怪生斗水蓄風雷，喚取龍神睡覺來。火急共爲詩準備，却愁頭上雨相催。

野火燒渠經幾秋，却將光彩閟深幽。塵中縱有人磨鏡，俗狀年來我亦羞。

宋 葉適《水心集》卷六《禱雨題張王庙》 夏至老秧含寸荑，平田回回不敢犁。群農無計相聚泣，欲將淚點和乾泥。祠山今古同一敬，籤卦分明指休證。傳言杯珓三日期，注綆翻車連曉暝。龍神波后何慘愴，昔睡今醒喜蕭爽。人云天上行水曹，取此化權如反掌。浙河以東盡淮壖，哀哉震澤幾爲原。願王頓首玉帝前，請賜此雨周無偏。

又 卷七《贈祈雨妙闍黎》 雨慳水澁從季秋，倏忽春半河斷流。有僧了妙能禱祈，直云天閟非人求。朝誦咒，夜安禪，十陰九暗来纖纖。咒光禪寂轉相發，潤澤徐乃通幽潜。我老拜請良獨難，春烟欝薄重霄間。旁搜潭洞攪龍蟄，鞭雷走電開天関。天意豈令一犁緩，人心正待百渠滿。補天不及人未知，禪心沉寂嗟爾爲。

又《和汪提刑祈雨》 感格誰知汪仲舉，步虚未了龍来語。會稽秦望都洗清，越人喚作提刑雨。我慙老惰無精勤，累月喚龍不聞。水南早禾貪結實，一夕爛死爲泥塵。

又卷二七《祠山禱雨文》　三日爲霖，旱氣始消。前日雖雨，曾不崇朝。未挿之秧，十尚三四。頎然塊中，挿者行死。湫潭十餘，駢迎疊拜。紛紜一春，其力甚憊。凡此諸龍，豈無威神，暫雨輒止，莫知其因。位尊責重，惟王是扣，大足大通，非王孰有？田一以盈，苗蔚以青，河滿奮痕，船高槳輕。我昔建康，王答如響，今將誰依，顧我勿爽。

宋 黄榦《勉齋集》卷二二《荆南代吴安撫禱雨文》　往歲之夏，不雨而暘，飢饉荐臻，民卒流亡。彼夏而旱，已乖其常；此春而旱，于何不臧？干戈方興，田萊多荒，失時不耕，後將安望？刑政之愆，某身是當，毋虐我民，亦孔之傷。神之聰明，實佐彼蒼。嗚呼仁哉，反妖爲祥！

宋 孫應時《燭湖集》卷一四《頂山禱雨》　官身縛塵事，日日如絲棼。駕言適秋郊，開顔慰艱勤。大田平如席，多稼緑於雲。早熟有餉穫，晚播方耦耘。停鞭問父老，笑語何欣欣。今年大好麥，稻復當十分。天應憐百姓，似亦憐令君。我本無善政，謗罵常紛紜。獨慚龍公賜，一念如相聞。尚憂北山外，漸有龜坼文。爲爾乞終惠，潔齊炷爐薰。何當足吾願，豐年周九垠。

宋 曹彦約《昌谷集》卷三《禱雨陽山》　暮投突兀浄爲坊，早踏崎嶇翠作岡。露氣失凉風帶暑，嵐陰欺曉日韜光。不憂時事禽空語，可怪凶年草更芳。欲問行人祈禱意，日來鉦鼓漸凄凉。

所以登山不憚煩，爲藏雲氣達泉源。多峰豈炫千巖秀，一綫纔通萬壑奔。其在茲乎須出岫，此時何不早翻盆。名高已到巖瞻地，只有爲霖可養尊。

宋 陳淳《北溪大全集》卷四九《禱雨良崗山》　年月日，從政郎長泰縣令鄭煬，謹遣佐官廸功郎、權主簿陳淳，躬致香茶酒菓之奠，昭告于良崗山之神：禮，諸侯得祭名山之在其地者，以其能興雲致雨，潤澤群生，有神靈在焉。今之邑，亦古子男國之比，而此山行龍，自北而來，結爲邑治，實吾邑宗祖，巍然一巨鎮。葢居民所賴，惠澤以爲生，而有司當建壇壝，以嚴祀事者，乃久焉闕典。今春氣已暮，雨意尚慳，種不及施，民甚告病，恐蹈舊歲，與死爲隣。吏膺民命之寄，惕不皇寧。是用奔走俯伏，爲民請命于爾山之神。倉卒爲儀，未能如式。惟爾神靈昭鑒，亟垂閔救，蒸氣興雲，沛爲三日之霖，優渥四境之内。俾我合邑土田，春膏溶溶，播種畢興，無失一歲之望，以活我萬户生靈，實賴爾神無疆之休。尚饗。

宋 韓淲《澗泉集》卷一三《趙倅同守作太乙醮禱雨次其韻》

雲車在望已多陰，想見東皇識此心。城闕步虚環珮冷，田廬望歲桔橰深。天高地下群龍起，雷動風行萬馬駸。午夜寶章昭格處，願言三日便爲霖。

宋 衛涇《後樂集》卷一九《隆興府龍王廟禱雨文》　鸛鳴垤而零雨，望切輿情；龍嘘氣而成雲，敬申誠懇。乃四月之維夏，正三時之務農。膏澤少愆，歲事未卜。惟神所宅，實福此邦。儼威靈於今古之間，妙變化於須臾之頃。用遣一介之吏，虔修百拜之誠。願施陰陽開闔之權，亟下風雷鼓舞之令。大爲霖於三日，以加惠於一方。神無常享於誠，少鑒微衷之請；旱不苦禱而雨，庶幾循吏之風。

又《禱風雨池文》　大旱之望雲霓，於民心而甚切；祈雨以介稷黍，在吏職以敢安？誠恐未孚，禱猶莫應。凡有祈禳之典，悉殫真切之誠。乃眷靈湫，比加顯號，由積功烈，故被寵光。方仲吕之載臨，適常暘之爲沴。苗則槁矣，人皆仰之。敬爲千里之民，庸遣一介之吏。瀝陳悃愊，恭扣陰靈。願於呼吸之間，亟下風雷之令。大爲霖於三日，以加恩於一方。百畝之田，勿失其時。正當夏長，一年之計，在於種穀，庶遂秋成。

又《隆興府禱雨諸廟文》　惟神血食茲邦，不知幾百年矣。而吏於此者，朝往暮來，不一二年而去。然則神與吏之於民，孰爲最親？去此蓋五年，誤恩復來，逮茲歲除，甫視郡篆，未獲奉牲，灑酒致告於神，遽有祈焉。世謂臘前三白，豐年之祥。今臘無幾日，歲將及春，霜乾彌旬，積雪不下，旱蝗爲孽，慮在嗣歲，某竊憂之，未及下車，敬爲是禱。神其布彤雲，噓朔風，俾剪水飛花，臨風舞絮，庶幾民有豐年之望，無疫癘之虞，實神陰相，吏亦得以辭其責。惟神其鑒之。

又《禱雨文》　吏蒙恩於朝，布宣德意；神受命於帝，協贊化工，均食於民，各揚厥職。如政刑之有爽，吏敢辭其愆？若雨暘之不時，神實任其責。方四月之告旱，仰九重之軫憂。爰飭庶邦，遍走群祀。取一勺之水，可以資群龍之變化；注三日之雨，庶幾蘇百姓之焦枯。吏固得以藉神之休，神亦可以承天之意。

宋 周南《山房集》卷三《送龍泉祝文》 九華之峰兮千仞其崇，有淵其渟兮潛虬之宮，升虛陵冥兮隨感而通，粤春徂夏兮旱氣蘊隆。首種弗入兮歲將鞠凶，群望并走兮靈雨未濛，乃飭禮幣兮改命于龍。靈波出地兮暘烏微曚，豐隆轟車兮屏翳冥空，四方播灑兮吹澌以風，神非無意兮天畜其功。既開其始兮忍靳其終，是一勺水兮變化無窮。吏德良薄兮匪施未洪，从而不返兮懼於不恭。酒脯菲薄兮莫明予衷，惟神終惠兮賜之雨足而年豐。

又《迎龍池水祝文》 假守云初，亢陽爲盭。四月維夏，五種未蓺。儻少須臾，立見流徙。穹谷之淵，神龍是宅。翕忽噓氣，穹壤被澤。敢命別乘，躬乞靈液。黿魚在鼎，竚立以俟。靈雨隨車，明神之賜。

又《代太守春賽諸廟祝文》 池瀕大江，民處瘠土。陽微驕而已旱，霖未成而懼雨。相甌窶之单薄，滋耦耡之莽鹵。土膏既興，農事斯舉。潔牲斓畾，展祀祠宇。惟神閔民，亦既勞苦，陰陽明晦，毋爽厥度。黍稷菽麥，有殖斯茂；我田既臧，我土維阜。太守與民，弗忘神助。

又《諸廟祝文》 粤歲旱灾，祈神陰祐，甘霔需發，焦土兹榮。昭報惟誠，弗忘終賜。

又《祈雨疏文》 龍湫掬溜，雲已上於天需；鸛垤鳴陰，雨復隨於風至。皆守長懇求之未至，致陰陽并隔而不通。肆潔精誠，虔修净供。惟大覺隨方而赴感，庶驕陽覆宇以成霖。

又《祈雨疏文閏六月初九日**》** 炎風之吹赤壤，適當三伏之時；甘津之沃祥禾，未浹四郊之内。屬垂成之在望，豈屢瀆之敢辭。伏願來夜澤於滄江，綴朝霏於緑穗。沛然下雨，俾願足於三農；譬如爲山，毋功虧於一簣。

又《祈雨疏文》 碧泉青稻，覬遂豐成。杲日炎風，尚虞侵鑠。將畢畎畝三時之賜，何惜乾坤一雨之恩。粤惟神休，迄此陰相。

宋 鄧深《鄧紳伯集》卷上《鄉人禱雨有應時寓烏石》 力穡乃有秋，斯言聞自古。天時或不順，人事亦安取。今年問何如，常暘頗爲苦。大田紛拆裂，槁苗渴灌注。井甕走墟落，河車喧旦暮。江溪近復涸，手足了無措。禱旱急農夫，迓神擊村鼓。動以千百人，爲此萬一舉。烈日仍朝朝，乞靈空處處。誰知天地回，正在頃刻許。旱魃翻然收，豐隆激其怒。真龍奮寂寞，商羊自鼓舞。張盖作濃雲，翻盆下甘雨。剩水有平疇，曠原無焦土。言功任鬼神，介我喜稷黍。飽飯可預期，晚歲復何慮。懽聲變愁嘆，憂心成悦豫。維時對江村，所寓隘茅宇。因循已半月，侵陵奈酷暑。快此一日凉，美甚八珍具。澆腸欠濁醪，錢兄尋酒户。

又卷下《月湖禱雨有應李渭賦詩次韻并呈》 一雨端由誠意通，不然筆落有神功。奔雲擁樹千山里，迅電飜江萬丈紅。黍稷盈疇纔可望，塵埃眯眼頓成空。民間歲晚知何事，飽飯無憂屬兩公。

宋 程珌《洺水集》卷一七《諸廟祈雨》 農之施功，秋則望歲。今既七月，垂穎在田。乃至旬時，亢陽不雨。惟神監止，將害垂成。呼噏之間，豐穰所繫，願均遠邇，咸獲流通。豈惟此邦，獨受大賜，俯陳懇惻，仰冀照臨。

又卷一八《祈雨疏》 八蠶方眠，雖惡滛潤，九龍已起，宜現神通。仰絳闕之清嚴，荅紫宸之懇惻。伏願驅馳神駿，吹動法蠡，願於春夏之交，時賜沾濡之澤。十日風，五日雨，無復愆期；小麥青，大麥黄，訖臻樂歲。

宋 戴復古《石屏詩集》卷二《真西山帥長沙禱雨》 太守持齋戒，精誠動九天。驕陽變霖雨，凶歲轉豐年。信是經綸手，行司造化權。唐時相房杜，斗米直三錢。

出郭問農事，家家笑語聲。有田皆足水，既雨亦宜晴。山下溪流急，街頭米價平。明朝聞領客，相見賀秋成。

又卷四《蘄州厲使君七夕祈雨》 樽俎忘佳節，衣冠肅廣庭。爲民祈一雨，何暇賞雙星。五馬無慙德，三龍合效靈。前山好雲氣，早已動雷霆。

又卷一〇《美巡檢秦君禱雨有感》 我昔歸舟泊西浙，屡上吳山望東越。炎曦赫赫塵暗天，可怜不雨踰三月。吾鄉岸海地勢高，連塍想見禾苗焦。豊穰碩望苟一失，溝壑困辱將焉逃。况聞征賦日夜急，孰念遺氓久顛踣。歸來父老一相迎，啓口却誦秦君德。秦君世居淮海東，壯年脚蹋江湖空。浩氣不摧萬猛士，一官猶佩雙琱弓。深知警邏職匪小，遇旱憂心日如搗。由來剽竊迫飢寒，揭虔亟向龍祠禱。奔走亦率民庶稠，坎坎伐鼓羅鼠羞。丹誠已信齋祓久，一念遂達神靈幽。桑林剪爪嘆已古，魯公焚尫笑何補。今看蜥蜴水際浮，隨覺商羊眼中舞。龍蟠忽起牙角呀，簸尾陰軸驅雷車。四山雲氣暗於墨，半天雨脚紛如麻。槁禾既甦偃伏起，民食方期有饘餌。輸官豈望甑石餘，爲生庶緩須臾死。嗟予聞言喜更驚，識君不早徒心傾。便欲排雲上霄漢，大叫閶闔揚君名。吾知聖明渴賢久，微君要展爲霖手。幸今九土樂豐年，我獨餓殍何辭骨先朽！嗚呼，我獨餓殍何辭骨先朽！

又《題潘氏禱雨有感詩卷》 連歲浮淮去爲客，客裏無禾亦無麥。盤飧豈欲待豐登，雨暘猶知望時若。今年故鄉旱嘆多，我歸無麥還無禾。潘君禱龍雨輒應，我聞兩脚醉拍船舷歌。嗟哉老夫本漁叟，緑簑飽卧烟波久。中間出處亦偶然，豊歉於身果何有。于今世途蜀道難，觸眼倉廩連雲端。倘得年豊租賦足官府，我雖愚者身能安。潘君潘君藉爾力，稼有秋兮農有食。衆因頌爾能感神，我亦重君無德色。曉來目送南征鴻，因之爲寄雙詩筒。姓名到眼不相識，隔隣好問松溪翁。

宋 劉宰《漫塘文集》卷一《和陳校書祈雨有應》 一念憂民敢憚煩，肩輿得得款祠壇。莫嫌勺水能多少，自是壺中世界寬。

又 卷二《和郡倅陳校書模祈雨韻》 麥隴收黄槁，秧田欠緑滋。三時猶好在，一雨未爲遲。精意能先物，神明敢後期。邦人孚至意，可但不能欺。

又 卷一五《賀趙守禱雨即應》 伏審憫雨惟勤，籲天有請。雖此邦之遇旱，比及三年，而甘澤之應祈，不俟終日。亶惟異事，盡揜前聞。端以某官，愷悌存心，中和布政，視五穀之不熟，猶己饑之；自三日以爲霖，其禱久矣。故爐烟之甫炷，即協氣之横流。不我後，不我先，油然作，沛然下。某心馳府上，身絆田間。亟趍朝餐，驅耕牛於麥壠；更祈夜月，無吠犬於花村。

又 卷二七《鄉曲禱社祈雨文》 夫設壇壝，謹時日以祀明神，雖國家定制，而年來有司具文行事，壇壝徒存，誠意不在，水旱之灾，鮮不由此。厥今農時已過，水涸秧枯，雖府縣有禱，隨即感通，而竟未霑足。少稽信宿，則歲事去矣，民何以生？某等寓居此邑，實不遑寧，是用相率拱告于壇下。惟神聰明正直，依人而行，尚賜哀矜，即沛甘澤。某等無任迫切俟命之至。

宋 許應龍《東澗集》卷九《廣德軍廣惠廟祈雨祝文》 歷時不雨，屢致禱祈，三日爲霖，冀垂感格。雖間蒙於潤澤，猶未浹於焦枯。敬遣廷紳，祗謁祠宇。仰騰碧篆，俯控丹衷。正直聰明，願鑒忱悃之懇；霑足優渥，用成豐稔之祥。

又《天目山龍井大雄山祈雨祝文》 伏以六月不雨，豈勝旱暵之虞；三日爲霖，願沐霑濡之賜。雖屢伸於祈禱，猶未遂於感通。爰遣廷紳，偏走郡望。嗟鬱攸爲沴，民生已困於煎熬；苟膏澤愆期，歲事必遭於荒歉。願垂陰相，俯鑒衷忱。龍翔而景雲興，沛爲甘霔；穀熟而人民育，迄用康年。

又《龍井迎水祈雨祝文》 七月不雨，深懷卒歲之憂；三日爲霖，冀遂有秋之望。敬憑道侶，往叩靈湫，丐勺水以迎還，竭寸衷而致禱。願垂孚佑，亟賜感通。龍翔而雲霧興，大沛滂沱之澤；穀熟而人民育，永消旱暵之虞。

又《後庵祈雨祝文》 荷鍤如雲，方興農事；覆手爲雨，全賴佛慈。矧偏壘之并山，乏巨川之潴水。膏澤不下，豐年曷期？謹騰寶篆之香，仰干大覺；願灑浄瓶之水，散作甘霖。

又《龍井請水祝文》 龍潛於淵，孰窮變化；天久不雨，敢後禱祈？矧外臺方切於咨諏，而靈迹欲求於顯著。願因亢旱，大霈甘霖。既足既霑，益廣及民之利；至三至再，即膺封爵之榮。已削牘以敷陳，冀垂休而昭鑒。

宋 陳起《江湖小集》卷二二《贈野廟祈雨老巫》 桑條無葉土生烟，上德由來合動天。銅鼓祭龍雲塞廟，對花歌咏似狂顛。

宋 陳宓《龍圖陳公文集》卷三《巖州道中見月以禱雨不飲》 赤地三千里，離家四十程。豈無瓶可倒，忍對月仍明。在處嗟呼氣，窮村鼓鐸聲。有神司下土，能不惻垂情。

又《次樓宗薄禱雨韻》 君侯憂國念，食頃詎能忘。盡变庖廚饌，全銷燕寢香。連朝成靄靄，中夜忽浪浪。坐想溪十曲，恩波似个長。

又　旱氣滿南州，深貽肝食憂。蟹能升古井，龍敢卧深湫。德政真無愧，豊年信可求。野人無別慕，鼓腹事西疇。

又　卷五《和傳監倉度禱雨》　五月秧針尚未勻，忍看溝底欲生塵。禱祈已久勞州邑，穰襘終當狗士民。天道豈云难感格，人心無過定恭夤。新詩見寵非吾事，霖雨湏還岩築人。

又《次樓宗薄禱雨韻》　農家累月望雲霓，多謝賢侯懇切祈。群望三句幾遍走，百川一夜忽東之。天心感恪真堪必，歲事豊登尚可期。和氣致祥非誕語，願將此意播声詩。

又《延平六月祈雨感應賡林堂長韻》　喚起神龍百里來，中腸一夜九縈回。天心自爲民心動，多謝諸賢舉賀杯。

又　卷一九《清水巖祈雨》　某德薄，宰茲邑兩閱月矣。天久不雨，民沴物瘠，乃十七日辛丑禱於山川城隍之神，越夕雨作輟止，邑人咸白故事：善利大師，其生也，暴身致雨，今禱者必之焉。伏惟大師願力宏深，邑人敬向，令敢不先期齋沐躬禱祠下，其施甘霈以蘇民物，以答邑人之望，則大師永爲邑人依歸。

又《清水巖謝雨》　某以民告旱，將以二十三日躬禱祠下，乃二十一日爲文一通，遣吏賫香，先達此誠。大師靈明，如響斯答，香信方馳於巖寺，陰雲已遍於郊垌，霡霂滂沱，民蘇麥秀，百里之内，童叟歌舞。嗣歲又將有望，躬造巖宇，轉祈爲謝焉。

又《又祈雨》　某不善爲政，雨暘必待於禱，亦有罪焉。大師靈通，應答不爽，豈固逭吏之罪，實慈愛農民。自春以來，雨膏土潤，早禾秀茂，正茲展穗，兼旬不雨，農已病之，苟不先時以告，惧將無及。伏惟一灑甘雨，俾高無苦乾，則豐年之功，允有所屬，敢不齋戒謝焉。

又《又祈雨》　今歲雨暘順序，豊稔可期，皆陰相默佑之功。旬日以來，赫曦隆暑，田畝苦乾，當此之時，霈然一雨，嘉穀奮茂，爲惠益宏。況雲連日陰雲，閣雨不下，尤易爲力。遣吏致禱，伏惟響答，以寬吏民之望。

又《又祈雨》　兼旬以來，氣暄異常，人用不康，麥不得下。久旱之故，宇人無德將去，獨不能召致和氣，慚對吏民，伏惟注以甘雨，蘇其病，活其飢，皆今日賜。

又《社壇城隍祈雨》　天久不雨，地氣枯燥，當寒而燠，民用疾殃。惟興雲致雨，境内山川之神實司之。縣令德薄政乖，無以召致，舍神焉告。惟神愛民，荅以甘澤，俾麥蘇土潤，人用和平，不獨縣令可以逃罪，神亦無曠乃職。

又《祈雨》　天憫去歲之旱，民阽危亡。春夏以來，五風十雨，早禾已遂登場，民方少蘇。旬餘烈日，晚稻恐以病告。伏惟豐穰之功難成而易虧，繆戾之政可罪，而民不可以屢困。齊心虔禱，冀獲感通，霈此膏霖，迄成稔歲。

又《又祈雨》　某到官之初，適值旱歉，去歲一稔，瘡痍始瘳。春夏以來，雨雖過多，時暘復應，庶幾再稔，少蘇田里。今早禾已登，場中禾亦已有望。唯是晚出之稼，螟螣食之。伏惟造化之全，功虧於一簣，豈吏治不平之咎耶？然吏實可罪，民實可憫。一雨滌蕩，潜消陰弭，不獨民受終賜，垂去之吏實與受賜焉。

又《南康祈雨》　兼旬不雨，未應遽叩於九閽；去歲已飢，豈可復罹於再旱？輒抒田中之懇，巽蒙從欲之仁。伏念臣某承乏字民，無德及物，適繼薦荒之後，每深震懼之懷。荷上帝之垂憐，軫下民之久困，既蒙雨若，可望秋成。忽驕陽之致愆，將盈月而爲沴，儻後時而有禱，必貽悔於將來。用是矢心籲天，爲民請命。伏望爲霖三日，勃興向槁之苗；遍澤十同，終保垂成之歲。

又《又祈雨》　失時不雨，敢自安，涓日籲天，遂成再瀆。睠茲星壘，婁厄旱灾，方稔歲之是期，忽踰月而可慮。晚禾告槁，新麥未施。職在收人，惟有震驚而請命；罪實由己，寧甘殃疾之及身。雖已丐歸，尤深軫念。高穹感格，沛爲三日之霖；大惠始終，滿此九農之望。

宋　魏了翁《鶴山全集》卷九八《社稷壇再禱雨》　春日愆陽，農疇告痒。吏則有罪，民其何辜？惟我有神，憫茲下地。敷遺甘雨，以綏來麰。則民業用安，吏瘝少逭，神亦永有依。嗚乎！尚鑒之哉。

又《社稷諸廟禱雨》　自冬愆陽，雨雪未應，于方于社，靡神不舉。神不我荅，而屯其膏。神其聰明，則降罰于吏躬，毋使我民飢而死也。敢率僚吏，蹐躬俟命。神鑒之哉。

又《諸廟禱雨》 劍之南東，土瘠田下，十日不雨，四民嗸嗸。矧時朱明，陽沴弗戢。職吏爲孽，繄民何辜？惟我有神，廟食兹土。匪宜吏讁，亦爲神羞。神其來娭，雨我多稼。永與民吏，荷神之休。

又《導善觀人日祈雨》 踰時不雨，深憂粟麥之傷；靡神弗宗，尚觖祈年之望。循愆陽之示異，繄謬政之爽中。新年換故年，涉春已久；元日至人日，常燠有加。方兹領事之初，惕若求芻之託。亟修圭薦，仰叩穹崇。伏望興雨其濛，大慰來麰之望；多稼且碩，用資終歲之勤。

又《祈雨二月二十八日**》** 春膏動陸，期首種之向榮；常燠爽中，尚貽麰之觖望。既非下民之罪，亦豈上帝之心。惟守吏之弗虔，乃愆陽之示讁。敢修圭薦，仰冀惠寧。伏望興雨其濛，悉慰大田之望；多稼且碩，用資終歲之勤。

又《社稷及諸廟祈雨》 維莫之春，常暘爲沴；時雨久曠，土膏弗滋。若吏之弗虔，政有闕繆，以干陰陽之和，則罰止厥躬，元元何辜，罹此菑暵？敢修明薦，以冀惠寧。黨賴神休，孚霈嘉澤。俾物無疵癘，麰麥以登。則由吏若民，咸永有嘉賴。

又《寺觀祈雨》 南訛紀候，斯穡事之向榮；旱魃爲菑，懔農疇之告瘁。既非下民之罪，亦豈上帝之心。惟吏守之弗虔，乃常暘之示讁。敢修圭薦，仰冀惠寧。伏望興雨其濛，悉慰大田之槁；多稼且碩，用資終歲之勤。

又《社稷壇祈雨》 自冬徂春，雨暘燠寒。咸罔不時，土膏用滋。首種既入，乃旬有四日；陽驕肆梗，以害于垂成。人情皇皇，靡所馮依。職吏之愆，民則何罪？惟邦有社，實司我民。是用敬共，以祈甘澤。沛然來下，咸俾昭蘇。黨穡事濟登，物無疵癘，則若民若吏，祇荷休德。其永永無斁。

又《靈惠廟祈雨》 維莫之春，嘉生動陸。雖時雨之數下，尚土膏之弗滋。人情嗷嗷，靡所底告。敢用牲醴，以告于我有神。庶幾顧歆，大霈嘉澤。終惠多稼，汔成康年。則荷神之休，曷維其已。

又《天慶觀祈雨》 三陽動陸，正宿麥之方興；一雨愆期，懼土膏之未奮。矧惟蜀左，介在山椒，地廣而民稀，田磽而功倍。冬深未雪，歲首尚暘。又念陰陽之或乖，亦將疾癘之不免。用修圭薦，亟控宗祈。惟冀霈潤澤於群生，散之霡霂；變札瘥爲和氣，襲于休祥。

又《社稷壇祈雨》 某自抵厥官，荷神之休，雨澤洊至。首種既入，乃浹辰之間；陽驕弗戢，以害于垂成。人情皇皇，易喜爲憂，靡所馮依。職吏之愆，民則何罪？惟邦有社，實司我民。是用敬共，以祈終惠。黨沛然下雨，咸俾昭蘇，穡事濟登，物無疵癘，則若民若吏，祇荷神保，其永永無斁。謹以制幣清酌脯醢明薦于社神、稷神，社神以后土勾龍氏，稷神以后稷氏配神作主。

又《再祈雨》 農有三時而東作實爲首，種凡資糧錢鎛實取具焉。而方春愆陽，害我穡事，于方于社，若既應祈。乃旬日以來，復有暵瘼之慮。惟我神保奠祀兹土，出雲爲雨，以惠我民，則於神是望，敢敬共以告，尚克顧享。

又《社稷壇祈雨》 劍之南東，土礲田下，十日不雨，四民嗸嗸。矧時朱明，陽沴弗戢，職吏爲孽，繄民何辜？民生所資，于社于稷。謹率僚吏，敢共幣辭。神其來娭，雨我多稼。瞻仰以俟，降假是期。

又《再祈雨社稷壇》 比以亢旱，謁于神保。神弗我顧，驕陽如惔。耕耨失時，大命攸繫。敢再用幣，以祈以禳。神其哀恫，益之霡霂，雨我多稼。神不民恤，將率具僚，敬共夙宵，得請乃已。

又卷九九《祈雨醮詞》 春膏動陸，期首種之向榮；常燠爽中，尚貽麰之觖望。既非下民之罪，亦豈上帝之心。惟守吏之弗虔，乃愆陽之示讁。敢修圭薦，仰冀惠臨。伏望興雨其濛，悉慰大田之望；多稼且碩，用資終歲之勤。

又《祈雨醮詞》 厥罰常暘，已迫晏陰之候；靡神不舉，未蒙嘉澤之滋。繄粃政之積愆，顧烝民之何罪？瞻卬以請，怵惕靡皇。伏願靈監愽臨，純忱孚徹。念國無六年之蓄曰急，矧惟救死於須臾？使雨自三日以往爲霖，尚可更生於田里。望霓待命，以刻爲年。

又《再設九龍醮詞》 時澤昭蘇，僅遍畇畇之原隰；陽驕暘梗，又驚滌滌之山川。民易喜而爲憂，物向榮而俄悴。寔繄政事之謬，以戾陰陽之和。斯民何辜，大命近止。敢復憑於馨薦，以荐控於宗祈。黨賴帝臨，不崇朝而遍雨；尚令田畯，乃力穡以有秋。震懼庶寧，瞻卬以俟。

又《三台山禱雨醮啓壇詞》 浹辰不雨，烈日如熏。莫高匪天，洋洋乎在其上；何爲使我，皇皇然憫其苗。匪帝意之云憎，顧民生而何罪？厥惟粃政，寔召常暘。用穆卜於靈辰，將禱求於甘澤。衣冠戒旦，陳三洞之仙科；樓殿切雲，企九關之列馭。庶蒙鑒諟，嗣致宗祈。

又《保和觀禳火祈雨醮詞》 舊榆既改，正出火於當辰；新穀將昇，尤作雲之在望。雖夙祈之數應，然沴氣之未銷。敢憑醮祭之儀，并露禳祈之悃。伏冀融風戢燎，奠民業於妥安；膏雨澤枯，濟田苗於秀實。人心以固，吏責少寬。

又《天慶觀祈雨醮詞》 時雨久愆，懍懍常暘之罰；首種不入，皇皇嗣歲之憂。敢瀆高明，洊伸祈懇。伏念臣所承郡寄，介在山椒，土狹而民稠，地磽而功倍。五日不雨，即抱甕而灌畦；一穀弗登，則操瓢而捐壑。矧今錢荒物貴，賦重斂煩，獨仰歲以爲生，將救民於垂死。當微陽之未復，乃冷氣之先乘。豈惟疫癘之是虞，殆恐飢荒之不免。皆由政事之謬，以戾陰陽之和。而違孽於吏躬，以挻灾於農畝。敢修醮告，仰冀哀矜。伏願上天同雲，式霈雱雱之澤；大田多稼，少寬閔閔之情。

宋 真德秀《西山文集》卷四八《北山清凉洞祈雨祝文》 嘉澤久曠，穮蓘將萎。共惟守土之臣，寔掌劭農之政。雖冬而禱雨，蓋往昔之未聞。然志切念民，豈故常之可狥。用殫忱悃，仰扣眞祠。願及斯時，亟降蘇枯之澤；庶幾嗣歲，免貽艱食之憂。

又《諸廟祈雨祝文》 聖經所載，惟麥與禾。今禾既登場，所至告稔，拜神之賜渥矣。乃季秋以來，雨不時至。高田之麥欲種，而無水以耕；下田之麥已種，而無水以溉。此農人之所甚憂。況夫風高氣燥，則居者用虞；泉枯井竭，則汲者告病。惟神幸哀斯民而賜之嘉澤，使憂者以愉，虞者以安，病者以息，是一舉手而三患弭也。神其可無意乎？

又《游仙山頂祈雨祝文》 昔者，眞人之始封也，綸告誕揚，固有愛利及物之褒矣。今境内之旱，前所未睹，風日炎煬，良苗將萎，此正眞人推行愛利之時也。夫雨暘之數雖出於天，然上穹至仁，易以感格，山川百神儻能爲民致請，未有不能回造物之意者。況眞人列名仙籍，叙職紫清，又非山川百神之比，何惜不爲一方赤子致其更生之請乎？今旱勢極矣，民命危矣，於此時而不亟救之，後將無復可望者矣。敢以誠告，尚其念之。

社神。維社有神，寔主我民。曰社與民，厥重惟鈞。歲旱民饑，亦神之疚。願於未然，畢力以救。

勾龍氏。於我惟神，于祀配食。有功于民，故莫能易。雨不以時，民且告瘁。神其救之，反掌之易。

稷神。維稷有神，所主惟穀。雨暘以時，嘉穀乃熟。芃芃者苗，賴雨以濟。尚哀斯民，俾克有雨。

后稷氏。惟神之生，百穀是殖。更千百年，祀以爲稷。今穀方茂，而雨不時。哀而救之，匪神孰尸。

風師。在易有之，雨潤風散。其於生物，功則一貫。雲氣凝合，雨乃滂注。所求於神，願霽斯怒。

雨師。瀕海之邦，土瘠易稿。潤澤不時，則以旱告。一雨通宵，已拜神賜。願更滂沱，俾卒有歲。

雷神。鼓動萬物，惟雷之功。有神司之，隱隱隆降。惟霆之轟，雨乃大至。敬共有祈，日夜以冀。

又《北山祈雨祝文》 維年月日，具位謹以清酌之奠，昭告于北山之神：傳稱名山大川能興雲出雨者，始在祀典。温陵爲郡，以泉得名，有崇北山，實州之鎮。神仙所宅，霧雨所藏，一方仰庇。惟日久長，今歷旬不雨，多稼將枯，群情嗸嗸，若隕川谷。願以赤源一勺之水，散爲闔郡三日之霖，使槁苗復興，民命獲濟，此神之職也，亦邦人之望也。謹告。

又《鰲峰靈澤殿祈雨祝文》 敕封靈澤夫人大仙：惟大仙之靈，肇於百丈，一方之人，所共瞻仰，于茲有年矣。間者靈澤之封，實乞于某之手，夫豈諂大仙者哉！有是實故有是名，大仙之所不辭，亦某之所不得私也。乃者聞諸道涂，大仙復將震耀威靈於鰲峰之上，其事甚異，其詞甚夸，人皆信之，某獨疑之。何哉？蓋澹然無作而雨暘菑疾之求各以其類應，此正直之神所爲也；以禍福動愚民而要其不正之享，此淫昏之鬼所爲也。孰謂大仙之正直而肯要人以奉己乎！此某之不得不疑也。及抵西山，及有以其親覿告者，眞若可信而無疑矣。某之愚，猶恐其出於依托也。蓋大仙之所以信服於邦人者，亡它，惟仁而已。今不恤其民之有亡，必欲其差次出錢以廣宮室，豈大仙之心乎？若某不審其事之眞僞，而竭蹷聽命焉，非惟見嗤於士論，且將獲辠於大仙矣。是以未敢即任勸率之責，而願有謁焉。厥今高下之田，方以旱告，大仙誠能大庇斯民而亟賜以雨，使穀之將收者無秕而不實之患，而欲槁之苗翁然以興，則環數鄉之民將奔走稱謝之不暇，某於是時慨然任勸率之責，亦爲有辭矣。敢布腹心，惟大仙實圖之。

又卷四九《諸廟祈雨祝文》 俗以仲夏再挾爲分龍之日，曰雨曰霽，歲之豐歉，於是而占焉。儲粟之家，亦必俟是日之雨，然後肯泄其所藏，以惠閭里，其利害豈它日比哉！載念湖湘，實爲凋俗，歲雖告稔，民食尚艱，一有不登，立見擠壑。是用先期三日，以奔告于有神。惟神愛民之心不減於守土之吏，幸哀而憐之，賜以滂沛之澤，則一稔可卜，百憂以寬。拜神之賜，寧有紀極。謹告。

又《祈雨祝文》 七八月之間旱，從古以来病之。蓋良苗之將穟，猶嬰兒之欲長；膏澤之弗繼，猶乳哺之失時。命之存亡，於是焉在，其忍安視而弗以告乎？惟神不愛須臾之勞，以救其垂絶之命，使民獲有年之賜，則吏其敢忘神之功。謹告。

又《祈雨諸廟祝文》 昔者吕氏之書以秋行夏令爲舛，漢人論兊離之治，亦各有其時焉。自履素商月有半矣，而蘊隆之虐方熾，膏潤之澤甚微。誰謂九秋，乃如三伏，陰陽失叙，莫甚於斯。秕政干和，敢不自省？惟神赦吏之辠，憫民之菑，油然而雨伯，非特洗歊煩之氣，抑以全豐稔之功。稽首投誠，立俟嘉應。謹告。

又《祈雨祝文》 詩曰：『芃芃黍苗，陰雨膏之。』言苗之方盛，非雨無以滋之也。况仲夏之月，其節曰芒種，其候曰分龍，必潤澤以時，則豐穰可卜，農壽之占，厥有常驗，此某之所以奔告於神而不敢後也。自春以来，民困貴糴，今數月矣。吏雖百方以救之，未能大有濟也。惟入梅之後，與分龍之日，膏澤應期而至，則民之盖藏者盡出糴，賈不抑而自平，此在神一舉手之功爾。矜民生之久困，察吏術之已窮，惟明神其垂意焉。幸甚。謹告。

又《諸龍潭祈雨祝文》 乃者甲寅以後之雨，距今甫半月耳。炎風烈日，相爲煽薄，故雖下田之水，亦有竭告者，况高卬之地乎？吏有從田間来者，以爲數日不雨，則多稼可虞。自聞斯言，膺肺如灼，盖民之窘於貴糴，于兹半載矣，盻盻焉惟早稼登場是望，以紓其困，以救其急者，非常歲比也。今嘉穀方苗，而膏澤弗繼，一或失望，其將柰何？此某之所以痛心疾首而有禱于龍君之靈也。郡紱所縻，不克躬詣，而遣官以前，惟龍君之神變迅速，興雲雨以澤萬物，直一噓吸間耳。以一噓吸之勞而可以救數十萬生靈之命，龍君其肯靳乎？敢再拜以竢。

又《靈湫請水祝文》 間以旱勢可憂，遣官致禱于靈湫矣。今旱氣日熾，其爲可憂，又甚於前。念非躬禱不可，印綬所縻，願莫之遂，是用恭迎靈湫之水，安奉于郡庭。伏願章示威神，使油雲鬱興，陰風慘變，從車盖而来，崇朝之頃，霈爲大雨，則龍君之有大造于兹土也，其可以限量計哉！某謹帥吏民，敬共以俟。

又《零陵王廟祈雨祝文》 惟王之威靈著于湘土，某知所敬仰久矣。歲時禱祀，諉諸有司而不以身親焉，則某之辠也。今旱勢甚酷，群情嗸嗸，學校之士以爲王於旱潦之求，無不響答，特未嘗顓有請而已。某是用矍然，爲愧且懼，俯伏祠下，控誠而拜禱焉。幸哀斯民，亟賜以雨，使歲事獲全，而人無流莩，其所以圖報於王者，其曷敢有忘？

又《西濟王後殿祈雨祝文》 維聖母有池，靈變甚異，見於崇寧間守臣李閎之記。屬兹亢旱，群情皇皇，而此邦之民乃有以刻文来告者，某甚恨知之不蚤也。謹命幙僚，恭伸禱請。伏惟慈仁亟彰嘉應，使膏澤随霈，嘉穀獲全，則某所以荅靈休而侈神貺者，其曷敢不虔？敢再拜以請。

又《社稷風雨雷神祈雨祝文》 天久不雨，良苗将稿。嗸嗸下民，大命近止。肆陳菲薦，力請于神。膏澤沛然，恭俟嘉應。

又《岳麓湘江祈雨祝文》 諸侯之職，當祀山川。岳麓巍巍，江湘洋洋，此土之望。肇新壇壝，亦既訖工。屬兹亢暘，敬伸禱請。雲興膚寸，澤洽一方。願彰厥靈，以拯民命。

又《諸廟祝文》 在《詩》有之：『旱既太甚，蘊隆蟲蟲。』又曰：『旱魃爲虐，如惔如焚。』昔盖聞之，今乃親見。咎由牧守，民焉何辜？以神之仁，非無意於濟物者，而懇祈屢矣，迄未之應，毋乃天數流行，有非神所得專者乎？采諸衆言，惟碧王之醮，功力最大，已涓良日，祇按冲科，螻蟻之誠，懼難上達。願神哀此下土，亟控請于昊穹，庶幾回眷佑之仁，而賫潤澤之賜，使大田多稼，不至甚損，而生靈之命，尚或可全。所以圖報於神者，其曷敢有已？

又《祠山忠靖祝文》 維帝王威靈，蓋已受命穹昊，爲百神之宗，其於救旱乾，致雨澤，非難事也。迎奉以来，幾兩旬浹，嘉應屢□，而膏施尚屯。意者公庭煩渫之地，非神之所安，是用還于靈祠，就伸禱請。

又《諸廟祝文》 自龍君之来，境内之雨者屢矣。然潤澤則有之，而霑洽則未也。或謂龍之爲神，動則升霄漢，静則安江潭，公庭之煩渫，非所樂也，是用還于靈湫，就伸禱請。今旱勢極矣，蚕稼之傷者已不可復全，而下田晚稻，苟得一雨，霈然充溢，則尚庶幾中熟之望。龍君亦何靳一嘘吸之勞，而不以救千萬人於溝壑乎！菲薦肅陳，以寓誠意。尚惟歆饗，亟副所期。

又《洞陽昭潭祝文》 間者旱暵爲虐，既靡神不舉矣。采之衆論，乃白威靈之章灼莫洞陽昭潭若，顧来嘗致請焉，此某不敏之辠也。是用諏僚屬以往，拜于庭而遣之，區區此心，蓋已飛馳於靈湫之上矣。今旱氣如焚，秏斁已極，而奔霆走電，大霈甘雨，在龍君之力爲無難，願以一嘘吸之勞，而救千萬人溝壑之難，非惟斯人蒙澤，吏亦與受賜焉。圖報之典，不敢忘也。謹再拜以俟。

又《社稷以下祝文》 間者將用道家法致禱于紫微太乙之尊，念螻蟻之誠未易上達也，則有謁于神，願爲請命昊穹，亟賜之雨。越孟秋戊戌，陰雲鬱興，膏澤寖布，實維明神陰相之力。然旱乾既久，滲漉未深，雖槁苗少蘇，而溝塍之水則涸竭猶昔也。立秋之期，近在旦暮，事勢亟矣。及今而雨足，則早稼之未損者猶可全；一或少遲，則晚苗之方茂者亦告病矣。危機交急，莫甚斯時，是用不避瀆煩，復伸懇請。以神之仁，必不忍爲賜之不竟也。敢蹋踖以俟。

又《五處龍王上封雷池祝文》 比繇舛政，召致旱灾，有謁於龍君之靈。龍君数不以爲瀆，曰是知過而能自儆者也，入秋以来，屢賜之雨。雖早稼或虧，而晚苗甚茂，儻白露之前更賜一再之雨，則歲功畢矣。謹命僚屬，且謝且祈。龍君之仁，其尚念之。

又《祭龍壇祝文》 比以時澤未浹，古之雩祀有所謂象龍致雨可考，蓋三代之禮也。乃立壇壝，將遍象五方之龍而致禱焉。自北而東，雨已隨之。嗚呼！其亦可謂靈也已。肆命邑長，祇謝于神，白露之前，更蘄甘霔，迄爲有年，則某將廟而祀之，不敢忘龍君之德也。

又《諸廟祈雨祝文》 乃者蚕稼將登，既厄于夏旱矣，今晚苗方盛，而雨復不時，是猶尫羸之人一疾未瘉而再疾隨之也。嗚呼！此豈明神之所忍邪？甘霖沛然，一洗枯槁，在神特指顧之力，而民免溝壑之憂。再拜以祈，上俟嘉應。

又《佑聖祝文》 欽惟佑聖，芘此一方，雨暘之祈，遄應如響。一新殿宇，庸答霖庥。工役方興，不無震動。惟神寖相，迄用有成。

又《祭大仙祈雨祝文》 嗚呼！嘘風霆，噴雨霧，變化倏忽，莫如南臺百丈之山，而普照靈澤寔以帝念典司其間。夫以佛道之尊，仙道之大，固萬靈之所聽命，而巖洞之幽邃，湫淵之深窈，又神龍之所蟠，宜其百數十年，以旱致禱者莫不猶響之斯答，未嘗有如今日之艱，豈佛與仙之仁無意於救此土之厄乎？抑天時之當尔而天意之未還？嗚呼！昔歲之饑民病極矣。雖去冬一稔，曾未蘇其瘼瘝，儻或再歉，則顛連於溝壑，齦呼於山谷，殆將何所不有，豈容一日之少安！然則今兹之豐凶，乃民命存亡之決，而賜雨之淹速，則又豐凶之所関，此某之所以望雲霓而涕泗，瞻原野而辛酸也。吾佛與仙之仁，於此而不亟救，則是寘斯人於度外而坐視其塗炭。昊穹至仁，必不忍以萬物爲芻狗，吾佛與仙儻爲斯人而力請，則天意一回，化驕陽而爲霖雨，殆猶反掌之非難。嗚呼！事勢迫矣，民望極矣，吾佛與仙眞之救不可不亟矣。是用寫哀誠而噂愬，敢罄竭其肺肝，興玄雲之靉靆，沛大雨之瀰漫，起禾稼之將枯，洗瘡痍而復完，則某將大書深刻于巖石之上，昭聖功之不刊。嗚呼！謹告。

又《再祭大仙祈雨祝文》 嗚呼！旱勢酷矣。三日不雨，則高下之田，蚕晚之稼皆無遺育矣。方来之禍，將無策以救，而生民之命，不可以復續。夫以普照靈澤之仁，寧顧恝然于此！今翠峰龍君之来，衆聖咸集，豈不能力回造化而爲一方生民之福？敢殫誠以致祈，冀響應之遄速也。謹告。

又 卷五〇《社神稷神后土勾龍氏后稷氏風雨師雷神祝文》 社稷穀雨之雨，閲日幾何；高田已乾，良苗将瘁，是用震懼，奔告于神。

瀕海之邦，土脉剛燥，一雨十日，滂然溢流，滲之漉之，庶克有濟，造化之妙，咄嗟可能。神其哀恫，是拯是救。謹告。

又《諸廟祝文》　田之甚畏者莫如旱，而旱之可畏者，尤莫如春。蓋播殖之功於是乎始，雨不以時，則種不得入，豈非甚可畏者乎！泉爲瀕海之邦，厥土剛燥，五日不雨，則高田告病，十日不雨，則雖膏腴之壤亦索然矣。今自穀雨以至于今，霽色彌旬，田之告旱宜也。某濫尸郡紱，無善政以和陰陽，致此灾沴。然罪在守而不在民，守誠有罪，不敢辭罰。若春種弗入，一歲之功於是乎已，生靈之命將委溝壑，是豈明神之所忍哉！吁嗟以祈，恭俟嘉應。謹告。

又《惠安縣管下聖妃宮祈雨祝文》　乃者穀雨以来，嘉澤弗繼，某既遍祈郡望矣。雨意屢作，而未即霈然。惠邑之士有言龍宮之山聖妃之祠，靈響甚著，鄉人父老方奉九座真如之像就致禱焉。以郡守閔雨之誠，儻致辨香，爲民有請，無不獲者。是用控露忱辭，遥伸貇款，且委邑尉代謁于祠下。夫以聖妃之神靈濟，而以佛菩薩之慈悲其視生靈之急，必將如拯焚溺，願不惜噓吸之力，使一雨十日，高原下隰，無不被優渥之施，闔郡七邑，俱爲豐年，則某之所以圖報者，其曷敢懈！謹告。

又《北山神祝文》　間者庚申以閔雨有祈于神，繼是日登北墉之樓，望名山而控貇焉。荷神之慈，賜答如響。乙丑之晡，霈然而洽。平疇賴以滋溢，良苗爲之奮興，然謂之霑洽則未也。是用再詣半山，稽首致祈。願先小滿而潤澤豐，不待芒種而播蓺畢，庶幾一稔可期，而民免流莩。戴神之德，其敢弭忘。謹告。

又《惠安縣龍宮山聖妃祠等再祈雨祝文》　某間者以閔雨修祠，遣邑尉代禱祠下，而某拜于庭以送之。鄉之士有馳報者，謂祝祠甫至，而甘霔隨霈，不疾而速有如此者，某不勝興敬。維瀕海之邦，厥壤剛燥，比雖得雨，而風日炎爍，潤澤易竭，種蓺猶艱。一或失時，後雖甘霖相續，亦無及於事矣。十萬生靈之命，安危存亡，決於朝夕，豈細故哉！是用命邑宰敬致菲儀，就属鄉士，再伸忱禱。伏惟英烈之神靈，正覺之慈悲，實亟圖之。一雨十日，俾土之瘠者肥，而苗之萎者茂，環地千里，俱爲豐年，則某之所以謝靈貺者，其敢或後！謹告。

又《龍湖祝文》　龍湖之神：迺者季春以来，雨弗時若，幾於靡神不舉矣。雖蒙嚮答，纔數刻而止，田疇之槁猶自若也。謹按圖志，晋邑之南，龍湖在焉。淵渟瑩徹，周數十里，盖有神物宅乎其中。湖上有祠，靈應夙著。某以城鑰之守，弗克躬造，而命邑尉往致祈焉。謹拜于庭，遥致忱悃。伏願油然而雲興，霈然而雨注，以震耀龍君之威靈，俾歲有秋，而人弗告病，則某之所以圖報者，其曷敢忘！謹告。

又《同安縣昭應廟祝文》　敕封善澤侯、善濟侯、善貺侯、善利侯、善惠侯、善祐侯：乃者季春以来，雨弗時若，幾於靡神不舉。謹按圖志，昭應之廟，神龍宅焉。洞穴深沉，杳不可測。昔者命書之始至也，乘雲孥空，衆共覩焉。属兹旱暵，宜控忱請。某以城鑰之守同前，伏願油然而雲興，霈然而雨注，以彰我龍君之神靈，俾歲有秋，而人弗告病，則某之所以圖報者，其曷敢忘！謹告。

又《南峰潭祝文》　南峰龍潭之神：同前。謹按圖志，南峰有潭，神龍宅焉。昔在淳熈，有令嘗禱雨，于是随獲甘霔，灵響著聞。属兹旱暵，宜控忱請。某以城鑰之守，同上。伏願油然而雲興，霈然而雨注，以將我龍君之神靈，俾歲有秋，而人弗告病，則某之所以圖報者，其曷敢忘！謹告。

又《福遠廟祝文》　福遠廟諸位龍王：乃季春以来，雨不時若，幾於靡神弗舉矣。而旱氣彌烈，竊意廟貌之靈，有當躬禱而未及者矣。考按圖志，惟神之居，於方爲東，所主者生，於位爲辰，其象爲龍。紹興中，守臣因旱以請，又有變化飛騰之異。某昔在嘉定，亦嘗致禱而有獲焉。昨者僅命官僚而未果親謁，此某之罪也。是用涓日之良，頓首庭下，顧廟雖有號而封爵未崇，願神昭示威靈，随禱立應，霈然大雨，盡起欲槁之苗，轉凶爲豐，活我黎庶，則某當顯白于朝，衮服命圭，以爲神之報。兹言弗爽，天日實臨。謹告。

又《社稷神風雨雷師壇祈雨祝文》　六月之雨，《春秋》書之于册，盖喜之也。以六月之雨爲可喜，則其不雨之可憂明矣。比自甲寅以来，雨之弗繼者兼旬，于此芃芃之苗，無以膏潤，其憂顧不大矣乎！既以籲于天，又將愬于神，而洞酌未伸，嘉澤已霈，盖爲之喜而不寐。明發夙興，敬拜于壇壝之下，爲民而謝，且爲民而禱焉。淅玉炊薌，數日以俟。惟神終此大惠，俾吾民均遂一飽之樂，豈不休哉！謹告。

宋陳耆卿《篔窗集》卷九《代諸廟祈雨祝文》 嗟嗟百穀，命懸於雨，或調其初，猶有後慮。而況今日穡事方起，夫豈旱時？驕陽一炬，已針之苗如子奪乳，待布之秧如老處女，胚胎未成，牙蘖未舉，有秋之望，今在何許？惟神靈長，血食茲土，豈有民勞，神獨容與。宜矜宜哀，爲之宗主，駕風鞭霆，一洗原膴。其子既飽，敢忘厥父，誓與邦人，答神之祜。

又《代諸廟祈雨祝文》 臨海之田高而埆，十日不雨，則以旱告，其來舊矣。某窮冬假守，中春劭農，晝餐夜寢，惟田之爲憂。有苗勃興，望雨滋灌，天嗇厥施，農人鵠立。其何以占歲事，我用是懼，款謁明神。神之廟食，於此方憂，猶某也。其霈甘澤以活此土，吏責得寬，神祀不匱，夫豈獨吾民之賜。

宋戴栩《浣川集》卷九《祈雨祝文》 天之牖民，稼穡維寶。豐年穰穰，有相之道。今適南訛，維暮之春，既種既戒，永觀厥成。瞻仰昊天，崇朝其雨，有渰萋萋，則不我阻。暵其乾矣，瞻彼阪田，泉之竭矣，瞻彼溥原。嗟我農夫，云如何里，神之聽之，莫遠具爾。南山朝隮，興雨祈祈，既霑既足，孔惠孔時，神之格思，職競用力，粒我烝民，有實其積，斤斤其明，濯濯厥靈，以享以祀，無不爾或承。

宋杜範《清獻集》卷一八《社壇祈雨祝文》 惟神佐天地以司民極，功與天地并。某視事方新，恪恭致叩，冀神以斯民爲念，請于上帝，沛然三日之霖，俾蒸民乃粒。某寔拜神之德。

又《廣惠王祈雨祝文》 某假守凋郡，適際常暘，時已中夏，苗猶未立。民命國脉，所関甚大。比常躬詣廟下，控伸憂禱。前月末已拜神賜，恭謝未幾，而亢旱猶作，播殖失時，民窮罔訴。大王以威德顯靈，廟食于茲者幾年矣，民生休戚，豈不聞知。切見數日以來，雲氣屢合，雨脚欲來，尋即開霽，若有阻于其間，使不得敷澤于下者。豈某之薄德不足以事神治民，某之精誠不足以昭格上下，謬政舛令不足致祥召和而然耶？守有罪，殛而去之，神之職也。以守之罪而移灾于百姓，將暵數十萬頃，而使之不得種，數百萬户而使之不得食，神之聰明正直，恐不若是，抑豈此方之人所以尊事祈望于大王之本心哉？守之罪，其何敢辭，然大王以捍患救菑似亦失職矣。憂惧靡寧，稽之故寔，祇迎神駕，屈臨府治，庶可朝夕躬伸禱祈，冀回威聽，以沛時雨之澤，以活一郡之生靈。而某將免于戾，亦惟大王之命。謹再詣祠庭，恪恭以告，神其鑒之。

宋方大琮《鐵庵集》卷三三《西山玉隆宫祈雨》 鍾陵千里之地，時乃愆陽；玉隆萬壽之宫，邦之司命。素稱妙濟，敢控危衷。臣再至南昌，適逢東作。雖社節播種，幸得雨之應期，然土脉久乾，甫逾旬而告病。飭羽流而演法，憑神力以籲天。伏願連日爲霖，俾前功之不廢；成雲荷鍤，幸卒歲之可期。

又《袁州行司祈雨》 秋陽久暴，驚赤地之如焚；晚稼垂枯，籲蒼天而有請。蓋高非遠，大叫祈憐。伏念臣所部十一州，維時七八月，緑雲變槁，嗟三農望霓之可傷；白露過期，更數日不雨則難救。民病孔亟，吏責奚逃。陳菲薦於公堂，控危衷於大造。伏願鑒其迫切，錫以滂沱。轉旱歲爲三登，使禾盡起；苟吾民得一飽，輓粟何憂。

宋劉克莊《後村集》卷五〇《茅山祈雨請詞》 年穀垂成，政當潤澤，秋暘爲疹，反病亢乾。即仙聖之所居，爲黎元之有禱。伏念臣濫膺顓閫，兼鎮陪京，維時多虞，所望一稔。序既當於秋斂，田尚苦於燥剛。始自近郊，遠連并塞。地綿千里，皆懷望歲之憂；帝監四方，忍絶斯人之命！使旱勢遍臻於屬部，恐咎端專在於微巨。寔震懼之靡寧，冀精誠之上達。伏願普敷德施，遍惠嘉生。哀此矜人，久服勞於穡事；沛然下雨，俾無廢於歲功。

又卷一三五《再祈雨》 季夏不雨者踰旬，幾害早稼，神既沛然施惠矣；初秋不雨者兼旬，將害晚稼，神豈恝然忘情乎？若守無狀，咎以身當，斯民何辜，願拜神惠，興雲致雨，俾歲有秋。

又《再祈雨》 昔者之雨尚未沾足，俄復開霽，風日尤酷，豈敬之在人者有勤怠，故功之在神者有斷續耶？亟拜非諂，屢求非瀆，恐敗歲事，以爲神辱。神與天通，不疾而速，覆手河翻，嘘氣雲族，縱非三登，猶可中熟。

又《諸廟祈雨》 去歲一旱，至今創痍；今茲之旱，復丁是時。垂成之稼，何忍敗之；孑遺之民，何忍餒之。神之威靈，民所憑依。鞭笞雷霆，呼吸畢箕，化歉爲豐，特一轉機。敬奉醴幣，肅拜以祈。

又《諸廟祈雨》 驕陽酷烈，多稼焦卷，將以質明，瓣香告虔。語方脱口，油然沛然，機緘之妙，不自後先。神之于民，若篪和塤。火流之月，龜坼之田，雖獲一溉，未保十全。繼今雨暘，永無伏愆，風伯魃鬼，咸退舍焉。興雲于山，起龍于淵，時膏潤之，以相豐年。垂去之吏，不忘拳拳，惟爾有神，鑒此潔蠲。

又卷一七一《祈雨》 天瓢下注，僅施破塊之功；火傘高張，未改雲霓之意。輒伸微忱，冀續前功。伏願念民作勞，恕吏亡狀。時方多事，豈容旱魃之菑；歲大有年，庶保農夫之慶。

又《再祈雨》 穡實垂成，預喜千倉之積；魃金爲祟，深虞一簣之虧。豈上澤壅而不流，故天遣示而未已。恭願矜民凋瘵，憫物焦卷。收火繖於層空，一清濁暑；翻大瓢於四野，汔保豐年。

又《再祈雨》 方千里之地，所望有秋；七八月之間，豈容久旱。儻天意尚慳於嘉應，則歲功將敗於垂成。恭願驅斥魃妖，憫憐農務。則苗槁矣，深懷無極之憂；以雨潤之，庶拜有終之惠。

又《永寧寺祈雨》 七月流火，不勝亢烈之憂；三日爲霖，未慰滂沱之願。兹精意亦勤於祈禱，何神機尚閟於杳冥。伏願隨念感通，乘時變化。沛然下雨，儻獲救於槁苗；乃亦有秋，庶無辜於力穡。

又卷一七二《袁州祈雨》 窮則呼天，既禱祠之遍舉；嗟而求雨，庶號籲之上聞。謹翀緑章，冒陳丹悃。伏念臣承流亡狀，致旱有端。戰戰競競，甘一身之即譴；炎炎赫赫，顧千里之何辜。或盈澮而復乾，或閡雲而不下。此念未通於幽顯，胡顔可見於吏民？輒爲四邑之生靈，上訴九閽之主宰。伏願曲垂帝監，深憫輿情。川澤氣升，速覩翻瓢之快；田疇水足，少休抱甕之勞。

又《江東祈雨青詞》 嗟我農夫，苦亢陽之爲沴；惟皇上帝，忍膏澤之尚屯？俯陳怵惕之情，仰瀆穹窿之聽。伏念臣自入疆而來，訪知編户之創痏，數口之家，鮮能宿飽，一年之計，尤仰早收。方彌望以如雲，忽兼旬而渴雨。深恐孑遺之黎庶，不能自振於儉荒。惟暑氣之蘊隆，欲流金石；彼厚田之秀實，將化堇荼。列城若處於焚惔，近境纔蒙於霑灑。儻慳後惠，必廢前勞。合一路之哀鳴，叫九閽而上訴。伏念矜其誠至，賜以感通。若潤澤之，敢不盡微臣之職；俾滂沱矣，庶幾全大造之功。

宋 白玉蟾《武夷集》卷六《美周都監禱雨驗》 旱魃爲妖欲請雩，眞人問雨幾時無。先將鳳表投金闕，擬向龍潭下鐵符。彈指雷鳴三霹靂，舉頭雲起一須臾。笑將斗柄輕輕戽，倒瀉銀河萬斛珠。

又卷七《龍虎山祈雨早行有作》 兩三條電復無雨，六七點星微上雲。鞭起卧龍我騎去，揮戈叱問五雷君。

宋 王柏《魯齋集》卷一〇《禱雨札子》 伏聞某官憂農閔雨，靡神不宗，而又禱祈於社稷，於義尤爲至當。蓋社者，實山林川澤、丘陵墳衍、原隰五土之祇，而后土勾龍氏其配也；稷者，實專于原隰之祇，能生五穀者，而后稷周棄氏其配也。自昔國家所以昭事祈報，莫重於此，與其屈膝於老子、釋氏之祠，與夫妖妄淫昏之鬼者，相去遠矣。愚又聞天子祭天地，諸侯祭其境内之山川，今用黄冠之教，而上供其皇天上帝，是禮之僭也。又以髡緇夷族旋繞厠穢於宣布教化之庭，是禮之亂也。至於職分所得而祭於禮爲正者，則前後未有能舉而行之者，誠爲缺典。夫山川所以爲神靈者，以其氣之所烝，能出雲雨，潤澤萬物故也。今東陽之爲郡，北山奠其後，雙溪繞其前，此所謂境内之名山大川是也。愚自兒童時，每見北山有雲冒其巔，須臾必雨，雨則滂沛，周於四境。近年以來，雲雨多興于南山之西，而所及者有限，蓋陰倡而陽不和，其氣逆而勢不順，縱有豐年，而東北常歉。蓋北山者一郡之望山也，今其氣欝亢久矣，誠得賢使君立其壇壝牲幣之制，考其登降奠饋之節，躬率僚寀，精白嚴事，必有昭應。夫人之於天地，均一氣之流行，然是氣無所攝屬，則決無感應。蓋天子命諸侯主是山川，以蒞其人民社稷之事，故其氣屬我，相聯接而無間。夫山川者，天地之正氣也，人以正氣感之則正氣應，以戾氣感之則正氣不應矣。苟能正其祭祀之本，先須正其感召之氣。凡政事之淹欝者疏剔之，凡征榷之苛急者寬弛之，使千里人民之氣和，而山川之氣已漸和矣。然後齊肅一心，積蓄誠意，會山川之氣，通幽顯之神，何祈禱而不應哉！昔南軒張先生嘗行於桂矣，試取文集觀之，信不誣也。輒不自揆，以書生迂濶之言，恐可以裨贊愛民事神之盛心。如或可采，願勉强行之。

宋 李曾伯《可齋雜稿》卷二四《代合肥祈雨》 序紀大雩，浸若常暘之沴；禮崇辟望，尚愆解澤之施。敢瀝丹衷，仰干洪造。伏念臣誤膺隆委，邈在窮邊。靖惟時事之戚休，實係歲功之登耗。兹臨龍見，未應鸐鳴。黍苗正堅於敷菑，麻麥浸妨於滋長。吏誠有慊，民則何辜！爰敬祓於齋壇，用肅延於飈馭。伏願道慈廣覆，靈鑒潛通，雷雨之動滿盈，亟起夏畦之病；天地之間豐美，用臻秋穡之成。

又《江東漕祈雨》 三農告旱，致當宁之軫憂；一道覿風，爲斯民而請命。輒忘再瀆，敢瀝寸誠。眷維公家多事之時，值適頻年用師之後，流離屬集，纍纍而仰食；軍旅狼顧，嗸嗸以張頤。所望有秋，以保諸夏。兹不雨至於斯極，況有蜚而且爲灾。疇拆猶龜，河流如線。非但穡事興失時之嘆，亦將糧道有弗繼之憂。伊民何辜，皆吏之咎。倘三日之霖未應，則一歲之計奈何。用藏殊科，載祈嘉貺。伏願曲回天鑒，俯念民生。澤起龍蟠，大霈崇朝之愿；境無蝗害，庶臻中熟之年。

又《采石水府廟祈雨》 慮極龜疇，驕陽愈熾。瞻言犀渚，神物所潛。爰就建於靈壇，用肅延於真馭。眷時適多虞之際，方歲惟一稔之期。背夏涉秋，迺歷時而告旱；自江暨浙，合數郡以同憂。不惟大田多稼，侵就於稿枯；亦且罔水行舟，莫通於餽運。雖僅四郊之枯潤，未蒙三日之滂沱。豈天怒之未回，繇吏愆之所致。不雨至於此極，吾國其何以支。伏願大垂金闕之慈，亟下緑章之敕。天龍一指，救民命於垂危；螟螣盡除，保農功之中熟。

又《壽圍祈雨》 敵人犯順，薄新壘以頻危；大德好生，乞洪流而請命。用伸虔扣，仰瀆昊穹。伏念臣保障非才，慢藏納侮。以斗州三月之役，聚此蜂屯；當勍敵四旬之圍，凜如魚釜。雖王師之進援，與敵勢以相持。橋扼中途，彼有三面之勢；灘多淺磧，我難寸步之前。眷人謀至此浸窮，非天意而孰克救。皆謂得數尺之水，即可以濟三軍之師。爰演冲科，仰祈沛澤。願削微臣之禄算，以保孤城之生靈。伏願雨施屯膏，風來艮位。捷傳淝水，伸萬里之國威；圍解晋陽，免一州之兵禍。

宋 李曾伯《可齋續稿》後卷一二《静江祈雨青詞》 一歲事在春，迺田疇之未闢；十日期爲雨，憑香火以載祈。敢瀝丹忱，仰干洪造。伏念嶺表地磽而民瘠，常須天工序協以穀登。兹由去歲之秋冬，已苦一方之旱嘆。陂瀦告涸，土脈欲枯。粒價爲之騰翔，寇盜因而滋熾。調丁久役，豈堪千里之阻饑；解甲無期，胡可一朝而乏食。嗟民瘼弗瘳甚矣，非穹靈哀救奈何。臣奉命南來，值時東作。纔一更於蓂莢，無以致和；雖三洒於天瓢，僅堪潤物。農種未能入土，人情尚切望雲。豈政弗修歟，帝降灾而示譴？然吏之罪也，民失業以何辜？用公宇之吉蠲，建齋壇而籲告。伏願慈光下燭，精祲上通。既渥既優，大沛山川之甘霔；是穮是蓘，汔臻郡國之豐年。

宋 方岳《秋崖集》卷六《次韻劉簿禱雨西峰》 句律清圓蚌剖胎，斷無塵土到靈臺。開張九虎排雲入，約束五龍驅雨來。造物無私心感動，太平有象筆追回。焚香小待生呈物，未放青天萬里開。

又卷三五《祈雨》 中夏大雩，月令也。相彼南畝，維其龜矣。有芃者苗，亦既萎矣。吁嗟雩兮，雨其時矣。

宋 史彌寧《友林乙稿》《次韻王令君禱雨用杜草堂韻》 疲甿吾所矜，可忍浚膏血。每事既厭心，其敢憚煩屑。旱魃偶挺戎，慨念腸欲熱。牋天走群望，精神重澡雪。一雨斗清涼，炎歊隨蕩滅。多稼復如雲，指日看秀結。感通翻覆手，田里洗愁絶。禱禜荷同寅，肝膽無楚越。

宋 陳文蔚《克齋集》卷一六《趙守禱雨有感枕上得句足成五十六字呈趙守》 雨意隨人自及時，使君一念寔通微。不知沛澤人間遍，但覺炎蒸夢裏非。苗稼頓回枯欲死，桑林又喜緑添肥。從今飽喫鄱陽飯，細紀賢侯德政歸。

宋 黄震《黄氏日鈔》卷九四《祝文·諸廟》 驟叨誤渥，分牧此來，值民艱食，心憂欲摧。惟神有靈，民致血食。民飢無食，寧不矜惻。富室閉糴，忍哉爲心。神其誘之，感悟自今。俗不種麥，惟秋是俟。時其雨暘，亟自今始。凡斯二者，神其念之。初至告虔，且告且祈。

又《辛未撫州祈雨》 痛念撫州連歲不稔，迨今春夏，餓死相枕。所期生意之復續，全在今歲之有秋。雷雨幸作於前月，未稼已興於田疇。農事所關，尤在六月，經旬不雨，田已龜裂。倘非造物之垂念，亟起潛淵之神龍，恐旱禾未必不壞於垂成，而晚禾亦未知其所終也。顧某薄德，何敢必神明之聽；惟神有靈，實爲司民生之命。敢望躰天德之好生，哀民命之已窮，速賜雨澤，全此年豐。

又《麻源真君祈雨》 古者諸侯祭境内山川，以山川能興雲致雨，澤吾民也。後世以來，古禮不存，邪説誣民，長吏亦陷其説而不自知，禱雨往往不於山川，而他指土木偶以爲神也。痛念撫州已三歲連歉，今又亢陽，亟問名山大川合禱者謂何，吏民惘不知其所因也。郡有半刺史，是爲寺簿吕侯，謂昔顔魯公守撫州，嘗言谷口有神，禱雨輒應，其靈至今千載猶新也。谷口即麻源，今雖分以屬建昌，實我山川之舊，不可自外視以爲鄰也。頃歲分刺建昌，亦嘗詣谷禱雨，其應固頻頻也。某方禱雨，窘於無方，因遠介魯公之説，近受吕侯之教，敬就俾吕侯不遠百里告虔。惟神念吾撫州之民，亦猶前日之親也。瓣香朝遣，雷雨夕至，變戚戚爲忻忻也。事莫篤於念舊，情莫哀於遠訴，惟神之監此殷勤也。

又《相山四仙祈雨》 六月亢旱，凛今歲之無秋；四仙顯靈，獨西郊之有雨。然使一方之私惠，孰如千里之咸休。爰遣同僚，代伸衷悃。伏念某承時連歉，無策救荒。所期天數之乘除，金穰可必；庶見州圻之遠近，玉燭均調。何舞雩率困於吁嗟，而仙境獨欣於滂沛。伏願暫移仙馭，來涖正衙，三日爲霖，從使遍沾於汝水；萬民得食，皆如密迩於相山。

又《祈雨送兩廟》 頃邀神馭，本祈三日之霖；時適亢陽，未覩崇朝之雨。若稽案牘，合再禱祠。然念正衙方陳清醮，不應詰旦遽設血腥。宜返廟庭，乃陳牲酒。伏願念幽明之雖異，實休戚之相關。今神之應人者未聞，而人之事神者益謹。踏歌槌鼓，忍令百姓之嗟吁；駕風鞭霆，早賜四郊之霑足。

又《壬申撫州祈雨》 某偶忝州麾，惟憂民食。入春多雨，知數有於乘除；自夏至今，嘗默爲之懇禱。乃蒙神造，俯念民生。方烈日之焚如，忽甘霖之沛若。雖豐年之可卜，然來日之方長。正當可憂可喜之時，謹瀝且謝且祈之悃。伏願皇天炳監，列聖垂仁，乘今霔霈之機，益廣潤澤之美。雲行雨施，自茲續續以無窮；時和歲豐，無不欣欣而有喜。

又《社壇城隍祈雨》 三日爲霖，已拜滂沱之賜；百穀仰雨，初無止息之期。爰伸百千之謝忱，更致再三之懇禱。伏念某職守所繫，民食爲先。頃方苦於驕陽，即隨蒙於甘霪。然念茲土，多是晚禾。近城先種者雖幸有成，遠郊後熟者尚期終惠。伏願明神炳監，列聖垂慈。曰雨曰暘，每徇民情之欲；多黍多稌，永爲邦本之寧。

宋 姚勉《雪坡舍人集》卷一八《贈黄道士思成祈雨感應》 丁巳孟秋春戊午，不雨三時嗟旱苦。低田高壠皆黄埃，佳種幾成不入土。富家倉廩鐵灌鎖，民腹爲雷淚爲雨。更遲十日天不問，血肉磨牙總豹虎。縣官祈禱聊具文，饑聲嗷嗷恬不聞。山中道士睡不着，鞭龍起電驅風雲。天瓢點滴翻駿馬，一日甘霖遍天下。盡將昨夜赤千里，化作今朝青四野。農家笑語無愁聲，指日可望天太平。熙朝真主聖且明，漢雨不待宏羊烹。或言天民天自恤，或誇調燮有新術。山中道士不言功，飽飯熟睡聽松風。

又 卷四七《祈雨迎利貺》 秋且成矣，常暘暵之。不恵厥終，民且艱食。邦侯迎禱，亦既感通。民之望霓，尤冀沾足。惟王廟食茲土，民恃以天，胡寧忍予，俾至斯極？用是肅奉珍駕，徃即道宫，率籲合欽，以請甘雨。神旗肇舉，滂霈隨車，三日爲霖，豐我穡事。惟世祀之，永永無斁。

又《祈雨》 曰雨曰暘，皆欲時若；仲夏五月，霖雨連作。虔禱于神，憂稼之傷，神之聽之，雨回而暘。今茲兼旬，多暘少雨，早稼雖登，晚稻之苦。載敬載肅，復告于神，神聽昭如，終恵我民。駕風驅霆，旁暢甘澤，既優既渥，豐我黍稷。曰雨而雨，民不旱憂，奚吏之功，惟神之庥。

又《迎城隍祈雨》 神廟食茲土，福庇我民，應禱如響。乃夏之月迄於今不雨，苗欲槁死，民將無年。吏無善狀，以干天和，民亦奚罪？敢奉神御，徃即佛宫，齋精潔誠，爲多稼請命。神其鞭豐隆，驅雲師，滂施甘霔，以成我嘉穀。吏不獨拜神之賜，千里之民，飽神之庥。

又《迎仰山祈雨》 神有掌于天，實職風雨。稼且穡矣，常暘暵之。民將無以食，吏爲此懼。奉神主于佛宫，爲民請甘雨之賜。轉槁而蘇，回歉而豐，神反掌間耳。密雲隨車，涷雨洗道，肅御之初，敢以此告。

又《迎龍王祈雨》 嘘雲吐雨，厥惟神龍，王實司之，歉可使豐。不雨月餘，苗且槁死，王食是邦，忍使及此？敢奉神御，于梵之庭。靈旗欻來，駕風鞭霆，載霧甘霖，活我嘉穀。感神之庥，曷日而足。

又《戊午春祈雨》 春事方興，旱乾已甚。未見播種，豈有收成？

念蠢蠢之爲氓，將嗷嗷而乏食。謹隨里衆，虔告穹旻。雖略遂於沾濡，尚未臻於滂沛。似聞旱勢，遠自上京，蓋千里以皆然，不一邦之獨爾。臣憂惶愈甚，寢食不遑，深虞群小之蔽君，是致上天之降怒。自涉茲歲，益異前時，日月爲之無光，霾霧從而肆翳。雷音不震，得非號令之或乖；雨膏愆期，無乃恩光之失施。實關宗社之計，盡傷畎畝之心。惟祖宗三百年積累之仁，而海宇億兆姓生靈之衆，咎在臣下，罪非小民。矧敵國之方强，賴本根之自固。儻成旱勢，禍起蕭墻。臣輿言及茲，過慮彌切。上而憂國，下則哀民。惟仰籲於聖聰，庶可回於否運。是用勤拳百拜，懇切瓣香。願憫愚忱，大施甘澤。油然雲，沛然雨，盡救暵枯；鼓以雷，潤以風，遂通泉脉。

宋馬廷鸞《碧梧玩芳集》卷二三《用潔堂韻贈徐清溪禱雨》

怒起乖龍變蟄雷，神翁此手更神哉。老天於物何嘗病，舊雨如人自不來。彼稷之苗餘滯穗，我行其野絶纖埃。方平狡獪猶餘事，聯慰饑農取大咍。

宋吴泳《鶴林集》卷一三《大雄山白虎洞敏應廟祈雨祝文》

伏以三時務農，饁彼南畝。四月不雨，病於夏畦。矧疆事之孔殷，重民生之艱食。即不幸有方千里之旱，其何以安億兆民之心。用咨廷臣，遍走望祀。伏願山靈下格，澤氣上通。鞭駕風霆，盡洗如焚之魃；作興雲雨，頓蘇垂槁之苗。

又卷一四《勾溪禱雨祝文》　惟水旱不時，祭山川之神，此古諸侯事也。而士得以行之，非獲已也。吾鄉之俗，土曠而瘠，民良而貧，士循禮畏法而窮，無水旱而猶水旱也，況六月不雨至於秋七月耶？今稻已秧矣，而槁不得滋也；芋已區矣，而焦不得沃也。脱或公上有不時之科須，罔測之號令，則農之家不得儲粟矣，士之家不得祀茲酒矣。四山之木不得息且潤而如彼其濯濯矣。民窮至此，更不待戈椿喉而斧伐命也。是不可不闔國之衣冠，選牲釃酒，用幣禱之於神也。尊神其閔之，俾雷雨之動，滿盈四郊，庶幾上下各有函活之意，神之惠也，民之望也，士之志也。

又《祈雨祝文》　社稷。民生之命，莫重於穀；國中之神，莫貴於社。古之人水旱風雨必禱於其地者，祈穀實也。今田苗已穗矣，而日曝之；雨信已通矣，而風閣之。若非明神庇我穡事，則東作癈而西成壞矣。燎薌釃酒，惟神終惠之。

諸神。新穀既升，稍緩求荒之責；時雨不降，又深害稼之憂。鸛巢棲垤而不鳴，龍骨掛梁而復下。非仰祈於甘霔，恐立壞於垂成。用殫一忱，遍走群祀。伏願叱風霆而密運，沛膏澤以滂流。既霑既足，既渥既優，盡除妖魃；實堅實好，實發實秀，永保嘉生。

風師。六月怕十，七月怕半風之候也。自季夏以來，時雨不降。民所望雲霓也，而吹使離之；穀所仰膏雨也，而吹使散之。早禾晚稻，幾壞於成。用率官僚致禱壇壝，惟神斂陽烏之景，袪海鳥之灾，使沛然其澤下於民，則吏與邦人有敬焉。何敢訟。

雷師。天地未解，雲雷方屯；新穀既升，時雨不降。用祈于社，復禱于神。幸鞭霹靂之車，密沛滂沱之澤。使電交至而雨滿盈，則神之仁也，亦民之望也。

雨師。蚤穀將升，晚禾且穗。田以旱告，憂心如熏。東作既勤矣，將合仞者只數日也；西成在望矣，欲傾盆者只一雨也。吏職其顯，神司其幽。鞭雷車，揺電轍，壓終風，霈甘澤，俾集溝澮皆盈，特在神闔闢轉移間耳。某率耄倪，敬共以候。

又《祈雨祝文》　廟步。水旱不時，祭山川之神，古諸侯事也。某自去歲出守是邦，肅雨乂暘，粗得一稔。今春以來，大雪壓土，麥不得芃芃而茂也；柔桑蔽空，蠶不得贏贏而盛也。四月之閏，又以旱告。脱或秧稻失其候，民饑盜起，豈不關千里利害哉？敢潔瓣香，以祈甘澤。興雲致雨，惟神其惠之。

社神。在《詩》旱則祈於方社，在《禮》烖則祀於社祠。古者諸侯，凡國中有水旱疾疫之事，不但禱於境内山川之神而已。後世治不知本，燎薌寺觀，用牲廟宇，便謂知典禮之大，抑不知受風雨、達天地之氣，莫貴於社也。今夏閏告旱，敢不忱禱，惟神佑之。甘雨隨霔，則邦之望也，民之幸也。

又《祈雨祝文》　昭澤侯。國家令典，縣有水旱則禱于山之神，誠以興雲致雨，神實司之。惟神宅彼南山，奠我四境，比者以旱，有禱於神，遄降膏澤。今又踰浹日矣，而陽驕不挫，雷鳴之田，水竭土坼。用敢援令典以修明薦，伏望赦吏之謬，憫民之生，殷其靁于山陽，霈甘澤於境內。某與百里之民跂立以冀。

諸廟。縣有水旱，詣神祠祈禱，此國之令典也。比者四境之內，亢陽爲灾；雷鳴之田，水不滿盈。民心嗸嗸，靡所戾止。令之弗虔，固無以感陰陽之和。神奠兹土，其忍則安？用是援令典以修明薦，惟神鑒此精忱，大霈甘澤，以蘇我田稺，則吏與民不敢忘神之德。

靈濟廟。惟國有水旱，長吏以下禱於山川之神，令典也。神能平水與旱，而朝廷爵之通侯，優恩也。先皇帝以神有勤德，始封爲恵澤侯。嘉定十七年秋出命，而寶慶改元之秋，符到受誥之日，民適以旱告。某曰：以令典奔走在廟，吏固不敢不虔。受國之優恩，而霈然使膏澤下於民，想神於冥冥中，亦不敢不敬天之休也。

雨神。惟天地間陰陽相交而爲雨，雨所以沛天澤而潤萬物也。國家舊典，立夏後申日祭雨神。某爲邑長於斯，豈敢簡彛。有椒其馨，有潔斯牲，其明以承厥祀，俾膏潤百里，物無枯燥。惟神其相之。

社壇。國中之神莫貴於社，所以受風雨、達天地之氣也。矧爲邑長於斯，民以旱告，則於社之禱，其敢曰莫。用是熏香，敬共壇壝之神。儻蒙明神庇我穡事，敕風霆以下膏澤，俾勿壞於垂成。若是，人民其敢忘報。

諸廟。縣曰雷土，田曰雷鳴，夏秋之交，水不滿盈。曝以烈日，田毛如醒。若兹不雨，則壞於成。既禱于社，靡神不舉。敬其威靈，庶回悔怒。吏之不職，罰止厥躬，元元何辜，罹此歲凶？燎香釃酒，以祈甘澤。驅風鞭霆，湧出地脉。水湧泉動，物嘉且美。尚幾秋冬，以享以祀。

宋 唐士耻《靈巖集》卷八《祈雨祝文》 往歲之灾，旱澇相仍。極意拊摩，創夷未平。維兹暮春，東作既興，膏澤復屯，嗷嗷人情。神食斯土，守言幸聽。尚念民急，霧起雲蒸，一霑千里，槁者復生。嗣兹終芘，迄於西成。加殺薦腯，黍稷惟馨。曰千曰萬，永福含靈。

宋 牟巘《陵陽集》卷二二《祈雨詣龍王祝文》 《禮記》謂山林川谷丘陵出雲氣，爲風雨，見怪物者爲神，然則是山之泉，其神而爲龍也，固將噓氣成雲，伏光景，撼震電，神變化，水下土無疑矣。越自分龍以來，高原告病，民吁嗟求雨者日甚。若飄灑未足，旱氣頗深，儻如是數日，低疇且見告矣。萬人之命，一歲之計，懸於旦夕，神其忍深閟熟視而不之恫乎？潔誠以祈，神其亟請於帝，驅風霆，出雲雨，振迅之頃，澤遍千里，槁乾胥浹，歲則大熟。吏得以逃其責，而神益以昭其所爲神者。民之報，其敢後？

又《祈雨青詞》 沛然下雨，益深徯望之情；仰而呼天，是亦吁嗟之義。恭趨浄宇，自列危悰。伏念臣素無行能，安有政績，愆其謬戾，以貽灾氣之流行，求以感通，又愧精誠之淺薄。旱既太甚，民也何辜。願少回造化之仁，亟哀救須臾之命。微機一轉，生意立蘇。越夕以來，殷雷俶起。層陰已隮於霳霨，先兆可卜於滂沱。伏願深測皇衷，早敷甘霔。坐使膚寸之雲合，毋撓於風；庶幾方千之里間，實均此澤。

稻畦稱望，急須一雨而蘇；蕊笈揚科，虔致九天之禱。不勝憂迫，儻遂感通。伏念臣食粟無能，及瓜將代。妄希小稔，庶可謝於疲民；詎意餘愆，又重罹於亢旱。秖累来者，何辜斯人？夫豈無因而致然，其敢以天而自解。伏願哀此一方之命，救之數日之間。大沛甘霖，俾槁乾之胥浹；曲全末路，庶成敗之稍寬。

宋 李庚《天台集·續集》卷下《寄謝三井山禱雨》 曾禱神龍井，雲林杳莽間。蘋蘩朝薦廟，風雨夜離山。百里田疇熟，一年囹圄閑。因循失報謝，石險路難攀。何年修廟貌，棟宇已摧殘。牲幣三時少，風泉四月寒。野僧多稌穲，古木有杉欒。深欲重修葺，蹉跎又解官。

宋 釋居簡《北磵詩集》卷九《禱雨龍詞》 魃奚爲旱虐，亟問海隅龍。山吐四更月，樓敲三叠鐘。天應怜獨苦，年亦豈終凶。霹靂轟平地，霶然足四封。

宋 裘萬頃《裘竹齋詩集》卷二《乙亥六月鄉民祈雨壽春祠下嘉澍既降槁苗盡興萬口一辭頌神之德予喜聊成俚語以書祠壁》 憂時曾上天庭疏，憫物今爲旱歲霖。一夕風霆百川水，四郊香火萬民心。山巔定有烟霞宅，夜半常聞鐘磬音。儻許塵蹤拜仙馭，願營茅屋老雲岑。

宋 于石《紫巖詩選》卷二《七言古詩·祈雨》 六月不雨至七月，草木危乾石欲裂。方士畫符如畫鴉，呵叱風伯鞭雷車。九天雲垂海水立，驕陽化爲雨三日。萬口競誇方士靈，彼亦自謂吾符神。誰知水旱皆天數，貪天之功天所惡。吾心修德可弭灾，大抵雨從心上來。桑林自責天乃雨，豈在區區用方士。

宋 陳著《本堂集》卷一七《次韻前人祈雨未應二首》　交秋苦雨走疲農，惟合投忱洞府龍。里社相師憑梵唄，山川無語笑盲聾。忍教地寶罹枯渴，安得天機捷應春。聯日定勞君眼力，雨晴只隔望春峰。

龍君非是忍忘農，一敬初終自見龍。雨感通時元有待，天分曉處可曾聾。雷車怒激騰東海，火傘忙收入下春。我輩報神無別事，請裁佳句勒霞峰。

又卷二〇《次韻盧致遠祈雨喜應》　四郊多少出雲山，六月如何得雨慳。天意茫茫知否外，秋成岌岌有無間。人非稼穡誰爲命，職在蛟龍可聽閒。終藉精忱起靈蟄，鶴驂帶得夜瓢還。

又卷九三《代里社祈雨疏》　伏以田祖奏功，在交秋之得雨；旱魃爲虐，兼旬日以望霓。雖同里之中，無所不求；而從天之下，未之敢應。平疇白穗，猶間有于青苗；高阜黄埃，幾盡歸于焦葉。農事失今而何及，民命非食以奚資？嗟我群生，危于一髮。是用哀籲皇天后土，遍禱名山大川，延請龍神，皈依佛界。靈感于虚空之上，豈忍恝然；變化于俄頃之間，本無難者。仰祈聰聽，俯鑒血忱。掣電轟雷，驅如焚之毒暑；興雲吐霧，沛普濟之甘霖。庶有西成，共歌上熟。

又《代鄭姓以里社祈雨不應自許千拜疏》　苦旱告急，一忱莫切于祈天；甘霖望賒，五體惟知于投地。雖獨表匹夫之意，然本爲同里之謀。伏願大造垂慈，百靈興憫，驅此方之鬼魃，超諸洞之神龍。變在須臾，油然作雲，沛然下雨，轉爲豐稔，居有積倉，行有裹糧。

宋 佚名《宋朝大詔令集》卷一四八《祈報遵律令詔大中祥符二年二月丁亥**》**　如聞近歲命官祈雨，有司第給祝板，不設酒脯。按令文，凡祈以酒及脯醢，報準常祀。宜令有司自今祈報準遵禮令，務在蠲潔。

又卷一五一《祈雨詔咸平元年三月丁丑**》**　農功伊始，膏澤未霑。爰伸至誠，庶獲嘉應。宜遣官告天地、宗廟、社稷、岳瀆、京城祠廟寺觀。

又《頒畫龍祈雨法景德三年五月丙辰**》**　雩榮之祭，禮經其存。禳禬之文，祠令攸載。朕頃居儲貳，兼治王幾，虞十雨之有愆，致千箱之失望，預防農害，常訪異聞。或云畫龍以祠，其術甚著，屢罔驕亢，嘗事禱祈，靈感遄臻，嘉澍來應。宜頒寓縣，以祐蒸黎。庶消旱暵之灾，用慰憂勤之念。其畫龍祈雨法，令付有司，宜令雕印頒下。

又卷一五三《頒祭龍祈雨雪詔皇祐二年六月己巳**》**　夫旱暵之數，自昔常然。禳禬之方，救灾爲急。欽惟先聖，篤在劭農，恩獲閔雨之求，旱得繪龍之法。鏤行方板者，定明科班之庶邦；副在公府，以虞三時之致害。懼百穀之愆，宜導迎甘膏，消弭熏虐。自奉遵於憲矩，多獲驗於雩場。歷年祀以寖深，慮詔文之殘缺，宜新刊刻，用廣宣行，且以識聖彦之憂勤，伸菲躬之繼述。眷言守宰，得奉粢盛，所以庇民莫先育穀，凡因祠禱，務竭精誠，庶洽至和，以躋長治。宜令本處如此收掌。遇愆雨雪，即嚴潔依古法祈求。祭龍法：先令一道士於壇上敕水解穢，少遶壇壝，然後祭龍。或無道士處，但焚香可也。

又《大旱責躬避殿減膳許中外言事詔慶曆五年三月癸巳**》**　朕臨御以來，于今二紀，夙夜祇懼，不敢康寧，庶洽治平，以至嘉靖。自去歲冬末，時雪已愆，今春大旱，赤地千里。百姓失業，無所告勞。朕思灾變之來，不由他致，盖朕不敏于德，不明于政，號令弗信，聽納失中，俾兹眚祥，下逮黎庶，天威震動，以戒朕躬。大懼不能承宗廟之靈，負社稷之重，苦心焦思，惶悸失圖，是用屈己謝愆，歸誠上叩，不御正殿，不舉常珍，外求直言，以荅天譴。冀高穹之降鑒，憫下民之無辜，與其降疾於人，不若移灾於朕。庶用感格，以底休成。自今月十九日後，只御崇政殿，仍減常膳。應中外文武臣僚并許實封言當世切務。三事大夫，其叶心交儆，輔予不逮。

金 李俊民《莊靖集》卷一〇《又湯廟祈雨文》　亢陽爲沴，時雨久愆。徒深稼穡之憂，未荅雲霓之望。神或不祐，民何所依。肆堅懇禱之誠，冀獲休徵之應。仰希靈鑒，俯亮精衷。普垂一溉之恩，庸示三登之兆。速回和氣，密贊生成。尚饗。

金 元好問《中州集》甲集第一《客懷》　結髮游荆楚，勞心惜寸陰。草長春逕窄，花落曉烟深。穀旱惟祈雨，年飢不問金。三齊雖淡薄，留此亦何心。

元 劉詵《桂隱詩集》卷一《贈劉斗祥祈雨》　古人敬天威，吁怛待其定。後來方伎多，乃更以人勝。炎風一月旱，閉户窘如病。江流斷横練，槔甕竭朝暝。稻畦絶鳴蛙，里閈可無命。劉生起驅龍，造化若可令。

孰能使一日，春意滿丘甸。勿云事邂逅，期尅乃足敬。群仙居蓬萊，佩玉事清静。流霞護丹宫，犴犬不聞聲。嗟生獨區區，豈有尺寸柄。三嘆慚此心，作詩以爲贈。

又《戲贈祈雨者》　淵龍困彌乖，甕蜴閉欲僵。高人輕千金，不買一餉凉。墨池片鴉濕，夜靈懸曙光。江河如春流，昔者何所藏。

元 方回《桐江續集》卷二五《醉贈宗陽寓居九江道士胡虚白祈雨感應》　欲血蛟螭出太阿，已翻銀漢下天河。築場預覺人人飽，賽社應聞處處歌。彈指三聲轟霹靂，張頤一噴響滂沱。何曾别有神仙術，止是精神感格多。

元 胡祗遹《紫山大全集》卷一九《彰德路祈雨文》　闕潤民之實惠，怨語升聞；忤造物之至和，亢陽示譴。貪汙失德，黎庶何辜？黍稷吐穗而中乾，麻豆成陰而半槁。工商憂穀價之增貴，田野懼歲凶之死饑。小大焦勞，賢愚愁嘆。某等任守土之切責，先祈年之隱憂，悔罪懷慙，痛心疾首。仰干慈造，屈賜哀矜。敕名山而詔大川，起癡龍而誅旱魃。曷勝慶幸，無任恐惶。

又卷一九《太原祈雨文》　守土之吏失德，致旱乾之爲灾；力田之氓何辜，憂凶荒之無歲。自春踰夏，不雨愆期。雲氣合而復離，風聲烈而肆虐。百穀將槁，六陽益驕。民心怨咨，物價騰湧。兹蓋某等曠承流宣化之任，多傷和致異之愆。或恩澤之不流，或獄訟之寃滯，或奸吏弄公法，或豪族侵細民。循省厥躬，實繁有罪。引咎何幸，負責莫逃。然而殃無辜之民，宥有罪之吏，情實不忍，禍懼彌深。輒罄愚誠，仰干慈造，幸賜甘澍之霑被，誓當悔過以自新。

元 王惲《秋澗集》卷二五《龍祠禱雨》　中岸烏紗角半摧，馬蹄泥滑晚相催。郡人莫訝麻衣濕，適自龍祠禱雨迴。

又《禱雨龍祠訪張總判不遇因題其壁》　甲第分携半月餘，遠迴相過得須臾。松陰滿院溪流碧，辜負臨風一捋鬚。

又卷六二《禱雨蒼谷神祠文》　去冬今春，厥旱斯普。比聞三方，既禱而雨，維此衛邦，和氣艱阻，草木焦卷，種不入土。致此咎殃，誠守吏不德之故也。吏不稱職，罰及一躬，我民何爲，罹此旱凶。嗟嗟四民，寂苦我農，止食其力，歲期一豐。年苟成灾，散而西東。恭惟明靈，蒼水之龍，哀憫慈惠，正直明聰。司我雨部，山靈是宗；湏彼淵池，雲雷之宫。民以病告，禱輒感通。忍以吏不稱職，卒莫救其隆蟲哉？願迴哀眷，澤我邶鄘，乃以有秋，祀事孔終。

又卷六四《岱岳祠禱雨文》　嵓嵓岱宗，雷雨宅兮；艮震對代，生物仁兮。片雲膚合，天下澤兮。兹者春霜例灾，桑柘空兮；二麥含實，勒将槁兮。秋雖下種，不出土兮；無褐無粮，歲何卒兮？衣被饜飫，膚合力兮，仰惟岳神，其念兹兮。憂民之憂，而亦部刺史公之責兮。縷縷微誠，神其鑒兮。尚享。

又卷六八《祈雨青詞》　恐懼自修，灾有可消之理；敬誠斯在，天無不饗之心。伏念臣惲，素昧臨民，叨承摠寄。每荷登穰之恵，庶寛撫字之憂。爰自去秋迄于今歲，風霾蓬勃，生意焦枯，時疫大興，秋種未下。氣將交而寒薄，雲已合而風飄。既走郡祠，載呼洪造；恭輸至悃，光啓靈壇。集道侶於琳宫，宣琅函之真誥。伏望九天降監，列聖垂慈。分敕山川之神，普下雷霆之詔。風灾一返，膏潤咸霑。使春事無訛，喜動四郊之末；秋成有望，歌賡高廩之詩。臣無任瞻天望聖激切屏營之至。

又《祈雨青詞》　伏以萬物盈於兩間，亭毒必資於帝力；皇天祐于一德，高明庶格於精誠。比者時雨愆常，秋種不下。重念無辜之者，將罹飢饉之灾。用是罷將作而弛土木，禁市酤而重餱糧。循省自修，奐回哀眷。氣將交而寒薄，雲既密而風飄。適當龍見而雩，爰致桑林之禱。恭延真馭，崇建靈壇。伏望列聖垂仁，九天降鑒。易陰陽之恒数，斡運化之玄機。下敕豐霳，霈流甘澍。蘇槁麥於南畝，播嘉穀於東郊。一滌昏霾，溥含生意。豈惟大賚，三農免失業之憂；嘉與多方，高廩享有年之慶。

又《祈雨青詞》　天地乃萬物父母，忍飢饉之荐臻；風雨爲一歲咎休，顧得失而與應。念守臣之不職，致春旱以爲灾。終風且霾，種不入土。近雖霑其濡潤，終未至於滂沱。二麥就枯，群情懷懼。念鰥寡無辜之者，有溝壑立至之憂。既走郡祠，載籲玄造。瀝愚衷之至懇，建雨部之靈場。伏望真宰鑒臨，高穹陰騭。溥同一視之仁，大霈如膏之澤。興嘉苗於四野，際和氣於兩間。庶寛轉側之勞，共慰徯蘇之望。所有報禮，其敢後而。

元 李庭《寓庵集》卷七《祈雨青詞》 伏以人爲弗浄，故灾異之洊臻；天道無私，惟精誠而可格。俯殫悃愊，仰黷高明。伏念某政失中和，民多怨讟。遇旱灾而已甚，復蝗害之相仍。野草將枯，農心奚望，輒敬遵於道範，用懇禱於真庭。伏望上帝溥臨，諸神孚祐，俾甘霖之大沛，庶嘉種之潛蘇。千里疲氓，共獲秋成之利；九重聖主，永寬旰食之憂。普錫餘休，均霑庶類。

元 戴表元《剡源集》卷二七《觀村中禱雨三首》 十里不同雲，五里不同雨。天公白茫茫，乃爾多肺腑。人言蛟龍神，象類可以取。蛇蟲當此時，行路誰敢侮。飛騰信有術，忍待號者苦。咄哉神禹功，浩蕩流萬古。

昨日苗穗赤，今朝洒然青。頗知窮旅人，百金換顔形。念爾雖微根，同稟造化靈。自古有枯旱，人類幾千齡。恐是自生化，難皆問蒼冥。野草人不憐，何獨不凋零。

西村送龍歸，東村請龍出。西村雨綿綿，東村猶出日。共稱西人良，或是窮可恤。誰知所雨粟，盡入東村室。儒生無愛憎，但喜蔬蓏實。通年一飽厨，猶在兎園帙。

元 仇遠《金淵集》卷四《交山龍祠禱雨》 曉入荒蹊陟斷岡，多年廟食白龍王。要添溪上半篙水，不遠山中一瓣香。灌木雲昏旌旆出，高田土渴桔槹忙。莫疑栖隱無深洞，且得隨車雨送凉。

元 吴澄《吴文正集》卷八九《華蓋山禱雨文代申宰作**》** 予之不才，濫叨邑宰，智識蒙陋，牧字乖僻。獲咎于天，天降之罰。連月不雨，早稻已損，晚稻亦傷，遍走群望，未遂感應。竊惟守土之官有罪，神宜譴責於其躬；百里之民何罪焉，而罹此禍！今正艱食，若更不雨，無望秋成，民必莩死，神之仁慈，豈忍使斯民至於此極？油然作雲，沛然下雨，在神瞬息間爾。其注甘霖，以甦苦旱，以活斯民之命，惟神其憐之。謹告。

又 卷九四《贈朱法師有序**》** 中和守素真一法師、洞真觀提點朱善正心淵，能秉誠心，運真氣，以感天地，召陰陽，祈雨輒雨。余在金陵，知之稔矣。從天師北覲，天師奉旨祈雨，遄獲應驗，法師與有力焉。歸有日，詩以贈之。

往年曾客鳳凰臺，稔聽吾師救旱灾。舒掌掌中雷走去，舉頭頭上雨飛來。每嗟魃鬼火六合，誰借神龍水一杯。袖有甘霖岩下隱，如何閒却濟時才。

又 卷九五《禱雨次韵酬袁惟一》 晝日如焚夜薄寒，早苗已穗欲枯乾。荐饑忍見艱庶食，獨飽何能樂一簞。自顧人微耕草野，聊同巫舞禱雩壇。老鱗挾得千年雨，投鐵靈湫亟起蟠。

元 艾性夫《剩語》卷上《禱雨積烟山之龍潭有應》 神鑱鬼鑿深無底，誰敢然犀照秋水。蒼生望霖龍不起，蠟丸箋心聒龍耳。髯張尾戰珠脱腹，仰天嘘氣陽侯哭。銅瓶偷湫未及屋，黑雲崩山雨如竹。

元 陳櫟《定宇集》卷一六《次韻祈雨》 相公湖上老詩仙，一語纔聞便格天。霡霂已蒙千畝雨，霏微方裊一爐烟。潜憑象教小乘力，好紀麟經大有年。田野歡聲入酔唱，周詩直見夢魚篇。

元 同恕《榘庵集》卷一〇《祈雨文》 靈山巨區，能興雲致雨，所以相有司、福生民也。有司之不職，罰有餘責矣。今也自春徂夏，雨不時若，耕夫力作，土壤深細，束手仰視，以待播種。神於此時尚不加恤，民將何依乎？走祠致誠，祈賜矜閔，澤我饑民，更後旬時，不惟秋種失望，夏麥之成亦無及矣，神終無意於斯民乎？惟神其念之。

又《西岳祈雨文》 維大元致和元年七月二十二日，某官敢昭告于西岳金天大利順聖帝。維天地以雄尊浩大之氣，結而爲山，分鎮五方。神之所分，乃在西土。是天以水旱、豐凶、疾疫、灾祥之變付之神岳，使通融消息，以陰騭此下民也。陝西行省所統，近在眉睫之間，几席之下，尤神所易見也。三四年來，旱魃爲虐，有夏無秋，有秋無夏，饑吻嗸嗸，蓋不勝苦。今年之旱勢益酷烈，麰麥之入，僅具斗升。自四月至于今七月，雲雨之興，曾不一二。時赫日炎炎，如焚如燎，黍稷之苗，十死八九，是無夏又無秋也，民將何以爲命乎？麥秋之期，近在旦夕，看此氣象，敢有準擬。民今扶老携幼，流離播散，縣邑爲之一空。某受聖天子之命，撫治行省，失政之罪，其又奚言。夙夜戰兢，不敢寧處，齋祓一心，遍禱群祀，兩月之久，未獲昭答。雲暫合而復開，風隨怒而疾作，豈上天之意未欲悔禍，抑忱誠之感有所未至歟？竊獨惟念岳神之靈，實主此邦，控訴煩瀆，不專於是，得不爲昧其所乎？是用奔走，俯伏廟庭，重言累語，瀝此危苦，神其哀憫，爲衆請命，納恒暘於六幽，出伏陰於九地，使千里之土浸淫澍澤，垂死之民再萌生意，則豈惟眇末之責庶幾少緩，而神受天地之職以相吾君者，亦可以盡其分矣。謹告。

又卷一三《王總管祈雨有應》　鰥寡無辜政此哀，忍令旱魃更爲災。寸香直喚龍淵起，一雨還隨馬足來。疇昔臣忠由我祭，只今天孽爲誰開。左符參錯皆公輩，和氣當知遍九垓。

又《崔參政禱雨有應》　饑吻嗷嗷沸海波，相君有力挽天和。山前馬到雲先合，廟下辭陳雨已多。坐使焦枯歸潤澤，盡迴咨怨入謳歌。臥龍不爲東山起，奈此蒼生歲月何。

元　趙孟頫《松雪齋集》卷二《禱雨龍洞山》　蒼山如犬牙，細路入深谷。絶壁千餘仞，上有凌雲木。陰崖不受日，洞穴自成屋。蕭森人迹少，薈蔚獸攸伏。雲林互隱映，澗道相迴復。翔禽薄穹霄，鳴鳥響岩曲。臨橋濯清颸，汲井漱寒玉。神物此淵潛，徂陽有祈祝。風漓慙善教，吏懦恥厚禄。蹔懷塵外想，獨往疑有梏。過幽難久居，濟勝乏高躅。策馬尋故蹊，歸樵相追逐。

元　馬臻《霞外詩集》卷一〇《龍虎山彭法師禱雨感應六首》

一夏經秋亢旱灾，稻苗田上盡枯荄。生民莫謾心荼毒，真士新從福地來。

海岳崇深禱不神，宿逢箕畢也難憑。道傍暍死嗟何及，赤脚徒思可踏冰。

真士能推濟物仁，夜通封事格天臨。扶摇九萬誰云遠，響荅惟存一寸心。

載展玄旗結晝陰，令牌三擊鬼神聽。木郎不待商羊舞，雨脚浪浪似建瓴。

雨勢翻空走迅霆，萬人回首沸歡聲。秋風會待登場日，比屋炊烟樂太平。

教行正一闡真風，雷令初傳出巽宮。一滴天瓢蘇萬物，可憐真宰不言功。

元　陸文圭《牆東類稿》卷一〇《君山東岳行宫求雨文》　《禮經》有云：天降時雨，山川出雲。君山，郡之主山，惟靈坐鎮此地，血食千載。今民以旱告，田苗將槁，吏奔走不遑，靡神不舉，卒莫我聽。謹再拜稽首，請命于爾有神。神其相之，錫以甘澤，使苗勃然以興，乃亦有秋。豈惟吏塞其責，神亦有辭於民。敢告。

又《本州城隍求雨文》　時雨徂期，常暘告虐，旱勢太甚。王廟食此地，與吏共職斯民。吏之不職，罪也。王坐視民困而不爲，爲之易耳，吏之力不及此。敢告。

又卷一六《贈潘道士祈雨》　人天相距尺有咫，雷電六丁遶吾指。藥師馬上寄小瓢，夜半一滴灑千里。古湫源竭老蛟泣，新秧秀濯田畯喜。匣收寶劍捲陰符，師歸宴坐茅峰裏。

又卷一七《贈潘道士祈雨》　日者旱太甚，天乎禱有諸。震雷驚破柱，驟雨喜隨車。精意通無間，神功斂不居。魯侯明德頌，好接有年書。

又卷一八《七夕祈雨》　彩雲朶朶西風散，銀漢昭昭北斗傾。車上耕夫愁欲泣，橋邊織女笑相迎。蝗飛近境行將及，龍卧深淵自不驚。病枕怕聞簫鼓閙，誰家乞巧到天明。

元　蒲道源《閑居叢稿》卷四《宋録判仁卿祈雨有感》　潔齋徒步陟雲岑，閔雨知君用意深。旱挹靈泉清似玉，澤均農畝勝於金。他年定卜爲霖手，此日端能簡帝心。禾秀秧齊成樂歲，民將鼓舞替呻吟。

又卷五《同知禱雨殊應》　去冬新歲旱堪憂，賢倅精誠力禱求。設次致齋先潔己，出郊徒步爲迎湫。一犂甘澤應無負，萬頃來麰看有秋。老弱免爲溝壑慮，定將何物報吾侯。

麥針塊底渴春膏，旱暵經時土不毛。致此精神何愧怍，沛然甘澍解焦勞。寸心已自孚天意，一飽端能及我曹。欲賛賢侯霖雨手，賦詩自笑乏風騷。

又卷二〇《李録事祈雨有感詩序》　誠者，眞實無妄之謂，非有甚高難行之事，而人鮮能之。興元録事參軍李從仕，莅職於兹。其應變捷給，承奉委曲，皆非所長。至於不督責而政行，不話言而民信，拙於表襮，守其慤實，盖質之近乎，誠者然也。元統乙亥夏五月，旱氣蘊隆，吁嗟求者，未臻感應，豐凶之决，近在旬日。君聞南山之陽，幾及絶頂有靈泉焉。於是齋素囚首，徒步陟其所，而懇于神，乞升勺水，貯於罌，迎歸城中，安置道宇，寢食不復歸，夙夜爲百姓請命。精誠之至，翌日雨至。始則霡霂，既而滂沛，越三日，遠邇饒洽。稻之秧者可揷，禾之槁者復興，種之播者悉出，土之塉者可耕。化飢饉成飽飫，改愁嘆爲歡娛。上分侯牧之憂，下慰黎元之望。四民鼓舞，美君之功。雖充滿勃鬱於心，不能形容發揚於口。假能詩之士，以賛君之萬一，仍請余爲序引。余謂至誠可以通神明、貫金石，全體於誠者，固不得而見，至於一事之誠而能動者，苟非君之篤實，其孰能？可不謂誠乎？衆曰：然。遂以此序書於篇端云。

又 卷二二《祈雨群望祝文》 東岳。峩峩岱宗，作鎮于東。大生之號，配以其功。祠于天下，誠無不通。今茲之夏，藴隆蟲蟲。苗既枯槁，民食將終。維政之秕，願灾厥躬。下民無辜，實可哀恫。維神之仁，上與天同。願躋膚寸，澤遍寰中。槁苗浡興，變凶爲豐。報神之德，罄以丹衷。

崇德。惟王顯靈岷江，正位王爵，聖烈博濟，徽號克稱。能伏龍而弭灾，豈不能興龍而致雨耶？今以歲旱，苗稼將槁，敬詣神祠，誠以懇請。惟神賜以甘澤，俾其有秋。

文昌。忠孝大節，奕世著靈。惟茲漢中，廟貌儼若。歲逢旱灾，遍走群望。是用齋沐，揭虔以告于神恭。惟濟物之仁，幽明豈間，願惠甘澤，俾民無飢，而吏亦得以免責也。惟神其相之。

梁洋土主。常陽之沴，月已再更。粟將秀而莫能成，稻既插而莫能榮，菽可種而莫能耕。儻十日之不雨，則民無以爲生。慮將轉乎溝壑，況能奉其粢盛。惟神血食茲土，正直聰明，將與守土之吏同責，任而非輕。我今懇告，以罄其誠，神亦當請命于上帝，沛甘澤以活斯氓。

城隍。敬爲天子，於茲牧民，城隍所依，屬于有神。幽明不同，其責維均。旱既太甚，稻隰揚塵。豐凶之決，在此浹旬。灾自我召，勿移斯人。錫以甘澤，賴神之仁。

山河顯靈公。惟公佐漢祖以開基，駐梁川而興利，豈收功於一時，蓋施澤於萬世。嗟政拙而術淺，視明神而有愧。雖決渠而爲雨，柰旱魃而爲祟。俾灌溉之不足，致良苗之枯悴。維堂堂之英烈，貫古今而無異。願力沛乎膏澤，惠我民之豐歲。

玉泉。西山之麓，泉湧碧玉，神龍所蟠，雲雨斯蓄。粤惟我農，既植嘉穀，旱魃爲虐，如焚之熇。豐凶之決，浹旬可卜。秕政召灾，及民何酷，我實有愧，尫非可暴。哀籲于神，無厭其瀆，沛以甘霖，庶俾霑足。

旱山。巍巍旱山，爲鎮梁州。呼吸雷雨，應民所求。今茲之夏，稻秧未周，值茲旱暵，龜坼田疇。秋種不入，爲歲之憂。政之不德，民則奚尤。願神垂憫，沛澤旁流。吏既免責，農則有秋。

木馬神女。歲豐民飽，神祀豐好。歲荒民飢，神祀曷保。今茲旱灾，害我畦稻。神忍坐視，待其焦槁。願降甘霖，應此祈禱。

社稷。於惟社稷，民命所依。今茲旱乾，陽亢其威，秋種不入，秧揷而腓。前頗得雨，其澤甚微，杯水車薪，收功則稀。我實不德，維神是祈，願沛甘霖，俾民無飢。春秋以報，酯潔牲肥。

風師。秧既揷矣，陽則焊之；雨欲作矣，風則散之。敢告于神，願徐按之。待雨之來，則同賛之。哀民無辜，勿久旱之。

雷雨師。天之號令，職夫宣震；天之恩澤，主夫膏潤。旱槁我苗，憂此田畯。夫今不雨，俯仰將盡。政有不德，厥罰宜峻，反移于民，逆而弗順。求哀于神，庶可救振，砰然而催，沛然勿吝。

又《祈雨祀金華五龍》 升潛以時，雨暘隨禱。今歲夏旱，不能蓺稻。下濕頗苗，隨亦焦槁。遍走群望，日愈杲杲。金華五龍，深淵自寶。靈應昭然，傳聞父老。挈瓶求泉，敢計遠道。安置琳宫，預期灑掃。惟神克誠，豈薄蘋藻。嗟我邦民，殍死莫保。望沛甘霖，天瓢傾倒。滿集溝塍，路餘潢潦。我民送神，旛幢華好。繼自于今，敢忘洪造。

又《雨師》 某奉天子命，牧于茲土。夙夜思所以遂民之生，而才智不及。又加以旱栽，境内之麥，槁而耕者有之，苗而不秀者有之，春種之物入土不生者有之。稻亦待雨而秧，而旱勢愈隆。并走百神，未之有感，抑某有罪而當罰耶？抑誠之未至耶？某若有罪，民則無辜，誠之未至，今則再懇，願爲三日之霖，大慰群生之望。敢不精潔其心，以報洪造。尚享。

又《風師》 歲以旱栽，并走群望。雲集氣交，雨欲下降。而風伯奮怒，吹使離散。大懼獲罪於神，小民耕種失業。是用懇告，惟異息威。虛徐之力，不至鳴條。俾甘澍得施，而有豐年之望。敢不豐潔，以荅神庥。

又《雷師》　掌天之號令，震驚百里，助霖雨之勢。今以旱裁，祈懇百神，未有感應，亦由誠之不至，而罪之不自知也。是以有叩于神，願震旱魃之妖，助雨師之施，俾民生獲遂，豐歲可期。敢不敬修祀事，以答嘉貺。

元 王旭《蘭軒集》卷一四《岳祠祈雨文》　竊以穀黍雖成，猶有晚田之未穫；陰陽作沴，尚虞旱魃之爲灾。非唯下吏之憂，是亦神明之責。伏望挽回造化，呼召風雷，一雨滂沱，既洗焦勞之慮，四方鼓舞，難忘佑助之恩，尚鑒微誠，式遄靈應。

元 袁桷《清容居士集》卷五《武當張道士京師禱雨迴山中》

古有巖居子，抱朴尸玄冥。被髮空洞游，蒼莽窮帝青。手持九九文，蜿蜒合搨靈。維斗司其紐，習坎鞭流霆。良疇已懷新，燥露滋明星。滌滌原野餤，迴風轉塵腥。無譁夜下令，瞬息不得停。玆人秘元化，長跪耳默聆。崐崘挾潢漢，紫霧噓青萍。玄鶴淬以淒，百谷奔零零。浮傪不足慕，趣使歸巖扃。天地古槖籥，鍊一清且庭。詭幻歲已暮，願言養修齡。

又卷九《長春道士禱雨有應》　清夜轉崐崘，天雷卓午聞。平林千樹響，古澗百泉分。門靜堆黄葉，山空聳白雲。神功滿禾黍，尸坐答鑪熏。

又卷一六《彭法師禱雨有感》　神京歲歲春夏交，乾風捲塵喧四郊。銀潢清寒不可挽，火礫燥露焚烏巢。廟堂憂惶走群望，桂酒跪灑陳牲殽。飛雲虛無恣强魃，古澗堰塞專幽蛟。拾蜴旋舞破甕缶，髹龍作形糜蕘茭。或夸巫言擊長劍，或騁梵語鳴銅鐃。老彭之孫赤松派，尸坐直欲鴻濛包。深知天水本一炁，山澤妙感窮羲爻。三玄上章給鳳札，九淵投簡驚鮫綃。大青小青各受令，旋轉急注搜巖坳。初疑飛緇蔽雲頂，恍若銀竹穿林梢。鳥銜沉冥舊栖失，虎度泥淖前林咆。乃知至道在瓦礫，芒刃不缺須良庖。皇皇真宰燭萬類，神運溥博民同胞。前驅招摇後玄武，朱冠鐵騎森旄旃。精誠相通顏咫尺，聾瞽未識徒譏嘲。白頭太史詎妄記，願以彩筆窮模描。

元 劉詵《桂隱詩集》卷三《府公召方士蕭山泉請雨約某日雨不雨以身受責是日果雨》　天道遠如此，居然雨此時。伎精疑命達，事過覺言危。大府資增傳，扁舟取載詩。向來修省意，寂寞欲誰知。

元 貢奎《雲林集》卷三《張侯禱雨行》　城中米貴官作市，城外麥禾枯欲死。井泉脉斷塵蔽人，旱魃爲妖竟如此。張侯夜飛赤玉符，鞭蛟出淵行太虛。靈飆風轉馳雷轂，奔騰白浪跳玄珠。六合一雲同海岳，昨日憂悲今日樂。功歸張侯何可言，勺水端合思其源。君不見爲雲爲雨翻覆手，張侯之言我何有。

元 張養浩《歸田類稿》卷八《堂邑祈雨文》　維某年某月某日，承務郎堂邑縣尹兼本縣諸軍鄂囉勸農事張某謹以清酌庶羞之奠，敬祭於某神之靈。某祗受天子命，出尹於此。未及其境，夙夜以思。幼而讀書，長得百里之地而治之，是惟無爲，爲則何政不可行？何德不可積？何人不可澤？上不負國，中不負親，下不負所學。奉職以來，即潔躬齋居，屏遠聲色，心欲與古之滅火反風、蝗不入境、政如神明者并驅争先，此某素心而天地鬼神所照臨者也。未及數月，值旱暵不雨，民頗爲憂切。自謂以某之心，膏澤之降，必在旦暮，今既旬浹，而亢陽如故，將以恵民而神不隨，將以報國而神不與，抑不知某何以得罪於神而靳焉，無所感格如是耶？且厥今之制，昭昭者責之於吏，冥冥者託之於神，所以詔書每下，自古聖帝明王、忠臣烈士、名山大川，凡血食於郡國者，未嘗不懇懇及之，非徒美觀聽、爲虛文，蓋以賛治道、福民生、成歲事，實有望於爾神也。神不見答，豈惟負國，抑亦負民，豈惟負民，抑亦負某此來爲國爲民之心。使縣尹貪庸鄙猥，神之不見亮也固宜，苟爲不爾，神必有以處之矣。尚享。

又《西華岳廟祈雨文》　維天曆二年三月戊午朔越廿有九日乙酉，陝西諸道行御史臺御史中丞張某謹以清酌庶羞之奠，敢昭告於金天大利順聖帝之靈：某幼讀古人書，欽聞明神獨尊西土，曆代祈禱，靈應赫然，則神之得名於世者舊矣。不虞衰暮，玆因游宦，始獲仰止下風。然不幸屬民多艱，流亡强半，餓而死者，相枕於途。今將首夏，尚爾亢旱如故。某雖叨榮行臺，實悲實懼。使某平昔素無爲民爲國之心，重以貪殘邪僻，神不見恤，則固其宜。萬一少有可取，則神亦安能漠然坐視，不爲動於中也？伏望垂監愚忱，少沛甘澍，使民回生意，歲秋有期，則神之血食古今者爲不誣矣。倘不見與，則某惟有省愆待罪，日拜神前，必待示其不見答之由然後退。尚享。

又《西華岳廟催雨文》 維天曆二年三月戊午朔越三十日丁亥，西臺御史中丞張昨以歲旱民亡、比屋病疫，謹齋沐於二十九日早哀祈雨澤於金天帝君之前，黎明雲氣四集，川岳之形皆爲冥晦，私切甚喜，以爲神明見憐，甘霖之來可跂而待。不圖爲風所梗，旋致觖然。伏念某爲西臺之官，帝爲西土之神，今歲屯如是，民隱如是，臣雖未上，胡寧彼忘，不神之禱，尚誰禱哉？況神令一出，闔境之内，何靈不隨？非勢窮事迫，臣亦何敢不知忌諱，連日荐瀆。惟神有以哀其愚而終恵之，則某雖旅困於途，敢不重報。尚享。

元 程端禮《畏齋集》卷一《同知鄭公禱雨得雨禱晴得晴》 鄭侯守建業，惟飲建業水。飢羸苦未蘇，夙夜勤政理。秉德哲而肅，所格無遠邇。秋旱禱鍾山，回車雨隨至。雨多侯復禱，即日爲開霽。遂成大有年，萬家高露積。實德爲侯心，心動應兹氣。無心鍾山雲，敷斂惟侯意。鍾山且無功，社鬼何所致。

又《陪王明府禱雨鎮山同諸友訪正氏隱居》 羲和行日當午停，旱雲不雨空鞭霆。扇摇無風腕欲脱，六合爲窑難逃形。偶到君家非有意，忽得水竹涵清泠。解衣盤礴不忍去，況有佳客來聯軿。更喜主人能愛客，枕簟招邀入林垌。冰盤夏實雜水陸，不覺墻角屢倒瓶。可憐俗子走聲利，紛紛有若蛾赴熒。廣寒閬風豈有隔，置身瀟爽由心扃。

元 朱思本《貞一稿》卷二《丹陵道士胡天牖禱雨有應賦詩志喜次韻》 見説蜚符起卧痾，又驅雨潤嘉禾。昔時方士聲名舊，今日長仙惠澤。鐵札投龍通水府，金鉼躍馬倒天河。功成小住崆峒上，一任桑田有白波。唐天師胡惠超身長七尺，時人呼爲長仙。

元 揭傒斯《文安集》卷五《題彭尊師禱雨詩卷》 道人役雷如小兒，顛倒鬼物愁蛟螭。祈晴得晴雨得雨，身不勝衣膽如虎。東通吴越北淮漢，到處逢人憂水旱。手提豐歲與疲甿，金帛盈庭未曾看。閩山叠叠躋金峰，蕲山巑巑碧玉宫。洗劍長留双澗月，弹琴尚憶萬松風。大臣無端薦天子，十年留滯京華裏。悠悠扈從春復秋，歸心已逐東流水。去年天下旱且蝗，流殍滿道無人藏。安得君等遍八荒，不使水旱憂堯湯。

元 黄溍《金華黄先生文集》卷五《題胡大參禱雨詩後》 雙徑迢迢一綫通，仙山九鎖白雲封。黄塵果日迂鳴騎，黑夜幽潭起蟄龍。農父不須愁歲事，川原還喜見秋容。明公自是爲霖手，四海蒼生望正濃。

元 陳泰《所安遺集》《贈譚海陽祈雨有感》 東南夏旱天所恫，豈爲凶年惜甘澤。南雲老守叩天公，欲使疲民解饑色。紫麟拔秀神所都，中有海陽老人之仙宅。海陽一生詩酒腸，藉以麯蘖和天漿。三更擲筆走風雨，鼻息無聲雷殷牀。蛟龍入袖誰敢索，但見繞屋飛琳琅。天明鐘動官長集，雪浪翻空泥一尺。海陽熟睡都不知，清夢正到華胥時。夜來好雨百事足，稻花吹香稻苗緑。

元 馬祖常《石田文集》卷四《弘州孫同知禱雨》 神龍分雨掣靈旗，一夕銀河注野陂。山下龜田禾黍滿，州人歌舞太平時。

又《瑪魯侍郎父監宣城禱雨應》 名郎文采動儀曹，却是宣城有鳳毛。聞説當年靈雨應，山田六月水連糟。

又卷八《夏乾禱雨文》 惟神靈馭雲氣，呼吸雷雨，變化罔測，出入八極。今本鄉神之祠宇在焉，是神之所依歸也。而祖常等耕鑿給食，事神弗謹，神其降咎，以病吾人歟？且沛澤不時，稻苗將槁，歲或不登，則何以供王賦而爲神之粢盛乎？神其鑒此也。

元 金守正《雪厓先生詩集》卷三《凌雲篇美郡守王侯敬仲禱雨有應而作也》 凌雲之峰天與齊，上有夭矯神龍之天池。天池神湫龍變化，爲雨可以蘇瘡痍。我侯真天人，感此天地心，維時久不雨，惆悵增煩襟。曉瞻凌雲峰，暮即凌雲去。手把玉夫容，足躡雲中路。雲中路爲問，神湫渺何處。方池黛影摇霓旌，只尺冥冥合烟霰。即呼東方龍，爲卷東海水，復呼西方龍，爲卷西海水。中央鱗鬣天門開，南北崩騰朱電起。鏗鍧震雷鼓，并駕五雷車。須臾周八極，大地爲滂沱。枯槁獲蘇息，怨咨成謳歌。春秋書大有異畝陳嘉禾，龍不有其功，侯不以爲德，所感惟至誠，靈響誰能測。小儒作歌諷子墨，亦欲上之太史筴。千秋萬歲頌時和，何必昔人金石刻。

元 劉仁本《羽庭集》卷二《龍井寺禱雨詩二首》 天井龍三窟，危峰翠一拳。化身分蜥蜴，嘘氣出雲烟。水積他山堰，田登大有年。今當赫靈異，霶霈荅精虔。

攀蘿行鳥道，絶壑見龍湫。嵐氣千峰雨，溪風六月秋。冷泉移別井，古寺翳深丘。獨愛他山下，梅梁積水浮。

又《六月同郡守禱雨育王山靈鰻井》 爲乞天瓢走謁龍，秉誠曾到育王宫。萬年舍利孤幢在，一脉靈泉九井通。雲氣合來鰻出水，雨聲隨至鳥呼風。應須三日甘霖遍，太守同歸造物功。

又卷三《贈黄丹霞仙洞禱雨有應》 檄龍爲我乞天瓢，雷電奔馳神鬼勞。萬寶欣欣蒙帝力，千金滴滴飫民膏。丹霞道士瑶壇啓，紫鳳仙人絳節高。巖壑凉生秋思足，瀟瀟萬竹起雲濤。

元洪希文《續軒渠集》卷一〇《雜著·祝文寺觀祈雨疏》 農告子春，方興穡事，天瘨我旱，莫偕秧時。頃甫息於鸛鳴，已不勝其狼顧。况甲以交馳之赤白，而當此未接之青黄。民不聊生，吏將安仰？爰瀝陳於丹悃，願垂憫於蒼生。蘇其焦枯，沛以霡霂。雲雷變化，足春畆之犁鋤；宇宙晏清，洗天河之兵甲。

元唐元《筠軒》卷四《請王復初公禱雨于郡齋》 寰問老人星，天上蒼水使。翩然下新安，兩袂挾雲氣。四郊如赭良苗空，符師誕謾嗟無功。先生霹靂潛膚胸，并州快剪摧妖虹。靈湫投檄驅老龍，傾江倒海須臾中。函關紫氣香溟濛，揮手起救吾民窮。明當奏最陽平宫，千二百歲住崆峒，相從倘學鷄窠翁。

元岑安卿《栲栳山人集》卷上《古詩·謝汪辰良太守祈雨有應》 赤日露頂行，步入南雷去。歸来雲霧生，薄暮雨如注。蒼蒼將槁苗，欝欝色如故。人言太守賢，天意肯相助。不喜亦不驚，太守若無與。日月行中天，照臨及下土。日月不自功，光明萬民睹。我知太守心，借此以爲喻。試問喻者誰，三山老農圃。

元許有壬《至正集》卷三《天曆初布尼雅實哩子謙以翰林學士承詔禱雨關中有應虞伯生學士作詩序子謙監湖南憲求詩》 皇威鋤閿梗，宇宙如再春。關中號土膏，其膏乃遽屯。化爲彌天魃，毒燄煽西秦。父且食其子，天時獮吾民。弱胔積京觀，强奔劇驚麇。九重動惻惻，群望驅踆踆。膚使著修潔，御命出紫宸。家人不暇辭，一鞭清渭濱。肅肅將淵衷，憲憲乎岳神。靈湫素有物，雲霧生逡巡。甘澍被隴陜，宿種爭青新。窮鄉轉樂土，蔽野開天囷。歸來拜天子，小臣事已竣。乃知是爲霖，眷注邁等倫。四道使持節，冰霜照清真。何當推厚澤，汪濊周九垠。

又卷六九《石龍神祠禱雨文》 伏謂天之所以生長百穀者，雲雨是先，其行其施，神司其權。今秘厥靈，深潛於淵。遂令恒暘徵咎，黿我大田，嘉穀欲槁，惔焚日燀。嗸嗸疾民，饑饉將癲。神恵斯土，其忍恝然？牧者獲戾，民兮何愆？誠格斯應，肸蠁在前。幸驅屏翳，騰波上天，以降甘澍，渥枯爲鮮。祀事敢怠，欽於永年。

又《崋山禱雨文》 惟神血食此方，積有年矣。稽諸載籍，參以民傳，咸謂神憫人答，誠若影若響。今茲亢陽之候，甘澤不流，雖未至雲漢之太甚，而穀苗盈疇，侵尋半槁，勢甚可憂。吏其不職，罰宜及身，毋重民困。神其享佑，急降甘雨。不唯釋長吏之譴，且以徵神之見於載籍民傳者爲不妄。而今而後，血食此方，世世無斁。

又《城隍廟禱雨文》 人力之所不能者，必求諸神。夫神，聰明正直而一者也。聰明正直而一，則惠罰無爽，有感斯應。況明神秩祀一州，封部之中，咸在庥庇。今旱爲民虐，敢不一告。遼州當萬山中，地瘠民窶，有年猶困，况重以饑？今不雨，其如養生何？其如輸官事神者何？今人以人之所不能、神之所能者告神矣，神食於土，能勿憐之乎？磬折悚慄，以竚甘霈。

元黄鎮成《秋聲集》卷三《五言七言律·題道士林希深禱雨卷》 羽人曾領玉宸曹，身衣朝天白鶴袍。鐵檄召雷秋雨足，瑶壇謁帝夜雲高。穿林紫氣頻燒藥，滿洞丹英自種桃。若挽銀河洗兵甲，應翻馬鬣作波濤。

元胡天游《傲軒吟稿》《長壽晏道人自號阜雲嘗賣藥游江湖有道術能致雷雨歲旱州官命禱雨有應一日以畫龍半軸徵予語因賦長句云》 幕阜何巍峩，連雲亦巃嵸。兩山蒼蒼知幾重，下有百尺潭，上有千仞峰，中有道人炯炯懸雙瞳。道人有道超凡庸，結廬何年依喬松。赤手捕得潭中龍，撫而豢之如守宫。一瓢寒淥銀溶溶，往往爲人作年豐。

元董壽民《元懶翁詩集》卷上《六月旱市中斷屠求雨時斷事官過連日迎神惟起風少少屠家遭火》 赤烏啣火噴長空，苗槁泉枯旱藴隆。辨獄曾無御史雨，游臺惟有大王風。血泥聞已塗牛背，鉼水行將滴馬駿。病渴老農飢更渴，望雲跪拜乞年豐。

元 釋德輝《敕修百丈清規》卷一《祈禱》 祈雨。切見亢陽爲灾，百物就槁，匪上天之降罰，由下民之多愆。惟諸佛開慈悲之門，而神咒有祈禳之應。由是謹發誠心，啓建祈雨道場，每日命僧諷誦經咒，仰扣諸聖所冀，祈求雨澤，速賜感通。伏願拯生靈於塗炭，厥維艱哉；起雲龍于山川，俾滂沱矣。庶兹多稼，亦乃有秋。

元 李繼本《一山文集》卷七《禱雨告城隍文》 蒼生無告，值九夏之旱乾；赤地如焚，妨三農之耕播。仰干玄造，俯瀝丹衷。竊念維神，恩佩朝章，位居州佐，職在撫字，心切憂勤。兹當平秩之時，倏遇乾封之日。百種皆未入土，群黎何以爲生。沴氣衝霄，天討寬風伯之罪；炎光礫石，地靈縮海水之源。林硐不聞鶴鳴，澮畎已成龜坼。周詩之憂旱魃，空歌《雲漢》之章；魯僖之焚巫尫，徒費《春秋》之筆。望霓仰傾盆之澤，灌園竭抱甕之勞。生意永迴，昊天不吊。共惟城隍之神，洋洋如在，赫赫厥靈，祐我州民，載諸祀典。用虔祈懇，拱竢來蘇。伏願亟馭飈車，上箋玉帝。叱豐蘫而鞭列缺，震霹靂而驅蜚廉。月離畢，豕涉河，應三日甘霖之霈；麥連雲，禾同穎，占四海有年之祥。

又《禱雨告風雲雷雨山川文》 惟神玄化孔昭，威靈赫奕，祐我州民，永永無斁。兹當平秩南訛，而旱暵方熾，四民告灾，五稼不殖。嗟予下官，夙夜憂惕，用是披露丹心，仰干矜恤。神其陟青冥，箋紫極，駕雲軿以先驅；命蜚廉，使服役，鼓元氣於九霄，瀉天瓢於四裔。俾膏雨之降，既沾而既足；則嘉穀之成，實穎而實栗。將見邦有貢賦，民有黍稷，而鬼神不廢乎血食，神之錫也。尚饗。

又《禱雨祭龍神文》 維大明洪武二十七年歲次甲戌夏四月庚午朔越十五日甲申，承事郎、知保定府雄縣事周士瞻等敢昭告于五方行雨龍神：蒼生告病，值首夏之旱乾；赤地回蘇，沐甘霖而優渥。溥施元惠，俯慰丹心。竊念士瞻等，恩佩朝章，位居邑尹，職在撫字，心切憂勤。兹當平秩之時，適遇乾封之日。憫五稼之初殖，懼沾溉之愆期。方遇栽而歌《雲漢》之詩，乃喜雨而秉《春秋》之筆。望霓而仰傾盆之澤，灌園而釋抱甕之勞。鴻造無私，太平有象。謹陳詞而伸謝，遂致禱以祈麻。伏惟五方行雨，龍神赫赫，厥靈洋洋如在，無致不遂，有感必通。再駕飈輪，重箋玉帝。叱豐蘫而鞭列缺，震霹靂而驅蜚廉。月離畢，豕涉河，變化式隨於默運；麥連雲，禾同穎，豐穰尚冀於湛恩。謹以剛鬣庶品，清酌之奠，式陳明薦。尚饗。

元 宋褧《燕石集》卷七《律詩・襄陽楊萬户命道士禱雨有應》 雨華舊説隨車降，天意曾因決獄回。鐵甲將軍今禱雨，玉壺方士解呼雷。樊城麥穗千家熟，峴首秧苗幾處栽。感應玄機有如此，轅門新政亦佳哉。

元 朱德潤《存復齋續集》《跋步雲崗禱雨卷後》 肅乂雨暘，視聽言貌。思於五行，猶表景古人。□□□理信不虚。然雲崗師以李侯虔恪之請，而致禱雨□應，蓋謂是歟！噫，焦心思澤，煩役思息，布政者盍思所以然耶！

元 謝應芳《龜巢稿》卷五《禱雨三首》 黄梅落盡雨愆期，太守憂農日皺眉。滂沛一朝隨五馬，四更三點謁叢祠。

乞雨歸來雨滿天，朝衣兩袖帶香烟。緑蓑青笠人如畫，多稼亭中看力田。

一寸丹衷徹彼蒼，不勞方士篆符章。田家雨足豐年瑞，官舍風清化日長。

元 吴當《學言稿》卷二《彭城守春旱禱雨》 恒陽徵僭忒，雲漢閔時勞。大野黄塵動，中街白日高。窮黎憂惻惻，良牧思忉忉。禮秩祠群望，官聯領衆曹。雩壇登祝史，俎實載牲牢。肸蠁通幽闕，精誠絶慢慆。王春方介祉，神化豈屯膏。靈雨隨車騎，陰風卷旆旄。麥禾朝娓娓，松檜夜騷騷。甘澤經三日，渾流失九皐。涓涓通隴畝，衮衮向波濤。陋巷荒鼃黽，衡門擁艾蒿。雜花紅似錦，細草緑於袍。已識天無妄，寧論地不毛。秋成看栗粟，民食免嗸嗸。帝德回衷眷，輿情解鬱陶。巫歌迎賽肉，社鼓送香醪。豈弟皇恩暢，循良盛世遭。書年應紀異，作頌更興褒。亦有垂綸客，臨流爲洒毫。

元 成廷珪《居竹軒詩集》卷二《天長縣長伯顔祈雨適見白龍有感》 六月天長旱爲虐，顔侯夙夜最憂農。丹心貫日迴玄象，赤脚登山起白龍。雷馭電光驚不定，岳靈雲氣出相從。斯民已作商霖望，吉夢何時到九重。

元 錢惟善《江月松風集》卷一《久旱聞丞相禱雨上竺喜而賦詩》 海霞炎日火流金，萬里蒼旻不肯陰。山澤那無作霖意，雲霓未得憫農心。西湖夜熱波猶沸，南土秋乾雨不淫。林下何人坐忘寐，短檠賦罷碧窗深。

又《奉和左轄吴公禱雨天目山有感》 乾坤亢旱兵塵後，廊廟憂深畎畝間。千里西成望甘澤，百靈前導謁名山。清秋雲雨蛟龍窟，白日雷霆虎豹關。俄頃神功回造化，作霖未許老臣閑。

元 梁寅《石門集》卷四《贈易自然禱雨》 秋郊旱魃晝人立，野老哀吟如雁聲。龍工戢翼潭水落，畢星藏光溪月明。霹靂棗枝天将令，太乙瑶壇玄女旌。澍雨千村感誰賜，神功云是易仙卿。

元 余闕《青陽先生文集》卷八《灊岳禱雨文》 具官余闕謹告於南岳灊山之神曰：凡列於天地之間者，吏食君禄以治其争訟，神享君祀以禦其災患，無非事者也。自盜之興，同安之民農失其耕，工失其業，商失其資。吾吏日夜孜孜以啚利之，安集之，以思報君食。然自去歲以來，田苗屢旱，雨澤不時，百姓饑死，此則非吏之所能爲，而神之責也。夫所謂神者，以其聰明正直而能福善禍淫者也。昔者凶盜燔尔宫廟，既尔粢盛，而吾民紓忠迪義以殄滅之，而神乃禍民而弗禍盜，所謂福善禍淫者安在？吏或不職，以干天和，神乃降灾於民，而弗降灾於吏，所謂聰明正直者安在？夫群神雖舉，各有攸職，能興雲致雨者，惟山川之神耳。尔神受命作岳，司命之寄在東、北、西三神之上，又吾同安封内之神也，水旱之責不於汝而奚歸？今白露將近，雖雨無及，兹與神期三日大雨，田禾熟成，將率吾民修爾宫廟，奉尔祭祀。不然，將與民啚變置，汝其無悔！

元 釋大圭《夢觀集》卷三《送嘉惠師禱雨歸》 郡以旱致嘉惠師禱雨，未足沃，村民告以師歸，禳癘聽之偃松，諸上人作送歸詩，亦謂余作。

幢蓋來嘉惠，湯年待救焚。衣冠趨梵刹，風雨起爐薰。井有迴泉脉，田無補地文。尚何懷故里，遠近一慈雲。

元 袁士元《書林外集》卷二《金景淵祈雨丘風法術有驗》 道人訟旱天上頭，歸來一雨暗海陬。屏翳偷安苦不得，飛廉作惡驚先收。喚醒涸鮒欲起舞，坐看偃禾還成秋。我家舊是作霖者，見此殊覺心悠悠。

又《祈雨有應與宋尹》 鄞江春寒農事遲，東皐四月苗初移。陽威作難久不雨，雲霓望斷民憂危。祈雩祭廟紛阡陌，寂然不動吁無策。溪澗生塵井泉枯，田禾盡作荒茅色。賢哉師帥天上來，少年擢桂眞良才。平生愛民良獨苦，祈求不憚衝炎埃。名岳神湫多處所，跣足露頂行日午。遠陪上相扣龍宫，盡御群靈留梵宇。歸來扶策力自支，爲民憂切還驅馳。躬修佛事亦蠲潔，心香散作雲垂垂。風師不怒雷不鼓，頓作傾盆來淒淒。信知此雨在方寸，豈在師巫作群舞。向非宰執身率先，向非我侯心虔虔。安能此日天意回，凶年翻作爲豐年。誰能作亭爲志喜，操筆當看有蘇子。我來志喜先作詩，留取當年歸野史。

又 卷四《錢養元請雨有感》 混然一氣寸心胎，自覺身中造化該。拂劍壇前飛迅電，躡罡脚底起奔雷。檄随神運騰雲上，蛇作龍歸送雨來。爲問玄功應何捷，久缘姓字在丹臺。

又 卷六《金景淵祈雨止風有驗》 圓穹碧，飛輪赤，狂飈三日怒不息。高田低田盡龜拆，人人望霓不可得。一時天地忽變色，纖塵不動萬籟寂。虚空砉然轟霹靂，立見雨陣山頭黑。明日偃禾重薿薿，老農借問誰之力，東湖道人玄機術。

又《青山祈雨行》 東鄞六月天不雨，黎庶遑遑愁下土。公田龜拆私田枯，一線河流成斥鹵。金公學究玄中玄，志在輔化憂元元。心涵太極有神妙，法由道祖傳先天。揮金買香建壇域，赤心不畏陽驕赫。飛符走檄鞭潛龍，布令揚威驅蜥蜴。手握干將指顧中，行雲滿目騰太空。須臾迅雷掣火電，頃刻霈雨飄陰風。夭瓢傾瀉田疇足，老稚歌謡懽比屋。江河蕩蕩水行舟，禾黍離離秋滿簇。吁嗟法術世莫同，斡旋自是由其衷。大旱如斯不得濟，信知造化精神通。嗚呼！全公之賢，有如商傳説，隐德韜光在巖穴，願從明時作甘霖，普爲四海蒼生拯飢渴。

又《賀東湖錢可竹禱雨有感》 十日不晴民怨咨，十日不雨民傷悲。天公尚不滿人意，况欲人事無參差。錢君至誠天所知，幾回禱雨常應期。纖纖素髮半垂領，爲衆力扣山中祠。山中有龍宅巘巇，支筇不憚衝炎曦。歸來杞事每精潔，瓣香散作雲垂垂。緑章未徹人方疑，虎闞飛檄召雨師。滄溟顛倒入雲漢，造化元氣何淋漓。轟霆倏起風忽吹，枯田忽見成陂池。信知此雨在何方，有感必應非天私。稿苗已見成長茂，焦穗忽得生華滋。村南村北笑相賀，老稺不復憂流離。凝香燕寢隨所宜，竹窗坐看開愁眉。莫言此乃偶然爾，功歸自有天所裨。君不見江北高壟得雨遲，秧針在田猶未移。又不見溪南已種罹旱久，深畈久已成茅茨。吾鄉此雨猶及時，靈物自爲公先施。稻禾怒長勝常歲，秋來當續豐年詩。

元 華幼武《黃楊集》卷上《隱微道人今年禱雨者再皆驗頃爲余家禱之亦驗作喜雨謡以謝之後至元二年也》 去年六月河水乾，已斷香秔不得餐。道人致雨作豐稔，遂復飽飯歌平安。今年五月梅雨少，處處秧科分不了。道人起就有司請，雨點如拳落飛鳥。秧田一夜皆青遍，婦耨夫耕不辭倦。豈意秋來七月中，百里河流又如綫。田家望雨兩月日，四山檬天雲不出。豆葉乾枯稻葉黃，烈熖張空爍金石。昨朝雲氣騰中天，白龍捲水蒼龍旋。滂沱一似去年雨，玉虎殷地雷施鞭。村南村北皆鼓舞，盡説幾時無此雨。誰能如此活焦枯，道人五日村西住。道人道人仙者友，三出玄功世無有。道人摇手不言功，醉看青天開笑口。

元 吴會《吴書山先生遺集》卷七《徐高峰伯子祈雨》 徐家傳法如傳經，父紹子述日在庭。洒驅雨師作童孺，叱役雷公成宿丁。天路聯章閶闔闕，斗壇繼武招摇星。阿戎六月起伏旱，老仙大笑何其靈。

元 張昱《張光弼詩集》卷一《贈孫雷師祈雨有應》 天人本無二，萬物備吾身。一誠苟無妄，呼吸皆鬼神。南邦五六月，熯陽如火燉。法師念民食，升壇肆怒嗔。符召五雷伏，龍起三江濱。風雲隨指顧，沛澤來逡巡。豈惟盈溝澮，更且溢河津。道路接歌頌，田家具倉囷。芒芒大鈞內，造化豈不仁。安得法師輩，飛行遍八垠。以兹雲霓心，慰彼大旱民。

又 卷六《贈王法師祈雨感應》 名銜知久達天闕，可是風雷指顧間。禹步咒香纔一息，雷聲送雨已千山。公私盡有倉箱望，壠畝都忘稼穡艱。下土不知蒙帝力，滿城簫鼓送龍還。

元 沈夢麟《花溪集》卷二《代歸安縣官謝陸大本同知祈雨有感》 陽烏飛空烈秋暑，高田下田欲焦土。老農呼天有司懼，官曹齋沐請甘澍。維皇赫赫乃弗許，吳興通守前杜父。去年掉頭脱圭組，黃冠束髮眉目竪。掀髯長嘯隘寰宇，朝騎白鶴秋一羽。自言辟穀神仙侶，能爲皇家作霖雨。右相憂民心獨苦，願禱圓靈雨多稌。我侯承命若輕舉，夜朝魁罡叩天鼓。噴噀清泠敕雷部，六丁呵護真宰訴。醉鞭乖龍聽吾語，叱咤六合生烟霧。電光夜掣黃金縷，雷公怒揮霹靂斧。洞庭雨脚翻銀浦，天花一夜生禾黍。野人不識陸明府，相持牛酒謝田祖。甘棠橋東水争起，侯之遺愛載行路。邑司駿奔喜欲舞，三軍歡呼洗兵馬，作詩紀功孰敢侮。

元 鄧雅《玉笥集》卷二《題羅宗瑞法師禱雨感應卷》 南州大旱禾黍枯，赤日照地如紅爐。老龍臥穩鞭不動，無乃上帝封江湖。道人早歲曾學道，能以精誠事祈禱。緑章奏罷起風雷，三日爲霖救枯槁。吁嗟妙道不可言，安得共究玄中玄。君不聞武當昔有張洞淵，道成擲筆還升天。

元 吴皋《吾吾類稿》卷一《筠邑丞禱雨有感賦以贈之》 霓望衆方協，枯焦感愆期。順成責司牧，肯以叔季辭。筠邦執徐歲，蒔芸亢陽曦。龜拆布疇畮，百穀日已萎。邑丞具齋沐，懇款重致詞。靈湫詰朝詣，甘澍應若隨。孰云璇極高，頫聽亦孔卑。寸念感冥寂，豐穰端賴之。黔首困兵革，宜恤凍與飢。君子垂豈弟，允冀遵良規。

明 宋訥《西隱集》卷三《題陽城方判簿禱雨詩卷》 恒風吹沴薄山林，原隰陽驕暑未沈。三日雨符憂旱禱，一誠天應愛民心。西山久沐仇香澤，南畝重沾傅説霖。欲識賢侯多善政，陽城來聽有年吟。

又 卷八《陽城縣白龍潭禱雨文》代李知縣作 一六之精，兹澤所鍾，蓄而爲深，源爲清淵，湛于巇山，散而爲甘霖，爲膏澤，沛乎太空者，以其蟠時出時入之神龍，倏而爲蛇，忽而爲兔，何變化之無窮。散風雲於莫測，鼓雷霆以無踪，累禱而輒應，屢現而不同，又何非靈迹之與神功。自侯爵而王爵，膺歷代之加封，維大明之御天表以神而益崇，奈何自冬徂春，妖魃肆凶，風恒而陽愆，水涸而山童，二麥未蘇，百穀未種，無所控訴，殘疾疲癃。夫神之所以爲神，以其至直而至正，至明而至聰，則夫濟人利物之澤，宜隨時而變通。神不顧民，民思去矣。後日之修祀事者，牲醪將誰與之薦，黍稷將誰爲之供哉？神又能獨血食于兹土，享典禮之兼隆？牧守有過，宜責之牧，農民無罪，何災于農？神其挾波濤之湧，昂頭角之雄，溥三日之霖，答萬民之望，俾物阜而年豐。不然，是神能靈於前代，不能靈於今日，恐有負聖天子崇神于祀典之中也。載省其躬，載肅其容，苾芬馨香，來禱神宮。神惻我心，報禮維崇。

明 貝瓊《清江詩集》卷四《天冠法師鄧均谷禱雨歌》 至正辛丑秋七月，官河無舟死魚鼈。錢唐城中十萬室，鑿井深通海鰌穴。海底九烏朝并出，流金鑠石氣愈烈。我無快刃斫旱魃，構孽爲妖降吴越。老巫歌舞帝不悅，真宰之罪何當雪。天冠法師與天通，丹書鐵券呼龍公。石壇晝晦群神降，金支翠旗來半空。舉杯擲地霹靂從，澍雨一日聲如硔。三田白水禾芃芃，兒童滿道歌年豐。百金不顧歸空同，師豈瑣瑣貪天功，笑汝蜥蜴能爲龍。

明 藍仁《藍山集》卷三《本真法師祈雨有感兼美武宗理》 高士西山有異書，流傳況是壁中餘。蛟龍悉聽仙官令，雷電能教旱魃除。歲稔便當期鼓腹，政成端欲賦隨車。衰年病骨渾無賴，一夜清涼入草廬。

明 王禕《王忠文公集》卷一七《衍漢請雨辭并序》 按：漢董仲舒《春秋繁露》：大旱，雩而請雨。自季周以來，正雩禮廢。凡旱，太常祝天地宗廟，而縣邑之間，亦禱社稷山川，具有其法，即古雩禮也。獨其請辭太簡，故從而衍之。辭曰：皇天維仁，覆養下土。誕播五穀，以食烝人。惟人大命，厥繫於食。食有弗給，人用隕絕。今茲遘菑，旱魃爲虐。嘉澤愆期，害我稼事。皇天在上，籲若不聞。蚩蚩者甿，匪神焉怙。維神共工，威靈於東。布宣陽德，肇毓庶彙。維神蚩尤，雄長南方。赤熛炟赫，物用暢茂。維神后稷，體配土德。稼穡之事，寔主司之。維神少昊，載掌金行。盛德所被，萬物斂揫。維神玄冥，北土之長。水性潤下，物賴以成。天維至仁，惠愛均洽。及下之恩，神宜導之。今茲告旱，穡人嗟悼。神其俯聽，鑒我純精。開陰閉陽，斡運玄化。雨幸大澍，無弗霑丐。五穀成實，歲登有年。酒醪孔馨，牲牷載腯。土龍既馭，色繒在篚。稽顙以請，我辭豈繁。辭繇情宣，維神鑒之。

明 朱元璋《明太祖文集》卷一八《禱雨咨京都城隍文》 天久不雨，時將過矣。實予之罪，首夏亢陽，本欲禱於上帝、后土，慮恐煩聽，以致因循至今，良民失望，皆有憂心。予不敢逕達上帝、后土，於今月十一日親告于鍾山之神，望神轉達於上帝、后土，惟京都城隍之神，先期與報至日祝焉。

又《禱雨有應謝鍾山神祭文》 天久不雨，烝民懷憂。予將告神而未施，乃先城隍，必城隍善予所云，故告旱之辭未訴，神其我知，即日大雨，時行今來詣山而謝神，神正無私，祐我烝民。謹謝。

明 張適《張子宜詩文集·詩集》卷六《禱雨有感呈車判府》 滇陽五月雨愆期，公爲蒼生懇禱之。梵語山僧持貝葉，棘人鄉老執楊枝。天瓢還倒銀河水，人世毋歌旱魃辭。自是丹心能對越，誰云昭格在多儀。

明 鄭賜《聞一齋詩稿·題周玄初禱雨感應》 皓首清都客，玄門道德宗。丹符招白鶴，鐵券起蒼龍。妙得神仙術，能回造化工。大名書太史，美譽播無窮。

明 胡奎《斗南老人集》卷一《禱雨有感》 至真運玄牝，飛神游大羅。雲霞結丹篆，紫宮鬱嵯峨。靈符檄龍穴，甘雨隨滂沱。八表滌炎氣，四郊蘇槁禾。涼飈起寥廓，爲爾奏空歌。

又卷三《禱雨有感》 天壇昨夜秋如水，袖裏青蛇作電飛。海水立時風乍起，畢星臨處月初離。仙人誰挾飛霞佩，太守還題喜雨詩。不用胡麻炊作飯，大田有粟可充飢。

海上炎氛十丈紅，仙人曾此有神功。雲隨鸞鶴飛丹篆，雨挾蛟龍出貝宮。星漢水流天上下，稻畦香動畝南東。白頭野老歌仁惠，擊壤清時祝歲豐。

又卷四《禱雨有感》 去年六月天不雨，農家到處憂禾黍。縣公一念格天心，三尺甘霖蘇下土。今年不雨夏徂秋，縣公惻怛農心憂。西潭朝乞白龍水，東井暮檄烏龍湫。四山雲興龍出穴，一夜滂沱洗炎熱。縣公有祿民有租，喜雨亭成碑可揭。使天雨玉復雨珠，飢不可食寒不襦。我今歌咏豐年屢，大書特書不一書。

又《禱雨歌贈楊鍊師》 楊鍊師，愛神仙，乃在碧海之東偏。仙人魏伯陽，丹成上青天，靈符玉文洞玄玄，鍊師得之寶其傳，凝神專氣合自然。前年在袁州，夏秋大旱不得雨，山澤草木生炎烟。去年海若犯河伯，秋潮漲沙龜坼田。今年魃也肆惡，如火燒平原。萬口嗷嗷不自活，命如一髮千鈞懸。鍊師不笑亦不言，仗劍一呼龍出淵。手挽天河注長川，雷公電母相後先。己巳及辛未，一歲禱一雨，遂令老穉飽飯歌豐年。楊鍊師，通神明，長身玉立方瞳青。公田及私秋有成，功不自受歸冥冥。靈風吹旗海氣鮏，醉騎黃鶴吹瑤笙。請以海門山前龍眼千尺浪，和我一曲空歌聲。

又《張鍊師祈雨歌以贈之》　蓬萊仙人谷神子，夜扣天關與天語。玉壇三日走風霆，呼雲得雲雨得雨。問之此是何人功，不歸造化歸太空。鹽官令尹恤民者，方寸默與天心同。我田有秋農有飯，但願今年租早辦。龍瓢馬上倒天河，喜雨作亭功更多。

明 殷奎《强齋集》卷五《祈雨告馬冢龍王文》　土地墝燥，民物彫攰。雍之諸縣，蓋莫咸陽若也。一遇旱熯，則束手無措，飢餓轉徙而莫之恤也。今茲農事方殷，而雨不遂降，宿麥將就槁，而秋田尤不可以犂闢也。吏民相視，控告無所，是用請命于神，以寬我吏責，續我民食也。夫神司民命，然民乃神主，而吏則民役也，民或失所，則神且乏享，不獨有司廢職也。民能事神，神當不棄民，苟斡旋陰陽，時降甘澤，俾民免於飢，而吏與蒙貺，則戴神之功，永永無斁也。

又《六月廿三日祈雨告龍王文》　惟神潛靈清渭，宅是奥區，克庥于人，以有廟祀。今茲大旱，蟲蟲如焚，爲虐已甚。陰雲纔合，暴風簸揚，隨輒解散，穀將盡槁，民且乏食，賦税百役，其何以供？有司震懼，罔所用力，并走群望，未獲嘉應。惟爾有神，民所敬祀，有司不職，無能媚神。百姓可念，宜蒙矜恤。是用奔走，告急于神，神尚有知，俯垂顯貺。

又《咸陽縣禱雨文》　嘗謂神以民爲主，民以食爲天。無食則民受其飢，無民則神乏其享。休戚所係，幽明不殊。竊見本縣民庶凋疲，原陸高燥，苟雨暘之失節，即飢餒之可憂。今者宿麥方秀，待雨而實，秋田當種，待雨而耕。而歷月踰時，漸成旱勢，麥之秀者日就於槁，田之種者日愆厥期。吏民惶惶，并走群望，精誠未孚，報不時至，暴風簸揚，雲合輒解。是用震懼，請命于神。傳曰有功於民則祀之，有勞於國則祀之，能捍大灾則祀之，能禦大患則祀之，山川丘陵能出雲爲風雨皆曰神，非此族也，不在祀典。今國家崇奉爾神，有司春秋致祭，固以神能爲民捍灾禦患、有功有勞也。神既昭受其命祀，則斯民之灾患不宜坐視而不恤也。敢告無悔怒，無棄民，俾即降霈澤，永膺祀典，無作神羞。

又 卷八《禱雨有應題贈縣中令佐》　春田處處耕難入，宿麥蔪蔪秀未齊。縣裏官僚憂旱熯，隴頭黎庶望雲霓。香烟謁廟携雙袖，甘雨隨車過一犂。兩屐莫嫌趨賀晚，上街滑滑怕青泥。

明 王叔英《静學文集》卷二《漢陽禱雨文》　維年月日，具位某官，敢昭告于風雲雷雨之神、本府山川之神、本府城隍之神曰：天不施雨澤于茲土，殆三越月矣。茲土之民實以官多役衆，大困於差徭，固有得雨而不暇種者，况失雨而使之不得耕乎？固有已耕而不暇種者，况失雨而不得種乎？且今時將夏半矣，及今而雨，則秧未老者猶可種，已死者猶可再育。過此不雨，則秧既老者不可種，欲再育而時已失。夫種而不穫者有矣，孰有不種而穫者乎？民於此時，固有乏食已久而屢窮於饑餒者矣，況至秋而無穫，其何以爲生乎？是則民命生死之機，實决於此。爲官而禄食於是土者，視民失所而不能救，固爲官者之耻也。爲神而血食於是土者，視其民失所而不之救，豈非神之羞乎？借使神以爲縣令者徒有愛民之心而未有仁民之政，徒有憂民之志而未能去民之疾，或以是而警之，或以是而罸之，則斯民何罪，而被此波及之禍乎？今叔英謹齋潔以告于神，或者以縣令涖事未久，終能蘇息是民而姑待之，姑恕之，則宜即賜之雨，以慰斯民之望；或者以縣令終無能爲，或反有病於是民，則宜亟罸之，亟誅之，止及其身足矣，不當使斯民亦蒙茲濫罸也。叔英今謹待罪於壇墠之次，自今日至於三日不雨，至四日則自减一食，至五日不雨則减二食，六日不雨則當絶食飲水，以俟神之顯戮，誠不忍見斯民失種致饑以死而獨生。惟神其鑒之，惟神其哀之。

又《補遺·書林齊民禱雨有感卷》　布衣而能憂民，居閭里而樂稱人之善，此古之盛德事也，今乃於潘先生與林君齊民見之。嗚呼！吾鄉之俗美矣，孰能揚諸天下乎！

又《又跋》　吾友林齊民既與其鄉之民請雨有感，鄉之士友咸爲詩歌以美之，而潘先生又爲序，或者以爲一鄉之善不足書之，嗟夫！

明 錢子正《三華集》卷一〇《鄭知縣禱雨歌》　鄭侯待下如嚴君，不獨南陽推信臣。袁公廟貌遺千春，昔爲邑宰今爲神。二公德若行天雲，幽明福被吾鄉民。嗃嗃嗷嗷懸秋旻，稻田龜坼焦欲焚。嗷嗷鸛雀飛成群，螟蝝欲蛰誰能嗔。疲農走泣如窮鱗，天乎德澤何由均。大哉乾元至哉坤，鄭侯悃禱神爲伸。愛民憂國天所欣，玄冥屏翳不憚勤。油然已覆銅官墳，甘霖洗出青嶙峋。戴星而出歸夕曛，誰能作頌儲與陳，穆如清風播司勳。

又《禱雨上鄭知縣》　禱雨南山趨曉征，前呵小隊啓嚴城。官曹弭節緑蒼巘，神馭鞭龍下紫清。兒童定作商羊舞，磵壑先聞黑蜧聲。會向雞豚秋社裏，老農相與話昇平。

又卷一八《禱雨有感贈郭錬師》　今年六月旱不雨，萬室嗷嗷困炎暑。稻秧渴水作枯苗，隴畝生塵坼焦土。車聲徹夜氣力殫，眼血呼天泣田父。寒飢未免啼妻孥，租稅何由給倉庾。縣中官長爲民憂，寢食遑遑不寧處。澄心齋沐致誠懇，遍走山川禱靈宇。爞爞旱氣勢轉甚，邈邈蒼穹竟無語。華陽真人歷四朝，曾是清都學仙侶。城隅大隱四十年，名在丹臺紀玄圃。我侯投詞拜壇下，乞致甘霖救禾黍。真人惻愴憫黎元，首肯口辭心黙許。檄龍敕水建清筵，駕鶴乘風下仙嶼。手操火印擊天蓬，足踏天罡步神禹。緑章封事奏神霄，鐵簡畫符開水府。驅役雲師起風伯，麾叱雷公呵電母。青龍騰驤白虎嘯，紫鵝飛鳴赤雞舞。黒雲一片起西北，頃刻漫天滿區宇。倒傾天瓢注玄液，有似翻盆沃焦釜。盈時觀者近萬人，嘖嘖稱呼咸仰覩。滂沱一雨接三日，田野公私悉霑溥。盡令黄枯變蒼翠，一夕芃芃被原膴。畦長秋蔬得甘毳，井溢寒泉洗酸苦。豈知滴滴是精誠，始信涓涓勝膏乳。蘇翁作記良可喜，束皙通神那足數。飽飡私賀及吾曹，豐歲已看還聖主。壺漿簞食豈足謝，何異豚蹄祀田祖。稗官願采野人謠，歸載太常編樂譜。

明 鄭本忠《安分先生集》卷七《贈壺隱王法師禱雨》　越中夏及秋，皇天久不雨。田禾且就枯，民心日延佇。旱魃不我弭，肆毒反爲梅。陽烏亦甚仁，閟光矜下土。風伯助其威，吹之雲弗聚。青天如鏡净，赤日如火炷。吁嗟可奈何，於茲實無處。郡官獲僉謀，泰清得仙侣。壺隱是其名，養神有其素。片香禮致之，黄冠立壇所。投詞三清宮，移檄五雷部。大聲呼將神，急爲咨水府。令尺應鞭揮，靈旗隨指顧。龍興而雲從，澒臾暗寰宇。沛然甘澤施，濯濯天瓢注。勃然槁物蘇，津津生氣吐。美哉王錬師，致此非小補。公租不待徵，私逋亦奚負。憂者復歡忻，饑者增鼓舞。郡官思報德，師於利無取。不如微贈言，庶足攄肺腑。縉紳詩與文，珠玉尤楚楚。嗟予本樗散，摛詞媿覼縷。願言敦道術，永拯民生苦。

明 鄭真《滎陽外史集》卷五六《龍王堂祈雨祝文》　惟神靈化，周流風雲，倏忽澤遍下土，以生以育。惟時孟夏，三農播植，膏雨不時，瞻望饑渴。禱於祠下，敢忘厥職？願施甘澍，潤及原隰。俾此禾黍，其興如浡。是種是穫，緊神之德。

又《祈雨祭龍王文》　惟神宅是名山，神化周洽，民以旱告，應不踰夕。維時不雨，有妨農業，仰惟靈鑒，普遍膏澤。俾我畎畝，以種以穫。國有常報，敢墜厥職。

又《祈雨文》　上天澤物，曰雨曰暘，雨暘時若，爲國禎祥。比在五月，淫雨陰曀，籲辭告情，天爲晴霽。爰及初秋，六月閏餘，天復不雨，仰望來蘇。早田頗登，晚禾未及，農心惶惶，憂思慨悒。天之降災，由吏不才，民實無罪，亦可憐哉。造化誠難，人豈屢瀆，一雨滂沱，庶幾生育。伸請於天，曰大有年，祀報嘉牲，敢不潔虔。神司吾民，責任亦至，一念感通，俯鑒誠意。

又《石神廟祭文》　惟神雄踞靈峰，贔屭魁傑，有靈有神，雨暘時若。一郡之望，俯慰飢渴，國家崇敬，用表英烈。某欽承上命，率禮不越，秋成祀報，肸蠁昭格。謹以牲醴，幣帛粢盛，庶品式陳，明薦尚享。

又《廣信府祈雨告諭諸廟祭文》　比以六月，上天不雨，旱氣惔焚，俯憐焦土。早稻半收，或有或無，晚禾未花，殆成荒蕪。向啓衆誠，山川遍禱，神若不聞，長望穹昊。豈吾有司，罪戾是多，饑饉荐臻，民命奈何。赫赫神靈，鸞車戾止，俯伏請命，傾心洗耳。雖嘗洒洒，未及滂沱，仰望神功，挹彼江河。天已云秋，風日如火，膏澤不流，憂實在我。牲肥酒香，再拜告虔，尚使歉歲，化爲有年。

又卷九一《禱雨》　碧山深處禱靈淵，漠漠精誠上格天。不問人間呼蜥蜴，却看雲表起蜿蜒。沙田萬畝禾成囷，井汲千家竈有烟。海角未能忘德澤，周詩還許咏豐年。

明 金鉉《金忠節公文集》卷二《和南大司成禱雨感時》　祈年荷聖敬恭深，何事山川滌滌尋。況值喻巴空作檄，疇堪城朔赫斯吟。一民無稼臣能飽，百爾先憂政有霖。立表責鏞豈小補，好生行望矢皐音。

明 袁華《耕學齋詩集》卷七《禱雨詩為陳應辰錬師賦》　己酉季夏天亢陽，木槁草悴黍稌黄。黔黎蒲伏號穹蒼，如瞽無相何倀倀。有司駿奔走郡望，女巫舞雩紛浩倡。箕畢櫝燎光載明，閉陽崇陰禜門行。精誠不格天夢夢，共犧行空火雲揚。安得天瓢酌天潢，凈滌炎歊化清涼。玄都中人衣朱裳，服食太和日月芒。赤子罹毒未渠央，起叱風雷撓暘光。紫鵝赤雞飛符章，檄召皓靈三山宮。深鈴擲火萬騎驤，玄冥前驅回禄藏。豐隆屏翳翼兩相，少女風來舞商羊。陰雲四合大雨滂，槁者浡然枯者生。奚用暴巫及焚尪，至人無爲道自充。積精所致與天通，故能弭菑歐厲陽。我歌烏足爲報貺，願子長年身受慶。

明 余學夔《北軒集》卷六《送三顧山龍祈雨有感》 有龍嬌嬌，潛於深淵，乘雲變化，戾乎九天。致雷雨於頃刻，甦旱暵於多年。時維五月，沛澤期愆，亢陽肆虐，龜坼大田。民愁嘆於率土，遂皈命於南泉。起靈物於三顧，溥甘露於八埏。一日成功，萬物甦鮮。豐嘉禾於九穗，盈穀粟於百廛。聲傳井里，功格上玄。欲淹留兮不可，覩天飛之油然。諒始終兮有賴，垂霖霂之涓涓。

明 魏驥《南齋先生魏文靖公摘稿》卷八《邑人延術士祈雨》 旱雪江鄉久，飛符欲拯灾。指空呼將吏，蹋地欲風雷。倏忽雲間起，冥濛雨暫來。共知爲偶爾，未足洒炎埃。

又《喜何大參李憲僉祈雨有感》 漫天甘雨應祈來，千里豐年屬挽回。盡喜一誠能感格，不教黎庶困炎埃。

不教黎庶困炎埃，爲有調元贊化才。原野焦枯頓條達，佳聲應已到蓬萊。

佳聲應已到蓬萊，佇聽喬遷陟上台。澤被蒼生均四海，熙熙隨處樂春臺。

明 李昌祺《運甓漫稿》卷一《崇福宮禱雨》 清曉戒徒御，禱雨謁道宮。焚香古帝前，拜跽肅以恭。因之感興亡，華構久已空。尚有敕賜碑，狼藉蔓草中。慨想宋全盛，鑾輿屢游從。名臣領祠職，列辟儼睟容。運往物隨改，偉觀難再逢。登臨睇烟霞，頗愜眺望悰。遲回不能去，樹杪來長風。

又卷二《禱雨中岳有應賦此以答神貺》 剖開洪濛奠清濁，匯爲湖江峙爲岳。四方環列獨崧尊，氣壓中州勢磅礴。衆峰摩雲排玉筍，曉翠夕霏紛錯落。儲祥蘊秀産英賢，捍患禦灾司善惡。累朝褒崇載祀典，寶旛天香照林壑。重門秘殿儼深邃，孔蓋長旂下寥廓。憐斯縣小壤田瘠，加以旱乾溝澮涸。我齋致禱竭寸忱，詎意昭乎類期約。飛廉霹靂咸聽命，甘澍既傾炎暑卻。頓令凶荒轉豐稔，復使愁憂成笑樂。微衷曷以答神貺，跽薦溪泉羞杜若。宇宙昇平廟貌新，萬古千秋鎮伊洛。

明 王珙《竹居詩集》《贈李道會禱雨》 蕭蕭白髮老仙翁，道德精神合上穹。昔日祈晴常借鶴，今朝禱雨又鞭龍。燈壇隨步風云起，轉首分甘稼穡豐。四野浡肰生意好，黎民歡躍感神功。

明 陳循《芳洲文集》卷二《皇天后土祈雨告文》 維景泰六年歲次乙亥五月乙巳朔，越二十九日癸酉，嗣天子臣御名謹昭告于昊天上帝、后土皇地祇曰：臣御名祗奉尊嚴，統臨兆庶，省躬不德，實切戰兢。茲者連旬缺雨，農事惟艱，致灾之由，罔敢辭避。仰祈洪造，特賜矜原，大降甘霖，普甦群品。臣御名下情，無任不勝虔禱之至。謹告。

明 薛瑄《敬軒文集》卷一《禱雨效韓體》 盛夏將幾月，亢旱何赫炎。山澤不通氣，水雷更深潛。畢亦無所爲，徒聞掛銀蟾。豐隆久喑默，列缺寧窺覘。螻蟻閉深穴，老蛟遯幽潭。凡此衆陰類，畏避何安恬。而獨哆口箕，簸揚助飛廉。微雲稍欲布，驅逐無毫纖。陰氣歘將合，極力故攙搊。蓬蓬太虛内，日夕恣并兼。既迎望舒轡，復送羲和驂。遂使平田中，百物如燒燖。吏民紛祈禱，土梗空巍巖。擊鼓神弗聞，旱氣轉覺添。焚巫果何計，暴尪信虚談。我欲款上帝，上訴箕風讒。狂吹既清息，長舌亦收緘。得使陰陽和，坐見雨露霑。枯槁總滋遂，沛澤皆濡淹。室家合飽足，兒女無譸諵。永荷神力慈，式歌大化覃。抱此雖自奇，臨期復凝瞻。

又卷二〇《沅州禱雨告神文五首》 維宣德五年九月二十三日，巡按湖廣監察御史薛瑄謹齋沐以瓣香告于城隍之神曰：今茲之歲，自春徂夏，雨暘以時，稻之早者已穗而可穫矣，而晚稻山田之類尤多，皆焦然困於秋雨之愆期。重念小民皆賴是以爲生，若悉槁死，則國之租税、神之粢盛尚無以給，又何免私室之寒飢？惟國家之所以棲神以宇、祀神以時者，以神能保庇一方之黔黎。逮茲旱虐日甚，民懸懸有望於神，而神之聰明胡不聞知？御史來按是方，敢以誠告神，其無爽明靈，膏雨暘以時施。謹告。

維年月日，謹差沅州知州李果以清酌之奠，告于明山之神：九山之高大表爲一方之望者，爲其能興雲雨也。明爲沅之傑然，挺出荒服，以神爲之主也，宜乎祀典代承而莫敢去也。逮茲秋旱爲虐，禾將盡槁，而民無以處也。神司膏澤，胡吝不與也？御史緘誠遣告，神必惠然許也。玄雲勃興，斯須雨天宇也；四野大穰，欣欣歡子女也。民獲報祀，進牲醑也；吹擊管皷，式歌且舞也。御史當侈神之名，播中土也。尚饗。

維年月日，謹差沅州判官周恢謹以清酌之奠，告于英顯林公之神：惟神血食茲土，往必有功，其靈莫測，潛與化通。沅旱秋甚，百穀悴容。神鑒在下，胡不憫窮？窮莫之繼，百需曷供？御史來按，敢有不公？不公降罰，民實可矜，雨則時賜，俾世其承，毋作神羞。急急如律令。

維年月日，謹差沅州衛經曆岑團以清酌之奠，告于漢車騎將軍張公之神曰：赫赫炎靈祚四百，率土孰非其臣子？自東都之政不綱，致四海之流横潰，時豈無智謀之奇才，而皆違恤逆順之至理，獨將軍之先後數奮忠勇而効之以死，雖千古而名永長存，聞者孰不爲之興起？彼奸雄之擾擾於一時，遺臭至今其未已，固知是非之定於將來，豈有力者之所能。彼此相陰陰有肅之叢祠，臨宛宛東流之沅水，在祀典昭然而有稽，豈荒怪淫昏之可比。茲闔境之雨澤愆期，特致詞而祈以清醴。尚饗。

維年月日，差知州李果以清酌之奠，告于城隍等神曰：間者秋旱爲虐，一何極也。是用有祈於群神，群神聽果不惑也。有雲欝興，一雨滿三日也。晚稻將槁，神賜以實也。山稼將枯，神賜以粒也。小民將飢，神賜以食也。百用將竭，神賜以給也。官宜即罰，神賜以釋也。凡百有心，感神德也。何以報神，選肥潔也。詞以侑之，神未格也。神惠其繼之承事，永無斁也。尚饗。

明 于謙《忠肅集》卷一一《晉祠禱雨曉行》 曉行數里未天明，路繞汾河聽水聲。斜月帯星横遠漢，清風傳漏報殘更。中心但願靈祇格，遠道何須父老迎。好挽銀潢作甘雨，溥沾率土潤蒼生。

又《夜四皷城隍廟合祭群神》 銀燭金鑪布廟廷，光輝照夜奪繁星。共祈霖雨蘇群品，普願天符命六丁。造化無私應洞鑒，鬼神有耳亦同聽。虛空陡覺濃雲布，更喜飈輪即漸停。

又《新城請水祈雨有應》 椷香百里叩龍祠，乞得靈泉浸栁枝。酌水獻花羅父老，吹簫擊鼓走童兒。神風静默雲生石，和氣薰蒸雨應時。頃刻寰區生意足，從知天地本無私。

又《祈雨蔬食》 苜蓿盤中意味長，經旬不近酒盃香。亦知厚禄慙司馬，且守清齋學太常。客底情懷空抑鬱，冥中感應豈微茫。黄虀百甕皆前定，助我平生鐵石腸。

明 林俊《見素集》卷二六《鄉老祈雨》 維弘治十二年歲在己未八月戊子朔，越次日己丑，鄉義等官并耆老等，謹具酒果，合誠懇禱于興化府風雲、雷雨、山川、社稷、城隍之神曰：嗚呼！前歲風拔木發屋，去歲水溢頹垣，人沒山崩，沙壅田，皆百餘年未有。祗今中産之家上雨旁風，無所爲覆庇，厥亦既酷矣。今歲麥不熟，自夏至秋又復不雨，禾稼焦死，人無水可食，灾沴之後，豈容有今。而又甚者，則非官不職，則某等鹵鄉人無以示風範，用表頹俗，天降之咎歟？罰則奚諉，然亦不謂更無一善者、良者與？蚩蠢無罪之細民，無亦可憫歟？天以生物爲心，神相天以成人，以惠澤人，以長王國，世血食茲土者也，即不某等存念，無善者、良者與？無罪之細民留意耶？今某等協誠循省，革故而効新，爲郡衆請命，以祈甘澍，神其相天，亟雨下土，使垂盡之禾，萬分一得，生民之望，亦神之庥。嗚呼！厥亦惟神之責。謹告。

又《巴縣祈雨》 紅巾扇禍，干紀亂常，奉命于征，遠莅茲土。燎原之熖，雖稍戢於曩時，而乞降依違，掠食者雜出，載議撫勦，以仰副明詔。維時官兵四集，營壘萬竈，疫厲易作，况雨澤告慳，恐有秋無望，巴人喧騰，謂麥盡于盗，尚倚秋穫，奚生弗辰，于旱斯酷。夫盗與疫與旱，皆病民者，而神罔聞，知無過耶？先王之典，能禦灾捍患有功德於民者，祀祀祐民也。今民病於盗病於疫，又病於旱，是雖官吏貪殘，俗薄惡刑，政罔協于中者之咎，神無與有責耶？神其庇國右民，相厥戎事，敓元兇之鑒而褫其魄，俾降者并生，否則，盡戮無噍類。廓清厲鬼，俾我軍皆勿藥驅逐，豐隆霈膏澤，紓焦枯於數千百里外，俾困庾穰穰，流離蘓復。神之庥，某亦分有餘責。謹告。

明 吴節《吴竹坡先生詩集》卷二二《五言律·南臺祈雨有感和張都憲韻》 被命鎮南臺，頻年恤旱灾。晨光祠五岳，夜色禮三台。潤物資零雨，瞻天仰迅雷。稼田喜沾足，亦任倒金罍。

明 錢琦《錢臨江先生集》卷三《蒙山禱雨》 侵曉命雙屐，攬翠郡城西。雲能旋觸石，暑不憚回溪。深澗清流斷，原田赤日低。山靈倘相念，有滂賦淒淒。

明 倪謙《倪文僖集》卷七《禱雨恒岳五月一日發真定途中有懷》 使節晨持出北門，迢迢古道入荒村。日烘槁壤似霜色，風盪殘沙成浪痕。解渴僕夫求茗汁，療飢野婦劚藜根。行看至禱通恒岳，海内均霑雨露恩。

又《禱雨恒岳甘澍應期喜而有作》 恒岳巍峩神所都，肇禋靈貺喜潛孚。九重正切桑林禱，一雨先回麥隴蘇。生意駸駸盈海宇，驩聲藹藹遍農夫。有秋總已資玄祐，却嘆乾封是矯誣。

明 戴鱀《戴中丞遺集》卷七《祈雨文》 聖朝子養萬民，牧之以守令，又俾神司其山川城隍，幽明共治。吏奉制，歲時率其民薦奠牲醴惟謹，冀神之有以惠貺我也。乃者中夏不雨，暑日熇然，苗之秀者就槁，而田之高者龜拆矣。民則籲神曰：吾何以望歲？某謂神宜有以應之也。某待罪治兵斯土，苟歲之不登，民不能輸賦以食將士，朝廷且有南顧之憂，某與神皆不可謂無瘝曠之罪也。用是齋沐，牽牲執爵，詣祠下謁告于神。神之聰明，思天子所以使民事神之意，其亟雨以慰我吏民也。

又《祈雨文》 頃自八月至於今，五旬不雨，江流日微，湍石奔撞，齗齶巉露，舟航上下，摧觸淪敗。猺賊乘時竊出，跳梁灘瀨，寇暴商旅，故吾執事者洎于兵民以爲憂，奔走來告。某非才，奉朝命治兵斯土，竊愧不能振耀皇武，以俘馘夷酋，奠安黎庶，是用怨恫時作，陰陽愆和，九秋亢旱，川澤將竭。然惟吾民之所依怙者，惟爾有神。寔司山川城隍，受命上帝，臨鑒斯土，其責固與某同也。則爾神之憂，宜不能與某異。且吾文武吏士之憂，尤有大者，今侍御公赫將天子明命，東巡昭梧，式流澄清之化，于我西粤，非得霈雨三日，則是衣帶之水，不足以容其擊楫泛鷁矣。用敢齋潔，率我有司將士虔禱于神。神鑒其忱而貺之，以清泚瀸流，使涵浸乎昭江之滸。吾吏民得貰其憂罪，亦將荷神之休於無斁。

又《誕山二仙祠祈雨文》 予考郡志載神之奇迹，謂自宋來未嘗有以旱告而不得獲者，豈固坤順承天能沛靈澤而化光邪？抑慈惠之性不忍夫人之困悴疾呼而應之邪？乃者秋冬之交，六旬不雨，江流日微，灘高石門，商旅兵民咸以爲病。其大者，今侍御馮公將按巡茲土，敷宣天子德惠，吾吏人恐弗獲奉澄清之化爲罪，惴惴然疾首相告，神豈未之聞乎？予意未有以告神爾，或謂非禱事之時，告且不雨。夫齊堂之風，東海之旱，彼匹婦猶能若是，矧神游造化者邪？故用遣官敬告，神將聽之，能如疇曩之沛靈澤乎？能俾江波混混以湛浸乎？予請率吏民，樹祠修祀，彰神之休于有永。不然，是志所稱誣矣，其廢没于草蔓固宜。謹告。

明 葉盛《菉竹堂稿》卷七《祈雨文》 維成化二年七月初一日，鎮守宣府太監王受、鎮朔將軍總兵官都督同知顔彪、巡撫左僉都御史葉盛、同奉御張遐、管粮户部郎中張遂，謹率萬全都司指揮、都指揮等官，以柔毛剛鬣清酌庶羞之奠，祭于宣府城隍之神、社稷之神、風雲雷雨之神、山川之神、五龍之神曰：聰明正直之謂神，惟神者能福善而禍淫也。福善禍淫，而或毫末爽，烏則奚聰明正直之有？宣府邊郡，雖曰仰給于内郡，盖特十之一二而亦疲矣。于是乎私有私田，公有屯田，皆一方倚賴，歲計所資。而今年自春以來，父老莫不曰禾苗茂敷，雨澤茚均，又幸邊報頻稀，盖自正統年來幸而見今年耳。神之福吾人者，可謂厚矣。首夏稍或傷旱，滿望秋田之稔，以称大有之書茲焉。夏末秋初，黍穀弥望，秀者妱花，實者方液，乃有積旬之旱，萬口嗷嗷，無能爲計。神于吾人，獨又何忍乎！意者其或不由于神而出于人欤？我等假令是非不明，心口相違，狥私播惡，毒軍而虐民，神之禍淫必及其人，又豈能移禍于無辜之衆人，以傷神之明？聰明正直，惟神是与，禍淫福善，各從所虜。神靈不昧，必賜以雨。神其許之哉！尚饗。

明 葉盛《涇東小稿》卷八《祈雨祭城隍神文》 雒成化三年歲次丁亥四月初一日丙申，某官等謹以香果牲醴之奠，告于宣府城隍之神曰：迩者季春夏令，天久不雨，是致風火爲灾，麥有焦枯，而穀種不生發，神之降罰于人甚矣。守土不職，罪則不敢辭；吾人可矜，神必念之。轉灾爲福，在神霈以甘雨而已。齋潔以俟，惟神其鑒之。謹告。

又《祈雨祭五龍文》 維成化三年歲次丁亥四月丙申朔，越四日己亥，某官某等謹封鵜潔壇，齋宿戒飲，率大小將吏祭于宣府城北五龍之神：乃以春夏苦旱，耕播失時，亦既分禱群祀，而神不見答。旱氣弥厲，烈風日加。邦人咸謂城北五龍君祠比年致禱無弗應者，茲特有求於神。夫神既信於此邦之人，必能終惠於此邦之人。尚念之哉！特與神約，自今三日，期必得雨，雨必霑足，則此邦之人其報事神，當無怠時，而神之依人，亦將永永有聞。神必效靈降祥，無作神羞。尚享。

明 馬文升《端肅奏議》卷五《豫祈雨澤以冀豐年事》 伏覩《皇明祖訓》一款：『凡每歲自春至秋，此數月尤當深憂。憂當在心，則民安國固。所憂者，惟望風雨以時，田禾豐稔，使民得遂其生。如風雨不時，則民不聊生，盜賊竊發，豪傑或乘隙而起，國勢危矣。』欽此。大哉聖祖之心乎！至哉聖祖之訓乎！其仁民保國，貽謀防患之意，可謂深且遠矣。誠爲聖子神孫，所當恪守而遵行之也。仰惟皇上嗣登寶位，六載于茲，奉天勤民，無所不至，法祖圖治，罔有怠荒。前此數年，三辰順序，百穀用成，民安其生。奈何去歲蘇、松、杭、嘉等府雨水爲灾，山東、河南懷、衛、彰德地方荒旱，秋穀少收，百姓缺食，逃亡相繼。荷蒙皇上敕令巡撫官及遣廷臣前去賑濟，民頗獲安。今訪得山東、河南、北直隸，山西大同、宣府、遼東去歲一秋無雨，三冬少雪，和煖如春，愆陽太過。今春雖有雪雨三二次，止可浥塵，未深入土。二麥已種者，日見枯萎；穀豆未播者，尚猶待雨。若春種之失期，則秋收之無望。國賦何從而徵，民生何由而遂？又恐濟寧一帶閘河無水，糧運不通，有誤國計。況今天下民困財竭，兵食不足，意外之虞難保，必無事之可憂，莫重於此，誠有如聖祖之所訓矣。且雨暘不時，旱澇爲灾，固氣數之使然，亦人事之所感召也。故殷湯遇旱而以六事自責，周宣遭旱而靡神不舉，側身修行，惕勵憂勤，卒感天意之回，轉灾爲祥，邦本獲安，而國祚綿遠，是人事之盡而有以勝其氣數也。伏望皇上節財用以隆儉德，開言路以來直諫，益崇堯舜之正道，益却異端之邪術。遠法殷湯，近遵祖訓。風雨不時而恒憂於心，軍民未安而常切於念。則誠通於天，感召和氣，雨暘自若，年穀自登，而民生豈有不遂者哉！仍乞頒給內府香帛，翰林院撰祭文，禮部分投差人，齎赴各該巡撫官員，無巡撫處就令本布政司掌印官員支給官錢，買辦精潔祭物，親詣五岳、五鎮、四海、四瀆之神，虔誠致祭，用祈雨暘時若，以昭皇上憂民之意。臣叨任大臣，同國休戚，事所當憂，豈容緘默。爲此具本親齎，謹題請旨。弘治六年二月十八日具題。

明 王越《黎陽王太傅詩文集》卷上《五言絶句·祈雨有感》

公私憂旱久，倏爾沛甘霖。平地盡流水，滿田都是金。桑林千古意，版築一生心。喜極頻呼酒，豳風入醉唫。

明 何喬新《椒邱文集》卷二七《祭文·禱雨文》 嗚呼！惟予與神同涖茲邦，予所職者政教，神所司者雨暘。念雨澤之不時，由政教之或斁，固知咎過之在予，非明靈而曷赴愬？意者某等誠敬不足以格神與？慈惠不足以保民與？群生怨咨恬莫之恤，庶獄寃濫壅莫之伸與？典兵者徒事朘削之政，牧民者未施撫字之仁與？庶官之廉慎者未能舉而諂諛或親與？巨室之豪横者未能誅而哀籲不聞與？咎實在予，民則何罪？胡明神之爽罰俾民遘此大戾，沃以腴者化爲燥剛，秀且實者轉爲枯瘁？興言及此，潸焉出涕。然神享民之祀，猶予食民之食也。民窮無告，殆將匱神之祀，非徒爲予之憂責也。爰叩靈壇，載伸微悃。惟爾有神，鑒予之誠，哀民之困，玄雲倏興，靈雨載零，轉呻吟爲歡聲，變黄槁爲榮茂，歲事有成，邦賦用登，則予知免乎鑴誚，而神亦永享乎嘗烝矣。謹告。

又《山西禱雨文》 迺者自冬徂春，雨雪弗降，三農告病，庶類焦然。雩禜雖勤，靈貺未應，雲將合而忽散，雨欲墜而復止。意者喬新等事神之敬未至與？恤民之心未誠與？兵已困而征戍愈勞與？民已窮而聚斂愈急與？沉寃未雪而無辜困於狴犴與？巨蠹未除而赤子厄於豺虎與？賑貸雖勤而實惠未加於民與？祈禱雖切而誠意未盡於己與？是皆吾曹之愆，而小民何罪焉？茲者春已暮矣，民已瘁矣，原田日就蕪矣，生意日就槁矣，少者壯者適彼樂土矣，老且羸者轉於溝瀆矣，神於吾民何慭然無情耶？夫修缺政以保民者，吏之職也；沛甘雨以濟旱者，神之責也。風雨不時，麥菽不蓺，豈惟吾曹之罪哉？神亦不得辭其責焉。爰詣靈祠，載陳微悃，神其有知，賜我嘉澤，慰我疲氓。俾騂剛赤緹沾而足焉，萎苗瘁蘖優而渥焉，則喬新等少逭其咎，而神亦有攸享矣。謹告。

又《禱中鎮文》 三晋比歲暵旱，嘉穀不登，兵民流亡，餓莩載路。皇帝西顧惻然，哀烝黎之無吊，爰命喬新來拯疲氓，而公私匱乏，罔有攸措。矧春氣已動，雨澤未濡，大懼未克有年，無以上副聖心，下慰民望。惟神作鎮并州，享茲典祀，興雲雨，致財用，神之職也。爰詣靈祠，用伸懇禱，神其默贊鴻造，大庇吾民，俾甘雨時降，百穀用成，流逋來歸，冠攘屏迹，物無疵癘，人用恬康，則喬新獲免於戾，而神亦永有攸享矣。謹告。

又《禱禹廟文》 惟王疏鑿龍門，拯茲墊溺，俾我烝民克享粒食，河流溶溶，嘉穀芃芃，萬世攸賴，緊王之功。惟茲三晉，實王故國，王念遺民，拯凶吊溺，胡茲兩載，飢饉荐臻，粒食孔艱，迺至食人。王聖且仁，我民父母，忍使蚩蚩墮茲罪罟？下車而泣，昔嘗聞之；民羸且亟，寧不憫之？王靈在天，誕作霖雨，膏我麥苗，爰及稷黍。喬新將命西來，齋祓以祈。王神如在，諒不我遺，佑我殘民，驅彼蟊賊，粱山洛水，敢忘王德？謹告。

又《禱汾陰后土祠文》 惟神厚德載物，克配彼天，立我烝民，厥功懋焉。汾陰之祠，肇自漢氏，雩禜禳祈，迨茲千禩。行祠翼翼，遍於晉封，封牲薦醴，罔敢不豐。胡茲三載，旱魃爲虐，癘鬼逞妖，人困痁瘧。殘民惴惴，曷怨曷依，神聽甚邇，寧不我哀？喬新祇奉明命，憫茲窮毒，陳詞以禱，敢徼神福。玄雲滃興，沛然甘澍，沃我菽麥，爰及秔稌，驅彼癘鬼，迸諸遐方，俾我遺黎，式恬以康。神佑我民，錫茲蘩祉，我民報祀，曷其有已。尚享。

又《平陽禱雨文》 山西之境，荐罹旱災，兵民轉徙異鄉，委屍溝壑者，不知幾千萬人矣。喬新受命賑濟，來涖茲邦，所望五氣順布，群黎安生，而自春以來，雨澤罕敷，疫癘大作，亡者未葬，而存者無樂生之心；逋者未歸，而居者有遠徙之志。惟神德澤崇深，世享禋祀，視斯民危急而不救，何與？謂民之頑悍，宜降以殃耶？則民已盈其罰也。謂官之貪殘，獲罪於天耶？則不宜遷怒於民也。謂喬新無憂國憂民之誠，故漠然無應耶？則此心之誠，可以質諸鬼神也。敢願明神悔過，敷佑下民，沛甘霖以沃焦土，驅妖癘以蘇疲民。俾生意離離，人心熙熙，生者有養，逋者以歸，是則神之惠也。謹告。

又《再禱雨文》 昔關中大旱，張養浩禱於華岳，甘雨如注，禾黍自生。今三晉之旱，不減關中，神之靈應，無異華岳。喬新祇率吏民，齋沐虔禱矣。雲將合而忽開，雨將墜而復止，豈今之請禱者非養浩其人與？喬新雖無養浩濟世經邦之材，然素存養浩忠君愛民之志，而神漠然不答，何耶？伏望少鑒愚誠，賜以甘澍，轉歉爲穰，變沴爲祥，俾愁者以喜，病者以安，逋逃來歸，寇盜潛藏，則喬新少逭其責，而神之靈應益彰彰矣。謹告。

又《三禱雨文》 山川出雲，雨及天下，神之職也。國家命祀，春祈秋報，爲民福也。惟茲三晉，荐罹凶屯，臻茲極也。亢陽爲虐，繼以嚴霜，靡康食也。嗷嗷遺民，徬徨四顧，將安適也。迨茲三春，霖雨不降，田疇坼也。玄雲方合，忽劃劃也；簷溜將鳴，忽閴寂也。嗟孰爲之，緊風伯也。哀我煢獨，啜其泣也。雩禜禳祈，心孔劇也。惟神有靈，胡默默也？尚鑒愚忱，沛膏澤也。鞭雷叱風，畎澮溢也。俾我百穀，秀且實也；俾我四民，忭且懌也。豐年穰穰，緊神德也。我民報祀，矢無斁也。玄酒嘉牲，釃且醽也。幽明一理，誠則格也。洋洋如在，毋我咈也。謹告。

又《平陽祭龍文》 旱魃爲祟，嘉穀將焦。遍禱群神，未獲甘雨。惟神變化不測，以興雲降雨爲職者。爰準古法，作神之象，齋戒以禱焉。神其誕昭靈貺，瀉天瓢以沃焦土，宣嘉澤以滌炎氛，則官民受賜多矣。謹告。

又《禱龍湫文》 清泠之淵，惟神之宮。藏雲蓄雨，有感斯通。神飛於天，雲行雨施；或潛於淵，山澤明媚。翼翼靈雨，在山之巔。吏民承祀，罔敢後先。惟茲晉陽，亢旱已極，大田如赬，靡有菽麥。雨暘旱澇，實神尸之。民死幾盡，神胡不哀。膚寸之雲，三日之雨，神苟祐民，厥施斯溥。雷以爲鼓，電以爲旗，千里之內，甘雨淋漓。俾我平皐，芃芃積黍，畀我疲民，嘻嘻笑語。豐年穰穰，敢忘神庥。吹笙考鼓，以薦脜膴。謹告。

明 陳獻章《白沙子》卷四《墓志銘表・禱雨祭五方土神文代丁知縣作》 六月不雨，田苗將稿。愆伏爲災，孰非天造。探殃所由，誰實召諸。惟令不令，斯民何辜。神不宥過，某敢辭死。顛沛甘澤，以緩赤子。

又《禱雨告各神文代丁知縣作》 邦有常祀，祀爲邦主。食民知報，罔間今古。神宜惠民，民實賴之。彌月不雨，苗則稿而。某忝爲令，我民是軫。敬祈神休，蘇我民窘。

又 卷七《禱雨呈縣主丁彦誠》 峰頂爲壇五土升，皇穹端合享精誠。雨聲先到玉臺寺，雲氣初蒸綠護屏。野老分錢須一虎，病夫献茗走諸生。年豐我欲招神貺，絶壁高鎸令尹名。

明 吴寬《家藏集》卷三〇《次韻李世賢遣祀天壽山禱雨有應二首》 禱祠初命禮曹臣，百里將誠易感神。周雅累章歌太甚，漢雩成隊舞何頻。四郊有地無乾土，三日爲霖絶點塵。見説陰晴纔倏忽，下山猶自月華新。

北瞻高嶺覆青盆，雲起橋山勢獨尊。岱岳乾封非漢事，桑林重禱有湯孫。鮒浮洞徹行千里，馬去蹄涔散萬村。清曉朝衣沾濕處，喜承天寵出金門。

明 劉溥《草窗集》卷下《賀况郡守祈雨有感》 九重宵旰眷蒼生，親選廷臣得老成。旱歲果爲霖雨用，清時咸仰景星明。不張皂蓋回天意，惟展丹心達聖情。已向東吴施福澤，聲名無愧任專城。

田疇龜拆屢將過，太守深憂柰若何。千里旱苗思潤澤，九天甘雨會滂沱。至誠有感昭乎應，盛德無私載咏歌。豈但農夫獲秋望，昆蟲亦自受恩多。

明 鄭紀《東園文集》卷一三《梁山祈雨祝文》 天地者，萬物之父母；山川者，天地之輔弼。天地包括乎萬方，山川鎮定乎一境。若夫雨暘時若，陰陽叙順，品物流形，萬物化生，是固天地發育之功，實乃山川輔相之力。其或氣化閉塞，雨澤愆期，勾者不萌，甲者不拆，是雖天地之大，不能不憾於人。惟爾山川之神，豈能辭其責耶？粤兹仙游，古號有年之邑；惟我歸德，又號有年之鄉。夫何今年己未，始于仲夏，爰暦仲秋，片雲不作，點雨莫施，山童澤竈，沙煎石爛，苗方秀者色變，而黄穗欲吐者胎枯而縮，形容憔悴，似求活於片時，根葉燥焦，惟可供乎一火。農夫始則輪更守護，争汲乎微涓，今則袖手相看，抛棄爲荒野。靡神不舉，靡愛斯牲。師巫而造，歌哭而請，胡天冥冥，曾無一應。職其所由，豈達官耆老不能率先於鄉閭乎？抑里正保甲未免陵轢於孤寡乎？豈閭左少年之不檢乎？抑强宗豪右之横逆乎？豈帷幕之不修乎？抑簠簋之不飾乎？豈權門之請託太勤乎？抑公家之漁獵太甚乎？凡此灾咎，宜加其身，豈可滔威遍加群動？紀生於斯，長於斯，偶奉國恩，歸掃于兹。閔雲漢之孑遺，修荒政之有自。欲曝尫也疑於暴，欲焚巫也近於疏。其能潤澤百里，觸石而出，膚寸而合者，惟我梁山之神乎！用是紀等謹率群黎百姓就於建興道場，齋素三日，上禱于神。惟神體天地好生之心，續萬民垂絶之命。會鳳頂仙臺之英靈，集龍潭烏池之精脉。一嘘一吸，雲烟蔽野；一跂一動，雷電轟天。月離于箕，風揚沙矣，惟爾有神，爲我箕之；月離于畢，俾滂沱矣，維爾有神，爲我畢之。戒鼓駭衆，我不駭也；鬥龍不覿，我則覿也。驟不崇朝，黄可青也；徐則入土，焦可潤也。争汲者報賽而登場，哭歌者含哺而鼓腹。《春秋》書有年，《金縢》載大熟。古迹重興，功載丕績。紀等將立石頌德，上達聖朝，牲帛祝號，將與五岳四瀆并享，祀典於無窮矣。惟爾有神，尚其懋建厥職，無作神羞。

明 劉玉《執齋先生文集》卷七《黑鹿山祈雨》 石磴攀緣草樹中，碧潭幽廟倚危峰。我來應被山靈笑，霖雨何時起卧龍。

又 卷二〇《黑麓山禱雨文》 太行衍秀，黑麓儲精，辭樓下殿，以蔭共城。巖崿穹窿，石潭幽邃。爰啓神祠，維靈之萃，民之報祀，厥禮有常，神之孚祐，其惠可忘？迨兹夏春，時雨弗降，隴畝告枯，烝黎疇望。敢因祀禮，薦此懇誠。令之下職，毋以病民。雷震九霄，雲蒸九澤，霖雨豐年，維神之德。

又《四月禱雨祭文》 國以民爲本，神以民爲依。輝賦重民貧，逊亡過半矣。兹者天久弗雨，麥且告枯，民且缺食，將何以出賦税、供粢盛乎？某等德薄才鮮，心切焦勞，謹卜兹辰，用伸祈禱。惟神閔念，達之上帝，早沛甘澤，以活斯民。其或令民有過而天譴之，神宜爲之湔釋，俾得改過，無爲國憂，以作神羞。謹告。

又《衛源禱雨文》 神之流澤，著于天下。朝廷之尊崇，吏民之欽仰，亦云至矣。兹者天久弗雨，夏麥告枯，民之皇皇，如墮焦火。惟神發源斯邑，能恝然無情乎？謹率吏民，用伸祈禱。伏丐沛汪洋之餘潤，蘇憔悴之群枯。大濟斯民，用章神化。謹告。

又《三仙潭禱雨文》 竊聞山川之氣，升而爲雲，降而爲雨。以兹山之磅礴，巖之幽深，仙靈之所依，蛟龍之所蟄，其感而遂通，以澤天下，宜無難者。輝縣困於賦斂，今又迫於旱乾，麥苟無成，民將安仰？恭率士民，祠於潭下。惟神憫念，賜之甘霖，下以遂斯民之生，上以供國家之賦，則非惟令有無窮之感，而神亦有無窮之休。謹告。

又《禱雨祝文》 茲者亢陽爲雪，雨澤愆期，穀穗萎黄，豆苗不長，是皆當職官吏人等舉措失宜，刑罰過當，以致天譴。然人治於明，神統於幽，幽明之間，亦當均任其責。謹卜茲辰，潔誠用禱。惟神達之上帝，早賜甘霖，使國賦有供，民生有賴，則當職過湔而神之責亦塞矣。謹告。

又《又禱雨祝文》 蓋聞神依於民，民資於食。春耕秋穫，儲必足於九年；秋報春祈，禮斯通於八蜡。向者亢陽爲雪，雨澤愆期，薦禱於神，旋致昭格。幸茲穀方吐實，豆亦抽榮，倘一簣之覆，虧於爲山，則九仞之深，同乎廢井。是用丹忱一罄，玄造重籲。苟吏治之弗修，尚期於改；或民生之有譴，宜憫其愚。列缺起潛龍，沛八荒之霖雨；飛廉驅旱魃，登九有之豐年。庶國有無疆之休，而神亦有無疆之譽。謹告。

明 程敏政《篁墩集》卷九〇《題泰和吴尹必顯祈雨有感卷》

杏園風日早蜚英，花縣功名合有成。一雨慰民非偶爾，寸心憂國是平生。帝聞美政酬褒典，人樂豐年起頌聲。此日恤荒頻下詔，爲君題卷不勝情。

明 馬中錫《東田漫稿》卷二《禱雨有應》 清曉齋廬豁病眸，好風将雨入西疇。已添太守名亭喜，頗減詩人爲國憂。水面漚多池欲沸，山腰雲擁地如浮。憑君謾説秋成事，肉食從來不共謀。

又 卷三《禱雨無應亢旱彌深感而有作》 望絶農時雨露遙，密雲低日在西郊。臣嘗有疏天忘耳，民果何辜地不毛。旱魃豈真能肆虐，乾封自古只徒勞。憑誰走報東方朔，早晚長安米價高。

又 卷五《張二尹祈雨有應》 縣齋方露禱，一雨足西疇。助我明農喜，寬君爲國憂。風柯驚徙蟻，雲樹怒鳴鳩。來日池亭上，坡應有記留。

明 羅玘《圭峰集》卷二五《泰和禱雨有感為吴德純作》 金華山雲如紙薄，澄江赤日爍欲涸。田家生怕牛餓死，滿田焦禾任牛嚼。禾盡牛肥尚可爲，縣吏催租出牛縛。縛牛到市多賣錢，了租背上無膕膞。新傳縣官昨夜到，坐席未煖行出郭。西郊驀地陰雲生，狂雷一下顛快閣。雷聲轉大人轉驚，兩耳何曾聞雨落。雷收雲散天一色，只見高田有魚躍。疾忙牽牛趁夜歸，覓石跟蹡磨錢鎛。君不見縣官騎馬入縣門，猶向山頭望雨脚。

明 唐錦《龍江集》卷一四《祈雨祭城隍文》 令與神均受一方之寄，賞善罰惡，令之職也；捍灾禦患，神之職也。賞罰不明，招茲旱虐，令之曠職不容文矣。然灾不能捍，患不能禦，而謂神之能舉其職可乎？令以憂民之故，躬率僚吏，竭誠請命於祠下者，亦既屢矣，而神視爲秦越，恝然莫顧，目視吾民之瀕於溝壑而不一引手焉，獨何心哉？其亦何顔以享茲土之血食也？且雨暘之柄在天，人力有所不及，轉而請之，在神直易易耳。借謂不能是不靈也，能而不爲是不仁也。不靈不仁，於神何取焉？唯神鑒而思之。

明 儲巏《柴墟文集》卷二《神樂觀祈雨》 河漢踈朙夜向殘，松林燈火共清班。未應赤地論千里，已託青詞叩九關。闕角尚看晴蝀在，江心容有老龍閒。仙壇雲薄難成雨，膚寸還須借泰山。

明 朱誠泳《小鳴稿》卷三《喜西安嚴太守禱雨有感》 火雲銜日燒天地，萬井炎蒸騰火氣。終南泰華翠欲乾，水底乖龍正昏睡。大造茫茫不可呼，天符何事封江湖。岳神不敢作雲雨，三川二麥垂焦枯。神明太守共天職，廉平允合神明德。朝祈暮禱曲江池，馬上去來無倦色。南山縛虎斫其頭，黄冠持篆沈中流。緑章飛奏瀝肝膽，天門夜啓風颼颼。帝命金童追雨部，頃見雲師布天宇。雷聲震起五方龍，三日淋漓瀉膏乳。二麥從今慶有秋，更期百谷盈西疇。官家在在足倉廩，烝黎處處興歌謳。旱魃潛回灾沴息，多君獨有回天力。秦人若解紀聲詩，穹碑定伐南山石。

明 蔡獻臣《清白堂稿》卷一二下《癸丑季秋禱雨豪神廟遂陟天馬山請水廟在馬山之麓而名豪神乃知天馬即豪山之宗也》 馬鞍山是邑朝山，千丈崚嶒不可扳。嵌下小池秋底涸，望中碧海幾層環。倦来峰頂披雲臥，暮到嶺頭帶月還。却喜天容忽慘淡，明神疑已訴民艱。

又 卷一六《癸丑秋南街禱雨文》 伏以天佑下民，歲書有年之慶；時不假易，忽遘恒暘之灾。欲拯孑遺，須仗神力。吾同蕞爾彈丸，羸焉甌脱，可耕之地無幾，生聚之黎日增。即五穀時熟，尚須餬口於粤東；倘一稔不登，何冀鼓腹於寧止。幸三載之時若，躋百室於嬉遊。茲者亢旱爲虐，晚禾垂枯，自杪夏以迄季秋，嘒星示警，嗇夫馳而庶人走，籲天靡聞，捐瘠可虞，盜賊将熾。夫皇穹之閔下土，猶慈親之覆所生。慈親無終棄之子，有疾必呼；皇穹無卒斬之民，哀控斯獲。惟時潛通於上下，必藉乎格於神明。虔修道場，共菐善念。懇請某神某神，凡茲南城之衆，同切頂禮之誠，大旱作霖，實有資於冥力；易灾爲稔，敢忘報於神休。謹疏。

又《癸丑秋豪神廟禱雨文》 嗚呼！同人之望雨三閱月矣。肅霜屆節，晚禾多栝，泉脉涸於重淵，飛埃封于窖室。矧此嬴者同也，地狹民稠，三時不害，猶資粵粟。一旦告侵，山毛海藻，其足食乎？嗚呼！禾之未秀而槁者無冀也已，其一溉後，枯者猶可救也。謹按縣志，豪山之神朱紫陽先生禱焉而應，真文忠公禱焉而應，及我明張令公遜禱焉而又應，故土人稱是廟曰雨神。感通之理，今昔豈異？意者有司未及討故實以修三公之政，故神也屯其膏耳？不然，拮槔露禱之衆筋力竭矣，而神能興雲雨以澤此一方民者，將恝焉安受其爐乎？必不爾也。某退而稼穡，力民代食，歲一不稔，將與嗷嗷之孑遺同槁。然不暇自憂而憂同民，謹以芹誠爲有衆請命。今日不雨至明日，明日不雨至又日，神其再炳靈異，不殊於舊志所稱，則雨神之名于今爲烈，而廟貌于茲土者，亦將起頹廢而拓新之如昔日也。惟無諉之造物，以爲神羞。無任逼切籲禱之至。

明 張旭《梅巖小稿》卷八《代題桑林餘澤卷謝邑侯張汝器禱雨有感》 桑林人去幾千秋，今日東山見我侯。直把九重天感格，要教六月雨通流。西成若副蒼生望，南面何勞聖主憂。便向紋溪重洗耳，謾聽擊壤有歌謳。

明 石珤《熊峰集》卷四《次韻静夫神樂觀祈雨》 洞簫吹徹水烟殘，羽隊雙雙引鷺班。雲漢有詩空跂望，天河無路正間關。一年農事看將盡，六月王師恐未閒。爲報先憂驄馬客，霜威還與促青山。

明 王雲鳳《博趣齋稿》卷一八《祭文·陝西城隍廟三司祈雨文》 今年自二月至于五月不雨，麥已不實，獲不償種。菽粟猶未布種，若不即雨，將無秋。察民其饑，某等皆率民以事神者，天降灾於民，某等敢不捫省，豈受職怠事，蠹政殃民，縱欲自恣，濫刑以逞，假公營私，剥下奉上，賦役不均，科罰無度，民冤載路，聽若罔聞，吏弊滿前，視而不禁，人心憤怨，上干和氣歟？是皆某等之過，有一於此，神罰其身。神不罰其身而灾其民，民何罪焉？往者軍餽繁興，疲瘵流離之民今尚未蘇，近日虜每伺邊，又須預防。關輔連年歉收供億之費，不過此孑遺之餘，而又重困之，民窮必散，四方盜起，必多死獄。某等安能生視！謹齋戒，擇日率有司吏人諸生父老以請命於明神，神之聰明正直，保祐下民，亦豈忍前此其命！伏願早降甘澍，使諸穀之種得及時之土，以慰斯民遑遑無所控訴之心。嗚呼！秦民之愁苦極矣，惟神憫之。期以三日，神其鑒之。謹告。

又《三司再祈雨文》 近以久旱，禱雨於神，神賜以甘澍，苗之萎黄者起，萌芽者暢，穀之已種者盈隴，未種者入土矣。今將一月，風霾復作，起者或偃，長者或枯，盈隴者乾脆，入土者湮埋，若秋成之無望，將死徙之必至。民心憂恐，遠邇囂然。某等皆有民社之寄，敢不再有求於神。伏願再降數日之澤，以慰三農之望。某等謹朝夕頓首稽首以俟。謹告。

又《三司西郊祈雨文》 旱既太甚，夏及秋矣。遍告諸神，曾莫我諸謀矣。某等有罪，敢將誰尤矣；思其過愆，夙夜懼且憂矣。民言斯地之幽奥，百靈所鳩矣；神是憑依，有禱必酬矣。是用致牲於神，庶幾其解民愁矣。若彌旬不雨，亦無所用求矣。頃刻而雨，惟神之休矣。三日而不雨，惟神之羞矣。神其奮興，鞭笞龍蚪矣，密雲之敷，烈陽之收矣。始焉霡霂，若注而若流矣。嗚呼！餓者庶可生，散者庶可留矣。惟神憫下，何忍聽此啾啾矣。謹告。

明 鄭岳《山齋集》卷二《東巖禱雨題林以永寒谷山水障子》

松壇禱雨東巖宿，日餐蔬笋斷粱肉。我心憚暑慘不舒，獨據蒼崖蔭林木。寒翁知我厭氛埃，爲索丹青貽巨幅。披圖細玩思杳然，偃蹇雙松翳雲壑。中有一叟頎而長，琴書瀟灑從二僕。蘄州疏簟疊平蕪，短檻高雲聊寓目。綸巾羽扇風飄飄，瘦骨清容肖寒谷。寒翁寒翁風節奇，結芰紉蘭好奇服。歷官中外四十年，拂袖歸來書幾簏。豐年妻子尚苦饑，況茲亢旱田盡曝。稻粱一飽不自謀，猶爲蒼生淚盈掬。古來賢達類如此，杜老秋風賦茅屋。吾社安可無是翁，東野雲龍每相逐。

明 陶諧《陶莊敏公文集》卷二《移文考城等縣祈雨》 麥秋已缺新，早黍花正舒。晚色行且秀，時雨農方須。所過半就槁，戚戚良愁予。祇慄督所部，飭事仍虔雩。雨暘豈天定，人定或勝之。聞昔匹婦賢，六月冤霜飛。裙釵丕感動，況赫群冠裾。明德寡平素，禱祀塹區區。

明 康海《對山集》卷三《祈雨歌》 日曈曈，雲渺渺，秋不登，夏亦槁，皇天不吊民爲莩。乞甘霖，拜靈昊。天降雨，倏滂沱，沃我田，嘉我禾，民不飢否帝惠多。感稽首，望靈歌。

明 邊貢《華泉集》卷五《禱雨》 久祈甘雨集靈官，赫赫驕陽勢轉難。月馭漫曾離畢宿，雷車空自繞仙壇。巡簷卜潤時看礎，望極占雲夜倚闌。迂腐似聞天鑒邇，古來王者必求端。

又卷一四《祈雨文》 嗚呼！灾異之來，厥有咎徵，欽罰惟愆，沴氣薰蒸。自九月不雨，至於正月，黔黎憔悴，憂恐弗勝。今二月已盡，野無青草，則奚望年之可登？無乃吏於土者稔戾隱慝，省躬之實，未知所懲。夫何載沐載禱，誓壇之後，霡霂鮮降，玄風屢騰。白晝黄霾，飈旋若崩，道路之嗷嗷者，將不知其何以爲食。而我庶司群吏，則引望終日，徒爲之駭愕而凌兢。嗚呼！天之不雨，爲殃民者而怒也！今不禍其所以致怒，民則何罪，反以虐棄而弗爲之哀矜。某等職叨民社，夜寐夙興，控訴無所，壇壝再升。惟神明之錫惠庶民，命其終有所憑。謹告。

又《祈雨告文》 爰自去秋雨雪少降，以至於今，土焦麥枯，百姓鮮食，穀價沸騰。乃兹春已逾半，而白日無色，黄霾蔽空，河之北則樹葉草根剪伐殆盡，甚至有掘死人於墓烹而食之者矣。河之南則老稺相率乞食於途，甚至有父子夫婦不能以相保者矣。菜色盈目，言之痛心。某等宣政於斯，司防禦於斯，反咎責躬，蹙焉無地，即發倉廪，顧安得人人而濟之？欲撫流移，則滔滔者四郊皆是也。用是齋沐竭誠，率我官屬父老，敢請禱於神下。嗚呼！神之所血食在民，民之存亡在年穀，年穀之豐凶在暘與雨，而暘雨之暄弗暄、降弗降則神之職矣。伏巽轉斡化機，鼓雷霆，而奮之以風雨，以甦民命。若某等之職與不職，非百姓之罪也，惟神明昭，別而禍福之。其何敢辭！謹告。

明 顧璘《顧璘詩文全集》卷九《禱雨志感一首》 露禱周群望，靈威儼在兹。黑風吹水立，白雨夾雲垂。喜溢農夫稔，恩沾造化私。不才叨郡紱，端合坐吟詩。

明 潘希曾《竹澗集》卷七《山川壇祈雨文》 贛自六月不雨，以至於今。秋陽益驕，晚禾日瘁。民庶皇皇，罔有攸賴。匪民之辜，實吏於土者不德之致。某忝鎮南邦，良切兢懼，謹率群屬，惟神是籲。神其早賜甘霖，我民允濟。謹禱。

又《開平忠武王廟祈雨文》 王開國元勳，遺澤兹土，廟食有年，民實賴止。今暵旱滋甚，百穀將死。王其終惠我民，大沛甘雨。庶我百職，咸荷靈祉。謹禱。

又《江東廟祈雨文》 惟神顯靈，在在仰之。矧是章貢，爲桑梓墟，有灾輒禱。固民之私，有禱必應，亦神之宜。自夏迄今，旱魃猖披，民則既病，神豈罔知。某恫瘝在身，爾神是祈，甘澤不靳，三日爲期。謹禱。

又《靈山廟祈雨文》 古者國有凶荒則索鬼神，蓋人力所不及，舍神無以致其誠。某憂時之旱，不能爲時之霖，賴爾靈山，降雨出雲，庶幾相予，濟此困民。謹禱。

明 唐龍《漁石集》卷三《禱雨詞》 翼翼雍州，高下膴田。兵粮維億，王餼維千。歲乎豐矣，庶民且艱。饑饉有加，則靡不殘。六月季夏，土潤斯溽。黍稷在野，咸仰膏沐。胡旱孔熾，胡雨不足。赫赫炎炎，焦山涸瀆。乖政表蠧，否德作徵。豈官之慝，干神之靈。庶正丞史，若疚在身。厥罰是請，勿移于民。民之云瘁，幽明同失。虔告有神，亦率厥職。發彼慈悲，昭爾正直。妙合元機，翕張靈德。時雨惠興，被此庶方。百穀茂止，薿薿穰穰。滿篝滿車，如茨如梁。民頌有作，神貺無疆。

又《誓神詞》 國之于神，其聰明正直，禦大灾、捍大患者則祀之，是神固國之衛而民之主也。是惟六月，百穀在土，敷榮吐華，固宜及時而雨之。乃自初吉迄於浹旬不雨，庶府恤恤然。卜于十四日，索神而禱之，又不雨。二十一日再禱之，又不雨。二十六日再禱之，不雨益甚，苗則槁矣，民則病矣，人子有疾，父母常不俟求而瘳之，豈有既求且哀而弗顧邪？父母何心也？民有灾愆，神當不俟禱而救之，豈有既禱且數，而若罔聞邪？神何心也？是必在位者奸政敗度，重殃斯民，神固赫焉。興兹變沴，以彰厥怒乎？夫在位殃民，而神之怒又於民焉，民殆反覆受害者邪？況神之靈，殃民者猶惡之，至于神乃不能禦民之灾，而捍其大患，以致旱魃煽殃，風伯助虐，焦土田，殺禾稼，民喝然以待斃，神其謂何？勢急者情危，憂殷者辭迫，茲與神誓，其亟軫慈悲，闡靈化，大降雨澤，以生我百穀，以寧我衆庶，俾弗阽於危亡。苟在位者之有疚則察其苛慝，而降之罰，毋徒移於無辜，以苦斯民爲也。若仍不雨，則國將怒曰：是惡足爲民之主！民亦咎之曰：是何爲血食於我！則神何辭乎？惟垂明德而鑒焉。

明 韓邦奇《苑洛集》卷一〇《畢尹祈雨有應》 夜半陰雲合，滂沱應候霖。參天萬竿玉，遍地一犂金。歌舞斯民樂，精誠大尹心。五行洪範傳，感應驗于今。

明 林士元《南岳禱雨文》 明 彭簪《衡岳志》卷四 某奉天子命治兵于此土也，惟兵出于農，惟農天子有食。今天則不雨，苗用稿死，民其何依？兵備官實不德，致天降譴于民，民則無罪，惟兵備官有罪，神其降殃于士元，而惠民以雨，庶幾足食足兵，荷神之休于無斁。謹告。

明 嚴嵩《南宮奏議》卷一七《時旱請禱雨澤》 切照今歲入春以來，亢暵少雨。頃者間有微雨，未得霑潤，兼以風霾時作，土脉焦枯，生物不遂，郊畿重地，播種未全。臣等謹按民爲邦本，食爲民命。雨澤愆期，則年穀無望，生民重困。仰惟皇上敬天仁民，憂勤惻怛，堯舜之心不過是也。臣等竊聞永平等府地方民饑乏食，殣死道路相望。近日各處流民有至崇文門郊外，接踵紛藉，空餓疲病，踣斃亦多。臣等待罪有司，仰承德意，目擊時難，寧敢隱默不以上聞。擬合題請照例，行令順天府率領所屬人員，擇日齋戒虔禱於京都城隍等廟，祀神祇求回天意，仍行所屬州縣一體齋戒禱祈，務須罄竭精意，仰冀感通。所據郊外流民，伏乞聖慈哀愍，敕下所司查議，蚤爲拯恤救養之計。嘉靖十七年四月十七日，奉聖旨，是。今春亢旱少雨，便着有司竭誠祈禱。郊外流民，查議賑恤。

明 嚴嵩《鈐山堂集》卷一五《禱雨金海祠上香作》 石磴松林金殿開，禮臣恭捧御香來。聖主憂民望甘澤，龍官莫待玉符催。

赤符仙篆下金波，燭熠爐香遶樹多。最是片雲將雨至，忽教吹散柰風何。

寶淵金海是龍宮，水殿長吹夜夜風。何事老龍猶未起，不將霖雨代天工。

又 卷一八《禱雨靈應頌有序》 洪惟我皇上德備聖神，道參天地，恪存一敬，對越三靈。乃嘉靖癸卯夏四月不雨，聖意乃曰：禮有大雩，茲維時矣。爰按儀禱澤祈穀實，以裕生民。聖躬勤夙夜齋惕，禱之三日，爲五月丙午入夕，靈雨從霽。戊申，雨復降，綿延竟日，不疾不徐，既優既渥，朝野臣民鼓舞懽頌，是誠天眷聖德，豐年之祥兆，太平之嘉應也。於是臣嵩恭拜稽首，颺言而作頌曰：於穆上帝，佑我皇明。基承熙洽，治底隆平。聖治既至，聖心愈惕。謂國依民，謂民依食。雨暘時若，寔賴神功。昭睨妥靈，肇作新宮。按禮陳儀，曰大雩祀。古有舉之，曷其敢廢。爰諏吉日，保穀祈豐。披誠瀝悃，以告皇穹。皇穹來歆，萬靈咸集。海若承符，川祇效職。窿鼓炁屏，翳嘘玄雲。九龍澍澤，時雨惠雰。雨之未臻，陽亢陰伏。雨之既臻，優渥沾足。始于壇時，旋遶郊圻。瀰漫霑霔，有渰凄凄。雨我公田，遍于率土。百穀蓁蓁，庶草繁廡。我皇聖德，上格于天。隨禱而應，景福斯駢。維此樂歲，宜稼于田。工歌于壓，農歌于野。師歌塞垣，士飽騰馬。戎虜潛軀，永奠中夏。小臣作頌，以告萬方。祝我聖皇，萬壽無疆。

明 殷雲霄《石川集·禱雨文》 民悲不雨，走告長吏。長吏則曰：是非余之力，其余之辜。走告于神，神尚何以哉？長吏有罪，罰不可釋；民命可哀，其賜之雨。

又《祈雨文》 靖江田事，惟雨及潮。無他陂塘，以滀以澆。茲久不雨，潮亦云消。上暴下燥，苗不可朝。長吏有罪，罰不可逃。民實無辜，尚恤其勞。賜之雨澤，以活其苗。匪苗之祈，民命之徼。惟時惟急，尚冀無遥。

明 夏良勝《東洲初稿》卷一《祈雨告文》 正德十二年夏四月廿五日，良勝謹齋沐具疏，躬告於名山大川暨英烈正神曰：蓋聞古者肇州，必封山浚川。山曰鎮，謂可依而安也；川曰浸，謂其畜而澤也。率職效靈，是用康乂，以歆常事。屬者旱魃作祟，禱請益驕，雲合颷迴，雨鳴虹止。良勝實不德，不能導帥宗黨，祇行以媚於上下，致奸和氣，又不能贊翊吏治，蠲潔以格於神明，迺速盈罰。仰企山川，鳩靈徒生，無藉手以相見，是懼是辱，噤不能詞。伏竊計之，地荒穢不治，士之辱也；山童澤涸，國之憂也。又冀天地至仁，終無絶物。父母於逆子，雖怒詬而可回也，神斯聽之。今茲旱傷，未止千里，絶流斷渠，瘠焚膏圻，吏遍群祀，禮詞告虔，民空四郊，跣匐滋病，用敢齋祓致詞，歸誠徼惠，幸神顧而哀之，宥愆納悃，沛而甘澤，以大休命。若繼今以往，五日不雨，枯槁之苗既死，粒食之望必虛，民無以爲生，吏何以致理。若良勝者，雖百死不足惜也。但晏子有云：山以石爲身，草木爲髮。天苟不雨，髮焦身然；河神以水爲國，以魚鱉爲民，天苟不雨，國亡而民滅矣。神果無意於吏若民也？將不圖所以自庇乎？又聞名山多烈神，闔闢造化，雨暘攸柄，迺餘事耳。又多靈湫，神龍居之，有巫沈鐵臭其宮，隨獲澍足。竊謂或然而不敢施者，龍果神其威靈，與其奮而刼於術，孰若順而應於人，并茲請命，以俟應響。百爾司靈，果終棄絶，亦念聖祖定國報祀有章，山川暨英烈正神各食於土，亦以維神加貺，以奠外服，世世享祀，昭荅在茲，而天子致郊，百神受職，若茲澤既不流安，無足恃神職云。負大禮，嗣行神，執何詞以往？幽明黜陟，當爲一理，幸神諭之。庶其沃澤，以綏吏若民，以篤承天子之休。良勝亟黷叢愆，惟屏罄室，以需殛命。謹告。

又卷八《祈雨有感柬宋郡守》　共卜朱輪軋軋聲，隨來膏雨自分明。矢心掬水三年冷，障眼飛塵一夜清。召伯只争先後著，南人不異古今情。缶音也學鳴韶濩，附尾曾垂不朽名。

明　林希元《林次崖文集》卷一八《勞方西川太守禱雨》　太守憂民心更堅，一聞旱極即潛然。降身豈減桑林禱，遏糴難嘲時政偏。此日群生咸寄命，精誠一念自通玄。天人交感自常理，佇看甘霖沛八埏。

明　夏言《夏桂洲文集》卷六《金海祠禱雨五首》　聖主祈霖日禱神，爲蘇農野沃河津。更將牲幣祠金海，委曲精誠出九宸。

經旬禱旱遍群神，莫挽天河到析津。金海祠頭觀湧玉，晚雲玄雨過楓宸。

太液池邊禱龍神，蘭舟渺渺泛雲津。金鰲橋下停橈久，燈火樓臺望紫宸。

擊鼓吹笙祀水神，晚風斜日渡龍津。夜看河漢群星濕，殿上飛符奏玉宸。

川君河伯總波神，不見分流潤涸津。願得老龍噓氣起，獨爲霖雨荅中宸。

又卷八《祈雨十五首》　御氣凝西苑，玄風振北辰。雷霆鼓元化，星斗集群真。靈雨滋千畝，豐年遍八垠。還令洗兵甲，指顧静邊塵。

聖主憂民切，皇天眷德深。紆徐旬日雨，優渥萬方心。瑞氣霏農野，祥風拂禁林。百靈能效職，奔走奉綸音。

恒陽□農望，閔雨感宸憂。淵默雷聲動，龍噓雲氣浮。恩波旋廣被，聖澤即旁流。一雨群方悦，乾坤詎可酬。

偶旱先時慮，甘霖應禱來。所憂民食重，忽復帝心回。雲起瑶壇合，風回玉殿開。神龍雨下土，百穀自天培。

黑蜧騰淵出，金蛇掣電飛。八方雲黯黯，萬井雨霏霏。星劍搖秋水，天瓢溼羽衣。碧空流夕潤，謁帝御龍歸。

殿外商羊舞，樓頭水鸛鳴。靈風驅雨迅，夕漢掩星明。帝秉通玄德，天垂閔下情。萬方同一潤，協氣在嘉生。

聖人心造化，神運與天行。謁帝登天闕，昇真游太清。風雲七竅發，雷雨一時并。同是皇王術，玄關有秘靈。

愆陽蘊朱夏，仙苑啓瓊文。大霈玄真澤，深沾白鶴群。泥龍封玉簡，石燕拂香雲。萬類生顏色，難酬太上勳。

甘霖甦率土，皇澤本先天。豈爲空林禱，惟應午夜虔。風雲生御苑，禾黍被公田。允格明昭帝，長歌大有年。

月旌離畢次，日户掩炎扉。彌宇真神速，鳴空豈細微。雷聲經閣道，法雨灑天衣。四海歌皇澤，群靈仰帝威。

皇心閔下土，白日作雲雷。合沓玄陰塞，滂沱急雨來。旱苗萎自起，和氣藹先回。午夜瞻霄漢，天門德澤開。

飛神朝太乙，布澤福含生。八極層雲合，千靈效雨行。瓊漿隨地滿，玉粒及時榮。有濟舒農望，祈祈愜聖情。

大德矜群品，居高每聽卑。巽風方亟播，解澤遂旁施。至瑞符沾塊，炎天喜濯枝。恭修理玄默，端拱信無爲。

凝神尊上德，静念叩重玄。默默天心注，垂垂雨脚懸。作霖思傅楫，解愠鼓虞絃。何事楚巫術，誠通乃自然。

皇風披浩蕩，帝澤鼓滂沱。聖主祈天切，蒼生錫福多。層城溼窈窕，飛觀灑嵯峩。靈雨來何處，龍騰滄海波。

又卷一〇《賀甘霖應禱表》嘉靖十九年四月二十二日　欽奉聖諭：朕

憂時少雨，明日叩帝以祈。乃十九日，陰雲旋興，靈颸時拂，禱未三日，甘雨普降者。臣等誠歡誠忭，頓首頓首。上言聖敬清純，懋協配天之德；皇穹悅豫，明徵時雨之休。四野騰歡，萬民胥慶。優渥沾足，已占大有之秋；豫大豐亨，益卜靈長之運。茲葢伏遇皇帝陛下大智若神，至仁遍物，軫茲民瘼，如疾痛之在身，簡在帝心，每稽求之，若面綸音方發，油雲四興，宸慮未舒，甘雨如澍。緬思商旱，徒自剪於桑林；慨彼周饑，竟長歌於《雲漢》。豈若有禱而即應，矧乃未灾而先圖，欣覩三日之霖，允作萬方之澤。臣等叨塵密勿，獲奉休明。歌帝力於不知，與億兆同其鼓舞；歛神功於無有，感天地莫克形容。臣等無任瞻天戴聖激切歡慶之至。奉聖旨：今春及夏不雨，朕見麥苗色黄，詢諸曰似旱，乃勉爲民叩天神以祈，卿等以得雨賀，具悉同之之慶。禮部知道。

又卷一七《禱雨文五篇》

亢陽熾野，將爲粢盛之憂；久旱渴霖，彌切郊田之望。益軫三農之務，有懷四海之依。肅啓丹衷，恭修玄典。冀殄蘊隆之氣，願祈膏澤之祥。伏願上帝垂慈，鑒此下方之瘼；明靈錫惠，歆予禋祀之誠。斡運神功，宣揚法力，速蒙昭報，俾靈雨應禱而輒零；大慰群生，計旱魃隨驅而即去。公私沾足，九稼茂而在在康年；遠近涵濡，百穀登而人人飽食。永賴玄元之造化，孚芘佑之仁。

炎旱成灾，懼物生之疵癘；嘉禾就瘁，軫農望之倉皇。仰《雲漢》之昭回，虞田野薦臻於饑饉。瞻明星之有嘒，恐山川遂及於惔焚。匪仰叩於玄慈，曷有瘳於民瘼。靡神不舉，惟天可呼。是用瀆控於上穹，俯賜矜憐於下土。肅陳壇席，恭迓聖真。伏願箕畢交臨，擴乾坤之鴻施；雷雨作解，繹兆庶之煩憂。如茨如梁，式副千倉之積；既沾既足，即看三日之霖。庶彰玄貺之流，永保嘉生之亨。

沴氣干和，當農春而少雨；炎風早至，軫稽事而可憂。忝司牧於下民，每望恩於足食。謹齋心而致禱，恭稽首以祈靈。仰止帝庭，歸誠請命。伏願皇皇大昊，俯矜下土之無辜；切切冲懷，敢蔽萬方之有罪。奠溥甘霖之潤，拔除雲漢之灾。海岳效靈，鼓龍神而雨天下；禾稼就實，昭帝德而錫豐年。仰望慈憐，必彰響應。

雨暘休咎，動關一歲之豐凶；衣食艱難，實係四方之休戚。茲以亢陽爲孽，實虞嘉穀成灾。粒粒皆辛，指西疇而望實；嗷嗷待哺，乃東作而遘屯。匪丐神功，曷沾休澤。誠通金石，冀開龍洞之靈；氣感風雲，願應桑林之禱。甘霖遍野，弗愆十日之期；枯卉回春，克遂三秋之望。謹焚香而密祝，恭籲帝以投誠。垂大造好生之慈，鑒冲末憂民之素。仰祈玄應，即施霶滋。

經春不雨，每懷牟麥之憂；入夏猶枯，益切無禾之慮。民惟邦本，非食無以養民；食乃民天，非農無以足食。故雨暘實資於稼穡，而休咎每係於豐凶。敢乞洪慈，俯垂默鑒。長驅龍吏，播溟渤以遍敷；迅鼓雲雷，酌天瓢而倒注。神滋潛潤，萬民含黍內之生；靈渥旁流，九野沃玄中之澤。黑蜧躍淵於玉井，畢星耿曜於珠躔。一雨萬方，回群生之枯槁；三秋百穀，慶四方之豐登。立我兆民，不忘鴻造。

又《禱雨文三篇》

誠無不格，諒幽眇而必通；禱則有孚，冀神明之是聽。惟皇天仁覆於萬物，惟仁君司牧於兆民。民實罹於艱難，君可忘于憂閔？茲者積陽亢極，雲漢爲灾，時雨愆期，麥禾就槁。徒軫心於夙夜，亦虔禱神祇，天鑒靡回，民憂日甚。祥雲方合，忽漓散於炎颷；和氣將騰，又侵傷於霾沴。晝杲杲而日熾，夜嘒嘒而星明。瞻仰昊天，渴思霖雨。伏願鴻鈞造命，霈帝澤以四敷；鸛垤呈祥，倒天河而一瀉。化焦涸爲浸潤，轉饑饉爲豐穰。哀此民窮，佇祈神聽。

旱既太甚，禱已再三，神若罔聞，天乎弗吊。艱惟民食，憂大命之皇皇；涸彼河流，念軍儲之汲汲。茲者田疇乾坼，沃思破塊之霖；草木焦卷，渴望灌枝之雨。胡旱魃之爲虐，煽炎氣以如焚？何屏翳之弗神，屯膏流其苦吝？湮源泉於井谷，萎百穎於隰原。憂切閭閻，靡遑旦夕。伏願天心憫下，軫率土之民饑；神惠在人，救一時之物困。發層雲於觸石，興雨祁祁；晦驕陽於烈空，震雷隱隱。騰百川而作潤，沃千里以降霖。無事再雩，允符六禱。

經時暄濁，釀氣沴以見灾；歷夏旱暵，積亢陽而作眚。四野焦然而失潤，五穀槁矣而不滋。井邑蕭條，烟火稀而缺食；河渠斷縮，舟楫閡而阻通。國脈所關，民命爲急。若十日不雨，豈惟無麥無禾，將一歲成灾，何以足民足國。念周饑於《雲漢》，禱湯旱於桑林。土龍有象而弗霶，石燕將飛而即止。地方千里而旱，國難免于凶荒；日不再食而饑，人將委於溝壑。矧畿輔萬邦所先，而京師四方之極，其爲休戚，尤切安危。伏望天心仁愛，既不忘警示之慈；帝德含弘，尚益溥好生之惠。騰黑蜧於泉淵，奮鱗作雨；起神龍於溟海，噓氣成雲。大施六合之霖，俯活萬民之命。鑒此哀懇，錫我有年。

又卷一八《禱雨祭告神祇等神文》 維嘉靖二十年歲次辛丑五月丙戌朔，十五日庚子，嗣天子御名謹遣致告于雲雨風雷之神曰：茲以旱既太甚，農憂已棘，而風霾作祟，和氣未回。予心皇皇，已嘗遣官代禱，未獲感孚。茲特申竭凡誠，再叩于神。惟神仰贊上帝，哀此下民，大降時雨，俾我成歲，實賴神庥。謹告。

又《城隍廟祈雨文》 惟神職主一郡，福我兆人。霶德素孚，享祀罔匱。時維季夏，苗秀望實，亢暘不雨，禾則就槁。農人嗷嗷蹋躇，靡所控救，有司匍匐請禱，憂形於色，蓋已旬日矣。切念言自解政還鄉，於今二載。雨暘若時，實拜神賜。連覩豐歲，賴神默佑。俾衰閒之人，獲與田父，歌咏太平。今乃值茲暵旱，民用愁戚，言饜焉靡寧。謹躬拜廟庭，特茲懇禱。惟神大施霶貺，早霈甘澤，以甦民窮。

又《旗纛廟祈雨文》 比者亢旱，將失有秋。農野皇皇，無所控告。敢徼福於神，願假旗旄，助成風雨，大慰民望，惟神之功。

又《江公廟祈雨文》 惟神以一鄉人傑，享有百世廟食。惟旱溢之灾，民有禱必應，此所以列之祀典也。今者旱既日甚，早禾就槁，民憂用急，上下嗷嗷。言退閒畎畝，實願年豐。惟神斡運霶功，早慰農望。言不勝懇切祈祝之至。

明 劉儲秀《劉西陂集》卷二《賀西安吳侯禱雨有感》 郡閣渾無事，憂民獨苦心。即看靈雨降，益覺福星臨。魚夢占豐兆，鶯遷聽好音。異時循吏傳，贏得冠詞林。

又《禱雨有感卷為西安李侯鳳岩題》 治郡元稱最，持刑且素平。恩深沾父老，德盛感神明。嘉穀昭和氣，甘棠比頌聲。還期作霖雨，蚤晚遍蒼生。

明 楊慎《古今風謡》《正統中京師小兒禱雨謡》 雨地雨地，城隍土地。雨若大來，謝了土地。

明 閔文振《涉異志・禱雨文》 景泰五年七月，寧德旱甚，邑民禱雨西山龍湫，疏文未善，投之須臾，別浮片紙，取視之，乃元至正間禱雨文也。其辭曰：某等俯陳蟻悃，仰瀆龍顏，乞鑒凡心，願舒聖眼。言念生居在世，治本於農。蒙天地覆載之恩，感雨露滋濡之德。春耕夏耨，敢辭塗足之勤；秋穫冬藏，實切資身之望。不期茲歲，忽值恒暘，爰從九夏之初，逮及三秋之始。已經六旬不雨，忍見千里揚塵。石燕停飛，商羊絕舞，致泉源之既竭，慨旱魃之爲凶。知作孽自我烝民，故降灾實由上帝。爰深修省，特致禱祈，虔取某時，恭詣龍湫，恪求聖水，願施甘雨，稍救枯苗。伏願龍顏大悅，賜涓滴于金瓶；鼉拆全滋，霈滂沱於隴畝。庸副實栗之咏，預占大有之祥。垂佑我民，迓續乃命。云云。衆爲誦之，須臾大雨如注。

明 高瀫《石門集》卷三《奉次汪公白泉閔旱禱雨二首》 飽食山人願，憂心郡伯頻。賑饑知善策，遺棟憶嘗新。雨意空聞命，山靈定損神。天迴五馬夢，利見九龍晨。

旱赤難長避，江含海氣昏。死看泉眼閉，潤失地毛煩。變幻蛟人泣，虛無龍女奔。永懷遺羿矢，空仰潟簷盆。

明 胡侍《胡蒙溪集・續集》卷一《禱雨三應詩序》 歲在庚戌，自春徂秋，維我關内三瘼，旱暵維時。黎陽李侯牧人茲土，三祈甘雨，靡不隨應，以故五稼不灾，九農胥慶，怨咨之氣，變爲和聲，乃若薦紳髦士，則又蒸爲頌歌，爰寫休烈。郡丞閻侯，采而輯之，裝爲鉅册，余獲睹焉。喟然嘆曰：乃如之故有三異焉。夫魯昭雩雨，乃勤兩辛；齊景暴野，至延三日。維我李侯，靈壇暫詣，膏澍輒零，德馨素孚，天休不爽。圭璧未卒，零陵之燕已飛；巫尪不焚，陽山之蛇旋蟄。其異一也。殷后六事之禱，徵不重臻，管輅五星之召，術財一驗。維我李侯三禬三雨，有感即通，天且弗違，屢從人欲。雨曰時若，曲應精禋，譬諸考景，鐘而必聲，執左券以責負。其異二也。周宣《雲漢》之雅，止於八章；東皙《神明》之謡，僅而七句。乃今咏德之作，殆且百篇，累牘不勝，更僕難盡。洋洋曄曄，盈耳溢目，嘽諧慢易，繁而不殺，殆者康樂之盛音乎？其異三也。夫茲異而一，已足永稱，三者備焉，嘻踔絶矣！余也躬耕壟畝，叠荷嘉祥，載睹茲編，無能爲役，於是道其厓略，序諸簡端，將徯采風嗣傳循吏。

明 張經《半洲稿》西征稿《謁西岳祠時值禱雨》 寶殿臨丹地，雲橋駕石梁。三峰遥并峙，五岳永相望。天地眞儲秀，山川屢降祥。旂常修祀典，禮樂薦馨香。丕冐窮西土，岐嶒帶北邙。篆文留鳥迹，宸翰焕龍章。徽號隆千古，穹碑建百王。載瞻靈赫赫，應見歲穰穰。錯迕關人事，調和憶廟廊。不堪頻旱魃，無計得商羊。滄海誰爲瀉，銀河秪自長。神其歆帝德，霖雨遍遐方。

明 張岳《小山類稿》卷一五《廉州祈雨告社稷文》 古之良有司，教民稼穡，相五土之宜，并蒔五穀，故雖有水旱，不能爲灾。太守爲政三年矣，猶有不墾之田，不種之穀，靦顔事神，憂愧無已。神不垂矜憫，又督以灾旱，是使太守不能有其民而終無以事神也。神爲民而立，太守爲民而來，旱乾累旬，民且薦饑，豈特太守之責邪？維神毗思其責，使太守有所倚仗，以育其民，不勝幸甚。

又《告山川文》 此邦之人，無溝洫圩岸以耕，無貿遷蓄聚以食，取給於歲，而仰成于天。數月不雨，釋其犁鋤，以待饑饉流莩而已。夫民不能自力爲旱備，以至於旱而無以救之，此長吏勸農無狀之過也。吏信有罪矣。神崇深變化，血食此土，寧忍坐視其燋炕而莫之恤乎！惟大霈甘澤，以紓此旦夕之急，而適長吏以罪，固無所辭也。謹告。

又《告城隍文》 自去冬不雨，至于今，五閲月矣。此邦素號多雨，或連陰弗鮮，漲潦驟至，以至妨害稼穡者，乃其常也，而未嘗病于旱。乃今病甚矣，穀將投土而不得敷芒，以達一年之計，邈焉無望。此吏不良于政有以致之，宜獨蒙其罰。民則奚辜？惟神聰明正直，司命此土。吏知無所逭罪，敢以自歸于神，而爲無辜之民請命，惟神其鑒照之。

明 駱文盛《駱兩溪集》卷七《祈雨有感次陸東坤大令韻》 秋來轉覺炎威熾，千里郁堪稼穡枯。避寢不辭三日禱，登壇還擬百神孚。靈飈忽向岡頭起，甘澤遥隨鳥翼敷。矯首玄功猶未泯，晚來雲氣更糢糊。

明 程文德《程文恭公遺稿》卷二六《移神禱雨》 日肅南壇拜，移神更洞淵。精誠慚未悃，雨澤應猶偏。丹窟靈蛟卧，青霄寶□連。風雲堪際會，八蜡慶豐年。

明 金瑶《金栗齋文集》卷五《永寧祈雨謝城隍神文》 維神之所依在民，維民之所戴在神。民有凶灾，神必垂祐。乃者天時赤旱，禱於爾神，詞多觸冒，神不惟不加罪譴，輒爾嚮應，次日即雨，次日又雨。雖近城一帶尚未霑足，而四鄉之畝已有溢流，可占有年。信爾神之不棄斯民也，信爾神之能回天也，信爾神之能赦人罪過而鑒其衷也。神之惠，豈獨在民，某等實拜神之賜。維神其永兹香火，以福斯民於世世。尚饗。

又《永寧縣旱禱龍王廟謝文》 維神職司水府，治轄龍群，廟食兹永，於今七春。惟永有灾，維神是倚，永不失祀，神不失庇。乃者天旱，曠月彌旬，控訴無所，乞水於神。惟神有靈，應感隨禱，二日而雨，野流浩浩。偃者以立，槁者以生，植杖以俟，四望青青。天而雨玉，饑不能粟，惟兹一雨，金璧萬斛。天而雨珠，寒不得襦，惟兹一雨，五袴叠儲。農歌於野，婦騰於路，頌神之惠，擊壤含哺。惟神之德，廣及普天，澤流於永，豈永所專。某等不德，惟神是式，敢貪神功，以爲己力！跽拜矢言，以告罪愆。惟神福永，香火萬年。尚饗。

明 樊學曾《菉竹軒草》卷上《王至所父母禱雨有感》 不雨連三月，元元信可哀。仁心吹草木，誠意涣風雷。惠澤成豐歲，謡歌藉上才。老農擊缶罷，好對酒盈杯。

明 李培《水西全集》卷四《贈錢冲暘法師禱雨》 羽人曾領玉宸曹，身衣朝天白鶴袍。鐵檄召靁秋雨足，瑤壇謁帝夜雲高。穿林紫炁頻燒藥，滿洞丹英自種桃。若挽銀河洗兵甲，應翻馬鬣作波濤。

又 卷六《禱雨情詞》 竊以天心愛物，施膏澤以育群生；帝德惠民，沛甘霖而濡萬彙。雨暘時若，年始有成，稼穡卒荒，民斯受困。故豐凶有兆，咸默定于蒼穹；而禱籲克誠，可轉移于亭毒。側身剪髮，古聖王尚爲懷憂；泣廟積薪，昔守令豈徒軫慮。伏念某等初銜恩命，出守禾城，專寄一方，社稷神靈之是奉；總牧七邑，烝民休戚之相關。修井稅以足公家，賴兹田畝；藝禾黍而盈私室，冀此豐登。何期農事之方興，乃遘天時之作沴。月不離畢，覩零雨而無徵；豕不涉波，瞻旱雲而有象。苗禾雖出，後先有欲槁之形；天澤不沾，彼此有棄捐之勢。川流細涸，桔槔徒竭，其勞畎畝，如焚糾筊，空爲其狀，憫兹勞悴，敬爲祈禳。結法壇于珠宫，協僚屬以趨拜。萃神明于梵宇，率吏民以籲求。縞服徒行，敢擬乘輿，默禱齋心，自咎豈希，擊甕奇謀。荷上帝之鑒觀，仰百神之昭假。月臨鶉火，日届重光，微灑甘霖，僅霑塵土。但三農之困憊已久，而四野之憔悴方殷。不有滂沱，何由漬灌？謹此依按玄科，特希神貺，詣諸壇而禮，乞懇百神以舒誠。伏願東井星耀，怳見阿香，推轂金山，老遇有同硯滴騰龍。虎頭無墮于潭中，商羊競舞；白烝自浮于鉢內，石燕爭飛。山川出雲，而霖濟下土，幸分渥澤于四郊。河瀆効靈，而膏被生民，庶慶豐盈于禾壤。某無任齋慄，具疏以聞。

明 祝彦《侶寉堂詩集》卷三《大旱禱雨未應》 赤日金垂液，炎風海欲枯。桔槹聲盡夜，澤鮒轍周呼。已暴身爲禱，猶屯雨若濡。蒼生憐并槁，旦夕望來蘇。

明 朱讓栩《長春競辰稿》卷一《文類・社稷壇祈雨文》 曰春時東作，雨澤失期，中外皇皇，渴仰天時。身心齋沐，惟神是祈，冀雷轟而電掣，馳風馬之雲車，沛然甘雨，四野淋漓。田疇資其沃潤，禾黍爲之離離。潛乎默契，以慰憂思。謹告。

明 羅虞臣《羅司勛集・文集》卷五《禱雨告城隍文》 吏虞臣不德，政理多秕，不媚于神，旻天靡惠，降茲灾旱，罹我民憂。夫吏奉天子命以治民，守其典以事神，民有疚在吏，吏不良誅罰在神，吏有過失，宜罰其身，及其妻子，削其禄位，不宜以吏故降灾旱，以累無辜。且吏聞之神職佑民，能善應感。民有灾弗救，神不仁也；吏有求弗應，神不靈也。吏之祭神，爲能仁也；民之信神，爲能靈也。不仁則吏弗祭，不靈則民不信矣。弗祭弗信，實多神羞，神其知乎？今者農將釋鋤矣，歲且惡矣，異時嗷聲塡耳，饑色盈道，聚爲盜賊，散爲死亾，即神有聰明，時能忍聞見乎？其能得坐享吾吏屬歲事之修乎？惟神其早圖之，吏豈敢邀福于神。夫神爲郡國主，而使吏棄祭，民棄信，大獲弗靈之名，吏亦竊爲神羞之。神宜自踐職，保全盛名，愼無屯其嘉惠，吏之惡迹顯著，當自延頸，甘被神誅，神其無以吏故。

又《告龍潭文》 維嘉靖十一年六月十七日，建昌府推官羅虞臣敢告五土龍之神：虞臣等卻乘輿，暴赤日，攬汗徒行，用精禱于爾龍，然所望爾龍。爾龍之職，力所能耳。非有雨金飄粟，出乎爾龍之職之外，與力之所弗能者之望也。夫以職求，宜以職應，有能宜以時施，且爾龍號稱靈智，方其菫祓告旱，若劘切之不動，呼號之不應，人必以爾冥頑，與蛇虺無異，至謂古傳記所載凡龍之説皆謾也，安稱所謂靈智者哉？然聞吏有嘗禱於龍，龍亟往應之，所謂劘切之不動，呼號之不應，龍其否矣，豈爾龍之能信於前而不能驗於後耶？今天旱極，龍其亟以時肆爲膏澤，以大施於此土，使人皆爾頌曰龍功。龍功能興雲雨，傳記所載不誣，是又吏之所望於爾龍也。爾龍其圖之。

明 李開先《李中麓閑居集》卷四《禱雨感應篇爲萊蕪楊大尹作》 紋處處，滿平田，亢旱如何望有年。躬祀不辭勤漢時，膚雲忽已發齊川。瀰漫望外青山失，靉靆江邊宿霧連。閉閣思無爲政過，隨車真見使君賢。臨民素不煩三尺，得暇惟應弄五絃。憔悴四郊今足雨，虔誠一念可回天。洒來岸柳絲絲細，滴向池荷顆顆圓。玄燕捎風驕遠漢，白魚駭浪出虞淵。他年定列循良傳，此日先爲感應篇。

明 徐階《世經堂集》卷七《請禱雨》 臣等仰惟皇上事天儼時保之懷，視民切如傷之念。頃因不雨，禱于上玄，遍于群祀，禁屠緩刑，恤病賑窮，仁敬之至，堯湯無以加矣。而天意未回，玄澤未霈，兼又風霾屢作，人疫山鳴，致厪宵旰之憂。揆厥所由，實惟内外大小臣工不能仰承德意，靖恭厥職，而其大者則貪殘之吏，誅求無厭，刑罰濫加，庸懦之臣武備不修，戎狄乘隙，以致生民重困，上干於天和也。合無恭候命下本部，行令欽天監擇吉題請，遣官祭告南郊、北郊、太社稷、帝社稷、神祇壇，翰林院撰告文，太常寺辦祭品，及題請遣官，自祭告之次日爲始，分詣都城隍等廟，各行香三日。府部等衙門堂上官分投陪拜，督率屬官，青衣角帶，於本衙門齋宿。辦事停刑禁屠，俱自祭告前一日始，共五日，仍乞皇上申敕百司，禁止誅求，清理寃滯，撫綏士卒，申固邊防，各務滌己省愆，修舉實政，以仰贊皇誠，上回天意，庶幾靈澤應時，而聖心攸慰矣。奉聖旨，是。

又卷二一《祈雨告社稷文》 某奉職無狀，上干天和。雨弗時行，三農告病。惟某有罪，民則何辜？是用齋沐，虔告于神。惟神道本承天，德專育物，無曰某之故，惟民是矜，賚我甘霖，介茲百穀，民之率育，亦惟神休。敢告。

明 顧潛《靜觀堂集》卷三《五言律詩・送顧道士禱雨東歸》 郊野農俱困，江湖帝豈封。拜章曾附鶴，飛劍欲驅龍。霈澤連三日，精誠徹九重。袖雲歸舊隱，海上看青峰。

明 敖文禎《薜荔山房藏稿》卷三《七言近體·入夏苦旱栽植幾輟四月望日步禱雷祠祠前湫隘願廣營数武以祈雨澤是日得雨滂沱連日夜原隰沾足稼事幾畢十九日詣謝書此以昭神貺并望惠于將来》 步雩攀陟躡層巔，應禱甘霖遍野田。自是神功能潤物，豈緣綿力可回天。察眉不盡蒼生恨，仰面耑爲赤子憐。願廣階前方寸地，長棲松下樂豐年。

明 歸有光《震川集》卷三〇《祈雨文》 維此雉城，卓爲名邑。邇者人心不古，吏道多端，遂以禮義之邦化爲夷鬼之俗，帝用不懌，降此旱殃。有光自惟師，帥者之不賢，願以一身當其罪罰。而小民之嗷嗷，實爲可矜。神其降鑒，特賜一日之澤，以慰三農之望。

又《再祈雨文》 有光不敏不明，不知世俗，所以爲吏之事，獨遵孔氏之訓。其於治民事神，不敢不盡其心，所恃以鑒臨者，惟神而已。前五月不雨，爲民乞哀於神，神即賜之甘霖，四野沾溉，緑疇彌望，萬人胥悦。今復竟六月不雨，爲民乞哀於神，神未之許，爲此焦勞靡寧，瞻仰何里，願神之終惠之也。吏以數易之故，不能久以事神，然一日在位，亦不忍忘乎民。惟神永享民之報祀於無窮，其何可以不念也！

（嘉靖）《常德府志》卷一九《龍門禱雨歌》 龍門勝境由天作，形勢砻嶤鎮磅礴。化工神妙非雕琢，恠石奇山似蓬弱。前村土穴疇能鑿，容納百川并萬壑。穿山入洞湍飛躍，洞裏乾坤大開拓。潭深萬仞不可度，徹底澄清撓不濁。後門仰天無鎖鑰，出入應須藉繩索。幽崖数里長溟漠，燃炬趦趄難着脚。中有洞房殊寥廓，古来云是觀音閣。神龕有像垂瓔珞，童子两旁微露膊。擎天石柱勝刀削，四壁溜紋成孔雀。扵後澄潭纓可濯，莫究何人横木榷。渡入龍宫迷六幕，但見石龍眠案卓。偃仰峥嵘露頭角，鱗甲光輝渾玉璞。口漬清泉勝酥酪，布露興雲在掌握。有祈必應真的確，親驗其然語非謔。偶因旱魃恣爲虐，火旗燒空誠熾熇。金石斯時盡銷鑠，禾稼焦枯被熏灼。父老填門訴民瘼，争訝龍門堪禱禴。夏矦仕麒才卓犖，駿馬雕鞍来會約。我忝專城膺寄托，肯畏勤勞或推却。車騎聮鑣逐鞭着，夾道傳呼真李郭。引睇龍門雲閃爍，驟雨忽来人不覺。倉忙趨走霑囊橐，偶遇仙祠暫栖泊。晚宿禪林暑氣薄，細聽僧房轉更柝。侵晨請禱心虔恪，自責居官多誤錯。地雷隱隱無擊搏，嵐氣氤氳覆幃幄。夏矦入洞聞仙樂，工祝致告神喜諾。敬取龍涎水一勺，寶瓶盛来旋封縛。騎卒導前横王槊，盤空護送来雙鶴。中途水沸瓶漬淪，旄倪迎迓皆驚愕。須臾蒼天雲邈邈，雷電掀轟交煜爚。輕飈踈雨随車落，良夂淋漓且不惡。甘霖三日無停霏，霡霂既優仍既渥。嗟嗟雨暘正時若，田疇萬頃回枯涸。老農競誇有秋穫，老圃亦言棘堪剥。病者自痊何用藥，憂者騰懽皆大噱。僚寀相親動杯酌，滿堂嬉笑交酬酢。合郡軍民同此樂，風俗頓然復淳朴。慙予性拙兼無學，紀述神工多忽略。安能長虹巨筆詞，豐傳寫出龍門神異同五岳。

明 唐順之《荆川集》卷三《觀道士祈雨二首》 星壇步處雲隨合，里邑喧呼道士功。四海正需霖雨急，卧龍何日起隆中。

巫舞商陽古有之，神靈風雨灌壇時。陰陽燮理輪誰力，秖遣兒童頌法師。

明 趙時春《浚谷集》卷七《祈雨文》 連歲亢旱，人民饑饉。重以邊事，憂在芻糧。玆春枯槁，來至末昌。豈政事有不平，任用有不良，皆予等長民者之責，宜與之降殃。若小民農夫之勤苦困匱，宜與之降澤降康。陳玆誠悃，伏唯鑒饗。

明 靳學顔《靳两城先生集》卷一九《祈雨文》 嗚呼，旱既甚矣！人情恇懼，命無所恃。夫其望神也殷，則其歸咎也重矣。守惟責躬引罪，致虔於神爾。雲雨動息，非守與也。且夫守職一方之政，有便宜於民者，弗聞於上，而不敢行，則衆將目而嗤之曰：是俗吏也。乃若雲雨動息，神之司之，亦如守之必聞於上，而後行乎？何其宜聞而久不聞也？况乎陰陽開闔固專之，得行而不肯行，與不得行而不行者，其幾殊矣。嗚呼！守之默念而仰祝之者，今數日矣。其帥吏而禱之者，四日矣。將竭誠再禱，期以三日，雨則利，不雨則害。利害禍福，唯神擇之。予言不再。尚鑒。

明 佚名《廣州四先生詩》卷一《洪範祠龍池禱雨獲應畣隱士劉文正暨邑中群彦》 齋沐戒徒御，星言趨絳壇。屬玆愆陽序，雩祀罄衷丹。龍湫窅深閟，神物時蜿蟠。馨潔始云薦，靈祈紛可干。沛然感敷施，霡霂濟多難。淅淅在林畹，冥冥被岡巒。焦原幸沾濡，庶類同忻懽。鳴鸛集穹窒，翔鱗躍紋瀾。郊坰悦童耄，庠塾慶衣冠。所協咏歸趣，方爾民俗安。賡歌誦雲漢，玄化奚能殫。

又《奉和聖製鍾山禱雨獲應》 天蒼蒼，運乾綱，雨暘時若民乃康。孰令熯旱憂吾王，九土如焚嗟亢陽。天津欲竭陰虹藏，王心靡闕時惻傷。桑林罪己德進湯，齋宫對越騰馨香。真宰默應徵休祥，靈祇率職妖魃禳。先驅豐隆舞商羊，天瓢一舉敷四方。甘霖信宿仍汪洋，勾龍后土占歲穰。黍稷報功王道昌，百辟慶忭懽聲揚。小臣頌述歌虞唐，四序順成民弗殃。巍巍端拱垂衣裳，天蒼蒼，德無疆。

明　李春芳《貽安堂集》卷二《詩·辛酉夏禱雨奉命行禮神祇壇有作》　雲漢憂勞獨聖皇，靈壇聊得薦名香。瓊綸親灑恩輝重，寶斷高燃肅敬將。黯黯山川含紫翠，霏霏烟霧混蒼茫。神祇遍禱精誠格，旱沛甘霖潤八荒。

明　高拱《高文襄公集》卷五《謝禱雨遣祭告疏》　奏爲恭謝天恩事，兹遇我皇上爲民禱雨，仍祭告朝天等宫廟，分遣臣拱以二十四日子刻於延福宫行禮，臣不勝榮幸，不勝感激，除赴鴻臚寺報名廷謝外，謹稽首頓首稱謝者。伏以休咎有數，偶時澤之稍愆，宵旰爲勞，乃靡神而不舉，遂俾駑劣，得奉駿奔，簡特出於宸衷，感允深於下悃。欽惟我皇上心同蒼昊，念切黎蒸，陋周王以社以方，未灾而備衧，炎帝曰雨則雨，有感必通，兹者閒涉驕陽，輒厪聖慮，既籲上帝，復遍群神，即子夜以布虔，就甲宫而展禮，特分近寀，亦逮微臣。顧臣德不足以交神明，才不足以爲霖雨，徒參法從謬，辱使令，敢不勉竭精誠，祇將明命，仰告桑林。懇惻之意，俯協雲漢；疚鞠之心，期感爽之鑒臨，冀恩滋之誕錫。臣無任。

明　林大輅《愧瘖集》卷一三《禱雨東山用林寒谷摘韻二首》

驕陽亟地天爲蒸，石燕林鳩安足徵。辛勤頻見杖藜老，趨走還同咒鉢僧。西雲二雨事猶祕，海色山光看亦曾。三年玩世寄林臥，漆室憂時非我能。

豐隆東來西日微，閶闔未啓消息違。豈有護田溪澗溢，即看挾雨蛟龍飛。石室燕藜混僧供，叢祠伐鼓連村扉。净土焚香松影亂，絺袍繩榻莫言歸。

明　楊巍《存家詩稿》卷一《五言古·示祈雨官吏》　官吏閔民旱，祈禱意頗敦。六月仍不雨，四野净如髡。呼前告官吏，恐未究其源。自從前歲澇，秋禾無一根。正賦不能入，兼之工役繁。政令如水火，徵求到雞豚。今日賣其子，明日復鬻孫。子孫已賣盡，里胥還扣門。守令猶不知，況能達至尊。人道良多舛，天心豈少恩。所貴修政事，及時救元元。愛人與節用，魯叟非空言。

又　卷六《王少尹祈雨有應》　四月荒田苦未耕，誰從窮海問蒼生。祇因少尹心如水，遂有甘霖夜滿城。堪笑陰陽虚縱閉，豈知天地自和平。請君明日南郊望，遍野農歌雜頌聲。

明　徐學詩《石龍庵詩草》卷三《贈雷别駕禱雨有應》　三月無雨夏將半，農妨栽植公憂旱。俄興一念禱宵蒼，倏遍四郊争泮涣。青衿童子連袂歌，白髮耆英稽首贊。轟然一夕驚震霆，須臾萬壑看冰泮。連朝飛灑盡霑足，百里焦枯同汗漫。既雨仍懷未雨憂，中宵催吏防湖岸。更問府囷多積穀，亟欲散之拯塗炭。我公得請六千石，給發之餘存其半。喁喁待哺長苦飢，何乃靳之寧非算。頻年倭寇略浙東，今復驅馳向吴中。攻城殺將不可當，放火夜掠糸雲紅。此夷出没信叵測，軍儲倉卒誰能供。我虞安堵賴保障，乃曰何敢貪天功。琴堂晏坐殊整暇，懔懔常如對敵營。修築團練無寧日，神機器械羅百工。昨來城中初識面，不須決拾彎雕弓。整刷鞍馬日馳試，臨危擬向開前鋒。

明　潘季馴《河防一覽》卷一二《旱久泉微禱雨疏》　臣潘季馴謹題，爲旱久泉微，河道艱澀，乞恩俯允虔禱以回天變，以濟糧運事。據管理北河郎中李民質、管泉兼理南旺濟寧閘座主事王元命、濟寧管河兵備副使曹時聘會呈，據兖州府管河運司同知陳昌言報稱，自去冬至今，天道亢暘，汶泗泉流微細，以致南旺等處河道日淺，即今重運盛行，恐有阻滯，預呈到職。該職等看得：南旺、濟寧一帶漕河地勢高亢，不通江河，所賴以濟運者，惟藉諸泉之水。而諸泉之水必得天雨及時，源流充溢，斯可盈漕利涉。詎自去冬至今，雨澤未霑，天道亢旱，時已入夏，地脈益乾，泉流愈涸，以涓滴有限之水，充南北二河之用，勢必不能。今浚河則河身不淺，導泉則泉穴俱闢，多方疏引，水涸如故，人力至此，無可奈何，所仰望者，惟有雨耳。乃雲作風隨，須臾如掃，日復一日，膏澤竟屯。雖今歲糧艘不多，積有諸湖之水，儘可接濟，但目下過濟者止有江北運船，江南重運及進貢船隻尚多未到，兹值狂風捲蕩，烈日薰蒸，湖水雖盈，亦漸消耗。倘自今猶然不雨，接濟不前，殊爲可慮。查得萬曆十六年久旱河淺，該查勘河工都給事中常居敬、山東巡撫李戴會題請禱，奉有明旨，隨即霖雨滂沱，運艘利涉。即今旱魃爲虐，不異往歲，河水漸涸，後事可虞。除行管河泉閘等官加謹啓閉，極力疏浚，職等日夜驚皇，痛自修省外，合無比照前例，俯賜題請，恭行祈禱于泰山諸神，庶幾天意可回，甘霖早澍，國儲幸甚，河道幸甚，等因到臣。臣竊惟漕河之深淺係于泉源之盛衰，而泉源之盛衰係于雨澤之多寡，蓋天時地利，本自相資，而人力天工，不可偏廢者也。矧漕渠自鎮口閘以至臨清，七百餘里，皆賴萊蕪諸泉南北分濟，道里既遠，水力自微，其所藉于霖雨者尤不小也。臣於去年夏秋之間，目擊山東地方苦旱良久，已經撫按衙門題請蠲賑，入冬雨尚愆期，雪不盈寸，臣逆慮漕河淺澁，即嚴行司道及管河諸臣疏導泉穴，挑浚漕渠，及將汶河諸水挽入湖陂貯蓄，以待不時之需。凡可爲漕計者，似無遺力。該司道所云浚河則河身不淺，導泉則泉穴俱闢，誠有然者。第因山東久苦乾旱，入春雨澤全無，亢暘愈甚，陰雲稍合，旋被風散，此皆臣等奉職無狀之所致也。泉流日微，漕水日涸，閉閘積水兩日方可盈漕。所幸今歲漕糧不多，徐北業已過濟，頭幫已出臨清板閘矣。獨上江運艘共計一百八十七隻，尚未過濟，而鮮貢之船亦多陸續前進。臣嚴行管河各官將南旺、蜀山、馬場、馬踏等湖封閉蓄水，取有甘結在卷，候運船至日，放水送舟，諒亦無誤。但慮狂風簸蕩，烈日薰蒸，湖水不免漸消。臣與司道諸臣晝夜徬徨，寢食爲廢，日望天降時雨，以濟燃眉之急，而竟未可得也。考之《春秋》，三月不雨，即以示警。今不雨者，自冬歷春，由春入夏矣，寧能保其不涸乎？臣查得萬曆十六年四月間，山東巡撫都御史李戴亦以久旱不雨，漕渠淺澁，旨同勘工都給事中常居敬題請，躬詣泰山祈禱，奉聖旨，便著該巡撫官虔誠祈禱，禮部知道。欽此。諸臣遵行，未幾而大雨如注，蓋聖德隆盛，素格天心，意念所及，百靈効順，宜其響應如此。伏望我皇上容臣比照前例，率同司道等官齋食素衣，躬詣泰時，建壇祈懇，仰冀旱魃潛消，甘霖速降，則非惟運道可免淺澁，而民生亦可望其有年矣。奉聖旨，著河道官竭誠祈禱，該部知道。

明 徐渭《徐文長逸稿》卷四《禱雨詩友人索頌邵府公》 使君憂旱禱星臺，走拜衡炎去復來。撲馬忽飛晴晝雨，迎龍先帶碧潭雷。憑將素履通三極，不是臨祈灑一回。總謂承膏無寸土，分凉猶到讀書齋。

明 王樵《方麓集》卷一二《浙西祈雨文》 維萬曆三年歲次乙亥五月戊戌朔，越十有六日癸丑，欽差整飭杭嘉湖兵備浙江等處提刑按察司分巡浙西道僉事王樵，敢昭告於浙西土穀山川之神曰：今歲蠶麥頗爲雨所傷，民之所望者，秋成爲急。顧苗蒔方始而時雨未降，烈日熯風，農夫甚苦於桔槔。高原下隰，苗蒔未能以及半。更數日不雨，歲事可憂矣。樵等叨長一方，民隱是切，敢率僚屬，虔禱於神。惟神降祐，俾甘澤應時，百穀用成，是惟萬民之望。謹告。

明 汪應軫《青湖先生文集》卷二《贈靳大夫祈雨有感詩序》

紹興濱海隅，厥土斥鹵，厥田墳衍，水旱易爲民病。嘉靖丙戌，自四月不雨，至於秋七月，於時靳大夫署郡守事，爲百姓憂，避正堂，減食徹絲竹，潔牷簠禱於山川百神，逾旬無應徵，百姓彷徨，走數百里求術家者流，叢興祀事，將以强於大夫。大夫以色拒嚴，以詞拒正，人不敢撓。大夫積誠如初，蠲繫折箠，疏冤剔隱，收流穴，起阽危，而植之不遺餘力。又旬日不雨，議用術士者紛起，勢殆不可遏。軫乃貽書大夫曰：『無德不動，無志不孚。惟天不應在人，惟人不信在恆。術惡可用也。昔魯僖欲焚巫尫，君子譏之。願大夫加意，無惑乎人之言。』大夫曰：『僉情也，惡乎可拂？吾能順之而弗以携吾中天，庶乎可動也。』乃命占象，乃命察氛，不日而雨，四境旁溢，萬民懽呼更生。或有告於軫者曰：『天道之不可知，如是乎？以大夫之誠視術士，宜誰應者？子之言亦不信矣乎。大夫而聽子，如吾民何？』軫曰：『天道至大，無所不容，無感不應，感之以誠，聚之以精，則君子、小人皆可以通神明而格皇天。且感有遲有速，感之速者，如大戊之祥桑，如成王之風雷。感之遲者，如宣王之雲漢。其尤遲者，如堯之水，湯之旱；尤速者，如宋景之熒惑，大抵存乎精誠，而術數不與焉。今日之應，又焉知不在此而在彼也？大夫將聚民之精以動天也，非用術也。』軫因有所感焉。世之民牧者，多泥於迹而不知轉移，政是以壞。使能由此而推履信，達順崇，正尚中，因民之情而利導之，則人和氣和，而休祥畢至矣，尚何有水旱蟲螟之害乎！大夫在吾郡將陟考始終一節，其不厭於天，亦素矣。不然，豈足爲感通之本，亦豈諸作者頌稱之意哉！

又 卷五《禱雨文》 泗在中土，實維帝鄉。拓根肇業，以永無疆。

天眷國祚，必培其基。云胡近歲，遭此荐饑。明明天子，式勞簡命。稱匪其人，曷裨時政。沛若君恩，惕若臣職。令厥有終，初焉是力。獻歲祈福，昭告以文。豈其旱虐，如惔如焚。天心仁愛，動以灾警。灾成不禳，適爲民病。有司不良，民則何罪。君心見憂，臣貽之累。魯欲焚巫，盍焚其身。桑林自禱，不禱於人。況臣不德，降罰無辭。神如有靈，庶其聽之。

又《告泗州城隍文》 應軫不才，謬官斯土。仍歲荒澇，民多流宂。不能聊生。況茲初任，百務具弛，曷稱民牧。今逢開歲，農事茲始。神其憫佑，雨暘以時。庶幾五穀告成，百室胥慶，逃亡漸還，瘡痍復起，得奉祠事。若應軫立心不臧，肆意暴虐，賄賂公行，讒諂無忌，闒茸不振，彊梁自專，因循廢時，奸巧立異，惟事虛名，不行實惠，以負國恩，神其降罰予身，於民何辜？敢告。

明 田藝蘅《香宇集·續集》卷六《告里社神祈雨文》 嗚呼！下民之困，未有若此之甚者也。頻年以來，穀賤傷農，絲賤傷織，而民食不充腹，衣不掩形，以忍須臾之死者，尚冀否極而泰、厄極而甦、萬死一生，有今秋也！夫何困于寇攘、困于胥削、困于賦繁，猶且男耕婦耨，以畢命于畎畝者，更冀西成之日，苟有所資，庶可以給公而全私也。乃夏五月不雨，至于秋八月，民困于旱矣。禾苗将秀，四虫蝕之，民困于獲矣。川谷斷流，舟楫不通，民困于商矣。苑囿日焦，蔬息就槁，民困于饉矣。樹枝枯爍，百果不實，民困于荒矣。豪富閉糴，假貸絶望，民困于饑矣。晝夜勤動，骨力俱疲，民困于疫矣。悠悠旻天，居高聽遠，曷之訴哉？所賴與民，幽明至近，休戚相關者，惟我里社神耳。曾有英靈如神者乎？曾有仁慈正直如神者乎？曾有專土如神者乎？蠢茲下民，罔媚于神，而春祈秋報，亦嘉且虔，諒神所格也。今上帝邈矣，神胡不上請于帝，亟惠時雨，以蘇民困，以康國祚邪？民匪神罔戴，神匪民罔依。惟時不登，惟社當遷；惟民不利，惟神亦曰殆哉！嗚呼！寇之困猶可禦也，胥之困猶可革也，賦之困猶可供也，惟天作孽無違，惟天降殃無涯，惟天殛民無遺。嗚呼傷哉！小子不忍，代有衆陳罪言不諱，實惟小子之辜，惟神監之，惟神憫之，惟神拯之。敢告。

明 王世貞《弇州四部稿》卷四六《劉太常亟言大城令忽君之賢也其善狀非一至禱雨立澍矣予聞而賢之爲賦四絶句》 試按扶風部，應先數大城。神依灌壇令，民頌束先生。

其二 自是神君雨，那因少女風。河陽萬壠緑，千樹亦争紅。

其三 霡霂沾衣樂，滂沱破塊寛。好星元有雨，星是漢郎官。

其四 汝禱亦已久，六事無可責。密雲天際來，宛然桑林色。

又卷一〇五《祈雨文》 提督軍務兼撫治鄖陽都御史王某，謹具瓣香束帛，敬告于風雨、山川、社稷、城隍之神曰：都御史無似以天子命領鄖，節其荆襄，漢南之山川、土田、人民，皆與神共之。今旱自五月至六月矣，未黍之地，高者蟹螺，而卑者沮洳，日夜恃雨以爲命，而不能希涓滴之賜。今土尺圻而膏寸涸，本下萎而末上焦，其父老子弟食寢之弗遑，以爲歲憂。夫天下稱名山者，無踰玄岳；而稱名江者，無踰漢。其神當最靈而又尊貴，即父老子弟之所循省以爲最媚事者，亦無如神，神不當坐視其困也。且天子方齋，明其德以奉上帝，恵鮮小民，百執事精白一心，恪共乃司，神罔時恫矣。即都御史之不蔽職，而神督過之，亦不當以移於民也。都御史今貶車服，減騶從，從事於壇壝，而敬與神約，其恵我甘霖三日，以起焦枯，當從父老子弟百拜稽首，以謝神之大貺，而光昭其威德。抑語云天灾流行，國家代有意者，神乃不能得之歲耶？都御史無似尚能以五郡吏民請命天子，而神不能以五郡吏民請命上帝者，未之有也。神其鑒之，鑒之。

明 張鳳翼《處實堂集·續集》卷一《徐羽士禱雨有驗贈之》

郡侯憂旱禱桑林，司馬聞孫道術深。捧檄登壇無信宿，靈符飛處即甘霖。

明 張鳳翼《句注山房集》卷二〇《北岳禱雨詞》 惟神玄方正位，黑帝居尊。侍祀九十人，應道武文成之禱；周回三千里，稱四種五穫之蕃。庶彙馮生，群靈仰德，繄茲晉鄙，寔借神庥。況當荒歉之頻仍，寧忍雨暘之夫候。爾者肥蚓作沴，朱鳥嘘炎，釁鮮泥牛，飛窮石燕。三時霡霂，既未睹夫濯枝；百穀蕢薿，又何期乎及秭。無苗無麥，人懷萑谷之憂；如灼如焚，家切桑林之感。黔黎疾首，岳牧焦心。某職在撫綏，敢忘鞫疚。是用耑官致祭，敬將盈缶之誠，望岳乞靈，巽沛傾盆之澤。明湮有秩，昭假無嬴。倘回大造之龢，早降五風十雨；庶拯下民之虐，溶成九稔三登。莫罄丹忱，伏祈玄鑒。

又《龍神禱雨詞》　維神變合金精，化涵水府，八部稱尊，四靈推主。既田見以文明，復雲從而物覩。總乾象八十一鱗，成歲功三十六雨。硯池涓滴，不須告社之龜；馬鬣滂沱，寧事置潭之虎。澤被茨梁，德昭寰宇。維今歲虐，乃遘驕陽，屏翳失潤，禁伯無良，塍疇坱圠，士女旁皇。載歷三春，地匝木仙之指；洊登九夏，衣藏玉女之岡。日有冠而非黑，月無頟而不暘。三農未作，萬寶何嘗。某身任撫綏，每懷顛仆，目擊旱荒，敢忘鞠疚。祀雲氣于斗樞，盻月華于畢宿。悵鳴鸛以幾迷，望噞魚而欲晉。搖搖夕樹，期符少女之占；肅肅朝壇，奠驗木神之咒。鞭陽石其何時，閉南門兮莫救，是用吉蠲致雩，將享求歆。推舉石燒山之禱，竭積薪環艾之忱。六事省躬，不敢後桑林剪爪；八章憫下，寔有同《雲漢》熏心。維飱在簋，維醴在斝。俯陳白念，仰叩甘霖。倘龍神之有赫，控蜧馭以來臨。庶不霪與不霿，祈如坻而如京。尚饗。

明 駱問禮《萬一樓集》卷一〇《雜詩·禱雨詞》　山前山後禾可燃，大村小村急祈雨。老師書符驅洞神，長蛇短蛇貯盈筥。南村山頭雲忽生，須臾風雨來如傾。兒童鼓舞競誇奬，我師設法眞有靈。霹靂一聲虹跨澗，北村共訝雲將散。應是神嗔禮未勤，明日重將肴果辦。陳肴列果色色鮮，嗚鑼擊鼓拜禮虔。師云神喜雨可俟，啓筥看蛇蛇已死。

又卷一六《王明府禱雨有應》　一雨濡焚萬姓蘇，琴清庭鶴亦歡呼。不緣政首群英出，安得仁先八邑敷。槩浦水迎胥漲遠，蠡巖春映禹城孤。村莊客到頻傾酒，共計秋成早上租。

又卷四六《祈雨文》　維萬歷六年歲次戊寅四月壬午朔，越六日丁亥，雲南布、按二司分守洱海道右參議駱問禮，謹帥楚雄府闔屬州縣并各有事地方官員及師生人等，敢昭告于風雲雷雨之神暨本府山川之神、本府城隍之神：五風十雨，平世之常，茲當初夏，農作正殷，而天久不雨，物性民情，隱隱可慮。豈待罪地方者政行無狀，故神降之罰耶？茲各洗滌愆尤，聽命壇下，必得所以慰百姓之望者，乃敢寧處。惟神鑒之。謹告。

明 王圻《王侍御類稿》卷一四《五言古詩·禱雨有應喜極口占》　恒暘爲虐軫民情，虔禱精忠格上清。霖雨應期誰得似，異時惟有東先生。

又　纔覩禬帷禮法宮，四郊甘澍灑枯叢。憂民萬結腸方解，老穉歡呼拜舞同。

明 沈一貫《喙鳴詩文集·詩集》卷八《十五夜詣君房時方禱雨二首》　病骨支離甚，猶堪坐二更。入門據左席，索主出金罍。如此蟾蜍影，難爲蜥蜴情。悠悠天萬里，隱隱墮鍾聲。

月明如積水，只少向人流。豈謂星河夕，翻令雲漢愁。民勞迄不雨，天旱意中秋。側息無窮意，烏還人倚樓。

明 沈一貫《敬事草》卷五《請禱雨揭帖》　題竊見春夏以來，亢旱連月，每見雲合，輒起大風，間得微雨，無救枯槁。來年絶收成之望，黍荳鮮發生之期。自京師以至遼東、山東、河南、山西、陝西皆稱不雨，米價日貴，民心惶惶。仰惟皇上夙夜焦勞，宫中密禱，臣等大小衆職，不能黽勉調燮，消灾迎和，深切悚懼。前禮部題奉，欽依行順天府官祈禱，既未昭格，宜加申命，合無敕下禮部，令其再行虔誠致禱，以徼天佑，以慰人心。謹擬傳帖一道進覽，伏乞聖裁施行。諭禮部，去冬至今，亢旱爲灾，已歷三時，河井乾竭，二麥枯槁，民無所賴。朕日夜焦思動火，深維失德致此，你部裏便具儀遣官，祭告天地、社稷、山川，并應祀神廟，竭誠祈禱，内外大小臣工着令痛加修省，各勤職業，以回天意，毋得徒餙虚文。閏四月十一日上十二日諭。

又《録上萬曆十三年禱雨聖政揭帖》　題頃者六氣失調，三時亢旱，仰厪聖心焦勞，深宫虔禱，并敕文武大小臣工痛加修省，以消天灾。臣待罪輔弼，五年于茲，燮理陰陽，實惟典責，灾旱若此，咎將誰歸？因追思萬曆十三年四月，禱雨未應，皇上親霈德音，親御布素，自武英殿徒步出大明門，祇叩郊壇，虔申祭禱。又召輔臣九卿諭以天下有司，貪贓害民，致干天和，令該部慎加選用。德音懇惻，朝野歡呼，三輔臣亦各引罪自責，交相儆戒。是時臣備員講幄，記注起居，竊窺皇上於諸臣藹然如家人，皇上於小民肫然如赤子也。撫今思昔，如在目前。臣因恭閲紀載，即此匝月之内聖政極多，不獨躬禱一事。如親享太廟，詰責太常卿沈人种轉身輕慢，復用爲福建巡撫；如念刑獄冤濫，去熱審尚遠，即諭刑部輕罪減等，重囚情可矜疑者虚心鞫審；如念燒造磁器、屏風、燭臺及大龍缸，糜費難成，即并行停止；如念天下灾傷，地方錢糧出辦艱難，即傳旨蠲免一年，并免先年灾傷地方帶徵錢糧；如念户部婚禮錢糧難辦，即減三分之一。至于并建衆輔，召見煖閣，君臣唯諾，宛若唐虞，美政多端，史不勝紀，匝月如此，餘月可知。輔臣申時行、許國、王錫爵、王家屏并以當代名賢，濟濟在閣，此謀彼斷，協力贊襄，智慮周詳，精神暇豫，知無不言，言無不行，故上下泰交，共成盛治。至今海内思歌謳吟，使皇上循此不已，堯舜何以過之？邇年以來，端居静攝，朝講希御，勵精軫恤之念不無少遜于前，而首輔趙志皐又抱病經年，給假未出，臣以衰庸之才，一身獨任，智慮不逮于前人，精神每眩于多事，倉皇救過，然且不暇，其於聖政闕失，安能從容調護，以時裨補，致使盛美漸虧，瑕疵累見，試檢比來所行，復有曩時一二乎？曩親禱郊壇，親享太廟，今對越久虚，庭燎無光矣。曩詰責沈人种猶加器使，今遷謫不還，即考選科道之命亦不下矣。曩慮刑獄冤濫，今守令無辜被逮，縉紳滿囹圄矣。曩停止燒造，今開采之使布滿天下矣。曩蠲及帶徵錢糧，今皇店税課朘民骨髓矣。曩戒剥害小民，今無藉棍徒假官横噬，莫可誰何矣。曩傳免婚禮錢糧三分之一，今冠婚册立等錢糧多至鉅萬，需求日急矣。曩四輔并列，召對煖閣，今閣臣寥寥，晋接無期矣。試舉今昔之政，虚心并觀，豈不天淵懸隔若兩人之所爲者？前海宇寧謐，今安得不騷動。前百姓謳歌，今安得不怨咨？不見其形，願察其影，即今楊應龍以小醜敢爲跳梁，臨清小販窮民敢與中使作仇，湖口、儀真、上新河等處，所在爲梗，人情騷動可知也。中外諸臣懷忠極言者不知其幾，詞意迫切，有非人臣所忍聞，賈生痛哭流涕，長太息之談不至於此，即諸臣之惋惻，而天下怨咨可知也。靡不有初，鮮克有終。開元、天寶可爲炯鑒。皇上何忍以三五盛治而任其日頹日弛乎？臣上累新政，下愧舊臣，灾沴頻仍，救禳無術，躑躅徬徨，徒有涕淚。偶因禱雨省愆，愴然追感，謹將萬曆十三年四五月中聖政摘舉略節，以干睿覽。皇上即不遠師帝王，近法列祖，第以所嘗躬行者，反覆思維，恍然省悟如寐，斯覺如醉，斯醒紹續前美，蕩滌後瑕，則勵聖德於廢闕之餘，德愈光宣，皇仁於壅閼之後仁愈溥，騷動復爲寧謐，怨咨轉爲謳歌，人心不摇，天灾可挽，百祥并集，萬福攸同。皇上直與古帝王齊名，而臣亦藉以少逭戾愆，不至爲前諸臣罪人矣。臣無任激切仰望之至，謹具奏聞。

又 卷七《請禱雨揭帖》 題今夏酷熱異常，天久不雨，諸穀焦枯，物價盡踊，即蔬蓏之類入市亦少。加以疾癘流行，瘧痢時作，群心遑遑，仰籲無所。恭惟皇上敬天勤民，仁慈隱惻，伏望特諭禮部，行順天府官竭誠祈禱，并令張眞人醮龍行雨，庶幾天心默回，聖澤溥被，而萬民受更生之賜，臣不勝懇祈，謹擬聖諭一道恭進，伏冀裁定施行。

明 葉春及《石洞集》卷九《祈雨》 春莫矣不雨，是知縣不德，適見于天也。藁席素食，緩刑滌冤，省責矣。凡我有衆，亦皆齋從，侵晨徒步，詣壇場禱。庶神憐我，降以甘澍。

明 呂坤《去僞齋文集》卷八《禱雨》 愁雲攢作雲，滴淚揮爲雨。恨不將愁淚洒向焦禾黍，濃雲忽慰我，狂風誰令汝。天心豈不仁，天威在何許，故令雨澁雲慳風肆虐，蒼生坐視，蒸民號泣，而不爲之處。嗚呼！我知之此道難重語。

又 卷一〇《祈雨祝龍王文》 頻年苦旱，百穀鮮登，國税靡供，民生奚賴。惟上帝仁覆閔下，惟龍王能作甘霖。今值夏長秋生之時，獨靳雲行雨施之惠。循省罪端，寔由某等。蓋膏澤不下於民，故亢陽特示之罰。勉修實政，仰荅天心。自作之孽，寧降割於某身；霑足之恩，幸蚤及於萬姓。竭誠拜禱，神其鑒之。

又《祈雨祭東岳文》 維神奠安社稷，雄四岳以鎮東方；潤澤生民，能一朝而雨天下。邇者舟幾泊土，禾欲生烟。焦勞廑於九重，奔走遍及群祀。竊惟泉出山下，石乃雲根。滙百川而爲海，况其細流；借一霎以濟漕，似亦餘事。惟某不德，空懷萬姓之憂；緊神有靈，當副一人之望。兹啣上命，用竭微虔。通精白於伭心，薦牲酤而拜首。伏願昭靈溥惠，體國恤民。千里增波，少酬列聖欽崇之典；四民生色，益慰萬方仰止之懷。事在徬徨，心實迫切。某等無任勤懇籲祈之至。尚饗。

明 王世懋《王奉常集》卷一《夢羲蔡使君坐中喜禱雨有應》

齊聖勞桑林，中興泣雲漢。天運不可常，賢者遘其難。所貴在悃誠，金石猶可貫。黽勉我蔡公，憂思勤旱熯。民瘼豈獨任，撫已若顔汗。五旬爲民請，毀鞠寧足憚。赤日暴中庭，三星夜猶爛。丹衷徹眞宰，迅颷起清旦。式舞來商羊，有濟徵垤鸛。甘澍足四郊，藴隆一以散。蔬食飯故人，相懽忘日晏。毋謂天夢夢，昭赫運神觀。來蘇雖在望，民力猶塗炭。撫疲篤所終，良規寄清翰。

明 鄭二陽《鄭中丞公益樓集》卷三《率屬祈雨文》 嗚呼！惟神聽之。慨自軍興以來，賦役煩苦，煢煢小民，所仰爲續命之膏者，繄惟三農是賴。而今大旱不雨，虔禱弗應，或曰天心降割，自是歲運大灾。某等憂心如焚，惟有引咎自責，所云不職之罪，固知非復一端，然如省刑薄斂，所稱仁政之大目者，蚤已不能無愧，則以加派催徵之嚴，不免急于奉功令而緩于顧民生，保無誅求之過甚耶？敲扑之過重耶？株連蔓延，或且波及無辜，而桁楊犴狴之間，不無冤滯而多鬱憾耶？一絲一粒，一騎一役，未必盡歸公用，往往以蒙溷滋厲階，甚至覆巢蕩產，或失于照看，乃不知民之痛苦而不堪耶？抑狃于隅識，度慗大公，亦有威福自恣，率爾暴逞，或且以人之身家性命輕于一擲，顧尚懵爾而不覺耶？即曰爲人各有本末，每每以天理王法相飭厲，然而時勢之偶有所迫，意見之偶有所偏，安能盡必舉足之無咎也？竊見邇來人情愁怨，常覺哀怒之氣多而喜樂之氣寡。夫匹婦含冤，天尚爲之不雨，況今公私人事未必在在協宜，上下群情又多悒悒愁鬱，非觸天怒，即干天和，又何怪乎大旱不雨耶！聖訓許人悔過，天心或亦赦罪，日惟俯躬刻責，一切痛自修省，刑罰爲之悉停矣，催科爲之姑緩矣，獄禁爲之亟清矣，徵逐宴會之事爲之罷廢矣。舉一事，動一念，或幽或顯，精白祓濯，誓且直與神明相質對，倘其或有隱慝微曖，傷天理而犯王法者，人未及知，神必知之。寧可爲萬姓以殛一人，勿或怒一人以累萬姓，所願普行大慈，早降甘霖，庶乎五穀豐稔，萬民甦生，幸甚。惟神廟食於此，休戚實與共之，愼勿安諸天數，忍于坐視而不救也。肅此合誠懇禱，伏惟明神圖之。

明 周復元《欒城稿》卷四《駕詣圜丘祈雨恭述》 曉排清禁踐雲端，花露朦朧曙色闌。朱樹方暉窺御帳，紫霄圓影拂仙壇。真君鵠駕十洲肅，神女龍簫六月寒。好續桑林成曠典，漢家誰是纂述官。

又 卷五《祈雨》 薊門鴻雁度沙寒，極目逃亡不忍看。簫鼓迎龍春已過，農桑失業政逾難。三年兩歲逢時儉，千里一官徂歲殘。投扳當軸倘得遂，狂歌日訪鹿門灘。

又 卷六《祈雨三首》 四月已不雨，人情但皇皇。祗疑吾部內，六月有飛霜。

其二 鳩喚亦不應，蟻出欲何爲。方欣作雨意，忽漫被風吹。

其三 滄海鯨不起，天池鯤欲眠。安得八公術，驚起嬾龍泉。

明 釋真可《紫柏老人集》卷七《祈雨疏》 恭聞聖人無常心，衆生無常習，顧在感應奚若則機教生焉。譬如醫無常醫，病無常病，醫病相扣而精粗始辨。故病以寒者治之以寒藥，病以熱者治之以熱藥，如衆生有無量病，佛爲醫王，亦有無量藥。世有亢旱之憂，如來則不恡實力之應，又此實力者非但如來獨有，亦有天實力、地實力、聖實力，凡實力，龍王實力，龍王眷屬實力，并一切鬼神餘部等實力，所以雨不求則不降，衆生不感，諸佛不應。然諸佛中有大悲雲生如來者，深愍衆生亢旱之苦，禾苗不秀則穀飯無本，穀飯無本則衆生生機絶矣，於是大悲雲生如來發願救之。故凡有亢旱之處，稱此如來名，則如來大自在實力，三昧之用，率諸聖凡種種齊施實力，轉枯槁而爲滋茂，即亢陽而爲甘霖。伏願大悲雲生如來不違本誓，俯應群機，三草二木，一切百穀，普救焦枯，并得秀實。謹疏。

明 姚舜牧《來恩堂草》卷八《新興祈雨文》 維邦之本在民，民之天在食，而食之足在雨暘之時若。往歲苦水旱，下民流離，即今雨暘時若，猶懼莫克拯救。乃值茲種插時，恒暘月餘，野無青草，僅存孑遺，將令無復噍類耶！某奉命無狀，應致殃罰，而國命民瘼，其曷以堪？神食民力，責同守臣，敢秉精虔，率僚屬以下民之祈祈神，祈神以守臣之祈祈之上帝，大沛甘澤，甦茲困窮。某昕夕莫勝注望之至。惟神鑒聽之毋忽。

明 屠隆《棲真館集》卷七《龍大夫禱雨詩》 使君禱雨祀名山，磴道叢林手自攀。縹緲佛光從地湧，公禱天井銅盆金沙，因登釋迦舍利殿，見舍利現五色光，舍利塔故從地中湧出者。蜿蜒龍子負舟還。公禱金沙舟中，見龍子如蛇，盤旋不去。玄夷使者初投札，紫氣真人未度關。鞭撻靊霳駈屏翳，知公原已列仙班。公投書龍宫，書甫達，即大雨如注，四郊霑足。

天遣君侯亦姓龍，蜀山端合應霜鐘。秒時好雨隨車幰，一夜飛泉灑石淙。穜稑香濃連四野，桔槔聲斷舞三農。政成堪適逍遥趣，蹋遍溪橋紫玉笻。

杍柚蕭條萬井烟，勞君撫字遍江壖。星河露禱衣裳濕，雷電風行尺素傳。公每退食，中夜焚香露禱，以祈有秋。岐麦張堪自循吏，茹芝龍述況神仙。

時邪子吳郡張公爲政，沉毅豈弟，禱雨精誠，與公同德。眼中父老無饑色，荒後應書大有年。

又卷一二《贈邑大夫徐侯禱雨叙》　明州僻在海澨，田多斥鹵，一遇颶潦，千畝爲瀦，或當旱暵，江潮苦鹹，不可以灌。舊四鄉并有堤防，蓄洩水道，歲久河渠政廢，堰閘圮壞，水口一泄，盡入大江，諸港立涸，旱之爲灾，殊甚於潦。土瘠民貧，俗逾偷窳，號爲難治。連歲吳越大旱，疫癘繼之，民人凶札，骸骼枕藉，豫章徐侯，出宰我明。今歲己丑夏復旱，侯與郡大夫力走群望，召方士結壇設法，禱雩不應，侯乃遍叩四郊龍湫，屏騶去蓋，窮陟天井山絶巔，夜分披荆榛，犯霧露，向五井搏顙，連曙龍神，效霧下山，而黑雲四合，雨師前導，復禱銅盆，浦龍還，野服徒步，三步一拜，掌膝爲腫，流汗浹背，道旁父老觀者咸欷歔感泣，澍，穡稼復蘇，歲以有穫。而亢暘既久，不無損傷，即又亟以灾聞於當道，議蠲賑焉。又開藥局，以療民疫癘，全活無筭。侯爲人豈弟，不設城府，表裏洞達，才諝敏贍，遇事輒了。甫下車而釐革宿蠹，夷塞幣竇，政声驟起，號爲神君。諸政務於黔首稱不便者，次苐裁正，禁預借以寬民力，置長单以杜浸漁，酌緩急以便征輸，革拘攝以除横擾，清胥吏以防舞文，修水利以備蓄泄，禮逢掖以興人才，懲健訟以息狡俗，士民訢訢嚮風，頌声交作。嗟乎！去歲旱灾，賴郡守姑蘓張公、署邑郡丞武陵龍公竭誠禱祠，悉力調劑，饑而不害。今歲則又賴侯爲之拮据，荒政良苦，明州于吳越間爲最艱劇，厥土瘠薄，厥田下下，連歲灾眚，吳越困甚。頃者固陵以北，徐方以南，赤地千里，流離滿眼，積骸若陵，浮户成坻，而我明獨私皇穹雨澤，以拯田禾，什存四五，邦大夫之擘畫收恤我元元之民較他郡邑有加焉。天其或者哀憐我明州貧瘠，視他郡邑甚而載錫之良牧也。邑耆老某某等以闔境民心相率，效古輿人之頌，頌侯德政，而以不佞頗嫺于古文辭，且辱知侯深，乃屬不佞譔一言以進。不佞既爲侯記禱雨，而復以諸鄉父老請不可已，僭而握頴若是。夫官之易於及民者，必無加于令哉！願侯益崇明德，勿替初心，實我明元元千百禩無疆之休，不佞異日者尚得操三寸不律，爲侯傅循良，以嗣古黄次公朱桐鄉後。

明 于慎行《穀城山館詩集》卷一七《恭陪聖駕步詣南郊禱雨有述六韻》　閔歲宸慈渥，雩郊曠典行。重城虚奉輦，小隊罷陳兵。玉烏飛塵擁，天衣浣布成。望雲歡兆姓，夾日走群卿。禮數湯林薄，明裡漢時輕。皇穹應有鑒，何以答精誠。

明 黄克纘《數馬集》卷一二《邵州禱雨有應和同年劉文見侍御見贈韻》　荒歲之禾玉不如，憂民無計足儲糈。占星偶應滂沱雨，驅暑漫勞霹靂車。荆楚江風飛石燕，昆明池水舞鯨魚。知君曾辨五原獄，甘澍還堪灑故墟。

又卷一五《龍潭禱雨》　龍王宫殿碧潭深，臥映明珠秋正沉。我欲題詩驚龍起，乘雲飛去作甘霖。

又卷一六《夏日龍潭禱雨》　誰云濼水有龍蟠，空設靈潭禱雨壇。若識歷山農父意，爲霖初夏未應難。

明 趙南星《趙忠毅公詩文集》卷二〇《祈禱雨澤疏》　奏爲祈禱雨澤事。臣以老病求去，奉旨未允。臣偃仰私寓，已不能出，方具疏再辭，蒙皇上以天氣久旱，遣臣分祭社稷。臣仰體皇上憂民之心，願竭螻蟻之誠。奈臣頭目昏眩，恒如在醉夢中。而又飲食爲害，腹痛時作，燥濕不均，起居無度。既少清明之氣，又乏强力之容。恐不能成禮，以辱欽命。用是不得已干冒宸嚴，以求改遣。臣不勝戰慄待罪之至，爲此除另本求去外。天啓四年五月十八日晚上十九日午刻，奉聖旨：祭告期迫，卿遵旨行禮，不必改遣。該部知道。

明 唐時升《三易集》卷二《靈雨篇謝明府禱雨立應賦此》　天公百日封江湖，老龍睡熟不可呼。重潭魚鮪半涸乾，三農衣食投洪爐。去年衾裯易斗米，今年米貴仍無襦。兒童吁嗟父老泣，道路籍籍將焚巫。邦君愛民眞愷悌，笑嚬常會神明意。哀此喁喁十萬家，心知溝壑須臾事。尋常羊雁襲素絲，車如鷄栖亦委蛇。朝來徒步謝冠蓋，道旁觀者争嘆咨。吾君庶幾無疾病，但恐日炙炎風吹。街前白日未移晷，中心惻怛天應知。金支翠旂恍惚至，後有雨伯前雲師。既沾城郭及原野，平鋪萬頃清琉璃。田間婦子相顧笑，吉貝可織稻可穈。南北征輸各萬里，吳中何處無瘡痏。海濱獨荷皇天慈，王室如燬父毋邇。白首書生見五朝，長携蓑笠伴漁樵。年豐好作春秋社，社中長作太平謠。

明 祝以豳《詒美堂集》卷二《邑侯周公禱雨隨應敬賦》　五月

農家出僂傴，囊口蓬蓬時掃土。無乃帝遣江湖封，燉煌之人輒相侮。桔槔苦竭粟苦貴，縱插秧成已亡庚。瘥扎年来骨未蘇，創深聚族相驚呼。天以仁矦胙吾邑，禱請萬計窮思虞。涒灘無奇退龍哭，昆池有梵那能祝。角巾行隨赤日征，片心直向蒼旻暴。箕占雩舞亦具文，滌燥宣煩仁滲漉。恍忽何來少女風，須臾霡霂洒空濛。怒桴驚曄寂不起，繁聲大點傾如箭。望裏柔青潑新黛，婦女束秧男秉耒。已分牀頭罌廪空，詎圖眼底生成再。塗歌室頌歡聲流，吾民累刼誠何修。推沴爲釐在反掌，精爽直與玄工游。玄工精爽互爲政，恩出兩大難爲酬。野夫滄溟上游住，秫田十歲五不遇。昨夜新畦麯蘖香，壺觴預理登山具。憶從鄂渚識矦先，胸中九泒湘江烟。他日蒼生遲霖雨，爲侯重賦湘江篇。

明 蔡獻臣《清白堂稿》卷一六《庚午春豪山祈雨文》 節彼豪山，何嵯峨矣。雲蒸其上，俾滂沱矣。應祈如響，芘民多矣。維暮之春，雨澤睽矣。溥彼原隰，如棲苴矣。七日之祈，我願奢矣。霡霂之來，既既加矣。雖然沾彼燥土，能幾何矣。盜賊頻仍，民無家矣。三日不雨，將無禾矣。夜戽晝槔，民怨嗟矣。叩神謁帝，挽天河矣。立霈甘霖，足原窊矣。尚饗。

明 羅大紘《紫原文集》卷八《祈雨文》 兩旬風日，千里旱荒。憐禾稼之未成，懼泉源之將竭。車戽無地，枯槁可哀。自顧人心非古，上干天地之和。良由風俗未醇，自招雲漢之戾。況紘八年去國，兩地遷基。勞心土木之功，疏志聖賢之學。二三其德，千萬厥愆。自私自利，仁義未沾于閭里；民饑民溺，罪過實起于冠裳。撥天則釁端自人，論人則咎源由我。如斯亢厲，敢動怨尤。但念社姓愚癡，土風瘠嗇。以耕商爲業，惟勤苦是甘。且近時富者漸貧，貧者愈困，即豐稔尚難糊口，若饑饉何所聊生？情實足矜，罪有可原。如我闕遺，自當生受。惟上蒼無絶人之理，俾下臣開悔悟之門。神明感通，起潛龍而驅旱魃；雷雨作解，化沴氣而爲甘霖。垂金霧于九重，瀉銀河之千里。郊原增色，枯槁回春。普天慶大有之年，率土被再生之德。兆民永賴，萬壽無疆。

明 趙世顯《芝園稿》卷八《禱雨》 築壇祠黑帝，伐鼓聚神君。楊柳灑法水，旗旛招濕雲。蛇醫百子閧，龍像衆香焚。喜向農人道，雷聲已漸聞。

明 鄭明選《鄭侯升集》卷六《禱雨不應》 徒步禱雨滄江濵，雷霆寂寞風揚塵。白日烈烈殊足畏，旱雲蓬蓬何不仁。四水焦枯纔一尺，千田圻裂今三旬。早禾尚可晚禾死，野老悲啼悲殺人。

明 鄭以偉《靈山藏》卷一《祈雨》 簫管迎龍已浹旬，靈峰未受一陽巾。爲農便遇赤千里，吸硯那將黑萬畇。望雨急於求汗病，憂時殷似未歸人。徬徨弊劫何從活，再上高墩禮北辰。

明 謝肇淛《小草齋集》卷二一《奉和大司寇趙先生齋居禱雨詩二首》 驕陽不散早秋時，赤地猶鞭六馭馳。倚樹幾人逢少女，空山盡日見肥遺。秣陵彫弊難迯暑，宣室高居正受釐。獨有老臣憂社稷，齋心蒿目夜歸遲。

雲館青綾伴索居，九微燈燼夜窗虛。德星應照都官省，閔雨無勞魯史書。玄武湖邊雲乍起，太平堤上柳初舒。定知北斗天喉舌，自有玄冥爲洗車。

明 畢自嚴《石隱園藏稿》卷一《和張華東年翁齋居祈雨韻》 雷雹驚心夜不眠，一朝浩蕩九霄傳。初衣已遂無他願，但乞時豐供税錢。

明 曹于汴《仰節堂集》卷一二《久旱禱雨有應》 利瓚鑿地脉，名山不能雲。闤市紛豺虎，戾氣徹蒼旻。去年六月書不雨，迨今河漢飛紅塵。昔聞土養人，今見人食土。饑來去何之，凄凉空敗堵。父子忍仳離，白骨暴如莽。餓夫十八萬，枵然聚畿輔。路逢権利人不言，而敢怒我皇惻惻。躬禱桑以實，不以文煌煌。釐弊無異除新法，剔奸何啻烹弘羊。頌聲成轟雷，喜氣成靈澍。雖然草始青，鼓腹若大餔。家家機杼鳴，處處禾黍布。公家固不貧，萬里盡外庫。君不見，從來大亂興，每自荒年起。民饑則流流則聚，一夫揭竿大事圮。邇來景象亦如此，不有甘霖胡恃矣。

明 陳懿典《陳學士先生初集》卷三六《吴郡伯禱雨輒應》 禾城大旱草盡枯，高原下隰屢祭雩。青青穀種初破甲，旋復燔灼無由蘇。屈指雲霓虛數月，農夫桔槔徒搰搰。蒼穹既不憫下民，賢守寧忍土膏竭。彌旬步禱遍蒿萊，不憚重繭蠲民灾。須知人意回天意，月離雲出頻相催。屏翳振轡商羊舞，甘澍滂沱樂編户。經時旱魃忽已消，展也夢魚歌召杜。賢侯賢侯雨隨車，河潤今看民力紓。治行直須聞帝座，恭惟賜爵下除書。

明 劉榮嗣《簡齋先生集》卷三《齋宿茂蔭亭禱雨》　草捲蒙茸碧，松抽偃蓋青。愁增聞布穀，喜驟見蜻蜓。飲啄通民瘼，衣冠秉帝馨。況勞《雲漢》頌，豈得雨無靈。

明 宋懋澄《九籥集》卷七《祈雨後觀音上山》　千峰雨過水潺湲，天竺觀音恰上山。無數女兒穿柳過，鴉黃衫袖月湲湲。

明 王演疇《古學齋文集》卷四《告桂林府城隍禱雨文》　民依神以庇，雨暘恒藉玄工；神爲民而立，旱潦每需靈貺。茲者驕陽肆虐，旱魃爲灾。四野半烟，暵有甚於中谷；三農告急，望實切於周遺。此際政焦枯思雨之時，玆土又桔槔莫施之處，朝家之兵糧藩禄悉索之民，民間之衣食租庸盡出於土，雨澤苟弗時若，公私立受困窮。某濫守桂林，罹此赫旱，罪在不穀，無與生靈。敬叩壇壝，修七戒三齋之悃；祇陳楮幣，徵五風十雨之和。伏願俯軫民艱，仰回天意，甘霖早澍，霡霂生萬户之春；膏雨遍濡，禾黍遂三秋之稔。謹告。

又《告龍潭禱雨文》　惟神泥蟠天飛，素昭靈美之德；雲行雨施，時敷膏濡之仁。頃者旱魃爲殃，赫曦煽虐。田起黄埃，四野罄成龜拆；苗無青色，三農空費象耕。知神必憫下民之病瘝，知神能回上天之震怒，借硯池一勺水，無曰帝封江湖，既舞玄壇五方龍，豈是人不祈禱？蜴蜥且致雨澤，神龍詎乏甘霖？聞者勿聽講經，先樹彌天之霡霂；乖者休藏古木，速沛平地之滂沱。用拯一方之焦枯，且寬職之罪譴，卑職幸甚，生民幸甚。

明 曹學佺《曹大理集》卷三《奉和大司寇趙公齋居禱雨二首》

久旱皇皇七月時，齋居終覺坐如馳。龍雩布地方千里，雲漢當空柰孑遺。六事桑林期露禱，四郊禾稼待蕃釐。松風不覺秋聲亂，山月偏愁夜漏遲。

法曹相接似隣居，小大從公語不虚。莫是灌壇應避路，何妨高鳳日看書。風過湖水緗荷動，雲起鍾山玉葉舒。明旦試從清渭過，寧須重問侍中車。

明 曹學佺《石倉詩稿》卷三〇《靈雲寺志勤祖師即見桃花悟道者村民每遇旱必舁之禱雨往往有驗》　塔院雲封鷲嶺限，祖師遺骨長莓苔。明明大道無人識，歲歲桃花一度開。輪轉象王雩里社，峰如獅子伏經臺。僧家半作樵漁侶，長起腰鎌日晚回。

明 梅之煥《梅中丞遺稿》卷七《祈雨告文》　上帝好生，不愆雨暘之候；下民多故，特干天地之和。年來憂澇憂虫皆由自作自受，願灾傷止以示警，而憔悴易于見蘇。乃今是穮是蓘之時，又亟雨玉雨金之望。亡將無日，急乃呼天。雖業生之業實然，諒造物之心不忍。回羲和之轡，只在片時；投玉女之瓶，止須一滴。唯是呼吸之頃，便是生死之關。短短秧針，懨懨焦土。麥價增舊，苗絶懷新，安得一舞商羊，所冀群翔石燕。桔槔窮力日，難補天工；荳花説年豐，敢忘帝力？

明 鄧士亮《心月軒稿》卷二《詩·見祈雨戲題》　日日符章上奏臺，荒原滿目仍悲哀。催符不似催科急，那得龍潭送雨來。

又《京師祈雨》　年來虐政未聊生，天上雨師不敢行。欣值皇仁寛大日，自應整轡下瑶京。

又卷五《署陽江祈雨有應》　民間歲事苦難支，驕陽何得雨垂垂。雨師滂沱在其手，欲雨不雨意何爲。塵界亦堪整雲轡，邇来不至我心疑。豈畏関津抽税重，予於縣税無纖私。豈嫌虐政太横厲，予於治法稱平夷。躬禱雲岑勤禮拜，青衿父老紛相隨。但憑寸念遥感格，不用黄冠斬猪雞。手揮奏疏作飛劍，欲向空裏斷虹霓。壇中木神汝何事，三日不應立焚之。忽然天黑雲四織，一雨撼震積盈陂。村野拍掌大叫笑，禾頭不復愁枯萎。計筭城中三萬户，一户勸我酒一巵，歸到清署醉如泥。

明 焦源溥《逆旅集》卷二《祈雨》　千里赤雲夕飈起，滚滚蔽天埋江沚。衣塵盈寸不可揮，馬汗流血和泥滓。天盍罰我灾吾民，菽麥青青半根死。誰封湖海莫敢開，欲叩帝閽驅雨使。

明 石文器《翠筠亭集》卷七《四月禱雨》　欃槍氣未净，《雲漢》卓爲章。陌上黄埃暗，空中紫燕翔。九重憂秏蠹，兆姓苦趋蹌。貫索明於月，甘露庶可滂。

又卷一三《祈雨文牒》　維神司衡北極，運化中區，位列玄冥，靈通紫府。坊表特隆於衢路，廟貌已焕乎瀛州。今茲祝融噓晱，旱魃爲灾。二麥將成而就稿，群黎望救以無從。不獨守土含羞，抑亦惟神或爽。

伏惟垂恩憫念，惠賜滂沱，麥土少滋，黔黎賴敕。倘或刼灾，不解于孑遺之民；寧使殃咎，移分于師帥之吏。下情無任，降鑒是祈。

明 王在晋《越鐫》卷一〇《武當宫禱雨文》 江漢之間，屢歲不登。嗟爾澤國，水暵頻仍。今春時若，禾苗且升。農之望歲，白骨可興。七月于兹，旱魃相乘。奪我晚稼，歔欷拊膺。民也罹殃，職用凌兢。以督官僚，昕夕飲冰。帝司水德，雨沛雲騰。以澤枯憔，以解炎蒸。我心匪斁，對越靈承。

又《城隍廟禱雨文》 昨年楚澤，大浸稽天。馮夷吹浪，我民顛連。慇兹孑遺，今幸逢年。云胡亢旱，民不可田。大暑爍金，膏土如煎。枯槔無功，三農胝胼。惟神顯奕，受命重玄。雨暘應候，神寔司權。豈民之辜，實職之愆。敢率紳弁，肅穆告虔。神其降澤，以甦倒懸。

明 蒲秉權《碩薖園集》卷一〇《西寧祈雨文》 維崇禎壬申春，湟鎮不雨，閱三月所，金烏有權，土龍無力，村農艱於播種，市棍藉口逋糧。豈備兵使者，某實有封疆責，深懷杞憂焉。率屬雩禱，亦既三旬矣，而亢陽如故也，豈蒼蒼者天高難問乎？漠漠者神幽難格乎？聞之語曰：天人之間，精祲有以相盪，而《書》亦曰至誠感神。某忝爲百靈祭酒，理陽理陰，故自脉脉關切者。浸假某有罪，百姓有過，亦總之某一身應承之，會須罪某，毋以罪我百姓也。可奚事扃江鐍海，珍雨如珠，珍雲若錦，不以油然沛然者，慰我湟三農之望乎？必不其然。謹勒小疏，敢昭告于神前，懇爲吹嘘送上曰：嗚呼！軍國大命，出自田疇，邊士甌脫，式藉豐秋。無秋無收，無收無粹，儲胥告匱，庚癸堪憂。藐予小子，建節鄯州，昕夕閔閔，民瘼是求。所賴帝靈有赫，默鑒余之硜守，隱翼我以運籌，不謂閱春而夏，甘澍弗流，火輪幾焦乎赤地，麥岐難苗于青丘。崇我農事，妨我耘耰。爭桔槔之潤者，遍舞象與杖鳩；企雲霓之瞻者，歷十室而九愁。豈某燮理之無狀，抑或簠簋其不修，故神實應且憎，而假魃女以示警也？否第此皆余一人無良，於湟民乎奚尤？迺呼籲罔應，露禱靡酬。何重玄之杳莫，吝兹汪濊；致屏翳之無情，忘我噢咻。是用齋心虔祝，請命九幽。伏乞蚤傾銀漢之洪派，亟沛膏霖于閻浮。俾此半壁湟陲，四野滲漉。庶幾祉被汚邪，廩盈甌窶，哺含腹果。謹疏。

明 范景文《范文忠集》卷三《扈蹕祈雨疏》 題爲恭聞聖駕步禱，謹報移師扈蹕事。臣准臣部咨，爲欽奉聖諭祈禱雨澤事，内稱，該内閣遞出揭帖，奉上傳，久旱爲灾，圖回當亟，應遵皇祖步禱之例，朕即恭詣郊壇，爲萬民請命，卿等速傳該部具議，擇日來行。朕居文華，蔬食已久，不必復行齋戒，以致遲延。欽此。欽遵。該禮部擇於某日祈禱上請，傳奉到部，移咨到臣。臣捧誦聖諭，仰見皇上敬天勤民，如此極至，無以復加也。在昔盛王，桑林責己，雲漢興憂，千古傳爲美談。乃皇上齋居便殿，躬詣郊壇，惻然爲萬姓請命，紹法皇祖，昭格蒼穹，精忱元感，澍澤自將立應也。念臣虔祈浹旬，誠微莫動，自愧不職干和，致煩五夜焦勞，而當此龍行雲從，萬靈環護，臣鎮在郊圻，分當擁衛，謹督同總兵官李國禎提師三千，列營近地，先雨師而戒道，拱日馭以清塵。謹此具本奏聞。

明 吴麟徵《吴忠節公遺集》卷四《禱雨文》 溆地斥鹵，不生他材，惟禾黍是殖；溆民惷愚，不諳伎巧，惟南畝是力。阻山瀕海，東堧西堰，盎然杯水，不通京漕。亦惟天雨是澤，故田號荒區，賦稱下則。公廩棄如甌脫，義庾化爲叢棘。商鮮蓋藏，士無甑石。匪有朱衣當塗，素封比屋，緩急足恃，如通都大邑也者。故溆民宅生於天地，至微至藐，資生於天地，獨哀獨迫。比者歲非大祲，民乃艱食，糠粃不飽，斗米七百，矧此三時暵旱，九野龜坼，涸轍無魚，飛蝗鼓翼，東作不興，西成曷及，民之飢以莩也，固不待異日。譬之穴蟻，聚而殲諸，安所逃殛？用是控於明神，救懸拯溺，不可晷刻，需之晷刻，萬姓溝瘠，胡寧忍予？甘此黍稷，神其鑒之。

明 范鳳翼《范勛卿詩文集》卷一五《請雨應禱》 憂旱頻歌《雲漢》章，望霖空復意徬徨。山河頓失清凉界，天地真成熱惱場。智水偏能銷業火，惠風忽已遍群方。不緣法侶迎休貺，甘澍誰酧農扈忙。

明 張泰階《北征小草》卷二《五言古詩·禱雨》 愆陽久不雨，攘攘群相呼。商羊當道舞，酺酒田間雩。農人盡黸項，村飯惟青荼。毒龍杳無迹，祈籲陳生芻。望歲不可得，嗷嗷巽蠲租。何時注雺霈，沃彼鯫魚枯。

明 左懋第《蘿石山房文鈔》卷四《禹廟禱雨文》 惟王明德，紀在《詩》《書》，童而習之，知唐虞以來，地平天成之聖人，萬世賴焉，而未恍然如見其人。今來知韓城，陟步岡阜，遡黄河之水，而親見《大雅》所謂奕奕粱山，禹貢導河，積石所至者，遂如親見禹焉。念茲土惟王甸，水功大著伊始，古聖人一生之神，必有所結，不散於千萬世後。王之神其聚茲土耶，茲土旱不雨，知縣左懋第齋戒敢告，王三代上仁人君也，不忍民爲魚，詎棄茲土，民異大夏乎？神在天，勿小一邑民，無今昔殊，德豈擇大小哉？

又《祭城隍禱雨文》 維神治韓城於陰，第治韓城於陽，陰陽一氣相表裏，咸欽承上帝好生德，以撫綏天子百姓，俾勿顛。余自壬申十一月來宰茲土，見韓民疾苦欲泣，三年來，流寇蹂茲土，民遭殺戮，十去其二。士馬集，粟芻供給，富者貧，貧者死，民之財力十去其三。寇稍遠，山有伏莽，白晝殺人，民有牛不得耕，有妻女不得據爲有者比比。又兼天下多事，催科如束溼，吏傷撫字，心以扑楚，民絲穀何有？促而相求，一檄之至，萬姓攢眉，民之生機斷絕，十分之中存四五耳。嗟嗟斯民，亦可哀矣。賴神之休，伏莽消滅，山中三年不耕之土，今有農迹。且平原苗良，望雨如飢渴，民之生機斷絕，十分之中存二三者一旹而已爾。余不肖，自莅茲土，進斯民而問，所以求除民害而寬其力者不遺力，蓋晝不遑食，夜不遑寐以求之。神之聰明正直，其爲民計必倍切於余。而終日密雲，靈雨不零，民之生機將絕而莫之救，必余不德以致此也。嗟嗟百姓，獨何辜哉？余不德，不能安百姓，而又以余之故灾百姓，百姓獨何辜哉！第三日齋沐，而後敢告於神，或爲余不德，當譴及余身以謝百姓。或茲土有寃抑鬱結之事足以召灾者，神當開余神明，或發余於夢覺，余不憚捐此身以爲百姓請命，夫譴余身以謝百姓，與捐余身以達百姓鬱鬱之氣，皆足以雨也。惟神聽之。

又《再祭城隍禱雨文》 神，民之主。韓民苦盜苦兵有三年矣。今年春，流離者多歸，而窮苦者忍死，竢爲麥爾。而春雨不足，二麥無賴，上者收十分三，而下至失故種，噫，可悲哉！流離者方悔歸，而窮苦者至不能忍，然猶不肯去，而死以竢者，爲尚有秋爾。今不雨，秋禾種不克入地，已種不克出，噫，可悲哉！神將聽民徙，聽民死亡而不之顧耶？第三月禱於神輒雨，四月將禱之先一日，神又雨，雖不肯相繼霑足，而禱輒應，以知天行偶舛，而神能致雨以救茲民也，神不棄茲民也。第齋沐三日而禱於神，雖薄德不能格神，然所以賦不忍急而罰不敢重者，凡以爲茲民爾。願爲民請命之意，備於前禱文。惟神雨，神眞民之主，而第藉神以少安民上矣。

明 文翔鳳《皇極篇》卷一四《禱雨約》 本縣恫念靈雨之不時，民將無麥、無穀、無花，齋沐步禱，闔宅蔬食，爲民請命。而查出范應科、李追舟、王禄、冀思春等違示屠沽，良心盡死，已行枷示，其買酒肉以供飲喙，是誠何心？仰視蒼蒼，寧無肺腑？闔縣人等，其各殫精誠，毋徒以修省文具視其長也。僧道坐而誦經，大不敬。四門鄉約，每日輪一門，在廟查看，除經案立誦外，仍僧道各輪六班，每時各一人，跪誦每卷畢，鄉約同僧道、童子拜禮，俱毋坐。本縣仍不時查訪。

明 王臬《遲庵先生集》卷五《祈雨告城隍文》 維嘉靖七年三月四日，東昌府知府王某謹告于城隍神之靈曰：麥就長而旱虐之，雲成陰而風散之，百姓阽于死亡而年促之。知府固無所逃罪，神聰明正直，以福利生人爲德，何忍使至此極也？若守土者不仁不明，不能惠和天人，則宜獨受其咎也。庶民蚩蚩，張口待哺，其無使蒙茲濫罰也。謹告。

又《祈雨未應再告城隍文》 竊聞神依人而立，人賴食以生。今麥當吐穗矣，而風屢作，穀當浸種矣，而雨不時，百姓將無以爲命，神亦罔有降依。守土者是懼，故敢躬率徒屬，奔走致禱，又已三日矣，未蒙昭答。匪神之弗靈，不能庇茲土，乃知府失職，無以媚于神祇也？事神之道，再三瀆，瀆則悖禮，不敢復薦見敬，歸俟爾命，神其監格。謹告。

又《祈雨告城隍文》 東土之民，荐罹蝗旱。其幸而未塡溝壑者，指二麥以紓朝夕之急。得失之際，死生以之，非常歲比也。乃今陽僭陰伏，雨不應時，雲氣將交，旋復解駁，大風吹沙揚塵，麥根浮出，勢將復如去歲，無有收之望矣。如此，則百姓何以爲命！惟天恵民，惟神奉天，寧忍使至此極？其一雨以拯其死，宜無靳也。謹告。

又《再告城隍文》 古者諸侯祭境內山川，以其能興雲雨而澤萬物也。東昌爲郡，曠然平地，無有名山大川可爲瞻仰，闔郡之人所以奔走乞靈者，惟城隍神而已。今旱勢已極，民命已危，某等率僚吏俯伏祠庭，控忱禱亦已屢矣，未蒙嘉應，憂心如惔，莫知底止。然某能憂之而力不能救之，憂而能救者，在神闔闢轉移之間耳。某以母老，已上疏乞歸，行且有期，徒以與斯民有一日之長，故惓惓未能自已。惟神受職帝庭，世食茲土，赤子嗷嗷，寧忍不爲之所乎？伏惟哀憫，早賜靈澍。謹告。

又《祈雨告社稷文》　凡禱祈之事，必先社稷，禮也。比因閔雨致祈，而吏不時告，此某不知禮之罪也。是用率僚吏，躬拜壇壝之下，與斯民請命。惟神赦吏之罪，恤民之艱，早賦嘉澤，使將萎之麥蓊然以興，憔悴之民熙然以遂，此固神之職也，某之幸也，亦斯民之望也。謹告。

又《祈雨告關廟文》　水旱蟲螟，禱于山川百神，禮也。惟王生有顯烈，没爲明神，叱咤風霆，特其餘事。維嚴廟貌，蓋亦有年。慨想英風，肅然如在。屬兹亢旱，忱禱未孚。仰仗神威，於昭嘉應；俾滂沱之澤，洽于一方，則闔境生靈，受更生之賜，其事王也永永無怠。謹告。

又《祈雨望祀泰山文》　按祭法，山川丘陵能出雲爲風雨曰神，又曰非此族也，不在祀典。巍巍岱宗，四方瞻仰。昔人有言，泰山之雲膚寸觸石而起，不崇朝而雨，天下是神之靈昭昭也。佐天地，發育萬物，衣被群生，厥功甚普，豈但東土，惟時怙冒而已哉。今齊魯之郊，近在几席，民奔走愛魯，恃神以爲父母者，又非一日矣。乃者歲比不登，旱蝗相繼，赤子嗷嗷，大命近止，指二麥以永朝夕，而雨雪愆期，復將萎死，雲陰甫作，風遽乘之，豈神之靈詳于遠而忽于近，將著于古而閟于今耶？是用齊心潔慮，援古望祀之禮，即壇壝，望而祈焉。惟神幸哀斯民，亟彰嘉應，使雲興膚寸，澤沛一方，則豈惟東土世戴神德，四方之人望巍峩而興景行者，益將無惑於昔人之言也。謹告。

明　邵經濟《泉厓文集》卷六《守蜀祈雨告城隍文》　仁萬物者天之神，潤萬物者雨之化。雨焉非旹，萬物槁喪。民用鮮食，忍孰甚焉。忍而不仁，神必不享，不享胡聰，不忍胡從，可以占矣。西川古稱沃野，而今瀕歲告歉，民不堪命，豈直地之利不利哉？天降旹雨而土脉奮興，是地者藉天之休。而神者，民之司命也，司民之命，可忍民之死而弗之救哉？今年春深，迨入初夏，雨澤旹沛，禾黍被野。某自慶曰：可以卜年矣。繼而簡資仁，并以旱灾請，始知塘堰之利弗遍于西川，而山田沙壤弗可五日無雨也。爰奉撫按臺，察憂民之心，祈雨之檄而致禱焉。始也禱于郡之神祠，未雨也。再承藩檄，竭誠躬禱，檄甫下而雨至未足也。乃建壇壝，躬承祈請，至則東崦戢日，西郊布陰，三農鼓號，萬井生欣，將謂神應揮霍，不疾而行矣。夫何亢魃恣虐，驕陽肆兇，赤埜彌望，黄塵蔽穹。咎每有徵，變豈無從，民心洶洶，莫測所終，此流亡之必至，而亢司民者不容不忡忡也。今兹齋誠，特與神誓。某若天皇命，來牧兹土，于兹八越月矣，敢有敗政奸貪，隳業不職，神其殛之，以安西川之民，慎毋寬敗政之誅而殃西川也。如或不然，而猶不鑒誠悃，靳雨之施，則當墟神之宫，撤神之享，更易神之名位，以爲不克奉天司民之戒。神其鑒之。敢告。

明　佚名《皇明詔令》卷二一《御製禱雨不應自咎説附嘉靖八年仲春終旬五日》　朕惟聖人爲能享帝，惟孝子爲能事親，斯非空言，實爲今日之徵也。夫大舜之爲子也，唯能盡子職以事父母，故瞽叟終致底豫而天下化焉。成湯之爲君也，唯能盡君道以事天，故桑林之禱而捷如影響，終致雍熙太和而天下平焉。先儒皆有言，以爲人君父天母地，誠能以子道事之，則父母無不悦之理。有曰事父孝所以事天明，事母孝所以事地察，亦斯之謂也。苟能盡此，則天地無不明察矣。若或外事有如事父母之儀，其中實無如事父母之誠，未可爲事天地而爲之子者也。故曰唯聖人爲能享帝，唯孝子爲能事親。嗚呼！豈尋常之人可同日而語哉。夫人君之所以爲聖，未嘗不以良臣而贊之，雖湯至聖，猶賴伊尹而後能興，故高宗望扵傳説，曰股肱惟仁，良臣惟聖，夫以高宗爲商之令主，猶拳拳責望扵説至扵如此，况夫庸常之君，不可不資賢良以來事天之道乎？兹今春旱不雨，禮部請命順天府率屬以禱。朕允所奏，復下詔命，擇日具儀，以躬禱于郊社山川諸壇，該部言，宜令群臣從禱，以上下同致之意，乃卜二月十八日禱于南郊山川壇，次日復禱于社稷。二日之間，晴暘如故，風霾兼作，雖未敢要求速効于神，豈非朕集愆無德，怠荒失誠所致？否則何乃數日之間，上帝不垂昭鑒，神不我答，是孰之過歟？朕非欲往聖自比，而中心實切恐惕，無所容措。會言官劉世揚等奏，謂祈戒人和，以感天神，云百官或有不宿齋所者，或有携酒入齋所者，或醺醉入壇者，或錯亂節序倉皇入班者，及言衛士扵壇兆之内群蹲汚穢者，請加戒飭，以重祭祀。朕惟感召之際，正在盡吾之誠，何乃專責扵人哉？此君子所弗爲也。但思陪祀及百執事之人，所賴相維以盡事神之道，今乃若此，奚用彼爲乎？人君以一身當負荷之重，凡在位者莫非共理天工，輔我以代天出治，罪在朕躬，不敢自恕，尚頼文武群臣，今後凡遇陪祀助祭之時，務必持潔清之念，秉敬畏之誠，相賛祀事，以祈昭格。諸司百執事之人亦要謹以束身，誠以趨事，將獲福利，豈不上下均霑，而國家有賴，因自責而識之，以此用勉，爲警省之地云。

清 陳錦《勤餘文牘·續編》卷一《泰山禱雨文》 維光緒四年戊寅，秦晋閒不雨經年，赤野千里，歲大饑，比户流移，道殣相望。兩宫皇太后、皇上軫念灾黎，截漕發帑，特旨派大員專司振濟，并詔求直言，躬禱郊壇，遍走群望。於是山東撫臣文格恭承懿旨，致祭於泰山東岳之神，而爲之辭曰：惟天佑民，惟岳降神。岱宗望秩，日觀寅賓。洪惟我朝，列聖東巡。隨車甘雨，被野同雲。聿修祀典，歲遣禮臣。薦香青陛，年穀祈辛。豈意畿疆，乃屯膏澤。河内金饑，函關土渴。轉壑哀鴻，載塗旱魃。何草不黄，有雪微白。瞻望雲霓，春日烈烈。民亦何辜，人將相食。議蠲議賑，猶不可支。自雍及絳，船粟哺之。重煩宵旰，上廑聖慈。下詔罪己，求言救時。齋壇遍籲，群望交馳。天監不遠，甘霖其施。哀我憚民，靡所奔告。爰敕疆臣，欽承清詔。銜命朝真，代天申禱。巖巖在天，肅肅在廟。三宿宵嚴，百靈前導。其香斯升，無德不報。矧惟青帝，正位東方。乾坤宗子，下民之望。以紓聖慮，以慶豐穰。降康四省，大澤汪汪。施及小臣，歸賀朝堂。時惟君命，來假來享。謹告。

清 梁雲構《豹陵集》卷五《祈雨用李桐月諸寅翁韻》 誰教鳩婦鎮呼晴，日負隆曦道上行。虔向雩壇勤控籲，憚携名版作逢迎。聯床每夜習齋宿，洗甲何時慰遠征。倦聽松濤疑是雨，仍前謖謖午風輕。

又卷六《禱雨有應》 聖主躬粤祀，千官擁泰壇。布袍除粉藻，重繭謝和鸞。避殿懸皆撤，齋居寢未安。憐尫却魯惑，陟岱慮封乾。積禱三旬過，重陰六月寒。堯雲連礎下，湯雨入林端。禾醒緑長畆，苔生翠遠巒。滿篝夙願愜，擊壤老農歡。千室盈京坻，四方飽豆簞。甘霖應有作，莖露已先溥。

又《祈雨疏文》 伏以天意善旋，豐祲之軸自轉；神休獨大，雨暘之柄攸司。湖海可封可開，望寬雨禁；雲漢彌憂彌劇，欲挽天河。虔藉白茅，慮縈赤地。某等誠惶誠恐，稽首頓首上言：竊惟煎砂爍石，桑林應禱於商王；焚巫徙壓，檀弓紀言於縣子。景公暴野，頓感祇靈，晋郡燒巖，致救河伯。積薪環艾，故長吏之精虔；鞭石刺泉，惟街人之幻秘。木仙斷而旱雨，造化豈憑於運斤；妖猲投而旱消，灾祲詎息於逐鬼。蜥蜴代以蝎虎，難免昏沉；石甕泥乎蛇醫，徒勞搏擊。豈知民生關於百穀，而穀命懸於千靈。況此久旱待於飛甘，而望霖須於祇控。日者愆陽彌甚，時雨不流。麥浪未翻，已爍刀頭之火；粒珠頓踊，難淘甑底之塵。農夫之銍刈徒施，婦子之饔飧靡繼。一春輒盡，空追述往歲之稔登；千耦即耘，尚難解此時之梅渴。不謂蟲蟲之氣日盛，似此滌滌之狀奚堪。豐隆布鼓，雖喧阿香車，視爲傳舍；雨師馬鬣，誰逆開元鏡，難索盤龍。奚獨靳此一方，不與南北東西皆蒙霑霈，豈難贖乎萬罪，空憐稻梁黍稷日就枯焚。計窮於鄉巫井厎，望懸於五風十雨。匪邀神乳，孰救靈苗？敢祈告于明神，尊臨有赫，下憫無私，資始資生，握萬物之命脉，而陰調殊妙，在侻在上，悚群愚之骨髮，而冥蔭特周。憐此無知，等之不過螻蟈之細，消斯大沴，少以霽其燔爍之威。無須泥石於鬱林，而蟻封穴户，點點滴滴，見神功之浩淼；何待傾墨於研水，而猪浴銀河，淒淒祁祁，沛靈雨以滂沱。徂隰徂畛，復見沾足之慶；我稷我黍，重瞻穎栗之垂。焚如者沐，如翻千疇而翠滴；盈止復寧，止偕八口以哺含。庶無量壑之嗟，少殄適郊之想。某等魚魚鹿鹿之倫，惘惘蚩蚩之識。神降之罰，掾連累歲之肥蚓；天禍我黎，虐播一方之旱魃。敢不嚴加湔祓，厚自追誅？爰借黄冠，鳴玉人而抽貝葉，虔迎紫幰，注沉水而熱博爐。霞節雲旌，儼諸天於蓮座；星冠霧舄，尊列聖於仙壇。少以寫其悔禍之私，敬以祈乎屯膏之澤。伏願體其自爲身家慮之念，矜其不可旦夕緩之情。代籲昊天上帝，愴懷而見惻；移檄滄海嬾龍，畏罪以疾奔。無苗即以無民，安可今日不雨，明日不雨；得雨斯爲得歲，所謂匪且有且，匪今斯今。某等不勝戰慄悚仄之至，謹奉表上祈以聞。

又卷一六《祈雨文》 曰：民之何辜，聿遭斯沴？我稼既成，魃胡爲厲。熱風炁午，赫曦烘雲，金流石焦，焚有不焚。鄉巫井厎，其計已窮，馬鬣久駐，黿折告凶。鏄笠既虚，篝車失望，奚逝奚奔，靡畜靡養。民亦何咎，我罪允蓺，神之聽之，乃監乃矜。沛我甘澍，甦此焦禾，敢奠倉箱，民或少瘥。

清 孫承澤《山書》《祈禱雨澤》 五月，朕惟三農之所望者歲，百穀之所資者雨。太平之世，雨暘以時，稼穡用登，家給人足，凡國用咸有賴焉，朕甚艷之。自踐祚以來，敬天勤民，夙夜罔怠，所冀上帝降康，樂有豐年。乃者春夏之交，雨澤未降，業傳諭祈禱，雖霡霂稍霑，而涸霖未足。至今五月，正嘉禾方長之時爾，連旬亢旱，炎燠難堪，將禾稼得毋致傷，而小民終歲將何以爲計也。爾禮部可擇日，仍前竭誠祈禱，各衙門辦事官都令着實修省，勿得視爲故事，務期其雨霑足，慰朕軫念民瘼至意。

清 熊文舉《雪堂先生文集》卷五《禱雨文》 若曰：咨神知今日不雨之苦乎？田折而龜矣，稻旅而膡矣，澤潤而鮒矣，烟蘊而蟲矣，哀我憚人，嗷嗷恐恐，初猶殫血，力於桔槔。今桔槔且無所施之，其將袖手待斃也。令與民相依爲命，神與令相助爲理。民無所天，何有於令？令之不克，又何有於神？神其聽之。某盍泥首，率茲父老待罪於壇壝，引領而望，有渰其淒淒，興雨其祁祁也。如令有罪，罪在令躬，神其殛令而全民，二三子何患乎無令？

清 葉承宗《濼函》卷一《初夏從周際五方伯禱雨正覺禪林小憇明無上人蘭若》 平明策馬出，禱雨向禪林。車繞紫薇色，堂喧貝葉音。霏微香篆遠，淹靄法雲深。會食僧房內，遂生出世心。

又卷四《楊山人禱雨歌俗號神仙》 春三月，天澤歇，濼水微，龍潭竭。細草難任杲日炎，粦芽不敵飈塵伐。上官露禱籲甘霖，願爲大地沭焦髮。爰有稷門栽杏叟，筵前解噀欒巴酒。凌晨仗劍忽登壇，五丁驅得群龍走。劍一擊，天陰陰，劍再擊，雲深深，劍三擊，雨淋淋。于嗟乎！子號神仙已有年，于今迺始信其然。神仙自昔皆妖妄，活得殘黎便是仙。

清 傅占衡《湘帆堂集》卷二二《禱雨二首》 山田無旱年，今歲澤不降。昊天民所瞻，愆陽亦騰謗。密雲靡流濡，微風益滋炕。譬彼忍予心，嘻嘻雜謔浪。夕臥盈煩悶，朝興缺恬曠。坐見千里間，吁嗟徒極望。尩巫焉足焚，矜寡合凋喪。富人始解愁，粟虛金豈枉。江南少餓死，太史言恐誑。鷄鶩亦有食，營營不相讓。飛鴻離其群，長饑鳴江上。飲啄既有涯，羽翮自疏放。賢哉吾不如，所以失淡蕩。

平生愛薰晴，比來袒已右。山泉縮夜鳴，驚喈未曾有。仰視星漢間，微雲不能厚。風始自西來，迷濛改岡阜。庭閒集空凉，衣冠肅稽首。身在黔阜中，緩帶食南畝。常恐讟神農，周孔詎當負。時聞陌上歌，欲輟樽中酒。愧無叫閽誠，徒拱曳裾手。且得共乾坤，安問私升斗。雷聲留帝恩，胡爲不力吼。玄功豈土龍，赤地將芻狗。兩中天聽卑，稺子勿狂走。

又卷二五《西溪禱》 客居三見王龍奔，赤地尋常莫强論。野老久知忘帝力，愚巫輕欲叫天門。炊烟緑傍鄰家樹，苗浪青分谷口村。自笑董生無謬巧，空瞻雲漢數窺園。

清 傅維鱗《四思堂文集》卷六《望雨謡》 朝至田禾如薫，夕至田禾如焚，枯禾逐風舞紛紛。無禾不止餒我腹，公家無粮飽驕卒。前年無禾有祖積，去年無禾我無食。今年無禾將柰何，聽雷不鳴銃聲多。大雩我昔聞古禮，小祈亦難備雞秬。我農祈雨止有哭，富貴祈雨厭粱肉，天子祈雨勞素服。

清 馬世俊《馬太史匡庵集》卷六《竹枝詞》 紙旗百隊賽龍王，報道前村麥子黄，四雨三風不休歇，竿頭囑付掃晴娘。祈雨時，小兒執紙旗，歌麥子黄雨不止，又剪紙爲掃晴娘。

清 張履祥《楊園先生全集》卷二二《禱雨文》 吁嗟皇天！今者尊卑易常，賢否倒置，政令拂宜，賦役繁急，苞苴大行，盜賊肆起。含生之民，橫離非辜，死亡無算，愁慘怨毒，上干天和，其致水旱，理固應有。但今耕種之人，善良爲多，逃兵刃，事田作，既苦於貪墨，又屈於强暴，征輸外迫，衣食内窘，吞聲隱痛，以延視息。及夫鰥寡孤獨癈疾之人，尤絶依賴。若降凶灾，是僅存善良，復蒙大虐也。天心仁愛，宜爲惻然。爰率衆哀籲，願賜膏雨，以渥時耕。盜匪良均休，無善人失所。吁嗟山川神祇，盍罔弗聞知。

清 方文《嵞山集》卷五《李明府祈雨有應雋詩于壁屬予和之》 潛龍蟠水窟，仙令禱山阿。一縷夏雲起，千畦時雨過。誠能畜神貺，旱不損嘉禾。況有詩題石，仁風扇薜蘿。

又卷九《李明府龍崖禱雨余亦同泛》 聞説龍崖龍有湫，羅先生後少人游。羅近溪曾爲湖令，禱雨于此。百年又見神明宰，長夏偏爲禾黍憂。勤向山林求雨澤，携來賓從亦風流。石苔斑剝傳遺迹，更結雩亭在上頭。

清 姚文然《姚端恪公集》卷一六《告雨壇神文》 伏惟天心仁愛，神意慈悲，旱豈天殃，孽因人作，倘能悔悟，猶可湔除。無如天方震怒，人更荒嬉，布禁立壇，祈神役鬼，拜章奏闕，遣將鞭龍，視若具文，沿爲故事。譬如官臨民舍，賓到主家，敦請而來，狎侮而應，定遭官責，必被賓嗔。故當祈雨之年，每有扨壇之事，祈雨不雨，曰扨壇在人情眞堪痛恨，惟天恩終欲生全。某伏念人間極惡，斷不專在於農夫。天道禍淫，何忍概加以亢旱。祈雨不誠者，本不資乎雨，雖斷雨不足以報其辜；禱神不虔者，本不信乎神，非顯神不足以奪其魄。某偏承帝德，雨澤略異於他田，普恤民艱，飽煖豈祈于一姓。勉扶病骨，薄展誠心，惟此數載以來，稍知人道邇而并天道非遠。迨茲近月之内，雖恨雜念擾而覺邪念已除，帝必汝臨。妄冀片誠之可格，心無不懈，僅能三日以爲期，伏願大降甘霖，遍霈通境，無徵不信，有感斯通。雷鳴叩首之時，雨注朝壇之刻。天人有應，稍起萬衆之信心；勸導微行，塹挽一時之劫運。自知妄誕，仰冀哀憐。臨奏無仞，激切望恩之至。

清　陸圻《威鳳堂文集》《錢廣文祈雨有驗》　錢子祠群望，甘霖忽已傾。豈冤東海婦，還仗束先生。水自橋門湧，風從木鐸鳴。門人疾歸去，掛帙好春耕。

清　宋琬《安雅堂文集》卷二《秦州祈雨文》　天火方中，正切篝車之望；密雲不雨，忽深禾稼之憂。念小民頻遘災迍，賴秋壓以糊口；惟下執忝居司牧，逢旱魃以驚心。蓋歲不登必至於無民，蚩蚩何辠，而神之怒不如移之吏，默默難欺。敬滌壇壝，虔陳圭璧。效桑林之剪爪，身代犧牲；慨蔀屋之瞻星，詩謌《雲漢》。伏祈蚕沛祥霖，立施甘澍，命豐霳以蹕路，清泂蜈之氛；召屏翳使前驅，及黃梅之候。我黍我稷，慰田畯于三秋；于豆于登，報神功以百醴。謹告。

又　屬以天氣亢暘，躬率吏民聽命于神明者，三日于茲矣。羲輪烘灼，草木將枯，時起陰雲，迅風立卷。哀我黎庶，奔走狂惑，無所歸怨，咸嘖嘖以爲某等德薄，未足昭格于上下神祇。某等忸怩顔厚，實無辭以對。但念朝廷設官，各有攸職，神之受命上帝，亦莫不然。假如某之部内有吏治不舉，爲民大戚者，輕則臆斷，重則奏聞，反是者謂之溺職。今奉民倒懸，以望神賜，而默焉弗荅，巫祝紛然以從事，毋乃神之力不能得之于帝，而不終惠此一方民歟？將冥漠之内，亦有簿書期會，必待其報可如州之於郡，郡之于臺耶？抑二三下吏果有積愆深戾，爲神所怨恫而實應且憎，以移禍于民耶？某今撤鼓吹，減騶從，再拜稽首，以邀神休。且與神約曰：三日爲期，惠我甘雨。過此是無歲也，無歲是無民也。豈翳惟神之羞，雖上帝其忍之哉？神其圖之，某等鵠立以俟。

又　惟神靈之赫奕，實民命之攸司。凡蒸黎之疾苦，與下吏焉共之；屬驕陽之愆令，氓失望于耘耔。爰精禋以露禱，矢三日以爲期。詎旱魃之拒命，煽虐焰而布狂。飀日杲杲而愈赤，黍禾仆地而將萎，哀下民之無罪，實目擊其顛危。倘天心之降割，歲不免于流離。雖雨珠而雨玉，亦何救于乘死之髦倪？某等愧省躬之無術，致靈貺之遲遲。所自艾者，愆尤之有萬狀，而所可信者，神明之終不我欺。敬束身以貶服，剪爪髮而陳詞，蓋爲億萬人而請命，故不避乎再三之瀆告于神祇。

清　彭孫貽《茗齋集》卷二《精嚴寺見祈雨祠龍者》　清凉来古刹，隨喜住孤筇。幢影摇晴靄，經聲静午鐘。法蓮生旱藕，鉄鉢瘖雩龍。稽首楊枝佛，天花雨石淙。

又卷一一《祈雨諺》　祈雨祈雨，爾出巨殳，我出牡豕。官今下令云斷屠，官衙支鹵敢謂無。伍伯來飲酒，索錢曰無有。攫鹵告縣官，官差如雨鞭若狗，鞭之見血木囊頭。囚何罪，以豕首。三日不雨，禾爲立稿。鳴鼓聚人，官以步禱。秋收無望困箠鞭，賣兒夜夜償棒錢。

清　龔鼎孳《定山堂古文小品》卷下《禱雨文》　元慈沐物，無如當厄之深；群命仰天，惟以祈年爲急。憂深雲漢，誼切焦焚，雖屢乞而不休，施者將厭；必得請然後已，民其少甦。追惟旬日之奔馳，豈有精誠之感召。寒波方灼，赤土猶然。商羊不下於桑林，螟螣尚栖於中野。雲垂復散，曾何改山川草木之容；雨落忽收，幾欲穿父老兒童之眼。意木仙之致怨，非只四目六足之灾；彼勞人其未康，徒聞北斗南箕之嘆。過茲十日，無望三秋。況當灾癘之後，益以凶荒；知定兵火之餘，難存皮骨。此患寔殷於眉睫，爲憂不止於饑寒。四民之憔悴如斯，長吏之撫綏安出？我也歲也，致戾氣者多端；君乎牧乎，挽天心以何事。特資帝力，救此疲氓。解蒸鬱以甘霖，瀝嘉禾以清露。禅蝨賊之立剪，必族類以無遺。炎氣息而人甜凉臺，田鰪欣而歌喧土鼓。是爲厚幸，咸被明庥。某待罪危疆，復丁奇厄，每當食而箸輟，亦中宵以涕零。雖麥穗兩岐，蝗不入境，對音哲以多慚；而割髮及膚，剪爪侵肌，撫渺躬其奚惜。甘以一人之嚴譴，贖茲萬姓之無辜。昆巽鴻恩，俯垂鑒允。

清 魏象樞《寒松堂全集》卷七《夏旱奉旨祈雨即日步禱雨降志喜》 郊圻赤地望甘霖，民瘼時關聖主心。夙夜自慚荒尹職，虔誠實恐負綸音。行看靉靆蒸雲起，立對氤氳布澤深。濕透衣袍泥尺許，歸來擬獻太平箴。

又卷一一《禱雨告神文》 維康熙十三年四月十九日，順天府府尹魏象樞、同府丞崔官治、中衛台揆通判王瑜等，本月十六日接禮部札付，内開康熙十三年四月十六日奉旨，天時亢旱，傳諭禮部着順天府虔誠祈雨，欽此。欽遵到部。相應札行順天府照例祈雨三日等因。伏念民資農事以養，苗賴時雨而成。今值夏令已行，風霾時作，旱魃爲虐，靈雨未施。仰體聖主之心，憂勞甚切；自返樞等之職，瘝曠必多。伏願尊神，轉達帝閽。俯念樞等忝守茲土，民瘼攸關，即有溺職之愆，應聽天譴之及，於民何與，困此蒼生？惟祈上天布恩，速沛甘霖於畿甸；下土待澤，普沾霡霂於郊圻。禾稼隆生，秋成有望，和風甘雨，時惠閭閻。樞等得以下慰萬姓之思，仰報九重之命。民生幸甚，樞等幸甚。

又《禱雨謝神》 維康熙十三年四月二十日，順天府府尹魏象樞、同府丞崔官治、中衛台揆通判王瑜等，本月十六日接禮部札付，内開康熙十三年四月十六日奉旨，天時亢旱，傳諭禮部，着順天府虔誠祈雨，欽此。欽遵到部。相應札行順天府，照例祈雨三日等因。樞等遵諭祈雨，普濟群生，當天高聽遠之時，望甘雨和風之降，無由上達於帝閽，惟有仰藉夫神功。伏念樞等自十八日虔心步禱，靉靆之雲氣已垂，迨十九日率屬重來，霡霂之雨澤立沛。有感必應，實由上帝仁愛之心；積誠可通，全賴聖主憂勤之念。幸而百靈助順，曲盡臣子之微忱；從此萬彙昭蘇，深荷神明之降鑒。樞等不勝懽忭踴躍之至。謹謝。

清 于成龍《政書》卷八《辛酉上元上谷祈雨作》 時經臘無雪，恐傷二麥，持齋三月，冀少回天意，故作此示群僚，俾各知所省戒云。 皓月當空照，黃塵逐日飛。求沾驚蟄雨，腸斷幾千回。

清 侯方域《侯方域集》卷一〇《代三省督府張公祈雨文》 某聞天生民而明以寄之岳牧，幽以寄之社稷百神。其有疾病水旱，則岳牧爲之請命於君，百神爲之請命於天，其義一也。今某謬爲國家領岳牧之任，實與神共事茲土，而五月不雨，三農之失其業者，號呼之聲，日徹於耳。某心竊憂焉，至廢寢食，則神之憫之可知也。然而某久禱而不應，何也？豈神固未之知耶？抑知之而不爲之請耶？或請之而不許耶？或某之不職，已夙獲戾於神，而茲又禱之不以誠耶？夫果未知之，是無神也。知吾民之顛連如此而不爲之請，是神溺其司也。若其請之而帝不許，是必且仁愛化爲慘刻，尤某所不敢信也。或某之不職與不誠，則殃咎宜加某之身，而又何與乎斯民也？凡若此無一可者，神必有所以處之矣。某敢不蠲潔以待命？

清 尤侗《西堂詩集·于京集》卷三《和老杜偪側行》 蠹簡一編徒翻覆，倦眼昏騰晝欲眠。朝來祈雨幸斷肉，豈知買菜原無錢。

清 施閏章《學餘堂集》卷一三《禱雨朝天宫文》 伏惟天以好生爲心，吏以恤災爲職。敢謂有求之必獲，竊恃居高而聽卑。今者湖西大旱五旬，遍禱群望，雖微霑涓滴，而無救焦枯。巫祝無功，筮龜既厭。是用無所告訴，仰首呼號。天災流行，或當憫茲瘠土；官吏失職，猶冀哀我憚人。況水旱洊饑，所憂者喪亂；夏苗既槁，所望者秋禾。願及數日之間，大沛盈尺之雨。若果災由吏召，則毋移禍及民，民之死生，迫在呼吸。某等無任激切惶悚之至。

清 李繼白《望古齋集》卷四《龍王堂觀小兒祈雨》 旱既太甚日當午，金石銷流沃甕釜。我來看山拜龍堂，攀緣下馬天尺五。削壁有泉穴堂下，云是神物出没宇。前有方池涓涓流，朱魚緑藻清可數。祠上小兒十百群，喧聲裸體伐靈鼓。山僧列椀爲傳餐，須臾角盡商羊舞。此輩塊然鮮知識，至誠須恤蒼生苦。虯松盤偃勢搏人，謖謖寒風入耳聞。巉巖怪石驚欲落，吞吐萬變爲出雲。空潭深深如太古，俯視下地氣氤氳。

清 廖騰煃《海陽紀略》卷下《祈雨示》 爲曉諭事：照得天時亢旱，本縣設壇祈禱，禁止屠沽，雖獲一日之滂沱，未遍千郊之潤澤，督令僧道拜懺誦經，再求靈應。查數日之内，各村皆有時雨，但雨東而西未遍，雨南而北未遍，本縣憂心如焚，中夜自思，僧道之課誦未必眞誠，里保之敲鑼如同兒戲，是可見感應之道在心而不在迹，祈禱之誠在官而不在民。今特卜初九日，送神徹壇，使市井小民得以買賣生息。自初十日爲始，本縣愈加虔誠，矢心齋戒，每日早晚仍躬詣城隍廟中，拈香步禱，務期霖雨遍沛，澤潤枯禾。其得雨，則民之福也，其不得雨，本縣之罪也。罪在本縣，本縣倍加修省，舉行善政，願興學校以振人文，願建社學以弘教思，願協寅恭以襄化理，願鋤奸宄以安良民，願絶請託以昭平允，願省刑罰以化愚頑，願肅胥役以彰法紀，願埋枯骨以安死魄，願正僧道以明道法，此皆在官必行之事，本縣矢願實力行之，或可上邀天眷，轉灾爲祥。爾小民生理照常貿易，其鄉約總保，并賛禮禮生，俱免伺候。特示。

清 汪文柏《柯庭餘習》卷一《禱雨》 頻年布種完，苦遭旱魃虐。步禱赴兩壇，縣令先期約。平明逐衆行，力疾所難却。蒼穹有片雲，每被金烏攫。桔槹力已疲，溝洫流將涸。甘霖及早施，庶幾秋可穫。此地少龍湫，那能翻海若。龜坼見田疇，卓午炎曦灼。神將鑒此誠，天豈勞耕鑿。旦夕雨滂沱，非惟田野樂。

又卷一〇《見天竺迎大士祈雨》 雲深天竺古先生，一簇花幡慣送迎。漫道慈仁能自在，年年辛苦爲陰晴。

清 蕭惟豫《但吟草》卷七《祈雨調恒弱師》 幸從方外任遨游，堪笑龍潭老比丘。祈雨紛紛迎縣令，高山深谷不埋頭。

清 張我觀《覆甕集》卷九《祭城隍神祈雨文》康熙六十一年五月分

世道之所以常存，生民之所以不息者，賴明有司土之官，幽有鑒察之神也。政教賞罰，有司之責，賜福驅灾，惟神是賴。陰陽各有專司，亦交相捍衛，皆所以體上天好生之心，國家養育之仁也。今時值季夏，亢暘不雨，已經數旬，河水將涸，禾苗漸枯，四郊一覽，心腸俱裂，固某政令之多闕，刑罰之不中所致。然而民何罪也？尊神能不惻然動念哉？敢懇尊神，轉奏天庭，油然作雲，沛然下雨，四郊霑足，萬壑争流。使禾之枯者甦而秀者實，農之少者舞而老者歌。黎庶有盈寧之慶，城鄉無匱乏之虞，則神之施惠與稽山越水而并長。至於某之不職，未嘗不可譴責之攸加也。敬布丹衷，惟巽神鑒。

又《祭城隍神祈雨文》雍正元年六月分 竊惟催科撫字，乃守土之常經；錫福降康，實神明之是賴。兹當夏令，旱魃爲灾，禾黍油油，漸減三分之色；火雲靉靉，曾無五雨之風。祇緣人事不修，釀作神天怨恫。某職司守土，目擊民艱，特發至誠，祈求雨澤。恭惟尊神屏翰稽山，爲萬民之主宰，保釐鑒水，司闔邑之權衡。届兹赤日當空，自必聖心如擣。伏望尊神轉奏天庭，代民請命，甘霖大沛，四郊盡沐神漿；暑氣潛消，百穀均沾化雨。挽回運數，普救灾荒，軫念蒼黎，驅除疫癘。倘某官箴之不肅，願受譴罰於身家。惟神靈爽之式憑，應體朝廷而保赤。用伸昭告，仰巽垂慈。須至牒者。

又《祭城隍神祈雨文》雍正元年七月分 竊惟神之與職分掌陰陽，相爲表裏。職有刑教之責，神有呵護之權。然消灾捍患，轉禍爲福，則神獨任賛化，非職所敢參并者也。去秋天氣亢暘，仰賴吾神之靈，隨禱而應，甘雨大沛，得以有年，致下民歌食神德，今且不朽。兹仲夏之月，會之早晚兩禾，又且渴望時雨，雖未至枯槁，然群生思患，預防之心，即企神以默佑也。况會之旱稻俱近山，高阜之處，一不得雨易於枯焦，是不得不先期竭誠致敬，齋戒告虔。謹擇十三日設壇神殿，建醮虔禱。職統率合屬官吏師生叩乞尊神，照鑒轉達，立賜甘霖，田間霑足，在上帝之不遺斯民，即尊神之有心福國，而職之得靖共乃位，與民之共慶豐登者，何莫非尊神威德之所施，顯忠之所致矣。伏望慈鑒，無任悚惶。須至牒者。

又《祈禱雨澤文》雍正元年八月分 竊惟會邑，自六月來密雲不雨，屢次申牒，設壇步禱，雖獲甘霖，隨降隨止。八月初二日，申牒尊神，即於初四日甘雨大沛，曹娥、東關一帶延廣四十里，是某之誠，已邀鑒於神，而神之德已降康於民矣。然而此時之望雨較前更甚，前之霑足者漸至乾枯矣，前之未足者立見龜裂矣。河道不通，米價騰貴。白露已過，秋分又來。此時倘再亢暘，必至立塡溝壑，傷心蒿目，束手興嗟。切思東禱西禜曾何裨益，凡僧俗道徒褻神靈。惟神保障此方，威靈赫濯。默鑒皇皇待雨之情，必動切切澹灾之念。伏祈尊神轉奏上帝，頒玉音於雷部，率箕風畢雨以施仁，沛恩詔於龍宫，統河伯江妃而降澤，自西自東，自南自北，無地不沾豐注之膏；爲黍爲稷，爲稻爲粱，有苗皆荷生成之慶。薄收有望，百室稍寧。不然，歲且荒矣，民告飢矣，匪類潛生，訟獄滋起。某固甘放黜，而在於尊神，其能儼然相安於廟廷之上乎哉？是用再申虔禱，仰巽垂慈。須至牒呈者。

清 周韓瑞《擷芙蓉集》《登高日禱雨三首》 無風雨節豈重陽，旱火炎燒穲稏傷。堦下頻飄楓葉赤，籬邊那闕菊花黃。漫勞竭澤魚乂易，若盡焚林鵲避忙。吏罷催租巫欲暴，登高免製紫萸囊。

又 有秋本屬農人望，賀雨秋無諫雨書。投地頭稽空介衆，看天眼閉不關渠。墨仍汁倒江河潤，硯共田枯沛澤虚。凛凛刑鵝爲旱請，西山爽氣霽如初。

又 四十年來此戰場，如丹赤地又侵傷。奸雄已死須防患，愚賤安心且小康。土瘠偏增山澤累，俗窮不救海田荒。草茅自信空蒿目，愁聽農家禱雨忙。

清 郝浴《中山集詩鈔》卷二《禱雨》 慈痛天心在，蒼生日夜呼。隨車傳舊史，當暑顧吾徒。谷底風雲變，江聲咫尺麤。可能回造化，及此露香無。

白舫紅蓮渚，今來那復能。衙開迎朱雀，香引入金繩。柳貯街衢翠，帘收花氣增。商霖終未落，漠漠紫烟凝。

冉冉輕雲上，康衢物色欣。分龍争變化，天路有聲聞。奥密疑吞海，高明許救焚。溶溶恩欲灑，歡已遍人群。

雪暑蛟龍怒，雷門風雨開。誰能真感格，天自好栽培。雲表金莖下，人間水德回。無將繁露旨，漫擬沐驄杯。

清 毛奇齡《西河集》卷一七八《禱雨》 禁苑銅池散緑陰，鑾輿親禱泰壇深。九重自有回天力，四海寧無望雨心。日下土龍鞭麥隴，風回石燕舞桑林。盛朝霑德如甘露，何用巖阿起夕霖。

清 嚴熊《嚴白雲詩集》卷七《禱雨》 虞山白龍神，産自蕭梁年。産時破母腹，尋丈游蜿蜒。雲雨爲擁衛，雷電驅其前。從山入於海，勢猛摧廬椽。飛石拔大木，禾草隨風眠。由海轉入楚，卜宫楚深淵。鄉人或往彼，拜禱薦豚肩。隨禱必隨應，頗有桑梓緣。或現片甲耀，或示寸爪卷。神物饒變化，敢覩首尾全。禱或不恪恭，禍亦不踵旋。歲時常念母，常歸母墳邊。樵牧咸共覩，故老非虚傳。朝廷異其事，封爵侔前賢。嶕嶢頂山祠，椒漿奠牲牷。歷祀千餘載，捍患拯灾愆。何期今年旱，禱祀罔應焉。緋袍諸官長，請水披朝烟。白髮馮道恒，檄召升壇顛。百禱百不應，鉦鼓空喧闐。吾謂非龍咎，卑聽本自天。善政總具文，一一請舉旃。懸令首齋戒，富室仍開筵。敲扑到骨髓，堂堦血流泉。捕博遍里巷，罪未十室聯。優伶半平民，衣馬何肥鮮。義塾平丈師，餬口坐破氊。何曾課經史，汙几惟涕涎。藥局延庸醫，未辨參芪連。一劑誤入口，小疾生變纏。髑髏盛糞魔，儼號粲可禪。扶乩恣誕妄，假托蓬閬仙。架屋養閒漢，蠹耗賦役蠲。淫狐紊閫紀，藋苐主祀籩。小人凌君子，爪距奮鷹鸇。豪奴撻儒生，胥吏秉政權。倉有羨餘米，櫃有羨餘錢。道路皆以目，未聞損涓涓。仲雍罷揖讓，子游密歌絃。不意禮義鄉，化成鬼蜮阡。山崩虞覆壓，傷人由潰川。天心自仁愛，示警俾改遷。人能答天警，天意自回還。斯時禱龍神，龍神應必遄。何煩投燕脯，奚俟神施鞭。一朝鼓鬣起，隨身噴潺湲。夜催阿香車，朝緩羲和騈。電伯起雲霧，風師掃烹煎。獨足旱魃妖，當頂一眼穿。打殺投溷厠，勿使妖種延。商羊黑蜿輩，群舞何蹁躚。焦熇壠頭禾，須臾鬱芊芊。雨珠難當襦，雨玉難當饘。雨雨勝珠玉，珠玉將盈田。因作禱雨詩，牽連寫長箋。辭繁足徵信，休認月露妍。聖朝儻采詩，采此禱雨篇。

清 湯斌《湯子遺書》卷八《華岳禱雨文》 惟神體函金德，位列兑方，功配兩儀，澤潤萬類。惟兹關輔，實處神宫墻之下，雨暘寒燠，咸賴神休。乃自去歲三冬無雪，入春恒暘轉亢，雲興斯颸，塵霾晝曀，麥苗洊槁，百姓無所歸命。夫休咎徵事，祥異從人，良由斌等奉職無狀，或政乖刑濫而獄有寃民，或吏墨兵驕而里盈怨氣，或單丁獨户窮苦重其租徭，或鰥夫孤兒死亡莫之振救，以故感動天威，召致灾眚。然神目孔明，官之不職，宜明賜誅殛，奈何舍其有罪而殃我群黎？今斌躬率寮屬，早夜步禱，數月於兹矣。呼神莫應，籲天則高，下民何知，遂妄疑神聽不聰，而欲求媚於淫昏之鬼。夫山魅澤怪，神之所宜屏斥，而淫昏之祀，明主之所宜禁也。若三日不雨，民奔走於淫昏之鬼，斌不能止也。倘氣極而通，偶與雨會，則民將歸靈於鬼魅，將淫祠日盛，左道日興，雖告以名山大川，澤被生民，其孰信之？惟神念官吏士民悔過之誠，敷奏上帝，屏風伯，招雨師，雲奔電趨，貽我來牟。使農夫饁婦知岳瀆明神，果能闔闢陰陽，吐納風雨，將益堅其畏信之心，而淫昏之鬼自不能惑我民志，是神之眷祐斯民，不但錫以有年之慶，兼賴以正德之福。仰戴神休，永永無既。

清 陸隴其《三魚堂集》卷一一《告城隍禱雨文》 竊惟神奉上帝之令以涖兹土，隴其受天子之命以宰是邑，職在庇民而已。隴其不恤其民則爲曠官，神不恤其民亦爲尸位，其何以答帝心而副上意。今靈邑之民困甚矣，其所恃以輸國税而活父母妻子者，惟禾麥是賴。乃幾月不雨，蕘荽根枯，四望郊原若不毛也。隴其知之，神寧不知之；隴其憫之，神寧不憫之？苐民之所依，惟神與隴其。而雨露之恩，非隴其所司，則惟神是望耳。今禁約甫頒，密雨隨下，土膚雖潤，猶未霑足，神其爲民請命於帝，必得大沛甘霖，庶俾禾麥鬱起，則民困其蘇，神亦無忝厥職矣。神尚鑒之。謹告。

清 徐乾學《憺園文集》卷八《奉命祈雨到壇作》 銜恩初到鳳城東，霢霂旋飛阡陌中。聖主憂民三輔急，祠宫薦玉九霄通。深慚繁露徵經術，共仰靈星祝歲功。佇見濃雲垂四野，滂沱應得慰宸衷。

又《祈雨白馬關廟二首》 幾回圭玉告虔過，炎景隆隆奈若何。彤轂日翻燒廣野，赤珠雲散壓高柯。聖人有道終須格，臣職無功媿已多。安得泰山膚寸起，滂沱滿眼水層波。

葵閒松下敢遲遲，圭幣嚴恭走秘祠。病劇連朝違画省，憂深中夜奏青詞。乾封久識詼諧誕，噀酒虚憐技術奇。不比太常嘲已慣，醮房齋坐總相宜。

清 宋犖《西陂類稿》卷一八《禱雨二首》 三月四月雨不住，六月七月點滴無。元妙觀中正祈禱，報道陽山龍挂湖。

滄浪水縮三尺强，稻畦龜拆桔槔忙。早晚甘澤一霑灑，回堤解帶聞荷香。

清 徐元文《含經堂集》卷五《所在禱雨不效感而賦此》 靈壇紛若走群巫，矯首泥龍應絶無。豈惜長生誅束晳，空將短札笑岑瑜。篝車已枉田家祝，擔負誰輸内史租。何意朱明正農節，却來滿目對榛蕪。

又《别集》卷上《恭擬天壇禱雨文》 臣仰承眷佑，綏育黎元，宵旰兢兢，罔敢怠逸。惟冀雨暘時若，民物阜成。乃者仲夏已臨，甘霖未沛，閔兹農事，怵惕靡寧。深慮眇躬凉德，政治失宜，在廷百職，未能靖共爾位，克殫乃心，致此亢暘，憂及黔庶。今耕夫懸耜，播種後期，艱食堪虞，雲霓望迫。若非仰祈穹昊，何由俯慰民生？用是祗肅齋居，兼勵卿士，實圖滌祓，共竭精誠。謹以牲帛，醴齊粢盛，虔禱郊壇。伏冀昭鑒微忱，立施解澤，俾三農之普利，庶億兆之咸休。翹首鴻慈，不勝顒切。謹告。

又 臣統御寰區，垂三十載，孜孜夙夜，惟思康乂民生。荷天之休，頻歲豐稔。乃頃者自春徂夏，旱暵踰時，閔彼農功，憂懷莫釋。齋居静念，兢惕不遑，率勵在廷，共圖修省，固已潔誠祗祓，上告郊壇。累旬以來，甸服漸得祥霖，畿輦尚遲甘澍。三伏既届，悚跂加深。覩炎景之赫曦，倍中心之焦灼。西成瞬息，何望有秋，側席殷勞，不寧啓處。伏念天心仁愛，黔庶奚辜，忍見窮簷，罹兹灾告。用是迫切呼籲，殫竭精誠。謹以牲帛，醴齊粢盛，更申虔禱。伏冀洪慈，曲垂降鑒。佇膏澤之大霈，俾下土其咸蘇。瞻望穹蒼，曷勝顒懇。

清 彭鵬《古愚心言》卷一《龍潭祈雨疏》 康熙二十年秋八月十一日，莆人彭鵬謹告於壺公山龍潭之神曰：今者走群望而莫之應也，相率而祈於爾。噓氣成雲，惟爾之能。其竄匿古木及簷楹則爲乖，惟爾不職。爾之族有角曰虬，無角曰螭，皆得請於天爾。若聚族而辭曰秋分入於淵，自遠於天而莫得請。然吾聞董仲舒，漢儒也，《繁露》載稱：秋求雨，以庚辛日爲大白龍，一長九尺，爲小龍八，各長四丈五尺，其間相去九尺，鰥者九人，齋三日，服白衣而舞之，夫取其象若葉公之畫也，猶足以興，而九人致齋，猶可以祈，而况至爾之潭呼爾籲爾不似葉公好爾，爾下而却走也？又凡貴者、賤者、賢者、不肖者致齋同日，殆不止九人然也。惟爾興雲致雨，救此焦枯，不爾將登而請諸蝌井。井以蝌名，潭以龍名，潭大而井小，萬一觸石而起，蝌尸其能，使人謂大澤廣淵，嘗出雲氣，其説皆誕，而井谷射鮒甕敝漏，且得向爾而驕語矣。而爾若又有辭曰雨禁封江湖，擅用者無赦，能爲孫居士見救則可，是爾之能上諉於天、下諉於人，交諉而終莫恤也，此方之民可奈何。

又《蝌井祈雨疏》 莆人彭鵬疏上壺公山蝌井之神曰：旱既甚，登兹山也。稽首玉皇殿，群心肅焉。上至巔挹蝌井之水，呼籲皷導載而歸。惟爾井求之而立應，然憶客歲九月之望，非勿求，至於十月，晚禾絶矣，是爾神之井有應、有不應，必其乞諸上帝有得、有不得也？鵬回首荒年，身如驚彈，而念群有身者之憂。黙與神語，冬禾之苗者半焦，晚秧之未插者過尖，十日以内猶可及，十日以外殆矣。使歲再饑，誰爲辦此征徭以應公家？而况《雲漢》之詩，靡有孑遺，公家終必應，故自邦伯師長以下，咸皇皇焉。肅至神其乞而得，一不得至再，再不得則至三，必協於應，然後止。

又《癸亥祈雨疏》 彭鵬薰沐頓首，祈於郡城隍尊神曰：鵬之生也，覯罹百憂，三四十年於玆矣。癸亥，數之極也。物之極者必返，知人心之不終旱也，伏惟尊神憫其極而急請焉。夫宜緩而取之急，宜急而施之緩，奈之何不底於極也？起視玉曆，今歲已過，神其忍視其極而不爲之返耶？

又《甲子祈雨疏》 彭鵬狀上郡城隍尊神曰：自庚申、辛酉、壬戌、癸亥，凡四歲，無歲不旱，無歲不祈，始自廟，繼而梵宮，自梅峰，自鳳山，繼而郊自吴公祠，自龍潭，自蟹井，登壺公之巔，其聲疾哀，人瘁而神亦瀆矣。私念干支六十年與海患相始終，遇甲而元，遇子而亨，必時和而歲阜，《洪範》所云休徵也，庶幾覯止。今旱又見，告禱諸廟，雲聚而風散之，雷奮而日杲之，勢滂沱而涓滴之，而俄頃之，而一隅之，若有意焉中阻而弗與，豈造物者之有吝心歟？毋亦此方之人出險而不思危，得食而忘饑，虚憍而不務本，天故示之以旱，使之夙夜祗懼，不敢荒寧，而不終於隕越云？爾神其陰戒之，曰曩爾郡而阻饑暨播種，垂成之岌岌也。我惟時其請於天，請於山川，請於群龍，其不得請也，爾惟如惔；其得請也，爾得有爾麥，爾得有爾禾。如今歲春夏之賤且甚也，而爾反懟粟死，夫粟生爾懟，粟死又爾懟，爲爾天者不亦難乎？然吾見爾邑上農多收稻不過二三十石，麥不過一二十石，中農、下農遞減，其間爲佃輸租者十去其五，餬口者去其四三，凡剩稻一石者，不過宋錢六十，計鏹不及貳錢，剩麥壹石者錢三十，計鏹不及壹錢，遇征徭藉辦，鼠角雀牙，則倉皇而顛沛，爾懟粟死固然。然爾忘稻與麥壹石叄兩糴無門，爾填溝壑之實繁也。爾邑貧者無宿舂，有粟者緩則求售，急則待價盈縮，不能以旦夕。况爾之中多游民，饑即走險，見穀食甚易，凡可以浮靡逸樂，誇誕馳逐，又相聚而不知節，禁之而不知止，逢天怒矣，天灾流行，雖顓者、朴者無不與被其殃。率惟今爾安耕鑿，敦孝弟，返仁讓，黜浮誇。其黠者存誠去僞，無即於漓。凡厥正人，既富方穀，是即爾之所以祈也。僉聞神言，敢不明聽？神若曰：吾理幽者也，不以文，則乞黙諭里夫，公之謹且厚者，俾宣神旨，以神道設教，震發懼心，神其仍請諸天，請諸山川，請諸群龍，晚秧得毋死，且必使邊海内在在沾濡。葢興郡彈丸，近郊僅二三十里，邊海土滿，漸次墾荒，又雜糧多於穀，一望焦枯，神爲此方主，遠邇皆民，邊腹皆地，請命宜亟而周設，僅使附郭近郊霡霂以塞衆望，而遐陬邊海槁死渴死以不見不聞忍之，是神狥名失實，瞻近而失諸遠也。設必待禱吴公，走龍潭，登蟹井，是神之德不勤，民權亦旁落也。况以雲龍霖雨之才，假諸緇流黄冠之口，一旦既雨，不歸功於神，實矯且誣。《詩》曰維桑與梓，必恭敬止。又曰：靡神不舉，靡人不周。鵬敢不敬而請。

又《青龍山祈雨牒》 竊惟救旱作霖者人之能，興雲致雨者神之力。宰何人斯而敢言膏澤斯民乎？勢不得不請之神。然匪敢自爲請也。揮汗如雨，聚聲成雷，十步匍之，五步匐之，與千人呼，與萬人籲，神其目玆匍，目玆匐，神其耳玆呼，耳玆籲，而能以不見不聞忍乎？今必請之。奏曰：自春徂夏，旱既太甚，麥已大無，粱穀諸豆皆未樹，吏與民岌岌矣。毋驕陽，毋終風，而雲油然，而雨沛然，請自洵始膚寸，不崇朝普遍三輔，三輔之内皆知天心仁愛，祗承時若，按部隨車，神其啓之矣。青龍山，屬薊州境内，俗稱顯山是也。記是年四月佛誕日，率邑屬，親、睦、禮、讓、仁、義、忠、信八路十五鄉士民，匍匐赴山，叩龍潭下籲天，往復七十里，十步一跪，一叩一籲。仰承恤灾憂民之聖心。宰，民牧也，不敢不誠。次日平明微雨，未及貳寸，地燥難耕，具狀報憲，又不敢不實。維誠與實，心言乃存此舊。三河令彭鵬謹識。

清 邵長蘅《青門簏稿》卷三《禱雨詞效張王體》 旛幢對對村鼓迎，楊枝揷門水貯瓶。大巫歌唱小巫舞，圍繞蜥蜴諠鈸鈴。烏頭風急雨繚起，男顔欣欣女顔喜。舉家再拜謝天公，豆花作莢稻不死。將來輸得官家租，免向他州鬻兒子。明朝處處賽城隍，回頭向妻索釵珥。

清 鈕琇《臨野堂詩文集》卷七《祭告白水城隍神祈雨文》 天生蒸民，粒食是資。維我白邑，樹山之陲。歲蓺來牟，爰穉乃饑。今玆孟夏，有赫者曦。旱既太甚，良苗就萎。婦嘆于室，農號于畦。慘慘西人，亦孔之悲。余履厥任，匪安伊危。偕爾明神，責有攸司。帝閽巍峩，其聽則卑。吏或不職，降罰允宜。民亦何辜，而忍毒之。神往謁帝，尚恤周遺。嚴誅旱魃，亟布雨師。載沾載渥，塊破三犁。麥秋告成，衆感用熙。神其鑒止，以慰民咨。

又《祭告高明城隍神祈雨文》　竊聞經野治賦，長吏攸司；捍患禦災，明神是職。維茲高明之邑，實爲貧瘠之區。家鮮葢藏，人多愁苦。所賴火耕水耨，用贍一年俯仰之資；若其陰伏陽愆，遂絕百室盈寧之望。方今東作正殷，甘霖未降，入夏以來，藴隆益厲。田將爲石，負耒耜而莫施；上不能膏，運桔槔而奚補？山川滌滌，士庶皇皇，敬詹本月初五日，延召緇黄，結壇焚祝，幸荷元穹，鑒斯微悃，烟雲屯合，霡霂洪敷，千峰曳練，忽驚溝澮之盈；萬瓦鳴珠，乍喜林塘之潤。然而勢未傾盆，深宵遂息，色纔甦槁，皎日仍懸，是必剪爪之祀，不虔以致。望霓之心猶切，因茲清齋，徒步蒲伏壇前，尚祈仰叩霄宫，周行水府，先驅風伯，隨集雨師，載流灌溉之恩，大沛滂沱之澤。既沾既渥，何妨破塊鳴條；或耔或耘，盡作膴原沃壤。禾乃易生於長畝，穀將預卜其豐年。在上帝愛人爲德，寧忍使萬寶無成；而爾神佑物爲功，當不致三時有害。如其應施殃咎，祇宜加不職之官。還求速降慈悲，亟拯此無辜之衆。

清　王邦畿《耳鳴集·喻法師祈雨悉驗》　三月雲霓望，今朝雨澤傾。祈求憑咒力，感激盡精誠。柱礎沾雲氣，堂堦滴水聲。上天生物意，於此復多情。

清　廖騰煃《海陽紀略》卷上《告文·告元天上帝禱雨文》　煃以檮昧，承乏休邑，夙夜兢業，無違素履。受神之祐，迄茲三稔。陰陽未有愆伏而灾眚不作，民人頗得和樂。今者始自夏仲，以届秋孟，旱魃爲虐，澤焦井涸，芃芃黍苗，日就枯槁。痛彼農夫，終歲勤動。霑體塗足，是藨是蓘，惟賴秋成，婦子待哺，一旦失望，何以爲生？煃已於本月某日齋戒焚香，虔心禱請，而黑蜧未躍，石燕不飛，蒿目憂煎，未徼靈應。竊以漢有吏虎之感，唐有人旱之傷，滋懼政事乖戾，不能消彌。爰命察冤，滯出輕繫，洗心滌慮，虔禱於有神。唯神德覆元天，功司水位，迅命風伯雨師，大沛甘霖。行見穀苗菜甲，乍成秀實，元元喁望，在此朝夕。惟神有靈，尚其鑒之。

又《再告元天上帝禱雨文》　煃聞天人之際，精祲可以相盪，則灾祥之降類非無因而致然也。今清質之于神，倘由煃之致事非遠所致，則灾自煃作，凡有殃咎，宜加煃身，毋寧波及一邑。倘由一邑之乖氣澆心所致，則煃有不能變化風俗之責，凡有殃咎，亦宜加于煃身。若皆非由此，或旱潦之作天有定數，亦宜別其優劣，瘵其虔瀆。或被邑禱諸不應，而此邑禱請獨應；使知眞有感乎消弭之道，庶幾可興起人心而漸漬涵濡，於王化幽顯之理誠無有遁於此者，神其鑒之。夫神聰明正直而一者也，風雲雷雨出之掌握，何難朝發夕應哉？煃矜本月某日，潔心齋戒，躬諸法壇，拈香禱清，幸徼靈應，上晝得降甘雨，下晝又降甘雨。似煃之不德，尚可以上格蒼穹者。但田有沃者、埆者、汙邪者、甌窶者，高下未盡及也；雨有及東而西猶望者，有及南而北猶望者，遠近未盡溥也。望祈再普神庥，涣然大沛。不勝至願，翹首以俟。

仁政仁心，平心絲毫無負，員然後雨賜之請，明目張胆，胆質鬼神而無疑，此非一日之積也。儲欣識。

《書》稱感神，《傳》曰石點頭，天雨花。依古迄今，至誠未有不格者。敝邑客歲旱，天以夫子禱之虔，闔郡胥爍石流金而休境獨滂沱。是歲旱甚于前，夫子虔禱久未應，竟躡蹻步走三十里，登齊雲萬峰之巔，每過小祠必拜，至眞武大殿，拜凡百千，默禱畢集羽流于殿，嚴戒之，且曰：『廖某令休數載，倘有絲毫觸神譴，旱由令起，灾在令。否則，三日不雨，當焚巫耳。』羽流股栗。次午晴天赤日，忽黑雲起西南，甘霖一降再降，至夜雷雨大作。夫子衣輿淋漓泥淖中，欣然曰：『余雖勞，爲民樂也。』然雨僅及五里内，夫子以爲未足，忿然謝諸同禱者，獨發九願，默祈于時。蒼穹重鑒夫子眞誠，雨又大作，環四郊歲則大熟。可見寸心動天，罔弗嚮應，吾民抑何幸耶！汪灝紫滄識。

清　蒲松齡《聊齋文集》卷一《禱雨賦》　維時星值朱鳥，律應林鐘，佳禾没膝，蜀黍及胸，正含苞而方秀，亦可儉而可豐。蕴崇既竭夫人力，雨露尚待乎天公。爾乃碧空無翳，赤日長烘，海水將沸，銅山欲融。鳥投林而定息，獸入谷而潛踪。偶隐几而炙手，撫卧榻而如籠。看禾苗之焦卷，類已折之秋蓬。枝奄奄以垂項，葉搔搔而響風。惡莠與良苗并盡，赤地將遠霞共紅。乃滴雨之不降，已初伏之將終。布豆之時已晚，種黍之田垂空。枯萍粘乎破塊，黄埃起乎壠中。漸近秋而去夏，知少稔而多凶。巫尪不焚，宏羊未戮，遺囊得退龍之書，入境無随車之涸。豈有孝婦積冤，抑待河伯娶婦。空聞石燕雙飛，未見商羊一足。巫山無雲雨之期，東海斷歸寧之路。鳩婦久還，蟻封漫聚。悵少女之風吹，望銀河之豬渡。鸛鳴垤上，勿聽禽言，月離畢中，難窺天數。東邊日出西邊雨，僅沾野馬之塵；南山霧起北山雲，輒受封姨之妬。望丹霞于朝暾，信黑磐于日暮。西虹之兆何憑，南風之占亦悞。樊英已香，誰救成都之灾；翠華弗臨，罔決長安之獄。天街織女，尚未斜河，雲漢晴光，徒勞擘絮。蒺藜遍野，惟憐旱草之生；樫栁盈津，莫鮮乾封之故。如養龍之可買，寧惜多金；怨痴相之成群，非關淫雨。暨茨非董奉之房，柯葉指崔堯之樹。塵勃起兮成霾，熱蹦騰兮爲霧。已矣哉！榆屑姑餐，丁男可鬻，無米堪炊，有父何怙。知造化之刼定難逃，拚閆摩之符來即去。維我賢侯，憂民之憂，惟旱之故，一夕白頭。爛石煎沙，空作桑林之舞；青羊杏酒，日切西况之求。桐魚罔應，蒿目長愁，爰有人也，穴于東邱。貌似近古，行無殊尤。不知自何人之説項，遂傳其有焚檀咒木之奇籌。絳幢紛紜而下賁，黄冠噬肯而來遊。建壇坫，設旍斿，披短髮，伏吴鈎。手叠撼拇，文畫蝌蚪，奔走者接踵載道，旋繞者連袂成幬。作法連朝，迄無靈驗，天氣澄鮮，陽烏吐餤。盎水竭而屡增，楊葉彫而頻换。又日景之方中，共亭亭而揮汗；忽山側之殷殷，聞驚雷而激電。似畫壁之攫挐，疑白螘之酣戰。眾欣然而色喜，咸引領而翹盼。俄而鯉魚風吹，礮車雲散，失所望于群心，因聲色之俱變。師戟指而益力，更叱咤乎靈壇。亡何墨芝遥起，輪囷如山，乃呼眾而環繞，纔三匝而蔽天。來颼飀之爽氣，入裳衣而冷然。注暴若瀉，點大於拳，阿香御轡，白鶴啣丹，馬鬃懸滴，指爪生烟。落筋之使君失色，投壺之玉女增懽。其始也，摧木揚塵，滿地鉦鼓催鉄騎；其既也，翻河破屋，蔽江帆楫萬楼船。溝渠之傾洞也，崩决之黄流逢秋漲；平原之洋溢也，懷襄之洪水與連天。栁條拂地，竹杪下垂，欄檐如繩而不斷，荷溅珠而長翻。一瞬息之霧霈，沾萬頃之良田。感神君之格被，慶秋稼之十千。辭曰：魃之虐兮虐生民，侯之誠兮格青旻。甘霖大注四野均，西疇青青禾黍勻。婦子飽食無懸鶉，納租不願捐皇恩。

清 李光地《榕村集》卷三四《祭文·告關侯祈雨文二首》 維年月日告于歷代加封大號漢關侯之神曰：維神義勇於昭，靈威有赫，感通既顯，位業斯崇。自地承乏畿輔，肅恭象教，雨暘雩禜，靡祈不應。兹者靈雨愆春，炎光屆夏，旱將太甚，田懼卒荒，廊廟憂勞，百僚震恐。每聞殷動之聲，未獲滂沱之賜。昨者得旨於朝，咸命各伸虔禱。俯思祈望，匪神孰依，跪薦寒流，仰干震豫。維神千世萬世，福國庇民。名山顯位，神得追之；星躔月離，神得回之。呼翕陰陽，暫攄浩然之氣；周沾中外，立覩沛若之施。用濟斯哀憨，以佑我國家。不勝懇切，以待靈命。

又 自春及夏，時雨沾足，來牟豐登，稻田暢茂。非神休祐，曷克躋兹。今蚤播之穀，己獲全穫，猶有下種稍遲者，尚須雨澤。旬日以來，微覺暵乾，昨宵疏雨飛零，未得沛然之效。誠恐膏潤不繼，堅栗難期，一簣之功，群望神賜。嗚呼！雩請之節，禮不敢於祈頻；而哀憨之情，義可通于禱久。恭叩慈靈，不勝悚切。

清 衛既齊《廉立堂文集》卷一二《祭文·祭玉帝祈雨文》 惟上帝之好生兮，命率育乎下土。時雨暘以粒民兮，何忍一方之失所？矧天子之有道兮，念周流乎寰宇。嗟山左之廑聖慮兮，地接壤乎畿輔。蠲終歲之正額兮，沛恩施而軼乎曠古。宜休徵之時應兮，樂庶草之蕃蕪。何近畿之洊饑兮，并東土而亦歉收。自暮春多亢暘兮，狂飈踰月而不休。二麥大半就槁兮，秋苗尚未播乎緑疇。哀斯民之望歲兮，目摇摇以何求。慚司牧之失職兮，政事多所未修。惟天宜降灾于守土者之躬兮，何重貽我民以長憂。肅壇場而拜禱兮，初惟神乎是依。今遍走乎群望兮，余仍於神焉長祈。溯上帝之孚佑兮，昔年應禱而無違。豈遂不我終許兮，惘惘使安所適歸。坐視斯民之將仳離兮，不禁掩涕而歔欷。冀穹蒼之下憫兮，沛甘霖以應期。敢告。

又《祭真武祈雨文》 嗟乎！歲之不假易而雨澤愆期，何遂至今猶靳恩膏耶？且以畿輔洊饑，聖天子遣振巡省，遍走群望，中夜焦勞，籲禱綦勤矣。謂宜天心降格，早沛霖雨，以慰吾君憂。即不然，直省偶苦旱，隣省風雨咸調，猶可告無恐資轉移也。乃今山左亦苦風旱，不將與直省并無歲而重廑吾君憂耶？嗟乎！天亦何忍使至此也。當撫軍初入境，天嘗錫瑞雪矣。元旦獻歲，又蚤錫靈雨矣。東土之人方幸福星之照，適當暘復之年，雨雪應瑞，獲終年慶豐登，含哺以嬉也。即孟春之杪，尚慶霡霂之以時降也。何意二月以後，風霾時作，踰月不休，遂至亢暘少雨。撫軍率司道等虔誠拜禱，屢更壇場，雖于四月念二日稍降微雨，未霈甘霖。二麥既已焦枯，三農因之愁嘆。目今秋苗在地，漸次凋萎，高阜之鄉，尚未布種者，不知凡幾。若于此時更遲不雨，秋成必致失望，此嗷嗷待哺之窮黎何以餬口？何以保家？某受國殊恩，備藩東土，目擊斯民之阻飢，而不能爲之拯挽，午夜徬徨，呼燈起坐，撫膺浩嘆，不知何故上干天和也。意者政教之多闕，庶職之不修，貪墨之有所未黜，刑罰之有所未中歟？清心寡欲之實未能盡，整齊化導之功未能施䩄焉？尸位顧形自慚，即民閒有傷倫敗化逆天悖理之事而莫之能正歟？亟自修省，莫敢戲渝。用是披瀝肺肝，祈神鑒此精誠，縱我躬之宜譴，獨不哀念此一方民耶？況吾君之憂勤備至，視民如傷，天乎！何忍不思所以慰之？撫軍之爲民請命，昭假無贏，天乎！向之雨雪應瑞者，尚當不終愆期也。某敢藉吾君相之力，以邀天庥，速霈甘霖，以救一方民命。匍匐謹告。

清 曾王孫《清風堂文集》卷六《祈雨文》 維康熙十七年六月庚午朔，越十有三日壬午，都昌縣知縣曾王孫率縣丞劉翊漢、典史蔡士麒等，敢昭告於本縣城隍之神曰：都邑之民，至今日而困苦極矣。其兩經殘破，哀鴻未集，姑不具論。即此日前之事言之，如部催之兵米、漕米、地丁、兵餉、驛站、漕項、新裁等款錢糧，自十三、十四、十五、十六等年以至於今，皆畢萃於一日，又上派之佐司補款戰船、船木、發船、提船、御馬、賠馬、長馬等項，或以百計，或以千計，累而逾萬，檄飛若雷，差至如雨。以上二者，一係部催，一係上派，不應不敢，應之不能，勢皆取辦於吾民，其責民如此其重且鉅，即令歲大有屢豐年，猶懼其不勝任，而頗連靡告。當此之時，而旱魃爲虐，釀赤地之灾民何以堪？嗚呼，其酷烈亦甚矣！民獨何辜，當亦神之所惻然不安者也。都民勤於力田，今嘉禾被野，歲且大登，而雨澤不降，池水盡涸，有以一月不雨告者，有以二旬不雨告者，聞之刺心，不遑啓處。惟神仁愛斯民，有禱輒應，立霈甘霖，以救此一方民，惟神是賴，亦惟神是問。是用率一二僚屬，屏從步禱於尊神之前，謂神之慮茲民也過於王孫，神日鑒在上，悉民之疾苦而欲拯之也，更過於王孫，則是朝禱而雨夕，遍於合邑也，神之惠也，民之望也。乃延頸企踵，今且五日矣，雲霓不見，霡霂靡施，神豈不聞耶？抑聞之而仍聽吾民之哀號，躑躅不一動念耶？王孫即不德，不足以動神聽，神顧可以漠然處此耶？及今油然沛然，作雲作雨，浡興之澤，尚足以寧婦子而安百室，由是民得以餘力急公終事，王孫得以苦心調劑緩急，庶幾上不悞公，下不病民，而部催、上派之案件可了，王孫亦獲告無罪於其間。神之所賜，寧有量哉！惟神其速圖之，謹疛立以俟。

又卷一九《祈雨停訟文》 亢旱連旬，憂心焚灼。雖竭誠祈禱，而菲躬涼德，不能感應。目下一二詞訟，原欲速結，以便歸農，但事有不平，難以理遣。一或動刑，又恐上干天和，殊非祈求雨澤之意。再四思維，不若爾等暫且寧家，俟上天賜雨之後，仍赴審理。或静思終訟無益，各釋其忿，以息争端，尤本縣之所日夕望之者也。

清 查慎行《敬業堂詩續集》卷二《禱雨辭》 康熙歲辛丑，閏厄六月杪。五行火息水，金氣鑠原燎。號萬性不齊，可憐群就燥。焚如到松竹，況乃灌溉草。薪醮等摧殘，庖廚助煎熇。井枯池亦竭，是處開龜兆。瓢飲且維艱，腹枵詎易飽。苗田溥斯害，立作棲苴槁。民病思下泉，吏才貪上考。方徵晉陽絲，肯藉琅琊稻。吾寧忍聽睹，獨臥憂悄悄。巷北走里巫，門前來野老。紛然聚其族，愁嘆際昏曉。或云堯湯年，七旱九水潦。周官列荒政，六祝五曰禱。村中有神社，禋自唐宋肇。曷不往乞靈，庶登稼穡寶。杖藜隨伴出，趁此星月皎。敢辭衣涉露，翻覺沾溼好。古廟散群鴉，荒庭無汛掃。片香倉卒炷，覬徹星象表。土偶了不聞，吁嗟向晴昊。天門詄蕩蕩，赤日仍杲杲。感應理豈無，祈年或宜早。況聞兵猶火，旱實兵所召。不見閩海疆，熢烟接窮島。出車當此際，虎旅正南討。雨邦封壤連，免幸輓輸擾。平情易地校，擇禍此猶小。歸各語兒孫，家貧善自保。世界苦人多，豐年古來少。

清 張伯行《正誼堂續集》卷八《圓妙觀祈雨文》 三吳之地，雖襟江帶湖以爲田，而原隰高下之間，形勢異宜，非江湖所能敷澤。雨暘之節一失其常，孑遺黎民奚以堪此？顧入夏以來，陰伏陽驕，雲欲合而復離，雨欲下而旋止，甘霖未沛，插蒔維艱，安能望其有秋？人心倉皇，惴惴焉將不免溝壑是懼。某竊念今之爲吏者，不無政弛事頹，致于陰陽之沴，及嗟彼邦邑之人，虫虫何罪，茹茲荼苦？是用齋袚，省躬責己，引慝瀝懇，控告於我明神。惟神聰明正直，佐佑陰陽，綏福一方，廟食百世，尚其誕布甘澍，易凶爲豐，此邦下民實嘉賴之。夫明有長吏，幽有明神，皆將爲朝廷宣德意。而使膏澤之下究也，長吏弗若厥職，繄惟神明是賴。其顧提帝之休命，覃敷雷雨，毋緩須臾，以保障此邦，即以永血食於此邦，歲時潔醴豐牲，以將承事，罔有攸斁。而涼德之長吏，或者用啓厥衷，益圖改悔，其爲祇受神賜何如矣！激切上告。

清 胡煦《葆璞堂集》卷四《代彰德郡守祈雨文》 時康熙四十

九年之秋，亢暘不雨，春種未布，百姓惴惴焉懼麥秋之無巢，歲歉民貧，流離困苦，將在其後。太守憂之，齋心滌慮三晝夜，禱於神，勿應。意者太守之勿虔耶？同寅罔或協恭耶？百執事玩愒廢棄習爲故常，不謹飭，不勤敏耶？冤抑未盡伸，過誤罪戾未盡釋耶？抑亦有宜沛之膏中阻而未下耶？夫神與太守共理此土，一民飢，孰飢之？一民寒，孰寒之？必有執其咎者。太守皇然不敢自安，謂神安之耶？生民之命懸於食，仲夏之斂始於秋，及此不種，將無以食，諒神亦心傷之矣。即曰陰陽異途，職司殊軌，太守獨任其責，萬不敢辭。第與人共居此土，共治此人，而神之力又可以上達天帝，下及窮泉，太守惓惓之心，藉手而爲百姓請命，當亦神之鼓舞奮迅，樂於從事，相與有成者也。聞宋高南禱雨於奉新，有『願減十年壽，乞爲三日霖』之句，太守深然之，期與神共明此意。敬修其衣冠，齋其心志，益省其愆，益明其德。倘克有濟，蠢蠢百族，恃以無恐。即明懲暗奪，唯神左右之。太守將俯以聽命。

清 徐旭旦《世經堂初集》卷一二《禱雨疏》 竊惟上帝命神與朝廷命官，雖司有陰陽，而職同爕理，總期興利除害，以共治此土者也。如不能承天惠民，則官之罪；若不能禦灾捍患，則神之愆。惟兹寧邑，久庇神威。邇者陽亢連旬，秋成失望。畖裂龜紋，穇䅟與禾苗而俱頳；井枯蟹眼，桔槔共沃釜以偕焦。葢緣人事之不修，釀作神天之怨恫。某等身居民上，心怵懷中，慚善政之無聞，未獲蠲煩除烈；際昊天之不吊，敢弗洗髓滌腸？用是齋虔步禱，宿戒盟神，靈其下憫，達於上蒼，亟霈甘霖，早甦民困。矧寧居萬山之中，大洋之側，纍石穴渠，滋彼灌漑，依嵓扞畔，蓺此稻粱。一月驕陽，千村茂草，外藩不給，内地多傷，寧民之苦，倍於他郡。且當兵燹，殘疆湯火，遺孑苟完，家室鮮蓄葢藏，旱既太甚，民不聊生，寧民異於往年。旭旦憂心如焚，返躬罪己，天不可呼，神宜諦聽。願己饑而民得食，己寒而民得衣，己節筭而群生長延，己損位而大年豐稔，俾使惡爐哀鴻少沾化雨，邊隅涸鮒邀宥有秋。如再罔效，悮我生靈，旦等固有不能承天惠民之愆，神亦何辭禦灾捍患之責。伏冀皇仁憫下，有欲必從，天高聽卑，無微不格。雨足郊原，人歌樂歲，則竭誠乃以靖位，固其官職分宜。然而福國兼之佑民，允靈神赫濯所在。孚德徹聞，神明垂鑒。

清 佟賦偉《二樓紀略》卷三《城隍廟祈雨疏》 天之生民，有吏以發政令，問民疾苦，即有神以捍灾患，時雨晴，俾民陰恃以無恐焉，是神與吏厥任均也。而吏有時力不能致者，則不得不哀告於神。宛郡四五月間苦雨，二麥業已無收，閭閻嗷嗷以待，惟庶幾秋成有望耳。而復旱魃爲虐，田禾焦枯，闔境皇皇，莫知所措。是用齋戒虔禱，伏惟神威有赫，顯應無方，即求數日之間大沛霖雨，轉歉歲爲豐年，惟神之惠。倘歲凶乏祀，即神亦有不利焉。謹告。

又《敏應廟祈雨疏》 惟神最靈，有求必應。今夏四五月間苦雨，爲民虔禱於神，荷蒙降鑒，晴光普照，萬衆歡騰。循省獨慚，實神惠愛斯民，豈微誠之所能感也。行將蠲吉，新廟宇崇俎豆，以答神貺，乃者彌月不雨，山川如滌，瞻仰何里，莫知所爲。既以告城隍之神，惴惴懼不得命，敢復齋戒，瀝懇尊神。伏求大彰威赫，呼吸風雷，立沛甘霖，以慰三農之望，其爲酬報，當更踴躍争先。不然，蚩蚩之氓將謂神之靈應於前而忽爽於後也。惟神必有以終惠之。謹告。

又《陵陽廟祈雨疏》 上天之德，在於好生；下吏之職，在於恤民。憫兹宛郡，夏初苦潦，今復旱甚，原焦野燎。是用皇皇，齋戒夙興，遍告群廟，曾不我聽。緊惟尊神，聲靈赫濯，匍匐告哀，民命攸託。葢惟神以當年救水灾之靈，救今日旱灾，固反掌易也。伏願大彰顯應，呼吸風雲，雷師雨伯，惠我蒸民。俾民有秋，式歌且舞，何以酬恩，清樽肥羜。謹告。

清 張大受《匠門書屋文集》卷八《慤忠寺祈雨》 弘敞千年刹，精誠一片心。有懷惟望歲，無術可爲霖。地燥偏從火，天高未發陰。梵書清晝誦，神道小臣欽。變化蛟龍性，諧和竹石音。德施三日普，澮澤萬方深。感應民胥福，祈求帝必歆。丹衷高可達，白髮晚相侵。遠目憑危閣，閒身憶舊林。蒼生蒙雨露，歸老喜難禁。

又卷一〇《安順齋壇祈雨詩》 暘雨憑司命，民苗望有年。持衡蒙聖主，沛澤禱皇天。漏盡山城暗，雲浮野樹連。遠林飄雨細，高壤長禾鮮。絶徼窮無策，諸彝蠢可憐。甘霖三日澍，安枕萬家眠。北地抛農耜，征人老塞烟。吁俞勞陛下，誠慤告神前。職本專文字，心仍及土田。教行須飽食，執簡思瞿然。

清　張泰交《受祜堂集》卷九《祈雨示》　爲祈求雨澤事：照得時維季夏，瞬息立秋，正禾苗需雨之時。今天道亢暘，甘霖未霈，農事堪憂。本部院念切民瘼，已經諭令府縣于吴山設壇祈禱，仍無雨澤。寸心如焚，合即嚴禁屠沽，躬親祈禱，爲此示仰撫屬官吏、軍民人等知悉，本部院先期致齋三日，閉閤思過，至十四日早，率同司道各官步行祈禱。凡民間一切魚肉腥羶等項，即刻盡行禁止，務期竭誠格天心，以冀有秋。如敢私自屠沽，該地方官嚴拏重處。各宜凛遵，毋得故違。

清　林佶《樸學齋詩稿》卷二《禱雨用東坡祈雪韻》　小民含哺樂鼓腹，望歲惟願倉庾足。三春無雨亢陽和，千邨萬邨罷犁哭。藥師不滴馬鬉水，義輪播錟焚地軸。茫茫海國斥鹵焦，誰賦勞人及采菽。我來桐城兩閱月，田疇無水滋新緑。祇見蝦鰍涸絶潢，何處桔橰來斷續。閩南土膏資源泉，潤下江潮與流淵。雨澤愆期病農稼，老羸不免先踣顛。坐籌國計長郡邑，蒿目時艱噢咻急。當此嗷嗷澤雁呼，忍視瑣尾流離泣。濟變權宜賑乏貧，移粟鄰封差可及。吴粳蜀稻連艫進，直鬫蛟宮驚龍蟄。未雨綢繆誠至計，滂沱何暇求衰笠。況今聖主問俗疲，新封玉檢啓金匙。

清　盧錫晋《尚志館文述》卷四《禱雨祭之三日而適與雨值**》**　某年月日，某官謹以云云，恭禱於本縣城隍之神曰：惟神正直明威，嘗視一方之善淫以爲徵應，故雨暘燠寒，雖屬二氣，而恒若時若，實陰司其柄。今觀懷邑地氣苦寒，耕稼之時不滿六月，幸遇風雨時若，僅乃免于凍餒，然且有糟糠不厭，裋褐不敷，則是瘠土之民焦勞憂思，宜無淫侈，以干神怒。近者聖天子巡行邊塞，目擊心傷，慰諭軫念，連歲蠲免，而自撫軍藩臬郡伯州牧以下，無不仰體保赤之盛心，以奉爲善政。夫至誠何往不假，乃甚風暴霾，雲不留駐，以致雨澤愆期，人心惶惑者何故？皇上爲百神主，奉天子民，而神則天之命吏，國本之所憑依也，豈其忍視一邑之阽危，莫之省憂？揆厥所由，無亦令奉職無狀，民多怨咨，和氣乖戾，以召此菑歟？數日以來，閉閤思過，苞苴雖未行而中或多慾，利弊雖已悉而時勢艱苦或至因循未變，抑或氣質昏暗，明斷不足，胥役之擾民者衆，冤抑之獲伸者寡，或身家念切，而于公私之際不能無怍，或春秋之享祀不豐，朔望之拜禱不虔。凡茲皆令之過，無與彼民。顧令何足惜，乃貽累于民之無辜，宜亦神所憫傷也。願無以一令之不善，而降此蘊隆之害以爲農人憂。若以令不可逭，寧降戾于令，而無作威于嗤嗤之氓。此嗤嗤者，聖天子之所軫恤，而惟神之保佑是賴。矧今節近小滿，正運需播種之時，五日不雨則無禾稼。伏乞大顯靈庇，普令霑足，以仰答好生之德，而救此無辜之窮黎，蓋上下胥蒙休焉，豈惟末吏得沾餘潤。謹告。

清　王廷燦《似齋詩存》卷五《禱雨》　三農方播種，六月苦炎暾。拯救無他術，精誠達帝閽。滂沱沾萬井，笑語溢千邨。定得豐年望，歸來倒酒尊。

清　魯之裕《式馨堂詩文集》卷一四《祈雨疏》　竊惟天之生斯民也，有神焉以陰佑之，有官焉以顯庇之，官與神蓋皆所以爲民而除其灾害焉者也。是故民之屈於吏也，官伸之；蝕於蠹也，官剔之；剥於豪抑於强而莫能以自振也，官剪之。若夫水旱愆於時，而禾黍不獲逢年，官所無如何，而惟神司其柄者也。入夏以來，風雨不調，至六月尤甚。雖亦偶有涓滴之施，而土之燥者未嘗潤，禾之涸者漸就枯矣。神若不爲請命於上帝，是豈神之不佑斯民哉？或者怒官之不稱其職而降罰以警焉？夫神果怒官而罰之，當厚譴諸官，不宜遷怒於民也。如謂神非遷怒也，小民何辜，顧靳其雨澤，枯其禾黍，致其婦子皇皇焉？若是，竊計裕自雍正十有一年十一月廿七日任襄、鄖道事，歷今二十月矣，吏不能以盡察，蠹不能以盡剔，豪强之剥抑乎民者不能以盡剪，而民利之當興、民欲之當遂者實未嘗有以圖而濟之也，是固裕力之薄要，亦裕心之懈，裕才之鈍，而裕行之不果耳。神以是譴及裕焉，宜也。奈何因以降罰我民哉？茲用齋肅，仰懇明鑒，而分別以行其罰焉。速爲請諸上帝，大沛甘霖，澤我襄、鄖兩郡，并澤及於湖北諸郡之土之夂旱而稼穡之漸即於枯者，於是專罪及於裕身，裕復何敢置喙乎？

清　廖志灝《燕日堂録七種》卷一《邑中禱雨》　風雨本無數，祈之偏得晴。氣薰山欲滴，雲起電微轟。刺史騑車壯，兒童拍掌行。文成疑未醒，越宿聽烏聲。

清　李兆齡《舒嘯閣詩集》卷八《禱雨壬寅六月廿一日作》　不識如何喚作栽，禾心焦捲化成灰。炎天過盡秋風至，尚乞龍神降雨來。

清　沈維材《樗莊詩文稿》卷七《祝文・爲雅中丞禱雨文》　惟神助宣四氣，守在出雲，扶佑三時，惠周率土。畇畇原隰，適當禹甸之中；赫赫威靈，總在堯封之內。惟神顯聖佑民，則各有專司。惟帝念功護國，則特隆望秩。艮爲山，兑爲澤，一時通氣，萬里雲行。畢好雨，箕好風，五夜占星，半天雷動。境内之神祇如在，謹致祭於南壇；空中之靈爽常存，奉懷柔於北闕。旦明自惕，先率屬以告虔；岳瀆有神，另委員以代祀。九霄嘉霔，無遠不周，三日甘霖，既霑且足，草野之感，眞無地慶洽祥符；麥疇之收，更有秋潤沾福習。（麥神名）爲豫民而偹豫，倉箱積貯，豫悦何窮。樂豐歲之滋豐，雨澤調勻，豐亨有象。爰稽盛典，令甲可遵。特選良期，用辛爲奉，但教沾體，五體之投地何辭；各要洗心，一心之告天不愧。尚邀崇鑒，未罄濡陳。謹疏。

又《黑龍潭祈雨疏》 惟神變化無方，久叨利濟，靈通有象，專仰洪庥。宿麥登場，比屋方欣豐稔；秋禾被壠，連阡正賴滋培。惟大梁地屬中原，所關尤重，而連月雲屯嘉霔，其害非輕。已是恒暘，能無修省？正當溽暑，未免怨咨。率百職以祈年，殊慚官守；爲兆人而請命，深念民艱。當午耘鋤，滴汗翻如雨下；侵晨步禱，焦心眞似火焚。羽檄星馳，鼓鐘雷動，億兆人之家室，托命田疇；五六月之黍苗，資生雨澤。桔槔有用，不似水鄉；襏襫無功，只因亢旱。天如雨玉，亦何補于民生；地若流金，寧不傷于歲事。占來易象，翻怕密雲，咏到詩篇，尤愁杲日。仰于天聽，惟神之呼吸可通，俯念民生，惟神之扶持自切。况聖主朝乾夕惕，桑林之禱，更竭敬誠；即小民明動晦休，草野之忱，只圖飽煖。雖司牧未能修德，感召無由，而明神自必降靈，鑒觀有赫。在各屬有雨施之報，而自南自北，未得均沾；且久晴有土燥之憂，只幾寸幾分，殊難深透。伏願甘霖之沛，潤周九府四州，庶幾樂歲，滋豐瑞應，五風十雨。螟泉通氣，遥連山澤之雲；鸛垤呈祥，佇蓄溝渠之水。瘠土有秋成之望，慶洽曾孫；窮簷無夜哭之聲，利沾寡婦。于焉積貯，可聽紅白之兼收；從此盈餘，足濟青黄之不接。詣龍潭而泥首，氤氲洵是靈津；沭黍雨以洗心，沾洒罔非愷澤。炎蒸盡滌，疫癘咸消，爲此號呼，可勝激切！謹疏。

又 惟神惠周四海，厚澤涵濡，默佑一方，靈津變化。當此亢陽不雨，將無萬口之怨咨；仰惟健德如天，恃有一心以誠懇。庖厨净洗，葷氣不沾，壇宇肅清，香烟直達。仿于公之折獄，酌量省刑，廣洛令之推誠，特行施藥。潔齊齋宿，不敢怠荒。申禁屠沽，彌加嚴恪。一百九州縣，同祈甘雨之沾滋；億千萬人家，專望大秋之豐稔。紛如瓜果，猶懼焦枯，細至蟲魚，亦貪清潤。民生未遂，愧吏治之多乖；天聽雖高，仗神靈之降鑒。早施法力，垂憫愚忱，鼓雷電于虚空，萬山通氣；潤田疇以深透，千里流膏。力可回天，恩眞浹地。油然雲，沛然雨，苗之槁者以興；忭于野，慶于庭，農之憂者以樂。甘霖如注，夏雲洵是奇峰；遍野有秋，豫省仍爲樂土。民無疫癘，物有滋生，願彰如響之靈，式沛既沾之澤。

又《嵩岳神廟祈雨疏》 惟神崇高之體，峻極于天，中正之居。潤周兹土。將呼吸直通于帝座，式昭響應之靈；乃悚惶倍切于民情，更想登封之盛。望九重而鳌祝，敬聽山呼；爲四境而禱求，耑祈雨順。紫烟籠處，先沾紅雨於三花；碧浪翻時，更秀黄雲于二麥。問繡衣以持節乘龍，可是雨師；看青笠而荷鋤報蜡，孰非田父。顧此中原之地，饔飧專賴于麥秋；當兹初夏之時，播種已盈于禾畝。出東郊以遠眺，兩岐難辨其支分；望中岳而敬陳，一尺亦起于膚寸。仰祈甘霖，既沾渥而懽騰；遥企濃嵐，更欝葱以秀潤。委員申告，敢布香心，率屬致齋，惟應泥首。謹疏。

又《濟瀆神廟祈雨疏》 惟神隨地流行，在天陟降，發于王屋二源，莫測其淵，深禱于君山，萬里猶昭其靈應。傍龍池而叩石，曾通行雨之書；開虬户而興雲，待沛作霖之澤。在偹官爲民請命，方四顧而傍徨。惟明神爲國効靈，恃一誠以感格。丹忱自罄，庶幾愷澤長流；繡壤相聯，并望甘霖大沛。葵心向日，忝膺鎮撫於中天；麥氣迎秋，祗願豐收于下土。將彼有遺，秉此有滯。穗風淳俗，美且共享。夫昇平惟冬無愆陽，夏無伏陰，物阜民安，更何憂於疫癘？人皆鼓腹，餅餌香生，官尚洗心，簠簋志飭。豫省之省身克已，道切豫修；濟源之源遠流長，功高濟衆。統希鑒佑不盡，虔誠謹疏。

又《社稷壇祈雨疏》 窮則呼天，敢憚再三之懇禱；旱而祈雨，專爲百萬之生靈。惟豫省居天下之中，攸關甚重，而會城在河壖之上，利濟無窮，風行何似雲行，潛泉有蜧，河潤無如雨潤，蟠澤皆龍。况造物之仁原無私覆，而黎元之苦大有隱憂。栽種失時，豈惰農之失業；凶荒爲患，乃旱魃之爲灾。鑠石流金，直恐苗將立槁；衣珠炊玉，還愁穀不順成。當前既苦炎蒸，向後還防疫癘。下民環籲，偹官之寢食不寧；上帝高居，聖主之敬誠可感。雖百官之失德，何敢自寬；而萬姓之罹殃，更將誰告？仰干天聽，再陳危苦之詞；遍布雨膏，速沛瀰淪之澤。謹疏。

又 窮黎所恃，專在田疇，旱魃爲灾，甚於水潦。苗將立槁，憂深赤日之行天；龍豈潛藏，望斷黑雲之催雨。祗因亢旱，鐮楱無功，不似水鄉，桔槔有用。淪肌浹髓，只祈三尺之淋霖；滌慮洗心，彌覺十分之惕厲。連宵齋宿，不敢怠荒，各廟虔求，亦殊激切。偹官有父，且夜夜以瞻星；盛世無年，將家家以棄地。流金鑠石，焦心眞似火焚；酌水獻花，泥首專祈雨潤。各屬之豐亨，有慶降祥，先自祥符；頻年之撫字，多慚偹豫，難爲豫省。可勝愧悚，爲此告陳。謹疏。

又《龍王廟祈雨疏》 惟神威臨下土，有感皆通。澤沛中天，無求不給。五風十雨，只祈調燮得宜；九府四州，何致流離失所。桃汛之欣看無恙，方慶風恬；麥秋之佇報有收，專祈雨潤。藉非豐稔，民人何以爲生；有此旱乾，官吏將無失德。荷宸章之特賜，方期愷澤長流；念病體之初痊，總賴神明黙佑。常出郊而看麥，頗欣沃野之龍葱；偶入廟而拈香，竊幸甘霖之沾灑。節交初夏，夏雲頓湧奇峰；地屬中原，原野都成樂土。緑簑青箬，畫入《豳風》；黑壤黄壚，書陳《禹貢》。烏猶呼以鍜磨，如聞餅餌之香；牛不喘於扶犁，詎費桔槔之力。連雲有句，舊喜吟詩，得雨必書，新教置簿。殿陛之憂勤惕厲，民飢何異己飢；閭閻之鼓舞懽忻，麥熟還同穀熟。況聖主頻加賑恤，念切黎元；在偹官忝任撫綏，保如赤子。向來心政，半爲民生；此際手疏，全憑神鑒。旦明謹凜，率闔屬而致齋；夙夜不遑，爲窮簷而請命。沛來甘澍，便勝雨珠，浥盡狂塵，不愁泥玉。既優既渥，既霑既足，望明靈之溥濟，啣感何窮；乃聖乃神，乃武乃文，奉至德以懷柔，瞻光不遠。兩岐五穗，祥生先自祥符；萬户千邨，豫順端歸豫省。昇平有象，造化無私，不盡丹忱，統希玄感。謹疏。

清 張我觀《覆甕集》卷九《祈禱雨澤文雍正元年八月分**》** 竊惟會邑自六月來，密雲不雨，屢次申牒，設壇步禱，雖獲甘霖，隨降隨止。八月初二日申牒尊神，即於初四日甘雨大沛，曹娥、東關一帶延廣四十里，是某之誠，已邀鑒於神，而神之德已降康於民矣。然而此時之望雨較前更甚，前之霑足者漸至乾枯矣，前之未足者立見龜裂矣。河道不通，米價騰貴，白露已過，秋分又來，此時倘再亢暘，必至立塡溝壑，傷心蒿目，束手興嗟。切思東禱西禜，曾何裨益？凡僧俗道，徒褻神靈。惟神保障此方，威靈赫濯，默鑒皇皇待雨之情，必動切切瘡灾之念。伏祈尊神轉奏上帝，頒玉音於雷部，率箕風畢雨，以施仁沛；恩詔於龍宮，統河伯江娣而降澤。自西自東，自南自北，無地不沾豐注之膏，爲黍爲稷，爲稻爲粱，有苗皆荷生成之慶。薄收有望，百室稍寧。不然，歲且荒矣，民告飢矣，匪類潛生，訟獄滋起。某固甘放黜，而在於尊神，其能儼然相安於廟廷之上乎哉？是用再申虔禱，仰冀垂慈。須至牒呈者。

清 莽鵠立《天津祈雨疏一》《長蘆鹽法志》卷一八 疏爲叩祈雨澤事。竊聞天運之有不齊者，唯神足以挽之；人力之所不逮者，唯神足以拯之。是以有求必應，而隨感斯通。欽惟尊神變化隨時，仁勇冠世。顯威靈之赫濯，錫以王封；享俎豆之馨香，臚諸祀典。茲當乙巳，春雨愆期，入夏以來，亢陽如故。有司牧之責者，莫不蒿目焦心，旁皇祈禱，不啻一而再、再而三矣。乃雲有時而密，膏則屯之；雷有時而聲，風則散之。麥秋屆而漸枯，石田嘆而懸耒。夫國之所恃唯民，民之所恃唯歲。歲一不登，則饑饉流離，兒啼婦泣，將廑宸衷宵旰之憂。及今尚可以補救也。鵠立代天東巡，於本月十七日回津，道途所經，見農民之望雨，不啻饑者之望食，渴者之思飲，翹首跂足，刻無容緩。用是食不甘味，寢不安席，謹會同鎮道各官，涓吉結壇，匍匐神前，爲民請命。伏願處高聽卑，垂慈渙澤。膚寸合而神通丕顯，時雨降而下土其蘇。户户謳歌，家家尸祝，皆沐神惠於無盡矣。鵠立等不勝激切屏營之至。謹疏。

又《天津祈雨疏二》 疏爲遵旨禱雨事。伏以爲民請命，久懷呼籲之誠；待澤孔殷，彌切再三之瀆。葢雲霓之望，雖迫於人心，而霖雨之施，終須乎神力。洵幽明之可感，望靈爽之式臨。是用誠求，再申虔禱。粤自今春，旱魃爲虐，春麥漸槁，秋田失望。鵠立代巡山左，曾經致禱，未獲神佑。回津以後，觸景傷心，禱求彌迫，而屯膏如故。自愧積誠未至，不足以仰格神明，憂心如焚，計無所出，不得已而繕摺奏明。今奉皇上俞旨，着實虔誠祈禱。欽此。臣特會同鎮臣徐仁道、臣段如蕙、柯喬年等再設醮壇，齋戒沐浴，謹卜五月朔日爲始，虔誠步禱，以仰副皇上憂勤惕厲之衷，以代陳下土瞻望祈求之意。叩懇尊神大顯靈異，迅賜甘霖，則夏收雖減，秋獲可期。失今不救，將來一望石田，釀成荒歉，神寧無恫乎？爲此匍匐叩請，不勝激切屏營之至。謹疏。

清 李紱《穆堂類稿·初稿》卷一一《裕州觀祈雨》 柳枝毿毿柳葉青，結柳作壇高冥冥。中有泥神吁可驚，曰孫悟空猴精靈。神或傳人稱馬子，驚愚駭俗走相使。鳴金伐鼓沸如市，呵殿傳呼擬官吏。束柳作冠垂作衣，還載柳車披柳帷。旌旃翻翻盡柳葉，槍掊森森皆柳枝。神怪相驚出危語，旱行且雨愁兵至。丈夫變色婦孺涕，矯誣譸張有如是。大雩盛樂禮有之，境内山川侯所祠。是興雲雨見百怪，何乃恣遑淫祀爲？敬天勤民國大事，誰宰是邦等兒戲。此風相沿非一世，左道惑人禁當厲。密雲漸散清風生，杲杲紅日當空行。泥神不語馬子醒，柳枝拋擲何縱橫。對此炎炎使心痗，禱者罷壇觀者退。驅車更向襄陽去，聞道南陽雨霧霈。

又 卷四八《告城隍神祈雨文》 維雍正二年仲秋月戊戌日，巡撫廣西等處地方提督、軍務兵部右侍郎兼都察院右副都御史加一級李紱，率領同城官吏謹昭告於城隍之神曰：國家封疆之重，設官置吏，以撫治民人，即建壇廟，祀明神以司水旱。維明與幽，各有專守。今聖天子在位，小大之臣莫不震動恪恭，各盡厥職，山川百神亦罔不效順。巡撫恭膺簡命，來治此邦，矢潔清心志，撫安有衆，以無媿於爾大神。抵任之日，方事雩禱，荷神之庥，忽沛甘霖，早稻豐登，農夫有慶。屬政事蠭午，禋報未遑。今秋氣漸深，晚稻垂實，菽粟雜糧，亦已就熟，而雨澤愆期，恒暘彌月，誠恐穀實莫能堅好，致損收成。又桂林民居率多竹屋，旱風怒號，火灾可慮。是用吉蠲致告，維神式憑。山川出雲，即降時雨，以實嘉穀，以消亢沴，毋廢前勳，克終大惠，以仰紓聖天子南顧之勤，神亦永有食於兹土。巡撫等受神明賜，歲將祀事，其敢不虔。謹告。

又《别稿》卷三《又題西山禱雨圖》 直省兼山水，西江地頗佳。豐凶恒半得，旱源未全乖。閔雨剛踰節，爲霖已厪懷。精誠能感格，豈用藉洪厓。

豫章數山鎮，圖識厭原尊。一雨出光怪，千峰暗子孫。蕭蕭霑羽蓋，莽莽向柴門。却憶僖公法，歡歌放獄恩。

清 蔡世遠《二希堂文集》卷一〇《辛丑四月同當事紳耆宿壇祈雨文》 農及時矣，而雨澤不降，小民幾無寧刻也。苟居官之不職，應降咎於余身，百姓何重遭此戚也？頃曾請水於鹿溪，又化龍於橋上，拜禱呼號之聲，豈上有九重之隔耶？天之愛民人甚矣，苟粒食之不登，將顛連而莫告，上天亦豈其不德耶？糾我紳士，齋宿廟壇，耿耿愚誠，幾不遑乎日昃也。睠望四郊，瞻言百里，能無傷心於日燥而地赤耶？伏願速遣雨師，立召風伯，將已下之種浡然而興，而方播之田亦得收功於涓滴也。嗚呼！旱既太甚，其雨其雨！彼蒼者天，其亦念此哀迫也。謹告。

清 賀裳《蛻疣集》《祈雨青詞》 竊以民靡多求，僅惟望歲；天降大恵，祇在逢年。無違十雨之期，始慰九秋之願。方今伏陰許久，亢旱逾時。匪止竭潢汙之水，蓋將枯沼沚之毛。抱甕安施，設機奚濟。某等憂惶殊切，冀逢躍蜧之徵；瞻仰空勞，苦乏吹龍之術。兼以居非晉土，無事燒山，地異荆邦，莫繇鞭石。徒聞潰穴之方，罕獲穢淵之效。伏望俯憐憔顇，特注慈仁。張峴峰之車蓋，暫掩驕陽；奏康谷之簫笳，速零甘澍。玄豨宵浴，示屏翳之符；玉虎晨鳴，震鬱儀之魄。赤松不憚于上下，青苗立轉其枯榮。

清 尹會一《健餘先生文集》卷六《河南祈雨文》 歲在丁巳，夏至已逾三日矣，過此雨澤不施，秋田晚不能種，其既種之稺苗亦遂槁矣。神其知之乎？若謂弗知，則前此何以有求斯應，捷於影響？竊思神受天子榮封，職福中州，固謂其靈無弗知、知無不應也；中州之民亦望其靈無弗知、知無不應也；即某因亢旱，專心虔禱於神，亦既信其靈無弗知、知無弗應矣。今兹亢旱愈甚，望澤愈亟，神其有靈，立施甘雨，以救苗槁，以甦民困，幸甚幸甚！若或以人事不修，有干天和，則今上實爲不世出之仁君，中州風俗之淳，人心之厚，又甲於天下，求其故而不得，則是某以德凉福薄之眇躬，初任斯土，已有不堪，對越神明之咎，但望明加譴責，俾人知罪有專歸。若再有靳惜大澤，徒令聖天子爲臣工代過，愚百姓爲官吏受誣，則衆人蚩蚩，將疑神之靈亦有弗知弗應之時矣。某方欲長此敬信，并欲使中州民人永知敬信，俎豆千秋，何敢出此？謹告。

清　楊錫紱《四知堂文集》卷二八《祈雨告福湖利農龍神文》　惟神位鎮湖湘，職司行雨，爲憲皇所分封，實農功所利賴。今錫紱奉天子命，來撫是邦。下車伊始，即雨澤愆期，曾率同在城文武於月之六日虔禱於神，雖當獲甘霖，而爲時甚暫，霑足未能。越今二旬，徒見陰雲之布，未蒙惠澤之施。瞻彼中田，殆將黃萎，夙夜憂懼，莫知所措。豈凉德之躬不堪撫循重任，抑政事之行有乖土俗民情，以致上天降譴旱魃爲灾？然紱竊思之，如紱行負神明，則殃咎之來，宜加紱身，百姓其何辜焉？用是再率文武屬吏竭誠懇籲，惟神念民之所天，厥惟五穀，時將仲秋，勢難再待。默運神通，挽回造化，大施解澤，立沛甘霖，起既槁於隴上，彧彧芃芃；懷新秀於田中，與與翼翼。則湖湘士女，莫不食神之貺。如五日不雨，則穀用不登，豈惟無以上慰聖天子粒我烝民之意，即神爲國家調燮陰陽、捍灾禦患，惠此一方之職，毋乃亦有所缺？至紱之曠廢隕越，又無論也。惟神其鑒之。謹告。

清　陳兆崙《紫竹山房詩文集·詩集》卷五《四月二十五日禱雨地祇陪祀承祭官諴親王》　禱雨天地星，諴王此分祀。服謝盤龍輝，車撤金華美。元衣竹皮冠，貴質遠侈靡。陳樂而不作，三酹以明水。岳瀆位有常，百神來萬里。微軀雖蟻蜂，幽燭無凡鄙。從來事君父，常願顏有喜。感切齋宮詞，呼籲難自已。無何告禮備，燔蕭烟乍起。化作當頭雲，笑從歸路指。

清　喬光烈《最樂堂文集》卷六《寶雞縣帥僚佐禱雨九龍泉即日霑沛》　旱氣入九夏，燥鑠何蟲蟲。烈日炙土赤，祝融煽炎風。念我懷新苗，轉困煎急中。倘無焦枯潤，何以收田功。農人坐嘆息，里落嗟咨同。縣令非東皙，自責先引躬。顧聞湫泉靈，龍子舊所宮。齋心共僚吏，潔酒陳牲豐。再拜事誠禱，神物潛感通。出雲遂興雨，郊原乍溟濛。祁祁復沛沛，既渥歌兒童。蕉萃頓一洗，翠色浮稑穜。坐待築場圃，社鼓懽逢逢。

清　張學舉《南坪詩鈔》卷三《龍潭禱雨辭》　曹洋峽水何轟豗，石筍插空地根開。潭心噴沫出岩上，非烟非霧常毰毸。水簾百丈垂陰洞，太古遺雪雪皚皚。自然寒氣森六月，赤景不到况黃埃。相傳其下龍所窟，能興雲物祛炎熯。今年適逢夏秋旱，爲民祈禱修虔來。亂石嵯岈百千匝，乘險不異經邛郲。潭深水響駭耳目，旋山徙石争潔洄。橫中有物長虹狀，光彩爍爍珠涵胎。吁嗟老龍方穩睡，見霓雨止何須猜。我呼龍起投以檄，考鐘不足撾鼓催。龍須騰趠向天闕，蔽翳驕陽禦洪灾。牧羊神女應汝助，金蛇其電玉虎雷。南溟海勢浩無極，倒捲滄波潤枯垓。

清　張開東《白蒓詩集》卷六《喜觀察使張公辦兵差時禱雨輒應》　監軍倥傯禱龍神，一夜甘霖滿漢津。赤日久懸千里望，綠陰初覆萬家春。隨車禾麥都占露，走馬干戈亦洗塵。笑指湛恩波及處，鹿門柳色倍清新。

清　魏元樞《與我周旋集·詩》卷三《蟋蟀秋吟·桑林禱雨處》　天方厭夏德，征伐開商祚。揖讓變局初，哲王赫一怒。有截入并包，天下沾霖雨。奈何七年旱，四海失耕作。詎因氣數薄，知是蛟龍誤。聖人有何罪，六事責沈錮。青青桑林下，耿耿向空訴。夙昔簡帝心，豈因俄悔悟。七年同火宅，焦山沃時澍。精誠望雲霓，知勇綿歷數。至今行道周，猶作千年慕。願爲聖人氓，幸來禱雨路。津津問舊迹，依稀聞大濩。

清　吳高增《玉亭集》卷九《南壇禱雨文》　民爲邦本，食爲民天。雨暘時若，乃慶有年。恒暘不雨，盡爲石田。小民恐矣，下吏憂焉。惟茲行邑，民貧地瘠。去秋罕雨，三冬無雪，旱乾至今，既歷十月。炎威上蒸，滋生虫孼，率衆剿除，蝻已撲滅。農時宜畊，望雲待澤，禱祀徒殷，阡陌畊輟。上厪聖懷，宵旰靡寧，廣敷綸綍，省躬恤刑。山川社稷，昭格明禋，辱在下吏，敢不兢兢。嗟行之人，室如懸磬，二麥無秋，因之饑饉。憂心如焚，爲民請命，惟神有赫，憑依于茲。風雲雷雨，各有耑司，滂沱未霈，畊已後時。仰瞻天廟，閭閻阻飢，惟神祐庇，降福攸宜。自今伊始，大展恩施，風起青蘋，水從雲下，雷電震驚，天瓢傾瀉。惟爾有神，速遄其行。五日不雨，黍稷不生，農愁婦嘆，百室難寧。十日不雨，害于粢盛，粢盛不潔，何以薦馨。昭告陳詞，犧牲敬奠，逢庚應變，遇甲有驗。商羊欣舞，虹霓無見，雲雷氣屯，風雨協從。霖占三日，祥應五風，近郊流溢，遠岫溟濛。澤沛大田，膏敷下土，始乎一方，周乎寰宇。應候昭宣，崇朝已溥，喜溢三農，懽呼亞旅。西成有象，黔黎忭舞，仰體宸衷，德洋恩普。

清 曹學詩《香雪文鈔》卷六《祭崇邑雨山禱雨文》 惟神鍾靈挺秀，鎮奠坤維，冠日遏雲，屏藩震位。憫群生之呼籲，何妨驅役風雷；當闔邑之觀瞻，忍見焦枯農圃。乃者催耕布穀，正宜帶笠披簑，奈何滴汙鉏禾，漸覺流金爍石。緑野之秧針未插，萋萋正喜雲生；青畦之社鼓相喧，杲杲空悲日出。桔槔將歇，争涓滴而訐訟盈庭；塘堰都空，待沾濡而屯膏失望。某等情殷勸稼，才愧爲霖，秉篆無能，正欲栽培于花縣；祈年有志，何期憔悴於秋。驕陽忽肆於崇陽，活水難通于雋水。憂心如灼，呼龍伯以無靈；蒿目長愁，厭蛙兒之徒鬧。豈其馨香未至，難邀帝鑒之式臨；將無疾苦猶多，易致天和之沴戾。然一官待罪，宜其譴在微躬；百姓何辜，詎忍灾生黎庶。願出雲于高岫，滂沱使溝澮流通；爰踏月於空山，匍匐爲生靈請命。是用虔誠步禱，披瀝陳辭。伏望念稼穡之艱難，贊陰陽之化育，俯憐拙吏，寢食靡寧，大展神功，恩膏立沛。鞭雷撻電，騰空之馬鬣傾盆；犁雨耕雲，遍地之魚鱗荷鍤。水田飛鷺，欣看涼葉翻翻；烟樹呼鳩，喜見流泉活活。從此塗歌巷舞，荅神貺于岧嶤；庶幾庾積倉盈，供國儲之絡繹矣。謹告。

清 鄭虎文《吞松閣集》卷一五《新安戴太守知誠禱雨雨大沛投之以詩》 新安賢使君，下車月方再。時維夏之季，雨澤艱灑溉。初政先憫農，跔跔感敲塊。潔齋肅廟壇，精禱良不昧。離畢月迷茫，貫斗雲靉靆。黄山有潛龍，乘之起潭内。一日雨乍飛，斷續未成態。二日雨漸稠，瑽琤玉聲碎。三日天地翻，萬里瀉鵬背。翔和戢風霆，積氣浹明晦。連朝間陰晴，雨脚猶小在。鏧韻收笙鏞，溪漲流沆瀣。青青山田苗，懷新鬥濃黛。民呼刺史雨，擊壤矢銘戴。刺史謝不受，謂是神所賚。昔聞吾家宏，行春雨隨逮。又聞趙閱中，禱雨應盼睞。使君與抗衡，今古詎異概。嗟余客空山，憂歲等氓輩。豐年旅食寬，盛德亦同佩。浩歌激秋旻，千樹響雲碓。

清 周煌《海山存稿》卷一八《聞喜縣見禱雨者》 鐘鼓聲喧動百靈，邑人誰是東長生。不知挽得天河水，可似當年報粤平。

清 陳儀《陳學士文集》卷一二《小聖廟祈雨文》 恭惟我侯冰雪凝神，烟霞作骨。初焉蠖屈，埳井之鼃笑之；倏爾龍騰，北溟之魚化矣。結靈姻於夙契，事類洞庭；傳生面于韶年，顏疑灌口。俗爾小聖，爵著元侯。御蜃氣之樓臺，羽扇綸巾，周公瑾雄姿絕世；靖鯨波之疆圉，霆聲電目，狄襄武面具驚人。呼吸而潮汐安流，叱咤則風雲變色。是用韜涵萬族，霖雨群生。茲當季夏之已臨，何意郇膏之久闕。苗則槁矣，赫赤日以如焚；風又泊之，望油雲而不族。將飛廉之肆虐，抑旱魃之爲灾。或百川之氣鬱而未升，豈八部之龍乖而未起。降茲大厲，誰職其由？職生近枌榆，岑同臭味。傭書海畔，呈咏賦于琳宫；荷鍤河干，効莊嚴於初地。人天雖隔，神理非遥。敢竭悃誠，代生民而請命；仰祈慈鑒，施膏澤以來蘇。落咳唾于九天，如珠如霧；潤枯焦於大地，既足既濡。侯其許之，期以五日。謹告。

又《祭黑龍潭龍神祈雨文》 使行將去矣，愆陽熚虐，良苗欲焦，蝝已成蜚，此長吏之憂，下民之病也。使亦何言？且前年夏曾苦旱矣，使走以告，大神鑒之，旋雨。去年夏，又以旱告，則又雨。連二歲大熟，使疏神之德將啓厥字以報，而是邦之人莫我肯從，迄用闕焉。今使行將去矣，方惄然負疚之不遑，抑又何言？雖然大神之潛靈於此，毋亦唯是恭帝之命，作鎮是邑，布天澤而滋萬彙，驅風魃以福兆人，用修我職焉耳。塵衆蚩蚩，其宜以報不報爲喜慍也必矣。然則使之職，亦詎宜以去不去爲語默乎？若是則不敢不言，且使之待罪於此四年矣，其有怠君之命，慢民之事，營身之圖者，大神久已厭而絕之矣，其尚聽從其言，再告而再應之與？而既已聽從其言，再告而再應之矣，是鑒其生平無有怠命慢民而營身之圖者，則豈以其將去也，而遂不有其言，而不一聽從之也？若是，則愈不敢不言。用是恭詣靈湫，再拜稽首，而言曰：愆陽熚虐，良苗欲焦，蝝已成蜚矣。可若何？伏惟大神布天澤以滋萬彙，驅風魃以福兆人，以恭帝之命。敢告。

又《祈雨文》 維天仁覆下民，貽之嘉種，俾粒以乂；維山川百神，受天著靈，宅茲隩區，用能興雲使物，水下土，滋百穀，俾歲功成，是以國家秩之視公侯，而祈報之禮有加焉。維皇帝體乾用九，所以事天者甚至，之綱之紀，懷柔百神，宜各効乃職，雨暘不愆以害，用承皇帝所以若天仁民之意。乃今年春雨不時至，來牟鮮登，是使吾民不獲受厥明也，皇帝憫之。入夏以來，雨不破槁，禾苗卷局，農嗟于畝，米踊於市，用廑上憂，夙夜内自省，蔬食露禱，質躬於天，申命庶正，致虔告於明神，而切責其不戒。庶正惶懼駿奔，深自咎不職，無所逃罪。然下民何罪之有？夫庶正百神，幽明合職，均承帝命，以下字民者也。庶正墮職，不能宣上德意，神宜糾之，不宜移怒無罪之民而屯天之膏，負皇帝若天仁民之意。其若神職，何乃蠲乃筮，昭鑒不遠。再拜而作迎神之歌曰：民乃神之主兮，天則民之母，爲子請命於母兮，如攜斯取。苟立視而不以告兮，母乃廢主而曠守，吾有以知神之不然兮，將請于天而恐後。天命神爲雲兮，雲則神之裾；天命神爲雷兮，雷則神之車。被雲乘雷兮下斗墟，援北斗而挹天河兮，澤九州焉有餘。神延竚而誰竢兮，雲渺渺而愁予。

又《祈雨文》代李制臺　惟上天致無已之愛於下民，如慈母之育穉子，有時譴怒，以警不若，而煦嘆隨之，故災沴偶加，旋即貽之以豐稔。凡去秋被水之區，夏麥大登，所以償之者倍蓰，而水所不到者，收穫不及焉。以此見天心之仁愛斯人，弭其患而補其闕，未嘗頃刻置也。惟明神奉天之命，作鎮龍於茲土，自當以上天仁愛斯人之心爲心。我皇上體天子民，視之如傷，饑溺由己。自去秋偏災後，賜蠲賜賑，議糶議貸，凡所以爲斯民弭患補闕之計，蓋已無微不盡，無遠弗屆矣。惟職承乏於茲，所以仰承德意，下布聖澤，俾斯人出饑溺而獲安飽，任大責重，與明神作鎮，體天愛人者等。神鑒昭明，其敢頃刻怠忽，使皇仁有不下逮，自蹈慢民負天之罪乎哉？然而可以自盡者，人事也；無所用力者，天時也。今小暑已過矣，民間望雨甚急，而天澤不時霈，霈矣而弗遍，遍矣而弗久，故秋禾之早者弗長，晚者弗苗也。有麥之地待雨而種，不雨則種弗及矣；無麥之民，以雨爲秋，不雨則秋無望矣。至於山陬沙壤，黑埴赤墳之土，所在皆有，農人秉耒而嗟，婦子仰天而嘆者，不知凡幾，此皇上所宵旰焦勞，職所夙夜疚心而無所用其力者也。且去歲不雨，至六月一雨，而水以成災，雖晚稼薄收，而擔石無餘，薪槱莫給，賴上之德，以延至於今。今復無秋，則轉徙流離，將在目下，天心仁愛，所以弭其患而補其闕者，寧獨恝遺於此類哉？皇上深宮齋省，對越上蒼，則既以斯人之疾苦告矣。惟神與職共鎮茲土，奉天承君，一心無貳，天時過中而人力無施，職不神之告而誰告也？若職有愆，尤不能逃神之覿，凡有咎殃，宜加吾身，此蚩蚩者何辜？況其爲上天之穉子，警其不若而煦嘆隨之者歟？用敢蠲潔身心，待大神之休命，惟神鑒之。

清　韋謙恒《傳經堂詩鈔》卷八《與河間太守陳履齋話舊時禱雨立應民皆頌之》　十年不見陳師道，瀛海相看一笑同。望歲已拚頭似雪，當官猶覺氣如虹。但知疾苦爲吾事，肎説甘膏是我功。漢室循良端賴爾，風光休憶故園中。

清　陶元藻《泊鷗山房集》卷二一《同李于亭陳星存查香雨孔昭薈林建隆寺食莧》　遘此亢旱時，祈雨走官宦，市民放屠刀，連朝絶芻豢。願結清齋緣，於斯乃得閒。

清　黎元寬《進賢堂稿》卷二〇《祈雨青詞》　三時不雨，宜有憫農之魯僖；六事未修，豈無責躬之湯后。然而小民以艱難爲命，幸莫屢徼，雖復聖主，以蠲減行仁，旱隨大甚。土田龜坼，舞且罷于商羊；婦子犇馳，鞭未加乎魃鬼。天地所以憾者，神明尚或恫之。爰投筈而曰可求，此實厘香火之愛惜，抑叫閶知其必應，何能廢龍雷之司存。擊鼓用牲，未云物備，崩角稽首，倘見心傷。敢申一日二日之期，甘霖務足；勿負千斯萬斯之祝，大有立臻。苗則勃然，定非匹夫之力；河之廣矣，寧靳九里之滋。許謙無憂于白雲，傅説不曠乎列宿。此爲忐忑，莫已旁皇。

清　陸燿《切問齋集》卷九《泰山禱雨文》　維乾隆四十九年歲次甲辰二月朔丁巳，越二十三介己卯，山東布政使陸燿敬禱于東岳泰山之神曰：惟神位列東方，職司生物，崇朝觸石，澤遍寰區。矧茲青、兖二州之境，爲神靈託迹之所，揚詡發育，從無僭忒。乃自上年至今，雨雪屢愆，二麥不生，三農告困，無檀賣子，情形慘悽，鵠面鳩形，將爲溝瘠。如謂官吏貪殘，感傷和氣，則宜明加誅殛，易置賢能。況我皇上愛養黎元，議蠲議賑，不惜帑金，鑾輅所經，殊恩叠沛，天人協應，昭報不爽，豈忍使斯民既困於誅求，復窮於熯旱也？燿待罪此邦，深憂民瘼，陟天門捫日觀，揭虔致禱，坦布赤誠，伏望神靈反晴而雨，轉歉爲豐，驅飛廉使斂迹，令屏翳以行雲，起黑蜧于重淵，戮女魃于槁野。春收雖失，秋稔可期，市價不增，閭閻安堵，則十郡二州之民，嘉賴神庥，永矢無斁矣。謹白。

清　詹賢《詹鐵牛詩文集·續集》卷三《閲邸報聞白大中丞禱雨

立應賦詩二首紀事》 建牙章水幾經年，旱魃驅除有二天。萬里承恩謌帝力，十郵凝潤遶公田。旗飄甘澍心常惻，座擁慈雲口共鐫。從此西江澤已遍，篝車環頌滿堦前。

其二 驕陽騰熖草將枯，民瘼關心起令圖。力挽青黄歸大有，膏流蒼赤慶其蘇。東郊釐保雲成錦，南國巡行雨是酥。四野祁祁聲有韻，尚餘清響映冰壺。

清 張九鉞《紫峴山人全集·詩集》卷五《法界寺前明咸寧王建以貯藏經旱則禱雨於此》 四山金碧鬱濛濛，隔岸雞啼見梵宮。旛影參差修竹裏，水聲高下亂杉中。牛耕給後諸番静，龍藏馱歸百戰空。能以太平資佛力，勛臣一代自英雄。

又卷一四《禱雨登官石巖二首》 石名三品石，兄弟三人居之，食桃飛昇，祠在山下，甚靈異。

三品石崔嵬，攀緣出九垓。吏争民骨血，天借汝風雷。萬火熱如爐，雙桃凉欲開。神仙憐故國，早駕鶴歸來。

一甌慰長吏，羅拜萬人呼。似有旌旗下，眞聞子姓趨。椎牛擂大鼓，躍馬走陰符。未搦斜陽返，山風啼鷓鴣。

又《三品石禱雨行》 鼓鼙鼙，鉦鏘鏘，繁弦拉雜巫靚妝。黄塵烈日吏渴走，萬人左右從以香。椎牛封豕繞祠叫，紙錢窸窣天青蒼。官石將軍巖絶頂，神仙兄弟猶留影。攀緣勞郄神始歡，吏非諂瀆民命請。千峰如熾萬木蒸，雙桃欲開凉意静。此巖首鑿詭且奇，下臨絶壑足不支。能福水旱與疾疫，報賽毋敢或愆期。宋封三品有御册，以史考訂群相疑。古來祭法貴順俗，有德於民祀則宜。君不見白龍衘衘雲吐壁，雷雨驅江作深墨。始興城中黄一尺，千里枯禾有顔色。靈斿徐捲神歸來，泥馬無聲汗紅滴。

又《文集》卷一〇《官石巖禱雨文始興城西**》** 走赤日兮黄塵，望靈祠兮渴奔。松虬蓋兮柏螭蟠，陰房縿幕兮杳不見。天仰玲瓏兮三品石，東雲西雲兮出以入。攀緣郄疲兮神心則，懌穿叢篁兮谽谺開。鬯芬手挈兮下崔嵬，靈綏綏兮隨以來。兜鍪犀甲兮兄弟，摇芝旌兮颺蘭。斾雙桃垂兮含海意，石一卷兮潤天地。紛總總兮靚巫，釵攢羅兮髻尺餘。罽帬兮花裾，播鼗兮吹竽，跳歌舞兮哀以吁。擬金兮伐鼓，椎大牛兮氣哮虎。取血膋兮進俎，雜豕兮肥羜。千人號呼兮繞庭廡，嗟吏兮草土。臣辭無由兮叩帝閽，願神秉笏兮朝天門。伏彤墀兮陳言，天膏兮不可稍屯，降雨兮惠鄉之民。

又《外集》卷六《良鄉縣合祀境内神祇禱雨文》 竊惟蓄極而通，上天無不降之澤；時不可失，下民當孔棘之危。使鬼神有聞若罔聞，非邑令之責而誰責？反躬蹋蹐，撫志張皇。伏惟諸神大德曰生，至誠無息，聰明正直，而壹所實。惟民出雲興雨曰靈，各司其職。玆者炎熇降虐，妖魃司權，來牟皆已無成，烏麥尚堪播種。陟彼南畝，嗟哉赤地之焚，自我西郊，悵矣密雲之約。某心殷環艾，氣鬱積薪，泥牛之術已窮，望蝪之歌空遍。或蘋蘩不潔，有玷齋壇，或圭璧非虔，難通冥漠。吏爲不德，罰止及身，民則何知，義無遷怒。用敢洗心滌慮，歷膽披肝，大築新壝，恭迎各主。彼聖廷議罰，尚曰宥之三縱；嘉種愆期，尚可用其一願。和衷以共濟，甦民命於將頹；飛三藏之缽雲，灑藥師之瓶水。騰空黑蜧，捲東海以飛來；破石蒼龍，銜西山而直下。使大田多稼，競吐枯塍，涸轍無悲，免同眢井。事急矣，請邀福於一夕終熟；禅聽之，勿延禍於群黎百姓。

又《代江西吴中丞紹詩**禱雨文》** 竊惟雨暘時若，聿彰調羹之功；稼穡順成，端藉休徵之應。惟二氣之調和不爽，斯偏隅之惠澤均霑。念江西一省，雖襟江帶湖之地，實依山負谷之區。自連秋洚洞爲災，頗遭昏墊，賴今歲豐亨有兆，始免鶉虞。比崇固待於西成，勤動先資於東作。方期陽春布澤，快覘好雨知時。何當烈日如焚，漸致水泉將涸。早禾未播，莫覩菁葱；二麥漸乾，幾憂黄落。即此萬家井竈，將同涸轍之悲；況今千里舳艫，更待利川之濟。紹詩自維凉薄，忝任封圻，慚感召之未能，懼災祲之屢見。虔申椒桂，敬踞壇壝。倘降罰難寬，竊願躬膺其譴責；縱下民有罪，惟求仁恕于天心。伏冀陰翊皇猷，大彰法力，濃雲密布，甘澍宏施，盈溝澮于崇朝，發土膏于三日。郊塍遍洒，農民悉荷蓑糾笠而來；灘石皆平，漕艘亦鼓棹揚帆而進。敢忘報賽，莫罄丹忱。

清 茹綸常《容齋詩集》卷二六《盛暑中聞午橋明府步行向綿山禱雨感嘆之餘爰紀以詩》 飛舄臨初地，扶筇問祇林。只緣憂旱甚，不悍入山深。泉冷驅炎暑，巖空敞夕陰。固應能感格，喜雨有高吟。

又《奉和午橋明府綿上禱雨之作》　雲霓此日正相望，聞説飛梟到上方。却恐憂民清興減，石泉未及試旗槍。

翻漿白汗亢陽驕，不憚雲峰百里遥。信是至誠能感格，隨車甘雨劇連朝。

歸功漫頌佛如來，早看田疇氣色回。吟取暮雲巖際句，回首暮雲巖際黑。

清　王昶《春融堂集》卷五〇《釋辭贊銘哀辭誄祭文・太白山祈雨文》　具官某等謹告於太白山昭靈普潤福應尊神曰：竊惟八川沃壤，三輔名區，膏腴夙擅于秦關，饒衍共誇爲陸海。向邀神佑，普樂時和，既五風十雨之無愆，自千倉萬箱之攸賴。固已黍稌被蔭，井里沾仁。乃自去冬，久稽豐澤，飛花雪颺，罕蒙優渥之施；觸石雲興，終鮮滂沱之益。今者麥田將秀，蔀屋懷憂，望溝塍而僅見揚塵，占躔次而仍虚離畢。春深秦嶺，祇望祁祁，日照蓮峰，轉愁杲杲。某等職司官守心切民依，慮石之少收，致炊珠之莫繼。田功至要，神聽非遥。謹遣署鳳翔府通判周世紹肅詣靈湫，再求德水。惟祈鑒格，早軫痌瘝，叱蟄燕以遄飛，鞭惰羊而盡起。立頒嘉霖，遍灑窮檐。庶幾來蘇相慶，密雲無怨乎西郊；大有頻書，多稼咸登于南畝。敬陳祝號，用達悃誠。幸憐請命之殷，速賜降康之効。謹告。

清　蔣士銓《忠雅堂文集》卷一八《吴山觀禱雨》　陽气蹶張陰气弱，雨勢每爲風力奪。斷雲拖墨堆雨頭，斜日篩金散風腳。斥痕全出屋宇高，河底難藏黿鼉蹜。萬條龍骨旱田翻，千尺銀缾枯甃閣。杭人拜呼觀自在，天竺蓮幢下城郭。雷車脱輻失雙輪，龍井沈珠收一勺。吴山下視匣明鏡，百頃西湖變溝壑。前人蓄洩講水利，白老蘇公皆不作。穀價高騰酒價賤，樂歲凶年兩難度。三老賣船買籃筍，川路休愁波浪惡。江潮怒气一時平，羅刹潛踪防戲謔。天心冥冥任愆尤，佛力巍巍爽期約。安能坐挺筆千鈞，上抉銀河九天落。

清　趙翼《甌北集》卷二九《旱坐遣悶》　驅魃焚巫術屢更，莫應祈雨轉祈晴。老夫倘出東山去，竊恐爲霖也不成。

又　卷三七《時交夏至久晴難以翻犂地方有司方斷屠祈雨忽甘霖連至喜而有作》　好雨如償券，平疇待插禾。世無郇伯久，天怕杞人多。早聽驅秧馬，寧嫌長麥蛾（麥濕則生蛾）。先生輟耕慣，亦且試青簑。

又　卷四四《將屆鬼節適有司斷屠祈雨》　古有隨車雨，今懸戒殺牌。鬼猶求血食，官欲表心齋。豈惡過屠嚼，聊當打魃骸。側聞壇禱切，茹素步芒鞋。

清　朱孝純《海愚詩鈔》卷八《七月五日步登泰山祈雨雨至作詩》　夜叩僧巖古洞扉，濃陰觸石忽霏微。壇前風引神君幔，海外雲攀刺史衣。耿耿精誠聊自秉，油油禾黍向人肥。爲民請命吾何敢，辛苦勞臣血汗揮。

清　劉秉恬《公餘集》卷四《日來禱雨未應自責以祈神佑》　匆匆夏至過，尚未賜滂沱。人事如無失，天工豈有訛。省躬情莫恕，責己理當苛。刻刻持斯意，庥嘉感自多。

清　王文治《夢樓詩集》卷八《南詔二集・花紅洞禱雨》　斷斷續續殘更鼓，犖犖确确穿山路。斑斑駁駁天上雲，整整斜斜洞口樹。傳聞此地古龍宫，有亭翼然欲飛去。幽潭詰曲逼雲根，凛冽令人難久住。老魚不動瘦蛟蟄，咫尺還愁起烟霧。雷車乍鳴山谷陰，雲旗欲翻風景暮。墨花爲雨事有無，何不傾盆慰黎庶。晚來蹔借僧寮居，梵唄遥從林外度。妙香燈影夜眠醒，風露空山如有悟。

又《花紅洞禱雨與同年吴景儒會宿墨雨庵話都門舊游并永昌近事二首》　回首家山緑萬層，思鄉懷舊兩難勝。經帷記聽尚書履，法界初殘古佛燈。洞口飛英猶待客，檐前怖鴿解依僧。來朝簿領堆春筍，再續清游問可能。

蘭滄西接古哀牢，千朵芙蓉插漢高。名將風雷曾嚄唶，逐臣詞賦最蕭騷。前塵等是鴻泥過，噩夢難禁馬足勞。若使癡龍會行雨，分君一滴浣征袍。

清　朱珪《知足齋集・詩集》卷一〇《次吴曇繡觀察聞省中祈雨詩韻》　兼旬杲日揚重離，飛廉助熯誰濟之。呼號而禱月逾半，曰雨無術占靈蓍。太常長齋吾能忍，珠桂澌涌民何炊。高穹未憐請屢瀆，龍雷那敢干其司。惟慙德薄久乘負，竊恐時過難攀追。小廉小惠效何有，大哉大患責可辭。腐儒自嘆肩苦重，秉穗無粒救已遲。欲飛心精叫閶闔，敢灑血涕濡坡坻。夢中騰跨碧驄背，傾瓢頻滴膏流匙。吾甘擅命身作腊，民或鼓腹溝無羸。巫尫詎許代汝譴，昕宵竊省善自爲。雲陰暫合復解駁，風旂互轉空離披。冰蠵偏忍迸珠噴，夸蛾尚憫移山癡。如何慈願靳法雨，豈竟援手無良醫。然眉已亟庶有豸，翹足而望應憐夔。誦君好語面增赤，坐我待旦窗透曦。嗚呼天高倘不厭，明當甲换祈酣漓。

又卷一四《春暮盧鳳泗道中祈雨偶作示同官》 我行盧鳳郊，風旱日杲杲。齋心籲坊庸，甘澤爲民禱。謂天不可諶，時雨行有潦。雲陰布泗宿，麥穗青不槁。微誠亦已約，奢願豈遽飽。所望壽肥間，塘盈秧插早。安得歸途中，跋涉泥浩浩。

皇仁布大地，惠此偏隅飢。計口有加賜，使者頻周咨。所願吏同心，懲彼屯膏施。譬如膚寸渥，勿使風散之。告誡何諄諄，面從恐背欺。下思民可畏，上凜天鑒兹。惠逆捷影響，各勉清夜知。

又《诗續》集卷二《祈雨得雪志喜》 朅來經獨樂，禱雨觀音閣。聞思呼吸通，僉請無宿諾。今晨暾扶桑，及午雲旁礴。禺中復申籲，三旬風苦虐。蔬餐發蓟州，廿里塵浄淪。行人訝氈戴，眊目疑絲络。及申抵邦均，出輿驚鶴鶴。仰首謝佛姥，膏露灑鑿落。童天與龍女，左右撒凝酪。入夜皓迷濛，夙興尺寸度。遥知天心喜，時哉蘇民莫。何以酬慈恩，洗心更齋濯。

又《獨游蓟州獨樂寺禱雨大士閣》 漁水出漁山，獨樂我獨游。清貧兩閭黎，迎送面鵠鳩。敷席誦大悲，金姿仰上頭。三旬澤未布，千里風沙浮。安得一滴水，灑作百丈流。花雨散曼殊，殷雷起淵虯。氤氳濡大塊，膏露先神州。苦厄度一切，眚灾赦衆尤。虚空福無量，同上波若舟。

清 吴玉綸《香亭文稿》卷二《請祈雨陪祀諸臣在署齋宿摺》

奏爲請定祈雨齋宿之例，仰祈睿鑒事：竊查每年舉行祀典，凡陪祀官員應齋戒三日者，在署齋宿二日者，在私第致齋，各衙門歷奉遵行在案。至祈禱雨澤，原係偶一舉行之事，禮部臨期傳知齋戒二日，是以陪祀官員相沿亦在私第致齋。伏思祈雨本無常期，而隨時具舉，則其事爲重。我皇上敬天勤民，無日不以惠養黎元爲念，偶遇天時稍亢，大田望澤，或親詣龍潭，或特遣王公大臣，敬申祈禱。在承祀大員，固無不齋宿致虔，而陪祀諸臣仍歸私第，似非所以夙夜寅清，仰體聖主，顒望和甘之至意也。臣愚請此次舉行祈雨之典，所有應行陪祀大小臣工俱著在公署齋宿，各致明潔誠敬之忱，以迓神庥，并請嗣後永著爲令。是否可行，伏候皇上訓示。謹奏。乾隆四十八年五月初三日具奏。本日奉旨依議，欽此。

清 李調元《童山集·詩集》卷三六《夏日四首在大女何氏家中作時方寡居》 聞道山村革社開，民因祈雨搭高臺。漫言影戲非真戲，金鼓聲喧雨已來。

清 鄭世元《耕餘居士詩集》卷一〇《祈雨詩》 維月在修相，地下蟣虱臣。爲我民旱故，願天聽臣元。天心本仁愛，豈忍殘吾民。民亦呼籲久，天聽豈不聞。我民誠何辜，罰乃降自天。縱曰民有罪，民罪終須原。天曰民何辜，厥辜在爾官。旱固民則死，不旱命亦殫。旱死民固哀，不旱官獨全。况旱豈天旱，此旱寔有因。衆怨壅不散，結爲狠暑慝。是之謂人旱，人旱海亦乾。上非屯其膏，官則熯爾氓。是之謂官旱，官旱不可言。若徒歲爲旱，此灾弭不難。歲旱縱爲暴，何抵官旱殘。歲旱禾黍盡，官旱骨髓完。官旱致人旱，因致陰陽奸。非予禍一方，爾官寔自干。爾欲弭此灾，去求爾官人。下有府縣尹，上有封疆臣。反己各修省，恤刑復施仁。解澤先自沛，一洗怨氣煩。官能不爲旱，民旱亦和暄。霖雨自然致，五穀自然蕃。百物各咸若，草木亦欣欣。此理爾不知，怨天亦徒然。臣聞再拜退，天命殊諄諄。旁徨空庭中，教我向誰云。

清 桂馥《未谷詩集》卷四《禱雨》 縣官日日卜甘雨，但聽晚來擊堂鼓。鼓聲沉沉濕不揚，明朝雨大齊栽秧。時乖事變或不利，我將遷怒鞭鼓吏。

清 崔述《無聞集》卷一《救荒策四》 曩余館於大行之麓，五月未雨，往來道塗間，見諸縣祈雨者，或焚香插柳以禱神祠，或取水數百里外，或閉南門、開北門，或缸貯壁虎，令童子環擊之，無法不施，迄無一效。南北開閉之說，雖出董子，然屋不露日，故南户向陽，北户向陰，城門内外均露天日，南北有何分别，正所謂東家之西即西家之東也，陰陽果何屬焉。至貯壁虎於缸，則昏沉寃苦之歌，昔人已傳爲笑柄，而不學之人尚詑爲奇策，亦可悲矣。余雖布衣，哀民之不聊，傷吏之無術，乃於鞍間枕上殫思研精，略得四策，而館事少閒，不克成稿，會雨遂姑置之。去年自七月朔，逮霜降無雨，大名府縣禱雨者數，皆俟雲已合後乃禱，略得涓滴，即往謝神，其意欲見禱之有驗，以美觀聽，以此事神，宜其不能感格也。余復感前事，遂卒著之，欲獻當路，亦竟未及繕寫。今夏復旱，始乘間繕之，而連日陰雲四合，垂垂欲下，時作微雨，竊幸余言之無用矣。會府屬諸生耆民各以役繁吏蠹，訟於縣上，官命縣桎梏而搒掠之。次日，天忽開霽，雲斂日烈，如炎如焚，乃知感應之機，其速如此。夫在上之人識慮高遠，豈書生之見所能補其萬一，用是復秘篋中，志其顛末。乾隆三十九年四月二十八日記。

清 王汝璧《銅梁山人詩集》卷八《祈雨》 白月未没陽烏升，恢台長晝何瞢騰。掩扉兀兀不自樂，風聲鳥語皆可憎。一春不雨至芒種，二麥卷縮乾鬅鬙。桔槔榾榾土龜拆，圓穹翕赫如紅燈。雩壇致禱百吏走，柳枝明水潔且澄。木郎雲輪語詰屈，鐘魚鼎沸交炊烝。可憐燒尾豕空駭，豈竟鳴鼓龍不應。書生浪欲訟風伯，安得天馬凌空騰。右顧恒山吸飛雨，岱宗東指驅雲興。我皇宵旰廑民瘼，川岳百神胥祇承。今年冀州喜得歲，蒼龍所臨福德增。神輿富媪運橐籥，豁然滂沛盈溝塍。

清 王仲儒《西齋集·祈雨詞》 纔見雲生日又開，遍宗群望禱風雷。香烟百道東郊入，龍吉津頭借水來。

清 吴俊《榮性堂集》卷一三《聞省中祈雨》 大賢秉鉞綏南離，鬼神實陰左右之。宜暘而暘宜雨雨，晷刻不爽如龜蓍。今年五月米騰貴，百錢不足人一炊。是用下令亟捐賑，大府首倡迨庶司。設糜食人日萬指，起尫扶瘠相奔追。群吏奉戒勿嚩蹴，來食鑒彼黔敖辭。讙聲旬日溢城野，猶覺挾纊王巡遲。其時節氣乍芒種，早稻已刈堆墉坻。野人笑舞市狙嘆，白飯出釜滑滿匙。一餅粤人謂洋銀爲番餅石穀紛負戴。頓以飽樂忘饑羸，此中消息罔測識。人也莫非天所爲，近來秋晴廓層昊。晚稻臥隴風翻披，桔槔聲乾渠水縮。碌碡泥暖莎雞癡，雖非大旱望雲霓。不免重請求蚳醫，想見節樓嚴且静。撰辭敵水心夔夔，精誠可以感金石。礎潤當有雲遮曦，山中白龍睡已足，會看會稛翻淋漓。

清 錢楷《緑天書舍存草》卷一《龍潭晚坐用東坡禱雨宿靈隱寺韻》 安禪心似老僧閑，貪看清波懶就眠。高樹緑啣穿逕月，落花紅趁出山泉。呼龍水府何時醒，沸蟹茶鐺自汲便。好遺新詩隨雨到，片雲頭上已油然。

清 洪亮吉《卷施閣集·乙集續編·三壇祈雨文》 維神化溥廣生，德含嘉種。協庥徵而錫福，降闓澍以隨時。當待澤之維殷，宜臚誠而默籲。維今歲上辛禋薦，祈百穀于天宗；吉亥勸耕，習三推于帝籍。既昭懋典，屢荷甘膏。乃春渥雖饒，慰良農之緯未；而夏霖未沛，廑清甽之扶犁。業致禱乎靈湫，用虔祈乎昊綍。庶念迎豐之悃，冀邀獲稔之祥。應水德于土龍，特敷鴻佑；聽田歌于秧馬，實賴神功。期蕃殖夫百昌，俾照蘇乎五沃。尚其鑒格，遍我公私。謹告。

清 黎簡《五百四峰堂詩鈔》卷一七《祈雨》 十月兩祈雨，三城先被荒。天應厭灾眚，人亦足粃糠。意切風雷黑，塵高日月黄。腐儒惟涕淚，翹首畏蒼蒼。

又《祈雨》 東南甚旱後，見雨且驚魂。驟過不終日，恐孤再造恩。何況八月急，其勢何可言。飛騎趨懸崖，一勒分寸間。相視各脉脉，幾日人鬼關。廣州兩年來，祈雨官勞煩。憶從去年秋，百官隨制軍。西郊曠蕭肅，風吹九龍旛。片雲驅急雨，悍日隨之奔。雨去日正赤，氣蒸地上雲。七月牂牁流，鹹甚不可吞。今年春夏交，祈雨天輒昏。霂霂復蕩蕩，喜色滿郊原。郊原餓死骨，亦知天地仁。雖爲餒魂魄，猶有飽子孫。況從海陽縣，東迎雨仙還。謂當擊壤世，長作含哺民。何意民與穀，待命并今晨。民已厭爲鬼，仙爾豈不神。人言雨仙神，不止雨澤匀。且當駕雲車，盡洗東海塵。東南萬餘里，一夜青芸芸。

又卷二一《七月十三日將曉聽風雨既即散時祈雨》 五更南雨過江鳴，一吸西江渴瓦聲。揭海盲風翻曙枕，捎雲病葉湧秋城。諸陽已閉陰須戰，何物相摩火遽生。我似瘖蟬病風露，苦吟垂翅揭枯莖。

清 張雲璈《簡松草堂詩文集·詩集》卷一一《久之明府禱雨泰山邁庵表弟畫岱雲圖并賦長歌為贈明府郵書索和亦寄一篇》 商羊不舞聾蟲躁，旱氣當空赤輪曜。九重宵旰念民依，疊下天邊十行詔。恤刑蠲賦恩屢施，還對盈廷徵感召。臣工内外盡奔走，禱向蒼蒼齊舞蹈。泰山使君本愛民，請天三日尤踆踆。焚巫漱酒久不屑，惟以誠意供明禋。豐隆曉起忽命駕，曾説崇朝遍天下。西郊仍得小畜占，想有乖龍行雨怕。昔聞禱雨亦有法，畫水畫魚竹枝插。不如墨汁傾一壷，寫出山中膚寸合。高君故是攫雲手，寒色常生十指甲。淋漓元氣訴真宰，會見虚堂雷電挾。我昨憑眺江上頭，江雲黯黮排空浮。浪浪四野雨勢密，入街但見波濤流。南中夏初亦少雨，至此足解農夫愁。天公膏澤必周普，北地亦復霑青疇。使君看雲定志喜，妙畫通靈竟如此。繄誰之力不敢私，此惠終歸聖天子。

又卷一四《讀魏春松太守禱雨文有感而作》　廣陵太守吾鄉彦，十載郎官致方面。聖主臨軒温語垂，耆童迎舞來蘇旋。傳車迢游三千里，印綬牽來吏民喜。到官正值雨愆期，請命殷勤文一紙。一紙琅琅誦向天，下首高尻不能起。萬人感嘆使君愁，直恐有苗終槁矣。我聞祈雨法自古，貌取神龍築以土。中央四方按十干，更使丁男相率舞。又聞畫魚左顧游，天黿十星圍四周。金盤滿注鵝項血，皁旛植竹陰風颼。夷陵鞭石亦徒爾，成都噀酒將何由。此事在誠不在法，上下須協天人謀。太守西曹久讀律，自懼刑章或有失。此念已足召天和，四野淋浪應可必。公今下車無十日，枉濫何容失其實。惟看成案積如山，鑄錯空縻六州鐵。平反未能遽朝期，留滯何難片言折。即今八邑如覆盆，安保群司意無忽。天子每當亢旱時，明詔常教頒尺一。皇皇庶獄待釐清，此意推崇每所竊。願公一檄下僚屬，輕繫無辜立時雪。莫將嘉石累罷民，要使圜門廣仁術。雨澤原從膏澤來，天心自與民心壹。佇看東井奉天符，鬼馭神鞭陰帝出，銀潢屈注作甘霖，卑稌高禾一時密。憂者以樂病者愈，何必有功歸造物。讀公文句感我心，未免豐干易饒舌。

又《文集》卷一二《祈雨文》　昨始東作，雨澤愆期，高尻下首，禱於神祇。惟神降靈，兆民有賴。香火未收，甘霖立霈。新秧刺水，宿麥連雲。決渠荷鍤，拮据殷勤。何圖兩旬，復慳靈澤。溝澮不盈，田塍漸坼。杲杲烈日，拂拂炎風。頭焦背灼，望斷豐隆。去年旱虐，哀此歉歲。豈可洊仍，坐視其斃。令或不德，何與於民。民有不善，宜罰令身。令可頻斥，民無能遷。爲民請命，籲我皇天。

又《關忠義廟禱雨文》　惟神德貫人天，威臨上下，宜無求而不應，當有感而即通。雲璈莅任兹土，三載豐穰，閭閻逸樂。不意今夏五、六兩月以來，天氣暵乾，竟無點雨。天地之交不通，山川之澤已竭。禾苗枯槁，而又爍之以烈日，扇之以炎風，雖間有雲行雨施之象，然東井之符不下，西郊之兆空占，是必使大田盡同於焦土之可憐，而斯民終斃於旱魃之爲虐也。於是禱之於天神，不應；禱之於地祇，又不應；復禱之於四水星，而又不應。萬衆惶惶，進退失據。言乎數，斷無不轉之天心；言乎理，豈有無罪之死地？今稻種已無所濟，而秋糧尚冀有成。若能甘澍遽零，似可得全功之半，此誠危急存亡、死生呼吸之際也。惟我大帝，在朝廷崇祀之典，獨冠古今；在海寓敬畏之心，不遺婦孺。雖正直不受私祝之請，而鑒觀定憐哀籲之忱。爲此冒昧瀆陳，仰邀靈鑒，立施膏澤，用解倒懸。官吏人民，曷勝急迫待命之至。

清　趙懷玉《亦有生齋集》卷五《八月初九日從郡人禱雨白龍庵紀事》　去年愁田荒，今年苦苗槁。何當白露節，復此秋陽杲。閭里寡蓋藏，官司祈暮蚤。維此大夫士，實爲邑之表。忍瞻父母邦，而有婦子殍。峩峩兩龍祠，珠宮復蘭橑。城東已三瀆，城北重申禱。敢云恃誠格，庶幾獲神保。即占雷雨盈，快見雲漢掃。辭終先自惕，拊衷獨有摽。曾無肢體勤，況值生計少。藜糗已逾分，粱肥敢恒飽。淳風日近媮，微力媿難矯。作詩諗同志，毋謂杞憂小。

又卷二〇《天寧寺郡人禱雨疏》　竊維歲有歉豐，難盡酬于人願。神能昭假，冀少挽夫天心。不辭冒昧之愆，敢效吁嗟而乞。乃者三時不雨，因而六月屯膏。徒望霓之群殷，竟占星之罔驗。桔槔雖巧，力同縻綆以難施；襏襫長閒，地統篝車而絶望。未插蒔者，田居八九；有蓋藏者，室尟二三。氣滌山川，心驚桂玉，市物翔貴，并養將窮。恐青黄不接，無俟冬春，直水火之黷，反如菽粟。索鬼神於壇墠，靡祀弗宗；數暵旱於枌榆，有生未睹。非丹誠之共瀝，曷元貺之覃敷。伏念某等幸生樂土，偶值偏灾。禱逾三日，莫通廣微之神明；澍滿四郊，空冀文昌之襘解。冠紳致咎，黎赤何辜，忍視邦人遽爲溝瘠？用是啓建道場，再申虔籲。十有八日爲始，二十二日告圓。伏望慈雲廣覆，靈澤滂流。魚喻先應，遂看鸛鶴之飛；黿坼潛滋，允協蝦蟆之請。掃蘊隆于俄頃，氾布濩于崇朝。三年耕而一年食，推之天下者，筞徐待於《周官》；下尺澤而上尺生，慰此目前者，效且徵於《筦子》。

清　百齡《守意龕詩集》卷九《禱雨三壇越日得雨志喜》　載星趨直街鼓撾，城南尺五歸日斜。巔風健決土囊口，隔幔眯眼飛黄沙。平疇不雨黿兆坼，坐恐田畯憂禾麻。朝中聖人軫民瘼，調燮不使陰陽差。春風風人夏雨雨，氣之所感成休嘉。赫沖一擎肅施令，神女火速排雲車。涵濡下尺勝珠玉，膏乳泫泫盈坳窪。勢將豐年作上瑞，始不可望終乃賒。無田我亦額手誦，飽食卧看庭前花。故人泥滓約豪飲，淋漓杯斝濃雲遮。閒官好事例有句，硯席積潤蒸奇葩。扶輪大雅讓名宿，小儒飣餖安足誇。鳴鳩一一喚晴旭，似挾好語來君家。夫人南岳祝壽考，更爲庶子揚春華。

清 陸元鋐《青芙蓉閣詩鈔》卷四《用春秋繁露法祈雨獲應作歌志喜》 漏天雨脚無時無，羲娥虧蔽雲模糊。泉甘土活易蕃熟，樂事無過耕田夫。時維中春歲在丙，雨工鼾睡商羊逋。初猶溝渠積尺水，龍骨軋軋旋轆轤。五日十日水漸涸，田背龜坼風沙麤。秧鍼乍茁插尚早，再遲即届恢台初。秋收或歉民已竭，矻麥况恐先焦枯。官如不職應降罰，嗟我百姓其何辜。朝來宿霧羃巖腹，醲陰似有甘霖敷。凉風絲絲忽吹散，赤日又掛榑桑株。五三六點時亦雨，渴土那復能沾濡。黄衣道士善敕勒，異書自詡來鴻都。登壇蹩躠作禹步，喃喃學誦靈飛符。脣焦吻燥咒無力，日對蒼昊撐雙臚。我慚天官書未讀，當案不食空嗟吁。合江學博鄉祭酒，遺經獨抱勤菑畬。爲言術家專尚數，若論儒行終嫌疏。舞雩祭禱古有制，此法傳自董仲舒。我聞斯言爲色喜，急練時日精誠輸。四通之壇列震位，倉琅暫闔城南隅。蹷龍矯矯立如馬，佐以金鼓聲威俱。童男八人歌且舞，足若拳鷺行趺趺。明禋肅禮卯逾酉，緑章竟達虛皇居。癡雲怒起雨突至，雷轟電擊來須臾。翻盆勢急四傾瀉，遠水已没青青蘆。犂耙齊出秧馬走，一碧千頃春荄蘇。疾如反掌吁可怪，樂郊私語聲喁喁。或云古法異我法，速效自與尋常殊。或云天人適會合，束先生豈神明乎。我謂治民如治水，因勢利導爲良圖。頃者昭回望雲漢，老丁瞙拜填街衢。斯民可憫亦可畏，不爲綏靖爭睢盱。天門高高豈易問，聊以神道馴頑愚。廣川學術異黄老，紛綸經義誰爬梳。玉杯書名昔已誤，流傳今更滋荒蕪。蜥蜴蜥蜴放汝去，此語豈出天人儒。蜥蜴蜥蜴，興雲吐霧，雨今滂沱，放汝歸去。乃沙門求雨咒語，説見《談苑》。今亦用童男數人，同聲歌此，非《春秋繁露法》也。要知民患吏宜恤，但可籲請寧躊躇。亦如所親偶示疾，得不信醫兼信巫。方今太一萃靈貺，本無災異雲臺書。婆娑女妓偶爲虐，譴責立就雷霆誅。神人訢感無異術，民氣和樂天爲愉。近聞鼠穴亦迅掃，技窮一一嬰王鈇。銀河會見落萬丈，净洗兵甲安穫鋤。

清 郭起元《介石堂集·古文》卷九《盱邑禱雨文》 盱山俯瞰淮河，彌望皆水，而岡巒聯絡，則又勺水不入，高下惟雨是賴。余乾隆癸亥吏茲，逮甲子夏六月，遇旱禱于城隍祠。惟神靈風颯然，降以微雨，繼而杲杲日出，余悚惶激切，率紳士耆民子弟千餘人奉牲酌醴，再拜告于神曰：民爲國本，食爲民天。惟神司天之化權，式臨此土，泗屬情形，久在降鑒中矣。自州治陸沉，平原爲壑，數百里内災黎胥仰食于盱野，是一邑而兼兩邑之供。即遇有秋，僅飽半菽，比他邑之歉年。若遇無年，丁壯出而流傭，老幼婦女不免喪亡，艱虞萬狀。起元勉效馳驅于此，自顧材質庸下，一載以來，未有分毫裨益，内溝之耿，宵旦靡寧，然區區之心，惟有鞠躬盡瘁，以期補救于萬一。乃旱魃爲虐，當此徂暑，如惔如焚，谷蓷暵矣，螟蝥將作。嗟乎哉！江淮數千里，孰非膏原樂土，而降灾于此一方！水旱頻仍，饑饉荐臻，懵莫知其故矣。祈年方社之外，八蜡坊庸，爾神綜攝之，名曰城隍，實係有土之責，禮官侑祀，里民報賽，胥于神薦其馨香，顧可視下民之耗斁而不爲之救乎？仰藉靈爽，以昭格于河、淮二瀆之神，生雲吐霧，興雨祁祁，醒此稿苗，既沾既渥，見天心之大公，俾一方無向隅之悲。如吏無狀，應罪吏躬，罷譴以之，毋貽民害也。

清 和瑛《易簡齋詩鈔》卷三《題垕圃五峰禱雨圖用東坡張龍公詩韻》 我聞潭中叟，聽經得閒來。三春封江湖，吸硯爲公開。邨童爭擊甕，豈無術士陪。刑鵝固下策，噀酒傾空罍。厥惟東先生，靈感東五臺。神閟東海守，百里沒脚埃。冉冉檀烟中，淋淋油蓋回。以誠不以法，太守眞賢哉。遂歌麥有秋，濟兖達青萊。白衣執公手，臥夢披圖猜。

清 黄鉞《壹齋集》卷二二《請雨辭并引》 嘉慶庚午五月四日，途次祁縣石佛寺，見邨民祈雨者老幼百餘人，白衣冠，荷校，徒跣踏澗石，往武鄉焦龍山取水祈雨。呼天痛哭，音甚酸楚。因依其聲作請雨辭以助之。

吁嗟乎天乎，我民愚多辠辜，我其徒跣，我其荷校，我稷我黍，罔有下土。吁嗟乎，我民愚，我龍宥之，其許我雨。

吁嗟乎天乎，我民愚不可恕，我衣以白，我冠以楮，若喪我父母，我稷我黍，何時出土？吁嗟乎，我龍鑒之，其許我雨。

吁嗟乎天乎，我民愚，我民亦苦，我衣惟褐，我食惟粗，我稷我黍，惟以奉官府。吁嗟乎，我民愚，我龍哀之，其許我雨。

清 唐仲冕《陶山文録》卷九《海州禱雨文》 吁嗟乎！州民之命係乎麥，二麥之種在乎秋。今秋若無膏雨，來歲必無來牟。頃自七月以來，不雨者三旬矣，民之望雨者日以殷矣。麥之已種者芽不得而生矣，其未種者土不得而耕矣。糧價將倍昂也，田疇將就荒也。民心皇皇，官吏忙忙，神之顧之，能無愴愴？速降霖雨，沃此焦土，蓺其禾黍，穀我士女。神之聽也，民之命也。毋俾雲興而弗泳也，毋俾風狂而弗令也，毋以司牧之失政而致蚩氓之重病也。神布其澤，民得所養，官雖不才，爲民報享。謹告。

又《雲臺山禱雨文》 雲臺之山神所宅，興雲降雨神之澤。三旬不雨秋陽赫，耕種難施嘆無麥。此州民貧地又瘠，麥不能種乃大厄。山雲油油神奕奕，胡爲不雨潤阡陌。毋乃政令多苛迫，官如失政官當責。於民何尤當憐惜，惟神有靈愛黎赤。急呼雨師戒風伯，一雨三日洗鹹潟。汜布濩之入土尺，麥苗青青草萊闢。民生得遂神悦懌，有祈有報永無斁。爲民請命神其格。

又《孝婦祠禱雨文》 惟神之孝兮上格乎天，惟昔之旱兮已白其寃。今秋恒暘兮莫知其然，豈吏失職兮當受厥愆。惟斯民之疾苦兮歲有顛連，儻來歲之無麥兮害何可言。仰神之孝兮慈且仁，感上帝兮救窮民。降甘霖兮沃焦田，遍播種兮期豐年。佐富媼之滋育兮，信孝德之無邊。

又《城隍廟禱雨文》 惟兹海隅，水旱昆蟲之灾無歲無之，厥害在民，厥咎在官，厥所仰賴在神。唯神以威靈爲保障，以惠澤爲生成。若劉庭大熟，幾逃顯戮，竟伏冥誅，威靈讋矣；去年秋暵，麥不克種，閔其呼號，三日爲霖，惠澤浹矣。仲冕雖無狀，得藉手以免隕越，民用和恊。今春膏不降，麥苗漸槁，秋稼未耕，再三雩禱。至於登山涉海，乃雲起而風散，或霧濛而日杲，非惟籲若罔聞，若將濡而故燥，豈民當罹斯厄，抑由官之愚不肖意者政之叢脞歟？刑之放紛歟？賦斂之繁苛歟？使令之失均歟？凡此數者，誠皆有之，敢不速改。如終不悛，則神明治其罪，毋重困吾民，而使官不知悔。神之愛民宜甚於官，坐視斯民之顛連而不救，神其何安？三日不雨則無麥，五日不雨則無禾，無麥無禾，歲且薦飢，必有凶年。民其流離，仲冕願以一身易此群黎。刻不可待，惟神速施。謹告。

又《禱雨文》 長養之月，華實之毛，以水爲母，以雨爲膏。梅雨淅淅，稻畦滔滔，秧鋪萬頃，溪溢三篙。小暑方至，南風遂高，霽纔半月，涸已連朝。風所鼓扇，勢同煎熬，相彼行潦，曾不容刀。更經蒸歊，難運桔槔，禾黍欲萎，木棉亦焦。民生何賴，我心實忉，瓜期將代，穡事彌勞。自慚失政，恐致虚枵，匍匐神座，傾倒天瓢。冀溥甘澤，俾息炎飈，旁流中谷，遍及平皋。得滋毿毿，毋致嗷嗷。官雖去也，民食則饒。當申報謝，式達謌謡。

清 唐仲冕《陶山詩録》卷七《雲臺山禱雨》 雲臺山古鬱洲山，裨海環之三百里。中結靈宇棲仙真，三元分司天地水。但有功德施人寰，何須祀典著書史。我來正值春恒暘，秋種不下麥苗萎。靡神不舉曾莫聞，躡谷攀崕虔禱祀。潮淤十里行沙田，磴踏千重到階臺。巍峩儼受百靈朝，莊嚴奚啻三公視。我聞天噓地吸氣交和，下水上騰雨滂沱。神兼重黎與玄冥，况以海若能推波。天門開兮詄蕩蕩，靈之來兮屏翳上。匍匐丹墀九頓首，靈之格兮豐隆走。胡爲乎夜宿山寮月正中，狂飈入樹聲摩空。坐令屯膏失民望，唯以弗躅求我躬。昧爽再拜申情迫，願呼雨師訟風伯。傾山倒海溢阡陌，三日爲霖神之澤。不然禦菑捍患神無功，蒼梧雲氣空濛濛。

清 吴鼒《吴學士詩文集·詩集》卷二《楊米人衵宰武邑歲旱有老農能祈雨累几爲臺誦經其上三日雨作爲圖來索詩》 雨來失時農失食，龍公不職宰官職。宰官仁術無不有，神通獨少欒巴酒。書傳繁露且封牲，祀到靈星難爽斗。黄冠老人從何來，玉皇假手驅風雷。萬九千里去天咫，精誠夜燭光明臺。佛書半是六朝作，祈雨之經又何託。我知老農非誦經，但陳善政爲乞靈。靈壇拜跪亦循例，清夜之語天曾聽。天聽甫過雲四塞，走野回天眞有力。觀津城郭眾緑生，萬家黍谷回春色。歸來但覺吟詩寒，官齋氊薄如貧酸。潔巵爭勸老農醉，那知十日官忘餐。一人忘餐一城飽，愛人活人無謬巧。老農休誇汝術奇，請農更爲他人祈。

清 紀大奎《雙桂堂稿》卷四《博平城隍廟祈雨文》 維皇御極五十九春，自春徂夏，一百三旬，藐兹博邑，天久不雨，大田芢芢，吁嗟荒土。縣令大奎禱於有神，至再、至三、至四五云：惟民之憂，豈令之瀆。瀆而弗應，誠其末篤。誠之未篤，令罪安辭，民何辜焉，神乃棄之？

嗚呼！我神母棄赤子，五日不雨，民其憊矣。仲夏之月，癸卯之辰，載拜稽首，矢詞以陳。我聞在昔，圖書既顯，天苞以通，地符斯演，生數成數，變化鬼神，參伍錯綜，二氣絪緼。兩儀既交，萬物乃暢，先天後天，相摩相盪。潤之風雨，鼓之雷霆，陰陽闔闢，下濟上行。乃象兹文，乃陳兹數，而輪斯轉，而音斯布，此輪此音，賴神以感，達於坤乾，通於離坎。三日之中，大雨滂沱，雨不滂沱，民其奈何。嗚呼！不敢不求者，令之事也；不忍不與者，神之惠也。神惠克敷，民命其蘇。奎拜稽首，惟神鑒諸。

又《佛廟禱雨文》 乾隆五十有三年春，藐兹邱邑，暨於四鄰，天久不雨，民罔攸欣。縣令某等至再至三禱於有神，罔或克應，是用心急，吉蠲良辰，虔抒乃忱，布列參伍，錯綜丙壬，用告我佛，而矢禱言。嗚呼！歲戊在申，月丙建辰，日壬加午，子當其鈞，午離翕翕，壬坎溱溱，天一之眞，動而滿盈，朝宗惟辰，發源於申。黄河之來，淙淙崑崙，龍馬獻瑞，天苞通乾。天數地數，變化鬼神。五孕十函，下濟上行。一六二七，往來倒顛。天一之旺，六合瀰淪。感此歲月，應此日辰。奎拜稽首，希有世尊。轉大法輪，以雨群生。如是我聞，佛昔曾云。妙法蓮華，於經最尊。以種種緣，説彼大雲。起於世間，遍覆氤氲。雷聲遠震，電光曜奔。普雨等雨，三千大千。無量世界，平地山川。百穀苗稼，卉木叢林。大小中等，枝葉根莖。一切諸種，皆得鮮新。如其體性，充洽歡欣。以斯力故，廣照無邊。於衆生苦，悉知悉聞。而當斯日，而覩斯文。而演是法，而布是雲。奎拜稽首，而陳頌言。希有世尊，轉大法輪。是大法輪，與衆咸聞。至哉坤元，大哉乾元。保合太和，天地絪緼。巽德引引，連山陰陰。坎離肫肫，震兑殷殷。潤之風雨，皷之雷霆。八卦摩盪，六位時成。奎再拜首，希有世尊。東方虛空，南方虛空。西方虛空，北方虛空。四維虛空，上下虛空。無量虛空，非虛非空。天地之中，陰陽之宗。杳冥鴻濛，闔闢變通。雲濛濛，風雍雍，電充充，雷隆隆，雨瀜瀜，田葱葱，禾芃芃，民融融，其惟我佛之功。嗚呼！其惟我佛如是不可思議功。

清 成書《多歲堂詩集》卷下《恭和御製出麗正門祈雨并觀稼即事元韻》 聖皇御宇孚天載，寰區都入鈞陶内。陰陽殊候地或然，偏隅肯寘覆幬外。鑾輿曉出爲祈霖，湛恩欲使同汪濊。百神效職萬靈助，掣電驅風趁雄快。八荒四海仰同雲，優沾更喜皇畿最。舊苗茁壯新苗出，高田既渥低田逮。惟德動天誠感神，信以精虔致霶霈。調劑無方帝力殷，豐亨有象民生賴。菁葱彌望繡成堆，轉盼秋成欣可待。頒來曠典答天貺，蠲租行賚歡聲倍。況復王師月三捷，尺組剋日縻逋罪。功宏事畢萬方寧，巍巍帝德惟天大。

清 劉鳳誥《存悔齋集》卷九《敕撰文·三壇二次祈雨祝文》 朕雨暘軫念，夙夜齋心，企望虹霓，卬瞻雲漢。比者農畛待澤，畿甸需霖，驗闕伏於群陰，慨稽遲於下尺。惟省躬知懼，而厪抱如傷，恐闕失之未修，致祥徵之弗叶。先籌廠食，展夏賑以寬期；疊宥圄囚，詔秋曹而肆赦。一從旬月，屢謁液園。晨香萬善之皈依，時應六宗之秩祀。遣親藩而叩三壇，籲天之願潛通；肅步禱而詣右壇，伏地之誠莫喻。方以靡神不舉，亦嘗藉報爲祝。冀銷霾氣於飄師，豫戢暵威於魃虐。洒燠薰已久，霏灑猶稀。晴仍半月之逾，陰僅片雲之密。徬徨晝晷，彌撫已以難安；卜度宵占，諗寧丁其曷故。節度於有芒可種，候閲夫遇閏更遲。有事吉蠲，再陳迫懇。於戲！曰雨而雨，神原司造物之功；先憂而憂，予瀆請爲民之命。佇憑馨鑒，大沛甘霖。

又卷一四《經進詩二·花甲重周下册》 大德大文先，先天契後天。三壇三禱應，一字一珠聯。祝版書心版，豐編衍壽編。虔虔昭事法，前六十年前。乾隆己卯年，高宗親製雩祀祝文。本年己卯，皇上親製祈雨祝文，皆弗待詞臣撰擬。

清 衛杰《蠶桑萃編》卷二《桑政·禱雨類·桑林禱雨文》 某官某紳，惟神之靈，洞燭民隱，降嘉福比者。歲久不雨，維農維桑，備虔恪祈，神之所聞。古之人呼號請雨，典則斯具，群情肸蠁，以康下民。昭格感應，神之所職，謹蘄雨澤多福。

又《禱雨辭令兒童歌於祠下》 天生蒸民，有物有則，民之秉彝，好是懿德。昭格於下，保兹天子。惟天陰騭下民，風雨和，四時序。

又《報賽辭亦令兒童歌之》 神心天心應如響，甘雨灑枝長且養。神之降福德心廣，報賽神靈以歆饗。

清 樂鈞《青芝山館詩集》卷八《古今體詩·韓江櫂歌一百首》 不愁天雨怕天乾，祈雨常年動長官。海上泗王求未應，城中還建雨仙壇。潮州水通海，易落，不常爲災。潮陽有龍潭，能興雲雨，宋時賜號四王。揭陽孫道者，宋乾道時人，年十二，能祈雨。次年仙去，郡人祠之。每禱雨輒應，稱爲雨仙。

又 卷九《九月十八日陪果泉觀察祈雨羅浮夜宿華首臺次日至合掌巖洗衲石而還》 華首臺望飛雲峰，有如隔簾看冶容。洗衲石飲槈池水，又如染指黿鼎中。君方作吏我作客，三年海上孤唫笻。輕舟數過博羅縣，但見碧天雲氣濃。月來旱魃虐秋稼，聽經閒煞三潭龍。黄木灣頭放船下，暫因乞雨來花宫。憶昨籃輿背瘦日，照眼百里青芙蓉。魚鱗細蹙縠紋皺，荆關畫手無此工。遠勢岧嶤近飛動，滄溟積氣浮高空。史稱羅浮佐南岳，倘遂可以儕祝融。我於五岳登其一，曾見海日懸秦松。此山面目特相似，想見絶頂初陽紅。異鳥相引至初地，僧撞一百八聲鐘。月明照徹萬松翠，神鉦隱隱飄天風。耳根既寂眼界净，呼吸欲與仙靈通。夜來夢覺兩無滯，不煩解脱求瓈公。拱手烟霞掉頭去，山靈莫笑游匆匆。五百羅漢結跏處，有我兩人雙脚蹤。

清 陳用光《太乙舟詩集》卷四《為楊米人瑛昶**司馬題觀津祈雨舊圖》** 高臺接雲雲忽生，赤日方午聞雷霆。緑章焚罷雨立沛，使君誠感農夫誠。睽睽萬目争相向，爲民請命民能忘。使君五馬今朝天，十年令尹從超遷。一語願君思在莒，誠求心事記當年。

又 卷一〇《過泰山贈楊蓉峰同年》 聖主勤民祈雨澤，去年專使禱云亭。泰安太守虔將事，策馬登山助薦馨。平日政聲齊杜母，年來蒼侶似晨星。書生報國籌康濟，剪燭談深僕倦聽。

清 查揆《篔穀詩文鈔·詩鈔》卷一九《聖井岡禱雨作》 紺宇垂何代，莊嚴逼翠微。伏流通海眼，妙相著天衣。墖暎紫山曉，窗窺青鳥飛。井楣頻乞與，眞似得標歸。

又《文鈔》卷一一《禱雨祝辭》 惟神與職，共膺兹土。所賴聰明，廑民疾苦。職之承乏，亦有年所。曰雨曰暘，不聞怨恣。以職之劣，叢脞衰遲。苟幸無過，神實相之。今兹農功，已越夏五。后土粤乾，暑風交午。奔走來告，以令爲父。令則民父，神民之天。天或怒之，惟令之愆。歲時將事，粢盛餼牽。咎則在職，夙夜不虔。哀矜折獄，恒失其情。咎亦在職，公或不明。此或很鬥，忘親聚慝。彼或游惰，罔知力穡。誰實教之，謂不在職。凡職之咎，亦既孔多。所不自知，清夜云何。緊惟職罪，非民所任。奈此田禾，憔悴如燖。灼民之苗，如灼民心。鼕鼕保社，鼓聲將瘖。神之愛民，願其有秋。念我邑氓，半服田疇。無大奸宄，至不能救。雖干神怒，尚非其尤。神怒顓蒙，得請於帝。電激澤流，揮斥屏翳。滂沱載沛，晷漏相繼。沃我土膏，滋我民困。惟神之庸，陰陽鼓盪。用亦如龍，無畏專擅。非私伊公，天道蕩蕩。何患交訌，苟或不然。帝鑒厥衷，神之恤民。豈不如職，惟是杲杲。民畏其逼，渥我惠我。溝盈澮溢，引領須臾，待命孔亟。

清 陸繼輅《崇百藥齋三集》卷一《禱雨嘆二首》 朝步禱，夕步禱，雲峰插天日杲杲。去年米賤潦猶可，今年米貴旱殺我。太守縣令皆清官，那有廉泉救急火。就中我是蟣蝨臣，逐隊叩頭心有云。江南農勤江北惰，旱是天灾惰人禍。城河久塞塘無多，天未欲雨當奈何。

前日禱雨歸，雷聲震檐瓦。今日禱雨歸，雨聲亦飄灑。冷官手種蔬一畦，兩度得雨蔬不知。蔬兮槁死何足道，别有芳蘭委秋草。

清 斌良《抱冲齋詩集》卷九《祈雨嘆》 任城六月暵，微湖露兩岸。下田龜背坼，上田蒼耳見。乾壺小如拳，麥葶短於箭。嗟彼老農與老圃，曰斡溝渠灌畎畝。耄稚觸暑翻犂鋤，汗珠翻雨雨偏無。縣官祈雨禁宰屠，内署上壽呼庖廚。向晚油雲蔽天黑，陣雨未透城南陌。雨師點滴貴如金，甘飛俄頃難爲霖。城中石路知溼否，橐橐屐聲繞街走。町疃泥堅塊未破，大府門闌吏交賀。

又 卷一五《牛欄山寺小憩時村中祈雨》 彎環蛾緑暖烟凝，眯目浮埃晚未停。深澗漫投虓虎骨，祝霖僧代誦金經。

清 陳壽祺《左海文集乙編》卷一《代阮撫部夫子祈雨天竺大士文》 恭惟大士，靈騰天竺，澤洽四洲，天與湖山，地多花雨。曩者梅霖潺夏，麥氣凋秋。羌邀慧日之暉，屢補漏天之罅。乃雲師始退，而旱魃相乘，曝海霧於乾奮，燒江風於槁樾。八州墝埆，憂赤地之將成；彌月荐瘥，扣蒼穹而罔訴。某俯慙綏撫，仰召蘊隆，雖有祝良引罪之忱，而無束晢通神之力。念民命之餘喘，宜佛慈之大悲。業能拯溺逝川，必復拔焚火宅。處迎寶座，再降香壇。伏冀能仁哀兹若渴，鬘離鷲嶺，秉大願之船；亟引龍池，洒如來之鉢。積衆生之涕泪，皆灌祥河；湔無量之心田，即飛法雨。大雲所注，必滿恒沙，甘露同餐，仍滋香國。昭蘇物土，歡喜人天。謹告。

清 陳文述《頤道堂集・詩選》卷一九《夜起禱雨見月》 天晴望快雨，天雨望好月。禱雨深夜起，殘月光未没。清陰滿虚廊，松影細如髮。陰蟲鳴始繁，微風吹漸歇。月夜不覺凉，更慮日午暍。農家車水勞，晝夜轆轤活。淮南米價高，不雨達吴越。占星仰雲漢，私幸月離畢。滌慮對明神，清晨肅謳謁。所冀三日霖，田水鳴汩汩。無月亦復佳，新凉蘇病骨。

又 卷三〇《洪濟真人禱雨詩》 眞人，明長洲高青邱先生也。余子婦汪端以先生品端學粹，遭逢暴主，横見摧折，其詩文又爲後人妄肆評論將五百載，既爲《明詩選》初、二集以正之，復爲造像，受籙供奉，瑶潭精舍，并誦《大洞玉章經》十萬八千卷，以識嚮往。翌日，先生降於某氏壇，言南宫效職，今擢九天弘濟明德眞圓真人。書至邗上，適禱雨未應，同人以洛書九宫法及《大洞玉章經》符籙疏請禱雨禳疫，三日甘霖大沛，民困以蘇，既爲文以紀之，復爲此詩。

黄梅已過曾無雨，多少民田未插秧。須識甘霖屯廣野，都緣戾氣鬱中央。誠能動物先天篆，道可通神一瓣香。畢竟導和先化沴，好從參贊驗陰陽。

日光漸向雲中墮，雨勢遥從海上來。四野人情蘇病骨，萬家田土潤枯荄。周官燮理斯爲理，大學生財此是財。不乞仙翁施妙法，空嗟雲漢仰昭回。

道家原有南宫法，此法分明即洛書。人與天通資化育，數從理出驗乘除。香壇符籙周行示，寒殿衣冠禹步徐。讀罷皇經還讀易，静參太極悟眞如。

龍漢沉沉五百年，謫仙畢竟是眞仙。春回到處花盈樹，雲過依然月滿天。才秀三吴留像在，名魁四傑以詩傳，歸舟計日盤溪泊，頂禮瑶潭玉座前。

清 吴榮光《石雲山人集・文集》卷一《恭擬三壇祈雨祝文》

朕率育承天，爲民請命。冀三時之普力，玉燭調嘉；厘百穀以祈膏，金穰兆稔。惟神位參化育，權統盍敷，上帝之德好生，誠孚感召。下民之天，惟食依念，艱難省歲，情殷劭農，心切遡時。雩於靈壝，精禋已越乎三旬；承昊貺於齋宫，闓澍快資乎連夕。邇者節過登麥，序屬宜禾。瞻霎霴之重陰，方需有渰；灑零霰之甘液，僅沐其濛。芒種關心，憫一犁之未透；蕤賓應律，念千畝之其耘。雲屢布乎郊圻，澤待滋乎畿甸。詣靈潭而修祀，已告先期；籲崇墠以升馨，載祈休祐。伏願神漿叠沛，豐澤洪施。帝用錫乎明昭，氣相通於呼吸。有開先者曾邀，霢霂霏甘；又潤澤之佇卜，滂沱布渥。當河流之永翕，引渠豐衣食之源；占斗運以方興，荷鍤盡溝塍之利。歆兹吉饎，貺以順成。

又 卷二《李真人祈雨祝文》 惟神靈著長沙，褒封廣濟。敷楚天之闓澤，近切鄉關；逢秋雨之愆期，遠迎靈駕。兹者稻逢中晚，土未滋豐，念民力於三時，争歲功於一溉。雲起而風屢散，萬目芃芃；秀發而實尚遲，憂心彧彧。爲民請命，祈則合舉乎有功；如天降康，報則敢忘乎大德。榮光等心齋惟謹，步禱而來，伏願飄軸息吹，神漿立沛，十日五日，慰兹胼胝之勞；再登三登，錫以倉箱之福。敢告。

又《岳麓山神祈雨祝文》 惟神祀秩西南，澤隆長養，配上天而生物，與方岳而出雲。兹以早稻未登，夏畦待潤。引灌之源將竭，日更加燋；層雲之陰甫來，風旋吹散。民其何賴，心切如焚。敬設專壇，用申虔禱。伏望驅炎歊於既暴，普闓澍之方新。有開必先，待慰九穀三農之望；無德不報，敢忘禦灾捍患之功。祇貢精誠，伏惟昭鑒。謹告。

又《李真人祈雨祝文》 惟神受國封，崇庇民德，大有功則祀，屢禱皆靈。昨以早稻將登，憂心既旱，專壇上籲，靈駕隨迎。心齋將及一旬，步禱又逾三日，乃雲起而風屢散，日暵而雨未施。實守土之干和，惟我民其曷賴？爲此率屬匍匐，激切叩請，神其許我，則當立霈甘霖，萬勿以使者罪戾害及民庶；神不許我，則當别修禱祀，亦勿敢竢時觀望，致悮農功。急不擇言，誠祈上鑒。謹告。

又《南岳祈雨祝文》 闓澍誕敷，已荷沙潭之渥；神漿再禱，俾符石廩之開。惟神位正黄離，禋隆朱鳥。主翼軫兩星之野，最近長沙；被霖雨萬物之功，莫如南土。昨望歲而心厪亢旱，謹遣官而躬代誠祈，甫告升香，西望則四壖全普；同欽沛德，東來亦一溉匀沾。念會垣之待澤尚殷，實守土之愆未至。榮光謹攄辭而上謝，仍披肝以虔求。伏願鑒其請命之忱，許以蘇民之困，運斗樞於二十四福地，淪浹湘州；連霱軸於七十二靈峰，和甘楚甸。蠲茲吉饎，錫以康穰。謹告。

又《湘江神祈雨祝文》　惟神澤滙七川，德涵三楚，亘千里而挹注，普萬物以平施。昨以三稻望膏，連壇遣禱，感符靈貺。庚巳甲日大普和甘，屢荷神漿，早中晚稻已蘇困涸，惟甲日連沓霙潤，而晚稻尚未含苞，省垣之待澤猶殷，使者之省愆愈切。謹攄辭而上謝，仍披肝以虔祈。伏願運北斗以淋漓，慰此湘州萬族；挽衆源而滂沛，保茲楚甸千箱。貢此精虔，伏惟昭鑒。謹告。

又《安陵龍神廟禱雨文嘉慶十四年巡漕任内**》**　時至四月初旬矣，吴橋一帶雨澤全虚，蒿目燋急，何言可喻。詢得安陵地界有龍神廟，使者爲民請命，齋心减食，默禱於神。使者奉天子命，視漕到此，凡民間疾苦，皆得上聞。今安陵枯旱，民田焦矣，運道涸矣。或使者之不德，以上干天譴，故降淫威於我民耶？使者奉天子命而來，倘有不德，如貪賍枉法，徇私廢公等事，不可上對天子，即不可上對天。爾神所司雷霆甚便，請即殛之，以保全此境。使者之奉天子命，視此一方，猶神之奉天命，爲天子司此一方，天子之仁愛吾民，與天心之仁愛吾民等，使者與神皆奉命以視民疾苦也。使者有不德如前事，則使者負天、負天子，罪實當殛，天以此方之民俾神司之，神坐視其枯槁而不救，神亦負天，并負天子，使者得以手毁神像、圮神宫以告諸天帝矣。今與神約，限三日，三日不雨，使者將正慢民之罪，毋貽後悔。若使者有貪賍枉法，徇私廢公等事，神其以應得之罪誅之，勿以使者一人而重困吾百姓也。己巳四月初九日，詣龍神廟默禱。初十日，甘雨連沛竟日，益深敬畏。

清　童槐《今白華堂詩録補》卷二《禱雨》　赤日燥水田，渴雨麥斃死。田中復何有，黄埃閧蒼耳。癡龍抱寶睡，無術鞭之起。農夫籲群神，邑令走社壝。我心方怒然，咎人更咎己。閉門星月下，陳詞竊長跪。慘毒施閭閻，都由肉食鄙。神怒加譴責，請從長官始。瘝職當受辜，勿移於赤子。祝罷乃書版，衣服冠而俟。侵晨出步禱，慙惶意無似。見者亦動色，屏翳隨數里。猝然雲雷興，晴陰未移晷。雨勢傾盆翻，野色青一洗。同行互相賀，謂天實降祉。降祉先示灾，蒼蒼曷爲爾。寄言同行者，宜懼且勿喜。居官等癡龍，致旱良有以。官必務修省，龍纔聽驅使。祝版故未焚，祝辭試共視。昔有鞠信陵，祈雨嘗若此。要能勉力行，不但出言矣。刑鵝特下策，精誠庶堪恃。

又《禱雨》　往時東郡值枯旱，步禱立應世稱罕。今年曆下旱未甚，設壇請禱先懔懔。或云官吏姑試余，惰龍不起當何如？誰料登壇九叩畢，甘霖亦已隨吾車。霑服失容未張蓋，道旁嘖嘖訝靈怪。豈真正直能感通，率然有請不吾外。天公雨露原至仁，召沴每因風不淳。爲民請命幸獲宥，洗心還賴吾蒸民。

清　包世臣《小倦游閣集》卷二五《爲金大司寇吕祖壇禱雨疏》

光悌聞刑獄生民之大命，苟失其平，灾害立見。是故洛陽掠囚，旱及五月，東海冤獄，冤亢以三年。每稽載籍，用深悚懼。恭逢聖主道成，求瘼諄切，慎刑固己，修養天和，感召時若。迺自去冬少雪，春潤不透，至今三時已届，大雨愆行，復與紹禱桑林，爲民請命，疊布恩綸，累減宥過。然而甘霖不應，沛澤猶稽，是盖有司奉行未力，不足以仰副德意，使望日悲其戴盆，烹鮮思其溉釜。光悌待罪司寇，於茲三年，秋讞三千，現案累百，無論出入所關，泉壤互憾，即詞牽被逮，片言待折而已。幽及囹圄，舉室驚惶。加以胥役因緣傾覆，隨至其或五聽未審，笞撻所加刑不可變，斷難復續，沈冤及雪，隱痛已痼，又復蒸溽不時，常虞瘐斃，質對無从，疑似不别，良莠同慚，幽明并歉，有一於此，皆足以下興民讟，上干神怒。然而今者春熟已蕪，秋稼將及，千里告飢，邪僻滋起，展轉罔民，伊于胡極。伏思國家之法，罪坐所由，刑官失職，斯民何辜？光悌自有識以來，恪奉壇訓，本期止辟以利民，竟致滯獄以害歲。凡是殃咎，宜處本身，果荷明神昭察，禍福顯著，則西曹明戒，冤釋氣和，圻輔灾黎，速被祁澤，焦卷之禾，共快勃然。光悌私願，斯爲無憾。用是虔設醮壇，用達愚悃。不勝惶慄待命之至。謹疏。

清　張澍《養素堂詩集》卷一九《祈雨作戊子六月**》**　仰首呼蒼天，蒼天穹以高。茫茫造化理，靈憲術徒勞。我邑罹亢旱，禾苗若煎熬。女妭既爲虐，飛廉又肆饕。遂令濟濟雲，竟向晴空逃。仰首呼蒼天，何爲屯其膏。民風雖譎觚，士氣雖駕驁。良由政事闕，教化未薰陶。循衷滋慚恧，省愆九牛毛。降殃守土吏，無俾黎庶遭。在昝良有司，焚身何惜尻。今也忝群望，鳴鐘播靈鼗。愧無戴封誠，心灼目亦蒿。仰首呼蒼天，俯鑒此切忉。

清 鄧廷楨《雙硯齋詩鈔》卷九《禱雨太白廟疊前韻》 不愁天漏嘆天慳，桃茢難驅旱魃頑。新漲未生皤冢水，靈湫先禱武功山。心平能造和甘福，事急尤憐稼穡艱。我與蒼生共憂樂，望雲終日對孱顏。

又 卷一二《七月己巳禱雨大龍山求取靈湫甲戌乃雨》 乞取靈湫五日過，龍山雲氣漸分柯。風從楊柳枝頭覺，雨向梧桐葉上多。稍喜甘膏被舒皖，還聞潦水溢淮渦。創痍未起愁心劇，奈擁旂旄五丈何。

清 胡承珙《求是堂文集·駢體》卷二《祈雨龍神廟文》 維道光二年三月丙午朔，越祭日辛未，福建臺灣兵備道胡承珙、臺灣鎮總兵官觀喜等，謹以清酌庶羞之奠，致祭于龍神之靈曰：惟神尺木不階，寸膚斯合。角尾東方之宿，德在好生；黍苗南國之膏，職司布澤。粵自元冬，潛悶久踰啓蟄之期；迨茲青律，發生正值服犁之候。星言既戒，覔望方殷，傾鸛垤以無聞，臨螟淵而未躍。昨致牲醪之敬，爰申圭璧之祈，而乃箕哆頻張，荓號未起。雖暫霑於霢霂，猶勤佇於滂沱。故知載渴之懷，非一勺所能潤，尚幸已降之令，或再出而無難。伏望鑒此愚誠，恕其瀆告。鱗堂貝闕，應鳴鼓而有聞；金支翠旗，紛隨驂而莅止。大布霖三之惠，稍迴巽二之威。青疇渙其流泉，赤嵌鬱爲樂土。曰雨而雨，群占比缶之孚；若炯非炯，敢忘升香之報。尚饗。

清 胡承珙《求是堂詩集》卷一一《入山東境後沿途因禱雨禁止屠宰予適以腹疾蔬食近一旬矣戲柬史大荔園譜同年》 大夫試問即墨阿，誰工撫字誰催科。屯膏竭澤有由致，天意豈必仇麥禾。神明不遇束夫子，祈禱枉用驅巫魔。屠門督責祇細故，食肉詎便干天和。犧牲圭璧有常法，不見瀝血刑白鵝。我行十日苦腹疾，蟗腸夜吼如鳴鼉。啜粥正爾厭羶膩，所恐君腹無由皤。昨宵今日幾雷電，微雨屢挾清風過。隨車有頌固未敢，催詩或者傾天河。請君蘸筆和我作，墨雨一灑成滂沱。不煩更守太常戒，爲君翠釜烹紫駝。

清 黄釗《讀白華草堂詩二集》卷五《潮郡缺雨八月十九日霽青太守甫出示斷屠爲壇致禱至宵分甘雨如注喜賦一詩呈霽翁》 朝一盂黄雞粥，午一頓花猪肉，官厨例食鎮肥膿，已變當時莧藜腹。忽聞禁帖懸通衢，太守祈雨朝斷屠。農人飢腸作牛吼，腐儒此腹亦何有。正愁五日不雨至十日，坐使菜根齩盡百無盍。不知天公憐我憐農人，宵來傾盆一雨幾達晨。農人失喜蹋破甕，腐儒吟詩遞急送。遙知屋角響淋浪，齋閣先成喜雨頌。

又 卷六《子未前以董子祈雨法行之潮郡果有驗復用東坡和李邦直韻簡之》 猪婆畏燒尾，龍公愁割耳。同聲哀皇穹，所損亦無幾。天瓢一勺頓破慳，已見街衢净如洗。初時此法君傳來，頗疑治標之劑非桐雷。豈知古方竟有效，不愁乾死却在叢書堆。黔雷尚作靈夔吼，爲問天公能繼否。林神社鬼何敢慵，行鞭斥汝有犨龍。風乾日槁且莫遑，東皋尚未開農功。如我終年食館穀，暘雨未知亦當責。漫云儒術近迂疏，已勝巫家工厭劾。

清 湯貽汾《琴隱園詩集》卷一二《祈雨宿城南古廟作》 南山虎入潭，北山黿出釜。靈廣百里間，旱澇歧如許。廣靈久雨。豈皆時運會，其責非守土。邊甿拙耕作，沙磧艱稌黍。又無川與陂，用代天功補。不堪十日晴，況失三時雨。靈邱無水利，十日不雨即旱。蛇醫亦何靈，異術本無取。有司自愛民，安在居鼎俎。唐風向餘儉，骨肉慳取予。勸分此其務，今日宜即舉。庶乎饑不害，免致鬻牛牯。齋壇三宿憂，欹枕向誰語。名題曾閣蘇，東坡嘗禱雨磻溪，宿僧舍曾閣。詩憶郴州愈。昌黎有《郴州禱雨》詩。吾官豈旱母，無力驅耕父。一歌伏龍起，再祝商羊舞。移書王使君，且莫嗟巢鼠。願貸黑螟誅，投界來吾所。

清 陶澍《陶文毅公全集》卷五六《壬辰七月二十八日登鍾阜小茅山祈雨次日即甘霖大沛連日優渥八月初五日復登山報謝有作》

白雲滃然走山麓，似爲客來扶馬足。三茅仙人立山頂，招我入山看飛瀑。連旬不雨禾則槁，大地無烟厎行暴。瓣香手執躡天梯，汗滴遑論熱方酷。須臾一雨遍郊原，生機頓起甦麻菽。潺湲響奪桔槔聲，坐聽溪流瀉新淥。去歲無年澇已多，今歲可堪旱不熟。盈虚消息理固然，奉職無狀臣尤觫。情窮意迫難爲辭，荷神之憐貽以穀。一雨十日土生珠，萬斛千巖泉潄玉。廩堆敢擬百室盈，原燎先收一路哭。漫云正直能感通，眞有雷霆挾威福。

清 沈赤然《五研齋詩文鈔·詩鈔》卷五《南樂縣禱雨作》 禾稼新來苦旱乾，行田歸去幾曾安。火雲未必爲霖易，眢井其如借潤難。十日庖厨斷屠宰，一壇鐘鼓禮更闌。長官無術鞭龍起，只就庭前柱礎看。

又卷六《禱雨》 焚香丙夜默祈天，億萬蒼生望麥田。願節江南過多雨，分來此地作豐年。

清 桂超萬《養浩齋詩稿》卷九《祈雨三首》 神祠伐鼓乞神恩，神罔聞知聲暗吞。我縱化鳩能喚雨，弱翰飛不到天閽。

連宵雲影織沈沈，總被南風散積陰。倘是涸龍無勺水，我傾血淚爾爲霖。

旱到心苗勢欲焚，宰官應罰咎誰分。拚將身作西山石，不吐閒雲吐雨雲。

清 桂超萬《惇裕堂文集》卷四《代龔太守式穀禱雨城隍廟文》 嗚呼！邦本惟民，民命在天。天降膏澤，民享豐年。池陽古郡，濱大江邊。半居下隰，半屬高原。待雨而種，望眼時穿。伏惟大神，管領江關。又暘肅雨，贊化調元。穀以涼德，辱攝郡垣。時當芒種，屯膏不宣。民皆憂旱，官應省愆。得毋刑濫，得毋獄冤。或有强暴，未鋤其奸。或有猾吏，巧弄其權。率我僚屬，恐懼虔誠。洗心滌慮，哀禱神前。求神之佑，求天之憐。憐我赤子，胼胝不眠。延頸佇立，北陌南阡。十日不雨，鰥寡顛連。乞縷下情，上告重乾。天心仁愛，宜易轉圜。即策神龍，噓氣吐涎。渥以靈澍，滋以流泉。嘉穀既植，民其惠鮮。嗷鴻號野，涸鮒脱淵。不賴神力，誰爲生全。坐視不救，神豈其然。翹首望澤，待命懸懸。謹告。

清 賀長齡《耐庵詩文存·文存》卷六《祈雨文》 維道光二十有三年六月，天久不雨，民用弗康。貴州巡撫賀長齡謹竭誠蠲吉，於月之二十五日，率同僚屬恭陳牲醴，敢昭告於黔靈山之神曰：嗚呼！今者不雨將二十日矣，田禾之芃茂者行且黄萎矣，米價之平減者日益翔貴矣，吾民其堪此乎？此十數日内，雖亦閒有霑潤，而一溉難甦久暍。他省尚有塘堰可以人力補救，黔則跬步皆山，絶少瀦水之地，所仗者天耳。天膏不降，則人事立窮矣。吾民其堪此乎？矧乃地瘠民貧，不通舟楫，外省之水販既不克來，本境之蓋藏又鮮可恃。惟指田中之禾，以救腹中之餒，且黄茂已如斯矣。以計日可穫之嘉粒，而棄之一朝，不獨人工可惜，即疇昔之甘澤，亦等諸虚擲矣。方張口以待哺，將到口而旋抛，吾民其堪此乎？職等牧民無狀，不能感召天和，譴罰自分所甘受，而民則何辜？能救我民者，其惟吾神乎？官有去來，而神則永鎮茲土，實與黔民有莫解之緣。出雲降雨，又力所能爲，且咄嗟可辦。去夏之祈，已立邀神貺，萬姓無不仰賴，黔靈之爲靈赫然也，豈今日而不垂昭鑒乎？儻蒙憐我黔民之苦，立沛大澤，活此蒸黎，俾職等得以悔罪贖愆，毋即大戾，職等幸甚，黔民幸甚！時孔迫矣，不能待矣，我神其亟援手矣！謹告。

又《祈雨文》 維道光二十有三年七月初九日，貴州巡撫賀長齡率同僚屬竭誠載禱於黔靈山之神曰：嗚呼！山糧無復望矣，所可救者，惟水田耳。但黔中之田，能有幾何？田之有水者，叓能幾何？今亦十九就萎矣，若再不雨，嗷嗷者且爲溝中之瘠矣。前月二十五日率屬虔祈，即於次日獲霑神貺，神之憐我民者，亦云厚矣。今又逾旬，而澤未續沛，雖復雲陰閒作，終亦霑灑難成。固緣職等咎重，不可赦宥，而民實可哀。即或民行不修，致干天和，亦罰不及衆。歲云秋矣，時已晚矣，雖有閏月，而田禾不及待矣。伏冀神明終前之惠，立沛甘霖，救我萬姓，枯潤秖争。俄頃瀆求，敢憚再三，匍匐寫誠，不勝激切，待命之至。謹告。

清 張祥河《小重山房詩詞全集·詩舲詩外》卷三《壽近堂中丞五十時奉命祈雨東岱》 東來霖雨慰蒼生，感召和甘出至誠。崧岳允符神誕降，詔書恭代帝親行。霞扁萬笏瞻儀肅，雲海群真拄杖迎。試挹山泉添壽斝，更逾七十二泉清。

又《桂勝集·廣福王廟禱雨》 風滿靈旗一角斜，升香再拜澤無涯。烟霏但識亭亭鷺，水足纔聞閣閣蛙。入陡連檣鄰邑米，趁墟幾擔本山茶。高岡不少梯田在，還祝滂沱撤響車。

清 沙琛《點蒼山人詩鈔》卷三《禱雨》 甕蝪雩龍信杳然，山宮僕僕禱靈泉。菑畲難竟驅游手，菽粟何堪減旱年。雲氣陸離開日駮，河聲曉夜湧風顛。天和有象無由動，蒿日晴霄炷紫烟。

埻鬱塵埃草木黄，井泥汩汩引殘漿。天心畢竟回仁愛，時節難教遲稻粱。財賦東南軍國計，江淮生活水雲鄉。已聞四遠同枯旱，小邑貧疲倍黯傷。

占星驗月費參稽，消息人天事總暌。苦憶夏香辭慷慨，難分袁甫地東西。靈山手髮憔應痛，淮海蛟龍睡已迷。毒熱煩愁交互集，何當雷電起前溪。

清 王相《友聲集·秦晋詩存》卷上《太白山禱雨》 祗役遂仰止，清齋休下方。質明厲絶磵，晦雨陵蒼蒼。萬仞壁鯨額，千盤路羊腸。捫蘿氣震慴，踞石魂清涼。若有山阿人，披雲歘我旁。薜荔簾翠洞，莓苔繡玉牀。仙禽何睍睆，藥草長芬芳。興深笻竹健，意得軒冕忘。薄莫陟飛岑，群峰俯微茫。肅衣薦嘉藻，側步窺長廊。載宿夢無營，言歸賞未央。終招吸景客，連臂蹋虹梁。

清 季芝昌《丹魁堂詩集》卷二《禱雨行次朱蔗根甘澍韻爲邑侯王湘浦同年澐作》 閒居百無事，晴雨繫心腑。青青涉秧隴，粒粒卜禾莒。炎炎九夏來，癡龍眠水府。良苗冀膏澤，若子望慈姥。下民欲回天，馳河類商距。顑頷視稻孫，嗟咨聚畬父。忽然三日霖，徂矣六月暑。雲隨屏翳行，風佐飛廉衙。閭閻走相慶，賢侯在吾土。畏壘歲大穰，昔有庚桑楚。儻非精心孚，安得笑頤朵。我思官於民，相依若柱礎。神農求雨書，後世咸所祖。甲乙迄庚辛，往往禱不雨。我侯仁且明，故事莫肯舉。郊無壇壝崇，邑謝巫覡舞。齋室望疑神，飛章奏如羽。未遣石鞭陰，何煩鐘設虡。市闤免斷屠，官庖嚴有羜。肫然至誠感，非爲循聲賈。傔從猶未知，曾不告僚侶。終能慰祈甘，歡歌騰士女。江皋百萬晦，我農其敢惰。同聲願賢侯，多此曆年所。賢侯問爲誰，王君字湘浦。去冬甫下車，燠休矜疾苦。懷清鑒壺冰，止暴息亭鼓。馭吏法與恩，决獄朝至午。公堂鞭用蒲，民隱區分芋。俸增講院田，金拓明神宇。義塾理舊規，公儲謀實貯。重念河渠堙，江沙日粲黍。便思利舟航，更賴灌秔稌。凡兹舉百廢，不愧吾縣主。披尋良吏傳，今豈不如古。人閒宰官身，天與斯民撫。宜當子愛宏，詎謂風塵墮。岱雲始膚寸，一雨崇朝頗。太空固冥冥，監觀爛于火。豈有誠格天，而不實生我。或慨百里才，束縛五斗糈。大吏督責勤，事權不輕予。我云在親民，大學信斯語。正直能感通，昌黎庶爲伍。侯其擴慈惠，所至福椎魯。己飢復己溺，遠謨希稷禹。和歌揚仁風，以附山陰譜。

清 翁心存《知止齋詩集》卷一《朐陽紀事詩》 余居朐陽十二年，熟悉其風土久矣。重游斯地，世態日新，感慨之餘，不能默默。言雖不文，亦風人之旨爾。

皇天屯其膏，驕陽滿秦東。自冬徂春暮，終日號狂風。惟見沙漠漠，未覩雲雩雩。虹藏久不見，白日當晴空。老蛟臥不起，深潭睡神龍。健步憎旱魃，推車休雷公。倏然密雲布，竚俟陰雨濃。霾翳乍吹散，蘊隆旋蟲蟲。甌窶龜背坼，耕作妨三農。故老仰天嘆，無麥民命窮。占星望龍見，取水探龍宫。舞雩帥女巫，禮拜隨兒童。吁嗟而祈雨，哀聲徹蒼穹。州牧正開宴，坎坎伐鼓鐘。

清 吴文鎔《吴文節公遺集》卷七〇《祈雨祭龍神文》 惟神功司雲雨，澤衍寰瀛。秉佛教之慈悲，荷聖言之嘉讚。靈明益著，感應無方。兹者匝月亢陽，晚禾插而欲萎；畢星失好，微澤灑而旋停。刻切憂惶，特申呼籲。以某職司守土，宜膺殃咎於一身。惟神性本好生，豈忍屯膏於百彙？伏願滃興雲族，迅馭雷車，甘澤沛而盈缶用占，良苗穌而滿車致慶。無任屏營，敬祈昭格。

又《祈雨祭龍神文》 維神馭之無不周兮，曾不定以方隅。知神惠之易遍兮，代天工而捷於須臾。竭吾誠而未有應兮，豈神聽之虚無翳。愆咎之集於藐躬兮，忱戔戔其未孚。情迫切而莫訴兮，惟神之默鑒此搶呼。仰高穹之尊邈兮，非草土臣之意所敢輸。賴神之上承而下育兮，相左右而提扶。神之本慈教以秉德兮，忍置此下民之慘吁。豈緣守土之不職兮，遽遷怒而及此無辜。雲膚寸而雨不崇朝兮，行潤槁而津枯。曷靳兹一日之澤兮，不以慰渴望之喁喁。儻更五日而不加憫兮，百物其奚以昭穌。詞覼縷而瀆再三兮，冀以達此區區。知神之仁覆無量兮，旋且大澤之覃敷。傒引領而曷有極兮，庶幾惠施之涵濡。

又《祈雨祭神文》 雲行雨施，惟神司焉。雲或布濩而未遍，雨或滲漉而未優，實皆神惠之慈悲而神力之斡旋也。其未遍未優者，毋亦亢暘既久而山澤之氣未遽宣也。惟兹炎日，灼良苗而如焚，匪苗之焚，而百姓之心之焚；惟兹暵氣，耗山澤而欲竭，匪澤之竭，即百姓之髓之竭。所終恃者，惟神之憫吾民而厚加貺也。伏乞大發慈悲，遍兹槁壤，渥沛汪滂，溥涵渀瀁，霖三日而允孚，澤下尺而彌廣。雖已枯之禾不復生，而待補之種可滋養也。竚盼神施，慰此農望。

又《祈雨祭龍神文》 嗚呼！時過穀雨，農待澤以方殷；功溥興雲，神垂援而最捷。昨逢丙夏，邀神惠而倉庾未充；兹及丁春，徯神貺而蒼黔益切。念守官之不職，灾有由招；怪神鑒之攸分，罰毋及衆。伏乞宏施願力，大發慈悲，速敷三日之霖，快慰萬民之望。立蘇枯槁，緊神之求。凡有咎殃，惟某是畀。呼籲上聞，屏營曷極。

又《祈雨祭神文》　天無心而成化，無所厚薄於吾民也。維風雲雷雨之神，各有所司，必無所靳於吾民也。陰陽和而雨澤降，亦理之常也。乃者自仲月逮今將夏，雲時作以油油，雷時震以殷殷，風之或東或北，亦非暴非恆，理得雨而竟不得焉，此必非群神之或屯其膏，而使吾民之不被其澤也，疑必有邪沴害氣之壅格於其間，致群神之惠欲施而不終，理有常而似悖也。嗚呼！惟神之靈久嘉惠乎梓桑，仰神之威足廓清乎灾祥。伏願施調燮之功，大感通之術，俾協氣旁流，而甘霖立沛，庶時不失而歲有秋，民之福，實神之惠也。至某守土乖方，叩天無路，集罰一身，省愆萬感，情迫籲呼，屏營待命。謹告。

清　彭藴章《松風閣詩鈔》卷六《蘇城夏旱林少穆中丞則徐步行禱雨奉柬》　火繖當空熯稻田，使君禱雨步行先。披衣五夜愁無寐，懸磬千家望有年。平糶原爲荒政首，近郊不礙受恩偏。何人議發常平粟，欲召甘霖理或然。

又卷一八《京畿小旱設壇祈雨上再詣大高殿時應宫一詣天神壇虔禱甘雨疊降遠近霑足遂舉報謝之典恭紀一首》　畿内麥秋逢小旱，桑林祈禱聖心虔。緑疇雲罨薰風轉，蒼璧靈壇吉日蠲。出地輕雷消沴氣，隨車膏澤兆豐年。皇穹默鑒憂勤意，粒我烝民雨大田。

清　祁寯藻《䜱䜪亭集》卷六《請雨辭并序》　汝潁之間旱且久，農人乞雨，嗚鐃擊鼓相聞於路，守土者憂之。予故爲《請雨辭》二篇，告民之哀焉。

皇天至仁兮憫我民窮，滋我嘉穀兮惟龍之功，旱既太甚兮龍不我從。我欲呼天兮，天之門兮九重；逢龍之怒兮，龍謂我以不忠。坎其擊鼓兮聲聞于空，我將何訴兮哀我神龍。

皇天不雨兮我民之尤，傷我嘉穀兮亦龍之羞，旱既太甚兮龍不我憂。我欲呼龍兮，龍之淵深以幽；攀龍之駿兮，龍告我以遠游。坎其擊鼓兮願龍之留，回我天眷兮哀我民求。

又卷八《景福泉方伯謙以祈雨李真人詩見寄賦荅》　周詩御田祖，吕覽紀時雩。豐年亦祈禱，微義通嗟吁。古者恤民事，百神罔不須。民欲神必從，祝史匪虚誣。土龍象厥形，天黿列爲圖。或云刑白鵝，亦復投虎顱。其術頗近誕，於理良不誣。當其心誠求，意在民困蘇。苟有利於民，不惜紛史巫。長沙卑溼地，厥土惟泥塗。比歲屢告豐，小旱時無虞。岳岳封疆臣，允懷民艱劬。爲壇日步禱，中心鬱以紆。俯聽輿人誦，仙李全眞軀。是能致雲雨，輦之來城隅。晨祈暮沛澤，四野咸霑濡。民曰長官力，精神之所孚。長官謝未遑，曰惟神持扶。端居感夢寐，行路騰歡呼。史官職載筆，采風周邊區。日飽太倉粟，所媿求牧芻。開函誦君詩，持以詔生徒。迺知豈弟心，日與吾民俱。歲星在荆楚，南極拱斗樞。坐看秋大熟，秔稻連湘湖。

清　曹楙堅《曇雲閣集·詩集》卷三《祈雨行》　青龍不門白額虎，千家萬家守焦土。打石牛，問石姥，吁嗟求兮雩之舞。街東街西走擊鼓，鼓皮裂，太陽熱，矖出老農眼中血。老農寧使眼枯苗勿枯，寧使皮肉灼爛日日暴，但願油然沛然一雨苗皆蘇。民自天民天不雨，向天呼。天乎天乎，哀我農夫，農夫上有父母，下有妻子，一粒不收一家死，上天好生不至此。

清　管同《因寄軒文集·二集》卷六《禱雨城隍神文》　惟明有官，惟幽有神。其爵愈貴，民望彌殷。浩浩江淮，神佑我巡。萬姓之命，託於兩身。惟兹六月，天久不雨。蚤稻既登，晚禾未布。日跂于天，有暘靡澍。蘊隆爞爞，伊旱是懼。古言求雨，縱陰閉陽。察獄以情，敢乖其方。豈吏之辜，抑民之殃。罰吏及身，毋民是殃。神既聽止，達于皇天。沛我甘澤，惠我下人。禾苗獲蘇，以慶豐年。牲腯醴馨，報祀孔虔。

又《禱雨龍神文》　天膏澤兮吾氓，司厥事兮惟神，屯其膏兮弗沛，不神懟兮誰陳？伊六月兮徂暑，將晚禾兮植土，赤日麗兮丹霄，雲英英兮不雨。肥蚓伺兮山之阯，魃一足兮思出游。腹雷霆兮不吐，將無作兮神羞。謂霖雨兮天所施，匪有天帝兮涓滴不可私。爲烝黎兮請命，雖獲譴兮奚辭。我禱于天兮天諒許，惟明神兮庶予輔。帥水族兮波臣，揚蛟旂兮振鼉鼓。苗欲槁兮重蘇，慶豐年兮樂有餘。民既飽兮孔晏，河海奠兮神安居。

又《禱雨關廟文》　伊當今之祀典，蓋莫貴于尊神。赫英靈以佑國，當眷顧此烝民。嗟甘霖之不沛，今已過乎兼旬。更愆期而弗降，咨民命其堪憐。惟城隍與應龍，祝致告其孔殷。日再禱而莫獲，豈位卑而難專。惟尊神之至貴，呼吸通乎上天。儻爲民而請命，諒無澤之不捐。仰甲馬之威靈，常顯著乎行間。人一飽而氣靖，曷默佑於機先。惟我皇之至仁，憫一夫之饑寒。體斯意以相助，昭祀事之孔虔。

清魯九皋《翠巖雜稿》卷一《瑤臺山禱雨文》　維皇清乾隆五十七年歲在壬子，立夏前八日丙午，夏縣知縣魯九皋敢用牲醴昭告於瑤臺山之大神：惟兹山爲夏縣之主，惟神實主此山，夏縣之人民皆神之赤子也。今者麥穗方抽，而雨澤稀小，斯民之心，日皇皇焉。九皋忝爲邑宰，於斯不忍赤子之迫於困窮，矧吾大神聰明正直而壹，豈忍赤子之迫於困窮乎？是用齋沐，哀籲於大神之前。惟神閔念斯民，賜以甘霖，俾麥穗結實，秋種可布，人心以安。九皋不勝虔禱之至。敢告。

又《城隍廟祝文》　維皇清乾隆五十七年歲在壬子，立夏前九日乙巳，夏縣知縣魯九皋敢昭告於本縣城隍顯祐伯大神：惟神與知縣共牧養斯土人民。今者麥穗方抽，民望雨甚。縣令諏來朝吉日，禱雨於中條瑤臺山之神。惟神俯念知縣薄德，軫恤斯民，先爲虔禱，九皋有厚幸焉。敢齋沐以告。

又《中條山禱雨文》　維皇清乾隆五十七年歲在壬子，立夏前八日丙午，夏縣知縣魯九皋敢昭告於中條山之大神：維名山大澤，興雲出雨，潤澤下土，以庇斯民，是蓋有神司其職焉。維兹山爲晉南之鎮，而大神實主此山。夏縣區區一隅，辱在宇下，是亦神之仁心所不忍恝遺者也。今者麥穗方抽，而雨澤未降，民心皇皇，日切憂煎。九皋忝宰斯邑，誼當憂民之憂，是用齋沐，哀籲於大神之前。惟神軫念斯民，賜以甘霖，俾實麥粒，人慶豐年，户歌大有。九皋不勝虔禱之至。敢告。

又《昭潤侯廟祝文》　維皇清乾隆五十七年歲在壬子，立夏前八日丙午，夏縣知縣魯九皋敢用牲醴敢昭告於昭潤侯之神：惟侯爲商賢相，而福斯土之民已千萬年。在宋崇寧，禱雨有應，錫厥封號。巍巍廟貌，峩峩高墳，終古在斯。斯土固我侯鍾靈毓秀之區也，宜其神氣不泯，聿着靈異。九皋末學，忝爲邑長於斯，景侯遺烈，實深仰企。今者禱雨於中條瑶臺之山，敬拜侯之祠下。伏望我侯益助山靈普施霖雨，以救斯土之民，邑長與斯民并有榮幸焉。九皋不勝虔禱之至。敢告。

又《城隍廟再祝文》　維皇清乾隆五十七年歲在壬子，立夏前四日庚戌，夏縣知縣魯九皋敢昭告於本縣城隍顯祐伯之神：前日丙午，九皋以麥穗方抽而時雨未降，齋沐禱於中條山、瑶臺山之神。越翼日丁未、戊申皆得微雨，但不逾時即止，入土未深，民望未厭，非神之不惠吾民，是知縣之積誠未至，不足感格神明，致山靈有興雲出雨之能，而澤不下究也。今仍涓潔往籲二山之靈，先告大神，爲我前路之導，庶幾雲興雨降，四野霑足，二麥皆實，秋種可布，民慶豐年。九皋不勝虔禱之至。敢告。

又《再禱中條山文》　維皇清乾隆五十七年歲在壬子，立夏前三日辛亥，夏縣知縣魯九皋敢昭告於中條山之大神：前者丙午，九皋禱於大神之前，祈求甘雨。越日丁未申時，沛然下雨，翼日戊申辰時，又零甘雨，但皆未逾時即止。連日陰雲四布，微雨時零，神殆示之兆焉。以知縣救民之心未極其誠，故屯其膏而澤不下究也。九皋用是益深祗懼，瘞牲釁血，更涓潔哀籲於大神。知縣不誠，知縣之罪，匪民之罪，惟神哀斯民之困，大沛時雨，俾麥穗日實，秋種可布，民心以安。九皋不勝迫切待命之至。敢告。

又《再禱瑶臺山文》　維皇清乾隆五十七年歲在壬子，立夏前三日辛亥，夏縣知縣魯九皋敢昭告於瑶臺山之大神：前日丙午，九皋禱雨於大神之前，叨蒙神惠，越日丁未申時錫以甘雨，異日戊申辰時又降密雨。連日陰雲四布，雨勢甚濃，時零微雨，顧皆未成分寸，入土不深，麥粒未能充實，秋種難以下布，民心之望雨者至今未已，皆知縣救民之誠未至，故神之惠我民者膏澤未遽下也。九皋思愆省過，益加祗懼，用是瘞牲釁血，更哀籲於大神。伏望大神哀此下民，大沛霖雨，四野溥遍，俾麥粒日以實而秋種得以布。九皋不勝惶恐待命之至。敢告。

又《再禱昭潤侯祠文》　維皇清乾隆五十七年歲在壬子，立夏前三日辛亥，夏縣知縣魯九皋敢昭告於昭潤侯之神：九皋宰侯之鄉，景侯之烈，日在丙午，既以禱雨瀆告於侯。越日丁未、戊申皆得微雨矣。是山靈之興雲出雨，皆侯之有助於山靈也。惟是旱燥已久，膏澤未遍，麥粒之在穗者難以充實，秋種之待播者難以入土，斯民之望雨者日切。知縣自省厥愆，積誠未至，民心未和，是以神欲降之福而未能也。今者瘞牲釁血，更哀籲於我侯。望我侯閔鄉里之困，憂鄉里之憂，益助山靈溥錫膏雨，俾實麥粒而種秋禾，知縣與斯民皆更有厚望於我侯焉。九皋不勝惶恐待命之至。敢告。

清 王培荀《寓蜀草》卷二《記異》 老農侈口談五行，金生水旺言可憑。昔記鼓浪飛長鯨，今屬子年又逢庚。吁嗟！三春枯旱不得耕，萬衆祈雨鳴鼓鉦。忽然翻盆雨暴傾，千村號哭萬壑盈。

清 戴熙《習苦齋集・詩集》卷七《五月二十一日過河間觀郡氓禱雨二首》 雨亦知無及，猶申一禱虔。人間如樂歲，苗瘦尚春田。隔隴神祠鬧，延門吉語懸。夕陽歸路杳，金鼓尚喧闐。

清 汪士鐸《悔翁詩鈔》卷八《請雨》 平生吾不如老圃，行吹蘆笙擊土鼓。兒童被髮扛寓龍，請天爲我三日雨。昨晡蝃蝀方在東，今晨赫赫銅鉦紅。村巫問神神已醉，屠沽索債烈日中。

清 許浚《許子詩文存・祈雨嘆》 十日不雨則無禾。五日不雨則無麥，況乃連月成枯赤。農夫歃血祭泥牛，坊老鳩童呼蜥蜴。黎庶徬徨巫覡窘。簫鼓旗幢滿阡陌，但見鮮霞射水明，歷歷星河空愈碧。昔聞湯有七年灾，一禱桑林雨盈尺，精誠果至感即通。天人若遠原無隔，靡靡習俗轉淫侈，莫恠蒼蒼示懲責。

清 李佐賢《石泉書屋詩鈔》卷六《禱雨》 去歲大雪白雲封，乾坤一色冰壺同。今歲太旱水源竭，赤縣烈日紅鑪紅。陰陽愆伏成灾沴，調燮無術憑天功。密雲不雨忽吹散，封姨肆虐大王雄。嘉穀半枯苗欲死，釋耒坐嘆愁老農。大巫小巫禱神鬼，往來擊鼓聲逢逢。祝洩銀河翻碧海，更祈雷母煩雷公。我昔游蹤憶南國，黄梅時節無晴烘。有餘不足儻調劑，彼此暘雨皆適中。天地雖大猶有憾，亦如人道難中庸。前度烽烟連海岱，四野已嗟杼柚空。望歲如望慈父母，但祝豐稔何堪凶。吟詩敬告明神聽，願神慈悲悲人窮。三日成霖千畝渥，喚醒驪睡騰伏龍。

清 林壽圖《黄鵠山人詩初鈔》卷一二《龍湫禱雨》 斂雲雨病腳，出日山厚顔。坼土龜甲赤，鑠澤牛蹶殷。祭雩走里社，狂跣泣惸鰥。屯膏恥官長，無術破天慳。南望蜿蜒窟，久擁鱗介班。沐烏與浴兔，闔闢造化關。實資拯水旱，匪獨儲神奸。貫絙俯其湫，偵伺窮群頑。葉墜鳥驚救，草偃獸駭跧。古維靈蛾囿，帝用蘇痌瘝。森沈未有極，朗見衣髮黰。常時大小青，出入昏曉閒。比歲廢刈穫，牙蘖兆髦蠻。大暑未去酷，恆暘遂召患。悚惕心骨顫，蹴躃支體痹。欲霑隨車潤，暇恤捫壁艱。一掬凋滄海，萬井通闤闠。龍其助耕烟，噴沫觀往還。

清 方濬頤《二知軒詩鈔》卷一三《龍祠禱雨用東坡和李邦直沂山祈雨有應韻》 冥漠竟可通，彼蒼若有耳。三春旱象成，去夏日無幾。爐烟散作白雲飛，瞥看萬瓦魚鱗洗。豐隆忽隨屏翳來，颶母却走聞雌雷。連朝懊惱風賊雨，西樵千叠紅霞堆。空堂梵唄雜鯨吼，神道設教民信否。荷蓑戴笠休辭慵，居然炎海起伏龍。今年逢閏節尚早，滂沱一雨興田工。兆民根本在年穀，調和元氣長官責。天人感應洵不誣，成湯六事猶自劾。

清 紀大奎《雙桂堂稿・續稿》卷七《什邡縣祈雨文甲戌五月》

竊自一月以來，雨澤愆期，大奎等誠意未孚，祈禱罔應，目擊田疇乾枯，民命可憫，寸衷急迫，罔知所爲。不揣冒昧，秪叩明神，布列雲壇，輪轉内外。略表陰陽之象，藉展供養之忱。伏望明神鑒此殷憂，憫其愚昧，大施甘霖之沛，普救下民之灾。詞不敢繁，急切哀告。尚享。

清 龍啓瑞《浣月山房詩集》卷五《夏旱上親祈雨即日甘霖降敬賦此詩》 去年深秋微雨滋，冬雪積地如凝脂。今春嘉雪得何遲，大麥方長青離離。天公大旱三月彌，田中龜坼縱横施。熱風吹倒良苗萎，老農束手不救饑。我皇仁慈念民依，禱於川岳神與祇。修躬潔慮通兩儀，蛟龍起蟄豐隆隨。沛然膏澤原野肥，草莽之臣頑而癡。不識聖德軒與羲，但見甘霖應禱祈。竊謂聖誠天鑒之，自今嘉禾成實米如泥，我皇壽考我民嬉。

清 許瑶光《雪門詩草》卷九《祈雨作》 澤國亦祈雨，高田旱可知。頑雲空蔽日，妖雹已多時。識否殘黎苦，何堪惡歲飢。呼龍來震澤，爲我洗瘡痍。

家居年少日，晴雨懶關心。比到官符綰，方驚擔荷深。西雲愁夕燒，東海望朝陰。怕惹薰風至，連宵不撫琴。

聞道甘州麥，論斤數百錢。饑軍方禦寇，大漠少炊烟。赤草河源涸，炎雲紫塞煎。深宮焦灼甚，綏屢望豐年。

杭州祈雨澤，大士仗山靈。遙藉慈雲護，香焚夜月馨。南湖驅魃虐，東海喚龍醒。難更遲遲待，禾苞正吐青。

清 金和《秋蟪吟館詩鈔》卷四《過六合時方禱雨》 春麥半枯

農欲死，三年況未息干戈。若傾過客傷心淚，應比皇天一雨多。

清 李元度《天岳山館文鈔》卷三七《祈雨文》 如惔如焚兮，苦旱魃之爲虐也，日杲杲其麗空兮，陽烏赫其煜爚也。雲乍起而風尼之，若秋林之掃擇也。苗之秀者日以萎，其將實者日以落也，哀我下民兮行將坐轉於壑也。群公先正莫我聞兮，萬姓之命將誰託也。固知灾繇人召兮，俗靡靡其媮薄也。降喪饑饉兮，孽實繇於自作也。然而天心仁愛兮，許遷善而改惡也。譬父母之怒其子兮，終不忍聽其戕斮也。況諸神代天宣化兮，享禋祀而彰赫濯也。既靡神之不舉兮，上下奠瘞以明恪也。爲民請命於上蒼兮，將代籲於冥漠也。圭璧既卒而莫我聽兮，夫豈其寘之高閣也。蘄即日而降霖兮，猶半菽之望穫也。過此則嗟無及兮，行枯魚之我索也。胡寧瘨我以旱兮，長江條其將涸也。籲風伯與雨師兮，司大造之籥槖也。遺民將靡孑遺兮，神胡忍視其刳斮也。投五體而哀籲兮，九頓首而崩角也。痛剝膚以乞命兮，疢憂心之如灼也。某等忝衣冠之列兮，不能善俗使咸若也。積罪罟而膺天罰兮，良拊衷而自怍也。冀雞竿之肆赦兮，神之格其不可度也。誓側身以修行兮，歌《雲漢》之惟倬也。沛甘霖如律令兮，哀殘黎之呼謈也。排閶闔而回天聽兮，扞大灾而蘇民瘼也。

又《癸酉四月十二日禱雨文》 烏虖！自設壇哀禱，今又一日矣。密雲欲雨，西北風起而尼之，所降僅涓滴矣。秧日以枯，其分者亦將立槁，而田且成石矣。及今不雨，哀我下民將坐轉於溝洫矣。湖南自兵燹以後，元氣已傷，人心浮動，又因之以饑饉，後患不知所極矣。固知灾由人生，孽由自作，雖滅死不足惜矣。然而天心仁愛，以雨露濟雷霆，必不忍概從誅殛矣。諸神慈悲澤物，代天宣化，更不忍坐視斯民之危且急矣。目下人心惶惶，變故或乘之而起，勢將不可收拾矣。哀我下民，死生在呼吸矣。伏乞大力回天，俾東風立轉，甘雨滂沱，庶苗之興也勃矣。某等濁世凡軀，至愚極陋，罪過且叢積矣。捫心自問，何能上格天神。其所以冒昧出此者，挽回氣數，實仰賴乎神力矣。烏虖！時已迫矣，勢已棘矣，淚已枯矣，血已瀝矣。甘露之降，早一刻有一刻之益矣。再遲焉，雖降且無及矣。望哀憐而援手焉，億萬生靈皆不勝其懇激矣。

清 董沛《正誼堂文集》卷二四《禱雨文》 光緒九年七月己卯朔，江西建昌縣知縣董沛等謹以瓣香之儀，昭告於上下神祇之前曰：鄱湖盛漲，旁灌鄰州，建昌低鄉，尚患積水。西南高塏，又以兼旬不雨，苦被旱灾，逢此洊凶，蒿目無計，惟神誕膺祀典，覆育我民。民之顛連，神所憫也。普施甘澍，以渥焦土。俾我稼暢茂，歲事有秋，令與小民，不勝大願。敢告。

清 張之洞《張文襄公古文書札駢文詩集·駢文二·祭伏羲文王周公孔子祈雨文》 維神道闡苞符，德參造化。師保父母，乾坤其易之門；陰陽剛柔，吉凶與民同患。迺者舞雩閔旱，輟耒增憂，以太原實爲首善之區，而小暑猶有膏屯之象。以及雁平道所領之州郡，殺虎口以外之邊城，素苦貧磽，未聞霑足。竊念晉省承饑饉薦臻之後，乃創痍未起之時，杼軸早竭其蓋藏，水衡將窮於輔助。某等職膺牧養，目怵孑遺，政事不修，和甘莫迓。已群望之并走，盈缶未占；念先天而弗違，奉盛以告。躬率長吏，同省咎愆，蘄資生資始之元功，紓不耕不菑之急難。於戲！吏慶於庭，商歌於市。惟期闓澤之旁流，雷出于地，雲上于天。仰賴神明之幽贊。尚饗。

清 李嘉樂《仿潛齋詩鈔》卷一三《禱雨》 時屆火西流，三農望未酬。地憐禾弟槁，天讓杞人憂。希澤來何暮，祈年大有秋。作霖才不易，誠向彼蒼求。

清 張廷樞《崇素堂詩稿》卷三《戊子四月十六日奉詔於白馬闕帝廟祈雨十八日甘霖大沛恭紀附祀文**》** 伏以惟天好生，屢賜豐穰之瑞；惟聖時憲，常懷稼穡之艱。倘旱魃之爲灾，將麥秋之安恃？乃者自春徂夏，甘霖未浹者，累旬粵冀及青，僭陽將及乎千里。欽哉我后，宵旰爲憂，憫此下民，阽危是懼。臣恭承詔旨，敬詣壇場，向紫微、太乙以乞靈，爲赤子黎元而請命。伏願潛移氣數，亟賜滂沱，以全大造覆育之仁；以慰九重痌瘝之念。茲爲懇禱，尚冀矜從。

近甸纔聞旱魃侵，九重虔禱望桑林。崇朝已見雲爲幕，三日欣看雨是霖。敢謂精誠通冥漠，還因祈禳繫宸襟。要知望歲憂勤意，升燎春郊直到今。

宋 歐陽修《集古録跋尾》卷二《後漢堯祠祈雨碑》 右漢《堯祠祈雨碑》，首尾殘滅，其僅可識者有云：『股肱賢良，廣祈多福，虔虔夙夜。』又云：『常以甲子日，詔大常陳上古之禮，舞先王之樂。』又云：『延熹十年仲春二月，陽氣侵陰。』又云：『享祀群神，仰瞻雲漢。』又云：『嘉澍優沾，利茂萬物。』又云：『孟府君知堯精靈，與天通神，修治大殿。』以此知爲祈雨於堯祠也。堯祠在漢濟陰郡。孟府君者，當是濟陰郡太守也。其餘隸字完者頗多，亦往往成句，但斷絶不可次序爾。治平元年六月六日書。

宋 洪适《隸釋》卷二三《堯祠祈雨碑》 右孟府君《堯祠祈雨碑》，隸書，不著書撰人名氏。碑以延熹中立，在曹州濟陰。

宋 佚名《太上三洞神咒》卷五《祈雨咒》 太元浩師雷火精，結陰聚陽守雷城。閼伯風火登淵庭，作風興電起幽靈。飄諸太華命公賓，上帝有敕急速行。收陽降雨頃刻生，驅龍掣電出玄泓。我今奉咒急急行，此乃玉帝命君名，敢有拒者罪不輕。急急如律令。

元 蒲道源《閑居叢稿》卷一一《題宋張提刑禱雨詩碣》 右宋提刑張方之所作也。方攝興元安撫，當宋嘉定癸未。擾攘之秋，而能修城郭，繕兵備，舉百廢而一新之，可謂有爲之士矣。今讀此詩，見其憂旱禱雨，燃炬宵行，不遑寧處，有憫農憂世之心。惜乎舊碑零落，今重刊於石，非惟前人之志有以見乎，後而凡爲政者觀之，庶亦有感於斯而興起焉。

明 王世貞《弇州四部稿》卷一三五《尉遲祠祈雨碑》 此碑辭小屬，攷之則唐張嘉祐祈雨於尉遲勤之祠，應而屬吏紀者也。勤爲太師從子，義師之役，寔從死焉。書法絶似蔡有鄰，而少放，得非亦其筆耶？

明 焦竑《國朝獻徵録》卷一八《太子少保禮部尚書兼翰林院學士掌詹事府事贈太子太保謚文簡孫公承恩墓志銘》 延平以祈雨得疾，後公每值祈雨日，輒蹙額不欲聞。

明 俞汝楫《禮部志稿》卷七《禱雨之訓》 隆慶三年六月，上諭禮部曰：天氣亢旱，三時少雨，禾苗漸槁，朕甚憂之。其傳示順天府官竭虔祈禱，自初一日始，十日止，諸司停刑禁屠，不許怠忽。是夜遂雨，明日又雨，又明日大雨。上喜，命輟禱弛禁。

明 文德翼《求是堂文集》卷一七《祈雨説一》 辛亥季夏，安慶不雨。巫登壇，日禹步焉，不雨。又池巫登壇，或如病痼，或如病狂，卒不雨。或問余曰：『雨不可求乎？』曰：『天不司雨，司雨者山川之神耳。天子不親民，親民者郡邑之吏耳。山澤之氣不通則不雨矣，山澤之氣通則雨矣。郡邑吏與民之情通，則山澤之氣通矣。郡邑吏與民之情不通，則山澤之氣不通矣。』

又《祈雨説二》 酷，一大旱魃也；貪，一大旱魃也。旱魃之繫乎郡邑者輕，旱魃之繫乎君相者重。請徵於古：于定國頌孝婦冤而東海雨矣，孟嘗頌孝婦冤而上虞雨矣，此治酷旱魃法也。烹桑弘羊而立雨矣，上鄭俠流民圖而立雨矣，此治貪旱魃法也。

明 陶奭齡《今是堂集》卷一《雨中競渡有序》 越之競渡以夏至，余逞時作詩譏之，謂當釐改。近始徵其故，曰：江南夏至後多苦旱，田民以是日迎龍祈雨耳，意初不在屈子也。余始悼前之失詞，復有此詩。

明 馮夢龍《古今譚概・迂腐部》卷一《京兆京尹禱雨》 唐代宗朝，京兆尹黎幹以久旱祈雨於朱雀門街，造土龍一具，悉召城中巫覡，以身雜入，共舞於龍，所觀者嗤笑。彌月不雨，又請禱於文宣王廟。上聞之戲曰：丘之禱久矣。

明 張丑《清河書畫舫》卷四 唐畫龍圖，在東浙錢氏用絹十二幅作一幀，其高下稱是。中止畫一龍頭，一左臂，雲氣騰涌，墨痕如臂，筆迹圓勁，沈著如印。一鱗如二尺盤大，不知當時用何筆，如此峻利。上有吴越錢王大書，曰感應祈雨神龍，并書事迹。舊作吴道子，要之唐人無疑也。

明 錢琦《錢臨江先生集》卷一二《題禱雨録》 嘉靖乙巳秋，邑大旱，禾漸藁落，炎炎欲焚，畊者狂叫。余聞而愍之，以爲董子醇儒，《繁露》亦有土龍禱雨之法，此蓋盡人回天、立誠弭變之説也。乃録古人禱雨故實一編，以備省覽，使賦旱《雲歌》昭回者有所取則焉。

清 林佶《來齋金石考略》卷下《祈雨記》　在岳廟，述聖頌之左側，張惟一撰，李權分書，乾元二年。

清 全祖望《鮚埼亭集》卷三八《宋重摩唐儲潭廟祈雨碑跋》　是碑在贛州，唐虔州刺史裴諝立。蓋大歷庚戌，而宋嘉祐癸卯重勒之。監洪州稅樊宗奭之書也。竹垞至祠下，親拓其頌，顧不詳其爲宋刻，何與樊氏之書，學顔公敬，字以宋廟諱，故闕畫。

清 畢沅《山左金石志》卷一八《張勱禱雨題記》　政和七年四月刻，正書。崖高二尺二寸，廣二尺六寸。在歷城縣龍洞獨秀峰石壁。右題長樂張勱深道問農禱雨至龍洞云云。凡十一行，字徑一寸二分。

又 卷二三《馳山禱雨記》　至治二年十一月立，正書。碑高四尺八寸，廣二尺五寸。在益都縣馳山昊天宮。右碑篆額未拓，文二十一行，字徑一寸。陶惟明撰書并題額，碑載完澤兩次禱雨，皆獲靈驗。段赤亭云：《元史》兩完澤，一見列傳，係土別燕氏，先世朔方人，於至元二十八年拜右丞相，卒於大德七年。而此乃東平人，又於至治二年蒞青，疑即《宰相表》至大四年拜平章政事之完澤也。

清 朱楓《雍州金石記》卷五《祈雨記》　今在華陰縣岳廟述聖頌碑之左側。大唐中興，尅復兩京後，乾元元年自十月不雨，至於明年春，朝散大夫、使持節華州諸軍事、撿校華州刺史、平原郡開國公、賜紫金魚袋張惟一，與華陰縣令劉暠，丞峋，丞員外置同正員李緩，主簿鄭鎮，尉王棨，尉高佩，尉崔季陽，於西岳金天王廟祈請：初䠓言雲興，倏登車雨降，蓋精意所感，致明神應期。庶伸之能，不慙方伯之事。時二月十日題紀。前金州刺史李權書。按《書史會要》：李權，宗室；李平，均州，官至金州刺史，工八分。

清 杜文瀾《古謠諺》卷二五《都城小兒祈雨歌二則》　《帝城景物略》：凡歲時不雨，家貼龍王神馬於門，磁瓶插柳枝，樹門之傍。小兒塑泥龍，張紙旗，擊鼓金，焚香各龍王廟，群歌曰云云。初雨，小兒群喜歌曰云云。雨久，以白紙作婦人，縛小帚，令兒攜之，竿懸簷際，曰掃晴娘。

青龍頭，白龍尾，小兒求雨天歡喜。麥子麥子焦黃，起動起動龍王。大下小下，初一下到十八摩訶薩。

風來了，雨來了，禾場背了，穀來了。

清 吳其貞《書畫記》卷二《蘇東坡禱雨帖一卷》　書在蠟箋上，紙墨如新，書法體長，筆畫藻麗，自有一種玉堂富貴態，爲東坡超妙入神之書卷。後有董思白題跋。

清 張履祥《楊園先生全集》卷一五《禱雨疏壬辰》　陰陽運數有齊，有不齊。齊者數也，不齊者人事使然。予聞之里老，萬曆戊子大水，明年己丑旱，河水涸，井泉竭，自五月不雨，至秋七月二十有三日連雨，忽三四尺。先是，農之惰者十百爲輩，棄田業，取魚鰕蠃蚌以爲食，其勤者力於車救，水盡乃已。雨至，勤者登不損，惰者失望。至今戊子爲一周甲子，水不逮萬曆間，然四歲連苦水，此或陰盛之效。壬辰旱，河水涸，井泉竭，自五月不雨，至秋七月壬辰雨，亦二十有三日也。積八月壬寅，舟始盡通，農之勤惰者亦如昔時。不知更後戊子宜如何，姑識以俟來者。

清 張爾岐《蒿庵集》卷一《與鄧温伯書》　月餘不得一奉清晤，每之藥市，冀可相遇，又竟不得。區區有懷，無可傾側，惟有悵怏而已。側聞七月下旬，足下請齋祈雨，自曝日中，三日不食，遂得二十五日一雨。初聞之，且驚且駭，疑傳者未實。數日以來，鄉里閒翁媪婦孺交口讚嘆，所說皆同，始嘆服精力誠懇，百倍尋常，而惜其莫得所用，用而不得以當也。使有民社之責，不幸而值旱暵，爲百姓請命於天，三日不食，豈非循良異績，正稱爲民父母者哉？惜也，爲民父母者不爲，而非爲民父母者代之爲也，且甚爲惜如此精力，如此誠懇，而不免爲賢者之過也。幸而三日雨遂應期而至，使三日仍不雨，不知將再展期，仍不食乎？抑遂不雨，亦食也？幸而三日不食，亦無他恙。使此三日之內，飢火內灼，秋陽外熾，六十三歲老人萬一眩瞀仆地，致生不測，誰爲爲之而致此乎？老親垂白抱痛，遂將委之他人而已，可以偃然任之乎？讀古人書，亦曾見古人中有自輕其身，上非爲君親，下非爲百姓，而漫然一擲者否？此番舉動不亦大誤也乎！弟爲中夜不寐，常食而嘆者五六日矣。深慮見鄉人讚嘆歸美，忘其爲誤，而循此不返也。孟子云：衆皆悅之，其爲士者笑之，此類是也。但其竊笑而不以告耳，弟尚不一告，則非人矣。且又有進者：禱雨之事，古所謂雩也。雩之說，雜見經傳，按其所雩諸神，則上帝也，山川也，宗廟社稷也，五祀也，百辟卿士之有益於民者也，蓋因分之所祀者而致禱焉。至於造土龍，書符籙，呼龍咒鬼，則僧道巫覡者爲之。昨所崇奉及崇奉儀法頗駭聽聞，先聖所云敬鬼神而遠之者，似不如是。此在鄉里翁媪婦孺爲之則無不可，吾儕已厠身士林，號爲粗守義理者，似不宜循俗爲之也。朱子云：『雨澤是何物，却於泥身上求？』此言説盡祈雨之弊，亦説盡祈雨之理。試即此語思之，則知世之枉却精力誠懇者不少也。數年以來，枯坐一室，無可與語。少年中雖有有識見者，率以齒稍長，不肯盡言。吾儕兄弟零落已多，其見存者，又皆廢學。即所稱高識深思如足下者，亦爲人事衣食所累，神識趨向漸異於舊。近每有所疑，或偶有所見，輒四顧悵然，無可質問，未嘗不撫几長嘆，致憾於地下。某某之爲足下酖酒而坐負此名，世之美質也。所以遇此誤舉，輒嘆廢學之害，而不禁其言之長，辭之盡也。惟冀恕其愚，察其心，謝絶此等冗流邪説，退守詩書之舊，坐待銓期之至，猶可爲人師資，遠追蘇湖遺範也。不勝悚皇。懇切之至。

清 衛杰《蠶桑萃編》卷二《桑政·禱雨類·桑林禱雨》 每歲五六月間，或種椹未生，或椹生未齊。天旱太甚，井涸泉枯，不敷澆灌。擇丙丁前吉日，偕同事至桑林，謹備三牲醴酒，香燭果品，恭設龍王神位，虔誠禱雨，行二跪六叩禮，越日叩禱一次。若不設位，望桑林禱之，行三跪九叩禮，直局連年祈禱皆驗，以民和而神降之福也。

清 洪頤煊《平津讀碑記·三續》卷下《張惟一等祈雨記》 右張惟一等祈雨記，在華陰縣。文稱乾元元年，自十月不雨，至於明年春。《兩唐書》本紀及五行志俱不載。張惟一見《新唐書·宰相世系表》，華州刺史，與此合。

清 曾國荃《曾忠襄公文集批牘書札》卷三《候補知府謝仁溥稟稱祈禱雨澤十事由》 神之爲道，尊而不親。古者祭有常期，不敢數舉，以疏爲敬。祭天以特牲，祭山林、川澤、四方、百物以埋沈疈辜，薦腥而不薦熟，以簡爲敬。皆所以尊異神明，固不敢頻數以相干尤，不敢瑣屑以相瀆也。所陳禱雨十事，自建壇、誦經、設神牌、辦旗色，以及慎選僧衆，擇用道童諸般祈禳之法，至詳且悉，條理井然，足徵愛民發於至誠。值此艱難危迫之秋，意在爲民請命，洵屬可嘉。但如此布置，則挑揀演習非晉省之所易籌，既需時日而後成，又非旦暮所能集。且令每户各出一人，早晚赴壇焚香，三步一拜，若出自各户禱切之誠則可，若地方官竟以此垂爲憲令則不可。《經》云敬鬼神而遠之。又云禮煩則亂，事神則難。又曰天道遠，人道邇。吾輩於此衹宜自盡其心，安能舉千門萬户之心而盡糾之哉？來稟固云至誠感神矣，我之誠與不誠，與神之格與不格，均係夫人事之得失，不係夫禮數之繁簡。連年荒旱，乃本院德薄，不足以感召天和，非事神不虔之過，尤非晉民事神不虔之過也，何敢尤人以重吾罪過焉？

中

農田水利工程總部

農田水利工程總部説明

農田水利工程總部下設壩、陂、埭、堤、斗門、溝、河、湖、井、渠、泉、塘、堰、垸、圩共十五个部，輯録了古代著名的水利工程，總字數約三百萬。資料主要來自正史、古代農書、地理志書、文集等，舉凡自先秦到明清歷史上較爲著名的水利工程，均有涉及。

農田水利工程總部打破按時代或地區分門别類的傳統做法，選擇以具體的水利工程爲經目，各部之經目皆據字母順序排列。這樣既可避免前後重複，又可以向讀者完整呈現一項水利工程興建史。從内容看，古人很早就認識到這些大型水利工程在農業生産中的重要作用，并因地制宜，積極創建各類工程以通灌溉，興農業，安民生，保一方富足。

本總部回避了黄河、淮河等現今資料已較爲完備的水利工程，集中搜羅了其他水利工程的名稱由來、修建時間、修建人員、經費來源、組織管理等重要信息，以及其所涉水域、水流的時空範疇的源頭、流經區域、後世變遷、名稱演變等。從中大體可以看出古代農田水利事業發展的以下特色：一是重大水利工程自興建之日起，歷代不斷重建維繕，長盛不衰。如創建于春秋時期的芍陂、始建于戰國時期的都江堰等在後世不斷得到維修重建，其中作爲『天府之國』重要保障的都江堰，直到清末，還在四川總督丁寶楨的主持下進行了全面的治理與修建。正是由于歷代官方積極持續的維繕，使得這些大型工程直到現代，仍然在區域性農業經濟發展中發揮着非常重要的作用。二是雖然大型水利工程的創建與維護以官方爲主，但由于關係切身利益，社會力量也積極參與其中，并作出了重要的貢獻，如福建境内的著名水利工程木蘭陂就是由當地富裕民衆發起創建的。木蘭陂創修于北宋中期，先後由當地富民錢四娘、林從世及李宏等捐資修建。北宋以降，屢有創修，多由民間人士主導進行，是古代普通民衆社會貢獻力的重要體現。三是相關文獻記載豐富翔實。古人關于農田水利工程的文獻記載十分翔實，尤其是保存于文集和地方志中的大量水利記文向我們展示了水利工程創建、發展、沿革的全貌，而像單鍔的《吴中水利書》、王禎的《農書》、徐光啓的《農政全書》等涉及農田水利工程的文獻詳細記載了各類工程的特點、功能及建設技術等。流傳至今的《四明它山水利備覽》一書是關于它山堰等鄞江流域水利工程的專書，具有極高的文獻價值。上述文獻，爲今人全面了解古代農田水利建設及相關工程技術提供了重要參考。

農田水利工程總部

壩部

概説

題解

清 朱鋐《河漕備考・各壩考》 旱潦有備，蓄宣有方，横截中流，以損以益，一綫之機，同于底柱，第制有不同，用亦各别，爲作《各壩考》。

滚水壩，即减水壩，恐遇大漲嚙刷堤岸，致有冲决，故稍低其中一二尺，以石甃之，便于宣洩。

順水壩，俗名雞嘴，又名馬頭岸，以束散漫之流，使之四刷對岸，則此岸之堤可保。

平水壩，酌水之適中，爲垻之高下，旱則積水于中，潦則瀉水于外，不涸不溢，故名平水。

攔水垻，亦名漳水壩，即攔黄壩之流也。當頭一擻，截住横流。然水性易怒，恐致奔騰，用者慎之。

逼水壩，此與順水垻相同，但順水垻用于一岸，此則用之兩岸，以逼水歸于中流者。

竹絡壩，此與竹絡埽相似，水勢洶湧，草上難施，故用之以擋水。

土垻，以土築之，與堤相同。

草垻，亦名軟垻，以草爲之，用以蓄水，暫時之計也。

斜垻，要使上流循垻歸河，然直則恐其相觸，故斜以順導之。

車船垻，水經垻斷，不能行船，船至垻口，則用盤車絞而出之。

造滚水垻法。此專爲伏秋水發盈槽，勢大漫堤，設此分殺水勢，稍消即歸正槽。故建垻必擇要害卑窪去虡，堅寔地基，先下釘樁，鋸平下龍骨木，仍用石楂橋鉄縫，方鋪底石壘砌，雁翅宜長宜坡，跌水宜長，迎水宜短，俱用立石攔門樁數層。其地釘樁，須搭鷹架，用懸硪釘下石縫，須用糯米汁和灰縫，使水不入。如石垻一座，垻身連雁翅共長三十丈，垻身根濶一丈五尺，收頂一丈二尺，高一尺五寸，迎水濶五尺，跌水石濶二丈四尺，四雁翅各斜長二丈五尺，高九尺，用粗細石計長一千三百九十餘丈。并地釘樁、龍骨木、鉄錠、鉄銷、煤炭、木炭、石灰、糯米、䔍蔴及各匠工食，約共該銀一千九百餘兩。其運石、抬石、搬料夫船并官夫廪糧工食，臨期酌潘捻河云。異常暴漲之水，任其蓄宣，少殺河伯之怒，則堤可保，故築之而不同于决口者。决口虚沙，水冲則深，故掣全河之水以奪河，若垻面則有石，水不能汕，故止减盈溢之水，水落則河身如故，此築减水垻之説也。

築順水垻法。此專爲吃緊迎溜處所，如本堤水刷洶湧，雖有邊埽，難以久恃，必須將本堤首築順水垻一道，長數十丈或五六丈。一丈之垻可逼水遠去，數丈堤根自成淤灘，而下之堤俱固矣。安埽之法上水鑲邊草，宜出將裹頭埽藏入在内，下水埽宜退，藏入裹頭埽内，庶水不得揭動埽也。如築長六丈，闊四丈，高一丈，用埽兩邊廂邊，每邊用埽二行，裹頭二行，中間填土，每行用埽三層，共計用中埽十八個，每個長五丈，高三尺，用草四十束，柳梢八十束，草繩四十條，排樁、簽樁共用樁木四根，人夫二十五，工共用捲埽堤夫四百五十工，運土堤夫二百工，俱不議。工食共用草七百二十束，該銀一十四兩四錢，柳梢或葦一千四百四十，求該銀一十四兩四錢。草繩七百二十套，該銀二十二兩六錢。樁木七十二根，該銀七兩二錢。行繩十二條，每條重四十斤，共用䔍四百八十斤，該銀二兩四錢，共約該銀六十兩。如無柳梢，以葦代之。

造平水垻法。準諸湖水之淺者，以爲閘底之高下，大都深四尺爲度，令可運舟而已。勿設板，勿藉夫，湖温以閘口洩之，湖落以閘底截之，止蓄潴水，自爲補瀉。故云平水，又閘欲窄欲狹，窄則水流無脹悶之患，狹則勢緩無潰决之虞。

建車船垻法。先築基堅寔，埋大木于下，以草土覆之。時灌水其上，令軟滑不傷船。堧東西用將軍柱各四，柱上橫施天盤木各二，下施石窩各二，中置轉軸木各二根，每根爲竅二貫，以絞關繫篾纜于船，縛于軸，执絞関木，環軸而推之。

論説

明 畢自嚴《度支奏議》卷九《題請通州修築閘壩工部照例協濟疏》 題爲錢糧匱詘堪虞，乞敕按例通融，共佐時艱，以襄國計事。雲南清吏司案呈，本年十月三十日，奉本部送準工部，咨爲漕糧剥運，將竣閘壩，興工難緩等事，內稱該本部題前事等因，十月二十三日奉聖旨，這修補閘壩木料，既經會估，依議動支，輕賫蘆課二項銀兩，集料鳩工，作速竣事。近來辦納物料，每與原估數目多不相符，虛冒價值，無裨實用。着該司及巡視各官逐一驗量，核數給價，無蹈前弊，亦不得預支滋耗，該衙門知道，欽此！咨煩查照給發辦料鳩作等因，到部送司，查得輕賫銀兩，恭奉明旨，務節省贏餘，以圖可繼。毋但隨到隨發，有同漏卮在卷，近除供應完糧之外，餘亦無幾。今工部咨發辦料價值銀三萬兩，恐輕賫有限，應與蘆課并支者，且先經本部動支過銀八千六百四十餘兩，備辦灰石等料，不識應于三萬內扣除。否也，一咨工部會議，一札通廳查核。去後，又該户科抄出工部，復題爲閘壩圮壞不堪，漕政將至決裂，請乞急宜修建，以裨國計事等因。十一月二十九日，奉聖旨，閘壩關係轉漕修築，豈容遲緩。乘此冱寒，亟宜庀材集具，專待春月作速竣工，以濟新運。着該部即行嚴飭，這奏內發銀辦料等項，責成部司各官俱依議，有違玩的，指名參來該衙門知道，欽此欽遵。除一面發銀一萬兩，連前次共發銀一萬八千六百四十餘兩，庀材集具。外又據通糧廳郎中降級戴罪管事丁流芳呈稱：奉本部批，三十五年既有修理閘壩户七，工三舊例，要見彼時用銀若干，户工各出銀若干。今歲本部除先發灰石物料銀八千六百餘兩外，又欲動支木料工作銀三萬兩，將無作法于奢乎？原估有無浮冒，仍會同查確，備繇呈報。蒙此該職查得三十九年前任朱郎中大修閘銀三千三百七十二兩九錢一分六釐七毫，比照三十五年修理閘壩舊例工部出給三分銀一千一十一兩八錢七分五釐，一系本部出給七分銀二千三百六十一兩四分一釐六毫九絲在案，但查先年之修所費僅三四千金，今所估數多至三四萬兩，何以大相懸殊？合再會查，隨經移文工部，通惠河郎中董中行查覆去後，今準回文。前來該職廳查得修建閘壩，原以利漕在昔年，歲時小損工小費省，議在扣省銀內動支，誠非無據。顧三十五年及三十九年兩次大修，雖比歲時之小修工程較大，亦非若今年大拆重修之大費也。彼時户七工三之例，雖未經題請，然確有已行之案。今奉札查職廳，不能不據實以報。舉昔推今，例自可比。但工部分司以三七之議互相争執推諉，發銀若再争執遲疑，恐悮欽限，深屬未便。合無先請給發木價銀兩，待工完日，前後銷筭，亦不妨先發而徐議者也。土作之工難以預定，統俟工有次第，方可按日計筭。若其中有無浮冒，乃工部估計。前來職廳尚未經目，合無移咨工部，再爲詳核，而監督各司諒必同心協力，共爲清□等因。又據該廳丁流芳呈奉本部札，查原估修理文册隨移文通惠河郎中董中行續準回稱：查得各閘壩根基應用地釘、椿木、松板、葦草，本司照原估册內應用數目呈請本部。而圍員丈尺、應用價值奉本部堂批司移，會科院照會估出，給折筭題請。若云有無浮濫，案查奉本部堂札，付内開原估木價，合于四萬二千九十七兩。內先酌給銀三萬兩，俟會收丈量後找給，則本部原題疏内已先嚴其濫觴矣。三萬之給本司，無復再議其估計木料價值。本司向不與聞，無憑開會，復奉有着該司及巡視各官，逐一驗量核數給價之旨，則有無浮濫，當于會收之日嚴爲丈量，酌裁銷筭可也。各等因到部送司奉批，該司查核具題，奉此，又奉本部送準工部咨文，爲閘壩興工期迫，木價屢請，候時再懇速咨給發料銀，以裨商辦，免悮急工等事。奉批司查，再發五千兩，入疏并題奉此，該本司查得漕政雖隸本部，而河工則隸水衡，責任自分屬也。今以修閘壩而議及□賫，固爲有例可援，業經本部酌量緩急，三次共發銀二萬三千六百四十餘兩矣。無柰輕賫有限，軍餉日增，而户七工三，又有往例可援，且如修倉工部事也。先年京倉每歲額修三十六座，至萬曆三十五年議減一十二座。迨天啓元年，本部移文工部，當年停修一次，計該銀一萬有奇。隨準該部，咨將本部應還軍夫米銀二千九百二十餘兩及山西司應分事例銀七千兩，照扣抵還。姑以是年爲例，則前此應還本部者數殊不貲。天啓元年後又減修一十二座，自天啓二年以來迄今九年，姑以天啓三年分工科抄參爲準，合用物料等項，每年計該銀六千九百九十餘兩，以九年共算，尚欠本部應得銀六萬餘兩矣。今除發過修閘銀兩，姑俟工完另算外，所有該部原派未敷銀兩，似應比照往例于修倉銀内扣抵，亦事理之固然，無容再計者也。□應題請等因，案呈到部，該臣等看得閘壩爲漕運咽喉，將作雖隸工部，實爲臣部飛輓。計向來小修工料，亦有取給臣部扣省者，其繁費載在議單，但有餘剩用克軍餉，近復奉旨申飭，務期節省羸餘，豈至今日大修而臣部敢慳悋不與哉？但查此番大修，原無舊例可行，一切估計俱繇工部爲政，臣部殊惴惴焉不勝濫觴之懼。且輕賫爲倉漕正項，以圖可繼，則一切支銷，臣部又何敢不兢業鄭重也？比因該部遵奉，屢旨刻期鳩工，臣部誼切同舟，三次共發銀二萬三千六百四十餘兩，及查該部二次會估，數踰五萬，輕賫蘆課，并奉明旨。今查該部咨文，謂蘆課歲止五千，除支費外，所給葦草價銀不過三百五十兩，豈五萬餘金并應責之臣部耶？若照三七分認，臣部所少者，爲數亦不多矣。再查會估册内，載閘石并地平板，止有長濶尺寸，而無厚薄尺寸，地釘椿水，亦止有根丈數目，而無圍圓數目。誠以厚薄大小，勢難一槩取，必姑俟臨時查照給價，該部已有深慮。但今次大修，可十倍於三十九年，恐就此三萬内已有冒濫，則覆水難收矣。此中不妨從長計議，再作銷算，及查聖旨所云，近來辦納工料，加與原估數目不符，虚冒價值，無裨實用。又云着該司及巡視各官逐一驗量，核數給價，無蹈前弊，亦不得預支，滋耗聖明，玄覽盖已洞若觀火矣。今應如即中董中行，□於會收日遵旨，逐一驗量，酌裁銷算。倘其中原估有浮額者，一一扣省，則前項已發之銀，恐猶未必一二用盡也。况查修倉一事，向有成例，即以該部數年來之省存，照抵臣部工料，或亦事理之應得，而非臣部之過求乎。漕運重務，修河急工，若不據實陳請，萬一時日稽遲，該部必謂臣部誤之矣。或有□破工料之罪，臣部又與該部均之矣。此臣展轉商度，而不能默默已也。伏祈聖明裁斷，照户七工三之舊例，尋汰冗節浮之良謀，臣部行文各衙門一體遵奉施行。崇禎三年十二月二十七日具題，本月三十日奉聖旨，據奏修築閘壩銀兩，户七工三，原有成例。并稱停修倉銀，可以扣抵，是否確議，着即會同工部酌定，合疏速奏，勿得彼此推諉，致誤急工。至驗料稽程，着該管司官及巡視官遵旨着實料理，務令費省。江堅完日，核數具奏該衙門知道。欽此！

又卷一〇《題修築閘壩錢糧再加清核疏》　題爲錢糧匱詘堪虞，乞敕按例通融，共佐時艱，以襄國計事。雲南清吏司案呈奉本部，送户科抄出，該本部題前事。崇禎四年正月二十二日，奉聖旨這修築閘壩，前旨着兩部會同酌定合疏，具奏大臣和衷體國，何必每事争執。據奏《太倉考》及《通糧志》開載，條議甚明，所引萬曆年間二事，如係成例，自三十九年以後，該閘曾否議修，工部有無協助，還再通查，詳明速奏，欽此欽遵。抄出到部□□備札，通糧廳詳查去後，今二月初八日，據通糧廳郎中降級戴罪剥運丁流芳呈稱：奉本部□付查，户七工三，出給修閘料銀緣繇，遵即移文工部通惠河會查舊案去後，今準回覆。前來該職查得修理閘壩，自三十九年以後，每歲止責令水脚等役略爲補葺，并未大修，所用工料□值二三百金不等。工完之日，通惠河郎中呈報工部，移咨本部，動輕賫扣省給發，盖三十九年初議，歲修費省，不必計較。故原動輕賫若大□，歲不常有，且工部運磚運木，亦應有扣省脚□，均可動支。故前任張郎中爲三七之議，今備□三十九年以後，并未大修，無繇協助，而欲查□修用銀之例，舍三十五年、九年，更無例可查。□因呈報到部，送司卷查。正月十四日，先奉本部批□通糧廳呈，爲亟請夫匠錢糧事，準通惠□郎中董中行手本會稱，準都水司手本，爲大修土作事。奉本部批，據通惠河呈前事等因，奉此看得閘壩大修寔，乃非常之工，修理全憑人□，鳩工惟借錢糧，錢糧應手，方得人工齊集。其□作錢糧，業蒙本部三次具題，動支輕賫銀兩，今六閘大修，與重建同，而又建滚水壩一座，需用人夫工作，每日動經萬計，酌用工價四五萬金，方可竣事。若不預爲請給銀兩，夫匠何能聚集？工程何日克竣？煩照呈堂給發等因到職，該職訝其從何估計，乃動如許之銀，當此三空四盡之時，本部未必肯懸虚而發，隨即駁查，銀數太多，碍難呈請。去後該司又謂夫作工價，非比物料，可以預爲酌定數目。故本司已經呈堂具題，工完銷算，合無先請萬兩，領貯通庫，會同本司核工，陸續給值，自後不敷再議請發等因。查得夫作銀兩，原題臨期，酌量于輕賫銀内動支合無，呈乞本部先發銀一萬兩，或發工部分司，或責今工部夫匠頭領，貯通惠庫，俟興工之日，會同工部按日給發，事完銷算等因，到部奉批。前灰石用銀八千餘兩，木料又估價四萬二千，且用三萬，今又云約用工價四五萬兩，先發一萬，是共用銀近十萬矣。似此浩費，何所抵極？此項未經工部具題，似難給發，即移咨工部查議，奉此即移文工部查議，去後續準該部咨覆前來開稱。查得夫作工價，本部原題酌量于輕賫銀內支給，去歲已經疏請，然未定有成數，蓋夫傭力作，非比物料可以預估，按工授食，全在臨期酌核。乃未曾經始，而遽以四五萬金爲請，殊駭觀聽，此户部所以咨議也。今丁郎中議請先發一萬兩，或如數支給，或計所請一萬內量發若干收貯通庫，興工時會同通惠河郎中逐日逐工按名給散等因，到部送司説堂奉批，請銀甚急，準暫停木價，先發夫價銀五千兩。雲南司查行奉此，除一面札付太倉，于輕賫銀內動支五千給發外，相應具題備案，通呈到部。該臣等看得漕河一役，爲臣部糧運急需，即工部亦有運磚運木之時，然僅可抵漕糧十分之二三耳。臣部雖時處其窮，然外解錢糧，較工部亦不免爲數稍多，況和衷體國，業奉明綸，臣即愚昧，亦何敢過爲争執，致煩聖聽。但金錢乃皇上之金錢，臣等爲皇上監此出納者也，省一分則朝廷得一分之實用，臣等亦可借以免冒破之罰。若任情花銷，略不鄭重，其於職掌謂何？而臣等無所逃罪矣。今據通糧廳丁流芳回報前來，是三十九年以後，并未大修，則工部協助之實，除□十五年、三十九年兩次外，似別無可據矣。及查萬曆二十二年大修，共用銀九千餘兩，工部量助十分之一，此《通惠河志》所載者也。是後，此雖無例，而前此又有例矣。再查志內，成化十三年大修，除板木、磚石原未開有估值數目，而其工價等費止用銀一萬一千七百六十兩，錢四百萬四千文，米九千三百石。正德二年大修，工料等項止用銀四萬五百七十一兩。嘉靖七年大修，止用銀六千八百九十兩，錢二萬五千文，□夫匠等項銀四千二百八十兩，米三千八百五十石。今日修理，據所估計，前後共該用銀十萬矣。臣即不敢强工部以所難，令其代臣部協濟，但此十萬餘金，不知費百姓多少供億，煩皇上多少催徵，而今用之恰似不甚惜者，臣愚亦安敢不一節嗇，而但唯唯聽命已乎？況輕賫銀兩，每年除倉漕應用外，所餘幾何。昨歲集數年之逋負，始獲稍有贏餘，而見今支銷，復將盡矣。□此十萬之貲，將從何處湊辦，以爲泥沙之費□？今除修倉一節，各有正項，見今停修已久，恐厫房仍增補造，容臣查酌。另題外其協助一節，或照三七，或照一九，俱取工部情愿，臣亦不敢再行執奏，惟是應用十萬之數，較祖宗朝數次修理，俱似溢額，豈工力果當數倍乎？應否另作打算，不致爲經費之耗蠹，惟□皇上申諭工部，再加清核。想該部應有同□斷，無煩臣等之聒贅矣。再查鋪閘板片，據通□河司□前曾移請倉板應用，臣以倉厫急需，□便輕□。今乃用銀如許，一時處置不前，除三次發過物料銀二萬三千六百四十餘兩，今又續發夫匠銀五千兩，共銀二萬八千餘兩。竢該部興工不敷，臣部再行措給，合無將臣部厫貯隨糧松板，酌奪各倉應用，不致匱缺。量那分二三千片，抵充臣部工料價值，查照時估銷算，則亦臣部窮迫靡措計，不得不出於此矣。崇禎四年二月十一日具題，本月十四日奉聖旨，據奏大修閘座，估十萬兩，如何與累朝經費溢額懸殊者，工部再加詳酌確估，并協濟分數，一并認定，速奏其發過銀兩及倉板那用。知道了。欽此！

明 毛節卿《江海壩閘論》《吴中水利全書》卷二二 沿江海通潮港浦，歷代設官置閘，潮至則閉閘，潮退則啓閘，故港無淤澱，潮無泛濫，自蘇范郟諸公咸云置閘利，而廢閘害，惟元至順間乃有廢閘之論。我明港浦屢開旋塞，水旱相仍，間有議復古制節民財者，愛惜物力，則謂以爲澤國，賴舟航以往來，高鄉賴潮水而灌溉，役在得已，殊不知古人經營，設法將以利民，豈欲病民，而故爲此煩費哉？今欲置之，必須兼古制，通時宜，每河濶三丈者置閘一座，六丈者置閘二座，多寡以是爲差。每閘各置亭一所，歲撥閘夫二名，和雇近閘居民，世掌其事，有失則罪之，每九月至二月，常川扃閉，朔望則啓中閘，以通海船。傍開月河、低堰以通小舟之行，小港者或湖水溢下則潮退，而悉啓之。其三月至八月，高田用水則啓閘以進潮，或雨澤滿盈，足以灌溉，則亦閉之，以清江流。庶舟無往來之阻，田無苦旱之灾，江無淤塞之患，高鄉歲免疏浚，而低田亦减三年二水之憂矣。今高鄉支河在在湮塞，旱年則從外塘搬水以救苗，民寔勞止，雖曰農官不省視，而塘長不得人，亦由古制堈門法廢，農民不勝歲歲開挑之勞，故至于此。蓋古者高田則設斗門即今水竇是也，旱則閉以蓄水，潦以啓以洩水。今太倉河名多堈門者，其遺制也。五代之季，民利舟行之便而決之，故高田多不可治。今乞查支河通舟者，責令得利大户共造水閘。支河小浦，約費銀百餘兩。其不通舟者，量置水竇。俗名水溇，約費銀四五兩。報河口居民一兩家，專司啓閉，免其一二十畝丁田役銀，以酬其勞。不然止令塘長，九月朔填壩，三月朔開壩，吴俗低鄉清明浸種，高鄉穀雨浸種，至三月則用水矣。亦可以免半年渾潮之積，而民力庶乎其少減矣。諺云：八月半住車則不用水矣。

明 耿橘《任陽水利建閘壩議》《吴中水利全書》卷二二

任陽六區，并極低之地，坐跨七鴉大浦，形若仰盂，水能入不能出。其東南一帶係太倉州岡身高地，一遇天雨，水從高建瓴而下，向七鴉大浦入海，而浦至太倉沙頭鎮七鴉口一帶淤淺，倒注西奔，則亭毒于任陽之間。況七浦大塘西通長洲縣陽城湖，西南通崑山縣傀儡、巴城二湖，湖俱東北流入于海者，地勢然也。一浦不能泄三湖之水，故向于三縣界築斜堰，建大閘以障之，使陽城、傀儡二湖繇黄涇下白茆入海。而閘不知于何年全毁，浦口又塞，東海不洩，西湖莫禦，一遇水潦，六區之地滙爲巨浸，田爲沼，民爲魚，非一朝一夕矣。此中父老議欲訪范文正公築圍建閘故事，以驅其害，橘嘗再四查勘，如于東南陶舍涇、重罡涇、周涇、曲漊等四口各建小閘，龍池涇、前後黄涇、馬池涇等四口各築土壩，以禦太倉岡身之水，使之繇吴塘過七浦，循鹽鐵塘下白茆港入海。西南如沈家浜、丁澤涇、塢丘涇、石灰涇、周涇，南梢西鵝涇，南梢西斜塘七口，各建小閘防備，漊口築一土壩，以西禦南斜塘界涇、太湖涇、巴城湖之水，而東禦潘涇太倉高處之水，北禦毛沙塘、七浦之水，使其水西繇毛沙塘過七浦遵黄涇，俱下白茆港入海，則三面西來之水，不能犯任陽一滴矣。再于七浦兩岸，如古全涇、西鵝涇、北梢東鵝涇、北梢周涇、倒插浜、瓦屑涇、黄旻涇、橫塘八口各建小閘，新開河蕩涇二口，各築土壩，使七鴉大浦之水不能南害。東四十都、南四十都正副四區，如山涇、大周涇、小周涇、蒲漸涇、廟涇、北橫塘六口，各建一小閘，使七鴉大浦之水不能北害。北四十都正副二區則任陽六區，如金甌，然海溢湖飜，任其縱橫，拱手而觀之，六萬四千畝沮洳，荒田盡變爲膏腴沃壤，此任陽百世之利也。夫江海大閘，工費動踰二三千金，即斜堰閘費亦不下千餘金，不易辦也。此任陽小閘每座費不過十數金，浦南四區通計一十九閘，計田三萬四千七百五十三畝，浦北二區計六閘，計田二萬九千一百七十八畝，驗田派工，每畝不過釐毫，此田歲輸糧每畝費不下二錢，而荒瘠污穢，所收不償所輸，捐釐毫以博無窮之利，倘亦必不容已之役乎。少佐官帑，以督責其成，所當亟議。

又《潭塘水利建閘壩議》《吴中水利全書》卷二二

潭塘八區，自縣翼京、迎春兩門外，南抵長洲縣界，縱長三十有五里。崑承湖逼其左腋，華蕩衝其右臂，元和塘陶蕩循其兩股，若西，若西北，若西南，江陰、無錫二縣之水繇蠡湖者、繇尚湖者、繇王港蕩者、繇宛山蕩者、繇佳菱蕩者，俱會于華蕩，而奔入于潭塘。至崑承湖下白茆港入海，若南、若西南。長洲縣境以南之水繇陽城湖者、繇傀儡蕩者，散漫北流，緣元和塘、陶蕩諸處，亦經潭塘會崑，承下白茆入海。譬之人身，潭塘胸膈也，崑承腸胃也，白茆尾閭也，華蕩、元和塘、陶蕩皆咽喉要路，而華蕩爲尤甚。養生者咽喉，納腸胃，蓄尾閭，瀉則胸膈，快暢而無恙。乃今白茆入海之通渠，日就淤塞，崑承湖蓄極不通，勢且返溢，則腹裏大港，分鄉涇、新安塘諸水，又爲潭塘翻胃之道，納者奔滔，瀉者涓滴，反溢者彌漫而莫稽，則潭塘危矣。田荒民竄，豈得已哉？橘嘗日進父老講求，惟浚白茆爲治本之良劑，而工鉅費繁，未敢即舉。姑學醫方之治標，查得西四十四都正副二區被淹之田，南和尚、北和尚等圩萬餘畝，受病在元和塘之黄墓涇。此涇東西兩頭建閘，中間南股築壩，以外禦華蕩橫流，內禦大港反注，而此地庶亦可稔乎。又查得西四十四都之十六圖，北四十四都之九圖，南四十四都之七圖、九圖、十圖，田二萬餘畝，被淹尤甚，受病非一，必西壩蝌螺涇、池家漊、大潭塘、中潭塘、張港五處，禦元和塘一帶南來、西來之水。北壩龍蕩、狄家、趙鏘、天井四處，禦廟涇大港內攻之水，南壩毛涇禦顧涇外來之水，東南壩新莊禦陶蕩北來之水。又于兩潭塘張泗蕩東梢建石閘三處，禦新安塘，分鄉涇，反注諸水，且以通舟楫，便農田，而此地可緩乎。又查得西四十三都之二十九圖、北四十四都之十圖田七十餘畝，僻處一隅，被淹更甚。東潭塘、陳蕩二水經絡其中，東受六十二涇，西受新安塘，北受龍闕，東北受崑承湖諸水。又於四方築壩四條，而後稔可保也。凡此特爲低中之極低者區畫，所謂暫救然眉之計耳。又須與築岸裏田之法并行，而始克有濟。若練墩浜直下白茆、張蝦漊、徐涇、鎮門塘直下昆，承顧涇、呉塔塘、單長涇、界涇直下陶蕩之處，地勢稍高，而水勢亦稱莫禦，疏之使流而已。其大蕩、魏涇、廟涇三處，正當華蕩要衝，西來水勢疾如奔雷，從此東灌大港，而入崑承惟患其不速，又咽喉中之咽喉也，治標之法不過如此，必求永利而無害，非大開白茆港導永入海不可。開白茆，則鄒家浜、南前洪、中洪、草鞋洪、大洪及新開洪、白魚洪、蘇家洪、周家洪諸水又爲昆承入白茆之咽喉，均當留意者。

清 包世臣《中衢一勺》卷二中卷《說壩一》 或曰：子言防河之不足爲治，信矣。請問治要，答曰深其槽以遂河性而已。請問治方，答曰相勢設壩以作溜勢而已。潘氏之前，河流歧出，沙分停而不厚，潘氏導而一之，然後河得集力，以攻一道之沙，是之謂以水治水。自潘氏至今三百年，司河者工拙懸殊，然所循者潘氏之法也。夫河之敗，不敗于潰決四出之日，而敗于槽平無溜之時。河性激而善回，深與回常相待也。槽淺則溜不激，水無以回而爲淤，淺者益淺，激者益平，河性怫矣，能毋怒乎？怒而無以待之，則必成事，成事則河底墊高，而潘氏所創之滚壩，日形卑矮，不能不封土，遇急去土以減水，減水既多，則河仍歧出。其堵合也常在冬，令力薄之時不能刷去前淤，淤日高則河日仰，溜日緩。故近曰：雖墨守潘氏之法，僅足以言防，稍弛則防之而不能矣。故能言治者必導溜而激之，激溜在設壩，是之謂以壩治溜，以溜治槽。然壩以埽成，埽下而溜，爭之則埽蟄，蟄定則埽實，而溜守壩，是生工矣。埽下而溜，不爭則淤爭之，是棄壩矣。凡平流長河，其勢固以漸斜趨于工，工長者或數百丈，短亦數十丈。壩當工之上游，得力則溜勢上提，尾段工閉，而首段着險。或更提至工，上無工之所，是棄工矣。又或溜經壩頭，繞壩嚙灘，勢成橫臥，生工則未有一定之形，棄壩則已成不能之勢，是召敗矣。故治河必用壩。然以北人試善泅之言，庸醫效華陀之方，則不如守，繼長增高者之尚能暫防于一切也。合注：相勢謂相溜，勢之所值也。設壩以禦溜，然必有留，而後可以壩激之。若設于溜勢不到之處，則置埽於軟淤之上，平漫之水遇壩而止，淤墊更甚。所謂溜不爭而淤爭之，是棄壩也。《荀子》：水深則回。《管子》：凡水之性激，則躍躍，則倚倚，則環環，則中中，則涵。故曰：深與回常相待也，溜非壩則不激，故治溜以壩。槽無溜則不深，故治槽以溜。溜與埽爭則勢益激，而攻沙之力更猛，沙既去，則埽底空懸，故蟄蟄之數四，則新淤盡滌，壩基穩而埽自實矣。壩前深而中泓仍淺，故溜守壩，以斜壩挑溜歸中泓，則工減矣。溜緣岸行之處，恐其激蕩傷堤，故做埽工以禦之。工前水深，無所用壩，故壩必在工之上游也。溜勢上提，尾段溜所不值，故工閉首段，正當溜沖。故着險挑壩逼溜，溜勢當於壩外直下，若繞壩內轉橫入，傷灘，此而不治漸成倒鉤，便妨入袖治此之法，惟有就壩頭再進占挑溜頭外出，若壩基單薄，難任大占，則須于壩外箱做邊埽幫，寬壩臺則免溜。提搜後之患，溜提至無工之所，舊工棄，新工生，是糜費。

又《說壩二》 挑水壩，潘氏所創，止用于塞決，蓋縷堤成，固無所用壩也。近世善用壩者，推嵇文敏公，世稱白堤嵇壩，不及百年，而故老無能，指其基，言其法者。嘉慶初，徐屬積淤，水常平堤，康茂園爲督修壩十餘道，刷出深槽，徐城始安。嗣東河決衡家樓，歸咎南河之壩，多阻水舛矣。茂園篤信堪輿家言，廟宇公廨必親督修造，至典籤不敢白急報敗，固自取。然其長不可沒也，對頭斜壩，則予所臆創以語諳習工程之安東馬文昭，馬君以爲善，遂用之於裏河，而中河運河各廳效之。凡遇水淺滯，船皆恃此以濟運。十七年湛溪爲督，始用于黃河，刷滌積淤，功效甚著。嗣以對壩逼溜見險，而碎石能止險，乃參用碎石，漸至碎石遍工，而對壩盡廢，河亦漸淤，說者歸咎于碎石，則又非也。蓋碎石斜分入水，能挑溜頭，故足止急淦攻埽之險，然不能激溜，故無刷淤之功。壩于水面激溜，溜被激而爭壩，回旋徹底，故淤隨溜起，用各不同，未可偏廢。至於河身留淤，則係減洩力弱之故，非碎石之罪也。然挑壩用於工頭，而對壩施于灘脣，壩入水而溜起，溜起壩蟄，或隨蟄隨厢，或聽其蟄走，則相機乘勢，無可言詮，是亦至粗而至微，呼吸之間，勝敗頓判者矣。蓋非對不能逼溜，非斜不能導，溜不可太長，不可太高，務使埽眉迎淦，而箍頭翻斷，不爲老灘之害，則得之矣。合注：溜守工其險難，測於工頭，以斜壩挑之，則溜歸中泓，而工減矣。不能減工，而使溜常守之。偶遇急，則非碎石不能救護也，太長則阻溜頭，溜阻於壩而橫臥，搜壩後嚙灘，是召敗也。太高則溜擊壩腰，其力上泛，不能回旋，徹底攻沙之力反減。又防水漲之時壩阻溜勢，更招前患。

清 張伯行《居濟一得》卷七《建減水閘壩》 黃河兩岸宜建減水閘壩也，蓋黃河之水天下之至大者也，故不可使之合，而但當使之分。以合則勢大，分則勢小也。峰山既建天然閘矣，閘此閘一放，而睢寧膏腴之地盡成湖坡，則以下原淤高，而上原之水無所出也。今宜於徐州之下查土性堅實可建閘之處，建閘一二座，下開引河引水入睢寧湖，以淤湖坡，使仍爲膏腴之田，不亦可乎？上原既淤平，則下原峰山閘亦可放矣。若夫歸仁堤閘固，所以洩湖水，使入黃河者也。然昔日湖水高而黃水低，固可以洩湖水，今日湖水低而黃水高，獨不可以洩黃水乎？故歸仁堤閘亦宜洩黃水，以淤湖坡者也。再於桃原縣上下查土性堅實可建閘者，酌量建閘一二座，以洩黄水，使淤湖坡，則黄水之勢可以漸減矣。北岸如李經邦閘亦可以洩黄水入中河，再如崔鎮、徐昇、季太三壩，皆可開也，將中河南岸土塘河再挖寬深，則三壩之水皆可由土塘，溜急而沙刷，分則流緩而沙停，子欲多開減壩以洩黄水，將黄水獨不慮淤乎。予曰：不然，凡於諸閘壩所洩者，出漕之水也。若平漕之水，又豈得而洩之哉？則黄河固不患，其或淤矣。河順流而下，入舊中河，由清河縣後而東出陶莊閘以入黄河矣。

綜述

宋 秦九韶《數書九章》卷一三《計造石壩》 問：砌石壩一座，長三十丈，水深四丈二尺，令面闊三丈。石版每片長五尺，闊二尺，厚五寸，用灰一十斤。每層高二尺，差闊一尺。石匠每工九片，般扛五片，用工四人兼工，般灰兼用，每工一百一十斤。火頭每名管六十人，部押每名管一百二十人，所用石須依原段，不許鑿動，欲知壩下闊及用石幷灰共工各幾何？ 答曰： 壩下闊五丈，石版一十萬八百片，石灰一百萬八千斤，用夫一十萬三千五百二十八，功一十一，分功之八。

又 術曰： 以商功求之，招法入之，置層高尺數乘面闊及長爲初率。次以差闊尺數乘高，又乘長，爲次率。却以石版長闊厚相乘爲法，以除二率，各得石版爲上積及次積，置深以層高尺數約之，得層數對二，積列之一行，各添一撥，天地數各以累乘，對約之，得乘率，以對上次積，併之爲石版。以每片用灰乘石爲灰數，以匠功片數約版得石匠，以般夫數乘石版爲實，以扛片數爲法，除之得人數，以般用灰數除灰得人數，併諸工以火頭管數，約之爲火頭，半之爲部押。

又 草曰： 置層高二尺，面闊三丈，相乘得六十尺。又乘長三十丈，得一萬八千尺，爲初率。次以差闊一尺乘高二尺，又乘長三十丈，得六百尺，爲次率。却以石版長五尺，闊二尺，厚五寸，相乘得五尺。爲法以除二率，得三千六百片，爲初積，一百二十片爲次積。列右行，置深四丈二尺，以每層二尺約之，得二十一層，乘初積三千六百片，得七萬五千六百片。於上次置二十一層，減一餘二十，以乘二十一層，得四百二十，半之得二百一十。乘次積一百二十片，得二萬五千二百片，加入上共得一十萬八百片，爲石版數。次置二十一層，減去一，餘二十，以差闊一尺乘之，得二丈，併上闊三丈，共得五丈，爲下闊之數。又置石版一十萬八百片，以每功九，約得一萬一千二百功，置石版數以般扛四人乘之，得四十萬三千二百爲實。以五片爲法，除之得八萬六百四十工，又置石版數，以每片用灰一十斤，乘之得一百萬八千斤爲灰，實以每人擔用一百一十斤，約之得九千一百六十三，功一十一分，功之七爲灰工，於上又併石版工一萬一千二百，及併般扛工八萬六百四十功，加上共得一十萬一千三功一十一分。功之七通分内子，得一百一十一萬一千四十，爲實。置火頭，每名管六十名，功以乘分母一十一，得六百六十爲法。除實得一千六百八十三功，不盡二百六十，與法約之，爲三十三，分功之二十三爲火頭功數，半之得八百四十一功三十三，分功之一十三爲部押濠寨數。今衆功下十一分功之七，以母十一除火頭分母三十三，得三。以三因衆功下母，子爲一十萬一千三功三十三，分功之二十一，併三項母子，得一十萬三千五百二十七功。分子五十七，滿母三十三，收一功，餘二十四，與母各三，約爲十一。分功之八，爲共用一十萬三千五百二十八功十一，分功之八。

明 吴道南《吴文恪公文集》卷八《閘壩》 南北閘壩皆以濟運，本河横建，則以蓄水爲本，而洩拒時用沿河旁設，則以進水爲本，而減遏亦時用。如分水以北，至臨清三百里，地降九十尺，爲閘二十有一，曰南旺下閘、開河閘、袁家閘、靳家閘、安山閘、戴家廟閘，荆門、阿城、七級各上下二閘，周家店閘、李海務閘、通濟橋閘、永通閘、梁家鄉閘、土橋閘、戴家灣閘、板閘、新開上閘。分水以南，至鎮口三百九十里，地降一百十有六尺，爲閘二十有三，曰南旺上閘、寺前鋪閘、通濟閘、天井閘、在城閘、趙村閘、石佛閘、新店閘、新閘、仲家淺閘、師家莊閘、魯橋閘、棗林閘、南陽閘、利建閘、珠梅閘、楊莊閘、夏鎮閘、滿家閘、西柳庄閘、馬家橋閘、留城閘、黄家閘、梁境閘，皆鱗次南北，節宣泉水，以便行舟。至如隨河附見，南旺上下則有界首、石口二積水閘，焦欒、張全、劉玄、彭秀、孔家、邢家、常家口、闞家口、李泰口、田家口十減水閘，屬汶上縣。戴村壩坎、河口堤壩屬東平州。遞北則有東平安山湖、八里灣似蛇溝二小閘，壽張野猪腦堰、師家壩、沙灣積水閘、東阿通源閘、聊城龍灣西柳行二進水閘，官窑裴家、方家、李家、耿家、諸口五減水閘，博平第一至第五五減水閘，堂邑、土橋新閘口二進水閘，清平魏家灣、李家口二減水閘，臨清觀音嘴減水小閘，潘官屯、沙灣二減水閘。臨清閘、會通閘遞南則有鉅野長溝減水閘、蓬子山壩、寧陽、洸河東西二閘、堽城壩閘、滋陽金口閘、金口石壩、濟寧上中下三新閘、永通減水閘、五里營、十里鋪、安居三平水閘、四里灣減水閘、魚臺新河減水十四閘、蘇家壩、滕縣皇甫壩、翟家壩、頌家壩、王家口壩、豸裏東邵壩、沛縣佃户屯減水閘、馬家橋以下減水閘、權城壩、沙河口壩、薛河口石壩，此皆順引泉湖，遏淤殺勢，爲運道之便。若夫徐州以北如鎮口閘、古洪閘、内華閘，利在潴泉，而拒黄爲多。清口以南如通濟閘、福興閘、清江閘、板閘，利在引淮，而拒黄亦爲多。其間徐吕二洪石壩、邳州匙頭灣減水閘，桃源馬廠坡減水閘，崔鎮、徐昇、季太、三義四減水石壩，山陽方家壩，利建壩，仁、義、禮、智四字壩，高家堤堰，總之爲淮黄計。他如宛平縣青龍閘、白石閘、廣源閘、高梁閘、澄清閘，大興縣慶豐閘、平津上下二閘、通州石壩、普濟閘、南普閘、土橋閘、廣利閘、通流閘，興濟縣三里莊減水閘、滄州三絶堤減水閘，恩縣四女樹減水閘，皆在臨清之北。寶應縣江橋閘、泛水閘、長沙閘、劉家堡閘、民建小閘、三里閘、南北金門二閘，高郵州遐觀橋上下二閘、新河南北金門二閘，車邏淺、王琴淺二減水閘、五里壩、新河一淺、十里橋、張家灣、青龍鋪、五平水閘、蛤蜊壩，江都縣通惠閘、廣惠閘、通江上下二閘，新廟淺、頭潭淺、柳青湖淺、東西灣淺各二減水閘，浪蕩湖、宋家淺各一減水閘，一壩至十一壩，及邵伯小壩、儀眞縣攔潮閘、響水閘、通濟閘、臨江閘、即羅泗閘、東關閘、東門外減水閘、新高橋減水閘，一壩至五壩，及新壩，皆在淮安之南。絶江而南，丹徒縣京口閘、大犢山閘、靳家墳減水閘，丹陽縣黄泥壩閘、練湖石閘，是亦可資運河，玆其經略可謂大備矣。間有先後稍異，蓋亦因革以時云。洪武十六年正月，置揚州府儀眞縣一壩至五壩，又置清江八閘。明年閏十月壬寅，修江都縣深港壩。永樂二年十一月癸卯，淮安都指揮施文奏請葺理淮安府清江浦二閘，從之。四年八月癸卯，行工部言宛平、昌平二縣西湖景、東牛欄莊及青龍華家瓮山三閘被水潰堤百六十餘丈，宜興人徒修治之，報可。明年四月丁卯，行工部言西湖景至通流，凡七閘，河道多淤。昌平縣從白浮村抵西湖景東流水河口一百里，宜增閘十二，作者二十萬人，官給費，命以運卒浚淤河。其置閘，俟更議。六月丙申，修揚州遞北閘壩。其明年六月乙酉，設通州通惠河慶豐、平津、上下澄清、通流、普濟六閘。後三歲永樂九年三月己卯，修揚州府通江、減水二閘。九月，築戴村壩。戴村在東平、汶上間，爲汶水入海故道，屬會通河，成資汶以運，乃築壩遏，令盡入南旺。其分水南四而北六，上閘底升二尺而高，下閘底降二尺而低，迄今如故。時從濟寧抵臨清，建閘十五，置官掌之。十四年正月壬午，因清江浦河開，設山陽縣移風、清江、福興三閘，清河縣新莊一閘，而邳州乾溝、徐州沽頭上下、沛縣金溝、濟寧州谷亭、孟陽泊、魯橋諸閘，亦皆肇建云。五月庚子，修邵伯鎮上下二閘。十月丙寅，設沛縣昭陽板閘。宣德六年二月庚申，巡撫侍郎趙新言：儀眞原設五壩，二壩過官舟運物，三壩過漕艘，民船多阻滯，且河窄難容舟泊，宜發軍民更開二壩，又增河一道。明年正月己丑，重建大興縣平津閘。七月，置吕梁洪漕渠石閘。初陳瑄以吕梁上洪地陡水急，不可以舟，奏穿一渠于舊洪西岸，值夏秋有水舟行便，于是復欲深之，置二石閘以啓閉，上以爲然，命調旁近軍衛及山東丁匠協其役。八月戊子，修通州通流閘及南海子紅橋等閘。九年十月乙丑，修北京南門外減水河閘。正統三年五月壬寅，修大通橋閘成。其明年六月壬午，詔發附近丁壯，築通州至直沽是閘三十一處，命工侍郎李庸董之。明年五月丁未，淮安知府彭遠言：滿浦淮安壩及黑□一帶堤，舊用木石輒衝敗，如更以猫竹，編成簍，實石于中，爲磯嘴數十，則可以支水勢，省屢修之費，詔是之。命俟秋後，七月甲辰，修金河壩。壩在山陽縣，上接官河，下通鹽城，永樂間置絞關通舟，後關壞，丹輒阻已。又築河口以防毁壩泄水者，舟楫愈紆繞不便，于是鹽城知縣乞修復如舊，從之。八年七月癸亥，減山東濟安壩耐牢坡分水二閘，從濟寧知州陳寬言。九月庚申，修通州普濟閘。十年九月丁酉，河南副使榮華言沽頭上閘抵金溝閘，幾十里淤淺，雖減糧挑浚，非久計。臣度地形，宜從其淺處更置一上閘，倘上沽頭淺，即啓二閘水濟之，且吕梁上洪西二石閘久廢，誠令拆而爲之，費可減省。詔行都督武興相度。明年三月癸巳，巡按御史奏淮安府滿浦、淮安、南鎖三壩舊以無閘而設，今立移風等五閘壩，皆廢楊州邵伯閘壩。舊以築堤，恐泄水而設，今堤完俱不用，白塔河大橋、潘家莊新開江口四閘，舊以地勢陡，走水而設，今築塞已年久，其所置官吏夫役將安用之？乞減省章上裁革有差。明年閏四月壬戌，修高梁橋閘。十二月甲戌，修青龍橋減水閘。明年六月乙亥，修大興縣平津大中小三閘及越河土壩。明年正月辛卯，修兖州府金口壩，壩舊用石甃，蓄水以濟運，洪武間石爲城費，而壩以土築輒衝敗，至是仍甃以石。四月乙亥，修南京通濟門通水閘。景泰二年二月丙戌，巡按御史陳全奏沙灣置土壩，故損壞甚易而走水，宜可令以拆毁舊船，改板閘二座，從之。十月己丑，浙江台州衛百户王武言：徐州洪初因巖石嶇嶮平江伯，陳瑄設二閘于洪東渠，舟行便，後以水激，仍行舊洪，而比來亦淺涸。臣見舊閘北有土岸，長可二百餘步，誠穿成一渠，將閘移至此處，則水勢平緩，而舟行可亡患。詔令總督漕運右僉都御史王竑相度。四年二月戊戌，工左侍郎趙榮言黄河勢峻急，沙灣抵張秋岸，皆卑薄，宜從新決處置減水石壩，於以分殺水力，令東入鹽河，俟運河水可蓄以通舟，然後培堤塞決，庶可無後患，上可其奏，仍令廠給鐵牛十八、鐵牌十二與之。明年十月丁亥，工部言：瓜儀二壩遇冬春潮縮時，舟往往膠淺不通誠各於壩下置閘，俟潮盛漲入，閉蓄以待舟楫，自隨時可達，從之。明年閏六月庚午，命工部修宛平縣華家閘。其明年九月辛巳，左僉都御史徐有貞奏京畿及山東秋大雨，河決，敗田廬，舟艘無算，幸新造水門一帶堤堰，無甚害已，率有司督葺之感，應祠舊堤決甚，其處宜置禦水埽，一如水門制，仍從臨清至濟寧增置減水閘，始可經久，上是之，仍敕有貞督軍民相兼作。天順二年三月癸丑，管河主事陳湊言濟寧州濟安閘水勢陡峻，可徙入二十餘步，更將舊閘岸改砌月樣，以順水性，詔所司勘定移之。四年五月己丑，設徐州黄家閘。明年二月甲戌，督運右都督徐恭言：運河諸閘多逼窄，臨清一閘尤甚，邇者糧艘高大不能容，可徙舊閘五十丈，復深三尺六寸，廣三尺，庶不阻漕運。上以臨清閘南北要衝，乃命有司亟如議修治。後四歲，天順八年十二月壬午，工部主事郭昇請修臨清縣新開上閘，從之。成化二年二月乙卯，修高梁橋閘。九月丙子，户部會官議將濟寧二府原設泉夫，秋冬時有餘閒，可令采取石塊，包初金口壩，從漕運等官請也。明年九月癸酉，漕運官言：濟寧州小長溝至開河驛堤，上接汶泗等河，下通黑馬等溝，導泉水入運。元時州西蓄孫村、南旺二湖水，設減水閘十餘座，水大量爲減洩，小則流入官河，運道以利。今日就坍塌，請令如前葺理之，報可。七年九月丁亥，户部覆議言：巡撫漕運等官所陳梁家鄉閘北至戴家閘相距十餘里，其間河道往往流沙爲梗，誠子土橋口設立石閘一座，置官理之，則可省旱澇撈淺築壩之費，詔如議。十一年九月辛未，户部會官議濟寧運河，全資泰寧諸泉、汶泗二河，其要在金口、堽城二壩，比年用樁木葺理，輒復壞，後工員外郎張盛易以石，始可爲久計。今已升山東參政，宜令仍舊兼理，從之。十二月辛卯，置儀真縣河港三閘，初工郎中郭昇奏江南貢運，舟抵儀真壩，雖夏月潮盛，亦用絞挽，多敗裏河壩，岸當潮漲，又多開口以殺勢，俟水縮復修，費甚。羅泗橋舊有通江河港，上至裏河四里許，潮大時内外水勢等，此港可置三閘，潮來先啓臨江閘，令舟隨潮進，潮平啓中二閘，甚利便，詔可。時已經修完，儀真店户惡奪已利，賄囑所司以走壩水利閉之，于是昇申前議，復如所請，自是屢經奏復，奸豪無所施計云。明年七月甲寅，增設江都縣留潮、通江二閘。其後成化十八年二月癸丑，增置汶上縣南旺鎮上下并安山驛閘三座，從管河右通政楊恭言。弘治元年二月辛亥，修淮安府福興閘。三年五月乙亥，增置濟寧州廣運上閘。後六歲，弘治九年四月庚子，巡按御史鄧璋請徙康濟河北閘再北五里，以盡避湖險，從之。明年十月丙戌，總督漕運都御史李蕙言瓜洲新壩至倉壩一壩至四壩、港口，儀真鑰匙河及歇馬亭宜各建一閘以濟運，下部議奏，三壩臨江，潮長則壩低水高，固易車放，潮落則壩高於水，殊不便。宜各建一閘，於二處總港口潮平時下板蓄水，令與壩相等爲妥，詔如議。其後弘治十七年閏四月庚午，工右侍郎李鐩會山東巡撫都御史徐源會議寧陽堽城壩，言：運河地勢，濟寧最高，必引受洸河爲接濟，其口在寧陽堽城石閘上，元時于此作堰，祇用土。漕副馬之貞勤言于石，戒後人勿妄興石壩，蓋以水小則遏，令入洸水，大則嚴閉閘口，聽水徑自壞堰西流，故雖歲一勞民，沙無壅，洸河自通。成化間，易以石，水遂横衝，堰既壞，洸河亦塞源爲言，命鐩往度，鐩言：石堰有湫口七處，水小歷各口順流，大則從壩口漫出，可以遏沙殺勢，而南旺湖戴村壩俱不害，第宜葺理損壞，疏導其淤塞而已。詔令徐源與管河官如議修浚。明年正月庚戌，管河郎中張瑋奏高郵等州縣原設石閘、石橋、函洞，專爲湖河計。比來近堤人家，立洞户掌理，私自閉挖，致衝決爲患。誠令築塞，每五里改砌減水石閘一座，如此則人無所私其利，而盜决之弊息，詔令勘處以聞。正德元年三月丙申，設汶上縣袁家口寺前鋪二石閘，以其界南旺開河，閘勢高下懸絶，至春末水淺舟膠故增置。明年二月辛酉，改作清江浦新閘二座，時議春冬淮水消，浦多淤淺，外河與裏河高下懸甚，設壩恐盤剝不便，于是以新壩易爲内外二閘。七月辛未，復開白塔河及江口大橋、潘家莊、通江四閘。初總督漕運都御史洪鍾言：蘇浙運舟輒覆于大江風濤，江北有夾洲可抵白塔，正與孟瀆河對，舊設四閘四十里，而徑抵宜陸鎮，再折北即抵揚州，於舟行甚便，請開浚如舊。至是成。嘉靖二年三月庚戌，御史向信言大通橋抵張家灣，舊有廣利等八閘，可修復，又濟寧至臨清淤淺多有，而長溝、靳家口尤甚，此兩處各宜建閘，以時蓄洩。詔河臣相度，興其役。十二月辛丑，二閘成，革湖、陵沽頭、金溝、謝溝、新興、黄家等八閘。五年三月戊戌，總督漕運都御史高友璣請修都城至張家灣壩閘，以便轉運，得旨允行，旋以閘河久堙報罷。七年六月乙巳，御史吴仲等浚通惠河成。上言：障水石壩今已修成，而通閘在通州城中，永井環遶，積水丈餘，西水關久浸水中，非長便。舊有慶豐上閘、平津中閘，今已廢，宜拆運通州西水關外，創石閘一座，更將前石壩南徙二十丈餘，于其處改造，石閘啓閉以時，則通惠一帶可無泅溢之患，詔從之。十年九月辛未，巡按直隸御史詹寬言：興濟二閘宜以石甃，德州當衛漳滹沱下流，稍近滈津，可更置閘以爲減水區。詔總理河臣相度。十四年七月癸未，巡河御史曾翀言：運河自臨清而下，諸水合流，經千里始抵直沽屬，大雨時行百川灌河，水勢衝潰散漫，不能禁，宜于瀛渤上流，如滄州絶堤、興濟小埽灣、德州四女樹、景州泊頭鎮，各修復減水閘股，引諸水，則其勢分而不害，報可。明年閏十二月壬子，總督漕運右都御史周金言：黄河支流各入清河，從新莊閘灌入，裏河口多淤澱，訪之故老，皆言河自汴來，本渾濁渦，淮泗俱清，新莊閘正當會合處，故匯流貯沙，輒以挑治，滋煩費。臣竊計新莊口南諸閘遇水發，須築壩以防。又貢使與勢官經行輒掘放，恐非長計，誠於新莊閘更穿一渠，約袤五丈，復立閘三層，水發則三板齊下，貼蓆封固，縱有滲漏，其勢微而浚治頗易，報可。十九年九月壬寅，運糧千户李顯言：從淮安抵瓜儀，水勢高下，相去可丈餘，實賴瓜儀二壩爲堤障。往歲壩潰水衝，河道淤淺，今可從瓜洲陳家灣、儀真新城各增建一閘，次及楊子橋，又次及揚州東關，亦增設。儻二壩衝決，則下灣城二閘，不則下楊子橋閘，不則又下東水關閘，如此則閉水可及，而舟楫無大梗。從之。二十一年九月庚午，總理河道都御史王以旂言：徐吕、二洪亂石險峻，舟嘗敗於水淺。舊置閘束水洪流以利，今洪湍如故，可從境山鎮二洪下各置石閘，更留月河，以泄暴水。沙坊等淺，由河廣漫流，相度地形，利宜築四壩。武家溝、小河口、石城、匙頭灣諸淺，第令預備方船以防撈淺而已。詔如議。二十三年十月辛卯，管河郎中歐陽烈言：衛河自臨清抵直沽，止三減水閘，故河漲往往爲患，宜從德州以北再增一座，更沿河築攔水月堤以護河岸，從之。二十五年二月甲午，裁革楊州朝宗二閘。降慶元年五月己未，南陽新河工成，自留城至赤龍潭建閘八、減水閘二十、壩一十有二。癸未，修理普濟閘。四年三月壬申，工部覆御史楊家相建閘壩議，言瓜洲土壩剥運甚難，莫如建閘便，境山諸閘日就坍壞，宜及時葺理之。詔如議。其明年五月壬申，工給事中張博請改瓜洲土壩爲閘，便部覆此議，久行勘而所司莫報，其必有牟利之徒，倡言阻撓，當事者又憚改作，故不决。請刻期經度以聞，從之。六年五月丙戌，工尚書朱衡及漕河諸臣會議，瓜洲建閘有五便，報可。

明 章潢《圖書編》卷五五《兩河新築堤閘壩總叙》 竊惟黄淮二河，古稱二瀆。黄河發源於星宿海，經崑崙山歷陝西、山西、河南，出南直隸之徐州，合山東汶泗諸水，以資運道。自徐經邳，至清河縣東，與淮水會。淮河發源於河南之桐栢山，經鳳陽泗州，亦至清河縣東，與黄河會。二瀆合流，俱經安東縣，由雲梯關入海。其淮河以南則由淮安歷揚州，以通江南，黄河以北則由會通河歷天津，以達京師。兩河抱於鳳泗，光岳鍾於祖陵，我國家億萬年根本之地，實在於此。且歲輸江南四百萬之糧，以給官軍數十萬之用，上有關於國計，下有係於民生。自隆慶年間黄河從崔鎮等口北決，淮水從高家堰等處東決，二瀆之水散漫無歸，故入海之路停滯而不達，此非河之淺也，水不行而沙自塞耳。今惟諸決盡塞，兩河復合，水行沙刷，海口復通，且堅築壩堰以防髟秋之漲，連建減水壩以洩盈溢之水，築歸仁集而泗州陵寢無衝射之虞，固黃浦、八淺、寶應諸堤而興，鹽諸邑無昏墊之苦，塞天妃閘以拒黃流，修復通濟、清江、福興諸閘以嚴啓閉，復禮、智二壩，剏建天妃壩以便車盤，則二瀆不至橫流，兩河悉循故道，閭閻有可耕之業，漕運無轉輓之難，真平成之偉觀，曠世之希覯也。

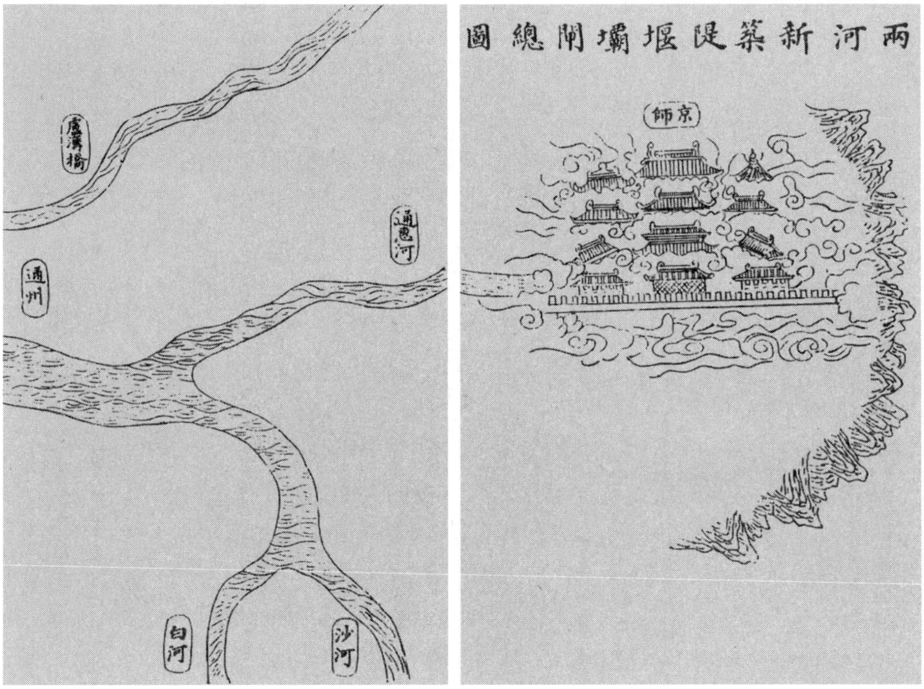

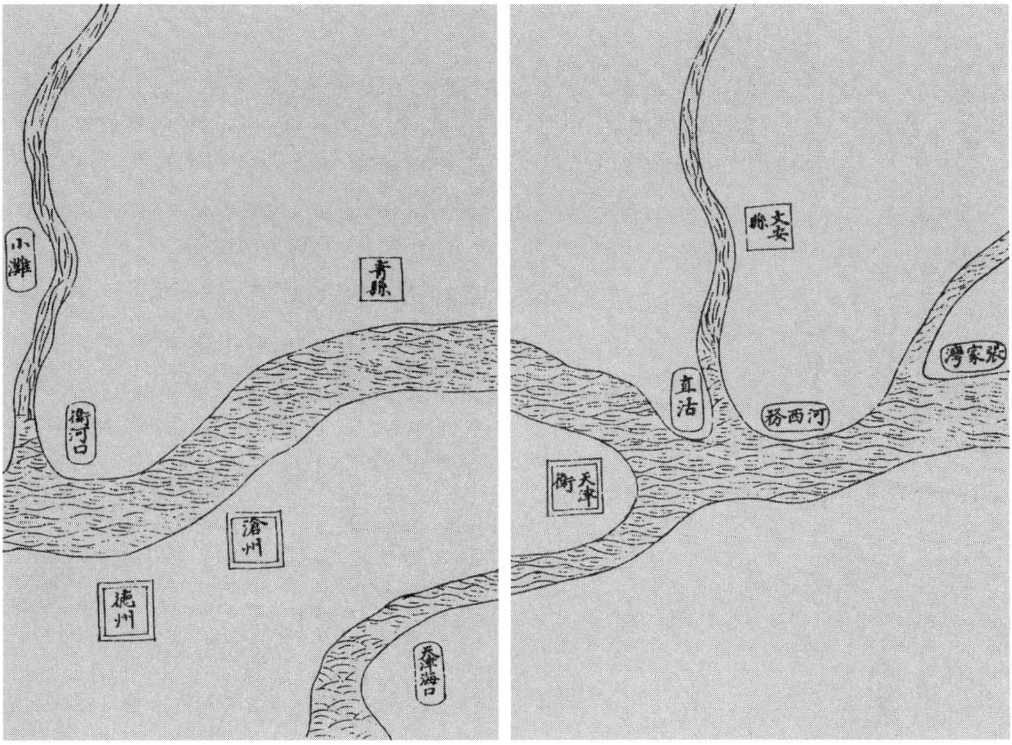

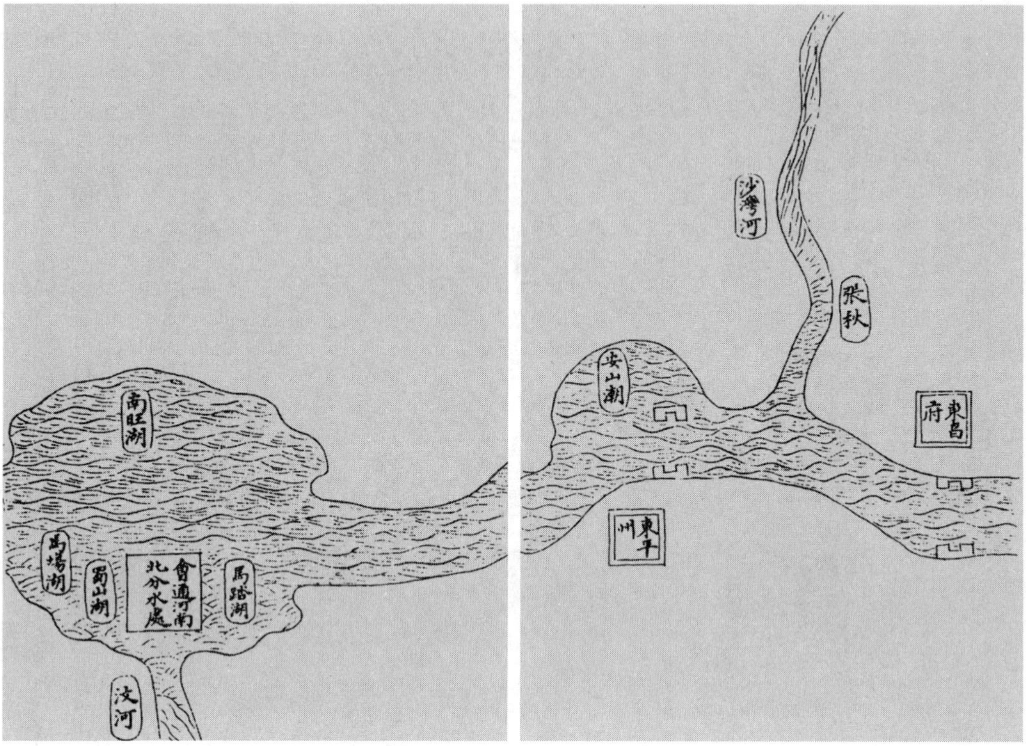
東昌府
張秋
沙灣河
安山湖
東平州
南旺湖
會通河南北分水處
馬踏湖
蜀山湖
馬場湖
汶河

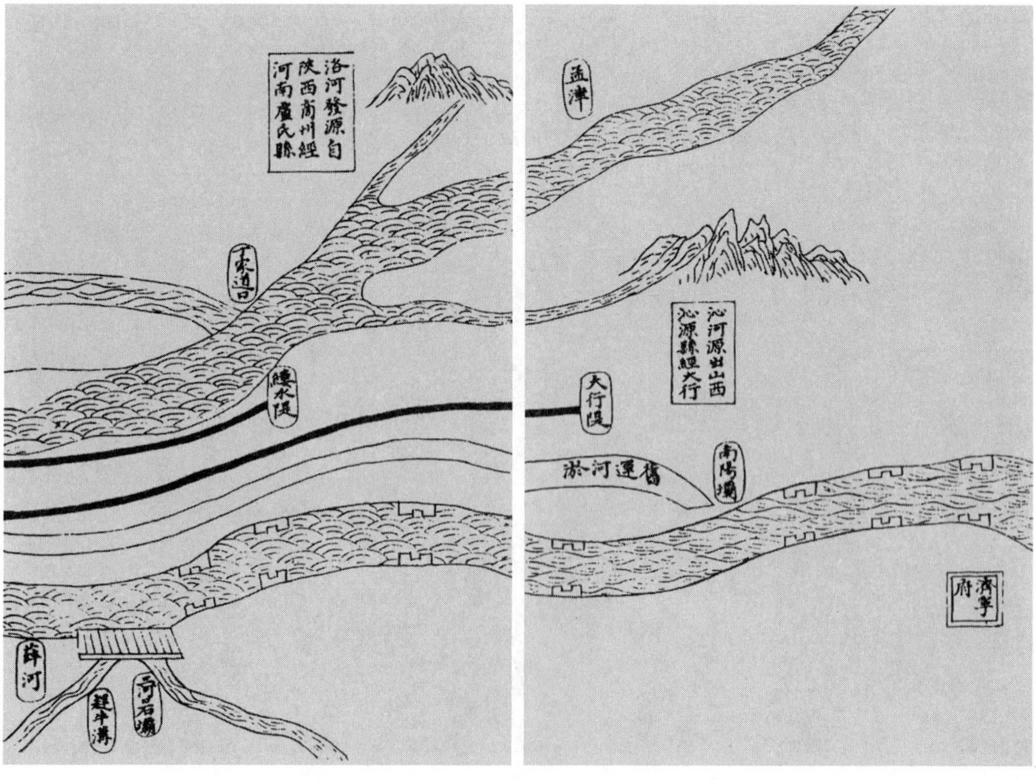
濟寧府
南陽壩
舊運河淤
大行隄
沁河源出山西沁源縣經大行
孟津
洛河發源自陝西商州經河南盧氏縣
丁家道口
縷水隄
薛河
趕牛溝

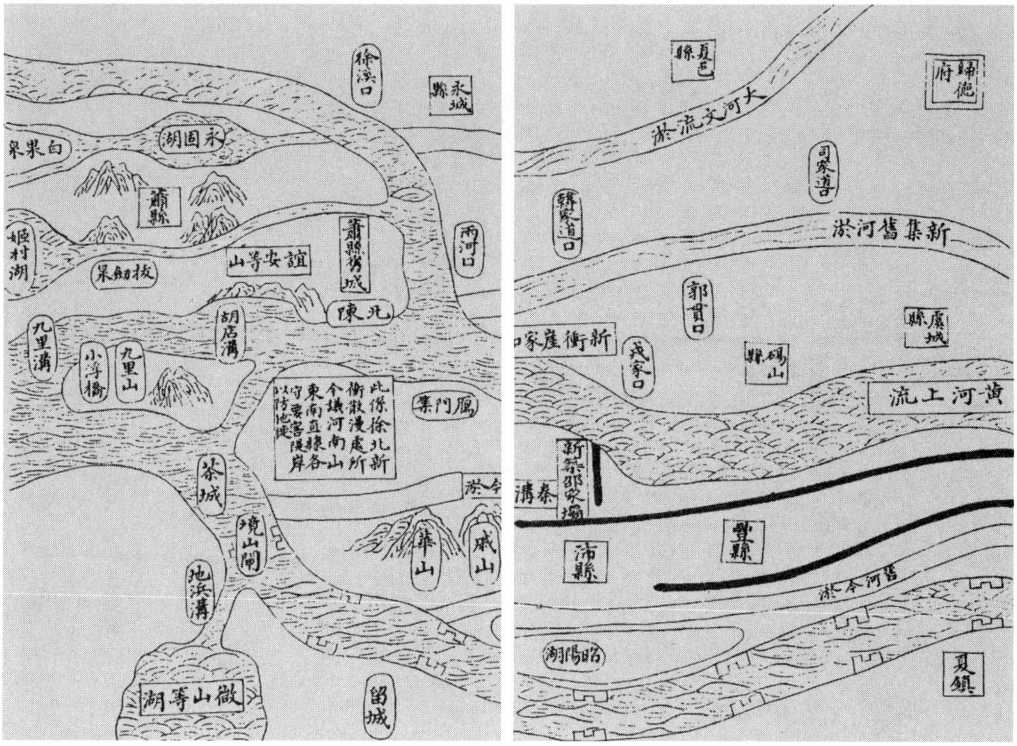
歸德府
夏邑縣
永城縣
徐溪口
大河支流淤
司家道口
辟家道口
新集舊河淤
永固湖
白衆泉
蕭縣
姬村湖
拔劍泉
誼安等山
蕭縣舊城
兩河口
北陳
郭貫口
虞城縣
九里溝
胡店溝
小浮橋
九里山
新衛家莊口
戎家口
碭山縣
黄河上流
鳳門集
此係徐北新衝散漫處所今議河南山東南直隸各守要害護岸以防他堤
茶城
今淤
新築邵家壩
秦溝
境山閘
華山
戚山
沛縣
豐縣
舊河今淤
地浜溝
昭陽湖
夏鎮
微山等湖
留城

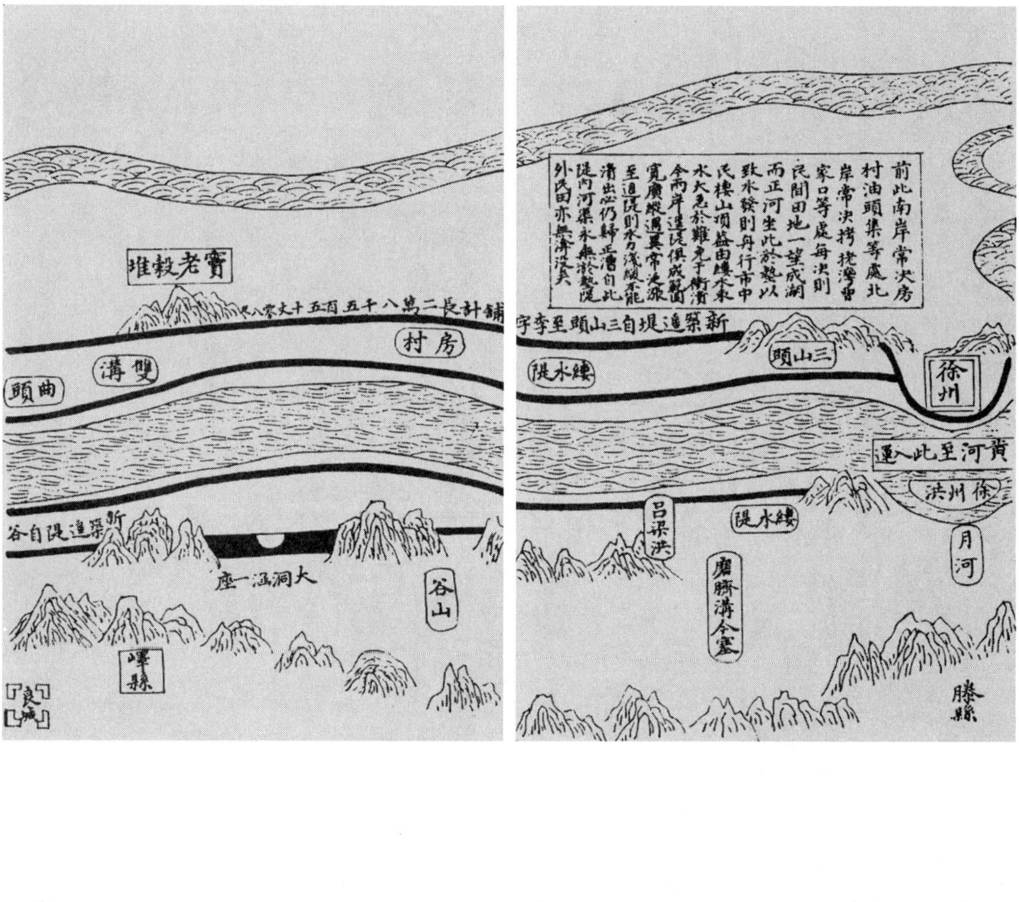
前此南岸常決房村油頭集等處北岸常決拷拷灣曹家口等處每決則民間田地一望成湖而正河坐此於墊以致水發則舟行市中民棲山頂益由縷水束水大急於難免于衝潰今兩岸進堤俱成罷固寬廣縱遇異常之漲至遙堤則水力淺緩不能潰出必仍歸正漕自此堤內河渠永無淤墊堤外民田亦無渰沒矣
寶老穀堆
新築遙堤自三山頭至李字
三山頭
縷水隄
徐州
房村
雙溝
曲頭
黄河至此入運
徐州洪
呂梁洪
縷水隄
月河
新築遙隄自谷
大洞涵一座
谷山
磨臍溝今塞
嶧縣
滕縣
良城

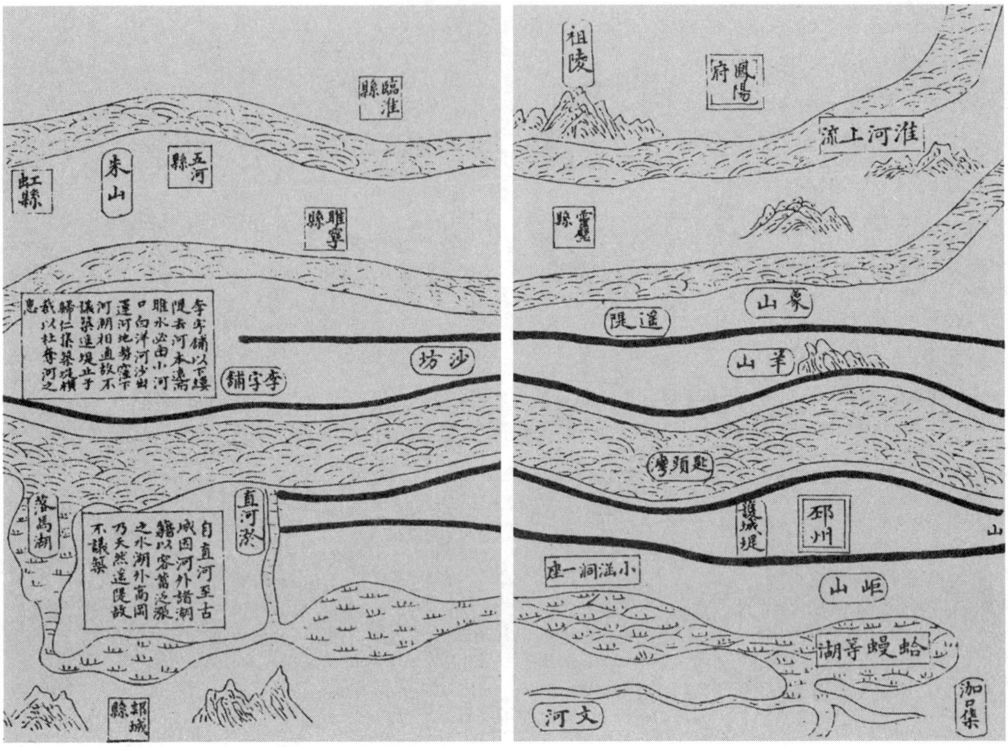

祖陵
鳳陽府
臨淮縣
淮河上流
五河縣
虹縣
朱山
靈璧縣
雎寧縣
象山
遥隄
沙坊
羊山
李字舖
起頭灣
邳州
直河淤
駱馬湖
小河一洞匯
岠山
蛤蟆蕩湖
文河
泇口集
邳城縣

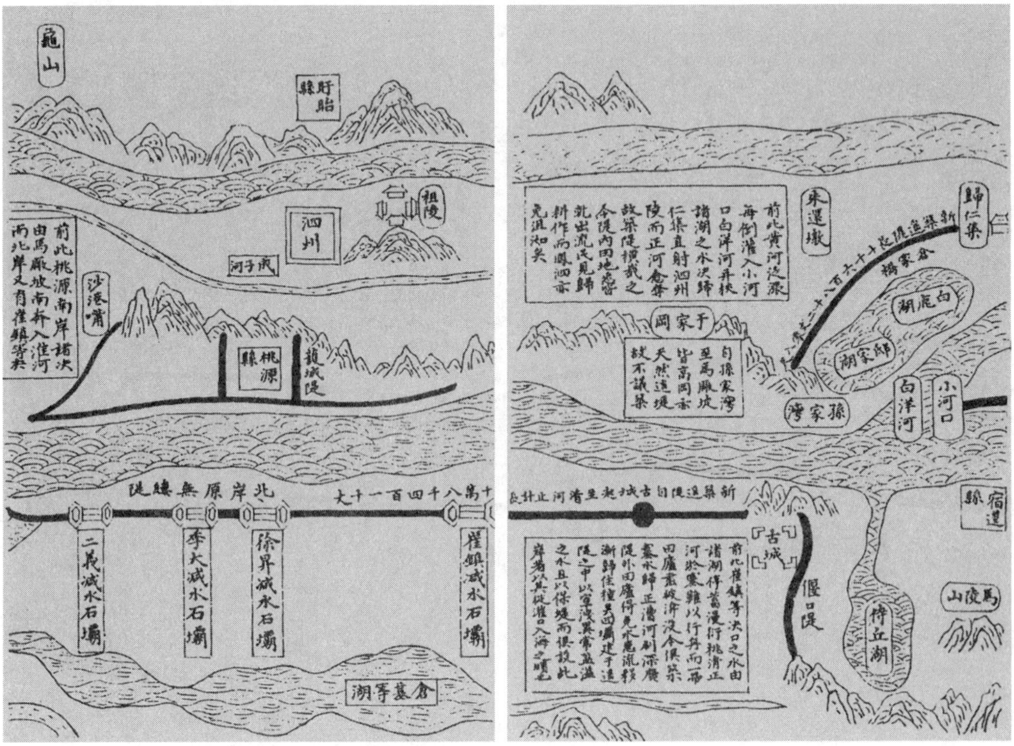

龜山
盱眙縣
祖陵
泗州
沙港嘴
桃源縣
二長減水石壩
季大減水石壩
徐昇減水石壩
崔鎮減水石壩
來遥墩
歸仁集
小河口
白洋河
宿遷縣
古城
侍丘湖
馬陵山

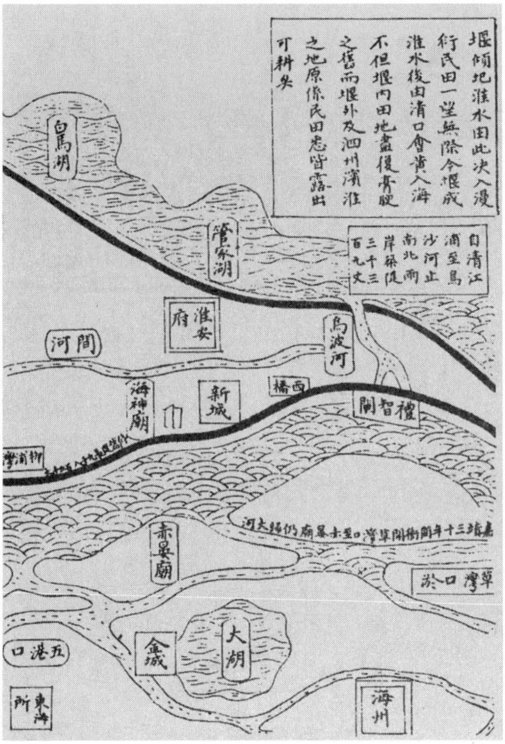
堰傾圮淮水由此決入漫衍民田一望無際今堰成淮水復由清口會黃入海不但堰內田地盡復膏腴之舊而堰外及泗州瀕淮之地原係民田悉皆露出可耕矣
白馬湖
淮安府
新城
海神廟
禮智閘
赤晏廟
大湖
金城
五港口
海州
東海所

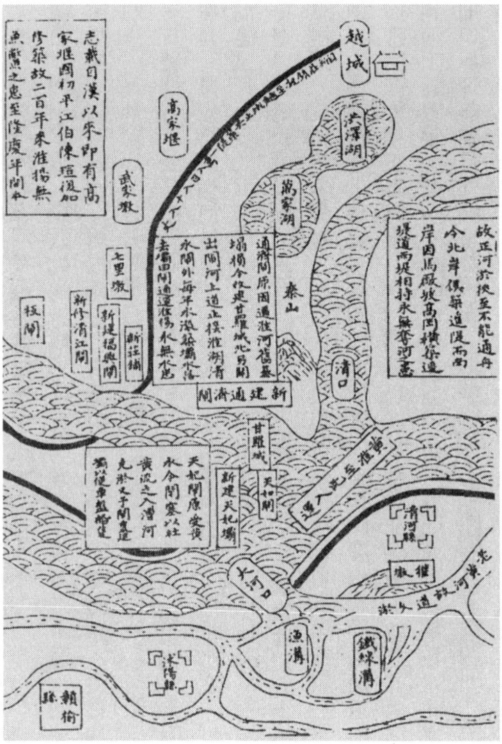
志載自漢以來即有高家堰國初平江伯陳瑄復加修築故二百年來淮揚無昏墊之患至隆慶年間本
越城
高家堰
武家墩
大澤湖
萬家湖
泰山
七里墩
板閘
新修清江閘
新建福興閘
新莊閘
清口
新建通濟閘
甘羅城
天妃閘
新建天妃壩
漁溝
鐵綫溝

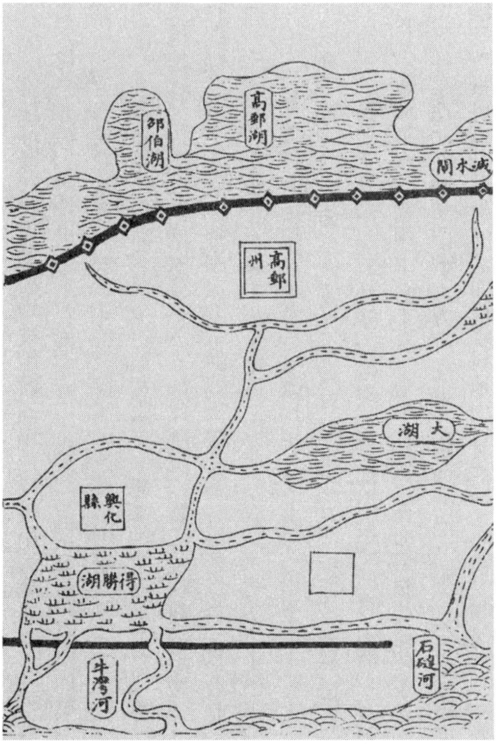
高郵湖
邵伯湖
減水閘
高郵州
大湖
興化縣
得勝湖

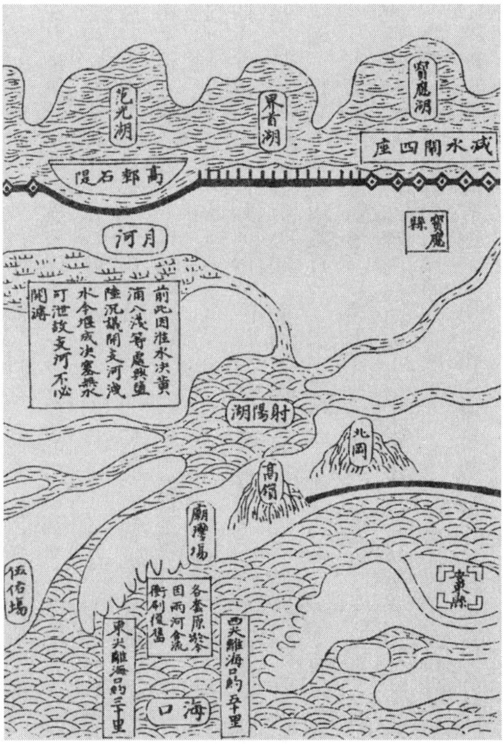
寶應湖
界首湖
氾光湖
減水閘四座
高郵石堤
月河
寶應縣
射陽湖
北岡
高嶺
廟灣場
伍佑場
海口

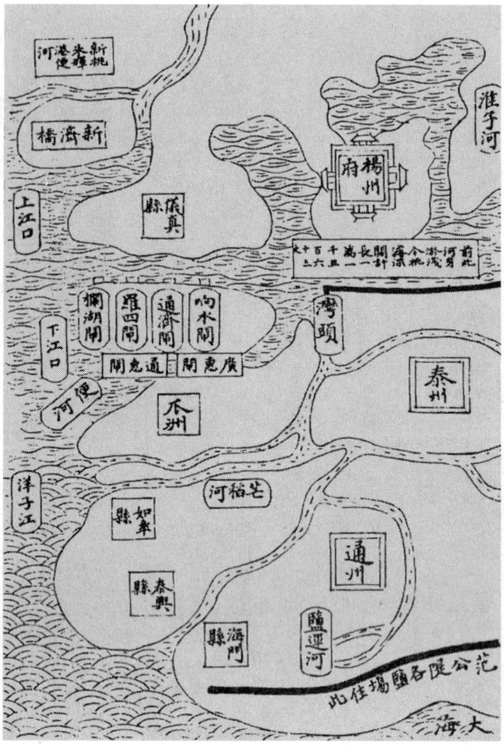

清 繼格《辦理浚河築壩并各工情形疏》《清經世文續編》卷九九

竊查去歲熟，河山水漲，發武列河石壩，全行漫溢，致將避暑山莊宮墻泊岸各處堆撥，多被衝刷，坍塌傾圮。當日由前任都統恩福奏請，由直隸派員勘修，欽奉諭旨，着李鴻章遴派妥員前往熟河，詳細勘估，奏明辦理。經署直隸總督李鴻章派委候補知府陳慶滋來熱勘估等因，欽此！當因工鉅費繁，擬先將武列河挑浚，并於西岸加築攔水右壩，遇水小之年，不致氾濫。其石壩大工，另行籌辦，奏蒙恩準在案。奴才抵任後，躬親履勘，查得石壩稍可緩修，宮墻泊岸堆撥，勢難延緩。奏奉諭旨，著李鴻章籌款辦理，旋由該署督奏，請由入項旗租及旗産錢糧項下匀撥銀三萬八千兩，由長蘆鹽課借墊銀三萬八千兩，責成委員陳慶滋會同熱河道府核實辦理。茲本年正月二十八日，該委員候補知府陳慶滋來熱，并由藩庫領到河工經費銀三萬兩，奏請奴才添派，委員會同商辦，當經奴才遴派理刑司員理藩院員外郎格圖鏗額、刑部候補主事陳慶萱等會同前往察勘，據該委員等稟稱，查武列河上游二道河西岸淤出，灘洲逼水，東行爲東山嘴所阻，不得順流而下，遂致逼向西注，直衝獅子溝，將西岸刷成大灣。該處近年地勢淤高，與東岸山嘴相逼，致水直衝西岸，流杯亭一帶亦刷成大灣。下游迎水村等處河身逼窄，河流全向西注，加以去年雨水、山水并漲，宮墻堆撥，兵房郡街均被衝灌傾塌。現擬用裁灣取直之法，河取中泓，切去灘嘴，將挖出之土石堆攔西岸成堤，再于緊要處所加築攔水大壩，二道河長灘裁短，使水順軌，獅子溝流杯亭兩處大灣堵築上口，浚河中泓。去秋新挖中段河道稍窄，加寬數丈，迎水村左近東山根一帶，均偏東挑挖取，仍中泓以便順流直下。如此辦理，雖工費較前估少增，庶幾稍有把握，再下至五火神廟地方，河寬街盡，不必再興作矣。共計此河應挑長一千七百一十丈，口寬十丈、十四丈不等，底寬六丈、十丈不等，深三尺、八尺不等。有河道處加寬一丈五尺至五丈不等，出土在十五丈、二十丈以外不等，共計出土六萬九千六百七十五方，每方土價約銀四錢，約共需銀二萬七千餘兩。流杯亭一帶現在平地出泉，尚有小溜，必須填墊三尺，疏消積水，約用土數千方，尚未計核。查加築攔水壩必在去夏被水之流杯亭迤北九堆房以下，方可攔東北兩面漲漫之水，不致逼近園庭之墻。然祇可爲上游保障，而迎水村地面且窄低，向賴大壩保護。今無大壩，如水勢稍長，必致漫溢氾濫，村莊、衙署、營房、郡街皆不能免，此處亦必加築攔水壩，方資保護。上游之壩可用魚鱗坦形勢做法，上接廢壩之根，斜入河中，再行收同貼岸，岸約長三十八九丈，原擬用大料石二十層。下用大樁爲根，中用三合土爲心，約需工料銀七千餘兩。下游之壩可用常行立壩之勢，上接五堆房之下，泊岸兼做旱橋，以便行人往來。下接迎水村北之廢壩，約長三十七八丈，原擬用大料石八九層，約需工料銀四千餘兩。惟查武列河形勢，以修築大壩爲萬全之策。今因鉅款難籌，暫爲之計，如將來修復大壩，此項工程係屬重疊，不如將上下游二壩改爲草壩，每壩不過費用數百金，水小之年亦可捍衛，費既省，而款不致虚拋。其宮墻泊岸堆撥情形，核與上年所查無異，惟本年工、較價、物料，去歲原勘時無不加增，實因熱河地方被水之後，年景歉收，以致銀價日微，物價昂貴。惟有竭力撙節，工歸實在，項不虚縻而已。至口外天氣較寒，清明以後，地脈方融，一切工作均難早動譁擇。於三月初九日開工，稟請奴才親詣查勘，前來當經奴才率同道府司員等官親往河干逐一確查，核與該委員等所稟無異，即批飭該委員等按照所稟核實修浚，務期工堅，料無實稍草率偷減。除開工日期另摺，會同熱河總管奴才端芳、奴才文珮奏報，并咨明直隸總督查照外，所有挑浚武列河、加築攔水埽并修整宮墻泊岸堆撥等工大概情形各緣由，理合恭摺具奏。

清 徐端《回瀾紀要》卷上《掌埽官》 總理一埽事宜，點驗兵夫，核算料土，稽查牌桶，清理土料路，支發錢文，此任最爲繁重，必須每埽遴選曆練年久、精明公正之廳官一員，專司其事，另派隨埽官數員，聽其隨時調遣。

又《掌埽須知》 掌埽官向委道員總理，以丞倅副之。然道員所管一道之公事較繁，且職分較大，何能身親細事？其實仍以廳員爲主，必遴資深才裕者任之，其職雖丞倅，其權則與道等，凡遠泛檄調到工之員弁，皆以掌埽爲依歸，安其居處，時其飲食，耳目心思，無處不周，竹頭木屑，無物不備。集思廣益，信賞必罰，務使在埽之官弁、兵夫皆畏之如嚴師，愛之如慈母。下情無不上達，而奸弊不敢稍萌。然後調度驅策如臂指之，聯絡從心，庶日起有功，克觀厥成矣。凡應知事宜，就素所閱曆者撮其條目，詳著於篇。

一、到埽時先看兩埽臺是否相對，測量現在水深若干，并問明至深若干，兩埽公同議定，某埽進幾占，每占約用正雜料若干，共計應用若干夫、土、錢、文亦照數約計，當關照總局各廠，早爲置備，寧可有餘，無令不足。如埽前水勢深不過三丈，每日可進一占。倘水勢加深亦不過三日兩占，開工宜早，日間趕緊，不必做夜工。

一、每日一占，勾回後即於上水、下水中間量水深若干，高寬若干，寫一小牌子，插於下水埽眘，以備查考。此占共計單長若干，查明用料若干，每料一堆廂，做單長若干。此應派一員專司其事，再親自測量水勢，則料垛之虛實，可以立見。

一、每做一占，用繩纜若干，此係專管小廠文員之事，按占報數，初出占時，水勢尚淺，可以節省，及至水深流急，必須加用，萬勿惜小費而悮事。

一、每占廂做一坯，料即用一坯土，按坯頭之厚薄，一坯壓完，即簽試壓土若干。此應派文員專司其事，某日廂埽幾坯，某坯壓土若干，按日摺報。仍須親自查量，否則又爲人開冒銷法門矣。

一、買料當以垛計，先看廠内料垛，每垛稭若干束，或柴若干束，每束約重幾觔，每人能抗幾束，以道路之遠近，或每束一文或二三文，掌埽官按垛計算，酌定價錢，派千把効用等專管此事。每日用垛幾個，按數給錢。如用埽上積料，另定價錢，必須分投跑買，不得與大廠之料同走一路，致難分別。或用小車按垛包推，較爲省便，每車插小旂一面，與民料庶有分别。垛底務令推净，否則糟蹋不少。應另派一員專管拆垛，每運一車，發籌一根，到埽繳銷，埽上派收籌人，以便查考。

一、買上土埽，按土塘遠近，如往還二里，每人可走二十五回，每車定以六七八文，則一人每日所得將及二百文，飲食之外尚有餘資。總之，視路遠近定價，愈遠愈加，則人夫自然踴躍。簰桶錢文，最易拋散，或十千一桶，或二十千一桶，領錢時或用經摺，或用小票，總要掌埽官用一圖書，或花押赴分局請領，以杜空領之弊。

一、廂埽無法，全憑土壓。此古諺也，然亦須知輕重。大都埽未到底，不可驟用大土。如新占頭、二、三、四坯用土數寸至尺許，五、六、七、八坯用土尺五六至二尺，到底後方可加重土，如壓土三尺，應分作三坯，於壓蓋柴土後，從前眘壓，起高一尺，遞至埽眼。仍復折回，做三坯追壓，萬無一失。

一、埽上進占，後應於上水下水各立志樁一根，以驗水之長落。如進占數十丈，金門收窄，埽上水漸長，埽下水漸落，則埽工堅實，可知若水勢長落上下相同，則埽底未能閉氣，必仍有過水處，宜加緊用重土追壓，不可以埽臺已高，稍存大意。

一、埽工進占堅實，則下水必漸澄淤，如有迴溜，反爲刷深。掌埽官宜早晚上下周巡閲看，測量比較深淺。埽肚能吐清水，此埽便穩，倘不見澄淤，即甚可慮。宜細細講求，或係大埽繩纜，傢伙太緊，有架空之病，或埽後離檔太大，土壓不醒，除本埽加壓重土外，當再從上水邊埽夾土埽，用力填築，設法追壓，以救其病。

一、埽上必須進丈得丈，實在穩固，再行開占，不可貪圖見功，急於前進，致有閃失，則前功盡棄矣。慎之！慎之！

一、埽頭定橛，宜避埽眼，悮釘埽眼，即有蟄裂之患。

一、悶橛不宜過早，須細看實在到底，繩纜不喫重，方可用土埋橛。

一、邊埽爲大壩護衛，不可忽視。邊埽稍有病，必累及大壩。如邊埽穩固，十分堅實，則大壩雖有病，儘可藉以搶救也。

一、金門收窄，下水迴溜，必大應做護崖埽段，所費不貲，擬以木龍代之，較爲省便。當以開工前發辦龍木簟繩運至工次，并預備鈎手，一見迴溜，即趕紮木龍，以資挑護。合龍後，仍可拆起，以爲他用。

一、埽眉打齊板，應看上下水深淺尺寸，酌量打成馬面，或倒馬面，庶螯定時，不致參差。

一、跑牌買土買料之法，土要大擔，料要大扛，量其路之遠近，畫一給錢，不許多寡爭競。稍有停留，立即攆逐，遇小筐之土，小扛之料，一槩無錢，則錢不苟費，土料皆得實用。至車土，惟長壩臺爲得用，應派人專買，不可夾雜，以致礙路。

一、買土官必須分路，俾各有專責，以便稽查。正壩分上下水兩路，如壩臺寬，另行酌添加長。壩臺應專爲一路，上下邊埽各爲一路，夾土壩爲一路。其一壩兩三路者，應量明丈尺，釘橛縴纜，分清道路，以免推諉之病。

一、料土路既分別清楚，空重不許并行，自不致擁擠，買土棚後無積壓之土擔，則壩頭之土自多矣。

一、跕段攆柴土之效用，百總皆開列名單，粘貼官棚，隨時稽查。皆令分段排列站開，不許聚集閒談，庶免挑土扛料人夫沿路丟拋，不能全上壩頭。

一、所僱隨壩夫、扛夫、扒摟夫，應每名給予腰牌，隨時抽查點驗，不准有碎料、亂草堆積壩面，惟扒摟夫及站段之弁目是問。

一、力作兵丁，上水若干名，下水若干名，椿手幾班，何人管領，寫一單貼於官棚內，隨時查驗，不任短少。每至壩頭，見有厢工出力，料纓全砍，鋪料平整者，記明酌量獎賞。如有不砍小纓，以及鋪料縱橫，任意亂填，問明管隊何人，立予責處。

一、買土官如兩路買土，則需二人散錢，二人送錢以供分發。二人領錢，二人攆路再輪流。喫飯尚需人，通共需十餘人，始能當此差使。而該員平素用人多則兩人，少則一人，其餘多人皆派差役烏合之衆，且有先用銀錢營求薦引者。此等人求意專爲偷錢，并有放鷹等弊，若不嚴行查察，何所底止？惟有按坯收土，庶有查考，如用錢過多，即應查究。

一、壩上用料，掌壩官發折垛籌，或兩垛一開，或四垛一開。廠中拆完一垛，即將垛上原掛之牌送掌壩官處繳銷，以便查考。廠中應另僱拆垛夫數名，上垛按層拆卸，不許衆夫上垛混拉，以致糟蹋整料。

一、分局向設壩上，管發簰桶錢文。其錢文大都總局撥來，然分局總要存錢數百千，斷不可用盡再領。倘一斷錢，則土料停手矣。簰桶錢文，時常抽盤，否則錢不足數，只需錢板比足，不必細數也。

一、小廠管壩上繩橛騎馬，派一文員專司其事，應用各件隨用隨發，亦不可用盡再發。

一、每鈎占時，必須親到壩頭逐條查點，所有繩頭即令壩兵割下，押回小廠，按日摺報，重若干觔，俟有成數，再繳雜料廠，名爲回頭縩。此事雖細，積少成多，不可以少而忽之。再製秤一桿，上壩縩繩，每條俱有觔重牌子，隨時抽秤，以杜繩廠之弊。

一、縩繩大都以長十丈爲度，究當視水之深淺，如出占水深三丈，埽出水二丈，共高深五丈，兩面共長十丈。再計一占約寬三丈，底面共寬六丈，加以底鈎四丈，面鈎五丈，共計長二十五丈。若用十丈繩，兩沖則不足，三沖則有餘，竟定用十三丈繩，兩沖足矣。少一沖則少一結，可省縩十餘觔，掌壩官臨時測量水勢，酌定丈尺水深，遞算加長，飭知雜料廠遵辦可耳。

一、初出占時，口門尚寬，占子愈大愈穩，且省繩纜，又少埽眼。

一、壩臺如定高出水面二丈，新占鈎時只要一丈七八尺。俟做成四占，即將第一占壓大土一坯，高五尺，再進一占，再壓一占，總離壩頭三占爲度，則面土已高一丈五尺矣。如此辦法，自無簾子水等病，夫土雖多，用料較少，不但省費，而於工程實加穩固。

一、壩上向有沿途販土販料之人，約有數病，料改小扛，則壩頭人多，而料少急切，不能厢高，且恐沿路有走失偷漏之病，土改小筐，其病亦然。兼之黑夜，巡查不到，必致偷挖壩臺之土，故不可不嚴行查禁，驅逐至放鷹，轉筐之人皆小筐小扛，多從堤根販買而來，禁販料土，亦所以杜其源也。近年沿途有埽女小孩搶料以作燒烟者，亦宜責令巡料官兵嚴行驅逐。

一、壩上務令土料不停出占，時所用無多，勢不得不暫爲守候。如已進至三五占，必須正壩用料，邊埽用土，邊埽用料，則正壩用土，與武掌壩官商定，彼此相讓，則工程轉速，而人夫無守候之苦。

一、壩上必須打掃潔浄，倘有絲毫裂縫，每日清晨查看，一目了然，隨時設法救辦，不可忽視。語云：千金之堤，潰於蟻穴。壩上但有一絲之縫，爲害即不小也。

一、凡捲下大埽，宜於前一日戌時鋪埽，至次日丑時捲，至辰正即巳下河，庶盡一日之力，可以加厢到底。

一、進占時夜工固不必做，可免燈火之患。然亦有不能不連夜搶辦者，如金門收窄，大溜湧激，不能軟厢，只得捲下大埽，此埽下水後必須窮日夜之力一氣加厢，追壓到底，方可歇手。倘埽未到底，懸掛壩頭，有拔裂之患，所關甚大，不可稍存姑息，因深夜停工，此爲最要。

一、趕做夜工，應用燈籠。按壩臺之寬窄，酌定路數，如正壩寬十丈，應用燈四路。按長二丈，釘架一個，一架兩燈，一夫管三架。惟壩頭新占不能用架，須僱夫挑燈，每人執挑竿一個，亦掛兩燈。統計壩長若干，用燈幾路，每路按兩丈，一架共燈，若干壩頭用燈若干，二共燈若干，章程一定辦者，易爲照料，查者易於查點。燈籠應用麤鐵絲加工編紮，底盤要厚而重，插燭釘要麤而短。口上用一鐵皮，蓋以避風雨。至於土路料路，均須路燈，按丈尺分派，亦有定數。

一、開工時應於壩下專設渡船，以便兩壩往來。其船約有數種，馬船、划船僅可共人夫馬匹之用，若運錢、運繩纜橛木等項，應另備堅實寬大之船。

一、搭官棚須墊土基高三尺，庶遠望瞭然，壩上進占至數十丈，則官棚即應再移向前。

一、開工之始，人夫閒暇，或埽上不用土時，應於壩臺後預積土山一二座，以備黑夜搶險時應用。

一、正壩後必須積料以備不時之需，如各壩頭俱不用料，即令買料官在於壩後堆積備用。

一、壩上當差人員，每員向例官飯食錢四百文，尚不敷旅費，而派買土料之員，用人尤多，且專經手錢文，用人尤多，明知其不足，而照例發給，是誨盗也。當量爲調劑，如再有不肖之事，盡法懲處，亦無可怨尤矣。

一、預備下大埽器具。大埽原可不用，然不可不備，另開列於雜料廠條内。

一、在壩官兵遇時節或天寒應普律恤賞。

一、預備合龍繩橛燈籠官兵犒賞數無一定，請示遵行。

一、預備麻布口袋以爲裝油泥之用，如無麻袋，以白布縫之。長不過三尺，寬二尺足矣。大約必得二三千個，有好蒲包亦可。

一、開工後，壩下運料官民船隻不少，口門收窄至十餘丈，即須令各船出口。如果溜勢太緊，應於上邊埽安絞關二部，僱覓人夫，無論官民船，均爲拉出。

一、應禁止婦人、和尚及穿孝服者上壩臺，蓋進占如用兵故，向有嫌忌也。又賣油者亦不准上壩。

藝文

明 姚文灝《開壩歌》《吴中水利全書》卷二八 開河容易壩難通，我有良方不廢工。壩裏掘潭寬似壩，却疏餘土入其中。

清 百齡《守意龕詩集》卷二八《督築王營減壩漫工并查勘海口》 澤國洪流坼，江村井竈空。思艱勞聖慮，悍患策群工。故道湮難復，高源浚可通。誰言沙似鐵，横截海門東。

清 陸錫熊《篁村集》卷一二《開壩謡》 今日喚開壩，明日喚塞壩。壩開壩塞誰得知，太守行河但嗔罵。賦功尺寸官行下，今何聰明昨聾啞。君不見華堂絲竹圍花叢，太守半醉春顔紅。可憐畚鍤開河卒，夜夜號寒向朔風。

又《後開壩謡》 今朝壩開河尚塞，沙積水乾行不得。丹徒牐口潮填淤，何人授值驅丁夫。巡功腳未河干踐，火急文書告役歲。上官歲歲催開河，客子年年愁阻淺。

又《築壩謡》 潤州壩乍開江頭，常州築壩又斷流。行人僵坐四十日，誰知到此還淹留。吁嗟長吏不早計，鼖鼓非時爲民累。補苴下策亦徒然，貨壥空令物湧貴。江南澤國自古傳，不知誰敗濯龍媚。何時却致兩黄鵠，穩送滄波萬斛船。

清 譚宗浚《荔村草堂詩鈔》卷七《水田壩十二韻》 樹杪萬峰懸，人行繞樹邊。撥雲横度彴，躡澗倒聽泉。石作高低抱，山兼向背園。紅蒸楓爛漫，翠戛竹嬋娟。混沌知誰鑿，玲瓏却自然。巖飄仙乳滑，雲護佛鬘鮮。淺瀨疑争地，微烟便倒天。奇峰生馬外，青靄落鷗前。更喜千層曲，都開百頃田。平畦深没鶴，荒隴静呼犍。此地非箕潁，其人邁偓佺。卜耕原未易，聊爲駐吟韉。

雜録

明 崔旦《海運編》卷上《閘壩考》 竊觀新建石閘，僅存者三之一。新河閘口石大頹完，吴家口閘、陳村閘、窩鋪閘、亭口閘、周家莊閘、玉皇廟閘、楊家圈閘傾頽不堪，巋然僅存幸耳。昔年王公獻創建之時，財乏民疲，止以速成爲功，不以久遠爲計，略加挑浚，少煩人力，則石獸閘板、椿木舊基，屢見叠出，而南北之流泛舟矣。所乏者，沽河不遏之南下，濰河不逆之東行，獨白河、張魯河、九穴泊之水耳。事無成績，棄之不講。今者置閘之法必欲崇高，可障秋水淤塞，築堤取河身土，覆兩邊外，重取土以覆之，則爲月河，綿亘夾河以護河身，而行潦秋漲，各順其就下之性，使河水不通野潦，野潦不入河身，淤塞之患將何有乎？議者以白河之沙年久積高，水隨南北分流走沙，秋漲來復不常，宜築小閘三五處，約三四里外以隔之，淤塞之患或可免矣。或曰沽濰水勢汹漲，難置閘壩，予嘗游西蜀觀都江堰，大江自西域萬里劫甚澎湃，秦昭王時蜀太守李冰鑿離堆，分灌口，一堰遏之，江水分擗，溉成都千里之田，號稱陸海。今沽濰之水，遠不過三四百里，勢之大小懸絶矣。按《元史·河渠傳》：制堰之法宜取大石範鐵以關其中，取桐油和石灰，雜麻油而搗之使熟，以苴罅漏岸善崩者密築江石以護之，或植楊柳，或種蔓荆，櫛比鱗次，必賴以固。或疏舊渠以導其流，或鑿新渠以殺其勢，遇秋夏水會之時，則爲石門。或閘以時啓閉而泄蓄之，專官以掌其政，凡淘灘修堰之費，仍蠲於一省兵民所常徭役，俾專其力於堰事。又考近世減水閘之制，植木爲杙，中實磚石，上爲衡木，着以厚板，墁以巨石，屈鐵以鍵之，液稉以塡之，基上甃石，五梁而涂之。梁可引纜，竇可通水，俾水溢則稍殺嚙勢，水涸則河身護存，庶幾無壅滯之處。又考漕運開水閘之法，命工淘沙，底如掌平，錘下椿木，加大木板，鐵釘連之，上方甃石數級，每級上縮八寸，高十五六尺。置細巨石黄灰以固之，底廣二十五尺，面用石板甃二層。廣袤隨量地勢，置木板以啓閉，遇山水泛漲啓板，聽從故道常流，水退閉版障流，以灌河身。兩端爲逆水，雁翅二，各長四十餘尺，順水雁翅二，各長五十餘尺，中爲分水五，各廣三十尺。兩石際連以鐵錠，石上下護以鐵拴，甃口上横巨石，或三或四，各長丈餘，可以免崩塌之患。夫治水之法不過疏與塞而已，疏之説見《禹貢》，導江浚河，隨山刊木，禹迹可考。塞之説不見經傳，近來堤堰議起，往往獲利。周思豫慮，以爲之備，則塞之之利焉可誣，故敢摭拾規矩如左，擇而行之可也。若夫灰石取於附近之山，木植采於海上諸島，鐵冶、油麻責之市集，工匠夫役出之召募，僉議胥協疏建，并舉民不告擾，而事若助之，則又處置得宜，經濟之妙者也。又豈繩墨拘之哉？

清 傅澤洪《行水金鑒》卷一七五《閘壩涵洞彙考》 防水之功莫大於堤，然水之消長不時，過障之虞，其溢也。閘壩以減之，然閘壩之爲費也鉅。非最要，弗建也。次之以涵洞，其減之用微矣，然其爲減一也，保堤之道，三者略備。他或平疇繡錯河潤，是需或下土沮洳，停淤成沃，功亦大矣哉。

黄河南岸碭山縣毛城鋪減水壩一座，毛城鋪減水閘一座，二閘壩水俱減入小神湖，歷靈芝孟山等湖，從歸仁堤五堡減壩便民閘，滙洪澤湖助淮。徐州王家山天然減水閘一座，十八里屯天然減水閘二座，三閘水俱減入馬廠湖，經永堌湖歸靈芝孟山等湖，由歸仁堤減壩入洪澤湖助淮。

睢寧縣峰山龍虎山天然減水閘四座，四閘水俱減入馬淺湖，由靈芝孟山等湖越歸仁堤，減壩入洪澤湖助淮。【略】

黄河北岸徐州大谷山減水壩一座，蘇家山天然減水壩一座，鎮口閘一座，三壩閘水俱減由荆山口出彭家河口，會入北運河。【略】

宿遷縣攔馬河減水壩六座，朱家堂減水壩一座，此壩係淤窪而設，若蕭家渡、楊家莊、七里溝、新莊口諸卑窪處，悉淤高，此壩可以不用。各壩水俱減入中河。

清河縣仲家莊閘一座，王家營大壩一座，二閘壩水俱減入中河，由平旺河入海。

山陽縣武家墩減水壩一座，武家涵洞。

高家堰高良澗減水壩一座，小王莊涵洞周橋涵洞古溝減水壩一座，茆家圍減水壩一座，夏家橋減水壩一座，唐埂北減水壩一座，唐埂中減水壩一座，唐埂南減水壩一座，以上高堰各閘壩涵洞所減之水俱從高寶等湖出高寶各減壩，入下河。【略】

山陽縣鳳陽廠減水石壩一座，壩門寬八尺四寸，壩長十八丈，較龍汪閘頂并各堤頂約低五尺，專爲分龍汪閘上流水勢以保清江浦淮安城而建，所減之水由運料新河歷楊家廟入山陽運河狀元墩涵洞，楊家廟單家口涵洞五十座。

寶應縣北弘濟閘一座，南弘濟閘一座，子嬰溝減水壩一座，長十二丈，洩水之地六丈所減之水由子嬰溝入下河。永平閘壩一座，所減之水俱入下河。

高郵州東岸減水壩一座，洩水之地長四十丈，壩底高於高郵城南磚壩底二尺有奇，止以洩異漲所洩之水入下河，每年六月初一日開放。東岸南關減水磚壩一座，洩水之地計長四十八丈二尺，其所洩之水亦入下河，每年六月初一日開放。東岸五里鋪減水石壩一座，洩水之地寬十一丈，底低於磚壩者二尺有奇，每年四月初一日開放。東岸八里鋪減水石壩一座，洩水之地計長十丈六尺，底低於磚壩者二尺有奇，每年四月初一日開放。東岸柏家墩減水磚壩一座，洩水之地計長五十一丈四尺，每年六月初一日開放。東岸車邏減水石壩一座，洩水之地計長十一丈，每年四月初一日開放。

江都縣東岸鰍魚減水壩一座，洩水之地計長十一丈，所洩之水亦入下河。東岸金灣三閘壩一座，其水減入人字河，歸芒稻河入江。

高寶諸湖下於洪澤湖，而運河又下於高寶諸湖，諸湖西南受滁泗天長之水，由下河入海，故東堤舊有閘座涵洞以洩之，而西北周橋六壩洩下之水亦由諸湖以入下河。故臣復於舊閘壩涵洞之外，增建改建減水壩八座，以向來原有之閘壩涵洞抵洩運河，下注及天泗等處山溪之水，而以新建八壩抵洩周橋六壩之水，而後因入爲出。節宣有度，旱不致於涸運，澇不致於傷堤也。

北運河邳州猫兒窩減水壩一座，減入駱馬湖會歸中河，馬莊集減水壩一座，萬家莊減水壩一座，二壩水俱減入駱馬湖會歸中河。

清 徐端《回瀾紀要》卷上《夾土壩》 澆於大壩上水，上邊埽之內謂之上戧。澆於大壩下水，下邊埽之内謂之裏戧。曆來大工因裏戧水淺，省錢糧而易見功，大都皆用裏戧。然屢經試驗，不能得力，推求其故，緣大壩是新做埽工，一切埽眼腰漏，簾子水等病，斷不能免。當口門未收窄時，内外水勢相平，其病隱而不現，及至合龍後，下邊埽裏戧均未能同時堵合。其時内外水勢高下懸殊，凡有罅縫之處，無不過水，即使裏戧寬澗，一時不能直透，每於土料交接處，循埽眉串注，下邊埽未合之處，刷成溝形，愈刷愈寬，必至將戧土塌盡，大壩隨即蟄塌，爲害不小。至於上戧在大壩上水澆土之時，正壩内凡有埽眼等病，逐漸堵塞合龍，後涓滴不漏，此其明證。惟上水水勢溜而且深，甚難見效，當將正壩先出兩三占。即做上水邊埽，離正壩約寬三五丈，留出空檔，俟邊埽出一兩占，後再行澆土，探量水深若干，合計土方，自可計日竣事。再凡做上水夾土壩，將合龍之前，或以水深溜急，土澆不住，多議用料盤頭，此言不可輕信。蓋土能閉氣，若一用料，則仍通氣，萬不可行。竟宜緩澆一二占，俟正壩堵合，後速將邊埽合龍，然後兩壩并澆，立即閉氣，屢試屢驗。如水深至四丈以外，計算所澆之土，前游約寬二十餘丈，不能跟隨邊埽趕澆出水，則邊埽便無倚靠，宜將邊埽做進，收窄空檔，改用軟草油泥，逐漸廂填，是亦一法也。二壩夾土壩，亦照此辦理。

又《挑水壩》 挑水壩應建於引河頭對岸之上游，所以逼溜，全歸引河，且護西壩根基，最爲緊要。查引河頭應在深水陡崖之處，對岸上游必有灘嘴挑水壩基。此其處也，萬不可過低。低則斜長，做去壩頭，已在引河頭之下，不能得力。亦不可過高，高則溜頭挑於引河頭，迤上塌崖，坐灣引河頭，反成背溜，爲有礙，必須恰對引河頭上唇，方爲得勢。總以看定壩基後先，緝量該處河面寬若干，壩基離大溜若干，未到大溜，必是淺水，應自壩基順勢斜長，每十丈插一標竿，直至溜邊爲止，共計長若干。再於對岸崖上立一標竿，與溜邊標竿緊緊相對，緝量水面尚寬若干。再自岸上標竿，量至引河頭上唇長若干，則壩頭應再做若干丈，可以約略計之。惟壩頭一經着溜，則上提搜後，勢所必然。然挑壩喫一分重，則引河得一分力，必當認眞搶辦，萬勿畏難。此乃離溜較遠之挑壩也。更有切近大溜之工，出一兩占即兜住溜勢，搜後塌岸，不得不於頭埽後接做護岸埽工，竟有接長七八十丈，而溜勢上提不已者。若隨溜做工，何所底止？應於藏頭埽後，如南北河形東西挖槽，東西河形南北挖槽，藏頭於內，可以站住。此等挑壩，雖未多做埽段，然較之挺入河心者尤爲得力。

清　李鴻章《李文忠公奏稿》卷一九《張家口捐修石壩摺》同治十一年五月二十二日　奏爲張家口石壩工程三次捐修完竣，懇恩并案獎叙以昭激勸，恭摺仰祈聖鑒事。竊照直隸萬全縣屬張家口大境，門外向有護城石壩一道，長四百一十七丈有奇，以禦口外東西正三溝之水，不特保衛外藩進貢要道，兼能蔽護口内旗民田廬，洵爲一方保障。每逢坍塌，皆蒙發帑興修，迨軍興以來，庫款支絀。咸豐六年被水衝塌，後始議民捐民辦。曾經前督臣桂良奏奉諭旨，飭部議准捐資各生按照直隸米捐章程給予獎叙，并准免其造册報銷在案。嗣於同治六年七月，口外大雨傾盆，東西正三溝之水同時漲發，致第一段大壩坦坡埋頭海漫等工，并第四、六、七、八段坦坡下截相連，埋頭均被衝塌數十丈。據前任萬全縣知縣李國風會同委員勘明估報，因籌款爲難，禀經前督臣官文批飭，仿照咸豐六年捐修成案，仍由地方紳董勸捐辦理。同治七年閏四月十八日開工，至六月二十六日工竣，共計實用工料制錢九千八百二十四千一百七十五文，内除提用歲修生息制錢二千八百六十七千三百九十五文外，計各商民捐錢六千九百五十六千七百八十文，未及請獎。同治九年六月連日陰雨，以致另段近城石壩被水衝坍，大壩坦坡，埋頭海漫壩頂、石帽壩後灰土素土長四十五丈餘。又繞至壩南，埋頭長十四丈餘，又口内第二圈營房虎皮石壩被衝十丈餘，又蒙古營虎皮石壩被衝十丈餘，均片石無存。時值大汛，不克修築，隨飭紳董雇夫備料，擇要攩護。迨秋汛後經口北道，親往督同查勘，估計工料，爲數甚鉅，無款籌撥，衹得借資民力，設法勸諭捐修。該前縣李國風會同教佐邀集紳董王兆基等，設局勸捐，共捐制錢二萬二千五百七十二千零，并提用歲修生息制錢二千四百三十二千文。於十年二月十一日開工，至三月二十七日一律修竣。前據造册請獎，因册造未符，由司駁飭更造。尚未詳送，復於同治十年八月霪雨連緜，另段舊壩又被衝坍三段，即經該署縣李葆貞會率教佐邀集紳董王兆基等撙節勘估，共需工料制錢三千六百六十八千二百二十六文，先由該縣倡捐銀二百兩，并提十年歲修生息制錢七百六十八千文，發交該紳董，擇於是年八月二十二日開工，不敷工料，由該紳董捐錢二千五百千文，九月初七日修竣。尚短工料制錢二十千二百二十六文，已由該縣照數捐補。以上三次捐修壩工，均由司隨時飭府委員親往查驗，委係工堅料實，并無草率偷減，兹據該縣并案造具，請獎清册，開具用過工料細數，清摺呈由藩司核明，詳請奏咨。前來臣查萬全縣屬張家口，護城石壩三次被水衝決，工程浩大，均經勸捐，修理完整，該官紳等踴躍輸將，洵屬好義急公，應請准其照案獎叙，以示鼓勵。其擬請外獎者，由臣酌給功牌獎札，謹將捐資較多及尤爲出力各官紳，分繕清單，恭呈御覽。合無仰懇聖恩俯准，敕部查照咸豐六年奏獎成案，分别按名核獎，并請頒發執照，轉給衹領至運同銜。前任萬全縣知縣李國風、前署萬全縣知縣候補直隸州知州李葆貞督辦壩工，倡勸兼施，未便没其微勞。李國風可否俟服闋後以直隸州知州升用？李葆貞賞加運同銜之處出自逾格恩施，除將册摺送部外，理合恭摺具奏，伏乞皇太后、皇上聖鑒訓示。再此項工程係紳民捐辦，現已照案開摺送部請免造册報銷，合并陳明，謹奏！

減水石壩

綜述

明　李東陽《懷麓堂集》卷六五《安平鎮減水石壩記》　弘治初，河徙汴北，分爲二支，其一東下張秋鎮，入漕河，與汶水合而北行。六年，霖雨大溢，决其東岸，截流徑趨奪汶以入于海，而漕河中竭，南北道阻。上既命都察院右副都御史臣劉大夏治厥事，復命内官監大監臣李興平、江伯臣、陳鋭總督山東兵民夫往共治之。僉議胥協，疏塞并舉。乃於上流西岸疏爲月河三里許，塞决口九十餘丈，而漕始復通。又上則疏賈魯河、孫家渡，塞荆隆口、黄陵岡，築兩長堤，蹙水南下，由徐淮故道。又議以爲兩堤綿亘甚遠，河或失守，必復至張，秋爲漕河憂。乃相地于舊決之南一里，用近世減水壩之制，植木爲杙，中實甎石，上爲衡木，著以厚板，又上墁以巨石，屈鐵以鍵之，液糅以填之。壩成，廣袤皆十五丈，又其上甃石爲竇五，梁而涂之，梁可引纜，竇可通水，俾水溢則稍殺衝齧，水涸則漕河獲存。庶幾役不重費，而功可保。工既告畢，上更命鎮名爲安平，遷大夏爲左副都御史，又命工部伐石敕内閣臣爲文，各紀功迹，臣東陽當記兹壩之成。臣竊考之治水之法疏與塞而已矣。塞之説不見於經，中古以降，堤堰議起，往往亦以爲利，利與害相值，必較多寡以爲重輕。若毆役土石，當水之怒，費多而利寡，此古人所深戒。惟水勢未迫，後患尚未形，則思豫制以爲之備，則障之利亦不可誣，况兹壩者勢若爲障，而實疏之。顧其疏不至漏，障不至激，去水之害以成其利，暫勞而永逸，費雖不能無，而用則博矣。揆之，善溝者水漱之，善防者水淫之，兩者不亦兼而有之乎？易象財成書，陳修和君出其令，臣宣其力，雖小大勞逸不同，同是道也。今聖天子勤民思理，重餽餉，憫流墊，宵衣而南顧者累歲，非二三臣之賢，其孰克副之？當洪之未塞也，水勢衝激，深莫可測，每一舟至百夫，弗能勝，則人船俱没捲掃。築堰垂成，輒敗千金之費、累日之功，卒然失之若未始。有者群議喧閧，皆若棄而弗終，改而他圖，盖方禦患不暇，而何豫備之有？及臣職就工，而地靈順軌，不逆性以制物，不後天以違時，而又從容優裕，以圖可久之利，銷未然之患，誠事會之不可失者也。然則鑒往轍之覆，經中古以降，堤堰議起，往往亦以爲利，利與害相值，必較多寡以爲重輕，而思成功之難，修廢補罅，以期不墜庸詎，非有司者之責乎？嗚呼！天下之事莫患乎可以爲而不爲，彼宦成之怠，交承之諉，遺智餘力而莫爲盡，未有不貽後日之悔者，獨水也哉。人無於水監，當於民監，斯言也，亦可以喻大矣。唐韋丹築扞江堤竇以疏漲，詔刻碑紀功，著在國史。臣不文，謹書此爲明命復。

藝文

明　李東陽《懷麓堂集》卷九六《至安平鎮減水石壩有懷劉司馬長句》　黄陵江頭河水黄，衝沙走石聲礌琅。北趨平原下廣澤，直使運道無津梁。坐令漕舟百萬若，□壅賈船徒紛龐。帝遣臺臣出治水，水性硉兀難爲降。千金作埽萬夫力，頃刻下墮輕毫芒。臺臣焦思廢食寢，夜夢神禹授以玉簡青琳琅。水行在導不在障，豈以水石争濤瀧。地靈順軌水怪伏，河遂南徙歸徐方。因高爲陵下爲澤，復有石壩磊犖長如岡。豐功偉績不可以數計，此乃餘力非末强。憶昔文皇建都向燕薊，中導汶泗通漕綱。尚書朱公富經略，世上但識陳恭襄。瑄武功徐公有貞，何人亦奇士，盛以勳績爲文章。四十餘年復一決，嘆此之績安可忘。帝命儒臣分書刻金石，此記正屬臣東陽。使船東來一登眺，風日颼爽炎天凉。是時臺臣入兵省，我在江湖思廟廊。但願此岡不墮河不徙，縱有帶礪無滄桑。

白浪河壩

清　劉以貴《重修白浪河壩記》（乾隆）《濰縣志》卷五　《爾雅》：堤謂之梁，堤所以束水，使不得旁洩，即今所謂壩也。白浪河，酈道元稱其水西出丹山，俗謂几山是也。今《志》謂：播鼓山河經濰城東門外北流八十里入海，城東隅正當河流之衝，每遇大雨時行，水勢奔騰號怒，設壩束之，使不得浸城，壩之所係，誠重矣。韓非子云：千丈之堤，以螻蟻之穴潰。是壩賴有前人之創，尤賴有後人之修也。白浪河壩創自萬歷邑侯郭公諱增光者，距今百餘年。城藉以鞏固，人享太平之福，皆頌郭公遺愛於不衰。歲久壩漸壞，水漸逼城。戊子，寧夏李公來涖兹土，閲視城垣，見舊壩崩裂，甚恐水貽城患，慨然以修復爲任，擇日捐金鳩工。同時紳衿聞之，皆曰：受事之初，即倡此義舉，真盛事也，真美政也。於是衆議捐修，各量力興功，經始於春二月，越夏四月壩成，得泉水甘而潔，民利之信乎。公今日之修復，上全郭公創始之遺，抑且與西湖之蘓堤、滑州之陳堤、南康之朱堤并傳不朽矣。

塍輔壩

（雍正）《浙江通志》卷五三　國朝康熙元年，知縣宋士吉於滚壩上裏更築輔壩，廣袤高下與滚壩等。

清 宋士吉《增築南湖五畝塍輔壩紀事》（嘉慶）《餘杭縣志》卷一　余覽舊志而知苕溪，一泓水能納天目萬山之流，經邑治，安行注嘉湖，匯震澤者，以旁分其勢，有南湖。故南湖上下各三十餘里，水有所瀦，亦有所演，以節宣其流。有五畝塍滚壩，故稽浚湖與築壩所自始，始於漢熹平邑令陳公渾，大闢南湖之址，因石門引苕溪别派。其時槖輸四萬金，兼人工以十萬計，柱爲畝塍之砥，長亘千餘丈，所以上吞潰决之勢，下紓漲溢之流。夫然後吾邑東南安樂諸鄉民乃粒食，而錢塘嘉湖諸郡均無水澇患，厥功誠懋矣哉。繼而培修於唐之寶歷間歸公珧、宋時章公得一、江公袤、龜山楊先生。時洎明萬歷間，戴公日强或充前人所未備，或竟前志所欲爲，因時度務，咸無廢績，功與熹平間後先輝映。父老又爲余言：築壩勢甚廣袤矣，而高下畫一，有尺寸不可踰者，蓋壩底洶湧於下，趨似宜高，然稍高則東南有徐流之利，西北受泛濫之灾矣。引横流於上，泄似宜低，然稍低則西北獲安瀾之居，東南被衝激之害矣。玆壩之準也，酌其高下，量其盈縮，使水來有所瀦，瀦不至於溢；去有所流，流不至於湧。如璇璣、玉衡，累黍不差。每春夏水漲，時驗之良，然又益以服漢唐宋諸君子創法之智，何深且遠也。士吉受任以來，講求邑中水利，因見滚壩於今日已久，木漸以朽，石漸以圮，土之勢漸以頽，則壩之力漸以薄，徒培修之無益也。欲計萬全，其唯於滚壩上裏更築輔壩乎。因詳請於撫臺朱公，隨蒙報可。士吉遂督同水利官沈元斌及縣丞王家善、典史馮應舉倡南鄉十八都民飭財鳩工，尚義者以次樂助。是役也，經始於康熙元年十月，告成於次年夏五月。凡木石費千金，人工以萬計，豎木必深，壘石必堅，積土必厚。其廣袤高下，一與滚壩等。滚壩既修，輔壩增築，今而後二壩相依，百年其鞏固乎。蓋南湖爲分，溪水而浚，滚壩爲節，湖水而建，輔壩又以護滚壩而增。因略紀其始末，非敢曰繼武前賢也。幸藉憲庇，以安地方，亦以貽後之君子有事於玆土盡心水利者，俾有所考焉。

笪岳壩

綜述

（嘉靖）《寧國府志》卷五　有笪岳壩引水入官圩，灌田可數十里，亦名銅坑壩。始築于宋學諭徐光遠，河流尋湮。洪武間知府楊觀令光遠孫宗文别開新河以通之，宗文復相地高卑，多築小壩，以達下流，水利遂溥。

清 張仕驤《重修笪岳壩記》（光緒）《宣城縣志》卷三　昔之言水利者，若鄭白之渠尚矣。大勢雖西北高東南下，而瀦澤陂塘以資灌溉，所在皆然。必爲政者創舉修復，爲一勞永逸之計，使百世食其德。吴越間最大者，蘇文忠浚葑田以還西湖之舊，海忠介用饑民開白茆諸河之類是也。吾宣有笪岳壩，蓋唐時所謂德政陂觀察使陳少游置，宋里人學諭徐光遠修築，明洪武中知府事楊公觀命光遠孫文宗别開新河，多築小壩，以達下流，水利遂溥。今之稽亭嶺下俗名銅坑壩者，即其地也。壩凡溉田四十里，引寧邑界内山河一道，由西注東，折而北二里許爲三河口，十里許爲蘇家澗，又十里許爲官圩。圩制如河道閘口，釃水爲八派，支分股引以入於田，凡十萬餘畝。而分壩内爲四部，曰東部，曰西部，曰蔡村，曰新溝。歲各推首事一人，鳩工協築，此其成例也。相沿既久，寖以弛廢。康熙己丑冬，我郡伯佟公來涖事，問民疾苦，惟旱澇是虞。而山農則專資堰水，里人諸生馬彦國、徐易、徐成等以復修笪岳壩請。公單車往視，集父老周咨水泉源委，蓄泄利病，盡得之。乃作而嘆曰：是吾民之大命也。雖工費繁重，惡可以已先，是諸人具情形疾苦控之督撫兩臺，事下藩司勘核，會公甫下車，即親定擘畫，既敏且斷，具其原委，特面陳撫軍葉公九思。撫軍善之議，捐俸速其成，公獨捐三百餘金。召其任事者，庀材又行縣，許借支常平穀二百石，食諸夫匠，秋償之而委丞簿戴君紹祖、曹君廷瑜、梁君應元先後監視。收三河決水，不令洩入大河。去蘇家澗之淤墊，乃繕官坪，均其八派。始於庚寅年九月，竣於是年之十一月。臺憲諸司莫不稱公之勤民事，公不有也。然吾里人僉曰：微公孰貽我永利，其世世無忘。因謀勒石頌德，且以告後來者，而屬余爲之記。余曩以吏事至豫省，聞安陽有萬金渠者，前中丞佟勤僖公拜疏開浚，利溥而且長，復興西史遺迹勤僖公。公世父也，而公初宰洛西，鑿七渠，士人猶能舉萬畝千畝。諸名轉相告詔，以尸祝公之澤。余所吏屬陝州，崤函相望，以是頗得其詳。今公於吾郡中水利在在修舉，而茲壩歷唐宋以來，垂及千祀，人情惰窳，或幾乎廢矣。一旦決口之圮者復固，中流之閼者全疏，且啓閉有時，重農也而無梗，利涉涓滴。與共相屬也，而無病私壅，計田程工，測水置楗，皆出公反覆周詳。若營家事當守之以爲定法，然則里人之欲勿諠於我公者，其沐浴歌咏，不異豫人世食明賜，可知也。公方將入晋，清秩出領封疆，異時爲文忠忠介之所爲，利豈無大於斯者乎？因書以俟之，若夫分任厥役者，僝工醵金，宜別有録云。

傳記

（嘉慶）《寧國府志》卷五 佟賦偉，字德覽，號青士，襄平人，監生。康熙四十八年任寧國府知府，郡頻祲賦，偉實心經理，閔雨祈晴，勸農講約。置義塚掩骼胔，捐修新稔壩，增築桑河石壩，擴筥岳壩，溉田十數萬畝，水利以溥。

（光緒）《重修安徽通志》卷一四三 林珣，字德潤，福建侯官人，紹興初知宣城縣。縣有筥岳、豐稔兩陂，遏溪水以溉田。自政和初爲水所壞，歲常苦旱，莫能復者，珣修治期月而畢。明年，宣城大水破圩一百六十餘所，而陂口不動，百姓更名曰林公泉。

雜録

（萬曆）《寧國府志》卷一 大曆二年，宣州觀察使陳少游築德政陂，溉田二百頃。在城東十六里，疑即今筥岳壩。

（光緒）《重修安徽通志》卷六五 筥岳壩在縣東，一名銅阮壩。宋徐光遠修，明胡仁浚。

（光緒）《宣城縣志》卷四 筥岳壩【略】國朝康熙間馬彦國、徐成等重修，郡守佟賦偉捐銀三百兩、穀二百石，以速其成，進士張仕驤有記。至嘉慶間，於塞傾圮，里人徐瑞彩、徐致忠、胡顯彩等公舉十二人董理修築，奉知府魯飭宗文裔孫徐淮總理壩事淮與徐望曾、徐景莘等清理河道，修築桑河倒壩，小壩克臻完固。

戴村壩

論説

清 張伯行《居濟一得》卷三《戴村壩議》 築壩戴村，遏絶汶流，引水南旺，分行濟運，明臣宋禮之功也。冬春大挑，歲勞民力，夏秋水長，運河漫溢，南北被淹者，不啻四五十州縣，在明臣陳瑄，似不能無過也，蓋戴村壩乃宋禮因堽城壩而制之者也。查元至正二十年，朝議以轉漕弗便，乃自任城開河，分汶水西北流，至須城之安民山，今之開河閘即當年之舊閘也。故今日之河底較當年之閘底高一丈有餘，是其明驗也。始濟佐奉符畢，輔國於堽城之左，作斗門一，遏汶水入洸。後都水少監馬之貞又於其東作雙虹縣門閘，虹相連屬，分受汶水，而於汶河築沙壩一道，以遏汶流。其後屢築屢傾，歲勞民力，議者乃欲改作石壩，爲一勞永逸之計，而馬之貞又以石壩能走水，而不能走沙，沙漲淤平，與無堰同，河底填高，必溢爲害。後成化庚寅，張克謙既築金口壩，并欲築此壩，未幾遽以言者召還。已而巡撫牟公觀其成績，作斗門六，春月水小，則將斗門盡閉，使汶水盡出堽城閘，至濟寧以利漕運。若遇伏秋水漲，則閉堽城閘，將六斗門盡閉，使水與沙盡由斗門入海，故運河無泛濫之虞，而濟寧塘河亦未聞如今日南旺大挑之甚也。其制度盡善盡美，莫有加矣。溯明永樂九年，宋禮以地勢南下而北高，故水之南行也易，而北行也難。因用老人白英之計，改分水口於南旺，而於戴村築壩，以遏汶流，又自戴村開河九十里，至南旺規模方定，偶以微過，蒙督責以儒巾治事，旋命取材川蜀。而明臣平江伯陳瑄即於是年經理河漕，續成其功，而與侍郎金純、都督周長兼督其事功成，後人隨於南旺立祠祀陳瑄金純、周長。此後數十年止知爲陳瑄之成，并無有知其爲宋禮之功者。故明臣文淵閣大學士邱濬《過南旺詩》曰：清江浦上臨清閘，簫鼓叢祠飽飫餘。幾度會同河上過，更無人説宋尚書。謹身殿大學士李東陽詩曰：文皇建都向幽薊，中導汶泗通漕綱。尚書宋公富經略，世上但識陳恭襄。弘治十七年，工部尚侍郎李鐩題請表彰宋禮白英之功，其後又經工部尚書張昇等具題，至正德六年四月初五日，又經工部尚書費宏具題。初七日奉旨，是宋禮等既有功運道，准立祠致祭，是於數十年後始知爲白英之計、宋禮之功也，而不知白英之計未盡行，宋禮之功尚未成也。若使宋禮白英始終其事，則戴村壩自應如堽城壩之制，戴村自應建閘如堽城閘之制，啓閉有方，蓄洩得宜，又何至冬春大挑，歲勞民力，夏秋水漲，南北運河漫溢，淹沒四五十州縣哉？惟陳瑄不能曉宋禮改河之意，既未竟厥功，而萬恭壘石爲灘，潘季馴常居敬築石爲壩，亦未曉馬之貞沙淤壩平之説也。至今日而沙淤河高，底與壩平，馬之貞之言已驗矣。故今日之戴村壩宜照堽城壩之制，除舊壩一百丈外，再築一百丈，較舊壩再高二尺，中作斗門閘八座，視水之消長，以爲啓閉。仍於戴村建閘二座，如堽城閘之制，引水由閘至南旺，以節宣運河，使不至有甚大甚小之患。如是而白英之計始全，宋禮之功始成矣。然此特就戴村壩而言之也，若以通會河之全勢論之，則更有可議者。再查畢輔國始築金口壩，引泗水由府河至濟寧濟運，又建堽城壩以遏汶水，開堽城壩，引汶水，由洸河至濟寧濟運，分流南北，汶泗蓋并用也。斯時糧運僅至安山而止，自安山至臨清，俱用陸運。其後壽張尹韓仲暉及太史邊源相繼建言，由安山開河至臨清，可免陸運之勞。遂以總督漕河馬之貞相厥形勢，開通成河，而會通河始成。洪武二十四年，河決原武黑羊山，以衝張秋，而會通河淤塞數百里，舟不得行，自濟寧至臨清，又用陸運。至永樂九年，命尚書宋禮復開會通河，及用老人白英之計，改築壩於戴村。又開河九十里，引汶水至南旺，分流濟運。於是汶河有專功，而泗水無全力矣。但自南旺以至臺庄，有泗河、沂河及彭口、大泛口之河，又有馬場湖、蜀山湖、南陽湖、昭陽湖、微山湖之水，且有滕嶧、鄒魚之泉水，皆可以濟運。而自南旺以至臨清，并無涓滴之水可以濟運，止有安山一湖可以蓄水，而今又經佃種矣。故南旺之水每有餘，而北運之水恆不足。先時徐有貞因北運淺阻，乃於金龍口築壩，引黄河之水以濟北運。其後張秋屢被衝決，屢決屢塞，而卒無如北運之淺阻，何也？余往來河上者三年，相厥形勢，溯其源流，乃知北運之不足，皆由於泗河之水未盡其用也。再查今濟寧之蓮亭門首即古之分水口也，以汶泗二水會源於濟寧，即於濟寧南北分流以濟運，南至天井閘，僅十數丈耳，北至開河閘，則一百餘里。蓋南運不患乎無水，而北運每苦於水少故也。後尚書宋禮改汶河於南旺分流濟運，竟寘泗水於不問，殊失畢輔國汶泗并用之意。成化六年，建南旺上閘曰柳林，建南旺下閘曰十里，而水之北行始難。十八年，又建安山閘。正德十二年，又建袁家口閘。嘉靖十六年，又建戴家廟閘，而水之北行者愈難。水之北行者難，是以北運水小，又兼以泗河之水俱往南行，是以南運水多，而北運之水愈覺其小也。故今宜於獲麟古渡開一泗河口，又於其内開泗河一道，兩岸寘湖蓄水如汶河法，則以泗河之水合諸水以濟南運，而以汶河之水專濟北運，則北運自無淺阻之患矣。然而南旺分水口猶有可議者，查筐東光議築上源閘壩以省大挑略曰：宜於每年打壩之處設立石閘一座，隨時啓閉。又於閘之左右各建減水閘一座，名曰斗門，一通馬踏湖，一通蜀山湖。平時則斗門盡閉，中閘常開，放水入運，一遇洪水，則斗門盡啓，中閘下版五塊沙泥盡隨斗門入湖。如此則二湖之役不惟可爲水櫃，亦可爲沙櫃矣。縱洪水溷濁，未可盡汰，亦能去其什之七八，雖十年一挑亦可也。萬一各處或有淤淺傾頽，欲行浚撈，則一札版之下，可以斷流，不用椿草夫力之煩，又無曠日稽遲之苦。用力少而成功多，雖每年一挑，亦不爲勞矣。必如是而後，會通河庶其成矣乎。余故將戴村壩之始末緣由備詳於此。

又　戴村壩在坎河口石壩之南五里，土堤是也。今直呼坎河口石壩爲戴村壩矣，後人之誤也。

又卷六《治河議》　張純守《戴村壩論略》曰：每遇水潦，須決坎河口以殺之。殺之不足，則開滾水壩。又不足，則開減水諸閘。或披之入海以分其勢，或蓄之入湖以納其流。微則盡塞，令餘波悉歸於漕，是決坎河口之宜急在昔日而已。然初不以既有滚水壩，而遂不開坎河口也。乃今則不決坎河口矣，且於坎河口高築土壩矣，以故每逢水潦，先淹汶上，積水既高，一遇衝決，驟水所經并淹，東平且南，而濟寧魚臺、鉅野、嘉祥以及江南之徐州沛縣等處，北而東昌臨清以及直隸之清河故城等處，皆所不免。又何怪乎民生之受害無窮也？夫昔日之守壩也，守戴村壩則決坎河口，此古人之神明變化，妙運於一心者也。今之守壩也，守戴村壩而并守坎河口壩，此後人之執泥悖謬膠固而不通者也。或曰：坎河口石壩亦足洩水矣，安在水之不歸於海也？不知坎河口石壩僅百十丈耳，以數百丈之汶河，而僅恃此百十丈之石壩以洩之，且高出三尺而後洩之，其所洩亦有限耳，安能殺汶河之勢哉？由此觀之，是汶上、鉅野、嘉祥、濟寧、滋陽、魚臺、滕縣、嶧縣以及江南之沛縣、徐州、邳州連年屢被水灾者，一由於汶河堤岸不修之故，一由於戴村壩入運之汶河太寬也。查寧陽汶河南岸有石梁口，最稱險要，一遇衝決，先淹寧陽，次及汶上、濟寧、滋陽，又次及鄒縣、魚臺、滕縣、嶧縣，而後至江南之沛縣、徐州、邳州，是此十數州縣之所以被水者歷來皆由於石梁口也。至康熙四十一年二年，爲害更烈，而汶河南岸之衝決者又不止石梁一口也。又有桑家等口，俱被衝決，所以淹没之慘，較往昔而倍甚。去歲已飭行堵築，今年雨水稀少，河水又無大漲，幸未衝決，然而不可恃也。昨親往查看見，堤甚單薄，且係頂冲，而離堤數十丈。內有高阜之處，可以加築越堤。又見石梁口上下堤岸殘缺者甚多，若於石梁口加築越堤，再於桑家等口堵築堅固，又於沿河一帶堤岸加幫高厚，不惟寧陽不受水灾，而汶上、滋陽、濟寧、魚臺、滕縣、嶧縣及江南之沛縣、徐州、邳州俱受寧陽之福矣。夫堵築石梁等口，加幫汶河堤岸，非有浩大工程，難以奏績也。用力甚小而成功甚多，爲費無幾而造福無窮，從事者皆以因循悮事，迨至衝決，即欲補救而已無及矣。及今若不早爲堵築堅固，將來山水發時，勢必難免。今宜將石梁口加築越堤、桑家等口，修築完固，沿河一帶堤岸加幫高厚，并嚴飭汶上縣，令其將汶河堤岸亦爲加幫高厚，庶捍禦有資，水不爲害，而寧陽、汶上、濟寧、滋陽等十數州縣之民得免淹没之患矣。何言乎戴村壩入運之汶河太寬也？查南旺分水口往南例係三丈，

往北係七丈，是合南北運河而總計之，不過十丈寬耳。而戴村壩之汶河乃有數百丈寬，以數百丈之汶河而盡注於十丈寬運河之內，欲其不沖決堤岸、泛濫民田也，得乎？所以一經泛濫，而汶上先被其害，次及鉅野、嘉祥、濟寧、魚臺、滕縣、嶧縣，漸至江南之沛縣、徐州、邳州，均受其害矣。查宋尚書既分水南旺，築壩戴村，留坎河口，不壩者所以備分洩也。故遇伏秋，水大則決坎河口以殺之。殺之不足，則開滚水諸壩。又不足，則開減水諸閘。蓋以運河之水止取足以濟運，而止餘水盡令由鹽河下海，所以運河可保堤岸無沖決之虞，民田無淹没之患。此載在《全河備考》，昭然可查。今則伏秋水漲，不決坎河口分殺水勢，且於坎河口高築堤岸，僅恃百丈之石壩以洩之，洩水能幾何乎？坎河口不能洩水，勢必盡趨於南旺，泛溢於運河，沖決堤岸，淹没民田。先淹汶上，次及鉅野、嘉祥、濟寧、魚臺等十數處，又何怪乎諸州邑之水患不息也？不此之圖，而乃欲開忙生閘及馮家大壩。夫欲開忙生閘及馮家滚水大壩者，將欲使汶上竟不受淹乎？抑欲使鉅野、嘉祥、濟寧、魚臺等十數州縣同汶上一併受淹乎？若使汶上竟不受淹，則開忙生閘、馮家滚水大壩，誠屬有益矣，而必不能也。若使鉅野、嘉祥、濟寧、魚臺十數州縣同汶上一併受淹，何不仁之甚也？況以鄒國爲壑，古人所戒乎。且馮家滚水大壩所以障蜀山湖之水，而非以洩蜀山湖之水也。特水大有餘則洩之耳，故無論馮家滚水壩不當開，即利運閘，亦不當開也。無論忙生閘不當開，即十字河亦不當開也。何也？水宜洩於北，而不宜洩於南也，南固未嘗乏水也。竊聞從前一遇伏秋，無論水之大小，輒開利運閘、十字河，將水盡往南放。所以北河一帶每遇天旱，糧船即爲淺阻，而濟寧、魚臺等處無論旱潦，田沈水底，數十年不能耕種。余到任後，聞之駭然。乃博覽群書，且往來相度形勢，始恍然悟曰：此皆由開利運閘、十字河之故耳。乃嚴飭河官不許開利運閘、十字河，而又差人專守利運閘，使水不得南行，又差人守柳林閘版，又盡啓十里閘版，放水北行，且開八閘、月河，以放微山湖及昭陽湖、南陽湖之水，所以北河無淺阻之虞，而濟寧東南魚臺等處之田盡皆涸出。而不知者猶曰：今年天旱，故田地得以涸出，獨不思濟寧東南及魚臺等處田沈水底已經十數餘年矣。豈從前十數餘年來，盡屬雨潦之年乎？何其不亮之甚也。夫欲開忙生閘及馮家滚水壩者，不過

欲洩汶上之水，以淹鉅野、嘉祥、濟寧、魚臺等十數州縣耳。夫欲救汶上者，當使汶上之不淹，而不當使汶上先受其灾，而并使鉅野、嘉祥、濟寧、魚臺等十數州縣均受其害也。夫與其先淹汶上，而鉅野、嘉祥、濟寧、魚臺等十數州縣均受其害，何如不淹汶上而鉅野、嘉祥、濟寧、魚臺等十數州縣均不受害之爲得乎？然果何以能不淹汶上乎？查汶河之水，當未有南旺、漕河。時原由坎河口入鹽河下海者也，自宋尚書用白英之言築戴村壩以遏汶水，又往南開支河一道，引汶水以達南旺，分流濟運。夫宋尚書開河之始，不過數丈寬耳，以數丈寬之河引水，以達南旺、汶上，又何由得淹乎？汶上不淹，而鉅野、嘉祥、濟寧、魚臺十數州縣又何由而得淹乎？自數百年以來，此河日刷日寬，逮至今日，不啻數百丈矣。以汶水全河之勢，而盡趨南旺，此運河之所以受害，而民田之所以被淹也。善哉！

綜述

清 張伯行《居濟一得》卷三《戴村壩》 戴村壩以下宜築草壩四五處，束水南流，則南旺運河之水自不至於漫溢，而爲南北數十州縣之害。草壩之上搭橋以便行人，而渡船亦可不設矣。更有一法，將戴村壩下用土，實築壩一道，以攔正河，却於東岸建閘，或三座，或四座。若挑引河，使水由閘而南，則汶上各縣不致湮沒，而閘亦可啓可閉，以備蓄洩，漕運、民田均有賴矣。

又 予問人曰：戴村壩既決，而後淹與抑，不決而即淹與如其不決而即淹也。高築土壩，良是也。如其既決，而後淹也，是土壩太高之過也。或曰土壩高而東平猶淹，土壩卑而東平不更淹乎？予曰：不然。當未分水南旺之時，東平州何以不淹也？以其水有所歸也。

又 戴村壩，尚書宋禮未竟之功也。元人引汶水，由堽城至濟寧濟運，故於汶河建堽城壩以蓄水，又於汶河南岸建堽城閘引水至濟寧濟運。故當冬春水小之時，則閉堽城壩，開堽城閘引水入運，又繫清水河不得淤。及至伏秋水漲之時，則閉堽城閘，開堽城壩，洩水入海，而運河不致泛濫，制誠善也。迨明季尚書宋禮改河，由南旺濟運，則於戴村建壩，宜如堽城壩之制，仍宜於戴村建閘，如堽城閘之制。冬春水小而清，則開閘放水以濟運，伏秋水大而濁，則閉閘洩水以入海。庶民田無淹沒之患，運河收利濟之功。或謂會通河初開之時，運糧無多，故閘水可以濟運。今日運糧數倍於昔，建閘放水，恐水不足用，奈何？予曰：閘可多建，照堽城閘制，先建三閘，如不足，用再建一閘，又不足，用再建一閘，五閘想無不足之理。而再於坎河口下多建數閘，如堽城壩制，水大則洩之入海，將閘版盡啓，放水北行，水小則蓄之濟運，不止各閘下版，仍將石壩上加一沙壩，或一尺高，或二尺高，務使足以濟運而止。

又 戴村壩距東平州六十里，一名周李村，長五里十三步。汶水從陶泰而來，就鹽河，由博興車瀆入海。永樂九年，宋尚書用老人白英計，分水南旺，築此壩橫遏汶水，南流會通河，始得濟運，誠全河之屏障也。其壩屢修屢圮，營費不貲。天順五年，知州潘洪增築高厚，上植以柳，至今不壞。先年設夫增土植柳，培護周密，張純《守壩論》曰：漕河之有戴村，譬人身之咽喉也。咽喉病，則元氣洩走，四肢莫得而運矣。昔在剏建之初，歲增土以培之，植柳以護之，多設夫以守之，其防禦蓋甚密也。後土日增，柳日固，則夫議停役矣，所以寬民力也。然物久則壞，防弛則廢，即今單薄日甚，而原植護柳，什無一二存矣。況兗地土疏，汶性湍急，萬一水失其性，得無慮與？然則爲之奈何，乘泉夫之餘力，歲加修築，增鋪舍植新柳，令現役之夫力加守護，則盤錯根深，壩將自固。壩固將無所事節乎？曰：不可也。彼其淜湃浩蕩之勢，非有以順之則沸，非有以蓄之則溢，沸與溢等害耳。故每遇水潦，須決坎河口以殺之，殺之不足，則開滾水壩，又不足則開減水諸閘。或順之入海以披其勢，或蓄之入湖以納其流，微則盡塞，令餘波悉歸於漕，是節之者，固所以守之也，此營衛吐納之說也。不然三汶爭趨，源大流長，夏秋水潦，怒激奔逸，豈一壩所能支與？誠至論也。今歲久防弛，以漸單薄，宜如舊例，督夫培土栽柳，乃運河第一關鍵，不可不加之意也。

又《修戴村壩》 查戴村壩建有滾水、亂石、玲瓏三壩，乃遏汶水南流，會於南旺，分濟南北，關係最鉅。惟亂石一壩無容修葺，其滾水、玲瓏二壩并裹頭、石塊，年久未修，間有傾卸錯亂之處，必須修理整齊，方可東水濟運。應調取泉淺夫役將傾卸處所，速爲修葺。

（雍正）《山東通志》卷一九　戴村壩在汶河北岸，明永樂九年建壩，長五里十三步，遏汶西流，出南旺分水口濟運。坎河口壩，明萬歷中建，河口兩旁用石裹頭，各長十丈，高一丈二尺，中間用滾水壩二十二丈二尺，仍留石灘四十九丈一尺，名亂石壩。遇汶河漲溢，由此洩水，北入大清河歸海。

（光緒）《東平州志》卷五　戴村壩在州東六十里，設分防外委一員、壩夫八名，例食泉夫工食，在東平州同衙門支領。戴村石壩一道，北曰玲瓏壩，中曰亂石壩，南曰滾水壩，其名雖異，實係接連一壩，共長一百二十六丈八尺。道光二年添建三合土壩一道，計八十餘丈。又將白公祠後民堰改爲官堤，凡三百五十丈，歸泉河廳管理。

紀事

清　康基田《河渠紀聞》卷二　是年河督白鍾山籌議停改戴村壩磯心石竇拆毀春秋壩事宜。按戴村壩在東平州境內，汶河自東而西，至戴村壩入鹽河歸海。舊建滾水、亂石、玲瓏三壩，遏之南趨以濟漕運。于愼《行記》載：水卑於壩，順流而南，水高於壩，漫而西出。蓋汶水之屏障，運河關鍵也。雍正四年，何國宗於三壩內各增築石壩一道，加築過高，水漲不能漫壩而出，全勢入運以致沖溢淹漫。雍正九年，朱藻將滾水、亂石二壩拆與舊壩相平，玲瓏一壩拆改石磯心五十六，中留水竇五十五，安置牐板以資啓閉。而建造磯心於何國宗所建石壩底樁之上，形勢較汶河底低矮，各洞亦未鋪砌底石，前後無迎水。跌水地本卑窪，沙底虛鬆，汶性湍急，搜刷逾年，即衝壞二十七洞。遂用碎石、泥沙，將洞内樁縫填塞，牐板堅閉。至是河督白鍾山以陳世倌等條奏，會同勘辦，議改議拆，繁費滋多。疏稱：戴村建壩，本爲遏汶濟運，次則宣洩異漲以衛民田，通沙又其次也。今洞内有沙石壅塞，可資攔束，不致洩水誤漕。何國宗原建三壩，亦已拆低，伏秋水發，由壩面漫入鹽河，以殺其勢，并未全行阻遏。自雍正十二年以來，無有宣洩不及淹沒民田之事。戴村壩下有支河二道，建立涵洞，水漲則啓板，放入支河，又可洩其有餘。如以不能啓閉通沙壩底積存浮沙額設淺夫，隨時挑挖，亦易爲力，毋庸另行改建，以歸節省。原填之泥沙碎石照舊，有留不必開通，以致工不堅固。至春秋土壩原因，汶流偏西，恐水竇封閉不密，滲漏走洩。是以春間堆築，以爲重障。邇年以來，溜漸東趨，春水未至，壩根無庸攔截，不啻虛設。伏秋水漲，壩土虛浮，隨水衝去，徒令浮沙壅積於石壩之下，應悉行拆去。此籌辦去溜，權時處置之道也。古人前定之法，後人輕議改制，往往不得其平。舊制，滾水、亂石、玲瓏三壩，汶水伏秋漲發，挾沙而來，上清下濁，水由壩面滾入鹽河，沙由玲瓏、亂石洞隙隨水滚瀉。冬春水弱，上下俱清，則築壩滙流濟運，所以水不泛濫，沙不停淤。舊時章程通行已久，一經改拆，旋即衝毁，至不能復。循其舊祗可隨宜措置，則變法之過也。可不愼與？

又卷二九　是年四月，大學士公阿桂奏覆戴村壩迤上酌建牐座事宜。按張清恪以戴村築壩而不建牐，爲宋禮未成之功。宋禮因堽城築戴村壩，堽城立牐啓閉，蓄洩得宜，戴村壩能水而不能通沙，故至沙淤河高，底與壩平，如馬之貞淤壩之言。河督何裕成宗其說，奏稱前明於戴村壩截汶入運，復由南旺分水口兩岸斗門收入蜀山、馬踏二湖，渚蓄濟運。汶水漲發時，挾泥帶沙，由分水口奔注入運，泥沙澄聚南旺一帶，積淤極厚，挑挖倍費人力。戴村壩高於汶河五尺，汶水大發，雖可漫壩，洩入大清河，祗能洩泛漲之水，不能減重濁之沙。至盛漲時，竟有一日長至丈餘，一線運河不能容納，勢必有潰堤泛溢之虞。乾隆四十五年秋，戴村民埝漫溢，由大清河歸海，旋即堵合。四十六年秋，濟寧以南水勢甚大，開埝宣洩。至冬令後，即築塞，上年秋亦照此辦理。嗣以南旺煞壩後，汶水旺盛，恐各湖收蓄過多，仍將民埝開挖。現在二月初，屆鋪水之期，應照舊堵閉。數年以來，頗得洩漲之益，而屢開屢築，未能一勞永逸。相度該處情形，戴村壩長一百二十六丈，未可輕議更張。戴村迤上舊開民埝處所，地當坐灣，連年於該處開放洩水，形勢已極通順，而埝口以外皆係山根，并無民間田舍，將原有河形略加開展，即可暢注大清河。擬於該埝口建牐三座，設法啓閉。水小閉牐，收水入運。水大啓板，暢洩歸海。南旺一帶運河可免淤墊，永資蓄洩，預防汶流之泛漲，疏通河底之淤沙，實於民運有益。奉旨侯豫省河工告成後，阿桂順道前往，會同查議，具奏欽遵。工竣，會勘覆稱，查勘戴村情形，并留心訪問，土人僉稱：向年大雨時行，汶水陡漲，委多漫溢。戴村迤上建立牐座，隨時啓閉，既省開埝堵築之勞，并防集夫遲延泛溢傷堤之患，似爲有裨。泥沙由堤牐分洩，或可漸減。但運河全賴汶水接濟，既不能使汶不入運，即不能使沙不隨水俱入南旺，歲挑未可竟停。歷年以來，民埝屢次開築，久已習爲固然。漲水由牐口宣洩，必由鹽河歸大清河入海。若年年開放鹽河，是否能以容納？東平各處民田是否不致被淹？均應逐一查明，俾無妨碍。河臣何裕成抵東未久，應俟東省大工告竣，經歷汛水一兩次後，上下察看。如果必需添建牐座，另行請旨辦理。奉硃批，是姑待之可也。欽遵聖訓，永爲法守矣。

藝文

清　楊錫紱《四知堂文集》卷三四《聞戴村壩過水二尺欣然有作》

汶水大清河，故道實承流。築壩始戴村，遏汶通漕舟。四六分南北，萬艘資泳游。奇績紀前哲，廟貌奕千秋。昨者春澍少，亢旱切隱憂。泉源不會合，汶水那可求。遂令千帆檣，蝟集苦滯留。使者職轉輸，河防兼借籌。星馳赴南旺，蒿目涸渚洲。僉議開蜀山湖名，敢同築舍謀。如彼一杯水，車薪患曷瘳。時窮事呼籲，所冀降澤優。逢生眞絶處，勢若轉輕艀。浹旬沛陰雨，勃發遍溝圻。諸泉更交注，迅疾無逗遛。湯湯濁汶水，頓若江漢浮。餘波溢戴村，那復稽糧餱。高舸及大艑，銜接捷赴鍭。臨風每瞻望，快意豁雙眸。回首河干困，溯厥致此由。撫膺長太息，吏事多謬悠。天功難屢貪，未雨愼防修。

陡亹壩

（光緒）《餘姚縣志》卷八　陡亹壩在燭溪鄉。同治二年，邑人勞長齡募捐重建。邑令陶雲升記略：姚邑西二十五里曰陡亹，又折而西五里許曰賀墅，舊有堰。其餘支堰有五：曰菁江，曰好義，曰懷清，曰抱道，曰香家。散布於雲樓、燭溪、開元三鄉，灌沃良田，古人遺制，如此可謂善矣。明嘉靖閒，邑紳僉憲徐公九皋捐資修葺遺碑，巋然獨存，詢諸鄉老，知堰之廢將二百年，既廢之後，水無潴蓄，田禾屢槁。同治元年，雲樓勞長齡慨思興復，議按畝捐穀以資經費，遠近聞之，踴躍樂輸。余即命勞君董其役，經始於癸亥之七月，先賀墅次陡亹。次年甲子某月各堰次第告竣，且於陡亹、賀墅堰側添設水閘，即懷清、抱道、香家三堰。亦各穿小穴甃，以石旱可灌，潮澇可洩水，規畫之周，非復曩時可比。復以餘資置田二畝，備修葺支堰之費，庶幾歷久而勿壞焉。

堽城壩

綜述

明　萬安《堽城壩記》《漕運通志》卷一　元至元末，以江南貢賦未達於都，始從郭都水議，自濟寧逾安山至臨清，開渠數百里，引水入御河，直抵通州。時既即兗東堰、金口障，泗水西南，由濟河至濟寧以濟漕渠。復即兗北堰、堽城障、汶水，俾南由洸河至濟寧，合泗水以濟漕渠。又於汶下流堰戴村障水，俾西南流匯爲南旺湖，分濟漕渠。一注臨清，一注濟寧，終元之世，公私漕販往來，南北無阻者，障二水濟之故也。國朝建都金陵，漕運事寢，所謂堰築崩壞，淤塞殆盡。永樂初，徙都于燕，貢賦悉由海運，糧艘往往淪沒風濤。特命平江伯恭襄陳公按視舊規修浚之，漕運復通。第諸堰以土爲之，歲每隨築隨壞，公私困弊。迄今七十餘年，未有能圖經久者。成化庚寅，今山東布政司參議，宜興張公盛以都水主事來涖厥事，下車即遍訪故老，歷泉源堰，悉得舊迹。嘆曰：疏浚事不可緩，至如修築，何可苟也？遂首復金口，方謀以石易土爲經久計，而衆輒紛紛沮撓，甚至搆禍於公。公力持，爲之數月工就，衆論頓息，且服公有定見。繼欲復堽城冬官，已檄公旋矣，識者太息。壬辰，山東大饑，都憲右渝牟公俸受命鎮撫兹土，覩公成迹，嘆賞不已，且廉公爲人力薦于朝，俾仍涖厥事。明年公至，首視堽城，衆口沮撓之尤甚於金口之復。公聞曰：兹事奈何有不可爲？第往往爲之者無術，或膠陳迹故耳。於是度舊堰西南八里許，見其兩岸屹立，根連堅石，橫亘河中，比舊址隘三之一。公奇之曰：此寔天造地設，以貽今日者，宜改置於此。遂十日旋告，貯財計工，以明年春興作，至期淘沙鑿石抵平，自下而上，甃石凡七級，級每縮八寸，高九尺，下廣二丈五尺，上縮一尋，面用板石甃二層，中置細石，炱秫米和灰固之，袤百有二十丈。開秋口七，各廣丈許，用板啓閉。水以候水，水漲啓以聽從，故首流退，則閉以障之。南濟漕渠，兩端順逆，各雁翅一，中分水五，各廣二丈三尺，袤十有三丈。兩石際聯以鐵錠，石上下貫以鐵拴，橫巨石於河口，上各長丈許，兩首與面甃石接爲輿，梁人無病，涉堰之南新開河十餘里，隨地形深廣之引水東入洸河，其河口逼崖，自顛至麓，皆堅石鑿之，凡兩越月始通。舊閘水流多沙，沙入洸，洸汶不能入。公於堰東南仍置閘爲二洞，各廣九尺，高丈餘，中分水一，傍雁翅二，亦用板啓閉。水漲則閉，以障其潦，退則啓，次注清流洞。上覆以石，兩旁甃石高丈餘，中實以土，與地平衍，遏水不得，南侵洸河，免致沙淤矣。是役也，自始事至訖工，凡期歲又三越月。其完固比金口加數倍焉，遠近官民來觀者，莫不爭羨。曰：前此未有能爲永久計，若是者非惟省兗齊每歲勞費，寔能開國家漕運無窮利益。然非牟公篤於任人，張公長於經畫，曷克臻此兗州守薊丘錢君源。乃狀始末，來徵予記。予以牟公明於知人可書，張公建此偉績可書，而錢君不沒人善可書，遂次第書爲《堽城堰記》。若夫工匠、役丁、糧餉、本石、鐵灰、秫米，凡應于需費具悉碑陰，茲不復贅云。成化十三年秋七月吉日，兗州府寧陽縣知縣沭陽王瑀立石。

（乾隆）《兗州府志》卷一八　堽城壩，按《水經》：汶水南過剛縣北。酈注：洸水出焉，岡故闡也。《爾雅》釋：汶出爲闡，則洸即闡之別名矣。洸由汶出，南會於泗，其口在堽城石瀨之上。元人置閘，於此仍於閘左作土壩，以遏汶水，使入洸會泗，出會源閘以濟運。都水少監馬之貞刻石垂戒曰：後人勿興石堰，壅遏漲水，大爲民害。延祐中，改作石堰，屢壞屢修。明永樂中，尚書宋禮壑汶出南旺分水，遂廢元人舊閘，築壩以阻汶水之入洸者，曰堽城壩，自是汶水不復通洸矣。汶水趨南，漸嚙壩根。國朝雍正七年，詔於壩下築土堤一道護之。堤長二百九十丈。明時故閘既塞，石堰尚存。弘治中，巡撫徐源請拆毀石堰，仍作土堰，以復舊規。遣工部侍郎李鐩會勘，議云：堽城壩湫口七處，水小則從各口順流，水大則從壩上漫出。一可以阻隔淤沙，不爲南旺之害。一可以減殺水勢，不慮戴村壩之衝。難以拆毀，仍宜加葺，從之。至今謂之石梁口，然寧陽卒有水患，桑家諸口岸薄易決，一潰則全汶側注，湃沒田廬，而南旺亦有就涸之慮。汶南諸堨誠防之不可不謹也。

紀事

明　商輅《堽城壩記略》《北河紀》卷四　汶泗二水，齊魯名川，分流南北，不相通。自古浮于汶者，自兗北而止，浮于泗者，自兗南而止。元時南方貢賦之來至濟寧，舍舟陸行數百里，由衛水入都。至元二十年，始自濟寧開渠抵安民山，引舟入濟寧，陸行二百里，抵臨清入衛。二十六年，復自安民山開渠至臨清，乃于兗東築金口堰，障泗水西南流。兗北築堽城堰，障汶水南流，而二水悉歸漕渠。于是舟楫往來無阻，因名曰會通河。我文皇帝遷都于北，爰命大臣相視舊規築堰疏渠，漕運復通。第堰皆土築，每遇淋潦衝決，水盡泄，漕渠盡涸，隨築隨決，民甚苦之。成化庚寅，工部尚書郎張君克謙奉命治河，歷觀舊迹，嘆曰：以石易土，可一勞永逸，何乃因循，弗爲經久計乎？于是督夫采石，首修金口堰，不數月告成，凡應用之需，以一歲椿木等折納，沛然有餘。曰斯堰既修，堽城堰亦不可已。方度材舉事，遽以言者召還。已而巡撫牟公觀其成績，騰章奏保，用畢前功，至則以堽城舊址河瀾沙深，艱于用力，乃相西南八里許，其地兩岸屹立，根連河中，堅石縈絡，比舊址隘三之一，于此置堰，事半功倍，遂擇癸巳九月望日興事，儲財聚料，百需咸備。明年春三月，命工淘沙，鑿底石掌，平底之上甃石七級，每級上縮八寸，高十有一尺，中置巨細石，炱秫米爲糜，加灰以固之。底廣二十五尺，面用石板甃二層，廣一十七尺，袤一千二百尺，開湫口七，各廣十尺，高十一尺，置木板啓閉。遇水漲啓板，聽從故道西流，水退閉板，障水南流，以灌運河。兩端逆水雁翅二，各長四十二尺，順水雁翅二，各長二十五尺，爲分水，各廣二十三尺，袤一百三十尺。兩石際連以鐵錠，石上下貫以鐵拴。湫口橫巨石三四，長十餘尺。河舊無梁，民病涉，堰成遂通車輿。有元舊閘引沙入洸，洸淤汶水不能入。兹堰東置閘爲二洞，皆廣九尺，高十一尺，中爲分水，一旁爲雁翅二，亦用板啓閉以候水消漲。漲則閉板以障黄潦，消則啓板以注清流。洞上覆以石，石之兩旁仍甃石，高一十有八尺，中實以土，與地平。俾水患不致南侵，洸河免于沙淤閘之南。新開河九里，引汶通洸，河口逼崖，自顛至麓，皆堅鑿堰，兩閲月始通。肇工于九年九月，訖工于十年十一月。是役所費，較之金口，不啻數倍，而民不擾者，以前折納外所增無幾。蓋處置得宜，區畫有方，所以開漕運無窮之利者，實在于此。都憲嘉其功之成，命兖郡守錢源徵予以記。往歲克謙還自東魯，語及修堰之役，予心善之，克謙再行，予實從臾？乃今績用有成，可漸於言耶。昔白公穿渠，民得其利。歌曰：衣食京師億萬口，若克謙斯堰之築。漕河允賴，公利兼濟。視白渠之利不尤大乎？予故備書其事爲記。克謙，名盛，常之宜興人。天順庚辰進士，都水員外郎。

廣通壩

論説

（光緒）《溧水縣志》卷二一　光緒七年五月，教諭泰州章驤擬廣通壩復中江入海水道。論曰：普天之下，三山六水一分田，自幼習面，此語不知出何典，記出自何人，又不知其説信否。惟就人所經歷，目見耳聞，則彰彰可據者也。水之源皆發於山，山莫高於五岳，水莫深於四瀆，而又莫大於海。山水外平陽爲田，山多則其下有湖，湖爲諸山受水之區，大可數百里，小亦數十里，其廣狹視乎水之大小，大則浩瀚汪洋，風濤無際。小則湖身半露，可墾爲田。凡此皆天施地生，天造地設，兩間自然之結構，非人力所能爲也。江南爲《禹貢》揚州之域，地勢下於西北。大禹治水由西北而東南，導之入河、入漢、入淮、入江，以歸於海，順水之性，除水之害，行所無事焉耳。養人莫要於水，水道不通者，有川澮溝渠通之，以資灌溉，以便舟楫，半由人力爲之，所謂水利也。江淮河漢，天布其綱，川澮溝渠，人理其目。以人事代天工，順天非逆天也。逆天者，其高淳之廣通壩乎。廣通壩一名東壩，在廣通鎮，鎮以通水得名，在昔爲胥溪河，乃丹陽、石臼、固城三湖之水由世匯入常之荆溪、蘇之震澤，以歸海。《禹貢》所謂：東爲中江，入於海也。蘇常在其下流，地本低窪，大水之年害禾稼者，往往有之，乃天之結構使然，人無奈何。五代時楊行密據宣州，於其地築五堰，後以不便木商，廢之。宋人單鍔奏請復築，未果。明初建都金陵，欲通蘇浙運道，於廣通鎮置石閘，以時啓閉，亦良法也。永樂北遷，運道旋廢，蘇人吴相五奏築土壩，設官監守，厲禁綦嚴。正統後，增高三丈，又增築西壩。其時議復故道者，屢屢而皆不行。由是中江入海之故道永絶，三湖之水逆流而西，止有太平出江一路矣。高淳、溧水、當塗、宣城濱湖之田永爲澤國矣。田没於湖，虚糧加派，民命不堪，蘇常無有過而問者矣。水之利在養人，有利不能無害，興利除害宜也。利己以害人，大禹不爲也。逆水之性是謂逆天，夕陽西下水東流，吾聞之矣。東流之水逆之使西流，西下之夕陽亦能逆之使東下乎？況不以四海爲壑，而以鄰國爲壑，其爲大禹之罪人無疑矣。頃者高淳袁邑尊海觀有開引河之議，引河者由溧之洪藍埠北至溧城十五里，舊有河道淤塞，塞者通之，狹者廣之，淺者深之，南由洪藍埠通石臼湖，北由秦淮河達省會出江。三湖之水多一出路，此議誠然。然恐從中阻抑者，亦在水患，不若并開廣通壩以紓其憂，以均其勢。而尤爲名正言順者，復中江入海之故道也。前明築之，我朝毁之，沿革在因時制宜，況利己害人越數百年於兹乎？不開廣通壩無以令壩上之人心甘，不疏通引河無以杜壩下之人口實，故道復引河，通三湖之水，西出太平，北出秦淮，東出震澤，水平則常常流通，水長則各各分洩。金陵地勢亦卑，大水爲患之年，蘇常不慮喫重。然而其年亦僅耳，否則故道永塞，如捆縛人之手足一肢，使血不得行，則其處必腫、必痛，人能堪乎？湖水泛漲，以壩堵之，天雨淋漓，累寸盈尺，亦能以壩堵之乎？洪水横流之世，不聞有一人一士倡築壩之議，如其有之，大禹能容乎？或曰：蘇常爲東南財賦之區，築壩保護，國計關焉。似也，爲問高淳、溧水、當塗、宣城坍没之田，不知幾十萬畝獨非財賦所自出乎？蘇常保護水患，十年之中，見功至多一二年。壩上四縣，虚糧病民，則年復一年，已歷兩朝。儻由坍没之初，早請豁免，於國計必得不償失，此尤顯而易見者也。且試問蘇常財賦，未有壩以前三千餘年，短損若干，既有壩以後四百年來，加增若干，度無有能指陳其略者，大抵始事之時，主持者必其地方高官顯宦，爲朝右當道之人，壩下有人，而壩上無人，坐視其倒行逆施，敢怒而不敢言，故遺害至今日耳。伊古聖君賢，相裁成天地之道，輔相天地之宜，大旨在去逆以就順，未聞去順以就逆。水旱偏灾，古今代有謀國，是者沾沾爲一隅興利除害，不顧其他，乃蜉蝣朝暮之見，兩全且不能，尚能計萬全哉？然而前明議築彼何等人，即今議開我何如人，位卑而言高罪也。會有開引河之議，三杯酒下，耳熱面紅，箭在弩上，不得不發。姑存吾說以俟後人。

綜述

明 韓邦憲《廣通壩考》《吳中水利全書》卷一九

廣通鎮在高淳縣東五十里，世所謂五堰者也。西有固城、石臼、丹陽、南湖，受宣、歙、金陵、姑孰、廣德及大江水，東連三塔蕩、長蕩、湖荆溪、震澤，中可三五里頗高阜。春秋時吳王闔閭伐楚，用伍員計，開河以運糧，今尚名胥溪。及傍有伍牙山，云《左傳》襄公三年楚伐吳，克鳩兹今蕪湖，至于衡山今烏程，哀公十五年楚子胥子期伐吳王桐汭今建平，蓋繇此道。鎮西有固城邑遺址，則吳所築以拒楚者也。自是湖流相通，東南連兩浙，西入大江，舟行無阻矣。而漢唐來，言地理家者遂以爲水源本通桑欽。《水經》云：中江在丹陽、蕪湖縣，東南至會稽、陽羨，入于海。《前漢書·地理志》于丹陽蕪湖注云：中江出西南，至陽羨入海。應劭、顏師古注溧陽云：溧水出南湖。《後漢書·郡國志》蕪湖中江在西。孔頴達書義疏亦引漢史爲證，葢皆指吳所開者爲《禹貢》三江故道耳，後不知何時漸湮。景福三年，楊行密據宣州，孫儒圍之，五月不解。密將臺濛作魯陽五堰，拖輕舸饋軍，故得不困，卒破孫儒魯陽者，銀林分水等五堰壩左右是也。壩西北有吳漕水，言吳王行密所漕也，至宋時不廢。故高淳易洩，民多墾湖爲田者，而蘇、常、湖三州承此下流，水患特甚。宜興人進士單鍔采錢公輔議著《吳中水利書》，以爲築五堰使宣、歙、金陵、九陽江之水不入荆溪、太湖，則蘇常水勢十可殺其七八。元祐中蘇軾稱其有水學，并其書薦于朝。詳具東坡奏議，中時用事者方欲興湖田，未之行也，故永豐等圩官司所築，無慮數十萬，而固城、石臼、丹陽之間大抵多圩田矣。宣和中，待制盧襄奏罷湖田，及言開銀林湖爲非切務，于時田方屬蔡、秦、韓諸將相家，及隷行宮，不便塞河，卒未行也。乾道中，周益公南歸，録尚謂繇鄧步東壩，銀樹可通舟，至固城黄池。《景定建康志》及《祥符圖經》亦謂：瀨水西承丹陽，東入長蕩湖，足可徵，胥溪尚通。云元巴延攻臨安三道，并進參政，阿拉哈攻破銀樹東壩，至伍牙山敗宋兵，實出此道，而河流亦就塞。明興，高皇帝定鼎金陵，以蘇浙糧運自東壩入，可避江險。洪武二十五年，浚胥溪，建石閘啓閉。命曰：廣通鎮設巡檢司、税課司、茶引所。當是時，湖流易洩，湖中復開河一道，而尚阻溧水胭脂岡，乃命崇山侯鑿山通道，引湖水會秦淮河，入于江。于是蘇浙經東壩直達金陵爲運道。云崇山侯者，李新濠人也。初以建孝陵功封侯，焚石而鑿之，費油麻不貲，石盡赤岡，脊本易通。有嚴氏者慮損其田，以女賂侯，故迂其路。侯坐極刑，死時洪武二十八年也。文皇帝遷都于北，運道癈。永樂元年，蘇人吳相五以水之爲蘇常患也，引單鍔議奏，改築土壩，增設官吏，歲僉溧陽、溧水人夫各四十看守，自是宣歙諸水希入震澤矣。而壩猶低薄，水間漏洩，舟行猶能越之。正統六年，江水泛漲，壩大決，蘇常潦甚，國税無所出。周文襄、楊賀一大集夫匠重築之，欽降板榜，如有走洩水利、渰沒蘇松田禾者，壩官吏處斬，夫鄰充軍。十二年，張惠等奏復故河道，勘行屢歲未決。成化四年，普施奏阻之。十二年，牟都御史俸溧陽知縣靳璋又議復，常民張端又奏阻之。大抵利塞者壩下諸郡，利開者壩上也，後車夫與商争利于陸行。正德七年，給都御史俞諫以税利乃令鎮江府通判齊濟舟督責增築壩三丈，自是水盡壅，高淳之圩田日就圮矣。顧其時怨辭徃復在開壩，未有言減税者，里甲傾敗其半。嘉靖初，宫保李公充嗣奉敕行詢水利，有白子俊者呈復壩河，乃命應天府治中周某、通判吕某勘行開浚，會歲歉止。歐夏兩撫臺時程儀鳳再怨之，然意在通舟耳。三十五年，倭人寇，商旅繇壩行者絡繹不絶，沿壩居者利其盤剥，復自壩東十里許更築一壩，即古分水堰處，兩壩相隔，湖水絶不復東，今壩官及溧陽壩夫俱不存矣。葢余他日按輿圖原本山川金陵地脉，歷閩浙踰東壩，至茅蔣，勢本聯絡。秦漢以前高淳固魚龍之宅也，自有胥溪三湖，東歸震澤，民始得平土居，稍稍墾湖田爲業，宋時烟火最盛。今冬春水涸時，湖中往往見磚石、井階，蓋舊民居云。自築壩以來，水勢壅遏，田漸淪没多矣。而賦額日增，户口視前僅十之三，則惟壩之故。嘉靖戊戌，核田致虚懸，米八千，繇今而後，田之將圮爲湖者，未有紀極也。父老言：湖底與蘇州譙樓頂相平，假令水漲時，壩一決，蘇常便爲魚鼈。當庚申辛酉間，大浸稽天，淳民紛紛欲掘壩，會下壩偶決，溧陽宜興而下勢若懷襄，有以聞于華亭徐相國階，會知縣方沂入覲，召諭重禁之。余時在京師，韓子曰：廣通壩者，所以障宣、歙、金陵、姑孰、廣德及大江之水，使不入太湖者也。自前代皆云中江故道。近内閣王鏊記太湖，以此一源最巨，爲蘇常患。而伍餘福著《三吴水利論》，亦諄切言之。嗟乎！以蘇常湖松諸郡所不能當之水，而獨一高淳爲之壑，其至于洪漲而廢田也決矣。而税又弗捐，民何以堪之？自蘇軾、單鍔之言，行所以爲壩下諸郡者甚善，而未有爲壩上發明者。余觀淳民之日耗，且困于虚糧也，作《廣通鎮壩考》。

清 錢泳《履園叢話》卷四 廣通壩者，實與五堰相表裏，所以障宣、歙、廣德、金陵諸水，使之不入太湖也。明永樂元年，成祖遷都于燕京，蘇州民吴相伍以水爲下流患，引宋單鍔書上奏，改築土壩，設官吏，僉同溧陽、溧水兩縣民夫四十名守壩，使宣歙諸水不入震澤。正統二年，周文襄又爲重修，增高土石，奉有欽降版榜，如有漏洩，水利淹没蘇松田禾者，壩官吏皆斬，夫鄰充軍，如此其重也。今之議論，三江輒從下流開浚，而無有言及五堰、廣通壩者，是東坡所謂知其一不知其二也。

紀事

明 張國維《吴中水利全書》卷一 永樂元年，築廣通壩。是年成祖文皇帝遷都于燕，運道已廢，蘓州民呉相五以水爲下流患，引單鍔書上奏，改築土壩。設官吏，僉漂陽、漂水二縣夫四十名守壩，宣歙諸水仍不入震澤。

又 正統【略】六年，周忱重築廣通壩。永樂元年初築，壩猶低薄，水或泄漏。至是增高，奉有欽降版榜。如有漏洩水利淹没蘇松田禾者，壩官吏處斬，夫鄰充軍。

又 正德【略】七年，俞諫增築廣通壩。俞諫命鎮江府通判齊濟舟，增築壩三丈。

漢唐二壩

綜述

明 孫汝匯《漢唐二壩記》（乾隆）《寧夏府志》卷一九 黄河由崑崙積石入峽口，遶寧夏，東西直流，而北東作渠引流，曰漢渠。漢之西曰唐，來自董文用，郭守敬開導授民，其利遠矣。迄今渠久浸淤，歲發千夫浚之，木植勞費，不啻萬計。昔謂黄河獨利，於夏茲困也，孰甚？隆慶壬申，憲大夫汪公悯念民隐，登覽渠流，憮然嘆曰：是閘也，木也，洪濤衝溢非木可支，盍易石爲砥柱乎？乃議於中丞抑庵張公、總督晋庵戴公，奏請改築。報曰可。公沾沾喜，謂可以殫厥謀也。爰畫方略，審勢繪圖，每壩設閘六，閘用石若幾，授工人試之無何。公擢向寶督撫，公各遷去，工將興而未就，衆議紛然，事幾寢。萬歷癸酉，中丞念山羅公撫夏先憂，首詢厥役，亟問之，督府毅庵石公矣。會甲戌憲大夫解公至，檄總其事。解公曰：汪之加志於民苦，此前功弗舉，其責在我。乃以協同劉君濟、沈君吉、都司楊恩、守備朱二省統理，通判王銃、薛侃司計會，經歷李耀、千户劉楫司公務，役出于軍夫，石取諸金積山，甃砌惟堅，二閘屹然。經始公諭役者是用爲式，可次第舉之。諸執事任勞益淬，民亦欣欣相慰，孰不争先而趨赴也？丙子秋，唐壩落成，迨丁丑四月，漢壩亦相繼告竣。經壩之傍置減閘凡十，中塘、底塘及東西廂、南北廂各覆以石，上跨以橋，橋之上穿廊軒宇，豁然聳瞻，臨流而遡源，誠塞北奇觀矣。夏人興禹功河洛之思，謀勒碣以紀數公之永永。劉君等以請於越東孫子，孫子曰：事每相待而有成，爲民事者始終相乘，乃克有濟。故蕭曹丙魏，自古稱之，以其畫一而同乃心也。是役也，汪公創之，其施未竟，天將啓其機，以有待乎？使後相齟齬於其間，一道傍之室耳。今共懷永圖，一殫力而萬姓捐勞，百千年攸賴，豈云厥功甚鉅？蓋君子苟有利於生民，不必謀自己。始功自己，出彼數公者，心同而量宏，度越古今萬萬矣。其天爲夏民，俾相待而共濟之，若是耶，体風協美，用詔將來。若籌略壯猷，數公更僕未易，舉茲特述其水利云。

傳記

（萬曆）《棗强縣志》卷四　毛鵬才器俊偉，學識宏博。初任江陰，廉愛兼著，有循良之績。暨登臺諫，著骨鯁之風，晋貳駒卿，秉塞淵之猷，一時皆望其風。裁巡撫寧夏，相機設策，因事建功，邊鄙咸倚以爲重。其最有功于地方者，若漢唐二壩，夏人引以溉田，歲久湮塞，胥失所天。鵬親爲相度疏浚，水利復興，稔無虚歲，全鎮迄今賴之。

紀事

清　傅澤洪《行水金鑒》卷一九　明憲宗成化六年四月己巳，巡撫寧夏右副都御史張鎣言：寧夏屯守之資，全賴黄河水利，前人創立漢唐二壩，引黄河之水，分爲二渠，以滋灌溉，啓閉蓄洩，專人掌之。先以邊警展築唐壩關堡，獨漢壩城堡未立，累被搶掠。欲得如例修築，且請易二壩之木以石，環以周垣，庶便屯守。事下工部，以爲須待覆實乃報，從之。

雜録

明　陳仁錫《無夢園初集》車集一《三秦先務》　寧夏一鎮屯卒有挑渠、采草、捲埽、守壩等雜差，因寧夏田土賴黄河，有漢唐二壩，實衣食之源。采草送壩，樂供挑浚，惟將領占據灘蕩湖道，將采下草柴私役，軍士爲累耳。延綏鎮糧額派陝西、延安、慶陽三府，原係本色，自布政文貴奏改折徵，軍餉始虧。巡撫馮清因之，盡改折色，而米價騰貴。都御史王遴始開黄河，設置船隻輸運。王崇古議復本色邊餉，因延綏在萬沙之中，背居套虜，無日不警。馬每月給料四斗五升，草銀五錢，今草豆皆乏，養馬既難，只得棄馬。先年虜營頗遠，官軍尚有牧馬采草之時，今軍馬無可休，草豆復貴，其不容于不增者勢也。楊襄毅督甘，肅明罕東諸屬番，避居肅州，境上其衆滋繁，襄毅築白城、威虜等七城，徙其部落數千人，稍給牛具，于是離塞四五百里亦一時之盛云。

和州橋壩

明　焦竑《焦氏澹園續集》卷四《和州新建橋壩記》　和爲畿輔近地，中外要重之臣與夫郡國守相、使客傳遽之往來，踵相屬也。東門之外舊有石閘一座，眂水之盈縮爲啓閉。閘圮不知何時，獨其趾在耳。或者據形家言以謂水流而無以圉之，則氣洩而不收，微獨爲行者病也。會三守何公至，聞父老以爲言曰：吾以治農爲責，是其可辭。乃集州人訊之，皆曰：州之東關與南之新河皆州水口地，擬建石橋一、壩一。便請於州刺史謝公，報如其請。於是鳩工庀材以繕其事，始於萬曆癸巳十二月，迨丙申九月而訖。功橋崇二丈有三尺，趾之廣加什五焉。下爲陡門，計丈有八尺，以釃河流，而堤其兩垂。度輓者，壩以丈計者二十，闊得四之一，上爲觀音庵以填之，所費銀以兩計三百有奇，以傭計五千四百有奇。貲取諸各廳之贖鍰，而不費民間之一錢，力取諸傭食之閒民，而不勞公徭之一卒，可謂易矣。父老德公也深，於是推其秀民馬成大、萬可賢、楊鳳翔、戴濴者，求余言爲記。且曰：公居恒見謂材敏，一意節愛民，樂其業。田里無事，用能以暇日，致力於茲，願有紀以諗來者。余謂：橋梁王政之所有事也，徒杠缺，而子産譏川梁廩，而單公刺蓋，不講於時久矣。公獨能急人之病而閔閔，於是人信其以佚道使也。是以倡而人争應之，役人而人不敢愛其力，其眂夫耽耽，而居飽禄，以嬉於人之疾苦，阽危濒不加省者，何如哉？然則觀公於此，而其他政可推已。公名台，蜀之内江人，以任子起家，晋安慶府别駕，以去其用。蓋未艾云。

金口壩

綜述

明 王廷《重修兖州府河記》《漕運通志》卷一 兖州府距城東五里，舊有壩曰金口壩，壩之上西偏曰金口閘，俗所謂黑風口者是也。壩以堰沂、泗二水導入閘口，抵府城東門，遶城南，復折而北，徑西門，會闕黨、蔣詡諸泉。西流七十里有奇，抵濟寧東城外遶，而南與洸、汶水合而東出天井閘者，曰府河，蓋元人遺迹也。然非始於元也，後魏及隋寔經始焉，今爲漕河之益非細矣。府河與汶河合流以資轉漕，總名曰會通河，云國初堰壩以土，歲役萬夫，隨築隨毁。成化中，工部侍郎喬公毅議修閘壩，均易以石，而錮以鐵，歲省勞費，不可貲筭，是後不復修治，垂九十年矣。恆年山水疾激，壩石傾圮，而水行故道，積歲淤墊，渠遂厥淺，水發輒溢，彌原淹野，禾盡腐敗，不可收拾，蓋非一日矣。是爲利于漕河者僅什一，而貽患于小民者恆千百也。嘉靖戊午春，廷承上命，總理河防，常思不能宣力以忝大命，事關漕河利病，靡不咨訪。頃之，兖州府同知黎天啓來言：金口堰壩歲久坍塌，石且毁泐殆盡，今不亟爲之處，將益廢。余爲檄工部都水司管河郎中汪君泓、管泉主事陳君南金、同兖州府知府莫如善，督同滋陽縣知縣江應昂等往勘，議合。秋九月漕事竣，余將東謁闕里，因歷壩上，旋視其宜。壩縱復故，而河水淺涸，慮鮮濟事，復議加高一尺七寸，乃即山采石，就林伐木，易鐵于市，煅灰于野，調夫役于泉壩，徵匠作于有司，凡所經費，率以各夫歲辦折納之數，貿易取足。而董是役者，即黎天啓也。工始于是年冬十一月十七日，訖于次年夏四月初四日，而閘壩工完，然河渠淤淺，水之入猶夫故也。是運道僅受什一之利，而小民仍蒙千百之害也。今年春，濟寧管閘主事王君陳策以浚渠，請維時聖天子修復朝殿需用材木，而水次拽筏，夫役坐待曠時，又南旺大挑甫畢，均可借調。乃檄兖州府同知祁天叙卜日興工，集夫役，具畚锸，置芟舍，畫界事。事自黑風口至孫氏閘四十里，以泉壩并拽筏夫共四千八百名浚，而以任城衛經歷張一科、滋陽縣主簿李琅董之。自孫氏閘至濟寧馬驛橋四十里，以濟寧淺溜等夫并拽筏夫共四千八百名浚，而以判官李金董之。其河渠所取之土，即加築兩岸之上，河之深廣，堤之高厚，視昔不啻加倍。堤植以柳，置鋪其上。自三月二十九日始，至四月十八日而河工復完。是歲，水由河渠行不爲害，田乃有秋，而泗水之出亦數倍于昔，商販懋遷，舟楫利焉。王君乃詣余言曰：河成矣，工不費而益頗衆，請紀其事以示于後。弗獲辭，乃爲記之。昔人有云覩河洛者思禹功，則余於開河諸公重有感矣。我國家臣一四海，撫鎮宇内，建都于燕，南面聽治，軍國大計，歲漕四百萬石，而絲枲纖縞貝錦珠璣犀象之輸，吴楚閩越交廣商賈物貨之入海，内外諸國，各以方賄來貢至夥矣，利涉惟漕河耳。先是漕河未復，海運陸輓，公私稱病。永樂九年，濟寧州同知潘叔正請開元會通河，文皇帝乃命工部尚書宋禮諸臣并發山東丁夫十餘萬，往任其事，以臻成功。然考規畫之詳，時故道久淹，汶河至戴村北流，宋公乃采老人白英計，築壩于戴村，遏汶水西流，抵南旺注。都督周公長所鑿漕渠而分流南北，北流七分，接漳衛諸水入海，南流三分，接侍郎金公純自汴城金龍口下達魚臺縣塌場口所分水，經□吕二洪入淮，而會通河復通。故沛縣以北、臨清以南，皆相地置閘，以時節蓄者，其水微也。然濟寧之南河漸衍，地漸下水三分，又微甚，故不得不截所□之水以合流共濟也。

清 傅澤洪《行水金鑒》卷一四八 金口壩在兖州府城東五里，元至元中爲滚水石壩，引泗入運，即隋文帝時薛胄於泗沂之交積石爲堰，決令西注陂澤以溉良田者。延祐中，疏爲三洞，以洩水勢。明初，堰壩以土，旋築旋廢。成化間，築石堰，東西長五十丈，下闊三丈六尺，上闊二丈八尺，自地平石，計五層，高七尺，湫口三處，眎水消長，時其啓閉。横巨石爲橋，以便往來。堰北復作分水二雁翅，以殺水勢。堰南北跌水石直五尺，横四十丈，以固堰基。後歲久土淤，舊堰獨低，水消泗不入洸，每春築土壩，高一尺七寸，以障之。水漲土潰，勞費無益。嘉靖三十七年，主事陳南金易以石，高亦如之，仍爲金口三，添閘板以時啓閉，歲省前費，水亦賴以節宣。張純《守壩論略》曰：金口壩以遏泗之南趨，閘以導泗之西流，蓋元人遺智也。夫泗之趨於南，猶汶之放於海。遏泗者以金口，猶遏汶以戴村也。國初，壩因元舊，時圮時修，勞費無已。成化中，主事張君盛始易以石，視昔善矣。然猶石之上，歲益以土，高可一二尺，土歲壞則歲增之。迄嘉靖中主事陳君南金以石易土，高亦如之，而制始大備。泗盛則勢突，而壩當其衝，寧無漸入圮壞者乎。果有之則補葺之功，杜其微焉可也。苟且因循，俟既壞而後修之，焦頭爛額之功也。泗消則微入濟之勢緩矣，矧自黑風口而之府河，自府河而之濟河，凡幾十里而始至天井，水過沙積，寧無壅而未通者乎？果有之，則挑浚之功或一歲而一見，或三歲而再見焉可也。廢之不講，而歸咎於天井之淺澀，是不揣其本之論也。其視張陳二公何如人哉？萬曆二十五年，大水衝決無遺，主事胡瓚重修。

又　金口壩遇冬月挑河煞壩之期，即將此壩嚴閉，使泗河之水盡歸金口閘，入馬場湖以濟運。沂河之水原合泗水，由黑風口入府河濟運者也。數十年來，舊制不修，河失故道，沂河之水不合泗水入黑風口，竟由金口壩下直趨魯橋矣。今議照舊修理，使沂河之水合泗河之水，仍入黑風口，由府河濟運，庶水無旁洩，而於運道大有裨益。宜於大長溝擺渡口建石閘一座，以界泗水，使泗水不得北行，則以泗河之水專濟南運，而濟寧以南一帶運河可無淺阻之患矣。此閘亦宜下板十八塊，積水使由十字河入南旺湖中。

傳記

（乾隆）《江南通志》卷一四六　胡瓚，字伯玉，桐城人，萬歷乙未進士，授都水主事，分司南旺，兼督泉牐泉司，駐濟寧。泗水所注瓚，修金口壩遏之時，議徵稅濟寧，力言不便而止。累擢江西右參政，告歸。

紀事

明　吴道南《吴文恪公文集》卷八　明年正月辛卯，修兖州府金口壩。壩舊用石甃，蓄水以濟運。洪武間，石爲城費，而壩以土築，輒衝敗，至是仍甃以石。

清　康基田《河渠紀聞》卷七　元仁宗延祐四年，修金口壩，改牐爲洞以資節宣。按金口壩即薛胄於泗沂之交堰水西注灌田者，至元中爲滚水壩。因隋舊堰爲之，壘石爲堤，下穿涵洞，俾不爲害，至是重修，改作疏爲三洞。張清恪云：金口牐改三洞節宣水勢，法乃兼備。黑風口去郡城五里，堰巔較城堞高一尺三寸，泗河之水乘高而來，直瀉百里。郡城州邑城社所關，若牐口不支，建瓴直下，爲患不細。故爲涵洞安，爲板牐危。此爲郡城，權其輕重，而措置若此。然下流之水亦有必待宣洩者，否則董家口頻年被刷，汶水漫溢入洸矣。復建滚水壩於董家口，疏水入白馬湖，迤南引歸獨山湖，爲新泗河。又開支自貫家灣西達魯橋，嗣以壩脊過高，水壅於壩上。寧陽石梁口小腿灣等處汶水漫堰入洸，頂阻府河水，淹没民田。再將董壩展寬，疏漲水由孟家橋下注。水小堵孟家橋，使由興隆橋入運。築石梁口，俾汶不入洸，自是下流始可無患。陸朗甫具述情形義自見矣。

藝文

清　馮雲鵬《掃紅亭吟稿》卷六《過金口壩》　泗水安瀾到此雄，奔濤束雪湧長空。三春鼉吼翻紅雨，半夜龍腥攪黑風。壩之南流，由泗水橋下濟寧北流，西折由黑風口入府河。白板船浮蓑影外，青蓮閣射荇流中。砂堆社在沙潭杳，惟有桑麻野逕通。

清　桑調元《弢甫集》卷下《金口壩》　汶水寒方落，猶看噴雪流。聲喧金口壩，勢動古沙邱。棗柿千林午，魚龍一氣秋。車塵蓬勃裏，乍喜見漁舟。

雜録

清　傅澤洪《行水金鑒》卷一七　滋陽縣金口壩，老人四名，修壩夫一百八十名，後革二十八名，改停役銀，差一百三十二名，折徵十名，今存十名。

清　顧炎武《肇域志》卷一六　嵫陽縣金口壩在縣東五里，其水即雩水，會泗水，自北而南，水小則堰之，西流入黑風口。至城東門繞南而西爲濟河，至濟寧入天井閘，水大則縱之，南行入河。河道都御史王廷記：兖州府城五里舊有壩曰金口壩，壩之上西偏曰金口閘，俗所謂黑風口者是也。壩以堰沂泗二水，導入閘口，抵府城東門，遶城南復折而北，經西門會闕黨、蔣詡諸泉，西流七十里有奇抵濟寧東城，外遶西南，與洸、汶水合，而東出天井閘者曰府河，蓋元人遺迹也。府河與汶河合流以資轉漕，總名曰會通河。國初堰壩以土，歲役萬夫，隨築隨毀。成化中，埢里河逶迤，至魯橋下流以入淮。土婁閘在縣西十里，永樂九年建，舊有閘官一員，總于金口閘，嘉靖初裁革。杏林閘在縣西三十里，元至元中建，工部侍郎喬毅始易以石，而錮以鐵。各泉見《東泉志》。《元史·孔思晦傳》：襲封衍聖公，初燬於兵，後雖苟完，而角樓圍墻未備。思晦竭力營度，以復其舊。金絲堂壞，又一新之，又以尼山乃毓聖之地，故有廟，已燬，民冒耕祭田且百年，思晦復其田里，請置尼山書院，列于學官，朝廷從之。壽邱在縣東北八里許，《帝王世紀》云：黃帝生壽邱。《史記》：舜作什器于壽邱。皆此地。少昊陵在壽邱東北三十步許，前有石像八卦石爲壇。至聖墓在縣北二里許，《史記》：葬魯城北，泗上林，廣數十里，樹以萬數，皆異種，惟楷木最多，墓道一株，枯而不朽。云子貢植曲阜，闕里夫子所居。《史記正義》云：夫子生于鄒，長于曲阜，仍號闕里。《括地志》云：兖州曲阜西南有闕里，中有孔子宅與廟。酈道元《水經注》曰：孔廟東□手植者高四丈五尺，圍一丈，塋中無刺，棘無鳥巢，古魯城環新城，外城基尚存，有如山嶺。門十二，正南曰稷，左曰章，右曰雩；正北曰圭，左曰齊，右曰龍；正東曰建春，左曰始明，右曰麗正；西曰南。五百步有雙石闕，即靈光之南闕。北八百餘步即靈光殿基，史左曰歸德，右曰麥。黃帝神農少昊皆都曲阜，周公封于曲阜，漢魯恭王亦封曲阜。杏壇在孔廟殿前，孔子舊居曲阜，令以孔氏，自唐宋已然。明興，令衍聖公舉族人之賢者咨部選授。萬歷元年，而院題準挨取孔姓廪生六名，學道考選四名送兩院，兩院考選二名送吏部，吏部考選一名授前職四氏學教授一、學録一，舊亦衍聖公保舉。萬歷十五年，按院題準教授員缺，該學申請提學道，于本省儒學教諭訓導中擇其賢者一人，送衍聖公，轉咨吏部題升。

清 張伯行《居濟一得》卷二《金口壩》 金口壩遇冬月挑河煞壩之期，即將此壩嚴閉，使泗河之水盡歸金口閘，入馬場湖以濟運。

坎河口壩

明 于慎行《穀城山館文集》卷一四《東平坎河口新建石壩記》

《水經》：汶水出泰山萊蕪，歷奉高嬴博之境，而西過剛縣南。剛縣者，今之堽城。又西南過章，章者，今之章城，坎河之泉注之。又西南過無鹽，無鹽謂之須昌，今爲東平。又西南徑壽張故城之北，至安民亭，入于濟，則今運河西濟故瀆也。蓋濟之見，與伏不常，而汶之西流，而合於濟，則所從來久矣。國朝永樂中，尚書宋公開會通河，始築土於坎河之西，謂之戴壩，以遏其西流之道，而南出之汶上，以入於運。其稍逸而西出者，環東平而北，承濟故瀆之支，號爲大小清河，以入於海，則所謂鹽渠云。會通河成，七十二泉皆滙於汶泗，轉注漕渠，一盂一勺，民間不得有焉。即稍逸而西出，海王之國，竊以行其鹽筴，皆漕之餘瀝也，而濟之名賴以存焉爾，豈能與漕争哉？歷歲滋久，壩或圮墜，時以全流漫衍而西，夏秋伏發，南旺以北，舟膠不行，則漕渠病東原之田，或苦羨溢，化爲沮洳，則民亦病。是左涸漕渠，右蕩平陸，而以利鹽筴也。海王之國歲所佐水，衡少府幾何，而苦東原之民，以與漕争若此乎？又有異焉，障而不洩，漕亦苦溢，故斟酌挹損制河渠之盈虛，在汶之上流耳。隆慶中，少司馬萬公謂汶至戴村，勢如建瓴，不可復收，且以土爲壩，疏而善潰。乃上就坎河口，壩以積石，石如累丸，沙流其下，久之亦潰，而坎河遂爲要害矣。萬曆丁亥，河决病漕，詔簡從官行視，工科都諫常君奉璽書從事，與撫臺李公北行濟汶之間，脉漕所由通，乃奏書言：臣居敬與都御史臣戴行汶上流，令兖郡丞東平長吏雜視便宜狀，皆言坎河口宜爲壩。其法用丈許大石，夾砌如墉，實細石其中，塗以堊埘，上鋭而下豐，狀如魚背。水高于壩，漫而西出，漕無溢也。水卑于壩，順流而南，漕無涸也，且居民亦不害焉。臣等謹與郎中臣之龍、主事臣雍臣、元命按察使臣子朝、參政臣維喬僉事，臣震等議皆稱便，大司空覆奏制曰可。會御史大夫潘公至，復率司道徃閲，乃檄郡邑吏營焉。計築石壩長四十丈，高三尺，上博丈五尺，下益尺六之一，兩翼之長視壩減五之二，厥高倍之，左右爲土堤，丈之二百三十，東岸爲石堤，厚一丈。經始於萬曆戊子閏六月，明年三月告成，費凡八千金有奇，諸公不自有也。曰：兹匪神休，其克有濟。乃爲龍宮，於上伐石，紀績用示永久。東平守謂行郡人請勒辭焉，不佞在里中，時嘗游章城，父老指示坎河及宋公廟貌，覽眺嘆息，謂：先臣之於國家功若此，其艱也。自嘉靖乙丑以來，數治河堤，潘公一與大司空朱公同開初渠，而沂泗之間通，再浚黄河，築高堰以達海，而河淮之間通漕渠，所患獨南旺以上，時或少涸。則其故在坎河，世争言漕輓利病，置此毋談，何也？一旦上用都諫言，下詔興築，潘公受而成之，費不盈萬，役不踰時，而漕與民兼利焉。是宋公所刱造，疏引以制河渠之盈虚者，至是有永賴也。國家歲運東西粟給中都，官從泰山下阯借一綫泉水爲轉輸計，不得以入濟爲解，即令岱畞之民蓢時蓬藋之田，以爲水伯假道，何辭之與有況兼利哉？夫天下事無大小，操其本則易，修其末則難。今世言漕渠便宜，大者引河，中者猪水，小者疏淺，不知其本在上源。源之不浚，則制其末流，非善弄也。辟漏水之在壺，一以爲盈而挹之，一以爲涸而注之，晝夜不舍，無當於漏。調渴烏之吻，正玉虬之咽，則衡渠之水可錙銖稱矣。何者？得其本也。故吾於坎河之築，嘉諸公之功，而幸宋公之渠有永賴焉。是歲也，行鹽使者亦於大小清河之間建五壩蓄水，其議曰：汶逸而西受之可也，汶遮而南讓之可也，能不與漕争汶？故漕與民既利，而海王之筴亦得以其全力佐少府，水衡如故矣。碩功良晝，并出一時，豈不盛哉？是役也，董正考成則兖州府同知陳君昌言建晝，經費則東平知州徐君銘，庀材鳩工則東平判官蔡忠、沂州吏目何一鵬、曲阜丞邵賓滕、縣丞包楊、泗水典史蔡茂、魚臺典史王琮。壩成，使判官汪鳳翔主之，法皆得書。

清 張伯行《居濟一得》卷三《坎河口》 坎河口壩宜照堽城壩、金口壩之制，連建數斗門，以時啓閉。但今沙淤日積，河底漸高，將與壩平，故宜比舊制稍高。當南接戴村，北盡坎河，其間設斗門八座，如閘之制。石壩既長，斗門又多，則可以洩水，而戴村壩無沖決之虞矣。又恐壩底太高，水不能洩，但照舊制，於石壩之上每當春月再築土壩一道，或二尺高，或三尺高，蓄水濟運。至伏秋水發，聽其沖去，來歲再築，所費無幾，甚爲妥便。

又《坎河口石壩》 坎河口石壩止百餘丈，不足以備分洩。每逢水長，戴村土壩常被衝決，故宜將石壩再加寬一百丈。庶乎水易分洩，而戴村壩可保，汶上亦免淹沒之患。

（光緒）《東平州志》卷五 坎河口壩在戴村東，萬曆十七年尚書潘季馴建。東阿于慎行有記。《府志》：萬曆元年，侍郎萬恭於坎河上壘石爲灘。十六年，都給事中常居敬奏築滚水石壩。二十年，大水滚没，尚書舒應龍又於河口之下開渠洩水，兩旁各築石堰以防衝齧。其制河口兩旁用石裏頭，各長十丈，高一丈二尺，中間用滚水壩二十二丈二尺，仍留石灘四十九丈一尺，名亂石壩。汶河漲溢，由此洩水，北入大清河歸海。

康山壩

明 潘士遴《劉侯開復康山壩記》（崇禎）《烏程縣志》卷一二 凡任地方之責者，遇事在宜行，在必宜行。然當不行亦未見無功，行亦未見有赫然可紀之功者。恒精置之非盛德，知道之人豈能獨斷而處于此？武陵桃源爲避秦也，秦建烏程，而烏程山川之靈，峙隱苞秀，不向秦人開生面者，有康山内之棲賢山在焉。棲賢爲康山之陰，康山爲棲賢之陽，兩山環抱，回固谽谺，有幽篁紅樹掩暎，十里梅花，其泉液滙而爲桃花漾，人間鷄犬互鳴吠之景，不亞桃源。其隘日竹樹烟花，蒙叢不可問，而康山一壩，劃然天開，則所謂禹力不到處，河聲流向西者也。唐時張志和往來西塞山，問觀桃花流水，扁舟斜出坳坻，非人棲賢正道也，正道在康山一壩。嘗聞山中父老言自從作壩，康山棲賢不復有賢，則兹壩者，一康山也，實關吴越斗牛女地脉結聚處。故顯徵八蜡，微應貞元壩之必宜開，開亦無鑿龍門、劍閣之險，煩重而難爲始，然竟百年來難爲始，則知通山澤之氣者微乎。微乎爲者無功，應者有德。夫垂後以德，當時逸而後，時美垂後，以功當時勞，而後時利不逸不足守，不勞不可永，自古然耶。隋疏汴、淇，鑿太行，在隋之民不勝其害也，在唐之民不勝其利也。況乎鄭國浚渠，於秦亦利也。我湖風稱水崗，而康山一帶更號患區，自天啓五年始，即非天地地設之患區矣。所繇然者，良以五區，先年荒穢時多喝吠土人于棲贊康山，石菑其間，堤激水隤，揵以自衛，究之亦堰也，非壩也。歲月浸往，土埂堙淤，前人非爲水防，後人誤爲防水。于是二水盈盈，總滙隔斷，霅流時溢，則南咽去洋，苕水時横，又西斷出路，而棲贊以東、康山以西，桑田盡□潦也。愚民難與慮始，議而寢寢，而議者又數十年。劉侯隨山度地，令水工準高下□澮距川，因父老子弟之請，而喟曰洵哉，形家有數寸之籥，開千均之□，非多其才施處，勢要然乎。讀《爾雅》，至山上有水曰埒，乃知堰者埒也，亦□也。遂相與觀兩川之滙，迺故□之址，計其所以更爲者，□旬而有以處此矣。夫民上所使也，□地者以利用，天者以時而用，人者以和。不和而强之，千萬人不能用也。和而使□，□□可也。□其昔人自患，今人首餘堦畜，□而俣啓□業良，陳而把流傭，并不頪在官之荷□，一犁之鑿險，而康由洞口桃花，今日爲棲贊，問津稱樂士矣。昔漢延年謂天下甞備匈奴而不憂百越者，以其水絶壤斷也，誠關大河，上領出之胡中，東注海關，東長無水灾，北邊不□匈奴，此功一成，萬世大利。試觀康山迮陿一隅，侯略倣延年間河之意，斷然行之，不疑丈二之溝。不但可疏五區之流、之壅，抑可界四安南衝之盜，捍脞寧人，實維侯德。因歸天下，更有必宜行不可見之功，大於此□之役者，方爲侯日望之。竊附鄉人士風之後，作壩銘。銘曰：霅川瀰瀰，循禹之軔。厥有前人，禦暴過計。塹山填谷，桑田塗地。晝沉疲民，夜泣頳鯉。患區自造，不爲長慮。曲岪空存，逝波不止。在昔則害，在今則利。石破天驚，霖雨作企。卓哉贊侯，視此而已。侯諱沂春，號魯庵，福建長樂人，崇禎甲戌進士，崇禎九年長至日記。

（雍正）《浙江通志》卷五五　康山壩，新舊志俱失載，見程郇《復壩記》云：崇禎九年，知縣劉沂春復康山壩，故存其名。

孟公壩

綜述

明 金拱敬《重修孟公壩記》（光緒）《滁州志》卷三　天下有有用之用，人知重之，則思治之，有見焉，無裨於用，而實切於用，而不可不重治者。此無用之用，非慮深識遠者未之知也。州制有上下水關，緣郡西諸峰之水，率從赤湖經烏土，由西澗達州，徑城中，扼險捍禦，二關之力爲最。下關之外有壩，似無關重輕，然而澎流奔瀉，屹然砥柱，使關門有險可恃，而草澤竊發之奸，不敢窺緊，惟斯壩之功哉。《易》曰：王公設險，以守其國。況茲有險可因，且烟波浩淼，黌宫之前汪汪焉。歛翠摇空，澄瀾濯月，識者知爲文運之鬱蒸也。何者水面文章，光涵萬有，而風水相遭，漣漪盪漾，此又天下自然之文也。處乎無用之地，而爲用者以固吾圉，以助吾文瀾，而壯邦國之色。無事則爲朝廷毓，思皇之彦有警，則爲社稷增保障之威，文武之道，其在此矣。嗟乎！其孰知此無用之爲用者乎？壩之作，不詳其始，或曰郡人孟兩峰先生造，或曰有城以來即有此壩，惟先生修之，今呼爲孟公壩云。噫！作者之意深遠哉。歲久水石交侵，石不水敵，亦柔制剛之理乎？及基址傾圮，水乃恣其奔瀉，而關門之險，因不可恃泮宫之前一枯坎爾。可徑而渡也，即形家者流亦謂滁不直瀉，風氣不固。故居是土者多約僿，少允裕云，是以吾滁土賦。北門人歌星罶夙，稱瘠貧陰陽之説，或亦不誣歟。余因偕鄉先達長者，謀之郡守楊公，以余所請冏租，修學充費，楊公欣然從之，且蠲俸以倡，余又募蠲若干佐之。始事於乙未，科遇春水泛濫而止。閲丙申丁酉冬，新守寧公留心地方百廢具舉，知斯壩於城守學宫有裨，且膏澤我百姓，即蠲俸以勷厥成，仲冬竣工焉。堅固完好，增高五尺有餘。余懼來者莫知斯壩之芘，繫故敢勒石以垂永遠。時督率工役朝夕罔懈者，郡判王君也。拮据籌畫而董厥成者則爲守備張君遜。出入司計纖毫不苟者，則爲文學趙君國柱。其有功茲事，如廣文郝君一樞、葉君正誼、司捕唐君萬章及蠲助姓氏，應記於左。

清 沈大成《學福齋集》文集卷一《滁州孟公壩記》 代廣陵李君權知滁之八月，以狀來告。曰：亘滁之東水門之外有石碣遺趾，圮久不治。明州人孟兩峰所築，曰孟公壩者，懷其惠而名之也。水之來也，遠凡州之西南，若側菱、摩陁、福尖、馬鞍諸山，溪壑之所趨，畢滙于是。東注爲赤湖，又東爲石瀨，爲西澗，其下流爲小沙河，貫城腹而出，即孟公壩也。踰壩而東，與清流河會，始入于滁河，放于大江。蓋逶迤而東去者幾三百里，惟此壩綰轂其口焉。水之來也既遠，而流又懸疾，故壩高一丈三尺，廣殺其尺之一，袤視高五倍。水溢則氾，而上出澙則閼而瀦之，凡城西之田，暵得以溉，而民之廬于城者，汲濯皆仰焉。其利于滁甚大。自圮久不治，滁人恆以爲病。乾隆五年，故大理汪公奉命行視水利，曾臨體勘，而吏亦議修，復以費重中輟。君至詢諸滁人，得壞梁之棄磴于城東，準以商功，足支壩之用。省市石之直千金，乃鳩工鼓皋。經始于五月十九日，迄七月二十四日壩成。其廣袤悉如舊，而增崇六尺七寸，用工之力若干，暨林油灰鐵之物，畚挶之屬共糜白金若干，皆出州人士輸助，而君蠲其五之一。諸生之董役者觸炎暍，甚勸而核，故工堅而成速。然以繇者復之之難，而水之奔齧者日夜不息，又虞其圮之易也。敢丐記以眎方來，庶時省而歲固之，其永有利焉，是滁人之志也。夫以圮之久，而復之難若此，而李君以攝官區區數月間用底于成，而又能因所棄以僝功，財不仰公家，而役不煩民，且望後之勿懈，永爲滁人利。其經畫措置，皆有過人者。夫事之至于極重，難舉者其患，皆始于因循不早爲之所，其後遂敗壞而不可支，寧一壩爲然哉？苟爲之吏者，視民之所病若創痛之在身必療，必求其速，已則何利不興，而害不去哉？因允其請，使刻石其蕆事及輸助之姓氏，與夫工用之數，俱附于碑陰，諗後且有勸也。李君名方膺，以諸生察舉，初吏山左，累爲牧尹，凡河渠之事皆興。今來皖，又能效于滁，可謂有志者也。

紀事

明 余國楷《重修孟公壩敘》（光緒）《滁州志》卷三 余治滁之六年秋，案牘多，暇時登大觀樓，覽城堞之威，回睇潺流之縈泊，兩關鎖秀，循流入江，喟然咨曰：此滁之所恃以爲固者耶。往者狡寇憑彊鋒羽，洊至背江，而邑者十糜其六七，獨滁之官長暨其士氓鳴柝戒門，荷鋌升隘，談笑則守，竟以全滁濠之力，亦關之力也。嘗攷郡志，前守趙公牧於滁，適有盗行刼于郡城之北，亟督往捕。主者畏公威重，中夜出關，捕獲。公漫詰之曰：中夜六門皆扃，誰與出者？主者具質言，公大驚曰：爾既可出盗，不可以入乎？遂議創鐵柵，設立守軍，自此寇盗不敢窺關。趙公之爲滁計善矣。然水勢自西而東，一瀉不住，雖建柵設守，其足恃首。於是鄉先哲兩峰孟公思爲未雨綢繆之計，毅然捐募建壩聚水，一以固守城關，一以培蓄學宫風水，宜滁人士至今歌思，未有已也。歷久，壩頽屢決，又值旱乾水涸，余每怒焉。憂之，矧今戎馬生郊，東南多故，余忝守兹土，能不刻期捐葺固我疆圉？然力弗稱願，爲之奈何？適學博張君羽督捕，鄒君邦政前席曰：然則募可乎？余曰：助捐可也，募不可也。吾滁紳士聚族而居，急公好義之倫，要自不乏，兼以商賈輻輳，市廛百堵，富民豐而濟以財，貧民艱而效以力，一人倡之，千百人群而協贊之，吾知斯壩率作省成，當在不日間也。自兹以往，關以水問水，以壩回湯。湯之流匯於黌宫，有萬年經久之謀，爲一勞永逸之計。今日者其得撫池隍，乘清宴，與滁人士保宅此邦，是則余牧民者之幸也。故爲叙。

南湖壩

綜述

清 韓竹《新修南湖壩記》（光緒）《重修五河縣志》卷一七 一彈丸邑而五，其河害也甚矣。且五爲四河入淮之口，凡水入口，必爲湖而一。水之上有數十澗溝聚，而入口亦皆各爲湖，蓋大小有二十餘湖焉。吁害也甚矣。曰：水獨無利乎？猪之則内可以溉，疏之則外可以泄也。然五地河壖，居十之八，瀦則未必得溉，而没去十之八矣。瀦不可爲也五，爲五河之口，上水源源，滔滔而至，詎可疏而去之乎？疏不可爲也，於萬無可爲處而言，水利是必有大賢人焉。爲民極其誠，愛民極其切，而兼以極大之才，極定之力，庶克建殊績乎？惟鄭君來撫，此士相㴍河，入淮之口有南湖者，雖上流有三衢湖暨小河赤龍澗一帶之水，然歲旱，則皆可耕之田也。惟夫淮水漲上，則田盡巨浸矣。南湖之尾爲蔣家壩，即入淮之口，爲堤以障。淮歲大潦，内外水皆至，則無幸耳。内水或不至湖，可全耕獲也。即不大至而半獲焉，得利且不鮮。侯曰：是則可爲也。已溝故有土堤，然數圮廢，且不能時啓閉。侯曰：是非石閘，不可決意爲之。爰上其事於中丞薛公，公軫念民隱，捐金爲首倡，侯亦捐金壹百兩爲百姓幟，寮佐以下助有差。遂酌其地之高下，田之多寡，以均其所輸費之壩者償之。壩民悉争輸，固其所也。至於役民之力，亦視乎地。而又恐勤惰之不齊，勞逸之不均也，爰分其丈尺，俾各有定責，而無所諉趨事者，盡子來矣。經營區畫，靡不盡善，邑尉王公多幹克勤，共襄厥事，而紳士諸人咸殫厥心，不負所委。始于某年某月某日，載歷寒暑，至今訖有成焉。堤既成，適五六月，霖雨不輟，淮既大漲，内水亦暴。至衆曰：交訌若此，無可爲矣。侯獨曰：内水爲患，下田誠不可療，顧外水尚高三四尺許。堤圮則下田之淹，而上者爲沙灣，且將盡没，可數百頃，獨奈何？高者不益之高，長者不衍之長哉？爰又培土數尺，衍長一十有四五里，時堤愈高且長，而水愈漲且嚙，然卒以人力勝，而淮水數漫而數却也。方侯之率衆增築也，猛風捲浪，暴雨連天，陰霾夜黑，掣電爍光，内外數十里，洪濤中懸，一綫危堤。寄身於蛟龍出没之所，諸人無不惶惑恐懼，廢然思返。侯顧神志倍旺，心思倍密，氣力倍壯，此非爲民之誠，愛民之切。兼以極大之才，極定之力，曷克臻此？此堤一成，内無水而下田利，即内有水而高田亦利，後來賢侯，但一增卑培薄，利不將萬斯年乎？以萬斯年之利，顧於萬無可爲，中而享之，五民之獲福於侯者爲何如哉？方今天下苦河患，聖天子日夜焦勞，特簡靳公，暨于公總其事，行見地平天，成神禹之功，可復覩也。而克襄厥成，非當今之伯益如公者，其誰與歸？以堤淮者堤河，利五者，利天下有二致耶。五民來丐，余爲記，將刻石以垂不朽。余職史氏，於侯將大書之，可無記乎？因拜手而爲之撰。

紀事

（乾隆）《江南通志》卷六七　國朝康熙二十三年，五河知縣鄭鼐修南湖壩。

清　康基田《河渠紀聞》卷一五　是年，修五河縣南湖堤壩。按五河南湖，㴍河入淮之口也。五河居諸水下流，無堤以障水，則田不可得而治。修南湖壩，障淮衛田，易土以石，作牐而節宣之，牧民之實政也。

寧陽縣石壩

清　周遠昌《重修石壩記》（光緒）《寧陽縣志》卷一九　吾邑太平村爲漢鉅平舊治，宋元置太平鎮巡檢司，距今縣治東北七十餘里。北控齊郊，南通魯甸，人烟之所輻輳，行旅之所往來，輪蹏交錯，境内一通衢也。村東枕山襟溪，岡巒起伏，每當霪霖暴注，山水漲發，駭浪奔衝，匯爲行潦。村西有嶺曰西嶺，乃宋進士姜潜扶母避水處也。其水東來，與山溪之水交注横流，客旅病涉，即居人趨田納稼，亦多弗便。此地舊設石壩，土名二虎，普濟行人，兼護村基。第歷年既久，陽侯侵嚙，土石不固。道光丙午夏秋之交，積雨帀兩月，東西山嶺諸水勢若建瓴，決岸穿渠，壩乃寖壞。里有長者元善任翁，有志重修，未果。其蒙嗣司校，欲踵成之，亦賷志以殁。茲其次子司登，慨然以承先志，興要工爲己任，蚤作夜思，靡安寢饋，需費浩繁，孤擎難舉。爰糾同志，廣爲勸募。會時和歲稔，比户饒衍，都人士各輸金錢無稍吝，於是集衆鳩工，運石輦土，益拓舊樵，厚築堅砌，凡三閱月而事蕆。鯀亘聳起，虹垂雲叠，峙爲重障，蔚作麗觀。夫而後水歸故，壑湍不舞衢，一切步者、騎者、輿者、負且擔者，蓑笠而耘且穫者，莫不取道於是。闐咽砰訇，軼蕩樂喜，若踐慈航，而登彼岸。乃相與誦曰：美哉壩工，微任君之力不及此。今將謀立石句，余爲文以紀。余既嘉壩之廢，而復修與工之速，而且固尤重。任君克紹其父兄之志，而偕好義諸君子協力以底於成也。故樂爲之記，以垂不朽。

青雲壩

明 戴重《河村集》卷四《和州修復青雲壩碑記》 水者，國之險也。以潴美，以流惡，以固守也。和州于古爲水國，左環大江，右浸涸灃湖。宋以前江潮橫漲，南郡風濤壯利，涸湖水砦尤保其險，克衛我軍民。故其時人材輩出，忠孝耿光者，美在水也。惟水樂初吏目，張良興倅言水利，乃步涸湖，得三萬一千二百四十畝，灃湖得一萬七千五百七十五畝，謂可洩而任。田賊遂盡湖鑿河，自西逕東，過州城麓以入江。迄景秦中，其田始成，亦困民甚矣。及今江浚河移，湖雖流涸，昔之襟帶幾盡失之，而橫江□河直州之膺，輒背城南駛，若弧戾天激，其傷寔多。萬歷庚戌，州別駕何公從士民請，爰作石堤，以周水疆，名曰青雲壩。已而津吏不戒，復潰。有二十年，既黯文教，亦墮武防，以及于盜賊，水旱之禍。今太守左侯，咨諏原委，率其屬郡幕官，公與諸生等再築故堤。楗杉甃石，隱惟樹表，其堅倍昔。凡靡金錢十五萬，取諸俸餼。乃紳士好義者，又慮河流迤委，或行源暴至，傷我稼穡，乃稔謀于衆。廉城西南十餘里，訐有城家橋、黃梁橋兩河，古・溪故道也。歲久細民務沮洳爲利，使湖易濫，侯丞敕諸侵者俾自疏引徑復故道。其秋淫水兼，旬民莫告病焉，厥功有成庸刻貞珉垣練川潔不騫不溢，視古唐宋人材之盛，保障之嚴，即纘舊烈其誰？曰：難之，惟後之人，允念茲功，毋以積弛敗成事，毋以群歡撓大政，則利且萬世，與國寔永年。太守命諸生戴某爲之記，時崇禎十有六年癸未秋八月之望。

仁壽壩

明 姚希孟《松癭集》卷一《休寧斗山仁壽壩碑銘》 壩之名古，與古未之起也。其制防于畢，厓如堂墻，曰畢也。型則重厓，重厓岸也。岸相埴則川，湬茲闢而欲闔以東，濫泉使吐水疾，而瀵遠也。其義取諸墳，墳大防也。水受防輒怒，土執集而水弗勝，則辨回茲導之，使往弗辨也。人所爲曰潏，其聚廬也如洲渚。若梁弗陟，關弗閉，有潏之經營，誰與攸處？是非以一家利也。以一方利徽郡之休寧，有斗山焉，遠帶層岡，若頫若樹，亘而偃峙者，獅伏之山也。一凹一凸，行列低昂，則羅山、鰍山珠坑之注，麥坦之丘，黃浦之錯關也。水出燕澗，入于清溪，滙于劔潭，淙淙碧流，合成巨浸。澗陵爲天塹，輔以隩限，抉者規之，斷者綆之，其築登登，奠水于兩山之間，猶峽也。其崇也如金，成則埸攘，會源昔人所締搆也。陽侯播虐，溯春薄擊，坤后弗寧。氣以潰越，福所弗鍾，六極洊至，群生矇瞀呼天而罔測其故。鄰川程君盱衡太息，嘆枌榆之藎落，感菁莪之茸薈，與厥配黃媪，舉案投箸者數矣。旃蒙單閼之歲，媪躋耆年諸子。志寧輩將陳觴于庭，蹙而揮曰：參曹知壽一人，何如壽一鄉。虜自堰傾，汧決水若犇，虓噬石嚙，土潰而出者決地脉，挐而趨者盜元氣。鄉之興衰於是焉。在且先子有遺志，弗可替也。志寧唯唯諏吉，得閏八月庚午僝工率作，西對石牛，東抵鰍山，去珠坑之石梁百三十餘步。辭迅湍依，安瀾厥基，迺立荷鏈。提業者日役七十餘人，水不得層，土泛如楊，舟將沉滑，而瘞之越日，西厓之跗見，因潭壅上流導水東，小注澮，大注瀆。桔槔佐之，越十有四日，中流跗見。鰍山之潭多礐焉，其蹲若獸也。齒齒者爲磩，伏于潬，介于湄，蒐之成埒，決水門出湝丘，下注于川。水獲所聚，日南至東厓之跗，亦見東沉西升，培之漸底于平。始于因高，故就西東差殺焉。下跗依石壁，上跗距入于沙丈有奇。其上也搆松衡渡以要之，橫分七倉礱石爲脊，從脊上距丈七尺，下距三丈五尺，東西相抵十有六丈二尺，參之爲峽。峽坎九寸，衡九尺有五寸，西首昂出于東尺有八寸，東出于峽五寸。東厓之下有氾，中有磐石，色近黻，驅而之氾，可以夷坎。是役也，大都因材于石，至於相水之宜，眠其衝折，爲倉爲渠。晰哉志寧之論，桑欽氏弗能過也。積理而堅，疏理而柔，合於陰陽之旨，微獨治水厥工，五越月乃成，迄今九年。土膏稄厚，熯澇胥恃，民用阜士，用蒸蔚鄉之人。萃而嘆曰：能壽吾鄉，仁者之事也，以是名壩。靡忝於是，志寧走史氏乞銘焉。銘曰：薄厚震動，水汨土浮。迺浚迺排，敷爲埒丘。上酒下湑，坊厥潰流。邵父南陽，石門始擎。宇文九堰，曲月如鉤。演爲民用，隩宅孔賙。六府肇興，阜其財求。我聞海陽，連峰抱陬。鬱鬱盤盤，如鑿如耩。支流并沛，滙則沸愁。斗山之離，百泉所趙。縣出反入，聲騰若飈。蕩我景風，蝕我沃洲。豈無崇堤，氾決成湫。斵斸可施，厥工罔鳩。爰有遺嵏，志比憂周。春酒罷酌，白雲停謳。毋念未亡，而隤貽謀。斥其贏金，以庀畚鍬。爰眂爰測，爰諮爰諏。鑿山山移，捲土土衰。巨靈馳驅，馮夷于陬。蛟鼉徙宮，螺蚌吹漚。水泄乃瀦，地靜始悠。環回璧合，瑞氣糾繆。皇極蕩平，布德優優。草莽有臣，華胥同游。仁戴堯天，壽演箕疇。緊曰毋訓，仰成大猷。殫厥涓塵，困渟岳嶠。史氏颺言，聲施千秋。

松華壩（松花壩）

綜述

明江和《新建松華壩石閘碑記》（康熙）《雲南府志》卷二一　萬曆戊午歲，滇水利憲副朱公請于御史南海潘公，言滇城東北郭故有松華壩，邵甸之水走盤龍江者，使東注於河。河曰金稜，士人呼曰金汁，由金馬麓過春登里七十餘里而入海，沿河肢流以數十遞而下，涵洞如級，田以次受灌，不知幾萬畝也。而是壩獨橐籥之非壩，則小暵易涸，而河不任受畜。小漲易溢，而河亦不任受瀉，畜瀉不任，則腴田多無，而民與糧逋河資，壩所從來矣。但壩故支以木，築以土而無閘，勢若堵墻，遇浸輒敗。歲修費闔司樁錢不貲，有司草草持厥，柄力罷而功暇，僅同築舍。蓋費於壩者尚付之烏有，況其不至於壩者也。于河奚資焉，而反以病。予謂：壩而不閘，畜瀉何恃？即木而匪石，終漂梗耳。與其歲縻多錢而民無利也。孰與合數歲之費而甃以石，通以閘。自閘以往，若牛舌尖中馬頭皆衝流也。需石乃固，剏地與石鄰，夫以畝科，至便計也。木樁之額，累歲可問，非他索也。良吏經紀，能吏分勞，功者賞，否者罰，事成設以守，時其翕縱而周防之如漕閘，然此百世利也。爰捐助銀一百六十餘金，潘公遂捐一百金，撫院河源李公亦捐二十金。迄新撫院歸安沈公、按院南昌楊公至，申請如前。三公皆如議，交給以費。藩司嘉興施公、闔司金陵尹公扣徵停木樁之通負者，又得四百十九餘金。計若巨若細，悉從金出。而世鎮沐公又慨然以近閘石山，任其采用。於是吏人各如檄，起程募役，伐堅創閘。口高一丈餘，長三丈餘，廣一丈七尺。牛舌尖中馬頭高一丈三尺，長三十六丈六尺，皆選石之堅厚者，長短相制，高下相紐，如犬牙，如魚貫，而鈐以鐵，灌以鉛。閘彷諸漕，扁以巨枋，啓閉如式。東西兩涯之間，駢岷璧屹，水龍若控。經始於萬曆四十六年孟秋，至四十八年仲春告成，仍名曰松華閘。計費凡八百七十七兩有零，匠作田夫五萬七千餘數。力取諸隙，績底以漸，故功成而人安焉。時與三司諸大夫登壩上觀，壁如屹立，地有安流，而天不能容。是歲大稔，諸父老咨嗟歎息，曰：朱公再造我也。歸之朱公，朱公不有，某幸睹成事，謬爲記略，而申以銘。朱公名芹，蜀富順人，進士，政務興革，利民多若此。楊公名繼統，秦南鄭人，其與有勞者書之。陰銘曰：湯湯金稜，邵甸遡源。建瓴忽分，東西決川。壩枳而東，如龍飲泉。瓜摟翼張，百道蜿蜒。割流膏野，萬畦濡霑。土耶木耶，昔何闕然。蕭葦捍衝，歲金錢自。公之來嘉，與更始亦。有施尹悉，賦成美楊。公成之勳，有經紀、稟成諸臺。規茲永利，金石巖巖。當其射激，閘門言言。時其啓閉，閉視其江。水弗外泜，啓視其漲。水弗内潰，畚授於農。農隙乃至，工食於官。官厚其餼，再閱春冬。經始勿亟，乃奏厥功。乃立安既，於乎都哉。河肇咸陽，洪源自公。明德廣遠，人代天工。匪閘無河，毋視絶，毋易逝波。其流可穿，其堅可磨。蟻穴必窒，如避黿鼉。有泐必新，毋仍斧柯。百爾君子，保障弘多。庶綿斯澤，礪山帶河。

（康熙）《雲南府志》卷四　松華壩在城東北山下，元平章賽典赤贍思丁經畫水利，築壩分水。一爲盤龍江，一爲金汁河，并修建六河諸閘，以溉東甸萬頃。玘人感之，爲立石將軍，廟祀公像。明萬曆四十六年，水利道朱芹條議大修，雖哀金不一，而水利頻年節縮之費，取給爲多。月加省試，鳩工庀材，無不精堅。民不勞而永逸，官經費而永寧，功甚懋焉。本朝康熙五年以來，屢次水泛堤決，巡撫袁懋功、李天浴題請歲支鹽課銀茸之名曰歲修。二十年，大兵平滇，霸已傾毁。二十二年，巡撫王繼文會同總督蔡毓榮題請，捐修并浚六河，修築各閘，以復水利。

（嘉慶）《清一統志》卷四七六　松花壩在昆明縣東北，元賽音諤德齊沙木思迪音經畫水利，築壩分水。一爲盤龍江，一爲金汁河。修建六河諸閘，溉田萬頃。一爲盤龍江八閘，曰：銅牛閘、角壩閘、小壩閘、四道壩閘、永昌河閘、隳苴閘、王公閘、小西門閘，即松花壩南流之派數十里，入昆明池。一爲金汁河七閘，曰：戴金箔閘、大韓冕閘、小韓冕閘、桑園閘、金稜閘、燕尾閘、小壩閘，即松花壩東流之派。一爲銀汁河六閘，曰：猓玀閘、王公偃閘、白龍潭閘、小營閘、文殊寺閘、王俊閘、即白龍池所發順流而下者。一爲海源河四閘，曰：左閘、右閘、中閘、雞舌尖閘、其水由黄龍潭發源與銀汁河同流。一爲寶象河六閘，曰：石壩閘、楊林溝閘、響水閘、魚龍村閘、土橋閘、斗舌尖閘，其水由府城東南老雀橋發源，與海源河同流。一爲馬料河四閘，曰：猪圈壩三閘光村閘、新村閘、秧草閘，其水由東南白土村發源，與寶象河同流。本朝康熙五年，撫臣袁想功疏請歲支鹽課，隨時增修。二十二年，撫臣王繼文又題請歲築，自是水利盡復。

藝文

明 鄧原岳《西樓全集》卷四《新霽同諸公游松花壩小庵二首》

退食應多暇，其如春興何？松風吹帽冷，嵐翠着衣多。曠野聞金錫，林坰到玉珂。不愁泥滑滑，騎馬得同過。

野色晦明裏，河流蒼莽閒。角巾松徑穩，尊酒柳堤閒。水漲分遥浦，雲飛帶別山。此中堪息景，半月一來還。

清 沈壽榕《玉笙樓詩録》卷六《松花壩》 霑益賸荒城，泥塗彳亍行。松花隨雨墮，瓜蔓上樓生。鑿壁支危榻，攤書倚短檠。殘民餘幾户，府帖尚徵兵。

雜録

清 顧祖禹《讀史方輿紀要》卷一一四 松花壩在府城東北，爲滇池上流，元賽赤瞻典思丁增修二堰，灌田萬頃。又有南壩閘，在府城南東北。諸泉舊繇銀稜河入滇池，恐其泛溢，故築此障之。元賽典赤嘗增修，今廢。

清 王繼文《請修河壩疏》（康熙）《雲南府志》卷一八 謹照雲南省城外東南舊有金汁等河，從松華壩借水於盤龍江，自嵩明州流入昆境。遶城之北，過雲津土橋，趨入昆池兩岸。築堤高二三丈不等，而水流其中，蜿蜒六十餘里，有壩有閘。又有過水涵洞，蓋以積水灌田，而城外數十萬頃，皆借此河之利。民生國賦，均有攸賴焉。自變亂之後，沿河之堤埂壩閘未經修葺，日久傾頹。上年大兵困逆，週圍壕塹不得不折毁挑挖，以致水利阻塞。灌溉不通，田畝荒蕪，居民失業，而昆明額賦遂莫可催徵。自克城至今，臣多方招徠，而流離之衆，見此附郭膏腴咸成棄土，未免徙倚他方。趦趄不返，哀此殘黎欲歸，則無資生之策，不歸則有溝壑之虞。臣不得不亟爲之計也。夫滇省軍餉取給外省，頻經請撥，仰厪宸衷，而昆邑應徵之賦，可耕之田，豈可坐視抛荒，聽其虧額？臣愚以爲河壩不修，則殘黎勢難歸業，荒田不墾則額賦無從徵收。臣檄令地方官踏勘估計，需用樁木、閘枋、灰石各項材料，并匠作人夫等項，約需銀萬餘兩。查全書内開載歲修松華等壩額銀八百兩，每年十一月中起工，至次年三月初止。往例可稽，似當亟議興修以復民業。然動支原額銀兩萬不敷用，值今財用艱難，工程浩費，何敢於額外輕議請動正項錢糧？臣議於通省官員及各屬土司酌行捐助，甫定之區，人方拮据，非有以鼓勸之恐難必其樂輸。伏查捐納各例，業奉停止，臣不敢復爲陳請，惟是紀録。一款既無礙於名器，又可鼓其急公，合無仰龥皇恩。敕部酌議，捐銀若干，準以紀録。仍比照各省往例，量減額數，庶衆擎易舉，便於興修。至工竣之日，臣造册送部，照例叙録，則河壩固而水利可通。俾四散之民咸圖歸計，漸次開墾，將見生聚寖昌，而昆邑糧賦可以望其復舊矣。

松沙壩

（同治）《弋陽縣志》卷一 松沙港，縣治西流橋下，源自後港來，向來消水之口也。後堪輿家謂庚兑胎元之方，不宜走洩，築堤捍之，水遂逆流繞縣。浩萬曆間，縣丞俞款督修，旋廢。崇禎十五年，知縣王萬祚重修，然猶低薄，洪水仍可冒出，尋又廢。康熙九年，知縣陶燿知堤旁居民嫌其不利宅舍，每行侵毁，遂捐貲加築高厚，復作鉢龍庵，置僧以守之。見藝文陶燿記。按松沙港自康熙庚戌陶令築堤，挽水逆流，名曰松沙堤。至乾隆五十六年，周令重修，名爲松沙壩，皆主形家胎水不宜走洩之説。而譚志則云：逆砂太過，胎水之元，雖留基絶之氣亦至。前志亦引譚志之言謂：邑城氣運大不如前，而洲沙益長，絶無婉轉迴抱之勢，而有凶悍逼塞之形。近日邑城屢遭兵燹，風俗凋敝，邑人士議廢此壩，適大水冲塌，因而拆毁焉。

清 周安邵《重修松沙壩記》（同治）《弋陽縣志》卷一二　邑之西溪有松沙壩者，爲闔邑保障，而人文尤賴以興焉者也。水自玉峰，合靈山遶葛源，逶迤至城北，折而之西，得是壩以障。復折而南，與信江合，形如蜿蜓抱城而趨。識者謂：弋江文運之盛，端由於是。建是壩者爲前明令王君萬祚，至我朝康熙庚戌陶君燿復踵而修之，迄今百有餘年矣。水激土嚙，堤身坍卸，水遂乘虚西決，不復轉而之南，則水勢直而不曲，地勢散而不豪。近年來弋之科第，無復從前之盛者，非在是與。辛亥春，余來攝。篆公餘進紳耆而叩之，僉曰：是壩之修也，殆不可緩。夫一邑之大，皆受治於有司，其不便於民者，思所以去之。其有利於民者，思所以開之。其沿流溯源，義關遠大，而時因勢易，歷久頹廢而未之救者，必思所以振興之。然則松沙壩之興也，其誰之責？與余不敏，願率僚屬，捐俸而爲之倡，幸董事者有人，勸事者有人，慨然解囊以成巨舉者，更不乏人。遂鳩工庀材，自四月始，越嘉平既望，而堤工成。其高六尺，長七十二丈，濶六尺，所需木石工費又若干，悉以載之於石。邑之人幸斯舉之有成也，匄予一言以志不朽。余則何敢憶？余前任宜陽，歲甲辰，奉太守陳公命經理浮橋，以爲郡外水口，今幾年矣。劉君鳳誥、辛君從益俱掇巍科，其他成進士而舉孝廉者指不勝屈，兹松沙壩之舉，與宜陽之浮橋也。將毋同爰書歲月，勒諸石以冀後之官斯土者，相與體此意於不衰也。是爲記，乾隆五十六年五月日。

文興壩

綜述

（嘉慶）《清一統志》卷八七　文興壩在靖江縣西門外，舊西南境之水從南直瀉大江，故築壩於此，使水南繞城濠，由東南出。

清 朱澂《文興壩序》（光緒）《靖江縣志》卷三　從來説之可久行而不廢者，必有所大驗於世，如堪輿家言，人人殊似，難可蹤迹。然以予所覩，若丹陽之三義閣、武進之文成、江陰之魚塘，僅一壩耳，留其水止一曲，至合一邑士大夫之力争之，凡宦途之榮瘁，士風之盛衰，民俗之豐瘠，舉於是，繫殆未可一二爲淺見尠聞者道也。予邑西關外水口，向有築壩之議，然數築輒爲小民所撓敗，蓋邑西北之水無所疏泄，易泛濫爲灾，且舟楫通江無他路，夫釋耳目之近患，而能謀久遠之利，此非齊民之所知也？又余邑與揚之泰興、如皋壤相接，兩邑地形高，潦水發輒迸流，以我爲壑，界上諸民防水如防敵。然幸賴我父母鄭公，與兩邑議浚渠通中河者，五通大江者，三靖捐地。予兩邑計畝獲其值，兩邑役夫以數萬計，費亦數萬，渠通而餘潤及隣計無便於此者。建議之初，邑人顧大課，恐便隣而我被患，不知水之得挾怒勢以嚙我者，下流未通，蓄極而溢也。第多爲大渠分其勢，自成安瀾，且不特此也。旱且資河，引潮水以溉田，利一。潦則循流入江，無壅淤之患，利二。舟楫便往來，利三。更得藉此議築壩，使數十年謀而未成之局，可從容彈指而定，利四。夫一舉事而四善備，非我公力持其議，鮮不揺於紛拏之口者。今渠成，東西四通，舟楫如織。壩工聿成，公爲題曰文興，尤厚望於靖之士之民嘉惠我邑者，又不獨水利云也。余因不揣爲數言，以記其事。

紀事

清 鄭重《文興壩記》（康熙）《靖江縣志》卷一六　山水之勝，必于人乎。

憑之以發其奇，崛浩曠紆回盤曲之靈，又必于聚都邑，匯朝宗，有以導之使達。復有以挽之使留而後奇，崛浩曠紆回盤曲之氣，始得藉地以鐘其祥焉。此開河之後，所以急急于築壩者，非無説也。從來建都立邑，度形勝于山者什之三，度形勝于水者什之七，而水之鐘地靈挺人傑比之于出，爲功亦居多。靖邑之地，結脈于水者也。江心擁沙，漸而成邑，又漸而接壤。泰皋基結，脈愈厚而其發源亦愈遠。西北之水，湖自淮徐以南，道經泰皋，奔瀉千里而來。無以導之，則泛溢爲災。有以導之，則一往無際。從前司牧與闔邑父老諮商籌畫，興水利議築壩，蓋已數十年不能決矣。予下車即有志于此，然而未暇也。以泰皋之水不得達江，一遇洪潦陡發，輒以鄰爲壑，靖民爭之界上，荷鍤相持若防敵。然至丁未年，始有開河之舉。予與泰興令李君躬行田間，相度地勢遠近，浚邑東之渠，通中河者三，通江者二。浚邑西之渠，通中河者二，通江者一。靖捐地兩邑，計畝實其值，役夫萬餘人，不累月而五河告成，三邑沾利，此別有記，不具載也。五河浚矣，兩邑之水咸得就道以注南江矣。支派既多，則狂瀾自息。灌溉歌而旱潦不虞，舟楫通而農民稱便，議者謂正旺氣鐘聚之日以微，人文蔚起之盛，則築壩之功誠不可不急謀于開河之後者也。蓋邑西之水，直從坤申，方南注入江，或違帝旺遠堂之法，于縣爲不利。今築壩以障之，且建文昌閣于其上，俾辛中之水，南遶城濠，折入辰方而出，此堪輿家所謂三合之水法也。然前人謀之數十年無定局，予欲一旦告厥成功焉。寧獨不搖于紛呶之口，而毅然以行之歟？誠以邑西之水丁墅諸閘蓄洩之利也。向由大瀾港出入，潮近而行迅，閘民便之。今築壩則水勢紆回數里，轉入東城，始得達江，旱不足以資桔槔。一遇水潦，則壅閘爲患，須臾魚游千田，則聚衆操畚，決其堰而洩之，此數十年以來所以旋築而旋廢者坐此故也。長民者寧不能以力制哉，然欲興一邑之利，而深貽一方之害，非司牧者之心也。乃于壩之西復浚一轉河，瀉西北之水，遶出壩外，以入于江。令而後丁墅各圍之水害除，而築壩之利亦可以永興矣。然而議者猶以轉河之水，勢必仍從大瀾港入江，是虎口猶未免張吻也。復于南閘口稍循横溝廢址，議開帶水，逶迤曲折，東之使趨東閘，且使邑東之水向之直瀉而入江者，亦復遶城濠，會帶水以出，縈回環抱，曲折有情，此如賓筵欲散，歌板方寂，主人忽出，而留客投轄，張燈聲樂，重作一往，黯然離別之色頓復。留連歡洽，不忍遽捨而去，其情景爲何如也？此築壩之事，謀之數十年無定局，而予得以一旦告成功者，賴有此耳。壩成，名之曰文興，予願邑之人士登斯閣也，流覽乎山水之勝，而知其奇崛浩曠紆回盤曲之氣，非地無以鐘其祥，而非人亦無以憑其靈焉。則此壩之成，不幾爲斯邑挽千百年文運之盛也乎。是爲記。

（光緒）《靖江縣志》卷三　文興壩在西門外，國朝康熙七年福建鄭侯重築壩於此，以興文運。今廢。

忻口石壩

清　張鍾英《重修忻口石壩記》（光緒）《忻州志》卷三七　忻口之有石壩也，自萬曆辛丑年始。内衛城垣，外弭水患，民得聚廬而托處焉。越二十年所，漸成傾圮，每洪波驟發，灌射城中，沈竈産蛙之衆，汩汩乎將隨水梟木梗以去矣。會大司馬宫保白公持中丞節來撫吾晋，北巡至此，蒿目興嘆曰：釋兹不治，非惟無壩也，且將無城。非惟無城也，且將無民。乃進藩臬守牧諸大夫暨庶尹營將籌諮之，衆議僉同，罔不協於厥衷，第慮上下，告詘經費爲艱。公慨然捐輸，相與倡始。於是藩臬守牧諸大夫暨庶尹營府咸割俸襄事，而檄張牧以董其成，并令以餘貲葺平道路，無使策蹇者病危途焉。壩址舊四十五丈，今增擴六十七丈。畚杵如雲，登登四聞，樽勞均力，縮盈伸乏。凡片石尺木隻夫銖灰，皆公市平餼，人人懽悦。是役也，肇於四月，竣於秋之閏月，前後高廣共計二千八百六丈，所費金錢二千九百四十有奇。厥壩言言，厥路坦坦，行者歌舞，居者奠安。適工甫竣，秋霖暴漲。山湧雲轟，勢若滔天。保以無恙，民咸感激涕零曰：微公先事築壩，吾輩其魚乎？壩不朽，修壩之功德亦不朽。乃代石而令鍾英紀其事，以詔示永永。英縱椎魯無文，實被覆幬，其曷敢辭？余嘗嘆公之勳業大無外，而細無間也。繪常日月，聽履星辰，其大者固已洽民隱而簡主知矣。細至書院，橋關堞垣渠路，又莫不殫心畢慮者。至忻口特邊鄙之一隅耳，他人視此必在所緩，公顧縋不置，豈獨精神之無間漏哉？夫亦謂忻口固三關綰轂區也，有壩而後有城，有城而後有民，有民有城，而後可坐領黄樞之柄，遥宣紫塞之威，則神機妙略，不於斯更見一斑乎？雖然昔之經始，歲在辛丑，今之重修歲，又辛丑，運會更新，名世輩出，天或者其將大庇吾晋，而以餘波及忻，余將於公卜之矣。敬拜手舞，忭而爲之記。

新稔壩

（嘉靖）《寧國府志》卷五　有新稔壩，莫詳創始。洪武間知縣王文質命里人劉勉修之，上接笪岳，以通灌溉。

清　佟賦偉《二樓紀略》卷三《重修新稔壩記》　宣城水利之在東鄉者爲壩，凡十有二，笪岳最大，其次則新稔也。蓋亦仰山河之水，引入堰中，使渟泓浦溆，以次受之，而田得灌輸焉。近者瀕河潰決，於是有水泉之利，而棄弗能守，民始以水旱爲憂矣。余涖郡之明年，其里人胡大成輩以狀聞，且繪圖請畫修復之法，而推擇能任事者一人爲徐一就，又輔以一人爲劉子恒，叩之。則咸曰：是役也，前人有成勞，閲三百六十餘年矣，棄之可惜。蓋洪武時徐惠、劉晃所創，知縣事王公文質主之。其捐資重建於萬曆間者，則刑部尚書徐公元太也。志乘碑版，具詳本末。今舊坪決者，力難復堵，請相度鑿新溝，便余即按視周遭，審其形勢，見新稔一壩始於孫家埠，訖於雙橋鎮，溉田四萬八千有奇。其引河水入也，經高橋坊下爲總坪者一，自總坪而分則爲高坪、長安坪、鄭村坪、施家坪者四，此釃水之故道也。今高坪決入河久矣，鄭村坪亦有决者，而長安坪決口尤巨，以是水利不能溥。既又按溝渠遠近相去之迹，瞭然於心，乃謂其民曰：得之矣，長安坪者昔與鄭村坪二，今可使爲一。見鄭村坪有溝三，曰東溝，曰中溝，曰西溝，而中溝之下去長安坪僅八十餘丈，此可鑿也。遂令計步程工，深廣各有率。余捐銀買民胡羅二氏田若干，一就亦以田助，越三月渠成，則鄭村坪中溝之水入長安坪，長安坪之水入棟樹坪，又下分爲五坪，以次受之，而水利均矣。溝各有横斷，斷有石閘，又均其坪之高下，俾無偏壅壩。有首有部，部四甲十七夫，名籃樋、維均。夏閉冬啓，以便行舟。凡興作皆檄高尉錫珪董其事，自後雖大旱，居民恃以無恐，而尚書之績稍以復完。余嘗考《明史》，得尚書立朝，不阿權相大節，及其出撫西蜀，討平酋羌，擴地千里，奇勳爛焉。及即一水利，而爲德於鄉，若此况溯自明初久遠之澤，迄今服先疇者，且世食之而弗思修舊起廢，其可乎？若夫順民之欲，以作其勤，太守責也。故書以告後之人，俾有考焉。

清　胡鵬雲《重修新稔壩碑記》（光緒）《宣城縣志》卷三　宣城阻山帶河，上受寧涇諸邑山水之衝，故二百一十里間爲圩一百六十有一，爲壩八十有五，爲塘百有一十，以蓄洩溪水，爲旱潦備。邑東新稔壩與笪岳相鄰，前明洪武間知縣事王公文質命里人劉冕所築也。壩立總坪五，水坪四十五，分溝七百六十三道，溉田三十頃有奇。萬歷時，邑大司寇徐公元泰修之，其引大河之水自孫家埠溝。國朝康熙年間，高橋溝潰，郡守佟公賦偉於溝北買胡羅二姓田疏鑿以通水道，語具載公所爲記中。乾隆五十年，余涖茲土，里中博士弟子員吴恕、汪誠、劉文蔚、劉文廣等請修治之，余親履勘視，則佟公疏鑿之溝，潰入大河，河勢與笪岳壩堤相逼。欲於堤西創立土坪，不惟高淤難行，而堤亦懼受決齧之患，乃令穴堤以築陡門，甃石固之，以時啓閉。於堤内買殷胡二姓田，鑿溝通水，又於溝東築堤數十丈，南北與舊堤相接以衛笪、兵壩。兩壩之民詢謀僉同，水利以復。嗟！余涖宣三年於茲矣，鄉之人以水利訐訟者往往而有，若彷此舉而行之，勿私己，勿損人，相其土宜，順水之所趨而利導之，於以殖田疇，睦鄉黨，不綦善與。若夫去壅塞，謹堤防，增修而葺之，是在董斯事者。乾隆丁未年，項水胡鵬雲撰。

徐昇滚壩

清　康基田《河渠紀聞》卷一五　是年秋，始閉桃源縣徐昇滚壩。按是時，上流徐州，南北隨地鑿山爲牐，分流洩水之道已多，大河安流，即閉壩以節之。張鴻烈言：明潘季馴設有徐昇等四壩，今復添設十三壩，以殺黄河怒漲之勢。壩添設愈多，水滚出更大，意在疏河通水病。六壩久開，然如徐昇壩之閉不後時，可節則節，公非獨主洩水，而喜建壩也。滚壩減黄河之水，潘宫保嘗用之，而未如文襄之多。且大在當時，咸議其過，洩其留存，至今亦祇依山鑿成之天然等牐。自桃宿以上河堤通黄之牐壩皆廢無存，由今思昔，亦有執河不可分之説，竊疑其後者。然皆就事論事，而未悉事之原委也。河身當久淤之後，或限於地，不得不立壩以瀉其洶湧怒激而保堤，至河平即塞之，非得已也。顧其爲用亦不一，或用以淤窪而化險，若宿遷朱家堂壩淤蕭渡楊莊七里溝新莊之窪，變沮洳爲沃壤，淤平即閉，不用。或用以擋水而和溜，若毛城壩及攔馬河六壩，後各建一牐，使牐水先至壩後，填滿内塘，漲水過壩，有所頂托，則不至撼基陷底。又或爲涵洞於壩上，一如其用，此神明於法，以壩減水，仍以壩擋水，而非專主於洩也。然非知公之意者，不能用公之法矣。

楊家壩

明 謝裘《楊家壩碑》（康熙）《當塗縣志》卷二九　姑孰溪受升陽湖東南之委，與龍山横望煉堆諸港水會其上，則過青山陰黽浦潭下，徑浮丘之下，西折而横入於江，則采石峙焉。談者謂上流射南而瀉，且距城不數十武，衝波相薄，懼潰也，即形家言，亦以水從丙丁方來不利矣。先是，嘉靖初有郡守林公者相於河堧，因築壩楊氏宅前，基長廣數十丈，是爲楊家壩。已祝公修其築事，而建之亭焉。樹木其上，望之鬱然，亦巨觀也。蓋是壩築，而西注之水少，東障而巽縈於城南之濱異乎昔之奔駛者矣。當是時，閭里底積，科甲鵲起，故老葢猶侈功於形勝云。七十餘年以來，葺者不繼，南岸寖嚙頹者磷磷，而薦紳物力亦少詘焉。萬曆丙子，省庵王公令我邑，逮己亥復守我郡，則愀然念壩日傾也，與僚佐議所以治狀，因購浙工築海塘者謀之，引綆而下，約五丈工，則惴其湍也。漫計費浮七千金，而王公亦以詘憚，姑輟之。會王公覲，而司理李公視當塗，篆則屬之覇工，至殷李公慨然任曰：公命亦予志也。集父老子弟，咨諏其事。是時水已落，而湍自若綆之，亦不下四丈。公則又蹙額，謂是而沉土累石也，不將委金錢於壑乎？回視壩北有淺洲，廣可卒畝，公悟見壩當南面而嚙者，與水争道耳。棄故嚙而築於洲，則基實而力亦省。又謂河固廣，而邇來少隘，以洲浮於東也。東洲則水益激，而壩益陗，其下水益深。法開廣東洲，取彼土以益此壩，則河遶壩東而西矣。是水不漩而淤者，不爲渚乎，僉日可哉？然慮費莫支也，則有議勸募者。公曰：奈何以便民，故而又醵民金耶？於是則稽帑，籍請支草場税金六百餘兩，以見貯者急應水石需，而其不盡輸者，諭民輸無後，於是則議征夫於里，里各三名，算畝而派分日以直，而畚鍾鱗集矣。於是則勒以伍，法令掘東，東填北洲，甃以石，而錯以椿使柱之徐歛，廢瓿數萬，置布囊數千實之，而下之深湍，中更以船數隻，載石沉椿，交戟壩頭，以支水東去，而水遂紆折壩下，深僅二丈焉。已復建亭廟，匝以柳竹，還舊觀矣。是役也，計税金外，益支帑者可百金，征里夫工可四萬有奇，官募工可一萬。官不奢費，里無苛歛，而民争効其力。自庚子十二月朔六日，訖辛丑望前，才百日而工告成，長廣如舊。是時，王公適還郡，驩交相勞也。已而又計之曰：廢即省，成則速，異日不虞修葺乎？於是查没盗田若干畝，請院道歸縣，歲徵其子粒，永爲修壩地。葢倡議則昔守王公，協議核成則今守鄧公，庀鳩襄美則邑侯王公，而殫瘁以底厥績則李公身任之矣不佞。從西浙人賀取道枌榆閒步其上，則喟然曰：諸大夫之嘉惠我士葢甚利哉。抑西流而東遶，則氣以水鍾矣。捍奔衝而障横流，以砥我邦邑，則百世以鞏利矣。擇勞而佚，使費寡而功鉅，俾人文之所茂發，生聚之所阜蕃，以麗振古，以溥來兹，豈不於壩焉受之陰毓哉？貽利而不以造福見迹，俾嚮利者亦不以受賜見澤，則猶乎古之德讓，循吏已不佞。故記其事以諗後之郡邑大夫，其似續嘉賴我土乎，□爲記。

清 吴延壽《重修楊家壩記》（乾隆）《當塗縣志》卷二九　姑溪楊家壩自明嘉靖初郡守林公鉞始築，溪納丹陽湖東南之委，鬟郡治西折，而横入於江，青烏家謂上流直射城南，未善也。距城不數十武，衝波相薄，爰度地而壩以成，有亭翼然，周遭茂樹，瀠洄映帶，誠山川形勝之交，而生聚人文之廕也。後葺者莫繼岸日齧，賴司李公春熙、邑侯王公繼明起而修之，歛叛甃石，謀所以經久遠者罔不至。已復建蘭，若命緇流焚，修於其上，更置産爲修壩地事載，謝記不具傋。維時東則有巽亭，矗起濠南，西則有金柱浮圖，作鎮江表。蓋前賢嘉惠地方，利必興，害必除，不僅爲目前計，至深且遠也。數十年來，時易勢殊，陵谷升沉，無論巋然臺榭，盡委諸奔濤怒湍之中。即壩基卷石，地化爲荆榛瓦礫，而積穢充斥，岸址欹傾，洪流駛浪，日與壩爭道。當年殘碑斷碣，雨蝕苔封，過此爲澤爲瀦，未可知也。康熙癸亥歲，余守斯土，因公抵其處愾，嘆者久之。爰集郡紳衿耆老，與之謀僉曰：是壩關郡縣利賴，不少劇談，今昔成敗，盛衰之由，累黍不爽。因于甲子秋同塗令王君斗樞捐俸倡率，上之兩臺，鄉耆金鏡晉佐民盛時卿督工董厥役，朱提白粲雲集響臻，而采石運土畚鍤版築之需，不勞餘力。是役也，不病民，不傷財，不縻官帑，閱三月而昔之狂瀾莫砥者，今且雁齒鱗錯矣。昔之崩囓遷徙者，今且櫛比嶙峋矣。感舊事之奮興，覽山水之瀠聚。風帆沙鳥，烟火萬家，羅而置之。眉睫間雖亭館軒楹，尚需後起。然有基勿壞，已可藉手告成事矣。會溪南父老子弟聞風慕義見壩上，招提頹垣敗壁，布金庀材，即其地擴而新之，建佛閣六楹，祀水神于內，輕聲磬响，梵埧潮音，與驚濤相互荅匪，但衲子飄笠，有歸抑且與北壩維持鞏固。時余將離是邦，塗之人謂余不可無一言，姑於其行也，叙興廢舉墜之故於左，以俟後之繼起君子云。

魟魚壩

明　張克佳《魟魚壩議》（嘉慶）《廬州府志》卷二一　從古江流故道，第自九江，東注蕪江，而隆萬以來稍稍西北，向沿江地亦稍洗出，此岸日崩，則彼洲日長，陸沈幾四十餘里。萬歷丁亥戊子間起田，陳公計户口，派夫役，申兩臺，築堤以捍，起自魟魚口，故以名。仍計水勢，未可逼爭，則棄壩外地，諸圩於外以殺其勢，而徐固吾圍。堤成，內地克稼，民慶更生，易名曰陳公壩，志德也。三十六年戊申洪浸滔天生，白孫公議補築之。四十一年癸丑，復大水，築堤爲二壩，是後江勢日逼，崩卸無常，并二壩亦日促。四十七年己未，玉臺陳公從郡縉紳議置堤曰三壩，幾幸江靈，悔禍而輟齧。囚著爲令，與民約每春糾令圩夫，董以農官，隸以夫長，出禦江水，使無內入，意甚善也。顧法始未嘗不振勵，而後反爲弊竇，今直以故事奉行矣。長民者趾不親隴畝，第以屬之農官，農官還受成於抱牘之吏，勢家因緣賄，囑道役者十之二，而官吏供億，夫馬乾折，士夫請託，失初意矣。至州倅裁，而代以他署，額外需之局，內置之甚，則假借以候缺，巡司又甚，則鑽刺以陰陽，知印省祭，而市井無賴之徒，攫金寇攘，及于雞犬，三公之法變矣。都長營充，非神奸則宿猾，一膺差票，奇貨居之，或折夫價而入私囊，或利夫脱而冒官，給其沿壩素封家，望屋驛騷，薄施厚索，稍不修禮，蹂躪詬誤，村無寧宇，弊至此而三公之法且若爲民厲矣。官不攷工，長不率作，群嬉于飲博之場，高臥于長林之地，表裏彌縫，朦朧結局，於防捍何益乎？至是而三公之良法美意殆澌滅無存矣。有此三弊，而欲以固吾圉，夫何可得？後有勤民者，非具三公之精神，以伸三公之約束，此壩正未易言也。士田已付波臣，而逋賦追賠，正未有已、江南詣洲滄海桑田。故吾濡土彼民以一水故攘有之，北有不土之糧，南有不糧之土。王上王民，何偏榮瘁？灾異上聞，蠲邱下逮，是所望子巡方貢俗之仁人云。

（光緒）《續修廬州府志》卷三三　張克佳，字士奇，無爲人。幼年作《洪水賦》，有名，事母兄以孝友。中崇禎戊辰進士，司李青州，至任即除一大猾。時蓮妖煽亂，克佳每於雪夜單騎巡警，一郡以安。引疾歸家，居數年，凡里中事有益於民者，輒力請諸當道，如築魟魚壩及建關販米之類。

漁梁壩

綜述

明　倪岳《徽州府重建漁梁壩記》（弘治）《徽州府志》卷一二　徽城東倚山西南北三面，距新安江以置郡治江，合歙、黟、休寧、祁門、績溪五邑之水大，匯于歙浦，以入于浙。爲灘三百六十，地極斗峻，水無停流。昔人嘗去郡南二里許紫陽山麓絶水爲梁，以緩水勢，不久輒廢。水去益駛民居，靡寧炎熻，時作郡以多事。宋嘉定間，前守宋濟即其故處，聚石立柵，以遏下流。後守著作都官袁甫繼之，以爲非經久計，乃叠鉅石爲壩，民有攸賴。歷歲滋遠，水日崩齧，遺址雖存，而圮壞甚矣。工鉅費穰，莫有能復之者。乃弘治戊午，平度張侯禎來守是郡，興利祛弊，百務具舉，民乃相率以石壩爲言。侯念民情之懇，躬相度之，以爲是固一郡利害所關，殆不可後。適都憲彭公彦恭巡撫至郡，侯具以請公，謂非可以易言者。乃發數難，俾侯籌之。侯以歲豐人和，時與勢便，且會諸邑帑金之羡，則歛弗及民，而業易集。至於經營區畫，以底于成，禎當任焉。公大説，從之。復檄二守三山李燁俾佐是役，侯乃與通守天台姜鳳節推瓊山梁繼，協志合謀，以事其事。復擇諸義民中之有行義者以司出納，有幹局者以司工作。於是諏日鳩工，計材擬費，爲文以告諸神，役者咸勸汰浮沙于積壅之下，得故址焉。天然石骨，横枕南北，鏟而琢之，其平如砥，叠石其上，順流櫛比，而兩甃之當石之交，納錠于鑿以爲固。參和灰沙于内，以爲窖。其廣二十五尺，高半之，延袤五百尺有奇。經始于己未之夏，四越月而工已完告。凡爲費石以丈計，約叁于餘灰以擔計，約一千九百餘錢，以緡計約三千餘，而侯往來督涖之勞不預焉。落成之日，四民環視，驩呼歌頌，以爲數百年來前人已墜未復之業，還于舊規，其易如此，非侯籌運有方，委擇得人，烏能不擾于下、不愆于素，以卒兹役也哉？其尤異者，工伐石銅羅之山者，餘三百人石剞山，枵轉入深竅，石運弗繼。時李徃督之，從者呼曰：官且至，將閱工，工悉出，俄而山崩，遂無一人被壓者。江南歲多秋霖，是役之興，小雨不時，郡免干旱，工亦無阻，二者豈非天乎？蓋侯篤意民事，誠恪備至。造物者固有以默相之，歟壩既成，徽之人士謂非託之文字無以永侯德于不朽。邑耆宿鮑珍程以宗程季立者慨然請行，乃以其郡人鮑主客楠所述事狀緘書奉幣謁予，世翰堂乞言以記。予惟政無美小利民者爲善政，故漢王延世築金堤于魏，宋蘇子瞻增木堤于徐，皆所以防水之來。今侯之復石霸于徽，乃所以扼水之去，其志異而其功同也。蓋是壩之作，不殺不隆，如揷如劵，將使水之寫者豬，奔賁者止，坳窪渟瀯，渺乎巨浸，灌溉以資，氛沴以息，一郡之民相安於樂土之上，其爲利民之政，孰有大於此者哉？矧夫審度以謹興作之謀，勤敏以厲勸相之力，慎固以圖攸久之計，侯之用心亦殫矣。用致天鑒于上民，頌于下夫，豈偶然者哉？然則王蘇治水之績，書之史傳，炳炳不泯，而侯之名寧不亦與是壩同垂於無窮也邪？顧予譾劣弗能，揄揚厥美，姑因其請，書此以記，庸以告後之人焉。侯由成化辛丑進士拜大行人監察御史，嘗守鳳陽，所至興學勸士，洗冤澤物，他善政尤多，兹不盡述也。錢塘倪岳，撰者獨至此哉？奎光之名，大抵欲絺章繪句以取功名耳。若一鑒之諭，蓋欲其窮理修身，極道德之光輝，使復其本。然而仰焉無愧，俯焉無怍也。公每論明德，於《孔氏遺書》詳寓一鑒之義爾。諸生居公闕里，流風餘韻，尤先被者，仰止之餘，人心天理，實相感觸。異時自身而家而國而天下，浚明亮采，以昭文化，以黼黻我明天子，皆自此克拓之，兹吾侯移置期待之意也。尚請擇於斯幸，勿厭言之覼縷。

（道光）《歙縣志》卷二　漁梁壩横截練江，距龍井山趾，叠石成壩，以潴迅流。緣東下爲鐵索、汪、王、車輪諸港，急湍瀠洄，最爲陡險。梁截上流以緩之，則挽舟易上，而輓運不勞。且上流揚之布射、富資、豐樂諸源，灘高易竭，統束於梁，則浦溆常盈，不虞淺涸，而轉運賴之，灌溉亦賴之。溝澮沾潤，浣濯資焉，又其末焉者矣。壩權輿於唐宋紹興間，邑多火災，形家謂修壩蓄水，水勝則火息。又有謂水之盈虚關係興替，水厚則徽盛，水淺則徽耗，曆曆明徵。順治十六年，巡按衛貞元乃據民情具奏，至康熙丁卯，知府朱廷梅申詳安撫，倡興復之議。於是邑人方如珽、許承謨、巴士進、許悌友、汪人御等輸錢萬緡。以白石叠十層，每層中爲石柱，通三水門以泄水勢，閱四年而落成。按嘉定辛巳，郡守宋濟聚石立柵。甲申秋，郡守袁甫謂非經久計，議易巨石，未及興役而去，留緡錢萬五千以俟繼者。紹定二年，復提舉江東，委推官趙希悊，砌石八層，又撥錢五千緡，置田以資修築。邑人立像紫陽觀，祀之。元及明初，圮壞。弘治十三年，知府張楨葺之，加石爲九層，高丈餘，冢宰倪岳有記。萬曆間，又圮，知縣方承郁重建。崇禎中，知縣葉高標重修，蓋自康熙丁卯至今又八十餘年矣。日漸就圮，固安得好行其德者，并起而甃築以鼎新之。

又　乾隆三十七年，歙縣嫠婦汪徐氏重修。附胡賡善《碑記》：漁梁之有壩也，自故宋郡守袁公甫昉也。梁在郡治之南，右倚紫陽，左毗問政兩山之麓，於是焉，交山形如峽束，而郡東西北諸溪若揚之布射、富資、豐樂之水，胥從郡西河，滙屈而南，逕梁東注，以達於浦口。水勢斗絶，必築石以堰之，則水厚土演，民用攸息，不則殫耗。是故昔之治郡者聿求，民莫蔑不由兹。自袁公作壩以來，更曆元明，以迄於我國家，時圮時復。在弘治則有若張公禎、趙公澤，在萬曆則有若方侯承郁，在崇禎則有若葉侯高標，在仁廟中葉則有若朱公廷梅、靳侯治荆暨鄉先生許太史承家、吴司成苑等，邇來八十有餘載矣。葢吾郡依山爲治，山溪湍環泄多瀦齧，加夏秋霖漲，挾蛟爲灾，衝堤壞堰，久須修復，勢固然也。惟我郡守奉天張公前以名孝廉，貳守會稽，壬辰始夏，旋膺朝命，擢涖此邦，期月之間，政浹人和。爰與郡之學士大夫，四境之耆黎，究詢利弊，僉以修壩爲請。公既俞斯言，方相觀經營，重惜勞費，而邑北稠墅有汪氏嫠婦徐者，承風慨然。又竊高許吴數公之義，獨力輸白鏹萬七千金有奇，助成兹役。官帑不煩，工用克集，昔司成記。朱公之作壩，讚揚德美，擬之於鄭國之渠、王遵之金堤。由今視昔，良亦無愧。顧朱公猶藉許、吴數公之力而後勝之，今公潔已濟公，用紹前績，不勞民，不動衆，而風諭所及，遂有以感興於閨閣之婦人鄭王云乎哉？夫以昉名溪，以吕名埸，賢守遺蹤所在，可述公之清聲。方將與此邦山川永久流峙，斯壩也，成當不僅以懷清之臺，爲汪徐氏題目也。乃承命而爲之記。

傳記

（道光）《歙縣志》卷八　方如珽，字子正，環山人。【略】曾捐資助成漁梁壩，又獨修古虹橋及龍王山五里石欄，動以數千緡計。

又　程大功，字明吾，岑山渡人，武英殿中書。性孝友，能以令德汲引後進，繕宗祠，築石堤，建岑山寺，修漁梁壩，輸餉助邊。倪文正公薦任度支，力辭不受。

紀事

清　康基田《河渠紀聞》卷一五　康熙二十七年，修徽州漁梁壩，潴水灌田。按徽地多山，農田因山爲塍，資水灌溉。然地峻如建瓴，水下瀉不能停，惟有築壩障水一法。徽州漁梁壩之修以此也。

清　朱廷梅《修漁梁壩記》（乾隆）《江南通志》卷六六　徽城東倚山西南北三面，距新安江以置郡治江。合歙、黟、休寧、祁門、績溪五邑之水，大滙於歙浦，以入於浙。爲灘三百六十，地極斗峻，水無停流。宋嘉定間，郡守宋長文閔衝激之爲患，立柵以遏下流。後守袁甫繼之更議叠石爲壩，未及興役而去，留緡錢萬五千聞於朝，俾繼者成之。元明又復圮壞，弘治間郡守張正出帑錢即故址重砌以石，凡九層，蓄水二三里。錢塘倪公岳記之。未三年復圮，郡守彭澤乃去壩囊中砂礫，實以方石，下流更爲梯級，用殺水勢。楊公循吉記之。至明末益圮，自後守兹土者不敢議修復，非怠事也。工大費繁，民不堪任。予不佞承乏兹郡，皇皇憂之，慮民氣之不静，民俗之未醇。吴太史告予曰：漁梁不修，徽俗將日敝，爲曆言往事，多有明徵。予甫下車，即申請撫憲，并致書紳士之家廣陵者。紳士誼篤維桑，慨任工費。予喜出望外，於是循江而觀，逡巡周覽，擇日祭告。以戊辰正月八日開工，得吴子崧、汪子士鋐、吴子瞻泰，倣嚴郡之石梁規制，縱横各半，中爲鰲背，而坦其脊。更擇石於城之北鄉，色青而理堅，斧鑿不易施，補罅實腹，咸以之舊石屏不用，左右蓬卷。凡青石二十餘層，闊三丈，高半之，横亘二十倍，内固外密，上爲三水門。於是瀉者潴，奔趨者止。郡以西渟瀠浩瀚，儼乎巨浸，而功以告成。郡紳士請予志之，予謂：是役也，爲六邑資灌溉，而且學校以光，民生用遂。余得藉，是以上報聖天子眷顧之隆，與好義諸公共成其美，襄事諸子樂觀其成，即以爲不朽盛事也可。

清　吴苑《重修漁梁壩記》（乾隆）《歙縣志》卷一七　吾郡處萬山中，地高而勢拔，水皆趨下，湍急陡絶。郡南三里豐樂、富資、布射、揚之諸水，皆滙於此，又瀉而不潴。宋嘉定中，謂宜爲梁，以緩水勢。郡守宋濟始聚石立柵，顧遇霖潦輒敗，太守袁甫議易以石，請於朝，役未及興而遷。紹定三年，袁復指揮江東，乃檄推官趙希愬督其事，伐山取材，分砦石、笄石、囊石爲三等，堅緻完固，而漁梁報成。自是遞傾遞復，一郡之興壞，亦往往隨之。明弘治乙未，太守張正重築，不二年而圮。太守彭澤繼之，表裏皆甃以方石，厥功與袁均焉，而梁一興，其後歙令方承郁、葉高標凡再圮再築。本朝順治十六年，巡按衛公貞元上其事，疏稱府南壘石阻流，曰漁梁，宋明咸出官錢加築。相傳水厚則徽盛，水淺則徽耗，今已頹廢，不可不議修築。部議上奉旨俞允，今三十餘年矣，而未果行。予嘗與郡之士大夫及家伯叔兄弟謀以爲此，吾郡利病所係，不當仰給公帑宜，各醵財鳩工，而良有司董其成，於是爲便。康熙二十六年，會太守朱公廷梅甫蒞郡，遂以是爲請。及下車，即與郡丞曹公貞吉、別駕沈公弼、蔣公燦、歙令靳公治荆經營相度，而總督傅公、巡撫江公、督學使者許公後先鼓舞，以爲當行。爰合郡之同志編修許君承家、農部叔允、森州佐方君如珽、許君承謨、巴君士達、許君悌友、汪君人御，繼以州佐汪君鑣樂義共襄厥成。計費錢將二萬緡，其經理則明經汪君士鋐、太學汪子洪度、洋度、許子端友、縣令叔佩韋、明經兄聖修及予弟州佐荃、諸生萩八人，不役府史，不資群衆。倣嚴州雷湖之制，凡叠十石，中立石柱，左右相維，微竅其所，入不鐍而自固，灑爲三門，層級而下，以時停蓄衆流。且慮赤石易泐，悉用青白二石，至堅可久，方之紹定，殆增勝焉。而梁又一興，夫建非常之舉者，必待非常之人。雖有慷慨好義之士，而非有重臣長吏爲之表率，即欲動作興事，其道無由。是役也，始於戊辰冬，迄今癸酉冬，凡閲六載，獲於督撫督學太守諸公之任而落成。昔歐陽文忠舉單子川澤不陂之言，推周官先民禦備之法，而頌張侯之善爲政。葢以爲政之勤於民事也，大者總綱維以寧人阜物，小者布條目以宣化承流，而後政教翔洽，家室和樂，其孳息可以具財用，其閒暇可以庀工作，故興一役而有以覘物力之盈縮焉。今吾郡人得以餘力從事於漁梁，則督撫、督學諸公所以上體聖天子軫思民瘼，屬念河渠之至意，不亦因此可類推乎？而太守朱公協和寮屬，以利濟一方，野無爨鼓之驚，邑乏澤門之詛，雖鄭國之渠、王遵之金堤何以加焉？余時官輦轂，因書此以告郡之士大夫及伯叔兄弟，俾知牧民者之賢且勞，而吾儕得仰體厥意，同心集事修舉廢墜之功，葢視剏始有加焉。是爲記。

藝文

明 程敏政《篁墩集》卷六八《漁梁壩登舟至浦口初聞雷錢者相賀》 路當歙縣境，水是浙江源。竹樹知誰氏，風光似故園。峰頭嵐翠合，石齒浪花翻。舉櫂聞雷處，嘉禎感贈言。

又《淳安道中用漁梁壩韻》 桐梓何年盛，溪頭尚有源。疏梅臨竹岸，細麥擁茶園。興薄飛鴉去，閒便浴鷺翻。舟師能指點，空谷應人言。

清 秦祖襄《漁梁觀漲詩》（道光）《徽州府志》卷四 川從六邑滙漁梁，天柱高標見紫陽。鼉背横斜支鐵幹，犬牙參錯護金湯。即今春漲桃花閧，况復秋濤瓠子長。民力東南頻告匱，何時砥直奠懷襄。

雜録

（道光）《徽州府志》卷四 漁梁壩在府城南三里，即宋放生池也。以揚之水及豐樂、富資、布射諸溪會流於此，陡瀉而下，無復停蓄，故爲津梁，以緩水勢。宋紹興辛巳以來，急湍蕩決，廢逾六十年。城市火災屢見，形家謂當修復蓄水，水勝則火息。嘉定辛巳，郡守宋濟即舊處聚石立柵，甲申郡守袁甫謂非經久計治，議易以大石，未及興役，以憂去。留錢萬五千緡，以俟繼者成其事。紹定己丑，甫提舉江東路，委本州推官趙希愬砌石八層，又撥錢五千緡，市田以備將來修築。邑人立像紫陽觀，祀之。錢時記元及明初圮壞，弘治己未知府張正葺之，加石爲九層，高丈餘，遂成巨浸。大學士洛陽劉健及吏部尚書錢塘倪岳記。辛酉，洪水衝壞，知府彭澤命通判陳理督工，去舊塡新，沙礫表裏，并用一色方石，照舊結甃，高減一層，下流節爲梯級，以殺水勢。梁上水過，有如平崖懸瀑。禮部主事楊循吉記。萬歷間，又復傾圮，知縣方承郁勸合邑紳耆捐資重建。崇禎中，知縣高標又勸修之，國朝遵行。順治己亥，巡按衛正元請於朝，謂宜及時修築。奉未及鳩工，延至康熙丁卯，太守朱廷梅等倡議興復，太守許承家、祭酒吳苑、農部吳允森及邑士方如珽、許承謨、巴士進、許悌友、汪人御輸金萬餘甃築，盡去沙礫腐石，易以白石，叠十層，通三水門以泄水勢，閱四年成。

（道光）《歙縣志》卷二 惠政祠祀宋郡守宋濟、袁甫明、知府張芹、彭澤、段朝宗、梁應澤，在紫陽門外。嘉靖間築漁梁壩，邑人良鄉縣丞程鈁捐地，同曹州州判吴炫、耆民程敬祖等建。

竹簏壩

清 康基田《河渠紀聞》卷一五 是年建竹簏壩於禹王臺，因臺舊基，用竹簍裝石堵築，以障沭水。按禹王臺在郯城東，遏沭水入海，爲邳宿駱馬湖之大障。沭水來源盛大，由郯城北滙湖河諸水，西來奔流，不可遏。禹王臺障之束水，由六塘河歸海。近年來沭水西流入駱馬湖，愈覺泛溢，緣明季毁臺取石修城，以致沭水西侵。至是恭蒙聖祖仁皇帝命總河王新命建壩約攔水勢，仍用竹絡裝碎石，塡砌倚臺作壩，塞絶後路，水不能衝，南省下游數十年得以奠安。禹王臺相傳爲大禹遺迹，既鑿馬陵山以導沭水，復築臺以遏其衝，俾由江南沭陽海州注海，不使會合蒙沂諸水入駱馬湖，以爲民患。臺地雖隸山東，實關江南利病，壩工坐當迎溜頂衝，河督陳鵬年齊蘇勒先後增設堤堰，嗣以地勢卑窪，加築裏戧石工，每歲於汛水將發之時派撥弁兵前往住宿防守，按期探報水勢，謹守成規防衛。王新命竹簍裝石築壩，使沭水不得横流就範東出，并用其法於衛水上游捌刀泉及安陽洹水萬金各渠，調濟有餘、不足於溝澗之中，水平不激，非若黄流之衝蕩難守也。

陂部

概説

題解

《漢書》卷一《高帝紀一》 嘗息大澤之陂。師古曰：「蓄水曰陂。蓋於澤陂堤塘之上休息而寢寐也。」

元 王禎《農書》卷一九《農器圖譜・陂塘》 陂塘，《説文》曰：陂，野池也。塘，猶堰也。陂必有塘，故曰陂塘。《周禮》：「以瀦蓄水，以防止水。」説者謂：瀦者，蓄流水之陂也；防者，瀦旁之堤也。今之陂塘，即與上同。考之書傳，廬江有芍匕略切陂，潁川有鴻隙陂，廣陵有雷陂、愛敬陂，陽平沛郡有鉗盧陂，餘難遍舉。其各溉田，大則數千頃，小則數百頃，後世故迹猶存，因以爲利。今人有能別度地形，亦效此制，足溉田畝千萬，比作田圍，特省工費，又可畜育魚鼈，栽種菱藕之類，其利可勝言哉！詩云：「陂水塘高復袤延，拒流寧使迅如川。斗門解洩三時旱，尺澤能添十倍田。裴延雋復修燕地故戾陵諸堨，溉田爲利十倍。沃野號稱今陸海，烟波分得小江天。便當卜此成歸計，魚稻鄉中好度年。」

明 佚名《淮南水利考》卷上 堯爲伊耆氏記曰：伊耆氏始爲蜡，有曰防者，後世堤堰之始也。祭法曰：禹能修鯀之功，鯀之功惟障而已，障即防也。《禹貢》曰：九澤既陂，陂亦防也。

又 漢景帝地節元年，廣陵王相勝之奏奪王射陂葤田予貧民。按《志》，射陂即射陽也，陂塘也，葤茭葦也。塘田可耕，茭葦可爨，山陽之利也。

清 胡渭《論水利》《清經世文編》卷一〇六 陂亦堤也，而實不同。川兩厓築堤，制其旁溢，陂則環澤而堤之，此其所以異也。陂必有水門，以時蓄泄。考之傳記，壽春芍陂，楚相孫叔敖作，有五門，隋趙軌修之，更開三十六門。穰縣鉗盧陂，漢南陽太守召信臣作，有六石門，號爲六門陂。

清 吴邦慶《澤農要録》卷五 用水之瀦，瀦者水之積也。其名爲湖，爲蕩，爲澤，爲□，爲海，爲陂，爲泊也。

論説

宋 宋祁《景文集》卷二八《乞修復陂塘古迹札子》 臣伏見邊鄙用兵以來，所急者莫急于食。食者出于力農，而國家未嘗留心于農事。天下郡縣雖有陂湖塘堰，例不修營。轉運使、知州、通判，但帶勸農之名，略無其實。及知州、通判、令佐結銜兼堤堰溝洫，習以爲常，亦不復知是何等語。是以農困食艱，通天下計之，常無一年之蓄。且天下無一年之蓄，古語以爲國非其國。況今大兵在外，水旱難調，脱若灾儉相仍，臣知國用盡于軍興，則力耕之人餓死不救，羸老委溝壑，少壯爲盜賊，貽患國家，非細事也。臣欲望朝旨專下轉運使、知州、通判、令佐等，嚴行曉告，使于部内各按求陂塘古迹，可以利民救患者，并令收復。量率夫力，限日計功。如能不擾村鄉，久遠利濟，并與理爲勞績，優加酬賞。若因此取受，騷擾農人，所犯一疋以上，乞追官勒停；十疋以上，仍除名，終身禁錮。以上如可施行，乞詳定條禁。又條制舊有五户各一保，宜申明此條，令力農之家，五家相保。其中如有惰丁游手，不事桑柘，不勤五穀，田疇荒間者，并許本保申舉，官司明行科罰，遷配遠州。其勤勸農業者，國家每一二年略行優恤，或少放正稅分數，或免户下差科月日。自然人務農業，國計必充。取進止。

宋 陳旉《農書》卷上《地勢之宜篇第二》 夫山川原隰，江湖藪澤，其高下之勢既異，則寒燠肥瘠各不同。大率高地多寒，泉冽而土冷。《傳》所謂高山多冬，以言常風寒也，且易以旱乾。下地多肥饒，易以渰浸，故治之各有宜也。若高田，視其地勢高水所會歸之處，量其所用而鑿爲陂塘，約十畝田即損二三畝以瀦畜水，春夏之交雨水時至，高大其堤，深闊其中，俾寬廣，足以有容。堤之上疏植桑柘，可以繫牛，牛得涼蔭而遂性，堤得牛踐而堅實，桑得肥水而沃美，旱得決水以灌溉，潦即不致于瀰漫而害稼。高田旱稻，自種至收，不過五六月，其間旱乾，不過灌溉四五次，此可力致其常稔也。

宋 袁采《袁氏世範》卷三《溉田陂塘宜修治》 池、塘、陂、湖、河、埭蓄水以溉田者，須於每年冬月水涸之際，浚之使深，築之使固，遇天時亢旱，雖不至於大稔，亦不至於全損。今人往往於亢旱之際，常思修治，至收刈之後，則忘之矣。諺所謂『三月思種桑，六月思築塘。』蓋傷人之無遠慮如此。

又《修治陂塘其利博》 池、塘、陂、湖、河、埭有衆享其溉田之利者，田多之家當相與率倡，令田主出食，佃人出力，遇冬時修築。令多蓄水，及用水之際，遠近高下，分水必均，非止利己，又且利人，其利豈不博哉！今人當修築之際，靳出食力，及用水之際，奮臂交争，有以耡耰相毆至死者，縱不死，亦至坐獄被刑，豈不可傷。然至此者，皆田主慳吝之罪也。

宋 朱熹《晦庵別集》卷九《再勸修築陂塘》 契勘今歲旱傷，蓋緣人户不修築陂塘，積水灌溉田禾，致令乾死。使軍已節次行下三縣，及散榜，給印榜曉示人户，陂塘淺漏處，亦合并力開掘修築。如有欠闕工料支費，并諸軍縣借米吃用修築，次年送納。如陂塘廣闊，費用工力數多，亦當計料工食申軍，切待具申提舉衙，撥米借貸。

宋 許應龍《東澗集》卷六《張溥昨任同安縣置陂圳轉一官制》 興修水利，悉有恩賞，蓋以爲農也。爾明敏疏通，勤於政事。比宰名邑，增浚陂渠，灌溉菑畬，其惠溥矣。庾臺剡奏，可後褒嘉？晉陟一階，其祇成命。

宋 衛涇《與提舉鄭霖論水利書》《吴中水利全書》卷一七 涇寓居江湖，每見陂湖之利爲豪彊所占，農人被害，無所赴愬。澱山一湖，廣袤四十里，澤被三郡。數十年來，湖之圍爲田者大半，無非豪右之家。旱則獨據上流，沿湖之田無所灌溉，水則無所通洩，沿湖被淹民田，無慮數千頃，反爲不耕之地。細民不能自伸，抑鬱受弊而已。淳熙間，今僉書羅點爲使者，因閱詞訴，開掘山門，溜五千餘畝，乃一湖喉襟。繇是數十年之害，一旦盡除，灌溉之利漸復。八年間，小有水旱，果不爲灾，此利害曉然易見者。紹熙初，忽爲中天竺寺指占，使司吏輩并緣爲奸，子宜徐丈亦不深究，遽爾給佃。後因民詞，怨得旨開掘。緣冒佃者不曾行遣，小人無所忌憚。今春復有頑民數輩，約從毀撤向來禁約石碑，公然圍築。浙西多仰陂湖之利，非他處比。前後圍裹陂湖，禁戢最嚴，具載甲令，臣僚申請亦多。涇昨陛辭，曾論此事甚詳，少定簡尋得，當録呈求教也。

明 劉遠可《璧水群英待問會元》卷五八 策問民享其利，在乎豐稼穡，豐稼穡在乎美田疇，美田疇在乎通灌溉，通灌溉在乎復陂塘。故孫叔敖起芍陂，楚受其惠；文公穿渭口，蜀以富饒；白公引涇水於秦，谷口遂歌於禾黍；史起鑿漳河於魏，鄴旁乃咏於稻粱；張閭築新豐，李襲引雷陂水灌晉陵，維揚之田各八百餘頃。召父杜母之惠，靡不由之。蓋變地力、移天時、救罷民、豐食貨，莫尚乎此。後之有意於民者，可不謹所儲蓄哉！

明 徐光啓《農政全書》卷八《開墾上》 一、築塘壩以通水利。古者晝井而田，甽達於溝，溝達於洫，洫達於澮。逆壅順泄，而皆取利於水。今淮以南，田無宿水，靠雨爲秋。而陂塘壩堰之利，修築不時，疏通無法，以致雨驟則狂瀾四溢，助河爲虐；稍乾則揚塵涸底，赤地如焚。而旱澇皆以爲民害，豈直地勢使然哉？卑職泣任三稔，皆遇旱。預計水利，爲築陶家堰、楚漢泉等壩拾數處。凡近壩之田，得水灌溉，俱獲全熟。及秋後淫霖，支流就壑，而亦無衝決之虞，是築堤明驗也。爲其事無其功者，未嘗覩之也。第州縣有簿書之繁，修築有工食之費，巡行阡陌，動經旬日，一處不督理，而小民之偷惰者如故矣。合無責治農一官，專司水利，遍歷郊圻，尋往昔迹。如池塘之闕塞者開浚之，溝澮之壅滯者疏導之，灣澗間視地之高下，爲堰之淺深，而堤之閘之。高則開渠，卑則築圍，急則激取，緩則疏引。水由地中行，無枯竭亦無泛濫，而荒土皆沃壤矣。鳳陽之水無可激取者，不過用孺東兩成語耳。

又　一、蓄樹畜以厚生殖。王者之政，不過制田里，教樹畜而已。況議樹畜于江北，較江南尤易。江南寸土無閑，一羊一牧，一家一圈。喂牛馬之家，鬻芻豆而飼焉。江北則林多豐草，澤盡菹洳，縱馬放牛，可以無人牧圉。使做養伍字之法，而牲畜不遍野乎？江南園地最貴，民間蒔葱薤于盆盎之中，植竹木於宅舍之側，在郊桑麻，在水菱藕，而利藪共争，誰能餘隙地？江北則廢圃荒畦，鞠爲茂草，深陂廣澤，一望唯蓼蘋耳。使盡開百穀之利，而一蔬一菓，皆民食也。

又卷一二《水利・總論》　《荒政要覽》曰：按『地平天成』、『禹錫玄圭』，後畢世經營，只是浚渠築岸，以養稼穡。夫子稱之曰『卑宮室而盡力乎溝洫』，此論王夏之日也。或疑言疏瀹，不兼言封築，則堤岸似屬餘事。不知井田之制，百步爲畝，深尺廣尺，爲田間水道，而不立封限。百畝爲遂，遂上有徑。十夫有溝，溝上有畛。百夫有洫，洫上有涂。千夫有澮，澮上有道。萬夫有川，川上有路。言致力溝洫，則畛涂在其中。《禹貢》稱九澤必曰『既陂』，是彭蠡、震澤之底，亦藉陂障圍瀦成澤。開浚封築，信非兩事也。於此想見唐虞三代之用民力，專用之于此而已。

又卷一六《水利・浙江水利》　給事傅崧卿守鄉郡時，侍郎陳橐上《夏蓋河議》曰：橐前因至上虞境内，過夏蓋湖，而備究湖田之爲害，實吾民今日倒懸之苦，有不得不言者。古人設陂湖，以備旱歲。王仲嶷建請以爲田，乃引鑒湖自然淤澱已成田陸爲説，又有不妨民間水利之語，其欺罔甚矣。

又　徐獻忠《山鄉水利議》曰：我松瀕海，數被倭患。予寓居吴興，屢見各縣山鄉，旱灾不收，大受飢困。山鄉平田既少，一遇旱暵，泉流枯涸，既無所資，坐以待斃。有司者徒見下鄉平田，頗有潤色，不肯特爲奏免糧税。予按視其地，皆坐不知水利之故。元儒梁寅有鑿池溉田之議，其略云：『畎畝之間，若十畝而廢一畝以爲池，則九畝可以無灾患。百畝而廢十畝以爲池，則九十畝可以無灾患。』予嘗至上虞之下溉湖觀之，方知梁子之議可行，而永久利民矣。有志經國者，當相視一鄉之中，擇其最高仰者，割爲陂湖。先均其税額於衆利之民，次營别業以補失田之户，大展陂岸，使廣而多受，雖亢旱之年，不至耗涸。從高瀉下，均資廣及，沾潤一番，可以經月。雖有凶灾，不能及矣。惟水庫爲妙，止費大耳。然山鄉措置灰石沙等，止費工力，不費大錢鈔。況陂湖之利，魚鰕雜産，茭葦叢生，貧者資以養生，富者因而便利。大雨一注，衆流復積。前者既瀉，後者復蓄。山鄉水利，無逾此者。故叔孫之芍陂。汝南之鴻郤陂。古人成績。可以引見、自非爲民父母者力主其事，愚民誰肯割其成業者乎？至於下鄉之田，亦有高亢不通資灌者。莫若照依北方，掘鑿大井，上置轆轤，汲引之利，亦足自辦。民可樂成。不可謀始，若出力任事，維存乎人，必須久任，方有成功也。

又　二谷山人《水利策》曰：【略】夫陂塘蓄泄，前人經營，以爲水計慮者，甚悉也。其始之稍廢，以補苴易矣，則廢而任之，以至於大壞，而有司者猶莫以爲意。其説在醫師之論解鰛也。夫解鰛之爲病也，脈理縱緩，神氣不攝，無疾痛之急，旦暮之虞，而甚害於身，玩愒者亦然。苟以避擅興之嫌，偷恬静之譽，需秩滿遷次，則去之耳。後來繼今者，又復盡然。非課之章程，厲以誅賞，此病不除。故曰『課功爲急』也。夫知務也，任職也，審計也，課功也，四者治水之要也。此非愚之言也，嘗徵之古矣。

又卷四三《荒政・備荒總論》　楊溥曰：堯湯之世，不免水旱之患，而不聞堯湯之民有困窮之難者，蓋預有備也。凡古聖賢立國，必修預備之政。我太祖高皇帝惓惓以生民爲心，凡有預設備荒定制。洪武年間，每縣于四境設立倉場，出官鈔糴穀，儲貯其中。又于近倉之處，僉點大户看守，以備荒年賑貸。官籍其數，斂散皆有定規。又于縣之各鄉，相地所宜，開浚陂塘，及修築濱江近河損壞堤岸，以備水旱，耕農甚便，皆萬世之利。自洪武以後，有司雜務日繁，前項便民之事，率無暇及。該部雖有行移，亦皆視爲文具，是以一遇水旱饑荒，民無所賴，官無所措，公私交窘。只如去冬今春，畿内郡縣，艱難可見。況聞今南方官倉儲穀，十處九空，甚者穀既全無，倉亦無存矣。大抵親民之官，得人則百廢舉，不得其人則百弊興，此固守令之責。若養民之務，風憲之臣，皆所當問。年來因循，亦不之及。此事雖若可緩，其實關係甚切。

明 唐鶴徵《武進縣河渠説》《吴中水利全書》卷二二 武進北瀕大江，南介滆湖，東偏震澤，而中以漕渠一帶，西受京口、雲陽諸水，遶郡城而東注之。其所蓄洩吐納，不惟國家漕計特重，諸郡旱潦實係之。此各支河之通塞啓閉，不可不講也。考邑地形，西北高，東南下。高田苦無水，利在蓄之使合，多爲陂塘，厚儲深蓄，勿使洩而溢之外；低田苦多水，利在導之使分，多爲圩堰，渠穿股引，無使潰而入于内。本縣高鄉，陂塘溝渠不下千數；低鄉圩堰，數亦相當。誠使陂塘時浚深濶，小旱足供車挽，小有霖潦，亦足蓄貯。上水既留，下水自少，故論一邑之水利者，當以治西北爲先，而論東南之水患者，尤當以治西北爲要也。

明 金藻《三江水學》《吴中水利全書》卷二一 《禹貢》曰：『三江既入，震澤底定。』又曰：『九川滌源，九澤既陂。』今東江已塞，而松江復微，是川源無滌也。太湖泛濫，堤防不修，是澤無陂障也。惟其無陂，所以靡定；惟其無滌，所以靡入。東風則西決，西風則東潰，一雨連旬，數月如海，此頻年水患所以不可救治者，良由備之不預，慮之不周也。

明 楊子器《常熟縣水利議·疏浚陂塘泖瀝》《吴中水利全書》卷二三 今按常熟北枕大江，諸湖交貫其中，實水澤也。有陂塘以蓄灌溉，有泖瀝以泄泛漲，故無旱乾水溢，而得常熟之名。然潮沙易積，浦溆多壅，每賴疏瀹浚導之功。錢氏有國之時，創開江營，置都水使者以主水事，募卒爲都，號曰撩淺。宋朝置卒千人，爲兩指揮。第一在常熟，第二在崑山，專職修浚。自郡民朱勔進花石，奪營卒，以往于是開江營遂空，而疏浚之事廢矣。今不可不講。

明 佚名《淮南水利考》卷上 開封府城東築堤，至歸德三百餘里，名繆堤，又有隋堤，僕射陂。衛輝府有太白陂，遮馬陂。懷慶府有吴澤陂，宣王陂，平皋陂。河南府有韓公堤，在洛陽新城，宋相韓縝所築。南陽府有高公陂，在唐縣，凡四十里。鉗盧陂在鄧州，漢所置也。凡州之陂最多，此爲最大，灌田萬頃，又名萬頃陂。召堰在唐縣，漢召信臣築此灌田，民賴其利，後人继築，增良田萬頃。楚堰在鄧州，引湍水以溉田千餘頃，民利賴之。西磡在府城西三里，淯水環流，爲一城之勝，可以禦水患而灌城郭。汝寧府有芍陂，即費長房投杖處。鴻郤陂，鄧艾陂，茹陂，在固始縣，漢劉馥築以溉田雨。施陂在光山縣，唐裴天覺所築，溉田如雨，號雨施云。右據中土之障，河必用堤，則淮南之必用高加堰、西長堤以禦河、淮也，不待言矣。知中土之溉田，徐、濟之護漕、河，必用堤堰陂磡，則知淮、扬之必用之以漕、以溉也，不待言矣。

又 按漢《志》云：射陽者，射水之陽。縣治在郡城西，若今之高加堰、西長堤，漕、河、塘，皆陂也。陂成，故可溉，可漕，若射陽湖，則不可陂。縱有陂，而上流之堤堰壞，陂亦無益，故陂於山陽爲用最急。今山陽之民，不講陂而日惟市井刀錐之兢，無百年之家，愚不知其説。及觀韓信《傳》云：『信不能爲商賈，又不能推擇爲吏。』則山陽之民貧，由不爲農，太史公已灼知之矣。不修陂且毁之，俗見也。且無事時以養民者，農田也。有事時以戍守者，屯田也，皆扵陂焉。是賴細民，何足以知之。

清 何剛德《撫郡農産考略》 田有九等，土有五色，不辨土性，地利無由興也。曲盡人力以變化地質，未有不足以補天時之缺憾者。土人云：高田近山，或多土泥，或多冷漿。其田底深，或二三尺，淺亦尺許，得一雨可耐半月之久。兼有山泉可資挹注，且平時築陂塘以蓄水，旱則决水以灌溉。稻自種至收不過十旬左右，即遇旱乾，不過灌溉八九次，此尚有可補救者也。

綜述

宋 朱熹《晦庵别集》卷一〇《申提舉司借米付人户築陂塘》 照對管屬星子等三縣，去歲旱傷尤甚，緣田段多是高仰，見管陂塘多是穿漏，是致旱死。不住據管屬星子、都昌、建昌人户經官陳乞，借口糧修築陂塘。本軍行下逐縣，委自知縣躬親前去管下，逐一驗視所管陂塘。如有穿漏及開掘，即仰一面計度合用工數，供報提舉司，乞支撥米斛。已蒙提舉衙回牒指揮，支撥保借常平司六百五十四石。正月廿九日。

元 王禎《農書》卷三《灌溉篇第九》 昔禹決九川，距四海，浚畎澮距川，然後播奏艱食，烝民乃粒。此禹平水土，因井田溝洫以去水也。後井田之法，大備於周。《周禮》所謂『遂人』、『匠人』之治，夫間有遂，十夫有溝，百夫有洫，千夫有澮，萬夫有川。遂注入溝，溝注入洫，洫注入澮，澮注入川，故田畝之水有所歸焉，此去水之法也。若夫古之井田，溝洫脉絡，布於田野，旱則灌溉，澇則泄去。故説者曰：溝洫之於田野，可決而決，則無水溢之害；可塞而塞，則無旱乾之患。又荀卿曰：修堤防，通溝洫之水潦，安水藏，以時決塞。則溝洫豈特通水而已哉？考之《周禮》：『稻人掌稼下地』，以水澤之地種穀也。以潴蓄水，以防止水，以遂均水，以列舍水，以澮寫水。此又下地之制，與『遂人』、『匠人』異也。後世灌溉之利，實昉於此。至秦廢井田而開阡陌，於今數千年，遂人、匠人所營之迹，無復可見，惟稻人之法，低濕水多之地，猶祖述而用之。天下農田灌溉之利，大抵多古人之遺迹。如關西有鄭國、白公、六輔之渠，關外有嚴熊龍首渠，河内有史起十二渠，自淮泗及汴通河，自河通渭，則有漕渠，郎州有右史渠，南陽有召信臣鉗盧陂，廬江有孫叔敖芍陂，潁川有鴻隙陂，廣陵有雷陂，浙左有馬臻鏡湖，興化有蕭何堰，西蜀有李冰、文翁穿江之迹，皆能灌溉民田，爲百世利。興廢修壞，存乎其人。夫言水利者多矣，然不必他求別訪，但能修復故迹，足爲興利。此歷代之水利。下及民間，亦各自作陂塘，計田多少，於上流出水，以備旱涸。《農書》云：惟南方熟於水利，官陂官塘，處處有之。民間所自爲溪堨音曷、水蕩，難以數計，大可灌田數百頃，小可溉田數十畝。若溝渠陂堨，上置水閘，以備啓閉；若塘堰之水，必置□音蹇竇，以便通洩，此水在上者。若田高而水下，則設機械用之，如翻車、筒輪、戽斗、桔槔之類，挈而上之。如地勢曲折而水遠，則爲槽架、連筒、陰溝、浚渠、陂柵之類，引而達之。此用水之巧者。若下灌及平澆之田爲最，或用車起水者次之，或再車、三車之田，又爲次也。其高田旱稻，自種至收，不過五六月，其間或旱，不過澆灌四五次，此可力致其常稔也。《傅子》曰：『陸田者，命懸於天，人力雖修，水旱不時，則一年功棄矣。水田，制之由人，人力修則地利可盡。天時不如地利，地利不如人事。』此水田灌溉之利也。方今農政未盡興，土地有遺利。夫海内江、淮、河、漢之外，復有名水萬數，枝分派別，大難悉數。内而京師，外而列郡，至於邊境，脉絡貫通，俱可利澤。或通爲溝渠，或蓄爲陂塘，以資灌溉，安有旱暵之憂哉？復有圍田反圩田之制。凡邊江近湖，地多閒曠。霖雨漲潦，不時淹沒，或淺浸瀰漫，所以不任耕種。後因故將征進之暇，屯戍於此，所統兵衆，分工起土，江淮之上，連屬相望，遂廣其利。亦有各處富有之家，度視地形，築土作堤，環而不斷，内地率有千頃，旱則通水，澇則洩去，故名曰『圍田』。又有據水築爲堤岸，復疊外護，或高至數丈，或曲直不等，長至瀰望，每遇霖潦，以扞水勢，故名曰『圩田』。内有溝瀆，以通灌溉，其田亦或不下千頃。此又水田之善者。又如近年懷孟路開浚廣濟渠，廣陵復引雷陂，廬江重修芍陂，似此等處，略見舉行。其餘各處陂渠川澤，廢而不治，不爲不多。儻能循按故迹，或創地利，通溝瀆，蓄陂澤，以備水旱，使斥鹵化而爲膏腴，汗藪變而爲沃壤，國有餘糧，民有餘利。然考之前史，後魏裴延儁爲幽州刺史，范陽有舊督亢渠，漁陽燕郡有故戾諸堰，皆廢。延儁營造而就，溉田萬餘頃，爲利十倍。今其地京都所在，尤宜疏通導達，以爲億萬衣食之計。故秦渠序其略曰：『鄭國在前，白渠起後，舉臿如雲，決渠爲雨。且溉且糞，長我禾黍。衣食京師，億萬之口。』夫舉事興工，豈無今日之延儁？儻有成效，不失本末先後之序，庶灌溉之事，爲農務之大本，國家之厚利也。

元 黄樞《後圃黄先生存集》卷四《頌李巡檢築陂》 南鄉爲海寧勝處，邇舍郵亭與民廬數百區，鱗集翬飛，爲一闤之市。平野帶其前，泉源清流正經其後，涵虚漾碧，沉沉無聲。上堰水爲兩陂，曰桑樹堨，溉田十頃而羸。曰清陂堨，所溉三倍其數。先時遇歲旱，溪既涸矣，始遽興築，不無鹵莽滅裂之爲。比水及田，木盡稿矣，往往徒勞，卒罕蒙其利。今仲章李公來掌巡徼，問弊於民，而知其故。乃進里之富人與一二田父，而告之曰：『農畝誠衣食之源，苟失水利而不稔，則必飢，非特無以給公上，後租期，吾雖欲安女業，禁女盜，庸可得乎？與女約：盡三日其伐松爲梁柱，負石以實之，畚土以築之。』民歡趨之，如期而兩陂之堨屹乎中流。凡溝渠之堙塞者，咸疏鑿之，無間冬夏，灌注周通。里人聚觀而大悦，以爲今之居一官能盡所職者常鮮。公以明敏練達之才，乃有餘力與民興利爲無窮，使數千畝之旱壤化爲上腴，而南鄉益爲海寧勝處矣。於是相率爲歌詩，以頌公之德焉。詩曰：南鄉之里。田疇流水；禾麻芃芃，黍稷薿薿。昔有兩陂，築以不時；旱既爲虐，我寧無飢。李公戾止，喻我至理；其作雖劬，其堅難圮。堰以巨石，貫以長松；成茲永圖，伊誰之功。彼野如赭，我廪恆實；享玆樂歲，伊誰之力。兩陂如棠，百世不忘；惟公之澤，川流俱長。

明 徐光啓《農政全書》卷一四《水利·東南水利中》 正統五年庚申，令天下有司秋成時修築圩岸，浚陂塘以便農作。仍具數繳報，候考滿，以憑黜陟。

紀事

明 徐光啓《農政全書》卷四四《荒政·備荒考中》 正統五年七月，敕諭工部侍郎周忱：朕惟饑饉之患，治平之世不能無之，惟國家思患預防，其爲賑濟。自古聖帝明王，暨我祖宗成憲于茲。【略】

一，凡各處閘洪、陂塘、圩田、濱江近河堤岸，有損壞當修築者，先計工程多寡，務要農隙之時，量起人夫用工。或人力不敷，工程多者，先於緊要去處整理，其餘以次用工，不可追急。若近江河堤防工程浩大者，但於受利之處令起夫協同修理。其起集人夫，務在驗其丁力，均平差遣，毋容徇私作弊。凡所作工程，務要堅固經久，不許苟且，徒費人力。府縣正佐官時常巡視，毋致損壞。

一，各處陂塘、圩岸果有實利，及比先有司或失於開報，許令條陳利民之實，踏勘明白，畫圖貼説，具申工部定奪，如利不及衆，不許虛費人力。

明 佚名《淮南水利考》卷上 貞元四年，節度使杜亞自江都蜀岡之右，引陂水趨城隅，以通漕輓，溉夾陂田。

明 張國維《吴中水利全書》卷一一 洪武二十六年，上諭都察院：凡各處閘壩陂堰，引水可灌田畝以利農民者，務要時常整理疏浚。

又 洪武二十七年，上命凡天下陂塘湖堰，可瀦蓄以備旱暵、宣洩以防霖潦者，皆因其地勢修治之，勿妄興工役，掊尅吾民。

又 洪武三十二年，上諭工部：凡圩壩堰陂塘，仰該府、州、縣提調官常川體勘，境內應有圩岸、壩堰坍缺，陂塘、溝渠壅塞，務要趁時修築堅完、疏浚流通以備旱潦，毋致失時，有傷禾稼及因而擾害於民。

又 正統二年，詔有司秋成時修築圩岸，疏浚陂塘以便農作。仍具疏繳報，俟考滿，以憑黜陟。

又 嘉靖五年，命各處水利僉事，年終具所修浚圩岸、陂塘、壩堰、閘洞、溝渠丈尺，造册送部查考。

又 嘉靖七年，命各處撫、按、守、巡官，嚴督所屬，以時修浚圩岸、壩堰、陂塘、溝渠之在境內者。

明 王鏊《群書類編故事》卷四《擅塞陂塘》 程明道攝上元邑，盛夏塘堤大決。法當言之府，府稟於漕，然後計工調役，非月餘不能興作。先生曰：『如是，苗槁矣。民將何食？救民獲罪，所不辭也。』遂發民塞之，歲則大熟。

安豐陂

（道光）《廣東通志》卷一一九 安豐陂，在城北三十五里鳳凰橋上。舊有陂，圮，嘉慶丙子，知州羅含章督洋湖、老住坑、高機頭、沙水、里仁五村民修復，買田爲溝，溉田千餘畝，易今名。

清 羅含章《開安豐陂記》（道光）《直隸南雄州志》卷二一 巾山之陽有高原焉，聚廬以居者分爲五保，曰洋湖，曰老住坑，曰高機頭，曰沙水，曰里仁，而和豐陂適當其下。余往勘和豐陂時，其民環跪而訴曰：田各有水，無相奪也。五保之人有田數百畝，不修其陂，而邀截車戽以奪吾水，不禁之禍未已也。余曰：『五保別有陂乎？』曰：『有。』曰：『何在？』曰：『在上流。』遂往勘之。既竟，進五保之民而告之曰：『異哉！汝不浚乎其源，而徒争於其流。以冀水泉之月庸，有濟乎？汝不自修而陂，而奪他人之水以灌而田，有是情乎？汝即無陂，尚當別尋其途以求灌溉之，益求之不得，猶當安之。况明明自有之陂而自舍之，非徒不仁抑，亦不智甚矣。《記》曰：「力惡其不出於己。」《傳》曰：「農無越畔，明有分也。」向使汝曹不惜一日二日之力，則陂不至壞而水亦不至不足，何事越畔而争他人之利乎？浸假汝有水而人奪之，汝心必不能甘；人有水而汝奪之，而謂人能默然已乎？無惑乎？喧囂鬬角而上下數村之人皆不能相安也。』於是捐廉爲倡，於五保中各舉首事數人，命急修復。溝心皆寬二尺五寸，兩水筧易而大之，取暢利也。買陳盧兩姓之田以爲溝，杜争端也。頭道筧以上，畝各捐錢若干，頭道筧以下，畝各增其錢數之半，分遠近別難易也。計畝分水，均利澤也。再閲月而陂成，名曰安豐，欲其顧名思義也。因書以爲記。

白泉陂

綜述

（嘉慶）《清一統志》卷三三六　白泉陂在崇陽縣西北，宋張咏爲縣令，偃大木爲堰，鑿山爲渠，引水入圳，灌近郭田。明萬歷中易以石。

（同治）《崇陽縣志》卷二　白泉陂，宋太平興國五年，張忠定公咏即泉上流偃大木成堰，鑿破岡山，灌近郭田十五里，共稅二千七百餘畝。堰以上節寸皆泉，滔滔汩汩，如萬斛源，雖亢旱各陂盡涸，未嘗少竭焉。建炎寇蕩陂廢，紹興時錢侯師仁修復之。淳熙初，王侯溉條畫規約，謂之陂條，然陂刱三百年，防水者土木耳。淳祐間，陳侯仲微撤故陂木，易以堅石，分大堨三，小堨六十有八，水梘三，田閒遂道，纖悉疏啓。曆久旁潰一口，明天順間，邑人劉貴糾衆補葺，事詳堰南小麓碑中。萬曆間，陳侯洪烈視行繕修，李侯沖勒石分水，水稍歸一，未幾龍水衝缺，百餘年不治，受蔭人户以柯條竹棘雜沙土壅塞，每歲一再築，隨築隨頽，民以爲病。康熙己未，金侯縣祖臨其地，度河勢之可障者，甃石安流，使循故陂。邑庠汪際烺董役，集叢户二十餘人履畝、派工、斂費，縣尉劉維鼎監之。石闊九丈許，高百尺有奇，上盛土無算，計工四千而費僅二十餘兩。工竣，侯即會諸里老，詢各堨受水田畝多少，鐫碑碣，次分注丈尺寸分有差，計破岡山裏三庸管六車埠山外九碣。乾隆間曾、沈二侯，同治初王侯紹薪先後按視之。

傳記

（同治）《崇陽縣志》卷六　錢師仁，紹興間任，有惠政。邑西北白泉陂經建炎亂，蕪廢不治，師仁鳩工修復之，民戴其德，祀名宦。

又　王溉，字巽澤，乾道間任。文章政事俱敏捷，立白泉陂條約，民甚便之。

又　李沖鶴，慶人，舉人，萬曆丁未任。修治白泉陂，勒石分水，使歸於一。

藝文

元　嚴士真《白泉陂》（嘉靖）《湖廣圖經志書》卷二　按此陂太平興國中知縣乖厓張公坐比峰亭，視亭下良疇，彌望而茂，灌溉之利，稍缺雨澤，禾多旱損。公乃即白泉上流偃大木爲堰，障川而東之，鑿山爲渠，引所障水入圳，灌注近郭田餘十五里，以種計千餘石，皆爲沃壤，後人名所鑿之山曰破岡山。建炎寇蕩，陂廢不治。紹興間，知縣錢公師仁始鳩民修復之，淳熙初，知縣王公溉條畫規約，謂之陂條，俾相與遵守勿渝。然陂創幾三百年，防水者土木耳，凍霖一集，漲濤怒湍，莫或砥柱，輒復破壞，無寧徒支目前，盍圖爲千萬世不拔計，乃盡徹故陂，易以堅石。石陂成，農用罷勩。淳祐中，知縣陳公仲微撫乖厓遺迹，夙期神會，克昌厥緒，謂而又寫水有澮，隨地立防。遏其支流者，謂之堨，大堨十三，小堨六十有八，水梘三，田間遂道纖悉疏啓，荷鍤决渠，咸有秩叙，揭以定規。主以逢掖，夫自乖厓始之。三百年而後陳公成之，亦存乎人而已，乃以詩紀之。

衮衮泉流出地中，乖厓疏鑿利無窮。雲分北阜山形斷，派接六江水勢通。今日遊觀思舊政，當年開闢有神功。平疇萬頃冀雲密，誰繼公心邁古風。

寶豐陂

（道光）《直隸南雄州志》卷一〇　寶豐陂在城北三十五里獺巖石，嘉慶丙子，知州羅含章督同蓮塘凹、東崗县兩村民開築，灌田五百餘畝。

清 羅含章《開寶豐陂記》卷二二　今將置吾民於五日一風十日一雨之世，吾民必切切然計曰：胡不爲五日一雨之勤也。即五日一雨矣，而高田之民必切切然計曰：胡不爲三日一雨之勤也。夫不自裕其水之源而徒責望於天，以待水之自滿其田，且必源源而來不爽，其五日三日之期，雖爾父母之爲爾天，吾知其勢有不能也。即爾之自爲爾天，吾亦知其勢有不能也。嗚呼！無具甚矣。嘉慶丙子冬，余率蓮塘凹村民開寶豐陂，鑿獺巖百餘丈，下至高牙橋，東岡壩之民以其水尚有餘也，合捐貲力，接而開之，灌田五百餘畝。既成，兩村民乃喜。余曰：今而後汝各自得所天，無須責怨於天矣。雖然滿篝滿車者，今日之天也；顧之復之，勿替引之者，異日之天也。今日之天，汝誠樂而安之；異日之天，能無保而無失乎？因書以記其事。

北澳陂

綜述

清 黃宏任《北澳陂記》（同治）《龍泉縣志》卷一六　予宰遂陽，六年於茲矣。先是乙未，邑遂北諸紳士以其地之北澳陂衝決闕塞，歲時艱溉注，請修之以通其利。予曰：是舉也，昉之古乎今乎？曰：古也。是費也，出之公乎私乎？曰：公也。公何以出？曰：輪田會計，合力以濟，酌劑簡便，千金可就也。予詰以既公而合力矣，問諸官寧有說乎？曰：民難慮始而樂觀成，風行自上則成且不勞。予憮然曰：是予之責也。顧此水發源石含山，晉雙橋，過朱沙瀧，轉七口至觀坑，又二十里至虎潭渚，合右溪水，引流入瀆，環城西折迤邐而出之南門惠津橋，晉東門，抵卜村螺灘新林倉下莽步社下瀠紆欹仄如千里，一二三都田均藉灌溉。雨潦或激漲，傾盪泛而無歸，否則岸斷水失，農嗟束手，非甃石以障之不可以久。爰擇匠即日而伐石焉，相高下，順水勢，既疏既堵，且潔蠲以告諸水神而經理，出納悉付人士之有力者。越明年，予奉調攝萬安，則以董理之責寄之邑丞胡君。又明年，予奉調攝永新，復以其責兼委鄭尉。三年之間，約費不逾千金而工已竣，向之遇旱而呻嘆於桔槔，挽注之無從者，今則石激波漾，齒齒磷磷，潤浸滋灌，畦盈隴溢，南東其畝其可歌也。紳士耆長喜其功就而又懼其或湮也，謹以其事勒諸貞珉，然永斯利於萬年，端有賴於繼起。予因紀其始末，以貽後之官斯土者。

清 文海《北澳陂後記》（同治）《龍泉縣志》卷一六　辛巳歲，予奉恩命來宰泉江。明年春二月，簿書之暇，行部郊野，至虎潭，有陂橫溪中，二三父老督工修整。予因問焉，僉曰：此北澳陂也。水源出石含山，經雙橋，過朱砂瀧，轉七口，歷官坑，又二十餘里至此，乃潴而築之，合右溪水，欄入瀆中，由城西南門歷東門，分三圳，灌卜村以下田二千數百頃。建置肇自南唐，剏後頻築頻圮，農民病焉。康熙五十四年，邑侯黃始甃石爲陂，利溥而功永，民建生祠於捕署之左，廢已久矣。後人感其德惠，不敢忘，屆春社時就陂口空地張幕設主祭焉，以無公宇故也。陂雖鞏固而每年必加修築，圳道亦待疏瀹，水始流通，復灌田畝。顧陂內田租原祗百餘石，除給報祈典禮外，修浚苦無餘貲。嘉慶十六年，六壘紳耆等呈請邑侯湯照糧助費，始契買李派橋馮姓房屋爲公宇，得置龕，安設黃侯牌位及前輩賢勞牌位，又勸令殷實户各瞻添田租數擔、十數擔不等，皆得設位附祀其中。盍目是而祭享，有祠修理有費，斯陂得以垂久而不壞也。予因欣然喜曰：民以食爲天，水利固民之急務，而斯陂也，前此盍亦興廢不常，得黃君甃石爲之，洵一勞永逸之計，然使無人焉爲之維持於其後，安必斯民之能長享其利哉？甲申歲，泉人重修邑乘，六月，紳耆等以北澳陂後記請，予曰：是陂顛末，予早問之詳而聞之悉矣，君等呈詞誠不謬。因援筆而爲之記。

雜録

（同治）《龍泉縣志》卷一二 彭如鈐，螺灘人，乾隆乙酉捐銀二百兩，重修北澳陂。

（光緒）《吉安府志》卷三 北澳陂即虎潭陂，在縣西二里，肇自南唐，溉糧千石。國朝順治初，知縣路汝前據諸生謝瑞徵呈，委北鄉司買松椿打造水横，引水灌田，後又爲石籬豬水，頻築頻圮。康熙五十四年，里民梁德永首倡六朋紳士輪田派費，知縣黄宏任委員興築，甃石爲陂，有記。乾隆間，知縣陳履祥、楊焯等續修，陂水入瀆，遶城西至南門惠津橋，歷東門至銀山抱景樓下，出涵洞，溉十村以下民田。

昌豐陂

（道光）《廣東通志》卷一一九 昌豐陂在凌陂下，知州羅含章督民開築，溉田五百餘石。

（道光）《直隸南雄州志》卷一〇 昌豐陂城北三十里凌陂下，嘉慶丙子，知州羅含章同三福地、寺坑兩村民開築，灌田五百餘石。

清 羅含章《開昌豐陂記》（道光）《直隸南雄州志》卷二一 凡行有所不通，必返而求之切近之地，然後其理得而情亦大順，而當其初迷者不悟也，必一再誤焉，而其心始悔如是者。何哉？情欲動於中而是非淆於外也。日者寺坑、三福地兩村民嘗欲接同豐陂上游以灌其田矣，同豐陂人以其道遠而費繁也，拒而弗與，又偕黄龍徘等十七村人謀開永豐陂，工甫作而爲城内紳士所阻，乃即其門首自開一陂，費錢百餘千，灌田五百餘石，勢甚便也。既成，余捐給萬錢，名之曰昌豐云。今夫大道固在目前耳，而行人或以爲迂而别尋捷徑，卒之或陷泥淖，或阻荆棘，不得不轉而仍歸於蕩平之所，然後知大道之迂者非迂而徑路之捷者非捷也，向使兩村人早自開其陂，何致徘徊迷謬於同豐、永豐之間乎？然猶幸其終於能悟而克自成其陂也。嗚呼！事不自立而徒碌碌，因人以僥倖於不可必得之功可乎哉！

長岡圍陂

清 謝上修《重修長岡圍陂記》（光緒）《瑞金縣志》卷一四 從來農田必資水利，水利之興，歷代良有司多爲之，官政所不及則築堤治陂聽民間自爲，所以利蓄洩而防旱澇也。余族自始祖卜居田皆村，村後西南有田二處：西曰茶園塅，南曰瀨下塅，約計糧田數百畝，地頗平曠，惜乏灌溉。村之北長江如帶，繞村南折，先朝余五世祖萬金公相其高下，於江之上游絶流爲陂，沿江岸開渠鑿溝，綿延數里，引江水入渠，由渠達溝，以灌溉二處之田，自前明以迄昭代，中間不無崩破，皆及時修補，未至大壞，及雍正癸卯，洪水爲患，溝渠之存者十僅二三，兼之東一小溪横貫其中，日剗月削，昔之陂防茫然漶漫，一發莫收矣。每逢亢旱時修築，迄無成功，衆憂之。余默思曰：河失故道，行地無常，何不可舍其舊而新是圖，因邀村中幹練者十二人，計畝出貲，相與度其地勢，離舊陂遷下半里許，厚其堤堰，内枕以大木，外則叠石覆土，加沙積薪，層次修築，務俾堅寔，復設一閘，以時啓閉，庶旱澇之畜洩有制而水循故道，清流汩汩如縈如繞，二處之原隰邱畦，村内之井塘池圃，居民之飲食滌濯，無弗取給。向之嘆爲漶漫者，今則行止有定。英爰謀善後之策，議定每月出穀一石，擇人專司其事，偶有殘缺壅淤，即時修補疏瀹，毋俾漫延致大損失，閲數月而事成，衆因屬余詳之爲記。予言語雖不文，念此陂開創於前者如彼之難，繼浚於後者如此之不易，修葺疏導良法具存，欲利澤之大且遠，不無望於繼起者之踵而行也，是爲記。

車陂

論説

宋 鄭俠《西塘集》卷三《連州重修車陂記》 予於是喟然嘆曰：靖國，其真樂人之善，而愛民深之所爲也。夫蒼山巨崖，陂湖池澤，丘陵阪險，凡在天地之間者，孰非民之利？患在乎人之不盡其心耳。惟智爲能，樂運其才，而思以濟衆爲己任。是故位無小大，地無遠近，凡可以有爲者無不舉。而世之飾智矜愚，嗜功名而喜新奇者，往往率意妄作，誕謾誣罔。繡春葩而畫凝脂，有徒費而無實効，固多矣。而忌修憚作，樂因循而苟歲月者，又皆懼讒畏譏，偷懦竄縮，毀隹庸於已成，指厚利爲無益，比比皆是也。是以山澤之利，閉而不施，陰陽失其道，而民不被其賜也。如張公所爲，修之已廢，而不自以爲功；靖國又能樂道前人之善，而益其所未至。使環州之人，無不均濟，率皆更政易任，未嘗相知名，而所以興滯起廢，惟公私是利者，猶之同席而謀也。嗚呼！何其用心之公，措事之當，與夫所謂繡春葩，畫凝脂，徒費而無實効，毀隹庸於已成，指厚利爲無益者遠矣！予是以樂爲之書。

綜述

（道光）《廣東通志》卷一一五 南海多下田，捍潦則爲基圍。番禺多高田，虞旱則爲水車。轉輪激水以上高原，俗名車陂，所在有之，惟從化最巧，量水面至岸高若干尺，如其爲輪，輪之輻以細木幹爲之，每輻出枸處繫一竹筒，但微繫其腰，使兩頭活動，可以俯仰，置軸半崖，貫輪其上，岸上近輪處置木槽以承水，溪水散緩，則以石約歸輪下使急，水急則輪轉如飛，每筒得水則底重口仰，及輪至上則筒口向下，水瀉木槽，分流田中，不勞人而水利自足，葢利器也。桔槔處處有之，或運以手，或運以足，或運以牛。

紀事

宋 鄭俠《西塘集》卷三《連州重修車陂記》 熙寧九年，歲除日，杜靖國守連州。明年正月初，明以書來言車陂之利，曰：連，江山之隹郡，惟岡嶺重複，而地形磽确，穴地數尺，鮮不遇石。城中之井以十數，而少旱即涸。湟川自郡北南行，而陂於西域，百步而近。其流清，其味甘，雖大旱，山焦澤焚，而此不竭也。昔有就陂之深而爲車者，潄石爲渠，道之入城。凡倉廩府庫，官之廨宇，皆得以周濟。歲旱則引其流，環之城中，蓋民屋吏家，僧居道室，軍士之壘，與夫溝池之浸潤，園圃之灌溉，鮮不賴其施者。有繆於政體，不思其費小而利大也，因廢而不修，郡人甚嘆息之。歲少涸，則公私皁僕，汨汨遠至城外，溪汲以待餴饎滌濯，而餘無及矣，如是者累年。予之交代郎中張公，始復其舊，且言：張公之爲政，清平夷易，無矜聰明，以掩前人之美，而見己之善，惟公私之利是圖。予喜焉，子其志之，予礱石待之。未幾，又以書來曰：石既具矣，然予以城中之民，其口萬計，而車陂之利，一輪爲不足，又於其旁，增置一輪，於是城中遠近，無不均濟。蓋其費無幾，功用之成，曾不旬日，而舉郡皆利。此爲政之急務也，何憚而不爲哉！

宋 周必大《文忠集》卷一七一 乙亥，早發石門遊道傍，南臺院破弊無足觀，又二十里飯車陂。

藝文

清 陳恭尹《獨漉堂詩文集・詩集》卷四《送羅仲牧移家車陂》 陂上家家好，清溪帶緑筠。近聞詩社裏，添汝白頭人。門向何峰住，樽堪席地陳。太平遺曲在，爲我拂龍唇。

又 卷一三《梁藥亭偕蒲衣赴車陂荔枝之約余病新愈憚暑不果往却還新塘舟中寄懷兼柬車陂諸子》 郭東收雨水新澄，咫只溪橋不共登。林岫未忘多病客，鷺鷥閒似少年僧。樓開静沼難爲畫，荔擘紅衣不讓冰。想到山堂今夜短，幾人吟共一窓燈。

又《冬日寓梁藥亭六瑩堂始刻日作古樂府梁王顧自車陂至是夜歐陽偉人劉漢水過宿分賦得燈字》 過雨聞簷滴，南天未有冰。月開梅下地，風定草堂燈。淺酌猶煩主，深宵況得朋。預知吟興罷，書貴剡溪藤。

雜録

明 陳獻章《白沙子》卷三《與鄭文吉》 章之内兄羅經，水母湾人，金成之義主翁也。内兄存日窘甚，棄其居第還車陂。死無子，遺二妾女，一居孀，一在其室，其困日甚，今欲取來白沙，恃愛干瀆，倘遇人船之便，先令金成走。車陂取至廣搭，附來白沙極感，極感頃者市藥之費，遣人致之，不及裁謝。

諶家埠陂

明 毛鋭《諶家埠陂記》（同治）《安義縣志》卷一三 我國朝開基，勤恤民隱，無所不至，而於水利尤加意焉。屬縣令以時堤防，敕憲臣以總理其事。先是安義屬建昌，志載：宋元祐庚申年，創鑿諶家埠陂一所，在奉新縣界。今諺云：雷陂流注二縣壤土，東西南北相距三十里許，中有分水堨五，導水圳六十五，灌田萬頃。自洪武初年以來傾圮已甚，工費繁劇，未易修築，一遇大旱，民皆束手，遂爲赤地。嘉靖甲辰夏六月，李侯茈源先生來令吾邑，甫下車，憤法制草創，土田瘠薄，勵精圖治，百度維貞，乃惓惓懇懇以水利爲務，大索境内舊塘池陂堰而疏築之。吾黨楊秈、劉永舒、高況、端余仁、熊質、凌侃、毛誠等祇承恩意，乞以鍾韶爲堰長，侯遂即其地，閱堤城傾圮若干，堰口湮塞若干，量地以任力，計日以糾功，論定，乃屬先任縣倅莆田吴澧董其役，由是水流不匱。是歲大旱不爲灾，明年復旱，越明年又大旱，皆赖有備。嘉靖丁未，洪水衝决，視前愈甚。侯志益堅，請於巡撫應山傅公、憲使漳浦林公，咸是其議。乃率縣丞臨湘馮君一麟、主簿羅田汪若鳴鳳，屬父老而諭之曰：不一勞者不久逸，不暫費者不永安，爲今之計，當用木樾竹簜以障土，視昔必百倍其工乃克有濟。衆皆感激踴躍，復屬縣倅興安唐誠課之，侯殫思運籌，以觀厥成，不日工集。水流四溢，四境皆爲沃壤，士女旄倪歡欣鼓舞，感侯之恩，索予言以紀其事。予家自唐初世居堨南，浸濡堰澤，誼不容默，遂書其事，爲後之司民牧者準，且俟觀風者采焉。侯名恒敷，字君偕，大理人，茈源其别號也。

（康熙）《江西通志》卷一六 築諶家埠陂，長五十七丈，闊五丈，邑人毛鋭爲之記。

成豐陂

（道光）《直隸南雄州志》卷一〇 成豐陂在城西北三十五里大嶺背，舊有陂，爲芳逕村人所毁。嘉慶丁丑，知州羅含章督同打鐵排村人民修復，與芳逕村人輪日分水，灌田三百餘畝。

又 成豐陂在城西南五十里蒼石河，先是婉塘下倚逢二村民田二千餘畝，并無水源，嘉慶戊寅，知州羅含章督同民姚已善、馬學周等穿山伐石，開築該陂，工程浩大，尚未竣工。

清 羅含章《修成豐陂記》（道光）《直隸南雄州志》卷二二 鄉里之患莫大乎强凌弱、衆暴寡，争山争水而不得其平。既争而訟，官司或視爲尋常不急之務，不即往勘，或委之捕巡而憚於自往。彼捕巡者，官卑職小，不足以資彈壓，往往以褊急之性，朦朧之詞，激成事變，踉蹌而歸，甚或是非曲直，顛倒任情，既無以服争者之心。於是兩村之人嗚鑼聚衆，刀棍若林，銃聲震天，如對大敵。及至殺傷多命，家破身亡，子孫報復，相尋流毒未已。此固頑民之所自取，亦官司不早與勘斷之過也。嘉慶丁丑春二月，打鐵排村民以其陂在大嶺背，爲芳逕村人所毁，呈請修復，余往勘焉。時方雨後，芳逕村田水已有餘而打鐵排村田猶旱也，乃進芳逕村民謂之曰：『汝水已有餘，何以復奪人水？』曰：『吾水源甚短，雨則有餘，旱則不足，如之何勿争？』余曰：『嘻！何言之悖也。今夫豪宗右族，田連阡陌，棟宇輝煌，食則美酒嘉殽，饜飫不下。視其奴僕啖肥甘，鷄犬食膏粱，玉粒白粲委棄於地曾不顧惜，而鄰人之饘粥不飽者，漠然不加賑恤。方且乘其所急，賤價抑勒，奪其妻子田園而有之。其人自視以爲得計，而不知天地神明已震怒於□冥中矣。今汝村人别有泉源，甫得一雨水，已不可勝用，滔滔然流棄於河，尚不自足。恃其强衆，毁拆人陂，不義不仁，其何以爲安室家、長子孫之計哉？』僉曰：『唯唯不敢。』於是命打鐵排村民自爲修復，予捐廉錢助之，買過水瘠田以爲溝，倍與其值，其芳逕村田之在逕上者，准其分灌，不得放水入坑。工既竣，名其陂曰成豐。余既嘉兩村人之能聽余教，又慮他日之有争也，於是乎書。

大農陂

論説

（嘉靖）《寧國府志》卷五《表鎮紀》　水能爲孽，亦或爲利。唐有大農陂，利效甚著，今所謂圩壩者，豈其遺教歟？陂當在青弋江上下，唐寧國令范傅真署事時所築，有韋瓘《記》。

清　劉楷《青弋江築長堤記》《二樓紀略》卷三　余嘗考邑東鄙有大農陂，唐元和中，觀察使盧坦以寧國令范傳眞假南陵而修復之者，韋司農瓘爲之記。所稱『驅江波六十里，歲溉千頃。』蓋當青弋上流，今其遺迹不可彷彿。讀斯《記》，如見其『闢蕪莽，引綆鍤，周察勢便，率作興事。』何爲民之勤至此？

綜述

唐　韋瓘《南陵縣大農陂記》《文苑英華》卷八一三　宣部支邑十城而南陵處劇，蓋由庶民嚻豪，物産多狀，山川闕錯，風俗詭浮，故理束則民潰，政放則民怠，俱不得其極。自非肅廉和敏，措動守中，則莫至良能，況功利及物邪？皇帝四年，今地官侍郎盧公觀察宣部，精心厚下重，難邑長，乃以寧國令順陽范君假南陵印爲大夫。於是肅以檢奸，廉以約身，和以納民，敏以應物，物不夭落，民得休泰。盧公嘗曰：時或爽候，雲龍遁逃，膏澤翔枯，物不遂液，吾人其瘁乎？下令邑中有能修復陂、塘，積水防患者，終懋厥功。先時縣有廢陂曰大農，積歲不理，荒梗幽悶，丘隰遁形，空規殘狀，非鄉黨之壽耋不可款？識輿人飛語他邑，病能呰呰嚻嚻，波翻風合，范君獨判於心，不惴一作畏騰口，曰：利於人也，使吾獲戾而罹悔，真吾心也。且黔愚皆苦於始作而泰於成功，況吾君侯明，吾天子聖，尚何懼哉？乃召鄉老、里正尹而計之，具畚揭，列綆鍤，筥礫礱堅，披材葦壤，日必巡丈，周察勢便，仁以撫馴，悦以附来，法以督奸，勤以勸勞，於是雲動雷行，斬莽闢蕪，撥腐曝淤，培高徹卑，不知形疲，不憚苦骨，不殘民力，不費金刀，潛軼化工，事於農隙，三旬而畢，不戮一人，其大一作始也。驅江波六十里，活活下来；闢荒梗數萬畝，汪汪虚明。叠石構嶺，縱三百步。龍蟠虎闕，横殺衝波。泄流引洫，臂發三港。支分脉散，澤入大田。厥功既成，乃有風雨。暴闕洄復一作激，换晨。虺虺沸會似聞構作，及乎雨斬雲除，則沙洲突出。力捍嶺下，若自開闢之初，信爲神物所相，雖使江河合灾驚濤稽一作懷山，大浸崩驅。暴猛来敵，亦不能軼。峻防而侵厚趾，斯乃天贊其功，豈非仁深於物乎？其或火雲熒天，旱魃爲虐。歊蒸癉怒，蛟龍逭誅，而翠歊搖岸，澄瀾洗月。溶溶浩浩，獨落天光。順勢導流，猶潤百里，則貫畦浮塍，平歲之溉，千頃豈爲多哉？其細也，孕鱗甲之族，育鳧雁之群。羅生菰蒲，蔓合菱藻。漁父舟人，浩歌揚檝。厚生之物，永永不極。斯其功也可以灼當世而芳千古矣！昔者西門豹治鄴，召翁卿二字一作公治上蔡，而史氏國書或作書美顯白良，能以其因水茂功，利澤及物者也。則大農傑迹，功符天作。可以論古對能，豈有媿乎？范君尋遷御史，後三年，吏民益慕而願表尤功。今連率范公，以文行德器挺爲時賢。爰領宣部，仁義明舉。其下聳善，常推至公。邑人三請于公，乃曰：他人有善，惟恐不聞，況伯也一作氏功利如是，吾豈詭故哉？乃從之。邑長李君夂以材能弘張其化，吏民甚安之。追論大農盛績，因民之心，以成其善志，亦春秋之事也。鄉將石定、録事丁宗、耆壽戴誠、佐史章佾。或粲其議。或督其事，洎百姓朱綸、李縦、田丘、程胤等若干人，咸請予爲記云。元和八年，歲次癸巳六月壬午朔十五日丙申建。

《新唐書》卷四一《地理五》　南陵，望。武德四年隸池州，州廢來屬。後析置義安縣，又廢義安爲銅官治。利國山有銅，有鐵。鳳凰山有銀。有大農陂，溉田千頃，元和四年，寧國令范某因廢陂置，爲石堰三百步，水所及者六十里。

宋 謝諤《重修大農陂永豐陂記》（乾隆）《江南通志》卷六六　諤既爲南陵邑大夫承議郎郭君蕘記敬臨堂，其邑之衆復來告曰，大夫有功於農政，尤不可默。叩其實，則曰邑東南有二陂，一名大農，一名永豐，邑資以溉。大夫初至郡，考圖志，且見邑人徐内翰元功《永豐陂叙》，而大農陂有韋司農所撰記甚明，爰知大農重興於元和，永豐重修於咸和，本朝熙寧中嘗捐常平鈔米三萬五千餘貫石復加修理，陂以堅全。自後稍就湮廢，田日告病，大夫乃白於常平提舉謝公深甫，竟如所請，移文支撥緡斛，且委修職郎主簿徐挺之同力計視，邑人喜，咸助其工。蓋其源爲涇水，合山溪衆流爲江，出蕪湖中，歷邑界，江闊地平，横絶其流，開大港遏導江水，股分支引，散入溝塍間，所爲陂因是江也。大農在上流，源流七十餘里，溉田五萬餘畝；永豐在下流，源流六十餘里，溉田三萬餘畝。凡縣賦兩陂所屬三分之一。乃鳩工於丁未之冬，訖事於戊申之夏。噫，君子之仕，以利民也。吾觀親民於百里者，曰可以利民，然利於當時，利之小也，爲久遠計，視當時之利何如□然不有以繼之，則利雖大，或有時而不行。所冀後之賢士大夫增其所損，補其所不及，非特謂成人之美，而利之大者實相引於無窮也。邑衆欲記諸石，其亦以此也夫。宋淳熙十五年冬十月朔日謹記。

清 顧祖禹《讀史方輿紀要》卷二八《江南》　縣南有大農陂，唐韋瓘《記》曰：南陵有廢陂，積歲不理。元（相）［和］四年，寧國令范君朝眞假南陵印修之，置爲石堰三百步，水所及者六十里，開荒埂數萬畝是也。宋紹興初亦嘗修治。《志》云：陂水堰漳淮而成。

（嘉慶）《南陵縣志》卷一《輿地志》　大農陂　地隸涇縣，積水溉田，爲南邑東偏一大水利。唐攝縣事范順陽修，韋瓘有《記》，後廢不治。明知縣部永春率紳耆赴涇，會議復開，遇涇人稱戈以拒，遂止。

傳記

（嘉靖）《寧國府志》卷八《人文紀上》　范傳真，字西老，鄧州順陽人，爲寧國令。韋瓘稱其肅以檢奸，廉以約身，和以納民，敏以應務，物不夭落，民得休泰。常攝事南陵，修復大農陂，民賴其利。

（順治）《寧國縣志》卷三《名宦》　唐知縣范傳真，鄧州順陽人，元和初任。時觀察盧公坦遴委攝南陵印，修復大農陂，太爲氏利。韋瓘撰《記》稱其肅以察奸，廉以約身，和以接人，敏以應物。物不夭落，民得休恭云。弟傳正，字西老，後任宣州刺史，舊《志》乃以西老爲傳真字，誤也。

紀事

宋 王象之《輿地紀勝》卷一九　大農陂《唐書・地理志》：在南陵縣，溉田千頃。元和四年，寧国令范集因廢陂置爲石堰三百步，水所（反）［及］者六十里。

又　臧主簿冢在南陵县。紹興初修大農陂，時主簿（減）［臧］君督役，（淂）［得］一棺，刻云：『若遇臧主簿，移我上高原』。

（天順）《明一統志》卷一五《寧國府》　大農陂在南陵縣，積水溉田千頃，廢而不治。唐寧國縣令李順陽攝縣事，修復之。韋瓘有《記》。

（乾隆）《江南通志》卷六二《河渠志》　大農陂，在南陵縣南，唐時范君朝置石堰，開荒埂數萬畝。

又 卷六六《河渠志》　咸通中，重修大農陂及肖陂。

又五代南唐築大農陂，置石堰，開荒埂數百畝。

又十五年，南陵令郭蕘重修大農陂。

（嘉慶）《南陵縣志》卷一六《雜志》　紹興初，修大農陂。主簿臧姓者督役，至新溝，掘得一棺，上有石刻云：『易筮吉龜卜凶，五百年大水通。若遇臧主簿，移我上高峰。』乃移葬分界山。

藝文

宋 楊時《龜山集》卷三八《送趙循道赴都講南陵人》 鳳山鬱崔嵬，下有千頃陂。南陵鳳凰山，大農陂溉田千頃，峻極不可攀，浮光亘長鬐。晦冥滴風雨，澄淡含環奇。吸呼入君懷，萬態羅心脾。吐辭麗金臒，煥若星斗垂。堨來荆渚滸，紅蕖照清漪。故宫久零落，一洒增余輝。惇族貴老成，堯言下丹墀。浮驂駕雲帆，眷然成仳離。長裾曳王門，豈比困鹽虀。驊騮踏長坂，萬里誰能羈。

明 湯賓尹《睡庵稿》詩集卷九《黎南陵擢守羅平》 行行五馬赴滇池，遐邇中邊普德施。授簡屢尋高士傳，芾棠親憩大農陂。從知幹略諸城廢，是處酣歌十道馳。數載恩波酬不極，與君高琢去思碑。

清 胡承珙《求是堂詩集》卷一《青弋江櫂歌》 間敲白石掛青蓑，水國年豐樂事多；出便駕船歸荷鍤，大農陂上聽秧歌。

雜録

清 洪亮吉《更生齋集·文續集》卷一《與胡孝廉世琦書》 因校《新唐書·地理志》，復得數條，并附正焉。南陵縣下云寧國令范某因廢陂置爲石堰三百步。今以舊《府志·名宦傳》校之而知范名傳眞，鄧州順揚人，可補《地理志》之缺一也。又云觀察使盧坦嘗命攝事南陵，修復大農陂云云。嘗疑大農陂在南陵？而何以修水利者？又屬寧國縣，今核以《名宦傳》，始知傳眞曾攝南陵縣事，故能修廢築堰，如此可以補《地理志》之缺者二也。《盧坦傳》：李錡誅，有司將毁其祖墓，坦上疏諫止，下云宰相裴均怒，罷爲左庶子，數月拜宣歙觀察使。按李錡之誅在元和二年十一月，則坦拜觀察使當在三年，與《地理志》及舊《志》坦令傳眞攝南陵開堰時事亦合，此又可以補《名宦傳》之缺三也。《新唐書·范傳正傳》：鄧州順揚人，今《職官表》、《名宦傳》之范傳眞亦鄧州順陽人，則傳眞、傳正當屬一人，宋時避嫌，名故又改『眞』爲『正』。

清 趙紹祖《安徽金石略》卷三《寧國府》 韋瓘《南陵修大農陂記》《輿地紀勝》碑目《記》略云：寧國令順陽范君假南陵印，縣有廢陂曰大農，召鄉老里正面計之，斬莽闢蕪，培高徹卑，三旬而畢。厚生之物，永永不極。尋遷御史，後三年連率范公領宣部，邑人三請，公曰：伯氏功利如是，吾敢詭故哉？乃從之，邑長李君請余爲記。（校）［按］順陽范君者范傳正，元和中以寧國令攝南陵，修大農陂，而後人思之，故請立碑而韋瓘爲之記也。連率范公領宣部者，當是范傳式爲宣歙觀察使，故稱傳正爲伯氏也。傳正，《唐書》有傳而不載其爲令之績，此亦可以補史之闕。

（嘉慶）《南陵縣志》卷一《輿地志》 楊《志》云：按錢《志》載肖陂而遺大農陂，沈《志》分大農陂、肖陂而二之，總之，二陂障水以灌陵田，其事一也。蓋大農陂障涇大河水以入涇麻園小河，肖陂復障麻園小河水以入官田湖等處。永豐、大農、肖陂其建甚久，莫考所自。查大農重興於唐元和四年己丑，永豐重修於唐咸通五年甲申，二陂合修於宋熙寧，復合修於宋淳熙十四年丁未，詳韋瓘謝、諤二《記》，沈《志》又載：宋紹興初，臧主簿復疏之二陂，灌田甚多，爲縣東半壁一大水利。今惟永豐如舊，而大農、肖陂自元、明以來未經修浚，久已失業。聞知縣部永春曾率衿耆詣涇，將議開復，遇涇人稱戈以拒，遂止。

（嘉慶）《清一統志》卷一一六《寧國府二》 大農陂在南陵縣南，《唐書·地理志》：南陵有大農陂，溉田千頃。元和四年，寧國令范傳眞攝縣事，因廢陂置爲石堰三百步，水所及者六十里。唐韋瓘《大農陂記》：驅江波六十里，（關）［開］荒埂數萬畝。疊石搆堰，縱三百步。臂發三港，支分脈散。《縣志》：大農陂在縣南，接涇縣柏山，障大河水以入麻園河，相近又有小陂，在縣南陽山嘴，復障麻園河水以入官田河。

清 陈景云《柳集點勘》卷二 案：貞元二十年五月，柳子與臺中諸同僚《祭李中丞文》，時范傳眞尋弟傳正方爲監察御史，《序》云殿中蓋五月後遷官也。韋瓘《大農陂紀》：元和四年，傳眞以宣之寧國令攝南陵縣，因大農廢陂置石堰三百步，水所及者六十里，尋遷御史。後三年，傳正觀察宣部，允邑人請，勒石爲記。新史《地理志》但云寧國令范某，而不著其名者，蓋未考之枊《序》及韋《記》耳。

（光緒）《重修安徽通志》卷六八　舊志有元和中范傳正重修南陵大農陂及肖陂一條，注韋瓘《大農陂記》。唐書《地理志》按范傳正即四年范某，係重出，惟眞與正微不同耳，今删。

登豐陂

（道光）《廣東通志》卷一一九　登豐陂在裏溪村，上起羊子歇，下達門口壩，溝長三百餘丈，溉田百餘畝。陂上有姚、李、嚴、鄧四姓水車，陂水壅起，上面水車不轉，又令作車陂壩，乃不兩妨，嘉慶丙子開築。

（道光）《直隸南雄州志》卷一〇　登豐陂在城北三十五里羊子歇，嘉慶丙子，知州羅含章督同裏溪村民開築，灌田百餘畝，河坪水壅，止宜高車。

清　羅含章《開登豐陂記》（道光）《直隸南雄州志》卷三二　古無西河乎？吾不得而知矣。古有西河，即有溪水以至於今也。古無裏溪村名乎？吾不得而知矣。古有裏溪，即有民田以至於今也。然而水常有餘，田常不足，遇合之難？豈亦有數存乎其間耶？何其相需之殷而相遇之疏也。嘉慶丙子冬，裏溪村民始以開陂請，上起羊子歇，下達門口壩，溝長三百餘丈，灌田百餘畝，費銀八十餘兩。既成，余往勘之，見其陂起水壅，上游姚、李、嚴、鄧四姓之車不能轉也。令其開渠作車陂壩仍舊，庶幾兩無所妨，因捐給萬錢而名其陂曰登豐。夫登之義爲升，有層累而上之象焉。始而其收一倍，繼而再倍，繼而三倍、四倍，爾之田不且日進於膏腴乎？抑余更有囑者，筦子曰：倉廩實而知禮義，衣食足而知榮辱。史遷曰：淵深而魚生之，山深而獸往之。人富而仁義附焉行見，出其有餘，以寧祖考，以奉六親，以恤鄉鄰，家詩書而户絃誦，皆可爲爾期之。雖然登其豐於今，寧不可登其豐於昔耶？然昔之田不豐，今以後之田始豐，豐不豐，陂不陂也。嗚呼！天下事之可爲而不爲，與不敢爲而爲之，而立有效者獨登豐陂也哉！

东西陂

明　江道昆《重浚古渠開東西陂記》　淳安古始新縣也，漢建安中，引西郭水渠而東流，繞郭若盤帶。廣尋有二，唐仍其舊，迄宋熙寧、淳熙間遞浚如故，近罹寇虐，城堰淤湮者什三，沒者什七。萬歷癸未，蕭令君下車，諸父老介諸孝廉文學上渠便宜，令君復酌時宜與之更始，渠廣僅當疇昔之半，堤廣當渠之半，堤窮則梁之。又以西郭諸山谷水東注如建瓴，涸可立待也，藉令渠復而水不繼，將焉用渠？乃鬮雉潭爲西陂，諸山谷水皆來會；即龍山之麓鬮東阪，約下流而捍之。孰西陂築堤一，東陂二，修廣皆倍。西乃藉浮橋田若干畝，壇埸田若干畝，易民田爲陂，少不足則捐禄，入而與之價，鳩丁伐石，則市閒田以供。渠修三百尋有奇，爲石防者三，梁者五。冬十月農隙首事，明年春正告成，要以勿亟而捷，若有神則悦使之效也。於是諸孝廉文學抵余碑之，以紀成績。

（雍正）《浙江通志》卷六〇　明萬曆甲申，知縣蕭元岡浚古渠，築二湖陂。

（乾隆）《淳安縣志》卷三　明嘉靖間，邑令海公瑞疏浚渠濠，無一淤塞，載惠淳《記》中。萬歷甲申，邑令蕭公元岡又浚古渠，築二湖堤。國朝以來，附近居民瓦礫填渠，幾滅其迹。雍正十三年五月，詔開浙省水利，檄行到縣邑，貢生邵弘圖、生員余璡、邵廷錫、邵翀等遵例籲浚古渠。奉浙閩總督覺羅滿公保、巡撫黄公叔琳暨各憲迅飭開浚，始事於甲辰之夏五，鳩工於乙巳之仲春，居民踴躍趨事，僅匝月而告竣。

兜巖陂

清　陶元藻《泊鷗山房集》卷三《兜巖陂記》　井田廢，而水利興。楚之芍陂，鄴之白渠，蜀之離堆，越之鑒湖，皆權輿於此。七閩於古爲荒服，原爲溝澮所未及，而其後陂塘堰壩之制，則大略從同。然爲是役者，或本於守土者之輸俸錢，鳩畚鍤，不必民之獨任其勞，即民任其勞矣。不必民之獨捨其地，如趙昌、嚴高、蔡襄、李彦穿鑿爬梳，爲閩農夫利者比比皆是，惟永春兜巖陂則不然。

又 永春之黄坂蓮塘，諸洋屢遭旱魃。里人黄君德隆憫焉，遂割其膏腴産二十五畝，浚之以潴水，即復捐金貿他姓之地，以通其蔽。而功乃成，此豪傑者之所爲也，余甚義之。夫陂之留貽厥利，蓋三百四十餘年矣。德隆裔孫日昇好善工，文章欲誦先人之餘芬，將實世澤於勿替勾。余一言比志其事，竊思濟水之源已枯，九河之故道已失。好古者過冀兖之墟，猶搜剔榛蕪，摩挲碑碣，徘徊眷戀而不忍去，矧兹陂與壩瑩然如鏡，截然如虹，俾六十餘頃之北陌南阡有沾濡而無憔悴。雖鷗之賓閭蕘之東塘，何多讓焉？嗟夫！賦黍苗之芃芃，能不頌吉人之藹藹哉！余固嘉日昇之稱其家兒，庶幾無忝爾祖，而兹鄉之服先疇食舊德者，尚其交相勸也，於是乎書。

艮石陂

（同治）《攸縣志》卷九 艮石陂坐永平鄉河都。嘉慶庚申，本境紳士董宏德陳之驎之瑋倡，同黄渭川天儀董慎夫彬士羅偲盛王文高賀正修涂皆吉唐宗昌陳聚五等新修，迄辛未，歷十二年乃竣，用二千餘金，溉田三千餘畝，刊有艮石陂陂記。

清 陳世棟《艮石陂記》（同治）《攸縣志》卷四九 攸西有水口，陰山江由江口泝洄而上，分二源，一清一濁，濁流上又分二源，源小而陂稠，清流源大而陂無有也。非無陂也，陂之名存實亡，虚懸其名，而不及修復者多矣。清河二都之交，有何家潭，爲清流寖廣之區，山舒水緩，由潭左岸迤邐而下，地埶夷曠甫田綿亘。濁流之水貫其中，隴之上下因以是爲鴻溝之界，古有陂名浪石，由何家潭障水入圳，溉注上下隴田數千畝，今兩岸尚名陂湖坡，陂腦上濁江渡水置梘處，尚名上梘，下梘圳道雖湮故迹猶存，浪石陂之由來洵信而足徵矣。乃者修築告成，兩岸五磴方石層累截然，嶷然作鎮于斯，將仍其舊名，恐於義無當也，因彷古人改洛從雒之例，去偏旁之水，并改良爲艮，而以艮石易浪石之名焉，其在易曰艮，其限又曰艮，爲山是陂之成五磴，森峙兩岸，壁立磑磑，峩峩穹隆，若内盤踞於下游，其潴水也，若止於甌注於盂委綀平鋪而清流瀰瀰也，若内爲隩外爲鞫，重厓作障，而回流汪汪也，其曲折紆徐灌輸畦畛之間，若灉之反入瀵之大出長源廣潤而無虞醮盡也。揚泉云土精爲石，張華云石流精以生水，夫石以止水，即以生水，惟止而不遷乃生而不匱，艮石之取義大矣哉。於以幸吾鄉之成是陂，爲不偶而陂之應斯名，爲不朽云。

（光緒）《湖南通志》卷一八二 董裕昌敦行好義，倡建迎眞橋，經營盡善，子宏德承父志，修路施棺，費踰千金，又倡修艮石陂，溉田三千餘畝。

廣豐陂

（同治）《龍泉縣志》卷二 廣豐陂在縣東北三十里，道光元年，鄉民具呈邑令，文親臨陂處相度形勢，論令鄉民輪田派費興工攔築大溪，引水入圳，灌溉田千餘畝，費千餘金，邑令文海記。

清 文海《廣豐陂記》（同治）《龍泉縣志》卷一六 自古安民之法，簪在易其田疇播厥百穀，尤在有司者之盡力溝洫也。龍邑所作廣豐陂，地當六七八都之衝，無是陂則旱魁爲灾，無由灌注，欲風稔而利溥，庸可得乎。向予備夫馬携供給，已修靈豐陂矣。有沿溪、甘竹田、心歐田、漢溪、楞尾橋、南衝溪、西溪、中溪、夏溪、十一村鄉耆人等見予疏通水道，欣然樂從，呈請於六都竹溪上游大溪地方開築陂訓，予曰：誠善舉也。既蒞斯士，凡事之利民者，均當籌畫以期有濟，予敢自暇自逸不爲之倡，爰是反復往勘，度地高下，以無礙民居，無傷瑩墳，爲率其間或不踴躍者，以理諭之，遂不日成之，六七八都鄉民等，以粒我蒸民四字額吾堂，予顧而赧然曰：此乃國事也，予第經盡其間仔肩其任，直如家事耳，敢貪天之功，遂地之利以爲己力，科僉曰：伍我田疇惟侯治之，歲歲豐稔敢忘大德，予因思往昔，歌大田，慶多稼，祝會孫，介景福，彬彬有禮意焉。是陂之築，可以濟民生，足以充國賦，上克副宵旰勸劬之意，下亦盡惠鮮懷保之心，豈不善哉！謹記。

和豐陂

（道光）《廣東通志》卷一一九　和豐陂、均豐陂俱城北三十五里，舊均有陂，圮。嘉慶丙子，知州羅含章修復，各溉田千餘畝。

（道光）《直隸南雄州志》卷一〇　和豐陂，城北三十五里鳳凰橋上，舊有陂，圮。嘉慶丙子，知州羅含章督同里仁、塘東二村民修復，溝心寬三尺，灌田千餘畝，計田分水。

清　羅含章《修築和豐陂記》（道光）《直隸南雄州志》卷二一　州城北三十里鳳凰橋下有二村焉：曰里仁，曰塘東。昔者嘗因争水釀命矣，余頻過其地，見其陂頭冲決，溝路淺狹，雖有溪水，不得暢達，千餘畝之田多荒旱焉。今夫拯溺者不操舟楫，救旱者不籲靈雨，而徒臨流浩嘆，避热興嗟可乎哉？於是倡捐廉錢十千，命兩村士民修之。按畝科錢，計田分水，毁壞者築，壅塞者闢，名曰和豐陂，示睦也。夫龍不和則戰，牛不和則鬥，馬不和則趹，犬不和則噬，凡物皆然，何况於人。善解紛者不控捲，善救鬭者不搏檝，孫子之教也。今余以和名陂，寧惟是均水泉，息鬭争而已哉！必將順爾親，敬爾長，慈爾幼，篤爾宗，兩村之人出入相友，守望相助，疾病相扶持。有不馴於教，不軌於度者，衆共疾之。夫如是則風俗成而休祥至，豐年之慶豈有既哉？於是士民咸喜，請書爲記。因即作陂之要，并命名之意而書之。

河口陂

明　郭之奇《重浚河口陂記》（光緒）《饒平縣志》卷一五　饒邑治北門外，舊有河口陂，居民鱗次環爲田，可千畆，恃以導不竭之源久矣。崇正二年夏，澗水激湍，驟雨漂至，决齧衝毁，而陂之流遂湮。旱魃屢虐，荒原六載，鄉人嗷嗷待命曰：『焉得西門白公其人者，爲此一方紓旦夕急也。』霖翁梁公慨然憫之，謂此陂之屢潰者，無餘地以蓄水，水壅弗得行必齧決，田與水争利勢弗勝，匪捐地界水不可。乃出貲三百餘金買沿河田，捨爲溝渠以通水，度高下，砌石磯，連峙堅厚，延袤一百五十丈有奇。水利自舊寨溪起，至城北合濠入於城，又東出於隅，又南會於濠，一轉至河口，莫不溝堤洫界，水有所潴，可令畆一鍾，何憂嘆哉。是役也，隣陂田廬量力協濟，興工於九年春仲，竣工於本年秋抄，衆食其功將勒貞珉志不諼，鄉之子衿、耆民李玉林調謀言於余。余不佞，唯唯，夫稻人之官，久不見於世，其所謂以潴蓄水，以溝蕩水，以防止水，以遂均水，以列舍水，以澮瀉水之制無有焉。間有爲民興利，如白公西門渠，叔敖作期思灌雩婁，與夫鉗盧玉池金蘇堤之作，至今稱之要之。宦其土而有作焉，未有于鄉而有然者。如文忠公爲西湖去葑蓄水，長堤蛇蜒，功在百世，而其鄉之環湖，魏了翁作之，蘇公固弗及，豈力有弗逮，抑以小而闕焉遺也。公以戊辰進士，初司大平理，正氣直節，侃侃著聞。既補保寧，寇盜充斥，青城、岷峨間無完城矣。公攝郡符，日夕繕城守，而一方底定，當事露章交薦，天子方嚮用公，自此南綏北遏，東平西討，與夫綱漕之地爲決爲塞，所以重簡俾公者，洵不在一鄉一曲之勞，而公顧不遺乎其小也，况大於此者乎。昔人有言，君子有爲于國，無小無大，各畢其力焉，且又謂即小可以見大也。公以彌綸天下才而不遺於其鄉，足以知他日身任天下，無小大之或遺也，是烏可以無記。

（乾隆）《潮州府志》卷一八　河口陂，縣北門社舊寨鄉，自桃園山發源，灌田四百餘畝，距城二里。

（光緒）《饒平縣志》卷一　河口陂，縣北門社舊寨鄉，自桃園山發源，其水從金山寺前過，流入尊君樓左邊城溝涵，由黄家祠前經過，又從邱家祠前出水涵流出城外，灌田四百餘。

又　卷八　梁應龍，號霖海，宣化都人，崇正丁卯戊辰聯捷進士，筮仕太平府推官，【略】捐資築東津堤，修河口陂良田，一帶賴之。

恒豐陂

（嘉慶）《清一統志》卷四五四　恒豐陂在州城北三里，又泰豐陂在城東四十里，安豐陂、和豐陂、均豐陂俱在城北三十五，俱本朝嘉慶年間修築。

（道光）《廣東通志》卷一一九　恒豐陂在城北三里，嘉慶十七年，知州羅含章倡捐開築。

（道光）《直隸南雄州志》卷一〇　恒豐陂在城北三里，嘉慶壬申知州羅含章，率首事王景雲、唐朝桂等開築，上起洋夆水，下達仁和堪，溝心寬三尺，長四百六十五丈三尺，灌田二百餘畝，陂頭有龍神祠，置義田，有記。

清　羅含章《新開恒豐陂記》（道光）《直隸南雄州志》卷二二　農田之於水利猶魚也，得之則生，弗得則死，不可須臾離也。然水不能自利待人而利，是故能用一隅之水，則利在一隅矣，能用一郡之水，則利在一郡矣，推而極之，能用天下之水，則利在天下矣。嘉慶壬申，余權知州事，城北農民以開陂請，余相其地本平衍，凌江在其旁，而田苦荒旱甚可惜也，亟允其請，捐錢十千，命王景雲等董其事，甫四越月而陂已告成，上起洋夆水，下達仁和壩，溝心闊三尺，長四百六十五丈三尺，灌田二百一十一畝。又修舊圳二百一十六丈，以爲消洩之所，迄今三年，倉有餘，儲池有餘魚，圃有餘蔬，衣有餘裀，婦子咸喜曰：公實德我是宜名羅陂，以無忘公歸。余曰：安用是哉，是宜名恒豐，以康汝田功，僉曰：休哉，因請爲文以記其事，余每嘆南雄之地，縱橫數百里，嶺表一大都會也，而歲稍不登，民有菜色則水泉不足也，余方將瀹凌江之源，導湞昌之流，引修仁之水，盡取四十四都之田，而膏腴之區區一陂，亦何足道。然事必有其始，黄河之源僅能濫觴已乃活活洋洋舟不可，方是天下之大，防李泌開西湖其初，僅能養魚，厥後繼以白、蘇葑田以除，遂爲天下名都，茲陂雖小，亦余之河源，西湖也，安可以不書。

鴻隙陂

論説

宋　蘇軾《蘇文忠公全集·東坡奏議》卷七《乞開杭州西湖狀》　臣聞天下所在陂湖河渠之利，廢興成毀，皆若有數。惟聖人在上，則興利除害，易成而難廢。昔西漢之末，翟方進爲丞相，始決壞汝南鴻隙陂，父老怨之，歌曰：『壞陂誰？翟子威。飯我豆，羹芋魁。反乎覆，陂當復。誰言者？兩黄鵠。』蓋民心之所欲而託之天，以爲有神下告我也。

宋　秦觀《淮海集》卷二五《汝水漲溢説》　汝南風物甚美，但入夏以來，水潦爲患，異時道路化爲陂波，汝水漲溢，城堞危險，濕氣重蒸，殆與吴越間不異。郡人歲歲如此。《漢書》稱：汝南有鴻隙陂，翟方進爲相，始奏罷之，郡人怨甚。竊意鴻隙陂者，非特爲灌溉之利，菱芡蒲魚之饒，實一郡瀦水處也。大陂既廢，水無歸宿，則自然散漫爲害。又《水經》稱：汝水至汝南郡西北，枝左，別出一枝，又屈而東轉，南會汝，形如垂瓠，故號懸瓠城。今汝水故道已亡，惟存別枝。水潦暴降，則有泛溢之患，亦其勢然也。在漢時爲豫州刺史治之，諸邑皆春秋時沈、江、道、柏之國，事迹甚多，暇爲作記，無文字檢耳。

宋　劉克莊《後村集》卷八八《新收三步泄》　昔鄴中渠成，邑思西門；鴻隙陂壞，郡怨方進。然則便民之與病民也，興利之與遺患也，非特有智無智之異，亦仁與不仁之判。與夫智敏而易效，仁久而見思。敏而易效，能吏之事也。久而見思，循吏之事也。

宋　林希逸《鬳齋續集》卷一〇《福清縣重造石塘祥符陂記》　陂之名何始乎其在《夏書》，已有所謂『九澤既陂』者。求之《水經》，則自楚人期思而後，天下不知其幾，無非賢守令爲民爲之。然廢興不常，作其始者固難，而復其舊者尤不易。汝南鴻隙，大陂也，翟子威廢之。翟龍之夢、黄鵠之謠，皆怨者託其言以求復，卒至鄧晨而後作，用力凡數年，其難可知矣，況今人乎！

元王禎《農書》卷一九《農器圖譜》 陂塘 《說文》曰：陂，野池也。塘，猶堰也。陂必有塘，故曰陂塘。《周禮》以瀦蓄水，以防止水。說者謂：瀦者，蓄流水之陂也。防者，瀦旁之堤也。今之陂塘，即與上同。考之書傳，廬江有芍匕略切陂，潁川有鴻隙陂，廣陵有雷陂、愛敬陂，陽平沛郡有鉗盧陂，餘難遍舉，其各溉田大則數千頃，小則數百頃。後世故迹猶存，因以爲利。今人有能別度地形，亦效此制，足溉田畝千萬。比作田圍，特省工費，又可畜育魚鼈，栽種菱藕之類，其利可勝言哉！《詩》云：陂水塘高復，衺延拒流，寧使迅如川，斗門解洩三時旱，尺澤能添十倍田，裴延雋復修燕地，故戾陵諸堨溉田，爲利十倍。沃野號稱。今陸海烟波，分得小江，天使當卜，此成歸計魚稻，鄉中好度年。

明王華《霸州新築河堤記》（萬曆）《順天府志》卷六 昔王子贛欲以身捍金堤之決，而天子致增秩之寵，翟方進奏罷鴻隙陂，而父老興壞陂之謡。則古之爲治者，未嘗不以水事興廢爲輕重。

明楊守陳《楊文懿公文集》卷二八《惠民渠記》 抑天下之事難成而易壞，由前有作，後無繼也。前人艱難而成之，後人怠忽而壞之，豈不深可惜哉？鴻隙陂之壞也，民怨翟子威而幸其誅滅。是可鑒者，使作而有繼，繼而無絶，則民之感惠豈有盡乎？

明黄克纘《數馬集》卷二六《爲州新築護田長堤記》 昔者聖門論政，首稱因民之所利而利之。夫民有利，民所圖也。官何與焉？利非民有也，天地之有也。民能資利於天地，而不能使天地之利。悉爲民用，於是爲上者相其土宜而導之，使開聚其物力而鼓之，使奮憂其患害而曲爲之，防虞其匱乏而廣爲之，助民有利而上導之。雖謂利出於上，可也。故召信臣開通溝瀆，起水門堤閼，凡數十處。郡以殷富鄧晨興鴻郄陂，溉地數千頃，而郡以豐熟，此其彰明較著者也。

明李盛春《大塘堰記》（同治）《瑞昌縣志》卷一 昔孫叔敖築，期思陂需，婁人永徽惠於叔敖。翟子威壞鴻隙陂，不踰時而歌興，黄鵠一成毁，而毁譽隨之堤防，豈細故哉？

清孫和相《治汾説》（乾隆）《汾州府志》卷三二 古時往往多陂澤，則地勢卑下可知。後代改爲民田，聚爲村落由來已久，遂忘其本澤地也。

【略】廢澤爲田，出於謀國者之見小利而貽大害。古人瀦水之地，無尺寸不耕，致百川決溢，民無寧居。翟方進壞汝南鴻隙陂，而郡人怨之。

清全祖望《經史問答》卷一〇《諸史問答董秉純》 問：《翟方進傳》以翟氏之亡爲壞鴻隙陂之報，其言近於附會然否？答：方進壞陂，自是不合。然以此爲其滅宗之所自，則忠臣志士自此氣短，非君子之言也。方進生平極醜，不應有此佳兒，若以壞陂得此報，則所以報之者，反榮之矣。

清康基田《河渠紀聞》卷四 然陂塘至數百里之大，利鉅而費亦重，非有大力者不能舉，非出不貲之費爲之，亦不能成。易廢而難興者，勢也。防□不周，即至淹浸爲患，至議修復，而功以浩大，中沮日久，漸將澄淤之處墾爲腴田，執據爲己業，孰肯舍現有之利而爲不易成之功？且渠爲河水衝擊日就而下，陂地浮土所積日就而高，河既不可引之於田，惟築堤瀦水彌望，皆丈量有糧之地。開退水渠於上，則水爲漲壅，普害於有糧之地；開退水渠於下，則蓄水不多，無補於大田之稼。民見害而不見利，勢難持之久遠，此鴻却陂之所以至今不復也。

清周錫溥《安愚齋集》卷四《五賢祠記》 昔鄴令史起以西門豹不興水利，謂非仁智。翟子威決壞鴻隙，遂起黄鵠之謡，卒之鄴旁，獲溉鴻陂，旋復成毁，固自有數，而其事豈不在人歟。

清蔣鶴鳴《復開河道通詳稿》（光緒）《舒城縣志》卷四九 竊惟水道之廢興，關於民生之休戚甚鉅。如韓、鄭國爲秦鑿涇水渠，而秦益富饒，漢翟子威塞鴻隙陂而民嗟怨。由此觀之，水道之宜通而不宜塞也。

（光緒）《順天府志》卷四八《河渠志》 水塘，即洿池，因地形坳下，用蓄水潦，《周禮》所謂以瀦蓄水者也。或修築圳堰，以備溉田。凡陸地平田，別無溪澗、井泉以溉者，救旱非塘不可，大者則爲陂塘。古所傳如廬江之芍陂、黄陵之雷陂、潁川之鴻隙陂、沛之鉗廬陂，各溉數千頃，能效此制，利莫大焉。

（光緒）《永明縣志》卷八《地理志八》 大抵視溝洫之政尤煩，實時勢所使。然《易》曰：『説萬物者，莫説乎！』《澤傳》曰：雨者，水氣所化，水利修，亦致雨之術也。（汉）［宋］（瞿）［翟］方進（瓌）［壞］汝南鴻隙陂，而郡人怨之。陂堰之不可廢，如是哉！

綜述

唐 白居易《白氏六帖事類集》卷二 後漢鄧晨爲汝南守，欲修復翟方進所壞鴻隙陂，聞許陽曉水，署爲都水掾，陽因高下形勢，起塘四百里，數年乃成。

宋 陳景沂《全芳備祖》後集卷二五《蔬部》 汝南有鴻隙陂，郡以爲饒。翟方進爲相，奏罷之。王莽時旱，郡中追怨，乃作童謡曰：『壞陂誰？翟子威。飯我豆，食羹芋魁。』言不生稻（梁）［粱］，惟生豆芋。

（乾隆）《府廳州縣圖志》卷二〇《汝陽縣》 鴻郄陂，在縣東十里，一名鴻隙陂，亦名鴻池陂，受淮北諸水。《漢書》：汝南舊有鴻郄大陂，郡以爲饒。成帝時，關東數水陂溢爲害，翟方進遂奏罷之。後歲旱，民失其利。《後漢書》：鄧晨爲汝南太守，修復鴻郄陂，田數千頃起，塘四百餘里，汝土以饒。

（嘉慶）《清一統志》卷二一〇《山川》 鴻郄陂，在汝陽縣東十里，一名鴻隙陂，亦名鴻池陂，又名洪池陂，受淮北諸水。《漢志》：汝南舊有鴻郄大陂，郡以爲饒。成帝時，關東數水陂溢爲害，翟方進遣掾行視，以爲決去陂水，其地肥美，省堤防費而無水憂，遂奏罷之。後歲旱，民失其利，童謡曰：『壞陂誰？翟子畏。飯我豆，食羹芋魁。反乎覆，陂當復。誰云者？兩黄鵠。』《後漢書》：安帝永初三年，詔以鴻池陂假與貧民。又鄧展爲汝南太守，修復鴻郄陂，田數千頃起，塘四百餘里，汝土以饒。《水經注》：鴻郄陂水散流，其陂首受淮川，左結鴻陂，下合慎水。《元和志》鴻郄陂，在汝南縣東十里。

清 康基田《河渠紀聞》卷四 後漢世祖建武十八年，議復汝南鴻却大陂，灌良田數千頃。按鴻却陂在汝寧府東十里，淮北諸水溢，爲大陂疏引。陂水溉田，民用富饒。《史》稱：『成帝時，關東數水陂溢爲害。翟方進爲相，議決去陂水，其地肥美，省堤防費而無水憂，奏罷之。後歲旱，民失其利。』《漢書·翟方進傳》：汝南舊有鴻隙大陂，郡以爲饒。成帝時水溢爲害，方進與御史大夫孔光遣掾行視，以爲決去陂水，其地肥美，省費而無水患，遂奏罷之。及翟氏滅，鄉里歸惡，言方進請陂下良田不得，而奏罷陂云。王莽時常旱，郡中追怨方進，童謡曰：『壞陂誰？翟子威。飯我豆，食羹芋魁。反乎覆，陂當復。誰云者？兩黄鵠。』至鄧晨爲汝南太守，思復其功，聞許楊曉水脈，召與議，卒成其事。《漢書·許楊傳》：『鄧晨召楊議復鴻陂，楊曰：昔成帝用方進之言廢堰，民失其利，多致飢困。昔大禹決江疏河以利天下，今興立廢業，富國安民，童謡之言，將驗於此，願以力効。』於是以楊爲都水掾，使典其事，楊因高下形勢，起塘四百餘里，數年乃立，灌田數千頃，汝土以殷魚稻之饒，流衍他郡。陂亦曰鴻池，又爲洪池。安帝永初三年，詔以鴻池陂假與貧民，自是陂復廢，蓋仍踵省堤防費無水憂之前説，棄而不治也。宋秦觀論其興廢得失，云：鴻池陂，非特灌溉之利，菱芡蒲魚之饒，實一郡瀦水處也。陂既廢，汝水無所瀦，散漫爲害，利去而害隨之，誠哉是言。

傳記

《漢書》卷八四《翟方進傳》 初，汝南舊有鴻隙大陂，郡以爲饒。師古曰：鴻隙，陂名，藉其溉灌及魚鼈、萑蒲之利，以多財用。成帝時，關東數水，陂溢爲害。方進爲相，與御史大夫孔光共遣掾行視師古曰：行音下更反，以爲決去陂水，其地肥美，省堤防費而無水憂，遂奏罷之。及翟氏滅，鄉里歸惡，言方進請陂下良田不得，而奏罷陂云。王莽時，常枯旱，郡中追怨方進，童謡曰：『壞陂誰？翟子威。飯我豆食羹芋魁。師古曰：言田無溉灌而不生秔稻，又無黍稷，但有豆及芋也。豆食者，豆爲飯也；羹芋魁者，以芋根爲羹也。飯音扶晚反，食音飤。反乎覆，陂當復，師古曰：事之反覆無常，言禍兮福所倚。誰云者？兩黄鵠。師古曰：託言有神來告之。』

《後漢書》卷四五《鄧晨傳》 晨興鴻郤陂數千頃田。鴻郤陂，名在今豫州汝陽縣東。成帝時關東水陂溢爲害，翟方進爲丞相，奏罷之。汝土以殷魚稻之饒，流衍它郡。

《後漢書》卷一一二上《許楊傳》 楊，字偉君，汝南平輿人也，少好術數。王莽輔政，召爲郎，稍遷酒泉都尉。及莽篡位，楊乃變姓名爲巫醫，逃匿它界。莽敗，方還鄉里。汝南舊有鴻郤陂，陂在今豫州汝陽縣東，成帝時丞相翟方進奏毁敗之。建武中，太守鄧晨欲修復其功，聞楊曉水脉，召與議之。楊曰：『昔成帝用方進之言，前書翟方進奏壞鴻郤陂，尋而自夢上天，天帝怒曰：「何故敗我濯龍淵？」是後民失其利，多致飢困。時有謡歌曰：「敗我陂者，翟子威。飴我大豆，亨我芋魁。方進，字子威。芋魁，芋根也。前書『飴』作『飯』，『亨』作『羹』。反乎覆，陂當復。」昔大禹决江疏河以利天下，明府今興立廢業，富國安民，童謡之言，將有徵於此。誠願以死效力。』晨大悦，因署楊爲都水掾，使典其事，楊因高下形勢，起塘四百餘里，數年乃立。塘，堤堰水也。百姓得其便，累歲大稔。初，豪右大姓因緣陂役，競欲辜較在所，楊一無聽，遂共譖楊受取賕賂。晨遂收楊下獄，而械輒自解。獄吏恐，遽白晨。晨驚曰：『果濫矣。太守聞忠信可以感靈，今其效乎！』即夜出楊，遣歸。時天大陰晦，道中若有火光照之，時人異焉。後以病卒，晨於都宫爲楊起廟，圖畫形像，百姓思其功績，皆祭祀之。

晉 袁宏《後漢紀》卷八 南鄉侯鄧晨薨。初晨爲常山汝南太守，皆有名迹，爲吏民所愛，在汝南起鴻陂，溉灌田數千頃，百姓于今利之徵。

宋 王安石《臨川集》卷七一《許氏世譜》 許楊者，治鴻隙陂，有德於汝南之民，報祭焉。

紀事

《晉書》卷二六《食貨志》 安帝永初三年，天下水旱，人民相食。帝以鴻陂之地假與貧民。

宋 祝穆《事文類聚·前集》卷八《復鴻隙陂》 汝南有鴻隙陂，郡以爲饒。翟方進爲丞相，以數溢爲害，奏罷之。王莽時枯旱，郡中追怨，乃作童謡曰：『壞陂誰？翟子威。飯我豆，食羹芋魁，言不生稻粱，惟生豆芋。反乎覆，陂當復。誰言者？兩黄鵠。託神告之也。』後鄧晨爲汝南守，欲修復翟方進所壞鴻隙陂，聞許陽曉水，署爲都水掾，陽因高下形勢，起塘四百里，數年乃成。

宋 王應麟《玉海》卷二三《漢鴻却陂》 《許楊傳》：汝南舊有鴻却陂，在今豫州汝陽縣東。成帝時，丞相翟方進奏毁敗之。建武中，太守鄧晨欲修復其功，聞楊曉水脈，召與議之。楊曰：『昔成帝用方進之言，尋而自夢上天，天帝怒曰：「何故敗我濯龍淵？」是後民失其利，多致飢困。時有歌謡曰：「敗我陂者，翟子威。飴我大豆，卒我芋魁。反手覆，陂當復。」昔大禹决江疏河以利天下，明府今興立廢業，富國安民，童謡之言，將有驗於此。願以死效力。』晨大稅，因以楊爲都水掾，使典其事。楊因高下形執，起塘四百餘里，數年乃立，百姓得其便。《鄧晨傳》：爲汝南太守，建武十八年，興鴻郤陂數千頃田，汝土以殷魚稻之饒，流衍他郡。《前翟方進傳》：汝南舊有鴻隙大陂，郡以爲饒。師古曰：『鴻隙陂名，藉其溉灌及魚鱉萑蒲之利，以多財用。』成帝時，關東數水陂溢爲害，方進爲相，與御史大夫孔光共遣掾行視，以爲决去陂水，其地肥美，省堤防費而無水憂，遂奏罷之。及翟氏滅，鄉里歸惡，言方進請陂下良田不得而奏罷陂云。王莽時常枯旱，郡中追怨方進，童謡曰：『壞陂誰？翟子威。飯我豆，食羹芋魁。反手覆，陂當復。誰云者？兩黄鵠。』安帝紀永初三年三月癸巳，詔以鴻池《晉志》作鴻陂。假與貧民。《國史地理志》：蔡州汝陽秀鴻御陂。晉張載有《洪池陂銘》。

清 楊廷望《重建先賢雕祠碑》（康熙）《上蔡縣志》卷一五 先賢漆雕，予生蔡人也，其里蓋在邑之華陂鎮，其墓、其祠亦在華陂，□云：『余丙寅來治蔡，因公事道出華陂。華陂者，乃鴻隙陂之東滙也。是時鴻隙患淤塞，春夏水漲汪洋澎流，湍如駛回，視陂西蓋有塜焉，宛在中央。【略】余亟召諸父老詢之，知即爲漆雕子若之墓也。余爲之惕，然展禮而徘□者，久之因嘆：先賢之墓竟任巨浸之，沉漁無有，起而修葺焉，者是長吏之過也。』

藝文

宋 陳仁子《文選補遺》卷三五《謡》 《鴻隙陂童謡》：壞陂誰？翟子威。飯我豆，食羹芋魁。反乎覆，陂當復。誰云者？兩黄鵠。

宋 胡仔《苕溪漁隱叢話前後集》卷五〇 《桐江詩話》云：少

游汝南作教官（曰）［日］，郡將向宗回團練有《登城詩》，少游次韻兩篇云：浯浯汝水抱城根，野色偷春入燒痕。千點湘妃枝上淚，一聲杜宇水邊魂。遙憐鴻隙陂穿路，尚想元和賊負恩。

宋 楊囦道《雲莊四六餘話》 吴璘在興元，修塞兩縣決壞渠。爲獎諭詔曰：刻石立作三犀牛，重見離堆之利；復陂誰云兩黄鵠，詎煩鴻卻之謡。用老杜石犀行云：秦時蜀太守刻石，立作三犀牛。及翟方進壞鴻陂，童謡云：『反乎覆，陂當復，誰云者，兩黄鵠』等語也。

宋 虞儔《尊白堂集》卷三《伯兄挽詩》 鄰雞催曉破秋天，一枕邯鄲便脱蟬。應了世間如夢幻，況於酒裏得天全。鴻陂曩昔聞謡鵠，下舍淒凉念擊鮮。誰遣驚風吹雁序，不堪雪涕望新阡。

明 王世貞《弇州山人四部續稿》卷一一《長歌送趙良弼太宰歸汝》 農耕社酒春綿綿，仙行橋上好策蹇。鴻隙陂頭寛放船，蒲輪軋軋當公前。

明 高出《鏡山庵集》卷六《懷李光山若蒙年兄四首・三》 水遶春城花滿栽，清游每上景夷臺。鴻陂久復饒魚稻，道上無歌羹芋魁。

明 李攀龍《滄溟集》卷一三《汝寧徐使君》 鴻陂東注汝陽城，太守乘春出勸耕。童子但須騎竹馬，夾車休唱芋魁羹。

明 歐大任《歐虞部集十五種・旅燕集》卷二《渡淮河次新息》 初離弦子國，漸入息侯鄉。淮水分桐柏，鴻陂引玉梁。人猶歌賈父，客每憶黄郎。回首關東路，蒼蒼夕照長。

明 謝肇淛《小草齋集》卷二九《憇南旺》 鴻陂一夜鑿成渠，石堰堈城鐵不如。二百年來衣帶水，至今人説宋尚書。

明 顧起元《黄河》（《四朝詩》明詩卷六二） 河水南浮泗，漕渠北注燕。衆心憂璧馬，天意護樓船。龍首疏秦日，鴻陂復漢年。園陵看王氣，松柏正蒼然。

明 金鎮《鴻郄陂》（康熙）《上蔡縣志》卷一三 黄鵠歌聲歇，龍淵想像中。祇看青草合，不見碧流通。遺恨憐方進，封侯憶鄧公。何時成大澤，迢遞水雲空。

清 彭而述《讀史亭詩文集》詩集卷五《書所見》 我觀溝洫志，載讀河渠書。疏排有至理，地氣無填淤。吴子啓邗溝，嬴秦掘丹徒。迷哉隋楊廣，梁宋達江都。亦有蕭寺主，淮堰百里餘。國君猶不可，何況在簪裾。汝南鴻隙陂，灌溉資萑蒲。一朝與陂滅，黄鵠爲嗚呼。是皆窮造物，違恤民怨雎。

清 王柏心《百柱堂全集》卷二〇《冒雪行視里中江流決處》 君不見曆陽一夕沈爲湖，汝南鴻隙陂忽枯。千年岸谷未足恃，萬事翻覆何時無。

清 程恩澤《程侍郎遺集》卷二《灄湖》 排空萬櫂舞漣漪，無限斑騅脱玉羈。人道秋田恃甘井，天教夏潦作湯池。商量更鑿梁山濼，反覆誰歌鴻郄陂。時有廢湖爲田之説。却愛遠村開夕照，柳行如屋竹如籬。

又 卷一〇《題洪澤湖圖效李賀體》 吁嚱！四海復四海，九州又九州。胎簪一拳石，鴻陂一浮漚。

清 田雯《古歡堂集》卷一五《湖堤又十絶句》 渺渺鴻陂白練鋪，芋魁豆飯野風呼。它時兩鵠歌聲歇，似得浮山一格無。

清 高士奇《高士奇集》卷三《陳所翁畫龍手卷》 先人敝廬越江側，大塘五里濱鴻陂。幼時鄉老向予説，曾逢海岸騰蛟螭。

清 彭兆蓀《小謨觴館詩文集・詩續集》卷一《廟灣工次書所見》 屢報鴻陂潰，難期雁户安。全家依片席，一芋了晨餐。宅已黿鼉徙，人同鷄鶩看。風前數行淚，僮僕亦知彈。

清 談遷《北游録・路馬湖》 平乘嘗四望，萑葦占湖光。避險渠新改，通漕利未忘。鴻陂銷衆怨，龍首樹堅防。堪嘆朱工部，游魂尚渺茫。崇禎初，總河朱光祚議開，後獄死。

清 葉紹本《白鶴山房詩鈔》卷一二《新霽即事》 雨歇平皋夏潦收，燕南八月作凉秋。欄邊金粟垂垂發，天外銀雲櫛櫛流。䴔粒正欣餘飽實，鴻陂應見佇良籌。郊原乍喜晴光皎，壽宇時巡仰翠斿。

又 卷一七《咏史》 荆揚貢篚達神京，誰道鴻陂鑿未成。三策奇謀思賈讓，九河異説辨王横。永平曾識堨流法，汝水猶傳石洫名。見説通溝資控引，太倉紅腐總充盈。

雜録

三國 吴 謝承《後漢書》《太平御覽》卷七三 汝南許陽曉，以術承地脉。太守鄧晨署爲平水掾，使治鴻郄陂。陂成，人譖陽言取錢，晨繫陽於獄。户自開械自解，晨釋之出時，日暮陂上有火光引前，清德之感也。

唐 裴鼎《對陂防判》《全唐文》卷三九七 甲秉權决去陂水，人相傳云有兩鵠言陂當復，甲以惑衆，云：飯我豆，食羹芋魁，科不伏罪。天生五材，水善利物，且溉且糞，長我黍禾，爲堤爲防，制爲畜泄。甲秉國鈞軸，作人父母，可以興利除害，仍舊貫以從時。豈宜違俗變常？師乃心而改作使，或者相駭，訛言不懲，託黄鵠以興詞：『冀鴻陂之必復。』鳥鳴亳社，抑有前聞，石言魏榆斯無可采。昔田疇是闢，歌鄭卿之遺愛。今羹芋興謡嗟！漢臣之不軌，緬想翟公之策，安可效諸竊詳寧越之鞭，非其罪也。

清 方濬頤《二知軒文存》卷三《書翟方進傳後》 異哉！蔡父之善相人，知小史有封侯骨，當以經術進也。子威爲小史時，以遲頓見辱於掾史。聞蔡父言，遂發憤，以孤童奉後母，間關至京師。兒則受經，母則織屨，勤苦十餘年，卓然爲儒者師。射策甲科，洊躋宰輔，人貴自立，不信然歟？其治《春秋》也，能下胡常而相親友。其官刺史也，能不煩苛而條舉稱職。其爲丞相司直也，劾陳慶，彈涓勳，而朝廷悉如所言，不爲外議所奪，又發營昌陵之宰椎爲奸利者臧數千萬。其尹京兆也，搏擊豪彊，京師畏之。得胡常書而威嚴少弛，獨遷御史大夫，數月以前，尹京兆奉喪事，煩擾百姓，左遷執金吾，才二十餘日，旋擢爲相，封高陵侯。其時母猶在堂，供養甚篤，母終，遵國家之制，三十六日除服。爲相公絜，請託不行，顧持法刻深，牧守九卿中傷者尤多。夙與陳咸、逢信有隙，奏免之。尋以紅陽侯舉咸應方正直言之詔，拜光禄大夫給事中，復奏免之。嗣又劾紅陽侯，并及其黨，奏可。子威知能有餘，兼通文法，吏事以儒雅緣飭法律，號爲通明相，奏事亡不當意，内求人主微指以固其位，史蓋有微辭焉。定陵侯以外戚能謀議，新用事，獨與之交而稱薦之。及定陵坐大逆誅，諸所厚善皆坐免，上以方進大臣，爲之隱諱。則内慙，上疏謝罪乞骸骨，不聽，乃起視事，條奏長所厚善者，免二十餘人，亦太過已。雖受《穀梁》，然好《左氏傳》、天文星曆，會有熒惑守心之變，所厚李尋奏記諷之，而郎賁麗又言大臣宜當之，遂遭嚴譴，自裁。嗚呼！子威才有餘而德不足，過剛則折，理固宜然。惜當日蔡父見不及此也。鴻隙陂之决，結怨於民，童謡以起，可畏哉！獨其子文仲舉兵西誅不當攝者，移檄郡國，三輔豪傑皆應，衆至十餘萬，事雖不成，然而大義卒申於天下，其功究不可没也。而孟堅譏之爲不量力，豈公論乎？

清 傅恒《通鑑輯覽》卷二〇 初，汝南舊有鴻隙大陂，郡以爲饒。成帝時，關東數水陂溢爲害，方進爲相，奏罷之。及翟氏滅，郡中常枯旱，追怨方進，童謡曰：『壞陂誰？翟子威。飯我豆，食羹芋魁。反乎覆，陂當復。誰云者？兩黄鵠。』鴻隙陂亦曰鴻池陂，今河南汝寧府汝陽縣東。

華陂

論説

清 吴楚材《呈王邑侯請修華陂始末柬》（同治）《崇陽縣志》卷二 華陂，爲崇邑三陂之一，其水發源大湖山，抵寧州匯黄茆、龍泉諸水，過青山巖二里横障之爲史家檔，過餓鬼灘又數百步爲華陂，流出吴城港與大河合史家壋當河，正流餓鬼灘，又善淤升沙塞壋水，至復飽，故灘名餓鬼。華陂工頗易就，而史家壋最爲要衝，修陂惟用木樁、木柞，雜填沙石爲堤，高廣三四尺百丈之力，三日可辦陂流，分東中西三甽，溉田三千八百斛。由華陂甽口三里爲張家三眼橋，橋下爲西堨，堨下爲西甽，西甽流出爲五百壋，爲潮陂，爲江公陂。五百壋横而南流爲蔣家堨，爲三堨口，分東、中、上小三甽，迤南山西流灌至唐峰冲口，潮陂甽灌至洪家碕，江公陂甽灌至吴城鋪，又折而東滙至鵓鳩橋，與東中二甽末流合，水并西流，皆甽西屬也。中東二甽自西堨分，而共流爲新堨，爲阜角堨，爲中堨，爲蒙家大堨，堨下爲蒙家三眼橋，二甽始分橋眼，東西各一，而中分其半。中圳一支爲黄泥堨，今崩入港爲畢家堨，過净嚴寺爲章家堨，分三小圳過大梘至中洲，南圳灌至桃樹壠尾狀元橋左，北圳灌至聞家觜江公陂。東岸末流與西圳合，一支爲胡妄堨，爲葉家堨，灌至高坪村，又一支爲桃樹堨，爲楊家堨，流出鵓鳩橋與東圳合。東圳一支而下爲謝家堨，爲揭家堨，爲吴家堨，爲周家□，爲周家堨，爲馮家堨，爲横圳堨，爲鵝頭堨，爲龐家堨，爲羅家堨，爲楓樹堨，末流出吴城港與大河合，周圍十數里，四望環山，溝澮井列，平疇在目，故其鄉謂之『天城』云。舊制三圳各推一人爲陂長，一人爲陂甲，照田起工，每田五石起一工，每圳各五十工，每工大樁、中樁五十六口，大柞三百株，絞條四十株，倒柞二十石，歲之十月。陂甲鳴鉦催工，陂長上陂坐棚，擇日作陂，以一豬一羊祭華公、華母之神，而始事焉。復之如何，曰：丈量之後，田既有魚鱗册矣。誠按册而核田，按田而起工，因工以定樁柞，因樁柞以復舊制，三圳各作二艙，一如杉油陂、石城陂之制，樁必五尺，圍一尺，專用松櫟二木柞必長七八尺，圍一寸，絞條亦如之，俱用深山堅木擇二圳之。公正者爲之長，勤敏者爲之副，歲十月興工，五日告成。悉復舊日之制，無十夫無編，氓有不如約者，必麗於法。

綜述

唐 陸羽《慧山寺記》（咸淳）《重修毗陵志》卷二一　華陂者，齊孝子華寶所築也。

清 顧祖禹《讀史方輿紀要》卷七六　縣南二十五里，曰華陂，前爲史家壋，亦溉田數百畝。

清 盧文弨《常郡八邑藝文志》卷二　有柯山、華陂、古洞陽觀，秦始皇塢。柯山者，吴子仲雍五世孫柯相所治也。華陂者，齊孝子華寶所築也。

（嘉慶）《清一統志》卷三三六　華陂，在崇陽縣西南聖人山前，唐縣令温遷約建，溉田七十餘頃。

（同治）《崇陽縣志》卷二　華陂，邑南二十五里青山港，上爲史家壋，下有護堰洲。陂水入圳，流經三眼橋，圳分爲三，溉田七千九百四十畝。唐縣令温遷約，宋張咏、陳仲微，明趙弼、李鋭先後區畫，陂畔有華公祠，相傳其刱始之人也。明中葉，陂荒不治。萬曆七年，吴楚材呈稟請修，知縣王學曾清畝分工修治如舊。陂旁官地禁蓄以防水，有民混報學租，查復申詳抵補。又置田及淤地，收租修舉，華祠之祭詳具，侯所作記，及吴楚材稟中已而淤地又被隱占。十七年，知縣陳洪烈稽核清丈，除抵補外餘地一十八畝，取租十石二斗五升，改定官簿。又西圳田低，圳直溉之有餘，東中二圳田高水滯，溉之不足。陳侯行視，爲立堨石。國朝雍正間，知縣張慄復修新堰。道光間，總圳崩决入河，署縣鄧培捐廉購買裏岸民田，另開圳路。二十年，衆姓清丈官田熟地，計二石二斗四升一合。二十五年，又置全石庵大洲上，田七斗爲祭神之貲。

傳記

（咸淳）《重修毗陵志》卷一九　華寶，父豪義，熙末戍長安，年八歲臨别，謂曰：我還爲汝冠。後長安陷，寶年至七十不婚冠，或問之，不忍答，輒號慟，彌日齊。建元三年，詔表門閭，陸羽云：惠山華陂，寶所築也。

紀事

明 王學曾《華陂記》（康熙）《湖廣武昌府志》卷一九　華陂，在縣南二十五里聖人山前，史家壋當河正流爲陂，横障其功最鉅。然受田之民，摶沙石藉柴木，百夫旬日辦爾，而歲一修再修，隨修隨決，朝決而夕涸，民以爲厲，何也？萬曆七季，余行視陂，見其流分三圳，圳分四十堨，平原入望，溝洫井列，而陂甚廢弛。父老迎車争言，所以不修，狀余曰：是誠在我，盍文學楚材具牘，請修意至勤矣。舊志溉田三千八百余，始命履畝，得所溉七千九百四十畝有奇，因爲定籍，畝五十爲一工户，有長工五十三爲一圳，圳有長令之，曰：各屬其如期，應役違者，必有罰，各長其秉公趨時，違者其罰倍。文學以身率民，勸呼就役，計日奏功。余及鄭尉再往蒞之，父老又以祀事請余，曰：官地祀所自出，且種樹以防水衢，其不可没入學田，宜也。會報平上里『稱夜』二字號有淤地，因牒鄭尉與偕視，得一十六畝五分七厘，歲可收租一十石四斗九升，以贖前所没入學田，租十石四斗六升八合，上之督學使曹公、郡守劉公。凡復核而後得命，始以前地歸之，華陂并清。得其隱漁者、新墾者地二十五畝五厘四毫，歲賦粟一十五石四斗五升八合；田二畝，歲賦穀三石。已又得平上里崑字號新淤地一十八畝二分六厘三毫，歲賦粟一十石二斗五升三合，合前共歲得粟二十五石七斗一升穀三石。俾掌事者，收支屆其刲羊釃豕以祭，詳具載余所印給二簿，其一在民，庶幾乎有成勞哉？然而非我作始也。僉謂自唐尹温公遷約，宋令張公咏、陳公仲微，以迄于今，代有作者，而其主計劈劃，惟今始有定籍，以視來茲，當不與易矣。夫佚道之使不待督責良民也，勤民之事無忘，興廢良有司也。彼疆有力者，誠不能以既定之籍而病其廬井封洫之。人乃食人之食，而任其事者，獨安能不加意於斯哉？父老伐石請記，以垂久遠，余不許。今季萊君尉行陂石已鎸，弗能禁也。鄭，名校，山陰人。萊，名芮，岳池人。萬曆十一季二月王學（會）[曾] 記。

藝文

元 嚴士貞《華陂》《石倉歷代詩選》卷二七八　源出西江一派遥，華陂如練白迢迢。殘霞映水光凌亂，返照穿林影動摇。釣叟求魚歸酒市，牧童騎犢過溪橋。青山有約吾當隱，不用幽人折簡招。

明 邵寶《容春堂集·續集》卷四《山居秋日用杜韻八首》　綺塍五里亦逶迤，北望平疇接華陂。揖客共摩新石刻，贈人還折古松枝。履違東省聲全隱，几失西堂夢不移。坐久却忘歸路晚，蒹葭江上露初垂。

明 馬治《與華景彰游惠山》《列朝詩集》甲集前編卷八　華陂春水綠漪漪，二月西山雪後時。舊宅重尋孝子傳，新年又赴故人期。鶴鳴竹日當窗淡，僧定茶烟出閣遲。我欲同修清净業，泉頭來記四賢祠。

黄源陂

論説

（同治）《樂平縣志》卷一　高擢《記》：水利，王政也。利專於人而欲均之，以爲衆人之利微，豪傑、仁人、君子懷急民之念者，疇肯任衆，疾出其身，以開斯利哉！【略】按《漢史》：河渠，溝洫輒稱。鄭國李冰召信臣諸人謂能引水溉田，名并禹功也。自三代後井田法廢，論者昧於人，而荒諸天顧。長民者往往安仍而格於怨，即吾民受病弗恤也，間有起而爲之，則又苟圖稱塞，即吾後復侵弗恤也。豪强兼并，得爲藪匿貧弱，抑勒無以自明，此循水故道，所爲廢而莫講，即講亦隨以廢也。獨二姓乎哉？程伯子在上元，朱晦翁在浙東，嘗以興講水利爲己務，世談迂緩，而二子先之，非卓然邁越古治，而不牽於流俗者歟？侯甫至爲吾民造無疆之福，而十餘年間與之相持而不決者，繼自今可安享其利，罔攸患而猶鰓鰓焉。防之不遺餘力，要以不可動而止，眞若人謀其家，父謀其子者，即無論史所稱能吏，視先哲孰軒輊哉？侯是舉也，潴水利農，助天功焉，礱石界水，壯地險焉，解紛息争，正人道焉，令之行也。如象生法效禁之止也，如去火止沸田之均溉也。如南金焉，銖兩可寶也；如布帛焉，尺寸可縫也。其有功於里人甚大，於利二姓甚溥，民之碑之斯固天理，民彝之不可少哉！是皆可書也。已侯，諱忠士，字元卿，號麗陽，直隸休寧人，筮仕斯土，沈毅果斷，動合時宜，行晋廟廊，潤澤海内，此始政也。余幸邑之民，首沐侯之澤，故樂記其績，以俟觀風者采焉。其他善政多端，茲不書者，重王政也。

綜述

清 高擢《黄源陂分水碑》《清經世文编》卷一一六　程伯子在上元，朱晦翁在浙東，俱以興修水利爲務，世談迂緩，而二子先之，非卓然不牽流俗者，不能懷永圖也。胡敬齋先生有水利十二策，其目擊鄉邦利病，甚爲切要，惜佚矣。然七邑湖山川谷，高下異宜，濱巨匯者，氾濫既無涯涘，灌溉復資桔槔，蓋兩病之，其山邑僻谷，則多不苦水而苦旱。蓄之無地，溉之無具，不能無望於司牧者爲今之鄴令白公也。樂平邑東二十一都，去縣治五十里，地名黄源，土鹵田瘠，歲值旱輒不登，居民睥睨其間，每於導水處，畢智角力，百計挖通，必得溉田乃已。及不可得，相與爲私，鬥甚者搆亡命，挺矛稍，陰賊公鬩於平原曠野之閒，相殺或數十人，獄案滿筐篋，積數十年不可結絶。舊水之訟未已，而新界之争又起，於是界首之馬，楊林之程，視此黄源之坡，如懸疣枝指之著體，痛連於骨髓，而怵於心，不治則日深矣。金侯喟曰：水決則害，引則利，聚斯專，疏斯平。吾爲若均平之，於是導大黄源之水以沛其流，引小黄源之水以接其派。相高低立石磴，恢於塞故水之二溝，分左右而固堤防，建一石於黄源之東，廣四尺以灌程田，豎一石於黄源之西，廣六尺以灌馬田，礱石佐堅，葺壤增厚，不數日而功告成。

（光緒）《重纂邵武府志》卷五　黄源陂，引安寅溪水，流經柯家嶺，溉田二頃。

紀事

（康熙）《江西通志》卷一六　萬歷二十一年，知縣金忠士修築東源、半山等陂，八所月湖，何家二塘，又平黄源陂，程馬二姓争水訟，立石分溉，高擢爲文記之。

（同治）《樂平縣志》卷一　黄源陂，發源甚遠，長流不竭，長五丈，闊四丈，灌田一頃八十畝，此馬、程二姓必争之水也，遞年因此格鬭搆訟不決。萬歷二十一年，知縣金忠士躬詣其地，令二姓樹青白幟爲號，辨田之多寡，析爲四六分。一豎石於陂之西，廣六尺，以灌馬田；一豎石於陂之東，廣四尺，以灌程田。其橋頭錢家二眼，各高闊八寸，則均屬之程。自是蓄洩得宜，旱潦有備，二姓輸誠帖服，立碑水次以志永久。

高擢記：水利，王政也。利專於人，而欲均之，以爲衆人之利微。豪傑懷急民之念者，疇肯任衆，疾出其身，以開斯利哉！邑東二十一都，去縣治五十里，地名黄源，土益鹵，田益瘠，歲值旱淫輒不登，居民睥睨其間，每於導水處，畢智角力，百計疏通，必得溉田乃已。及不可得，則讐其得者，而相與爲私，鬥甚者構亡命，挺矛稍，賊公鬩於平原曠野之間，相殺或數十人，官司逮捕，輒反覆解脱，獄案滿筐篋，十數年不可結絶。舊水之訟未已，而新水之争又起，於是界首之馬，楊林之程，視此黄源之陂如懸疣枝指之著體，非特其懸與枝而已，且痛連於骨，髓怵於心，蓄於癰蠱，不治則日深矣。壬辰，金侯以進士高第來牧，余邑廉得其情，喟然曰：二姓不堪命矣，夫水決則害，引則利，聚斯專，疏斯，是在長吏吾爲若均平之。於是載秣其駒，載脂其輿，載疾其驅，以極於該都審地形詢。故實集衆議導大黄源之水，以沛其流；引小黄源之水，以接其派。控扼橋頭，錢家之兩眼，相高低立石□以通程氏之溝洫，恢復淤塞故水之二溝，分左右而固堤防，建一石於黄源之東，廣四尺，以灌程田而緩彼建瓴之勢，建一石於黄源之西，廣六尺，以灌馬田而用全盈坎之功。謀畫既定，畚鍤具舉，礱石佐堅，葺壤增厚，不數日而功告。戌由是蓄洩以時，啓閉有節，浸不稽天亢不坼地鬲，霖雨於平疇，走雷霆於迅坂，蓋囚地利以利民，其利溥而大，豈若發廩賑粟沾沾之爲惠？夫法可久則宿弊祛，惠出不偏則民志喻。於是爲馬之民，稽首讙呼，曰：侯何心哉？微侯吾無以爲生也。爲程之民，稽首讙呼，曰：侯何心哉？損益以平其施，固吾儕所甘心焉者也。二姓既深德侯，而恐後之人不能守侯之法也，而又恐豪者惡是之病，已而欲壞之也，相率請於余，而鑿石以爲記。

黄坂陂

明　陸鳳儀《重修黄坂陂記》（康熙）《江西通志》卷一三三　玉山當上流，盡處地勢陡絶，若建瓴然，每雨集則溝澮皆盈奪，漏未停而轍涸如故，萬畝鱗次，仰吸冰溪，邑故置陂所以防旱魃也。然歲久易湮，豪右又從而侵佔之。官司雖有專責，而當事者漫不爲意，以故瀦蓄無備，易盈易涸，歲耗不登，室鮮蓋藏者，非直天時爲之也。

又 丁丑春，晉江周侯令茲邑，溫良樂易廉明有威，始下車達觀厥邑，喟然嘆曰：敝哉！邑也，民何以生乎？遂靖事節費，約己裕民，興利除弊，善政縷縷。其大如修文廟以妥聖，置學田以贍士，建橋以利涉，節夫役之勞，清詭糧之弊，修文筆，改城門。百年曠墜，一旦俱舉，水利一事尤廑廑焉。適少尹章君至度，其人可與共理，侯乃下令於邑中，曰：余爾牧也，忍視爾敝，今與爾復而陂謂章君，曰水利君職也。而往監之，既厥心焉，於是諏吉鳩工，畚鍤齊舉，約畝受力，宣勤田畯，報程餌夫。走饟湮者疏之，齧者築之，廢壞者更之，爲豪右所奪者復之，舊陂虛薄，惟填土於積薪之上，故水振而易潰，且築且圮，迄無成功。君則下列松椿以固其址，上壘巨石以障其流，旁開函竇以殺其勢，延袤各數十尺，洪濤衝激屹不爲動，引水由川以注於澮，而澮有閘，由澮以達於田，而田有坪支分派，衍遠近洋溢。雖亢旱逾時，而澤不告竭。又爲立久遠之制，某陂灌至某處，計田若干頃，某陂立長，某人陂甲隸其下。灌溉以順，而逆戽者有罰，啓閉以時，而盜洩者有禁，區畫曲盡，綽有成規，皆章君之所底成焉。槩邑而計之，爲陂二十餘所，而黃陂、拓陂、靈湖用力尤多焉。自冬徂夏，功乃告成，嗣是轉瘠卸鹵，田化而上，野無曠土，歲書大有是役也。上以仁率，下以義應，佚道使民，民忘其勞，利在玉人，世世亨德焉，君子可以觀政矣。玉之民飽二公之德，伐石樹功，無忘大惠，匪私也。周侯，名日甲，號翠坡，閩之晉江人。章君，名元緝，號梅岡，直隸青陽人。

（康熙）《江西通志》卷一五 黃坂陂灌田五十頃。【略】明萬歷五年，玉山知縣周日甲委丞章元緝築黃坂陂，柘陂二十餘所，陸給事鳳儀有記。

（同治）《廣信府志》卷二二 黃坂陂五十頃八十畝，知縣周日甲縣丞章元緝修。

（同治）《建昌府志》卷八 湯道燦，字用晦，南豐人，家世讀書自愛。康熙己卯，燦與仲兄煌同舉於鄉。雍正七年，選授玉山。【略】黃坂陂，玉邑水利也。歲久陂圮，旱澇不時，燦至，亟請於縣堅築之農，民歲登數倍。又嘗免水閣官租以恤貧户，玉山人德之。

黃蠟石陂

明 張治具《方侯新築黃蠟石陂記》（乾隆）《長泰縣志》卷一一 侯治泰既數月，而泰治也，乃詢所爲興革者，得黃蠟陂云，侯謂諸父老曰：此故漳鄴之渠也，長吏者怠于事，又相仍以委土，而暴風雨潦一旦攻，數年之費立盡，水頽則河壖棄地耳，奈何使汙邪之土有難急也。吾因石於山，醵費於畝，征力於三時之暇，殆不可勝用矣，吾又奈何使父老歲歲率子弟而陂也，乃屬其父老謝惟蘭、柯耀春等遂營焉，自九月至十二月告成，而稱黃蠟石陂。云庶幾乎，漳鄴之績矣。余惟當世之治文網密，而忌諱生有所當興，輒以時詘，爲解曰，幸無及我，即民不勞財不傷自好者，猶時時避之也。彼其愛身重於愛民，急名逾於急公，視官舍不啻郵置，百年之事，誰其任之。侯下車數月，不憚征發，以營斯陂，茭薪揵石，於是乎取之視，其砌翼如也，其方井如也，其長迤邐如也，此一役也，公無捐費，農不告妨，百室永賴，世世之惠也。謝生儲茂田陂内與石銘人均享石陂之利，因述始末請記於不佞具。不佞具曰：余讀匏子歌而傷之也，爲方侯記，黃蠟石陂如此云：侯名應，時浙之遂安人，其治泰聯什伍，鋤不恪迪齊民，余所謂既數月而泰治者，其詳在盧憲伯所爲序中。

九劇陂

論説

明 符遂《重修九劇陂記》（康熙）《江西通志》卷一三一 自阡陌開井地，廢先王疆理之法，溝洫川澮之制，不復見於後世，而農之水利敝矣。陂塘者，所以救其弊而興其利也，是故良有司重之，南豐九陂，在太平鄉三十六都劇河之下，唐開元中縣令游侯創也，陂凡九修而成，故以九名，近代又謂官陂者。凡各鄉都有陂，皆土人修之，而此陂乃藉官府之力，故又以官名。【略】是陂也，游侯創於前，祝侯修於後。昔人謂前有召父，後有杜母。二侯，其吾民之召杜乎。雖然一陂之善，一政之良也。吾聞游侯多技能，其爲良有司也，不止創陂，故民至今誦之，學宮至今祀之。今祝侯才傑識敏，德政在人，亦不止於修陂。異日，吾民有不誦之乎？學宮有不祀之乎？

綜述

明 符遂《重修九劇陂記》（康熙）《江西通志》卷一三一　蓋其發源最遠，且非一處，合衆流滈滈汙蕩。至于劇河，水中怪石漫列錯置，號怒之聲，湍急之勢，髣髴呂梁，其當洪處奔駛尤甚。筏夫舫子束載稻物浮中而下，魂褫膽落，必手眼俱到，拄篙不爽，否則筏舸瓦裂，況長保有所載之物乎。更二里許即陂，所兩涯相距凡三十丈，無惑乎，其難成也。當游侯初創時，陂水順决於夏坊，至彭坊又逆决於楊家車，至羅家圳入圩，灌田數千畝，其成雖難，而其利則溥矣。游侯創此，良有司哉！嗣後傾圮日久，田數苦旱。國朝弘治間，一嘗修之，而未就緒。嘉靖乙酉春三月，祝侯曰：水利，重事也，豈可坐視其廢而不舉？議者咸慮工鉅難成，侯笑曰：焉有可成於昔，而不可成於今邪？即稽所費若千金，所灌若干田，隨田多寡而出費，酌事宜立規制，委老人李琬募匠伐石，百手并作，每石長八尺，廣視長四之一，厚視廣半之，縱排而衡聯，自東至西排至九十片，自下至上壘一十層，縱用雙料衮一丈六尺，顛視武漸殺用石凡千有八百，務爲堅久。秋八月，厥功告成。由是陂水悉循故道，而曩時苦旱之田復爲沃壤矣。侯又良有司哉！土人苦旱於數百年之餘，而一旦享茲博利舉，欣欣然有喜色而來告曰：願有記，竊惟事之創始，固難成，終亦不易。【略】游侯，名茂洪，字簡之，崇仁人；祝侯，名繼臯，字師謨，海寧人；并記之，俾鐫諸石。庶後人知是陂之所以創，所以成也。

紀事

（康熙）《江西通志》卷一五　九陂，在南豐縣三十六都劇河下，今之龍池段，凡九修，而故名九陂。以陂爲官所修，又名官陂。唐開元中，縣令游茂洪創築，廣二十丈，灌田數千畝。又築孤藍陂、桑田陂、博陵鄱陽陂，灌田無算，此豐邑陂澤之始。明弘治間，九陂傾壞，嘗修之，而未竟。嘉靖四年，知縣祝繼臯伐石修築，起春三月，歷秋八月告成，邑人符遂有《重修九劇陂記》。

雜録

（嘉慶）《清一統志》卷三二〇　龍池洞　在南豐縣南數里，九劇水繞入，崖壁峭立，游觀勝地。

均豐陂

（道光）《廣東通志》卷一一九　和豐陂、均豐陂俱城北三十五里，舊均有陂圮，嘉慶丙子，知州羅含章修復，各溉田千餘畝。

（道光）《直隸南雄州志》卷一〇　均豐陂城北三十五里，鳳凰橋下舊有陂圮，嘉慶丙子，知州羅含章督同虎岡頭、沙水、田心三村民修復，灌田千餘畝，計田分水，有記。

清 羅含章《修均豐陂記》（道光）《直隸南雄州志》卷二一　凡財物分之不均則争，況農以水爲命，尤争之大者也。南雄山陡水瀉，旱無以溉，潦無以洩，故受不均之害爲獨大，沙水、田心、虎岡頭三村之民舊有陂在鳳凰橋下，而和豐據其上，安豐又據其最上，余乃因其争而倡修之，工既竣，名以均豐，云余竊慮焉，斯陂固三村之所共也。曩有約曰：沙水村人放水一分，田心村人放水二分，虎岡頭村人放水四分半，然孰能與之升合量者，亦在三村人各平其心而均利焉而已。且爾士民亦覩不均之爲患乎，蓋專利於己則不均，於是强者怒於言，弱者怒於色，浸假而不和，既不和矣，必至搆於室，攙於塗，訐於庭，詬誶囂凌而不得其安，夫喜安而惡危者情也，可不思安在乎和，和在乎均耶，且斯言也，不獨爲爾三村之人，告和豐、安豐兩陂之人，均視此矣。設澇而下流不洩，則和豐以上之水壅，兩陂之人固不能與爾以安矣。設旱而上流堵焉而不瀹，則爾三村又不能默焉以息，與兩陂之人以安矣，害則均害，利則均利，不然無雨之患在歲，不均之患在心，爲害不更烈哉。孔子曰：不患寡而患不均，不患貧而患不安，用乃本其告誡之言而爲之記，庶其知所省云。

均惠陂

（弘治）《八閩通志》卷二四　均惠陂，在文賦里西淙瀑布泉之下，舊以木爲之，名官陂。陂之下分爲二渠：其一歷石門由埧頭以達下皋；其一逕趨西埔。歲久陂廢，下皋田多而得水反少，西埔田少而得水反多。成化十九年，陂察司副使劉喬行部至莆，民以爲言，乃命稽其田之頃數，而定其水之分數。然後伐石爲陂，而按其所得分數，以通水道，使各歸其渠。由是水利始均，更其名曰『均惠』。

（弘治）《興化府志》卷五三　縣南文賦里，陂一埧六。均惠陂在西宗淙瀑布泉下，舊名官陂，陂下分爲二渠：一溉下皋田一十四頃十畝有奇；一溉西埔田五頃州三畝有奇。然以地勢言之，下皋卬而西埔頫。官陂久廢，水不由故道，故西埔常溢，而下皋常苦涸矣。成化十九年，憲副劉公喬南巡，下皋民以告公，曰：均之可也。乃檄耆民鄭朝弼籍陂下田頃畝而定水勢，所趨之分數以十分爲率，下皋田定與水六分九釐，西埔田定與水三分一厘。乃伐石作陂，導水歸渠，使食水各照今定分數，而刻石記之，因號其陂曰『均惠陂』。

明　黄仲昭《未軒文集》卷三《重建均惠陂記》　莆文賦里西淙瀑布泉之下，舊有陂里，人名曰官陂，陂之下分爲二渠：其一則由石門歷埧頭以趨下皋，溉田凡一十四頃十畝有奇；其一則逗趨西埔，溉田僅五頃二十三畝有奇。然下皋之渠地勢高而受水少，西埔之渠地勢卑而受水多，且舊陂復廢無所障遏，於是水之趨西埔者十恒七八，而下皋之田病矣。成化癸卯夏，憲副萬安劉公述憲行部至莆，下皋之民以告公，慨然曰：是不可緩。乃檄縣委耆民鄭朝弼稽其田之頃數，而定其水之分數，大槩以十分爲率，下皋田最多得水三分一釐，西埔因溪潭，坂沙田易燥，視下皋稍增之。然後伐石爲陂，按所得分數以通水道，使各歸其渠，至是則多寡適均，而各鄉之田皆沾其利矣。陂既成，下皋之民念公之德不忘，因號其陂曰『均惠』，而刻石識之以告夫後之人。

（乾隆）《福建通志》卷七　均惠陂，在府城南西淙瀑布山下，舊名官陂，陂下分爲二渠：一由石門歷埧頭以趨下皋；一徑趨西埔。歲久陂廢，下皋田多而得水反少，西埔田少而得水反多。明成化十九年，副使劉喬檄縣重修，稽田定水多寡適均，因更今名。邑人提學黄仲昭爲記。

（嘉慶）《清一統志》卷四二七　均惠陂，在莆田縣西瀑布泉下，舊名官陂，下分爲二渠：一溉田十四頃，一溉田五頃有奇。

雷陂

綜述

宋　王象之《輿地紀勝》卷三七　雷陂，又名雷塘，《元和郡縣志》云在江都縣北十里，漢《江都王傳》有雷陂，《唐志》李襲譽爲刺史，引雷陂水灌田，百姓賴之。

明　王鳴鶴《登壇必究》卷三一　雷公上下二塘，在縣治北十五里平岡上。唐貞觀十八年，李襲稱爲揚州大都府長史，嘗引雷陂水以溉田，其地西、南、北峻昂，獨東一面卑下，作堤于東以蓄潦水，旱則引之溉田，爲利不貲。上塘東西闊七百三十五丈，南北長九百二十丈；下塘東西闊五百八十丈，南北長七百五十丈。元至正元年，於上塘堤北建石閘一。成化，刑部侍郎王恕重修，造水礎二，下塘造石閘一，水礎二後廢壞。

（光緒）《增修甘泉縣志》卷三　雷塘在府城西北十五里一名雷陂上塘長廣六里餘下塘長廣七里

傳記

《舊唐書》卷五九《李襲譽傳》 襲譽，字茂實，少通敏，有識度。【略】後歷光禄卿，蒲州刺史轉揚州大都督府長史，爲江南道巡察大使，多所黜涉。江都俗好商賈，不事農桑，襲譽乃引雷陂水，又築勾城塘，溉田八百餘頃，百姓獲其利。

《新唐書》卷一六六《杜佑傳》 徐州節度使張建封卒，軍亂，立其子愔，請于朝，帝不許，乃詔佑檢校尚書左僕射、同中書門下平章事，節度徐泗討定之。佑具舠艦，遺屬將孟準度淮擊徐，不克，引還。佑於出師應變非所長，因固境不敢進，乃詔授愔徐州節度使，析濠、泗二州隸淮南。初，佑決雷陂以廣灌溉，斥海瀕棄地爲田，積米至五十萬斛，列營三十區，士馬整飭，四鄰畏之。

唐 權德輿《權載之文集》卷一一《大唐銀青光禄大夫檢校司徒同中書門下平章事太清宫及度支諸道鹽鐵轉運等使崇文館大學士上柱國岐國公杜公淮南遺愛碑銘》 瀦雷陂以溉穡地，釃引新渠匯於河流，皆省工費，而宏利澤。

宋 劉攽《彭城集》卷三五《故朝散大夫給事中集賢院學士權判南京留司御史臺劉公行狀》 求知揚州，詔許之。【略】揚州雷塘，即漢江都之雷陂也，舊屬民自唐以來耕種其中，往數十歲，官取蓄水以備漕運，舊田主二十六家，皆奪業失職，官始議以他田償之，竟無與也。然塘亦破决不修，漕運未嘗賴此發運，使因以假揚州種稻，而舊田主二百餘口皆饑寒，縣官莫省。及公至，持太和年契書詣府自訟，公即判還之。發運使猶以漕運事，動朝廷斬留之公用，種稻事證明其無用，朝廷乃聽公，杜公丞相衍致仕居南都，聞之，喜曰：真良太守矣。

紀事

宋 李昌齡《太上感應篇》卷一八 《傳》曰：事出無心，偶至破之，爲惡已自不小，若爲財寶而輒至破之，真大惡也。請以能爲已破家者，歸其産一二，美事言之。庶幾，後之臨民或遇此事，皆能如是，於已破者方爲有益。劉敞知揚州，州有雷陂舊屬民，由官奪之蓄水以便漕運。歲久陂壞，漕運亦未嘗賴此，久而爲豪族所占，田主屢訴不獲，公到任立判還之。由是田主三十六家，男女三百餘口復得其田，不獲飢餒。

藝文

唐 羅隱《雷陂詩》 入郭登橋出郭船，紅樓日日柳年年。君王忍把平陳業，只换雷塘數頃田。

宋 劉敞《公是集》卷一七《雷陂勸耕作雜言》 此陂蓋江都宫之地，吴王釣臺在其旁，先時民三十家耕其中，後强爲吏所奪，廢不耕者十餘年矣。予按地籍，悉召還耕者，使縣大夫授之地如其舊。

君不見江都宫，昔時何崔嵬下臨雷陂，水前踞吴王臺，臺傾無餘級，水竭空塵埃。隋人已曾顧此長嘆息，今世更爲隋人哀，乃知天地間一盛亦一衰，但從伏羲已來三十餘萬歲，未有書契勝言哉！堯桀何兩忘我，欲勸人闢草萊種稻，水一方蓺麻陵四頽爽鳩之樂，非我有聊獨玩。此田莓莓，未知百世間更復誰當來，且欲及閒從賓客省耕，訪此時徘徊。

宋 晁補之《鷄肋集》卷二〇《揚州雜咏》 雷陂新作麥田荒，曾説風興沒兩郎。誰似當年李刺史，春波還引句城塘。

宋 李曾伯《可齋雜稿》卷二六《自和》 一壑馮夷宅，五丁盤古開。天將作甘澍，地豈著浮埃。梭化雷陂去，槎乘星渚來。猶疑真隱在，搜訪莫徘徊。

明 高出《鏡山庵集》卷一八《雷塘》 夏雲冒遠水，日暗天忽明。似見龍歸處，雷陂風雨生。

清 查嗣瑮《查浦詩鈔》卷九《全唐詩校竣將有北行留別荔軒通政》 曾移書閣傍雷陂，落葉輕塵對榻時。三賦未收餘補闕，二詩難合尚成疑。權文公序《張登集》云：『求居等三賦惜文粹不載。』周益公跋英華云：或二詩合而爲一，姓氏差誤。』千秋册府祥符序，一代《詩騷》

應帝期。原是集賢香案吏，寫書猶及六年遲。

清 陳文述《頤道堂集》卷一《阮公樓呈雲臺師樓在雷塘師廬墓廬也》 雷陂緑水漲平蕪，小駐旌旂此墓廬。松徑秋風嘶石馬，草堂夜月夢珠湖。

清 金農《冬心先生集》卷一《閔崋治酒送別》 雷陂重相送，餞席暫淹留。人作浮雲笑，酒生明日愁。西風孤燭夜，凉笛五湖舟。繚白縈青外，家山話越州。

清 張雲章《樸村詩集》卷七《贈揚州劉使君劉自翰林出守**》** 曾捧紅雲侍玉皇，一麾遥暎斗牛芒。非同二始疪文雅，自要無雙出衆芳。春動雷陂勤貢父，味分蜀井記歐陽。于今莫笑子琮輩，也屈名人綰郡章。

雜録

唐 杜牧《樊川詩集注》卷三 揚州江都東十一里有雷塘。雷塘漢所謂雷陂也，在今揚州城北平岡上。

唐 徐堅《初學記》卷八 《西征記》曰：雷陂有臺高二丈。《南兖州記》曰：以爲吴王濞之釣臺也。

明 佚名《淮南水利考》卷上 開元初，青苗使杜佑又爲淮南節度使，決雷陂以廣灌溉，斥海濵棄地爲良田，積至十萬。青苗法，唐以爲利，宋以爲害，存乎人也。

又 唐貞元十八年，揚州大都督府長史李襲譽引雷陂渠，又築句城塘以溉田八百頃，有愛敬陂水門。

（光緒）《增修甘泉縣志》卷三 江都王建游雷陂，使郎二人乘小舟入波中，船覆，兩郎溺，攀船乍見乍没，建臨觀大笑，《漢書》易《王非傳》雷塘耕者，往往得釵釧，蓋煬帝平日常游之處。

臨川千金陂

論説

明 張時徹《芝園集》卷五《查議千金陂工案》 一爲查議陂工事，本院巡歷撫州府閲視千金陂，看得捲埽周全，足悍懷襄之勢，長堤鞏固，堪爲久遠之防。固主議者能疇咨以遠猷，亦承委者知竭勞，而襄事功斯懋矣，民實賴焉。但聞蟻穴可以潰堤，故固防者必杜其隙，水性便於趍下，故治河者先導其流。今石塘壯矣，而護堤猶薄，則衝嚙之患可虞。支河開矣，而沙洲未決，則奔瀉之流未利。使功或虧於一簣，則計非出於萬全，所宜亟圖，以底成績，擬合就行，查議爲此仰府，着落當該官吏行同知陳一貫、通判潘梅即便會議，目今培堤決洲，工役要見，府縣掌印官如何監督？管工官如何分理人夫？如何顧倩機兵？如何分撥見令？如何用工？每日如何稽考？規畫已定者，查明開報事體。未備者，即便議申務要，決沙洲以捍外堤，運泥土以爲保障，沿河密栽柳樹以當蝕嚙，下流漸次幇填以禦崩奔。仍先其衝要，而後及偏旁。趁□冬月淺涸，務須并力挑培，共爲萬全之圖，以收百世之利。仍限每十日將培過堤防丈尺，及做過各項工程，具揭申報，以憑稽考施行，俱毋違錯，未便抄案，依凖申來。

明 陳九川《新修擬峴臺記》《明文海》卷三八三 予蚤歲讀南豐所爲《擬峴臺記》，見其叙，臨觀之美，與風俗之麗，躍然興慕，以爲雖他州有是，猶一徃覽而問之，况爲吾土，又近在州城之東隅者哉？然二百餘年，民風日下，所謂『野牧不收，露積不垣』者，已邈然莫覩其遺俗。意惟江山之勝，固無變也。及登臺而望，則千金陂決，江不走臺下而抱城，惟白沙漫漫夂矣。則所謂洶浪漫流，微風遠響，與夫危檣勁櫓，沙禽水獸上下而浮沉，若出乎履舄之下者，亦不可復見矣。

明 劉命清《帶湖記》（康熙）《江西通志》卷一三四 帶湖，自麻霞石闌入小口，歷鄧州抵花園，而北遂折而東注，經緑青寺橋。其水清淺，皆挾川沙以行，復逶迤而東，北過石頭山，山與湖稍距。然今石壁之下，篙師緈板支拄之痕深入石裏。昔爲川舟通濟之區，今淤爲湖者久矣。據《舊志》：帶湖，名戴。因唐時曹王皋表授戴叔倫刺郡，遂築冷泉陂，以均水利，凡數十處。今《志》云：即千金陂，殆非也。此湖延袤五六十里，處處築堤，而後灌溉之利不洩，故後人志其功德，因名戴湖。猶之蕭寺蘇堤，皆不忘其所始耳。

（同治）《臨川縣志》卷七　嘗疑千金陂即古文昌堰，然於府縣舊志及所載記叙之文均無所據，是篇亦以文昌堰爲千金陂，觀其上下文義，似亦非有所據者，殆所見偶同耳。

（光緒）《撫州府志》卷九　按《文昌堰舊志》，未詳其處，疑即千金陂。唐初，汝水從此處決口，沖成支港，正道淤塞，築堰堵之，使河歸正道，故有金石臺分文昌堰合之謠。蓋正道淤則金石臺之水亦枯，堰口合則金石臺之水亦壯，金石分入江中，與東厓之玉石俱浮。故堰合則臺分，以水分之也。汝水自巽方來，兩臺乾方去，故以文昌美其名，宋時《圖經》誤以爲上直文昌星，《黄震記》中并不言此也。《通志》云：堰在汝水之滸。今千金陂決口，分支港處舊有水滸寺，足徵咸通之千金陂，即唐初之文昌堰。至顔之土塍、戴之冷泉或即與堰相連，又或謂自文昌橋上至千金陂，皆可名爲文昌堰，然必以堰口爲主，而合之之力爲最大也。

清《李夢松上朱太守言撫州風俗書》（光緒）《撫州府志》卷一二　農桑之政，水利爲先。宜樂田取山溪之水，東鄉舊臨川境水，亦取於池塘、溪圳。金崇之水匯於臨汝，臨汝上達福建，下通九江，五福盱江之流奔赴而下，趨於府治，向有千金陂扼其勢，故河東一帶不受衝激，則千金陂宜修也。陂既修，水勢必趨於右，治城枕江，峴臺之下爲懸崖，趨右之水必激其足，請於清風門外、河湄平處復爲石堰，以殺右趨之勢。

綜述

明　黄汝亨《寓林集》卷八《棲賢書院記》　棲賢山，從池溪而東去壇石八十里，踞潤陂司之右。按志載，唐撫州刺史戴叔倫嘗居此。【略】戴公爲刺史時，遇歲旱，作冷泉陂，即今千金陂。

明　徐良傳《千金陂論》（康熙）《江西通志》卷一四一　論曰：余嘗眺擬峴臺，周行千金陂上，退而覽觀載籍，睹其興廢之故，可異焉。初汝水自盱來，達于瑶湖望郡，以趨西合臨水，抱郡城若環玦，此山川之本性。古今之經流也，其利民之大，俗所共睹，撫三面阻河以形勢，則壯充溢支渠以水利，則博傳舍臨隍以譏守送逆，則便舟楫達于四門以轉輸懋遷，則利而風氣完，固亦在其中矣。此昔人相土卜勝設險，建國之本意也。然自瑶湖以達於今孔家渡，地平衍，而土疏惡。中唐時始決一口，春水暴嚙，岸善崩，阡陌歲縮，支港横溢，正道陻淤生民，坐失鉅利。上元間，守臣嘗建華陂，以遏支而行正。大曆中，刺史顔真卿繼築之，名土塍陂。貞元中，刺史戴叔倫繼築之，名冷泉陂。咸通中，渤海李公繼築之，名千金陂。軍倅柏虔冉始爲之記，而千金陂之名至今未改。自此水復故道，西過黄塘橋口湧連樊之流，東則長寧、長樂、臨汝，西則靈臺四鄉之間，溝澮綺錯，脈絡股引，灌田各數千頃，言水利者尤急焉。宋紹興中，郡民王姓者獨修之。嘉熙中，太守趙師郡又修之。淳祐中，太守葉夢得又修之。時則教授趙與輈爲之記，趙記視柏前記爲詳，今所賴以知此陂，顛末者多，二記之力也。宋季元末，兵亂相尋，陂復大決，延至於今，無慮三百年，支流日益深廣。唐時決口纔數十丈，宋已倍，今則三倍之矣。趙記中所載修築之費，錢二百，緡米二百石，嗚呼！尚可言此哉！宏治間，訓導王溥、主簿李鄂先後奏請修復，事下有司輒以時詘而止。嘉靖初，太守祥符李公茂元采諸生章衮等議，慨然欲修築之時，無撫按主之於上，木石畚鍤已具，竟爲監司所阻。至二十六年，巡撫傅公鳳翺以興革事宜詢諸郡縣，臨川令條上千金陂議，而先是十年傅公清戎江右，問俗於士大夫，備知陂之宜復。及見是議，忻然報可。迺檄委同知陳一貫專董其役，陳亦素欲爲民興利，有志是陂，毅然身任其事，而過聽訓導。楊演計以松櫃實塊横截中流，下多疏漏，其後復檄通判潘梅佐之，潘以竹絡籠鵝卵石障之，旋即摧決。蓋故道之壅沙尚高，而大川之洪流愈激，雖踰年堤成，百姓懽歌，而識者固憂其潰矣。未幾雨漲，果決。陳亦以考察罷去，倡爲浮議者遂曰：古之長民者，不防川，不竇澤，陳之亡也，防川故也。是亦不察甚矣，夫堤以障決流而復故道，此韓子所謂不塞不流者也，豈其逆天地之性而魯公諸賢肯先爲之乎？宋元豐中，曾南豐記擬峴臺曰：風檣沙鳥，出乎履舄之下，民樂耕桑以自足，野牧不收，露積不垣，生民富强，庶風可徵。而淳熙、嘉泰間守郡者，即今文昌橋相繼爲浮梁數十艘，東萊吕公爲之記。是唐宋盛時，水皆由故道，歷數百年，陂固無恙，何防川之有？昔西門豹爲鄴令，漳水在鄴旁，而不用史起，譏其不仁不智，後起用之，鄴以富庶民用歌舞。今撫之利莫大於是陂，匪直引漳水築鉗盧，資灌溉一節之利而已，百姓歌且舞焉，豈後史起哉？況陂之成者什八九，决者什一二。而募金在庫，千有餘兩；募石在工，萬有餘塊，可不別費一錢而足者。顧爲今之計宜先出故道，高沙置之堤外，水道既順，然後投巨石以塞决口，一顧盼定矣。今不咎往者之失策，而遂謂堤不可復，豈非因噎廢食者哉？

（天順）《明一統志》卷五四　汝水其源上接盱江，流經金溪縣，南曲折行百餘里，東流合豫章水。其上流之分派，自千金陂西流至郡城東，抱城而北合宜黃、崇仁二縣溪水，流至南昌界，合豫章水入鄱陽湖。

清　顧祖禹《讀史方輿紀要》卷八六　千金陂，在府城東南。汝水受上流諸水，至郡城南，西巖多阻石麓，流緩而江廣，渟瀦如湖，曰瑤湖。自瑤湖北至孔家渡，地平衍，土疏惡。唐天寶中，決囓旁岸，支港横溢，田疇湮廢。上元中，守臣建華陂，以遏支流。大歷中，刺史顔眞卿繼築，名土滕陂。貞元中，刺史戴叔倫又築，名冷泉陂。咸通中，李渤增築，名千金陂。軍倅柏虔冉《記》云：陂横截汝水，南北百二十五丈。又鑿冷泉故基，凡百七十餘丈，接汝江，江水小長，則甃陂之水丈餘而入於冷泉新渠，以通舟楫之利。起文昌橋北，沿流十餘里，灌注原田，新舊共百頃有餘。自是爲利益廣，東西鄉田灌溉各數千頃，後漸廢。宋紹興中，郡民王姓者復修之。嘉靖中，太守趙師都又修之。淳祐中，太守葉夢得又修之。宋季元末，兵亂相尋，陂遂大決，支流日横。明朝宏治中，常議修復，不果。嘉靖中，旋議旋革。二十六年役始興，方成而隨決。議者謂故道之壅沙尚高，故大川之洪流愈激也。萬歷以來，亦常議增修，未有成效。《志》云：文昌橋，在城東汝水旁，千金陂從東南趨城下，乃抱城而東，過文昌橋，復遶城而北，又折而西也。

清　李夢璁《千金陂義渡記》（同治）《臨川縣志》卷七　庚辰春，奉命署臨，欲詢近治，水陸艱危，川梁險隘，與夫今昔滄桑，所當因時制宜，爲民利者而亟圖之。諸紳士郊迎，後無由一見，蓋恬静自愛，澹臺氏之風，猶未墜焉。一日簿書之暇，紳士陳君清遠、黄君家譜、鄒君西灘、車君江、游君仰程、陳君居仁羅前致詞，以千金陂爲閩越通衢，年來倒塌，河流横溢，阻絶往來，欲募立義渡。及一切善後事宜以爲垂久之計，請余言以倡之。余曰：是役也，守土之責，而諸君任之，有不樂從者乎？所慮者貲費浩繁，非旦夕所可就。余暫署事，安及見其成耶？乃者桐葉驚秋，琴堂露冷，諸紳士忽以成功告，欲余記其事。噫！艱鉅之事，瞬息之間，余得與其終始不亦守土之快事哉！夫不患其難，不見其行義之勇也。未審其害，不知其爲利之大也。按撫治之東五里，許亘河流而堰，曰：文昌，昔爲土埭，繼而石堰。薛公修於宋，古公修於明，所費甚鉅，故曰：千金陂，陂之前搆一寺。曰：水滸叢林森蔚，行旅之往來便於休息，蕩蕩平平數百年於兹矣。厥後洪濤巨浪，日侵月削，沿堤數里，盡汩於沙礫中。而近寺石堰窪下尤甚，當春夏水漲，水石相搏，未至數里外，輒聞水聲澎湃，褰裳者趦趄於石齒間，稍一失足葬魚腹焉。至若驚濤萬疊，浪捲如銀，欲渡無由，輒興望洋之嘆！即有小舟泊於沙際，而需索無厭，視爲利藪。每嚴風刮骨，烈日蒸肌，薄暮途窮，寸心千里，舟人重利，呼之不應，艱難萬狀，莫可殫述，嗟哉！行路之苦，未有如斯之甚也。且河邊水滸，昔所望而休息者，今則一片荒榛，亂生於破瓦頹垣間。而宵小潛蹤，傍晚刼奪人烟曠渺之區，誰復能相顧哉！此義渡不設，而害有不勝言者。然而設立義渡，亦良難矣。非有以養其身不能禁其不取利也，非有以安其身不能禁其不遠去也，養其身，則必置義田，安其身，則必興水滸。二者之費非千金不爲功，千金豈易有哉？雖四方傑士利濟一心，慷慨樂施解囊，恐後亦未必。若是其速，曾日月之幾何？而義渡興郵亭，建置田以資久遠，置地以復寺基。一切善後事宜至詳且盡，不期年而告成，其好義之勇，爲利之大，寧有比耶？今者，余將去，臨與諸紳士餞別於兹，見鼓棹中流者，咸慶安瀾，樂何如也？夫見義不爲，無勇也。諸君子勇於行義，雖非汲汲爲名，而守土不爲之表彰，今其久而就湮，又安得爲義耶？故序其顛末，録其姓氏鐫諸石以告來者，使知爲善不没。而余終始其事，亦得與於不朽云。時乾隆二十五年秋七月中浣署臨川縣事，嘉定李夢璁譔。

清 曾大升《募修千金陂疏》（光緒）《撫州府志》卷五　嘗讀《郡志》，至柏虔冉之記千金陂，未嘗不嘆！昔人之留心民事，爲勤且悉也。陂之創在於有唐顏、戴二公實權輿之。而千金之名，則自渤海李公始厥。後屢廢屢修，其最著者，宋則有若葉公夢得，明則有若古公之賢，是皆以守臣力任其事，其規畫布置，猶可按而識焉。今者歲月已久，水激石崩，群以爲不修且壞。太守張公慨然以修復爲念，適有副臬之命，戒行有日，爰進余而語之曰：吾來典郡，蓋承荒亂之餘，凡茲城垣學校以及倉禁廨署蔑不蕩。然邱墟絀於力，又不能并舉，姑次第完葺，粗有成緒，而茲陂尚厪予懷也。今復移涖會城，雖去郡不遠，然不能躬督監視，願捐二百金以經始，維君爲我成之。余於是益嘆：公之留心民事，爲不讓昔人也。暦觀陂之興廢不一，莫不賴有上之人奮然倡始，而下之人群焉。趨事記載所存班班可考，陂在郡東數里，與五峰六水上下掩映，引渠通港，遏支趨正。東則臨汝、長樂、長寧仰其潤，西則靈臺、四鄉挹其流。可以資灌溉利，在農也。可以通輓輸利，在商也。而玉園金峙，堰合臺分，則又利在士也。夫有利必興，有廢必舉，誠有司之事，而殖我田疇，謀我桑梓，亦士大夫之責也。況前此諸公所經營興作，皆在守官之日，而公之長慮遠計，乃在遷秩之時，其志豈可負哉？吾願郡之搢紳先生及夫耆老子弟相與竭力，同心共勸，斯舉淤者浚，壅者疏，石增而高，土增而厚，使污萊盡闢，舟楫無滯。俾余得藉手報命於公異時公餘之暇，亦得從二三父老徘徊堤上，睹盱汝之安流，覽溝塍之綺錯，咏歌式宴以播樂利之休風以頌前人之明德，豈不快與？

（康熙）《江西通志》卷一一　千金陂，在五都，舊在南洲渡之下，元額蔭田二百三十六頃六十四畝有奇。初汝水至此有支流，別出至下流，乃復令。唐時已堰其水爲陂，然水泛輒潰。紹興間，有巨室築堤捍水，且爲溝以疏盈泄溢，歲久復毁。淳祐辛亥，郡守葉夢得重修。

（乾隆）《府廳州縣圖志》卷三〇　千金陂，在縣東南。汝水自盱水達于瑤湖，斜直孔家渡，地平土疏。唐時初決一口。上元中，守臣建華陂以遏支流。大歷貞元，刺史顏真卿、戴叔倫相繼築。咸通九年，刺史李渤鑿冷泉故基，凡九百七十餘丈，又于其上横截汝水，置千金陂，東西四鄉之間灌田各數千頃。

（光緒）《撫州府志》卷五　汝水自盱來達於瑤湖，斜值孔家渡，地平土疏。唐時初決一口，其後支港横溢，正道堙淤。上元間，守臣嘗建華陂以遏支而行。正大暦中，刺史顏真卿繼築之，名土塍陂。貞元中，刺史戴叔倫繼築，名冷泉陂，又立均水法，築堤數十以均水利，民德之，名其湖曰戴湖。咸通九年八月，刺史渤海李公失名鑿冷泉故基，自文昌橋直抵南州鋪上口，凡九百七十餘丈，盡出其沙與積壤，縈束盤委望之若帶，又於其上横截汝水，置千金陂，南北百二十五丈，於十年夏告成。軍倅柏虔冉爲之記。自此水復故道，西過黄塘口匯連樊水、臨水之流，東則長寧臨汝，西則靈、臺、招、賢四鄉之間，溝澮綺錯，灌田各數千頃，言水利者，尤急焉。宋嘉祐四年，謝卿材以殿中丞知臨川，修築千金等陂。熙寧中，知縣事謝洄又修之。紹興中，郡民王姓者獨修之。嘉熙中，州守趙師都别鑿一渠，引水至擬峴臺下，功未及竟。淳祐十一年，州守葉夢得築陂，長三百丈，浚渠廣二十丈，踰月訖工，教授趙與輈爲記。自元及明，陂復大決。宏治間，訓導王溥、主簿李鄂先後奏請修復，不果行。嘉靖初，知府李茂元采諸生章衮等議欲修築之，木石已具，爲監司所沮。二十六年，巡撫傅鳳翔檄同知陳一貫專董其役，一貫聽訓導楊演計，以松櫃實塊横截中流，下多疏漏。後復檄通判潘梅佐之，梅以竹絡籠鵝卵石障之，雖踰年堤成，旋復潰決。萬暦五年，知府古之賢募越人水工陳琛等五十人汩水甃石，閱歲堤成，之賢自有記，并鑄鐵犀而爲之銘。郡人帥機湯顯祖，皆作《千金堤賦》，後小決。天啓初，知縣曾化龍伐石修之。國朝康熙二十七年，知府張四教捐金倡修，同知曾大升爲募疏。今傾塌太甚，難以修復，所幸正河通利，與舊時之淤塞爲患者，緩急固有間矣。

傳記

明 過庭訓《本朝分省人物考》卷一一二　黄顯，字仁叔，瓊山人。嘉靖辛丑以進士授刑部主事，於獄多所平反，抵中貴呂洪贓罪，雪總兵沈希儀詿誤，皆不爲當軸屈。出守撫州，罷築千金陂，以蘇民困完逋數萬，而刻核不及于下，郡民感德，立祠祀焉。

（嘉靖）《建寧縣志》 謝詷，字成甫，幼聰潁，八九歲即能屬文。皇祐中，郡守宋咸以文學自任，親程諸生之文，聚于學宫常千餘。詷年十四，凡五試皆弟一。既冠，舉于鄉，入太學，有俊聲。治平四年，擢進士弟，初調撫之臨川令，戢譁健省，追呼人謂之謝冰壺，又謂之謝銅釘，言其清且剛也。邑有千金陂，溉田可數萬頃，前令謝卿材創築，尋壞。詷復爲修築，民便之，有前謝後謝之謡。

（天順）《明一統志》卷五四 顔真卿撫州刺史，建土塍陂溉田，民感其忠，立祠祀之。

清 紀大奎《雙桂堂稿》卷一二《縣志名宦傳補》 陳一貫，字魯得，福清人，明嘉靖進士。二十六年，由杭州守被謫遷撫州同知，以千金陂萬世之利屢築屢廢，乃作石堤爲堅固不拔之計，茇舍堤旁，載離寒暑，民甚德之。未幾，中浮言罷，民咸以爲冤，一貫泰然，不少愠戚。

清 李紱《陸子學譜》卷一七《葉秘書夢得》 葉夢得，信州貴溪人，學於傅琴山先生，登理宗嘉泰二年壬戌科傅行簡榜進士，官階所至未詳。惟象山先生年譜稱其以淳熙十年庚戌任撫州守，【略】多惠政，甞修千金陂。

（康熙）《撫州府志》卷九 李茂元祥符（入）［人］。嘉靖初年，禮部郎中升任，嘗修千金陂，沮于上官。

又卷一〇 戴叔倫，字幼公，潤州金壇人。德宗時，曹王皐表授撫州刺史。民歲苦旱，爲築冷泉陂，立均水法，俗便利之耕餉。歲廣獄無繫，因後遷容管經略使去，百姓思之，立遺愛碑。按顔之土塍，戴之冷泉，皆今千金陂也。而千金之名，則自唐咸通時始，《舊記》有鍾離公、皇甫公、渤海李公，皆有功于陂者。據《靈濟塔記》，皇甫公，名瑗，而鍾離與李公則竟逸其名。《舊志》爲李公立傳，亦無可考。蜀祀文翁，漢禰吴公，固不盡以名傳也。

（康熙）《鄞縣志》卷一七 葛文炳【略】從弟仁美，號海門，萬曆庚子舉人，初授撫州郡丞。時鄱陽多盗，緝捕有方，一郡晏然。郡南有千金陂，傾圮弗修，仁美力肩浚築，良田盡资灌溉。

（雍正）《浙江通志》卷一八〇 應雲鸞，嘉靖《寧波府志》字瑞伯，象山人。少詣父讀書處，見墳典浩博，輒曰：會須讀盡此書。父竒之，長遂刻意淬厲六經子史，無不淹貫。嘉靖辛丑成進士，出令臨川，設三條法以清虚課上之巡撫，爲時成式，築文昌堰，疏千金陂。

（乾隆）《福州府志》卷五七 陳一貫，字邦通，福清人。嘉靖乙丑進士，【略】謫撫州同知。撫有千金陂漲流爲害，久不可治，一貫捐俸鳩衆築堤，蓄水灌田萬頃，人德而祀之，乞歸著書自樂，角巾徒步，囊無一錢。

（同治）《臨川縣志》卷四一 吴應試，字正泰。萬曆丁酉鄉舉，辛丑會試副榜，【略】以親老乞養歸，郡中有大興作如千金陂、萬魁塔，皆應試董其成。

（光緒）《宣城縣志》卷一五 徐楠，字任之。嘉靖己酉舉於鄉，知未陽縣。大興文學考績，擢撫州同知。州舊有千金陂，爲郡所利賴，久廢不治，楠躬督畚鍤不稍倦，且傾俸佐役，卒底厥成，撫人爲建祠陂上。

紀事

唐 柏虔冉《新創千金陂記》《全唐文》卷八〇五 撫州刺史渤海李公，一日無事，理舟汝水，泝流而上，顧視原野而嘆曰：焉有沃壤如此，而不富於民耶？有田户鄒稜跪而拜曰：稜臨川之小民，老於農者，請以利害計於使君，願申其説。公曰：然。因得盡搜故事，得華陂舊基焉。稜曰：華陂始於上元，在大曆中，有若顔魯公亦建土塍陂，尋亦廢塞。在貞元中，有若戴公置冷泉陂，其迹尋荒。在太和中，有若杜公，修置不成。咸通五年、七年，有若皇甫公、有若鍾離公，相承八十餘年，皆儀圖其地，卒不能就。

公曰：不然，吾試爲汝成之。於是究其源，度其地，鳩其工，諭其民，民咸樂之。九年八月，鑿冷泉故基，自文昌橋直抵南洲鋪上口，凡九百七十餘丈，接汝江，皆沙礫，排窒微有其趾。於是畚鍤既備，并其工而開鑿，乃浚其洫，乃高其壖，土與江口平。盡出其沙與積壤，縈束盤委，望之若帶焉。過報恩寺，趨文昌橋下，透隴畝而分其溝塍，綺錯鱗差，二十餘派，陂偃五所，以節水勢。公又於其上横截汝江，置千金陂，南北百二十五丈，斬木爲檣，疊薪爲溼，間以巨石而絡之。江水小長，陂則蹙其水丈餘，而入於冷泉之新渠，奔流貫激，通舟楫之利利於窮民。走文昌橋北，沿流三十餘里，灌注原田新舊共百有餘頃。自兹田無荒者，民悉力而開耕，爾後又不可勝紀其頃畝矣。

先是荒廢，陂水不入，仰天雨積潦而溉之。苟旱暵不雨，苗則盡稿。是臨汝、長寧、長樂三鄉之民，固無望秋成，而輸王之稅不減他户，窮民焦號，無所控訴，至有鬻妻傭女，其苦甚矣。

嗚呼！不有天意將大拯於撫民，則公曷莅於臨汝耶？曷成於千金陂耶？民咸聚而謡曰：公倅景城，民蘇南皮，南皮斗門，厥績今存。在昔河流，西走燕魏，民困堤防，日憂理水，舟楫壅遏，爲弊仍歲。公作斗門，分水之勢，亦不役民，荷公之制。又曰：公作千金，撫民惠深。陂水沈沈，樂乎人心。我田不荒，我苗如林。憂公之去，誰其嗣音。十年夏，新陂成，公召郡從事及賓客，載酒張樂，觀陂以落之。由是軍民無少長，繄公之德，賴公之惠，因録其績，聞於廉使。請詣闕借留，引寇恂故事，而聲聞朝廷，爲上郡之政首。

迨十一年夏，公秩將滿，懼公之去，惜公美績，恐汩於後。録事參軍衛宗卿、臨川令陸忿、都押衙李莊、都虞候吴敦實、子糾候讓勾覆王贊、洎州縣胥吏等群進，衆拜於庭曰：公之利臨川，其績彰彰，厥功懋哉！而千金之創，特異於古，雖汝南何敞開銅陽以利物，邵侯斷洪流以溉田，無以過也。不刋於石，則撫人何所仰其德哉？衆有議曰：軍倅柏虔冉早踐文場，善屬詞筆，宜勒其事。虔冉才非博古，學昧通經而繆爲賓吏，纂我公之懿德豈能備乎？辭不獲免，因操筆覼縷事，志於貞石，愧無文飾。咸通十一年歲在庚寅六月壬午朔廿八日己酉記。

宋 趙與輈《重修千金陂記》（康熙）《江西通志》卷一二六　嘗讀杜君卿《通典》，邵信臣爲南陽太守，於縣南造鉗盧陂。累石爲堤，傍開六石門以節水勢，用廣溉灌，歲歲增多至三萬頃，人得其利。後杜詩爲太守，復修其業時歌之曰：前有邵父，後有杜母，循吏之流風善政，民到於今稱之。

惟撫爲郡，以二水合流，號曰：『臨汝』。考之圖志，臨川水在縣西五十里，源出定川。以今地勢觀之，合宜黄、崇仁諸水，由郡城而西，趨豫章，赴彭蠡，此臨水也。汝水源出南城爲盱，自盱入石門爲汝，由郡東過文昌堰，遶北城至西津，與臨水合。

郡城之山，發迹軍峰，重岡複嶺，嵬峩岌嶪。北行二百里至此爲二水所束止焉，回環繚繞，如玉圍腰，金石臺屹峙於外，故里識有『臺分堰合』之語。川融山結，鍾奇孕秀，人物瑰異，生聚繁庶，江右之巨鎮也。

汝之上流，距城七八里，舊有支港，決而他出，又越二十餘里，方合與正流。相爲消長，若支盛則正壅，褰裳可涉。越旬不雨，則絶流，地脉枯燥，風氣涣散。自唐已有千金陂，遏支而行正，然陂常潰決。紹興間，郡有富民王姓者，極力築堤以捍，歲久復毁。嘉熙間，太守計院趙公師郡嘗經營，於上流順地勢之直，别鑿小渠引水以至擬峴臺下。事未及竟，傍無障閼，復成絶潢。後之來者顧瞻求嘆，欲作而復輟者屢矣。

今郡守祕書葉公夢得莅事之明年，燕凝坐嘯，乃酌輿言，欲回其瀾。鳩工飭材，浚廣舊渠，築陂絶江以灌。其内陂長三百丈，渠廣二十丈。財用之幣餘而不侵經費，工取之傭僱而不科夫丁，一竹一木厚酬其直。民樂爲市，咄嗟而辦。源深流長，舳艫相接。氣聚風宜，漸復舊觀。是役也，肇於淳熙辛亥十月二十日，訖於十一月二十八日。見者咸啃其成之易也。三衢徐三錫實董其事，頗有心計之助焉。

或有倡爲浮議者曰：盱城歲餫連檣，巨艦順流而來，渠恐難受。殊不知綱發必俟春夏積雨巨漲然後鼓楫而下，此邦亦然。若只常流，雖無此陂，亦罔水行舟也，此一不足慮。或者又曰：溪潰而東，多歷年所率爲筒車以資灌溉。陂而絶之，人失此利。殊不知束薪囊沙，豈能涸流？今西港述陂，新陂綿亘，倍此而下流自若。此二不足慮。又曰：鹾茗之舟，必夾私販。若經岸下，慮有檢柅，多爲謗議。殊不知前此郡務，亦布津闌，其越税者未嘗無禁，豈以陂而苛征？此三不足慮。又曰：東門長橋，民不病涉。若水復古道，或至衝齧。殊不知橋數十眼，受水甚寬，前此固聞屋裂於風矣，未聞址圮於水也。此四不足慮。

所可慮者，閱歲滋久，竹折木腐，葺之勞費莫繼耳。以今計之，錢僅一千緡，米僅二百石，若歲加葺，多則十之三四，少則十之一二。然以一郡之力爲之，亦直易事，特在後之賢侯加之意爾，罔俾前邵後杜之歌專美於南陽也。郡侯俾與輈識顛末，刻諸堅珉。故不敢以膚辭，始勉述其槊，并得以剖或者之疑云。

明 舒化《重修千金陂記》（同治）《臨川縣志》卷五 《傳》曰：天地設位，聖人成能。又曰：裁成天地之道，輔相天地之宜，以左右民讀。此則知聖賢經世佑民，非因天地自然之理，不可蓋天地山川，列形奠位，神與氣融，化理乃通，固之則氣毓，蕩之則氣散。是以古之長民者，疏川固澤，使氣不沈滯，不散越。水土平而民用，是無天厲札瘥之苦，無饑寒匱乏之患，故上下能相固以享長治。此可持以紀千金堤之要領者，郡之脉祖於五嶺，黄於伏村，峻起爲南豐之軍峰，奔騰巃嵸，由數百里而終止於郡，左則汝水之源出焉，右則臨水之源出焉。汝水繞城麓至黃塘口，與臨水合此一水也。以內向則抱城三門而洄，坐以待滋；以外溢則臨田百頃而仰臥以候溉。燥濕相須，流逝并妙眞一方，千萬年悠久之利也。厚利迨後水落瑤湖灣，怒衝而東，東土疏惡，嚙而直趨孔渡，全形裂矣。厚利始無收也。築於唐者，如刺史顔眞卿輩，凡四人。築於宋者，如太守趙師郡輩，凡三人。郡民王止翁願獨修之，其功於民生，葢可慨想，不然何世傳？不替上下□心，往往如此。名曰千金，自唐渤海李公始也。我明一奏修於訓導王溥等，一請修於諸生章袞等議，而不修是誠有待。嘉靖間，督撫傅公鳳翔諗知其利，縣令應公雲鸑以是請，乃檄同知陳公一貫專其事，佐以通判潘公梅，當其怒衝橫漲而遏之北。儆縉於富室，派役於里，排掌簿於鄉之士夫，以松櫃實塊石，以竹簍實鵝子石，綿亘三五里，工料率以萬計，厥二年而工成。其氣魄雄烈，有排倒山海之勁，川長濤巨，浸中甃以濠塹。且當入口沙積，如郵無論識者，固憂其必潰。至五六月，果決矣。夫起大動衆，不無怨嗟。一遭敗績，盡鈐口結舌，不復敢言馴。至萬曆改元，朝政載新，群工致惕，惟恐地方利不與民，共以失天地美厚。御史任公春元按撫諸生，復呈前事，毅然准行。而督撫淩公雲雷、徐公栻、楊公成、潘公季馴、劉公堯誨，御史燕公儒臣、李公學詩、張公簡、趙公燿各相繼檄修，捐鍰以助，移文不休，舉事無寧，歲竟罔就緒，豈誠左方筴耶？無奈道旁之人意有異同，議多矛盾，以故當事者歲不廢修，以應欲爲者之心。又不使，即成以厭不欲者之口，進止如此惜哉！嗣是同知徐公楠實司其工，鑿瑤湖嘴以直水勢，用方丈石以降水衝，募浙匠善沒者甃砌於水中，人咸是其策矣。然尚有以唇舌恣搖奪者，工岌岌幾復輟五年。太守古公來守，是邦士民首以是請公曰：堤之不成，我知矣。我不敢迹此，尚須自信，其心乃敢諾。一日，偕諸僚屬循河而走，察視所以而語曰：奈何司土者使天地全利，顧忍於棄遺，不使將以惠民耶？乃與徐公盟曰：堤不成不已也，虔衷肅慮，殫力朋謀，鑿石浚沙培基塞口。思不輟晝夜，勞不避寒暑，憔悴計籌胼胝肔胈括帑，贖遺清簿公員，一錢不及於編氓，一夫不派於里甲，會算木石，不濫不嗇，原議六千金費，始及牛工興如雲，民若罔識，落成之朝觀者如堵。然夫以洄立之，闉隍遼環清浸白沙十里，化爲通津，盼慕千年功成一日。其歡呼踴躍眞與悠洋活潑者同，而莫知誰之所爲者，已由此以滋灌溉，以擅金湯，以嚴稽察，以便逸游，以通商販，以一轉輸，以省背負，以濟水火，利在民間，種種莫悉，噫！此耳目共見者，抑末也。尚當識其大者，葢五行以水爲主，天地所紀始終，所生王道修明。則百川理脉絡通。偏黨失綱，則泛溢爲敗。郡之山澤，一氣相乘，四水護城，綱孰甚焉？散逸失從，洄燥爲患，脉枯復潤，氣蕩再歸，愆伏不灾，陰陽效職，歲完靈合，造化渾成，其益無方千古，一日者也，豈一政令、一科條之策已哉？此爲成能此謂左右民之大者，誠得敦本之治而爲永賴之利歟！及夫建廟以祀神，設夫以司守，鑄鐵犀以鎮怪，議歲費以待修，創田租以贍廟資，眞無疆之思也。公之爲民至矣哉！夫報者天下之利也，吾民其何以報諸通判蔡公廷璋、推官徐公得禎、蔡公萬里、邑令朱公讓？悉同心相濟，贊翊以成，若驅督奔走，則有經曆王重慶之屬也。古公，名之賢，蜀之梁山人，起家名進士，治郡有聲，而其著者在金堤。

明 章光岳《復修千金陂記》（同治）《臨川縣志》卷五 郡之東南有千金堤，橫亘四五里，延袤千餘丈，屹然障汝水之全流，使周繞郡之四門，如環如帶。以合襟、臨崇諸水而下注豫章者也。葢汝水自盱而來，厯虔疏，經靈谷，汪洋浩瀚，朝宗於郡之南，其大勢然也。□流至瑤湖，距城五里，忽折而東，則入懷反跳。堪輿家大忌，之前戊寅郡守建吾，古公邑侯、朱公采郡人，吏部覺吾劉公議斡天關回地軸，見恢萬世之利，通詳院道，經奉題請加賦六邑，聚金錢數萬，勤拮据五年，始克底其成績。余嘗聞父老之言，曰：金堤未堰之先，郡城蕭條，僅同一村聚，人文落落如晨星，城之內外，列弟子員者僅五六人，市肆幾可羅雀，俗尚狉獉樸陋，殊不似大邦氣象。迨堰城而後人文鵲起，科甲蟬聯，鳴珂紆金者肩摩踵接，博士弟子且數百計，聲名文物，豐隆都雅，百倍曩時。而東文昌而下，抵金臺章石，良田萬頃，靡所灌溉田，卒汚萊堰合，而諸流環會，水有所瀦洩，遂成沃壤。甌窶汚邪之入，皆如京如坻，則壤而供，惟正稱饒給焉。則此一堤也，其關係於通府，盜綦重哉！第時異歲遷，衝激不常，勢不能不圮，遇圮而修，修而不得其道與不得其人愈益。大圮數年之間，兩經委官修復，縻費金錢千餘，竟無片石尺椿之存者，無何而決口廣至四十餘丈，深且十五丈餘，勢必殫堤爲河而後已。余嘗拉朋儕臨流浩嘆相與歌，瓠子而致慨於錫元圭沉白馬之無日也。于時灾祲頻仍，辛酉大火，癸亥復大火，延及千數百家，城之東北境幾成邺墟。郡人士閔閔皇皇，相與推原其故，僉謂五行惟水制火，金堤潰决，反跳背流水去火炎，理有固然，又何疑焉？于是鄉紳士庶合辭，呈請於邑侯霖寰曾公，公毅然以修復爲己任，旋上其事於郡守浚吉朱公，公愈穆然深思遠計，不啻痌瘝之切身也。值直指玉溪田公持繡斧按羊城。余從諸君子後，敷衽陳之公，即灼見興廢之原，深核名實之歸。覼然曰：天下事修舉誠難，得人尤難。今兹之役不得不委官，委官鮮夷，由之介乏盤錯之才，一切工之良楛，堅瑕且寘之膜外。惟是金錢入手遞相朘尅，强半以潤其私橐，如此雖屢修無補也。諸公欲爲堅久之計，使官修不如自爲修，誠得一有德有才之長者專董其事，而後可臻厥成。諸君子深服公之洞晰周到也。僉舉鄉紳吳君應試，謂其平昔公而潔恪敏而練習者也。吳君復舉太學生顔祥麟以自輔，于是周爰相度區畫條規。一議設石櫃，蓋水勢衝激爲力甚大，前次修堤率用篾簍裝亂石墊，其内以石抱其□，篾簍易爛，亂石易散，水勢所衝，一石搖動，衆石俱崩。今以松樹板作爲石櫃，每櫃長一丈，濶五尺，櫃内貯之以石可數萬斤，水衝不動，而松木入水千年不朽，石櫃居中作骨，衆石在外作護，極其牢固。一議擇石料，蓋舊修金堤皆以麻石包裹於外，而以浮脆紅石貼襯於内，水一浸潤紅石消融，中若敗絮，外安能固？蓋紅石價賤，麻石價貴實相倍蓰。今純用麻石，盡去紅石，而麻石亦較定尺寸，每石厚一尺二寸，闊一尺五寸，長以六尺至九尺爲率。其縮薄短小者，水激易動，概置不用，庶内外如一，可圖堅久。一議結砌之法，蓋金堤舊石皆係横叠，石頭向水參差不密，水日震盪囓蝕以致速倒。今以大石直砌若墻脚，然犬牙相錯石之中間皆以松椿品字拴定，如垣如墉，任水衝激，力可捍禦。一議結内外二硔，蓋河之西岸皆瑤湖，諸山石嘴突出，水爲石激，横奔直射，金堤河之東岸皆浮沙泛土，善潰善崩。若止塞决口而不殺水勢必不能當其奔突。善行水者，因其勢而利導之。今於堤之上流砌内外二硔。内硔則對瑤湖石嘴，遏水横奔，使就中流。外硔則防水過金堤，湍洄掃塌。雖建二硔多費二百金，然必不可省。一議僱募，蓋往昔修堤皆起修堤，夫差人追迫，不勝其擾，每夫數名不當一夫之用。今長雇土二三十名，每名每日工食折銀二分二厘五毫，晨而作，昏而息，一夫可抵數夫之實。而民不稱擾，其餘纖悉區畫，靡不井井有條。爾時朱公祖曾父母皆可其議，且諭之曰：修堤官事也。曩以官事治之，虚糜重費，績用不成。公其任之若家事，然官中不發一票，不差一人，知其無裨于用，而且滋之擾也。二生受命，以往虔惕朝夕，一切規畫厝置，召募監督，儼若其家之有大興作也。其錢糧之發於官帑者，即面呼各匠以原封給之，毫不沾手，嚴束二家僕從，靡敢有需索半文者，所領官鏹皆足色足數，各匠悉歡呼踴躍奔命恐後，肇工於癸亥之九月，報成甲子之十月。寒暑載周，始克襄事，厥惟艱哉！今兹且四祺矣。洪濤怒湍，不知經幾震撼而屹然巋然安堵如故，始信任人任事虔始厚終非苟而已也。兹者屬當勒碑紀績，丐余述其事而記之。余惟天下大利大害關切民瘼，皆司牧者躬任之。然每多因循廢弛，揆厥所由，蓋秦越視之而痌瘝不甚相關也。或公帑如掃，而趦趄却步於措處之難也。不則蘧廬傳舍其居，而姑以俟後之君子云爾，未有如我郡侯朱公、邑侯曾公，嘉惠地方，每懷靡及始終勿替，俸薪罄捐，多方設處，而卒以建永賴之勳，垂不朽之業者也。至直指使者代天時巡，亦惟是察吏安民，肅憲貞度總持其大體於地方利病，守宰之責，照詳批允足矣。而我田公立談之間，超然遠覽，曠然深識，區畫周詳，懇到捐助，允支千五百金。維時搜括捐俸章已屢上。而入境以來屏絶煩苛，即於寬政贖鍰幾何？而公則勰勰然，殫精竭力以圖若躬任其事者。然此其念切民隱由饑由溺，昊天實鑒臨之，而吾郡士民世世實嘉賴焉。迄今民安物阜，樂利熙穰，耕食鑿飲，忘帝力於何有，而不知諸公之計慮，周明德遠也。余之記此亦偶附康衢之謡，爲異日稗官野史云爾。直指田公，諱珍，號玉溪，河南之虞城人，庚戌進士。郡守朱公，諱大典，號浚吉，南直之長洲人，癸丑進士。邑侯曾公，諱化龍，號霖寰，閩之晉江人，己未進士，并鐫之石志弗諠也，公推首事勤勞。鄉紳吴諱應試，號朝穆，并太學顔祥麟例得并書時天啓甲子。

明 古之賢《新修千金堤記》（光緒）《撫州府志》卷五　曩余下車時，即聞之郡中藉藉言千金陂事甚亟矣。則又怪其何役之難成？而前後因循釋鼎成之業而虚爲此紛紛也。於是郡之耆老、搢紳、大夫、先生之屬儼而造焉，所陳説利害甚悉，咸有當於余。余退而發昄圖經曆峴臺巡行郊野，辨其土地川澤邱陵衍沃原隰之宜，眺瑶湖千金堤上下。余盍低回者久之，慨然想見魯公諸賢之爲，則又未嘗不私竊嚮往之矣。夫鑿渠分浸，導川之氣，而鍾澤之美，爲民興利直太守事。澤不陂川無梁，春秋刺之尤甚，矧諸監司當道措注焉。業已檄捐贖金資給之矣，而不能畢力督成，稱其位之謂何？且郡蓋舊稱沃壤，形勢便連，三面之水以爲帶，此百姓所豐給，萬商所輳集也。又有秔稻、梨、栗、桑、麻、蒔蔬之饒，土宜橘柚，水多黿魚，貧者得以人給家足，無饑寒之憂。故臨汝之間號爲土膏，其價畝一金。今決而難復，絶陂池水澤之利而奪民負郭之腴，洋溢孔家之津，滉瀁七里之壟，高者旱，卑者澇，損耗五穀，是其不可明甚屬者。郡庶人莫不趨利而棄本，稼穡之民少，商旅之民多，穀不足而貨有餘。又不便於轉輸，往往賈行市販，呰窳媮生，而亡積聚，蓋未嘗不過金堤而太息焉。潰裂相尋而議所塞者，幾年於此矣。卒未有長於計策中水利害者董其事，乃宣城徐君閎達碩畫行堤上，視水形便甚，熟所籌度機宜。先計以條於民，余所稱不便者，徐君業亦心計之，亡何疑作矣，曩者郡多諱言堤事，以戊申之役騷然發動，蓋嘗竭一州之力以扼塞水害，輒復敗。而今茲舉事黔首，狐疑且喜且怖，議者又顳顬以疏河浚沙爲策，歲月多縻弊，縣官費勢不及民，浮言沸興，撓成功就敗事，余甚異焉。作而曰：民何知？所不奮身爲民興利者，有如此水。所役民一日，動民一緡，而以興利者亦如之。且決所未塞，而日事浚淤非計之得也。但其決所湍悍，難以人力疆塞之。往者用磊礫亂墜而下，雖楗以竹絡，多疏漏，因募得越人水工陳琛等五十人，商程功費。琛等習水善没，没水布碣，石如祟基，版築盡度不爽。石取之瑶湖磯，東以塞所決，西以殺其勢，於法最便，賴天地之靈，山川之美，高堰合而大波迴，蓋鳩工於疆圉赤奮若之歲而浹周告成事矣。往者盡截河流，水暴衝激其勢必西，嚙西不能支，往往潰。今稍卑其上五尺，不與水争咫尺之地，平居水未漲時，游波潴蓄，注澤鹵之地，抱闤闠而西，會於臨控引雄據隩禦之阻足恃焉。余嘗讀茍伯子《臨川記》而知其山川爽塏，王謝風流臨迴溪據層阜甚矣。以今觀之，尤信河東所在居民舊無業，作占募之地。茲乃願受一廛而以驅儈爲生者紛然出焉。孔渡永豐河壖棄地不可勝數。而今皆願求墾治以資灌溉者數千人。余又懼江河泛濫，多有蛟龍乘風雨決壞涯岸者，其性惡鐵，因作鐵犀而爲之銘，築靈昌祠，其上諸所計具諸君記中甚備。余勿論，論余之所繇本末商度者以詔後之人，若乃增卑培薄相與保其成而勒之，所謂物睹雙碣之容，民識百重之典云爾。

（康熙）《江西通志》卷三五　孔家驛，舊名朝京驛。宋時建於文昌橋東，元初以千金陂決遷於孔家渡西岸。

藝文

明 劉伯爕《鶴鳴集》卷六《司澤民之臨川》【略】千金陂合□，萬里客歸溪。飽飫彭蠡水，相看燕樹西。

明 湯顯祖《湯海若問棘郵草》卷下《寄前太守胡公并序》　善哉！莊生人欲爲嬰兒，吾亦與之爲嬰兒。明公直廉謂不可於人，則掛冠而去。昆明池蓮花無恙耳！不習嬰兒之道，百姓憐思至今。當時二三君子，蜀劉公爲人仁，鄣汪公清，余公甚義。僕時無病而受教，各不瑕鄙，僕後離病斷足府寺矣。余公閒去，汪公冗散，劉公遂成。故物由斯而談聚散，豈不悲哉？千金陂何時汔？可書懷一首，可令意事小童咏之焉。

臨川太守自多賢，解綬惟君不待年。杜密可曾私引託，姜岐長得病遷延。誰言去後陂當復，正憶年時榻每懸。最是江城無大小，説君名字總潛然。臨川有千金堤，堤成，湯君作賦，當是此胡太守陂，復用兩黄鵠車□始。

明 徐良傅《千金陂櫂歌》《江西詩徵》卷五七

長樂長寧幾萬家，不栽桃李種桑麻。使君挽得天河水，散與東風灌稻花。

靈谷銅陵眼裏稀，汝川淼渺弄晴暉。雙懸翠巘雲爲障，直下瑶江玉作圍。

七郎廟前汝水深，鬖鬖柳色易成陰。漁舟莫認桃源路，溪水溪花何處尋。

黄塘口外棹歌收，坐看巴華幾派流。叠鼓正翻獅子峽，鳴笳已近虎頭洲。

明　舒化《千金陂》（江西詩徵）卷五八　天源紆曲□江城，南粵飛龍界水平。比屋似鱗千瓦合，孤舟如鳥一帆輕。堤留古樹星槎近，岸夾桃花雪浪明。四百年來豐樂地，何當扶醉覓閒行。

明　劉命清《千金陂》（康熙）《撫州府志》卷三五　平原舊迹墮涯陰，賈讓難將上策尋。烏石千帆愁戴魄，玉華一路倦輪金。春江花草唫幽勝，曉雨魚龍潑浪深。幾度踈鐘斜日外，埭行耳耳悦鯨音。

明　胡先覺《千金陂》（江西詩徵）卷六四　道士驅羊到汝陰，何年鎖鑰更追尋？青袍有客迴春眼，書帶無人識草心。三尺桃花魂夢潤，一堤絲柳水雲深。扁舟買得頻來往，白鳥時煩寄好音。

明　崔世召《秋谷集》卷上《舟過昭武千金陂感賦》　一金聚民膏，千金築陂堰。長虹障古流，遙峰眉稜偃。波明浩無際，臺高擬襄峴。誰鞭東海石，勞勞謀逸遠。銅犀礪角昂，不敢回頭轉。夜半作人言，洞迸春澌泫。當年悲築愁，萬夫足垂繭。水府費金錢，天吴課褒貶。郡乘有司存，歲歲役更踐。自從海不揚，豈復命車輦。溪漲驚懷山，鬼工欺忍淟。危塍石齒齒，未絶者如綫。不聞麻姑言，蓬萊幾清淺。斜川樫風號，落日犀魂碾。東方民力枯，王事須黽勉。

明　謝廷讚《金堤櫂歌行》（光緒）《撫州府志》卷五　金羈翠毦陟層阿，臨觀趨浥湛踰波。分流未稸桃花水，楗石應同瓠子歌。白華高厲含風結，碧迴澄光映日多。已見瀾光媚秀草，始發芙蓉雜蕖荷。帶堞凌城檣亂度，元雲素沫騰相鶩。鄭國在前咏去思，白渠起後歌來暮。去思來暮古今然，滈滈神哉臨舊川。曩基即先築千里，百里無遠延漁子。垂綸坐擁湍珠轄，銀鈎翡翠竿。金烏西柤隨飈駛，朱脣玉面共邀歡。并欲凌波相拾翠，俱將照水學翔鸞。更有蘭橈錦纜船，乘風埒景弄潺湲。斜窗野馬浮光結，曲沚游魚戲水漣。雲光樹影來芳月，月色低回未忍旋，從教弱質易扳纏，微尚應緣静者便。相將惠子觀濠上，感心帶地惜經天。

明　謝廷宷《讀千金堤志》（光緒）《撫州府志》卷五　堰合戴筐臨，星占賢人聚。各負青雲姿，并有滄洲趣。弭棹出松林，風流美無度。練影金柅分，鹵澤瑶溪注。既喜桑麻饒，遂令枌檟樹。日余攖世網，永絶賞心晤。徒徹休汝騎，終謝如邛賦。緬懷靈運蹤，偶從池塘句。

明　周孔教《新河泛舟》（光緒）《撫州府志》卷五　千金高堰合，百頃清源開。方嗟川爲陸，又見水東回。水回何潏潏，洸漾洗青壁。投檝稽瑶溪，流沫灑金石。金石何崔嵬，俯流一壯哉！昔人埋金去，此地空高臺。仙隱不可問，倚棹却徘徊。徘徊伊水曲，行歌畏景促。圓月出高峰，扁舟聊獨宿。碧水滌煩襟，青山送遠目。畠畠城南隅，遥光媚靈谷。悵然懷昔賢，何由繼芳躅。

明　謝廷諒《堤成喜眺》（光緒）《撫州府志》卷五　新泉帶雲薄，神泉散春陌。五峰鬱華潤，九井開元液。軺軺土逾奮，盈盈水方積。溜響激揮株，林池漾沈璧。却倚墨池東，西顧紅泉客。鷺禽略溆浦，涣鱗起泉石。爲樂共濠梁，行歌異楚澤。滀水静横流，悵然懷古昔。明牧建隆碣，淵回拄地脉。冀稻方縱饒，鳩材詎知役。

明　姜鴻緒《登堤》（光緒）《撫州府志》卷五　百谷自交引，萬潨始遥集。窄厄勢相碰，瀺灂聲何急。波濯雲興霈，揚汨雨下湒。屋□會安翔，清升噴淪溓。雷鼓崪中怒，稽天散平隰。乍疑鵾鵬逝，謂有蛟龍蟄。涣蕩狐疑色，恐懼熊經立。明德感深衷，鏤形愧辭跲。

明　陳九川《新堤櫂歌》（光緒）《撫州府志》卷五　漳水須教泄水多，獨憐顧守議疏河。請看堤水平如掌，深渚成湖不起波。一漢南傳説一星，疏時次文昌拱帝。車神化獨旋河漢上，精光偏燭斗牛墟。

明　王懋德《修復千金陂銘》（光緒）《撫州府志》卷五　萬曆六年，歲在攝提。撫郡修復千金陂成，惟我太府高梁古公暨二府宛陵徐公，實協厥始謀底茲成績，落成之日，黎庶懽忻謳歌載道，公乃集從事會賓僚相與登峴臺之勝，覽山川之奇美哉！皇皇一時之曠，覩百世之長利也。郡搢紳相與謀曰：諸侯計功，大夫稱伐，古之制也。故砥柱鐫銘禹功，益顯宣房紀績武烈斯張師帥賢勞，而《鴻》篇莫述鄉士大夫之恥也。子盍銘之以觀來者。余謝不獲則系之辭。

銘曰：羊城屹屹，扶輿所鍾，孕靈毓秀，發迹軍峰。汝川南下臨水，西溶河流如帶，佳氣鬱葱，爰自中唐瑶湖。東决正道爲淤，支渠孔泬，金陂創築，奔濤暴囓，不潰於成，如食斯噎。數百年來遞廢遞興，謀無遺謂，功則罕稱。蟻穴之變，金堤上崩，楗石爲菑，輿論沸騰，天授良牧。公來自蜀，考乘念圖，鋭情興復，偕我二守，慮周計熟，凝思成山，運謀轉轂，乃飭將事，乃召公徒，捐金僦役，庶民樂趨，畚鍤如雲，木石塞途。公曰：勿亟大小，懽呼露冕搴帷，爰稽爰度，開浚崇墉，洪流歸壑，投石沈茭，浮黿役鵠，辰見而栽，浹旬而落，長堤延袤横截支流。譁我士女來遨來游曰：我明府功與神侔，溥施利物，惟公之休。始時田疇浸潤未廣，今也沾濡盡爲沃壤。始時擔負接踵摩肩，今也舟航利於貿遷。涇水饒秦期思殖楚，我公繼之後先接武。阜我財賦，長我禾黍，何以名之？召父杜母，緬維先哲，尚多典型，堰合臺分，河伯効靈，繄公德澤，千載流馨，凡我人士永鑒兹銘。

明 古之賢《金堤鐵犀銘》（光緒）《撫州府志》卷五　盱汝互湊瀰瀰，瀌瀌濩濩，延袤洪波，其颷我心孔疚，孰與町疇㕞驢？厲率恃彼陽，侯匪沈白馬似入，金牛榮光休，氣川吐岳。修堤既成，止陋山突陬，龍文賣柱，漾璧浮璆，縈帶百雉，容裔萬艘與靈符，契鄭白甘儔文，昌欝興坤珍，闡幽邀福，安愈詞美千秋。

明 湯顯祖《金堤賦》（光緒）《撫州府志》卷五　惟金堤之勢象兮，何龍龍之豐沛。回淵璇之大陂兮，慨雲敦而山游。風猶瑶而翏津兮，夜聞訇其磑纍。瀟蘇胥其澶没兮，似沉秋之寂厲。擊洪湏而降潦兮，久馳精其有恤。獸蕭條而嗥暮兮，濤淴虚而若失。興唐塗而再諦兮，竊獨寒其盪稷。響窮山之奮瀑兮，殷涔雷之切迭。派中城以朝徹兮，滃空隆而疏越。容搜騷而濩落兮，令人深感而不寐。豈圜興以絛惑兮，石涵牙而踵跖。何下曾積以互柱兮，上舒斜而齒陛。基宏縱之旁衍兮，遂蜜有此亭隧。何淫淫之籍籍兮，散流眩而沈射。折瀨横而不下兮，曾何遂其弟靡。泊流劉而度絶兮，雪葩華而諰籭。匂余衷而不可亡兮，暢劉觀乎緡娟。草夭延而蔓畏兮，樫壁松籠參潭乎其溢。困陽春之美悶兮，猶然抒余之僁。惟金堤之上都兮，翊幽悠而善思。苕顔群監於沚曲兮，眺紛芳其可佩。愛沈苔之緑水兮，視鴛鴦而不去求。翳長坻之繠綏兮，惠風流而熠翠。步要那而波睇兮，掩江妃與漢女。固非余心之所殢兮，誓桃華之瀹水。扈遥坦而肆歡兮，宇確斯而無外。悦俾倪於逝川兮，澹天泥之㙉滯。心滔滔若爵浴兮，膳雄漂而入漻。筮畏松林之旁揜兮，反裴縈而倦息。遲飛梁之有倩兮，車連連而互轄。正佉紀之文昌兮，迺余居之所世。戒雲河之下潤兮，市明堂之升氣。流星貫於紫宮兮，在穹微之子亥。杓龍角以回衡兮，過閶陽而上直。惟尚煬乎大火兮，又余生之所氏。疑司命之無正兮，攬戴筐而道愧。捷天梁而亘度兮，□元蟲之宛結。佷贛贛之美構兮，是誰列其虹霓。甃十三之舟門兮，上列房而禅市。往高堤之磌垝兮，東與西其猶怒。績高陂而并就兮，湧橋門而絓紬。泊柏潜其將翳兮，㴞洲魁而勃阤。虧與成其有對兮，孰梁埭之所固。庶石灾之不壞兮，匯成巒之美氣。緬元流之紀略兮，發圖經而本源。汝伏鄉之血木兮，繳赤芾之飛猿。東梁安而瀨菈兮，嗑清江乎石門。略吕滕而赴治兮，鄣西石以訛奔。伐石就□兮，并東南而抱垣。串冐圮而載北兮，西翕潗夫連樊。始合臨之衆隊兮，羌北徑於黄昏。樅樟槠之委細兮，發金雞之石冠。介豫章之洋瀾兮，淖靈若之東鄣。貫三門之素蜆兮，珥雙流其若環。帶河山之蜿約兮，壯礧磓之所闌。乍經縈而欒卷兮，又安知夫但曼。汮瓯墧之泛朽兮，沺洶洋而慮安。沓隆春而汰㲄兮，洤涅欒而忽殷。夜或淚以稍猶兮，淋淫夏以滮涫。旁不可以爲溻兮，洫云何而不分疇。東北之高潬兮，瀆漇濡而馴還。杙豚砥之平固兮，永無堦其初堅。固寂垘之洪通兮，民乍舞而歡新。步橋檽之曲詰兮，何彤殳飛綏而畫雲。橛綏維而旦莫兮，若龍鱗之覆川。鞸食鬻之齊人兮，輳殊方之末民。冠衣麗制兮，言語咿咍而不倫。乘余居近市兮，時間用其引緡。居賈輳積兮，難卒單陳白。日出暴兮，璀瑓瑞璘。巧嶄完兮，衆則須珍。瘐惡聱嗥兮，争牙不均。儈狙客兮，迎遠津攀來下兮，趣疾鮮闌河碕兮，絙衡權分别賈區兮，更販流轉。周張脱算兮，驅魁攫便。來往飛梁兮，踵不得還。大賈遨翔兮，連倡嬛文。絲縠縞兮，縈波烟吹。歌蹋博兮，工數錢敖。民無數兮，從流緣令。爰町兮，頓悔賤貧。復市道兮，何言便閭人兮，食薪庸徒負兮，周身金南歲北兮，漕若雲古公擅兮，篤仁周堤藩兮，帶阻水雄四方兮，止戈武上周墉兮，步參差之雲。雉川瀰瀰兮，林溝靡靡。作者何勞兮，且今永逸决廣，深其百丈兮，歲千金以投沸水。好淫游兮，長不處乎。堤内工哉！澍獲兮，水中視息冰雪溓溓兮，不縮意制。咀屑毒藥兮，墳發身熱。修桓對事兮，繆組夾繘。巨石鎚汔兮，僱忽投入。脱發鉤石兮，平厝底窟。直中繩業兮，方曲若矩。横縱緟叠兮，旋窪勃窣。又似淘沸兮，抽魚疾出。即接褚纘兮，烟煴薄熨。烹狗斟燒兮，反春其寒。漂如鵾如鶡兮，番出代没。竪景波摇兮，遂成墉遏。結效宣梁兮，美徐公之所。致會固有巧兮，半前勤費。增庳培薄兮，終今莫億。亂紅蘸落兮，經條潑辟。遂曆洋洲兮，灌注菭蒿。鈴噌鐕薄兮，亦莫知其食藉。壖田之涸旱兮，遂蹋引其埃滴。舉鍤爲雲兮，决渠爲雨。連畦杭稻兮，長我稷黍。水鳥盈涯兮，魚鼈熾殖野豕。戴土著紫薪兮，訝文翁之神異。埭名召伯兮，民歌邵父。仙公竟日兮，没水中而陶醉。鄭敬去吏兮，鋪茅靡以爲席。賁甯成之陂田兮，復汝南之鴻隙。夫既溉澤鹵之地，又安得省堤防之費。觀聽休美兮，登臨發滌軺船利近兮，津城度驛。濛流融兼兮，嘆人工之闕疆。大夫實高梁之茂美兮，叕越逝悊最樊。議之不然兮，橐乎差吉！疏利流惡兮，不憚剪箠。弆工發手兮，賞師徒士。獵略金選兮，簿曆凌細。班官考作兮，比次丈尺。飲食樂寬兮，程鼓不鼛。罙巡速巧兮，成功遠迹。旁斂汕擊兮，分鯢拒之。發發無鱦鯤兮，舉不得沫。暮反三市兮，名數塡遏。窣兀敞兮，内阡渠之蚕蜆。衆訊大夫兮，豈不愈悦？自我樂郊兮，谷叟争馳寬。然顧樂兮，左右雲麗舒皛。雁鸕何離離兮，白鷺雍容而雪飛。紅簷激矯兮，燕即足而差池。士女慶於莊疇兮，濯緯沿湄舟人客。子飄融冲而上兮，下摇柑之衙。衙附就巇遲兮，視臺阯行人之渺微。車馬鱗度兮，旁積壠之索索。靶宅疾兮，元氣一何睢盱。云胡不恢兮，愷瞻四遐靈鄣翠之葱眠兮，接雲施於戚華。望上雲而不見兮，歸石笋之所治。明發西醮兮，銅峨峙而入華子。浸明泉之日月兮，磴瀑懸危百尺而不止。蒙嵷杳靄兮，鬱育龍會。降出黄粱兮，試陰蟲之滴水浮邱。王子從逝兹兮，躡芙蓉而棲紫。葢東華繹屹於九峰兮，軍縹入乎雲内。空明玉景兮，人居苦㳍乘逝川兮，適金石略蜉蝣兮，捎積翠曾何足以娭兮，甚塵細明發東維兮，列賓侶而命斸。扳方舩之繡繢兮，跳雲華之妙伎。摇凌波兮，響葭吹歌激楚兮，轉吴會霞雲駁兮，樹芓靡周南雅兮，樂無射弭節金涯兮，招遥容裔快安流兮，吉斸戒置靈宫兮，醮都水巫望河兮，紛若語靈之來從玉馬，於是耆舊諸生各稱厥意，曰：惟是大夫之勤，慈有智休哉！賴神媪之從，和銓絡之平，理愚等無所知識，恐後來之不昭。昔李冰作離碓而辟沫水立石犀，明異世大夫固巴蜀之英，宜裔厥事大夫曰：休哉！乃鎔金銅，灑榧鑄，作立水犀琅當鐵柱，伏蛟螭，觸夔怪，爍金精，與神會塡，高深永無害。

明 帥機《陽秋館集》卷一《千金堤賦》

惟郡邑之創興，莫水德之爲急。符於穆之神用，昭化妙之初質。在天而爲雨露，於人則爲血脉。雨露竭而物不滋，血脉枯而生不殖。彼鄭導涇而秦疆，若翟罷陂而民瘠。道謀回難于成功，利巨豈作夫無益繄？吾郡之地形，實臨汝之交滙，合二水而繚城。故風氣之完聚，嘉顔李之築。覽遺迹而追慕，何陵谷之變遷？汝水决而東注，遂涣散而外反。豈回環而内顧，歷數百載而寂寥。亦氣數之屯阨，一覆轍之爲懲。談堤事而悚慄，譬懲羹而吹虀。將因噎以廢食，成與虧其有待兮。天與人其相因，我大夫之領郡兮。實李冰之鄉人，甫下車而忼慨。豸衆咻之紛紜，曰：衆循習而偷安，余豈不懷夫宴息。憫外疆而中乾，可坐視而莫恤。况前賢之謂何忍？裕蠱而不績。非汝民之是疲，覬暫勞而永逸，於是乃多方擘畫，旦夕圖維。迹原野相高，卑鑒往弊。集衆思排建閘允築陂，乃謀監司。監司是從，乃聯貳守。協恭和衷，乃率屬幕。聚財鳩工，經之營之，不亟不惰，率取給於贖鍰，豈勸借於閭左？乃浚河沙以疏西嚮之路，乃破湖嘴以遏東潰之怒，或哀之，或益之，行無事而爲智，將抑之陽與之，不與水而争利，乃揵石築埽以爲經久之計，乃作梯瀼水以殺奔湍之勢，爰募賤人没水下，石鈕貫連環以膠，投潦枚枚實寔。雖萬撼而不摇，似錮南山之無郄精，意愁神巨靈贔屭。庶民子來，奮勇和會，故得期年之間遂變滄桑蓬塊之區，忽爲水鄉經營乎。擬峴浸漫平黄塘，故道乃復，邪流以陻，不數里而同臨水兮，若寶劍合於延津。于焉觀其四郊浮游近縣，則南望建武，北眺豫章，輻輳四達，通惠工商，菁洩有備，長我稌秔。堤之分野正直文昌，必有異人以繼，晏玉於是乎。沙明溆浦，渚戲鴛鴦，文鰩出躍，鷗鷺集翔，駕鵝屬玉，箴疵鵁鶄，莫不咀嚼，菱藕出没，波光倒景則摇乎，雉堞捲幔則矚乎。帆檣水縈紆而如帶，池周呀而爲湯，但見山川悉在于鏡裏，銀河似接乎天。潢皛舟摇颺款，乃讙揚轉輸而一舍無重，繭將逆而百里不春，糧潤下克炎鬱攸不起。家無待于藏珠，作不煩于儲水。兑運以時，魚集鱗次，陸珍海錯，羅列市肆。錫阿霧縠無足而至，鞠鞫殷殷，遂爲大邦。雖介處于江外，與中州而頡頏。若夫春日遲遲，蒲稗因依，白蘋轉緑，修蘭被涯，青霞蹙浪而明媚，光風拂水以漣漪。至若薰風自南，沸濤衍溢，菀柳成帷，靚河如拭，僤溽暑而濯纓，晞華髮以枕石。又如紅葉墮川，寒烟收橘，菊岸委金，澄潭浸月，悵望伊人，心魂飛越。及夫空江雲飛，屯雲沉黑，疏林逗舟而舉火，漁人曬網以吹笛，野寺霜鐘，此景何極。合四時之佳麗，因兹堤而有獲，而乃沙頭別友，江干送客，彩鷁胖仍。寇蓋絡繹，仙侶同舟，欣然共適。又如月夕花最，徘徊寰責，涉江而采芙蓉，遵洲而覽宿莽，或連光景于倚禊，或遺逸興于南樓，桂棹蘭楫以遨以游於焉。酒繫朱絲，殽羞方筥，震澮清歌，恤削妙舞，浮葭吹擬金皷。似采蓮吴越之濱，若張樂洞庭之浦，白雲截響，流水徽栞，游魚竦聽，時鳥和吟，合歡而罷，不繼以淫，皆所以澄神盪垢愉志汰襟。爰有博物君子，命世英豪，散意方外，覃精雅騷，厭劇市之塵囂，欣水宿面游遨，臨清流以活潑，對沙鳥而揮毫。六念既静，五藴斯洗搖筆生風，摛詞炫綺，吐江左之錦心，窺楊馬之淵懿，皆江山之振翼，誠不朽之盛事也，豈不休哉！然大夫猶遜大功而不有，謂人神之協謀，乃鎔鐵犀以鎮上游，回新廟宇以報神休。冀吾州之豐樂，期帶礪于千秋。於是邦之士民相與歡醵悰舞，曰：大夫有大造于吾土，思所以尸而祝之者，豈殊千畏壘？嗟夫！凡民可與樂成，難與慮始，即鄙生白首雕蟲問于事體，亦切私憂西過蒠。昔人謂經綸天地之謂才，良有以也。千載一逢，敢揚厥美，遂作頌曰：惟此金堰久逡巡兮，誰其成之斷且仁兮，彼美洸洸照城闉兮，公爲雲雨澤我民兮，公爲慈航渡波旬兮，召伯之棣永昭垂兮，仲通之書帝將貤兮，奠封疆浴日月冠洪郡埒吴越邪竇塞兮，地脉回瑞應昭兮，產賢才儼千秋而作固，頌古徐大夫之德兮，悠哉！

清 杜文瀾《古謡諺》卷八〇《撫州民爲千金陂謡》 全唐文卷八百五柏虔冉新創《千金陂記》。撫州刺史渤海李公理舟汝水，泝流而上，顧視原野而嘆曰：焉有沃壤如此而不富於民耶？因得盡搜故事得華陂舊基焉。於是究其源，度其地，鳩其工，諭其民，民咸樂之。公又於其上横截汝口置千金陂，南北百二十五丈。民咸聚而謡曰云云，又曰云云，十年夏新陂成。

公倅景城民蘇南皮南皮斗門厥，績今存在。昔汝流西走燕魏，民困堤防，日憂理水舟楫壅遏爲弊仍歲。公作斗門分水之勢，亦不役民，荷公之制。

公作千金，拯民惠深，陂水沈沈，樂乎人心。我田不荒，我苗如林，憂公之去，誰其嗣音。

清 黄石麟《半蕪園集》卷一五《冬夕過千金陂阻水投宿古中共僧話》 傖父歸與厄斷津，仁城適爾現河脣。此間坐處流光在，汝水南來月半輪。

《其二》 試道空明境若何，堦前月影度微波。清蕭況是疏鐘後，日傍霜林上鳥窠。

《其三》 竹園草舍夜颼颼，閒境姑將夢境偷。縱我睡心何所去，鼓聲戌夜出城頭。

清 喻士玫《千金陂》（康熙）《撫州府志》卷三五 石鎖狂瀾汝水陰，蟠龍擎永潑千尋。豈無伏逆清消玉，自有低高碧漱金。怒吼春雷衝激遠，寒溶夜月瀠洄深。一彎澗縱詩豪眼，到枕猶懸角羽音。

清 劉玉瓚《千金陂詩》（同治）《臨川縣志》卷六 誰摹灌口犀牛像，更鑄金人脇下文。一水湯湯環郭繞，千流細細入渠分。正看雪浪連天長，忽聽雷潮觸岸殷。多少老農懷帝力，閒依古廟話斜曛。

清 胡亦堂《千金陂詩》（同治）《臨川縣志》卷六 汝水南來爲盱江，由盱而東達文昌。靈嶺峰前故繚繞，北合臨川趨豫章。昭武沃壤日灌注，連檣舳艫行旅至。農夫力作商賈藏，閭閻往往稱繁庶。中唐春水泛桃花，正流忽陻漲泥沙。支港横溢二十里，地亡鉅利人咨嗟。蒿目時艱良宰守，先後設陂當決口。成毁無常繼李公，陂築千金名不朽。歲久復患潰激衝，明古郡伯運神工。度形取石高低布，鐵犀一鑄驚蛟龍。從此洪波循故道，安瀾不驚民永保。河東耕播歌康衢，桑麻蓊藹禾不槁。周睇風物懷前賢，興利除害心惓惓。矛來蒙業亦何幸，徜徉水滸臨潺湲。石不爛兮河不改，鴻猷駿烈億萬載。

清 丁宏誨《千金陂詩》（同治）《臨川縣志》卷六 每來江滸坐藤陰，字蝕殘碑尚可尋。繞郭盡收盱郡水，修堤難問華山金。鐵犀鑄像摩挲古，銅馬連營感慨深。何幸太平風景復，幽篁寺裏納潮音。

清 饒宇樸《千金陂詩》（同治）《臨川縣志》卷六 波濤萬頃地陰陰，倚棹曾經次第尋。正氣全收回二水，嘉名肇錫直千金。文犀厭勝臨流壯，白鳥忘機狎浪深。民事相關循吏績，平原渤海嗣徽音。

清 揭貞傳《千金陂詩》（同治）《臨川縣志》卷六　疇障狂瀾紀石陰，大川東逝脉堪尋。冷泉不用勞沉璧，華蓋何須費稅金。召伯埭同遺澤久，白公渠讓瀦流深。叢祠水滸紛迎送，一曲巫歌盡楚音。

清 李茹旻《千金陂詩》（同治）《臨川縣志》卷六　障遏狂瀾汝水陰，鱗差巨石累千尋。宣房白馬同沈璧，離碓文犀更冶金。穀實秋連黃綺錯，桃花春漾碧流深。義仍賦後無消息，載筆何人許嗣音。

清 李來泰《千金陂》（同治）《臨川縣志》卷五二　風物依然記汝陰，冷泉遺迹一追尋。豹蹲已識曾沈璧，犀峙猶看舊鑄金。綠水稻畦占野秀，黃花菜圃卜春深。不須更擘浮邱袂，社鼓農歌盡好音。

又　土埭已絶華陂續，渤海平原次第尋。冉冉溪光城抱珥，每每音梅原野地流金。五峰雲色頻來往，萬壑秋聲自淺深。木葉桃花無恙否，靈山風雨亦潮音。

清 游恢《千金陂詩》（光緒）《撫州府志》卷五　刺史曾爲均水法，犂龍秧馬競相尋。至今白石層層玉，已擁黃沙片片金。兩岸人家回夕照，一江木葉下秋深。長堤似帶分山色，乳燕浮鷗盡好音。

清 張文炳《千金陂詩》（光緒）《撫州府志》卷五　何年巨石堰江陰，縱棹游來幾百尋。水漲春濤聲嗽玉，波春夕照影摇金。狂瀾一障喧彪遠，急浪千章激湍深。寄語磯頭停伎倆，鐵犀偏聽冷泉音。

清 羅復晋《登擬峴臺詩》（光緒）《撫州府志》卷九　偶從臺上一停軒，萬井提封膴膴原。水自堤荒還待浚，謂千金陂野猶露積不須垣。鳧翳晴宿高低渚，松竹烟横遠近村。徙倚臨風獨惆悵，半椽亭屋動思存。是時亭榭甃檻荒廢無餘

雜録

明 文德翼《俑吹録》卷二〇　洛陽有千金堰，昭武有千金陂。

清 張四教《皇清康熙乙巳年重修撫州府志序》（光緒）《撫州府志》　考郡志之所，自始宋景定洎明宏治曆有年，所存亡不一，惟嘉靖、崇禎兩志。雖獲縱目而時異，勢殊輒興感慨。即如五峰一大脈絡也。昔在城而今或在郊，則桐林逍遥諸嶺自遠矣，城門一大關鍵也。昔日九而今日四，則豐安迎恩諸門莫稽矣。千金陂，一大津梁也。昔疏通而今淤塞，則叔倫渤海手澤無存矣。

清 顧祖禹《讀史方輿紀要》卷八六　《宜黃水志》云：汝水，舊自郡城西北合諸川水，由金玉臺出烏鴉石，折而北過虎頭洲，至高洲港受黨溪漳原以西櫧山以南之水，至金溪城受金溪東鄉注之水而西，北略豫章入彭蠡，此經流故道也。自千金陂決壞，汝水北下孔家渡，入進賢縣界，西南下黃塘橋白水，渡入吉安府永豐縣界，而臨水則自烏鴉石流合汝水云。

清 黃石麟《半蕪園集》卷五《千金堤募建大慈閣叙》　余州東出五里千金堤，水滸寺釋蓮源與鄉士大夫議，改其中舊堂作大慈閣。中欲爲藻井，陟諸佛相其上，曰：易庳陋而崇之以潔也，虚其下以息游觀贊。咏者曰：登者則與寓目廣大之際焉，盍貸余言，使募之東川。黃子曰：將爲相水土之利以利其民人者，與仁人之事也。將爲高舉遠望出隘狹而游廖廓者，與智者之樂也。將爲損其愛欲償之福利者，與天下之所禱祀而求也。斯舉也，三論備焉。汝水南屬洲，北環州城，而達于彭蠡堤。其決者，中唐之爲華陂也，魯公之爲土塍戴公均水之爲冷泉也，渤海李公継築肇名曰千金，貴溪葉公之継于宋也，梁山古公之継于明也。堤成而大川之性順，溝洫浹而潦涸之患希，郡邑固而高深之險具，四方之舳艫相属其間，而厚生利用之物畢至。古大夫慮其功大，而弗永又立之祠於上，與吾民致力於神。余恒謂鄉之士大夫祝于斯者，非若他釋氏之宫損其愛，欲償之福利者也。其利予州仁而不與于私矣，今也。若使之壘高閣而登焉，將以命名山川，顧瞻城闕固千里之邦，萬家之都會也。眂其原隰，相其流泉，辨其都鄙，察田疇園圃漆林之治于焉。閲檣艫之泝沿，嘻負戴之重趼，則見夫流波洋，洋蕩洲漸渚風雲旋生有聲，百里之外仰而視之，瀇瀇乎不見天地之所際，而山河之故猶。然其灝遠靈和之氣滃涌而作，縈洄而集，余意其時樂於斯者，必將有隨子固而擬，似峴山陋靈運而不訪麻源者矣。夫然民而不有其利，神而不寧其享，吾人其何以樂於斯也哉？寺初曰：靈昌祠，祠水神前宫大慈閣者，擇云水神所歸也。

水知歸而堤永，堤永而神之利，以著斯舉也，其不可以已者矣。余將與州之若子計堤庸上人，其致力求之四方之士。今江州置關湖口，吳楚粵閩賢豪聯袂，而予臨有道君子竹雪會子，方垂帷擁比，爲彼都人士之師，其以予言入而問焉。殆有合乎三論之中者矣。聖水李子曰：子之言溥書以授之飄笠以行之

又《千金堤復建大慈閣敘》　余分督撫事多歷年，勤于漕役，乃習于水利。千金堤者，州之東南，水利之大者也。唐宋迄，明創築，繼增循良之迹，著川澮之澤久。今憲副張公振，公昨守撫，嘗暨僚屬鄉大夫士議修之，以費羸用詘，未能亟舉。然余衷若有闕惄焉，其未敢忘也。堤上寺爲明太守梁山古公所建。靈昌祠，意倣李冰立，犀河瀕之，法僧蓮原欲易其庳敝爲高閣，巍立其中，于以臨馭波濤之怪，佐一州捍禦相地形者，以謂於郡城增輔翼于都人士聚科名。若生民其間，溝洫之制，四方舟車之所經，利益溥矣。僉曰：是亦不可不亟舉，余甚韙之。此其將有事于堤者之志也歟。今人施予作佛事多動千福利之説者，夫計其利，孰有大於爲一州之利者哉！及其成功登覽之日，觀雲物山河之美，樂其樂者。又與四方之士同之，匪惟一州而已。聞予言必有奮躍而起者，汝蓮原少而材其亟往募之。

又卷九《臨易履舄圖説》　予州以臨水之陽爲治，臨水出臨川山。昔曰：巴山，蓋東漢豫章守欒巴至焉。後或曰：相山，山以諱名水，以山而名也。其源渾渾沖沖，東北流受寶塘西寧羅山孤嶺及宜漳黄曹之水，以同於汝水。汝之源，北流三百里爲盱。又二百里爲汝，又百餘里受清江孟港諸溪之水，以嚮于州治，其潴爲瑶湖。湖北有決，唐上元中守臣建堤塞之，曰華陂，後賢繼築。迄今曰千金陂，於是水并陂趨城，下略擬峴臺，東過文昌橋，抱城以北也。是爲津又西納連樊諸水，然後同於臨水，臨汝之合也。

清　李紱《穆堂類稿》卷二九《自撫州府城至鷹潭記》　道故不之府城，以六弟試事念其弱也。紆道送之留府城三宿，初六日襆被出城。過文昌橋積雨新漲，橋與波會勢若浮動。至千金陂，大水陂沒，呼舟洄旋而渡。

（康熙）《江西通志》卷一六　臨川千金陂，在汝水之濱，創於顔真卿，迄於葉夢得，厥利甚溥。嘉靖中，巡撫傅鳳翔檄撫州同知陳一貫、通判潘梅督修。萬曆五年，知府古之賢募水工陳琛等大爲浚治，引灌至數千頃。

（康熙）《撫州府志》卷九　看守千金陂，堤夫一名，工食銀叁兩陸錢。坐臨川縣遇閏照加。

又　一二孔家驛，其初朝京驛也。宋時建于文昌橋東，元初以千金陂決改孔家渡，西岸去郡城五里，許明因之。萬曆中，修堤水復故道，仍建於文昌橋東。

清　紀大奎《雙桂堂稿》卷一一《縣志形勢古讖跋》　古讖：『金石臺分宰相出，文昌堰合狀元生。』按金石臺，一名豹子山，城西北五虎山之末一峰也。臨汝雨河合流而下，此山分入江中，則與上流斜對岸。江中之玉石臺，一名獅子山者，南北相，向昔人比之彭湖兩孤爲形勢之關鍵。然必文昌堰合則水壯臺分，堰在千金陂，堰合於巽，臺分於乾堰，不合則水湧支港，正河枯涸，此臺聯絡五虎，不得分入江中矣。故堰合臺分實郡中形勢之要，舊失其義，并文昌堰亦不得其處，於是以東西文昌兩橋合建，謂之文昌堰合者，誤也。

又《縣志古迹堰合樓跋》　一名文昌樓，宋咸淳八年州守黄震建。按《文昌堰舊志》，未詳其處，疑即千金陂。唐初，汝水從此處決口沖成支港，正道淤塞，築堰堵之，使河歸正道，故有金石臺分文昌堰合之謡。蓋正道淤則金石臺之水亦枯，堰口合則金石臺之水亦壯，金石臺分入江中與東厓之玉石臺俱浮，故堰合則臺分，以水分之也。汝水自巽方來兩臺乾方去，故以文昌美其名。宋時《圖經》誤以爲上直文昌星，黄震記中并不言此也，《通志》云堰在汝水之滸。今千金陂決口分支港處舊有水滸寺，足徵咸通之千金陂即唐初之文昌堰。至顔之士滕、戴之冷泉，或即與堰相連，又或百文昌橋上至千金陂皆可名爲文昌堰。然必以堰口爲主，而合之之力爲最大也。

（同治）《臨川縣志》卷七　千金陂渡義渡船一隻，田叁拾肆畝貳分。本朝知縣李夢璁有記，下至嚴家议渡一里。

又卷一一　金堤鐵犀在千金陂，以鎮水怪。

又卷一六　靈昌祠，在千金陂上，明太守古之賢建，亦名水府祠，

又曰水滸寺。

(光緒)《撫州府志》卷三　往千金陂決湍川徑，北下孔家渡，中下黄塘、白水、永豐諸渡至烏鴉石，始與臨水合，形勝非舊觀矣。其利病具《千金陂前後記》中，崇宜之水涓涓，皆入郡流金溪，東鄉則半東注入貴溪、安仁至樂安之水，大半西注永豐，出吉水入贛江，其中小溪曲澗不通舟筏者，各著陂梁蓄洩之利。

霖陂

(同治)《攸縣志》卷九　霖陂坐海都，明正德末，夏淵□妻李氏創建名靈陂。雍正丁未改名霖陂。乾隆甲午，夏一清倡修石築。嘉慶丙辰，夏維薰、維暄亮工增築中磴，分東西兩洪，乙亥，夏文蔚樑棋汝哲加築青石，溉田三千餘畆糧，名夏霖陂，有記。道光丙戌大水冲壞左□，夏鵬九、揚廷文、蔚兆庵倡整，但陂雖石非加土數尺水不入圳，水大即潰，灌溉失期，己亥，夏禹門勝堂、馨亭章采美英因土築，不時傾圮，去中磴改爲敞洪，洪上兩耳加石二盤，高三尺，鵝頸至老洪口，長三十餘丈，深丈餘，用流砂澈底抖砌上，面亦用流砂蓋築，用四百餘金，科派不敷，禹門勝堂捐錢四十串以成其事，今杯土不用，水自入圳長流。

清　夏維典《新修霖陂記》(同治)《攸縣志》卷四九　霖陂故土築，源出山谷中，爲西鄉小溪之一，十數里出平原至陂處，右岸有小阜，左爲高田，中有隆起處瘦且長，形若鵝頸，夾山緣溪爲陂，内圳道所由始過平田迤邐而下，數折爲大泊，泊亘一里，瀦水注南田，隴長一里許，横倍之，自大泊上稍東折，爲鴉圳，蔭東岸田，大泊中築小垻，下有圳，東向旋折而南兩里許爲洋深泊，自洋深泊稍東入水斗泊，蔭台上董家洲等處，自洋深泊右平灑入田澗數里，長四倍，直下茅坪橋止。每當春夏交無雨，負土塞溪，引流入鵝頸，循陂故道達兩泊，乃折乃溉農乃無憂，顧以暴雨溪漲土輒潰，既成而毁，毁而復成，如是者再，力亦少殫焉。且屢經衝決，兩岸欲動摇，鵝頸幾莫能固，斯其害爲最鉅。乾隆三十四年，先父與從叔協中始議石修，未成而先父見背。越三十九年，從叔協中乃獨任，族祖國器佐其事，入山伐石，石若干，每長五尺，厚尺有半，寬如之，既具石，天乃大雨，陂口夙土淤漫盡剗去，隱然而深清見石底，乃磨凸磋痕翔石平鋪犬牙錯制，慮石横且磯乃直眠石没其稜模層纍而上，長數丈，度與水平，石三匝伸縮如級，以殺水勢，兩傍起石臺衛岸，中澗數丈，爲水門以洩水，鵝頸之首亦琢石爲嘴，水至如分乃不撼。無雨時，障水門水汩汩鵝頸灌陂圳而下，既溢水門，乃啓餘流，仍循溪道去，不爲陂害，一啓一障，力不勞而費較省。先是，始計議慮功浩，按溉田若干畝量高下，出錢穀有差，工竣具酒食賽神鎸碑紀事，因系以銘，銘曰：農歌於塗負耒呼舞，婦子嬉嬉迎門筅，語昔也土築時菑時害，今塹以石，誰其奔突，春耨夏耘，桔槔可已，場圃既登，亦犁秋水，飯牛而耕，三時燕喜，陽開陰閉，田功是舉，樂成且易，莫難慮始，唯一二人力，既勞止，不紀厥功何以勸世。

靈陂

清　顧祖禹《讀史方輿紀要》卷一〇七　靈陂，府東北二十里，唐景龍中，桂州都督王晙堰水溉田處也。後廢，宋乾道中，經略李浩即其地開營田再築，此陂隨壞。淳熙中，經略詹儀之重修，今廢。又朝宗渠，在府城北，宋治平中，知全州王祖道穿渠東接灕江，西入西湖，達陽江。其後，范成大、方信孺相繼營繕。今湮，土人呼其地爲朦朧橋，《志》云：城西舊有蓮花、杉木兩塘，宋時穿此引西湖水，北接朝宗渠，爲西北城濠，今故址猶存。

(雍正)《廣西通志》卷一五　靈陂，自茗盈經隴幔至州治，北水出石中，與城内泉通。

又　卷二一　靈陂在城東北二十里，唐中宗時，桂州都督王晙開屯田堰水，舊基夂廢，宋乾道間經略李浩即其地開營田再築，此陂隨又廢壞，淳熙中經略詹儀之重修，教授陳邕有記。

又　桂水在縣治前，自臨桂流入故名濱河，灌溉頗廣。靈陂在縣西，因龍成渠，民築爲陂，以灌田。

（嘉慶）《清一統志》卷四六二　靈陂有二，一在臨桂縣東北二十里，唐景隆中，桂州都督王晙堰灘水溉田處。宋乾道中，經略李浩開營田再築，淳熙中，經略詹儀之重修，久廢。一在陽朔縣西北七十里，雷雨所成，涌水成江瀦以溉田。

凌陂

綜述

（康熙）《廣東通志》卷二　凌陂，宋天禧間保昌令凌皓，鑿渠堰水溉田五十餘畝，故名。嘉泰間，知州劉篆修，明洪武乙亥，知縣岑仁忠，正統壬戌，知府鄭述修，訓導朱恒記。成化庚子，知府江璞重修，在城北二十里。

又卷八　凌陂廟在陂頭村，祀宋保昌令凌皓，今廢。

（道光）《廣東通志》卷一一九　凌陂在城西北二十里，宋縣令凌皓築，溉田五十畝，在城北溉田二千餘畝，民德之，故名。嘉泰間，知州劉篆修，明洪武間，保昌令岑仁忠，正統間知府鄭述，成化庚子知府江璞，相繼修，後湮塞。

傳記

（萬曆）《廣東通志》卷三三　鄭述字季述，莆田人，永樂中進士，正統初判惠州，教民尾居，火患隧絶，後以薦改知南雄府，政急先務，興利除害，修凌陂，砌嶺路。

（乾隆）《南雄府志》卷一二　党居易字子庸，號仍姜，陝西寶雞人，祖大學士崇，恩廕歷户部江南司郎中。康熙癸亥任郡守，興利除弊，昌邑凌陂圮壞，值歲旱，倡捐金三百以工代賑，親督鄉民修築，田獲灌溉。

又卷一四　董子晋字康侯，保昌人，忠信誠慤有古君子風，善屬文，康熙癸卯中本省鄉舉，性恬淡不求榮利，推選不赴，境中凌陂，古圳田資灌溉，日久湮塞，辛未率衆開復，捐置義租二百九十石，爲歷年修補之資，鄉人永賴之，後以子步聞貴，贈文林郎。

又卷一六　陳龍字雲萬，福建同安人，康熙中隨征贛州南安，屢著勞績，二十二年授南雄都司，營務振飭，與郡守党居易修復凌陂。

紀事

清　羅含章《重修凌陂記》（道光）《直隸南雄州志》卷二二　凌陂者，宋保昌令凌公皓之所作也。公伐石作渠，灌溉糧田二千餘畝，民懷其惠，故名其陂曰凌陂，井名，其江曰凌江也。公之政事他無可考矣，即此一端，不賢而能之乎？人情一日不再食則饑，終歲不製衣則寒，饑寒切身，不顧廉耻，是故德惟善政，政在養民，養民之道，莫重於食，足食之道，莫重於水，若凌公者，可謂知所先務矣。越數百年而復有黨公，公名居易。康熙癸亥，由部郎出知府事於是，凌陂之壞已十數年矣，值郡歲旱，公捐金三百以工代賑，躬率五保之民修而復之。惟東江壖之民不與焉，嗚呼，今之良有司不過謹操守已耳，決訟獄已耳，急催科捕盜賊已耳，吏民以是定從違，上官以是課殿最。至於農田水利之興廢，若越人視秦人之肥瘠，漠然不加喜戚於其心，有於稠人廣衆中道及之者，非迂則狂，曰：此固百姓所自有事也，而驕惰之吏，耳不絶歌管之聲，目不絶便娟之色，當晝而食，則饜肥甘醉醇醪，及其既醒，日已沈沈欲下矣，而二三幕寮或恣意詼諧，或縱情博戲，雖深夜猶不息焉。迨入寢門，則艷妻美妾妬寵而争，憐者又冉冉而來，彼昏昏者勞形疲神，日猶不足，何暇越阡度陌，爲百姓講水利哉。聞二公之風，亦當廢然返矣，而二公卒以是爲急，急一作於前，一修於後，兩人志趣若合符節，居民俎豆而尸祝之，不亦宜乎？迄今日而凌陂又壞，余倡捐廉錢三萬修而復之，以無墮前賢之業，云耳嗟乎，陂不可一日而壞，亦不能長保其不壞，余所築之陂不少矣，安知數十百年後不復有黨公其人也耶。

藝文

清 顧宗泰《月滿樓詩文集》詩集卷三八《將抵雄州》 扁舟挂席又今朝，葉渚凌陂遠近交。水落濕痕回石岸，雲生暈氣補山□。漫看佳景隨時換，未許餘情到老抛。鑾榼五昇幾百幅，重題梅嶺要推敲。

留公陂

綜述

（弘治）《八閩通志》卷二二 留公陂舊名豐谷陂，在谷口。宋右史留元剛築，直六十步，横十三丈爲斗門，五上八所在愛育里。

（萬曆）《泉州府志》卷三 留公陂舊名豐谷陂，在谷口，宋右史留公元剛築，縱六十步，衡一百三十尺，深視衡十之一爲斗門，五留氏庄在焉，堤埕高廣，望之屹如長城，今俗呼陳三壩。國朝嘉靖癸巳，士堤爲溪漲射齧，知府屠倬因陂左築石陂三十六丈，深九丈五尺，民賴之，都御史丘養浩記。十五年陂又壞，郡守王士俊重修，侍郎顧珀記。

明 顧珀《重修留公陂記》（乾隆）《晉江縣志》卷一六 留公陂距郡城二十五里許，舊名豐谷，宋右史留元剛石築也。縱六十步，衡一百三十尺，深視衡十之二，外捍海潮之入，內防溪流之出，創五斗門，以時蓄洩，晉江惠安之，田利其灌溉者，可二千六百餘畝。厥賦二百三十石有奇，其崇若垣其跨若虹，其獲倍他壤，水旱所不能灾也，實維留公之庸，故名留公陂。眞文忠公記焉，予少時至其處，第見播厥百穀，既庭且碩，孰不興歲取十千之嘆哉。予謂大田多稼，美則美矣，恐三四十年後民有不堪其憂者，蓋水發源於白洋，覆船山會于諸溪，暴雨泛漲，則射齧土陂殆無餘矣。陂能保其不壞乎，陂壞則溪水泊于海矣，稼其能奏功乎，時予偶然之見，猶未意其言之必符也。迨嘉靖癸巳，土陂果射齧於溪漲，郡守屠東厓公詢衆議，因陂左築石堤二十二丈，以殺其洶湧之勢，民方賴之，適更任南陽去。未幾而陂壞，民多逋賦流離而不返者，豐谷比閭之憂亦大可憫矣，惟太府方南公之來泉也，廉以約身，修舉百廢，有以此告者，公慨然曰：民事不可緩也，况公賦攸供乎。若補塞罅漏，非悠遠之利也，盍撤其舊而新之，遂發公帑贖金爲倡，合謀於二府尹艮齋公，令良民王汝雲等董其役，計畝勸分，鳩工度費，民忘其勞，經始於丙申冬仲越丁酉孟夏落成。規制悉仍其舊，堅整絶勝於前，用是水順故道，復瀦于田，今春大旱，種穀多有不入土者，獨此得以及時，樹藝而獲豐年之登，方南公之惠溥哉。民欲更陂名以方南，而公辭焉，予惟昔召信臣造鉗盧陂，用廣灌溉，人蒙其利，歷年久而陂壞，杜詩復修其業，時歌之曰，前有召父後有杜母。今方南公之庸，可謂有光於留公，顧予之筆敢望於文忠公哉。夫務民勸農，盡力溝洫，有位者之任，若王子本布衣，乃能忘私狥公，忠上率下，爲吾民世世利，使其居官任職，則憂民之憂，爲何如哉。予忝司徒舊職，太常宜有紀，既慶吾民之遭，頌二守之賢，嘉王子之無所爲而爲善也，於是乎書。

傳記

（康熙）《安福縣志》卷四 王士俊字伯選，南鄉金田人，嘉靖乙酉丙戌進士，授刑部主事，歷員外郎，决獄明允，爲尚書何文淵所重，升守泉州，旹黠寇王崇化横行海上，至即召募義勇，旬日安輯之，直指巡海交章表其績，歲旱，請發倉廩，躬歷山谷賑濟，復爲民築留公陂，灌田數十萬頃，百姓立生祠，命急毀之，曰：盡職吾責耳，豈沽名哉。

（乾隆）《晉江縣志》卷一三 王汝雲沙堤人，嘉靖丁亥間大雨連綿，溪漲海溢，留公陂之左堤決，没民田廬，因循六七載，汝雲奉太守屠倬命，協力修築，未終歲而石堤成。丙申舊陂復圮，太守王士俊復請汝雲監工，不數月而事竣，司徒顧珀爲文記之，勒石陂左。

（道光）《晉江縣志》卷三五 林才傑字士英，吳川人，由監生嘉靖間任晉江縣丞，郡東北留公陂歲久傾圮，太守屠倬相地度功，於陂東復建一陂與舊陂準，命才傑董其役，至則循行阡陌，詢民疾苦，獎勸警惰，匪緩匪亟，不十月而告成功，民立石建祠以祀太守，并祀才傑。

鷺鷥陂

綜述

明 俞繪《鷺鷥陂記》（同治）《崇陽縣志》卷二　距縣之東南三十里，爲十都，其山至此而尤簇，最高第一峰曰雨山，雨山之麓，皆田疇也。山泉溪澗雜流爲河，故田資以溉，然溉以筒車，河故多浮沙，稍晴則伏流沙底，車爲之不轉轂矣。民無所用其力，而嘉苗立就槁，邑人汪恭以冠帶歸省，相地可堰，乃合麗景明輩謀之，倡捐白金二十兩，購民人汪凱鷺鷥巖，下去浮沙就堅土築基，既定，遂興工於成化丙戌七月，次年十一月訖事，陂長三十丈有奇，闊倍之，刪長三百六十丈，闊六尺，深如闊，大小木七千有奇，石三百顆，所溉田六百餘畝。按陂水之源，一自西江寧州，一自通山界首，源苦不遠，旱未一月水不上刪矣。然陂上有潭，潭中有泉，曰茅林。林一作龍　大旱絶流，則車戽之，故每歲有收，憶昔李冰堰水蜀不憂旱，由其有度越人之識也。汪公以爲吾不事他式，崇自乖崖引白泉而碧田變爲沃壤，今所利雖非其鉅，而苟有濟於民事者，不可不盡乃心，而極乃力也。余思雨山之麓，自古有河，何前此之勿堰，豈前人不利水泰耶。豈今見乖崖之利而前獨不能見，亦其識量之不如也，使汪公肯寄民社，以長水利，夫子嘉僑，大夫養惠，不過田疇封洫之事，惜也。汪公厭仕進而樂田園也，余重其爲人重其所事，皆可書遂記之，能言之石以永其傳云。

（同治）《崇陽縣志》卷二　鷺鷥陂東南三十里，明成化丙戌，邑人汪恭、麗景明修築，俞繪記。厥後陵谷變遷，其巖下老基潭深岸險，不可再堰。雍正七年，知縣張慄相土制宜，定基於古筒車，堰基距陂牙地下六丈有奇，邑庠麗先泮、汪流通，堰長麗榮魁、麗上拔，督衆修復，九年告竣。其後兩姓屢經搆訟。府憲張邑侯晏俱有讞語，載新碑，陂蔭田六百餘畝，刪分南北二條，南刪四股之一，北刪四股有奇，陂旁舊有庵宇，田畝係兩姓首事捐置，詳印信堰簿。

紀事

明 邱養浩《築留公陂記》（乾隆）《泉州府志》卷九　陂鄰洛海，群溪合流，率滙爲巨浸，奔放橫決，湍悍齧堤，堤善崩。民荐堤之荐崩，田没爲沮洳。屢易主，民如寄客，雖簡其賦緩其徵，而不可以必留。屠公治泉之明年，廉得其狀，乃召諸長老，躬行相度，衡水勢之高下，曰：是不可門，宜分而殺之。乃捐羨緡，乃簡徒庸，始事訖工，凡二十有六旬而石壩成。長三十有六丈，廣半之，堤岸、陡門以次修治，增圮補頽，咸有經紀節勞，人人歡悦。厥功既成，曩之毒田化爲甘壤，民庶相與謀：勒貞珉以永不忘，告邱子曰：願有紀。邱子曰：循吏之不見于世也遠矣。叔敖召杜，史以循稱，凡以芍陂、鉗盧之役，至今光昭簡册，公兹傑迹利物厚生，永永不極，論古對能，詎有愧哉。紀其曷辭，系之詩曰：維泉有陂，在邑之東。海若搆灾，逭誅蛟龍。灌莽百里，大浸崩潨。嘉穀罔殖，痌我三農。公曰予責，禦灾鍵患，佚道使民，民曰不倦，乃令乃期，親督以麾，庶民子來，孔力且時。公曰瘁止手拊摩之，有堤如虹，有壩如坊，洪流溢川，是洩是當。貫畔浮塍，開竇灑潤，不我爲蛪，亦不以暵，維反乎覆，桑田以復。夏稻冬稌，隨時代熟，民饑不慼，神稰亦續。民曰我公，説以先民，飽我惠我，維公之仁，維公不居，曰我何有，民之戴之，如纘挾肘，憲憲我公，文武吉甫，公乎陂哉，其與不朽。

又　留公陂在四十一都愛育里，舊名豐谷陂，在谷口，宋右史留公元剛築，縱六十步，衡一百三十尺，深視衡十之一爲陡門，五留氏庄在焉，堤埤高廣，望之屹如長城，今俗呼陳三壩。明嘉靖癸巳，土堤爲溪漲射齧，知府屠倬因陂左築石陂三十六丈，深九丈五尺，民利賴之，其時晉江縣丞林才傑董役有功，民祠倬并祠才傑，邑人汪旦撰記，十五年陂壞，郡守王士俊重修。國朝乾隆二十四年，洪水衝决，知府懷□布，知縣王動檄，巡檢林懋懿修築。

雜録

（嘉慶）《清一統志》卷三三六　鷺鷥陂在崇陽縣東南三十里，明成化中邑人汪泰築，長三十又有奇，廣倍之，溉田六百餘畝，陂内有潭，潭中有泉，曰茅林。

（同治）《崇陽縣志》卷八　汪恭成化時人，饒於財喜爲義，舉築鷺鷥陂，興一鄉水利，建高堤書院，爲鄉子弟肄業之所。

羅陂

（道光）《廣東通志》卷一一九　羅陂在城東二十里洋坌村，元至正間，築日久居人侵佔，溝窄水阻。《州志》：國朝嘉慶丙子，龍案、頭九、頭園、下落村等民重修，上起洋坌下達拱橋，溝心皆二尺五寸爲度，溉田二千餘頃。

清　羅含章《修羅陂記》（道光）《直隸南雄州志》卷二一　陂以羅名，懷人也。思召伯者，猶及甘棠，何况于陂，因陂爲名，其事傳，其姓傳，即其人亦傳，不可謂非善名陂者矣。雖然人亦惡能傳陂，凌陂、連陂，非乎曰凌陂、連陂，其名皆傳，而此獨不傳姓所同也，名所獨也。傳其姓而失其名，其去并失其姓者，幾希後之人欲考其政事，里居其孰從而求。嘉慶丙子，余率龍案、頭九、頭園、下落村士民重修是陂，上起洋坌下達拱橋，長若干丈，溝心皆以二尺五寸爲度，灌田二千餘畝。既成，士民請曰使君新開之陂八，修舊之陂六，而皆以豐名，請易名以豐，余曰惡乎易哉。其人之名雖不傳，而姓已傳，存其姓俾人皆知開陂之爲羅公焉。可也，新易其名，將必并其姓而失之，則真無傳矣。余雖程氏後而與公同姓，今修公陂而易其名，數十年後，安知人不以余爲開陂之人，是代公受名也。君子之作事也，無智名無勇功，使天下陰受其福，而吾不必有其名，余雖不能及，敢襲前人名乎，没人之名不可也，沒人之名以爲名尤不可也，故仍以羅陂名。

羅婆陂

綜述

（乾隆）《香山縣志》卷三　竹徑陂在得能都三角塘村前，永樂二年，縣丞彭與志築，灌村田，餘流入於大王嶺、新村、釜涌諸村，初丞之築陂也，邑民劉母羅氏捐田爲址，故名羅婆陂。弘治初圮，民復苦之，知縣劉信捐俸補築，民樂其利。

又　國朝雍正元年，濠頭民鄭如日等藉修志陂爲名，背憲改築，水決而東，惟圖一鄉風水之私，罔顧民田城壕繫重，經士民赴控，以縣令旋調旋升未及勘復，案延二十餘載。乾隆十一年，邑民仍歷前情赴縣具控，知縣張汝霖詣勘得實，申詳督撫，奉批司道議詳，嗣奉各憲詳覆，如詳檄行士民照舊修復，群情踴躍捐修，水仍西流，環繞學宮，滙注城壕，新村、釜涌諸鄉，藉灌民田數百頃，合邑稱快，張令撰《修羅婆陂記》，勒石立豐山書院左側。

又　乾隆十一年，知縣張汝霖查勘，得羅婆一陂源發西南雙合山，迤邐而東至於三角塘，村之前有土名鴨墩，其舊道由鴨墩之右開，有陂頭即羅婆陂之舊址也。自羅婆陂屈曲而西至釜涌村滙合，新庵山溪水至於蜆涌北折九曲，特朝學宮之前又西，遶城南爲壕，而達於海。今鄭如日不由舊址開浚，於鴨墩之左另築陂壆，由土名横⿱由令企⿱由令鑿山引水東注鰲街，荫滙合獅狗埔，東南來水北趨轉東，遶其所居濠頭村，前至東北而入於海。其向由羅婆陂屈曲而西至蜆涌北折，九曲之水涓滴不到，《志》内所云：新村、釜涌諸村，均絶餘流矣。惟自鴨墩之右起至釜涌村東止，舊陂之址未湮，其深處一二丈不等，淺亦數尺，水雖可改，而東陂址不可得而沒也。隨查看得地方水利，苟非有大利害者，不必更張，惟宜仍舊，今闔邑紳士里民環控鄭如日等違背憲批，堵塞羅婆陂改流東注一案，實鄭如日等假修復以改鑿，志陂階之厲也。緣邑之東南得能都三角塘村前，向有竹徑陂一道，係前明永樂二年縣丞彭與志築，灌村田，餘流入於大王嶺、新村、釜涌諸村，藉以灌濟田畝三百餘頃，有邑民劉母羅氏者，捐田爲址，民樂其利，故又名曰羅婆陂。載在志書班班可考，由來舊矣，因自宏治間，縣官劉信捐俸補築之後，至今數百年不無殘圮。雍正元年，里民鄭如日見鴨埠租銀歸公，先有程宏謙以一件路關民瘼等事呈請，以鴨埠修築，奉批在案，隨亦以修復羅婆陂援例赴，前撫憲年爲請奉批查議，即據闔邑紳士侯令等見其引匠不照舊址，在於土名横⿱甲令企⿱甲令地方勘估，希圖假公奪水，不由舊址，事關通邑學宫風水等情赴縣具控，前縣余令據詞詳請察銷，奉檄駁飭，又經查明志書，有修文廟復九曲水記可考，各紳士爭執風水之説不爲無據，與其興工來衆口之爭，曷若安常習故享無事之福等由，詳請察奪，嗣奉前藩憲議詳，以羅婆一陂志書開載灌田三百餘頃，關係甚大，學宫之建在先，陂建在後，若果有礙於風水，當日必不與築，請將存縣銀三百二十餘兩照依舊址修復，以灌田畝。等因詳奉前撫憲年，仰即飭令該里民照依舊址自行修復，不得另爲開鑿，該縣存貯銀三百二十餘兩另有公用，等因檄飭下縣，經前縣余令飭令鄭如日等照舊修復，去後詎鄭如日等不照舊址修浚，竟如紳士侯令等所控，在於横⿱甲令企⿱甲令改西流之水東注伊村，當有里民楊世興等以背憲開鑿屠戮通邑具控，緣歷任正署各令升遷不時，向未勘訊，案延至今，茲卑職抵任，復據紳士里民環控，前來單騎親勘，雖形家之説不足爲凴，但從前紳士侯令原因其引匠勘估不由原址，欲圖假公奪水而控，非因修復而控也。前藩憲之議，請照舊修復，亦因民田灌溉所賴甚大，故議請修復，并有不得另行開鑿之文，特揭以示也。鄭如日等應即照舊修復，乃竟以浚復志陂爲名，其實則變亂舊志，并不遵照舊修復之。憲批改流奪水，旋繞伊鄉，不顧前人興建苦心，不顧民田城壕所賴，惟圖一己風水之私，以致通邑士民積憤數十載，而鄭如日等濠頭一族之人亦與通縣人爲仇，宜乎？闔邑環籲而控也，應請遵照，前撫憲年照依舊址自行修復，不得另爲開鑿之原行，聽紳士里民捐資將鄭如日等改築陂壆水道填塞，仍由舊址疏浚，上灌民田下疏城壕，其横⿱甲令企⿱甲令之東向有獅狗埔水一道，由鰲街葫而達於濠頭村者，仍聽照舊，以灌大小鰲街葫陂頭諸村之田，庶羅婆陂之舊可復，而闔邑均沾，樂利訟端藉以永息矣。事關闔邑水利，紳士里民聯呈，不敢因循故事壅於上，聞理合據實勘明，議詳憲臺察核，嗣奉各憲議詳批行如詳遵照。

（道光）《廣東通志》卷一一五　中竹逕陂在得能都三角塘村，灌三角、大王嶺、新村、釜涌諸村，田數百頃。明永樂二年，縣丞彭與志築，邑劉氏婦羅氏捐田爲址，故又名羅婆陂。宏治初圮，國朝雍正元年，豪民改築，水決而東，乾隆二十一年，知縣張汝霖詳請照舊修復，水仍西流，遶學宫而匯於城濠。

傳記

（光緒）《香山縣志》卷一二　張汝霖宣城人，乾隆十一年以拔貢知縣事，廉介公慎，有經世才，【略】縣南羅婆陂久爲豪强改築，遏水自利，爲勘實修復故道，藉灌溉者數百頃，其他善政不可枚舉。

又卷一七　羅氏，劉汝賢妻，賢，好善樂施，羅善承夫志，凡有裨於梓里者，悉竭力爲之。縣南舊有竹逕陂，日久就傾，羅氏捐田爲址，縣丞彭與志修築，藉灌大王嶺諸鄉田數百頃，因名羅婆陂。乾隆間邑令暴煜，嘉羅巾幗能識大義，惠及一方，建祠豐山書院側，歲時祀焉，義婦。

紀事

清　張汝霖《修復羅婆陂記》（光緒）《香山縣志》卷七

蘇子瞻守杭，乞開西湖，謂杭之有湖由人之有眉目。余以爲大塊一身也，西北爲首，東南爲足，山爲骨，土爲膚，水爲血脈，草木爲毛髮。有天下之血脈，江淮河漢者是，析而若省、若郡、若邑，以至苦鄉、若聚，或長川巨浸，或支澗餘溪，雖大小不同，而其貫串津液以爲血脈一也。閡則閼，廢則痿，注而竭則枯，盩而敓則割裂爲病。骨病而乢，膚病而墒，髮毛病而槁，而童始於一肢，延於百體。故曰眉目，水之明而秀者也，曰血脈，水之貫而通者也。此其説可以天地之氣求之，非迂且誕，是故君子務焉。香山天下之一邑，南瀕海水，波四帀諸山如浮，突兀自南來，折而東蜿蜒起伏，輳於中邑，雙合之山有水出焉。東匯於三角塘，瀦爲陂，又西合新庵之流北注，遶城以達於海。山經水絡以氣相從，邑之有是陂，大較可觀已然，且有四利，邑東南高仰，多浚渠約水以溉苗，陂爲尤巨，波及釜、涌諸村田數百頃，利一。土泉鹹苦，民穿井以汲，晝夜潮汐，資淡水滲漉之潤井而甘飲，利二。城阻隍，隍受潮，潮濁而易淤，清以畝濁，駛以刷淤，隍實賴之，利三。文廟負蓮峰之麓，水爲九曲，肅拱而前，則頖水之樂也，利四。大較若彼爲利，如此是陂也，不可以一日不治，而況乎有盩而敓之者。始下車，邑之士大夫言於余曰：自雍正二年，鄭如日等攘水而東，爲民病者且二紀，余識其言，稽於志，思有以復之，既而邑衆環籲於庭，則馳驅往勘，新故迹果宛然也。爲請於憲，憲報允，以乾隆十二年七月十九日始事補苴漏洳，以浚以防，財出於紳士、里老之所樂捐，力取於田畯耕耘之餘暇，不數旬，而二十餘年之紛紛割裂者頓復舊觀。嗟乎，天地一日不敝，則其氣一日不息，山以峙之，水以流之，山川之氣一天地之氣也。靜者見仁，動者見智，生人之氣一山川之氣也，塞不徒塞，通不獨通，道在因其自然而利導之，以善養其氣而已。今日者山不增其高，水不斥其廣，自邑人觀之，登者臨者，捐故憾發新愉，一若創甚得復痺久得仁，其故何哉？氣通而脈和也，邑亦猶身血脈治而骨者、膚者、毛髮者咸就理焉，祛一病而衆利呈，詎止不失其明，且秀者已耶。考《志》載：明永樂二年，貳尹彭與志始築竹逕陂時，有劉羅氏捐田爲址，陂故以羅婆名，余特惜當日經始斯陂，顧不爲可久計，寖至湮圮，黠者乘而敓之，既竣事，更與邑人籍其餘金，共得二百兩有奇，畀諸質庫入其贏，以供歲修，又念勞不可以忘所自也，議立彭丞歲祀，斯亦西湖歲祀，撩軍孤山尸祝白蘇之遺意也。歟余不才，獲與斯役，重爲邑人慶爰，取所山導宜山川之氣以爲民利者，書之於石，俾來者覽焉，至其舟訟顛末詳縣牘中，茲不具。暴志、祝志云：張汝霖奏記有志書，開載灌田三百餘頃句今中暴二志皆無，蓋黄志舊文也。

雜録

（光緒）《香山縣志》卷七　竹逕坡在得能都三角塘村前，明永樂二年縣丞彭與志築，灌村田，餘流入於大王嶺、新村、釜涌諸村，初丞之築陂也，邑民劉母羅氏捐田爲址，故名羅婆陂。宏治初圮，民復苦之，知縣劉信捐俸補築，民樂其利。同上國朝雍正元年，濠頭民鄭如日等藉修陂名改築，水決而東邑人控縣，久未勘復。乾隆十一年，知縣張汝霖勘實，揭報督撫，檄照舊修復，仍西流繞學宫，注城濠，新村、釜涌諸鄉復受其利。

馬仁陂

論説

（道光）《泌陽縣志》卷二　泌邑自馬仁陂廢後，向無水田。自嘉慶元年漸有湖北貧民携家至泌，爲人稞地傭作，開墾荒岡，以興水利，幾於地無曠土，收穫既豐，轉相傚效。至今瀦水灌溉者，業有十之一二。昔所謂石田，今則半成沃壤矣，鄭渠、白渠之利，此後殆未有艾也。

又　按馬仁陂，即縣北之羊册湖。昔之涓涓澄碧，挹彼注茲者，今則一望平疇，皆成沃壤，麥苗被野。不特召公故迹杳焉無存，即宋元支渠亦胥歸烏有。現在惟每所徵湖地租若干銀，移解河北鎮，有案可稽而已滄海桑田，良非虚語，茲依舊志，仍存録其名，亦告朔餼羊之意云。

綜述

《水經注》卷二九　比水，右會馬仁陂水，水出瀙陰北山，泉流競湊，水積成湖，蓋地百頃，謂之馬仁陂。陂水歷其縣下西南，堨之以溉田疇，公私引裂，案近刻訛作列 水流遂斷，故瀆尚存。

又 卷三一　城之東有馬仁陂，郭仲産曰：陂在比陽縣西五十里，案近刻脱西字 蓋地百頃，其所周溉田萬頃，隨年變種，境無儉歲。陂水三周其隍，故瀆自隍西南而會於北瀙水，不得復逕其南也。且邑號瀙陰，故無出南之理，出南則爲陽也，非直不究又不思矣。

《通典》卷一七七　比陽，漢舊縣，後魏置殷州及城陽郡方城山，自比陽相比連百里，號曰方城，亦曰長城，馬仁陂在縣北，溉田萬頃。

(天順)《明一統志》卷三〇　北水，源出唐縣大胡山，一名馬仁陂，乃聚澤也，溉田萬頃，漢因此水置比陽縣。

(康熙)《河南通志》卷六　馬仁陂在泌陽縣西北七十里，其地四在皆山，水出西南隅，溉田五十餘里。漢召信臣作水門，以時蓄洩。

(嘉慶)《清一統志》卷二一〇　馬仁陂，在泌陽縣北七十里，上有九十二岔，水悉注陂中，周五十餘里。四面山圍如壁，惟西南隅稍下可洩水。漢太守召信臣築壩蓄水，復作水門，以時啓閔，分流碌礎等二十四堰，灌溉民田千餘頃。今故迹猶存。《水經注》馬仁陂水出潕陰北山，泉流競凑，水積成湖，蓋地百頃，謂之馬仁陂。歷其縣下西南，堨之以溉田疇，公私引利，水流遂斷，故瀆尚存。又潕陰城東有馬仁陂，郭仲産曰：陂去沘陽五十里，蓋地百頃，其所周溉田萬頃，隨年變種，境無儉歲。陂水三周其隍，自隍西南而會於沘。

(道光)《泌陽縣志》卷二　馬仁陂水出潕陰北山，泉流競凑，水積成湖，蓋地百頃，謂之馬仁陂，陂水歷其下西南，堨之以溉田疇，公私引列，水流遂斷，故址尚存。

傳記

(天順)《明一統志》卷三〇　程仲賢，大德初尹泌陽，修築馬仁陂，堰民獲其利。

清 顧祖禹《讀史方輿紀要》卷五一　馬仁陂，在縣北沘水，合衆流之水匯爲陂澤，溉田萬頃。又縣有三大陂，皆漢道遺迹也。宋嘉祐二年，唐州守趙尚寬以土曠民希，四境之田，多入草萊，乃按視圖記，得召信臣故迹，發卒復三大陂一大渠，皆溉田萬餘頃。又教民自爲渠數十轉入浸灌，四方之民來者雲集，比三年皆爲膏腴云。

紀事

《續資治通鑒長編》卷三四一元豐六年十二月壬辰　户部狀：『新權提舉成都府路常平等事韓玠言，廬州泌陽縣界馬仁陂遺利，乞下京西南路提舉司相度。』從之。

(乾隆)《府廳州縣圖志》卷一九　馬仁陂，在縣北七十里，上有九十二峪水悉注陂中，周五十餘里。漢太守召信臣築堤畜水，復作水門，今故迹猶存。

藝文

清 倪明進《泌陽八景詩·仙陂春雨》(道光)《泌陽縣志》卷一二　何年淮瀆建行祠，三月拈香禱恐遲。千頃新苗含氣潤，一犁膏澤應春施。湖歸羊册青浮隴，窟湧龍泉碧滿池。同是蒼生慰霖禹，馬仁陂外又蒿陂。

雜録

清 顧炎武《肇域志》卷二八　沘河，在縣東六十里，源出泌陽馬仁陂，經縣東南入三家河。毗河，在縣東北三十里，源出馬仁陂，流經縣北入沘河。

清 顧祖禹《讀史方輿紀要》卷五一　馬仁陂，縣西北七十里，與唐縣接境，四面皆山，水潴其中，溉田甚廣。

清 康基田《河渠紀聞》卷一八　南陽，漢有召渠馬仁陂，乘高瀉水，瀦澤溉田，召信臣杜詩相繼經營，視他郡爲盛。

清 沈欽韓《漢書疏證》卷三四　馬仁陂，在南陽府泌陽縣北七十里，上有九十二岔，水悉注陂中，周五十餘里。四面山圍如壁，惟西南隅稍下可泄水。漢太守召信臣築壩畜水，復作水門，以時啓閉，分流碌碌等二十四堰，灌溉民田千餘頃，今故迹猶存。

(乾隆)《唐縣志》卷一　沘水源出大胡山，一名馬仁陂，漢因此水置比陽。

(嘉慶)《清一統志》卷二一〇　華山，在泌陽縣西北七十里，山後即馬仁陂。

（道光）《泌陽縣志》卷二　華山縣西北七十里，後有馬仁陂，上建華山聖母廟。

猫兒關陂

（同治）《龍泉縣志》卷二　猫兒關陂在縣南十五里，明天啓中，鄉民郭尚明等因大豐陂廢而難復，乃就關下小溪别築一陂，買田開圳，十七十八兩者，田畝資其灌溉，崇正間淤塞，郭尚朋復墾闢之，里人郭繼瓊記。

清 郭繼瓊《猫兒關陂記》（同治）《龍泉縣志》卷一六　遂南大豐陂旋修旋廢，其來舊矣。明洪武二年，重修於縣侯長沙孝廉何公萬選。景泰間毀於水，正德丙子，縣侯陳公允諧勸義民李盤植、王文、郭顯、輔項萬等數十人各捐己資修復。萬曆時又爲水衝，鄉耆郭尚朋等具呈縣侯金公，規器并呈水利道盧府主楊及屯田道鹽法司各衙道，批府行縣，修理大豐陂，將何項官銀助修，縣侯漫無規畫，事遂延擱。天啓五年，復呈縣侯王公建和，繼任劉公汝諤，王公揚金，曆墾親勘，俱以工程浩大，無從措費而止，朋見事無就緒，乃邀十七十八兩都三十餘人，就猫兒關小溪别築新陂，買田開圳，各捐己銀，外勸兩都有糧之家照糧助費，卒不敷用，朋以大陂塅已租二十石出售，與本族郭主惠爰價一十二兩三錢分給工人，陂圳始成。越年朋偕向所同事之三十餘人，復斂資買劉天玉田租三十籮爲贍，陂公業田坐鵝鴨洲，載糧四斗有零，過十七都，劉復昌户完納，不數年洪水爲害，陂傾而田亦爲沙石擁塞，曆年國賦朋爲虚賠。崇正三年四月，始募工墾闢，每人日給工銀一分三釐，至崇正四年二月初四工竣。用數百工，俱朋一人捐囊辦理，田附南資寺僧周通耕種，編定陂長經管，歲二八月買備竹木修理陂圳，餘爲南資寺神康王會費，鼎革時，邑爲寇窟。百姓逃亡，田荒陂頹，太平歸梓重理舊業，僧人周通意此田無據可憑，攘爲己有，郭玉璞等訟之，縣主薛侯璧始反趙。順治十四年旱魃爲灾，兩都疏圳取水洋湖塘，張廖兩姓從中堵截，鬨然鬭毆，郭京鑾、郭佳解又控縣主路侯。紳士梁卓爾、謝公瓊等二十一人勸釋銷案，自五月十二阻水至八月初四始決開，圳道有水溉田云。

茂豐陂

（道光）《廣東通志》卷一一九　茂豐陂在連陂村下，知州羅含章督民鑿山開築，買田爲溝，兩年乃成，溉田千餘畝。

（道光）《直隸南雄州志》卷一〇　茂豐陂在城西北三十里連陂村下，嘉慶丙子，知州羅含章，督同琵嶺下河田士民劉灝齡等開山築陂，兩年乃成，買民田爲溝，寬三尺，灌田千餘畝，置義田。

清 羅含章《開茂豐陂記》（道光）《直隸南雄州志》卷二二　丙子季冬，下河田琵琶嶺士民以開陂，請曰：昔吾先人嘗鑿守牛嶺以引連溪之水，不幸半塗而廢，吾七百餘畝之田歲嘗苦旱，今欲鑿而通之，而春耕伊邇慮不克，卒事請先築陂于打石場，以邀諸山水、雨水可乎，余曰可哉。惜爾圖之不早也，今夫天萬物之父母也，予之村落以奠爾居，予之土田以生爾穀，予之水泉以滋爾苗，其格于形限于勢，而爲水泉之所不到者，則又于□漢中爲雨以遍及之，雖父母之生爾、乳爾不能如是之周且盡也。然天能予爾以雨，不能使雨之畢聚于爾田，則必散及于山林、川澤之間，以待爾之自取，爾能取之，則雨之散及于山林、川澤間者，不啻畢聚于坵園、隴畝之中，斯爲善承天者矣。雖然天亦不可常恃也，十日不雨爾無禾矣，必將鑿守牛之山，引連溪之水，以補天兩之所不足夫，然後源茂而豐，禾碩而叢，穀積而充，人和而同，以卒成天地、生物之功。僉曰：唯唯于是捐錢三萬，命士民計畝輸錢，作茂豐陂。

渼陂

綜述

宋 程大昌《雍録》卷七　渼陂在鄠縣西五里，源出終南山，有五味陂，陂魚甚美，因加水而以爲名。其周一十四里，北流入澇水，即杜甫所賦渼陂也，其曰：水面月出藍田關者，嶢關在其東南也。

（乾隆）《鄠縣新志》卷一　渼陂水在縣西五里，《水經注》，渼陂水出宜春觀北，東北流注澇水，《十道志》，本五味陂，陂魚甚美，因名之。《説文》，渼陂在鄠縣周十四里，北流入澇水，《長安志》，渼陂出終南山諸谷，合胡公泉爲陂，唐寶歷二年敕渼陂令尚食使收管，不得雜人采捕，其水令百姓溉灌，勿令廢碾磑之用，文宗初詔，并還府縣。明劉士龍《渼陂記》，山谷之水，并白沙胡公諸泉，合而北注，渼陂受之，自陂頭南至曲抱村可數里許，高岸環堤，一泓蕩漾，層巒叠嶂，影落數百頃，波濤半陂以南純浸山，此實際語也。縣舊《志》云：陂在縣西，又有錦繡溝，即渼陂之上游，自瓜牛臺北而下至渼陂二里許，元季以陂魚可治痔漏，游兵決堤取之，陂遂廢，其地皆爲水田。明崇禎己卯，知縣張宗孟重加障築，胡公泉及泉上胡公廟。

紀事

明 張宗孟《重建渼陂記》（乾隆）《鄠縣新志》卷六　余任鄠時，即有寇警，于是四鄉建堡，使民避鋒。去城西三里爲陂頭鎮，有高阜上爲空翠堂。按其地可拒寇，因建堡浚壕，爾時匆匆未暇悉所繇來。丙子被誣去。丁丑復爲士民保留。日夕計所爲鄠袵席謀，幾殫心血，至簿書期會分爭辯訟，非予所難也。己卯寇稍平，余無復事矣。春莫出游空翠堂，詢父老所繇來，咸唏噓咋舌若不忍言者。久之曰：此渼陂故址也，傳聞唐杜工部嘗于是泛舟抵終南山麓，時有陂在渼水之側，逮元人以渼陂之魚能治痛，因決陂取魚，陂之亡也，迄今三百餘歲矣。水落土出，盡爲稻壠，惟渼水無恙，僅留陂之一字，與渼水蕉存焉耳。即其上故有堂，亦傾圮莫識，而空翠之額出宋張令重當作創建。而向之裁霞，縱彩因風回蕩，菁葱掩映，百羽萃止，啁啾弄喧者杳然無存矣。余爲之惋惜，因鳩工庀材，相形度勢，移堡後古道於北百步外而高大之，則渼破當年所決處也。爲橋以通往來，橋北建武曲廟鎮之，堡東建書院，樓房三楹，東西號房各三楹。又東舊有文昌廟，亦更新之，環浚魚池濶五丈與堡壕通，鯖鯉鱣鮪雜畜其中。置小船以利涉而資釣，間植桃李梅杏榆柳松檜之屬，數年後松濤篁韻，相映參差，不恍然舊勝之猶存乎。堡前造水磨一所，從堡内居民之便，且引木入壕作金湯之險，則又不獨選勝尋芳之是急也。工成余當爲之記，余惟杜公之迹以渼陂存，非渼陂借本公以存也。杜公詩行稱最於唐，興致亦不淺，所游輒紀其迹。唐之後爲宋，而空翠堂之刱，又爲宋張令，其時陂猶未決，至昭代則陂決於元，并空翠堂亦寥落就圮矣，深水瀠洄亘千古而常碧。昔大歷會昌中，平泉緑野奇夆之石，履道之竹甲天下，其團主人矢曰：後世有鬻平泉一片石即爲不類，然迄今亦杳不可問矣。余寧必是役之，不朽萬世哉。前此留陂之一字，與渼水共存。今兹之役，庶幾留斯記，以志余綜理之苦心。

藝文

唐 岑參《岑嘉州詩》卷三《與鄠縣郡官泛渼陂》　萬頃浸天色，千尋窮地根。舟移城入樹，岸闊水浮村。閑鷺驚簫管，潛虯傍酒罇。暝來喧小吏，列火儼歸軒。

又《與鄠縣源少府泛渼陂得人字》　載酒入天色，水凉難醉人。清揺縣郭動，碧洗雲山新。吹笛驚白鷺，垂竿跳紫鱗。憐君公事後，陂上日娱賓。

唐 杜甫《杜工部集》卷一《渼陂行》　岑參兄弟皆好奇，携我遠來游渼陂。天地黯慘忽異色，波濤萬頃堆琉璃。琉璃漫汗泛舟入，事殊興極憂思集。鼉作鯨吞不復知，惡風白浪何嗟及。主人錦帆相爲開，舟子喜甚無氛埃。鳧鷖散亂棹謳發，絲管啁啾空翠來。沈竿續蔓深莫測，菱葉荷花静如拭。宛在中流渤澥清，下歸無極終南黑。半陂已南純浸山，動影裹窕沖融間。船舷暝戛雲際寺，水面月出藍田關。此時驪龍亦吐珠，馮夷擊鼓群龍趨。湘妃漢女出歌舞，金支翠旗光有無。咫尺但愁雷雨至，蒼茫不曉神靈意。少壯幾時奈老何，向來哀樂何其多。

又《渼陂西南臺》　高臺面蒼陂，六月風日冷。蒹葭離披去，天水相與永。懷新目似擊，接要一作接惡心已領。仿像識鮫人，空蒙辨魚艇。錯磨終南翠，顛倒白閣影。崷崒增光輝，乘陵惜俄頃。勞生愧嚴鄭，外物慕張邴。世復輕驊騮，吾甘雜鼃黽。知歸俗可忽，取適事莫并。身退豈待官，老來苦便静。況資菱芡足，庶結茅茨迥。從此具扁舟，彌年逐清景。

又 卷九《與鄠縣源大少府宴渼陂》 應爲西陂好，金錢罄一餐。飯抄雲子白，瓜嚼水精寒。無計回船下，空愁避酒難。主人情爛熳，持答翠琅玕。

唐 韋應物《韋刺史詩集》卷七《任鄠令渼陂游眺》 野水灔長塘，烟光亂晴日。氛氲緑樹多，蒼翠千山出。游魚時可見，新荷尚未密。屢往心獨閑，恨無理人術。

唐 鄭谷《渼陂》《文苑英華》卷一六四 昔事東流共不回，春深獨向渼陂來。山前別業依稀在，雨裏梨花寂寞開。却展魚絲無野艇，舊題詩句没蒼苔。潸然回顧難消遣，秖有佯狂泥酒盃。

五代 韋莊《浣花集》卷一〇《過渼陂懷舊》 辛勤曾寄玉峰前，一別雲溪二十年。三徑荒凉迷竹樹，四隣凋謝變桑田。渼陂可是當時事，紫閣空餘舊日烟。多少亂離無處問，夕陽吟罷涕潸然。

宋 陳起《江湖後集》卷三《同用晦上人游渼陂》 渼陂寒水碧溶溶，野客江僧望不窮。更值晚來風雨歇，終南一半浸波中。

宋 蘇軾《蘇文忠公全集》卷二《渼陂魚》 霜筠細破爲雙掩，中有長魚如卧劍。紫荇穿顋氣慘悽，紅鱗照坐光磨閃。攜來雖遠鬣尚動，烹不待熟指先染。坐客相看爲解顔，香粳飽送如填塹。早歲嘗爲荆渚客，黄魚屢食沙頭店。濱江易采不復珍，盈尺輒棄無乃僭。自從西征復何有，欲致南烹嗟久欠。游鯈瑣細空自腥，亂骨縱横動遭砭。故人遠餽何以報，客俎久空驚忽贍。東道無辭信使頻，西鄰幸有庖齏釅。

宋 蘇轍《欒城集》卷二《次韻子瞻渼陂魚》 渼陂霜落魚可掩，枯芡破盤蒲折劍。巨斧敲冰已暗知，長叉刺浪那容閃。鯨孫蛟子誰復惜，朱鬣金鱗漫如染。邂逅相遭已失津，偶然一掉猶思塹。嗟君游宦久羊炙，有似遠行安野店。得魚未熟口流涎，豈有哀矜自欺僭。人生飽足百事已，美味那令一朝欠。少年勿笑貪七筯，老病行看費鍼砭。羊生懸骨空自飢，伯夷食菜有不贍。清名驚世不益身，何異飲醯徒酷釅。

宋 王安中《初寮集》卷二《讀次文渼陂詩》 白髮郎潛舊令君，東軒携酒幾回登。當初天上化鳧舄，今日人間下馬陵。邊地久無能賦筆，縣齋新有讀書燈。昔游零落岑參在，故語流傳許十稱。

元 楊宏道《小亨集》卷四《渼陂》 空翠堂中望陂水，岸回山列若無窮。鏡銅新拭寳匳坼，機絲未張雲錦空。一飯常懷源少府，勞生更甚杜陵翁。鳥飛魚泳方自得，慙愧此身如轉蓬。

明 胡侍《胡蒙溪集》卷一《游渼陂候王子芹不至》 不見王子猷，自向渼陂遊。丹峰對卓午，碧水澄新秋。老去興未減，坐來境更幽。即恐雷雨至，欲返山陰舟。

明 劉儲秀《劉西陂集》卷二《渼陂行》 鄠杜由來山水奇，奇絶無如此渼陂。曾觀當日少陵行，明稱萬頃堆琉璃。久思勝地今方入，且喜王維招宴集。王家兄弟似岑參，獨愧拾遺非我及。一自元兵决堰開，遂令陸海飛浮埃。空餘野老携鋤至，無復佳人拾翠來。穲稏滿前渾莫測，聊將老眼臨風拭。一時有感自成詩，豈閔頭上雨雲黑。清泉滚滚出南山，着處分流紅稻間。餘粒真成鸚鵡啄，睢鳩洲畔鳴關關。飯抄雲子酒如珠，青娥皓齒競相趨。絲竹纔停歌舞起，共道蘭亭舊所無。碧梧徐引清風至，月出藍田尤當意。不醉如兹良夜何，況兼來日本無多。

明 朱誠泳《小鳴稿》卷一〇《予過渼陂是即岑參兄弟約杜甫以同游者也予亦好奇者想渼陂之名憶岑杜之游因成四韻以傳好事者》 躍馬乘春到渼陂，渼陂風景足清奇。晴涵山影沈青黛，冷浸天光漾碧漪。盛代已無唐室禁，荒碑猶載杜陵詩。樓船簫鼓俱陳迹，禾黍斜陽異昔時。

明 艾穆《艾熙亭先生文集》卷九《鄠縣馬明府拉游渼陂空翠堂紀興二首》 渼陂幽事隔西林，地主風流拉共尋。一逕曲盤千澗水，空堂寒落萬峰陰。人於勝迹遊非倦，道在滄洲興不禁，雷雨任教來咫尺，漫横長笛引龍吟。

天涯風物獨相親，一咲江頭對白蘋。爲有波光清入酒，況兼山色澹宜人。地如澤畔應吟楚，客是長沙解過秦。此日逢君花滿縣，桃花不説武陵春。

明 王九皋《初夏過渼陂》（雍正）《陝西通志》卷九七 渼陂真勝地，海内此奇觀。水漾烟波冷，堂開空翠寒。終南横黛色，紫閣拱朱欄。隴麥輕花落，池荷小葉團。潛蚪翻錦浪，鮮鯉躍金盤。沽酒傾囊去，題詩待墨乾。天涯逢樂處，官況倚能寬。

清 洪亮吉《卷施閣集》卷五《後渼陂行戲贈汪進士應奎》 馬蹄三日行山前，高下不盡南山田。原高土肥喬木列，時有流水鳴濺濺。稷州城東及鄠西，窮披縣圖尋渼陂。沿山十里歷阡陌，祇見果熟秧低迷。土人爲言百年涸，决水爲田收萬斛。田坳積雨亦作潭，水淺無能及牛腹。陵移谷徙何代無，漢代蚤失昆明湖。玆遊適值新霽夕。萬頃明月同波鋪。朋辭暑疾不至此，壺觴獨來岸頭止。君不見不特渼陂前無尺水。好奇亦少岑夫子。

清 畢沅《靈巖山人詩集》卷二七《游渼陂望紫閣峰》 翠色染不成，虛嵐罨高嶺。亭亭隔渼陂，撩人頻引領。新篁抽玉簪，孤日縣金餅。倒映冲瀜間，水底臥峰影。髣髴緑雲鬟，瀉入鏡光冷。窈窕世無雙，春曉妝初整。雨勢嶢關來，長風恣驕逞。毿毿亂鳧鷖，繚繞翻藻荇。萬丈碧琉璃，盪碎只俄頃。少焉復開朗，半巖延返景。凉意滿菰蒲，暝色動蛙黽。漁村已晚炊，烟裹楓林頂。

清 張開宗《渼陂杜工部祠》（雍正）《鄠縣重續志》卷五 夔州而後筆如神，天寶之前泛此津。忠憤一腔洩筆底，先生原不是詩人。

清 馮壅《題渼陂空翠堂》 稻花漠漠野田平，烟樹無人水磨聲。莫憶牙檣載歌舞，而今贏得一渠清。

清 張鼎望《過渼陂空翠堂有懷子美先生》 遺搆蒼茫有鄠西，停鞭徒倚草淒淒。潺湲溝水衝新磑，蔚岏南山俯舊堤。絲管欻成林鳥哢，波濤盡作稻田畦。許身稷契昭千古，臨泛風流溯不迷。

雜録

宋 吴曾《能改齋漫録》卷六《渼陂》 唐元澄撰《秦京雜記》載渼陂以魚美，得名。故杜子美《渼陂西南臺》詩：空濛辨魚艇。子美又有《渼陂行》及《鄠縣源大宴渼陂》詩。孔安國注《禹貢》，嶓冢導漾云：泉始出山爲漾，然廣韻五旨，美字下有渼字。注云：渼陂在京兆鄠縣，以此觀之，渼陂既以魚美得名，則當作渼，工部二詩，皆言終南，在武功縣，與鄠縣北近。

宋 張伋《渼陂空翠堂記》（康熙）《鄠縣志》卷一二 余昔時嘗聞士大夫稱，關中多山水之勝，而渼陂在終南山下，氣象清絶，爲最佳處。及誦杜工部所賦詩行，愛其語大而奇，益欲一往游之，以慰所聞。道阻且長，斯願未遂，每以爲恨。宣和元年冬，被命爲邑於有扈，而所謂渼陂者，實其西郊焉，于是始得償夙昔之願，時往游觀。翠峰横前，修竹蔽岸，澄波愛空，上下一碧，信乎其氣象清絶，爲關中山水最佳處也。陂之比岸有堂舊矣，久弗加葺，棟宇傾撓，來游者中壓是懼。余喟然興嘆曰：有此佳山水，而堂搆不修，宴賞無所，大非其宜。因顧從史而詢其故，乃知自清平建軍縣澇水之西，割地以隸，故陂羅近鄠，而地非所屬，雖屬終南，而距邑爲遠。遠者不喜修，近者不得修，歲月既久，浸成弊壞。瓦木之類，至爲小人攘竊而莫之問，可不惜哉。逮四年春二月，以寒食休假，率職事諸公會于陂上，因相與爲議曰：渼陂之地雖在他邑，而頃者漕臺移檄，嘗今吾邑就遙管轄。此堂不修，無罪鄰邑，亦吾邑之過也。吾屬到官日久，行且受代，後來君子謂如不好事何。今欲繕完，稍加宏壯，使稱是山水之勝，且以待使者按部之經由，備邑人歲時之游樂，可乎。諸公忺然，咸以爲當。時故人吴景溢攝政清平，聞其將有是役也，亟命工徒共力成就。于是增插稱薄，基趾廓焉，去故取新，棟宇壯焉。前駕虛閣以臨清流，後闢軒窓以快雄風。規度適中，不僭不陋，氣象具存，苟完苟美。經營于二月之晦，斷手于五月之朔。升堂遠望，豁達無礙，南山之秀，陂水之廣，舉目可盡。猗歟此堂，庶幾不負佳山水，而吾將東歸，爲無憾矣。乃以五日，率諸職事及邑居十大夫置酒以樂之。是日也，小雨乍收，微鳳四起，嵐光水氣，相爲氤氳。若烟之浮，若露之潤，有見于簾楹軒檻間者，明滅變態，不一而止，是何清且麗邪。酒半，坐客其諷杜工部詩行，咸請以空翠名其堂，蓋取杜工部詩中語，且以志所見也。若以陂源之所出，渼名之所自，與夫汗漫廣大、形勢瑰偉奇絶之游觀。載在圖經、咏于詩史詳矣，玆不復云，姑叙是堂興廢之由，刻諸石以示久遠。將有望于後之君子，毋以此疆爾界、距邑遠近，强自分别，而廢前修也。

清 贾鉝《渼陂唐杜工部祠堂記》（雍正）《鄠縣重續志》卷五 唐以詩賦取士，而賢良方正之義衰，房杜姚宋而下，乘國鈞者，寡剛正之風，乏遠大之器。降及虚李之徒，承爲厲階，使國步陵替，卒以不振，公以直諫忤旨，流轉隴蜀間，鬱抑在下，奔走困窮，石屈平之遭而無怨悱之色，觀其著述，則忠君愛國，皆發乎情止乎禮義之言，東坡所謂稷契自許，信非虚詔，非當時諸子所及也。公先世襄陽人。後□□南□縣，曾祖依藝位終鞏令，祖審言終□□員□□父閑終奉天令。天寶末，公獻三大禮，服元宗□之召，試文章，授京兆府兵曹參軍，禄山之亂，肅宗徵兵靈武，公自京師□湜赴河西，謁肅宗於彭原，升右給遺，以疏救房琯，出爲華州司功參軍。時關畿亂離，穀食踴貴，公寄居成州同谷縣，自負薪采摺，兒女餓殍者數人，會鄭國公嚴武鎮成都，奏爲節度參謀，檢校尚書工部員外郎，及武卒，乃游東蜀，沿湘流過衡岳，寄耒陽游岳廟，爲暴水所阻，旬日不得食，耒陽令自櫂舟迎還。永泰二年，啗牛肉白酒，一夕而卒。攷公出處，終其身轗軻不得志，而江湖廊廟之心未嘗一日無也。按其游歷諸什，則曲江渼陂之間爲多，蓋以嚮往之所在耳。噫嘻，使公登宰輔執樞柄，以盡伸其所負，房杜諸人不難并，而范陽之變或中沮焉。乃放逐顛躓寒饑以老，經緯之略，不得一施，而徒發抒自見于篇什，豈不惜哉。余巡驛關中，過鄠邑觀渼陂，俛仰流連，猶想見公當時游息之地，與岑家兄弟賦詩憑吊之概，佪回徘徊久之，深悼於之遇，惜其才，高其志，而竊謂其券迹不可以終湮也。乃謀請鄠令朱若君，亦風雅士也，欣然有共襄之志，余乃捐俸爲之構堂數楹，祀公其中，朱君實經理之，余仍屬以時薦蘋藻焉。昌黎云，鄉先生没，可祭於社，矧公也，與爰石以記之。時康熙三十九年庚辰七月望日也。

清　李滋《重修渼陂空翠堂并建崇文閣碑記》　空翠堂創始於宋之邑令張侯，繼修於有明邑令定襄張侯，入國朝則歲久時長斯堂已蕩然無存。歲庚辰，河東觀察賈公以公事道經其處，登臨之下，慨然有意，於子笑之爲人也。亟捐俸囑前令懷來朱公，即其故址，構堂而紀焉。曾幾何時，而向之屹然孔固者，復頽然領圮矣。辛亥，狄余偶游於此，邑弟子員某某□是陂者，咸來顧余，余顧謂是堂邑之勝迹也，今若不亟爲計，後必有難爲力者，余欲與諸君不惜拮据之瘁，以成久大之觀可乎。僉曰雅唯。爰捐薄俸，并引言于疏醵金鳩丁涓古從事爲之，固其垣墉，葺其挾字，并建崇方閣於堂事之左，始于辛亥之冬，成于壬子之奉工。既竣，諸弟子員廷余而落之且請記焉。余曰：是閣也，高廠豁達四顧無礙，豈但藍田之月，紫閣峰陰之雲爲斯堂几案閒物哉。東而華獄之雄峰，西而太白之積雪，北則九嵕五陵之烟樹，咸陽古渡之檣枕，皆可挹而取覽而盡也，大哉。觀乎洵可迎空翠之來，而無復有遺焉矣。且君子之作事也，豈直快游覽已哉。諸君獨不見夫舊石之紀載乎，前張侯創之於地，隸清平之日者，非好事也。懼名勝之易湮，悵前徽之忽泯，而貽後人以俗吏不好古之誚也。後張侯修之於兵戈搶攘之秋者，非勞民也，思以紹勝迹於既往，垂成規於將來，求不負乎。修廢舉墜之職也，至賈公則論世知人，俯仰上下，慨然有顯微闡幽之思焉。朱侯則景賢崇正深情遥致，卓然有型俗維風之意焉。是皆可爲居官蒞政者之式矣，然迄今空翠之堂，長留於渼陂之上，而諸公之名，亦遂與杜公之賢并存於斯堂而不配，誰謂後之視今，不猶夫今之視昔也歟。今諸君慨然以創修垂久之功，引爲己任，使斯祠一時焕然改觀，而凡後之游足陂者，履其堂堊焉，黝焉，登其閣輪焉，奂焉，續其碑曰：是某侯之所創而建之者也，是又某侯之所修而葺之者也，而要以承先待後，使前人經營之苦心可相傳於不替者，則余與諸生今日之舉，誠可爲後來守土者之一助也，是爲記。

清　朱文卿《渼陂創建杜工部祠記》（乾隆）《鄠縣新志》卷六　己卯春，觀察可齋賈公以公事道經渼陂，慨然想見唐杜子美先生泛舟賦詩逸韻。憑吊久之。顧文卿而謂云：子美先生當年游歷此地，篇什吟咏不一而足，其精神靈爽當且眷戀於此，竟令勝迹無存乎，文卿揖而對曰：自古有大功德於其地，以及名賢、碩儒、忠臣、孝子、節婦、義夫，足爲百代矜式者，鄉邑咸祠而祀之，以勸將來。先知當唐天寶之亂，位不過卑散，間關數千里奔赴行在，至其平時則觸時感事憂國愛君之義，形諸楮墨一腔忠憤皎皎乎，盟日月而泣鬼神，故其足迹所至，後之人往往追念餘芳建祠刻詩，矧此地先生杖履游覽，而宋令張公伋亦嘗於其上爲空翠堂，今堂雖廢，而址則存，誠即其故址構堂以祀，庶幾遠山拱翠，碧水呈波如覩先知丰采焉。鳴泉水磑松韻竹聲如聞先生嘯歌焉。以表前賢則芳徽不墜，以風後世則勸善有型，視世之敝，所事以事無益，縻有用之財，以媚不經之鬼者，得失不有間哉。觀察慨然曰可。歸而遂捐俸四十金，委某經營，不足者，某倍以俸補成之，其制爲臺五尺，爲堂三楹，外繚以垣，塗之白堊也。正前爲門，外爲坊，共費錢凡百二十餘貫，越三月而告厥成。觀察手題扁聯，縣簷楹書片石置諸壁間，某念冰可無記，以識始末也。於是本其緣起而碑之，嗚呼。工部之烈不顯於唐史，獨以一念忠憤鬱鬱於胸，惓惓於口，千載下遡其流風遂至睠念無已。俎豆不忘，況於實建奠國安民之勳者乎。後之觀者，亦可以觀感知勸矣。

木蘭陂

論説

宋 劉克莊《後村先生大全集》卷九二《協應李長者廟記》 吁，水利博矣，禹功遠矣，如西門豹、鄭國、史禄、李冰、召信臣、鄭當時之流，其事雖在春秋、戰國、秦、漢之前，民到於今稱之。然此六七公非守令則吏，職當然耳。當陂之未成也，莆牧宰、耆老求東□畚土之助而不可得，長者家異縣而狥鄰封之急，無寸柄而任飢溺之責，傾家得七萬緡以就斯役。其成也，官以大小孤白地酬獎，後人塍地爲田者數倍收；其歿也，裔孫或家于莆，歲食陂田，沾丐及於侯官之宗，仁智兩盡矣。夫兩鵠告成，喜之也；萬牛致饗，報之也。新廟分錢、李爲二室，而長者以林、黎二君配。長者名宏，侯官人。錢、林皆長樂人。林名從世。黎名畛，爲莆田簿。錢媛之死，縣委覆實，壯錢志節，有嘆息語，登時暴卒。俚俗因有冥婚之謗，不但錢媛誼不受污，黎君亦豈可厚誣哉！昔畏壘之人尸祝庚桑，林君近之；冥勤其官而水死，黎君近之。其與長者合祠宜矣。古者田家作苦，必有倡予和女之聲，命曰「勞歌」。長者勞一身而佚一郡，勞之大者矣，乃采勞歌之意，爲辭以授社人，俾禱賽之際歌以樂神。

明 蔡清《虛齋集》卷三《送興化守王君存敬考績序》 嘗修治木蘭陂，石堤若干，丈其工，甚鉅，是陂闔郡所食之天也。舉此一端可以概其悉心民事，厚恤無告之民，而更徙惡疾者，所居使不溷於齊民。舉此一端可以概其仁而知義。

明 黄仲昭《未軒文集》補遺卷下《林從世李宏李富林國鈞方祐列傳論》 論曰：林從世築陂，雖弗克成功，然捐貲十萬緡而無吝色，非真有濟人利物之心者能之乎？李宏、李富、林國鈞、方祐皆有濟人利物之實惠在人。而宏木蘭陂之惠又其最鉅者也，蓋宏築陂初成，遂疏渠引水以遶壺山，而南洋人悉享其利。迨元延祐間，總管張仲儀、郭朶兒又相繼即陂北岸，開創萬金斗門，引陂水以溉郡東北延興、孝義、仁德三里田，而北洋人亦享其利。是則萬金斗門雖非宏創，然亦不過因宏已成之利而分之，爾要其歸，皆宏之功也。唐韋丹爲江西觀察使，築堤捍江，灌田萬餘頃，至今朝廷命有司歲祭之。夫丹食禄，有官守不過用民力以興民之利耳。宏以他郡之民傾己貲，爲莆民興不世之利，其功視丹殆爲過之。雖前代有田給其子孫以奉宏之祭，然曆世既久，人事不常，而報功之典或幾乎熄矣。予竊以爲有賢守令疏宏之功，上請如丹之例，歲有常典，則庶乎有以慰宏之靈於地下，而後世好義之士亦將有所感而興也。

明 劉玉《執齋先生文集》卷一二《贈司訓戴君之任興化序》 閩，天下人材之淵藪；莆中，又八閩人材之淵藪也。【略】其地東南瀕海，鼉龍魚鱉實藏之所，興群峰環之壺公，端然秀出於群峰之上，木蘭陂貫於其中，演溢流溉，蓋無不腴之田，亦無不豊之歲也。

明 周瑛《翠渠摘稿》卷二《贈知事劉侯提督水利序》 莆人堰海以居，宋李長者宏作木蘭陂以蓄諸山澗水，自西南來注之，其縱横曲直，各視地勢所宜，昔人用心于此，亦云勞矣。

（弘治）《興化府志》卷五 木蘭陂，莆人命脉所係，蓋合永春、德化、仙游三縣之水，并趨于海，爲民興利者，始有截海爲陂之議。錢媛、林叟皆不克就緒，及李長者來而陂始成，陂初爲計只灌南洋田畝，至元總管郭朶兒、張仲儀始分其餘以灌北洋田畝。故木蘭陂壞，則南北二洋皆病矣。入國朝來論修治之功，惟董倅與葉丞爲最大，蓋二公皆嘗涸海斷流，重新更造。今南北二洋號『桑麻沃壤』，其可忘二公哉！

又 卷四四 論曰：林從世築陂雖弗克成功，然捐貲十萬緡而無吝色，非眞有濟人利物之心者能之乎？李宏、李富、林國鈞、方祐皆有濟人利物之實惠在人。而宏木蘭陂之惠又其最鉅者也，蓋宏築陂初成，遂疏渠引水以遶壺山，而南洋人悉享其利。迨元延祐間，総管張仲儀、郭朶兒又相繼即陂北岸開創萬金斗門，引陂水以溉郡東北延興、孝義、仁德三里田，而北洋人亦享其利。是則萬金斗門雖非宏創，然亦不過因宏已成之利而分之，爾要其歸，皆宏之功也。唐韋丹爲江西觀察使，築堤捍江，灌田萬餘頃，至今圾廷命有司歲祭之。夫丹食禄，有官守不過用民力以興民之利耳！宏以他郡之民傾己貲，爲莆民興不世之利，其功視丹殆爲過之。雖前代有田給其子孫以奉宏之祭，然曆世既久，人事不常，而報功之典或幾乎熄矣。予竊以爲有賢守令疏宏之功，上請如丹之例，歲有常典，則庶乎有以慰宏之靈於地下，而後世好義之士，亦將有所感而興也。

又 卷五三　吾莆論水利，南洋稱木蘭陂，北洋稱延壽陂、太平陂，其説是矣。若夫築長堤以障海，使外無吞嚙之患，内有耕鑿之安，此其功豈不與諸陂相表裏乎？然前《志》皆闕而不言，何歟？竊嘗思之。海堤未築，潮水西汎直至山脚而止，此時思見平土，何可得也？及潮，潮退水草交雜沮洳，斥滷欲望爲田，何可得也？自唐長官吴興築海爲堤，以開北洋之利；及唐觀察使裴次元築海爲堤，以開南洋之利。於是人始得平土而居之。初未免鑿塘開竇以爲救濟，繼而仁者不惜財，智者不惜計，作陂築壩，分引山澗之水，以灌平洋之田。於是南北二洋始成樂土，其爲堤海之功有以啓之乎？雖然不可以不慮也，就南北二洋論之東角遮艮等處正臨大海，無島嶼回合，以爲蔽援專用，摶土擊堤以當海濤敕敵。洪武三十年當崩潰矣。（水）［永］樂六年，又崩潰矣。聞當時白浪長驅直至壺山之下，草木盡死，民無粒食，逃散他郡，此可念也。故君子欲爲保民計，而修築海堤不可後也。欲爲修堤計，而給穀免役不可吝也。

清 方履籛《萬善花室文稿》卷七《宫保尚書制府孫公錫壽恩榮記》　莆田木蘭陂之築，則如傅祇之堰沈萊也；福州小西湖之浚，則如鄧晨之興鴻郤也。更其斥鹵，報以豐穰。飯豆羹芋之謡，不聞於東；作甶雲渠雨之樂，已遍於南。畋誨以樓犂之器，飫之饘粥之傍，功越岱嵩，潤同江海。公之課績，近古所罕覯也。

清 林昌彝《射鷹樓詩話》卷三　興化木蘭陂以南洋水利爲大，南洋水利以東山水則爲均，外海石堤以林墩斗門爲固，而涵竇多，則涸水輕，埭困多，則害公巨。明朱損巖與吴太守書論之甚詳也。

清 俞正燮《癸巳存稿》卷一三　《鄭樵集》：紹興十八年，馮丞、元肅重修。《木蘭陂記》云：集三百六十澗總而爲一，斷大川之流析而爲二。興木蘭之役者，長樂錢氏女，用十萬緡成之。王圻《續通考》云：元仁宗時，福州總管張仲儀建錢聖妃廟，錢氏捐十萬緡，創木蘭陂以護田救民。陂垂成而敗，錢氏投水死。顧祖禹《讀史方輿紀要》云：木蘭溪，在府南七里木蘭山下，錢氏嫗築坡，本名將軍山下將軍灘。《福建莆田縣志》云：木蘭陂，宋治平元年長樂錢氏室女傾貲築坡，士女立廟崇祀。此木蘭以孝烈起名者，或曰木蘭陂，或曰將軍灘，或曰木蘭山，或曰將軍山，知『孝烈將軍』之號，古人遍用之矣。

綜述

宋 王象之《輿地紀勝》卷一三五《景物下》　木蘭陂 在莆田縣南五里，熙寧八年侯官李長者率錢七萬餘緡叠石創陂，疏渠南注者三十餘里。黄涅槃識云：水遶壺公山，莆陽朱紫半。謂此水也，溉民田萬餘頃，歲輸軍儲。

宋 劉克莊《後村先生大全集》卷九二《協應錢夫人廟記》　莆四境，三面海，厥田下下。不幸霪潦，怒濤衝激，則曰與海通。惟負郭二十餘里之田，號爲沃壤，以南北二陂存焉。北延受陂，自義勇吴侯始；南木蘭陂，自錢夫人始。侯患水獸齧防，與蛟俱斃；夫人憤狂瀾潰堤，葬魚不返；二人英烈相似。吴廟于北，錢廟于南，其來久矣。然吴侯事有鄭褒紀載，又數膺封爵。惟錢夫人事，附見故吏部尚書林公所作《李長者傳》來潦。

又《協應李長者廟記》　陂始于錢夫人，成於李長者，非一家一人之私言也。初，錢陂既壞，有林茂才者接爲之，今元豐橋有遺迹，垂成亦毁，皆治平間也。熙寧初，詔募能興陂者，長者始窮溪源，度地勢，爲今陂。其地在錢之下，林之上。先用木楗，悉更以石，爲石柱三十有二間。其接聯處立相鉤鎖，浪不能齧，斡東流使南，行三十餘里而入於錢氏之溝。又爲小溝無數以分受之，爲閘以蓄泄之，合仙游、永春、德化之水趨焉，溉田數百萬頃。或潦濤溢決，閘不一二版則巨浸入于海也，皆未有陂，所恃六塘朝滿夕除，農家病焉。至是陂水沛然，遂乾五塘爲田，僅留國清一塘以助陂，而盡歸白地于官，以田七百斛贍學，郡有官莊，學有新畲，南洋斥滷化爲上腴。民德長者，祠之且二百載。淳祐末，詔從郡守趙侯與謹之請，與錢夫人皆賜協應廟額。余嘗覽三賢陳迹，獨長者之陂尤得地利。凡涉川者、造輿梁者，必避湍急而就寬廣，夫惟不與水争勢而後能導水之勢。長者監前人而生新智，豈必待神僧讖語、異人指授如尚書林公所云乎？

《宋史》卷一七三《食貨志上》 十七年，臣僚言：『越之鑒湖，溉田幾半會稽，興化之木蘭陂，民田萬頃，歲飲其澤。今官豪侵佔，填淤益狹。宜戒有司每歲省視，厚其瀦蓄，去其壅底，毋容侵佔，以妨灌溉。』皆次第行之。

（弘治）《八閩通志》卷二四《食貨·水利·莆田縣木蘭陂》

在府城西南惟新里木蘭山下。溪源自永春、仙游西南下，合澗壑之水三百有六十，會流東注于海。宋治平初，長樂錢氏女始議堰陂於將軍巖前，據溪上流，陂成輒壞。既而同邑林從世復來相溪下流，改築於上杭温泉山口，將成，潮勢衝激亦壞。熙寧八年，候官李長者宏實應詔募而來，始相地于今址。會有馮仙智日者，授以規摹，率衆錢七萬餘緡，叠石創陂三十二間，間各樹石柱二，而置閘其中，以時縱閉。陂深二丈五尺，濶三十五太。即陂之右，疏渠導水，障東流而南注者三十餘里，爲大溝七，小溝無數。溉南洋上、中、下三段民田。上段：惟新、南匿、胡公三里，爲水泄九，塘四，溝圳八，水瓣斗門一。中段：莆田、南匿、國清二里，爲水泄一，溝四，林墩、洋城斗門二。下段：莆田、連江、興福三里，爲水泄二，溝四。合之，凡溉田萬餘頃。歲輸軍儲三萬七千斛。遂以舊瀦水横塘、陳塘、許塘、新塘、唐坑塘凡五，給爲民田，而截其三，及大孤嶼、白水等田，爲穀共二百九十三石，二枋一角，白地，夫工、子頭等錢共三百七十七貫三百六十三文足，號陂司財穀。陂置役人，正二，副一，甲頭一，小工八，水手二。柱傾則支，閘圮則易，圳壅則疏，圍缺則補。歲各有酹勞田食錢若干，具有定例。紹興二十一年，縣丞陳彌作復采衆議，爲札子以上於郡，欲革四弊，立五例，其條畫尤爲詳盡。二十八年，陂失故道，由北岸而東奔。縣丞馮元肅修而復之，鄭樵爲記。元延祐二年，興化路總管張仲儀復創斗門於陂之北岸，名曰『萬金』，而鑿渠引水，以溉北洋延興、孝義、仁德三里民田。國朝洪武八年，歲久陂缺壞，通判尉遲潤修。永樂十一年，陂堤岸崩，通判董彬命耆□□季和董役重修，并易閘板以石。先是，陂之石柱爲風濤所折，遂減其四間，而礱石以爲之護；及是，又各以巨石覆之。致仕教諭林圭爲記。宣德六年，陂堤岸復崩，縣丞□□文盡撤其舊，□□入地，以固其址，然後甃石□□，斬殺建上，至石梁而止，視舊堤廣加尋有二□。員外□□中爲記。天順六年，陂穿滿而圮壞者凡六間，南□湜岸亦崩缺。知縣王常命士民王行安董役，悉撤舊址，先實以灰土而堅築之，然後布杙緊石，盡復其舊。郎中陳俊爲記。陂之南岸有二廟，皆宋時邑人所建，以祀宏及錢氏者也。元柯舉□：『靈山水□恩波在，村北村南處處耕。』國朝朱元道詩：『群黎共戴東西廟，一水平分南北溪。』陂司之例，今廢已久。其田尚載版籍，計四頃九十畝七分，内酹勞陂正副及李長者廟祭祀香燈田三頃二十四畝八分，俱不科粮，著爲令。按鄭樵重修記：『智日貫酒于宏家，三年不責酧。將行，曰：當與子遇水蘭山前。宏先期而俟。智日乃以方略夜役鬼物，朝成竹樊。先是木蘭有讖曰：「逢築則築」。至是，□乃依竹作堤，而陂始克成。』又故老相傳今陂基下有石盤據水底，横亘北山；陂蓋因石爲址，而石成之。凡兩石相甃處各爲凾如銀錠狀，而範鐵汁於其中，故能與洪流敵之，經久不壞。萬金斗門今不置閘。按郡人龍溪主簿趙孟慈、邵武教授丘甫等立石刻《新創萬金斗門記》，以爲總管張仲儀建；而本路判官林定老撰《協應廟記》，又以爲總管郭朶兒、僉憲張仲儀同建。二説不同。竊詳《斗門記》刻於斗門初成之時，其言必可據；而《廟記》作於至順元年，相去僅十五、六年，其所傳不同遽如此，不知何也。

（弘治）《興化府志》卷五三 木蘭陂、莆中陂，此爲最大，凡三易趾而始成功。**【略】**

初，李長者建此陂，嘗立陂司財穀，置陂正一人，陂副一人，甲副一人，小工八人，水手一人，各有歲勞、日食錢，其錢各有定數。歲久敝滋。紹興中，莆田縣丞陳彌乃作札子呈户部，乞爲舉正草四敝：一寄莊充役之敝。本陂以上着爲陂分高大，田户倫差正副，盖緣有浩大田業，自知愛惜，乃肯爲衆竭力。至於年有酧勞，日有食錢，爲其終歲勤動。故厚加憂潤以絶奸欺，此前人美意。比年以來，寄莊客户或冒名僥求，或公然退卸，如李字之盜賣陂田，李公選之漏洩水利，各以敗事具在案牘。夫人遠離鄉土，甘心爲執役之賤，究其處心冰非良善，使掌財穀必肆侵欺，陂司利害，豈復留意？頃年知郡張直請詳究弊源，專有指揮不得差寄莊户，伏乞檢會嚴賜止絶。二執占拖欠之敝。本陂抽發三塘田地以齊陂司用度。遞年二稅均令有陂分，人輸納舊例，散樸細民拗收租穀，以防拖欠。後緣成正副多不得人，或牽於形勢，或私于親故，或迫于挾持，公然執佃改與細民耕作，收成之日坐享厚利。積年欠租，巧計蠲免，陂司文帳徒有虚名。自致典掛陂田不可復贖，此爲害之大者。今欲將三塘田只責細民，召保承佃候成熟日依原額送納本邑，拖欠責保人，均備取足，仍告示前日形勢，圭人之家不得執佃庶，使陂司寔有所收以備緩急。三典田舉債之弊。本陂例選士着士户以充正副緣爲責，黄未交緩，急缺用。有以憑藉設若典田舉債以自困隤，則正、副何賴焉。往年李宇、林安義等盜瀆陂田，至今尚未盡贖。知郡詹時升灼見情弊，申明户部專行禁止。後來陂正、副雖稍遵約束，往往將田租公然舉借，比至收成大取利息，開有巧作名目，利歸自己。今乞告示止絶，陂司緩急缺礙，仰陂正、副二名出錢代以如有舉債利息陂司文帳不理。四非泛科輸之弊。本陂抽撥財穀，寔欲備緩急支傾補漏之費，蓋民有田，則官有租，亦有備無患之遠慮也。比年以來，宫胥科輸騣騣相反，如勸農，如造帳，如上元油，如荔支子，魚色色取辦官，取其一吏，取其于爲之陂正副者。又從而夤緣巧破所費不貲，夫官中歲計半在陂田，縱不爲之班而反以困之，其如民何陂司財穀？即常平財穀縱而不察，萬一有敗露，其知三尺，何今欲乞向後勸農免到陂亭？非泛科輸嚴賜約束，庶使陂司財穀出入有名，毋容挾公妄有巧破。立爲五例：一陂正副管收田租，二陂正副提督水利，三酧勞田租之數，四神福報賽之禮，五給與李長者下孫天與祭田崇奉祀事。入國朝來，陂司已廢。而本司田土尚存，版籍計田四頃九十畝七分，内除撥酧勞、陂正副及租廟香燈三頃二十四畝八分不料粮外，餘田一頃六十五畝九分，歸官科粮如制。

北津人分木蘭陂水利自元始。元延祐間，總管郭朶兒、張仲儀相繼創萬金斗門，引木蘭陂水北注以灌延興、孝義、仁德三里田畝，南洋人爭之，曰：北洋已有延壽、太和等陂，而木蘭陂昔李長者專爲南洋設，奈何奪此以與彼？當時尉遣之曰：百姓言是也。但以事理度之。南水直注，其力大；北水横注，其力小。是雖分水於汝，未必遽戚汝也，乃與民約以三七爲則，南得七分，北得三分，其水口廣狹、高下皆有定數。近有力者謂木蘭陂水已到佘埔南矣。若鑿山而過之，直到九里洋，爲利滋大。地頭人恐鑿斷山脉，持不可，夫鑿斷山脉固不可，走泄水利尤不可，九里洋地形絶卑，開渠到彼則南洋水利走洩盡矣，求無怨悔不可得也，如近時開岳公橋水可以爲監矣。

此陂前人創，始智識不凡，後人用計修治，亦或有可取者。舊爲三十二門，及元人修治減爲二十九門，蓋當衝處宜爲門，其近岸處只宜築固以殺水勢。至今減去三門，皆因元舊亦大省事。舊時門用木板爲閘，隨旱潦啓閉，一時措手不及或致傷人。國朝通判董彬皆易以石，其高下以一定水則爲準，潦則水溢上過，旱則水留陂中。不假人力，自爲啓蔽舊時所設，小工、水手皆自此而廢矣。舊陂就土立石，元人修之，乃於石下立松，然每層不過五根，爲脚單薄。至董判，乃斲木爲板，厚四寸，入於上，中加石其上，鉤鎖結砌，壓以巨石。縣丞葉叔文謂：董判以石傳板爲易壞，元人爲址單薄亦易壞，乃築上下堰，盡板而出之椽栽入地九尺，廣視舊加丈有二尺，然後結砌如董法，至今因之，此可取也。

（弘治）《八閩通志》卷二四　東山斗門。在澄口東山之南，木蘭之流至此已絶，舊爲涵泄。至元末始創爲斗門。國朝洪武初，里人林用震得東張澄口之地堤海之田後，其子因私水利白其事復修斗門，增設涵閘。自是高亢之田均沾木蘭之流矣。景泰六年，知府張瀾命士民吴時耕，董役重修。

（天順）《明一統志》卷七七　木蘭陂　在府城南木蘭山下，其水自泉之德化、永春及仙遊三邑西南而下，合澗谷之水三百有六十，而東流至此。宋熙寧中，候官有李長者叠石築陂，溉田千餘頃，莆人至今賴之。

又　李長者廟　在木蘭陂上。長者，名宏，候官人，宋熙寧中傾貲築陂以灌田，邑人德之，立廟祀焉。

（崇禎）《閩書》卷二三《方域·木蘭山》　下有木蘭溪、木蘭陂在焉，宋李長者宏與僧智日所築也。山下故有水曰南洋唐，觀察使裴次元堤海爲田三百頃，歲則大穫。其時有横塘、新塘、陳塘、唐坑塘、許塘、五塘與城山之國清塘合爲六，凡溉田千餘頃。蓋《唐書》載之地志云塘之瀦水易滿，易除旱澇，難資去。莆南七里有溪，源永春，流德化，歷仙游，滙三百六十澗以東疾趨入海，言者謂横而堰之，溉田尤鉅，莫之能也。宋治平初，歲旱塘竭，莆人告病。長樂有錢媪者，提金九撒如斗大來將軍灘前，僱民陂焉，開渠循鼓角山南行，陂成，媪引棹落之水暴。至陂壞，媪大息擗摽投陂死。縣遣主簿黎畛往視，畛傷痛不絶，亦爲水所濟。言者謂：陂據溪上流，是以不遂。媪同邑進士林從世者悼媪死，挾貲終功，迺相下流定泉，隙費以數萬緡，既成，又決。言者謂：隙扼兩旁堤岸突高，濤怒流悍，是以再壞。熙寧八年，下詔募修，宏應詔至陂下，而僧智日者已先至矣。智日者，異僧也，貰酒宏家居三年，不責其券，將行，曰：當遇子木蘭山前，至是爲宏相址錢林二陂，間表於溪，廣水慢之，處表數竹而已。旦起，視竹表紛如，宏大異之，遂施陂功其制，壘石布石柱三十二間於溪底，横石之上犬牙鉤互，矻於阜岡深二丈五尺，濶三十五丈有奇，上障諸溪，下截海潮，復即陂之右疏渠導水，障東流而南注者三十餘里，爲大溝七條，小溝百有九，設抵海斗門四木石，涵二十九口，約溉田萬有餘頃。遂廢五塘爲民田，惟留國清以備大旱，繇是歲時屢稔，向之窶人，皆爲高貲温户。宏卒，莆人立廟陂南，曰李長者廟。淳祐間更建前、後二堂。前祀長者，以林從世、黎畛配，而錢媪祀後。郡守趙與浬請于朝，賜廟，額曰：協應景定三年，封長者惠濟侯，媪惠烈協順夫人。元延祐間，總管張仲儀更作新廟，陂下專祀宏，而陂南祀媪如舊。

皇朝景泰元年，令劉玭重修新廟，塑長者衣冠像，配以其弟金紫大夫容。弘治十八年，郡人御史周進隆上言宏功，謂古者西門豹、史起、鄭國召信臣鄭當時之流，皆有功勞水利，稱誦至今。顧夷考其時，皆守令命吏興治，其職也。李宏，家在異縣，病急，隣封無尺寸之符，任饑溺之憂，祠廟雖立，不秩國章，農夫田畯徒薦，伏臘乞敕，有司春秋致祭。訪宏孫子優，免其家錢，媪黎簿畛與林進士從世如舊配饗下，禮部覆奏。錢林惠未及人黎簿事出偶爾，可但祭宏之日，仍具牲祭媪，而復祀媪於香山之廟。宋李長者廟迎神之詞曰：負鍾兮，如雲散金兮，如泥昔斥鹵兮，今穰昔菫荼兮。今飴。

清 康基田《河渠紀聞》卷一七 是年，重修閩莆陽之木蘭陂，以復舊制。按《志》稱：木蘭陂，在興化府城西南木蘭山下，溪源自永春仙游西南，下合澗壑之水三百有六十，會流東注於海陂。初據溪上流築成，輒壞，改築下流，亦壞。侯官李宏易今址規模，乃定叠石創陂三十二間，間各樹石柱而置牐，其中以時縱閉陂，深二丈五尺，濶三十五丈，即陂之右疏渠導水，障東流而南注者三十餘里，爲大溝七，小溝無數。功成，水爲人用，歲獲有收，歲輸軍儲三萬七千斛，置正副司事、甲頭、水工，給使令柱傾則支牐，圮則易圳，壅則疏圍，缺則補以要垂。久後陂失故道，由北岸東奔，修復之，復創斗門於陂之北岸，曰：萬金鑿渠引水以溉北洋延興、孝義、仁德三里民田，嗣陂之石柱爲風濤所拆，遂滅其四間，易牐板以石礱，石以爲之□，各以巨石覆之。後因崩損，盡撤其舊，椓杙入地以固其址，然後甃石於底，漸殺其上至石梁而止。視舊堤廣加尋有二尺，久之陂穿漏圮，壞者六間，南北堤岸亦崩缺，乃悉撤舊址。先實以灰土而堅築之，然後布杙累石盡復其舊。康熙六年、二十一年，屢加修築，至是復重修東南多陂，因下鍾水以緐利萬物，曰：陂即其故有者，更新之缺者，補廢者，舉瀉有餘濟不足，仍復其舊。木蘭之南爲南洋，木蘭陂功既成，更廣溝洫之利，合南洋四五十里潮滷之區，堤海爲田，設陡門及木石涵泄，以章魚港爲咽喉，東山爲尾，閒各涵泄爲孔，竅錮東山之則，礱巨石鋪之上。置牐關鑰以界守者，章魚以石結砌，低高視洋田上下制如東山，量埭田之數爲涵泄，視洋田之平爲則，核定其數而高其則，於是水有所瀦，蓄洩由人，分溉南洋田萬餘頃。昔洋田既槁，埭田隨之，至是旱潦有備，南洋向爲海潮衝激，古有石砌海堤，屢崩屢築。康熙元年，遷界堤復蕩爲海。十八年，奉旨展復。二十一年，設法興修，克有成。至是漸復古堤，南洋之北曰北洋，吴興壅沙爲堰，遏水入北洋，雨大溪溢，自推沙注於港，水減順溪南下，沙自壅滅，賸不勞人力，人謂李南、吴北、延壽、戲兒與木蘭爭烈矣。

（乾隆）《福建通志》卷七 天順六年，陂穿漏而圮壞者六間，南北堤岸亦崩缺。知縣王常悉撤舊址，先實以灰土而堅築之，然後布杙累石，盡復其舊。其後知府王弼、陳效、周大禮同知錢穀，知府王嘉忠各有修築。國朝康熙六年知縣沈延標、二十一年知府蘇昌臣、四十年知府趙邦牧、同知趙世安、知縣金皋謝先後重修。

（乾隆）《莆田縣志》卷二 南洋引木蘭陂水爲大溝七，小溝一百有九，分爲三派：

自□新、胡公、南力三里爲一派，溝深一丈，濶一丈三尺。彭志云：維新里木蘭陂直下大溝一，通股溝二，胡公里沙溝洋大溝一，通何厝橋，後黄溪船頭新溝、股溝四。初南力里白埕與何厝橋不通，後白埕潰，岳守開新溝，始通。

自南力及國清、莆田三里爲一派，溝深一丈三尺，濶二丈四尺。彭志云：南力里上下渠大溝一，通漏頭東溝等處，股溝六。羅外大溝一，通後亭樟橋等處，股溝七。國清里洋城陡門前大溝一，通小橫塘等處，股溝四。及安樂里橫塘新塘等處股溝三。

自莆田、連江、興福三里爲一派，溝深一丈五尺，濶二丈七尺。彭志云：國清里洋城陡門前大溝一，通莆田里、清浦、化龍等處，股溝一十七。連江里林墩陡門前大溝一，通股溝九。後洋大溝一，通股溝三十八。及連江里跨景德里、五龍橋等處，小溝九，又合浦里、南田、企石等處，股溝四。興福里東山陡門等處，股溝六。

萬歷三十二年，渠頭橋告争水利案。本縣知縣蔡善繼踩勘，得木蘭之水至渠頭橋分爲二支，一順流而南，一折流而東。南流者下坂山，屏東溝青山，水南諸村受其灌溉。東流者，新度、珠墕、樟橋、洋城諸村咸仰給焉，乃東南之民利害之勢。既分水火之清，亦異居下坂者，欲決之而南。在新度者，又惟恐水之不盡，折而東也。本縣親履其地而詳究其源流，始知水之流於下坂者狹而淺，其勢順而疾，流於新度者深而濶，其勢曲而遲，水之東注者三，南注者一。然東田待命，亦倍于南，以一與三較以淺而狹者與深而濶者較，數不勝也。乃彼直而駛，此曲而迂，彼待濟者少，此待濟者多，實足以相當。乃説者又以下坂黄石相距不數里，清浦之去流頭二十里，而遥近則易盈，遠則易竭，本縣折衷兩家之説而定，以畫一之規議於分水咽喉之處，各疏鑿淺深相等，仍各建一石閘，南廣四丈五尺，東廣五丈五尺，令二水并流，勢均力敵。洋城下坂共沐餘波，不得以意低昂，庶幾兩利而俱存之，可相安于無事乎？本府知府王嘉忠批水利既經該縣，審斷明白，所砌石墕雖與古制分數稍殊，亦不須更改。但下坂等七鄉，南下者，水勢直而易達新度、清浦等十四鄉，東流者，水勢曲而易淤，今已出示着新度等十四鄉，乘時疏浚去其壅塞，但不許下坂七鄉恃頑阻抗，餘俱依擬發落繳。

（嘉慶）《清一統志》卷四二七 木蘭陂 在莆田縣南七里木蘭山下，溪源自永春、德化、仙游，下合溪澗之水三百有六十匯流，東注於海，溉田萬餘頃。本朝乾隆十六年，重築并修南北陂石梁浚水道二百餘丈。

（道光）《莆田縣志稿·馮大師廟》 在陂北岸，師名智日：嘗貰酒長者家，三年不責酬，一日謂長者曰：當與子遇於木蘭山前，及長者應詔至莆，智日已先在，日與步水涯以求地脉，所宜方齊禱之。夕智日於今址截溪插竹，朝成竹樊。先是唐末人問：黄涅槃溪陂，幾時可築？答云：逢竹則築。於是長者嘆曰：逢者，馮也。百年懸讖應在，今日智日又圖蒼龍以貽長者，技二榼于江，一以上覆，一以下承而去。長者依竹爲堤，功成不爽，人擬智日爲圯上老人云。萬歷三十六年，郡守王嘉忠委經歷方大成重修木蘭陂，大成究開陂源流，智日實神授於長者，申請建廟于北岸古棠陰大樹下，郡守從之，遂成是役，扁曰：馮大師廟，群人知縣。余翔記後廟圯附李長者祠内。康熙四十年重修。

傳記

宋 朱熹《晦庵先生朱文公文集》卷九四《直顯謨閣潘公墓志銘》 公諱時，字德鄜，姓潘氏，婺州金華縣人。【略】知興化軍，【略】郡故有洋城、陳覇二斗門及木蘭陂，溉田數萬頃，歲久廢壞。公爲興築，壯固牢實，民至今咏歌之。

宋 林大鼐《李長者傳》 弘治《重刊興化府志》卷二九 李宏，福州侯官人也。裔自有唐，世雄於財。平生倜儻有大志，欲以家財自立，使功迹名姓，表見於世。聞莆田壺公洋三面瀕海，潮汐往來，瀉滷彌天。雖有塘六，所儲積淺涸，不足以備旱暵，歲歉無以輸官，民則轉徙流移矣。士人皆知瀨溪一水，可引而南，其如壟岫關隔何！間有作者，往往莫辨地脉，使流膏美利，空墮於海，爲可惜也。唐末，人問妙應大師黄涅槃溪陂幾時可築，答云：「逢竹則築。」今古睥睨，其來頗久。宋治平元年，錢四娘者自長樂邑來，捐金九掇，大如斗，於溪上流將軍巖前堰溪爲陂，開渠鼓角山西南行。其陂甫成，載酒引棹以落之。酒正酣，守者報溪流漲陂敗，即時赴水而死。繼有同鄉進士林從世，號十萬，復來相溪下流，於上杭温泉水口築陂，欲成，潮勢攻搏而不之禦。最後宏應詔募而至，按二人遺迹，皆非地脉，逆水性，安得成功！時有僧馮智，日者散性混俗，惟宏事之謹，乃引至其地，密稟神算，謀於木蘭山前施功，未有定處。方齊禱之夕，地神於今址截溪插竹，似相指使，始悟妙應「逢竹則築」之言。蓋逢，馮也；築，竹也。百年懸讖，應在今日。乃傾家得緡錢百萬，命工伐石，依列竹成基，擺布石柱三十二，間以石。鑱條創治，互相鈎鎖，屹立如山。二時怒濤不能吞嚙，至此而回。截斷奔流，疏渠導水，轉摺而南三十餘里，大溝七條，小溝無數，創立四處抵海斗門，利澤所覃，沛然有餘。長者遂得廢塘六所，裂橫塘、新塘、許塘、唐坑塘爲田，惟國清一塘，以備大旱。其白地盡輸於官，以爲官莊田。而官司酬獎李公，得小龜嶼北、大龜嶼東沿海白地，後人墢海而耕，皆仰餘波。計其所溉，殆及萬頃，變瀉滷爲上腴，更旱暵爲膏澤，仁人之功，其利溥哉！溪源納永春、德化、仙游三百里澗壑之流，故冬夏不少減。值淫霖，溪水暴至，則命小工發泄陂閘以通白湖而入於海。自是南洋之田，天不能旱，水不能澇。初陂成，累廢之餘，衆心狐疑不前。一日，禱於華嚴僧伽塔下，因就明王，願乞百珓，連擲上下，如其數而止，衆得以堅其心。陂成，撥塘田八百石，設立陂司，委子孫掌管修陂；仍撥七百石贍於郡學，教養子孫爲儒；撥田一百二十石捨華嚴寺，與子孫爲僧；百二十石捨將軍巖，與子孫爲尼；撥田四四百石，捨三山雪峰寺，與子孫爲僧。興化軍儲纔六萬斛，而陂田輸三萬七千斛，南洋官莊尤多。民素苦大，由此屢稔，一歲再收，嚮之窶人，皆爲高貲温户。感德李公，塑像立祠於陂，歲時報賽不絶。宣和初，太守詹時昇檢計修陂隱漏田段，刊爲陂籍，殊賞李公之功，署其廟曰「李長者廟」。長者熙寧間應詔募而來，方二十餘歲，間關數年，陂成而卒，歲止四十餘矣。於戲！天産異人，爲吾莆了一大事而去，不然長者弟容以子直閣邁贈至金紫光禄大夫，又何其壽耶！其家子孫衣冠甚盛，有敦義者掌陂事，舉其祖修陂本末，如長者復生。余因謁祠，得聞其詳。廟有李長者、林十萬、錢四娘、黎主簿四像。初錢氏陂敗，赴水而死，里正白官，差主簿眕體究之，知其無他，乃嘆曰：「錢氏室女，負大志節，不克就而終。」再三悼惜，言未訖，暴中而卒。畀歸故土，人妄傳以配女。嗟乎！長者更百年，功狀未上，爵命不下，至今猶與三神旅坐於弊屋之中，誠國祀之缺典也！昔妙應嘗留讖云：「水繞壺公山，莆陽朱紫半。白湖腰欲斷，此時大好看。」人莫能曉。及陂成，溪循壺山之麓而行，「水繞」之言應矣。熙寧九年徐尚書鐸廷試第一，元豐間，有登科甲至宰輔，而鄉里禁從，肩摩於朝，「好看」之言又應矣。蓋木蘭溪水，流入白湖，爲水破長生，及循山南轉，是爲秀水，循武曲來揖郡治，此地理一勝也。今陂無恙，時溪濤暴漲，湧高數尺，夜深，往往有神火千百，乘險護陂，此皆錢、李之功願也。長者深有德於莆人，余恐歲久人無知之者，故傳之，以告來世云。

（弘治）《八閩通志》卷三九《秩官》　元郭朶兒，延祐間爲興化路總管，嘗自木蘭陂浚溝引流環郡，東北與延壽溪會，溉北洋田萬餘頃。又蘆浦重建斗門二，視旱澇而閉泄之，民獲其利，復即陂下建通濟橋，以便行者。

（嘉靖）《東鄉縣志》卷下　王常，字大經，浯溪人。父汝爲領鄉薦歷官韶州教授，立教精嚴，故所在有成訓，子孫亦然常登。正統十三年第。【略】天順元年，以言事左遷知莆田縣，修木蘭陂以備旱，既去士民懷之。

明 林俊《見素集》卷一三《中議大夫贊治尹興化府知府王公墓志銘》　公諱弼，字存敬，號南郭。王之先，錢塘人，五季亂，始祖棄鄉之黄巖寧州家焉。南門自鉉徙，鉉生全禄，全禄生阜，阜生秬，是爲公父。鄭重宣朗爲和州判官有名，以求養親致其仕，以公恩封刑部主事。母劉，妻丁封安人，公第謝遷榜進士。【略】拜興化府知府。【略】前政多因循，學校壇宇，公廨木蘭陂、陽城斗門堤埭，路道多圮則爲之。

明 凌迪知《萬姓統譜》卷六四　林從世 初爲福州長樂人，性好博濟，因挈家貲遠游。治平間，至莆見同邑錢氏女築陂於將軍巖前，弗克成功，乃相溪下流於上杭温泉水口築陂，捐貲十萬緡以給其役，時人因號之曰林十萬陂。垂成，不能勝潮勢之衝激，隨潰。至侯官李宏築木蘭陂，始克成功。然實由錢氏及從世以開其先也。故邑人立祠陂上，與錢氏、李宏俱春秋祀焉。

明 祁承㸁《牧津》卷二九《忠信》　王弼爲興化知府，至則曰：是故秉禮之鄉，盡出古意。爲之律身必端，布令必信，制度必節。【略】木蘭陂陽城斗門堤埭路道多圮，弼爲修築，盡出帑，餘民無所與。

明 吴國倫《甔甀洞稿》卷三六《明中憲大夫福建提刑按察司副使進明易公墓志銘》　公姓易，名道談，字進明，別號洞皋居士，岳州巴陵人。其先長沙人，宋禮部尚書祓之裔。高宗時，有祖文貴仕爲大理評，左遷岳州，遂家焉。【略】嘉靖壬子，始舉于鄉。癸丑，登進士，則年四十二。【略】興化新破廷議難，其守主爵，遂以當。公曰：是能定亂持危者。比公馳單車，詣郡。【略】修舉廢，墜如築海堤，使潮不害稼，浚木蘭陂以廣灌溉，變磽埆爲膏腴。

明 張萱《西園聞見録》卷九八　岳公正，字季方，別號蒙泉，漷縣人。正統戊辰進士，禮部第一人，廷試及第，歷官内閣學士，憲廟嗣位，被譖出爲興化府知府。【略】郡之白堤，舊有渠通木蘭陂之水以溉田，後因堤壞水，盡洩于海。公乃別決渠引水而爲橋，以通道路，民以爲利，因號其橋曰岳公橋。

明 鄭岳《莆陽文獻列傳・吴李林方傳第四十六》 林國鈞，字公秉，早嘗□場屋，率不利自三舍法，罷遂，不復有仕進意。高宗朝，以其子嘗由里選版授迪功郎加承議郎，賜緋衣銀魚致仕。國鈞爲人好施與務以積陰德，爲心聞鄉鄰之貧乏者，取貲財遣人投諸，暗中以助之，不使其或知也。嘗建紅泉義學，延族子光朝爲師，置義田以贍四方從學之士。白湖去城三二里，舊有浮橋。紹興初，更造石橋，一時有力者又欲移建於木蘭陂下，謂是處江流且縮，而兩堤突起。國鈞以爲此説正相反，惟江澗岸平，則無喧豗撞擊之患，遂傾貲倡，衆以相其成，又伐石砌抵城之踏，凡二十餘里。年九十齒髮落而復生，作亭名曰回年。陳俊卿爲書其扁，因以自號，既歿，光朝銘其墓，子二人充南安軍司户參軍，褒建寧府司法參軍，孫恂如，少嘗從光朝學，後選莆舊家十四人，爲木蘭陂正副，而恂如與焉。詳見《李宄傳》持誠秉公，以民事爲己事，陂南岸堤決數十丈，恂如傾貲殫力而修築之水以無患。至今與十四人者并配饗李宏之祭而子孫亦世食酬劳之利云。

（弘治）《興化府志》卷五 董彬，字文質，國朝本府通判也，廣平人。永樂間，由監生選，爲人質直公勤。一日，父老告木蘭陂壞，彬憂形于色，躬往視之而得其狀，乃涸海爲堰，盡發故址而重築之。其法以板附土，以石乘板縱橫布置，積叠而上，舊伐石爲柱，計三十二間，苦風濤振撼，皆礱石以助之，至是壓以巨石，厚一尺五寸長丈餘，前後皆然。舊以板爲閘，視旱潦啓閉，或山水暴至，人因有覆溺者，至是皆易以石，旱潦瀦泄，委諸自然。旱則水瀦于內，潦則水溢上過。又北岸善崩，乃布杙爲趾，用石砌築如陂法，用工于民，計四萬八千有餘，而人不以爲勞，求助于民，得楮二萬五千有零，而人不以爲費，是所謂因民之利而利之者。

又 葉叔文，莆田縣縣丞也，湖州人，吏員出身，正統中來任居官。【略】時木蘭陂復壞，叔文曰：董公初修陂，聞以版傳土支石，傳版此陂所以壞也，迺築上下堰，涸溪海二流，盡剔版而出之，椓杙入地深九尺，廣視舊加丈，有二尺。然後布石其上，口吻相鐃，牢不可動，凡三十二門，每門用舊法伐石爲揵，附揵立砥柱，柱上壓以鉅石，內叠長石以接水，外叠長石以迭水，然後陂立水中，屹如長防。然又浚南北洋大小溝數十條，深廣如法，又分命耆幹修治洋城林墩，蘆浦東山諸斗門。自開國來，論水利工要以叔文爲第一云，然叔文頗有所怙恃，郡守而下無足爲畏，郡守陳敬嘗爲所陷而去，又喜弾壓豪右，雖少過不假貸，人多銜之。論曰：叔文可謂能吏也。已其水利功在莆田者，雖更世不磨，若其天資苛刻，排上制下，終以取敗，其過有不可掩云。

（崇禎）《閩書》卷一二九 林國鈞，字公秉，號回年。早游場屋，後絕仕進，鄉隣有貧者，暗中投以貲財，不使知也。【略】少從光朝學，嘗傾貲殫力修築木蘭陂之南岸堤。

又 卷三三二 林軻，學士，文之侄也。散穀捐金以好義，聞郡守修木蘭陂，委軻督役，軻請闢萬金陡門而寬之，守如軻言。今蘭水紆回，繞郭滙一郡靈秀，且以溉北洋田，莆人世世食其利。

清 陳其元《庸閑齋筆記》卷七 金匱孫文靖公爾準，字平叔，以翰林起家，歷官至閩浙總督，贈太子太師。入祀，名宦祠，公負經濟才任閩督興利除弊，浚木蘭陂，溉田數萬頃。

清 陳壽祺《左海文集》卷九《大清贈太子太師謚文靖太子少保兵部尚書閩浙總督金匱孫公墓志銘》 道光十有二年春正月己酉朔，越二十有八日。丁丑，太子少保、兵部尚書閩浙總督金匱孫公薨於位。【略】公好興水利，莆田木蘭陂者刱自宋熙寧間候官李長者宏，溉田四十萬畝，瀕海東角，遮浪兩郛，堤以石千有一百餘丈，疏溝大小百七十有八，設斗門涵洞，旱瀦潦洩，啓閉以時。久之陂圮，潮灌變膏腴爲斥鹵，公憂之，捐廉勸輸，凡縻十數萬緡。遴邑進士陳池養董其役，築石壩三於荷包瀨以遏衝沙，并修溝洫。及延壽陂南北二洋咸浚，復其舊，歲以有秋稔石堤爲莆，保障令遵，浙江海塘程式造焉。工竣，公大書『鎮海堤』三字，刻石立堤側。

清 王引之《王文簡公文集》卷四《太子太師兵部尚書閩浙總督金匱孫文靖公神道碑銘》 十一月，公以舟師歸福州莆田，東竟承永春、仙游、海化三州縣之水以趨大海。宋世侯官李宏截巨流而潴之，又分其流使南北背馳溉民田四十萬，所謂木蘭陂者是也。陂之興既留水之出陂外，有堤以禦潮之入，堤畔釃衆溝以蓄入者，宣出者。堤之長千一百丈，溝之目一百七十有八，爲陡門涵洞焉。堤缺，溝窒潮有之上田爲斥鹵，公憂之，會其年颶風海嘯，堤盡壞。公因敗爲功，頒杭州海塘式法以示莆之人，出俸緡倡其衆，逾年而完，粒及百世，莆田立祠祠公，公百廢具修，尤銳意水利，木蘭陂最鉅矣。

清 顧炎武《肇域志》卷四九《莆田縣》 木蘭山，在西南二十五里，下有木蘭陂，其水自泉之德化、永春及仙游三邑西南而下，合澗谷之水三百有六十而滙于此。宋熙寧中，有侯官李宏叠石築陂，溉南澤田萬餘頃，瀨溪在西南二十里，下流爲木蘭陂。

清 陸心源《元祐黨人傳》卷三《朱紱傳》 朱紱，字君貺，福建仙游人，與同郡黄隱傳楫皆以詞賦名。治平四年，登進士甲科。【略】先是，蔡京欲築木蘭陂渠以應讖，詭言引水溉田請於朝，及紹述説興，紱遺書責京曰：寒族居莆者，爲築陂傾産，雖爲莆亦爲公也。自陂成以來，公家父子兄弟布滿朝廷，未必非鍾靈蘭水力，宜建樹不朽，爲梓里增光。

（乾隆）《江南通志》卷一四四 黄建中，字良甫，興化人，萬曆戊戌進士。【略】擢興化知府，出俸金築木蘭陂，堤民獲灌溉，利治獄，尚仁恕，凡平反疑獄數十事，郡無寃民。

（乾隆）《福建通志》卷三〇 張仲儀，燕人。延祐二年，爲興化路總管，識達治體。初總管郭多爾創萬金陡門，遷秩而功未遂。仲儀益開山浚河，引繞郡城以北，重造通濟橋於木蘭陂，砌蘆浦陳壩二斗門以殺水勢。

又 卷四九 姚恒，字誠斯，莆田人。篤行力學，樂施好義，嘗倡修。宋先賢林光朝墓與木蘭陂黄山堤諸水利。康熙庚午，領鄉薦任益陽知縣。

（乾隆）《福州府志》卷六二 李宏，候官人。熙寧八年，莆田木蘭陂屢築輒壞，宏應詔挾貲七萬緡入莆求地脉，定基於木蘭山下，溪廣水漫，兩山夾峙之中，叠石成陂，布石柱三十二處，疏渠導水，溉南洋田萬頃，歲輸軍儲三萬七千斛。廢塘爲田，令民耕種，得穀二千六百五十餘石，工成，封惠濟侯，卒，莆人立廟以祀。

（乾隆）《漢陽縣志》卷二一 彭商賢，字述庵，康熙壬午舉人。令莆田下車焚香，告天以廉潔自矢，木蘭陂爲一府水利所關，傾圮不治，商賢捐俸倡修之。

（嘉慶）《清一統志》卷四二七 噶達爾，皇慶間爲興化總管，嘗創萬金陡門，引木蘭陂水溉北洋田萬餘頃，遷秩而功未遂。張仲儀繼之，益開山浚河，引水繞郡城之北，於木蘭陂重造通濟橋，砌蘆浦、陳壩二陡門以殺水勢。莆人謂噶達爾善創，張仲儀善承，噶達爾舊作郭朶兒，今改正。

（嘉慶）《南陵縣志》卷八 陳效，字志學，成化辛丑進士。【略】知興化府，適大旱，籍庫帑二千餘金市穀賑饑，復請於朝，悉蠲歲賦。郡有木蘭陂障海潮，歲久石圮，效極力繕治。

（道光）《徽州府志》卷一二 主鉅，字德卿，婺源中雲人，生穎異，弱冠屬文即馳騁浩博登進士，知莆田縣。【略】創水利修木蘭陂。

（道光）《遵義府志》卷三四 王廷葵，字愛園，恆從子。嘉慶辛酉，拔貢朝考以知縣用，分發福建，歷署順昌、福鼎等邑，所至有聲。繼補莆田縣，丁母艱歸服闋，仍補莆田邑，故緊上治年餘，訟庭無事，因修馮公堤。見木蘭陂南北岸瀕東角遮浪海堤皆圮，慨然以興利除害爲己任。莆田環山貫海，唯中央平疇分南北兩洋，沿海築堤以爲障。木蘭陂者，下截海潮，上障諸溪，陂右疏二渠灌，溉南滓三十餘里田畝，繞諸山爲大溝七，小溝百有九，立斗門，潦啓旱閉，東角遮浪二鄉者，皆逼海當大潮之衝，無山爲之蔽。昔人因其要害，磊爲堤以禦潮而護田。又於陂右堤首立萬金斗門，分溉北洋田畝，使永春、德化、仙游滙三百六十澗之水灌田四十餘萬畝，分食其利。堤苟不壞，則陂不損，而溝渠亦無庸浚。其制自宋始，元明代有修葺。嘉慶之季且潰且塞，鹹潮害稼，民不聊生，賦無所出，廷葵乃先治木蘭陂，通邑人捐輸得銀四萬餘，兩日興夫七八千人南北岸之堤堅修之，大小百餘道，溝渠深浚之，三日而工竣。督撫優叙（人）[入]奏，廷葵又謀築東角遮浪兩堤，曰：兩堤與木蘭相表裏，堤不築，陂雖修渠雖浚，無益也。百餘年來屢築屢壞，皆由工鉅費絀，苟且爲之，奚以久？今不必海溢，每歲秋濤盛漲，二鄉之人老幼皆登陴而守，不轉於溝壑者幾希。乃大議捐築，自傾貲萬一千有奇，邑紳民爭來襄助，廷棻爲究其易敗之失，三揭其要綱，二分其程目，二十定堤勢、固堤身、立堤址、實堤腹，言者視舊增二尺，廣者視舊增三尺，東角堤七百四十一丈，遮浪堤四百二十三丈，工始道光乙酉十二月，成於戊子四月，用銀十四萬有奇，用石四萬九千五十丈餘，悉稱是千餘年水利。賴廷棻復其舊，督撫吏以功奏，命以同知直隸州充補，旋卒，年五十二，卒之曰：宦橐空如大吏，憫其廉紓。其逋莆人言者，皆掩泣焉。

（道光）《重慶府志》卷八　王恕，字中安，號樓山，舊安居縣人。康熙辛丑進士，由庶吉士改吏部員外郎。【略】轉布政使巡撫福建，請豁崇安浮賦，貯穀南臺以濟漳泉荒旱，檄修閩縣官浦，興化木蘭陂水利，閩人咸頌其德。

（道光）《莆田縣志稿》　林洙，字皜斯，秀子，康熙庚午鄉薦。【略】洙幼承庭訓，禔躬淳厚，究心理學，世祖學道公有原教録二册，刋刻行世。在籍時，修木蘭陂，築横山提，浚新海水利，經年忘疲，郡人至今德之。

（同治）《蘇州府志》卷九二　周大禮，字子和，嘉靖壬辰進士，授刑部主事。坐詿誤壽寧侯事，謫鄧州同知，遷汝寧府同知，轉南京工部郎中，出知興化府。【略】修木蘭陂二十餘里以備旱潦，稽核田賦以清下户之産。

黄綬誥，字曰三一，字東園，嘉慶戊辰恩科舉人，大挑一等，丁丑科進士，以知縣用分發湖北，歷任安陸、江陵、天門、江夏等縣，所至皆有聲，三次卓異。【略】擢福建興化府護興泉永兵備道，興化毗連漳泉，奸黨攘劫，屢爲民害，因添設巡丁逐段梭緝。歲歉，則平糶，招商，民不苦食，木蘭陂及兩洋堤捐金，歲修縣亘數百（文）［丈］，以資水利。

（光緒）《廣州府志》卷一二九　吴榮光，字荷屋，佛山人。父濟運邑廪生，就職教諭，性友愛，昆弟子姓百人同居無間，言榮光嘉慶戊午鄉薦，己未成進士。【略】調福建布政使，捐修貢院，添號舍，以餘資修省志，又修莆田縣木蘭陂，溉田三十餘萬畝。

（光緒）《荆州府志》卷四九　沈延標，字令望，順治戊戌進士，除莆田知縣，爲政明敏，果於任事，嘗修木蘭陂、瀨溪橋、寧海堤，築流明、沛尾二堰，邑人賴之。

（光緒）《汾陽縣志》卷六　韓克均，字德嶷，邑之東窑莊人，嘉慶元年進士。【略】先後兩撫八閩以興革爲己任，增建貢院、號舍，輯省志，整鹽務，軍械庫，向附郭。至是移建會城，他若淡水廳石城、福州小西湖、莆田木蘭陂皆從事修浚，糜費鉅萬，功利甚溥。

（光緒）《青浦縣志》卷一八　陸我嵩，字芳玖，嘉慶十五年舉人。【略】道光二年成進士，補福建壽寧知縣，擢雲霄同知補邵武府同知加知府銜，前後在閩十三年，曆署汀州延平邵武府、福州海防廳興化通判、莆田閩縣事，廉明勤惠，政以興水利爲急。莆田有木蘭陂，石堤仿浙海魚鱗石塘成法，兼築石壩三，疏溝百七十有八，設斗門涵洞俾資蓄洩，皆躬執度指授程式，期月始畢，計復腴田二十二萬五千餘畝。

（光緒）《續纂句容縣志》卷二〇　李茂功，字季成，號健齋，文定季子也。幼負雋才，游國學，試輒第一，以父蔭中書舍人。【略】擢守福建興化府，葺學宫搆講院，一時莆陽多彬彬文學士，首拔者皆取高第爲名，公卿出俸金築木蘭陂，不費民財，堤成民獲灌溉利。

《清史稿》列傳一六七《孫爾準傳》　木蘭陂者，創自宋熙寧間，溉民田四十萬畝，築石堤千一百餘丈以禦海潮，歲久傾壞，爾準道經莆田，親勘修復。工蕆，以宋長樂室女錢創陂實功首，建祠列入祀典。爾準治閩最久，諳悉其風土人情，吏民皆相習，政從寬大，閩人安之。

紀事

鄭樵《夾漈遺稿》卷二《重修木蘭陂記》　集三百六十澗總而爲一，故有無窮之流；斷大川之流析而爲二，故有無窮之澤。此邦民貧，不任竭作，興木蘭之役者，有長樂郡之二人焉。始則錢氏之女，用十萬緡，既成而防決；次則林氏之叟，復以十萬緡，未就而功隳。錢氏吐憤，遂從曹娥以游；林叟唧冤，徒起精衛之忿。自兹以還，興作乏人，惟增望洋之嘆，莫克水濱之問。且遏長江之勢，使洪瀾怒濤不得東之，豈人力也哉！熙寧初，有季長者宏，富而能仁，故得其稱，有此志矣。天降異人，曰馮智日，貰酒于其家，三年不索酬。將行，曰：「當與子遇于木蘭山前。」長者先斯而俟。乃授以方略，夜役鬼物，朝成竹樊。又圖蒼龍以貽長者，投二盒于江，一以上覆，一以下承而去。孺子可教，果得黄石之素書；衣履不沾，又見葛公之涉水。長者于是依竹爲堤，功成不爽。鑱石爲楹以爲禦，距楹爲障以爲瀦。壅川之陂，循南以濟，相其高下，鳌爲三派，使無偏注。行五十餘里，達于海。瀕海爲四斗門，以禦蓄洩。凡溉田萬頃，使邦無旱暵饑饉之虞，百年于兹，故長者得以廟食焉。山岳之摧，由于朽壞；江海之注，竭于漏巵。紹興一十八年之秋，陂失故道，由北岸而東奔，重淵如勺，魚鼈焉依。三衢馮君元肅，適以斯時至。凡川澤陂池之事，一時畫究。謂：「馬伏波所過州縣，必留心灌溉之利，況吾丞是邑而專是職乎！木蘭之陂，吾不得以後時。」以水昏正而栽之，日夜從事，九旬而成，不愆于素。舉锸成雲，决渠成雨，父老載塗，式歌且舞。木蘭兆讖者二，曰「逢竹則築」，又曰「水遶壺公山，莆陽朱紫半」。舉一郡之水，此水爲多；晝一邦之利，此利爲溥。使萬井生靈，免于溝洫，則馮丞之績爲可書。

宋 李俊甫《莆陽比事》卷四　木蘭陂，在郡南五里，其源自永春仙遊而下，合澗壑之水三百有六十，東入于海，陂之下流溉田幾萬頃，塘無瀦水，遇旱歲入不能半。治平間，有莆田錢氏女始議堰陂，出家貲募役，水勢激陂，成而壞者再，錢不勝憤赴陂流死。至熙寧間，侯官李長者宏應募而至，陂始成。今陂上有義廟，李長者、錢氏女合祠焉。

元 佚名《木蘭陂記》（弘治）《興化府志》卷二九　莆田南陬際海爲田，厥土平廣，雨潦至則旁無畔崖，旱暵則瀦之水不足以濟。此陂之所由創，泄水、止水隨時之義大矣哉！按郡乘溪源自冰春德化仙游來，會澗壑之水三百六十注於海。宋治平初，長樂錢氏女始議築堰於將軍巖前，據溪上流，垂成輒毁。既而，同邑林從世複來相溪下流，既築温泉山口，而潮汐衝擊不可禦。熙寧中，侯官長者李侯實應詔募度地，木蘭有馮仙智日授以方略，率財七萬餘緡，叠石爲址，布柱三十六間，即陂之右疏渠障水而東注四十里，溉南洋萬餘頃，乾五塘皆爲沃壤，古讖云：水遶壺公山，莆陽朱紫半，此其驗也。陂成，立水南大姓一十四户規塘地墾田六百斛，爲陂之贍，每歲輸倉祭祀酬勞，外折券寄庫。陂壞即修，革弊條目，鏤記於主管水利者。自紹興年，陂失故道，由北岸而東奔，邑丞馮元肅督役，凡九旬而成。後又曆年重修，難以殫述，頃因水勢湏洞，柱石傾壞。至元己卯，陂正副吴辰甫以聞於府，長侯達魯花赤八八的牙兒究心民事，專一提調，摘委城司，長官納懷鳩工，郡曹掾張元道、李存祖贊其畫增叠石，每層植松柱五根，三閱月而畢，其鞏固不拔之基，又可爲千百年之計。侯之治莆也，爲政有經，百廢俱舉。既新南山佛樓復葺湄島妃廟，乃與斯役開水利以穀我民，南陽召父不得專美於前矣。若夫錢、李事迹封號記載之詳，則有後村劉文定之記，在兹不敢贅。至元六年二月望日記。

明 王圻《續文獻通考》卷五《田賦考》　神宗熙寧八年，侯官李宏創木蘭陂，陂三十二間，間各樹石柱二，而置閘其中。以時縱閉陂，深二丈五尺，濶三十五丈，郎陂之右疏渠導水障東流，而南注者三十餘里，爲大溝七，小溝無數，溉南洋上、中、下三段民田，凡萬餘頃歲，輸軍儲二萬七千斛，遂以舊瀦水五塘給爲民田，而截其三及旁田，爲置人守陂之費。

又卷一一五《宗廟考》　時興化總管張仲儀遷李長者祠于木蘭陂上。長者，名宏，宋熙寧中傾貲築被以溉田者也。時寇犯吉安，廬陵人羅明遠恢復郡城而死，郡人立廟祀之。時福州總管張仲儀建錢聖妃廟，錢氏捐十萬緡，創木蘭陂以護田救民，陂垂成而敗，錢氏投水死，故祀之。

明 慎蒙《木蘭陂記》《古今圖書集成·方輿彙編·職方典》卷一〇八五　陂在府城西南，惟新里木蘭山下，溪源自永春仙游西南下，合澗壑之水三百有六十，會流東注於海，海水與山水交，則鹹與淡雜不能耕耨，止生莆草，故曰莆田。宋治平初，長樂錢氏女憫四境苦於耕種，始議堰陂於將軍巖前，據溪上流。陂成，郡人陳盛宴拜以謝之，忽報陂壞，錢氏往觀之，憤功之不成，遂投水而死。既而，同邑林從世復來相溪下流，改築於上杭温泉山口，將成，潮勢衝激陂亦壞。熙寧八年，侯官李長者宏實應詔募而來，始相地於今址，即其所興工處，商度計算者期月始悟，錢氏與林從世陂工之不就其失，在於截山水與海水爲二，而不能分山水之流，其横流衝突，有必然者，蓋山水多而急，海水少而緩，不殺其急，則急與緩合并，欲其分流溉田不可得也。乃率衆用錢七十餘萬緡，叠石創陂三十二間，間各樹石柱二，而置閘其中，以時縱閉陂，深二丈五尺，闊三十五丈，即陂之右疏渠導水，障東流而南注者三十餘里，爲大溝七，小溝無算，溉南洋上、中、下三段民田。上段惟新、南匿、胡公三里爲水泄九塘四，溝圳八，水瓣斗門一；中段莆田、南匿、國清三里爲水泄一，溝四，林墩洋城斗門二；下段莆田、連江、興福三里爲水泄二，溝四；合之，蓋所泄愈多，則其勢愈緩，遂使二水分流各注，所謂因勢利導。雖大禹之治水不能過也。計溉田萬餘頃，歲輸軍儲者三萬七千斛，其利亦云博哉！抑考李宏於工之未興前數載，會友馮仙智日者，貰酒宏家三年不責，償將行曰：當與子遇於木蘭山前。宏先期而俟，智日乃以方略夜役鬼物，朝成竹樊，先是木蘭亦有逄築，則築之讖。至是宏乃依竹作堤而始成。又故老相傳陂基下，有石盤據水底横亙北山，陂蓋因石爲址而石成之，凡兩石相甃處各爲函如銀錠狀，而範鐵汁於其中，故能與洪流相敵。雖經久不壞有由也。長者家富不貲，已析爲七子所有，且曰：吾費從其長，始若費而功成，即其所餘者復分之。後七子之家蕩盡，計三十年而陂，始成夫以是功之成，其精誠仁愛，上通於天，使智者授之以術，占者先之以讖。而錢氏與林從世則創始開端，且殉之以身家，而不顧合，是數者不能以一人而開萬世之利，是殆天授非人力也。昔之頌德者有曰：壺山水遠恩波在，村北村南處處耕。又云群黎共載東西廟，一水平分南北溪，夫以一布衣而輕財尚義舍身殉民，若此有足稱者，故樂爲之記云。

明　周瑛《重修木蘭陂記》（弘治）《興化府志》卷二九　事有敗於盛滿，而功或成於細微。盛滿何敗？忽心生也；細微何功？畏心生也。吾每觀天下事，而究其成敗，未嘗不重致意於斯焉。莆爲地瀕海，舊時民居種田，惟恃横塘、新塘、陳塘、許塘、唐坑塘、國清塘六塘而已，後言利者謂永春、德化、仙游三縣水合趨吾縣以入於海，若横而堰之，可灌田萬頃。宋治平中，初長樂錢氏女提金大如斗來紫趾將軍巖下，陂方落成，忽暴漲潰，錢女痛憤赴水死。繼而同邑林進士從世復以十萬緡來，彖址溫泉水口，口隘水悍，竟爲怒濤所奪而廢。熙寧中，天子降詔募能興陂者，於是侯官李君宏盡以其家貲來，宏多財好施，號長者。既來，日與浮圖馮智日步水濱以求地脉，乃定址木蘭山下，而□今陂長三十五丈，分三十二門法，伐石以爲楗插入地中，然後依楗以爲防，高出水上石布置，皆口吻相饞，牢不可動，於是陂立水中，屹如岡阜。昔日狂濤入海者，折而東注，然後南洋地變爲沃壤，而六塘隨廢矣。國清塘入元始廢。紹興中，陂失故道，决北岸東駛，縣丞馮元肅治之。元至正中，石柱傾重淵如酌，達魯花赤八八的牙兒又治之。延祐間，總管張仲儀作萬金斗門，引水北注濯延興、孝義、仁德三里田，而北洋始分其利。入國朝來，通判董彬、縣丞葉叔文皆嘗次第修治矣。董以板傳土，以石傳板，鈎鎖結砌壓以巨石。葉謂以石傳板易壞，爲址薄亦壞，乃築上下堰，泗溪海二流，盡剔板，而出之椓杙入地九尺，廣視舊加丈有二尺，然後取石結砌中前法。既又疏治南北二洋，溝蛔深廣之，使利澤遍及於莆人焉，故莆人至今言水利必曰葉丞云葉丞云。宏治庚戌，黄巖王公弼由進士拜刑部員外，即出守莆。一日，會同官朱侯海、周侯纓翁侯理往視陂，嘆曰：大哉陂乎！無是陂是無莆民矣。衆曰：公於大者固所優爲，而於小者亦未嘗忽，況合衆小以爲大，而又大者所托以不毁也。公其圖之。莆民方苦，陂壞，聞公言皆願輸田畝所入爲公費。公乃擇郡人有齒與識者，得林叔、孟林，仰止以司其事，舊時陂爲址固，至是漸穿，公曰：涓涓不止，將成江河，乃命涸流求孔穴而塞之。舊時陂上流布長石以接水，下流布長石以送水，至是下流石脱落，公曰：此不治則陂仆矣，乃命伐長石七十餘以補益之。舊時南北岸善崩，公曰：岸崩則禍及陂，乃命築岸，先布地牛乃加灰石，其岸始固。至於協應昇仙二廟，乃祀有功於是陂者。公曰：是廟當與是陂相終始，今既傾圮，惡可以無治，乃命修治以復舊觀，烏虖！盛滿者，覆敗所自起也；細微者，事功所自起也。公戒覆敗於盛滿，兢事功於細微，使前人遺緒不墜，莆人命脉復存，此之爲見，豈但治一陂而已哉？既卒功，縣尹李君福念公勤民，介丞簿何君澄、劉君玘屬瑛紀其事。瑛，莆民也，日飲木蘭陂水敢忘所自，謹推公之意重有告焉。夫木蘭陂，水之源也；東角遮浪，諸長堤水之委也；洋城林墩陳山蘆浦四斗門，水之操縱也。近時所作岳公橋與諸旁近多作涵洞，以走泄水利，及夫舊所爲水則人或竊，而低之者則又水之耗也，公愛民未已，請治其源，固其委，慎其操縱，而又處分耗，夫水者則爲利益溥矣。

明　林圭《修木蘭陂記》（弘治）《興化府志》卷二九　陂之建，始於錢而成於李，民食其利，迨今且數百載，歲不能無廢壞而復修者屢矣。至是堤崩岸摧，下流盡泄，民甚病焉，父老來告。通守董侯憂形於色。既而嘆曰：使民饑而無食，吾能獨安之乎？遂乃勞心殫慮，相度地宜，其法削木爲板，板厚四寸入於上，中加石其上，縱横積疊，鱗次櫛比，以完以固堤，北則又布杙爲址，積疊以石如前法而加密焉。舊石爲柱，三十二間，後以風濤所折，遂減其四，且礱石以爲之助，及是不能無患，則又以巨石覆於其上，石厚一尺五寸，長丈餘，前後皆然，復以斗門。舊嘗置閘，以板爲之，潦則縱旱則閉，然或奔流迅急而有不及縱者，於是悉易以石，舉無待於縱閉，而旱以蓄潦以泄，其法可謂至密者矣。至若神宇亦且蠹壞則又修之，而改作其不可修者輪奐一新，頓還舊觀，亦以神有利澤溢民，而廟祀宜與之相爲無窮也。自始至今用人之力計庸四萬八千五百，而人不以爲勞，工費靡楮以定計者一萬五千餘，求諸施者而人不以爲吝，以癸巳十一月甲申建工，越明年二月乙未告成，父老請記其事，予謂水利重事也。況是陂蓄三百里之清流，分爲南北二洋，溉田數萬頃，廢而不修則民將無食，修之則事大且難。然嘗以爲天下之事，未有不可爲者，特患志之，不篤爲之，不力耳。董侯茲已滿考顧乃汲汲焉，惟是之務徃來省視，勞勩不怠，其志之篤，爲之力如是宜人心，益勸大役以成。然思其時郡缺員，適當事機繁難之會，時則有若長幕蔣君與其佐之賢，實能贊而理之俾，侯得施其勞，而人得享其利，要皆一念爲民心，侯之心而爲心耳。方茲役之興，侯則曰：使天不雨而役以成，幸孰大焉。既而，天果不雨，凡三閱月而功克就。侯則又曰：茲役之成，惟天是賴。今茲二月農務方興，尤願天錫之雨使麥賴以熟，農賴以耕，幸又孰大焉。丁巳，天果大雨終日乃止，何所爲而能？然蓋侯以民爲心，一念之誠，上通乎天而感應之理有必然者矣。侯莅官至今已兩考，凡一政一事之施，無一念不在於民，是邦之民受其惠者，多以水利特其大者耳。時則董其役者，里之長者朱季和，主其施者，則都綱大定也，餘難殫述，悉具於碑之左云。侯名彬，字大質，廣平人。

清 彭鵬《古愚心言》卷四《重修木蘭陂碑記》 壬戌酉月木蘭稿 庚申秋八月，興安水灾，橋梁陂堤決而潰。木蘭陂合三百六十澗之水，與怒濤滙潰，甚水涸，蹋屐北，自萬金斗門橋視北堤涉堤，視二十八閘，壞其半。閘前送水巨石塌者，没者不以枚。南視回瀾橋，南北堤皆壞。謁惠濟侯李長者廟，廟頹廡下寄錢妃像。里民憮然曰：陂始於宋治平間，長樂錢女，掇金如斗，築將軍岩下，落成遂決，妃蹈水死。主簿黎畛往視，望洋嘆而死。繼於同邑進士林從世，築温泉口，無功。熙寧八年，李長者，諱宏，應詔修水利，捐七萬緡，自侯官之莆。先遇異僧馮智日，貰酒長者家，三年不責酬；將別，期木蘭山下，授方略，布石柱三十二，使溪與海隔，田資以溉。陂成，塞五塘爲田，歲租八百石，設陂司以時修治。長者之功兼創，與守郡志惠績詳矣。自塘田廢，而補救者隨宜設法，前明天順甲申，始驗田出粟。弘治壬子，陂壞。輸田畝所入庀工，遂爲例。本朝順治八年歲在辛卯，康熙六年歲在丁未，再修例由舊。夫水利粒食之原也。壞則修，召父杜母之功，其在今乎？會太守蘇公師帥方新以修學校、水利、農田爲先務。長者裔孫李植先具狀請維，時郡司馬張公、治中湯公、莆陽明府周公，咸曰修之亟，集紳士三老議，僉云：南北得水田計畝，全得者例輸銀貳分貳釐，半得者減，主佃均輸。太守謂：兵荒後農家良苦，令田主輸八，佃輸二，恤農也。又慮毫釐累黍之滋僞也。改銀輸錢，每兩輸宋錢四百，出納咸便。按册炤六年事例，惟東埔、柳亭、蘆浦、新溝等十四鄉，以同時修杭口堤，免輸焉。堤距萬金斗門里許，初決丈餘。居民泄泄，遂至三十丈。輸錢如陂例，凡八千畝，已完錢陸萬陸千零，未完者缺。董事動支修陂錢肆千，書之。以爲近堤居民，涓涓不塞之戒，且使後人知堤與陂非仝日修，則此八千畝皆修陂得水田也。辛酉十月既望，太守、郡司馬、治中、明府躬祀李長者，附祀錢妃，祭陂。近鄉約正耆老咸在，命之曰：收納者四人，監收者二人，監匠與工者九人，掌物料者二人，采辦物料者二人，出入登記載筆以從者二人，支給具領赴庫官驗實，給領先是報幹辦。太守批其狀曰：本府廉訪，有莫姓老人，公直可任董事，不可無此人。批下，僉舉七十叟莫霳往，叟固辭，敦請始應命，與董事葉君洋、周君轂等，自裹糧飲木蘭勺水，果如所廉，凡百六十日。明府時或視工，勞來勸相之。壬戌夏四月工竣，董事報於官，無巨細必登視。其概者，石計丈千九百六十二，殼灰計數千三百四十五，炭計斤二萬一千六百，麻計四百五十，紅土計艘二百二十九，莉草計担四十六，石匠之工千九百九十，泥匠之工九百八十，運土、擡石、搗灰之工三千五百九十三。統合一切，用宋錢三十六萬六千二百。閘之傾者，支缺者，補送水石之塌者，沒者就緒，南堤計七十九丈，北堤計八十一丈。南北橋外實中虛，表裏堅凝，僉以陂流回旋處，疑溜而隙，用錢六千零八十，購石四十八丈，製大竹圍二十六。障水以塞春漲，不果，圍與石貯，修横山堤用。又以整李廟用宋錢一萬一千五百，以建錢廟用宋錢七萬九千一百，匪是則修陂之數止。此後之修者，計丈輸錢，似不必畝拘貳分貳釐，亦斟酌便民之變例也。李廟在宋元明時，馮僧與林、黎二公配後，撤去其後，北堤另立馮祠，今將圮，修之，大費民財，議置主李廟西偏，蘋藻可薦，憶馮僧貫酒長者家不責酬，相與有成，豈吝尺寸地？若林進士者，舉事無功，視棄錢刀如土耳。丈夫寧以數萬緡，易人廟食哉！黎主簿之死，偶激耳，備載其事，不沒焉足矣。是役也，南北得水田玖萬玖千捌拾畝有奇，應輸宋錢柒拾叁萬肆千有奇，陂與錢、李二廟費錢若干悉載記內。陂工及各匠具，領凡五紙，馮公堤動支另一紙，官批存庫，銷算有所考焉。十四家呈請官給修祠錢萬肆千，剩錢已輸者、存庫未輸者，計拾捌萬肆千有奇。議修横山堤，横山扼木蘭中流，堤決則南北水田俱竭。明府悉其狀，初，太守召鵬同詣至再，曰：陂竣，乃舉核實而觀成，今兹之功，實惟召杜是賴。太守襄平蘇公，諱昌臣，别號次山；郡司馬三韓張公，諱四教，别號振公；治中吴郡湯公，諱傳楷，别號素公；明府周公，諱鼎，别號聲遠，廣寧人；紀功勒石。董杭口堤者莆贊尹許諱正禧，號雲吉，江南徽州人。鄉紳陳諱躍馭，號潛庵。董陂堤事者，武舉人葉君泮、姚君浚、貢生周君轂，例皆得書，鵬承郡邑祖父母命媿無微勞，惟所見所聞，樂道人善，且於本末頗悉援筆而爲之記：

修水利王政也。辛酉，修木蘭陂時，郡守蘇公聞横山堤將壞，親詣相度，命予偕往擬炤修陂得水田事，例行所以。陂工告竣，存剩錢記貯縣庫。嗣後，予計偕謁選郡守升遷未及修。今歷十餘年，每念此堤一決，南洋田必涸，心言存此以見不忘桑梓之意云爾，古愚子彭鵬識後。

（乾隆）《莆田縣志》卷二　木蘭陂　在縣南惟新里　紹興二十八年秋，陂矢故道，由北岸東奔。縣丞馮文肅重修，邑人鄭樵有記。元至正間，柱石傾本路，達魯花赤八的兒大修，減舊三門爲二十九門。明永樂間通判董彬、宣德間縣丞葉叔文，先後重修。葉視董法爲更密，詳其二公宦迹中。舊時門用水板爲閘，隨旱潦啓閉，一時措手不及，或致傷人。葉始易以石，其高下以一定水則爲準，潦則水溢上過，旱則水停，閘内昔時小工水手盡廢。

宏治庚戌，知府王弼重修，邑人方伯周瑛記。

宏治正德間，知府陳效兩修陂岸，再造回瀾橋。嘉靖二十二年，知府周大禮正將軍柱補瀉水石及南北岸陂塍石。四十三年，東西兩橋圮。隆慶三年，同知錢穀重修，邑人蕭奇勳記。萬歷三十七年，知府王嘉忠重修，并於北岸建廟，追祀神僧馮智日。

國朝康熙六年，知縣沈延標重修。二十一年，知府藴昌臣重修，并重建錢廟。四十年，知府趙邦牧、同知趙世安、知縣金皐謝重修，并修李、錢、馮三廟。

雍正五年，知府沈起元重修。十年，陂堤傾圮，知府藴本潔出罰鍰修固。

乾隆十六年秋，撫軍潘思渠巡歷海疆，道經蘭水，親詣長者廟瞻拜，隨勘閱陂址，見狂濤衝激，陂石嵌斜，水多漏泄，飭郡縣及時修治。時長者裔孫貢生泌感激憲恩，呈請捐貲千金重加修葺，復砌築南北陂石橋，并浚陂口至迎瀾橋二百餘丈，河道督撫憲題請議，叙特旨以主簿用邑人，御史廖必琦記。乾隆辛未秋九月，大中丞潘公省方至莆，駕臨木蘭親覽舊址，有時修堤防之議，重水利而務農功，仰體聖天子愛育元元，至意惟時。别駕宋公、邑侯王公親承指畫，余以子假在籍，居近木蘭，晉接之餘，明陪游覽，獲聆緒論猗歟休哉！古大臣觀風問俗，夫寧有加，於是而余因之有感焉。木蘭之陂障百川，而東之回在瀾于既倒，厥功鉅矣。始于錢氏女，繼于林從世，然皆敗於垂成，弗克。底績李侯，自侯官來，兹土慨然擔其任，傾貲不惜，又得神僧智日之力，規畫盡善，厥有成功。自宋迄今，數百年來，永享其利，間有傾壞，以次修理。近因屢遭巨浸，不無傾圮之形，潘撫憲觸目警心，商確重修，王邑侯仰體德意，謀於李侯之嫡裔貢生泌，以時舉事。李君毫不惜費捐修，一次於狂濤衝壞陂石攲斜暨傍岸石塊沉落海涯，悉行修理外，復請捐貲，修浚南北兩陂石橋，并北陂橋内用整石砌築，以禦巨浪，以免淤塞，并將陂口至迎瀾橋二百餘丈溝道壅塞之沙石，僱工挑浚，統計費用千有餘金。自十月既望興工，至次年正月報竣，舊例陂有損壞，南北洋得水田畝匀派修理。今李君獨肩其任，不替先人令緒一舉，而數善備矣。故詳請列憲，俱蒙嘉子，且有後不爲例之議。嗣是，撫憲陳公會同制憲喀公具摺奏請議，叙荷蒙恩旨，以主簿即用，洵堪爲好義急公者勸，制憲喀公又有功，并壽陽之褒飭縣，製匾懸掛祠内以彰前烈，殊屬數百集未有之曠典。琦以衰老餘年，慶逢天朝德化，翔洽大臣公忠體國，賢守令宣化承流，都人士急公好義，化行自上風流于下，從兹水旱無虞，田疇有慶，千百姓享昇平之福，億萬年貽樂利之休，似兹盛舉，不可以不書，爰不辭謭陋，謹陳顛末，勒諸貞珉俟采風者擇焉。

又陂下二里許，横山之前海道，漸次南徙，南岸日削北岸日壅，近歲南岸沙土寖以單薄，去五官店溝水僅百步許，岌岌乎有溪海相通之患。康熙三十七年，知府趙邦牧、同知趙世安、知縣金皐謝修築，里人候選知縣林楨協修，邑人都御史彭鵬記。

乾隆二年，堤决，至五年，知府陳玉友飭得水田畝按畝捐修，邑人太僕卿林源記。六府首水，民生利賴，然修則利，縱則害，天地間利害之鉅，莫水若也。莆昔溪海相通，平疇斥鹵，稻苗不長，惟蒲生焉，以蒲名邑，明艱食也，去水爲莆，困水患也。合三邑三百六十澗之水，不爲莆利而惟爲莆害，宋熙寧以前之民困可想矣。李長者宏不惜重貲相度砌築，陂成溉田數萬頃，轉大害爲大利，崇德報功宜乎。與陂俱永也。長者又以廢塘田租立陂司正副掌其事，視有罅隙，即時修補，費省而財有餘，工逸而陂永固，區畫盡善。自陂田廢，巡視疏遇大小衝潰地甲報官查勘，佑工動稽時，日匠役人等張大其工，計畝輪錢，浮開其費。陂需石，石工攬之，外堅中薄，大牙鈎鎖之法不講也。堤需土，土著攬之，外實中虚，新楗夯硪之用不聞也。屢修屢壞，職此之由，明以前修十，國朝康熙年間修四，雍正五年陂决，太守沈公起元修之，十年又决，太守蘊公本潔修之，二公皆自爲記。乾隆二年，大水損橋石二，軀三，汕刷兩岸，馮公堤爲甚，斯時亟修，數十金費耳，以匀派未妥，邑宰屢易，因循三載，捐壞滋多。初舉董事三人，後惟貢生林光珏，珏祀安邑知縣秀父、户部主事洙，皆有修陂功，故願任之。需費不入，久而玩矣。文安陳公玉友由户部郎來攝郡篆，謂陂堤民命，攸關勢難復延，乃尅日興工，廉知原派田畝錢浮于費，減其半。邑侯張公繼鏡述公德，意傳諭村民，民乃輪將。公仍慮其遲，出俸金檄縣墊給。五年七月，功乃告成。斯役也，非公明斷速修，則淹遲彌久，衝潰彌深，浸假溪海相通，民將不勝其擾矣。民戴公德，請公紀之，公謙讓。邑侯藍公應襲新履任即到工親勘，以記屬余，余不能鋪張盛美，惟據實直書，俾後人知公功德，流芳亦當與蘭陂俱永云。抑余更有説志載明方伯周公瑛作《修陂記》，云：近多作涵洞，走泄水利，舊所爲利，則竊而低之。公愛民永己，請治其原圖，其委慎，其操縱，而處分耗水者，則利益溥矣。余今亦以是請。

十七年秋，霪雨連旬，堤崩十三丈。二十年，知府宫兆麟、知縣汪大經商之鄉御史廖必琦，令附近十四鄉業佃，計畝出資修築。三月興工，四月報竣，御史廖必琦記。木蘭陂，非里許，厥名杭日，首當溪流之衝，與海接壤，每遭洪水爲炎，堤輒傾圮，水勢奔趨于海，溪流易竭，而附近之鄉資水以溉田者，涸可立待，是堤之關于水利匪淺鮮也。明正德戊寅秋，水横溢而堤壞，橋因以傾，郡守馮公準贖刑以買木石，調徒人以供發役，擇耆民以動，董率用能，踰月堤績底成。迄今有馮公堤之稱，大率鄭堰蘊堤之遺意也。嗣後，閲時既久，不能保其勿壞，我朝乾隆五年重修此堤，不踰時而水復爲灾，堤因以圮。數年來，廣則爲川，深則爲淵，清漪之下皆成漏卮，况日消月削而靡有窮期哉！乙亥春二月，太守宫公兆麟、邑侯汪公大經省方到堤，相度情形，有及時修整之議。余給假在籍，數所往來，自擊時艱，常以綿力弗克勝任爲憾。兹承郡大夫之德，意乘時興作，爰舉貢生程君人鳳、李君泌以董其役，率循舊例，附近十四鄉得水之田照畝匀派以供費用，矢公矢慎務底于成。爰于三月三日先期興作，十二日祇告於神，四月中浣尅期報竣於戲休哉！乃作歌曰：陂水東注，溪與海通，長堤斯築，杭口垂虹，圮者復固，卑者復崇，前馮後宫，異代同風。汪侯襄贊，厥有成功，木蘭既澤，永慶年豐。

（道光）《莆田縣志稿》　李長者廟，在木蘭陂下，長者宏陂築木蘭陂，功甚鉅，陂成而卒，民思其功，立廟於陂之南岸。【略】宏治乙丑，郡人御史周進隆疏請祀典，於是箚行有司葺廟，歲致一祭，今與吴長官并春秋二祭。又有一祠在大孤嶼，長者賜地，以元豐六年卒於斯，因爲立廟，扁曰昇仙祠，正德間修，嘉靖壬戌燬，官爲建前後堂，後復摧于風雨。海濱耆老黄議捐金倡復。洪武元年，户部楊震取勘田土，奏淮木蘭陂酬勞，李宏田畝照依前例，蠲免糧差。

《清史稿》卷一二九《河渠四》 七年，閩浙總督孫爾準言：莆田木蘭陂上受諸渠之水，下截海潮，灌溉南北洋平田二十餘萬畝。近因屢經暴漲，泥沙淤積，陡門石堤損壞，以致頻歲歉收。現經率同士民捐資修培南北兩岸石工告竣。得旨嘉獎。

藝文

宋 鄭樵《夾漈遺稿》卷中《重修木蘭陂記》 其辭曰：南標銅柱，已仆風埃；北勒燕然，又蝕莓苔。孰若賈渠難湮，召埭不朽！惟川澤之功，與天地爲長久。沃州之山，白氏有緣。肇于道猷，成于寂然。木蘭之陂，辱在馮君。伊昔甚偉，于今有芬。嗚呼！源清流長，千載融融。君子之澤，不可終窮。

宋 劉克莊《後村先生大全集》卷九二《協應李長者廟記》 其詞曰：負鍤兮如雲，散金兮如泥。千丈兮屹然，萬石兮貫之。天壤兮有敝，巨防兮不隳。有蓄兮有泄，非弩射兮璧祈。昔斥鹵兮今穰，昔堇荼兮今飴。故老兮告余，大檀兮所爲。儼新宮兮位置，慰邦人兮瞻思。釃酒兮割牲，伐鼓兮吹篪。大孤之東兮，木蘭之西。駕華輈兮建靈旂，彼依草附木兮魈與夔。冕服赫奕兮，金碧翬飛。神一命之錫兮，三間之祠。生不伐勞兮，死不嗟卑。賢哉若人兮，知音誰恨？札惡兮詞蕪，有愧于鄴令之傳兮，韋丹之配。

宋 龔茂良《木蘭陂》《莆陽文獻列傳》卷六 木蘭春漲與江通，日日江潮送曉風。此水還應接鄞水，爲誰流下海門東。

宋 張禮《題木蘭陂》（弘治）《興化府志》卷三三 錢妃廟下水東流，陂北陂南植萬牛。千古翠壺山下路，兩溝明月稻花秋。

元 朱德善《木蘭陂》《閩詩録》戊集卷二 萬頃狂瀾越壑低，中流砥柱卧龍棲。二神共饗東西廟，一水平分南北溪。雨過木蘭瑤草長，秋深松柏翠雲齊。仁波千載流滂沛，春雨蒲田足一犂。

明 曹學佺《石倉詩稿》卷二六《沈遠心郡丞自莆調淮安索贈》 防海旌旗耀日紅，綸巾羽扇咏秋風。轅門乍觧降奴縛，中路還收斬獲功。華蕚雲霄聯步遠，木蘭陂水片心同。九仙漫已尋高躅，更向淮南問八公。

明 李廷儀《送人還莆》《石倉歷代詩選》卷四四五 帝里逢春柳可攀，黄塵千丈拂衣還。一官莫道是何物，萬事不如歸故山。黄菊喜迎高士醉，白鷗今傍主人閒。木蘭陂上應相待，釣艇夷猶水一灣。

明 方豪《棠陵文集》卷八《贈姚在飬便省》 木蘭陂上風蕭蕭，壺公山下雪飄飄。征人樂事轉春色，銀燭珠簾聞洞簫。

明 雷禮《鐔墟堂摘稿》卷一九《度木蘭陂》 傾貲壘石築蘭陂，千古常存長者祠。欲向莆中詢吏治，落花飛絮有餘悲。

明 李濂《嵩渚文集》卷一一《題莆田林都憲以乘四圖·木蘭》 城南木蘭山，下有木蘭陂。諸川此會合，千頃堆琉璃。有客夕泛舟，一葦凌漣漪。青天墮盃滿，明月隨帆遲。叩舷歌白露，赤壁寧勝茲。

明 林弼《登州集》卷四《次堂郎司天韻》 十里壺山春事幽，清狂裘馬記曾遊。木蘭陂上船如屋，黄石橋前酒滿樓。客路遠隨南雁至，歲華真似水東流。日長候館題詩罷，静對梅花進茗甌。

明 歐大任《歐虞部集十五種》瘞館集卷一《林考功歸來亭》 祥麟不游魯，威鳳曾鳴岐。被褐懷其寶，我貴希所知。疇昔有作者，柴桑儼前師。薄仕見微志，貞遯亦勿疑。種秫非可待，□菊以當饑。寧因五斗故，束帶見小兒。斯人今則尠，千秋歸來辭。莆中古介士，忤俗而見幾。天曹豈不榮，所思木蘭陂。鸒斯飛蒿下，豈爲鯤鵬嗤。雲莊奉遺矩，天曹解吾羈。荷杖白雲巘，鼓枻滄洲□。安身同尺蠖，食氣珍靈龜。委順期自然，妙善夫奚爲。幽亭巋然在，終古存遐思。

明 佘翔《薜荔園詩集》卷二《木蘭陂春泛同堯勳子韓文蔚作》 春流緑於染，載酒罄交歡。沙鳥輕相狎，江花笑未殘。衣含波影動，曲度柳條寒。曠達真吾事，悠然咏考槃。

又 卷三《春日寄懷陸使君》 木蘭陂上麥如雲，露冕風流憶使君。一自單車俄入郡，謳歌何處不相聞。

又《送李太守歸鄉》 宦游蹤迹漫西東，參破元機萬刧空。留得甘棠春匆翦，木蘭陂上一壺公。

又《**戴太守科**》 木蘭陂上白雲多，淚滿當年舊薜蘿。誰道扁舟堪盡興，壚頭今已邈山河。

又 卷四《**秋日集群玉山房和林文學韻**》 曾是南塘第五橋，木蘭陂接海門潮。夕陽隔竹紅將斂，古柏經秋翠未凋。一水葭蒹游欲溯，小山桂樹影堪招。銜杯醉殺江天月，厭說歸航十里遥。

明 汪道昆《**太函集**》**卷一〇七**《**門有車馬客**》 門有車馬客，煌煌盛威儀。崔嵬切雲冠，佩玉光陸離。自云鄭子真，來自木蘭陂。出門肅客入，驩然故所知。豈無生死交，離合詎有期。君食青琅玕，五采何葳蕤，我猶饜腐鼠，口實甘如飴。感君念疇昔，覽德下藩籬。

又 卷一〇八《**周公瑕爲徐使君畫蘭歌**》 新都太守南宫客，上計更前宣室席。緑鬓剛登三十年，黄金首賜二千石。故人忽枉青門東，把臂猶疑燕市中。回首木蘭陂上路，披襟好爲招雄風。

又 卷一一一《**紀夢**》 冉冉游軒迫，姗姗步屧遲。到仍持絳節，來或自瑶池。意態莊周化，心神宋玉知。凌波留一顧，回首木蘭陂。

又 卷一一五《**虎臣兄子仲實期余溪上水嬉余携家弟仲嘉而徐孝廉俞山人咸在即事**》 卷幔青天倒接䍦，由來山簡興多奇。高陽賓從疑襄水，落日兒童勝習池。疏鑿更從斤竹澗，遲回長傍木蘭陂。扁舟縱落□夷子，争似浮搓事事宜。

明 湯顯祖《**玉茗堂全集·詩集**》**卷八**《**同黄孝廉太次懷戴司諫廉海**》 戌客名標漢柱無，武陵悲曲寄門徒。應疏雨露過梅嶺，長憶秋風入雁湖。地氣遠看猶戴斗，天心難問欲還珠。還恐登高易顛頓，木蘭陂上片雲孤。

明 張邦奇《**張邦奇集**》**卷一七**《**蘄陽舟中感興**》 十年天上鳳池身，使節南來感興頻。江潤每嗔豚拜浪，山深不見鳥啼春。木蘭陂上梅花落，玉鏡峰前柳色新。西望美人如只尺，碧溪無恙采青蘋。

明 張經《**半洲稿·贈洪寒泉太守**》 爰結廼屋于木蘭陂，瞻彼石泉有冽，其波載漣載漪，惟江惟河，君子所履，曷此伊何？

明 鄭善夫《**少谷集**》**卷四**《**寄鄭方伯山齊**》 昔日莆陽役，春山共采芝。鄭虔猶逐客，賈傅自明時。潦倒鶯花切，提携酒饌隨。難忘何氏宅，泛愛木蘭陂。

又 卷七《**泛木蘭**》 木蘭山下陂水清，南洋北洋風日晴。慣乘舴艋中流穩，頗愛棠梨兩岸明。石塹沙堤回海勢，鵁鶄鸂鶒亂春聲。漫向雲莊望莆口，更從壺頂看滄瀛。

又《**木蘭陂謁李長者祠**》 木蘭山下誰作陂，將軍灘頭功已虧。滄海未銷錢女恨，路人惟誦李侯碑。秋深極浦生寒水，神至靈風滿素旗。江漢湯湯吾力薄，祠前立馬意應遲。

又《**送陳國英侍御還莆兼懷素翁**》 歲晚長途未息機，羨君巾舄已南歸。斷鴻江海看仍遠，短鬢風塵覺漸稀。肺病竟須金鼎藥，時難真想芰荷衣。木蘭陂水深魴鯉，欲傍雲翁舊釣磯。

明 區大相《**游宗謙至自塞上别歸莆**》《明詩紀事》卷一 木蘭陂上客，還泛木蘭舟。芳草還家路，黄榆入塞秋。海鷗翔不下，野鶴暮何求。莫訝游歸晚，山人本姓游。

明 鄭岳《**山齋集**》**卷三**《**送徐山人還臨川**》 會川好奇士，游迹半江湖。所在索圖經，訪古閱名區。南過庾嶺臨廣海，西上端溪吊蒼梧。五羊仙人不易遇，擔簦遥向閩中住。木蘭水潤壺山高，竹杖芒鞋入烟霧。指□群峰海上來，蜿蜒真龍泊何處？莆中豪彦多與游，沿洄曲澗歷高丘。流光荏苒客鬢改，歸思飄飄竟莫留。念予洪都一日故，屢枉敝廬攄情愫。柳絲歷亂杜鵑啼，相送城南白日暮。黄花白酒霜雁鳴，望君更踏來時路。

清 陳夢雷《**松鶴山房詩文集**》**詩集卷二**《**贈朱雪崖**》 己未夏仲萬斛泉源湧地奇，繡勒走霑櫻笋宴。新詩歸唱木蘭陂，愧余總角承傾蓋。

清 陳壽祺《**絳跗草堂詩集**》**卷六**《**楓亭荔子圖**》 輕烟斜日夢楓亭，冷雁哀猿不可聽。過盡木蘭陂上路，不知鄉樹幾回青。

清 郭尚先《**增默庵詩遺集**》**卷一**《**家維德橋上尋詩圖**》 木蘭陂水暗通潮，一出春城極目遥。指點烟波際雲海，小童可解説題橋。

清 梁章鉅《**退庵詩存**》**卷九**《**題郭蘭石編修尚先畫扇**》 詩材

畫本印空濛，佳處都憐踏雪鴻。何似木蘭陂上路？共君清籟采莆風。

清 林昌彝《射鷹樓詩話》卷九 詩有搜羅極博，可補方志所未備者。如【略】近代可合翁山、阮亭、樊榭、蘭、雪而五，蓋其詩天資既優，而參以典麗，遂一空俗響，其詩云：『門前溝水自西東，艓子摇波曲曲通。六月勾人船上坐，夕陽城郭荔支風。柳陰夾岸碧迢迢，半里陂塘八九橋。見説三江風浪惡，木蘭陂水不通潮。』

清 林佶《樸學齋詩稿》卷九《壽兖州蘇司馬》 當年棠種木蘭陂，君在閩中趨侍多。昔日蘭芽今玉樹，可還回憶此間庥。

清 涂慶瀾《荔隱山房詩草》卷三《蔡忠惠故里》 風節朝端著，卿邦立政時。洛橋千仞石，臺諫四賢詩。遺愛留松樹，餘閒譜荔支。城南尋舊宅，水繞木蘭陂。

又 卷四《宋子山別駕廷模以詩見贈即次元韻奉酬》 撤棘欣看捧檄時，壺華山色助詩思。訪碑直上左丞石，游東巖山 行部親瞻長者祠。巡木蘭陂 宴客西軒陪盛會，懷人北極感傷離。近刻有懷京諸友詩 年來我已吟情減，辜負風流宋玉詞。

清 吴嵩梁《香蘇山館詩集》卷一七《題倪竹泉觀察同年鷺江留別詩卷即送出都》 鷺江秋水照旌旗，述職争看入覲時。三錫恰逢新凱唱，回疆初平 九重猶念舊瘡痍。謂臺灣近事 民情久願輸蕉布，宦味深嘗愛荔支。教養恩深忘不得，玉屏書舍木蘭陂。君修玉屏書院，復木蘭陂水利。

清 周亮工《賴古堂集》卷一一《竹枝詞爲胡彦遠納姬賦》 蠻妝新様木蘭陂，學得金陵百事宜。姬初至榕城，學爲秣陵妝。 莫羨江蘋黄石好，江蘋莆之黄石人。 我儂鄉裏有西施。

清 葉觀國《緑筠書屋詩鈔》卷一一《莆陽道中口占》 莆中風物昔人談，幾度經過我最諳。丹荔黄柑真海國，紅欄緣浪似江南。舊有小江南之稱 如弦官道連秋穗，勝畫名園對曉嵐。便欲誅茅來此住，木蘭陂上縱歌酣。

清 張際亮《思伯子堂詩集》卷一二《題書寮談藝圖寄莱臧刺史興化》 丈夫三十不封侯，以筆傭食將安投。使君儒雅時無儔，容我疏放曾何尤。木蘭花下池館幽，快譚雄辨兼倡酬。百年文獻資論述，許邁七子輕曹劉。高風九月吹瀛洲，海城斜照生凉秋。尊前惜別復幾日，聚散蹤迹真浮漚。荔支餉啖書未寄，應知倦客心煩憂。六月初，刺史馳送楓亭荔五百顆，至今未作答 使君之去不可留，使君之來吾所求。自從去後寡懽笑，夢魂空繞壺山頭。部民自愛蔡忠惠，刺史前奉檄修木蘭陂，茲復以浚西湖、東湖，奉檄將至福州 故人却憶韓荆州。披圖且待更貰酒，不妨典盡相如裘。君不見漢家將相雲臺上，半是嵚崎磊落流。吾行醉逐幽并年少游。

又 卷二三《定慧院訪碑圖爲陸莱臧司馬題》 院在蘇州 坡仙蹤迹流傳遍，海外江南衆所羨。可憐少壯別眉州，老乞蘭陵意何戀。天人視世渺一勺，游戲東西水流衍。當時僦屋竄蠻荒，此日捫碑過荒院。不知今古竟殊情，死有餘思生謫譴。笠屐紛看圖寫工，再來誰識披風面。固應毀譽兩無著，千載聲華等露電。浩氣常存宇宙間，古祠一任河山變。遺墨鐫鑱亦爪鱗，摩挲慨想神龍見。使君詩豪復草聖，政事文章繼前彦。木蘭迹儻并西湖，先生常修復莆田木蘭陂 惠澤應留九曲卷。邵武城内水亦九曲 披圖擁酒話金閶，峨眉山月如來餞。余將北行過郡城，先生出此圖屬題。

又 卷二八《興化》 紅墻緑荔碧漣漪，向晚城陰艇子遲。大好山川冠蓋里，最宜烟月木蘭陂。耆英著述三通并，女士容華一賦悲。復有前朝哀戰伐，莫忘防海太平時。

清 張祥河《小重山房詩詞全集》卷二《奉呈孫平叔制軍》 天南卿月照牙旗，十郡民風隻手持。粤産兼收丹桂籍，海濤永靖木蘭陂。鷺郵傳箭三山肅，燕寢焚香九陛知。多感新篇光舊澤，祇今羲獻舍公誰。昨荷題先文敏公遺像。

清 鄭方坤《全閩詩話》卷七 木蘭陂宋李長者廟迎神之詞曰：負鍤兮如雲，散金兮如泥。昔斥鹵兮今穰，昔堇荼兮今飴。明鄭善夫詩：滄海未銷錢女恨，路人惟誦李侯碑。秋江極浦生寒水，神至靈風滿素旗。

清 周煌《海山存稿》卷一一《奉迎天后香火登舟恭紀》 木蘭清淑久鍾靈，蘭陂近湄洲后誕生地 新舫封舟展德馨。五色鸞旂開御仗，八行騶從起仙軿。

清 楊鍾羲《雪橋詩話》卷四 慎人自著曰《蘭陔詩集》，其《木蘭櫂歌》云：木蘭溪裏木蘭舟，長向陂頭泛櫂游。三十六門明月夜，蘆花如雪不勝秋。將軍灘下水湯湯，長者祠前更渺茫。昨夜桃花春漲滿，溪船銜尾下南洋。春雲黯黯釀春陰，春雨新添野水深。但向九龍山下過，橫吹鐵笛起龍吟。樟林西去白沙磯，濃緑叢中露板扉。兩岸橘花香不斷，推篷時見竹雞飛。木蘭陂，在興化府南木蘭山下。

清 陳用光《太乙舟詩集》卷五《壽平叔制府六十有一》 去年宮保慶六旬，謝客不肯延親賓。倚聲先期作致語，爲我使軺將出門。今年我歸居會垣，榴花荷花交鮮新。浹旬握手輒三四，避面乃當攙揆辰。宮保之才邁等倫，其於爲政如論文。斲堊能運成風斤，與我肝膈交披陳。宮商互畣眞篪塤，回首春明過廿載。忽忽俱作白頭人，三山聯襼其夙因。五美何以尊所聞，木蘭之陂利因民。軼宋復唐追絶塵，萬家生佛民頌恩。知公刻意師古賢，德澤推衍爲陽春。六旬晋一歲在寅，杖朝積箕成壽身。我作此詩侑一尊，笙奏合聽南陔循。

清 沈起元《敬亭詩文》詩草卷六《罷官後興化寓樓》 解組塵勞得暫休，緑陰深樹坐平樓。舊巡行處羅村落，欲别離時正麥秋。樹已無花香在葉，雲將歸岫雨還流。壺蘭歷歷清如許，壺公山木蘭水爲一郡之勝一度憑闌一舉頭。

雜録

（寶祐）《仙溪志》卷一《道里》 縣南橋至本郡木蘭陂頭七十里。

在木蘭陂之南，岸以祀宋長者李宏。詳見《水利志》。宣和初，郡守詹時升扁之曰：李長者廟，初長樂錢氏女捐十萬緡剏陂，垂成而敗，繼而同邑林從世復捐十萬緡剏陂，亦垂成而敗，錢氏憤其功不成赴水死。縣委主簿黎畛核實，畛壯其志節，深嘆悼之，忽暴卒，郡人因塑錢氏、林從世、黎主簿三像，附祀于廟。淳祐間，更建爲前後二堂，前堂祀長者，而以林黎二人配，後堂祀錢氏。郡守趙與漂請於朝，通賜額曰：協應其從。封長者爲惠濟侯，錢氏爲惠烈協順夫人。元延祐間，總管張仲儀遷長者像於陂上，見思亭内，而以舊廟專祀錢氏。至順元年，同知廉大悲奴始拓而大之新長者像于中，以林、黎二人列于左，涅槃、智日二人列于右，判官林定老爲記。

又 在協應廟之西，以祀長樂錢氏，詳見協應廟下。永樂十年，通判董彬重修。又本里香山亦有此廟，宋熙寧八年建，國朝洪武十四年重修。

元 洪希文《續軒渠集》卷〇《修木蘭陂化石疏》 壞陂當復，已如兩黄鵠之言，刻石未成，尚欠三犀牛之力，睠此木蘭一所，肇於錢、李二家。水之利也，無窮物之久也。必獎回狂瀾而力障，既堅砥柱於中流，奈巨浸而成淵，復決堤防於南岸，雖已藉土培而壅護，然亦須石甃則堅牢，至無脛來無鞭，倘不吝千鈞之費，舉爲雲決爲雨，殆將興數斗之謡，一時之費不貲，萬世之功永賴。前漢童謡曰：壞陂誰？翟子威。飯我豆，羹芋魁。反乎覆，陂當復，誰言之，兩黄鵠。秦李冰爲蜀守，作石犀三，以厭水精。杜石犀行，白公穿渠引涇水，起谷口入櫟陽，注謂中袤三百里，溉田四千五百餘頃。民歌曰：舉臿爲雲，決渠爲雨，涇水一石，其泥數斗。

明 方良永《方簡肅文集》卷五《重修蘆浦斗門記》 莆水利最大者，曰木蘭陂。

明 林俊《見素集》卷三《木蘭陂集序》 行水之道，因利害而順逆之耳。夫水溢而上，則下民其魚，順疏以熄其害。若導河積石，岷山導江者是也。水趨而下，則上田不毛，逆壅以收其利。若鑿鄭國渠堰，鉗盧陂者又是也。然順之勢易，逆而壅雖小猶難者，以人之力而與水争也，逢其怒則不可禦矣。木蘭之溪，源永春，流德化，歷仙游，趨莆而注之海，不爲不遠，匯三百六十澗之流，不爲不多，引以溉南北二洋萬餘頃之田，不爲不利，以博溪而不陂容，無蹈西門豹之議者乎？然李冰疏蜀終深陸海之思，河伯循崖徒切望洋之嘆。以郡而無奇男子賢士，夫良守令不信也。而錢媛僅女人，林從世僅進士，李長者僅富民，皆自鄰郡而至，捐金濟物，不待一命，而然俱偉以烈矣。私惜者，急義同而役智各異，故長者獨垂無右之功。嘗迹故陂論之，行水行兵道一也，兵法得地者勝。錢之始築將軍巖下，右堅左脆，水薄其脆。林繼築温泉之口，上急而下涣，水襲其涣，其取敗。固宜長者重有創焉。木蘭相基，天假神授，兩山夾峙左右，翊以當其衝，伐石海洲，臥牛拋馬，縱横牙互而鈎鎖以固，盖以人之力助其中堅，水不得不循我渠道以行支川，走二洋歸斗門，以溉以宿以節而入海。陂成而利莆，世世命脉在此也。夫財貴能散者也，長者之義與卜式同，而助邊、助陂、殺人、養人異耳。公非劉氏，《七廟之記》謂：賈漁攻城，野戰殺人，以取王封。而信堰水溉田，興養人之利，僅羮頡侯。今長者與信同功，而祀義廟食侯封，沐我孝宗敬皇帝歲祭之，錫信不及矣。陂有誥文記傳，諸紀其裔孫，郡庠生熊類而集之請序於予，拙宦委散，未能買田卜室以托老是陂，筆耕磽薄間。嘗竊烟水自潤斯序也，其容衰落厚辭。

明 鄭岳《山齋集》卷一〇《木蘭陂集序》 李長者堰木蘭之陂，莆人命脉繫焉，是陂將與天壤相爲無窮也。賢守令護視，是陂猶護其家，而按部之使究心民事者，必詢及之，陂事大略具之《郡志》。若李氏家藏上世誥詞公牘，一切規例及名公石刻之文讚頌歌辭，視郡志特詳，其裔孫郡庠生熊嘗慮散逸，彙編成集，林都憲見素序之矣。於是求觀者踵至，或上官取視，偲失故本，抄録甚艱，楮墨亦費，大尹雷侯孟升惓惓護視是陂，議刻集以傳，顧以卷帙浩繁，屬余節取其尤要者付之梓，嗚呼！自《夏史》述禹貢，《周禮》有職方氏，太史公作《河渠書》，班固溝洫志，唐宋而下，水利俱有專紀，是陂關一郡之水利，可無籍乎？然近聞陂多滲漉，諸溝填淤，受水頗淺，而東山石涵蕩無禁閉，民之爲埭田者，私設涵竇且什伯於舊。故雨止則水落，天旱則溝涸，而長者之澤，日以耗矣。農家作苦，歲比不登，莆之患宜無急於是者，是固賢守令之責也。究其利病而弛張之是集，固可考也，因僭引其説于篇端。

明 毛憲《古庵毛先生文集》卷三《雙嶼記》 吾家莆南，南有水發，源南安、仙游二邑，蛇委鏘鳴，抵木蘭陂，屈折壺山之陰。

明 王世懋《閩部疏》 興化背太平山，而城以壺公爲案，兩山皆峭拔，木蘭陂出壺公下，登城北山望東南，大海浮空，墻帆皆見。

明 姚旅《露書》卷一〇 莆中榕樹大蔭數畝，上可駕亭榭。四五月，田頭蹄涔，産花魚長二寸許，身若文錦，五彩相間。童子取之畀盆而飼，飼以蚊，欲鬥者各以盆，至共盆即鬥，銜口翻身怒目鼓浪，敗北者循盆而走，勝者逐之，至斷其尾，因其勝負以取樂。余嘗與仲韋論快事。一則五六月，在故鄉木蘭陂上榕陰樹底剖鮮荔支，看妖童鬥魚。一則，二三月，在蘇公堤上，緑柳陰中傾玉帶春看冶妓走馬。

（弘治）《興化府志》卷九 陂上有李長者廟，李氏子孫附祖居住。其西有錢四娘廟，錢廟對過有小村落，當時所設陂正副家子孫多在焉。

又 卷一〇 木蘭陂田四頃九十畝七分，内除撥酬陂正副及祖廟香火田三頃二十四畝八分，收租不科外，實官收方一頃六十五畝九分。每畝科穀原九斗九升八，合六勺七抄五撮；今六斗九升九，合七抄二撮；五圭折秋粮米三斗四升九，合五勺三抄六撮；二圭五粟每斗帶耗米三，合五勺；共該米六十石一升七合。

又 卷二五 李長者廟，在縣南五里惟新里木蘭陂上。長者，名宏，福州侯官縣人，平生有大志，願以家財自立，使功績姓名表見於世。【略】熙寧中，天子下詔募興陂者，於是長者應詔來，定趾木蘭山下，傾其家貲砌築而陂成焉。凡南洋田畝資以灌溉者，凡數千頃，此甫人萬世永賴之功也，甫人德長者乃相與立祠陂上以崇報祀。原廟在陂西南，今錢四娘廟是 宣和初，太守詹時升籍陂司田，殊賞長者之功，特署其廟曰李長者廟，後人復祔錢四娘、黎主簿、林十萬於其内。淯祐間，更建前後二堂，前祀長者而以林黎配，後祀錢氏。郡守趙與湮請於朝，總賜額曰『協應』。景定二年，封長者惠濟侯，錢氏惠烈協順夫人。元延祐間，總管張仲儀從長者裔孫元登與龍高之請，改協應廟東偏見思亭，作新廟以祀長者，而以舊廟祀錢氏。至順元年，同知廉大悲奴始拓而大之新長者像于中，以林、黎二人列于左，湼槃、智日二人 皆異僧，湼槃讖見竹便築，智日涉水插竹示陂基止 列於右。判官林定老記 今按錢首事，李成功，林雖不成功而用心良苦，皆不可以不祀，錢、李異廟得體，李廟當祔林從世，餘可撤廟之祭禮。雖有前代原撥官租，但民間私行之當爲并請於上使列祀典。

（天順）《明一統志》卷七七 木蘭山 在府城西南二十五里，下有木蘭陂。

又 瀨溪 在府城西南，下流爲木蘭陂。

（崇禎）《閩書》卷二三《方域》 在城西三里，僧湼槃舊隱于此，亦名伏虎巖。【略】示人曰：此地他日有鼓角聲，又爲人語莆中事。【略】曰：白湖腰欲斷，莆陽朱紫半，水遶壺公山，此時大好看。或問木蘭陂何時築，成曰：逢築則築，人都未遽解也。【略】『水遶壺公山』者，李宏創木蘭陂也，『逢築則築』者，陂築於錢媪、林進士。考再竟不成，李宏挾僧智日來木蘭山下，揷竹爲表，智日能夜役鬼物，旦起視之竹表遽多。智日俗姓馮，宏喜曰湼槃之讖謂我矣。逢者，馮乎，築者竹乎，而陂遂成，凡湼槃讖驗此類是也。

又　橫山　在皷角山東一支也，渠斷之南爲上橫，北爲下橫，上橫山下有香山，宋築陂，錢媼投水處也。媼築木蘭陂不遂，投水而死，屍流二里許，香聞陂前之山，故曰：香山有香山廟祀媼。每風雨夕，隱隱見二燈自山徂木蘭，人謂媼巡陂云。余謂曰：起堰水灌楚城，楚人多死，流城東陂，臭聞遠近，人號其陂曰『臭陂』，香山臭陂可作駢偶。

又 卷二四《方域》　木蘭溪　接瀨溪水入木蘭陂赴海，陂，宋李長者宏所築也，已載木蘭山下。宏所築本以灌南洋田。元延祐間，總管郭朶兒、張仲儀相繼創萬金斗門，引陂水北之，以灌延興、孝義、仁德三里田，南洋民爭之，曰：北洋已有延壽、太和等陂，木蘭陂者，李長者專以利南洋人者也。奈何奪此與彼，朶兒慰遣之，曰：是也，南水直注，其力大，北水橫注，其力小，分汝水未必遽汝病也。乃與民約以三七爲則，南得七分，北得三分，其水日廣狹高下皆有定數。

清　陳壽祺《左海文集》卷四下《與孫宮保書》　湖河事相表裏，然近者河，自福文襄董文恪不四十年再經開浚，而湖自潘敏惠後八十餘年莫有繼者。庚戌浚河之役，雖從事於湖，而積土未去，故不久蕪阤如昔。今幸遇閣下振興百務，澤流海邦，棘闌與木蘭陂鉅工同時并舉，規摹宏遠，若復垂慮會城河湖次第修治，仁人利溥，延被無窮，閩越黔黎百世賴之。

清　顧祖禹《讀史方輿紀要》卷九六《興化府》　木蘭溪府南七里木蘭山下，故有水曰南洋，唐觀察使裴次元堤海爲田三百頃，即此處也。溪之源自泉之德化、永春及仙游三邑，而下合潤谷之水三百六十有六，會流於此，又南經府南二十里將軍山下。議者嘗欲橫堰此水以灌田，不果。宋治平初，歲旱塘竭，有長樂錢氏媼築坡於將軍灘前，開渠循縣南十五里之鼓角山而南，甫成而壞。邑人林從世復相下流築南陽陂，既成又決。熙寧八年，侯官李宏復因舊址營度，叠石築陂上障諸溪，下截海潮，旁爲溝渠及斗門石涵，節宣盡制約，溉田萬有餘頃，莆人利之。元延祐間，總管郭朶兒等復創萬金斗門，引陂水灌南洋以北諸田，爲利益溥。明朝循其制，自溪而東縈紆曲折，有大潭三，總謂之清江，潭下流至江口入於海。〇瀨溪在府西南十里，即木蘭陂上流也。又上溪在府西二里，一名北磨溪，南流注於木蘭溪。

清　明之綱《桑園圍總志》卷七　道光八年，福建莆田縣監生鄭道立捐輸木蘭陂水利銀兩，奏奉上諭，賞給副榜各在案。

明　郭子章《九里橋記》（康熙）《光澤縣志》卷八　得閱木蘭陂，人言陂初築，冰卒囓之，不成，有李長者首義楗陂，悍功不成，縣皆魚鱉矣，益深思會有嫗以身溺波中，陂遂成。嘉靖末，倭寇至，決陂遁，決遁滿倭人，駭愕而止，其神如此。

（乾隆）《莆田縣志》卷三　錢妃廟在木蘭陂上向樟林（郎）［即］，宋時舊協應廟也，廟之後有祠名『崇功祠祀』十四家。十四家者，司法參軍余子復、文林郎朱伯震、武顯郎余彬、承信郎余騶、承奉郎林國鈞、承信郎顧筠、武翼郎朱公廙、承信郎縣尉朱珪、校尉朱貴、推官朱拱、作院使吴諏、將仕郎陳汝翼、推官朱賡、運使朱杖，當長者築陂時，嘗捐金佐費損田開溝者也。明正德六年，生員李熊利舊廟風水謀盖私房，呈徙錢妃于長者新廟之西，致十四家子孫競訟熊，奏行勘至十六年，官判照依舊廟地叚令十四家鳩工建復。萬歷癸巳，十四家裔孫朱別駕彬觀察使文科等重修崇功祠，初周進隆疏并請祀錢妃，部議錢氏與林從世惠未及人，黎簿以職事死，事出偶然，俱不得與祭。今每歲有司祭長者，仍具三牲祭錢、林，不忘創始之功云。

又維新里陂下二里許，有香山錢妃廟，妃投水時，屍流至此，香聞鄉人，祀之，號香山宮。每風雨夕，隱隱見雙燈自山過，木蘭故老傳爲四娘巡陂云。明鄭善夫詩：滄海未銷錢女恨，路人惟誦李侯碑。秋深極浦生寒水，神至靈風滿素旗。蓋謂此也。

（乾隆）《福建通志》卷六二　投盒灘　在木蘭陂下，相傳馮智日爲李長者築陂，既定基，即投榼于江，一上覆，一下承而去，類臾沙壅成灘，陂藉以成。

（乾隆）《莆田縣志》卷二　木蘭陂　在縣南惟新里，陂舊置陂正一人，陂副一人，甲頭一人，小工八人，水手一人，各有歲勞口食錢。按南洋自陂成後，疏渠引水溉田萬餘頃，皆水南十四姓之力。十四姓者，司法參軍余子復、文林即朱伯震、武顯郎余彬、承信郎余騶、承奉郎林國鈞、承信郎顧筠、武翊郎朱公廙、承信郎朱珪、枝尉朱桂、推官朱拱、作院使吴諏、將仕郎陳汝翊、推官朱□、連使朱杖，其墾田、賜田詳載劉俚榮記林紀疏。紹興二十八年秋，陂矢故道，由北岸東奔。縣丞馮文肅重修，邑人鄭樵有記。元至正間，柱石傾，本路達魯花赤八的兒大修，減舊三門爲二十九門。明永樂間通判董彬、宣德間縣丞葉叔文先後重修。

（嘉慶）《清一統志》卷四二七　李長者廟　在莆田縣南木蘭陂。長者，名宏，侯官人，宋熙寧中傾眥築陂以灌田，邑人德之，立廟祀焉。景定初封惠濟侯。

（道光）《莆田縣志稿》　錢妃廟　在木蘭陂上向樟林，即宋時舊協應廟也。**【略】**國朝道光八年，重修木蘭陂，妃屢著靈異，紳民僉請列入祀典。知府徐鑒、署通判袁鴻、知縣王廷葵會詳藩憲吴隨經詳奉督憲孫撫憲韓會奏欽奉。

諭旨：福建莆田縣，治于宋治平元年，有長樂錢氏室女傾資築陂，該處士人立廟崇祀，据孫等奏稱，現在尚著靈異，着照所請，即將長樂錢氏室女列入祀典，每年于東作方興之時，飭令地方官致祭一次，以尉輿情，而昭祈報。欽此。

清 吴士玉《駢字類編》卷七四《珍寶門》　慎蒙《莆田縣木蘭陂記》，故老相傳，陂基下有石盤據水底，横亘於北山陂，凡兩石相甃處，各爲函，如銀錠狀，而範鐵汁於其中，故能與洪流敵，雖經久不壞，有由也。

清 許鳴磐《方輿考證》卷八〇　莆境（森）［木］蘭陂最大，延壽陂次之。

木菛陂

宋 鄭樵《夾漈遺稿》卷中《重修木菛陂記》　集三百六十澗總而爲一，故有無窮之流斷。大川之流折而爲二，故有無窮之澤。此邦民貧，不任竭作。興木蘭之役者，有長樂郡之二人焉。始則錢氏之女，用十萬緡，既成而防决。次則林氏之叟，復以十萬緡，未就而功隳。錢氏吐憤，遂從曹娥以遊。林叟唧寃，徒起精衛之忿。自兹以還，興作乏人，惟增望洋之嘆，莫克水濱之問。且遏長江之勢，使洪瀾怒濤不得東之，豈人力也哉。熙寧初，有季長者宏，富而能仁，故得其稱，有此志矣。天降異人曰馮智日，貰酒于其家，三年不索酧。將行，曰：當與子遇于木蘭山前，長者先斯而俟，乃授以方略。夜役鬼物，朝成竹樊，又圖蒼龍以貽長者。投二盒于江，一以上覆，一以下承而去。孺子可教，果得黄石之素書，衣履不沾，又見葛公之涉水。長者于是依竹爲堤，功成不爽，鑱石爲楹，以爲禦，距楹爲障，以爲瀦。壅川之陂，循南以濟，相其高下，鼇爲三洫，使無偏注，行五十餘里，達于海。瀕海爲四斗門以禦，蓄洩凡溉田萬頃，使邦無旱暵、饑饉之虞，百年于兹，故長者得以廟食焉。山岳之摧，由于朽壞，江海之注，竭于漏卮，紹興一十八年之秋，陂失故道，由北岸而東奔，重淵如勺，魚鼈焉依。三衢馮君元肅，適以斯時至。凡川澤陂池之事，一時畫究，謂：馬伏波所過州縣，必留心灌溉之利，况吾丞是邑而專是職乎。木蘭之陂，吾不得以後。時以水昏正而栽之。日夜從事，九旬而成。不愆于素，舉锸成雲，决渠成雨，父老載塗，式歌且舞。木蘭兆讖者二：曰逢竹則築，又曰：水遶壺公山，莆陽朱紫半。舉一郡之水，此水爲多，畫一邦之利，此利爲溥。使萬井生靈，免于溝洫，則馮丞之績爲可書。其辭曰：南標銅柱已仆風埃，北勒燕然又蝕莓苔，孰若賈渠難湮、召埭不朽。惟川澤之功，與天地爲長久。沃州之山，白氏有緣，肇于道猷，成于寂然，木蘭之陂，辱在馮君。伊昔甚偉，于今有芬。嗚呼，源清流長，千載融融，君子之澤，不可終窮。

南安陂

綜述

（弘治）《八閩通志》卷二四　南安陂舊分爲南灣上下洋，一陂在，望江永豐待賢三里，俱引荻蘆陂水溉田，共一百頃。宋紹興十五年，縣丞王康功修，郡人黄公度爲記。國朝正統六年，知縣劉玭更創，合二陂爲一，改曰：南安郡人陳中爲記。

明 陳中《重修南安陂記》（弘治）《興化府志》卷三〇　余正統七年致仕

歸莆，道所經福清地界，田苗多枯，民舉蹙額相告曰：天再五日不雨，苗其死矣。既至莆，錦江田苗方競秀，有二三白叟坐於亭下，舉欣欣然相語曰：天雖旱，其如吾侯能禦旱何。盖謂邑大尹劉侯重修南安陂之功。因詢其故，白叟曰：待賢、永豐、望江三里之田，皆賴是陂之水以溉，然屢修屢壞，前是爲令者率不之顧，天雖不旱，吾民亦以爲厲，况天旱乎，至是復壞已久。任未踰月，耆民黄大三秀等遠以爲告。侯惻然曰：水利不修，則田禾不登，民有菜色，誰之咎乎。遂翼日夙駕，往詣其所，相地勢，謀諸民而爲經久計。舊爲泛者一，則命折泛舊石而更置之，黏以蠣灰使堅密，不爲水所滲漏。舊爲圳者一，圳之埰左則就山爲之，右則新甃石高十二尺爲之。石之内決起舊土，側立石板，填三物土以壯。埰面平盖石板其上以爲堤，堤之外又甃石以爲障，皆如埰之高。於石之相尋處，亦皆黏以蠣灰使牢，固不爲潮汐所衝齧。凡其長計八千八百餘丈，廣計一丈。舊斗門東西泄之圯者悉更新，功加於舊。雖費乎民，而民以爲貽千百年之利，雖勞乎民，而民以爲貽千百年之逸，莫不同心恊力，如子趨父事，皆如侯之法。工始於正統六年十一月初一日，成於明年正月二十日。自重修之後，天雖旱而有積水可溉，非吾侯之能禦旱乎余。謂之曰：蒙其功，曷不報其功。則又曰：侯謙德君子也，不自有其功。越今年春，里之巨姓王稜等若干人，洎囊山寺僧連城，謀刻石以記侯功而求記於余。余曰：下車之初，即以水利爲己責者，義之勇也，不爲淺近之謀，而爲長久之規，知之明也，爲民父母，而貽民以無窮之利，仁之澤也爲。陂而具三善，是故可記。然吾聞是陂自宋時創始於陳郡王洪進，重修於蔡端明學士，增石於方綉使庭實，又重修於邑丞黄康功，暦元至今，則永樂初又重修謚監察御史張公茹。之數人者，惟邑丞有碑，而宋狀元黄公度爲之記。則曰：牧民之責也，侯則自以爲己之責，與公度之言合，余之才不及公度什一，安可繼以爲記。雖然，唐李頻爲武功令，發官倉修六門堰，穀以大稔，懿宗嘉之，賜緋衣銀魚，擢侍御史，宋尚寬爲唐州守，復邵信臣渠及三大陂，荒瘠變爲沃壤，王安石作《新田诗》美之。侯之功不讓二公，他日苟有觀風者以聞，必有詔如頻之擢，而廷臣如尚寬之美者乎，予之記此，特以俟觀風者采焉。侯名玭，字永泰。江西安城世家胄，翰林侍講球之弟，與史皆進士出身。而侯命董其事者王廷深、蔡元和、黄大三秀皆預有功云。

傳記

（光緒）《湖南通志》卷一九一　白冠玉字海仙，優廩生，爲人慷慨豪邁，工古今體詩，入閩浙總督左宗棠幕，累功洊保知府，初任福建同安縣，【略】擢任興化府，修築南安陂，溉田無算，未幾卒於官上，官稱爲閩海循良第一。

雜録

（弘治）《興化府志》卷五三　南安陂正統七年知縣劉玭，合南灣上下洋二陂爲之。考《宋志》南灣陂陳洪進創，蔡端明修，紹興間縣丞黄康功重修，考功黄公度爲記，二陂皆自江口上流，引蘆溪水爲之。上陂深一丈，濶一丈五尺，爲圳一長一千一百丈，跨待賢、永豐二里，灌田四十頃。下陂深一丈二尺，濶一丈，爲圳二長一千二百丈，跨永豐、望江、待賢三里，灌田六十頃。至是陂壞，民以告，劉尹親詣陂所，相度地形，乃合而爲一，重建之，於陂口作圳以引水，修泛以止水，就泛頭山下作上下二溝分水散行，灌溉永豐、待賢、望江三里田土，復於下溝作泛，分作二小溝，各溝又支分派析，分灌各里田土，民便之，南京户部員外郎陳中爲記。

（乾隆）《福建通志》卷七　南安陂陳洪進創，舊分爲上下洋，明正統七年，知縣劉玭始合二陂爲一，萬歷四十一年，同知汪懋功重修。

（嘉慶）《清一統志》卷四二七　南安陂在莆田縣東北四十五里，宋陳洪進剏上下洋二陂，上陂溉田四十頃，下陂溉田六十頃，明正統七年，知縣劉玭始合爲一。

南澳陂（大豐陂）

論説

清 郭之屏《南澳陂説呈杜邑侯》（同治）《龍泉縣志》卷一五

士之講求水利素矣，方握卷伊，吾期操三寸不律入矮屋，希知遇揣摩策問未有不留心於是者，異居官後鞅掌簿書，或當其事而才不足以濟之，或地方懸其事以待，又若舉曩者條對時，所展紙捷書縷陳亶亶者，漠然不復記憶而絕不關心。於是視陂塘灌溉諸務，例若民間自爲謀之圖矣。龍泉舊有南澳北澳，兩陂大都與廢不常，北澳則康熙間鄉民梁志先倡修，中間捐費不給，至自鬻産以應，而功幾敗於垂成。前邑侯仁和黃公聞而憫之，乃貸以常平倉穀，功始告竣。適是年旱乾，獨所藉溉之數十里地，皆倍收，人情歡悅，咸計畝出穀，自運償倉，又以其餘爲志先贖田，而建黃侯祠於捕署之左，并立廟陂口以祀志先。南澳則廢久矣，其陂原設兩處，在左溪磨鉤潭下者，曰大豐陂。引溪水東南行到黃塘入小溪，又自小溪築陂截兩水，東注曰横痕陂，以對北澳，言故兩陂概稱南澳，灌溉至鎖江墟下，計地二十餘里。北澳施功於一處，南澳必兩地并營，前明屏族叔祖尚朋見其功難猝就，捐修猫兒關下陂，繼族人又同王姓創三下陂，然皆在故横痕陂小溪之内，水源短淺，乍盈乍涸，每值旱年，輒起争端。乾隆十五年，遂南紳耆倡修，南澳以大豐陂河道遷徙，勢難復諸故地，泝流而上相去里許，得古陂曰營陂，意欲藉其成效，特其通水之渠，前後俱有小圳可以浚澗者，惟中約半里許，必需買地疏鑿，時呈臆見以謂兩陂功難，而尤莫難於横痕，小溪源雖不遠，而每遇驟雨，諸山之水奔赴湊集，勢常高二三尺，騰湧而來，若堅築巨石禦之，搏激噴薄，又注大溪，引來之水以益其漲必横決，不循故道，陂同虚設，莫若鑿地穴，使所引大溪水横穿小溪底仰出，而聞者咸笑爲迂，猝興工先築横痕，費金千餘，陂雖成，而於開渠之地僅買五十餘丈，而力已莫支矣。惜乎九仞之功棄於一旦，屏每過其地未嘗不低徊而悼嘆也。今好事者議欲避去横痕，并棄大豐管陂故地，而別圖於兩溪合流下之南資寺前，謂可以如北澳專力一處，此雖無力之口，徒托空言，然觀寺前地勢，南岸高出水面幾及一丈，即深浚渠亦亦過溪水使高五六尺方能入。受水圳口北則平曠，洲壖耳無高岸以障之，平時水勢略漲便已浸其洲過半，烏有遏之使高五六尺而不乏濫者耶。夫創興因難易則有辨矣，營陂現在近地，村民歷年堆以溪中小石猶資其利，横痕陂大石塊尚有存者，誠有志是役，計姑緩於兩陂，始事惟先經理，雨水會通渠，然後視捐資，若充裕則如前説，穿地函可也。否則，因昔成勢，略加培補，約費固甚廉耳。防雨水合勢沖激，則於會通渠受水之口建閘，渡小溪水漲時，預下閘板，其入横痕渠口，舊興陂石太近水，方轉頭便激石罅，喧㶁沸騰，勢若挾其全力，奪路突出，反望東邊渠口，如不欲赴，法宜移陂於故陂之下十數步，兼挑深陂腹，合來水有瀠洄渟蓄之致，則水力緩而石力自堅，抑或厚集費拆横痕陂，離不一二丈許，改建三閘，横列溪中，募人看守，以時啓閉，斯俱一時權宜之善策也。顧目度亦僅亶亶能言者，居桑梓之地，不能效力如志先，安問百世尸祝之復有黃侯乎。且黃侯嘉惠，在功之垂成，而是陂所望，則在因前局而復圖功於謀始。此又事體之不同而不敢妄有所冀幸者也。雖然韓子有言，未嘗干之不可謂上無其人，欣逢杜侯，下車即惓惓於義學，今已置膏火聘名師蒸蒸然文教興起矣。水利民之所藉以養者也，使知有廢可興能無殷然動念歟，況水南各姓多富厚慷慨，每有義舉輒樂傾囊，侯仁心爲質，而又濟以優爲之才，凡所措施，百姓莫不愛戴信服，於是役也，爲之倡道鼓舞，或親臨其境詳觀地形水勢，擇前説之可行者，諭令舉行，誰不樂從，抑又不必如黃侯之許，借倉穀而功固可坐觀其成者也。第侯自涖任以來，甘雨時降，歲物豐成，民間不復知旱乾之苦，故未有以是告之左右者，然鶯臺鳳閣中人，必不久屈下邑，恐異時挽之不來，故急爲是説以呈侯誠覽之，啞然謂屏爲土人方語，庸有當於芻蕘幸也。如謂屏亦揣摩水利文字，徒爲是滚滚筆端者，屏雙奚有所置辨。

綜述

明 王選《重修大豐陂記》（同治）《龍泉縣志》卷一六

民爲王者之所

天，而民以食爲天也，故司牧重民食，要之水利其急務。泉邑南隅有大豐、横痕二陂，膏沃彌望東作仰給，儻波流少涸，即農爰其病焉。比邑侯古浦陳公舜卿以儒術飾治，百凡施張，寧利於民，而不爲身計，明年政通，知民之可與有爲也。因詢二陂湮塞，太息若痌瘝然，迺召諸士民敏達更事者三十有餘人，齊威温訓以接之，指授向往有阻撓骪於法者，繩之弗貸，傭工開鑿，數月丕作，屹然而堤防鞏，滔然而灌流通，翕然而士女稱慶，私可俯仰，公可期會，桔槔不施，旱澇有積，伊誰之賜也。諸鄉俊又稽首曰：侯爲吾民竭乃心力矣，曷圖諸悠久。鵝鴨官洲隙地也，延袤墾田，西南其畝，東北鑿池，量若干餘步，壠南結廬，枚卜長厚者，廪而居之，誅其毛之息以備興造費，然則民之所天至此被覆無間，而王者之天浩浩矣。兹當刻石庸志，不諼於侯。猥及予之謭陋，敢不粗述其顛末乎。矧陳公之殊最此可例其餘，而諸俊之協力贊勷亦俱不朽，後之人將不闖然踵芳躅而思齊乎。且指其名曰，某也籌運，某也幹濟，某也力役，噫嘻，其榮矣哉。

（光緒）《吉安府志》卷三　大豐陂即古南澳陂，尾閭四厢三都田，俱受灌注。宋湻熙二年，主簿黄犖攝縣事經修，湻祐二年，縣令何萬選復置大豐陂倉貯穀石，爲歷年修整費。明天順八年，里民王思誠倡義重修，縣人項倬記，正德十一年，知縣陳允諧率里民李盤植等重修，縣人王遺記，嘉靖中，攝縣事翁溥復修，後大豐陂河道遷徙，國朝乾隆十五年，里人捐資築横痕孤，三十二年，縣人郭之屏以水利説上，知縣杜一鴻親臨審度，就古營陂疏浚圳道引溪水入横痕，下分五小圳，又彷漕河制建閘啓閉，郭之屏作遂南水利志，知縣杜一鴻序。

紀事

明　項倬《重修大豐陂記》（同治）《龍泉縣志》卷一六　大豐陂，古之南澳陂也，引左溪之源入小渠，至黄塘鵝鴨洲，與塔嶺瀧水滙，築横痕障之，曆新堨分五小陂，直抵蕭村湃之尾，地之相距二十里許，四厢三都之田計三千石餘，俱舜溉注，先年作築，有司皆晨隙之，時預爲修理，近今數年當播種之際，督衆興工，用木樁柴篠籮團囤石欄江止水，或春寒水深冒病者纍纍，未幾暴漲決去，民力徒勞。既值歲旱，陂浅不逮，秋成無收，深爲可慨。天順甲申，邑士七十二翁王君思誠惻然興念曰：大豐陂之作，當順水勢依岸築堤，上接灘水，迺經久之計也。會其田畝，量其工力，爲圳二百餘丈，每田一石出穀二斗五升，大約八百餘石，可以傭工，遂介公勤合志者，專理工人日餉，七月八日思誠翁自費牲酒於靈祠，會諸鄉傑盟誓，不許隱田，并力齊心，始終不怠，遂售泰和工人三十人，造小舟五隻，與工人載石，經始於天順八年八月三日，功成於成化元年三月之晦也。水圳被人佔塞者，思誠翁率衆開決，不避權勢，遇樹則伐，遇壅則疏，人服其公，受水之氓老穉咸悦，公之用心非官府所驅，非勢要所迫，出於此心，自發之誠，戴星而行，帶月而返，不憚勞也。今年不雨，陂水汪洋，田畝充溢，豐年之慶，固有賴焉。老人王維等感其心力，求詩章以頌其德，請余交以序其首，予惟居官食禄，當以民利爲先，近年有司匪得其人，往往陂塘置爲閒務，適遇亢暘，民皆失望。今思誠翁非要譽也，非誇功也，而纂修著名，嘉寵有待，非惟今日沾利感於心，其億萬世之後而有徵焉。

（康熙）《江西通志》卷一五　宋淳熙二年龍泉主簿黄犖攝縣事修大豐陂，淳祐二年縣令何萬選復修。

傳記

宋　袁燮《絜齋集》卷一四《秘閣修撰黄公行狀》　公諱犖，字子邁，其先婺州金華人。【略】主吉之龍泉簿，【略】創大豐陂，溉田二萬頃，慮其久且廢也。買田千畝，山九百畝以備修築之費，立長若副分番掌之，以均工役之勞，堤防周密，遂爲長利，侍郎孫公逢吉深嘆美之，爲識其事，以諗來者。

（同治）《龍泉縣志》卷七　何萬選字子淵，長沙人。湻祐二年任修大豐陂，創魁星閣，有廉能聲，額賦聽民自納，民以無擾。

又卷一二　郭竒字作周，瑶厦人，職員。乾隆甲戌年捐社穀四百三十石，議叙八品頂戴，捐銀二百两助建五峰書院，捐田租二十五石充五峰書院膏火，丁亥捐銀二百两重修南澳陂。

藝文

明 鍾瓘《龍泉王思誠重修大豐陂落成》（同治）《龍泉縣志》卷一七 隧

江南流急於馬，一道澄陂灌平野。春雷一夜轟九淵，舊基已逐潛蛟化。公家修築雖及時，積薪架木同甑兒。洪濤乍驚還復決，夏畦寧免妨耘耔。高田殰德真豪傑，一旦欣然展謀畫，造舟載石仍鵁工，率衆揮金未嘗惜。新成石甃順水中，宛若超超垂飲虹。江流束縛歸畝畝，坐令田里歌時雍。同鄉舊友黃堂客，感嘆爲君潛動魄，如椽巨筆紀成功，從此芳名播寰極。

清 劉欽謨《喜同年郭牧堂督修水利功竣》（同治）《龍泉縣志》卷一

七泉邑多高山，水源出山麓。派分左右溪，溪流清且馥。有潭名磨銘，潭下爲南澳。陂成自宋時，興廢難更僕。一夕驚波濤，盡隨蛟龍逐。故河積泥沙，舊迹不可復。隴田百千頃，望之如平陸。雖有九年耕，而無三年蓄。争水不顧軀，往往遭刑戮。伊誰繼先賢，慷慨期修築。郭君宏濟才，吾儕素所服。見危亟思極，見傾恐長覆。所以覩頹陂，胸便有成竹。口盡更手指，言出傾老宿。彙金買要地，疏瀹成川瀆。建閘并設橋，農夫食其福。黃塘抵湃尾，黍稷何彧彧。野有舍哺叟，村乏嫣婦哭。往者相競争，茲乃相和睦。春酒交慰勞，誰予士女穀。卓哉孫極敖，前事真堪録。今閲靈陂圖，不使前人獨。君非補天手，胡爲成功速。願君流澤長，百世猶慶祝。

雜録

（同治）《龍泉縣志》卷二 南澳陂在水南二十者，宋明道間縣令何嗣昌築，後廢，其陂原分大豐、橫痕兩處，大豐陂即古南澳陂，引左溪武陵瀧水入小渠，至黃坑鵝鴨洲豐塔嶺瀧水匯，築橫痕陂障之，至新堨分五小陂，直抵蕭村湃之尾，四廂三都之田俱受灌注。宋湻熙二年主簿黃聳攝縣事經修，湻祐二年縣令何萬選復修，因置大豐陂倉聚穀，以爲歷年修整之費，明天順甲申里民王思誠倡義重修，邑人項倬記，正德丙子，知縣陳允諧率里民李盤植等重修，邑人王選記，嘉靖中攝縣事翁薄復修，迄後大豐陂河道遷徙，國朝乾隆庚午，里人捐資千餘金先築橫痕陂，而迄無成功。歲丁亥，邑人郭之屏相度形勢，爲水利説以干，知縣杜一鴻親臨廢陂處所審度權宜，就古營陂疏濬圳道，引溪水入橫痕，下分五小圳，又彷漕河制建閘啓閉之，今已功成利溥，郭之屏詳紀其事，爲遂南水利志，知縣杜一鴻序。又建陂所於水南橋庵寺後，進爲辦公收租之所，咸豐六年遭逆毀，廢九年合陂紳耆籌費重修。

又 卷四 大豐陂倉，《宋志》在廳西，嘉泰元年主簿王楹創建，收租以供修陂之役，今廢。

南陂

清 賀世駿《重修南陂記》（乾隆）《福州藝文志補》卷二 邑南三十里，有南陂斗門，其先建自璞石，外禦鹹潮，內蓄三溪諸水。引而注之，由感恩、洋下至三角壩，達古田、嶼頭等村，溉田數萬畝。攷長邑濱海，山淺泉微，惟三溪之水，其南流一派，來自福清，奔湧如注。西派則發源羅山，雖頗微于南，然泉流涓涓，四時不竭，至寶塔橋合流滙于海。必于璞石建斗門，乃使向之歸海者盡引而歸田。均其蓄洩，旱澇無虞，厥功鉅矣。前明弘治、嘉靖年間，屢圮于潮。天啓初，古縣陳紳培所自晉陽歸，捐金千餘，築陂于獅張、仙橋界中，鄉人德之。歲久，仍爲海決。國朝康熙甲午，邑令衛良佐請于大府，動公帑千餘金，相度地勢，量移稍高阜處築之，即今南陂也。年久又圮，時一遇嘆，農皆蒿目。予蒞茲土，嘗歷其地，見其關于民生利病者甚大，力圖修復，而工費浩，繁遭歲旱未遑舉事。茲幸際豐稔，民氣和樂，爰集紳士里民商之，咸欣欣然受命。予因捐俸士民倡，一時業田者願輸料，佃田者願出力。而孝廉林大成、蔣經邦等，力董其事。相與度量經營，取材輦石，命匠興工。築基于舊址之後數十武，定式，修築狀若龜背，前後列九級，每級石板深長一丈三尺五寸，中建斗門，上設橋梁十有一，門設閘夫以司啓閉。其址較廣，其工較堅，其貲費亦較前加倍。復于斗門岸畔建祠以邀神庥，以供閘夫棲止，便于隨時察視，謀慮又較周。工既竣，咸額手稱慶。而予以數載所未遑者，得藉衆志以觀厥成，可不謂幸歟。是役也，衆擎易舉，人不勞而工倍，費雖費而利長。嗣是而後，宣洩得宜，大有稱慶，其爲諸村永賴者，豈直一世而已哉。

南陵縣永豐陂

綜述

《新唐書》卷四一《地理志》 南陵【略】永豐陂，在青弋江中，咸通五年置。

宋 謝諤《重修大農陂永豐陂記》（乾隆）《江南通志》卷六六 南陵有二陂，曰大農，曰永豐，邑之田資以灌溉焉。邑侯郭君蕘初至郡，考《圖志》見邑人徐内翰元功舊有《永豐陂叙》，而大農陂則韋司農所撰記甚明。乃知大農重興於元和，永豐重修於咸和，本朝熙寧中，嘗捐常平鈔米三萬五千餘貫石，復修葺之。自後稍就堙廢，田日告病。郭君乃白於常平提舉謝公深甫，竟如所請，移文支撥緡斛，委主簿徐挺之同力計視，竊按二陂之源由涇水，合山溪衆流爲江，出蕪湖中曆邑界，江闊地平，横絶其流，開港以遏導江水，股分支引散入溝塍間，所爲陂因是江也。大農在上流，源流七十餘里，溉田五萬餘畝，永豐在下流，源流六十餘里，溉田三萬餘畝。凡縣賦兩陂所屬三分之一，乃鳩工於丁未之冬，訖事於戊申之夏。噫，君子之仕以利民也，吾觀親民於百里者，可以日有利民之實，然利於當時其利小，爲久遠之計，視當時爲何如耶。所冀後之君子，增其所損，補其所不及，非特成人之美。亦以垂利澤於無窮也。

（乾隆）《江南通志》卷六六 咸通五年，修築永豐陂。【略】宋淳熙十四年，重修肖陂。十五年，南陵令郭蕘重修大農陂、永豐陂。

雜録

清 許鳴磐《方輿考證》卷四九 永豐陂在南陵縣東南，《方輿紀要》：永豐陂在縣東南二十里，引青弋江爲陂以溉田。《唐史》：咸通五年修，南陵永豐陂。宋時亦屢修築，紹興二十三年詔以永豐圩賜秦檜。乾道初，改賜建康都統司。二年，臣僚言檜竭江、東漕計修築圩堤，以故水患及宣、池、太平、建康，乃命廢永豐圩。又縣南有大農陂，唐韋瓘記曰：南陵有廢陂，歲久不理。元和四年，寧國令范君朝眞假南陽印修之，置爲石堰三百步，水所及者六十里，開荒埂數萬畝。是也。宋紹興中，亦嘗修治，《志》云：陂水堰漳、淮而成。

（嘉慶）《清一統志》卷一一六 永豐陂，在南陵縣東南。《唐書・地理志》南陵有永豐陂，在青弋江中。咸通五年置，宋謝諤重修，大農陂、永豐陂記，大農重興於元和，永豐重修於咸和，熙寧中復加修理，淳熙十五年鳩工重修，其源爲涇水，合山溪衆流爲江，出蕪湖中，歷邑界，江闊地平横絶其流，開大港遏導江水所爲陂，因是江也。大農在上流，源流七十餘里，溉田五萬畝。永豐在下流，源流六十餘里，溉田三萬餘畝。凡縣賦兩陂所屬三分之一，《縣志》：陂在東南六十里下張村，引水經熊家店至莞湖塘，又有黄柏陂，在縣東南二十五里，其水源出涇縣石籠等坑，入縣界，達神龍山，下達蘆塘口。

（光緒）《重修安徽通志》卷六五 南陵縣永豐陂在縣東南六十里，引清弋江水以溉田。

南雄州廣豐陂

（道光）《廣東通志》卷一一九 廣豐陂城東北二十五里塘村下，知州羅含章修，溉田千餘畝。

清 羅含章《修廣豐陂記》（道光）《直隸南雄州志》卷二二 嘉慶丙子冬，洋坌村民以改陂請，曰：吾有陂，舊在塘村下，灌田二千餘畝，低田有水，而高田苦旱。今陂頭久壞，溝路阻塞，請改陂口於鵶鵲村，則田之高下皆宜，并請錫以嘉名而爲之記。余往勘焉，曰：異哉，爾之爲此謀也，將以爲吾智在人先，而巧服人於不及覺乎。昔爾祖宗之幾經籌度，以有此陂也，爾村人安焉，牛田村人安焉，鵶鵲村人亦安焉，苟其非宜何故相安，既已相安，而又改之，則牛田村人必以爾陂舊在其下，一旦掩出其上而截之水，必拂然怒矣。鵐鵲村人必以爾築陂以浸没其田，亦拂然怒矣。是爾一舉事，而召兩敵也，怨嫌之端既開，兩敵之交必合，或挺而鬪，或訐而訟，新陂未成舊陂又壞，財殫力竭，怨讟滋多，即爾村人且環起而與爾爲難矣。夫天下事，惟遵守成憲，爲無弊耳，若乃作聰明亂舊章，以祖宗因循懦弱不能奮發而有爲也，於是出新意變舊法，謂富强可立致，卒之内變叢生，外患踵至，敗壞決裂，而不可收拾，皆其初智巧之一念階之厲也。是故人不改其常則不死，家不改其法則不敗，國不改其政則不亡。敗亡之禍，起於更張，由是言之，改陂之事甚非宜也。詩曰：不衍不忘，率由舊章，易曰：改邑不改井，今爾之陂雖壞，修而復之可也。因其無名，錫以嘉名可也，安用改作哉。皆曰：諾。於是名其陂曰廣豐，倡捐萬錢爲助云。

南雄州永豐陂

（道光）《廣東通志》卷一一九　永豐陂起凌陂東岸，南過羊子石，又東穿圍背嶺出黄龍排，又東過州城大路，又東穿杉山嶺下南蛇洞，又南至離口橋訖韭菜地，經村庄十九，長二十餘里，溉田四千餘畝，後以紳士泥形家説呈塞。

清 羅含章《開永豐陂記》（道光）《直隸南雄州志》卷二一　州治之水有四，曰湞、曰昌、曰凌、曰修仁，而凌江水源高遠，灌田尤廣，余嘗導其末流，開恒豐、同豐二陂矣。復有數十農民環跪而請曰：吾儕小人饑不飽食，寒不煖衣，非無田也，爲無水也，請於同豐之上更開一陂，萬世利也。余往勘焉，陂起凌陂東岸，南過羊子，又東穿圍背嶺出黄龍排，又東過州城大路，又東穿杉山嶺下南蛇洞，又南至離口橋訖韭菜地，凡過村庄十九，長二十餘里，灌田四千餘畝，誠大利也。顧其工費不易，余遲迴久之，而農民之請愈力，乃具條教焉。已而三福地居民以改道請曰：吾廬在下而水出屋後，烏乎，可余視其道無可改也。曰：子來前，吾語汝，今夫水，山之血脈也，人非血脈不生，山非水泉不潤，烏有血脈流行，而反生災疾者乎。禹疏九河，無損幽冀，史起引漳水，不碍鄴城，且子粤人也，獨不見順德香山乎，是嶺表之精華，財賦所出，而人文淵藪也。而其地皆江流蕩潏，出没於烟波浩渺之間，不聞其地靈衰竭也。而子乃以俗見防要工乎，則應曰：唯唯不敢已。而圍背村民，復以改道請曰：吾廬墓在下，而鑿削其上，嗚呼，可余視其道無可改也。曰：予來前，吾語汝，今夫坤輿之大，吾不知其幾千萬里也，坤輿之厚，吾亦不知其幾千萬里也，以幾千萬里之大之厚，而鑿其數丈焉，或鑿其數十丈焉，若挹滄溟之一勺，何損於海。昔者秦皇帝以王氣在東南，嘗斬鍾山之脊，而斷彭城之背矣。而二都繁盛至今，甲天下焉。李冰鑿離堆，而川蜀富，鼈靈劈歸峽，而荆楚安，而子乃以俗見防要工乎，則應曰：唯唯不敢。於是鳩工庀材，捐錢百千，命首事某某計畝出資，作永豐陂焉。　此陂旋據城内，紳士稟阻，業已封閉，然理應如此，故并存之，以破俗見。

寧家陂

明 顧應祥《寧家陂記》（康熙）《浮梁縣志》卷七　湖田都壤，地二千畝有奇。環山背水，道東有豪猪嶺，其水北注，名小坑港。在昔築陂港半分水使之西，鑿嶺麓爲石渠，引而行之，資灌溉之利，是爲寧家陂。歲久渠塞，利日寖，微遇旱，輒不毛，民嗷嗷無所措。司土者因循簿書，未暇及此。予正德戊辰至饒，己巳旱魃爲灾，雩禱弗應。監司檄予視之，訪其故，謀於有衆。遂計田出役，分立五甲，遴有才識者董之。授以疏導之法，而假其督作之權，閱三月功成。明年庚午復旱，陂以築故，獨無恙。予按縣過省之，將因之爲永久之規，見石渠洞開，源泉迸發，放而達諸溝洫之間，井井如也。渠穿地半里許，中空可丈餘。石刻云：太平年端午日鑿，餘剥落莫可識。夫築陂蓄水，在處皆然，莫如穴山爲渠者則難，非神工鬼斧何以致此，無乃造化者設是以濟，民而直假手於斯人耶，宜廟食於兹可也。惜乎不見志乘，遂至湮泯。噫，前人作之而後人忘之，安知今日浚之，而後日不復塞之耶。如其復塞也，則前人之功終於弗傳，顧是碑不可無也。已攷石渠，爲梁敬帝時所鑿，迄今已九百餘年。是則有惠人之功者，天固不使之終泯也。

清 許鳴磐《方輿考證》卷五二 寧家陂在浮梁縣南，其水北注於昌江，《方輿紀要》：寧家陂名小坑港，相傳梁未所鑿，其旁壞地二千頃有奇，環山背水。道東有豪猪嶺，其不北注成港，築陂分水，西鑿嶺麓，引爲石渠，以資灘溉，所謂寧家陂也。歲久湮塞，民苦磽瘠。明正德三年，循故址疏導，始無石田之患。

（道光）《浮梁縣志》卷三 寧家陂分小坑港水，穴山爲渠，以資蓄溉。明正德四年，饒州推官顧應祥浚之，獲殘碑，知爲蕭梁太平時所鑿。事詳顧應祥記。

蒲陂

清 帥念祖《兩修蒲陂横堰記》（同治）《奉新縣志》卷五 邑東北三十里鄉曰從善，厥壤中下，其東濱於河，與安靖接境，地既僻衍，物産之所出，弗能與他鄉爭，歲所取給恆資於農，土壤繡錯，獨蒲陂一堰受河水以滋灌溉。發源於靖安，紆迴二十餘里，西北注於安義，至二都則稍折而南，地勢既窪，下水至此輒散，而復歸於河，舊築土堤約十餘丈，障其順下之勢，導之使入於田。土既鬆脆，又修廣僅尺許，遇霖雨輒衝决，以是歲費數修，率以爲常，鄉之甲族曰：余氏學山先生其望也，康熙壬辰先生慨然思所以治之，乃進父老而告之曰：堰之爲利，於吾鄉大矣。巋然一堤實爲先別駕所經營，緬兹手澤且百餘祀，惟是歲久制敝，重累我井里，今請易以石可乎？衆踴躍而應曰：惟命於是。具資糧致材石募丁夫簡斤鍤，命介弟與偕君董其事，遂從舊基，鑿深丈餘，承以松鍵，上累以礲石，石皆以灰堊甃之，計石凡千層，層各三尺，爲閘一以司蓄泄，閘長一丈八尺左右，各五丈，其縱與舊堤等，横則溢其十分之九，計用白金二百九十兩有奇。以癸巳九月起工，越四年丙申三月竣事。先是堰未修時，歲費金，如干至秋水涸，歲入輒倍減，鄉里苦之，至是堰成，遂歲歲無水患，秋收增舊之半，里人德先生，甚咸相率以賀先生，周視再四，曰：未也。溪水暴漲，溢於春夏，石雖堅得勿圯，然横流沖嚙罅從此。開不數十年，將又爲吾鄉患乎。已而果然，公審端究歸盡得要領，乃與與偕君謀，召前工掘石開土買灰萬餘斤，雜土中和楊汁，調糜粥塗之，如俗所謂三和土者，築既成，表裏如一，堅如熟綱，蓋至是而制度始備矣。是役也，以雍正丁未季秋，凡三越月而成，計費稍殺，於前三之一，嗟夫，天下事亦在乎能任之者而已，誠者任事之幹，而智數之所自出也。古今能任事之人，必有堅定不易之心，以爲之本，而後精神所流貫，乃足以周於數十百年之後，而無所敝壞。故曰：人定者勝天，非夫塗飾，目前希冀旦夕之效者，所可得而幾也。蒲陂一堰耳，今以觀於先生其任事之誠，至於曆歲月，縻金錢而安益求安，務底於一勞永逸而後已，使天下任事者，盡如先生，亦烏有所謂塗飾，目前希冀旦夕之效者耶。而先生乃僅僅以其誠與智數用諸鄉里間，亦良足惜矣。先生沒且三年，其鄉之人食其惠，賚將尸而祝之，如畏壘人之於庚桑者，乃以其事來言於余，使爲之記，先生諱升，字階六，學山其號也，以明經仕峽江，訓導與偕，君諱益，以明經仕瑞金縣訓導。

清 余潮《倡修蒲陂古堰記》（同治）《奉新縣志》卷五 奉新之爲邑，土瘠而貧，惟迤西處萬山中，頗饒竹木之利，餘皆樸而務農，河水出於百丈，諸山循東南而下，民藉爲灌溉。每春夏潦漲，沿河田多沖坍，或偶旱則遠者車，近者戽，一勺之水，寶之等瓊液，甚至爭訐不休，余治奉一年，披閱訟牘，輒爲惻然，求所以治之而未得，縣之北曰從善獨無此患，余嘗以公事至其鄉，父老爲余言，鄉之水獨發源於靖安，折而東，由安義始與奉新之水合而匯於江。唐太和中，鄉人當其折處，鑿渠導水爲蒲陂，堰受河流以溉田凡千餘畝。築土堤，計長三十里，防其泛溢，爲閘十六，以時蓄洩，若今之治漕河者，然其後水所趨而南，別爲堤以障之，置閘一，曰閘口，蓋自唐至今爲利於鄉千餘年矣。當明時堰稍湮廢，鄉文林余公論山復經理之，始爲堰會，會有約，約有長，歲修有備，俾無遺決患。康熙癸巳年，論山之孫，學博君既出其家財，於所謂閘口者，盡易以石，而古堰綿延數十里，勢不能盡治。國子生公度、公藩，學博君從子也。其父明經方中君，嘗捐金爲修堰費，至是積其贏餘，買田三十餘畝，公度等盡以備歲修之費，又倡率其鄉人修，明論山公之法，凡會之乾沒者，清理之，制之未復者，因革而損益之，履畝繪圖刻爲堰關一卷。由是章程畢具，而修理益無匱竭，今者逋賦足而爭訟平，婦子熙熙而享豐盈之慶，則公度之功未可忘也。余聞之矍然而興曰：嗟夫，使天下盡如公度，其爲利於民生大矣。我皇上軫念民瘼，西北營田之利，既已講求盡善，而恩詔所頒，凡郡國水利，咸許有司不時修建，所以爲民生計者。至渥奉新一彈丸邑，而從善一隅，獨能仰體朝廷德意，急公倡義，使一成之地無旱潦之虞，以煩長吏之籌策，觀公度等所爲經制盡善，即其才智大有過人者，令其出爲世用，西門、鄭國之功誠不足多矣。初，堰關刻成，前令陳君景仁嘗爲序之，至是乞言於余，乃序次其源委以爲之記，公度字齡如，公藩字垣士，其同懷兄弟也。學博君所修石堤，具邑方伯帥公記中，兹不更書。嘉慶壬申，河徙而北堰口壅塞，農人甫開挖，被附近居人張姓阻撓，庠生余其中等不得已鳴於官，經府檄奉靖兩縣勘斷明確，永准沿河疏通，於張姓基址遠隔無礙，余金奏等醵金始終其事。

（同治）《南昌府志》卷三　蒲陂在河南，康熙五十一年，邑人余升修築，雍正五年，復修，乾隆十五年余元度等續修。

（同治）《奉新縣志》卷五　蒲陂在河南，灌田萬餘畝。

鉗盧陂

論説

宋　趙與輈《重修千金陂記》（康熙）《江西通志》卷一二六　嘗讀杜君卿《通典》，邵信臣爲南陽太守，於縣南造鉗盧陂。累石爲堤，傍開六石門以節水勢，用廣溉灌，歲歲增多至三萬頃，人得其利。後杜詩爲太守，復修其業，時歌之曰：前有邵父，後有杜母，循吏之流風善政，民到於今稱之。

元　戴良《九靈山房集》卷二九《餘姚海堤集序》　昔漢召信臣爲南陽太守，嘗造鉗盧陂於穰縣。累石爲堤，以節水勢，田獲美溉，民甚利之，及後漢杜詩爲太守，復修其業，時人爲之歌曰：前有召父，後有杜毋。

明　黄淮《歷代名臣奏議》卷四九　起居郎胡銓上奏曰：【略】畎澮溝洫，誠生民之急務也。今平居無事時，溝洫不修，至有水旱而歸咎於天時，豈不謬哉。臣愚欲望聖慈，特詔州縣講求溝洫之利，如古鄭白渠，如召信臣之鉗盧陂，以復禹之迹，卒有水旱，非所患矣。

明　林俊《見素集》卷三《蘭木陂集序》　行水之道，因利害而順逆之耳，夫水溢而上則下民其魚，順疏以熄其害，若導河積石，岷山、導江者是也。水趨而下則上田不毛，逆壅以收其利，若鑿鄭國渠堰鉗盧陂者，又是也。

明　楊守陳《楊文懿公文集》卷二八《惠民渠記》　召信臣造鉗盧陂，而杜詩修之不廢，民有召父杜母之歌名稱至今，是可法者，并書以告後人。

（嘉靖）《鄧州志》卷一一　粵稽后稷教民稼穡，夏禹溝洫盡力，殷周井田成制，是皆輔相大造之宜，用以左右小民之依，至于兩漢召公信臣氏、杜公詩氏相繼守南陽郡，大興陂堰之利，二人寔同心焉。蓄泄時矣，旱潦備矣，多黍多稌無年不豐矣，而陂堰之在吾鄧者，殆數十處，以故召父杜母之徽稱，雖異世，讀史者，猶將崇慕之。

清　康基田《河渠紀聞》卷三　漢元帝建昭中，南陽太守召信臣創建鉗盧陂，於穰南築堰開六門，又開渠於唐州，歲增良田數萬頃。

按南陽唐鄧之間，漢置陂堰，東西散布，惟鉗盧陂召堰爲最大。渠堰障水溉田，引用湍河之水，其源自嵩縣雙鷄嶺，東南流經南陽新野，會梅溪灄灌湍水、留山、黄渠、栗鵶泗潦刁等河，與泌水合南至襄陽入漢江，其水有四堰，曰上石谷馬陵港蜣蜋沙堰，引溉民田，又築昆水三堰，上堰在葉縣西南，中堰在縣東，下堰在縣東北。其在唐縣者，曰召堰鉗盧陂，曰玉池澤，皆障水泉廣灌溉，得水田三萬頃，又開六門陂於鄧，斷湍水立穰西石碣，引灌穰與新野涅陽五千餘頃，歲增良田四萬餘頃，以利農民。史稱信臣爲人勤力，有方略，好爲民興利，務在富之，躬耕勸農，出入阡陌，止舍離鄉亭，稀有安居，時行視郡中水泉，開通溝洫起水門提閼凡數十處，以廣灌溉，歲歲增加，多至三萬頃，民得其利，蓄積有餘，又爲民作均水約束刻石立於田畔，以防分爭，居民利之，名其渠堰皆曰召。越六十餘歲，杜詩遷南陽太守，建武七年詩至官，仿召臣遺迹，修復其業，治陂池，廣拓田土，分疆刊石，使有定分，激用鰻淯諸水，以浸原田，召渠乘高瀉水，類關中鄭渠，撥用夫役深浚東西中三渠，增廣良田，廣種稻禾，民深得其利，時以詩方召信臣。爲之語曰：前有召父，後有杜母，亦可謂人人之深矣。

周官稻人掌稼下地，首言治水蓄蕩舍瀉之法，皆用溝澮，三代時，溝洫皆水利也。漢賈讓謂多穿溝洫，以益民田，唐宋以後，代修召杜之業爲利甚溥。熙寧中陳世修請於唐州石橋南北岸累石爲虹橋，駕淮水入東，西召渠灌注九子等十五陂，使二百里間水利均浹，然其後日漸堙没，原溉田數萬頃者，或溉不及萬，漸及數千，或在近地溝引河濱水湄，灌田千百畝而已，築堰疏渠引灌民田之大局，至今日已爲迂論，其故何哉？地有遺利，民無餘力，沙石衝蕩日久，遺迹止存一二，費鉅利微，有積重難返之勢，人各治己業，此疆彼界隔礙難行，惟有隨時隨地設法調劑，因民所利，與民宜之，則實惠在民矣。

綜述

《通典》卷一七七《州郡七》 南陽郡【略】又有六門堰鉗盧陂，并漢召信臣所作，溉田三萬頃。

宋 鄭樵《通志》卷六一《食貨略》 元帝建昭中，邵信臣爲南陽太守，於穰縣之南六十里造鉗盧陂，壘石爲堤，傍開六石門，以節水勢，澤中有鉗盧王池，因以爲名。

宋 王應麟《玉海》卷二一《地理》 《召信臣傳》：遷南陽太守，好爲民興利，躬勸耕農出入阡陌，令視郡中水泉，開通溝瀆，起水門提閼凡數十處，以廣溉灌，歲歲增加，多至三萬頃，爲民作均水約束刻石立於田畔，以防分争，張衡《南都賦》：其陂澤則有鉗盧玉池赭陽東陂。《通典》：建昭中信臣於穰縣南六十里造鉗盧陂，累石爲堤，旁開六石門，又曰鄧州穰縣有六門堰鉗盧陂，并召信臣所作，溉田三萬頃。後《杜詩傳》：建武七年遷南陽太守，修治陂池，廣拓田土，時人方于召信臣，爲之語曰：前有召父，後有杜母。晉《杜預傳》：預修召信臣遺迹，激用湍淯諸水以浸原田萬餘頃，分疆刊石，使有定分，衆庶賴之，號曰杜父。預表曰：所領部曲皆居南鄉界所，近鉗盧大陂下有良田。

明 佚名《淮南水利考》卷上 鉗盧陂在鄧州，漢所置也。凡州之陂最多，此爲最大，灌田萬頃，又名萬頃陂。召堰在唐縣，漢召信臣築此灌田，民賴其利，後人繼築，增良田萬頃。

（嘉靖）《鄧州志》卷一一 鄧州三縣諸陂堰，漢南陽太守召信臣、杜詩相繼經營，視他郡邑爲盛，自漢以來，代有修廢，國朝正德間，知州程鵬清理始復陂堰之舊。

郡人諶良魁記略：漢太守召公信臣、杜公詩治南陽，浚泄水利，績居吾鄧者滋多，盖爲陂三十有一焉，復築麓門堤以捍湍河之決，鄧利聿始，民賴以富。由漢而還，召杜不作，時舉時弛，茫焉莫考。元季王□寇據鄧，久之，民流城破，闔境數百里，草昧於荆棘者二十餘年，國初孔公顯首來禦鄧，收集軍民，漸爲披剪，陂堰之址可復尋而理矣。嗣是生齒繁，土地闢，守牧者重民食，爲之修置□導，設渠子堰長以領其事，灌溉稻稑遍於四境，家給人足，不苦凶歲，視之他郡，此其爲樂土也。邇歲以來，客户集而土著徙，税額盈而民用寡，陂堰之區，豪强者并平治堤防墾爲世業，時旱則瀦水利己，時澇則决水病鄰，今昔利害正爾相反，屢聞有司問，欲爲清理之，里胥夤缘動成掩没，社□城狐竟莫薫灌蠹，政之大何過於是，郡人王生瑞讀書明務，慨然有志於斯事，貢游太學時，奏請舉行制報，曰可。遂下河南鎮巡太臣俾如召杜故事，吾鄧太守程公寔專清理之，任公既受命，乃歷境地，乃屬耆老，乃偕民庶，考志相宜必求其舊，懲奸管詐不吐乎强。雖訟牒，絲棼若不可，鮮而公開之以利害，喻之以禍福，俛首就理，咸肅如也。復於常額之外，清得三之一焉。因疏被堰之數大書於石，樹諸州堂之右。

嘉靖三十一年知州王道行重修

太僕少卿吴郡章焕記略：秦以下言水利者數十家，獨南陽稱陸海，云漢召信臣氏起麓門堤，均水灌田至四萬餘頃。及杜詩氏增修其業，作水排鑄農器，民益便之，歌曰：前有召父，後有杜母。杜預繼之，激湍淯水以侵原田，民復號爲杜父，此邦經制井井不改，中遭喪亂寖以隳廢。嘉靖辛亥，參政趙侯来鎮是邦，雅有經世之志，按部至鄧視鉗盧諸陂，集父老而謂之曰：此非召杜遺迹耶，何湮没若此，於是相流泉，察地防雜采稻人之制，普示四畯之利，而王守道行且至遂受成焉。宣布教令，鳩聚工林，反豪强之侵地，修廢墜之曠典，而蓄泄之利卒以利民，民又歌曰：上有趙父，下有王母。凡期年而功成，孰陂孰堰各圖可攄，且執之以徵文焉。予按圖嘆曰：美哉，穰穰乎，侯之澤溉於穰中矣，夫穰天下之中也。南控荆襄，北枕嵩洛，西通武關，東際淮海，天下有事必當其衝，今田野闢諸峙克，豈惟穰民，將國家寔賴之。予周行二都，抵淮楊極遼海，轉於瀛漳，蓋萑葦之場，沮洳之區，其水可渠，其地可田，而漕河之壖多棄地于茭牧，又多湖莽澤藪可溝洫，則公私俱便，數欲爲朝廷建萬世之策，立屯田之規，實京師之粟，省江南之賦，減漕卒之半。然其事靡谿，會鄧州圖至，意翩翩猶在河渠下也。美哉，侯功實獲我心，使侯治漕，其功可知，使侯治九州，其功又可知。豫州其經始耳，夫世無趙侯，則吏多空文，民鮮實惠，無王守則邑多流民，野有曠土，陂堰奸之藪也。圖藉訟之牒也，有能紹明其志者，其爲杜杜乎。是役也，同知薄世佑寔佐之，判官李安、知縣丁言、龔文魁、羅尚賁、呉謖，與諸執事各分其任，修復凡三十八陂，陂有長一。十四堰，堰有正某。某渠渠有子。及其受田之家，咸箸姓名列於下方，予既叙其事，復係之以詩。詩曰：荆河豫州，厥土維壤，奕奕鄧邦，厥封維穰，彼湍之水，其流泱泱，賢侯之澤，與之俱長，湛恩汪濊，浟波渺瀰，行則爲堰，止則爲陂，舉重爲雲，次陂爲雨，填閼加肥，灌我舄鹵，召杜在前，趙王在後，生我爲父，鞠我爲母，父母孔邇，庶民子來，藝我禾黍，刈我蒿萊，長堤如龍，高岡如虹，不息者流，不泯者恭，功之崇矣。傳於世世，敢告来者，永矢勿替。○王守以遷秩去，復勒石陂堰自爲之記，記曰：夫南陽陂堰在鄧州爲多，皆召父杜母之所築也。歷世滋遠，水利湮廢，長民者思紹前烈，代不乏人，而或興焉或否焉。是以迄無成效，且奪民所常業，而征求逋負返生厲階有由哉。興復之難也。

嘉靖十一年，分守汝南蘭州劉公，曾命知州張定修築黒龍堰，厥費不貲，竟爲湍水所囓，劉公轉官，事漸寢閣。至嘉靖二十八年，分守衡沭楊公，請於撫院，蠲其租議所以修浚者，諸條件既下，而楊公升山西按察使，犍爲趙公繼至，遍歷諸陂堰，考求士人，深爲備竭苦心，命泌陽知縣龔文魁、新野知縣呉謖、鎮平知縣羅尚賁、内鄉知縣丁言分詣斟詳，而本州同知薄世佑、判官李安，則綜理責成者也。道行於嘉靖三十年冬來守是州，覩兹盛美，追仰高賢，忻然有執鞭之意，相與協力益慎益勤，修陂凡三十有六，堰一十有四，築堤浚渠樹柳建廟，駸駸然將備矣。今予又轉官大名，刻日捋行恐兹績之隳也。爰勒石各陂，以識其四至，而分水軌與凡承委人員姓名，亦備鎸其上，使斯民世守之，諸不堪修復陂堰若干，及稽諸往碑得所不載者，若干尚可議也。綂侯於後之君子焉耳，嗚呼，争涓涓之利，貽不絶之禍，計目前之小費，忽千年之成規。召杜之澤不流也久矣，而今而後吾安能逆覩哉。

三十三年夏，鉗盧陂旱，三郎堰水決，堤盡壞，餘陂俱未耕獲，民各赴當道告，行知州張仙勘議。

議曰：仙至州，思昔人之偉績，爲今時之不利，因求其故，遍歷諸陂，知鄧水利之大者，無如鉗盧、三郎二處，鉗盧昔引刁河之水以灌田，今河爲連歲陰雨溯湃衝擊，日就而下，陂地爲九岡八湾之浮土所積，日就而高，河既不可引之於田，惟築堤瀦水，盡堤之外，彌望皆丈量有糧之地，開退水渠於上，則水爲漲壅普害於有糧之地，開退水渠於下，則蓄水不多無補於在田之稼，民見害而不見利已有明徵。三郎堰两涯無巨石以起堤，門下亦無硬石以安堤脚，惟截河安樁壅築浮土，豈能牢固，況旁開水渠以灌上陽、中陽、下陽之田，一時雖能壅之使流，然渠口亦非硬土，不壞就使能截正流，必即衝壞渠口，況鄧壤夾沙非徒易涸，亦且易衝無已，則當昉閘河之制，伐石築堤，以松板鋪脚，則松性得水而耐久，以巨石壓板，則水頭着松而不衝土两旁，高用石護中，惟平開水，開水大則任其中流水小，則障之入田，擇地之高而築堤，隨水之及而爲田則非徒，刁河之可陂鉗盧三郎之可田巳也。召杜之業，其在斯乎。舍是惟欲平地築堤，以防無源之水，以土截河而興，必不可成之功，又不如聽其種旱田之愈，然民情難與慮始，而非財不能興工，苟徒括之民，是叢民怨也。在宜民者，相時量力而行之，知所以劳民而民不怨，知所以處財而財不歉，庶爲有補云。

（天順）《明一統志》卷三〇　鉗盧陂在鄧州南六十里，漢置，州之陂堰雖多，惟此最大，灌田萬餘頃，故老相傳萬頃，鉗盧殆不虚也。

（乾隆）《府廳州縣圖志》卷一九　鉗盧陂在州東南五十里，一名玉池陂，今名迪陂。南北八里，東西三里，接唐堵堰，引刀河水，又接柳渠賈家堰諸水入陂内，有東西中三渠，張衡《南都賦》：其陂澤則有鉗盧玉池。李吉甫云：漢召信臣造累石爲堤，旁開六石門以節水勢，澤中有鉗盧玉池，因名。後漢杜詩復修之。

（嘉慶）《清一統志》卷二一〇 鉗盧陂，在鄧州東南五十里，一名玉池陂，今名廸陂，南北長八里有奇，東西濶三里，接唐堵堰，引刁河水，又接柳渠，貫家堰諸水入陂内，有東西中三渠，張衡《南都賦》其陂澤則有鉗盧玉池。注鉗盧大陂下，多良田。《太平寰宇記》：鉗盧陂召信臣所鑿，溉田三萬頃。《舊志》：州界諸陂皆召信臣、杜詩所營者，凡三十有一，自後代有廢興，元季盡堙，明洪武初，孔顯知州事，稍爲疏導，正德中州人王瑞倡義修復，於常額外清理得三十一。嘉靖三十三年，知州王道行修陂凡三十有八，堰一十有四，啓禎以後又皆堙廢。

傳記

《漢書》卷八九《召信臣傳》 召信臣字翁卿，九江壽春人也 師古曰：『召讀曰邵』。以明經甲科爲郎，出補穀陽長。舉高第，遷上蔡長，其治視民如子。【略】遷南陽太守，其治如上蔡。信臣爲人勤力有方略，好爲民興利，務在富之。躬勸耕農，出入阡陌，止舍離鄉亭 師古曰：『言休息之時，皆在野次』，稀有安居時。行視郡中水泉 師古曰：『行音下更反』，開通溝瀆，起水門提閼凡數十處 師古曰：『閼，所以壅水，音一曷反』，以廣溉灌，歲歲增加，多至三萬頃。民得其利，畜積有餘 師古曰：『畜讀曰蓄』。信臣爲民作均水約束 師古曰：『言用之有次第也』，刻石立於田畔，以防分爭。禁止嫁娶送終奢靡，務出於儉約。府縣吏家子弟好游敖，不以田作爲事，輒斥罷之，甚者案其不法，以視好惡 師古曰：『視讀曰示』。其化大行，郡中莫不耕稼力田，百姓歸之，户口增倍，盜賊獄訟衰止。吏民親愛信臣，號之曰召父。

《後漢書》卷三一《杜詩傳》 杜詩字公君〔公〕，河内汲人也。少有才能，仕郡功曹，有公平稱。更始時，辟大司馬府。建武元年，歲中三遷爲侍御史，安集洛陽。【略】七年，遷南陽太守。性節儉而政治清平，以誅暴立威，善於計略，省愛民役。造作水排，鑄爲農器，排音蒲拜反。冶鑄者爲排以吹炭，今激水以鼓之也。『排』當作『橐』，古字通用也。用力少，見功多，百姓便之。又修治陂池，廣拓土田，郡内比室殷足。時人方於召信臣，比室猶比屋也。前書曰：『召信臣字翁卿，九江壽春人也。遷南陽太守，爲人興利，務在富之，開通溝渠凡十數處。』故南陽爲之語曰：前有召父，後有杜母。

《續資治通鑑長編》卷二二〇 熙寧四年二月丁丑 職方員外郎、權發遣京西路同提點刑獄李周【略】在陝西，或請釃湍河爲六渠，以溢鉗盧陂水，云可以溉田，計工八十萬。周詰言者曰：『湍河原高，委下完堤障禦，猶患決溢，若又導之，必爲民害。』言者畏周沮格，建請專委轉運、提舉常平司主其事。周曰：『吾爲部使者，利害今在一路，雖不吾與，吾不可以不言。』即奏云：『今并開六渠，成未可必，費已不貲。請鑿一渠試之，儻可以足鉗盧之用，當省其餘以寬民力。如未足用，以次疏導不爲晚。』從之。渠卒無功。其後湍河溢灌鄧城，不沒數板，鄧人始思周前議。

（嘉靖）《鄧州志》卷一五 謝絳字希深，富陽人。真宗時知鄧州，距州百二十里有美陽堰，引湍水灌公田，潰則民築新土爲防，俗謂之墩，歲數壞，輒調民增築，百姓苦之，絳按召信臣六門堰故迹，距城三里壅水注鉗盧陂，溉田至三萬頃，遂罷歲役，百姓安其利，後卒于官。

紀事

《通典》卷二《食貨二》 元帝建昭中，邵信臣爲南陽太守，於穰縣理南六十里造鉗盧陂，累石爲堤，傍開六石門以節水勢，澤中有鉗盧王池，因以爲名。用廣溉灌，歲歲增多，至三萬頃，人得其利，及後漢杜詩爲太守，復修其業，時歌之曰：前有邵父，後有杜母。

又 太康元年，平吳之後，當陽侯杜元凱在荆州 今襄陽郡 修邵信臣遺迹。邵信臣所作鉗盧陂六門堰，并今南陽郡穰縣界，時爲荆州所統。

藝文

清 彭而述《讀史亭詩文集》詩集卷五《送沈羽生歸代州》 揚旌來宛鄧，叱鞭問葛疆。還訪召杜迹，溝洫起堤防。菑畬東南畝，京坻復倉箱。每每鉗盧陂，斗泥不可量。暇日事貙膢，爰田作戰場。五步或六步，風雷躍龍驤。

雜録

（嘉靖）《鄧州志》卷八 鹿門堤漢召信臣所築，宋知州謝絳復修，壅湍水注鉗盧陂溉田，兼障湍水泛溢之害，州人賴之。

（雍正）《河南通志》卷七 鉗盧陂 在鄧州南六十里，漢置，州之陂堰雖多，惟此最大，溉田萬餘（傾）［頃］。

清 沈家本《歷代刑法考》卷一九 均水約束。《召信臣傳》：遷南陽太守，行視郡中水泉，開通溝瀆，起水門提閼凡數十處，以廣溉灌，歲歲增加，多至三萬頃，民得其利，畜積有餘，信臣爲民作均水約束刻石立於田畔，以防分爭，顔注闕所以壅水，補注齊召南曰：案提應作堤，又案信臣於南陽水利無所不興，其最鉅者鉗盧陂，六門竭，并在穰縣之南，灌溉穰新野昆陽三縣，後漢杜詩修其故迹，民有召父杜母之歌，晉杜預復其遺，規地有二十九陂之利，故讀後漢書、晉書及水經注、通典而嘆信臣功在南陽，并於蜀李冰鄴史起也，顔注太略。

青陂

綜述

北魏 酈道元《水經注》卷二一 水積之處，謂之陂塘，津渠交絡，枝布川隰矣。澺水自葛陂東南逕新蔡縣故城東，而東南流注於汝。汝水又東南逕下桑里，左池爲横塘陂，又東北爲青陂者也。案青近刻訛作清下同 汝水又東南逕壺丘城北，故陳地，案近刻訛作也。《春秋左傳》：文公九年，楚侵陳，克壺丘，以其服於晉，是也。 汝水又東，與青陂合，水上承慎水於慎陽縣之上慎陂，右溝北注馬城陂，陂西有黄丘亭。陂水又東，逕新息亭北，案又近刻訛作於 又東爲綢陂，陂水又東，逕新息縣，結爲墻陂。陂水又東，逕遂鄉東南，而爲壁陂，又東爲青陂，陂東對大吕亭。《春秋外傳》曰：當成周時南有，荆蠻、申、吕，姜姓矣，蔡平侯始封也。西南有小吕亭，故此稱大也。側陂南有青陂廟，廟前有陂，案近刻訛作阪 漢靈帝建寧三年，新蔡長河南緱氏李言上請修復青陂。司徒臣訓、尚書臣襲，奏可洛陽宫，於青陂東塘南樹碑。案於字近刻在洛陽宫上 碑稱青陂在縣坤地，源起桐柏淮川，别流入於瀙溠，逕新息墻陂，案近刻訛作坡，朱謀㙔云宋本作阪，今考阪亦陂之訛。衍入褒信界，灌溉五百餘頃。陂水又東，分爲二水，一水南入淮，一水東南逕白亭北，又東逕吴城南。

宋 王應麟《玉海》卷二三《地理》 《水經注》：青陂廟前有陂，漢建寧三年新蔡長李言上請復，青陂在縣坤地，源起桐柏淮川，别流入于瀙溠，逕新息墻坡，衍入褒信界，灌溉五百餘頃。

傳記

（弘治）《徽州府志》卷七 黄何字景蕭，休寧五城人。少從吴文肅公儆、程文簡公大昌游。登乾道丙戌進士，【略】里有青陂堨，溉田千餘畝，久廢不治，何曰：是亦可以利民也，捐貲築之，歲所入皆倍，里社祀之。

紀事

宋 黄降《廣豐陂記》（順治）《息縣志》卷一〇 廣豐陂，故青陂也。大中祥符四年始廢，五十有九年而後，今知縣事，都官員外郎張公復興之。治平四年冬十月，公始至，則問民疾苦，指圖數籍曰：邑雖褊小，長淮浸其南，汝水環其東，田於其間者皆良陂大澤，沃壤廣野，所謂財府也。

今其居民鮮少，而樂歲不免憂戚，奚使然哉，無蓄泄之方，而勞苦者未蒙共利也。乃詢耆老，得所謂青陂者，歲月久而民田其中，公以陂之四旁，地沃而可耕，高而不可積水者，捐以予民而易其故地，凡百五十二頃，於是民咸樂事而爭効力焉。越二年春堤成，因閭河之水塞而潴之，坎其東爲渠以灌溉，門其南以疏洩，凡爲陂者三十有八。變榛莽而爲稻粱，自縣城達汝淮，雨則先足，暘則後乾，潦則後溢，皆公之潤澤，近感而久思者。公於是樂陂之成而亭其上方，春出入勞來，與夫政事之暇，則往而息游焉。民咸懷德愛公，願刻石以志，名其陂曰廣豐陂，亭曰廣豐亭，而屬余爲文。余聞之，古之爲政欲久寧者必暫費，欲永逸者必一勞。今公不然，其區畫經營，一不令而民自勸。易害爲利，易歉爲盈，而公家卒無一傭束薪之費，可謂因民利而利之者也，是可記也。

藝文

宋 王安石《王荊公詩注》卷四一《清明》 東城酒散夕陽遲，南陌秋千寂寞垂。人與長瓶卧芳草，風將急管度青陂。

元 劉涓《青村遺稿·夜宿青陂》 爲愛青陂甚瀟洒，二三杖屨樂徘徊。道人櫂雪今何在，野老牽衣不放回。別塢犬聲風送至，誰家梅影月偷來。卜鄰若許成茅屋，日種芝蘭千百栽。

清 陳田《明詩紀事》庚籤卷二六《迴梁》 青陂迴復直，朱梁曲帶斜。波底見人影，藻間明日華。藤花夾岸落，風吹上別槎。

清 程頌萬《楚望閣詩集》卷一〇《朗江古意》 青陂橋下水，橋畔是兒家。解盪瓜皮艇，紅裙日暮斜。

清 方濬頤《二知軒詩鈔》卷〇《舟中看雨戲作》 白雲蓬蓬淡山色，倒垂銀線萬條直。須臾滴碎江面波，迴頭不見青陂陀。

清 梁嘉瑜《青陂曉霧》（光緒）《會同縣志》卷一二 駕言臨青陂，畫意來清曉。輕霧薄如紗，澹拖晴烟裊。拂石坐忘機，無復塵紛擾。

又 清 丁鉒《青陂曉霧》 碧霧三春曉，青陂十里湖。天垂陰幕巒，山擁翠糢糊。宿靄隨離合，朝暉似有無。穿林疑路隔，待渡覺衣濡。薄捲生綃影，濃堆潑墨圖。泉聲敲碎玉，兩意到寒蘆。豹隱文如錦，魚跳沫作珠。清飆剛試掃，一色水晶鋪。

雜録

（雍正）《河南通志》卷五二 廣豐亭在息縣城東七十里，宋治平四年，知縣都官員外郎張公開，青陂水利築此，有遺愛碑存。

（光緒）《會同縣志》卷一 青陂湖治南五里，兩山夾繞一水，中通澄泓可鑒，上有奇石可憩可坐，下有清泉可飲可濯，宋鄭璪倅是州，嘗游此，留題於石，今湮沒，即邑八景中，青陂曉霧也。

慶豐陂

（道光）《廣東通志》卷一一九 慶豐陂，城東南五十里三角村，知州羅含章督民開築，溉田二百餘畝。

（道光）《直隸南雄州志》卷一〇 慶豐陂在城東五十里三角村，嘉慶丁丑，知州羅含章督同民人吴有章等伐石築渠，灌田二百餘畝。

清 吴慈鶴《慶豐陂記》（道光）《直隸南雄州志》卷二二 羅侯既成兆豐陂之年，三角村民復以建陂請，侯許之，於其成也，名之曰慶豐，而余爲之記。且曰今之所謂善人者，莫不欲豐其身，而流慶於其子孫，而其所孳孳爲之者，不過放生戒殺，福田利益之云，一旦臨大端任大事，往往回翔瞻顧，不敢遽發。噫嘻，知亦褊矣，若羅侯也不然，瘁其躬以豐其民，蓋視民也如子孫，庖可無肉，民不可以缺饘粥。衣可無新，民不可以無廩困。周曆川原，審曲面勢，雖一滴之雨一勺之水，無不手規而心畫之，天亦能若侯之意，而與民以屢豐年，雄之民且日尸祝侯，願天以福禄降侯之身，與其子孫民之慶，侯之慶也，豈不大哉。

清 羅含章《修慶豐陂記》（道光）《直隸南雄州志》卷二二 三角村在州城東五十里許，農疇相望，屋舍鱗次，村落中一沃土也。按其輸糧科，則有田二百餘畝，居民含哺鼓腹，以恬以熙。蓋國家涵濡生育，享太平之福百數十年於兹矣。自嘉慶六年，水潦爲害，舊有蔭田古陂，驟被冲毁，嗣屢修築，頻潰于成。丁丑春三月，村民吴有章等以修復來告，隨經親往勘明，愛其溪水澄泓可資灌溉，閲視古溝基址，猶有存者，爰先捐廉萬錢，餘令按畝出工，及時畚揭，上游有烟土一带恐被浸淹，諭照七則，土時價買斷，利水源杜争衅也。工竣名斯陂曰慶豐，爾民亦知錫慶之義乎。易曰：積善之家，必有餘慶，從此閭井相安，無虞旱暵，居斯土者，士食舊德之名氏，農服先疇之畎畝，商修族世之所鬻，工用高曾之規矩，粲乎隱隱，各得其所，吾知有長慶樂利於無窮者，爰記其事，以識修復歲月云。

邱侯陂

明 顧珀《邱侯陂記》（嘉慶）《惠安縣志》卷三二　吾泉郡屬縣有七，若晉江、南安、同安之田，有大陂塘之水溉之。安溪、永春、德化之田，有溪澗泉澤之水溉之，故常有獲。惟惠安田多瘠燥，坐七都北壩鄉者五千餘頃，厥賦六百餘石。又瀕于海，澇則苦湤，旱則憂槁。稼弗奏功，民困逋負。至有轉溝壑甘流離而不返者，北壩之民之窮，不亦可大憫矣乎。先時有築土陂，引大帽石梯塗嶺之水以溉之者。策隨築隨壞，疲民費財，訖無寧歲。稻人訴于郡守屠東崖君，謂非代以石不可，東崖亟欲舉行，適更任南陽，事遂寢。邑侯邱臺峰君初視篆，聞之，慨然曰：吾責也，民事不可緩也，出舍於郊，相度地宜。計畝勸貲，闢湮窒決培高徹卑堤以石。高二丈，長二十丈餘，糜白金二佰五十兩有奇。始功於嘉靖丙申春二月壬辰，畢於秋九月丁卯。由是蓄洩以時，旱澇有備，利興而民忘勞，厥功懋哉。耆老輩請予記，予謂今之從政者，多衒能於案牘，罔知恤民矣。復因循廢事，求其能急於恤民興利者，可多得哉。昔孫叔敖起芍陂，召信臣造鉗盧陂，因水懋功，史氏特書之。君子謂是舉也，利民所利，有不費之惠焉。勞而不怨，有先民之説焉。因時闢室，有輔相之宜焉。我田既臧，有農夫之慶焉。嗚呼，是可以觀政矣。侯名仰，字某，臺峰別號也。起家名進士，江右貴溪人。

（乾隆）《泉州府志》卷九　邱侯陂在七都北壩卿，明嘉靖間，知縣邱仰築。

瑞豐陂

（道光）《廣東通志》卷一一九　瑞豐陂城東四十五里王家壩，知州羅含章督民開築，截湞昌江水溉田二百餘畝。

清 羅含章《開瑞豐陂記》（道光）《直隸南雄州志》卷二一　古之稱瑞者，曰麟、曰鳳、曰嘉禾、曰岐麥、曰醴泉、曰芝草、曰彩雲，唐太宗則曰：吾以得賢爲寶，豐年爲瑞，至言哉。然年穀之豐，必由於水，則水利不可不急講矣。嘉慶丙子冬，赤嶺村農民何萬盛等以開陂請，余捐萬錢爲倡，采太宗語，手書瑞豐陂與之，於是老幼咸喜，相聚而謀曰：吾其計穀授工，工遂作，未匝月，而余往勘之，則工已及半矣。視其陂，邀湞昌半江之水而潴之，高且固也，分半江之面而開之，通舟楫便上下也。視其溝深者丈五六尺，淺者七八尺，廣分深三之一，截然齊也。問其長曰：五百餘丈也，問其地曰：王家壩也，問其田曰：以穀計六百餘石也，問其户曰：四十餘竈也。余曰難哉，勞矣。雖然今日之畚插如雲，揮汗如雨，來歲之麻麥幪幪，瓜瓞唪唪也。今日之負土成山鑿石成川，來歲之穫挃挃積栗栗崇如墉而比如櫛也。苦日無多，而成效即在目前，可毋勤乎，彼夫九穗之禾，兩岐之麥，其事或暫而不常，至於醴泉、芝草、彩雲，則又華而不實，而當時人君既好之，守土之臣即不難鋪張揚厲以頌太平，於是麒麟可游，鳳凰可集，推之寶鼎可出，天馬可來，白雉可獻，河清可頌，卒之灾青頻仍，旱蝗交作，起視其民，曾無有穰穰滿家者，何若斯陂一日成之，萬世賴之。爾子爾孫豈不常慶豐年，作富家翁乎。僉曰：美哉，敬承使君之命，余復以萬錢犒之，男婦畢作，且作且歌，越明年春正月陂成。

裏陂

（康熙）《江西通志》卷一四　上高縣裏陂受蒙末二水之流，其勢衝激難成易壞，舊志謂蔭田四十五頃，葢利之最溥者。古諺云：若要上高米價平，除是作得裏陂成。明洪武八年，知縣黄權因歲旱，乃從民情議築，兩閲月而成，計工一萬三千，權作《裏陂行》以紀其事。正德間，知縣趙剛有志修築，先諭深村、黄村、勞松、上下河南岸之民受其利者，預開舊圳淤泥成河，使水得順流而下，訂期興工，會遷秩未就，惜後無繼之者。

清 王㮾《上高裏陂記》（同治）《瑞州府志》卷一九　裏陂水利灌溉三千餘畝，前人屢修屢廢，康熙庚寅歲，賴天子神聖，岳瀆效靈，經始於八月十五，閲六十日而陂成。越明年建水神廟於河干之東，知縣王㮾記之曰：陂之難也，舊矣。今何爲成之速也，有天道焉，有人事焉。嘗考志載：前此有志修復者，如江君湘、黄君權、趙君剛、陸君時雍、楊君寅生、李君援，皆非不殫精竭慮，樂觀厥成，而卒以未就而輒去，而今日之成，乃在予履任之年，毋亦有監於此，而速成之歟。夫陂之難，難於安基，岸南沙土易潰，水從石縫湧出，深可丈餘，直當河流之衝，從上流築壩截水，隨戽隨盈，猝難施功，又以晴雨不常，溪流易泛，未出水面而旋就衝突，夫人之材力未有相什伯者，而每不能與造化爭。則舉而歸之於數，斯亦無如何矣。今之成得禱於神，而泉底不湧，岸土不潰，旬月不陰雨，河流不衝突，水落石出，隨車隨築，夫是以簣土俱成碣石，而人心亦無惰慢也。譬之爲山，前此諸君爲其九仞，而余特成於一簣，抑前此漸次積累，似爲其易，而今之扼要爭勢略爲其難，謂非天之作合然歟，至於人心之踴躍赴功趨事，則陂首之功居多，附近居民有黄土鸞等，數年前醵金約會積穀生息得百二十金，是年春鳩集工匠伐石開廠，燒灰作土停鑄以待，而費用不貲，會予視事，環叩於堂，余乃捐給銀米，親身倡率，間日往來，合之以人事之勤，而陂於是乎成。建廟以祀水神，非直云報也。陂前後數里皆荒地，舟人往來不便者，乘夜掘毀，又陂成水聲如雷，聞於河南勞松諸處，好事者以陰陽之衝蠱惑，近陂有盧墓者，謂其不利，而陰起而掘毀之，前此屢修屢廢，未始不由於此，今建廟以示報功，募僧以資看守，復捐俸金於陂，俾得歲加高厚，庶有基勿壞，以時蓄洩，而旱澇無憂。行見桑麻潤澤，磽瘠變爲膏腴，砥柱安瀾，勺水皆成帶礪。陂水蜿蜒，阡陌間如紋如帶，附近盧墓方且資其迴抱得其利賴，而又何陰行毀賊之有？建廟約費百餘金，輸廟地者晏姓，輸廟田者趙文，凡樂助赴工之衆，并勒於左。

清 曾燠《江西詩徵》卷九四《上高諺》　上高裏陂受蒙末二水之流，其勢衝激難成易壞，蔭田可四十五頃，葢利之最溥者。有諺云：若要上高米價平，除是作得裏陂成。

芍陂

論説

宋 黄榦《勉齋集》卷三〇《安豐申相視開浚河道》　準本軍牒委前去安豐縣體訪開河利害事，榦沿途訪問開河曲折，備知詳細。安豐縣，在本軍之南六十里，縣之東有芍陂，芍陂之北舊有河道，可以决水北流至軍城之南，堙塞不通，鄉人以爲今百年矣。通之，則可以灌注安豐軍城壕，可以蔭溉沿路田園，可以通放舟楫，誠利之大者。昔人所以創爲河道，誠爲不苟州郡以此申請，亦便利之一事。然亦有一説，榦因以案沓參考，初因朝廷委安撫司措置修築，安豐軍城安撫司以軍城廣闊，難以猝築，不若修築安豐縣城。朝廷札下本軍，本軍差壽春主簿王必達前去相度，王主簿相度計料，外却於申狀上稱：若欲屯駐，則無水路可以通運糧草，其意以爲有城則有兵，有兵則當如合肥有水路可通長江，總所餉運可以徑達。今安豐縣水皆北流，無南流入江之河道耳。今來所開河道，乃是决芍陂之水北流至軍城，即與王主簿所申不同。朝廷初欲修安豐縣城而尋訪河道，乃與修安豐縣城事體相反。若不築安豐縣城，則開河尚爲無害；若開河之後又欲築安豐縣城，則河道既通泄，去安豐縣之水反爲安豐縣城之害矣。區區愚見，以爲朝廷若有意修築軍城，則河道可通，若欲修築縣城，則河道不必通矣。又芍陂灌溉安豐縣民田，爲一縣之險要，經今三千年矣。其後陂之四旁，往往多被豪民填塞侵耕。其水源来自六安，又爲六安縣民決爲溝渠，散漫四出，水利之博已不若舊。若又開河以泄其水，春水泛漲，則陂之與河瀰漫泛溢，兩不相害。若稍旱乾，河水先竭，救河則害陂，救陂則害河，如是則河道之通可以利軍，而不利於縣也。更乞使軍申朝廷，以決其可否，庶爲利便。

又 照會近準樞密院札子施行相視河道事，榦沿途訪問所開河道委是利害。安豐縣去本軍六十里，縣東有芍陂。今欲決芍陂之水，以達于軍城之南，可以注本軍城壕，可以灌沿路民田，可以通放舟楫。古迹見存湮塞日久，若用工疏通以復其舊，不爲無益。本軍申請開掘，朝廷又已從申行下無可議者，或者又以爲恐泄芍陂之水有妨本縣灌溉民田，此不過上疏水源，下置堰閘，使陂水盈溢，然後泄其有餘，以時啓閉而注之河，決不至陂水乾涸。但目今正值隆冬盛寒，艱於用工開。正春，事將興，又恐有妨農務，兼照得此河連衡於軍城、縣城之間，若修築軍城則此河之開最爲利害，若修築縣城則此河亦未宜開。蓋安豐縣所恃芍陂之水，水既可決，則芍陂不足爲險。今李安撫所請則欲築縣城，錢運使申乞則欲築軍城，有此兩端未蒙，朝廷予決，榦區區管見更合申朝廷，乞俟晴暖用工，兼俟築城之議，既定，庶得穩當。

宋 王之道《相山集》卷二一《戍兵營田安豐芍陂札子》 契勘無爲軍近承安撫劉太傅札子，差官前來撿括逃户曠土，謀爲營田。夫營田非適今也。趙充國之制先零，嘗屯金城；羊叔子之制孫皓，嘗屯荆襄。皆在邊徼，未嘗與農雜處。而無爲自兵火以來，比江北諸郡，粗有農作。若又籍其逃亡，與其間曠，而分屯以耕，豈惟兵雜於農，農擾於兵，居者不得安而去之，徙者不敢歸而避之，有失勞來還定安集之意。亦恐無爲距淮往復千里，緩急不能相救，有失且耕且戰之意。竊嘗求古人之用心，蓋爲帝王之兵以全取勝，嘗先爲不可勝以待可勝。而所謂不可勝者，莫如營田塞下，以俟其間而往取之。此漢之所以破先零，晉之所以擒孫皓。蓋兩軍相敵，尺寸地必争。今既爲營田以制敵人，奈何委五百里乃不於壽春，而於無爲也？昔張仁愿代沙吒忠義爲朔方總管，於河北築三受降城，絶敵南寇路。唐休璟以爲兩漢以來皆北守河，今築城敵腹中，終爲所有，而仁愿卒奏築之，斥地三百里。自是突厥不敢踰山牧馬，朔方益無寇。其建三城也，初不置壅門曲敵戰格，或曰：「邊城無守備，可乎？」仁愿曰：「兵貴攻取，賤退守，寇至當并力出拒，敢回望城者斬，何事守備，退恤其心哉？」誠欲營田而於淮上，其去敵人尚遠，復有長、淮爲之限制，此張仁愿築城敵腹中，似未足深慮也。今去壽春而就無爲，諸將之意亦可見矣。之道竊嘗爲宣撫大傅，計膏腴可以足食而無水旱之憂，險阻可以戍兵而無掩襲之患，進不失攻，退不失守者，惟壽春之安豐爲勝。蓋安豐之田受芍陂之利者，不下數百萬頃，而其陂之長闊各六十里，東西如和州之麻湖，而南北與深過之。異時雖嘗建置水寨，兵餘所存，黎民亦無幾矣。其或未能營田淮上，兹庶幾其可也。伏惟僕射都督相公忠誠憂國而加意焉。

宋 王應麟《通鑒地理通釋》卷一二《三國形勢攷下》 安豐有芍陂即孫叔敖所作期思陂，漢王景、魏劉馥、鄧艾、齊桓崇祖皆修復之，首受淠水，西自六安北界騶虞石，東自濠州之南横石水皆入焉，灌田萬頃。

元 馬端臨《文獻通考》卷六《田賦考六》 【神宗熙寧】九年，前相度淮南路水利劉瑾言：體訪揚州江都縣古鹽河，高郵縣陳公塘等湖，天長縣白馬塘、沛塘，楚州寶應縣泥港、射馬港，山陽縣渡塘溝、龍興浦，淮陰縣青州澗，宿州虹縣萬安湖、小河，壽州安豐縣芍陂等，可興置。

元 戴良《九靈山房集》卷一三《送錢參政詩序》 比年以來，又廣屯洪澤芍陂之田，以佐其兵費。蓋洪澤既耕，則淮之東可守，芍陂既種，則淮之西無憂，公於此可謂得守淮之急務矣。

元 張大光《救荒活民類要・區田之法》 水利之中，陂塘爲最。孫叔敖之芍陂，李悝鄭國之引溉，斯足見也。中原兵燼之餘，陂塘之制蕩無遺迹。江淮自宋以來，陂塘水利未嘗起廢。近年公曰更易不常，差税承佃，擾民不一，所在陂塘因廢不修，田多荒蕪。較之舊日，水利損去三分之一，積以歲月，漸致廢壞。略舉淮東全椒縣達魯花赤乞台於本縣，起築陂塘，灌溉縣鄉之田，已有成効。江淮陂塘可修，於此可見，合於民田可疊陂塘瀦水去處，督責農官於農隙時，月課使修築廢者，隨即修理。創修者今百姓從便創建，務盡水利以溉傍田，實富民之良法也。

明 邱濬《大學衍義補》卷三五《制國用・營之田》【宋陳堯叟曰】於壽州置芍陂，屯厥田沃壤大獲其利，俱在此地，遺迹可考也。

明 商輅《通鑒綱目續編・至元二十三年秋七月》 置洪澤芍陂屯田。兩淮兵革之餘，荆榛蔽野，宣慰使昂吉爾言：可立屯田以給軍餉，時以用兵日，本未即行，未□令千人往其地試之，果大稔，遂以兵二萬屯之，歲得米數十萬斛。

明 徐獻忠《山鄉水利議》《吳中水利全書》卷二二 陂湖之利，魚鰕雜產，茭葦叢生，貧者資以養生，富者因而便利。大雨一注，衆流復積。前者既瀉，後者復蓄。山鄉水利，無愈此者。故叔孫之芍陂，汝南之鴻却陂，古人成績，可以引見。自非爲民父母者力主其事，愚民誰肯割其成業者乎？

《清文獻通考》卷七《田賦考》 海寧縣尖山壩工成，令修浚江、北廬、鳳、潁等屬水道。先是，江寧布政使晏斯盛言鳳、潁、廬、滁、泗各屬，皆有水利可興。大學士等議，令總理水利之汪漋、德爾敏會同督撫詳勘定議，上允其議，至是汪漋等言。【略】又壽州之安豐塘，即古芍陂，向爲瀦水之區，今已淤成高地，既不能蓄水，反致阻遏水道。若招民墾種，可得良田五百餘頃，每年農隙之時，令種地之民於塘外挑成河道，東西下游各築土壩一道，以備蓄洩，可化無用爲有用。應俟督臣、撫臣妥議辦理，疏入，令大學士等會議，如所請行。

清 姚鼐《惜抱軒詩文集》文集卷二《漢廬江九江二郡沿革》 安風，蓋得今霍丘之東北壽州之西地。壽州芍陂，蓋居漢壽春、安風之界，今或名之安豐塘，正以宋於壽春地置安豐軍故耳。其實此塘不近安豐，乃在安風也。

清 張九鉞《紫峴山人全集》外集卷二 雩婁 襄二十六年，楚子秦人侵吳及雩婁，《淮南子》：楚相孫叔敖決期思之陂，灌雩婁之野。期思陂，即芍陂。今雩婁縣，在河南潁州府霍邱縣西南。期思城，在河南光州固始境，二邑相隣并也。《水經注》：雩婁，故吳地。此悞，本傳原云聞吳有備而還，是不入吳境也。又爲孫叔敖陂水所溉，其爲楚地，明矣。《史記》吳王餘祭十二年楚伐吳，至雩婁服□，亦曰雩婁，楚之東邑。

（康熙）《增城縣志》卷一《輿地》 論曰：昔孫叔敖作芍陂，至今壽春富饒，甲於江之南，此往古之明驗也。增所作陂，惟顧常在。其德溥矣若。

（乾隆）《泉州府志》卷九《水利》 楚芍陂，作于孫叔敖，而繼之者何武、鄧艾、魏欣、趙軌皆至今有述，長民之君子寧獨無意乎？

（乾隆）《威海衛志》卷九《藝文》 嗟乎！天下事患於不爲，爲之無不成，彼叔孫之芍陂，西門之渠，夫非其爲之者善與不佞衛氓也。

（嘉慶）《廬州府志》卷二〇《田賦志》 廬郡幅員遼闊，土地平曠，自蔿敖治芍陂，而農田之利以興。漢魏而後，兵革紛争，陂堰不修，貨之棄于地者多矣。

又 卷二一《水利志》 廬郡水利始於孫叔敖之治芍陂，枝流入合肥西北境内，溉田利運，閣澗水因之承肥合施。故司馬遷、班固謂合肥受南北湖。今迹漸湮，故肥水不通湖，而合肥田亦不得其利。

清 張祥雲《廣種植示》（嘉慶）《廬州府志》卷五二 夫五畝之宅，墻下樹桑，十畝之閒，桑者泄泄。【略】考後漢《循吏傳》，王景爲廬江太守，修芍陂稻田，教民犁耕，又訓令蠶織，爲作法制。今芍陂猶存，而廬民不知蠶織，良由守斯土者無以勸之。

（嘉慶）《鳳臺縣志》卷四《溝洫》 夫芍陂之饒始自蔿敖，至今爲利。南北朝時淮南北耕屯，爲天下最。【略】今之於古，果何如也？夫舉縣境之地，其可堤者，可渠者，奚啻如此而已。

明 符銘《濱壅圩岸記》（咸豐）《瓊山縣志》卷二五 天農莫重於水利之修也，故芍陂修而廬江之人大豐，白渠鑿而邦國之用以足。古人以是究心，人無不蒙其澤矣。

（同治）《豐城縣志》卷二六《藝文》 叔孫敖起芍陂，則楚受其惠。范希文築海堤，則民享其利。雖數千百年之久，猶歌咏於人口，而弗諼無他，其功德不僅在一時斯民之愛戴，亦與之俱永，而不僅在一日也。

（光緒）《鳳臺縣志》卷二《古迹志》 《水經注》之芍陂，瀆入芍陂門而北出，故云其實古壽春城在今城西南。今城但引肥爲濠，不能引流入城，每遇淮肥盛漲，水幾浸城之半，故引肥入城爲非策也。至昔人遏水灌城，乃高下之勢，亦不必引流交絡，始爲順易。

又 《水經注》：肥水逕石橋門北，又左納芍陂瀆，瀆水自黎漿分水引瀆壽春城北逕芍陂門右北入城，又北逕相國城東，又北出城注肥水。按芍陂瀆口，即今東城濠注肥處也。東城濠，舊自壽州之大香河引流至城南，屆東爲城濠。又北流至城之北曲處入淮，入淮處在北門外，東北里餘石橋門，蓋即今北門也。

綜述

南朝陳 徐陵《徐孝穆集箋注》卷四 芍陂在鳳陽府，即安豐塘也，乃楚相孫叔敖所築。

《通典》卷二《食貨二・水利田》 後漢章帝建初中，王景爲廬江太守。郡部安豐縣有楚孫叔敖所起芍陂，先是荒廢，景重修之，境内豐給。（其陂徑百里，灌田萬頃。芍音鵲。今壽春郡安豐縣界。）

又 宋文帝元嘉七年，劉義欣爲荆河刺史，鎮壽陽。（今壽春郡也）于時土境荒毁，百姓離散。義欣綱維補緝，隨宜經理。芍陂良田萬頃，堤堰久壞，秋夏常苦旱。義欣遣諮議參軍殷肅循行修理，有舊溝引淠（匹詣反）水入陂，（淠，水名，在汝南。）伐木開榛，水得通涇，由是遂豐稔。

又 齊高帝敕桓崇祖修理芍陂田，曰：「卿但努力營田，自然平殄虜寇。昔魏置典農，而中都足食；晉開汝潁，而河汴委儲。卿宜勉之。」

宋 祝穆《事文類聚・前集》卷一八《地理部・芍陂》 楚相孫叔敖作期思陂，灌雩婁之野，號芍陂。

宋 祝穆《方輿勝覽》卷四八《淮西路》 芍陂在豐安縣東，【略】孫叔敖作期思陂，即此。【略】周廻三百二十里，灌四萬頃，與陽泉陂、大葉陂并孫叔敖作。鄧艾修之，淮、廣陵等十鎮皆仰給于此，疆埸豐稔，無復轉輸之勞。

宋 李昉《太平御覽》卷七三《地部三八》 《壽春圖經》曰：芍陂，在安豐縣淮南。子曰：楚相作期思之陂，灌雩婁之野。又《輿地志》、崔寔月令云孫叔敖作期思陂，即此是也。故漢王景爲廬江太守重修，起之境内豐給。又桉芍陂上承淠水，南自霍山縣北界騶虞石入，號曰『濠水』，是北流注陂中，凡經百里，灌四萬頃，芍，《魏志》音鵲。

宋 宋祁《景文集》卷二八《乞開治淠河》 臣知壽州日，伏見本州安豐縣有芍陂，自古所傳，元引龍穴山水及淠河水入陂，每歲灌田萬頃。近年多被泥沙淤淀，陂池地漸高，蓄水轉少。龍穴山一派，水源既小，今來只藉淠河注水入陂。後來淠河一道水渠，本縣又不修開，遂至水道堙塞，陂水淺涸。臣自到任後，并值二年乾旱。去年自六月放竭陂水，只是救灌得側近一二千頃，是以壽州米價踴貴，官私妨闕。臣竊聞得壽州正是出米之地，全藉此一陂。舊來陂水若滿，常無乾旱，是以縣名安豐，蓋取此義。臣欲乞朝旨直下本州，委知州、通判親往陂上相度，開治淠河，令水渠深快。於淠河内築堤，闌水入渠，注滿陂内。高築陂岸，及重開撅陂内淤淀之處，令稍深闊。其工亦不甚多，只乞就來春農隙之時，少借鄰縣并本縣人夫三五千人，約工一月，可見次第。如陂水滿足，則溉田萬頃，永無旱荒，兼得陳潁至京都一路官私米斛有可供應取進止。

《續資治通鑑長編》卷一一〇 明道元年十二月丙辰 以給事中李若谷知壽州安豐。芍陂皆美田，多豪右分占，盛夏雨溢，壞田輒盗决。若谷擿冒占者逐之，每决，輒調瀕陂諸豪，使堤塞其後，盗决乃止。

宋 呂祖謙《東萊集・外集》卷一《策問》 芍陂之田，曹氏故迹也。墾闢之略，潴蓄之方，彊畎之數，可得而講乎？

宋 王應麟《玉海》卷二三《地理・漢芍陂・楚期思陂》 六安國六縣，有如溪水東北至壽春入芍陂。芍音酌，又音鵲。廬江郡灊縣有沘山，沘水所出，北至壽春入芍陂。《淮南子》：孫叔敖決期思之水，灌雩婁之野。汝南有期思縣。雩婁，今廬江。《意林》：孫叔敖作期思陂，而荆土用贍。《水經注》：東北逕白芍亭，東積而爲湖，謂之芍陂，陂周一百二十許里，在壽春縣南八十里，言楚相孫叔敖所造。魏王浚與吴將張休文戰於芍陂，即此處也。陂有五門，吐納川流，西北爲香門陂水，北逕孫叔敖祠下，謂之芍陂瀆。又北分爲二水，一水東注黎漿，東注肥水。《王景傳》：建初八年，遷廬江太守。先是百姓不知牛耕，致地力有餘，而食常不足，郡界有楚相孫叔敖所起芍陂稻田，景乃驅率吏民修起蕪廢，教用犂耕，山是墾闢倍多，境内豐給，遂銘石刻，誓令民知常禁。又訓令蠶織爲作法制，皆著于鄉亭。《廬江傳》：其文辭注陂，在今壽州安豐縣東，孫叔敖所作期思陂是也，徑百里，灌田萬頃。《魏志》：建安十四年七月，置楊州，郡縣長吏開芍陂屯田。魏劉馥、晉劉頌皆修治芍陂，見下。《通典》：宋元嘉七年，荆河刺史劉義欣鎮壽陽，經理芍陂良田萬頃，有舊溝引淠水入陂。齊垣崇祖修芍陂田。《通典》又云：崔實《月令》曰：叔敖作期思陂，即此齊梁立屯田。隋《趙軌傳》：芍陂舊有五門堰，軌更開三十六門，灌田五千餘頃。《輿地廣記》：壽州安豐有芍陂，徑百里，灌田萬頃。

又《魏志》：太祖表劉馥爲揚州刺史，鎮合肥數年，恩化盛行，百姓樂其政，流民越江山而歸者以萬數，於是廣屯田，興治芍陂、茹陂、七門、吴塘諸堨，以溉稻田。官民以是有蓄。《吴志》：赤烏四年四月，遣全琮略淮南，决芍陂。《後漢志注》、《皇覽》曰：楚大夫子思造芍陂。

又《劉頌傳》：武帝時爲淮南相，甚有政績，舊修芍陂，年田數萬人。豪强兼并，孤貧失業，頌使大小勠力計功，受分百姓，歌其平惠，伏滔正淮，論壽春龍泉之陂，良疇萬頃。

（嘉靖）《壽州志》卷二 壽故經禹迹，川雄山厲，陂澤絙猪相望，芍陂爲最，稱沃壤焉。自芍陂就圮，民用日弊，比修治之，而溝渠井泉之利無涯矣。

（萬曆）《六安州志》卷三 余過壽春觀芍陂，一望數十里，謂可溉田數十百頃云。信古人之功力鉅，而流澤遠也。然以彼國相既專且久，宜其成功，如是其可望於今之爲守若令者哉！但有能於其已成者時加疏鑿，俾民不失水利，而前人之澤，亦不至一旦遂斬者，未爲非我澤也。

明 陳霆《兩山墨談》卷一一 壽州有安豐縣廢址尚存，廢縣之東，積水數千頃，今名安豐塘，即古芍陂塘也。春秋時楚相孫叔敖所開，灌溉數州。自昔及今，亨利莫殫，我朝於塘岸刱四十八閘，時其鍾泄。中復多菰蒋藕芡之類。正德丁卯，淮西旱，民取飼於塘，所活幾萬人。予嘗經行其處，私獨不滿，謂人知亨利而莫知報本。所謂叔敖者，遺祠三間，瀕側塘岸，村民既乏香火雞豚之奉，而有司守土者亦不聞歲一修祀，蓋甚欽典也。附塘一沼清泠可鑒，且淵深叵測，土人謂有巨蛟蟄其内，每天雨即吟吼，水面聲振，原隰呵氣成黑雲。予嘗欲俟以驗，竟不值，便而止。或又云塘心平阜處，古安豐府也。歲久沉陷入塘中，今霧雨浹旬，或見城郭，人馬現其處，若登州海市然者。考之史傳，安豐初不聞建府，縣廢之後，元雖有安豐路，然即今壽州是也。或者所云蓋未足信，然城郭人馬之狀疑塘水浩漫，時爲陽焰與地氣蒸欝，偶爾變幻，而見者寡知識，遂妄云已耳。

明 徐光啓《農政全書》卷一七 陂塘，説文曰：陂，野池也。塘，猶堰也。陂必有塘，故曰陂塘。《周禮》以潴蓄水，以防止水。説者謂：潴者，蓄流水之陂也。防者，潴旁之堤也。今之陂塘，既與上同。考之書傳，廬江有芍陂，穎川有鴻隙陂，廣陵有雷陂、愛敬陂，陽平沛郡有鉗廬陂，其各溉田大則數千頃。後世故迹猶存，因以爲利。今人有能别度地形，亦效此制，足溉田畝千萬。比作田圍，特省工費，又可畜育魚鱉，栽種菱藕之類，其利可勝言哉！

明 宋濂《元史》卷五九 至元二十一年，江淮行省言：「安豐之芍陂可溉田萬頃，若立屯開耕，實爲便益。」從之。於安豐縣立萬户府，屯户一萬四千八百有奇。

明 張四維《條麓堂集》卷一 淮北墾荒之令，歷代往往議之。未審曩時芍陂渠堰遺迹有可尋否？國初，曾移江南民數萬，俾李信國督之開種，數年有成，此其近事。不知於時措置方略何如也？覽揭示具見明臺，遠度深猷，令人欣仰行覩變萑苻爲嘉禾矣。不宣。

（道光）《晉江縣志》卷八 如芍陂作於孫叔敖，至何武、鄧艾、劉頌、魏欣、趙軋，歷數世，皆以有功於陂，爲民所記。

清 戴震《水地記》卷三 《漢志》：廬江郡灊天柱山在南，有祠。沘山，沘水所出，北至壽春入芍陂，故灊城在縣東北三十里。沘山，即天柱山之别巒也。其水北流經縣東，又西經六安州，西又北經固始縣，南去縣治五十里屈而東南經霍邱縣，南又屈北逕其東，去縣治五十里，又北經壽州西入于淮。楚相孫叔敖引沘水作期思陂，爲子午渠，開六門，灌田萬頃。《淮南子》曰：孫叔敖決思期之水，灌雩婁之野者也。一名芍陂，在今壽州東南六十里，故《漢志》謂沘水至壽春入芍陂。漢建初八年，王景徙廬江太守，郡界有故芍陂稻田，景驅率吏民修起蕪廢，灌田可萬頃，由是境内豐給。建安五年，劉馥爲楊州刺史，鎮合肥，廣屯田，修芍陂、茹陂、七門、吴塘等堨，以溉稻田，公私有積，歷代爲利。後鄧艾重修芍陂，堰山谷之水，旁爲小陂五十餘所，沿淮諸鎮，并仰給于此。晉永和九年，姚襄自淮南進，據芍陂，尋徙屯于盱眙。伏韜曰：龍泉之陂，良疇萬頃，謂芍陂也。宗元嘉七年，長沙王義欣爲豫州刺史，鎮壽陽，芍陂久廢，義欣修治陽防，因舊溝引沘水入陂，溉田萬餘頃，無復旱災。隋開皇中，趙軌爲壽州長史，芍陂舊有五門堰，軌更開三十六門，灌田五千餘頃。《元和志》：芍陂周三百二十四里，徑百里。元至元二十一年，江淮行省言：安豐芍陂，可溉田萬頃，若立屯開耕，寔爲便益。從之，于安豐立萬户府，屯户萬四千八百有奇。

清 高士奇《春秋地名考略》卷九 雩婁 襄十六年，楚子、秦人侵吴，及雩婁。杜注今屬安豐郡。○臣謹按昭五年，楚使沈尹射待命于巢遠，啓疆待命于雩婁，即此。《淮南子》：楚相孫叔敖決期思之陂，灌雩婁之野。期思陂，即芍陂也。《意林》：叔敖作期思陂，而荆之土田贍。《對境圖》：叔敖引淠水，爲子午渠，開六門，灌田萬頃，皆指雩婁矣。漢置雩婁縣屬廬江郡，晋屬安豐郡，劉宋當于此置邊城左郡，齊罷，梁復置，後魏因之，後周縣廢。《水經注》：水出廬江雩婁縣大別山，俗名檀山，峴比過其縣，即春秋楚秦侵吴處也，又北過安豐縣東。建武八年，封大將軍涼州牧竇融爲侯國。晋立安豐郡，又許愼曰：灌水出雩婁縣，俗謂之澮水。諸先生所謂神龜出于江、灌之間者，東過蓼縣。人于決水，又巴水出雩婁縣之下。靈山，即大別山也。《壽春記》：金明城西南一百二十里，有雩婁城堯之，婁子城也。《寰宇記》：雩婁近壽春，廢霍丘城。今雩婁城在霍丘縣西南八十里，期思城在固始縣境。二邑相隣，并也。《水經注》云：雩婁縣，故吴也。此悞，本傳原云：知吴有備，而雩是不入吴境也，又爲叔敖陂水所溉，其爲楚地明矣。雩婁之大，别與夏口之大，别爲二山。

清 顧祖禹《讀史方輿紀要》卷二一 芍陂，在安豐城南百步。亦曰安豐塘，亦曰期思陂。《淮南子》：孫叔敖決期思之水，灌雩婁之野。《意林》：孫叔敖作期思陂，而荆之土田贍。《水經注》：淝水東北逕白芍亭東，積而爲湖，謂之芍陂，周百二十里，在壽春縣南八十里，陂有五門，吐納川流，西北爲香門陂水，北逕孫叔敖祠下，謂之芍陂瀆。又北分爲二水，一水東注黎漿，一北至淝水。《皇覽》：楚大夫子思造芍陂。崔實《月令》：叔敖作期思陂。《華藥對境圖》：芍陂周回二百二十四里，與陽泉大業陂，并孫叔敖所作，開溝引淠水，爲子午渠，開六門，灌田萬頃。《通釋》：芍陂首受淠也，西自六合，北界騶虞石，東自濠州之南，横石水皆入焉。《後漢書·王景傳》：建初八年，徙廬江太守，郡界有故芍陂稻田，景驅率吏民修起蕪廢，灌田可萬頃，繇是境内豐給。《魏志》：建安十四年，曹操軍譙，引水車自渦入淮，出淝水，軍合肥，開芍陂屯田。蓋自芍陂上施水，則至合肥也。建安五年，劉馥爲揚州刺史，鎮合肥，廣屯由，修芍陂、茹陂、七門、吴塘諸堰，以溉稻田，公私有積，歷代爲利。後鄧艾重修此陂，堰山谷之水，旁爲小陂五十餘所，沿淮諸鎮，并仰給於此。《吴志》：赤烏四年，全琮略淮南，決芍陂。魏將王凌與琮戰於芍陂，琮敗還。晋初，吴丁奉、諸葛靚皆出芍陂攻合肥。又劉頌爲揚州，亦修治芍陂。永和八年，謝尚與苻秦將苻雄戰於許昌，敗奔淮南，姚襄追尚於芍陂。九年，姚襄自淮南進據芍陂，尋徙屯於盱眙。伏滔曰：龍泉之陂，良疇萬頃，謂芍陂也。宋元嘉七年，長沙王義欣爲豫州刺史，鎮壽陽，芍陂久廢，義欣修治堤防，因舊溝引淠水入陂，溉田萬餘頃，無復旱災。齊建元二年，豫州刺史垣崇祖修理芍陂屯田。隋開皇中，趙軌爲壽州長史，芍陂舊有五門堰，軌更開三十六門，灌田五千餘頃。唐上元中，亦於壽春置芍陂屯田。《元和志》：芍陂周三百二十四里，逕百里。宋熙寧中，嘗議修治。元至元二十一年，江淮行省言：安豐芍陂，可溉田萬頃，若立屯開耕，實爲便益。從之，於安豐立萬户府，屯户一萬四千八百有奇，後廢。夫芍陂，淮南田賦之本也，曹公置揚州，郡縣長吏開芍陂屯田，而軍用饒給。齊、梁間，皆於芍陂屯田，而轉輸無擾，乃棄而不事，何歟？期思，見河南固始縣。芍，讀作鵲。

清 李大升《重修安豐塘記》（乾隆）《江南通志》卷六六 安豐塘者，楚令尹孫叔敖所作之芍陂也。塘周數百里，受洙、淠、沘三水之支流而下，蓄洩以時，可灌田萬頃。自明季以來，新倉之口決，引水之河淤，民不獲其利者已三十餘年。余自癸巳夏來守壽郡，詢諸利弊，紳衿士庶皆言：此塘乃壽土第一利。余欲舉行，而未之逮焉。至乙未春，乃得親歷其處，相視廢壞之所，量工程捐俸入，選夫千餘，先疏河道之壅塞者一百四十餘丈。浚水通流，方築新倉，棗子門二，決口高厚約十數丈有餘，長俱不下百尺許。又爲之理其門牐，補其塘岸，不月餘，大略粗具。余始具文報於兵憲沈公，公喜甚，亦捐俸飭修，意在利求萬全，績垂可久，必不爲目前苟且計也。余隨與州佐議，再加巡葺，會值大雨，水勢突至，功難驟竟，然塘水已盈，環塘之民皆負耒而耕，秧田遍野，是歲夏苦旱，惟安豐一帶全獲有收。至八月中，仍即其功之未完者，更爲整頓，疏近塘之河土，高者十里有餘，其減水大牐，中心兩溝胥一一浚治，保其久而弗替，不能不有望於後之君子。

（光緒）《壽州志》卷末《雜類志》 道光八年，知州朱士達重修，志成，自叙曰：【略】安豐塘者，古之芍陂也，溉田數十百頃，旱則水泉減耗，一洩無餘，澇則浩瀚漫衍數十里，盡爲澤國。乃捐廉爲之，倡八月而堰成。

（光緒）《續修廬州府志》卷七《山川志》 芍陂 又見《水利》 安豐芍陂，孫叔敖所創，爲南北渠，溉田萬頃。《合肥縣志》 芍陂引肥水、沘水、泄水，其陂占壽州東南，六安州東北，合肥西北之境。《水經注》：以爲陂周百二十里，在壽春縣南八十里。是入今合肥境内無疑。今迹漸湮，猶見縣志，故存之《水經注》。

（光緒）《鳳臺縣志》卷二《古迹志》 芍陂瀆，即今之大香河。《壽州志》云：大香河，出芍陂大香門，麻老軍營雙古堆，至城東南二里橋入城濠，繞城入淝。《水經注》所謂芍陂門，當在今二里橋之南，芍陂水從此入外郭也。

傳記

《三國志》卷一五《魏志·劉馥傳》 太祖方有袁紹之難，謂馥可任以東南之事，遂表爲揚州刺史。馥既受命，單馬造合肥空城，建立州治，南懷緒等，皆安集之，貢獻相繼。數年中恩化大行，百姓樂其政，流民越江山而歸者以萬數。於是聚諸生，立學校，廣屯田，興治芍陂及茹陂、七門、吳塘諸堨，以溉稻田。

《後漢書》卷七六《王景傳》 明年，遷廬江太守。先是百姓不知牛耕，致地力有餘而食常不足。郡界有楚相孫叔敖所起芍陂稻田，在今壽州安豐縣東，陂徑百里，灌田萬頃。芍，音鵲。景乃驅率吏民修起蕪廢，教用犁耕，由是墾闢倍多，境内豐給。

《晉書》卷四六《劉頌傳》 除淮南相。在官嚴整，甚有政績。舊修芍陂，年用數萬人，豪强兼并，孤貧失業，頌使大小戮力，計功受分，百姓歌其平惠。

《宋書》卷四八《毛修之傳》 高祖將伐羌，先遣修之，復芍陂，起田數千頃。

又卷五一《宗室義欣傳》 芍陂良田萬餘頃，堤堨久壞，秋夏常苦旱。義欣遣諮議參軍殷肅循行修理，有舊溝引淠水入陂，不治積久，樹木榛塞。肅伐木開榛，水得通注，旱患由是得除。

《北史》七〇《趙軌傳》 轉壽州總管長史。芍陂舊有五門堰，蕪穢不通。軌勸課吏人，更開三十六門，灌田五千餘頃，人賴其利。

宋 蘇頌《蘇魏公集》卷六一《少府監致仕王君（山民）墓志銘》 六安芍陂堤壞久不治，君議調夫繕完，躬自董役。既成，而歲大旱，民獲其利爲多。

宋 曾鞏《隆平集》卷七 安豐芍陂，孫叔敖所創，爲南北渠，溉田萬傾。餘陂因旱歲，民多侵耕其間，雨集將盈，則盜決乏。陂涸，失灌溉之利者甚衆。若谷知壽州，陂決，獨調瀕陂之民，使之畚築，自是無盜決者。

宋 程顥、程頤《二程文集》卷四《程郎中（璠）墓志》 改京官，知壽州安豐邑。富多彊猾小民，困於侵漁，爲令者常苦其難制。公至未幾，皆斂手莫敢犯，盜賊亦越逸他境。增治芍陂以廣灌溉，人賴其賜。

《宋史》卷二四七《趙善俊傳》 善俊字俊臣，太宗七世孫。【略】再知廬州，首言和好不可恃，當高城浚池以爲備，復芍陂七門堰，農政用修。

又卷三〇一《張旨傳》 命知安豐縣。大募富民輸粟以給餓者，既而浚淠河三十里，疏泄支流注芍陂，爲斗門，溉田數萬頃，外築堤以備水患。

又卷三五五《楊汲傳》 提點淮西刑獄提舉西路常平，修古芍陂，引漢泉，灌田萬頃。

元 虞集《道園學古録》卷一三《福州總管劉侯墓碑》 二十四年，侯以二千人與十將之士屯田芍陂，收穀二十餘萬，築堤三百二十里，建水門、水牐二十餘所，以備蓄泄。

明 宋濂《元史》卷一三二《昂吉兒傳》 時兩淮兵革之餘，荆榛蔽野，昂吉兒請立屯田，以給軍餉，帝從之。既而阿塔海言：「屯田所用人牛農具甚衆，今方有事日本，若復調發民兵，將不勝動搖矣。」議遂寢。未幾，宣慰使燕公楠復以爲言，帝乃遣數千人，即芍陂、洪澤試之，果如昂吉兒所言，乃以二萬兵屯之，歲得米數十萬斛。

（成化）《中都志》卷六 鄧艾，字士載，義陽人。仕魏爲典農計吏。司馬宣王辟爲掾，遷尚書郎，使行陳項以東至壽春，爲廣農畜穀之計，艾修復芍陂，開河渠，引水溉田，大集軍糧。

又 白玉後軍都督府同知。成化元年，守備鳳陽，治尚清静，心存惠愛，嘗修復芍陂，興水利，至今軍民思慕。

（弘治）《八閩通志》卷六六《泉州府》 楊汲，字潛古，晋江人。第進士爲都水丞，與侯叔獻行汴水淤田法。遂釃汴流漲潦以溉西部，瘠土皆爲良田。神宗賜以所淤田千畝，遷淮西提刑提舉西路常平，修古芍陂，引漢泉，灌田萬頃。

《壽州志》卷五《官守紀》 袁經，字載道，青縣人，進士。正德十三年，以户部員外郎謫同知，剛介廉謹，珍愛士類，修築城隍，疏導芍陂水利，民便之。

（嘉靖）《鄢陵志》卷五《人物志》 魏璋字廷圭【略】巡按廬、鳳、淮、陽，奏開古芍陂，溉田惠民。

（崇禎）《閩書》卷九四《建寧府》 陳洙，字聖涯，嗜學刻苦，博通群書。隆興初，試南宫，胡銓奇其文，欲以魁，多士詘於異議，不果。後以銓薦，歷官知安豐縣，興學校，括廢田養士，修芍陂以興灌溉。

清 包世臣《藝舟雙楫》卷七《李鳳臺傳》 授知縣，選四川親老告近，改安徽鳳臺。鳳臺，爲壽州分縣，民悍同壽而地特瘠。君蒞任，知漢芍陂在邑境，勘之，今名焦岡湖，濱淮而山崗環繞，易爲旱潦。君增堤防，設溝閘，督耕耘，民以有歲。

清 邵晋涵《南江詩文鈔》卷一一《誥授中憲大夫升授江南守巡道淮安府知府鄭君墓志銘》：乾隆三十八年春，余游江南之鳳陽，司正陽書院講席。時壽州知州鄭君方奉臺檄將攝六安州篆，聞余至，爲具賓主禮，居數日益洽。余叩所措施，君慨然於鳳陽蕉萃，亟圖修水利，以衛民生嘆息者。【略】君之知壽州也。州與鳳臺接壤，君故知州有安豐塘，周百里，灌田四萬頃。楚令尹孫叔敖所治之芍陂也，歲久塘圮，爲農田患，君審核舊制，復繕舊塘爲水門三十六，爲閘六，爲橋一，其□則爲堨、爲堰、爲圩，啓閉以時，汙萊悉闢歲登，民和君自爲文紀其事，穆然懷孫叔之遠績焉。

清 方濬頤《二知軒文存》卷三四《汪芝生師墓表》 擢安徽廬州府知府，調鳳陽府知府，【略】任廬三月即調任鳳陽。六年以來，水旱頻仍，府君露冕襜帷僕僕無停晷，故全活者衆，僉以爲召父、杜母不是過也。壽州安豐塘，即古芍陂，爲水利要區，歲久堤堰崩蟄。府君率屬倡捐，不費民財，俾復其舊，工竣之日有鶴百餘翔集塘畔，居民弋獻其二，畜之後堂，因顔曰來鶴云。

（光緒）《重修安徽通志》卷一四七《職官志》 陳洙，字聖涯，甌寧進士，知壽州安豐縣，大興學校，括廢田以養士，修築芍陂水利，邑民賴之。

又 席屺，江蘇吴縣人。乾隆三十年，知壽州，政尚寬平，澤以儒術，輯州志，增修書院，建青雲樓，浚泮池，立普濟堂，芍陂、蔡城二塘水利所關時浚治之。居官三年，毅然以興利除弊爲己任。

（光緒）《壽州志》卷一四《職官志》 鄭三捷，湖廣人，吏員。督修芍陂，急公罔懈。

又卷一六《職官志》 王鑾，字鼎文，閩縣人，舉春秋魁。嘉靖間，由沔陽學正遷知壽州，政尚嚴肅，綜理精密，衆莫敢犯，興芍陂水利。

又 沈秉公，字衡吾，瀋陽人。順治十年，任兵備副使，駐壽州，修治芍陂，創建東津橋，利澤沾被，津逮靡涯。

又 何錫履，江蘇丹陽人。官壽州同，修治芍陂，不避寒暑，抑强扶弱，惠澤均沾。去任後，居民立主於孫公祠以祀之。

又　徐廷《通志》作定琳，保定人，監生。知壽州，興舉廢墜，尤勤水利，與州佐王天倪協力整治芍陂，并增修孫公祠，民懷其德，共立主於孫公之旁。

又卷二四《人物志》　夏尚忠，字紹姒，號容川文生。博學工詞翰，修橋梁，好施與。嘉慶十九年，饑，倡捐以賑之。尤留心芍陂水利，謂有五要六害四便三難二弊，皆切中窾要。著《芍陂紀事》二卷，知州朱士達奬以安豐碩彥匾額。

（光緒）《長治縣志》卷五《史傳》　栗永禄，宇士學，邑人。嘉靖庚子，舉鄉試第一，甲辰成進士，以宗親外授壽州知州。州有古芍陂塘，久廢，力爲開浚。

又卷一七《宦績傳》　渾偘，字復貫，瑊之孫。壽陽歲數饑，丞相舉偘可用。【略】芍陂之水溉田數百頃，爲力勢者幸其肥美，决去其流以耕偘，堤防約束，水復盛溢，沃野之利，歲歲增多。

又　黄克纘，字紹夫，晋江人。萬曆八年進士，除壽州知州，修橋堤，治芍陂，抑豪右，清户口。夏尚忠《芍陂紀事》云：公知壽州時，值安豐頽敗，豪强兼并。公毅然爲侯復水利計，謂前州栗、甘二公縱奸民董元、彭邦等，限以退溝界以新溝，只見自前之安，不知異日之害遠且大也，據積水之區使水無所納，害一；水多則内田没，勢必盗决埂堤，沖没外田，害二；水一洩不可復收，内外之禾俱無所溉，害三。利一而害三利且不可從，况舉内外之田而棄之，又何利也？且興利除害，吏職也。乃逐開占者四十餘家，立界石限之。至今二百餘年，農民享其利。

又　李大升，字木生，山西猗氏人。順治十年，知壽州，莅政精敏，境内水利久湮，爲重修芍陂，躬督畚鍤田疇，資以灌溉。《芍陂紀事》云：時芍陂久壞，口濯新倉河流淤塞。公廣求民瘼洞悉利弊，度地量工，選夫千餘疏河一百四十餘丈，築新倉棗子門二，口高厚俱十餘丈。是歲夏旱，惟安豐有秋。復修減水閘，疏中心兩溝，利垂永久。

又　顔伯珣，字季相，山東曲阜人，貢生。康熙二十九年，任壽州州同，廉潔自好，聽斷如神。三十七年，修芍陂，躬自區畫，無間寒燠，歷四載乃竣，著《安豐塘志》，民立祠祀之。《芍陂紀事》云：伯珣監修芍陂役，度其廢壞而熟籌之。早作夜思，盛暑祈寒不少懈。自康熙戊寅迄癸未七年，焦苦陂制改，觀方工之興，民勞而怨。及其已成，環陂之民無不樂其樂而利其利。公之心猶未已也，每春親巡堤上，恐其隳損，夏秋更歷壠畝視水，將涸則發鑰啓閘，務令利均，至冬猶自按驗，稍不完者，補葺之，爲來歲計。或乘肩輿，或抡小舟，時而散步問疾苦。抑豪强，隨宜經紀焉。

又　鄭基，廣（東）［東］香山人，廪貢生。乾隆二十二年，知鳳臺縣。【略】二十五年，知壽州。州與鳳臺接壤，故知壽有安豐塘，周百里灌田四萬頃。楚令尹孫叔敖所治之，芍陂也。歲久塘圮，爲農田患，基審核舊制，復繕舊塘，爲水門三十六，爲閘六，爲橋一，其旁則爲堨、爲堰。

又　趙隆宗，江蘇山陽人，監生。乾隆三十五年，任壽州州同。時知州鄭基興芍陂水利，隆宗董其役，守牐門無得私啓閉，犯者必懲，率民夫旦晡興築，四閱月而工竣。

又　李兆洛，字申耆，江蘇陽湖人。嘉慶十三年，以庶吉士改鳳臺知縣。鳳臺爲壽州分縣，民悍同壽而地特瘠。兆洛莅任，知芍陂在邑境，勘之，今名焦岡湖，濱淮而山岡環繞，易爲旱潦。兆洛增堤防，設溝閘，督耕耘，民以有歲。

又　朱士達，字恕齋，江蘇寶應人。由進士用知縣分發安徽。歷黟縣、霍山、南陵、懷寧，擢壽州知州。【略】築芍陂堤六十里，三百餘門，以時啓閉，溉田六千餘頃。

又　任蘭生，江蘇震澤人。【略】光緒三年，署鳳潁六泗道。【略】刋壽州人夏尚忠《芍陂紀事》，民灼然知利病所在，於是籌費浚安豐塘，經營各屬塘、渠、閘、壩凡二十餘所，蓄泄以時，旱澇有備。

（光緒）《海鹽縣志》卷一六《人物傳》　陳韶，原名克鍠，字鳴盛。【略】升壽州知州，俗强悍，擒治首惡，境内帖然。州之安豐塘，即芍陂塘也，歲久淤塞，爲鳩工疏浚，環塘田數千頃悉成膏腴。

（光緒）《餘姚縣志》卷二三《列傳》　邵德容，字原廣，正德九年進士，知廬陵縣。【略】弟德久，字原可，嘉靖十三年舉人，知六安州，築塘引芍陂之水灌田，民享其利。

《清史稿》卷三六九《鄧廷楨傳》 擢安徽巡撫。【略】修復安豐塘、芍陂水門，浚鳳陽沫河，加築堤閘。

又卷四七七《鄭基傳》 擢壽州知州。安豐塘，古芍陂也。塘圮，基審核舊制，繕複之，爲水門三十六，爲閘六，爲橋一。其旁則爲堨、爲堰、爲圩，啓閉以時，汙萊盡辟。

又卷四八六《李兆洛傳》 改令鳳台，【略】兆洛親行縣，辨其裡落繁耗、地畝廣袤饒瘠，次第經理之。焦岡湖，漢芍陂也，濱淮，易爲灾。乃增堤防，設溝閘，歲以屢豐。

紀事

《通典》卷一八一《州郡一一·古揚州上·壽春郡》 有芍陂，楚孫叔敖所起，崔寔月令曰「叔敖作期思陂」，即此。後漢王景爲廬江太守，重修起之，境内豐給。其陂徑百里，灌田萬頃。齊梁帝立屯田，無復輸運。芍音鵲。

《晉書》卷二六《食貨》 以沛國劉馥爲揚州刺史，鎮合肥，廣屯田，修芍陂、茹陂、七門、吳塘諸堨，以溉稻田，公私有蓄，歷代爲利。

唐 李綽《尚書故實》 宣平太傅相國盧公，應舉時，寄居壽州安豐縣別墅。嘗游芍陂，芍字，今呼爲鵲革下，芍藥之芍。按《魏志》是芍，音着多。見里人負薪者持碧蓮花一朵，已傷器刃矣。云：『陂中得之。』盧公後從事浙西，因使淮服，話於太尉衛公。公令搜訪芍陂，則無有矣。

宋 樂史《太平寰宇記》卷一二九《淮南道七·壽州·安豐縣》 芍陂，在縣東一百步。《淮南子》云：楚相作期思之陂，灌雩婁之野。又《輿地志》、崔實《月令》云：孫叔敖作期思即此故。漢王景爲廬江太守重建，起之境内封給，齊梁之代多屯田于此。又按芍陂上承淠水，南自霍山縣北界騶虞石入，號曰豪水。北流注陂中，凡經百里，灌田萬頃。今陂上有令尹祠，甚嚴。

宋 李昉《太平御覽》卷六六《地部三一》 劉澄之《豫州記》曰：陳縣地有芍陂湖，魏將王陵與吳將張休交戰處也。

又卷三三三《兵部六四》 《齊書》曰：高帝敕垣崇祖修理芍陂田。曰卿但努力營田，自然平殄虜寇。昔魏置典農，而中都足食。晋開汝潁，而河汴委儲，卿宜勉之。

宋 歐陽忞《輿地廣記》卷二一《淮南西路·壽州·安豐縣》 有芍陂，楚相孫叔敖所造，徑百里，灌田万頃。魏太尉王凌與吳將張休文戰于芍陂，即此。

宋 沈作喆《寓簡》卷五 安豐芍陂，孫叔敖所刱，爲南北渠，溉田萬頃。民因旱歲多侵耕其間，雨水溢則盗决之，遂失灌溉之利。李若谷知壽春，下令陂决不得起兵夫，獨調瀕陂之民，使之完築，自是無盗决者。

元 馬端臨《文獻通考》卷七《田賦考七》 上元中，於楚州古射陽湖置洪澤屯，壽州置芍陂，屯厥田沃壤，大獲其利。

元 佚名《元典章》户部卷三《典章七》 至元二十五年□月□日，欽奉聖旨節該尚書省見於芍陂、洪澤兩處刱立屯田。乞降聖旨，事凖奏。仰行尚書省從長規畫，務要屯田事早爲成就，將已撥軍人户計，更爲召募江淮等処人户，願入屯者常切存恤，仍免一切雜役，務農其間，諸人毋得沮壞。欽此。

（成化）《中都志》卷四 孫叔敖祠，在安豐芍陂北，因其興陂田水利，後人思之，爲立祠。

（嘉靖）《壽州志》卷二《山川紀》 芍陂，州南六十里安豐故縣，楚相孫叔敖所作，溉田四百餘頃。明正統以來，六有奸民輒截上流利己，陂流遂淤。成化間，巡按御史魏章得其狀，懲之。委任指揮戈都董治，盡逐侵者。未幾代去，頑民董玄等復占如故。後知州劉槩指揮戈都奏行勘問，令同知董豫修復，巡按都御史李昂，檄指揮胡瑞、六安指揮陳釗會勘，參考古典指點舊迹，衆皆輸服。凡朱灰塘埧五道開其三，李子湾埧四道開其二，案存各司。惜乎自是以後典守日踈，法制日弛，頑民占種復增于前，民益告病。嘉靖丁未，知州栗永禄條議檄呈臺臬清復故地，復委判官俞世中、指揮劉印、經歷李玫協力襄治，修理門閘滾水等橋視昔改觀。諸要轄列堡置防，以嚴盜決，綜理周密。落成之日，御史路公按臨，會兵司許公、本府太守李公冒暑躬詣皂口興工等處遍閲，莫不稱善，父老作頌以爲曠舉。修撰黄廷用記：予觀遷史《循吏傳》有曰：孫叔敖者，三月爲楚相，施教行政，世俗盛美，勤恤生人，惠施無疆。嘗于壽州南引六上流溪、泄、淠三水匯而爲塘，環抱三百里餘，可溉田萬餘頃，居人賴之。漢王景、魏鄧艾、宋長沙王義欣，至我明鄺、魏二君，相繼葺理以丕承前志，舊有白芍亭汨而爲湖，因名芍陂。

明 王禕《大事記續編》卷二〇 【建安十四年】秋七月，曹操水軍自渦合肥，屯田芍陂，解題曰：事見《通鑑》，《水經》：肥水出九江成德縣廣陽鄉西，施水別北過其縣西北入芍陂注陂周一百二十許里，在壽春縣南八十里。『芍』，音『鵲』。《壽春志》：芍陂在安豐縣東。楚孫叔敖作陂，面百里，周圍三百四十里，灌壽春安豐民田萬頃。東漢王景、魏鄧艾、宋長沙王義欣并修之。魏劉馥開七門以溉田。隋趙更開三十六門。宋慶曆四年，宋祁通開陶子午渠灌陂。及皇祐元年，吕公弼奏度鄱山龍穴兩源水利於窗口，立限木分水入陂。

明 宋濂《元史》卷一三《世祖本紀》 【至元二十一年春正月甲子】江浙行省平章忙忽帶進眞珠百斤。丙寅，闊闊你敦言：「屯田芍陂兵二千，布種二千石，得粳糯二萬五千石有奇，乞增新附軍二千。」從之。

又卷一七《世祖本紀》 【至元三十年三月己巳】洪澤、芍陂屯田舊委四處萬户，詔存其二，立民屯二十。

又卷二〇《成宗本紀》 【元貞六年十二月甲子】衡州袁舜一等誘集二千餘人侵掠郴州，湖南宣慰司發兵討之，獲舜一及其餘黨，命誅其首謀者三人，餘者配洪澤、芍陂屯田，其脅從者招諭復業。

又卷一〇〇《兵志·屯田》 芍陂屯田萬户府：世祖至元二十一年二月，江淮行省言：安豐之芍陂，可溉田萬餘頃，乞置三萬人立屯。中書省議：發軍士二千人，姑試行之。後屯户至一萬四千八百八名。

清 顧炎武《肇域志》卷六 芍陂，在今州南六十里。《六典》：在安豐，即楚相孫叔敖所作期思陂。漢王景、魏劉馥、鄧艾、晉劉頌、宋劉義欣、齊垣崇祖、隋趙軌，皆嘗修。首受淠之淠水，西自六安，北界騶虞石，東自濠州之南横石水皆入焉。伏滔《正淮論》云：壽州龍泉之陂，良疇萬頃。《水經注》：東北逕白芍亭下，東集而爲湖，故謂之芍陂，周一百二十里許，在壽春南八十里。魏王凌與張休文戰于芍陂，即此處。元大德元年，復立芍陂等屯田。國朝永樂中修治，開三十六門并四閘。成化中，復修。《後漢書·王景傳》遷廬江太守，先是百姓不知牛耕，致地力有餘而食常不足，郡界有楚相孫叔敖所起芍陂稻田，注陂在今壽州安豐縣。景乃驅率吏民修起蕪廢，教用犂耕，由是墾闢倍多，境内豐給，遂石刻誓令民知常禁。《晉書·宣帝紀》：魏正始二年，吴將全琮寇芍陂。《宋史·張子微傳》明道中，知安豐縣，浚淠河三十里，疏洩支流注芍陂，爲斗門，溉田數萬頃，外築堤以備水患。《元史·昂吉兒傳》：請立屯田以給軍餉，帝遣數千人即芍陂、洪澤試之，果如所言，乃以二萬兵屯之，歲得米數十萬斛。《元史·世祖紀》：至元十三年，立洪澤、芍陂二處屯田。《元史·成宗紀》：太德元年十二月，復立芍陂、洪澤屯田。九年五月，復立洪澤、芍陂屯田。十月戊戌，詔芍陂、洪澤屯田爲豪右占據者，悉令輸租。《元史·仁宗紀》：延祐元年六月，增墾河南芍陂等處屯田。芍陂，舊名期思陂，與楊泉陂、大業陂并楚相孫叔敖所作。首受陂水，西自六安龍穴山，東自濠州横石，東南自龍池山，其水胥注於陂，陂原設五門，後更開三十六門。今又作減水牐四座，水漲則開門以疏之，水消則閉門以蓄之，輪廣則三百餘里，支流分注，溉田四百餘頃，民用富饒。前代或修或廢。《隋書趙軌傳》：轉壽州總管長史，芍陂舊有五門堰，蕪穢不修，軌於是勸課人吏，更開三十六門，灌田五千餘頃，人賴其利。永樂中，遣户部尚書鄺野修浚，後爲六安奸民占墾。成化於卯巡按御史魏□，弘治己酉同知董豫，嘉靖丁未知州栗永禄，相繼修復此陂，周圍數百里，受泆、淠、泄三水支流而下，蓄洩以時，溉田可至萬頃。

《續文獻通考》卷四《田賦考》 至元二十一年二月，江淮行省言：安豐之芍陂池可溉田萬餘頃，乞置三萬人立屯。中書省議發軍士二千人姑試行之，後屯户至一萬四千八百有奇，是爲芍陂屯田萬户府。

清 鄂爾泰《授時通考》卷一五《土宜》 唐肅宗上元中，於楚州古射陽湖置洪澤屯，壽州置芍陂屯，厥田沃壤，大獲其利。

清 康基田《河渠紀聞》卷二 周定王時，楚令尹孫叔敖作芍陂，漑田萬頃。按《淮南子》，孫叔敖決期思之水，灌雩婁之田。期思作，而荆之土田贍。期思陂，即芍陂也，陂在壽州安豐城南，亦曰安豐塘。以水逕芍渟，積而爲湖，故謂之芍陂，周回二百二十里，與陽泉陂、大業陂并作。首受淠水，西自六安龍穴山，東至濠州積石，東南自龍池山，皆注於陂，引淠水爲子午溝，開六門，吐納川流。後更開三十六門，作減水牐四，水漲則開門以疏之水，消則閉門以蓄之，蓄洩以時，支流分注可溉田萬頃。《史記·循吏傳》稱：敖爲楚相，施教道民，上下相和，各得其所，便民皆樂，其生芍陂即善政宜民之一端。然以利貽安豐之民，而民得以利，其利者惟牐堰爲樞機。昔人謂陂塘溝渠天所生之利也，堤堰牐壩人所治之利也。田地高低不齊，用水緩急各異，愚民盜決，河防或宜啓而閉，宜閉而啓，牐壩不嚴而利亡矣。漢唐以後，屢勤修治，時有廢缺如前，時新倉口决，引水之河即淤，民不獲利者三十餘年。前人制作美意，後人不能遵守，非法不良，所以行法者無人，而利固有不盡也。

又 卷四 漢章帝建初八年，廬江太守王景修復芍陂。按王仲通以塢流法作浚儀渠，成仍用其法治汴渠，十里立一水門，更相洄注，無復潰漏之患。帝美其功成，拜河堤謁者，踰年除廬江太守。廬江地力有餘，民食常不足，郡界有楚相孫叔敖芍陂稻田，徑百里，開五門，灌田萬頃。伏滔謂：龍泉之陂，良疇萬頃，謂芍陂也。景驅率吏民修起蕪廢，教用犂耕，由是墾闢倍多，境内豐給。景以其法用之河汴而效，用之陂塘而亦效，所謂大用、大效、小用、小效者，此其明驗矣。安豐界南北之交，魏晋時有事於江南必出此。建安十四年，曹操至譙，引水軍自渦入淮，出肥水，軍合肥，開芍陂屯田。後鄧艾重修此陂，堰山谷之水，旁爲小陂五十餘所，因劉馥之舊而廣之，沿淮諸鎮，并仰給於此。隋開皇中，趙軌爲壽州長史，治芍陂，更開三十六門。唐上元中，亦於壽春置芍陂屯田。元至元中，於此立萬户府，屯户一萬四千有奇。故芍陂爲淮南田賦之本，曹孟德開芍陂，而軍用饒裕，齊、梁以還皆於此屯田，轉輸無擾，惟知法者能行法而得其用。況景於河汴樹千年不敝之功，而於安豐一陂安有遺法而不爲民利哉！

又 漢獻帝建安十三年，曹操開芍陂屯田。陂在壽州安豐城南，亦曰安豐塘。按是時操治水軍，自渦入淮，出肥水。渦河，古蒗蕩渠分流也，自河南陳州歸德逕江南鳳陽縣出肥水，肥水逕壽州入淮。操軍合肥，解合肥之圍，屯田久駐，三軍乏食，治芍陂，溉稻田以餉士卒。陂在壽州安豐城南，周一百二十里，以水逕芍渟，積而爲湖，故名。周定王時，楚相孫叔敖作芍陂，又謂之期思陂，與楊泉陂、大業陂并作，其水西自六安龍穴山，東自濠州横石，東南龍池山，胥注於陂。陂原設五門，後更開三十六門，水漲開門以疏之水，消閉門以蓄之，數百里支流分注，溉田萬餘頃。刺史楊馥守揚州專以屯田，爲戰守之備，軍民咸有蓄積，恩化大行。嘗治芍陂，民沾其利。至是操復開之，操之自譙循渦入淮也，明訓練，備徵調，廣積儲粟有故，則操舟南下不煩轉運，而兵食皆足。用仲達務農積穀之策，更廣其備防，無俟徙濱江郡縣，此操之所以稱雄於一時也。

又 卷七 元世祖至元二十三年，【略】置芍陂屯田。按史稱時當兩淮兵革之餘，荆榛蔽野，宣慰使昂吉爾議立屯田，以給軍餉，因用兵日本未即舉行，先令千人往試其地，果大穫，遂以兵二萬屯之。芍陂，一名（朝）［期］思陂，在壽州安豐城南，即安豐塘也。陂始作於楚相孫叔敖，與楊泉、大業二陂并立，水自六安龍穴山濠州横石，東南及龍池山，胥注於陂。陂設門五，後更開門三十六，減水牐四，水漲開門疏之，水小閉門蓄之，三百餘里支流分注，溉田萬餘頃。又有在壽州下蔡城，西北六十里曰黄陂，八十里曰鷄陂，百二十里曰大漴陂，下蔡東北八十里曰渭陂，皆蓄以溉田者。自漢及唐，有事於東南，必興屯田，立屯必置陂。劉馥之三堰、七門、赤烏之銅城、吴塘，皆以資灌溉而利屯守。世宗當草創之餘，人民凋敝，土田未闢，兵食饋運不繼，立屯田充餉，隨地所宜而制，其用又以興舉水利爲務。自北而南凡有益於農田者，皆舉之屯守，資水田，尤水利之大者也。

又 卷一三 順治十二年，重修壽州安豐塘。按楚令尹作芍陂，修屯政以裕國利民，越千有餘年，而民不忘其利者，澤普而利大也。安豐塘，即楚令尹之芍陂也，塘周數百里，受洙、淠、泚三水之支流而下，蓄洩以時，灌田萬有餘頃。明季新倉口决，引水之河淤，民不獲利者數十年。州牧李大升鳩工興復，疏河道之壅塞者百四十餘丈，浚水通流，方築新倉棗子二决口，高厚十丈有餘，長百尺。又理其門牐，補其塘岸，閲月功成。環塘之民負耒而耕，秋田遍野，是歲夏苦旱，安豐一帶獨獲有收，猶以其餘力即其功之未竟者更加整頓。事詳在李大升《重修安豐塘記》中。考周定王時，楚令尹孫叔敖作勺陂，溉田萬頃。芍陂，在壽州安豐城南，以水逕芍亭積而爲湖，故謂之芍陂。又謂之期思陂，與楊泉、大業諸陂并楚相孫叔敖所作，其水即六安龍穴山，東自濠州横石，東南至龍池山，胥注於陂。陂原五門，後更改三十六門，又作減水壩四，水漲則開門以疏之，水消則閉門以蓄之，三百餘里支流分注，溉田萬餘頃。唐顯慶、乾封、廣德中，屢有修治。宋熙寧中，劉瑾言壽州安豐塘可興置，令轉運司選官覆按。至明永樂間，鄺埜督夫二萬浚之。依古以來，不廢修築，蓋其地大而利廣，水盛則易決，補苴滲漏，疏其壅滯，而後蓄洩得宜。壽州李牧之繼起有事功而不可没也。是時，所在皆以水利爲事，池州守梁應元因前明秦懋義、馮叔吉先後加築之翠微、千柳二堤，故迹重加修治，宿松令孫繼文督修潜山、蓮花、荆橋、羅隱諸塘，淤淺者浚之，曲防者撤之，溝引爲民利，擘脈分支，回波曲注。或遇火雲爇天，順勢導流，貫畦浮塍，沾溉萬頃，留心民事，始終不弛其力，斯可謂崇尚實政者矣。

清 朱鋐《河漕備考》 宋李若谷爲安豐令，民有盗决芍陂堤者，若谷下令自没堤决不得起夫耦，調瀕河之民便之先築，弊遂止。

藝文

唐 于邵《送崔判官赴容州序》《全唐文》卷四二七 秋八月，傳次丁壽春安豐縣之東亭。前臨芍陂，渺漫無際，雖淮海之内，浸藪則多，而勝景之中，堪游蓋少。故邀留貺別，非此而何？邵孤奉明恩，負累炎徼，邂逅相遇，歡戚不同。既而前多歧路，行有先後。日暮猶遠，自有窮途之泣；木葉微脱，更切長年之悲。其賦離之什，則亞相崔公冠于首矣，群公其次第之。

唐 虞世南《北堂書鈔》卷七二《設官部·刺史》 芍陂官人有福。《魏志》：劉馥爲揚州刺史，治芍陂、七門、吴塘諸堨，以溉稻田，官人有福。

唐 温庭筠《温飛卿詩集箋注》卷一《郭處士擊甌歌》 佶栗金虬石潭古，《説文》：虯，龍子無角。《玉篇》：虯，無角龍也，俗作虬。勺陂瀲灩幽修語。嗣立案：徐注漢地理志，泄水，至壽入芍陂。《木華海賦》：瀲淡瀲灩。李善曰：瀲灩，相連之貌。

宋 梅堯臣《宛陵先生集》卷二五《送刁安豐》 嘗游芍陂上，頗見楚人爲。水有鳥魚美，土多薑芋宜。寧無董生孝，將奉叔敖祠。舊令乃吾友，寄聲於此時。

宋 王安石《臨川集》卷二四《安豐張令修芍陂》 桐鄉振廪得周旋，芍水修陂道路傳。目想僝功追往事，心知爲政似當年。鲂魚鱍鱍歸城市，秔稻紛紛載酒船。楚相祠堂仍好在，勝游思爲子留篇。

宋 劉攽《彭城集》卷八七《送楊康公知安豐縣》 楊郎作文殊勇爲，辯如濤波捷刺蜚。相逢喜吾故人子，門風宛存令我悲。艾蘭驅車最先入，百箭穿楊誰可及。擢第勝人十改官，作官不辭萬家邑。勸耕課桑力有餘，吏事不受崇空虚。後生才資動出衆，何至苦心城旦書。清泉百里環芍陂，楚人千年長不饑。叔敖子孫負薪苦，念爲廉吏何可爲。忽憶雲臺故侯司空公，五郡士馬河西東。功名亦有際會數，退讓自是雄雋風。誰謂鄙夫老昏忘，屈指古事猶初終。作詩寫此豈有意？正若指點山水書魚蟲。

宋 劉攽《彭城集》卷二一《少府少監鍾離景伯可知壽州中散大夫李棻可知耀州制》 昔叔敖之興芍陂，鄭國之溉關中，民獲其利用無饑歲。今壽春、華原，其遺迹具存，何古人用知之廣，而流澤無窮也！後之人見賢思齊，不然，守其舊規，亦足以稱善矣。

宋 蘇軾《補注東坡編年詩》卷六《壽州李定少卿出餞城東龍潭上》 城東龍潭 三國時安豐郡，隋改壽州。芍陂，在城東。後漢建安十四年鄧艾重修此陂，所謂龍泉之陂，良田萬頃。山鴉噪處古靈湫，亂沫浮涎繞客舟。未暇燃犀照奇鬼，欲將燒燕出潜虬。使君惜别催歌管，村巷驚呼聚獲猴。此地他年頌遺愛，觀魚并記老莊周。

宋 陳舜俞《都官集》卷一三《和王介甫寄安豐知縣修芍陂》 雲叓陂水舊風烟，可喜斯民得繼傳。萬頃稻粱追漢日，五門疏鑿似齊年。齊高帝時，桓崇祖嘗修。才高欲獻營田策，公暇還來泛酒船。稱與淮南誇好事，耕歌漁唱已相連。

宋 王之道《相山集》卷二八《謁安豐軍遺愛侯孫叔敖文》 惟侯以芍陂有功於民，載在祀典。粤自春秋至於我宋，其遺愛實無窮焉。之道奉天子命來爲郡丞，涖事之初，敢以禮見。

宋 李廷忠《橘山四六》卷三《賀廬州丁帥》 宋保信軍節度淮西路安撫制置司俱在廬州。 訪叔敖之芍陂，餘波寖廣。崔寔《月令》：楚相孫叔敖作期思陂，即芍陂也。按芍陂在鳳陽府壽州，乃孫叔敖所築，灌田可萬頃。《通典》：章帝建中初，王景爲廬江太守，郡部安豐縣有孫叔敖起芍陂，先是荒廢，景重修之，境内豐給。《晉書·食貨志》：以劉馥爲揚州刺史，鎮合肥，廣屯田，修芍陂以溉稻田，公私有積。宋文帝元嘉七年，劉義欣爲荆州刺史，治壽陽，於時境土荒毁，義欣隨宜經理芍陂，良田萬頃，由是遂稔。

宋 蒲積中《歲時雜咏》卷二五《四時行生曲》 三月三日咄泉水，七月七日芍陂塘。鳳曆蛾眉粧玉面，朱簾繡户映新粧。

元 陸文圭《牆東類稿》卷一六《送楊起之安豐録判》 芍陂茫茫古邊城，雞犬相聞今樂土。交兵往事空流水，避亂居民尚遺堵。似聞此地歲豐穰，要得清官手摩拊。君才天馬足神駿，老大去年參選部。閩中實歷禅風憲，淮右先聲動官府。争看祖道車騎衆，力疾登途霜月苦。墻東故人懶出門，濁酒黄花對誰舞。

（嘉靖）《壽州志》卷八《雜志紀》 閩郭公週御史《宿芍陂塘祠》停驂白芍陂，問俗繫遐思。相業随流水，波光擁舊祠。春回千姓稿，遥憶百年規。更喜循良在，芳猷照断碑。

明 温純《温恭毅集》卷二二《送李本寧左遷安豐》其二 文雅官聯憶半千，提衡不是縮楊禪。舊栽桃李知時雨，此去風流亦謫仙。江上芍陂争灌溉，城南花塢任芊綿。公餘把酒題應遍，分付雙魚向北傳。

清 鄧廷楨《雙硯齋詩鈔》卷〇《壽春鎮校閲事畢遂獲省視先塋紀恩述德兼示諸父老》 送潁入淮去，行行馬首東。芍陂涵遠水，桂樹動秋風。雞犬千年後，川原百戰中。時平務休養，亟爲築安豐。

清 李兆洛《養一齋集·文集》卷五《溝洫志序》 夫芍陂之饒，始自蔿敖，至今爲利。南北朝時，淮南北耕屯爲天下最。

清 祁寯藻《䜩䜣亭集》卷一八《祝衛畦惠固始鵝約春海籥亭小飲》 芍陂春色濃于酒，舒雁群游狎可籠。豈不能鳴勞客俎，故將此味鬥鄉風。中馗菌子松膏膩，百果貍奴玉面豐。便許招邀作重五，詩成還謝祝雞翁。

（光緒）《汾陽縣志》卷一三《藝文》 書傳所記，壽春芍陂，楚相孫叔敖作五門，隋趙軌修之，更開三十六門。

（光緒）《鳳臺縣志》卷二一《藝文志》 《芍陂》：因川成利費經營，遥望東南盡稻秔。宿渚鷗鳧迷遠近，隨波荇藻任縱横。溝渠派引千支潤，隴畝村連百室盈。流澤於今還未艾，試聽放閘棹歌聲。

清 沈兆澐《織簾書屋詩鈔》卷八《讀後漢書循吏傳》 河西理溝渠，芍陂教墾闢。山陽別肥磽，曲江免傳役。築堤與疏河，非不惜民力。利用爲大作，厥象取諸益。

清 孫星衍《孫淵如先生全集》卷上《五畝園落成口占十二首·小芍陂》 芍陂浩千頃，一壑不嫌小。我無澤及民，灌園以終老。

清 譚宗浚《荔村草堂詩鈔》卷一〇《送姚聲圃前輩協贊之官鞏秦階道》 中興神武重籌邊，湟隴銷鋒近十年。職貢重輸沙苑馬，耕屯議引芍陂田。喜聞銜詔雙旌涖，想見循聲五袴傳。千載裴岑碑宛在，待公還勒紀功篇。

清 吴振棫《花宜館詩鈔》卷一〇《舊從芍陂得數鶴蓄之年餘今以贈徐柳臣太守思莊于其去也以詩別之》 芍陂春草如掌平，白鶴群飛飛且鳴。閒庭荒圃忽相就，白石蒼苔殊有情。池上秋晴敧雪氅，纔闢蓬蒿已先往。相對能無白髮愁，相看儘有青霞想。竹王萬里蠻山中，我欲西南問土風。山中毒瘴非爾習，肯教辛苦隨樊籠。故人携贈情繾綣，歲歲巢居祝安穩。他日相思夜雨同，人間小別西風晚。爪泥何處不東西，莫更援琴彈慘悽。腰纏十萬知無分，但欲尸鄉老祝鷄。

清 張九鉞《紫峴山人全集》詩集卷二五《孫叔敖祠》 春秋楚多材，孫叔爲巨擘。少丁若敖難，隱居以養德。樊女激虞邱，薦相光霸業。吊感鹿衣翁，恭儉益顯赫。棧車與牝馬，清望揚四國。勛名非戰伐，鎮静富謨績。我拜期思祠，緬懷芍陂迹。水利興安豐，尸祝先鴻却。花實向東西，天以垂遺澤。楚鬼越禨中，保家有良策。貽謀乞寢邱，世禄綿罔斁。漢代李司空，于焉踵栖息。

清 趙懷玉《亦有生齋集》詩卷六《雲溪一曲圖爲洪大禮吉題》 我家五世居雲溪，君遷雲溪亦三世。環溪居人半君識，載酒游蹤日相繼。溪南溪北衡相望，岑牟單絞人嫌狂。隔林聞聲笑招手，日莫逜逜聯輕航。微波如烟月如霧，爛醉狂歌不歸去。西風吹衣酒欲醒，立久初濃草頭露。豈知二烏忽遠飛，溪邊楊柳長依依。溪柳頻爲送行折，溪船不見行人歸。知君飢驅爲將母，吏爲年荒支入口。天涯誰共負米心，遺畫滄洲入良友。柴門風雪當歲寒，草草亦得還家歡。濁醪如金詩作命，不惜春衣典將罄。朝來新漲碧欲浮，送君重上沙棠舟。東臺湖光芍陂水，何似溪色明高樓。高樓沉沉春獨閟，不啓簾櫳放花氣。八公山遠疑欲仙，一夜別夢隨君前。時君將游淮南

清 趙良澍《肖巖詩鈔》卷三《芍陂》 中流斜日色，遠岸晚山痕。十里芍陂好，千秋循吏存。功能周水旱，澤不到兒孫。優孟真堪託，終酬故相恩。

（光緒）《壽州志》卷三四《藝文志·改修芍陂滚水石壩記事》

安豐興廢自何時，瓦礫如邱接芍陂。市井不堪尋古迹，鄉人約略指城基。藉得僧房一榻休，茆檐低壓殿西頭。殘碑尚志慈悲力，萬劫消沈此寺留。孫公祠在芍湖邊，古樹殘碑夕照偏。聞道環塘三百里，於今多半是桑田。白草黄沙照夕曛，遠□離落鎖寒雲。敝裘羸馬南塘路，野老還迎舊使君。

又《芍陂堤上課各門監者種柳》 我昔獨臥泗水春，十年身老漁樵人。園中高閣臨河湄，千柳萬柳相映新。我今淮南末僚列，許身難比稷與契。操築日日芍陂頭，種柳猶課春時節。汝柳盡生我當歸，十年白髮頭更非。不見此老汝應悲，須憶陂頭種柳時。

又《孫叔敖廟》 安豐縣郭草離離，塘上巋然楚相祠。烏鵲朝啼南國樹，兒童醉臥峴山碑。百年兵火妖氛後，萬井桑麻霸業遺。高下諸門零落盡，前賢豈不後人期。

又《春大築芍陂即答劉生》 志士勳名豈盡同，當年孫鄧在安豐。將軍頗壯吞吳策，相國何慚纘禹功。擊鼓茅祠猶野祝，開帷玉佩自春風。腐儒實少籌時力，版築難通利濟窮。

又《老廟堤歌》 丈夫不封萬户侯，便應一耒老田疇。胡爲乘軒復課畚，于思遭譏聽者愁。丈夫事不蓋棺未可問，鼓刀飯牛性所近，唐喪七尺應有託，塞責五斗聊足奮。皇天高高白日疾，蛟龍霖雨兮草木結實。乘時利物無區殊，賢豪汩没何代無。

又《宿令尹廟重題》 茫茫陂水上，令尹有荒祠。任豈隨刊日，功留戰伐時。榻題依古木，風雨動虚帷。霸業懷襄盡，雄豪逝若斯。

又《改建楚相國孫叔敖廟樂神章》 熊繹昔全盛，霸業不兄規。緬彼兩令尹，實負王佐資。攘攘戰伐際，相道殷嘉師。美利富諸夏，至今留荒陂。蛟龍一寂寞，霖雨難爲施。象設失金鏡，神靈久支離。賊者罪滔滔，窮黎固如斯。頹屋夜鬱蒸，巫覡聲苦悲。前賢不可作，星駕悵理綏。於戲皇天運，信無往不復。皇帝四十載，陂黎業漸育。原自歲攝提，望古興鑿築。千徒被岡野，陰魄在盈朒。錯雜百五旗，如將令始肅。鼉鼓聲夕遲，壯夫歌振谷。其始或憚煩，其後忘拘束。畚鍤羞戟鋌，勿亟同且速。春女餉饁還，摘花各盈掬。方此迄四年，穜梁兩已熟。勞息如痛定，喜心翻歌哭。浩浩長陂水，阜口東北流。巨堰若四塞，阡陌羅九州。陂水廣且深，不獨美田疇。神物莫攸居，膏潤坐兼收。靈藏百寶興，庶幾厭誅求。淮南賦常絀，暫紓公私憂。陂成廟弈弈，河洛感王休。蕙綢鬱蘭藉，靈來若雲浮。紅女結舞隊，髦士揚輕謳。陂梗郁苾芬，陂菱雜庶羞。神功不可極，好樂常思憂。勿令棄爾勞，殘歌聽者愁。

又《阜口》 南陂百里水，此道鎮常流。赤岸爲迴斡，滄洲欲盡頭。灌輸吞郢鄀，吐納見謀猷。六代賢君相，無徒霸國羞。

又《十月安豐大築西堤寓李莫店舊館感成四十韻》 吾衰少安居，四寓主人屋。雖匪行邁日，旅食恆迫蹙。寒暄自屢殊，人事亦反復。向者五絳桃，燕爲爨下木。其歲在著雍，此華創吾目。四壁盡白雪，憑憑應前麓。公功雜幽興，春氣鬱逾淑。省檄清晨下，公徒輟何速。旌旗欻無色，父老向我哭。自兹理長楫，征人去三伏。邵竇天吴怒，波濤壓百谷。性命呼吸存，出險方觳觫。驚定旋作疾，瘧鬼旬乃戮。豺狼當天關，裂眥厭人肉。帝閽五尺懸，霰雪迷梁陸。漸類子敬主，阨遭文公僕。京洛盛親朋，言歸傷采遂。踉蹌偷入門，老妻進羹粥。相對頗無歡，世俗不足讟。悄悄萎冰蕙，悵悵失銀鹿。榮枯物莫憑，遑恤及贏縮。故舊逝將盡，老豈戀微禄。況乃升斗絶，但憂在公餗。乞歸歸未得，臣豈昧昔夙。末僚亦名器，志士在溝瀆。美陂三千年，蒼生命中畜。上實愧股肱，下焉辭版築。灌輸四萬頃，鎖鑰三十六。矯首望昔賢，未自顧駑碌。陂功數載餘，陂民無飽腹。作苦冀稼甘，喜兹慰所祝。庚積屬不收，群類蕃始育。晴波市魚菱，晚景喧樵牧。澒洞赤岸水，蕩摇青冥竹。斗牛搴裳上，蟾蜍濯手掬。宫廟

勢參差，倒影窮地軸。鷓翠循栖鳴，鵁青隔簾宿。草木十月交，花實紛馥郁。重來勸冬作，勝槩羡若族。茅檐燭花深，長吟激幽獨。

又《芍陂楚相祠》 楚相祠堂柏蔭清，芍陂晴藻碧烟横。欲知遺澤流長處，三十六門秋水聲。廉吏可爲終可爲，衣冠今古式威儀。野人欲采塘花獻，剛及西風稻熟時。

又《芍陂》 因川成利費經營，遙望東南盡稻秔。宿渚鷗鳧迷近遠，隨波荇藻任縱横。支渠派引千畦潤，隴畝村連百室盈。流澤於今還未艾，試聽放閘鼓歌聲。

又《孫公祠登樓漫興》 楚相祠邊落葉秋，登樓一望興悠悠。游人欲訪當年事，大澤於今并水流。

又《同方蟠三安豐城晚眺》 結伴尋幽境，來過廢縣中。深林隱古寺，落日映丹楓。城郭埋荒草，樓臺嘆轉蓬。芍陂猶未改，流水自西東。

又《安豐城晚眺》 西疇憑眺處，極目寂寥中。疲犢依衰草，寒鴉繞落楓。鐘鳴荒寺遠，礫散古城空。讀罷殘碑去，横塘月正東。

又《孫公祠眺白芍亭》 白芍亭何處，荒基隔水涯。我來祠畔望，秋思滿蒹葭。

又《謁楚相祠》 公爲三楚相，祠鎮芍西村。霸業當年壯，衣冠此日尊。埋蛇徵厚德，蓄水沐深恩。游客咸來謁，扁舟繫廟門。

又《詠楚相孫公》 虞邱一薦步青雲，相楚才名獨絶群。夏水冬山真善政，中權後勁實能軍。夷吾霸業争殊烈，鬬穀忠忱并勒勳。留得一塘千古利，壽陽黎庶不忘君。

又《芍陂雜咏》 伐吳勍旅此曾經，極目平原草色青。爲有屯田遺迹在，居人每拾犒軍瓶。西風十里藕花香，紅蓼灘邊鷗鷺凉。一帶長堤衰柳外，家家魚網曬斜陽。水禽時掠淺灘飛，烟靄蒼茫接翠微。好是輕風人放棹，紅蓮采得滿船歸。碧流如鏡覆青莎，岸外花香撲鼻過。何處牧童吹短笛，淺灘芳草放牛多。

又《楚相祠》 安豐舊縣草芊芊，楚相祠堂尚宛然。人去寢邱思未已，門臨芍水澤常綿。殘碑卧路淋秋雨，古柏撑空帶晚烟。優孟衣冠今在否，環塘俎豆自年年。

又《讀夏容川芍陂紀事書後》 珥筆居然信史伻，千年廢墜一朝修。家聲直欲綿驄馬，容川六世祖，康熙間御史。著述居然繼夏侯。博采風謡追大雅，敷陳要害寓良謀。芍陂紀載悲零落，珍重新編不易求。

又《孫公祠懷古》 巍巍難繼楚臣謳，令尹功名莫未休。叔季雄鋒猶耳熟，荆襄霸業屬誰謀。丹心早已輸千古，盛德今傳第幾秋。俎豆雖殘遺澤遠，芍陂清淺好田疇。

（光緒）《鳳陽縣志》卷一五《古迹考》 相祠，在芍陂，祀楚令尹孫叔敖，明知州劉概建。國朝桑日青《楚相祠詩》：安豐舊縣草芊芊，楚相祠堂尚宛然。人去寢邱思未已，門臨芍水澤常綿。殘碑卧路淋秋雨，古柏撑空帶晚烟。優孟衣冠今在否，環塘俎豆自年年。

雜録

三國魏 劉劭《皇覽·冢墓記》 楚大夫子思冢在當塗縣東山鄉，西去縣四十里。子思造芍陂。

《三國志》卷一《魏志·武帝紀》 ［十四年秋七月］置揚州郡縣長吏，開芍陂屯田。

《水經注》卷三二《肥水》 水又東北逕白芍亭，東積而爲湖，謂之芍陂。陂周百二十許里，在壽春縣南八十里，言楚相孫叔敖所造。魏太尉王凌案近刻訛作陵與吳將張休案原本及近刻并訛作張休文，今據《三國志》改正戰於芍陂，即此處也。陂有五門，吐納川流，西北爲香門陂，陂水北逕孫叔敖祠下，案近刻脱一陂字謂之芍陂瀆。

《水經注集釋訂譌》卷三〇《淮水》 壽州在鳳陽府少西南一百里，水去州二十五里。芍陂在州南，亦曰期思陂。《淮南子》曰：孫叔敖決期思之水，灌雩婁之野。

宋 吕祖謙《歷代制度詳説》卷一〇《屯田》 漢獻帝建安十四年秋七月，曹操引水軍自渦入淮，出肥水，軍合肥，開芍陂屯田。《通鑒》。

（嘉靖）《壽州志》卷六《禮制紀》 孫相公祠，在芍陂塘，祀楚相孫叔敖，知州劉□建。嘉靖己酉知州栗永禄重修。

（成化）《中都志》卷二 芍陂，【略】在安豐，即楚相孫叔敖所作期思陂。漢王景、魏劉馥、鄧艾、晉劉頌、齊垣崇祖、宋劉義欣、隋趙軌，皆嘗修治。首受滆之淠水，西自六安，北界騶虞石，東自濠州之南，横石水皆入焉。《輿地廣記》云：壽州安豐有芍陂，逕百里，灌田萬頃。故伏滔《正淮論》云：壽州龍泉之陂，良疇萬頃。《水經注》：東北逕白芍亭下，東集而爲湖，故謂之芍陂，周一百二十里許，在壽春縣南八十里。魏王淩與張休文戰于芍陂，即此處。陂北有孫叔敖祠。元大悳元年，復立芍陂等屯田。

又卷三　豐慶亭在芍陂上，以陂田水利垣埸豐稔，故名。

明　董説《七國考》卷二《楚食貨河渠附・芍陂》　《皇覽》云：楚大夫子思造芍陂水利。《通考》云：楚孫叔敖起芍陂，而楚受其利。《淮南子》：孫叔敖決期思之水，而灌雩婁之野，莊王知其可以爲令尹也。《一統志》云：孫叔敖爲楚相，截汝墳之水作塘以溉田，民獲其利。

明　周聖楷《楚寶》卷一《芍陂考》　按先大人司訓：壽春時作，《芍陂記》云：安豐塘，一名芍陂，在壽州通淝門外六十里，以芍亭汩而爲陂也，瀾三百餘里，六安、龍穴、横石諸水皆瀦焉，引之度灌田萬餘頃。《淮南子》曰：孫叔敖決期思之水，而灌雩婁之野。莊王知其可以爲令尹，即此地也。又陳後山《談藪》曰：壽之安豐塘，楚相孫叔敖之所築也。至今賴之，塘西有廟焉，塘上之木花皆西向，子皆東向。

清　戴震《水地記》卷三《淮水》　又東北逕白芍亭東積而爲湖，謂之芍陂，陂周百二十許里，在壽春縣南八十里。言楚相孫叔敖所造，陂有五門，吐納川流，西北爲香門，陂水北逕孫叔敖祠下，謂之芍陂瀆。

清　鄧顯鶴《南村草堂文鈔》卷二〇《芍陂考》　按原按云云：當是周氏述其先人美政，然當有聖楷二字。今按《水經》，肥水別北過其縣西北入芍陂，注芍陂水，上承澗水于五門，南別爲斷神水。又東北流逕五門亭、東亭，爲泉水之會也。又東北逕白芍亭東，積而爲湖，謂之芍陂，陂周一百二十許里，在壽春縣南八十里。言楚相孫叔敖所造，陂有五門，吐納川流，西北爲香門，陂水北逕孫叔敖祠下，謂之芍陂瀆。又按《北史・趙軌傳》：轉壽春州總管長史，芍陂舊有五門堰，蕪穢不通。軌勸課吏人，更開三十六門，灌田五千餘頃，人賴其利。

清　梁履繩《左通補釋・補釋》一四　敗諸汋陂。【略】汋陂，即芍陂也。《廣韻》云：芍陂在淮南七削切。又云：芍陂，名在壽春七爵切，今在安徽鳳陽府壽州境。

又一九　雩婁，今屬安豐郡。《淮南子》：孫叔敖決期思之水，灌雩婁之野。《人間訓》：期思水，即芍陂也。案《南史・下琳傳》：孫叔云亡仍芍陂而植楸檟，今雩婁城在江南安徽潁州府霍丘縣西南，期思城在河南光州固始縣境，二邑相鄰并也。《水經注》云：雩婁縣，故吴也。決水注此，誤。《傳》原云：聞吴有備而還，是不入吴境也。又爲叔敖陂水所溉，案本《後漢書》循吏王景傳。其爲楚地明矣，春秋地名。考略九《史記》：吴王餘祭十一年，楚伐吴，至雩婁。《服虔》亦曰：楚之東邑。大事表七之四，案昭五年，薳啓彊待命于雩婁，所以備吴，料無屯師別境之理。餘見文十年鄭皇頡戍之解。皇頡，鄭大夫。

清　錢泳《履園叢話》卷一八《芍陂》　芍陂，在壽州南八十里。春秋時爲楚相孫叔敖所造，陂周三百二十四里，横徑百里，陂有五門，上承淠水，吐納川流，西北爲香門，陂水北流經系叔敖廟下，謂之芍陂瀆。又北分爲二水，一水東注爲黎漿，一水曰葛瀆。又北流入壽春城中，又北逕相國城東，又北出城注淝水。《壽州志》云：西自六安州龍穴山，東自濠州横石，東南自龍池山，其水胥會于此。按《後漢書》：建初八年，王景爲廬江太守，郡界有故芍陂稻田，景率吏民修起蕪廢，灌田可萬頃，境内豐贍。《魏書志》：建安五年，劉馥修芍陂堰。《宋書》：高祖遺毛修之復芍陂，灌田數千頃。又長沙王義欣鎮壽陽，使參軍殷肅因舊溝引淠水入芍陂，溉田萬餘頃。自唐、宋、元、明以來，或浚或廢。本朝順治十二年，壽州知州李大升又修之，真萬世之利也。

清　顧炎武《肇域志》卷一　安豐縣在州南六十里，今爲安豐鄉。有芍陂，今名安豐塘，楚孫叔敖所築。東漢廬江太守王景、魏鄧艾、宋豫州刺史、長沙王義欣，皆重修之，與陽泉陂、大業陂并，灌田可萬頃。下蔡縣，在北二十里。蓼縣，在州南安豐鄉。

清　黄景仁《兩當軒全集》卷一一《孫叔敖祠》　三時巫覡舞婆娑，四壁碑題□蘚蘿。循吏傳開名領袖，寢邱封古廟嵯峨。生前遇合樊姬笑，死後悲歡優孟歌。借問貪廉何計得，芍陂千頃自澄波。

清 許鳴磐《方輿考證》卷五〇《山川》 芍陂，一曰安豐塘，又曰期思陂。昔人謂孫叔敖所作也，在壽州東南，爲淮南水利之最。《漢書·地理志》：六縣如溪水，首受沘，東北至壽春入芍陂。按沘，即今淠河，自六安州北流至霍邱縣，東境分支東出，曰清河，注於芍陂。《後漢書·王景傳》：遷廬江太守，郡界有楚相孫叔敖所起芍陂稻田，景乃修起蕪廢，教用犂耕，由是墾闢倍多，境内豐給。太子賢注：陂在壽州安豐東，陂經百里，田萬頃。三國《魏志·太祖紀》：建安十四年春三月，軍至譙，作輕舟，治水軍，軍開芍陂屯田。又《劉馥傳》：廣屯田，興治芍陂及茹陂、七門、吴塘諸堨以溉田。又《吴志·孫權傳》：赤烏四年，遣將將軍全琮攻淮南，決芍陂，燒安城邸閣，琮與魏將王陵戰於芍陂，中郎將鍾晃等十餘人戰死。《晉書·穆帝紀》：永和九年，姚襄進據芍陂。又《劉頌傳》：爲揚州修治芍陂。又《伏韜傳》：龍泉子陂，良疇萬頃。《宋書》：長沙景王道憐傳子義欣。元嘉七年，鎮壽陽時，芍陂良田萬餘頃。堤堨久壞，夏秋常苦旱，義欣使咨議參軍殷肅，循行修理，有舊溝引淠水入陂，不治，積久樹木榛塞，肅伐木開榛水，得通注，旱患由是得除。又《食修之傳》：高祖將伐，先遣修之，復芍塘，起田數千頃。《齊書·垣崇祖傳》：建元二年，爲豫州刺史，修理芍陂田。《梁書·裴邃傳》：普通四年，始修芍破。《隋書·地理志》：安豐有芍陂。按開皇中，趙軌爲壽州長史，芍陂舊有五門，軌更開三十六門，溉田五千餘頃。《舊唐書·地理志》：安豐有芍陂，灌田萬頃，號安豐塘。按上元中，置芍破屯。《宋史·李若谷傳》：知壽州，豪右皆分占芍陂，陂皆美田，夏雨溢壞，田輒盜決，若谷責冒田者，逐之。每決，調瀕陂諸豪使塞堤，盜決乃止。又《張旨傳》：明道中，命知安豐縣，大募民輸粟以給饑者。既而浚淠河三十里，疏洩支流注芍陂，爲斗門，溉田數萬頃，外築堤以備水患。《元史·世祖紀》：至元二十三年，立淮南洪澤、芍陂兩處屯田。又《沙全傳》：至元十二年，請於行省屯田於淮南之芍陂。《明史·河渠志》：永樂十二年，修鳳陽安豐塘水門十六座。成化二年，修壽州安豐塘。《水經注》：芍陂周一百二十許里，在壽春縣南八十里。言楚相孫叔敖所造。魏太尉王陵與吴將張休大戰於芍陂，師此處也。陂有五門，吐納川流，西北爲香門陂，水北經孫叔敖祠下，謂之芍陂瀆。《通典》：安豐有芍陂，孫叔敖起。又云齊、梁時，立屯田，無復輸運。《寰宇記》：安豐縣芍陂在縣東一百步。《淮南子》云：楚相作期思之陂，灌雩婁之野。又《輿地志》、崔寔《月令》云：孫叔敖作期思陂，即此。漢王景爲廬江太守重修起之，境内豐給。齊、梁之代之多屯田於此。又按陂上承淠水，南自霍山縣，北界騶虞古，人號曰豪水。見《水經注》：北流注陂中，凡經百里，灌田萬頃，陂上有令尹祠，甚嚴。按期思雩婁俱見河南光州。《華夏對境圖》：芍陂周二百二十四里，與陽泉、大業并，子思作引淠水，爲子午渠，開六門。按《郡國志》劉昭注引《皇覽》云：子思作芍陂。陽泉，即陽淵，見霍邱大業，蓋取皋陶字爲號也。《通釋》：芍陂，即孫叔敖所作期思陂。漢王景，魏劉馥、鄧艾，齊垣崇祖，皆修復之，首受淠水，自六合北界騶虞石，東至壽州之南，横石水皆入焉，灌田萬頃。《通志》：以水經芍亭，積而爲湖，故曰芍陂。原設五門，後更開三十六門，今又作減水牐四座，水漲則開門以疏之，水消則閉門以蓄之，三百餘里，支流分注，溉田一萬餘頃。國朝順治十二年，壽州知州李大升重修安豐塘，按芍陂爲淮南大利。今陂已減古之半，而堤岸殘缺，斗門損壞，又亟待修理矣。西湖在壽州西，《通志》：在州西門外，一名熨湖，又名熨升湖。《水經注》云：羊頭溪水受芍陂，西北流經熨湖是也。按今湖大勢已湮，南屬壽州，北屬鳳臺，半爲豪民所占，其餘則爲鎮兵牧場，兵民輒相搆争，亦急宜清理者也。

清 張鵬翮《治河全書》卷一二 安豐塘，在州南六十里廢安豐縣，即芍陂也，楚令尹孫叔敖作，以溉田萬頃。元立芍陂屯田，明永樂中，修治開三十六門，并四閘。

（嘉慶）《鳳臺縣志》卷一《輿地》 水道提綱：淮水經壽州北，有芍陂沿河水自東南來注之。注云：芍陂塘在壽州東南，周數十里，其西南支津西南流合清河西北入淠水，其西北支津西北流，曰沿河，經州城東北，又西北經兩山入淮。按齊氏於入淮之水，不著肥水，蓋即名之爲沿河也。今肥河，亦有鹽河之稱，以向時運鹽舡自此達瓦埠耳。壽州東有一水，自定遠縣西流至州東南瓦埠之北入肥，土人亦名爲沿河。肥水上流，地志頗多舛異，就今時水道言之則自合肥，發源之水歷歷可稽，不當舍肥水正名而稱沿河。芍陂水即安豐塘，首受淠泄，委流下流，一支入肥，一支仍入淠，今不著芍陂之源，而云沿河出芍陂，尤謬。至云經兩山入淮，則又以夏肥入淮處爲東肥入淮處矣。齊氏書于淮水條下牴牾特多，不知其何據也。

（光緒）《鳳陽縣志》卷一〇上《水考上》　大香河即芍陂瀆。瀆自芍陂之香門北流，至古城分爲二水：一由三里橋注城濠，至北門外入肥；一由二里橋注城濠，至南門外入肥。

又卷一〇下《水考下》　芍陂，在州南六十里，亦曰期思陂，又爲龍泉陂，今名安豐塘，周一百二十里，溉田萬餘頃。州志云：舊有五門，隋趙軌更開三十六門，後存二十八門，滚水壩一，減水閘二。有義民，有塘長，有門頭，有閘夫，啓閉以時，來源三，一淠水，今湮塞。一肥水，今失故道。一龍穴山水，發源六安州龍穴山，由萊河會番山白堰河、石堰河水入陂。顧祖禹《讀史方輿紀要》：芍陂，在安豐城南百步。《淮南子》：孫叔敖決期思陂之水，灌雩婁之野。《意林》：孫叔敖作期思陂，而荆之土田贍。《水經注》：肥水東北逕白芍亭東，積而爲湖，謂之芍陂，周百二十里，在壽春縣南八十里。陂有五門，吐納川流，西北爲香陂門，北逕孫叔敖祠下，謂之芍陂瀆。又北分爲二水，一東注黎漿，一北至肥水。《皇覽》：楚大夫子思造芍陂。崔實《月令》：孫叔敖作期思陂。《華夷對鏡圖》：芍陂，周迴二百四十四里，與陽泉、大業陂并。孫叔敖所作閔溝，引淠水爲子午渠，開六門，灌田萬頃。《通釋》：勺陂首受淠水，西自六安，北界騶虞石，東自濠州之南，横石水皆入焉。《後漢·王景傳》：建初八年，徙廬江太守，郡界有故芍陂稻田，景驅吏民修其蕪廢，灌田可萬頃，由是境内豐給。《魏志》：建安十四年，曹操軍譙，引水軍自渦入淮出肥水，軍合肥，開芍陂屯田，蓋自芍陂上施水則至合肥也。建安五年，劉馥爲揚州刺史，鎮合肥，廣屯田，修芍陂、茹陂、七門、吴塘諸堨，以溉稻田，公私有積，曆代爲利。後鄧艾重修此陂，堰山谷之水，旁爲小陂五十餘所，沿淮諸鎮，并仰給於此。《吴志》：赤烏四年，全琮略淮南，決芍陂。魏將王凌與琮戰于芍陂，琮敗還，晋初丁奉諸葛靚皆出芍陂攻合肥。又劉頌爲揚州，亦修治芍陂。永和八年，謝尚與符秦將符雄戰于許昌，敗奔淮南，姚襄送尚于芍陂。九年，姚襄自淮南進據芍陂，尋徙屯於盱眙。伏滔曰：龍泉之陂，良疇萬頃，謂芍陂也。宋元嘉七年，長沙王義欣爲豫州刺史，鎮壽陽，芍陂久廢，義欣修治堤防，因舊溝引淠水入陂，溉田萬頃，無復旱災。齊建元二年，豫州刺史垣崇祖修理芍陂屯田。隋開皇中，趙軌爲壽州長史，芍陂舊有五門堰，軌更開三十六門，灌田五千餘頃。唐上元中，亦於壽春置芍陂屯田。《元和志》：芍陂周二百二十四里，逕百里。宋熙寧中，嘗議修治。元至元二十一年，江淮行省言：安豐芍陂可溉田萬頃，若立屯田，實爲便益。從之。於安豐立萬户府，屯户一萬四千八百有奇，後廢，夫芍陂淮南田賦之本也。曹公置揚州郡縣，長吏開芍陂屯田，而軍用饒給。齊、梁間，皆於芍陂屯田，而轉輸無擾，乃棄而不事，何歟？《壽州志》引《明史·河渠志》，永樂十二年，修鳳陽安豐塘水門十六座。成化二十年，修壽州安豐塘。十九年，監察御史魏璋發官銀一千餘兩修芍陂，有記。嘉靖二十七年，知府栗永路重修，有記。立退溝爲界。隆慶二年，知州甘來學修芍陂，又立新溝爲界。萬曆十一年，知州黄克纘重修，立積水界石，有紀。四十三年，後兵備道賈之鳳、知州閻同賓、州同朱東彦又修之。國朝順治十二年，知州李大升重修芍陂，有記。康熙三十七年春，知州傅君錫詳請復修，州同顔伯珣董其役，築新堤二，修復二十七門。三十八年春，補築新移門，築梁家窪。三十九年夏，疏理諸溝，禁絶流築壩。四十年春，築江家潭，種柳七百株，增築廟，東堤夏浚，皁口秋增，築沙澗堤，作孫相國新廟。有州人張逵顔公重修芍陂碑記及伯珣自作碑記。四十一年秋，補築老廟口。四十二年春，大鑿皁口，復水故道，作新廟兩廡。雍正九年，知州饒荷禧於塘南建滚水石壩，塘北修鳳皇閘以洩餘水。乾隆二年，知州段文元詳請官銀三千兩有奇，改修滚水石壩。乾隆十四年，知州陳韶詳請官銀一萬三千兩有奇，挑浚塘身，修築塘埂。三十七年，知州鄭基詳請重修，有碑記。嘉慶十年，生員東廠等呈稱六安州民晃在典等，於上游高家堰等處中流築壩阻遏來源。巡撫胡克家委員會勘，檄飭拆毁，仍勒石示禁，以杜後訟。二十三年，士民陳廠等捐修鳳皇閘。道光五年，六安民晃燕愷等復築壩阻截水源。署知州傅懷江詳請鳳廬道戴聰親詣履勘，飭令拆毁。八年春，知州朱士達捐廉銀一千兩，會州同長春捐廉銀一百五十兩，倡勸環塘士民許廷華、江善長等輸助重修，衆興壩皁口閘，疏通中心溝一道，長五十餘里，挑挖塘身，增補堤埂，改修鳳皇閘坦陂，更换各水門石版、木椿之朽裂。二月興工，九月竣事，用銀一萬一千七百六十四兩有奇。冬十一月，復以塘工餘銀，增捐重葺孫公祠，并有記。十八年，生員戴秉衡等呈稱塘民開田，經總督陶澍札飭本府舒夢齡查勘示禁，知州續瑞勒諸石。同治五年，知州施照重修滚壩，有記。光緒三年，候補道任蘭生撥款修浚塘堤、橘閘、溝壩、水門及孫公祠，用制錢三千一百五十六千四百五十四文，州人孫家鼐有記。十五年，巡撫陳彝撥銀四千餘兩，浚治芍陂、大土門，既爲民所私廢，復添設永安門，仍爲二十八門。州同宗能徵有安豐塘《水源全圖記》。

又卷一一《建置考》 楚相孫公祠，在芍陂，祀楚令尹孫叔敖。明知州劉槩建栗永禄修。

又 鄧公祠，在芍陂，祀三國魏鄧艾。

又 舒公祠，在芍陂，祀明巡按御史舒公。名失考，明萬曆間梁子琦作記。

又 顔公祠，在芍陂，祀州同顔伯珣。

（光緒）《壽州志》卷三《輿地志》 大香河，古名芍陂瀆，出安豐塘大香門，歷老軍營、雙古堆至古城分爲二水，其由二里橋注城濠入肥者，舊志稱爲運河，安豐縣之運河也。明初，縣廢，河遂淤。州人梁子琦欲引芍陂之水達州城，復古制，言於巡按御史舒公請疏之，而工未竟。今故迹尚存。

又吴明徹堰，在州治西北，陳吴明徹築。明徹陳將築堰，所以困王琳。《太平寰宇記》謂徹引芍陂水以灌壽春，在州西北三里。按芍陂水在城北入肥，故亦得迪言之，當亦在垣崇祖作堰處。

又鄧公廟，在南州芍陂上，祀魏鄧艾。艾嘗於芍陂置屯田，故祀之。見明《一統志》，今廢。

（光緒）《壽州志》卷六《水利志》 芍陂，在州南六十里，亦曰期思陂，又爲龍泉陂，今名安豐塘。楚令尹孫叔敖所造，周一百二十里，灌田萬餘頃。舊有五門，隋趙軌更開三十六門，後存二十八門。滚水壩一，減水閘二。舊四閘，今惟鳳凰閘、皁口閘存，其文運閘、龍王廟閘并廢 有義民、有塘長、有門頭、有閘夫，啓閉以時。來源三：一淠水《漢書·地理志》：沘山，沘水所出，北至壽春入芍陂。又如溪水，首受沘，東北至壽春入芍陂。沘或作水淠 今湮塞；一肥水見《水經注》，詳上《山川志》肥水條下及下顧氏論 今失故道；一龍穴山水，發源六安州龍穴山由萊河，一（日）［曰］蔡河 會番山白堰河、石堰河水入陂。考《後漢書》以後曆代史傳及《淮南子》、《皇覽》等書所載，造修芍陂原委。國朝顧祖禹《讀史方輿紀要》徵引綦詳，今將顧氏論正書於後，而以史籍之煩簡異同處分注於各條下，以省繁複。至歷代職官有事芍陂，詳見於後《名宦傳》者亦不備録。 《讀史方輿紀要》曰：芍陂在安豐城南百步。《淮南子》：孫叔敖決期思陂之水灌雩婁之野。《意林》：孫叔敖作期思陂而荆之土田贍。《水經注》：肥水東北逕白芍亭東，積而爲湖，謂之芍陂。周百二十里，在壽春縣南八十里。陂有五門，吐納川流，西北爲香陂門。北逕孫叔敖祠下，謂之芍陂瀆。又北分爲二水：一東注黎漿，一北至肥水。《皇覽》：楚大夫子思造芍陂。崔實《月令》：孫叔敖作期思陂。《華夷對境圖》：芍陂周回二百二十四里，與陽泉、大業陂并孫叔敖所作，開溝引淠水爲子午渠，開六門，灌田萬頃。《通釋》：芍陂首受淠水，西自六安，北界騶虞石，東自濠州之南，横石水皆入焉。《太平御覽》曰：芍陂上承淠水，南自霍山縣，北界騶虞石人，號曰濠水。是北流注陂中，凡經百里，灌四萬頃。按濠水之名《水經注》，作豪，又謂之斷神水，詳《山水志四》，疑是田字之訛。《後漢書·王景傳》：建初八年，徙廬江太守，郡界有故芍陂稻田，景驅吏民修其蕪廢，灌田可萬頃，由是境内豐給。《魏志》：建安十四年，曹操軍譙，引水軍自渦入淮，出肥水，軍合肥，開芍陂屯田。蓋自芍陂上施水則至合肥也。按芍陂上施水故道，今已湮塞，《合肥縣志》辨之甚詳。建安五年，劉馥爲揚州刺史，鎮合肥。廣屯田，修芍陂、茹陂、七門、吴塘諸堨以溉稻田，公私有積，歷代爲利。後鄧艾重修此陂，齊王芳正始四年，詳屯田 堰山谷之水，旁爲小陂五十餘所，沿淮諸鎮并仰給於此。《吴志》：赤烏四年，全琮略淮南，決芍陂。魏將王凌與琮戰於芍陂，琮敗還。《水經注》作魏太尉王凌與吴將張休戰於芍陂，即此處也 晉初，吴丁奉、諸葛靚皆出芍陂攻合肥。又劉頌爲揚州，亦修治芍陂。永和八年，謝尚與苻秦將苻雄戰於許昌，敗奔淮南，姚襄送尚於芍陂。九年姚襄自淮南進據芍陂，尋徙屯於盱眙。伏滔曰龍泉之陂，良疇萬頃，謂芍陂也。宋元嘉七年，長沙王義欣爲豫州刺史，鎮壽陽，芍陂久廢，義欣修治堤防，因舊溝引淠水入陂，溉田萬頃，無復旱灾。《宋書·宗室傳》：夏秋常苦旱，遣咨議參軍殷肅循理 齊建元二年，豫州刺史垣崇祖修理芍陂屯田。隋開皇中，趙軌爲壽州長史，芍陂舊有五門堰，軌更開三十六門，灌田五千餘頃。《隋書・地理志》：扬州淮南郡安豐縣有芍陂 唐上元中，亦於壽春置芍陂屯田。《元和志》：芍陂周二百二十四里，逕百里。宋熙寧中，嘗議修治。《宋史・河渠志》：熙寧九年正月壬午，劉瑾言：『壽州安豐縣芍陂可興置，欲令轉運司選官覆按。』從之 元至元二十一年，江淮行省言：『安豐芍陂可溉田萬頃，若立屯田，實爲便益。』從之。於安豐立萬户府，屯户一萬四千八百有奇，見《元史・兵志》，詳屯田 後廢。夫芍陂，淮南田賦之本也，曹公置揚州郡縣長吏，開芍陂屯田而軍用饒給，齊、梁閒皆於芍陂屯田而轉輸無擾。乃棄而不事，何歟？以上皆顧氏論 明永樂十二年，修鳳陽安豐塘水門十六座。《明史・河渠志》 按《舊志》有『明永樂閒户部尚書鄺埜督夫二萬脩芍陂』等語，考《明史・成祖紀》及埜本《傳》，皆無之然。《舊志》復載成化閒金銑《魏公重修塘記》，亦云我朝鄺埜常修築，是時去永樂未甚久遠，言必有據，或《河渠志》所云永樂年修即埜督工，史體謹嚴，故未詳載埜之職名歟？又按國朝顏伯珣《記》，云鄺埜奉命治芍陂，由壽民畢興祖上書請修也，未知所據，《記》詳後 成化二年，修壽州安豐塘。《明史・河渠志》 十九年，監察御史魏璋發官銀一千餘兩修芍陂，有《記》。金銑《御史魏公重修芍陂塘記》曰：芍陂，春秋時楚相孫叔敖所作，在壽州南境，以水逕白芍亭積而爲湖，故謂之芍陂。陂受淠水，西自六安騶虞石東，南自龍池山，其水胥注於陂。舊有五門，隋趙軌開三十六門，今則有減水牐四座，輪廣三百里，溉田四萬餘畝，歲由豐稔，民用富饒。陂之中有亭曰慶豐，今廢，此其大略也。漢王景、劉馥、鄧艾，晉劉頌，宋劉義欣，齊垣崇祖，我朝鄺埜百常修築。歲久，水失故道，陂日就毁，居民乘之得以日侵月占，掩爲己私。成化癸卯，監察御史鄢陵魏公璋來按江北列郡，駐節壽州，慨然以興復爲己任，縛侵陂者正其罪，撤其廬，盡復故址，命知州陳鎰、指揮使鄧永大修堤堰，浚其上流，疏其水門，甃石牐，覆以屋儲，闢水□索，俾謹開閉，且命新叔敖祠，啓功垂成。適魏公受代還朝，陳君擢守南陽，其事中止，居民貪得之心復萌。甲辰，監察御史歷城張公鼐繼按其事，將悉置於法，頑民咸悔過目訟，乃嚴命指揮戈都督工，期月告成。合肥陳公銑聞而悦之，謂二公之功不減於叔敖，屬余記其事。銑既受命，放是乎書。《舊志》：芍陂發源六安龍穴山，正統閒，六安奸民將上流朱灰塘、李子灣中流築壩掩爲己私。成化癸卯。鄢陵魏公按巡江北。委指揮戈都董工。合州衛兵夫匠役，重修門、牐。縛侵陂者罪之。未幾代去。頑民董元等復占如故。成化丁未，知州劉公槩、指揮戈都奏行勘問，二載未復。(宏)[弘]治己酉，州同董豫甫任事，首以墾田均水爲務，請於巡撫李昂，檄下指揮胡□偕、六安指揮陳釗會勘，參考古典，指照舊迹，衆皆輸服，朱灰塘壩五道，開其三；李子灣壩四道，開其二。惜立法未能盡善，後典守稍疏，頑民占種发故。嘉靖二十七年，知州栗永禄重修，有《記》。修撰黄廷用《重修芍陂記》曰：孫叔敖爲楚相，勤恤民生，惠施無疆，嘗於壽州南引六安流溪、淠、沘三水，瀦之以塘，環抱三百餘里，可溉田萬餘頃，居民賴之。漢王景、魏鄧艾、宋長沙王義欣，至我明鄺、魏二君，相繼修葺，以不承前志。歲久，塘中淤積可田，豪家得之，一值水溢則惡其侵厲，盗决而陰潰之矣，頽流滔陸，居其下者苦之。嘉靖丙午，兵憲許公涖兹土，知塘始末狀，謀之州刺史栗君。越明年，丁未正月，會議州治，歷塘而觀，度地量期，計徒審庸，檄所轄者，浚淤積，上流列堤而捍之。揭官宇一所，殺水閘四，疏水門三十六，踊水橋一。昔利塘病民者不深咎，直藉其力；其因塘之利者悦以使之，而忘其勞。時則臺使路公偕、許公暨鳳陽郡守李君往觀曰：美哉塘也！浩淼紆迴，波流萬頃，啓閉盈縮，各以其時，其平成永，殖之休也！善衆宜入，惠莫大焉！戊申夏，工成，澤鹵之地自兹無歉歲，壽之人不有河洛之思矣乎！路公名可由，曹人；許公名天綸、李君名愈，栗君名永禄，皆晉人。諸執事經理其功於塘者若干人。別有《志》。按流溪之名，古所未聞，《漢書・地理志六》：安國入芍陂之水爲如溪，《水經注》謂之濡溪，蓋泄水也。沘即淠，濡溪亦沘水，所分非有二水 立退溝爲界。隆慶二年。知州甘來學修芍陂。又立新溝爲界。并詳下黄克纘立《界石記》 萬歷十一年，知州黄克纘重修，立積水界石，有《記》。《記》曰：芍陂塘上引六字、孫家灣及朱灰革三水入塘，灌田萬頃，其界起賢姑墩，西歷長埂，轉而北至孫公祠，又折而東至黄城寺，南合於墩圍，凡三百里，爲門三十有六，乃水利之最鉅者也。成化閒，豪民董元等姑竊據賢姑墩以北至雙門鋪，則塘之上界變爲田矣。嘉靖中，前守栗公永禄興復水利，欲驅而遠之，念占種之人爲日已久，墳墓廬舍星羅其中，不忍夷也。則爲退溝以界之，若曰田止退溝，踰此而田者罪無赦。栗公去，豪民彭邦等又復竊據退溝以北至沙澗鋪。未已也而塘之中界又變爲田矣。隆慶閒，前守甘公來學載議興復，然不忍破民之廬舍，從前志也。則又爲新溝以界之，凡田於塘之内者，每畝歲輸租一分以爲常。若曰田止於新溝，踰此而田者罪無赦。未幾而新溝以北，其東爲常從善等所竊據矣，西則趙儒等數十輩且蔓引而蠶食也。以古制律，今塘種而田者十之七，塘而水者十之三，不數年且盡爲田矣。夫開荒廣土，美名也；授田撫竄，大惠也。鮮不輕作而樂從之，豈知田於塘者，其害有三：據積水之區，使水無所納，害一也；水多則内田没勢必盗决，其埂衝没外田，害二也；水一洩不可復收，而内外之禾俱無所溉，害三也。利一而害三，則利有不可從，況舉内外之田而兩棄之，又何利也？余繼二公後，發憤於越界之人，欲盡得而甘心舊矣。又以若輩皆居處衣食其中，視爲世業，於是逐新溝以北，迤東而田者常從善、常田等二十餘家，得七十五頃；迤西而田者趙儒等十餘家，得二十餘頃。復爲水區，溝南舊有小埂，歲久湮没，乃益增而高之，以障内田，使小水不得入，且令越界者無所逞，塘長張梅等請立石以爲記。嗚呼！石可立也，亦可仆也，且余能禁彼不移向北乎？然爲苟且一時之計，亦無過於此矣。因書此於石，樹之界上，界以新溝爲準，東起常子方家後，貫塘腹，西至婁仁家後云。四十三年，後兵備道賈之鳳、知州閻同賓、州同朱東彦又修之。見下顏伯珣《碑記》 國朝順治十二年，知州李大升重修芍陂，有《記》。《記》曰：安豐塘週圍數百里，受洙、淠、沘三水，蓄洩以時，灌田萬頃。自明季後，沖决新倉之口，淤寒引水之河，□草滿埂，旱魃無救，民不獲其利者於今三十餘年。余自癸巳夏來守壽州，詢諸利弊，知此塘爲壽土第一利。乙未春，會環塘士庶周生成德等，相視其廢壞處，所度而計之，選夫千餘，先疏河道之壅塞者一百四十餘丈，再築新倉、棗子門沖決二口，高厚約十數丈有綿，長俱不下百尺許。復捐俸理其門、閘，補其塘、岸，不月餘間，大略粗完。具文報兵憲沈公，公大喜，亦捐俸飭修。是歲夏苦旱，惟安豐全獲有收。及十月之中，仍視其未完者，爲卒其工，其減水閘中心兩溝皆一一疏浚。如見庶可以報成功矣，若保其久而不替，是所望於後之君子焉。按洙水，當是朱灰革水，淠、沘，亦沿黄説之訛 康熙三十七年春，知州傅君錫詳請修復，州同顔伯珣董其役，築新堤二，一自廟左垣，東至老廟，十里；一自沙□，南折至雙門鋪，十五里 補增舊堤，自廟右垣，西南至沙澗，十五里 修復二十七門。三十八年春，補築新移門，三十七年夏，爲南陂人所盜決 築梁家窪。三十九年夏，疏理諸溝，禁絶流築壩。四十年春，築江家潭，種柳七百株，增築廟東堤。夏，浚皁口。秋，增築沙澗堤。南至李木店 作孫相國新廟。有州人張逵《顔公重修芍陂碑記》及伯珣自作《碑記》張逵《記》曰：芍陂，以水逕自芍亭，積而爲湖，故謂之芍陂。而其地屬安豐，故又謂安豐塘。本五門，後更開三十六門，後更設減水牐以備蓄洩，輪廣三百餘里，支流派注，溉田五千餘頃，蓋壽之水利也。曆漢、唐、宋、元、明，不時修舉，然旋修旋圮，無有實享其利者。曲阜顔公來佐是州，慨然以興復爲己任。康熙三十七年興工，親督夫役，廣咨訪，妙區畫，大寒盛暑不輟，功工垂成，會府牒至，命公監輪顔料，辭不獲，遂就道。既去，近塘之奸民暗穴之，防大決，波濤澎湃之聲聞数十里，民出，素不被水者多波及焉。塘之頑愚，復開堤放壩，竭澤而漁，道路相望，夜以繼日，不一月而塘涸矣。三十九年春，公訖事還，復命駕往，縛奸頑者罪之。工再興，兩閲月而竣，因悉赦有罪，責以輪守，著爲令。一門圮，罪常守者，歲由是稔，民用以餘。方工之初興也，人群尤之，至是歌誦弗置，士人將立祠於孫公祠旁，以志不朽。逵謹記其梗槩如此。康熙庚辰十月，壽陽張逵撰。顔伯珣《記》曰：康熙二十九年，余選吏部，授壽州丞，讀州《志》載：孫叔敖治大、小陂三，安豐爲最。鉅自秦漢迄今三千餘年，代有廢興，至明成祖永樂間，壽民畢興祖上書請修復，上命户部尚書鄺埜駐壽春，發徒二萬人治之。成化間，巡按御史魏璋大發官錢，嗣其餘烈。嘉靖間，巡按御史路可由、潁州兵備副使許天倫、州守栗永禄興復之。萬曆間，兵備賈之鳳、州守閻同賓、州丞朱東發又復之。國朝順治十二年，州守李大升又繼修焉，今又曆四十餘年矣。三十六年秋，陂之士沈捷上書於州守傅公、中丞李公，力請修復，并請檄余董其事。沈生毅然爲環陂倡，各憲僉允其請。明年春，徵徒千人誓於孫叔敖廟經始焉。陂分二路，路有長；注水三十六門，門有長；其吐納四閘，未及焉。路長職籍徒廩餼，門長司鼓旗，鍬者、簣者、版者、杵者一視旗爲嚮、爲域，聽鼓聲與邪許聲相和，答取進止，朝赴而暮歸，就繩束重，作三十六門，南、北堤堰三十里，陂水成泓矣。三十八年，余奉檄監采丹錫，入貢京師，於是罷役。三十九年夏四月，旋自京師，六月復至陂，經理其溝洫。四十年春正月，築江家潭。三月自孫叔敖廟訖南老廟增堰堤，廣上五尺，長十里，開復皁口閘、文運閘、鳳凰、龍王廟凡四閘，置守堠。六月，勸民作孫叔敖廟，一恢舊制。十月復築瓦廟、沙澗堤堰，各廣上五尺，長六七里。十一月，築棗子門，自經始迄兹，凡四載，堤、岸、門、閘吐納防衛之道，鎖、鑰、畚、杵之器，樹、藝、漁、蘇之約，友、助、報、本之義，無不備悉講求。先後依堤植千樹柳，明年將返舊林，不知他日或能過此作漢南吟乎？沈生近陂而寡産，倡義而不私，其親是能忘仲淹之志者。中丞州守聽言不惑，無愧於擁節鉞佩方符也。余竭蹶補苴，苟利一方，得上附數公之末，故樂序其事云。康熙四十年辛巳，壽州丞曲阜顔伯珣相叔記。四十一年秋，補築老廟口。四十二年春，大甃皁口，復水故道，作新廟兩廡。雍正九年，知州饒荷禧於塘南建滚水石壩，塘北修鳳凰閘，以洩餘水。乾隆二年，知州段文元詳請帑銀三千兩有奇，改修滚水石壩。環塘士民亦輸助銀四千兩有奇 乾隆十四年，知州陳韶詳請帑銀一萬三千兩有奇，挑浚塘身，修築塘埂。《席范志》曰：壽州水利安豐塘，爲《大舊志紀》載甚詳，大約欲得塘之利必先去塘之害，以其源出六安龍穴山，匯流溪、沘、淠之水，而中隔於六安、朱灰塘。李子灣築壩，故治奸民而禁之，所以裕其源也。水自南來，而其地皆膏腴，占塘爲廬舍，爲圍田財，塘内漸狹。而且以塘爲田，又因水譁而盜決其堤之弊，立碑爲界，所以通其流也。塘之長原百里，週三百，及後止週一百二十里。塘水由衆興，集牛角鋪順河直下，緑河爲堤極北，而堤乃東轉以横截之，堤之上慶豐亭久廢矣，孫公祠猶存也。懼水之過漲，南堤築滚水壩，北堤建鳳凰閘，皆所以減其水而使無衝決之患也。其初放水之門有五，後增至三十六，皆在塘之西與北與東北者也。蓋塘之南爲來水之河，其兩岸久爲圍田，不能復舊矣。塘之東地勢高阜，利其水者少，塘之西與北則水可直注，得其利者數十里，俱賴於門之啓閉以爲蓄洩之用也。但以年久堤埂傾塌，塘内漸流水，漲則流而去，天旱則水無存。康熙間，州同顔伯珣念舊制將廢，乃謀於堂正禀於各憲。廣募而大修之，塘之中心疏之使廣，週圍支河浚之使深，堤埂加築之使高且厚，滚壩增砌之使寬且堅，汛濫之時從壩而洩，而水但取平堤也。驟來之水閉閘以存，而水不致直□也。放水之門經理堅固，而水不致横衝，亦不致浸漏也。董其事者，有塘長、有義民；應其役者，有門頭、有閘夫。制度詳明，法令整齊，數年而後工竣。每春則親巡堤上，恐有損處也；夏秋更躬曆隴畝，視其將涸則發鑰啓閘，務令水利均沾；至冬猶自按查，恐民之不知大計者或欲減水以資蓄牧，或欲洩水以取魚鰕也，其間稍有不完者則補葺之，以爲來歲計焉。蓋塘之由來維遠而溥，實惠能廣濟者則莫大於顔公，是以士民感戴立生祠於孫公祠之左。自後數十年，而河或淤淺堤，或衝決閘壩水門，亦不無損壞。乾隆十四年，奉例查修，動支國帑一萬有奇，仍其舊規重加修理，壅塞者通之，崩決者補之，坍塌者增之，則塘之蓄洩皆有攸賴而美利無窮矣。三十七年，知州（鄰）［郑］基詳請重修，有碑記。記曰：乾隆三十五年冬，州民李紹佺等請曰：安豐塘、鳳凰閘、皁口閘衆興集滚壩，陊剝不治且大壞，厥功劇艱。請按田斂貲以自集功，不敢費於官基，爲白其事於上。官報曰：可。於是鳩貲僦功，近水之田一萬九千八十畝，畝輸銀三分四釐。次去水稍遠者二萬三千四百畝其數衕十之一。次去水尤遠者三萬四千二百畝，其數衕十之三，凡田七萬六千七百畝，銀二千四百兩有奇。修鳳凰閘深六丈二尺，犁中而外射中廣三丈三尺，外四丈二尺，梁其上以便行者。皁口閘廣四丈，趾齊水而迤下，溢則流，否則止。兩壁隆起如邱，高尋一尺，壩制與早口閘同深，廣如之。凡石丈一千三百七十椿，不及丈者四尺六百二十，灰竹麻鐵之屬皆四百觔，爲工五千二百，用人夫二千四百。既又易楚相祠而新之，興工於三十七年五月四日，凡四閲月而工竣。董其役者，州同知趙君隆宗、正陽司巡檢江君敦倫，襟士則李紹佺、周官、沈裴似、陳安猷、李猷、程道乾、梁潁、戴希尹、鄒謙、李吉、陳倬、張錦義，民則金向、余加勉、潘林九、桑鴻漸、李貴可、余金相，塘長則劉汗衣、張謙、汀厚、江天緒、江必，咸有成勞。

嘉慶十年，生員陳敞等呈稱六安州民晁在典等，於上游高家堰等處，中流築壩，阻遏來源。巡撫胡克家委員會勘，檄飭拆毁，仍勒石示禁以杜後。詳稿節録附於下。廬州府知府閻學淳，鳳陽府知府倪思湋，六安州徐口口，壽州知州杜茂材，會詳勘得六安州東龍穴山下，有河一道，水由萊河張家祠堂、大橋畈、李家灣、迎水寺、洞陽城、紅石橋，至衆興集柳槐澗、歸安豐塘内，六安民包國秀在張姓祠堂築壩一道，周璜、李芳在朱灰革築壩二道，江文正在李家灣築壩一道，包晋在洞陽城、迎水寺、紅石橋築壩三道，馬銀亦在紅石橋下河築壩一道，以上八壩俱係新築。又壽州民尤士義在柳槐澗築壩一道，已先在壽州具結拆毁。又龍穴山中坡有河一道，水由石堰河、華嚴庵、大橋畈、雙橋集匯歸安豐塘，石堰河土埂一道。又横拖山岡有河一道，水由白堰河、華嚴庵、大橋畈、雙橋集匯歸安豐塘，白堰河有壩一道，二處埂壩，不知何人所築，六安州隨差傳地保，飭令拆毁。又六安州城南婆山根下，有河一道，水由高家堰、永和堰而下，匯歸安豐塘内。高家堰土埂一道，永和堰大壩一道，係乾隆四十三年李紹佺等控晁在典所築，其壩二道，長約四五丈，高約丈餘，横河築壩，堵截下流，涓滴不漏，實屬濟私害公，斷令於壩身拆去一半，開缺注水不得違禁再堵。晁在典已故，伊姪孫職員晁燕愷同生員楊培曾遵斷拆毁，其餘包國秀、江文正、馬銀、周璜、李芳等皆因入夏以來，亢旱日久，人口牲畜無水食用，各就山河築土埂蓄水，高不過二三尺、三四尺不等，現俱拆毁，永不復築。再查《壽州志》載：舊志芍陂發源六安龍穴山安豐塘，即古芍陂。《六安州志》載：龍穴山，一名龍池，州東五十里池即龍穴，其龍穴山之水應流入安豐塘，以資灌溉，毫無疑義自不得於上游築壩阻截水路。至壽州士民陳敞等所稱：六安州婆山，即泚山，泚水所出。查《六安州志》載：番山，州南二十里爲州之鎮山。番，即音婆，是以土人訛寫爲婆山。又志載：淠水，古曰泚，出州南二百四十里金家寨之南山下，其山峻峰叠嶂，西接光州之商城。《漢書地理志》所云：泚山，泚水所出者也。則番山之非泚山無疑。今淠水入安豐塘之水路，代遠年湮，無可考據。但番山之水，舊有河道東西曲折八九十里趨入安豐塘，河道俱在，閲世已多。晁在典急於乾隆四十三年横河築壩，遏絶下流，亦屬違例。嗣後，永遠不許復築，以杜争端。謹將會勘，飭令拆毁，緣由繪圖貼説詳請察核，批示飭遵。

二十三年，士民敞等捐修鳳凰閘。道光五年，六安民晁燕愷等復築壩阻截水源，署知州傅懷江詳請鳳廬道戴聰親詣履勘，飭令拆毁。八年春，知州朱士達捐廉銀一千兩，會州同長椿捐廉銀一百五十兩，倡勸環塘士民許廷華、江善長等輸助重修，衆興壩早口閘，疏通中心溝一道，長五十餘里，挑挖塘身，増補堤埂，改修鳳凰閘坦坡，更换各水門石板、木椿之朽裂。二月興工，九月竣事，用銀一萬一千七百六十四兩有奇。冬十一月，復以塘工餘銀，増捐重葺孫公祠，并將修理始末勒於石以記之。重修《安豐塘碑記》，安豐塘者，古之芍陂也。其水之源見於《漢地理志》者曰泚水，亦曰淠水，今已湮塞。見於《水經注》者曰淝水，今失其故道，惟發源六安州龍穴山者，會石堰、白堰諸河之水，以達於陂，即今之水道也。陂經始於楚令尹孫叔敖，周一百二十里，灌田萬餘頃。《淮南子》所言決期思之水，灌雩婁之野是也。漢建初中，王景從廬江太守，驅吏民修芍陂，境内豐給。建安中，劉馥爲揚州刺史，修芍陂、茹陂、七門、吴塘諸堨，以溉稻田，公私交利。後鄧艾重修之。宋、齊、隋以來，官斯土者皆議修治，見於《河渠諸志》甚詳。本朝亦屢次興修，而未克成厥功，蓋經費浩繁，無人以經理之故也。余來牧是州，詢之士民皆曰：此塘之利二千餘年矣。而屢築屢廢者，其患有二，一則塘旁居民利其淤澱爲田，得以專享其利，不顧塘之廢也。一則上游六安之人築壩截流，俾水不下行，其害二也。余之始倡議也，頗知其難，既而思之。事之仰於上者，或視官如傳，舍以民事，不關己而置之。事之待於下者，或畏吏胥之蠹蝕，或恐豪强之侵奪，是以久而弗就。余惟天下無不可集之事，無不可成之功，必信而後勞，而斯人之情乃鼓舞而不倦，其人事之推移，物力多寡之不齊，唯公且溥，人心始帖。然服至銀錢出入夫役之勤惰，皆壽之人自爲經理而董戒之，在官者一切不問，斯侵蝕無由也。乃捐廉以爲之，倡州同長君亦捐銀相助，環塘士民許廷華、江善長等捐資興助，或按畝課捐，貧者出力，幫辦其不足者皆二生仔肩之，而許生所出尤多。自二月興工，九月蕆事而塘始成。夫興利除弊，守土者之責也。樂事勸工享其成者，俾無有艾，則壽之人百世之利也。而余何有也？乃述其事以告來者。道光八年，歲在戊子。嘉平月中旬，知壽州事實應朱士達記。

十八年，生員戴秉衡等呈稱：塘民開田，經總督陶澍札飭本府舒夢齡查勘示禁，知州續瑞勒諸石。同治五年，知州施照重修滾壩，有記。光緒三年，候補道任蘭生撥款修浚塘堤、橋閘、溝壩、水門及孫公祠，用制錢三千一百五十六千四百五十四文。州人孫家鼐有記。壽州水利最鉅者曰芍陂，據今界陂周五十餘里，舊開水門二十八，滾壩一，閘二，所以資蓄泄，備旱澇，溉田千餘頃，利至溥也。咸豐間，洊經兵燹歲歉民貧，而舊制幾廢矣！今道憲任公畹香蒞壽撫煦凋敝，百廢具興。閒披州志考楚相創建之謨，而憫其利之就湮也，躬親踏勘，召司事諸人詢利弊，物土宜，捐廉倡修，量工分職：堤之坍者培之，門之罅者補之，閘之圮者完之，壩不便涉梁其上以利行人。堤邊舊有祠以祀蔿公敖，日就蕪敗，遂飭其棟宇規模焕焉。自興工訖蕆事凡七月，糜金錢三千餘緡而芍陂之制復矣！按陂自楚相創建幾三百里，利大且久，漢魏迨閒迭興迭廢，至國朝黄顔二公清釐占謹堤坊，延二千年水利於不廢者僅十三四耳。況因循窳敗弊竇叢生，豈創始易而繼述難歟！亦無心古人之心爲之長慮而却顧也。公生三吴財賦之區，凡震澤、三江、七十二漊之水利。單鍔、陳瑚諸通儒碩士謀畫而經久者，固已聞見博而取擇精矣，既參帷幄備觀察，本惻隱愛民之至意，施利賴於無窮，何難？抗黄、顔二公烈以追蹤古人哉！陂自被墾占，河壅埂低，致患涸竭。今鳳凰早口二閘既修，其流節矣，惟滾壩西南舊有通淠小河納南山之水以注於陂者，久經淤塞，公又諭司事諸君往勘，以開來源。民且幸陂之無遺利也。抑聞之公曰：作事謀始者，必永終以知敝。旋興而旋廢之不如其已也。乃立條規中董勸清釐占之禁，擇公正之司，謹宣洩之期，嚴偷漏之罰，續修勿吝費，享報勿失時，勿假公以濟私，勿不均以生患，所以約束之者維謹。然則公之爲民慮者，遠矣。惟蒞斯土者體公之心，繼公之事，而司事諸君亦謹飭其職守，延公於百世也，是則吾民所厚望也。夫肅往年告養家居，每晤公談及芍陂廢弛，慨然有志興復。既來京二年，鄉人以芍陂告成，索記於余。余感公之勇於爲義，而大有造於吾民也，不敢以固陋辭，是爲記。五年，任蘭生於鳳潁道任內撥款重修雙門，用制鈔四百九十四百文，并重刊《夏尚忠芍陂紀事》，附以新議條約，計板五十五塊，發交塘董領，儲孫公祠。八年，復撥銀三百兩旋署臬篆，經署道劉傳楨添撥銀四十一兩三分一釐八毫修葺鳳凰阜口二閘、滾壩、孫公祠。十五年，巡撫陳彝撥銀四千餘兩浚治芍陂大土門，既爲民所私廢，復添設永安門，仍爲二十八門。州同宗能徵有《安豐塘水源全圖記》。記曰：朱志及夏君尚忠芍陂圖未能詳悉形勢，亦於今稍異。溯自楚令尹孫叔氏興築斯陂僅設五門，隋時改設三十六門，明代添建四閘。雍正年間，又於眾興集建設滾壩一道。康熙三十年，顏公伯珣佐壽州，大加修理，省存二十八門、兩閘、一壩，惜留涵洞太多，不能歸入各門。光緒初年，觀察使任公蘭生發銀數千兩，擇要興工，迄未十年，前功盡棄，而大土門水口又爲民間所私廢。今中丞陳公有慨乎斯民，特發白金四千餘兩，檄徵浚治芍陂，五閱月即竣。事所有塘埂、圩埂、閘壩、斗門、橋梁、祠宇，一律修治完善，更於五里灣向日破口處添設永安門一道，復成二十八門。是役也，賑撫使錢公實贊成之，惟淠水爲芍陂第一源頭，惜爲六人所格，不得浚復，憾莫能釋，陂之享斯利者，應亦鑒予之苦衷矣。茲據其略而作斯圖。己丑仲秋，下浣會稽宗能徵識於壽春，清軍水利分廨之屈廬。

舊三十六門考：舊志皁口門，灌至和尚橋十五里，入瓦埠河五十餘里抵東津渡；井字門，灌至樊陂塘及十字堰三十里；利澤門，灌至皁口河十二里；新開門，灌至楊定堰小河八里；存留門，灌至回回壩十里入小河；流會門，灌至回回壩十餘里與上二流同匯；朝賀門，灌至陡澗橋三十里；土門，灌至石婆澗三十五里；土字門，灌至蘇王壩五十里；西首門，灌至安基壩十八里；陡門，灌至申家橋三十里；三陡門，灌至桑陂塘、馬陂塘、獨龍陂四十里；正陽門，灌至劉陂塘四十里；大香門，灌至城東南三里橋；小香門，灌至酒劉橋新壩十五里；迴子門，灌至板橋七里河十里；黃沙門，灌至沿河二十里；祝字下門，灌至板橋十五里；祝字上門，灌至清河二十里；沙澗門，灌至清河十八里；永福上門，灌至清河十二里；永福下門，灌至清河十五里；廟盤門，灌至清河十里；酒黃門，灌至清河十里；土壩門，灌至清河十里；深潭門，灌至清河八里；清水門，灌至清河七里；上雙門，灌至汪家壩十里；下雙門，灌至清河雙岡十里；沱合門，灌至重佛寺十三里；上鴛鴦門，灌至晏家墩二十里。下鴛鴦門，灌至魚鱗城陳家橋六十里；高門，灌至黃泥壩十里；棗子門，灌至柳溝十里；楊仙門，灌至沙溝十二里；童子門，灌至沙溝十五里減水閘，西流至正陽淮河六十里，東流至城北門六十里。

新三十八門考：舊志井字門，灌至丁家橋八里；利澤門，灌至王家竹園七里；新開門，灌至潘家廟四里；存留門，灌至柴家廟十里；流會門，灌至回回壩十二里；朝陽門，灌至白馬廟十五里；土門灌，至姚家廟十五里；土字門，灌至楊家廟十二里；西首門，灌至戴家庵八里；三陡門，灌至王家庵十五里；小香門，灌至碾盤橋八里；迴子門，灌至趙漢魯莊九里。新移門，灌至蔚家橋七里；《席志》云此門舊志脱書，今補入。黃沙門，灌至安城五里；祝字下門，灌至板橋十五里；祝字上門，灌至桑家孤堆十五里；沙澗門，灌至王家橋十里；永福下門，灌至龍雨施家莊七里；永福上門，灌至大墩橋十里；廟盤門，灌至如故；酒黃門，灌至如故；土壩門，灌至如故；深潭門，灌至如故；清水門，灌至清河八里；下雙門，灌至謝家岡十五里；上雙門，灌至甎橋六里；沱河門，灌至汪翰公壩十三里；高門，灌至詹家廟十一里；上鴛鴦門，廢；下鴛鴦門，廢；棗子門，廢；楊仙門，廢；童子門，廢；皁口門，廢；朝賀門，廢；陡門，廢；正陽門，廢；以上已廢九門，舊圖并列於高門之西。大香門，廢。此門舊圖列於新移門之右，迴子門之左。安豐塘三十六門由來已久，《席志》新門考三十八門者，以補新移門，及增朝陽門之故。按朝陽門，即朝賀門，不應存廢。兩列舊門考三十六門俱備，則新移門亦當是舊門所改移，非前志脱書一門也。且舊門考列朝賀門於流會門。土門之澗，新門考之朝陽門正當其次，其爲一門無疑。乃圖又將朝賀廢門，與皁口廢門并繪列高門之西。今皁口坊、皁口閘在塘之極，東去高門已甚遠，何得其西之門名皁口也？即此可知舊志、舊圖未盡足據矣。

今二十八門：井字門、在塘文東北第一門利澤門、含睿一作易門、舊門考、新門考皆無此門新開門、存留門、流會門、以上六門俱在老廟集之右孫公祠之左朝陽門、小土門、此門之右有大土門，光緒十五年廢。西守本作首門、三陡門、以上四門俱在孫公祠之右，安豐鋪之左小香門、新花一作化門、以上二門俱在安豐鋪之右，鳳凰閘之左永安門、光緒十五年設新移門、黄茂本作沙門、祝字下門、祝字上門、沙澗門、永福下門、永福上門、廟盤門、酒黄門、土壩門、深潭門、清水門、下雙門、沱河、本作合門、高門。以上十六門，俱在鳳凰閘之右，衆興壩之左。舊圖：利澤門右無含窨門，後新移，門右有迴子門，并在鳳凰閘之左，與今異餘俱同。

按《漢書》：沘山，沘水所出，北至壽春入芍陂。《水經注》：沘或作淠。沘山，在今六安州霍山中，爲沘水之源，逕河南固始縣，界又東逕霍邱縣入州境，凡四百餘里，入淮固始。古之期思縣，北魏時尚有楚相孫叔敖廟，淠水在六安州界，皆兩山夾流尚未盛，至固始入平地，其流始大。孫叔敖治芍陂時，必導源於此，故《淮南子》以爲決期思之水，灌雩婁之野。雩婁，今霍邱縣與安豐接攘。《華夷對境圖》言：芍陂，周回二百四十里，當不僅在安豐一縣之地。今考陂之北爲壽春，西則雩婁，東爲古成德縣，南接六安國雩婁，陂之來源故亦得稱爲雩婁之野。崔實《月令》及《宋史·循吏傳》以芍陂爲期思陂、期思塘，其義正同諸書，皆言孫叔敖所造，惟《皇覽》以爲楚大夫子思作，考子思之名，不見於經史。《皇覽》爲魏文帝時諸儒撰，集後劉安數百年，又其書久亡失，惟見於劉昭《續漢書注》，殆不若《淮南子》之足據也。陂之三源，淠水最大，會蹌鼓川、麻步川、濡須口之水分注於陂，今已堙塞。其一，肥水源出合肥，將軍嶺與施水分流，《水經》稱其與芍陂史相通，注今肥水，絶不與施水會，而與芍陂相通，故瀆已漸湮，水大則相挹注，水小則否。又其通注處，上流亦不長，雖疏浚之，與陂無益也。其一，龍穴山水會石堰河、白堰河、番山、朱灰革之水，悉注於陂，伏滔謂爲龍泉之陂，是也。然皆山曲溪澗，不能容舟楫，上流復多堤堰，遇旱則專爲己私，惟恃官爲毁禁之耳。論者曰：舊志陂長本百里，周幾三百里。今陂周一百二十里，又一百二十里中其爲陂者，僅十之三，其餘皆淤爲田，水稍大則病陂中田，決之則病陂外田，稍旱則上流固其堤防，而陂之内外田皆病。今欲去此害，莫若詳考。淠水入陂故道而修復之，舊圖陂之西爲衆興集，有滚壩一道，廣四丈，高尋一尺，兩壁隆起，中址迤下，溢則流，否則止，水西流由迎河集入淠水。安豐舊縣有鳳凰閘，深六丈二尺，廣三丈三尺，西流由板橋集入淠水，北流入淮，以《水經注》考之，其滚壩殆泄水入陂故道，鳳凰閘殆泄水由陂注淠入淮故道也，蓋泄水自麻步川與淠水分流，北迴芍陂至濡須口，復與淠水合，與今陂形正同，待今昔地各不同。所謂麻步川、濡須口者，無故老以確證之耳。衆興集去迎河集僅二十里，水大淠水東溢，泛爲巨浸，去芍陂僅六里，是迎河集之東，其地皆卑於淠河，故水漲得溢而東出，其近陂六里地較高，故水不能溢入。今莫若於滚壩入淠故道，力爲疏浚，引淠河之水東注於陂，而於迎河集之西復建一閘，水大則閉之不使東注，水小則開閘引水使還入陂。由鳳凰閘而北入於淮，欲溉田則閉鳳凰閘而開諸門縱水，事迄則閉諸門而使水復由於閘。若慮水盛敗陂中田則當深浚，陂中水流故道而北浚大香門以達城濠。所謂芍陂瀆也。《水經注》：斷神水逕白芍亭東，始積而爲湖，則湖之西南必無積水，可知其斷神水自五門亭循堤北行，必有經由之道。今陂西圍堤内皆有深溝，殆仍古制，當益深廣之。既多蓄水，亦便流通無滯，若山水大至則開鳳凰、皁口、大香門三閘，俾之宣洩，可保無害。昔宋劉義欣鎮壽陽，因舊渠引淠水入陂，伐木開榛，水始通注。宋明道時，張旨令安豐浚淠河三十里，疏泄支流，注芍陂。目是而後無繼，而引淠水者蓋屢經兵火，其故渠無人能識。故曰就湮廢，幸酈注之言，頗自詳悉。迄今猶可按圖籍而定之。今若浚淠水入陂故道，則雖遇旱歲無歉患；通芍陂至黎漿故瀆，則水雖盛漲而陂中田亦不至浸没。苟能行之，淮之南皆沃壤矣。按是論甚偉，第地勢高卑，今昔異形，淠與陂相通，故道湮塞已久，疏浚實難，即令能通，現在陂中亦不能承受，恐轉多衝決之患。今因時制宜，惟龍穴山來源禁止上游堵閉塘之閘壩水門，時加整理堤埂，時加培補中溝，時加挑挖，蓄泄有備，啓閉應時，則水利均沾，永永無既，何事恢張，其説使人望同河漢哉！州人夏尚忠所撰《芍陂紀事》有五要、六害、四便、三難、二弊，皆切中時事，文繁不能備録，故刊其目，以俟後之考陂制者覽焉。

（光緒）《鳳陽縣志》卷一〇 孫叔敖作芍陂，安徽水利，此爲最古。

（光緒）《壽州志》卷三 豐慶亭，在芍陂，以陂田豐稔得名。今廢。

紹豐陂

（道光）《廣東通志》卷一一九 紹豐陂 城東十五里，舊有陂二道，毁壞百餘年，嘉慶丙子，知州羅含章修復，溉田數百畝。

清 羅含章《修紹豐陂記》（道光）《直隸南雄州志》卷二二 嘉慶丁丑春，佛子前農民來言，我先人有栢村洞田數百畝，築陂二道，藉以瀦水。至康熙某年，流賊犯境，人多逃散，田園就荒，陂亦旋廢，嗣是田雖墾復，陂壞未修，惟藉天雨爲灌溉，未可長也。敢以煩使君？余曰諾，倡捐廉錢命急修復，既成，名曰紹豐，農民請爲之記。慨自三藩叛亂，嶺表騷然，湞昌爲入粵門户，兵差絡繹，力不能支，當此之時，居民之棄井里流亡者不可以千百數也。田且不耕，何有於陂，其堙塞冲荒亦固其所，迨逆藩殄滅百餘年來，嶺外無事，國家休養生息，登斯民於康樂，和親生其間者，無水火疫癘之灾，無調發差徭之擾，日與其父兄子弟飽牛而耕，采茶而食，課晴問雨，聽豐嗇於不可知之天，曾不知早作陂渠，爲子孫長久之計，可謂悶悶淳淳，相忘於不識不知者矣。今余與爾修復此陂，以無墮乃祖乃父之業，當知一絲一粟得以食舊德而服先疇者，皆朝廷綏靖涵煦之所致也。皆曰：敬聞命，遂書以與之。

蛇師陂

（乾隆）《新城縣志》卷二　蛇師陂，明弘治間，都人孔獻仁倡築，灌田三百□，國朝順治年間，孔姓倡衆重築。

清 孔鼎《新城縣重修蛇師陂記》《清經世文编》卷一一六　余讀大司成王公念初《邑志》，嘆焉曰：新城之民，農之家什九，農無田什七。耕人之田而輸其穀曰佃，受直而助其耕曰工，獨耕無直，请人助己而還之曰伴工。三時農忙，率其婦子畢力於耕耨，迨其穫也，强半入於田主，暨償諸所貸，蓋甫釋耜而室縣磬，又什之七矣。民既苦賃傭，稍有水旱，田不收，益困苦，故水利亟重也。余鄉叢山複嶺，川流湍激，雨即暴漲，有齧射崩決之虞，涸不終日，不獲其利。農田或引高泉曲注謂之圳，或堰小澗旁行謂之陂，或鑿深池瀦蓄謂之塘，咸民自爲之，官不問也。聞之弘治間旱，余族祖率衆築蛇師水塘二陂，灌田數百餘畝，鄉民誦之。歲久陂圮，稼政不修，兵荒相繼，公賦日促，富者無以供租税，貧者困於流離，而俗乃大壞。余族叔憂之，作而曰：利不迫不興，害不迫不除，君子得志，不選事利民，而聚民之利以利己，利自己聚，非惟害民，盜賊公行，己亦甚不利焉。昔許逖出知興元府，府有山河堰，堰水舊溉民田四萬餘頃，世傳漢蕭何所爲。逖行壞堰，顧其屬曰：酇侯方佐漢取天下，乃暇爲此以溉其農，古之聖賢，有以利人，無不爲也。於是大修山河堰，民賴其利。然則擅利國惠民之美，復足便其身圖，修陂豈非鄉井資生之切務乎？今之首砌蛇師陂也，蓋亦先其所急，無旱潦則無通負，衣食足而忠孝之教油然以成。而遠近水塘，聞風者俱可復起矣。

勝塘陂

綜述

（同治）《攸縣志》卷九　勝塘陂坐物都，舊志名塘陂。乾隆五十四年，董崇欽倡同尹鳳玉、劉源海、顔引年、蕭聲萬、王廷望、劉湘南、董建文、唐天中、董德揚緣山鑿石，從沙旺新開陂圳，因改名勝塘陂。

清 張健《勝塘陂記》（同治）《攸縣志》卷四九　攸之爲邑，北有泗汾河，會淥水入湘。東有羅浮江會洣水，歷陰山江過草市亦西入湘，中間田處高燥則多穿旁渠，渠中之水仰給於江，江流淺洩不能上渠，土人往往横截江面，椿之木布之薪，寘之土石築陂蓄水，俾由渠達畎，雖旱不涸，亦古溝洫遺意也。物都有塘陂，其渠之開鑿，始於宋代，計所溉龍翔、横橋村之田數千畝，以其渠高陂堵如塘，故名塘陂。春夏之交，溪水暴漲，陂爲衝潰，致渠中乏水，桔槔莫施，居民苦之。乾隆丙午秋，本境義士董崇欽、尹鳳玉、劉源海、顔引年、蕭聲萬、王廷望、劉湘南、董建文、唐天中、董德揚倡議，擇塘陂上游地名沙縣，增開新渠二三里。因中隔石山，力鑿而深，瀹之分導錠青潭之水。由沙旺新渠納塘陂舊渠。順流而下。氣勢沛然。溉田至四千餘畝，可三蓺，費雖逾千金，而利賴無窮，因更名曰勝塘陂。當建議之初，有龔、王、文三姓田當其衝，初不肯售，奉憲批到縣勸諭，三姓樂從，領價買田爲水道，而工築以興夫，舍舊圖新，以成一勞永逸之計，非心精力果者，不能自兹以往甌窶污邪。歲書大有共有盈寧之樂，永無旱暵之虞，倡首之功誠不可没，而凡慷慨好義以襄盛舉者，胥可嘉尚也。爰點筆以紀其實。

傳記

（同治）《攸縣志》卷三九　董宏謌職員，性篤友愛，同祖兄弟及弟姪無依者，代營衣食，倡修勝塘陂，溉田數千畝，將己田出售，濟用訖工，計費千金。

又 劉師瓅字文映，事大母能得歡心，倡建祠宇，造侯度、冲石礄五座，修勝塘陂助銀百兩，捐馨都社穀百碩，其他道路、義渡、寺廟、募化，不吝財粟。

石梘陂

综述

（嘉靖）《湖廣圖經志書》卷二 石梘陂在縣東五十里，宋寶慶初，權縣劉焕修，淳祐中，知縣陳仲貴修，成化中，知縣劉信修。

（嘉慶）《清一統志》卷三三六 石梘陂在崇陽縣東南十五里，高丈五尺，廣四十八丈，分堨五道，溉田三千八百餘畝，後唐長興中創築，以木爲之。明洪武中，易以石，本朝順治十二年重築。

（同治）《崇陽縣志》卷二 石梘陂縣東十有七里，因石圳如梘得名，其源自西江數百里山峽而注於此。古以巨木堰水，溉田一萬一千餘畝，然暴漲時，至土木不支。寶慶初，權縣劉焕易木以石，而罅漏受弊，壞不旋踵。淳祐中，知縣陳仲微謀爲久遠計，收頹石命工鱗砌之，廣四十八丈，厚二丈，高一丈三尺，水道一十五里，内有七庸五堨七長車，因龍泉廢額建寺度僧守焉。洪武十一年，知縣元俊修，張賓記。嘉靖九年，知縣杜興泛徐球修，知縣黄直邑副使王嶹俱有記。萬曆三十三四年間，知縣杜宗彝、李沖相繼整飭。順治十二年，賈侯漢誼修，王應斗記。康熙十九年庚申，水衝西岸正堰十丈，其秋金侯繇祖修，二十五年丙寅，春龍水衝壞一十四丈，閱三十七年，難於修復，田半荒廢，六十一年壬寅，生員王淇之母饒氏捐貲百兩，令次子生員淙爲陂正，會衆鳩工，自壬寅秋迄乙巳冬，約費金千餘兩，工五萬餘，鑿石加鐵，環鐵鋋塗石灰八萬石，正堰、子堰俱鼎新劘砌，較老堰有加厚至五丈，高至一丈五尺，其規則林侯日㸌周尉開泰樹珉勒焉。道光二十八年，大水有損，知縣鹿啓烈補修，地有杜李二侯祠，見壇廟。

明 張賔《石梘陂記》（康熙）《湖廣武昌府志》卷一二 崇陽之南有陂曰石梘，灌田萬餘畝，其流廣而源長，其田美而多稼。雖甚旱之年，較他田差少，獲民賴以生，世遠人不知始創之年代，舊有斷碑剝落劘滅莫審其詳，按其大略云：後唐長興二年知縣陳公修陂，以木爲之，而不逾數年，木朽陂壞，厥後間廢迭興，亦有之矣。趙宋南渡後，廢甚，民大以爲難。寶慶二年，監鄂州鹽稅、攝縣事劉焕始命士人張孝林董其役，以石代木，然後堅完，陂得不廢。元末兵燹以來，崇之民迯難解散，野無烟火，山溪之水衝嚙無時，田既荒蕪，而陂則廢壞極矣。天朝開國，敷治民稍稍自遠還，闢其田什之二三，無陂水灌溉，薄旱而稼不收，民甚苦之。前官斯邑欲興，而以其役廣爲憚遂不果作。洪武十年秋，元侯來牧是邑，因民之暇，興墜起廢，故老以爲言，侯欣然曰：足民食，增國賦，二者俱在於斯乎，迨不可緩。九月乃率耆儒造其地，度其工，民之赴役者，如子之趍父，越三月而功成。累石如削，高丈餘，廣百步，計日工三萬有竒，於是決通渠瀉浩渺汪洋乎。千頃之間昔之搞者，今則濡，昔之潤者，今則墊，四方民大集，歲餘墾其田什之八，農舍周匝扶耒執耜者，遍於千畝之間。厥後禾稼薿薿含哺鼓腹而樂者，幾千人矣。咸願刻文以識之，雖然，昔之宰邑者，皆畏其難而不敢爲，今侯之成是陂也，初若易而成功速果安在哉，要在乎順民心利民事也。詩不云乎，豈弟君子，民之父母。傳曰：民之所好，好之，侯其有焉，《春秋》大有年，必特筆書之，重民食也。今元侯興百世之利，而民不失有年之望，又書法之不可缺者，予故爲之記，侯姓元名俊，字世臨，河南人。後之君子觀其所尚，足以知其人，云：旹洪武十一年，歲在戊午，冬十月縣文學修江張賓記。

傳記

（康熙）《湖廣武昌府志》卷五 陳仲微字致廣，號遂初，瑞之高安人。嘉泰二年進士，淳祐間令崇，性忠勤，寢食公署，日與父老樵豎相爾，汝下情畢達，吏無所措手，嘗修石梘陂，復遠陂，撤白泉堰，故陂易以石，又以澮瀉水，以防止水，謂之堨，多功德於民。

又 賈漢誼字長傅，曲阜官生。甲午間任，性剛介多才，建學丈田，修石梘陂，平里役碑禁羨耗，治訟多所平反，曆任七載，恩威并濟，境内肅然。

（同治）《崇陽縣志》卷六 劉焕，寶慶初權縣，爲民籌水利，修理遠陂，重別其溝洫，石梘陂舊用木豬水，以石易木，自焕始焉。

又 元俊字世臨，河南人，洪武丁巳任，政多興利民事，元季兵戈後石梘陂廢，農人失業，俊始復其舊。

又 林宗彝字湆洽，上海人，舉人，萬曆甲辰任，喜興水利，請發廪粟建馮家堤，整理石梘陂有功，士人立祠祀之。

又 徐球南靖人，嘉靖五年任，修石梘陂有成勞，在官十年，升瀏陽主簿。

又 周開泰，江西金溪人，康熙六十一年任，督修石梘陂，勤於視事，居民受其澤，祔祀杜李祠，後人改祠額曰：周杜蹟開泰也。

又卷八 王淙字若泉，諸生，性孝友，四代同爨，董役新黌舍，築石梘陂，繕餘耕橋，勞瘁不辭，知縣曹學詩獎以額。

又卷九 王母饒氏明經濤諸生淇淙之母，輕財好善，出所蓄金，修石梘陂。

紀事

明 黃直《石梘陂記》（同治）《崇陽縣志》卷二 余初未至崇時，嘗與白泉汪公同官於閩，乃知白泉爲先正張乖崖之所肇浚，其水利在崇，攸係固重且大也。既至崇，適典史徐子球以石梘陂少壞，捐俸大作，請於余。於是余乃知崇之水利又在石梘，後人將不復知有白泉者矣。豈曰：白泉之陂，乖崖修之既久，迄於後世，半没於豪右，古人不知其利之大耶。或者曰：白泉之陂未必真有石梘之利之大，而其有聞於後者，特以乖崖修之之故耶。抑石梘之利，未必減於白泉，而後世不知之者，顧以乖崖未之修故耶。嗟夫，江山之在宇宙間，其聞於天下與夫不聞者，亦惟託諸其人而已矣。故濂溪伊川豈必盡天下之勝，而天下之勝，豈無濂溪伊川者耶？夫惟周子在濂溪，濂溪勝矣。程子在伊川，伊川勝矣。其他江山名勝固不少也，然非有其人如周程者以託之，則失其所以爲勝者矣。抑豈非有幸不幸之故存乎其間也耶。嗚呼，吾於是有以斷白泉、石梘二陂聞與不聞之故矣。吾安敢概以白泉之聞於天下，真爲其利之大，而石梘之不聞於世，真爲其利之小耶？先是修石梘者，有若陳公仲微、有若劉公焕，唐宋之聞人也。然而，石梘之聞於世不若白泉者，無亦陳、劉二公之賢不若乖厓之烈者耶。嗚呼，此亦二陂有幸與不幸之殊者也。雖然，天下之數極則必變，石梘自是將有聞矣，崇人慎毋徒羨乎白泉之託於乖崖也。余故記以示，邑人王畊，陂之治，畊實董之，是爲石洲憲副王公之仲兄也。蓋名家子固知所助力云。

清 王應斗《重修石梘陂記》（同治）《崇陽縣志》卷二 崇之陂，大小二十有一，石梘爲壯。他陂間有修葺，工費易就，石梘爲難。蓋其址踞溪山之衝，飛流陡迅如建瓴，下勢不易支也。陂高一丈五尺，廣四十八丈，分堨五道，溉田三千八百餘畝。其創制在上世，邑乘莫詳所始，但從殘碑剥落中紀識姓字。後唐長興間有縣令陳某、宋寶慶間有攝篆劉焕、湆祐間有令公陳仲微、明洪武十年元公俊、嘉靖九年縣尉徐球，皆先後著勞於陂，嗣是百二十年間，未有紀載。而萬曆中杜公宗彝、李公冲并有增飭，則不佞爲童子時，猶能目擊之也。今順治十二年春，山雨暴發，驚濤拍空，倒石十餘丈，推徙三百餘步而沈於潭，則從來堰害所未有。維時承流之家，如黃口奪乳，莫知所措。會賈侯爲政，百廢修舉，聞報履驗再四，肩難任鉅，其視邑事過於爲家，視氓隸又過於爲子孫。何則？世之爲家爲子孫者，匪不悉心拮据，而當力殫倦勤時，猶曰誰作千年計。乃侯矢念爲民，必期於不朽而後已，故曰過也。又侯精神徹體，力與材副，有單父戴星之勤，有錢塘射波之勇，每風晨雪夜，緩帶輕騎，無騶從，無期約，諸承事踴躍爭奮，無敢後者。用是凌駕古人，事半功倍，計役工五千有奇，費銀二百餘兩。經始於十月，而以歲暮落成，從來佚道之使，未有捷於此者。越歲孟夏，文學王子將謀豎碑，而屬不佞爲之紀。不佞曰：唯唯。夫國僑小惠，尚稱遺愛，召伯一木，猶懸後思，矧以數百家待澤之民，復數千畝汪洋之觀。從此千百載飲侯之波，食侯之粒，其可吝峴山片石，不以志久遠耶。且夫乙未之變，妖雲怪風，有物憑之。惟侯清明在躬，而後馮夷退舍，水族銷形，獲有成績。昔之斷蛟驅鱷，沈馬燃犀，未有神於此者也。用得并書以彰廉平之異，作後事之師耳。侯諱漢誼，别號長傅，滿洲籍，山西曲沃人，是役也，首事則王子大臣，獨任勞瘁，而東鄉令陳君，親承擘畫，實左右侯。若不佞，高卧一邱，坐有百畝之賜，何勞之有，唯是礱石操觚，紀侯之勞，是亦勞也，不識免於貪天之誚乎。

藝文

元 嚴士真《石梘陂》（嘉靖）《湖廣圖經志書》卷二　爲愛臨陂千樹梅，行吟終日獨徘徊。雲開古寺依青嶂，亭立豐碑鎖緑苔。山色遠携秋色至，灘聲祇挾雨聲來。平生最喜搜遺迹，到此令人不忍回。

清 吴壽平《石梘陂詩》（同治）《崇陽縣志》卷二　崇山突兀拔地起，大都以石爲基址。岡巒騰沓赴巨陂，以水束石石戰水。一溪遠自東南來，山脚回旋走怒雷。霜鋒畫破芙蓉瓣，激濺磷磷天倒開。峡嶒石骨踞河中，老蛟晝卧嘯陰風。寒氣作雲沫作雨，暗滋泉脉誰能窮。低昂偃仰散清影，鰲背映天白日冷。洪濤疾注砰訇翻，石力漸微水力猛。夾岸諸石骨尤壯，虎負猿攀紛異狀。有如七國負長雄，堅壁嚴壘屹相向。我聞此陂始自後，唐年驅石屢斷祖龍。鞭安得更生千丈，之石截川水混混。盡歸原上田。

石塘陂

論説

宋 林希逸《鬳齋續集》卷一〇《福清縣重造石塘祥符陂記》　陂之名何始乎？其在《夏書》已有，所謂九澤，既陂者求之。《水經》則自楚人期思，而後天下不知其幾，無非賢守令爲民爲之，然廢興不常作，其始者固難，而復其舊者尤不易，汝南鴻隙大陂也。翟子威廢之，濯龍之夢、黄鵠之謡，皆怨者託其言以求復，卒至鄧晨，而後作用，力凡數年，其難可知矣！况今人乎？

明 郭造卿《奉葉龍潭邑侯論志略》《明文海》卷一九四　官而有功，兹土當血食于千年者，祥符陂宜祀郎簡、天寶陂宜祀莊正、柔陂水所及之地，未嘗無淫祠，既釐正而祀之，俾後之修陂者配焉，豈非祀大功于民之義耶？

清 李拔《福州十縣水利考》（乾隆）《福州藝文志補》卷一　福清西北阻山，東南瀕海，最要者祥符、天寶二陂，昉于唐宋。祥符陂發源東漈山，合永福諸溪之水會于陂，爲永福、遵義、永東三里所利。賴天寶陂發源于常思嶺，會方興縣城之水入于陂，爲方興、修仁、新豐、仁壽等里所取資。二陂皆經流数十里，灌田数千頃。至今陂水安瀾，無少傾圮，而西南永壽、善福等里則有百丈嶺之崔溪，東北方城、永濱則有古龍之潭水，其餘如光賢、安香、時和、井得、潯洋、化南、化北、臨江、江陰等里，或築壩畜水，或造□□灌田，旱澇無憂，獨化上、化下舊有堤塍以衛，海田被潮沖壞，旋築旋圮，尚須設法增修耳。

綜述

宋 陸游《渭南文集》卷三八《監丞周公墓志銘》　公諱必正，字子中。【略】復故堤城北以禦瀠溪漲溢，民田數千畝復爲膏腴，因作四橋於北、西、東門之外，其一公自捐奉爲之，州民號『周公橋』。郡東南有烏石陂分其流，旁則爲石塘陂，烏石之民欲專其利，乃壅水使不得行，石塘之田歲以旱告，公命懷寧令丞視之，得實，圖上于州。公按圖自以意定水門高下，甫去壅水未尺餘，得古舊迹，與所高下不少差，陂利始均，石塘民喜至感泣，乃歌曰：烏石陂、石塘陂，流水濺，濺有盡時，思公無盡時。

（淳熙）《三山志》卷一六　石塘陂，祥符中知縣郎簡築，并江爲之，食河頭水，溉田種五百石以上。

（正德）《福州府志》卷六　石塘陂，在文興里。宋祥符中知縣郎簡築，并江爲之，跨五里，食遵義永福水溉田，種五百餘石。洪武三十年，崩壞。正統五年，本縣縣丞陸忠重修。

（乾隆）《福州府志》卷七　石塘陂，宋祥符中知縣郎簡築，會河頭水，一名祥符陂。

（嘉慶）《清一統志》卷四二六　祥符陂，在福清縣東南，一名石塘陂，長五里，宋祥符中知縣郎簡築。

傳記

《宋史》卷二九九《郎簡傳》　郎簡字叔廉，杭州臨安人。幼孤貧，借書録之，多至成誦，進士及第，補試秘書省校書郎，知寧國縣，徙福清令。縣有石塘陂歲久湮塞，募民浚築，溉廢田百餘頃，邑人爲立生祠。

（弘治）《八閩通志》卷三七《秩官》　郎簡字叔廉，杭州臨安人。大中祥符間，知福清縣，以慈祥稱，嘗捐俸錢，市藥以飲病者，又嘗築海爲湖，民號曰『郎官湖』，又嘗浚築石塘陂，溉廢田百餘頃，邑人爲立生祠。按《三山志·元符陂注》云：知縣郎簡重修而名。《宦志》又謂：簡嘗作永福陂。考之《宋史本傳》，則謂簡嘗浚築石塘陂，豈本一陂而前後異其名歟？今姑依《宋史》修之。

（康熙）《福清縣志》卷三　陸忠，廣西人，正統中任，首修大成殿。時祥符陂決，田失灌溉，旱魃焦土，忠悉力修築，利賴無窮。

紀事

宋 林希逸《鬳齋續集》卷一〇《福清縣重造石塘祥符陂記》　玉融石塘陂，昔縣宰郎公蕳所作碑亡矣，《志》有之。水之源始於閩，長邑南下五十餘里，至邑之西湖迤行，及鰲尾則由小橋而東注矣。濱江爲堤，直抵古放生湖，其匯始大，又行七八里，則湖之尾焉。溉田五千餘畝，爲邑上腴，以其作於祥符也，以祥符名之，中嘗湮圮。嘉泰甲子，張侯大任實興之，既而時敝時葺。至景定癸亥，嚙於洪流，始大壞。故邑東諸洋皆無所仰，雨至莫留，旱則立槁，民甚病之，役大費夥莫適爲謀。戊辰，賢令尹實來諗於衆而知之，曰：邑雖貧，是烏可已作意復之。寓公大姓亦樂爲之，相有草曰：薈湖昔所無，是歲忽生，售鏹六萬，令捐以助役，堤之基非沉以巨艦不可適，有禦人沒舟者，令即給之，富者、役者輸財竭力，惟恐後，令又時出，而諭勞之，孟秋始事，良月訖工，縻金錢六十萬，工六千，中役兩幾。敗後，中秋三日洪發前，重陽八日海漲，諸堤岸多漂沒，而此獨存，人以爲令尹一念所格聞者皆加額焉。是堤也，南臺廟東舊逼江移而改築，以丈計之，六十五基尺，三十其上，半之湖尾，爲丈二十基尺，八十高，半之其上，損四之一。邑人始疑其難，既成而喜，來請記。余亦喜爲之書，曰：祥符古陂于邑之東，既廢而久，湖與江通，昔壤之腴，今廢而涸，賢哉！令尹爲民更作堤，成未半，潮怒溪溢，屹如有相神監其心，緊令之心惟民是福，天亦應之。嘉禾瑞粟，我歌屢矣，況此役乎？令尹之德，與長江俱，波流泱泱，禾黍旆旆，昔誰之如？賈渠召埭。令尹薛氏，名某，字某，永嘉人。是歲實爲咸淳四年十有一月，林某記。

明 鄭善夫《少谷集》卷一〇《福清縣復祥符陂記》　嘉靖元年春正月，福清縣復築祥符陂，夏四月陂成，始興水利也。閩八郡，其四袥海民之半鹽魚以生，福清土益鹵，海益患其田下，下不蓄粟稷而蓄人，故四人外給恒十之七八焉。宋祥符中，令郎簡相土可田者得五十頃，而餘相水可瀦者得三十里，而餘於是乎疏請截江，而堤廢，民居百，浚逵而渠之，引源於石湖之嶺導，而界江瀦奔殺悍，東抵於旗，西臨於玉融，南循於五馬，北極於玉屏之隩，所跨遵義、永福、永東、西文、興凡五區，轉瘠鉬鹵田化，而上以始自祥符，故曰：祥符陂，葢疆乎！其浸也。洪武二十三年，陂決，文興潮殺稼越。正統七年，邑丞陸忠復之。正德十三年，陂決，南臺大娘垠潮復殺稼，民至是大敝。明年，海虞陳侯近來。又二年，下令於邑中，曰：余爾牧也，忍視爾敝，敝今與爾復，而陂以簿楊俊受稽，畫曰：而往監之，凡田頃出十夫，十頃出百夫，約畝受力，騈力宣勤，沉以巨衝，實以砂黃。由是荷、鍤、執、畚四人雲至量日齊工，乃湮乃防，田畯報程，餫夫走饟，甫三月而告成績，由是變腴敷膏，侯氣執成江，有恒流，歲遂大有繼。自今即有炎𤋮，罔悠患，由是黧老、黃孺呼抃讙躍舉曰：陂之悠悠樂，只有秋□侯之載，齊民其亡瘝。由是某某某來致衆情，請永憲於石，水利裨荒政者也。程伯子之上元，朱晦翁之浙東，塞決堤起，涇堰古則王政也，而時慢之侯，今之舉無軼代論世哉！侯起甲科，令海邑毅斷神察，大宜厥官，此其政之一也。余知侯，故樂序其績云。

藝文

清 杜文瀾《古謡諺》卷七七《舒州石塘民爲周必正歌》《渭南文集》卷三十八《監丞周公墓志銘》公諱必正，字子中，知舒州郡。東南有烏石陂分其流，旁則爲石塘陂。烏石之民欲專其利，乃壅水使不得，行石塘之田歲以旱告。公命懷寧令丞視之，得實，圖上於州。公按圖自以意定水門高下，甫去壅水未尺餘，得古舊迹，與所高下不少差，陂利始均，石塘民喜至感泣，乃歌曰：烏石陂，石塘陂，流水濺，濺有盡時，思公無盡時。

雜録

（康熙）《福清縣志》卷一 祥符陂，即石塘陂，在文興里。宋祥符中，知縣郎簡築，并江爲之，跨五里，受遵義、永福水溉田，種五百餘石。宋林希逸，明鄭善夫、陳一貫、吴從義俱有記，并《石渠歌》。

（嘉慶）《清一統志》卷二一五 石塘陂，在正陽縣西北二十里。後漢永平五年，汝南太守鮑昱甃石堰水，灌田四百頃，今湮。《金史地理志》：眞陽有石塘陂。

雙圳陂

綜述

清 潘思榘《長泰縣清理雙圳陂碑記》（乾隆）《長泰縣志》卷一一 漳之屬縣，長泰之東北鄉有儲水之陂，曰雙圳者，宋理宗嘉熙元年丁酉邑人陳耆之所築也。自丁酉距今蓋積歲五百三十有二矣。世遠制隳，旁近奸民有盜墾爲田者，其裔孫草訟于令，爲之履勘，清理具圖譜列顛末來請記，以文譜載，耆在理宗時以彰信人和二里之田，歲苦旱，與妻顔氏謀易己田以興水利。寶慶二年得請于朝，嘉定元年陂成。按史，嘉定元年爲寧宗改元之初，是年戊辰也。寶慶二年爲理宗即位之二年，是年丙戌也。自戊辰至丙戌相去十九年，豈有得請于後而告竣于先者。蓋理宗四改元爲嘉熙，歲在丁酉，其訛熙爲定無疑，而譜失之，郡縣志復失之甚矣。文獻之難徵也，譜載水來于珪山之麓，隨所注屈折規堰寘牐，爲陂塘三十六，爲圳三百有奇。上閼彰信之烏石潭，下匯人和之歐馬溪，以入於龍津大溪。縣所由達郡之河也。設陂長時啓閉，共溉二里之田萬餘頃。按縣所勘圖，其創陂之始，自烏石潭引水至上苑社陂，曰雙圳。自雙圳而下至古倉社陂，曰開禧。遂分而東西流，東陂爲陳陂，爲陳塘，爲田仔，爲洋，爲長背，爲蓮塘，爲陳洋，爲大夫坊。西陂爲上源，爲竹木，爲後溪，爲湯湖，爲洋溪，爲山重，爲羅鼓，爲新塘，計陂十有六，而合流於歐馬溪。今土人目曰十五户陂者，山重崩而廢其一也。譜志皆曰：雙圳陂者，從其施工之始而名之也。凡雙圳以下之水，彰信受之，陳洋以下之水，人和受之，羅鼓新塘之水，二里均受之。由陂而釃圳，由圳而沃田，所被二十餘里，旱得以蓄，而潦得以泄，皆耆功也，故廟食以報焉。今東陂尚如故，而西陂之山重既廢，下流湮塞，羅鼓新塘俱涸，耆廟亦圮，且譜志皆載陂塘三十六可勘者，見存諸陂耳。餘即陳氏子孫不能指其處，徵今日之清理，久益不可考矣。夫奸民之盜爲田者，徒覬目前之利，田增陂隘而水無所儲，偶遇旱潦，則二里之田胥病，是益一己而損及於萬家，農之蝨賊也。令理出盜墾即責以挑復，且倡營耆廟立石垂久，可謂能舉其職，嗣今有踵而修浚者，縣爲請獎，盜墾者，陳氏子孫暨陂長皆得訟於縣，荷校以儆，後之令茲邑者視此，然東陂治矣。而西陂之羅鼓新塘猶塞，則雙圳陂之水利未全復，而二里之農尚有向隅，今豈無慕義如耆者，是在爲吏者，有以勸率之白渠芍陂，成自人力，此余所望於賢令長也。令涂姓坤名，江西靖安人，以鳳山丞權知此縣，余既爲記，并使鑱清理弓畝之數於碑陰，以諗後云。

清 張懋建《清理雙圳陂碑記》 乾隆十三年，余筮仕得閩之長泰，初謁大中丞潘公，振綱飭紀，百廢具興，而于農田水利尤惓惓，重本計也。余奉令不敢忘，既至泰，泰又閩之僻陬，彌望皆崇崗複嶺，絕鮮可耕之田。其勤者，墾山爲田，藉溪流，作灌溉，曲徑取泉，各施智力，以備無患。邑東北彰信、人和二鄉，延袤三十餘里，有田萬餘頃，在山澤間，其蓄水陂塘，則宋好義之士陳耆所設施也。民沾其利者渥矣，因專祀於其鄉，顧歷年久遠，沙泥壅塞，嗜利之徒，乘便築埂爲田。河流淺淤，民失其利，祠亦遂廢。近十餘年間，歷經前令李沈張李嚴拘飭禁設法清釐，而正署迭更旋行旋止，梗化者且遏不通也。陳之裔孫草惧泯前人之功告請疏通，時署令涂君遵憲諭，備稽通塞形勢，功懸未舉，而余方蒞任，奉宣憲，德召父老一一諮詢之。志載陳耆捐田二百四十餘畝創開水利，其源自旌孝里珪山之麓，至上苑大溪南岸，開鑿陂塘，循南行五六里，區爲東西圳，隨地設陂，立牐東圳之陂，曰陳坑，曰陳塘，曰田仔，曰洋，曰長背，曰蓮塘，曰陳洋，曰大夫坊。西圳之陂，曰上原，曰竹木，曰後溪，曰湯湖，曰洋溪，曰山重，曰羅鼓，曰新塘。隨所注屈折周貫匯流大溪，達龍溪之大江，厥功鉅矣。乃今之佔築者，王禾沈車而下湍水激堤，堤身崩陷，山重之流遂廢，而小圳亦漸湮塞，民嗟石田無所資灌溉。再召父老謀所以聚水之法，於浮山之内別浚一渠，避去大溪二十丈外築塘堰以衛堤身，由陂釃圳由圳沃田澤流滋渥，復爲設陂長以時啓閉，而昔年大圳三十六，小圳四百餘之規制，井然復舊矣。明年豐時，和民歌樂利，二鄉之民鳩工庀材，重新祠宇，析餘産以隆祀事好事者，且列余名尸祝之。夫雙圳之興，余與諸紳士衆謀，僉同奏績，固易而實，則大憲之鼓舞利，民課其成效，爲不可諠也。余其敢竊爲己力哉？維時經理其事者，都闖戴秉魁，具有勞績，而捐田捐資得以周通水利，則有紳士戴植生、楊維翰、盧燦然、楊元讓、暨鄉賓楊藍觀，例得備書。其清理弓畝之數，及督工分捐諸姓氏，咸列之碑陰，使後有所考焉。

傳記

（同治）《南昌府志》卷四二　涂坤字至元，靖安人。由監生授福建沙縣丞，調鳳山縣丞，署長泰平和二縣知縣。邑有宋築雙圳陂，宋時灌田萬頃，久坍塞，民盜墾爲田，遇旱澇無所蓄洩，坤悉心履勘，修復如舊，百姓賴之。

藝文

清　陳于道《張邑侯清理雙圳陂恭紀》（乾隆）《長泰縣志》卷一一

雙芹遺迹久堙沉，誰使群黎賦作霖，知是我侯明德遠，溶溶新澤漾冰心。

雜録

（乾隆）《長泰縣志》卷一　雙圳陂，宋嘉熙元年里民陳耆捐田二百四十餘畝，創開水道，凡三百條，在彰信人和二里，其溉田有萬餘頃，源出旌孝里珪山之麓，至上苑大溪南岸分爲東西圳，隨地設陂，立牐東圳之陂，曰陳坑陂，曰陳塘陂，曰田子陂，曰洋陂，曰長背陂，曰道塘陂，曰大夫坊陂。西圳之陂，曰上原陂，曰竹木陂，曰後溪陂，曰湯湖陂，曰洋溪陂，曰山重陂，曰羅背陂，曰新塘陂。屈折周貫匯流大溪，里民德之，共祀于鄉。歷久漸湮塞，被好民佔墾水多壅遏。清朝乾隆十三年，令張憲建初涖任，任此水利之事，無不興舉，因前令涂坤詳請清復此陂，事未竟而調任，平和張公隨即清理此圳道，日親往督視，悉令疏通，流以大圳，三十六小圳，四百餘井，然復舊里，民戴德奉祿，位于陳耆祠，而令涂坤亦與焉，有記。

太保陂

（嘉靖）《龍溪縣志》卷一　太保陂，昔有謝都官築海爲田，繼有陳太保者，引水開圳，設斗門以時蓄洩，溉田百餘頃，然沙土善崩，民以爲患，景泰初，鄉人劉廷奮率衆請于郡縣，驗田聚穀，悉砌以石。

明 林魁《太保陂記》（萬曆）《漳州府志》卷三〇　功業建於一時，而利澤垂於後世，不計位之崇卑哨之先後，皆足起人敬慕，始與天壤俱敝者也。龍溪九都也，連阡陌乃昔都官謝公築海成田，初病斥鹵，繼而太保陳公復引十一都，九十九坑之水流衍八都，□於九都侯山築陂，開則頃而導之以灌，于田下至，普賢復砌斗門以便淄瀉，其地遂成沃土，歲收鉅萬，陂號陳太保，官陂□長三千餘丈，闊二丈，深七尺。宋紹興五年，重修立石在焉，元時八、九二都搆争水利，官相厥土，斷祐欝林溪中作石蛇，以十分爲率，八都得水之三，九都得水之七，末爲定規，迨今數百餘年，民享其利，陳謝二公之賜也。正統間，月溪劉公廷奮以其□碧軒嘗議建祠以修報功之與迺與贊舍黄肅公肇基，竭力率衆葺祠，于侯山省二公之像以祀之，官陂□填以沙，土潦則崩，晴則涸，修築煩勞，民恒告艱，欲易之以石。景泰二年壬申，鄉耆鍾忠愷等彙請于郡，邑檄劉公董其事，公夙夜荒勞，與高公懷順聚穀鳩工，易以石堰，中砌二十門，濶七尺，深一丈二尺，垂就壞於潦公益勵而爲之，逾年而告成，普玄十門久而領圮。天順五年丁丑，公復楚之用底□年，由是旱潦無患，都民懷惠，皆謂闢土疏源，陳劉二公開之於先，砌陂建祠，劉公嗣之於後，其功豈以易位而有間，□祠歷歲久，風雨相撓，劉公冢嗣敦賢復先志，乃與居□高氏募衆重建，宇像焕然，衆因蕩成，咸相謂曰：是祠之立，乃都人衣食之源也。使無以示求，久則創繼之功廢興之迹，後人何由知所勸哉？遂徵予言以志之，予謂古之有功德於民者，必食報于後，若潮人之祀昌黎，泉人之記端明，與今侯山之祀陳謝二公，皆發於人心之不容，已千載如出一轍，然此皆有位者之事，若月溪劉公初無一命之寄，功業之建，乃與二公媲美，傑然之才可槩見矣。百世而下，公論之在人心，未必不劉公而配食於二公之左右。

（嘉慶）《清一統志》卷四二九　太保陂在海澄縣，西縣地本海瀬，宋都官郎中謝伯宜始築成田，紹興中，邑人陳香復引十都九十九坑之水注於九都侯山，築陂開圳，長三十餘丈，導以灌田，遂成沃土，香官太保故名。

（光緒）《漳州府志》卷六　太保陂地本海鹵，因謝都官築以成田，繼而陳太保者，復引十都九十九坑之水築陂開圳，順導灌田百有餘頃，復作斗門以止洩水，以功成于陳太保，故以爲名。元時，八九都搆争水利，官斷八都得水三，九都得水七，末爲定規，陂原填以沙土，明景泰三年，里人劉廷奮率衆填築，易以石堰，并設普賢斗門，由是旱潦無患。康熙二十一年，二都人復争灌溉，知縣王衡才斷依舊例，按此陂，里人築祠于征頭社，合祀都官太保，副使林魁，作功德碑記，然劉氏之功正莫大焉。又同時義民黄肅協力修築，亦有功於陂云。

太平陂（太和陂、曾公陂）

論説

宋 劉克莊《後村先生大全集》卷八八《重修太平陂記》　余聞物之成壞存乎□，數慮之疏密繫乎人，三板之城可以不汲千丈之堤，有時而潰，昔人修陂之田爲是設也。紹興復田入姓之力，故陂事迭主之，八姓皆有私田於陂，知護田則知愛陂矣。百年之間，八姓盛衰不常，於是有私田盡去，而視陂田爲券，内置陂患於度外者，公按其籍歲得穀一百六十九石，錢四十一千各有奇，曰：果修陂，此足矣！以田屬囊山寺，陂正一人，幹一人，以庵僧充甲首，長工各二人，歲給錢穀，一如舊物租之山，納陂之修廢，在八姓不可問，在僧可覆也。公之慮遠乎哉！夫循吏之遺迹，在天下甚衆。余足暦目睹，如桂之靈渠本秦史禄，號史禄渠，廣陵之三塘本漢陳登，號陳公塘，由秦漢至今千餘載，世代殊異，權位消歇，二邦之人尚稱思故侯名氏不已，此豈有所謟畏而然歟？他日云曾公陂者，猶是矣。

（弘治）《興化府志》 卷五三 吾莆論水利，南洋稱木蘭陂，北洋稱延壽陂、太平陂，其説是矣。若夫築長堤以障海，使外無吞嚙之患，内有耕鑿之安，此其功豈不與諸陂相表裏乎？

綜述

（弘治）《興化府志》 卷五三 縣北與教里陂四埭一，其陂大者曰太平陂，亦名太和陂。宋嘉祐中知軍劉諤創，灌興教、延壽二里田七百頃。按古興化縣有荻蘆溪，其流甚長，諤址石溪流堰爲陂，深二丈，濶二十丈，水色紺碧，溪源演迤。乃作圳，引而南注，圳沿山而行，皆用石砌理，遇山壑斷處乃作砥柱。聮駕石船而飛渡之，其勢磬折蛇行二十餘里。及入境，乃分爲上、下二圳。上圳得水七分，以灌興教、延壽二里高仰田土；下圳得水三分，專灌興教、吴塘、漏頭等處平洋田土。初，陂未作，民賴勝壽塘、即湖洋塘太和塘、西衝塘、屯前塘、東塘以資灌溉。祥符中，民陳清等侵占爲田。慶曆中，蔡襄嘗奏五塘及諤太平陂成，而太和塘、東塘、屯前塘竟廢爲田。熙寧中，官令分太和田以償諤之陂作，而籍其餘及東塘、屯前塘田。爲陂之修防計，設陂首一人，陂幹一人，甲頭二人，長工二人，各有食田，其長工食直，則取給於陂首。詳餐鄭夾漈記今記無存。紹定中，圳壞，郡守曾用虎命莆田縣丞陳于頤從新修治，費工錢百五十萬，僦夫六千，亟欲悦公，更名『曾公陂』，且庵以祀之。然諤創始之功甚鉅，自熙寧中撥大塘田酬公陂作，立廟於陂側，至今呼爲太和廟，其陂爲太和陂云。永樂中，與教里人黄道隆詣闕上書，請修太和陂，蒙□辦事官强姓者前來蹈勘修理，重鑿開道，遇石不可度而止。正統中，道隆復棄家，水磨一所并畊田，四詘遇圭田□，民頌之立石道左。宏治十四年，聽選官姚木端亦建言重修太和陂圳，官府事殷功未就緒。近郡守王公馴奪太和廟田入岳公祠，亦未安。

又

蔡陂、楝林陂各引太平陂上流，灌田四頃二十六畝。

（道光）《莆田縣志稿》 太和廟，在興教里吴塘。唐何玉置太和塘，溉田五十頃，嘗被侵没，宋蔡襄特奏請復。嘉祐中，知軍劉諤始築太平陂，溉田七百頃，廢太和塘及東塘、屯前塘三所爲田。熙寧中，官令撥太和田，以償諤之陂作。紹興二年，里人張應六等念諤功立廟祀之。紹定中，陂壞，知軍曾用虎重修，遂籍前田屬囊山寺僧（救）［收］租，永爲修陂之用。元至正十五年，張安節重修其廟。明嘉靖中，田没于僧，里人訴之臬司，本府推官章檗查，復田租一百四十四石，令縣貯庫豫修陂葺祠。壬戌，祠燬。隆慶壬申，分守熊琦行郡重建，并祀（可）［何］、蔡、曾、章四公，扁曰：太平陂世惠祠。

郡人都御史郭應聘爲記。太和廟，何始以有太平陂也！陂肇於宋知軍劉諤公，而修復於曾公用虎。有圳二，引灌興教、延壽、望江三里田，高下千百餘頃，其利溥，其惠遠，其廟在本里之吴塘，扁曰：世惠蓋載二公德。云陂未作，民利五塘，何公玉所置也。祥符間，爲豪右侵没，學士蔡公襄奏復之。及陂成，塘無所用，築爲田，得租百六十九石，司土著者，令充廟祀，且豫修陂費，而粮徭之徵不與焉！守之者，囊山僧也，歷祼既久，田没于僧。莭推章公檗請復，僅存百四十四石，零議永存計歲入，估貯公帑修祀備陂，不令他費，是何、蔡、劉、曾四公功創於前，而章公功繼於後，并祀於廟宜矣。嘉靖壬戌，廟以兵燹燬。既按堵後，民思興利，且念所自始白之，合守熊公琦、舊侯徐公元氣、新郡侯林公有源給租銀興建，不數月廟貌一新，五公之祀自是與莆相終始。夫廟復則田有紀，而修陂之費賴之，因陂不爲患，歲可薦登，是因廟以紀田，因田而備陂，因陂而利民五八，有功於民，而熊唐與徐林二公又有功于五公也。郡丞錢公穀、郡倅鄧公邦基、莭摧邵公城、邑侯孫公謀皆相與戮力賛襄，是烏得以無紀哉！故備書于石，以爲後之滙茲土者風焉。

（康熙）《仙游縣志》 卷二七 又有太平陂，宋末蒲平章創，灌田一十三頃。

（乾隆）《莆田縣志》 卷二 太平陂在興教里尖山後，亦名太和陂。宋嘉（祜）［祐］中，知軍劉諤剏，深二丈，濶二十丈，陂上循山趾，砌石作圳，引水南注，山壑斷處作砥柱，駕石船以度二十餘里。八興教分二圳，抵吴塘、太平莊入溝，溉興教、延壽二里田七百頃。初北洋有五塘，三在興教，曰太和，曰屯前，曰東塘，皆唐太守何玉鑿，何，太和人，故以名塘。後漸侵没，蔡襄請復五塘，及太平陂成，而太和三塘廢爲田，歲得租六百九十石。五公廟首祀何公，次及蔡、劉諸公，蓋以塘故，或謂陂剏於何？非也。紹定中，陂壞，知軍曾用虎重修。更名曾公陂。邑人尚書劉克莊記。

明嘉靖四十三年，同知譚維鼎、知縣莫天賦重修。此陂在深山窮谷，無舊址，北有石門，水勢上積，深有二丈，分流上、下二圳。後人止修二圳，其水在陂上，又有浮面流者，蓋緣下有南安陂。若太平陂再加築高，則南安之水源絶矣。時牒報當道如此。

國朝乾隆十三年，里民蕭奕韓等呈請興復水利，案附。本陂原立水，則瓣上圳得水七分，下圳得水三分，圳分爲十三甲，各分地界，崩塌自修，近水頭數甲恃得水居。先甲内崩壞，不肯修理，致水尾數甲田涓滴無及，呈請復古循例各修俾，得均沾水利。知縣王文昭押修立案。

（嘉慶）《清一統志》卷四二七　太平陂在莆田縣北十五里，一名太和陂，溉田七百頃。

（道光）《廣東通志》卷一一五　太平陂，源自龍江仔，至銀壺堰爲斜陂，自契嶺至豬腰土堰爲上陂，自澗頭至觖魚葫堰爲蘇木陂，自龜湖至豐前爲長塘，灌田數百頃。

《清史稿》卷七〇《地理一七》　莆田衝，繁，疲，難。倚。【略】北荻蘆溪，會澳溪爲泆溪，匯爲北洋太平陂。

傳記

（弘治）《興化府志》卷五　劉謌，宋知軍也，不知何許人。仁宗嘉祐中，任大興水利，去莆田縣北二十五里創太平陂，深二丈，濶二十丈，溝三圳，長二十里，引荻蘆溪水來注之，灌田七百頃，廢三塘爲田，民利之。

又　曾用虎，字君遇，宋知軍也，晉江人，丞相公亮之後，以兄樞密使從龍蔭補官，理宗紹定中知軍事。【略】建三步泄，溉田千頃，修太平廢陂，民號之曰『曾公陂』。

清　李清馥《閩中理學淵源考》卷三二《朝奉翁濟可先生仲通》　翁仲通，字濟可，崇安人。嘉祐二年進士，爲山陰尉，疏水利。遷鄞縣移武平，令召赴闕，求便養親，改簽書興化軍。通相地徙築，人號太平陂。後知黃巖縣，浚河流，民獲利。

（道光）《莆田縣志稿》　劉謌，嘉祐中知軍，他政無所考，惟創太平陂功最鉅，世食其利。按，故興化縣有荻蘆溪，流甚紆長，謌址石溪流堰而爲陂。仍作圳，引而南注。圳循山行，咸用石砌，遇山壑斷處復作砥柱，駕石船而飛度之，其勢磬折蛇行二十餘里。及入境，始分爲上、下圳，於是士庶祀謌，陂旁廟名太和廟，陂爲太和陂云。

（道光）《莆田縣志稿》　曾用虎，字君遇，晉江人，丞相公亮裔，紹定中。【略】築軍城，延袤七里有奇。既竣，葉下令蠲，是年，夏税之半，而以樽節贏金輸之。曾太平陂廢，用虎悉易以石，縣丞陳子頣謂松性宜水，寘松於裏，餙石於表，可省費，用虎曰：木不壽於石，明矣。悉易以石，陂成，爲更名曾公陂，仍庵以祠之。

紀事

宋　劉克莊《後村先生大全集》卷八八《重修太平陂記》　曾公守莆，惠民之政不可殫，紀水利最鉅，曰太平陂，曰三步泄，曰陳霸，斗門陂工最鉅。始爲是陂者，趾石中流，斡溪右注，遡山逆行，翼以岸塍，導以川溝，長二十餘里，溉七百頃。然沉石於淵，石微罅則址顛，激水入港，水暴決則□頹，農失膏潤。官莫顧省，公聞而慨。然召莆田丞陳君，告曰：陂塘非若職乎？丞曰：敬受教。起去。冬，訖今春圮，頡頓崇淺，溝條深出，新智爲散水石，以室罅衝址塍用石尤多，或謂松性宜水，寘松於裏，餙石於表，可省費。公曰：木不壽於石，明矣。悉易以石，錢出公家者百五十萬，僦夫六千，不以煩民，郡人更名曾公陂。既庵以祠，公復屬筆於余，俾記顛末。【略】公，名用虎，温陵人，仁而明。丞，名子頣，三山人，敏而勤。宜特書大書寓士，林尉、起犀、釋智上法，均皆竭勞於陂，宜牽聯得書。

（弘治）《八閩通志》卷二四《食貨》　太平陂，宋嘉祐中知軍（士）［事］劉謌創，引荻蘆溪水溉田七百頃，廢三塘爲太分、太和田以償。謌之陂作，籍其餘及東塘、屯前田爲陂之修防，計掌陂事，陂首一，陂幹一，甲頭二，長工二，各有食田，長工食直給與陂首。郡人鄭樵爲記。國朝永樂二十一年，里人黃道隆奏請重修。

（乾隆）《福建通志》卷七　太平陂，宋嘉祐中，知軍劉諤創，溉田七百頃，廢舊太和、屯前、東塘三塘爲田，歲得租六百九十石。紹定中，陂壞，知軍曾用虎重修，邑人尚書劉克莊爲記。明嘉靖四十三年，署府同知譚維鼎、知縣莫天賦重修。

雜録

（弘治）《興化府志》卷二五　太和廟，在縣北二十五里興教里，按僞閩時置太和塘，溉田五十頃。宋嘉祐中，知軍劉諤始築太平陂，溉田七百頃，廢太和塘、反東塘、屯前（堂）［塘］三所爲田。熙寧中，官令撥太和田，以償諤之陂作。紹興二年，里人張應六等念諤功，立廟以祀之。元至正十五年，張安郎等重修。今傳世已久，鄉人但呼太和廟，不知所祀何神，官府當爲正其名額。

（乾隆）《莆田縣志》卷二　宋知軍劉諤，于蓮花石下設太平陂，從山麓鑿圳遏支流，東入興教里。至吴塘太平莊入溝分溉，及東埔倉口諸村南行，與使華水合。至新港陡門入海，餘至涵江金墩入海爲一支。

（嘉慶）《無爲州志》卷六　太平陂，在州北太平鄉，長六十丈，蓄洩坂水，甚爲利益，灌溉田畝二十餘頃。

（道光）《廣東通志》卷一一五　太平陂，源自龍江仔，至銀壺堰爲斜陂，自契嶺至猪腰土堰爲上陂，自澗頭至鴃魚葫堰爲蘇木陂，自龜湖至豐前爲長塘，灌田數百頃。

（同治）《崇仁縣志》卷一　曾公陂，在下坊方田，溉田三百餘畝，乾隆二十八年開。

（同治）《贛縣志》卷五　太平陂，灌田五頃六十畝。

（光緒）《鬱林州志》卷二　太平陂，即大王陂，在寒山麓六西村，上引水西灌。

泰豐陂

（道光）《直隸南雄州志》卷一〇　泰豐陂城東四十里，長浦橋上，嘉慶丙子，知州羅含章督同江、背村民丁洪運等伐石築渠，灌田六百餘畝，溝心寬三尺。

清　羅含章《開泰豐陂記》（道光）《直隸南雄州志》卷二一　長浦之濱，小江之湄，有橋焉。余數往來於此，見其田衍而平，水瀏而清，而人不知引而用之也。於是率江臂村民開泰豐陂焉，既成，進其人而謂之曰：今而後汝無庸懸耜而嘆，望雲而嗟矣。雖然，致豐有本，保泰有道。余不知千百年前，乃祖乃父之知有此陂否也。余亦不知千百年後，爾子爾孫之猶有此陂否也。作之非難，守之惟難，尚其黜乃心，齊乃力，度乃口，以共保此陂於無替。

天寶陂（元符陂）

論説

明　葉向高《蒼霞續草》卷二《重修天寶陂記》　余觀自古循吏爲民造命，莫不以導水興利爲第一義，而吾邑以頻年無歲，租賦之不時，以爲長吏憂，吾儕邦人其亦有餘恧焉。今幸徼惠于侯，舉數千頃之田，旱澇無虞，其亦相勸于惟正之供，俾侯不以催科見督，是乃所以報侯也。而周君父子先後有勞于兹陂，亦可謂好義修事者矣。然余觀邑治之前又有祥符陂，其利病與兹陂同傾圮尤甚，惜無如周君者，能奉侯之德意，慨然修復，此余之所以于兹役而重有望也。

明　郭造卿《奉葉龍潭邑侯論志略》《明文海》卷一九四　官而有功兹土，當血食于千年者，祥符陂宜祀郎簡，天寶陂宜祀莊正，柔陂水所及之地，未嘗無淫祠，既釐正而祀之，俾後之修陂者配焉，豈非祀大功于民之義耶。

综述

宋 陳元靚《歲時廣記》卷一九 福州福清縣【略】境有石陂，唐天寶中所築，曰天寶陂。

（淳熙）《三山志》卷一六 元符陂，唐天寶中置，故名天寶。皇朝祥符中知縣郎簡重修，熙寧五年崔知縣以歲利田户鳴鼓興築，不至者罰之，邑司著籍仍碑刻，圳長七百餘丈，溉田種千餘石。後劉廣等陳乞罷之，以是多旱損。元符二年，鍾提舉因巡曆乃委知縣莊正柔修之，移舊地之上陂旁，有大榕日聽訟其下，以董役，汁鐵以錮其基，廣十丈，溉田如昔時。

明 葉向高《蒼霞續草》卷二《重修天寶陂記》 吾邑濵，海土田瘠薄，又鮮泉源灌溉之利，雨暘一不時，苗立槁矣。惟西南有陂名天寶，水自仙游而來，歷清源、善福，達新寧、仁壽二里，沃田數千頃。宋祥符間，郎公簡修之，故又名元符陂。其後屢圮屢築，萬曆己丑，則耆民周大動奉邑令歐陽侯之命，甃西陳石圳堤二百餘丈，農民賴之，抵今將三十載。值今歲淫雨，復有頹潰，適王侯來蒞，邑咨諏民瘼，知茲陂爲邑大私病，詢于衆孰可任厥事。僉曰：故㸃長大動子文遴篤誠勤幹，習于水利，令之董役，必能底績。侯忻然進而命之。文遴條上方略咸當侯意，遂使鳩工。下令有湮圳、□防、梗法、便私、不輸錢服役者，悉治以罪，人心肅然，侯又捐俸爲資，役者競勸。石以丈計土以箕計，畚鍤之工以日計，悉虔悉力，莫敢窳惰，其最要害如西陳溝頭，濵江海埭，尤所加意水利，悉復，歲不能灾，五洋二十五墩，數萬人咸被其澤，頌侯明德無以爲報。【略】侯諱某，字某，別號匪蓼，粤之番禺人，癸丑進士，陂之修，爲萬曆丁巳年秋。

傳記

（弘治）《八閩通志》卷三七 郎簡字叔廉，杭州臨安人。大中祥符間知福清縣，以慈祥稱，嘗捐俸錢市藥以飲病者，又嘗築海爲湖，民號曰郎官湖。又嘗浚築石塘陂，溉廢田百餘頃。邑人爲立生祠，按《三山志》，元符陂注云：知縣郎簡重修而名，宦志又謂，簡嘗作永福陂，考之宋史本傳，則謂簡嘗浚築石塘陂，豈本一陂，而前後異其名歟？今姑依《宋史》修之。

（乾隆）《福州府志》卷四八 莊柔正莆田人。元豐進士。祥符間知福清有方略，嘗築天寶陂，聽訟陂旁，大樹下令投牒者，人負一石曲者，以石爲罰，陂石皆鎔鐵錮之，數月陂成，名之曰元符，至今利之。

紀事

宋 李俊甫《莆陽比事》卷六 莊柔正登元豐第。宰福清，築天寶陂。溉田五十頃。

明 王圻《續文獻通考》卷五《田賦考》 眞宗大中祥符元年，僧惟眞截安姜溪十二派築堤八百一十丈，斗門四，凡九年乃成，溉田四千頃，郎簡築石塘陂，并江爲之蓄河頭水，溉田種五百餘石，又修天寶陂，溉田種千餘石。

（弘治）《八閩通志》卷二二 元符陂在新豊里，唐天寶中置，名天寶陂。宋祥符中知縣郎簡重修，熙寧五年知縣崔某歲督田户鳴鼓興築，不至者有罰，圳長七百餘丈，溉田種千餘石，後鄉人乞罷之，自是田多旱損。元符初提舉鍾某檄知縣莊正柔修之，鎔銅汁以錮其基，溉田如舊，更今名□季圮。國朝洪武三十四年，按察司僉事陳灝桃□縣募衆重修，溉田種一千餘石。

（乾隆）《福州府志》卷七 元符陂，唐天寶中浚，又名天寶陂。宋祥符中知縣郎簡修，元符中知縣莊柔正鎔銅汁以固其基。

藝文

明 王恭《白雲樵唱集》卷三《美憲僉陳公重修玉融天寶陂》

咨訪代宸聰，霜威八郡中。褰帷詢潦旱，按俗憫年凶。地古渚防失，江流斥鹵通。綉衣親計粟，玉節坐鳩工。瘴海秋騰隼，闕河曉駐驄。已兼修廢墜，非但慰疲癃。陂水寒仍緑，鹺田歲又豐。永貽饘粥惠，寧忘我侯功。利澤思王景，恩波感白公。銘心那可報，鑴石紀無窮。

雜録

宋 洪邁《夷堅志》夷堅乙志卷二〇《天寶石移》 福州福清縣大平鄉修仁里石竹山，俗曰蝦蟆山，去邑十五里，乾道二年三月三日夜半後，居民鄭周延等咸聞山上有聲如震雷，移時方止，或見門外天星光明，迹其聲勢，在瑞雲院後石竹山上。明旦，相與視之，山頂之東南有大石，方可九丈，飛落半腰間，所過成蹊，闊皆四尺，而山之木石，略無所損。縣士李槐云：山下舊有碑，刊囊山妙應師讖語，頃因大水，碑失，今復在縣橋下。其語曰：天寶石移，狀元來期。龍爪花紅，狀元西東。邑境有石陂，唐天寶中所築，目曰天寶陂，距石竹山財十里。是月，集英廷試多士，永福人蕭國梁魁天下。永福在福清西，閩人以爲應讖矣。又三年，興化鄭僑繼之，正在福清之東。狀元西東之語，無一不驗云。

（乾隆）《福清縣志》卷八 郎簡字叔廉，臨安人，祥符間令是邑，豈弟愛人，嘗捐俸市藥以飲病者，其惠利之政，若障石塘陂，以溉田，若障海鹵以築湖，邑人德之，號郎官湖，初簡之爲令也，不求薦達，眞宗識之，謂宰相呂夷簡曰：郎簡歷官寡過，無一人薦之者，是必恬于進取，擢除兵佐郎，累官至工部侍郎，有詩見文鑒，今天寶陂有簡祠，歲時祀焉。

通靈陂

清 顧炎武《肇域志》卷三七 縣北十里爲唐同州刺史姜師度通靈陂，故溉田百餘頃，久廢。頃有建水利者鋭意恢復，僉謂河口下而岸益高，即有摶激之智，無以施其巧，議格遂寢，古迹無遺址，而於史有足據者。

清 顧祖禹《讀史方輿紀要》卷五四 通靈阪，縣北四十里，唐開元七年，同州刺史姜師度派洛水以灌朝邑、河西二縣，又闕黄河以灌通靈陂，收棄地二千餘頃爲上田，置十餘屯，是也。

《續通志》卷二一二 姜師度，魏州魏人，舉明經，歷丹陵尉，龍岡令，【略】徙同州刺史，引洛水以灌朝邑、河西二縣，遏河以灌通靈陂，收棄地二千頃爲上腴，置十餘屯，帝嘉其功，加金紫光禄大夫，賜帛三百匹，進將作大匠。

清 康基田《河渠紀聞》卷五 開元七年同州刺史姜師度，引洛堰河溉田千餘頃。按《地理志》，同州朝邑北四十里有通靈陂，洛水在朝邑城南，渭水自華州東北流會焉，同入於黄河。姜師度引洛堰河溉農田，民食其利。《唐書·姜師度傳》：師度爲同州刺史，派洛水灌朝邑、河西二縣農田，又開黄河以灌通靈陂，收棄地二千餘頃爲上田，置十餘屯，洛河在關中，灌溉所有事也，堤防溝渠所以順地理，通利壅塞，前民利用之道也。《禹貢》：漆沮既從洛合沮三水同流。《周禮·職方》雍州浸曰：渭洛，洛與涇、渭，周之三川也。《史記·河渠書》：漢武帝時，莊熊羆言，臨晋民願穿洛溉重泉以東萬餘頃，故鹵地誠得水，可令畝十石，於是穿渠自澄城引洛水至商顔下，岸善崩乃鑿井深者至四十餘丈，井下相度行水，水隤以絶商顔，東至山嶺十餘里，井渠之生自此始，行之十數年，渠頗通，猶未得饒，蓋穿渠若斯之難也。地高水深必就上流，然後能引水，疏鑿多石用力尤難。太和四年，洛水漂鄜坊三百餘家，引洛之利，而防其害，利不什不興也。

同豐陂

（道光）《直隸南雄州志》卷一〇 同豐陂，城北二十里，嘉慶丙子知州羅含章督同八村紳民代石築，渠上起楊子石下達教場垻，溝心寬四尺，長一千八百餘丈，分爲五保，輪日放水，灌田二千餘畝，捐置義田，糧在同豐陂户，陂頭有龍神祠，有記，郡人作詩以咏其事。

清 羅含章《新開同豐陂記》（道光）《直隸南雄州志》卷二一　凡事當萬

難兩全之，會必有一道焉。以濟之，惟察之，不精由之，不熟則道不爲我用，而事遂一成，而一敗，州城北門外有田數百畝，恒苦高旱，農民作高車以灌之，然車之所遏，沙土壅淤，而上流低田滙爲巨壑矣。嘉慶丙子夏，陰雨連綿，其澇尤甚，村民黄佑龍等訟於余，余往勘焉，斷而復争，如是者三。余乃喟然曰：高田苦旱，低田苦澇，去爾車則高田旱矣，留爾車則低田澇矣。一旱一澇，不能兩全，不旱不澇，是必有道。曷開陂乎，陂開而車可廢矣。僉曰：惟使君生我，於是道余上至長嶺。僉曰：可矣。余曰：是又將以鄰國爲壑也，更上之至羊子石。余曰：可矣，乃捐廉錢百千，命紳士梁受千等董其事，分爲五保，共田二千餘畝，畝捐錢千五百，晒水田半之，再次晒水田又半之。始事於七月己巳，竣事於某月某日。凡用錢若干，攻木之工若干，攻石之工若干，工土之工若干，溝長一千八百餘丈，寬各四尺，費省而功鉅，地勢平也。余嘗慨夾淩江而田者，東西各二千畝，西岸之陂，開自宋時，而東岸獨無，數百年來無議及者，伊誰之責歟。然向使非一旱一澇，則此陂猶不作，旱矣、澇矣而不如今年之澇之甚，則蓮塘村民不争此陂，亦不作争矣。而余或一至焉，或再至焉，此陂仍不作，惟三至焉，而後知兩全之道，在於開陂。天下事不究其始終本末，輒曰：予已知之，予已知之者謬也。當委曲煩重之際，不深思熟計，輒曰：吾未如之，何吾未如之何者淺也。經一難，進一觧，曆一險，出一奇，古今來聖賢豪傑大抵如斯也。今而後高田低田皆無争矣。詩曰：豐年多黍多稌，蓋言同也，因名此陂曰同豐，并記其始末云。

萬豐陂

（道光）《直隸南雄州志》卷一〇　萬豐陂在修仁一都七甲大坌村，嘉慶丁丑，知州羅含章督同民人何廷禄伐石修築，灌田數百畝。

清　羅含章《萬豐陂記》（道光）《直隸南雄州志》卷二二　利民之事，圖其遠大，而後垂諸永久，使世世子孫毋變也。若狃於見小欲速，計一時不計萬世，因循叢脞，并其利者而亡之矣。即以一州一邑論，如大坋村水陂之亟宜修改，爲不容旦夕緩者，農民泄泄視之，坐使田疇憂旱，失豐亨之利者數十年。誰爲司牧不早籌此，而閭閻亦緘默不爲陳告哉？攷大坋舊有水陂，灌田數百餘畝，惟惜費，故用水運迫年湮日久，屢遇淫澇衝决，河底愈深，沙淤滲漏，灌溉難資，可謂拙於逢年者矣。嘉慶丁丑八月，何廷禄等始以修改請，余視溪水有餘山石近在陂旁，斧鑿甚便，當作事謀始時，早甃以石，歲或稍有補苴，何至於廢壞而不可救，廢壞矣。繼起有人力肩艱鉅，毅然爲之，則數十年中，間遇旱灾，亦可恃以無恐，乃今日方知變計，豈遲速有時，飢穰有候，廢興亦有數存乎其間耶？間嘗瀏覽全史，知國家興舉之役，誤于見小欲速，厥後孰習變。故方議遠大之圖，待諸踵事所增者，難於枚數，斯陂之易木以石亦類是也。爰令村民按畝出錢，三百千工作稱是，并儲其贏爲歲修之費，從此砥如坦如或比雁齒之排，或儷魚鱗之叠，其足挽陽侯之怒，而靖旱魃之虐者，胥於是乎？在世世子孫得享豐亨之利，能不爲爾民愉快乎哉。時助廉倡始者，知州事景東羅含章也，工成記事，以諗來者。

萬石陂

綜述

元　黄貞中《南安修復水利記》（乾隆）《泉州府志》卷九　南安邑令張侯夔作縣之明年，政通人和，民既安之德之而頌之矣，其父老復相與造其庭曰：是邑也，創始于晋，迄今垂千祺。雖歷代建置不同，而其治所，則未嘗易也。比歲給事于郡，官弗寧居，其邑遂墟。故環縣之水，亦失故道，而不可瀦，民甚觖望。今公既復治署，百廢具舉，而水尚汩于行，誠不能無望於公也。侯蹙然曰：是吾責也。監縣亦赤馬丹、簿劉昌裔、幕僚翁榮輔，僉謀協同，遂考其水之源。蓋縣之北，有大葵山焉。東迤而高起，爲雙陽峰，折西南馳，爲蓮花峰，由峰曲折而下，是爲縣治。左右諸山，趨而翼之者，莫不蜿蜿蜓蜓然。山有谷有泉，絲發而綸演，循其翼而下注，東行者至于九皇橋，西行者至于大坑橋。其勢始大，逮會于縣之南亭，而田之灌溉者，不可勝紀。苟不防而導之，又惡得以澤物哉，侯於是倡以己俸而趨事焉。其洫其溝，堙者闢之，決者窒之，堰以仰之，牐以節之。抑之則可以入田而不置于川也，節之則可以限其去留，而不底于淫與涸也。其堰其牐，悉甃石爲之，費雖浩而民弗擾，負郭之田，賴以無旱潦焉，民其利之。既畢工，父老徵余言以記侯德，且以示將來。嗚呼，水之爲利於人也尚矣，誠爲政者之要務也。故國家歲敕有司，以修其防，復署都監以治之。然有司不以文具視之者，幾何人哉？是水也，廢塞既久，又非若陂埧渠湖浦之類，而侯乃能於父老一言之頃，復數十年不治之防以利民，非知其政之要務者，詎能如是，宜乎人之利其利而不忘也。《傳》曰因民之所利而利之，侯其有焉。余少讀《河渠書》，蓋以天下之水爲憂也。今侯既能不以溝洫之微而忽之，則於其大者有弗力乎？苟推是而勉焉，則西門豹鄭國之功，又豈得顓美於前哉？且孔子之贊禹也，不過曰能盡力乎溝洫。夫如是，則將不一書于太史氏矣，子何足以傳之，辭既不獲，姑志其歲月以俟考焉。

明 洪顯《築陂記》 陂以萬石名，蓋用萬石纍築而成陂，故曰萬石陂。縣西三里許即其處，元至正戊子，縣令張夔爲民興利，募衆而築也。源出葵山之陽，延流而下十里許而抵陂，復由陂而遶縣南十里許而接潘山之潮。溉田萬餘畝，諸家最蒙其利，雖遇水旱，人民自若也。厥後陂爲洪水衝决，奔入大溪，莫有疏導，溝澮皆涸，田成龜坼。天順二年，吉水鄒侯璉率耆老至陂所，相度其淺深廣狹，計諸家田畝之多寡，量出人力以修築。凡承教令者，莫不同心畢力，三月訖工，其民樂與修爲，蓋與靈臺經營之咏無以異也。是陂也，可放而放，則無水溢之患，可收而收，則無旱乾之虞。昔孫叔敖起芍陂而楚人蒙其惠，鄭國導涇水而谷口受其恩，民到于今稱之。今鄒侯能築堤障水，導灌田疇，利澤廣被功流後世矣。用鐫諸珉垂不朽云。《傳夏器重修陂記》南安邑治，朋山起之，清源、大葵犄之，蓮花峰迤之。自是瀰爲平源，闤堞建焉，山環水滙，左自朋山東，北折而西，又折而南。至鵬溪入黄龍江，右自朋山西，北折而西，又折而南，至萬石陂入金雞江。維彼障水東注，抱邑聚與鵬溪合，是爲山川融結，乃壯都會大觀。歲久陂壞，水奔放入金雞東流，不交地脉解竄，負郭田畝苦西流靡蓄，既陽於旱傷，山溪暴漲，苦東流壅淤陂，不任洩，又易於潦傷。建邦拓迹，相度陰陽，决排地利之意，闔乎没矣。甘侯宫莅兹土，畫便宜，上請捐俸首倡，計畝均力。庶民趨事，應若鼓而來若子。於是疏圳道，自萬石陂引水東行，經延福寺，遶城壕以會鵬溪陡門，遠於金溪。陂口兩旁涘岸，度水勢與田高下而築堰，堅厚其灰石，蓄水之滙，洩水之溢，以待旱乾，備汛濫。若天爲塹，若神輸工。平疇耕作，轆轤成龍，激水上施，亢炎若雨。一望千頃，秀實離離，涣若横雲，錯若綴珠。民於是乎仰事俯育，乃有厚藉，實惟懋功。有事則壕塹回環，隍積水而深，城滈險而高，守禦不鑿而固，實惟懋功，無寧兹陰陽會合。山川孕育，衣冠之英日熾，實惟懋功。考之《元史》，至正間，張夔始建此陂，今二百餘年矣，惠澤猶在，故址未湮。侯兹修復寧，二百餘年惠澤已耶，陂以萬石名。侯方起家縣令，數未盈漢之萬石侯必有後，其以萬石昌乎，山川靈祕，兹始兆矣，爰勒諸石，以俟後人。

明 傅夏器《重修萬石水利陂記》（乾隆）《福建通志》卷七二 南安邑治，朋山起之，清源、大葵犄之，蓮花峰迤之。自是瀰爲平源，闤堞建焉，山環水滙，左自朋山東，北折而西，又折而南。至鵬溪入黄龍江，右自朋山西，北折而西，又折而南，至萬石陂入金雞江。維彼障水東注，抱邑聚與鵬溪合，是爲山川融結，乃壯都會大觀。歲久陂壞，水奔放入金雞東流，不交地脉解竄，負郭田畝苦西流靡蓄，既陽於旱傷，山溪暴漲，苦東流壅淤陂，不任洩，又易於潦傷。建邦拓迹，相度陰陽，决排地利之意，闔乎没矣。甘侯宫莅兹土，畫便宜，上請捐俸首倡，計畝均力。庶民趨事，應若鼓而來若子。於是疏圳道，自萬石陂引水東行，經延福寺，遶城壕以會鵬溪陡門，遠於金溪。陂口兩旁涘岸，度水勢與田高下而築堰，堅厚其灰石，蓄水之滙，洩水之溢，以待旱乾，備汛濫。若天爲塹，若神輸工。平疇耕作，轆轤成龍，激水上施，亢炎若雨。一望千頃，秀實離離，涣若横雲，錯若綴珠。民於是乎仰事俯育，乃有厚藉，實惟懋功。有事則壕塹回環，隍積水而深，城滈險而高，守禦不鑿而固，實惟懋功，無寧兹陰陽會合。山川孕育，衣冠之英日熾，實惟懋功。考之《元史》，至正間，張夔始建此陂，今二百餘年矣，惠澤猶在，故址未湮。侯兹修復寧，二百餘年惠澤已耶，陂以萬石名。侯方起家縣令，數未盈漢之萬石侯必有後，其以萬石昌乎？山川靈祕，兹始兆矣，爰勒諸石，以俟後人。

傳記

明 焦竑《國朝獻徵録》卷三〇《户部右侍郎黄公養蒙傳略》

黄養蒙字存一，福建南安人，少而警敏，凡書史人，目輒不忘，撰著一脱手輒不易。嘉靖辛丑舉禮部第二人，賜進士。【略】南安故無城，戊午邑燬於寇，公力贊夏尹汝礪築城之議，已而寇復至，邑賴以完，甘尹宫議浚萬石陂，公復慫慂之，二事爲邑百世利，皆成於公，里人德公，深相率肖其像祀之。

（乾隆）《泉州府志》卷六一 黄思詔字有從，南安人，河清姪。萬曆己丑，歲貢廷試授訓導，不仕，歸，爲鄉興革利弊，修萬石陂水利，邑人賴焉。

紀事

明 洪顯《築陂記》（乾隆）《泉州府志》卷九 陂以萬石名，蓋用萬石纍築而成，陂故曰萬石陂。縣西三里許即其處，元至正戊子，縣令張夔爲民興利，募衆而築也。源出葵山之陽，延流而下十里許而抵陂，復由陂而遶縣南十里許而接潘山之潮。溉田萬餘畝，諸家最蒙其利，雖遇水旱，人民自若也。厥後陂爲洪水衝決，奔入大溪，莫有疏導，溝澮皆涸，田成龜坼。天順二年，吉水鄒侯璉率耆老至陂所，相度其淺深廣狹，計諸家田畝之多寡，量出人力以修築。凡承教令者，莫不同心畢力，三月訖工，其民樂與修爲，蓋與靈臺經營之咏無以異也。是陂也，可放而放，則無水溢之患，可收而收，則無旱乾之虞。昔孫叔敖起芍陂而楚人蒙其惠，鄭國導涇水而谷口受其恩，民到于今稱之。今鄒侯能築堤障水，導灌田疇，利澤廣被功流後世矣。用鐫諸珉垂不朽云。

雜録

（乾隆）《泉州府志》卷九 萬石陂在一都修文里，縣城南水從葵山坑而來，繞九日山過翠光亭下，環邑治田大墩橋，達鴛鴦浦入大溪，東至吳亭山前滙雙陽，九峰之水出鵬溪陡門。《隆慶府志》：長一百餘丈，濶三十丈，深一丈五尺，灌田萬餘頃。《縣志》：元邑令張夔築，明天順間，邑令鄒璉重修，嘉靖間邑令甘宫復浚，萬曆間諸生請于官，議築城東三脚壩，令水由北門城壕入田閒圳道歸白鷺，蓄洩以時，國朝陂壞已久，邑人洪垣星倡捐修砌。

（嘉慶）《清一統志》卷四二八 萬石陂在南安縣西三里，源出葵山，流繞九日山，環帶縣城，東經吳亭山前匯鵬溪，陡門水繞黄龍江，溉田萬餘頃。

網江陂

（嘉慶）《湖南通志》卷三二 網江陂在縣十八都，長二十二丈。

清 楚以中《新築網江陂記》（乾隆）《永興縣志》卷一一 邑十八都下洞有網江陂焉，引灌禾田萬有餘石，舊皆障以材木，堆以亂石，近因崩塌傾圮，水順流氾濫無歸，不惟旱澇無濟抑，且田遭衝損。我邑侯吕父母莅任五載，仰體皇仁，遵奉憲令，軫民瘼，興利除弊，靡有不周，尤急盡力溝□，故四鄉陂塘堤渠舊者修之，新者築之，以時畜潴，預爲之防，所在多有，而網江一陂中族亦有薄田千石受此陂水。丁卯夏仲中以陂被衝決，告吕父母，隨與查勘，慨然捐俸作始，諭令修築，其境之受水利者凡十團，悉忻然樂從，議照田捐輸，義民李伯侯、廖赤山董其事，且厚其捐，吕父母亦嘉其義，再四獎藉之，由是鳩工庀材募匠師廿餘人，砌石障水，垂諸久遠。昔太守鄭渾興陂開田，號爲鄭陂。《月令・季春》：天子命司空曰，時雨將降，修利堤防，道達溝瀆。今吕父母體此意而行之，利賴無窮，則今日之網江陂即可稱爲吕公陂也。其陂計長二十二丈，高一丈，厚五尺，用人力二千三百有奇，經始於六月中，告竣於臘月首，陂成田之利，是陂者，自是無旱澇之虞，兼免衝損。囑中爲之記，勒諸□珉以紀，吕父母之功德於無替，因以見同鄉父老子弟，一心一德勷成盛舉，享樂利於不朽云。時乾隆戊辰春正月穀旦記。

烏石（潭）陂

（同治）《奉新縣志》卷五　烏石陂在河北，灌田萬餘畝。趙知希《烏石潭陂記》：昔太史公載：秦鑿涇水爲渠，溉田萬頃，秦益以饒，班氏作漢書，遂踵是而有河渠之志，此水利所由廣也。余調任新吴於簿書之下，覽邑乘，凡有關於邑之水利者，靡不究其源委，以策久圖而從善。一鄉有烏石潭陂，所關尤鉅，自成化十二年，從善鄉余鼎漢請於官，率本鄉民户鑿石山嘴，通河流行三四里許，至從善灌田萬餘畝。一鄉賴之，維時謡曰：龍門既闢，惟禹之績，烏石巖巖，孰夷其石，西湖源源，孰浚其入，宣義余公，惠我遺澤，我子我孫，亨利無極。嘉靖四年，有周烽者，復請於官重修完固，灌溉益廣，時則又有烏石巖巖，民命所關，余公浚源，周公障瀾，我子我孫，何日可諼之謡。余三讀之，未嘗不美其功，思其人而亟欲一履其地也。歲丙辰，余奉憲檄凡兩得至焉。見其圳道北臨山麓一帶，怪石峻嶒，遐想當年鑿通引流，不知幾費經營，而後成此美廕也。考其源，自分寧入靖，由靖至烏石潭，潭之中兀然巨石砥柱中流，鄉民因之爲陂，乘地勢而重以人工，由大河激水以入圳，圳外逼近河干，護以長堤，植木成林鬱然深秀，余顧而樂之，復遡流而下，至水源積聚之處，名曰洋濠。眼界愈寬，忽一小圳，分水於南，其北圳内横設一木，詢其由，里老曰：此靖民分水以灌，靖田者，北圳稍低恐涸，南圳之流故立以爲限，其步位則定以離靖圳口，七丈木之圍圓，則定以三尺三寸，稍增反涸，北圳之流，將萬餘畝盡成蒿萊矣。靖人不勞開鑿，而享自然之利，吾鄉亦不惜分潤以及之，余聞言而慨然，過此則支圳頗多，不能悉紀，約二十里至龍山，而其廕始盡，乃放而納之，河登龍山以望原田，每每如繡之錯，一水盈盈如帶之縈，所謂灌溉萬餘畝者，咸在吾目中，民謡之作，洵非虚譽也。而是山亦最名勝，鄉人士建浮屠於上，顔曰文巒，是又可徵人文之森秀，蒸蒸未艾焉。且夫水利之所關鉅矣，我皇上勤求民依，凡圩堤修浚皆垂功，令江右豐城之壋至發帑培築，睠茲烏石一堰，鄉人咸食其利，前賢既開而鑿之，且重修之，後之人可不思守護，惟勤以垂樂利於億萬年哉？詩不云乎：永言保之，余忝司民牧，不憚越陌度阡，復惓惓焉。樂爲鄉之父老子弟相爲勸勉也。是爲記。

又《奉憲批詳烏石潭橋木尺寸碑摹》按，橋音痕，平量斗斛也。

奉新縣知縣李爲謀戕縱混欺憲雹抹事。乾隆十六年七月二十四日奉巡撫部院舒批，據布政使司王議詳，查得奉新縣監生余開佶，生員周金、余琳、陳震，堰民周次乾、劉天垂、彭秀珍、周宗尼等，與靖安縣監生潜日寰、貢生胡廷獻、生員胡廷對、堰民張兼善等互争烏石潭陂水利一案，緣烏石潭陂發源靖安，經前明余鼎漢、周烽等鑿石開港，先後創修，引大河水而注諸圳烏石陂下越里許，名曰洋濠。水分南北兩圳，南廕靖田，北廕奉田，奉靖兩邑，田畝均資灌溉，由來已久。至康熙三十五年，兩邑民人争水互控，詳奉批定飭立橋木障水以均水利，自是以來迄今五十餘年彼此相安無事。茲因靖邑修志潜日寰以洋濠一堰，靖邑前志遺漏未載，稟請補入，而奉新余開佶以烏石潭陂係奉民所開，靖志曆來未載，阻其補刊，以致復行興訟，控府控道，經該府批飭，奉新、靖安二縣勘明原係橋木，離靖圳口六丈四尺二寸，圍圓三尺三寸，身長二丈六尺四寸，上下松樁二十四箇，繪圖請照現在丈尺數目刊載兩邑志内等情，由南昌府核議。洋濠一堰靖田之資其灌溉者頗多，舊志失載，現今正在修志，自應准其補入，惟查舊案所定橋木三尺七寸，碑摹所載三尺七寸五分，現與量驗不符，蓋緣部頒尺比舊尺較大，今既有部頒尺，自應遵照部尺爲皐，若不將改用部尺驗量，所以不同緣由，詳明將來，靖民或得藉口，立橋之時，原係三尺七寸，因入水腐爛只剩三尺三寸，爲詞復起争端等情，詳經糧道批，查橋木之設，原爲兩邑均分水利，總期田疇有灌溉之資，即可相安永久。今據該兩縣會勘，現存橋木，圍圓三尺三寸，自設橋木以來，迄今五十餘年，兩邑水利適均，并無偏累，自應即以現在三尺三寸之橋木爲額定準繩，未便拘泥殘缺不全之舊案，嘵嘵角競，如詳轉飭該兩縣畫一入志，以昭永久，以杜訟端，再余鼎漢、周烽開鑿重修之處，明志已經備載，亦應仍存其舊，餘照行此繳等因，批府該府詳奉憲台批司查議詳奪等因，并據該府録案詳報到司，本司細核原案，備查烏石潭陂水至洋濠，而洋濠一堰分爲兩圳，故横設一橋木爲兩邑均分水利，俾田疇均得藉以灌溉垂諸久遠，且自設橋木以來迄今五十餘載，已相安無事，兩邑水利適均，并無偏累，乃監生余開佶、潛日寰藉因修志，紛紛爭控，但據該二縣會同看明，現在橋木圍圓三尺三寸，則似應即以現在三尺三寸以部尺量驗之，橋木爲額定準繩，飭令該二縣畫一入志，以垂永久，以杜訟端。緣奉批議事理是否允當，自應具文詳覆，憲台核奪批示，以便轉飭二縣遵照，畫一刊載邑志，等因，奉巡撫部院舒批，一橋分爲二圳，全以橋木爲準，如詳即將現在尺寸，用部尺量定，飭令各入縣志，永杜爭端，餘俱畫一刊載繳，等因。批行下縣，合遵刻石入志，永遵須至碑者。

又 道光三年，知縣鄒山立，《重修烏石潭陂記》：邑東北三十里從善鄉有洋濠堰，即烏石潭陂。明時余君愚庵鑿源，周君西疇所疏浚也。國朝雍正中，前令趙知希爲之記，歲久爲水所傾，全失故道，雖閒事修築，徒爲補苴，邇來頹壞益甚，自堰口至龍山約二十里，田萬餘畝，盡成蒿萊。太學生劉德之子，太學生劉天閣兄弟重義，輕財引以自任，由堰口修築長堤，上至舊堰，烏石潭陂，計八十餘丈，又在舊堰修築橫陂，計四十餘丈，除舊空堰口二丈餘，行水外皆用石木，兼和灰土，閱十一月修築完固。計用銀四千有奇，令食烏石陂水利之家桔槔不聞，而西成有慶其樂施豈易及哉？余承乏茲邑修葺志，乘從善紳耆乞余言志美，余雅重劉君之義，故允請而記其事，爲樂善者勸。

吴塘陂

論説

明 胡纘宗《烏鼠山人小集》卷一四《吴塘陂碑陰》 是陂也。其在漢也，啓之者刺史馥也，築之者大守元光也。其在國朝也，復之者尚書充嗣也，鑿之者纘宗也，同鑿者知縣儼也，任鑿之勞者經歷瑶縣丞寅陽也。漢以前陂未築也，夫陂不築則無水，田不水則無禾，是故陂築而田沃，田沃而禾登，故民之感之也，曰：育我者，劉也；食我者，朱也。國朝以前陂未鑿也，夫陂不鑿則堤不滀，堤不滀則沃不長，是故陂必不洩，而后水必不竭，水必不竭而后田必不嗇，田又不嗇而后歲必不歉，故民之悦之也，曰：僖我者，尚書也。壽我者，令許也，幕錢也，丞李也。若纘□之從事於列，則其分也。夫築不固未有不決者，是以有待於鑿，鑿不深未有不壅者，不能不有待於浚矣。嗣是而後陂以溉田，以助歲，以足民，竊有望於後之君子。

綜述

宋 王應麟《通鑒地理通釋》卷一二 吴塘陂，在縣西二十里，皖水所注。曹公遣朱光爲廬江太守屯皖，大開稻田，吕蒙言皖地肥美，若一收熟，彼衆必增，於是征皖破之。此塘即朱光所開也，薛氏曰：吴陂，堰皖水，朱光、吕蒙所争皖屯也。晉咸寧四年，吴人大佃皖城王渾遣應綽破之。《同安志》：城居皖水之北，遂號皖城。《諸葛恪傳》：乞率衆佃廬江皖口，因輕兵襲舒。

宋 王象之《輿地紀勝》卷四六 皖山祠，《寰宇記》云：在懷寧縣治西北二十里，周大夫皖伯之神也。《漢書・地理志》云：灊縣天柱山南面有祠，其神聰亮，百姓歸誠。隋大業初，移就皖水之陰，謂之吴陂神。唐刺史張萬福奏，加金紫光禄大夫。今亦有皖公壇在皖山下，又有皖伯峰，在州西四十里。

（天順）《明一統志》卷一四 吴塘陂在潛山縣西二十里，魏廬江太守朱元光開屯田於此。宋王安石詩：開國桐鄉已白頭，國人誰復記前游。故情但有吴塘水，轉入東江向我流。

清 顧炎武《肇域志》卷一一 灊水源出灊山吴塘堰，南合於皖。吴塘陂，在縣西十五里。烏石陂，在縣東北三十里，并魏廬江太守朱元光所開。國朝嘉靖元年，知府胡纘宗重修二陂，在安慶爲最大。

清 顧祖禹《讀史方輿紀要》卷二六 吴塘陂，縣西二十里，潛水所注也，亦曰吴陂堰。《魏志》：揚州刺史劉馥開吴陂以溉稻田。建安十九年，曹公遣朱光爲廬江太守屯皖，大開稻田。吴吕蒙與争處也，或曰塘即朱光所開，一云吕蒙鑿石通水，灌稻田三百頃，亦即此陂也。

清 康基田《河渠紀聞》卷四 三國魏揚州刺史劉馥開吴塘陂七門堰，以溉稻田。按潛山吴塘陂，灊水所注也，亦曰吴陂堰，吴吕蒙鑿石通水灌田，即此陂也。

（乾隆）《府廳州縣圖志》卷八　吴塘陂，在縣西，潛水所經。三國魏劉馥爲揚州刺史，興治吴塘諸堨，以溉稻田。歷代修築，本朝康熙十一年復修。

清 熊新陽《重修吴塘陂碑記》（乾隆）《潛山縣志》卷二二　吴塘陂，溉田三千七百餘頃，蓋自朱盧江創。始後談灊水利者，推此陂爲最明。萬歷間，于公邗陽依山鑿石壘成大閘，引水灌注，沐其利者俎豆之。日久河深，水落石出，而閘在山腰，惟臨流悼嘆，莫可如何而已。國朝郡守胡公可泉新開石渠，記列邑乘功，不在諸賢下，奈山洪汛，駛時怒而嚙其堤，金壩玉渠安在乎？邑侯常公大忠、周公克友，後先濟美相地勢，而遷之水從裘家灘口支入古河，建閘分漾，俱名遷堰，碑銘可考焉。今惟周公閘尚存耳。夫興廢有時，類多出人意表，灘高水塞，旱則壅水弗行，澇反洩水爲害。予倡里人於灘口築堤，相與避澇防旱。前令魏樸庵夫子曾□大壩中開吴塘新堰，衆欲就其址浚之，而水趨北岸，勢亦難引。厥後水衍沙積，河道漸高，邗陽于公，老門遂復其舊，補缺修殘，計費甚夥，非藉登高之勢，則呼應不靈。蜀南李侯載陽關心民瘼莅灊數載弊靡不除利無不興，慨慕前賢遺迹，諄諭重修，命予總其□。因而遍商七堰，諸君子臨驗估工，量田派費，議定溝堰，并取水日期，隨便增減。始於甲午季冬，成於乙未仲夏。踞樁甃石沿河築堤，建複閘以便啓閉，共費京錢五百餘，于流水源源，稻田緑縟誠哉！一望如畫，向之所謂玉渠金壩者，不又在人指顧間耶？因相與勒石記之，并鐫堰堨於碑陰。

傳記

宋 楊傑《無爲集》卷一三《故朝奉郎守殿中丞梅君墓志銘》

君，諱正臣，字君平。南唐末，曾祖遠爲宣州掾，祖邈贈尚書、刑部侍郎，父讓贈尚書職方郎中。從父詢，景祐間任翰林侍讀學士、給事中。遇郊祀，恩奏試將作監主簿。時方力學鋭進，累預鄉舉，以親長之命不敢辭也。始調舒州懷寧縣尉，次歙州績溪尉，秀州嘉興尉，以勞遷和州防禦判官。君所至以公忠自信，慷慨敢爲於舒，修完吴塘陂，灌溉民田數千頃，人以爲利。

紀事

宋 樂史《太平寰宇記》卷一二五《淮南道三》　吴塘陂，在縣西二十里，皖水所注。曹公遣朱光爲廬江大守屯皖，大開稻田，吕□上言曰：皖地肥美，若一收彼，衆必增如，是數歲操態見矣。宜早除之，于是權親征皖破之，此塘即朱光所開也。

清 康基田《河渠紀聞》卷一三　是年，潛山縣遷吴塘堰於兩河口，以利農田。按，《圖志》：吴塘始於漢末廬守朱元光。建安間，劉馥爲揚州刺史，興七門、吴塘諸堤，以利稻田，治有先後，功不相掩。吴塘，本潛山故堰，因潛水堤滙而渠之以溉田，凡三千七百餘頃，土疏善崩，水行弗利，則嚙其堤，歲苦決，有旱潦憂。前人鑿石爲渠，水入渠安流，達於土溝以灌田，歲乃大熟。至是渠壩缺壞，旱潦爲灾，復營新牐，遷其堰於兩河口，過吴塘五里，因勢利導，以爲民利。

清 金閶《吴塘遷堰碑》（乾隆）《潛山縣志》卷二二　吴塘陂，始於漢末朱盧江，而修於建安劉刺史，偉哉！前人之功高不朽也。及讀陂銘碑石，金壩玉渠，溉田三千七百餘頃，所載郡守胡可泉，邑侯于邗陽修築之事甚悉。然皆因勢利導，修殘補缺，不至勞師動衆，剏起非常也。明季兵燹接踵，陵谷變遷，水嚙堤崩，沙高水壅，所爲玉渠金壩者，不可復認。而告旱、告澇歲無虚日。己亥春，我侯常父母之令灊也，靡利不興，靡廢不起。越二年，親歷經營，相地宜，酌水勢，乃進居民而導之，曰：不一勞者不永逸，桑田滄海之變非僅依傍前人，拘倣成案，因陋就簡之。可塞責者，於是過吴塘五里而築新堤，起新閘，遷其堰於兩河衝口，自捐俸倡率外，計户口起工，照丈册引費，無科派供億之煩，有畚插版築之便，無偏枯騷動之擾，有鼛鼓靈臺之歡。權輿於辛丑冬，告成於壬寅春。熯澇有備，蓄泄有防，石田既變沃壤，泛濫亦歸安瀾，事半功倍，費省利周，不止可泉之甃石成，堤邗陽之因山起閘，補苴修葺，從事已耳。一方父老子弟德侯澤之長，而利侯惠之遠也。鳩工聚財，剏三楹於兩堤，以祝侯長生，若曰勳名，與堤石并高，福德與川流共永乎？古稱疏瀹决排之神獨禹，行無事而明德遠，西門豹之鑿障渠也。當時不無枒始煩苦之患下，此築勞浚，怨秦漢天子且不能得之，小民况沐浴之，歌咏之：俎豆尸祝之俟，何以得此於民也？敢辭不文而闕片石，以垂永久乎？是不可以無記。

（乾隆）《江南通志》卷六六　國朝順治【略】十八年，潛山令常大忠遷吴塘堰。

（嘉慶）《清一統志》卷一一〇　吴塘陂，在潛山縣西，潛水所經也。三國《魏志·劉馥傳》：馥爲揚州刺史，興治吴塘諸揚，以瀛稻田。又《吴志·吕蒙傳》：曹公遣朱光爲盧江太守屯皖，大開稻田，蒙以皖地肥美，若一收熟，彼泉必增，征皖取之。《元和志》：吴塘陂，在懷寧縣西二十里，皖水所注。《寰宇記》：此塘即朱光所開，亦名吴陂堰，灌稻田三百餘頃。隋開皇十八年，刺史梁慈更廣溝渠，又加稻田一百頃。唐貞元二年，洪水湧潰良田，半爲沙鹵。《縣志》：明嘉靖元年，知府胡纘宗重鑿石渠。萬歷三十年，知縣于廷采重築石堤、石閘。本朝康熙十一年，重修。

藝文

宋 王安石《王荆公詩注》卷四二《封舒國公三絶》　開國桐鄉已白頭，國人誰復記前游。故情但有吴塘水，轉入東江向我流。《寰宇志》：舒州有吴塘陂，在縣西二十里，皖水所注。曹公遣朱光守盧江屯皖，大開農田，吕蒙曰：皖地肥美，若一收熟，彼衆必增，如是數歲操態見矣，宜早除之，於是權親征皖破之。此吴塘即朱光所開也。

明 胡纘宗《鳥鼠山人小集》卷四《吴塘陂新成二首》　千里聲潺潺，陂塘水不怪。天涵天拄影，愁破皖公顔。鑿玉翠微濕，流雲碧漢彎。行行見新柳，晴日鳥綿蠻。

榜舟入新堰，柳暗緑沄沄。□□藍田玉，分將天柱雲。桑野家家沃，風花處處芬。陂名垂宇宙，一力媿吾分。

雜録

宋 樂史《太平寰宇記》卷一二五《淮南道三》　按《地輿志》：皖公山神，在縣西北二十里，云周大夫皖伯之神也。《漢書·地理志》云：灊縣天柱山南面有祠，其神聰亮，百姓歸誠，歲崇奠祭。至隋大業八年，懷寧縣令辛公義移就皖水之陰，吴陂堰側里，人號爲吴陂神。前刺史張萬福奏，加金紫光禄大夫。吴陂神祠，按，《魏志》：揚州刺史劉馥開吴陂，以溉田稻。又云吕蒙鑿石通水，注稻田三百餘頃，功利及人，先未立廟，里人以灊山廟在吴陂之側，因指名以祀焉。廣開成武年，刺史鄭穀又以神不得與神仙雜處，遂于廟垣之東別建祠宇。

又　吴陵堰，在縣西二十里。梁大同二年，以《魏志》揚州刺史劉馥開芍陂及茹陂七門，以溉稻田。又云吕蒙鑿石通水，注稻田三百餘頃。開皇十八年，刺史梁慈更廣溝渠，又加稻田一百餘頃。自貞元二年，洪水湧潰，疇阜成洲，古之良田半爲沙鹵。

（弘治）《八閩通志》卷二四　吴塘陂，溉田三頃五十四畝。

（乾隆）《江南通志》卷六五　揚州刺史劉復開吴塘陂。

（乾隆）《潛山縣志》卷一　吴塘陂，縣西十五里，在清照鄉。

（光緒）《重修安徽通志》卷六五　潛山縣吴塘陂，在縣西二十里，潛水所注。三國魏揚州刺史劉馥開吴陂，以溉稻田，一名吴陂堰，又吴吕蒙鑿石通水，灌稻田三百頃，亦即此陂。明萬歷間，重築石堤石牐。國朝康熙十一年重修。

清 趙一清《三國志注補》卷五四　曹公遣朱光爲盧江太守屯皖，大開稻田。《寰宇記》卷百二十五：吴塘陂，在舒州懷寧縣西二十里，皖水所注，此塘即朱光所開。一清案劉馥爲揚州刺史，興治吴塘，則不始於光也。《記》又云：吕蒙鑿石通水，注稻田三百餘頃，功利及人，先未立廟，里人以灊山廟在吴陂之側，因指名以祀焉。

清 謝鍾英《三國疆域志補注》卷五　吴塘陂，《寰宇記》：在懷寧縣西二十里。鍾英按今懷寧縣西二十里。

清 楊晨《三國會要》卷八 皖有吴塘陂，《寰宇記》：魏武使朱光屯皖，開稻田。有吴陵堰，刺史劉馥開芍陂及茹陂七門，以溉稱田。後屬吴吕蒙爲太守，諸葛恪屯此，司馬懿攻之，退屯柴桑。

西陂

(乾隆)《歸德府志》卷三二 西陂，宋少師犖別業在府城西南史家河側，康熙癸未，御書情德堂三字、西陂二字以賜。又御製堂聯曰：官箴三命凛，家學一經傳。犖因建御書樓以藏之，即在文康故宅。其園亭之景有六：曰緑波村，曰芰梁，曰放鴨亭，曰和松庵，曰釣家，曰緯蕭草堂，一時名人多題咏。

清 管同《因寄軒文集》初集卷七《游西陂記》 嘉慶十二年四月三日，商邱陳燕仲謀、陳焯度光招予游宋氏西陂。陂自牧仲尚書之沒至於今逾百年矣。又嘗值黄河之患，所謂芰梁、松庵諸名勝，無一存者。獨近陂巨木數百株，蓊然青蔥，望之若雲烟帷幕然，路人指言曰：此宋尚書手植樹也。既入陂，至賜書堂，晤其主人，出王犖石穀所爲六境圖，尤展成、朱錫鬯諸公題咏在焉。折而西，有小屋一區，供尚書遺像。其外則巨石布地如散棋，主人曰：此艮岳石也，先尚書求以重價，而使王犖用畫法叠爲假山，其後爲河水所沖敗，乃至此云。聞其言，感嘆者久之。

抵暮，皆歸，飲於陳氏仲謀。度光舉酒屬予曰：子曷爲記？嗟夫！當牧仲尚書以詩文風雅傾動海内，一時文士景從響應，賓客園林之勝，可謂壯哉！今始百年，乃令來游者徒慨嘆於荒烟蔓草之外，蓋富貴固無常矣；而文辭亦何裨於是也，士亦舍是而圖其大且遠者，其可已。是爲記。

清 朱彝尊《曝書亭集》卷六六《西陂記》 宋之故城其門名見于載記者，陽也，盧也，蒙也，桐也，横也，桑林也，垤澤也。垤澤云者垤以言閼伯之丘澤睢水也。其地有蒲魚萑葦之利，漁有村，蟹有舍。商丘宋公懷童時釣游之所，思築圃，於是以其在郭之西，名曰西陂。顧未遑經始，先定池館之目，曰淥波村，曰釣家，曰緯蕭草堂，曰和松庵，曰芰梁，曰放鴨亭，各系以詩，都人士屬而和焉。圖之横幅者，王山人翬也。久而公之懷故土益甚，則命禹鴻臚之鼎寫照，作《西陂魚麥圖》。取元結詩句冀歸老于江湖，記之以文者，邵上舍長蘅也。公巡撫江南久，簡以馭吏，儉以示民，天子嘉其清德，藻舟所，及每見益親。歲在昭陽協洽，駐蹕江天寺，公入見，請曰：昔宋臣范成大居吴之石湖，臣嘗履其地，見淳熙十五年賜書，刊石尚存。臣家有西陂別墅，敢乞御書二字賜臣，不令石湖勝迹獨存千古。天子笑而書之，今歲旃蒙作噩，天子復書魚麥堂以賜。至是公拜宸翰，先後難悉數矣。公乃命子弟立石西陂之上，屬其友秀水朱彝尊紀之。思夫爵位之崇高，林泉之逸豫，人生恒不能兼致。惟石湖一老，入而參知政事，退而偃息范村，女挈菜籃，兒修雞柵，種斜橋之楊柳，播樂府于村田。此姜夔譜越調以介壽，号曰石湖仙也，今天子稱公治迹不去口，顧十四年所而遲遲未膺内召，豈非以江南重地，代公者實難其人與。抑聞之，公嘗引年以請矣，天子給以禁苑葡萄一本。曰：是果結實，然後請老。今賜果之園，馬乳且垂垂于架，公念主恩愈渥，不敢上陳。近復申以天語雙雕于堂柱曰：兒孫歌舞詩書内，鄉黨優游禮讓中。則仍未嘗許公之歸也，公雖欲舍政事之賢勞，享西陂魚麥之樂利，顧豈得遽遂乎？虎丘之山可以對月，滄浪之亭可以賦詩，吾且隨中吴父老，期公游衍于斯焉。若夫西陂之勝，姑聽公之鄉黨優游禮讓中可矣。

下石馬陂

明 陳遷《重建下石馬陂記》（弘治）《興化府志》卷三〇 按圖志，石馬下陂作於元大德甲辰年，實泉南崇福寺僧祖和、自永住守全安莊時所創也。陂之上游古有三峰總埧，埧之下横築巖頭堰。堰之東西有水道，俗名爲東西圳，官立二槩石於圳口。水以十分爲率，東洋田少，槩稍昂，得水四分，西之槩稍低，得水六分，以田衆也。然西洋田既廣，遠者去堰幾三里，值旱則滋水不饒，而陂實收堰之漏泒以助其不敷也。人亡世遠，後之繼守者莫肖乎前，陂因以廢，則漏流不歸之田而注之海，其爲病一也。又西圳傍溪，舊以泥石兼築爲岸，一爲洪水所削，非集百人繕治周旬罔克就，然猶慮其隨補隨釁，其爲病二也。二病不除，於茲多年，故今德興以副都綱致官，偕其徒行忍、福波續來住守，寢興不忘乎此。一日，屬夏林諸老而謀之曰：陂之未復，全功之欠也，今欲因遺址而築之。陂成，則引上堰六分之水而注之陂。陂漲，則旁達於溝洫，使漏流悉注之田，而圳岸之勞人者，可以不作，二病并除於一舉矣。諸老咸是其言，且獎勸之，於是不吝財費，募工經營其事。以古陂狹窄，易爲洪水衝決，故今截流而横，凡六十餘丈。古以上石兼築，今則去土惟石，視前爲牢，實古陂如堰，今中設水門十二，可啓閉以瀦洩。東西立石堤，高且壯，以禦横流。經始於成化癸卯冬十月，畢功於明年春正月，凡三閱月而功成。噫，基域雖因乎舊，而功實倍於前，可謂有功於水利者矣。父老多其功而爲之立石，請予爲述其事，以記之不朽云。

仙人陂

明 楊際會《仙人陂記》（道光）《龍巖州志》卷一六　陂在巖之西郊三溪隔，余家陂之上流蔣邦，相距一里許，每見洪濤奔湧，而石不衝決，世傳造陂時，衆方會食，有流匄至，與之飯，食畢，手提石亂擲陂上如飛。曰：吾爲若輩助一臂之力，遂去不知所之，後人因神其説，而以仙人名焉。余嘗疑之，疑夫荒烟野蔓，水湄山麓，安得所謂仙人者突如其來，爲一方營築堤防，以收灌溉之利。及覽邑乘所載，又未嘗不與所傳之説相吻合。乃始信造物之鍾靈也無處不然，鄉閭畎澮之間，方將有偉人出焉，作霖雨於蒼生，爲中流之砥柱，何區區仙人造陂之足奇。雖然，巖水之爲陂多矣，邑乘之記載亦備矣，若官陂、吴陂、李公陂、謝洋陂，其名不勝數，而此獨以仙人名，豈以一時之擲石也而遂異之。蓋自造陂以來，旱潦不時，而蓄注如故，追憶當年一臂之助，渺渺乎有非人世間尋常日用事矣。不然，向遇洪濤奔湧，而石多衝决，則亦與凡爲陂者同出俗手之所造，安見其爲仙人，而其名且嘖嘖流傳至今，不知閲幾年世，而猶不哀也。嗚呼，陂久不傾，乃以仙名，仙有何，靈恃兹永貞，士之樹立，可以一時，而不可千古，毋乃俗而非仙也夫。

（康熙）《漳州府志》卷二八　仙人陂在龍巖縣西三溪隔，相傳造陂時衆方食，適有流丐至，衆以食食之，飯畢石亂擲陂上如飛，曰：吾爲若輩助一臂之力，遂去不知所之，後屢經洪水，處處陂絶，惟此屹然如故，故俗呼爲仙人陂云。

咸豐陂

清 羅含章《新開咸豐陂記》（道光）《直隸南雄州志》卷二二　天下三大水，曰黄河，曰鴨緑江，曰長江。黄河與鴨緑江夾北幹而盡遼海，黄河與長江夾中幹而盡東海，長江與南海夾南幹而盡東南海。始皆濫觴於崑崙之源，蓋崑崙者，山之祖，而水之宗也。《水經》引天下之水百三十七，酈氏注，又引枝流一千二百五以補之。汪洋澎湃，率皆環山以錯綜其間，由全輿下逮鄉邑，一邱一壑莫不有源有委，以潤下者，爲生民利焉。在《易》咸卦之象曰山上有澤，其殆相感而通爲天地自然之橐龠乎？且夫《易》有先天，有後天，禹之行水，人代天，工後天，而贊先天者也。説者謂《禹貢》一書非爲治水作，因定賦附見其功，次導山於九州之後，綴九川於導山之尾。可見，雖然田賦所出實由水利，使憂旱而籌水澤不憚，鑿山通道曲折以赴度，亦少師神禹之智於萬一者，誰謂非常之原，黎民懼焉。竟不可見諸行事也哉。雄州地踞上游，水源短淺，即使雨暘，時若瘠土，猶患阻飢，予莅任，洞悉民艱，先後開修陂塘四十餘處，已著有成效矣。姚塘、倚逢二村有田二千餘畝，水無源頭，田俱苦旱，丁丑秋，士民蕭士球、姚已善等呈請開陂，欲引蒼石河水廣資灌溉，余往勘并無妨碍，事屬可行，旋經小水村人以上流截水爲詞覆，經履勘，蒼石發源楚南，滔滔不竭，亦此河濫觴之崑崙也。開陂不過分水一半，自陂頭以下尚有二溪沿及小水村田，何至桔槔之不能轉耶獨慮此陂，綿長二十餘里，繞穿四嶺，工鉅費繁，兩村并無富家大族，力難墊辦，倘有始無終，轉爲虚糜，蕭士球等叠次諄請，諭令按畝出錢出工，僉議集番鏹六千有奇。相率偕作心甚踴之爲捐廉錢百千以助，於十二月初六日啓工，其興作之□由下而上鑿通三嶺，繼買坪坑之田，溝路既成，方鑿第一嶺，而作陂頭所買田畝，照時給價，經過官山嶺，土槩不予，值坪坑士民具結不敢阻撓，不願開陂，聽從其便，斯事體大，必經年始克蕆工，然人心既定，天必從之，有志竟成，勢可翹足而待第，千百年未爲者而毅然爲之，千百年未就者而奮然就之，豐亨樂利豈亦有會逢其適者耶？夫世有非常之人，然後有非常之事，有非常之事，然後有非常之功，就斯陂而論，不過一隅工作，何足以當艱鉅然，不可謂非兩村非常之事功也。猶之三大水遞分於北幹、中幹與南幹者，權輿俶落實共一源，千條萬派之水亦分此一勺之多耳，名陂曰咸豐，咸感也。此感彼應，事速而成，山澤通氣，先天之學也。說言乎兑兑正秋也。萬物之所說也，成言乎艮艮東北之卦也。萬物之所成終而成始也。後天之學也，予喜兩村之得水而豐，先爲記，以考其成。

（道光）《廣東通志》卷一一九　咸豐陂城西南五十里，蒼石河前此，姚塘下倚逢二村田二千餘畝，并無水源，歲戊寅，知州羅含章督民穿山伐石開築，工程甚大，未竣事，而含章已升惠州府矣。

相溪陂

明 張颷《相溪陂記》（乾隆）《金溪縣志》卷八　里號梘溪，因水而得名也，里有陂由來久矣。其水始自崇麓歷淡山迤邐十數里，而匯流於茲焉。雖曰衣帶之渺，實足以沃南東之區里田不下數千畝，所蕭麓灌溉者十之八九。自滕堤傾圮以來，雨集則盈，旱逢而涸，以致困此一方民者不既多乎？子戚周繼濵目擊心傷，捐數百金修之，一切鳩工輦石之費皆其所出，而分受其水之利者，槩不與焉。余自南宮捷歸，以累世親友之誼往來於茲，因得覽山水之故迹，流峙之遺蹤，隨履其修治之處，觀之見其所築者堅且厚，而所注者深且遠也。環望郊原芃芃彧彧，雖七八月之間，而苗無槁色，田父告余曰：此築堤堰水之所賜也，吾儕小人敢恩其水利之所自來也哉？由是知旱魃爲虐，民雖欲祈澤於天，而天不能使歲之常稔而不凶也。雖欲乞膏於地，而地不能使水之長流而不涸也。所以枚歲之窮，防水之盡，以補造化所不足者，不能不借功於人，然則繼濵之爲此舉也，其殆功之首乎。茲先生往矣，而頌其澤者沒世不喪，所謂先生之風，山高水長，其在斯歟？

祥豐陂

（道光）《廣東通志》卷一一九　祥豐陂，城西南八十里青林溪，舊有陂，爲始興陸源村人拆毁，溝路猶存，知州羅含章勘飭修復。設立水平，長寔頭、水牛坑、韓背村三村人放水一分，陸源村人放水三分，陸源村人復抗阻未竟修復。

（道光）《直隸南雄州志》卷一〇　祥豐陂城西南八十里青林溪，舊有陂，被始興陸源村人拆毁，溝路猶存。嘉慶丙子，知州羅含章勘明，准令長崼頭、水牛坑、韓背村士民修復，設立水平，三村人放水一分，陸源村人放水三分，有記。復被陸源村人坑阻未修，須嚴懲督修。

清 羅含章《修祥豐陂記》（道光）《直隸南雄州志》卷二一　有闔闔然椎其髮，裂其眥，齦其牙，若赴敵之兵致命于疆埸者，曰：上滿下流，水之理也。吾長崼頭、水牛坑、韓背村人，世爲保昌之民，耕保昌之田，輸保昌之糧，寧不當灌保昌之水乎？而肯以水與始興人乎？乃陸源村人恃其强悍，毁滅吾陂，吾百七十畝之田常苦荒旱，吾將何食，且彼不有旁溪之水乎？安可與吾爭。吾寧死不與之水，有洶洶然填乎山，塞乎谷，聲震乎林木，攘臂而來者曰：吾陸源人也，六百餘畝之田，始邑之賦稅出焉，數百家之性命寄焉，而肯以水與人乎？乃長崼頭等三村之人，恃其據吾上流也，而邀截吾水，吾將何食？且彼不有旁溪之水乎？安可與吾爭？吾寧死不與之水。余曰：安用是哉？天地自然之利，與人共之。吾取青林溪水而四分之，長崼頭等三村人得其一，陸源村人得其三，立之水平，其永無爭。皆曰諾。于是捐廉爲倡，作祥豐陂焉。

蕭侯陂

（嘉靖）《池州府志》卷一　蕭侯陂在縣北故院干。成化丁未，知縣蕭環更築，二溝交流，民樂其業。

明 張輝《蕭侯陂記》（嘉靖）《石埭縣志》卷八　縣治之北曰故院干，環城附郭田以萬計，賦以百計，民歲收之足供以千計，舊雖有陂，可其近而低者於此處獨缺，凡荷鍤耕穫帷責成於天，稍旱則民不有秋，而賦亦莫之出。成化乙巳，蕭侯來涖吾，邑連兩旱，雖適然之數也，侯惻然不寧視民猶己，由是相舊陂，會群屬而謀曰：吾將即農隙借民力於故院陂之下厚築其堰，深鑿以溝蓄水以引灌爾田，可乎？衆乃舉手加額同口一辭謂何民生之幸歟？侯於是上告，巡撫可其言，遂捐俸貲貸倉廪以爲之張本，然後以十夫爲甲，十甲爲總，以董之。計其田之多寡，水之遠近，出金以償之。寅符協同爰命工於治南洪口築陂一處，鑿溝一匝，深三尺，遠三里許，兼舊溝而浚之，不數月而功成，民仰其利，侯洎僚屬以落之，乃謡曰：我有田疇百千萬億，三年兩旱，誰爲之計。我有賢侯慈祥豈弟，躬爲相度鑿溝以備庶民，子來厥功告遂，且灌且溉，民獲其利，宜爾刻石垂千萬世，既而董錢租偕，諸民衆甃石扁爲蕭侯陂請記於余，余惟莫得者，民心仁人君子能得其心，而使之頌，於當時傳於後世者，豈聲音笑貌所能爲哉！亦爲所欲與聚而有利澤以及之耳，不然，則民將疾首蹙額也。非人之所能爲者也，侯自下車，政皆仁愛，以民所欲在水利尤惓惓焉。若巫園若烏隴凡十餘地，舊皆無陂，侯令民築之，固有備無患矣。今復修此溝堰，使天之澤爲地之澤，地之澤爲民之澤，食足而下民無雲漢之憂，賦足而有司無催科之擾，其功不亦大乎？其利澤不亦厚乎？民之謡歌以頌於當時，勒石以傳於後世，是亦因地得名，因物思人之遺意也。豈虚美哉，古人若曰：公穿渠民歌之曰：白公陂，召伯築。堞民頌之曰：召伯堞，時不同而事同也。今之民豈異於古之民哉？後之人食其食，而利其利者，宜知所自而不忘耶。侯江西安福人。諱環，字道循，良成子，其别號云。

（乾隆）《池州府志》卷二三　蕭侯陂在城北，舊名故院陂，明成化中，知縣蕭環鑿二溝達治南洪口，長三里許，蓄水，民便之，故即名之曰蕭侯陂。

又 卷三八　蕭環字道循，安福人，舉人。成化二十年，知石埭縣，性慈祥，善撫字兩值旱度縣南洪口築陂一區長三里許，浚舊溝道，俾水入陂，以資灌溉，號其陂曰蕭侯陂。

（光緒）《重修安徽通志》卷六五　石埭縣蕭侯陂，在縣北，有二溝潴水溉田甚溥，舊名故院陂，年久壅塞，明成化中，知縣蕭環重築，民賴其利，故名。

新豐陂

（道光）《廣東通志》卷一一九　新豐陂在城東百里，起烏逕南岸上二里，下達水南洞，溉田數百畝。

（道光）《直隸南雄州志》卷一〇　新豐陂在城東百里烏逕墟南，嘉慶丙子知州羅含章督同水南洞、新田二村士民李卲勳等代石築渠，遨昌水灌田四百餘畝。

清 羅含章《開新豐陂記》（道光）《直隸南雄州志》卷二一　新水爲州屬産穀之區，昌水縈洄，舟航畢集。考諸志，乘李氏巨族卓有英才，迄今日而蕩檢踰閑者，不可勝數矣。豈子孫之必不祖若歟？抑司牧者之失其相生相養之道，有以致之與？余嘗取其尤無狀者，翦而去之，風俗漸醇，而終以未能撫摩而噢咻之爲可愧也。丙子季冬，李生匡襄光奎讀余諸陂記作而曰：是真憂民之憂者，安可自吾身而失之，爰率父老子弟以開陂請。余往勘焉，陂起烏逕南岸上二里，下達水南洞，灌田數百畝，勢甚便也。急允其請，捐錢十千爲倡，士民踴躍從事，越明年正月陂成，請余錫以嘉名而爲之記。余日飢寒之陷人甚矣哉，昔爾祖父之聚族而處于斯也，蒸嘗有田講學，有館勸善，有條懲惡，有約可不謂肅與初，不料其子孫之放僻邪侈如斯也，今而後吾知免矣。水源既足，土物滋豐，爾多士懋戒哉？尚其教爾子，誨爾弟，宅爾宅，田爾田，以無忘乃祖乃父之懿訓，書不云乎，舊染汚俗，咸與維新，爾新田人也，爰名此陂，曰新豐云。

熊陂

明 熊則禎《熊陂詩》（同治）《崇陽縣志》卷二　深源來曲岸，淺瀨就平洲。截作熊陂水，河山翠不流。雷公峰下雨，大湖山上晴。溪流緣底濁，陂□本來清。古井仙稱葛，方塘嫗姓吴。不知謝公埭，介甫可居無。

（同治）《崇陽縣志》卷二　熊陂在河坪邑南六十里，古陂久廢，明季里老汪浩然剏修。邑臬憲黃色中記，并詩云：田疇資水利，興之在人功。荒陂廢已久，稱名猶姓熊。山水滙萬壑，春漲桃花紅。傍岸種禾黍，旱乾無歲豐。轉樑力已瘁，抱甕計尤窮。誰歟謀野獲，箸借多田翁。杖策尋古迹，伐山鳩群工。依舊障回瀾，累石爲奔洪。泉流入溝洫，漱玉聲玲瓏。河坪河山下，百畝方罫同。鷺翔狎浣女，犢飲隨牧童。從茲樂耕耨，倉廩不告空。南峰夜來雨，高地泥土融。陂水所不到，生氣亦潛通。萬事有旋斡，精心孚上穹。移山不自止，神鬼助愚公。汪老重鄉井，敲龐存古風。爲予話前代，碑字已磨礱。斯陂既起廢，尤期保厥終。賦詩志嘉績，層崖仰從巃。

延壽陂

論説

明 黃仲昭《未軒文集》卷三《復延壽陂長生港水利記》　莆田西北有溪，發源萬山中，至使華亭與潮汐通。唐建中間，郡人即其地築堤以堰水，名曰延壽陂。陂之口中疏一派，引水以溉東廂、延興、延壽、仁德、孝義諸里之田，名曰長生港。其東偏別疏一派，引水以溉尊賢一里之田，名曰兒戲陂。古郡志謂溉田二千餘頃，其利幾半，莆田今計二水之所及，長生港蓋十八九，兒戲陂特十一二而已。然其地勢，兒戲陂視長生港稍高，其里人憚於浚鑿，因私爲斗門於長生港，而塞其水，使專注兒戲陂諸里。雖失其利，然而歲非甚旱，溝渠未涸，猶可苟且，目前不以爲病也。

（弘治）《興化府志》卷五三　按，吴公建延壽陂，疏此二派，以洩時水，譬如今裏河諸閘設立河法，是爲殺水，而設非畜水也。備載宋郡志可考。彭志謂，年久陂廢，遺迹莫睹，則今所謂使華陂者，乃後人別建之也，使華陂在縣北五里，延壽陂焉二里，以事一度之，當時尊賢里人與延興等里諸人商，合爲之也。初，吴公建延壽陂，專爲灌溉平洋田土，宋志原載，溝叚曆曆可考，尊賢里地高，未嘗得食其利，及使華陂建，始分水北注，而大勢水因循故道，以灌平洋田土。後人不察，妄指使華陂爲兒戲陂。國朝永樂中，董通判彬因之重加修治，改爲水利陂。近東廂人與尊賢里人争水利，又指水利陂北注水爲兒戲陂，東注水爲長生港，皆誤也。尊賢里人分使華陂之利，猶北洋人分南洋木蘭陂之利，陂力洪大，倘得分灌亦無不可，然欲專之則過矣。

又　吾莆論水利，南洋稱木蘭陂，北洋稱延壽陂、太平陂，其説是矣。若夫築長堤以障海，使外無吞嚙之患，内有耕鑿之安，此其功豈不與諸陂相表裏乎？

綜述

宋 王象之《輿地紀勝》卷一三五　延壽陂，在莆田縣北七里，唐建中年置見《新唐書·地理志》，溉田二千餘頃。今郡人指李長者所開爲南洋，指吴公所開爲北洋。

（弘治）《八閩通志》卷二四　延壽陂，在府城北常泰里。唐建中間，郡人吴興築，溉田二千餘頃。《唐書·地理志》云：『溉田四百餘頃。』延壽溪，西附山，東距海，南北皆通浦。溪流元出渡塘，赴浦以入于海。興始塍海爲田，築長堤於渡塘，遏大流南入沙塘坂，釃爲巨溝者三，西溝、南溝、北溝，廣五丈或六丈，并深一丈，析巨溝爲股溝五十有九，廣一丈二尺或一丈五尺，并深丈，横經直貫，所以蓄水也。即陂之口，別爲二派：曰長生港，曰兒戲陂。瀕海之地，環爲六十泄，所以殺水也。其利幾及莆田之半。今郡指李宏所開者爲南洋，吳興所開者爲北洋云之。國朝永樂五年，府通判董彬□修，改名永利陂。□□舊□。

【略】長生港 即延壽陂口中港也。吳興慮時水爲患，於漏塘上開港通溪，港內深八尺，廣五丈，其口深四尺，接溪，以大水爲則，務欲開拔溪源，時水下海，民田獲利，遂號長生港。今東廂、延興、延壽、仁德、孝義諸里田，多仰溉於此水。初尊賢里人以兒戲陂地勢稍高，水之入爲難，乃私爲斗門於長生港，而塞其水，使專注兒戲陂。成化十二年，東廂耆民方叔進、林良弼、方汝清、鄭璧輝、鄭永寧等，白其狀於分巡僉事陳輊，乃檄指揮僉事丁遠往區畫之。因計其田之頃數，而定其水之分數；大約以長生港應得十之八九，兒戲陂應得十之一二。遂定議：復決長生港，而置牐於其陂。每啓一晝夜，泄水以溉諸里田，而復閉一晝夜，□水注兒戲陂。仍於二水各命里耆一人司其啓閉，□於他里之無與此利者一人以總督之。成化十二年，福寧道處分按駮，今刻石於龍陂廟。

（乾隆）《莆田縣志》卷二 延壽陂在縣北常太里，先時，興化舊縣諸水即游洋溪滙于延壽溪，出杜塘趨海。唐建中，吳長官興埭海爲田，乃於杜塘築長堤，遏大流南入沙塘坂，名曰延壽陂，釃爲巨溝，折爲股溝，橫經直貫，所以瀦水也，溉北洋田二千餘頃。溪源洪大，水力行達，吳興慮時水爲患，於漏塘上開港通溪，名曰長生港，於杜塘溪口別分一派通浦，名曰兒戲陂。

傳記

（弘治）《興化府志》卷四四 吳興屯田員外郎祭之從弟，時號長官。神龍中，以家貲築延壽陂，按趙志建陂在建中中，此謂神龍中，未詳孰是。溉田萬有餘頃，復埭海爲田，築長堤以障海水，開溝大小六十餘條以導其流，爲汇六十餘所以殺其水。時有蛟爲孽，堤數潰，興毅然誓衆，欲除其害，遂携刃入蛟潭斬之，卒與蛟俱死潭中，鄉人建祠祀之。宋咸平初，進士鄭褒爲之傳。紹興十九年，郡守陸涣奏封義勇侯。至今莆稱水利北洋曰吳長官，南洋曰李長者云。論曰：禮能禦大災，捍大患，則祀之。若興者能爲鄉人興利除害，至於捐其軀而不恤，推其功蓋與言社田祖之神，無以異也，廟而祀之，亘千萬載而不忘，不亦宜哉！

清 陳壽祺《左海文集》卷九《大清贈太子太師謚文靖太子少保兵部尚書閩浙總督金匱孫公墓志銘》 公好興水利，【略】捐廉勸輸，凡縻十數萬緡。遴邑進士陳池養董其役，築石壩三於荷包，瀨以遏衝沙，并修溝洫。及延壽陂南、北二洋咸浚，復其舊，歲以有秋稔。石堤爲莆保障，令遵浙江海塘程式造焉，工竣，公大書『鎮海堤』三字，刻石立堤側。

紀事

明 黄仲昭《未軒文集》卷三《復延壽陂長生港水利記》 成化丙申，自春徂秋雨澤不時，降諸里畎澮，皆竭田無所仰溉，惟尊賢里擅陂之利。閣桔槔不用，而田常厭水，於是城東耆民方君叔進、林君良弼、鄭君璧輝，永寧衆往諭之，將復其利，其里之人怙勢恃力，樹旗幟，鳴金鼓，群聚而争之。諸君大被窘辱，適僉憲青陽陳公輊按莆，遂以其事告。而方君汝清亦率衆力，以水利不可不復爲言，公毅然曰：吾在此，可使豪强專利而善良失業乎？即命興化衛指揮僉事全椒、丁侯遠往區畫之，議復決長生港，而置牐於其中，每啓一晝夜，泄水以溉諸里田，而復閉一晝夜，蓄水使注兒戲陂，率以爲常，其里之人猶争論不已。郡守富順陳侯表聞，而嘆曰：此吾職也。遂躬往視，至則周覽其地勢，伺察其是非，進其里人而告之，曰：長生港，寔水勢之所趨，自然而然者也。兒戲陂，乃疏鑿以致水使然而然者也。豈可以一里使然之利，而廢諸里自然之利乎？遂復於公，施行如丁侯議，仍於二水各命里耆一人司其啓閉，復以他里之無與於此利者，一人以總督之。自是諸里得復沾其利，而苗以不槁，是則三君子之惠於吾民者不細，而諸耆民於此亦可謂有勞矣。里人咸願刻石以紀其事，而屬筆於余，余亦賴是以食者也，因諗於衆曰：水利，人之所甚急，而旱至於畎澮，盡竭人所不常見也，因其所不常見，而忽其所甚急，常人皆然前日之患是已。繼自今尚恒慮其所當急，而無忽於所不常見，則庶乎不蹈前日之覆轍，而其利可永矣。衆皆曰：然。遂書以刻諸石。

藝文

明 王世貞《弇州山人四部續稿》卷二〇 昔白文公有詩贈裴淄州，其起句云，九十不衰眞地仙，余以此例贈九十翁者九五人矣。莆田林方渠公以名進士官至郡守，累進階正三品，今年壽九十二，而其子敬夫復以雷陽守便道彩侍毋論五人者僅一宗馬湖雁行，即所謂裴淄州者當亦不及也，喜羨之餘敬步前韻授之俾歌以稱觴。 九十不衰眞地仙，阿誰諸福似君全，生兒自授詩三百，請禄同登石二千。舊甜棠陰青蔽畝，親栽槐色翠摩天。壺公山静堪斟酒，延壽陂清好放船。尚父少慚多偃蹇，啓期衰覺轉顛連。林家故是寬喬木，行看雙標紀大年。閩省有百歲坊，亦太守亦林也。

雜録

《新唐書》卷四一《地理志》 莆田上，武德五年，析南安置。

【略】北七里有延壽陂，溉田四百餘頃，建中年置。

宋 王應麟《玉海》卷二三《地理》 唐延壽陂，《地理志·泉州莆田》有延壽陂，建中年置，溉田四百萬頃。

（弘治）《興化府志》卷五三 延壽陂，在縣北七里，地名渡塘。考《宋志》，唐建中年置，鄉里相傳作神龍中置溉田二千餘頃，《唐史》作四百頃，其溪西附山，東距海，首受故興化縣西南諸水。一股自何巖入九鯉湖，出莒溪東行；一股自荻蘆溪曆諸陂壩西南行至漁滄溪，與莒溪水合而東趨，經使華亭。北名延壽溪，舊時此水東行，出渡塘赴浦入海。及吴公與埭海爲田，乃築長堤於渡塘，過大流南入沙塘坂，以灌平洋諸田，名曰延壽陂。復恐時水爲患，即陂之口别爲二派以疏之：其一名長生港，此港在漏塘上，深八尺，廣五丈，其口止深四尺，時水暴發，由此開拔疏通，使下海民田獲利，故號長生港；其一名兒戲陂，亦防時水而設，此陂通浦，壅沙爲埭，乎時遏水入洋，遇時水發則自推沙以注於海，水過溪順，沙復自壅成埭，不勞人力若兒戲。

又 昔人建陂塘以蓄水，穿溝渠以行水。又恐其泛溢也，乃爲之陡門涵泄焉。陡門云者作門以放水，其勢陡，故云俗作斗門，無意謂然。前史亦兼用之，盖從俗耳。考其次第，泄最先，陡門次之，涵其最後者也。唐吴公興建延壽陂，環海爲六十泄以殺水。

清 顧祖禹《讀史方輿紀要》卷九六 延壽溪，府北七里，其上源曰莒溪，在府四五十里。首受游洋、漈溪、九鯉湖諸水，東會荻蘆、漁滄、八瀨水，經延壽村，曰延壽溪，一名綏溪，以水緑如綏也。唐神龍間，有吴興者，謂溪出杜塘，經流入海，不足溉由，即延壽陂後，塍海爲田，築長堤於杜塘，以遏大流。轉入沙塘陂，分爲溝澮數十處，灌北洋之田。復分二派，導流至礪浦入於海，延壽既田可萬餘頃，所堤杜塘田可二千餘頃。莆之饒給，以木蘭、延壽二陂也。

（乾隆）《福建通志》卷一五 吴長官廟在郡城北五里。長官，名興，唐神龍中捐貲築延壽陂，溉田萬餘頃，復築長堤以障海，開溝六十道，爲利甚溥。時有蛟數潰堤，興持刀入水斬蛟，與蛟俱斃，鄉人立祠祀之。宋紹興中，封義勇侯。明巡按李元陽檄修祠宇。萬曆甲申，裔孫府尹吴獻台重修，春秋官祭。

巖橋陂（汪公陂、陳公陂、鹿石陂）

（萬曆）《漳州府志》卷三〇 巖橋陂在六七都八都之界，弘治初知府汪鳳築，莆田林俊記。正德六年，知府陳洪謨再築，都人趙渾記。

（乾隆）《海澄縣志》卷一六 巖橋陂俗呼鹿石陂，弘治初郡守汪公鳳築，莆田林俊爲記，名汪公陂，記見藝文。正德六年，郡守陳公洪謨再築，郡人趙渾爲記，改名陳公陂，内有魚利，自前朝至國初，宦家掌之。康熙初，陸汛掌之，後水汛掌之，二十三年，三十二社居民呈水師提督給還民間，中舊有中橋陂。萬歷五年，鄉耆鄭思義等建今合爲一。

明 趙渾《新修陳公陂記》（崇禎）《海澄縣志》卷二 漳附郭邑曰龍溪，其東南六八二都有地，夷曠爲田，可萬畝鹵，近海多潟□一不得，雨則苗旱以槁。先是，郡邑長議於□橋築陂，以蓄水利甚便，然甫成輒敗。弘治祐汪守□亦嘗築是陂，徵記於莆田林見素，名曰汪公陂，今二十年矣。而陂復壞，正德庚午，貳陵陳公以秋曾郎來守，公爲人寬厚，而□□廉明而剛果，凡致有□於化理益於生民者，皆汲汲爲之，惟恐後。衆私議曰公必能爲我作家計者，闞相與詣公言狀，公曰：成大事者不惜小費，古之訓也。思以民之財成民之事，宜有不督而勸者矣。乃擇祠人中，得吴廷仲、鄭□□而告之曰：汝可諭吾民以集吾事，又閲於庶官中得巡簡侯謙而告之曰：汝可督吾民以成吾事，公自籍其數目，計其章程，坐公堂之上，而遥削焉。謙等奉命疾趨，惟謹民亦知公之爲己地也。皆争爲經久之謀，未幾，陂成。陂之深爲丈者二，其廣半之，斗門水□。陂跎一十一丈，皆砌以石，而實以灰，圩岸延象三十丈有奇，正之廣如水路之數，上之廣得三之一，無不堅固完好，自始事迄於成功。元縻民錢五百五十三貫有奇，功可謂鉅矣。舊爲瀉鹵之鄉，今皆膏腴之地，其利不亦溥乎。乃相與言曰：昔爲汪公陂，今當名陳公陂。

明 林俊《汪公陂記》卷一七 龍溪瀕大海而南拆，而西與南溪會堤溪水而北繇禄石以入，以溉六八二都。禄石忠和鄰岱鄭埭東頭諸洋瀉鹵之地，可田一十萬畝。畝收穀一鍾，而餘居人藉公私爲利，堤善敗潮水入焉，田遂失故稔。官議復之，達觀所宜謝守騫姜守諒主南陂，李令啓主洋目礁皆阻煩費弗就，予友汪侯天瑞守漳宏廟，學拓社倉，浚水利樹輿梁道鑿便汲甘井，痛扼猛噬仁恤無告，植弱而横被良質治有異等尤章，驗則磔叛魁人脅從者萬數人。曰：堤非今守。弗辨盍圖之。萬遂等乃告侯曰：吾責也。考圖相方其巖處，港可曰眞其董陂事，曰伯智廷昭其相使益審，曰昆珍其計田輸粟儉則官授以需無厲民爲石，取其良土，取其埴椿厘灰鐵，取其完好申，乃令甲鍜，乃鐫鑱徛，乃畚揭工，其用如其家財，其出如其身陂，其築加於常以固，衆咸將事胥公胥勤，其功始於丁巳七月，其成戊午六月，其功其服若干，其財其費若干，其石堤其袤丈三十有二，其廣袤之半，其深十之三，其二斗門其袤五丈，其廣八尺，其深視其廣加焉。啓閉以閘，以時納溪水，以備灌溉，以中盈縮，以外禦潮，水田遂化膏腴，都人告慶胥請記成績，且問所名，昔鄭國渠涇水以灌關中，名鄭國渠，陳尭佐作長堤以捍河水，名陳公陂，今陂汪公陂也。録賢也，未就者志可録也，爲而成仁且勇也，成謂必恃無患可不謂智也。存之在乎人，斯予所爲先屬者也。侯名鳳，弋陽人，繇成化乙未進士，先爲郎中，慎密宣邃克善所司，有賢問可大政，尤善教諸子騈首，魁元紆青紫若將範造化爲己，專物絶燕寶而遠堤固，人可爲地者耳。

《明史》卷二八五《陳洪謨傳》 陳洪謨字宗禹，武陵人，幼顯異凝重，寡言笑，登弘治九年進士，除刑部主事，歷員外郎，正德初，父喪除入京師，兒劉瑾亂政，稱母老乞便養，乃改南京户部，再遷漳州知府，巨寇林廣周嘯衆數千負海爲亂，洪謨以計平之，俗尚浮奢，好訟，乃頒吕氏鄉約，朔望躬親講諭，民多從化，復朱子書院，簡俊士肄業其中，浚龍溪陂，灌田萬餘頃，人號陳公陂。

永豐陂

綜述

明 周邦傑《宜黄永豐陂記》（康熙）《江西通志》卷一三三 按：星官羅堰主提塘，九次主溝渠，農丈人主稼穡，與天田聯絡於斗牛，東南君子在位，田野闢封洫潤，則其星明吾郡當斗牛，南域宜黄又當郡南尤足，占候天人而觀風良牧宜治涉。河而東數里許，有高陵，廣野町畦繡錯，老農老圃出入棲息於豐草長林之中者，可圖可畫，乃其地土脉坌勃，水泉不滋，舉數十百頃之青精黄雲安所待澤乎。故有小堰，堰宜水爲渠，以資灌溉，謂之堰陂，因陋便名，久亦湮廢，尋或修之，卒無升斗，以遂波臣之丐，嚴陵王令公之涖宜也。既手取其民，而噢咻之，又知是陂繫一方利，便其爲噢咻匪類也。於是采輿議於其人，相地勢於其野，謂舊渠之所以易涸者，堰道下也。乃因舊渠故道增鑿新渠二里許，直抵上游，乘高絶流，而爲新堤横蹙，溪水瀉入渠中，如膏如練，縈迴潤澤於畝者十餘里，歲大穰穰。於是令公政事之暇，率賓從酌芳泉以落之。槁壤枯原，一旦雲屯川泳，仰瞻天田羅堰諸星，若爲之增輝於牛斗，鄉薦紳率父老子弟進而請曰：秦鑿涇水相愚於霸術耳，尚有鄭國之名，令公之鑿斯渠，非王政耶。願因令德標之嘉名，公不自以爲功命，曰永豐，永豐云者，永有歲年爲民徼福於陂蓋無窮也。諸薦紳三復永豐之義，謀一言以記之，不佞聞令公之爲，德於宜澤周河潤類若永豐然者，更僕未易悉數第盡力溝洫，即神禹之聖，孔子猶以爲難能而追叙之，雖令公之功視神禹不無廣狹巨細，至於萬世永賴則信乎，不在禹下也。昔張乖崖守金陵，每問好官員於過客，得張晞顔之治萍鄉而薦之，無他，惟以入其境，橋岸葺田萊闢野無惰，農夜則更鼓分明而已。今令公治行度，越萍鄉者，殆相萬也。而過客之訪必有乖崖其人不佞所記者，特以垂茲役之美於不朽耳。

（同治）《宜黄縣志》卷五　永豐陂河東蓋村瑕，田租十萬，舊有則水小陂，歲久淤塞。明萬曆間，縣令王尚廉鑿新渠於舊渠之上二里許，乘高瀉入，名曰永豐。臨川周邦傑有記，國朝則縣令王世壐、黎大觀、楊奕紱增砌石壩。雍正癸丑，水漲陂壞。乾隆庚申，典史潘思誠障以竹木沙石，甲子復壞，丁卯春復於舊迹上流建新陂，斜障八十丈，以殺水勢，三閲月而工竣，思誠有記，縣令沈文清還侵佔田地，定議每租百斗出穀五斗，佃人出夫一工，以爲遞，年秋冬大修，春夏補葺之資，又於西瑕建永豐會館。

傳記

（道光）《宜黄縣志》卷二一　黎大觀，華容人，康熙四十四年由舉人令宜黄，時城圮，捐俸修之，建通濟橋，復永豐陂，置田以備修築。

紀事

（康熙）《江西通志》卷一五　元至元二十一年，崇仁尹瑪哈穆特浚永豐陂，勸課農桑，稽核版籍。

又　明萬歷間，宜黄知縣王日廉修築永豐陂，鑿新渠二里許，周邦傑有記。

清　潘思誠《重興永豐陂記》（道光）《宜黄縣志》卷三二　乾隆四年秋，予蒞任宜尉，贊政之暇，察地利，訪古制，興廢舉墜，竊有志焉。頃之聞河東有陂，曰永豐。因思蓄水爲陂，而復美以永豐之名，其於民生日用之需必大有益，及履其地，惟見平原曠野，比屋蕭條，覩所謂陂者，而故迹已在若存若没間矣。於是詢居民，父老咸相告曰：昔有小陂，名曰則水。明萬曆間，邑侯王公尚廉因堰道卑下，灌溉維艱，乃乘高截流，創立新陂，增鑿新渠二里，引水灌田十萬有奇，更名永豐。中間屢經傾圮，賴邑侯王公世壐相繼修葺，而黎公大觀則砌石岸，楊公奕紱則堰石塤，均期善後永固成功詎。雍正癸丑，水漲，陂之屹然横截中流者，僅留遺一石於岸頭而已。雖蒙各憲委員估修，卒亦未遂，邇來三日五日不雨，田則乾涸。九日十日不雨，禾則焦槁。小民日就貧乏，予心戚焉。今夫旱澇迭見者，天之時也。燥濕異宜者，地之勢也。乘天因地高下咸滋以濟民食者，水之利人之功也。斯陂也，補天地之缺，而爲民食之源，可置之不加意耶。石陂毁矣，搆以竹木填以沙石，亦可障水，乃令農民疏溝汰淤，經始於乾隆庚申冬，落成於辛酉春。然猶陂單水細田廣取奢不能遍溉，余方默爲籌畫詎意。乾隆甲子，復爲波臣所攫無有存者，越丙寅紳士父老交相諗，余按田捐貲派，佃用力議，再興修。余曰：昔之陂形横港中截難免衝决，宜殺其水勢，斜以防之，乃可。僉曰善，來春而工告竣，水澤普遍年歌大有，後雖天旱，而此水長流，歲荒而此地獨登，庶乎永豐之名不虚矣。余幸夙志克酬，與同事君子共策久長值解組歸田里中，父老咸請爲記，兼圖善後之宜，余念此陂之興廢關乎此地之豐歉，則嗣而葺之，永永不朽，俾斯民不致憾於天地，余於後之君子有惓惓焉。乾隆十七年壬申春月，宜黄縣尉古虞潘思誠撰。

益豐陂

（道光）《廣東通志》卷一一九　益豐陂，城西三十里巫坑舊有陂，小且圮，嘉慶丁丑，知州羅含章督民修復，易水筧爲石橋，溉田二百餘畝，易今名。

（道光）《直隸南雄州志》卷一〇　益豐陂，城西三十里巫坑舊有陂圮而小，嘉慶丁丑，知州羅含章督同、茅、庄、坪等七村民修築，溝心寛二尺五寸，灌田二百餘畝。

清　羅含章《修益豐陂記》（道光）《直隸南雄州志》卷二一　饑思食，渴思飲，情也。未饑而食，未渴而飲，心必有所不欲，亦情也。饑而無食，渴而無飲，不得不付之，無可如何之數，亦情也。若夫饑矣，渴矣，而又有嘉殽旨酒羅列於其前，卒不得一飽，饑渴之腹者何哉？胸膈滯於中，而咽喉塞於上也，今夫醫診脈、切理、觀色、辨聲，凡以求人之病耳，未得其病而用其方，非庸則妄。既得其病，而吝其方，非貪則忍，二者之誤厥罪惟均。州屬茅、庒、坪等村舊有陂，在巫坑，水陂頭闊不盈尺，巫村以下水路又爲居民所逼塞，雖有溪水不達於田，余捐錢二萬，名曰益豐，率七村人闢而闊之，溝心皆以二尺五寸爲度，水筧易以石橋，由是胸膈既開，咽喉無阻，潏潏淈淈譬之，飲食直達腸胃，七村民疾庶有瘳乎。

寅陂

綜述

（萬曆）《吉安府志》卷一二　寅陂在縣西四十里，横截廬水，下流遶縣前，溉田一萬三千畝。宋治平初縣令黄中庸、縣丞趙師口浚港築堤，至今民享其利，王庭珪作《寅陂行》以紀之。

（康熙）《江西通志》卷一五　寅陂在安福縣西安福鄉七里山下，宋治平間縣令黄中庸築堤豬水，溉田一萬三千畝。紹興間縣丞趙師日復浚溪港築堤闕水，王庭珪作《寅陂行》以美之。明洪武初年州判潘樞重修。元升縣爲州。明初仍之。正統六年知縣何澄修築寅陂。兼引蜜湖爲渠。灌注民田。嘉靖間縣丞王鳴鳳大加修築。期月畢功。邑人張鰲山爲作寅陂記。

清　顧祖禹《讀史方輿紀要》卷八七　寅陂在縣西四十里，横截廬水，下流遶於縣前，宋王廷珪云：陂溉田萬三千畝，歲久湮塞，治平初令黄中庸丞趙師白始浚溪港築堤闕水灌溉如故，至今民享其利。

傳記

宋　楊萬里《誠齋集》卷一二〇《新喻知縣劉公墓表》　公諱廷直，劉氏字諤卿，一字養浩，世爲吉州安福人。【略】安福西寅陂，歲溉田万三千，晦擅於豪右，貧民病之，公爲作均水約上之，官事下，至今利焉。

宋　樓鑰《攻媿集》卷九六《寶謨閣待制致仕特贈龍圖閣學士忠肅彭公神道碑》　皇上踐阼之十有四年，十有一月乙亥，詔樓鑰林大中赴行在，大中先至，首言故吏部侍郎彭龜年之忠。【略】公字子壽世，爲臨江軍清江縣人。【略】公七歲而孤，奉母盡孝如成人，幼穎異，讀書能曉大義，比長得程氏易讀之，至忘寢食，年十八薦于鄉，三預計偕登。乾道五年進士第。【略】調吉州安福縣丞，縣有寅陂，灌田萬三千餘畝，彊宗錮其利，歲以旱告，按圖疏治陂成，而歲稔。

《明史》卷二八一《何澄傳》　何澄知安福被劾，民詣闕乞留，英宗命還任，乃築寅陂。浚渠道復密湖之舊，大興水利，秩滿當遷，侍講劉球爲民代請，帝復留之。

（萬曆）《吉安府志》卷一七　王鳴鳳，姚安人，嘉靖間爲安福丞，性倜儻好談，名理視義而動，嘗勤行阡陌，勸民力田，修築古寅陂，復斥俸先諸好義者，置常平倉，民歡趨之，升知縣去。

（康熙）《安福縣志》卷二　趙師日紹興間丞，以廟學僻遠徙，于今所復修寅陂。其去也，王瀘溪贈以詩稱其惠政。

（乾隆）《安福縣志》卷一三　曾佐聖貢生，五都人。甲寅乙卯里中饑，施谷以濟，又常施絮捨棺，修寅陂，湛田鳳林等橋，輒捐貲百餘，人推長者。

（同治）《安福縣志》卷七　黄中庸雙井人。至和元年爲邑宰，洞悉利弊，於邑之七里山築陂豬瀘水，曰寅陂。溉田萬三千畝，民甚利，遂留家於邑南寨上。

紀事

明 張鰲山《續修寅陂記》（乾隆）《安福縣志》卷一九　安福縣西行百二十里有瀘瀟峰，二水之所自出。《水經》載瀘水自長沙入安復州是也，水東下至安福鄉七里山淵浤洄蓄。宋治平元年，邑令黄中庸築陂瀦之，曰寅陂。臂發支分，溉田萬三千畝。自高圳合鳳林下螺洲驅行四十里，歲久陂壞，水道不理，耕者苦旱虐，司牧者習而不察。梧岡王子來，丞兹邑乃心不自寧用，視兹陂進父老告之曰：陂弗築田弗溉，民乃罔逸，丞不負予，予惡敢負民，且食兹陂者，皆世家臣旟材官義士督苦役，罔遜田畯出力，罔情挽舟，上流以載石，山麓之木以爲橛官，廪之未以食，工陂弗成，予丞之罪，乃諜詣司卜日興工，期月工畢。水田故道行，凡仰溉於陂者，荷鍤成雲决渠爲雨，霪者汪洋若激，貫畦浮塍，田用大稔，夫天地自然之利，惟水爲大，故水土演而民用足，土無所演民用困乏。聖人亦因其利，而利之而已矣。今之君子岐政與學，而爲二視天地生物之利，若漠然無所係黔黎咨怨，莫知裁輔奚其政，亦奚其學，梧岡子廉以約己，勤以奉職，和以納民，敏以應物，物無妄棄，民用沃沐，是雖一方之澤，累積廣推亦必有可觀者，况建倉賑飢斂米供賦，其便利尤倍於此哉。觀於政可以知其學矣，松溪程子三泉俞子者，皆後先涖政，師資之益，動作之勤，實有賴焉。

（天順）《明一統志》卷五六　寅陂在安福縣西四十里，横截盧水，下流達縣前，溉田一萬三千畝。宋治平初知縣黄中庸興築，至今民享其利。

藝文

宋 王庭珪《盧溪集》卷二《寅陂行》　安成西有寅陂，溉田萬二千畝，歲既久。官失其籍，大姓專之，陂旁之田，歲比不登，邑丞趙君，搜訪耆，老盡得古迹，乃浚溪港，起堤閼，躬視阡陌灌注，先後各有繩約俾不可亂。是歲紹興十三年，適大旱，而寅陂溉萬二千畝，苗獨不槁，民賴其利咸頌歌之。國家方下勸農之詔，法有農田水利，實丞職也。然緣是而僞日增飾以蒙褒顯者，世不爲怪，由是水利爲虚名。今寅陂功績崇崛，丞不肯自言，部使者終不及省察。某出城別君東門外，逢寅陂之民塞路，涕泣言此，爲叙其事，作《寅陂行》，不復緣飾，皆老農語也，冀當世有采之者，紹興癸亥十月望日書。

安成城頭烏夜宿，啼烏未起雞登木。傾村入城來送君，馬首摩肩袂相屬。但有厖眉不識名，何物老翁出山谷。老翁持酒前致詞，家住西村大江曲。大江兩岸皆腴田，古有寅陂置官屬。自從陂廢田亦荒，官中無人開舊瀆。公沿故道堰横流，陂傍秔稻年年熟。今年雖旱翁不憂，田頭已打新春穀。誰云此陂会當復，老父曾聞兩黄鵠。嗟哉如君不負丞，躬行阡陌勸農耕。監司項背只相望，風謡滿路胡不聽。胡不聽寅陂行，爲扣天閽叫一聲。

宋 王庭珪《盧溪集》卷四〇《安福縣廳上梁文》　兒郎偉，抛梁上，寅陂新築堤千丈，未説秋成大有年，且看麥壠摇青浪。

明 程文德《程文恭公遺稿》卷二五《梧岡寅兄督賦南行適寅陂功成喜而奉贈》　王丞溽暑舍郊坰，萬夫築陂不日成。老稚歡呼四十里，争隨新水到南城。嘉禾萬畝回枯槁，藍田哦松安足道。金陵暫去民遮留，秋風願挂歸帆早。

明 羅洪先《寅陂謡頌王丞鳴鳳》（道光）《大姚縣志》卷一五　寅陂謡頌功也。安福舊有寅陂，灌田一萬三千畝。宋治平，縣令黄中庸、丞趙晞日大起堤，民獲其利。邑人王廷桂作《寅陂謡》。未幾，水決復圮。明嘉靖，縣丞王鳴鳳議修復。民不勞而堤成，民咸謡之。吉水羅洪先聞而紀焉。謡曰：　誰築寅陂，陂水嗟嗟王丞，爾何遲？誰築寅陂，陂水滔滔。嗟王丞，爾何勞。趙丞度王丞，作苗莫莫。康哉樂哉，康苗穰穰，三百年功無荒。

雜録

明 劉球《兩溪文集》卷三《請留知縣何澄奏》　臣謹奏：爲保留官員事，臣等俱係江西吉安府安福縣人，有本縣知縣何澄，先因僉都御史王翔考欠劄繁行在，吏部奏蒙另除知縣，潘懌更替本官回部臣等，體知得何澄慈祥廉静，外若無爲，内有區畫，本縣人來京者，莫不言其處事公當，能體下情，愛民如子，不生事擾人，又嘗築寅陂等陂，浚鑿渠道，灌注民田二十餘里，蜜湖等湖被人侵占，皆追復之，以均灌民田，爲民興利，似此者不一，民皆心服，訟者自息，頑者自化。在任僅二年，雖遠鄉山谷慣避差徭之民亦樂服役，被其責罰皆無怨惡，及其觧任將行，民贈路費悉却不受，父老累千百人送之，皆涕泣如失父母，行至吉安河下，本縣里老民人易雅望施仲温等一千餘人，告蒙江西按察司副使焦宏，仍留本官回縣署事，别爲定奪。近聞布政司又行移文，催促本官赴部，臣等聞之，自以本縣素爲煩劇，然自前至今未有縣官得民心如何澄者，若被考去，則民失所望，如蒙准奏，乞敕吏部仍留何澄於本縣管事以慰民心，且使遠近官員聞本官以守，己愛民得復其職，皆知所勸，庶有益於風化，謹具奏聞。

（康熙）《安福縣志》卷一　寅陂治西四十里，横截瀘水，下流遶縣前，溉田一萬三千畝。宋治平初縣令黄中庸、縣丞趙師日浚港築堤，至今民享其利，王庭珪作《寅陂行》，羅洪先作《寅陂謡》，以紀之。

清　盧崧《重修寅陂橋記》（乾隆）《安福縣志》卷一九　舍郡之巨鎮曰武功，在安福縣西北，蜿蜒曲折而來，中分二水，曰瀟，曰瀘，瀟流入楚，瀘抱縣境而旋繞之，滙於寅陂。溉田萬數千畝。在縣治西三十五里，宋王庭珪有詩以頌其功，誠安邑巨津也。其波汪洋浩渺，往來者苦舟楫風濤之不便。明崇正丁丑，僧悟旨募造寅陂橋，國朝順治辛丑水圮，悟旨復募造行者德之，今百餘年矣。乾隆辛卯夏，水復圮，臨河阻絶，不勝汪洋之嘆，邑令李君慧倡之，而邑紳士咸踴躍從事，倡輸勸捐，不期月而橋成也。令述其顛末，來請碑記，予閲之，竊善李君之能率先民望，而嘉士民之奉，公好義樂與觀成也。古語云：一介之士，存心利物，必有所濟，况食朝廷之禄，居四民之上者乎？位之尊鬼事之大小雖不一，苟能實心實力爲之，則利無不興，害無不除。上以報朝廷付畀之重，下以慰士民仰望之心，其功一也。每讀歐陽公偃虹堤記，流速嘉與今千載，下知滕公之惠澤垂之無窮者，豈不以其人哉？頃郡城習溪橋堤圮，廬陵令李君洗心倡修之，功竣，予爲之記。今安邑復以橋竣，請作乎，能盡其職，以匡子之所不逮也。橋長五十四丈，高一丈二尺，濶二丈八尺，一興於乾隆四十一年四月，竣於本年十二月，計工料木石之費一千七百零，倡捐任事者，縣紳士周嘉樂、歐陽璡、張大耀、歐陽□、張廷諤、周如巖也。例得并書以勸來者，是爲記。

（光緒）《吉安府志》卷三　寅陂在七里山，宋治平元年知縣黄中庸築，紹興間縣丞趙師日，明初主簿潘樞，嘉靖間縣丞王鳴鳳歷修。

永安千金陂

（雍正）《永安縣志》卷七　蘇民望，宣城人，萬歷二年由選貢知永安縣，愛民勤政【略】精通堪輿，爰度地勢於演武亭外，築千金陂挽水，回合北烟始輳。

（道光）《永安縣續志》卷二　千金陂在治北演武場，横冲即大官陂。乾隆四十三年，大水畦圮，邑内王錫命躬自任修。五十四年，大水陂又圮，其子國昌仍任修焉。道光十三年六月初十，大水又圮。

又卷七　王錫命，字詔三，例貢生，樂善不倦。邑北千金陂因年久傾圮，乾隆戊戌，出己貲重修，後大水，陂又圮。己酉年，其子國昌仍獨力任修，前後費金八百餘兩。

清　區大相《贈憲府王公泮治水歌》（宣統）《高要縣志・附志上》　黔漓奔騰灌牂牁，西傾萬里揚洪波。尋常桂浦經過少，蕩潏金沙似濁河。今年燕京四月風霾連漠漠，狐裘蒙茸雪花薄。詔書日恐時令乖，厥占大水飄城郭。經秋霆霖天欲漏，河伯望洋更東走，兩涯不辨牛馬群。萬峰倒蹴蛟龍吼，雙峽束流截奔馬。崩濤怒號不得下，瀰漫但見蒼梧雲。溟汛那知洞庭野，洪荒之事誰能辨。眼底俄驚桑田變，市上漸見游釜魚。幕中豈有歸巢燕，激石穿堤未云已。衝波直搗孤城裏，險極難論薪竹功。事急寧得蘆灰止，是時城中萬室命如絲。蟻穴恐潰千金陂，憲府行營蒼水使，群僚亦秉玄夸麾，揮戈欲斬蠻雲愁，投鞭東斷滄波流。胼手胝足不言瘁，烈風淫雨有時休。轉見越裳稱海晏，知君才是濟川舟。

永濟陂

明 胡居仁《胡文敬公集》卷二《永濟陂記》 吾里彭家陂，舊有柴土叠作，踰年，則柴朽土崩，水泄田涸，民受其害。於是召匠謀用石甃，衆懼工大難成，又慮冬寒或有風雪。居仁因思古之役民，皆以農隙，此役雖勞，實爲養民之本，與築城郭、宫室、臺榭以用民力者異矣。里中周居略忠厚公直人也，衆所信服，乃就謀焉。周君乃偕弟周懋及夏隆、張福宗等率衆并力，冬十一月辛丑經始，至壬戌畢工，灌溉不息，民無旱傷，故更其名曰永濟。嗚呼，民爲邦本，田里溝洫，實王政先務。故曰：卑宫室而盡力乎溝洫。今有司既不用心於此，向非周君之賢，則此鄉之民無歲不有旱患。然此一事耳，苟非得人，尚不能濟，況爲國而無賢才可乎？記此雖以謝周君之德，實所以爲鄉鄰幸也。他方之賢，慕義而興，則惠之所施益博，後之人能繼此而作，則澤益及於無窮焉。爲記。

（光緒）《江西通志》卷六三 永濟陂舊名彭家陂，在餘干縣南五里，明成化間，邑人周略等易土以石，更今名。

裕豐陂

（道光）《廣東通志》卷一一九 裕豐陂，城東北二十五里鴟鵲溪，知州羅含章開築，買田爲溝，溉田五百餘頃。

（道光）《直隸南雄州志》卷一〇 裕豐陂，城東北二十五里鴟鵲溪，嘉慶丙子，知州羅含章督同牛田村民開築，買古頭村民田爲溝，心寬五尺，灌田五百餘畝。

清 羅含章《新開裕豐陂記》（道光）《直隸南雄州志》卷二一 由鳳凰橋下不數里爲鴟鵲溪，蓋因鴟鵲常飲沐於此而名之也。又下數里爲牛田村，居民皆以耕農爲業，故以牛田名。余勘和豐陂竟將歸，其父老要余於路，長跪而請曰：吾農民之望水也，猶嬰兒之望乳也，願使君乳我。余曰：乳爾奈何？曰：昔吾先人之耕食鑿飲於斯也，恃有此溪耳。當其時，倉有餘粟，笥有餘布，出則鵝鴨成群，入則牛羊塞路，曾不知人間有愁苦事。迨康熙某年，陂毁於水，而民始困矣。至雍正某年，古頭村人平吾溝以爲田，而民愈困矣。百餘年來，以雨爲命，或十收四五焉，或十收二三焉，或十不收一焉，饑不暇飽饜糟糠也，寒不暇煖衣百結也，官差盈門催逋賦也，鄉鄰詬誶索宿欠也，傷哉，吾有親而不能爲孝子也，吾有子而不能爲慈父也。吾有兄弟而不能相養以生，吾有妻女而不能相守以死也。微無陂故，何遽至是，非使君其孰與圖之。余曰：嘻，僃矣。曷早修而陂，而自今至是？曰：是欲修之而不可得也，非官勘焉，則撓之者衆，故不能也。余曰：曷早請於官，而自今至是？曰：難言也，小人草野，罔識忌諱，側聞投詞有費，差脚有費，紙筆有費，鋪堂有費，非是官固不得而見也。見矣，而今日許勘焉，至明日而寂然，後日許勘焉，至再後日而仍寂然。迨食盡歸來，足方及門，而公人踵至，則又以逋逃見罪矣。不得已，裹糧以往，而官勘之，信仍杳然也。於是再詞請焉，三詞請焉，四詞請焉，始知官人事繁，日不暇給也。幸而來矣，則又彩棚有費，飯餐有費，夫馬有費，下逮僕夫，皂隸亦罔不有費，吾陂之開否未可知，而小人之田已賣去若干畝矣。向非使君躬先勤民，則民寧饑而死不願子孫之請開是陂也。余曰：嘻，一陂之開，其難如此，無惑乎數百年來無有開者。於是急往勘焉，故迹罕存，溝路皆没爲田矣。爲平其價買之，取名裕豐，諏吉舉事，因録其語爲記，以告世之爲民父母者。

元豐陂

（道光）《廣東通志》卷一一九 元豐陂，縣南三十里，舊名凉口陂，溉田二千餘畝。嗣龍虎坑挖煤，沙泥下壅塞溝。嘉慶丁丑，知州羅含章封禁煤窑，令民修復陂溝。

（道光）《直隸南雄州志》卷一〇 元豐陂在城南二十里，舊名凉口陂，上自湖芳窑，下逮黄垷隴，凡七鄉，溉田二千餘畝。嗣龍虎坑挖煤，沙泥下壅塞溝，嘉慶丁丑冬，生員聶大鵬等呈請勘築，知州羅含章、邑令胡勳裕，封禁煤窯，督同修復。

清 羅含章《重修元豐陂記》（道光）《直隸南雄州志》卷二二 文言曰：元者善之長也，天德生物之始在人，爲仁而首於衆，善大哉。元乎曷爲豐吾民，而私之以名陂也。今夫宇宙間，凡草木華實莖葉發生之後歸於枯朽，其子之在核者，顆粒至微，胥含生成之性，名萬物者，不可得而名也，比附而名之。曰：仁黍稷稻粱之長百穀也，非尤農田中之顯而易見者乎？天心仁愛，無不欲共登豐殖，往往旱暵不雨，人猶有所憾，能彌縫其闕匡救其災，若水陂之有，備無患是仰承天之仁，以爲民之仁，而即爲物之仁也。就始興而名凉口之陂，萬物一大極，物物一大極也。京口陂爲城南一帶食埸，上自湖芳窑前，下逮黄泥隴沙洲村、水田垻、牛田陂、新村，凡七鄉，舊有陂圳綿亘二十餘里，田疇千餘畝咸受灌，蔭民間朝夕所資皆取汲於是焉。丁丑冬，生員聶大鵬、歐金聲、何貞邦、何元捷、監生何貞章等呈請勘視修築，并陳先八月間，有村民賴四林等糾人於大龍虎坑私采煤，泥沙石下壅，幾至水遏不流，陂將垂廢，於乎陂之設也，爲利孔溥以生人者，而敢於害人，其亦不仁甚矣。爰先飭縣示禁，并令繪圖呈驗，隨於十二月初二日躬親履勘，盡將所開煤窑永爲封禁，賴四林等枷責有差。其修築之法示諭，七村民通力合作，按畝出錢五百文，交殷實之户收支，儲所贏者，爲歲修之用。其有阻陂工不率教者，良有司隨時懲創，毋令余之鰓鰓爲也。余獨念一陽初生，於卦爲復復，其見天地之心乎。斯陂失修而淤塞，是懼剝已甚矣，及今舉工，畚揭不遠之復，用占元吉將見亨之，嘉會利之，和義貞之，幹事先具於在人之仁大哉。元乎，其將舉豐吾屬邑之民，而於斯陂爲嚆矢也哉。嘉慶丁丑歲，南雄直隸州知州羅含章撰。

源豐陂

（道光）《廣東通志》卷一一九 源豐陂，城北六十里，知州羅含章督民開築，買田爲溝，溉田五百餘畝。

（道光）《直隸南雄州志》卷一〇 源豐陂，城北六十里靈潭下，嘉慶丙子，知州羅含章督同南山、下岔二村士民開築，買民田爲溝，寬二尺五寸，灌田五百餘畝。

清 羅含章《開源豐陂記》（道光）《直隸南雄州志》卷二一 湞水源出梅嶺，勢若建瓴，南下數十里，始渚爲潭。居民資以爲利，故曰靈潭。潭下數里，南山、下岔兩村，民夾澗而居，望衡對宇，繡壤相錯，亦樂土也。中有小橋，橋之西，上游皆水，田而下常苦旱，居民爲余言，余往勘焉，曰：曷開陂？曰中隔石硬，慮難成也。余視其石若巨蛇之當路也，若虎豹之斷行也，若車轂之塞隘巷，而腊肉之鯁咽喉也，若旱魃之阻靈雨，而天澤未遍也，若長蛟之横江流，而舟楫不通也。以義揆之，不可不誅爰，召匠工攘之，劈之，鑿之，剖之，奮雷而錘擊之，掣電而錐鑿之，三越月而陂事成，名曰源豐。居民請記于余，余謂：開陂若解牛，然賈子有言，屠牛坦一朝解十二牛，而芒刃不鈍，其排擊剝割皆中理解也。至于髖髀之所，非斤則斧，君子爲政何獨不然，方其發一令，出一教，而一二頑民梗塞其間，不可以情動，不可以理説也。惟鋤而去之，而德教乃加于百姓，是故天下無不可爲之事，亦無易爲之事，惟明與斷其事乃成。夫以一石之故，而令數千百年兩村之田常苦旱荒，豈不惜哉。余竊嘆吾民之苟安于前，而冀其善保此陂于後也，于是乎書。

遠陂

綜述

（同治）《崇陽縣志》卷二 遠陂縣東二十里，高七尺餘，闊一十六丈餘，二庸一十四堨，溉田四千三百餘畝。陂不知所自始，久廢，宋寶慶初，劉煥訪尋舊疆，重别溝洫，涫祐中，陳仲微封土爲識，建屋數楹，爲陂長董役，視功之所。元大德中，爲里豪所占，陂失其舊。明正德間，饒伯滸易木以石，饒天民記碑存。天啓初，貢生孫纓重加鱗砌，公置西岸田六號正米二斗零，地四號麥米三升零，石山一障，山旁有塘，更葺屋爲遠陂庵，庵後及東岸舊有山兩障，并官地三號，俱付住持耕種，碑存。順治閒，知縣賈漢誼均丈西岸田地十號，係堰長王森承丈，單在王姓米，在王户糧餉，係住持完納。雍正三年堰圮，邑庠孫荛里民丁重旦鑿石平砌，闊二丈，横築三石睦，較前高尺餘，長三尺，重整兩岸，修復堨口，其庵場係湻祐時故址，康熙初禪僧無作葺庵三間，旋廢。孫荛等同僧清鑒，捐募擴修，以祀主陂之神。

明 饒天民《遠陂碑記》（同治）《崇陽縣志》卷二　崇邑東有遠陂，衆泉滙其流，凡七十有二，溉田四千畝。古碑剷滅，莫詳創始，而殘略可考者，宋湻祐邑侯陳公仲微按劉焕舊迹修葺，而遠陂之利遠矣。碑乃寶祐改元所記，條目節約，父老猶及見之。元大德閒，里豪吳則延據爲己有。嚴寄庵詩云：欲問老農求故牘，重箋衷赤叩皇扉。寄庵之時，距大德亦已遠矣。詩以湮廢爲憂，此陳公、劉公之不能忘也。天開混一，奸僕向化，父老率由陂約。陂有長，碣有甲，地域有禁，視工有寮，祭有田佃，有圖與籍，溝、澮、庸、洫，深廣有度。始以板，繼以柱，皆取諸林木。於時民俗湻簡，用之頗獲優裕。宏治正德間，洪水輒壞，山童力疲，人有憂色。父老謀曰：創始於前，貽謀於後，古之制也。盍圖之而易以石。乃鳩工於民，萃緡於畝，鑿石於山，度地高七尺有奇，闊三百尺有奇。里民饒天遠董役，盧俊首倡勤勞，凡石必修整，其堨石又必準繩，一石不堅，雖疲必易，衆咸稱服。率引趨來踰年，遂落成焉。越三年，水溢，西岸堤圮，饒天才，饒蕁董役，仍障以石磚，以節横流。夫石制始正德丁卯，逮今民賴其成，得免屢役之患，先王之設有陂障，以廣惠也。昔鴻隙陂決壞，鄧晨修復之，傳美其功。寶慶之循舊疆，湻祐之衍修復，陂之興廢，幾存乎人。先賢之德，所以廣先王之訓也，革木用石，所以承先賢之志也。今歲水頗艱，執事者饒天福、熊恩，上其事於邑侯嘉禾、王公儒。侯曰：水利，民生之本，政事之先。乃集衆議，準諸往昔，典加隆殺，首尾相因，咸有秩序，彊梗不率者罰，人咸感利之。於時，邑幕徐君球，林君以德共相贊成，於玆有功。大凡事之弊，溺於私者阿，昏於才者惰，今去陳公幾四百歲矣。恢復之計，若有相契，誠若是乎，其遠已。僉謂，鉅績不可無記，因以屬予，予廁里末，竊論之曰：斯舉也，有紹往之恩，有風來之義。恩不遺其思，義不隋其成，恩以制禮則俗厚，義以廣成則澤久。信乎？其所以彰遠也故記，其實而登之云爾。

傳記

（康熙）《湖廣武昌府志》卷五　陳仲微字致廣，號遂初，瑞之高安人。嘉泰二年進士，淳祐間令崇，性忠勤寢食公署，日與父老樵豎相爾汝，下情畢達吏，無所措手，嘗修石梘陂，復遠陂。

（同治）《崇陽縣志》卷六　劉焕，寶慶初權縣，爲民籌水利，修理遠陂，重別其溝洫。

藝文

元 嚴士真《遠陂》（嘉靖）《湖廣圖經志書》卷二　按陂在縣東二十里，溉田一千餘頃，陂故有山，頗極輪廣林木塲茂俻修築也。寶慶初，權縣劉焕訪尋舊疆，制其地域而溝，封之浸久復失。淳祐中，知縣陳以仲微案劉舊籍行視界，限復封土爲識，仍建堂數楹，爲陂長董役，視功之地。大德間，里豪吳則正據而有之，陂無復於□時矣。

曉來駐馬立荒陂，石溜涓涓一線微。孤鶩遥隨霞影去，饑鳶祇貼水紋飛。護陂守約眞悠久，獻税侵疆果是非。欲問老農求故牘，重箋衷赤叩皇扉。

運河蓄泄陂

明 馬禎峨《運河蓄泄陂記》（光緒）《順天府志》卷四五　京庾二百餘萬鐘，與狂濤怒颶争命於南北數千里間，一旦得維舟石壩之濱，登囊派剥立致，天庾無恙矣。孰意又有愆之期者，葢閘河、白净水諸泉穿城闕，徙自天來，爲力已自不薄，秋霪一漲，四閘洞開，通城之水，闒吞不及，則潰堤而出，猛於虎突山崩，頃刻林壑滅沒而河心見底，糜金錢，浥玉粒，無歲不然。夫與其決而復塞，千人畚而築，一波吹去也，與其財力既竭，逢秋便決，而水患頻仍也，無寧謀所以蓄之洩之者，而無惜土木之小費，爲一勞永逸計乎？余以崇禎甲戌仲春弭節督漕，至八月即罹水患，日夜版築間，嘗沿堤上下度量地勢，而得一壑焉，曰土坯口，即閘河之支分，一股向南流者，爲其旁溢也，塞之。及漲，仍抉之。一抉一塞，歲費不貲，苦之者曰禍水也。余曰：此德水也，可陂也，竭則蓄之，泛則洩之，得此陂焉，不患水性之不平也。於是請于部長，捐俸揮牘，以購灰甎椿鐵油麻等料，擇日鳩工。余於公餘，日往指撥，務根底堅固於下，臺隍狀麗于上，制非師古，總出心裁，不敢師心究竟師水，水深淺以船爲度，船之分量，考之以載，盡其分量，而水有餘也。滚而去之，盡其分量，而水不足也。護而長之，其前張左右翼，以當其鋒，使不得排椿而入也。界之以五洞，使不得争道而馳也，復凹進其中流，防瀚漫歸一統也。堅其兩壁，禁噬嚙也。屑之以石以咽之，而寬坦其喉腹以受之，使之一瀉千里，得直道而行也。行矣，復參差瓦礫以敵之，使殺其怒，不得肆虐于我土也。彼嘖土叫號而來，忽委委焉望洋而逝，不復肆其奔馳，而水性平矣。名之曰蓄洩陂。陂脊爲橋，以渡輓夫，西壁爲廟，以祀龍王。是役也，興工於崇禎八年二月初二日，告成于三月二十四日。石墻須知：裹河滚水壩在各閘者凡十，自明迄今，建置不無後先，要以蓄洩陂爲鼻祖云。按：通州高志云，崇禎十年，馬禎峨于天橋西開堤，甕口覆以長橋，即蓄洩陂也，其十年是八年之譌。

曾公陂

明 王志道《曾公陂水利遺愛記》（乾隆）《海澄縣志》卷二二　一人而繫萬姓之懷，一時而成千古之頌，是必有以快乎人心者，召伯棠陰，所以至今爲烈也。曾若槐先生所居，在澄六八都濵海之區，歲爲鹹潮所注，里人枵腹者十而九。成宏以來，姜郡守復修南陂，林養齋有呈塞引鹹之禁，然其興舉未備者，數未至也。先生尊人槐江公方子衿，即以鄉里民命爲己任，計此堰海以田者三萬畝有奇，鹹即以築禦，而堤捍未堅，鹹且乘而中之淡，雖以塞潴而承納不深，淡仍溢而去之，必砌石如限，高下有度，啓閉以時，使潮則逆駕，淡以入汐，則淡不隨鹹以出，遂條便宜上之當道。咸是其議開閂門於上，而兩都之田無不均，溉淡者願巨費弗捐注而復湮。辛丑，先生登第以覲歸，力成父志，增原設二閂門，而三之俾，西北二溪之淡入者益沛以濡，更就内溪，築石陂六以禦東南大潮之鹹，排之使遠，後先拮据凡四載，乃成民荷稼穡之依，誰之力哉？甲寅，歲颶霖爲變，閂門衝潰，先生時居封翁，艱亟圖修葺，立風日中。董之捐貲不贍，始計溉畝斂費，毋溢、毋縻，民莫不踴躍。於是斥鹵之化爲膏沃者，永以一勞而逸，里之人歌且舞曰：曾氏眞惠我禾黍也。經營再世，版築至三，豈視鄰里如秦越之肥瘠哉？癸亥冬，里人相率呈院道建祠，其詳具載，同里周綿貞、中丞東岳宫前水利祠碑。辛未春，先生自黔憲致政歸，父老歡迎，猶諄諄以閂門無恙爲念。未幾六月，以攬揆之辰無疾而逝，兩都民如失慈母，謀礱石陂側垂不朽，因屬記於余。余謂：先生，名世人也。所至旬，宣沛澤視，斯舉直大海一勺耳！奚足多惟倡率于一人，而霑霈萬家，勤勞于一時，而滲漉億世其可忘耶？雖然陂則堅矣，美矣，繼今以往未知底止也，尚賴後之人時修治之，使永久不壞，此又先生意也。槐江公，諱唯封，承德郎户部江西清吏司主事，贈中大夫、湖廣布政司右參政。若槐先生，諱應棨，萬歷辛丑進士，歷官貴州按察使。

（康熙）《漳州府志》卷六　曾公陂，在六八都，里人鄉紳曾應棨築，都人立碑建亭于左。有聯云：開三閘水利，灌三千頃田，惠洽三都，增萬家産業，活萬人軀命，功垂萬世。

按，澄爲水國，東漸于海，鹽潮易入，其水利比他邑爲最要，西、南、北從邵上流而至者也，南條之水由靖界馬坪至馬口，過漸山龍井、龍潭抵倒港支分焉。一從倒港直出，南陂過太江、霞林豐田、浮宫抵海門入海。一由倒港而左，過虎渡内溪新陂入鹿石陂内，又入溪田灣與曾公陂所入西北流匯，一通鋪裹謝倉西會，一通港邊厚境雙鳳歐公嶺後至圳星面止，南東之田，所資溉者，此也。西北條之水由福河、三叉河滙流至石碼，過普賢抵港口，遶城而入，形同偃月，故曰月港。遶西而南至上曾，右轉而珠浦月邊田美至征頭而止，内又有九十九坑，水入太保陂，姚浦以濟之，西田之資灌者，此也。由曾公陂出溪頭灣與南流滙，其將至溪田之處，一從泥寨入口復分二條，一通東岳河福洪厝新埭，一通田内内樓新亭，南徑東教場，東田之資溉灌，此也。北則一、二、三都與邑隔水，各築内埭以蓄淡灌溉，自順治十八年遷移之後，滄桑更改邑東二十里許，過溪之豐田、留田、青浦三保四五都地也。遷移後海潮狂決，一望巨浸，田廢埭壞。康熙十九年後，哀鴻漸集，三保之内次第各築長堤，令各埭而一之，各設斗門，以備蓄洩。然塩浸日久，依山之田旱潦無虞，附海之田則苦旱矣。至一、二、三都分集興、崇隆、永昌、新安四保田十之二，園十之八，新安在山之北，民多以海爲田，集興、崇隆、永昌三保在山之南，惟恃田園自給，遷移後内埭三十餘處盡決。光復以來修築，尚未能復舊，但終不可廢，故諸埭雖廢，亦悉志之以俟興復者。

（乾隆）《福建通志》卷七　曾公陂，鄉紳曾應棨築，都人立碑建亭於左，有聯云：開三閘水利，灌三千頃田，惠洽三都，增萬宋產業，活萬人軀命，功垂萬世。

（光緒）《漳州府志》卷六　曾公陂，在六八都，明萬歷間邑紳曾唯及子曾應棨相繼修築陂圳，里民咸感德焉。郡人周起元、王志道并有碑記，建碑亭于在詳藝文。

湛陂

綜述

明　王學夔《湛陂記》（乾隆）《安福縣志》卷一九　吾都湛陂在北江，曆朝代灌溉無築捍之者，惟甃石可久，顧二費鉅耳。嘉靖丁酉，邑二尹工公嘗倡之，捐俸集石督工，時亦成蹇，以費薄甃踈，踰年而潰，子家居弟東蒙首急是數，琴商從弟鷴偕姪世獻曰：苟可以興，敢不如命，又以告於吾都，謝氏、歐陽氏，亦翕然集，共誓必成，定圩長，若于循鄉之四郡，履畝視圻訪等，均緡咸樂於趨，費適念庵，羅公以其嘗所築里之陂匠來，曰：惟三物爲堅且省費，遂承之陂幹，自西壟首岸稍斜，以至於東之南山尾若干丈，中稍低以洩水，北流陂幹，北自首至尾皆有石於水底依陂，參差埶置，横垂丈餘，承流以護幹，其築始於東至西常塞口衝遏可畏，乃於陂西首自江北岸漸南匝二丈許，作土陂，凡十餘丈，而漸合於陂，障流以成塞，而工始告成。蓋經始於嘉靖壬子九月，畢工於癸丑三月，費金凡三百餘兩，水入圳，凡東中西，東極易達，中亦平，惟西稍高，方謀開滯，然水亦頗達，又擇南山之陽立廟，杞許旌陽，以陂神土神配，廟落成，咸集拜焉。夫有此陂以來，每恨於興之無其人，或興矣，而不能易於集，玆翕然來趨功成利溥詎偶然哉。又懼有陰壞之者，當思所以保愛護飭，使可繼而可永也。

清　周志善《重修湛陂記》　辛丑仲秋，余奉命來宰安成，適前令高圖修邑乘未就，余下車即董其事，與諸紳士參互考訂，一切陂塘水利有關田賦民生者，咸究心焉。色故多山，山下泉流灌溉，或百餘里，或數十里，民間多設陂障，所以備旱潦者，甚周顧，歲久必壞，增修之，浚導之，必得人，經紀其事，一日王生元益之浚德崇發湯述國祖修表烈廷寵德慶若修遇喜琰作杰廷靄宣猷道泰等以湛陂續修具呈請記於余，余惟湛陂之在治東也，其源一自比桑田，一自鴿湖山，合而入瀘，溉田畝以千計。前明嘉靖間，副使王東蒙、尚書王大廓始創建之，冢宰王兩洲爲之記，今諸生毅然承先人之遺，倡貲謀復大其豬蓄，高其堤防，猶懼其奔潰也，旁築土陂以護之，規模較前壯而且固，一方之仰溉者，皆得挹注其中矣。韓子云：草爲之前，雖美弗彰，莫爲之後，雖盛弗傳，弱王氏之湛陂，有先達倡築於前，繼起續修於後，甚盛事哉。夫興利以籌久遠，司牧之責也。而勸善以昭來許，亦有司風化之事也。自玆以往尚護視之，勿令隳損，則民力裕民用足百年之利賴係之，於以彰諸邑乘俾，吾民咸得所觀感其爲利不更溥歟。是役也，經始於乾隆庚子秋，越六月乃告竣，其陂址之廣袤丈尺，暨任勞捐貲，王生約載具詳無俟，余贅是爲記。

傳記

明　鄧元錫《皇明書》卷四一　羅慶同字嗣慶，吉水人。春坊贊善洪先曾祖也。性寬博易良，不能纖嗇，封殖蓄僮奴，治藥劑以給人不計直，直顧倍他賈，乃益務施給爲義。【略】里有湛陂堰，灌民田六十所，歲久淤澱，人稱分業不可，詰則買田爲溝，循山麓下通田間，歲以有收。

（乾隆）《安福縣志》卷七　王鳴鳳姚安人，嘉靖間任邑丞，勸民修築寅陂、湛陂，捐俸爲倡，置常平倉及四鄉義倉，民歡趨之。

（同治）《安福縣志》卷一三　王光禮號石松，例職東鄉蒙岡，人好行衆善，嘗倡復忠義孝弟祠，又督修湛陂，以灌注糧田。

障水陂

（萬曆）《永安縣志》卷二　障水陂，挽水上流，抱城而會，燕水漂壞已久，知縣蘇民望重造，知州蕭時中爲記。

明 蕭時中《障水陂記》（萬曆）《永安縣志》卷九　昔太史公從負薪塞宣房，悲《瓠子之歌》，而作《河渠書》，嘆曰：甚哉！水之爲利害也何哉？論其利，則滋益灌溉，歲致千萬石入，語害，則横流暴出，魚鱉其民。後世形地者流，謂其所係大有徵驗，其逶遞環抱則爲吉，其直走反背則凶。永初蓋沙縣遠村，介漳、汀間，居民不盈百畝之宅、一丘之兆，各因其向背而趍避之。自景泰間寇亂後，始創城郭，置邑治。城之西、南二水會流，襟帶于右，獨東一水至城後而直流。先是，亦嘗築爲陂，堰障而上迎，匯西、南二水而合流，形地者謂其改無情爲有情也。嘉靖丙辰，大水漫城壞屋，漂拔巨木，而陂亦因以毁，蓋本卑狹淺薄致然。拒今三十餘年，未有創議改建者。萬曆壬辰，君侯蘇父母奉檄涖治，起敝維新，百度具舉。庠生饒儼、李西銘等，乃敢以是請。君侯可其議，集耆民邢存志、吴衍、饒偁等掌其事，又選擇市民公正有力量者麻日成、張天吉等分任其勞。興工于是年冬十一月，告成於今春四月，蓋閱數月而畢事。是役也，君侯捐俸以先倡，爲子民者，孰不感激思奮以慰之。富餘者輸錢穀，丁壯者服筋力，蓋本利民爲勸相之道，故其成若是之速也。度其陂，昔也高不過數尺，濶不滿丈，今增而十倍焉。誠堅固不拔，足垂永久。夫覩河、洛者思禹功，今君侯功在永，當不下禹矣。然尚不肯以成功自居，謂此足以稱塞，且惓惓於條陳興舉之議者，不一而足，凡可待澤于下，日未艾焉。僉謂不可無紀述，使後人見清風之華、峻偉之烈也。共謀言于斗陽蕭子，蕭子曰：碑以勒勳而傳後，才如蔡邕，故能骨鯁訓典，句無擇言，余則安能，特以分属子民，身親其盛，且將徼惠利於無窮者，故不敢重辭。乃直叙其事，載諸石。使後形德慕功者，讀鐫而似面焉。亦今日載言之職也，于是乎記。

掌事：耆民邢存志、吴衍、饒偁、李圻。公正：麻日成、鄧萬壽、張天吉、李遷、饒維岳、陳志昂、陳必壽、仝立。

兆豐陂

（道光）《直隸南雄州志》卷一〇　兆豐陂在城東北二十里塘村，嘉慶丁丑，知州羅含章督同民人劉登才等改築陂頭，灌田百餘畝。

清 吴慈鶴《兆豐陂記》（道光）《直隸南雄州志》卷二二　豐有兆乎，曰：有詩不云乎，衆維魚矣，實維豐年，若然則是，豐之權天，獨操之於人，無與焉。夫能降甘露以活萬物，灌百穀者天也。然必諄諄然，日爲之潤，葉而流根，天亦甚勞，而所謂牧民之長，上任事之，有司將焉用之。鄭子産、孫叔敖、西門豹、史起諸人，皆古之所謂賢也，古有賢今豈必無賢，雖然，有賢矣，或以爲民之利，任民自爲之，則不勸不興，或鰓鰓於簿書，期會之役，而以催科搒掠爲能，則不親不平，夫不勸不親，雖天曰雨之以珠玉，未見其民之富也。所以豐之兆兆於天，而實兆於良有司之心，景東羅侯治雄，再期爲民建廿六陂，旱有備，潦有泄，民大忻，穀大熟，今年夏，復築兆豐陂，而余適爲過客，遂援筆爲之記。

清 羅含章《修兆豐陂記》（道光）《直隸南雄州志》卷二二　記曰：怠則張而相之，廢則掃而更之，謂之社稷之役。顧事有由舊則隔礙難行，圖新則憂疑叢集，往往利未見而害踵至，流弊更無所底止，誰謂民生國計所關，而可輕於嘗試乎哉？嘉慶丁丑春，塘村民劉登才等舊有古圳，厝被春雨漲溢決破，陂口沙壅成灘，田失灌蔭者數十年，籲請改作，夫改作而有益於己，無害於人，云胡不可乃者，牛田村民又見告矣。謂重開陂圳，勢將截奪裕豐塘水源，稟陳阻止，余適當州試，命役確查示禁，旋經親勘，見沙壅舊溝，果難復修，爰更相所宜，亦惟舊陂之下石灣之上，水勢較爲平緩，可資灌蔭之用，乃進劉登才等而諭之，曰：爾陂由舊則難于適用，圖新則適以啓争，事不得其平，欲爲子孫長久計，可乎？茲爲爾變通之，而陂基以定，但不當踵事，重開尤不當藉口，引灌洋坋村田，致滋訟蔓，夫事未有不合衆心之所同，然而能垂永久者也。趣令啓工，捐廉五千爲倡，衆咸踴躍懽呼，告成不日，因允其請，而名曰兆豐。繼自今人和年豐其兆於此矣，因念昔宋之興新法，以彼經濟自負，寧不爲圖新之勝，由舊者卒之潰敗決裂，國事隨以大壞，識者推原禍始，實起於執拗之一念，夫執拗之弊，竟至此乎？若茲陂者，舉動雖在一隅，天下事可例見也。圖治者，慎勿以社稷之役輕相嘗試，爲攷鏡古今者，所咨嗟太息哉。

鄭公陂

綜述

宋 潘棨《鄭公陂記》（同治）《萍鄉縣志》卷六　蘆溪鎮在縣之東五十里，其地號爲沃壤者，二溪之水可陂以溉田。神陂其一也。陂居鎮之上流五六里，而其圳貫市中以出，流膏泛膩，盡注於田，故其所收視他所常倍。歲在己丑，山水暴泛，陂圳盡圮，興作之費，民力難辦，遂荒弗不治者二十餘年。昔之所謂良田者，皆化爲茅葦之墟，民以困憊。宣和六載，三山鄭公强來宰是邑，適會朝廷嚴水利之法，遵奉詔條，不敢自暇，首詢民間利病，而父老以陂事告。公曰：吾受天子百里之寄，所當憂者孰急於此，吾敢憚役費之艱而使一邑之内有失所之民邪？遂躬行相視，其堙塞者闢之，其傾頹者補之。鳩工度材，敷率不苛，勸督有方，民樂於赴功。斤斧交揮，畚築具舉。不三旬而神陂崇成，圳路通流，一方之民，再遂其業。逮公瓜期甫及，則神田禾黍雲屯，豚彘布野，家有餘粟，租税畢給，爲酒爲食，以御田神，以享祖考，相與醉飽，婦子嬉嬉，簫鼓之聲弗絶。於是一方樂公之德，永永無窮。予宦游南荒，既歸里閭，有來告者曰：君去鄉里時，吾徒不免於饑。今得鄭公復神陂而濟矣，吾將何以報功棨？曰：古之君子潔己從仕，蓋將行斯道以濟斯民者也。今公興爾役，復爾陂，以濟爾豐，乃其道然也，汝烏乎而報之哉！雖然，汝之意則善，吾將因爾之意而廣之，以爲後來者之勸可也。昔韓患秦之伐，使鄭國爲間，説秦鑿涇水灌關中之田。及渠成，關中爲沃野，且無凶年，因名曰『鄭國渠』。爲間，其事至陋也，其爲利大，則尚能使聲稱流於千古之下，况公爲民父母，能爲爾興既廢之陂以溉斥鹵之地乎！吾將名是陂曰『鄭公陂』則公之遺愛有傳。爾子孫其無忘公之德，而竭力修治公陂，使無敗壞，則爾於報公也得矣。審如是，則非特以報公，而爾世饘於斯、粥於斯，以享有斯利也，豈不美與！衆曰：唯。宣和乙巳八月望日記。

（康熙）《江西通志》卷一五　鄭公陂在萍鄉縣東五十里蘆溪鎮，舊名神陂，居鎮上流，其圳貫市中以出□田常豐，後圮於洪水。宋宣和六年，縣令鄭强經營修復，民德之，因號鄭公陂，邑人葉棨有記。

傳記

（乾隆）《福州府志》卷五〇　鄭强字南美，侯官人，崇寧五年進士，任萍鄉令，潔修勤勩，邑多瞽民，强謂縣勢形如飛鳳，鑿雙池，縣南以象兩目，民少瞽者，虞溪水漲堤障之，民號鄭公陂，有厲鬼爲祟，創南源寺鎮焉。遷知汀州，興學擇師儒諄復教誨，人文聿興，後郡人立祠祀焉。

（同治）《袁州府志》卷八　潘棨學問淹通，宦游南省，宣和間致政歸里，會邑令鄭强修復蘆溪鎮神陂，棨作記，稱爲鄭公陂云。

雜録

（嘉慶）《清一統志》卷三二六　鄭令祠在萍鄉縣東唐溪鎮。宋宣和中，縣令鄭强於盧溪鎮五六里許築石址興復神陂，灌田數十頃。民號鄭公陂。立廟祀之。明萬歷六年重建。

明 莊國楨《萍鄉鄭公祠記》（同治）《袁州府志》卷九　距萍鄉東五十里爲蘆溪鎮，故有宋知縣事鄭侯祠。按志侯知萍鄉縣築神陂以溉田，所注五六里化磽爲沃，歲登穰穰，號鄭公陂。又民多目疾，侯以邑彷鳳形鑿二池，於邑治左右象二目，民患息，號鳳凰池。由宋宣和迄今，世祀推移，陵谷遷改，而故老傳語猶知，宋有鄭侯則以陂若池存故也。萬曆丙子，余同年比部維敕君出守袁郡，廉公寬簡克纘其世之美以嘉惠元元，民德太守君，且念爲萍鄉裔益，相與誦慕不置，狀上督學使者江公業，檄所司崇祀如制，猶謂舊有專祠而圮，剝傾摧委爲榛莽，非所以嚴肸蠁而肅瞻依也。署邑事同知陶君之肖義其舉，乃即祠遺址廓而堂，宇峻而垣墉像侯於中，枚枚殖殖，既完且亟耆老率子弟以歲時伏臘奔謁，扶笻跛履，頂趾相屬嗟嗟。世所稱能吏，挾智任術以興起事，功夸張熻熠爛，然見爲可喜者，非鮮矣。顧去不旋踵，而聲迹已寥寥無聞，侯以身勤民，導其利賴，救其疾苦，實心實政，亦胡意於身後之思，乃遺澤流風永垂而不磨，若此則務名與務實所繇致相遼也。矧明德之後，彌熾而昌，相望數百載，間能令民遡委思源，以興崇報之，願種投甲圻機觸天隨其勃乎？不能自禁，尤有非偶然者。太史公論燕祀八九百歲，而推本其甘棠之仁。今所觀陂若池視蔽芾何多讓侯之血食於斯土，寧有窮極哉？余曩者視江右學職，得表章先哲，以風示有位如侯治行竟掩，而不著殊有愧於江公，故因陶君請記，而書以授之，非直爲萍鄉重異，曰：當有記，大守祠者，余文亦左券也。公名强，閩三山人，宋崇寧進士，太守名惇典，維敕其字，嘉靖壬戌進士。

竺公陂

明 羅宜《竺公陂記》（同治）《南城縣志》卷九　三代以上，經界正而井，地均水之流於溝洫畎澮之中者，無適而無利。三代以下，井田廢，而阡陌作，水之出於疏通導引者，因地而就功，故孫叔敖起芍陂，而楚蒙其惠，文公穿□口，而蜀以富饒，史起引漳水於魏，而鄴旁有稻粱之咏，鄭國導涇水於秦，而谷口有禾黍之謠，國史書之，爲異續詎非以得人之爲難哉。南城之太平鄉，故有四陂，曰五十，曰羊鵜，曰江家，曰梅陂，□以沙土，屢修屢廢，用力雖勤，民不沾利，淫雨則壞衝嚙之憂，亢陽則罹旱傷之害，衆甚患焉。維時建昌通守竺公蒞政以來，拳拳以施教化，必先足衣食，足衣食必先修水利，深體朝廷固國安民之典，凡境内陂塘之缺壞者，悉心推訪而修葺之，爰召萬石區長朱濂等授以方略，俾作四陂，甃以堅石，民樂從之，未幾而功告成，凡鄉民之耕其田而獲其利者，莫不懽忻鼓舞而頌之。曰：陂水清漪，公來何遲，灌我田畝，百穀是宜，民生攸遂，其樂也不可支。又曰：陂水湯湯，其流孔長，昔罹旱虐，今享豐穰，我公之德，没齒也不敢忘。於是濂等礱石爲牌，偕鄉之父老率凡歌咏之，人來請文以志之，余因諗於衆曰：側聞古人有所建置，而利不忘於人者，多以其姓氏稱之，若白公渠、葉公井、蘇公堤、鄭公渡之類是已。今四陂既成，而民厚享其利者，實公之賜也。願標而名之，曰竺公陂，可乎？衆皆云，諾遂記其事，俾刻諸石，以傳不朽。公名端，字正蒙，湖之四明人，其居官廉恕牧愛，有方盱之人，稱之爲竺公云。

埭部

概説

論説

宋 袁采《袁氏世範》卷三《溉田陂塘宜修治》 池塘、陂湖、河埭，蓄水以溉田者，須於每年冬月水涸之際，浚之使深，築之使固。遇天時亢旱，雖不至於大稔，亦不至於全損。今人往往於亢旱之際，常思修治，至收刈之後，則忘之矣。諺所謂『三月思種桑，六月思築塘』，蓋傷人之無遠慮如此。

又《修治陂塘其利博》 池塘、陂湖、河埭有衆享其溉田之利者，田多之家當相與率倡，令田主出食，佃人出力。遇冬時修築，令多蓄水。及用水之際，遠近高下，分水必均。非止利己，又且利人，其利豈不博哉！今人當修築之際，靳出食力，及用水之際，奮臂交争，有以㓻耰相毆至死者，縱不死亦至坐獄被刑，豈不可傷？然至此者，皆田主慳吝之罪也。

明 金處和《浚河築岸議》《吴中水利全書》卷二二 浦、塘、河、埭，蓄水以溉田者，須于每年冬月水涸之時浚之，使深築之使固。或天時亢旱，雖不至于大稔，亦不至于全損。今人往往于亢旱之際，常使修治，至收刈之後，則忘興工。又况浦、塘、河、埭，衆享其利。若遇冬時，修築圩岸以障水，疏浚溝渠以蓄水，其利豈不溥哉！但近來役于官者，當夫修治之際，不爲堅久之謀，徒勞民力，略無寸補。今之治水，必掄選通達水利者爲區長，立册在官，俾之經管，每季終赴官考其勤怠，如此則事克有成，民得安生矣。

明 蔡獻臣《清白堂稿》卷一七《埭田》 論曰：滄海桑田，信哉！同安人築堤障海以爲田，又鑿水道引溪流，以時啓閉，而灌溉之。於是，向之斥鹵變爲膏腴矣。然風潮不常，山潦時漲，或壞而入，或闌而出，歲修補所費不貲。甚哉，水之爲利害也！

傳記

宋 王珪《華陽集》卷五〇《朝奉郎尚書虞部員外郎監鳳翔府上清太平宫兼兵馬都監護軍李君墓志銘》 君諱丕旦，字晦之。其先隴西成紀人，後徙京兆之萬年，因家焉。【略】先是歲比大旱，百姓屢苦之，君乘農休，築埭冶谷河上，引溉民田數百千頃，民今享其利。

（嘉靖）《太平縣志》卷六《人物志上》 林喬年，字松孫，泉溪人。養高不出緦服，共爨庭無間言。建沙埭二閘，溉田萬餘頃，鄉人賴之。

（嘉靖）《永嘉縣志》卷五《秩官志》 趙搭蒳，字敬叔，金華人。由譯曹歷升永嘉尹。廉介有爲，興學校，均賦役，審訟獄，咸盡其情。當是時，民有因鹽法破家者，搭蒳爲平之。築黄湖、蓮花二埭，溉田二萬餘頃。

（道光）《晉江縣志》卷三五《政績志》 危雍，邵武人。皇祐中進士，熙寧間爲晉江令。嘗築湮浦埭，以捍海潮，蓄灌溉。又築清洋陂，自南安九溪至於高溪，凡三十六水，合流而下，所灌田四千八百頃。民德之，爲立祠。

（光緒）《永嘉縣志》卷一八《人物志六》 葉品金，字麗生，蒲洲上埠人。附貢生，里有八字大埭，永瑞二邑之田，悉資灌溉。咸豐癸丑夏，大風雨浹旬埭决，品金籌資二萬餘，與從父冠瀛、菁莪等協力築之，至今利賴。

紀事

《明史》卷八八《河渠六》 二年，修泰州河塘萬八千丈，興化南北堤、泰興沿江圩岸、六合瓜步等屯。浚丹徒通潮舊江，又修象山茭湖塘岸，海康、徐聞二縣那隱坡、調黎等港堤岸，黄巖混水等十五閘、六陡門，孟津河堤，分宜湖塘，武陟馬田堤岸，香山竹徑水陂，復興安分水塘。興安有江，源出海陽山。江中横築石埭，分南北渠，溉民田甚溥。埭上疊石如鱗，以防衝溢。嚴震直撤石增埭，水迫無所洩，衝塘岸，盡趨北渠，南渠淺澀，民失利。至是修復如舊。

佚名《溪塘水利序》（光緒）《於潛縣志》卷八　昔人視其勢而納之，以埭導其流以溉田。

藝文

清　崔晃《素吟集》卷五《赤埭壩》　堤斷長橋續，寒蘆秋未花。平田成鷺浦，高桺半漁家。耕佃傷農力，追呼苦吏譁。一鞭緣曲折，愁對亂雲遮。

雜録

（淳熙）《三山志》卷一六《版籍類七》　保豐塘横埭，長十丈，高一丈，濶八尺，溉田種百石。

又　晋溪浦埭，長三百五十丈，横濶一丈四尺，深八尺，通淡潮。横埭廣一丈，高七尺，溉田種二百石。

又　河頭浦埭，長三十丈，濶六丈，中置閘，溉田三頃。

明　邵文炳《重築樂平官塘記》（萬曆）《杭州府志》卷九二　去元豐而西里許，地曰樂平畈，受閻湖之源，而屬于大溪，最爲斗峻。舊有宫埭，埭溉并溪之田僅千畝。與所謂元豐塘者，蓋相爲表裏也。

山澗旁衝注埭澳，奔洪暴漲，壅沙以遏其上流，溪源亦激射，而埭乃隨壞。民力不能致經久之利，迭視而莫之救。溪涸立待，安於旱乾，以幸蠲租而已。求之十年之近，蓋未聞以下熟告也，民何樂而爲此哉！以武斷者，或利其私，貧弱之害，固不逞恤，指其埭而名之以官，無肯出力以倡義。雖然，亦可知居是鄉者，情之不淑，而俗之趣薄也。

往歲，官一用其力志於苟全，而謀或未盡，既成數月，隨即廢壞，禾稼就槁，特甚他所。今耆老咨嗟，求以新之。於是相與講成敗之故，得利害之實。乃伐石作址，累石爲高，横絶溪流。厚丈有六尺，長十有二丈，高與溪岸等。列木作棍，以護其旁，使奔流不得囓而震撼。滿其上則平漫而缺之導渠，自埭口南東而下。渠之兩旁，又釃爲輔渠六，分注均及，繇近而遠，渠之所屬，無不霑溉。百頃取具于官，而民不爲病。貧弱喜于一遇，而役不以爲難。今雖幸成視昔爲固，然決防之患，始於蟻穴。責之長，以謹視歲補而加勤。豈惟樂平之田，恃此以無憂，上下用勤，百四十七堰之規，相爲不朽，則異時爲政者之所當念也。

（萬曆）《泉州府志》卷三《輿地志下》　東禪埭，在三十七都。潯漢水，從桃花諸山而來，從海而出，灌溉一方之田。浩浦埭，嘉定七年丞趙彦寓修，久而壅淤。淳祐三年廢爲田，隸于學，今爲民田。洋埭，水由四十一都陳三壩而來，下通洛陽江。《舊志》：方圓二百二十七丈，深三丈。莊埭，水田，三十九都清源水磨山水而來。《舊志》：方圓三十丈，深三丈。嵩浦埭，水由四十一都陳三壩而來，下通洛陽江。《舊志》：方圓三百六十丈，深二丈。

（景定）《建康志》卷一六《堰埭》　方山埭，《建康實録》：『吳赤烏八年，使校尉陳勳發屯田兵，於方山南截淮立埭，號「方山埭」。』又按《南史》：『湖熟縣方山埭高峻，冬月，行旅以爲難。齊明帝使沈瑀修之，瑀乃開四洪，斷行客，就作三日，便辦其埭。』今去城西四十五里。

又　栢岡埭，赤山湖埭也。宋元凶傳决破栢岡方山埭，以絶東軍，亦曰百岡堰。

又　南埭，今上水閘也。王荆公《贈段約之》詩云：『聞君更欲通南埭，割我鍾山一半青。』正對今青溪閣。

又　長溪埭，在城南五十里，濶二丈，堰秣陵浦水，通秦淮。

又　破崗埭，按：《建康實録》：『吳大帝赤烏八年，使校尉陳勳作屯田，發兵三萬鑿句容中道至雲陽，以通吳會船艦，號「破崗瀆」，上下一十四埭，上七埭入延陵界，下七埭入江寧界，於是東郡船艦不復行京江矣。晉、宋、齊因之。梁以太子名綱，乃廢破崗瀆，而開上容瀆，在句容縣東南五里。頂上分流，一源東南流三十里十六埭，入延陵界；一源西南流二十六里五埭，注句容界。上容瀆，西流入江寧秦淮。至陳霸先，又堙上容瀆，而更修破崗瀆。隋既平陳，詔并廢之。』

又　縣埭，在溧水縣東南八十里，長二里，濶二丈，與溧陽縣分界。其埭上下有二泒，上一泒西北入縣界。

（至正）《四明續志》卷四《河渠》　新河，州市舊有河，上通資國堰，下接鄭家滘，沙莽堙塞，水無停瀦，河之浅狹不及五六尺，僅如溝澮，耕者病焉。延祐七年，知州馬稱德開浚深廣，自市河達于北渡、車耆等處，相懸六十里，置立堰埭三處，溉瀦水灌田数十萬畝，又通舟楫，以便商賈往来也。翰林學士袁桷記。

（弘治）《八閩通志》卷二一《食貨志》　晉溪浦埭，長三百五十丈，通淡潮横埭，溉田種二百石。

又　河頭浦埭，長三十丈，中置閘，溉田三頃。上二所，在縣西賓賢里。

又　安海埭，永樂初邑民葵添佑築，溉田一頃餘。

又　卷二二《食貨志》　浩浦埭，方圍三百餘丈。

又　洋埭，方圍二百二十丈。

又　莊埭，方圍三十丈。

又　嵩埔埭，方圍二百二十丈。

又　白衣埭，長四十丈。

又　東禪埭、茭塘，周圍二百丈。上九所在府城東附郭鸞歌里。

又　沉洲埭，舊名沉洲，每歲五、九月，海漲岸崩，鹹水輒傷禾。宣德中，邑民李獻捐貲築埭，以悍海潮。

又　養魚埭、永福埭，各長三十八丈。

又　南洋埭，長一十三丈。

又　石門埭，長四十三丈。

又　謝翁埭，長三十七丈。

又　張埭，長五十六丈。

又　東洋埭，長一十三丈有奇。

又　赤霞埭，長二十九丈。

又　連墩埭，長二十一丈。上十所在附郭臨江里。通上二里凡十二所俱府城東南。

又　吳埭，接小沙塘。水上八所在聚仁里。

又　潘逕埭，長八十餘丈。

又　前李埭、後李埭，各長三百餘丈。

又　前顔埭、後顔埭，各長三百八十餘丈。

又　大吳鍾埭，長六百餘丈。

又　麥園埭，長九十餘丈。

又　小吳鍾埭，長八十餘丈。

又　梅林舊埭，長一百六十丈。

又　梅林新埭，長一百一十丈。

又　陳坑埭，長三百八十丈。

又　涵口埭，長六十三丈。

又　沙尾埭，長一十一丈八尺。

又　蔡坑埭，長五十丈。

又　林坑埭，長七十六丈。

又　水月庵前湖、西坑外埭，長七丈。

又　東石埭，永樂初，邑民顔正堅築，溉田二頃有奇。上十八所在仁和里。

又　蓮埭，長一十九丈。

又　章埭，周圍二十八丈。

又　李安塘，周圍四十五丈

又　洒洲埭，長三十五丈。

又　峰火埭，長七十丈。

又　井尾埭，長四十八丈。

又　石父埭，長六十丈。

又　曾埭，長二十丈。上十四所在勸善里。

又　吳盈埭，長三十丈。

又　瑶林頭埭，長三十丈五尺。

又　東安埭，長一百二十六丈。

又　顔埭，長九十三丈。
又　臨禽埭，長九十二丈。
又　蔡青埭，長八十四丈。
又　紙幡埭，長二十三丈。
又　林埭，長一十八丈。
又　陳埭，合南浦諸水，爲斗門二。宋慶元間，里人林國華、林成築。國朝宣德五年，林良稷重修。
又　練埭，長二十八丈九尺。
又　朱埭，長四十一丈。
又　黄埭，長二十三丈。
又　蘇愷埭，長五十二丈。
又　崇福埭，長三十三丈。
又　蔡縣尉埭，長四十三丈有奇。
又　陳通判埭，長三十一丈。
又　林都巡埭，長八十三丈。
又　鄭意等埭，長一百四十丈。
又　王推官埭，長五十五丈有奇。
又　公廨埭，長三十八丈。
又　峰火埭，長六十八丈。
又　傳吏部埭，長七十二丈。
又　方神基埭，長六十三丈。
又　横瓜埭，長四十五丈。
又　太平院埭，長三十九丈。
又　粥院埭，長四十八丈。
又　太温埭，長三十八丈九尺。
又　蔡埭，長六十三丈四尺。
又　蘇埭，長二百二十九丈。
又　封崇寺埭，長四十三丈。
又　帝釋埭，長三十六丈。
又　資壽寺埭、柯金紫埭，各長三十九丈。
又　烟浦埭，廣袤五六十里，襟帶三十六埭，綿亘永靖、和風、永福、永樂、沙塘、聚仁六里，水源九九十有九，縣田三分之一仰溉于此。衆推里之齒德尊且富者主之，以時疏築，民賴其利。歲久壅塞，富人因而田之，遇旱暵則苗無所仰給。宣德間，里人丁仲孚主其事，因辨於官，累歲不決。適巡按監察御史陳祚按泉，仲孚力争之。其事始白。由是水利悉復其舊。翰林修撰劉儼爲記。按《舊志》：昔有吴姓者，嘗傾家貲築此埭弗成，因溺水死，鄉人立廟祀之。
又　烟浦下王大埭、陳侍郎宅埭，各長七十五丈。
又　廣福埭，長四十八丈。
又　卷二三《食貨志》　東山社埭岸，上十三岸，計長八千二百一十八丈，各高一丈六尺，厚二丈六尺。
又　普賢埭，在九都，潴太保陂水，溉田四頃有奇。知府姜諒重修。

（嘉靖）《龍溪縣志》卷一《地理》　太保陂，昔有謝都官築海爲田，繼有陳太保者，引水開圳，設斗門，以時蓄洩，溉田百餘頃。然沙土善崩，民以爲患。景泰初，鄉人劉延奮率衆請于郡縣，驗田聚轂，悉砌以石。

（嘉靖）《瑞安縣志》卷二《建置志》　新埭，在城北濠河。弘治間，高令賓建，後復開，城中多火患，嘉靖辛卯，曹令誥重築，火患以息。且水注城中，民甚便之。石紫河埭，即今西埭，長三十八丈，初建邑即有此埭，爲永嘉瑞安水利之要，一失其防，水盡入江。宋乾道丙戌水灾後，增築益固，去城西半里。鳳林埭，即黄林埭，在東山，又名東埭。吴田埭，俗名西埭，在東山。許府埭，俗名四洋埭，在東山運河分流止處，俱去城東八里。程頭埭，長九丈二尺，當海口，地形獨高。宋乾道丙戌水灾，埭壞河決，三鄉人夫築之隨決。官費數十萬，多築備埭，移就沈方平所買陳經國基地，築之始固。韓家埭，在韓家瀆，沙土疏惡。砂岡埭，在砂岡。馬田埭，在馬田。游家埭，在游家河。次瀆埭，舊在次瀆河口，宋乾道丙戌壞，移入裏河築。丁田埭在丁田河。董田埭在董田，舊距江太近，里人蔡幼度移築内地，□去城東十五里。右自新埭至此，俱屬清泉鄉。

又 岑崎埭，宋淳熙間，雙穗場塩亭户築。小鮑埭，埭下爲塩亭壇，又於埭旁鑿河，通運薪滷，每歲潮水淹溢，頗費築捺，民甚病之。近各疏小河，通舟運，塞故河道，上有河決，灌田應石岡斗門，不妨水利，去城東一十五里。魚潰角埭，長五丈八尺，宋乾道丙戌壞，移河口築之，去城東二十五里。孫田埭，俱去城東二十里。余家埭，長二十九丈七尺。宋淳熙間，黄宣義以既有石岡斗門遂爲硬埭，□□□□，去城東二十二里。東岡埭，舊名東與埭，與陳與埭、埸下埭，各長三丈五尺，見俱淤漲。坑口埭、石口埭，各長六丈二尺。徐村埭，長二十五丈。凡六埭相連，并在五都。宋乾道丙戌，海溢淤塞，宋提舉藻相視沿江水利，遂命淘土於埭上，築成塘，路堅固，然皆硬埭，仰石岡斗門洩水。寮後埭，長十五丈。北門大埭，俗名懶軍埭，長四十丈。此埭蓄洩甚關水利，而地臨大浦，潮勢衝擊，易壞難築。每遇淫雨，水溢不洩，則鄉民往往竊毁水勢方駛，又不易塞。而時遇元陽，則旱涸立至矣。爲今之計，先須疏鑿石岡斗門水道，務令深廣，以便洩水，堅築此埭，以便蓄水，則雨不致於淹没，而旱亦足以有備矣。西奥埭，長三十二丈七尺，本名龍船浹埭，俱去城東三十五里。右自小鮑埭至此，俱屬崇泰鄉。

又 河頭運埭，長四丈五尺，河流自平陽到埭三十里，入飛雲江。傅家埭，俱去城南越江一十里。林家埭與傅家埭，各長一丈，俱係運河子埭，以蓄河之水，里民以秋雨泛溢，不敢決運埭，恐致走水，故立子埭，以殺水勢。横河埭，其河南通平陽萬全鄉，東連砂塘斗門，脉絡綿遠，因枕大江，以埭限之。宋乾道丙戌，埭壞田没，唐奉使相地，外築塘捍潮，內塞河以副之。自是埭址益固，蓋砂塘斗門與河埭相爲唇齒，俱去城南一十二里。宋家埭，長一丈五尺，與砂塘斗門脉絡相貫，春漲則決之以便耕，秋漲則決之以便穫。八九月間，風激海濤，鹹流入河，藉此以防，後廢。侯家埭，宋乾道丙戌壞，重築。陳家埭，宋乾道丙戌壞，移入內塘，築之。鍾家埭，俱去城南一十八里。鄧家埭，宋元豐間築，乾道丙戌壞，重築，復於埭外築埭，以副之。姜家埭、丁家埭、孫田埭，俱去城南二十里。右自河頭運埭至此，俱屬南社鄉。

又 徑浦埭，長十丈，古有高秋大埭，下有石橋跨浦，往來便之，後潮衝埭壞。宋淳熙九年，鄉民就橋側築埭捍潮，去城西一十五里。高秋埭、車水埭、陳雲埭、學士埭、白眼埭、前河埭、孫家埭、鹹草埭、廿五籬埭、項公埭，已上十埭俱新報，莫詳丈數。

又 洲川埭，長五丈，宋紹興丙寅，中流衝損，復築。埭之左右，河之東西，居民環列，歲每修築之，俱去城西二十里。小蒲埭，宋紹興潮水衝壞，移上築。丁灣埭，舊名周田埭。宋崇寧三年重修，具載石刻。此埭水流綿亘三百餘丈，東距大江，南至平陽縣，西抵三港，北接二十都。河旁連諸都，溉田三萬餘畝。然埭濱江滸河道，湫隘易涸。淳熙以來，屢築屢壞。嘉泰初，里人王仲京、陳烈倡率於故址立石爲之，始有蓄洩之利。石橋埭、石橋上埭，今廢，俱去城西二十五里。棠梨埭，長一十丈五尺，舊有斗門。宋紹興丙寅，圮于水，鄉民就浦下築此埭，旁有棠梨木，故名。以土堆浮砂無山石之固，遂復築護埭焉，去城西二十八里。右自徑浦埭至此，俱屬漲西鄉。

又 蘆浦大埭，長一十七丈，古埭址皆蘆林，故名。宋淳熙增築，後廢。復築，去城西二十里。昭仁埭，長二十一丈。宋元豐間築，崇寧增修，後爲閘，去城西二十五里。桐浦埭，長二十八丈，舊有坭埭，截浦水，東入江西，續横塘桑奥諸村，南授塔山斗門，北通雲峰、外桐、圓嶼、丁奥、西奥、桐溪等處山，源二百餘泒，溉三都田。宋元豐間建斗門并埭。桐乾埭，長五丈五尺，外接小河，有備埭，又名千工埭，又有坊額埭，見柵。右自蘆浦大埭至此，俱屬集善鄉。

又 湖北埭，長二十三丈，初與棠梨埭共長三十三丈，同一河。元豐七年，洪水衝損，河分爲東西，溪水盡注西河，而東河不接上流，民田荒廢。建炎三年，王汝暉置地開鑿新河，以接上流，其河皆枕大江，埭岸一帶不絶如綫。乾道九年，王確出力浚河築埭。淳熙甲辰，潮衝埭壞，復與江爲一。確念前功之廢，大加興築，并建斗門，諸斗門始固，去城西四十里。韋奥埭，長三丈，紹興經界前有之，內河外江，去城西四十五里。右自湖北埭至此，俱屬芳山鄉。

又 大坑埭，在大坑村，有小河通霞塗。浦潮每害稼，宋乾道間築之，後因大坑山溪水暴出，衝壞。元大德六年，知州李德玉督民再築。旬日大雨，復廢。今浦漲成田埭，去江遠久矣，去城西三十里。外吉埭，長二丈五尺，去城西三十二里。魏奥埭，長五丈，沿山溪流率注于浦，鄉人於要地絶流築此埭。宋紹興丙寅，潦水衝壞。乾道丙戌，有司令上户率力復固。龍興埭、思濟埭，俱去城西三十五里。緑嶼埭與龍興、思濟，皆不逾丈，其河下通永安港口，衆流會聚，水勢奔激，古有㪷門，屢作屢毁，是以置埭，每歲增修，去城西三十八里。浦西埭，長三丈三尺，地名溪頭，古有土埭，蓄衆山之水，溉三十九、四十五都之田，宋嘉定初創。按《永嘉譜》云，瑞安江上流至來暮鄉四十都，受浦西水，其水盤紆百折。乾道九年，里人衡山主簿曹汝聞倡衆浚浦，且自爲之記。以浦西水入江，視他處最易淤淺。凡用一千五百工，浦道二千五百餘丈，自八脚橋至宋奥瀆口，至魏奥橋，廣三丈，魏奥橋至徐婆橋，廣三丈五尺，深視廣三之一。徐婆橋以下，深廣漸增，水口廣八丈，深一丈三尺，其支河若許峰、利用等埭，中洋等瀆，皆次第開浚，廣深隨宜。邇年以來，浦皆泥污，水道不通，一遇淫雨泛濫，三十八、九、四十、四十二、四十五都等處，皆被淹浸，累日不洩，荒歉連歲。嘉靖甲寅六月，復大水，鄉民來告，邑令劉畿乘小舟躬至地方相視水勢，命趙丞焲募民疏之。徐洋埭，長一丈，蓄水豐湖水，又名車水埭。河村埭，有小河一帶通江。宋乾道於交際處立埭，俱去城西四十里。濟頭埭，長一丈。宋宣和間且建炎間修築。楊家埭，宋紹興建，未有埭以前，水洩田涸，因築此埭，□名許奥埭。溪尾埭，在曹村，俱去城西四十五里。右自大坑埭至此，俱屬來暮鄉。

又 官埭，外阻鹹潮，內蓄河水。黄馬埭，一名黄篤埭。石埠埭，長一丈七尺，建炎間立，俱去城西七十五里。石橋埭，長一丈餘，紹興二年築，每歲增修。蘇埭，長一丈五尺，建炎間築，以石固之，俱去城西八十里。右屬廣化鄉。

明 楊慎《秇林伐山》卷四《堰埭》 檢江蓄水曰堰，壅水爲堰曰埭。江南謂之埭，巴蜀謂之堰。

明 葉春及《石洞集》卷九《築埭田》 知縣經畫社學，三月十二日出三十四都，登輞川城之高臺，眄望大海，踰橋而西，循行埭田，水齧岸崩，荒蕪不治，惻然傷之。於是父老祈築官埭。官埭者，内埭也。新埭在外，舊址宛然，不敢以祈，非以費繁，得内爲幸哉！知縣毋家海上，彖海成田，堤亘海壖，潮起堤平，猶且歲收。況此從陸起，豈不甚易。故知縣欲築外以包内矣。父老言，田廢有故，賣者不築，買者狃於目前，糧仍舊户，雖不得利，亦不受害。又無以倡之，坐此荒蕪久也。嗟夫！是在知縣。諺曰：荒田不耕，耕有人争。言恒情憚勞而競利也。今約三日，凡有田來告，按此起徒，過期不告，即爲閒田，招墾起科，永爲世業，毋悔。

（萬曆）《温州府志》卷二《埭》 福昌埭，在鎮海門外舊水寨側外。

又 沙新埭，在鎮海門外沙浦。

又 天寧埭，在九都。

又 軍前大埭，在五都茅竹山址。

又 朱村埭，在鎮海門外朱村浦。

又 蒲洲埭，正德十六年，風潮蕩壞，本府推官程資督修。萬曆甲戌，再圮，郡守楊邦憲重修，稍高。萬曆甲戌至辛巳，每遇秋水泛漲，各鄉俱被淹没。郡守衛承芳，留心廣求，始得其故，乃準水則，復水湫九處，洩蓄得宜，詳具郡人王叔杲記中。

又 黄湖埭，在大南門外飛霞洞前，中間有浦灑二三丈，關係城中水道。

又 東角埭，在八都，與朱浦、蒲洲、黄洲地形皆下，背江面河，去城不遠。

又 倪家埭，在八都。

又 泄漏埭，在六都潭頭。

又 陸家北埭，在六都中村。

又 陸家南埭，在六都下村三埭。宋乾道丙戌再築。地形稍高，民居稠密。今下皆漸淤成田。

又 東平埭，在六都茅竹山東。

又 西平埭，在茅竹山西。舊山北有田地數百頃，中有河，自一都至郡城，舟楫皆通，而以軍前大埭北截江潮。宋紹興二十四年埭決，田地悉柵江，不復有河，始分築平水埭於山之東。嘉靖三十三年，西埭決，縣重修築。

又　周稍埭，在黃石山南。

又　翁師埭、楊家滙埭、廟前埭、陳大埭、陳八河口埭俱在三都。

又　倪埭，在一都。

又　吕家埭，在三都。

又　榆木埭、楓林埭、陳家埭，俱在建牙鄉。

又　上孤埭、朱千埭、堤門埭，俱在泰清鄉。

又　法華埭，在孝義鄉甌浦上村，東接建牙、吹臺、上河支流，西溉太平寺前洋并附郭等田，至黃家埭而止，埭下有浦，去江五里。

又　泉塘埭，在仙桂鄉。

又　黃洲埭，在八都。

又　宋嶴埭、沙河埭，俱在華蓋鄉。

又　新埭，在城北壕河。令高賓建。後復閉城中多火患，嘉靖辛卯，令曹誥重築，水至城中，民甚便之。

又　東浦大埭，在小東門外。舊無埭，以洪水、江潮衝決成之，版築不固，每歲爲患。縣尉鄭瑜設法築之，始固。

又　石紫河埭，即今西埭，去城西半里，長三十八丈。初建邑即有此埭，爲永嘉、瑞安水利之要。一失其防，水盡入江。宋乾道丙戌水灾後，增築益固。

又　鳳林埭，在東山，即黃林埭，又名東埭，吴田埭在東山，俗名西埭。

又　許府埭，在東山，俗名西洋埭。

又　程頭埭，長九丈二尺，當海口，地形獨高。宋乾道丙戌水灾，埭壞河決，起三鄉人夫築之。官費數十萬，多築備埭，移就所買陳觀國地基，築之始固。

又　韓家埭，在韓家瀆，沙土疏惡。

又　砂岡埭，在沙岡瀆。

又　馬田埭，在馬田。

又　游家埭，在游家河。

又　次瀆埭，舊在次瀆河口，宋乾道丙戌壞，移入裏河。

又　丁田埭，在丁田河。

又　董田埭，在董田，舊距江逼近，里人蔡幼度移築內地。以上俱清泉鄉。

又　岑崎埭，宋淳熙間，雙穗場鹽亭户築小鮑埭，埭下爲鹽亭壇。又於埭旁鑿河，通運薪鹵。每歲潮水淹溢，頗費築捺，民甚病之。近各疏小河，通鹽場舟運。塞故河道，上有石岡陡門，不妨水利。

又　魚瀆角埭，長五丈八尺，宋乾道丙戌壞，移河口築之，二埭屬帆游鄉。

又　小鮑埭、大鮑埭，俱在鮑田。

又　余家埭，長二十九丈七尺，宋淳熙間黃宣義以既有石岡陡門，遂爲硬埭，下漸漲淤。

又　東岡埭，舊名東奥埭，與陳奥埭、場下埭各長三丈五尺，見俱漲淤。坑口埭、石口埭各長六丈二尺，徐村埭長二十五丈，凡六埭相連，并在五都。宋乾道丙戌，海溢淤塞。提舉宋藻相視沿江水利，遂命淘土於埭上，築成塘路堅固，然皆硬埭，仰石岡陡門洩水。

又　寮後埭，長十五丈。

又　北門大埭，俗名嬾軍埭，長四十丈。此埭蓄洩甚關水利，而地臨大浦，潮勢衝激，易壞難築。每遇霪雨，流溢方駛，既不易塞；遇亢陽，則旱涸立至。爲今之計，先須疏鑿石岡陡門水道，務令深廣以便洩水；堅築此埭，以便蓄水，則雨不至淹没，而旱亦有備矣。

又　西嶴埭，長三十二丈七尺，本名龍泉浹埭。以上俱崇泰鄉。

又　河頭運埭，長四丈五尺，河流自平陽，到埭三十里入飛雲。

又　朱家埭、林家埭與傅家埭，各長一丈，俱係運河子埭，以蓄河之水里，民以湫水泛溢，不敢決運埭，恐致走淺，故立子埭以殺水勢。

又　横河埭，其河南通平陽萬全鄉，東連砂塘陡門，脈絡綿遠，因枕大江，以埭限之。宋乾道丙戌，埭壞田没，唐奉使相地，外築塘捍潮，內塞河以副之，自是埭址堅固，砂塘堤門與河埭相爲唇齒。

又　宋家埭，長一丈五尺，與砂塘堤門脈絡相貫。春漲則決之以便耕，秋漲則決之以便穫；八九月間，風激海濤，鹹流入河，藉此以防，後廢。

又 侯家埭，宋乾道丙戌，圮壞重築。

又 陳家埭，宋乾道丙戌壞，移入内塘築之。

又 鄧家埭，宋元豐間築。乾道丙戌壞，重建，復於埭外築副埭以護之。

又 姜家埭、丁家埭、孫田埭，以上俱南社鄉。

又 徑浦埭，長十丈。古有高秋大埭，下有石橋跨浦，往來便之，後潮衝埭壞。宋淳熙九年，鄉民就橋側築埭捍潮。

又 高秋埭、車水埭、陳雲埭、學士埭、白眼埭、前河埭、孫家埭、鹹草埭、廿五籮埭、項公埭，以上十埭俱新築，未詳丈數。

又 洲川埭，長五丈，埭當中流。宋紹興丙寅衝壞，復築埭之，左右并河東西，居民環列，每歲增修。

又 獨木埭、小蒲埭，宋紹興間，潮水衝壞，移上築之。

又 丁灣埭，舊名周田埭。宋崇寧三年重修，具載石刻。此埭水流綿亘三百餘丈，東距大江，南至平陽縣，西抵三港，北接二十都，河傍連諸都，溉田三萬餘畝。埭濵江滸，河道湫隘易涸，淳熙以來，屢築屢壞。嘉泰初，里人王仲京、陳烈於故址用石築之，始有蓄洩之利。

又 石橋上埭，今廢。

又 棠梨埭，長十丈五尺，舊有陡門，宋紹興丙寅圮，鄉民就浦下築此埭，以土堆浮沙無山石之固，遂復築護埭焉。

又 蘆浦大埭，長十七丈，古埭址皆蘆林，故名。

又 昭仁埭，長二十一丈，宋元豐間築。

又 桐浦埭，長二十八丈，舊有泥埭截浦水，東入江，西瀆橫塘、桑嶴諸村，南接塔山陡門，北通雲峰、外桐、圓嶼、丁嶴、西嶴等處，山源二百餘，派溉三都田。宋元豐間，築陡門并埭。

又 桐乾埭，長五丈五尺，外接江浦，内分小河，又名千工埭。有坊額埭，今柵。

又 新牛埭、麥果埭，在半洲瀆。

又 猫兒埭、圓嶼埭，長二十七丈，近塔山陡門。

又 白肚埭、下林埭、天門埭、沙埭、宫埭、銀魚埭、黄埭，以上俱集善鄉。

又 湖北埭，長二十三丈。初與棠梨埭共長三十三丈，同一河，元豐七年，洪水衝壞，河分爲東、西，溪水盡注西河而，東河不接上流，民田失溉。宋建炎三年，王汝暉買地開鑿新河以接上流，其河皆枕大江，埭岸甚狹。乾道九年，王確浚河重築。淳熙甲辰，潮衝埭壞，江河爲一，確念前功，復加修築，并建陡門，埭始固焉。

又 韋嶴埭，長三丈，紹興前有之，内河外江，以上俱芳山鄉。

又 大坑埭，在大坑村，有小河通霞塗浦，潮每害稼。宋乾道間築此埭。後因溪水暴出衝壞。元大德六年，知州李德玉再築，旬日大雨廢。今浦漲成田，埭去江遠矣。

又 外吉埭，長二丈五尺。

又 魏嶴埭，長五丈，沿山溪流率注于浦，鄉人於要處絶流築此埭。宋紹興丙寅，潦水衝壞。乾道丙戌，有司令上戸築之復固。

又 綠嶼埭，與龍興、思濟皆不踰丈。其河下通永安港口。衆流會聚，水勢奔激，故有陡門，屢作屢毁，是以置埭，每歲增修。

又 浦西埭，長三丈三尺，地名溪頭，古有土埭，蓄衆山之水，溉三十九、四十五都之田。宋嘉定初創。按《永嘉譜》云：瑞安江上流至來暮鄉四十都，受浦西水，其水盤紆百折。乾道九年，里人衡山主簿曹汝聞倡衆浚浦，自爲之記。以浦西水入江，視他處最淺，邇年以來，浦皆泥淤，水道不通，一遇霪雨，泛漲三十八、九都，四十四、十二、四十五等都皆被淹浸，荒歉連歲。嘉靖間，令劉畿躬相水勢，命趙丞液募鄉民疏浚焉。

又 徐洋埭，長一丈，蓄永豐湖水，又名車水埭。

又 河村埭，有小河一帶通江。宋乾道間，以交接處築埭。

又 濟頭埭，長一丈，宋宣和間築，建炎間重修。

又 楊家埭，初未有埭，水洩田涸，宋紹興間始築，又名許嶴埭。

又 溪尾埭，在曹村，以上俱來暮鄉。

又 中埭，一名陳埭。

又 下埭，在濱家浦。

又 永豐埭，長七丈三尺，在永豐湖，以上俱安仁鄉。

又 官埭，外阻鹹潮，内蓄河水。

又 黄馬埭，一名黄篤埭。

又 石埠埭，長一丈七尺，宋建炎間築。

又 石橋埭，長一丈餘，守紹興二年築，每歲增修。

又 蘇埭，長一丈五尺，宋建炎間築。以石砌之，以上俱廣化鄉。

（崇禎）《閩書》卷八《方域志》 烟浦埭。堰水曰埭，埭九十有四，烟浦最大，承九十九溪水，廣袤五六十里，襟帶南鄉三十六埭，綿亘永清、和風、永福、永樂、沙塘、聚仁六里，縣田三分之一，仰溉于兹。昔有具翁築之，罄貲不就，飲恨投水，鄉人廟祀之，後人因而成焉。其埠三萬丈，斗門四間，皆因天然全石，與陳埭斗門共爲尾閭泄水。宋治平二年，洪水，埭壞。熙寧初，邑人林知請於令危雍重修之。貸粟種以予耕民，民德焉。建中靖國元年，復壞。尉黄願補其隙，仍廣開諸淮以通水。靖康元年，壞益甚。紹興六年，邑人李密、李國表復請築於令。洪元英以僧祖派、體柔領其事，既成，守劉子羽以聞於朝，錫洪元英服，祖派賜慈惠大師，民爲洪立祠，以祖派、體柔從危黄皆立祠，以林知從，州人王瑀爲記。

又 陳埭，陳洪進所築，受吟嘯浦東南流及羅裳東北諸澗至，于西南分爲衆港，從二斗門以入于海。鄉曰陳埭。鄉上哈之亭，百鮮所聚。溝東之人丁，溝西之人林，皆衣冠之族也。居人無井，以溝水爲食。

（崇禎）《海澄縣志》卷四《賦役志一》 築堤障海潮，内引淡水以資溉者爲埭田。

又卷一二《坊里志》 禾平埭，水由漈山及龍鬚漈合水，至此溉南山寺田數十頃。宋廷祐間築，成化十八年郡守姜諒重修。長一千八百餘丈。

又 趙埭，積大悲巖坑及金龜漈二水，溉田四頃有奇。西埭，亦積大悲巖坑水，爲斗門，以時涵洩，溉田十頃以上。二埭俱洪熙元年南山寺僧無溢修。

又 鴻福埭，潴洪山之水，溉田十頃。舊法濟寺僧掌爲豪右占，成化十八年郡守委諒褫以與民俾修築之，民樂其利，改名曰豐樂。

（雍正）《浙江通志》卷六一《水利》 曹田埭、項浦埭，俱在七都，歷宋、元、明，常加修築，年久圮。國朝康熙十六年，縣丞王樞重築。雍正八年，署縣王炳弘重築，以禦鹹潮，蓄水灌溉。

又 黄塘八埭，在縣東四十里。宋宣和間，里人葉尉達剏斗門閘板。歲久腐，鹹潮衝淤二十餘里，田無灌溉。鄉人病之，乃爲埭。

又 徐公埭，在二十六都。自龍灘至柘湖長二里。明正德五年築，王啓《築徐公埭記》：正德五年，江右徐公來守是邦，詢民隱，駐節於驛。蔗湖鄉彦于光淵率老稚伏道左，曰苦田暵。公曰：『是湖壞也，善溝者水漱之，善防者水淫之。速具畚來，我爲汝刊木識之。』因徃得水道，乃命徐典史鑿石通堤，砌幾千餘步，廣六尺，深倍之，延袤數里，凡四閲月而成。捐資買田若干畝，築室若干楹，爲民世守之。公名宏，貴溪人。

又 魚瀆角埭，在帆游鄉。初建在魚潭，宋乾道丙戌，移築帆游河口。國朝順治七年，知縣譚希閔重築，蓄水以衛城濠，兼蔭各都田畝。十五年，海寇掘壞。康熙十年，巡撫范承謨勘荒臨郡，重修。

又 湖北埭，在芳山鄉。初與棠梨埭同一河。宋元豐七年，洪水衝壞，河分爲東西，溪水盡注西河，而東河不接上流，民田失溉。建炎三年，王汝暉買地開鑿新河，以接上流。其河皆枕大江，埭岸甚狹。乾道九年，王確浚河重築。淳熙甲辰，潮衝埭壞，江河爲一，確復加修築，并建陡門，埭始固焉。

又 浦西埭，俱在來暮鄉。地名溪頭。古有上埭，蓄衆山之水，溉三十九、四十五都之田。宋嘉定初創。明嘉靖間，令劉畿躬相水勢，命趙丞液募鄉民疏浚。

清　顧祖禹《讀史方輿紀要》卷九二《浙江四》 官河縣東南一里，《志》云：河自縣前至温嶺，凡百二十里，別爲九河，各二十里，支爲九百三十六涇，分二百餘埭，綿亘諸鄉，溉田七十一萬有奇。

東平埭

清 吴壬《修築東平埭記》（光緒）《永嘉縣志》卷二　甌在岐海之中，其地西南高而東北下，郡山溪諸水皆由西南而注於東北。沿江一帶設陡門以資蓄洩，必築塘埭以捍羨盈。茅竹去郡城三十里，攷《邑志》，地有東平埭，始於宋紹興間，曆元、明迄今，禦鹹蓄淡，民生實利賴焉。

咸豐三年夏六月，天降灾，疾風甚雨十晝夜，河流衝激，埭竟潰，而河水隨江潮消長，良田變爲潟鹵矣。里有上舍張君顯承，茂才楊君海珊，國子生張君世澄、松筠等出而倡首捐輸，爲謀修築。顧兹事體大，埭之决口大且深，計長四十丈，計深千餘丈。商此役者不於河之要隘，先築備埭，以堵山水，則内外流之相搏，勢且兩妨。又或遇庸工，不諳以土堰水之法，輕嘗倖試之，必敗費且虚靡。樂有世習版築者，募之，與之審勢揆方，購料籌費，庀材興工，諸法敏且善。始於七月十九日，告蕆於九月廿八日，總需費二千一百零緡。其費酌田之遠近定捐之，等差計數所出，猶不足十之七。張君顯承與世澄復能於應捐外加捐錢七百三十六千零，以落之，里之人德之，僉乞予記。

予竊以爲埭之有利於邑都也，非自今然也。昔宋范文正築海塘而民樂改姓，趙尚寬修陂渠而地復爲膏腴。元、明以來，設都水監，立捍海塘，而衆欣樂利。兹東平埭雖小，而諸君之勇於公義，或慷慨輸金，或躬没任事，不掠美，不矜能，卒有以障江衛河，保護田疇，令闔埸均受其利者，厥功亦不少也。因爲之記。

（光緒）《永嘉縣志》卷二《輿地志二》　東平埭。在六都茅竹山之東。舊山北有田數百頃，中有河，自一都至郡城舟楫皆通，而以軍前大埭北截江潮。宋紹興二十四年，埭决，田地悉坍於江，始分築平水埭於山之東、西焉。國朝咸豐三年夏六月，東埭决，紳士張顯承等捐資築復。

又卷一八《人物志六》　朱嘉文，四都人。仗義樂施。【略】二十五年，倡捐永嘉場文成會以給鄉試旅費，重修四都諸橋。咸豐三年，築五都東平埭，所費均以千計。張振夔爲撰《東平埭碑》，俞巡道樹風、張令銑皆扁奬。

馬山埭

元 盧琦《馬山埭記》（嘉慶）《惠安縣志》卷三二　惠安之北鄉，其泉石林麓之美，獨菱溪爲勝。菱溪源甚遠，惟余之所嘗游者爲尤勝。溪之上，兩峰對峙，皆蒼翠可愛，崴嵬峷嵲，狀若相敵，而不相讓焉者。一水出兩峰之間，或淵滀黝黑莫測，其底或淺，僅没膝，瑩澈静幽，魚之往來可數也。溪多石，水觸之，則澎湃有聲。其最巨者離列水中，相距咫尺，水東而過，過則帖然，凡幾曲折而抵於驛道之衝。宋治平中，橋之以渡，即所謂永濟橋者。水由橋下徑注，有山横截，其流水復去行疾逝。自此以往，余亦未暇究其所窮也。

余外館烏石山下，溪出山之背。曩來余訪親舊，愛溪之勝，而屢游之，然信宿即去，不能久留也。至元己卯初夏，余與莆田大方方君同寓烏石精舍，每日未晡，主人輒相命以出，出則菱溪，至則沿流上下以釣，得魚而歸，歸則月出東山矣。故一月率一至焉，雖風雨亦往，然猶以爲未極其趣也。五月末澣不雨不晴，三人野服芒屨，客亦如之，一僮携釣以從，一僮肩酒，雜以殽果，始由永濟橋則披榛取道以達於溪。主人把釣立於翠蔓青樹之下，倦則與客列坐石上，命酒小酌，酌罷即釣如故。頃之步且前，石愈奇，水愈清，地愈奥，意愈適，而魚之嗜餌者亦數數獲之。於是，爽氣憑陵，煩襟飄洒，雖屢酌不醉也。已而復得石橋數間，盤桓久之，遡此而上，計當猶有佳處，而日入矣。噫，主人生於斯長於斯，且將老於斯，余與方君客也。水光山色不可奪而取分而去也，雖欲恒賞兹勝，其可得耶。

昔柳儀曹以事謫南州，久且不復。其境之最勝者，若黄溪、鈷鉧潭等處，無所不游。游爲之記，所謂雄深雅健之文，皆於是乎得之。今余才不見用於時，文不足示於後，姑書此以記歲月云。

（嘉靖）《惠安縣志》卷二　邑諸水，悉自西北發源，循山勢東南，由澗入溪，由溪入埭，由埭入港，由港入海，其入海所滙之港，正北曰傳埭，東北曰添奇港，正東曰峰崎港，東南曰前林港，正南曰馬山埭，西南曰洛陽港。

又 下曾溪，發源有二：一出上曾溪，過上田小橋；一出上范溪，過上田大橋，會于充口溪，入馬山埭。

又 黄坑溪，發源鸛嶺坑，出過九斗坵，入馬山埭。

又 卷三 馬山埭、白沙埭、鴨山埭、戴倉埭。右埭四俱縣南，惟馬山埭受下曾溪之水，餘不達溪源。

上河埭

論說

（隆慶）《平陽縣志·水利》 蓋閩括萬山之水出三港，而會於黄浦、大水之際，非一埭所能截也，觀之《上河埭記》，可推矣。

綜述

元 史伯璿《上河埭記》（隆慶）《平陽縣志·藝文》 黄瀆，横陽南境一村也。其地東北距浦，西南濵江，廣一二里，袤可六七里，墾田不過數千畝而已。田間之渠往往淺狹易涸，農歲以旱爲憂。故老相傳宋季嘗有堰其浦以資灌溉者，其爲利實甚博。由是每遇旱歲，衆輒議爲而不果也。

後至元丙子，自夏迄秋不雨，里人林光祖倡爲其事，半載無成，喪民楮二百餘錠，僅能植四石柱於浦之中而已。其後五年歲庚辰，大旱。力田之氓，相與迎至寓公今元帥致仕周侯主之。侯至，則召富民應、徐二人諭意，視水勢，度地計財，用以賦於衆，衆皆樂從。措置數月，垂成而潰。又其後七年至正丙戌，自二月不雨，至於七月忽大水瀰漫，水已復旱。明年春乃雨，歲大歉。其年秋，有佛氏優婆塞者二人，推里中林成大之徒，以復埭事聞於郡，富民徐又謀廣福寺僧正解，請周侯以楝其事，且爲請於新太守岳侯董督。自秋徂冬，再築再潰。暨丁亥春，堰始告成，僅三閱月而復潰。稽其所喪，殆與丙子歲等，終於無益，惜哉！然則古埭所以不存於今者，未必不由是也。

自今推之，丙子、庚辰二役，所喪者財與力而已。丙戌、丁亥埭雖僅成，然春夏之交，雨水之所害，如芥子不實，二麥失收，在疇之秧黄爛者過半，仍致邊外水田，淪入於江與浦者百餘畝，合數者而計其萬，又當數倍作埭之所喪。而猶未也，埭潰之後，決齧之陂塘不修，秋潮乘之而入，晚苗之鹹死者幾二千畝，以畝收數斛計之，其所數可勝言哉！水之小者如此，其或有滔天之潦，瀰月之霖，其害又當何如？然則此埭之作，又豈惟無益而已。

余嘗籌其心至於是，而人莫之信也。余豈有讖緯術數之學哉！不過以理推之耳。天下之水，源之深者流必長。是浦發源之處曰梅溪。梅溪之地，迴迴不啻，百里皆山也。其源可謂深矣，必有縱横數十里之渠以容受之，使其流得以迴旋游蕩乎其間，而後乃可蓄耳。今乃即浦以爲渠，其長不過數里，直欲束其流，使不得縱，一旦溪水大至，欲無浸淫決齧之害，難矣！譬猶建數斛之水於一觴之中，幸其容受而不濫，天下寧有是哉？余懼後之不知而作者，又將邀功而致害，故述己所見而諗之。

雜録

（雍正）《浙江通志》卷六一《水利》 上河埭，在四十二都。

（乾隆）《瑞安縣志》卷二《建置志》 沙城，在沿江東西。東自教場頭起，至東山巡檢司止。西自峴山趾起，至上河埭止。延袤一十餘里，民居稠密。

邵伯埭

傳記

《清史稿》卷四七六《龔鑒傳》 龔鑒，字明水，浙江錢塘人。早與同郡杭世駿齊名。雍正初，以拔貢就選籍，授江蘇甘泉知縣。【略】縣境邵伯埭受高、寶諸湖之水，地卑下。鑒謂當於農隙運土築高埂沿堤爲防，以徐議溝洫。堤上即植桑，興蠶事。其西境地高，浹旬不雨即龜坼，宜每一里爲水塘以蓄之，如是則高下之田俱無患。大吏韙之，然不能行。邵伯埭下有芒稻河，設閘洩水尤要。值大水泛溢，鑒冒雨至，呼閘官洩之。閘官以鹽漕爲言，不可。會總河嵇曾筠視河至，鑒直陳，厲聲訶閘官，曾筠即令啓閘。又用鑒言，定鹽漕船過湖需水不過六尺，過即啓閘，無得藉口蓄水，爲民田患。每歲晏，江都之鰥寡孤獨多入甘泉部中。

紀事

《宋書》卷二九《符瑞下》 元嘉二十八年七月戊戌，嘉禾生廣陵邵伯埭，兖州刺史江夏王義恭以聞。

藝文

宋 徐鉉《徐公文集》卷三《邵伯埭下寄高郵陳郎中》 故人相别動經年，侯館相逢倍慘然。顧我飲冰難輟棹，感君扶病爲開筵。河灣水淺翹愁鷺，柳岸風微噪暮蟬。欲識酒醒魂斷處，謝公祠畔客亭前。

宋 梅堯臣《宛陵集》卷三三《宿邵埭聞雨因買藕芡人回呈永叔》 秋雨雁來急，夜舟人未眠。亂風燈不定，瞑色樹相連。寒屋猛添響，濕窻愁打穿。明朝持藕使，書此寄公前。

宋 蘇軾《蘇文忠公全集》卷四〇《邵伯埭鐘銘一首并叙》 邵伯埭之東，寺僧子康募千人爲千斤銅鐘，蜀人蘇軾爲之銘。曰：

無量智慧火，燒此無明銅。戒定以爲模，鑄成無漏鐘。以汝平等手，執彼慈悲撞。聲從無有出，遍滿無邊空。

宋 晁補之《鷄肋集》卷二〇《出城三首視邵伯埭新堤》 桃欲呈紅柳弄陰，麥田青已沒鞵深。春堤細雨籃輿溼，婆餅焦聲在竹林。

故國龍舟休《水調》，高城雉堞尚雲間。蜀岡朝雨如輕霧，不見春江草外山。

堆案文書無了畢，并堤舩舫且縈回。非關董役年年事，自爲春郊得得來。

宋 吕本中《東萊詩集》卷四《邵伯埭路中》 行前蒲柳後鷗鳥，乃似白沙之舊居。忽見雲天有新語，不知風雨對殘書。往来河樹幾傾蓋，上下江船如貫魚。更與河山結香火，夜窗重枉故人車。

又 卷六《發召伯埭二首》 柳外鵓鳩相應鳴，屋頭新月半輪生。知公未便爲官去，且放扁舟自在行。

曉日烘窗不得眠，夾河高柳亂鳴蟬。西風種種人愁思，更有長亭十里船。

宋 汪藻《浮溪集》卷二九《泊召伯埭》 孤舟渺無根，夜歷數村雨。今朝亂晴景，水鏡寫霜樹。哀鴻念群聲，正到客愁處。男兒有懷抱，何事亦關汝。蒼烟接牛斗，惝恍迷歸路。明發問吾儂，乘流去復住。

又《尤袤大暑留召伯埭》 清風不肯來，烈日不肯暮。平生山林下，散髮頗箕踞。一官走王事，三伏在道路。我非犧樴兒，亦爾困馳騖。居然戀俎豆，安得免羈馽。區區竟何營，汩汩此飄寓。淵明應笑人，有底不歸去。

元 王惲《秋澗集》卷一三《召伯埭》 謝傅留遺愛，千年尚不忘。埭名同召伯，郡號屬維揚。烟火今中土，干戈舊戰場。離離平野樹，人指是甘棠。

元 黄溍《金華黄先生文集》卷五《送宋顯夫憲僉分題得邵伯埭》 謝公千載後，陳迹在淮壖。遺愛傳終古，嘉名配昔賢。藕花方爛熳，使節莫留連。移取甘棠樹，分栽郢水邉。

明 劉燾《邵伯埭斗野亭》《吴興藝文補》卷四九 地勢如披掌，天形似覆盤。三星羅户牖，北斗掛闌干。晚色芙蕖静，秋香穲稏寒。更無山礙眼，剩覺水雲寬。

清 談遷《北游録·紀咏下·邵伯埭》 百里澄波漾遠空，金堤夭矯亘長虹。清譚麈尾毋容忽，練事何人及謝公。

清 查慎行《敬業堂詩續集》卷五《去冬臘月朔渡江連遇風雪舟行至邵伯埭阻冰復回揚州起旱及十四日渡河則冰復開灤凌之後波平如鏡可鑒人影顧語同舟曰此非河清之瑞乎因口占絶句云云近抵京師入刑部獄十餘日聞各省奏報河清與余所見輒合再作七言長律紀之》 喧傳喜氣動春城，河瑞曾於臘月呈。九曲竟成千里潤，萬年重爲一人清。風雲得路均沾澤，草木何心亦向榮。多少詞臣應獻頌，蟄蟲慚愧發先聲。

又 卷三四《邵伯埭送駕後歸舟即事二首》 埭南埭北鰲魚肥，斗野亭邉興不違。説與故人應惜别，千帆送盡一帆歸。

高寶中央地最低，秧針浮水水浮畦。霑沙雨足牛蹄健，萬頃湖田盡架犂。

清 查嗣瑮《查浦詩鈔》卷一《召伯埭拜謝文靖像》 行廟旋更五勝祠，感恩未可望遺黎。何人忽鑿千金埭，此水先沉萬古碑。進退安危誰比似，風流動業爾兼之。他時縱有王文肅，尚友應慚勸進詞。

清 陳廷敬《午亭文編》卷一九《召伯埭》 出鎮東南節蓋雄，廣陵北埭晋時功。已無雙檜甘棠在，此地人知憶謝公。

清 杜濬《湄湖吟》卷七《重陽後四日阻風邵伯埭遇朱澹子同年小飲》 此日相逢欲負殳，蕭蕭霜氣上眉鬚。悲秋何地情偏切，落帽當年事不無。杯酒甊留邵伯埭，扁舟同指射陽湖。雲中鷄犬淮南遠，歸向東皋老更迂。

清 胡天游《石笥山房集·詩集續補遺》卷上《邵伯埭》 謝公昔時埭，築遠名亦古。功高千金堨，永利在揚楚。鎮北來從容，譚笑却戎虜。餘恩比甘棠，再見平水土。中分陰陽化，鑿宅有常主。河防近增憂，洪澤駕淮浦。那無堤嶠高，計畫徒亦苦。波濤恐驟坼，魚黿厭城府。即未湖淵淪，吞州禍已屢。犀刻難誓秦，熊囚尚逃羽。終思堰平津，理烈同一舉。騎省有遺篇，何處瞻棟宇。

清 孔尚任《湖海集》卷七《過邵伯埭輓史儼若》 壯年失弟兄，恆以友爲命。魯國多履儒，燕市有劇孟。驅車來江干，路追風雅盛。每會集群賢，笙琴雜吟咏。人人意飛揚，其中誰最静？菊澹蘭未幽，可以况爾性。端子爾蒙師，素履吾所敬。每言爾學詩，頗得性情正。因之索佳篇，篇篇爲明鏡。卞玉易失持，景星不久映。卓犖賢達人，作德乃不竟。中堂有白頭，單門稀子姓。平生風雅交，怨以吊易慶。歲暮我北旋，冰霜凍前徑。端子索輓章，奪我馬鞭柄。不堪生離情，恰與死别迸。落日大湖濵，歌終淚縱横。

清 揆叙《益戒堂詩集·詩後集》卷一《過邵伯埭記舟人語》 茱萸灣北新晴天，夭桃寵柳争暄妍。推窗喜聽榜人語，此地豐穰逾從前。昔年積雨湖岸決，十户九户無炊烟。緑村中斷化魚鱉，白日下視愁鴟鳶。邇來風景忽大變，泥潦盡作膏腴田。倉中有糧囊有粟，休養生息今三年。至尊宵旰軫饑溺，指授廟略皆天全。黄流直下免昏墊，竹楗無恙金堤堅。萬民鼓腹歌帝力，不爾那得高春眠。兹言入耳與心叶，盛事目擊非虚傳。却憶曩時歷淮海，家家各繫門頭船。

清 厲鶚《樊榭山房集·續集》卷七《召伯埭》 開帆廣陵郡，似别故鄉時。古埭傳遺事，垂楊繫遠思。嗚鉦估客舫，吹笛女郎祠。稍喜湖天闊，風蒲舞鸕鶿。

清 阮葵生《七録齋詩鈔》卷二《邵伯埭晚眺》 射陽南去趁回潮，古埭荒亭入望遥。極目湖光連海暗，打頭雨葉帶風飄。林花欲湿闉紅寺，秋水初平漲緑橋。一棹晚維沽酒岸，汀洲蘆荻聽蕭蕭。

清 夏之蓉《半舫齋編年詩》卷一《邵伯埭》 謝公昔時埭，築遠名亦古。功高千金堨，永利在揚楚。鎮北來從容，談笑却戎虜。餘恩比甘棠，再見平水土。河堤久增憂，洪澤駕淮浦。藉兹防岸高，詎曰無匡補。波濤恐驟坼，魚黿壓城府。誰其堰平津，盛烈得再覩。騎省有遺篇，渺渺瞻棟宇。迴思保障功，臨風一延佇。

清 任端書《南屏山人集·詩集》卷六《露筋祠》 舟過邵伯埭，人説露筋祠。水國喧蚊蚋，荷花宿鷺鷥。

清 王昶《湖海詩傳》卷一六《邵伯埭》　澤國微茫長緑蕪，薄游蹤迹感羈孤。疏鐘夜火秦郵驛，官柳長堤邵伯湖。往日漂流悲雁户，祇今村落足魚租。明朝又下清淮路，媿爾沙鷗宿水蒲。

清 王芑孫《淵雅堂全集·編年詩稿》卷一六《正月五日抵邵伯埭寄賓谷》　啓歲忽五日，春風催我行。言登邵伯埭，已去揚州城。久客方自厭，故人何限情。券驢今有具，相見又春明。

又 一八《聞邵埭水決寄示小子嘉福》　舊憂清水弱，比苦清水强。屢導河入湖，莫議清敵黄。當事亟目前，長策在堤防。如釜易如槊，專力灌淮揚。一朝堤蟻潰，岡陵困懷襄。汝居邵伯埭，四顧皆水鄉。學藝姑就此，豈謂居之良。昨有使君書，述事覼縷詳。漲增一丈八，方來勢汪洋。今兹果聞耗，埭北轟頽墻。男女雁鶩游，井竈黿魚翔。蓬鬆露水面，屋背青垂楊。汝居僅未湮，門側繫舟航。且喜報安穩，情知受驚惶。汝年十有七，不久備戎行。承恩自髫齔，教汝敢不蘉。習勞蚤則慣，涉境幼難忘。却期汝閱曆，不恤汝凄凉。割情遣汝去，焉知履倉皇。駕筏援沉溺，懷餅救飢荒。瘡痍經目覩，擾攘到躬勤。胡寧弗汝念，願汝艱苦嘗。患難豈無益，造次正有方。承平積恬熙，韎韋久無光。將領半如瓠，士盜雀鼠糧。汝父昔憤此，奮起爲國殤。吾衰甘退隱，平生一剛腸。嫉惡坐太嚴，忤物遭謗傷。然而不可悔，忠直要自將。念無籝金貽，學又非青緗。何能求換職，與汝易冠裳。終須屬櫜鞬，安可悦膏粱。筋骸會百鍊，變故庶一當。勤由此時肄，用或異日償。勉之顛沛中，以愜二父望。

清 王文治《夢樓詩集》卷一四《邵伯埭送别胡雲坡司寇四首》

當年奉命貳秋卿，連舫江頭送遠征。威鳳祇從雲裏見，甘霖仍向海中行。叢祠古驛重逢地，玉帶金鼇憶别情。又向西風回鷁首，空瞻邵伯古棠清。

容臺家世舊垂魚，萬卷遺書與賜書。校字每當晨露浥，哦詩多趁夜燈虚。庭花晝午開金帶，簃竹風清近玉除。幾載銜齋留榻處，凉蟾依舊到文疏。

竹馬香盆百萬家，旌旗過處笑聲譁。五年秋長圜扉草，千里春隨驛騎花。柏府至今承約法，茅簷一向洗浮夸。渥丹相見顏勝昔，誰道臯陶面削瓜。

東南詞翰盛三吴，大雅輪曾隻手扶。説士口如貪美炙，論文胸似貫明珠。揚雄賦借輕風送，庾杲蓮依淥水敷。垂老感公前席意，渾忘身已返江湖。

清 張雲璈《簡松草堂詩文集·詩集》卷六《邵伯埭微雨》　瑟瑟湖波雨氣侵，船牕屈戌夜寒深。春風猶是扬州路，只隔珠簾一片心。

清 趙翼《甌北集》卷二《邵伯埭》　謝傅旌麾地，民居尚水涯。名傳遺愛在，湖納衆流皆。一岸高于屋，千艘列作街。湯湯運河水，從此泝長淮。

又 卷四五《舟過召伯埭》　泝流送故人，正值秋濤壯。召埭地勢窪，衆水所畢向。河湖乃混合，線堤弗能障。堤外本村墟，俱入湖光漾。其有未浸者，四面空所傍。但見樹影浮，漸少炊烟颺。可憐編葦墻，半截已在浪。米鹽何處求，出入憑兩槳。嗟哉昏墊民，長恐魚腹葬。當年謝太傅，胡爲築城伉。想當典午朝，沃壤尚平曠。淮流獨到海，不向此奔放。自從河南徙，淮無路可讓。翻借清刷黄，洪澤作水藏。高堰有危急，尾閭洩怒漲。遂令下流地，原隰入漂蕩。生無餬口田，死無埋骨壙。我來一櫂過，驚波白瀰望。水不行地中，人乃坐天上。

清 趙良澍《肖巖詩鈔》卷一二《召伯埭》　眼穿望不到揚州，水宿風餐屢滯留。今夜月明懷謝傅，一行霜雁下邗溝。

清 黄達《一樓集》卷二《邵伯埭》　放櫂蕪城路，人烟古埭存。連檣估客舫，比屋老漁村。湖水白浮岸，柳陰青到門。平堤堪眺望，新月近黄昏。

清 金甡《静廉齋詩集》卷一六《邵伯埭懷古》　謝公初未起，頗亦似殷浩。洎乎賭墅勝，已遺苻堅了。平時小兒輩，未見處分蚤。用意與神謀，桓冲猶不曉。却笑老兵愚，壁後人多少。半生游山屐，折齒應絶倒。情爲國家慶，鎮物豈嫌矯。宗社大勳成，萋斐小人巧。側聽撫箏歌，淚痕鬢上繞。傷心華屋處，夢協白雞兆。風流擅江左，六代殊草草。泚水忘指蹤，英聲久縹緲。至今甘棠愛，徒藉湖壖表。一墩乃强争，荆舒故多擾。

清 劉文淇《青溪舊屋集》卷一《召伯埭賦并序》　昔謝安石勳蓋

江左，利濟蒼生。中興名流，推爲第一。維時會稽王道子秉政擅權，嫉其望重，擠而出之。安石因求鎮廣陵，爰作埭於步邱，蓋以禦水患而扞鄰敵也。後人追思之，名之曰召伯埭焉。安石之未出鎮也，宅在金陵，有墩在半山，後人以其姓命之曰謝公墩。而斯埭則以古人之名命之曰召伯埭，流風餘韻，稱誦弗衰。夫道子之在當時，薰灼如彼其排安石也，不遺餘力。曾不轉瞬，藩宅爲墟，安石憂讒畏譏，游權謝寵。而斯埭巋然獨存，歷歲彌久。望古遥集感而爲賦。其詞曰：

東輕裝以行役兮，駕扁舟以長征。游廣陵之舊鎮兮，緬晉代之新城。懷登高之速志兮，發思古之幽情。遡江左之賢相兮，推太傅之英名。維斯埭之巋然兮，猶弈世而騰聲。胡當時之多忌兮，沒則有榮。方東山之樂志兮，吟梁甫而抱膝。娛絲竹以忘年兮，觀圍棋以永日。世乃詆其石隱兮，謂烟霞之痼疾。懼口衆而我寡兮，爲蒼生而一出。迨勲業之爛然兮，讒夫又騰其口實。何東藩之鴟張兮，憚正人之嚴峻。方群邪之項領兮，婉名流而遠擯。去石城之舊都兮，出廣陵而作鎮。陽重之以藩屏兮，陰以疏其朝覲。信大賢之貞遇兮，仍鎮静以居官。

伊秦人之善覘兮，聆治績而膽寒。慶烽烟之静息兮，保倫隅而奠安。嗟淮南之下濕兮，屢遭水而泛瀾。集版築以待事兮，創高堤而如磐。疇漢室之宣防兮，禦竹箭之流湍。食舊德之不忘兮，畀吾民以安宅。等斯埭於甘棠兮，擬謝公於召伯。傳遺聞於父老兮，播芳聲於載籍。公自有其千古兮，彼讒夫兮何足責？

清　彭兆蓀《**小謨觴館詩文集·詩集**》**卷五**《**邵伯埭夜泊**》　烏榜叢蘆岸，蝦蟇野戍更。波澄裂魴鯉，沙白語鵁鶄。照鴒檣鐙落，懸蛛柳月明。夜深誰説鬼，燐火草間生。

清　沈兆澐《**織簾書屋詩鈔**》**卷八**《**邵伯埭**》　棗花香裏鷓鴣啼，緑柳陰濃夕照低。三十六湖新漲闊，漁舟争泊謝公堤。

清　陶澍《**陶文毅公全集**》**卷六〇**《**邵伯埭**》　四面陰多水亂鋪，鱗鱗有市出菰蒲。地教鷗鷺横雙浦，人與魚霞住一湖。終古憩棠侔邵伯，當年折屐有封胡。東山絲竹能無恙，極目蒼生望肎孤。

清　吴榮光《**石雲山人集·詩集**》**卷一五**《**召伯埭**》　東山卧起好經營，百丈長堤築便成。今日天南多召伯，幾人千載屬蒼生。

清　畢沅《**靈巖山人詩集**》**卷六**《**邵伯埭書晉謝太傅傳後**》　東山高卧人，經世才無兩。昔鎮廣陵時，河流苦漫漭。紓策爲蒼生，鳩工聚黄壤。緜緜數十里，埭面平如掌。蓄洩隨時宜，田畝獲豐穰。功制蛟龍狂，利便古今享。我行仲夏初，瓜蔓水新長。河湖中斷處，玉虹横萬丈。迢迢垂柳陰，嘒嘒鳴蜩響。淡紅霞四分，遥白鷺雙上。六朝名士風，緩轡寄景仰。書生儻用世，舍公將安倣。一時小草名，千載甘棠想。

清　斌良《**抱冲齋詩集**》**卷九**《**句吴轉漕集一·邵伯埭懷謝太傅**》　紆迴古埭接湖堧，棠蔭高風謝傅傳。自有功名收豎子，何妨絲竹樂中年。八公草木驚心獨，别墅楸枰恨局偏。烟水步邱迷處所，州人耕作半犂田。

清　包世臣《**小倦游閣集**》**卷二一**《**邵伯埭同子敬作分得東字**》　淮貫江河腹，長堤一綫通。重湖争走下，累石捍流東。黄減清應漲，橋開浪自雄。裡河魚米地，生計吸嘘中。春首稱歸壑，波光尚接室。兩行兼壩啓，岸壞未埔崇。蔀屋留沙迹，汙田輟歲功。白生治更愈，赤子命難同。聞説懷仁力，全勝束水洪。千年歌謝傅，名義豈吾訌？

清　鄧顯鶴《**沅湘耆舊集**》**卷一四〇**《**七月二十八日泊舟邵伯埭阻風有感**》　盈盈一水望孤篷，夢寐相思兩地同。夜雨不堪鴻雁澤，秋天況值鯉魚風。民無素蓄官難振，邑有洪流策恐窮。何日得成歸去計，緒茅蔬食住山中。

清　梁章鉅《**退庵詩存**》**卷二**《**召伯埭**》　湖渚淮流兩道分，蕪城北去幾斜曛。鏡梁三救無人問，珍重東山一片雲。

清　林直《**壯懷堂詩·三集**》**卷一〇**《**午發廣陵晚泊邵伯埭**》　十里清波緑拍堤，扁舟行處晚風凄。魚龍窟宅思前夢余去秋夢游過此，烽火關河認舊題。邵伯湖頭雲黯澹，謝公祠畔草萋迷。蕭蕭残甓無由問，惆悵江樓憶鼓鼙。

清　潘德輿《**養一齋集**》**卷二**《**召伯埭偶題**》　召伯埭西湖水清，召伯埭南江水渾。江湖分合客長見，江湖來去客銷魂。

湖烟湖月大堤平，堤下人家吹笛聲。日暮蓮塘商調起，南塘風雨北塘晴。

清 彭蘊章《松風閣詩鈔》卷三《澗東集・邵伯埭》 細雨輕帆髲社湖，天光雲影接模糊。烏犍碌碌眠青草，白鳥飛飛出短蒲。兩槳船移春水闊，一蓑人立野烟孤。而今洗盡風塵色，縹緲身疑入畫圖。

又 卷六《花南集・由焦山遇順風渡揚子》 我來焦山不得登，乘潮直向瓜步行。忽看浮玉出篷背，炊飯晨過邵伯埭。

清 齊學裘《劫餘詩選》卷八《寄懷于漢卿眢邵伯埭》 不見吾甥久，淒然悵别離。梅花香海角，春草緑天涯。新句憑誰選，高情繫我思。論文一尊酒，重把在何時？

江上群鷗散，雲間一鶴游。向平未了願，白髮更盈頭。老去增君累，書來消我憂。吟魂繞何處，三十六湖樓。

清 蘇廷魁《守柔齋詩鈔・續集甲午北游草》卷一《召伯埭》

江左夷吾未易才，爲成三窟禍留胎。東山絲竹蕭閒甚，偏有甘棠報德來。

清 吴清鵬《笏庵詩》卷一〇《過邵伯埭奉懷阮相國别業》 臥聞人語近揚州，曉起寒深下雪舟。謝傅祠邊頻佇望，湖山不見阮公樓。

清 吴振棫《花宜館詩鈔》卷一《邵伯埭》 一櫂過棠堰，黄蘆欲著花。不聞人語響，數點落寒鴉。

又 卷一七《過邵埭》 邗江沃衍推邵埭，列隧分場一都會。四方商賈集如雲，直到三更户不閉。岸上雜遝人語喧，燈光爛爛如星懸。唱籌量沙有底急，舟行至此不得前。深秋此日征輪歇，道路行人迹都滅。長湖一望水没篙，四野茫茫浸荒月。比來凶歉哀鴻嗷，眼中白骨埋蓬蒿。天子惻惻矜汝曹，五年不復卜豐稔。何時得覩我廩高，嗚乎，何時得覩我廩高？

清 姚燮《復莊詩問》卷一一《召伯埭》 澄瀾上照天生波，宿雨未盡雲捼摩。舟行清曉若秋晚，凉意得自湖風多。烟聲棫棫暗低葦，露光泛泛明初荷。迴堤樹藹與平接，直疑水遠無坡陀。飛鷗翔鷺望中没，帆影瞥又樽前過。歸人覽物感無涘，曷暇吊古東山阿。

清 葉名澧《敦夙好齋詩全集・續編》卷一一《召伯埭》 諸將支江北，軍聲震此間。市廛生計減，家室旅情艱。久享長堤利，休令重鎮閒。昨來風鶴警，擾攘此潺湲。

清 程頌萬《楚望閣詩集》卷一五《淮行雜詩十五首》 邵伯埭前天欲明，露筋祠下好風横。烏闌自寫神絃曲，故事重偕白石生。

雜録

唐 顔真卿《顔魯公文集》卷二三《與蔡明遠帖》 《蔡明遠帖》，是魯公晚年書與邵伯埭，謝安石廟中題碑，傍子相類，極力追之，不能得其髣髴。

宋 陳巖肖《庚溪詩話》卷下 昔年過邵伯埭，登斗野亭，見梁間題曰：『地勢如披掌，天形似覆盤。三星羅户牖，北斗掛闌干。晚色芙蕖静，秋香穲稏寒。更無山礙眼，剩覺水雲寬。』此劉燾無言詩。此詩蓋盡得斗野之景物也。

宋 樂史《太平寰宇記》卷一二三《淮南道一》 邵伯埭，有門斗，縣東北四十里，臨合瀆渠。有小渠，濶六步五尺，東去七里八艾陵湖。按《晉書》：『太元十一年，大傅謝安鎮廣陵，于城東北二十里築壘，名曰新城，城北二十里築堰，名邵伯埭。』蓋安新築，即後人追思安德，比于邵伯，因以立名。

清 顧祖禹《讀史方輿紀要》卷二三《江南五》 邵伯湖府北四十五里，東接艾陵湖，西接白茆湖，南通新城湖。旁有邵伯埭。

（嘉慶）《揚州府志》卷一六《都里志》 邵伯鎮，在縣北四十五里。洪武元年，巡檢張仁開設邵伯埭，今爲邵伯鎮。置巡司於此。邵伯驛亦在焉。爲水陸孔道。

（光緒）《增修甘泉縣志》卷九 玉皇閣在邵伯埭。明天啓初年，東魯道士劉化芳募得木下聖像，舟載以歸，經邵埭，風雨波濤大作，舟不能前，爰營宋羅令祠故址建閣，復建羅令祠于閣後。康熙二十七年，建下院，名孚佑庵，在竹尖顆。

又 卷一三 毛夢雲，字端伯，諸生父尚鎔監生，世居邵伯埭。

又 方奇，字問之，號偶金，醫名善昌。世居邵伯埭。

（雍正）《浙江通志》卷六一《水利》　徐公埭在二十六都，自能灘至柘湖長二里，明正德五年築。

義倉埭

清 周凱《義倉埭田碑記》（道光）《厦門志》卷九　厦鎮義倉，前福建興泉永道倪竹泉先生奉大府檄所勸設，盛舉也。士商捐銀三萬餘建倉於深田，買田湖蓮，保歲入租以實倉。其田瀕海，藉堤爲護，土人呼堤曰埭，亦曰海岸。呼田曰埭田，言非堤不爲功也。尋爲海潮所齧，堤崩，鹹水間有侵灌，租入不足。

余繼斯任，屢思建復而費不支。越五後，倉有贏餘。林後鄉薛豹率其族願獻廢田於倉，請築堤。詢之司事者，僉曰可。道光十四年十二月，余親往履勘，田與舊所買田相毗連，外堤久廢，田成沙鹵，故曰廢田。薛姓父老泣而言曰：自堤廢，力不能築，吾族無所耕種，大姓又竊其石去，益廢，而糧不得免，催科日迫，人丁流散，與其捐於海，不若捐於倉爲佃，猶得歲食租之餘。

余心憫之，計外堤長二百一十七丈，需石，計用石二千八百餘丈。內堤長一百一十丈，需土，工省，統計工費五千餘兩，廢田計種三十九石五斗九升，舊田計種四十石六斗九升，歲入租可一千六百餘石。余曰：此十世之利也，非惟薛氏子姓得所養，義倉實城鄉村社歲荒均得沾溉，令估值給薛姓廢田價賓錢二百筭，曰無令後世謂爲捐獻也。

乃鳩工，興始於十五年正月十有四日，六月石堤成，閏六月土堤成。於是分畝丈量，計户授田，共得田若干畝。引泉鑿池，開溝爲潴，蓄設涵洞，以時啓閉。聽佃民三年自種雜糧，宣洩鹵氣。三年後入租，永爲義倉之積。報明大府，咨部立案。又懼小民之無知也，榜示曉諭，名外堤曰義倉石埭，內堤曰義倉土埭，統謂之義倉埭。田便民稱也。俾鄰近鄉村，顧名思義，共相保護，知爲義倉之田，非薛姓田也。建房宇，爲收租守堤者之所居，定章程，歲時輸納之法，立石記事，垂諸永久。余之盡其心力者止此，是所望於司事及繼任者以時稽察，毋使滋弊云。

謝婆埭

明 王叔杲《重築謝婆埭記略》（光緒）《永嘉縣志》卷二　永嘉控山帶海，城以南爲田數千頃，三溪之水紆迴環繞，互相流灌，往自南河關一泓以洩之江，故每遇旱乾，常苦失潤，舊築法華以闌之，負郭之民相度竂會，因廢之而築謝婆埭，埭之闊可弓而畫，然潴蓄三溪，灌溉萬頃，闔郡賴之。

嘉靖中，駔儈之徒，利舟楫之便，借堪輿渺説，惑當事者聽，而改築江口之蓮花浦，地勢淤卑，風潮蕩激，輒廢輒修，而民竟苦汙萊不獲享蓄洩之利。

萬厤二十三年，劉侯以名御史來守是邦，厪心民隱而得此埭廢興之故，下邑侯林君議，林侯悉心籌畫，諏日程工，選於民，得田君諫、方准、鮑易、黄循，日犒督之，藉土於淤，取石於山，不踰時而工告竣。

（光緒）《永嘉縣志》卷二《輿地志二》　謝婆埭，在甌浦下村。水利與法華同。明萬厤二十五年，郡守劉芳譽捐俸重築。

又　蓮花埭，在廣化厢五堡。自法華既廢，設謝婆埭於甌浦下村。嘉靖中，改設蓮花浦。萬曆間，劉郡守復下村故址。國朝康熙十三年，遭耿變，埭與橋毁。寇平，復建。三十八年，紳士謝天埴等呈憲移建於浦橋內，仍名謝婆埭。

徐公埭

明 王啓《築徐公埭記》（雍正）《浙江通志》卷六一　正德五年，江右徐公來守是邦，詢民隐，駐節於驛。蔗湖鄉彦于光淵率老稚伏道左，曰苦田暵。公曰：『是湖壞也，善溝者水漱之，善防者水淫之。速具畚來，我爲汝刊木識之。』因徃得水道，乃命徐典史鑿石通堤，砌幾千餘步，廣六尺，深倍之，延袤數里，凡四閱月而成。捐資買田若干畝，築室若干楹，爲民世守之。公名宏，貴溪人。

堤部

概説

論説

明 儲洵《沔陽修他堤疏》《皇明疏鈔》卷六六　臣聞禦患不救其源，則勞於爲役而弊壞日甚；計事或惜其小，則功未及成而并棄其初。未有慮之不深，圖之不固，而能興可久可大之利者也。臣待罪沔陽，伏見其地南臨大江，北枕襄漢，西南二百里至監利，西北二百里至潛江，北二百里至景陵，東北二百里至漢川，地勢窪卑，湖泊相連，正係江漢下流，原無岡阜障蔽。諸水奔赴，就若大壑，民田惟土築圩堤防衞耕種。成化、弘治年間，湖地深廣，堤防堅固，雖遇江漢水發，易於防洩，爲害未深。自正德十一、二年，大水泛溢南北，江襄大堤衝崩，湖河淤淺，水道閉塞，堤塍倒塌，田地荒蕪，即今十數年來，水患無歲無之。上厪聖慮，曲荷拯援，賑貸蠲租，恩至渥矣。

臣惟重厚之澤，豈宜屢覬而思患，預防尤貴及時。且江漢之水，每夏秋之交間常溢發，使沿邊之地浸無防護，徒於諸堤小小補塞，則高水湍悍，勢若土崩，至則衝突，何功之有？臣聞南自監利車木堤水口衝塌，每遇川江水漲，不惟其縣受害，而沔陽後峰茅埠凡一十六村，熊家渾潭凡四十餘堤，稅糧八千餘石，高低渰没，尺土不堪耕種。自潛江排沙頭、班家灣新開便河，及沔陽石碑鋪諸處，水口衝塌，每遇襄水，則潛江、景陵二縣，沔陽深江西范凡二十七村，蓮阿柘樹凡七十餘堤，稅糧一萬五十餘石，亦無尺土耕種，加以房屋漂流，牲畜溺死，巢居野處，動經屢月，束手就斃，言之痛心。前堤雖屢經撫按遣官修築，但地方廣遠，工力繁鉅，增卑培薄，易就傾瀉。以臣觀之，大患之後，弊壞已極，使非補天之功而欲禦建瓴之勢，吾民不爲魚鼈鮮矣。

伏望聖慈軫念生民憂患，敕下户部查照蘇松修舉水利故事，轉行湖廣撫按并提督水利。諸臣酌量計議，遣官隨地相度，大江則自監利而下及沔陽，襄河則自安陸以下至漢口，大約俱不過三百里之地，沿邊岸何處可以仍舊，何處可以增修，如車木堤、排沙頭、班家灣、潛江、新河諸處，尤爲上流利害切要之所，若舊堤不堪繕整，客土卒難固堅，則移入近裏，或數百步，或半里許，度地形之高卑，驗水勢之緩急，創築新堤，委曲延袤，務使高厚堅完，永堪障蔽。雖至水發，不致衝漫，如礙有糧田土勘實奏免，不致虚當勞費。所謂漢人治河之下策，斯善矣。然修堤事宜，工力頗繁，即今民窮財盡，若復越外取給，則患未及除而首先受弊，秖益其狼狽耳。

臣愚伏請查撥均州香錢，或借支司庫官銀，或將沔陽、監利、潛江、景陵起運稅糧，每石連耗徵銀一兩，比照災傷之例免解本色，每石准銀六錢解京，其餘扣留在官，以備雇募工食之費。仍候秋冬農隙，每州縣起夫各數百名，并力修築，量支口糧，即充賑給，庶公私兼舉，力役易完。從前沮洳，盡成膏腴，稅糧有資，耕治不廢，方千里之民，受無窮之利。轉灾爲福，端在於此矣。

臣又聞之宋臣張綸之爲發運也，以通泰海潮水日至城下，田土斥鹵不堪稼穡，請築捍海堤於三州之境，長數百里，以衞民田，朝議從之，踰年堰成，不惟當時民享其利，至今通泰等處，迄無風濤之患，其利溥矣。況今所奏，比之捍海之役，其易十倍，工力之費，視一年蠲免與内帑出給之數，纔十之三四而已，寧忍坐視患害而莫之救哉？

明 潘季馴《河防一覽》卷一一《修復湖堤疏》　臣潘季馴謹題爲修復湖堤，以便蓄水濟運事。據管理南旺泉閘主事王元命濟、寧道按察使曹子朝、分守東兖帶管分巡兖州道參政郝維喬呈。蒙臣札案，俱爲檢查節奉欽依河工分派司道各官，以便責成，以圖早竣。事分行司道，遵照工部議覆，工科都給事中常居敬原題各項工程勒限興舉除，將應修閘壩斗門等工俱已如法甃砌將完。馬踏、安山二湖應築約水土堤，見今工有次第通候。另報外其蜀山、馬場、南旺三湖，各原議築束水子堤一道，以爲封界，及南旺湖中堤一道，嚴督官夫修築。間節據委官兖州府同知陳昌言等呈，稱各湖先年創有封疆老堤，水至堤根，十常八九。後因堤防廢弛，湖水難蓄，蒙工科踏勘之時，正值亢旱，舉目禾黍，故議築子堤中亘長堤，堤内蓄水，堤外召佃，官民兩便。但自去歲夏秋恒霖，斗門洞開，坎河壩築，涓滴不遺，水勢瀰漫，即今湖中築堤，不惟水深工難，縱築成堤，内外汕刷易圮。

又恐湖狹水微，似非濟漕初意。且地被水占，亦難召佃利民。查得嘉靖二十二年，兵部侍郎王以旂清復湖界，築有大堤，年久傾廢，似應修復蜀山湖西南一帶俱臨運河，堤岸高聳，無容別議。其東北一帶，自南頭馮家滚水壩起，至蘇魯橋迤南大堤頭止，俱有舊堤根址，相應修復，自大堤頭至南旺田家樓止，原係受水門户，今應密植柳株以正封界。水至入湖爲運河之資，水退據柳爲民田之限。馬場湖地勢南面臨河窪下，出水濟運，北面原係入水渠道，今宜照舊，仍留入水密栽柳樹以爲湖界，東面舊堤約長八里餘，相應修復。南旺湖東面高埠，遵照原議量留一里，築子堤一道，其餘三面應將原堤建復，其中亘長堤正在湖中，難以施工，相度地勢，應浚溝渠，通接斗門，庶爲完計。

各具呈前來，覆該司道親閲，相同委屬妥當。雖與原議稍有不同，求其濟運利賴則一。呈乞酌議題請等因到臣，據此卷查先該臣查將工科都給事中常居敬原題查復。南旺等五湖築建堤壩閘座等工分，委北河郎中吴之龍查復。馬踏湖建永通閘，築子堤，修王岩口滚水石壩，南旺主事蕭雍查復。蜀山湖建坎河壩，築東水堤，修滚水大壩，濟寧道按察使曹子朝查復。馬場湖建通濟閘，築子堤，修安居斗門三座，分守東兖道參政郝維喬查復。南旺湖修邢通等斗門十三處，築封界子堤，中亘長堤，分巡兖州道僉事劉弘道查復。安山湖築封界堤，建八里灣、似蛇溝兩閘等因，具題該工部覆議備咨。總理河道轉行司道各官查照，分地竭力修治，倘興工前後，或有事體與原議稍異者，即便從宜處置。或有原議未盡者，不妨別議增補通完奏報，等因，覆奉欽依咨臣通行，司道督率興工勒限報竣去後。今據前因覆閲相同，除將閘壩斗門等工及馬踏安山、兩湖應築堤岸，俱照原議，候通完核實類奏外，該臣看得運艘全賴于漕渠，而漕渠每資于水櫃。五湖者，水之櫃也。先該勘工科臣常居敬洞燭其源，倡爲封界子堤之説，蓋因比時旱魃爲灾，湖身龜裂，地方之民乘時射利，盡爲禾黍之場，故欲築堤限之。非浚湖以就民，乃限地以蓄水也，良法美意，可謂善之善者。第自去年六月以後，天雨頻仍，湖水盈溢，不惟湖地難耕，即民地亦成沮洳矣。詢之湖濱年老之人，皆云：如此景象，向來歲居十七。今欲盡洩湖水剏築子堤，亦甚易易。但恐築成之後，堤泡水中，立見傾圮，而子堤之外必成夾河，豈能耕種。隨查得先臣兵部侍郎王以旂原有土堤一道，意與科臣常居敬封界正同，而圍湖稍廣，蓄水更多。今歲之水，正及堤址，止因年久浸廢，界址不明，乾旱之時，遂有越界私種者矣。若將此堤加幫高厚，盡復舊業，堤内爲湖，堤外爲地。納水處所，不便築堤，密栽水柳爲界。庶湖水不縮，經界不淆，而亦不失科臣原題之意矣。其南旺湖中堤水内積土成功固艱堤成，水泡汕刷必易，似宜免築。所據各司道之議，相應依擬具題，伏乞敕下該部再加查議。如果臣言不謬，覆議上請行臣遵照督令上緊修築，勒限報竣。謹題請旨，奉聖旨：工部知道，該工部覆奉施行。

明 朱國禎《湧幢小品》卷六《堤利》 堤之功，莫利于下鄉之田。余家湖邊，看來洪荒時，一派都是蘆葦之灘。却天地氣機節宣，有深有淺，有斷有續，中間條理，原自井井。明農者因勢利道，大者堤，小者塘，畛以埂，分爲塍，久之皆成沃壤。今吴江人往往用此法，力耕以致富厚。余目所經見，二十里内，有起白手致萬金者兩家，此水利築堤所以當講也。然尤莫利于上鄉之田。辛丑，余南歸，經磁州，遍野皆有水溝，深不盈二三寸，濶可徑尺，縱横曲折，隨地各因其便，輿馬可跨而過，禾黍蔚然。異之，問輿夫：『水何自來？』遥指西山，曰：『此泉源也。』又問：『泉，那得平流？』則先任知州劉徵國從泉下築堤障之，高丈許，堤高，泉與俱高，因地引而下，大約高一尺，可灌十里，一州遂爲樂土。又余同門李太華有實，爲漢中太守，築堤亘十里，灌水萬頃，黄昭素有記其詳。此興水利之良法也。匪獨阡陌，即漕河之重，若非從白老人築戴家垻，挽水歸之南旺，其得南北通流，濟二百餘年軍國之用乎？徐孺東開水利，不依山尋有源之水，而于京東平洋之地，上靠天時，下靠人力，最下又靠器具。勞而有功，反招怨謗，亦固其所。今聞涿州開水田數萬畝，想必用劉、李二公之法。劉，鄉科，官至太守。李，升副使，考察致仕，大約以仕氣失官。要之，漢中之功，當世世尸祝，而昭素之記必傳，則李亦可以不朽矣。

清 陳儀《陳學士文集》卷二《文安河堤事宜》 文安受六十六河之灌注，滙會通瓦濟易水者，經縣之西之北，滙滹沱者，經縣之東之南，俱達於武平、雍奴，下直沽入海。武平即勝涝淀，雍奴即三角淀也。西北之水，上游則霸州、保定縣、雄縣、安州、高陽等處；東南之水，上游則大城、任邱、河間等處，俱以文安之勝涝諸泊淀爲下流，停蓄衆水，而委輸於海。下流之受水者寬，則上流之洩水自疾。是文安一邑河淀，寔三郡數十州縣之咽喉也。

自滹漳之水從石溝村入淀，永定河之水從柳岔口入淀，沙泥敗草闐淤一平，往日舟楫通行之處，今已成陸。現今河道所經，唯左家庄、石溝村、富官營一線之流耳。以一線河身，洩六十餘河之水，壅塞倒溢，勢所必然。是以西北之高陽、安州、雄縣、保定、霸州等處，東南之大城、任邱、河間等處，河堤一時俱决，不惟文邑罹昏墊之灾已也。

治之之法，一在分河之上流以殺其勢，一在導河之下流而使之通。上流則霸州之苑家口是也。查苑家口西北，原有永定河故道，但河身淺溢，堤岸殘缺。今可自霸州之老堤頭大爲展浚，引會通河水由栲栳圈、臺山村東至王家庄入淀，則上流之勢分矣。下流則蘓家橋之三岔口是也。會通河之水至此分爲三支：南支經堂頭村左家庄、石溝村入黑母、柴火等淀，蓄水東注。中支由蘓家橋至趙家房之東，經崔家庄之南，勝涝鎮之北入落波、慈母、三角等淀，蓄水東注。北支由蘓家橋之北經王家庄、中口村、無梁閣、藥王廟入趙家泊并柴城、新張諸泊，蓄水東注。近年二支俱已淤塞，惟南支僅存，今宜疏浚深廣。其二支淤塞之處，故道可循，疏鑿頗易。惟黑母、柴伙、勝涝、落波、慈母、三角等淀，趙家、柴城、新城等泊，或僅存淺瀨，或竟變桑田，此等皆支河所由蓄洩，尤爲達沽入海之要路。爲今之計，相其淀形尚存者，用蘓子瞻開浚西湖之法，去其敗草，撈其淤沙。至全無淀形者，宜順三支河下流之勢，多挑引河，直達東沽港、楮沽港以入河泊，如此則下流之勢亦可以稍通矣。上流既分，則堤工永保；下流既通，則衆派安流。不弟文邑免潰决之害，而上游三郡數十州縣亦享平成之利，此一勞永逸，有利無害者也。

至文安大堤之内，形如釜底，河流雖殺，積潦難消。及水涸地出，雨澤偶愆，即種不入土。前人有言：『旱則涸及三泉，涝則水深五丈。』非虚言也。康熙三十三年，河間郡丞徐元禹來署篆，正值河决，乘舟周視四境，慨然曰：『文民止受水害，不享水利，亦人事之不修耳，豈盡關天行哉？』議于保定縣界立閘引水，可以防旱。于龍塘灣立閘引水，可以防涝。于中疏鑿溝洫，聯絡相通。高仰之田，仍聽民種禾，引水資溉；低窪之田，則教民種稻，蓄水爲池，旱涝兩無所虞，瘠土遂爲沃壤矣。已具詳各憲，因受代而罷，邑人至今以爲恨。今誠倣其議而見之施行，是亦百世之利也。

清 張伯行《居濟一得》卷三《飭修湖堤》 官湖之設，各有圈築湖堤，以蓄水勢。秋雨稀少，湖河無水，是以閉金口壩，導水歸入馬場湖，廣爲蓄儲，以濟來歲重運。誠恐湖堤不修，水勢傍洩，淹没民田，且妨來歲新漕。應飭地方官，凡有殘缺之處，立督人夫，星夜修築，務使湖水廣積，勿令傍溢，走洩水利。再將南旺湖堤殘缺卑薄者，催令修築一律堅平。

清 黎世序《請修練湖閘堤啓》《清經世文编》卷一〇四 竊查卑屬徒陽運河，上自江口，下至丹陽，綿亙一百四十餘里。兩岸岡陵相望，中流一綫河渠岸高河狹，本易傾卸，加以江潮往來，潮長則水挾泥沙而進，潮落則水去沙停，故一歲之内，淤積日多，是以糧船來往，每多阻滯。從前猶三年再浚，五年三浚，自糧船冬兑冬開，遂自每歲挑挖，習以爲常。然挑河之役，從前悉藉民力，嗣奉上諭，以江浙二省之漕，不忍獨累徒、陽二邑之民，改爲歸官領帑承辦。自是以來，工員漸臻賠累，視爲畏途。且近年薪米昂貴，雇來夫役，日給薪米，照舊給發，是以每次小挑一段，工員須費七八千兩不等。以此陳陳相因，鎮郡四屬，賠累日重。

卑府於上年十二月履任，即值督挑運河之時。往來工次，目睹情形，亟思籌畫變通，以期妥善。因即采訪輿論，檢查志乘。所載昔年濟運，專賴閘座啓閉收蓄江潮，并有丹陽練湖蓄水濟運。是湖去丹陽縣西百二十步，一名練塘，又名曲阿後湖，開自晋時陳敏。其湖仰受長山、驪山八十四汊之水，由西而東，匯以爲湖。湖有上、下兩名，上湖高於下湖，下湖高於運河。前人於上湖之東建石閘四，使上湖之水以次達於下湖；又於下湖之東建石閘四，以爲關鍵，使以次達於運河。由是運河南有奔牛閘、吕城閘，北有南門閘、西門閘，使一帶河流，南不直下於蘇、常，北不直出於大江。凡遇秋夏水發，則閉湖閘蓄水，使無旁溢；冬春水涸，下閉奔牛、吕城閘，使無下瀉。其江口之西、南二閘，潮來則啓板進潮，潮落則下板蓄水，如有不足，則啓湖閘放水入河以濟運。此昔年修湖築閘蓄水之成法也。

其湖之西，又有涵洞十二處，以時灌溉民田。故志載涵洞以時啓閉，民田之旱澇無虞，閘座以時啓閉，運河之蓄洩有備。《湖記》有云：湖水放一寸，運河增一尺。每年春初，水利官巡修湖堤，以防衝決。每年八月，遣員巡視，如有侵佔墾田及蓄水不多者，據實參呈。春冬則啓閘濟運，夏秋則啓涵灌田。民有盗決湖堤者，罪比殺人。制度精詳，極爲周密。歷代以來，載在郡省各志及《行水金鑒》并《練湖歌叙》一書，凡前人奏議所及，無不備載。

明季湖禁漸弛，至順治九年，經巡按秦世楨奏明開復，撰文作記。康熙十三年，前撫院馬題請續修。至康熙十九年，丹徒鄉宦張鵬官給事中，遂有廢湖墾田之議。經前巡撫慕請將上練湖高阜之處，公撥一千餘畝，給安插京口投誠之人墾種，餘聽徒、陽二縣之民上價開墾。自是上練湖全廢，下湖亦被附近居民開墾湖田七千餘畝。山水不歸練湖，由馬陵一帶四處漫溢，糧田動受淹浸，及至旱年，湖水正額糧田反失灌溉。康熙四十七年，經前巡撫于題請下湖仍留蓄水，將報墾田畝地丁銀五百五十三兩，漕米二百七十九石，在於湖旁民田各户攤徵，而濱湖之民，以灌溉有資，欣然樂從。奉旨俞允，勒石府縣衙署永久遵奉在案。此上練湖業已墾田，不能開復，下練湖仍留蓄水，未經私墾之原委也。

卑府前於道經丹陽之便，躬親查勘，即有該處涵長及居民人等迎投呈墾修復湖閘，并呈《練湖歌叙》一書。卑府當即存留查閱，并帶同涵長、居民，周歷查勘。勘得下練湖緊靠運河，湖底高於運河底一丈有餘，周圍三十餘里。其南面湖堤約高六七尺不等，列涵洞四，埂外資湖水灌田者四十餘村；其西面湖堤約高四五六七尺不等，列涵洞六，又有岸水缺口一二處，堤外資湖水灌田者五十餘村；其北面上湖，業爲升科熟田，毋庸再勘。兩湖交界之處，有埂一條，上有倒敗廢閘三座，乃上湖水達於下湖之故迹也。上湖既已成田，此三閘久已無用，廢石亦多爲居民搬取，尚有存者。其東北面并無涵洞，止有長埂一條，上列缺口四五處，埂外資湖水灌田者，惟張官渡一村。由東而南，湖埂連於運河之堤，排列四閘。其第一閘久已沖廢，片石無存。第二閘尚有碎石，居民利於蓄水，每年以土壅塞閘口，水大并土亦沖入運河。丹陽縣一帶，運河之淤，大率爲此。其第三閘牆尚整，惟底板沖壞一半。其第四閘全然完整。卑府當帶該縣石匠胡成芳眼同估計，議拆上練湖三座廢閘之石，運修下練湖頭二三閘，足敷八分之用，仍須添補二分，并一切夫工灰料，共估須銀四千三百餘兩。該匠情願包做保固。

并據涵長、居民僉稱『各村之田，皆資湖水灌溉，每歲私自按田派夫修築，每田一畝，出夫一名，工作二日。以此計算，湖之西南二面，計田四萬餘畝，派夫四萬餘名，可得八萬工。若得官爲修閘，水有所蓄，民間派夫修堤，倍加踴躍，情願自出己力，添築堤岸，官爲立定成式，無煩更籌經費』各等語。卑府又委府經歷李培動循查水源來路，竟至長、驪二山，見各處溝澮通連，尚無阻滯。卑府伏查運河舊制，前人於各處設立閘座，原係以時吸納江潮，收蓄濟運。又有練湖蓄水，勢如建瓴，以時接濟，故從前運河無每歲興挑之事。茲運河除橫、越二閘下板蓄水外，餘皆板片無存，久失啓閉，故江潮往來，任其去留，是以毫無操縱，加以練湖閘座失修，水大則一瀉無餘，水退則全行乾涸，不惟運河毫無倚賴，即湖外數萬畝民田，亦失灌溉。茲該處居民，情願自築湖堤，所有閘座，又經勘估，止須銀四千餘兩，此用費少而獲益多，爲勞暫而爲利久也。本前人之成法，歷代奏達文案，班班可考。檢核河渠各書及府省各志，均皆載明，斷非無稽之言。

惟是事關漕運，卑府原不敢輕爲置議，謂修浚練湖，即毋庸挑辦運河。第丹陽形勢，地土最高，山水驟發，而無所蓄藏，下游一帶，動受淹浸；儻稍經乾旱，湖外數萬畝民田，坐成枯槁。就民田水利而論，亦爲應辦之事，斷非糜費無益之舉。若湖堤修成，而運河閘座，亦各按照程式置板啓閉，則試行一二年，似於運河未必無裨。儻已有成效，再行咨達，將運河間歲停挑一次，不獨鎮屬四縣積困稍蘇，即全省官僚均輕賠累。至所須經費，不過四千餘兩。查卑府府庫，現有存貯柴租銀兩，係從來不報部閑款，惟歷任各府流交有案。卑府管見，應請即於此項柴租内動用銀四千兩，即行動土修築，將來於卑府及丹陽縣養廉内，分作四年扣還歸款。既不開銷公項，兼能俯順輿情，似於民生漕務，均爲有益。如蒙俯允，卑府即行出示曉諭，并即委妥員經理。

清 丁寶楨《丁文誠公奏稿》卷八《會勘張秋築堤束水未敢遽行并現濟運浚河情形摺同治十年正月二十二日》

奏爲會勘張秋築堤束水費鉅害重，未敢遽行，并現辦保護運道，挑浚河身，稱期補救，以濟漕運各事宜，恭摺具奏，仰祈聖鑒事。

竊臣等於同治九年九月間，准户部咨調任漕臣張之萬，陳奏山東黄河穿運處所横流無所鈐束者數十里，北趨南徙，到處沙停，因擬築南北兩堤，并酌留運口，築做草閘，以爲束水攻沙之計。其無關運道處所，不必普律興修。奏奉允准飭下臣等按照所擬辦法，會同估計，酌量興辦。等因當經臣寶楨以築堤束水一事，現時體察情形，如欲築做，必須就蘭工口門兩岸接續，方能一氣聯絡，事關黄河改道，仍復穿運而行，未敢率議舉行，奏請飭令張之萬來東會勘商辦，於同治九年閏十月二十九日欽奉諭旨，飭令臣兆棟早赴新任，即帶同章儀林克期起程，前赴山東，會同蘇廷槐、丁寶楨體察情形，核實勘估，熟商辦理。總須無害民田，有益河運，方爲妥善。等因。欽此。

臣等跪讀之下，仰見聖慮周詳，無遠弗届，莫名欽服。臣兆棟遵於正月十三日，臣寶楨遵於十五日，臣廷槐遵於十七日，先後均抵濟寧晤商。先將黄流變遷之情，運河淤墊之處，參以上下游形勢，詳細審度。次將安興墓等處南北築堤於運道民田利害輕重，并酌留運口築做草閘，能否得力，兼權熟計，期於國計民生兩有裨益。伏查黄河穿運迄今十有六年，運河之爲病既深，民田之受害尤重。臣等既身當其事，若使南由安興墓至沈口迆東，北由曹家堤口至漁山中築大堤兩段，即於運道民田有利無害，不至顧此失彼，雖使費盡帑金，竭盡心力，亦何敢稍形推諉。惟查目前情勢，實有不容輕議者，蓋黄水穿運而後，以漕運而論，運河之淤墊僅在張秋口門上下數十里，及張秋以北河身百數十里，而民田之淹没者，則自濮范至利津海口一千餘里，已不下二十餘州縣。然運道之墊淤，尚有可疏浚之方，而民田之淹浸，實别無挽回之術。

今若自張秋以西，南北兩岸，分築大堤，竟置上下游於不問，誠慮上游汛濫之水無所攔束，當盛漲之時，或由空缺之處越過新堤，則新堤恐成虚設，即或上游地形較高，水勢不能遽行漫溢，而中段既束，下游毫無堤防，黄流挾建瓴之勢，直趨張秋，奔騰傾瀉，則東阿以下至利津十數州縣城池居民，益被淹没，爲害甚烈。然此猶就水勢現趨東境，常情測之也。若築堤束水，而於兩岸新堤各酌留運口三丈，以爲漕船出入門户，并令運口兩岸河身之外不過二百丈，使水束緊則溜急，又築做草閘，平時堵閉，以免黄水倒灌，彼黄流性激勢猛，迴異他水，即以河南現時情形比論，兩岸中闊數十里，而堤之高厚堅實，較新築者不啻倍蓰。然每遇伏秋大汛，險工迭出，時虞潰決。今以二百丈之河身緊束洪流，又以不可恃之草閘堵遏水口，誠恐築做之後，河性喜灣，萬一下游漁山一帶狹窄處所過水稍形壅滯，而上游一氣奔注，則新築之堤閘，恐難當其衝激奪運北趨，亦屬事之可慮。設不幸而有此失，則東省之東昌、臨清，直隸之天津、河間，地較窪下，淹没何可言狀。而北路衛河，亦將日形壞裂，兼以此處切近畿疆，害尤不可思議。從前，同治四、五兩年試行河運，議挑南壩頭口門，頗費斟酌，即調任漕臣張之萬曾有挑挖穿運處深淺之閒，毫無把握之奏，是亦深恐黄水趁溜奪運北趨之意。臣等籌念及此，誠不得不長慮而却顧也。惟漕運爲國家經久之規，現既通籌全局，築堤勢有難行，亦應别作他圖，急求補救兹。

臣等會商悉心參酌，竊謂目前時勢，惟有於鄆城沮河一帶，遏黄水之東流，即以保南路之運道，於張秋八里廟各處，疏運河之淤墊，即以通北上之漕行，似於束水濟運稍有裨益。查現在黄水正溜洪川口，實當其衝，由此逐漸南移，坐灣偏向東流，大溜已在安山之三里鋪，奔入大清河而下，與前年所查形勢迥别。若當伏秋盛漲，水勢即由洪川口漫入趙王河倒漾沮河，或由沮河溢入濟河，衝開民堰，直注東南之牛頭河，而南旺、南陽、昭陽等湖，亦將以次受水，是鄆城縣屬之沮河爲黄水漫溢東南必由之路，而沮河頭之娘娘廟、七里鋪、王家垓、車家樓、梅家莊等處，又爲河流趨注東南必由之路。現在該處尚有民堰稍資抵禦，亟須趕緊加築。臣等現擬將沮河頭、車家樓民堰堵塞，并築做攔壩圈堤，以爲層叠保障。俾其東注趙王河倒漾之水得以匯流，而北不致泛溢，庶牛頭河一帶，雖經伏秋大汛，或可免漫淹之患，而南昭等湖，亦可因以保護，免至受淤，用濟漕船行駛。

又查鄆城屬之七里鋪地方民圩，西臨沮河河岸舊堰，已經伏秋汛水衝刷殘缺。此處現無黄流混入，尚係清水暢流，北行匯注安山，但堤堰極形單薄。臣等擬加築堅厚，并加厢護埽，以防盛漲時，黄水漫淹，并免引黄趨向東南入湖之路。又七里鋪以南之八里河臨河民堰，亦屬黄水倒趨沮河之徑。臣等擬加築内堤一段，其七里鋪以北之王家垓，亦擬添築大壩一段，均爲防淹民田暨障水漸趨東南灌湖，阻遏運道之路。此數段工程，較之築堤束水辦理稍有實際。

臣等再四熟商，意見相同，已由臣寶楨飭委題補曹州府知府趙新馳赴該處，刻日購料興工，趕爲督辦，并添派委員會同地方官督催民堰一律加修，籌發銀兩，核實撙節辦理，以防變遷，而保南路運道，至漕船將來經行之道。自以張秋八里廟口門等處爲要。臣等復同至距張秋十里東阿縣所屬之八里廟一帶運河口門，勘得口門迆西淤灘，現已涸露，必須切去百餘丈深，以見水爲度，期使北注大清河之黄水，與西岸牽平汛漲時，得入運口浮送漕船，又於滚水壩南首接續之。程家灣民埝詢之土人，僉稱，前數年在巨浸之中衝刷殆盡，此時惟有創築攔河大壩，層土夯硪，加厢護埽，稍資得力，但此處去冬水深尚三尺餘，若須築做攔壩，必於水底施工，先將河水堵塞斷流始能舉事。臣寶楨於會勘之下，已派委陽穀縣知縣王亮采即日親赴該處監督興工，務將水底腳根立定，速行加高加厚，俾汛水由沙河南橋來時，束歸沙河北橋，入八里廟運口以濟漕行。其壽張縣所屬之十里鋪以北姜家莊河身，因黄水偏注，漸多涸露，年來漕船到此，俱係插標引導，繞坡水行走，仍應照辦。其必應行酌挑者，并飭王亮采及另派委員會同各地方官挑挖如式。所用經費，期無分毫浮冒其八里廟口門以内東阿縣所屬之運河，至五里鋪等處，以及至臨清之甎板閘，各州縣應挑河道新淤，亦經臣寶楨籌發經費，飭交東昌府分發各屬督同趕辦。至張秋八里廟以南河道，亦經臣寶楨飭委運河道王化堂查明應繞湖者，仍須插標引導，繞湖行走，應挑浚者，趕即擇要挑浚。俾漕船到時可以乘汛北駛，免致阻滯。此臣等現在會勘辦理護運束水浚河利漕之實在情形也。

惟查黄流遷變靡常，每出恒情意計之外，臣等此時就目擊之地形水勢熟籌審辦，所費頗屬不貲，實已竭盡愚忱，期於各路兼顧。然伏秋大汛經臨，情勢能否不再變更，殊難預定。惟有臨時由臣寶楨就近隨時查看，設法辦理，總期本年漕運不誤，而於下游民田，亦不至創深痛鉅，一決不可收拾，以仰副我聖主爲國爲民之意。

臣兆棟於二十三日即行起程，沿途察看邳宿運河情形，趕回清江督辦，兑運開行各事。臣廷櫆在濟查閲營伍，後亦即回豫辦理桃汛防護事宜。臣寶楨於二十三日，亦起程由戴村壩勘估各壩應修工段，順道折回省城，以後如有必須會商之處，臣等自當隨時往復函商辦理。所有臣等會勘築堤費鉅害重，未敢率行并現辦束水行漕各事宜。謹合詞恭摺具陳，伏乞皇太后、皇上聖鑒，訓示。再此摺係臣寶楨主稿，合并聲明，謹奏。

綜述

宋 樓鑰《攻媿集》卷五九《餘姚縣海堤記》 餘姚爲紹興壯縣，岸大海者八鄉，分東、西二部，綿地一百四十餘里。舊有長堤，蔽遮民田。孝義、龍泉、雲柯三鄉沙漲土高，無風潮衝决之患。開元、東山、蘭風、梅川、上林五鄉間有闕壞，實爲民憂。其東自雲柯而北至于上林爲二萬八千尺，慶歷七年縣令謝景初爲之。王文公記之。

今自上林以及蘭風四萬二千餘尺，慶元二年冬知縣施君宿所築。其中有石堤四所，計五千七百尺者，又其所創建也。邑人求記于余，謝之曰：『令尹之功力，固倍于前人，然前有文公之記，何敢爲第二碑。』請不已，則又曰：『文公之文不可及，姑以記今日之實則可爾。』余外祖汪公少師，宣和中嘗爲是邑，修燭溪之湖，建承宣之亭。其後伯父、從兄皆嘗爲之。婦家王氏自尚書而下四世寓邑中，熟知海堤之爲害，而近歲猶甚。大率歲起夫六千夫，役二十日，計工一十二萬，費緡錢萬有五千。夫力或不均，弊孔百出，故勞費如許，民力不堪，曾不足以支一歲，而又往往蕩去矣！施君始至，問民疾苦，咸以此爲大病。親往視之，詢究利害，乃得要領。選鄉豪之首，公强幹爲人所信服者十五人，分地而共圖之。尉曹趙君伯感協力佽助，必欲集衆力以捍怒濤，謀久計以蘇民瘼。承平時提刑羅公適、知縣秘書丞牛君嘗以石爲之，今既百年，舊迹遠在海塗中，則民田之侵多矣。

先因修築，搜取塗中舊石創築二千七百尺，用工二十萬三百六十，以蔽東部之田。惟西部三塘，以紹熙五年秋潮爲灾，故堤蕩盡，爲害甚酷。乃于謝家塘、王家塘、和尚塘三處度爲石堤，通計三千尺，尤當海水突怒之衝，鄉民趙明、釋子行球董其役。約費甚重，邑不足以供，列于府。于監司提舉常平劉公誠之深主其説，首助穀三百斛，益勉爲之，凡所陳請，率應如響。通守王君介、幹辦公事王君柄左右尤力，令得恃以展布，堤高一丈、石厚一尺爲一層，用石至三萬尺。縣出緡錢四千三百有奇，邑之士夫與其鄉人助三百萬，工力尤重，費猶未足也。兹事既成，則并海之田始盡可以無虞矣。

前者惟知修築，弗思守護之策，隨補隨壞，迄無寧歲。況堤壞有漸，特人事有所未盡爾。冬而起夫，春始興役，因仍粗畢，姑以辦聞，日隳月損，無肯出力。蟻穴尤能潰堤，況秋至潮起，其壞必甚。亟科近堤民夫爲之救，捺農事方殷，青黄未接，安有財力以爲久計？今則四邑官分季臨視，廟山、三山兩寨官月遣十兵巡其上，鄉豪又伺察之。堤苟有闕，即以聞于邑，隨即補治。其視蕩然而後爲之者，豈不相萬萬哉？令猶以爲未也。謂不有以爲千百載之圖，終恐不足以繼，而前功寖隳矣！

于是又議建一莊，約爲田二千畝，始得上林海沙田二百三十餘畝，又得東山汝仇湖外之地六百八十三畝，龍泉有桐木廢湖素不蓄水，得七百四十五畝，三者凡爲田一千六百六十八畝，皆出官司之相視，不妨公，不害民，收地之遺力，俱有水源以爲灌溉，募民耕墾，假以資糧，菑畬新地，皆成阡陌，得禾稼實利以助費。又將益求曠土，且以其收而歲增之，以足二千畝之數。築倉于縣酒務之西，專儲粟以備修堤之用。歲省重費，民遂息肩。浮土爲千金之堤，斥鹵化膏腴之地，傳之將來，利顧不博哉？劉公又備邑人所請奏之九重，白之廟堂及當路諸公，乞以此莊之田依常平法，不許他用，仍禁官民户之請，庶可經久。聖天子加惠田里，諸公相與維持其説，亟下俞音，曾不淹時，令率吏民祇拜，明命刻之堅珉，以詔後人。今之宰劇邑者，簿書期會日不暇給，水利等事遇有急闕，趣了目前，其至誠愛民有不可解于心，而才智足以行之如施君者，幾何人？

施君湖之長興人，實司諫之子，司諫用不盡其才，齎志而殁。君能世其家，下車以來，百廢具興，飾以儒雅，整辦有餘，銖積寸累，以圖此舉。中間易地之行，咸恐敗于垂成，及其來歸，爲之愈力。百年之害，一日盡除。去歲他邑告歉，而此獨豐。海田幾于倍入，明效大驗。今已如此，宜乎邑人歌舞之。天下之事，害不極則利不興，若有數然。民困已甚，令以深長之思而興民，庸部使者之賢，建白甚明，聖朝勤恤，民隱遂躋登，兹非止人力也。後之人守其成規，隨力補治，雖至于無窮可也。因作爲詩章，命邑人歌之，俾勿壞。

歌曰：舜江之爲邑兮，居越之東。八鄉瀕海兮，水浴日而吞空。古有長堤兮，庸蔽遮乎一同。人力有限兮，海濤之來無窮。濤來如山兮，日相撞舂。一有闕壞兮，葦不可障，而泥不可封。民將爲魚兮，良田墊于馮夷之宫。歲月勞費兮，民告于鞠凶。萬五千之緡錢兮，十二萬之民工。惟令之賢而才兮，有尉曹之和衷。築土纍石兮，折彼波臣之衝。矗如長城兮，繚如萬丈之晴虹。部使者主盟于上兮，飛章徹于九重。仰明聖之恫矜兮，朝奏而暮，惟人欲之從。墾田倍于千畝兮，藏其收于廩中。禁豪民之侵漁兮，雖巧取而弗容。化斥鹵兮，土膏隆隆；變歉歲兮，爲年之豐。良耜畟畟兮，多稼芃芃。穫之積之兮，將櫛比而墉崇。歌以訊之兮，樂石是礱。赤子相告兮，永無忘令君之功。惟後人之勉勉兮，用心以公。視此堤之闕兮，謹爲之彌縫。念經始之囏難兮，尚圖功于厥終。

宋　薛直夫《渠堤記》（康熙）《雷州府志》卷一〇　東洋之田，雲連萬頃，東南有海潮之害，西北有湖塘之利。海潮，田之螟螣也。湖塘，田之膏雨也。去其螟螣，施以膏雨，何、戴二公之遺爱也，至今民歌頌之，不能忘。然，頌何公者，則專浚渠。頌戴公者，則專築堤。是二公于斯二者，有偏重耶？

余常原其故，然後知二公切于愛民，宜無所不用心也。戴公堤岸之築，實乾道五年。先是，紹興年間，經歷司嘗委胡簿修築矣！故公則專意鑿渠，以通水利。自紹興至乾道方十二年，何公兩渠尚爾通流，而胡簿堤岸卑而且小，歲久寖壞。故戴公胡簿堤岸之外，別築一堤。今胡簿堤岸尚存，而戴公堤岸非惟高廣數倍。而濱海斥鹵之地，在胡簿岸之外，增高何啻數百餘頃。有何公渠而無戴公堤，則螟螣之害不可得而除。有戴公堤而無何公渠，則膏雨之利不可得而致。前有何公以濟其利，後有戴公以除其害，東洋萬頃得成良田，厥有由也。

今以丈計之，東南捍海之堤有三：自通明市路沿海而南，投西至擎當渡北岸，計八千八百丈五尺；自擎雷渡南岸投東向嘉禾渡至楊消港北岸，一萬一百一十九丈九尺。自嘉禾渡南岸投東至那涌港，計二千四百二十丈。西北瀦水之塘有二：北曰特侶，西曰西湖。自特侶導河西南以至南閘，計二千六十七丈。自西湖導河而東以至東橋，計七百九十五丈五尺。此堤岸河渠之大略也。

堤岸主之統管，河渠主之塘長。堤岸稍有損壞，爲統管者，能拘食利户以修築之。河渠稍有湮塞，爲塘長者，能率用水户以開浚之。興利除害，雖千載如一日也。設爲統管者，狥私廢公，而堤之損者不築。爲塘長者，僥倖更替，而渠之塞者不浚。積而至于歷年之久，郡縣行移勞民動衆，皆統管、塘長不能任責之故也。

今兩渠各已流通，疏導亦易爲利。捍海之堤僻在東南隅，縣官未嘗親歷，統管視爲細故合無定爲規約。自今堤岸已築，閘竇已通之後，責今諸統管認地分各任已責。如將來或鹹潮衝入，被害之人指定申州委官點視，將分地統管重新號令，籍沒家産，以謝被害之家。

今堤岸統管、特侶塘長并合仍舊，惟西湖一渠自閘下至東橋湮塞七十餘年，舊迹不存，近方開浚，專委進士學正王應容充塘長，三年一替其下次，亦委南門外士友或上户近便朝夕究心，以爲永久之計。今慮其將來無所稽攷，乃聚其築修始末、地里丈尺，以便後之仁人君子見云。嘉靖四年記。

元 陳旅《安雅堂集》卷七《餘姚州海堤記》 餘姚北枕大海，其地曰蘭風、東山、開元、孝義、雲柯、海川、上林者，皆潮汐之所争也。州在宋爲縣，慶曆七年，知縣事謝景初自雲柯至上林爲堤二萬八千尺。慶元二年，知縣事施宿自上林至蘭風爲堤四萬二千餘尺，中石堤四，計五千七百尺，餘盡累土耳。施令以土累者易敗，當每歲勸民集財，乃請于其上之人，置堤田二千畝，以得于田者時其敗而治之。而寶慶中，民淪于海者殆百家，土堤雖謹治，不足恃也。

皇元升餘姚爲州，州視縣得展其所爲，然未有能除民所甚病者。蓋海壖自寶慶内移，大德以來，復益衝潰。今壖去舊涯之塾海中者，十有六里，歲揵木籠竹納土石，潮輒齧去之。謝家塘南爲汝仇湖，大將千頃，余支湖連之，其大强半州，西北田悉受灌注。海既廹湖，奪爲廣斥，而潮勢邛于平地，鹹流入港，遂達内江，田失美溉，故連歲弗穫，而殫民力、隳農功，與風濤亢而卒不勝，蓋四十年矣。至元再元之四年四月方成堤，六月復大壞，紹興路総管府檄委州判葉君恒治之。君視壞堤，自開元至蘭風，見凡土爲者皆缺惡，愀然曰：『是之爲民禍也，有窮已乎？』遂與其鄉老人議，爲石堤宜，則又曰：『攻石費鉅，出錢大農，當煩文書，遲歲月，比得請，州其沼矣。若等能與我共爲之乎？今費雖鉅，常歲之費則省，而若與子孫奠居無虞也。』聞者咸曰：『民志則然。』白于府，府亦聽民所爲。

于是，有田者願計畝出粟，或輸其直，至者以力，亦喜於服役。君屬民高年與正於里者，掌出納以率作，又請于府，免民他科徭，得以悉力是役。宣閫亦下書，毋以他事使，葉判官輒去州。君先使人浚河渠，復廢防，畜湖水，伐石于山，以舟致之。分衆作爲十有五所，所有程督，君徃來涖之。其法布杙爲址，前後參錯，杙長八尺，盡入土中，當其前行。陷寢木以承側石，石與杙平，乃以大石衡縱積叠而厚密其表，堤上側置衡石，若比櫛然，又以碎石傅其裏，而加土築之。堤高下視海地淺深，深則高丈餘，淺則餘七尺，長則爲尺二萬一千二百十有一也。其中舊石塘之危且闕者，亦皆治完之。

至正元年三月癸亥，成是役也。用民之力而民不知其勞，賦民之粟而民不以爲費，徃徃喜而言曰：『餘姚自今其有州乎！吾歲歲困于禦海，自今其遂休乎！因運石以治川澤，遂得沃吾田，浮吾舟乎！』州士楊瑛以校官謁選京師，致其長老之言以求記。

葉君鄞人，字敬常，國子生釋褐授是官。在成均時，余忝師屬，最相親，能深知之。天下之事，蓋未有不可爲者。不知所以爲，又使人得以其私欲而撓之，是以爲之而難成也。敬常清謹而詳練，清謹則守嚴，詳練則慮周，慮周而守嚴，則得其所以爲，又無有能撓之者，故于人所難成者而能成之。餘姚自前代至今，豈無用意于是堤者，而其迹泯矣。數百年之久，惟謝、施二令與敬常之功稱焉。而敬常所爲，視二令又尤備也，則求世之能爲如敬常者，豈不亦甚少哉！余故著其所以能者爲世道也。敬常到州，當大火後，能佐其長舉百廢，作譙門，製刻漏，起舜江樓，新捕盜司廨舍，以至伸禁令，興教化，鋤奸抑强，以保寧良善，事多可紀者，而堤則其大云。

元 戴良《九靈山房集》卷二九《餘姚海堤集序》 餘姚俯瞰大海，而西北當其衝。每歲海潮奔突，颶風挾怒濤，相輔爲害，率常破廬舍，壞土田，且將魚其人而沼其地。

當宋爲縣時，知縣事謝景初嘗爲堤二萬八千尺，施宿又爲堤四萬二千尺，而其中爲石堤者五千七百尺，其所以與海爲抗者，可謂至矣。然土堤善崩，而舊涯日墊爲斥鹵，凢西北田之受灌陂湖者，亦且溢入鹹流，歲用不稔。國朝易縣爲州，四十餘年，而國子葉先生來爲其州判官，行視敗堤，亟與鄉之父老圖所以弭之。迺規貨食、募匠傭，揆日之吉，甃石爲堤，以尺計者，捻二萬四千二百三十五。其視前人之功，可不謂益至矣乎？於是州之民相與誦美之不已。既致辭走京師，請國子監丞陳公衆仲、翰林學士王公師魯，爲文記其事，而復退率州士之工乎詩者，以及寓公過客，作爲樂府、歌行、五七言近體若干首，以咏歌先生之功於無極。先生之子南臺掾晋，哀集爲若干卷，將鋟梓以傳，而屬余序之。

昔漢召信臣爲南陽太守，嘗造鉗盧陂於穰縣，累石爲堤，以節水勢，田獲美溉，民甚利之。及後漢杜詩爲太守，復修其業，時人爲之歌曰：『前有召父，後有杜母。』先生繼謝、施二令爲海堤，視杜之繼召作陂堤則同，州人士歌思之又同，所不同者，彼盖漢史傳其事，此則出於民俗之誦美，而非太史氏之所紀録也。雖然，杜之功，僅齊於召，而先生之功，則非謝、施所可及，庸詎知是堤之築，不有待於先生而後大顯於世乎？則夫他日之秉史筆者，固當以先生之紀録，追見乎前事，而召杜不得專美兩漢矣。《詩》曰：『惟其有之，是以似之。』庸敢竊取斯義，序所以作者之意如此。先生入官之履歷，作堤之歲月，與夫爲政之大凢，載之記文，得以互見者不贅焉。

元 李存《俟庵集》卷二六《題餘姚州海堤記後》 余雖山澤之槁，然平生見有禄位於時者而偷，未嘗不忿焉其若仇，亦不自知其果何故也？葉君敬常判餘姚州，復海堤於數十年廢壞之餘，且增廣於舊，易土以石，厥惟艱哉！餘姚北鄙之民，其免爲魚乎？

吾聞敬常積業於成均，所習者絃歌俎豆耳。一釋褐而判是州，即能因民之力，而成是役。日短衣執撲於泥淖畚鍤之間，冒風雨、犯霜露於大海之濵，啖蝦蟹於草茨之下，使餘姚不失其所以爲州，孰謂儒者拘而不通，能逸而不能勞乎！信州貴溪縣與弊邑接，舊有没官田租七百餘石，以民間之私征，而輸於州之公庾，罄其成或不足，往往而逃移，田則荒，而租自若也。由是責耕於荒之隣以輸，吏歲舞多寡以賄，益病而逃移者過半矣。又責於通邑之有賦者，從其賦之高下，使白輸焉。而其間復有能以力免者，以至於今無善畫也。

吾嘗道過其荒，甚衍迤茂草，土人以牧，嘆且自謂，苟得尹丞簿兹邑，必將請于州于使，而專事於荒。其山流之大者，陂之細者，堨之而支其溉。荒苟有溉，則墾者不督而力，溉所不及，則求其坳而潴之，亢者圃之，三年宜裕乎成也。吾然後理其墾之廣狹，而均征之。又爲之求輸於縣倉，而免其漕運之費；求額于折收，而寬其水旱之危。苟有可以毫髪輕利之者，無不爲已。不謀削於公家之經常，不借費於官府之儲積，比於海堤，不更易易乎！而未嘗有一人口及之者。

古今天下興利除害之事，豈皆必不可爲乎？患人不肯爲耳。近林鉛山窮根株於造用，僞楮者亦以寧。且聞敬常已受代復留，而卒役甚，以其不偷乎？使天下仕者皆林葉其人，何廢之不舉，何役之不成，何弊之不革哉！宜乎有顯而文者，爲之記矣。顧復贅於言者，由其素心之所樂聞，且欲以貴溪之荒，有望於賢士大夫之來者也。

元 柳貫《待制集》卷一七《海堤録後序》 昔陽夏謝景初、吳興施宿嘗先後令餘姚，皆嘗建海堤之役矣。謝之築自雲柯至上林，爲堤二萬八千尺，施之築自上林以及蘭風，爲堤四萬二千餘尺。而王文公記謝事略而不詳。

樓宣獻記施事，謂堤之爲害，近世尤甚。大率歲調夫六千，役二十日，計工十二萬，費緡錢萬有五千。勞費如是，民力有不能堪，乃列于府，于監司，而縣出緡錢四千三百有奇，邑士大夫、鄉人助亦三百萬，提舉常平至助穀三百斛。然築堤四萬二千餘尺之中，石堤四處，僅五千七百尺而已，則餘堤皆不過用土。其靡費錢穀之多已如此，而秋潮之湍悍不常，田功之備禦尤切，於是議建莊置田，裒其歲入，以供修築之費，庶幾民有息肩之望，其爲慮遠矣。

嗟乎！今去施公又將二百年，田既籍之於官，而潮汐之侵齧日益爲害，救灾捍患固當隨時制宜，然古昔已效之策，在後人亦不可棄而不省。此《海堤録》繫以著文公之記，而繫以施公前後區畫二疏，欲使人之知夫海堤之役，不可以不加之意，而權其輕重，以爲損益，顧在乎人之弛張闔闢何如耳。至元四年戊寅之夏，州判官葉君恒方再興堤役，而施君之石堤淪没已久，方定議壘石代土，以爲經遠之謀。度其長至二萬四千尺有奇，工有緒矣。

明年己卯，君始購得舊録於里民王氏，喟然嘆曰：『此吾事之鑒也，泯泯無聞得乎？』將重刻之梓，傳示無窮。予嘉君究心堤事，纖悉不遺如此，而其不没人之善又如此，因其有作，故表而出之。宣獻記文舊録不載，而郡乘有之，亦并繫焉。

元 王惲《秋澗集》卷八九《論渾河泛溢請修治堤堰事狀》 伏自今月内，武清縣北鄉按部回至洪濟鎮，值渾河泛漲，其瀕水民家已爲淤没，若湯湯不已，大有可慮者。因行視堤堰水勢，東南至孫家務，西北至本鎮南，東西横亘約十五餘里，其堤堰低狹，高闊不過丈餘，又年深頽剥衝渲，一土埨而已。河水伏槽時，視堤南平地尚下數尺，兼土脉踈弱，水性善崩，黄猫野鼠穿穴又多，固不足以禦大患、捍水衝。萬一泛决，沛然莫禦，而堤南二十餘村人畜田廬，盡爲漂没，其害又非蟲蝗之可比也。

就問得孫家務一帶，去年秋已被灾傷，但不致太甚耳。外據漷陰縣東北沙渦口等處，略與武清縣北鄉事勢相同。即目縣西北近河堤南田禾已在水中，及有淤死頭畜。合無專令各縣正官一員，晝夜巡防堤備破决，但望不致踈虞。才候農隙，令都水監官相視堤岸踈惡去處，如法修築，使一方永逸，以絶水患，寔畿内兩縣之大利也。某職當司察，親覩利害，不敢緘默，自取言責。據此合行具陳□□□□。

明 謝肅《密庵詩文稿·密庵文稿己卷·上虞縣海堤記》 天下之水，惟海爲大。海實周乎地之四垂，其在西北，地勢高，潮汐弗能及。東南地勢下，而南海則非江湖諸大川之所會，其所會者，東海耳。然東海怒湧，往往西侵燕、趙、齊、魯、吳、越之地，其爲灾也不一，固嘗起堤以抗之，輒復吞囓，蓋自古記之矣。

皇明洪武四年秋七月，越之上虞海堤潰，大傷田稼，民以訴縣白于府。太守唐公以爲憂，乃亟臨海上行視决堤，召縣令及父老與長于里者，惻然諭曰：『惟天子命我出守以昭事境内山川之神，而爲民徼福也。今海乃肆灾于民，其咎在予，予可不爲禦之邪。夫禦海莫善治堤，治堤宜先鑿渠，鑿渠得土即累以爲内防，然後外作石堤，則不患无渠以通舟致石，而堤成無難者。第於吾民不能無費且勞耳，若意謂何？』縣令趙允文曰：『太守公所以来者，將堤海以弭灾，又不忍勞費其民，何仁之至也？然海堤於民雖暫勞，而終佚之。雖暫費，而終惠之。公又何憂乎？』父老及長于里者曰：『願爲海堤也，得驗田以出粟，何費之惜？差力以共作，何勞之辞？以廉幹者爲程督之，何事之不集？惟太守公所令而已。』

公皤然喜曰：『凡若之言，吾之意也，吾爲圖之。』即還與闔府僚佐議，無不謂便。遂以其事檄委府史羅子真，子真奮曰：『是吾鄉邑事也，且太守公所委，能不盡吾心乎？』既至，則趙令以秩滿去，子真乃獨蒙氛霧，觸風濤，度地合徒，穿渠一萬三千尺爲防，如渠之数。於是乎大起石堤，自纂風至于荷華池以屬於堤。

故堤者，前元郡吏王永奉檄所築也。永見往時堤皆土纍，故善崩，始易以石，凡八里餘，尚粲土。則今爲堤處也，堤趾布杙四行，没上八尺，前行既陷，側石以護之。乃置方廣之石于其上，外則叠以鉅石，縱横上下，勾連參錯，以拒洪濤之激射。内則救夫石之小者，雜以剛土，築使堅密完壯，仍包以石而與外称焉。其廣四十尺，其高視廣得五分之一，其長以丈計之至一千三百。其石與杙以枚数之至十餘萬。其用人之力，以工積之至十二萬有奇也。

方堤築且四之三，子真以事赴府，府委縣主簿史文郁繼董其役，而知縣張翼縣丞達貫道咸協相之。夫以府史暨邑之長貳用太守公命以勸督事功，宜其成之之甚速也。然而率作，恐違農時，且必在水潦既乾之際，間又相故堤之缺圮者，與溝之填閼者，輒補浚之，以故越又明年而工始訖焉。

是年并堤之田，收倍于常。民歌之曰：『彼海之灾，捍者其誰。我有賢守，作我石堤。』又歌之曰：『水既潤下田彼海，傍甌窶汙邪秔稌。以穰以食，我于無疆。』言徭役罷，而耕種遂也。已而邑人謀刻石以識，以訓導黄韶所具事實，徵記於肅。肅辭不獲，乃爲之言曰：『上虞北據大海，海南有湖曰夏盖。夏盖之南又連上妃、白馬二湖。而田之西盡江東、極陳倉，南距群山，北屬海者，皆受溉于湖也。然湖既逼于海，海堤時壞，則鹹流乘湖以入，而田爲斥鹵，五穀不育，民且告饑矣。是則堤海，所以衛湖，衛湖所以護田，其利害豈細故哉？

昔王延世塞河成堤，功費約省，而漢史志焉。韋丹築堤捍江，老幼思之，而唐史傳焉。今太守公之禦夫海也，堤既成，截然令潮汐不復爲羨溢之灾，故民思其惠利於永久而不憚乎？一時之勞費者，豈非規畫有方。任屬得人，遂底于成哉。其與漢之塞河，唐之捍江，功實相侔，誠不可以不書也。

抑肅又惟水土之政所以養民，凡受牧字之寄者，能以是而爲務，則民獲其養，民獲其養，則教易以行，俗易以美，以賛國家太平之治於是焉在。則太守公所作上虞之海堤，豈不有關於水土之政之大者乎！故謹書之，使来者之有考也。公名鐸，字文振，泗州虹縣人，由殿中侍御史出爲今官，治郡多政績可紀，此則著其一云。

明 王宗沐《淮郡二堤記》（乾隆）《淮安府志》卷二九 隆慶五年，歲在辛未，河大溢，壞漕舟以千數。天子念大計，不以沐爲不肖，授璽書使董漕計；拔自藩轄，異數也。奉命感遇，不敢不竭力報稱。乃申法更規，萬艘肅集，完歸大農，遂復祖宗之舊。

踰年，淮父老詣余泣曰：『郡地專受淮，故稱淮安。勢自西南，歷清河而東，與南湖僅隔拳土。故高家堰有堤不治，而淮輒入湖，淮、揚兩郡皆困。兼且防漕。』余惕焉，按之信然。乃檄守陳文燭，以軍餉六千餘金，致鄉先生周君于德、周君表，胡君效謨、胡君應思築焉。又明年癸酉五月，淮水溢，平地高三丈餘，而以堤故，不溢入湖，郡之南鄉與揚皆無恙。然勢掠郡西，合黄河折而經北城下安東，則洶湧幾嚙西橋，奪漕河而出，余爲之不寢者三夕，幸而勢稍殺，則又以其泛濫四溢數道，出禮、信壩及鉢池山，民在巨浸中，至八月而始涸。余以灾請，幸天子仁聖，捐米八萬石以賑，而又折漕糧。是時幸淮獨漲，使稍遲半月，與黄河并發，則事不可支矣。

是年冬，余再檄于同知時保，以所賑之餘米一萬石，募夫築郡西長堤焉。高家堰堤，北自武家墩起，至石家莊止，計三十里而遥，爲丈五千四百。堤面廣五丈，底廣三之，而其高則沿地形高下，大都俱不下一丈許。而又于大澗、小澗、貝溝、舊漕河、六安溝諸處，築龍尾埽以遏奔衝。堤内自澗口以達章家莊，浚舊河以泄湖水，使不浸嚙。工凡五十日而畢。郡西長堤自清江浦藥王廟迤東，歷大花巷，由西橋、相家灣，直抵新城，過金神廟，止柳鋪灣六十里而近，爲丈八千七百九十八。堤面廣四丈，底廣三之，高可七尺餘，蜿蜒如長虹，以障郡城之北。工凡三月而畢。

余按：淮安郡三城在淮與漕河夾中，自嘉靖中年以來，無歲不被水，而其最甚則己巳、癸酉極矣，鞠爲大澤，不見水端，民棲樹巢塚，以救旦夕。即余疏中所道，蓋其十之三四也。而今二堤并峙，高家堰獨抗淮于西南，而西長堤又障河于西北，蓋至是而民者、田者，皆有寧處，可望生全，無苦昏墊矣。余不才，且旦夕乞去，然使來者慎守，而時護視之，永以爲障，使吾民得粒食，育子抱孫，則大幸也。顧淮水高于郡，勢若建瓴而下，使其發時與河并，則爲慮尤巨。且西辰堤能障溢水，而其從下嚙而崩者，不能却河，故去城數十里。而今乃在城下，是其大勢漸浸而南可覩也。開草灣以分河勢，通澗河以防溢流。余心耿耿念，而力已詘，民亦告病，姑少休之以待。文燭，楚之沔陽人；時保，浙之嘉興人。而是時同襄二役者，郭同知大綸、王通判宏化、諸推官大倫、山陽縣丞談嘉謨也。

明 鄭岳《山齋集》卷一三《郡守黄侯修築石堤碑》 昔賢治迹若召埭、韋堤，可考也。維莆自唐觀察使裴次元、長官吴興始堤海爲田，延袤數百里。若遮浪、東角，尤當海濤沖敵，歲吞嚙以爲民患。

揭陽黄侯一道來守，嘆曰：『搏柔土以抗狂濤，非計也。』於是殫慮區畫，白其事于巡按方君涯，報曰：『可。』侯迺於遮浪築四石磯，外樵松木，實以亂石數百艘，以殺潮勢。迺傅堤叠石，高九尺長，一千四百餘丈，横亘屹立，勢若長城，計用石十倍其長之數。若木灰、徒傭，費甚夥，給公帑不滿百金，税畝以助之，且多措置罰贖，簡能授算。以去歲五月始工，越八月告成。於戲！侯於茲役，固一郡之大計也。嘗聞洪武、永樂間，堤兩決矣，其時白浪直趨壺山下，草木盡死。其後積歲修治，苟安目前，卒未有計經久議用石者。鎮定坤維，消弭海禍，若侯可謂不世之功矣！侯剛果敏達，勞心勤民，郡無遺便，此特其大爾。兩鄉之民議立生祠祀侯，取埭田十畝以充香燈，且礱石竪碑，用紀厥績。侯既去，郡郡丞譚侯鎧終其役。余迺追述其槩，刻之碑，系以詞曰：

粤惟遷史，河渠有書，循吏繼作，水利是圖。

召埭城北，韋堤江西，眷茲捍海，功實與齊。

狂飈鼓浪，長城屹如，奠居袵席，沃壤秔稌。

昭揭駿功，廟貌翼翼，望洋興思，永世無斁。

明 黄克纘《數馬集》卷二六《無為州新築護田長堤記》 昔者聖門論政，首稱因民之所利而利之。夫民有利，民所圖也，官何與焉？利非民有也，天地之有也。民能資利於天地，而不能使天地之利悉爲民用，於是爲上者，相其土宜而導之使開，聚其物力而鼓之使奮，憂其患害而曲爲之防，虞其匱乏而廣爲之助，民有利而上導之，雖謂利出於上可也。故召信臣開通溝瀆，起水門堤閼凡數十處，郡以殷富。鄧晨興鴻郤陂，溉地數千頃，而郡以豐熟。此其彰明較著者也。夫溝瀆陂池，猶其小者。至若李冰穿二江于成都，灌溉田疇，而蜀民至今享其利。西門豹鑿十二渠，引河水灌田，而鄴中至今遵其法。語水之大者，莫如江河矣。縱其潰決，雖有桑田，悉巨浸也。固其堤防，雖有沮洳，悉良田也。太史公叙《河渠書》，喟然嘆曰：『甚矣，水之爲利害大也！』意在斯乎？

余游宦四方，慨然懷想於爲民興利之臣，乃于無爲州陳君見之。無爲，廬江支郡也。濱江而田者十居六七，皆與水争尋丈之地，障之則爲田，而潰之則爲淵。一或不戒，而萬頃沉溺，三秋失望，雖遲之十數年，尚不能復故也。陳君以歲之甲寅來視州事，巡行阡陌，知民間恃堤防以爲命，乃新築二壩以爲田之藩衛。歲丁巳，江水大漲，堤岸幾没，君從士民請，復築三壩，長四十餘里。基廣七丈，上半之，費白金七千九百餘兩，役夫萬一千有奇。舉鍤成雲，引渠爲雨，不踰十旬，而大工告成。向之浮沉震蕩於波濤之中者，今屹如丘陵，可長恃以無恐。縱遇凶荒，而滔滔江漢，酌焉不竭。雖謂天不能灾，地無遺利可也。是役也，田因其舊，議倡於民，而諮諏審度，捐帑鳩工，則陳君之爲也。即未知與穿江引河者，功德孰大。而南陽陳留，殆不得專美於前矣！抑非獨陳君德也，蓋亦上官之澤焉。古者，郡守事得專制驛置，奏報計日得請。今之支郡，有大府臨之於上，又有觀察使者以彈治之，有塡撫大臣以保釐之，一議不合則惠澤皆壅。且夫八千金，非小利也。役萬衆，非小勞也。築堤四十餘里，非細故也。儉者惜財，慈者惜力。況乎其意見横生以相抑也，何工之可成？

陳君所遭，則有若太守馮君、觀察賈君、塡撫尚書陳君，皆志急民艱，議與君合者也，其功成有自矣。《易》曰：『説以先民，民忘其勞。』《記》曰：『上有大澤，則民夫人待於下流。』不佞以此爲陳君之勞，説之誼也，推而下之之説也，又以此爲上官之澤，待之誼也，遡而上之之説也，馮爲余督學時門人陳爲里閈親友。堤成，徵記於予，余故喜談而樂道之如此。陳君名薦，楚之邱陽人。賈君名之鳳，晉之陽城人。馮君名聖世，蜀之合江人。知州陳君名義□，閩晉江人。例得書。

明 陶汝鼐《榮木堂合集・文集》卷六《增修廟灣諸堤記》 五行之力，足以撼天地者，惟水而已。玄圭底績以後，世輒患河，史稱發卒數萬，金錢數十萬不絕書，顧未一及江。豈古今事殊，不知澤國之憂後世如此耶？河水患決，雖歲有役，而決亦非常。江水至春夏必泛，歲或至再，井田廬舍，率將恃堤垸以爲命耳。而又非有大監作如司空、御史大夫之重也，非有朝廷歲發之帑儲也，徒使民間皇皇，竭汗血以與水爭。荆之受漢也是矣，而沱潛爲最。甚且在兵燹之餘，諸堤久不治，井田廬舍廢過半，歲洊饑。

朝廷惻肰念之，可督撫兩臺奏。荆、安二郡之要害，咸堤焉，而以郢郡丞馬公董其事。公廉敏彊幹，聲素著。天子詔以方面用之，肰督撫、監司、太守俱以是役强留公。公殫悉心力，不避勞怨，暴露風日，寢蘧食蔬，與役作之徒同苦，民用是勸，役用是勤。工最浩者，闞廟三堤也。公手口瘏瘁，與吏民約，塡沉璧之疏以松，易淇園之楗以石，裒蜮沙之疏以壚。登登陑陑，荷畚鍤而相杵者，合五屬之卒幾千人，越二年而工竣。工之費當十數萬，民所輸僅三萬而就。視昔高數十尺，廣倍之，蓋廉與敏之效也如此。昔西門豹發民鑿十二渠，當時民煩苦不欲也。豹曰：『民可與樂成，不可與慮始。今父老子弟雖患苦我，朕百歲後期令父老子孫思我，皆得水利，民人給足。』其後，長吏欲復合三渠，而鄴父老不肯聽，以爲西門君所爲百世利也。

公用廉立威，誠如西門君，而郢之父老子弟咸旦夕荷公賜，未嘗有所患苦，則又過之矣。公曰：艱哉！民之患苦，實不能無。朕工既就，不可謂無益於朝廷，無利於百姓，朕某何能爲是役也？斷乃成，天子之賜也；謀乃成，督撫臺使者之賜也；省乃成，監司太守之賜也；㢮乃成，同寅五郡邑之長令賜也。乃乞予書之，以勒于關夫子之庭。於戲！公即日當去此爲方面矣，國家《河渠》一書，將自公等始，豈獨功名所繇立而已哉！公諱某字某□□□□。

清 王鐸《擬山園選集》卷六〇《新修河堤碑》 今崇禎四年某月，縣侯杜公始修河堤，長十三里，闊二丈，自舊縣袁清水店起，某年某月某日請上官費金若干，津之人便之，捍濤菑濟蚤庇于人廬禾田，相與歡樂焉。邑人王鐸用紀其成功，曰：『津之稱孟地，陋山夾河，自底柱曲，而縈于東南，孟門神堤，未能相紐，故爲巨浸，噬我土膏。

國初以來，屢被崩圮，乃掄埧之頹埳，年來波后弗靖，肆厥大狂，舊縣數千家牀簀所齊，濁流過膝，㳄濈湍怒，哀號聲徙，谷用不登，于食罔井蕭洩以爲疆吏憂。今季霪雨七十餘日，岌岌如前。雖陰陽之嚮背，既爽攸宜，而滔天漭潒，憮憫興嗟，人謀斯鞏，豈不能堅我厚堰，禦彼奔瀾，遂俾馮夷彌逞其違，而卒莫之蚤拯蚤美。

我公侃朕修禋潔之服告司水無相瀆害，以浸天之武權，順其五紀，潛其五精，化其五整，相地險夷，刈蔞蔞夷築之用，埥陘距之堹之崇之窒穴孔阜百堵，邪許之勤，則負餱爲之給，則戹匭水漿爲之理，養養蘇蘇者，使勿舒脫顧趾，以杵厚頂不鋭，薄公遂茇憩于時，弗怠弗止，體勢卦而宅師，迨于某月告厥成。人時蚤穫，庶得降丘宅土升虛邑爰覿攸芉十蠱之日啓兹亭道既去，彼險膚去，彼戎毒誕，受邦之臧公之籲懷，不憚鞠苦兹，乃免于臭載，非如韓牧作水技執言，而誶河伯公實釋躬瘝躋永阜康，令玄冥受于他譙，循瀆鍾美漮約衍朠。惟克奠下方而迓上貺，所謂我心肩扃事集人定豫道已得功之大，蚤益于土。在昔臺駘宣汾洮障澤晋，是以蚤沈姒蓐黄之祀，以光令績。亦惟曰十世之利，今津堅堤天子之靈庇河利，日沄天子之景福，揆于經力之攸佐凡百。津人歌舞無斁于都哉！沙鹿不書，人稼其寧，固所以爲保乂者，辛未夏沓夫寧一可歲月計耶？

清 張九德《靈州河堤記》（乾隆）《寧夏府志》卷一九 靈州阻河而城，其西南當河流之衝，復趨而北可十里，每夏秋湍激受害不啻剥膚。雖秦、漢二渠溉田至數千頃，而利與害錯，其侵城實甚粤稽。

洪武甲子迄今，城凡三徙，皆以河故，而河亦益徙而東，自不偉來受事不一載，去城僅數十武矣。先是禦河歲役夫三千，束薪十萬，罔慮數百千金，率委諸壑。人情洶洶，議徙民徙城以爲長策，不佞則謂禦河猶禦虜也，虜闌入不偪之去，猶延之入乎？且勢若建瓴，而僅僅積薪委土與陽侯爭此助之決耳，計非巨石砥柱之不可。獨慮費且不貲，計無所出，不佞即捐月俸二百金。爲役者先而謀之薦紳，邑令戴君任及諸生輩議，提以石，無所事薪改徵河西年例柴價五百金，軍民願輸地基銀八十兩，暨諸捐助驗庫藏之羨，合之得千四百有奇。貲用集矣，則議民間量地畝出夫，量田里出車，調兩河營卒更番受役。工力備矣，乃造船百艘，運峽口石往來不絶。材具庀矣，遂請於先撫寧夏今制臺少司馬介石李公、前制臺今大司徒瞻予李公，俱報可。則以守備張大綬董堤務指揮，孟養浩司出納經歷，李盛春程工作，大興石堤之役。而議者紛若，謂濱河皆流沙不受任石，恐卒無成功。適旋築旋潰，衆口愈囂，予堅持之曰：『此根虚易傾耳，水豈能負石而趨耶？』益令聚石投之，一日盡八百艘，三日基始定。於是從南隅實地始，纍石爲堤首四十餘丈用遏水衝，繼以吹迤西而北，其纍石亦如之，計堤長六千餘丈。功甫成，而河西徙，復由故道，視先所受嚙地淤爲灘，可耕可藝，去城已十數里矣。

是役也，經始於天啓癸亥之正月，告成於天啓乙丑之四月，凡費時二年有半，費金九百一十有奇，費米麥六十石，而貯尚有餘羨。念往歲議堤請帑金萬二千，業奉旨下部覆不果，今議約三千金猶慮不足，至厪少司馬公捐俸金百兩，而同守盧君自立參戎，高君師孟等亦醵助有差，然卒以有餘羨，故蕳還，是皆百執事殫心經畫，靡有虚縻之成效也。噫！不佞初抵靈，行河籌之再三，始而秦渠堤隤，水暴洩不能灌溉，爲築長堤潴之，歲比稔。而漢伯渠又苦無尾閭，腴田皆成巨浸，因以治堤之餘，爲開蘆洞，長十三丈五尺，高廣各三丈五尺，自秦渠北岸抵窪橋，疏渠道三十里，瀉水入河，復故田數百頃，增稅額數千石，凡費金五十六兩有奇，而椿鐵諸費不與焉。古有言河者，天下之大利大害也，故周禮慎水政，以防止水，以豬蓄水，以溝蕩水，其法甚備，自堤石而城無受嚙，庶幾於河之害遠矣，而二渠之役亦借以收其利。不佞三年於此，未事則憂物力，方事則憂成勞，已事則憂久遠，今幸三憂且釋，得藉手告終事矣。抑天下事惟賢者能慮始，其次莫若因是三役者，因法於古，因石於山，因力於民，因能於衆，因主裁於上，獲逭喜事之辜，是皆今日所以成功之本也。例不可以無記，遂次其終始，以係之銘。銘曰：

渾渾經瀆，亘以金堤。順流而西，潛於靈府。禔福下土，聿鞏靈武。爰固我圉，用昌我稷黍。匪處白璧，而崇紺益。是維川后之仁俾，無逢其災害。亦越千禩，曰寧以泰。

傳記

《宋史》卷二七一《趙延進傳》　趙延進，澶州頓丘人。【略】漢江水歲壞堤，害民田，常興工修護，延進累石爲岸，遂絶其患。

又 卷二七三《何繼筠傳》　承矩，字正則。幼爲棣州衙内指揮使，從繼筠討劉崇，擒其將胡澄以獻。【略】時契丹撓邊，承矩上疏曰：『臣幼侍先臣關南征行，熟知北邊道路、川源之勢。若於順安砦西開易河蒲口，導水東注于海，東西三百餘里，南北五七十里，資其陂澤，築堤貯水爲屯田。可以遏敵騎之奔軼。俟期歲間，關南諸泊悉壅闐，即播爲稻田。其緣邊州軍臨塘水者，止留城守軍士，不煩發兵廣戍。收地利以實邊，設險固以防塞，春夏課農，秋冬習武，休息民力，以助國經。如此數年，將見彼弱我强，彼勞我逸，此禦邊之要策也。其順安軍以西，抵西山百里許，無水田處，亦望選兵戍之，簡其精鋭，去其冗繆。夫兵不患寡，患驕慢而不精；將不患怯，患偏見而無謀。若兵精將賢，則四境可以高枕而無憂。』太宗嘉納之。

又 卷三一四《范仲淹傳》　范仲淹字希文，唐宰相履冰之後。其先邠州人也，後徙家江南，遂爲蘇州吴縣人。仲淹二歲，而孤母更適長山朱氏，從其姓，名説。少有志操，既長，知其世家，迺感泣辭母，去之應天府，依戚同文學，晝夜不息，冬月憊甚，以水沃面；食不給，至以糜粥繼之，人不能堪，仲淹不苦也。舉進士第，爲廣德軍司理參軍，迎其母歸養。【略】

帝方鋭意太平，數問當世事，仲淹語人曰：『上用我至矣，事有先後，久安之弊，非朝夕可革也。』帝再賜手詔，又爲之開天章閣，召二府條對，仲淹皇恐，退而上十事：【略】

六曰厚農桑。每歲預下諸路，風吏民言農田利害，堤堰渠塘，州縣選官治之。定勸課之法以興農利，減漕運。江南之圩田，浙西之河塘，隳廢者可興矣。

又 卷三三四《沈起傳》　沈起，字興宗，明州鄞人。進士高第，調滁州判官，與監眞州轉般倉。【略】

縣負海地卑，間歲海潮至，冒民田舍，民徙以避，棄其業。起爲築堤百里，引江水灌溉其中，田益闢，民相率以歸，至立祠以報。

又 卷三四四《孫覺傳》　孫覺，字莘老，高郵人。甫冠，從胡瑗受學。瑗之弟子千數，別其老成者爲經社，覺年最少，儼然居其間，衆皆推服。登進士第，調合肥主簿。【略】

松江堤沒，水爲民患。覺易以石，高丈餘，長百里，堤下化爲良田。

又 卷四一五《傅伯成傳》　傅伯成，字景初，吏部員外郎察之孫。少從朱熹學。登隆興元年進士第，調連江尉。試中教官科，授明州教授。以年少，嫌以師自居，日與諸生論質往復，後多成才。改知閩清縣。丁父艱，服除，知連江縣。東湖溉田餘二千頃，堤壞。即下流南港爲石堤三百尺，民蒙其利。

《明史》卷一七六《岳正傳》　岳正，字季方，漷縣人。正統十三年會試第一，賜進士及第，授編修，進左贊善。【略】

成化元年四月，廷推兵部侍郎清理貼黄，以正與給事中張寧名并上。詔以爲私，出正爲興化知府，而寧亦補外。正至官，築堤溉田數千頃，節縮浮費，經理預備倉，欲有所興革。鄉士大夫不利其所爲，騰謗言。正亦厭吏職，五年入覲，遂致仕。

（嘉慶）《清一統志》卷五《直隸統部》　何承矩，河南人。太宗時，遼人擾邊。承矩上疏請於順安砦西，開易河蒲口，導水東注於海，資其陂澤築堤，貯水爲屯田，可以遏敵騎之奔軼。俟期歲間，關内諸泊悉壅闐，即播爲稻田。其緣邊諸軍臨塘水者止留城守軍士，不煩發兵廣戍。太宗嘉納之，乃以承矩爲制置河北緣邊屯田使，俾董其役。由是自順安以東瀕海廣袤數百里悉爲稻田，有莞蒲蜃蛤之饒，民賴其利。

又 卷五二《趙州直隸州二》 章忱，會稽人。成化中，知臨城縣。城北有泥河，忱築堤引水灌田，又教民爲桔槔以溉高阜。鄉鄙，舊無醫藥，忱檢方書使習其業。歲春令民及時婚娶，而節其費。

又 卷七二《江蘇省》 趙賀，封邱人，眞宗時爲江淮制置發運使。籍諸州物産厚薄，分劇易爲三等，視其功過自裁定，吏巧不得施。蘇州太湖塘岸壞及并海支渠，多湮廢，水浸民田。賀伐石築堤浚積潦，自吴江東赴海。流民歸者二萬六千户，歲出苗租三十萬。

又 卷七五《江寧府三》 楊延嘉，麟德中爲句容令。因梁故堤置絳巖湖以溉田。

又 王弼，黄巖人。成化中，知溧水縣。巨猾席勢武斷捕獲論死。境有湖可田，督民築堤，遂爲良田。

又 卷七九《蘇州府三》 蔡抗，宋城人。嘉祐中，知蘇州州，并江湖民田苦風潮害，抗築長堤，自城屬崑山，亙八十里。民得立塍埸，大以爲利。

又 韓正彦，安陽人。嘉祐中知崑山縣，砌石堤，疏三門，得良田數萬頃。民立祠祀之。

又 雍泰，咸寧人。成化中，知吴縣。太湖水漲没田千頃，泰議作堤，富豪繞之於府，泰執而痛杖之。堤卒成爲民利，稱雍公堤。

又 卷八三《松江府二》 劉俁，紹興末知華亭縣邑，賦孔亟。俁謁臺府，願寬假三月乃歸。治酒政，損關徵，不三月，課入自倍逋賦以償。海濱有泰山、鹽鐵、蚌港三堰，俱不治。俁作堤障水，灌田六萬畝。

又 卷八八《常州府三》 王沂，武進人，父與南京吏部尚書，謚文肅。沂，成化進士，歷禮部郎中。【略】宏治中，以右副都御史巡撫保定，諸府時賦役煩重，力爲裁損，滹沱河溢壞眞定民田廬，築堤捍之，奏免雜辦。二年，民賴其利。

又 卷一〇四《太倉州二》 張世昌，新野人。萬歷中，知崇明縣。民竈爭訟，世昌以法持平，無敢譁者。築海堤七十餘里，捍田萬餘頃。

又 卷一〇六《通州直隸州》 任建中，寶元間通判通州。築堤二十里以捍江潮，田無蠲没。

又 沈起，明州人，知海門縣。縣負海地卑，間歲海潮至，冒民田舍。民徙以避，棄其業。起築堤百里，引江水灌溉其中，田益闢，民相率以歸。

又 包檉芳，嘉興人。隆慶初，爲通州運判。時海潮大作，由石港至馬塘堤岸崩圮，溺死人畜無算。檉芳建議築堤，自彭家口直接石港縈紆十六里，凡各竈場産在堤外者，俱得全。民田遂免梁没之患。

又 卷一一〇《安慶府二》 陳于階，遵化人。嘉靖中，知桐城縣。邑城久圮，于階重築甎城。陳家洲沃衍濱大江，于階曰：此可障而耕也。築堤成，田歲獲萬計。

又 于廷采，萊陽人。萬歷中，知潛山縣。甃西堤，挽南河，以會東流。修築石閘，民賴其利。

又 卷一一三《徽州府二》 董復，浙江人。成化中，知黟縣。邑多山谷大函水，溢壞民田廬。復築堤埸以捍之，闢田數百頃，世享其利。

又 卷一一六《寧國府二》 郭羲，淳熙中知南陵縣。嘗除工山坑冶之害，修復堤陂，以資灌溉，田獲歲稔。

又 陳灌，廬陵人。明太祖起兵，除寧國知府。建學擇師，選子弟受業教化，洽於遠近，問疾苦，禁兼并，創户帖以便稽民。帝取爲式，頒天下。以暇伐石築堤，作水門蓄洩，護瀕江田，百姓咸賴。

又 吴尚默，涇人。萬歷丙辰進士。【略】時流寇大擾，檄練鄉兵三千以備守禦。築堤數十里，以溉屯田。勤勞九載，量移武昌，升本省右布政，卒。

又 卷一二六《鳳陽府二》 張旨，河内人。明道中，淮南饑，自詣宰相陳救荒之策。命知安豐縣，大募富民輸粟，以給饑者。浚淠河三十里，疏泄支流注芍陂爲斗門，溉田數萬頃。外築堤以備水患。

又 李若谷，緱氏人。仁宗時，知壽州。豪右多分占芍陂，皆美田，夏雨溢壞田，輒溢決。若谷擿冒占田者逐之，每決，輒調瀕陂諸豪使塞堤溢決乃止。

又 張晋亨，南宫人。世祖中統四年，命將兵戍宿州，首言汴堤南北，沃壤閒曠，宜屯田以資軍會。乃分兵列營，以時種藝，選十夫長督勸之，事成，期年皆獲其利。

又 卷一二九《潁州府二》 楊凝，宏農人。宣武節度董晋表爲判官。亳州刺史缺，以凝行州事，增墾田，決圩堰，築堤防，水患以息。

又 卷一三一《和州直隸州》 黄潤玉，鄞縣人。景泰初，知舍山縣。鑿渠塘築堤堰，歷湖邑田，無虞水旱。

又 卷一三二《廣德直隸州》 周作淵，商城人。乾隆四十四年，知建平縣。建平地形窪下，夏秋間多水患。作淵於東門外及河之南築堤以衛田廬，至今賴之。

又 卷一三三《六安直隸州》 金光悌，英山人。【略】撫江西，清釐積業，奏請借項修理建昌等處圩堤，以衛民田。十七年，卒於官。奉旨給子恤典。

又 卷一四一《蒲州府》 楊尚希，宏農人。高祖時，拜蒲州刺史，甚有惠政。引瀵水，立堤防，開稻田數千頃，民賴其利。

又 卷一五六《絳州二》 吴峻，萬歷中知稷山縣。嘗立大社，集諸生論文，剏建薛村堤，滙澗水，溉田二百餘頃。

又 卷一六九《東昌府二》 曹煜，金壇人。康熙二十三年，知莘縣。勤於政事，繕修城垣，清查保甲。魯堤水决，湋灌莘田。煜力請堵塞，詳詞剴切。莅任八年，卒於官。

又 卷一八四《臨清直隸州》 盧鎬築，長堤禦之，水不爲害。後遂名虞公堤。

又 卷二一六《汝寧府二》 岳和聲，嘉興人。萬歷中，爲汝陽知縣。歲荒民疫，乃條上灾狀，蠲逋賦，廣儲備，極補救之法。汝水每當泛溢，百里内田廬淹没。和聲築堤汝水東岸，逶迤五十里，水患遂息。

又 卷二八五《杭州府三》 白居易，下邽人。穆宗時，爲杭州刺史。始築堤捍錢塘湖，蓄洩其水，溉田千頃。復浚李泌六井，民賴以汲。

又 卷二九〇《湖州府二》 于頔，洛陽人。德宗時，爲湖州刺史。部有湖陂，異時溉田三千頃，久廞廢。頔行縣，命修復堤閼，歲獲秔稻蒲魚，無慮萬計。州地庳薄，葬者不掩柩。頔爲坎，瘞枯骨千餘，人賴以安。

又 孫覺，高郵人。熙寧中，知湖州。松江堤没，水爲民患。覺易以石，高丈餘，長百里，堤下化爲良田。

又 宋文懿，眞定人。至元中，爲烏程丞。首建學校，勵風俗，築青塘堤，以捍民田。

又 卷三〇七《南昌府》 白潢，漢軍鑲白旗人。康熙五十六年，巡撫江西。革陋規，禁耗羨，除弊甦，因善政。具修湖口榷□商船候驗者，多苦暴風。潢請於武曲港浚塘築堤，令船得棲泊，商民德之。捐俸築臨江河堤，護民田，水患永息，民稱白公堤。又修復豫章書院，請增鄉試解額。卒，入祀名宦祠。

又 卷三一〇《南昌府三》 甘汝來，顯祖長子。康熙進士，知淶水縣。有侍衛畢里克欺擾邑民，汝來治之，以擅鎖職官，罣吏議。聖祖仁皇帝廉其實，即復職。罷淶民雜派歲六千餘金。調新安，開白楊堤，以溉民田。

又 卷三一二《饒州府二》 劉焕，江陵人。成化中，爲鄱陽令。築堤數十丈，以捍水患，得良田數千畝。治行爲江西最。以督役得疾，卒於官。

又 祁敕，正德中知饒州府，斥舞文吏讞獄務得情。增築鄱陽、白馬堤，浮梁、胡白渠。將鑿井以濟囚渴，忽泉湧出，人名之曰應德泉。

又 卷三二九《吉安府三》 康嘉，安福貢。生性至孝，早孤，終身引痛。事母色養備至，病輒籲天身代。嘉兩叔俱早世，遺子女，婚嫁教養，不遺餘力。建同善書院，捐義倉穀，築陂堤，灌田萬頃，鄉里賴之。卒，入祀鄉賢祠。

又 卷三三一《贛州府二》 鄭世逢，錢塘人。康熙二十七年，知龍南縣。秉性慈愛，教養實心，創立龍城書院，親課諸生。築楊陂堤灌民田。甲申大水，發常平減糶以賑，饑民得安全。

又 卷三四八《襄陽府三》 張邵，吴郡吴人。元嘉五年，領安蠻校尉，雍州刺史。邵至襄陽，修立堤堰，創田數千頃，公私充給。

又 趙延進，頓邱人。宋初伐蜀，以襄州當川路津要，命爲鈐轄，同知州務。蜀平，專領郡事。漢水歲壞堤，害民田，常興工修築。延進累石爲岸，遂絶其患。

又 耿望，眞宗時知襄州，請於舊地兼括荒田，置營田上、中、下三務，築堤堰，集鄱州兵六百人，市牛分給之，種稻三百餘頃。又請於唐州赭陽陂置務如襄州，歲種七十餘頃。

又 卷三五六《長沙府三》 梁任，順德人，知善化縣。湖南之田，自明萬歷間增築新堤，湖涌逆流，田不可耕。任悉爲清釐，豁除浮賦。以薦，擢禮科給事中。

又 王士華，鄞人。正統中，知華容縣。築圩四十餘，堤百五十，墾田數萬頃。九載績成，水患乃息。

又 李鏡，弋陽人。成化中，知岳州府。築湖堤，通城陵磯，墾隰爲田，引水灌溉，利民甚溥。

又 卷三七一《永州府二》 周鵬，永明人。成化進士，官刑部主事。每録囚，多所平反，出爲潮州知府。築三洌溪堤，溉田數千頃，陳憲章爲碑記之。官至雲南參政。

又 卷三八五《成都府二》 盧士珵，范陽人，貞元末漢州刺史，土堤堰，溉田四百餘頃。

又 卷四二九《漳州府》 趙師緡，宋宗室。紹定間，知漳浦縣。邑西有古陂，歲久淤塞，闢而治之，沿陂爲堤，立斗門，以資蓄洩，溉民田甚多，民立祠祀之。

又姜諒，嘉興人。成化間，知漳州府。擒殲海上盜魁，築長堤以捍傍海瀉鹵諸田凡一百八十六所。郡中田賦爲里胥乾没飛射詭寄者悉斷理，俾復其舊。置倉以備旱澇，境内盜息民安。

又 卷四三一《建寧府》 趙抃，衢州人。康定初，以著作郎知崇安縣。爲政本於孝悌，不嚴而肅，民莫敢犯。嘗見南郊土曠廢耕，詢其故，曰：無水利也。抃相地開渠，浚陳灣陂，引西郊水，又築堤達星洋，溉田數千畝，累官參知政事，謚清獻。

又 卷四三九《龍巖直隸州》 湯相，歸善人。嘉靖三十二年，知龍巖縣。會廣寇合永定寇來攻，邑有不逞，亦群聚剽掠，相次第平之。又築新圳三十里，溉田甚衆。修城外堤百八十餘丈，水患以除，民德之。

又 卷四四二《廣州府》 李巖，臨安人。元祐初，知東莞。縣有東江堤，夏潦暴漲，瀕江之田多罹害。巖築長堤捍之，復築鹽潮堤十有二，以禦海潮，至今賴之。

又 卷四六〇《廣西統部》 謝啓昆，南康人，乾隆進士。嘉慶四年巡撫廣西，操守廉潔，馭下最嚴。【略】修築興安陡河，做浙江海塘竹簍囊石之法，鑲築石堤，民田俱得耕種，河流亦一律深通。七年，卒於官，賜祭葬。

又 卷四七九《臨安府》 朱統燧，南昌人。崇禎間，署石屏州事。恤民疾苦，以異龍湖水壩魚梁壅塞水道，拆去，更築堤百丈以抵之，淤田復墾，捐給傭值，合州永食其利，建祠祀之。

又 卷四八〇《楚雄府》 馬自然，内江人。成化間，任姚安知府。時大石淜散溢，民田患水不均。自然築堤，開東西二閘，以時啓閉，遂永爲利。

《清史稿》卷二八三《彭鵬傳》 彭鵬，字奮斯，福建莆田人。幼慧，有與其父仇，欲殺鵬，走匿得免。順治十七年，舉鄉試。【略】

廣東雷州東洋塘堤岸，海潮沖激，侵損民田，璸奏請修築，即移所貯分項及俸錢助工費。堤岸目是永固，鄉人蒙其利。

又 卷三〇〇《陳時夏傳》 陳時夏，字建長，雲南元謀人。康熙四十五年進士，考授内閣中書。【略】

七年，尹繼善劾時夏所舉知縣蔡益仁貪黷不職，下部議，降調。八年，以母憂歸。十二年，詣京師，命以命都御史銜授霸州營田觀察使。奏文安、大城兩縣界内修築横堤，請於堤東南尚家村建閘，堤内浚河，引子牙河水溉田，仍於北岸多用涵洞，俾水得宣洩。乾隆二年，奏請用區田法，選屬吏租民地試行。皆從之。授内閣學士。三年，卒。

又 卷三一四《潘思榘傳》 潘思榘，字絜方，江南陽湖人。雍正二年進士，改庶吉士。【略】

十四年，復疏言：『臣清察積欠，一在屯田户名不清，一在寺田租賦不一。自順治間裁并衛所，名雖軍户，實係民耕，乃糧册仍列故軍姓名，致難催比，應令核實更正。寺田始自明季，僧、民相雜，輒稱寺廢僧逃，藉詞逋賦，應令分析寺已廢者，官爲經理。』上命實力爲之。别疏言：『福州城外西湖爲東晋郡守嚴高所開，周二十餘里，蓄水溉田，年久淤墊。臣勸導疏浚，并築堤建閘。又福清郎官港、法海埔俱有海灘淤地，臣令築堤招墾，得地二千一百餘畝。』上奨諭之。

又 卷三一五《崔應階傳》 崔應階，字吉升，湖北江夏人。父相國，官浙江處州鎮總兵。應階，廕生。初授順天府通判，遷西路同知。【略】

二十九年，疏言：『武城運河東岸牛蹄窩、祝官屯，西岸蔡河陂水匯注，俱爲堤隔，浸灌民田，請各建閘啓閉。』均如所議。

又 卷三三一《李清時傳》 李清時，字授侯，福建安溪人，大學士光地從孫。乾隆七年進士，選庶吉士，授編修。【略】

二十六年，河決孫家集，運河由夏鎮至南陽兩堤俱潰，清時督修築。議者或擬用椿埽，費以六十萬計；或擬建石堤，費以三百萬計。清時少時行瀕海間，見築堤捍海爲田者，擲碎石積水中，潮退則以木欄之，塡土其上，堅築成堤；因參用其法，以河東、西兩岸皆水，得土難，令以石壘兩旁，積葑其中，水涸，募夫起土置積葑上，費帑十四萬有奇，而兩堤成。

又 卷三八三《陳鴻傳》 陳鴻，字午橋，浙江錢塘人。嘉慶十四年進士，選庶吉士，授編修。遷御史，剛直有聲。典試山西還，力陳驛站煩擾，請申定例，肅郵政。二十五年，疏陳浙江水利，略曰：『杭城地當省會，用上下兩塘之水，溉仁和、錢塘、海寧之田數萬餘頃。源出西湖，近廢不治。水淤葑積，塘河津耗，夏旱少雨，上塘枯涸，菑害尤劇。海寧長安鎮號産米之鄉，許村黄灣塲爲産鹽之地，杭、嘉、湖、寧、紹諸郡賴是挽運。擬請仿江蘇浚吴淞例，歸民間按畝出貲，并飭疆臣躬履屬境，凡堤塘牐壩，悉復舊制，俾農田旱潦有備。』

紀事

《宋史》卷六一《五行志一上》 太平興國二年六月，孟州河溢，壞温縣堤七十餘步，鄭州壞滎澤縣寧王村堤三十餘步，又漲于澶州，壞英公村堤三十步。開封府汴水溢，壞大寧堤，浸害民田。

又 六月乙酉，汴水溢于浚儀縣，壞連堤，浸民田。上親臨視，督衛士塞之。

又 己亥夜，錢塘江濤大溢，敗臨安府堤八十餘丈；庚子，又敗堤百餘丈；明州瀕海大風，海濤敗定海縣堤二千五百餘丈、鄞縣堤五千一百餘丈，漂没民田。

又 乙亥，會稽、山陰、蕭山、餘姚、上虞縣大風駕海濤，壞堤，傷田稼。

又 卷九五《河渠志五》 元豐元年二月，都大提舉淤田司言：『京東、西淤官私瘠地五千八百餘頃，乞差使臣管幹。』許之。四月，詔：『闢廢田、興水利、建立堤防、修貼圩埠之類，民力不給者，許貸常平錢穀。』

又 徽宗建中靖國元年十一月庚辰，赦書略曰：『熙寧、元豐中，諸路專置提舉官，兼領農田水利，應民田堤防灌溉之利，莫不修舉。近多因循廢弛，慮歲久日更隳壞，命典者以時檢舉推行。』

又 卷一七三《食貨志上一》 初，五代馬氏於潭州東二十里，因諸山之泉，築堤瀦水，號曰龜塘，溉田萬頃。其後堤壞，歲旱，民皆阻飢。七年，守臣吕頤浩始募民修復，以廣耕稼。

又 二十三年，諫議大夫史才言：『浙西民田最廣，而平時無甚害者，太湖之利也。近年瀕湖之地，多爲兵卒侵據，累土增高，長堤彌望，名曰壩田。旱則據之以溉，而民田不沾其利；澇則遠近泛濫，不得入湖，而民田盡没。望盡復太湖舊迹，使軍民各安，田疇均利。』從之。

又 至咸平中，大理寺丞黄宗旦請募民耕潁州陂塘荒地凡千五百頃。部民應募者三百餘户，詔令未出租税，免其徭役。然無助於功利。而汝州舊有洛南務，內園兵種稻，雍熙二年罷，賦予民，至是復置，命京朝官專掌。募民户二百餘，自備耕牛，立團長，墾地六百頃，導汝水溉灌，歲收二萬三千石。襄陽縣淳河，舊作堤截水入官渠，溉民田三千頃；宜城縣蠻河，溉田七百頃；又有屯田三百餘頃。知襄州耿望請於舊地兼括荒田，置營田上、中、下三務，調夫五百，築堤堰，仍集鄰州兵每務二百人，荆湖市牛七百分給之。是歲，種稻三百餘頃。

《明史》卷八五《河渠志三》 明年春，督漕侍郎張翀以築清水潭堤工鉅不克就，欲令糧船暫由圈子田以行。巡按御史陳功不可。河漕侍郎吴桂芳言：『高郵湖老堤，陳瑄所建。後白昂開月河，距湖數里，中爲土堤，東爲右堤，首尾建閘，名爲康濟河。其中堤之西，老堤之東，民田數萬畝，所謂圈子田也。河湖相去太遠，老堤缺壞不修，遂至水入圈田，又成一湖。而中堤潰壞，東堤獨受數百里湖濤，清水潭之決，勢所必至。宜遵弘治間王恕之議，就老堤爲月河，但修東西二堤，費省而工易舉。』帝命如所請行之。

又 卷八八《河渠志六》 五年，修長洲、吴江、崑山、華亭、錢塘、仁和、嘉興堤岸，餘姚南糊壩，築高要銀岡、金山等潰堤，溉田五百餘頃。治杭州江岸之淪者。

又 八年修丹陽練湖塘，汝陽汝河堤岸，南陵野塘圩、蚌蕩壩，松滋張家坑、何家洲堤岸，平度州濰水、浮糠河決口百十二，堤堰八千餘丈，吴江石塘官路橋梁。

又 九年，修安福丁陂等塘堰，安仁饒家陂、壽光堤，安陸京山景陵圩岸，長樂官塘，長洲至嘉興石土塘橋路七十餘里，泄水洞百三十一處，監利車水堤四千四百餘丈，高安華陂屯陂堤，仁和、海寧、海鹽土石塘岸萬餘丈。築沂州沭河口決岸，并瀹沭陽沭河。築直隸新城張村等口決堤，仁和黄濠塘岸三百餘丈，孫家圍塘岸二十餘里。

又 麗水民言：『縣有通濟渠，截松陽、遂昌諸溪水入焉。上、中、下三源，流四十八派，溉田二千餘頃。上源民洩水自利，下源流絶，沙壅渠塞。請修堤堰如舊。』部議從之。齊東知縣張昇言：『小清河洪水衝決，淹沒諸鹽場及青州田。請浚上流，修長堤，使水行故道。』皇太子遣官經理之。

又 四年，修獻縣柳林口堤岸。潛江民言：『蚌湖、陽湖皆臨襄河，水漲岸決，害荆州三衛、荆門、江陵諸州縣官民屯田無算。乞發軍民築治。』從之。福清民言：『光賢里官民田百餘頃，堤障海水。堤壞久，田盡荒。永樂中，嘗命修治，迄今未舉，民不得耕。』帝責有司亟治，而諭尚書吴中嚴飭郡邑陂池堤堰及時修浚，慢者治以罪。』

又 三十年，保定巡撫都御史汪應蛟言：『易水可溉金臺，滹水可溉恒山，溏水可溉中山，滏水可溉襄國，漳水可溉鄴下，而瀛海當衆河下流，故號河中，視江南澤國不異。至於山下之泉，地中之水，所在皆有，宜各設壩建閘，通渠築堤，高者自灌，下則車汲。用南方水田法，六郡之內，得水田數萬頃，畿民從此饒，永無旱澇之患。不幸濱河有梗，亦可改折於南，取糴於北。此國家無窮利也。』報可。應蛟乃於天津葛沽、何家圈、雙溝、白塘，令防海軍丁屯種，人授田四畝，共種五千餘畝，水稻二千畝，收多，因上言：『墾地七千頃，歲可得穀二百餘萬石，此行之而效者也。』

《清史稿》卷一二九《河渠四》 四十二年，山西巡撫覺羅巴延三言：『太原西有風峪口，旁俱大山，大雨後山水下注縣城，猝難捍禦。請自峪口起開河溝一，直達汾水，所占民田止四十餘畝，而太原一城可期永無水患。』

又 四十三年，疏浚湖州漊港七十二。修昌邑海堤，居民認墾堤內鹻廢地千二百餘頃。

又 四十七年，雲南巡撫劉秉恬言：『鄧川之瀰苴河，上通浪穹，下注洱海，中分東西兩湖。東湖由河入海，河高湖低，每遇夏秋漲發，迴流入湖，淹沒附近糧田。紳民倡捐，將湖尾入海處堵塞，另開子河，引東湖水直趨洱海，又自青石澗至天洞山，築長堤，建石閘，使河歸堤內，水由閘出，歷年所淹田萬一千二百餘畝，全行涸出。』得旨嘉奬。

藝文

宋 陸游《劍南詩稿》卷四《出城至吕公亭按視修堤》 翠靄橫山澹日昇，孤亭聊借曲欄憑。霜威漸重江初縮，農事方休役可興。重阜護城高歷歷，千夫在野築登登。寓公僅踵前人迹，伐石西山恨未能。

又　卷六四《湖堤暮歸》　出郭并湖無十里，我歸蟹舍過魚梁。川雲蒼白不成雨，汀樹青紅初著霜。俗孝家家供菽水，農勤處處築陂塘。樂哉追逐鄉三老，半醉行歌咏歲穰。

元　戴良《九靈山房集》卷一六《海堤行爲葉敬常州判賦》　海潮淼淼海雲黑，幾處居民遭墊溺。豈無精衛填石心，海水無情誰敢敵。餘姚州佐一文儒，射策到來膽氣麤。手搥大鼓名丁壯，誓作長堤俻不虞。政行令奔喧百里，畚鍤紛紛集如蟻。闔符府檄適復至，以賦來從無遠迩。伐山鑿石倏有聲，盡道轟雷動地鳴。靈胥聞之尚膽慴，天吳值此乞心驚。頃之地脉異疇昔，海口分明見山骨。新堤萬丈與城延，怒浪狂波争不得。從兹疆場永奠安，黍稷桑麻應欝然。當知擊壤行歌日，絶勝乘濤悔過年。牧童每指村中路，即是前人沈溺處。念功既許髫齔識，追恨惟容髑髏語。姚江渡頭夜泊舟，夜聞南岸聽儂謳。鯷壑鮫洲盡耕作，葉公爲政孰與儔。古有白公及鄭國，引渠溉田足民食。二渠已廢名尚傳，况乃葉公今更賢。葉公事業海同久，海堤可壞，葉公之名不可朽。

元　納新《金臺集》卷二《新堤謡》　近歲河決白茅東北，氾濫千餘里。始建行都水監於鄆城，以專治之。少監蒲從善築堤建祠，病民可念。予聞而哀之，乃作歌曰：

老人家住黄河邊，黄茅縛屋三四椽。有牛一具田一頃，藝桑種穀終殘年。年來河流失故道，墊溺村墟決城堡。人家墳墓無處尋，千里放船行樹杪。朝廷憂民恐爲魚，詔蠲徭役除田租。大臣襍議拜都水，設官開府臨青徐。分監來時當十月，河冰塞川天雨雪。調夫十萬築新堤，手足血流肌肉裂。監官號令如雷風，天寒日短難爲功。南村家家賣兒女，要與河伯營祠宫。陌上逢人相向哭，漸水漫漫及曹濮。流離凍餓何足論，只恐新堤要重築。昨朝移家上高丘，水來不到丘上頭。但願皇天念赤子，河清海晏三千秋。

元　薩都拉《薩天錫詩集·吴橋縣古河堤》　迢迢古河堤，隱隱若城勢。古來黄河流，而今作耕地。都邑变通津，滄海化爲塵。堤長燕麦秀，不見築堤人。

元　耶律鑄《雙溪醉隱集》卷二《隨堤田家行》　日月會龍驤，三農能事休。犂杖倚空室，霜林臥羸年。十二三年間，不如今歲秋。田翁復何事，終不信眉頭。云以縣官令，税租俱見收。赤窮固有命，白著非自由。又云有飛詔，少壯不一留。半鑿通濟渠，半構迷藏樓。言罷長嘆息，涕淚交横流。出門竟無語，回首漫夷猶。

明　魏驥《南齋先生魏文靖公摘稿》卷八《築堤謡》　天吴苦作孽，壞此長江堤。沃壤變斥鹵，平地成深池。況值天雨雪，政及農興時。凶年轉豐歲，須在人維持。顧此長堤壞，不葺害無涯。鄉老訴縣官，縣官惟戲噓。至委十大户，大户不敢違。大户雖竭力，十家豈能支。椿石且不備，夫匠尤甚虧。葺寸反壞尺，可奈心不齊。欲求官揔督，揔督刑必施。刑施先奸頑，奸頑生怨咨。于是果何若，只願天垂慈。山水勿澎湃，江潮勿奔馳。移沙與换港，扶桑吐晴曦。天吴速悔禍，庶免民流離。

又　卷一〇《喜李縣丞葺海堤有成》　還官匹馬柳陰陰，喜得烝民感戴深。百里堤防完勝昔，千村禾□□從今。晨昏心力殊能盡，江海波濤遂不侵。老我林居聞竣事，申章爲謝代千金。

明　李濂《嵩渚文集》卷一八《鄭氏貞白里人也築堤捍水田者賴焉歲久堤壞其孫復嗣修之予聞之賦詩》　堤畔樹成林，陰森歲月深。賢孫勞繼述，行客動謳吟。柳岸饒春色，桑田免陸沉。向來貞白里，風槩到如今。

明　沈鍊《青霞集》卷七《贈葛儀封堤成二首》　爲政一年馴鳥雀，築堤千里障魚龍。他年傳説儀封令，只有淮陽葛長公。

鄭國渠成千里完，葛公堤就萬人歡。魚驚淺浪穿花度，鳥羨微波隔葉看。

明　敖文禎《薜荔山房藏稿》卷三《重修篠陂橋及兩堤工成同諸兄弟侄志喜橋原架木大司成夢坡公首事始易以石而侍御存庵公所修永利下閘去橋只尺堤據上流要害故并修之》　侍御千年垂永利，司成當日奮題橋。堤防更喜連雲石，結搆重看樹錦幖。銀漢月明浮碧落，玉虹秋霽接丹霄。龍城自昔多形勝，指顧江山入望遥。

明　孫繼皐《宗伯集》卷一〇《林御史築堤成有紀》　儆予連歲軫皇情，四載親勞使者行。燕草晴搴堤勢固，麥苗春秀水痕平。東南載起全吴命，上下仍輸大禹征。聞道河渠書已就，定知深計爲蒼生。

清 查慎行《敬業堂詩續集》卷三《重陽前四日沿海堤入邑城道中感賦》 愁臥閱十旬，閉門何所之。今晨偶爾出，目觸中心悲。海霧一氣黃，秋陽敵炎曦。黍苗槁既盡，禍及菉與蕡。有如經戰地，顛倒横僵屍。果然周餘民，慘慘靡孑遺。赴死聚百族，偷生無一機。□不呼彼蒼，天高聽宜卑。傷哉莫以告，造物非不慈。田間老禿翁，罪歲微有辭。身謀良自拙，遑恤斯人飢。

又 卷六《晚泊淮陽城西知半月前淮水暴漲丈餘今勢雖漸減而堤外田禾低者猶成巨浸感賦一律總督漕使張慕莘舊好也余爲放歸田里之人不欲以姓名投謁竊取少陵春陵行之例詩成亦不寄張》 桐柏山南水，横流一丈高。孤城堅保障，十日減波濤。飢溺宜兼拯，經營念獨勞。久膺艱鉅任，何以沛陰膏。

又《入寶應高郵界幸水不爲灾河工方修築堤岸昨詩誠過慮也再作一首以解嘲》 高寶陂湖接，雙堤瀉衆流。天光白淼淼，野氣綠油油。坐閱新苗長，行看晚穗抽。腐儒不曉事，徒作杞人憂。

清 查嗣瑮《查浦詩鈔》卷一一《海堤告成次中丞屠艾山原韻呈座主制府滿公》 重將斥鹵作陂田，敷土神功豈偶然。黑水無風疑縮地，黄星不騁竟回天。明經特借經臣力，砥柱應資柱石賢。可但海隅歌衽席，百年四郡慶安全。

傳將佳句叶州閭，涸轍何須顧鮒魚。賦就馬衘先避路，圖成海若已潜袪。迴潮不用三千弩，灑浚虛傳十二渠。永與東南紀成績，朝宗絡繹走舟車。

日月浮天互吐吞，紛紛鮫鰐徙游鼋。心慙負石功難補，目駭囊沙迹尚存。直爲皇輿窮沃汨，重教元化返胚渾。夕雲宿霧俱收斂，龕赭依然舊海舋。

手障狂瀾直欲東，嵬然碕岸與天通。憑將當代濟川楫，幻作垂空駕海虹，澤國千年成息土，晴天萬里見仙蓬。漉沙增竈人無恙，笑指平成百世功。

清 趙佑《恭和御製閱文安堤工再疊舊作韻元韻》《皇清文穎續編》卷六七 津淀七十二，風水時喧豗。東西一堤亘，民户向水開。最窪文安田，頻歲澇成灾。獨賴皇仁溥，賑蠲加護培。免使汙萊卒，業已降福皆。上年遍豐稔，此土經疏排。厪念猶不已，親覽田中垓。咨詢飭大吏，核實籌將來。赤子爾何幸，自今益康哉。

佚名《唐渠口迎水堤告成》（乾隆）《寧夏府志》卷二一 欲引滔滔用不窮，先將百丈築河中。頻移巨石填包匭，頓使天吴徙水宮。白塔磯前標砥柱，青銅峽内卧長虹。從今萬頃桑麻足，可是區區一障功。

洪流出峽走奔雷，一道長堤築水隈。祇爲磯頭排浪去，漫將人力挽他回。雪濤即看層層入，田畯應聞處處催。利導曾無奇異策，惟教渠口有唇腮。

清 陳文述《頤道堂集·詩選》卷一九《蜀雪皚冬楚雨綿夏洪流并下江漲日增溢堤潰防田廬汩焉登天中塔望之》 我登天中塔，遠望長江水。江水眞州來，一漲不可止。河西十萬田，汩没洪波底。昔日好屋廬，今惟漾葭葦。梵宇地勢高，處處浮槎□。離宫麗金碧，亦在明波裹。河東一綫堤，保障賴閭史。瓜洲更東去，江近圩岸圮。鴻雁已無家，魚龍争入市。灾黎十萬人，灾區一百里。蒿目徒愴懷，徒倚日移晷。願仗我佛力，聊救斯民死。衆生息苦惱，我佛應歡喜。孤坐佛無言，殘陽下河涘。

又 卷三〇《桃南居民盜决河堤黄水全注洪湖高堰勢極危險有懷芥航河帥》 桃源南岸土膏疏，底事狂生袒臂呼。其地未嘗無戍堡，此中或者有鹽徒。也知下注終歸海，可奈全河已入湖。鹺患未除增水患，古來籌國少良謨。

星使軺車昨已過，宣防籌策問如何。纂來方略先行水，借到前籌要伏波。直北糧艘應返棹，粵南諸將尚横戈。援琴一鼓龜山操，搔首還劈感斧柯。

清 成書《多歲堂詩集·詩載賡集》卷上《恭和御製出麗正門觀稼閱堤之作元韻》 時巡覽物情，家法承往例。非惟重秋蒐，亦以勤農事。吾皇體天健，期頤臻上瑞，攬轡意有餘，史册曾書未。上都多膏腴，新苗亦吐穗。周行阡陌遍，皇情始一遂。况兹旬日間，甘霖已普被。寰宇沐恩膏，有生同樂利。山河經雨漲，奔突難豫計。念彼近堤民，居廬保無失。内帑發萬千，欽工舉次第。加長復增高，百堵資攸塈。洪流静無波，東入群山會。仰此宵旰勤，節彼閭閻費。遐邇奠安居，南瞻猶扆意。

雜録

宋 魏峴《四明它山水利備覽》卷上《護堤》 浚沙若無與于堰，然實關係于堰者，利害不細。沙港淤塞之時舟楫不通，竹木薪炭其價倍貴。販鬻者裝載過堰，竹木排筏越堰而下。猛勢衝擊，聲震溪谷。堰身中空，不勝負重。城門馬力，追蠡歷年。初雖不覺，久必大損。辛丑歲，因此堰石頗有損動，前後府牓，非不禁約。人取其便，不顧利害，雖禁莫止。此堰若損，溪水飜泄鹹鹵冲入，田不可稼，民不粒食，官失租賦。況此堰靈迹聖異，殆有鬼力神功，萬一損壞，寧後人所能遽行營設？即使可辨，不知當用幾工幾金，經涉幾日，然後可成。公私同一利害，願共寶護之。

明 陳仁錫《無夢園初集·車集三·揚州漕堤》 一揚屬爲古名郡，地連吴楚，襟海帶江，一國家命脉，全賴一綫。漕運、河防，最爲要著。邇者，洋寇猖獗侵掠可虞高寶瓜儀邏漕堤，在外河則通淮引泗，在裏河則有百萬民田，高下不啻十數丈，經界不過五七尺。萬一盗賊竊發奸細，偷決河堤，上洩漕水，下没民田。莫若嚴飭督河官吏，查舊有堤夫之設撈淺濟運，每名日食三分近人人坐食私家應點故事，何不沿堤搭設窩鋪，著令淺夫輪流防守，遇大風雨多備土木于各鋪，不時繕修，不惟河無決潰之患，亦可當沿堤一路烽燧矣。

明 沈啓《堤水岸志》《吴中水利全書》卷一八 按圩岸田塍，關係水旱最切。高田車水而入也，賴其如筐而承，毋令泄也。低田車水而出也，賴其如垣而捍，毋令浸也。昔人謂有一尺之堤，障一尺之水，是也。無此而田蝕於水，謂之坍湖，水積於田，謂之拋荒。因成積荒溝塗之講，非禹之所急乎？

明 佚名《淮南水利考》卷下 淮郡二堤、五閘，與海口利害相關，而淮南北海口志載不詳。

（嘉慶）《清一統志》卷三一《順德府二》 珍珠堤，在邢臺縣東南。明嘉靖四十年，知府劉應節建，引水自百泉村至樓下村，溉田二十餘頃。又東爲流珠堤，萬歷間知縣朱誥建，引清水等泉合珍珠堤水，溉田五十餘頃。

又 永澤閘，在邢臺縣東南七里。明萬歷十八年，引百泉水爲渠，建閘築堤以溉民田。又東一里爲小龍泉堰，亦萬歷中建。

又 卷五六《定州直隸州二》 七里溝堤，在州南七里，嘉河逕此東南與沙河合，堤長二十里，皆以護田。

又 卷三〇九《南昌府二》 章江堤，在新建縣章江門外。宋趙概知洪州，始作石堤二百丈，後圮。明成化、宏治中重築。又，周公堤在城北德勝門外，明嘉靖中巡撫周相築以捍江水。

又 卷三一七《南康府二》 田公堤，在星子縣南一里。明萬歷中，石堤迤東一帶，湖水齧嚙，漸及城址。郡守田琯築石堤，長數百丈，人稱爲田公堤。本朝康熙十四年修。

又 卷三三六《武昌府二》 金口長堤，在江夏縣西南，一名部堤。起赤磯山，至嘉魚縣下田寺止，長一百二十里。本朝雍正六年發帑修築，至七年訖工。

又 卷三五九《岳州府二》 朱家垸堤，在華容縣東三里。又，縣東十五里有兔湖垸堤。又，東南十里有蔡田堤，縣南三里有黄篷垸堤、張家垸堤。縣西有蔡家垸堤、官垸堤。縣西北四十里有楊李垸堤、南北垸堤。縣北二十五里有安息垸堤。縣北三十五里有劉陳垸堤。縣北三十七里有吴小垸堤、胡家小路堤、林家垸堤。縣北六十里有合工垸堤、周小垸堤。縣北六十五里有乙酉垸堤、蔡劉垸堤。縣東北十五里有濤湖垸堤。縣東北十七里有凌溪垸堤。縣東北十九里有張家垸堤。縣東北二十五里有伍家垸堤。縣東北三十二里有余家垸堤。縣東北三十三里有黄家垸堤、江黄垸堤。縣東北三十四里有馬家垸堤。縣東北三十五里有東皮垸堤、線家垸堤、桃樹垸堤。縣東北三十七里有永固垸堤。縣東北三十八里有嚴蕭垸堤。縣東北四十五里有黄湖垸堤。共三十二處。本朝康熙五十三年，發帑修築。雍正五年重修。乾隆七年復修。

又 黄封堤，在華容縣東華容河側，宋知縣黄照築。

又 卷四二六《福州府》 海堤在閩縣。《新唐書・志》：在閩縣東五里。太和二年，令李茸築。先是，每六月，潮水鹹鹵，禾苗多死。堤成，瀦水植稻，其地三百户，皆爲良田。

又 長樂海堤，在長樂縣。《新唐書・志》：在長樂縣東十里。太和七年，令李茸築，立十斗門以禦潮。旱則瀦水，雨則洩水，遂成良田。

又 棉亭洋堤，在福清縣西南，自雙髻山至鷓鴣峰下。宋祥符元年，僧惟眞截溪十八派，築堤八百十丈，溉田四十餘頃。又白麟、蟹嶼二洋，皆在逕江金山邊，長千餘丈。

又 卷四四二《廣州府》 福隆堤，在東莞縣東七十里。宋時，東江夏潦爲患。元祐二年，縣令李巖築堤，自京山至司馬頭，延袤萬餘丈，護田九千八百頃。

又 平田堤，在三水縣南二十里，捍田二百八十餘頃。北有大路竇，南有永安竇。

又 卷四四八《肇慶府》 水磯堤，在高要縣東三十里。明洪武初築，長三萬五千四百丈有奇，捍田七百餘頃。又，横槎堤在縣東八十里。洪武二十七年築，周一萬一百丈，捍田八百餘頃。相近有豐樂大圍堤，東北連四會縣界，明永樂中築，捍田一千餘頃。又，金西堤在縣東一百里，宋至道中築，周一萬三千餘丈，捍田一千二百餘頃。

又 羅鬱堤，在高要縣東南，接高明縣界，元至正十五年築，周三千一百丈，捍田二百五十餘頃。又，大演堤在縣東南，接廣州府界，宋淳熙八年築，周八千餘丈，捍田八百餘頃。

又 新江堤，在高要縣南三十里，明永樂三年築，周三千七百餘丈，捍田五百餘頃。

又 大沙堤，在高明縣東十里，西北受香山潦，西南受卑幕黄沙潦，東受西北二江潦。元至正間築，周四千七百九十六丈，包上倉、清泰、楊梅、羅塘、田心五都田。

又 停步堤，在高明縣東十五里，明成化中築，周一千七百餘丈，捍田六十餘頃。又，小零堤在縣東三十里，元至正中范州古壩二鄉民築，周九百餘丈，捍田八十餘頃。白鶴堤在縣東四十里，周一千八百餘丈，捍田七十餘頃，本朝嘉慶四年決，大塘村基村民捐田移築一百餘丈石奇，堤一名秀麗堤，亦在縣東四十里。

又 卷四八一《澂江府》 北波沿堤，在府城北，水出關摩山之麓。明知府張順昌築石堤閘水蓄洩溉田。

安公堤

元 危素《危學士全集》卷七《安公堤記》 至正八年，僉福建閩海道肅政廉訪司事安侯以選爲龙興路捴管。既至官，均賦役，簡獄訟。旬月之間，政令悉舉。居無何，連月不雨，侯遍禱群祀，已而淫雨不止。禱而又應，江水暴溢，居民幾至漂溺。禱諸神，水遂息。

先是，城西新坊水涸則徑湖中；春夏潦則人馬俱病，溺者不可勝數。侯按視之，喟然嘆曰：『修築，吾職也。』欲命之屬吏，則慮其并緣以厲民，乃首出俸錢以爲之倡，属諸翠岩寺住持沙門師智及集衆力爲之。曾未經時而堤成，長若干丈，當其要衝，伐石爲橋，下疏水門。行者悦豫，衆合詞請名曰『安公堤』。郡父老以余鄰郡之諸生，備官太史，書事紀功乃其職業，使爲文刻石，以記成績。

昔鄭公孫僑以乘輿濟人於溱洧，孟軻氏譏其惠而不知爲政。何謂政？徒杠、輿梁是已。侯之作是堤，於是爲知政矣。今皇上仁被四海，憂郡縣之凋弊，而鰥寡之無告，更立保任之法而責其成功，其急于爲治之意可知已。方今之郡縣，輕重難易，勢有不齊。龍興，江右一都會，臨以行省憲府，可謂重且難矣。以侯敭歷中外，聲采素著，畀以千里之任。侯亦夙夜憂勤，思殫其智慮，以建立事功，此其一也。是宜書之，以勸來者。侯名謙，字仲益。

（光緒）《華容縣志》卷二《建置志》 安公堤，縣西田家湖，嘉慶五年，知縣安有仁築，以通驛路。

又 卷一〇《人物志》 酆啓旦好義樂施，捐田稞一百餘石，創建北河義渡。岳州知府張五緯、知縣盧爾秋，獎以見義，必爲樂善不倦額。捐修安公堤橋，知縣周邵蓮獎以仁心爲質額。

白公堤

論説

明 王穉登《王百穀集十九種·金昌集》卷四《重修白公堤疏》

樹垂柳以障波，隋堤長壯；植官槐而作堠，漢岸不傾。事久則百弊俱生，謀善斯千年無患；功既存乎濟物，人豈惜其傷財。

若夫白公堤者，據彩雲之名里，實吴會之通逵；山郭近而輪鞅喧，水村深而帆檣集。西接金昌之繡陌，日出而萬井鶯花；北連海涌之翠微，風清而半空鐘梵。買魚沽酒，行旅如雲；走馬呼鷹，飛塵蔽日。晚村人語，遠歸白社之烟；曉市花聲，驚破紅樓之夢。草際而香車屬，水邊而麗人多，臨溪居者千家，面山行者七里。江州司馬，築此芳堤；天水郡侯，增其舊觀。柰何既久，惜也善崩。花馬臨流，惜障泥而不渡；蘭舟遇雨，執錦纜以難牽。過客無不顰眉，居人爲之蹙額。于是了心道人，發不忍之心，興已墜之典，所嗟獨力，敢告十方。仍舊貫者，易于更新；論大事者，不惜小費。射江之箭安在，不如人土之功；刻石之犀久湮，莫悋一磚之惠。或輸紅粟，或解青錢，或甃半枯之沙，或續已頹之壤。若鄉士，若鄉大夫，試舉銀鈎之筆；爲善男，爲善女子，願傾金錯之囊。

又《法因集》卷四《衲子逵賢修白公堤疏》 白公堤者，長竟山塘七里之陌，地連閶門九達之逵。唐香山白傅所築，幾及千年。明天水胡侯復修，俄經四代，年年歲歲，石漸圮而土漸崩，雨雨風風，居者愁而行者怨。

當嘉靖之朝，了心道者欲修而遽化。逮隆慶之季，省吾沙彌既修而未成。白浪侵陵，柳乍栽而根已出。青泥浸漬，沙纔築而岸先頹。將圖百世之功，必賴十方之助。今者衲子逵賢倚樹挂瓢，結茅駐錫，五體投地，乞檀施于賢士大夫。一鉢當街，募錢鏹於善男信女。錦纜牙檣，豪長者割瑇瑁筵中，供具助成，勝事何難。青袍白馬冶游郎，□繡羅篋裏餘財，種作福田非小。

斲震澤湖心之巨石，布海涌山前之坦塗，廣袤可及一尋，修短不翅千丈。偃月蜒蜿而臥道，視乘輿濟人者何如？長虹夭矯而跨波，與杠梁利涉者無異。莫爲之先，莫爲之後。須教見善必行，無論其寡。無論其多，惟願當仁不讓。

綜述

明 范允臨《輸寥館集》卷四《計部張公重修白公堤碑記》 良二千石之守股肱，賢長令之治巖邑，輒進三老而爰諏，究利弊而釐舉。其巨者，惟田功康功之是，即田疇阡陌之我疆我理。其或波翻石埭，障以董澤之蒲；河齧金堤，填以孟津之土。魚龍呼吸，桃花水漲春流；璧馬浮湛，匏子宫含秋色。此子大夫之能事，非闒令尹之所勤也。

若乃奉璽書而葺舟車，收緡錢以佐少府，猶能賈餘勇而問其咨，捐羡金以備淫澇，則獨有計部張公耳。張公之績不具紀，紀其修白堤之最著者焉。虎丘故有白公堤，云白太傅樂天守郡時所築也。其堤自虎丘而至金昌，蓋七里而遥，俗所謂山塘者也。從塘而望虎丘，若蜃樓出没烟雲，璇宫紺宇，翠微暎帶，山容水態，屬地綮天，行旅肩摩踵接，絡繹駢闐，靡不循塘而濟矣。

當其盛時，沸天歌吹，撲地閉廛，牙檣拂鳥，錦纜牽烟，銀塘委宛，碧樹澄鮮，鍾聲扣白雲而欲響，塔影入青漢而長縣。或當夜月琉璃之水，春風卵色之天，草換青袍之色，花開玳瑁之斑，則有東都艷女，南國麗娟，袨粧綺袂，珠履金鈿，效邯鄲之躧步，媚趙北之鳴絃，金波炤户，玉露曖天，駕北渚之雀舫，歌江南之采蓮，斯亦一時巨麗，儔匹罕妍者矣。白傅既往，千載而下，滄桑不無遷改，或圮而修，或修而圮。春雨浸淫，洪濤漲起，磁石駁裂，頽壤堙毁，崩崖千尺，斷岸数里，荒葛罥塗，寒流沒趾，褰裳濡足之夫，受廛擔廛之子，莫不呼嗟道路，感嘆行李。

昔之弋林釣渚，紫陌芳塵，皆掬而爲通池巨浸矣。乃有禪衲逵賢，棄其妻孥，舍厥宅里，手執木鈴，沿流拜跪，或乞酒人，或丐商旅，施以金錢，斗粟寸縷，隨付匠石，畚鍤雲起，築尺則尺，築只則只，如蝶采蜂釀，如鵲巢燕壘。然而工巨力綿，一木難支夫傾厦；河决川潰，聚沙何補於飛塵。雖以韓矦濟倖，檀越布金，僅能舉其半址，安得全彼九仞，覆此一簣哉？於時張公五鹿，奉詔葺緡，舳艫銜尾，帆檣蔽空，大商巨賈，輸税而待榷者雲集霧擁，而公一切及於寬政，所葺緡錢如額而止。而乃縣金鑒之清輝，負水宇之望，霜情共皎月俱高，冰心與湍流争激，庭無旅幣之陳，境絶部鼎之人，酌寒山之泉，采楓江之蓴而已矣。

然且目擊時艱，睠懷民瘼，謂『海湧津梁，阻此衣帶，不有芳堤，涉者安賴？白傅故址，宛其如在，我其繼之，寧有所愛乎哉』？乃采輿誦之徵言，哀鈴衲之膜拜，捐其餼廪，屬之彼髡，甃石糊壤，一時鼎新。作者奮舉，子來惟勤，基扃固護，萬祀千春。夫以使君之重，而親民間之細，以闗門之紫氣，而兼緑綬之紛紜，斯已難矣。於是行者駕肩，游者接軌，堤如宛虹，下飲溪水，千齡百尺之汙泥，一旦登之於文陛。昔日繡轂朱軒，樓船簫鼓，依然中聖迷花，留連芳塢，月印清波，鳴榔曳櫓，鼓腹便便，式歌且舞。前有白公，後有張父，顔堤曰張，誰其不不。

鴻工告竣，落以尊酒，范子爲文，勒此不朽，系以短歌，如擊瓦缶。歌曰：『金昌西望兮，飛翠流丹。有峰如螺兮，躍出雲端。表我江左兮，曰海湧之山。闔廬埋骨兮，草殷石斑。白虎蹲其巔兮，金闕銀関。悵洪濤之汩没兮，衆濡足而莫前。白傅築堤以濟兮，若蒼龍之蜿蜒。牙檣錦纜兮，亘彼長川。月夕花晨兮，簫鼓盡船。延及後季兮，水囓塍穿。石剥土湮兮，孤蓬委填。行者揭厲兮，居者波掀。誰其葺之兮，張公曰銓。登辰龍之巍榜兮，産五鹿之故阡。持籌而榷於滸墅兮，葺舟車之緡錢。歲禄入而弗有兮，曰吾其舍旃。乃鳩傭而庀材兮，奮畚鍤之連翩。文石千尺兮，矗若雲連。版築雄傑兮，百祀弗遷。舍舊而新是圖兮，膴膴原田。轄挂舷扣兮，士女如烟。蘭橈桂楫兮，舞席歌筵。昔日榛崩兮，今者路闐。白公張父兮，光華比肩。文采風流兮，輝暎後先。歌者載道兮，石闕口銜。勒之貞珉兮，惟以永年。』

清 朱軾《白公堤記》（同治）《清江縣志》卷二　樹德於民，而藉言以傳，非德之至者也；德之至者，不傳以言，而言以傳，此吾於白公堤樂得而有言也。堤曰白公者何？中丞白公捐貲築堤，民德之，遂以名焉。中丞爲國撫民，爲民興利，宜也。民之德之，以食福於是堤者衆，而向之困於無堤者甚且久也。

堤屬臨之清江十六七八九四都，而南昌之豐城，瑞州之高安接壤焉。袁、贛兩河之水交會於是，沿河百餘里土田汙下，以堤爲命。歲辛巳，堤决，水大至，漂没田廬無算。厥後旋築旋圮，迄無寧歲，居民莫敢託足，膏腴數萬頃，草惟宅之，而按畝徵賦，格於常制，無能寬假，上下交困十有八年於兹矣。

我白公甫下車，諮訪利弊，以次興除。尤惓惓農田水利，凡溪港支派，瀦蓄堤防，宜浚宜疏，宜閘宜築，飭所在有司查察。於是吾三邑人士以斯堤請，公單車親臨，閲視慨然嘆曰：『民病若此，不識涖此土者何以爲心？』乃量度料物工徒，捐俸數千金。檄臨江太守汪君、南安司馬毛君，董其事，兩君體公意，櫛風沐雨，經畫盡瘁，始事於康熙戊戌孟冬，迄己亥季夏，凡五閲月而工告竣。於是嚮之彌望汪洋者，原隰井然矣。嚮之哀鴻嗷嗷者，其究安宅矣。嚮之蕪穢不治者，黍與而稷翼翼矣。三邑之人德公無已，田而食曰：『此我公賜之食也。』蠶而衣曰：『此我公賜之衣也。』屋而居曰：『此我公賜之居也。』閭井洽比，父老子弟歲時斗酒相勞，曰：『吾儕之保聚而安全者，公之惠也。』而實無非此堤之功，則又指其堤曰：『此非前此之堤，而我公之堤也。』此白公堤所由名乎？

猶未已也，且將勒石以紀之，馳書走二千里，乞余爲言。余以桑梓受庇，所以德公，豈有異情？矧兹不朽盛事，微鄉人請，能已於言乎？且夫工築之役，固非易事，守土者每畏而委之曰：『非吾咎也。』否則，『非余一人任。』不然則曰：『爲之無資，奈何？』嗟夫國計民生之不可問，盡此三言中矣。今公切饑溺，由己之思，捐清俸以衛民，務爲久遠，無貽後患，盡反三者之見，人之度量相越，豈不遠哉？抑余聞是堤屢修屢潰，每風狂雨驟，若有怪物焉昂起，頃刻木石俱沈。公自爲文祭禱，而後興工，工成歲餘，風雨不爲堤患，是又至誠之所感孚，非偶然也。余吏於浙，憫浙民之久罹海患，築堤爲捍，經畫累年，卒未有效，以是益嘆公之才德爲不可及。遂忘其固陋，而不禁有味乎其言之也。自今以往，嘗有公之堤，則亦嘗有公之德；嘗有公之德，則亦嘗有余之言。余言何足傳？其亦藉公之德以傳也。

公名潢，號近庵，奉天人。毛君名士儀，字抑齋，浙江遂安人。備書之者，重公之知人善任，而兩君能不負所使也。是爲記。

傳記

《清史稿》卷二八九《白潢傳》 潢，字近微，漢軍鑲白旗人。初授筆帖式，考授内閣中書，遷侍讀。授福建糧驛道僉事，以父憂去官。【略】會城西南有袁、贛二江，至臨江合流，舊有堤久圮，春夏水發，往往壞田廬。潢奏請重建，九閲月而成。民自是無水患，號爲白公堤。

藝文

宋 樓鑰《攻媿集》卷八《天竺禱晴》 早奉天香禱白衣，遲明宿霧故凄迷。忽驚紅日穿林薄，無數碧山明澗溪。上竺寺連中竺寺，蘇公堤映白公堤。湖光一碧幾千頃，賸捲荷香送馬蹄。

明 文洪《文氏五家集》卷一二《録事詩集·虎丘》 雲飛千頃碧，石點一臺斑。簫鼓中流起，白公堤上還。

明 吳原博《醜奴兒·十一月初十夜泛舟白公堤》《國朝詩餘》卷一 纖雲盡捲天如水，蘆荻風殘，松竹霜寒，更看前溪月滿山。○畫船紅映金尊酒，子夜歌闌子夜四時曲名，緩吹輕彈，得意人生且盡歡。

明 程嘉燧《松圓浪淘集·吳裝》卷一六《題扇》 生公石坐白公堤，伎檝歌塲日易西。繫馬自尋松影立，春山空響叫黄鸝。

明 胡應麟《少室山房集》卷五六《再輓王長公二十首》 雙旌曾駐白公堤，夾岸桃花送馬蹄。大筆今懸婁水上，高門元峙越臺西。

明 皇甫汸《皇甫司勳集》卷二七《郡守金城見訪時方治水》 西臺攬轡清風在，南郡承麾惠政多。早晚白公堤已就，佇聽民唱兩岐歌。

明 黄省曾《五岳山人集》卷九《白公堤送別一首》 白公堤邊緑楊樹，北上行舟攀此去。拂送征人每不還，搖斜紅日留難駐。千古悲歌散紫雲，片時帆影迷江霧。莫向河梁愴別離，人生總是浮萍聚。

明 姜埰《敬亭集》卷二《簡余寒鐵》 有時野老扶杖過，烹葵摘果酒先煖。白公堤上波欲没，期君同看溪雲滿。

明 李流芳《檀園集》卷二《小築看荷花偶成》 白公堤畔烟湖空，四月未盡荷花紅。兩湖盪槳無一朶，小築已見千花藂。

明 梅鼎祚《鹿裘石室集》卷一一《雨過王德操持齋》 白公堤畔路，垂柳到門踈。眇眇獨行處，蕭蕭微雨餘。

明 田藝蘅《香宇集·初集》卷四《游虎丘山》 山本東吳勝，高人昔遯棲。竹疑王令宅，柳尚白公堤。

明 王世貞《弇州四部稿》卷四三《西湖柳》 眠腰只益閨中恨，窺眼長牽陌上愁。元是白公堤畔種，可能無夢到杭州。

明 王穉登《王百穀集十九種·金昌集》卷三《虎丘寺四首》 橋外行人聽暮鐘，寺前楊柳落秋風。白公堤上黄花酒，片片青旗山影中。

明 徐媛《絡緯吟》卷八《春日四弟招飲舟過虎丘同諸母席上偶成感懷似安卿娘子四絶》 雨微風細漾輕流，載酒尋芳郊外遊。花草吳宮渾一夢，白公堤畔木蘭舟。

明 徐𤊹《鼇峰集》卷一五《送王永啓之武林》 羅刹江頭沽酒市，白公堤畔賣花船。仲宣年少初爲客，賦就登樓有幾篇。

明 袁宏道《袁中郎全集》卷三二《小婦別詩》 輕寒輕熱養花天，箇日錢塘更可憐。驄馬欲嘶嘶不得，白公堤畔柳如鞭。

明 張鳳翼《處實堂集·續集》卷九《楊柳枝詞四首》 鶯花無地不揚州，燕子逢春處處樓。錯怪白公堤畔柳，長條難繫木蘭舟。

明 鄭鄤《峚陽草堂詩文集·詩集》卷一二《白公堤》 長慶初，樂天重修六井甃函筧，以蓄洩湖水，溉沿河之田，今稱裏六橋一帶，則白公堤也。

拾錦迴塘問樂天，漁舟葉葉駕烟還。海山兜率誰高下，只是西湖一曲間。

明 朱長春《朱太復乙集》卷一二《西湖送新安方士潘生兩北游》 羽人醉別白公堤，控鶴遥飛遼海西。擬問青童三島駕，可知丹竈五丁泥。

明 卓發之《**漉籬集**》**卷六**《**湖中竹枝詞**》　白公堤畔草離離，别樣湖山絶可思。個中風景誰當似，蘇小當年未嫁時。

明 吴鼎芳《**泛西湖同清照彦叔觀公**》（雍正）《浙江通志》卷二七四　新語報黄鸝，梢花坐柳枝。山晴意自好，湖晚醉相宜。風起水香處，月來烟滅時。同舟貪夜寂，移傍白公堤。

清 曹溶《**静惕堂詩集**》**卷四五**《**湖雨**》　空壑尋僧返，春泥度石梯。南山新翠起，半隱白公堤。

清 陳廷敬《**午亭文編**》**卷二〇**《**西湖詩查德尹太史見和出入懷袖已逾一載贈處之義情不能已叠韻奉詶八首**》　孤槳扁舟路轉遥，濛濛烟雨水瀟瀟。白公堤向蘇堤去，不看湖山趁早朝。

清 法若真《**黄山詩留**》**卷八**《**舟中紀事六十三首**》　白公堤上近如何，楊柳桃花西子歌。約醉山陰十月雪，曹娥東去是寧波。

清 方文《**嵞山集**》**卷七**《**舟次虎丘何元長父子來晤因造酒家**》　白公堤下一停橈，獨步山塘意寂寥。江客入城期自至，妖姬壓酒坐相要。

清 龔鼎孳《**定山堂詩集**》**卷一五**《**春夜次古古韻十五首刻燭促成漏三十下**》　春樹萬行齊，春帆一片低。安排紫騮馬，醉倒白公堤。

清 顧永年《**梅東草堂詩集**》**卷一**《**姑蘇懷古·白公堤**》　堤邊楊柳緑萋萋，堤上人行日又西。太守風流何處去，居人猶指白公堤。

清 彭孫貽《**茗齋集**》**卷五**《**斷橋殘雪**》　坐石僧同冷，尋梅屐屢欹。清遊殊未已，吟遍白公堤。

又《**和卞夢珏韻**》　白公堤柳舊成林，拾翠才人可重尋。不是兩高横黛色，誰傳清響入琴心。

又 卷六《**初至湖上三首**》　放鶴人歸惟野鳥，釣魚船冷有眠鷗。烟波花草元無恙，獨送江聲動客愁。

又 卷一七《**明聖湖感懷和吴山**》　江聲日夜悲横角，山色空濛斂戰塵。不是白公堤畔柳，何年曾送六橋春。

清 施閏章《**學餘堂集·詩集**》**卷三三**《**送陳太士歸**》　水驛黄塵外，荷風畫舫間。白公堤畔柳，何日得同攀。

清 宋琬《**安雅堂未刻稿**》**卷四**《**同諸子送劉震修歸錫山分韻**》　白公堤上雨蕭蕭，醉客狂歌踏六橋。别夢預懸瓜步月，愁心深似淛江潮。

清 談遷《**北游録·虎邱竹枝詞七首**》　吴中歌舞妬西施，不道西施是越兒。試看白公堤上柳，細腰一一向南枝。

踏青歲上白公堤，邀月生公秋未迷。多少游人西子後，紅顔端自讓紅梨。

清 邢昉《**石臼集·前集**》**卷九**《**虎丘白紵辭二首**》　白公堤上燕子飛，兒女白紵勝羅衣。風吹菡萏横塘冷，貪看鴛鴦不忍歸。

清 尤侗《**西堂詩集·剩稿**》**卷下**《**哭湯卿謀**》　春風兩度白公堤，空想紗籠壁上題。他日再來惟一哭，直教古鶴盡哀啼。

清 高士奇《**高士奇集·獨旦集**》**卷二**《**西湖**》　淰淰湖光刺眼明，冷烟晴日愛秋清。白公堤上毿毿柳，不改當年澹蕩情。

清 梁允植《**藤塢詩集·春日湖山雜咏**》　白公堤上晚霞天，片片飛紅落釣船。油壁車來芳草路，王孫擲盡買花錢。

清 潘問奇《**拜鵑堂詩集**》**卷三**《**夏杪集白公堤**》　客坐冰壼内，漁歌動遠坰。半塘山店老，六月水田青。消渴來湖藕，乘凉到石亭。松篁何謖謖，小簟午時醒。

清 孫淦《**擔峰詩**》**卷二**《**虎丘**》　往迹幽尋藏嶺背，虚牕側出趁松灣。生公臺畔徘徊久，石丈依然逐我頑。

清 汪文柏《**柯庭餘習**》**卷一〇**《**雨窗雜咏十首**》　金閶亭畔草萋迷，酒榼詩瓢任爾攜。一帶緑楊遮宿雨，墊巾還過白公堤。

清 吴苑《**北黟山人詩**》**卷二**《**白公堤**》　首夏清和過半塘，白公堤上炫新粧。千年甃石江雲遠，七里人家菰葉長。檀板金樽侵曉月，香車驕馬趁陰凉。登臨憑吊香山老，虎阜鐘聲斷客腸。

清 張大受《**匠門書屋文集**》**卷一**《**餉孝儀歸自武昌**》　白公堤上柳似綿，支硎山下花如烟。燕來滿街籃挂杖，石首入市鑼鳴船。

清 張永銓《**閑存堂集·詩集**》**卷一**《**白公堤**》　長堤山下路，懷古憶香山。客爲聽歌到，人從踏月還。樓臺衰草謝，碑碣落花閒。極目滄桑地，愁心不可删。

清 **張雲章《樸村詩集》卷一〇《初冬登虎丘次滄洲使君舊題原韻兼呈匠門》** 白公堤畔繫吴船，携手荒祠短簿前。日借春和晴蕩漾，地兼禪悦憩安便。

清 **楊炤《懷古堂詩選》卷二《送青藜還寧都二首》** 行人夜發白公堤，斟酌橋邊手重携。不及虎丘山下月，送君千里到江西。

清 **鄭世元《耕餘居士詩集》卷一七《踏青》** 修禊風光逢上巳，踏歌兒女遍西泠。白公堤畔垂楊路，細馬嬌馱掛玉缾。

清 **弘曉《明善堂詩文集·詩集》卷九《柳枝歌步明周憲王韵》** 白公堤上緑垂垂，掩映桃花十萬枝。幾陣晚風柔莫勝，蠻腰低舞漢宫眉。

清 **彭啓豐《芝庭詩文稿·詩稿》卷一《楊柳枝詞和宋玉才韻》** 白公堤畔乍飛綿，三月微陰澹似烟。宛轉肯隨金勒騎，輕盈都上水蘭船。

又卷二《初發舟夜泊虎邱》 白公堤畔維舟住，明日征帆千里去。灘聲月色兩無情，最是離人腸斷處。

又卷七《恭和御製柳絮元韵》 澹蕩本依陶令樹，蕭閒原認白公堤。舞筵恐被紅裹妬，一雨簾纖踏作泥。

清 **錢陳群《香樹齋詩文集·詩續集》卷四《暮春訪汪玉山太守求是齋出歐陽圭齋送王都轉長律横卷適朱上舍携春橋草堂圖册索題即用圭齋韻應之》** 杖藜來試踏春泥，夾岸垂楊壓帽低。水曲便通朱邑里，橋平儼似白公堤。

清 **沈德潛《歸愚詩鈔》卷一五《白堤春興》** 破楚門西更向西，畫船雙槳白公堤。人家臨水花爲市，僧舍沿山石作梯。

清 **貝青喬《半行庵詩存稿》卷八《湖上口號》** 白公堤畔一筇孤，料峭東風拂緑蕪。兒女青紅零落盡，春禽依舊唤提壺。

清 **曹楙堅《曇雲閣集·詩集》卷二《張莊牡丹盛開惜爲風雨所阻且聞兩日前悉已翦去感賦》** 春風吹老湖上山，半月弗睹詩人顔。白公堤畔柳千樹，含烟泣翠朝昏間。

清 **曹仁虎《宛委山房集》卷一《山塘雜詩》** 十載尋芳載酒過，傷春傷别奈愁何。白公堤畔銷魂處，暮雨瀟瀟一曲歌。

清 **陳文述《頤道堂集·詩選》卷二〇《白沙堤梁大同中所作世多誤作白公堤賦此正之》** 錢武肅王重建錢塘湖龍君嘉澤廟，碑云：『梁大同中，湖千置廟，蒸沙起岸，鑿石爲門。』鑿門指寶石山下開鑿之迹，岸即此堤，碑文所言甚明，世多誤作白公堤，不知『緑楊陰裏白沙堤』、『十里沙堤明月中』，屢見於香山之詩，既自築之，復自咏之，辭氣當不如是，考石函橋迤北之堤，乃白公所築，阻湖入江，束上湖之水達下湖，以溉民田者，此眞白公堤也。距湖稍遠，游屐罕至，故知之者鮮耳。斷橋西林橋，當即白沙堤同時所築也。

龍天王并激清泉，湖上新堤築亦堅。湘苑臺城盡零落，更無人識大同年。

鑿開寶石路成蹊，指點孤山更向西。吴越碑中殘字在，不應更誤白公堤。

下湖小墅停舟處，和靖題詩咏落暉。今日尋山沿石埭，幾家春水沒柴扉。

又《下湖訪白公堤遺阯》 石函橋下緑陰低，夾岸人家鳥亂啼。隔斷江流湖更好，華公堤後白公堤。

九曲清波繞玉壺，楊家雲洞已平蕪。柳林近接桃花港，一水潆洄總下湖。

高枕看山卧釣舟，當年石帚最風流。詩人更憶潘秋柳，月冷風尖水磨頭。

清 **程晋芳《勉行堂詩集》卷二三《白公堤》** 也仿餘杭築大堤，經年十二度留題。貢尋橘柚湖波杳，賞到笙歌月魄低。名士服官皆有迹，雜花無語又成蹊。紅欄絶少青山在，尚説紛華著處迷。

清 **德保《樂賢堂詩鈔》卷中《蘇堤春曉》** 蘇堤近接白公堤，一路春風緑蔭齊。無數啼鶯無數柳，濛濛烟景畫橋西。

清 **鄧顯鶴《沅湘耆舊集》卷八五《西湖竹枝詞》** 一片秋清銀漢低，郎今莫上白公堤。孤山夜夜鴛鴦鳥，飛過西湖西又西。

清 董沛《六一山房詩集·詩集》卷九《同舍弟泛舟東錢湖》 水田漠漠鷺鷗飛，半向東來半向西。兩岸湖波太空闊，中流衹少白公堤。

清 改琦《玉壺山房詞選·欄干萬里心》 小勾留處白公堤，柳拂紅墻緑未齊。飛鳥都從天外歸，雨霏霏，水面春雲畫滿衣。

清 黄爵滋《仙屏書屋初集·詩録》卷一《閶門曲四首》 郎上眞孃墓，墓邊芳草陰。妾下白公堤，堤邊飛絮深。

清 蔣士銓《忠雅堂文集》卷一五《蘇堤》 蘇公堤接白公堤，界畫湖分内外畦。閒柳夭桃連錦樹，隨車寶馬趁香泥。

清 劉大櫆《海峰詩集·今體詩二·送人游西湖二首》 湧金門外烟水春，白公堤上柳枝新。杏花含淚桃花笑，各有春愁泥殺人。

清 劉嗣綰《尚絅堂集·詞集》卷一《筝船詞·望江南》 江南好，生小住清溪。陸子泉争揚子水，黄公澗比白公堤。揀得小園棲。

清 舒位《瓶水齋詩集》卷一四《崇文書院前樓塑祀四賢爲唐李鄴侯白文公宋林和靖先生蘇文忠公余小住旬月時獲觀仰乃于回櫂日各附一詩》 官自中朝貶，詩從外國償。白公堤上去，留得地皮香。

清 孫星衍《孫淵如先生全集·濟上停雲集·白公祠爲任太守兆炯作》 白公堤上新祠宇，訪古曾經展拜頻。水利繼成千載政，瓣香元有再來人。兩朝詩老淵源合，三徑園亭結構新。若問鄒滕溝洫事，廉車我媿澤如春。

清 孫原湘《天真閣集》卷五《蕩湖船》 蕩湖船，一生不出白公堤。清晨泛月采香徑，日午載花香水溪。

清 唐仲冕《陶山詩録》卷二七《小東園三集·虎邱小泊順叠前韻》 杜子閣中難覓句，白公堤畔小停舟。層臺九曲稱靈阜，垂老還應憶舊游。

清 屠倬《是程堂集》卷三《蔣村山塘訪秋》 白公堤畔柳絲柔，十二紅闌隱畫樓。纔到吴鄉聽吴語，泥人新夢入新秋。

清 托渾布《瑞榴堂詩集》卷二《西湖竹枝詞十二首》 放鶴亭前君送我，白公堤上我思君。匆匆未到金沙港，回首蒼烟與暮雲。

清 汪學金《静厓詩稿·後稿》卷七《和滄來郡尊西郊即事之作》 經士追陪揚子席，詩人傳咏白公堤。更欣時澤隨車應，多稼先占有渰萋。

清 王拯《龍壁山房詩草》卷三《湖上絶句》 白公堤畔放輕舟，行到金沙欲盡頭。一樹芙蓉一楊柳，十分清艷作殘秋。

清 翁方綱《復初齋詩集》卷五三《芝山爲予繪杭湖新建坡公祠二首》 湖上烟雲懶不來，夢中想像到容臺。白公堤後秋光接，望海樓前曙色催。

清 吴騫《拜經樓詩集》卷一二《武邱》 緑草如雛隱釣槎，白公堤軟路非賒。千年不渴劍池水，四月猶開鶴市花。

清 吴省欽《白華前稿》卷二九《山塘同知白作》 半臂春寒淺勒花，白公堤畔盡風華。銷魂願化紅心草，和雨和烟送犢車。

清 吴翌鳳《與稽齋叢稿·紀年詩删下·泖湖張觀瀾久客吴門賦贈》 白公堤畔柳，廿載繫吟船。草色又如此，烟波倍渺然。詩情紅樹外，鄉思白鷗邊。料得茸城路，東風冷墓田。

清 許兆椿《秋水閣詩文集》卷二《白公堤》 七里山塘積翠連，羅衣風漾一溪烟。紅樓斷處聞簫鼓，一樹垂楊一畫船。

清 薛雪《一瓢齋詩存》卷四《壬子七月十六水窗社集風雨阻舟白公堤感賦》 老去鄒枚逸興存，載將吟筆過閶門。風翻座上新詩卷，雨洗襟前舊酒痕。短簿尚留他日祀，眞娘應有未消魂。甘棠回首今何在，醉眼迢迢望欲昏。

又 卷六《白公堤雜興》 闔閭城外參差柳，斟酌橋邊爛熳花。遲我酒旗歌板地，踏殘紅日未還家。

錦纜牙檣次第来，堤邊花鳥漫相猜。游人自愛眞娘墓，不到前山不肯回。

香風輕捲紫騮塵，個個垂鞭側帽人。笑我杖藜拖蠟屐，自驅詩酒趁閑身。

清 詹應甲《賜綺堂集》卷一《偕何雲黻遠昌泛舟山塘》 白公堤水碧盈盈，打槳中流緩緩行。七里濃陰塘上樹，家家樓角有蟬聲。

清 葉紹本《白鶴山房詩鈔》卷二《秋日東莊雜詩二十首》 彩

舲競指白公堤，歸到橫塘烏欲棲。一闋洞簫聲未徹，月華已渡女墻西。

清 朱方增《求聞過齋詩集》卷三《再和前韻》 前生野火餘殘劫，舊日江鄉賸故栖。重望春暉千里隔，幾回回首白公堤。

清 陳夔龍《松壽堂詩鈔》卷八《接亭秋函放舟西子湖大有買山之意作此遥寄》 白公堤接岳祠邊，湖裏風光洞裏天。蒲酒一觴飛共醉，爲君先辦買山錢。

清 葉昌熾《奇觚庼詩集》卷下《題顧南雅通政胥江送別圖有序》 何似仲魚津逮舫，白公堤上訪奇書。羽陵姓字人閒在，不等長卿賦子虛。

雜録

（正德）《姑蘇志》卷三三《古迹》 交讓瀆在子城北，今堙爲民居，僅有污池丈許，又有交讓巷。白公堤在虎丘山塘，白樂天所築。

明 王世懋《閩部疏》 自崇安周八郡，驛路三千餘里。而遥路皆甃石，獨漳泉間稍因剛土耳。一望盤紆，修潔可鏡。擔夫行子，屩迹不沾尺土，爲工亦鉅矣。若吴之白公堤、杭之蘇公堤，以兩公横得名耳。以數計之，蓋萬尋方寸也。

明 宋懋澄《九籥集·瞻途紀聞·虎丘山門》 老僧言寺山門舊嚮東開，由白公堤而入，至二山門始南。

（康熙）《江西通志》卷一五《水利》 白公堤在清江縣東北，舊名土橋壋。其地各都分與南昌之豐城瑞州之高安接壤，袁、贛二水交會，沿江百餘里，土田窪下，以堤爲命。辛未，大水壞堤，漂沒田廬無算，膏腴數萬頃悉成汙萊，無以供賦，官民交困者十八年于兹矣。舊壋屢修屢潰，每遇風狂雨驟，淵有怪物爲祟，頃刻木石俱沉。歲戊戌，巡撫白潢單車相視，謂民病若此，守土者豈宜膜視。檄臨江知府汪清修復，估費繁重，特捐數千金，委南安同知毛士儀董其事。又自爲文祭禱，而後興工。自戊戌孟冬迄己亥季夏告竣。親往閱工者凡四次。堤長二里有奇，闊二十丈，屹然鞏固。三邑士民呼爲白公堤。浙江巡撫高安朱軾紀其事，勒諸石。

清 杭世駿《訂訛類編》卷五《白堤不在西湖》 又云，《咸淳臨安志》無白公堤。所謂白公築之堤，在上湖與下湖相隔處。公自著《錢唐湖石記》可證。今人所指之白堤，即白詩所云『緑楊陰裏白沙堤』，白公前已有之。

清 梁詩正《西湖志纂》卷七《北山勝迹上》 白公堤在錢塘門北，由石函橋北至餘杭門，築以蓄上湖之水，漸次以達於下湖。《唐書·白居易傳》：『居易外遷杭州刺史，始築堤，捍錢塘湖。』

（同治）《清江縣志》卷二《疆域志下》 白公堤在十都四圖即土橋清潭堤也。康熙辛未，大水壞堤，漂没田廬無算，膏腴數萬頃悉成汙萊，官民交困者十餘年。舊堤屢修屢潰，每遇風狂雨驟，淵有蛟蜃，頃刻木石俱沈。康熙戊戌，巡撫白潢單車相視，檄知府汪清修復，估費繁重，特捐數千金，委南安同知毛士儀董其事。又自爲文祭禱，而後興工。自戊戌孟冬迄己亥季夏告竣。親往閱工者凡四次。堤長二里有奇，濶二十丈，屹然鞏固，士民呼爲白公堤。道光十三年五月，大水上首堤潰，帶決此堤數十丈，傍堤民居悉壞，沙汙糧田數千畝。本年冬月，知縣孫慧焯以舊趾俱成，深潭不能起脚，乃於堤外遷築新堤數百丈，費數萬金，至今鞏固。

《清史稿》卷六六《地理十三》 清江衝，繁，疲。倚。西：章山。東：閤皁山。南：瑞筠山。贛江自新淦入，袁江自新喻入境，合上下横河，繞郡城而北，爲清江。自贛江北衝蛇溪江不復合，至城北二十里始復會焉。北行會蕭、淦諸水，入豐城。東有梅家畲堤。東北白公堤。樟樹鎮汛，通判駐。一驛：蕭灘。裁。

白河堤

綜述

清 董以寧《正誼堂詩文集·文集·白河堤記》 國家歲運東南粟正耗四百八十餘萬石，沿江絶淮，泝河涉濟，歷汶、洸、沂、泗以達衛河。而衛河至天津之直沽，盡入海，其西北距京師三百二十里，非白河無以漕。顧白河由密雲經西山，流至通州，更納大通、榆、渾三水，合流而出香河、漷縣間，勢益大，且濔沙深淺無常，以暴漲乘之輒決，不利于漕。工部分司郎中每歲正月即移駐河西務，以防議塞議挑，率費水衡錢無算。順治十有二年，遂決劉家口暨要兒渡，旁溢稽天；而正河之向天津者，細緩不濟運。前郎中某奉部札堤之，弗底績，移疾請代，尚書劉公難其人。

時先君方爲都水司主事，又咨吏部考選江西省提學，例可弗奉差。劉公顧曰：『是無以踰公者。』遂具疏入奏，天子曰俞。即命提督通惠河道，兼理稅務倉廠，賜敕書一道。以是日辭朝出都門，而總河都御史楊公檄又至矣。知事亟，勿可以稽，隨往相度估計，得其地勢緩急，因奏記劉公、楊公曰：『向者糜金錢累巨萬，而工不底績者，由先築要兒渡也。疏浚之法在治，下流堤防之法，則先禦其上流。蓋水性上流最急，急則奔濤債怒，有觸必衝，而劉家口適當之。不于此先爲之防，將水終旁決而力不耑；力既不耑，遂不能并趨而勢益緩；勢既緩，則渟洄瀰漫，水不能挾沙以行，沙不能隨流以瀉，漸沉漸滯，愈滯愈淤，隨淤隨決，而劉家口以下之河，俱不治矣。至上流既禦，斯河之利害要兒渡始獨當之。踵而堤焉，必堅必厚，使近下之水，皆趨海而不至于橫流，則爲寓疏于塞；使旁分之水盡歸漕而不虞其淺閣，則又寓挑于防；非聽便宜從事不可。』

劉公、楊公許之，遂鳩工。自是年九月至十一月，劉家口五里之堤成。今年正月至七月，要兒渡十里之堤又成。以餘工築棉花寨、銕牛口之堤，悉成。高各三丈，底各廣十丈，中各廣七丈，上各廣五丈。自是而白河之漕遂通。是役也，總河發銀三萬，部發銀七千，又本部通惠河船木稅三千有奇，所屬順天、河間、眞定、保定四府内四十一州、縣、衛協濟凡二千有奇，悉聽支算。及成，費不及萬，悉還之部院，官無所與，吏無所侵，費不糜，工不久。及考核，朝廷以爲能。但先君以襄陽城守八年抱病之軀，每日不過飯一盂，清橐中參藥不能繼，乃督率晝夜無倦，冬噎風沙，夏冒酷暍，無廬舍帷幄之蔽，勞苦與役夫共之。經營跋涉，心力俱殫，迨功成而疾已不起矣。

嗚呼！今日白河之間，雲帆蔽天，邪許直達，淺夫不苦挑，漕卒不苦剝，官俸軍糧得以及時而支。亦有念勞臣之績，竟胼胝憔悴而以王事殞其身者乎？幸朝廷許馳驛歸葬，寧得扶櫬至河西務，泣而記之。懇今任蔡公文其言以立之石，庶後之志河渠者，或有考焉。

紀事

《元史》卷四二《順帝紀五》 庚午，命樞密院以軍士五百修築白河堤。

清 康基田《河渠紀聞》卷一九 是年三月，直督唐執玉議加築密雲縣城外白河堤岸，以固其基。

（光緒）《順天府志》卷四五《河工六》 十二年，修堤築決口浚引河。府尹彭祖賢會同倉場侍郎奏修通州白河堤。

又 卷四六《河渠志十一》 五年，修香河縣白河堤。十月丁丑，命修香河縣白河堤，從知縣張嵩言，河水衝決，民田被淹故也。

雜録

明 劉天和《問水集》 運河數千里，惟白河堤防大壞。歷觀河底兩岸，率皆淤沙，以故易於衝決遷改，與中州黃河略同。治堤宜遠宜堅，宜植六柳諸法亦略同。更有異焉，每見村莊遇遭積沙成巨堤，上復多柳，云以禦水。詢之，乃先於平地植低柳成行，以俟風沙摶聚，旋自成堤，柳愈繁則沙愈聚，根株盤結，水至無害也。治河者如之，不亦大省民力邪。然惟瀰望平沙無可取土者，方用此法。若堅實河岸，仍須土堤低下衝決之口，仍須堅土倍築高厚，更植深柳，爲完美爾。

（光緒）《通州志》卷一《封域志》 白河堤，白河向有東決之患。同治十二年，全河潰決東注。經倉尹憲奏，准修復。十三年，上游漫溢，東入漷溜河，經督憲派員勘修，遂築長堤。北自順義縣安里村起，南至通州北寺莊止，計堤長二千四百七十五丈。又自安里村前至平家疃南，築護堤一道，計長八百五十四丈。平家疃村南金門口大壩，南北長一百二十丈有奇，壩北建龍王廟一座，分段建汛房七處，添撥河兵十六名，汛弁外委一員。每年通永道捐，歲修經費銀伍百兩，坐糧廳監督捐津貼弁兵經費銀貳百兩，由通州知州請領督辦。

寶唐堤

宋 何異《寶唐堤記》（同治）《崇仁縣志》卷九之六　寶唐崇仁水源所自出也，載《寰宇記》。近洪内翰邁賦短歌，亦曰：他年從子兮一葦航乎。

寶唐，舊隸崇仁，今爲樂安、永豐分界。余嘗委所親窮其源而問之，山高雲際，回環峷中，良田廣袤，浮屠擇占勝處，居民數十，耕鑿生聚，自成一川，導餘水出山，層崖峭峽，犇湍而下，半峽有巨石横臥，激浪如山，迅霆飛雪，名砲石灘，怒濤勢不可遏，瀉入碧潭，名石庫，旁一水相合，至寶唐，凹聚焉。溪始浚發彌望，過寶唐源，而溪始安流，自是迤邐而東，凡一百二十餘里，合支流遠近者五，曰西寧，曰芙蓉，曰巴源，曰杯山，曰羅山，凡一山之水，支派再三，冕者不數數焉。相與舒徐，入境回旋於崇仁之邑治，而溪始平且闊，如倦如歇，如喜如舞，如愛戀其所。西不見其來，東不見其去，際天一碧，澄湛千古。陰陽家謂，其洋洋悠悠，似欲留而我顧，信而有徵。下流與汝水合，同入於江，亦一百二十餘里，則又灘稠竹節與上流等。

然則，邑治實寶唐氣脉之中齊也。先是，邑治相直架舟爲梁，隨水高下通岸之南，由月湖以至水闕三十八字池沼它水捷出，腹背受敵，寸瓦尺椽，蔑有存者，堤岸大半摧毁，地盤浸亦沮洳，稍昏闇，即疑有魑魅，夜莫敢行。邑政度非所甚急也，率曰奈何。縣大夫會稽潘君方到官，一見喟然，曰：此如美丈夫，眉目秀整，而滿面瘡痏，甚可惜也。布政少定計費於蠹耗之餘，取材於宅山之近，銖積寸累，念念不休，將半年而工役興，又一年而形模具。時久不雨，水落岸出，窮其底而築焉。基址既堅，而一石四尺，横縱層砌於其上。今去水已五七尺矣，民始驚嘆，亦多輦石負土，陰出力以爲之助，岸分高下則舊路也。有翟氏者，昔建橋，今甃路高，則民居舊從官賃，今悉取以還民，闢爲通衢，車可以方軌，馬可以并馳，櫸柳宛其成行。

余適歸自都城，見聞生喜，隨所留街路出力，鋪砌橋牙中脈登岸少南，又以周馬帥處所作三字横榜於亭楣之上。其後爲小驛舍南窗照水鈎簾晚香來者，得少休焉，亦景物之一助也。

夫意出於人所不及，而識者可以占爲政之不苟。張乖崖守金陵，問過客好官員，而得張睎顔萍鄉之政，無他事也。徒以入境則橋岸葺理，田萊墾闢，野無隋農，市無喧争，静夜則更鼓分明。以此驗其大者，必可觀焉，即興論薦於朝，睎顔後亦能顯。

今潘君政術近民，家至問疾，留意學校，士知歸嚮，躬督陂堰，歲獲有秋。至於庭無滯訟，獄無濫囚，皆顯顯在人耳目。兹役特其形見於喟然之末，得叢談畫地，有公論在焉，不敢深言之。會有乖崖公訪於過客者矣。

是堤也，几案縣字，襟帶學宫，清淑鬱積，宜士宜民。君每謂其大者，當有魁奇之彦，師友聖賢，立德立功，措世康莊爲國柱石，應黄州之讖。其次，則以文章瑞世，光焰傳遠，若滚滚俱不盡者。又其次，則秋賦春選，每科多加堰合之符，有待焉。其下，則家給人足，貧富相資，禮遜興行，獄訟銷弭。

余謂四者，固所願矣。然君之所謂下則俗之所謂上品也。夫使閭里寧一歲事常登，則可以省鞭撲，可以廣惠愛，可以安教養，君亦簡静無事而高臥於琴堂之上矣。敬酹溪神，請以是爲築堤之報。

（嘉靖）《江西通志》卷一九《撫州府》　蘇緘，字宣父，泉州人。嘉祐初以太常博士宰崇仁，民喜争田，有數十年不决者，緘一斷以法，未半歲庭無留訟。治寶唐堤，冶鐵爲纜以作梁。後知邕州，死節，贈節度使，謚忠勇。

（同治）《崇仁縣志》卷二《建置志》　寶唐堤，縣治開泰門外。宋嘉定中，令潘方築，久廢，邑人何異記。

（光緒）《江西通志》卷六三《山川略三》　宋嘉祐四年，知崇仁縣事，蘇緘築寶唐堤。嘉定二年，縣令潘方重甃石。

采芹堤

宋 洪咨夔《平齋文集》卷九《重築采芹堤記》 城東數百武爲泮宮，貢士之闈，冷官之廬，附庸而翼之，督軍湖匯，其右貫湖爲堤，徑于學湖，裂爲東西。西湖在堤北，依山瀦水，植以蓮菱，堤無風濤撼觸，故不壞。東湖在其南，瞰湖有亭曰『采芹』，夷曠虛明，莎蕪彌望，潦水時至，挾風鏖岸，拍拍作聲不少息。日朘月圮，闊不能半尋，歲大比，縣編竹貯土補葺以苟目前，事已輒頽，析如是屢矣。

又 役始於去年十月甲子，訖二月壬戌。凢靡錢二百萬。嗟夫！物之成壞也有時，時之難易也有數。堤昉於文正范公，再築於元祐之庚午。余之增築，又適當庚午之冬。周兩甲子，所成僅爾。謂之非數可乎？更兩甲子，陵耶谷耶？嘉定四年春社前五日，錢塘洪某記。

又 余來分教，每出擇地而履，或夜會風雨，寸跬不前，毛髮磔立，因念士與民同出，是塗可拱，晼不問命，絫石爲趾，每五尺揵以石笋，東爲層六，西益一開級道，以便下上者，三覆石甃，以草壂根盤，結不可動，鱗次而上，以殺水勢，廣十有七尺，崇十有五尺，修一千二百尺。植楊護其趾，且爲舉子繫纜地，烏柏合抱，垂蔭下接，景益深秀，作門于西扁以泮水。

柴公堤

清 侯茲《修柴公堤記》（乾隆）《掖縣志》卷七 萊城之東附郛，烟闤相望，虹彴叠起。其跨小壕，而便蹄輪者，曰迎仙橋。是壕也，與隍池雙引而南，中臥長□□。柴公堤，則障鳳山之泉潦怙，注掖河，以固東闉。舊所□南陽埂者，被以今名，而柴公之功，於是乎不墜。

雖然明德猶在，禹迹漸湮，鳳山之泉，潦如故也。江河日下，迅而投諸壑，鬣堤飛渡，奪內壕以頹南郭之橋，危雉不支，復隍有患。居民或慮其魚焉。距康熙二十年柴公之功，才七十餘年，所而埂斷堤平，鼓怒湍悍，拍城作岸，不復歸掖水矣。

我賢侯張公有愀於此，既坤乃垣，浚乃隍，降陟履行，心規手畫，曰：金城之完，非易也焉，恣陽侯何沙不潰，何土不堅，亦高吾堤，固吾築而已。乃進衿士以鳩僝。

（雍正）《浙江通志》卷一六七《循吏》 柴望。《錢塘縣志》：字秩于，仁和人，順治丁亥進士。由縣令曆廣東布政使。《萊州府志》：望守萊州，遇水潦，捐俸賑粥，隣郡百姓襁負就食，全活甚衆。膠州牧與總鎮不協，鎮兵譁望，親往安撫。始定創築城東濠堤，士民德之，名其堤爲柴公堤。

清 張嶟《柴公堤》（乾隆）《掖縣志》卷八 長堤突起鳳城東，護得金湯半壁雄。却愛成功功不伐，堤名仍自勒柴公。

（乾隆）《掖縣志》卷一《堤堰》 柴公堤，一名南陽埂，在城東門外迤南。康熙二十年，郡守柴望築，左障小壕，右衛城隍。歲久，小壕淤塞堤潰，水抵城闉。踵事者率砌浮沙，屢修屢圮。乾隆二十一年，知縣張思勉挑浚壕隍，甃以石幫，掘壕土實之，長以丈計者三十有四，闊以弓計者十，較舊址加擴，左右表以柳株，寬廣平坦，用固金湯。

長春堤

綜述

清 魯得之《長春堤記》（嘉慶）《安康縣志・文徵丙集哀録記考》 一日，予與友閒眺長春堤上，徘徊於望闕、瞻雲二亭之間。有客問曰：某十載前過此，闤市荒涼，人居且寡，未有此堤及此亭也！今復至，則煥然非昔，請聞厥詳。

予謂之曰：郡治臨漢江，城西里許，有萬春堤爲衛。惟此處形勢稍低，水溢則從此達南濠，入城爲患數矣！成化丁酉深州鄭公福爲牧，於茲下車，聳此惻然，在念比。己亥政舉民安，乃於禾登後選民之壯者千有奇，親督工築之，越季冬之月告成，乃命名長春，期與萬春同功也。又建二亭於上，以爲送往迎來之所，東望闕，西瞻雲，蓋不忘忠孝之意也。堤成今六祼矣，無或崩毀，累經水溢不能患。城傍水居者得徙於二亭，以避之，堤之顛末與有益蓋如此。

客曰：某聋昔陳堯佐任兖州，築柳堤止汾水，人賴其利。蘇軾在徐州築長堤止河水，害不及城，其爲民防患之功，昭諸史册，足爲後世牧民者範。今鄭公築堤建亭既以息患，又以便民，其功不二公讓，亦宜有傳於不朽也。諸君子生長是郡，親覩其事，可泯此功於無迹耶。

予遂歸，與兄賢謀於州所諸官士，共刻其實於石，衆以記强予，予非能文者，姑舉對客之語以塞。

藝文

明 郭正域《合并黄離草》卷一三《長春堤》 大堤幾百丈，春光聊騁望。老椿幾千年，春風滿堤上。

明 袁宗道《白蘇齋類集》卷六《長春堤》 偶踏長春堤，凉風吹解帶。班荆數過帆，沙鳥飛雲外。

雜録

（嘉慶）《安康縣志》卷三《建置圖第二》 今考其形迹，東曰長春，南曰萬柳，西曰萬春，曰北堤。其增築爲城者東之南，曰白龍。東之北，曰惠壑。正東則截長春堤之北段也。

又 長春堤，北接惠壑堤，南抵趙臺山麓。嘉慶二年，知府周公光裕截北段爲城。白龍堤西接舊城東南角稍北，東抵長春堤腰稍北。緣郡城南，有施、陳二溝，施家溝流經新城之西，至郡城南折，而東經遇仙橋，下與陳家溝合。陳家溝經新城之東，至舊城東南，納施家溝水。無雨時，皆枯涸。一經雨集，則二水暴漲，直衝東關，因築是堤以禦之。循堤外浚渠而東，至長春堤設閘焉，內水漲則啓閘，漢水漲則閉閘。乾隆三十五年，巡撫飭通加高五尺。嘉慶三年，因三堤爲城增埤無多，城之東南角外壓長春堤身處，遂若短垣可踰。承修者不於此處添築，乃掘堤脊以顯城之高，其深且踰加高五尺之數，工於防寇，似疏於防水矣。

又 卷一九《文徵丙集哀録記考》 萬春堤，在郡城西二里許，南起牛山祠下，北至漢濱。《舊志》謂之古石堤，相傳建自宋熙寧，以禦上游之漲，爲興安諸堤之最先。繼此建於城東一里，南接趙臺山麓，北抵漢水，以禦積雨。時漢逼黄洋之逆流泛濫者，爲長春堤。始於明成化十五年，知州鄭福其緣長春堤溯水濱。而西屬於城東北隅者，曰惠壑堤。築於萬歷三十五年，守道曾如春其緣長春堤腰西。屬於城東南隅以制南來施、陳二溝之奔衝者，曰白龍堤。建於明末，其自萬春堤瀕漢，折而東屬於舊城之西北隅者。

（雍正）《陝西通志》卷四〇《水利二》 長春堤，在州東一里，其北名白龍堤，其南名長春堤，實一堤也。其堤長一里六分，高一丈八九尺，中有石閘一，高五尺，濶四尺。如陳、施二溝之水下流則起閘，以疏其勢；如漢江、黄洋兩河上湧則閉閘，以遏其波。成化十五年，知州鄭福增修。萬曆二十年，守道曾如春檄州判張海修理。崇禎間，州同蔣體元于堤上遍植桃柳。本朝康熙四十九年，官紳士庶捐修。雍正三年又修。

長山堤

綜述

明 陳壯《長山堤記略》（嘉靖）《蕭山縣志》卷二 蕭山縣東北十里許，曰自長山。直抵龕山，舊皆土堤。堤内乃運河。外夷日本蕃舶畢獻方物，浙東温、台、寧、紹等府衛所官民商賈所必經之處。良田民居，比比緣海門以爲之障，沙漲壅恒十餘里。

近年海水泛溢，所謂濤山浪屋，雷擊霆砰，有吞天沃日之勢者，無間日日。弘治八年秋，潮嚙長山，堤幾圮。居民皇惑，將扶携徙避。先是，紹興守三山游公興以屬縣水利聞，事下分守大參盧氏韓公鎬。報至，韓公疾馳視嚙處，經畫夂圖，欲易以石。匃工庀材，諏日始事。紹興貳守吉水羅公璞實專任焉。羅公夙夜憂悸，百物所須，百方營備。量地之遠近，分人以董其役。掘去浮沙，易以堅石。令行禁止，工不後期。不數月，而堤邐迤垂成。

當塗鄒君魯來令蕭山，首曰：此吾責也，無苦上人爲也。相度已成之功，益弘久遠之規。秋溢者高廣之，衝突者縈紆之，而石堤煥然一新矣。

且君子之作事，固貴乎始謀精審，尤貴乎規制弘遠。蓋作者未欲不欲其久存，而繼者常至於殆廢。使繼者有人，堤石幸久不朽，則諸君之惠利於人物者，可歲月計哉？

是役也，患塘延袤五百二十五丈，價費五千七百緡，役夫七十萬工。經始於弘治八年十月，成於次年十月，記作於再次年之九月。

紀事

（嘉靖）《蕭山縣志》卷二《建置志》 弘治八年，潮囓長山堤，幾圮。大守游興以屬縣水利聞。事下，參政韓鎬、同知羅璞督工，築爲石堤。

翠微堤

綜述

明 張士範《重修翠微堤記》（乾隆）《池州府志》卷六 癸巳孟夏，大雨浹旬，山水怒發，齊山湖一夕暴漲，堤上絶行人，山僧聞濤聲震駭，登高而望，見上游之水高於堤尋丈，勢如倒峽而下，雲雨中隱有數蛟挾水飛騰衝堤而去，越日雨歇水平，堤大半陷矣。堤於數年中頻受水厄，歲甲申，江流漲溢，堤没於水數尺，舟艦從堤上行。丁亥、己丑兩年亦如之，是以屢修屢圮，要未有鬠，缺殘破如去夏之甚者也。

余自莅池後，習聞人言堤築於勝朝之季，形如一矢直射郡城，頗爲不利，及考《郡志》爲唐刺史李方元所築，杜牧之志『李刺史墓有堤，州南五里以涉爲衢』之語，又牧之《殘春獨來南亭寄張祜》詩首、二句云『暖雲如粉草如茵，獨步長堤不見人』。則陡起於唐無疑。迨明萬歷間，司李秦公懋義重甃以石，俗因有『秦公堤』之號，嗣閱堤北所樹《乾隆九年修堤碑記》直云『創自前明司李秦公』，按操筆者青陽吴太史兆雯，竟未詳考，宜時俗訛以傳訛歟，更有欲乘堤之殘缺撤而去之者，夫事誠不利於民去之，惟恐不速，第作事謀，始宜順人情，人情所欲，東不能强之西也。

康熙十一年，前守三韓朴公以形家言，欲使人出東道，盡撤堤石，甃青雲堤，而行者不可禁，堤存如舊。乾隆三十三年，前守惠民李公亦有撤去斯堤之議，迄以不便人行而止。然則斯堤也，隳之既不能踵，而成之又不可余，乃酌於由舊之中寓變通之道，向謂堤形如矢，以其直也。今於中央命工兆而築之，作一彎成新月之形，直則矢曲，則非矢可以破形家者言矣。特是池郡濱江而郡之，西南重岡叠嶂，山峽之水交注於湖，亘之以堤舊止一橋宣洩，或上流滈汗難保，無衝决之虞，爰審度水勢，添設一橋，庶遇山水濆涌，得兩橋以洩之，水不迅激，堤可保固歟。堤長一百四十八丈，址廣一丈二尺，脊廣八尺五寸，高一丈。舊橋名『瀉水』，砌以石長三丈八尺，脊視堤高一尺，窄四寸爲孔三，亦被水傾，并葺之。新建之橋長一丈六尺，高廣與舊橋等，爲孔一，名之曰『分水』。堤舊立中亭一座，名曰『環碧』，隳廢已久，今復成之，名仍其舊。其首尾仍樹『翠微春曉』、『池陽勝概』二坊，又於南搆一亭顔以采霞，北建官廳一所，複以廊圍以墻，非敢踵事而增，亦謂高軒戾止，得以暫駐，體制所不可少也。

興工於癸巳季冬，落成於甲午五月，通計縻金千二百有奇。悉貴池紳士所輸，急公之義有足嘉者。余竊有感於旱澇之不常也，爲守令者固非能有彌灾之德，然修利堤防記於月令，有備無患，載於商書，職守一方，上爲朝廷宣力效勞，則凡民事之所在，有利者興之，有害者除之，皆所當悉心籌畫，思患預防，以期無負牧民之責。夫豈獨一堤爲然哉。是役也，善爲勸輸而綜其成者，貴池令林君夢鯉，往來工次、稽察始終不懈者，署貴池縣尉趙大奇也。

紀事

（乾隆）《池州府志》卷四《形勝志》　康熙十年間，朴太守懷玉以形家言撤翠微堤石，修築青雲堤，欲令行旅出東道。

又卷一八《秩祀志》　明郡推秦懋義祠，在府城南門外翠微堤首，有祠田三畝八分，懋義於萬歷中甃翠微堤者，又一祠在府西西廟後，今廢。

雜録

明 張士範《九日登齊山用杜韻并序**》**（乾隆）《池州府志》卷六　癸巳重九，始暢游，由翠微堤南上爲上清亭，石穴深不測，名『别一洞天』。

（乾隆）《池州府志》卷六《山川志》　齊山湖在翠微堤下，本清溪水，夏秋間潴於此，從東北瀉興濟橋出清溪口。

又　湖上樓在翠微堤之中，明萬歷中秦司理懋義建，并畫秋浦十洲圖於壁，今廢。

又　瀉水橋在翠微堤之盡，去城南數十步，即宋以前淺水橋也。

（乾隆）《貴池縣志續編》卷一《輿地》　翠微堤，俗呼霽山梗，自城南石獅口南達山麓，寰不以有奇。其創修詳《舊志》，近圮於水。乾隆癸亥，郡憲王公輅倡俸增築，余來令是邑，承檄鳩萬工倍高之，豎兩坊於堤之南北顔，曰『池陽勝槩』、『翠微春曉』，仍舊額。

單公堤

綜述

清 紀大奎《雙桂堂稿·續稿》卷一〇《合州重修單公堤記》

合州東北嘉陵江，自陝西會合西漢水，暨白潛諸水一千七百餘里，至州境。又會渠江及巴江之水，偪治城東。每夏秋水漲，洪波洶湧。宋治平四年，州守光禄卿單煦奏於朝，築石堤七十餘丈，斜遏江流，水患始息，州人名之曰單公堤。紹興十四年、嘉定五年，州守楊師錫任達相繼修之。明成化中，知州唐珣又增修之。自是以後，雖闕於記載，要惟隨塌隨修，其必不容以歲月緩者，自單公至今七百五十餘年，皆斷斷可知也。

嘉慶戊寅，予再任州事視堤坍塌已甚。己卯夏，江水疊漲堤盡圮，居民惴惴。予惟政無急於此者，集州人士商之，無遠近，皆踴躍樂捐册書錢二萬餘緡。時又因城堞傾圮過半，城門多皸裂，議先城而遂及於堤。是秋九月興工，次第拆築。庚辰二月，適予奉檄赴都，賴湯君貽湄、胡君光瓚先後攝篆，爲之經理。八月予回任。冬十有二月工始竣，堤長七十五丈，高四丈一尺，廣十四丈五尺，又增護堤三十八丈，高一丈七尺，廣七尺。湯君又於堤首接修子堤二十五丈，高一丈七尺。先是州人刑部侍郎胡世賞明崇禎間於上游增築新堤一道，長六十丈，高三丈九尺，廣十丈，時官工部侍郎，故名司空堤，距單公堤一百一十丈。嘉慶十五年，知州曹□允衆議修平堤一道高七尺，聯絡其間，今亦多坍損，拆修四十餘丈，增高二尺。

是役也，州人急公好義，歡倍恒情，咸以爲事所希有，今雉堞巍然，堤比舊益壯。吾知瑞氣所鍾，將所謂江漢炳靈，世載其英者，必於是邦。尤擅蜀都之勝，豈不偉歟！爰疏列姓名，及捐數勒於石勸捐者，孝廉張乃孚、戈廷幹，庠生吴承謙、廩生劉繕也。董其事者，附貢生陳大猷，增貢生鄭維恪，貢生羅大有，庠生文爲憲、陳心一，監生蔡方鼎、戴開遇、楊裕銓、黄秀鳳、耿其熙，州同邱銓榮，皆悉力經營，終始盡善，俾有司樂觀厥成，民無水患，諸君之力也。并書之。道光元年，歲在辛巳春二月。

傳記

明 費廣《重創養心亭記》（乾隆）《合州志》卷七　侯名珣，字廷貴，登天順丁丑科二甲進士，其莅合也，如創修城垣，增修單公堤，多偉績焉。

紀事

（道光）《重慶府志》卷四《職官志》　紀大奎江西舉人，循吏名儒，重修單公堤，州民頌之。

雜録

（萬曆）《合州志》卷六《恩典表》　州當三江之衝，水激而湍悍，地平而出跡寫害尤劇。雖江之陰有單公堤，然世久蕩折，莫可砥障。侯甃石重修，廣高彌堅，而汪瀾東之，用是無河圮之患。都憲李實記也。

又卷七《壇壝》　單公堤，在州治東北□□江，宋知州單煦所築。成化間，知州唐昫增修□□□□有□。弘治十三年，知州宋琢重修。嘉靖辛酉年，知州侯朴增修□□□□□□□合□渝之上游，涪與嘉陵交會。

【略】

同知劉公輻以竹籠實之，土□墳塞狀流坑暫均之，有裨於堤。然堤之受害厥有二端，浮户駢列，蓬居於堤崗之上，置碓穹穴鼠室其竇海沙揀金者，復於堤址掬流漱滌，朘剥日甚，土脚因之益疏，而甃石潰徙，是則官府所當呵禁者耳。維時侯公朴莅任，再期注念堤之隆仆州城完野繫之。每以諗諸受廛之人，適躬□上供之水於黔播深山勢，似未及於此。

一日，移書於節判熊公球，議各捐薪皂之輸，以克修堙□費，簡委耆民經畫率作，四民感公之倡義於上也，結緣出貲以助。仍白於分守□參陽泉繆公分巡憲伯，嵩淮張公兩分亟□民憂，遂檄府倉大使王廷爵湏於堤所□督工無曠情。府主南塘薛公兼廢俸金以濟不給，用益云裕。

斯役也，石之匠氏，凡五十人。□士之工，凡三百人。傭直灰價，凡百餘兩。日食之米，凡六百斛。薪芻茗塩，酒肉貿易之鍾，准於定擬之數。公私之錢米穀，市縷耆民。執州印册登記勾□出入，嚴侵耗也。計堤之長，百有五十餘尺，高百尺，盤礴廣厚，倍於高有二。

肇於己未十月，訖於次年六月。州之人士，僉謂諸大夫之寧宇吾□也。恩至星□□□□□□□垂不朽，籍惟春秋之法，有自□□□□□以見意者。嘉賓□□斯義□□□□□□□爲諛辭，以淆其實，□□郡乘者尚有攷於斯。

議曰：東渡去州里許，有石磐横踞二十餘丈，高可七八尺，□江來自東北，嘉陵江來自西北，二水合□州治左宕水勢，有遇夏秋水泛，湍悍衝□，北關一帶民居賴此石磐，以殺水勢，而□洑向東。復有單公堤以障于下，而州之左畔，得恃以無崩塌之患。始而貴宦，既而富民，鑿取磐石，以治私室殆盡，今比關一帶民居，十□八九，單堤亦不能支持於下矣。州治之改遷者，以此志切民隱者，不可不嚴爲禁治也。

東堤（浙江新昌縣）

論説

（萬曆）《新昌縣志》卷一《建置志》　嘗考《會稽郡志》，新昌舊有土城，高二丈，厚一丈二尺，周十里，久廢無攷。惟迎恩、鎮東、候仙、共仁四門名存而已。竊疑東堤舊址首起龍山，尾接北鎮，其迹略如城制，意舊志所云或指此耳。城郭未建，防守可虞。

弘治十八年，知縣姚隆始築洞門於祥溪廟右，而宋知縣林安宅、趙時佺嘗相繼築東堤以捍水患，嗣而洪水爲灾，堤屢齧，漂民居守土者各以時修築。至嘉靖三十一年，倭夷猖獗，民無守計，知縣萬鵬始相時審勢，首議築城，民多憚于力役，時尚書吕光洵適丁外艱，力主其議，於當道處賛成之，而贈尚書潘日升、參議俞則全相與協謀，願爲諸士民倡，鵬聞之喜，遂排群議，躬督責，匝月告成，民賴之。以按堵云其城制長一千三百七十四丈有奇，高一丈七尺，濶二丈四尺，周圍凡六里，城門四，東曰應台，西曰通會，南曰仰山，北曰濟川。城上爲女墻，爲窩鋪，門上爲譙樓，門外爲子城，内外馬路各一丈有奇，自東抵北，自北抵西，皆引溪爲池，而西南則面山焉。

是役也，不惟可以禦外侮，抑可以固東堤，其德於新昌也大哉。

綜述

明 錢福文《增修東堤記》（萬曆）《新昌縣志》卷三　新昌縣治之東故有堤焉，宋紹興間三山林安宅所築也。浙之勝以天台稱，而天姥、南明諸山麗焉。其爲山既高且大，則其源發而泉委者迅横奔潰，宜不可以力制也。祥溪發源天台，而天姥、南明諸泉委之，驟雨洪潦，爲新昌患不小，堤之築凡以防是患也，繼而修之者有趙師同樂，經而其不可以久者，則勢也。

乃弘治六年，廣西唐宗韶夔以名進士來莅兹邑，詢隱剔蠹，靡所不至，有以堤言者，曰：『其責在我。』遂達觀之，得其故所闕而當增者，自龍山以接舊堤爲丈九二百餘，得其故，所有而當修者爲丈凡七十餘，請于上官，僉曰：『可。』於是泰和尹頌以紹興推官來按之，議與唐合，增修之功遂成，而邑藉以無患。

創始于癸丑十月，迄功于甲寅八月，民不知勞，帑不損貲，而其與有功者則典史石昂、縣丞汪琦、主簿周聰咸贊襄之。邑封君監察御史何公崇美，耆民俞振平、吕廷實、吕廷厚輩咸德唐之賜，而懼無以詔後也，走書介石，徵余記其事，余讀匠人、稻人溝澮節宣之制，而知禹之功施于三代民有以也，苟如其制，非洪水，無禹亦可。後代與地争利，縱不俟洪水，禹即存亦未如之，何而矧庸庸碌碌者哉。若唐者詢而得之，細民不以奉命爲功，舉而合乎邦彦，不以矯俗爲賢，即故而增修之，舉得其中，不以倔己見爲智巧，上下兩利，官師罔病，豈徒後之官新昌者當師而續之哉。舉而措之，天下可也。唐與余爲同年，又同胄監，知其非一邑所能獨專厥惠也。而試徵之于是石，遂爲之記。

明 汪應軫《青湖先生文集》卷三《新昌縣修築東堤記》　新昌之東堤修而成，邑博許君某遣其諸生吕光升來告，余曰：『東堤，昌邑之巨防，創自宋令林安宅，歷二百餘年至我朝，凡三圮，於水而爲害尤慘者，則嘉靖甲午之孟秋也。』

事聞，下巡按御史張君某，選委府推官陳君讓、東陽令吴君某會本邑令姜君地增築之。俄而吴以徵去，陳與姜督諸丞胡君某、典史卜君某分任之，而不肖暨分教許□亦與焉。先爲大堤以障水，高二丈五尺，下址倍焉，上殺址二丈許，視舊踰三之一。又護以子堤，高、廣減大堤之半，木石樁墊，皆有法。其厲壇移入數丈以避水衝，花園至鐘樓舊無堤，回流輒入，因築新堤，五分埠界以通，以禁延袤，共七百六十丈有奇。費帑金纔二千一百三十，贏役夫如之。

終是秋訖功，而民不告勞，後陳君亦徵去，姜君復築夾堤，以圖永久。不肖雖與其事而無益，實不忍二君之心力無聞於後也，願賜一言以垂不朽，余惟世之爲吏者，闒茸者、不足爲才幹者，過於爲於凡陂塘閘壩之類，率皆稱首爲之。至於撫摩斯民，有實惠而無赫然於外者，鮮克盡心焉，好名之過也。漢馬臻、劉寵二公皆爲會稽郡守，而以循良稱，臻開鑒湖有功，寵何功紀其治者，不過曰：『民不見吏，犬不夜吠而已。』然則功所以爲民，治所以致其功於民也。

夫治水之功莫大於禹，然而三代以來治亂相尋，禹之功莫之誰何，信乎功在世，而用其功者在人，姜君惠於民者無所不至，堤其一事也。陳君以平反徵，亦不但有功於堤耳。許君輩司文教而有贊於吏治，則又不拘於職者也。後來者盍思所以用其功而享其成□哉。是爲記。

明 李傑文《重修東堤記》（萬曆）《新昌縣志》卷三　紹興之新昌爲浙東壯縣，入國朝來屢厄水患，至是增修東堤成，縣治始獲寧居，而民始兑墊溺，咸謂宜。有文以紀其績，而縣學教諭陳君曰：淑輩以狀來請，按新昌縣治自梁始分台析剡，即石牛鎮爲之。其東南接天姥、沃洲、菩提峰諸大山，溪澗衆水奔注百餘里，匯爲東溪，環於縣東，而北析爲剡溪，一遇霖雨，山水暴至，則東溪泛溢洶湧執不可禦。宋紹興間水决覆船山，壞民田，衝縣治，時閩人林安宅知縣事，率民築大堤捍之，起自小東門，逾北門而止。又築子堤于外，以殺水勢，自是縣不被患者餘三百年。

正統間，水决虎隊嶺，復壞民田，衝縣治。成化丁酉，爲患彌甚，淹没縣治，毁學宫門，廡民居，盡壞死者不可勝計。弘治癸丑，縣令廣西唐君夔築大堤，起自龍山，接于舊堤，計一百六十餘丈，高若干尺，廣若干尺，凡六閱月而成。丙辰，夏水大漲，潰所築堤數十丈，民又以爲病，縣令宜興楊君琛累石塞之，且增築子堤，其長視大堤高三分之二，廣三分之一，蓋皆因林公舊規而益其所未備，由是東堤隱然如長城，而水患可以永久無虞矣。夫是堤爲新昌一邑之保障，縣治賴之，以固民命賴之，以全其所關繫甚重。

初丁酉之水，封君樸庵、何公寓書于其子，今少司寇公世光憫鄉民之不聊生，且嘆有司無林安宅者，世光時爲監察御史，以示同寅，闕西雍公慨然曰：『吾按浙江，當築堤以衞民。』閲十餘載，雍公累官浙江右方伯，以其事屬縣治之，而大堤成矣。丙辰之水，少司寇以巡撫南直隸副都御史居憂于家，念是堤及樸庵志爰諗諸左方伯隴西閻公，乃以其事屬縣治之，而子堤成矣。

是二役也，雍、閻二方伯寔總理經畫之，可謂勇於救患者矣，唐、楊二令尹躬相度督率之，庶幾知以成務者歟，然而思患預防以倡遠圖，周旋從事以畢先志，則樸庵父子用心之仁尤可尚已。於戲！東堤之成諸公有德于新昌之民如此，書鑱諸石，非徒以示後之被其澤者俾知所自，抑亦以告司民社于兹者增修，俾勿壞焉可也。

明 俞則全《東堤記》（萬曆）《新昌縣志》卷三　邑治面山負壑，川流斗注，滂輒襄阜，舜馳虢溢叵測，民惟屏長堤自固。嘉靖乙卯，海堧坌集夷堤𡉏，城堤址僅存，歷年嚙嚙，去城不尋丈卌淤潴掌。丙寅，全吾蕭侯來眎邑符繕垣，諗勢甃堤，衛城堅廣踰昔。

去秋水漲，台、剡城悉陊，邑城獨免闤闠，按堵咸頌侯能先事曲防云。乃侯則不任受德，復圖樹永固於兹邑，顧時詘不忍刑民之力，先是，侯請發儲賑枵，議適下，遂諭丁壯待哺之衆俾事營築，日給官粟若干，咸竭蹶趋事，仍揀耆民醇謹尚義者十六人監眂規度，揵石畚土，掊拓陴隘，日數千指，而民無甋石刀圭之費，上下延袤數百丈，幾百辰而事峻，功茂姚遠矣。侯兹上最，民相率建祠塑貎圖生祝侯，復勒石堤所，先丐余文之，余惟宋王克臣以修撰知鄆州築堤城下，時頗駴異，及堤城而水大至，城不浸者尺許，民始繪像事之。侯之叔號復齋者，知鄆猶賴焉。《邑乘》記宋令林公嘗因舊城築堤止水，後入柄大政，民思之不置尸祝，迄今靡怠。惟侯修堤護城與克臣事類，而民之戴侯又將不啻前人之祝林公也，矧侯惠利於民者甚鉅，行將保障四方有不待余言者，姑以復諸公之請。

傳記

（萬曆）《新昌縣志》卷八《官師志》　樂經，江西滁陽人，由舉人成化十四年任，政治明敏，文學優贍，修築東堤有惠于民，在任未久而卒。

又　蕭敏道　字曰遜，江西南昌人，由乙丑進士嘉靖四十五年任，寬厚仁恕，最得士民心，邑苦輸糧，海下申請得改全折，又苦如坻大有二倉斗級重差，力請革之，民賴蘇息。又修築東堤以防水患，後以賢能徵升南京刑部主事，去之日，士民爲肖像與曹公并祀之，以生存未傳焉。

又 卷九《名宦志》　林安宅，閩三山人，紹興十二年知縣事，至即修廢墜，敦教化，改建學宫，置田養士，更修縣治、坊郭、門巷、祠廟，築東堤以禦水患，浚七星井，開孝行碑，民至今利賴之。宋時有功於縣者安宅爲最，累官尚書、參知政事，士民懷之，請祠于學，又爲肖像立祠，曰『止水廟』云。

又　陳讓，晋江人，由進士任本府推官，承委築東堤，經畫調度，宣力效劳，務爲經久計，讓又加意學校，置金庭觀田贍士，至今賴之。

又 卷一〇《選舉志》　俞朝妥，嘉靖二年授吉安府推官，補廣信府升户科給事中，轉吏科，左歷工科都給事中，嘗主議請官銀築東堤，民免播越，又白當道，發諸暨徭銀三百兩爲恊助費，行之二年而止。

紀事

（萬曆）《新昌縣志》卷一三《雜傳志》　十三年，大水决東堤，民死者衆。

雜録

（萬曆）《新昌縣志》卷三《山川志》　東堤在縣東，袤延三里，初溪水直衝邑聚，民常患水。宋知縣林安宅始築堤以捍水勢。後知縣趙時佺、吴均佐、趙師同、樂經相繼修之。

又　正統間，水決虎隊嶺，壞民田。成化時，淹没縣治，毁學宫門廡，爲患尤甚，知縣李楫謀修未固。至弘治間，知縣唐夔築大堤，起自龍山，按舊堤高廣視昔爲倍，而邑尚書何鑒始爲御史時，實持其議，水尋復壞堤，知縣楊琛累石塞之，增築子堤，高廣視昔且三倍，而尚書何鑒實與方伯雍某相贊成之。

又　嘉靖間，水漲堤決，復壞民居，邑給事中俞朝妥，協署印、通判江軾白於當道，委推官陳讓、知縣吴希孟董其役，仍舊址增築，高廣堅厚，民奠厥居。知縣萬鵬因而成之，知縣蕭敏道因其少壞，捐俸金三十募工修築，而邑尚書吕光洵、潘晟亦贊成之焉。

（萬曆）《紹興府志》卷一九《祠祀志一》　新昌止水廟，一名捍患祠，舊在東堤上，宋紹興中知縣林安宅、寶祐中知縣趙時佺俱築東堤有功，民爲立祠。

東河堤

綜述

明 符錫《修築東河堤記》（同治）《韶州府志》卷一五　事爲之在天下，無爲而無所不爲，聖人也；爲之而有方焉，衆人也。夫聖人者，與天爲徒，道全而才備，旋乾轉坤，特餘事也。衆人學爲聖人者也，莫不隨其知之。所至治一官守二職，遇事焉，竭其力而已耳。庸詎知吾之非聖人藐焉視之，而無所介於其衷哉。今上龍飛之十有七載，御臣錫始捐前職，重涖舊邦，曾未解鞍，已知東潦之爲害，堤城之不可緩也。猶慨夫未有以及民而先勞之，吾且獨勝任乎？

明年春，水益暴衝堤決，障其不及城者無幾，余亟出視之，蹙然曰：『岌岌乎殆哉。堤之不可以已也如此』。夫遂謀諸同人，集衆論，稽委積，度經費，手疏而上請於大總制蔡公經，首蒙賜允，且飭曰：『子其勉焉，無貽後艱。』敢不策厲駑蹇效勞夙夜耶？乃召匠於吉，伐石於仁，物用粗備，浚河及底，而直樹之樁，縱比之栅，叠石而衡之入，而縮而衡之十有二，而漬之，灰實之，土而築之，登登惟固。爲堤修二百三十有五丈，廣五丈，崇丈有八尺。由是而頌春亭焉，水神祠焉，操壯營焉，左民廬焉，矢直砥平，鱗次相望，職事者以告堤斯成矣，城斯固矣，盍不轉而聞之大總府，昭厥勞勩。

余曰：『嘻！斯役也，工食浩穰，程期稽緩，能不及罰足矣。』未幾，果有謗者『役擅興，費無經，功爲虚實』爲名，隨有倚而和之，官築堤捍韶城，後有作功誰京，或問余曰：『子爲堤以矣，或以謗或以誦，何居應之。』曰：『謗耶？誦耶？吾烏得而知也。且吾始而築之也，無所爲謗，無所爲□，而既築之也。』無情之言適自夕至，吾又安所逃而招之，獨不聞乎韶城始之卜也，東河之東既之遷也，西河之西實自唐武德迄梁乾化不勝水之爲患而再遷，今治介乎兩河之間又六百年矣，始而西水爲患也，太守王公賓賦匿税之金二千築之，繼而東河内徙，城切患之，二守李公純伐鳳來之，松塞之，塞之良是也，水至雷鳴而復決矣。間者大巡陳公大用目擊愍焉，遂大發贖刑之金二千有奇，屬之有司，弗竟其業也，遺之余焉，意者天將以余爲孤注，而天刑之不可逭也，敢不殫知畢力俛焉而圖厥有終哉。

目夫水之爲患也亘古及今，有可以人力勝之不可勝之，若殷都之遷瓠子之決不可以人而勝之者也。至河決於滑湖，渴於杭，有所謂陳公、蘇公之堤者，是堤之築緒餘也不及萬分之一也。余又何所容心於謗與頌哉甚矣。余之騃愚不量力也，自履韶來，嘗浮西河之舟矣，嘗復郵傳之舍矣，嘗鑿湞峽之險矣，嘗闢樂邑之瀧矣，凡此皆賢哲之所爲避而騃愚之所冒而進也。記曰：絶迹易無行地難，謂人不能以無爲也，有爲也有迹，有迹也有言，故曰：無爲而無所不爲，其惟聖人乎，固學者也知效一官而已矣。猶紀之石係之職事者名氏，庶俾來哲知患之所由始，堤之所由成過，余非所爲文也。

清 張皓《修築東河堤記》（乾隆）《龍南縣志》卷二四　龍南爲虔屬邑，僻居萬山中，百川騰注，城如仰釜。三江滙於北，一出冬桃山二百里，自西流繞城曰桃水。一出歸美山百餘里，會於城東曰渥水。一出横岡百里，而流於城東北曰濂水。又洒濂水稍下至東北附焉，俱東而達於龍頭山，經三十餘里，巨石巉峭，飛湍奔控，僅以一線爭流。當春夏漲發時，濁流怒起，湮瀼城邑，幾成澤國，葢四境川澤滙注於一龍頭，雖小河宜有孟門吕梁之勢也。

余自乾隆甲子歲奉簡命承乏兹土，繙閱邑乘，載稽往事，葢自前明成化間山水暴溢，居民蕩析，恒泛舟女墻以救城內生靈龍人士云。近如庚子、壬寅、丙午屢年巨浸，泛溢倉庫，且沉於水，人屋崩塌者數十百家，乃知龍烟火萬家，藉一堤以爲安者業非一日矣。次年，集紳士耆民，躬親其地，見東西兩堤址雖存，隤壞已久，修圮與創始埒，工費浩繁，固非一手一足之力所能辦。

爰哀俸餘得二十金爲龍人士倡，一邑之紳士黎庶議咸協，尚義之士莫不輸財薦力，蜂聚而至，計謂東堤較西堤尤緊，倘暴水横決，城垣實當其衝，支柱狂瀾，其可緩諸用，是鳩工伐石，工作雲興，於上流別築堰，開涵洞以殺其勢，然後窮其窟而根治之，釘插松幹入地五尺餘，然後實以土，外乃傅巨石堵而高之與岸齊。且煆灰和油抹石罅，雖水與石鬭亡有擊裂碎礫之虞，水稍緩處，則以木作龍尾，帚橛之数重，築拳石於腹，俾完密不苟不婾，計自金鈎至坭灣石堤裏計三十一丈，廣六尺，木堤裏計四十五丈二尺，廣如之，於上栽植杞柳数百株，凡木箄竹桴下禁，毋得撼損。堤内之有巽水，舊龍人士導引入城注學宫泮池，從形家説也。通用輸金四百五十三両有奇，經始於乾隆之乙丑八月丁夘，工竣於丙寅三月丙子，勷其事以有成者爲學博程君光斗、邑紳士廖君運芳、徐君成岏、謝子上安、曾子安仁、廖子泰楷、曾子銓元、黄子世蓁、徐子洪志、黄子昌期、童生廖紹熹，監工勷勞者洪志、紹熹功尤多，時奠以次年事於西堤，大中丞開不以余爲駑鈍，檄調潯陽，龍人士咸以不得遂余初志爲憾。

余方思今聖天子子惠元元，湛恩瀸於萬方，凡父母斯民者於大灾大患自應及時捍禦，以仰副撫綏至意。韓子曰：『莫爲之前，雖芺弗彰；莫爲之後，雖盛弗傳。』繼長增高，豈能無望於後之君子乎，爰書其巔末，以鎸於石，至尚義輸財之士民，則勒之碑陰，以志不朽云。

雜録

（嘉慶）《清一統志》卷四四四《韶州府》 東河堤，在府城東，明嘉靖十八年，符錫通判韶州，見東水爲患，衝堤決障，倡議營修，築堤二百三十有五丈，而水患以息，士民便之。

（同治）《韶州府志》卷二五《古迹略》 東郊亭在郡東河堤上，明嘉靖間知府符錫建，爲迎春之所。堤岸碑亭在東郊亭後，知府符錫建。

（乾隆）《龍川縣志》卷二 東河堤因河水分流衝射東邊城脚，知縣文師大詳請題損截上流而築之，水歸東山閣下并流與城爲帶，近堤龍王廟、回瀾書院一時同建，自乾隆十年起工至十四年止。十五年大水，堤尾潰并壩之舊天后宫，宫前二榕樹俱塌。十七年大水，書院浸頹者數間，今邑士民遷建天后宫于壩心地。

東廂堤

綜述

清 張士璉《修築海陽縣江東東廂堤碑》（乾隆）《潮州府志》卷四一

潮爲嶺東雄郡，山海繡錯，方廣數百里，領縣十有一。海陽附郭，稱首邑，地固澤國，合贛、循、梅、汀之水建瓴而注於江，經三河下鱷溪勢轉而東漸趨於海，沿江兩岸賴堤爲捍禦。堤故有北、有南、有横砂、有秋溪，而江東、東廂其要害也。堤不固，則春夏之交雨霪江漲，每至冲齧，居民患之。顧南北諸堤，乃者漸次修築，已既慶安瀾矣！惟江東、東廂二堤，延袤廣遠，潰決既久，修理之費頗鉅，當事率以爲難。

雍正四年，觀察方公莅任，留心興革，審知江東、東廂堤爲患最劇，修築未可緩，爰飭屬躬履其地，相形度勢，孰當廣崇，孰當外綱，一一指授機宜。復請於撫軍楊公撥公需以助，命海防司馬傅公總其事。而予時以海陽令，贊襄其間。太守李公、總鎮尚公、鹾政俞公、別駕吴公同心籌畫，捐金勸事；議就其地築灰墻以杜滲泄，砌石磯以障狂瀾；檄本郡司獄黄顯榮、海陽尉周鼎、潮陽縣吉安司巡檢姚錫榮、鎮平尉張實、海陽縣潘田司巡檢宋肇裡集本都舉人蔡和貴、黄日高、貢生黄應銓、監生莊世冢、黄捷成、謝垂璧、劉廣、丁日昇、丁逢焕、丁宗會、陳宏、生員黄文河、劉卓論、莊霞彩、丁宗渭、丁之愈、鄉民丁榮也等爲圩長，各董其役。材出於官，役取於民，以丙午仲冬興築，越丁未春莫告竣。計江東堤自沖頭至溝尾亘一千零十九丈五尺，崇八尺至二丈有奇；自洋潑沼至葛尾渡亘三百二十丈零八尺，崇二丈至七尺有奇；東厢三鋪堤自洞溪至南窖亘一百五十五丈修補舊堤二千三百餘丈，崇或三五尺至一丈不等。約費二千餘金，工役四萬九千一百有零。是役也，財不他斂，工不偏累，自冬至春五閲月而長虹屹然，綿亘相接。維時父老子弟睹安流而歌樂利，相與丐文勒石，垂諸永久。

予曰：溝塗封洫之政，固守土責也。而以十餘年，未易修復者，諸大吏毅然行之，綢繆指畫，刻日告成，一勞永逸。俾爾民得以奠室家、安耕鑿、長嬉游於堯天舜日之下，用享太平。是則不田租額數，泐石以垂不朽。

傳記

（乾隆）《潮州府志》卷三三《宦迹》 姚會嘉，任潮州推官七年。持大體，發奸摘伏，多所昭雪。權府篆，修海邑東厢堤。潮陽鄉宦大理寺卿周光鎬碑記曰：姚司李，會稽人，辛丑進士。所至人以神君稱焉。去後，潮民塑像祀之。

（光緒）《海陽縣志》卷三二《列傳一》 李奇俊，字士魯，晉江人。嘉靖中知縣事，有修堤功。其後知縣事者浦城姚英，亦嘉靖中任，築東厢堤。晉江秦舜翰，隆慶間任，有惠政，去任，邑人爲立去思碑，并祀名宦。

又 卷三九《列傳八》 薛聯桂，字忠達，雍之元孫也。性孝友，事親有至行，處族黨禄，入不己私。曆官江西督糧參政，江省輸漕百萬，官民交困。聯桂清侵匿，革陋規，漕艦無朽敗，旗屯絶横索，漕政一新。嘗捐銀五百兩修築東厢堤，邑人賴之。

紀事

（乾隆）《潮州府志》卷一一《災祥》 八年己酉春二月，又火，先後燬房尾數百間。夏六月秋七八月連颶，海溢，東厢堤潰。

（光緒）《海陽縣志》卷二五《前事略二》 二十一年七月，大水，江東登隆秋溪、東厢堤皆潰。

雜録

（乾隆）《潮州府志》卷二〇《堤防》 東厢堤，自虎豹陂起至韓山麓爲一二鋪，自涸溪至水南都急水墖爲三鋪。明嘉靖中，俱潰。縣丞葉文鼎舂龍骨一百四十丈，以資捍禦。明萬歷、崇正間，知府郭子章、知縣沈鳳超復修，鄉宦方伯黄琮繼修，鄉人祠祀之。

董公堤

綜述

明 董其昌《容臺集·文集》卷四《滸墅關重修董公堤記》 楚中丞澶淵董公司榷時，築石堤三千六百丈，自吴關而東屬之寒山，幾二十餘里，吴人所爲尸祝董公者也。歲久水齧石窪，堤稍廢不治，天雄張平仲使君始增修之，雖仍舊貫，與新作等，何則？自税使出籌國者，以物貨之征領之有司，關使者算舟而止，度支之額則猶故也，而歲入非矣。使君受事，當其時絀浮羨幾何，然每有浮羨，輒爲吴興作，不罄不止，曰：『終不以虎丘一拳石，溷吾受塊之墟也。』處脂膏中，不自潤而道是謀，則誠廉吏，雖然非溪刻之謂也，何足爲使君頌哉！

余觀公家之事，往往前人善作，後人害成，即以治河論，行河大臣率三歲一更，而必人自爲一河，河可十年不決，而浚河之役，靡一歲寧止，蓋共濟若斯之難。後董公而榷者，豈無廉士，曰：『此董公之堤也，吾何有焉。』是以堤廢不治，若使君則無以存已矣。使君世承清劭，沉深博大，身兼數器，有幹國之略，嘗爲元城董考功衰集遺文傳之世。是役也，必表著董公之遺惠於弗諼，夫勞臣相矯，如文人相輕，視使君何如也。因記堤工歲月并書之。

傳記

（道光）《廣東通志》卷二九一《列傳二十四》 張萱，字孟奇，博羅人。【略】值三吴歲饑，捐賑關門并諸庠貧士，且修董公堤、滸墅先師廟、城隍廟、虎邱寺、灌山廟，重建義倉。大學士王某誤榷政碑頌其德。

二都堤

清 雷寅《二都堤記》（乾隆）《高安縣志》卷一一　高邑二都沿蜀江邊延袤二十餘里，地勢窪塌，抵東、西、南三面多以湖名，有銅湖、流湖、瀚湖、長湖、袁湖，湖邊諸稱寔，盡田與居也。舊有堤，北障江水，民得安其業而不至湮爲澤國。且以潤以滋，旱澇有備，利甚大也。

康熙甲午，洪水駛齧，若喻坊、朱洞、坑上等處決口，計數百丈，古所謂豁口是也。自是水漲則溢出於口，田廬墟墓澎湃淵潰，千百生靈命與水争，而築堤之費頗繁，卒莫有能任其事者。雍正甲辰，孝廉梁君遠及丁父明府公憂家居，都人士吊奠，因謀修復，先是，明府尹棲霞有惠政，念桑梓水利賦所由供民業所賴，故於易簀時重以此事囑孝廉，冀其必成。梁君涕泣受命，不敢緩，即捐貲若干，帥先鳩工，累土成堤，高四丈五尺，長二十里，濶三丈，其築法下橛松爲脚，入地甚深，載土有基，傍植梛爲護，雖卒遇大澇而不至横決。又於喻坊壋下創護堤，庵以便防守，斯固一方之保障，萬世之利賴也。是役也，以受患之淺深爲工費之高下，一里之内户一而役一，二里之内户二而役一，三里之内户三而役一，而費亦如之。蓋經始於雍正元年九月，告竣於本年十一月。

夫蜀水爲豫章十川之巨，而各鄉之水大半瀦焉，其録於通志者陂塘、湖圳凡高邑六百有三，而郡縣舊志亦未列其名目，非必有所梗避而去其籍也。蓋念不切於艱難，而有志者力或不能以任重，故遷延而未之紀録耳，豈獨此堤爲然哉。今梁君凛受含之命，本忠孝爲勤勞，而澤延於一鄉，則推之紳士有力之家，凡有關於地方之利賴者，不可以坐視而不爲。一援手而属有民社之責者，以民生利害爲己任，擇可勞而勞，毋以在官爲傳舍，斯則明府所爲，惓惓執手之遺意也。乾隆壬戌，驛憲陳公巡邊過此，沿堤週望，詢知梁君主修，嘉嘆再四。屬邑侯祝公旌奬，以勸有德。

嗚呼！風俗之成，教化之美，在於人不自其力與財，而惟以公事爲董率耳。今梁君重築此堤，而當事有贊嘆奬勸之，誠士庶有趨事赴功之美，則夫高邑之陂塘、湖圳，其尚克修舉，而不致湮廢，以坐失本業，而逋賦税之供者，其利蓋亦溥矣哉。余與梁君以文章投好近十年，稔其幹濟如此，而梁君有用之學固不僅乎此也。

范公堤

論説

明 申時行《綸扉簡牘》卷五《答劉巡按》 僕又觀前史所稱范公堤者，蓋文正所築。彼時以海水斥鹵，多浸民田，至不可耕。自堤成，而鹵水不入，粳稻無恙。今開海口毁范堤，將來内水雖消，鹵水且至，得無有遺慮乎？試詰土人以爲何如也？如其無妨，則可舉事矣。敬附聞，以俟熟計。

明 萬恭《治水筌蹄》卷上 高寶諸湖今建平水閘，俱引支流入射陽湖，注于海正道也。而鹽城范公堤有入海五道，今堙其四，下流不疏，此高寶興鹽之多水患乎？

明 佚名《淮南水利考》卷上 《唐志》云：代宗大曆中，置常豐堰于山陽。《舊志》云：去城東六十里。《唐書》云：淮南黜陟使李承奏置常豐堰于楚州，以捍海潮，灌屯田瘠鹵獲常十倍。按今海潮有范公堤以障之，其自廟灣口入者，每東風大發三五日，常遏海水入射陽湖。湖水漲溢，常至平河溪，溪田多浸，范公堤未築之前，常豐堰之功豈小哉？

又 卷下 捍海堰在山陽東六十里者，唐大曆中李承所築，又名常豐堤。在鹽城界者，宋天聖中范仲淹所築，又名范公堤。范公堤，興化泰州如臯海門鹽城山陽皆有之。洪武間修築以後，常修不輟，堰下舊有洞十餘，海水入則近清之田傷，近洞田户請塞之，而積水經年，種不時下，又請開之。大抵水有利害，歐文忠公謂擇其利多而害少者爲之。范公留洞，正謂此意，塞者何哉？

清 阮葵生《茶餘客話》卷二二 范公堤，初名捍海堰。唐淮南黜陟使李承所建，治海居民嵒□曰捍堰。乾隆二十八年，增開下河洩水閘座，匠人用鐵鑿鑿破，日去不數尺，乃知古人創一工程，必爲萬年之計。

清 田雯《古歡堂集》卷三〇《觀水雜記》 串場河者，并范公堤串十場之中而爲水渠，以通鹺艘也。淮南富賈挑浚，方興特岸狹水淺耳。湖水西來東注，大海爲縱，串場河首南尾北長百六十里，爲横瀾之深之，乃入海之通津矣。挂帆東流，由何垛而丁溪，而草堰，而白駒，而岡門，皆串場河東岸節鱗次者也。

又 鹽城窪下有海潮之患，潮之沸者，土人名之曰嘯，亦數年一見也。東有石䃮口草沒泥封，宜亟治之，不然止謀岡門之利，而罔諳石䃮之防，一旦鹹水倒灌，斥鹵之田不可耕矣。此范公堤所以設也。

清 徐旭旦《世經堂初集》卷一五《加修范公堤議》 范公堤，原名捍海堰，不獨爲下河各州縣保障，實爲淮、揚二郡金城關係綦重也。有宋天聖年間，范文正公初任興化縣，時海潮爲患，地多汩沒，民鮮粒食，即以築堰爲己任，及至升任西溪鹽提舉，請發帑餉丁夫乘時加築，上自通州狼山，下至山東日照，綿亘七百餘里，屹然一道長堤，永稱萬年。利濟下河富庶，江淮乂安，迄今六百餘年，民受其澤。

但今日久歲淹，風雨衝決，人畜踐踏，更有奸梟挖斷運鹽運薪，或資灌溉，惟圖利己，鑿堤通河，以致堤多坍塌，潮多渙漫，一遇西水泛濫，内外相連，民尤病涉。所期堵築堅固，分役防守，庶私鹽無從出沒，而潮水不致浸灌矣。歷年以來，各鄉甽畝難耕，屢遭荒歉者，皆因地方有司修舉之時，不過瓜撥門面。老弱之夫，手荷一抔之土，肩負一束之薪，敷衍一時，風浪陡發，飄泊無存，獨不思范公堤爲下河鎖鑰，海口金湯，宜照高堰漕堤法，低窪者加高七八尺不等，窄狹者幫濶一二丈有奇，潤土行硪，務期堅固，一律高廣，則億兆姓蒼生永歌樂利，千百年大業，復著屏藩。庶前賢之遺澤不墜而繼起之，公溥無疆矣。

綜述

清 張試《重修范公堤碑記》（光緒）《鹽城縣志》卷三 凡河渠堤防，成必有志，所以重民事也。若海邑禦潮之堤，其成尤重，蓋以捍海爲急也。據禮講功，宜在秩祀。豈他不急興此比哉！

鹽城爲淮郡屬邑，其治距海一舍而近，其土沃衍可耕。第潮悍敗田，禦之在人，代有建晝，志不盡箸。惟宋范文正公監課税時，嘗請諸朝，築堤於通泰海境，以衛民田。鹽實居其間，故堤今尚蒙公姓，仍專祠以報公功，禮也。後人率傳舍視官，罕復注念。邇隆慶己巳，黄、淮兩河水溢潰上堤，奔滙於鹽，隣邑適與同患。有柄議闢海口於鹽治東，洩水良便者。鹽人習見水道懸沮，徒捐力費無益，拒之不得，遂鑿堤抵於洋浬。時萬歷乙亥也。

既而隣患水如故，鹽自是兼受潮貽患始益深矣。及庚辰春前令南海楊公瑞雲力控當路，特疏請修復之。其有造於鹽甚大，胡侍御爲之碑。厥後丙戌夏，淮水復溢，齧范家口而下，鹽受水視曩歲加洪。前修復堤涭潰如潭者二，郛之東直廣惠䃮，北直大通䃮，河海激盪，勢幾及郛。民洶洶其胥爲魚，每旦夕籲天曰：嗟乎！天尚愁活我，盍畀如先召杜者來牧我乎？

明年夏，江陵曹公果以新甲選領茲牧。比至，時詢疾苦，知其由，按行視之，感謂地危誠甚。顧民匱憊亦甚，棘難圖也。需有秋，吾事濟矣。會歲旱大祲，其年弗果。今年春，公哺飢稍暇，輒惻然思，毅然作，曰：計今海脈將漲矣，忍波没吾地與民乎！乃列興廢利病閭閻痛切狀，上之院道若郡甚懇。頃皆報可。鹺院特發帑鍰充費，蓋邑當鹽運孔道也。

於時公密籌約劑，既審以周，乃簡官耆可任者，俾飭材，它工力，則日募壯餒，豐餼寓賑。由是丞徒子來，乃湮乃築，稽巡有程，弗厲弗怠，甫再旬，而兩漬堤告成矣。復沿故堤，迤亘十里，所爲之補斷增卑培薄焉。作者未劬，厥工已訖，崇堤屹立灌莽間，如虹如墉，淡鹹有截，津陸具寧。廣斥敷腴，自今以始，歲恆登矣。邑士民歡躍，謀永功叙於貞珉，且詔後人，俾勿壞也。乃具其事，持羅山成令書，走留都徵予言。

予承乏司空，屬與聞邦土，且昔爲成令門人，何可辭？嘗謂天行有水旱，不可測也。地險有河海，不可更也。人事有裁成，輔相不可諉也。人事克修，則天若其時，地彝其險，人得其所。

昔元圭奏平成之績，而白渠金堤貽長利垂芳聲者此也。今鹽有賢牧，成是丕功，即匹休先人曷讓焉。成令稱公，心平如水，學淵如海，才長如川，操堅如砥柱，故能舉不違時，工不愆素，宣愷涕奠阽危，以稱寒父母，吾民至意。信然哉！賢於今之民牧遠甚矣！矧筮仕試邑，即憂民任事若此，行肩天下之重，當如范公上事天章閣可待功，豈但及一方已哉！紹迹圖徽，是在賢嗣牧矣。公名大咸，字元和，翼野其別號。時贊其功者，守備王君簡在，丞王君宗周也。新興大使潘國忠承委分督。餘執事官耆姓名，則列諸碑陰。

明 郭子章《謝公重修范公堤記》（嘉慶）《東臺縣志》卷三六　古之論水者，海爲大，其次江河，而利患參半。江河之水，或以佐耕，或以通漕，白公引涇、嚴安遵洛而農利，宇公疏流、韋堅堰渭而漕利，至瓠子興歌，閭碑爲河，而河之患，貽於閭。海之利，或以煮鹺，亦或以通漕。夙沙煮海，管子富齊而鹽利，元末張朱海輸，明初因之而漕利，至海濤齧堤，冒民畝，而海之患貽於田。

予讀《河渠書》、《溝洫志》等傳，所以防河患者，無所不修，而防海之計，未之前聞。及讀李燾《通鑒長編》，泰州海堰久廢，沿海潮水浸淫城下，田土斥鹵，亦不稼穡。范文正公監西溪鹽倉，上書運司張公綸，謂當移堤勢而西，稍避其衝，仍疊石以固其外，迤邐如坡，不與水爭，乃築捍海堤於泰、通、海三州境，以衛民田。張聞於朝，以公爲興化令董斯役，發三州夫治之。既成，民享其利。興化民往往以范爲姓，又名范公堤。

由宋而元，詹士龍爲興化宰，發九郡夫，并力築之。歷明歲久，飛滂相磢，激勢相切，維揚之田，半齧於鹵，淺鬭庸種，田家作苦。萬曆乙卯，粵潮惠萊，謝君中吉以名柱史奉天子命，巡鹽淮揚，行役海上，巡行范堤，睹洪濤瀾汗，萬里無際，長波涾㴸，迤延兩郡。乃檄觀察豐城熊君周遭詳視，畫地分工，命掘港守備管大藩督理，浹月告成，會計費金三千兩有奇，費石二千條有奇，費畚鍤夫十萬工有奇。起自呂四場，訖於廟灣場，合之共八百里有奇。

夫巨壑之濱，宛若長虹，鵬溟鮫室之畔鬱焉，聚窟堤，以內輕土弱土之野，一易再易之田，直庇句庇利發之畦，有遂有徑，有溝有畛，有洫有澮，有道有川，有路即有洪濤，豈能飛衝即有苦水，豈能闌入易斥鹵之鄉盡爲原隰。護确薄之地，歲得耕穫，微獨文正千載之遺烈未墜於地，即天子南顧維揚之蒼赤盡登於岸矣。

柱史君不遠數千里，遣使函書，請記其事於石。夫猶之水也，河之水也，奚以甘海之水也，奚以苦嘗近取諸身，吾身一小天地也，腎氣沉爲前，溺聚溺煮爲丹，石味勝於鹽，口水上升，其甘如飴。天地之水，人身之血，升者甘，沉者苦，類皆如是。

微獨海也，河爲海支，而亢於海，海爲百谷王，而庳於河。故河水爲田福，海水爲田菑，無足異者。能福吾田者，吾引之入。菑吾田者，吾禦之出。此范公堤所爲築於宋，而謝柱史所爲支其壞，其功埒矣！中吉昔與予講學潮陽秀才，時以希文自期，今爲朝廷耳目，爲禁中頗牧。予期中吉寧止復一捍海堤已耶！柱史名正蒙，字子聖，潮州惠萊人。觀察名尚文，字益中，江西豐城人。

清 丁世隆《重修范公堤碑記》（嘉慶）《東臺縣志》卷三七　兩淮歲辦額引一百六十萬，樵煎供運，惟三十鹽場是賴。而中十又甲於諸場，顧地之距海，遠者百里，近或數十里，其不狎於蛟波，以范公一堤爲之障也。自宋天聖中公築堤成，沮洳斥鹵之地，頓爲沃壤，海濱之民，聚廬而處耕桑繁殖，潮汐無虞，歷今六百餘載。尸而祝之，歌咏其德勿替。堤之所繫，顧不重歟？間有傾圮，莫不隨時堵塞。

康熙壬辰秋，颶風簸蕩，海水泛溢，堤決栟角豐利等場，飄没田廬人畜。他場雖未衝决，而驚濤漫漲，渟蕩波沉，溺死男婦千餘口，民情震恐。臺司加意軫恤，檄行前司會勘捐修估費金錢二萬緡，商資民力未易猝辦，曠時莫定。

予以癸巳春祗奉開書分運吴陵，甫下車，目睹陽侯播虐，彌望巨浸，浸淫不已。匪特被灾孑遺，流離轉徙，惴惴焉有不終日之勢。堤以内，阡陌陸沉，桑田污萊，洪波曼衍，殄絶魚蒲。且淮商數百萬軍儲責海轉輸，場竈實爲根本，若之何因循怠忽而不爲之補救乎？昔文正公以一代傑出之才，初監西溪鹽倉，即建議築堤，捍三州之狂瀾，興萬世之樂利。若余承乏兹土，才具何敢望公，生平景仰先憂後樂，竊有志焉，寧備官而忘之耶？

適臺司有委勘之役，州牧武君國柱亦用藩憲飭議，查例修築，訂期偕往勾稽審度，計土方，籌民食，核估工料銀六千三百餘兩而通屬之，豐利實需其半，較原估減三之二，請令商捐料費，民輸力役，鹺使廷尉李公煦轉運秀水李公陳常，可其議。余乃親履堤下，度地賦工，獎勤懲惰，事不旁委，物無冒破。經始于甲午四月，三旬而竣事，潰者堵之，卑者培之，高厚完固如舊制。栟茶計增土一萬七千餘方，角斜計增土五千七百餘方，共費白金三千一百八十餘兩，而豐利增土獨多凡二萬二千六百餘方，計費工料三千一百六十餘金，適符核估之數，其剩存節省銀兩，彙繳給商。

此一役也，因文正公之遺緒，而綿其惠澤，一日之勞，百年之逸。故余不憚況瘁，而悉心經理，庶幾無負嚮往之素志云爾。至堵築之歲月，捐修之銀數，不可以莫之紀也，於是乎書而勒諸石。

傳記

（嘉靖）《惟揚志》卷一八　陳志，字惟學，順天薊州人。成化十四年，知泰州。能革吏弊，悉民情。有築范公堤，修飾學校，廣儲蓄，復書院諸美政，尤以勸農爲先務。及捕猛虎，却飛蝗人，皆稱異云。

《清史稿》卷二八三《施世綸傳》　施世綸，字文賢，漢軍鑲黄旗人，琅仲子。康熙二十四年，以廕生授江南泰州知州。【略】三十年八月，海潮驟漲，泰州范公堤圮，世綸請捐修。

又卷三一六《高斌傳》　高斌，字右文，高佳氏，滿洲鑲黄旗人。初隸内務府。【略】十二年，回鹽政任。復署河道總督，培范公堤六萬四千餘丈。

又卷三八六《莊亨陽傳》　莊亨陽，字復齋，靖南人。康熙五十七年進士，知山東濰縣。【略】九年，遷按察司副使，分巡淮徐海道。亨陽通算術，及董河防，推究高深測量之宜，上書當路，大略謂：『淮、徐水患，在壅毛城鋪而徐州壞，壅天然減水壩，而鳳、潁、泗壞，壅車邏、昭關等壩，而淮、揚之上下河皆壞。宜開毛城鋪以注洪澤湖，則徐州之患息；開天然壩以注高、寶諸湖，則上江之患息；開三壩以法興、鹽之澤，則高、寶之患息；開范公堤以注之海，則興、鹽、泰諸州縣之患息。』當路者頗韙其言，而未能用。

紀事

《明史》卷八四《河渠二》　四年夏，河决原武湖村舖，又决封丘荆隆口，敗曹縣塔兒灣大行堤。六月黄、淮交漲，海口壅塞，河决建義諸口，下灌興化、鹽城，水深二丈，村落盡漂没。逡巡踰年，始議築塞。興工未幾，伏秋水發，黄、淮奔注，興、鹽爲壑，而海潮復逆衝，壞范公堤。軍民及商竈户死者無算，少壯轉徙，丐江、儀、通、泰間，盜賊千百嘯聚。至六年，鹽城民徐瑞等言其狀。帝憫之，命議罰河曹官。而是時總河朱光祚方議開高堰三閘。淮、揚在朝者合疏言：『建義諸口未塞，民田盡沉水底。三閘一開，高、寶諸邑蕩爲湖海，而漕糧鹽課皆害矣。高堰建閘始於萬曆二十三年，未幾全塞。今高堰日壞，方當急議修築，可輕言開浚乎？』帝是其言，事遂寢。

清 王先謙《東華録·雍正二二》　敕修江南范公堤。

（光緒）《淮安府志》卷五《河防》　十年，總漕淩雲翼修築范公堤，建泄水涵洞水渠十一處，石閘一座。十五年，巡撫楊一魁以淮黄交漲，舊閘泄水不及山鹽六邑田，沈水底挑浚廟灣射陽諸湖以泄之，長堤乃固，民竈兩利。十六年，鹽城令曹大咸復修范公堤，從廟灣沙浦頭，歷鹽城、興化、泰州、如皋、通州，共長五百八十二里，沿堤墩臺四十三座，閘洞八。雍正十一年，修范公堤，又於堤内建築越堤一道，乾隆五年復修。

《清史稿》卷九《世宗本紀》 十一年癸丑春正月戊子，命海望、李衛察勘浙江海塘，修范公堤。

又卷一二二《河渠一》 八年，決清河三汊口，又決清水潭。副都御史馬紹曾、巡鹽御史李棠交章劾茂勳不職，罷之，以羅多爲河道總督。九年決曹縣牛市屯，又決單縣譙樓寺，灌清河縣治。是歲五月暴風雨，淮、黄并溢，撞卸高堰石工六十餘段，衝決五丈餘，高、寶等湖受淮、黄合力之漲，高堰幾塌，淮陽岌岌可虞。工科給事中李宗孔疏言：「水之合從諸決口以注於湖也，江都、高、寶無歲不防堤增堤，與水俱高。以數千里奔悍之水，攻一綫孤高之堤，值西風鼓浪，一瀉萬頃，而江、高、寶、泰以東無田地，興化以北無城郭室廬。他如淥陽、平望諸湖，淺狹不能受水。各河港疏浚不時，范公堤下諸閘久廢，入海港口盡塞。雖經大臣會閲，嚴飭開閘出水，而年深工大，所費不貲，兼爲傍海奸竈所格，竟不果行。水迂回至東北廟灣口入海，七邑田舍沈沒，動經歲時。比宿水方消，而新歲横流又已踵至矣。」御史徐越亦言高堰宜乘冬水落時大加修築。於是起桃源東至龍王廟，因舊址加築大堤三千三百三十丈有奇。臘後冰解水溢，沿河村舍林木剷刷殆盡。

藝文

明 楊瑞雲《范公堤得山字花字》（萬曆）《鹽城縣志》卷一〇　吴陵持節日，滄海設重關。寒日低淮浦，高祠遍楚山。草深沙脊在，鱷徙市廛環。我欲窮遺迹，徘徊烟樹間。

江湖憂倍切，保障盡天涯。赤手排鯨浪，長堤立漲沙。傍人多種樹，遇雪更飄花。請看桑麻色，東南十萬家。

明 蕭如蕙《續范公堤》（萬曆）《鹽城縣志》卷一〇　□虹聯海岸，云是范公堤。人化千年鶴，功垂五石犀。神山如可數，農舍□安棲。勒馬□□下，徘徊讀舊題。

一代推人物，經營見海□。長堤□□□，荒□□雲横。日暮歸村犢，春晴哢柳□。江湖廊廟思，萬古有餘情。

清 吴嘉紀《陋軒詩・安豐場絶句四首》 兒童弄武范公堤，塞馬騰來踏作泥。無數髑髏衰草裏，年年變作野禽啼。

清 黄達《一樓集》卷六《夜至廟灣》 寒燉蕭然獨遠行，范公堤畔廟灣營。馬知天晚争投店，客畏塗長屢計程。

清 蔣士銓《忠雅堂文集》卷二《鄱陽竹枝十一首》 水閣窗明背講堂，裏湖花暖睡鴛鴦。范公堤膩黄茅屋，更有誰家游冶郎。

清 金兆燕《棕亭詩鈔》卷一八《張水屋分司修石港場宋文丞相祠吊之以詩兼索同作》 丞相祠堂大海西，忠魂常□范公堤。艱難走險多紆策，委曲嘘枯爲惜梯。

清 唐仲冕《陶山詩録》卷一〇《病巡海口三首》 江船出淺溪，海疃延遐眺。步循范公堤，入拜海神廟。灘形極縣亘，天意絶攘剽。地險不可狃，巡戍乃爲要。

又《皋寧遇雨二首》 行傍范公堤，波横路欲迷。秋風半夜雨，曉角一聲雞。敗葦粘天遠，危橋帖水低。舩高知浪長，近與破檐齊。

又卷一三《行鄉》 瓜蔓直纏茆屋脊，柳梢横壓板橋頭。范公堤外雲深處，乍聽枝頭叫雨鳩。

清 沈欽韓《幼學堂詩文稿・詩稿》卷二《鹽城新秋》 一雨新秋色，長空破點鷺。雀聲喧老樹，豸迹細荒蹊。近海風常作，無山日易低。祛愁亡一事，欲上范公堤。

清 鄧顯鶴《沅湘耆舊集》卷一一九《皋寧遇雨二首》 行傍范公堤，波横路欲迷。秋風半夜雨，曉角一聲雞。

清 齊學裘《劫餘詩選》卷六《秋日書懷四首用冷麗生茂才秋日書懷原韻即寄南北諸社友》 還鄉最好春相伴，偕老何須梅當妻。風便將辭甥館去，他時定憶范公堤。

清 阮元《淮海英靈集・丙集》卷二《大水七歌》 范公堤西勢紆折，江潮逆漲喉難咽。決口那堪三百丈，奔瀧南下無休輟。

又《戊集》卷四《同阮湘圃姊丈游洋南竈》 范公堤上馬初停，

極目滄波倦眼醒。遠水雲連陰氣合，殘烟沙盪暮潮腥。

清　范當世《**范伯子詩集**》**卷一**《**餘東道中**》　范公堤上雨雲黄，到海應無十里長。晝市乘潮賣魚蟹，秋田殺草見牛羊。

雜録

明　馬麟《**續纂淮關統志**》**卷三**《**川原**》　北串場河，鹽城縣西北三里。其水由汊河分支，經新興場上岡鎮，復繞范公堤東北，流七十里至阜寧入射陽湖出海。

又　卷四《**鄉鎮**》　上岡鎮，縣北五十里，在新興場北范公堤西，堤外有閘名上岡閘，凡北岡河、北串場河諸水，由此閘達廖家港入海。

又　草堰閘，縣北六十里，在范公堤外，凡東塘河院道河諸水，由此達野潮洋入海。乾隆五年，總理水利諸臣相度形勢，移建於劉團堡。

又　捍海堤，縣治東一里許，即范公堤也。《宋史・河渠志》載，楚州沿海舊有捍海堰，東距大海，北接鹽城，袤一百四十二里，始自唐黜陟使李承祐所建，遮護民田，屏蔽鹽竈，其功甚大。日久傾圮，至天聖改元，范仲淹爲泰州西溪鹽官，請於朝調四萬餘夫修築三旬，工稱永固，因得范公之名。嗣後，歷代修築，實東南海疆一大保障也。

（萬曆）《**鹽城縣志**》**卷一**《**地理志**》　范公堤，一名捍海岸□治東門外一里許，南□泰州海門，北至本縣仁□沙浦，延袤七百餘里，隸鹽城者，三分之一。唐大曆中，黜陟使李承爲淮南節度判官，謂海潮漫爲鹹鹵，雖良田必廢。請自楚州鹽城南抵海陵修築捍海堤，綿亘兩州，潮汐不得浸淫。宋天聖初，張綸刺泰州，專圖修復。時范仲淹監西溪鹽倉，悉力賛之，謂當移堤勢而西，稍避其衝，仍叠石以固其外，紆斜迤邐如坡形焉，不與水争，雖有洪濤巨浪，豈能衝齧。天聖五年功成，因名范公堤，長一百四十三里有奇，脚濶三丈，面一丈，高一丈五尺。元詹士龍爲興化宰，請發九郡人夫，并築十有六月堤成，延亘三百餘里。興工之時，獲一方石，上刻『逢詹再修』四大字，又刻『景祐二年八月仲淹記』九字。士龍於是決意修之。國朝景泰三年，知府丘陵□□□□□□户□祥本縣主□□敬重修。弘治間，都御史張命縣□官陸本修。嘉靖十七年，縣丞胡鰲重□。萬曆十一年，漕河尚書凌公雲翼、巡□御史姚公士觀、巡鹽御史任公養心，□題委知縣楊瑞雲、運判宋子春大修。□鍾嘗種瓜於此，故名鍾孫堅父也，又□於漢禧平初爲鹽□丞，於父種瓜處□是井云堅，又嘗葬母□，故邑内有孫夫人廟。

清　傅澤洪《**行水金鑒**》**卷一五三**《**運河水**》　范公堤，一名捍海堰。宋天聖間，范仲淹監西溪鹽倉時所築。從廟灣沙浦頭歷鹽城、興化、泰州、如皋，至通州界止，共長五百八十二里，沿堤墩臺四十三座，閘洞八座。此堤東内水，不致傷鹽，隔外潮，不致傷稼，乃濱海一帶之屏障也。

又　淮揚運河，東堤之東一片窪區，南北約長三百餘里，東西約寬二百餘里，其間千支百派，各有河溝，通流入海，謂之下河。下河直東爲范公堤，范公堤之東爲淮南鹽場。范公堤之西貼堤有小河一道，名爲串場河。淮南鹽商藉此河以撥運，引鹽者也。

清　顧祖禹《**讀史方輿紀要**》**卷二三**《**江南五**》　范公堤在州東北，《志》云：堤起自海門吕四場，迄於鹽城之徐瀆，遶三十鹽場之西。去海遠者百里，近者數十里，堤之外俱竈户煎鹽之地。淡水出，則鹽課消，故堤以護之。堤以内，俱係民户耕種之田。潮水入，則田租損，故堤以防之，中間有洩水入海之路，白駒閘口及牛灣河瓦龍岡是也。又任公堤在縣西五里，宋開寶中築，長二十里。

清　李世禄《**修防瑣志・算法**》**卷二六**《**范公堤洩水各閘**》　范公堤創築於宋天聖年間，自阜寧縣東南起至通州吕四場海口止，綿長六百一十餘里，捍禦海潮，不使泛入，以爲民患。迄今沿堤建閘一十八座，宣洩下河之水入海，向係揚州府東臺廳管轄。乾隆三十三年，閣督高奏請裁汰，改爲東縣。其沿堤堡夫工食，向係運庫發給，是以每歲修補殘缺，仍歸塩務二十場員分管閘座，由河工之天妃草堰白駒丁溪三閘員耑司啓閉，以利塩運田疇。

清　包世臣《**小倦游閣集**》**卷八**《**查辦海淤條略**》　范公堤外接漲百餘里，居民漸多，駱馬湖淤成平陸者大半，大户隱射泰州版荒至廣，亦宜一體查辦，免興另案，又增煩擾。

（光緒）《**淮安府志**》**卷五**《**河防**》　七年，淮水溢平地，高三丈。八年有議罷修范公堤，別開支河以泄湖水者。巡鹽姜公璧言：河口外高内下，開支河則引倒流之潮，闢私販之路，不若修范公堤，使内水不出，外水不入。從之。

《清史稿》卷六五《地理志五》阜寧，繁，疲，難。府東北一百六十里。雍正九年置。東北：大海。有堰曰范公堤。射陽湖上承苔大縱湖水，匯淮水爲湖，又東流，會諸水入海。運鹽河受射陽湖水，遥城南流，循范公堤入鹽城。

方公堤

綜述

清 陳柿祚《增築方公堤記》（康熙）《安慶府望江縣志》卷一二 民力，《春秋》之所重，其書之也，或以非其時，或以非其義，固然已至，雖時且義，亦必書於簡册，非重民力，胡爲如此之詳乎？望江治在大江之北，名山大川實式馮之古名，大雷郎昔叁軍鮑照登而與妹書處也，風俗景物已詳書中。去治南三里許爲吉水鎮，百貨之所聚，五方商賈之所錯居，人物衣冠之所萃處，日中爲市，四民往有所求無弗獲，是以行者如織。初未有堤，水涸則蹊徑相通；水溢則駕方舟以濟。時涸時溢，而民之病涉者恒不能免。

明天啓間，漢川方公懋德來知縣事，壘土築堤，高約丈許，廣如之，民擔荷循行其上，頓失陷溺之虞，而有康莊之樂矣。去公五十年許，民享其利賴者已五十年許。獨是夏秋之際，江湖之水交相衝激，當其涸也，堤在洲中，及其溢也，水浮堤上，勢不得不復濟以方舟，覆溺之患仍所不免。余不佞承乏是邑，目擊其事，盡然心傷，圖所以增而高之，不致陽侯得肆其虐，惟恐力役之興重困吾民，未敢時詘舉嬴，里老朱正心、徐勳臣、吴懋熙、朱家武、何兆瑾、戴正隆等殷殷以修築請，不惟捐資助力，且能豫有規畫。去冬乘三時之暇，呼號吾民以謀畚築，民盡樂於竭蹷，迄中春而功告成，高視昔有加，今而後人行堤上，可不問諸水濱矣。沿堤環植榆柳，管子所云：十年樹木，其在斯乎。又云：百年樹人，則方公之謂矣。

余不佞越人也，請即堤以言越事，越之爲越湖，高於田，田高於江，江高於海。漢太守馬公臻有以制其宣洩，而後明之戴公琥始可以鑿漁浦，湯公紹恩始可以閘三江，杭之有西湖，猶人之有眉目，唐太守白居易有以塘捨錦，而後宋之蘇公軾始可以積葑草建六橋，開先者固有待於後起，而後起者尤不能忘夫開先也。老子曰『太上因之』，余不佞方怵，然勞民之爲重事，惟恐見譏於春秋，特以方公之成緒在□以因之，是皆里老與吾民之力也，雷之尉、李明恩急公襄事，督築攸勤，例得并書於樂石。

清 周用嘉《重修方公堤記》（乾隆）《望江縣志》卷八 邑南三里通吉水鎮，昔有堤，以方公名，蓋前令漢川方公憫民病涉，始創長堤代津筏也，邑人至今稱便。嗣築者功莫著於陳公，來仙數十年來，履道平平，環堤蔭柳，幾與西湖蘇堤後先輝映。歲甲申，大水。丁亥復然，加以淫雨不開，奔濤吞撼，全堤衝決者十之八九，而化龍橋南角亦就陵夷經斯道者，向慶坦途，今且嘆險徑矣。丙戌歲，邑侯 鄭公適調茲土，辦賑濟荒，罔辭鞅掌，暇即周視堤形，觸目心惻，除捐俸外，募徽商李之涑捐錢百二十千，更勸邑中紳士耆庶，聚腋成裘，共襄此舉。自冬徂春而堤成如舊，嗟乎！毋壤厥基，是謂知務自公興舉廢墜爲邑人倡，而邑中踴躍懽呼，赴功雲集，共諒公志之專，余是以嘆徒杠輿梁之實，關王政而金堤雁齒亦藉以壯雄圖也，爰志之俾不忘云。乾隆三十三年戊子歲三月望日，邑人周用嘉拜手撰。

傳記

（乾隆）《望江縣志》卷六《官師》 方懋德，字禹迪，湖廣漢川，舉人，天啓壬戌二年知邑事，賦性深密，一介必嚴，作學宮，勤文課，并編折，摘侵牟，皆其大政足紀者，自奉淡約，有壺冰秋水之清，考最，卒於姑孰旅次，兵憲某公、當塗令吴公視其□中僅葛衣數襲，兩公賻而斂之，櫬還，邑人哭而送之。邑門達急水鎮纔三里許，每夏秋水漲湍激，多至覆舟，自懋德築長堤代津，筏民便之，至今呼曰方公堤。

紀事

（乾隆）《望江縣志》卷三《民事》　丙戌夏五月，陰雨連綿，江湖水漲，八月二十五日奉恩命來宰望江，舟泊南門，汪然巨浸，方公堤未全露也。

雜録

（乾隆）《望江縣志》卷二　方學仕曰：邑南門外達吉水鋪僅三里餘，春水發生，匯爲巨澤，土人操小舠齊陟者覆溺時見告，方公懋德憫之，壘土爲堤，高一丈，廣如之，夾堤種柳，緑陰下覆，行者便之，因以方公名堤。歲久堤傾，値明李寇擾，柳多斫伐。康熙十七年，知縣陳柿祚培高五尺，密値柳千餘株，行人又呼爲陳公堤。邑鎮衆紳耆復捐貲，面石兩行免泥濘焉，碑載藝文，内李之詢捐石一百七十九丈。

福隆堤

綜述

明　袁昌祚《重修福隆堤記略》（道光）《廣東通志》卷一一五　惠之東江注流吾莞，若建瓴然。當春夏雷雨時行，洶湧淜湃，茫無涯際，良田鞠爲汙萊，廬舍穴于魚鼈，民甚患焉。宋邑令李公巖始晝地之宜，拯民之急，自司馬頭西袤薄福隆，繞西湖，抵京子山，築爲長堤，綿亙數萬餘丈，故水不横溢，而民獲安堵，至今誦之。

嗣是而後，凡守土之吏至者，必歲加修築，循以爲常，罔敢廢墜，以勤民也。嘉靖己未，縉雲李侯來莅吾莞，越二年辛酉，政通民豫，百廢咸興。時民有以福隆之堤請者，侯慨然曰：吾竊禄兹土有年矣，顧不當爲民致意焉。乃即日下令，按諸里甲，鳩徒興事，侯親至而程督之。不逾旬，而圮者固，窿者崇，諸旁頽而脊立者完封修飭，蜿蜒蟠薄，勢若游龍，隱然可覩也。

先是自春涉夏，民苦不雨。工既竣役，而嘉霖適注，民賴沾足。于是沿堤之田，茨藿咸墾，錢鎛雲興至秋，而飢者穫濟，皆謂侯實德我，而遺科無窮也。

傳記

（康熙）《新修廣州府志》卷二三《名宦列傳》　楊天舉，字子善，益都人。嘗令諸城、新城，卓有成績。至正七年，爲東莞縣尹，居官廉寬，嘗均賦役，修築福隆堤，以防水患。沿未半載，政通人和，頌聲大作，人稱循良。

（道光）《廣東通志》卷二八六《列傳十九》　鄧崇弼，東莞人，性恬淡，居家以孝友稱鄉。有訟者，咸畏其知。尤能恤灾，爲隣保障。順治己丑，東江暴漲，福隆堤决，崇弼率其子光伋、孫際亨，傾家橐募衆，竭力築堤。堤成，九十餘鄉恃以無恐，人多其功，崇弼未嘗有德色也。卒年百有奇，大吏以高隱表之。

雜録

清　顧祖禹《讀史方輿紀要》卷一〇一《廣東二》　東江在縣北，自博羅縣流入境，又西入增城縣界，至南海縣入於西江。舊有東江堤，宋元祐初，築以防衝齧。紹興中復修治，淳祐三年復增修之。元至正二年，滛潦崩潰，尋復營葺，一名福隆堤，在縣東七十里。

（雍正）《東莞縣志》卷一一《古迹》　福嚴庵，在福隆堤上，生員王寵文爲鎮奠官堤，并資報其先人冥福，與僧古萃傳賀倡建。

（嘉慶）《清一統志》卷四四二《廣州府》　福隆堤，在東莞縣東七十里。宋時東江夏潦爲患，元祐二年縣令李巖築堤，自京山至司馬頭延，袤萬餘丈，護田九千八百頃。

（道光）《廣東通志》卷一一五《山川略十六》　紹興中，邑令姚孝資重修嗣，邑令范友仁、陳慶遠、趙興邁相繼修。淳祐元年，邑令趙善鄘修舊堤萬五千九百九十丈，增西湖新堤一百八十五丈。元大德間，福隆堤潰二十餘丈，達魯花赤甘卜縣尹鄧榮修復。至正二年，潰堤三十五處。七年，縣令楊大舉修之。邑人黎玉瑛有記，不録。迄明洪武中，差官修築。正統六年，縣丞周式董修。宏治十七年，復奉文修築。嘉靖二十七年夏，潦堤壞。知縣孫學古令居民隨丁田出力修補，尋復潰。四十年，主簿李文明修之。萬曆五年，堤潰，淹没廬舍民田無數，知縣周昌晋修復。次年復潰，旋修。國朝雍正四年，堤壞，知縣周天成修。十一年春，復壞旋修。乾隆三十八年，又潰，知縣俞亦臨檄京山司劉珖董修。

甘棠湖堤

明 萬衣《改修甘棠湖堤碑記》（同治）《九江府志》卷四九　九江郡治從匡廬五老峰南下，北行稍轉，而西奔吞大江，而南挹雙劍峰之秀。又從湓浦西南，迢遞蜿蜒盡于柳林，迎匡山諸水，匯而爲湖，舊名甘棠，然亦莫知所本指。

寔當郡治之南，堪輿家所謂明堂也，夫明堂宜澄静，停蓄而不宜川拽暗冗也，乃湖心有古道焉，其直如矢，穿文明門趨郡治，又柳林舊有堤，今圮，水無所潴，而民亦鮮利，故歲稍旱，郡中輒回禄，往往延亘，民患苦之。父老亦時時傳堪輿言九江當雙劍峰熖甚湖涸，而明堂道穿郡不利云。然百姓愚習，故而不知變也。

前郡侯班田鐘先生嘗欲塞南道，復柳林堤，引江水入湖以𧝓，且以爲濠，用護郡城焉。業已計慮，偶遷秩去，事未竟逮。嘉靖癸亥冬，郡侯春渠汪公來，詢之往牘，特以告于兵憲泗橋陶公，即慨然欲竟之，遂下其議，計堤延亙凡七百六十丈，廣四丈，高稱是，伐石爲橋，凡三洞，計費千緡有奇，湖歲增課四十金，可備修城之費，上之公以請于撫院，柏泉胡公、按院少淇陳公咸喜其利民也，遂檄德化令陸君某董之，陸君督邑之民凡七十二寨，得三萬五千人分役之，寨僅得五尺工，肖而民力易興，且時方農隙，庶民子來，群工畢與，不再旬而堤成矣。堅緻鎮密如天成，然兩岸種柳即林林可睹也。

逮甲子春衣適至，自閶下車里門過，堤上湖光樹色掩映天地，而郡改觀焉。士民喜溢嘖嘖，口碑載道也。陶公屬衣言衣作，而言曰『嘗聞之君子務其遠者大者』，又曰『裁成天地之道，輔相天地之宜』。兹役也，陶公毅然不少引避，而一時諸大夫咸相成之，因天地自然之勢，而施裁成輔相之功，開斯民千萬世之利，蓋非偶然矣。其所謂待人而與者非耶？矧因其舊而圖新，不奪農時而城減攸浚，足以𧝓民之灾，又有以備修城之利功倍，而民不勞，一舉而衆善，集民之思之也。非即所謂甘棠之政耶？湖之得名有以哉！有以哉！因其役并原其名以志思焉。是爲記。

（同治）《德化縣志》卷五《水利》　甘棠湖堤，唐李渤所築，即今新壩郡城前。臨湖水，郡氣所鍾，城藉爲濠，舟楫往來，以資搬運，尤爲日用急務。李堤久圮，明嘉靖間，兵備陶承學，郡守馬紀、鍾卿各修築長堤，而梁之堤形卑下，日久傾頹過半，夏秋江水泛入淹没，冬春則又涸瀉無餘。萬歷癸丑，兵備葛寅亮築石堤，長一百八十餘丈，高一丈四尺，原石一重外加一重，更培高厚以爲固，名西成堤。又建石閘一，上施拖橋，亦以西成名之。閘夫以時啓閉，秋冬則下板用橋以蓄湖水，可資搬運，春夏則撤板去橋，以通江水。

（嘉靖）《九江府志》卷三《方輿志》　烟水亭，在甘棠湖堤上，周惇頤子司封郎官壽建，取『山頭水色薄籠烟』之義以名，今廢。

高公堤

清 高綱《高公堤記》（乾隆）《漢陽縣志》卷七　郡治東北隅三里有橋曰楊柳堤橋，原名免溺。自王公之更建，因而改號王公。兹幸重修，結甘氏之善緣，只合歸功甘氏。

衺延城郭，上接別山；襟帶江湖，下通漢鎮。南轅北轍，眞成九達之區；朝往暮歸，半屬五方之客。裹鹽包飯，生涯極負販之微；戴月披星，王事有程期之迫。

當夫斷虹欲墮，過涉堪憂；及其計日落成，遄臻志喜。涼亭初創，足憩行人；火道交通，無煩撤屋。聞疇昔烟鬟籠翠，今成烟火萬家；覺近來水鏡成藍，遠愛水天一色。雲生古渡，時繫迴舟；湖繞長堤，遙看彼岸。尚圖不朽，仗同志之嗣修；尤要流傳，鋟格言以示勸。陰騭中自多感應，好看百善之果行；道途上不止橋梁，竊願衆功之皆廣。蓋以濟人爲念，既無悖於儒言；況以體國爲懷，實有關聖治。繄余典郡，亦思次第舉行；爲爾題橋，正復懽欣鼓舞。曾無犀帶補苴，愧乏分毫；那有金錢經費，能捐百萬？獨肩鉅任，賴此善人；豈意美名，歸之太守？溯風流於湖畔，六橋艷説桃花；攬春色於堤邊，兩岸擬添楊柳。一天紅雨輸他，醉倒海棠；十里青溪遲我，踏殘芳草。指中流以日月，聊吟子固之詩；仿勝槩於山川，且效君謨之記。

拱北堤

明 楊起元《楊復所先生家藏文集》卷四《重修拱北堤記》 庚嶺東折，并海而南，復西折，逆流盤礴，群山如簇，伏爲湖，隆爲府治。東南之水瀠其左，而湖滙其右。是以環惠皆水也。湖高，水注江若建瓴，惟恃三堤蓄焉。南堤石骨自固，前人所致力者，惟此堤。鍾樓故無堤，水從此洩。中離薛先生嘗言：『宜甃之，長水三尺許，湖勝乃完。』前守潤寰黄公施其策，果長其水三尺，然北堤自是浸壞。萬曆辛卯後，潦連圮之。大守燮軒林公屢捐俸金，委官築塞，不得固。

甲午春雨，水大尋丈，漂石決土，勢且及橋。迨秋雨希水涸，湖中之地，曠莽極目。昔人所稱萬衆可屯者，此矣。邦人大懼。公更欲自舉于時。鄉士夫葉司訓某、劉刺史某、梁藩授某、姚居士某、李將軍某，皆老成練於事者也。劉孝廉某、張邑宰某、潘生某、徐生某、司生某、葉生某、李生某，皆直義優於謀斷者也。議曰：『未可以再劳我公，且委官連年動衆，貧民興怨，今堤潰甚，工費浩大，郡公捐發俸鍰若干緡有差，我輩倡者亦合得百金，可且舉事而徐議所以續之。』又議曰：『經畫營度，必有心計者爲之，請舉李金吾某。勞來勸相，必精敏者爲之，請舉司舍人某、石舍人某、徐陰湯某。支收錢穀，則徐、李二生屬焉。督課工匠，調度夫役，須職而能者，莫如甲子所吏目吴某，請郡委之。』議以克合，則卜日經營。

於是，郡公縣侯咸覲行，視郡者二守丘公，視縣者四守寥公。式臨祭告，神悦人和，風柔日暄，石土之工，并力偕作。首治厥基，相彼缺口，土疏且淖，用松作樁，入土數尺，密比如櫛。松樁既平，上乃施石，石去礧砢，砌縫無罅，三十餘丈，隱如城墉，屹峙水涯。內乃實土，用牛蹂躙，土細光膩，鍬橛試之，堅不可入。篩蒸之法，亦不是過。度鍾樓堤，僅高一尺。當中爲渠，溢則洩之。凡用石之直若干，石工之直若干，土工之直若干。先是，十三方各處題簿求助於衆，及是收之，術窮於化慳，助資於好義，故僅得若干金。惟是牛力取之近鄉，其餘竹木悉給價直，共費若干金。始甲午冬某日，訖乙未夏某日，爲日若干。諸公在事者，蚤而往，暮而返，親立番鍤風日之間，耳目手足以及唇舌，莫不爲用。諸長者分日，更番追陪閲視，希酒劳苦，小子某亦竊與焉。

於是，源泉渟畜，波瀾灎漾。魚蝦産育，菱芡布葉。烟雲合散，鳧鷺沉浮。舟艇網罟，雜遝歷亂。橋梁亭榭，緲靄飛動。雨降水溢，循渠而出。清澈可悦，傍可列坐。時經漲潦，漫而過之。土石一如，毫不虧損。上擬布石，用匱而止。是固有待，患不在近。鵝城萬雉，半入鑒光。漁歌樵唱，朝夕相聞。杭潁之匹，誠亦無愧。

是舉也，郡公未嘗責吾民，而吾屬自以義應之。始者蓋亦落落難合矣，而竟成之者，中有長者一二焉，持其議也。及其翕然從之也，則莫不視衆人之休戚若在己，任衆人之勞怨而甘之。供給無所受，榮名無所徼，湖利無所取。孔子所謂『貨惡其棄於地，不必有諸己；力惡其不出於身，不必爲己』者，何以加此。擴而充焉，轉而傚焉，吾鄉爲三代之英矣。此可書之大者，豈特全城池之險，完風氣之美已哉！故記。而以助金姓氏列之碑陰。其題在簿而不出金者，隱其姓名而書若干人。簿到而不題者，書某約以示義之不可後云。

（乾隆）《歸善縣志》卷三《山川》 拱北堤。堤瀦湖水爲郡金湯，故欣樂驛距朝京門皆水道。宋治平間，知府陳偁剏堤二百丈奇，中搆石橋，洩橫槎水。明景泰七年，同知蘇潤、推官王瓚、知縣李寬、典史劉桓建石堤，石内重築厚土。嘉靖十六年，知府李玘、推官方邦望，鏟石鼎所侵明月灣塘，移土以益堤，廣十丈，袤三十餘丈，堤厚水潴無恙者四十餘年。萬歷癸未甃鐘樓堤，三尺水北趨，此堤始潰。壬辰，知府林國相捐築。次年復潰。甲午，同知邱一鵬、通判唐體元、陳五策、推官廖如龍，各捐俸修築。

又卷一八《雜記》 萬歷壬辰、癸巳之間，拱北堤潰，水盡涸，湖底揚塵，有識者憂之，相與議所以築塞者，十三坊各一簿題助。惟近湖人家一文不出，及興工有緒，湖水方平，則取魚蝦菱芡者，船交水中矣。此蓋不足深怪。彼魚蝦也，菱芡也，水涸則枯，水滿復長，理固宜然。人亦惡得而怪之哉？

古陽堤

綜述

清 沈榮昌《重建古陽堤迴龍廟記》（道光）《河内縣志》卷二三 懷慶府城北門外有古陽堤，上建迴龍廟，以禦沁水之衝。其創建均無可考。然明成化間，沁水攖城，時郡守日照陳公修復古陽堤，教授李達有碑文。正德十二年，郡守郯城周公復修堤，有尚書何文定公文。皆云西起迴龍廟。則此堤此廟，明前舊有之矣。

大清乾隆二十七年辛巳，夏秋連雨如注，七月既望，衆山之水奔騰漲流，城北丹、沁兩河并漲，遂嚙古陽堤，圮其廟，決北門入城，爲大患。其狀略載修城垣記中。計自成化十八年壬寅至此二百七十有九年，豈地氣然，非惟人力無能爲，即鬼神亦不能違邪？

仰賴聖天子恩膏普逮，民復其所，少司農豫章裘公日修銜命拊循，履視堤堰殘缺不可數，乃下詢知府沈榮昌，河内、武陟諸令，共議奏得恩綸，借帑金以贍民。自河内達武陟沁河兩岸堤工一百五十餘里，皆爲補葺。而古陽堤爲之首，河内令李如龍專司經理，縣丞嵇鳳朝實始終之。先補正堤三百四十餘丈，恐沙土不堅，乃更於其外築斜堤二百三十餘丈，護以埽工。又於其西築挑水壩，廣袤約六十餘丈，圍埽六十餘丈。堤既固矣，乃即於其上重建迴龍廟，北向門庭三楹，内院中爲正殿三楹，敬奉皇朝敕封顯佑通濟昭靈效順金龍四大王之神。敕封靈佑襄濟黄大王之神，西爲天師張眞人，東爲龍神。昔所供奉者如是。仰冀神庥，爲吾民保障也。東偏三楹，迴以曲廊，又東齋室兩楹，爲官僚巡工休宿之所。又東爲堡房，庖湢墻宇咸匝。

始事於壬午七月，閱五旬畢工，以鎮海寺僧賢然就近爲住持司啓閉。知府沈榮昌既題詩，恭紀聖恩，乃志緣起於石，其勷事之紳士耆庶及飯僧之舊日廟中租籽，地畝蓮塘并志碑陰。

明 婁樞《高大參重修古陽堤記》（乾隆）《重修懷慶府志》卷三〇 懷慶地名河内，以其在黄河之北，沁河之南。黄河去郡城稍遠，沁河偪近郡城，穿斷北關，而北關顧在沁之兩崖。沁源來自山西，穿太行而南下，在濟源、河内之交，斜倚東注，過郡城東北角，陡折而南。前人建國域民，正取此一灣形勢風水。

郡城東北三十里爲丹河，出山處播爲十八溝以灌田，會於丹，達於沁，亦在此境。河陡折，則水多旁溢，群溝會趨，則舊道弗能容。夏秋泛漲，壅沁倒流，決堤崩城，恒由於此。老氓相傳，八十年前，爲成化壬寅，古堤不固，水入城，漂没人畜、房屋甚衆。太守日照陳公築堤於水退之後。又三十餘年，爲正德乙亥，太守郯城周公，重加修築，修撰何先生碑記可考。至嘉靖丁巳四十餘年，水旋堤薄，決於上流，而南下繞於城，南關被害文定公書院百楹，止餘一室。水退人安，其舊守土者恐勞民，但塞其罅隙而已。又十三年，隆慶庚午，夏大旱，河内參政内江高公，來自吏部，分守河北，駐節懷慶，躬率父老士民祈禱，洽旬，驟雨如注者五日，河復決於舊隙。公立城上，督九衢百姓塡塞南門，城中得免於難。公曰：不一勞者不永逸。乃相其高下之宜，察其緩急之處築堤。起自回龍廟下，達丹沁會流之股，凡幾里幾百步，僉夫幾千幾百名，人樂趨事，時加稍食。

始於是年秋九月，不兩月而告成。府官均任其責，而河内尹康侯用賢，尤賢於所事。既竣，康侯欲紀之於石，以示久遠，遣使請記於山東。愚聞之，先民有言，燕雀處堂，不如鴟鴞之禦雨也。禦雨於雨，綢繆何及。故曰：迨天之未陰，雨水未至，而修堤防者以之。孫武有言：善戰者無智名，無勇功。爲民父母，不見有所施爲，而功自告成者以之。乃若官，爲傳舍肥瘠若秦越，有感於凡事豫立也。畚鍤未動，嗸嗸已作，有感於不動聲色，而事有終也，豈獨爲紀成績而已乎。傳曰作事者法。

藝文

明 于若瀛《弗告堂集》卷一〇《河內道中立秋憶杜孝卿孝卿曾分藩于此今在晋》 官渡盈盈沁水深，古陽堤柳緑沉沉。火雲猶繞前旌色，落冀俄千旅鬢侵。

又 卷一八《古陽堤同杜孝卿望太行二首》 水南門外風雨愁，借冦亭前沁水流。箇箇沙禽眠渡口，見人飛過亂山頭。

覃懷城北古陽堤，楊柳毵毵手重攜。極目一川秋色暮，不堪落日太行西。

雜録

（道光）《河內縣志》卷一一《祥異志》 乾隆二十六年七月，大霪雨，丹、沁水發，决古陽堤，貫城，城內水深四五尺，四日乃退，漂房舍十五六萬間，溺人四千，犬馬羊豕無算。清化鎮漂房舍二千餘間。

固安堤

明 楊榮《文敏集》卷九《固安堤記》 天下之難治者莫踰水，而治水之先者尤莫踰京師，故大禹之迹首在冀州，豈非以水之利害所繫者大，而帝畿之内宜慎其防，以爲宏遠之圖也歟！

盧溝之河，發源太原之天池，伏流至朔州馬邑，從雷山之陽，發爲渾泉，而爲桑乾河，雁門、應州、雲中、山西諸水皆會焉。愈遠益大，過懷來行兩山間，拘束齟齬，而不得肆至。京城西四十里石經山之東，地勢平而土脉疏，衝激震蕩，遷徙弗常。後魏都督、河北道諸軍事建成侯劉靖及子平鄉侯弘，築戾陵堰以防之，水患以息。後人思其功，謂之劉師堰，歷世既久，水勢漸更，下流十五里，距盧溝不遠，有曰狼窩口，時復衝決，漫流而東，浸没田廬，民弗安業。

聖朝建北京，視河爲襟帶。永樂間，屢嘗修築，輒復頹圮。今聖天子嗣位，命工部侍郎李庸、內官監少監姜山義往任厥事，復命太監阮公安少保、工部尚書吴公中總其事，且敕其務存堅久，勿爲苟且，庶幾暫勞永逸。群公效命，材謀具濟，經始于正統元年冬，畢工于二年夏。凡用工匠二萬餘，月給糧餉以萬計，累石重甃，培埴加厚，崇二丈三尺，廣如之，延袤百六十五丈，視昔益堅。

既告成，賜名固安堤，命置守護者二十家，建神祠於上。有司以時修祀禮，凡督事者，悉賜鈔幣以勞之。其視築戾陵堰，役費加倍，而堅實亦過之。仰惟聖明至德，蟠際穹壤，而於京畿益圖鞏固，以寧濟斯民於千萬年，諸公亦能同寅協恭，用成厥功，蓋可久可固而利益於世者不小，皆所當書。於是叙其始末，俾勒諸石，庶後之人有考焉。

明 雷禮《國朝列卿紀》卷七六《賈諒傳》 賈諒，字子信，山東兖州府嶧縣人。【略】英宗即位，首命往鎮湖湘，撫緝有方，陟黜惟允，巡視淮濟，賑活饑民十餘萬。督築固安堤，河道疏通，人不知勞。

（嘉靖）《霸州志》卷八《藝文志》 十七年春三月，堤成。夏六月復淫雨連日，固安堤决水。又大溢境上，新堤之不没者，僅尺許。同知常侯親率丁夫，冒雨巡視修葺，堤益堅完，一郡爲之以安。

（光緒）《順天府志》卷四四《河渠志九》 八年，築固安堤决口。

又 四年，修固安堤。

又 八年，修固安堤

又 卷四六《河渠志十一》 七年，築固安堤。

觀巷堤

宋 劉德秀《觀巷堤記》（同治）《豐城縣志》卷二五　豐城爲贛吉下流，地勢窪甚，歲春夏水暴至，方縣數十里滙爲巨澤，縣兀然居中，以堤自障，堇堇不没。以故傍縣之田率以夏潦退，然後敢即功。夏秋之交，水勢殺則治江岸以約水歸道，俾無横溢，幸得迄穡事歲以爲常。淳熙戊戌，水齧縣上流之岸曰觀巷，未幾又齧下流之岸曰聶家壋，始隙甚微，簣土可窒，吏媮民惰，弗究弗度，歲歷滋久，至大潰决。由是傍縣之田無稔歲，熟視莫可奈何。

慶元丙辰，永嘉林君仲懿來涖邑政，咨所急務，衆以是告，君課吏具水所侵户以廬，計者八千一百有二，田頃計者六千二百六十八，米不入民庾者爲石九十萬有奇，租不入公庾者爲石五千有奇，喟曰：『是豈細事哉。』既疏請於部使者，會轉運判官趙公善悉、提舉常平王公容俱遣屬按視，復命曰：『信則共捐錢出粟擲所費，委於邑而責成焉。』林君於是以身總役而分隸其地於丞，若尉又禮致鄉官之賢與鄉士有信義者，枚選民之饒於財而不漁於官浮屠氏之有幹力而畏事者，共集之，上率以誠，下相以力，不督自勵。

以是年之十一月經始，明年之二月迄事，觀巷累土爲六級，廣下而殺，上下之址爲丈二十有五，而上取四之一，高二丈有四尺，而修則七十丈。聶家壋爲級者四，視觀巷址廣五之二，而上殺半之，高五之三，而修又半之，又以其餘力培子堤凡十八處，增築稅亭、石埽，以殺上流水勢，俾不得鋭出石堤，所以爲捍禦計者甚，至通工匠共五萬三千七百九十有五，無一怨訾，是歲水不暴民田，於是鄉父老走書來謁，曰『兹役也，甚重且艱，非賢部使者之恤民隱，賢令尹之鋭於興利除害，莫克舉，願爲記久遠。』

余曰：父老言是，夫事敗於忽，功隳於成，父老誠知兹役之重且艱也。繼自今父詔子，兄勉弟相與護視，惟謹罅苴漏補，使無底於敗與隳，後新令至首舉以告上下，相戒以無忘厥初，則爾父老得以裕生理，養子孫，優游其間，而縣亦得以豐公家之所入，無急迫操切之政，利顧不博哉，則書以爲記，而使刻之石，時慶元戊午三月初吉。

（同治）《豐城縣志》卷一《地理志》　慶元二年丙辰，林尹仲懿捌稅亭石埽，一并築觀巷堤七十丈有奇，聶家壋三十五丈，别增子堤十八處。

又 卷二八《雜類志》　淳熙元年，饑賑以常平義廩。五年大水，决觀巷堤。

廣瀵堤

清 李灌《廣瀵堤記》（咸豐）《同州府志·文徵録》卷中　水之由來，藉山者十之八九，瀵則迸地而湧出。在王村者二，其一爲諸瀵魁。然堤脆水驕，一决而潰，煩人事，損物力，苟且因循，習爲固然。司理六吉公曰：『圖始樂成，一勞永逸，吾籌之久矣。』舊堤僅尺許。乃集衆謀，廣其堤，以丈許爲度。興事勸功，不越月而告厥成。昔子瞻守杭，創堤以障湖波，居民大受其利，愛而不忘，因名爲蘇堤。後之騷人逸士，游咏流連，遂相傳名勝。瀵之陽障而高則仍舊，培而厚則自今。一望如虹繞龍盤，平平蕩蕩，不險走而康衢矣。時或臨流興懷，連袂踏歌，陨淵之懼，庶幾免夫。豈但水無滲泄，爲農人之利哉！更有説焉，元聖耕莘，道樂堯、舜，瀵較諸水異甚，列子所以有神瀵之説。卜耕莘野有心哉。

歸仁堤

論説

明 張居正《張太岳先生文集》卷四七　且黄河以歸仁堤，勢不得南决，其勢既不能及陵寢。又高家堰既塞，淮不能奔，黄浦皆盡趨清口。會黄河由安東雲梯關入海，田廬皆盡已出，數十年棄地轉爲桑，而河上萬艘得捷於灌輸入大司農矣。

明 劉榮嗣《簡齋先生集・文選》卷一《再報水發疏》 崇禎七年九月，內奉聖旨。據奏，歸仁堤水勢漸平，陵運奠安，知道了。加日黃水多沙，預防運道淤墊，熟籌浚塞，確估修治。劉榮嗣著作速料理工部知道。

又 卷二《與張湛虛大理》 日者駱馬湖之役，百餘日耳，而目黎黑肌膚消瘦，昔有怔忡之病，今又發作。服藥月餘，未效大治，黃河豈得已哉？只爲擔在肩頭，放不下，歇不得耳。不治則無運道，猶可以人力疏通。如今年糧過，徼幸竣役，萬一南決，歸仁堤侵及皇陵河，臣尚有死所哉？

又《答成老師》 河道變遷，日異而月不同。今春所估，已大半不可復理，尚言一勞永逸耶？所幸祖陵之北名歸仁堤者，根露水落，邳睢一帶，十年淤沒之地，遂成乾土。是陵運民生，止留一事可以專力料理，或不至窘急無措也。聞皇上決意用舊，故至今湖州無元輔首揆之稱，舊則老師與南昌也。南昌有故而去，皇上未必釋然。其虛席待者，必爲老師，無疑蓬玄亦云。

又《與劉心盤大司空》 治河之法，先挑故道，次築堤，又次塞決，又次復修泇河。蓋不塞決，則泇河修而復淤，無益也。不挑故道，則水無所歸，即挑而無堤，則伏秋一漲，必衝歸仁堤，逼近祖陵，可慮也。

明 王錫爵《王文肅公文集》卷一八《楊後山侍郎》 承示歸仁堤上護祖陵，下全民命，眞百世之功也。原會工費，據籍已省十之五六，此皆門下苦心節縮之效。乃反推勞首事，録及枯骨，此意何其深長也。

明 温璜《温寶忠先生遺稿》卷八《雜著》 漕職運道，撫職地方，漕撫之職，兩兼之矣。今黃河之勢，如歸仁堤決，則以泗州爲壑，而虞陵寢。睢寧河決，則以睢陽爲壑，而虞州縣。且兩淮爲南北咽喉，兩決不塞，鹽課荒運道淹，誰任其咎？且兩決去河臣千里，其去漕僅六七十里，先年功令，以天妃閘以南耑責，漕臣良有以也。

清 崔維雅《河防芻議》卷四《條議》 修護歸仁堤，以防淮北也。淮西南要地在於高堰翟壩周橋一帶，而淮西北要害則以歸仁堤爲最。蓋歸仁一堤所以捍禦黃水、睢水、湖水，使不得南射泗州，并攻高堰，而又遏睢水、湖水，使之并入黃河，益助衝刷。若此堤不守，則黃水挾白鹿、邸家二湖之水，灌入澤湖，淮、黃并漲，天長、盱泗、高寶諸湖皆成巨浸。高堰且不可恃，運道亦憂倒灌，又豈能刷沙出清口，由雲梯關入海哉！潘季馴《河防書》謂，歲亟撥夫修護所築石堤，舊壘尚存。今現在議修，誠淮西北第一險要，不可忽視者也。

清 徐越《修復歸仁堤疏》（乾隆）《江南通志》卷五二 黃强淮弱，前人借水濟運，必欲助淮力，北與黃爭，先防阻淮水趨南而與湖會，何也？近黃河者，有睢水埠子湖水，其勢甚大，且遇黃河一漲，則能與此水相連，倘無堤以攔之，直下而東，則中阻淮水北行之道，淮水半趨，而南其北趨者無全力，則爲黃所阻，而不能入河以濟運其南趨者。且匯諸湖之水，漫溢於周橋牐一帶，爲高寶各邑淪胥之患。今議者從事於周橋啓閉及堅築翟壩傾圮，於水勢不可謂不審，但淮水有源有委，臣謂當先施力於上流之歸仁堤，然後議及於下流之周橋牐一帶，乃獲有利無害耳。

夫歸仁堤上遏睢水埠子湖水，使并白洋河出口以刷董口一帶之沙淤，而爲益於運道。下則兜睢湖諸水，使不得衝入淮流，以阻其勢，復南借周橋翟壩遏淮水下湖之便，安得不怒激以取路清口耶？淮水全出清口，而兩河治運道通矣。

清 傅澤洪《行水金鑒》卷五九《河水》 歸仁堤，在宿遷縣黃河南十六里。始於明嘉靖間，所以捍睢水、湖水及黃水，使不得南會於淮，而又遏睢水、湖水，使之并入黃河，助其衝刷也。歷年堤工廢棄不修，致祠堂湖一帶，連決七口，盡諸水而注之淮河，以爲高堰害。

幸我皇上審悉形勢，知其緊要，詔令興修堤，工既完，又開引河引諸水至桃源老堤頭出，以達於黃。又慮黃水消長靡常，於歸仁堤建閘三座，於老堤頭建閘二座，黃水大則閉老堤頭閘，開歸仁堤閘以放水入淮。黃水小即閉歸仁堤閘開，老堤頭閘以引水刷黃。節宣有制，可以垂久遠而無弊矣。舊屬宿虹同知管轄，今新開引河在桃源境者，屬桃源同知管轄。

又 歸仁堤舊石工，上自歸仁集起，下至五堡格堤頭止，計長三千八十八丈六尺。康熙三十八年修砌，其內土堤，四十一年重修。

清 張鵬翮《治河全書》卷二二《修歸仁堤開河閘座等工》 兵

部尚書兼都察院右都御史總督河道提督軍務臣張鵬翮謹奏爲欽奉上諭事，康熙三十八年七月初十日，奉上諭看圖内將歸仁堤便民閘等口，俱已行堵塞。其毛城鋪以下各口，尚未堵塞，即將此處堵閉，則毛城鋪等口所出之水由何處洩去，必致於散漫各處，民受大害。所關甚屬緊要，此處宜速籌一策，欽此。欽遵。到前河臣于成龍查勘於四堡，疏引河由湖家溝出黄河尚未估計。

臣到任後，率同部員廳縣等官相度形勢，湖家溝迤東地勢頗高，恐引水不暢，且地係沙土，難以建閘。復於八月初十二十四等日，率同道廳等官再加查勘挑疏引河之處，在於涵洞口起至老堤頭迤東出，黄河地勢低窪，打量水平，黄河崖地平，比黄河水面高五尺五寸，縷堤外地平比堤裏地平高三尺，舊河崖地平比舊河水面高一尺七寸四分，通平牽算湖水比黄水高七寸六分，自涵洞口起至黄河邊止，共長四千八百五十丈四尺，内自涵洞起至九龍廟止，見有舊河一道計長一千二十七丈九尺，河身深窪，不必挑浚。惟是舊河起至黄河邊止，應挑引河長三千八百二十二丈五尺，估挑面寬十丈，底寬四丈，深八九尺、一丈不等。應於黄河縷堤出水之處建造石閘，又於臨河之處建築草壩，隨時啓閉，以防黄水倒灌。再於歸仁堤五堡建磯心石閘，若遇黄水異漲，則閉黄河縷堤之閘，將此五堡之閘開放，以洩湖水，不致漲裂堤身。於引河南北兩岸築束水堤，并補築九龍廟，舊堤缺口七處，加砌石工，使水不致旁溢，如此引河開成，則洩歸仁堤之水出黄河，可以衝刷河身，可以保護民間田廬，不致淹没。又使此水不盡歸洪澤湖，可以減高堰水勢，但事關緊要，工程約需錢糧二十九萬餘兩。微臣不敢擅便，伏乞皇上聖裁，如蒙俞允，恭候命下之日，容臣另疏題估，爲此具摺，差原任按察使趙世顯賫捧謹奏請旨等因。康熙三十九年九月初十日奏本月二十四日奉旨，此事曾屢經面諭，于成龍最爲緊要，乃于成龍性偏，未行詳看，遷延時日，以至於今。覲張鵬翮所奏，甚爲合理。此事所關至要，著九卿詹事科道會同速行詳議具奏。

清 張鵬翮《論歸仁堤》《清經世文编》卷一〇〇　歸仁堤在宿遷、桃源之境，明萬歷六年，潘季馴、江一麟所葺治，長七千六百八十丈，亙四十里，以障睢、汴二渠，及邸家、白鹿諸湖之漫溢，兼殺洪湖水勢也。大約淮、揚屏蔽，其關鍵在高堰，次即歸仁堤。高堰不固，下河俱爲魚鱉。歸仁不堤，睢、汴、邸、鹿諸水闖入洪湖，益助滔天之勢，而高堰危矣。此河防之機要也。

我皇上聖學淵深，於山經地志，無不該覽，於河工則三舉鑾輿，遍歷河干，討求曲折，故其所指示要害，皆從古籌河者所未及。康熙三十八年，諭曰：歸仁堤人皆稱係保護明季皇陵，此妄談也。三四十里之堤，何關風水？此堤專因水漲時，毛城等鋪横流至歸仁堤却回，仍入黄河故耳。應酌量修築。睿鑒固超人萬萬矣。復諭前河臣于成龍曰：要緊應修兩處，看河圖内，歸仁堤、便民閘等口，俱已堵塞。毛城鋪以下等口，俱未堵塞。既塞便民閘等口，毛城鋪等口所出之水，將歸何處？必定散漫，大爲民害。此等關係緊要，當急籌一策。

及康熙三十九年，臣鵬翮親率河員相度。先是，于成龍擬於四堡開挖引河，由胡家溝而出黄河。鵬翮按其地勢頗亢，且係沙土，難以施功，惟起涵洞口訖老堤頭迤東，地勢少窪，湖水高黄水七寸六分，於此開置引河便，計工長三千八百二十三丈有奇。於黄河縷堤出水處建石閘，築土壩，以備黄水之入。於五堡建磯心石閘，黄河異漲，則閉縷堤閘，開五堡閘，以備湖水之出。又於引河南北岸築約水堤，并塞決口，加甃石工，使無旁溢，引水歸黄，可以衝刷河身，可以免民墊隘，可以減洪湖之浸，使高堰無虞。

疏上，上嘉其合理，詔速行。於是剋日興舉，役不淹時，費無浮冒。工甫訖，而河身果以衝刷而深，田廬果以水落而出，洪湖之巨浸果以客流不入而平。是役也，費以二十八萬餘，計自高堰外，惟此爲大，而功實相爲表裏云。

清 靳輔《文襄奏疏》卷三《特請大修歸仁堤工事》　竊照歸仁一堤，原以束睢湖諸水，使之由白洋河出口，助黄刷沙，兼爲高家堰等處一帶堰堤之外藩者也。

自河道廢壞以來，河底高於民田，堤頂卑於河岸，以致黄流内灌，將白洋河口淤平，睢、湖諸水不能復出會黄，竟自決堤南注，并入洪澤湖，擊潰高家堰，沖開清水潭，漫淹泗、宿、桃、清、山、鹽、高、寶、江、興、泰等十一州縣之田畝，阻運道而害民生，已非一日矣。雖前此興修曾經動支過銀十二萬八千兩，祇因革職原任歸仁同知劉光耀潦草塞責。且睢湖諸水無路宣洩，撞沖擊刷，以致新修之工，莫不歪斜傾倒，無益河防。

臣於康熙十六年秋冬，并十七年春月，率同該管道廳各官再三相度，議於原估堤頂之上，再爲加高五尺，并將堤身帮寬三丈，不堪石工從新另砌，約需磚石、灰木、土方、人夫等項銀二十萬餘兩。又石工兩頭土堤共二千四百八十餘丈，内有缺口八處，其加帮堵塞之工，尚未議及，迨後約略計之，又需費銀三萬餘兩。是此一工必得銀二十四萬餘兩，方可修竣。然費錢糧二十四萬餘兩，而果能束水歸河自應急舉？殊不知黄河未治，即使費銀二十四萬，恐仍難保其不復沖開。臣是以於康熙十七年四月二十日具爲指陳河道危切等事一疏，題明緩修，俟黄河疏浚深通，然後確估另題，等因在案也。

及臣分委各監理官僱覓夫船揭沙疏浚，已將黄河浚深四五六尺不等，凡清江浦以下久淤之河，原深二三尺至五六尺不等者，目今俱深八九尺至一丈二三尺不等矣。今臣擬於本年桃汛之後，復爲大浚，再加北岸創建減水大壩，使本等之水安流漕中，暴漲之水減出壩外，則將來河身漸深，而泛溢之勢漸減，又當乘機興築歸仁堤，挽睢、湖諸水，使入黄河，以助刷沙之力，以固高堰外藩，斯稱萬全。惟是前此雖估銀二十四萬餘兩，今臣復加相度，反覆籌維，更得一勞永固，兼可節省錢糧之法，敢亟爲我皇上陳之。

查歸仁堤石工，自一堡至十一堡，原長五千七百餘丈，而石工之西至虹縣界，原有殘缺土堤四百八十餘丈，石工之東，原有殘缺土堤二千餘丈。臣前估需銀二十四萬有奇者，乃係重修石工，并一律加高修補各殘缺土堤共長八千二百餘丈之工程也。今查自虹縣界至西石工頭止，計長四百八十五丈，仍需照原估加帮内築戧，堤面寬二丈底，寬三丈，高一丈，每丈用土二十五方，又堤内刷成深河，必須填出水面，每丈用土十五方，共計每丈用土四十方，通共用土一萬九千四百方。

又 石工自一堡而下，只須築至七堡止，計長四千五百餘丈，其餘尚有石工一千二百餘丈，并土堤三千丈，可以不必概築。應另於七堡石工起横挑引河一道，即以挑河之土運至五十丈之外，創築大横堤一道，直接白洋河上三教堂格堤迤西止，約長一千八百丈，更將遥堤挖開，另建七洞滚水大石壩一座，黄漲則下板攔黄，不使内灌，湖漲則啓板洩水，俾其刷沙，見在石工四千五百丈，面約寬二丈，底約寬三丈五尺，高七尺，今不必拆修，竟以舊堤爲外藩，而於舊堤之内，另築大戧堤一道，底面俱寬七丈，高七尺，每丈計土四十九方。應築戧堤之處係積年刷成深河，寬五六丈至二三十丈不等，深三四尺至八九尺不等，今應填出水面，以便興築戧堤，計牽深淺不等，每丈用土二十八方。

又，戧堤之上，應再加築堤一道，底寬七丈，面寬一丈，高八尺，外坦内陡，每丈用土三十二方，通共計每堤一丈用土一百零九方，石工四千五百丈，共應加新土四十九萬五百方，二共計土五十萬九千九百方，取土遠近不等，近者照黄河堤工之例，每方給銀一錢五分，稍遠者給銀一錢七八分，極遠之處必須隔河船運者，給銀二錢并二錢三四分不等，牽算每方給銀一錢八分，共需土方銀九萬一千七百八十二兩。

又 自七堡石工起直接白洋河上三教堂格堤迤西止，横挑引河一道，約長一千八百丈，挑面寬二十二丈，底寬十八丈，深五尺，每河一丈，挑土一百方，共挑土十八萬方。至五十丈之外，逐層夯硪，築成面寬二丈，底寬十丈，高一丈之大横堤一道，每挑河一方，給銀一錢五分，通共給銀二萬七千兩。

又 建滚水大石壩一座，并越堵七堡舊石工决口一處。西石工頭迤西舊土堤决口一處，共約需銀三萬，兩通共實需銀十四萬八千七百八十二兩。較之重修石工，不特可省銀九萬餘兩，而工完之後，誠可爲一勞永逸之謀者也。其需用錢糧，查臣原題經理河工各疏内請大修銀二百五十一萬七千六百餘兩，已奉俞旨在案。續經臣於更改運口，并建減水壩二座疏内，共議節省銀四十萬兩。今此大修歸仁堤之費，臣請於前題節省四十萬兩之内動支一十四萬八千七百八十二兩濟用。

惟是此工既不重修石工，而全用土築，以期堅久，則需夫自多。然宿、桃等沿河州縣處處并舉大工，不能更有閒夫爲修築歸仁堤工之用，不得不令附近歸仁堤之泗州虹縣各協募人夫三千名，五河臨淮二縣，各協募人夫二千名，共協募夫一萬僱築此工。至於募夫一事，邇來各處興工夫頭人等往往彼此影射，透領錢糧，工程不完，每煩追究，臣與所屬道府廳印各官，從長酌議，量工程土方之多寡，令百姓按田畝出夫上工，其應給土方工價，俱照題定之數與民，間抵兑錢糧凡十八年應徵一切錢糧，俱令停徵。俾百姓得以安心力作，凡有應支應解款項，令該州縣隨時詳明，將大工錢糧墊解墊給官，無徵比之煩民，免追呼之苦。衙役之需索難施，上下之考成不累，工程可以速起，而錢糧不致透支，一舉而數善備焉。

山、清、安、海、宿、桃、邳、睢、靈、徐等州縣臣見在舉行，凡官紳士民俱各稱便。今令泗、虹、五、臨四州縣共協募夫一萬名，其應給土方工食銀兩亦照此抵兑錢糧之法而行。誠計之最難得者也。臣謹一并題明，貼黄難盡，伏乞皇上睿鑒全覽，敕部議覆施行。

清 蔡新《緝齋文集》卷四《與莊復齋先生書》 又毛城鋪下游，低窪難保，冲刷淹没，雖無倉庫城郭，而民田村居，想亦被害者多。聞有一道旁多山磧，不致漫溢，由歸仁堤外出清口，既不害民，亦不淤湖，考據亦未甚確意。

清 郭起元《介石堂集・古文》卷四《治河淮策》 歸仁堤者，始于明嘉靖間，所以捍睢湖及黄河水，使不得南射泗州，爲高堰之屏蔽也。自季馴修築後，一切閘壩，引河俱備，可爲法于後人。

崇禎間，國事搶攘，不能遵守，而河政廢壞。本朝聖祖御極，先後命大臣靳輔、張鵬翮等經理，聖駕三次臨河指示，疏通海口，俾水有歸路，堅築高堰，廣闢清口，引淮暢流而出，築挑水壩，疏引河逼黄，使無倒灌之患。築歸仁堤導泗上源水入河，疏人字、芒稻等河引運河水注江，挑鰕□等河，引下河水入海。底定功成，貽厥萬世。

清 康基田《河渠紀聞》卷一三 是年河決歸仁堤。按歸仁堤北鄰黄河，西接濉湖諸水，以一堤爲洪湖之障，決則淤湖衝運，爲患下河。《揚志》云：歸仁決水，自翟壩古溝下灌諸湖江都瀕河田舍，水深六七尺，高寶浸及城市月餘乃潰漕堤，而東注興化墊焉。蓋河衝歸仁入淮，高堰以下不能守，而灌入於湖，湖漲則決漕堤入下河，而興鹽爲壑，切近之灾也。明時潘宫保尤重歸仁，加修無間，爲保陵也。今則專守黄河南岸，加格月諸堤，以固其防。歸仁止受濉湖西來之漲水，曆無大患，故不入歲修也。

又卷一五 是年歸仁堤功成。按歸仁堤，自羅多、王光裕挑河設三壩，以資宣洩，而黄水高於内地，壩雖設而未開，至是踵成之。開引河，築横堤，建七洞滚水大石壩，黄漲下板禦黄，湖漲啓板洩水刷沙，以竟前工。歸仁堤之設，原以障睢湖諸水，使由白洋河入黄刷沙，并爲高堰外藩。而自七里溝、新莊口、烟墩等處屢決以來，河底墊高，睢湖諸水不能挽入黄河，以爲刷沙之助。文襄於指陳河道疏内具言：睢水盡注澤湖，不復出白洋口，黄流反躡其後，淤白洋河口如平陸。今即加幫歸仁堤，止可蓄睢水於堤内。伏秋水漲，黄流内灌，與睢湖諸水并力下注，歸仁堤亦難免復衝。是當時亦祇踵竟前功，無關蓄洩之大要。《河防雜説》云：康熙二十二年，伏秋水大五堡減壩過水二尺五寸，三教堂便民牐底過水五尺七寸，用水平與黄水較，黄水高清水六尺有奇。至隆冬，黄水大消，内外水始平。是盛漲時，但虞黄水内灌，而不能引清入黄也。迨後，黄日益高，湖日益平，築實黄河南岸大堤，使黄不能内侵湖水，任其蕩漾，亦無奔衝怒激之勢。歸仁一工，久不入歲修矣。

清 陳文述《頤道堂集・文鈔》卷九《家天一先生傳》 順治十六年，至康熙六七年間，所衝之歸仁堤、古溝、翟家壩、王家營、二鋪口、邢家口等各處決口，不即堵塞之所致，蓋歸仁一堤以障睢水，并永堌邸家、白鹿諸湖之水，不使侵淮。且令由小河口，自洋河二處入河，助黄刷沙。自順治十六年，歸仁堤衝潰之後，睢湖諸水悉由決口侵淮，不復入黄刷沙，以致黄水反從小河口、白洋河二處逆灌停沙，積漸淤成陸地。

清 福趾《户部漕運全書》卷四一《淮安運河考》 三十八年，將清口之西壩臺添挑水壩，比東壩臺加長，包裹清口在内，於洪澤湖水深之處，開成直河，使洪湖暢流。於黄河灣曲直挑引河，使各險所不得受衝，并修築歸仁堤，以防潰決。

綜述

明 朱秉光《歸仁堤貽麥堂記》（同治）《宿遷縣志》卷一〇 嘉靖末造，歷隆慶以迄萬歷之六載，淮西之民，苦水之爲眚也久矣。一望沮洳，四野瀰漫，居鮮室廬，無論土著矣。莅兹土者，觸目疚心，手援無策，一切蠲祖捐賦，屢煩詔旨。歲丁丑，今上允言臣請，特簡大臣董其事，而印川潘公，以才望應上命。時公方撫江右。今督漕新源江公，任南贛，兩人者深相得，乃一時并借茲邦，同慮協謀，無不至當。

凡築堤塞決，一以水治水，而不鑿，不肖。光叨廁司道之後，實與有事事焉。所築堤二：一邳睢界之遥堤，一桃宿界之歸仁堤。歸仁關祖陵左背，尤爲要地緊。考堤，《志》稱古汴河，受白虎等湖水匯巨浸，一遇伏秋，黄水倒灌，小河口、白洋河由歸仁集迤東横闊四十里，溯湃南下，合淮二水，既合，直趨高堰，淮揚之民不爲魚鼈者幾希，田土之淹没曷算哉？故識者謂歸仁堤實與高堰相表裏云。

初，光奉檄來，相所爲堤址者，見一水淼茫，浩無涯際，決而爲渠者四十有七。又東自邵家溝至倉家橋，以及曲頭集，長二千九百丈，水至爲湖，稍落則水泥相半，以舟則膠，以人馬則陷溺。不覺茫然心怵，悚然汗下，懼無以肩鉅任，而副重託也。幸賴兩公妙畫於上，各官役率作於下，堵決塾淤，增卑培薄，深樁固笆，凡所爲周防計者，無不備至。越九月，而工用告成。自是諸水悉由小河、白洋故道，復入於河。七勺無他溢，即伏秋水漲，我堤足當，一入即回，無復曩時之横溢四出而不可扞禦者矣。

堤成，而堤南一帶土田，頓復昔之舊。於是逃徙者，復荒蕪者，鋤婦子緣南畝，蒸蒸莘莘，當春時和未幾，而麥苗滿目青矣。不覺色喜，曰：朝廷簡畀得人，俾千餘年數百萬灾眚之民，一旦出昏墊而衽席之，厥功懋矣哉！工既竣，搆堂一區，以便欽命閲視。扁曰『貽麥』，蓋取《周頌》『貽我來牟』之義。堤東接孫家灣，西抵集，凡八千七百丈有奇。

明 張兆元《黄堌口歸仁堤考》（乾隆）《江南通志》卷五〇　按黄堌口屬山東單縣，接河南虞城界。其水由夏邑永城及南直隸蕭、碭、宿、睢地方，至小河口、白洋河，復入運河。此口南射歸仁集石堤，最稱要害。內有沙渚二水，中分經虞城孔家樓，接碭山縣劉家集，至王家橋九十餘里，俱有河形。自王家橋至狐父橋十里，係黄河故道，自狐父橋至蕭縣界三十里，有大河形。自蕭縣界起入盤坌河，至兩河口七十三里，亦有河形。自兩河口，由山西坡瓦子口入永堌湖，至宿州地方徐溪口七十餘里，俱坡水散漫。自徐溪口至符離橋時村一百一十里，自時村分流，由靈壁縣地方孟山、睢寧縣地方廟灣口、宿遷縣地方耿車至小河口俱三十里。小河口迤南，有白鹿湖、邸家湖二湖，雖係豬水，湖面闊遠，一遇北風，則怒濤奔逸，勢必南侵。舊自歸仁集起至孫家灣，特築遥堤一道捍禦之，名曰歸仁堤。計長七千六百八十二丈八尺，今黄堌決口之水，復經其下，則其防範於先事也，宜周當事者，須急堵黄堌口，俾黄水盡入徐邳正河，以濟運道，仍堅守歸仁堤，使横流不致衝究盱泗。此正今日第一要務。

清 史奭《歸仁堤考》（嘉慶）《清一統志》卷一〇一　歸仁堤控黄淮界桃宿，與高堰相表裏。蓋高堰爲淮揚之長城，而歸仁堤又高堰之屏障也。其上流來自徐溪歷蕭縣靈壁等處二百餘里，合永堌姬村湖水，由宿遷之符離溝，經邳之睢河，而匯於埠于白鹿等湖，從白洋河東西兩溝入黄河。黄之泥沙得此而汰，故俗亦名汰黄堤。

然其橐籥，又在小河口之通塞。小河通，則睢水逕入黄河，而歸仁之水减半。其藩籬則又在耿車時兒灘一帶，堤高厚堅固，則睢水不得漫入埠子等湖，而小河常通矣。故上自高卓，下至時灘，皆當接築長堤，歲加修守。守此堤，即所以守歸仁也。

河防雜説，宿虹二縣歸仁堤，共長六千三百二十五丈六尺。康熙十九年，减五堡减水壩，以洩異漲，又建便民閘，以通行旅。四十年，大修歸仁堤，自涵洞口至黄河桃引河一道，引諸水至兆源縣老堤出，以達於黄。又處黄水消長靡常，於歸仁堤五堡建閘三座，於老堤頭建閘一座，黄水盛則閉老堤頭閘，開歸仁堤閘以洩水入淮。黄水减，即閉歸仁堤閘，開老堤頭閘，以引水刷黄。節宜有制，可以垂久遠而無弊矣。

歸仁集西鴉嶺上堤，上自虹縣界，下至歸仁集，石堤長五百九丈，康熙三十八年築。歸仁舊石堤，上自歸仁集，下至五堡格，堤長三千八十八大六尺，康熙三十八年修。又自五堡至桃源縣界，長三千七百五十丈，康熙三十九年修築。其格堤，自五堡至便民閘，長二十七百二十五丈，康熙三十八年修築。

傳記

（雍正）《浙江通志》卷一六七《循吏》　楊廷槐。《獻徵録》：

字祖植，錢塘人，萬曆乙未進士。【略】後璫敗，復官，再備兵徐、淮。築歸仁堤，停課稅，行捐賑，葺浮橋，立軍營，復河道，善政不一。而忌者復中之，竟拂衣歸。尋調江西參政，再除湖廣按察使，俱不起。

紀事

明 劉榮嗣《簡齋先生集·文選》卷一《覆勘黃河疏》 天啓七年至崇禎五年，決露字舖、雲字舖、呂字舖、城安、青墩等口，南衝歸仁堤，以逼祖陵，駱口無水外兆陸溜稽運。

又《挽黃治加躭延重運實陳疏》 天啓七年，黃水驟漲，南決雲、呂等堡，直射歸仁堤，其爲患在陵寢。

清 馬麟《續纂淮關統志》卷三《川原》 自康熙初年，因歸仁堤屢決，有開周橋閘者，淮水大洩，而黃遂逆入清口，又挾睢湖等水從歸仁決口入洪澤，直抵高堰，衝決翟家壩，流成大澗九條。

清 張伯行《居濟一得》卷七《開歸仁堤閘》 歸仁堤閘，原因湖水盛大，開之以洩湖水，使入黃河者也。今黃河已高，而湖水日深，湖水已不能出閘矣。故宜於周橋翟壩等閘開之後，即將歸仁堤閘開放黃水，使入各湖。俟將各湖淤平，然後自至洪澤湖。洪澤湖坡，亦可漸淤爲平地。此既可助清水敵黃，又可使湖坡淤爲平地，豈非一舉而兩得之哉。

（光緒）《重修安徽通志》卷六三《黃河》 三十八年，修築歸仁集西烏鴉嶺，土堤自鳳陽府虹縣界起，下至歸仁集石工，頭長五百九丈，又修砌歸仁堤舊石工，上自歸仁集，下至五堡格，堤頭長三千八十八丈。

藝文

明 劉榮嗣《簡齋先生集·詩選》卷三《歸仁堤》 長堤亘百里，帆影亂通津。落日浮金鏡，西風動石鱗。天心原拱護，人事但因循。臣力于何有，彌知祖德新。

清 鄧旭《林屋詩集》卷四《歸仁堤早發》 老人愁不寐，譙鼓厭頻聽。檠短寒知夜，途長晴問星。河冰盤練白，塞雁起烟青。孰捧隨珠櫝，蕭條向此經。

又《歸仁堤早發其二》 悵望遥堤去，東南眼力穿。鞭笞鬻子女，歌管宴神仙。壁馬徒填壑，金珠自湧泉。桃花春漲入，氣數委蒼天。

清 杜溎《湄湖吟》卷七《白鷺行》 歸仁堤老黃河齧，野水蒼茫遠天滅。

清 劉謙吉《雪作鬚眉詩鈔》卷五《過歸仁堤》 遥天連板築，平莽壓沙崩。宵旰宸衷在，艱難旅力興。馬頭飛霹靂，雞肋媿淄澠。一飯王孫在，千秋報未曾。

清 劉埥《片刻餘閑集》卷二 少時過淮安之歸仁堤，時屆深秋，夜宿茅店，門臨巨津，見岸旁衰柳殘葼中，小艇出入，燈光閃閃，次日黎明，由堤外行，霜華滿地，至一長橋，橋畔孤村酒帘摇曳，因憶先岳張公詩有云『石橋露白朝沽酒，蘆巷燈紅夜捕魚』，宛如道我眼前景致也。又，近年以公事，寓保定之新安縣主於一舊紳家，空齋幽静，春雨連宵。一日晨起，家僮持杏蕊插小瓶中，供几上，清況怡人，偶觸陸放翁『小樓一夜聽春雨，深巷明朝賣杏花』之句，頓覺前人筆墨風趣，一時印入心目間矣。

雜録

明 陳仁錫《無夢園初集·海集三·黃河舟中》 歸仁堤外有河水浸堤脚，河外有小堤形，堤外即邸家、埠子二湖也。河外小堤，宜取湖土加高，而疏河身以行内河之水，使歸仁堤不受浸于河水，得借障于湖堤云。

又 潘季馴刱歸堤以衛陵，李化龍闢泇河以浚運，其功一也。即歸仁堤三十九里，既西捍黃水、睢水、湖水，使不得射泗州，衝高堰，而又束睢、湖二水之流，并入于黃，以助刷河之勢。今十鋪漸傾，宜一整頓。

又《徐州道中》 朱總督批道，詳徐州既遷之後，就於羊山築壩建閘，以遏黃水衝入歸仁堤之路是矣。舊護城堤可以不守郭家嘴等處，可聽其決不治乎？且祖陵運道與近城附近之民生，有無患碍否？

清 靳輔《治河奏績書》卷二《閘壩涵洞考》 碭山縣。毛城鋪減水壩一座，毛城鋪減水閘一座，此二閘減水俱減入小神湖，曆靈芝、孟山等湖，從歸仁堤五堡減壩便民閘滙洪澤湖助淮。

徐州。王家山天然減水閘一座，十八里屯天然減水閘二座。此三閘水，俱減入馬廠湖，經永堌湖歸靈芝孟山等湖，由歸仁堤減壩入洪澤湖助淮。

睢寧縣。峰山龍虎山天然減水閘四座，此四閘水俱減入馬廠湖。由靈芝孟山等湖，越歸仁堤減壩入洪澤湖助淮。

宿遷縣。歸仁堤便民閘一座，五堡閘一座，此二閘水俱減入洪澤湖助淮。

（乾隆）《江南通志》卷五五《河渠志》 順治十六年，歸仁堤決。康熙元年，歸仁堤再決。時部司有開周橋牐者，淮水大洩，而黃河逆入清口，又挾睢湖等水從歸仁堤決口入，與洪澤湖相連，直抵高堰，衝決翟家壩，流成大澗九條，其水東注，悉歸諸湖，淮揚自是歲以灾告。

又 按康熙三年，淮溢武家墩、高良澗之後，以障淮刷黃爲定策，復議修築翟家壩。至是年，奉旨令山、江、高、寶四縣民合修復。詔遣重臣會同河督、漕督踏勘明白，諸臣覆奏，稱翟家壩至周家橋三十里，在高家堰南地勢高亢，原無堤埂，爲天然減水壩，水漲聽其漫溢，仍責令高寶等縣之民但填平衝開決口，不許一槩加工增高，以塞水路，此瀕淮州縣志所載之大略也。

又 四十二年二月初五日，上諭歸仁堤，引河開放分洩洪澤湖水，勢若黃水，加長恐清口水弱着，將祥符牐下版堵閉草壩，將五堡牐應酌量開放，以助清水之勢。

（同治）《徐州府志》卷六《職官表》 國朝順治初，設淮安府，分管徐屬河務同知，駐徐州；邳宿同知，駐邳州。康熙九年，設宿桃同知，駐宿遷；歸仁堤同知，駐宿遷之白洋河。十七年裁宿桃同知，改歸仁堤同知爲宿桃歸仁同知，駐白洋河。

郭溪古堤

清 彭維熙《修復郭溪古堤記》（光緒）《撫州府志》卷六 國家以民食爲重，而水利者，民食之源。然水之利雖大，而爲禍也烈。故防川之策不可少也。

西江接壤吴楚，彭蠡巨浸，稱澤國焉。撫州地據上游，東鄉依山，爲邑考之圖經，竊喜其田原高曠，不以水潦爲患。乃下車之初，檢閱公牘，見有延橋一，河東西隔岸，訟堤不决者三年，經司院大吏檄臨金三縣會勘者屢矣。

予既受代而當道，復委其事於予。既周覽其形勢，熟察其利害，深有以見曲直之由，而知堤之不可須臾緩也。蓋河水來自金溪，奔流百餘里至邑境，而勢漸大，歷艾家橋、齊港渡，經白城寺前，而合流愈多，其勢益大。自是而下流之東岸，又分支河一道。《縣志》所謂烏株橋水是也。其正河由下車港直趨延橋十餘里，而與烏株橋水合，二水分流之中有夾洲一片，爲郭溪坂官，饒、徐、艾、黎、鄴、侯、白等姓，棊布星羅，聚族而居。此皆延橋東岸是也。夫河自白城寺前而下，每當春夏之交，洪水暴漲，東西皆受其困。然西岸地勢尚高，雖有泛溢之虞，而不爲灾，東岸則廬舍田墓，盡屬低窪，爲横流衝激之區。故不能不倚堤以爲命。

前明成化間，歲苦陽侯之患，民皆蕩析離居，村墟鞠爲茂草，田疇荒没，歲課不供。時有鄉貢黎鍾始倡築堤之議，循下車港迄延橋以下，沿河作埂，累土爲塍，自是而水皆安流，民稍奠居焉。迨國朝康熙三十五年，堤已崩坍，水患頻仍。孝廉黎君爲容請於當事，修復其舊，得以寧息者又六十年。

予奉憲司委，勘見修竹蕺生，林木合抱，而知其所由來者久也。且一望綿連不盡，蔚然深秀，亦足爲村落中一美觀焉。信夫郭溪之水，瀠洄如帶，不可無此堤以東之也。不然内而溪水，外而河水，田廬幾何，不皆湮没於波濤浩渺中耶？然則堤之不可須臾緩也，亦奚俟智者决哉，又奚所惡於西岸而訟争哉。

蓋西岸爲臨、金、東三縣錯處之地，譸張者簧鼓其間，指東岸之堤爲曲防故也，不知曲防者，壅流激水之謂也。阻河故道，以注鄰境，斯白圭見譏於孟子。若沿河設堤，束水安流，乃古人治河之首務。今功令首重河防，失時不修者有罰，大者，黄河堤工歲費帑藏上廑廟謨，近者，清江、豐城等縣圩堤亦皆官爲修築，未聞隔河者，指爲不便也。

況東岸非有此堤久矣，民其魚矣又安得不與室家性命相終始也乎。使堤可以不設，則成化迄今四百年矣，當日不有起而議之者，胡至今日乃欲舉兩朝之故迹而平之也耶。此固理所不安，而亦情所不可者也。予會同鄰邑，按法剖斷，諭令照舊補修，申詳憲司報可。於是東岸居民，始有帖席之慶，而無飄泊之虞矣。紳士黎君庶麟偕其鄉耆，督率農民修築完竣。依然竹木青葱，成佳境焉。予因公過此，顧而樂之。黎君相率而請，謂予之賜也。願得一言勒諸石，以示後人。又版築餘貲公置田産若干畝，以爲守堤之計。予曰：是皆義舉也，亦不可須臾緩者也。乃不辭而爲之序。

海陽堤

清 元展成《重修陡河建海陽堤記》（雍正）《廣西通志》卷一一六　皇上繼承大統，一措一施，莫非爲天下萬世計，苟利民生，發帑鉅萬不惜，以故四海之内，廢罔不修，墜罔不舉。興安縣靈渠者，鑿於秦，擴於漢，歷唐、宋、明相繼修治，所以分湘灕而南北達楚粤以咽喉者也。夫天地自然之水道，尚煩疏瀹決排，矧以人力爲之者哉？砌者齧，疏者淤，亦勢所必至矣。

先是，大學士海寧陳公持節粤西，捐通省俸修治，距今將廿年。入賛機𥨊，懼其久而齧且淤也，奏請加修。制曰可，敕總督鄂公、巡撫金公會勘。展成適承缺布政使司，親詣河上，南北審視，進興安令王勍而告之曰：『人之所爲，可以人力繼之；天地之缺，亦可以人力補之。維兹陡河，由分水塘而北，爲陡凡若干，由分水塘而南，爲陡凡若干，因其舊而補之，此以人繼人者也，毋塗飾於目前，而務堅其工，使可經久。若夫南北陡不能受之水，洩爲舊河，直衝海陽寺之沙洲，向無堤以障之，以致水泛溢不由故道，別成一河，匪特舟楫艱行，而兩岸平疇皆不得資灌溉，此天地之缺，當以人力補之者也，扼其要而爲之防，毋憚工艱，毋惜費鉅。』

令於是鳩工庀材，經始雍正九年春，落成於是年秋杪。因海陽沙洲建石堤，亘七十六丈，高六尺，闊倍之。又爲外堤一道，叠石環抱，下豐上鋭，其綿亘高廣與内堤埒。向者泛溢之水，仍歸故道。又開支河長七十二丈，闊三丈，深得闊之半，以瀉暴漲。又於支河之下築壩長七十二丈，高闊均一丈有奇，以殺怒浪，而内外堤可永保無侵齧傾圮之虞矣。至於陡河之坍者新之，淺者深之，狹者廣之，南而達於融，北而達於全，石之觸舟者去之，灘之阻舟者鑿之：要皆迹踵前人，因勢利導，無足記，記其大者。

清 耿鱗奇《陡河海陽堤記》（雍正）《廣西通志》卷一一六　皇上御極之八年，予承乏桂守，奉有修治靈渠之旨，下督撫會估以聞。於時總督鄂公爾泰、巡撫金公鉷聚而謀曰：『陡河之爲利大矣！自秦至今，農工商旅永是賴焉。顧修築者代不乏人，而迄無百年可久之工，何歟？豈真水勢使然哉？毋亦疏鑿節宣未盡其道也。我皇上念切民依，鋭志修舉，開農田於畿輔，浚水利於東南，固已捐數千萬之金錢，爲萬世開樂利矣。粤西炎徼，去天萬里。我皇上聰明睿知，無遠不周，猶惓惓注意於靈渠。不於此時大興修治，而惟是補苴罅漏，爲目前之計，無久遠之圖，何以仰承德意乎？』乃親爲相度形勢，其因前人之舊而加工者，則浚其淺，寬其狹，疏其阻，此致功爲易者也。

惟海陽寺沙洲之衝，由分水塘奔湓而來，電掣雷轟，勢如萬馬奔騰，陡河不能容也，遂奔潰横出，決爲新河，而舊河盈盈一綫，曾不容舠矣。新河不塞，則陡河不治，而農商皆病。顧欲障新河以還舊河，非堤岸不可。而堤當水衝，遏之則水愈激，怒愈甚，非大爲之防不可。乃於沙洲創立石堤，高若干，闊若干，長若干，若長虹之綿亘，而崇墉之屹峙也，名之曰海陽堤。雖然，猶慮其單也，又築月堤，其高廣視内堤，使如輔車相依。而水得循涯而上，建瓴而下矣。顧春夏水漲，立可數十丈，無以受之，勢將又溢。則開支河以洩之，築壩以攔之，河深若干，闊若干，長若干。壩之長視河。夫陡河大非南北河比也，而以治南北河者治陡河，堤防完密，蓄洩得宜，其有不慶安瀾者乎？其有不足以通舟楫而利桔槔者乎？豈猶是補苴罅漏，緣飾目前，而無當於久遠之圖者乎！

是役也，惟聖王惠及遠民，計存永利。惟憲府心程口畫，規制周詳。而以鱗奇治無能，幸得一一親承指示，黽勉以從，不敢怠隳，玆固由經始而觀厥成矣，謹拜手以記。仰識我皇上勤民之隱，超越古今。而兩憲府體國之誠惠可乃績，洵足永永垂後也。興安令王勍，實董是工，例得并書。

捍患堤

明 錢福《錢太史鶴灘稿》卷四《捍患堤記》 吳故多水患，而近時尤數且甚。命吏居民荐罹沓圮，相顧錯愕，罔測厥儗。加之撫者資及，按者期至，俟陟計滿，莫懷永圖。是以溝洫寘枕，而上不惜，下亦知其無所於倚而甘心焉。良可悼也。

惟我皇上宵旰兢惕，畏炎憫農，一二同德胥戚之臣軫念及此，而撫臣是擇。爰得新昌何公世光以右副都御史來，廣儲博貸，戒防飭浚，如恐不及。於是，吾民始有生意而爭來言利弊矣。

時則有若鄞進士董君啓之出尹上海，承公之意，進父老諏厥便，得策獻之。其言曰：邑分東西鄉，高下迥絶。東抵海障，類高亢，患旱，利於浚；西跨五湖，鍾震澤下流，類卑窪，患澇，利於防，故嘗有浚防之令矣。役弗均，而力偷；規弗定，而文覩，患自若也。玆浚，則擇其人、嚴其戒而已。而防爲艱，請以民之義孚力贍者督其役；且令履畝計防，程其工而分督之。地闊而防遠者，多爲之畛以析之，以拒漫延，使食其地者各效其力，而無勞于官。役于官者官食之。而食之所出，處之以權，於廩藏無損也。又曰：農罔稑，冬愈隙矣，毋俟春溢弗及也；且因而食之，有助斂不給之義焉。

何公聞而賢之，詳授以區畫之方、埤闕之計、勸懲之典，而聽其行。且令曰：凡吏吳者式是規。浙臬僉事雷公元芳以其職與聞乎是，亦偉而許之。君於是奉令。惟謹船率其僚馮丞以下，相利庀材，如其策築之，應期而成。延袤凡百餘里。凡其崇，視凶歲漫迹加尺者三，蓋丈有二尺也；凡其廣，加崇尺者三；而其綱，三分去一，蓋防制也。其側，植楊揷茭以護之。凡其障而築之也，析竹織蘆而匝之以幹。凡其材，悉出於官。凡奪田益堤而妨於秇者，官計其地而均其賦于同疆之人，而東之浚者不與焉。

既而，有以患聞者。上乃命工部侍郎徐公原一率厥屬主事祝君惟貞大舉浚防，而何公以下至於董者皆與之。君子謂是役也，先國之謀，而上合焉；預民之患，而下樂焉；創于一邑，而四國則焉；成于群議，若出一人焉。惟患之捍，而飢則賑焉，不可泯也。乃碑于其地，曰：撫都御史何公以上海董君堤于是。是爲弘治甲寅十二月朔日也。

何公堤

綜述

明 張輝《何公堤記》（嘉靖）《池州府志》卷九 何公堤舊名新河，池之屬邑地，距郡六十里許，沿江上流有石崚嶒，突立盤據，爲磯者二，激蕩震怒，往來運餉者患焉。晉發運使周湛役三十萬夫，作支流數十里以避之，自是無患，故名新河。蓋計一時之小利，不計後日之大害也。歲月彌久，江水泛溢，衝齧潰決，潴爲大河，凡瀕河田地無慮萬計悉爲漘没，民不有秋，其爲害也遠矣。前此非無賢守令也，動以材傭慮因循不知幾百年矣。

乃今正德九年，淳安何侯紹正，以名進士來守是邦，既至，首詢耆民而得其所未暇，及甫一歲，政通人和，乃躬詣其地而相度之，登進厥民而亶告之，揣高低度厚薄計丈數。長四十丈，闊十五丈，高三丈，撤醫學正科張時億、貴池典史苟本勝以董之。命下，庶民不作，夫役婦餉，兄出弟進，相與樂事而爭先出力，真如庶民之子來也。運土築畚，補其缺，平其窪，塞其河。河之外，又築大堤如丘陵，然以扞江水，開其南以走漲溢，通其道於商旅往來。

始工於十月九日，告畢於十一月十日，計傭三萬有奇，雖出於近河，五保之民咸樂從事，即無索擾之弊，田是紹復五代以前之舊轉，魚鱉而爲稻粱變、潢汀而爲膏腴。不三旬而底平，有天造也。設之美神明默相之功，可謂因民之所利而利者也。民樂其功之成也，遂因而名其堤曰何公堤，蓋取白樂天築堤以捍錢塘，而名白公堤，謝安築城於新城，而號召伯埭，同一意也。今之人，豈異於古哉！侯有遺愛，民有遺思，恐其久而失無傳也，咸願刻石以志之，爰請上舍張時萬賫幣以文屬予，予聞而嘆曰：自古昔至今，爲害千餘年，未有能成之者。侯今成於一旦，而斯民萬世承賴焉，其功不亦大乎？方其未成也，則憂之，必欲其成，及既成也，則又喜而與同寅僚屬偕往而共落之，其心何心哉？輒不云乎『憂民之憂者，民亦憂其憂，樂民之樂者，民亦樂其樂』，何侯以之。

明 曹于汴《仰節堂集》卷四《淮北堤工記》

出淮郡新城迤北，抵安東河，淮之所經行，歲苦淹漫。先是萬曆九年，義官歙人鮑越捐資填路、建亭、造橋、樹柳、穿井，行路之人稱便，府縣義之，其得爲義官以此。

迨十九年，水更泛濫，前路日就圮，越勸民築堤捍水，願輸米千斛以助工，時無應者，事遂寢。然從此室廬田園沉没於水，衆不聊生，貿貿焉思逃徙矣。越乃告諸山陽令尹何君，申築堤之議，何君愷悌愛民者也，躬督視而勸相。越則日夜拮据，計田授工，其力不能具饔餐者，資助之，不克竣其功者，爲竣之。堤計廣二丈至五丈，高五尺至丈餘，各隨其地宜計，長一萬三千七百餘丈，越所代竣二百五十餘丈，所資助百六十餘金，經始於二十五年正月，至次年四月告成。堤形如環，衆乃安處其中，所墾田千餘頃，二麥大獲，稱樂土矣。衆謂：非越則此工無由舉，非令尹則越無以行其議，而民不免於流亡。遂樹坊曰『何公堤』云。

夫堤之未築，衆罹其害；堤之既築，衆享其利，此於建堤者何與乃汲汲皇皇若斯乎用。是知天下之人，本同一氣，其甘苦悲愉無不相關，譬如十指雖分，而同爲一體，故睹顛連之狀而拯救之者勃乎不容己。由是充之即聖賢大公無我之道，豈有他哉？竊恠夫閭左，賈豎崇奉錢神者，校利害於銖兩等，人己於冰炭，利之所集，匪惟不以及人，而且瘠人以自肥，凡可以術籠力陷無不爲也，亦有處豐養侈之人，刺甘衣，輕一費萬錢而煢獨無告之衆，枵腹露肘曾不得其一，盼甚者深藏厚殖若將爲千年之計，而父母不得利，其有兄弟不得沾其惠，族戚鄰里不得望其餘，此其心之迷惑，譬如麻木之人，養其一指忘其九指，而不知也。麻木者有時而愈其十指之病，無不痛楚迷惑者，有時而悟其四海之內有困苦不得所者，將悲悼救濟之不遑矣，然則斯役也，固足爲迷惑者勸哉？

令尹洛陽人，余同年進士，名際可。聞百姓爲樹坊，命撤去，蓋欲辭其名耳。然業已人人口碑，詎能辭乎？

明 沈守正《雪堂集・文集》卷七《重築北關至崇德縣官堤碑》

郡之形勢如攲盂，然東西南皆高，而北獨下。南受漸江之水，由龍江而抵清河。東受上河之水，西南受湖水，皆東而入於北河，河身故深廣，有震澤爲之歸墟，三江爲之閭尾，故不虞。蜜然水暴漲，吐不勝茹，往往潴爲巨浸，或天吴爆虐，西吴之水乘風闌入，作穀洛，闔益澎湃排蕩不輒去，故自北關延袤至語溪百里而縮，堤善崩，亦其勢然也。歲久勿治，無論堤内督亢地半化下澤，二賦不登，摺窪鱗次，即戒心時有，没頂之凶，民有大害在輦轂之下，而莫之省憂，可嘆也。

觀察何公以瑣郎久次言事，出爲浙治郵使者，行部道堤下，有縴夫擠於水不復𢓜。公蹙然憫之，乃與仁和周侯謀所以新是堤者，易石度工，增高益厚，會計既定，命里中舊尉黄文賢專其事，不浹歲而工告成，皆公節縮郵傳浮費抵之，不名公帑一錢。予惟鄭子産不忍鄭人之徒涉，撤乘輿以濟之，此亦興於一念之慈，與齊王觳觫之牛何異？而子輿氏一許其足，王一則譏其不知爲政，豈不知僑之謹章服、勤溝洫、鑄刑書、非惲典除者，又豈不知溱洧合流，春夏水怒高十餘仞不可以梁。而曰十一月徒杠成，十二月輿梁成，亦以人心如火燃，泉達經制之，則無窮，泛應之輒消散而易盡。子輿非惡，其濟人也惡，其濟之心與涣涣之水而俱逝也。公憫一人之非命，其始念亦與僑同，而不沾沾小慈，創此大利，由心而達之政，矻然金堤，百世以之，若是乎仁人之用心深且遠□□，賢之以水利，吾杭者李鄴侯之六井，白太傅之二石函，今與公而三堤成之日，縈之如帶，抱之如珥，耕者忭於野，行者舞於途，舟者指於水，皆更其稱曰何公堤。云是役也，始於萬曆某年，成於某月，費中金若干兩。公諱士晋，宜興人；周侯諱宗建，吳江人。公之蠲政如恤貧士，刻鄉約，寘義塚，別有紀者，不具書，書其德之在堤者焉爾。予不敏，以犬馬爲父老先，因采輿人之義，竊取風人之辭而爲之銘。銘曰：允矣君子，王之喉舌，公遜碩膚，南國是式，求民之莫，如云不克偕，偕士子烝徒楫之泛，泛楊舟紼纚維之睠焉。顧之民，亦勞止有瀰濟盈不遑啓，處高岸爲谷，胡不遄死，匪降自天，維疊之恥，既曰匪予人，實詎女，乃召司空，乃疆乃理，自西徂東，瞻言百里，取厲取鍛，靡有朝矣，其直如矢，周道如砥，匪棘其欲，曷維其已，救之陾陾，築之登登，庶民子來，鼛鼓弗勝，亦又何求。適求厥寧，盍往觀乎，適觀厥成，其崇如墉，其比如櫛，千耦其耘，有實其積，河水浼浼，行人儦儦，式歌且舞，誰之永號，人亦有言，哲夫成城，嗟國君子，民各有心，無不克鞏，職兢由人，唯此惠君，何人不矜，原隰既平。

（光緒）《分水縣志》卷八　何本，字容軒，雍正二年以納粟得知縣，除陝西張掖令，調伏羌令，擢肅州牧，值西陲用兵，使節相望，本從容料簡，芻糧供頓無匱乏。州有田數十頃，山麓障其前，遇雨潦，每淤沒，民謀鑿山疏水，而巨族以其礙祖塋，堅不從，本毅然鳩工鑿石，開水道，築堤植柳其上，至今稱何公堤。

（光緒）《增修甘泉縣志》卷一二《人物志》　何城，字叔防，隨父自榆林移家江都，嘉靖壬午中陝西鄉試，壬辰成進士，改庶吉士，授刑部主事，時外戚張鶴齡等爲世廟所惡，下吏坐重罪。城憫之，寬其獄禁，以是謫安州同知。安居衛河下流，歲苦澇田，禾不登城，白當道築堤防之，後因號曰何公堤。

雜録

（嘉靖）《池州府志》卷一《輿地篇》　何公堤，在城西新河口，長四十丈，濶二十丈，高三丈，以障江水。正德十一年，知府何紹正築，曰何公堤，志不忘也。

（康熙）《江西通志》卷一六《水利》　何公堤，按《新唐書・地理志》，在建昌縣南一里，會昌六年攝令何易于築，今廢。

（乾隆）《江南通志》卷六六《河渠志》　知府何紹正築何公堤，在城西新河口，長四十丈，高三丈，以障江水。

（嘉慶）《清一統志》卷一一八《池州府》　何公堤，在貴池縣西新河口，明正德中，知府何紹正築，以障江水。

胡公堤

綜述

明　鄭必明《胡公堤記》（萬曆）《括蒼彙紀》卷七　胡公，鄱陽人，諱涓，字霖卿，幼應神童舉，後以進士，靖康中貳遂昌。

一日，父老請曰：『邑介兩溪，每霖雨霧□，溪流漲溢，則堤岸湍齧，而濱溪之民不安枕，矧縣治去溪不數步，而儒學又切於其側，茲尤不可緩者。元祐間，龍圖張公根嘗興葺是堤，閱時既久，堤亦浸壞。公能訪舊迹起而築之，百姓蒙利厚矣。』公慨然有間曰：『吁吁嘻嘻，夫水利、農田，予之職也哉。其敢不勉。』繇是晝度夜思，乃募民出丁役，具畚鍤，累石爲址，矻然盤固，及今十五年無奔衝突蕩之患者，公之賜也。先是，創堤處曰『宮潭』，橫跨一里餘，其深可數尋，許興築之，始有竊笑其傍者，曰：『是潭豈易實哉。』公毅然不顧曰：『人之處事，患志不立，有志者事竟成也。』乃身自董役，日不下數千人，官給之直，是以民不告勞役，不踰月而堤成矣。

古之人其行事有一便於民，有一利於公者，咸得書名信史以垂不朽。今胡公能建不拔之基，貽無窮之利，回規古人可以無愧。故予樂爲之書，有大堤堰、吳高堰，其灌田三百餘畝，有安定橋，橋之北有清趣亭，有東泉橋，有碧瀾橋即河頭橋，今圮，知縣池浴德改築平政橋，徐仲勉子孫成之，復壞。萬曆陸年，知縣鍾宇淳復于舊所築，石壘址鼎新建，造名惠通。

傳記

明 凌迪知《萬姓統譜》卷一一《胡》 胡宿，字武平，晉陵人，累官尚書右丞，謚文恭。知湖州築石塘百里，捍水旱，大興學校，學者盛於東南，自湖學始，既去而思之，名其堤曰胡公堤。

（道光）《神木縣志》卷五《宦績》 胡增煐，湖廣人，舉人，康熙年任神木知縣，增修城垣并鐘鼓兩樓，創修西城外河堤，至今鞏固。邑人立『胡公堤』三字碑於河神廟中，又在東郊捐立義塚，貧無葬地者胥賴焉。

（道光）《直隸霍州志》卷二〇《宦績》 胡承澤，桐城進士，雍正十二年任，留心政治，時北門外小水河堤屢修屢塌，乃易土以石，計三百丈有奇，又於堤外築小堰八十九丈，民立石號曰胡公堤。

又 陶廷颺，貴州都勻進士，嘉慶十年任，重修河東堰，灰石堅實，城免水患，前稱胡公堤，今又號陶公堰。

（光緒）《湖南通志》卷一七九《人物志二十》 胡松，字蒼服，康熙癸酉舉人，【略】在仁和築長堤捍錢塘，海口潮不爲患，民呼胡公堤。

雜録

（天順）《明一統志》卷四四《處州府》 胡公堤，在遂昌縣治前，胡涓築以防水患，故名。又曰三牛堤。

（康熙）《江西通志》卷一六《水利》 國朝順治十五年，推官胡宗虞補築甘棠湖堤，兩傍栽柳，春日湖光緑映，人稱胡公堤。

清 秦瀛《小峴山人集・文集》卷三《頤壽堂詩序》 本朝稱古文辭者，必曰桐城，自方侍郎望溪先生以來，劉學博海峰其尤也。今則爲姚吏部姬傳，而吏部之門則有胡徵士雒君，望溪工古文而不工於詩，學博與吏部皆兼能之，而雒君亦但治古文，余識之數年，未見其爲詩，乃今示余，以其尊人蛟門先生所爲詩，又以知蛟門先生之能詩也。先生少攻舉業，成進士，嘗令山西之靈石縣，有善政，縣治當東山諸水下流，前令築堤衛城，遇漲輒圮，先生至易土以石，民賴之無水患，號胡公堤。

（雍正）《浙江通志》卷六一《水利》 胡公堤在縣南五十步，今名大堤。宋元祐間龍圖張根築，後縣丞胡涓重築，鄭必明著《胡公堤記》，胡涓以進士貳遂昌，父老請曰：『邑介兩溪，每霖雨，溪流漲溢，則堤岸湍齧，而濱溪之民不安枕，矧縣治去溪百數步，儒學又近其側，茲尤不可緩者。』元祐間，龍圖張公根嘗興葺是堤，閱時既久，堤亦寖壞。公能訪舊迹起而築之，百姓蒙利厚矣。公晝度夜思，乃募民出丁役，具畚鍤，累石爲址，矻然盤固，及今十五年無奔衝突蕩者，公之賜也。先是，創堤處曰『宫潭』，横跨一里餘，其深可數尋許，興築之始，日不下數千人，官給之直，是以民不告勞役，不踰月而堤成。

黄溢堤

明 吴炯《重修黄溢堤記》《（雍正）浙江通志》卷五九 總制兩浙大司馬李公，以實心行實政，凡利於民者，知無不爲，病於民者，去之務盡；若夫上關國賦，下繫田廬，尤加之意焉。浙多水患，凡郡縣捍水堤塘，罔不告誡所屬，理而新之。蘭溪之黄溢堤，其一也。黄溢爲衢港、婺港二水之所會，山水漲漫，其勢洶湧，堤一潰，而田禾廬舍皆在汪洋巨没中。

余率蘭令胡君啓敏，步行相度，察舊堤所以輒壞之故，與夫堤之宜加長、加廣而加高者，條請於公。公曰：善。遂發帑銀若干兩，而堤工以興。胡君向効力河工，精於築事，早夜督役無少懈。舊堤猶嫌其短，且堤脚掘視，皆浮土不實，故水浸即塌。今以上和灰，一如黄河之法。起自碑亭，增而長之，計六十丈。塌而興築者，計六十餘丈。未全塌而加高者，又六十丈。其費七百有奇。寬厚堅固，倍於往者，可冀久遠。邑中士民之有力者，願更築子堤一條以爲護，無力者亦願助工而不取其值。人情之易感動，固如是歟！公誠不負聖天子封疆之寄，而胡君亦可謂賢能之宰矣。是爲記。

（嘉慶）《蘭溪縣志》卷一二《名宦志》 張逢堯直隸滄州人，乾隆十一年以鄉貢宰蘭溪，履任即嚴懲豪猾，涖事明決，案無留牘。邑舊有瀔水書院，年久頹廢，公修葺之，以時課士。乾隆十二年，重修黃溢堤，以「長堤鞏固永慶安瀾」八字勒於石。

《清史稿》卷六五《地理十二》 蘭溪衝，繁，難。府西北五十里。東：銅山。西：硯山，界龍游、壽昌。婺港東南自金華入，合黃烟溪，逕城西南。衢港自龍游入，納壽昌游埠溪，錯出復入，左得永昌溪，逕蘭陰山下，會楊子港，是爲蘭港。又北合虎溪、乾溪、香溪，抵施家灘，納浦江大梅溪。有黃溢堤，康熙、雍正間屢修築。鎮三：平渡、香溪，又女埠有廢司。瀔水驛。

黃師堤

綜述

明 鄭重威《王公修築黃師堤記》（康熙）《監利縣志》卷一〇 前巡撫陸中丞石涇築黃師堤，民到於今賴之。表於道曰：陸公堤今碣在寅賓門外，扁其祠曰『思公識不忘也』。

乃皇上御極之三十有五年，江水橫溢，堤復決，廬舍田疇蕩而爲溟渤，死者不可數計，非常之□，前此所未有，人情洶洶，守臣恐維，時陳公津南以宗伯郎出典南郡，省方觀風，心甚惻焉。喟然曰：『監利之民其病乎？國依於民，民依於堤，無堤則無民矣，國將奚賴？』乃條陳災異請於監司，於參藩、於柱史、於大中丞區畫周密，言詞愷切，僉報如議。

於是定章程，嚴期日，會計錢穀，贏餘之數量，工力多少，親爲調度，以別駕李公壁山爲才且賢，其歷任也久，又甚得吏民心，因屬以總督其事，進監利王侯兩川面授方略，曰：『民情狃於自安，每難於慮始，而佚道使民雖勞不怨。』乃者辰角朝見，土工其始，失今不治，堤爲墟矣。水將復及，其爲害滋多，兩川奉以周旋，晨戒夕勞，糾衆治具，諏日舉事，申諭太守阜民至意，於是郡僚承式，萬夫展力，荷畚執鍤者如魚鱗然。

始丙辰十有二月，越明年春王正月堤成，比舊制增高一尺，廣稱之。士民不忘，請於縣令，就舊祠爲主，與陸公并祠，刻石紀績，徵記於予，乃拜手稽首，颺言曰：先生體國經野，以防止水，秋官雍氏掌溝瀆澮池之禁，皆周官之法也。我國家純用周制，縣設水利丞一員，凡以爲民而已。是故環監利皆水也，堤爲急務，吏兹土者將水災是禦，而顧玩棄之民，其謂我何津南以宏邃之學，負博雅之望，敷惠愛之政，首以治水爲己任，其再造之恩與陸公并，昔召信臣爲南陽太守，開通溝瀆。杜詩繼之修治陂地，人爲之語曰：『召父杜母。』夫召、杜通水道爲民興利除害，與今日事大率相通，將更其説曰：『前有陸父，後有陳母，不亦可乎。』遂爲之記，系以頌曰：

江出岷山，濫觴不竭，控引巴渝，括會大別，維歲執徐，罔象播孽，澎湃衝哭，蛇龍改穴，堤障崩潰，壞民廬宅，其溺死者無慮千百。太守曰：咨民匪胡越何辜斯人，而罹艱厄，百川不播，民何以穡，相時度功，備爲區畫，駿功告成，士民胥悦，自今日始，歲其常穫，豈專民裕，亦以足國。不有我侯，吾其魚鱉，遺愛在人，表之石碣，物阜民安，惟我侯之德。

明 鄭重威《殷公增築黃師堤記》（康熙）《監利縣志》卷一〇 監利水國也，民繫命於堤。嘉靖乙丑六月十日，殷侯始視篆，是日，報江水潰城，頃之，報車水堤決，報銀杏堤決，報瓦子灣堤決，四顧皆瀰漫矣，溺死者無慮千人，田廬勿論也。侯惻然曰：『邑無民矣，税從何出。』疏灾以聞，繼乃亟溺救荒，全活甚衆，維時堤防潰敗，財竭力疲，議者難之。侯條陳六事，規畫精詳，衝冒風露，躬親督勸，雖公子病疹，亦置不問。西自黃師堤，東至王家堡，延袤三百餘里，萬夫効力，一時并作，不數月堤成。黿淵堤陷，人無固志，衆争迎。侯以身先之，民踴躍趨役，須臾土積如山，江流斷塞，若神助然。黃師幾潰，侯引咎禱天，則有白魚之祥，堤亦無恙，民恃以生，民以聞諸司，僉曰：『乃侯之功。』

明 劉環《修築黃師堤碑記》（康熙）《監利縣志》卷一〇 邑治襟江帶漢，堤爲外郛，東起車木堤抵沔界，西則黃師堤直接江陵。嘉靖年間，大中丞陸公督築，亦名陸公堤云。累土若阜，蜿蜒百餘里，悍與江敵，兵火以來，隤圮過半。

己丑冬初，邑侯蔺公始涖任，嚴檄增修，比庚寅盛夏諸水驟漲，騰駕堤上，東西潰決，駸長未已，勢欲嚙城，值大觀察彭公行縣目擊，心惻爰同我侯，刑牲誠禱，水遂回減，沿城一帶克奠厥居。於斯時也，沉竈産蛙，野無青草，所幸政通人和，自遠慕仁，果布米塩，流溢市廛，民攜持襁負以就口食，灾而不傷，惟是決口工大費繁，公帑民間無可借助，不得不起派糧土，乃杜絶一切，僉報兆攬侵牟，坐討積弊，據實在厫，經炤糧起土升合，勿敢容隱，炤土赴工尺寸，皆有坐載管押，即用里排收報，一用串粟度丈，尺仞高卑，均多寡區畫既周，謁諸上臺，僉曰俞哉。

每嘗衝風冒雪，往復拊循，見之詩章，有云：假寐難成，夢獨憐荷，簀民至誠，藹惻沁人，心髓一時，樂事勸功，靈臺子來，不啻焉委督者捕衙王，恪勤有加，教護屬工，務堅且厚，凡五浹旬工遂告竣，計築堤若干丈尺，用土若干井，按核不爽銖黍，而永賴不朽之績在焉。名賢經濟，舉一事而衆美備，數若此侯善政種種，修築，其一也。堤大工并舉者三，茲最其一也。厚其防者周其利，覩成在指顧者，康阜在年世，是可歌而頌矣。系曰：

維邑辨方，含夢喻雲，回瀾扼險，艮以巨墳，經始者誰，中亟陸公，國有庚瘉，野有耕耘，嬉恬既久，飛塵掩霧，悚悚慄慄，載肅其羽，以日以言，匪瞻匪顧，弱也欲植，呱也需乳，明明我侯，壓紐胙茅，衽席鎸孑，綢繆危巢，林萃翩羽，渡徙鳥焦，寅清一德，顯比上交，昨歲盛夏，天昊不戒，鯨鼉百川，鼉腥九派，告以允翕，牲以騂牸，灑沉澹灾，憲旌所屆，咨儆一堂，盱衡撫膺，水毁何其，土堅則勝，昏正而裁，大工其興，又安至計，侯克祇承，乃屬耆老，乃明約劑，粒米寸土，胥關國計，公爾忘私，刑故無細，法明意美，功敏疇惠，以玆巨防，嶫嶫峩峩，緣西壁立，百靈所呵，斷蛟屹柱，刻犀恬波，彰往憲來，峴首摩挲。

傳記

（康熙）《監利縣志》卷九《人物志》 劉鈞，字秉衡，性俊爽，善議論，嘗議創築黄師堤，條畫甚備，中丞陸公多用其言。

（同治）《監利縣志》卷六《職官志》 殷廷舉，星子人，舉人，嘉靖間任。時大水，黿淵堤陷，廷舉方在瓦子灣，亟馳歸，率民救之，負畚臿者萬人，須臾堤完。黄師堤陷，復爲月堤以障之。性勤儉，當衣布袍，夜分乃寐，澤中有盗且千人，廷舉扁舟往撫之，盗不爲害。

雜録

（康熙）《監利縣志》卷七《宦迹志》 程公炯倡議築黄師堤，爲西北沿江屏蔽，革潛沔之力而後成，政之所垂者遠。

（嘉慶）《清一統志》卷三四五《荆州府》 黄師堤，在監利縣西四十里，明正德十一年築，關邑利害最大，堤工亦最鉅。嘉靖後屢決屢修，明末盡圮。本朝順治七年重築。

（光緒）《荆州府志》卷一九《堤防志三》 黄師堤，在縣西四十里，明正德十一年築，始於知府李元陽，巡撫陸杰、知縣程炯視諸限最鉅，蓋合潛沔之力爲之。嘉靖丙辰決，知府陳全之、知縣王纘宗增築。乙丑大水，巡撫趙公山帑飭知縣殷延舉又增築焉。邑人鄭重威前後皆有記，隆、萬以來屢決屢修，明末盡圮。國朝順治七年，知縣蔺完煌重築。

黄潭堤

綜述

佚名《荆南觀察祖公挽築黄潭堤碑記》（乾隆）《江陵縣志》卷四六 觀察使祖公之莅我荆南也，精敏廉毅，有可以利民者，行之堅勇，不俟終朝。其視人之瘼，輒寢食弗遑，必欲去之而後快，以故風清弊絶，年豐人和。甘棠之所庇蔭，口碑之所傳誦，美不勝書。而黄潭一堤，其大造於吾民者，億萬載猶將受其賜也。蓋荆當江漢之衝。江自岷山來，爲諸山所約束，激湍犇迅，抑遏未伸之氣恆，有待而發。所恃以保障下邑者，唯沿江諸堤爾。

黄潭隸在江陵，尤爲要害，一决則監利、潛江、沔陽、荆門，綿亘千餘里，稽天巨浸，波及鄰封，不僅一郡一邑也。自昔以來，壞築不一，康熙辛酉七月，堤忽崩潰，父老皆拊膺痛哭，謂百年所未有。於是急謀修築。功未竣，而壬戌六月又告潰矣。水勢怒張，更倍於昔。風雨大作，益助兇威。禾黍桑麻，盡歸魚腹。室廬墳墓，化作蛟宫。死者枕籍，生者流亡。賈哭徒悲，鄭圖難繪。夫區區三户，誇形勝，通商賈，皆倚江爲利，而陽侯一怒，舉千餘里之人民土地，而悉委之波臣，彼蒼者天，何寧忍此。然事當窮蹙之秋，必有扶危定傾之人，奪造化之權，而争百姓之命。公下車，即慨然曰：『人事之不修，而徒諉其咎於天灾乎？』於是以修築爲己任，而又恐力役之不均也，勤惰之不齊也，吏胥之作奸也，追呼之多擾也，愚民之難與謀始而一勞永逸之無期也。公乃目營心計，頒設規程，揣基址，量厚薄，分丈尺，砥遠邇，行臺土，箇土之法，分工列號，給印票以杜欺罔，必賞罰以別勤怠，節宣其力而用之，故民不勞：區畫其地而攻之，故事易集。凡四閱月，而一千五百餘丈之堤屹如山立，向之驚浪狂瀾悉循其故，然後人得平土而居之，公之功不在禹下矣。

堤既成，婦子相與慶於室，農夫相與慶於野，行旅相與慶於塗，乃焚香呼躍稽首於公之庭，請勒石以志不朽。公曰：『吾奉天子命，旬宣兹土。爾父老子弟不克，保有其田疇廬舍，以歌咏太平是重，吾不德也。幸也成，其敢自以爲功乎？』亟請弗許。諸父老子弟曰：『君行制，臣行意，古之道也。』乃乞言於余，以彰公之功。余曰：『天下事亦惟是至誠者爲之爾。公誠於愛民，故雖以江流之剽悍，不得不効靈以聽畚鍤而歸其壑。藉令白圭、鄭國殫其生平之智力，猶懼不克勝，而公乃必之於數月之間，則誠與不誠之別也。回憶曩者吾與若均受其害，痛定而思，其痛愈毒。後此之田爾田、宅爾宅者，百世子孫，其誰不拜公之賜！歌頌之思，其又烏能已也：』爰述其事，授之簡，以勒諸貞珉。

傳記

（光緒）《荆州府志》卷三八《職官志十》　蔣瑤，字粹卿，歸安人。正德中知荆州府，築黄潭堤。公明廉介，士民畏服。聞母喪，即日就道。人懷其德，立祠祀之。

又　卷五四《人物志八》　周元自臨江徙江陵，居積致富，好行其德。嘉靖三十九年，黄潭堤潰，出粟賑灾民，又修治橋路，施藥餌，及槥置義地，歲費千金，鄉里義之。

紀事

（乾隆）《江陵縣志》卷八《建置》　萬歷十九年，江陵黄潭堤決，民之溺死者無算。

又　卷五四《外志一》　三十五年七月，黄潭堤決，江陵大水。

雜録

（乾隆）《江陵縣志》卷二二《物産》　西瓜，本邑黄潭堤沙田産者佳。

又　卷三二《人物六》　萬秉忠，少補諸生，家貧，教授。康熙丙子秋，黄潭堤潰，終日絶炊，走貸於其友，道拾白金十二兩餘，竟待其人還之。邑人胡光縉爲記其事。

又　卷五七《外志四》　永安寺，在黄潭堤内，宋咸淳間建。

嵇公堤

清　方濬頤《二知軒文存》卷二二《重修嵇公堤記》　通泰間舊有捍海之堰，袤延百四十二里，建自唐黜陟使李承實，久而傾圮。宋天聖二年，用監西溪鹽稅范仲淹築堤之議，遂以范公名。迨淳熙八年，趙伯昌修葺之。元則詹士龍請發九郡人築之，獲石云逢詹再修。景祐二年八月仲淹記。明成化中一修於雍泰，再增築於楊澄，則有楊公堤之名。

國朝雍正十三年，河督大學士嵇曾筠以栟茶、角斜二場范堤去海尤近，工最險，舊堤善崩蟄，難禦潮汐，請於栟茶築新越堤一道，工長五千三百五十七丈，民便之，於是又名之曰嵇公堤。百年以來堤爲波濤所齧，彼蚩蚩之氓命懸海，若直東風夜起，鳴鉦爇炬，匃衆畚土無少休。徐剛毅公少居栟茶，嵇其害。

咸豐十年，奉命督辦本籍團練，栟茶父老走相告曰：『吾儕小人危在旦夕，幸公有以拯之東南軍事方亟。』大府檄行畝捐助餉饟，都轉喬公松年主其事，剛毅議劃栟茶場竈田暨東臺縣某都圖民田之坿栟茶者，總若干畝，應捐錢若干貫作修堤用，民輸民董之，官勿問。喬公贊之，大府不盡以爲然，剛毅曰：『脱海水從栟茶入，則裏下河田廬漂没，將瀉灌之弗保，尚何有於畝捐乎？』卒從剛毅議，撙節軍儲，以資工作，遂復嵇公之舊，加堅實焉。堤成之歲，雖有狂飇驚潮，栟茶之人晏然無恐。剛毅既殉難於閩，栟茶人思其德，僉曰：『禦灾捍患，我公無媿於鄉賢，宜建祠以祀之。』

時喬公寓泰州，方欲上其事於當道，旋以北上未果。陳太史寶爲浚頤言，浚頤曰：『剛毅之先有明僉都御史諱耀者，奏免揚州飛派鳳米二萬石有奇。又泰州比歲水旱，疏請漕米改麥，鄉人感之，請祀鄉賢，建專祠。今剛毅能繩其祖武，以鄉人保衛桑梓，繼嵇公而修葺之。堤即以徐公名，亦奚不可者。范、楊之後至公而四賢哉。剛毅功德在民，馨香無忝，縱時閱十餘年之久，尚可請於朝也。』

（嘉慶）《東臺縣志》卷一一《考五》　越堤涵洞三，在嵇公堤下，栟茶場大使姚德璘建。

又　嵇公堤，在縣治南，栟茶范公堤南。雍正十二年，邑民周堯天等呈請總河嵇公曾筠奏準築建，自場東北小洋口起至場西北角斜界止，長五千三百五十七丈，形如半璧，蓋栟茶去海甚邇，海潮泛漲，雖有范堤不能捍禦，故築夾堤爲防，後人德之，呼爲嵇公堤。又夾堤中築短堤一道，曰格堤。

又　卷二七《傳八》　周從華，字堯天，栟茶監生，雍正二年潮灾，捍海全堤盡没，場境距海密邇，爲害尤甚。從華率衆請於官援河堤例，築子堤以禦海潮。時總河嵇曾筠勘灾，從華叩馬涕泣爲民請命，嵇公呼之爲善人，於是築子堤於舊堤之南，自栟茶黄沙洋口至角斜老壩頭，凡四千八百餘丈，名曰嵇公堤，至今場人猶稱其後嗣爲善人子孫云。

吉固堤

明　陳以道《冠縣補築吉固堤記》（道光）《冠縣志》卷九　陶丘濱於衛河，而冠氏比之河東。故有堤，不知昉何時甬起大名之南，而北亘臨清，所以防河漲也。近維亘衛，往來車馬踐蹋，因而頹决者若干處，所維茲吉固寺并禮菜諸口，爲冠患尤切且甚。

嘉靖庚寅秋，河由茲口汜溢，於冠直東汨堂邑，與曹河合客。歲甲辰夏，又大雨水，聞諸父老咸謂生髮所未有。漕河之溢，已没堂半，而衛河漲入二口，視庚寅不啻倍劇。時維姚侯身親亟治，而民從之，多方捍衛者三晝夜，冠始獲免。侯進鄉民而諭之曰：『此特幸爾，堤不補築，患不終無也。』乃度春二月民閒可使，并二口而填之。

夫説以使民，民忘其勞，不見是圖，有備無患，得兑與豫之道焉。工告竣，縣佐張君、黄君囑予爲記，予曰：『侯尹冠四年，惠化殷流，士民飫德。凡癉彰興革之政，皆足以永言百世。而民不能忘者，此其一耳，何拘拘於説云？』僉曰：『非爲侯也，前日之損，焉知不再見於後世乎？記之以告來者，使知後日之補，不可有負於今日云爾。』碑成，附立碧霞宫北，以宫之立，亦爲堤計故也。

清　顧祖禹《讀史方輿紀要》卷三四《山東五》　衛河在縣西北，自直隸大名府流入界，又東北入館陶縣境，舊有吉固堤在縣西。

劍江堤

明　夏良勝《東洲初稿》卷三《新築劍江堤記》　豐城治濵于江，以雷煥得劍，故江以劍名。章、貢、袁、吉、臨、瑞之水，必經其壖，而後入豫章以瀦彭蠡。是江爲匯，禹迹不及，故道無迴折。衆流淙潨，擊刺着岸，迺善崩。崩則齟齬之迹，削崖剖甕，割壟廬而入江者，先後無紀。或曰：『劍雖去，而遺光上燭，夜干星斗。蛟螭潛窟，時起而奪其精曜，亦能作怪颶妖濤，益江之害也。』令是者咸知宜堤，不曰勞甚，則曰費甚，不曰干時議，則曰吾傳舍也，卒弗舉。

某年某來令，靳靳有見，迺曰：『前吾令弗爲也，後吾令又弗爲也，民其魚矣乎！』遂屬耆老，召匠石，而計所以爲堤者。沿江之民，踴躍聽令，供役無避丁。伐石于山，斵材于林，畚土于隆岡隱阜，無公私之域。餼僮財用既具，基址既略，厚薄既揣，量其工而命之。日趨者孔棘，間投沈鐵，使蛟螭不近。而材者輳以轟，石者壁以立。畚者實之，登登許許，達旦暮，弗有咨者。越一歲告成，延袤數百丈，其崇如雲。江流循堤而底定，民以殿居者，咸德令曰：『令居我也。』

方礱石請紀其績，令適以事忤上，竟坐以堤之費有浮于籍者，遂解官去。民代辯弗聽，懼泯令也，請益篤。予曰：『是不可無記也。』

江之害，果江耶？果蛟螭耶？皆天也。堤成而害息，人勝之也。彼令之害人也，以一令而已；天之害民，以一邑之民而不能免。人之害令，亦天也。是所以敗天下愛民之令也。然予聞開洪州者，有韋公築堤捍江，功尤博也，迺以簪卒之誣弗及辨，而卒以韓公之《銘》白于後。後之思公者曰：『非公，吾屍入海矣！』故廟祀翼如也。豐城，洪州部也。令去而思以不泯。思之未已，終必廟也。若是而人之勝者大矣！可以起天下愛民之令也。故不可無記也。愧予文鄙，非韓記也。

（嘉靖）《豐乘》卷四《營建志》　城濠，東自洪河歷洪橋折杜門橋而南，入于坪港湖。西自石橋湖、仔家湖、沙湖歷登仙門，而南達于斗門橋，入于坪港湖。故南以坪港爲濠，北臨劍江堤，石險峻，有重城矣。

江公堤

綜述

明 文德翼《求是堂文集》卷一四《瑞昌江公堤碑記》　蓋政即修明，勢易弛於賒緩才能秀發，羸難舉於荒殘，此不及量之言也。非過量之言也。

余以爲治平之大體，民間莫急于水利，官守莫崇於城防，使灌溉不匀，轉輸不近，汲潔不適，何以爲國。矧城雉之外，深無五尺之塹，廣鮮一丈之隍，疲羊可牧，其又何以備不處而虞不備，故瑞昌之爲邑，在萬山之麓，而接乎平原，雖有河防，不爲城用，猶無河也。桐鄉江公涖是邑，既于三年，豈弟之譽朝野具聞矣。一日，顧士民而愾然曰：是河可至城而不至城，何歟？前是者寧以蕞爾，不必固吾圉歟。□以官爲郵，雖知之，棄而不講歟？諸紳士及父老□古事□駢請曰：明宣德間，華容劉公仁宅曾引河至城，是時亟殷而士且鵲起，公擢御史以去，守之幾百有餘□，至萬曆己卯，患其勢且嚙民居，因引之決去嚮之殷者，□□鵲起者雖伏矣，形家者言水不繞城之咎也，如復劉公之故迹，甚善。公毅然主之，按是河也，源于青山，一自青山流洪源入烏石，一自南陵入同港，洪羅滙都源之水皆百里而遥，至桂林始合爲大河，二十里至漁渡，南朝縣一里而近竟不顧而東去，公周視之曰：『是不難引也。』劉公故蹤未湮塞其口，自循而滑滑乎其來矣。

壬子，農隙起工，凡三十日而堤成，高爲丈者十，長爲丈者五十八，廣爲丈者十三，工一萬有奇，椿楂、草蓆、版杵皆具，新河浚廣四丈，深二丈，工又七千有奇。皆公之捐俸以成之，不以一錢釀賦人户，而士民懽呼，從臾竭蹷不遑，豈有私哉。知公之大者可以助城闉壇壝之營衛，小者亦足以便桔槔舟楫之取資，而其切者更加以科名旌節之徵驗，故樂而從公如流水也。公賦詩志喜以落之，紳士從而和之者，若而人其有勤於是役者，若而人爰繆以堤碑記屬余，余高曾之壠在都源固部下耆老也，不敢辭，因銘樂石，以告後人。

猗歟劉尹，寔始開河，臣心如水，作頌孔多。百年偉績，湮也則那，江公涖止，顧視自哦。大利厥邑，誰忍終磨，我仍開導，循城逶迤。士民樂趨，式儛且歌，青青堤岸，潭潭澄没。上有翠羽，下有鳴鼉，清心凝碧，福履綏和。忠宣篤育，報劉不訛，公則過只，金紫代羅。農馴川澮，神護旋渦，爰銘貞石，過者研摩。

清 黄雲師《瑞昌江公河堤碑記》（雍正）《瑞昌縣志》卷五　桐城江公涖瑞之三年，作河堤，引水入南濠東下，既訖功，邑人士走書蓮谷，命黄子以紀其事。

瑞邑三面皆山，獨東方坦迤，群流歸往。城南面故有河，發源數百十里，由西而南，由南而北，環繞城，始東注。今則近在一里，外竟望，望東逝，明堂焦涸，潤澤不棲，秋冬潦縮，即漚麻不可。

公三年政成巡行之餘，地員瞭審，顧是河可引而歷載，因循有西門豹不智之嘆，邑人士進曰：前此之河故道遶城，偶泛溢，劉仁宅浚於前，黄公源大障於後，時則戶口滋殖，棫樸雲蒸，蓋百餘年爲萬曆己卯一二有力者，居近河私憂浸蝕，遂倡言水將嚙城，恐不制，於是決之去，自時厥後，邑里精華日益削微，公言亦願有請也。

公是其議，遂卜吉僝工，立植賦事。當是時，歲經大祲，物産未復，人方皇皇，勤寸力而畚築鋤鍤之四集，皆綜理微密集繁費一，不以累民。甫三旬功畢，河流通，沄沄汍汍，凫雁群唼，鱓鮪潛逰，老幼聚觀河梁共樂。公暨人士，亦飲酒賦詩以落成之，而蓮谷黄子又載筆以紀其事，蓋山川風氣取拱固爲雄，形家有消水納沙之説，峙或增之，潮或導之，匹夫考宅，猶必審慎，况萬室之邑乎。

是故洛卜宜瀍澗是依，鄴城引清漳而富，非輕民力，誠所以建不拔之基也，爰作歌曰：『河水融融，碩大且豐，江公之功，城下之河，帶玉鳴珂，百禩不磨。』歌罷敬書，以復瑞人之請，暇日徃游，試與公逍遥河上，看雙鸂鶒飛下翔泳，斯時浮大白，援筆賦詩以賀公，尚有待也。公名皋，辛丑進士，工興於壬子冬，明年孟春告成。

紀事

（同治）《瑞昌縣志》卷一《地理志》 公精形家言，甫下車，以水不遶城則民敝而士頹，無關鎖則氣散而財竭，因起而議更議創進，邑紳士而謀之，僉曰：『所論誠善，如瘠邑何？』公曰：『余以繇力吏爲爾邑謀爾，士民獨不自謀耶？』時熊先生繹生慨然曰：『此余邑事也，奈何煩父母之區畫而尚諉之。』即躬肩其事，卜羅湖之金壋口，鳩工築壩，挽舊河之水由西而折入李家嘴，匯白龍泉之水繞邑城而下，邑人名其堤爲江公堤，志不朽也。

（光緒）《江西通志》卷六四《山川略三》 國朝康熙十一年，知縣江皋塞決口，循劉河舊迹築堤，長五十八丈，高十丈，廣十三丈，障回水勢，人呼江公堤。

藝文

曹文彬《江公堤》（雍正）《瑞昌縣志》卷八 烟堤長鎖瀼溪東，花柳横遮落照紅。波静不驚銀浪遠，畫船時出遶芳叢。

雜録

（雍正）《瑞昌縣志》卷二《田賦・江公堤米》 按康熙十一年十一月，知縣江皋捐俸築堤，復河故道，河水衝突，恐不便民，價買沿河田地若干，共載正米四斗九升一勺，編入王仙九甲高升户。通邑紳衿呈請北司隙地，原額地租銀一兩二錢永派完抵高升户，編糧詳載。雍正四年，知縣郝奉建忠孝節義祠，價買萬姓基一塊，載米二升二合，并入高升户内。

（同治）《瑞昌縣志》卷一《地理志》 江公堤 知縣江皋改浚，舊河遶城據險，南岸河決之衝，築堤數十丈既厚且堅，捐俸集工，不煩里甲，士民德之，建坊立石，志甘棠也。雍正乙卯年，水嚙黄荆林民居，署縣楊瓚議分水殺勢，後林璜主議改河南，徙堤遂掘廢之。

蔣公堤

清 王居建《蔣公堤記》（咸豐）《大名府志》卷一八 魏環洹、衛、漳水而處澤國也，《禹貢》稱『覃懷底績，至於衡漳』，又曰：恒、衛既從大陸，既作傳稱聲伯夢，濟洹而歌，皆其地也。第洹、衛水性柔而善，下遵循古道，不爲民害，獨漳水清濁異派，傳稱清漳源出太原樂平縣之大黽谷，濁漳源出上黨長子縣之發鳩山，今清并於濁，合流東注，遷徙靡常，自鄴郡之豐樂鎮而東，勢更汹湧湍激，且塗泥膠滯，遇土性柔脆之區，最易齧決。南抵内黄，北距鉅鹿，中穿成永，肥周廣魏地半變爲沮洳，魏之北鄉諸村受害更劇，數十年來户逃地沼，皆漳水肆虐所致。

康熙三十七年戊寅冬，大中丞今晋秩冢宰安溪李公鎮撫畿甸，巡視漳流，憫此一方民遘厲昏墊，建議分疏漳河支流以殺水勢，歷廣平、元魏、館陶歸運。次春疏入，報可，下其事於有司，開渠洩水，渠成而水患稍減。近因廣平之軍營古道衝決，汪洋浩瀚，又漳河正流淤高，遇有泛溢，南温村以上漫水憑陵堙谷，而至前令少事堤防，輒爲鄰疆豪强梗阻，且兼天不悔禍，頻年數困，陽侯、商羊叠舞，每逢夏秋之交，諸邨落一望瀰漫無際，以致隴畔不分，溝洫莫辨，民且捫首爲魚矣。雖羽檄往來，旁午交馳，迄無成功。

癸未冬，督河郡司馬豫章李公來職其事，甲申仲夏，會清湘蔣侯卿命來綰邑符，侯嶺南世胄，文定公家學淵源，宰割百里，不翅弄丸承蜩，下車伊始，饑溺民艱，適因郡司馬李公有疏浚漳河支流之行，遂相與面决機宜，曰：『堤之不築，河將焉制？徒議治河而不先堤，是猶撤圜以防盜也。』烏乎！可郡司馬是其言，凡侯縷陳堤款，次第允行，魏人難之，侯乃進父老而醮於廟曰：聞嘗遐稽往牒史，稱西門豹决清章、疏十二渠以灌民田，運鍤成雲，决渠散雨，蘆荻瀰望，鳧雁唼喋，民歌樂土，史起不肯祖其意，更爲變法，因依濁漳，化斥鹵爲膏腴，甌窶汙邪，滿篝滿車，同此漳水也。二公不受其害，反用爲利，自古有治人，因有治法，顧用之之術何如耳，築堤防以護民田，此效之易見者，請身先小試，以信吾言，二三父老胡不我許。魏人聞此，乃曰：『惟侯是命。』詰旦僉與子弟約，謂三時農隙，疆理南畝，王政所有事也。長民者不惜霑體塗足，身爲民先，吾儕敢不勉力。由是畚鍤齊興，南起魏之疃上村直接護城堤，西起廣平之李家庄，俱東至元城之楊兒庄，共堤三道，計長三十四里，頂寬二丈，底濶五丈，身高一丈，内堤外河，疏築堅廣，環抱魏北數十百村，河之深濶倍之，或數倍之，一切規度尺寸手自擘畫，始工迄終，晨出暮歸，罔有間日，撫恤力作，不畏强禦，凡豪有力者悉皆輸心趨工，馴良丁壯，不事鼛鼓，無不子來恐後，自秋杪底冬初，曾不踰月而工告竣。

竣日，父老執名香而前曰：『今而後知侯之經營底定，心與神明通，非徒勞苦我子弟爲也。從此漳不苦溢，居有寧，止經我疆里，惠我田疇，百穀斯活，筐筥黍稷，崇墉櫛比將見，歌樂利者不在一世而在百世矣。』願以蔣公名堤，是不可以無記。因麗牲伐石乞言於余，余與侯同産弟石塘公同牓同館，先得識侯邸次，覘其言論風采，空前軼後。

余私意曰：『是何可以百里限士元哉！』及長名牓出，侯果剖竹。魏邑今任甫三月，而令覃懷底績之速如此，其繫人望之重又如此，則余向之期侯不可以百里限者非私也。余受廛隣壤謬，廁史官誼，不敢以不文辭爰采其狀，俾付貞珉紀實也，凡今之父母斯土者，倘亦聞言而興起也，胥溺之疾其有瘳乎？余言既信而有徵，且將執簡以觀其後矣。蔣侯諱芾，字肆柯，號覺山，康熙丁卯科舉人，廣西桂林府全州人，時共襄茲役者儒學教諭劉君國樞，縣尉趙君文魁，孝廉劉君翔儀，崔君緝麟、徵麟，程君希顥、王君丕誡，郭君壽輔，明經路君趨光，劉君從倬，郭君臺輔，例得并書，餘備列諸碑陰。

（乾隆）《大名縣志》卷一七《建置志二》 蔣公堤　康熙四十三、四、五年，魏縣知縣蔣芾創建長堤三道，一接魏郭西北護城堤至義井村，長十里，謂之斜堤。北有間口以瀉西來漫水於新開支河，又於支河西岸各築夾河堤一道，均長一十二里，與支河首尾相稱，高一丈，底濶五丈，頂寬一丈，雍正初斜堤西地淤高，閘口不能分洩，南堤幾爲衝决，知縣馬襄采興論廢之。

接脉堤

（乾隆）《瀘溪縣志》卷六《橋渡》 接脉堤，邑西半里，宋德祐間建，國朝康熙六十一年重修。

清 王光夔《重修接脉堤碑記》（乾隆）《瀘溪縣志》卷六　事有願力矢諸，累世功德成於一日，則一日千古矣。縣之西有接脉堤者，兩流夾道，中横一衝，形家言邑治之脉，實經於此，因名之。創自南宋德祐年間，歷先明初無恙，科目連綿，人物富庶，胥於是乎藉。至隆慶五年，春漲而堤去十之三；迨國朝甲子戊辰，春秋叠漲，而堤存十之二，迄於今，衝决非一而堤已，僅留一綫址矣。

嗚呼！興廢有時，去留在人，匪後起者之責而誰責歟。

又 隨以是年八月廿二日，開山破石，越兩旬而基定，抵今年春二月朔，卒竟其成。從此虹影臥清波，而徃來如織者，不至以一衣帶阻，自必人文倍盛於昔，而富庶盡還其舊。例得備□之石，垂不朽。

又 余素有山水癖，但簿書無暇，恐娛於游，以招廢事之譏，以故蒞茲土十六年，而境内外諸勝地俱未及省，間於退食時，步署中樓頭，縱目曉之，一閣出峰上，鐘聲梵音，依稀入耳。詢之，則觀音閣也。閣之下向，所聞接脉堤者在是。

又 余因得以心識其地，惜未獲親履焉。壬寅歲，百穀順成，物力頗餘，鄉老某某等，將力復是舉詣余，而邀余同紳士徃觀之。出城西不半里許，見三台峙於後，邑治列於前，而參差繡錯於其旁者，烟户數十家，左滙一水，順流而東；右帶一水，就下而西。斯堤平壤突起，砥柱中流，而通體綿亙，直接諸山水之起止而貫於城，此接脉之所由名也。諄語諸人，極力督理，務復其舊址於無替焉。

匡公堤

綜述

明 朱賡《匡公堤記》（乾隆）《大名縣志》卷一七 匡公堤者，大名知府匡公所築，以捍水患者也。堤成而歲大稔，民曰：『微匡公不及此，願世世無相忘也。』堤是以名，猶史氏所稱鄭陂白渠云。按大名府城之東南曰銅臺鋪者，實元城、大名二邑之交壤，而漳、衛二河合流處也。漳之源二，其發於山西樂平者曰清漳，發於長子者曰濁漳，而衛之源則發於河南輝縣，相距蓋千里云。漳之湍悍，自古記之矣。益以三水合流，來自千里，秋霖愆溢，勢若建瓴，固非尋丈之渠所能濬也。以故河壖之地累爲巨浸，二邑之民即欲茇牧其中不可得，况所謂耕穫哉。

萬歷元年春，匡公至，則首問長老疾苦狀，嘆曰：『嗟乎！民之害有急此者乎？』乃周視地形，塹土而堤之，經始於六月三日，越十日而告竣，延袤三百九十餘丈，崇丈有四尺，廣二丈有奇，自是河流順軌，不齧田壤，秋穫倍蓰於前，府屬人士饗堤之和，且議勒石以示永久，而謂紀河渠者史氏事也，乃介余媚大名幕童君宏孝以徵余言，余聞之章君曰：始公之議，是役也，召父老而策之，曰：吾欲循漳河故道，引之北以殺其勢，或由大名縣西厮新河入艾家口故道，此二者不爲非計，顧興徒繁巨，民力不至於此其堤乎，吾爲堤，費必公出，工必傭致，無苦爾百姓也。父老咸稽首曰便。於是争具畚锸，趨事恐後，君子曰：匡公可謂急民義矣。

古之言治水者夥矣，堤之制起於中，古議者以其不務疏而務捍，徃徃卑之。余以爲此非通議也。歐陽子曰：智者之於事有所不能，必則較其利害之輕重，擇利多害少者爲之。籍令公斤斤焉膠於前議，悉難繼之力以徼不可必程之功，利與害孰重？夫川猶盗也，今有禦盗者其一人殫厥儲，不憚征募，以驅之盗，未及屏而家疲矣。其一人崇吾墉，堅吾壘，謹備之而已，力不盡而盗自息。此二者利之與害則有辨矣。疏與堤之形何以異，是徃公爲給諫，其所言及國家利便，若折秋毫，以故廟堂多采用之，今舉而治府諸所以佐百姓者，與嚮所言亡弗讐是堤直一事耳。嗟乎！茲可書矣。公名鐸，山東膠州人，乙丑進士。

傳記

（乾隆）《膠州志》卷四《宦績》 匡鐸，字淑教，號松野，嘉靖乙丑進士，初令淶水，議罷協濟定興徭銀，裁寄養馬匹，以蘇民困，歷任洪洞、新鄭，革冗費千金，減沙田税，民永利之。晋給諫抗疏劾免大宗伯，某百僚震慴，會巨璫保逐高相，復欲中以奇禍，公率同省謁張相國，倡議顧命元臣不宜羅織，損國體，事寢，而張亦□之，遂改大名守，漳、衛二水爲患，公築長堤二十一里，民德之，呼爲匡公堤。

藝文

清 袁佑《霽軒詩鈔》卷一《謝成魯公畫山水障子》 匡公堤下

雪如霰，軟裘快馬恣歡宴。公子清狂迥絶倫，醉騁丹青弄柔翰。

雜録

（乾隆）《大名縣志》卷二《圖説二》 東路曰：匡公堤、車子營、張家廠、戴家堤、趙家莊、東樊莊、蔡園、崔家莊、窰廠、張家潭、胡家莊、逯家堤、徐家樓。

又卷一七《建置志二》 匡公堤，舊縣北三里，知府匡鐸築。

老龍堤

綜述

明 襄定王《重修老龍堤記》（萬曆）《襄陽府志》卷四七 仁人君子用心，而敷惠博蒙其澤者，匪一人，亦匪一祼，蓋千萬其人，千萬其祼也。襄陽城逼漢江，雨積水溢則灌潰。故昔人由萬山抵城東築堤捍水。居民免其患，堤之功也。歲久爲波浪衝激，寖以傾頽，不決者，猶一縷以繫萬鈞，危乎可懼也哉！諺有之曰：水打老龍堤，襄陽城是養魚池。其語雖俚，其事則實也。

成化壬寅秋，撫治郧陽等處王都憲克深，拊巡于茲，慮斯患匪細，而功亦弗小，乃謀諸藩臬楊少參琚，訢以爲任。遂諏日酹江，命屬戒徒先鑿石爲象鼻以殺水勢，復斬干山而畚于郊，列木以固其外，築土以實其內，衛以柳而護以茭。官不費帑，民不告勞，數月而事集。厥猷茂哉，少參是堤，甚有益於襄人，惠澤所被，誠可謂高且遠矣！鎮守韋太監、王總兵喜其成，爲襄人請記，書以識之，傳其事於弗諼也。工始於是歲閏八月壬午，成於癸卯庚子云。成化十九年立。

清 尹會一《健餘先生文集》卷四《重修老龍堤記》 襄郡憑臨漢水，護城有老龍堤，起自萬山至長門，延袤十里許，皆壘石爲之，由來舊矣。雍正五年秋，余由銓曹出守茲土，見堤石間有傾圮，即思爲未雨之防。赴會城初，謁觀察趙公，亦囑茲堤爲急務。適余署篆荆南，未暇修理。明年夏五月，漢水暴溢，凡救王嘴、普陀庵、頭工嘴、上灣、中工、龍窩、二工嘴等處堤石，盡付波臣。幸賴神庥，未至沖決耳。八月，余自荆回襄親詣堤所，查驗應修之處，倍於報數。深慮工費浩繁，度支無措。遂詳請先動歲修銀搶修救王嘴等七處險工腳，深丈餘，闊逾八尺，依往例，照糧役夫工料不敷，則所屬公捐按工給直，毫釐必晰，獎勞所及，踴躍倍切。

興工於去冬十月，告成於本年三月。其前報緩修之所，亦皆次第繕補。獨是余以簿書之煩，兼攝戎廳，雖不能如蘇子之坐臥堤上躬親荷插，然戴星出入，不敢言勞。迄今事竣，或亦可告無罪於守土之責也。

夫襄郡褊小，不堪屢勞，念切民莫亟保障哉！修築宜豫立根，宜深植腳，宜寬砌石，宜密知。斯數者，可以有備而無患矣。至於冒銷公帑，濫用民力，此不肖之爲，不足道也。取以告後之從事者。

是役也，承修者襄陽縣令徐宗夷也。協修者襄陽縣典史王嘉祐暨府倉大使金廷鉽也。夙夜維勤共勷厥事。余幸有同心焉。是爲記。

清 王正功《老龍堤記》（光緒）《襄陽府志》卷九 老龍提，襄陽護城堤也。城猶漢魏時舊址，堤以老龍，名不知昉自何時。詢之土人，云：堤屢築屢圮，後遇一老人，折草爲形，投之曰：堤如是築，則固矣。語訖忽不見，人異之。乃依草之曲折以築，而堤乃告成，曰：此固老龍所授也。因以名堤。流俗所傳，固不足以徵信。

今萬山保堤寺後有成化十九年重修老龍堤碑，字缺碑殘，文極簡略，然堤之名固由來久矣。考唐宋以前，漢水環繞襄城，屢爲民害。三國時胡烈爲襄陽太守，築石堤以捍水，是爲堤所自始。唐神龍初，張柬之罷政事，來守鄉郡。時漢水嚙城，因壘爲堤，以遏湍怒。會昌中，漢溢壞州郭，節度使盧鈞築堤六千步，以障漢暴。李隙作徐襄州商碑云：漢水爲灾，繞城築土堤四十三里，歲修病民。大中十年，公爲刺史，加高沙堤，豁其穴口，令入蜀江民利賴之。宋初襄州總管趙延進築堤捍水，易甃以石。古來守茲郡者，莫不以堤爲要務矣。

明正德丙子，大水潰堤，城亦就圮。憲副聶賢修之時，水退沙積，因而成洲，值柳萬株，以固堤岸。復築二堤於城西今堤下，無積沙之洲，柳亦無一存者。嘉靖辛亥秋七月，漢水潰堤而入四攻郡城，城之圮者七所，爲二百年未有之灾。憲副洛南陳紹儒少參少郭雷賀修東西二堤，編修李大魁作記，以彰其功。西起萬山，築長堤曰老龍，東則長門堤，是二堤猶未合爲一也。萬歷初，憲副余希周、楊一魁相繼築石堤，東至長門，西抵萬山，計長九千九十步。四年，老龍石堤成，襄城遂永無漢患矣。

雍正二年，漢水大溢幾，與堤平。樊城以北商旅不行者，二旬有餘。然水不越堤而南，則老龍大堤實爲襄城永賴歟。成化碑載當時諺云：水打老龍堤，襄陽城作養魚池。其語俚鄙，其事固實也。後又增築子堤以護堤脚，設歲修銀四百兩，農隙修補。乾隆□年，諸城王觀察臯恐歲修公項不足，將爲民累，請以兵息五丁，俾質庫分領，收其息，貯府庫，以爲歲修之需。郡司馬董其役，觀察督其成，迄今老堤完固，子堤增卑培薄，歲以爲常。

正功以丙子仲冬來佐襄陽，值歲修之候，射任其責，三閲月而工竣。朝夕堤上，常求前人碑碣，僅得成化碑一通，辭又略焉不詳。爰考夫築堤所自始與石堤所由成，以著是堤，爲襄陽所賴，冀與後之任斯職者共相砥勵，以固其工，庶不負朝廷使任哉！

傳記

（萬曆）《襄陽府志》卷三七《宦迹》　何祥，字子修，號充齋，內江人，舉人。嘉靖間，歷襄陽府同知，仁恕乎易不爲斬絶皦激之政，而黎民懷之，勤身節用，不動於利。清軍折獄，舉得其方。北城臨漢水，舊有老龍堤護之，後因水決，祥修築堅固，以紓其患，至今賴之。

明　過庭訓《本朝分省人物考》卷六六《楊琚》　楊琚，泰和人，兵部主事。出鎮山海關，政令多著爲例，轉武選郎中，紀功陝西。嘗奏改延綏城堡及建言軍民利病，上多采納。尋升參議，奉命撫治荆襄，築老龍堤，疏竹筒河，及荆改劉家隔雷峰坳等水驛巡司，皆有利于民，而開剏鄖陽功尤居多。以參政總督糧儲致仕，卒。

明　何三畏《雲間志略》卷一四《李觀察海樓公傳》　子曰章，字尚絅，號海樓，華亭人。【略】尋録囚浙省事竣，一麾而出守襄陽。首築樊城，又築老龍堤，人有以勞勩爲公勸者，公曰：襄陽之事，我爲政，而復誰諉耶？

《清史稿》卷三三八《畢沅傳》　畢沅，字纕蘅，江南鎮洋人。乾隆十八年舉人，授內閣中書，充軍機處章京。二十五年，一甲一名進士，授修撰。【略】又請修襄陽老龍堤、常德石櫃堤、潛江仙人堤，鑿四川湖北大江險灘，便雲南銅運。

又　卷四〇一《羅遵殿傳》　羅遵殿，字澹村，安徽宿松人。道光十五年進士。【略】是年秋，武漢克復，遵殿力固上游，以盜賊起於饑寒，勸置義會七十餘所，以税餘銀修老龍堤，捍水患，就遷湖北按察使。

紀事

（萬曆）《襄陽府志》卷三《郡紀下》　十月老龍堤成憲使楊一魁、余希周，知府萬振孫總其事，通判張拱極董其役，舊用磚，歲圮歲修，至是甃以巨石，足垂永遠，眞百世利也。

《明史》卷八八《河渠志六》　二年，築蠡縣王家等決口，修新會鸞臺山至瓦塘浦頽岸，江陵、松滋、公安、石首、潛江、監利近江決堤。又修湖廣老龍堤，以爲漢水所潰也。

（光緒）《襄陽府志》卷一《輿地志一》　萬歷三年，老龍堤合，遂與檀溪諸流俱微。

又　卷九《建置志四》　嘉靖中，漢屢溢，由檀溪漾入內濠，民苦之。三十年巡道陳紹儒、守道雷賀作東西二堤，西曰老龍堤，起萬山麓；東曰長門堤，起城西土門，繞城北，訖長門。隆慶四年，巡道徐學謨增築老龍堤，鑄鐵牛三，二置堤上，一置小北門外水中。六年，鑄鐵柱一。萬歷三年，老龍堤決壞城郭，巡道楊一魁議檄知府萬振孫通判張拱極自萬山麓起，訖長門，合築長堤，仍甃以石，高三丈，廣五丈，長一千八百五十四丈，凡十里三分，通名曰老龍堤，自是漢水始與檀溪隔。

又　嘉慶二十四年，老龍堤龍窩工段潰口。守道吴之勷議，就潰口建滚水石壩，復襄水故道，不果。

清 王昶《春融堂集》卷五二《兵部尚書都察院右都御史湖廣總督贈太子太保畢公神道碑》　五十四年三月，勘襄陽老龍堤，添築挑溜石壩。

藝文

明 王世貞《弇州山人四部續稿》卷二《襄陽蹋銅蹄》　襄陽老龍堤，礨石鐵作泥。駿馬驕鑾落，真是蹋銅蹄。

又 卷二三《襄國王飛教千里歲一慰存野人無以仰酬惟祝麟趾之慶而已敬成四絶情見乎辭》　老龍堤畔彩雲開，千乘旌旗射獵來。蔽日鵬雛渾不管，掌中貪捧一珠回。

雜録

（天順）《重刊襄陽郡志》卷二　老龍堤，在縣西，臨漢江西河套，西抵萬山，計一十里，即古大堤也，上有老龍廟，故名。

（萬曆）《襄陽府志》卷一四《水利》　老龍堤一帶，在縣西三里。東臨漢江，西抵萬山，袤十里餘，即古大堤也。嘉靖末年，漢水泛溢，城西冲崩，堤潰，修築未畢。至萬曆三年，兵備副使楊一魁始檄知府萬振孫委通判張拱拯修理，完固如舊。

（乾隆）《襄陽府志》卷九《壇廟》　保堤寺，在萬山上，古稱荆湘寺，後爲幽蘭寺。隆慶中，更名須彌寺。萬歷初，山下建石堤。堤成，更今名焉。寺後有成化中重修老龍堤碑，碑斷尚存。按城北初有一堤，西爲老龍堤，東爲長門堤，至石堤成，始合爲一，皆以老龍名堤焉。

圖表

（光緒）《襄陽府志》卷一《老龍堤圖》

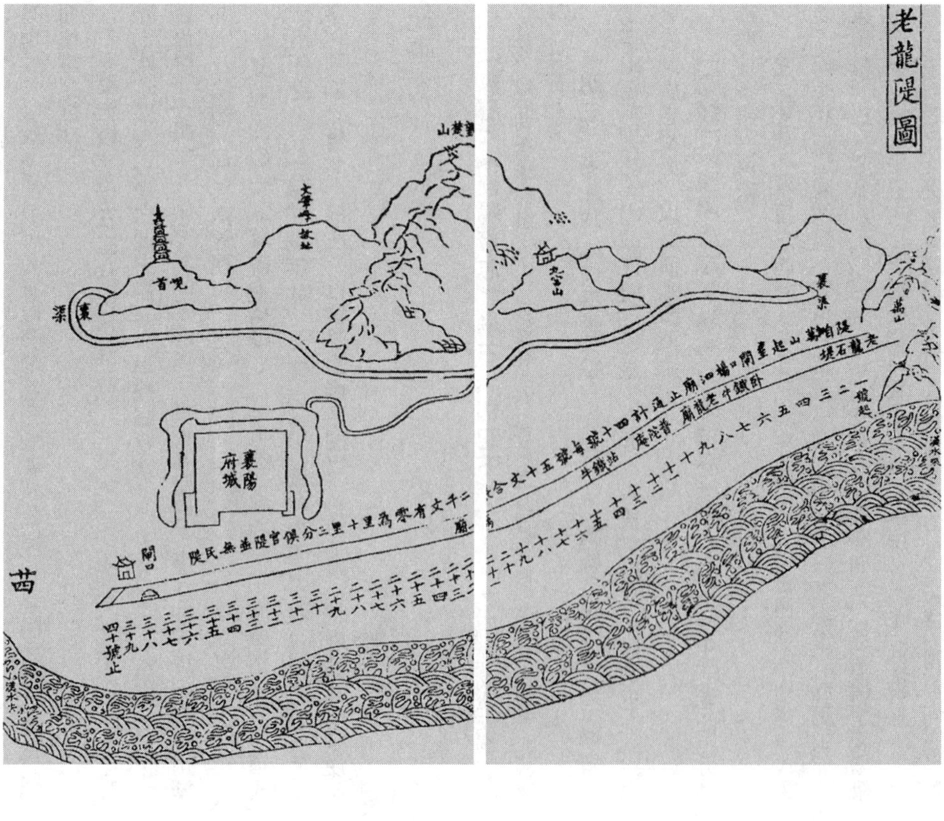

鯉魚溝堤

清 胡恂《重建鯉魚溝堤記》（乾隆）《潮州府志》卷四一　海陽鯉魚溝故有堤，民命憑之。康熙丁丑堤隤，迄今三十五年矣。東厢、秋溪、水南之間，田疇草宅，觸目堪傷。雍正戊申，紳士陳學典等僉請修築，觀察劉公鋭意主之，余與海陽令張君共襄大役。始於雍正八年仲冬二十有八日，周砌以石，溝長十五丈有奇。排木墊石，入地五尺，上高一丈二尺，立橋墩四，爲門三，板閘儲洩，橋長六丈五尺，翼以灰墻，中廣一丈四尺，堤旁建屋三楹以居。司閘者鄉民陳希祓、李斯雄謹啓閉，歲贍穀二十石，復以地濱大河，形如方舟，周迴數十里，四面皆水，藉堤保障，一隅冲決，則全堤俱廢。先相度上流涸溪，築石磯三座，以緩水勢。修溪口鄉涵口二處，遶河舊堤增高培廣，計費三千一百八十餘金。

閱四月工竣，保衛二十八鄉良田三萬餘畝。易草莽爲膏腴，免蒼生於魚鼈，甚盛舉也。時委海陽縣丞党璐督工役，紳士陳學典、陸長洲、陳士騰，圩長陳元標、元拔、李家鏗、翁宗瑜、丁天章等，皆有勞勩，例得備書於石。

清 韓鳳修《修鯉魚溝堤記略》（光緒）《海陽縣志》卷二一　潮郡多膏腴，瀕海窪下，水澤所鍾，在在恃長堤，以資堵蔽。附郭有鯉魚溝，古堤亙其上。碧渠以灑之，石門以鍵之。數百里江流之保障，二十八鄉田里之藩垣，胥於是乎在。

道光十三年，霖潦瀰漫，上流陡漲，堤朽壞，不足禦。余承乏於茲，適堤圮，念斯民被灾，修築難緩，輒捐俸爲士民先，好義者勸募之，派畝者差次之，遂得勘量尋丈，核計財費，舉邑中廉謹者陳子先達董其役，而以縣尉徐君楷監其成。工畢，計費白金二千有奇。始於十三年仲冬，至甲子葭月而竣。

清 張熙宇《修鯉魚溝堤記略》（光緒）《海陽縣志》卷二一　余丁酉孟夏，調宰是邑。六月間，大雨連綿，洪潦陡漲，所有近關之虎子檻堤、緑泥堤未固，紛紛穿洩，乃捐廉爲士民倡，首勸募，次派畝，勘丈計工，搏

李公堤（浙江吴縣）

清 俞樾《春在堂雜文·五編》卷一《李公堤記》　吴故澤國也，淺者沮洳，深者泂洑，其大者灝溔潢瀁，彌望無涯，雖饒荷葰芰蓮之利，亦極疊淄盤渦之險。

出葑門不十里，有金雞湖焉，元和縣所轄也。東西廣六里，南北袤十里，東達斜塘，西至黄石橋，南連獨墅，北通婁江。有花柳村者介其中央，遂分一湖而二之，於是有南湖北湖之名矣。巨艑小艓，往來如織，而南湖尤爲通津。每當北颷怒號，回飈驟發，經由其地者波而上，搖而下，檣摧楫傾，帆欹柁側，長年三老視爲畏塗。南北兩岸并有田疇，頑颸嚙堤，怒流溢入，則緑原青隴，化爲汙渠。邑人聚謀，宜築堤湖中，以衂其勢。有倡無應，厥功不成。

邑侯李公超瓊下車之始，諮訪疾苦，以興剔利氓爲己任。於是邑之士大夫吴君大根、吴君嘉椿、沈君寶恆、潘君祖謙、沈君國琛、尤君先甲、張君履謙等僉以築堤爲請。會是歲霪雨爲灾，朝廷發内帑以振之，又開振捐之例，集貲以助之。振畢而貲有餘，乃言於臺司，發所餘銀一萬兩以成斯舉。張君履謙先出錢二百萬，沈君國琛亦出錢一百萬，備鳩工庀材之用。且役貧民無食者，俾食其力，故工不浮。運城市碎瓦殘甓，以實堤身，故財不費。潘君祖謙、張君履謙總其成，沈君國琛與胡君秉璠、張君毓慶董其役，故農事不傷，而民胥勸。越一載，堤成。西堤自黄石橋東口至花柳村，長三百六十一丈。東堤自花柳村至斜塘西口，長三百一十九丈。共用錢一千八百萬有奇。護以茭蘆，守以漁滬，蔭以桃李。登堤而望，則南湖、北湖柔文碎浪，湔湔其波，楫馬船車，如行几席。夾岸數十里，原隰龍鱗，有濡腴澤槁之功，無鑽厓潰山之患。咸喟然而嘆曰：美哉斯舉乎！昔滑州有陳公堤，臨安及惠州均有蘇公堤，爰用其例，名之曰李公堤。

余旅居茲土，樂觀厥成。念漢時李翕西狹及郙閣，咸刻石勒名，傳示後世。作而不記，後世胡述？因著本末，用諗方來。

節經費。舉鄉人陳子先達董其事，計築復灰籬龍骨共一百九十五丈，費工料銀二千四百餘元。工興於十七年季秋，至戊戌閏四月而畢。

（乾隆）《潮州府志》卷一一《災祥》　三十三年甲戌夏五月大水，秋溪鯉魚溝堤潰。

（道光）《廣東通志》卷一一六《山川略十七》　雍正五年，知縣張士璉捐修鯉魚溝堤，在石碑脚饒平界。

（光緒）《海陽縣志》卷二一《建置略五》　水南鯉魚溝堤，在石碑腳饒平界，計長共三千一百七十三丈。國朝康熙三十三年潰，三十六年復潰。雍正八年，巡道劉運鮒、知府胡恂、知縣張士連奉檄修築，費銀三千一百八十餘兩。委縣丞黨璐，同紳士陳學典、陳士騰等督工，各甃以石，立石墩四，爲閘板三，令鄉民司啓閉，以備蓄洩。

靈州河堤

明　張九德《靈州河堤記》（乾隆）《寧夏府志》卷一九　靈州阻河而城，其西南當河流之衝，復趨而北可十里，每夏秋湍激受害不啻剥膚。雖秦漢二渠溉田至數千頃，而利與害錯，其侵城實甚粤稽。洪武甲子迄今，城凡三徙，皆以河故，而河亦益徙而東，自不佞來受事不一載，去城僅數十武矣。先是禦河歲役夫三千，束薪十萬，罔慮數百千金，率委諸壑。人情洶洶，議徙民徙城以爲長策。

不佞則謂禦河猶禦虜也，虜闌入不偪之去，猶延之入乎？且勢若建瓴，而僅僅積薪委土與陽侯争此助之決耳，計非巨石砥柱之不可。獨慮費且不貲，計無出。不佞即捐月俸二百金爲役者。先而謀之薦紳邑令戴君任及諸生輩，議提以石。無所事薪，改徵河西年例柴價五百金，軍民願輸地基銀八十兩，暨諸捐助驗庫藏之羨，合之得千四百有奇。貲用集矣，則議民間量地畝出夫，量田里出車，調兩河營卒更番受役。工力備矣，乃造船百艘，運峽口石往來不絶，材具庀矣。

遂請於先撫寧夏今制臺少司馬介石李公、前制臺今大司徒瞻予李公，俱報可。則以守備張大綬董堤務指揮，孟養浩司出納經歷，李盛春程工作，大興石堤之役。而議者紛若，謂濱河皆流沙不受任石，恐卒無成功。適旋築旋潰，衆口愈囂，予堅持之曰：『此根虛易傾耳，水豈能負石而趨耶？』益令聚石投之，一日盡八百艘，三日基始定。於是從南隅實地，始壘石爲堤首四十餘丈用遏水衝，繼以吹迤西而北，其壘石亦如之計，堤長六千餘丈。功甫成，而河西徙，復由故道，視先所受嚙地淤爲灘，可耕可藝，去城已十數里矣。

是役也，經始於天啓癸亥之正月，告成於天啓乙丑之四月，凡費時二年有半，費金九百一十有奇，費米麥六十石，而貯尚有餘羨。念往歲議堤請帑金萬二千，業奉旨下部覆不果，今議約三千金猶慮不足，至厘少司馬公捐俸金百兩，而同守盧君自立參戎、高君師孟等，亦醵助有差。然卒以有餘羨，故藺還，是皆百執事殫心經畫，靡有虛縻之成效也。

憶！不佞初抵靈，行河籌之再三，始而秦渠堤隤，水暴洩不能灌溉，爲築長堤豬之，歲比稔。而漢伯渠又苦無尾閭，腴田皆成巨浸。因以治堤之餘，爲開蘆洞長十三丈五尺，高、廣各三丈五尺，自秦渠北岸抵窪橋，疏渠道三十里，瀉水入河，復故田數百頃，增税額數千石，凡費金五十六兩有奇，而椿鐵諸費不與焉。古有言河者，天下之大利大害也，故《周禮》慎水政，以防止水，以豬蓄水，以溝蕩水，其法甚備，自堤石而城無受嚙，庶幾於河之害遠矣。而二渠之役，亦借以收其利。

不佞三年於此，未事則憂物力，方事則憂成勞，已事則憂久遠。今幸三憂且釋，得藉手告終事矣。抑天下事惟賢者能慮始，其次莫若因是三役者，因法於古，因石於山，因力於民，因能於衆，因主裁於上，獲逭喜事之辜，是皆今日所以成功之本也。例不可以無記，遂次其終始，以係之銘。銘曰：

殫渾經瀆，亘以金堤。順流而西，潛於靈府。禔福下土，聿鞏靈武。爰固我圉用，昌我稷黍。匪處白璧，而崇紺益。是維川后之仁，俾無逢其菑害。亦越千祺，曰寧以泰。

劉堤

論説

明 錢溥《劉堤遺愛記》（咸豐）《重修興化縣志》卷二　君子爲政能興民之利，未有不垂惠而得民深者。民非田不生，田非溉罔濟，成周溝洫之制尚矣，今不可復也。苟有功於河渠塘堰之設，猶不失古者蓄洩遺意。故民之感其惠者，則必歌咏以垂於久遠。

傳記

（萬曆）《揚州府志》卷一〇《秩官志下》　劉廷瓚，成化十六年任興化。時堤堰久湮，歲苦旱潦，糾工築之，踰月而竣，民永賴之，號曰劉堤。學士錢溥爲之記，歷官副都御史。

紀事

（咸豐）《重修興化縣志》卷二《河渠一》　十六年，知縣傅珮申請御史洪垣合劉堤，新堰并築。

明 錢溥《劉堤遺愛記》（咸豐）《重修興化縣志》卷二　成化庚子春，尹河南劉侯廷瓚首詢民瘼，慨斯塘之當復，即申請之，而任其責焉。民率歡呼趨事。經始於四月，踰月而工訖。不一勞者，不永逸也，侯其知所當務哉？

藝文

明 錢溥《劉堤遺愛記》（咸豐）《重修興化縣志》卷二　民乃因侯姓，而名之曰劉堤。且歌曰：東捍海兮惟范公，西護堤兮劉之功。海不揚兮塘不涸，民樂其中兮歲恆有豐。

雜録

（萬曆）《揚州府志》卷六《河渠志下》　劉堤，宋建炎間，邑宰黄萬頃，創即《宋史》名紹興堰曰盤塘，曰運塩河，曰新堰，俗稱河塘者是也。南接高郵界，北抵塩城縣界，南北亘一百五里。縣治當其中。成化間知縣劉廷瓚甫下車，即修治，三載俱稔，因名劉堤。

（咸豐）《重修興化縣志》卷二《河渠一》　宋范文正公尹興化築堤捍海，田不失利，至今立祠祀之。自縣至西南接高郵，北通鹽城，相距百有餘里，有堤堰以障水，南北二牐以司啓閉，東高西窪，必兩得其平。雖有旱澇，民不爲患，塘之興要矣。

又　學諭韓琚請予記，予謂范公爲宋名臣，侯繼其後，築堤之功與捍海同也，遂以是紀侯之功。

劉公堤

綜述

清 李紱《穆堂類稿・初稿》卷三〇《劉公堤記》　由吉安郡城南泝江四十里，爲廬陵之曲溪。其地瀕大河，外高，中不恃長岸爲固。河受章、貢諸流，歷十八灘，盤渦轂轉而下，洶湧濆射。每山漲暴發，潰壞無常，衝囓瀰漫輒數十里，損廬舍、湮田疇無算。甲申五月，沙坑日決。向所稱高岸舟楫縱横，村墟若滅若沒，甚哉其毒也！

邑侯劉公行眎灾傷，咨嗟徘徊，屬耆老而告之曰：『此堤宜修亟矣！雖功大費繁，非一手足之爲烈，又爾民新出昏墊，既病且急，或不及謀此，顧勢不可已。余誠垂橐肅然，願首捐薄俸爲士民勸。其即絜度廣長，料計工值以告。』民皆唯唯。既公列灾狀白大吏上聞，蠲歲租三之一。

明年，民稍稍復業，得少息肩。以從事於堤，群詣縣庭請公指畫，公首出囊金若干付民經始，多方勸導，民咸感奮，儉者以豪，怠者以敏，士輸銀穀，農具、捨捐，不終歲而堤成。方人士之復請於公也，或曰是不必往，公雖仁，蕭然無長物，吾民之私何忍以相累？或曰往哉，公既仁，必不以虛願謝民。且非常之功，必得上之人一主持焉，而後可以集事。不謂公誠慨然，乃今遂得觀此堤之成也。

堤成之日，民謀所以名之，聚而言曰：『昔杭鑿錢塘，以紓海潮。蘇公軾築堤以便行者，民遂以蘇公名堤。陳公堯佐守滑州，築長堤以捍河患，民賴以安全，遂以陳公名堤。今吾堤之成也，始建議惟公，首捐金惟公；列灾狀以寬常賦，使吾民得留餘力以治此堤惟公；多方勸導，使吾民樂於趨事亦惟公。此數美者，皆公之有也，其名之曰劉公堤可乎？』則咸曰允。因琢石爲碑相與名，且記之如此。公諱廷瑛，號定巖，直隸廣平之永年人。早歲以進士起家，堤成之歲，公治廬陵之七年丙戌也。

傳記

（雍正）《四川通志》卷六《名宦》 劉熙古，字義淳，宋州人。開寶初，知成都府，九里堤壞，熙古規畫修築，以捍水患，民德之，名劉公堤。

（嘉慶）《清一統志》卷三一二《饒州府》 劉安，慈溪人。嘉靖中以御史謫餘干典史，能勤於職，築决堤數十丈，人稱爲劉公堤。

又 卷三九六《敘州府》 劉時俊，隆昌人。萬歷進士，歷江南數縣令，有能名，於吴江尤著治績。下車即令民具沿門册就册摘大憝，具數其隱罪，人以爲神。徵輸先分緩急，賦辦而民不困。修湖塘路八十里，民稱爲劉公堤。

（雍正）《陝西通志》卷五七《人物三》 劉培陽，字敬錫，三原人，順治乙酉舉人，授建德令。時劇盜李布嘯聚培陽，至審形勢，設方略，甫三月，盜平，政聲大著，補直隸。南和灃水溢沒田千畝，培陽築堤捍禦，人名其堤爲劉公堤，立祠尸祝焉。

雜録

清 顧祖禹《讀史方輿紀要》卷二二《江南四》 楊口堤在州南東，自板浦西抵漣河，爲南北要地。萬歷中，海潮浸漫，行旅艱阻，知州楊鳳築堤十五里，商旅稱便。又西接劉公堤，長亦十五里，知州劉夢松所增築也。

又 卷六七《四川二》 浣花溪：在華陽縣治西南，一名百花潭。相近有諸葛井，相傳武侯所鑿。又九里堤：《郡志》云：在府城西北隅，其地窪下，諸葛武侯築堤九里，以防衝囓。宋乾德中圮，守臣劉熙古修築，一號劉公堤。又有長堤：唐高駢築羅城，繚以長堤二十六里。或因江爲塹，或鑿地成濠。後廢。

（雍正）《四川通志》卷二二《津梁》 九里堤，在成都縣西北隅，其地窪下，水勢易趨，諸葛亮築堤九里捍之。宋乾德中，劉熙古修築，又號劉公堤。

（嘉慶）《清一統志》卷五〇《冀州直隸州二》 沿河堤，在衡水縣西南，明宏治十七年築。又有劉公堤，在漳河南岸百步，明萬歷中築。

龍磯堤

明 唐世堯《龍磯堤記》（光緒）《平樂縣志》卷一〇 平樂自漢唐建置以來數千餘載，負山面灘，靈秀鍾毓不乏。其北一支水，出楚之桃川，施邐恭城，南折而會於樂，再折而入於灘。先是，城之西北，瀕江爲縣學，環宫墻而爲廬舍者無算，葢恭水實西遶之。明興百餘年間，膠庠之彦，斌斌興起，閭閻亦用殷富。

至宏治間，漸没於春漲，向之宫墻廬舍，并失所在，詢之父老，葢縷縷能道其詳，云往葢是邦者，咸知宜堤，肰築舍道傍，歲復一歲，江壖齧之迹，視城下僅跬步，有足虞者。維時侍御佴公，行部昭州，重憫一方之幾爲魚也，特允道府轉詳本縣之條議，爰會總督大司馬戴公、巡撫大中丞楊公若曰：惟平樂郡治西北，當恭水之衝。昔年潰我縣學、圮我前街，惟城下有池，更隣江水，獨恃後街一綫，幾幸旦夕脱，一旦後街不固，則江水灌池，城闉可慮，及今不葺。是無城，無城是無民矣！謂宜築堤以護之便。兩公皆稱善。

遂檄平樂郡邑，其自長吏而下，悉負薪從事而守巡，大吏專司糾督焉，令既具，吾昭之民踴躍聽命，乃括帑藏以峙餱糧，相水勢以定基址，匠氏伐石，民夫負戴，於是起亭子脚，迄上冲口，綿亘八十餘丈，高二丈，濶六尺，堤外爲水蕩者三，以殺逆湍，蓋統計采山石凡若干船，運江石填堤心凡若干船，役民夫凡若干。工始壬寅八月，竣役於癸卯四月，爲日凡一百四十月奇，且節省煩費約白金，市田若干畝，歲收子利若干緡，以備修築。

嗟乎！三臺之所以爲昭慮者，摯深遠矣，越明年三月，大水自恭來如故，五月再大水，而昭竟無恙，長堤堅固，亘地如虹，江流循堤西注，沿堤以内，漸漲淤沙尺許，有司以狀聞公及督撫，兩公大悦，并賦詩歌，以紀其盛，噫嘻偉哉！三臺明德遠矣！郡縉紳而下，咸謂堤工告成，雉堞既增而堅，人文復昌而熾，三臺功德我昭人厚矣！子盍有以記之，余惟昭郡夙稱名勝之區，人文丕著，乃河伯弗靈，使西北一隅淪於水國，蓋百年於兹，曾未有刱爲捍築之議者，異時庚辰，陳大參公稍稍築之矣，顧其講究未精，植根弗固，旋築旋圮，厥有繇然。矧今費公帑金錢以千百計，而經營胼胝之績，撬撵版築之工，更數倍往昔，蓋智殫精衛而力竭淇園矣。且役僅數月，民不知勞，遏狂瀾而西奔，奠地維於永固，視庚辰之役，難易遠近，不大逕庭哉？其最奇驗者，兹歲癸卯，士之起奮賢科者，如雲蒸霞蔚，即國家薪槱之廣，三臺菁莪之化乎，而地靈鍾毓，氣運斡旋，良非偶矣。

詩曰：文武吉甫，萬邦爲憲。又曰：樂只君子，萬福攸同，三臺有焉，若斯干之六章，吾以期吾士，鴻雁之二章，吾以責吾民，於是乎記。大司馬戴公諱燿，閩長泰人大，中丞楊公諱芳，蜀巴縣人，侍御佴公諱祺，滇臨安人，其慎憲省成則分守大參，今晉總憲林公梓，閩漳浦人，兵巡憲副孫公有敷，閩惠安人，至綜理相度，則平樂守張君一棟，閩平和人，司理柳君時芳，浙蘭溪人。平樂令易君禮，蜀華陽人，則建議鳩工勞勩居最者也，若新任郡丞周君之光，楚湘潭人，别駕彭君學沂，楚桂陽人，署郡事潯州司理謝君嵩，粵番禺人，與昭平副將，今晉留都錦衣楊君元，南京後衛人，并樂觀厥成，法得備書，銘曰：

於惟昭郡，襟帶桂梧，灕樂孕秀，埒於名都。有水桃川，聿來自楚，百折南奔，會於灕渚。歲歲春漲，其來撼空，嚙我北隅，蛟蜃攸宫。氓廬漂没，官宇爲沼，菰藻交加，烟濤莽渺。下迨於今，虞及城隍，民患滋深，率籲彼蒼。天啓攸明，有待三院，民溺睠懷，乃發帑羡。役者均力，肇者協謀，工既告成，矗焉峿嶁。邦人懽呼，孰是豎建，既奠吾居，復昌文運。民當農隙，財出羡餘，惟兹長堤，三臺拮据。凡我士民，奚由報德，鎸詞貞珉，昭示萬億。

明 佴祺《龍磯堤》（雍正）《平樂府志》卷一八　堤功告成，躬歷其境，用賦十二韻以志喜。

昭潭形勝甲西陬，鳳翥高崗飲上流；灕水蜿蜒聯荔浦，印山突兀鎮沙洲。

平川一帶來隣國，恭邑千盤到樂丘；蟻穴漫遺漂石患，鮫人浪作賣銷游。

蛙生鬵釜誠堪惻，蠶食金湯更可憂；捧土何由登息壤，望洋因復借前籌。

負薪木効宣房築，沉璧無煩瓠子謀；積羡勉捐資畚插，堤防增築土峿嶁。

江邊會鎖支祁在，雲際重看鸑鷟浮；共荷回瀾歸砥柱，還期苞竹鞏金甌。

引漳史起寧專美，障浙蘇公類好修；事載貞珉勞贔屭，滄桑千載共悠悠。

龍頭堤

明 唐世堯《龍頭堤記》（光緒）《平樂縣志》卷一〇　平樂自漢唐建置以來，數千餘載負山面灘，靈秀鍾毓不乏，其北一支水出楚之桃川，迤邐恭城，南折而會於濼，再折而入於瀰。先是，城之西北瀕江爲縣學，環宫墻而爲廬舍者無算，蓋恭水實西繞之。明興百餘年間，膠庠之彦斌、斌興起閭閻，亦用殷富。至弘、正間漸没於春漲，向之宫墻、廬舍并失，所在詢之父老，蓋縷縷能道其詳云，往莅是邦者咸知宜堤，然築舍道傍，歲復一歲，江壖齟齬之迹，視城下僅跬步，有足虞者，維時侍御佴公行部昭州，重憫一方之幾爲魚也。特允道府轉詳本縣之條議，爰會總督大司馬戴公、巡撫大中丞楊公若曰：『惟平樂郡治西北當恭水之衝，昔年潰我縣學，圮我前街，惟城下有池，更隣江水惟恃，後街一線幾幸旦夕脱，一旦後街不固，則江水灌池，城闉可慮。及今不葺，是無城，無城是無民矣。』謂宜築堤以護之便，兩公皆稱善。公遂檄平樂郡邑其自長吏而下，悉負薪從事，而守巡大吏專司糾督焉。令既具，吾昭之民踴躍聽命，乃括帑藏以峙餱糧，相水勢以定基址，匠氏伐石，民夫負載，於是起亭子脚迄上冲口，縣亘八十餘丈，高二丈，濶六尺。堤外爲水蕩者三，以殺逆湍，蓋統計采山石凡若干船，運江石填堤心凡若干船，役民夫凡若干，工始壬寅八月，竣役於癸卯四月，爲日凡二百四十有奇，且節省煩費約百金，市田若干畝，歲收子利若干緡，以備修築。嗟乎！三臺之所以爲昭慮者摯深遠矣。越明年三月大水，自恭來如故，五月再大水，而昭竟無恙。長堤堅固，亘地如虹，江流循堤西注，沿堤以内漸漲淤沙尺許，有司以狀聞，公及督撫兩公大悦，并賦詩歌以紀其盛，噫嘻偉哉！三臺明德遠矣，郡縉紳而下咸謂堤工告成，雉堞既增而堅，人文復昌而熾，三臺功德我昭人厚矣。子盍有以記之，余惟昭郡夙稱名勝之區，人文丕著，乃河伯弗靈，使西北一隅淪於水國，蓋百年於兹曾未有剏爲捍築之議者，異時庚辰陳大參公稍稍築之矣，顧其講究未精，植根弗固，旋築旋圮，厥有繇然。矧今費公帑金錢以千百計，而經營胼胝之績撟攆，版築之工更數倍往昔，蓋智殫精衛而力竭淇園矣，且役僅數月，民不知勞，遏狂瀾而西奔，奠地維於永固，視庚辰之役難易遠近不大逕庭哉。其最奇驗者，兹歲癸卯，士之起奮賢科者如雲蒸霞蔚，即國家薪槱之廣三臺菁莪之化乎，而地靈鍾毓，氣運斡旋，良非偶矣。詩曰：『文武吉甫，萬邦爲憲。』又曰：『樂只君子，萬福攸同。』三臺有焉若斯干之六章，吾以期吾士鴻雁之二章，吾以責吾民於是乎記。大司馬戴公諱燿，閩長泰人。大中丞楊公諱芳，蜀巴縣人。侍御佴公諱祺，滇臨安人。其愼憲省成則分守大參今晋總憲林公梓，閩漳浦人。兵巡憲副孫公有敷，閩惠安人。至綜理相度則平樂守張君一棟，閩平和人。司理柳君時芳，浙蘭溪人。平樂令易君禮，蜀華陽人。則建議鳩工，勞勩居最者也，若新任郡丞周君之光，楚湘潭人。別駕彭君學沂，楚桂陽人。署郡事潯州司理謝君嵩，粤番禺人。與昭平副將今晋留都錦衣楊君元，南京後衛人。并樂觀厥成，法得備書。銘曰：

於惟昭郡，襟帶桂梧，瀰樂孕秀，埒於名都，有水桃川，聿來自楚，百折南奔，會於瀰渚，歲歲春漲，其來撼空，嚙我北隅，蛟蜃攸宫，氓廬漂没，官宇爲沼，菰藻交加，烟濤漭渺，下迨於今，虞及城隍，民患滋深，率籲彼蒼，天啓攸明，有待三院，民溺睠懷，乃發帑羨，役者均力，肇者協謀，工既告成，矗焉峼嶁，邦人懽呼，孰是樹建，既奠吾居，復昌文運，民當農隙，財出羨餘，惟兹長堤，三臺拮据，凡我士民，奚由報德，鐫詞貞珉，昭示萬億。

（光緒）《平樂縣志》卷一《輿地志》 龍頭堤在縣西北，明御史佴祺築。明宏治、正德年間恭城江水屢漲，將前街衝爲巨浸，以致學宫漂没，民舍蕩析，區區城闉僅恃後街一綫，以幾幸旦夕。至萬曆三十年，知府張一棟詳允三院建立石堤引水，而西起亭子脚迄上冲口，計長八十五丈，濶六丈，高二丈五尺，水患始息，因爲久遠計，將清出絶户，莫如試田二百六十工，招佃承墾，歲入租粒，除納正貢外，餘銀爲修築之需。康熙二年，里書誤將此租造入奏銷册銷，自此修築無資，而堤日就傾頽矣。

婁江新堤

明 張寅《婁江新堤記》《吴中水利全書》卷二五 蘇郡屬治，惟太倉處劇，雄鎮婁江，西受震澤之水。震澤之水入三江，而婁江爲大。其南東江、吴淞江，今且湓流矣。東受海潮之水入三港，而劉家河爲大。其北戚浦、白茆港，今爲圩渠矣。州之西鄙東去城三里，西接吴塘口，爲里者半。近郊稱險，盡廬名闕。傳館送迎，舳艫艤泊，饋運連艘，賈貨兹殖，游人喧渡，漁户圍網，田無畷稷，樵無停采。地爲至要，勢當其衝，知政君子，治莫可緩。其水涯舊址，廣若康衢，能捍水患，年代寖遠。堤防漸壞，況當湖潮二水之會，波流瀠回，驚濤悍湍，走陸嚙道，土隨流去十且六七。舟隔則揭跣以登，岸逼則易壓而徙，往來局促，行旅咨嗟，公私病之。

牧守周侯士佐，見而嘆曰：『削疆漂民，政惟闕哉！失時不修，政惟怠哉！』既而曰：『廪無餘粟，帑無羨財，歲歉舉盈，政惟悖哉！將若之何。凡民苦於始作，泰于成功，擇勞而使，易趨通變，而使不倦可也。』乃白于代巡吕公光洵、憲司敖公、璠郡長范公慶，悉可其議。視厥庶民有偶爾犯科，情可矜疑者，條爲法程，使分治之。計直而自用其財，鳩工而自食其力，耕夫無所徭，舶賈無所征。官不爲勞，民不爲擾。不三月而事竣。長可八百尺，廣加仍舊。甃石於激射之旁，柱木于沸奔之下，如崗如墉，弗潰弗崩，以遏亂流，以薄江怒，人皆樂而利之，召堰蘇堤不獨專美。侯之功，其永存也哉！

寅爲序之而繹其旨有二焉，曰：侯斯舉也，有利物之仁，有節財之義。仁以行之，自夫心之愛耳，爲愷悌，爲循良，政始不苛。義以達之，自夫事之宜耳，爲嚴毅，爲斷制，政始不紊。雖則斯堤形噐之粗，而至精之理，無不寓焉。誠我侯立德之地也。侯之名，其不朽也哉。佐斯役者，湯君拱、閻君儀、金君江；而贊之，則阮君洪也。

（乾隆）《江南通志》卷六三《河渠志》　二年，蘇州府通判張旻疏鹽鐵塘，是年修婁江堤。

（嘉慶）《清一統志》卷一〇三《太倉直隸州》　嘉靖二十五年，知州周士佐築婁江新堤，以禦水患。

明　張國維《吴中水利全書》卷一〇《水治》　八年，巡撫應天等府都察院右副都御史朱瑄淘三江，修婁江堤，浚宜興縣五賢等瀆，浚孟瀆等河。

（嘉靖）《太倉州志》卷一《建制沿革》　婁江新堤，在大西門外、西館前。嘉靖二十五年，知州周士佐砌石爲堤，以捍水患。

蘆溝河堤

論説

明　王恕《王端毅公奏議》卷一二《議修蘆溝河官不當升職奏狀》　今副使潘俊等修築蘆溝河堤岸工完，雖曾効勞，是乃職分之當爲，非分外事也。訪得天順年間，并成化初年，亦曾修築河堤。本部查無升官事例，想是彼時不曾升官。

又《再論工完乞恩奏狀》　且如前者太監李興奏要升修蘆溝河堤岸管工副使潘俊等職事，陛下已納臣等前言，特降聖旨，不准升，都加與賞賜。

明　雷禮《鐔墟堂摘稿》卷二《盧溝河堤工完謝賜銀幣》　嘉靖四十二年五月十五日，該工部題盧溝河堤工完，叙内外效勞官員節。奉聖旨，這河堤工完，各官效有勤勞，雷禮賞銀三十兩，紵絲二表裏，欽此。

臣不勝感戴，除赴鴻臚寺報名廷謝外，恭惟皇上罔度并容，至仁滲漉。念河堤衝決横流，久阻乎通衢，謂水道閼湮疏壅，寧關於一縣納輿言。而屢宸慮恒切拯援普玄德以發帑儲，特崇利濟。仰聖謨之獨運，致天眷之莫違。役不踰時，狀狂瀾於既潰，民罔告病，萃輻輳而騰懽。臣禮叨命閱工，未親畚築，適因人以成事。正斬朽鈍之無能，忽叙績而垂慈，重荷寵綏之溥。及品程絶澤，示鼓鑄於洪鈞。組拯纖華，期裁成於大化。祇鏤銘而增惕，徒佩服以難勝。敢不益礪頑資，永懷綸霈。

綜述

明　袁煒《敕修蘆溝河堤記》（萬曆）《順天府志》卷六　户部尚書大學士袁煒奉敕撰文。我皇上受命於穆清，湛恩汪濊，群生澍濡，暢垓沂埏，淪浹乎無外，百神效職。川岳奠位，天下晏如矣。然聖心以博施濟衆，治化之極功也，而一夫其咨，一區或墊，罔不時恫而俾義焉。維此蘆溝河者，源深流衍，襟帶都城之西，橋亘周行，四方輻輳，并至而會，頃年沙洲突起，下流填閼，水失其故道，潰堤而決，衢殫爲河，觸山阜，漂田廬，迤西南百餘里，行者病涉，耕者釋耒，居者無寧宇。

事聞，皇上意惻然之。若曰：朕祗承上帝大德，利濟元元，顧比可在輦轂之下，盍亟治之，以弭民患。爰遣工部尚書雷禮暨掌禮部尚書徐杲等，相度規畫，上其事宜，皇上發帑銀三萬五千兩有餘，而敕太監張崇、侍郎吕先洵、指揮同知張鐸、御史雷稽古董其役，仍令禮月一往視。

經始于嘉靖壬戌秋九月，報成於癸亥夏四月，凡爲堤延袤一千二百丈，高一丈有奇，廣倍之，崇基密揵，累石重甃，鱗鱗比比，翼如屹如，較昔所修築堅固什百矣。於是臣禮請立石紀其事，以宣揚休烈，垂示永久，乃命臣煒爲之記。

臣惟大禹之治水，疏江道河，浚川灑澤，東歸之於海，既而攸同攸宅，諸夏乂安。功施於無極。若漢之治決河，沉璧馬，興人徒，從官負薪，歷數歲弗能塞，盖讀瓠子之詞，而成功之難，猶可想見，今我皇上福民拯世之心，昭格穹昊，乃神明助順，臣庶協勤，河伯川祇，顯著靈應，甫及半載，而堤鞏拆築，水循舊流，皓旰復爲辱禮，總涉先爲險分，旅歌載途，農謳溢野，而登降移徙之民，胥慶於室，是皇上利濟之鴻仁，與大禹平成之丕績，俾盛比隆，萬世永賴，天壤俱流矣。其視漢人之宣房，葦葦補葺一時者，何可埒語耶？是役也，財出諸御府，夫取諸營卒，而貲不給者，工部以羨餘佐之，官不知費，民不知勞，而遄覩厥成焉。若水之源委，及頻年修治之迹，語在諸臣碑記中，臣不復論著云。嘉靖四十六年立。

明 張昇《重修盧溝河堤記》《永定河志》卷一九　盧溝河在京西郭外，乃桑乾河所經，原自雲中桑乾山，流至京師，橫迤而南，又折而東，跨河有橋，并陝、河、蜀、趙、魏、番羌悉出。於是，乃京西要途也。其河通塞外雲中，鉅木財貨，公私所資，乃京西要津也。河合太行諸山之水，其流峻急，漲則動成衝突，散漫奔潰，漂廬舍，傷人畜，壞田疇園畝不可爲數。而往來之人，阻滯曠日，患不可勝言。近年尤甚。上厪宵旰憂。

正統元年春，有司以河決聞，兩堤計十有一所，延袤千有二百丈。上惕然興嗟，即命內官監太監蕭公通、襄城伯李公鄜、工部尚書曹公鑾，偕奉璽書往治之。乃遣官屬隨地遠近分治，役官兵三千，傭借工八百。肇於是年三月十一日，不數月而堤就功成。缺者以完，壞者以復，橫流者以息，修築者以固。農有耕穫之利，居無漂蕩之虞，行無阻滯之憂。

衆喜而胥告曰：此河昔非不修也，然而隨修而隨壞者，無實功故也。豈有如今日之堅密，而根固者乎？昔非不役衆也，然而用力多而成功緩者，無要法故也。豈有如今日之役省而功速者乎？是皆公輩措畫之宜，葺理之善，而篤勵之精也。皆以手加額，而稱頌之不容口。工已，又以橋北東堤故有河神廟，頹圮不支，無以揚虔而妥神。太監公謀欲新之，而樹碑。於是以紀歲月以請，詔曰：可。於是河堤完固，而民得以無虞。廟宇煥然，而神得以安靜。

斯舉也，非皇上憂民之切，諸公督理之勤，亦安能以成功耶？尚書公間過，屬記於余。余喜而道之，且津要之地，衆出之途，民生之繫，當務之急，政不可後也，功尤可述也。乃不辭而次第其語，以告諸来者。

紀事

《明宣宗寶録》卷四四　宣德三年六月，【略】行在工部奏北京渾河水溢，衝決盧溝河堤百餘丈，今水勢日增，傷民田稼，請令北京行部行都督府役軍民兼修。上曰此不可緩。令晝夜并力用工。

明 吴道南《吴文恪公文集》卷五《盧溝河》　宣德三年六月甲申，水漲渾河，潰盧溝河堤百餘丈。工部請令行府部役軍民兼作，上令晝夜并力治之，復諭部宜先時預防，庶可無患。

《明史》卷二八《五行志一》　六月，渾河水溢，決盧溝河堤百餘丈。

又　八月，盧溝河堤壞。

又 卷八七《河渠志五》　十九年，命侍郎杜謙督理盧溝河堤岸。

清 談遷《國榷》卷四一　蘆溝河堤潰，新寧伯譚祐、工部侍郎陳政、內官監太監李興往築，役卒二萬。

魯公堤

明 邵庶《陽山魯公堤記》（道光）《休寧縣志》卷二一 按《周禮·司險》掌山林川澤之阻，達道路，設溝涂，樹之林以爲阻帶，夫非以其關國家利患哉，寧惟天下邑亦宜然。我休山多土瘠，平原沃野屈指可窮，則民實利之。西去邑治五里許，山曰陽山，其下多古墓，厥田平曠，蕭梁以來故有寺，即以山名，寺松蘿障其北，黟江帶其南，故抱鳳凰山而東。宋邑治在焉，頃歲江流右遷，從石人落石，南下故道漸爲桑田，山口有橋曰『蕃桂』，以匯衆流。山灣有亭曰『紫陽』，以記田賦。四方來游白岳，必經於斯，且爲池陽、豫章孔道。嘉靖間，邑成城，埏埴者利一時，便宜陶兹道側後，遂爲所據，山川形勝欿然失色，見者莫不四顧而嗟世遠。相沿膏壤幾盡，以故潦水汎濫，道路傾頽，輿不得方軌，馬不得并轡，行人重足而步指爲畏途，凡四方躡屩、擔簦乘軒、策杖而來者彳亍道隅，履崎嶇而過。

邑侯魯公下車，令民修築，東補西崩，未陳厥害，城西兩太學汪生以先世封樹在，懼其浸潰，靡所底止，於是帥子弟上書言爲害狀，越月，侯視事西郊，日之所擊果符上書狀，太息久之，令下陶者遠徒，兩太學喻侯德意，疏請修築，自蕃桂橋迄紫陽亭丈五百有奇，鳩工采石，隘者廣，險者夷，踰二季而堤成，平若砥，長若虹，蜿若游龍，堤畔崇壇爲亭，以憩行者，東西相距矻然中立，明年種桃植柳，夾岸皆春，緑樹扶疏，清風披拂，遂成我休負郭勝概，微獨耕不失畔而若輿、若輦、若跣、若徒、若負擔、若捆載、若乞靈，而登封繹繹乎？熙熙乎？如登春臺而游康莊矣。行者色喜而呼曰：魯公堤，魯公堤，識侯之再造也。侯治績最著，今入爲司農郎，兩太學與予結姻家好，屬予記，顛末勒之石以志不忘予，惟是役也，五美具焉，以蘇地脈以障水患，以復田疇，以利行人，以增形勝，司險氏所必稽而實民牧所宜有事也。質之古昔，若楚則孫叔敖之起芍陂，漢則召信臣之約南陽，唐則李襲之築雷陂，宋則范希文之堤通泰，當時莫不患息而利興，即工有廣狹要之皆是役也，魯侯不狃於苟安，不難於積蠹，一旦毅然與民更新，即謂古名臣舉事，誰曰不然，嗟夫！天下事大都始乎一綫，卒乎滔天；始乎徐徐，卒乎凌夷。而不復振隳於隨，而成於斷獨，一堤然乎哉。侯保障吾休，隨處安堵，兹上奉内名桑土綢繆素所樹耳。奚俟不佞溢美爲乃蔽芾穠陰，吾民永賴斯堤也。洵侯之甘棠也夫。侯名點，字子與，別號樂同，爲楚南漳人。同予登進士，兩太學仲名應時，季名應邦，以尚義世其家，法得備書，見堤所由成與所由名云。

（道光）《休寧縣志》卷四《水利》 魯公堤，在楊村，魯公驅窑户存沃成堤，障水護田。

又卷一五《人物》 汪應時，字惟中，西門人，好義樂施，葺拓宗祠，曾焚千金券，董修城隍廟，創築魯公堤，見《碑記》。

陸公堤（安徽潛山縣）

（乾隆）《潛山縣志》卷六《秩官志》 陸元錫，浙江仁和人，萬歷辛丑進士。天才駿發，詩文超逸，兼善行草。令灊時，幹理敏决，案無留牘，百廢具興。建青冥樓、采眞軒、流雲亭於北察院舊址，建漱玉亭於北河堤上，白沙庵於崩河。甃沙河堤、清涼堤，利賴殊多，至今稱陸公堤。

清 李光清《陸公堤》（乾隆）《潛山縣志》卷二一 北郭沙河十里西，陸公曾此築長堤，流來勢，殺波濤，緩挹去支分灌溉低青口。遥瞻春柳淡黄山，近看夏苗齊三春。禹甸勤農事一邑賢侯障萬畦。

陸公堤（湖北宜城縣）

論説

（光緒）《宜城縣續志》卷上《建置志》 昔蘇子瞻守杭州，築西湖堤以衛民，民賴其利，號爲蘇公堤。陳堯佐守滑州，河決，築長堤，號陳公堤。今公之惠愛在民，何異二公耶？公之去，民欲爲公建生祠，公峻拒之，然至今沿堤之民遵公約束，鐫之石，以垂久遠。其石之額，大書深刻，皆曰陸公堤。而口碑之載道，尤翕然無異辭。

藝文

明 李文鳳《陸公堤》（光緒）《宜城縣續志》卷下　滔滔不識幾千秋，捍衛今憑我邑侯。地壅長堤環緑野，岸連高阜護青疇。近迎反照横塘面，遥隔半帆出隴頭。寄語兩邊齊插柳，甘棠又爲陸公留。

雜録

（光緒）《宜城縣續志》卷上《建置志》　陸公堤沿漢東西兩岸，西自卧虎岩至龍王洲，長七十餘里，計六萬餘丈，高一丈至三丈不等，厚一丈六尺。又自龍王洲至葛籐灣築堤二十餘里，高厚如之，東自古河口至萬楊洲，長十五六里，高厚如西岸。同治九年，縣令陸祐勤興築，十年完功。

陸公堤（湖南善化縣）

（光緒）《善化縣志》卷五《津梁》　牛角湖，縣南二十里，在陸公堤内。

又　東窪湖，縣南二十里，在陸公堤外。

又　陸公堤，縣南二十里，大圍。明萬歷知縣陸南陽築，外障江水，内溉民田，堤路修闊，行人便之。

又卷六《津梁》　籌添義渡，縣西三十里，東岸青泥灣，西岸觀音港。光緒丙子，何捉軍鳴高置船二隻，捐河東陸公堤内，坐落地名黄塘，田一百二十畝，交地境殷實，輪管每年租穀，除歲修工食另立章程外，餘資永作中元厲祭，并惜字工食等費。

又卷一八《名宦》　陸南陽，武進人。隆慶中，知善化縣。清廉慈惠，訓諸生以行誼，民有寃誣坐辟者，南陽伸雪更生，其人刻像祀之。又於八都賓河一帶築堤十里，外防江漲，内便行人，至今名陸公堤。民建祠祀之。

又卷三〇《祠廟》　陸、李二公祠，在陸公堤内高家坪。

又　陸公，名南陽，前明武進歲貢。歷官多善政，崇祀名宦祠。萬歷間，任善化縣。知縣以黑石鋪大汜鋪濱河一帶，數遭淹没，創築長堤，外防水患，内溉民田。堤内紳民，至今食德，立祠祀之。祠頭門外連曉窗，捐田半坵，憑衆界石。

陸公堤（順天府）

明 劉克家《陸公堤記略》（光緒）《順天府志》卷四四　保堤障，河之南地，東西長二百餘里，獨保堤中央首受衝而同患，則爲六州縣之堤也。陸公視保邑，率縣民先之旋闢文大照汛修理，而大城汛如靳家背後，基窄土薄，此百餘丈之口置弗講，雖别汛固若金城，何益？公代大城募築外加女堤，移於舊堤之南百步區畫，决口十餘處，皆當衝險。堤成，皆感勞曰：此陸公堤也。公諱旭。

（光緒）《順天府志》卷四四《河渠志九》　老堤長二百里有奇，大城縣境堤外女堤，即所謂陸公堤也，陸旭修。

陸公堤（天津府）

（康熙）《天津衛志》卷一《建置》　城西門外有陸公堤，在藏經閣前，去城半里餘。萬曆三十二年，教場口岸衝决，浸及城磚二十四層。有清軍同知陸敏捷申請題留兩營班軍修護城堤一道，繞城西南二面，以絶水患，係衛城第一要防。工成名爲陸公堤，今雖坍塌，基址尚存，所宜亟修，以免後害。

（同治）《續天津縣志》卷七《河渠》 按堤兩旁皆植柳，故又名柳林堤。今西門外海會寺前所稱橫街者，即陸公堤。頭南門外倪家臺東有小徑達閘口者，即陸公堤尾。其中間一帶，盡汙漫矣。

（光緒）《重修天津府志》卷二二《考十三》 陸公堤在府城西門外。

陸公堤（浙江平湖縣）

（乾隆）《平湖縣志》卷七《人物志》 陸光旭，號鶴田。順治壬辰進士，授保定知縣，多惠政。時苦疫癘，醫藥療治，全活者甚衆。又捐俸築堤，以捍水患。工竣，即名爲陸公堤

（光緒）《平湖縣志》卷一六《人物》 癸巳，大水決堤衝突爲患。光旭築堤捍水，民呼陸公堤。

梅家畲堤

（嘉靖）《江西通志》卷二二《臨江府》 梅家畲堤，在府治東十五里，舊□□□壞，隨修隨圮，民不能田。正德以來，知府徐問悉力修築，自是水不爲害，民獲安□。邑人孫偉銘：清江水害梅家畲爲要，舊有堤善□春夏浩淼歕激，蕩没民産，虛賦之家千餘户，且□鄰毗陵養齋徐先生刺臨三年，水穊無虛歲，因嘆曰：『民害若是，如之何，弗帛而知食其力乎？』於是積罅縮浮，財用度可乃降省規制授父老，子弟具畚鍤板築從事，隸習知事者八人爲長，分命屬僚先後釐厥山，自壬午秋八月至於癸未春竣事，修百丈中股弩門水勢東瀉，瀾二十丈，高半之，旁教民雜藝靡縵圖經久。是歲水三至，東潤由軌無害，黎服大説，走公廡下稽顙謝公，不居曰：若民勞也，其善視無喪，厥功於是，咸德公無已。相率求其鄉大夫孫偉銘石道左，繫遠思焉。夫治民當恤其大也，子産乘輿之譏謂夫小之也。惠盡而害猶是也，公之理民利病甚多，惟築城江岸，築兹堤竭心力焉。蓋二處相傳有水怪而咸即功其昭德之致乎，夫德昭而民不忘者，人心也。立辭以像賢者，示遠也。遠而益知有公吾郡不重矣乎。詞曰：湯湯楚水，大江具區，孰泊而横，孰道而趨，蕭蕭梅畲，列水以家，昔胡嗷嗷，今胡歡譁，維彼歡譁，匪民之毗，哀斯遺斯，疾病有告，其告維何，天降洚水，蕩我田廬，饑我父子，惟兹父子，將適樂土，悁悁徐侯，來此遐莫，遐莫來此，憂心策策，奄有大防，於河之側，靡云不逮，孔棘有成，靡費不貲，民弗覼瘠，維豐有年，維筍有歲，百世之閑，三邑之惠，勤官漳澤，古昔稱賢，工重民力，春秋書年，嗟嗟徐侯，德溥功茂，民歌民頌，與石同壽。

明 孫偉《梅家畲修堤碑》（同治）《清江縣志》卷二 清江水害，梅家畲爲要，舊有堤，善崩。春夏浩淼，歕激蕩，没民産，虛賦之家千餘户，且虐隣毗。陵養齋先生刺臨三年，水禍無虛歲，因嘆曰：『民害若是，若之何弗？吊而忍食，其力乎？』於是積罅縮浮，財用度可，乃降省規制授父老子弟，具畚鍤版築，從事隸習知事者八人爲長，分命屬僚，先後釐厥，工自壬午秋八月，至於癸未春竣事，修百丈中股弩鬬，水勢東瀉，瀾二十丈，高半之，旁教民雜藝靡縵圖經久。

是歲水三至，東潤繇軌無害，黎服大悦。走公廡下稽顙謝公，不居曰若民勞也。其善視無喪，厥功於是，咸德公無已。相率求其鄉大夫孫偉銘石道左，係遠思焉。夫治民當恤其大也，子産乘輿之譏謂夫小之也。惠盡而害猶是也。公之理民利病甚多，惟築城江岸、築兹堤竭心力焉。蓋二處相傳有水怪而咸即功其昭德之致乎，夫德昭而民不忘者人心也。立辭以象賢者示遠也，遠而益知有公，吾郡不誠重矣乎。

《詞》曰：湯湯楚水，大江具區，孰泊而横，孰道而趨，蕭蕭梅畲，列水以家，昔胡嗷嗷，今胡歡譁，維彼歡譁，匪民之毗，哀斯遺斯，疾病有告，其告維何，天降洚水，蕩我田廬，饑我父子，惟兹父予，將適樂土，悁悁徐侯，來此遐莫，遐莫來此，憂心策策，奄有大防，於河之側，靡云不逮，孔棘有成，靡費不貲，民弗覼瘠，維豐有年，維筍有歲，百世之閑，三邑之惠，勤官漳澤，古昔稱賢，工重民力，春秋書年，嗟嗟徐侯，德溥功茂，民歌民頌，與石同壽。

明 龔亨《重修梅家畬堤記》（隆慶）《臨江府志》卷一四　清江之東有鉅堤焉，曰梅家畬。當袁贛之衝，每遇霖潦相仍，諸流叢奔，堤輒壞焉。敗廬舍，没禾稼，其害有不可勝言者。正德以来七築，弗底于績，地遂再易。嘉靖壬午冬，郡守養齋徐公問殫心悉力，集民以築。乙未春，大雨水，堤復决，連歲如之，曰魚廟背，曰李家園，曰龍潭，曰趙家園，社公山、蕭家園爲堤凡七，皆爲洿池，水勢泛濫，吾民其將魚鱉乎。

丁酉冬，郴陽台峰李侯易以地官正郎出守吾臨，下車之初，詢民疾苦，維時鄉進士黄君璉、杜君欽德等條陳以告，侯乃慨然曰：『茲惟吾責哉。』於是謀諸同知林侯志麟、通判魏侯焕、推官鍾侯允謙，衆議克同，訏謨攸定，乃進鄉之耆舊而言曰：『捍灾禦患，以衛四境，予曷敢不力其事爾？曷可不事其事？』乃進屬吏而言曰：『某才可幹，其董而役，若怠于事，國有常罰。』乃祝于城隍之神，曰：『神爲民而立，民依神而安。黙相厥成，以益吾民，寔賴神功。』仲冬之吉，庶民子来力，則出于一鄉財，則出于處分，綂率有力，省試有期，故下不知其劳焉，上不見其費焉。而其區畫形勢，相度地宜，皆出侯之定見。爲長四百丈，橫徑二百丈，壯固崇厚，視昔有加，越戊戌春三月，功已告成，何其易易哉。

蓋侯誠心感民，故民易動，佚道使民，故民不怨，一方安堵，無復昬墊之患。侯之爲政可謂知所先務矣。由君子觀之，下咨民瘼，而悉知其情，智也。視民之溺，由己溺之，仁也。毅然爲之，浮議不惑，義也。從容以役民，而不促迫，禮也。一舉而四善具，民用賴焉。繇是而推之敬老慈，薄聚歛省，刑罰順天時，因地利，五行各其性道，將大行於天下矣。詎止福澤，吾臨已乎。夫侯爲政三年，簡約持身，節用愛人力，欲追古循吏，而茲堤之修，役以其時，民享其利，功獨白著，尤璉等之所欲書者也。故因其請僭爲之記，以紀歲月，俾後有所攷云。

明 楊廷麟《重修梅家畬至黄家園堤碑》（同治）《清江縣志》卷二　崇正十有二年己卯，夏大水，江溢於修德鄉五都之閒，始若髮漂，終乃大圮，保人之壞游如也。

鄉邑大夫遂人以咸懼，邑侯無錫秦公閔之甚，曰：是不可以日月契也。我乃先之，則蹙言於衆曰：凡壤之人以力報也。邑人之嘗宅其良者以患準也，嗇老之雄於旅以或腐於力者若才差也，名相遠者實相近也，功相遠者事相半也，我則有大福於汝後人。

是年冬十月，度里裁，匡步帆，割畛耦，量時景，役以日，至勿或敢匱，遂有長，長有十里。鄙有督，督有五人。涂有植，植有八表，官徒有專，專曆三職程事，而終不愆於素，自梅家畬以屬，黄家園、丹桂坊縱昄之三百七十丈五尺有尋，而止側輪不及十之一，廉則砥之弱，則倅之，廓以怒則參以敵之，廣與崇方水迺滛之，上而望之綳如也。已下則埤其表翼翼也。凡百有十日以訖工，不加昔矣。又陪敦焉。

嗟乎！國家嘗有建義之役矣，淮之爲淮，則有泇口之師矣，其始以人之功爲己，弗功也，辭之，辭之矣，若之何以人之勞爲亡勞也。身之且身之而弗身其勞也。則曰：吾不敢爲利焉，左移而右息焉，民之不爲鮪黿猶幸草爾，古之儒者嘗以是爲亡病也。或不待請而爲之，甚乃不惜以其躬衛之，曰：吾學吾道如是也，秦公以儒者之治，治之又安能已乎。明年庚辰，大水軌以立植無逆於防清江，舊史楊廷麟樂而記之，辭曰：自古在昔，乃牽乃贛，乃涉其西，華陽以別，南曰蛇溪，維小阜攸，同蕭水漱之，遂曰：滲國前之，爲此或廿年，或七八年乃至歲易，秦公成枳，以仁以勇，衆力以傳，士樂工良，使我人曰栱我公之爲德，制身者道物制者才，公則有之。曰王國曷徵我宅我田。曰王國曷正我徒我車。曰王國曷成曷洽我士我工。嘻乎嘻乎江之永矣。嗣者其前良乎。念茲戎勞。敢告月日。

（同治）《清江縣志》卷二《疆域志下》　梅家畬堤，在九都三圖，明正德以來七築弗就。嘉靖元年，知府徐問修築，長百丈，廣二十丈。十四年春，大雨，堤復壞，并決魚廟背、李家園、龍潭、趙家園、社公山、蕭家園六堤。十六年冬，知府李易修築，長四百丈，橫徑二百丈。崇正十二年，夏大水，復決。郡守胡永清、知縣秦鏞重築，通判朱愼鍪督修，凡一百五十丈。國朝道光十九年，因狂濤齧盡河塍，五月大水堤潰，下及黄家園、郭陀堆，計長二百餘丈，壞田廬無算。知縣方對揚以舊堤逼近河干，非經久計，乃相地勢，距黄家園、郭陀堆舊堤百丈内築新堤，計長五百餘丈，工未竣，知縣李世琦接篆督修，始克告成，費一萬餘金。統名之曰梅家畬。咸豐十年，梅家畬與龍王廟交界之所河岸被冲，又復倒盡，漸近堤身，知縣馮棫思患預防，捐廉銀八十兩，擬添築内堤一百三十丈，甫興工，因賊警迭至中止。同治二年，知縣張興言仍馮舊址續築，工始成。三年六月，河水大漲，外堤破，内堤因新築未堅，亦將傾圮。五年知縣李寅清、九年知縣潘懿兩次培修，始臻堅厚。

又卷五《職官志》 秦鏞，字大音，號若水，無錫人，少刻意爲古學，明易數，以明經舉崇正丁丑進士，授清江知縣。【略】在縣數年築梅家畬堤，建義倉，釐正祀典，崇重師儒，以經術飭吏治。

又卷一〇《雜類志》 十九年己亥五月大水，梅家畬堤潰，壞田廬。

蒙公堤（湖南武岡州）

明 楊志禮《蒙公堤記》（嘉慶）《武岡州志》卷二八 夫堤曷爲乎『蒙公』稱也？識作堤者蒙公事，德蒙公之惠，故以『蒙公』稱焉，示不忘也，若蘇堤然。蘇公之官於杭也，錢塘有堤；官於徐也，汴河有堤。二者咸以『蘇公』名，德而思之，故名以識之也。斯命堤意也。

夫堤曷爲乎作也？武城之南，環而流者，濟也。濟之兩岸，比而居者，民也。岸居須堤，乃水虞，堤不可已者，矧通衢貴廣，往來必由，向固屹而崇坦而正軌也！江流漲漫，洪濤波齧，日損月圮，積歲久矣。居岦子阽，行艱于步。民修則力弗齊，官修則政靡暇。下民懷咨，弗敢請也舊矣。

壬戌之夏，貳守蒙公以職方郎左遷於武，自粵來經。政餘登眺，覽勝寶方，出入于是，見而憫焉。乃捐俸贖鳩僝工，輦石運鍤，築甃并舉，即居受分餉其匠。役不月而堤成，翼然若馳，屹然若立，整然若堂齋，既完且固。於是居者慶于家曰：『奠我也。』行者歌子塗曰：『坦我也。』咸嘖嘖然稱曰：『惠矣哉！』

西橋楊子聞之，曰：『嘻！眞惠歟，其政也。』鄭子産以乘輿濟人于溱洧，孟子曰：『惠而不知爲政。』蓋譏之也。蒙公茲役也，豈惟杠梁之等已哉？厥利溥矣。然以是而惠之，是限之也，非知公者也。蒙公之居武也，襟度瀟洒，脱略世故，事若不經意而立可取辦，葢倜儻不羈、雄才遠馭者歟！說者謂風流雅致可追蘇公，而德業良未涯也。

公名大賓，字封善，山泉其別號也，世粵之賓州人。登嘉靖庚戌進士，歷任兩京部司。所至著清譽，揚直聲。惠政在武，當有記之者，茲不盡述也，作蒙公堤記。

（康熙）《武岡州志》卷三《建置》 蒙公堤，近城濟川南岸，爲黔粵通道。每春水漲，便爲波嚙，行者苦之。明嘉靖四十季辛酉，二守蒙公大賓捐俸鳩石甃堤，展百餘丈，于今利賴。訓導楊志禮爲記。

（嘉慶）《武岡州志》卷一六《工書》 蒙公堤城西濟水，南岸爲黔粵孔道，每水漲便爲浪嚙，行道苦之。明嘉靖辛酉，州同賓州蒙大賓捐俸築堤，展爲百餘丈，人呼蒙公堤。

又卷一九《政績略》 嘉靖朝，仕武岡者有三同知，周嗣昌、蒙大賓、昌應時，皆以部郎謫任，皆賢佐也。【略】大賓號山泉，賓州人。嘉靖進士，以兵部職方郎中謫任。性豪邁，所至有直聲惠政。州西資水南岸爲瀑流所齧，行道苦之。大賓捐俸築堤百餘丈，人呼蒙公堤。以憂去，民遮留號泣，如失怙恃，祀名宦。

南橋堤

元 鄭淵《南橋堤記》（康熙）《浦江縣志》卷一〇 浦陽江，出縣西六十里深袤山之南，經於縣治之南門，東流入於海。宋工部尚書錢公遹嘗作橋於江，以通行者。橋後害於水，江堤遂決，沿汪之田皆漂毀不存，民往往病之。

至正三年，江西那海公來爲縣長官，不數月有治聲。每過南門，輒念斯橋之壞，而民多病涉。明年冬，興役治橋。橋成，乃築土堤，廣若干尺，高若干尺，而殺其上，甃以石。閲三時乃成，名曰浦陽堤。又懇田若干畝有奇。公之惠及吾民者不其至哉！縣民感公之德不能忘，乃謀伐石，請予記。

予竊聞之，滕侯子京治岳陽時，因洞庭水之險，乃自岳陽門西，距金雞之右，築堤一千餘尺以利民，名之曰堰洪。歐陽子實序而記之，謂其以百步之堤，禦天下至險不測之患。歐陽子豈過論者哉！今公之治浦江，政既無不修，又能以其餘力興數十年之廢，其於滕侯之治岳陽，予恐無以異也。世嘗謂古之人爲民興利，而今之人無以繼之者，觀公斯舉，其何媿乎！烏可以淺心而遽量茲世之人也。

是堤之築，其惠及吾民者甚弘，不可無記以告來者，遂書刻於江賔。

千金堤

論説

清 李伍漢《壑雲篇文集》卷五《募修千金堤叙》 金堤之築也，始於唐魯國顔公，大修於明梁山古公。曩者，隨時修補，經費有藉。今則歷百三十餘年，因循弗顧之日多矣。昔賢之命意也，大則堤水環遶郡城，以固一郡之風氣；次則沿河一帶有所蓄洩，而資灌溉，國賦之所關焉；又次則郡東南之孔道，公私利涉，賴以不病焉。

夫天下之事，未有歷千百年而不敝壞者，矧浩浩洪流，束以一堤，而謂一勞，遂以永逸，雖日削月侵，可以忽焉，不加喜戚於其心哉！且長堤不可以少缺，猶之長繩不可以寸朽也。當其卑薄而增培，則易爲功力。及其潰決勢大，則力益以難任。矧今茲倒塌，已非一處，遞歲衝齧，已非一日，失今不治，其害何窮。

余目擊其傾圮，悵惘于跋涉也久矣。奈時詘不能舉贏，徒致慨于點金無術焉。爾今水滸寺蓮源上人毅然欲以託鉢募緣力爲修補，此其意非不甚善，然功大而費繁，時艱而助寡蓮乎。吾懼汝之願力大而法力小也。心禪身瘁不見成功，徒爲畏難而不肯任事者之所藉口，反以塞後此有志者之進步也。奈何蓮上人曰：僧微乎其孤也，且不憚銜精衛之石，矧宰官居士心力厚善什百倍于僧者，肯坐視當務而不舉乎？即有不繼，吾竭吾心以爲之，未必無寸尺之益也。余嘉其有志而不畏難，乃實地之證修，異乎浮屠之幼□緣，故握筆以引其端，爲四方善士勸云。

明 徐良傳《千金陂論》（同治）《臨川縣志》卷五 論曰：余嘗眺擬峴臺周行千金堤上，退而覽觀載籍，睹其興廢之故，可異焉。

綜述

清 黄石麟《半蕪園集》卷五《千金堤募建大慈閣叙》 余州東出五里，千金堤，水滸寺釋蓮源與鄉士大夫議改其中舊堂作大慈閣，中欲爲藻井，陟諸佛相其上，曰：易庳陋而崇之以潔也，虚其下以息游觀。贊咏者曰：登者則與寓目廣大之際焉，盍貸余言使募之。東川黄子曰：將爲相水土之利以利其民人者，與仁人之事也；將爲高舉遠望出隘狹而游廖廓者，與智者之樂也；將爲損其愛欲償之福利者，與天下之所禱祀而求也。斯舉也，三論備焉。汝水南属汧，北環州城而達于彭蠡堤，其決者，中唐之爲華陂也。魯公之爲土塍，戴公均水之爲冷泉也。渤海李公繼築，肇名曰千金。貴溪葉公之繼于宋也。梁山古公之繼于明也。

堤成，而大川之性順溝洫浹，而潦涸之患希，郡邑固而高深之險，具四方之舳艫相属其間，而厚生利用之物畢至。古大夫慮其功大而弗永，又立之祠於上，與吾民致力於神。余恆謂鄉之士大夫祝于斯者，非若他釋氏之宫，損其愛欲償之福利者也，其利予州仁而不與于私矣。今也若□其原隰，相其流泉，辨其都鄙，察田疇園圃漆林之治于焉。閱檣艫之溯沿，嘻負戴之重趼，則見夫流波洋洋，蕩洲漸渚，風雲旋生，有聲百里之外，仰而視之。瀇瀇乎，不見天地之所際，而山河之故猶然。其灝遠靈和之氣，滃涌而作，縈洄而集。

余意其時樂於斯者，必將有隨子固而擬似峴山陋靈運，而不訪庥源者矣夫。然民而不有其利，神而不寧其享，吾人其何以樂於斯也哉。寺初曰靈昌祠，祠水神。前宫大慈閣者，擇云水神所歸也。水知歸而堤永，堤永而神之利以普，斯舉也，其不可以已者矣。

余將與州之君子計，堤庸上人其致力求之四方之士。今江州置闕湖口，吴楚粤閩賢豪聯袂，而予臨有道君子竹雪，會子方垂帷，擁比爲彼。都人士之師，其以予言入而問焉，殆有合乎三論之中者矣。聖水李子曰：子之言□書之□，授之瓢笠以行之。

又《千金堤復建大慈閣叙》代陳司農 余分督撫事，多歷年勤于漕役，乃習于水利。

千金堤者，州之東南水利之大者也。唐、宋迄明，創築繼增，循良之迹著，川澮之澤久。今憲副張公、振公昨守撫，嘗暨僚屬鄉大夫士議修之，以費羸用詘，未能亟舉。然余衷若有闕惄焉，其未敢忘也。堤上寺爲明太守梁山古公所建靈昌祠，意倣李冰立犀河瀕之法，僧蓮原欲易其庳敝爲高閣，巍立其中，于以臨馭波濤之怪，佐一州捍禦。相地形者，以謂於郡城增輔，翼于都人士聚科名。若生民其間，溝洫之制，四方舟車之所經，利益溥矣。僉曰：是亦不可不亟舉。余甚韙之，此其將有事于堤者之志也歟？今人施予作佛事，多動千福利之說者。

夫計其利，孰有大於爲一州之利者哉！及其成功，登覽之日，觀雲物山河之美，樂其樂者。又與四方之士同之，匪惟一州而已。聞予言，必有奮躍而起者，汝蓮原少而材，其亟往募之。

明 佚名《新修千金堤記》（同治）《臨川縣志》卷五 曩余下車時，即聞之郡中藉藉，言千金陂事甚亟矣，則又怪其何役之難成，而前後因循釋鼎成之業，而虛爲此紛紛也。於是郡之耆老、縉紳、大夫、先生之屬儼而造焉，所陳說利害甚悉，咸有當於余。

余退而發昞圖經，曆峴臺，巡行郊野，辨其土地川澤鄖陵衍沃原隰之宜。眺瑶湖千金堤上下，余蓋低回者久之，慨然想見魯公諸賢之爲人，則又未嘗不私竊嚮往之矣。夫鑿渠分浸導川之氣，而鍾澤之美，爲民興利，眞太守事。澤不陂，川無梁，春秋刺之尤甚。矧諸監司當道措注焉，業已檄捐贖金資給之矣，而不能畢力督成，稱其位之謂何？

且郡蓋舊稱沃壤，勢形便連，三面之水以爲帶，此百姓所豐給萬商所輳集也。又有杭稻梨栗桑麻蒔蔬之饒，土宜橘柚，水多黿魚，貧者得以人給家足，無饑寒之憂，故臨汝之間，號爲土膏，其價畝一金。今決而難復，絶陂池水澤之利，而奪民負郭之腴，洋溢孔家之津，滉瀁七里之壟，高者旱，卑者澇，損耗五穀，是其不可明甚。屬者郡庶人，莫不趨利而棄本，稼穡之民少，商旅之民多，穀不足而貨有餘。又不便於轉輸，往往賈行市販，呰窳媮生而亡積聚。蓋未嘗不過金堤，而太息焉。潰裂相尋，而議所塞者，幾年於此矣，卒未有長於計策中水利害者董其事。乃宣城徐君閎達碩畫，行堤上，視水形便甚熟，所籌度機宜，先計以條於民，余所稱不便者，徐君業亦心計之，亡何疑作矣。曩者郡多諱言堤事，以戊申之役騷然發動，蓋嘗竭一州之力，以扼塞水害，輒復敗。而今茲舉事，黔首狐疑，且喜且怖。議者又顓顓以疏河浚沙爲策，歲月多糜，弊縣官費，勢不及民，浮言沸興，撓成功就敗事。余甚異焉，作而曰：民何知，所不奮身爲民興利者，有如此水。所役民一日，動民一緡，而以興利者，亦如之。且決所未塞，而日事浚淤，非計之得也。但其決所湍悍，難以人力彊塞之。往者用磊礫亂墜而下，雖楗以竹，絡多疏漏。因募得越人水工陳琛等五十人，商程功費。琛等習水善没，没水布碣石，如崇基版築，盡度不爽石取之瑶湖磯，東以塞所決，西以殺其勢，於瀍最便。賴天地之靈，山川之美，高堰合而大波回。蓋鳩工於彊圉赤奮若之歲，而浹周告成事矣。

往者盡截河流，水暴衝激，其勢必西嚙，西不能支，往往潰。今稍卑其上五尺，不與水争咫尺之地，平居水未漲時，游波潴蓄，注澤鹵之地，抱闤闠而西，會於臨控引雄，據陝禦之阻足恃焉。余嘗讀荀伯子《臨川記》，而知其山川爽塏，王謝風流，臨回溪據層阜甚矣。以今觀之，尤信河東所在，居民舊無業作，占募之地。茲乃願受一廛，而以駔儈爲生者，紛然出焉。孔渡永豐河壖棄地，不可勝數，而今皆願求墾治，以資灌溉者數千人。

余又懼江河泛濫多，有蛟龍乘風雨，決壞涯岸者，其性惡鐵，因作鐵犀而爲之銘，築靈昌祠。其上諸所計具諸君記中甚備，余勿論。論余之所繇本末商度者，以詔後之人。若乃增卑培薄，相與保其成而勒之，所謂物睹雙碣之容，民識百重之典云。

藝文

明 帥機《陽秋館集》卷一《千金堤賦》 惟郡邑之創興，莫水德之爲急。符於穆之神用，昭化妙之初質。在天而爲雨露，於人則爲血脉。雨露竭而物不滋，血脉枯而生不殖。彼鄭導涇而秦彊，若翟罷陂而民瘠。道謀回難于成功，利巨豈作夫無益。

繄吾郡之地形，實臨汝之交滙，合二水而繚城，故風氣之完聚，嘉顔李之築堤，覽遺迹而追慕。何陵谷之變遷，汝水决而東注。遂涣散而外反，豈回環而内顧。歷數百載而寂寥，亦氣數之屯阨。一覆轍之爲懲，談堤事而悚慄。譬懲羹而吹虀，將因噎以廢食，成與虧其有待兮。天與人其相因，我大夫之領郡兮。實李冰之鄉人，甫下車而忼慨，豸衆咻之紛紜，曰衆循習而偷安，余豈不懷夫宴息。憫外疆而中乾，可坐視而莫恤。况前賢之謂，何忍裕蠱而不績，非汝民之是，疲覬暫勞而永逸。於是乃多方擘畫，旦夕圖維，迹原野。相高卑，鑒往弊，集衆思，排建閘，允築陂。乃謀監司，監司是從。乃聯貳守協恭和衷，乃率屬幕聚財鳩工。經之營之，不亟不惰，率取給於贖鍰，豈勸借於閭左。

乃浚河沙以疏西嚮之路，乃破湖嘴以遏東潰之怒，或哀之，或益之。行無事而爲智，將抑之陽與之，不與水而争利，乃揵石築埽以爲經久之計，乃作梯滚水以殺奔流之勢。爰募賤人没水下石，鈕貫連環，以膠投漆。枚枚實寔，雖萬撼而不摇，似錮南山之無郄。精意愁神，巨靈贔屭，庶民子來，舊勇和會。故得期年之間，遂變滄桑蓬塊之區，忽爲水鄉，經營乎擬峴，浸漫乎黄塘，故道乃復，邪流以陻。不數里而同臨水兮，若寶劍合於延津。于焉觀其四郊，浮游近縣，則南望建武，北眺豫章。輻輳四達，通惠工商。蓄洩有備，長我稌秔。堤之分野，正直文昌。必有異人，以繼晏王。

於是乎沙明溆浦，渚戲鴛鴦，文鰩出躍，鷗鷺集翔，駕鵝屬玉。箴疵鵁鶄，莫不咀嚼菱藕，出没波光。倒景則摇乎雉堞，捲幔則矚乎帆檣。水縈紆而如帶，池周岈而爲湯。但見山川悉在于鏡裏，銀河似接乎天潢，皛舟摇颺，款乃讙揚，轉輸而一，舍無重繭。將逆而百里，不舂糧潤，下克炎鬱，攸不起家。無待於藏珠作，不煩于儲水，兑運以時，魚集鱗次，陸珍海錯，羅列市肆。錫阿霧縠，無足而至，鞠鞠殷殷，遂爲大邦。雖介處于江外，與中州而頡頏。

若夫春日遲遲，蒲稗因依，白蘋轉緑，修蘭被涯。青霞甃浪而明媚，光風拂水以漣漪。至若薰風自南，沸濤衍溢，菀柳成帷，靚河如拭。憚溽暑而濯纓，晞華髮以枕石。又如紅葉墮川，寒烟收橘，菊岸委金，澄潭浸月。悵望伊人，心魂飛越。及夫空江雲飛，屯雲沉黑，疏林逗舟，而舉火漁人，曬網以吹笛，野寺霜鐘，此景何極。

合四時之佳麗，因玆堤而有獲爾。乃沙頭别友，江干送客，彩鷁雲仍。冠蓋絡繹，仙侣同舟，欣然共適。又如月夕花晨，徘徊宴賞，涉江而采芙蓉，遵洲而擥宿莽，或連光景于修禊，或遣逸興于南樓。桂棹蘭楫，以遨以游。於焉酒繫朱絲，殽羞方筥，震澹清歌，恤削妙舞。浮葭吹，掞金皷，似采蓮吴越之濱，若張樂洞庭之浦。白雲截響，流水徽琹。游魚竦聽，時鳥和吟。合歡而罷，不繼以淫，皆所以澄神盪垢，愉志汏襟。

爰有博物君子，命世英豪，散意方外，覃精雅騷。厭劇市之塵囂，欣水宿面游遨。臨清流以活潑，對沙鳥而揮毫。六念既静，五蘊斯洗。摇筆生風，摛詞炫綺。吐江左之錦心，窺揚馬之淵懿，皆江山之振翼，成不朽之盛事也。豈不休哉？

然大夫猶遜大功，而不有謂人神之協謀，乃鎔鐵犀以鎮上游，回新廟宇以報神休。冀吾州之豐樂，期帶礪于千秋，於是邦之士民，相與歡醵悰舞，曰：大夫有大造于吾土思，所以尸而祝之者，豈殊於畏壘。嗟夫，凡民可與樂成，難與慮始，即鄙生白首雕蟲闇于事體，亦切私憂而過慮。昔人謂經綸天地之謂才，良有以也。千載一逢，敢揚厥美。遂作頌曰：

惟此金堰久逡巡兮，誰其成之斷且仁兮，彼美洸洸照城闉兮。
公爲雲雨澤我民兮。公爲慈航渡波旬兮。
召伯之棣永昭垂兮。仲通之書帝將貺兮。
奠封疆，浴日月，冠洪郡，埒吴越。
邪竇塞兮地脉回，瑞應昭兮産賢才。
儼千秋而作固，頌古徐大夫之德兮悠哉。

明 謝廷宋《讀千金堤志》（同治）《臨川縣志》卷六　堰合戴筐臨，星占賢人聚。各負青雲姿，并有滄州趣。弭棹出松林，風流美無度。練影金梔分，鹵澤瑶溪注。既喜桑麻饒，遂令枌檟樹。日余攖世網，永絶賞心晤。徒徹休汝騎，終謝如邛賦。緬懷靈運蹤，偶從池塘句。

明 徐良傳《千金堤櫂歌》（康熙）《撫州府志》卷三五　長樂長寧幾萬家，不栽桃李種桑麻。使君挽得天河水，散與東風灌稻花。

靈谷銅陵眼裡稀，汝川淼渺弄晴暉。雙懸翠巘雲爲障，直下瑶江玉作圍。

七郎廟前汝水深，鬖鬖咠花垂暮陰，漁舟莫認桃源路，溪水溪花何處尋。

黄塘口外棹歌收，坐看巴華幾派流，叠鼓正翻獅子峽，鳴笳已近虎頭洲。

明 湯顯祖《玉茗堂全集・詩集》卷一四《上巳渡安仁水有憶兩都》 泛羽流波芳樹新，船中穩坐唱歌人。可憐三月桃花水，不似千金堤上春。

又《行千金堤懷蜀人古太守》 曾用三犀壓水精，蜀人文雅世清平。年來太守風流盡，分付漁歌與棹聲。

清 黄石麟《半蕪園集》卷一五《夕過千金堤寺聞經聲投牧和尚》 一衲冰霜十數年，一瓢終歲噉雲烟。江頭洗盔眠龍癖，一叟披緇侍夜禪。

又《行經千金堤下嚴家汊》 戰場猶自怒饑雅，九度陽春草不芽。行道伊誰能吊古，支州十里踏平沙。

清 蔣士銓《忠雅堂文集》卷六《春帖子詞二首》 氣轉陽和萬彙生，九衢歌頌泰階平。千金堤合桃花汛，一綫春和細栁營。

雜録

明 章光岳《復修千金陂記》（同治）《臨川縣志》卷五 郡之東南有千金堤，横亘四五里，延袤千餘丈，屹然障汝水之全流，使周繞郡之四門，如環如帶，以合襟臨崇諸水，而下注豫章者也。

錢公堤

明 袁宏道《袁中郎全集》卷一七《新修錢公堤碑記》 澤國之有江警，猶西北之有虜警，東南之有倭警也。倭虜之患，至於芟夷我赤子，蹂踐我城郭，而水之虐正等；故捍衛之功，比於折衝。邑故窪澤，割江身爲都，每入夏後峽水暴涌，雲昏天回，幾撼地軸。白浪躍雉堞出，居民望之摇摇然。夜則萬雷殷枕，甫就席，輒彷徨起。若此者十餘日或五六日，每歲率三四至以爲常。倉皇有警，則扶白負稚，走郭西之斗堤，涕泣之聲，聞數十里。而堤故孟公舊址，前此去江遠，今蠶食且半，文村之水，直擣其背。萬一水從後決，地勢面雖高，而方張之怒猝不得洩，必且爲旁齧，必且爲横激。我民欲别走，則四顧皆壑，如坳堂之螘，急而趨芥，及芥一漂不可保，則固未如何也已。數十年來，邑人岌岌，議增護堤，當事者檄縣覆按，竟中革。

而慈溪錢侯亂選，以甲辰之秋來牧，芟積舉廢，凡我民之所疾如其疴，不盡其蠹不止也。凡我民之所急如其家，不擇怨勞險易，慨然當之，無邀倖，無却退。邑人士知侯將大有爲，遂先以堤爲請，而革議者有數堵訕虞其壓，輒欲踵故轍。侯陰悉之，偕今丞周君陛躬自按行，見遮道者數輩，侯逆問曰：『是故楊一堤址，雖微可尋也，若何訴？』數輩伏曰：『故堤也，何敢言，而堤之一角，塚壘壘，穿之則暴骸，避之則廢工，奈何？』侯顧丞笑曰：『若以余等不習其鄉，令賄者曲爲導，可謾也。』叱騶人後，去輿蓋，與丞偕步叢草間，顧謂役夫曰：『視吾趾所及，即爲堤徑。』行至關廟前，率曠土無半鬣，群輩以爲神，皆股慄反走。量之得若干丈，分丁夫若干名，丞周君督率之，閱三月告成。

諸父老有識者，謂其子弟曰：『若無謂此舉易也。當江防徐公建議時，首爲臺使者言狀，使者而下，愀然動色，至爲出鍰，趣具議上，而一時狐鼠，竟以他議奪。昔出於上而難，今出於下而易，若謂侯何等父母也？』江防者，舊郡守堯莘也。嗟夫！今江水之憑陵，靖康以後之虜也。邑頻徙頻却，大似南渡之跼蹐。幸此堤復，我民倚斗爲長城。聞侯又欲疏北江之故道，以分水勢，如此則中興可望也。諸澤國皆有堤，雖甚重而無關司命，唯是堤與我民爲存亡。堤與我民爲存亡，故知侯與我民者命也，非堤也。夫閫外之寄，唯命則重，余之比於折衝，非過也。是記也，固燕然之勒也。

（雍正）《慈溪縣志》卷九《清操》 錢仲選，字仁仲，與巫山令陳應式同師鄉先生顏鯨，究心慈湖之學。【略】萬曆十九年，舉於鄉，爲公安令。邑故窪澤割江爲城，每入夏，江水泛漲，民多避郭西之斗堤。扶老攜幼，哭聲聞數十里。選爲之審度形勢，環江築堤。兩浹歲而功成，邑人立碑紀之，稱之曰錢公堤。

清 嚴熊《嚴白雲詩集》卷二五《秋望四首》 天高氣肅九秋時，曳杖逍遥信步遲。孫氏墓前楓燦爛，錢公堤畔柳離披。

譙堤

明 齊譽《譙堤記》（萬曆）《新修南昌府志》卷二九 譙堤者，吾郡太伯西蜀雲阿譙公所築之堤也。堤以公姓，志公之功，民之不能忘也。堤在郡城西南六十里許茅園楓樹潭之上，厥地窪窊，當章、貢、盱、汝諸水，旁出合流之衝。歲夏秋，水輒溢没爲壑，舊嘗築堤，環障我民，得田其中，顧功未大集，績用弗永，隨就湮墊，禾稼弗殖，田不常登，稅額虚存，蕩析逋徵，民以重困。

嘉靖癸卯，公以簡擢來視吾郡事，究心民所疾苦，謂兹堤之役不可緩後圖，所以修築焉。審形度方，詢由稽故而始謀審順時，諏日下宣上聞，而事紀定。擇官授方，計畝任力，而工能畢集，烝髦勞勤，糾頑懲惰，而人以競勸，凡公之秉心塞淵有以作之，乃不終月堤屹屹告成，綿絡枚實，視舊有加固可垂諸久遠。明年秋，禾乃大稔，甲於諸方。堤左右民鼓舞懽呼戴公之功，遂蒙公姓命名。兹堤勒之貞石，用詔無斁。嗚呼韙哉！夫守有邦之土物地事，授地職以奠民利，其政之大者，顧水土之役舉，動艱重功，非目前彼其傳舍處官守，固宜視此爲後矣。乃公獨先盡心焉爲民永圖，此其視民饑溺，眞猶痌瘝在身，而官之事眞視猶一家之事，俾厥民亦若子弟，然席家之成業得世守矣。

嗚呼！公之功信韙矣哉。凡諸戴公頌公焉者，固孚諸人情之公也，是故可以觀立政之要焉，可以樹官司之則焉，誠可以永永傳也。抑公之治南昌也，興學造士，導利寧民，賑窮恤貸，疏滯鋤梗，庶政卓著。然亦有所本，云公尊甫翁東谷先生嘗令蘄水蘄之民戴翁惠澤，至今誦之不衰，此其得民要，非可以聲音笑貌爲者，翁今歸龍門隱矣，斂所未大試者而以付公，公故次第施之，輒有成績行且達之天下，流聲光焉。宦業固顯顯傳世也，南昌之政特爲之兆爾。

（萬曆）《新修南昌府志》卷一六《名宦傳》 譙孟龍，南充人，由進士，嘉靖間知南昌郡政，郡故九河交注也，春水暴漲，民間廬舍、田畮汪洋一浸，公沿河築堤禦之，民以永賴。今《譙堤記》尚存，更加意人材。故癸卯一榜南昌中全省之半，亦作興之效云。

（康熙）《江西通志》卷一四《水利》 府城西南茅園楓樹當章、貢、盱、汝之衝，明嘉靖間，知府譙孟龍築堤，障民居五千餘家，田數萬畝，至今名曰譙堤。

（嘉慶）《清一統志》卷三〇九《南昌府》 又譙堤在縣西南，當章、盱二水之衝，明嘉靖中知府譙孟龍築堤，障民田數萬畝。

沁河堤

綜述

明 何瑭《柏齋集》卷七《重修沁河堤記》 懷慶府城北二里而遠有河，曰沁河，源自山西來，乘高趨下，怒流湍悍可畏。河之南有堤，蓋以防其患也。始築年月無可考，計其來，蓋亦久矣。

成化年間，堤漸陵夷。十八年夏秋之交，霖雨大作，河暴漲，決堤毁城，摧房垣，漂人畜，不可勝紀。日照陳公時守懷慶，徵徒役修築之，堤復高厚完善，迄今餘三十年矣，復漸陵夷。比年夏秋之交，每霖雨河水暴漲，輒至城下，城外房屋墻垣多致傾塌，居人恒凛凛焉，恐復有十八年之患。

太守郟城周公議欲修築，以勞費重大，乃請於欽差巡撫都御史李公，公曰：『修堤防以禦水患，政也，雖勞費固不得已。况親王在此，尤有不可緩者，其亟圖之。』乃諮于分守大參楊公、王公，分巡僉憲韓公、范公，俾經畫區處。計堤之當修築者，西起回龍廟，東過真武廟，長凡三百一十丈有奇，高約二丈有奇，厚濶狹不等。計椿木當用八千根，府庫官銀一千兩，易買六千根，本府措置二千根。計夫役當用三千名，懷慶衛派九百名，河內縣派二千一百名。計定，乃委府太守周公、推官張公、衛指揮徐公、賈公、縣大尹高侯總督，府復轉委温縣典史丘會督役修築。

起工於正德十二年正月二十四日，訖工於是年四月十日。太守公又令沿堤種樹千餘株，蓋亦爲護堤設也。既落成，府縣儒學教諭、訓導辛廷俊、趙文隆輩，囑某請記成績於石，以示久遠。竊惟天下之患，備于未然則力省而功倍，患至而後圖之，非惟勞費不貲，往往有不及事之悔。古人於堤防溝渠之類，歲加修治，職此故也。惟茲堤使十八年以前有人修築，則可以免墊溺之患，奈何其不然也？

今太守公及河之未大爲患也，先築堤以備之，其爲民之德甚厚，然亦勞且費矣。嗣是而後，歲加修築坤補，使茲堤不至陵夷，則吾人墊溺之患，其永免乎？故記其修築始末，復系之以此，以告後人。至於公其他德政與是役無關者，則不暇贅。而義官之屬有勞於是役者，其姓名則記之碑陰，亦不暇詳述云。

傳記

《清史稿》卷三七七《牛鑒傳》　牛鑒，字鏡堂，甘肅武威人。嘉慶十九年進士，選庶吉士，授編修。【略】十九年，擢河南巡撫。整頓吏治，停分發，止攤捐，籌銀二十萬兩，津貼瘠累十五縣；築沁河堤，浚衛河，甚有政聲。

紀事

清 蔣良騏《東華録》卷二五　雍正元年正月，先是河南武陟縣馬營口河決，副都御史牛鈕、侍講齊蘇勒奉旨前往堵築。牛鈕等議于黄河北岸，自沁河堤至詹家店十八里無堤處接築遥堤，以資捍禦。河南巡撫楊宗義以沁、黄并漲時，水無所泄，恐致衝决，不若仍留空隙，以備宣洩。至是，河督陳鵬年奏：『現在河勢奔趨，較前情形不同，無堤攔束，亦屬可虞，請如牛鈕等議。』從之。

清 李元度《國朝先正事略》卷一二《齊勤恪公事略》　康熙四十二年，聖祖南巡閲河。公扈蹕淮安，奉諭曰：『朕視黄河險要地方，應下挑水埽壩，現今永定河經朕親臨指示，辦有成效，爾遵朕指示，前往烟墩、九里岡、龍窩三處，築挑水壩數座，於朕回鑾前完工。』公遵旨，如期竣事乃回任，薦遷侍講祭酒，仍管永定河分司事。奉命同副御史牛鈕監修河南武陟等縣决口堤工，公奏自沁河堤頭至滎澤縣大堤十八里平衍處接築遥堤，使全河水歸一道，專力刷深，不致旁溢。

（雍正）《河南通志》卷一四《河防三》　正統三年七月，巡撫于謙奏開封府陽武縣河決，武陟縣沁河決。直隸廣平、順德二府亦奏漳水決，俱傷禾稼，遣官覆視，且修築沁河堤。

又 卷一五《河防四》　康熙十年，築祥符黑岡堤、陳橋堤、中牟小潭溪堤、儀封石家樓堤、鄭州王家樓堤、商邱蔚家閣堤、考城芝蔴莊堤，河內、武陟各築沁河堤。

《清史稿》卷二二《穆宗本紀二》　癸巳，武陟沁河堤決。

又 卷二三《德宗本紀一》　六月庚戌，山東河決，壞歷城、齊東、利津民埝，諭堵塞賑撫并行。越將劉永福及法兵戰於河內，敗之。乙卯，修沁河堤。

（道光）《武陟縣志》卷一四《河防志》　是年夏，大雨連旬，沁水漲溢，瀕河之廬舍田疇，亦多淹没。被灾之民，有栖於樹、溺於水者。邑令趙開元及簿尉諸君，其相救濟，備極焦勞。秋初，而陽武大堤潰決，總河河道駐宿河干武陟，距陽武百二十二里。沁河堤防，上官不遑兼顧，堵築功成，歸之簿領，而分猷宣力，當日之艱辛，亦可謂無慚職守矣。

又　二十年秋八月，大雨連旬，沁河水溢，知縣王靖及主簿姜培柱、典史任經，竭力修防，民堤得以保固。觀察永公勤事宣防，自夏徂秋，櫛風沐雨，大河異漲，且與堤平，各工危險堪虞，公以敬格神，以悦使民，以身董率，屬員夙夜匪懈，寢食不遑，幸奏安瀾，頌聲載道。沁河堤動帑修築者，數百餘丈，其餘皆民築，民修縣治之南，地勢即窪，河流更急，頻年危險，守土與防河者，咸極焦勞，未雨綢繆，當爲善後之策。惟公愛民如子，自能籌畫萬全，此亦千載一時，斯民之幸也。

又 卷三五《志餘》　偃師黄大王，生有河神之號。順治七年，沁公嘗因給假歸里，奉上諭親至武陟，相度形勢，還朝入奏。河溢堤將頹，邑人大恐。河道佟總鎮麻急檄武陟令劉詣偃師登門請神，爲堤防計。神不來，授黄符一張，命焚沁河堤上，波瀾頓息。儀封張清恪

雜録

清 王履泰《畿輔安瀾志·滏陽河》 沁河堤在邯鄲縣城南。明正德中知縣韓騆築。

（雍正）《河南通志》卷一二《河防一》 武陟縣北岸大堤，自沁河堤頭起至滎澤縣堤界止，遥月堤順長三十二里一百一丈，堡房十六座。

又 太行堤自武陟沁河堤起，至滑縣東界止，共長三萬九千三百四丈六尺。

《東華續録·乾隆三》 丁丑諭：朕聞河南武陟縣木欒店沁河堤工關繫民居廬舍，每年派農夫修築，以防水患。里民按畝派錢，約計二千四百餘兩，頗爲地方之累。若設立長夫二十名，歲支工食三百六十兩即可，省民間二千餘金之幫貼。著該部傳諭河南總河白鍾山照此辦理，其設立長夫，每年應領工食，即動豫省存公銀兩給發，不得絲毫累民，永著爲例。儻胥吏土棍等仍有借名科派者，交與該管官嚴查，從重治罪。

（道光）《河内縣志》卷九《山川志》 沁河堤。《府志》云：南岸堤西自覆背村接界，起至西張計村交武陟縣界止，長七十里。北岸堤，西自東窑頭村接界起，至張武村交武陟縣界止，皆沿河村民修築。惟南岸堤内古陽堤六里鑲築埽工，遇險則合縣公修，官設堡房三座，堡夫十名看守，修塡堤頂。

又 卷一六《營建志》 回龍廟在縣城北沁河堤上，俗稱天師廟，以内有張真人指水回瀾像也。順治五年，河内令于雲石重修，以祀河神。

（道光）《武陟縣志》卷一四《河防志》 東南遥堤，自沁河堤尾起詹家店後大月堤止，長三千三百五十一丈。

又 太行堤，自木欒店沁河堤起，東至獲嘉縣界，長七千四百六十五丈八尺。

又 明洪武十八年秋，詔修黄河沁河堤。

青林堤

清 吴熊《青林堤》（乾隆）《廣濟縣志》卷六 康熙二年癸卯八月，江浸稽天，狂瀾撼地。邑侯安公躬率居民，負梂擔土，日夜巡視江堤，以彌縫其隙而濟其灾，余餉諸堤柳之陰，登高遠眺，蜿蜒蟒盪。蔡山孤嶼，渺若一粟。而黄梅、宿松諸地界，隱隱浮沉於烟雲天際之外，喟然曰：禹之明德遠矣，後之築斯堤者，厥切寧在禹下哉。安公曰：堤之本末，可得詳與？余曰：《水經》，江自蘄陽，東得銅零口，逕長風，稽布，迤逦聳峙，與南岸下土磯對。又釣童半壁，横踞江心，江流狹甚，厥勢洶怒，而盤江以下，復無崇山峻嶺以束其勢，遂折而北走，囓黽山之麓，東左得青林口，即今土人所稱通江源也。《水經注》云：東陵鄉，西南流，水預爲湖。湖西有青林山，即今所稱程家林也。程爲邑著姓，祖墓臚青林山巔。往來者易以今名，不復知青林山名矣。山下爲青林湖，湖之廣可二十里許。湖之中有小山，可二里許，鄉人遇寇警輒避于其上，因名武山。後復以山名湖，稱武山湖，不復知青林湖名矣。

春漲暴涌，舸艦舳艫由青林口逕道觀山樊噲城下，滙萬丈連城，直達黄梅大洋、太白諸湖，抵于下尋。故經云：又西南，歷尋陽分爲二水，一水東通大雷，一水西南流注于江。此魏晋間青林口之水道也。父老相傳，不知何代，江漲迅發，有大栰漂淪通江源。水涸栰膠。久之，沙積礫沉，此口遂息壤以湮，不復有通江源，益不復知青林口名矣。

余嘗疑其説不足據，及觀崔鴻《十六國春秋》：秦氏建元中，唐水泛長，高岸崩頹，城角之下有大木交横如梁柱焉。後燕之初，此木尚在，未知所從。迨攷記稽疑，葢城池當初，山水瀳盪，漂淪巨栰，阜積於斯，沙礫息壤。加以城池既興，物固能久耳。由斯以言，栰塞江源，理固所有，無足疑者。《詩》云：高岸爲谷，深谷爲陵。矧江之開塞，利害攸大，安知非鬼神之所爲也耶？

青林口既閼，北走之水并勢南條盤塘以下，經所謂刊水也。注云：

右對馬頭岸，自富口至此五十里岸阻江山者，即今武穴也。武穴下三十里，昔名鴻腦洲，即今龍坪也。又下四十里，即今大灣、蔡山地也。而武穴獨當其衝。聞之河之來也高，高則勢悍而善噬，故治河宜多予之地。江之來也遠，遠則勢柔而善入，故治江宜堅爲之防。武穴之要害如此，而明永樂二年，始有部臣監築之命，何歟？猶記先王父爲予言：元之季世，紅巾騷動，沿江一帶，居民鮮少，斥鹵沮洳，蘆臣蓊翳。洪武初，諸賊殄滅，萑鴻漸集，次就墾辟。万歷間，吾青林埠始受丈量，是知永樂二年，百廢肇舉。堤工雖興，形埒嶕嶢。故嘉清十七年六月大水，群蛟一日并起於杜家林，而居民田宅皆壞。隆慶五年六月二十二日夜，堤決。縣丞朱公邦華棄其決處，於杜家林南三百步更築，乃今之堤址也。武穴真君鍛碑碣可考。

萬歷三十六年三月至五月，淫雨不止，江堤大圮，五鄉俱没，遺民流離無依。邑侯周公良弼具文請賑，邑人太平知府張公子龍上書兩臺，曰：廣濟里三十鄉七，高原七之二，低濕七之五。五鄉之地，内連武湖，外頻長江，寅爲汙下。今年三四月間，淫雨浹旬。湖暴漲，低田盡没。幸堤障江水，扃者尚存。五月淫霖，武穴、龍坪堤驟潰，田地盧舍無高低矣。居民倉卒，有升屋屋倒而死者，有脱走林邱終莫濟者。若邱壠棺槨攩蕩洪濤巨浸中。即有孝子慈孫，徒興望洋之泣。如杜家林、方家嘴等處，又不可勝計矣。曩隆慶五年破堤，水勢尚小，高者半存。二麥收，早禾熟。民猶藉以聊生。今年破堤甚早，水勢極大，登場二麥，繼爲漂流。禾苗甫見，白浪突來。將何所寄命哉？

爲今之計，當岌岌舉行者三：一曰築堤。夫築堤捍水，自漢唐至今久矣。永樂二年部臣監築之堤，上起盤塘，下訖新開口，綿亘九十餘里，獨武穴寅爲險要。外江内湖，其害不惟廣濟當之，黄梅、宿松、望江、懷寧勢居下流，廣濟之堤一潰，則奔湃之勢直至，五縣皆受水害。隆慶間，破堤八十餘丈，共計夫役七千。今所破者不知幾倍，則夫役工費又不知幾倍。且作堤必須今冬起事，來年二三月告成。三月不成，四月水又至矣。藉堤爲防者，必至失業。五縣錢糧從何致辦？此冬築之期不可不早也。夫築堤宜早，而費所當議。廣濟十室九空，如此，哀憐之可也，撫綏之可也，安能復以築堤之費責之？宜發官銀，廣爲召募，則民心樂從。饑綏之衆，亦得仰給工食，以爲救死之資。其群然赴工者，殆如子趨父事矣。此不惟早完工役，亦救荒之一策也。

二曰蠲徵。夫國家錢糧，出自田地。今歲下五鄉被水，上二鄉三四月山水驟發，平地水深尋丈，沙壓田地過半，溺死人畜無數。此按臺經過，目擊親睹，嗟憂不已者。大雨一止，田塍未及修補。一旱至今，禾苗立稿。夫廣濟七鄉耳，低苦水，高苦旱，粒米無收。有司又以歲辦之額責之，即口殺一人懸之蕘竿，民掉臂不領耳。此本年錢糧，無拘兑運，當行蠲免。其明年，暫且停徵。庶未死之民獲再生之慶矣。

三曰賑濟。人情一日不再食則飢，况連月計日烟火寥寥者乎今？百姓嗸嗸，日夜如赤子之望慈母，張口待哺，不知幾萬。奉兩院賑濟，軫念民瘼，甚盛心矣。第有限之恩，不厭衆望。而廣濟倉廩又無數萬擔之儲，須本省布政悞查有無碍錢糧，給發萬兩。不然，請之内帑。亦一策也。

夫是三者，固當并行。至黄州所屬水灾，九縣同受，而築堤惟濟獨苦。葢廣濟之灾由於堤之决也。藉令堤不預築，來年有水，年年告灾朝廷，徵輸可常蠲乎？倉廩可常發乎？是故事有本末，當圖其本；勢有緩急，當先其急。不然，恐濟邑之民不止迯死已也。書上，未及行，邑令周公良弼乃量賦征力，以三千人築之。不果成。明年庚戌，巡撫張公、巡按史公捐金六百二十兩，守道陳公、巡道陳公、防道韓公，屬黄梅蕭丞董之。訖五月，告成。江夏郭正域曰：寧獨廣濟之利哉？五縣實賴之。

四十一年癸丑大水，堤決。余叔王父太常公時在諫垣，疏論水灾，略云：楚地廣博，而水鄉十居其七。萬歷三十六年大水，今年五月六月復大水，冲堤破防，蛟龍四出。有連屋列櫺蔽江而下者，有牛馬豕畜遂波而浮者，有童女季婦紉衣見志、老弱少壯委髮脱齒狼藉江沙者。肉飽烏鳶之啄，魂浮天際之烟。如此灾傷，百姓僅見。臣邑廣濟黄梅在荆楚下流，江身既高，百姓如在釜底。數百里赤子，係命惟堤。彼時洪水驟汛，譬如崩山倒海，從天而下。百里之民皆爲魚鱉。伏乞陛下大發帑金，以救孑遺之民。仍耑遣一官經理其事，嚴飭守臣多方救援，則既死之民可以復甦矣。

是歲秋，大築堤，邑侯劉公允昌、屬丞樊公守純督之。以踐堤，會有生鹿浮江而至，引之岸下，不死。公慨然曰：神示我矣！吾其與父老子弟并受其禄乎。作瑞鹿歌，爲文紀其事。於是經畫久遠，以停解南粮爲募工費。塞諸決口，視舊堤高廣。公曰：吾將倍增之。且戊申堤決不過尋丈，所請潘司帑金，外益派丁糧六萬餘擔，擔費至二三百錢，僅塞決口。茲欲因工於逋，惟靈東少有積租，其他計一二年所積，金三千餘，吏雖峻征，徒受科累。直以所積工費抵之，而家視所逋多寡，率征爲役。不足，則稍均攤於衆，績可成立。丞樊公守純有幹，令耑董其役。凡兩月，增堤高至尺十有五，廣至尺十有三。穹窿巘軫，竹苞石盤。衆咸德之。因以古觀音閣偕址爲祠祀，公每歲五月十八日遣官於真君殿前致祭河伯。當其時，士民襲以玉、吳自如等朝夕奔走，因祭頒祚，以報勞焉。

順治十六年戊戌，沔漢横決，景陵數邑，民盡爲魚，而茲堤之不没者僅三版。則劉公增倍厚址之德，不亦遠乎？安公於是瞿然正襟曰：劉公之經營固若是哉，厥功誠不在禹下矣。苐思部臣監築之初，不緪其址而紆其塗，毋乃糜工費乎？余曰：此木鵝流水之法也。古人熟識水情，以江北之水必因江南之山之勢以爲瀠洄。當泛濫，削木爲鵝，泛彼中流，聽其所之。艤舴艋尾其後，以竿志之。水退，隨竿築之。異時即有蟻孔之變，庶不至攖怒觸齧矣！夫是以登堤遥望，勢若神龍蜿蜒戲波間耳。安公乃望洋而喜曰：創者先審乎勢，守者繼增其功，天下事類如是也。後之君子欲與河伯争勝，可不知此具乎？余曰：不寧唯是，嘗思堤之未成也，江雖作勢，雷轉電回然。引之，則長津委注。遏之，則百川輟流，漂流堪憂，趨避猶緩。堤之既成也，以一畆之潴，納萬頃之濤；以一線之防，懸五縣之命。表裏江湖，介僅坏土。江飽湖餒，一瀉千里。爲憂不將大乎？昔王遵建節河堤，不溢，王霸精誠，虖沱不流。宗勵大戰，天吴退舍，昌黎致祭，鱷魚遠徙。水德昭明，變通在我。當事嫻於古法，而勵精以圖，則萬世之利矣。

安公於是乎稱善，顧命左右記之。

青溪堤

明 王錫爵《重築青溪堤記》（雍正）《浙江通志》卷六〇　縣界萬山中據全浙上游水之乘高來者，勢若建瓴，而會於新安江之源出於新都之浙嶺，自西北流遠縣治，而東與東溪相合。當其湍激之所，非設堤以障之，則奔潰四溢，罔有定極。

青溪之宜有堤也，其議久矣。正德以來，水寖潟而南。宰縣黎君嘗堤捍之，歲久仍圮。郡守楊侯議行之，而邑令戴君褎其事將底績，兩君先後各以事去，輟工數載。山水時發，發則毁廬壞舍。邑父老子弟請於新令顧君，顧君具牘白於新守郡侯。既報可，自壬午夏始，涉秋乃成。顧君别計所需，爲歲時修築之用，以圖久遠。蓋賢守令所以養民之意也。

前守楊侯名守仁，今守鄧侯名起宗，前令黎君名世傑，戴君名廷槐，今令顧君名雲程。其董役官則典史王學芹、吳希忠也。

明 羅大紘《紫原文集》卷五《比部郎蕭崑陽先生八十序》　淳之東南有青溪堤，潰久矣。更兩令，築之未半而廢。淳民思復之，弗敢望也。翁必主築之，爲堤三百尋。中秋而賦事，孟冬堤成。淳人大説。

青雲堤

明 丁紹軾《丁文遠集》卷九《增修齊山青雲堤記》　凡堤之建，以利涉也，其有利涉而兼利形家，則所繫滋重。

吾郡脉自西來，水從東去。東門有橋、有堤，寔爲闤郡津門關塞之區。創自萬曆乙酉郡伯劉公，公故精于形家者，自成之後，民居日稠，文風日盛，人咸歸德焉。

然石砌者少，年久水齧傾圮過半，又以南門舊堤復興，人多借徑，此堤遂廢，甚至奸黠之徒，從中掘斷以行舟，并中亭材木盡盗之爲烏有矣。此毋論涉者病，而形家益病，不佞心竊悼之而未敢請也。會郡伯胡公、偕倅許公、司理周公，一日宴余于齊山華盖新亭，俯視此堤，瞭然在目，慨然發嘆，謂包絡郡郭，環抱民居，孰有如此堤者，即某不識堪輿，亦知其利益之大也，柰何廢之。

余遂從臾其説，而公亦毅然願舉其事，不俟再議，即日命工，捐俸首倡，而吾邑李侯，亦復欣然從事曰：『此令之責也，敢不惟命。』余私心竊念倡始者君，終事者民，此何等時，而可煩吾民，毋亦姑兆其端，徐圖其成，可乎？亡何而司理公署府事捐贖若干助之，會兵憲陳公至，諸博士弟子前請，亦慨然捐贖若干。又按臺易公至，亦以諸博士弟子請，慨然捐贖若干，而按君聞水口之説，益諄諄加意移檄，至再曰：務令當吾任而底厥成。兵公聞中亭鼎搆，又爲捐所毁淫祠大木數株，六邑長各助有差。于是不數月成功，幸哉幸哉，功成問之民，民不知也。蓋秋毫不取之于民也。即贖鍰亦前此之贖，問之贖人，贖人不知也。蓋秋毫不藉此爲名也。

堤長計六百餘丈，濶丈餘，加土三四尺許，石砌計三方共萬有餘丈。堤中爲橋洞者五，植柳千餘株，計費千餘金，而尤以其剩鏹，修堤南之平政、淩雲二閣，建二碑亭一報功祠碑與祠，皆爲興治。堤橋者設也一時東門之外，如砥如矢，共歌周道，而亭閣相望，巍然煥然，眞不負前此作者之意。其于風氣形勝，詎可謂無小補云。

時余以請告歸，得與諸大夫及二三父老諸委官耆指點，稽核其間，竊自笑曰：是亦爲政也，而其巡行勞來徼其怠竄速其成功，則賴我邑侯爲之。嗚呼噫嘻！凡事之難，無有難于亭屯與幹蠱者。屯之不亨，蠱之不幹，勢必至于大壞極敝，而不可收拾。而其竅繫，莫先于得人，使不得我郡侯邑侯任之先，又不得我按君兵公協心于後，毋論費無從辦而議且叢興，毋論民不得子來，而有司且不敢任厥事矣，欲奏功曷繇此知成天下事者，人得人者天得人，余不能不爲吾郡幸也，遂鐫之石而爲之記。按君名應昌，臨川人，兵公名瑛，晋江人，郡伯名芳桂，巴縣人，理公汝璣，商城人，貴池李侯一鳳江陵人，其前此創始者劉公，名孟雷，廬陵人，尤不可忘所自也。并紀之。

清 王仲儒《西齋集·西齋戊辰詩·拜黄侍中祠》 青雲堤畔北風吹，愁説先朝靖難時。落日寒連江外客，名州淚灑侍中祠。金川不鎖燕師入，玉璽如流漢祚移。獨有孤臣波底血，年年逆浪就湘纍。

清 朴懷玉《青雲堤落成賦》 *（乾隆）《池州府志》卷六* 金堤十里接齊山，獨據江城第一關。形勝不妨隨地闢，經營敢憚戴星還。芳追前哲踪猶在，政舉隆時吏自閒。更快子來趨事日，歡呼聲動碧潺湲。

東望輪蹄出水涯，百年重覯舊皇華。晴霞日煖縈一柳，烟雨春深鎖萬家。攬轡幸無鯨鼓浪，褰帷但有鷺隨車。平湖遥亘長虹彩，會見堤邊再築沙。

（乾隆）《池州府志》卷四《形勝志》 康熙十年間，朴太守懷玉以形家言撤翠微堤石，修築青雲堤，欲令行旅出東道。三十一年間，李太守燦於城東增築三臺墩，亦補障水口之意，然行旅安於其故，卒無一就青雲堤者，今堤又漸圮矣，宜與橋閘并圖之也。

又 卷六《山川志》 青雲堤，自陽春嶺下達九華門外之興濟橋，長六百餘丈，爲橋洞者五，明萬歷間郡守劉孟雷創築，使人出東道，歙人汪道昆爲之記，後圮。姚太守士觀、胡太守芳桂相繼築修，邑人丁紹軾爲之記，今圮。

缺口堤

明 顧應祥《長興新築缺口堤記》 *（同治）《長興縣志》* 長興東北區地瀕震澤，與烏程接壤，弁山巍然介乎其間。弁之餘脈曰小梅山，迤邐直入湖際。舟行者率取道蔡浦，循湖而東，出入鯨波數里，一遇風濤，則顛覆沉溺，十恆八九。惡少不逞之徒，因而恣其剽掠爲患，非一日矣。傍小梅之麓，有一小港曰坍缺港，與烏程三徐婁港口相望二百餘武，亂石林立於荒陂荏葦間。議者咸謂於此築堤，浚一裏河以通舟楫，則可免昔日之患。有司者弗之察，或以爲迂，或慮其費，竟末有任其事者。

乃嘉靖戊戌春仲，余偶適弁麓，鄉民有温良鏜者，邀予并湖而觀，圖所爲浚築之計。時邑侯龍津楊君入覲，秋官主事横山賀君左遷安吉州貳守，來署邑篆，乃以其情達於賀君。賀君毅然曰：吾事也。即下里胥縮估工費銀一百五十兩有奇，仍命良鏜敦匠伐石，工甫就緒而代去。楊君至，則又毅然曰：是誠在我。乃給官帑若干，稽其程限。八閱月，而石堤告成，高一丈有奇，下廣稱是，上廣殺五之二，長爲丈一百有十，内輔以土，外植以葦。裏河廣三丈有四尺，長如其堤。浚坍缺港，廣準裏河，長一百三十丈有奇。既而，楊君被召爲黄門給事，賀君復來署邑，益以官帑，浚徐婁港一百四十丈有奇。於是往來舟楫，率由裏河，脱險就夷，如履平地。仍歲僉徭丁二人，以防崩潰，著在令甲。

今邑侯小峰黄君甫下車，首詢其事，樂觀厥成，謂余知其顛末，宜有一言勒之石，以垂永久。

余惟天下之事成於同而敗於異者，何限初良鏜之建議築堤也。沮之者譊譊然，賀君力排群議而任之。及楊侯至，沮之者益衆，而楊侯任之益力，故能克底於成。向使二君少有同異，一則曰：吾署篆，非吾事也。一則曰：事非吾創，固可以緩。其不至於僨事也幾矣，而安望其功之成哉！《易》曰：二人同心，其利斷金。故蕭曹畫一，而漢室以興。牛李異謀，而唐政日廢。其始也，一念之争勝，而其終也，天下國家之安危係之矣。

今二君同心協德，以成厥美。而黄侯甫至，又喜談而樂道之，蓋有不必功自己出者，即一事，而三君子之所存可古也已。若賀君先後署篆，終始其事，殆若有數存焉。而良鏜之憂勤盡瘁，其功亦不可泯。春秋之法，凡城一方，興一役，皆謹識之，重民事也。余於是舉喜其功奇，而費省，又嘉三君子存心之公，可以達之天下，故不敢以不文辭，而次第書之。

（同治）《湖州府志》卷二三《輿地略》　坍缺口堤在縣東北小梅山麓。

三元堤

綜述

明　楊思震《重修三元堤記》（道光）《安岳縣志》卷六　鶴汀李侯之作泮宫也，諸生請曰：『龍山形勝，係於一溪。然而溪水之流，滔滔汩汩，徑而遂焉。昔我宋守彭公嘗作之堤。蓋豬水以儲秀也。我先師顏公又從而築之。今既圮矣，而遺迹存焉。茲欲即故址而復爲之，俾風氣於是乎聚也，可乎？』侯曰：『然是古辟雍之象也。』乃伐石以甃之，凡五月而堤成。或曰：『動者水之常也，故智者樂之。今障而使静，無亦反其常乎？』

予曰：『《易》有之，時止則止，時行則行，神其機則妙而不窮，執乎器則滯而不化。故動而静焉，静而動焉，而後形而上者之道章矣。然則水之動也，不有所不必動之理，以神於其中乎。吾嘗即是堤之成，而有以得仁智之道。是故時乎一鑒方涵，萬象澄寂，山漲弗至，清影沈浮，百怪潜形，游鱗自得，茲則景物咸若天機，躍如君子。觀之，固有以乘，其至静之趣，以藏以修，而天理之機豁然自形者矣。其或雲行雨施，衆流斯匯，源泉混混，盈科必行，而又蛟龍出潜，春濤奮起，浩然東之，勢不可遏。君子觀之，固有以得其至動之機，奮迅激昂。而朝宗之心浩乎莫禦者矣。夫天下之理，莫不猶乎水也，而得其静者爲仁，得其動者爲智。君子養至動之理於静，而體以立推至静之理於動，而用以行。一静一動交，而仁智之推於是乎不窮矣。』

予觀李侯爲政，體仁用智，故達之，而爲是堤有以哉！諸士子之於平日嘗優游於仁智之域，而涵泳聖涯，且於是乎游焉。寧不有以啓其本然之天，而况毓於其秀以成乎其身，飄然於充養之後，以推致乎文章政事之用者，孰非此理之運乎？

堤在翰林灘之上，叠石爲之，深廣皆丈餘，而屹然跨溪，則十丈有奇，其甃密鞏固，蓋二倍於昔，與鐵峰、龍橋、流杯池、讀易洞諸形勝之區上下相望。李侯之功，確乎其可久也。以其爲士子發身之所，故名曰三元堤。

明　孫科《重修三元堤記》（道光）《安岳縣志》卷六　嘗謂雄廟貌之偉觀者，恃垣翰之巍峩。儲人物之奇傑者，藉山川之帶礪。理信然也！安岳學宫遷踞龍山，環而圍之者宫墻計百有餘丈。文廟前溪水瀠流，先是涣而不聚，積石以豬之，謂翕受之，足以發才也，名其堤曰三元。

嘉靖十八年，先知縣事李湖因舊址，伐石而甃之者也。歲久水漲，傾圮大半，觀者興嘆焉。癸丑秋七月，適黎侯被命牧普，謁廟畢，登堂進多士而講習之。已而見宫墻頹塌，即鳩工修葺之，仍爲垂久之計，比度尋丈，覆蓋咸用石，俾不朽也。繼躡斯堤，見其圮，甚爲愀然，思曰惜哉！此堤之不堅無惑乎？科目之不多得人也。

夫水惟環鎖斯有以鍾英而毓秀，學旁居民有隙地可決之，以迴水勢，且盤曲面學，形擬腰帶，遂捐貲以贖之，民樂從，諏吉興工，丁夫子來僅踰月而落成，由高及深，皆石爲之，長十有餘丈，廣丈有餘尺，鞏固倍昔。凡迹斯堤者，咸知侯爲蓄才計也，匪勞百姓也。同寅陳君逯鵾、羅君大倫率庠員龍騰遠等屬科并紀其實焉。

夫是績也，創始於昔而充拓於今。創於昔者不知其凡幾年，則其興於今而功之垂於後也，又不知其幾何年矣。故睹數仞之宫墻，凡士之得門而入者，未必不由階而升，值氣運之翕聚，凡士之盈科而進者，自可以成章而達，期以仰副德意可也。侯名文焕，字用晦，號相亭，長沙人，登丁酉鄉薦。初授福建清浦令，以守正不阿，調茲邑。其他績業尚多，茲不槩及。

清　沈清任《重修三元堤記》（道光）《安岳縣志》卷六　三元堤在安岳縣小南門外，縣以山爲城，分山成溪，以溪之曲折蜿蜒也。舊名龍溪，又名岳陽溪。迤南爲學宫溪，形環宫墻若預璧，常日淺塞，山水陡發，則浩淼無際，水去仍污萊。

前之宰斯土者，以此溪秀潤可以輝映文教也。甃石瀦水，命名爲三元堤。始於宋守彭公，修於明代顔公，又修於李侯，又修於黎侯，皆爲文，載在邑乘。自嘉靖以後，迄今垂二百年，堤久傾圮，閒有爲橋以益行路者，亦圮於水，而遺址存焉。吾同邑友袖東徐司馬莅官隆康，於縣之北山首捐金建龍神祠，凡益吾民者，次第具舉，復以紳耆之請，劚土鑿石，重新此堤。

乾隆戊戌春三月，余以公事來縣，適堤未蕆工，迺得同觀於溪上。城之下有洞穴，名曰翰林洞，堤南數武有流杯池、釣鼇臺，稍遠有化龍池、鐵峰諸勝。南北崖并泐『三元堤』三字，新出土中，石工鷩足溪閒，鑿石齒齒，視之皆爲暗榫，膠以灰漿，上下平廣，尺寸一如舊式，所謂礱密鞏固者，功倍於昔，而取石肘下，費不繁滋，事之相因，而成者固如是矣。

夫堤必取名三元，欲士之大有成就也。蓄水之意，欲其渟泓深廣，若文之有波瀾迴折也。文之能波瀾迴折，必有學以養之，氣以聚之，機以杼之，神以行之，而後澄之則清，鑒之則明，紆徐卓犖而無所障礙也。然則三元之名與其驗，固不僅在乎石之屹，而亦在乎人之靈矣乎。至於旱潦之蓄洩，露冕之游觀，固築堤者之餘意，而興復古迹，玉成人才，殆所兢兢也。余既喜堤之落成，而又樂吾友之亟民事也，爲之記貞諸樂石。

清　徐觀海《重修三元堤記》（道光）《安岳縣志》卷六　余以丁酉奉調入闈，得窺全蜀人文之盛。比揭榜，而安岳無一人與選。自愧教養之責，科名不振，抑亦守土者羞也。

既公旋，與一二父老咨嗟談往日事，因考邑乘，南門外有溪環學宫，前人築堤瀦水，使停而不奔，以聚形勢，是以曆來科名不絶。此雖形家者言，然君子之求治也，凡有益於民，皆當舉之。昔漢曹景完令郃陽，開南寺門承望華岳，遂使學者多獲人爵之報，矧士爲四民之首，鼓舞作興，俾凡民觀感共勉於學，先務之急，莫過於是。苟可斡旋造化，安得諉爲冥漠不知之氣運以聽之耶？特慨然捐金，又稍稍勸輸，得緡錢二百千，踵其舊址，重加築石，績前人之迹，培士林之基，凡四閱月，既蕆工，堅整完好，堪以垂久。

夫稽古之榮，獲報不爽，即有厄於時命者，什不得一二。是以有志之士束身圭璧，修天爵以待人爵，自當脱穎而出。區區障堤蓄水，爲此小補之計，曾何與焉。惟在自好者憬然悟，躍然起也。則余修堤之意，是即勸學之意，或亦有能諒者夫。

清　龔聯輝《重修三元堤及新修迎恩堤記》（道光）《安岳縣志》卷六

邑環溪爲城，城逶迤鳳山之麓，而溪繞其下，其上流則賈浪仙亭，其南岸則釣鼇臺，奎星閣峙其東，翰林洞麗其北，流杯池當溪之中。溪雖小，一邑之形勝於是焉聚，皆石骨結成，因名之曰龍溪。溪隘而不闊，淺而不深，陡而不平，故其水春與冬竭而不盈，其石高下懸殊，故其流甚駛而不停，易洩而不能蓄，倚岸良田，無以資水之利，限於地勢者然也。

明末名宦巴陵顔秉鈞先生舉邑城而築之，并修三元諸堤。當獻賊之變，山林鬱湮，堤遂爲水沖坍。乾隆戊戌，錢塘徐司馬莅是邑，紹興古迹，復修三元堤，建觀音閣於南岸。堤砌石三級，高六尺，廣一丈，修十丈有七尺，盈盈有半里許，其水上泝高橋，足以溉田者數十餘畝，沿岸數十户居民歌利澤焉。方欲修迎恩堤，以升授湖北清軍廳去任。而待澤下流者，惆然無以挹彼注茲也。

庚辰冬，予承乏茲土，謀所以興民利者，惟水利爲最。見三元堤蓄水不厚，抑給者不過數十家，因增高四尺，其廣與修如前堤之舊，其水則上泝至仁里莊，所灌之田可以數百畝計矣。然猶未足以舉附郭之田而盡溉之也。於是急謀復迎恩堤，堤本前任西江周惺甫曾經修理，方落成，即坍於水，以監工未得人，且未若水之性也。予因偕進士周樸亭、文學陶鴻甄，并邑紳往觀之。樸亭進曰：前堤之毀，以其橫梗於中也。水橫則性急，曷若順其性而導之，可以不朽。鴻甄又進曰：水之有所阻也，不能順流於上，必冲激於下，堤之壞也，毀於底之不堅者過半，所謂河魚腹疾者是也。前此之毀，底不堅耳。今欲永久，非鑿泥見石未可以云固也。

予可其說，即以陶生董其事，順水之性，而浚深其底，直至石骨，始架石於其上，没入於泥者三層，其層高二尺，共六層，底廣三丈，面廣一丈，長十一丈。募化僅數百金，予捐廉四百有四，籌款數千。曆兩紀，而完善如故。中砌以腰堤，水直達三元堤之窪。自是附郭之田，均資灌溉，其沾潤者數千百餘畝矣。迄今過岳陽者，瞻鳳山之麓、浪仙之亭、釣鼇臺、翰林洞、流杯池、奎星閣，其形勝固如昨也。而掩映於清且漣漪者，注於不竭之源焉，視向之易洩而不能蓄爲何如也？至於形家，謂可澡浴人才，夫觀其流泉，古人不廢，益不能無厚望於邑人士也。

是役也，余縻於兹四稔矣。所欲爲地方興久遠之利者，尚不止於是，而顧以濫膺卓異，將舍此北上，僅能增添膏火數百金，修奎星閣，培三元堤及新修迎恩堤。其所待舉者如龍門堤，及未竟之緒尚多，不能不俟諸後之君子，抑或有俟予之歸來耶？

傳記

清 峗開發《重修顏公祠記》（道光）《安岳縣志》卷五　顏侯，諱公輔，字秉鈞，楚巴陵世族也。【略】先是學制尚隘，公增闢之，殿廡門墻經畫大備。復建明倫堂，修三元堤，功皆不可没。

（光緒）《續修安岳縣志》卷三《封建》　勷生錢公，雲南昆明舉人。道光十八年來任，力裁陋規。士以文章見者，講授娓娓不倦；以訟事來者，嚴誠之，一時士風爲變。太史陶贊臣即公所奬勵也。培修文廟、文昌宫、奎星閣、春風園、三元堤、迎恩堤、邑城，歲久坍塌，公捐廉修四百四十丈。

又　陶鴻甄邑增生，字岳南，少精敏，處分細事，即有尺度。從譚太史學讀書，期有用。安岳學校陵夷，士常以貧故輟學，先生經置學田若干畝，文武廟、奎星閣、三元堤、迎恩堤，倡首捐資，獨力籌畫，年八十卒。

紀事

（道光）《安岳縣志》卷六《古迹志》　三元堤，在縣治南門外，有巨溪環學宫，溪水逼近城脚。乾隆四十二年，古堤傾圮，南北崖俱泐有三元堤三字。蓋經前人修葺者屢矣。邑令徐觀海捐俸勸輸得金若干，闢土鑿石，踵其遺址而新之，其上下深廣尺寸如舊式，名亦仍其舊。至道光時，邑令龔聯輝增修盈科、迎恩二堤，并補修加石磴焉。邑人汪時儁書『砥柱石』三字於盈科堤下。

（光緒）《續修安岳縣志》卷一　光緒十五年，邑令陳桂辛復培修太陽廟處内墻二丈餘，近新南門高炮臺兩處城垣各丈餘，近三元堤處内墻二丈餘。光緒十八年，縣令陳公淘浚三元堤城河，謝世珍有記，自此深溝高壘，赫赫巖疆矣。

雜録

清 陳元振《重修儒學記》（道光）《安岳縣志》卷三　然侯又精地理學之外，舊有龍橋河，相其通水下流涣散無歸，暇則率諸生砌石十五丈以防之，名曰三元堤。

（道光）《安岳縣志》卷六《古迹志》　釣鼇臺在城南三元堤下。

又　雲臺山在治南三元堤上龍泉之右，一峰突起如雲。

又　岳陽溪源出治西南二十里朱家坪天台山澗中，北注香雲山麓，又東北注城南三元堤，環帶學宫，瀠繞全治。

又　化龍池在治南關外三元堤上。

（光緒）《新修潼川府志》卷八《輿地志》　釣鼇臺在城南三元堤下翰林洞上，有釣鼇潭中産巨鱗，上垂柏如繪，近水若釣鼇狀，明邑令李奇英築臺其上。

沙湖堤

明　吳寬《家藏集》卷三八《沙湖堤記》　《周禮·職方氏》：東南曰揚州，其澤藪曰具區，浸曰五湖。今蘇郡在古揚州境內，而具區即太湖也，又在今吳縣境內。獨所謂五湖者，莫考其迹。然水所瀦，輒數千頃，以湖名者，不知有幾，豈即《周禮》之五湖耶？或曰：太湖中分爲五，故名。夫既曰具區，不應複言五湖，是必不然。凡田之并湖者，既藉灌溉之利，而風波衝激，田塍輒崩，則有浸淫之苦。至於舟楫往來，固擅乘載之利。然而風波猝興，港渚無避，亦有覆溺之憂。葢利害之相倚伏如此。

湖之在偏隅者不必論。若距郡城東二十里曰沙湖，凡太倉、崑山、嘉定、崇明之人之所必經者，其廣袤各數十里，横絶道上。其北多腴田，其中多舟楫，人以爲患者尤甚。旁有盜藪，以行刼爲業。客舟爲風波所阻，集于岸下，多不能免，人益患之。昔人欲築堤以捍水者久矣，皆以土石所施，無所附麗，其功難成，遂置之。

乃弘治丙辰，工部主事姚君文灝奉敕來督水利，始白于巡撫右副都御史朱公，謂堤可築。公往視之，亦曰可築。且曰：是宜用卷埽法。葢吾治河決時，所已試者也。謀既恊，姚君乃專任其事。先時，君從工部侍郎徐公浚常熟江口，獲葦利之占於民者，以爲公用。及是，遂賴其濟。一時夫卒盡力，材用畢具。功垂成，而君移疾去矣。

今郎中傅君潮來代，周行田野，水利大興。他日，行至沙湖，嘆曰：是堤之功，其可已乎？至是，巡撫爲左副都御史彭公，復勸相之，而堤竟以完告。其潤爲丈三，長爲丈三百六十，隱然如城，堅壯可久。而水勢汪汪，安流成渠，人皆稱便。

惟古土功之興，春秋謹之。大抵因民之所利而利之，則易爲功，違之則難。然又有難易焉者。孟子曰：爲高必因丘陵，爲下必因川澤。葢言因其勢者則易也。故世之捍水者，未有不因於土之勢，然非知乎水之性，亦終於壞而已。

今夫沙湖爲堤，既無所因，可謂難矣。顧其水，湍悍特殺而抑之，其漩洄演漾固無所滯，此其所以竟成也。彼梁作淮堰成而即壞，惟障而塞之，不知其性爾！水利之不行已久，行則有利焉。然能去其患，則利在其中，如是堤然。葢耕者無浸淫之苦，則安於田畝；行者無覆溺之憂，則樂於道路；賈者無掠奪之恐，則保其貨財。利何博於此？

是役也，前守爲史侯簡，今爲曹侯鳳，皆經畫其事者。若通判陳瑋，知縣劉珂、鄺璠，縣丞賨龕，主簿喻秉，則勞績并著，皆可書者。於是傅君使來，請文刻石。予郡人也，喜水患之能去，且知君之才操，與姚君并美，無忝於上命也。遂爲之記。後之人尚謹視之，以無隳其功云。

明　唐時升《三易集》卷一二《重築沙湖堤記代》　昔在弘治九年丙辰，始築沙湖堤，起於婁門，卒於崑山之小維亭，至於今葢百有餘年矣。駭風驚波，震撼齧蝕，幾十之二。日引月長，勢將不能自止。觀察曹公言於中丞趙公，欲重治之。顧數年以來，内營皇居將作之費以億計，外奉軍師輓輸萬里外，府庫之藏搜括無餘，然而及今爲之猶易，爲力是不可遺後人。會司徒郎管公來治關稅，剔弊釐奸，商旅咸集。歲額之外，得金一千四百有奇。公曰：『今歲幸有餘入，吾不敢加於常課，以困後來者，其可留以予民，必有所以用之。』以書告中丞暨觀察二公，二公計曰：『用管公之遺於沙湖，其澤可以永久。』遂檄郡縣庀木石之數，度畚鍤之役，適與金相當，乃興事，凡爲堤七十五丈，高十尺，廣六尺。五閱月，金盡而堤成焉。内涵外流，狂瀾不興。東船西舫，如行康莊，民甚樂之。

余觀太湖從三江東下，其泛濫四出者，遇洿瀦則復成湖，沙湖在郡城之東，其南北與二江相吞吐，而當四縣走集之地，公私期會，與百貨之出入，無論晝夜晦暝，舳艫常相望。一旦南風驅波濤而下，如萬馬之騰驤，舟黏北，尺寸不得動。北風驟至，則漂蕩入湖中，檣摧櫓折，如箭脱弦，故奸人依以爲窟穴，盲風怪雨之日，則烏聚伏，何候行者。而湖之陽，皆乪鍾之田，穀芽之春，稼成之秋，風起浪湧，一望泙湃，不見路人蹤迹，此昔人之所爲作堤也。

《傳》曰：『無平不陂，無往不復。』假使數十年之後，湖堤盡廢，波濤橫行，道路多警，亦孰知爲誰之過者！吾憂當事者之莫以爲意也。以今之時而舉百年之廢，上不知費，下不知勞，滄波沆漭之間，隱然如城郭。前人之續將墜而復存，可謂盛矣！若夫千金之積，不以自私，而用之於民，捍患救災，垂無疆之休，使過之者謳吟嘆息，想見其人。蓋賢者所至，必有遺澤，没世而不忘者也。

夫吴爲澤國，考其記載，大抵皆沮洳之場。昔之賢人君子相與彌縫其闕，而匡救其灾，以及於今，遂爲天下財賦之最。蓋大厦之成，非一木之支也。然而昔人平水土之，不出二者，曰塘浦，以疏之；堤岸，以捍之。今千里之内，溝渠、塘圩之迹，不獨不如吴越錢氏之盛時，即考文襄忠靖之遺烈，鮮有存者。蓋一川之浚，遇旱而後知其功；一堤之毁，遇潦而後知其害。故庸人之情常，不以置意，至於陵夷已極，乃唏嘘太息，又以爲非一時物力所能辦。此東南水利之所以日湮也。後之繼今者，將廢而隨舉之，幾毁而復成之，皆若斯堤之弗壞也。則國家根本之地，永有望矣。

明 沈岱《吴江水考增輯》卷二《水治考上》 九年，築長洲縣沙湖堤，工部主事姚文顥築，廣三丈，袤三百六十丈，又浚宜興盛瀆等四瀆，凡八百五十五丈。

明 張國維《吴中水利全書》卷一〇《水治》 二十六年，滸墅鈔關户部主事管學畏修沙湖堤。

明 張萱《西園聞見録》卷九〇《工部四》 弘治八年，吴大水，國計告乏，工部侍郎徐公貫奉敕開浚白茆港，水始有歸。繼之者則主政姚公文灝，議築沙湖堤，用治河卷埽法，而事協濟，迄今賴焉。

明 楊廉《楊文恪公文集》卷四二《新居上梁文》 梁之西月湖，西接沙湖堤。更向月湖營一室，即將書院扁前楣。

明 鄭潛《樗庵類稿》卷二《過沙湖》 天陰慘平野，風急過沙湖。堤樹千行瘦，崑山一點孤。程期思朔漠，游賞負姑蘇。何日能來此，紅船載酒壺。

沙衙堤

明 林熙春《重修東津沙衙堤記》（乾隆）《潮州府志》卷四一 《周禮·大司徒》辨十二壤、教稼穡、樹藝。《小司徒》經土地、井牧田野而閭師復任農以耕事，貢九穀、一民事而多官兼治，總以佐王安擾邦國。至冬官溝洫之政論，防必先地，勢廣與崇方大防外，網則專爲堤防設焉，維時當水不灾，其備豫也。後世史起之於鄴，鄭國之於秦，白公之於趙，謝安之於新城類，皆以疏築利民而泰州桿海之防，范文正以一鹽官成之，即程明道之攝上元也；日盛夏堤决，倘俟開府開漕始塞民其魚乎，救民獲罪所不辭也。

嗚呼！二公誠千古遺烈哉。潮本澤國，合贛、循、梅、汀、漳五都之水注於韓江，千里建瓴，萬派歸壑，鼂湖、鳳溪以下勢轉而東，東津其要害處也。沿江兩岸賴堤以固。春夏之交，雨淫江漲，白浪與雉堞相際，居民皇皇倉卒；有警則扶老攜幼，號泣聞遠邇。他不具論，即沙衙堤庚子以來已三潰矣。

庚子堤潰，直指李公用薛孝廉采議，發帑金，檄司理姚公董其役。仍自虎豹陂培土增磯以建於此，計圖久遠。奈旁多流沙，水易觸齧！壬子圮甫塞，癸丑復圮，東厢、秋溪、龍眼城、蘇灣各都禾没殆盡。直指周公、觀察陳公、太守陸公各捐金爲倡，將謀修築。適縣尹沈公下車，謂此地善圮，非中砌地龍，無以杜滲泄；非外培荒石，無以禦衝激；非上流加石磯，無以障狂瀾。議上報可。遂命沈公督主簿黄大德、耆義廖一潛等刻日興工，自乙卯正月迄三月報竣。計堤亘若干丈，崇二丈有奇；址六丈，面網址之二。

工竣之日，水適至，堤屹然無恙。秋冬二斂，禾黍豐收，四都之慶，安瀾而食。明德者相偕造余，丐辭勒石，以垂永久。余惟潮地濱江賴堤以固，前此視爲故常，每待其潰决而後圖之。成化時，太守周公鵬築北堤，發丁夫數千，閱六月乃成。宏治時，御史曾公昂復發帑二千金築北堤。正德間，鄉人御史楊公琠疏請以鹽利三千金修南堤。

萬歷時，觀察任公可容修許隴堤，亦糜費千餘金。凡此皆救之事後，孰若豫於事前之爲愈也。沙衙幸已底績，存禾稼而免覆溺，全牛靈而安廬墓，其功與史起諸人埒。顧其始事之難，視宏、正間又倍蓰焉。何也，救荒之政，一曰散利，利無以散，尚安責財，其賦民難；一曰弛力，灾沴洊臻，民力已餒，其役民難。茲監司持議，郡邑分猷，既爲其難，而使民以佚矣。在易之蠱曰：先甲三日，後甲三日，蓋聖人示先事速爲慮，後事速爲防也。嗣此者無忘易訓萬世其永賴乎。周公諱應期，楚人。陳公諱一教，吴人。陸公諱典，沈公諱鳳超，俱浙人。

（光緒）《海陽縣志》卷二一《建置略五》 明萬曆二十八年，東津沙衙堤潰，推官姚嘉會以帑金修治，然屢築屢潰，四十一年復圮，四十三年知縣沈鳳超重修，增廣堤身，三月工竣。

又 康熙四十年，下栅堤決三十餘丈。五十七年，沙衙堤決二十餘丈，皆鄉人協築官爲督工焉。

又卷三二《列傳一》 沈鳳超，字石年，吴江人，進士，萬曆中知縣事，時東津沙衙堤潰，東厢、秋溪、隆眼城、蘇灣諸都禾没殆盡。鳳超甫下車，相其地旁多流沙爲水齧，堤雖成必圮，乃建議中砌地龍以杜滲洩，外培荒石以禦衝激。又於上流加石磯以障水勢，當事韙其議，迨始事日，詣堤所，稽勤惰，核工程，逾月堤成，四都民賴之。

沙洋堤

論説

清 孫嘉淦《孫文定公奏疏》卷一〇《重修沙洋疏》 奏爲重修沙洋古堤以增保障事。

查楚省漢江、襄河所有堤工，多係民堤、民修。惟荆門州之關廟、鄭家潭等處，長二十餘里，名曰沙洋堤。據荆、安二郡之上，偶有踈虞，則江、監、潛、沔皆受其害，興修保固，最宜詳慎。是以順治十三年、康熙六十一年、雍正四年俱經動帑加修。乾隆二年，又動司庫公項銀一千兩，交荆門州知州張鎮，大加修築。詎張鎮修理草率，本年六月間，鄭家潭潰決，下州縣多致成灾。除將張鎮另疏參革責令賠修外，查漢水自關廟以下多大溜，頂冲之所堤根，甚爲危險，即將新潰之口，加意堵塞，而以一線之堤，與大溜抗衡，終非萬全無患之道。

查沙洋大堤迤東一二里外，尚有古堤一道。相傳起自宋代，綿長二十里，適當大堤險工之後，今年鄭家潭潰因古堤殘缺，連冲九口，水逾古堤，建瓴而下，觸處冲淹。若使古堤堅固，未嘗不可以資捍禦也。臣親行相度古堤上十里，當關廟之後，堤身尚皆高厚，可以緩修。其下十里，適當鄭家潭潰口之後，本來堤身多有殘薄，又大堤新潰，更宜保護。必當大加修築，一律高厚，使大堤卓立於外，以禦冲刷，古堤屹峙於內，以防潰溢。如此重層保障，以資捍禦，庶可無意外之虞。

臣現委安陸府知府劉士銘并安陸同知杜薫，估計興工，務於明春完竣。此實安、荆兩郡民命所關，不得不慎重也。再查古堤原不在民修之內，必宜動項興築。現今各處民堤既經奏明，動支商捐銀二萬二千兩借給帮修。計此項借給之外，尚有餘剩，即以所剩之銀修理此堤。如再不足，查武昌關口岸銀兩，每年亦有餘剩，可以動支。合此兩項，庶可敷用。除土方丈尺銀兩數目，俟估明題報外，所有古堤應修緣由，以及動支款項，理合先行奏聞，伏祈睿鑒。謹奏。

（乾隆）《荆門州志》卷一二《水利》 按，州堤防，要害全在沙洋鎮一帶。此鎮控荆門、江陵、監利、潛江、沔陽五州縣之上流，漢水自蘆麻口直衝沙洋北岸。舊有堤，接連青泥湖、新城鎮，由沈家灣至白鶴寺、不剎腦，至潛江界，凡二十餘里，惟沙洋堤勢獨寬厚，軍民屢居其上。

綜述

明 魯省吾《修築沙洋堤碑》（康熙）《安陸府志》卷三二 禹抑洪水，江漢功半之。其朝宗皆出楚，楚故澤國也。

余入蜀涉江源，入秦浮漢，其勢并建瓴而下，奔騰震激，導波如雷，第兩山壁立夾束乎其中，勢莫得逞，山稍夷即横流四溢，矧楚當二水衝人耳彼猥有託，而自便安計者叵哉，寧敢望公？乃公之利濟人，寔出天性，聞昔每馳往督堤，犯波濤，歷寒暑，捐俸佐牛酒費勞來諸役五州縣徃役之民，如恐後。一切代木輾石竹楗上埽畚鍾之具，纖巨咸飭，以故不逾年而底績。此非心誠不忍於民，其見既定而行之，又力定得此堤成，而兩郡晏如共倚以爲命也？

今海内縉紳先生嘗謂，國家二百餘年以來，二千石異等被褒增秩者，才兩見。嘉隆之際，獨趙荆州一人耳，名豈虚致哉！顧公德政彰彰大者，更僕未易數。余所記，獨在堤，又獨在沙洋，其以俟史氏論選矣。

余前遇家長老爲言堤幸固耳，漢水猶射齒盤，簿其下不即去脱竹筒河淤溢如，故不大浚，猶將可虞。又濵江大堤，歲遭决者，往往而是，不得盡如沙洋堤。余久於四方，誠不知其果否？獨念公守荆州河潤已遠，況乃撫全楚哉。無何，讀邸報，公已一一入經略疏中矣。其叙民胥溺之狀，至不可讀，《詩》曰：滔滔江漢，南國之紀。沱潛導而雲土夢乂全楚不復見平成永賴哉！夫公自守荆州以至今日，功已半禹。即佐天子都要津隨，所任以利濟天下，功之全詎出禹下乎？姑附記於此，亦王公、余公意也。

清 吴之紀《重修沙洋堤碑》（康熙）《安陸府志》卷三一　漢自郢而下歷内方，奔流迅激，勢如建瓴，沙洋當其衝。東距荆門州百三十里，州境内也。而俯瞰江陵，若頂之灌足，監、潛、沔共利害焉。

明代嘉靖丁未歲堤決，流害不止。有中丞趙公諱賢者，曾守荆州，復築於隆慶之元年，迄今我朝順治之十有二年，曆年九十，民享其利者，近百年矣。而魚龍之所饞嚼，風濤之所怒洗，危險旦夕，則惟沙洋之閿廟嗟嗟。天下無百年不敝之事，亦無百年久敝之事。夫天道五年而一小變，三十年而一大變，地氣隨之，計此九十之年，閱變者三，而五行循環，天一地六之數，水土應兆其端。班固曰：《六經》無堤防壅塞之文，其事起於戰國。然亦時變爲之也。

古物土滿，人物未蕃，水得遊渡，惟順導之。故先王之制，不防川水土演，而民用也。後世人滿澤畔，户纏尺壤，人貢不聽其遊渡，而逆抑之，陻流塞溢，所以豐財。先王至今，亦必變疏鑿爲堤防矣。故堤莫急於今日，而今日之堤莫急於沙洋。諺曰：衝倒沙洋堤，荆州城作養魚池。地，獨卑曠哉？乃在荆承，爲甚江由西陵達荆漢，由竹山達承，若遼濶矣，而利病寔共之承之。荆門東去一百八十里曰沙洋鎮，鎮控荆門、江、監、潛、沔五州縣之上流，漢水自蘆麻口直衝鎮北，岸舊有堤爲防，軍民廛居其上，堤内田可畊者度數百里。歲嘉靖丁未，堤決，水直趨江陵龍灣市而下，分爲支流者九，遂不可復塞，塞之輒復壞，卒成河通舟。黍稌之場，滔爲巨浸，兩郡民死徙相半，甚苦，乃在荆爲甚。

蓋漢與江交病之矣，顧久之不事復塞，民延頸嗷嗷，無所控，徒待斃耳。今中丞趙公往守荆州，屬丙寅，穐漢水復大溢，公臨流望洋，嘆曰：嗟乎！是不有成事可睹乎？向非無堤，廢而不講者，誰耶？獨柰何難慮始，忍陷溺吾民也。乃與承守何公亟圖之。請諸大吏，發司帑，益以二郡贖鍰，共得金六千四百九十兩有奇。部署官屬，各有經紀。肇工於隆慶元年九月二十六日，至明年戊辰八月二十六日堤成。上設武安祠鑄二鐵牛鎮之。又，明年復請得四百金，并堤武安祠，砌水口要害一百二十丈，高二丈，堤乃益固。蜿蜒隆崇，屹屹如山。昔爲巨浸，分粒而畊。昔死徙無，方今室家有常，頌聲洋洋，美哉功乎，越七年於兹矣。

乃者壬申穐公奉命撫楚，席不暇暖，常周回江漢之墟，問民所疾苦。至於堤上居民童叟以千數稽首環公，轍曰：吾儕小民，何遽不爲魚鼈，本公賜也。不意今者幸得復見公，且喜且泣。而分守王公、分巡余公，感民情移，檄有司，謂：兹堤也，功及二郡，甚盛，後亦將睹成事，可無徵乎？

乃摭寔，使入蜀問記。余竊觀古今，獨慕禹功，以治水也。後世吏稱循良者，要未始不以是爲急。開白渠，鑿離碓，起芍陂，築鏡湖，斯最著矣。褱有大堤歌咏至今。宣房之塞至勤，漢天子自臨而沉璧馬乃得之。此豈細故哉？顧事不易，僅任非真有不忍人之心，挾必然之見，行以定力，無論治水，即餘事難成矣。故在禹也，思天下有溺者，猶已溺之。胼手胝足於八九年間，而無所恤。然後地平天成，萬世永賴。任事者亦何莫不然？

余生長漢濵，自結髮時聞沙洋堤決，民病久矣。間議塞曰：道傍多異，用塞有利弗利。又曰：其費鉅，夫費誠鉅矣。苟可以救民利浮於害者，斯擇而爲之矣。矧昔不塞，視今奚利。今塞之，視普奚害是存乎？

今大兵駐荆爲重地，軍需供億，取足荆郢者過半焉。夫以一堤包二州而絡三邑，爲財賦之所出，師旅之所處，欲少緩以待其决也，可乎？故沙洋宜預防關廟其著矣。

廟而南里許曰曾家灣，灣二里曰水廟灣，皆危險欲潰，須大築月堤，費不下二十萬。宫保祖公、大中丞林公下檄公議，予會守荆西，劉少參巡士荆南，卞憲副暨安守李君荆水利婁君安水利焉。君偕五州縣長吏，大集堤上，求所以當是舉者，僉曰：聚土審基，惟力是視。何以兩月堤輔兩灣，而以爲山簣關廟可乎？議成，進我祖公、適公，適祖公誓師於荆，履其地，列目源流，指掌樞軸，因允其議，與我林公神迴吹萬鴻，裁畫一書，同上。

天子部覆：以本民之力，食本地之利，應如議。便上曰可。惟是婁君適已遷，而馬君以才猷敏練，遇事敢爲，得請於二公而責成焉。協力祇承，乃遴敦事，乃募執役。及公出納，日久并作。爰乃仲冬直指，張公奉新命按郢，問民疾苦，堤防爲急。泊舟沙洋，徒步周視。益勵厥成，子列從事。夜馳載道，遥見列火歡呼，萬夫鍤而千夫杵，聲聞數里。此則馬君激勸之效，一日而有兼日之工也。

夫守險不於其險也，奈何以前臨騰激之波，後距曠漭之野。堤之勢既立於不可退舍之地，以當必擊之衝。則今日之意，益深且遠矣。如兵法然，置之危而後安作之也。必固則守之也，必堅况乎？人之精神志氣，見於山川，亦猶夫天地之氣，蝸而爲川結而爲山也。昔王尊守東都，河水浸金堤，尊請以身禱盧於堤上，水爲之却。今在上者之精神志氣凝結如山岳，以彈壓河伯，而馬君復殫瘁胼胝，不啻以身禱，是堤之不拔也，寧百年而已哉？

故曰：變而有不變者，存則其人之精神志氣爲之也，而其事極於鬼神同列。劉公初使荆西，夢關壯繆，左執魚，右執刀，相向告語，若未奠厥位者。然履任至堤有廟頹焉，恍悟夢中意。蓋沙洋荆地，繆侯鎮焉。宜其在天呵獲，其上如一日也。廟故在堤内基稍下，今内堤加高與外等，基復較高棟宇巖。然原祠仍東向，以鎮漢流殿，則西南更冕旒成帝儀也。

後建佛閣，軒窓四豁，湖光山色襟帶間。殿之前，西爲迎秀閣，還舊有也。右爲文昌閣，文昌棘闈，福主兼以司禄，堤固年豐，士弦誦，民樂利，宜崇也。左建魁星樓於堤，奚取焉？天有魁宿，地有魁阜，奠彼河津，則東壁圖書，又爲狂瀾一砥，禹王廟，從未有也。當時念切饑溺，不妄平成之祖故鼎建之，俾後賢思明德而堤防加毖焉。

夫禹之治水也，曰：决汝漢堤，非所事乎？《書》有之陂九澤堤固陂之遺意也。今日者，先王如禹，亦必旨肯在上者通變之功，而以馬君爲治水之能臣矣。惟是精氣感召，從堤中得巨木，長四丈餘。父老傳聞，爲當年塞决口物，歷九十餘年不之朽。裁作禹廟柱，殆與梅梁生枝，并徵異云。舊有石坊存志古績，若夫冠朱闇於崇階，集群靈於列楹。土木諸工交作，而民罔懟勞制云備矣。又鑄鐵牛二，以厭水怪五行之屬。至此各安其位，凡以盡變而不變也。

是役也，始於順治十二年乙未仲夏，三工并舉，兩灣先後告竣，而關堤成於十三年丙申孟夏，計役夫三十萬四千八百七十有奇，計費銀三萬四百有奇，廟費不與焉。諸同事暨予捐俸成之。先是，司議荆、安兩郡工各半，久持不决。前守荆西李公慮紛梗悮事，以荆門汛堤主四分，江、監、潛、沔各協分半，爲量力保固計。若大築月堤，則議工又俟變通焉。曾灣月堤平地築九十弓，加幫九十弓，鋪脚二十五弓，結頂六弓，高十弓。水灣長一百二十一弓，鋪脚二十六弓，結頂六弓，高一十二弓有差。關堤内幫長一百六十弓，堤南頭寬三弓，高十六弓；中廟前寬五弓有半；堤北頭寬五弓，南十九弓。廟基長四十五弓，寬七弓，墊高一丈三四尺有差。外幫長二百弓，五弓鋪脚，三層遞殺，二弓結頂。竹笆椿木，其比如櫛。又於上流作石壩以砥衝波，激使中流，堤勢屹若金城矣。此二堤之大式也。

諸决口如鍾祥之鎮堤觀、水府廟、金港口，京山之王家營陳洪口，景陵之老鸛垸田家灣，潛江之騰雲灣、楊王嶺、官莊垸、楊家灘，沔陽之李營口，監利之瓦子灣，一時俱成，諸加幫及十三年新築，不勝紀。

嗚呼！堤莫急於今，今楚無不築之堤，而最異者瓦灣堤，决於前代之壬午，成於今之甲午。沙洋堤决於嘉靖之丁未，重修於順治之乙未。廢興之數，應有天焉。而非當事急於拯濟，識之定而行之力，安得堤成，而萬户耕桑，兩郡晏如也。則我祖公、林公直指張公之功，并於江漢矣。予與諸同事躬逢其盛，故特表而出之，以昭來兹。

清 馬逢皋《重修沙洋堤碑》（康熙）《安陸府志》卷三一　漢水自襄歷郢，順流南下，直趋漢口。順治初年，至沙洋関堤，忽不徑南而西折。至順治六年，向之堤下石堦古封，離堤甚遠者，漸崩至堤身。前州牧張敦素、州同李袁實者力請，紛紜未定。

至順治十一年甲午，余自涼調楚補安陸郡城職，司清軍水利。甫視事，即奉撫督部院檄查安屬堤塍决口，務敦農本，以裕輸將其饑溺。由己之盛心，與又奉守荆西道高平李公諱棠馥同檄諮謀。余固初歷郢中，又生長北地，不知堤塍爲何事。是年六月下旬，襄流泛濫，舊所衝潰，畚揷未施，而上下危險，勢且岌岌。守憲委救金港口，單騎馳至，則堤内外皆水，駐足之所，已半傾頹。猶不敢先去，爲民望。差役催夫，日晡不能救，衆皆散去。與同立者，惟吴生士鯨父子，頃堤決，吼聲如雷，步奔十里，童叟男婦，夾道趋堤，呼號悲泣之聲，直徹重玄。田廬坟墓，俱在波底。滿湖一望汪洋，爲之目擊心愴，恨不能以身殉。方悟南方之報水灾者，原如是其慘烈也。各上臺之殷憂拯濟者，原如是其関係也。憤然身任，取有州縣各决口册凡十三處，而加幇不與焉。

據以上李道臺駁遺沙洋之関堤，盖余未任之先，已定主輔協修，畏難者削之。先是藩司公，議以堤繫荆安两郡安危，宜均任五分，訟者數年，致灘岸傾至堤身，上人有旦夕莫保之慮。李道臺憫两郡，億萬生靈，遂不以受利害較多寡以滋延悮，足以荆門爲主故四之，江、監、潛、沔爲輔，各分半義圖，遷就成工，心良苦矣。余親至踏驗，方知堤僅一線，闗廟既火之後，草殿半懸堤下，聚耆老而問之，得聞『衝倒沙洋堤荆州城作養魚池』之諺，復加入報册内，後不知費幾許。辯議方就緒，爾時身先鎮堤觀金港口瓦子灣等十三堤，及各加幇。

不五閲月告成，而勞怨力争，艱苦之至，亦謂完此，可報憲命，少休息也。時祖督臺在荆州，面嘉諸江之成，西復有闗堤之委。余以力疲，謝督臺詢以可保無事。對以此何事，敢一人倡不妨之論。督臺遂親臨闗堤，見其崩塌危險，并曾水两灣，堅斷并舉，復委守荆西道陳䀻劉公諱嗣美、巡荆西道吴江吴公諱之紀、郢守順天李公諱起元、荆州水利廳黄寧婁公諱鎮遠，并荆門江監潛沔州縣正佐集関廟會議，各視應築回詳。祖督臺毅然身任，會撫臺盖州林公拯救同心，具題部覆得旨。興築三堤，於今屹然，两郡萬姓，得保田産室廬，陰食其福，而不覺两憲之功大矣。否則，順治十五年異水横溢，安陸而下，竟成海國。倘関堤一决，不獨萬烟波底，而大師駐荆城郭所擊，豈其微哉！

且也讀魯公舊碑，嘉靖丁未堤决，水直趋江陵龍灣市而下，分爲支流者九，遂不可復塞，塞之復壊，卒成河。通舟黍稌之場，滛爲巨浸，两郡民死徒相半，其苦乃在荆焉，甚斯語也。曾公豈無見而云然哉？

天下事救之於已失，功難百倍，綢繆未然，功不及十。聞諸高年舊家堤决，數年後，江陵張先生相堤始成矣。夫當物利豐盛之時遲之，又久方告成功，向非祖督臺大力主持此堤，若再决於兵火甫定，民窮材盡之餘，能復舉其事哉？歷久思之，然後知祖督臺憂深慮遠，有裨國賦民生不淺矣。人世顯功易見，隱德難窺，數十年後，定有思公不置，而謂余言非諛者。

夫堤闗甚巨，余亦何忍以騐愚言爲杞憂，但余所奉上委築者，曰闗廟，曰曾家灣，曰水廟灣三堤耳。三堤而外，上下单薄低矮甚多，况石磯激水，不東奔則西囓，闗廟後里許，尚當年年加補，爲州正佐水利官之所宜刻刻在心者也。又余府廳水利同寅之應西望関心，時時催查，無日可懈者也。前賢舉事，後人之師，稽関堤之，成名曰御堤。受利害之處，每日一百二十畝派夫一名，共額夫一千零八名，爲春秋加幇之役，善後苦心。今爲頂禮浸假，爲豪右抗匿奸頑包免，前人成規，耗敝殆盡。

余自任郢，疾聲厲呼，上工加幇者，寥寥以數十計。力爲搜查於州水利書識，趙士睿得額夫底册一本，殘缺失没者，賴州牧薛君繼巖者，按畝清出注簿府水利廳州工房，并州水利官，各貯一本，爲加幇之用。願後賢守之勿替，毋爲藏匿包免，則補舊之功，勝新築遠矣。獨異堤在安屬，而荆守趙公任築，趙公荆守也，而胡爲撫楚？此其間，造物安頓轉旋之妙，當世不自知，并趙公亦不自知。至今百年，後若有窺其微焉者復之，君子宜加勉也。

雖然，堤成利在民，經營創始怨在官。此亦難慮始者之恒情，曾記言之詳矣。即懷思之輩，意爲毁滅，然利濟在萬民在奕世。久之，三代自生清夜之良，未盡斷絶也。且余病瘧，堤所未敢回署，余僕馬魁代余勞癡腸認，真視堤事直如家事，收點查散，每三更歸而五更起，積勞病殞，通市至今有感念涕泣者。余忠國，僕忠余，其勤苦性名，不可泯没。再前州同張述孔坐守成功，吴道臺夜半巡查，見枌磚聲聞，火光遠燭，憫念成役之苦，并余任事之真，則亦從來僅遘也。後上之各上臺，褒嘉部覆紀録，公道在人，豈以勞怨而易出心哉？後諸堤之成，各有所記，始終之事，詳悉刻書。猶憶吴生士龍曾言：小江湖堤起火不西入而東行。今小江功成矣。三十年之應，然而加幇補舊，盡人事以聽天命，不能不望後之君子加之意也。

堤舊有武安祠，今附殿改帝儀東向，猶出師像還舊有也。亦帝向坐鎮荆郢，故两人劉道臺之夢，或有水妖物怪，思諟而警醒，默成以救兩郡生靈也。稷教稼穡，德㒲萬古，然非治水不爲功。則覩江漢而思明德，禹功其可忘哉？故建禹王廟，水底舊木，歷百年如新，截爲廟柱。嗚呼，豈非天哉！再香火田，免其雜徭，住堤人户，不爲騷擾，人望官是土者，所當同心保護，毋爲傍惑，則守成賢於剏始功德，與前諸上臺并。戎府江寧林諱文學、州佐山東李超麟，同心合志，共爲不朽。闕堤興築於順治乙未，成於次年丙申。餘悉吴道臺碑，不再贅是爲記。

清 王庭楨《重修沙洋堤磯記》（同治）《荆門直隸州志》卷一一　嘗讀《禹貢》『導嶓冢至于荆山内方至于大别』按其疆域，即今陝之漢中、楚之襄陽荆門、漢陽也。予昔宰襄陽、漢陽，今牧荆門，皆漢水經行之地，堤防是賴，國計民生繫焉，故留心尤切。

荆門堤防以沙洋爲最要，綿亙二十五里，捍禦漢水爲荆門、江陵、監利、潛江、沔陽五州縣保障，而關廟磯尤險，俯瞰荆州，如頂灌足。明嘉靖二十六年，堤決，害及五州縣。荆州太守趙公賢議築，至隆慶二年始成。厥後上游丁公廟、操家口支河築塞，水無分洩，勢更奔騰，疊遭潰溢。國朝順治十二年，安陸郡丞馬公逢皋援案五州縣之民通力合修。康熙十三年，荆州修石頭嘴，派荆門協修，既未行則江監之協修遂停。十九年，潛江令王公又旦内升工科，條奏此堤不屬潛、沔，而潛、沔之協修亦止。

於是，五州縣公堤獨歸荆門一州矣。荆門山田有八湖田，僅二鬮，係湖代山糧山代湖修，而山鄉之民，又以水患不及於山，紛紛訐訟推諉。五十三年，請帑建磯修堤，自此由鄉亦不協湖。至雍正八年，始議定湖糧一石捐銀一錢，爲歲修之費。乾隆七年，堤決鄭家潭，督撫兩院先後履勘，委州牧舒公成龍承修，通身加高培厚，并於頂衝處添建石磯十座、石岸八十丈，至九年始成。其月堤自李公堤申起，至新域西街頭止，又自新城起，至王家潭止，大小四道。至十八年始成。隨徵歲修，每年二百七十餘兩，不敷工用，乃請帑給商生息，爲經久計。

嘉慶元年、十二年，皆領項加修。道光中，漢水泛濫，十磯既潰，外堤亦圮，賴内堤、月堤以禦之。其歲修銀經前牧批解藩庫息銀提充軍餉，數十年來，剥蝕崩坍，險工叠出，間或一修，輒因經費不繼而輟。近歲，對岸京山河沿淤成沙嘴，新築石磯，逼溜旁射，横齧堤身，岌岌可虞。

同治九年冬，予據實上陳，奉批就地籌費興修。爰集紳士勸諭，僉稱湖田既代山糧，又完歲修，勢難再籌經費，反復開導，迄格不行。於是，先將關廟磯前牧承修未竣之工，鑲建左翼護磯，以捍頂衝。又於李公堤擇險要處施樁壘石，以敵激湍，存款不足，竊俸益之。明年春，又與張州同福鑚、林吏目文淦巡行周視，曉譬再三，且捐廉爲倡，許其通稟，不爲定例。

由是紳士陳言昌、王鉅、熊應謙等分馳受益業户，敦勸助工，經營半載，始克就緒。自何家嘴起，曆金公堤、李公堤、龍王廟、棗樹灣、新城街、東岳廟、石土地、王家橋、仙人堤、白鶴寺至熊家灣、王家潭止，凡十有三段，袤延四千四百二十八丈，卑者增之，薄者培之，有獾洞蟻穴者去之，有積水浸灌者疏之，用錢五千六百緡有奇，造册通稟，立案陳請驗收，并聲明後勿爲例。

工既竣，大汛適臨，水不爲患，農賦有秋，向之流言阻撓者，轉頌修防之德焉。可與樂成難與慮始，斯言信夫。竊念漢水自鍾祥以下，兩岸無山，原隰平衍，軍民排水澤而居，非堤防不能保衛。然水受羈勒，鬱怒奔突，左堤强則右堤傷，左右俱强則下堤傷，非浚支河港汊，不能殺其勢。非去私築小垸，不能導水寬舒而下注。子産曰：不如小決使道。即此意也。蓋堤工固則民食充，國賦供而地方安矣。今紳士來請碑文，因摄大略質直書之，將與勸求民隱者商搉焉。

傳記

（光緒）《荆州府志》卷五六《人物志十》 郭之選，號文遠，世業農，三世同居，孝友無間。順治中，沙洋堤潰之，選變産助賑。康熙中，縣北龍潭院沒於水，又倡修廢堤保障民居，復設義學教子弟之秀者，里人頌之。

紀事

（康熙）《荆州府志》卷二《星野》 三十六年，沙洋堤決，江陵下湖平地泥淤丈許，明年大熟。

又 卷八《堤防》 嘉靖二十六年，沙洋堤決，後水之在荆潛沔間者殆無虚歲。

（康熙）《安陸府志》卷一《郡紀》 二十八年，潛江漢決沙洋堤，洪濤數百里，東南民盡遷徙。

（乾隆）《荆門州志》卷三四《祥異》 嘉靖五年，水決荆門州，沙洋堤初渡口忽陷成穴，有女子衣絳緑，常坐堤上，一夕忽痛哭，堤遂決。

清 李之湘《建荆門州署碑記》（乾隆）《荆門州志》卷三六 刺史舒公奉命來荆，下車之日，即以修復古制爲己任。未幾，即勞於沙洋堤工，復勞於武昌江岸，以數萬金之帑工責之一人。四年之中，退食不遑，何暇及此。歲丙寅，堤岸俱竣。

清 龔鯤《甘棠書院記》（乾隆）《鍾祥縣志》卷一七 公初爲郢治中，甲午歲，沙洋堤一潰數十里，沙洋關係南郡，灾又不止四邑。

《清史稿》卷一三五《河渠志四》 三年，修汾河堤堰，并移築李綽堰，改汔河身。修天門、京山、鍾祥堤垸，及監利櫻桃堰、荆門沙洋堤。

雜録

（乾隆）《荆門州志》卷九《壇壝》 禹王廟，在沙洋堤上。

又 錢牛寺，即關廟在沙洋堤上。

又 卷二七《懿行》 陳鎰諸生有幹才。康熙庚寅大水獻振策於當陽王令，故放振有法，異於他郡。又以沙洋堤決，獻策於當事，策未即行，然今所建石磯，即其策也。

蘇公堤

綜述

明 楊慎《升庵集》卷七八《蘇堤始末》 東坡先生在杭州、潁州、許州皆開西湖，而杭湖之功尤偉。其詩云：『我在錢唐拓湖淥，大堤士女争昌丰。六橋横絶天漢上，北山始與南屏通。忽驚二十五萬丈，老葑席卷蒼雲空。』此詩史也，而注殊略。

今按宋《長編》云：杭本江海之地，水泉鹹苦，唐刺史李泌始引西湖水作六井，故井邑日富。及白居易復浚西湖，所溉千餘頃。然湖水多葑，近歲廢而不理，湖中葑田積二十五萬餘丈，而水無幾矣。運河失湖水之利，則取給於江潮，潮渾濁多淤。河行闤闠中，三年一淘，爲市井大患，而六井亦幾廢。

公始至，浚茅山、鹽橋二河，以茅山一河專受江潮，以鹽橋一河專受湖水，復造堰閘以爲湖水蓄泄之限，然後潮不入市間。至湖上周視良久，曰：今願去葑田，葑田如雲，將安所置之？湖南北三十里，環湖往來，終日不達。若取葑田積之湖中爲長堤，以通南北，則葑田去，而行者便矣。堤成，杭人名之曰蘇公堤云。合是觀之，則公之有功杭人大矣。

予昔在京，問之杭之士夫亦不知，今閲公詩注亦略，故詳注之。嗚呼！治水之難久矣。宋之世修六塔河、二股河，安石以范子淵、李仲昌專其事。聽小人李公義、宦官黄懷忠之言，用鐵龍爪浚川杷，天下皆笑其兒戲。積以數年，糜費百十萬之錢穀，漂沒數十萬之丁夫，迄無成功，而猶不肯止。至其績敗功圮，而奸臣李清臣爲考官，猶以修河問策，欲掩護之甚矣。宋之君臣愚且戇也。視東坡杭湖、潁湖之役，不數月之間，無糜百金，而成百世之功，其政事之才，豈止十倍時流乎？公又欲鑿石門山運河，以避浮山之險。當時妬者盡力排之。又欲於蘇州以東鑿挽路，爲千橋以迅江勢，亦不果用。人皆恨之。噫！難平者事，古今同一慨矣！

清 邵大業《重修蘇堤碑記》（同治）《徐州府志》卷一三 徐城之西有堤焉，起雲龍山黄茅岡，至西關而止，長六百餘丈，廢壞不治，世傳爲宋蘇文忠公所築以禦黄者，因名蘇堤。顧考文忠公本傳，其事在熙寧十年，河決澶淵，水集城下。公築東南長堤，首起戲馬臺，尾屬于城。今不特起止互異，且在城西，與東南之文刺謬，《志》故謂非蘇公之舊也。然本傳又稱，公使官吏分堵以守，卒全其城，復請調來歲夫增築，故城爲木岸，以防水之再至。而年譜則并稱築徐州外小城。夫曰故城，曰小城，則疑有二城。核之志所載，徐有四城者似是，而築城在河平之後，築堤在河漲之時，大書曰州外，則非公所全之城，明甚。今徐城在堤之東，安知非所謂故城小城者，而公所全之城在堤之西，已就湮廢，未可知也。

且戲馬臺在今南門外，距城不能里許，果首尾僅止，烏足以禦黄流。然則城非舊城，堤之是與非，未足爲定論矣。乾隆辛巳，皇帝下詔於明年南巡狩，而重念彭門河防要地，將再幸。大業於是冬奉檄攝郡事，莅之日，訪察利弊，則咸謂業曰：徐莫先於河患，河莫亟於城西。往者河水驟至西堤，韓家山、嫲嫲廟等埽工危險特甚，賴石楗罕固無患，而居人皇皇者久之。業聞而心悸焉。蘇堤在埽工月壩之内，不瀕河，初若無用，然周審形勢，河三面繞城，其東、北二門循軌直下，迅急無碍。韓家山、嫲嫲廟當西北蘇家山之衝，中流激怒，一折而南，全河奔注，勢若帆馬，而孤城在肘腋之閒，能勿懍懍。當此之際，作萬一不虞之策，謀其未然，遏其旁溢，爲萬堞保障，誠無逾此堤者，顧可聽其廢壞不治哉！

於是，謀之監司瑭公，公曰：然。河務監司李公言曰：善哉！所以安輿情也。癸未春，大中丞莊公臨莅環視，獲如請，乃飭吏相度測水平，視高下，卑者崇之，薄者厚之，舊趾湮没者，撤民居而新之。請於上，得開款若干。謀之銅人，得夫力若干。更旁求別邑之好義者，得金若干。南起於雲龍，北訖於月堤，中建石閘，以洩石狗湖之水入於奎河。眾志既協，通力合作，不兩月而工成。巍峻蜿蜒，屹若磐石，銅之人請伐石記其事，而乞言於業。

業唯盛朝立政，崇實去華，方今聖天子清問下民，勤勤懇懇，内外官吏罔不恪修職業，務爲悃愊之治。凡粉飾張皇，因循沿襲，一切潤色耳目之事，皆非所取。今堤之建於蘇公，眞僞不可知，其建立之本意，尤不可考。然使其於利害非甚關切，而後之人藉爲游觀寄興之所，是可廢也。若其鎖鑰關鍵，利在百世，從而新之，雖未即實有見於昔人之心，而適有中於今日之要，則庶幾當務之急矣。公《謝河平表》云：屬屢歲之無虞，故患生于所忽。公之時河不入徐，故云然也。今則事事有備矣，然而慎之又慎，思患預防之道，不厭其細。

是役也，防所忽于未嘗忽云爾。堤長七百九十二丈，高一丈二三尺有差，頂寬三丈，底寬八九丈有差。閘高、寬與堤平。起工於六月八日，工竣於七月杪，值金以千計者六有奇。捐輸者爲徐人韓岱等，督工者爲經曆沈松齡等，例得書碑陰，而自始事以至蔵事，同心而協力者則邑令楊咏也，是爲記。

傳記

《宋史》卷三三八《蘇軾傳》 杭本近海，地泉鹹苦，居民稀少。唐刺史李泌始引西湖水作六井，民足於水。白居易又浚西湖水入漕河，自河入田，所溉至千頃，民以殷富。湖水多葑，自唐及錢氏，歲輒浚治。宋興，廢之，葑積爲田，水無幾矣。漕河失利，取給江潮，舟行市中，潮又多淤，三年一淘，爲民大患，六井亦幾於廢。軾見茅山一河專受江潮，鹽橋一河專受湖水，遂浚二河以通漕。復造堰牐，以爲湖水畜洩之限，江潮不復入市。以餘力復完六井，又取葑田積湖中，南北徑三十里，爲長堤以通行者。吳人種菱，春輒芟除，不遺寸草。且募人種菱湖中，葑不復生。收其利以備修湖，取救荒餘錢萬緡、糧萬石，及請得百僧度牒以募役者。堤成，植芙蓉、楊柳其上，望之如畫圖，杭人名爲蘇公堤。

藝文

宋 陳允平《題胡月山唫屋》《江湖小集》卷一七　蘇公堤上路，日日課新唫。流水行花影，斜陽卧柳陰。

宋 樂雷發《寄吴茂遠》《江湖小集》卷八五　蘇公堤畔繫吟驢，知在垂楊第幾株。學校文章如畫餅，朝廷官爵似呼盧。

宋 釋紹嵩《西湖晚泛》《江湖小集》卷七　蘇堤一帶柳陰長，柳外西風特地狂。晚泊孤舟古祠下，自弹别鶴送斜陽。

宋 吴仲孚《蘇堤清明即事》《江湖小集》卷二九　梨花風起正清明，游子尋春半出城。日暮笙歌収拾去，萬株楊柳屬流鶯。

宋 葉茵順《蘇堤》《江湖小集》卷三八　南北山圍翡翠堤，堤邊緑漲軟琉璃。參差臺榭無餘地，雜遝輪蹄了四時。楊柳又多前日樹，梅花祇少近人詩。停篙不看春風面，閒伴漁翁理釣絲。

宋 葛天民《正月二十七雨中過蘇堤》《江湖小集》卷六七　一堤楊柳占春風，柳外群山細雨中。人苦未晴渾不到，只宜老眼看空濛。

宋 董嗣杲《西湖百咏》卷下《蘇公堤》　與興教寺相對。元祐五年，東坡守杭開湖中積葑，築堤横跨南北以制兩山之水。詩云：六橋横截天漢上，北山始與南屏通。

青紅一線界沙堤，日日香風逐馬蹄。三月桃花無浪起，六橋柳色有鶯啼。官亭飛蓋春相接，酒舍收旗晚自迷。游子豈知坡老意，兩山長擁夕陽西。

宋 樓鑰《攻媿集》卷二《次韻李季章監簿泛湖》　仙舟共泛滄波去，且向蘇公堤下住。西風吹就芙蓉城，青鏡閑妝兩呈露。

又 卷八《天竺禱晴》　上竺寺連中竺寺，蘇公堤映白公堤。湖光一碧幾千頃，膸捲荷香送馬蹄。

宋 蘇泂《冷然齋詩集》卷一《走筆次韻曶父喜雨三首》　方池蔭垂柳，想見蘇公堤。一雨水入床，蛙部連東西。

宋 楊簡《慈湖遺書》卷六《賀朱倅》　輕輕衣濕梅坡雨，款款舟行柳岸風。忽憶從游談笑處，蘇公堤上躍花驄。

宋 楊萬里《誠齋集》卷一九《沉虞卿秘監招游西湖》　蘇公堤遠柳生烟，和靖園深竹映闕。舩入芰荷香處去，人從雲水國中還。

又 卷二三《問春》　今歲春歸不小心，合將消息報園林。蘇公堤上千株栁，二月猶慳半縷金。

宋 周紫芝《太倉稊米集》卷二一《蘇公堤》　翰林一去幾經秋，猶有平堤繞碧流。誰向西州還度曲，此翁零落已山邱。

又 卷二二《五月六日湖上晚歸初見荷衣二絶》　毿毿烟柳誰家樹，拍拍西湖盡日風。和靖宅邊山雨急，蘇公堤下藕花紅。

宋 韓淲《澗泉集》卷七《蘇堤芙蓉》　爛漫芙蓉發，霜前城北花。因君話書室，使我出山家。風雨三杯後，烟雲一望賒。石丁餘興在，相與醉生涯。

宋 許綸《涉齋集》卷一〇《再次韻子儀侍郎用沈察院韻》　雨霽園林鶯亦喜，風輕簾幕燕知還。蘇公堤上明寒食，逸駕翩翩不可攀。

元 方回《桐江續集》卷二三《右孤山漁户》　蘇公堤畔水如天，又見侵疆築葑田。遙望横斜似碁局，飛烏翹鷺自争先。

元 納新《金臺集》卷一《題墨梅贈徐用吉南歸》　蘇公堤上路，千樹雪紛紛。載酒曾邀我，看花每憶君。

又 卷二《寄浙西廉訪脱脱使君》　宦情秋水人空老，世事浮雲總不堪。獨有蘇公堤上柳，春來依舊緑毿毿。

元 倪瓚《清閟閣遺稿》卷八《西湖竹枝詞》　桐樹原栽金井西，月明照見影離離。不比蘇公堤上栁，烏鴉飛去鷓鴣啼。

元 楊維楨《鐵崖古樂府》卷一〇《西湖竹枝歌九首》　蘇小門前花满株，蘇公堤上女當壚。南官北使須到此，江南西湖天下無。

元 張觀光《屏巖小稿·西湖行春》　畫船無復沸笙歌，湖水年年自碧波。回首蘇公堤上柳，緑陰不是舊時多。

明 李昱《草閣詩文集·詩集》卷五《所思》　不是春来懶賦詩，賦詩偏動故鄉思。蘇公堤上看花日，西子湖頭載酒時。

明 孫蕡《西庵集》卷五《送都大尹》 使君家住餘杭曲，年少狂游事追逐。蘇公堤上夜浮舟，越王祠前朝擊鞠。

明 汪廣洋《鳳池吟稿》卷八《過杭州覽古》 梅從和靖祠前見，柳繞蘇公堤上栽。知是國初全盛日，滿城絲竹沸樓臺。

明 張羽《静居集》卷六《蘇公堤》 築土捍衝嚙，兀障狂瀾久。青眼只依然，人那不如柳。

明 凌雲翰《柘軒集》卷二《蘇堤雪柳》 寒梢不耐北風狂，何似東風萬縷黄。西子畫來螺黛淺，蘇公行處馬蹄香。蘭同舊葉堪爲珮，藕比新絲可織裳。待得春歸飛絮亂，畫船移近柳邊傍。

明 鄭本忠《安分先生集》卷八《題蘇堤漁隱》 西湖湖上舊蘇堤，中有高人坐釣磯。千古山川歸計在，百年身世宦情非。鱖魚春水堪供饌，荷菱秋風可製衣。我亦平生厭塵鞅，白頭還擬話忘機。

明 王璲《青城山人集》卷二《題山水小景》 往年曾到西湖曲，雨後西山翠新沐。蘇公堤上柳枝青，蘇小門前芳草緑。

明 韓雍《襄毅文集》卷六《同葉都憲游浄慈寺》 何處禪林是浄慈，蘇公堤畔影參差。水光山色有多景，天下人間無此奇。

明 蔣主忠《慎齋集》卷四《蘇堤春曉題徐七公子行卷》 溶溶新水接遥天，堤外青山映畫船。鐘韻敲殘江寺月，鶯聲啼破柳橋烟。詞翻舌調憐歌袖，詩寫幽情寄别箋。回首舊游成遠夢，一尊誰與酹蘇仙。

明 張寧《方洲集》卷一〇《蘇堤春曉》 楊柳滿長堤，花明路不迷。畫船人未起，側枕聽鶯啼。

明 江源《桂軒稿》卷七《游西湖呈陳水部》 湖上乘船五度過，舊時風景此山河。蘇公堤古暮烟碧，逋老宅荒秋水多。

明 張弼《張東海詩文集·詩集》卷二《送杭州别駕陳鼎升之任》 蘇公堤上柳依依，聞説年來已半稀。君向春風好培植，莫教庭院獨芳菲。

明 張泰《滄洲詩集》卷四《和人西湖吊蘇小》 蘇公堤上駐游踪，蘇小門前幾客逢。片水獨來看属王，一丘誰與葬芙蓉。

明 顧潛《静觀堂集》卷六《蘇公堤》 蒼陰夾道總長松，一一拏空作老龍。歲久可能諳宋事，山深幸免汙秦封。

明 孫一元《太白山人漫稿》卷八《和靖怒答》 鶴化梅枯地自春，歲時伏臘薦芳新。蘇公堤在猶從姓，能道孤山更屬人。

明 徐階《世經堂集》卷二六《三月二日過蘇堤見桃花作》 湖上春雲生晝寒，落花飛絮各漫漫。六橋東下桃千樹，獨倚斜陽仔細看。

明 鄧原岳《西樓全集》卷一《蘇長公》 尚論千載後，風流猶可睹。矯首蘇公堤，徘徊不能去。

又 卷九《蘇堤》 散步蘇公堤，桃花雜垂柳。山色暮復朝，猶云昔人有。

明 費元禄《甲秀園集》卷一二《蘇公堤》 熙寧學士守南州，十里長堤幾載留。映水吴姬羅帶繞，含烟越女翠娥愁。湖深桂楫移青雀，橋扼金鞍躍紫騮。千古水仙祠畔月，往來登薦菊花秋。

明 李應昇《落落齋遺集》卷三《西湖即事》 蘇公堤土柳如烟，乞取輕陰寄畫船。風動湖光明鏡裏，不知何處棹歌傳。

明 倪宗正《倪小野先生全集》卷八《西湖四絶》 蘇公堤上柳花飛，三月風光試苧衣。却羡黄金買歌笑，小姬扶醉月中歸。

明 邵經濟《泉厓詩集》卷八《蘇公堤》 秋日蘇堤曲，春風話舊游。柳邊烟水濶，花外錦雲稠。公子嘶金勒，佳人醉玉樓。獨憐芳草路，不改向來愁。

又 卷九《東臺余道長牧吾錢唐别逾十年茲以嘉州刺越過予飲于浣溪臨風索句停橈小簡用寄遐思》 故人喜報新朱紱，萬里那堪濁酒缸。此去蘇公堤上路，騷壇應識舊麾幢。

又《過宣城遭月嵓王道長朝用話舊》 十年驄馬湖西路，踏遍蘇公堤上橋。孤嶼香迷葛嶺雪，萬松影落浙江潮。

又 卷一〇《寒食湖上看花感興二首》 蘇公堤上萬桃花，醉眼醺心十里賒。爲礙高枝頻折蓋，偏憐藉草一停車。

明 宗翔《薛荔園詩集》卷三《蘇公堤》 湖邊芳草白淒淒，烟鎖六橋水拍堤。千古風流人不見，鶯聲恰恰爲誰啼。

明 史傑《襪線集》卷一《至武林賦此》 蘇公堤上柳舒葉，和靖祠前梅著花。便欲拂衣來此地，買山築室卧烟霞。

明 田汝成《**田叔禾小集**》**卷一二**《**西湖柳枝詞二首**》 蘇公堤上柳如絲，弄雨含烟信有姿。可憐杠抱春消息，不受孤山處士知。

明 王穉登《**王百穀集十九種·客越志**》**卷下**《**蘇公堤**》 芳草路萋萋，蘇公舊日堤。惟餘數柳臥，無復一鶯啼。短艇迷蓮葉，輕輿勝馬啼。蕭蕭六橋影，斜日自東西。

明 謝肇淛《**小草齋集**》**卷二七**《**西湖棹歌四首**》 蘇公堤上柳藏烏，靈隱山前片月孤。怪得薄情不相見，年來官府禁游湖。

明 尹臺《**洞麓堂集**》**卷一〇**《**甲戌夏再過武林諸君招游西湖感興二首**》 一別西湖已廿年，舊游林壑異風烟。蘇公堤上花存幾，林逋宅前山自妍。

明 袁中道《**珂雪齋集·前集**》**卷一**《**冬日湖上**》 雁齒危梁次，裙腰大道斜。蘇公堤更好，古澹勝繁華。

明 朱長春《**朱太復乙集**》**卷一一**《**初至西湖泛蘇公堤秋思**》 菡萏被中流，楓林衆壑秋。湖涵城澹澹，江合嶺浮浮。畫舫餘嬌曲，漸裳有勝游。年年看不厭，宮草六橋頭。

明 方逢時《**大隱樓集**》**卷九**《**蘇堤**》 玉堂學士西溯主，千載風流不可攀。今日獨來堤上望，小桃疏柳夕陽間。

明 史鑒《**西村集**》**卷四**《**蘇堤對酒次沈啓南韻**》 湖上采花人未歸，蘇堤柳色妬春衣。踏青兒女歌聲亮，驚起鴛鴦各自飛。雨後滿湖生翠荇，畫船歸去水迢迢。生憎蘇小墳前草，野火曾經幾度燒。

明 鄭鄤《**峚陽草堂詩文集·詩集**》**卷一二**《**蘇公堤**》 東坡守郡上，言杭有西湖，如人有眉目，湖葑塞爲田。若二十年後盡爲葑田，則舉城復食鹹苦，民將耗散。乃浚葑田二十五萬丈爲長堤，至今爲百世之利。

不合時宜謝玉堂，風流天與照錢塘。葑堤亘作千年利，到處文人經濟長。

明 黄毓祺《**大愚老人遺集**》**卷二**《**蘇堤**》 日夕堤上行，古水餘衰柳。可憐元祐間，杭州蘇太守。

明 鄺露《**嶠雅**》**卷二**《**蘇堤**》 春堤春服成，初葉囀初鶯。不斷垂楊色，嫣然聞歔聲。芳菲迷處所，遠近未分明。羈思憐芳草，迢迢限綺城。

明 王在晋《**越鎸**》**卷一**《**春分日游蘇堤**》 紛囂終日事如麻，欲借深山暫作家。但看世情隨柳絮，誰云人面似桃花。浮沉且自悲時局，老大徒令感物華。九十只今剛過半，年年春色在天涯。

又《**蘇堤桃發有懷桃源昔游**》 山園連袵入蒼茫，白晝春深浪蝶狂。沆漭流雲過白社，紅絲褭騎出長楊。願將堤畔含桃色，常入閨中粉黛粧。還憶武陵溪上事，獨餘清夢度瀟湘。

清 博爾都《**問亭詩集·白燕栖詩草**》**卷一**《**西堤**》 春到平原緑滿溪，深林隨處有鶯啼。溪邊若更添桃柳，宛似蘇堤與白堤。

又 卷二《**春日送別邵培風**》 蘇堤烟柳白堤花，日暖風恬興未賒。若到六橋行樂處，莫忘征雁一行斜。

清 黄中堅《**蓄齋集**》**卷一六**《**蘇公堤**》 蘇公堤上柳，名亦因公香。雖非公所憩，我欲比甘棠。

清 蔣薰《**留素堂詩删**》**卷三**《**蘇堤寓目**》 游人絃管矜新曲，美女雲翹墜晚風。躍馬長堤照夜白，折花滿袖映山紅。

清 彭孫貽《**茗齋集**》**卷二**《**西泠橋月**》 蘇公堤上月，総未及西泠。入水寒清綺，群山夜杳冥。

又 卷六《**蘇堤懷古三首**》 坡仙已去邈難招，千載長堤抱泬寥。山月曾窺蘇小黛，荷風時送伍胥潮。荒祠過客人誰識，到處題詩墨未消。今日南屏向西路，水光雲色尚相邀。

野眺西陵西更西，白公堤盡即蘇堤。荷花瀲灩迷舟入，柳色陰濃只馬嘶。三竺兩高烟漠漠，四賢一去草萋萋。衹宜閒聖湖邊月，仍向風篁嶺上低。

六橋花柳擁笙歌，十里長堤夾芰荷。誰把湖山擬西子，若爲詩句和東坡。錢唐弩盡潮偏壯，龍井門空虎自過。莫更萬松宮闕望，鳳皇嶺暗白雲多。

清　錢陳群《香樹齋詩文集·詩集卷》一八《恭和御製自紹興一日渡江至聖因寺行宫元韻》　蘭上里猶連黛色，蘇公堤更展湖光。紫雲行殿看西照，别有詩情到栢堂。

又《詩續集》卷九《蘇堤春曉》　春韶三月正昭蘇，罨畫林塘帶竹廬。花柳猶傳通守政，至今名姓占西湖。

清　查慎行《敬業堂詩集》卷三四《和淵若學士西湖雜咏四首》　雙鳩啼雨又連朝，濕翠濛濛隔岸遥。好片蘇公堤畔柳，暎人騎馬渡虹橋。

清　高士奇《高士奇集·城北集》卷七《柳枝》　蘇公堤上輕相别，太液池邊却又逢。燕去燕來多少恨，幾番沽酒憶臨邛。

又《苑西集》卷二《送沈覃九還平湖》　過雨山横黛，摇風柳嚲絲。蘇公堤十里，應寄竹枝詞。

清　高一麟《矩庵詩質》卷六《游西湖》　餘杭佳景在西湖，一片水光入畫圖。武穆墳前烟雨冷，蘇公堤上月明孤。

清　顧翰《拜石山房詞鈔》卷二《國香慢·蘇堤晚歸》　嵐翠斕班，恁幽汀水色，不起微瀾。只賸幾株疏柳，瘦緑堪攀。知了一聲飛去，看夕陽、冷到沙灣。逼眞古圖畫，塔指黄妃，霜葉初殷。

清　胡榮《容安詩草·七言古詩》卷四《蘇堤行》　西湖春漲碧連天，蘇公堤上草芊芊。桃花欲笑羞紅浪，柳葉低窺駐翠烟。晴空百丈游絲舞，景物融融何媚嫵。笙歌婉轉鬬新聲，款乃依稀鳴遠浦。蘭橈彩鷁擁嬌娃，飄飄蟬鬢壓金釵。羅襦斜綰同心結，蓮瓣輕鈎雙鳳鞋。誰家年少事遊冶，故向長堤騁驕馬。一聲嘶斷柳陌風，往來頻過花陰下。夾道花陰錦繡鋪，雕輪翠幰吐流蘇。琵琶幾處歌芳草，遊人雜遝醉醍醐。南屏鐘動天將暮，參差樹杪香塵度。萬家燈火接星光，千頃琉璃籠花霧。蘇堤日夜競繁華，簫鼓頻催散晚霞。六橋明月流清影，十里紅樓簇絳紗。人生歲歲朱顔改，惟有蘇堤風月在。沽酒還須秉燭游，逝水韶光豈相待。幽懷縹緲欲何之，等閒莫負太平時。君不見坡仙勝迹今猶昔，流風千載繫人思。

又《七言律詩》卷六《蘇堤春曉次邑侯謝月湖韻》　山靄晴光春正宜，一堤新栁曉風披。桃開滿縣裁紅錦，水漲平臯漾緑陂。簾捲朝融人尚醉，花含宵露蝶纔知。而今重記蘇公迹，雅化絃歌樂倍思。

清　景星杓《拗堂詩集》卷三《蘇公堤觀湖上諸山雲氣出没》　東南是何山，望之獨岧嶤。育王高插天，諸峰懾不驕。披星覽湖景，堤柳羃平橋。遠天宿雲落，江風何飄飖。初瞻横一綿，俄頃急擁潮。已没鳳皇羽，尋鎖慈雲腰。無心倏變化，下上游巖嶅。須臾衆峰出，一峰殊不消。奇觀盪心胸，縹緲欲凌霄。鹿鹿朝市溷，至老不獲遭。嗟余躭寂寞，山靈獨見招。

清　李紱《穆堂類稿·别稿》卷四《錢塘懷古》　九月寒深遍地秋，錢塘風景亦生愁。蘇公堤是三生路，御史臺非萬歲樓。

又《蘇堤獨行》　長堤分溉百千疇，坡老何心作勝游。直以文章爲事業，遂教經濟亦風流。日斜斷藻紅痕碎，烟老垂楊緑影周。一徑獨來還獨往，與誰分取兩湖秋。

清　潘耒《遂初堂集·詩集》卷一三《蘇公堤》　誰將雜組線，界破碧玻瓈。綰袖長楊弱，承茵嫩草齊。春生游女屧，花散玉驄蹄。何似天隨子，清吟獨杖藜。

清　彭啓豐《芝庭詩文稿·詩稿》卷九《正月二日由聖因寺過蘇堤至净慈寺》　聖迹輝清藻，慈雲蔭戒壇。星辰含曉霧，花柳怯春寒。佛日旃檀供，堯天玉砌看。鳴鑾猶昨歲，御墨灑巖巒。

繫纜蘇堤勝，開軒四望佳。初春冰泮渚，斷港水侵階。生意舒芳樹，元辰寄暢懷。欲攀湖上柳，好鳥囀喈喈。

湖南標首刹，香火自崇寧。晃朗開宗鏡，莊嚴貯梵經。早鐘傳上界，廢塔照南屏。舊迹重來印，林巒始吐青。

清　德保《樂賢堂詩鈔》卷中《蘇堤春曉》　蘇堤近接白公堤，一路春風緑蔭齊。無數啼鶯無數柳，濛濛烟景畫橋西。

清　黄圖珌《看山閣集·今體詩》卷一〇《蘇堤春曉》　蘇子湖邊曉景妍，桃花凝露柳含烟。紅遮緑掩嬌無那，淡掃濃勻春可憐。映水粉脂何旖旎，迎風蘭麝自盤旋。聞來的溜鶯初囀，最喜聲聲叶管弦。

清　蔣士銓《忠雅堂文集》卷一五《蘇堤》　蘇公堤接白公堤，界畫湖分内外畦。閙柳夭桃連錦樹，隨車寶馬趁香泥。因興水利成佳勝，每到公餘愛品題。日擁簿書憐裕吏，江山風月罷招携。

清 錢載《蘀石齋詩集》卷八《坐蘇堤春曉樓看桃花二首》 十二欄干千樹花，花欄仰俯客方茶。悉來多恐雨師驟，倚遍只教風袂斜。

烏頭女兒花下携，紅得青山青欲低。天與太平人笑樂，江南三月此湖堤。

又《蘇堤桃花閒有百葉者白沙堤向外湖一面遍種之緋絳白相雜而開較晚雨後步堤上爲賦四首》 蛺蝶團飛漫作狂，那知千媚自中央。未能向日輕分笑，漭痒纔施薄薄粧。

南國容華倍可懷，紅兒佳更雪兒佳。鱗鱗瑟瑟邀相住，涵碧橋邊十二釵。

燕瘦環肥各取拈，衣裳水碧較無嫌。不須殘醉來明日，拌與舠船一洗甜。

可憐雙瓣即開齊，勾引游船半外堤。却指後湖山似染，玉清宫只草萋萋。

清 錢維城《錢文敏公全集·鳴春小草》卷四《蘇堤春曉》 細草緣堤緑意蘇，人家堤外結茆廬。澄泓曉色開明鏡，箇是東南第一湖。

又《恭和御製自蘇堤跋馬至聖因寺行宫元韻》 行殿依然宵旰餘，觀游隨地惜居諸。湖邊山色看纔罷，還閱封函乙夜書。

十里飛花擁翠旗，六橋新柳颺葳蕤。壓堤芳草自春色，長養全邀淑氣資。

游艕沿渡任縱横，拾翠人從畫裏行。一鑒湖光千頃碧，水亭紅樹入空明。

清 秦瀛《小峴山人集·詩集》卷一二《蘇堤新柳》 吟斷梅花笛裏魂，六橋新漲上眉痕。西陵莫雨烟初染，南國春愁水欲昏。弱不勝鴉空拂岸，淺難藏鴨已侵門。總宜船過頻牽纜，青眼先窺酒客尊。

清 姚鼐《惜抱軒詩文集·詩集》卷一〇《曉過蘇堤作》 蘇公堤畔緑烟堆，行上瀲波似鏡開。秋柳霜風餘旖旎，水亭金碧略傾頽。浙東峰影遥空見，湖外鐘聲四面來。更入南山深處住，擬將净社結宗雷。

清 陳文述《頤道堂集·詩選》卷一六《隨園吊袁簡齋先生》 偶因觴詠成流寓，儘有詩篇寫性靈。我亦蘇公堤畔客，問君何不住西泠。

又 卷二〇《白香山詩緑楊陰裏白沙堤則白堤舊多楊柳可知今惟餘老樹數株與白蘋紅蓼蕭槭秋烟耳擬於來春補種先之以詩》 畫橋壓水飲虹霓，路入西湖更向西。添得滿湖春色好，白堤烟雨接蘇堤。

柳疏荷晚減芳容，秋牡丹開珠露濃。白鷺窺妝魚唼影，蘇堤還擬種芙蓉。

清 寶鋆《文靖公遺集》卷一一《蘇堤曲》 芳草粘天雲樹齊，垂虹亭暖谷鶯啼。青青楊柳情無限，宜雨宜晴長短堤。

清 查揆《篔穀詩文鈔·詩鈔》卷六《蘇堤新柳》 玉剪飛飛破嫩烟，二分黄到夕陽邊。趨來明月吹簫地，漸近金鈴放鴿天。暮雨那堪過燕九，春愁渾欲上秋千。十三樓外相逢處，底爲輕寒未著緜。

清 戴敦元《戴簡恪公遺集》卷三《題畫》 手種蘇堤樹，腸回越客舲。莫將游子夢，吹上短長亭。

又 沿堤歸路晚，問逋仙何許，放鶴應還。高人長往，却好喚做孤山。比似當年西子，澹妝梳，綰出烟鬟。誰解佩璫贈，月上松梢，碧玉彎環。

清 胡敬《崇雅堂刪餘詩·蘇堤新柳》 栽種成陰迹已賒，望來猶自滿天涯。幾回南宋停歌舫，依舊東風帶莫鴉。一徑堤還連白傅，兩湖春盡屬蘇家。笑他緑滿西泠路，空門朝朝油碧車。

清 華長卿《梅莊詩鈔》卷一四《蘇堤》 行盡楊堤又趙堤，嘉名難與大蘇齊。六橋風景依然在，緑柳成行鳥亂啼。

清 焦循《雕菰集》卷五《西湖柳枝》 兒家家住西湖西，兒家門對蘇公堤。虧得蘇公築堤好，讓人栽柳讓鶯啼。

清 姚瑩《後湘詩集·詩集》卷九《送楊小湘之惠州》 蘇公堤畔珠孃滿，盡打雙橈不避人。彈出四絃哀怨急，摸魚調較竹枝新。

清 阮元《揅經室集》四集·詩卷五《·蘇堤春曉》 北高峰上月輪斜，十里湖光共一涯。破曉春天青白色，東風吹冷碧桃花。

清 陳夔龍《松壽堂詩鈔》卷八《和亭秋》 楊柳蘇堤動客旌，郵筒迢遞數征程。不勞竹馬臨官渡，自有青山管送迎。

雜録

宋 董嗣杲《西湖百咏》卷下《先賢祠序》 在蘇公堤南山第一橋下。寶慶二年，郡守袁韶奏請倣紹興府鴻禧觀規模，買地建祠，取錢唐自古名人，從許由至張九成及節婦五共三十九人，摘傳立石祠後，建旌德觀，奉祠事。

又《湖山堂序》 在蘇公堤先賢祠北第二橋下。咸淳三年，郡守剏建，後三年增建。

又《三賢祠序》 在蘇公堤第三橋下。白文公、林和靖、蘇文忠公祠，舊在竹閣乾道間，移建水仙廟。嘉定十五年，郡守改建於此，三軒扁曰水西雲北，曰月香水影，曰晴光雨色，就三賢西湖詩摘出。

又《崇真道院序》 在蘇公堤第四橋下水仙廟北。咸淳中剏建，接納三清雲水，集仙閣雍壁甚工緻，齋厨豐腆，蜀中道人主之。

又《小新堤序》 在蘇公堤北山第二橋西。淳祐二年，郡守新築，直至麯院船步水接桃溪寺前澗，通靈隱天竺。

宋 董嗣杲《雪江講堂》卷下《三賢祠序》 在蘇公堤三賢祠堂北。婺州布衣胡侁，淳祐中充三賢講堂堂長，結屋居焉，自號雪江，選群公錦囊集。

（咸淳）《臨安志》卷三二《山川十一》 蘇公堤。元祐中東坡既奏開浚湖水，因以所積葑草，築爲長堤。起南迄北，横截湖面，綿亘數里，夾道雜植花柳，中爲六橋，行者便之。坡嘗賦詩云：六橋横截天漢上，北山始與南屏通。忽驚二十五萬丈，老葑席卷蒼烟空。嗣守林希榜曰：蘇公堤，邦人祀公堤上。後十年，郡守吕惠卿奏毁之，堤間齧於水，郡常隨時修治，訖罔克久。咸淳五年，朝廷給錢命守臣潛説友增築，載礫運土，填窪益庳，通高二尺，袤七百五十八丈，廣皆六十尺，堤舊有亭九，亦治新之，仍補種花木數百本。

元 劉一清《錢塘遺事》卷一《蘇堤趙堤》 東坡守杭日，築堤自大佛頭直至浄慈寺前，非爲游觀計也。遏水之深者爲湖，而沮洳之地，畝以萬計，皆可爲田。淳祐間，趙與𥲤尹京横築一堤，祇是通路過靈隱而已。

清 梁詩正《西湖志纂》卷三《孤山勝迹》 蘇堤在西泠橋西上，有六橋，自南新路接北新路，横截湖中。宋元祐間，蘇軾築。楊慎《蘇堤本末》：東坡既奏開湖，周視湖上曰：今欲去葑田，而葑泥如雲，安所置之。湖南北周迴三十里，環湖往來之民，或終日不達，若取葑草積之湖中爲長堤，以通南北。則葑去而行者便矣。堤成，杭人稱曰蘇公堤，祠公堤上。《西湖游覽志》：沿堤夾植花柳，中爲六橋，橋各有亭以覆之。自是湖分爲兩，西曰裏湖，東曰外湖。南渡後，堤橋成市，走馬游船，絡繹不息。歲久弗治，堤漸廉削。成化以前，裏湖盡爲民業，六橋水流如綫。知府楊孟瑛闢之，增築湖堤，列植萬柳，頓還舊觀。國朝雍正四年，開浚西湖與白沙堤，同時修築，輔狹爲廣，增庳爲高，視白沙堤倍之。乾隆十六年春聖駕巡幸，御製蘇堤詩：

白沙堤上昨鳴鞭，瀟灑詩情憶樂天。豈意千秋留姓氏，白公不及大蘇傳。

一株楊柳一株桃，夾鏡雙湖緑映袍。蓄眼韶光看不足，北高峰影接南高。

又 跨虹橋，即蘇堤第六橋。《西湖游覽志》：蘇堤之橋，次第自南而北。楊堤之橋，次第自北而南。第六橋與西岸第一橋斜對，稍北則爲西泠橋。

又 曲院風荷亭，在蘇堤跨虹橋西。康熙三十八年，聖祖仁皇帝御書曲院風荷，爲西湖十景之一。遂建亭其處，内有迎薰閣，東爲望春樓。乾隆十六年春，聖駕南巡，御製《曲院風荷詩》，見恭紀名勝。

又 東浦橋，即蘇堤第五橋通曲院港。《西湖游覽志》：第五橋與西湖第二橋對。宋周紫芝韓園讌集詩：遥知第五橋邊路，桐葉題詩人未歸。

又 趙堤，宋時稱小新堤，路通靈竺。《咸淳臨安志》：淳祐二年安撫趙與𥲤築，自北山第二橋至麴院，夾植花柳，如蘇堤。半作四面堂，爲亭三，以比蘇堤，人遂稱趙公堤。《西湖游覽志》：堤旁舊有天澤廟、小隱園、裴園、史園、喬園、資國園，并廢。

又 金沙堤，在蘇堤東浦橋南，自東迤西，與楊堤故址相屬，其地爲靈隱澗泉入湖之處。舊爲淺灘，俗呼金沙灘。數十年來，金沙漸淤積成廣區。雍正九年，總督李衛建祠以祀關帝，遂於東浦橋之旁築新堤，以達祠宇，堤廣三丈，長六十餘丈，夾植桃柳，與蘇堤聯絡映帶，遂名金沙堤。

又 壓堤橋，即蘇堤之第四橋，通茅家埠。《西湖游覽志》：第四橋與西岸之第三橋對，橋下水極深，凡入靈竺，舟行必取道於此。故橋旁設石臺籠燈，以照夜船。舊有水仙王廟，亦名龍王祠，前有井曰薦菊，後圮，移建於望湖亭。劉渙詩：重到桃花第四橋。

又 蘇堤春曉樓，在蘇堤第四橋之南。康熙三十八年聖祖仁皇帝御書『蘇堤春曉』，爲西湖十景之首，恭建御碑亭。雍正八年，浙江總督李衛以亭隘不稱瞻仰，改建岑樓，崇奉奎章。復建曙霞亭於後。乾隆十六年春，聖駕南巡，御製《蘇堤春曉詩》。

又 望山橋，即蘇堤第三橋，通花家山港。《西湖游覽志》：第三橋與西岸第四橋斜對，水名花港，所謂花港觀魚者是也。舊有雪江書堂，宋淳祐中，婺州人胡侁充三賢堂長，自號雪江，因名。今廢。

又 鎖瀾橋，即蘇堤第二橋，通赤山麥嶺路。《西湖游覽志》：第二橋與西岸第五橋對，舊有湖山堂，宋京尹洪燾建。又有三賢堂，宋京尹袁韶建，以祀白蘇林三公。後有堂三，曰水西雲北，曰月香水影，曰晴光雨色，久廢。

又 映波橋，即蘇堤第一橋，通赤山教場。《西湖游覽志》：第一橋與西岸第六橋斜對。舊有旌德觀，本定香寺址，今止存定香橋。徐集孫西湖納涼詩：小艇撑過第六橋。

又 花港觀魚亭，在蘇堤映波橋之北。康熙三十八年，聖祖仁皇帝御題『花港觀魚』，爲西湖十景之一，建亭其處。乾隆十六年春，聖駕南巡，御製《花港觀魚詩》。

太平堤

綜述

清 朱載震《修建太平堤記》（雍正）《四川通志》卷一三　成都府灌縣之都江堰，其水源來自松潘之上流，其利於民也。成郫等九邑咸資灌溉，昔人所稱陸海者也。雖有歲修成例，要皆視爲故事，塗飾一時。

康熙丙戌夏五月，霪雨彌旬，山水泛溢，人字堤、三泊洞、府河口盡被衝決，諸邑沿河之城郭、廬舍、田畝漂没者，灾傷見告矣。大中丞能公，惻然深念，立捐俸資，委員詳驗，俾多方撫恤，無使失所。繼又嘆息言曰：是特一時權宜事耳，不可不爲一勞永逸計。

冬十月，躬行相度，計程三百里，不憚勞瘁，一日往返，乃與寮屬從容商確，某處當修，某處當浚，瞭如指掌。惟是工費繁多，非千數百金不足以濟，而民力民財，又不可以重累也。公於是首先倡捐清俸，以及藩臬兩司，成都府屬用水九邑，皆與焉。復遴委别駕標員，協力鳩工。自一陽始生，至次年春仲，凡三閱月，築人字堤長三十八丈，高八尺。又於府河口三泊洞，築新堤長八十三丈，高八尺，厚五丈。支分條析，水得復循故道，灌溉無遺，民將世世食其利，豈特一時慶安瀾已哉！以故，九邑之食租而衣税者，咸拜首而頌曰：公之樂於創始，孰如公仁？公之洞悉源流，孰如公智？公之倡導捐輸，孰如公義？公之先時集事，孰如公信？

嗟乎！公撫蜀僅三年耳，凡此十郡六州之人，前所謂不便，及今所願欲而不得者，公皆爲之除弊而興利焉。春生秋肅，陽開陰閉，合修於庭户，數日之間而人自得於河山千里之外。今又軫念九邑黔黎，遺樂利於無窮者如此，公之功與流水同長矣。是役也，勞在社稷，不可以不書。

傳記

（光緒）《惠州府志》卷三七《人物》 張元炳，字伯虎，博羅張萱子。性孝友，事繼母甚謹。繼母從父宦吳，卒。奔喪扶櫬三年，不茹葷，不入私室，待異母弟翕如。壯歲喪妻，不再娶。爲人和易，喜施予。太平堤圮，捐貲修築。其學不懈於古，督學曾旌奬之。

藝文

明 楊士奇《東里集·續集》卷六二《題畫竹》 太平堤畔是秋官，門倚澄湖緑玉灣。更出篔簹望天上，五雲長護紫金山。

明 薛瑄《敬軒文集》卷一〇《太平堤望》 太平堤路夾平湖，湖上清風面面俱。十里波光天上下，半空嵐影樹扶踈。稻塍草色青無際，菱葉荷花凈有餘。艇子有人閒泛泛，釣竿還可拂珊瑚。

明 謝晋《蘭庭集》卷下《送陳耘初任御史》 太平堤畔梆條黃，訟簡烏臺日正長。驄馬乘來朝下早，春雲飛入繡衣香。

明 童軒《清風亭稿》卷二《驄馬行一首送朱文輝之江西僉憲》 南畿門外太平堤，駿尾蕭稍日夕馳。

明 吴節《吴竹坡先生詩集》卷一六《與張都憲楊司寇薛理卿同宴荷亭二首》 湖山一臨亭中勝，風月平分席上詩。回首太平堤上路，蟬鳴高柳夕陽時。

明 羅玘《圭峰集》卷三〇《送雷生謙歸南城二首》 玄武湖心月，太平堤尾風。世人皆棄却，好看入胸中。

明 葉盛《菉竹堂稿》卷二《奉挽外舅恒庵尚書廿首》 恭承大拜出鑾坡，多少陽春及網羅。涖此太平堤下水，涓涓端的是澄波。

明 周用《周恭肅公集》卷九《癸巳除夕金陵次甘泉吏書韻十首》 太平堤并鍾山麓，青翠朝來欲拂眉。載瞻聖祖興王地，三復神孫述德詩。

明 皇甫汸《皇甫司勳集》卷一二《太平堤行》 余兄子安并友蔡子本皆南移法曹，而余亦淹水部，往省家兄時一至焉。既而出補越憲問，因蔡子往者月僅再至耳。蔡復考績，北征經月，不一至也。偶過茲地，山色湖光，宛然在目，雁行鳳侶，悵爾離群，延佇久之。賦詩展

太平門外古崇堤，嘉樹扶疏夾路垂。負郭盡爲芳草地，沿湖直遶白雲司。當時王貢總仙才，况是承恩非闕來。御史府中烏半宿，尚書門下騎雙回。青山幾度朝陵節，玄水曾流祓洛杯。鳴珂再過平沙道，問舍多爲後來少。已看奏賦甘泉宫，每憶傳詩臨海嶠。驚心歲序易經春，舉目湖山宛自新。含香不覩游蘭客，息影徒逢愛樹人。由來聚散皆無定，欲寄相思那可因。

明 駱問禮《萬一樓集》卷七《新霽太平堤延眺次龔毅所韻》 湖堤控城岡，野色無陰霽。宿雨喜初收，秋風轉增媚。鮮華湛樓頭，薄霧捲天際。塵清北郭謳，波凈西施醉。掩映闤闠新，縹渺浮圖麗。鍾陵彩日暾，策府元洲邃。水長小圩平，山明遠峰翠。松栢挺披氛，鷗鳧浴成隊。仙郎本殊才，瀟灑更多致。公餘信馬蹄，縱目如有契。忽漫詩滿囊，詎識身爲吏。慚余非鮑謝，幸共羲黃世。封侯志已隳，肯作求田計。願執芳晨鞭，浩歌永無既。

明 邵圭潔《北虞遺文》卷一《太平堤》 湖水夾長堤，城臺帶蒼阜。紅疑太子蓮，緑想隋家柳。

明 王世貞《弇州四部稿》卷四二《送御史大夫餘姚趙公領南臺》 千烏舊是臺城侣，一鶴居然御史裝。見説太平堤上樹，廩秋猶自拂雲蒼。

明 王世貞《弇州山人四部續稿》卷八《由太平堤詣省作》 辰出太平門，褰帷太平堤。不知身上下，蒼山時高低。右鑒渺平湖，左玦滙清溪。殘緑稽芰荷，小白散鳧鷖。是時秋始暮，風物繁以凄。迤邐貫索垣，愀然念圜陛。冥冥天就寒，冉冉日沈西。首領且不顧，焉問母與妻。比屋苟可封，咎繇亦易齊。

明 曹學佺《石倉詩稿》卷一《僦居雜述二十首》 朝出太平堤，逶迤芳草齊。楊花飄作絮，觸面使人迷。

又 卷二《太平堤遇雪》 長堤逢雨雪，凄絶少人行。自顧貂裘敝，誰披鶴氅明。波運後湖水，氣壓古臺城。況有北門嘆，悠悠傷世情。

又《出太平堤赴考栢臺見荷花初開》 趨府雖瞻栢，臨流欲采蓮。最矜初日麗，未散晚霞鮮。古思湖波外，新妝堤路前。花開復花落，誰爲惜年年。

又 卷二七《送曾用晦侍御之金陵》 金陵十載憶徘徊，棘寺還依御史臺。玄武湖頭明月近，太平堤上好山來。

明 高出《鏡山庵集》卷二〇《答贈劉載甫比部言别》 白雲官隱日，緑酒客同時。樹隔石城堞，荷新玄武陂。清游因病減，遠道爲歸岐。鄭重期交勗，江湖繫夢思。

明 文洪《文氏五家集》卷八《桃花》 春晴緩轡太平堤，萬樹桃花映水齊。不是六朝行樂處，直須認作武陵溪。

明 謝肇淛《小草齋集》卷二一《奉和大司寇趙先生齋居禱雨詩二首》 玄武湖邊雲乍起，太平堤上柳初舒。定知北斗天喉舌，自有玄冥爲洗車。

明 熊明遇《文直行書詩文・詩部》卷一三《春分日入署見太平堤下杏花無際》 江春一半入新年，城外風輕拂曙天。小市平林山共水，杏花千樹起紅烟。

明 鄭明選《鄭侯升集》卷四《太平堤》 步出太平堤，澄湖漾秋水。日夕香風生，荷花三十里。

又 卷八《太平堤望練湖作》 玄武湖中烟水平，青絲絡馬傍湖行。九州玉版藏天府，十里金堤接帝城。宿雨尚霑紅藕濕，晴波時躍白魚輕。昆明習戰南朝事，風日蕭蕭蘆荻生。

又《與祝給事并馬太平堤絶句》 太平堤上路縈紆，左挾鍾山右練湖。白馬如霜相逐去，兩行秋樹錦糢糊。

明 程嘉燧《松圓浪淘集・涉江》卷一《雨中出太平堤棲霞道中作》 玄武湖堤似掌平，澄湖淼淼澹微明。水邊柳色浮官舍，雨外松聲遠禁城。仕氣忽連鍾阜變，輕陰欲傍繖山晴。春衣一一從霑濕，故拂林花并馬行。

清 袁枚《小倉山房集・詩集》卷一〇《太平堤望元武湖》 昆明池繞舊宮墻，過客遥看飲馬塘。兵氣昔曾屯上將，水聲今尚怨舒王。絲桐曲盡漁歌續，圖籍烟消鳥語忙。此日茭租三百頃，中朝應賜賀知章。

佚名《太平堤》（道光）《上元縣志》卷首 太平門外太平堤，烟柳雙行葉已齊。蘸影後湖眞恰當，碧連上下總凄迷。

雜録

明 郎瑛《七修類稿》卷三八《楊少卿詩》 天順間，南京大理少卿宜興楊公複，每令家童于玄武湖壖取萍藻以食豚。海虞吴思庵訥，時握都察院章，以其密迹聽事拒之。楊作小詩送雲：『太平堤下後湖邊，不是君家祖上田。數點浮萍容不得，如何肚裏好撑船。』至今傳爲笑柄，鄙吴而予楊也。

予以思庵誠寬大而不答，使當時即寫此詩，易以己名，複送于楊，楊何顔哉？此正楊公代吴之作也，其與鑚核較籌者何異哉？況後湖朝廷所禁，今人反以抑吴，豈以楊有能詩之名而然邪？

明 謝肇淛《五雜俎》卷三《地部一》 余承乏留都北部，留都三法司省寺獨在太平門外，左鍾山而右玄武湖，出門，太平堤逶迤二里許，春花夏鳥，秋月冬雪，四時景光，皆足娱人。緩轡徐行，晨入酉出，嘯歌自足，忘其署之冷也。嗣是移官職，方徙北水部，袞袞馬頭塵，匆匆駒隙影耳。追思曩者，閒心樂地，詎可複得？故今宦者謂留都爲仙吏，而留都諸曹中，司寇之屬，尤爲神仙也。然不可爲巧宦者道也。

明 張萱《西園聞見録》卷九七《聽訟》 龔永吉，字天民，□□人。以舉人宣德丙午授職方主事，歷官南京大理寺卿。時休寧，縣土豪孫志静謀殺細民項仕和，而奪其妻。事覺，賄執獄者，脱其罪。都察院送寺審録，公疑而置之。及脱歸，過太平堤，忽一鵝止肩輿下，拂之不去。公指謂鵝曰：若有冤，可隨我至。則鵝不見矣。公曰：此非項仕和之冤耶。翌日閲案，果疑，遂駁回。會都御史蕭公維禎，差官往核其事，實孫志静謀也。

明 顧起元《客座贅語》卷一〇《舊大理寺基》 太平門左有高

山如圓釜立者，名龍廣山。國初，置大理寺於此，後乃徙置於門外。門直達於北曰太平堤，堤左沿鍾山，有小湖曰燕尾湖。志多遺之，僅見《刑部志》。

桃花堤

綜述

清 全祖望《鮚埼亭集外編》卷二一《桃花堤記》 鄞城西南有雙湖，迤邐爭勝。西湖即所稱月湖，南湖即所稱日湖者也。西湖佳麗過於南湖，所謂十洲三島者，皆西湖之勝也。南北四橋以通往來，直抵城下而止。當兩宋時，有長堤二：其一曰偃月，錢使君公輔所築，王集賢益柔詩曰：偃月堤成車馬道，湖光如截天如抱。而荆公亦有『載沙築路』之句，取杭西湖白沙故事也。在紅蓮閣下，當時置酒務於湖北，即湖汲水，勞甚。乃於湖之中蓄清流，作堤於其上，以轆轤引而注之，皆以爲便。以今地望考之，碧沚之後是也。其一曰廣生，元祐中堤以爲放生池，在壽聖院南。其後趙使君伯圭築堂其上，以今地望考之，湖心寺橋之前是也。

有明以來，二堤之遺迹不可復考，先宮詹自鶴禁歸，徙宅湖上，買得竹洲一曲以爲別墅，舊時史忠定眞隱觀也，後爲陸康僖祠，至是歸於吾家。搆平淡齋於洲東，搆松窻於洲南，宮詹謂城下尚有閒田，可修治爲花堤，以助竹洲之勝。乃自水仙宮前築石直抵長春門，履道坦然，而藝千樹桃於其上。堤之内，雉堞參差，茶竈琴牀，錯列其下，以花爲藩。堤之外，湖光清泚，畫船簫鼓，時時過之，以花爲幕。宮詹與林下諸公結社，時緩步焉。嘗爲詩記之曰『偃月風流擬白沙，廣生樂育更誰家』是也。湖上游人因呼之曰桃花堤。別墅未落，宮詹下世，陸先輩公明有園面堤，復修治焉。二十年後，兵火紛然，湖上之高門縣簿盡爲摧落，沿城上下皆成馬牧，而堤又廢。

先是，《四明舊志》張、羅、吴、袁四家皆簡略，二堤本末僅附見於舒中丞信道、朱舍人新仲記中，鄞之談文獻者弗盡知也。桃花堤未遠耳，近之修志者亦弗録，何其陋也！予追隨家君子游湖上，嘗指示曰：『此白石鑿鑿者，雖大半殘缺，然吾家故物也。』予退考之，宮詹墓碑信然，乃別爲記而存之。荒城落日，水色依然，而錢、趙兩使君之甘棠，吾先人之喬木，莫有過而問者，良可感也！

藝文

明 徐渭《徐文長文集》卷六《桃花堤上看美人走馬和青霞君》 一鏡圍湖水，千峰遶梵宫。大娘迴劍器，小伎落驚鴻。影深穿柳日，蹄響帶花風。望斷梨腮粉，紅塵一道中。

清 盧震《説安堂集》卷六《漁村夕照》 牽船柁底尊千尺，晚飯沙頭柳十圍。携得桃花堤畔種，漁郎新自武陵歸。

清 洪亮吉《更生齋集·詩》卷六《抵銀林垻》 沿溪水瘦湖水肥，水影分上征人衣。一帆如龍忽東去，劈浪欲上桃花堤。

清 舒位《瓶水齋詩集》卷一《仇英桃花源圖》 桃源洞，武陵溪，武陵溪口桃花堤。扁舟捕魚者誰子，忽逢桃花紅欲迷。再來不記桃源洞，漁人竟作桃花夢。

清 徐時棟《烟嶼樓詩集》卷一七《柳汀雅集賦桃花堤》 昔日湖堤上，桃花歲歲春。至今泛湖者，空説種花人。

雜録

清 全祖望《鮚埼亭集外編》卷三一《題南堤詩》 鄞之湖上南堤，經始於先宗伯公，別名曰桃花堤，未竟而逝，湖上諸公卒成之。

另，順天府亦有桃花堤。

（光緒）《順天府志》卷一五《京師志十五》 暢春園内築東、西二堤，長各數百步，東堤曰丁香堤，西堤曰蘭芝堤。西堤外別築一堤，曰桃花堤。東過板橋，爲松柏閘，松柏閘之東岸，即蘭芝堤，西岸即桃花堤也。

田公堤

明　吳國倫《甔甀洞稿・續稿・文部》卷一一《田公堤記》　頃予重游南康白鹿洞，因過五里橋，謁玄帝行宮，遂循紫陽堤入舟。所遇行者于途，漁者于河，頌其郡守田公之賢，千萬人一口也。時公行縣未還，而予神遇之矣。

踰歲，南康諸生嘗及予門者數十輩，束書以黃生裳，來爲田公堤乞記。蓋田公在郡，善造士而厚恤其私。又嘗新徙郡邑兩學宮，并得善地，而才賢相繼登用，士人人德之。其爲堤，則又爲郡學深遠計。蓋學臨南城，城當彭蠡湖一面。湖受章、貢、弋三江之水而成巨浸。《禹貢》所載，東匯澤爲彭蠡是也。揚瀾左蠡，滕流而下，稱江湖絶險。南康以斗城扼之，能保無陵谷之虞乎？

宋淳熙間，水勢漸迫城西時，朱元晦爲郡守，大治堤以障之。至今號紫陽堤不朽。邇年，水勢徙而漸南，南城人患之，以告田公。田公相其地而有隱憂，因聚諸僚佐士民坐，築之曰：失此不堤，狂瀾將嚙我城趾。城趾一受嚙，則附城而廬者其沼乎？據城而宮者其塗乎？夫有司避選事名，坐貽一方大患，非智也。顧瘠土灾年，驟興大役，重爲士民困，亦不得爲仁。西顧紫陽堤，先賢之遺矩在焉，儼然後事師也，將無起元晦於異代，抑坐待堤從地出，而水患可以蘆灰止乎？吾其圖之矣。

按元晦治堤時，告王轉運，得錢百萬，米五百斛；告趙提刑，亦得錢百萬，而徐轉運又以千緡佐之，此一時也。當誰告而可？吾聞神依人而行，將卜諸明神，其濟士民之靈也。不濟則守之，弗和於人神也。

於是齋祓玄帝宮，請得移其香資之羨數百金，大治堤。神若冥冥應之，公亦若黙黙承之。尋奏記兩臺使及諸監司。僉曰：捍大患，而不秋毫損民，便計也。如其議以行。公乃擇一二丞史之廉幹者，授以金而任之董役。公惟相度經營，稽出納省勤惰而已。於是鳩工伐石，廬傭操畚鍤，距城半里許潔爲長堤。由大南門遶文昌閣、黃婆磯以下，延袤可千餘丈，廣可二十尺。

公又時時徹軒蓋，減騶從，巡行而勸勞之。登登馮馮，趨事者日益忘倦。未數月，堤成。堅若壘壁，險若天塹，外捍風濤，內蔽城郭。居者按堵，舟者鱗集，無復昏墊漂溺之患。而學宮巋然臨其上，又若翼而增高，環而增秀。士民聚觀，且悦且嘆，曰：壯哉！夫非元晦先生復出能乎哉？遂名之曰田公堤。蓋與紫陽并稱云。乃田公不自功曰神工也。

予又聞，五里橋之居玄帝，自田公始，公遂得爲帝隆施，用其香資新學宮，廣學田，膳四方學徒，猶推其餘，代貧民輪賦，皆神惠也。然皆一時之惠，而惟用之治堤，永絶水患，則千百年之惠也。昔者召信臣爲南陽造鉗盧陂以利民，累石爲堤。杜詩繼而增修之，其民歌曰：前有召父，後有杜母。以予觀於田公，學術治行，紫陽之流亞也。曷愧爲民父母哉？故堤名田公，志不忘公也。而公以爲神工，志不忘帝也。人神交鬯，南康其一振矣。

夫聖人以神道設教，良吏以神道興民，非怪異其説，示人疑也。天壤之間，實有是理，而惟通幽明之故者知之。禹以治水稱神，豈獨其智神乎？嘗讀《吴越春秋》，禹至牧德山遇神人，授禹靈寶五符，以役蛟龍水豹。又云禹遇蒼水使者，登宛委山，發石，得金簡玉字書，乃知四海之根，百川之理，周行天下，所至召問其神而疏記之。今田公才本神授，而玄帝又北方水神，其以香資遺公治堤彌水患，安知非神力乎？即功在禹下，而神道殆不可誣矣。

是役也，贊襄則僚佐某某，視工則丞史某某，而諸生之記事者，并列碑陰。公名瑄，字某，閩之大田人，起家進士。

清　顧祖禹《讀史方輿紀要》卷八四《江西二》　田公堤在府治南一里。萬歷二十一年，以石堤迤東一帶，湖水盪嚙，漸及城址，郡守田瑄因築石堤長數百丈，以衛之民，因謂之田公堤。

（嘉慶）《清一統志》卷三一七《南康府》　田公堤在星子縣南一里。明萬歷中，石堤迤東一帶，湖水盪嚙，漸及城址，郡守田瑄築石堤長數百丈，人稱爲田公堤。本朝康熙十四年修。

（光緒）《江西通志》卷六四《山川略二》　田公堤在府城南一里。宋孝宗朝，朱子於治西築石堤，捍水患，民賴之。明萬歷間，水勢徙而漸南，城址受齧。二十一年癸巳，知府田琯鑿石爲長堤，自湖防廳左起至黃婆磯，長數百餘丈，高廣二十餘尺。又於堤上建真武祠，以鎮之。郡城及學宫民廛永息水患，人稱爲田公堤。

萬工堤

明 屈伸《萬工堤記》（嘉靖）《蘄水縣志》卷三　嘗謂五行之用，惟水之功爲最大，五行之害，亦惟水之害爲尤甚。惟得賢才以制之，則水患消而反利澤于民矣。予姻友胡公奎景燦，早掇巍科，擢令蘄水，賢而有禮，恭儉而愛人。凡有便於民者，輒舉而興之。有害於民者，務袪而去之。田疇陂堰，學校橋梁，路道亭榭，無一而不盡其力焉。

去秋，予自貴上京，道經于蘄，會胡君于回風之磯。見磯水回漩，洶湧巨浪，峭石巖巖，屹峙中流，心甚怖慄。又見磯上一港，其流甚濶，内通圻湖，外接大江，恒懼過客，罹於没尉之禍。胡君喟然嘆曰：斯磯雖險，乃在大江舟楫，或可遠之。未若斯港當乎要衝，而爲吾人之害者也。斯港古未之有，近自漁舟拖拽而闢之，再披龍水衝決，遂益大焉。其艱險特甚，水涸以渡，其泥没篙，水泛則湍流湧折，楫拆舟危，溺于斯者，不可勝紀。奎自涖官以來，心主切于兹，而未能極也。幸遇高明，碩有以教諸。予曰：君才穎敏，巧思過人，其力爲之。

既別去君，歸語諸僚佐。僉曰：斯港之爲民患久矣。奚可以不治也？乃謀以竹籠篝石塞其上口，使湖水下流于江，取土以鎮實其港，俾江流不入于湖，二水既分，底址乃見。爰命耆老謝居安、黃伯恭，余得義董夫丁築壘而高之。經始于乙丑十一月朔，告成於次年三月之望。工計以萬，遂名之曰萬工堤。仍立廟磯上，以祀江神，用壓水物。

予舟回，復駐楫磯上，以訪胡君，忽覩向之爲港者，今皆平爲陸地，如岡如阜，車馬之上下，人物之往來，一任所如，而無艱涉之患矣。乃揖胡君而賀之，曰：君之愛民，其至是乎。君曰：未已也。雖爲苟完，恐年久湮没，碩公有以記之，庶不孤鄙志也。予惟典利除害者，守令之事，濟人利物者，仁者之心。昔李水守蜀郡，鑿離堆山，分爲三十六江，以溉民田，民賴其慶。陳堯佐爲兩浙轉運使，築錢塘江堤，以遏水患，民安其居，而享其福利。今君之宰蘄水，便民之事多矣。然是堤之利，永消酷没之患，是又便民之大者也。將見民懷其惠，又豈在二公下哉？予非佞譽，書其所見，爾是爲記。

（乾隆）《蘄水縣志》卷六《地理志》　胡奎，鄱陽舉人。正統四年，知縣事。邑舊學宫，規模粗立，宣德間被震，奎至，撤而大之，壯其殿廡，立文會課士，用是士多興起。濱江有回風磯，磯上一港，達江内，通圻湖諸水。水溢，與磯漩洑相觸，最爲民患。奎乃謀以竹籠篝石窒其上，畚土實港堤之，俾潮水他道入江，工以萬計，遂名曰萬工堤。立廟磯上，祀江神。水患乃息，至今便之。

（嘉靖）《蘄水縣志》卷一《圖考》　萬工堤，治西南五十里，每江河作漲，多能改舟。正統乙丑，知縣胡奎築之，工費頗繁，故名萬工堤。僉番陽屈伸記。

萬柳堤（四川黔江縣）

清 佚名《張公萬柳堤德政碑序》（光緒）《黔江縣志》卷二　公，山右名進士，號衮甫，於光緒十五年涖仕吾黔，他務未遑，汲汲以保障斯民爲要務。黔城西河，當兩水之衝，向有堤防。丙戌夏，淫雨爲灾，堤防盡潰，被灾者不下數百家。

公詢及情形，惻然有民溺已溺之憂。適紳耆以築堤請，慨然引爲己任，先墊經費築堆築堤，又將船田變價三百串，支用告匱，不得已按城中户籍，家役一人，人役三日，衆庶樂從。無如工程浩大，籌費維艱，公據實稟懇大憲，免十六年捐輸，作賑灾堤防之費。蒙允其請，即刻舉行，以工代賑，依前培固。故用民財而不爲苛，用民力而不爲苦，且案牘繁冗，親督鳩工，如共操作。積半載，忽被大水冲刷，紳民稟請緩修，公志彌堅，復命工鑿山取石以作砥柱續前功，三載落成。但見長堤綿亘數百丈，沿堤植柳數百株，一時之勞即萬世之利。僉曰：非公之力不及此。

昔蘇公守杭州，築堤西湖，人號蘇公萬柳堤，今公以髯翁治杭者治黔，而民即以頌蘇公者頌公也，亦號其堤曰張公萬柳堤。事竣，置田十餘畝，以出息備修堤費。爲善後計，公之慮更深且遠。迄今狂瀾已挽，其魚無憂，安堵如常，嗷鴻久泯，乃知公保障之心爲最苦，而保障之功爲最偉也。爰刊碑以志之曰『保障黔黎』。

（光緒）《黔江縣志》卷二《规建志》 萬柳堤，即附城西南河堤也，光緒十五年，知縣張九章督同紳民創修，五載乃成。

王公堤

論説

明 胡忻《欲焚草》卷一《河决請點總河并參河臣疏》 淮安王公堤，陡裂四百零八丈，蟄陷二三尺不等，勢甚危急等因。

臣見之不勝駭愕。我國家定鼎幽燕，京師億萬兆生靈，取給東南，每歲四百萬糧儲，□河是輸，則運道固，國家之咽喉也。黄河自西往東，與運河并虞其横衝，故築堤以捍之。行堤切近運河，尤運道之保障也。堤自單決，則張秋一帶危；自豊決，則魚濟一帶危；王公堤決，則清口一帶危。張秋、魚濟、清口之間一危，是無運道也。無運道，是無京師也。可不爲寒心哉？

明 申時行《綸扉簡牘》卷六《答舒中陽漕撫》 今有縷堤以殺其怒，有遥堤以束其流。沙随水行，自無大患。所患，特淮安耳。如王公堤、范家口等，自宜加意設防，增卑培薄，無惜捷石之菑，即衝齧有所禦，此所謂謹備之者也。今欲開老黄河百里，財力大費，固不必言。即渠成流分，新者未必通，而舊者且有淤淺之患，將若之何。此未可以爲必然之畫也。惟吾丈審度而折衷，以無事之智，爲有事之防，幸甚高明成畫不靳指迷尤懇。

又 治河之議，近乃紛紛。昨者附陳鄙見，大要欲行所無事，因勢而謹備之。兹奉来教，則高明之見，固已先得同然矣。王公堤一工，目前最爲喫緊。連歲闕中雨少，昨年水發遂決，銅瓦厢等處上流勢殺，故徐邳以下幸無他虞。

又 老黄河必不可開，承示會疏，謹悉河方合淮，則欲借淮水之全力，以衝刷其淤停。淮既合河，則欲通下流之支，委以泄其壅滯。大議極爲明確，第僉謀尚有未同時，詘尤難舉事，故再行勘議，以爲後圖耳。惟清浦王公堤最喫緊，須嚴督所司加謹防禦，可無他患也。

又《答潘印川捴河》 昔人謂善作者，不必善成，言成之難也。況未能成之，顧欲毁之。雖有平成永賴之功，其能久乎？頃當事之臣，闇而懷私，愎而喜事，欲破壞大計，陰附私邪，以國家咽喉命脉爲戲，殊爲可恨。若非公論推轂聖心轉圜，復用老成，畀以重任，數年之後，真足寒心。兹幸舊緒可尋，成規具在。踐行荒度，舉墜補偏。當令兩河安流，萬全無患矣。欣慰！欣慰！訾家河之説，亦重違議者，曲爲遷就，常給諫已，明言其不可，而姑從之，以俟主裁。要之河性難强虚費，可惜已之爲是，第不知王公堤修築何如？此堤堅固，足捍衝流，則甚善矣，諸凡再俟明教。

又 卷七《答潘印川捴河》 淮揚山東工程，題請分任責成。使人各效力，不至推諉，甚善。今河水七羡，而堤岸堅完無恙，此門下荒度之明驗也。每聞人言王公堤淺薄，最爲喫緊，乃不知從来固然。而又有磯嘴壩，以捍其湍急之流，殺其決齧之勢，則亦有恃以不恐矣。承教具悉。河南大名之行，知驪從已惑，王事劬勞，不遑啓處，瞻戀何如。

清 閻若璩《潛邱札記》卷六《與劉頌眉書》 考萬歷六年，潘司空季馴河工告成，其功近比陳瑄，遠比賈魯，無可移易矣。乃十四年河決，范家口水灌淮城，全城幾奪。又決天妃壩，尋塞治之。二十三年，河淮決溢，邳、泗、高、寶等處，皆患水灾，以按臣牛應元、河臣楊一魁言，患少息。天啓元年，河決王公堤，水灌淮安新舊二城。水民蟻城而居，裏外河、清河一帶，滙成巨浸。郡守宋統殷等力塞王公堤，患始殺焉。所云蟻城而居者，即余幼聞父老言，人在新城西門城垜上，垂足洗滌是也。安得云潘司空治後無水患？六十年之説，大抵司空成規具在，縱有天灾，縱有小通變，治法不出其範圍之外，故曰《河防一覽》爲平成之書云。

清 張伯行《居濟一得》卷八《河漕類纂》 近年以來，泗水之渚愈厚，而王公堤之勢愈危，通濟閘外常淤，而天妃壩亦決。故首慮祖陵，次慮運道，次慮民生，而復開老黄河之説，若不容已者。但總計挑河共長一萬五千二百一十丈，計八十四五里，分該銀九十萬六千三百七十二兩，應用錢糧、夫役尚未敢擬。誠開此河，按入赤晏廟大河下海，使淮不受敵，順勢東注，無復退縮。洄洑之狀，泗北積水，自消黄流，既與通濟閘隔遠，清江浦運道自不受衝，而王公堤岸可保，是老黄河有可開之利矣。

清 康基田《河渠紀聞》卷一二 按是時，塞靈璧雙溝之決，而由白洋出小河口之横流如故。塞王公堤之決，而裏外河之巨浸依然；拆修高堰武墩之浪窩，而清口之灌淤未息。徐邳正河已淤決於上者，必壅於下。壅而必潰，水聚淮安，勢使然也。是以屢塞屢決，迄無成績。熊明遇言，河羨溢大決，漂流逼陵，秋水灌崖。徐邳間彈爲河，即負薪沉璧，勞逾瓠子，費倍宣房，而根本之地，務爲軫念，根本之在於人事者，不待言也。黄之根本在攻沙，淮之根本在蓄水。黄已淤矣，青田之塞如不塞也，淮已洩矣。武墩高堰之修，如未修也。黄淮交衝，而山清危矣。塞王公堤，如不塞也。根本之説，信然！而當河事孔棘，未能舉全局，而謀之人事，固有不盡者矣。

清 方東樹《考槃集文録》卷二《治河書》 北河既乘建瓴之勢，南河亦露齧決之形，雖曰新城，鉢池山栜蒲灣一帶，堤岸完固可恃，而王公堤、磨盤莊之已事能無戒乎。

綜述

宋 韓巳百《王公堤記》（萬曆）《四川總志》卷二六 梓袊帶二江，歲病泛溢，大抵武弱而患小，涪悍而患大。此王公堤之所以築也。涪脅東山，迮不克肆，蛇行西折，荐蝕城趾，月積歲張，故其患視武相絶。先是府牧繼植長堤，横遏江要，毋使西顧。己未仲秋，一夕暴溢，高出堤背十有八尺，平睨城闉。州民惴恐，江落堤潰，中流之犍，盖僅有存者。

閭丘公泳議，新厥圖营度甫畢，以命入覲，謀用中格。今提刑王公通攝府事，躬相其宜，乃度水所嚮退，依江堧伐石爲堤，三分其役，臺任其一，凡役之隸於臺者，幕屬董之。府任其一，凡役之隸於府者，職寮董之。郡仕其一，凡役之隸於邑者，令佐董之。部分既定，以次受地，人兢於功，不戒而勸。堤成，北自劉公堤之缺，南至考功堤之址，其長上下總三千六百尺有奇。自是歲十月辛酉，至明年三月癸亥，其程得百四十日有奇。役以工計，凡三萬八千四百。錢以緡計，十分工役之數而一之。糧以石計，五分緡錢之數而二之。堤崇十有六尺，級而兩之，以防圮跌。沿壕起上爲堤崇八尺，廣稱之，以備泛溢。江獲安行，無所迫阨，寂如循墻，緩驅徐去。堤亦屹嶫延袤，霞截虹卧，堅不可犯。父老縱觀，懽呼舞手，知環城萬室，自今足倚此以爲命矣。

於公虚心體道，於世無累，植德不計於物，利物不計於功。仁風惠澤，洋溢蜀左。且無幾微見於顔面。是區區者，磨東山之石，以侈不朽，於公何有？惟夫規畫之詳，金粟之耗，工役之度，使寂寥無述，來者莫考，是無以永邦人之賜於無窮也。用敢特書，以詔世世，俾勿壞。公名動，字有功，崇慶人，蓋今日西南宿德云。慶元庚申六月初八日，門生文學椽韓巳百記，門生府僉判許奕書。

明 郭正域《王公堤記》（康熙）《漢陽府志》卷一三 記曰：由漢城而北抵漢口，龍家湖水出焉。相去幾里餘，舟楫不到，水漲爲巨浸。漢口幾萬家，朝夕于城，莫利往來。

先是守兹土者，蔡公、盛公、孫公創爲堤，歲久，盡圮。王公抵任之年，政理民和，問民疾苦，慨然曰：是誠在我。夫因財于官，官帑竭。因力於民，民力疲，即人勸而户募之。民且不應，我其用人乎？於是廉得省祭官熊士竒等可使也，召之庭下，酌酒勞之，簪花束彩，階下大作樂，導之中門而行名之曰善人。太守不以相苦，與若等共功德事，爾子孫且食報。於是大衆踴躍，出曰：我等何敢負公？

不期月，堤成。長二百七十丈，横袤二丈，中爲石橋，橋一孔，橋之上，翼以石欄，覆以甕堤，左右累石爲基，如橋之長，高二丈有奇，橋旁爲祠宇者三，堤曰王公堤，橋曰王公橋，祠曰王公祠，志不忘王公也。王公捐餐錢若干，凡募得銀若干兩，工始於乙巳歲仲冬月，落成於丙午仲冬月。而諸生熊士章，余友也，屬余記之。

余曰：王公以善養人矣。以善與人，人莫不爲善。善人有爲善之名，地方受爲善之利。王公之善莫大焉。堤成之日，其直如矢，蕩蕩平平，乘車荷擔，晝徃宵行，風雨晴霽，渡濤靡驚，夫寧獨一堤，以治天下可也。王公諱宗本，字世端，徽之休寧人。諸善人有功者，各勒名於碑陰。

明 佚名《巴河鎮王公堤記》（嘉靖）《蘄水縣志》卷三 興大功以爲民利，惟賢者能之。則夫昭令名，以垂不朽，亦有乎惠德，自不容已耳。蘇軾守杭，作堤於湖，人謂之曰蘇公堤。陳堯佐守滑，築堤障河，人謂之曰陳公堤。二子豈固欲掠取此名哉？蓋其惠心有孚，口碑籍籍，自是不朽也。

蘄水縣七十里鎮曰巴河，爲江淮鄂岳光蔡之衝要，持節遊宦，覽勝觀光，與夫商賈工藝徃來，轅連踵接，殆無虛日。其地北阻高山，大江經其南，湖水衝其東，石潭遶其西，蓋水鄉也。方夏淫雨，江漲漢潦，縈紆罔施舟檝，冬則雨雪水束，泥淖坎壈，莫難負乘，人咸病焉。

正德甲戌，成都王侯來尹是邑，道出巴河，目繫民病，嘆曰：古之爲政，固有以橋壞爲己過，而賞民覆租，請以身填金堤之決，而自盧堤上者。今此地雖覆租之盧，而水勢亦非金堤比，舉事宜無所難。吾安逭吾責哉。視蒙之餘者，捐金二十，爲史民倡命。道士胡覺照董其役，既而二尹傅君判簿郎君暮賓王君，及家居於是，經行於是者，咸分餘貨，以相厥功。

今年四月，堤成。凡長三十丈，廣五尋，高一丈，甃以石，樹以柳，一方大利，民咸歌誦，萬口歡呼，皆曰：此王公惠政也。因名王公堤。休寧商人金顯寧王佐者，覩其盛，捐金爲亭，請予文以記。

予惟十一月徒杠成，十一月輿梁成，典也，尹之事也。堤亦橋梁耳。使其久而弊，弊而壞，後人狃於，惠不己出，誰當嗣而緝之哉。二公無以應。予謂之曰：自鎮有此途而無此堤，若等受病非一日矣。王侯乃能興大功，圖大利，功烈實章章矣。堤名王公，固其所也。然必君子，而後能水人之美，繼今官是邑者，以王侯之心爲心，以王侯之惠爲惠，恒用培植，圖遠民利，是所謂水人之美，君子之道。矧蘇陳舊堤，迄今猶存，寧非皆得人，以永其美哉。請者咸稱謝曰：是所願聞也。請并書之，以憲永祀。侯名伯，字希召，號棠軒，成都灌縣人，登戊午賢科。筮仕於此，政績膾炙人口，此其一事云。

清 靳輔《治河奏績書》卷四《治紀·王公堤》 治河之事，莫難於保險。開歸以下，土地寬廣，堤多者至四五重，無甚險。徐、邳而下，迄於雲梯關，險工櫛比，幾及五十。然要未有如王公堤之所係者，大而所保者難也。

是堤建於陳瑄，至今幾三百年，未嘗失事。河防或問亦有慮及此者，潘季馴曰：平常之堤止寬二丈，尚欲恃以禦河，況二十丈乎？雖然世有荷甑，而行者或墮地而不顧。今設有千金之璧，則美錦什襲重櫝而藏之，尤必謹其北鑰，慎其掌人者，何也？寶之者至，則所以守之者，自不得輕也。諸險工即有失，小則淹沒民田，大則恐其奪河，如是而已。王公堤一綫石工，內捍運河，外抵黃、淮二瀆之衝，爲四百萬國儲咽喉地。一有所失，不特其上烟火萬家舉爲魚鼈，而自清浦以至高、寶一帶，遂無運道。清水潭必至再決，下河周圍千里自盡陸沉。是時即更費數百萬之金錢，竭數年之民力，恐未易竣工，如今日也。

夫千金之璧，猶必措之於萬無一虞之地而後安，而況於上關國計，下係民生，如此其重，而可姑以大概無害置之乎？然此一堤最難保護，若開引河，則地形未便，非捐帑四五十萬不能，惟有歲修，石工排樁固址，一有坍陷，便行補葺，而於上流層次築逼水壩二三重，以護之。一則挽溜以禦衝，一則迴湍以聚沙，使其日漸壅墊。若石工之外，得淤灘一二十丈，則堤址愈固，永無衝决之虞。夫知者防於未形，未形而防之，則力省而功易集，凡險皆然，而況於險中之險，所係尤大者乎？

傳記

（康熙）《涉縣志》卷八《名宦》 王琚仁，字君玉，河間人。延祐中宰涉，此政以寬，待物以誠。舊東南城隅水歲衝崩，甚爲民害，作堤一道障之，今稱王公堤。

（雍正）《浙江通志》卷一六八《循吏》 王士華《湖廣通志》：字彥實，鄞人，舉進士。正統間，以工部都水司員外，奉敕築華容諸防，相度便宜，勸富民出粟，建預備倉，擇廉慎吏掌管，以待工役，曆九載，計所築圩四十有八，堤百五十，人呼爲王公堤。

《清史稿》卷二八五《靳輔傳》 靳輔，字紫坦，漢軍鑲黃旗人。

順治九年，以官學生考授國史館編修。【略】二十二年四月，輔疏報蕭家渡合龍，河歸故道，大溜直下七里溝等四十餘處，險汛日加，并天妃壩、王公堤及運河閘座均應修築。

紀事

明 陳懿典《陳學士先生初集》卷一四《中大夫整飭昌平兵備山西按察司按察使鴻川許公墓志銘代》 清江王公堤潰，守臣議開河避之，公不可，堤以石。是時，周視河防，已洞若指掌矣。

又卷一六《中大夫整飭昌平兵備山西按察使司按察使鴻川許公行狀》 清江王公堤決，督撫議別開河避之，公持不可，卒包石以堤。是時，周視河防，已洞若指掌矣已。

清 張鵬翮《治河全書》卷一《上諭》 康熙三十八年三月初三日，聖駕看閱黄河堤岸，傳上諭：王公堤甚屬險要，務須加幇高寬，修築堅固。

又卷二《上諭》 康熙四十二年三月初二日，河道總督臣張鵬翮奉上諭：王公堤關係運道民生，最爲緊要，堤岸單薄，椿工漸朽，應再加幇，以資捍禦，不可因淤灘可恃而忽之也。

藝文

明 何慶元《何長人集·甓社游草詩類上·王公堤》 危堤行未遠，功次不堪譏。還濘雲方溼，飄風浪欲飛。補苴嗟物力，指點困心機。却坐蓬牕晚，何人穩釣磯。

清 童汝礪《王公堤》（道光）《遂昌縣志》卷一一 溪濤衝㴬勢難當，畚築初成舉步康。正喜虹堤成坦道，漫愁蟻穴失疏防。千家自此歸安堵，八月何須嘆望洋。試繞北城閒送目，我公恩與碧流長。

雜録

明 潘季馴《河防一覽》卷一四 開創月河，以避衝決，前件臣等看得漕黄相隔，僅一王公堤，諸臣既欲修本堤，設順水壩。又欲於運河之南，開月河引漕水南流，則兩河相隔幾二三里。若時加培築，即數年可保無虞，可謂計深而慮遠矣。但工程浩大，錢糧措處或難合。候王公堤築完，次第舉行，未爲晚也。伏候聖裁。

清 張鵬翮《治河全書》卷一一《清河山陽安東三縣黄河圖説》 王公堤石工一段，自海神廟至老壩口，長五百九十五丈。明萬曆三年，漕督王宗沐捐俸創築，以禦河患，民爲立碑廟，祀號堤曰王公。歲久淤墊，乃築外越堤一道，長六百二十丈。康熙三十八年，加幇護以椿埽。

清 朱鋐《河漕備考·淮揚漕河考》 王公堤在清江浦，内捍運河，外抵黄、淮二瀆之衝，勢甚危險。一有潰決，民皆魚鱉。高宝一帶，運河必斷，而下河七州縣，俱当陸沉。今堤外皆有淤沙壅積，淮城可安枕矣。

（道光）《重修膠州志》卷一三《建置志》 王公堤在城南百里蕭家莊，河岸長三里餘。雍正十三年，知州王維築。

問津堤

清 王九貢《欽修問津堤記》（同治）《葉縣志》卷九 葉之滍水，上自下城，下會北舞，邐迤蜿蜒，亘百餘里。春冬之際，風起沙飛，已爲民害；夏秋大雨時行，沿河兩岸，幾無寧宇；而其中之汪洋浩瀚，深爲民患者惟問村渡爲最。雖舊有堤防，屢經葺補，而堤狹水猛，時修時圮，訖無一成。

我皇上御極之三年，念切民瘼，慮無不周。特令直省大臣，詳察河決之地，有工程浩大民力不支者，據實以聞。詔下檄行州縣，邑侯李公遂以問津一堤，申詳上憲，轉達彤廷。乾隆四年，奉旨發帑金八百四十九兩，僱役修築。陾陾薨薨，不兩月而觀厥成焉。其堤長四百六十丈，寬五丈，高一丈二尺，去舊堤二里許。迄今七載，湋以東無河决之患矣！葉之民安其居，顧可忘其自乎？因遡其源流，紀其顛末，以爲後來者之考據云。

吴家剅堤

清 劉鴻誥《重築吴家剅堤記》（同治）《監利縣志》卷一〇　《易》曰：潤萬物者，莫潤乎水，水能潤物也。不治，害物亦甚。九州之内，分支晰條，搜源極流，累帙莫罄，《禹貢》一篇，曆曆若指，諸掌相其勢，而治其要也。要則雖小必治，吾楚夙呈澤國，荆襄沔陽，實江漢都會，監利介數郡衝，則又江漢之所斜穿横抹，徘徊環拱，激蕩瀦蓄之邑也。地窪而民貧，十年不得三稔宜哉！古者有溝洫，畎澮自溝洫，制廢疏瀹，不行民命國賦，專恃堤防，監邑田之名垸者，星羅碁列，其爲堤也，亦龍躍蛇騰，賦或十石百石千石，其地之有田有廬，即築其地之堤，獨太馬一垸以萬石計，居邑賦半城郭在焉。邑之盛衰，民之饑飽，視之故土於糧，周數百里，臨江曰南堤，近北曰北堤，不常潰，因不常築。南有崩洗頹齧之患，每農隙輒不役往者，里胥恃此爲壟斷，甚至石糧泒及六七井。

戊午秋，程公奉天子命，來守此邑，禁羨餘革紅禮，勸農止訟，收抉積弊，至於堤工乃嘆曰：凋殘之民，其堪此厲政乎？爰是廣謀深慮，計土不浮錙銖，程工釐及分寸，每石二井，堤之隆然而起，坦然而實者倍。昔民困以蘇，乃灾沴不息，辛酉七月，黄潭潰於江陵，建瓶之勢，怒濤瞬息，趨監邑四境，茫茫汩汩無際，公心惻然，命舟拯溺，全活甚衆。未幾，奉檄有事，秋闈九月，返水稍落，堤稍出，親曆所謂北堤者，潰口百餘，泊雞鳴覘。隔岸奔騰，滂濆洶湧萬狀，問里人曰：此何地乎？里人曰：地名吴家剅，黄潭之决使然也。創始無稽，剅左右有峻嶺，剅北地勢卑下爲沱潛水，故道歲五六月必漲，漲必瀰漫，輻輳入剅，而南瀉泰馬河，東注院之毛家口、福田、紫薇、小沙口，西注垸之三灣蔡家潭、高家老，直浸邑西北，隅堤如城然，河如隍然，嶺如郭然，吴家剅其一關鎖也。一有不虞，則垸爲海之腹，而剅爲淮之胃矣！丙申半圮，前任何築，繼韓繼王增之。公曰：每歲必溢之，水攻堤三面，束以一剅，嗚呼，其危哉！里人曰：不但是也。剅以北皆深溝大壑，蘆荻萬頃，遠方盜刼之徒，出沒其中。戊戌己亥大饉，白晝刼人財物。限堤不得越而南。公曰：堤去邑纔二十里，邑有倉庫職守之任也。南垸居民，湊集强梁，所覬覦也。前尹惓惓其有深心乎？揀北堤潰口，費繁者并剅爲十，以例上之監司，報可擇日，復臨諸口，度其廣狹深淺多寡，閲月垸堤竣，剅堤亦竣，計土若干井。面二丈，脚視面三倍，高六丈，長視高二倍。向也潰沫揚濤，忽焉行旅如雲，登之者，望清溪渺渺，縱横若帶，碧草含烟，牛羊漫野，禽鳥啁啾，漁者、牧者、蒭蕘者、商賈者、往者、來者、負而携者，咸歌而過焉！顧斯堤而樂之。

唐樂天司馬江州，築虎邱堤七里，堤遂名白公。宋東坡守杭，不欲廢西湖，遂築長堤，至今稱爲蘇堤。若二賢者，皆能興利除害，相勢治要，其澤之與名，直與天壤同不朽，游人咏士，著爲詩歌。今之堤雖不創始於公，公及民以實心，實政深於創始垸之人，不欲忘公德，將以程公名堤，而垂諸貞珉。屬予爲文，予因詳及通邑之水道，隱言堤功之利弊，使後司牧者，守良法哉！程公諱藻，字繡中，江南歙縣人，鍊達有守，氣宇温和，此特其惠政之一，端云！

西關堤

綜述

明 王誨《西關堤記》（嘉慶）《瓊東縣志》卷九　會邑介在瓊東偏，其山川形勢磅礴鬱積，蔚爲人文，足當海濱鄒魯。第其西則山石稍順直，形家者言宜築堤以維，庶水停蓄環繞，比之衿帶，所裨益風氣輿圖，厥功不細。乃百年來議者屢矣，不免爲道旁之築，則以任事者之難其人也。

我魯侯莅政以來，當幾明决，遇事警敏，隨所綜理，砉然游刃。於是邑士人以築堤請，侯慨然許之。乃蠲日舉事，鳩工授直，運石聚土，悉侯捐俸爲之，不費民間一緡。而庶民子來者，肩摩轂擊，甫三日而堤以告成。計延袤可半里，寬一丈有五，高半之。中爲石橋以通水者二。環堤兩旁種花卉。不數年後，當擬河陽。異時鍾氣毓秀，其風畏壘，其甲第雲蒸霞變，皆堤應也，則皆侯之貽也。於是士歌於庠序，民歌於野，行旅歌於途，僉謂百年來未創之業，自侯創之，奇矣。創之而三日奏功，民不知費，工不知勞，抑又奇矣。堤成，侯與博士諸君徘徊其上，嘆曰：『邀天地山川之靈以永此堤也，會邑其攸賴乎！第學校賢士所關，如文筆峰、學後樂山，皆以振我文運者，可無次第舉？自今以往，會邑彬彬稱海邦鄒魯歟！』是所爲會士謀者，意更切至也。

余聞之，曰：昔者晉謝安堤楊州之北，民思之，以爲甘棠之澤，命其堤曰『召伯堤』，斯堤可繼美矣。奇哉，功乎！第諸君所奇者侯之功，余不佞，所奇者侯之意。夫聖天子治海内，置公卿百執事，凡以爲民也；而又令爲民父母，所好好、所惡惡，實能生我，非浚我以生也。今之子民，大率薄書期會，張虚般，揚揚示德意民上爾。不則僅以慰勞諛詞塗人耳目，博愷悌虚譽爾已。又其甚則鷹鸇之，而於邑利病胡越不相關，則何怪欲人難事、事難任也？盧侯唯家視其邑，身視其事。百年來未就之緒，一旦振舉而興，建之無難，則侯德意所流者遠矣。

且也方今礦税四出，磯山川之靈，傷天地之脉，竭民膏脂，而流毒蒸黎，往往而是。藉令侯推廣德意，以其所以培地氣者培養元氣，而衍億萬年靈長之祚，即理天下猶此提耳，一邑云乎哉！余固因邑人之請而記之，俾後之嗣侯而興者尚有考焉。侯諱章，粵西宣化人，由鄉進士。諸有於事後暨竪碑名氏，并列於碑陰云。

紀事

（道光）《瓊州府志》卷四《輿地志》 西關堤，在縣西門外，明萬歷癸卯知縣盧章修築，長五十丈，濶一丈五尺，尚書王宏誨有記。

雜録

（道光）《廣東通志》卷一一八《山川略十九》 苦練堤，在縣東二十里。又，縣西有西關堤、端趙堤，西北有牛浸水堤，北有黎毬堤、嘉會堤，溉田自二頃至五頃不等。

西河堤

綜述

明 商輅《修築西河堤記》（同治）《韶州府志》卷一五 韶郡太守王賓用之，予同邑友也。由名進士，擢監察御史有聲。升守是郡，下車三越月，公暇巡行城外，問民疾苦。城之西偪邇武溪，每年盛夏潢潦泛漲，衝激堤岸，剝及二百餘丈，相去城脚遠者丈許，近者尺餘。守見而嘆曰：『危哉是城！遲之歲月，城垣必致頹毁，城垣既毁，何以禦暴衛民？論今日爲政之務，莫急於此。俟其既頹而築之，孰若於其未頹而預防之乎？』

歸而謀諸僚屬父老，僉曰：『是誠不可緩也。』守曰：『築剝岸，所以固城垣也；固城垣，所以保轄民也。予來知府事甫三月，首率軍民事工築，非愛之，適以病之矣。訪知部民欺隱田糧者不可勝計，兹欲核其實，宥其愆，俾各捐資來助，以共成斯役。庶幾不勞民力，不傷民財。可乎？』衆皆曰：『然。此計之善，請亟行之。』令出，部民欺隱者惕然改悔爭先，得白金二千餘兩。適僉憲趙君宏駐節韶陽，守偕同知曹謙、通判徐鐃、推官余嵩、經曆李時堅，同具築堤固城之狀以告，僉憲曰：『審若是，則田糧增，城池固，民不勞而事集，夫豈不可？』已而僉憲達是謀於巡撫都憲朱公。公喜曰：『取有餘之財，固將頹之城，足以保障一方，誠善政也。』即日報可。檄至千户趙雄，謂太守曰：『予忝守城之官，是舉固吾職也。』兼董其役，市石倩工，一毫不擾於民。

經始於戊戌冬十月，落成於明年冬十二月。横直三百餘丈，既堅且固。時又見河西通津百步許，有待舟津頭冒濿雨雪者，有歸人爭渡男女混淆者。守曰：『此又司風化者所宜區畫也。』仍照舊埠二十丈許別置水埠，疊堦甃石，俾客舟泊於上流，步楫泊於下流，是男女不致混淆。復建長亭十二間於津頭，爲柱四十八楹。雖或舟師輟棹，士女待渡，無復前日冒濿雨雪之患矣。功成事集，觀者肩摩踵接，咸舉手加額，曰：『是舉有益於民多矣。』僚屬父老曰：『此盛事也，不可無記。』以時堅與予同郡，屬其具事狀來徵文。

予惟《大易》有言：『重門擊柝，以待暴客，蓋取諸豫。』《書》曰：『惟事事乃其有備，有備無患。』孔子曰：『凡事豫則立，不豫則廢。』此古聖之明訓，誠後之人所當視以爲法者也。世之爲政者不知所務，有如此城，必俟其傾圮之餘乃起，而修築之費大而功顯似矣，其如古訓何？今觀韶城剝岸之築，有僉憲能體都憲思患預防之心，以倡其事，又有賢守能體都憲僉憲之心，以成其事，而諸佐貳又能協志同謀，以贊成厥美，誠可謂知所務矣，誠可謂能體聖人之訓者矣。自今以始韶城，之所以固奸暴，之所以禦軍民，之所以安厥功懋哉！予故摭其事而爲之記，俾刻之，以垂示永久云。

雜録

（嘉慶）《清一統志》卷四四四《韶州府》　西河堤，在府城西逼邇武溪，每歲盛夏，潢潦泛漲，衝激堤岸，剝及二百餘丈，城歲頹毀。明成化十四年，郡守王賓計令出民欺隱田糧者，捐貲宥罪，得贖鍰二千餘金，以堅築之，毫不擾民，民受其賜。

新豐堤

綜述

清 陳國儒《重修新豐堤記》（康熙）《漢陽府志》卷一四　出鳳山門稍北，越百餘武，有塍如虹，矗然於兩山之間者，傳爲新豐堤云。堤南抵龍泉庵，北連大別，爲郡人渡月湖必經之地。赤城烟景，緑樹差參。水色山光，交相映帶。道左民居數十家，歷落散處，如晨星點點，若斷若續，亦郡西一勝槩也。堤兩涯皆稻田，夏時雨集，野農資以灌溉。春冬積雪初銷，流澌甫下，牛馬蹄涔，侵淫爲壑矣。

然徑此至漢口，不過里許；出東門經郲堤，盤旋曲折，而後漢口乃至，將十餘里不盡，居民苦之。褰裳濡足，其能免乎？余守郡之明年，念士女之往來於漢者，皆由東、西二橋以達，今東堤既新，而西堤何獨頹然不整？爰允僧某之請，捐資若干，仍命李尉董厥役，薄者厚之，卑者增之，罅者堅築之，中間兩翼，各用石甃，如砥如矢，不越月而告成事焉。

余思新豐之名，本漢高帝所制，以慰乃太公者也。爲思故豐，乃立新豐，使兒童雞犬都識故處。讀史至此，殊令人有望衡對宇，越阡度陌光景。今斯之稱斯名也者，則謂之何意。漢民之託處於兹者大半，皆東西南北之人。棄其廬墓，捐其伯叔甥舅，以逐此什一之利者也。將使之顧名思義，動其枌榆之念，而體先王教人以孝之遺意乎？所不可知，姑爲之記其歲月，以告後之有事於兹土者。是爲記。

雜録

（康熙）《漢陽府志》卷五《水利志》　新豐堤在城西半里，康熙八年，郡守陳公重修。

醒堤

明 何慶元《何長人集·甓社游草文類·醒堤記》　屈三閭之對漁父問也，曰：衆人皆醉我獨醒，而餔糟歠醨義。不以物之汶汶，蒙身之察察。乃大人先生以天地爲棟宇，日月爲扃牖，一飲一石五斗，解醒雖復陶然物外乎？而無攖無著，一與天爲徒，一與人爲徒，靈府洞開，純白今天下熙熙穰穰，尤趨便利哉！君不自封，而推以利物，又不自名，而觸以醒心，意念深矣。因心廣愛光，昭先人之令德，可以觀孝保固一方之風氣，而不損縣官力。可以觀忠綢而繆之，與衆由之，紀而綱之，與物忘之，身體而力作之，與時措之。可以觀義孝子不匱，永錫爾類。微斯人，吾誰與歸。獨不見黄山之水乎，混混原泉，不舍晝夜。坎爲美利，涣爲文章。小渚曲沼，亦足以適騷人助酒，德有本者，如是亶其然爾。

君方以盛年籍東觀，節操風流，行道能口，更剛腸如矢，遇不孝不友者，痛斥之若將浼焉。雖逢怨弗恤，逮稍稍改行，則懽然隆遇，有加等愛，養擠節蘄于并生。此其處心，積慮何如哉。玄懋又言，君有三丈夫子渥洼汗血英英可兒語曰：惟其有之，是以似之，方且爲于公門爲高陽里得全，全昌如取諸寄，然昭昭之信節，豈爲冥冥而加修，君第獨醒，其所長醒者而已。法緣橋自有記，記出李本寧先生，不更贅。吴君名懷貞，季復其表字，守中書舍人，未上玄懋名德，昭籍國學得附書。

明 陳繼儒《白石樵真稿》卷三《醒堤記》 休寧之世家，商山吴氏爲最。商山之勝，醒堤爲最，堤介郡邑之中，東達浙，西通閩赤山、梅溪、藍田諸水，流會而出於北山之麓。每當潦，輒水駛，故堤狎弱，不能與悍湍旋渦敵。旋築旋圮，行者愕，涉者懼，風雨晦冥，則有馬及腹，有狐濡尾而已。

吴季君曰：水不可以力争也，其勢坎而險。度貲費不萬計不可，徒衆不億計不可，工不歲計不可。於是捐重貲，購旁壤，鑿壤土，甓長堤，堤延亙裡者五，防高尺者十，横廣丈者三，跨橋者六，分堤而蔭者，有花木千行，夾堤而繞者，有藕花數百畝。堤八面有亭，曰長春、曰無他、曰眺遠、曰帶流、曰印月、曰天語、曰香雪、曰飛虹、曰觀濤。有祠，祀父曰孝子祠，祀祖曰理問公祠，祀裡中節行曰烈節，祀三元曰三元祠，祀關將軍曰漢壽亭祠。有庵以祀大士，曰冠松，有居曰樹下，有齋曰仰止，有書院曰明善，有浮屠曰華秀，有廣池曰天鏡，有山曰靈山，有閣曰達觀閣，閣後有台，曰屬引清遠之台。憑閣一望，心開目明。凡黄山白岳、赤水紫陽，皆飛現隱躍，争奇獻秀於衣帶眉睫之間。前遠望香雪亭，梅如皓雪，冠松亭松如潑黛，觀濤亭瀑如拖練。或紫沙分界，或碧樹斜連，或明月生岑，或凉風度水，或芰蔟帖岸，或桃李成蹊，或紅亭出沒于翠微之不滑。輕重内外之分辨之，其畨辨已。

吴維海陽甲望，代著聞人。余往以問醫入武林湖山，嘯傲者纍月，則其家玄懋秀才始相從爲文字，飲酒酣，指點往往哆口。黄山白岳間數四神，往終尠勝，具別久之。而余邗溝承乏，日惟烟波客艘，習近習親，更溽暑消中，不飲自醉。清風來，故人推案起，迎玄懋也。相視而笑。首道其家季復中翰君俠腸義槩，語娓娓不少休，并述近所爲醒堤，乞言以記。

記非余任也，而好譚人間風雅事，亦復有心聞之。曰：人非天不因，天非人不成。故一命之士，存心愛物于物，必有所濟，補苴利用，往往助天地之所不及，而不有其功，有則淺矣。雖它燬不足術矣。

醒堤者，與法緣橋近遠相屬，仰受商水之衝，而仰止齋，適當堤之强半。君之始葺之也，齋以南，聊復用因法，北則壹意用捌法。因者力稍省，更爲問水聽松亭以憩行役。捌者用最鉅，積日累時，拳石撮土皆出獨見損全力。費者忘倦，行者忘勞。而醒之一言，則君與群從若，而人日勤勤交相礪也者。迤而北，爲方池，爲小山，山有廟奉三官祀。西去爲亭，古梅環之，標名香雪，而若御風，若帶流。亭館森羅，芰荷掩映，見以爲宿構，見以爲天成。進至通德橋、達觀閣，而願力之鉅，流覽之雄，佳哉！鬱鬱蔥蔥乎盛矣。

背扆黄山，腋屏白岳，朱欄回繞，喬木陰翳。登之者靡不飄飄然，作塵外想焉。下躡清遠臺，歷無他、長春二亭之北，有堂翼如，有池黝如。芙蓉竹樹，幽雅絶倫，余爲取醉而醒之義，顔曰習習。而亭之右，特啓三楹，以栖有志績學者，蓋其好也。堂後爲河與商水，澎湃相屬，洪濤剥蝕，有志行次第舉岸隅亭，且廢徙而新之曰澤留。自堂比下，折而東各數千尺，達繼志莊，出于逵路水，遙遙不復嚙。而堤之始終成事，大都具此矣。

余居恒相古先考載籍，天人相與之際，豈其銖銖寸寸，相挈爲比數哉！而聲施于此，響荅于彼。若較衡分，而操左券，達人信之，愚者眯焉。乃先名後實，信不由衷，則千乘可讓，萬鎰可捐，而簞豆之微，不免柴于中，而見于色。余蓋即堤而識季復君之心，殆長覺長醒，實見得是，固難爲薄觀襲取道也。

中，或素壁隱映于朱霞之表。名藍芳沼，朝烟夕霏，無一而非堤上容矣。

是堤也，一舉而數善具焉。古者天根見而水涸，則成梁，辰角見而雨畢，則除道。此有司事也，而季君代之，善一。不藉官帑，不括民鏹，善二。材必中度，工必中程，善三。進不虧贇，因高爲堤，山不讓壤，因深爲池，善四。行旅無病涉，郵傳無稽程，晴無蹺确之煩，雨無塗潦之苦，善五。獨任不辭費，獨勞不告疲，始取諸大壯，終取諸既濟，善六。六善具，而此堤足與白公、蘇公鼎足矣，即名曰吴公堤可也。

雖然，今海内素封之家，沉夢金山銅穴中何限？若使一游堤上，亦知世間有節俠奇男子，如吴季君者。是不可一喚而使之覺乎？倘終於不醒，雖黄金如北斗，究竟與撮土何異！雖終日堤上，尚未開眼也。衆人皆醉而吴君獨醒，異日君老，當更稱『醒翁』。爲季君作醒翁亭記，以刻於靈山之頂。君名懷貞，字複季，號知白，授文華殿中書舍人。剛正好義，有父風，醒堤特其一事云。

徐公堤（安徽銅陵縣）

明　李萬化《徐公堤記》（乾隆）《銅陵縣志》卷一四　自古循良，蜚英聲於天壤間者，良由茂實之葳蕤耳。是以士君子出爲世用，嘗思挾紫電，作不朽事業，令彪炳史册，光前烈以映來兹，實而賓之以名，始不愧聲稱矣。

銅陵徐侯瀹盈，諱一科，南州碩望也。以社稷器，出宰百里，所謂人群中霹靂手，馬群中騕褭蹄者非耶？歲壬子捧檄蒞銅。越明年，適波臣流毒，大江南北，菑畬盡作瀰淪，其發食賑飢，糴穀平價，第侯一時畫諾，乃更欲爲萬世計。即毅然思曰：銅官密邇大江，厥賦過半，屬圩每漏漾一至，田輒汙萊，皆由堤防者失計也。

於是屬邑士夫耆老謀所以垂永賴，遂議自百家墩迢遞抵臙脂，夾連八十餘里，築都埂以障江懸流，當水痕涣涣之日，親巡畛隰，以略埂新址。又量功命日，使不愆於素。夫役盡派自田土，不費帑藏，惟捐俸募穀，置米數千石給夫之趍事赴工者。始事於癸丑冬十月，迄甲寅春季落成。望者駭其若長虹，若璚岸，然夫何堤旋成，而靈胥復至，如余繁諸圩盡壑。凡屬乙卯春，復自修葺，無不命其峻且厚。於冬，又逐圩浚水道，排決成河，深廣若干尺，以納歲時潦澇，遇旱尤可供桔槔。且沿堤值柳，爲堤外障。見者以之比甘棠焉。

夫以萬民之事，操自一心。萬年之利，成於數月，非侯大制作、大經綸，不能，而霹靂手、騕褭蹄，於此見矣。銅士及民并啣侯德業，已達之當路，而直指諸君悉録薦剡，備陳懿美，侯殆不日被徵召，膺聖天子光寵矣。時圩總程應壽汪思禮等，見侯沐雨戴星，焦勞以親厥事，欲將侯懋德偉績，勒之瓊文，以垂不朽，屬余文記之。

余曰：侯闓澤惠政，亦難縷析，第伏山林間得耳。籍甚者，不有所謂三善乎？十奇乎？鑿空衡平乎？沛膏雨而抱冰玉？，懷仁心而挺勁節乎？不任吏胥，殄滅劇盗乎？斷獄全仁恕乎？百廢俾且興乎？蘇船馬，發巨奸，清漕兑，除大弊乎？治經閣，啓學門，課多士，恤寒生乎？濟濟泱菁莪之化乎？謙謙藹春風之度乎？此皆侯能事，詎足爲侯詡。獨最卓異處，都埂一築，貽銅以永賴之澤。即古張頡獻十事，活飢氓數萬，猶不在齒頰間也。

斯舉也，雖銅士民感侯德之深，益徵侯實政能深入乎黔黎之心，俾人人刻骨不忍忘耳。昔陳文惠公堯佐守滑，創堤以殄水患，滑人感甚。僉曰：不可令後人忘我公。乃以陳公堤名之意，堤在，而公之德可永在也。今侯以堤貽銅民，事實與文惠公媲美哉！徐公之名，又將與此堤垂不朽，而隨銅嶺鐵舟共悠久矣。果異日徵循良，爲國家柱石，而斯堤且可備侯實録，照耀汗青，其以茂實蜚英聲，豈獨在今天壤間哉？即千百萬，猶知德澤在人心也。

（乾隆）《銅陵縣志》卷六《鄉耆》　都埂，即徐公堤，在縣北十五里，自百家墩至胭脂，夾計八十餘里。萬歷四十一年，知縣徐一科剏築保障仁豐諸圩，至今永賴，邑人德公，遂以徐公名堤。其督工係耆民陳宗淳繁昌大參，李萬化有記，勒石，一竪鹽船溝都埂上，一在丁家洲壩。

又　百家墩，在縣北十五里，徐公堤起築之所。

又《坊表》　徐公堤碑亭：一在丁家洲壩埂，一在鹽船溝都埂，亭碑久廢，宜重立以昭惠政。

又 卷八《名宦》 徐一科，廉能謙謹，課士愛民。萬歷四十一年水漲，諸圩盡潰，捌築都埂八十餘里，至今爲銅永賴，主民德之，立有徐公堤碑記。仍捌去思祠於新水府神廟後，但未經從祀爲缺典焉，載府志。

徐公堤（河南懷慶府）

清 佚名《徐公築堤碑記》（乾隆）《重修懷慶府志》卷六 濟之右，滝水直射城腋下，居民久患衝潰。前憂民者雖慮及此，咸苦無策。公捐俸募夫改河以殺其勢，築堤以障其流。庶民趨事者，若子來焉。僅月餘而厥功告成。因記曰：徐公堤，俾千載下，履堤者覩公德之厚，臨流者沐公澤之深云。

（乾隆）《重修懷慶府志》卷六《河渠志》 濟源徐公堤，自西關柳園起，斜迤東北，至城西北角止，約一里强。據碑記，係明萬歷四十三年，但不載徐令名字，亦無作者姓名。舊志云：康熙十六年，知縣彭一琮重修。

徐公堤（江蘇海門廳）

論説

（嘉慶）《海門廳志》卷二《輿地志》 以上十沙，皆設廳後續漲。此外進淤漲阜之地甚多，并未另立沙名，故不具載。良由徐公堤既築，則堤之南北，及由北轉東，深洪淺渚，盡成平陸，而通崇互争之。

又 海門與通州，本非接壤，原劃圖説詳注之矣。自徐公堤既築，而長江之水，悉由廳境各沙之南，直趨淤海。其支江之繞出於各沙西北者，濶處十餘里，狹亦八九里。業有長堤，自東至西横截其流，朝潮夕汐，皆有來無去，積漸停淤，不數年而十餘里、八九里之支江皆已漲阜。蓋天意欲興海門，俾成萬年鞏固之勢，而徐公堤築，適當其時人力與天意合，故興也勃焉。

清 佚名《徐公堤碑》（嘉慶）《海門廳志》卷二 余莅任海門，按行所部，緜亘百數十里，悉漲沙，聚而成邑。其東南岸，海風蒲雪，葦外波濤澒洞，爲大江朝宗之道，漁舟、賈舶、帆檣，葉葉往來水面如織。西北接通州，車馬陸行，不用舟楫。乾隆三十三年始設官分治，迄今五十七年閲歲二十四。城郭學校，急切未建，亦未有志載，不能細考。設官以前，事第念境内沙名，不下數十，其如必星羅碁布，於大海之中，若堆阜然，雖所次聯絡，而終以海環其外，何由遂迮，内地舍舟而車，海若不驚，民以晏樂哉。聽輿人之頌徐公者，然後知徐公堤之作，爲功實鉅。

徐公名文燦，滿洲正藍旗人，乾隆四十年，公長兹土時，西北一方雖近州境，尚隔洪流，濶處一二十里，狹亦數里，潮汐上下衝激，沙土隨漲隨坍，勢難連接。貧民從涉淤泥中爬沙不前，猝遇潮至，如萬馬奔騰，漂流滅没，以致殞命者不少。先一年，公相度形勢，議築長堤，横截中流，通通海之途，使迴瀾渟蓄，易成高阜。古有作堤以捍水者，未有作堤以截流者，事大費廣，庸夫所驚，商諸紳士，而衆咸踴躍。公遂毅然上請，下吉興役，役所去官解二十里。公日與董其事者周峰、沈涵等，黎明畢集，日旰未還，畚鍤如雲，萬夫邪許。然而新堤未堅，屢患潰決，其合口處，數十丈當洪之中，水深沙嫩，填以土牛，旋即隨潮浮去，工難訖功。士民咨嗟束手，公無退志，不懈益虔。

明年春，昏夜見紅燈千百，涉水紛來及新堤而還也。衆訝爲神，額手禱祝。次日就其涉處，彎環築土，土堅力省，一日而堤成。堤長二千一百八十丈，廣一丈四五尺至三四丈，按水勢之緩急而寬狹因之。既成，不時民無亂流之患，而堤之南北水灘、沙渚，不數年俱爲沃壤，增賦數千頃，增户數萬家，士子吟誦，牧豎歌謳，與雞犬之聲相雜，皆徐公倡義萬民襄諸紳士急公襄贊之力也。夫表揚功德以垂訓勵俗，爲民牧者之責也。況公爲前事之師，而余適承乏，方以不及識公爲憾，而忍聽其不朽之功，久而就湮乎。故爲勒石於堤上，仍構亭以覆焉。乾隆五十七年歲次壬子，直隸海門同知王恒立石。

徐公堤（江西吉水縣）

明　鄒元標《徐公堤記》（道光）《吉水縣志》卷三一　邑形勝，自東山巃嵸盤亘百里，一自巽入艮，穿田爲學宫。一自離入兑，繞河爲縣治學。在内縣爲包絡。縣濱江水來有二，一自粤虔而廬，一自雲蓋恩江，滙於墨潭，折而繞邑左。初建邑時，城外閭井輻輳，幾無隙地，積久水齧，閭殫爲河。邑居弗寧，每驚濤泊天，孤城衙齋，懔懔栗栗，若墜若覆。

丙戌，蘭溪石樓徐侯至，躬罹其患，水退，乃毅然曰：是將無城，無城將無邑，無邑又安能有民，乃以築堤，請而當事者習侯爲地方計久遠。僉從其議，侯乃竭日夜力躬度土工，復以丞沈君有孚董其事，沈君仁慈而最得民，和奉侯指麾罔敢怠。堤就，計長一百三十丈，高二丈，面濶三尺，土實石堅，費盍一千六百有奇，黎老稚孺填溢閭巷，顧而言曰：西門遺利史起興，嘆白圭隣壑子輿切責。昔有障大澤而受封國者，侯功謂何而可無紀。爰伐石碑於上，曰：徐公堤盍倣召棠遺意，侯聞而瞿然曰：不穀奉天子命，吏茲土不能使川瀆効靈，酒河伯不仁職爲厲陛。吾安敢徼二三父老胼胝力而自戶名爲。諸父老進曰：侯功德吾邑者甚盛，一堤不足辱侯。顧侯殫精蒿目，停驂却蓋，斯地者，不知凡幾碑。斯顧斯功，且將與江流俱永耳，相率述而問記於余。

余聞曰：勞而不伐也，見侯之虚焉，有功不忘也。見民之厚焉，是可風矣。余雖不文，敢不勸而存之，以憲來祀。余聞大功之建非一人之力也，侯是堤功誠偉鉅。如令外有重堤，延袤相聯，堤且鞏於金湯。侯顧余言而頷許，而無何以内召行矣。渠一也，前以屬鄭，後以屬白，當時歌曰：鄭國在前，白公繼後，夫安知繼後者不有白公其人乎？邦人士屬記於余厥慮遠矣。侯朗鑒虚衷，嘉謀畢陳，在邑弊滌政舉，如創書院以倡正學，清戎籍以杜宿蠹，救荒鋤頑，皆其大者，茲不具述。

（光緒）《吉安府志》卷三《地理志》　徐公堤，明萬歷間知縣徐學聚建。縣城濱江多水患，築此捍衛，鄒元標記。十八年知縣黃流芳復修。

藝文

清　章廷楓《徐堤虹偃》（嘉慶）《海門廳志》卷一　筍輿走長堤，鹵簿喜平曠。當年巨浸中，誰此壓頽浪。深填九地底，高枕洪濤上。蝃蝀落晴空，偃卧資保障。休哉頌前烈，令我情懷暢。

清　王玉璉《徐堤虹偃》（嘉慶）《海門廳志》卷一　地形低下怕奔濤，獨賴長堤數仞高。萬户從教稳耕鑿，三春更可便游遨。渾疑飲水垂雌霓，直似分儀斷巨鼇。畚鍤何人能始事，難忌銕嶺有賢豪。

清　董曰申《徐堤虹偃》（嘉慶）《海門廳志》卷一　碧天雨洗日色微，長虹下垂見海西。雲蒸霞蔚眩人目，落爲十里徐公堤。徐公氣盛心平海，作堤截流古無稽。千年精衛填難滿，五石大匏種所稀。毅然興役事畚鍤，未成豈免庸夫譏。力破衆論絶猶豫，功不世出真庶幾。堤旁特建海神廟，亦虞新築未可磯。遂令走馬怒濤上，行人指點疑朝隮。

清　董旆《徐堤虹偃》（嘉慶）《海門廳志》卷一　此日堤何在，當年路亦無。功成須勇决，智大似糊圖。遺像荒祠裏，豐碑大道隅。長虹看稳卧，名與海門俱。

清　周玢《徐堤虹偃》（嘉慶）《海門廳志》卷一　當年海國寄干城，蜃窟蛟宫有政聲。高浪不須强弩敵，長虹忽作大堤平。帆檣影裏瞻飛轡，雲水光中見耦耕。絶勝瀛洲陳令績，防江築壩號文成。《崇明縣志》：順治十三年，知縣陳慎以海賊張名振犯境，築壩於東阜、平安兩沙之間，名曰文成。

清　陳南熏《徐堤虹偃》（嘉慶）《海門廳志》卷一　戛絶徐公績，堤成勇截江。斷虹晴自落，叠浪陣先降。豈假帆如箭，何須石作矼。亂流今稳步，高枕不驚瀧。

清　黃長年《徐堤虹偃》（嘉慶）《海門廳志》卷一　十里長堤策馬過，徐公築此奠洪波。斷虹截住江流險，巨手回天功不磨。

又卷一三《秩官志》 徐學聚，字敬輿，一字石樓，浙江蘭溪人。萬歷進士，由浮梁令調吉水。自成化間，屯軍編爲軍户，曰旗丁，曰久扳，累平民學聚。按都啚甲户，鱗次稽核，雋其存絶偶隻，樹豐碑於縣西，自是軍户吏書，無從舞弊，縣□水患，學聚爲築堤備禦，人稱徐公堤。連歲饑，煮粥食貧民，復手檄勸富人，以爲又捐俸新仁文書院，宗尚鄒元標，興起絶學。在官六年，擢禮科給事中，祀名宦。

學湖堤

明丁紹軾《丁文遠集》卷九《東流縣新建學湖堤記》 東流故江邑，接壤彭澤，與豫章劃界而跱，寔□留京門户鎖鑰處也。馮公，四明名家子，用經術高第，司牧於茲，諸所爲斤剖理解，若新發於硎光，攝百步之外，每晨起坐堂皇，不半日了公事。吏散鴉啼，則與二三博士弟子説書講藝，觴咏菊江亭畔而已。菊江者，故陶靖節種菊處云。公飲於斯，輒吟靖節詩，慨然想慕其人，既而曰：陶公好菊，千載流芳，如徒以菊，民何賴焉。盖即菊而公之清芬，可知民愛其菊，則其及民者可知。故千載繪公一菊而足也。善學公者豈徒吟公之詩，醉公之菊已哉。

邑有所當興革，二三子爲我言之。於是諸博士弟子争以郭外學湖對，謂湖在學前，號稱文水，時盈時涸，形家病之。又盈則帆高於雉，或啓窺伺之心，涸則直於江，殊乏保聚之象。造士阜民，使君雅意，寧後此乎？公欣然唯唯，更謀之鄉三老，僉曰：堤便，猶不敢徑舉其事，則請之郡守相。守相曰：諾！請之監司。監司以俞，乃諏日命工部署綜理，靡不曲當，功竣，計長亘二千六百尺，高一十二尺。又建閘拱北山下，時其蓄泄。計費五百餘金，公毫不干公帑，捐俸以倡，好義者聽不給取諸河街之佃金。監司、守相嘉而助之，乘春始事，不三月告成。嗚呼噫嘻！是何成之之速也。百年之曠，振舉一朝，而公猶將亭斯柳斯，令行者、負者、嬉游者回環於泮宫之旁，非若前日蒼烟白露之郊闃其無人也。芙蕖芰荷，幽蘭白芷，列植交蔭於芹藻之畔，非若前日之荒原曠野草莽而荆棘也。文明漸開，保障愈固，猗與盛哉！

公于是借博士弟子舉落成之宴，皆盛稱公當與陶并傳。公嘆曰：吾安敢望陶公，顧陶菊今安在，此堤此景，則與此邑相終始，至於菊亡也，而猶思菊之人陶惡乎？知之堤在也，而或不遺堤之人，吾又惡乎知之？博士弟子愴然有感，問記於史丁子。丁子曰：使君可謂善學陶公者矣。雖然夫有所受之也，往使君尊甫方伯公，爲吾郡守，既觀察吾六郡風流文藻，不亞陶公，而其所建置諸郡邑，大者城闕，小者橋堤有百倍。今使君者，使君其猶行父之道也哉。使君尊甫吾郡業已俎豆澤宫，使君襲芳趾美，無忝前人，其爲不朽，又復何疑！

余不佞，世受方伯公澤，今獲溉君餘波，樂聞其事。故不揣而爲之記。公名若吕，號肖吾，浙江慈溪人，鄉進士。

（乾隆）《博羅縣志》卷三《建置志》 學湖堤在東門外，爲隨龍外堤，達府要路，知縣馬顯明、雷啓蟄、張守爲相繼修築。

又 寧濟橋在江東學湖，堤潰，里人曾舜漁捐貲甃石爲橋，江東至白沙堆，橋凡九處。

又卷一二《人物志》 舜漁簡重寡言矣，嘗捐貲飭諸廟宇，江東學湖堤圮，甃石爲橋，費千餘緡，獨力任之，其重義好施，多類此。

偃虹堤

論説

清俞樾《茶香室叢鈔·茶香室四鈔》卷一二《作記非實》 宋王得臣《麈史》云：岳陽西瀕大江，夏秋洞庭水平，望與天際，而州步無艤舟之所，人甚病之。慶曆間，滕子京謫守是邦，嘗欲起巨堤以捍怒濤，使爲弭楫之便。先名曰『偃虹堤』，求文於歐陽永叔，故述堤之利詳且博矣，碑刻傳於世甚多。治平末，予宰巴陵，首訪是堤，郡人曰：滕未及作而去。

按：此則偃虹堤始終未建，而歐文詳言其長一千尺，高三十尺，用民力萬有五千五百工，似已告厥成者，不觀《塵史》，不知其皆子虚也。

综述

宋 歐陽修《歐陽文忠公集·外集》卷一三《偃虹堤記》 有自岳陽至者，以滕侯之書、洞庭之圖來告曰：『願有所記。』予發書按圖，自岳陽門西距金雞之右，其外隱然隆高以長者，曰偃虹堤。問其作而名者，曰：『吾滕侯之所爲也。』問其所以作之利害，曰：『洞庭天下之至險，而岳陽，荆、潭、黔、蜀四之衝也。昔舟之往來湖中者，至無所寓，則皆泊南津，其有事于州者遠且勞，而又常有風波之恐，覆溺之虞。今舟之至者皆泊堤下，有事于州者，近而且無患。』問其大小之制，用人之力，曰：『長一千尺，高三十尺，厚加二尺，而殺其上，得厚三分之二，用民力萬有五千五百工，而不踰時以成。』問其始作之謀，曰：『州以事上轉運使，轉運使擇其吏之能者行視可否，凡三反復，而又上于朝廷，決之三司，然後曰可，而皆不能易吾侯之議也。』曰：『此君子之作也，可以書矣！』

蓋慮於民也深，則謀其始也精，故能用力少而爲功多。夫以百步之堤，禦天下至險不測之虞，惠其民而及于荆、潭、黔、蜀，凡往來湖中，無遠邇之人，皆蒙其利焉。且岳陽四會之衝，舟之來而止者，日凡有幾！使堤土石幸久不朽，則滕侯之惠利於人物，可以數計哉？夫事不患於不成，而患於易壞。蓋作者未始不欲其久存，而繼者常至於殆廢。自古賢智之士，爲其民捍患興利，其遺迹往往而在。使其繼者皆如始作之心，則民到于今受其賜，天下豈有遺利乎？此滕侯之所以慮，而欲有紀於後也。滕侯志大材高，名聞當世。方朝廷用兵急人之時，常顯用之。而功未及就，退守一州，無所用心，略施其餘，以利及物。夫慮熟謀審，力不勞而功倍，作事可以爲後法，一宜書。不苟一時之譽，思爲利於無窮，而告來者不以廢，二宜書。岳之民人與湖中之往來者，皆欲爲滕侯紀，三宜書。以三宜書不可以不書，乃爲之書。慶曆六年月日記。

宋 佚名《偃虹堤記》《唐宋文醇》卷二六 朝廷欲爲大作以利民生，往往因之有二蠹。一者利蠹不顧民之利病，而惟上意之視，藉以固寵加秩而不問其他。又或賴其金錢出納以爲家肥上，所作無已，則其利亦無已。一者名蠹不考古今之宜，而棄天地之性，鈎奇立異，以爲己名。方自謂能爲振古未有之事，而不知古人之所不爲者之必不可以爲。有是二蠹，則朝廷有利民之心，每轉爲病民之事。逮其事之已成，則外黄徐子所爲啜汁者衆，緣藤附蔦，實繁有徒，有一以爲不然，則群起挫之，指爲撓國。是民不見利而惟被其累，雖愁苦呻吟而終莫徹於上聽，久之而病民者深，遂以病國甚矣。

夫三代以下，人才不振，匪特害民之事不可爲，而利民之事亦難爲也。孰能謀之審，慮之熟，不苟一時之譽，思爲利於無窮，如滕子春之爲者乎！范仲淹《岳陽樓記》曰：子春爲巴陵郡，其明年，政通人和，百廢具興。然則此所爲偃虹堤者，殆亦其一事歟？士大夫爲百姓立命，爲國立業，本非爲己身家。而然使有一絲毫名利之念淆其間，則源之不清，流千里而猶濁，汲者、飲者并受其禍。

《易》曰：『井渫不食，爲我心惻。可用汲，王明并受其福。』食之不渫，安足福哉？夫所爲渫者，豈止不食財賄之謂？夫耗帑肥家，似爲最下矣，然計短迹污，人之所惡，易於發露，其害淺。希上旨以鈎爵位，稍深矣，而無赫赫名，事不成，則主易悟，猶淺也。若夫假經術以文其奸，取令名以熇其勢，若似乎所欲利者國與民，而非有他，雖撥本害枝，而千載而下，論其人猶將疑信參半者，是最大蠹也。王安石是已。安石未相，歐陽修亦嘗薦其可以爲相矣。皋陶曰『在知人』，而禹曰『惟帝其難之』，聖人之言所以爲萬世法鑒哉！

傳記

（嘉慶）《清一統志》卷三五九《岳州府》 滕宗諒，河南人，仁宗時知岳州軍，建學育才，百廢俱舉，作偃虹堤於城西，又重修岳陽樓，文章政事，岳人誦之，范仲淹爲記。

藝文

宋 胡寅《斐然集》卷四《岳陽樓雜咏十二絶》 有時風浪戰城西，何啻漁陽萬鼓鼙。狎水蚩蚩忘墊溺，誰人能續偃虹堤？

宋 高善濂《洞庭晚望七首》《宋詩紀事補遺》卷八八 掔汰涼風水面回，偃虹堤上夕陽開。

明 邢侗《岳陽樓》（光緒）《巴陵縣志·岳陽樓集》上編 萬頃晴湖漾楚西，朗吟樓枕偃虹堤。

雜録

宋 范致明《岳陽風土記》 孟浩然《洞庭》詩有『波撼岳陽城』，蓋城據湖東北，湖面百里，常多西南風。夏秋水漲，濤聲喧如萬鼓，晝夜不息，漱齧城岸，歲常傾頹。滕子京待制欲爲偃虹堤以捍之，計成而滕移郡，後遂不果。

（雍正）《浙江通志》卷五三《水利》 偃虹堤在縣北三十里岔口前，溪流深闊，水潦病涉。國朝康熙二十年，里人邵士莊築，長亘里許，狀如偃虹，故名。

（嘉慶）《清一統志》卷三五九《岳州府》 偃虹堤在巴陵縣西洞庭湖側，宋慶曆間知軍州滕宗諒築此堤捍之，歐陽修有記。

陰均堤

宋 楊簡《慈湖遺書》卷二《永嘉平陽陰均堤記》 天府府庠林子君雅，合平陽東、西、金舟、親仁四鄉父老而下，銜哀興敬，以請於州守楊某，曰：『四鄉農田，北距大海，西枕長江，凡四十萬餘畝，被鹹潮巨害，自有江以來至於今，繇水利不治，歲告饑。嘉定元年，汪令君惠撫吾邑，深慮熟計，建埭八十丈於陰均，障海潮，瀦清流。又造石門於山之麓，以時啓閉，以防漲溢。給資糧，佐工費，又經理其旁之塗地，以爲社倉，倣晦翁待制，奏請賑貸，平陽十鄉細民不計息，遇饑歲并蠲其本。君雅暨父老而下，受汪令君無窮大恩。今承詳，巷哭路吊，念無以仰酬汪令君不報之德。今將立石陰均，刻曰「令君汪公遺愛恩波」，使十鄉之民，世世子孫無忘。君雅等深知使君好善樂義，敢求親墨大書八字，并專紀其事。乞鑒四鄉同欲之請，伸四鄉終身悲鬱之恩。』某於是乎惻然，爲之書且記。

宋 林景熙《陰均堤門記》（隆慶）《平陽縣志》 平陽瀕海而州，水利多，堤門爲大。堤門八，陰均爲大。陰均堤門者，金身東西四鄉之水赴焉，嘉泰令汪季良所創也。其毀家以相，林居雅也，今故碣猶在。越百年，穿漏就圮，河流有洩無蓄，海潮不時澎湃衝突，逆入河，皆爲田害，故歲多歉而民貧，請于官，官置不問；縱有問者，吏持片紙急其都，都急其民，交相漁獵，迄無成功。

大德九年，州判皮元一日公退，與客商略民利。有以陰均言者，侯悚然曰：『吾責也。』會歲侵，又不敢震其民，展轉于中，聞蘆江報恩寺有講師曰融，梵音精爽，實爲衆信。侯致尺書，詞語懇篤，願借師力以成。師得書喜曰：『成此非細利也。侯有命，其敢不承？』乃携短疏道侯意勸化。有總管湯士宣捐貲爲倡，義風所激，一是樂從。遂廣置料物，以十一月經始，先築上下堰，堰水施工，甃石，礎斵石限，更版閘二十層，鐵鎼必窒，表裏堅好。侯勸相之使旁午于道，十年二月訖工。侯視成，春波溶溶，演漾渟止，河伯寧，海若伏。父老歡相語曰：『凡此駿功，師之力也，侯所命也。微侯，吾屬且爲魚，況能耕稼以食其土乎？』由是三十六源得蓄洩之宜，四十萬畆免乾溢之患，有年將不一書，其利博哉！

夫以利人者役人，雖出有司，法以繩之可也。侯立心仁恕，唯行所無事，不叫囂而集，不鞭笞而辦，誠動義感，匪師曷遂？不然，民方倚侯爲父母，侯豈不自信而尚假浮屠以信於人也。衆請勒石，屬予記。歌曰：今侯昔令，前汪後皮。屹茲堤門，流德海涯。海涯之德，河洛之思。後有作者，其視此碑。

（隆慶）《平陽縣志》 朱邦喜，號景岳，江西人舉人。萬曆二十二年，知縣事。愛民好士，講鄉約，立會社，維風化，振斯文。築東堤，蓄城濠去水。開新河，通民間舟楫。修沙塘、陰均堤門，作錢倉西浦大橋，培沿海長埭萬餘丈，除運首催徵之害，設法分單，追呼無擾，民自樂輸，垂爲良法。

（萬曆）《温州府志》卷二　陰均堤門，在金舟鄉。大德九年，州判皮元修令梅鑒重修，林景熙有記。

又　湖南堤門，以上三堤門，自陰均堤門成，俱廢。

又卷一二《人物志二》　林居雅，平陽人。開禧間，邑令栩陰均堤門。居雅傾家貲，與鄭萬全昆弟及陳子直等，各捐貲，躬率協贊。一歲而堰成，再歲而閘成，乾溢不患，其利甚溥。

永定河堤

論説

清 王先謙《東華續録·乾隆九四》　河灘地畝，居民日就耕種，漸成村落，一遇水勢增長，自必築墻疊壩，填塞河身，此弊由來，已非一日，最宜嚴禁。從前朕閲永定河堤，即見有民人在彼耕種居住者，特諭方觀承，令其嗣後嚴行禁止，勿使增益。彼時聞南河亦有此弊，曾於閲永定河堤，示方觀承詩内再三諄訓。

綜述

清 顧汧《鳳池園詩文集·文集》卷五《新修永定河堤記》　永定河之名何昉乎？蓋自康熙三十七年，上允河，臣疏請而錫之以嘉名也。河發源於太原之天池，伏流至馬邑，從雷山出，爲渾泉合桑乾河及雲中諸水，經太行山不得肆地，至京西盧溝，地勢平，而土脉疏，衝激遷徙靡常。以其流濁，故曰渾河。以其色黑，故曰盧溝。燕人以黑爲盧，或謂之蘆菰河，亦名小黄河，要之其性不恒定也。

金大定中，自麻峪村分引蘆溝穿西山而出，是謂金口，以溉田。又導入京城壕，而東至通州，北入潞水渠，成未幾，以奔流岸崩淤淖淺阻而止。後又決於上陽村。元大德初，渾河溢，爲民害。閉金口閘，繼而修上流石經山河堤。至順初，有言，金口引水過京城至通州之利者，工部相視覆奏，盧溝自橋至於合流，從無漁舟上下，此不可行船之明驗也。至正間，復議行之，許有壬力陳其不可，且言通州去京四十里，盧溝止二十里，若可行船，當時何不於盧溝立馬頭，乃舍近便而遠就通州乎？又水性湍急，加以夏秋霖潦，漫決堪虞，若不建閘，必致瀉涸，若建閘，則泥濁淤塞，脱脱竟行之費用不貲，卒無成功。

明熙初，決狼窩口岸。宣德中，屢決屢築。正統中，決小屯廠西堤。嘉靖間，盧溝堤圮，命雷禮往視，盧溝東南有河，自麗國莊入直沽下海，稍東有坌河，從固安入直沽下海。乃先疏浚故道，而後繕築長堤，甃以石。於是河稍定，而無大決。今上聖德神功，懷柔河岳。比歲南巡，親授治河方略。黄、運兩河，亦既平成奏績矣。而已飢已溺之心，無間遠邇，因念畿輔民田困於水患，灼知渾河及漳、滏、滹、沱諸河流泛濫，欲使清濁二河分流，以殺其勢，乃命于成龍治渾河，王新命治清河，各給庫銀二十萬。又以時值農務，不得役用民力，令八旗夫役儲器修築，遂於戊寅歲三月興工，自盧溝橋至内外狼城計二百里，東西兩岸設分司二員，筆帖式三十四員，又添設河兵二千名，以把總四員統之。

明年五月，冲決。俗傳河神以猪龍畏狼，故其下流不趨狼城，而潰壞民田也。上親閲視，欲改河道直流，自郭家務起，至柳坌口，清河入淀，凡五十四里。工部估計，需用二十六萬金。時于成龍已調總河，即賜王新命敕印總理永定河務，奏令原任督撫在籍者，俱赴河工助貲効力，凡二十餘員，畢集京師。三十九年正月，列名上請，上分其半往南河，留其半以治北河。二月，上乘舟，由子牙河相度而來，抵三聖口審視諭令，浚河築堤，下埽釘樁，使渾河入淀，清水相逼，可以暢流。蓋睿算周詳，隱寓治南河之法，即以渾河爲黄河，以清水爲淮水，用清逼渾，即用淮敵黄之意也。

三月興工，擇其地高可施功者，先募夫修築，督修者爲原任督撫，分修者爲地方佐貳官。四月，駕幸新河堤，復遣工部侍郎白碩色監修。五月，河水暴漲，由東岸舊河冲決，延及新堤清凉寺、沈家莊，諭令停工。而王新命仍令堵塞，費鉅而工弗成，於是治王新命等罪，而專委巡撫李光地總理修築，乃告成事。仍責分司動帑歲修。

是役也，上軫念民生，欲俾甸服之衆，咸得畋爾田宅爾宅德意至厚。今仰賴廟謨，河工底績顧鰓鰓，竊有慮焉。此水性湍而質濁，流急則土疏，而堤善崩。流緩則沙停，而河易淤。宜於柳岔口，設船二十號，用古人鐵箒，滾龍之式，分責河夫於夏秋之月，更迭爬梳，庶有豸乎。雖然，猶有慮渾河之賴清河以逼之也，理固然也。無如每歲渾河發於五六月，清河發於七八月，以先發强暴之水，待後發微弱之水，蓋未至於合流之口，而河身之淤墊已多，此勢之必然者。噫，微獨渾河也，凡清流之性緩而勢弱，濁流之性急而勢强，莫不然也。無定之氣，即一定之理也。善後之計，惟在隨時補救而已矣。

傳記

清 李元度《國朝先正事略》卷六《顧文端公事略孫顧琮》 顧琮，字用方，顧儼之子也。少習兵農書算，不屑章句之學。【略】七月，永定河堤決，命公偕總督李衛等搶修，遂署河道總督。明年代者至，仍協同辦理。

又 卷一八《方恪敏公事略》 方公觀承，字宜田，號問亭，安徽桐城人，居江寧。【略】明年，高宗親閱永定河堤，諭公以下口宜暢，御製詩示之，并賜人薓三斤，加太子少保。

（同治）《南昌府志》卷四五《人物》 汪軔，字輦雲，武寧人。【略】調辦永定河堤工，事竣，擢通州牧。

（光緒）《重修天津府志》卷四〇《宦績二》 裘行簡，字敬之，江西新建人。乾隆四十年舉人。【略】十一年四月，奏請移駐汛員，以重河防，補築永定河堤埝工程。

《清史稿》卷二二〇《允禔傳》 固山貝子品級允禔，聖祖第一子。上有巡幸，輒從。【略】三十九年四月，上巡視永定河堤，鳩工疏浚，命允禔總之。

又 卷三〇二《汪由敦傳》 汪由敦，字師茗，浙江錢塘人，原籍安徽休寧。雍正二年進士，選庶吉士。【略】上閱永定河工，令由敦同大學士傅恆、總督方觀承會勘南岸建壩，請於張仙務、雙營葺舊壩二，馬家鋪及冰窖以東增新壩亦二，如所議。四川學政朱荃以匿喪贖賄得罪，由敦所薦舉，吏議奪職。上以由敦謹慎，長於學問，命降授兵部侍郎。俄，永定河堤決，復命赴固安監塞口。有請別開新河者，由敦主仍浚舊河，亦如所議。十六年，調户部侍郎。命同大學士高斌勘天津等處河工，請浚永定河下流，疏王慶坨引河，增鳳河堤壩，培東岸堤障東淀。

又 卷三二四《方觀承傳》 方觀承，字遐穀，安徽桐城人。【略】督直隸二十年，治績彰顯。以兼理河道，治水尤著勞勩。直隸五大河，永定河渾流最難治。觀承初上官，即疏言：『永定河自六工以下，河形高仰，請就舊有北大堤，改移下口，庶水行地中，暢下無阻。』上諭以『改移下口不可輕言』。明年春，上臨視永定河堤，御製詩示觀承，大指謂河堤但可培厚，不可加高；略移下口，取易於趨下，亦補偏救弊之策。是夏，永定河南岸三工汙溝奪溜。上以江南河道總督高斌《豆瓣集漫口圖》示觀承，觀承奏：『豆瓣集爲中河餘水漫溢，故可於水緩處施工。永定河若但堵月堤，溢水無歸路。仍塞漫口，俾溜入引河，復故道。』上韙之。又明年春，疏言：『永定河下口掣溜出冰窖壩口。請即於坦坡埝尾東北斜穿三角淀，開引河入葉淀，自鳳河轉入大清河。』廷議以時初過凌汛，慮盛漲挾沙淤淀，令觀承覆奏。奏言：『冰窖壩口掣溜，在上七工尾，低於正河丈二三尺。南距南坦坡，北距北大堤，有漫衍而無衝溢，此地勢之順也。水由壩出，非衝決亦非開放，民情不怨，此人事之順也。凌汛改移，經理有暇，此天時之順也。今日必應改移，不復稍存歧見。至慮盛漲挾沙淤淀，渾水至三十里外，水涣沙停，當無此慮。且臣亦嘗計及，故不使東循龍尾直入鳳河，而引入葉淀，迂其途而廣其地，更可經久無患。』上命尚書舒赫德、河東總督顧琮會勘，如觀承議。自是永定河下口出冰窖。

居二年，復疏言：『永定河下口漸淤。請於北岸六工尾開堤放水，至五道口，導歸沙家淀，仍自鳳河入大清河。』廷議以甫改冰窖下口，何以又請於北岸六工開堤放水，令觀承覆奏。奏言：『冰窖改口後，水勢暢順。上年盛漲，下口十里内淤阻。今請於北岸六工放水，循南埝而行，仍以鳳河爲尾閭，實於現在情形爲便。』自是永定河下口又改自北岸六工入鳳河。旋請以鳳河東堤及韓家埝隸永定河道，又請於下口北埝外更作遥埝，爲勻沙散水之用，并加築鳳河東堤，與遥埝相接。觀承治永定河凡再改下口，相時決機，從之輒利。

又卷三五八《顔檢傳》 顔檢，字惺甫，廣東連平人，巡撫希深子。【略】

十年，坐易州知州陳渼虧空踰十萬，查辦不力，降調革任，予主事銜，効力吉地工程處。會永定河堤壞，責隨築賠修。又以刑部秋審，直隸省由緩改實者十四起，革主事銜，仍留工次，事竣，予五品銜，發南河委用。未幾，復因直隸官吏勾通侵帑事覺，革職，遣戍烏魯木齊。十三年，釋回。

紀事

清 陳琮《永定河志》卷八《經費考》 乾隆三十九年，奏明征租爲始。批解道庫，以備永定河堤工加修之用。

又卷一〇《奏議》 吴赫捐銀一萬兩，督催永定河堤工二百丈，又修過新安縣堤工一萬三千六百六丈，吴赫係原任侍郎，以有玷官箴革職，應將吴赫給以三品頂帶榮身。錢珏捐銀二千兩，督催永定河堤河一千一百丈。錢珏係原任山東巡撫，以貪官不糾革職，應將錢珏給以三品頂帶榮身。李煒捐銀一萬兩，督催永定河堤河一千一百丈。李煒係原任山東巡撫，以居官不好革職，應將李煒給以三品頂帶榮身。黄性震捐銀二千兩，直撫李光地題留在工管理錢糧催工程，黄性震係原任布政使，告病休致布政司，應升太常寺卿，應將黄性震給以太常寺卿榮身。劉兆麒捐銀四千兩，修過任邱縣堤工一萬三千四十六丈五尺，劉兆麒係原任總督京察降二級，應將劉兆麒復還原降二級榮身，現任刑部侍郎。卞永譽捐銀八千兩，題明著伊子候選通判卞之綸，督催永定河堤河一千八十四丈，應將卞之綸以升任同知，即用。陳廷統捐銀一千兩，督催永定河堤河四百五十丈，直撫李光地題留在工管理錢糧催工程，陳廷統係原任道，以苗蠻殺傷民兵疏防革職，應將陳廷統給以五品頂帶榮身。席永勛捐銀三千兩，督催永定河堤河八百四十丈，又督催堵塞沈家莊漫口，席永勛係原任員外郎，以行止不端革職，應給以六品頂帶榮身。吴秉謙捐銀二千兩，督催永定河堤工二百丈。

又卷一一《奏議》 雍正元年十月二十二日，兵部侍郎牛鈕爲欽奉上諭事：

臣奉旨主事穆爾巡查永定河堤工啓奏去後，今穆爾回来呈稱：我復思永定河工程，務將現有舊工丈尺得以明白，後日新添修築工程之處方可查核。率領分司蘇敏與、同知全寶、千總王鳳康等，自盧溝橋起至柳岔口止，丈量得南岸堤長共一百七十九里，此内石堤二段，共長三十一里有餘。下埽工程六十六段，共長八百七十七丈五尺。鑲墊工程一百十段，共長一千六百三十八丈七尺。北岸堤長共一百八十五里，此内沙堤長二十四里有餘。下埽工程三十九段，共長四百七十八丈五尺。鑲墊工程九十五段，共長一千六百四丈二尺。南北兩岸之堤，相隔寬五十二丈至七百七十五丈不等，河身寬十八丈至八十三丈不等，堤内自水面至堤頂高五尺至一丈一尺不等。堤外自堤底至堤頂高一丈一尺至一丈五尺不等。以上所有之工程丈尺，取分司用印細册存案。

明年至興工之時，我先看伊等物料，不時加謹巡查，工程俱已完竣，分司照例報明巡撫。我對册，除去舊工，將新添工程，查核至南岸金門閘，相近石堤舊河口亦不遠，甚屬要工，今被水刷壞，甚屬危險，相應作速保護修理，已明白行文，分司蘇敏等自盧溝橋至柳岔口止，謹繪全河圖樣奏覽等因，具呈前來。臣看主事穆爾繪圖呈稱，建築金門閘，係聖祖仁皇帝睿算，將牤牛河清水引入，抵擋渾水汕刷永定河，河底深通。初築之時，牤牛河河身高，永定河河身低，清水由小清河易於入閘，甚屬有益。今已年久，永定河身淤塞，反高於牤牛河河身，清水不能流通，金門閘又刷壞，現在抵冲大溜之處，甚屬危險。此河係數百萬銀兩建築，今金門閘如不堅固修理，若此處冲決，永定河全河之水復入舊河，而河致遷移，不但臨近州縣受害，而先前之建築，俱屬空虛。郭家務以下兩邊之堤，現雖加高培厚，錢糧亦屬糜費，關係甚要，牛鈕受聖主之恩甚重，稍有見處，何敢不言？臣欲會同巡撫李維鈞率領穆爾蘇敏親詣金門閘確勘，相應作何堅固修理之處，詳議具奏，爲此將穆爾繪圖一并謹敬奏覽，請旨奉旨，依議李維鈞著來工所，爾等會看具奏。欽此。

清 王先謙《**東華録・康熙六五**》 庚辰上，遍視永定河堤，駐蹕永清縣北閣驛，召大學士馬齊入行宮，諭曰：朕前者到此，曾指示挑浚河灣，令其下椿，今觀河水已涸，乘此水涸之時，易於成功，其徑直挑浚處，須令寬闊，即以所挑之土培築堤岸，甚爲有益，見無雨水，二十日可以告竣。目今東作方興，夫役難於驟雇，八旗并包衣屬下每佐領派護軍各二名，驍騎各二名，步軍共一千，令其挑浚，著直郡王允禔總領之，并帶世子雅爾江阿僖、郡王岳希、貝勒延壽公齊克塔哈普奇偕往，宗室公内有年青願效力者，亦著帶往。都統、副都統，酌量派往，此派遣之事，著允禔會同内大臣公費揚古派遣管轄兵丁，酌派章京工部司官派二員，令記工程檔案。其章京兵丁須派四十歲以内之人，有年老殘疾者，毋得派遣。諸凡人員及廢官，有願浚河效力者，亦令前往，爾明日同允禔赴京師，會同大學士伊桑阿部院堂官八旗都統等會議，數日即帶領夫役前來挑浚，其夫役所食二十日口糧，及需鍬橛筐籠等物，俱著各佐領備給。

又 辛巳，上遍視永定河堤，諭王新命等曰：觀新築大堤裏邊太斗應使稍斜。又至郭家務舊堤新開河口之處，用儀器測驗，諭曰：此處地面較舊，河水面高六尺六寸，新開河底較舊河水面深六尺八寸，水之入新河也易矣。三聖口至柳岔口，地甚卑下，見今俱已乾燥，此天假機會，不可失也。宜乘此時，作速完工，今若不修，以致稽誤，日後不得以難修爲辭。至柳岔口，又諭曰：舊堤大有關繫，甚爲緊要，稍有所失，則誤大事矣。此不得委之分司，著與來修河之督撫大臣公同看守。

又《**康熙六六**》 甲戌，自鵝房村，遍視永定河堤，駕至麻格莊河灣，諭分司敦拜曰：此處宜從上流下，挑水埽用以盪刷淤墊。上閱新修河堤，諭敦拜曰：此坍塌之堤，宜速完工。又閱新莊，求賢莊石佛寺等處河灣，諭敦拜曰：此處當下挑水埽。又閱雅地里河灣，諭敦拜曰：觀此岸地勢崇高，斷乎無害，南岸地卑，不可不加意堅築。

又 乙亥，上自葛家屯遍視永定河堤，閱至北閣驛河湾，諭分司敦拜曰：此處宜築挑水埽。隨至清凉寺，閱衝決堤口，召原任河道總督王新命、工部侍郎白碩色、巡撫李光地、分司朝琦等諭曰：爾等可會議開浚新河放水，其清凉寺缺口不必塞。隨行幸雙營兒，視堤工畢回，駐蹕葛家塢，命吴達善等於李光地、王新命、白碩色前，傳諭赫碩滋曰：自葛家塢至清凉寺一帶，朕閱視，尚皆加意修築，此外所築堤下椿俱淺，又截去長者，其束葦極鬆，復亂抛置之，此堤仍著原築之人修築，即交與赫碩滋親身看守，晝夜巡察，儻椿木衝壞，或别有他故，即速行奏聞，不然即梟示爾於堤上。朕巡視南河時，指令下椿修築之處，竟不行修築，避往他處，其時即應誅之，今更以此堤委爾，慎之。

又《**康熙七三**》 庚寅，上遍閱永定河堤，諭大學士馬齊：永定河關繫緊要，巡撫李光地奏分司郭治不能辦理河務，祈另簡授，爾可問李光地補用何等人，方於事有裨益，再向原任分司齊蘇勒問，分司佘圖渾何如筆帖式，内有諳練河務可用者否？馬齊問明，奏曰：臣問李光地，據云應仍用分司二員，筆帖式四十員。臣又問李光地，爾前奏請裁分司一員，筆帖式一半，今何故又請補授？據云：臣一時昏瞶，奏請裁汰，伏祈皇上，仍照前補，設分司筆帖式，始於河工有益。問齊蘇勒，據云：佘圖渾任分司三載，辦事勤慎，筆帖式格渾、阜保、崔廷棟、色白黑等辦事無誤。上曰：齊蘇勒任分司已六年，著停其赴分司之任，佘圖渾著再留三年，阜保以主事，補授永定河分司，格渾、崔廷棟、色白黑并舊任筆帖式，共補十人新筆帖式，可補十人，俱令速赴工所。

又《**乾隆六**》 乙未，以永定河堤工衝決，命協辦吏部尚書事顧琮前往，會同李衛、劉勷籌畫辦理。

又 命修永定河堤壩。

又《**乾隆二五**》 丙子，飭修永定河堤壩。

又《**乾隆三一**》 癸卯，上至四聖口，閱永定河堤工。

又《**乾隆四一**》 乙酉，上駐蹕吴家莊，閱永定河堤。

又《**乾隆七七**》 癸巳，上閱永定河堤。

清 王先謙《**東華續録・咸豐五**》 永定河堤合龍。

又《**咸豐三五**》 永定河堤合龍。

又《**咸豐八九**》 癸丑，永定河堤工合龍。

又《**同治六八**》 永定河堤工合龍。

又《**同治九四**》 永定河堤工，前經李鴻章奏報合龍，并稱兩岸堤埝均已培補堅厚，乃爲時未久，即有決口之處，在工各員未能小心防護，咎無可辭。

又《光緒九九》　諭李鴻章奏永定河堤漫口分別參辦，并自請議處一摺，本年五月下旬以來，大雨連綿，永定河勢盛漲，險工迭出。六月初五日，北上汛二號，被水漫溢，刷寬口門七八十丈。該管各員疏於防範，實屬咎無可辭，永定河道萬培因石景山同知竇延馨均著革職留任，武清縣丞張映辰著革職留工效力，李鴻章著交部議處。該督務當督飭在工員弁，將北上漫口迅速堵築，不得再有疏虞。其下游南三九號，并北二上汛五號，先經漫水各工，并著一體詳細勘辦。所有被水村莊，即著該督迅速查明，妥籌撫恤，毋任失所。

又《光緒一三五》　諭王文韶奏永定河堤工漫口分別參辦，并自請議處一摺，本年六月後，大雨時行，永定河水勢急漲，險工迭出。二十三日，北六工之八號堤頂漫溢。二十四日，北中汛七號又復漫，水掣奪全河大溜口門寬刷數丈餘，該管各員疏於防範，實屬咎無可辭，調署北中汛武清縣縣丞支兆熊著革職留工效力。

又《光緒一八八》　諭袁世凱奏永定河堤工漫口分別參辦，并自請議處一摺，前據督電稱，河水陡漲，南四等工漫口，當經降旨，飭令趕緊堵築，并速成急賑，以拯災黎。玆據奏報詳細情形，漫溢之處，衝刷口門，寬至一百餘丈，雖因山水暴發，人力難施，在工各員，究屬疏於防範。南岸二工良鄉縣縣丞方恩培著革職留工效力；南岸同知程鴻賓著革職留任；南岸四工固安縣縣丞王治安著摘去頂戴；永定河道衛杰著革職留任，現在因病交卸，仍責令留工；袁世凱督率無方，并著交部照例議處。餘著照所議辦理該部知道。

（光緒）《順天府志》卷四二《河渠志七》　三月，胡季堂奏：永定河堤工殘缺，應行補築。諭曰：近日河員，往往擬將河堤增高，以禦汛漲，殊不知河底淤墊，不思設法疏浚，徒將堤頂日益加高，則河底豈不益高，於事仍屬無濟。著傳諭胡季堂，祇須將應修應築事宜分別酌辦，不可輒事增高，以致徒費無益。

《清史稿》卷一一《高宗本紀二》　壬午，上謁泰陵。乙酉，上駐蹕吴家莊，閱永定河堤。

又卷一三《高宗本紀四》　癸巳，上閲永定河堤。

又卷二二《穆宗本紀二》　永定河堤工合龍。

藝文

清 佚名《閱永定河堤有序》（雍正）《畿輔通志》卷一〇　康熙四十年，永定河告成，至今十六載，堤岸堅固，并無氾濫。去歲，山水陡長，不能保。所以春幸回鑾，便道察閱，方知昔年修築有益於民生，永保安瀾矣。故賦七言近體，以記其事：

豫定安瀾在事前，每逢雨潦自心牽。帑金不惜籌耕種，膏土惟思廣陌阡。堤老失防愁剝蝕，岸堅常幸安全。肩輿頻視桃花水，滚滚渾波通碧漣。

清 方觀承《恭和御製閱永定河堤賜示元韻》《皇清文穎續編》卷六七

渾流古無定，不治本無事。自東兩長堤，永定矗碑字。乍覺河患失，爲檢農田貴。設官重修防，牐壩椿歸□。漭瀁六十年，改導亦因勢。尾閭藉淀廣，壅沙漸失利。勝芳與三角，蓄眼久平地。趨下下增高。葉淀淀之次。且復籌歲修，何由冀長治。故道屢議復，利杳害先至。相望七百村，莫讓盈丈渠。當其夏濤險，心驚撮土潰。但有崇榱蕾，焉能惜錢貴。豁壩俾傍洩，汛至得屢試。頻年獲安瀾，收效尚在是。臣職惴耑司，初至審利弊。近甸厪疇咨，了此殊不易。巡觀如舊曆，一一別宜忌。詎可鹵莽爲，深惟今昔異。頻申陘築戒，須省瀹注義。緬彼六工下，地潤宜爲計。拓使波流寬，衍任泥淤寄。數十百里中，頓轡勤指示。稍存兩堤舊，無拘故道議。淀近沙不入，海遠水終致。拜手謨訓乖，宸章繹精意。

清 于敏中《日下舊聞考》卷一〇四《增乾隆十五年御製閱永定河堤因示直隸總督方觀承詩》　水由地中行，行其所無事。要以禹爲師，禹貢無堤字。後世乃反諸，祇維堤是貴。無堤免衝決，有堤勞防備。若禹豈不易，今古實異勢。上古田廬稀，不與水争利。今則尺寸争，安得如許地。爲堤已末策，中又有等次。上者禦其漲，歸漕則不治。下者卑加高，堤高河亦至。譬之築寬墻，於上置溝渠。行險以徼幸，幾何其不潰？胡不籌疏浚，功半費不貲。因之日遷延，愈久愈難試。兩日閱永定，大率病在是。無已相咨詢，爲補偏救弊。下口略更移，取其趨下易。培厚或可爲，加高汝切忌。多爲減水壩，亦可殺漲異。取土於河心，即寓疏淤義。河中有居民，究非久長計。相安姑勿論，冝禁新添寄。條理爾其蕿，大端吾略示。桑乾豈巨流，束手煩計議。隱隱聞南河，與此無二致。未臨先懷憂，永言識吾意。

雜録

清 于敏中《日下舊聞考》卷一二五《京畿》 增永定河堤，自康熙三十七年開挖新河，前築兩岸大堤，南岸自盧溝橋石堤下起，至永清縣郭家務止。北岸亦自盧溝橋石堤起，至永清縣何麻子營止。

永固堤

清 張松孫《重築永固堤記》（光緒）《東平州志》卷一九 州東南羅家漫口旋塞旋決，蓋其地勢當汶河頂衝，平時順軌安流，及伏秋之際，泰安諸邑水泉驟發，挾排山之勢而來，横溢瀰漫，不可壅遏。羅家漫居汶下游，水所熟趨，湧激之勢，如排闥直入。比歲以來，東南兩鄉之民，田廬被浸，秋禾失收，窮簷蔀屋，鮮可以飽。又欲驅而役之，使堵塞決口，似非所以體恤之。然羅家漫，民埝也，夫閉閎弗高，無以禦盜。藩籬弗固，無以護室廬。防川，猶防寇也。因民之事，用民之力，弭民之患，故民情雖好逸惡勞，而督勸自不容已。

戊子秋，余既承檄築塞。刺史沈公以永固名堤，祈其久不壞也。今秋，山水入汶，較前益暴。其上則越壩，而西水灌城郭。其下則決堤，而南水浸鄉村。天乎人乎？抑地勢使然乎？他處汶河漫口，水過即涸塞之，尚可稍緩。唯羅家漫堤一決走洩，汶水有關運道，奔注不已，有誤民間種麥。是以羽書旁午交催，不容刻緩。時刺史方理賑務，不暇兼顧，乃以堵築之事，專屬之余。

余於是督夫集料，櫛沐胼胝，不敢憚勞。旬日内，堵閉合龍，至於幇餽還堤，加築磯心，外壩屹如山立。閲五旬始竣，士民擬於堤上建蓋神廟，以祈陰佑。其用心亦良苦矣。余輪力河務十有三年，於昔人治水諸書常究心焉，黄運疏築，亦多遵用，唯是質鈍識淺，未能洞悉機宜。今以永固堤情形而論，汶河入袖，頂衝之勢，較上游戴村三壩更爲險要。

夫以三壩石工，長百二十餘丈，前明動帑數十萬創建。今次汶水驟漲，三壩尚不能支。至於衝翻壩臺，揭去石面，況永固堤不過草鑲土築，簽椿綑埽而已。□□□□□□□□□□□□一勞永逸，萬全無患之□哉。□每上下，相度汶水河□，節節淤高，新工迤西尤甚。河勢頂衝之處，直射新埝□灣之處，晝夜塌崖，再四籌酌，必須於對岸逢灣取直，抽挑引河，再於東西老灘，直築彌河大壩，俾汶河北注之勢，徑入新河。在汶邑并無所損，而州境可以免患，使汶河永無奪溜，旁趨借水刷沙，不至淤澱於運道，亦大有裨益。

刺史與余見同，以此事稟詳上憲至五六請，已准行矣。卒爲汶邑之民所阻，惜哉。然是説也，終不可廢，余是以記之。

（光緒）《東平州志》卷三《山川考》 乾隆三十四年秋冬間，知州沈維基堵築羅家漫堤一百二十二丈，高二丈二尺，加幇裏餽，外築磯心，并設堤長、堤老輪流防守，曰永固堤。

又卷一四《宦績傳》 沈維基，字抑恭，海寧人。雍正壬子科副貢。乾隆甲申，知東平，重修州志，詳贍可觀。築永固堤，浚戴村積沙，以捍水患。修城墉，建攔水壩，詳免常平及社穀積逋，請蠲州境積潦下地虚糧一百二十四頃有奇。

又卷一八《藝文志》 本年七月間，山水入汶，較前更暴。汶堤上下民埝漫口十有餘處，至羅家漫堤埝，係去秋加工堅築，改名曰永固堤者。又復連根衝刷口寬百丈，非但西南二鄉俱被成灾，兼之迤西安山一帶，亦匯成巨浸。

永和堤

綜述

宋　許應龍《東澗集》卷一三《永和堤記》　運河有塘，衣帶制水。自帝都東北橋鎮，薄吴頭楚尾，緜亘千餘里。闕提封者六州，帶主莞者十縣，仁和首當其一。郵遞輦運，憧憧旁午，惟永和堤阻鼎湖、白龍潭之險。卯風湍流，朝夕鼓蕩。一有殘溜，則膏腴數百頃瞬刻就浸。欲經久不拔，是豈一日一人之力哉？

邑有范、任二君，倡爲義役，乃悉心討究，謂土力屢潰于成也。於是率衆僦工，築以石樁以松。迄成二百五十丈，爲錢數千緡。范君爲費獨當什伍，董視犒賚尤詳焉。傍築道、民庵，給伏臘，俾早晏。巡徼事無疑慮，整如也。肇始於紹定己丑之春，告成於是歲良月之望。民間曾無勞動之苦，公家坐收興築之利，談何易哉？堤成，請記顛末。余嘉其賢勞且諗，對曰：『自令之尹吾邑也，無横斂暴賦以蠹民，緜是吏日貧而民日富。既有餘財矣，無深刑酷罰以殘民，緜是役益簡而生益蕃。既有餘力矣，及今閒暇，率就斯役用荅令德，故輸財而不知費，盡瘁而不憚勞，令不吾强也。

余亦欣然而思，以謂總總而群，雖各有心，其于于望望，未嘗不基於寬虐之政、廉汙之操。雖令不從，與不賞而勸者，抑豈無故哉？今范令尹光，世濟其美。連躋科級，以儒道字民澤最深矣。始終不擾，與民相安，宜其一鄉之善。如范君學諭武任君學録安世，毅然以身任其責也。吁！佚道使民，雖勞不怨。凡領民社之寄者何獨不然，豈真仁和之長獨擅其美，永和之士勇於爲義耶？故書。紹定庚寅陽月吉記。』

藝文

宋　趙希《過臨平》《江湖小集》卷六三　市井蕭條景物非，居人猶號永和堤。

清　查慎行《敬業堂詩集》卷四六《臨平舟中》　作雙白鷺起前汀，西望山光的的青。暗數永和堤畔路，一橋十里似長亭。

清　孫士毅《百一山房詩集》卷一《永和堤即目》　纔過榆莢雨，又值柳綿風。積水叠層碧，殘霞明斷紅。榜謳花嶼北，牧篴板橋東。春事難憑準，溪邊問釣翁。

又　卷五《折柳詞送蒼林歸海昌》　永和堤外峭帆忙，黄鶴山前話夕陽。只管人間離别事，最無聊賴是垂楊。

清　翟灝《無不宜齋未定稿》卷一《臨平棹咏》　古鼎湖傾瀉怒瀧，永和堤築駕雲杠。蕭條景物端如故，水鳥時時下一雙。

清　俞樾《春在堂詩編·甲丙編·雲笈將赴江西賦四律留别諸親友即次原韻贈之》　蒲帆挂向永和堤，兩岸流鶯恰恰啼。

雜録

（咸淳）《臨安志》卷三八《山川十七》　永和塘，在仁和縣永和鄉，地接古鼎湖、白龍潭，俗謂之三里險，水勢漲溢，一遇卯風震蕩，則數百頃中瞬息湮没，鄉民患之。紹定己丑，邑士范武倡爲義，役捐財以助修築，塘成，歲無水患，邑宰范光名命曰永和堤。

（康熙）《仁和縣志》卷一二《水利》　永和塘，在仁和縣東北永和鄉，在仁和、海寧二縣之間，宋俗謂之三里險，即白龍潭也，一遇風濤，則數百頃田疇須臾湮没。宋理宗紹定二年，邑人學諭范武、學録任安世倡義修築，塘成，而歲免水患。邑令范光命爲永和堤，參政許應和記其成，後亦不時修築。

永濟堤

綜述

明 李東陽《懷麓堂集》卷三二《岳州府新築永濟堤記》 岳州府城北十五里，有磯曰城陵，當川、廣、雲、貴之衝。官所置有驛，有巡檢司，有遞運河泊二所。凡朝所遣使有事於西南諸藩，牧伯而下方巡歲代，及執事役夫之宣教布令，商賈民庶之往來，胥此焉集。其爲地至要也。

顧其西，則長江奔流，衝嚙無定；東則白石、翟家二湖所滙，地勢卑墊。每夏秋際，洞庭、江漢與二湖合，浩蕩掀播，茫無畔涯。舟行則多限風濤，或累信宿；陸行則巡山歷澗，紆回三百餘里。艱阻萬狀，人甚苦之。

前知岳州府眉山吳侯行驗，欲築堤構橋，以得代，弗果。福清戴侯某繼守，始就二湖口構木爲梁，頗利病涉，但冬置春設，歲費煩擾，利與勢不相直。

成化癸卯，弋陽李君文明知府事。事既就緒，乃命築土爲堤，長四千丈，廣二丈，緣地勢爲平，高者七八尺。堤成，名曰永濟。傍夾樹柳二萬，以固積壤。又鑿巨石于華容之層山，爲橋二于舊所置梁處。廣二丈，高倍半，長五倍之，下可容舟。橋成，名其南與堤同，其北曰廣通。復慮水漲則舟不能出入，乃倣規運河，甃石爲閘于二橋之北，廣五丈高，丈有二尺，長加高之三尺。架木梁以通車馬，建亭列室以爲官屬迎候之地，而堤之事始備。蓋始于甲辰十月，越一年丙午某月。爲工二十有七萬，金三千餘兩而成。

初，城陵居民與水高下，依山并磯，以附市集。至是，乃募民俾自占堤，築土架屋，市貨咸湊，烟火相接，户累數百，無復有轉徙慮。堤東隰地，舊爲萑荻之區者，恃其障蔽，漸可耕藝，以頃計者，要其成，可至數百云。

夫堤堰之制，起於中古，所以障蔽水患，爲田壤計，鮮有專爲道塗設者。然民之生，夷險勞逸，亦惟所在而爲之利，獨田也哉！城陵之險，惟道塗最急。今易水爲陸，縮遠爲近，就平夷而脱危阻，其利可知也。甚者，變槎居爲市集，化棄地爲膏沃，又昔之所未有者。蓋一舉而數利兼焉。古稱更舊政者，不十倍利則不必興，有如是役，亦可以興矣。且其費必公出，工必備致，慮定而事動，期尅而功集，改聽易視而民不知。微李侯之賢，其曷克臻兹哉！堤以永濟名者，自唐已有之。今名存實廢，不可復考。是堤也，吳侯之志，戴侯略施之，李侯實大成之。嗣是以往，如數侯者，異時而同志，則斯名也，其亦可以稱情矣乎！李侯名鏡，舉已丑進士，歷刑部員外郎。廉明平恕，修學校，飾公宇，百度具作，而堤之功爲多。佐是役者，某官某。請予記者，山東參政鄧君宗器、四川按察副使柳君拱之及其卿大夫也。

明 鄭紀《水利考·永濟堤》（隆慶）《岳州府志》卷一〇 岳郡之東十五里有鎮，曰城陵，磯城陵之西不一里有湖，曰翟家，每春夏淫雨，湖水暴漲，其湍流湲急，涔洞無涯，過者往往病涉，間以舟渡，然濟時之便，非長久計也。同省戴公文哲由進士爲賢郎署，未幾擢守兹土，於是歲之暮壯其規模，固其基本，居民父老愕眙而相謂曰：『長橋卧波，未雲何龍？複道横空，不霽何虹？不圖于今日見之矣。以乘輿濟人于溱洧，又烏足道哉？願勒石以紀其功，庶使橋之存於一日，即我侯德之著於一日也。萬世永賴，庸有窮乎？』予喜而記之。

藝文

清 鄧顯鶴《沅湘耆舊集》卷一一《岳州永濟堤歌》 洞庭湖口西風急，雪浪如山疑海立。挂帆欲往心茫然，維舟暫宿城東集。城陵磯前緩步行，道逢野叟詢民情。拊髀興懷言不已，清論亹亹源泉傾。爲言李公昔守岳，令行禁止民安樂。桃花萬樹争春妍，機杼千村閑夜柝。爲民興利不知疲，捐金召役成長堤。一橋一閘十里地，斬木鑿石民不知。康衢矢直平如砥，車馬驅馳若流水。萬縷垂楊翠作幃，千畦晚稻香鋪綺。商人自昔居浮槎，因堤築舍今成家。酒旗雲外列闤闠，歌樓月下鳴琵琶。昔也險阻今樂地，昔也萑葦今種藝。乘輿溱洧惠誠小，鄭渠蘇堤同厥利。豐功德譽輝金泥，大參薇省超關西。岳民感慕情何極，遂以公姓名吾堤。我聞叟言三太息，懷言嵩目心滋戚。安得百郡盡如公，坐使蒼生被膏澤。公今禄位猶未艾，作郡聲名從此大。潁川黄霸行入相，四海甘霖望沾溉。

雜録

《新唐書》卷三九《地理志》 清池緊。西北五十五里有永濟堤二，永徽二年築。

（嘉慶）《清一統志》卷三五九《岳州府》 永濟堤在巴陵縣北十五里城陵磯，明成化十九年，知府李鏡築，李東陽有記。堤長四千丈，廣二丈，旁夾樹柳二萬以固積壤，爲橋二，梵石爲閘，於二橋之北，高丈二尺，長丈五尺，廣五尺，架木梁以通車馬。本朝順治十年，康熙十年、五十三年相繼築修。

永賴堤（廣東潮陽縣）

明 周光鎬《重修永賴堤碑》（乾隆）《潮州府志》卷四一 郡東故有堤，自虎豹堤至韓山麓，延袤十餘里，形家以爲郡之左掖，宜崇不宜卑。而海、饒、澄三邑之秋溪、蘇灣等都田疇廬舍賴以保障。屢傾圮，則橫溢巨浸，三邑父老憂之，思所以爲捍禦計，非得大吏主持，未易舉也。

萬歷壬寅，直指使者李公按潮，詢民間利病，士大夫暨父老乃以修堤事宜上。檄下有司勘議。謂水患之防，所以奠民居、阜民業、足國賦，義在必舉，苐毋勞民力，毋糜民財。維時司理會稽姚君攝郡事，周悉民隱，視飢溺由已，亟下海陽吴令帥從事者詣勘條晰以復。計里一十五區，築堤一千七百丈有奇，新建石磯七，修復一十有二，以殺水勢，築子堤四百六十餘丈，費八百餘金，工役則出之隴畝。使者報可，顧念其時閭閻空匱，爰捐罰鍰及帑羨以濟之。一時士民加額輒吉昭告河神。以歲壬寅八月肇工，會嶺東巡察朱公莅任，加意董勸民樂趨事，一時畚插如雲，不三月告成。仰視其勢矗如也，俯眎其基鞏如也。逾歲，春濤挾雨，衝擊無恙。

士大夫屬余記其事。余聞而嘆曰：鉅哉，是役也！其與宣房龍首埒哉！嘗讀《河渠書》，嘆曰：水之爲利大矣，洎泝龍門，登積石，歷朔方，陟賀蘭，遍閲漢、唐二渠，灌巴數千百畝，萬世永賴，乃知天地之美利自在，不能不藉手於人也。郡東故未嘗無堤，惟上匯三河，下綰長橋，建瓴而下，水勢衝激愈急，則易決，決則民其魚矣。今使者與守令同心協作，刊木伐石，爲久遠計。此邦黎庶復睹平成永賴之功，因名其堤曰永賴。彼漢堤、唐渠，烏得專美於前哉？使者名時華，貴筑人；司理名會嘉，辛丑進士，會稽人。

願豐堤

綜述

明 胡應麟《少室山房集》卷九四《唐令君新建信陽願豐堤碑》

常山邑，全浙上游，其地界七閩三楚，舟車之所綰轂，富商巨賈萬貨之所走趨，錢塘之水實濫觴焉。源發縣東北郊，逶迤百里，抱城瓴建，暦衢婺以達于江。歲月滋久，洲東港堙，水折而西，去郭紆繞，闤闠之溉汲，行旅之灌輸，咸病之。又形家者言，率以水遠，弗宜於黌序，諸青衿士蚤夜皇皇，冀得良有司以紓宿患。

先是，弘治中令劉君擬築堤捍水，使毋西而合流港東，旋以憂去，弗克。嘉靖初，張倅尋劉故迹，亦罔迄工。今上改元，甲午，雲間唐侯以進士綰符來邑。甫下車，揖諸父老，問一切政所宜先，合詞稱築堤爲第一義。侯周行境上，喟然曰：是誠不可旦夕緩。顧大興，匪可倚辦頃刻間。侯曰：嘻，微諸士，余豈其一飯忘。爰白當路，發贖鍰鳩，衆工相物，宜時農隙，侯躬率僚屬，即勒指麾，靡遺餘力。

始秋中迄冬末，爲旬僅十有五，而版築告成。衡爲丈若干有奇，廣爲武若干有奇，高爲尺若干有奇。凡舊堤之材，朽者易而良，弊者撤而新，頹者封而固，隙者繕而完，庳者增而隆，隘者闢而曠。又環視港之壅者決之，激者排之，溢者疏之，膠者浚之，沙者淪之，磑者夷之。飛流如虹，襟帶城下，縈洄顧盼，亦拱亦留，百年之利，暴興一旦。士胥慶于庠，民謳歌于野，旅相率加額於途。

侯鑱石于堤，而命之曰：願豐。逝將以地利人和，而必天祐。於是徐生介祝生樹勲輩群詣不佞碑侯伐，以志不忘。不佞槩觀載籍，洪荒以降，水之利害所關于家國天下甚鉅。而治水之任，最爲盤錯，亘古今，不易其人。勛華二帝，如日中天，懷襄之厄，四岳九官。舉遜避而推鯀，微大禹幾無唐虞。漢武席累代之雄，驅山鞭石，勢無弗行，瓠子之決，殷憂作歌，至沉璧馬而後濟。太史八書，河渠列于禮樂。班椽十志，紀溝洫以配天文。誠重之也。

唐侯以明經上第，初命而宰一方，稍飾撫字振作科，掉臂而躋省闥，固匪以堤之成否爲殿最，而堤之成否，又未嘗顓責之侯。若他政事弗容已，而侯則奮然任之，鞭笞罔施，聲色匪大，而數千百載無窮之利，執券而收之掌上，非夫誠結于中，仁昵于外，抱絶類離倫之識，而負規天絛地之材，其胡以及此？

抑余嘗聞之，文人無用，則舉世以爲然。惟是唐之白、宋之蘇兩使君者，咸以築堤垂永賴之烈。彼其時，寧無揚眉瞬目，自詡任事之臣，而以堤特聞寓內者，胡寥寥希遘見也？侯方以文學追馬班，即兩使君猶將需之左席，迺今願豐告成，文人之用彰彰耳目，有明效焉。傳諸異代，庸詎知其不與蘇白二堤同弊穹壤也。不佞無能爲侯役，特以臭味忝一日之知，樂覩是堤之成，不直爲一時良吏快，且爲百代文人快，輒援筆碑其事，而系以銘。銘曰：

姑蔑之淵，錢塘之源。如何崑崙，發軔萬川。沙墠中流，既分既合。胡然而盈，胡然而竭。居人抱甕，行旅挈囊。皇皇青衿，旦夕望洋。偉哉唐侯，先憂後樂。綰符下車，首訊痌瘝。奇樟斯得，桃李并栽。偃室告成，聿來澮臺。僉曰河渠，利病孔亟。侯聞矍然，堤此朝食。爰戒于邑，爰次于郊。沐雨戴星，以先庶僚。蒼赤纍纍，奔走赴義。譬彼嬰孩，饑渴怙恃。經始仲秋，迄于嚴冬。我堤告成，煒如長虹。十旬非遙，五月何速。眞宰上訴，衆靈匍匐。一水抱城，蜿蜒若留。鵬躍鯤飛，龍門上游。禾黍盈阡，是灌是溉。我昔何勞，夫負妻戴。閭閻踴躍，道路懽呼。寶筏金繩，廣濟迷途。巨川舟航，明堂梁棟。詎曰文人，亡實亡用。曰白曰蘇，洎侯而三。堤垂宇宙，伯仲之間。峩峩曾城，閬風玄圃。欲駕靈槎，泛彼銀浦。堤石窿穹，鑱碑大東。百世永豐，自唐長公。

傳記

（光緒）《常山縣志》卷三六《名宦》 唐之屏字君公，江蘇華亭縣進士。萬歷二十二年任，政清治簡，築願豐堤，以固官壩，建賢良庵於屏山，以補縣治之缺。又置學田一百二十五畝，士民歷久思之，嘗有戚友贈以僕馬，力卻之，曰：常山斗大縣官，便自裝飾，倘至三槐九棘，更難踵事增華，其風操可想。後中讒罷，歸養親不復出。

紀事

（光緒）《常山縣志》卷六《水利》 願豐堤在官壩下。明萬歷二十四年，知縣唐之屏築建十景中，所謂豐堤白雨是也，今廢。【略】於是吳淞唐長公氏誠慨斯事，諗諸父老曰：方國山川，若滎衛然，茲邑用水，亦猶岐伯氏養榮之説也。吾聞水曰，静順其爲紀，藏而勿害治而善下，是故潛爲五精，化爲五臟，然後蠲澄吉朗榮乃脈發。而今其如何矣。在迹大在新之勿圖，吾何敢即安於是捐俸與贖鍰爲義倡應者，若響其趨事，若子趾用巨木，築用石，石之厚尺有咫，其累石縱而不衡，廣視舊倍三之二，頂於趾殺七之五，凡費金八百，工幾四千，浹六旬而畢，事不扶一大，蓋邑人宿斯志四十餘年，既畢事，人人滿意，歡呼號之曰：願豐堤。

障東堤

清 佚名《新築障東堤記》（光緒）《新修菏澤縣志》卷一七　光緒紀元，歲在乙亥。余既南塞菏澤賈莊，復躬督官紳員弁監築長堤。障橫流而順下，以顧運道衛民田。軍民歡躍赴功，堅冰初泮，手足皸坼。驕陽如炙，面目焦黧。雖疾風甚雨，踔厲不少休，五越月而堤成。起東明謝家莊，迄東平十里堡，蜿蜒二百五十餘里。堤高十四尺，身厚百尺，頂寬三十尺。

計堤一里用土方若干，正褳物料若干。因民力而計里授食，調兵勇以助不足。在工監督府丞州縣佐貳等，凡七十二員武職稱。

是工，惟其堅用，惟其省工，用物料有稽，凡費帑銀五十四萬餘兩。事之成也，在工人士請記諸石。余維同治癸酉，河決直隸東明，曆伏經秋，全河奪留南趨，瀰漫數百里。山東江南毗連，數十州縣民人蕩析，運河兩岸胥被衝刷潰敗，幾不可收拾。今幸借民力，獨告厥成功，而南堤得以興築，庶幾民各安其居，運道永固，因名之曰『障東』。而紀其大略如此。冬十月朔日，山東巡撫丁寶楨譔并書。

招公堤

綜述

清 佚名《招公堤記》（咸豐）《興義府志》卷一四　自昔謝安築堤於廣陵，何易于築堤於建昌，范仲淹築堤於興化，或以環城資險，或以溉田資利，要皆有便於民也，故當時稱之，後世傳之。若我參戎招公之築堤於南籠城之海子北，更有爲往古賢豪所難及者。

南籠地處邊陲，粵喉滇吭，實黔地之險。城北有水瀠洄，迤邐數十里，長如虹貫，浩瀚洸瀁，其勢不聚。夫水之積也不厚，則氣之凝也不力。議有以爲南籠地處險僻，鋒羽時至，川武不寧，職此故也。邇來幸際皇靈遐暢，文教遠敷，鴻雁稍集，漸有起色。然户口未實，士風未振，豈天地之生才，獨慳於此地與！良由培植長養者之未得其人耳。

惟我招公，風流儒將，或中流而動擊楫之歌，或臨波而興投膠之思。戎機稍暇，覽勝汪洋，甫任數月，即以創堤圩堰爲己任，縮俸蠲鏐，將近百鎰。於是，估價命工，斲山伐石，瀦水築堤，親率各匠，挾畚鍤，埭之堰之，甃之砌之，省試勿替。共計長八十餘丈，闊八尺許。肇工於甲戌孟冬，落成於丙子孟春。

工竣，而凡斜湍飈浪，亦不能有剗激洗齒之患。而又淵然黛，泓然靜，氣象萬千，泱泱乎大國之觀矣。陰則有烟霧排空之勢，晴則有日月漾波之奇。時而樵夫牧豎，憩濯足以臨流；時而游客騷人，借觀瀾以抒咏。豈獨增崇墉之金湯，屹三軍之壁叠也哉！孰非此堤之成，有以致之而然歟！將見淵渟浩淼，躍金浮璧，風培秀水，昌運啓祥，較之謝何諸公，又爲過之。公之加惠於南籠士民，豈有艾哉！命曰『招堤』，後之人顧名思義，亦甘棠不忍忘之意也。雖然，事難刱始，久無不湮。嗣而葺之，更有望於後之官斯士者，有以繼公之志，而成公之德於無窮也。南籠士民何能忘情於我公也！

銘曰：海水湯湯，衆水之王。南籠有水，勢若海洋。蜿蜒千尺，影吞混茫。滇喉粵吭，瀾屹金湯。佳氣藩萃，鬱而爲瑞。堤之成矣，唯水之聚。水之聚矣，唯民之庇。穀我南籠，訏謨培植。惟我招公，氣貫長虹。奔瀧怒濤，就束龍宮。砌之堰之，石輂土籠。駕言省試，日出於東。招堤名錫，衆曰我父。灑酒賦詩，鳧鷺在渚。景運光昌，今勝於古。食報萬年，受天之祜。

傳記

（咸豐）《興義府志》卷五八《名宦傳》　招國遴，字尋峰，番禺人，康熙二十七年官安籠游擊。安籠城北有渟池，綿亘數里，土人呼爲北海。有識者言，水之形勢如反弓，不利於安籠，安籠之屢被兵用武，不克敉安，職此故。築堤以易水形始利。國遴至，乃捐白金二千兩，伐石築長堤，經始于三十三年冬，至明年春而堤成，廣八尺，袤三十餘丈，人稱爲招公堤，安籠乃安。

雜録

（咸豐）《興義府志》卷一一《地理志》　環螺峰，在城北三里。按：螺峰在城北招公堤盡處，上有文昌閣。金鐘山，在城北八里。

又卷一四《河渠志》　招公堤，在府城北門外。按：康熙三十三年，游擊招國遴築，有記勒石。後圮，郡人修之。道光二十九年，知府張鍈又築高五尺。咸豐四年，又築屋三楹，顏曰『省耕亭』。郡人黃紹琦亦築亭一，顔曰『挹秀亭』。堤側多古柳，堤左近水遥山，皆有西湖風景，荷池廣數畝，花開十里荷香。堤右一片平波，遠見城郭，水淺處爲水田，稻花香時，堤上微行，不啻羲皇上人也。堤盡即金星山，半山亭在其上。省耕亭，鍈有聯云：『客亦知夫水月乎，即此悟天星人性；翁之樂者山林也，倩同參鳥語花香。』教授張元弼集句聯云：『且爲醉客兼吟客；四顧山光接水光。』華亭朱逢甲聯云：『水色涵山色；荷香雜稻香。』郡人張萬春聯云：『課士勸農，溯南岑敷教淵源，好從花柳池臺，悟時行物生之妙；耕雲釣月，想西湖暢游樂趣，還向桑麻場圃，安出作入息之常。』張國華聯云：『乾坤一草亭，日往月來，觀大化流行，釀成山水清音，風雲變態；天地皆逆旅，漁歌樵唱，覺生機勃發，領取鳶魚活相，花柳精神。』邢士蒸聯云：『前招公，後張公，乃武乃文，挽滄海狂瀾，并作中流砥柱；仿白堤，肖蘇堤，好山好水，緬遺風高咏，翛然上界神仙。』張有垣聯云：『何處新腔，聽來岐麥連聲頌；此間小憩，悟到甘棠勿拜時。』

又 卷三一《祠祀志》 文昌閣，在北門外。按：文昌閣在北門外，招公堤之盡處螺峰上。乾隆五十七年拔貢生邢元修等建，道光十三年謝坤、邢士蒸等修。

又 卷三五《營建志》 半山亭，在府城北門招公堤右。

趙段圩堤

明 歸有光《震川集》卷一六《常熟縣趙段圩堤記》 虞山之下有浸曰尚湖，水勢湍激，岸善崩，湖堧之人不能爲田，往往棄以走。有司歲責其賦於餘氓，而趙段圩當湖西北，尤窪下，被患最劇。宋元時故有堤，廢已久。前令蘭君嘗興築之，弘治間，復淪于大水。嘉靖丁酉，予宗人雷占爲己業，傾貲爲堤，堤成，填淤之土盡爲衍沃，而請記于予。

嗟夫！自井牧溝渠之制廢，生民衣食之地殘棄于蒿萊之間者，何可勝數！有司者格于因循積習之論，委天地之大利，斯民愁苦哀號，側足於尋常尺寸之中，率拱手熟視，不能出一議，而漫謂三代至于今其已廢者，皆不可復！

夫未嘗施晷刻之功，而徒諉曰不可復，予疑其説久矣！觀雷所爲，其力易辦，而功較然者然。更數十令，獨蘭侯能之。至蘭侯之業敗，已又四十餘年，爲沮洳之場，莫有問焉者，何也？天下之事，其在人爲之耶？事有小而不可不書者，此類是也。

遮浪堤

論説

（乾隆）《莆田縣志》卷二《輿地志》 按東角遮浪海堤正值海潮之衝，實係全莆之障，土石相依，庶抵風濤。石堤官砌，土堤民砌，衝激靡當，砌築孔艱。昔辦事官黄玭奏準堤户得復其身，有以也。舊制照埭緯甲，每甲官堤户各照見種田畝多寡，分定文尺，最爲適均。今只尾埭修砌，單力難支，且當秒濤翻江之時，鄉衆徑搬家私，抵塞巨浪，已爭掘其田泥砌補。夫此尾埭，乃極貧寠者，初鬻上埭，既鬻中埭，而尾埭僅存，非能留而不鬻，以堤役故，莫與鬻也。以莫鬻之田，獨當風濤勞苦，至於傴復，則以他田影射并罷，良兄悲矣。

综述

明 郭應聘《郭襄靖公遺集》卷二〇《重修遮浪海堤碑》 堤海而田利最鉅，然善崩害亦鉅。興廢在人，君子於是考政焉。遮浪海堤袤千有餘丈，始築於郡守黄公一道，再築於郡守易公道談暨泉郡貳守譚公維鼎，時夷難孔棘，費水衡錢三千緡，乃邑人侍御林君潤所請者，其詳載郡志中，乃今又就圮。

不佞某家距堤不數里，稔聞厥狀，亦嘗竊抱杞憂。會御史中丞龐公尚鵬自南海起撫吾閩，鋭志求瘼。而郡守陸公通霄，甫下車，即問民疾苦，不佞間以其事告于公。公惻然，亟欲爲民造命。既而耆民程愚美等控于撫臺臺下之郡，陸公遂偕節推馬公伯瞻躬往相度之，議所以治堤法甚備，命主簿韓槐核其數。堤之圮者，一百四十六丈有奇，費當以千計，而官藏堇羨鄲金四百，則議令堤田二萬畮各輸金有差，積微成鉅，可得命六百，以足前數。民無不踴躍，争先者乃削牘條上。麗公與按院侍御商公爲正大踕之，今撫臺中丞劉公思問繼至，復申飭有加，而大參王公元敬、李公臺憲副、喬公懋敬、姚公體信咸以職事報可。

乃檄别駕許公培之董其事，許公乃朝夕廬堤上，携糗糒自隨，不以供億煩民。布樁壘石縱横間竪修其圮者。如前數，又并葺其稍圮者，通爲丈四百二十有奇。堤之外故有磯四，今則起其者爲之增庳繕薄，而復創築其一堤之崇，故爲尺者六，今益其二而實土于内，上下加高，廣匠石徒庸，皆官給之直，踐更而作，無敢有墮孅者，費于昔而功則倍之，經始於仲夏，落成於孟秋。盖爲今皇帝戊寅之歲云。

是役也，兩臺主于上，而麗公寔肇其端，藩、臬諸大夫賛于中，而王、喬二公以分土，又屢省焉。乃若宣勞于下，則陸公總厥成，馬公經厥始，許公虔厥終，而郡丞朱公繼文、邑侯葉公承遇亦先後恊佐，與簿之胼胝，皆足多云。余嘗讀《河渠書》，每嘆以汲、鄭之才，不能終塞瓠子，而宣房之役，至今從官負薪。天子沉璧，何孔瘁哉，是無他，先事者易爲力，既廢者難爲功也。

夫防河與堤海一也，假令兹役，盈庭靡决，呰窳即安，俟大弊極壞而後圖焉，即無論所費鉅萬，其如閭殚爲河何？乃今崇堤砥平，沃壤鱗次，田畯喜，而婦子寧，諸大夫之功，且將垂之百禩矣。適縉紳士民麇來請記，不佞樂觀厥成，况首議嘗賛辭焉。藉有名碩，得不墜于空談，是宜登諸石，以詔來者。

傳記

（道光）《遵義府志》卷三四《列傳二》 王廷葵，字愛園，恆從子。嘉慶辛酉，拔貢朝考。【略】因修馮公堤。見蘭陂南北岸隳，東角遮浪海堤皆圮，慨然以興利除害爲己任。

紀事

（乾隆）《莆田縣志》卷二《輿地志》 十九年，知縣孫繼有申請支帑金一百六十餘兩，加築石堤。耆民因塑孫像，祀於東角崇勳祠中。

又 三十年，遮浪堤壞。知府李茂功申巡撫金學曾請給備賑銀四百八十兩重修，又添設石磯一所。

中洲堤

綜述

清 程元瑞《中洲堤記》（同治）《新喻縣志》卷二 江南以水爲盛衰。水聚則興，水散則敗。即一邑一鄉，何莫不然。而水道之流行，或衝决，或淤塞，則又資乎人事之補救。有以防其勢，而導其趨也。

丙午秋，予奉檄調署新喻，旱甚。次年春末夏初，又遭山冰漲溢，沿河倒塌，田廬多壞，一時訟案遞出。渝水素稱人文名邑。由宋初以至國朝，科第蟬聯，代多英杰，廿餘年來風稍遜矣。予到任後，懲刁惡，扶善類，思欲漸移其風俗。而不能每延接端正紳士，時加勸導，僉謂喻邑民情，本屬淳樸，文風素著。自道光初年，南門中洲河道大水衝激水道，改南而北，水勢沖至城垣脚下，返逆而出南岸一帶，淤成沙洲。洲日高，水勢日就，北岸沖刷，形家謂文風不振，轄境多事，實由於此。能使水復故道，則地運自有轉機。予素不信風水之説，姑漫應之。

丁未夏五月，山水大漲，中洲田廬，多被沖塌。親加履勘，南邊沙洲，高出水面丈餘，水勢直沖北岸，每一發水，北岸田廬日潚崩卸，水利所關，宜爲防護。詢諸野老，北岸本有田廬，以遏水勢，大水沖塌，未加修復，致堤根盡去，是以水由南沖北，南岸淤洲，北岸田廬日蹙。近年更甚，邇來城脚均虞沖激，北岸之受害非淺鮮也。

是時羅坊紳士請捐修浮橋，一月間勸捐已有成數。擇日起工，來縣稟覆。於是各鄉紳士求見，請將中洲北岸築堤遏水，南岸淤洲挖浚，使水復故道，則北岸田廬可固。予以籌經費難之，紳士請以勸捐督工爲任。不數旬，已捐錢七千餘貫。九月，會同諸紳士酌於北岸，中洲之中段建一堤防。即於是月興工，下布密樁，築以礅石，堤身廣袤高厚，勢如邱嶼。下游加一護堤，使水勢紆緩，功半之。上游加一子堤，分其水力，功亦半於正堤。閱戊申三月，正護兩堤工竣，惟子堤工未完。予因移調南屏，臨行告經理者務以終事爲兢兢。茲首事耑差具稟前來，中洲堤壋均已工竣，已蒙請敘，今年大水，水勢對激。南岸淤洲，已刷去十餘丈，自舊歲九月興工以來，已逾一載，地方恬静，歲稔民熙。噫實效之，收其捷如是。風水之説，或亦有之。夫古之君子，利在一身者，勿爲也。利在天下者，爲之。利在一日者，勿爲也。利在百世者，爲之。所謂務其大者、遠者是也。

今日者，中洲堤成，即有益於原田，又有益於城郭。至文風之丕振蒸蒸日上，可預卜矣。是眞能以人事之補救濟地脈之偶虧，而足以興一邑之大利也，豈非務其大者遠者哉！首事越數百里而求作中洲堤記，予別渝水，雖逾半載而事之緣起，猶歷歷在目中，因述其巔末，以見斯邑之人士，能勇於從義并幸。是役之成效已見於當前，繼此而垂諸永久，則後起者任也。是爲記。

清 黄之晋《中洲堤記》（同治）《新喻縣志》卷二　古渝治，以水得名。渝水發源袁之瀘溪，盤迴曲折，以達渝境，合遠近諸支流，由城西南轉而東南，勢湍激不能以已。有洲數里横亘其間，曰東瀛洲。與東瀛洲相連，方廣百畝者，曰中洲，爲河流渟洑之所。明施大理所記，背百丈而面玉鼎，右仰岡而左狷峰，山川拱秀，地脈鍾靈者也。

顧其地既環城濱學，每當春夏水漲，衝岸決堤，輒有侵城垣妨學宫之患，而居民之田宅，亦無以自存。邑人士謀所以捍禦者，請於前令程君。程君躍然曰：固吾志也。乃榜於衆曰：有能捐若干緡者，當白大府以議叙例，請於是邑之好善，而樂輸者十十五五，如響斯應，乃度地，乃鳩工，乃伐木運石，乃庀諸待用物，籌費而出之，擇賢而任之。

經始於丁未孟冬，四越朔而三堤告成，皆易土而石，釘以樁木，膠以油灰。曰正堤者，出水高丈有八尺五寸，入水丈有四尺，堤身長三十有一丈五尺，面寬三丈一尺，脚寬十有一丈四尺。曰護堤者，出水高八尺五寸，入水九尺五寸，堤身長二十有三丈六尺，面寬二丈六尺，脚寬七丈三尺。曰子堤者，出水高丈有一尺，入水丈有三尺五寸，堤身長二十有七丈六尺，面寬二丈一尺，脚寬七丈五尺，計費七千二百緡有奇。

是役也，一舉而三善，備衛城垣也，護學宫也，保居民田宅也。抑更有説焉。渝邑自宋迄明，仕宦科名之盛，道學、儒林、文苑之産之多，幾甲於袁臨諸屬。入國朝來，漸寥落不古，若求其故，而不可得。則以爲學前水道，舊從仙馭觀逶迤入江，今則轉趨南灘。形家目爲反弓水，又謂之過身反跳，是爲膠庠不利之徵，蒙獨謂不然。從來人事之興衰往復，不繫於地，而繫於天。盡人以待天，天理可憑，則地理無可惑。人心可恃，則天心有可回。今邑人士之好善而樂輸者，比比若是。吾知堤水者，有形之堤，堤身者，無形之堤。禮以爲基，義以爲植，廉恥以爲大防，如斯堤之鞏固，而可久也。往而復焉，衰而興焉，仕宦、科名與道學、儒林、文苑之接踵比肩，將有如宋、元、明當日者，區區風水之談何與焉。即以風水論，或謂洲前石塔主文風，或謂學側浮橋關水脉，顧塔已重建有年，浮橋則不佞於今秋。實興斯役，而程君固素嫻堪輿者，斯堤之築，所以利民而蔭及學校者，諒有説以處，此何待予言，而予之泚筆而言也，則一以重程君之惠，一以嘉邑人士之賢臣，以志聖朝奬叙之典，微勞不沒，而遭際者之忭慶爲無窮也。

程君，名元瑞，婺源人。襄程君事者，教諭李君守誠，訓導羅君允昇。勸捐董役者，邑紳耆胡濼、簡大受、蔣崐、姚瑞蕃、鄧嘉謨、胡觀瀾、萬世禄，捐貲奉部議叙者劉咏苹、劉惟壽、胡思學、傅如理、傅立誴、張文璧、文奎、敖錫楫、敖步瀛、簡崇憲、簡大德、大桃、袁鳳詔，周鴻錫、方學光、彭立華、姚殿桂、張逢源、敖夢、蔣兆椿。議奬者陳秉榮、張賢遠、鄒如霖，例得并書。

傳記

（同治）《新喻縣志》卷八《選舉》　胡觀瀾字洪波，號海臣，邑增貢，以倡修中洲堤工，議叙九品，加捐州同銜。後以子發禹貴貤贈修職佐郎義寧州訓導。

察司經歷銜，敕贈文林郎。

又　周爲檥字茂芝，號軒亭，國學生，以孫鴻錫由捐修中洲堤工，議叙八品，加捐按察司經歷銜，敕贈文林郎。

又　周翼進字德來，號修齋，邑附生，以孫鴻錫由捐修中洲堤工，議叙八品，加捐按察司經歷銜，敕贈文林郎。

又　劉咏芊字鹿鳴，號雅三，必選子，邑增生，以捐修中洲堤工，議叙八品銜。

又　劉惟壽字仁來，號静山，阬上人，國學生，以捐修中洲堤工，議叙八品銜，傳見善士。

又　胡思學字　號　寨里人，以捐修中洲堤工，議叙八品銜。

又　袁鳳詔字春暉，號丹書，城東人，居渥塘，以捐修中洲堤工，議叙八品銜。

又　周鴻錫字經邦，號麟閣，城西人，以捐修中洲堤工，議叙八品銜。

又　傅如理字　號　黄阬人，以捐修中洲堤工，議叙八品銜。

又　傅立誴字　號　黄阬人，以捐修中洲堤工，議叙八品銜。

又　敖步瀛字　號　水北人，以捐修中洲堤工，議叙八品銜。

又　敖夢涵字　號　水北人，以捐修中洲堤工，議叙九品銜。

又　簡大德字秉材，號子性，樓山人，以捐修中洲陽工，議叙八品銜。

又　簡大桃字仙材，號綏山，樓山人，以捐修中洲堤工，議叙八品銜。

又　簡崇憲字祺廷，號樓山人，以捐修中洲堤工，議叙八品銜。

又　敖錫楫字　號　珠阬人，以捐修中洲堤工議叙八品銜。

又　張文奎字　號　土陂人，以捐修中洲堤工，議叙八品銜。

又　張文璧字　號　土陂人，以捐修中洲堤工，議叙八品銜。

又　張逢源字　號　櫪陽人，以捐修中洲堤工，議叙八品銜。

又　彭立華字美英，號辭臣，大橋人，以捐修中洲堤工，議叙八品銜。

又　方學光字　號　太平人，以捐修中洲堤工，議叙八品銜。

又　姚殿桂字　號　姚墟人，以捐修中洲堤工，議叙八品銜。

又　蔣兆椿字　號　圳南人，以捐修中洲堤工，議叙八品銜。

又　萬世禄字百福，號介亭，城北人，國學生，以倡修中洲堤工，議叙九品銜。

又　胡觀瀾字洪波，號海城，水北人，邑增生，以倡修中洲堤工，議叙九品銜。

又　劉職章字方華，號香谷，阬上人，以捐修中洲堤工，議叙九品銜。

又　簡槐廷字覲光，號植堂。下坊人，以捐修中洲堤工，議叙八品銜。

藝文

清　祥安《過中洲堤即事七律二首》（同治）《新喻縣志》卷二

袁江屈曲向西流，沙望渝川漲一洲。春雨曉開吴客舫，秋風晚泊楚人舟。南灘砂礫隨波積，北岸田廬卫浪投。司牧恫瘝常在抱，築堤當止爲民謀。

喻邑城南浪激湍，江中繇亘有沙灘。崔巍一岫虎常瞰，迤邐三堤龍若蟠。雖爲原田防水患，更從學海助文瀾。人功地脈相培植，轉盼賢才步玉鑾。

雜録

（同治）《新喻縣志》卷二《水利》　中洲堤，在鳳凰門外半里許，道光二十七年丁未九月，合邑紳耆倡修上、中、下三堤，知縣程元瑞申文詳請議叙。

鍾公堤

綜述

清　吴正治《重修鍾公堤記》（乾隆）《黄梅縣志》卷五《水利志》

道京師而南三十里，放乎楚之最東嵩邑曰梅，二十里離邑治而下，爲濯港，歷太白重津之滦，由洋子過九江，適三吴，八閩百粤諸奥衍，區中有路懸焉，爲里者七十，旁皆滄漭陂田，淤濕不堪行，夙有鍾侯堤，迹如一線，穿度冠蓋車馬，游人士女，農夫販夫，商賈奇貨，以逮山陬海徼，雕題刻趾之人，靡不由斯以互達。無何，西南之警，王師頻歲經歷，兼值江濤浩渺，連年波漲，馬蹂其春，水齧其根，路往往而脱齒裂膚。高岸爲谷，僵馬斃路，相藉於道，而行者苦傾陷，敝屋飄蓬，莫知所往，而居者苦盤踞列屬之敝，莫極於斯也。

邑侯李公甲寅六月甫停車，慨然攬轡，有振興一切志。時梅所尤急者，若招遺集通拯窮興文宅田田數大事，侯皆殫力撫恤，勞來多方。不二載，而漸次就理，非復從前城野奔突匍伏，人民如晨星散落逸失無紀者矣。丙辰洚水，由夏徂冬，七閱月不入地，狂風數作，助水爲暴，人集斷坡，如蟻附蘆，兵行斷壖，如塘趨葉。侯出粟以賑民困，采舟以通師徵，亦既胼胝維瘁，而侯曰：否否，此救時策，非持久策也。會郡太守于公聞梅情勢，憮然曰：梅民饑且死，溺且斃，不可不一救，請命於撫憲張公。急操舟而下，載粟隨其後，見梅地野無青草，室如懸磬，路鮮坦道，人多菜色，怒謂侯曰：汝撫此民，汝尹此地，其何以濟予紓民憂暫耳？汝惠民生永也，汝往哉，梅事惟汝諧。侯慨然曰：唯唯，職不敢辭，□□以遺大人慮，因計梅所亟無若堤始，遂□夜□□冒雨巡行，偕梅民同瘁，捐俸勸諭，及副佐樓廸功步履□次，拊循慰諭，而人心競勸，庶民子來，畚挿具舉，杵擔交作，士勵其屬，農率其徒。不彌月，而數十里坎坷遂成康莊履道。侯募民挐般，載沙鋪途，植樹夾道，不爲一日計安全，而爲百年樹喬木，意何深遠耶。

葢斯堤一成，而王師利往，侯之謀國周也。人居安堵，侯之鳩民悉也。平田用障，而狂波獲屏，侯之除害，固而興利溥也。雖然侯之德，日以彰才，日以練梅之劇，其不足久羈侯駕也。倘不志之，以永不諼，則後之沐其休者安知？侯之在當日，德足以動民，才足以幹功，敏足以集事，其有裨於一時，奕世如茲，其甚盛也。

侯又以太白水滸由港達江者，其津闊可四十丈許，常隨汪流爲漲瀑，夏秋水盈，猝莫能渡師行，大爲民虞。暨丞佐樓謀作輿梁，以通道於堤之北，而樓亦慨焉以弼。公襄績爲己任，梁成，而于堤益爲有功。在昔蘇公建堤於浙，植芙蓉其上，望之如雲錦，康公建堤蘄黃之交，而桑麻蔚然，非復汀浦萑渚。滕公建堤於岳當洞庭涯而舟行，有依夫三公之行世名後不關堤，而堤亦行世名後之一端。侯之先公，由楚方伯尋總兩粵，歷佐三君，德在南功，在北斯邑斯道，皆其足澤存焉者。侯之率祖攸行此，亦其一斑也。可藉手以報于公，亦可籍手以報朝廷矣。故亭名夜告，而堂清如水。侯之建立挺拔，將未可以更僕數也。

予忝在公卿，不獲却梅士之請，亦以感侯之大有造於梅也。顧予之所及言者，圖之所載，而士之所述也。若夫侯之德在心，侯之才在事，侯之敏在時，心日以廣，事日以立，而時日以濟，又何獨一堤之足名耶？異日者歸老，故圖景侯之勳伐有聲，與梅之士大夫坐侯之亭，賦美人之詩，飲獻酧之酒，徘徊於烟雲飄渺之間，宛然見侯之載笑載色，拊恤慰勞之深衷焉，不猶標指見月之餘思乎。

紀事

（乾隆）《黄梅縣志》卷五《水利志》　萬歷四十八年，邑令鍾巃俊亦捐俸重修，勸有財者解囊，或罰有罪以贖鍰。於是廣爲增益，裝沙覆其上，沿途樹柳，行人暑不張蓋，并孔壠至馬路口内堤數十里皆填補修築，高廣蕩平，時人又名曰鍾公堤。

朱公堤（貴州天柱縣）

明　陳九韶《朱公堤記》（光緒）《續修天柱縣志》卷八　嘗謂水秀山明，地靈人傑，崇風水者，在在云然。地宇内有天造地設者，乃以人爲戕之，則培補地脉以全風水，正民牧之亟亟焉。厚爲根本慮也。何也？天柱之脉，自天堂山行至南坡册之麓，澗水流乎其右，民利其水，因以鑿之，元氣剥削，嚴之斷而弗續也，所從來遠矣。

侯幕天柱之二十有一年，周覽山川之形，目擊其故，乃屬父老而告之曰：削哉一至是乎。夫南坡源自巽龍發脉入午龍，勢若萬馬自天而下，穿田過峽，起伏相旋，轉炁入城，有迴龍顧祖之義，此誠地脉所聚也。此脉一鑿，則風氣涣散，何以孕精毓秀，效美呈驛。即今民鮮蓋藏，人多木魯，苗恣劫掠，正阻于山川之氣涣，焉可知已。弗培曷聚？弗聚曷昌？是堤也無何，横目者謂其不便己私從而倡阻之，其事遂寢。比侯静而思之，氣脉關天柱之重，一不培而地削人澆，則殺害之患，世難免矣。是堤之培，氣聚地靈，人和化洽，屠掠可永除矣。寧謂一水之不利，而忍傷天柱之地脉耶。矧水自高而下，倘水可分，事當爲之，然後復跳高熟視，久而喜曰：水可藉矣。水既可藉，堤顧不可不培乎？惟是，乃不避怨不恤勞，伐石于山，藉力於民，增而高者百丈，并水之源，分界左右而灌焉。有是哉，一舉而兩得也者。地脉培，則風氣聚，固本基寧，閭閻日阜，不逾朞，而人和政通，薰爲至和。即悍卒鷙苗，願請建縣治，梭心向撫。則此堤也，誠建縣之大端大本者歟。

自是而設學展城，自是而釐田定賦，百廢漸興，而有此今日，豈偶然致者，時衆樂侯之築，願名其堤曰『朱公堤』。蓋德侯而勒之石也。噫！一堤之築幾何，而上裨邑治，下裨軍民；近以利今，遠以利後。新邑久大之業，寔昉乎此，厥益非尠少也。昔眉山蘇公築堤，錢塘仕民享其游翫而至今德之，侯其蘇公之遺意歟。是宜礱石鐫其歲月，俾軍若民，覩石與思，共享兹堤之利，以識不忘。時萬曆壬寅歲孟春之吉，本縣儒學教諭陳九韶譔。

（光緒）《續修天柱縣志》卷二《地理志》　青龍澗在城東南，又名白水冲。發源於南坡，郭外之田皆資灌溉。明知縣朱梓築堤而分水焉，所謂朱公堤是也。

又　南坡之麓，澗水出焉。居民争水利以灌田，往往鑿之。公以此爲邑脉過峽之處，因築堤數丈，通地脉，固水基，均水利，蓋一舉而三善備焉。

朱公堤（湖南武岡州）

綜述

明　曹一夔《朱公堤記》（嘉慶）《武岡州志》卷二八　余武僻在楚徼，山巘崪四塞，隆隆起若城墉，稱麗鄉矣。宗藩、廛市奠其中而城。則濱江帶水迤邐東下，每大水則涯浸雉堞，民罹漂溺之災。甲戌春，大中丞趙公以巡歷按武，詢疆埸險要最急。里中父老胥以水逼城患爲請。公曰：『城以水患，而水以堤防。盍沿涯而堤之，則水與城遠，城益固也。』無何，公内遷。州大夫宋君乃以築堤故關白諸當路，可之。工未舉，而宋大夫又遷去。郡丞鄭君來攝事，方鳩僝工，岌岌未幾，則郡守朱侯受代矣。

侯沉毅而幹勞，先民瘼，登城四眺，嚄唶不止，謂：『無堤無城，無城無藩裔井廬，無政事，其何以官也？』乃渡河曲視地形，揣高下，用牲告河，雨暘以時，潦水受澤，即勾芒、馮彝，若受職而效順焉。爰是授役量功，徒衆雲擁，餱糧財用，區畫井條。布令程日，先而鞏者慶，後而窳者罰。鍤夫受命，一日千指；舳艫接波，肩臂衝陸。日簣石塿土，屹然若陵立早起，驚目僂心。不三月而工集。其安磐石，其跨長虹，其委蛇龍驤鯨泝，稱奇創哉！郡士大夫霍君文玉、劉君文箕率諸父老命一夔記之。

一夔曰：州而城，衛民也；水而堤，衛城也；城固則宗藩民社衽席無虞。有土者率以保障元元爲至計，使里中水患弗堤，則堤墉必圮，魚鱉其民，爲肘腋之痾。是堤之所關于州大也。侯而堤之，蹲踞滸涯，綿妥金貼，即大水湯渺，自是悉由地中，膨者以息，洶者安流，亡嚙決横溢之害，金城鐵甕，賴以不沼，民藉帡幪，懽頌稱治郡樂土矣。視恒俗吏恤私自樹，朝暮苟營，置民間休戚不問，不媿侯萬里哉！

堤跨江南北，計四百五十六丈有奇。工費取諸税餘，而鎭堤有閣，則侯捐俸暨募諸義黨助成之。侯名諭，涇縣人。以巍科倅荆州，來守武岡。剗蠹興利，百廢犁舉。政三月，頌聲四響。會覲課，耆稚擁道攀留，推循良第一。贊猷董役，則州同朱君世熙，州判後君鎧，學博易君時、高君拱、王君子雲，吏目江君巖祥也，法得備書。

傳記

（嘉慶）《武岡州志》卷一九《政績略》　趙賢，汝寧人。巡撫湖廣，以按部至武岡。詢疆埸利害，民間疾苦。州人以城垣濱資水患爲請，賢命知州宋純仁沿岸築堤，以捍水勢。議甫定，而宋遷去。涇縣朱諭鳩其成，後名朱公堤。實自賢發之也。

雜録

（嘉慶）《武岡州志》卷一六《工書》 朱公堤，城西南半里。滇黔孔道旁近負郭田數十頃，爲濟川上游，舊依塍作防，以捍水勢。明嘉靖己亥大水，城垣、官署、民居、橋梁俱毁，州人請於巡撫吴縣顧璘修築，後屢衝决。萬歷乙亥，巡撫汝陽趙賢來巡省議，委知州長洲宋純仁修築，純仁搜漏税二千餘兩，詳請爲費。未幾，純仁遷去。丙子，知州涇縣朱諭抵任，詣堤所審視險要，毅然興工，布置詳密，亘岸數里。從架筧頭，經薰和門，達城東渠、濟合滙處，袤延屹如，崇墉跨江南北。計四百五十六丈有奇，更於堤起處，建閣鎮之。州人御史曹一夔爲之記，見文徵。

滋河堤

綜述

清 梁清選《邑侯周公修滋河堤碑》（光緒）《新樂縣志》卷五 予假二疏乞歸，奉旨俞允静坐三刎堂，觀史娱目。見古循良孔、嶺南富、青州祝、洛陽李神君、楊震、李繁、王荆公、燕肅肅結諸人，輒掩卷褒嘉者。久之又見古迹浴兒池、八卦亭、落筆鄉皆吾郡奇觀，嘗廢書而嘆曰：『相距咫尺，吾獨靳一游覽耶！』於是驅車之新市，過滋河，由閔泉鎮而東，頻見野堆沙礫，渠積沙邱。招鄉中父老詢之曰：『爾桑田變爲滄海，膏壤易爲沙磧，而且室如懸磬，面有菜色，奚爲而不去也？』彼應之曰：『邑侯三韓、周公多惠政，及我良深，奚爲而去？』予復詢之曰：『惠政去何？』對曰：『遇水灾則稟請捐糧；遭雹傷則設法賑饑；憂旱則虔誠禱雨而甘霖普降，防盗則夜設游巡而衽席安枕；火耗革矣，易銀而收錢；贖鍰免矣，泣罪而原情。至於隆禮學校、課讀，而月給館穀；撫字編氓，勸耕而春貸籽種；吏不下鄉，雞犬無驚；兵不擾民，糧食充足，種種善政，難以悉舉。吾儕小人是以甘受飢寒而不去也。』據斯言也誠哉！

其爲賢令也，蓋稟請捐糧設法賑飢，非孔戣奏免歲賦、富弼發粟活衆之遺意乎。虔誠祈禱，夜設游巡，則祝之引咎、李肅之之置鼓往迹也。革火耗免贖鍰，又與伯起却金，劉寬蒲鞭相似也。隆禮學校，則李繁之捐奉供給，撫字編氓，則荆公之貸穀易陳。吏不下鄉，兵不擾民，又與燕臨邛蕭祈陽之心若合符節也。曆代諸君子有一節稱美於前，豈公兼衆長而不流芳於後？誰謂古今人不相及哉？公尤以愛民爲心，有利必興，有害必除。

一日秋，滋河堤決，公曰：『新市苦水患久矣！』爰召諸生王暘、陳俊儒及耆老等百數十人，博訪周咨，以爲欲除水患先修堤工，詢謀僉同，諏吉興役，而令贊政，金陵徐公董其事，晝則坐於岸，夜則宿於鄉，陾陾登登，有鼛鼓弗勝之勢。佐政三韓武公亦相與，共成茲舉，不市月而告成焉。堤寬三丈，高五丈，樹柳如堵，南連正定，北接行唐，又與范仲淹築堤於通、泰、海三州界，長數百里以衛民田後先相映也。噫！公之功偉矣！非以愛民爲心誰能如是也？

異日，公以奏績知名，聖天子遺大投艱，重加委任，其經濟之猷足以捍天下之大患，禦天下之大灾，不於今日治水修堤之一事可預卜耶。邑人被恩勒石，後必同羲皇，孔聖古迹并載縣志。子因樂爲揄揚云。而爲之祝曰：『中流砥柱，磐石鞏固，今此下民，被恩無度，灑沈澹灾，杜母召父，於萬斯年，遐不永祚。』

清 崔趙潛《右堂來公修滋河堤碑》（光緒）《新樂縣志》卷五 壬午暮春中旬，余有事行唐北窪村，回過化壁村，見有人紛紛修蓋神廟。中有熟識數人，趨迎揖余，曰：『此建河神廟也。因村西有滋河一道而無堤埝，自乾隆十五、十八兩年河水漲發，由此分漫東流，被灾者四十餘村。吾縣右堂來公，名席珍字斯聘者，查灾至此，修埝一道，於每年二月内加高增厚，數年安堵無患，皆公勤敏之賜。去歲春日，政太煩劇，民困征徭。公知民苦，不忍照前督修，孰知秋雨過多，決開大口直奔我村，較前更甚。公聞報急查，目睹情狀，深爲憫惻，向吾鄉人言曰：「今春堤埝未修，因而决此大口。雖天灾，實吾罪也。若弗竭力修築，必將益沖益潤，分河勢爲支流，自此以東一片汪洋。所患者豈僅四十餘村之禾稼廬舍哉？」於是詳度地勢，籌計工程，而禀邑侯葉大令，仝報郡伯鄭太尊，太尊嘉之。公即爲曉諭，日夜在工，飲食自備。分派被災之村，一一指示，自趙門至良下堤高一丈，厚一丈，長六里，每堤三尺樹柳一株，分段修築，群皆歡呼踴躍，不數日而功成焉。公浙右名士，改捐是職。自任新樂以來，不受餽遺，不狥情面，有争執力爲剖斷，乘間教民孝悌，接文士即爲講學課藝，娓娓不倦，絶無風塵俗吏習氣。今修此堤復爲吾輩圖久遠，除大患，復捐俸建河神廟以永庇佑，立室僱人令其看守，每年領工食四千，公親自賞給，不須村中科派。夫如此一仁明廉潔赤心愛民之賢有司，眞令人感戴不忘也。欲爲村中立石頌德，祈長者爲文，以垂永久，未知可否？」

余聞之，不禁躍然喜曰：學古入官，能以道得斯民者，始爲不負所學。任捕廳之職乃能如此賢矣哉！可謂隨分竭忠，不問崇卑，惟篤匪躬之節者矣。斯一堤也，永免數十村之災，尤爲無量功德。鄉人感戴，孔邇興歌，比之良吏賢宰何多讓焉！余武人不能文，然聞此而歡欣樂道，且冀公擢高位，益布化宣猷而廣其德施，以昌後世云，是爲記。

紀事

（光緒）《新樂縣志》卷五《藝文上》 癸巳夏陽侯爲祟，滋河堤決，邑之化壁、趙門等村，桑田幾爲滄海，民居廬舍盡逐波流。

雜録

（嘉慶）《清一統志》卷一五《保定府》 滋河堤在博野縣南，又南有沙河堤，宋時築。

又卷五三《深州直隸州》 滋河堤在饒陽縣北滋河兩岸。

又卷五六《定州直隸州二》 滋河堤在深澤縣西，北起自縣西二十里與無極接界，至縣北二十里與祁州接界，長五十餘里。

子嬰堤

綜述

清 方苞《望溪集·文集》卷一四《築子嬰堤記》 自三楚、吴、越之漕，皆由江湖淮以入於河，而兖、豫諸水之下流復會於河、淮，淮南諸州數困於水，而秦郵與寶應最劇。寶應之田汙下近湖者，爲積水所陷十有六七，惟漕河之東附堤地稍高，邑仰食焉。而緣堤故有含洞，時蓄洩以便漕河，水暴上則堤下之民被災尤劇，有將穫刈而沉沒無遺者焉。於是邑民於堤外更築堤，束内堤洩流以歸湖，而界首之東，有堤曰子嬰爲大。

歲丙子，淮南諸州大水，邑人已重困。其明年七月，禾將登而甚雨驟至，子嬰堤潰。潰之夕，邑士大夫之醮者罷，商旅之行者止，鄉邑之民往來號呼者，聲填於道也。於時張侯以夜半冒風雨至堤上，相度形勢，爲書告治河長官，請閉含洞數日，使民得修堤，而淫雨連月不止，堤數築數潰，而堤下之禾盡沒。其冬，邑大饑，下郡粟猶不足以振焉。又明年爲今戊寅，堤下之民以禾沒，築費無所更，不敢復言修堤事。張侯召之曰：『方秋時水潦降，含洞開，工費而築不堅。今築以春，勞費不及半，而計其功當倍蓰。』乃官市堤下田數頃，益拓其故址。爲籍屬堤下占田者，徵役千二百，身行築者，經始於二月朔後六日，歷三旬堤成，邑人熹如既有年。

余聞鄭、宋之間連數百里，往往爲廢墟。古者用彈丸之地，兵車玉帛四出而不匱，蓋人私其土而無遺利也。自郡縣法行，吏視其官如傳舍，川澮田疇不治，灾患不謀，則士利多廢而民生蹙。有治民事甚於民之急其私如張侯者，不可沒也已！時余客淮南，邑人請書其事，遂記之。

（道光）《重修寶應縣志》卷一五《名宦》 張增，字子晉，順天宛平人，以舉人任寶應縣。歲丙子、丁丑，淮南大水，界首子嬰堤潰，增冒風雨，夜爲書告長吏，請閉涵洞，使民得修堤。雨連月不止，堤數築數決。明年春，增召邑人告之曰：『秋時水潦降，洞開而築不堅，及春爲之，費半功倍。』乃官市堤下田畝，拓其故址，三旬而成。時有修河補官之令，皆怙勢掘民田不給價，增請於上飭禁之。不聽者，一繩以法。居官七載，吏民謳思之。

又卷一七《列傳下》 喬萊，字子静，號石林。可聘子。幼穎悟，未成童，應邑試邑，令疑其幼，立試七題，始令之入。嘆曰：『喬公有後矣。』登康熙丁未進士。【略】尤喜汲引才士。至桑梓利病，如築子嬰堤，啓閉涵洞，募派夫役等事，尤侃侃言之，鄉里多蒙其利。卒之日，朝野莫不悲之。

又卷一八《循良》 鄭璉，字連玉。【略】又有請比高興，求協濟河夫、縴夫以及論建子嬰堤等書，蕙一一申請施行。

雜録

清 潘耒《遂初堂集·文集》卷一九《翰林侍讀喬君墓志銘》 喜汲引才士，士多倚以成名。有司甚敬君，君絶不干以私。惟桑梓利病，如築子嬰堤，啓閉涵洞，募派夫役等事，侃侃爲當事言之，常得所請，鄉里多蒙其利。

紫陽堤

綜述

明 陳敏政《紫陽堤記》（康熙）《江西通志》卷一二九 彭蠡湖滙江西十三郡六十餘縣之水，由湖口以出於江。每春夏雨集，峽水盛長，江流湍急，而湖水勢緩，爲江流所遏，弗得出，則水益漲而益濶，瀰漫數百里。長洲巨灘，不得踪迹。與洞庭、震澤俱爲天下之巨浸焉。凡舟楫之經於是者，幸天晴風便波浪不興，則揚帆徑渡，亦易易爾。不幸半濟之頃，值風雨驟作，巨浪如山，前奔後擁，潛蛟怒鯨，從而出没，以作其勢。舟行少失便利，輒蕩覆破碎，雖有仁人義士，望而憐之，莫克救援也。南康當揚瀾、左蠡之衝，波浪之險尤甚。故凡舟之至是者，必擇深灣曲港泊之，以風平浪静而後行。其近地可以泊舟渚者，上三十里曰渚溪，下五里許曰神林浦，客舟往往集焉。惟郡傍皆高崖峻岸，洪濤巨浪，日夕衝撞其間。非特往來者無所于休，而居民之舫，驛遞之舟，亦無所于藏。由是商旅不停，貿易靡獲，而居民益貧。惟所謂西灣者，水漲可容數百舟。而其灣淺狹，内無委曲之港，外無捍浪之堤，南風捲浪，往往毁民垣壁。

宋元祐間，郡守吴審理，始於灣口搆木爲障。崇慶四年，郡守孫喬年請於朝，以石爲堤，延袤千有百尺，廣二十尺，横截洪流之衝，中闢爲門，以通舟出入。内浚二澳，可容千艘，人以爲便，歲久漸圮。淳熙間，朱夫子來爲守。申准監司，撥官錢一千貫，米五百石，募民修築。迨今三百年，日漸頽圮。豈無一二賢守令嘗加修葺，而遷代不常，工費不足，卒無成功。堤石爲水洗去者十二三，二澳亦壅塞乾淺，弗足禦浪而庇舟。景泰甲戌夏，敏政以太平郡判遷守南康，詢興敝舉廢事於父老。咸曰：是堤爲官民商旅之利也。若及今不修，隳前功而貽後患。興廢舉墜，莫有急於此者。余聞之惻然。暇日，率僚屬父老，詣舊址而周視之，則爲功甚大，所費亦廣，郡邑之儲，枵然莫措也。

既踰年，政行民便，郡頗無事，集僚佐以議之。時同知潮陽蔡君用生、通判濟南孫君智節、推西蜀張君應選僉曰：南郡雖陋，而三邑鉅室之好義士亦多，公果能斷然以興廢爲己任，吾輩以公意遍諭之，必有傾囊捐稟以助者，爲之殆不難也。郡司獄桂林盧思聰，勇敢士也。毅然請以身任督役之勞，選能敏耆老二人曰官琇、梁沖協力謀之。於是建昌縣鉅室楊素觀以舟載石工，詣府廷謁畢，即與思聰等沿江上下視劖石之所而用工焉，且獻穀百石爲廩工費。其他鉅室相繼而至，或助之穀，或濟之財。

踰年，石工來告：得石凋二尺厚三寸者七千八十尺有奇。農工既畢，湖水亦涸。邑人咸曰：可以即事矣。遠近聞之，父戒其子，兄諭其弟，荷蕢携鍤，雲集堤下，情願効力。因命琇沖籍其少壯，什五之而分二番。用旬有五日則一更之，以息其力，由是人心益喜，乃悉取舊石之傾圮者而重甃之，煉石爲灰，煮糯爲粥，兩石之罅以粥和灰而膠之，俾堅若一。且浚澳之壅，以益堤之高。計用穀七百石，銀二百兩有奇。

經始於乙亥之十月，畢工於丙子之九月。長廣如舊，加高三尺。遠而望之，宛若一城屹立於巨湖之濱，以扼洪濤而障巨浪。居舟行楫，咸得棲泊，而無風濤之險。初工人發土，得古碑於堤側，乃咸平二年鄉貢進士張某所作德星亭記。亭則知軍林揆刱爲館賓之所者也。而郡志失之，人莫知有是亭也。越數百年而是碑復顯於今。星子義士左璇，請以私財搆亭於堤東，而扁以舊名。南瞰湖水，北面通衢，往來之士至是者，每舉手加額曰：朱文公百載將廢之功，不意復覩其成於今日也。豈徒一郡一邑之民所賴，東西南北之士，罔不皆賴焉。博哉，是堤之爲利也！仁哉，太守之爲心也！工既畢，思聰礱石請記。余以郡事旁午，弗遑措筆，今年幾七十，獲請於朝而致其仕。代者既至，心慮稍清，乃書記鐫諸石，以紀用功之次第，其助財穀之士，則書之碑陰云。

傳記

（乾隆）《樂至縣志》卷五《人民部》　鄒元漢，字子蘭，邑人，年七十四歲。少習詩書，及壯不第，遂經營耕種，秉性有豪俠之概。生子八人，皆延師訓讀，欲以成己未遂之志。卒之，大孝、大魁等游黌宮者四，大英得南宮，出任江西星子縣。體父之訓，修紫陽堤、白鹿洞，卓有政聲。漢恭逢萬壽覃恩，敕封文林郎。

（同治）《安義縣志》卷一〇《善士》　楊素觀，安義里人。邑之鉅室，與其父振德以信義聞於鄉。景泰壬申，修預備倉，首出穀一千六百石以助賑給，例授冠帶。甲戌，郡城修築紫陽堤，素觀倡義捐輸，以舟載石工，詣府與郡司獄盧思聰等沿江上下視劖石之所，而用工焉。且獻穀百石爲廩工費。天順庚辰，復出金帛，助修府城隍廟。

（同治）《星子縣志》卷八　翟溥福，東莞人。登進士，任員外郎。正統間，守南康。政尚大體，崇儒學，教稼穡。時白鹿書院久廢，溥福捐俸興復，諭士民尚義者佐之，重建六老堂。修築紫陽堤，不費民財，至今思服之。隸籍星子，從祀二賢祠，兼祀白鹿書院。

《清史稿》卷四七八《狄尚絅傳》　狄尚絅，字文伯，江蘇溧陽人，寄籍順天。乾隆四十六年進士。【略】

南康治濱湖，風濤險惡，宋郡守孫喬年築石堤百餘丈，內浚二澳，可泊千艘。朱子知南康，增築之，名紫陽堤。迤東水齧，浸及城址，明知府田琯增築石堤百餘丈以衛之，久俱圮。尚絅增修兩堤，一準舊制，堅固經久。蓼花池周五十里，受廬山九十九灣之水，北入湖，水門淺隘，尚絅疏浚之，積潦消洩，歲增收穀萬石。在任先後二十四年，所設施多規久遠。歷署饒州、吉安、廣信三府，攝糧道，敝衣蔬食，不問生產。引疾去官，不能歸，卒於南康。

藝文

清　鄧旭《林屋詩集》卷一《自南康發石壁》　朝辭紫陽堤，衝飈發嚴駕。榜動蘭橈歌，簫鼓驚湍瀉。五老惜別離，送影彭蠡下。青牛去不迴，白驢聞昔跨。樂極哀自連，物理誰能貰。

清　方文《嵞山集》卷五《紫陽堤》　文公知郡日，教養亦多方。更念風險，先營石壘防。榜人紛不息，惠澤永難忘。異代唯田守，高名并紫陽。

清　李文藻《嶺南詩集·桂林集》卷二《南康寄張度西九鉞》

歸舟暫檥紫陽堤，山色招邀獨杖藜。

佚名《紫陽堤水月》（同治）《星子縣志》卷一三　蟾宫桂子落江鄉，江上平堤號紫陽。月印波心珠滚動，波浮月色鏡磨光。嵯峨沙阜千層雪，寥濶洪濤兩岸霜。此夜行吟眞不夜，二分何必説維揚。

雜録

明 吴國倫《甔甀洞稿·續稿·文部》卷一一《田公堤記》　頃予重游南康白鹿洞，因過五里橋，謁玄帝行宫，遂循紫陽堤入舟。所遇行者于途，漁者于河，頌其郡守田公之賢，千萬人一口也。時公行縣未還，而予神遇之矣。

踰歲，南康諸生嘗及予門者數十輩，束書以黄生裳，來爲田公堤乞記。盖田公在郡，善造士而厚恤其私。又嘗新徙郡邑兩學宫，并得善地，而才賢相繼登用，士人人德之。其爲堤，則又爲郡學深遠計。盖學臨南城，城當彭蠡湖一面，湖受章、貢、弋三江之水而成巨浸。《禹貢》所載，東匯澤爲彭蠡是也。揚瀾左蠡，縣流而下，稱江湖絶險。南康以斗城扼之，能保無陵谷之虞乎？

宋淳熙間，水勢漸迫城西，時朱元晦爲郡守，大治堤以障之，至今號紫陽堤不朽。邇年，水勢徙而漸南，南城人患之，以告田公。田公相其地而有隱憂，因聚諸僚佐士民，坐築之：『失此不堤，狂瀾將嚙我城趾。城趾一受嚙，則附城而廬者其沼乎，據城而宫者其塗乎。夫有司避選事名，坐貽一方大患，非智也。顧瘠土灾年驟興大役，重爲士民困，亦不得爲仁。西顧紫陽堤，先賢之遺矩在焉，儼然後事師也，將無起元晦於異代，抑坐待堤從地出，而水患可以蘆灰止乎，吾其圖之矣！』

（康熙）《江西通志》卷一六《水利》　紫陽堤，一名南康星灣石堤，在府城西南一里。宋元祐中知軍吴審禮始柵木爲障，崇寧中知軍孫喬年易以石。歲久堤壞，淳熙七年，朱文公熹來知軍，上札子，乞支錢糧修築石堤，委星子縣令王文林、司户毛敏功職其事。五浹月而工成，增舊堤者三尺，又浚二澳之淤挺木以其外，詳見吕成公祖謙碑記。明正統六年，知府翟溥福重修。景泰五年，知府陳敏政修築，自爲記。嘉靖元年，知府羅輅修之。四十三年，巡撫周相委同知楊侃督修，起二月，訖工九月，舊堤高一丈四尺，復增三尺，相自爲文記之。萬歷三十二年，知府袁懋貞重修。

斗門

概説

論説

宋 陳造《江湖長翁集》卷二五《與王提舉論水利書》　本軍至鹽城鹽河二百五十里，其右有堤，則以民田之在右者下於左數尺故也。堤所以障水，古人之計不惟通漕運，亦以溉民田爾。堤介高下田之間，其或水漫不泄，則必奔衝壞堤，堤壞而田没矣，故爲之函管，以水之大小爲之啓閉，主之以官吏。【略】其制小則欲分泄之，分泄之者爲其堤之薄，而防其水勢猛戾，將决吾堤且害稼也。分泄之有不暨，是有斗門之立，所以佐函管之不及。八十里之間爲斗門二，其一曰東河口，其一曰三垀，一斗門所泄，可并十餘管之水。然必東河口，必三垀，它處無之者。二處地甚闊，水雖湍猛，不壞也。又東河口其下則海陵、大溪三垀，其下有山陽、河溪，與河皆所以受湍猛之水，捨此不可爲矣。古法三四尺通漕運之外，容民汲以溉田，則兼公與私利之此。

宋 張侃《張氏拙軒集》卷五《上齊倉論白馬湖土札子》　某竊詳白馬湖係上虞、餘姚兩縣溉田植利，湖之南邊別有一湖，名曰夏蓋。淳熙中創置北岸斗門二，所尚存支流，蓋白馬地勢稍高，夏蓋地勢就下，支流相接，步畆最多。夏蓋又管三十六所水溝，正隷両縣民田非夏蓋之水不足以沾濡，夏蓋非白馬之水不足以旁及。是以兩縣人户水利所争，必并白馬而言之，漁蒲湖即白馬異名也。上虞陂湖昔之爲田者一十四所，管米四千餘斛，夏蓋乃居其半，今若再許人户承佃，則是抱納之家不被水利，重圍之田未免起催縱，不起催計田若干，逓年樁管修築海塘坍損去處，顧亦可行。既是修塘久例，可照若從此請租入反添，無補事功，徒爲民害。止因頑民冒法，相其浮土，揷以栁枝，少俟沃茂，暎帶左右，因而成田。更相倣傚，利歸於已，税不輸官，交論互陳，至今未已。向使湖可成田，不當既成而復廢。儲米修塘，不當既廢而方舉。朝省畫降使臺榜示，憲司公據，皆所以立國家根本之道，爲民間經久之計也。貳卿陳公謂府帥夕郎傅公曰：曩歲越境大旱，嵊縣諸暨赤地數百里，獨上虞大熟，餘姚次之，又以其餘及旁邑，觀此則白馬、夏蓋兩湖潴水驗矣。前人創置斗門，規模甚遠，斗門兩邊岸石尚固，精加修治，閘板啓閉，水勢瀰漫，日漸月漬，自難耕墾。或遇旱沴，只依古規，兩縣人户先後灌溉，其閘門扃鎖，乞照本縣西溪湖例，仍嚴立罪賞，俾頑民知所畏避，不敢再犯。庶幾湖不成田，人無争勢，兩縣蒙惠豈淺淺哉？某負丞數月，推究弊端，輒陳一得之。愚仰玷高明之聽，倘辱采擇，見之施行，不勝幸甚。伏候台旨。先是，餘姚縣人户狀乞上件湖土充海堤倉。

宋 史彌堅《重浚歸水澳記淳熙十六年》《吴中水利全書》卷二四　南徐地高卬，漕渠貫城中，爲西津斗門達於海，以出納綱運。昔之爲渠謀者，慮斗門之開，而水走下也，則爲積水、歸水之澳，以輔乎渠。積水在東，歸水在北，皆有閘焉。渠滿則閉，耗則啓，故渠常通流，而無淺淤之患。歲久澳廢，渠亦告病。余至視渠湮塞且盡，斗門不開，公私之舟跬步不進，率由江陰五瀉而去。父老言：二澳不可不復。亟按故迹，水爲居民膠固盤錯，獨歸水澳，而堤防略存。澳之西南則轉般，倉東北則甘露港，引而環之，倉垣因以護倉，受者在渠，給者在濠，以便綱運之出納。引而接之，甘露別爲斗門，以通於江，亘三水爲之長壕。於是度工改修歸水故閘，以通於渠，其倉壕則取其土，以廣倉垣之北。規爲廣闊，益受灌輸，其達於甘露港者，則爲上下二閘，且慮其不足，以容多舟也。視閘之址有陂澤，則又通之爲秋月之潭以藏舟焉。其下閘之外，則浚浦百八十丈，客舟浮江乘便，艤泊以避夫風濤之害。

宋 陳伯廣《練湖增置斗門𥕞函記淳熙十六年》《吴中水利全書》卷二四　自二字闕合八十四流，布爲辰溪。自辰溪而爲練湖，湖又自別爲重湖堤，環湖四十里，而築高於舊者六尺，加厚四十尺，而半殺其上。舊《疏》：爲斗門者五，爲石𥕞者三，爲石函者十有三，皆以備蓄洩也。今加板於𥕞，十有二寸，加函之管數倍之，而易斗門之柱，以石者抵函之數，均用民力二十一萬六千二百九十有七，總爲米一萬八千八十一石，爲錢二千一百三十一萬四千八百，皆有奇，而錢出於郡帑者五之三。鳩工於冬之十一月，越明年三月朔而畢其役。

清 張伯行《居濟一得》卷二《南旺各斗門》 南旺各斗門俱宜重修，仍照舊。下版每遇伏秋水長，河水入湖，則啓版收水。湖水入河，則下版蓄水，不使洩出，至秋後無水可收。仍於湖口築壩堵水，直至春夏水小，糧運難行時，方可酌量開放，陸續接濟。

又《南旺湖九斗門閘》 各閘俱宜下版，以便蓄水。各閘仍宜派夫四名輪流守版，常有二名在閘。汶河之水入湖，則啓版放水，若湖水入河，則宜下版堵閉，蓄之湖中。俟運河之水不足用時，然後酌量開放，而仍不由此斗門開放。如北運不足，宜於北湖堤頭建閘一座，其下開引河一道，使由開河以北出，兼濟閘接濟。

綜述

唐 穆員《新修漕河石斗門記》《文苑英華》卷八一二 分洛爲漕，斗門在都城東一作門字，南中橋之右。舊制：喉不深，口不速，其流隨之，水斯溢，旱斯涸。東有斜堰，俾其來往，終歲不修輒壞。修則水積高而迤南北，北傷則洛亘邙趾，南傷則魚遊井鄽。不修則漕復于陸，且其地與岸皆寘薪焉。不再閏而一作不一易，每歲繕塞斜堰，洎南北堤橋之費，相與盈萬，其斗門之工不計，蓋其弊者也。安平公治三川之暇，顧念於此之疾未去，且曰水之性，導無不順一作利，壅無不害。善爲水者，唯其所趣，使若自然，其要在於不與之競而已，是用浚斗門之下，以量其入，庳斜堰之上，以歸其餘。庶乎饒不爲增，傷不爲減，盈萬之費，歲収於公。而通海之波，率土之運，東西交騖，合朝宗之義焉。中橋之旁有古堰，廢石沉于泥沙，公乃發而轉之，以代寘薪之制省，於自他山而致者，蓋百之一，猶懼剛之不勝柔。岸化於水，乃受規矩，俾之追琢，如斧斯鋭，以分其衝，如月斯仰，以折其勢。積石山門，中流湯湯。南隣鑿龍，永代無愧。上濟行邁，是爲通橋。歲三月興作，四月畢事，一作事畢，人不見始，而靚其終。孚其功用，不足於常歲之數，而不朽之利，與皇都洛水，垂之無窮焉。嗚呼！物之至柔者，水不得其理者，懷山襄陵，其次決堤防隤城，邑夫唯不争之力，然後勝之，天下之理。一理也，制天下之至强者，其唯不争乎？於水也見公之德。異日觀易簡久大之業，此非其一隅哉？公以爲成公之志者，實肆其勤，命以名氏，刻于岸石，仍俾末吏謹而書之。貞元四年四月丁亥日記。

元 馬端臨《文獻通考》卷六 宋太宗皇帝淳化四年，知雄州何承矩及臨濟令黄懋請於河北諸州置水利田，興堰六百里，置斗門灌溉。

又 寧宗嘉定七年，令臨安府復西湖舊界，至自嘉泰以後，續租地段侵占湖面處，盡行開拓，仍盡蠲歲增租錢。圩田水利、江東水鄉，堤河兩涯田，其中謂之圩。農家云：圩者，圍也。內以圍田，外以圍水，蓋河高而田在水下，沿堤通斗門，每門疏港以溉田，故有豐年而無水患。紹興元年，詔宣州太平州守臣修圩，議修圩官賞罰。詔：修圩錢米及貸民種糧，并於宣州常平義倉米撥借。又詔：建康新豐圩租米，歲以三萬石爲額。圩四至相去皆五六十里，有田九百五十餘頃。近歲墾田不及三分之一，至是始立額。

元 任仁發《水利集》卷三 練湖當大作堤防以匱其水，復於四旁設爲斗門、水瀨，至大水之年，足以潴蓄其水，使不与水水相連，而水田之圩岸無衝其水患，大旱之年可以決斗門、水瀨以澆灌民田。至元甲午年，差官相視整治，相視得周回八十餘里，分上下两湖。上湖至斗門一、石墶五、涵口五，下湖置斗門二、石墶一、涵口八，受高驪山、長山八十四汊水，自辰溪入上湖，自横埧、石墶減流。下湖水滿，啓斗門入運河，自減水墶入江。旱則啓斗門濟運河，啓涵口溉民田。如此則圍岸、斗門、石墶、涵口皆當時時修完，海塩、古泾按《吴郡》、《嘉禾》二志，謂：唐海塩令李諤開通，古涇三百有一，蓋開之可以潴水備旱，泄水備潦，誠爲耕種之利。又按《嘉禾志》云：海塩乃海奠，其東水無源，流獨藉官塘一带，以灌十鄉之田。十日不雨，車戽之聲一動，其涸可立而待。況又下通太湖、松江，傾注而去，猶建瓴也。是以堰閘又設爲急。自宋嘉祐元年，縣令李惟幾植木爲閘，又置鄉底堰三十餘所。後何執中爲令，易木爲石，續增堰共八十一所。又有安湖在澉浦鎮，周回十二里，潴水以灌三村十六保之田，遂爲民利。以上古涇、堰閘、湖水三項，并宜講究，力爲整治。杭州長安迤西諸堰，沿運河塘者，則有凌宋堰、莫家堰、胡家堰、梅潭堰、破塔堰、楊堰、善堰等處，若塘中水溢，以至堰破，則所匱之水未免奔下，平江、嘉興等處，勢若建瓴，渰没田禾，湏當每歲務令修築堅厚，及関防偷開諸堰之人。杭、湖二路奉口化安烏渚等處斗門并舊斗門，若雨潦之時，其斗門開則水盛，入湖州之東与南，九蘇湖秀，交接地面，易致渰没。斗門開，則水自北向諸溪入太湖，面廣濶，河道衆多，未後遽有漲溢渰田之患。令當令各處民户，專一看管，隨宜啓閉，旱則閉斗門蓄水，澆田亦可餘杭甬道。按《吳郡志》謂：唐使所載，餘杭帰縣令築甬道，高廣徑直百餘，以里禦水患，盖甬道即堤岸也。昔韓信築甬道以築河，其爲河堤也。明以及《餘杭圖經》載：縣令帰珧，於唐宝曆年間，經意於南上、南下两湖，塘承漢舊制，而重修之，遂爲民利。又曰：父老相傳，昔慶曆、紹聖、宣和年間，能率民修築，九埿函塘堺，一皆完治，如曹塘、石瀨塘堺，皆在數内。然今之青山曹橋、長樂三港，西受天目大山諸汊之水，下太湖最爲奔急，才遇大水，則三港堤岸易致衝破，渰損田地，間禾麻菽麥之類。姑以長樂一港言之，自黄公堰至大溪口約四十餘里，中間一處名曰破塘，正謂塘堤之易破也。今欲禦其水患，所當由南湖塘与長樂等塘時時修築堅厚。

傳記

宋 張鎡《仕學規范》卷一六　曾宣靖公公亮知越州，會稽縣民開田鑒湖旁，湖溢常害田，公亮即曹娥江堤疏爲斗門，泄湖水入江，田以不病，民至今賴之。

宋 孫覿《鴻慶居士集》卷三七《宋故左朝議大夫直顯謨閣致仕汪公墓志銘》　左朝議大夫直顯謨閣致仕汪公以紹興二十七年二月六日感疾，終于四明私第之正寢。將葬，公之子右宣教郎大雅以太學博士史浩狀公世系爵里、卒葬年月日授余請銘。余曰：顯謨公行治勞烈稱天下，今天子釋其殯，犯大暑，絶重江，走千里，屬于不腆之辭，以圖永久，豈敢以既老爲解？乃序而銘之。公諱思温，字汝直，明州鄞縣人。曾祖順，祖元吉，不仕。父洙，明州助教，以春秋之學知名，因公貴，贈正奉大夫。公幼讀父書，有聲場屋間。會朝廷更舍法，改授他經。政和二年，以太學上舍中乙科，授將仕郎、河南府登封縣尉。【略】縣瀕海，舊有堤六十里，除水患，歲久圮，壞民之墊於海者，呻吟相屬也。衆舉公力復之，堤成，而七鄉并海之田、桑麻秔稌之饒盡復其故。又有湖號蠋溪，疏通二斗門，視水漲落而閉縱之，灌東西五鄉田數百頃。歲旱，東鄉厭水矣，而西斗門地高仰，率嘗不應，請改築，如東斗門以溉旱，而東鄉擅其利，積十數年，訟不决。公一日行縣，至其處曰：一湖如許，大使民求水而不得乎？爲之計工賦材，撤而大之，兩門相望，五鄉之田一等，受水而訟息。

《宋史》卷三〇一《張旨傳》　張旨，字仲微，懷州河内人。父延嘉，頗讀書，不願仕。州上其行，賜號嵩山處士。旨進保定軍司法參軍。上書轉運使鍾離瑾，願補一縣尉，捕劇賊以自效。瑾壯其請，爲奏徙安平尉，前後捕盗二百餘人。嘗與賊鬥，流矢中臂不顧，猶手殺數十人。擢試祕書省校書郎，知遂城縣，遷著作佐郎。明道中，淮南饑，自詣宰相陳救禦之策，命知安豐縣。大募富民，輸粟以給餓者，既而浚淠河三十里，疏泄支流，注芍陂爲斗門，溉田數萬頃，外築堤以備水患。【略】召對改知邢州，擢提點河東路刑獄。范仲淹、歐陽修復言其鷙武有謀略，除閤門使。固辭，進工部郎中，知鳳翔府，加直史館，知梓州。以直龍圖閣知荆南，入判尚書刑部，累遷光禄卿，知潞、晋二州，以老疾權判西京御史臺，尋卒。

又 卷三〇三《李防傳》　李防，字智周，大名内黄人，舉進士爲莫州軍事推官。隨曹彬入契丹，授忠武軍節度推官。括磁相二州逃户，由增租賦十餘萬，因請均定田税。又請縣有破逃五十户者，令佐降下考，百户殿三選，二百户停所居官，能招携者旌賞之。【略】徙知應天府，鑿府西障口爲斗門，洩汴水，淤旁田數百畝，民甚利之。又徙興元府，入爲三司鹽鐵判官。失舉免官，後起通判河南府，徙知宿、延、亳三州，爲利州路轉運使。累遷兵部郎中，糾察刑獄，擢右諫議大夫，知永興軍。進給事中，復知延州，更耀潞二州，卒。防好建明利害，所至必有論奏，朝廷頗施行之。其精力過人，防在江南，晏殊以童子謁見，防命賦詩，使還薦之，後至宰相。

（正德）《松江府志》卷二三　詹體仁，字元善，建寧浦城人。初後其舅，張氏既復，爲詹少有異材，鄉舉第一，始冠第進士。歷泉州晋江丞，宰相梁克家薦升太學博士，攝金部郎中。光宗即位，提舉浙西常平務，爲民除害興利，謂浙右之有漕渠，非止通饋運資國信往來而已。蘇秀常潤，田之高仰者實賴之。於是開漕渠，浚練湖，置斗門，爲旱潦備。

紀事

宋 楊延齡《楊公筆録》 鑒湖規法天下水利，皆不及蓋湖。水高民田一丈，民田高海一丈，旱則决湖水以溉田，潦則開斗門泄水入海，故越人不知有水旱之憂。近年於湖中取葑田置石碑，方成步畝，許人户請佃歲納課米。今葑草膠結，侵占湖水，望之才一帶耳。人未有知其弊者。

《續資治通鑑長編》卷二四 太平興國八年九月癸丑 自孟至鄆，雖有堤防，惟滑與澶最爲隘狹。於此二州之地，可立分水之制，宜於南北岸各開其一。北入王莽河，以通於海，南入靈河，以通于淮。節減暴流，一如汴口之法。其分水河，量其遠近，作爲斗門，啓閉隨時，務乎均濟通舟運、溉農田。如此則惟天惠民，茂宣於德澤分地之利，普洽於膏腴既防水旱之灾，可獲富庶之資也。

又 卷三四 淳化四年三月辛亥 雄、莫、霸州、平戎、破虜、順安軍興堰六百，置斗門，引淀水灌溉。

又 卷五七 景德元年八月庚申 詔滄州乾寧軍常督壕寨主吏謹視斗門水口，俟海潮至，擁入御河東塘堰以廣灌溉。從知雄州何承矩之請也。

又 卷一〇四 天聖四年八月辛巳 鄭白渠之引涇水也，在耀州之雲陽、三原、富平及京兆府之涇陽、高陵、櫟陽六縣。沼渠皆立斗門，多者置四十餘所，以分水勢。其下別開細渠，則水有所分，民無奔注之患。且涇水一石，其泥數斗，故能溉糞禾黍。今言水濁不堪以溉，斯豈軫之不知而自爲知耶？又其作堰之法，皆用大石方四五尺者錮之，以鉄積於中流，擁爲雙泒。其南流爲涇水，其東流爲二渠，故雖駭浪不能壞。若不如此，則是歲輒修治豈有利哉？故漳水之岸若復渠田，請訪諸雲陽，擇水工十數，就摹古人作堰决渠之法，及觀今人置斗門溉田之方，或雲陽民犯罪當配者，令皆徙相州，教百姓水種陸蒔之利，則謀易成矣。至如北邊，本無水田，後徙江南罪人，轉相教語，皆知水利。臣嘗建請命水工詣鄭白渠觀疏導之制，亦慮磁、相民不知作渠法爾。又王軫謂：不開舊渠，而截河作堰，當役七十五萬餘工。若從渠口穿一丈四尺，當役十三萬餘工。以臣籌之，若渠開二丈四尺，則作堰之工可損半。當并役五十萬工，日役萬人，五旬而罷。依鄭白渠之法，采峌山之石，取磻陽之木，給黎城之鉄，扼中流，據長岸，資木石之固，以爲堰。上爲大渠疏導，別泒沼渠數里，分置斗門，溉餘之水，東入御河，或遇漲溢，奔注則以棧塞渠口，其磁、魏、邢、洺既居下流，堤岸又淺，或餘波可及，別渠可穿，則所謂鄭國在前，白渠起後。又曰：首起谷口尾，入櫟陽也。夫如是，復三百年廢迹，溉田數萬頃。雖役萬人，數歲而畢，不足爲勞。且王軫謂開古渠則穿掘民田，况萬金都領首等渠，尋之無迹，凡溝渠豈有不占民田哉？此雖史起復生，亦不知計之安出。其萬金諸渠，亦在田中，但歲久堙没爾。軫稱高平渠民有牒訴税籍已重，雖得水以溉，利猶不充。臣所作堰，蓋欲利民，軫乃不思先議增税，致其憂疑不願澆溉，斯豈恤民之意？

又 卷一〇六 天聖六年十月壬申 都大巡檢汴河堤岸康德輿言：行視陽武橋，萬勝鎮宜存斗門，其梁固斗門三，宜廢去。祥符界北岸請爲別竇，分減溢流，悉從其請。勾當汴口王中庸請增置孫村石限，亦從之。

又 卷二三八 熙寧五年九月壬子 詔司農寺出常平粟十萬石賜南京、宿、亳、泗州募飢人浚溝河，遣檢正中書刑房公事沈括專提舉。仍令就相視開封府界。以東沿汴官私田，可以置斗門引汴水淤溉處以聞。

又 卷二六二 熙寧八年四月戊辰 賜西京昭孝禪院户絶田仍免其税役。管轄京東淤田李孝寬言乞候礬山水至，開四斗門，引水淤田，權罷漕運三二十日。從之。以礬山漲水頗濁，可用以淤故也。

（紹定）《吴郡志》卷一九 練湖大作堤防以匱其水，復于堤防四傍設爲斗門、水濑，即大水之年，足以潴蓄湖瀼之水，使不與外水相通，而水田之圩埕無衝激之患。大旱之年可以决斗門、水濑以浸灌民田，而旱田之溝洫有車畎之利，其餘若斜塘瀼、大泗瀼、百家瀼之類，深不過三四尺，淺止一二尺而已。

清 陳儀《陳學士文集》卷二《京西局》 京西諸河皆滙于西淀，淀蓋宋人塘濼之遺也。六宅使何承矩於雄、鄚、霸州、平永、順安等軍築堤六百里，置斗門，引水種稻。經始之秋，以霜早不熟，浮台滋起，承矩不顧，卒成之。次年大稔，輂秸進於闕下，衆乃皆服。自是軍糈取給水田，而邊民因以富實。後人言水利于畿甸者多稱之。

藝文

宋 鄭獬《鄖溪集》卷二八《水淺舟滯解悶十絶》 聞道春流下斗門，扁舟應得解南村。欲看竹箭開新漲，更插楊枝記舊痕。

宋 陳藻《樂軒集》卷二《賀仲雨斗門》 濯錦江邊唱絶强，孤青和者亦夔襄。曆年雖久地相遠，在寢豈止升渠堂。縱能帖石防頹岍，隨寓幽居供賞翫。何如是處斗門雄，莆壤萬農生贊嘆。莊周笑我機械深，夏王見我須賞音。莫道白頭猶未遇，等勞一片活人心。

宋 許綸《涉齋集》卷八《次韻轉庵步城南有卜居依壑意乃古巽吉庵之傍》 出郊緩步當乘流，依壑尋幽小餞秋。水過斗門知浦口，庵當巽地見峰頭。賞心便擬爲鄰卜，志喜姑先著句留。祇恐據鞍方矍鑠，未容此處就菟裘。

宋 楊萬里《誠齋集》卷三二《圩丁詞十解》 河水還高港水低，千枝万泒曲穿畦。斗門一閉君休笑，要看水從人指揮。

宋 葉適《水心集》卷七《贈李秀才順之》 怒漲争茅竹，安流節斗門。行苗存水則，縮板護河源。士李昔陳義，守奚能聽言。便當生廟食，禾熟賽雞豚。

明 王洪《毅齋集》卷四《夾城八景・斗門春漲》 驚雪噴高崖，雷響青天曉。剛道吳胥駕，海來勢壓滄溟小。滿岸是漁舟，撥亂飛春鳥。誰信神魚去不留，五色祥雲繞。

明 張寧《方洲集》卷四《夜宿斗門與朱氏原兼呈再從叔》 予生二十年，始解訪同族。緬想姑祖親，悲喜相交屬。如何百年内，情好復斷續。登堂思高曾，入門拜伯叔。弟妹相驚呼，問是幾世服。源遠末益分，膏澤猶未沐。傾家出相見，喜氣溢腸腹。埸頭禾黍登，牖中酒醴熟。端不爲盤餐，聊以慰情曲。我本季世孫，今當遠行役。生年能幾何，歡會寧可復。同姓古所敦，去去勿塵俗。感激忠孝心，因之以相告。

明 王尚絅《蒼谷全集》卷三《游斗門》 帶郭幽居勝，青山對掩扉。松凝雲遶户，石蔭水通池。鳥入霏烟斷，人行曠野微。摘鮮供一餉，許坐引盃遲。

明 嚴怡《嚴石溪詩稿》卷二《斗門見桃花一樹爛然臨水》 臨流瞥見小桃花，不近前村賣酒家。風利片帆留不得，美人惆悵隔天涯。

雜録

唐 穆員《新修漕河石斗門亭記》《文苑英華》卷八二五 斗門卒事之月，安平公罷尹，杜公實来。明日公會杜公，觀厥成績，即得洗心遠目之所，盡一覽四時之美。乃授中制，刱爲此亭，有若嵩高二室，萬安闕塞，實簷前之山，清洛麗都，類夫河漢，實砌下之池，春流夏雲，露風霜月，殊狀異態，同歸於勝，實座中之器一作品。修橋曳虹，左右扶翼，層樓飛鳳，前後擁抱，實四楹之飾，而顥氣清風，徘徊旦暮，若有所爲去聲。凝爲清陰，不唯待羊公之登眺，李膺之臨泛，使忘機倦俗之客，得人人而私之。或曰：二公之來也，境與耳目，共清其心。心無事源，政得於静，有以助清静之理，可無述乎？刋諸珉一作樂石之陰，是爲亭記。

（至正）《四明續志》卷四 廣平堰在州北一十里，舊有閘曰斗門，上接資國堰，水支流三泒。下通鄭家堰，灌溉田数千畝。迎祐庚申知州馬稱德開浚新河，易閘爲堰，向之閘水有限，晴則易涸，今則積水淵深，灌溉無窮。

又 彭山入于江，瀕江有閘，潴水以備旱，霖潦則泄之。歲久閘廢，水無所潴，潮入河淤。宋淳熙十三年，邑簿趙汝積率鄉人，凡田于西者，畝出錢三百，徹故閘址，悉以石爲之，長一百一尋，廣四尋，中濶丈有二尺，扃以層板，使便啓閉，西鄉之田受利。既慱復修斗門，比舊基有加焉。通下流貫邑中，因舊河而浚之，廣一丈五尺，深七丈，中廣二丈六尺，深如之，舟楫通行，邑下之田亦資灌溉。

（天順）《明一統志》卷六 絳巖湖在句容縣西南三十里，一名赤山湖，源出絳巖山，下通秦淮。唐縣令王昕於此湖立二斗門，溉田萬頃。

湖心有磐石，宋葉清臣知建康，立石柱刻水則於其上。

汴河斗門

論説

《文苑英華》卷五二八《請塞斗門判》 得轉運使以汴河水淺運船不通，請築塞兩岸斗門，節度使以當軍營田悉在河次，若斗門築塞，無以供軍。

宋 李綱《李忠定公奏議》卷六《乞措置防護汴河斗門及引水入壕札子》 臣伏奉御批送到札子，爲壕河水勢陡落，見有人涉水過往，夤夜不便，令多差人守禦。臣已札下四壁，疾速依應施行，契勘汴河水涸，今已累日，慮被賊人開決斗門，欲遣將兵防護汴河堤岸。本司官吏前去相度，收斗門水，并南有蔡河，西有金明池、水櫃、金水河，皆可引水入壕，增助水勢，欲乞指揮都。

綜述

宋 蘇軾《東坡志林》卷七 數年前朝廷作汴河斗門以淤田，議者皆以爲不可，竟爲之然，卒亦無功。方樊山水盛時，放斗門則河田、墳墓、廬舍皆被害，及秋深水退，而放則淤不能厚，謂之蒸餅淤，朝廷亦厭之而罷。偶讀白居易《甲乙判》有云：得轉運使以汴河水淺不通運，請築塞兩河斗門，節度使以當管營田悉在河次，在斗門築塞，無以供軍。乃知唐時汴河兩岸皆有營田斗門，若遇水不乏，即可沃灌，古有之而不能，何也？當更問知者。

紀事

《續資治通鑑長編》卷二 建隆二年三月 初五丈河泥淤不利行舟，詔右監門衛將軍陳承昭於京城之西夾汴河造斗門，自滎陽鑿渠百餘里，引京、索二水通城壕，入斗門，架流於汴，東滙於五丈河，以便東北漕運。甲辰，新水門成，上臨視焉。

又 卷二四七 熙寧六年十月戊戌 汴河堤岸司言：汴水添漲，其京西四斗門分減不退，以致開決堤岸。今近京除孔固斗門減水，下入黄河，雖有孫賈斗門減水入廣濟河，然下尾窄狹不盡吞。伏乞萬勝鎮舊減水河，汴河北岸修立斗門，開淘舊河，剏開生河一道，下合入刁馬河，役夫一萬三千六百四十三人，一月畢工。從之。

藝文

唐 白居易《白氏長慶集》卷四九《得轉運使以汴河水淺運水不通，請築塞兩河斗門，節度使以當軍營田悉在河次，若斗門築塞，無以供軍》 川以利涉，竭則壅税。水能潤下，塞亦傷農。將捨短以從長，宜去彼而取此。汴河決能降，雨流可通財。引漕運之千艘，實資積水生稻粱於一溉，亦籍餘波利。既相妨用難兼濟。節度使以軍儲務足，思開竇而有年。轉運司以邦賦貴，通恐負舟而無力。辭雖執競，理可明徵。壅四國之征，其傷多矣。專一方之利，所獲幾何？瞻車雖望於秋成，濟國難虧於日用。利害斯見與奪，可知大提舉汴河堤岸司同共相度，疾速措置施行，謹具奏知。

蔡河斗門

論説

宋 包拯《包孝肅奏議》卷八《請修蔡河堰并斗門》 臣前權度支判官日，竊見蔡河每年上供斛斗係定額六十萬石，見管三十五綱。自去年以來，般運絶少，慶曆五年内只般到一十六萬二千七百六十七石，比祖額計虧四十三萬七千七百三十三石。緣本河所管綱船至多，秋冬行運不絶，蓋是催綱使臣等不切用心往來催趁，致此虧欠萬數。不少兼訪聞諸處斗門，例皆破壞，并不修補，其斗門放水，自有時候。多是官員客旅計會，不依時候開放，洎綱船來時到彼，即無水可行。欲乞下三司，指揮逐縣所管斗門限日，近須管疾速牢固添修，不得走透水勢。仍令催綱使臣與所轄官員常切提舉，如依前曲，徇顔情及信，縱公人受倖，不依時候開放，致有邀難住滯，并乞嚴斷。所有綱運或准前拖延，不及元額，其催綱使臣，并乞重行責罰。

紀事

《續資治通鑑長編》**卷一　建隆元年三月**　丙戌，命中使浚蔡河，設斗門以節水，自都城距通許鎮，以客省使萬年張保績爲衛尉卿判客省閤門事。保績在閤門前後四十年，宣贊詞令，聽者皆聳，儕輩推其能，累使藩方，不辱君命，歷事六朝，未嘗有過，故特寵之。保績初見顯德四年，特寵之此。

又　卷二六四　熙寧八年五月乙酉　右班殿直勾當修内司楊琰言：開封、陳留、咸平三縣種稻，乞於陳留縣界舊汴河下口因新舊二堤之間修築水塘，用碎甓築成虚堤五步，以来取汴河清水入塘灌溉。詔琰管勾，罷勾當修内司依舊。兼巡獲惠民、蔡河、京、索、金水河斗門堤岸河道，令開封府界提點司提舉，俟灌溉有實，保明以聞。

曹娥斗門

論説

宋　洪咨夔《平齋文集》卷一九《曾天麟除浙東提舉常平茶鹽公事制》　敕具官某，朕親政以來，諸道部使者選必精，察必謹，欲光華之被原隰也。爾名家之彦，周行之翹，潁知朕德意志慮，蓋熟左浙庾臺往將使指，維昔先朝有疏曹娥斗門泄鑒湖入江，而田不病民，至今德之，非爾祖也耶？遠乃猷裕，乃以民寧。毋徒曰：山海之藏，足以利吾國。可。

綜述

（嘉泰）《會稽志》卷四　曹娥斗門在縣東南七十二里，俗傳曾宣靖公宰邑所置。曾南豐《鑒湖序》云：湖有斗門六所，曹娥其一也。

又　曹娥斗門在縣西三十五里。

龜山斗門

（嘉靖）《瑞安縣志》卷二　龜山斗門長□□□丈。嘉靖壬子，邑令劉畿建里民，以石岡長橋斗門淤漲而海安，北門大埭地勢卑窪，珊壞不時，呈稱龜山側畔正係浦口咽喉之處，傍有山岩，可建斗門。遂蒙躬詣勘估，費用頗繁。召募殷實大户出辦，就委督造南築塘岸一帶。自斗門起，至海安所教場演武亭砍止，長三百九十五丈。内圍塗田三百餘畝，就將塗田分給大户承佃管業，抵其築塘之費，公私不擾，而民利無窮矣。復議□立閘夫守之，俱去城東四十里，屬崇泰鄉。

江口斗門

明　蘇伯衡《蘇平仲集》卷六《平陽縣重修江口斗門記》　平陽之江口舊嘗因海堤中斷之犍石爲兩厓，深廣各三丈，内外貼石爲左右翼。又敷石壇於前後，中涯植石楹，析於雙門鍥坎陷板以爲扃，每門板十有二層，時水盈縮而閉縱之覆。以屋五間號江口斗門。宋端平丙申，縣令林公宜孫始作之，元至元二十四年，里之義士鄭君存耕嘗率衆繕理之。繼存耕而致力焉者，則其族人前福州路閩清縣尹禮、前松江府華亭縣尉公誼，其歲至正辛丑也。後二十三年，國朝洪武八年，水暴溢，颶風激海潮，相輔爲害，涯崩屋仆，而門亦圮，今且九年矣。爲縣者更幾人，而視之恬然，厥民雖欲起廢夫，孰爲之倡哉？十六年夏，南康彭君尚賢來爲丞，是秋以公事過其地，目擊之愀然不寧，亟謀興作。會主簿新安吴君韞中攝令，還自瑞安，興史成都楊君孝忠進册，至自浙江，議以克合，責成於水利所及之鄉。大家之役于官者，其人咸不勸而趍以謂浮屠，一寧猶能出力哀，衆施完砂塘陰，均兩半門。今在位者興無窮之利，吾屬顧不能効勤勞乎？或輸以財，或薦以力，協謀并智，以任其事者九人，以公誼嘗致力於斯也。練歷而老成，推使督役焉。於是市石與木，揆日庀徒，以畚以築，以繩以削。堤涯門扃，以至于屋，悉復其舊，而斂甃堅緻，視昔過之，足支久遠。又以其餘力修平安渡馬道百二十五丈，以免人於淖。始事於九月庚申，而訖功於乙酉，皆欲刻石紀成，而因謝君復元屬筆於余。盖江口在縣之東南二十五里，左江而右山，潮汐之所上下，諸山谷水凡三十六支，皆徑此而入江。初斗門之未作也，衆流既莫之遏，而海鹵水亦得入，以害稼民交以爲病。自作斗門，然後溢不患溺，乾有所仰，而惠利及於二鄉五都之人，溉田六萬五千三百餘畝，則其所係豈輕也哉？歐陽子有云：作者未始不欲長存而繼者，常至於殆廢。使其繼者恒如作者之心，則天下豈有遺利？江口之有斗門，蓄泄有恃，水旱無虞，歷百四十八年猶一日。豈不以補而緝之者，有其人乎壞于暴水而中廢者，九年不有諸君子以興起爲已任，將遂隳前人之功，失一方之利。然則是役也，雖曰修廢舉墜，其功盖與刱始等矣。於戲使凡爲縣者皆能職思其憂，若諸君子則門之復當，不待今日，民之蒙利，其可以世計哉。故爲之書，使來者尚有考，而用其心也。

明 蘇伯衡《江口斗門記》（弘治）《温州府志》卷一九　平陽之江口，舊嘗因海堤中斷之犍石爲兩涯，深廣各三丈，内外貽石爲左右翼。又敷石壇於前後，中涯植石楹，析爲雙門，鍥坎陷楹以爲扃。每門板十有二層，視水盈縮而閉縱之，覆以屋五間，號江口斗門。宋端平丙申，縣令林公宜孫始作之。元至元二十四年，里人鄭君存畊嘗率衆繕理之。繼存畊而致力焉者，則其族人前福州路閩清縣尹禮、前松江府華亭縣尉公誼，其歲至正辛丑也。後二十三年，國朝洪武八年，水暴溢，颶風激海潮，相輔爲害，涯崩。

（弘治）《温州府志》卷五《江口斗門》　江口斗門在九都。宋端平丙申，令林宜孫創。十六年，縣丞彭尚賢修。成化二十二年，知縣王岳重修築。

九里斗門

（嘉靖）《瑞安縣志》卷二《九里斗門》　九里斗門，嘉靖間曹令誥建。邑中水道俱淺，北湖之水由城中注東湖，稍有停蓄。東南趨石岡斗門，則勢縈紆，若九里達江，則太洩矣。求目前之利者，尚當思其大者也。去城東九里，俱屬清泉鄉。

林峬斗門

宋 林希逸《鬳齋續集》卷一〇《重造林峬斗門記》　陂之有斗門，猶城郭之有關也。視時而縱閉之，則水之贏縮在我，而田常無害。木蘭有陂，自熙寧始。截仙溪以上數百里之流，而横注之溉田餘萬頃，是曰南洋。下爲斗門者三，所以制滔涸之柄也。莆之言水利者莫大焉。然洋城東山二門有廢有復，具見圖志，獨林峬名存，事缺不載。問之耆老，則曰：創於元祐，而壞，修於慶元，又壞，蓋其廢久矣。毋動爲大，衆畜弗圖。咸淳戊辰，賢太守聞而嘆曰：治陂渠以利民，古循吏事也。是烏可已命僧計度之衆，曰：非芝楮六萬不可。公曰：郡家任此，第爲之，勿憚費。於是里人作而言曰：公意美矣。吾儕奈何？共哀萬五千以經其始，寓公林某方爲延平倅，亦助四千。公曰：吾以四萬一千足之，傭工飭材，轉海求石，朝戒夕令，且嘗親行以督之。夏四月始作，六月告成。里人德公，圖爲不朽，乃列其事，求記於余。且曰：此門雄於洋城東山舊矣，内以受木蘭漱激不注之水，外以禦寧海晝暮暴至之潮。内陘外遏，工費已三之一焉。然後左壘右疊，植石揵者三之分爲兩門，扃以横木，仍舊制也。又更爲新意，則有石櫃焉，有木櫃焉。昔之門其深以丈，今增四尺焉。昔之八字其迤踰丈，今南北皆五丈焉。散水之堤，向廣六尺，今倍之。迎水之石，向高一丈，今三之。沈木以爲基，壘甓以爲固，其防慮益周，其心思益遠，是欲爲千百年賜也。公之治莆，爲民久計，大率類此。仁矣哉。余因思古昔治田，載於舊典，其於水事尤悉畎澮之法，既如畫棋，而匠人所書有曰磬折參伍者，有曰爲淵句矩者，其文之工殆似畫筆，至於蓄水以豬，止水以防，蕩水以溝，意其髣髴，必如今之渠碣，而獨無所縱閉，何耶？果有之，則其模寫必有奇絶，豈應略之？非當時之智，偶未及則中土平，而水勢緩也。是以斗門之名不見於前古，而創見於後世。由今觀之，爲此門者，使神禹復生，亦必以智許之。然則限水以滋田者，智也。裕農以致養者，仁也。復其舊制而增所無，原其初意而期之遠，是亦仁智之方也。大書特書，夫何愧顧余荒耄，不稱此筆，姑紀其實云爾。太守趙公與鑒，紹興人。董役莆田尉權丞陳元英，三山人。登仕郎林應鳳，延平之子也，涵江人。僧則某寺，無極也。

蘆浦斗門

綜述

（弘治）《八閩通志》卷二四　蘆浦斗門在延興里，紹興二十八年縣丞馮元肅重造斗門三間，郡人王悅爲記。淳熙四年，知軍事汪作勵移創於舊址之西。元延祐間，縣尉謝元重修。國朝永樂八年，主簿劉獻重修，復圮。二十一年，郡人黄道隆奏請復修，里人陳宏濵因改造爲二間。

明 方良永《方簡肅文集》卷五《重修蘆浦斗門記》　莆水利最大者曰木蘭陂，其次莫如斗門陂，衆流之漳也。闔郡之田咸藉以溉，其爲利也誠博。斗門制如運河之閘，時蓄洩乎，陂之分流以備旱潦，斗門廢陂之流，且與潮通。田之窪者將淪爲斥鹵，高者聽燥，濕於天矣。陂亦何能有其全功？是故斗門不可以不修也。去城東五里許曰蘆浦斗門，延興、孝義等里田實賴之。始創于元至正甲申，嘗一修於我朝洪武庚申，再修於永樂己丑，歷歲既久，岸左右爲潮所齧，門亦將圮。民皇皇告病，雖欲起廢，伊誰先之？邇者郡守王公存敬嘗欲以修陂之餘，次第經理之功，未施而公以奏績去。貳守朱公士容、通守談公某乃以屬吾節推詹侯廷章，曰：斗門之修，民之願也，長官之志也。子恤刑多暇，其卒圖之，母讓侯固心於爲民者，遂朝步自郡堂而達觀之，至則鄉父老率子弟列侯道左，皆叩頭稱慶，願聽服役。侯乃下令，召耆老之有材幹者，商其工程，量其材用。侯曰：費當出於公，吾其倡之民。曰：費當自吾民出，吾其助成之。侯即出白金若干兩，民亦計其田之入，每田一畝輸錢三文，總得錢若干萬文。於是合公私之財，市木與石，鳩徒庀工。侯復下令曰：是役也，堅者仍之，壞者易之，頽者塞之，傾者直之，毋費毋靳，毋鹵莽以飾，違則有辟。民咸曰：諾。上下咸勤畚鍤具舉。經始於弘治丙辰正月，以是歲五月畢工。葢説以使民，民忘其勞，故功成之易也。自是溢有所注，乾有所豬，斗門之利，且無愧於陂。侯之惠吾民者，亦可躋而儷美于王公矣。侯既爲祭，以落之民，乃相率乞予言以紀其成，以彰侯德。余惟水利王政所不廢也，西門遺鄴，識者興嘆，蘇湖有教君子，偉之後世之吏于民者，其知此道乎？黠者憚興作之勞人，坐視民之墜於水火而不救，固不爲也。懦者有其心而無術以濟之，徬徨四顧，計莫知所出，固不能也。其勇於從事者，率假手元奸竊贏餘以實篋，笱利未興，而民已不堪命。若是者，上負朝廷之託，下孤赤子之望，謂非王政之蠹，吾不信也。今侯之爲是役也，其免於是乎。曰：侯有王公以先之有朱談二公以相之而侯復以廉剛之操濟其通敏之才以成之侯其免夫抑侯以刑爲職者也，而有餘力以及此。予故樂爲君道之使，繼侯而理者，視其細，知其大也。侯名璀，以庚子鄉進士授今職，世爲江右弋陽人。

傳記

宋 劉克莊《後村集》卷一五四《太學博士吴公》　公諱炎，其先避五季亂，自蘇遷樵，居於城東八十里之固住。高祖惟復贈朝議大夫，曾祖仁祖祐皆隱君子，父衍贈朝奉郎，母危安人。少以文鳴鄉校，入太學，益知名，尤長於策，士争誦習。紹熙初，元鄭公僑典舉得公卷，擊節擢第十，廷試中乙科，授從事郎，教授桂陽軍學，環郡皆徭也。【略】修蘆浦斗門終，更乞主管建康府崇禧觀祠，滿改紹興府千秋鴻禧觀。

（弘治）《八閩通志》卷三九　汪作礪，淳熙中知軍事，嘗具軍學，改建蘆浦斗門，溉田五百餘頃。

又　郭朶兒，延祐間爲興化路總管，嘗自木蘭陂浚溝引流，環郡東北，與延壽溪會，溉北洋田萬餘頃。又蘆浦重建斗門二，視旱澇而閉泄之，民獲其利。復即陂下建通濟橋，以便行者。

（崇禎）《閩書》卷六一　張仲儀，燕人也，延祐二年爲總管，識達治體，操廉布誠。初總管郭朶兒，創萬金斗門，遷秩，而功未遂。仲儀益開山浚河，引繞郡城以北。重造通濟橋，於木蘭陂砌蘆浦、陳壩二斗門，以殺水怒。莆人謂朶兒善創，仲儀善終。

又　葉叔文，湖州人，正統中丞縣，居官識體，每日公堂癸放，必請長官先。長官曰公第言之，言已復。請長官曰公言盡之矣，復何言哉？終日衣冠未嘗去體，詈人不及其親。先是董倅所築木蘭陂，至是壞郡。檄移叔文往視，叔文曰：葉公初修陂，閘以板傅土，以石傅板，陂所以壞也。築上下堰，涸溪海二流，剔板出之，椓杙入地，深九尺，廣視舊加丈有二尺。乃布石其上，石口吻相餽，九三十二門。每門用舊法，伐石爲楗，附楗立砥柱，壓以鉅石，內疊長石，以接水外。疊長石以送水陂，立水中屹如長防。然又南北洋溝洫，洋城、林墩、蘆浦諸斗門咸以次重新。莆人論修治木蘭陂功，以董倅蔡丞爲最，被經歷黄敏按治坐失官語。在敏、傳江宇，豐城人，成化中丞，醇謹愛民。

雜録

（弘治）《八閩通志》卷七九　朝宗庵在蘆浦斗門之側，宋紹興間建，元毀于兵，國朝洪武九年重建。

（弘治）《興化府志》卷七　延壽溪。縣西北七里，以延壽村得名。首受莒溪、萩蘆溪、漁滄溪諸水，合而爲陂。其尾分流新港、蘆浦、陳壩、端明四斗門，以入于海。

澂瀨堰斗門

明 王世貞《弇州四部稿》卷九七《房縣澂瀨堰斗門碑》　房縣令朱衣上記都御史幕府言：邑故房州遷，人地四塞，亡商賈之羨，其民依樵采而食，所出薄不足以共。以故恒苦饑，而獨邑南有稻田數千畝，號爲肥饒。其所受水出滴水巖，灌溉以時，則收倍它田。而其地高下凡三畈，中下畈以次而受上畈之水，其上畈以次而制中下畈之命。凡水見遏而不下，則弗敢播旁泄而他注之，則弗敢播而下畈，亦時能竊發其防，以使上中畈之立涸。以故恒蓄，爭其爭，能互爲害，而不能自爲利。日者令以行部至田所，具得其狀，乃行屬鄉三老亭父某某課督民之獲田利者，以次受賦。俾環畈而圩之，毋使傍泄。自上而中，而下至綰轂之口，鑿石爲斗門，大者三，小者三十有五，中爲管七十餘。上溢則板以障之，下涸則啓以洩之，凡爲條石之以丈計者二千五百五十五，爲柱者一百十五，爲槽者十有五。役工至三千三百三十，而賦帑金僅六十餘。因與守畈者約，其下畈當受水而不予水者，罰在上畈，不當予水而輒啓水者，罰在下畈。其民皆稽顙聽約束，毋敢犯。竊以爲令遷徙無常久或忽，忘之不以時，飭治奸民，起而修一旦之憤，破毀成業，坐自失計，而歸訾於上。願得幕府之一言，勒石而樹之通衢，以示永永。都御史曰：善乃爲銘，曰周有稻人掌稼，下地豬防溝，遂以洫列，澮楊芟作田，暵澇咸備，惟此山邑，罕覩其利。引流下輸建瓴，斯易比於桔槔，厥逸蓰倍門，此三畈以時啓閉房南穰，穰民靡虞，歲爰戒來者，毋怠成事。

三江斗門

（嘉泰）《會稽志》卷四《三江斗門》　三江斗門在縣東北八里，三江說不同俗，傳浙江浦陽江、曹娥江皆滙於此，舊有堰，今廢爲斗門。東南通鏡湖、運河，北達於海。《史記·河渠書》云：於吳則通渠，三江五湖。《貨殖傳》云：夫吳有三江五湖之利。《國語》、《吳越春秋》載伍子胥之言曰：吳越之國，三江環之，民無所移。謂吳越地舊有三江通渠，貨利足以自殖，民居其中，無所移徙，可也。《史記正義》云：松江，古笠澤江也。上江一名東江，下江一名婁江，於其分處爲三江口。《國語》注云：三江者，松江、錢塘江、浦陽江也。《水經注》云：江水東逕黄橋，下江水又東逕餘姚縣，故城南江水又東注於海，是所謂三江也。以地里攷之，《史記》、《國語》所謂三江，皆在吳，不在越。《水經》云江水逕黄橋餘姚縣南者，乃姚江也，與今三江不合。蓋今江東北流，由直北以達於海，非特泝姚江而後至海也。酈道元叙會稽浦陽江已誤，其論三江不合，固宜按《禹貢》：三江既入震澤底定。孔安國云：江從彭蠡分爲三，共入震澤，復分爲三，乃入海。説者未以爲當，至他諸儒論載各異。如顔師古云：中江、南江、北江也。郭景純云：岷江、浙江、松江也。韋昭云：松江、浙江、浦陽江也。眉山蘇氏云：北江、中江、南江也。王介甫云：義興、毗陵、吳縣三所各爲一江也。禹迹已邈，書傳浩渺，未易折衷。而史記正義獨辨韋昭之注爲不然，蓋以其江在吳越間，似是而非爾。《吳越春秋》云：范蠡去越出三江之口，入五湖之中，《水經》引庾仲初《揚都賦》云：今太湖東注，爲松江下七十里，有水口，分流東北，入海爲婁江，東南入海爲東江。此江又爲三矣。顧《野王地志》云：松江東北行七十里得三江口。東北入海爲婁江，東南入海爲東江，并松江爲三江也。今姑以吳越論之，婁江、東江、松江者，吳之三江也。松江、錢塘江、浦陽江者，吳越之三江也。東逕黄橋，又逕餘姚縣南，及東注於海者，越之三江也。至如錢塘江、浦陽江、曹娥江，今滙爲斗門者，越人所謂三江也。俱存之，以俟博聞之君子。

沙塘斗門

宋 宋之才《沙塘斗門記》《兩浙海塘通志》卷二〇 平陽，温之大邑。萬全，平陽之近鄉，北枕瑞安，材落連亘，水之源於山者八十有四，支分派散，溉民田四千頃。先是走潦，惟沙塘一埭，決於既溢，塞於將涸，雨暘微愆，農不穫者居半，其患非一日也。吳君藴古紹興乙丑捐材爲斗門，以便蓄洩。明年秋，大水迅流，怒濤交攻而圮。又明年，范文正公曾孫寅孫來丞是邑，民以病告丞曰：水利不修，咎將在我。爰度地稍徙舊址之北，前直大浦楗松爲防，累版爲閘，梁空而度者四十尺。浦之上下實以巨石，外以殺潮流怒噬之勢，内以受所洩水，使盤旋洄洑，曲赴於海。經始於是年仲春十七日，落成於季夏二十日。役工於千糜，錢百餘萬，皆二邑民輔之。相其事者吳藴古，協其力者周端夫周誠也。既成之六月，復大浸奔騰之勢，若將破山裂軸者，已而風恬雨息，防峙水渟，雖神造鬼設，不是過也。鄉之少長喜而相慶曰：大哉功乎，今而後謹啓開，節流止旱，魃不吾虞矣。乃屬予書其事，因記其本末，且系以詩，俾鄉人歌之。其辭曰：楗松入水兮，鐵不如。石扞水兮，盪不渝。截然一閘兮，衆流郛。啓乃泄兮，閉乃潴。潦不沒兮，旱不枯。秀我苗兮，實我稌。丞則范兮，士則吳。子子孫孫兮，永志諸。

(弘治)《温州府志》卷五 沙塘斗門。在六柳壬萬全、東鄉、南社三鄉之水，皆赴馬。宋紹興三年，太博吳藴古創築，廢累數千萬，爲屋七間，用巨水交錯，堅若重屋，虚其中三間之上，層置閑馬，寤置厚板，體土建絡。塘岸又多沈石，攢揵以共敵水勢。明年圮，丞菟寅孫稍徙舊址，比築之。乾道丙戌，海溢斗門，塘埭俱空，朝廷置，唐郎中、宋提舉相視徙内數百步。淳熙乙未，瑞安令劉通往，平陽令楊夢齡率三鄉人共修築。晟乙巳令越伯僧與藴古、丁真文、孫帥尹維成之，稍仍舊規，而澤廣喻三之一。鑿石爲條，爲板，爲有，爲兒牙錆，施之錐以屢。凡侍郎徐復和閣蔡必勝作亭其上，立石曰召杜亭。沿塗于有漲，全請于官，募人耕之。晟入祖設三百石以備修葺，自此斗門成。慶元間，簿趙希祐重修元初斗門，約根田入官，自是修理無晋故圮。至元十八年，黄一龍、吳純夫、陳則翁修理，作亭其上。二十四年丁亥，颶風亭仆。二十六年，黄一龍、吳時亭重建。大德丁酉，海溢，與附近塩場俱蕩，仍修之。至正壬寅，風朝復圮，邑人周誠德寧三鄉之民重築，僧濟所任，其役歲修用成。國朝洪武乙卯七月，颶風海溢，令葉素德仍命僧遣所修。葉景泰間，林賁甫、標偉俊重修。成化閏，王令岳修召杜亭。

明 徐誼《重修沙塘斗門記》(弘治)《温州府志》卷一九 平陽、瑞安，治相望三十里。其三鄉，南西負山，北東遵海，爲田四十厄畝。上蓄衆流，下捍潮鹵，有沙塘爲之城壘。潴其不足，洩其有餘，有斗門爲之喉襟。先是村落各爲埭，以潴洩水，澇時至莫肯先決，命係焉非小小也。幾千百年而得大常，創意以興建。又五六十，年而得三賢侯，與通真父子同仁篤義，展力畢志，殆庶幾於久，非易易也。凡我三鄉之人衣食，事育於斯，修禮教資宦學於斯，可弗察乎？然以天下之大，視此三鄉之事直小小耳。自有天下以來，聖資君子，闢荒補弊，主張維持，以迄于今。其事之當修而蓋缺，屢舉而難成者，又不知其幾。視此斗門，直易易耳。凡我同志，推太常之心，與三賢侯，若通直父子之事，苟可以舉斯而加彼也。可弗勉乎？太常諱蘊古，楊侯諱夢齡，趙侯諱伯檜，劉侯諱龜從，通直曰奐文，國學曰師尹，而余則徐誼也。

（弘治）《温州府志》卷五　嘉定初，汪令季良以瀕江士民之請，刱埭於黄浦，以截大江。既而隨葉隨毁，裹諸鄉，工費甚巨，迄無續用。蓋以江面廣闊，潮至此方盛，加以溪流奔衝，外攻齧不容力障故也。自後縣北之沙塘斗門、縣南之陰均斗門最爲民田利，而黄浦埭之議遂閣。

又　横河埭。在南社鄉以河名埭，其河南通平陽、萬泉鄉，東連沙塘斗門，脈絡綿達東萬大江，以壞限之。宋乾道丙戌，水灾，埭陷田漫，唐舉使相地，凡葉響朝，内蹇河以副之，有是埭址，竪固蓋砂塘半門，嶼河埭捆爲餍響。

又　揄浦斗門。在南社鄉揄浦廢，文止存石杜，後修建沙塘斗門，逐築埭，今爲坦途。

石崗斗門

綜述

宋 陳傅良《止齋文集》卷三九《重修石崗斗門記》　元豐四年，宋興百有餘載矣。郡承趙屼景仁行縣，與令朱素履常、隱士林石介夫賦詩記事，則有觀石崗斗門之作。是時，國家方修農田水利之政，通守與其屬邑，若布衣巡行阡陌，咏歌民事，而郡守李公鈞報之以詩，亦相勞苦，往還如交游，豈不盛哉，而事何患不集者。然詩不著其所始，則有門舊矣，不知其起何時也。紹興之季年，屋閘俱壞，獨兩股岸與溝底以巨木爲之長，或三丈而厚徑尺，有屹然存者，往往朱令之遺迹也。余爲兒時，逮見父老多喜道斗門事，蓋門始附穗豐山之南址，以距海遠，寫水不効，而議遷置，三鄉之人聚訟不決也。須時潦至乃，爲木鵜數十，即并山諸水所發源縱之而觀，其所會則旦日會於石崗，又患其平壞不能音。耐歲月涸而審之，皆磽角沙磧，與地名不謬。穴以鉏鍤，率人日得土盈斗，於是定遷，則其謀始甚長，雖更元豐之盛，人精其能，慮不可易。浦堙而門廢，民乆病而官不省。乾道間，莆田劉朔爲司户，喜事及物，隱士之孫以告劉，輒率余夜詣門所。遲明，天大寒，垂垂欲雪，招漁舟泥行數十里，役夫皆凍，慄幸且已，而劉不已，竟遵海堧，引絙以度其浦修廣之數而歸。白郡，郡不果聽。又三年，故國子司業王公速爲守，嘗用錢五十萬、民夫二萬四千，通其故浦。然是役也，浚浦之功居多，而以餘力及門，唯支傾填漏苟完而已。蓋以俟後之人，而復不省，浸趍於廢。知州事李公棫與通判謝公傑慨然念之，謂主薄石宜翁能以錢七十萬俾治其役，發視遺址，則股岸之木蛆食之過半，底板亦浸淫漱嚙，穿蠹百孔矣。知縣事劉龜從又勸得民錢六十萬，而縣自助致五萬，宜翁因擇其鄉之秀黄廷瑞者三人以涖匠，以石代木，撤舊而新之，爲岸若干丈，爲底若干丈，爲閘之裏蔽若干丈，益其柱若干，爲若干上，爲覆屋旁，爲輔梁，凡百。可乆無不臻，極不惟還吾民之利如初，而又過望訖事。公以劉石之請，屬其爲之記。嗟夫！自元豐至于今，又百有餘載矣。人多言時不同，吏道相繩切，益薄顧事，無可爲者。惟公惇大樂，易不以獨見之明，治郡謝公以風流文雅，時出而緣飾之，上下相安，闔境自以無事。因以整暇之際，出帑錢四百萬，治三邑之道阻，而且爲此門，既付之人，則一聽其自爲淹，速良未嘗過門饋勞，時至無以簡書。故其人不以見察爲憂，而以欺爲耻。務趍其難用情於文具之外，以求追元豐之迹，尚可以想見承平盛時爲長吏者之意。向使紹興之末，官與民同患，如此則必不壞。使劉司户之説行，雖壞亦必不極。近十五六年間，有補門事之缺，猶不至如今日大費甚勞而難復。然以積壞之極費大而勞甚，視元豐特爲難，而卒復之事之廢興，要亦顧其人如何爾。但曰時不同，事無可爲者，吾不信也。淳熙十二年三月。

（嘉靖）《瑞安縣志》卷二　石岡斗門在韓田，長四丈八尺，帆游歲秦、清泉、三鄉、山溪之水流，爲支河八十有四，咸趨石岡，注田二千餘項。舊傳：斗門始附穗豐山南趾，因距海遠，洩水不駛，民議遷之，不決。乃須時潦爲木鵜數十，即出山諸水源，縱之而觀其所會，則明早會于石岡，又患平壞，不耐歲月，候涸而密之，皆磽角沙磧，遂定遷，其來久矣。宋元豐四年，朱令素重築，時與趙通判□隱士林石觀此賦詩，有久壞復完君識逮之句。紹興末，屋閘俱壞，獨兩股岸與溝底巨木屹然猶存。乾道二年，王守遠用錢五萬，委黄尉度易閘布底，稍增砌股岸，又於旁立護柱。淳熙十二年，李守棫、謝通判傑以錢七十萬委石簿宜翁治其役，發視兩股，溝底木壞。劉令鼂從募民錢六十餘萬，以石代木，盡撤其舊，上爲覆屋，旁爲輔梁。歲久浦斗門亦壞，國朝宣德間何守文淵訪隱士虞元璩議而修之，民賴其利。嗣是淖泥日壅，水洩不駛，每遇淫雨，田禾淹没，以致輒開北門，大埭水勢一决，不可卒築，而旱涸立至矣。便宜詳北門大埭下有陳止齋記，見藝文。

傳記

宋 樓鑰《攻媿集》卷九〇《國子司業王公行狀》 公諱速，字致君，姓王氏，上世居大名，蓋三槐晋公之别派。會河决，遷墳墓于洛。高祖贈吏部尚書，軫徙于陳之宛丘。建炎南渡，待制再爲户部侍郎，終工部尚書。寓居越之餘姚，今遂爲餘姚人。公幼警悟，絶人書，一讀輒不忘。建炎二年，金人破宛丘，公年十一，被擄，能以婉言脱禍。至幽燕久之，會調發騷動，脱身走河朔，復歸宛丘。日爲南河計，嘗默寫舊所記《論》、《孟》、六經、《爾雅》，教受汝潁間。時作歌詩，蓋未嘗一飯忘君親也。紹興八年，中原戍兵，有自拔而南者，公與之俱，遂達行在。所自是益耽玩書史，一試入太學，在諸生間已知名。二十五年，以尚書郊祀恩補登仕郎，明年春中銓試第一，循右修職郎，特差兩浙西路安撫司准備差遣。【略】乾道三年，除知台州，會永嘉闕守，執政以海溢之後，艱其選擬，試郡有績效者五人。上曰近嘗令王某守台州，未行此良吏也。遂除知温州，既至，一意摩撫，寬猛適中，除積歲無名之求，罷廚傳不急之費。公未嘗更州縣，而公庭無留訟，屬邑無吏迹，雖老于吏事者不逮也。水利多廢，得内帑錢二十萬，盡心力而爲之。擇縣官之能者總其事，召鄉之士有才幹者董其役。如朱浹埭、瑞安塘、路石岡斗門功役浩繁，皆不日而成，民蒙其利，泛傷流移之餘，歲事屢豐，士民怡愉，遂爲樂土。郡人畫像于州之普覺寺，祠之至今。

又 卷九七《集英殿修撰致仕贈光禄大夫曾公神道碑》 公家永州，始居湖之德清，公幼警悟，能言即知讀書。正奉語公曰：吾家由密魯二公至，而祖雖皆取科第，然師友淵源，非止利禄而已。汝當志其遠且大者，因銘其書室曰求已，以勉之公服膺義，方益自刻勵，從名儒授毛鄭詩。紹興三十年，入太學，端明汪公應辰爲司業，深器之。隆興元年，賜進士出身，授左迪功郎，泰州海陵縣尉兼主簿。【略】具舟筏畚梮以濟捍之極意，賑恤奏蠲丁錢數千緡。水退修築瑞安石岡及平陽三斗門，爲東塘，以殺其衝，皆使可久，至今人賴其利。

紀事

（嘉靖）《瑞安縣志》卷三 石岡斗門，閘夫二名，每名銀二兩。

雜録

（弘治）《温州府志》卷五《岑岐埭》 岑岐埭。在悦道鄉，宋淳熙間變穗場，塩亭户築小鮑埭，埭下爲塩土亭，壇又於埭旁鑿河，通運薪滷。每歲潮水淹溢，頗費築持，民甚病之。近各號小河遞塩場舟運，寒故河上有河决灌田，應石崗斗門，不妨水利。

新港斗門

（弘治）《八閩通志》卷二四 新港斗門。舊名慈壽，宋端明學士蔡襄創。紹熙二年，知軍事趙彦勵重造，溉田一百八頃。元皇祐元年，總管郭朶兒遷于新港，因改今名，郡人柯舉爲記。國朝宣德五年，縣丞葉叔文修，郡人陳道潜爲記。正統二年，主簿唐禮重修，郡人林文爲記。泄口斗門。在仁德里，天順四年，知府潘本愚重修。已上四斗門俱府城北。

秀水斗門

（嘉靖）《湖廣圖經志書》卷一八 秀水斗門。在縣學右一十步，宋端平間太守龔穎篆。

明 陳洪謨《善卷古壇八景・舟水斗門》（嘉靖）《常德府志》卷一九 郡治開江面，清流引地中。匝城二三里，凝秀今古同。高扁書賢守，嘉祥訝海翁。平巒何足筭，文運此方隆。

又《秀水斗門》（嘉靖）《常德府志》卷九 石壁中開引素波，靈源鑿透演滂沱。清光動盪金莖露，勝迹流傳玉帶河。貝闕春雷翻錦鯉，珠宫夜月扣章鮀。雨晴更愛清奇處，一片雲簾捲幔羅。

陰均斗門

綜述

宋 林景熙《霽山集》文集卷一《重修陰均斗門記》 平陽瀕海，而州水利多斗門。爲大斗門八，陰均爲大。陰均斗門者，金舟東西四鄉之水赴焉。嘉泰汪令君季良創也。其毀家以相，林君居雅也。今故碣猶在越百年，穿漏就圮，河流有洩無蓄。海潮大時澎湃衝突，逆入河，皆爲田害，故歲多歉而民貧。請於官，官置不問，縱有問者，吏持片紙急其都，都急其民，交相漁獵，迄無成功。大德九年，州判皮侯元一日公退，與客相略民利，有以陰均言者。侯愯然曰：吾責也。會歲侵，又不敢震，其民展轉于中。聞蘆江報恩寺有謂師曰融，梵行精實爲衆信，侯致尺書，詞語懇篤，願借師力以成。師得書喜曰：成此非細利也。侯有命，其敢不承，乃擕短疏道侯意勸化，義風所激，壹皆樂從。遂廣置合用料物，以十一月經始，先築上下堰，決水施工，甃石㵎斷，石限更板閘二十四層，纖鎛必苴，表裏堅好。侯相勸之使，旁午于道。十年二月訖工，侯視成，春波溶溶，演漾渟止，河伯寧，海若伏。父老驩相語，凡此駿功，師之力也，侯所命也。微侯，吾且爲魚，况能耕稼以食其土也？由是三十六源得蓄泄之宜，四十萬畝免乾溢之患，有年將不一書其利博哉？夫以利人者，役人雖出有司，法以繩之可也。侯立心仁恕，唯行所無事，不叫嚣而集，不鞭笞而辦，誠動誼感，匪師曷遂不然。民方倚侯爲父母，侯豈不自信，而尚假浮屠以信於人也。衆請礱石屬予記，歌曰：今侯昔令，前汪後皮。屹兹斗門，流德海涯。海涯之德，河洛之思。後有作者，其視兹碑。

（弘治）《温州府志》卷五 陰均斗門在金舟鄉，洪武元年令梅鎰率鄉民修築。

傳記

明 王圻《續文獻通考》卷五 九年，温州判皮元重建陰均斗門。初金舟東西四鄉之水赴於陰均、樂清，邑令汪季良建斗門制之。後圮壞，河流有無蓄。海潮大時，澎湃衝突，逕入河，皆爲田害。故歲多歉，而民貧。至是，皮元奮然致書報恩寺講師，緣募物料，先築上下堰決水更板閘二十四層，而以上三十六源皆得蓄之，宜溉田四十餘萬畝，民爲碑以頌之。

紀事

（嘉靖）《浙江通志》卷一二 又六十里曰傘蓋山，枕于海，近海曰陰均斗門，宋邑令汪季良創，元大德九年，州判皮元重建。

嶼頭斗門

（嘉靖）《瑞安縣志》卷二 嶼頭斗門，乾道丙戌壞，紹興間既築徑浦大埭，遂築斗門，仍於斗門架橋三間，每間石板四片，中用板洩水，去城西一十五里。

（崇禎）《長樂縣志》卷四 嶼頭斗門在十一都，舊有石斗門二座，勢高不能洩水。萬曆二十八年，工部蔣公行義，率里人改造直拼溝口。又有雙筋塘，以洩洪流，遇内田受浸，即行開掘，以保萬畝稅田堰户不得阻撓。南北海塘自陳沙圳至石馬溪一帶千餘丈，名曰虹堤，里人陳拱卿培插樹木數萬餘根，鞏固堤土，以禦鹹潮。世永賴之，盜砍樹木者有禁。塘之內有官溝，南通陂水，北乃奉旨欽立壩限，爲六鄉水利之界。塘之外有三堰，蓮花、和魁、報恩，元朝俱廢。至萬曆十八年，復圍。崇禎十二年，堰户叛規洩水，大妨内田，訟諸院道。知縣夏允彝親勘熠堰前民田，相平設木桶爲水限，勒碑在十一都。

朱儲斗門

綜述

宋 沈紳《山陰縣朱儲石斗門記》《會稽掇英總集》卷一九　朝廷方修天下水職，乃命知山陰、會稽二縣事者提舉鑒湖。嘉祐三年五月，贊善大夫李侯茂先既至山陰，盡得湖之所宜，與其尉試校書郎翁君仲通始以石治朱儲斗門八間，覆以行閣，中爲之亭，以即二縣塘北之水。東西距江百有十五里，摠一十五鄉，溉田三千一百十九頃有奇。昔之爲者，木夂磨齧，啓閉甚艱，衆既不能力，當政者復失其原。每歲調民築，遏以苟利騷然，煩費無紀，而水旱未嘗不爲之戚。大夫之治如平，一身之疹，必先寧其心，而鍼砭以輔之，誠良民醫也。故邑老助教虞元昱率門長季文用、周文寵，願發貲以聽命效力，唯恐在後。遂擇天章寺元聳相與募財，屬之成功。明年秋，衆以其成請書於紳，而爲之辭曰：越比北東兩山，東湖傑石，中蹲澌流，於江噤木植門。自古邦侯，淫霏虐陽。時其畜施，衣食其腴。豐公逮私，歲卒無虞。酣酣笑歌，木腐不支。築壇以勞，孰究孰惟。民夷有來，大夫至止。手摩百疾，始而眺睎。徐迹本末，校書嘉聞。胥抃奏勤，汗肌骭塗。莫我告煩，唯虞季周。倡勇莫遏，唯聳群悦。貲來雲委，乃礱于山。壁削林立，踰時門完。芘有寧宇，沸川闐郊。萬夫聚觀，匆憂匆恫。繇吾二君，材美工堅。曷日之單，智經其初。仁以紹承，司命爾民。敢告後賢紳，將爲之記，考其言於勾踐曰：宗廟社稷，在湖之中。乃知後漢太守馬臻初築塘，而大興民利也。自爾沿湖水門衆矣，今廣陵亹娥是皆故道，而朱儲特爲宏大。及觀地志，與鄉先生趙萬宗石記，則謂：貞元中觀察使皇甫政所造，此特紀一時之功爾。後景德二年，大理丞段斐爲縣修之，其記存焉。繇漢以來且千歲，惟政斐二人，名表於世，而人不忘。至大夫始建不朽之績，宜悉其論次章示來，代以慰吾民之思。是冬十二月丙戌，謹記。

宋 邵權《越州重修山陰縣朱儲斗門記》《兩浙金石志》卷六　越之爲州，右江而左海，鏡湖巨浸，環繞郊郭，民居田畝，園囿廬舍，凡所以養生之具，苟不在於崇山峻嶺，則必出於廣川巨澤、洲坻島嶼之上。動出入息，非舟檝莫濟，民有自生長至耆艾不識陸事、輔郭縣。山陰會稽田切於水者三千一百頃有畸，而膏腴在焉。其自城抵湖，自湖距海，形勢高下，遞若階級。《圓經》言：湖水高平疇丈許，平疇高海丈許，故水不常存，然農事亦不嘗資乎水，此蓄泄所以多斗門，而朱儲之利特爲廣博。肇興於唐貞元中皇甫政爲觀察使時，而至於今，屢作不廢也。皇甫之迹無所於考，大抵當衆浦之會，因兩山之門，得地南北二十步，兩端稍詔，則鑿而通之，桓木爲柱，衡木爲閘，分爲八間。其中石阜隆然，則存而不鑿，此其制，蓋已可尚矣。植陴測水，時其啓閉焉。然後二邑之田，遠近高下，泄之無不及之淵，蓄之無不沃之地。吁！可謂善矣。自貞元訖唐，踰五代至我宋景德，歷歲百數十，其間毀壞至不可用，則築塘擁之，用力勤而收功寡，人以爲病。山陰隱者趙萬宗號跛鼈先生，因知縣事段斐哀財於衆，而興之斗門，復建稍易以石，民實賴焉。嘉祐二年，縣官有適當其弊者，先是虞君元昱以發私財賑鄉曲之饑，誥授州助教與其鄉人及浮屠元聳出力營治，而斗門内外自閘之餘無所不用石矣。上覆行閣中爲大亭，於石阜之上有足觀者啓閉之，悉歸有司。於是乎始厥，後斗門多居人，閩商海舶欲交易是邦者，往往由浦而上，間苦潮微沙湧，舟不達於近滸，而非啓放之時，則相與刓限，剔閘盜池之號曰洗浦。自是稍失緜密，斗門之用心利，於泄而不利於閉，旱暵仍歲矣。元祐元年，内翰邵武黄公以龍圖閣學士出爲越州，始至，問民所病，皆曰會稽十鄉苦瀕巨海，而塘護不固，人將爲魚，朱儲斗門，民食所繫，而歲久不葺。越明年春，公既爲發常平餘錢築塘捍海，人競歌之，謂得未曾有矣。又爲度斗門所費，會朝散大夫嘉禾朱公來倅府事，樂贊其謀。於是進士虞叙聞而悦之，曰：是將無所俟公家之貲矣。叙，元昱之子也，居欲纘襲父志，故其於此能鋭然，率鄉里善士，輸財協力，而與道士翁懷辯，躬任其責。公命縣主薄蕭君服董其事，於是蠲日庀徒，分八閘，以前後其工防役，時壅溢之暴，其摹畫制度，悉因前人之善者，乃若因時損益，則相地宜原，物性而加之意。閘底舊坫以石，限地有不平，則粉石爲灰，以實其下水。漱灰釋隨穴而滿，今爲度地之形，稍平易治，則礱錯之例，覆石版而置限其上，否則鑿地石爲渠，而納限其中。至夫閘掬之金岸，甃之甓木之易蠹者易以難，石之善潰者易以堅。亭閣之旁垣墻而護之，委八閘之一，低其木焉，每泄灌浦以爲商舶之利，皆所以救弊而圖安，防侵而杜毁也。公具酒醴，浮舟而勞之。經始於三月辛酉，訖五月之丙寅，爲夫二千，用錢五十萬，爲日六十有六，而告成焉。郡人方德公之賜，而公移舒州田父野老，嘻吁而相謂曰：斗門其成，公其去我矣。咸願得公，再游其上，庶幾於公風采，得覘其詳，以釋吾心。公從之州人，乃相與繪公之像，生祠之。咸願述其事，而權適在越，朱公樂推公美善，因民情一日顧謂權記之。夫先王定四民之業，以均節天下相生養之道，惟農爲勤。其水旱之際，甽畝之間，有大利害焉。欲興除之，非得爲其長者惻怛而從之，則常見其沮遏而難成。賢侯善令，欲興除農畝之利害，非得其所部之人勸功樂事而克，相之則多見其功，實之不立，至有嗸然，坐視曠數，十世而人不獲其益者，非一二也。公之爲州，能同其憂樂，適其避，就昔所利者，今必存其所害者，今必去昔所有者，今必具其所無者，今必有非特於斗門，見之一言，語一禁令，悉能當人人之心，而無慮拒，不協之態，則公之爲賢大矣。權嘗獲從公游，故樂爲之書。而聞越人之於公有跋，戀不足之意也，復繫之詩焉，其辭曰：

越城言言，江海掖焉。湖湛一鏡，郊縈百川。渺渺巨浸，畇畇大田。越人衝衝，生長乎水。孰營其居，島嶼洲沮。孰致其行，舟檝是倚。農桑耕作，園囿種蓺。防旱決溢，曲爲之制。其制伊何，斗門是肆。有山曲阿，川谷萃止。以蓄以泄，以閒以啓。悦新而完，愠斁而圮。公之來斯，究爾民瘼。聆以是告，爰咨爰度。士有執功，官有護作。公之宴斯，泛泛其舟。載酒及羞，野詹于艽。以勞勸爾，匪遨匪游。適觀厥成，殖殖其砥。重門複衡，列植齒齒。門之闢斯，若蕘若轟。虩虩巨震，可觀可驚。公曰咨爾，邦之農父。爾則既殫，爾利靡盬。善鎊爾躬，及爾孫子。啓閉以時，民食在此。咸拜曰俞，我公是若。勿愆勿忘，勿毁勿削。繄公之誠，寔寔其有。何以榮之，椿柏之茂。維公之德，正直是守。何以永之，喬松之壽。有金石渝，有寒暑易。頌之其昌，永矢勿熄。

元祐三年四月望日，承議郎知越州山陰縣事兼提舉鑒湖武騎尉丘述，雄州防禦推官知縣丞莊柔正立石，趙琪刊。

（嘉泰）《會稽志》卷四　朱儲斗門在縣東北二十里，唐貞元初觀察使皇甫政鑿。玉山、朱儲爲二斗門，以蓄水。後築塘湮廢，景德三年，知山陰縣大理丞段裴改造。嘉祐三年，知縣李茂先、尉翁仲通更以石，治斗門八間，覆以行閣。閣之中爲亭，以即塘北之水。東西距江一百一十五里，溉田二千一百一十九頃，凡所及者一十五鄉，里人沈少卿紳撰記。略曰：沿湖水門衆矣，廣陵、曹娥是皆故道，而朱儲爲大。曾南豐《鑒湖序》云：去湖最遠者，朱儲斗門也。

雜録

清　顧祖禹《讀史方輿紀要》卷九二　越王山堰。府北三十里，唐貞元二年觀察使皇甫政鑿山以蓄洩水利。又府東北二十里，有朱儲斗門，北五里有新河，皆唐元和十年觀察使孟簡所開。西北四十六里有新逕斗門，則太和七年觀察使陸亙所置也。

（嘉慶）《山陰縣志》卷二〇　朱儲閘在縣西北三十餘里，唐觀察皇甫政建。宋郡守趙彥倓以潮水爲患，築塘包截小江，開通此閘，改爲護家閘。案徐次鐸《復湖議》以玉山斗門即朱儲斗門，今朱儲村距玉山尚遠，蓋亦約略言之耳。

溝部

概説

論説

宋 宋祁《景文集》卷二八《乞停開溝洫札子》 臣伏見景祐編敕，應天、開封府界宿、亳、曹、單、棣、許、陳、蔡等州溝河，逐縣令佐如能在任多設方略，勸誘部民開道通流，別無時雨滲潦田苗，并許批上曆子，及本處保明聞奏，令佐與參選注家便官。臣昨知陳州日，體問得諸處縣令主簿，爲見有此條貫，只是逐年一度差公人下鄉，取責户長等狀，稱勸誘到百姓開導溝洫河道，并得通快，別不滲損田苗。文狀申縣，本州據縣狀批上本人曆子，得替日，依例保明，便該參選注家便官。其實每年無一户一工曾開治溝洫，本官亦不曾按行勸誘。所有每年滲損田苗，放卻二税，卻稱是外處横水入界，致滲殺田苗，不是本處雨水滲潦。似此，不惟選人僥倖，顯屬罔冒朝廷。臣愚欲自今後停廢上項條貫，更不行用。今日以前，已在銓參選人，乞不追改。取進止。

宋 鄭樵《六經奥論》卷六《溝洫辨》 遂人云：十夫有溝，百夫有洫，千夫有澮，萬夫有川。若案文讀，則一同之地有九萬夫，當得九川，而川澮溝洫不幾太多歟。《匠人》云：井間有溝，成間有洫，同間有澮。若案文讀，則一同之地，惟有一澮，不幾太少歟。鄭氏求其説而不得，注《遂人》則曰：此鄉遂法，以千夫萬夫爲制，注《匠人》則曰：此畿内之采地制，井田異於鄉，遂及公邑。考尋鄭意，以二處不同，故謂鄉遂制田，不用井畫，惟以夫地爲溝洫法。采地制田，則以田畫而爲井田法，是以《遂人》、《匠人》制田之法，分而爲二矣。求之於經，則無明文詳考。《匠人》、《遂人》所載溝洫制度，無不相合，何用立爲異説，分制田而爲二，但講求《周禮》者未精耳。

今畫爲圖以示之：《匠人》之制，舉大槩而言。遂人之制，舉一端而言，無不合者，一成之地九百夫，一孔一井，井中有一溝直一列，凡九井，計九箇溝横通一洫，直是十夫之地有一溝，百夫之地有一洫，九百夫之地有九洫，而爲一成之地。若一同之地，有百成九萬夫，一孔爲一成中有九洫直横一列，凡有十成，計九十洫直通一大澮横，横九澮而兩川周其外，是謂九萬夫之地，合而言之，成間有洫，是一成有九洫，同間有澮，是一同有九澮《匠人》、《遂人》之制，無不相合。周家井田之法通行於天下，未嘗有鄉遂采地之異，但《遂人》以一直言之故，曰以達於畿匠，人以四方言之故，止一同耳，而溝洫井田之制，未嘗有異也。

明 袁黄《溝洫考》《明文海》卷一二一 禹之治水，決九州，距四海，浚畎澮距川，如是而已。古者，溝洫之制，耜廣五寸，二耜爲耦，一耦之間，廣尺深尺謂之畎，田首倍之，廣二尺深二尺，謂之遂，遂上有徑。九夫爲井，井間廣四尺深四尺，謂之溝。溝上有畛，方十里爲成，成間廣八尺深八尺，謂之洫，洫上有涂，方百里爲同，同間廣二尋深二仞，謂之澮，澮上有道，九澮而川，周其外焉。川上有路。夫曰畎，曰遂，曰溝，曰洫，曰澮，皆行水之區也。曰徑，曰畛，曰涂，曰道，曰路，皆防水之堤也。徑廣二尺，高如之，止容牛馬。畛容大車，則廣六尺。涂容乘車，一軌則廣八尺矣。道容二軌，路容三軌，八尺爲軌，容三軌則廣二丈四尺矣。今之高大者，莫如遥堤，其高廣孰有過之者乎？

夫九川者，江、淮、河、漢之屬也，既皆安流以距於海，則天下無水患矣。又復浚、畎、澮以距川，則田間水道縱横，四出即九川有變而溝澮，皆通平地，無不容之水矣。禹後千餘年無河患者，以井田未廢，而溝洫猶存也。夫聚衆水於一川，勢或不能受，而溝洫之制，明則百里之内九九八十一澮爲洫者，八百有十爲溝者，八千一百爲遂者，八萬一千而爲畎者，八十一萬即有横流之水，支分縷析，何所不容，而其爲道爲路者，又高厚足以障之。夫以百里之地，而有路八十一條，是有遥堤八十一重矣，尚何憂水患哉？

今則異是，中原之地千里無渠，旱則平原龜拆，潦則瀰漫横野，又以河、淮三瀆并爲一川，傍無所洩，下無所歸，安保其不決裂四出而重爲民害也。爲今計，但就所築遥堤而經畫之，如其離河十里也，則長亦十里，而畫爲一成，千井之地授之民，而九取其一，或不及十里，而止於六七里，則減而畫爲數百井，或過十里，而至於二三十里也，則加增其井，而以次畫之，不取必於一時，但畫井定界，以漸修浚，長短曲直，各因地勢，縱横蓄洩，各因水勢，田功既舉，水道益通，寧憂河哉？

從來治河者，舉國家數百萬緡委之溝壑，而不爲地方興尺寸之利，今果行此，則中土流離之民計口授田，世爲永業，尚何藉於江南之轉輸矣。夫水者，天下之大利大害也，不資爲利，必潰爲害。人惟知其害，不知其利，故畏水者多，愛水者少。聖人則不然，大禹當懷山襄陵，與水爲仇之日，而反引河南下曲折東行，環遶畿甸，若與之甚昵，甚暱者，誠熟審於水之情，明於利害之數也。故溝洫之制，不可不講也。

明 梅鼎祚《東漢文紀》卷二《疏導溝瀆詔十年三月**》** 堤防溝渠，所以順助地理，通利壅塞，今廢慢懈弛，不以爲負。刺史二千石其隨宜疏導，勿因緣妄發，以爲煩擾，將顯行其罰。

清 陸世儀《論溝洫》《清經世文編》卷一〇六 《遂人》職曰：『凡治野，夫間有遂，遂上有徑；十夫有溝，溝上有畛；百夫有洫，洫上有塗。千夫有澮，澮上有道。萬夫有川，川上有路。』《注》謂萬夫者，方三十三里有奇。此亦大概以成法言耳，不可泥也。

古人治地，必因水利，而水性趨下，河形無常，如伊、洛、澗、瀍之類，皆川也，然不可以方計也。即如我吴，『三江既入，震澤底定』。三江皆川類也，然不可以方計也。

乃若遂人之法，則可因三江以明之。三江之水，自湖達海，長互百餘里，深廣亦數十丈。而江之兩旁，或十里，或五里，則有縱浦。縱浦者，江之支流也，故其深廣則稍減於江。縱浦之兩旁，或三里，或二里，則有横塘。横塘者，又浦之支流也，故其深廣又稍減於浦。至於塘之兩旁，又有港汊，港汊之兩旁，又有溝渠。其深廣以次更減。而凡江、浦、涇、塘之上，莫不有岸，是可以知《遂人》之法矣。萬夫有川，三江也。川上之路，則江岸也。千夫有澮，縱浦也。澮上之道，則浦岸也。百夫有洫，横塘也。洫上之涂，則塘岸也。十夫有溝，港汊也。溝上有畛，則港岸也。夫間有遂，溝渠也。遂上之徑，則塍圩也。此即遂人之法也。不徵之實境，而拘拘求紙上之圖，豈不悖哉！

治地之法，與治兵不同。治兵由寡以及衆，治地自大以及小。故善治兵者，必先定隊伍，隊伍定，而後千夫、百夫，以至數十萬之衆，無不可就約束；善治地者，必先浚大川，大川浚，而後縱浦，横塘以至港汊、溝渠之屬，無不可就條理。知隊伍而後可以談八陣，知浚川而後可以論溝洫。今之談八陣者，泥八門之説，而隊伍之閒，亦欲以八起數，是由衆以及寡也。論溝洫者，泥《遂人》之制，而萬夫之川，亦必以爲周三十里，是自小以及大也。何怪乎議論煩多，迄無成功哉！

清 胡蛟齡《籌淮北溝渠事宜疏乾隆十五年**》**《皇清奏議》卷四六 浙江道監察御史臣胡蛟齡謹奏爲敬籌疆理淮北事宜以甦民困事。竊江南徐州府屬之邳、宿諸州縣，海州并所屬之贛、沭諸縣，皆係河、淮下流，而海州上承東省來源，下游逼隣海浦，每春夏之交，栽植甫畢，横流隨至，渺瀰一片，不見阡陌。窮民有種無收，應輸正賦，不能常年請豁，歲歲停緩，終須帶徵，積欠在身，譬則負戴千觔，不得伸眉仰首，民困蓋已極矣。

近者屢蒙思旨，叠次蠲除，并令督撫河臣，會同查勘，設法疏通，而水患終不能免。竊思淮、徐土著之民，既不可遷徙遠適，又不能力與水争，田廬室宇，動遭淹没，勢將何所底止？謹按明人治河之議有云：『宜於濱河之處，倣江南圩田之法，多爲溝渠，使足容水。』臣愚以爲此議或難驟行之於北，而似可通用之於南。今臣訪聞徽州人民寄居海州者，每置買田畝，周圍築堤捍水，堤内多爲溝洫，堤間安設斗門，相時蓄洩，一如圩田之制，無論旱澇，歲獲有收，此則成效已經顯著。又查乾隆十一年八月，内原任吏部尚書高斌會同原任督臣尹繼善等，於欽奉上諭事案議將海州一屬，令地方有司勸諭居民修築圩岸，其隣接海屬之宿遷、桃源、清河、安東、阜寧等縣，亦一例辦理，以期共收實效。

今數年以來，該處作何辦理，其實在情形，無從委悉。伏祈敕下督撫諸臣，查照前議，嚴飭地方有司，勿以粉飾邀名，勿以畏難中止，勿以未經查核，恐干失察，通同隱匿，致隳已就之緒。仍遴委大員，帶領諳練農民，親身經理，并將作何督率推行，堪於數年内續成大功之處，確切定議，恭候明歲聖駕南巡，於相視河、淮之暇，臨期奏請裁決，庶淮北百萬窮黎，幸護更生，而皇仁萬世永賴矣。

清 戴震《戴東原集》卷二《匠人溝洫之法考》 一夫百畝，田首有遂。夫三爲屋，遂端則溝。屋三爲井，溝在井閒也。井十爲通，溝端則洫。通十爲成，洫在成閒也。十成爲終，洫端則澮。十終爲同，同溝於川，澮在同閒也。南畝而耕：畎縱遂橫，溝縱洫橫，澮縱川橫。東畝而耕：畎横遂縱，溝横洫縱，澮横川縱。絶大爲之澮，非人爲之川。《詩》曰：南東其畝。因川制田歟？

成方十里，洫十有一，計其田畔，竟十里者二十，凡三萬六千丈。從鄭君説：三十六井治洫。蓋九夫共治千丈。同方百里，澮十有一，計其田畔，竟百里者二十，凡三十六萬丈。從鄭君説：三千六百井治澮。蓋九夫共治百丈。澮深於洫近倍，大於洫三倍有半。水强侵敗，隤高就下，治之難易，澮十倍洫。

先王不使出賦税之民治洫與澮，而爲㳒令民治洫澮者，當其賦税。故農政水利之大，皆君任之，非責之民。及其失也，竭民之力，畢以供上。於是洫澮不治，井田所繇廢也。中原膏土，雨爲沮洳，水無所泄；暘爲枯塵，水無所留。地不生毛，賦減民窮，上下交病矣。

清 沈夢蘭《五省溝洫圖則四説》《清經世文編》卷一〇六　溝洫之法，先視通河以爲川，次視支河小水及地形低窪、便於疏浚、省工力者，每距二十里爲一澮，川縱則澮橫。除山澤城邑及沙礫不可耕外，每距七百二十步爲一洫，方二十里則十洫而爲一終之地，畫爲一百通。每橫距八十步爲一遂，七百二十步則九遂，縱距二百四十步爲一溝，七百二十步則三溝而爲一通之地。皆經營標識之，合方二十里造一冊，其田若干户户若干畝，逐一注明，擇其老成衆素信服者董司其事。歲冬十月，農事既登，開浚洫澮，廣深如法，其土即堆兩岸以填塗道。人工按畝科計，田率人耕三十畝，工率日挑二百尺，人十日而洫澮畢。次開溝遂，又十日而皆畢矣。其田多非自種者，即著佃户開浚，照佃科工，產主量給飯資，畝率穀米一升。工畢之後，丈量地畝，畝折四步，均攤以歸畫一。每歲春冬，各令撈取洫澮新淤以糞田畝，畝率三四十尺，以爲常例。

溝洫之設，旱澇有備，利一。淤泥肥田，墝确悉成膏腴，利二。溝涂縱橫，戎馬不能踰越，足資阻固，利三。商賈貿遷，舟載通行，車腳費省，物價可平，利四。蝗蝻閒作，溝深易於捕治，不致越境，利五。東南耕田，人不過十餘畝，西北人力，無所施用，俗語所謂『望天收』。溝洫既開，縵田悉作甽田，利六。西北地廣人稀，而歲入無多，家無蓋藏，惟水利興，將饒沃無異東南，利七。東南民奢而勤，西北民儉而惰，以西北之儉，師東南之勤，民食自裕，利八。邪教之起，由多游民，百姓皆從事於隴畝，風俗自靖，利九。東南轉輸一石，費至數石，故昔人謂西北有一石之收，則東南省數石之賦，利十。河流漲發，時憂衝決，使五省遍開溝洫，計可容漲流二萬餘千丈，利十一。漲流既有所容，河堤搶築歲費漸次可裁，利十二。軍政莫善於屯田，溝洫通利，荒土開墾，悉可耕種，因此召募開屯，不費餉而兵額充足，利十三。經畫一定，邱段分明，民閒無争佔之端，里胥無分灑之弊，利十四。每地方二十里，同溝共井，相救相助，聯保甲，興社倉，諸事便易，利十五也。

又似不便而實極便者三：每畝須折地四步，一不便；然無溝洫，車行皆在田閒，蹂躪無算，今折地畝六十分之一，而禾稼無踐踏之患，實一便也。每歲須挑淤三五十尺，二不便；然河淤足以肥田，故并河淹地，年來多得豐收。今東南種地，冬春必罱河泥兩次，以糞田畝，以閒時三五日之功，而獲終歲數倍之入，實二便也。溝洫既開，道塗或至迂遠，三不便；然無溝洫，積潦不能宣泄，行旅困滯，有守至十數日者，有舍車復登舟者，有翻車被壓損者，今迂遠不過十餘里，而道路無泥濘之患，實三便也。

溝洫之制，無地不宜，而西北爲尤亟。西北地勢平衍，而多散漫，河流飃勁而多渾濁。自古稱黄河一石水六斗泥，他如陝西之涇、渭，山西之沁、汾，直隸滹沱、永定等河，皆與黄河無異。故其漲也，則渾流洶涌，而衝決爲患。其退也，則河泥滯澱，而淤塞爲患。古人於是作爲溝洫以治之，縱横相承，淺深相受。伏秋水漲，則以疏洩爲灌輸，河無泛流，野無熯土，此善用其决也。春冬水消，則以挑浚爲糞治，土薄者可使厚，水淺者可使深，此善用其淤也。自溝洫廢而决淤皆害，水土交病矣。

徐貞明有言：陝西、河南，故渠廢堰，在在有之。山東諸泉，引之率可成田，而畿輔諸郡，或支河所經，或澗泉自出，皆足以資灌溉。蘭謂溝洫之制，非專爲灌溉設也。《周禮·考工記》詳言溝遂徑畛之體，與夫廣深尋尺之數，而不及畜水、止水、蕩水、均水、舍水、寫水之事。惟《稻人》『掌稼下地』，於是乎有之。稻爲芒種，與澤草俱生，東南卑溼，土塗泥，舍稻之外，別無宜種，高高下下，遍作水田，不得不從事於灌溉。自黄梅以後，舶趠風起，雨澤稀少，炎天三伏，土熱木渴，十日不得雨，桔槔之聲，動連阡陌，晝夜不得停。此東南農民所以倍勞，而《禹貢》揚州之田厥惟下下也。

《職方》豫、兖、幽、并四州，或宜五種，或宜四種，或宜三種。禾黍性喜高燥，能耐旱乾，雨澤過多，反被淹損，故溝洫之開，所以除水害也。西北地多平原，霖潦無所容洩，大雨時行之候，一晝夜間，平地水高數尺。而畿輔如桑乾、滹沱，輒挾淶、易、濡、泡、沙、滋諸水，并流橫溢，河間、文、霸一帶，彌望汪洋，連年稽浸。昔人謂：水聚之則害，散之則利，棄之則害，用之則利。所以東南多水而得水利，西北少水而反被水害也。溝洫一開，則水少而受之有所容，水多而分之有所泄，雨暘因天，蓄洩隨地，水害除而水利在其中矣。

如爲灌溉而設，則溝洫之内，必如東南稻田，常常有水然後可。而絶潢斷港，既無本源，土燥水渾，尤易涸竭。孟子云，七八月之間雨集，溝澮皆盈，其涸也可立而待也。人見其無裨灌溉，遂并溝洫廢之，而水患亟矣。西北灌溉之利，見於古者，魏史起之引漳河，秦鄭國之溉關中，漢白公之穿涇渠，馬援之引洮水，以至寧夏靈州之漢渠、唐渠，至今猶賴其利。而其地多在山陝之間者，何哉？灌溉必通巨川，然後源流長遠，雖逢亢旱，而無虞涸竭。西北巨川，大半匯河入海，而河自孟津以上，禹迹未改，土厚水深，穿渠引河，有利無害。誠使山陝一帶，遍開支渠，既溉田畝，兼殺河勢，洵數省之利也。孟津而下，河流遷徙無常，自漢唐以來，堤纍纍，河日高，而土日捍禦不暇，遑言穿引哉！河流既不敢穿引，山泉又不可遍得，溝洫之無裨灌溉，時勢使然。而顧謂急宜開浚者，則以灌溉之資尚可緩，而蓄洩之法不可不亟講也。

抑又聞之，秦人歌曰：『涇水一石，其泥六斗，且溉且糞，長我禾黍。』戽水以灌之謂之溉，撈泥以壅之謂之糞，撈泥之與戽水，其勞相等，而糞比溉尤肥美。溝洫既開之後，河淤灌入洫澮，撈取近便。未及戽水，儘先罱泥，則河之高者日以深，土之薄者日以厚。如果民勤官勸，歲歲遵行，不過十年，河行地中，堤防盡撤，兖豫之間，無殊山陝矣。斯時而再談灌溉，未晚也。

清 湯世昌《請開溝洫疏》《清經世文編》卷一〇六

竊照今歲近京處，雨水過多，山水長發，地土溼透，不能消涸，低田不免淹損，行路阻於泥濘，頗爲農桑之病。夫江浙之田，所收多而賦財富，以水利修而農力勤也。西北則不然，并無溝洫，全仗天時。犁種以後，彌望不見一人，不惟糧數甚輕，兼且時煩賑濟。然欲仿古治地，勢既不能，惟於大道兩旁開溝深廣，旱澇藉以蓄洩，商旅便於馳驅。且大道可行，亦不致故犯田間，踐踏禾稼，是亦水利之一端，刻不可廢者也。

謹按修理堤防，本垂功令，直省開載查辦，而督率無人，未免有名無實。地方官皆以案牘無暇，工費無出爲辭。夫郡縣佐貳，多水利列銜，又本省效用人員，可供驅策。伏祈皇上敕諭各督撫，嚴飭所屬，務於秋成之後，遴委勤慎佐雜，以及分發各員，督率該地農民，照河工民埝民修之例，酌令富者計畝出夫，貧者出力餬口，於大道經行之所，闊則兩旁開溝，狹則止開一道，因其地勢，層層疏浚。如有橋道積窪，量加深廣，以爲瀦水之地。即以挖起之土，培平大道坑窪，旁起坡岸。如有餘力，再將境内小河溪澗必由之徑，决淤宣洩，豫備橋船。乘此農隙之時，工程數月可竣。然後飭令道府，輕騎減從，據報勘實。如所過道路，間有不修，及修不如法，即傳諭地保，速集民夫，立時改築。如一處溝渠狹阻，即責令該管近地業户，即時疏浚。而所委工員實心與否，一望可知。優則議叙，劣則議懲，全在大員秉公，則下僚自然踴躍。夫閭閻自爲身家，即使各出財力，亦合乎佚道使民，雖勞不怨之義。行之有效，即村莊徑路，亦可仿行。

如果實力辦理，永遠增修，雖未能盡除水患，然溝中容得一分，即地上減去一分。而傍路之地，阡陌綿長，水有歸宿，田不憂其湮沒，旅不病於徒涉，於民生不無小補也。

清 胡寶瑔《開豫省田溝路溝疏》乾隆二十七年《清經世文編》卷一〇六

臣查豫省地勢，在諸省中最爲平衍。其恃以宣洩者，溝渠之功，實與河道相爲表裏，所當隨時講求，不可暫廢者也。前蒙大發帑金，修浚河道。臣於二十三年工竣之後，敬籌經久事宜，即將民田溝洫宜開，并每年加挑路溝，及小港廢渠宜復各緣由，臚列陳奏。

是年每一州縣中，計開溝自十數道至一百數十道不等，其長自里許至數十里不等，寬深自數尺至數丈不等，皆以足資蓄洩爲度。其路溝除驛路加挑外，凡商旅通行之路，亦一律開渠種樹。其時皆民間業佃各就地頭施工，雖有綿亙一二十里者，而一人一户承挑無幾，是以民易爲力。當復將普開溝洫情形，具奏在案。自是每歲或於春融，或於農隙，通飭地方官隨時勘辦，并令專司水利道廳等員，俱來督率。臣及兩司於巡查各屬時，隨處查勘。總緣民間連獲有收，已享其利，每歲加修，更屬力少而事便，是以逐處寬深，鮮有水患。即上年被水，皆由外河冲決，并無内水瀰漫之處。且節節疏通，就下甚利，是以田地皆得速涸，不誤耕種，尤其明驗也。

今年農務早畢，即於九月内，臣屬令護撫臣輔德，通行各屬，照舊勘辦，已據報竣者十之八九。兹蒙諭旨訓示，臣復通行飭查，并令凡可以加寬加深之處，溢可有餘，以資蓄洩。至於勸用民力，相習已久，蓋田溝固有業主，即路溝亦緊與民田相傍，其修浚爲農田之利，愚民亦所易曉。惟因勤惰不一，衆力難齊，不無扞格。今得官爲督率，則通力合作，自屬樂從。且各就地出夫，則貧富自均，而就役亦便。又皆令渠長、地保管理，不經胥吏之手，一無擾累，民情實屬相安。嗣後應請各照舊辦理。其有民力難以全收之處，自應酌助口食。查工多而田畝亦多，仍屬衆擎易舉，惟工多地少之處，則須爲酌助。但歲修一事，究非特興大工可比，向於各州縣額設公費動給，已可敷用。嗣後應請仍以公費動用，臣更當親加稽查，總期爲之有實，俾小民咸蒙其利，而不至少有滋累，以冀仰副聖主殷懷耳。

清 方觀承《覆奏興浚溝渠疏乾隆二十七年**》**《清經世文編》卷一〇六　爲欽遵諭旨事。查河南巡撫胡寶瑔奏辦豫省溝渠一摺，奉旨：『國家雖久停力役之征，而開挑溝洫，實爲農田之利，通力合作，亦小民所宜自爲謀也。今豫省每一州縣所開溝，自十數道至一百數十道不等，田溝固有業户，路溝亦傍民田，民間業佃，就地施工。若工多地少之區，民力難以全任，則於各該州縣額設公費内酌助口食，用力甚便，而其事易集，行之已有成效。直、豫地屬接壤，乃近年以來，偶值雨水稍多，遂至積潦瀰漫，皆由各該地方官平日不能留心講求，至被水成灾。又不亟籌疏洩，殊不思溝洫深通，不特有水之年可資宣導，即雨澤匀調之歲，更可資灌溉之益。著將此摺寄方觀承，令其閱看，董率所屬倣而行之，實因利利民之道也。』欽此。

臣查直隸各府州屬，地勢雖有卑亢陘衍之不齊，而田間多設溝渠，并開道溝，一律深通，支湊聯絡，蓄洩均宜，實爲地方要務。即如宣化府屬，地多高阜，雨過不留，而有洋河、渾河各長渠，支分派衍，瀝水并皆蓄注，足資灌溉之益。最窪如天津、寶坻、文安等處，一經漲汛，輒致瀰漫。然當河淀安流之年，平田雨集，亦藉溝渠之宣導。至於平衍之區，尤關切要。臣嘗見民間阡陌縱横，皆有細路交錯，其中年久踐踏平槽，雨後順其地防，即係天然之溝洫。但由此下注之水，如古河舊渠，每多淤墊，浚渠并須開溝，始能引入。又或窪地仰阻鄰田，非官爲督辦，難容越界分疏。臣於此等情形，每歲通飭地方官，隨宜籌度，并派河員協勘。惟正定、順德、廣平、大名、趙州、定州等處，民力易集，出夫甚便，即工多地遠，亦皆如期赴役。如遇需用物料，例動州縣辦公。儻難獨任，則上下游并皆協助，各守成規，略與豫省情形相仿。即如近年漳、治故道，滏、洺殘渠隨，時修浚，在在通疏。是以連年雨潦，惟附近河流間有漫及，未至積潦爲患，田禾均屬有收，是其明驗也。

近年河間府屬，河港已多開通，瀝水稍退，較前爲速。保定四境，開渠種樹，亦已定有章程。其餘各屬，則民力嘗不能齊，而工作亦有非民力所能全任者，向來辦理，俱係核定土方，按名按日，酌借倉穀一升，準其免息還官。兹值歉收之後，仰蒙聖恩，興工代賑，臣遵即通行勘辦。所有開溝疊道等工作，正定以南，仍循舊例，不入代賑，其餘各處，俱已先後開工，比因凍後暫停。

至於田間溝洫，與大道或分或合，要使水有歸宿，除祇就舊迹加修者，即飭興工趕辦。其或有關上下游機宜，或此損彼益，易啓争執，須權其輕重者，更有窪坎實無去路，惟分疏水勢，俾其易涸，爲一禾一麥之地者，俱飭令各州縣詳細講求，繪圖貼説。臣逐加覆核，復委道廳勘議，分飭辦理。向後正當青黄不接之時，貧民咸資力食，經臣行令地方官遍爲曉諭，靡不感頌皇仁，踴躍趨事矣。

至此次開浚之後，應請責成渠長、圩頭，按年勸用民力，隨時經理，官爲稽查。如或民力不給，即當酌助口食，時當春月，即以例借之穀爲董率之資，乘便集事，更易爲功，總期事不勞而民無擾耳。

清 陳宏謀《溝洫事宜示》乾隆二十三年《清經世文編》卷一〇六 一、境內有開通之幹河，近河田地有水，可以直洩入河，隔遠者不能俱入，必須開一小溝，以達幹河。其溝或就地勢窪下，或向有舊溝古河，或道路兩旁小溝，均可開通洩水入河。其溝寬自三四尺至五六尺不等，深自三四尺至五六尺不等。附近有池塘者，引其流入池塘。

一、附近無開通之大河，則擇其通流之處，另開大溝，寬自七八尺至一丈不等，長則以水入大河爲度。大溝既開，水有去路，然後逐節開小溝，以達於大溝。小溝不拘長短，總以達於大溝而止。中間有高阜山埂不能存水者，則不必開溝也。如係湖蕩不能築圩圍田者，仍留爲蓄水，亦不必開溝洩水，與水争地也。凡黄河灘地，不可開溝築圩。

一、開溝之土，務散鋪於兩岸地內，以成平坡，不礙種植；不可堆於溝旁，又成土埂，阻水不能入溝，且恐隨後卸入溝中，將溝淤塞。其附近有低窪處可以堆土，不散地內者更好。如現有麥苗之地，其土尤須酌量散鋪，不可多壓麥苗。

一、路旁開溝，即將土堆積路面，俾溝日以深，路日以高。但須墊於坑窪及低平之處，取其平坦，不可專堆高處，又成土埂，亦不可隨意亂堆，坑陷難行。

一、道路可以兩旁開溝，兩溝洩水，更爲有益。如道路低窪，則即以道路作溝，於邊旁高處別開爲路。如有一面原係高埂高坡，難於成溝，則止須就低窪一面開溝；或上半節於東面開溝，下半地高不能開溝，則移於西面，但須路中駕一小平橋，俾水仍通流，無致壅積；路旁原有溝塘，則不必再開。

一、開溝不拘長短縱横，總期水有去路。如中間遇有十字路，則須駕橋，橋下水仍通流。其橋或石或木，均須鋪土，以便車行。雖非通衢，而爲農人車載糞草赴田之處，亦須駕橋鋪土，不可因開溝而阻行車也。

一、地土窪下，或涸出湖蕩，則開溝以洩水。即以開溝之土，築爲圩岸，以作圍田。每圍自五頃以至二三十頃，不可太少費繁。其圩岸三四尺不等，總期可以禦水。

一、凡築圩圍，均於圩根設立涵洞，旱則引水入田，潦則放水外出。其涵洞或用磚石圈砌，或用燒成瓦筒埋於土中。揚州、淮安所屬湖蕩相連，多有宜於圩圍之處。此外凡有低窪蕩地，逐一照行。其原係平坡旱地，則止須開溝洩水，不必定築圩圍也。

一、去冬今春所挑之河，其土現皆散堆河岸，儼同土牛。乘此未曾沖散，加工收拾，補缺鋪平，以成子埝。仍撒草子，明春生草，便爲圩岸，既資捍衛，又免雨水淋漓，行人踐踏，仍落河中，有淤河身。如防內水漲滿，則酌留缺口涵洞，爲洩水出外之計。

一、此次各處開河，用帑至數百萬，原爲工大費多，民力不能興作也。今積水皆有去路，其開溝築圩，原以農民修治田功，俾久棄之曠土，變爲常稔之美産。佃户出力，田主給以口食，定例已久，不便請動官帑。果有長大溝洫，或寬大圩圍，此中貧富不一，心力不齊者，準借給口食，每土一方，借銀二分，通力合作，計日成功。所借之銀，於田主名下，分作三年扣還。凡有借者，田主士民公議，連名赴縣具領。地方官定議，詳明候示遵行。工本無多，及衆擎易舉可以力作者，不準濫借。

一、開通路溝，則按路旁之田出夫；其平地開溝，則按洩水之田出夫。均不得視同官工，派之通縣。有捐資及捐口食以開溝築圩者，詳報分別優獎。

一、開溝築圩，須公議田主或耆老，分段督率，不可出票差役管押。有需索飯食等費，官司不時往來查驗；有地棍阻撓者，禀官究處。

以上各條，無非因地制宜，隨勢利導，在小民原可自爲計及，祇恐無人指示督率，官司不暇處處曉諭，一切聽民夫隨意混挖，枉費工力，或相争執，事無實際。故此開列曉諭，官民士庶人等，各宜懔遵。

清 陳儀《溝洫圖説·溝洫議上》 井田不可復，而溝洫不可不復。無溝洫而旱澇無備，常患無歲。聖人在上，而不能使菽粟如水火，非以此歟？顧凡民，可與樂成，難與圖始，況阡陌既開，其制已廢二千餘年，而驟强之開溝洫，非獨其力不能其心先不信，信而後勞，則必以身先之，先之則必擇天津左右近海近河不耕之官，蕩而闢之，其亦可也。然有其地，而不得其人，即不習其事，誰與共此，則必招南方習開溝洫之丁壯，十人或二十人先開十頃，一年而溝塗封植之界，具二年而漸次布種，三年而新田成，計一頃百畝，以低田七十畝種稻，中歲畝收稻三石，作米一石五斗，七十畝當收米一百有五石，則七頃可歲收米一千五十石。以高地三十畝種木棉，中歲畝收花八十斤，三十畝當收花二千四百斤，則三頃可歲收花二萬四千斤。合米與花，中價值銀三千餘兩，以三分之二抵佃人糞種工本，猶歲贏千餘兩，其地價以畝十兩計，且值萬兩，而初歲開墾工費，不過二千餘兩。是籌費二千兩，三年間即成萬金之產。歲收無虞，水旱可得千金，樂歲且倍之。北方之民見此重利，而不力開溝洫以成良田者，未之有也。此溝洫之始事也。

又《溝洫議下》　或謂：如子之説，溝洫不可緩矣。然亦知前代西北水利，之所以不行乎？一則北方地廣人稀，且多游惰；二則巨族世家恐水田既開，失葦蕩自然之利；三則慮額外增賦，貽無窮之害，遂致百計阻撓，使虞集、徐貞明之策掣肘不行，而子且欲以身先之，其孰從而與之？

曰：此正坐不知盡力溝洫之利也。誠知其利，游惰者亦必盡力南畝，不至饑寒困苦流爲盜賊。且南方地少人多，一經設法，召募負耒出疆者且踵相接也。但當加意撫綏，勿使失所耳。其坐擁葦蕩者，聽其自墾或募墾，而收其租，其利倍蓰，自當勉出，乃力更齊之以政，而勸懲并用，其誰不從焉。

至國家田賦，自有定額，如試墾蕩，地秖納蘆，課俟報墾，五年或寬以十年，始照内地起科，以廣招徠，以期率作，如此則惟事藏富於民，而所以富國者，且不可勝言。何言之？古者步百爲畝，三百步爲里，方里爲田九百畝。秦漢以來，二百四十步爲畝，三百六十步爲里，方里爲田五頃四十畝，方十里則五頃四十畝者。百爲田，五百四十頃，方百里則五百四十頃者，百爲田，五萬四千頃，今自天津東至永平，各屬近海，葦蕩盡行，開墾奚啻五萬四千頃，除高地二萬餘頃種木棉豆麥外，其下地三萬餘頃以稻人之法種稻如前議，中歲每頃收米一百五十石，則萬頃即得一百五十萬石，三萬頃可得四百五十萬石，已遠過南漕之數矣。從此南糧，糶陳納新，南方之民既無虞乏食，而以糶陳之銀，易北方新田之米，如雍正年。

綜述

明 張鐸《圍田溝洫説》《吴中水利全書》卷二〇　治水以爲田也，治田以防水也。治田之水有三，曰築岸塍，曰修堰壩，曰分大圩。全吴之地古稱澤國，田多低窪，所藉以防水者，塍岸也。塍岸不固，則雖有沃壤亦棄之爲沮洳矣。古人制田之法，率因水道以正疆界，曰涇，曰漊，曰浜，曰溝，縱横曲直，有井田之象焉。其通也以洩水，其塞也以潴水，使不爲田害而已。後乃破古堤，以通江湖，專小利而風濤之入獨倚於岸塍，故民日益勞，而增築日益繁矣。

范仲淹有曰：江南圍田，每方數十里内有河渠，外有門閘，旱則啓之，潦則閉之，旱潦不及，爲農美利。今門閘不可復矣。而修築堰壩之策，獨不可行耶？圩田之制，隨地形之廣狹，水道之遠近而爲之。大小圩之小者，岸塍易完，民工易集，時有浸潦，則車戽之功，可以朝夕計也。圩之大者，岸塍既廣，工力不及，積水經月，而實粟者將化而爲浥腐矣。度其勢而分之，使一勞而永逸，事半而功倍，民其有不賴乎！夫岸塍，譬則城郭也，壩堰，譬則關隘也。小圩譬則三里五里也。關隘固城郭堅，則内有所恃，而寇不能入，三里之城，七里之郭，則小而易守，綽然應敵無虞矣。

清 李兆洛《鳳臺縣溝洫志》《清經世文編》卷一一六　古稱淮堧沮洳，蓋地處卑下，淮挾諸山之水而至，瀰漫旁溢，其勢然也。縣承潁口下流，淮始出平地，硤石驟束之；既出硤石，又扼黑石山，東至懷遠，又扼於荆塗；驟漲不宣，爲患滋甚。

釃流引渠，足以殺患興利，而參觀地防，厥有異宜。疏舉大端，略有三要：淮南之地，多宜蓄水，原隰交錯，土膏衍沃，因庳就下，股引成渠，水流滛裔，偃潴灌浸，利饒耕鑿，其要一也。淮北之地，多宜瀉水，臯原迤邐，旁比高阜，流潦瓮溢，已成澤國，厥土離斥，不任渟蓄，泉潤蒸達，小暵不枯，多穿支渠，潦乃急注，其要二也。濱淮之地，厥宜障水，灘灣窊汙，惟虞泛溢，捍防阻堰，岡陸連屬，盛漲不侵，膏壤足殖，其要三也。綜是三則，厥以淮南爲上。若疏導得宜，潦可分洩，旱可引灌，利孰大焉。今力穡之户，蓄有塘壩者，雖遇小旱，猶庠救得穫，是能用其利也。若淮北高下二區，不能引水爲利，但求免水患而已。縣所處淮南地窄，其得水利爲上腴者幾希矣，而所爲求免水患者皆是也。雖磽确不齊，亦庶幾圖去患以爲利，其具可無豫乎！

縣西之焦岡湖、董峰湖，東北之錢家湖、穆楊湖，皆周數十里，蓋昔時淮水，游波渟匯，漸淤成陸。民今墾殖其中，小漲，即淹没見告矣。夫漫水可堤也，決水可防也。江南之地，卑於淮江，長江之水盛於長淮，然築圍分圩、堵壩設閘，遂可以去急患，保永利。是堤防之不可不講也。縣北之薛家集、清泉集諸坊，首受蒙境下流之水，稍遇霖雨，則田廬道路皆被淹浸，灾歉屢告。不得深溝通渠，支分宣暢，其患無已。是溝瀆之不可不講也。堤防之利，曰魯村灣閘、大山集壩、豐湖閘、二里壩、王葉家巷東西壩。溝瀆之利，曰涇泥河、裔溝河、黑濠河、界溝。若乃北山諸泉，可資灌溉者，亦詳考其大小，附而著之，曰磐泉、元女泉、聚星泉、抱雪泉、嵐香泉、沁月泉、洗雲泉、渾山泉。

清 全祖望《鮚埼亭集外編》卷四一《與施東萊論六經奥論中解溝洫帖》 承諭《六經奥論》其所辨溝洫一條，甚精，是在唐應德已極稱之，但僕以爲不足信也。

十夫有溝，百夫有洫，千夫有澮，萬夫有川，是《周官·遂人》語，康成解曰：此鄉遂法，以千夫、萬夫爲制。蓋以鄉遂，則用貢法，惟計夫爲溝洫也。井閒有溝，成閒有洫，同閒有澮，是《考工·匠人》語，康成解曰：此畿内之采地制，井田異於鄉遂及公邑，蓋以采地，則用助法，畫井爲區也。考之於經，原無明文可據，況就兩節之文言之，則鄉遂之田，溝澮如是之多，采地之田，溝洫如是之少，似不應以地之遠近，遽爾差池。故朱子深疑之。

今《奥論》思爲調人，以爲《遂人》舉其一端，《匠人》舉其大槩。成閒有洫，謂一成有九洫，以求合於千夫有澮之語。同閒有澮，謂一同有九澮，以求合於萬夫有川之語。夫一成固九百夫，謂有九洫是也，其與千夫有澮，誠可通也。至若推而上之，則一終萬夫已當九澮，一同不止是也，是仍有不盡符者。《奥論》非漁仲作竹，垞始言之，僕别有跋，不復重述。

清 任啓運《清芬樓遺稿》卷三《遂人匠人溝洫辨》 鄭氏謂，遂人是貢法，匠人是助法，采邑爲井，鄉遂與四等，公邑不爲井，又謂畿内用夏之貢法，邦國用殷之助法，朱子謂，溝洫以十起數，井田以九爲數，決不可合。鄭分爲兩，是也。愚謂溝洫以正疆界，備旱潦，凡以爲田計耳。井田必有溝洫，豈可判爲兩事？

且王者立法，以身先之，自近而遠，豈有公邑皆用貢，而惟采邑用助，畿内皆貢，而使邦國行助之理？且公邑授之大夫，即爲采地，采地削奪，即爲公邑，外諸侯亦有益地削地，豈有授之諸侯，大夫即行助法，歸之天子，即用貢法之理。且如其説，都鄙用助法，則野爲都鄙，何反以遂人治之，治野宜用助，何反以十家之貢法屬之。鄉遂用貢法，則國中，鄉遂之地也，匠人營國宜用貢，何反以九夫爲井言之。

今按其文，《遂人》言以達於畿，所重在道路，故以徑直言。《匠人》言專達於川，所重在溝洫，故以開方言。《遂人》乃總計之辭，《匠人》乃營造之法，二者相爲表裏，皆天下之通法，三代之同制也。

蓋治田之法，在正經界，經界之法，必始於方，而方者，一區則猶可稍廣狹於其閒，井田九區，若少有偏斜，即衆目共見，故必方者九，而所謂百畝者，乃尺寸不可多少，然後制爲方田之法，即不方者，亦以方之尺寸度之，而可知矣。故可井則井之，不成井而有三百畝、一百畝，亦可授三夫，一夫隨其山川之勢之大小向背以制宜，而要之百畝中之必有畎，田首之必有遂一也。成井則以井計，而四井爲邑，四邑爲邱，四邱爲甸，旁加一里爲成。不成井，則自十夫百夫至九百亦爲成。《匠人》舉方法，則一井九夫，而溝周之，一成九百夫中有九洫，而總達於澮，一同九萬夫中有九澮，而總達於川，《遂人》以直計，則行十夫之地，所經惟有溝，至百夫之地見有洫，千夫之地見有澮，萬夫之地見有川。其實百夫之洫，即成閒之洫，千夫之澮即同閒之澮，萬夫之川即兩山閒之川，非有二法也。《遂人》舉其略，故約計之；《匠人》職其法，故詳言之。先言九夫爲井，以明經界之法，必自整方起，終言兩山之閒，以見山川之勢必不能方，不可以整，若碁局者，定爲萬井，九夫互爲首尾，以見意也。蓋山川之勢多曲，方平九百畝則有之，方平九井者已少，方平九十井九百井，則斷斷無有。故惟舉一井以見法，而於成即言十里以見數，不言方九井蓋十者數之成也。豈《匠人》專以九爲數，與《遂人》異法哉。

傳記

（嘉慶）《清一統志》卷二〇《永平府三》　高承埏，嘉興人。崇禎中，知遷安縣。教民飲江南桔槔法，鑿溝開渠，闢田三百八十餘畝，復業者千七百户。時當輸粟天津以濟遼餉，承埏令民齎錢至山海關，易粟轉輸，而償以漕粟，或代明年正賦，省浮費萬計。

又卷七二《江蘇省》　蔣之奇，宜興人，爲淮東轉運副使。歲惡民流，之奇募使修水利以食流者，如揚之天長三十六陂，宿之臨渙横斜三溝，尤其大也。用工至百萬，溉田九千頃，活民八萬四千。後擢江淮荆浙發運副使，鑿龜山左肘至洪澤爲新河，以避淮險，自是無覆溺之患，凡所經度，皆爲故事。

又卷九六《揚州府》　張綱溝。《寰宇記》：在廣陵縣東三十里，從岱石湖入四里至溝心中與海陵分界。後漢張綱爲廣陵太守，濟惠百姓，勸爲農桑，於東陵村東開此溝，引湖水灌田，今稱張公渠。

又卷一二九《潁州府二》　歐陽修，廬陵人，皇祐元年知潁州。因灾傷奏免黄河夫萬餘人，築塞白龍溝，注水西湖，灌溉秧田，大爲農民利。建書院，教民子弟，由是潁人咸知向學。修樂西湖之勝，有卜居之志，故卒歸老於潁云。

又卷一五六《绛州二》　雷復豫，高陵人。萬歷中，知聞喜縣。引白土溝溉姚村等田，民德之，號雷公渠。

又卷二六八《凉州府二》　魯大誥，平番人。置義田贍宗族，有負貸者常折券以恤之。郡外水利不通，修浚溝渠，以資灌溉，民賴其利，入祀鄉賢祠。

又卷二八六《杭州府四》　徐潮，字青未，錢塘人，康熙進士，選庶吉士，授檢討，歷官刑部侍郎。巡撫河南，潔己奉公，自布政司以下，舊時加徵於民者，皆革除之。又奏除南陽辦，鉛衛輝辦漕之興，開溝渠以資灌溉。

又卷三四八《襄陽府三》　朱紘，熙寧初爲宜城令，修復木里溝，溉田千頃。

又卷三八六《成都府三》　黄鍔，將樂人。乾隆元年，知雙流縣。時邑初創復，鍔綜理有序，修橋十二，堰四，設官渡六。於邑之東南牧馬山相度臯隰，募民開塘，浚溝闢田二萬畝。在任十一年，以卓吴升。

又卷四二六《福州府》　嚴高，瑯琊人。太康三年，爲晋安太守。時初置郡，城隘不足容衆，遂改築子城，又鑿渠，通舟楫，溝東、西二湖以溉田。

又卷四三一《建寧府》　鄒伯顔，高唐人，爲崇安縣尹。邑有趙清獻陂，溉民田數千頃。歲久溝湮而田廢，伯顔修長溝十里，繞植楓樹，累石爲固。田穫常稔，民賴其利。

又卷四五三《瓊州府》　張日珉，文昌人。乾隆進士，令宜良。政尚簡易，捐俸開張子溝於北屯四十餘里，灌溉陸凉、路南、宜良三州縣。調新平，治如宜良，告養歸居父喪廬墓一年，卒。宜良、新平，俱祀名宦。

又卷四八一《瀓江府》　陳表，號草池，新興人，嘉靖進士。任御史，剛介不撓。巡撫廬鳳清漕還浚河渠。致仕，歸，鑿靈照山麓十餘丈，引撒喇溝水，溉田千餘畝，倡建學宫。

紀事

明 李濂《汴京遺迹志》卷七《京畿溝洫》　汴都地勢廣平，賴溝渠以行水潦。眞宗景德二年五月，詔開京城濠以通舟楫，毁官水磑三所。三年，分遣入内内侍八人，督京城内外坊里，開浚溝渠。先是，京都每歲春疏浚溝瀆，而勢家豪族有不即施工者。帝聞之，遣使分視，自是不復有稽遲者。以至雨潦暴集，無所壅遏，都人賴之。

大中祥符三年，遣供備庫使謝德權治溝洫，導太一宫積水抵陳留界，入亳州渦河。五年三月，帝宣視宰臣曰：京師所開溝渠雖屢釣轄，仍令内侍分察吏擾。仁宗天聖元年八月，東西八作司與内殿承制閤門祗候劉永崇等言：内外八厢，刱置八字，水口通流，兩水入渠，甚利。慮所置處豪富及勢要阻抑，乞下令巡察，從之。

《明史》卷八八《河渠六》 三年疏泰興順德鄉三渠，引湖溉田；潞州永禄等溝渠二十八道，通於漳河。

又 四年修容城杜村口堤。設正陽門外減水河，并疏城内溝渠。荆州民言：『城西江水高城十餘丈，霖潦壞堤，水即灌城。請先事修治。』寧夏巡撫都御史金濂言：『鎮有五渠，資以行溉，今明沙州七星、漢伯、石灰三渠久塞。請用夫四萬疏浚，溉蕪田千三百餘頃。』并從之。

《清史稿》卷一二一《河渠志四》 十年，河南巡撫鹿傳霖言：『豫省地勢平衍，衛、淇、沁、潭襟帶西北，淮、汝、渦、潁交匯東南，如果一律疏通，加以溝渠引灌，農田大可受益。今河道半皆壅滯，溝渠亦多荒廢，擬借人力以補天灾，派員分赴各州縣履勘籌畫，或疏或浚，志在必成，使民間曉然於有利農田，自能踴躍用命。』詔如所請行。

又 給事中洪良品以直隸頻年水灾，請籌疏浚以興水利。事下總督籌議。鴻章言：『原奏大致以開溝渠、營稻田爲急，大都沿襲舊聞，信爲確論，而於古今地勢之異致，南北天時之異宜，尚未深考。』

藝文

清 王原《吴中吟溝洫》《詩鐸》卷五 井田制已廢，溝洫意未亡。大川注畎澮，引溉利乃長。細流比如櫛，爬梳歲爲常。小民昧久計，偷惰相顧望。官府怠於理，王制弛不張。一切趨目前，如宿郵亭郎。旱潦乖蓄洩，小菑成大荒。巨浸曰震澤，底定由三江。三江迹半湮，如噎幾廢吭。浚治自壬子，吴淞流湯湯。廿載半爲陸，轉瞬堆沙岡。東南淼大海，泛濫須築防。芻言陳利病，蚤計綢繆方。

清 鄭熙績《含英閣詩草》卷六《秋雨竟日溝澮皆盈居民盡在水中由平日溝洫不修故也詩以紀之》 滂沱驟雨漲邗溝，茅舍争飛雜亂流。百道潺湲侵蟋蟀，千家飄泊嘆蜉蝣。林花片片紅猶落，逕草茸茸绿更抽。莫怨一枝棲未穩，及時桑土盍綢繆。

清 周篆《草亭先生集・詩集》卷一《浚溝洫》 不溉何用耕，無泉安取灌。自非浚溝洫，經營意徒亂。千里莽蒼間，邐迤平若案。豈不任耒耜，無以禦潦旱。溢須地飲乾，枯祈天涣汗。此實人事乖，非關農越畔。高引何處山，低築幾許岸。源遠雲漢迴，流分絲縷散。土生生氣奢，立苗苗力悍。會見青青蒿，倏成白白粲。非徒實公儲，南紀資襄贊。未雨先綢繆，在此高下判。地勢無山河，亦略隔使斷。世事偶不然，并足資禦捍。

雜録

漢 應劭《風俗通義・山澤第十・溝》 謹按：《周禮》，溝者，溝也，廣四尺，深四尺。《漢書》，高祖與項羽要割鴻溝以東爲楚是也。鴻溝在滎陽縣。

北魏 賈思勰《齊民要術》卷一《種穀第三》 《氾勝之書》《區種法》曰：湯有旱灾，伊尹作爲區田，教民糞種，負水澆稼。

區田以糞氣爲美，非必須良田也。諸山、陵、近邑高危傾阪及丘城上，皆可爲區田。

區田不耕旁地，庶盡地力。

凡區種，不先治地，便荒地爲之。

以畝爲率，令一畝之地，長十八丈，廣四丈八尺；當横分十八丈作十五町；町間分爲十四道，以通人行，道廣一尺五寸；町皆廣一赤五寸，長四丈八尺。尺直横鑿町作溝，溝廣一尺，深亦一尺。積壤於溝間，相去亦一尺。嘗悉以一尺地積壤，不相受，令弘作二赤地以積壤。

種禾、黍於溝間，夾溝爲兩行，去溝兩邊各二寸半，中央相去五寸，旁行相去亦五寸。一溝容四十四株。一畝合萬五千七百五十株。種禾、黍，令上有一寸土，不可令過一寸，亦不可令減一寸。

凡區種麥，令相去二寸一行。一溝容五十二株。一畝凡四萬五千五百五十株。麥上土，令厚二寸。

凡區種大豆，令相去一赤二寸。一溝容九株。一畝凡六千四百八十株。

宋 聶崇義《新定三禮圖》卷四《溝洫》 《遂人職》：凡治野，夫間有遂，遂上有徑；十夫有溝，溝上有畛；百夫有洫，洫上有塗；千夫有澮，澮上有道；萬夫有川，川上有路，以達于畿。注云：十夫，二鄰之田；百夫，一酇之田；千夫，二鄙之田；萬夫，四縣之田。遂、溝、洫、澮，皆所以通水於川也。遂廣深各二尺，溝洫澮廣二尋深二仞。徑、畛、塗、道、路，皆所以通車徒於國都也。徑容牛馬，畛容大車，塗容乘車一軌，道容二軌，路容三軌。都之野塗與環塗同可也。《匠人》：環塗七軌。萬夫者，方三十三里少半里。九而方一同。以南畮圖之，則遂從，溝橫，洫從，澮橫，九澮而川周其外焉。賈釋：遂，從者，南北細分，隔爲一夫。十夫則於首爲橫溝，十溝即百夫，於東畔爲南北之洫。十洫則於南畔爲橫澮，九澮則於四畔爲大川。此川亦人造，雖無丈尺之數，蓋亦傍澮耳。此川與《匠人》澮水所注州者異。彼百里之間一川，謂大川也。案梁正計九而方一同，積是一同，則九萬之夫田也。圖施於六遂，則六鄉之制亦明矣。

元 司農司《農桑輯要》卷一《典訓・先賢務農》 召信臣爲南陽太守，好爲民興利，務在富之，躬勸耕農，出入阡陌。止舍，離鄉亭；稀有安居。時行視郡中水泉，開通溝瀆，起水門提閼，凡數十處，以廣溉灌；歲歲增加，多至三萬頃。民得其利，蓄積有餘。信臣爲民作『均水約束』，刻石立於田畔，以防分爭。禁止嫁娶送終奢靡，務出於儉約。郡中莫不耕稼力田。吏民親愛信臣，號曰『召父』。

又 卷六《藥草・茶》 《四時類要》：熟時，收取子；和濕沙土拌，筐籠盛之，穰草蓋。不爾，即凍，不生。至二月中，出，種之，于樹下或北陰之地開坎：圓三尺，深一尺；熟斸，著糞和土。每阬中，種六七十顆子；蓋土厚一寸强。任生草，不得耘。相去二尺種一方。旱時，以米泔澆。此物畏日，桑下、竹陰地種之，皆可。二年外，方可耘治。以小便、稀糞、蠶沙澆擁之，又不可太多，恐根嫩故也。大概宜山中帶坡坂；若于平地，即于兩畔深開溝壠洩水。水浸根必死。三年後，收茶。

又 卷七《孳畜・歲用雜事》 《四時類要》：正月，豎籬落，糞田，開荒，修蠶屋，織蠶箔，造桑，造麻鞋，舂米，築墻。

二月，栽柳，舒蒲桃上架，解栗裹縛，去石榴裹縛，造醬，寒食前後收柴炭，造布，浣冬衣，采桑螵蛸。

三月，利溝瀆，葺垣墻，治屋室以待霖雨，脱墼，移茄子，造酪。

明 胡纘宗《鳥鼠山人小集》卷一〇《溝洫志》 水大矣。民非水不生活，故不徒曰水，而必曰利，重水也。於内有水部，於外有水道，水於民，豈細故哉？東南之民，賴水以耕，而水尤急。安慶之水，雖不及江南，然差勝於江北。故吴塘、烏陂，遠創自漢，而玉渠、金壩，近創自明。於乎禹也，聖也，猶盡力於溝洫，而况其下者哉！然治水不難，治水而能以禹爲宗，則不壅不逆，水亡不治矣。

明 沈堯中《沈氏學弢》卷八《溝洫》 大禹治河，自謂決九川，距四海，浚畎澮距川。後歷千餘年，河不爲害。而孔子稱之，亦曰：盡力乎溝洫而已。然則溝洫之政，固治河之首務也。《周禮》：十夫有溝，百夫有洫，千夫有澮，萬夫有川，其制爲益詳。

漢時河決，雖曰塞之，而倪寬之穿六輔，白公之引涇水，諸如此類，猶有古之遺法。宋元以來，僅塞之而已。况今之黄河，南逼祖陵，北逼漕渠，東南逼民田廬，可任其決而不爲之所乎？抑僅塞之而已乎？近有分河導淮之議，議誠是矣，猶未覩其全也。愚請除一面治河外，另委才幹大臣，專督溝洫之政，先因通流及窪下之地，浚爲大渠，次疏中渠，次疏小渠。先民有云：天下皆有溝洫，則天下皆容水之地。天下皆修溝洫，則天下皆治水之人。比之坐待河決，驅無辜之民，傾不貲之費，興再三不得已之役，徼萬一不可必之功者，利害蓋相萬也。此非臆説也，賈讓上中二策，蓋先言之矣。

清 陳斌《量行溝洫之利》《清經世文编》卷三八 十一者，取民之中制也。漢三十取一，唐、宋或二十或三十以取一，俱輕於三代，而顧不如三代之民之樂者，以三代田必分授，而有溝洫之利其民也。三代溝洫之利，其小者民自爲也，其大者官所爲也。溝洫所起之土即以爲道路，溝洫所通之水即以備旱潦。大雨時行，洩而出之，田不憂潦也。越有小旱，激而灌之，苗不憂槁也。

故溝洫者萬世之利也。後世議之，慮其棄地之多而實無多也。一井之步約百有八十丈，其爲溝畛者八尺而已矣。一成之步約萬有八千丈，其爲洫與涂者九，積十有四丈四尺而已矣。通計所棄之地二百分之一而弱也。今更新爲之，必有慮其事之難成者，則更非甚難之事也。斌觀甽田之法，一尺之甽，二尺之遂，即耕而即成者也。今蘇、湖之田，九月種麥必爲田輪，兩輪中間深廣二尺。其平闊之鄉萬輪鱗接，整齊均一，彌月悉成，古之遂徑，豈有異乎？設計其五年而爲溝澮，則合八家之力而先治一横溝，田首之步之爲百八十丈者，家出三人，就地築土，二日而畢矣。明年以八家之力再治洫，廣深三溝，其長十之。料工計日，三日而半，七日而畢矣。又明年，以八百家之力爲澮，廣深三洫，其長百溝。料工計日，一旬而半，三旬而畢矣。即以三旬之功，分責三歲，其就必矣。及功之俱成，民甽田以爲利。一歲之中，家修其遂，衆治其溝洫，官督民而浚其澮，有小水旱，可以無飢。十分之飢可救其五。故曰溝洫者萬世之利也。此古之所不惜於區區之棄地，而亦未嘗畏其難成者也。

百姓，一夫失業則飢，十日失穀則殍，此宜其家自爲生，人自爲力矣。乃百姓終歲墾田，而仍飢以殍者，此必其所不能自爲者也。一則以歲之不時，一則以溝洫之不治也。歲之不時，人所莫能爲也；溝洫之不治，農民莫能爲，官可齊其力而爲之也。其不爲者，謂其至重而不敢舉，至煩而莫之任也。竊觀秦、漢以下之言限田名田者，既以奪富民而興怨讟，已無復置其議矣。而魏孝文均田之令，其還受畝分之法遠歷北齊、北周以至李唐，行之且數百年。此何以能然？況其溝洫之利隨時隨地無不可興者，而又何以不能哉？蓋時無大水旱，則坐視爲不必爲。及水旱至而拯恤不遑，又萬萬無可爲者。加以民食之盈絀必數年而後見，國家之利病必數年而後見。事無近功，官無嚴課，故吾民之飢飽死生，一聽命於不可知之歲，而曾無十一之防、百一之救也。斌謂救荒無善策，爲溝洫於未荒之時，此豫救之策也。即爲溝洫於救荒之時，使飢民即功而就食，此一救而兩救之策也。

然而土異形，人異習。按方尺之圖，動十萬之衆，如漢武帝之輕用方士，坐廣廈之内，度溪谷之外；如王安石之欲田梁山泊者，則固不可爲也。即春議經界，秋議遣使，如宋天禧之提點刑獄并領勸農之職，而仍無纖毫之益於民者，亦名美而不足恃也。故爲溝洫必訪求於鄉耆、里長，而總其事於郡守，責其成於縣令，分其任於縣丞、主簿，則親而不擾，久而必成。今集四境之者長，體訪以人情地勢，有酌見其可興溝洫之利者，丞、主簿一相度焉，而公酌之縣令。令再相度焉，準里計日，具圖以請於郡，而作其功。有廢地可以溝通者，則募其旁近失田之夫爲之。官助以不足，田成而授其人。五年而起科，畝十而當一。有溝洫其業田爲永利者，則以任本業之人。民實其田，官均其力。春夏作五日，秋作十日，冬作二旬。丞、簿親董之，令一作一視。先成者籍而存於官，其未成者簿志之，至來歲續而畢焉。民田一頃聽溝地半畝，十頃五畝，令不當溝塗之道者，轉償其鄰田。田不及頃，則任力而不聽田。二十畝以下者貰其力。蓄洩之利，兩邑共之，則郡守責其兩令，令或代去，則交其簿於受代之人。凡縣令置農田課，郡守察之，其阻成功及借名生擾者黜。

古揚州之田下下，今蘇、湖之田之賦固上上也。自唐肅、代之世，轉稻東吴，至宋南朝，至元、明漕運，俱大半取給於是。此孔安國所謂田下賦上而人功修者也。蘇、湖之民善爲水田，春收豆麥，秋收禾稻。中年之入概得三石。而北方之種地者乃不能半之，則以無爲水田者也。凡穀之種，禾稻倍入。種稻之田，水田又倍。昔時關中鄭下之渠，蜀郡之江，荆之芍陂，揚之七門三堰，本廢田也，而畝收數鍾，民賴以饒，得水之效也。

西北土性高燥，宜麥宜粱。所在低平之田即爲下産，以其非粱麥之性，而雨澤一過，水無所注故也。誠爲其守令者，能勸行相度，分年規地，仿溝洫之意，備蓄洩以爲水田，種禾稻以佐晚熟，則高地之水四注，而爲害者必轉以爲利矣。且爲溝洫，非古之鑿空求水利者比也。以民之田，興民之利，不遣使，不起徒，不招流户，視其大小功力隨作隨成。有小水旱，此豐而彼歉，則鄰近之人必有請其法而自爲之者，勿憂事之難於慮始也。

斌竊觀有水之處皆可爲田。故浙、閩、江、淮間，岡嶺之上，有泉源可灌者爲山田；江湖之旁，有淤泥可圍者爲圩田。若於西北低平之田量爲溝洫，夫豈有山田、圩田之難哉？通其變使民不倦，此利一興，匪獨散金錢轉粟，米損此益彼之數也。其在於古，求代田、區田之法；其在於今，用水車、水盤之制。合乎地勢，信於民情，爲之有成，事可經久。此朱子以經界爲五十年之利者是也。

清 吴高增《玉亭集》卷九《勸民盡力溝洫》 溝洫之制始自井

田，古者方里爲井，井有溝，十里爲成，成有洫，百里爲同，同有澮，雨多則溝，達於洫，洫達於澮，澮達於川。時其蓄洩，以備旱潦。自阡陌開，而溝洫壞，潦則難洩，而漫溢堪虞，旱則難蓄，而灌溉無資。行邑地多沙土，既無溝洫，又鮮池塘，雖雨暘時，若幸獲豐稔，而土宜人力，尚未兼修。今歲入夏以來，大雨時行，道多積水，行旅往來，行走地内，蹂躪禾稼，皆因道低於地，水由下注，必開溝引水，庶道無積潦，不特便行人，亦可保禾稼。況低窪之處，蓄爲池塘，又可備旱，誠一舉兩得，大有裨益。

凡我農民，諒亦見及，因謀未僉同，心多猶豫，故未力行耳。自今以後，道之左右，務通力合作，開挖深溝，即以溝土，加培道上，則道益高，而溝益深，尤爲事半功倍。低窪隙地，本難種植，開浚池塘，一遇雨水，俱從溝洫引以消涸，即天氣亢陽，而池塘有水，亦可以收戽斗之益，凡爾鄉保，尤宜多方勸導，俾踴躍從事，庶幾水旱有備，共慶豐年，長吏有厚望焉。

（乾隆）《隴西縣志》卷二《山川志》 東郊田溝，自下川至磚塔故址，多種蔬菜，引渭水灌之，約五里。自磚塔至三十里鋪，引渭水灌田，沿河約二十里。官路之上地高，多不能達，惟三十里鋪煖泉溝方圓四十五里，資其灌溉，過此則無矣。

又 西郊田溝，三十里，水曳坪鑿溝引渭水澆溉，不過二三十畝。近則三角城、汪家魚池遠，則两河口亦然。

（嘉慶）《清一統志》卷三一《順德府二》 永賴閘，在南和縣西南沙河縣界。明嘉靖三十九年，劉應節建。又有博濟閘，明萬曆七年建，皆引狼溝河水溉田。

又 卷三九《宣化府二》 又有二郎溝，在州東南八十里。瀰出磐山下，東北流入桑乾河，居民資以灌溉。

又 卷九〇《鎮江府》 華塢溝，在丹陽縣東十二里，入九折河，又楊家溝在縣東四十里。一名楊塢溝，又張溝在其北。

又 卷九六《揚州府》 大石湖，在甘泉縣東北四十五里，即古岱石湖也。南通張細溝，引流灌溉。《通志》：宋元豐中，知江都縣羅適浚大石湖，改名元豐。

又 卷一三一《和州直隸州》 韋游溝，在州東北，接江蘇江寧府江浦縣界。《唐書·地理志》：烏江縣東南二里有韋游溝，引江水至邪十五里，溉田五百頃。開元中，縣丞韋丑所開。貞元十六年，縣令游重彦復治之，民享其利，因以姓名溝。

又 卷一四四《汾州府》 謝谷泉，在介休縣西南十里，平地墳湧數穴，流爲磨子溝溉田。北入汾臨泉，在臨縣西永吉川，深不可測。《元和志》：在臨泉縣北百步，縣因此水爲名。

又 卷一五二《保德州》 井谷溝，在河曲縣南七十里，民資灌溉。龍門溝，在河曲縣南七十里，有灌溉之利。

又 卷一五四《解州》 静林澗，在州西南二十里，源出中條山頂，北流入紅臉溝，可引灌田。

又 卷一五五《绛州》 甘泉在聞喜縣東三十里東鎮北，其流爲黑龍溝，南入涑水溉田。

又 野狐泉在聞喜縣北二十里山半，其流爲白土溝，南流合户頭杜村二泉，至縣西北三里姚村出溝行平地，前代嘗引入城。明萬曆三十四年，知縣雷復豫引之溉田，俗名雷公渠。

又 卷一八三《濟寧直隸州》 華林山，在嘉祥縣東南十五里，山北高嶺上有寨基，又名東寨山，亦曰龍華山。華林泉出山下，流瀉成溝，農田賴以灌溉。其東爲東磨，山頂平可耕，山圓如磨。

又 卷二四七《乾州直隸州》 良溝泉，在武功縣北十五里。明永樂初，泉湧於此，引以溉田。

又 卷二六七《凉州府》 鑼鍋泉，在平番縣北七十里，泉周七步，冬夏不涸。又沙泉在縣東北八十里。又裴家堡界有香溝泉，溉田甚廣。

又 卷二七二《涇州直隸州》 百泉，在州西三十五里。泉源溢竇而出者數十，四時不涸，民資灌溉，亦名百泉溝。下流入涇。《州志》：逕汭灘高流駛，雖宣洩不能爲利。民間所資以灌溉者，乃在陂澤源泉。其溝渠舊有六十四道，溉田三千餘頃。

又 卷二九四《紹興府》 白馬湖，在上虞縣西北夏蓋湖南，一名魚浦湖，相傳創自東漢，周四十五里，三面皆山，三十六澗之水，悉匯於湖中。有三山，曰癸巳，山羊，山月，山旁有溝澗，溉永豐之田四十餘頃。

又 卷三四六《襄陽府》 木里溝，在宜城縣東，一名木渠。《水經注》：楚時於宜城東穿渠，上口去城三里。漢南郡太守王寵又鑿之，引蠻水灌田，謂之木里溝，逕宜城東而東北入於沔，謂之木里水口也。《舊志》：宋治平中，縣令朱紘訪故道修復之。淳熙十年，縣令陳表臣重修治之，起水門四十有六，通陂四十有九，以溝旁地爲屯田，爲利甚溥。長渠在宜城縣西南四十里，一名白起渠。《水經注》：夷水舊堨去城百里許，水捉城西灌城東，入注爲洲，今熨年陂是也。後人因其渠流以給陂田，城西陂謂之新陂。覆地數十頃，西北又爲土門陂，從平路渠以北木蘭橋以南，西極土門山，東跨大道，水流周通，自新陂東入城，逕漢南陽太守秦頡墓北，又逕金城前又東出城東注臭池，又入朱湖陂亦下灌諸田，又入木里溝。又白起渠，溉三千頃，膏良肥美，更爲沃壤。《元和志》：長渠在義清縣東南二十六里，派引蠻水。昔秦將白起攻楚，引西山長谷水兩道，爭灌鄢城，一道使沔北入，一道使沔東入，遂拔之。曾鞏《長渠記》：宋至和二年，縣令孫永理渠之堙塞而去。其淺隘遂完故堨。《府志》：宋紹興三十二年，王徹言，襄陽故有二渠，長渠溉田七千頃，木渠溉田三千頃，今廢堙，請以時修復。

又 卷三五四《長沙府》 古風巖，在瀏陽縣東五十里，深邃數十里，中有溝水伏流，至洞口復出，灌田百餘畝，亦名仙人洞。其相通者爲毛公巖、白石巖。

又 卷四二五《福州府》 長林湖，在長樂縣東。《舊志》：長三里，闊五十餘丈。宋紹興中，縣令陳可大開溝引湖水溉田，西洩於海，亦名陳令津。

又 濱澗湖，在長樂縣東北。《舊志》：唐天寶五載，沙合成陂。大歷中，里人林鶡因捨田鑿爲上下二湖，周一千三百丈，溉民田七百頃。又開溝洩水入陳塘港，至登賢官路而止，名曰東溝。宋元祐中，縣令袁正規鑿卓嶺水道，及登賢官路，遂與東溝相接，名曰龍津。明隆慶、崇禎中，兩經疏浚，其南有林婆湖，相傳林鶡妻趙氏捨奩田所開也

又 卷四四六《潮州府》 透龍湖，在惠來縣西北二里。《縣志》：湖周三十丈，深不可測，相傳雷震地裂，遂成巨浸。有溝引水，溉田數十頃。又有洋閩湖，在縣北二里。源出後潭坑，有溝長六里，溉田三百畝。

又 卷四五三《瓊州府》 吴家溝，在萬州東南二里，導禄保扶溪水，入艾索溪溉田。又甜蜜溝，在州南三里，導南渡溪水灌田，流入山加溪。

又 卷四六六《泗城府》 淪伍溝，在淩雲縣西，源出布鱷泉，田畝賢以灌溉。

又 卷四七六《雲南府》 標泉壩，在昆陽州之平定鄉。本朝乾隆三十四年，築壩開溝，安設視䃰涵洞，用資灌溉。

又 卷四七九《臨安府》 五塘溝，在石屏州南。水有五處，俱熱如湯，有瀰勒溝，在州西南十五里，皆可溉。

又 卷四八一《澂江府》 羅木箐河，在新興州西北五里。《府志》：源自晉寧州，流經大堡，又西南流入臨安府嶍峩縣界，有壩三座，分溝溉田。

又 卷五〇〇《貴陽府》 遶村溝，在定番州東南廢克度里西，居民資以灌溉。

又 清水溝，在定番州西廢大華司西一里，長豐堰在府城南臥牛山南，溉田甚廣。

百丈溝

綜述

（嘉慶）《溧陽縣志》卷九《職官志》 楊榮，字以仁，永川進士。爲御史時，參劾某指揮，謫知廣西天河縣，改溧陽。風采不減。浚百丈溝八百餘丈，中設五壩，以資灌溉。又建義倉城南庵地，升衡州府通判。

（乾隆）《江南通志》卷六三《水利治績一》 明成化中，知溧水

縣熊達疏百丈溝，爲灌溉之利。

雜録

（景定）《建康志》卷一九《山川志三》 百丈溝，一名百步溝，在溧陽縣南三里，源出燕山。相傳云此處田多高卬，開溝以灌溉，東流合于白雲逕下入太湖。

（萬曆）《應天府志》卷一五《山川志》 百丈溝，南三里，一名百步溝。源入燕山，東流入白雲溪，舊有壩三十四，儲水以灌高田。歲久淤塞。弘治初，知縣楊榮開浚，餘八百丈，中存九壩，民賴其利。

（崇禎）《嘉興縣志》卷五《建置志》 百丈溝，在精嚴寺山門前。晉成帝時尚書徐熙宅建此溝，石百丈横亘東西，温然如玉，光潤可愛。

陳愷溝

論説

明 李開先《李中麓閑居集·文》卷一二《漯議》 今之議者皆云：柳塘一開，則漯水不爲鄒、長、新、青、博、高六縣之害。是也。但不念章丘、齊東皆居下流，陳愷溝至齊東東門外，方入大清，該縣東南城角實隣之。又陳愷溝并柳塘迤西至薛渡地方，河與溝俱絶無堤防之固，萬一水俱之西，憑何障蔽？反使章丘、齊東桑麻之地爲魚鱉之場。故欲開此口，必先將齊東東南城角，移築進内，内多隙地，不必别開水道，致逆水性，反滋泛濫。城治，然後開陳愷溝，次及薛渡、柳塘，舊小清，則河與溝與城既治，然後可開柳塘，以分漯水之勢。拆築小清者，仍使漯水一半之東。其由柳塘西過章丘，北入齊東，亦不過一半耳。彼此兼得，可無大患。拆築小清，是又兼治柳塘、薛渡二口，及陳愷溝、齊東城水害之一策也。不然，章丘之害猶可言也，齊東之害不可言也，可畏也哉！

明 王遴《漯河議》（康熙）《章邱縣志》卷八 按，柳塘口，今之議者皆云：此口一開，則漯水不爲鄒平、長山、新城、博興、高苑之害。是也，但不念章丘、齊東皆居下流，陳愷溝至齊東縣東門外方入大清河，該縣東南城角實鄰之。又，陳愷溝并柳塘口迤西至薛渡口地方，河與溝俱小，絶無堤防之固，萬一水俱之西，憑何障蔽？反使章丘、齊東桑麻之地爲魚鱉之場，而城池又干係倉庫官民，可乎？故今欲開此口，必先將齊東縣南城角移築進内，内多隙迫，不必别開水道，致逆水性，反滋泛濫，且功省易成。城既治，然後開陳愷溝。陳愷溝既開，然後開薛渡口至柳塘口舊小清河。河與溝、與城既治，然後可開柳塘口，以分漯水之勢。夫既拆築小清河分漯水一半之東，又開柳塘口使漯水一半之西，黜不佞，可保漯水永不爲害。

又 按，議者又謂：濼水、漯水其始俱入於小清河，由陳愷溝會於大清河，方達於海。陳愷溝乃小清河故道，柳塘迤東名爲新河，非小清河也。今治漯水，但開其故道而已。《經》曰：瀹、濟、漯而注之海，是也。觀《章丘縣志》有『小清河東入大清河』之文可證。然以職之愚斷之，爲此説者，其鄒平等縣也，非章丘、齊東之人也。職即查得《章丘縣志》内云：小清至柳塘口，又東入大清河。

竊詳『又東』二字，而陳愷溝則在柳塘口之西，是陳愷溝非小清河故道甚明，安得引以爲證？又查得《齊東縣志》謂『陳愷溝爲減水河』，蓋減滑河、白雲湖之水入大清河，使不爲害。陳愷溝者，俗稱也。先正李文達公有《開減水河記》，是陳愷溝肇自成化元年，已前則無陳愷溝，非小清河故道又明。《章丘縣志》可證，而《齊東縣志》與《減水河記》不可證耶？職又究竟《章丘縣志》所謂『小清河東入大清河』之説，今按地形，絶無踪迹可考。訪之故老，亦云『小清河自來獨向東行，不入大清河』。又考之《山東總志》，亦云『大清、小清二河各徑入海』。夫《總志》成於衆論，不知志章丘縣者，果何所見也？小清河既自來獨向東行，其云會于大清河者又無踪迹可考，然則名小清河爲新河、謂陳愷溝爲小清河故道者，職固曰『其鄒平等縣也，非章丘、齊東之人也』。

綜述

清　周以勳《罷挑陳愷溝記》（康熙）《齊東縣志·重葺龍王祠記》　減水河即舊治之陳愷溝，起自明成化元年，由西南引章邱白雲湖，經小清河，至營家莊入縣境，迂迴四十里許入大清河，歸海。蓋縣治北枕清河，減水繞於東南，此其形勢大略也。其利則值滛潦時，可洩坡水，以衛田廬以膏禾黍數百年賴之。其害則齊境地處窪下，自前代以來，屢遭水患，今大清河偶有漲溢，減水即受逆流之厄，此其利害大略也。其議開陳愷溝，以宣洩小清河及引河淤塞者，始於章邱縣民楊大志等，於乾隆五十四年間，屢訟不休，蒙撫部院長，檄委確切查勘水道，議於章邱之萬家口西岸，開生地十二里，至薛渡口，接陳愷溝，由減水河入大清河。

時齊東士民胡璨劉允善等數百人，赴上官痛陳利害，懇請，免挑，議遂寢。其請開萬家口灰垻，并小清正引二河者，亦章邱縣民楊大臣等，於嘉慶三年間，蹈楊大志之故轍，狡焉思逞，經前知縣據事直陳，復經章邱鄒平知縣屢勘故道，其事始息。此其争利一日，安堵百年。章齊兩邑民人滋訟之由也，蓋小清河舊無河形，自萬家口西抵薛渡口十二里，俱成沃地。舊志所述小清河一支北下，一支東向，分流之説也。今其形已不可考，小清河另以漯水爲源。若開引河勢必挾漯水順流北下，其勢全歸齊境，斷不能分由故道，此章邱民人不得以隣國爲壑，逞白圭故智也。前明李開先漯河議，謂先移築城垣，然後可開陳愷溝，引小清河。數百年來，城東南東北已因水患再移。今復議挑，則城郭民居，無可移之地，此齊東民人皆有室廬墟莫之依，不任轉徙於其問也。夫損此利彼，仁者不爲，况漯河西岸，壤接章齊兩邑，一經開通，即無堤防，猝遇山水冲決，崩騰直趨，不持齊邑受其害，即章邱士民如馮濚等，亦早以有礙民屋紛紛請免，是開挖之説。齊東固損，章邱亦未必盡利，即使利於章邱，而驅人之患，招己之灾，漂没我城池，魚鱉我士庶，何異割我之肉，療人之饑，孰非朝廷赤子，而忍心出此耶？設易地以觀，利齊東而害章邱，章邱之能嘿爾耶？奈何不思善導之法，而沾沾焉祇知利己也。此余所以按其形勢利害，而深虞復有楊大志楊大臣其人者，踵事增華，煽惑鼓動，愀然思爲斯民保障而未能也。

適紳士李世鑌、張爲韶、劉仁修、劉國典、王玉芳、胡大志、張爲炳、鄭士湖、張可考、李孝天，鄉民王立時、劉寶初、張楷等，以其事属余爲文，續入志書，以杜紛争之習，以遂久安之業，遂從其請而撮記之。

傳記

（道光）《濟南府志》卷五六《人物十二》　胡璨，字君瑞，號敬亭，先世由棗强遷惠民。崇禎時，遷齊東。璨由武庠中式，雍正乙卯武舉連捷，乾隆丙辰進士。【略】章邱民請開陳愷溝，號稱疏洩，實以齊東爲壑，乃率衆，赴上游指畫地勢，痛陳利弊，事遂寢，闔邑賴之。

雜録

（康熙）《章邱縣志》卷一《地輿志》　陳愷溝縣北三十五里，成化時鑿，洩小清河水入齊東縣，今迹尚存。陳愷，本縣人，告開浚溝之，人故名。

（康熙）《齊東縣志》卷一《職方紀》　減水河，一名陳愷溝，成化元年開濬，西南引章邱，曰雲湖，經小清河至營家庄，入本縣境，紆回四十里許，北入清河，爲橋七，現今無水。

（道光）《濟南府志》卷六《山水二》　陳愷溝在章邱縣北三十五里，《通志》云：明成化間，邑人陳愷鑿此溝，以洩小清河之水，由西北入齊東縣減水溝，達於大清河，今塞。

槐李溝

清　宫兆麟《新修槐李溝碑記》（乾隆）《濟陽縣志》卷一〇　比年霪霖過盛，地遂漫如蜩潭，而禾麻黍稻之場，頓化而爲荒沚，湖汀黄茆，叢葦蔓延難圖。野鷗水鳥之屬，據以爲宅。余承觀察二東履其地，而惄焉憂之，繼又持籌漕政，駐防德州時，心爲謀焉。適胡令德琳因溝洫舊址，相其勢之高下而疏導之，以隨時宣洩，自邑之馬家營，下匯趙家、支家二河，由王山家溝達於徒駭，計長一千六百三十丈有奇。使潦水有所歸宿，不至汎濫平地，而民亦得以及時種藝，安其恒業，又即其處建設石橋、木橋各一，以便往來。

又　濟南爲郡所隸者衛州，縣凡十有七，自會垣而北，地勢漸卑，古九河故道，多在其處。而濟陽尤爲窪下，每秋潦暴漲，所在爲澤潴。縣之西南相距二十里許，有曰魏李溝者，一邑之水匯焉。前者邑諸生張聖基、張浚始因其地爲小溝，以洩窪水，然尾閘未通，旋以壅廢。

又　是役也，邑令首捐俸以勸，而紳士鄉民張景崧、馬繼玉等前後出資爲助，凡閱數月而工浚。夫守令爲親民之官，其興利除害，固分所應爾，乃往往視爲故事，而不之恤。今胡令獨以冰清之操，却苞絶匭，且惟恐民力之或竭，爲之割膃而剖腊，以資於成，亦庶幾古循吏之風乎？於是撮其巔末，而爲之記。

惠民溝

論説

（乾隆）《歸德府志》卷一六《水利略三》　謹按：惠民溝爲虞城幹河一要渠也，其支溝洪溢溝、永豐溝，諸水有分入於坡河，而皆歸於惠民一溝，是一溝之利於民也，大矣。

綜述

清　李仲極《惠民溝記》（乾隆）《虞城縣志》卷八　虞地濱河瘠邑也，地勢窪下，每遇霪雨，四野汪洋，平陸可行舟楫，田禾盡渰，而城東地勢尤窪，積水猶巨浸，經年難於耕耔，居民困甚。

余承乏以來，六載而三澇惄焉，傷之因自思曰：弭灾患以恤民隱，司牧之職也。通溝洫以備旱潦，經野之規也。寧無利導之方，而坐視其困歟？謀諸紳衿耆老，僉云：明代萬歷時，縣城東南開水溝一道，通夏邑之單家溝，而水入於王家口河，維時地無積水，屢獲豐稔，厥後黃流衝溢，沙淤溝平。倘因其舊迹而疏浚之，庶霪潦基有備乎？余是其言，躬詣相閲，揆現在之情形，驗往昔之成效，灼知爲防潦之要着，遂毅然有疏浚之舉，請其事於撫憲，而幸蒙許可也。

於是審水道，酌變通，量溝分，丈樹標，列號令。東鄉有地之家，計畝均工，定期戒事，自圾家樓至陽堌寺，仍照舊迹疏浚，自陽堌寺至王家口河，由舊波河身至秦家庄開溝一道，最爲近捷。經始於康熙二十八年十月初一日，訖工於康熙二十九年正月二十日，統計溝長七千六百八十丈，口寬一丈，底寬五尺，深五尺。邑之紳衿耆老復懼其久而湮没也，請錫之以名而記其事。

余惟朝廷設官以惠民也，惠民之政，惟農事爲最重。農功之事，惟溝洫爲早先顧。是溝也，昔年開之而民受其惠，厥後淤之而民受其困。溝之係於農事，爲何如乎？故以今日浚溝之舉，合之昔年開溝之役，惠民之意先後有同揆也，名之曰惠民溝，可矣。獨是溝之成毁，何常之有？自萬歷迄今，僅百餘年，而其間之開而淤，淤而浚者，已歷再更焉。知後日不復淤，而亦如昔日耶？蓋天下事物之變遷，關乎運數，而政治之修舉，端在人爲。因循而置之，則廢者終廢，振起而行之，則廢者可興。是在同志之君子，各盡其職，各殫其心，而不失乎惠民之意，斯千載如一日矣，何慮其湮没乎哉？故記。康熙二十九年月日。

清　佚名《惠民溝記》（乾隆）《虞城縣志》卷八　朝廷設官分職，凡以利民也，故爲民牧者，曰興利，曰除害，二者恒相因，去其害，正所以利民也。古來之教民者，曰因地之利用，知國以民爲本，民以食爲天，而食必資於地。

虞城界黃河之南，相距僅十里許。地勢最下，河濟之間，其地夷衍，無高山大阜爲之障塞，河流失道則泛濫旁溢，大雨霪潦則積水經年不涸。西成失望，而東作復輟。今歲之灾，來歲因之，此歷世之通患也。考明萬歷時，邑人司寇楊公東明抱饑溺之憂，謀於邑侯王公納言，請開溝渠，以通水患。爰同邑民，相其地勢之高下，道路之去向，由邑城之東南至陽堌寺，計四十里，東轉至夏邑之單家溝，而入王家河口計十里，下流入横河，由睢溪口入黑墖子河，會歸洪澤湖水。有去程，無旁溢，不病隣封，計至善也。邑侯具詳撫按，合疏題請開渠一道，以疏水患，歷百餘年，民享粒食之利，皆司寇楊公邑侯王公之遺澤也。

後緣黄河屢決，而舊渠淤没。一遇霪潦，積水如故。比年以來，地蕪民貧，供賦爲艱。邑侯李公諱仲極者，目擊情形，軫念民艱，集邑之紳士而議之曰：虞城地卑下，積水不流，非謀疏浚，則其害將不可以紀。詢之父老，謂：吾邑有舊渠一道，乃明萬歷間所開，以疏水害者，今雖壅没，而遺迹尚存，非奉上行，不敢擅舉。具文申請，適置撫軍閻憲檄下頒有虞、永、夏三縣，地處窪下，疏通溝渠以除水患之諭，誠虞民百代之遐福，乃恭逢千載之奇遇。

噫嘻！何賢公祖愛民之鴻慈，與賢父母恤民之至意不謀而輒合若斯耶？維時邑侯李公先勞是任履畝，查勘自邑城東南至陽堌寺，仍循故道疏浚，自陽堌寺田秦家庄至王家口河照舊溝式開溝一道，樹標列號，計數分工，疏鑿溝身，口寬一丈，底寬五尺，深五尺，自邑城至夏邑界五十里。萬民皷舞，樂效其力，任其功，均其勞，庶民子來，不旬日而溝渠告成，名之曰惠民溝。葢以見公祖父母綏我嘉師之意也哉。

又慮四境之内有去溝遼遠者，不能疏浚，復令各從民便開一小溝，通入大溝，凡境内之民，無不共被其澤善政美。舉始於何年，重開復浚繼於何官，是不可無記。謹勒之石，以志不朽。則李公之德，與楊公王公之德，并不朽矣。是溝雖成而歲月變遷，烏能保今日之開浚不仍蹈前日之壅没耶？是又望於後之賢父母矣。康熙二十九年月日。

清 蔣光祖《重浚惠民溝記》（乾隆）《虞城縣志》卷八

《周禮》：夏官掌固，掌修城郭溝池樹渠之固。葢古言水利必曰溝渠，凡以儲水亦以洩水者也。

虞邑濱黄河之南，地處窪下，東南尤甚。每霪潦爲患，民不能畊。前代萬歷間，曾開溝一道，以洩水勢，獲享其利，歲久淤塞。至本朝康熙二十九年，李公仲極詳請疏浚，令東鄉有地之家計畝均工，定期戒事，迹仍其舊，利溥於前，錫以嘉名，此惠民溝之所由稱也。

未幾而城之西南北各開小溝，均由東注惠民溝，遂滙衆流，漫漶不能容納，東南水勢日益浩瀚，農其魚矣。惠民者，且爲厲民矣。前任上虞張公憫其苦，從衆議，開支溝一道，以分其湍，又不戒於事，下流未透支溝之水，且倒灌以入惠民溝，而惠民溝之漫溢，且有若爲狼狽，以助其沮洳墊溺之勢左右，民田不惟秋雨生魚禾頭欲耳，而二麥且問諸水濱終歲之計無孑遺矣。此余涖任，而紳士耆庶亟亟以開浚請也。

顧格於例，屢請動帑，無項可支，乃從糧憲胡公巡憲金公命，勸諭士庶，量地出夫，如前李公之舉茀李公偏勸東南，今則統諭四境，以通邑之水有攸歸而其爲惠均也。爰具詳撫河兩院，均蒙嘉許，并請熟於工程前虞城二尹屠公禹門董其事。由是，惠民溝自趙家橋起至溝尾止，長四千五百一十五丈，支溝自劉家庄起至横河止，長一千一百八十丈，二共估溝面溝底計土四萬五千一百七十五方，共需夫銀三千一百六十餘金，皆出衆力，踴躍趨事，裹糧俱饋，畚鍤如雲，而屠公又精於相度，勤於董率，紓者直之，迨者作之，不兩月而工竣。於是寬深如式，下流迅便，支溝既道其道，而惠民溝益利其利矣。嗣是虞邑匪惟東南，即矣境均無水患矣乎。

夫用天之道，因民之利，民事之要也。難與慮始，可與樂成，民俗之恒也。兹役也，初亦慮其重勞吾民，卒之勸諭，甫加鼓歌從事，眞所謂下其令如流水者。余豈敢謂倡率之有方乎，良亦吾民趨事之誠急公之衆，殊有合於鼛鼓弗勝之意。故夫夥工繁，不以爲病，且以爲樂，而嬴糧影從如是也。是烏可不記，以垂不朽。抑余尤有念者。

政舉非難，宜民爲難，樂成匪易，可繼尤不易。今兹二溝之疏浚，其相與有成也，固足以惠吾民矣。而莫爲之前，雖美弗彰，莫爲之後，雖盛弗傳。繼自今倘無鼓舞而勸導之者，爲之踵事而增華，則今之宣洩暢流爲民之惠者，寧保其不復壅淤漫漶如昔之爲民厲也哉。是尤宜紀其本末，以俟後之長民者深思。《周禮》掌固之義，切於溝池，樹渠之政，以時勸相，不忘開浚，庶利在一時，即可傳於後世。而爲吾民惠，不又多乎哉！記成，因繫以詞曰：

溝水潺潺，民惠無邊。伊誰之賜，爾力斯前。以疏以瀹，用祈有年。凡我同人，宜戒勿諼。悦以勞民，快如轉圜。立兹片石，利我大田。

紀事

（乾隆）《虞城縣志》卷二《山川》 康熙二十九年，知縣李仲極重浚，自城東南郭外起仍循故道，由陽堌寺經秦家庄至王家口河，照舊溝式，開溝一道，溝身口寬一丈，底寬五尺，深五尺，自邑城至夏邑界五十里。

又卷一〇《雜記》 冬月，知縣李仲極開惠民溝，永除水患。

藝文

清 佚名《同屠禹門二尹勘惠民溝途中偶成》（乾隆）《虞城縣志》卷九

結伴尋春首重搔，相於野興未云勞。柔風帶緑吹堤柳，細雨飛紅濕井桃。一道清溪煩極目，千家瘠土待流膏。鄭渠鄴水今何在，肯讓前人續自高。

雜録

（乾隆）《虞城縣志》卷二《山川》 惠民溝在縣東南，明邑司寇楊東明與知縣王納言開浚，以防河患。

又 永寧橋在縣東二里，康熙二十九年知縣李仲極建。接渡橋在縣東南十八里，康熙三十四年建。刁家橋在城東八里。劉家橋在城東一里。以上四橋俱跨惠民溝。

（乾隆）《歸德府志》卷一五《水利略二》 惠民溝在商邱東南鄉，自高家營起至牛家橋，入本境沙河止，計長六十里，面寬一丈二尺，底寬六尺，深五尺。

又卷一六《水利略三》 巴清河一名巴河，在夏邑城北，發源自虞城縣惠民溝，尾接入本境八吉村。

柳木溝

清 張樸《重挑金牛窪河道記》（光緒）《平陰縣志》卷七 按此窪及柳木溝，自築河堤以後，水不能入河，伏秋每存積水，今更無法疏通。存此二記，以見往時之遺迹而已。

又《重挑柳木溝記》（光緒）《平陰縣志》卷七 自古溝洫之設，以興水利。即以消水患，凡使窪下壅滯之水宣洩流通，俾民田不至淹潦也。

平邑城北舊有柳木溝一道，上游來自東阿金公河，下達本境大清河入海。雖邑乘未詳，開自何時，而河干舊碑載雍正六七年及十二三年曆經挑修四次，始得一律疏通。自是民享其利已有年矣。惟歲深月久，夫經續浚漸至淤塞，即各莊間有疏浚之處，亦難上下通暢。

近年以來，民頗患之。丙午冬，因議浚金牛窪河，士民復以此爲請。余念河分兩地，事同一律，不能修彼遺此，亦不能先彼後此。遂并上詳，蒙觀察徐公親臨勘驗，恩准興修，并飭上游於次年春一同興挑。

時東阿以歉收，暫請緩辦。余於本年二月初九日，遂率士民先行開工，計河程一十九里，曲折量長三千四百五十餘丈。上除義興集，即黄家圈莊南舊碑以西三百丈，前係東阿借挑立有石記，茲仍照舊。下除黄家渡北河口以上四百餘丈，無須挑挖。中餘二千七百餘丈，就近河，大小四十八莊。按地出夫均匀攤派，擇公正紳耆董其事，妥立章程，河身以上淺下深，上窄下寬爲度，以期宣洩通暢。并因舊址淺深，各莊遠近，增減其工，以昭公允，届期同力合作，均極踴躍。

余復日往督催，酌量獎賞，以此倍形鼓舞，迅速成功。越兩旬，兩歲事焉。工竣，士民請立石以垂後。余思人心不齊，古今同患，今河之基址淺深不一，河之工段長短不一，河之形勢上下又不一，且莊有遠近之不一，夫有多寡之不一，是亦事之至難一者矣。而一時興舉上下，卒無異心，始終亦無異言焉。此固由士民辦理之妥協，亦實見地方人情之和厚也。故詳列村莊於後，以期不没群力云爾。

又《重修朱家橋碑記橋》（光緒）《平陰縣志》卷七 縣北柳木溝河來自

東阿，下注大清河，年遠淤平，下游地高，上游水不能洩，即禾稼被淹，民苦久之。丁未，沿河紳民公請挑浚，按地出夫，定期興舉，不匝月而一律深通。

（光緒）《平陰縣志》卷一《恩詔》 柳木溝在城北夏家溝南，又名朱家橋，知縣張樸重修。今夏家溝舊莊已淪於河，莊民皆喬居民，堰橋亦無存。

龍鳳溝

綜述

清 盧見曾《雅雨堂集·文集》卷三《龍鳳溝碑記》 亳之水患，非天爲之也。亳無高山大陵，亦無培塿，四郊之外如平洋。惟西北稍高，然甚狹，東南廣數百里，皆窪下之地，雨澤時降，則泛濫而無所歸。河之受水者，南有淝，北有渦，貫通二河有古乾溪之溝，而乾溪之淤塞固已久矣。水患之尤甚者，洺河、中心溝、油河諸水，皆會于三漲口之清游湖，又兼受河南鄰邑之水，故其勢益浩汗。所恃以入渦者，則有梭溝，而梭溝之淤塞又已久矣。其南之達梭溝者，則有牛毛河，其東之入渦者，則有皁溝、田家溝、脫韁溝，悉皆淤塞不治。故知非天之爲灾，不盡力于溝洫者之過也。

雍正九年，予以蒙城令代理亳州，已知其水患之可以除，卒卒未三月而去。又四年，自六安調治亳，乃得親履其土，度其勢而爲之。始至則欲開梭溝，然梭溝有砂礓十里，不可以開，衆論紛紜，莫之適從。

予思渦之兩岸皆土，擇其卑下之地，别開一溝，以分三漲口之水而達于渦，則利等于梭溝，而功省于砂礓。計已決，有告予者曰：『水之達渦者，舊有龍鳳溝，雖已淤塞而形勢依然，其土之淤塞，十不敵砂礓之一。計惟開龍鳳溝以復其故道，則水之阻于砂礓者，既可由龍鳳以入渦，而龍子岡、黄家溝之由牛毛河以達梭者，亦皆由龍鳳以旁洩于渦，則諸水悉治。』予曰：『善。』因集紳士耆老而共議之，計工若干，費若干，財賄之所出，力役之所徵，一聽民之所願。時則倡事者有人，出貨者有人，督工者有人。予又時以酒食勞之，不數月而龍鳳溝以成。於是，牛毛河入龍鳳溝者，龍子溝自斗溝至河，黄家溝自老龍湖至河，河自樊家橋至修家溝，皆開淤通道以入渦，而白魚港則由皁溝入渦，狐狸澗則合田家溝入渦。田家溝并脫韁溝前後相繼成功，而亳之水患十除八九矣。至乾溪雖不可以不浚，而猶可稍緩，且綿亘四十餘里，兼有橋梁待修。予將以二三年圖之，而今已遷廬州，是繼予者之責也已。

噫！予興水利于六安，十之成八九矣。而調治亳，予除水患于亳，十之成又八九矣。而遷廬州將行，皆眷顧依遲而不忍去，安得不惓惓焉？致望于後之君子，吾知當聖明之世，任司牧之責，人有同心，必不忍隳前人之功，而自病其民也。溝之長與深廣丈尺，并出貨共事者之姓名，皆載之碑陰，以志不可磨滅云。

清 蕭穆《敬孚類稿》卷三《書亳州志盧公見曾龍鳳溝碑記後》 德州盧雅雨都轉於雍正閒以名進士，先出知四川之洪雅，數年，調任安徽之蒙城，九年，由蒙城代理亳州，未三月即去任，又四年，自六安復調治亳州。

先是代理亳州時，已知本州時遭水患，可以人力治之，有志未逮。至復任亳州，乃得親履其土，度其形勢。亳州之溝道，淤塞多端，顧此失彼，水患終難悉除。最後與本地父老相度地勢，莫若先從事於龍鳳溝，以復其故道，則諸水皆有定洩，諸水亦因之悉治。工成，亦得十之七八。將以二三年内，悉將境内各水道無巨細悉治之。未幾，又遷廬州。先是，官六安興水利已得十之八九，治亳州興水利亦得十之八九。頓遷廬州，眷顧依遲，不忍舍去，而爲此記，深望後官茲州者補其未備。

及公遷廬州，曆官至兩淮鹽運使司，中閒曆官不得其詳。至官兩淮鹽運，提倡風雅，名流雲集，於乙亥、丙子之閒，修治揚州新舊城溝道，民頗疑之。至丙子夏秋，大雨時行，廬舍安堵，行於塗者，曠然無墊陷之憂。丁丑，時雨至復安然無恙，浮議始息，民乃大悅。

曆官數年，引疾告歸田里。至乾隆戊子，因兩淮提引事發，政府因此有中傷之者，遂革職下獄，論死。

今細考此案，前後官爲此事均得罪，降、革、伏法有差。而盧公只婁得商人代辦古玩銀一萬六千二百四十一兩，例應於家屬名下勒限追繳。而部議又以『但查此項代辦古玩銀兩，原係各商有意交結運使，濫行動用，如盧見曾家屬名下，不能全完，亦應在商衆名下著落分賠。』余意此一萬六千二百四十一兩，乃各鹽商所供，尚非盧公私扣公款。此萬餘金盧公即不能奉繳，衆商分賠尚易爲力，何至同鹽政高恒、普福一例伏法？蓋當時國法綦嚴，不照例辦理，不足以警效尤貪婪之風故耳。

余惜盧公以有用之才，曆任留心民瘼，其他善政，雖一時不得其詳，即以治六安、蒙、亳及任揚州鹽運使，無治地方民生之責，尚知修治揚城新舊溝道，以備不虞，使其由州縣而監司而督撫，善政必大有可觀。惜乎後來用違其才，以致此也。盧公本以詩名，今閲乾隆三年《亳州志》所載，《龍鳳溝碑記》之外，尚有《孟增廣傳》、《王吏目傳》、《苑亮傳》、《烈女傳》凡四篇，均用筆典雅有法，且有關於吾皖文獻，悉鈔存之，尚待他時詢之德州人士訪求遺書政績，續爲記載云。

紀事

（光緒）《亳州志》卷五《水利志》 乾隆三十九年，知州鄭交泰詳請重浚運糧河、趙王河、九里溝、乾溪溝、龍鳳溝、椶溝，巡撫高公奏發帑金，遂於甲午正月興工，越兩月工竣，計用民夫三十八萬三千六百有四人。

藝文

清 祁寯藻《䜱䜣亭集》卷一七《夏忠臣關龍逢故里相傳在平定州關家峪又名龍鳳溝張石洲云聞峪人于斷厓得元呂左丞碑載峪有關龍逢墓歲久湮没此碑不見拓本州志亦未載恐傳聞未碻姑紀以詩》 古無忠臣以諫死，死者自關龍逢始。此局一刱四千載，抗節批鱗死未已。塗山鬼泣施女笑，卑宫瓦裂瑶臺峙。當時國危於累卵，左右偷諛憚啓齒。坐令骨鯁付湯鑊，毋乃趙曹肆讒毀。皇穹不諒余忠誠，白日昭昭那可指。忍爲逋臣逐終古，誓以昌言報天子。其言若用身不死，夏臺南巢變兩弭。比干銅盤出古冢，萇宏碧血照青史。如何孤忠久湮没，龍鳳沿訛失名氏。欲尋斷碑補志乘，摹搨無緣得片紙。我欲揭表墓前道，大書忠臣之故里。煌煌諫語勒貞珉，鬱鬱佳城奉祠祀。庶幾神靈燭魑魅，不獨恭敬餘桑梓。作詩且復紀傳聞，五岳嵯峨方寸起。

清 劉開《劉孟塗集・後集》卷二一《亳城懷古》 龍鳳溝開水變更，白零湖畔路縱横。伐燕枉駐桓温馬，破賊曾勞祖逖兵。

雜録

《清史稿》卷五九《地理六》 渦陽衝，繁，難。府東北二百七十里。同治三年，割阜陽、亳州、蒙城及鳳陽府之宿州地增置。南：雲夢山。東北：龍山。北：石弓山。北淝河自亳州入，渚爲白湖窪，又東入蒙城。渦河亦自亳入，會五毒溝、龍鳳溝、椶溝、銀溝、金溝諸水始大，東南流，逕蒙城，達懷遠，入淮。西南：蔡湖，亦入渦。東南西洋有汛。西北義門集巡司一。

龍鬚溝

清 梁三韓《孫公浚龍鬚溝記》（乾隆）《中牟縣志》卷一〇 蓋聞五靈之物，莫靈於龍。龍者，神明變化之物，即其一鱗一爪，胥有奇異超忽令人不可捉摸處。然而古者有豢龍氏，有擾龍氏，有御龍氏，以其術相授受，數世不絶，意者得其道以從事，或亦不難制歟？牟西蔣家衝有溝曰龍鬚，余不知其命名之義何取，第考其源，出新鄭之灤河，由圃田而入牟境，每遇暑雨秋霖，山水驟至，急流汹湧，若龍之乘雲雨而來，泛濫横流，瀰漫無際，其爲害亦若與攖逆鱗而殺人者等。

我公涖牟，慮淪胥爲灾，思有以拯之，而土勢鬆散，水挾沙行，所疏渠道，旋成旋廢，乃知此溝之變化無窮，謂勢亦如龍然，非大爲開浚不可。公爰于辛未春，单騎減從，親詣河干，相度地形之高下，分别水性之緩急，因勢利導，一律疏通，自蔣家衝交界，由杜家橋至白沙而歸賈魯，約長十里，深廣較昔加倍。自是水無横决之虞，人有安瀾之慶，余乃慨然嘆曰：是龍也，曩則躍也，而今潛矣；曩則見於田也，而今伏於淵矣。

昔黄帝鑄鼎荆山之陽，鼎成騎龍上升，後宫群臣不得從者，攀龍鬚呼號，鬚拔墜地，今溝名龍鬚，得公以利導之，水行地中，不復奔騰爲患，若與鬚之墜地者相彷彿，所謂豢之之道、擾之之道、御之之道寧不在是耶？而又何憂乎其難制也？第此溝地本流沙，水流沙停，易於壅滯，苟疏導不繼，此功終無成效，余願後之牧斯土者，守是術相授，亦世世不絶焉，則幸甚。

（乾隆）《中牟縣志》卷一《輿地志》 龍鬚溝堤 西自鄭州界蔣家莊起，至白沙東入賈魯河止順長一千七百三十六丈。兩岸頂寬五尺，底寬一丈五尺，高四尺，歲歲修補。

（同治）《中牟縣志》卷一《輿地志》 龍鬚溝渠源出新鄭樂河，自蔣家莊西鄭州交界起，至白沙東入賈魯河長一千七百三十六丈。流沙易壅，歲歲疏浚。按，故道已淤，改由白沙鎮西，仍入賈魯河。

《清史稿》卷六二《地理九》 中牟衝，繁。府西七十里。北：牟山。西南：馬陵。西北：圃田澤。河水自鄭入，逕楊橋口，又東，黄練集。賈魯河入，合龍鬚溝，《隋志》鄭水。

牧道溝

明 趙擢《牧道溝碑記》（嘉靖）《藁城縣志》卷一二 往余耕于萊山之陽，有鄉父老率其子弟以碑請余，曰：『何碑？』曰：『以碑吾侯柯大夫。』余曰：『侯有賢名，旦夕詔下，優而擢之，固宜若輩醵金琢碑，無異辭，何也？』曰：『侯開浚牧道溝，遺利永永，雖司土實司命也，猶司吾西北一方之衆之命也，其可忘耶？』

余惟農天下之本，農重則水田重，水田重則浚導蓄洩，以育五穀，而溝洫更重。夫牧道溝去吾邑西北七十五里，其水四時不涸。土人往往藝稻谷，遇秋萏，緑滿野，《邑志》云：牧道杭風者是也。歲久，泥沙淤鬱溝與田埒，每霪雨瀕，溝一帶若堅固若金庄。若南北喬寨數十鄉，溝水泛溢，渰没禾田，歲歲苦潦，故良田爲壑。而浚導蓄洩之，亟曾有幾人哉？侯乃周察民瘼，流覽慨嘆曰：『此溝水泉清，腴而湮爲汙池，以墊溺我民田，可乎？』爰召父老子弟而計之，若者宜浚，浚之以蓄其源，若者宜疏，疏之而洩其流，衆於是欣相謂曰：『利我匪勞我也。』趨事恐後，不閱月而工峻焉。君子以爲侯之是役也，有五利。

因民利民，勸諭子來費約，而功倍，利一；數千畝桑田不淪滄海，數十鄉澤國盡成樂土，利二；有土可耕可穫，有田可灌可樹，利三；旱不至于龜坼，潦不至於昆脛，利四；民食有賴，國賦有出，利五。此五利者，皆侯幾經親視，指示擘畫，以底於成，厥績偉矣。至于興滯起廢，先城樓，次漢王廟，次鎮河壇，次城濠，次河堤，次演武場，一時百廢畢舉，百利俱興，則失盡力溝洫，開浚牧道，尤其表表者耳。昔魏築千金碣、五龍渠，皆書之以示後賢。今侯雖不伐功，不市名，而浚溝利民造福，元元之德，殆與澤流偕長矣。雖世世名柯公溝，可也。

故諸鄉人之請，掇其大端，勒之貞珉，以志無忘於侯之意，且使察郡邑之治行者，有足徵也。侯姓柯，諱願字，又鄒甲辰進士，福建龍溪人。

（嘉靖）《藁城縣志》卷一《地理志》 牧道溝在邑城西北七十五里，其水四時皆不涸，土人往往藝稻，其稻甚佳，每遇秋萏，緑滿郊儼，若江南之狀焉。

如意溝

清 高之璐《新開如意溝碑記》（乾隆）《濟陽縣志》卷一〇 邦國水旱豐歉之數，雖曰天時，實賴人力之補救焉。邑河之巨者三：帶於南曰大清，枕於北曰徒駭，襟於西北曰夾馬。若萬工流浪、白浪諸渠，縱横斜互其間，而據上游以瞰，我則齊河之倪倫趙牛也。爲地黑窪十之五，白土十之二，二性十之一，沙十之一，鹻十之一，以是雨贏而歲歉，水豐而禾儉。一值霪澇，嗷嗷待哺。至轉徙溝壑者，有之長民者，曰：固然惟愚民，亦聽諸無可如何之天也？

庚辰冬，邑侯胡公涖兹土，甫下車問民疾苦，一革浮役也，一剔積弊也，一鋤强禦也，一恤孤弱也，一振膠庠也。駸駸乎利興而害祛矣。越明年，秋大水，浸洊十之七。明年秋，又水浸洊十之五，而西北約莊爲尤甚，侯曰：於戲！邑之利害有踰，於是者乎其敢苟焉？以事事於時，車一輛，馬一騎，夜被一囊，書册一束，役吏共數人，奔波泥塗濘淖中，悉心相度，寢食野田草舍間，數月不少息，澇之淺深輕重，與户口贏縮纖悉羅胸臆上其事，兩載俱邀賑恤，靡一夫失所，而於河道之源委，脉絡支分派别，尤歷歷可指諸掌焉。

爰具禀曰：各憲於三岔口，分工未堤障，倪倫肆毒以清其源，更率僚吏士民於萬工溝東，新開支溝者三爲蓄洩，計其一自萬工，南北河頭遞小太平等莊之南，至曰浪溝而止，其爲長也丈計千六百有奇，寬計二十尺，深四五尺有差，其一自小太平莊東北遞哈叭溝南，亦至白浪溝而止，其爲長也丈減十之二，寬深約與前等，其一自萬工溝東西接藥王庄之溝尾遞大太平等莊之南，亦至白浪溝而止，其爲長及寬深約等減十之二，復於白浪溝東直接溝西大太平南溝尾，新開支河者一，其爲長也丈幾二千寬深約等於前，下接楊家河頭而止。自是由楊家河至支家橋尋舊迹而浚築之，工約與前等，自支家橋至王山家河溝浚河尾而統歸徒駭，工亦與前等，其自王山家河上接楊家支家趙家等河，與槐李一溝并疏浚，至杜家水口而止，減深通無滯焉。

通而觀之，原原本本，經緯錯綜，條理井然，有并心力而俱繪者，以是沮洳之區胥變膏腴。今歲雨水建瓴而下，由徒駭以注諸海，秋禾大熟，麥亦及時播種，居民大愜，其願合諸新渠而名曰如意，由一溝二溝，以至數溝，其快意若不可終窮也。而屬余一言銘侯德，且與齊濟臨界奉長生禄位以祀。縣佐葉公履衡承侯命盡力溝洫，戴之亦如侯焉。

嗟乎！我邑人識之乎？今之所謂如意者，皆我侯不惜任勞怨以成之者也。侯同不求人知而思膏，則與泉流俱深矣。然則長民者，其可曰：非我也，歲也，而謂人力無補天工哉？爰不憚縷析以紀，俾來者有所考焉。乾隆甲申月日。

（乾隆）《濟陽縣志》卷四《水利志》 萬工溝西新開如意溝三道：一曰高白塋溝，一曰岳王莊溝，一曰西太平溝。

又 萬工溝東新開如意溝三道：一曰大太平溝，一曰哈叭溝，一曰小太平溝。

又《圖·如意溝圖》

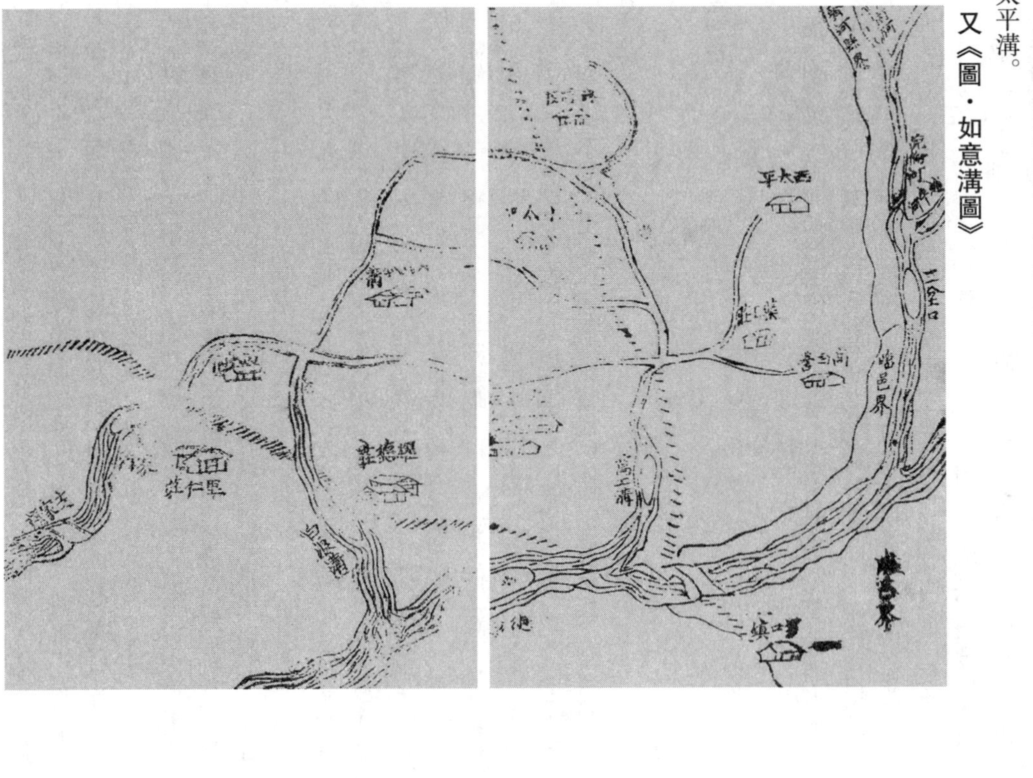

蛇皮溝

（乾隆）《直隸遵化州志》卷五《方輿》　蛇皮溝城北九十里。

（光緒）《遵化通志》卷一二《輿地志》　萬佛崖州北九十里，崖高百餘仞，東西橫互如長蛇，俗呼蛇皮溝，山峪中亂峰林立，若萬佛環坐狀，历改今名。

秀水溝（福建龍巖州）

明 曹允儒《秀水溝記》（道光）《龍巖州志》卷一六　志曰：『天下之水，得山而砥；天下之山，得水而毓。水砥山毓，材傑出焉。』巖之爲邑，枕山之偎，堞環之，堞以外，溪帶之。僉謂溪以堞屏弗見，矧堞内民率自遠汲於谷，艱甚也。萬歷庚辰冬，邑士邱鍨輩謁予於庠，慨泮之涸。予乃詢邑中故域，稱秀水溪者，得之堞西之虎嶺。厥流涓涓，灌注不常，乃徙上下車之間，岐自辛，故命曰『秀』。午隍梁井，刳木取之，遼矣。而滔滔者乃襟邑之公私宇，而東逗平在，趣東宮，與堞南之溪合。西東計九百餘丈，巓而望之，宛若游龍。又支而北者二：溝於泮，洿於邑廨之前，曰『秀水池』。毋論地脉潤否，即便汲者亦令之職。厥功俄成，不費公帑，民亦無擾，聊綜始末珉焉。

清 粘繼任《修浚秀水溝記》（道光）《龍巖州志》卷一六　學宮之有泮池，昉於魯思樂之詩，由來已久。巖廟學規制壯麗，惟泮池時涸。余初疑之，既載《稽州志》，前明邑令曹公，由城西迎龍橋闢溝引水，入注泮池，達東關外，仍歸於龍川，名曰『秀水』。厥後屢有疏浚，茲自淤塞以來，蓋數十年。於斯矣，余忝司巖鐸，每慨然興念，因謀同寅彭君延紳士會議修治，醵金鳩工，諏日從事經。始於甲戌春閏二月戊子，迄夏六月甲子。告成，向之淤塞者，今則瀏然，而盈有澄泓瑩澈之觀，則泮水之興復，不即爲異日鳳池之先聲歟。工既竣，以餘貲爲裕，後計置田租十九籮，并舊存小池田租十二籮半，責令守管隨時修浚，毋俾淤塞。是役也，州人士募義捐貲，諸董事殫心經理，均不可泯。爰記其略，并置田畝，數勒諸石，租額詳載學田後。

（道光）《龍巖州志》卷二《規建志》　秀水溝明萬歷九年，縣令曹允儒闢，發源迎龍橋下，車圳鑿溝，由西門入注泮宮，達東門外，共九百餘丈。國朝縣令左峴江藻俱疏，後漸淤塞。乾隆元年，州牧張廷球率士民疏闢之，設夫一名，偵其通塞，撥文昌舊祠，田租十二大籮半，給爲工食。嘉慶十八年，學正粘繼任因溝流淤塞，同紳士倡捐疏浚，又置租十九籮，并舊存小池租十二籮半，以給溝夫工食等費，有碑記。日夕溝夫力稍弛，復淤塞。道光十三年，州紳士復捐貲疏浚。

又　修浚秀水溝田，一段坐落小池社，載租十二籮半；一段坐落外山道子崙井磜，邊田二段四畝零，載早租七籮；一段坐落後營邱家樓仔厝後頭左角，載早晚租一十二籮。以上三段，爲遞年修浚秀水溝費。學正粘繼任有記，載在藝文。

秀水溝（江西瀘溪）

（光緒）《江西通志》卷六三《山川略三》　三十三年，知縣呂應元開秀水溝，自東南入城，環繞縣治前，由西城出，闊四尺，深五尺。

又 卷六五《建置略一》　二十三年，知州周澍重修，設城樓六開，舊南門塞，萬歷時移改之南門，又開舊閉之秀水門，浚秀水溝渠。

（同治）《瀘溪縣志》卷一《疆域》　二十四年，徐清選修北門樓，城内有秀水溝二條，一繞縣治前，一環縣治。

（同治）《南昌府志》卷七《地理》　尚書第　明周期雍建，在秀水溝西。

永潤溝

論説

清 王虎臣《新開永潤溝碑記》（乾隆）《新興州志》卷一〇 國之所重在民，民之所重在耕，而所賴以耕者，又非水不爲功。《易曰》：『地中有水師，君子以容民畜衆。』《書》曰：『予决九川，距四海，浚畎澮距川。』《周禮》有治溝洫之義，《王制》有備凶旱之法。所以魏吴起引漳水灌鄴，秦鄭國開涇水溉關中，民獲其益，歌頌不衰。

紀事

（乾隆）《新興州志》卷四《建设》 永潤溝 在州南三里，康熙三十九年，生員王虎臣開。

清 王虎臣《新開永潤溝碑記》（乾隆）《新興州志》卷一〇 是役也，予與壩長朝夕董率，不憚勤勞，即風雨寒暑，無少休息。始於康熙甲戌十月，成於庚辰三月，自是而水利所潤田疇，不致荒萊，人民得以安堵，永賴澤被之功，衆議名之曰永潤，喜其利而期其久也。歷今二十有餘年，舊制不無湮缺，郡侯任公復加意督率，立法修通，無失其潤，功亦甚永矣哉。

雜録

清 王虎臣《新開永潤溝碑記》（乾隆）《新興州志》卷一〇 求之南田，多亢水，乏活泉，每當俶載之期，群切滂淒之望，若乏雨之歲，舉目赤地，一望荒萊，以致貢賦莫措，衣食無資，往往棄廬舍，攜妻子適他鄉。不但民之流離堪恤，而正貢逋欠，抑且有累於官。

又 予目擊心傷，竊念士人讀書，懷古志存康濟，即不能置身廊廟，澤被九州，亦當隨其力所能爲，拮据爲之。俾一方受澤，因不量綿力，倡約壩長曹大才、王錫名等，相地形分引九龍池、玉溪河水灌其地，同紳士鄉民公呈前任郡侯蔡公，臨河踏看計畝鳩工，舊有溝迹者修之，無者開之，有小河横阻者爲地道達之，溝首由左家屯玉皇閣起，至白九甲田中爲暗洞，過小河由翟家屯、小□屯至鄭家屯，又爲暗洞，過小河至獨樹屯、馮家屯，從溝首至溝尾約八里，所溉田二千餘畝。

又 或謂予曰：『子之此溝，堪與魏吴起秦鄭國傳不朽夫。予諸生是何能爲，亦仰體賢司牧愛民之心，勤民之事，奉行之不懈而已，敢自詡其功哉。衆欲刊之石，予聊叙此溝之顛末以付之。

魚腸溝

綜述

清 佚名《重修老城魚腸溝記》（康熙）《南安府志》卷二一 政有當舉不得，而廢同僚，協和其福在民，倘一人持偏見，聽浮言，將扞格因循，百姓何利之有？攷南安郡城，甃築自元，形狹而長微鋭類魚。

昔人按地脉經制，引城外官陂頭活水，從西之北，穿垣而入。沿百餘步，分流南北二溝，曲折而合于南関之右，仍穿垣出沙州埧歸注章江。以象魚腸，故城稱魚城，溝名魚溝。脉暢形全，經制悉稱，魚無腸不活，城詎可無溝？明末兵燹，陵谷滄桑。康熙四十八年，前守祝公、前令武公，稽志疏浚。獨北溝分流水口，爲兵民佔屋，礙不得開。以訖于今，每遇潦水，没踝，經旬不消，居行苦之。夫山澤通氣土，蔚民殷水泉、砂礫皆爲凶宅，斯雖堪輿家言，不必盡信，亦不可盡不信。此非政有當舉不得，而廢者歟。

余壬子歲涖任之次年，即檄行庾令，清查故址，意蘄立瀹。不謂有聽浮言者，沮余議也。嗣副協黄公來鎮兹土，訪聞是舉，屢勸力行。比孔郡丞、余邑宰、甘守戎相繼而至，詢謀僉同、民佔者民官主之，軍佔者軍官主之，見非一偏，黎民有利，尚何扞格而因循，余令遂親加相度，以北溝口古迹久湮，且兵民成居匪今斯，今商于甘君，請遶屋左右，另闢使通。并據士民何錕等陳詞，清出城西前人原置修溝田産若干，徵粟易錢。

于壬戌冬動工，癸亥春工竣，告余爲文以志之。余喜同僚協和，其福在民。爰執筆叙其顛末，并鎸溝産田畝、佃耕姓名于石陰，使董事諸人得以歲歲掌修，流澤奕禩也。斯舉也，襄事者貢生何錕易，朝遴生員陳士侊、陳模許，榮任劉敬業、張家英、許奪鮮、徐梅、陳益烜、吴雲錦、朱芳坊，民陳爲章、黄士連、吴亮臣、張公燮、徐治泰、何睿士、吴用、乾大庚，縣典史劉琨，巡檢魯翰昌，知縣余光璧，南安府同知孔傳彭，南安營千總孫捷，守備甘洪章，參將黄正元。作記者，南安府知府游紹安也。

紀事

清 余光璧《竣工紀略》（乾隆）《南安府大庾縣志》卷一九　是歲，夏五講堂起，工未竣事，横浦橋工繼起。明年四月，城工復起，而譙樓魚腸溝工，因于其間并起。予亦忘憚其難，趨事益力，未幾而魚腸溝工先竣。公色喜，爲作文，志之鎸于碑。

雜録

清 余光璧《竣工紀略》（乾隆）《南安府大庾縣志》卷一九　茂西舊有魚腸溝，壅塞不通，積水潦。

（同治）《大庾縣志》卷一《地理》　鼻吸河，即城内魚腸溝。

豫章溝

論説

清 張九鉞《重修豫章溝議》《清經世文編》卷一一六　豫章水利，自唐觀察使韋丹始。贛江受袁、蜀二江，洶湧澎湃，至省城東南分兩支。一支排三洲，循城而下，甚急，潦水衝齧爲患，城内三湖，曰南湖、東湖、北湖，恆氾濫壞廬舍。韋公乃外築捍江堤，長十二里，疏爲斗門，置閘以走内外水，曰十門九津。九津者，以《洪範》『九疇』：五行、五事、八政、五紀、皇極、三德、稽疑、庶徵、五福名其津也。水患息，民感其德，立祠永祀，其時尚未有豫章溝名。宋時東湖以北，韋公舊迹就湮，乃開爲長溝，甃以磚，自東湖東北隅首受水，引至庶徵津斗門出，始名曰豫章溝。東湖閘口有亭，宋孟太守作碑，文無傳，亭久圮，其舊溝圖多存世家大族中。勝國盜藩肆恣侵，佔民地爲苑囿，溝盡塞。此唐宋以來溝開塞之崖略也。

藩國既除，溝地民始居之。大府吏胥、諸營兵卒又盤踞其上，江湖水不得内外宣洩，積霖暴漲，陷或一月、或二月，人蕩析離居，患最烈。鄉之薦紳大夫屢建議思浚復，豪猾游民不便己，乃倡爲形家利於民不利於官之説，紛揚阻撓。守土者疑畏相參，首鼠遷延，屢議屢罷，此又不克重浚之情勢也。閣下剛大正直，公忠體國，有古大臣風力。駐節後，乃爲民興利除害，如建各墕閘，清濠溝，次第舉行，稔知此溝關繫甚鉅，虚懷詢問。今新城陳紳守訓，能踵父兄之志，獨力仔肩，呈請疏浚。九鉞適奉調來南昌，閣下昨召至政堂，手出所呈舊溝全圖曰：『設官所以治民，苟利於民矣，有患予自當之。惟是考原委，相形勢，計利害，決成否，闢浮議，秉公無私，以成美舉，此地方官之責，其悉心履勘詳議以上。』此千載一時不可逢之佳會。

爰偕陳紳屏騎步行，自五事津斗門起，即有溝，溝底有鐵人九，猶韋公所鑄鎮水患者。溝尾即南湖首，湖中爲躍龍橋，過橋學宫右湖盡，又爲溝穿迎恩橋通東湖，至貢院西墻角，則舊豫章溝閘口矣。溝身及甃甎闊丈餘，貢院後溝，猶在池北市廛外，或隱或現，微茫一線猶可辨。至應天寺左溝，在吏胥營卒園墻疏圃中，然每有池塘，其首尾溝，舊甃甎露出，舉鍤則溝立現。入北湖至毛家橋，溝身全出，又曲至澹臺門，出庶徵津斗門，溝約計長七里。又查至城外斗門下，即李家山前港，達賢士湖，又下青山湖出閘，會贛江。悉與舊圖相合。

九鉞竊謂開溝有十二利：潦水不得衝撼外堤，廣潤寺埠兩門閒，商壓貨棧無損，利一；濠外水深，糧艘鹽舟可停泊，利二；湖壖之臺殿、學宫、貢院、龍祠，無灌浸坍塌，利三；溝關闔省文脈，勝國正德以前溝通時，鼎元宰輔最盛，佔塞後遂少，今脈絡疏通，譬人精神振復，文運必昌大，利四；撫、學、臬巡諸署，積潦不致撐舟往來，利五；濱湖民得安枕，無沈溺慘，無遷徙勞，利六；闔城人無疫癘瘧痢重腿之疾，利七；流六街之惡，不須歲捐，利八；瓜果蔬菜皆贏收，利九；城外賢士湖淤淺，兩岸田數萬畝，得溝水洗刷，湖水流暢，不壅滯氾濫，民得耕穫，利十；溝湖水深，旱可澆灌，利十一；諸湖繁魚藕菱芡，利十二；其利於民不利於官之説，閣下既毅然奮明斷，力闢其非矣。若謂『恐外湖潦水倒灌入城』，更大不然。江自螺絲港迅過城，如箭駛急且險，至青山閘乃平。自五事津斗門至閘，逶連計高三十餘丈，觀城外水勢，即知城内昨。查城外庶徵津口北湖水，涓涓流出，詢土民皆云，城水甚高於湖，賢士湖又高於青山湖，青山湖未聞倒灌賢士，豈有二湖逆湧數十丈灌城者？最不可信。

又謂『拆毁民居不便』。查踞溝上者不過數十家耳，給以徙費甚易，以數十家之遷移，較數萬家之沈墊，孰輕孰重？又謂『溝宜從皇殿前出者』。聞故老云，向曾開掘，流不行。至謂『不宜陳紳獨任，恐貲不繼，宜檄下各府襄捐』。此則忌人專好義名，且思廁名闌入，希分肥，不辨而知其妄也。九鉞謂陳紳專辦有九便：溝工奏請始辦，皇恩必予議叙，紳踴躍易蕆事，一便；鉅萬之貲，久儲以待，旨下即擇日興工，省零星勸捐，曠日持久，二便；舊溝用甎甃易傾缺，今概用長厚寛石，鎔鐵固之，三便；省城近鄉石，鬆脆不中用，今石采自建昌山中，堅剛能禦衝刷，四便；所用工作，皆其村農佃民，聽驅使，無喧譁，無逃匿，五便；新城石工趫捷而勇，知土性，善刨掘，不似召募呰窳惰民，徒糜食，六便；紳率子弟族戚朝夕監視，無侵蝕，七便；不用官吏胥徒役，省食用，杜侵冒，少鞭撻，工且迅，八便；應天寺地廣闊，葺破僧寮栖止，出入有禁，竟工無滋事者，九便。收十二利兼九便，官不勞而事集，民不擾而工固，破庸人之論，開豪傑之門，將來遇公事必有鼓舞興起者。闔省幸甚！千載幸甚！至興工時，嚴查土猾驚擾，防木石偷竊，巡行慰勞；工竣後立示禁民般新石，潦時相内外水勢，勘酌閘口洩閉，又地方官所有事。謹詳議於右，冀閣下采擇焉。

综述

清 吴紹詩《開豫章溝記》（同治）《南昌府志》卷三

南昌外濱章江，迢遥數千里，長流貫注。其圩堰之近民田者，爲豐歉所關。余下車之始即兢兢於此，隨宜整理。而城市民廛，亦復不安於水，當春秋雨潦，街衢暴溢，居窪者浸，室陋者圮，求其故不得。爲之考舊牒，訪故老，乃知城中之水，潴爲東湖，西經水關閘，注濠入江，江水盛則閘閉。有豫章溝者，分派而東，繞永和門出城，入賢士湖，以達於彭蠡，古制未嘗不善。豫章溝久廢不治，而湖流更淤，江水外漲，水關閘不得宣洩，則溢而上出，上出之水，泛泛然無所歸，終於民田爲壑，是則繫於農者亦大，不徒室廬之患，行旅之憂也。

余亟籌所以復豫章溝故道者，會制府高公來閱兵，語及之，不以余言爲謬，正當檄司查勘，有新城候選州同陳君守訓，具牘端拱曆階進曰：守訓卜居於兹數世矣，食毛踐土，享太平之盛，稍贏餘，思所以爲奉公之助，父兄畜此志久，未有會也，今開豫章溝，有利於居民，請獨任工費，以承父兄之志。夫導水浚流，爲民生，衛者承德意之，逮於下也，其下有勇於爲善，不私其力，以奉公者，被德化之深也。用是謹列會檄勘修復豫章溝事宜及陳守訓願捐之情，合并上聞，得旨允行。

於是委員監修，其工直聽陳守訓自理。起東湖之東至賢士湖，石溝袤三百七十六丈，甃以方石，既整既堅；土溝袤六百五十七丈，笆連椿釘，以密以緻。溝經城根，恐傷城也，固之以石，欄之以鐵柵。溝當道以通人行也，覆之以石，而上平之如砥。其諸要口水出入也，以石建閘。經始於乾隆三十二年八月，竣工於明年之二月，量事期，計徒庸，書餱糧，物土方，慮材用，共費銀一萬四千兩有奇。其夏久雨，湖水不上出，民稱便焉。更謀所以善後者，委南昌通判專司其事，選役主閘。余方喜百年之故道以復，而一方之樂善可嘉也。爰紀其事，且爲之銘曰：

皇化涵濡，從善鼓舞，贊助有人，廢墜以舉，城之内外，數十萬户，昔病流水，今樂安土，不浸下田，亦慶多稌，皇心永嘉，美利用普，其事匪他，遵道復古，慎哉司民，毋棄前矩。

清 曾燠《浚東湖豫章溝記》（同治）《南昌府志》卷三 嘉慶二十一年，吾鄉增廣貢院號舍，工成，阮雲臺宫保既爲之記。

是年余自貴州歸，時方疏浚東湖。越一年，又疏浚豫章溝，并蒇事里中。故舊以余身親見之，願假辭勒石，使來者有考。嗟乎！此不可以不書也。

柳子厚之言曰：賢者之興，而愚者之廢。歐陽永叔之言曰：事不患於不成，而患於易壞。東湖之通江也，唐憲宗時有韋刺史建水關内外閘，可謂賢矣。然湖不暢洩，民苦沮洳。遲至宋理宗時，幾五百年，而後有董、張、程三太守，開豫章溝以灑其流。宋以後，湖堙閘廢，又遲至明神宗時，逾三百年，而後有范太守清釐故道，以繼前績。何賢者之少，而愚者之多乎？

自明季至乾隆甲申乙酉間，蓋百餘年，有新城陳氏，能出資浚治閎，今五十年，而又有南昌黄氏，倡議與同鄉士官商賈合力爲之，可不謂賢才輩出哉？

余預聞其事，而知水道之所以壅也。蓋自范太守清理故道之後，時事變遷，居民多佔湖地，架屋開圃，而所棄瓦礫堆積水面，溝上則土石崩坍，填淤反壤矣。且考之志書，豫章溝在東湖東北，舊防東湖水溢爲溝，東折出城以殺其勢。宋知洪州某先後修浚云云。蓋歸極津在湖之正東，水由東兆而東折，明其會於歸極津也。

曩者，陳氏所浚水，出三德津，則徑趨東北，地勢稍仰，雖同一通津，而易致渟蓄，非宋時故道也。《周禮》曰：善溝者漱之。又曰：溝逆地防，謂之不行。今詢謀僉同，具陳當事，凡居民佔地者，給予資費，令其拆屋遷徙，而修復石溝，其土溝者易以石。引水東折，迤邐達歸極津，當掘出溝底時，宋之磚石宛在，遂穴城注濠而由蜆子湖以達大江焉。以蕩以寫，既釃而盈，澄流如鏡，西山倒景。又修整水關橋閘，復唐時之舊。今而後，吾鄉人免罹昏墊，其在兹舉乎？然《月令》所載修利導達，率以爲常。是所望於繼起之賢，不使其易壞也。故書之。

清 怡良《重浚豫章溝記》（同治）《南昌府志》卷三 南昌城爲古豫章郡治，外濱章江，内有湖以潴水曰東湖。今别爲東西北湖，隨方異名，其實一東湖也，城中瀝水皆歸焉。雨甚則泛溢，浸民居。唐觀察使韋公於城之南偏問惠民、廣潤兩門濠外築堤以捍江，内開渠爲水關，建内外閘以資宣節，水關閘又名五事津。環城共有九津，分消瀝水，今惟五事及三德、歸極三津有渠引水，餘則僅存水竇之名而已。

蓋會城龍脈自進賢門，左入東湖，坐龍脊之北，不能强水盡南，故别開豫章溝引水東北出城，入賢士湖，滙青山湖，由牛尾閘歸箭江下東鄱陽，名溝以郡，明其繫闔城利病也。開溝之始不可考，修浚者，郡志載宋有董、陳、張三知州事，明有范太守，國朝有俞撫郡。

夫水關閘去章江不里許，洩水至徑，而韋公舊制，章江水盛則閉外閘啓内閘，縱東湖入濠，繞西轉北迤東，曆廣潤、章江、德勝、永和四門，由通闤橋，入賢士湖以下箭江者，豈舍近就遠，故爲迂迴哉？良以章江合南贛寧都吉袁臨瑞七郡之水，源遠山深勢剽悍，而章江過會垣西城下，北入南康府之西鄱陽尚二百里，西鄱陽尾即接湖口之八里江口即入岷江，岷江合川、陝、滇、黔、湖南、北六省之水，當湖之漲也江漲，同時并盛，常頂湖倒漾。章江水抵湖被擎託常渟洄上泛箭江止，受撫建二郡水，又東去會垣三十餘里，北至瑞洪合廣信江下東鄱陽纔二十里。東鄱陽寬大倍西鄱陽，又去岷江遠，水有所容，勢常弱，能消漲，以此嘆古人盡心民事，度地行水爲不可及也。

傳記

（同治）《南昌府志》卷四九《人物》 尚允元，字玉田，號瑤水，歲貢生，才具開拓。嘉慶癸亥，縣令黎襄勤公創建東湖書院，深資籌畫。乙亥，修葺貢院號舍清豫章溝。己卯重修學宫，皆親爲經理。

（光緒）《江西通志》卷一五六《列傳二十三》 陳守訓，字良叔，道四子，援例得州，同知江西會城，地卑溼，賴豫章溝引水入東湖，以達城外。

紀事

（同治）《南昌府志》卷三《地理》　豫章溝　在東湖東北舊防，東湖水溢爲溝，東折出城，以殺其勢，宋知洪州董儼、張環、程師孟先後修浚，明知府范淶浚治刻石識之。國朝乾隆元年，巡撫余兆岳重浚。三十二年，新城陳守訓重修。

又　嘉慶二十二年，南昌黄中栻倡集合省士商重修。道光十五年，大吏檄南昌府同知文海重浚，二十五年復浚。

又卷六六《雜類》　孫忠烈公燧初至江西，得古鏡於豫章溝水中，背刻二十四字，其文云：光運忠扶日月心感天揚貝忠獨難寒天不世内靖斯以昭明，云云。字畫奇怪，後公死逆濠之變。

藝文

宋 吴芾《湖山集》卷九《寄龔澧六首》　幾年湮塞豫章溝，歲歲民間有水憂。我意若非公善後，不應城裏解通舟。

宋 劉克莊《豫章溝》（同治）《新建縣志》卷八六　溝水泠泠草樹香，獨穿支徑入垂楊。薺花滿地無人見，惟有山蜂度短墻。

宋 劉克莊《豫章溝亭》（同治）《新建縣志》卷八六　溝環故道穿城角，沙漲平江壓水涯。江外西山銜落日，幾重蒼翠襯餘霞。

宋 胡鼎《豫章溝》（同治）《新建縣志》卷八六　桃花浪煖拍天飛，湖漲溟濛岸亦移。避水人家城上嘆，舊溝重鑿待何時。

清 黄石麟《半蕪園集》卷一五《江城九日同鄭砥狂張星仲登酒樓》　九日姑將上酒樓，平蕪十里豫章溝。秋風着意頻相待，破帽何由戀白頭。

清 黄爵滋《仙屏書屋初集·詩録》卷一五《豫章溝》　三湖九津滙，蓄洩貴分明。湖水或南激，津流自北行。勢方恢蜆子，道可感龍精。試倚溝亭望，西山風雨横。

清 謝啓昆《樹經堂詩初集》卷三《豫章溝》　西江澤國雨溟濛，寺步門低舟可通。樓居倒挂蛟龍宫，蓼洲炊斷湋花紅。此溝東折水可殺，范守刻石今利賴。太邱捐浚厥功最，告良有司守勿壞。新城陳氏捐萬金浚之。

清 張九鉞《紫峴山人全集·詩集》卷一六《遇豫章溝有感舊事懷新城陳繹堂比部余官南昌時比部有捐濬豫章溝之役二首》　十年溝水各西東，重過湖壖感未窮。棲石舟分垂柳碧，津橋騎拂落花紅。開渠天錫千金號，散粟官慚一畚功。猶記沿堤燈火夜，畫船簫鼓月明中。

荷鍤先爲義聲驅，豪姓奸胥盡掃除。鑿出金牛歡力士，鞭來石虎認枯渠。九津名合群丹績，六水碑同杜預書。今日雲司倘回首，雪泥鴻爪意如何。

雜録

宋 張鎡《仕學規范》卷一六《涖官》　知洪州，積石爲堤埤江，浚豫章溝，揭北閘以節水升降，民無水患。

（同治）《南昌府志》卷三《地理》　豫章溝　在東湖東北舊防，東湖水溢爲溝，東折出城，以殺其勢，宋知洪州董儼、張環、程師孟先後修浚，明知府范淶浚治刻石識之。

（光緒）《江西通志》卷一一四《勝迹略二》　豫章溝亭，在望雲堤上，宋程師孟建。謝《志舊》案：《宋史》嘉祐閒，師孟知洪州，浚章溝，揭北閘，以節水升降，時無水患。今湮，惟明萬歷中，石刻豫章溝三大字碑碣，尚存。

丈八溝

清 孫和相《重浚丈八溝記》（同治）《中牟縣志》卷九　牟邑北枕黄流，南屏沙阜，居民患之。而余謂沙之患似更甚於河，蓋河之勢雖盛，有堤防以爲捍衛，猶可有恃無恐。若夫沙，則遷徙無常，隨風起落，縱其間有溝可通、有田可耕，而遇風則沙填溝中，遇雨則水泛田上，患莫大焉。邑西南地方多沙，有溝名丈八，其源出自新鄭之出佛潭，逕東北蜿蜒數十里歸賈魯河，固西南諸水之咽喉也。

考明萬歷年間，邑令陳公開河渠一百九十六道，此溝居一，至康熙十一年，邑令韓公復加疏浚，而西南諸里之民實嘉賴之。迄于今，風移沙壅，其隔絶水道者不知凡幾，而丈八溝則横决爲患，亦惟堤不加培，水衝而高者以卑，溝不加浚，沙壅而卑者以高，堤與溝幾乎莫辨，其勢將與平地埒。况出佛潭更上受茅草湖水，一舉霪雨，瀰浸無際，每至數月之久，茫無歸宿，無惑乎城南烟火若晨星之落落也。

丁卯冬，余奉調來莅斯土，即擬疏浚，而供車賦馬，兩辦軍需，及庚午秋，恭奉聖駕巡幸，安營除道，又未暇及。迨至辛未春，方得集夫鳩工，大加疏浚，挑净浮沙，即取溝中之土築兩岸之堤，上下六十餘里一律鑾通，俾水得復由故道。越兩月而工始竣，尚望後之君子相踵陳韓二公之遺軌，而淤者通之，坍者築之，庶不至沙填水泛，可與黄流之堤防鞏固者共利生民矣，夫復何患。是爲記。乾隆十六年

清 張清明《重浚丈八溝記》（同治）《中牟縣志》卷九

聞之國以民爲本，民以食爲天。至于河、渠、溝、瀆，所以利民田，亦足妨民業，是在治與不治故也。

牟西南有渠名丈八溝，發源于何地，滙賈魯河于何方，中經某里某村，邑乘備載，兹不復贅。但牟之土軏輭弱，易于坍塞，百餘年來無人疏浚，漫溢浩瀚，傷田不下數百千畝，農人失業啼饑者，無貧富如一。

幸遇邑侯歐陽公莅兹，慨然以民依爲念，躬親勘治，命張迎薰、徐廷立、胡金榜等監其事，不數旬而水復故道。然溝雖已浚，堤雖已築，未竟全功，高遷他之，使無同志相接，不幾難于圖久乎？何公繼至，亦即出示挑挖，但有志而未遂。

己巳夏，錢塘吴公以通守借綰此邦，下車即訪田間疾苦，痌瘝之念，與歐陽公同殷於是。細加審度，指盡機宜，溝未深者益加深，堤未高者益增高，櫛風沐雨，再四課功，輒數日不返。高堅深透，無虞潰溢，利賴于以永百年矣。

歐陽公與吴公，可謂後先繼美矣，而其功亦正不容泯矣。工成鄉人囑余爲記，爰綴以頌曰：

二公之功永遠不替兮，川流弗歇。二公之名終古不蔽兮，光争日月。爰卜豐年兮，其兆也穰穰，環顧士女兮，其喜也洩洩。

詞之不文，不遑摭掩，但紀實云。同治八年。

（乾隆）《中牟縣志》卷一《輿地志》 丈八溝渠 源出新鄭，出佛潭，自張莊南新鄭交界起，至二十里鋪北入賈魯河。長一萬二千丈。流沙易壅，歲歲疏浚。

（同治）《中牟縣志》卷一《輿地志》 老營陂渠自陂頭起，入丈八溝，長九百丈。

又 吕家陂渠自陂頭起，由小白莊東入丈八溝，長二千八百四十丈。

又 湛家陂渠自陂頭起，入丈八溝，長千三百丈。

又 紅線湖渠自湖頭起，入丈八溝，長千二百八十五丈。

又 九女塚，在縣西白沙里，丈八溝之界。

又 卷二《建置》 西二十里鋪，原名丈八溝鋪，一名清豐鋪。

《清史稿》卷六二《地理九》 中牟 衝，繁。府西七十里。北：牟山。西南：馬陵。西北：圃田澤。河水自鄭入，逕楊橋口，又東，黄練集。賈魯河入，合龍鬚溝，《隋志》鄭水。又東，右合鴨陂水，至縣西。乾隆六年浚爲惠濟河。正渠又東逕官渡城，又東南，右合糞陂，古末水，丈八溝，焦城在焉，古清池水，并入祥符。

河部

概説

論説

宋 文彥博《潞公集》卷二三《不保明浚川第三》 臣昨奉聖旨，令保明浚川司疏浚過河事，尋取責逐地分州縣的實事狀，并皆不同。及爲疏浚過處，其河水次年却依舊泛溢，渰浸民田，兼次年不曾用杷，却亦水退，即河水長落，決不由杷之疏浚。雖河瀕至愚之人，悉皆曉知，所以臣不敢雷同保明。及爲衛州剏開運河不便，亦具奏聞。緣此事理備見，水官不職，枉費才力，兼多是狂妄希賞，只如所開運河，云有五利，其一曰綱運出汴，對過沙河免涉大河風濤之險。且汴口在河陽界内，沙河口在衛州王供埽下，自出汴口，由黄河下水，相去尚近百里，豈是出汴對過？沙河既通，德、博舟運亦可免得數百里大河之險。且沙河口在衛州西南，德、博在大名東北，上下相去遼遠，即與沙河水陸道路都不相干，不知因何免得數百里大河之險。只圖朝廷聽信，遂興力役，乞朝廷詰問水監官，即見虚實。猶恐飾詐，即乞將水監官所陳事狀付臣，容臣子細開折聞奏。

宋 王安石《臨川集》卷七五《上杜學士言開河書》 十月十日，謹再拜奉書運使學士閣下：某愚不更事物之變，備官節下，以身得察於左右，事可施設，不敢因循苟簡，以孤大君子推引之意，亦其職宜也。

鄞之地邑，跨負江海，水有所去，故人無水憂。而深山長谷之水，四面而出，溝渠澮川，十百相通。長老言，錢氏時置營田吏卒，歲浚治之，人無旱憂，恃以豐足。營田之廢，六七十年。吏者因循，而民力不能自并。向之渠川，稍稍淺塞，山谷之水，轉以入海而無所潴。幸而雨澤時至，田猶不足於水。方夏歷旬不雨，則衆川之涸，可立而須。故今之邑民，最獨畏旱，而旱輒連年。是皆人力不至，而非歲之咎也。某爲縣於此，幸歲大穰，以爲宜乘人之有餘，及其暇時，大浚治川渠，使有所潴，可以無不足水之患。而無老壯稚少，亦皆懲旱之數，而幸今之有餘力，聞之翕然皆勸，趨之無敢愛力。夫小人可與樂成，難與慮始，誠有大利，猶將强之，況其所願欲哉？竊以爲此亦執事之所欲聞也，伏惟執事，聰明辨智，天下之事，悉已講而明之矣，而又導利去害，汲汲若不足。夫此最長民之吏當致意者，故輒具以聞州。州既具以聞執事矣，顧其厝事之詳，尚不得徹，輒復條件以聞。唯執事少留聰明，有所未安，教而勿誅。幸甚！

宋 黄榦《勉齋集》卷三〇《安豐申相視開浚河道》 準本軍牒委前去安豐縣體訪開河利害事。榦沿途訪問開河曲折，備知詳細。安豐縣在本軍之南六十里，縣之東有芍陂，芍陂之北舊有河道可以決水，北流至軍城之南，堙塞不通，鄉人以爲今百年矣。通之則可以灌注安豐軍城壕，可以蔭溉沿路田園，可以通放舟楫，誠利之大者。

昔人所以創爲河道，誠爲不苟。州郡以此申請，亦便利之一事。然亦有一説，榦因以案沓參考。初因朝廷委安撫司措置修築安豐軍城，安撫司以軍城廣闊，難以猝築，不若修築安豐縣城。朝廷札下本軍，本軍差壽春主簿王必達前去相度。王主簿相度計料外，却於申狀上稱，若欲屯駐，則無水路可以通運糧草。其意以爲，有城則有兵，有兵則當如合肥，有水路可通長江，總所餉運可以徑達。

今安豐縣水皆北流，無南流入江之河道耳。今來所開河道乃是決芍陂之水北流至軍城，即與王主簿所申不同。朝廷初欲修安豐縣城，而尋訪河道，乃與修安豐縣城事體相反。若不築安豐縣城，則開河尚爲無害；若開河之後，又欲築安豐縣城，則河道既通，泄去安豐縣之水，反爲安豐縣城之害矣。區區愚見以爲，朝廷若有意修築軍城，則河道可通；若欲修築縣城，則河道不必通矣。

又芍陂灌溉安豐縣民田，爲一縣之險要，經今三千年矣。其後陂之四旁往往多被豪民填塞侵耕，其水源来自六安，又爲六安縣民決爲溝渠，散漫四出，水利之博已不若舊。若又開河以泄其水，春水泛漲，則陂之與河瀰漫泛溢，兩不相害；若稍旱乾，河水先竭，救河則害陂，救陂則害河，如是則河道之通可以利軍，而不利於縣也。更乞使軍申朝廷以決其可否，庶爲利便。

又《申朝省相視開浚河道》 照會近準樞密院札子施行相視河道事。榦沿途訪問，所開河道委是利害。安豐縣去本軍六十里，縣東有芍陂，今欲決芍陂之水以達于軍城之南，可以注本軍城壕，可以灌沿路民田，可以通放舟楫。古迹見存，湮塞日久，若用工疏通，以復其舊，不爲無益。

本軍申請開掘，朝廷又已從申行下，無可議者。或者又以爲，恐泄芍陂之水，有妨本縣灌溉民田，此不過上疏水源，下置堰閘，使陂水盈溢，然後泄其有餘，以時啓閉，而注之河，決不至陂水乾涸。但目今正值隆冬盛寒，艱於用工，開正春事將興，又恐有妨農務。兼照得此河連衡於軍城縣城之間，若修築軍城，則此河之開最爲利害，若修築縣城，則此河亦未宜開。蓋安豐恃芍陂之水，水既可決，則芍陂不足爲險。

今李安撫所請則欲築縣城，錢運使申乞則欲築軍城，有此兩端，未蒙朝廷予決。榦區區管見，更合申朝廷，乞俟晴暖用工，兼俟築城之議既定，庶得穩當。

宋 王居安《赤城集》卷一三《黄巖浚河記》 古人治田，必先治水，水有常利，故田有常豐。禹曰：『浚畎澮距川。』孔子曰：『禹盡力乎溝洫。』凡此皆治水以治田也。周人治野之法，夫間有遂以達溝，由溝而洫，由洫而澮，以達於萬夫之川。自廣尺深尺而爲溝，爲洫，遂又倍之，而爲溝、爲洫，至於澮則廣二尋，深二仞。是畎澮之間，治水有常制也。甸方八里，以出田税，旁加一里，以治洫積；而至於四縣，爲都方八十里，以出田税，旁加十里，以治澮。是百里之間，治水有常人也。若是則水烏得而不利？田烏得而不豐？今居田者唯恐其不廣，不暇爲溝洫之地，取民者惟恐其不多，不復弛溝洫之税，是宜與古異也。

黄巖爲邑，爲田可百萬畝，而水鄉之田實居其半。其地負山瀕海，山多則溪流易漲，海近則水澤易洩。言水利者有浚河、置閘二事而已，而二事又復不密。昔之爲閘者，慮未及河也。紹興以前，初未有閘，大率爲埭以堰水，頗爲高田之利，而下田病之。水潦大至，下鄉之民十百爲群，挾挺持刃以破埭，遂有鬪争殺傷之事。鄉人於是始議建閘，酌高下以謹啓閉，解仇怨以全鄉井，此意美矣。然諸閘既立，開時常少，閉時常多，潮水一石，其泥數斗，朝夕淤塞，寖成平陸。方時巨浸，閘雖啓而流實壅，於是下田之被害，反咎夫閘，曾不若埭之可以破決洩水之易且速也。

東嘉蔡君範來宰吾邑，深究水利之源。初年遂決閘外之港，使水有所泄。明年遂開田間之河，使水有所潴。不特河爲有功，而閘亦有利矣。是役也，君實啓之。常平使者齊公碩爲請於朝，役不逾時，厥功告成，君適被命通守四明，屬予以記。予方守東嘉，尋又有帥閩之役，未暇也。君移書速予記曰：『苟無記，後之人且因循弗圖，民復病矣。』

予謂，今之爲令者以三年爲任。其始至也，一邑之事未必盡知。及其知之也，簿書詞訟委積紛遝，又力所不給，大抵趣辦目前數日以待去者。既爾，來者亦然，民瘼之不暇恤，率由此也。倘來者念淤塞之易，而常加疏導之功，知開浚之難，而常加葺治之念，則君之利吾邑者，雖千祀猶一日也。君尚書文懿公季子，賢而有文，克紹其家。邑治故有河，經闤闠以環公廨，歲久湮爲民居，君盡復之，而民不怨，皆可書也。予因序河閘之本末，俾後之爲邑者庶有考於斯文。

宋 章冲《上浚河置牐狀》《吴中水利全書》卷一三 知常州章冲奏：常州東北曰申港、利港、黄田港、夏港、五斗港，其西曰竈子港、孟瀆、泰伯瀆、烈塘，江陰之東曰趙港、白沙港、石頭港、陳港、蔡港、私港、令節港，皆古人開導以爲溉田無窮之利者也。今所在堙塞，不能灌溉。

臣嘗講求其説，抑欲不勞民，不費財，而漕渠旱不乾，水不溢，用力省而見功速，可以爲悠久之利者：在州之西南曰白鶴溪，自金壇縣洮湖而下，今淺狹特七十餘里，若用工浚治，則漕渠一帶，無乾涸之患；其南曰西蠡河，自宜興太湖而下，止開浚二十餘里，若更令深遠，則太湖水來，漕渠一百七十餘里，可免浚治之擾。至若望亭堰牐，置於隋之至德，而徹於本朝之嘉祐，至元祐七年復置，未幾又毁之。臣謂設此堰牐，有三利焉：陽羨諸瀆之水奔趨而下，有以節之，則當潦歲，平江之邑必無下流淫溢之患，一也。自常州至望亭一百三十五里，運河一有所節，則沿河之田，旱歲賴以灌溉，二也。每歲冬春之交，重綱及使命往來，多苦淺涸，今啓閉以時，足通舟楫，後免車畝灌注之勞，三也。乞敕下施行。

元 明埒達實《請京口浚河建閘狀》《吴中水利全書》卷一三 鎮江路達

嚕噶齊兼管勸農桑事明埒達實上言：京口舊閘久廢，江皐一里，皆成淤塞，閘東又作土埭，以蓄河水，江潮雖漲，阻隔不通，莫若開掘淤沙，撤去土埭，仍於江口置閘，以時啓閉。該臣等度，自京口港口至程公下壩，長二里一百四十步，舊河面闊六丈，底闊二丈五尺，今擬展闊河底三丈五尺，深一丈，計用一萬二千七百六十五工，人夫一千六十名。一十二口工畢，每夫官日給米五升，鹽菜錢中統鈔五百，日計米一百五十四擔，鈔一百二十七貫。伏望朝廷許允。容臣等率屬即日興工，以圖萬世治安之利。

明 金處和《浚河築岸議》《吴中水利全書》卷二二　浦塘、河埭，蓄水以溉田者，須于每年冬月水涸之時浚之，使深築之使固。或天時亢旱，雖不至于大稔，亦不至于全損。今人往往于亢旱之際，常使修治，至收刈之後，則忘興工。又況浦塘、河埭，衆享其利。若遇冬時，修築圩岸以障水，疏浚溝渠以蓄水，其利豈不溥哉！但近來役于官者，當夫修治之際，不爲堅久之謀，徒勞民力，略無寸補。今之治水，必掄選通達水利者爲區長，立册在官，俾之經管，每季終赴官考其勤怠，如此則事克有成，民得安生矣。

明 胡世寧《治河通運以濟國儲疏》《明經世文編》卷一三三　臣聞河流遷徙不常，自古爲患。歷考周漢，至今未有能治久而不決之術；國家救灾恤民，亦未有聽其決而不治之理。今之河流漲溢，淹浸豐、沛、徐三州地方，數年于兹矣！去年以來，復致運道阻塞。夫此三處，兩京南北衝要，國家咽喉之地也。其民常歲爲國運道勞苦不息，猶之咽喉之氣也。今之被水逃亡過半，猶之咽喉之氣有傷，救之不可以不亟也。國家財賦，仰給東南，而運道少阻，猶人嗝噎之病，爲飲食之阻，救之尤不可以不亟也。其救之之道奈何？臣以爲今日之事，開運道最急，而治河次之。然今運道之塞者，河流致之也。蓋使運道不假于河，則亦易防其塞矣！

臣請先述治河之説，而後言運道。

夫自古言河流者曰：『分則勢小，合則勢大。』言河身者曰：『寬則勢緩，狹則勢急。』大而急則難治，小而緩則易防，理固然也。其言治河者曰：『順其性則易，遏其性則難。』又曰：『不與水争地。』其所言河身治河之道，蓋盡于數言，此其大法也。河自吐蕃發源，流入中國，漸納百川之歸，而行萬數千里，其勢之猛烈可知也。其過孟津，下至汴梁以東，土疏易決，故能爲患。然自宋以前，多決而東北，自宋以後，漸決而東南。其決于東南也，入海路近，所經爲害猶小。決于東北也，入海路遠，所經爲害猶大。然因決而分，得以殺其勢者亦多矣！夫河自經汴以來，南分二道：一出汴梁城西榮澤縣，經中牟、陳、潁等州縣，至壽州入淮。一出汴梁城東祥符縣，經陳留、亳等州縣，至懷遠縣入淮。其東南一道，自歸德、宿州，經虹縣、睢寧至宿遷縣出其東，分新舊五道：一自長垣、曹鄆等縣至陽穀出；一自曹州雙河口至魚臺縣塌場口出；一自儀封、歸德等州縣，至徐州小浮橋出；一由沛縣之南飛雲橋出；一在徐沛之中境山之北溜溝出。是此新舊分流六道，皆入漕河而總南入淮。今聞皆塞矣，而止存沛縣一道，則所謂合則勢大，而河身又狹不能納，所以不得不泛濫横溢，豐、沛二縣，徐之半州，漫爲巨浸。近又溢出沛縣之北，漫入昭陽湖，以致運道舊河，流緩沙壅，而漸致汙塞也。或恐沙壅積久，其地漸高，水高趨下，其勢必決。而東南有山限隔，禍猶小也。決而東北，則往年張秋之潰，運道因之以竭。前宋澶州之決，郡縣數十之灌禍不可言也，故今治河，不得不因故道而分其勢。其前出陽穀一道、魚臺一道，恐其決而東北，斷不可開也。其在汴西榮澤，近開孫家渡至壽州一道，決宜常浚以分其上流之勢，不可使壅也。乃若自汴東南，原出懷遠、宿遷二道，及正東如徐州小浮橋、溜溝二道，各宜擇其利便者開浚一道，以分其下流之勢。或恐豐、沛漫流，久而北徙，欲修城武以南廢堤一帶。至於豐、單等縣，黄德、賀固、楊明等集地方，接至沛縣之北廟道口築堤一道，以塞新決河口，而防其北流，此亦一計也。此治河急患，當急施功。

而開運道，尤在所急也。然今運道止塞沛縣以北三十餘里，而不能遂開者，雖人力不至，亦由天時未利也。方夏秋水溢，其塞處半爲流沙所壅。使人撈沙水中，爲力甚難。而沙隨水勢，隨掘隨壅，豈能成功？或謂乘今冬初水退，昭陽湖暫可通船之日，預備工力，截其上流，乾其下土，而并工挑築，旬月可開矣。或慮此挑沙開築，終不能固，來歲水淹，或憂再塞，不若趁冬水涸冰凍船阻不行之時，照依南旺湖式様，就於昭陽湖中開河一帶，兩面築堤，以通運道，比今塞舊道，不增十里之遠，來歲通漕，與舊道二處隨便行舟，此一策也。或又慮河水入湖，亦能帶沙致塞，只如今昭陽南口，金溝舊閘處所，漸入沙塞，此其驗也。臣與尚書李承勛同行計議，以爲莫若於昭陽湖東岸，滕、沛、魚臺、鄒縣地方之中，地名獨山、新安社等處，擇其土堅無石處所，另開河一道，南接留城，北接沙河口，二處舊河，其間應開不過百十餘里，更或隨勢便利，各尋近道，工力尤省。其河新開，深則各隨地勢，濶則先止五六丈，以通二舟之交行。就取其土，厚築兩岸，以爲湖之東堤，阻防河流之漫，山水之洩。而隔出昭陽湖在外，以爲河流漫散之區，所謂不與水争地也。來冬冰結船止之時，更加浚闊，以爲運道。仍於彼處立一夫廠，量撥山東州縣人夫接遞，以暫寬豐、沛之民，而消息咽喉之氣。此其上策也。其開築之處，有碍民田民居，則宜補給閑田、扣除粮稅，而量措與開荒遷徙之力可也。但其地之高下，土之堅疏，勢之難易，臣等不能親歷試驗，未敢執定爲是。乞敕總督河道都御史，一面料集工力，一面親驗可行，趁今興役開掘此河。或此河難開，則止開豐沛縣舊河，及前擬湖中近河二道，兼使放舟，以防一道之塞。運道既開，而後以次相度河勢，順其性而分導其流，則大決可免矣！

臣等又慮山東、河南并直隸江北之民，連年水旱灾傷，勞苦特甚，豈可復興此役？乞敕户部計議從權，於兩淮兩浙召商，額外多賣塩引，令其買補灶煎餘塩，照常販賣，急可得銀數十萬兩，以顧役近河貧民，并備應用器物，興此大役，則亦宋范仲淹浙西救荒之術也。昔唐中葉，疆土分占日促，田賦所入甚少，而養軍多費，專賴劉晏理財，亦惟興此塩利。況我國家全盛，食塩生齒，數倍於昔。而塩課舊額有限，民間所食，皆私塩也。今取而歸官，河成之後，以資邊餉，實爲大利。且塩既官賣，民間私塩漸少而巡邏之役可減，塩徒意外之慮可無，又弭大患，豈不當爲？然以爲難者，第恐勢要狥私之徒乘之以占利，庸俗泥常之人因之以起謗，大臣持循保名，不爲國計者，又不肯於是而擔當。必賴聖明，革此三弊，而後可行也。至於挑土之器，工役之流，亦宜量募江浙衢、嚴二府之人，百十用之。其人取土一二工，勝如北人數十工之力，是宜給其路費，厚其傭值，使樂應募，來必漸多，又使北人漸次效之，亦以後治田勸農之利也。臣愚又念豐、沛南北一帶近河州縣之民，近年十分困苦，朝廷宜加十分愛惜。伏望聖恩垂念，以後進貢等項舡隻，計可停止者暫爲停止，可減省者量爲減省。其南京工部，該派器物，內府應用者，或令原解州縣，倒批徑解，或令該部委官自解，不必經由南京監局，以致多造器皿裝盛，因而多撥舡隻裝載，又因而多用人夫牽送。其士夫往來舡隻，倚勢多索人夫者，乞嚴加禁治，其河道驛遞夫役，照前管河郎中兼理稽考，撫按官不時巡察糾治，庶使衝要之民得以安養休息，而國家南北咽喉之地不致阻塞矣！近該少卿黄綰，奏乞修復海運，以備不虞，其爲國遠憂甚忠，然聞其事勢甚難，不得已而思其次。則聞國初漕運，自淮達河，由陽武起岸，百十餘里，陸運至衛河，復下船至京。又聞沁水至武陟縣紅荆口分流一道，六十里通衛河，近年始塞，是河流因沁可以通衛也。後當國家閒暇之時，亦宜差官踏勘，如紅荆口舊河可開則開，舊河不開，則於陽武上下，相度地勢相應處所，離岸十數里，開掘一道，北通衛河，歲撥江南相應衛分粮舡百十隻，於彼轉運習慣，以備徐沛之北會通河一處之塞。此亦一計也。

明 崔銑《洹詞》卷七《治河總考序》 訒庵吴公静之巡撫河南之踰年，貞度飭務，體宏理密，謂河之灾豫，修塞勞煩，足當一邊之擾。既擇才而任脱夏邑之洳道趙皮之渚，又命前御史劉隅氏輯河書，開封顧守鐸刻板，畢登良策，可稽而法焉。嗟乎！聖神如禹，雖曰十有三載乃績，然不能絶後害。自漢以來，知議之，能行之，勇力之，腐舌刮齒，焦心銷骨，多者十數年，少者三年輒决，夷屋寢畝，飄資蕩生。天子親沈璧馬，臨水太息，國家都燕，輓江南之粟，上下咸寄命焉。既賴河以利舟楫，亦恐其遂囓漕渠。粟至稍後，舉國困憊，一邑一郡之灾，不暇恤矣。夫浚故道，分横流而後安舍，是無策矣。然沙積地高，道然後塞，升沙并岸，水至復然，萬人之功，付於烏有。不若隨勢相宜，别就奏下之利而道之，毋與水争，毋犯水怒，毋惜棄田，毋阻多口，所占田廬，量給之費，而蠲其租，民亦樂從。況并河之田，有填淤之饒，可相易乎？

夫物敝有因，水決以漸，此塞彼行，非由齊發，蟻穴可以毁防，線隙可以崩郭，故貴乎先事而備，一歲不溢，遂幸無爲，玩日愒月，坐待其不支。況乎遷代之速，不盡其才，官設之分，不專其任，卷埽築堤，姑且苟完，買逸騰價，非利公家乎？今夫農之作垣也，其基厚，其上塗，題畚孔良，築削孔力，雖遭秋霖之潦，無傷毫末。官府作墉，或破百金，不月而摧，何哉？農自爲，而官爲人也。嘉靖癸巳春二月辛巳，相臺崔銑序。

明 張四維《條麓堂集》卷二四《懷慶府修建河内縣河渠記》

河内在中州稱沃壤，故賦入倍它邑，其地饒水泉浸灌之利。蓋沁水自太行南出，由枋口而東，會堯王泉水，又東，丹水注之。丹、沁之名，古今甚著。堯王泉不見于傳記，徵之《水經注》，五行之阜，丹、沁之間，有邘水出焉，在野玉西北，疑即此水云。沁水之溉田蓋久，其易枋口以石門，則自魏典農中郎將司馬孚始，其表云雲雨由人，熯潦不困，民到于今賴矣。其後一見于唐河陽節度使温造，嘗奏開懷州古秦渠枋口堰，溉濟源、河内、温、武陟四縣田五千餘頃，再見于元懷孟路揔管譚澄，令民鑿唐温渠溉田，然皆沁水也。

其鑿丹河以利民，不知始于何代。考郡志所載，沁水凡引爲支河者五，丹水凡引爲支河者十有八，獨堯王泉先未有引以溉者。然丹、沁諸支河，特其名稱存郡志耳，其渠堰湮廢水脉閼塞者且過半，故今河内民力稱凋斁于曩時。隆慶丁卯，文安紀大夫来視郡事，毅然以興廢、起疲爲任，繕城隍，均田賦，節財用，肅綱紀，百度駸駸舉矣，踰年值歲祲，大夫多方注措，謀所以佐百姓急者，或以水利告。大夫韙之，即躬率僚屬，升丘降隰，遍搜陳迹，質諸野老之識故實者，因得夫疏導興建之宜，精心内畫，具有成筭，乃白之分守陳公，委郡倅臨汾喬君某司其事。徵丁夫于居民之瀕河者分其役，捐俸金百佐其費，儲賑濟穀四百餘石給其食。鍤畚既備，百里具作，工殫吏勤，晨昏有課，甫閱月而功告竣矣。

蓋凡大夫所開創河渠六：在沁水有曰通濟河，曰廣惠北河，曰廣惠南河；在丹水有曰康濟河，曰普濟河；又引堯王泉爲惠民河。通濟即郡志所稱廣濟，《水經》所謂沁水南出爲朱溝水者，歷濟源、河内、温、武陟四縣入黄河，延一百五十餘里。意古秦渠、唐温渠大較此耳。夷塞積久漫爲平野，于是浚而廓之。岸口以丈計者六，底半之，深十丈。其派引而旁出者十有四焉。中爲石閘二廣。惠南、北河俱自濟源縣東石梯取水，岸口視通濟得三之一，底視岸口得四之三，深一丈。北河長四十二里，派河十，中爲陰洞二，大小閘九。南河長三十三里，派河十有三，中爲陰洞一，橋二，閘如派河之數。二河俱復入沁。廣濟自趙家庄取水，闊一丈五尺，深半之。派可十有一，中爲石閘三，橋四。普濟自翠筠觀東取水，闊二丈，深得其十七，派河十，中爲石閘二、石橋五、陰洞三。二河俱長三十餘里，次第入于沁。惠民自泉源取水，闊七尺，深倍之，派河六，中爲大小閘五，長一十五里，亦附廣惠北河入沁。其舊丹、沁支河之可葺理者，悉爲之，啓其塞，暢其流焉。由是四境之田，無不受水利者。

河内喬尹翔鳳謂，大夫是舉且貽懷民百世利，欲勒諸堅珉，以垂示久遠，乃纂述顛末，屬史維記之。夫河内自秦漢来，民擅河渠之利，其疏浚築捍，防害永利，當必代有作焉。乃今上下數千載間，温節度、譚總管之外無聞焉。二公固表樹閎鉅，餘豈繄無人？特以紀述不存故耳。且《元史》載揔管功，猶唯曰沁則丹水溉田，不越勝國國初時耳。今其作者，名氏已遺佚，不可覩，矧遠而千載下哉？大夫并浚三河，其興建視温、譚尤偉，不慮後無聞，第以作法貽遠，欲使來祀可述，儀鑒不昧，當必於斯文考焉。大夫名誠，字勉夫，由工部郎出守懷慶起家，己未進士云。

明 陳王道《上水院横塘横泖河工揭萬曆六年**》**《吴中水利全書》卷一六

把總陳王道呈爲俯察輿情以興水利以救荒民事。

奉本院命，前往探量横塘之淺深，與酌計車水工夫之難易。沿途探視，因而咨訪土人，熟得其情，敢備細陳之。勘得青浦縣有大塘横貫其東者，名曰横泖，自東門起至北幹山前，共長一十八里。河身濶約十丈，深處水見六七尺，淺者不減五尺。兩邊田形極低，禾苗俱先栽插。民聞此塘亦在開浚之數，皆言此處低，鄉所患者，水潦之爲灾，所急者，圩岸之爲重。蒙縣躬行督率，縱横經緯，岸塍俱已修築，餘無別慮。艴然之意，見於言外。

自北幹山前，以至陸家墳，兩邊田地頗高，近河稍見成熟，内多蘆蕩，河水較亦漸淺通，只有四尺上下。其民僉謂，此塘爲一鄉灌溉之資，遇旱不通舟楫，甚樂開浚。但因此處田圩廣大，内少支河，以致荒棄，皆成草萊，近塘田禾，新插若[illegible]截，日久不免枯槁耳。喜此塘之開，又悲興工之晚也。至於地名樓下以至張幹山寺，直出横塘東口，共長一十二里，河身之濶狹不齊，而水流如線，深者不過三尺，淺者只二尺矣。即今雨多水漲，舟尚難行。況兩岸所植，不過花荳，其分段車水，工夫亦甚簡易，民情願開，急於水火。因得民情之同異如此，而竊爲斟酌其宜焉，則知横塘之工，乃樹藝者之思霖也，横浉之工，猶行旅者之厭雨也。合無以横浉之役，記工秋成，横塘之役，刻期興事。

然修浚之政，不能不動衆而病農，若以利害之大小較之，豈因一時之未便，而頓忘久大之利耶！況利之所在，人必趨之。給民工食，爲民開河，興利救荒，一舉兩得。法令可以齊民，至誠足以動物。府佐董事提調有方，縣令親民撫字素著，此役雖曰違時，然以諄諄曉諭之明切，民知趨事，無不樂從。其管工員役，能如上海縣主簿某董築寶城、海塘二役，夙興夜寐，身必先之，雖在赤日暴雨之時，不離工所，故夫役不得早散，民甚感激，遂竣其功。此又在事者所當知悉，以分本院孜孜汲汲之憂勤可也

再照開挑河道，勿以工鉅而致詳，勿以工小而致忽。必須如浚吴淞、白茆二江，分段作壩，逐段車戽，其段數不必拘定長短，俱於有支河去處，分作一段，隨其長短，以派車工，以分夫役，夜則車戽，日則挑掘，作速完工，以便農作。如短浜不通外河者，不可車人積滿，以致坍漏妨工。近如瓦浦，殷鑒不可無慮也。

明 唐鶴徵《常州府全境河渠説》《吴中水利全書》卷二〇 自古論河渠者，有二利，轉漕、溉田而已。吾郡雖云江湖澤國，安能廢畚鍤、程功見、稱財賦？奥區悉取辦田農拙業，察其去來之性，時其蓄洩之宜，則兩者俱利；苟爲不然，則兩者俱病矣。江南地勢，雖若平衍，然西北高而東南下，自京口以至武林，其高卑豈止尋丈計？常、鎮居西北上游，灾惟苦旱；蘇、松、嘉等郡處東南下流，灾常苦潦。

昔年，夏忠靖公合四郡之力，以疏吴淞江，取其洩耳。又合四郡之力，以鑿孟瀆河，蓋取其納焉。水勢可槩覩矣。自吾一郡言，則武進、江陰在北，無錫、宜興在南，其旱潦疏浚又可推矣。吾郡之水，其流者，莫長于江，長則源流不竭；其滙者，莫大于震澤，大則儲洩有餘。況惟運道直貫其中，或綂其綱，或職其緯，殺獨盛之勢，集衆趨之流，實利多而害少者也。吾郡所分攝一佰六十餘里，所藉疏浚，其實無明，倘能一浚而深，可保百年無役。何也？岸堅而水多也。奈何水曹賣富差貧編夫輒至槩縣且利在速成，傍岸之泥，必不盡去，河底之淖，何必甚深。則屢疏而數壅，不可知矣。此以運言也。

若灌溉之利，則兩涯得利人夫，足以給之。勤惰不齊，則官司課督之而已。丹陽、吕城而下，張店鋪始入郡界，爲武進治地，十里至奔牛，十五里至連江橋，五里至新閘，十里至郡城西水門。昔年漕河出入東西兩水門，貫城而行，官民之舟，晝夜不息。至嘉靖末倭亂，江南難于防守，始以城南舊濠爲運道，既而又築文成壩，東始入運河故道，去十里至丁堰，十里至戚墅堰，十里至横林，十里至五牧，爲無錫治地，與武進分界，十里而洛社。自郡城而下横林、洛社，民居甚密，河道稍窄，棄灰游泥，足墊塞道，秋冬之間，時有阻滯。十里而潘葑，十里而高橋，十里而無錫。其先，無錫南城圮，舟北貫縣而東行，嘉靖末，亦以備倭築城，運道遂遶城之西而出，其東南二十里而望亭，與蘇之長洲分界矣。此一佰六十里，乃爲運河正道。

江南水鄉，故多枝流。張店鋪至郡城，枝流之大者，北出者三枝，南出者二枝。

其北出者：一曰孟瀆河，則自奔牛而分者，北貫孟河城而出江，凡三十里，即孟簡所鑿，夏忠靖合四郡之力而浚之者也。萬曆初，説者以京口漕至儀真，逆流而上者六十里，未爲安流，欲于孟河對泰興而渡，不知至此已濶，即截流而渡，亦六十里矣，風波更險，盗賊出没，無問白日，其議乃絀。然旱歲頗得其利，令人守孟河閘，潮至而啓，潮平輒閉，其流可以六十里至郡兩岸，灌田不計其數。

一曰德勝新河，則自連江橋而分者，繇大河直達于江，又分而爲剩銀河、小河、戲龍河、小龍河、白龍河，昔皆通江，今悉湮閼矣。令其如孟瀆之閘，未必不獲孟瀆之利。無奈其渾濁之易壅也。惟養濟河、花塘港、延壽河、安寧河、太平河，東西如織，皆通德勝新河于孟瀆，或可因孟瀆以收江潮之利耳。

一曰北洞子河，自新閘而分，繇顔塘河北出澡港，以達于江。細流會之者甚多，利大、通濟亦附焉。西河洞以東，冗雜細流，不足紀述。惟自郡北出，以通江陰，與江陰支流相錯，須合江陰言之，俱别見江陰。

其南出者：一曰直瀆，分于奔牛東三里，又東分爲官瀆河，又東分爲南洞子河。蓋與北洞子河相對而分者也。又東分爲海子口河，官瀆先

合于南洞子，又合于海子口河。西南行，始與直瀆會于三溪口，入鳴鳳鄉爲鳴鳳河。又南行數十折入欽風鄉爲白鶴溪。始雖分而爲四，終合于一者也。惟洞子河分流一枝，東行至東戴而橫林出孫塘橋，注南運河之徐湖，湥其流雖微，亦運河通南運河之一路也。

郡城西，自古稱西蠡河，即南運河。運河南出之最大且長者。自所橋南出普濟橋十里，而至陳渡橋六里，而至游塘四里，而至丫河十里，而至萬塔十里，而至塘洋十里，而至寨橋十里，而至鍾溪西蠡河，至此實爲武進、宜興分界。鍾溪以南十里，而柵頭七里，而河橋三里，而塘瀆十里，而計亭五里，而湛瀆五里，而十里牌十里，而宜興縣。此宜興、溧陽之運道也，故曰南運河。南運河至丫河，適與西滆湖相直，故其中一股出入于西滆湖，名蠡瀆港。西股則循湖之西爲孟涇河，西曆懷南、欽風、大名、棲鸞，尚宜五鄉九十里極湖之南，而與金壇、宜興分界，其間枝流如下簫、垂虹、郯邨、下溪、佘澤、平原、孝感、遺柯、市、奔張河，諸河瀆雖長短小大不同，要之皆直入西滆湖者，即白鶴溪亦繇垂虹入湖矣。

然孟涇一河，乃鄉人畏滆湖之風波而鑿之者，與河瀆之入湖無礙也。自蠡瀆港分流遶湖之東南以至宜興，皆南運河也。滆湖之東，運河之西，其間如白魚灣、龍門港、大洪港、龍蕩港、普安港、楊栁港、楝樹港、湖瀆港、唐瀆港、莊瀆港、馬塔港、湛瀆，亦長短小大不同，要之皆直出西滆湖者。

竊嘗聞形家言，始知此有西滆湖之故。蓋以丹陽之水，初不直下武進，繇七里橋入荆城港，至金壇會洮湖，又會武進西鄉入湖之水，不得不注于西滆湖，以入震澤。故不特大勢向東南，其散流曲港非折而東，即折而南，其去郡城，已十六七里，無不自郡城之西，遶郡城之南，而東出者。未至丫湖五里有沙自東來，名曰徐湖尖。蓋徐湖湥中之沙也。分南運河而爲二，一股仍爲南運河，一股繇徐湖橋而東，繇浮蕩降子豐城三橋入采菱港，出安定橋，以合于運河，又繇社橋分一枝達之上店河，曰長溝，此南運河東流之第一枝也。其一青龍河，自萬塔河，合三渦溪，至查冠橋，入青龍河，至老鴉浜，亦北合采菱港。其一順龍河，舊名柘塘河，自塘洋港引入，延袤五十里，亦通走馬塘。老鴉浜、走馬塘，皆采菱港之南流也。大抵采菱港爲郡東運河初南出之枝，直南而行，雖其枝流不一，稱名不同，要之直通新塘下埠而入于震澤者。故西來諸水，未有舍之，而取他道以入湖者。

矧自此而東，曰戚墅港，繇虞橋洛陽戴埼以至華渡節，節與采菱港諸河會，再東則繇飲馬河入南北陽湖節，節與戚墅港諸河會，亦至下埠入震澤。再東則爲無錫界矣。南運河未至鍾溪五里曰老鸛嘴，過鍾溪五里曰官才瀆，其入口雖相去十里，均之皆合于曹橋運村而東行，以入華渡百瀆者。過此而塘瀆一枝，則出計山之北，其流甚微，繇官渡橋南入陽山湥湛瀆，一枝則出計山之南，其流甚大，繇下培湥南入陽山湥，并出竹山，以入震澤者也。

蓋宜興兩脇皆水，西曰西氿，東曰東氿，水以氿名，以其長九里也。西氿凡三，合二十七里，東氿凡二，則一十八里。悉從西北趨歸東南入湖。蓋荆溪本係江南最下之地，故銀注未築之先，長江之水不盡趨其下流，而采石引宣歙九陽之水，徑趨宜興。故宜興十年而九潦，浚百瀆以歸震澤，浚三江以瀉百瀆。單鍔之議，所以汲汲也。東壩既築，上流之灌雖少紓，而金壇、溧陽之水猶集，卑窪之形勢則固在也，兩氿之風波則固在也，西氿南北必繇西氿以入，縣多苦覆溺。

成化間，宜興知縣袁道自五洞橋至土圩鑿河凡五十里，名曰後袁河，蓋對漢之袁圯而并稱之者。西氿以南之民，可無涉氿矣。自萬曆初，水利御史林應訓再開氿北之內河，繇城塘橋以東蕭家浜，過鎮塘、南塘二橋，權村程墅常富，抵張思橋、福德橋，凡三十里入南運河，以便溧陽之運。而氿北之民，可無涉氿矣。東氿之長減西氿三之一，廣減二之一。故嘉靖間，知縣馮惟訥常浚通澤河，西接荆溪，東連震澤，而東氿之險可避，然西鄙之水，必盡入東氿，而後可以出震澤。縣東南五十里有定跨烏溪，蘭後三港，似爲宜興下震澤正路，湖汊南來之水，與溧陽洮滆西來之水，適會于此蓮花蕩之汪洋渟泓，足以容蓄，乃以湖盜之縱橫，湖商之逃稅，遂從而閉之。北行二十里，東出一枝曰橫塘，傍震澤而行，循橫塘以東過陳橋、周鐵、下洙至下埠港，相去九十餘里，皆有瀆入震澤。往有百瀆，今僅七十餘瀆。蓋上游之來水既緩，則下流之疏浚自怠，恐將來更多堙塞矣。

然如陳橋、周鐵、下洙一帶，水勢甚大，不易闊耳。竊嘗計之，武進下無錫之水，僅可十三，諸港下震澤之水，當十七，宜興下震澤之水十六，繇武進下震澤之水亦十四，則知宜興之獨爲低下矣。武進與江陰相錯之河，首曰通江河，蓋至通江河，則西河洞臥龍橋所橋諸小水俱會矣。直東而行爲武進入江陰通渠曰綱頭河，《郡志》謂其延袤六十五里，恰盡武進入江陰界矣。乃地圖又稱爲北順塘河，豈一河而後先異名耶？

其南分運河而通綱頭者三：一曰平塘港，自水平橋至倉頭入綱頭河。一曰丁塘港，自丁堰至洋頭橋入綱頭河。一曰戚墅港，自戚墅堰至三山港截綱頭河而入江。三河惟此爲最長，合衆流爲最多者也。綱頭河北出通江者有七：其一自倉頭河分枝，出龍窟港，北流入依仁鄉曰澡港，自蔣林橋分派至錢家橋，仍合本河，曰利大河。自下象橋分派至小劉橋，仍合本河，曰通濟河。其一未至鄭陸橋三里，北出一枝，曰王汀，分而爲二，一出王汀，一出桃花港，通江陰，立埭河五里入江。其一自楊頭鄭陸居涇口直東北行三十里入江，曰利港。其一自鄭陸北出，曰蘆埠港，二十五里入江。其一自後塘橋東北入江，曰申港。流皮港南來，接之東北入江。一自三山石堰東北入江，曰新溝。一自東姑出，一枝北行爲九曲河，又自聖堂橋分一枝，至麻皮橋，與九曲河會而北出江陰大君橋曰舜河，東出則繇孫公橋，會三山港，出江陰虞門橋，曰龍溝河。

其北通綱頭河，分派而南者六：一自白洋橋東，曰百丈河。一自後塘橋東，曰興龍河。一自三河橋東，曰陳湖港，又東曰夾涇。一自周濟橋東，曰王家港。皆不能南通運河也。一曰經河，在繇里山西南自石撞引五瀉堰過青暘，北至山塘河口，接夏港。一曰塌水港，西南自楊淮口而東北出月城北，以達于經河。一曰崇溝，在秦望山陰，又名北山塘。河自三山石堰東行二十里，達夏港。一曰新涇，岑村西南三里，繇崇溝合夏港，以達于江。一曰漕港，自四河口分流而行，折而北二十里，出山塘河西口，達于石堰、武進北界。盡矣，大都諸流皆合之爲江陰運道者也。

江陰運河在縣治，南北引大江入黄田港，横貫縣城，南行截蔡涇岔村青暘七十五里，達五瀉河，出無錫之高橋，與運河合。其南出之枝，一自青暘出武進之横林，一自楊岐河出石撞，通無錫之洛社，皆先與運河合。此地皆昔年之芙蓉湖，今皆成田矣。江陰運河以東之水，莫大于横河。自回塘堰接黄田港出東水關，横亘東北境七十里，入常熟界。次之爲長河，即應天河也，于縣城分横河南流折而東西，北至磨盤墩，通黄田港，東南至北角，接清水塘入常熟界。

其永安河、觀荘河、清溪河，皆東入蠡湖，以備旱澇。又皆自西而東，通長河于横河者也。長壽河在時山東南，分長河之枝，至時山西復分爲二：北一枝繇馮涇馬涇入斜涇，以合于九里河。南一枝繇流黄入楊岐河。又飲馬鎮河，繇界涇通高陸堰。倪塘河則繇清塘而東南，至顧山，入無錫界。泰清、直塘、馮塘、湯村，皆長河之分枝也。

無錫于運河之南，則接武進界曰雙牌，東引運河至神護鄉，入陽湖港。于運河北，則接江陰界曰蓋塘港，在縣北興道鄉，自咸塘西爲鄒祁河，至興寧界口名蓋塘尖爲蓋塘港。行二里許，與西瓜瀆會，接江陰界雙牌之東，曰直湖港，在青城鄉，東引運河西北入直湖。又東曰雙河，引運河過錢橋，越布政鄉，貫直湖港，南下震澤、無錫，繇郡城至宜興，水道二百餘里。自雙河取道華渡，百四十里可至宜興矣。蓋二縣皆在郡南故也。

自雙牌以下四港，相去不遠，故或會于陽湖，或會于直湖，皆繇慧山之西，以入震澤者。慧山之泉，聚爲梁溪，北入運河，繞慧山自開原數里，過仙女墩折而西南行，分而爲二，東曰大渲濟，西曰小渲濟，中隔平壤，相去五里許，南行十餘里，會于清祈濟，稍南爲長廣溪，長三十里，廣里許，受陽明開化諸山之水，北合五里湖，南合洪丘濟，并清祈濟，則赤城溪、新安溪、唐于濟，無不會矣。而後入于震澤蠡湖，凡八十五里，則爲孟瀆，亦謂之蠡瀆。東接運河，西合梁墓，涇南行十餘里至蠡湖，南入赤城溪，自蠡口分流而行，已入唐于濟矣。

況東葑瀆，在縣西二十里，已引運河西入蠡瀆乎。則是錫邑之水，南下蘇州者，不能三分之一，而西趨震澤者十分之七矣。去城北二里，有閘口河，舊從五瀉口來，宣德間始鑿之，繇顧城南至蔡家渡，分而爲二：其一循城而東，越景雲至梅李鄉而入于百瀆，其一東流越膠山鄉，而與宅仁鄉新河北接江陰，俗謂之南北興塘河。無錫之水，自邑東而延于西南，莫長于此者，幾繞四境而遍之矣。又徐察之宅仁與張涇一帶，乃無錫所稱高阜，水無逆上之理，北興塘東受江陰之流，而入南興塘者，人自邑出，適據其中，故以分而爲二，不知其高下必有分矣。

其咸塘、嚴埭、張塘，大都在縣東北盤旋，分合于興寧。天授間，而接江陰之流者爲多。鴨城河在縣城東梅李鄉，分自運河，至景雲出江陂橋，越梅李、上福，至延祥而止。在景雲者爲王莊橋河、江陂河，在梅李者爲新塘河、爲鴨城，在上福者爲信義瀆，爲杜家河，亦名太平橋河。至延祥鄉，蓄爲謝蕩，引流至甘露，分而爲二，過濠橋，一爲月河，皆東至濠湖，即俗所稱鵝肫蕩也。其破塘、潭塘、斷塘、横塘，皆在縣之東。破塘則自鴨城分流越泰伯而入蠡湖，潭塘則自鴨城分流北行爲劉家河，截興塘新河，接斷塘，則太平之別脈，南至延祥入于濠湖，横塘則信義瀆之旁注於北者，東貫走馬塘爲芙蓉塘河。至懷仁鄉，爲盛塘河，入常熟界。

大都天下之物，恒爭于其所不足，而棄于其所有餘。洛社以北，疏浚竭人力而不敢告勞。洛社以南，則運河未嘗告澀，有餘不足之明驗也。十里之間，水之有餘不足頓異，豈無錫受江陰之流獨多邪？抑無錫之低下，幾與震澤平耶？不獨横浦、獨山、豆塘諸門與湖灌輸，而開原、富安、新安、開化、揚明，歷五鄉九十五里，處處與湖通，而水反有餘，非以其平故耶？昔人以邊江諸閘，爲瀉內地之水。昔姚文灝獨以爲納江洋之流，或未覩潮汐之故、高下之形者也。江南之高下，原不相懸，江潮之來，至以尋丈。數日不雨，深流或至膠舟；浹旬而霖，平原苦于沉竈。則知內地旱，江潮必能遠入；內地潦，則諸港必能速瀉。雖震澤主于滙，亦能內灌以濟旱，況于江乎？西風可以決湖水而東流，東風可以決湖水而西注，況水之有旱潦乎？察此可以知蓄洩矣。乃者南運河之淺，議起武、宜兩縣之夫一十八萬以浚之，具呈撫按，已有定議。人心皇皇，如納陷穽。知府劉廣生察其故，仍用築壩戽水之法以灌之，夫不千人，役不再旬，運舟宴然，過于枕席之上，而民弗知矣。

又《武進縣河渠說》 武進北瀕大江，南介滆湖，東偏震澤，而中以漕渠一帶，西受京口、雲陽諸水，遶郡城而東注之，其所蓄洩吐納，不惟國家漕計特重，諸郡旱潦實係之。此各支河之通塞啓閉，不可不講也。

考邑地形西北高、東南下，高田苦無水，利在蓄之使合，多爲陂塘，厚儲深蓄，勿使洩而溢之外。低田苦多水，利在導之使分，多爲圩堰，渠穿股引，無使潰而入于內。本縣高鄉陂塘溝渠不下千數，低鄉圩堰數亦相當。誠使陂塘時浚深濶，小旱足供車挽，小有霖潦亦足蓄貯。上水既留，下水自少。故論一邑之水利者，當以治西北爲先，而論東南之水患者，尤當以治西北爲要也。

又《無錫縣河渠說》 無錫河以千百數，惟梁溪爲大。梁溪之外爲溪者以十數，惟長廣溪爲大。運河之水自京口建瓴而下，兩溪受之，以注太湖。湖水演漾饒蒲葦蠃蛤之屬，民茭牧其中以爲利，或築爲田。異時兩陽湖滙爲巨浸，芙蓉五步皆湖也。今湖旁皆有葑田，湖流甚微，而芙蓉則已圍而爲圩矣。

萬曆間，官出水衡錢，募夫築堤，搴茭塞罅，而下竹以爲楗，最爲鞏固。其堤面濶丈有咫基倍之多，置閘堰于上，閘以啓閉，而堰用置車。其車有用牛者、用帆者。牛一日灌百畦，帆則隨其風之所向而設機轉之。滂則導圩之水而注之河，旱則引河之水而灌之田，歲即大祲，此地獨熟，畝可入三鍾，厥田上上，而厥賦下下，民所以有攤税之議也。

考邑東南諸鄉最爲汙下，宜略倣芙蓉之法，厚築堤防，而堤之外雜樹萑葦蒹葭以爲堤衛。西北諸鄉稍高昂，則多爲渠塘陂池，以厚蓄其水，而備車挽，淤者浚之，淺者深之，有田而無塘者鑿之，通其源于大河，而輸其委于溝洫，湖即在數十里外，而業已浚之使出，亦可引之使入，獨不能藉其升斗之潤，以助雨澤之所不及乎？

至于運河兩岸，南派屈從諸港以注之湖，北派屈從諸港以達之江。而洛社橋跨運河之上，爲漕渠之孔道。其地稍昂，河流易嗇，商艘滿載而來者，至此率多起剝。市民習剝淺之利，多置小舠以爲奇貨，或有意擲磚石以阻其流，船或稍壞，小舠蟻附，爭爲起剝主者，勢旁午不及周顧，則駕之他竄矣。謂宜乘水涸之月，一大浚治，嚴其磚石之禁，驛路之坍塌者，橋梁之圮壞者，以時增築，使民不患于涉，而田亦藉之爲衛。此職水衡者所當加意也。

若夫城市之河，市民資以謀生，而鄉民繇之輸税。往時積漸淤塞，箭河凡九，業已湮其八，今所存者，唯弓河之一綫，設今不治，則寘河之碑，將遂爲山巔之石。其無等居民之泥沙，爲精衛之填也，而忽之哉？今冉涇里第三箭河業已開通，乘此將已湮之河盡行浚鑿，俾皆可通舟，亦一便也。但所浚之泥，仍寘之河濱，潤則民占以爲基，狹則土復歸于河。量責得利之户，載土填岸，補其坍塌，則河以浚而通，岸得土而固，鄉城兩受其利矣。

又《江陰縣河渠説》　江陰則運河自邑南迎無錫五瀉河之水，過青暘鎮釡市，而會于九里河，從九里河屈曲而北抵朝宗門南水關入城北，行過杜橋、聖母橋、周橋、堰橋，又從華橋折而西過安利橋、坊橋，而至虹橋，水分二派：一派北經城隍廟之旁，而東遶于廣福寺萬壽山之後。一派西南行，過文亨橋者，遶學之後，過鴻漸橋者，環學之前，而總會于善政橋，折而北通倉河以出北水關，繇黄田港以入江。城外之河，循城東西，互相迴轉，俗謂轉河，即城濠也。轉河之外，邑東之河，縱横旁午，相錯如織，而横河長河，實相經緯。横河從縣市東堰，北貫黄田港，出春暉門東流，令節港而横亘于邑之東北。長河從南門運河支流，繇東望橋、屺山橋東南，至北角出清水塘。此兩河者，諸河入江，此爲之輸，諸河出口，此爲之導，蓋所謂河之咽喉也。

自九里河南至蔡涇閘，水分爲三，曰三河口。東派繇蕭其橋、高岸橋，抵常熟界。西派繇秦望山、茶岐山，抵武進綱頭河。中派即前出青暘鎮之運河。其從邑東之港而入江者，黄山港、石牌港、東西雷港、蔡港、范港、令節諸港。其從邑西之港而入江者，夏港、流皮港、申港、蘆埠港、利港、五斗桃花諸港。其南通者，無錫爲轉水河、高六堰、五瀉堰、洛社河，武進爲水𥕢河、丁堰河、陳墅河、黄汀堰，此數處皆分運河之支流，以入于江陰，而要其所入之路，即爲所出之路也。總之，江陰之水，皆以江爲壑，而江潮之漲，則有時貫入于諸河，姚文灝論之詳矣。故其水有二：北自黄田港流注諸河達于境，謂之江潮。南則太湖梁溪之水，溢于無錫之運河，自五瀉諸堰而來。西則丹陽、練湖、白鶴諸溪之水，溢于武進之運河，自黄汀諸堰而來，達于境，謂之河水。

夫水之來也，有所受而後水能爲利；其溢也，有所泄而後水不爲害。四境之内，其在東也，凡爲溝港涇者十三，曰鰣魚港、趙婆港、白沙港、石牌港、石頭港、西雷溝、東雷溝、蔡港、私港、范港、谷瀆港、令節港、界涇。惟谷瀆港、蔡港、石頭港爲大，其港身袤四十餘里有差，口北通大江腹裏，南通應天等河，跨崇仁、寶池、清化、化城、白鹿五鄉，資溉民田最博，横河貫其中，不治則有旱患。其在西也，爲河港者九，曰夏港、流皮港、新溝河、申港、蘆埠港、利港、立埭港、五斗港、桃花港。惟申港、蘆埠港、利港爲大，其港身袤三十餘里有差，南通武進綱頭河，北口通大江，跨永陵、良信、來春三鄉，民田多賴爲利。中有順塘河横亘其間，梗塞不通，歲旱益甚。其崇溝河長十六里，隸來春，沿秦望山下，通南山塘河，河潤水溢，山水迸發，田没無救，旱時田岸瀉鹵，朝戽暮竭，用力多而見功少，則水旱均足患矣。桃花港近利大河，與武進半之。通則分受其利，塞則均受其害。其在西南，則青暘一鄉，有前渟塘、九頃圩、後渟塘、三尖圩、謝莊村等處最爲窪下，多被水災。其次塌水港，河口淺隘，中流微細，遇旱稍患之。餘壤沃肥，種秔稻，歲入畝可一鍾，旱患不及。其在東南，是爲東順、西順、長壽、鳳戈、金鳳五鄉，田多高昂。湯村、東新、南新、李岸、官禄、倪塘、清溪、太清、長壽、直塘諸河聯絡其中，疏之則治。其馮涇河約袤十里，界蕭岐、花塘、高岸、上廟堂四處。河身狹小，西通經河，東通長壽河，流波俱不能納，此又水旱俱患者也。傍有黄天宕，地形下，土性疏，惡水至瀰漫，其害尤劇。

凡高昂者，利江潮之灌注；凡低窪者，苦湖水之泛溢。江潮繇諸港以入，而衆河爲之接引；湖水繇諸港以出，而衆河爲之受瀉：此其大較也。支分而委治之，則存乎其人。前輩鑿河穿渠，縱横曲直，灌注輻輳，各有條理。故通溝瀆，蓄陂澤，所以備旱也；觀地形，令水工準高下，開大河，泄暴水，築田圍，所以防潦也。江陰河港，潮沙易壅，沿江去處，間嘗設閘，而力不能守，終至于廢。又懼勞民，數年而不一浚，棄河爲榛莽。夫有河而不能浚者，過，不能浚河而并棄其河，抑又過。今宜考潮沙壅積之處，次第疏浚之。如某河某港淺淤，宜五年而一開，某河某港淤稍深，宜三年而一開，計用夫力若干，工食若干，每歲徵收導河夫銀兩，不得別項支用，畫以一定之數，立爲循環之法，而官所不足者，臨時復責之近便得利人民，利其灌溉，相率開浚，雖勞而不以爲疲矣。

又《宜興縣河渠説》　宜興之水，西接溧陽，西北接金壇及洮、滆二湖諸水，繇西溪以入縣境，下注東溪，分流于百瀆，以達具區，而入江入海。愚按，水利之在一邑，恆與邑之形勢、時之雨暘相爲倚伏，顧所以經理之者，不必循習舊聞，務爲迂遠，惟在因其原隰之高下，權其事宜之緩急，相時度力而爲之，則民易使而事可舉，功易集而效可臻。

宜興境土，右高而左下。西鄉居其上游，且河之經流不甚浩大，而支流又多淤澀，遇久旱則山水横流，遲洩而易盈，禾輒渰沒。遇久旱則河流縮隘，直洩而易涸，禾輒枯槁。東鄉雖居其下，而瀕臨太湖，歲潦則有百瀆以分洩，歲旱則可沿流以車戽，爲患頗殺于西鄉。此特論其常耳。設夏秋淫雨，則諸山洪水驟發，如發于張渚等山，則水患在西，發于湖㳇等山，則水患在東。此又不可以執一論也。茲欲圖久安計，但當于高阜之所，及時令民疏浚河道。若河道不通、土壤廣博者，則穿爲深塘，蓄水備旱。大約每田二十畝内穿塘二畝，其所折田二畝，分派于十八畝之中，每畝各受實田九分，仍令不失二十畝之額。其低下之所，多是圩田，在東鄉，則圩之大者，不過百畝，小者僅數十畝，只須令民歲加修築，塍岸固完，縱暴水浸溢，而禾苗亦可并力戽救。若西鄉圩田，其最廣博者，動經數千畝，縱塍岸延亘堅完，然積漲瀰流，難施車戽，則當令民多穿溝洫，或如高田深塘之制，各從其便，團爲埂塍，任其折田多寡，界作小圩，如東鄉款段，俾民易于分力車戽，其所折田額，亦如前法補之。

凡此之役，鍬鋤畚鍤，丁夫口食，不必仰給于官，而百姓可以出己之力，稔己之田，捐目前之小貲，獲永遠之大利，夫誰曰不可？但無以作率之則，終于因循，難于慮始。今若專委良水衡，視民事如己事，每乘農隙，親履其地，召集父老、田工商確利害，經度規畫，一切聽其便宜從事，雖于大家巨室，不得少狥，計畝出力，計程立期，處置公平，將人人樂赴，誠所謂因民利而利之而上不費，擇可勞而勞之而下不怨也。審如是，則何功不就？何利不興？即有旱乾水溢，庶可以無患矣。此爲宜興水利之大略云。

明 吴道南《吴文恪公文集》卷一一《河渠議》　臣觀天下之水，四瀆爲大，黄河爲宗。江漢深廣，朝宗勢順，固無事于治。淮、濟與河實相表裏，故河治則淮、濟亦治。

黄河自古爲患，南徙以來，湍決尤甚，勢入我朝，潰徙愈不可常矣。故正統、景泰時，有沙灣之役；弘治時，有金龍口黄陵岡張秋之役；正德時，有曹沛之役；嘉靖時，有趙皮寨之役，有朝道口以南之役，已又有李景高口房村南陽之役。大抵主於疏分者多得之。然時勢不同，事從而異。古之治河者順其性，使無爲害而止。今不惟去其害，且資其利，不惟不敢導之北顧，方築堤捲埽捍之使南，歲費以億計，意獨在保運。故渠銅瓦箱尚欲借助於河，而獨以黄陵岡塞杜後患。穀亭流絶，皆有引河之議，乃專以浚鬧河底成功房村之決，議開别道、就新衝者紛起矣。而浚匙頭灣築縷堤仍復如故，乃知河所不由斷，不可引之入運河，所必經亦不可遽爾他避。此先臣之石畫也。獨惜夫殺勢功多，導歸策寡耳。

夫水下壅則上決，決在河南、山東，入海尚遠，決徐、沛，去海幾何，乃愈壅愈決，愈決愈堤，曾不一加意於入海之處，是使祖陵懷襄而泗州魚鼈也。寧獨今日哉？且先是：河不南堤自渦而入淮者，河身也。自徐而入運者，支流也。河雖與淮會，而實以河會河也。彼其入淮者，河之分數多也。厥後全河入徐，又爲南堤以束，是以壯流直瀉，名雖會淮，而實截淮，故淮不能出河得入焉。河入淮，而淮口愈淤，海口愈高，無怪乎以泗爲壑已。更欲分淮而治，無論芒稻河入江地隘，子嬰溝入海地遠，勢必衝運。且入海一支，適與塩場直淮湖諸水，能必其約束，以入逶邐以避乎？即欲稍紓目前，數年後河身日墊，其轉而從淮甚便，江、淮、河、漢合并入海，端倪已見矣。此不可不重慮也。

明 周大韶《吴江縣河工議》《吴中水利全書》卷二二　竊惟水利之所需者，莫大於財力。財力之所賴者，莫大於塗田。塗田之最多者，莫過於吴江。計田徵銀，計夫給食，人皆謂河工之費，可取辦於吴江矣。而卒大繆不然者，韶反覆思維，惟以俯順人情，姑聽貧民自用其力，爲從長之計。蓋以吴江之貧民，就開吴江之河道，其便有九：

鞭扑不施，而夫之所在，即銀之所在，其便一也。田多價多者，即爲之長，不必另報夫頭以生事端，其便二也。雖用其力，實以勾銷其應納之銀，仍用銀名色，取具領狀，在官事干錢糧，易於責成，其便三也。上無出納給散之勞，止須臨事課功，其便四也。下無守候領支之苦，而工食盡足，毫無掛欠，其便五也。各食其食，即各居其居，夫廠不必蓋造，其便六也。樁笆竹木，富家各願自備，工完各自領回，無煩宫府措辦，其便七也。況今貧民盡收，是國家不費一粟，兼寓救荒之意，其便八也。河工取諸其力，省出一粟一布，皆易銀以供正額，民得存生，其便九也。夫天下之可患者，止爲有銀而無夫耳，一用貧民，遂可以不勞而集事，較之始焉追呼拘迫，以責民之所無，既而曠日持久，散而聚，聚而復散，以求濟乃事者，相去不亦遠哉！

然欲得民之財，當先服其心。而欲服民之心，其策有三：一曰預給憲票，以絶加賦之疑。夫塗田納價，本爲糧輕，許以糧輕而無憑據，何以示信？今當刊布帖文，示以納價之後，聽其永爲世業，永不加賦。先令該縣用印候具，領狀之日，户給一紙，以歆動其心。俟其工完之日，仍復送縣類解，請給憲印，以民之力，治民之田，以永遠之輕科，易現今之實用。大令一布，翕然歡騰，鼓舞民心。此一策也。二曰候查低荒，以杜混徵之累。夫低田年常渰没，九年三熟，錢糧累賠，此田俱屬貧民，大户絶無，較之湖口塗田利厚糧輕者，大不相侔。耆民混報，蓋亦有之，槩行徵價，既以不可，即與開豁，人將效尤，合行出示，如有此等，許具區圖圩號步口開報，聽候吊取先年丈田經緯册覆查，生情告擾，希求漏價者，盡法重處，通計册内，混報十中不過一二，所議之價，當必在於下田，得即準查價之所蠲。雖甚不多，恩之所及，殆非小補，鼓舞民心。此二策也。三曰明立限期，以紓并徵之憂。夫塗田價銀，鄉宦動經千兩，富户百兩，或數十兩，塗田銀如此，則正賦可知。一時并徵，勢難兩辦。合無將蕩銀明立程期，定限今年先完一半，明年通完，庶幾數少，則民易於供辦，官易於比徵，鼓舞人心。此三策也。以此三策，出示曉諭，民雖疲聾，自當感激奮勵，安坐而籌吴江之河工，可以指日計矣。

明　耿橘《議浚白茆等河浦申萬曆三十七年**》**《吴中水利全書》卷一六　直隸蘇州府常熟縣爲大興水利以足民足國事，准本縣知縣耿橘關開：竊照東南民生之困，全在賦税。而賦税之所出，全在水利。蓄瀦泄有法，則旱澇無患，而年穀穫登，閭閻樂利，國賦亦不虧矣。

計吴中民間田租之入，最上者每畝不過一石。乃糧之重者，每畝至三斗七升，以外而均徭里甲，與漕糧加耗二升，實費之數，將及五斗，是什五之賦矣。以故爲吾民者，歲豐僅足輸納而猶有所欠，一遇小小水旱，輒流散四方，逋負動以數萬計焉。嗟嗟，賦不可減，歲不可必，元元其何以爲命？則惟有水利大興，俾歲時無害，爲今日救時之急務。矧本縣坐落江海之交，潮汐三面而至，且居蘇、常諸府下流，諸湖水之北溢者，并繇白茆、福山等諸港浦入海。其水利之利害，視他處爲尤鉅，而其經理爲尤急也。

卑職叨任於兹，首重國賦，催科撫字之暇，即進諸父老，講求水利之故。凡地形高下之宜，水勢通塞之便，疏瀹決排之方，大小緩急之序，夫田力役之規，官帑補助之則，經營量度之法，催督考驗之術，一一條畫如左，務抒百姓之訏謀，期垂一方之永利。勉竭駑駘，躬肩勞瘁，數年之後，期於有成，即卑職待罪巖邑，旦莫斥罷，然規畫既具，後之賢者，繼諸而營之，亦職之大願也。若擇其簡易者略加浚築，非不可以奏捷效而博近功，第恐今日之壞塞日深，將後來之工程愈難矣。如民生何？如國計何？如職守何？職惴惴然懼矣。

計申報開河法：

一、照田起夫，量工給食。

范文正公有言：『荒歉之歲，召民爲役，日以五升，因而賑濟。』蓋老成長慮之見如此。吴民素驕侈，傭趁者頗少，況挑河非重其直不應，故法莫善於照田起夫，量工給銀。然照田起夫，亦難言矣。説者謂：有近水利者、遠水利者、不得水利者及田止二十畝以下者，分爲四等，除十畝以下者免役外，餘以三等爲伸縮。蓋往年之役如此。

今竊以爲不然。全邑之田，本有不藉水而成者，但河有枝幹之殊，水有大小之異耳。彼幹河引江湖之水，而枝河非引幹河之水者乎？田近幹河者稱利矣，田近枝河者，非幹河之利乎？若必爲四等之説，則奸户積書，朦朧作弊，上户挪而爲中户，中户挪而爲下户，近利挪而爲遠利，遠利挪而爲不得利，而田少愚弱之氓，反差重役。即有控告，而堂高簾遠，下情難達，官即知矣，亦苦於查算之難，將置之而不問，如小民之偏苦何！故開河必觀水勢所向，應用某區某圖之民，必無論大户小户，通融驗派，然後於法均、於事便、於民無擾耳。派夫之法：先吊黄册，查明該區該圖坐圩田地總數，隨令區書將業户一一注明，然後通融算派，某河應役田若干畝，每田若干畝，坐夫一名，田多者領夫，田少者湊補足數，名曰協夫。其勘明坍江版荒田地，俱豁免。如此不惟奸豪無繇規避，愚弱不致偏苦，而貧富適均，衆擎易舉矣。

一、水利不論優免。

浚河以備旱澇，便轉輸也。論田而士夫之田多於小民，河成而灌運之利，亦多於小民。故同心協力，舉地方之大利，在士夫尤勤。此念若論士夫而優免之，則小民獨受其苦，大室安享其利，恐徒滋怨望而事難成。昨歲開浚福山河，以此意白之鄉紳，鄉紳咸各樂從，興工之日，倡率鼓舞，工反先於百姓。而百姓益蒸蒸，子來爭先，趨事恐後，賴有成績。今後凡浚河築岸之事，必如往規，庶勞逸均而上下悦服。

一、准水面算土方多寡，分工次難易。

開河之法，其説甚難。均是河也，中間不無淤塞深淺之殊，地形亦有高下凹凸之異，而土方之多寡，工次之難易，必有判焉不相同者。宋臣郟僑云：『以地面爲丈尺，不以水面爲丈尺。不問高下，勻其淺深，欲水之東注，必不可得。』夫物之取平者，必期於水，治水而不師乎水，非智也。須於勘河之時，先行分段編號。算土之法：若本河有水，即沿河點水有淺深不同之處，差一尺者，即另爲一段。假如通河水深一尺，而有深二尺者，即易段也；深三尺者，又易段也；深四尺者，極易段也；深與議開尺寸等者，免挑段也。濶做此。各立樁編號以記之，隨令精筭者逐段計筭土方。其法：每土四旁上下各一丈爲一方，每方計土一千尺。假如本河議開面濶五丈，底濶三丈，水面下開深五尺，每長一丈，該土二方。又如某段水深一尺，該空土方四分，實開土一方六分，爲難工。某段水深二尺，該空土方八分，實開一方二分，爲易工。三尺四尺五尺做此。濶做此。若本河無水，即督夫先於中心挑一水線，深廣各三尺或二尺，務要徹頭徹尾，一脉通流。却去水面上丈量，露出餘土，有厚薄不同之處，差一尺者，另爲一段。假如通河皆餘土一尺，而有餘二尺者，即難段也；餘三尺者，又難段也；餘四尺者，太難段也；餘五尺者，極難段也。立樁編號，算土如前法。但此乃計水上之土，而水下應挑之土可一律齊矣。然後通筭本河該實開土若干方，兩旁得利田若干畆，起夫若干名，每夫該土若干方。分工定宕，第從土方。土少者宕長，土多者宕短，齊土方不齊丈尺，而後夫役爲至均，河形爲至平也。

萬任《嘉定縣開河説》《吳中水利全書》卷二〇　嘉定濱海而治，吳淞江在境南，婁江在境北，洩太湖潴蓄，全賴此二江。蓋蘇松常爲東南諸郡之壑，而嘉定又蘇松常之壑也。水利關要，固不待言。即以一邑河港而論，四境皆沙，土性下漏，不宜種稻，其中可水耕者，僅什一。然苦海潮渾濁，泥沙易淤。昔人云：一潮往來，沙積一箬。無怪乎嘉之水道，一歲開而三歲壅。嘉不産穀，通邑食口，盡仰給於外境之粟，商販三日不至，則百萬生靈嗷嗷枵腹，則河可不開乎？開河良法安在？士民爲言：開河不難，但有四患：一曰胥史爲梗。夫河港當開，上官必待小民呈請，既准行矣，而該房之常規，不到百計延捺，河不即開。二曰委官塞責。縣事如麻，長令不能日日躬履河上。而治水乃簿職耳，勢不得不坐委。既委，曷能保其必廉慎？倘一有染指，則監督狥情，開猶弗開矣。三曰隔扇調開。如以一都之塘長開十都之河，以十都之塘長開二都之河。其開而善也，已不蒙其利，開而不善，已不罹其害，誰肯盡心力爲他人效胼胝？且近工易成，遠工難就。數十里擔米負薪趨役，倘遇風雨，坐食四五日，則薪米竭而輒返。一徃一還，廢時失事，河工終不成。四曰塘長權輕。塘長者，修浚之綱領也。權輕，則人不聽其呼召。年來更因大户多避役，每以小户充之。小户焉能起大户之夫？故爲塘長者，往往破家，而河工不就。

今欲除四患，則宜分河爲三等。遠于海者難淤，則十年一開。在遠近之際者，淤亦在難易之間，則五年一開。密邇於海者，其淤甚速，則三年一開，萬不容緩。將此三等河形繪圖公堂後壁，注定開浚年分於河旁，至期按圖而開，左右不得闌其口，則胥史之弊革。凡開一河，無論遠近，縣令必十日一巡河上，計勤惰，行賞罰，則水衙之弊革。縣中大河，如鹽鐵東西練祁南北横瀝，當以合縣人夫協開，餘則以本扇得利人夫開。本扇得利河道，斯利害切膚，自絶掩飾罔上之計。而塘長必僉大户，公忠勤幹，庶幾壓服衆心。河夫有所畏憚，仍嚴禁賣夫浮派，之積弊何？曰：賣夫浮派，塘長受賄賂，則宄法濫免，當賦五夫者，止賦二賦三，當賦三夫者，止賦一賦二。於是人少工多，不容不浮派乎？貧人當開一丈者，暗加五六尺，人心不甘，益藐塘長，雖强事畚锸，不過苟且塞責。此水政之大病也。

吾且著爲是説，昭示大公，以壹民志，於修浚似有裨乎！若夫開江事宜，諸上臺與各守令并有碩畫，不待余之鰓鰓過慮矣。

清　王繼文《請修河壩疏》（雍正）《雲南通志》卷二九　謹照雲南省城外東南，舊有金汁等河，從松華壩借水於盤龍江，自嵩明州流入昆境，遠城之北，過雲津、土橋，趨入昆池。兩岸築堤，高二三丈不等，而水流其中，蜿蜒六十餘里，有壩有閘，又有過水涵洞。蓋以積水灌田，而城外數十萬頃，皆藉此河之利，民生國賦，均有攸賴焉。

自變亂之後，沿河之堤埂壩閘，未經修葺，日久傾頽。上年大兵困逆，週圍壕塹不得不拆毀挑挖，以致水利阻塞，灌溉不通，田畝荒蕪，居民失業，而昆明額賦，莫可徵收。自克城至今，臣多方招徠，而流離之衆，見此附郭膏腴，咸成棄土，未免徙倚他方，趦趄不返。哀此殘黎，欲歸則無資生之策，不歸則有溝壑之虞，不臣不得不早爲之計也。

夫以滇省軍餉，取給外省，頻經請撥，仰厪宸衷，而昆邑應徵之賦，可耕之田，豈可坐視拋荒，聽其虧額？臣愚以爲：河壩不修，則殘黎勢難歸業；荒田不墾，則額賦無從徵收。臣檄令地方官踏勘估計需用樁木、閘枋、灰石各項材料并匠作人夫等項，約需銀萬餘兩。查《全書》内開載歲修松華壩額銀八百兩，每年十一月中起工，至次年三月初止。往例可稽，似當亟議興修，以復民業。然動支原額銀兩，萬不敷用，值今財用艱難，工程浩費，何敢於額外輕議，請動正項錢糧？臣議於通省官員及各屬土司酌行捐助，甫定之區，人方拮据，非有以鼓勸之，恐難必其樂輸。伏查捐納各例，業奉停止，臣不敢復爲陳請，惟是紀録一款，既無礙於名器，又可鼓其急公，合無仰籲皇恩敕部酌議，捐銀若干，准與紀録，仍比照各省往例，量減額數，庶衆擎易舉，便於興修。至工竣之日，臣造册送部，照例叙録，則河壩固而水利可通，俾四散之民，咸圖歸計，漸次開墾，將見生聚寖昌，而昆邑糧賦可以望其復舊矣。

清 夏駰《賈讓治河論》《清經世文編》卷九六

賈讓三策，明臣邱濬謂古今治河無出此策，而近有詆其謬者。是二者皆過也。夫論古人者，必論其世。蓋讓之策專爲西漢之世黎陽、東郡白馬間數受河患而言，未嘗全爲治河立論也。考黎陽即今浚縣，東郡白馬即今滑縣。冀州之民當水衝者，即浚、滑二境之民貪近河肥饒治金堤而築室廬者，非統言冀州全境之民也。繕完故堤增卑培薄爲下策者，即浚、滑二邑曲防遏水，使百里之間河再西而三東之堤，非專謂堤防爲下策也。

夫河一折即一衝，衝即成險。彼時百里之間，而河凡五衝，其患安得不烈？故讓欲徙其當衝之民，廢其曲防之堤，而別爲徑直之石堤三百里，東河以北入海耳。夫讓欲東河而仍用堤而必以石，石而至於三百里，彼之倚堤以治河也，亦至矣！後世不考其時，不詳其地，或欲遵而行之，或欲辟而闢之，不亦過乎？

或曰：昔潘季馴嘗辨之矣，然則季馴之言非歟？曰：何可盡非？其上策徙冀州之民。辨之曰：『民可徙，四百萬之歲運將安適乎？』蓋漢不行運而明行運，未嘗以之闢讓也。其中策多張水門，旱開東方溉冀州，澇開西方放河流。辨之曰：『澇固可洩，而西方地高，水安可往？』蓋既傍西山作堤，則東卑而西亢可知。其言皆是也。

至若曰河流不常，與水門每不相值，或并水門淤漫之。夫讓所謂水門，即今之閘壩、涵洞也。河流雖不常，能淤漫，然即季馴治河，何以不廢閘、壩涵洞邪？

又曰：『旱則河亦淺，無以分溉。』則又不然。蓋讓所云溉，亦止言冀州石堤三百里間耳。黄河挾萬里之源，合秦、晉、豫三州之水而至冀，安得冀州一旱而河即淺？此一時逞快之論，非通論也。

又辨甘州以下，濁流不能溉田，亦不可以闢讓。今平心而論之，若所云疆里土田，必宜川澤之分，使秋水得有所休息，左右游波，寬衍而不迫，誠萬世之至言，無古今之分、南北之異者也。其他所言，則宜於古者未必宜於今，宜於北者未必宜於南。何也？前世土滿而人稀，民易徙；後世當水衝者，往往通都大邑，其可徙乎？浚、滑以上，西薄大山，地堅而多石，故能據堅地作石堤。今自開、歸以至海口，惟徐、邳近山岡，餘皆浮沙曠土，地安得堅？石安從取？雖三里亦不能，況三百里乎！且季馴嘗言，河南土最鬆，禹導河北，經河南一郡，故當時之水不甚濁。今河南開、歸，河全經之，又距禹三千餘年，流日久，土日鬆，故水愈濁。由此言之，西漢去今千七百年，距禹猶未遠，又河未南徙，則其水亦未必如今日之濁，或尚可引渠而溉田，亦未可知。若今則但能開涵洞引黄以淤窪，已善矣，安能通渠而引溉哉？

然則爲今之策，亦惟有擇老土，築堅堤，以東河使不能徙；建閘壩，置涵洞，以保堤使不内潰而已。舍此之外，別無奇謀異見矣。故曰讓之三策，自爲西漢黎陽、東郡白馬間言，未嘗全爲治河立論也。鑒古而不膠於古，不亦善乎！

清　嵇曾筠《防河奏議》卷七《恭賀臨晉卿雲麗日文水河渠自成》　題爲卿雲麗彩頻昭汾水神功丕應聖治光昌普天同慶事。雍正八年二月十二日，准禮部咨開，七年十二月二十一日奉旨：昨據山西巡撫奏報，本年十一月初二日保德州慶雲呈瑞，今又奏報，十二月初一日，臨晉縣卿雲麗日，歷午、未、申、酉四時，五色繽紛，霞光萬道。又據布政使蔣泂摺奏，從前汾河形勢，惟文水縣地勢低窪，河身淤淺，是以議開引渠二道，正河一道。今年六月内，汾河水發，河道改流，文水縣自青高村至尹家社，各開引渠二道，舊時漫流，已爲沃壤。而東城村欲開之河，現今寬濶十餘丈，或數十丈，衆水會同，河身長二十五里，直達歸濟。經年累月人力不能成之，功天然疏浚等語。朕思晉省民風，由來醇樸，是以感召天和，屢歲皆登豐稔，即如近日預備軍需，民情踴躍，爭先恐後，悉出至誠。觀此尊君親上之念，則其孝親敬長克敦行誼可知。而地方官員平日訓導有方，亦即此可見。是以仰蒙上天，昭示瑞應，以奬官民之善。朕心深爲慰悦。着照河南例通行所屬府州縣，將人材品行可備任使者，不拘人數資格，秉公舉出，該撫再加遴選，具題奏聞，送部引見，并令各州縣於常例，歲舉老農外，再各舉一人，給以八品頂帶，以示朕褒嘉善俗廣沛恩膏之至意。該部知道。欽此。

清　陶貞一《書昭文東鄉築壩浚河議》《清經世文編》卷一一三　吾邑起西際北而東，皆阻江海，南包兩湖，高卑異形，旱澇分受，然而以常熟名者，資水利也。明萬歷中，有賢令耿侯橘，遍歷川原，高高下下，修舉無遺，厥功偉哉！今其遺書尚存，而百年來官民未嘗措意，堤防日以壞，溝渠日以淤。吁，幾何其不爲常荒也！

雍正四年，割常熟之東爲昭文縣。吏兹邑者，慨焉求水利之説，而邑生朱斌條議以獻。夫昭文水利之大，無過白茆，是上流諸水所由以入海之道也。當耿侯時，僅淤淺耳，耿侯以爲大戚，詳著於書。今自北港口已下，已成沙磧矣。由明至本朝，開浚已數次，工費甚鉅，合郡縣之力，費數萬以治之，未久即淤且塞，此未易言也。白茆之北，曰田家壩。其外爲徐六涇，亦通海之口也。其内支河三四條，皆引湖流灌溉，故水深土沃，號爲膏腴。康熙三十年間，田家壩決，渾潮闌入，久之徐六涇之河日益大，而支河日淤。北自周涇口、徑浦口、梅里，而西南自潮涇口，徑馬漊、洋塘而西，又南自王禄溝以西，無不淤者。凡壞良田二三十萬畝。是此一壩者，東鄉民命之所關也。往年里民有周某者，傾資築壩，三舉而功不成，仰天憤呼，委身鯨波以殉之，匹夫之用心若此！故朱生之議，欲大舉以復壩之舊，否則徙壩於其南潮涇口，爲工較易，而濱海愚民，爭言不便。蓋自白茆塞，徐六涇之潮，溢而南注，因藉以苟利目前，不思通白茆海口則難，而浚河身固易也，何恃於潮？昔耿侯論用潮之患曰：潮水灌田，蓋不得已而用之。大旱湖水竭而潮水盛，大澇潮水低而河水高，不妨決壩以濟一時，自非然者，利小而害大。何以明之？潮衝則岸易淤，厥害一；浮沙滲入禾心，禾必易枯，厥害二；湖水澄泥，農夫取擁田，田愈美，河愈深，潮沙日積而不可用，徒淤其河，厥害三；江口通流，鹽船盜艘，揚帆出入，百姓日受其擾，厥害四。愚民不知築壩浚河，取湖水無窮之利，而待命於潮，是舍利而就害也。此不易之論也。然則欲爲民興利，則必先於田功；欲治田，則必先於浚河；而欲浚河，則必先於築壩。朱生議誠是矣。

抑猶未盡者，白茆海口，以其難開易塞也，置之不議，又築壩以斷河流，上流諸水將安歸？有策於此，浚白茆之半，導之北流，使同歸於徐六涇；而當壩之址，建設巨閘，移巡檢於此，專司啓閉，以拒渾潮，而防海氛；次第分浚内河，大旱大澇，亦不煩決壩，則數世之利也。因勢利導，於計爲便，朱生試持是説以待之，冀後有耿侯其人也。

清　阿桂《籌蘭陽三堡改堤開河疏》乾隆四十七年《清經世文編》卷九七

臣伏查《治河書》内，原稱堤工漫溢一次，則河身定有數處受病。此必然之勢。豫省自乾隆四十三年以來，祥符八堡、儀封十六堡、張家油房、曲家樓等處，屢次漫溢，灘面淤高，較之堤頂僅低數尺，是以於舊河身内挑挖引河，深至一丈五六尺，尚不能與河面相平。向來堵築漫口十餘丈時，未有不開放引河者，而此次口門收窄至七八丈，方能蓄水三四尺，與引河相平，可望進水。總由漫口日益刷深，而河底日漸淤高，萬丈之引河，挑至一丈數尺，斷不能再加挑挖，至開放時，壩工業已著重，誠如聖諭。

此次所開引河，雖大溜兩經全入引河，終不能得手，而灘地既已一例淤高，實無可以別行籌度再開引河之處。且自曲家樓一帶，經上年累漲之後，衝成溝槽，坑坎縱橫無數，敗壞決裂之狀，屢見叠出。是此二百餘里内受病已深，即使堵築合龍，亦不過目前急則治標之計；竭力補偏救弊，終不能保一二年無虞。今既不可就敗壞之局敷衍於目前，即遇伏秋大汛，亦無善地可以改建壩工。

臣等前於屢次蟄失改築壩工之時，即曾先事預籌，設法變通，遴委諳習員弁，於南北兩岸往來查勘，相度善地，以爲改弦更張之計。初擬就漫水所注，加築北堤，使大河即由潘家屯歸入黄河正道。但計算堤工，共長六百餘里，勞費甚大，且漫水自出大堤後，趨向東北，不能順堤而行。且自微山湖以下，湖河一片，難以施工，惟南堤外尚有可更改遷移之形勢。順治九年，河決封邱，北岸興工堵塞，旋築旋潰，迄無成功。彼時河臣因於上游時和驛一帶，多開引渠數道，引溜南趨，以分其勢，方克蕆工。目今南岸近地，既無可籌辦，因於迤上堤内民田復加履勘，再四測量地勢，惟得青龍岡迤上南岸堤内自蘭陽三堡起，向東地勢就下，較之堤内大河水面低至三四尺不等，若較之北河唇灘面，低至一丈五六尺至二丈不等。自此至考城、商邱，共一百七十餘里，大率相同，即間有稍高處所，亦不甚懸殊。現擬於相距南堤千丈外連築大堤一道，且前次南岸漫水所過，本有沿堤舊河形，再間段挑深數尺引渠一道，實有就下之勢。

查此兩項工程，計長一百六十餘里，工大費繁，非四五月之久，不能竣事。俟渠已挑成，堤已築數丈後，即於蘭陽三堡老堤挖寬缺口，導水由引渠下注，從商邱七堡出堤，歸入正河，大溜勢必全掣東向，下歸故道入海，其曲家樓漫口，自可堵閉。并將圈堤兩頭，接築北堤，易於防守，亦可免防北岸無數險工。其原有舊南堤，任其衝刷，若大溜串入舊南堤畔，順堤河合流而下，尤爲寬廣，而距新堤甚遠，既有餘地，水勢蕩漾，游波寬緩，足資容納。夫然後水由地中行，勢必深通暢達，避去儀、考一帶受病地方。是此事一成，可望數年無患，較之築壩堵塞僅補救於一時者不同。熟商妥議，舍此别無良法。

至堤内民田廬舍，原不能無礙，且考城一縣，亦須遷移。臣等亦未嘗不籌思及此。查考城自四十三年以後，屢被漫水淹浸，城郭塌隳，官民俱在堤上居住，本有不得不移之勢。至堤内居民，屢被灾浸，各移高阜居住。其傍堤廬舍，甚爲寥寥。即有民田，亦可將舊河身灘地撥給更换。或情願於新堤外居住者，即將其地照河灘減則，不使稍有擾累失所。并先期出示，諭以一勞永逸，以期長遠安全之意，小民自必樂從。

又有慮及江南河身高仰，水勢不能暢注者。查自清口歸海之路，自黄流漫溢，止有淮水下注，久已衝刷深通，而徐州以下則開放潘家屯後，湖水刷河，亦可無虞阻滯，惟蕭、碭、銅山迤西，或間有淤高處所。臣李奉翰擬即逐段察看，測量挑挖，務令一律疏浚深通，俾黄水歸入故道時，順流迅駛，以期一勞永逸。至估計土方若干，應用銀數若干，及如何派員分段承辦，并量地勢上下之别，以酌建築之高卑，定挑挖之深淺，臣逐細履勘，縷晰條分，續行具奏。再河臣韓鑅現奉諭旨，令其馳回工次，現係改辦之事，關係甚大。俟伊到日，再令詳悉履勘，各抒所見，自行陳奏。

清 曹學詩《香雪文鈔》卷九《擬發帑修河渠築海堤置塩義倉謝表》 臣等誠惶誠恐稽首頓首上言：竊惟周官經野，田利與水利交修；王制保邦，足國與足民并重。故滌源刊旅，垂於《禹貢》之篇；而取陳食農，載在《大田》之誦。商周以上，歷有成規；秦漢而還，亦師遺意。李冰治蜀道神犀，鎮三峽之濤；鄭國鑿涇渠汧瀧，溉百鍾之利。瓠子紀宣房之績，竹箭勤勞；芍陂歌召父之勳，稻梁殷富。史起引漳，白公通渭，近河之規畫既詳；築堤通泰，設鍤長淮，瀕海之波濤亦息。

然水歸其宅，雖欣旱澇之無虞；而人阻於飢，尤賴歉豊之有備。社倉義倉之設，既酌盈而濟虚；平糴和糴之宜，亦裒多而益寡。自禹功既遠，横流生川后之嗟；洎周禮已遥，委積失遺人之制。雖治河盡利，徒陳三策之便宜；即矯詔開倉，僅出一時之濟變。天吳鼓浪，每憂人化沙蟲；地寶登場，猶自饑餐蜃蛤。未有民安樂土，世享予耕予鑿之休，念墬如傷，猶懷已溺已饑之慮，如今日者也。

兹盖伏遇皇帝陛下道重懷柔，德隆胞與。河清海晏，榮光浮五老之祥；物阜民安，烟火見萬家之盛。固已具區震澤，群沾浩蕩恩波，淮海維揚，其慶盈寧高廪矣。猶以浚川距海，東南之遺利尚多；補歛助耕，覆載之推恩無盡。特命巡行水道，相地勢以經營，兼之建制倉儲，效常平之蓄積。或防或浚，發水衡外府之錢；爲歛爲施，遍斥鹵海濱之地。風多潮落，柳陰之荷鍤如雲；霜降稻登，桑野之盖藏若雪。不假鼋鼉之力，已成到處津梁；未聞鴻雁之鳴，自可隨時賑貸。三江既入，婁淞快覩安流；四瀆無虞，淮運寧憂湮塞。

而且堤成百里，海不揚波；水灌萬川，河無泛決。況復鬻帆來往，欣瞻積貯多饒；縱令蛋户流離，不待繪圖入告。洵矣平成永賴，誠哉樂利無涯。臣等才慕濟川，志存推食。設經齋於胡瑗，粗知治水之書；師良法於考亭，略識貯倉之義。豈止文瀾學海，徒誇鐵網珊瑚；非徒硯種筆耕，僅守石倉濫飽。幸相期於利涉，尤反勵於素餐。伏願道岸彌登，仁恩益廣。細流必納江湖，爲百谷之王；旰食不違耕歛，有九年之積。則調燮勤而五行效順，府事修和；恩膏溥而八蜡咸通，農桑樂業。珠宮貝闕，馮夷擊鼓於中流；玉燭金甌，田祖吹豳於里社矣。臣等無任云云。

清 陶澍《陶雲汀先生奏疏》卷二八《溧陽縣士民捐挑河道工竣請叙摺子》 奏爲溧陽縣士民捐挑河道工竣，懇請議叙，以資鼓勵，仰祈聖鑒事。

竊照江蘇省溧陽縣境三塔蕩内大河一道，上通安徽，下達蘇、杭，爲七省商民船隻往來要津，其兩旁支港，尤爲灌溉田疇水路，歷年久遠，從未興挑，以致逐節壅塞，商賈往來阻隔，田畝旱澇無備。

道光九年，經溧陽縣知縣吴亮祖，倡捐廉銀，勸諭興挑，遴委縣丞陳鴻慶專司其事。據董事監生劉英才等呈稱：該河工長三十里，應挑底寬二丈四尺，深三尺，河堤上口寬濶四五丈不等，經費浩繁，近河各村居民及董事等，各願捐資集夫興挑，於九年八月二十四日開工起，至九月二十六日止，通工挑竣，驗明一律深通。所有各村公捐及各董事捐挑共用銀五萬四百六兩六錢，由縣詳報。經臣批行藩司查明詳辦去後。兹據蘇州藩司梁章鉅，轉據該管道、府詳稱：前項挑河，經費浩大，近河各村民捐輸十分之五，尚有一半工程係董事劉英才等認捐。該董事等踴躍急公，洵屬可嘉。溧陽縣知縣吴亮祖，倡捐興辦，縣丞陳鴻慶晝夜在工，專任其勞，妥速完竣，均屬實心出力。應請分別議叙，以示鼓勵，詳請具奏前來。臣查定例：凡士民人等捐修橋梁、道路，於地方有裨益者，捐銀至千兩以上請旨建坊，如有應行旌表而情願議叙者，由吏部核議，等語。今溧陽縣三塔蕩内河道，係來往通津，商賈、農田均資利賴。該士民等捐銀至五萬餘兩，一律挑浚深通，洵屬急公好義。除近河各村民捐辦挑工一半由縣給匾獎勵外，所有捐銀二千五百兩以上之監生劉英才，二千兩以上之童生劉庚、芮吉甫，民人姚泗東，一千兩以上之增生湯汝翼，監生劉瀛，童生彭軼群、蔣銘、虞萬鵬、張方來、湯奕魁、薛萬程、王鴻聲，民人王浩元、韋曰義，五百兩以上之童生湯越，民人劉英鋭，仰懇天恩，飭部議叙，查照銀數多寡，分別給予職銜頂戴。此案工段較長，勸捐銀數多至五萬餘兩，溧陽縣知縣吴亮祖、溧陽縣縣丞陳鴻慶，勸捐督工諸屬格外出力，并懇聖恩，一并交部從優議叙，以示鼓勵。此項挑河經費係士民捐辦，并請免其報銷。除將捐輸姓名履歷造册咨部外，理合恭摺具奏，伏乞皇上聖鑒訓示施行。

再，此案應會列督臣銜名，今臣兼署督篆，毋庸會銜，合并陳明。謹奏。

又道光十年六月二十四日具奏。七月二十三日奉到硃批：『另有旨。』欽此。又同日奉到道光十年七月初九日内閣奉上諭：『陶澍奏士民捐挑河道工竣懇請議叙一摺。江蘇溧陽縣三塔蕩内河道，係來往通津商賈、農田均資利賴。據陶澍查明，該處士民等捐銀挑浚，尚屬急公。着照所請。將捐銀二千五百兩以上之監生劉英才，二千兩以上之童生劉庚、芮吉甫，民人姚泗東，一千兩以上之增生湯汝翼，監生劉瀛，童生彭軼群、蔣銘、虞萬鵬、張方來、湯奕魁、薛萬程、王鴻聲，民人王浩元、韋曰義，五百兩以上之童生湯越，民人劉英鋭，均着交部議叙，查照銀數多寡，分別給予職銜頂帶。溧陽縣知縣吴亮祖、溧陽縣縣丞陳鴻慶，勸捐督工均屬出力，俱着交部從優議叙。此項挑河經費，係士民捐辦，并着免其報銷。』該部知道。欽此。

清 潘德輿《養一齋集》卷一七《興挑澗河議》 山陽城南興文閘下澗河緜亘百里，于淮郡利益至多。就其重者言之：達三城薪米，一也。溉兩岸農田，二也。運鹽阜漕船，三也。宣運河盛漲，四也。洩三城積潦，五也。輔園城形勢，六也。

道光三年，請帑興挑。河督黎襄勤公慎重此河，親詣勘工。是役之帑，闔縣攤徵。誠知澗河爲山陽闔縣共賴之澗河，非佗河之可比也。夫以闔縣共賴之河，興挑之帑可以攤徵一縣。而今以一河之上下游徑爲畫開兩岐之説，謂河之淤澱下游宜挑，而挑爲利，上游不宜挑，而挑爲害，有請挑全河之舉，則上游必從而阻之，可乎？不可也。夫上游之不欲挑，亦非無説。石塘以上之田，舊植旱穀，以河底日高，改而蒔稻。若濬浚河底，恐于引水插秧不便，不知此特一二十里内外小小不便之私情，而非澗河百里全局之利害也。即人心好私，不盡明公義，吾請專以此一二十里内外之利害言之。澗河灌溉所及，前因淤淺，止至受河盧灘，頻年以來，漸及小閘無水矣，漸及周莊無水矣。今夏則石塘且虞無水，而栽插費力矣。

上游不挑，日淤日縮，得水且日促，則東門以外，上下之田，又可保乎？患已及我，不知豫防，一不可也。淤澱雖在全河，而上游之淤尤甚。淤尤甚，則水不下注，上游必不能容，潰堤衝田，爲患愈烈。堤潰之時，必急閉閘，涓滴不下，雖至易得水如寶帶河側之田，亦與下游之斷流等。若上游挑去淤澱，水得暢流，永無潰堤閉閘之慮，利人即以利己。否則，人己害均，絶無差等。明知此害，而故蹈之，二不可也。全河興挑，上下同利。其上游以爲不然者，不過引水插秧，未極自如，不能放水入田。然水車溝洫，略用經營，仍可插秧，斷不至改植旱穀。若上游阻挑，則下游歲歲無水，一禾不能插，一粒不能穫，富户由此貧，貧民由此死。雖幸逢樂歲，而枵腹嗷嗷，死亡接踵，慘痛不可言狀。較之上游，設農器通溝洫之勞費，害殆十百萬倍也。夫治田者農具，故宜多溝洫，故宜濬，不得諉爲分外事。今若宴安而惜小勞，重財而靳小費，于治田者分内當爲之事，亦不冒爲同聲一詞，謂爲不便，致數十里之中，富者必貧，貧者必死，亦仁人君子所不忍爲者也。必忍而爲之，奪水之鬭毆，争水之詞訟，無水之怨讟祝詛，百釁叢集，雖有水，亦不得安，況又有日淤日促之遠患，與潰堤閉閘之近憂哉？其不可三也。

此三不可之説，皆按情度勢，切近易曉。上游凡有田者，靡不濬悉，乃挑河立議時，或捐費，或出夫，上游每觀望遲疑，甚則有控訴爲阻撓者，蓋偶一計及，終爲小勞小費浮言所動，而不知此一二十里内外之利害亦在百里全局利害之中，誠欲利己者，祇宜合而籌之，不宜判而異之也。以人身譬，謂腹不宜物之梗塞，而胷及喉可梗塞也，有是理哉？更取澗河全局論之：河遠及鹽城境内，乃者修閘之費，鹽人公議，闔縣攤派，爲運道起見也。澗河于鹽邑，除溉岸側田畝外，止利運道尚晉之一邑如此。而吾邑澗河之利至多，轉持上下游兩岐之説，其私己拂公，不重爲佗邑笑與？況修閘徵費，下游踊躍協濟，不敢視爲度外事，引前此上游修閘之一議，以爲口實。

夫閘爲上下游公共之閘，則河爲上下游公共之河，亦情勢當然者也。是故，凡議挑澗河者，苟不請帑，則必業食佃力。業食佃力，則必先捐費充雜用，後出夫應挑工。而捐費出夫，必不當有上下游之異也。章章明矣。洊自請帑一役後，澗河之不興挑十二年矣，淤澱日甚，受累日衆，公私交困，不忍坐視。復議興挑，吾知上游諸君，必不持其小小不便之一端，以阻大利，違衆志。況前此業食佃力之舉，皆挑夫作費，俾充雜用，今以淤久工多，議夫歸夫之數，田多户大者，別捐費備用，其公慎彌，有以服人也。雖然，捐費出夫，用財者所慎重也。爰與同志議，不憚繁瑣，申明其不得不然之故，質之上下游，凡有田者，以息佗説，示久遠收利益于無窮焉。謹議。

清 丁寶楨《丁文誠公奏稿》卷八《會勘張秋築堤束水未敢遽行并現濟運浚河情形摺同治十年正月二十二日**》** 奏爲會勘張秋築堤束水，費鉅害重，未敢遽行，并現辦保護運道挑浚河身，稱期補救，以濟漕運各事，宜恭摺具奏，仰祈聖鑒事。

竊臣等於同治九年九月間，准户部咨調任漕臣張之萬陳奏山東黄河穿運處所横流無所鈐束者數十里，北趨南徙，到處沙停，因擬築南北兩堤，并酌留運口築做草閘，以爲束水攻沙之計，其無關運道處所，不必普律興修。奏奉允准，飭下臣等按照所擬辦法，會同估計酌量興辦等因。當經臣寶楨以築堤束水一事現時體察情形，如欲築做，必須就蘭工口門兩岸接續，方能一氣聯絡，事關黄河改道，仍復穿運而行，未敢率議舉行。奏請飭令張之萬來東會勘商辦，於同治九年閏十月二十九日，欽奉諭旨，飭令臣兆棟早赴新任，即帶同章儀林剋期起程，前赴山東，會同蘇廷櫆、丁寶楨體察情形，核實勘估，熟商辦理。總須無害民田，有益河運，方爲妥善等因。欽此。

臣等跪讀之下，仰見聖慮周詳，無遠弗届，莫名欽服。臣兆棟遵於正月十三日，臣寶楨遵於十五日，臣廷櫆遵於十七日，先後均抵濟寧晤商。先將黄流變遷之情，運河淤墊之處，參以上下游形勢，詳細審度。次將安興墓等處，南北築堤於運道，民田利害輕重，并酌留運口築做草閘，能否得力，兼權熟計，期於國計民生兩有裨益。伏查黃河穿運，迄今十有六年，運河之爲病既深，民田之受害尤重。臣等既身當其事，若使南由安興墓至沈口迆東北，由曹家堤口至漁山中築大堤兩段，即於運道民田有利無害，不至顧此失彼。雖使費盡帑金，竭盡心力，亦何敢稍形推諉。

惟查目前情勢，實有不容輕議者。蓋黃水穿運而後，以漕運而論，運河之淤墊，僅在張秋口門上下數十里，及張秋以北河身百數十里，而民田之淹没者，則自濮范至利津海口一千餘里，已不下二十餘州縣。然運道之墊淤，尚有可疏浚之方，而民田之淹浸，實別無挽回之術。今若自張秋以西南北兩岸分築大堤，竟置上下游於不問，誠慮上游汛濫之水無所攔束，當盛漲之時，或由空缺之處，越過新堤，則新堤恐成虚設。即或上游地形較高，水勢不能遽行漫溢，而中段既束，下游毫無堤防，黃流挾建瓴之勢，直趨張秋，奔騰傾瀉，則東阿以下至利津十數州縣城池居民，益被淹没，爲害甚烈。然此猶就水勢現趨東境常情測之也。

若築堤束水，而於兩岸新堤各酌留運口三丈，以爲漕船出入門户，并令運口兩岸，河身之外不過二百丈，使水束緊則溜急，又築做草閘，平時堵閉，以免黃水倒灌。彼黃流性激勢猛，迥異他水，即以河南現時情形比論，兩岸中闊數十里，而堤之高厚堅實較新築者，不啻倍蓰。然每遇伏秋大汛，險工迭出，時虞潰决，今以二百丈之河身緊束洪流，又以不可恃之草閘堵遏水口，誠恐築做之後，河性喜灣，萬一下游漁山一帶狹窄處，所過水稍形壅滯，而上游一氣奔注，則新築之堤閘，恐難當其衝激，奪運北趨，亦屬事之可慮。設不幸而有此失，則東省之東昌、臨清，直隸之天津、河間，地較窪下，淹没何可言狀。而北路衛河，亦將日形壞裂，兼以此處切近畿疆，害尤不可思議。

從前同治四、五兩年，試行河運，議挑南壩頭口門，頗費斟酌，即調任漕臣張之萬曾有挑挖穿運處深淺之閒，毫無把握之奏。是亦深恐黃水趁溜，奪運北趨之意。臣等籌念及此，誠不得不長慮而却顧也。惟漕運爲國家經久之規，現既通籌全局，築堤勢有難行，亦應別作他圖，急求補救。茲臣等會商悉心參酌，竊謂目前時勢，惟有於鄆城沮河一帶，遏黃水之東流，即以保南路之運道，於張秋八里廟各處，疏運河之淤墊，即以通北上之漕行，似於束水濟運稍有裨益。

查現在黃水正溜，洪川口實當其衝，由此逐漸南移，坐灣偏向，東流大溜已在安山之三里鋪，奔入大清河而下，與前年所查形勢迥別。若當伏秋盛漲水勢，即由洪川口漫入趙王河，倒漾沮河，或由沮河溢入濟河，衝開民堰，直注東南之牛頭河，而南旺、南陽、昭陽等湖，亦將以次受水。是鄆城縣屬之沮河，爲黃水漫溢東南必由之路，而沮河頭之娘娘廟、七里鋪、王家垓、車家樓、梅家莊等處，又爲河流趨注東南必由之路。現在該處尚有民堰，稍資抵禦，亟須趕緊加築。臣等現擬將沮河頭、車家樓民堰堵塞，并築做攔壩圈堤，以爲層叠保障，俾其束注趙王河倒漾之水得以匯流而北，不致泛溢，庶牛頭河一帶，雖經伏秋大汛，或可免漫淹之患，而南昭等湖，亦可因以保護，免至受淤，用濟漕船行駛。

又查鄆城屬之七里鋪地方，民圩西臨沮河河岸舊堰，已經伏秋汛水，衝刷殘缺。此處現無黃流混入，尚係清水暢流，北行匯注安山，但堤堰極形單薄。臣等擬加築堅厚，并加廂護埽，以防盛漲時，黃水漫淹，并免引黃趨向東南入湖之路。又七里鋪以南之八里河，臨河民堰亦屬黃水倒趨沮河之徑。臣等擬加築内堤一段。其七里鋪以北之王家垓，亦擬添築大壩一段，均爲防淹民田，暨障水漸趨東南灌湖，阻遏運道之路。

此數段工程，較之築堤束水辦理，稍有實際。臣等再四熟商，意見相同，已由臣實楨飭委題補曹州府知府趙新馳赴該處，刻日購料興工，趕爲督辦，并添派委員，會同地方官，督催民堰，一律加修，籌發銀兩，核實撙節辦理，以防變遷而保南路運道。

至漕船將來經行之道，自以張秋八里廟口門等處爲要。臣等復同至距張秋十里東阿縣所屬之八里廟一帶運河口門，勘得口門迆西淤灘，現已涸露，必須切去百餘丈深以見水爲度，期使北注大清河之黃水與西岸牽平，汛漲時得入運口，浮送漕船。又於滚水壩南首接續之程家灣民埝，詢之土人，僉稱前數年在巨浸之中衝刷殆盡，此時惟有創築攔河大壩，層土夯硪，加廂護埽，稍資得力。但此處去冬水深尚三尺餘，若須築做攔壩，必於水底施工，先將河水堵塞斷流，始能舉事。臣實楨於會勘之下，已派委陽穀縣知縣王亮采即日親赴該處，監督興工，務將水底腳根立定，速行加高加厚，俾汛水由沙河南橋來時，束歸沙河北橋入八里廟運口，以濟漕行。其壽張縣所屬之十里鋪以北姜家莊河身，因黃水偏注，漸多涸露，年來漕船到此，俱係插標引導，繞坡水行走，仍應照辦，其必應行酌挑者，并飭王亮采及另派委員，會同各地方官，挑挖如式。所用經費，期無分毫浮冒。其八里廟口門以內東阿縣所屬之運河至五里鋪等處，以及至臨清之甎板閘，各州縣應挑河道新淤，亦經臣寶楨籌發經費，飭交東昌府分發，各屬督同趕辦。至張秋八里廟以南河道，亦經臣寶楨飭委運河道王化堂查明，應繞湖者仍須插標引導，繞湖行走，應挑浚者，趕即擇要挑浚，俾漕船到時，可以乘汛北駛，免致阻滯。此臣等現在會勘辦理護運東水浚河利漕之實在情形也。

惟查黃流遷變靡常，每出恆情意計之外。臣等此時就目擊之地形水勢熟籌審辦，所費頗屬不貲。實已竭盡愚忱，期於各路兼顧。然伏秋大汛經臨，情勢能否不再變更，殊難預定。惟有臨時由臣寶楨就近隨時查看，設法辦理總，期本年漕運不誤，而於下游民田，亦不至創深痛鉅，一決不可收拾，以仰副我聖主，爲國爲民之意。臣兆棟於二十三日即行起程，沿途察看邳宿運河情形，趕回清江，督辦兑運開行各事。臣廷樾在濟查閱營伍後，亦即回豫辦理桃汛防護事宜。臣寶楨於二十三日亦起程，由戴村壩勘估各壩應修工段，順道折回省城。以後如有必須會商之處，臣等自當隨時往復函商辦理。所有臣等會勘築堤，費鉅害重，未敢率行，并現辦東水行漕各事宜，謹合詞恭摺具陳，伏乞皇太后、皇上聖鑒訓示。再此摺係臣寶楨主稿合并，聲明謹奏。

清 林肇元《奏開河種桑捐廉辦竣片光緒七年**》**《清經世文續編》卷九九

臣查都勻府河水實爲沅水之源，由清江徑沅水而入楚之洪江，舊屬苗疆，不受舟楫。雍正七年，前大學士、雲貴督臣鄂爾泰題請開浚，僅可容舠。日久沙石於塞，阻礙如故。中有龍王洞，兩岸崔嵺，壁立萬仞，山左巨石倒壓，横踞江心，驚波駭浪。民苗勉力夾舟争流，每致覆没，畏而絶迹，土産各貨，無可懋遷，民貧且困。

臣於上年十一月奏明，省試種蠶桑都勻開治河道後，即捐廉銀二千五百兩，交署都勻府。知府鄒元吉率同都勻府經歷李煒，在籍紳士，四川補用知縣莫啓崙於上年十二月興工開浚，挑河鑿石，役夫數百名，冒雪督修。至本年三月工竣，計自都勻城南起，至龍王洞以下之下司止，共二百餘里，一律平治。現在民苗運貨行舟，往來無礙。鄒元吉現卸事旋省，臣又面詢情形，與報驗相符。至府省試種蠶桑，臣亦於上年十月捐廉銀一千兩，派員赴川采辦桑秧十三萬餘株，於本年正月到黔，檄發貴陽府所屬州縣，及安順府屬清鎮縣百姓領種。秋初派員查看，生植者約有五六成，擬今冬仍采秧補種，以厚民生。所有微臣前奏開河種桑，現經捐廉辦竣緣由，謹附片具陳。

綜述

宋 蔣静《江陰河港堰閘記政和五年**》**《吳中水利全書》卷二四 惟江陰地廣民稠，爲毗陵五邑之冠。壤四高中下，而旱乾水溢比旁縣爲鮮。嘗竊怪之。已而披按地圖，大江横其北，太湖處其東南，而挹北江之潮汐，釃具區之泛濫。爲河港以十數，港之中又有港焉。派而爲溝洫，潨而爲畎。遂若身之血脉，失其節宣，則病或乘之。此天禧之崔屯田立、嘉祐之楊都官士彦所以汲汲於横河、市墩、令節、蔡港，以爲下軍政治之先，而書諸國史，形於褒詔，記之楊蟠之文，民到於今稱焉。

蓋導江水而南，彼其最巨者，繇黃田港牐距五卸堰爲漕渠。漕渠之東有河曰市墩，又其東曰新河。新河受令節港之水，市墩承蔡港之下流，皆北引大江，南滙代洪港，而震澤之餘波曁焉。猶或治而不周，崔乃西起漕渠，中絶蔡港，而東至令節，鑿河以貫之，於是從衡絡繹，與百瀆相爲經緯，而田之窪者仰，旱者澤，瘠者腴，而介於江湖之間，曁楊尤爲沃野，此士彦所以一理前人之迹而百姓重饗其利也。

繇楊距今五十餘年，横河故道堙没略辨，市墩、新河、代洪港悉又反壤，而具區之水繇無錫而入者，既不得洩，北江之潮繇令節、蔡港、黃田牐而注者，又遏而不逝，於是白鹿、化成等十鄉之田頻苦旱潦。而比歲六年之間，秋賦之捐者五，朝廷信賞必罰，於民功尤重。以承流宣化之官，然或苟且歲月，雖欲獻議，而部使者沮不得爲，而生財之道、裕民之術所以不能仰副朝廷寄委之意者，郡邑外臺之罪也。

政和甲午，縣丞楚通仕執柔患之。乃行視水道，謂利害之當興者，莫先崔侯之所鑿與楊守之所嘗盡力者。然當創牐馬師、唐市二橋之旁，而仍堰邑東門之外，以南洩震澤，北接大江，視二水之盈虛而爲之啓閉，則善無以加。經畫既定，乃度地計工，圖其狀以陳。而郡侯部使者遣官覆視久之，閱歲復澇，乃始得請。遂因農隙且缺食者，取資於官，時貸以常平錢穀，得夫一萬四千七百六十七。延袤深廣，計夫授步，二河一港，同日皆作。丞躬至其所，察其媮惰，激賞勸工者，而食利之家爭出私錢以佐錨費。於是市墩、新河、代洪港環亘七十里，所流逶迤，兩𤀹宏壯，其溉民田以頃而數四千六十。

作始乙未冬十一月辛巳，而畢工十二月庚戌。卜以明年三月己巳將浚橫河，會知縣事王承奉有來，遂相與戮力。自邑之回堰塘出建寅門，東至石牌港，凡二十三里，皆令之所董；繇石牌以達令節凡二十六里，則丞之所部，合四十九里，之所溉，又爲田二千三百一十三頃。不逾月工就，而東門之堰亦完。總三河一港而計之，田之沾其澤者，凡六千五百七十三頃有畸。而昔之負載於道路，今操筏而運之，一夫可以敵百折，商販之趨闕市徑且免於江濤，而縣征滋以致遠。故雖積工亡慮四十萬而民亦不以多辭，散緡料亡慮二萬二千三百而官不以費嗇，乃知令、丞此舉，不爲無補於公私，與夫職爲民官而恬不以民爲念者，不可同日而語矣。

始丞之議是役，或謂歲方歉，民未可以輕擾，而丞以歲歉之患，政繇水利之不修，苟佚道使民，其將勞而不怨。至是邑人果以令丞功利之實，相與礱石以待書。余謂十目所視，不待記而可知，而崔、楊偉績不蕪没而無考，則或在于是，乃濡筆而識之，俾鑱石以示遠云。

宋 王之道《相山集》卷二三《和州重開新河記》 曲阜孔公純老倅濡須之後年，以嘗連攝郡事，無爲及龍舒二郡之民鼓舞政化，歌頌惠愛，故其治狀聞於當路，諸司交薦。未及終更而歷陽闕守，天子用周漢進律增秩之典，俾往治之。無爲吾鄉里也，命下之日，備見耄倪歡踴，萬口稱贊。已而咨嗟太息，曰：『何爲奪我賢別駕？』至挽留不能去。

公既至歷陽，下車未幾，已而其吏民安於清静不擾，且復服習二郡之先聲，不煩告戒申令，自底于治。乃恤民隐，乃訪民病，苟可以爲人除害興利者，無不爲之。新河東西横截郡城而過，在郡治之南百步外，上徹麻湖，下徹當利河，瀕河南北皆民居。自更兵火，迨今三十年失浚治，瓦礫糞壤，日填月壅，幾與岸平。舊含山歷陽竹木、薪芻、稻麥、菽粟，凡可以爲民食用者，咸自麻湖入新河，直抵郡城。新河既湮塞，舟止歷湖門外數百步，人始知有般挈負擔之勞。而歷湖南西北三面，群山森羅，衆水所潴，下流既阻新河之淤，積潦無所泄，并湖之田歲，稍多雨則成巨浸，民甚苦之。

公既受憩，暇日按視河浚，審度利害，得其要領，以紹興二十九年冬十一月己亥，乘農之隙，用民力而浚之。千里之民，欣欣然而來。當隆冬沍寒，舉錨成雲，揮汗如雨。曾不踰月，土功告畢，而河流湯湯導麻湖而東之，害於焉除，利由以興。漁舠粲舸，輻凑闤闠，賈謡商謳，鼎沸市井。瀕河居民就滌濯，資灌溉，得爽塏之樂，去底滯之苦。其耕於麻湖之濱者，自今以始，歲其有而無復水溢之患，豈曰小補之哉？於是賓僚吏屬、庠序之士、畎畝之民填溢公門，願紀實建碑，垂示無窮。且謂予，往者嘗官歷陽，熟知斯民利病，來丐予文以記其事。

予竊聞之，薛大鼎在唐爲滄州刺史。先是無渠淤塞，大鼎浚而屬之海，商賈流行，里民歌之曰：『新河得通舟楫利，直達滄海魚鹽至。昔日徒行今騁駟，美哉薛公德滂被。』今公之浚新河，殆與大鼎異世同功，而能使麻湖夏潦有所從泄，并湖數千百頃之田歲豐而無饑，算課見效，則似過之。然天下之理，有開斯有閉，有通斯有塞。是河行於郡中，其濶不踰四丈，其深不滿八尋，而居於其傍者苟於自便，投瓦礫、堆糞壤，日加益而人不知。然則，後二十年積而至於閉塞，可以前料，開而通之，必有與公同志者焉。

宋 林景熙《州内河記》（萬曆）《温州府志》卷一六 平陽爲東浙鉅邑，河爲邑鉅利，晋太康中郭景純所定也。治挾兩山，河縈回如帶，而源有三：一嶺門，一昆巖，兩道南落，直走河，以經治之東西；一從白石諸峰迢遰而下，折入河，以緯治之北。至市橋始合流，又北至抗雲橋，與塘水逆，復合流，轉而東，勢益深廣。按水法來去利，其最利者可濟枯旱，可洩淹澇，可濯可烹。出郊外，引溉民田數十里，訖歸于海，故爲利鉅。

邑，猶身也；河，猶血脈也。血脈壅則身病，河壅則邑病，不壅不病也。父老言：嘉泰甲子邑灾，莽爲礫區，流僅如綫，明年，汪令季良來官，民居稍搆，亟浚之，寛演如故。爾後繭絲相急，河漸壅，不暇問。

縱有問者，苟焉而已。架浮屋，歲以租入官，堙穢益甚，疫癘凶荒之變，無歲無之。

德祐改元，王君應嘉以永嘉警曹被檄攝令，首訪水利，議重浚。遂蠲浮屋之租，戒民自除毀，民亦樂於去病而即利也。爰乘冬隙，赴役若子來。鍪飛畚運，委土成丘，深視昔增三尺餘。則又疏東門之池潴其流，障登瀛之浹窒其漏，爲河計詳且密矣。竣事，衆相慶，令矍然曰：『浚之難，未若壅之易也。』

壅起於侵，今浮屋爲河害去之，其租利入于官蠲之，時異事殊，民無蔽於實害者將復侵乎？長民者無動於微利而聽其侵乎？願相與保之。所不同心，有如河！

元 袁桷《清容居士集》卷二五《奉化州開河碑》 奉化諸溪，至龍潭畢會。汪洋衍滙，陂塘潤溝，合流赴資國。紆行凡六十里，始達于江。歲霖雨不時，溪江相迎，上下交射，漫流田堤，或漂民廬舍。

昔之爲政者懼焉，於是築埭善坊，潦至則泄，旱則潴以灌輸。繇資國埭注市橋，循三山，爲廣平湖。凡言湖，通畎澮也。湖之下有斗門，必嚴其水則。至是通鄭家涇，古有陰溝，或爲涇溝，皆取以達水。今言涇，名之省、聲之訛也。溪至是，循明山稍折，爲揚橋。水以折，始善行。將達江，復限之，爲縣門，曰進林，曰常浦。又益限之以埭，曰車者。提閼有程，則水旱不病。今之善吏治者，挈挈奉公上不自保，政不能及此。

廣平馬侯驥德至州，曰：『皇元升江南縣爲州，實租户口。户繁租痟，何以稱綏惠？田疇蕪闢，兹惟殿最首。吾視兹土，抑溝洫漫滅，以害吾民邪？』遂窮上源，首資國。耆老咸言：『市橋達車者，有故河，徃宋舟楫聯絡。今趨江以行，驚駭濤浪，商賈不赴，而市用益匱。浚廣復舊，則民其有瘳。』遂遵市橋至陳橋，具畚鍤，表深廣。未及終日，而遺石斷絶，皆舊迹儼著。至何家埭，或曰：『是《郡乘》不登，積爲豪民利。水至是當行，何障固焉？』於是决堤仆石埭，復置卒守。水門亦如之。易資國埭爲水門，别立小柵，以謹通塞。廣平增斗門。《志》舊有贍卒租，亦復之。於是昔之言紆行六十里，皆得舟行以達于江矣。史遷作《河渠書》，能吏所紀，厘一二數。謝太傅守淮南，水利博濟，則自方之以召伯。謝公偉功迄不廢，馬侯之政良近矣。迺係以詩，俾勿墜。詩曰：

閔閔汙萊，舉趾厥艱。婦饁子任，火犁水芟。相彼高下，粤昔廡蕃。有堤相之，有泉養之。崩奔交來，設險以防。彼防弗亟，時其雨暘。謀于在野，集作會節。低昂疏儲，究爾墜遏。饕强恣專，訖孰俾是罰。馬侯自南，宣承皇風。相攸以圖，鞠草茂豐。耆父交謁，兹焉商功。千鍤剖壤，頹堤赴壑。宛其遺基，白石鑿鑿。復常彌堅，匪夸以丕。作泉流湯，湯陰洩陽。潴江流馬，奔懼而舒徐。千帆縈紆，入于市區。河既復址，侯斯戾止。嘉穀羨穰，甘棠蕽蕽。維河之新，告来者勿替。

碑陰：凡犬工役，必資僚屬。長官某、同知某、判官某、吏目某，實僉贊之。州民之耆長大家某等，歷考舊迹，且佐厥役。吏奉令曰某等，董工庀程。州之南，復有梁家灘、□□碶、戚家溪，悉浚治之，足溉田萬畆。開河績最著，庸附碑右，以見侯政，小者亦若是。

元 曹大清《開河碑記》（乾隆）《太谷縣志》卷六 蓋聞修水利者，皆代天施而長地力，使民衣食源源，所以足公家之用耳。昔三代之時，溝洫之法替而趨時務功，此不可不重也。《禮》曰：『蓄水以防，蕩水以遂，均水以列，舍水以澮，瀉水於溝洫而之田野。』蓋有可决而决，則無水溢之害；可塞而塞，則無旱乾之患。先王通九州，陂九澤，溝洫脉絡布於天下，則無適而非水利也。秦自商鞅，井田廢而阡陌作。故魏史起引漳水以溉隣田，而河内之民以富；鄭白公鑿涇水於秦谷，而關中遂爲沃壤；王景重修芍陂，廬江之境大登；馮臻始立鏡湖，會稽之人獲利。

迨我皇元，混一區宇，酌古準今，設立都水監，分命有司舉行其政於天下，委之州牧，洎於縣宰。通溝洫之渠，復陂湖之水。旱魃爲厲，則引而溉之；雨害粢盛，則决而注之。令民自便，不禁其時。是可以上資國計而下慰民望者也。

今太谷縣之東南，有惠安之蒲池一所，在西莊之正北，沾逕之口向西，大塔石之近南，淵泉時出，以十分爲灌溉。特惠安與王誨莊二八注水，已有定例。惠安注訖八分，王誨莊二分，其餘社分，并無水利。每值大雨時行，山河泛漲，數年以來，水勢不常，渠道壅塞，横流西去，漂没侯城之地數十餘頃，衝突太谷之城池三十餘。年無纖悉之利，而有復隍之害也。

幸蒙河南行中書省委劉公約禮行太谷縣尹兼守禦斷事官萊臨是邑，

整理庶務間，備奉樞府明文，近爲瀕河水利之事委令本官提調，凡可以興舉去處從便開挑，官爲悉力成就。公規規於撫字之暇，遍歷鄉村，相視原隰，親詣於奄谷之口，料量高下之地，經營利害之原，具陳實迹，采畫圖本，呈復省院，規措人夫七百餘名，遂委理問前都漕運使司令史李公克宏，一同監督提調。

是工於是歲上巳三月之有三日經始，開於惠安獲利之渠，閉塞其太谷、侯城爲害之處。我公從朝至暮，不遑暇食，惟日孜孜，荒度土功，不逾旬而功畢矣。於戲！春而澇，夏而旱，此天時也。旱有以備之而不至於乾，水有以防之而不至於溢，此人事也。人固不能必天之無水旱，天亦不能以水旱困夫人者，誠我公處之有素，而不待於已水旱之後，是乃救時之急務也。

屬郡之民，知其爲利之甚，旄倪歡歌，頌聲載路，以贊美德，咸願立石。一日，耆宿王從禮等謂予曰：『公自下車以來，甫及二載，於民之利則興之，於民之害既除之，惟公是務，恪謹厥職，蓋以忠於君、利於民而已。請爲鐫刻之文，永之金石，不亦可乎？』予固辭曰：『孤陋寡聞，班班管見，豈足以叙公之實效？』至於再、至於三而不已。是以忘其固陋，采摭前聖之言，故爲是記，以俟後之觀風者有考焉。譽公之德，豈不增光於當代耶？故又繼之以辭曰：

於穆劉公，獻康之裔。學優經史，德如蘭桂。一心奉公，片言折獄。曰循曰良，匪貪匪酷。漸民以仁，摩民以義。士高其行，民獲其利。德澤宏流，恩沾下土。荷鍾爲雲，穿渠爲雨。溉我田疇，長我禾黍。是刈是穫，如山如阜。餇於公家，貢於王所。衣食元元，富億之口。

明 商輅《濮州新開河渠記》《明經世文編》卷三八　濮地曠衍，民以農爲業。州之南四百里，黃河也。正統戊辰秋，河徙滎澤，浸流州境，自臨濮迤北至港上，地可萬餘頃，悉爲巨浸，民以失業。

迨景泰丙子，河復故道，漫流稍息，臨濮地間出，然無以洩其流，乾溢靡常，農業久廢，民多轉徙失所者。成化丁亥春，巡撫山東右副都御史原公傑，行郡至濮，因民之艱，召官屬謂曰：『土地以養民，河渠以洩水，即如此地，農業所資，非有河渠，其浸淫之患，寧有極乎？況因民之利而利之，擇可勞而勞之，先王美政也。與其因循歲月以坐受其害，孰若一勞永逸之，足以徼後功乎？』衆皆曰然。于是都憲躬爲相度地執，指以開浚疏導之方，命東昌同知陳僑董其役，肇工於是歲二月，未逾月而告完。河長七十里，深皆及泉，以防壅塞；兩岸築堤，廣二丈，高半之，長與河等，以防泛溢。復令范縣遞相浚築二十里許，下接故渠以達張秋運河。是歲水不爲患，農業驟興，獲利者數千家。

是役也，判官徐伯良齊諒、典科辛寬撫綏有道，民不知勞。明年春，都憲復按濮，以水患雖息，河堤未固，又命新任知州張雲益工浚築，高深視舊倍之，兩堤各植楊柳培護，以圖堅久。州民相與語曰：『自今以始，吾儕得享粒食之樂，以免于墊溺流離之苦者，都憲之功與二三大夫之力也，安可以無述？』乃群請於州守，守不能抑，因述始末，走書求記，將刻石樹之河堤之旁，使後之人得以考其成而嗣其功，以永其利，其用心善矣。

嗟夫，天下事未有不可以人力而成者，況河渠乎？昔者河決瓠子，民嘗受害矣，已而武帝臨幸，沉白馬蒼璧，令群臣負薪，卒以填塞，築宫其上，道河北行，而水患遂息，蓋以人力勝之也。今兹河流既順，而濮之爲患特餘浸耳。然河渠一開，而水勢有歸，地利可興，民生以遂，謂非人力成之而何？矧今朝旨丁寧，未始不以水利爲急，若都憲可謂能奉宣德意，而濮有司可謂能舉其職業者矣。漢穿白渠，民歌之曰：『田於何所，池陽谷口，鄭國在前，白公起後，且溉且灌，長我禾黍。』雖彼以潴水，此以洩水，爲用不同而爲利一也。濮之民寧無繼是而歌者乎？用書此爲記，以復守之請云。

明 伍性《浚河築岸牌》弘治八年《吳中水利全書》卷一五　欽差督理蘇松等处水利，浙江提刑按察司僉事伍爲興修水利事。本道欽奉敕書，往来於嘉、湖、杭、蘇、松、常、鎮七府所屬地方，提督治農并管屯官挑浚河道，修築圩岸，隨據地方人民往往爲徭役不均，差科不法，兼以去年旱傷無收，本道按臨去處，告開河者，不下數百餘人。已經准行整理，工少者令該都自行挑浚，工多者令該縣僇力并工。其間奸懶無狀之民，不服差遣，輒赴當道告訴，多方阻遏。殊不知民食不足，繇乎水利之不興；水利之不興，繇河港之淤塞。今開河道，所以興水利以足民食。目今農務將興，除已往者不追究外，合行申飭。爲此仰府官吏，即便轉行屬縣，省諭治農官員并耆老人等，各盡職掌，毋爲浮言動摇，庶使水利可興，民食可足。不然，惟有參提問罪而已。

明 薛應旂《方山先生文録》卷九《浚河録序》 昔史遷書河渠，班史志溝洫，自禹而下，皆盛稱李冰、西門豹、史起、鄭國之功，謂其能引水溉田，以業農也。

夫農，天下之本也。泉流灌寖，所以育五穀也。五穀育而農事殖，夫然後衣食足而禮義興，太平之治可保於無虞矣。此其所繫豈微乎哉？然而天下之以農爲職者，或因循歲月，或苟且文具，而其所以爲乎農者，多漫不知省，是亦非不知職之當舉也。盖以民可與樂成，不可與慮始，而在下位者，又難於獲上，是故不好逸而惡勞，則遠嫌而避怨，而農事往往廢弛，流離者載道矣。斯民將何賴焉？

淳安吳君某，以賢良文學選貢明廷，授丞吾邑，職在治農。公清勤，慎視民事如家事，川涂溝洫，陂障圩塘，丘陵墳衍，堤塹橋梁，靡不悉心彊理，而承委申請，畫圖貼説，率皆躬自相度，協人情土俗之宜，建經常久遠之計，民不勞而事集，財不匱而工成，而吾邑之民，旱潦有備，豐穰可望，是君之功，利濟斯民者寔大，豈特如昔人所謂不負丞而已哉？

當漢大始間，趙中大夫白公穿渠，引涇首起谷口尾入櫟陽，溉田四千五百餘頃，而當時之民歌之。兹武進之田九千三百餘頃，視白公所溉，不啻倍之。使有爲鄭國白渠之歌者，舍君其誰哉？故於是録樂爲之序，以告天下之爲丞者。

明 莫如忠《崇蘭館集》卷一四《浚河墩存耕倪公祠碑記》 在祀典，有以死勤事云者，顧其事不著，至以勞定國之文則系之國，而後知烈士殉名，無論天下之故，苟有惠利於一鄉一邑，而以身扞當世之罔無所辭，夫莫非事祀，以義起可也。

閲自近歲，若吾郡興府典膳正存耕倪公者，不殆於其人哉！公世家新場。新場，海上巨鎮，其東有五龍墩，又東折而南北爲諸竈港及龍游港衡錯其間而鎮之，西曰馬路港者，實受海潮之入。自黄龍浦達諸港，溉農畆以鉅萬計，而商人藉通鹺艦，取贏不訾。斯東南之大利也。

正德之季，諸港就湮，僅以形辨。川壅淤若蹄涔，而商甿之胥困，非一日矣。歲戊寅，部使者成公至理鹽政，議興水利，則莫諸港光而難其任使。時公甫弱冠，俶儻有義，槩爲運丞徐君紹先所知，上其名。成公因署公董其役，公即毅然任之，朝夕行營海上，躬胼胝，親畚臿，爲趨事者倡，一切恩怨置弗聞。不越月，工訖，引水内向，數十里間，彌望皆沃衍，而商艦㲄轃，農甿樂業，賴其利至今。

先是，有司苦錢法不行，公爲畫策以通錢法。已掌鄉賦，代貧民歲逋若干，輒棄責已。憤各場蕩竈不均，白上核狀立均之，人蒙其惠。以故義問溢於閭閈，群情嚮臻，而斯役之興，呼吸易辦。

事聞，成公喜甚，檄有司以禮旌之會郡守，曰：『某者不任衡決，成面數之，柰何以鼂然大吏，曾智慮不一義民某若也？』守因恚公而害其能，比成去，括誣訟者文致之竟死。郡人士哀其冤，比吳去，亦反之，改五龍墩曰浚河墩，而建祠祀公，其上所以報也。

嘉靖間，祠毁兵燹。踰數年，爲萬曆改元，而公之聞孫光禄君邗彦還自解官，稍營里第，因携堪輿家楊生俱舟過浚河墩夜宿。光禄君夢公輿而至，從以四人，威儀棣棣，入揖公，公指以示光禄君曰：『此四老者，忠孝節義人也，善事之。且若無念鄉人所以俎豆我，令得與此屬不朽，非幸耶？』

光禄君覺，具語楊生，則楊生者，業已夢與君符。因相顧咤愕，而光禄君以公之靈，將或已甚也。乃即舊趾鳩工庀材，一新廟貌，規制略恢於前，而更爲别室以祠四人，恊公夢也。祠成，屬莫子記其事。

夫古稱亮節，生有功德於世，而溘殞非辜其神恒炯不寐必或歸之。彼蒙介鼓濤之説，其有焉。亦宰物者所爲，微顯闡幽而示民幻也。舉世皆夢，獨公事可異哉！要以輿論之公，無德不報，斯理之常。故詳公祠所始，且爲倪氏子孫告，俾知倪之日競所自發祥儲祉錫羡方來者，公力與焉，不可以弗識也。光禄君儼然避席而謝曰：『善夫子之稱物也。報德示公，率祖廣孝。一言而二美具，邦彦敢不佩與？』退而勒之貞石。

明 姜寶《漕河議》《明經世文编》卷三八三 江南水利當以漕河爲先，漕河當以鎮江之丹徒、丹陽爲先。丹陽、丹徒，其地形比常州之武進數尺而高，武進比無錫、蘇州又數尺而高。地形高，則水易流洩而涸其涸也，于冬春間爲尤甚。當修復吕城、奔牛閘壩爲先。吕坡原建石閘一座，奔牛原建石閘二座，閘兩傍各有壩，以備盤剥。粮船、官船由閘而民船由壩盤剝也。此專爲通運而設，蓋從來然矣。

由奔牛、吕城西至京口亘百六十里而長，即閘壩修復而關閉，或久旱河流枯梗也。當預蓄練河之水，以待放閘，而濟運爲先。在丹陽者，爲下湖，在丹徒、丹陽間者，爲上湖。各週四十餘里而廣，仰受長山高驪山諸水，滙而爲湖。上、下湖各設三閘，以蓄洩而灌注，夏秋戽以溉田，冬春放以濟運，載在縣志，蓋亦從來然矣。後因湖佃成田，而難于查奪也。佃田之家，私放湖水，冀免渰没，而利于種作也。

明 方逢時《金壇縣浚張公壩河記》萬曆元年《吴中水利全書》卷二五 余嘗謂，天下河渠，係民生利病者甚鉅。故太史氏纂輯漢譜，獨筆之於書，較然明已。及讀《西門豹傳》，每言鑿渠若干里，溉田若干頃，則又疑其功甚偉，而疏鑿之貲，曾不少槩見。當其時，豈皆取辦官府？意必有好義樂施之士，捐貲以助，而史氏皆不及書，故後世莫得其故也。

嘉靖壬寅，余釋褐，令宜興，蚤夜靡寧，求所以利便其民者。問民所疾苦，輒欲爲罷之，問民所利，輒欲爲興之。居無幾，值歲大旱，當道有興水利之議。諸長老來言，張公壩地勢最高亢，泉源不通，罹灾獨甚，故有河，歲久湮廢，請疏之。

余往按視其地，一如長老言，乃嘆曰：『嗟乎！使西門豹諸人涖若土浚渠，役豈暇朝食哉！』乃復諸當道請疏之。維時飢饉之後，民力不堪，方謀爲捐俸發倉廪之事，而溧陽史君際家居，聞之，告予曰：『公疏河以利民，某願捐利以助役，可乎？』遂發巨艘，運米五百石于河上，令其紀綱之僕三人來經出納。河工用成。

既予去宜興，宦游幾四十餘年，而民有時時來傳言張公壩水泉溉田之利者。予曰：『此史君之功也。』今年外翰王生國賓者，言念舊雅，間關走燕中候予，因念往時各束髮譚析經史，而今相顧皆頹然老矣，不覺愴然，因走筆爲之記。

明 周孔教《禁革浚河泥頭牌》萬曆三十六年《吴中水利全書》卷一六 欽差總理糧儲提督軍務兼巡撫應天等府地方都察院右僉都御史周爲督撫地方事。照得水利興廢以備暵溢蓄洩，所關農務綦重要。在高鄉各浚溝渠，使之深以禦旱，低鄉各修圩，使之堅以救水。惟是役不離鄉民各自便爲善，不意一種市棍，號曰泥頭，慣與奸胥朋謀蠶食，先將各區各圖雜派編役，以開泥頭包攬之門。如高鄉塘長派低，低鄉塘長派高，一時東西奔走不支，無可如何，勢不得不致泥頭包攬。在泥頭，一攬得銀，輒與胥役分受，嘻嘻不顧公事。間一剗去岸草，增高樣墩，自以爲開河，而河塞如故。間一撈起淤泥，略塗岸面，自以爲築圩，而圩壞如故。甚至一墩而今年築，明年又築，終於不築；一溝而今年開，明年又開，終於不開。總之，利歸於奸胥，害積於地方，可勝痛恨！爲此牌仰本道官吏，即行該府州縣將各區圖細造畫册，不拘高鄉低鄉，逐項開載本圖附近某大河某官塘本圖某港某圩，不問靠塘腹裏一體分段，應各業户自照田畝開若干，底面深廣若干，逐一具册，一本留府，一解院道，永不許奸胥撥派動摇并豪家借用塘長以致紊亂，庶包役夫銀永永不乾没於塘長，不垂涎於積棍。如有積棍假泥頭爲名包攬妨工者，照例問遣。

明 惲紹芳《林居集·書胥城浚河》 丁酉年冬，邑委縣丞易主簿王浚予里河。河名興隆、永安，循城之東曲流入南通屬邑無錫、宜興。然類皆溝洫，不關餫道。無洪河巨浸，而灌溉田畝則多。

子所居永勝西鄉，田多瘠寡腴。歲一不雨，則絶流涸澤，水無所蓄。一霖雨，則瀰漫田野，水無所泄，而旱之害尤甚大。余目中見大河旱者數，始則波流漸涸如瀑布，繼則如龜裂，又甚則如履平地。后溪公自入仕留心，至是方舉，然邑中下令起各鄉夫，大半不至，或曰吾地自有河，或曰支河不宜煩官，宜塘長自相督率，起地方夫於農隙時挑浚，亦可備救旱萬一。噫！後來繼令者，其尚留意於斯？

越明年戊戌，河工未畢，簿王希夔舍予地兩月，署郡者别駕彭公簪，安福人，有學行，督工甚迫，而鄉夫不至。鄉有一仕者，且竭力尼之，謂彭公曰：『官河尚塞，安問私河？』彭公曰：『通舟楫，濟農畮，何謂私？』其人無以應。然竟不至，迄無成功。

明 楊守勤《寧澹齋全集·文集》卷五《象山縣修築河防碑記》

象山濵海而處田，故多汙斜沈斥，最易盈涸，而洪潮衝突，直入縣治爲患。自昔開河瀦蓄水者三十有六，築碶以司捍衛者内外凡五，股引防連，曲折導達，故灌溉不竭，遂成衍沃，民賴有年。歲既久，圬塌塗漲，若沙、若潘家等河，既積淤成田，他若千丈、馬岡，宋令許知新所開，俱就湮没，其見存則自東西二澗外入三大河，迄諸支流，以及朝宗南塘陳瑸諸碶。前令葉授夏津凌傳等遺址，亦乍通乍塞，莫繕莫治。每旱魃告凶，田盡□而赤，比苦不登。

邑侯具公涖茲土，愴然慨于厥心。越二載，政通民龢，乃議修築疏浚之。于是捐俸入約公費，鳩徒募壯，令所在具畚鍤，輦壤礫，窒隙導沈，增卑培薄，河澗較昔深倍，而諸碶務益鞏固，利永遠。繇是外潮不入，内水不洩，毒田後化爲甘壤，西成攸屆，篝車載途。邑人士相與驩謳不已，因持狀走慈謁予記。

余惟灾沴頻仍，何地蔑有？要以先事曲防，備其無患，舍水利稼政，奚適矣？昔西門豹不辭任怨，鑿十二渠，引河水灌田，貽鄴永賴。史起繼之，猶以不引用漳水，病爲不智。況乃成迹可按，舊防可尋，而任其湍齧羨溢屑越不事事，猝有暵溢，民用困瘁，輒諉謂無何尤，向者西門所羞也。

公爲政不啻身視民家視官，其大者如勸農緩征，崇賢養老，矜憐孤煢，撫輯軍伍，增城垣，興學校，禁奸止盜，無日不討國恤訓飭之。而於茲役，更加毖焉。先是，歲丙午六、七月之間，旱公徒步曝禱，竟速甘澍，因上下碶澗，詢彼故老，具悉某何，由湫底某□□潰狀，以爲暫費永寧，變勞爲逸，端於斯在。故殫竭心慮，務底乃績，然且率作興事，必於政成，戒驟役，不煩庫藏，不滋贖鍰，思傷財也。工取雇募，益以子來，毋厲民也。邑治前舊有八卦墩，以制地形，茲復築五星墩應之，滙爲九曲，以防直入之水，餘并因勢伊減，罔少更置，擇利便，貴無事也。一舉而數善集用，能使均舍有需，蕩瀉有節，決渠成雨，易灾以稔，野矢白渠之歌，士侈樊惠之頌，視西門所謂百歲後思我，殆又過之矣。

余故喜聞而樂爲之記，亦將示夫後之繼公者。公諱某，字某，撫之崇仁人。蓋江右望族，世著令聞云。

明 陳子龍《光禄署丞孟君浚河記》《明經世文編》卷二九五

吳淞江承太湖之水，蜿蜒東下，三百里入海。左右之浦如百足。江自甫里折而北行，至崑山全吳鄉，東爲渚浦。又爲帆歸浦，斜折而南，入于渚浦。江復東，而浦之南出者，其東爲張浦，又東爲顧仙浦，又東爲諸天浦，又東爲同丘浦，又東爲新塘，皆南入于渚浦。若爲塘，爲漊，爲涇，爲浜，凡在其間者，此光禄署丞孟君規其鄉所浚之水，江東南岸之地也。自新塘東，則江又南折，非孟君之鄉矣。君居家好義，歲捐貲，以爲民興利。至是大旱，又捐貲盡浚諸水之在其鄉者。當此時，邑民告饑，而全吳半鄉獨豐熟。其父老感君之義，請記其事。

夫三吳，江海之介，而群山之水又犇注于其間爲大浸，所謂太湖也。太湖分迸而出，以入于海，若以人力溝防疏導，則無不治之田，而水旱不能爲患害。蓋湖水自西而下，而海之潮自東而上，清流不能勝濁泥之滓，故水不可一日不浚也。嘉靖初，朝廷嘗遣大吏來治，今四十年矣不治。古之三江，其二不可考，今惟吳淞一江，仰接太湖之水。古者江狹處，猶廣二里。今自夏駕以來，僅僅如綫，而茭蒲葭菼生其中，下流入海之蹭口不復通矣。千墩、新洋、黄浦，皆亂流也，水道何由而順乎？故江左右之浦在東者，但見止水蘊藻，而姑蘇以東、秀州以北百里間，其田皆不耕。吾恐又數年，江日涸而西，而湖水益横流，東南之民將不食也。蓋君居一鄉，能興其鄉之水利，則夫受司牧之寄者，獨可以辭其責耶？

君名紹曾，字守約，以太學上館爲大官丞。所浚河二十有四，二萬七千六百九十四丈，爲工四萬九千六百，用穀十有三萬九千斤。是用勒石，以告來者。

清 鄂爾泰《重修桂林府東西二陡河記》（雍正）《廣西通志》卷一一六

粵西分壤接荆揚二州之介，山突而童，水峻而旋，中石犖确，多伏流。凡厥川澤陂池溝澮疏瀹修浚之方物土宜，而布其政者，康功田功，人事殆尤不可後焉。宜聖天子注念惓惓，特重西南水利哉！

粵考臨桂陡河，肇自唐長壽元年，所謂相思埭是也，亦曰南渠。其流出獅子巖，經大灣，下鏈魚陡，合永福江而徑達無滯矣。興安陡河，即《漢書·郡國志》所謂水出陽海山者，導一綫之靈源，滙湙潭，下零渠，激流注大小融爲灕水，而迤邐接府江、封江，東入於海，以故零渠一曰靈渠焉。建是陡者，秦郡監史禄，轉漕輸餉，以開南越，功實稱首。厥後漢馬援，唐李渤，歷宋、元、明而逮我本朝，相繼修葺者數焉。天平之石，分水之塘，貲費最繁，而傾頹亦最易，非大加修築，其何以經久遠耶？

爾泰蒙聖主恩，授節鉞，總三省。歲庚戌，自滇入粵，道出百色，渡柳江，過永福，抵桂林，泝灕江而出全湘，涉歷道塗，周諮詢度，輒思所以廣上德音者。會陡河方奉旨修建，兼飭勘議。迺與巡撫德山金公親履其地，審形勢平險，量河流高下，若者宜陡，若者宜堤，若者宜鑿，若者宜浚，若者修其故敝，若者謀厥經始，協心相度，條具規畫，上之朝。而即委興安知縣王勍董事程役。越明年秋，承命入京陛見。顧每念二渠工役重巨，事之弗既，重違朝廷軫恤民瘼以爲西粤圖樂利意也。

無何工竣，并繪二陡河圖来上。臨桂之河，凡爲陡以閘水者二十。興安之河，爲陡門者十有八，爲堰蓄水者三十有七，爲長堤一，爲月堤一。其灘心危石比櫛，共鑿去礙船者，兩河各百有數十處。於是近渠之田，資灌溉者不下數百頃，水旱無虞，前此荒塍，悉登膏沃。若乃舟楫之便利，惠賈通商，則自靈渠而北，曲赴湖南；自鯉魚陡而西，直際黔省之古州。粤土雖瘠薄，得二渠以儲民福澤，可俯視秦關鄭白矣。夫躬膺天子封疆大吏，承上旨修舉，昔人創造所有便於民生者，善始而復善成之，則因其迹之猶存，維持保護，且不廢焉，矧自今繼長增固，實昭聖朝之仁政，而永示於將来，斯真一人有慶，兆民賴之，雖曰至於萬年可哉？爰喜而爲之記。

清 陳祖範《司業文集》卷二《昭文縣浚河記》 琴川古迹湮久難復。昭文縣境，有渠縱貫其中，東西水道皆屬焉。民居日稠，旁占下更，上架板爲閣道，通往來，宅券相授受，忘其爲官河也。前政雖心知非便，重違民意，囙循不理者數十年矣。

乾隆十一年夏，止山張侯毅然撤而浚之，畚鍤雲興，汙泥阜積，頽岸反捍，略約抗址，浹旬之間，舟楫無阻。侯日乘輕舠，竿量淺深，以程工值，役者無得苟且報竣。秋水時至，川流瀰瀰，步有新舡，港停遠筏，鵝鴨游泳，山郭清照。冬月載租泊門，佃不勞力，運糧納倉，家省雇錢。方事之初，愚民苦之，謂既率我錢，又毁我室，狼扈無所棄，而執扑不容息。久之民乃稱便，謂營私壅公，我則無誼，行水通渠，循吏之事，非侯果決，事且中廢，以我小勞，獲此永利。君子觀是役也，可以識治術矣。

侯，天津人，名疊，雍正元年進士。悃愊居官，不曉便文自營，其治境内水道，如療咽塞，如疏庭溝，切身切家，不能自已。夫川渠者，人身之血脉。血脉不流則生疾。川渠壅竭邑乃貧。今者長川湯湯，民氣孔揚，流惡鍾美，惠農通商。張侯之德，詎可弭忘？

清 陳文述《頤道堂集·文鈔》卷六《瓜洲開河記》 長江天塹，枝水不可數計，而爲南北之通津者，惟瓜洲與京口實爲往來之要道。自京口達北岸江面祇三里有奇，而入瓜洲大口幾二十里，入小口亦十里。自泝江西上，自東南斜達西北金山，上下多急溜，篙師一不戒，往往覆舟，風色不順，雖羽檄火急，亦坐視不能尺寸動。自瓜洲南達京口，其難相等，渡者莫不視爲畏途，有戒心焉。

余自道光元年二月之江都任，未十日，即有紳士耆老王豫、卞萃文、戈仁震、錢本桂、于興珩、姚廷灝、姚廷徵、黄秀倫、周溥、于承煒、關寀、周灝、丁梁、張瑄、江啓信、王世泰、李秀、熊秋華、熊文焜、靳憲揆等數十人環有所籲。詢之，則請開瓜洲河公狀。其所言渡江艱難狀，皆余所稔知。且以瓜城東北稻田蔬圃，不沾水利，無灌溉地，瘠田下下，民貧窶，不能按畝出資，非請帑不足以濟。諸耆老自言，爲兒童時即呈於有司，皆不行，方今聖天子親政，重農田水利，制府孫公，大賢也，以聖人之心爲心，以百姓之務爲務，值余始至，乞上達焉。

余聞之，心怦然動，乃於暇日駕小舟至江上察其形勢，并按志乘考之，知斯河即唐潤州刺史齊澣所開伊婁河故道也。按《齊澣傳》，澣遷潤州刺史，州北距瓜步沙尾紆滙六十里，舟多敗溺，澣從漕路，由京口埭治伊婁渠，以達揚子。惟今京口至瓜洲遠不過二十里，而傳云六十里，度當日焦山上下皆沙脊，横亘不便舟楫，故必舟行六十里而始達也。

兹河在小口東十里，當金、焦兩山之中，與京口銀山門適相對立，沙岸望之，人歷歷可見，風順，聲相應也。乃與諸人士計曰：斯河誠開，風恬浪静，則打槳可過，逆風亦可視潮水長落，乘便渡，旁風從東西來，篙師張帆之巧，皆可作順風用，於行旅來往誠便。又河水所經，足資引溉。且河通則貨集，貨集則貿遷有無，民資以生，可起瘠而腴，易窳爲甘，開之誠有益。

乃請於制府孫公，并言其狀。公察余言之非謬也，許之，飭藩司籌款。乃於二年冬入告，得旨允行，因於三年二月中旬始啓工，以儀河鉅工，用夫數十萬，人夫不暇也。瓜洲經小口者曰天池河。兹河西自天池之中分一支，折而東經拖橋出東水關以達江口，凡八百餘丈。四旬而畢，制府檄常鎮道王公驗收之。而自濟運橋以南，至天池淺如故，大舟不足以達，不浚，則新河雖開，無濟也。乃復請於制府，天池故有生息，銀數不足，飭司籌借，并令府縣先行籌墊。已四月矣，天又多雨，乃多募丁男，晝夜并力浚之，兼旬而畢，而後自揚州經新河渡江，始得安行利涉焉。拖橋在新河之中，橋故不高，巨舟不能過，且久不修。兹河浚過深椿，石盡露圮焉。既不便再請帑，又無款可籌，乃言於孫公，願捐已資重建，以利行旅。且通驛騎公許之約三千金，兩月而畢。拖橋故俗名，不雅馴，余因取太白《焦山望松寥》詩『安得五彩虹，駕天作長橋』意，名之曰彩虹，且題橋柱曰：『淮海東南便舟楫，金焦左右起樓臺。』其西面曰舊牐，雙門仍廣慧新河一曲復伊婁，以其地舊有廣慧牐也。

工既成，乃與紳士父老登江神廟後樓落之，西眺金山，東挹焦阜，北固黄鶴諸山，列若屏幛，顧而樂之。諸紳士請名之曰陳公河，并爲詩以張之。余曉之曰：此河之成，給帑鉅萬，聖天子浩蕩之恩也。據情入告，仰邀俞允者，相國宫保、制府孫公之力也。籌款者，前署方伯湯公藩、今方伯張公志緒也。天池籌款者，郡伯黄公在厚也。始事者，洲之紳士耆老諸君是也。駐工始終其事者，舍弟鴻慶。佐之者，友人孫懷仁熊步青劾用王楚珩也。兒子裴之亦往來佐余。經畫領浚瓜洲河者，張泉；領浚天池河者，陳正功。建橋者，匠嚴皋也。非余一人之力，何以名爲？嘗讀《太白集》有《瓜洲新河》詩，斯其新河乎？且爲之銘曰：

有唐齊公，始開伊婁。險避金山，近達瓜洲。壅塞千載，深不容舟。我尋舊迹，仰追前修。清淮旁注，天池分流。爰便商艫，爰溉民疇。江水滔滔，我心悠悠。後有繼者，兹河千秋。

又《答友人問下河水患書》 下河之水歸海歸江，各有從入之途。而就今日之形勢論之，則歸海不若歸江之便。下河在揚郡運河之東，毗連高郵、寶應、興化、鹽城、阜寧、甘泉、泰州七州縣。自泰壩以上，謂之裹河。自泰壩以下，謂之下河，即運鹽河；串漱諸場，亦謂之串場河。沿范公堤至鹽城界中之射陽湖入海，皆運河之下游，即皆淮水之下游也。

前人於高郵運河堤設昭關、南關，中新、車邏諸壩，由澄子河、荇絲湖、緑洋湖、淤溪河、樊汊、斜豐港、蚌涎河、棋盤蕩、得勝湖、梓新河、車路河、白塗河，東出范公堤之小海、丁溪、草堰等閘，歸堤外之古河、王家港二河入海。自高郵至范公堤，計程約二百里，堤外之古河、王家港至海亦約及二百里，共約四百餘里。頻年壩水下注，堤内之河間斷淺阻，堤外之王家港、古河久已淤成平陸，下河農民頻遭水患，節節築圩衛田，壩水盤旋於圩縫之中。高郵開壩，水流一月，尚不至范公堤下之串場河，水勢就下，盈科後進，是海口未收宣洩之功，而各邑已受漫溢之患矣。輕則議免議豁，重則賑米賑銀，減歲入之租，損司農之藏。近今十年之中，凡三四見。出入所關，何止數百萬？且老弱轉徙，婦子流離，鳩鵠遍於鄰封，鴻雁嗸於中澤，實有耳目所不忍聞見者。

今執事殷殷籌所以濟之，此誠仁人之用心，下游百姓之福也。謹就管見所及，爲執事陳之。

洪澤湖寬廣四百里，每遇盛漲，以五壩爲尾閭。近年五壩已堵其三，另於蔣家壩以上開三河，爲盛漲洩水之路。三河兩壩，猶五壩也。五壩一開，以洪湖之水注高寶諸湖，高寶諸湖不能容也。以高寶諸湖之水注運河，運河不能受也。開車邏、金灣諸壩以洩之，而往往不能減也。必開昭關壩，而盛漲始減。亦思開昭關壩始減，而諸壩不能減，非諸壩口門窄於昭關壩也，而不能減洩盛漲者，地勢平也。昭關壩之能減洩者，壩内兩邊無土岸束水，其勢寬且地勢低下也。然亦思寬且低下者何地乎？乃百姓之田畝廬舍墳墓道路也。以百姓之田畝廬舍墳墓道路鍾水，所謂鄰國爲壑者非與？即云下河百姓已高築圩岸，圍廬舍田畝墳墓於其中，行水者僅道路耳。道路又豈鍾水之地耶？

或曰開昭關壩，原以導水歸海也。雖距海遠，如河道深通，堤防高峻，亦何不可束水歸海也？是宜浚高寶、興泰之河，曰昭關壩，距范公堤約二百里，是宋范文正公監西溪鹽倉，因發運副使張綸上其議，俾令興化董修築之役，因高爲基，築以捍海。今堤外漲又二百里，令水歸海，必將使越堤而入海也。今以地勢計之，水至斜豐港，下河平地之水已深四五尺，水至串場河，則平地之水已深七八尺，是水未至范公堤，而各邑之廬舍田畝墳墓道路已成巨浸，若至古河、王家港，則平地之水深逾丈矣。至下河，兩岸本無河堤，前河臣靳輔因途長費重，籌而未行者也。故下河，真釜底也。浚釜底之河，不能越釜邊之堤，浚高寶、興泰之河，又何益乎？然則下河之水患，終不可治乎？曰：是不然。琴瑟不調，則解弦而更張之。處今日而論下河之水，是非更張不可。更張者，非别有穿渠築堤之妙術也。揚州之域，其東瀕海，其南濱江，運河分淮水之三以濟運，其委入江自由閘關以下者爲大口，自天池河以下者爲小口，自天池折而東者爲鄙人今年所開之新河，皆在瓜洲，總爲入江之路。自三汊河折而西至沙漫洲黄連港分洩入江者爲儀徵河，亦鄙人今年所浚，皆所以洩運河之水也。自瓜洲新河以東爲沙河港，沙河壩之水所由以入江也；曰朱銘港，揚子橋之水所由以入江也；曰小八港，即深港、灣頭閘、壁虎橋、鳳凰橋之水入之，由廖家溝、石羊溝以入江也；曰八港，金灣舊壩之水由董家溝以入江，又中閘、金灣北閘、金灣新閘三閘之水由人字河經芒稻閘、越閘以入江之路也。

運河入江有數利焉：路近洩水速，一也。免高寶、興泰之灾，二也。免灾賑之費，三也。收租税之入，四也。保各邑之田廬墳墓，五也。全各邑之人民，六也。入江之路，近者二十餘里，遠者約三十里，廖家溝約寬八十丈，石羊溝、董家溝約各寬五六十丈，其勢足以洩運河之水，而不能暢洩者，則以上寬下窄，所謂口大喉細也。芒稻閘、越閘皆有石閘，閘口窄無可展。三溝口尾寬而中窄，則以舊日壩址未盡起除也。不盡起除之故，則以通泰所屬鹽場串河藉此水以委輸濟運，慮下流迺達一洩無餘也，則以鹽河久未疏浚也，則以經費不敷也。故於人字河築壩也。

今爲地方籌宣洩之路，而使鹽艘失轉運之途，則其勢有所不便。且下河水利運司專責開浚下河，應由運司籌費，使運司籌費爲地方浚河而轉不能運鹽，則其勢尤有所不便。然則如何而後兩無所碍也？則莫若先就三溝中間過窄之地，量爲展寬，使足以容，而慮三溝之洩水過盛也，則仿淮河高堰志椿酌中而節宣之。啓放之路，自北而南運河志椿存水八尺，啓金灣舊壩長至九尺，啓東西灣壩長至一丈，啓鳳凰橋壁虎橋灣頭閘長至一丈二尺，啓人字河，俾得以次疏消，由入江以入海。

且入江之説非今日之剏議也。乾隆十九年，河臣嵇璜上言，以河湖水勢歸江近而歸海遠，歸海紆迴而歸江徑直，多一分入江之路即少一分入海之水。所言極爲明切，屢蒙高宗純皇帝特旨俞允。是年十一月，又奉諭旨曰：湖河水勢以五壩爲來源，以江海爲去路，而歸江之路近於歸海。煌煌聖訓，昭若日星。載在方策，班班可考。則亦何爲而不行也？若鹽務力量稍裕，再照河臣嵇璜所奏，以芒稻閘河底爲度，挑深五尺，使運鹽河長存底水五尺，以利運行。則各閘壩可長久啓放，有利於河工，亦無碍於鹽運。

乾隆三十三年，欽蒙聖訓，嗣後芒稻閘永遠不許再下閘板，奉經恭建，上諭碑石歸江之路，前河臣高晋進呈圖説，奏蒙高宗純皇帝俞允，亦於河工刊刻碑石，永昭遵守，誠萬世之良法美意也。嘉慶十一年，前督臣鐵保仿而行之，經淮商捐銀十三萬五千兩，工鉅而費不足，故躉紓目前，而不能經久。以今度之，多則百萬，少亦五六十萬，雖工費較鉅，然即近今十餘年中開壩次數、下游七州縣減免蠲賑之費核計之，出入之間，孰多孰失，必有能辨之者。而况百姓之田畝廬舍墳墓道路，尤當局者所當熟籌哉？故治下河之水歸海不若歸江。

清 孫治《孫宇台集》卷一三《開河碑記》 古者有五行之官，而水官于邦國爲尤亟。故《周禮》有遂大夫掌夫溝澮洫之政，而漢以下，有河堤使者巡行郡邑。自水利不講，民用匱乏，旱澇頻見，爲有司者，不可以莫之救也。

某涖任于某年某月，行視宣德門外向東河道，河流壅閉，長年橾柁，有如轉石，町畦畝畎既無所灌溉，而城中之仰賴生芻百物殆如上天，於乎！何其難哉！下車詢父老，爲言前二年海水溢塘，潮去沙壅，河身比前高三四尺，每值水滂，猶可通舟，若遇亢暘，便成陸路。遂詳各憲，檄下里保，務以開浚爲急。乃去年雨水，難行畚牐，不可以鼛鼓從事。會今歲有秋，即于農隙之月，下令挑浚，編號者八，督官者四，起演武場橋東至趙家橋西，至莊婆堰北至斜橋，不二旬而告竣。至于袁花塘河，以次浚焉。

某臨視河，則各父老子弟賫酒相餉爲言：吾父興利，以活百姓，而某不敢有，即召各保若干人酌酒慰勞，鼓歌以送之，庶以見子來趨事，克用有成。某豈敢自以爲功？於乎！盛世之人待命于上，末世之人待命于天。待命于上者，六府九功，罔不俾乂。待命于天者，金穰木毁，無所違忌。若不泄宣川渠，以救旱于萬一，其于補天猶憾之義謂何？念此邑自甲申時，前知縣事林有事浚河，于今數年矣。以吾爲邑長子斯，而不急爲舉行，假令視一官爲墨舍，遞相推諉，民將奚賴焉？於乎！我其曷敢不記于石以告後之人？

傳記

（天順）《明一統志》卷三《真定府》　張旨。知安平縣，大募富民輸粟以給餓者，又浚滹河泄支流溉田數萬頃，外築堤以備水患。

又卷一四《安慶府》　常信，潛山縣丞，以廉幹稱。縣西豪民侵官地百餘畝，信按籍復之，以處貧民凡百家。堯年地高田五萬餘畝，小旱輒不收。信率其民鑿河三十餘里，引吳塘水以溉之，頻歲有收。民立廟祀之。

又卷二〇《平陽府》　程師孟，提點河東路刑獄。晉地多土山，旁接川谷。春夏大雨，水濁如黄河，可灌溉。師孟開渠築堰，淤良田一萬八千頃。

又卷三一《汝寧府》　劉敞，通判蔡州。鑿池開河，以利灌溉。其弟攽亦知是州，文章政事，侔古循吏。

（嘉慶）《清一統志》卷五六《定州直隸州二》　張鎬，定州人。嘉靖進士，累官按察副使。備兵岢嵐，轉右參政。經理營田，剪荆棘，冒霜雪，爲士卒先，窮邊曠土，皆成沃壤。又於偏頭關諸要害修築垣臺三百餘里，戰守之具皆備。以功升寧夏巡撫，疏河渠，資灌溉，以實軍儲。冬設冰墻以待敵，敵至，輒失利去。

又卷八七《常州府》　陳謙，永嘉人。孝宗時知常州，開孟瀆河溉田數十萬頃，歲屢豐。

又卷一〇四《太倉州二》　孫裔興，南海人。嘉靖中知崇明縣，疏浚各沙河，溉田萬頃，積歲，□南盡爲膏腴，民咸德之。

又卷一〇六《通州直隸州》　李大有，東陽人。判通州，州田歲苦旱，鑿狼山麓引江水入河溉之，自是歲乃屢稔。攝郡事，吏持案白，送例錢，大有悉却之。

又卷一二四《廬州府三》　李衍芳，雲南人。康熙中知廬江縣。縣南有二湖，環湖皆圩田，惟缺口一河通江洩水，豪民截河外壩，障上流以資灌溉，澇則以鄰爲壑，民病之。衍芳特申請除去。

又卷一二六《鳳陽府二》　鄧艾，棘陽人。太祖時，爲尚書郎，使行陳項。以東至壽春，請開河渠，引水灌溉，大積軍糧。又通漕運之道，乃著《濟河論》以喻其指，事皆施行。正始二年，乃開廣漕渠，每東南有事，大軍泛舟而下，達於江淮，資食有儲而無水害，艾所建也。

又卷一二七《鳳陽府三》　苗時中，其先自壺關徙宿州，以蔭主安陵簿。邑有古河久湮，請開導以溉田，爲利甚溥，人謂之苗公河。調潞州司法參軍，郡守欲入一囚於死，執不可。守怒，時中曰：『願歸田里，法不可奪。』守悟而聽之。神宗時，擢廣西運副。時韓存寶討蠻中，時中以糧道阻遠，創爲摺運法，食以不乏。

又卷四二九《漳州府》　洪異，字大同，龍溪人。宏治舉人。知崇德縣，擒江淮劇盜，開天長河，溉田萬餘頃。擢御史，巡按廣東，檄平海寇。升廣西參議。

紀事

（天順）《明一統志》卷三八《杭州府》　杜泳貞元中爲於潛令，嘗開紫溪河溉田，又鑿渠以通舟楫，民蒙其利。

又卷三九《嘉興府》　李諤長慶中爲海鹽令，察俗利病，於縣西境開古涇三百所，創二閘，瀦蓄河流，灌溉民田，號曰常豐，爲一方之利。居民歌之。

又卷四八《温州府》　黄度，瑞安尉。邑瀕海，潮壞民田，築堤捍之。勢家穴塘引河溉田，度命窒之。復請增置斗門，設水平，度曰：『若溉不足，將不顧水平，而塘如故，窒之便。』歲大疫，乃嚴巫覡之禁，挾醫遍巡四鄉，給以藥劑，多賴全活。

又卷六四《常德府》　噶珊，郡監，有善政。每歲運輸，民艱以肩荷，乃從北門外至潛水十五里開河以便之，歲旱得以溉田，民甚賴焉。

又卷七五《泉州府》　本朝李鳳，洪武中泉州知府。爲政，民所信服。嘗疏通湮塞河道，以便灌溉。尤精嚴祀事，而徵科不事，鞭笞督責焉。

（嘉慶）《清一統志》卷一一《安慶府三》　謝驥，成都人。永樂中，知宿松源，於城東黎協橋西開浚小河，注學宮，凡四境渠堰有資灌溉者，次第修舉。

又　宗信，平度州人。成化中，潛山縣丞。縣西有高地五萬餘畝，小旱輒無穫。信率其民鑿河三十餘里，引吳塘水以溉之，乃獲屢豐。

藝文

唐　錢起《錢考功集》卷七《送襄陽盧判官奏開河事》　千里趨魏闕，一言簡聖聰。河流引關外，國用贍秦中。有詔許其策，隨山興此功。連雲積石阻，計日安波通。飛棹轉年穀，利人勝歲豐。言歸漢陽路，拜首蓬萊宮。紫殿賜衣出，青門酣酌同。晚陽過微雨，秋水見新鴻。坐惜去車遠，愁看離館空。因思郢川守，南楚滿清風。

宋　鄭清之《安晚堂集·補遺·可齋陳大卿政成之暇蒐討河渠爲為鄉國長久慮開萬世利非君侯其誰屬因效一得以廣盛心焉》　四明瀛海壖，大田沃多稼。三江納行潦，九穀偏畏夏。治水宜講行，時哉及閒暇。方當暑如惔，孰謂晴可乍。十雨非所憂，一暴良已怕。東有錢湖浸，寒玉渺無價。西有它山源，盈科通晝夜。維此兩支邑，厥田俱下下。問之何因爾，水道無所舍。河伯空望洋，旱魃巧乘罅。緬思井田規，畎澮分溆汊。培浚儻高深，怒潮敢雄跨。官但督賦輿，誰肯趨田駕。六輔能即功，百泉豈難壩。願言均此施，利澤侔造化。盡復淮南陂，端可儕杜亞。

明　夏原吉《治水祀告河神文》《吳中水利全書》卷二七　遡維三江，神禹開鑿。曠久不治，涓流將涸。農田被害，神氣蕭索。睠茲九重，聖人復作。宵旰憂勤，命予疏瀹。願神助勳，水歸其壑。

明　姚文灝《治水告河神文》《吳中水利全書》卷二七　三江不流，勾吳昏墊。天子憂民，愧灝弗忝。胼胝曷辭，宵行露嶦。務底厥成，洪濤罔激。不效甘誅，體不歸窆。誦此誓詞，惟神動念。

又《浚河歌》《吳中水利全書》卷二八　遠聞新土方希罕，盡露黃泥始罷休。兩岸馬槽斜見底，中間一線水通流。

明　顧清《東江家藏集》卷七《戊寅四月廿八日録至此嘆息久之時天常歿矣保定趙守浚河築橋詩爲為傅北潭太史作》　鬱鬱平阡帶古壕，沈沈新緑卧虹腰。滹沱不復思王霸，溱洧何煩濟國僑。千里桑麻分雨露，一時粉繪雜風謠。他年三輔收遺事，應續黃圖第幾條。

明　沈一貫《喙鳴詩文集·詩集》卷一一《朱大司空治河功成》　洚水滔天又警予，司空敷土遍青徐。一令白馬報河伯，遂有蒼夷呈帝書。即免度支憂國計，還勞太史紀河渠。慚余日費公家粟，猶憶當年嘆是魚。

明　謝肇淛《小草齋集》卷九《開河行癸卯書事》　曹州城南紫貝闕，奔流南下勢超忽。司空舟中飛虎符，三十萬人一夜發。君不見東方四十五長吏，舊年新年河上睡。風沙滿眼雪没腰，土榻茅茨飯粗糲。怒色紫鬚按尺籍，除却婦女與殘疾。薄田百畝出一丁，輓粟三鍾致半石。千村萬落皆荆杞，官家追呼尚未已。白骨高於兩岸堤，血流多似黃河水。汝曹死盡何足言，休教水浸令公里。

明　劉榮嗣《簡齋先生集·詩選》卷三《開河》　爲下全因地，久晴兼用天。野人種新韭，老嫗省荒田。波影烘堯日，漁歌入楚烟。乘槎但有路，不必問張騫。

清　唐孫華《東江詩鈔》卷一《開河行》　朝開河，暮開河，要令斥鹵回盤渦。朝點夫，暮點夫，里胥追捕如亡逋。當今聖主仁如天，浚河本爲利農田。興作兼存救荒計，鳩工盡發水衡錢。嗟此河夫多菜色，晨餐何能待日昃。五月官錢半未頒，爾有肉糜從爾食。千鍬萬鍤聽鼛鼓，三丈河身八尺土。不辭霑體遍塗泥，可奈淋頭逢涷雨。樹上愁看逐婦鳩，桑間已有催耕扈。歷久河工未告成，農事匆忙漸旁午。縱得青錢給一餐，待餔不救妻孥苦。更遭官長日巡功，箠撻疲民恣訶怒。非關民力怠工程，自爲皇天不肯晴。未看翠毯盈疇潤，早見紅榴照眼明。尚作官身縶河上，何時壠畔得歸耕？昔聞周夏兩名臣，周文襄公忱，夏忠靖公原吉。疏浚川渠決滯堙。遍從水道訪曲折，輕舟屏從泊河濱。時入茅檐諮利病，村農共許話艱辛。澤被東南三百載，到今功德未全湮。嗚呼大賢久不作，爾曹誰復知經綸。今日河夫盡煢獨，背似土牛耐鞭扑。幾回持槖請官糧，官糧早飽官胥腹。重膇万憂疫癘生，獨漉水深泥又濁。自是農夫性命輕，誰能久候官倉粟。

但願功成早放歸，急向田間叱黄犢。

清 孫原湘《天真閣集》卷四《江行取道新開河》 忽收萬頃碧琉璨，一逕烟深水鳥啼。千嶂迴懸孤日瘦，兩崖中走片帆低。宸游屢過恩波在，官柳新栽物力齊。早爲居民卜豐歲，家家禾黍屋東西。

清 陳文述《頤道堂集·詩選》卷一一《南橋勸浚河示都人士》 《周禮》重溝洫，《漢書》志河渠。農功與水利，表裏相權輿。漳水史起溉，涇渠鄭白疏。信臣治南陽，張堪開狐奴。師度治同州，長孫鑿石墟。廬陵作《唐志》，陂堰次第書。古人有深意，畎澮惟良圖。江南古澤國，厥土惟泥塗。雲間邇江海，潮汐通委輸。奉賢昔分邑，實在申浦隅。其種首木棉，其利兼蒲魚。稻粳亦間植，沃壤稱膏腴。竹港與沙港，緣浦相縈紆。近惟蕭塘通，衆派南橋趨。非止資蓄洩，兼亦利舳艫。我來近三月，所見日以淤。膠舟輒日夕，物滯旅亦瘏。淺涸不容篙，澤腹生茭蘆。地既水變陸，人將舟易車。勞勩何可言，行者多嗟吁。譬如人有身，百脈束一軀。血氣苟不流，何以榮肌膚。因之疾疢作，元氣將焦枯。矧復念水旱，凶札關菑畬。海近雨易得，貪天理恐誣。綢繆貴未然，詩言實良謨。我其蠲我廉，爾亦損爾租。爾率爾佃農，我率我吏胥。游徼有廪食，上司有官符。一一我任之，勿使驚爾閭。計産以授食，履畝以授徒。各自庇家事，不必較智愚。在昔莊中丞，水利籌三吴。一歲治其歲，四歲治其餘。五載期復周，六郡人共孚。所惜良法廢，往往成沮洳。宋生言頗詳，規畫足啓予。頂浚實避役，積弊當漸祛。里閈有長者，非止矜錙銖。牧亦挂書讀，儒亦帶經鋤。我本西湖民，識字耕田夫。石函與葑堤，遺愛感白蘇。牐港利鹽筴，國課資軍儲。所宜并治之，毋使嗟荒蕪。勿慮鮮良法，情至理亦俱。商民期共濟，均一斯安舒。作詩勗長久，慎勿廢半途。爾各治井井。吾亦明區區。

又卷一二《南橋觀浚河》 桃花含雨柳含烟，黄浦春波昨夜船。問俗恐虚耆老意，焚香媿説長官賢。農心最重惟三月，水利還須計百年。我亦西泠荷鋤客，笠檐蓑袂憶耕田。

又一二《當事用佐治河時定議開放減壩挑浚河身余重其意而惜其説之不行也賦此贈之》 疏瀹無長策，暹羅有浚船。能移河底土，遠積岸傍田。鑿枘方多阻，車輪枉自圓。歸帆吾共爾，良法待他年。

清 陶澍《陶文毅公全集》卷五六《京口開河偕同事諸君觀放水作》 大風北來何浪浪，江水勁立如挽强。金焦浮沈但兩點，眵眼落日灰沙揚。萬夫嘔呀集壩口，揮鍤剷土如剷墻。一聲破的勢箭激，砉然倬漢摧銀潢。星飛電掣不得住，鼉鱓磨亂魚鰕忙。船逢下水自疾駛，快哉此水尤滂汪。榜人篙師盡笑樂，倏忽已過千帆檣。年來馮蠵苦多事，天子旰食釐宣防。丁船兩載滯河北，危堤一綫分淮黄。區區航海豈得已，旁門後户聊輸將。爾來漕艘幸歸次，火符絡繹催新裝。預愁夏漲阻清浦，先遣冬兑浮吴艎。天寒日短事疏浚，十夫荷鋤凡九僵。拊循豈有挾纊術，且喜晴雪摇紅光。重灘古淺記明史，軟泥自昔難具詳。或云隋皇始開鑿，地脈雖斷時噏張。或云其下通江海，噴沙塞谷非斗量。或云猪龍實作祟，兩乳臃腫多湩漿。自來無人敢施鍤，探之靡盡徒綆長。我謂此語悉妄耳，試窮其源庸何傷。同時諸君一心力，夙夜趨事誠黽皇。果然深入得底裏，蛟宫一掃皆明堂。淤泥蓄積蓋已久，俗語傳説滋荒唐。百年疑案始一破，瀉水到此如灌塘。香秔即日通禹貢，來往利涉同周行。愚公移山殆類此，莫訝智叟河之陽。

清 程恩澤《程侍郎遺集》卷三《新開河道中即事示子堅》 江擁頹沙没舊蹊，風排積潦破芳畦。今秋蟹稻幾無種，來歲蠶䅎不可齊。敗柳人支殘瓦爨，荒蘆鬼守亂棺啼。沈陰愁殺天邊雪，眼見單衣化井泥。

清 王慶勛《詒安堂詩稿·初稿》卷六《新開河即目》 江自岷山來，洪波直奔注。避險浚此河，庶免風濤怖。豈知兩岸田，易觸蛟龍怒。今年梅雨多，江水灌如澍。堤高猶可防，堤低焉能護。民命不自保，田没以億數。我來水已消，猶淹高資渡。汪洋接大江，樹頭飛白鷺。粒米不能收，屋破人難住。艤柑問村人，老農悉悲數。同是江邊人，空作豐年慕。

雜録

宋 秦九韶《數書九章》卷一三《計浚河渠》 問：開通運河，就土築堤，令面廣六丈，底廣四丈，上流深八尺，下流深一丈六尺，長四十八里，其堤下廣二丈四尺，上廣一丈八尺，長與河等，未知高，以墟四堅三爲率，秋程人功，每名自開運積築墟堅，共積常六十尺，築堤至半，爲棚道取土，上下功減五分之一，限一月畢，欲知河積及堤積尺、共用功并日役工數及堤高各幾何？

答曰：

河積，六千二百二十萬八千尺。

堤積，四千六百六十五萬六千尺。

堤高，二丈一尺七分尺之三。

共用功，二十四萬四千九百四十四。

日役工，八千一百六十四五分工之四。

術曰：

以商功求之。

併河上下廣於上，併河上下流深，乘之，又以長乘，爲實。以四爲法。除得河積。

以堅率乘河積，爲實。以墟率爲法，除得堤積。

併堤上下廣乘堤長，半之，爲法，除堤積，得堤高。

併河堤二積，以棚道母半之，副置。以棚道減功子乘之，以棚道減功母除之，得數，以併其副。共爲寄。

以子減母，餘乘常尺，爲增子。以母乘常尺，爲增分。

併增分增子，乘寄，半爲用工實。

以增分乘增子，又乘限月日，爲法，除實，得用人工數。

草曰：置河上廣六丈，併底廣四丈，通之折半，得五十尺於上。又置河上流深八尺，併下流深一丈六尺，併之，折半，得一十二尺，以乘上位，得六百尺爲次，置長四十八里，以尺里法二千一百六十通之，得一十萬三千六百八十尺，得堤河長。以乘次，得六千二百二十萬八千尺，爲河積。以堅率三，因河積，得一億八千六百六十二萬四千尺，爲實。以穿率四爲法，除之，得四千六百六十五萬六千尺，爲堤積。置上廣一丈八尺，下廣二丈四尺，併之，爲四十二尺，以乘堤長一十萬三千六百八十尺，得四百三十五萬四千五百六十尺，以半之，得二百一十七萬七千二百八十尺，爲法。除堤積，得二十一尺，爲堤高。不盡九十三萬三千一百二十，與法求等，得三十一萬一千四十，俱約之，爲七分尺之三。次置河積六千二百二十萬八千尺，併堤積四千六百六十五萬六千尺，得一億八百八十六萬四千尺，以棚道築至半，是二除之，得五千四百四十三萬二千尺，副之，先以減功之子一乘之，只得此數，爲實。乃後以減功母五爲法，除之，得一千八十八萬六千四百尺，併副五千四百四十三萬二千尺，共得六千五百三十一萬八千四百尺，爲寄。以折減功五分之一，以子一減母五餘四，以乘常尺六十，得二百四十尺，爲增子。以母五乘常尺六十，得三百尺，爲增分。以二增併之，得五百四十，乘寄，得三百五十二億七千一百九十三萬六千尺，以半之得一百七十六億三千五百九十六萬八千尺，爲用工實。以增分三百乘增子二百四十，得七萬二千尺，又乘限分日三十，得二百一十六萬尺，爲法。除前用工實，得八千一百六十四，爲每日人工數。不盡一百七十二萬八千，與法求等，得四十三萬二千，俱約之。爲五分工之四，得每日用工八千一百六十四功五分工之四。復通分内子，得四萬八百二十四，以三十日乘之，得一百二十二萬四千七百二十，爲實。仍以母五約之，得二十四萬四千九百四十四工。爲共用工。合問。

明 馮琦《經濟類編》卷七四《治河十九則》

漢司馬遷《河渠書》：

《夏書》曰：禹抑洪水十三年，過家不入門。陸行載車，水行載舟，泥行蹈毳，山行即橋。以别九州，隨山浚川，任土作貢。通九道，陂九澤，度九山。然河菑衍溢，害中國也尤甚。唯是爲務，故道河自積石歷龍門，南到華陰，東下砥柱，及孟津、雒汭，至于大邳。於是禹以爲河所從來者高，水湍悍，難以行平地，數爲敗，乃厮二渠以引其河。北載之高地，過降水，至于大陸，播爲九河，同爲逆河，入于勃海。九川既疏，九澤既灑，諸夏乂安，功施于三代。

自是之後，滎陽下引河東南爲鴻溝，以通宋、鄭、陳、蔡、曹、衛，與濟、汝、淮、泗會于楚。西方則通渠漢水、雲夢之野，東方則通鴻溝、江、淮之間。于吴，則通渠三江、五湖。于齊，則通菑濟之間。于蜀，蜀守冰鑿離碓，辟沫水之害，穿二江成都之中。此渠皆可行舟，有餘則用溉寖，百姓享其利。至于所過，往往引其水益用溉田疇之渠，以萬億計，然莫足數也。

西門豹引漳水溉鄴，以富魏之河内。

而韓聞秦之好興事，欲罷之，毋令東伐，乃使水工鄭國間説秦，令鑿涇水自中山西邸瓠口爲渠，并北山東注洛三百餘里，欲以溉田。中作而覺，秦欲殺鄭國。鄭國曰：『始臣爲間，然渠成亦秦之利也。』秦以爲然，卒使就渠。渠就，用注填閼之水，溉澤鹵之地四萬餘頃，收皆畝一鍾。于是關中爲沃野，無凶年，秦以富强，卒并諸侯，因命曰鄭國渠。

漢興三十九年，孝文時河决酸棗，東潰金堤，于是東郡大興卒塞之。

其後四十有餘年，今天子元光之中，而河决于瓠子，東南注鉅野，通于淮、泗。於是天子使汲黯、鄭當時興人徒塞之，輒復壞。是時武安侯田蚡爲丞相，其奉邑食鄃。鄃居河北，河决而南則鄃無水菑，邑收多。蚡言于上曰：『江河之决皆天事，未易以人力爲强塞，塞之未必應天。』而望氣用數者亦以爲然，於是天子久之不事復塞也。

是時鄭當時爲大農，言曰：『異時關東漕粟從渭中上，度六月而罷，而漕水道九百餘里，時有難處。引渭穿渠起長安，并南山下，至河三百餘里，徑，易漕，度可令三月罷；而渠下民田萬餘頃，又可得以溉田：此損漕省卒，而益肥關中之地，得穀。』天子以爲然，令齊人水工徐伯表，悉發卒數萬人穿漕渠，三歲而通。通，以漕，大便利。其後漕稍多，而渠下之民頗得以溉田矣。

其後河東守番係言：『漕從山東西，歲百餘萬石，更砥柱之限，敗亡甚多，而亦煩費，穿渠引汾溉皮氏、汾陰下，引河溉汾陰、蒲坂下，度可得五千頃。五千頃故盡河壖棄地，民茭牧其中耳，今溉田之，度可得穀二百萬石以上。穀從渭上，與關中無異，而砥柱之東可無復漕。』天子以爲然，發卒數萬人作渠田。數歲，河移徙，渠不利，則田者不能償種。久之，河東渠田廢，予越人，令少府以爲稍入。

其後人有上書欲通褒斜道及漕事，下御史大夫張湯。湯問其事，因言：『抵蜀從故道，故道多阪，回遠。今穿褒斜道，少阪，近四百里；而褒水通沔，斜水通渭，皆可以行船漕。漕從南陽上沔入褒，褒之絶水至斜，間百餘里，以車轉，從斜下下渭。如此，漢中之穀可致，山東從沔無限，便于砥柱之漕。且褒斜材木竹箭之饒，擬于巴蜀。』天子以爲然，拜湯子卬爲漢中守，發數萬人作褒斜道五百餘里。道果便近，而水湍石，不可漕。

其後莊熊羆言：『臨晋民願穿洛以溉重泉以東萬餘頃故鹵地。誠得水，可令畝十石。』于是爲發卒萬餘人穿渠，自徵引洛水至商顔下。岸善崩，乃鑿井，深者四十餘丈。往往爲井，井下相通行水。水穨以絶商顔，東至山嶺十餘里間。井渠之生自此始，穿渠得龍骨，故名曰龍首渠。作之十餘歲，渠頗通，猶未得其饒。

自河决瓠子後二十餘歲，歲因以數不登，而梁楚之地尤甚。天子既封禪巡祭山川，其明年，旱，乾封少雨。天子乃使汲仁、郭昌發卒數萬人塞瓠子决。于是天子已用事萬里沙，則還自臨决河，沈白馬玉璧于河，令群臣從官自將軍已下皆負薪寘决河。是時東流郡燒草，以故柴薪少，而下淇園之竹以爲楗。

天子既臨河决，悼功之不成，乃作歌曰：『瓠子决兮將奈何？皓皓旰旰兮閭殫爲河！殫爲河兮地不得寧，功無已時兮吾山平。吾山平兮鉅野溢，魚沸鬱兮柏冬日。延道弛兮離常流，蛟龍騁兮方遠游。歸舊川兮神哉沛，不封禪兮安知外！爲我謂河伯兮何不仁，泛濫不止兮愁吾人？齧桑浮兮淮、泗滿，久不反兮水維緩。』一曰：『河湯湯兮激潺湲，北渡迂兮浚流難。搴長茭兮沈美玉，河伯許兮薪不屬。薪不屬兮衛人罪，燒蕭條兮噫乎何以禦水！穨林竹兮楗石菑，宣房塞兮萬福來。』于是卒塞瓠子，築宫其上，名曰宣房宫。而道河北行二渠，復禹舊迹，而梁、楚之地復寧，無水灾。

自是之後，用事争言水利。朔方、西河、河西、酒泉皆引河及川谷以溉田；而關中輔渠、靈軹引堵水；汝南、九江引淮；東海引鉅定；太山下引汶水：皆穿渠爲溉田，各萬餘頃。他小渠披山通道者，不可勝言。然其著者在宣房。

太史公曰：余南登廬山，觀禹疏九江，遂至于會稽太湟，上姑蘇，望五湖；東闚洛汭、大邳，迎河，行淮、泗、濟、漯洛渠；西瞻蜀之岷山及離碓；北自龍門至于朔方。曰：甚哉，水之爲利害也！余從負薪塞宣房，悲《瓠子》之詩而作《河渠書》。

又 賈讓《論治河疏》：治河有上、中、下策。古者立國居民，疆理土地，必遺川澤之分，度水勢所不及；大川無防，小水得入；陂障卑下，以爲汙澤，使秋水多得有所休息。左右游波，寬緩而不迫。夫土之有川，猶人之有口也；治土而防其川，猶止兒啼而塞其口，豈不遽止，然其死可立而待也。故曰：『善爲川者，決之使道；善爲民者，宣之使言。』

蓋堤防之作，近起戰國，壅防百川，各以自利。齊與趙魏，以河爲竟；趙魏瀕山，齊地卑下，作堤去河二十五里。河水東抵齊堤，則西泛趙魏；趙魏亦爲堤，去河二十五里；雖非其正，水尚有所游盪。時至而去，則填淤肥美；民耕田之，或久無害；稍築室宅，遂成聚落。大水時至漂沒，則更起堤防以自救；稍去其城郭，排水澤而居之，湛溺自其宜也。

今堤防陿者，去水數百步，遠者數里，近黎陽南故大金堤，從河西西北行，至西山南頭迺折東，與東山相屬。民居金堤東，爲廬舍，往十餘歲，更起堤，從東山南頭直南，與故大堤會。又内黄界中，有澤方數十里，環之有堤，往十餘歲，太守以賦民，民今起廬舍其中，此臣親所見者也。東郡白馬故大堤，亦復數重，民皆居其間，從黎陽北盡魏界，故大堤，去河遠者數十里，内亦數重。此皆前世所排也。河從河内，北至黎陽，爲石堤；激使東，抵東郡平剛，又爲石堤；使西北，抵黎陽觀下，又爲石堤；使東北，抵東郡津北，又爲石堤；使西北，抵魏郡昭陽，又爲石堤；激使東北，百餘里間，河再西三東，迫阸如此，不得安息。

今行上策，徙冀州之民當水衝者，決黎陽遮害亭，放河使北入海。河西薄太山，東薄金堤，勢不能遠泛濫，期月自定。難者將曰：『若如此，敗壞城郭田廬冢墓以萬數，百姓怨恨。』昔大禹治水，山陵當路者毁之，鑿龍門，辟伊闕，折底柱，破碣石，墮斷天地之性，此迺人工所造，何足言也？今瀕河十郡治堤，歲費且萬萬，及其大決，所殘無數；如出數年治河之費，以業所徙之民，遵古聖之法，定山川之位，使神人各處其所而不相奸，且以大漢方制萬里，豈其與水爭咫尺之地哉？此功一立，河定民安，千載無患，故謂之上策。

若迺多穿漕渠于冀州地，使民得以溉田，分殺水怒，雖非聖人法，然亦救敗術也。難者將曰：『河水高于平地。歲增堤防，猶尚決溢，不可以開渠。』臣竊按視遮害亭西十八里，至淇水口，迺有金堤高一丈；自是東，地稍下，堤稍高，至遮害亭高四五丈；往五、六歲，河水大盛，增丈七尺。壞黎陽南郭門入至堤下，水未踰堤二尺所；從堤上北望，河高出民屋，百姓皆走上山，水留十三日，堤潰二所，吏民塞之。臣循堤上行。視水勢，南七十餘里至淇口，水適至堤半；計出地上五尺所。今可從淇口以東爲石堤，多張水門。初元中，遮害亭下河去堤足數十步，至今四十餘歲，適至堤足；由是言之，其地堅矣。恐議者疑河大川難禁制，滎陽漕渠，足以卜之，其水門但用木與土耳。今據堅地作石堤，勢必完安。冀州渠首，盡當卬此水門，治渠非穿地也，但爲東方一堤，北行三百餘里入漳水中，其西因山足高地，諸渠皆往往股引取之，旱則開東方下水門溉冀州，水則開西方高門分河流，通渠有三利，不通有三害；民常罷于救水，半失作業；水行地上，湊潤上徹，民則病濕氣，木皆立枯；鹵不生穀，決溢有敗，爲魚鼈食，此三害也。若有渠溉，則鹽鹵下隰，填淤加肥，故種禾麥，更爲秔稻；高田五倍，下田十倍；轉漕舟船之便；此三利也。今瀕河堤吏卒，郡數千人。伐買薪石之費，歲數千萬；足以通渠成水門；又民利其溉，灌相率治渠，雖勞不罷，民田適治，河堤亦成。此誠富國安民，興利除害，支數百歲，故謂之中策。若迺繕完故堤，增卑倍薄，勞費無已，數逢其害，此最下策也。

又 河溢北京夏津。神宗語執政：『聞京東調夫修河，有壞産者，且河決不過占一河之地，或西或東，利害無所校，聽其所趨，如何？』王安石曰：『此流不塞，占公私田至，多又水散漫，久復澱塞。昨修二股，費至少而公私田皆出。向之□滷，俱爲沃壤，庸非利乎？』

明 陳仁錫《無夢園初集·勞集一·開河修塘》 見今小民嗷嗷，惟有開城内支河。新奉明旨，各照門面民間，自願僱工，但須一示耳。其自滸墅至楓橋一帶官塘係董主政特建，今久傾圮，興修亦一盛事。

一、吴縣各區有上、中、下三等，相承三四十年，今有上者而下矣，下者而上矣。然如二十一都、二十二都之消長，亦間有之，無大更變也。其大壞者，莫甚于三十八年遂亂區之高下法，當於復古中，略核消長，大約取十年内比册，參其户田，孰前少而今多，孰前多而今少，似亦瞭然。至無田而殷實之區，不可以田地拘也。蓋分區舊規，每區十分糧長，即以糧長領十分差解。區之上者，領北運櫃頭。區之中者，領南運。區之下者，爲貼解。下之片有空役，則以修倉，因各區中有義租。義租，應公用支銷耳。然義租不更設收租之人，即以糧長分收分管，其法甚善。

一吳縣役法。二十年前，民不苦役者，皆賴宋中丞爲令時，特設義租耳。今日之義租，有虚名無實惠。法宜照舊規，即以糧長管徵，每年正二月任糧長自行召佃。蓋區中糧長，稔知一區之民所收之利，即其利，必不致召非其人。霸占者、侵隱者，許糧長呈告。有荒蕪者，宜合五年之糧長分頭出工本，募民開墾，則二三年間皆成腴田。蓋此田，當時宋公皆訪上等田，給上等價，易於成熟。其否者，乃民間作弊，以私田潛易，然不多也。此法一復，則義租諸弊不查自清，而新增役銀亦可議減。且糧解之法即在其中，不必更議。右吳縣二舊規，乃一操而衆舉之大法也。自二規一廢，民苦不均，花詭日甚。若速行議復，則奸民種種規避可以愚外區人之耳目，必不能愚本區人之耳目也。

一、吳縣南運三名，每名費銀二百兩。應委衙官輪解給銀若干，以充其用。蓋一官攝三船易，而糙糧多改折，則一船亦足矣。然春辦必須糧長，而交割之時，恐又有留難之苦，不可不預慮也。其農桑絹兼齊頭稻草，或衙官帶解盡，勿以役民，近有議北運十名，亦委一官，解六櫃，用六吏徵收者。然以一官統十船似難，而吏尤不可重托，惟南運可耳。

一、吳縣塘長之役，裁革已久，頃有潛謀復故，致使公差絡繹，所費甚繁。蓋塘長之設，用以修築官塘圩岸，本縣并無官塘，況所屬俱係高鄉亦無圩岸，何必虚設以遺民害？允宜裁革。

一、吳縣北運南運，宜以有田之區領之，而收頭之役，宜以殷實者充之。蓋耕者便于米，而商者能辦銀，各隨所便也。且古法重農，則民間之役當倍恤耕者。今一有事即加之于田，一有役亦唯按之于田，何怪乎田地之荒蕪、農民之日瘠也？

一、吳縣十一都官户最多最大，民甚苦之。合應官户之銀自傾自解，如松江府先達陸平泉議，見在舉行者。

一、吳縣凡造黄册之年，每啚約費若干金，通縣費銀餘兩，何得有此濫費？今俟應造之年，每啚量議銀一兩，通縣計銀五百十一兩。此銀應于役田內加編，不得波及小民。着令户房吏書分領前銀，謄録京册一本，其府縣二册應否再造，或可省以便民。

一、吳縣清軍册籍自有兵房，合令本房書手攢造設，給工食，以贍其用。區揔畾書，徒滋勞擾。宜【下缺】

一、吳縣六櫃之法，其分區均搭，相尋已久，不必更易。若比較之期，正宜定期畫一耳。

（天順）《明一統志》卷五《保安州》 桑乾河，在州城西南四十里，舊州城南一里，一名漯水，自渾源州流至州境，土田賴以灌溉。與温河、洋河合流，東南入宛平縣界，爲盧溝河。宋蘇轍詩：『北渡桑乾冰欲結，心畏穹廬三尺雪。南渡桑乾風始和，冰開易水應生波。』

又卷二五《萊州府》 白浪河，在濰縣治東，源出擂鼓山，北流入海。唐北海令竇琰嘗引此水溉田。

又卷二八《懷慶府》 堯河，在府城北，自太行山谷而出灌田，甚爲民利。

又卷三二《西安府上》 龍門山，在韓城縣東北八十里。《禹貢》：『導河至龍門。』《三秦記》：『龍門外懸泉，而兩傍有山，水陸不通，魚鼈莫上。故江河大魚，有暴腮龍門之困。』唐武德中，治中雲得臣自龍門引河溉田六千餘頃。

又 通靈陂，在朝邑縣北四里。唐開元中，刺史姜師度引洛堰河以溉田百餘頃。

又卷三六《臨洮府》 阿干河，在蘭州西三里。源出馬寒山，自分水嶺分爲二，南流入金縣爲閤門河，北流入蘭州阿干峪始爲阿干河，自峽奔流至縣城，灌溉之利甚溥。

又卷四六《寧波府》 市河，在奉化縣東五里，溉田三萬七千畆。元袁桷有記。

清顧祖禹《讀史方輿紀要》卷一一《直隸二》 挾河，州西北二十里。《一統志》：自房山縣流入州界，與胡良河合，入於琉璃河。一名挾活河。湯有光曰：涿水源從大同得勝堡外地界入至老班溝，一入淶水縣，一入涿州，沙水俱活，東西不定，故謂之浹活水，又謂之聖水也。經督亢亭及州南一帶至新城縣，皆是涿水下流。北魏刺史盧文偉修爲陂，以資灌溉，民享其利，亦名巨馬河。《水經注》：巨馬水經督亢澤，北屈匯於桃水、督亢水、又南，謂之白溝水。

又卷一二《直隸三》 龍泉河，在縣西北有龍泉，與縣西南諸泉匯而爲河，東流，溉田三百餘頃。《志》云：縣北里許有黃、黑二泉，相去僅十餘步，二色分明，與龍泉水合流，遶爲城壕，隆冬不冰。相傳中有溫泉云。其下流亦南匯於唐河。

又卷一八《直隸九》 愛陽河，在炭山西北二十里，深僅尺許，中多浮草，性涼，宜牧馬。又有柳河川，在司北三十里。金大定十年，如柳河川邊防。孜柳河發源大白陽堡北三十里，西流入長峪口鎮城，樵采灌溉，悉資於此。

又 洋河，衛北五里，自塞外流經此，東南入宣府衛界。又東河，在衛東一里，源出葛峪堡之柳溝，與洋河合，可資灌溉。西海子在衛城西，水環三十餘里，東南流入于洋河。

又卷二二《江南四》 沭水，在縣治東南。《水經注》『沭水出琅邪東莞縣西北大弁山』是也。今自山東沂水縣，流經莒州，入沂州界。又東南經郯城縣，合馬脊固諸澗水，流至縣境，又東入於桑墟湖。《志云》：沭水至縣，分爲五道：一入漣水，二入桑墟湖，三入太湖。太湖，即碩項湖也。蕭梁時，土人張高等於縣北鑿河引水溉田二百餘頃，俗呼紅花水。又宋沈适爲沭陽簿，疏沭水爲百渠、九堰，得上田七千頃。

又卷二五《江南七》 九曲河，在縣北，南接漕渠，北達大江，委蛇七十餘里，亦謂之新河。河口有博望堰閘，昔時繇此通潮利漕，且利灌溉。後河口淺淤，堰閘亦廢。

又卷二九《江南十一》 縣河，縣南一里，一名觀音橋河。縣西北諸山澗之水，會流至城西二里，合清江斷澗，其流始大，可以通舟。又東至和州新河口入大江。議者欲鑿此河，上通巢湖，以溉田通商。或又以河通則縣且爲江湖之衝，遂不果。

又卷三二《山東三》 氶水，縣西七里，出縣北六十里花盤山之車稍谷，其源曰滄浪淵，南流合許池水，今滄浪淵水微許池，遂爲正源。至縣西，經青檀山下，又南經縣南三十里，有金注水流入焉。水出縣西二十里石屋山之瀑布泉，至縣西南五里有橋跨其上，曰蕭橋。又東南入於氶水，又東會彭河水入於洳河。《齊乘》：氶水溉田千餘頃，旁多美竹，人賴其利，今否。《邑志》：縣西門外有氶治河，出許家泉，東南流入邳州界，即氶水也。

又卷四〇《山西二》 木瓜水，源出縣東南六十里木瓜嶺下，西流二十里，經八縛嶺，一名八縛水。西流合洞渦水。又源渦水在縣東八里，其泉自平地湧出，南流會洞渦水。唐貞觀中，縣令孫湛常令民引渠以溉田。

又 澗河，在縣西，一名赤坑水。源出縣東北三十里之罕山，其地名赤坑邨也。西南流分爲二渠，以溉田。又縣東北五十里有芹谷水，西流合澗河，注於洞渦水。又牛坑水出縣東南三十里懸泉谷，亦西流入洞渦，居民引渠以溉田。

又 慮虒水，在縣東南十里。《志》云：源出縣西北十五里王邨，環縣東南，一名縣河，與縣東北虒陽河合，入清水河，注於滹沱。漢以此水名縣。明天順中，知州李華導民引慮虒水爲渠以溉田，曰豐樂渠。

又卷四一《山西三》 晉水，在城北，即平水也。亦自臨汾縣流入界，引流爲中渠、橫渠。又爲李郭高石二集，分溉民田，下流東入於汾。又三交水，在縣東二十里，源出崇山，合諸溪水西流入汾。

又卷四九《河南四》 丹河，在府東北二十五里。源出澤州高平縣之仙公山，穿太行而南，名曰丹口。南流三十里入沁河，引水灌溉，爲利最溥。《唐志》：河內丹水，開元十一年更名懷水。

又 枋口水，沁水渠也，在縣東北三十里兩山之間，沁水經焉。舊以枋木爲門，故名枋口。魏典農中郎將司馬孚表言：太行以西王屋，以東層巖高峻。天時霖雨，衆口走水，小石漂迸，木門朽敗，稻田泛濫，歲功不成。請夾岸累石，結以爲門，蓄洩以時，用代枋木，故亦名枋口，堰爲石門堰，溉田甚衆。唐太和五年，河陽節度使溫造奏復懷州古秦渠及枋口堰，以溉濟源、河內、溫、武陟四縣田凡五千餘頃。《勝覽》云：枋口水，隋盧賁、唐溫造俱于此開渠灌口，亦名廣濟渠。《元史》：中統二年，自太行山下因沁口古迹置分水渠凡四，溉濟源、河內、河陽、溫、武陟五縣民田三千餘頃。亘五百餘里，達于河，仍名廣濟渠。未幾，堙廢。天歷中，復議疏浚，不果。

又 卷五四《陝西三》 兩河在縣南，西入雷家灣，東出金斗溝，斜流百餘里。自雷家灣以下，名上兩河。自徐家店以下，名下兩河。又有扶川，在縣南百里，分上、中、下三川，流合於兩河，其下流皆注於商州。《洛水志》云：兩河在縣南四十里，城東有冰河，西三十五里有清油河，俱爲灌溉之利。

又 洛水，在州西五里，自澄城縣流入境。唐開元十五年，洛水壞同州城市及馮翊縣，漂居民二千餘家是也。又東南經蒲城縣東境，流入朝邑縣界。州東有龍首渠，宇文周保定初所鑿，蓋導洛河以資灌溉處也。

又 卷五六《陝西五》 廉水，在府城西南四里。《梁州記》：水出大巴山北密谷中，流經南鄭縣西龍岡山下，又北至褒城縣境，入于漢。今府南十五里有楊村堰，又南五里爲鹿頭堰，又南五里爲石梯堰，俱引廉水以溉。

又 褒水，在府西北三十七里，自鳳縣歷褒城縣流入界，入于漢水。今府西十里有沙堰，西北十五里有羊頭堰，又西北十里有廣通堰，皆引褒水以溉田。

又 壻水，縣東北六里。《水經注》：城固城北臨壻水是也。一名左谷水，一名智水。壻，古作聟，譌爲智也。源出府西北二十八里之聽山，東流入洋縣界，下流入於漢水。今縣西北二十五里有五門堰，又西北五里有百丈堰、高堰，皆引壻水溉田。

又 南沙河，在縣西南三十五里。今縣西南四十里有盤龍堰，引南沙河之水。又縣西北四十里有北沙河，引流爲鄒公堰。又縣西三十五里有横渠堰，亦引北沙河以溉田。其下流皆入于漢水。又小沙河，在縣南十里，引流爲承河堰，流合於南沙河。

又 洋水，在縣東二十里，出縣東南三百五十里之星子山，西北流合木馬河。木馬河在縣南，一名馬源水，源出巴山東北，流合於洋水，注於漢江。《志》云：縣西南三十里有金厢堰，分渠二十五。又有空渠堰，分渠二。又五渠堰，在縣南三里，分渠五。官莊堰，在縣南二里，分渠二：皆洋水之支流也。縣南十五里又有西龍溪堰。又南十里爲東龍溪堰。縣西又有平地堰，地名西峽。又西南有驚軍壩、洋溪河、高川河、高頭壩、長嶺岡、黄池塘、羅家坪、阿羅關塘等堰凡八處，皆陸續開修，引水溉田處也。

又 黄沙水，在縣東四十里，有天分堰，引水溉田。《志云》：黄沙水，源出縣東北四十里之雲濛山下，流入於漢。又有養家河，在縣南二十里，或曰漾水之支流也。又縣南三十里爲白崖堰。又南五里爲馬家堰。縣東南三十里又有石燕子堰：俱引以溉田。又舊州河，在縣北二十五里，引爲石剌塔堰。又羅村河，在縣西南百九十里，引爲羅村堰：俱有灌溉之利。

又 界溪河，在縣東，自湖廣竹山縣流入境。今縣東百二十里有石嘴、黄沙二堰，俱引界溪水以溉田。又秋河，在縣東南百五十里，有秋河堰，源自四川大寧縣，流入縣西南。又有嵐河，自四川達州界流入，引流爲線口堰，在縣南九十里：其下流俱注於漢江。

又 紅河，在縣北一里，源出縣北二十里之五攢嶺，兩岸沙石皆紅，因名。又有珍珠河，在縣西二里，亦出五攢嶺，流合紅水，南入漢江。今縣西七里，有七里堰，引珍珠水以溉田。

又 大壩河，在縣西北十里，源出秦嶺，由大壩峰南流，因名。今縣西十里有興仁堰，相近又有高田堰，俱引大壩河以溉田。又縣西有饒風河，自洋縣饒風嶺流入境，至縣西八里合於大壩河，并流注漢江。《通志》『縣有饒風嶺巡司』，似誤。

又 乾祐河，縣北百里，即鎮安縣之豐陽川也。下流合旬水，達於漢江。《志》云：縣北百三十里有水田堰，縣北七十里有麻餅河堰，皆乾祐河之支渠也。又金河在縣南百七十里，合山谷諸水北流入漢江。今縣南五十里有神河堰，又南二十里有金河堰，縣南百五十里爲七里關堰，皆引此水以溉田。

又 月河在縣城西，源出縣東六十里之月嶺山，流經此，南注於漢水。今城西有月河堰，即引月河溉田處也。又縣境以堰名者凡數十計，皆分引漢水及直河恆河之流以溉田。

又 卷五七《陝西六》 東河，在縣城東，發源縣北官山苜蓿嶺。又縣西有西河，發源烽臺川：俱流注於青澗河。宋种世衡城青洲，開營田二千頃，資東西二河爲灌溉云。

又 卷六三《陝西十二》 大通河，在衛南百二十里，北流過衛，城西有大通橋跨其上，又北入於沙漠。又莊浪河亦在衛南，下流合於大通河。瓦窯渠，在衛西二里，又衛南五十里有青寺河渠，又南四十里有野狐渠，俱引大通河之水，資以灌溉。

又 卷七八《湖廣四》 三汊河，在縣東六十里，亦流入沔陽州。又新衝河，在縣西四十里，通江陵漕河，民居輻輳，賴以溉田。隆慶初，議者以新衝口南接大江，口內多重湖，直達漢陽之沌口，勿復築塞，以爲分洩之利。今有新衝堤濱江，極爲要害。《邑志》：堤在縣西南五十里。

又 卷七九《湖廣五》 淳河，在府東三十里，南流入漢江。宋咸平中，知襄州景望奏置營田務，襄陽縣有淳河溉田三千頃，宜城有蠻河溉田七百頃，又有屯田三百餘頃。於是，歲入甚廣。又熙寧四年，前知襄州史炤言，開修古淳河一百六里，灌田六千六百餘頃云。又泥河，在縣東北九十里，西流入白河。

又 趙河，府北七十里，源出府東北百四十里之馬喊泉。相傳光武屯兵于此，馬喊而地忽傳聲，掘之得泉也。引流爲河，至府城東，爲盛水堰，溉田百畝。又將軍河，在府南百五十里，北流與紅石河合。又有神定河，在府東南二十里，自竹山縣流入界。府東五十里又有遠河：皆流入漢江。

又 卷九二《浙江四》 市河，縣東南五里，亦曰新河，又曰新渠。唐陸明允導大溪水，繇資國堰注市橋河，東折而北出，繞流六十里，至縣北三十六里東耆堰，接奉化江，灌田至數十萬。又通舟楫，以便商旅。後漸廢。元馬稱德開浚，尋復堙塞。李樞復浚之，今仍廢。又范家河，在縣北十里，通江潮，居民引以溉田。

（嘉慶）《清一統志》卷七《順天府二》 中亭河，在霸州南，一名新挑河，又名梼栳圈河。舊有古河，上自蓮花臺，下達臺山，綿亘數十里，歲久淤塞。明嘉靖二十四年，副使陸坤循故道修浚，後復淤。本朝康熙三十八年，聖祖仁皇帝命河臣王新命重浚，上接十王堂，下入臺山，分減玉帶河水勢，築上下六工堤，以衛州治及田廬，增設州判領之。其後又淤。雍正五年，疏浚深廣，自保定縣北之王家莊，引流至岔河口入州境，由魚津村至東臺山，而入文安縣會同河。復開支河，以廣灌溉。修築下六工堤，長四十里。乾隆九年，復行挑浚，自岔河口至魚津村止。二十八年，自魚津村以下復浚深，於中亭，河北岸設涵洞四座。按，中亭分洩永定河金門閘，引河之水而消納無多。乾隆五年，總督孫嘉淦議復渾河故道，開永定南岸，使全河皆從霸州之蜈蚣河，南注中亭。中亭狹不能容，致爲田廬之患。六年，大學士鄂爾泰奉命堵塞決口。十七年，總督方觀承以七分注黃家河，三分分洩中亭河。三十二年，高宗純皇帝巡幸天津，經臨中亭河，有御製詩紀事。

又 卷一三《保定府二》 廣利渠，在唐縣西南，源出山西靈邱縣，下達淀泊。金太和六年，縣令劓弁開渠風山下，引唐河水灌田數十畝。又導而東，以灌師邑。其後，河流南決，縣廢。明萬歷二十七年，知縣楊一桂復浚之，其水本東南流，挽之使東北注，建九閘，以時蓄洩。稍前至雹水村，有客水溝横界，其前視渠身下三尺許，乃架木爲槽以過水，號曰騰橋，使溝寧橋下，渠行橋上，凡浚渠七十里，歷村落三十八，分壍閘渠二十五，由是安行抵滿城方順橋合九河，溉田無算。後漸淤塞。本朝乾隆十年，重加疏浚，引唐河之水入渠，并建涵洞二十七座，以資灌溉。二十六年、四十六年，高宗純皇帝巡幸五臺，鑾輿過此，有御製詩。

又 卷一八《永平府》 別故河，在灤州西，源出廟兒山，東南流至州，西北三里合金魚泉，又東南經州南巖山橋合五里河，又東四里入灤河，一名玉帶河。故道久淤。明萬歷中，嘗議疏浚，不果。本朝雍正四年，始疏通復舊，灌溉甚廣。

又 卷二七《正定府》 嵩陽河，在靈壽縣西南五里，一作松陽河，源出楸山，東南流經縣西南兩關外，又東流至縣東南入滹沱河，又縣東關外有淤泥河，亦曰温泉，南流入嵩陽河，居人資以灌溉。

又 卷三九《宣化府二》 礬山水，在保安州東南，源出礬山，南流至易州界入涞水。又有龍池，在礬山北二里，水自平地湧出，澄清可鑒，潴而爲池，溉地甚廣。又有二郎溝，在州東南八十里，瀰出礬山下，東北流入桑乾河，居民資以灌溉。

又 卷四七《易州直隸州》 安河，在州西北，即源泉水。《水經注》：濡水東流，與源泉水合。水發此溪，西北注濡水。《舊志》：出白楊嶺下，由西轉東而南入易水。本朝乾隆二十六年，奉旨疏落，建石壩、石閘各三。自源泉起處，開梁道千餘丈，導流東注，由山廠城以達護城河，西南流出水閘，歸北易水，溉田甚廣。工竣，賜名安河，有御製詩紀事。其旁建亭館數楹。二十八年以後，高宗純皇帝經臨，屢有題咏。

又卷九〇《鎮江府》 九曲河，在丹陽縣城北，西接運河，東北達大江，委折七十里，亦名新河。昔時由此通潮利漕，且廣灌溉。今河口淤塞。

《清史稿》卷六一《地理志一》 永年衝，繁，難，倚。西北：婁山。東北：沙河，自沙河入。南：洺河，自河南武安入。乾隆中，決入牛尾河，同治末，復故。東南：滏陽河，自邯鄲入，歧爲劉壘河，即牛尾河。有八閘，并引滏溉田萬九千餘畝。臨洺關通判，道光中裁，移河務同知駐此。縣驛一。

白塔河

綜述

明 王璵《思軒文集》卷二《揚州府重修白塔河記》 維揚郡治東北兩舍許，宜陵鎮側，有河名白塔。蓋古運河支流，以南屬于江，北達于淮者也。皇明宣德壬子，平江伯陳公瑄釃浚舊道，建新開、大橋、潘家、江口四牐，以蓄洩水，以便江南漕運。歷歲滋久，中多壅閼，舟既不通，牐亦随毁。乃者成化癸巳冬，巡河郎中郭君昇以爲言，下其事於總督漕運都御史李公裕，以詢於衆，得修河事宜，以屬郭君，而總其成焉。郭君於是召集旁近兵民二萬人，疏舊河二十里，築東西捍水堤四十里，建通江、大同二牐，其大橋、新開牐之故存者咸修復之，又增建土壩三。夏月潮漲則由牐，冬月水涸則由壩。又建減水牐五以防氾溢，淺鋪五以備疏瀹。至於涖事有聽，享神有祠，保障有巡檢司，凡有益於河者，無不爲之。經始於丁酉三月，以是年六月畢工。通判鮑克寬具事顛末，来請作記。

予嘗考之：吳城邗溝，昉於《左傳》；渠通江湖，載之遷史；唐漕江淮，撤牐置堰；宋至紹聖，易堰以閘。則漕河之出於揚境者，最爲切要；漕法之講於儒先者，最爲詳備；漕數之給於縣官者，最爲豐溢。大抵建國于西北，爲不拔之基；取財于東南，供不貲之費。由今視昔，初無少戾，興事勸功，有待於人。此白塔河之所爲浚理於今日也。

雖然，古人嘗謂，潤州北距瓜步沙尾，紆匯六十里，舟多敗溺，遂徙漕路由京口埭，治伊婁渠以達揚子，歲無覆舟，且減運錢數萬。今京口埭既淤淺，不勝重載，則由常州孟瀆河入江，遡流而趨伊婁，回遠百八十里。視六十里既兩倍之，而大江風濤之險，漂溺之患，月所不免，又非但歲中見之而已也。斯河既成，則江南漕舟出孟瀆者，可徑投斷腰洪入夾江，三十里入河，又四十里而達揚境。脱不測之淵以即安流，忘盜竊之虞而游樂土。蒸徒歡呼，無事轉輓；篙工舵師，枕卧而至。其爲省費又奚趐數萬而已也？使非李公之經略，郭君之籌畫，而欲望其力排群議，茂績成績，施加當時，敷被後世如此役者，庸可得乎？

李公，字咨德，西昌人，巡撫淮南，焯有風烈。郭君，字騰霄，濠梁人，治水徐、淮之間，亦累著奇效。以不繫於茲河也，皆略而不書。而特書其興利拯患充國惠民之一事，俾列之貞石，以爲後来者勸云。

傳記

（萬曆）《江都縣志》卷一四《秩官循良傳》 趙訥，字孟敏，孝義人，進士。初令定興。嘉靖四十年，以調繁移江都。甫下車，即爲文諭僚史，其大指皆宋眞悳秀諭長沙僚屬文也，文繁不載。公警敏有吏幹，政務六體，多所興革。尤留意里甲，先後裁縮公私諸費不翅數百千計。時河堤善崩，運道湮塞，有議開花園港建閘以洩水者，公曰：『不若浚白塔河便。』於是白諸監司，謂浚河工省而利博，建閘費夥而事難。監司韙其議，從之。

《明史》卷一六二《陳祚傳》 陳祚，字永錫，吳人。永樂中進士，官河南參議。【略】宣德二年，命憲臣即均州群試之，祚策第一。試吏部復第一，遂擢御史。巡按福建，方面大吏多被彈擊，禁止和買，閩人德之。還奏白塔河上通邵伯湖，下注大江，蘇松舟楫，多從往來，淺狹湮塞，請開浚。從之，轉漕果便。

（道光）《濟寧直隸州志》卷六之六《職官志》　陳瑄，字彦純，南直合肥人，世襲指揮使。【略】永樂十三年，瑄用故老言，自淮安城西管家湖鑿渠二十里爲清江浦，導湖水入淮，築四牐，以時宣洩。又緣湖十里，築堤引舟，由是漕舟直達於河，省費不貲。其後，復浚徐州至濟寧河。又以吕梁洪險惡，於西别鑿一渠，置二牐，蓄水通漕。又築沛縣刁陽湖、濟寧南旺湖長堤，開泰州白塔河，通大江。

紀事

《明史》卷八五《河渠志三》　十三年五月，工成。緣西湖築堤亙十里以引舟。淮口置四閘，曰移風、清江、福興、新莊。以時啓閉，嚴其禁。并浚儀真、瓜洲河以通江湖，鑿吕梁、百步二洪石以平水勢，開泰州白塔河以達大江。

又　卷八六《河渠志四》　正統八年，武進民請浚德勝及北新河。浙江都司蕭華則請浚孟瀆。巡撫周忱定議浚兩河，而罷北新築壩。白塔河之大橋閘以時啓閉，而常、鎮漕河亦疏浚焉。

又　正德二年復開白塔河及江口、大橋、潘家、通江四閘。

又　英宗初年，乃復浚東港。既而巡撫周忱築壩白塔河之大橋閘，以時啓閉，漕舟稍分行。自鎮江裏河開浚，漕舟出甘露、新港，徑渡瓜洲；而白塔、北新，皆以江路險遠，捨而不由矣。

清　朱鋐《河漕備考》　宣宗宣德七年，平江伯陳瑄築高郵、寶應諸湖堤，以便牽挽。又開揚州白塔河置新閘、潘家并大擒、江口等四閘。今江南糧船從常州府西北孟瀆河過江入白塔河，至灣頭達漕河，以省瓜洲車盤之費，其瓜洲壩廢不用。

又　英宗正統四年，都督武興奏罷白塔河運道，仍令于瓜洲過堨入漕河。

藝文

明　李汛《游白塔河視通江牐碑有感》《石倉歷代詩選》卷四七六　帆檣瓜步望中多，白塔誰連古運河。通塞世途紛類此，廢興天數近如何。頹垣敗瓦蕪官驛，落日孤雲起牧歌。我與殘碑俱棄物，寧須感慨更摩挲。

明　錢明相《白塕河問酒家》《四朝詩》明詩卷八九　夕陽到影下江洲，野寺河邊暫泊舟。此地傳經曾白塕，誰家從事是青州。風将送暖衣堪典，柳似招人客可投。且貰村醪謀一醉，片帆明日任悠悠。

清　吴嘉紀《白塔河》《遺民詩》卷八　朝發黄金壩，暮宿白塔河。河流上河泥土沃，夏收麥菽秋登禾。人家隱隱暮春遠，楊柳傖傖燈火多。咫尺下河没洪水，哭聲水聲一千里。上河農厭下河哭，船來繫樹遭驅逐。同是耕田鑿井人，何惜樹陰不借宿。

清　費錫璜《掣鯨堂詩集》卷五《白塔河關》　名關已無關，名塔不見塔。支河注大江，公私交雜遝。油車候更至，鹽艇冒夜發。關使布丁役，誰何日噪聒。木栅時啓閉，儼如置一牐。居人據要津，誅求至豪髮。治世寬窮民，聖王不貴察。小奸無大害，何所不容納。關役有時疏，爲害在土猾。

又　卷六《晚至白塔河宿吴亮寀家》　客子暮投宿，主人猶未歸。顧返覓小舶，寒河無夕暉。再叩主人門，爲我啓荆扉。瓦瓶市濁酒，甆盤致鮮肥。勿嫌酒肴惡，儉歲事多違。一宿二十年，故人半已非。相對各衰老，語久涕暗揮。天明别主人，木葉雨微微。

又　卷九《白塔河》　龍骨高盤水，馬牙横打樁。秋燈紅近寺，野月白連江。老蚓吟危岸，飛蟲入破窗。叩門尋一叟，此夜景無雙。

又　卷一三《夜同張羽可由白塔河歸野田》　昨夜燈紅花爛熳，今宵路黑烟凄迷。可憐錦帳徵歌者，霜滿天涯猶未知。

又　卷一七《白塔河關古廟》　官河白塔舊名關，雙柏森森野廟閒。歎涌百年移别港，寂幽終古閉人間。乾坤疏鑿時興廢，江海精英夜往還。日暮鹽艘漁艇盡，僧鐘青起潤州山。

清 鄒方鍔《大雅堂初稿》詩集卷二《白塔河》 迢迢白塔河，奔騰錦江滸。莫訝風雷喧，淵源本龍虎。

清 張謇《張季子詩録》卷三《雨泊白塔河中夜有作》 濕雲如墨壓篷背，千點萬點雨聲碎。枯鐙短短焰不青，淒然獨對影問形。披衾向鐙淚皆熒，夢魂欲返愁泥濘。鄰船嗚嗚蕩婦泣，艑邊鬼語水禽立。聞之令人慘不驩，叩舷欲歌行路難。更憐白髮念游子，愁雨愁風中夜寒。

雜録

清 顧祖禹《讀史方輿紀要》卷二三 白塔河，府東北六十里。南通揚子江，北抵運河。其水冬涸春泛，民得灌溉之利。《河漕攷》：『宣德七年陳瑄開白塔河，置新閘、潘家莊、大橋、江口四閘，令江南運船從常州西北孟瀆河過江入白塔河，經運鹽河至灣頭達漕河，以省瓜洲盤壩之費，人以爲便。正統四年，都督武興議以白塔河洩水，奏閉之，仍從瓜洲過壩，白塔連道遂廢。』

《明史》卷四〇《地理志一》 海門州東。舊治禮安鄉圮於海，正德七年徙治餘中場。嘉靖二十四年八月遷於金沙場以避水患。海在東，大江於此入海。又西有張港、東有吴陵、又有安東壩上、又有白塔河四巡檢司。東南有料角嘴。

又 卷四三《地理志四》 安仁 府南，少東。南有錦江，亦名安仁港，自貴溪縣流入，西北入餘干境，爲龍窟河。又東有白塔河，流合於錦江。南有白塔、東有田南二巡檢司，後廢。

（嘉靖）《江西通志》卷八《饒州府》 白塔河，在安仁縣東，源發廣信龍虎山，及撫州金溪縣合流入錦江。

又 烏石澗，在安仁縣南二十里，源出臨川下入白塔河。

（嘉靖）《太平縣志》卷一《地輿志上》 白塔河，在十三都，發源小唐嶺翁嶨諸山谷，東流十餘里，會于月河。

清 朱鋐《河漕備考》 白塔河，在揚州府東，明初，江南粮舡從常州西北，由孟瀆過入白塔河，至湾頭達漕河。今此路久廢。

《清史稿》卷六六《地理一三》 安仁衝。府東南一百八十里。東：張古山。北：蟠象山。東北：青山。西南：積烟。西北：華山。安仁江上源爲上饒江，自貴溪入，合玉石澗，逕城南，西北行，與白塔河會，至城西北合藍溪，入餘干。

北溪河

綜述

明 吴寧諤《重浚北溪河碑記》（宣統）《續纂山陽縣志》卷四 北溪河，長六十里，東入馬家蕩六堡，諸溝澮所從宣洩者也。郡當黄淮之合，溝洫易壅，田無百年不變易者。考圖籍，迤西北水塘三堰，元寘屯田萬户府悉成藪澤，而瀕淮漁梁溝、洋信港、近治永濟河諸斗門悉廢，且湮爲沙磧。

嘉靖甲子，邑人潘熙臺於運河東岸始開斗門，居人相繼興造，於是南六堡縱横數十里，稱沃壤焉。迄今爲斗門者十三，而其十以北溪爲委。自黄流入運，溪漸寘閼。宥城、太倉二浦奸民又盗溪爲田，争尺寸之利，北溪幾成平陸。

庚戌秋，天子軫念民生，下蠲貸之詔，又遣大臣講求水利，而南湖朱公來守是郡，士民以浚北溪河請。公曰：『是予之責也。』命筦河丞相度形勢，估計丈尺，力請上憲，計田定繇，嚴其期約，責以成功，浮言肆興，公不爲阻。始雍正甲寅，成於乙卯。計長萬一千四十二丈有奇，面四丈以至九丈，底二丈四尺以至四丈五尺，深四尺，計田二十二萬九千八百餘畝。工竣，屬予爲記。

傳記

（同治）《重修山陽縣志》卷六《職官二》 朱奎揚，字南湖，山陰人，吏員。八年任。清惠愛民，明於折獄，片言立剖。督浚北溪河，受十洞之水，下注湖蕩，費省工實，人樂趨之。

雜録

（同治）《重修山陽縣志》卷三《水利》 頭淺二洞：石洞一座，康熙三十三年建。金門寬二尺六十。乾隆十年、嘉慶十二年、咸豐二年三次拆造洞下河一道，長四千一百四十丈，入北溪河。

又 頭淺三洞石洞一座，雍正三年建。金門寬一尺五寸。乾隆十三年、嘉慶十二年、道光三十年俱拆修洞下河一道，長三千六十丈，入北溪河。

又 頭淺四洞石洞一座，建自明季。金門寬一尺八寸。康熙六十一年、嘉慶十三年俱拆修洞下河一道，長三千六十丈，入北溪河。

又 頭淺五洞石洞一座，建自明季。金門寬二尺。康熙五十八年拆修，嘉慶十一年重修，咸豐元年拆修洞下河一道，長一千二百六十丈，入北溪河。

又 頭淺六洞石洞一座，康熙三十三年建。金門寬二尺。乾隆八年、嘉慶十六年、咸豐元年俱拆修洞下河一道，長三千九百六十丈，入北溪河。

又 二淺頭洞石洞一座，康熙二十六年建。金門寬一尺八寸。嘉慶八年、十四年、道光二十九年俱拆修洞下河一道，長千四百四十丈，入北溪河。

又 二淺二洞石洞一座，康熙三十一年建。金門寬一尺八寸。乾隆十年、嘉慶九年修理，二十一年接木尾，長丈三尺。二十二年，改接石尾。咸豐二年，拆修洞下河一道，長四百五十丈，入北溪河。

又 潘宅風水涵洞一座，康熙三十二年建。金門寬二尺。下接木洞，長八丈一尺四寸。乾隆十三年、嘉慶十年修理，道光七年改造石洞長八丈六尺四寸，洞下河一道，長四百九十丈，入北溪河。

又 三淺二洞石洞一座，建自明季。金門寬二尺四寸。康熙二十三年、四十年、嘉慶十一年、十九年、道光三十年俱修理洞下河一道，長二千一百六十丈，入北溪河。

又 北溪河，承東岸各涵洞之水，過高壩橋、七孔橋東騖下蕩，入於射陽湖。淤淺已久，兩岸之田，一遇霪潦，水難驟洩，高腴漸變低窪。雍正中，知府朱奎揚詳請起夫挑浚，里人周龍官爲記。其時七孔橋以上田皆膏腴，兩熟，利於疏浚。七孔橋以下多圩田，另有洩水河，不專於此河洩水。起役時，不分肥瘠，一概照畝派夫圍田，代上腴挑河洩水，尚未盡協輿情云。十一年，知府衛哲治復加挑浚，詳請十年一大挑，五年一撈洗，著爲令。乾隆五十四年，士民沈建中等，以河身淤墊，援業食佃力舊章呈請興挑，上自平橋一人巷起，下至馬家蕩止，河長萬二千三百六十八丈，估土十一萬五千三十餘方，每田一頃派土百三十二方有奇，由知府劉澐覽、羅長慶先後勘辦，於五十六年春開工，四月竣事。嘉慶二十年，人民丁應昌等呈請照舊章大浚，以溪河頭起平橋至趙家堡以下，入鹽城界，長九十餘里，於十六年經前知縣韓挑浚，歲久復淤，又大塘河承受頭二三四涵洞來源，至河尾七孔橋滙入北溪河，歸蕩河身亦淤，請令一并興挑。經知縣何勘定，每田一頃派土二百三十三方八分，科夫八名，沙田減半，塘河每頃派土三十六方七分，科夫七名，一律竣工。同治六年，知府章儀林復諭挑浚，自平橋起至張公堤止，河長一萬零二百餘丈，又由張公堤起至鹽城境止，統計出口，兩路河道長三千七百餘丈，一體疏浚。兩河以下尚有尾閭各數百丈，兩岸均在水内，未及興挑。

便民河

綜述

明 錢福《開便民河記》（雍正）《浙江通志》卷五四 嘉興，浙西大府。其屬縣嘉善，最爲膏腴平壤。弘治十二年，新喻傅公曰：『會以正郎膺特簡來守，視地圖所廢興而乘之者勿力。』公竊慨焉。

又一年，安福劉君安温以進士來令，公遂謀之。劉君及丞朱君暕乃曆遍原隰，相視便宜，於是因舊而修爲圍岸，以丈計者三十六萬二千有奇。爲驛路官塘，以丈計者六千五百有奇。刱始而築作者果字圩岸塍，以丈計者三千六百有奇。凡護田若干畝。此其爲防之功也。

開創便民河者十，以丈計者凡二千三百有奇。淺濟艱阻，疏而通之爲市河者三，以丈計者一千四百有奇。掘淤鑿塞爲支涇曲港者八，以丈計者八百九十有奇。豬洩灌溉，以利田者若干畝。其便往來者，不可勝計。此其爲浚之功也。或修或創，爲橋梁者十。經始於弘治庚申，訖工於辛酉十月朔。

雜録

（雍正）《浙江通志》卷五四《水利》 便民河，明弘治間浚築。《嘉興府圖記》：知嘉善縣劉克及郎中傅潮修圍岸，創果字等圩，鑿便民河二萬七千尺，溉田萬餘畝。

大清河

論説

明 李開先《李中麓閑居集·文卷》一二《漯議》 東省青、濟之間，水之大者莫如二清河。治者顧後河而先漯，何也？以其衝要有害、用力少而成功多耳。大清河發源平陰縣南柳溝泉，從張秋分流，而灌長清、齊河，至歷城會濼水，經濟陽、齊東、武定、青城、濱州、蒲臺、利津諸州縣，至寧海場達於海。小清河發源濟南趵突泉，出大明湖，經華不注山，下章丘白雲湖，會漯二河，轉而之東，過滸山泊、鄒平、長山孝婦河、新城烏會河、博興、高苑，至樂安高家港達於海。

大清河，自泰山迤南及西北之水皆注焉，會流至齊東，勢方汹湧。而齊東東南城角去河不過二三步即陡峻不測之淵，是大清河不堪再會漯河，蓋會則流益汹湧、城益衝浸。該縣之城，使大清河不與漯會，壞亦遲速間耳。欲使漯與大清會流入海，不必别開水道，但移此城東南一角近内。内多隙地，爲力無難。有借言壞城者，不可聽也。況漯水止令一半由柳塘口、薛渡口、陳愷溝會于大清河，計勢似無不容，非全以漯水使之會大清逆水之性也。

小清河，自省城迤東、青州迤西諸山之水皆注焉。今濼水、白雲湖、清河之水皆徑入大清，不復入小清河，惟漯河之水今爲小清之源。自柳塘口以西之小清遂廢，惟東會滸山泊、岔河、孝婦河、烏河、漢溱河諸水入河，中間小清曲潤尚不知有幾，汹湧之勢比之大清稍次。然在大清不爲害、在小清則甚爲害者，蓋大清河深而濶，足以容之也，小清河淺而窄，不足以容之也。

清 孫嘉淦《請開減河入大清河疏》《清經世文編》卷九六 目前黄河事宜，仰承聖訓，令臣等詳悉籌畫，和衷共議。此事所關甚大，頭緒紛繁，臣拙於口説，不能達意，故詳書所見以奏。

竊惟欲導水者必先相山，導小水者相小山，導大水者相大山。天下之勢，山分三幹，水别四支。恆山、九邊，是爲北幹；衡山、五嶺，是爲南幹；華嵩、泰岳，是爲中幹。華山之陽，江爲南支；華山之陰，河爲北支。嵩山之南，淮水出焉；泰山之北，濟水出焉。此二水者，南不入江，北不入河，自爲一派，故江、淮、河、濟，名爲四瀆，以其獨行入海也。臣所言大清河者，繞泰山之東北，起東阿而訖利津，乃濟水之正道，四瀆之經流，非尋常之溝壑也。伊古以來，與河别流。自宋熙寧十年河決澶州，分而爲二：一由南清河入淮，即今之河道也；一由北清河入海，即臣所言之大清河也。黄河始奪淮、濟之道矣。北宋之末，南北分流，南渡以後，河遂南徙，史不言其故，大約金人塞北流以病宋，可想而知也。

元初，河屢北決，輒復堵塞。大德初，決蒲口，廉訪使尚文言：『相度形勢，南高北下，宜順水性，導之北行，決口勿塞爲便。』而有司卒塞之。後蒲口復決，水全北流，竟如文言。至正初，河決金堤等處，丞相脱脱用賈魯充河防使，大開黄河故道，水遂安流。賈魯稱善治河，乃導之北行，未嘗令南徙也。明洪武時，河決陽武，東過開封，南入於淮，而河之故道遂淤。正統十三年，河決張秋河灣，東流入於海。景泰時，又決張秋。宏治時，又決金龍口，漫長垣，趨張秋，衝會通河以入海。按，張秋并非河岸，而史屢言決張秋者，以黄河北決，必經張秋以潰運河，史以運道爲重，故書決張秋也。張秋之東，不及百里，即東阿之山，山下即大清河。黄河決水，不能踰山東走，自必順河北行，故凡言決張秋者，皆由大清河以入海。史有詳略，故有書有不書也。金龍口決，後命侍郎白昂治之，塞決口三十六處，而河乃入淮。又以河徙入淮終非正道，乃自東平至興濟，鑿小河十二道，引水入大清河及古黄河以入海。是量開減河以入清河，古人有行之者，非臣創爲此言也。自白昂治後，河復決金龍口，潰張秋堤以入海。命都御史劉大夏治之，乃浚賈魯舊河以殺水勢，開新河七十餘里導使南行，築大行長堤三百餘里，用夫十二萬有奇，鐵木薪芻不可勝計。而張秋之決塞，蓋逼河使南行，若斯之難也。河用全力以争之，必欲北入海；人用全力以堵之，必使南入淮。不能別籌運道，而虧國計、害民生、逆水性以爲此，亦可謂拙於謀矣。

及於我朝，運道河流皆沿舊制。順治、康熙年間，河之決塞，有案可稽。大約決北岸者十之九，決南岸者十之一。北岸決後，潰運道半，不潰者半。凡其潰運道者，則皆由大清河以入海者也。蓋以大清河之東南，皆泰山之基脚，故其道亙古不壞，亦不遷移。從前南北分流之時，已受黄河之半，嗣後張秋潰決之日，閒受黄河之全。然史但言其由此入海而已，并未聞有衝城郭淹人民之事，則此河之有利而無害，亦百試而足徵矣。

目今銅山決口不能收功，上下兩江二三十州縣之積水不能消涸，故臣言開減河也。上游水減，則下游水微，決口易塞，積水早消。但河流急，設開減河而奪溜以出，不可不防。故臣言減入大清河也。大清河能受黄河之半，兼能受黄河之全，從前屢試之矣。況今三冬水涸，即使大溜全出，尚不敵秋汛之半，則大清河之必能容受，可以理揆也。但自黄河以至張秋，皆係平原曠野，恐有漫溢。然今年陽武方決，決出之水，現在張秋境内，其所經由，不過長垣、東明一兩縣耳，未聞成灾也。今於陽武之下開減河，其道更近，則爲患更小，亦可以理揆也。現今漕舟未上，張秋之運道空閑，開堤使河東流，初無礙也。至於運道，尤易爲力。漕舟北上，即從張秋入河，順河北流，五六日而可至利津。利津去天津之海道不過四五百里，且在登萊之上，并無隘阻。臣於乾隆三年由海道運登萊之穀三十萬石於天津，刻期可至，顆粒無損，此親辦之事，非空言也。即使并此不敢，則又有策焉。

大清河之經流，在山東之北，運河之南岸，現開減河數處，皆與大清河不遠。又滄州以下之宣惠河，臣所疏浚，計其下游，與大清河甚近，開渠通之，以達漕舟，亦非難行之事也。計大清河所經之處，不過東阿、濟陽、濱州、利津等四五州縣，即有漫溢，不過偏灾。忍四五州縣之偏灾，而可減兩江二三十州縣之積水，并解淮、陽兩府之急難，此其利害之輕重，不待智者而後知也。減河開後，其至張秋，不過經兩三州縣之境，計其漫溢之處，築土埂以禦之。一入大清河，則河身深廣，石岸堵築之處甚少。約計所費，至多不過一二十萬，而所省下游決口之工費，賑濟之錢米，至少不下一二百萬。此其得失之多寡，亦不待智者而後知也。是則減河一開，所費甚少，爲害甚輕，而決口可塞，積水可消，漕舟不誤，其利甚大。臣熟思之，計無便於此者，故詳言之，惟皇上采擇焉。

清　康基田《河渠紀聞》卷八　元至正中，濟南山水暴漲，衝入小清河，會諸山之水入大清河，漂没民居田禾。按：元時，海運導汶水北流入清、濟，由東阿至利津入海，即今大清河所行之道，濟水之故瀆也。濟南一郡，南受諸泉峪之水，東引青州淄西，大河奔湧并至，溢而四出，小清不能容，歸入大清，仍由濟故道入海。

《禹貢》：導沇水東流爲濟，又東北會於汶，又北東入於海。大清所經，自歷城至東阿，皆濟水故道。至濟陽、齊東、青城諸縣，則古漯水所行。蒲臺以北，則古河水所經，大清兼行河、漯二川。其小清所經之章邱、鄒平、長山、新城、高苑、博興、樂安諸縣，則古濟水所行之故道也。大清河雖首受入運之汶，實合東阿山中西流、白雁諸泉及濟南諸水以成巨川。濼泉即濟水之伏流旁出者，脈絡相同，皆謂之濟。又爲鹽河鹽運，至濼口放鬮，由大清河上泊於魚山，南則由河渠至東平，西由小鹽河至張秋。明正統、宏治間，河決張秋，皆由小鹽河入大清、小清河，歸柳塘口故道，會省城東北諸水，徑入大清，勢既順而歸墟之路亦得也。

清　李鴻章《李文忠公奏稿》卷四〇《挑浚大清滹沱兩河下尾摺》光緒七年正月十九日　奏爲挑挖大清河下游并另闢滹沱減河以工代賑恭摺仰祈聖鑒事。

竊直境之大清河，上承西北群流及西淀巨浸，由雄縣會白溝諸水，東經保定、霸州、文安而趨東淀，本爲五大河之一。自嘉、道以後，久失修治，日就淤廢。前因巨款難籌，先於上游任邱地面開趙王減河以分洩西淀盛漲，新城地面開蘆僧減河以分洩白溝河盛漲，并將清河堤工分別修築。惟雄縣、霸、保境內河身，限於地勢，本難多容漲水，其自文安左各莊至臺頭二十八里零，係入淀尾閭，處處高仰狹窄，每屆汛漲，停積不下，上游亦因之壅潰，近淀近河之安州、高陽、任邱、雄縣、保定、霸州、文安等處，頻受其害，必將尾閭挑挖寬深，使河水暢洩，東淀達津入海。

又五大河中之滹沱河，自山西發源，奔注直境，渾流急湍，趨向無定，自來不設堤防。同治七年，由藁城北徙，經晉州、深澤、深州、安平、饒陽、獻縣、河間、任邱、雄縣、保定、霸州，下趨文安大窪波及大城，其藁城南入子牙河故道。叠次勘查，不能挽復，而現行河身下游本無出水之路，文安久成澤國，獻縣以下沿河州縣亦受害甚深。前於河間及文、窪中先開引河，秋後啓閘消減，但來源極旺，減水不多。須於獻縣境內擇地另闢減河，使其分歸子牙河，達津入海。

臣於去冬調派助辦直賑浙江紳士候選道金福曾、直隸候補道史克寬、盛宣懷、周金章分投前往，詳細勘度，并飭司道會同籌議。旋據稟稱：大清河下游擬從左各莊起挖，口寬十三丈，底以二五收分挖深一丈三四尺，地勢漸去漸低，挖深亦漸去漸減。至臺頭淀邊挖深九尺上下，可得順行之勢。其挖出之土各在十丈以外，分別培堤。并先築壩截流挑埝攔水，使船隻暫由勝芳河、中亭河行走，以便開挖。惟近淀之處，兩面皆水，且老蘆叢密，入土根深，工程甚屬不易，須臨時設法搶辦至淀身人力難施之處，即以機器船接挖，約需工費銀十五六萬兩。又滹沱減河，擬從獻縣朱家口起，由半截河頭向東，循舊有河形至野廠，轉北入子牙河，地勢水性皆順，本係舊河，無礙民居墳墓，計工長三十三里零，先築攔水埝壩，挖口寬十一二三丈底寬五丈，高處挖深一丈八尺，最窪之區挖深七八尺，於河身兩旁五六七丈以外出土堆堤。惟上口適當水窪，頗難措手，中間須鑿開沙岡，工更煩重，亦應臨時設法搶辦，并於沿河沿堤安設木橋，渡船涵洞，以便行人，而洩堤裏瀝水，約需工費地價銀十六萬兩等情。具禀前來。

臣查所擬辦法均合機宜。大清河下游既暢，則消水可速，上游淀河亦不致過於阻遏，近淀州縣，水患較輕。滹沱有此減河，雖不能全溜歸槽，實添一大消路。目前可減獻縣、河間、任雄、霸、保、文、大一帶水灾，若將來新河衝刷寬深，或冀北流，截止文窪，有涸復之日。直境應辦河工尚多，此係擇要經營，關係十餘州縣民生休戚，必不可緩。已派金福曾督辦大清河下游工程，史克寬督辦滹沱減河工程，各將界址預行清理妥籌一切，俟春融凍解，即便核實興辦，剋期竣工。仍集附近灾民，以工代賑，一舉兩得。惟兩河工費地價共需銀三十一二萬兩，直庫本極支絀，民力又甚拮据，部款亦難指請，惟有商懇東南各省勸捐解濟。幸承各該省官紳士商，顧念畿疆工賑緊要，陸續設法集助，約可得銀二十餘萬兩，尚不敷銀約九萬兩，再由臣督同司道竭力挪湊應急，事竣仍歸賑案，彙開清單奏報。至南省官紳代集巨款，拯救灾區，或更遠來勘辦，不辭艱苦，實屬無分畛域，好義急公，有裨大局。擬俟事竣，與實在辦工出力者查照河工章程，擇尤酌懇恩施，以昭激勸，其出貲官民并照奏定賑捐章程核獎，理合恭摺具陳，伏乞皇太后、皇上聖鑒訓示。謹奏。

又卷四一《大清滹沱各工完竣摺光緒七年六月初九日**》** 奏爲挑挖大清河下游，并另闢滹沱減河，修浚北運減河各工，均已剋期完竣，恭摺仰祈聖鑒事。

竊臣前因大清河自文安縣左各莊至臺頭係入淀尾閭，高仰狹窄，每屆汛漲，停積不下，上游因之壅潰，近河州縣頻受其害，必須挑挖寬深，使河水暢洩，東淀達津入海。又滹沱河自北徙後，故道難於挽復。其現行古羊河下游，本無出路，沿河州縣，受害甚深，文安窪久成澤國。叠經設法籌度，須於獻縣朱家口古羊河東岸另闢減河，使其分歸子牙河，達津入海。當於去冬派員分往詳細察勘，議定工程做法。大清河下游委助辦直賑之浙江紳士候選道金福曾督辦，滹沱減河委候補道史克寬督辦。所需工費商懇東南各省官紳集捐濟助，不敷之數飭司道竭力挪湊，仍集附近灾民，以工代賑，業於今年正月奏報在案。

又寶坻縣境內有王家務減河，上自香河入境，下達寧河七里海。武清縣境內有筐兒港減河，下入天津塌河淀。該兩河皆分減北運河盛漲。寶坻一河，年久失修，節節阻塞，堤亦坍塌，兩岸數百村，連年被水。武清一河，早爲居民佔種，前於同治十三年另開新河，復被民間盗决，堤防填淤河道：皆應擇要修浚。當派候補道周金章、候補通判袁遂分往勘議興辦。寶坻約需漕米二萬三千餘石，銀二千兩。武清約需漕米二千九百石，銀二百兩。一并以工代賑，均自二月中旬起次第開工，五月初旬陸續報竣。計大清河下游，從左各莊至臺頭二十八里零，挖口寬十二丈至十四丈，底寬五丈五尺至八丈七尺，挖深一丈三四尺，河形漸去漸低，挖深亦漸去漸減。至臺頭淀邊挖深八九尺，其挖出之土，送至十丈以外，分别培堤攔水。又因左各莊以上任莊河流偪束，酌展河身二百丈。又因北而中亭河淤淺，就便挑挖七百八十餘丈，并裁去淤灘一百九十餘丈，堵築決口七處。此大清河下游工程里數丈尺辦法也。

滹沱減河自獻縣之朱家口起，至子牙河，長三十三里零，挖口寬十一丈至十五丈，底寬五丈至十二丈，高處挖深一丈九尺，最窪處挖深七尺。於兩旁五六七丈以外，出土堆築南北新堤，底寬五六丈，頂寬二丈二、三尺，高一丈三、四尺。又於南堤修砌涵洞五道，以洩堤裏瀝水。其當窪心之處，空留三百餘丈，另挑引河，以收南窪漫流歸河。李謝、留鉢、野廠三村，共建木橋三道，并將舊有臧家橋修建完整，以便行旅。其附近子牙河、古羊河堤決口，一并堵築。此滹沱減河工程里數丈尺辦法也。

寶坻北運減河，自大白莊起至口嘴，長三十一里零，挖口寬十三、四丈，底寬五、六、七丈。因地勢低窪，下游七里海高仰，恐致倒漾，只能挖深二三尺至五六尺，兩面出土，各於二十丈外築成長堤，底寬五丈，頂寬一丈六尺，高七尺。中段舊有遥堤不能束水，亦移近改築。又減河之東，有袖針河堤，工自黄莊至楊岡莊兩岸，各長三十三里零，亦已廢壞，遂於河中取土加培，底寬三丈，頂寬一丈一二尺，高四尺至六尺。裁去河邊蘆灘十餘里，并修楊岡以外窩頭河東埝五百餘丈。武清北運減河，自王老莊至楊家河，長十七里零，挖口寬三丈至七丈，底寬三丈至五丈。因經費支絀，先加深一尺至四尺。即以挖出之土加培南堤。另修沈莊等處南堤一千一百餘丈，六小莊等處北堤一千六百餘丈，於吴辛莊、大康莊各建木橋一座。此寶坻武清北運減河工程里數丈尺辦法也。

臣於工竣後親往大清河下游，并委清河道葉伯英、候補道萬國順、候補知府吴中彦分往滹沱減河、北運減河逐一驗收丈尺，均過原估，毫無草率偷減，用費亦均核實，應俟截數，仍歸賑案，彙開清單奏報。北運減河有此槽道堤工，汛漲水至，可資約攔分洩。尚有應行加深及上下游疏浚工程，來年續籌辦理。大清河下游自開壩後，溜勢甚爲迅疾，上游河水驟落尺餘。新開河道刷深，自左各莊至臺頭，皆水深一丈以外，有遄流直下之勢。現又將新河兩灘及臺頭淀邊蘆葦分别刈除，以免阻礙河流。其入淀淤淺之處，人力難施，再飭西洋機器船逐漸接挖。至滹沱新減河，地形極順，深得吸川之勢。自開壩後，大溜滔滔東去，衝刷河灘不少，已將原走古羊河之滹水全行奪入新減河，其漫流南窪之滹水，亦由引河洩入新減河，并注子牙。刻下古羊上游，河底吸深尺餘，滹水驟落五尺，古羊下游滹水竟已斷流。

據文安縣禀報，該縣窪水日落，現在深者四尺餘，淺者僅七八寸，可種稻者一百二十餘村，已成旱地者七十餘村，不能種者一百十餘村等語。若新減河再衝刷寬深，伏秋盛漲，必能奪古羊全溜，則獻縣以下八州縣從此積患可除，文安窪有涸復之日，獻縣以上州縣亦獲暢消之利，殊於大局有裨。除分飭籌議修守章程核定飭遵外，至此次工程多於水中開挖，且有老蘆叢密，不堪駐足之處。在事人員胼胝經營，力任艱苦，剋期告成。其南省官紳，不分畛域代集巨款，遠來挑辦，尤屬異常奮勉，殊堪嘉尚！容臣遵照前奉俞旨，擇尤酌請獎叙，以昭激勸。所有挑挖大清河下游并另開滹沱減河、修浚北運減河剋期工竣緣由，理合恭摺具陳，伏乞皇太后、皇上聖鑒。謹奏。

綜述

明 劉翊《修大小清河碑》（道光）《濟南府志》卷六五

濟青之區，有河曰『大清』、曰『小清』。小清之源，出於歷城之趵突泉中，匯滀、瀨、孝婦諸水，東北抵樂安高家港達於海。大清則濟水渠也，自阿東之張秋，東北抵利津富國鹽場達於海。往來舟楫浮于二河，商鹽遍于齊魯諸道，水利鮮與爲儷。自永樂初，以來堙塞不通，水失其經，一值天雨，茫茫巨浸，壞民田廬，弗以數計。

乃成化癸巳冬，參政唐源潔分巡海右，言于巡撫左僉都御史牟公曰：『今二河爲患，守土諸君子以頻年饑饉、民不任勞爲辭。彼不知救荒之中有可以興利者，役民之中有可以濟民者。惠而不知爲政，惡在其爲民父母也。疏河之責，某請當之，敢告都憲。』公曰：『天下事，事當豫圖斯無患。即率屬理之，無食之民食之而役之，庶上下兩得。吾知若必能辦此。』

源潔遂躬任其責，焦勞靡寧，擁節宵征，相視地形。令水工準高下，自歷城浚至堰頭，又至樂安，小清通矣。自張秋浚至平陰滑口，大清通矣。大、小清既通，水循故道，退出鄒、平等邑，膏腴可耕之田數萬頃，民用大悅。其河内備淺，又置瀦水牐，防溢置減水牐，牐旁各鑿月河，總疊牐二十有八，浚通水路五百餘里。于是青船入于濟，濟船入于張秋，人大稱便。

明 許成名《修大小清河記》（道光）《濟南府志》卷六六

濟城之陰，曰大、小清河，皆水支流也。濟水伏見不常，名隨地異。按，發於沇，溢於滎，至於河，浮於汶，東達於濟，入於海。濟，今之大清河也。小清出趵突泉，流大明湖，經華不注山，會龍山河；經章邱，會淯、漯二河；經鄒平、長山、新城，會孝婦河；又東，經高苑、博興、樂安，會烏河，北由馬車瀆入於海。此兩河之故道也，成化癸巳間，道塞水溢，大參侯官唐公議召饑民數萬，浚數百里，通舟楫之交，廣魚鹽之利，得湖田數百頃。歷城之有稻，實自茲始。迄嘉靖癸巳，蓋六十年，大清如故，而小清之道，自博興而西，及淯、漯、孝婦諸河皆決塞爲害。歷下之西北百里，水盤迴山阜，道多梗塞。每秋雨暴漲，溪瀆川奔，漂居廬，灾禾稼，濟人之憂莫甚焉。惟時庵袁公來撫茲土，乃奮然曰：水以養人，顧以害人，治之無道耳。吾聞之，善者順其性，莫與之爭；爲之，委以殺其勢，斯轉害爲功矣。害之弗祛，惟撫之愆。遂目博興達歷下，開小清故道幾三百里；疏鄭黄溝，分新城之流；疏新河，殺烏河之勢；其淯、漯、孝婦諸河，則浚其塞，導其支而樹之防。於是，諸水悉平，咸注之小清河矣。

又，歷下之西南，大清河之北，黄岡乏西，舊石橋四出，迴折八十餘里，河旁達曲貫。於是，諸路之水咸注之大清河矣。夫濟水經緯濟、兗之墟千餘里，派析條分，驅而之道，俾生民無水之虞，而反滋其利。然非抱康濟之蘊、篤極惠之誠、闡蒸黎之利、審山川之紀，未有能濟者也。於乎！唐起其端，而公益大其後，上下百餘年，鴻猷駿功，炳炳齊魯。遡其時亦癸巳，若造物相之而然者，其數數哉！苟嗣是有爲之紹，殆萬世之利也。竊謂九河失道，神禹迹微，而江北兗、冀之區每秋水横發，任其泛溢而莫之理。畏動寡謀者，則諉諸海桑陵谷之變；而貪功喜事者，又鑿以自用而昧水之宜。乃若樹不可已之功，惟仁且智者能之。故清河之役三載，而民不困。是東人之利罔窮而愛弗竭者。爲志其略，俾後有考焉。

明 陳子龍《重修大小清河記》《明經世文編》卷五一

維青之區，有河曰『大清』、曰『小清』。小清之源，出于歷城之趵突泉中，滙淯、漯、孝婦諸水，東北抵樂安高家港達于海。大清則濟水渠也，自東阿之張秋，東北抵利津富國塩場達于海。往年舟楫浮于二河，商塩遍于齊諸道，水利鮮與爲儷。自永樂初，堙塞不通，水失其徑，一值天雨，茫茫巨浸，壞民田廬，弗以數計。

乃成化癸巳冬，參政唐源潔分巡海右，言於巡撫都憲牟公曰：『今二河爲患，守土諸君子以頻年饑饉、民不任勞爲辭。彼不知救荒之中有可以興利者，役民之中有可以濟民者。惠而不知爲政，惡在其爲民父母也。疏河之責，某請當之，敢告都憲。』公曰：『事當豫圖斯無患，豈直二河？凡東藩六郡罹水患之處，即率属理之，無食之民食而役之，庶上下兩得。吾知若必能辦此，其行無惑。』

源潔遂躬任其責，焦勞靡寧，擁節宵征，相視地形。令水工準高下，自歷城浚至堰頭，又至樂安，小清通矣。自張秋浚至平陰之滑口，大清通矣。大、小清既通，水循故道，退出鄒、平等邑，膏腴可耕之田數萬頃，民用大悅。其河水備淺，又置瀦水閘，防深置減水閘，閘旁各鑿月河，摠疊閘二十，浚通水路五百二里。所役即無食之民，當賑濟者每人日給米三升，賞錢若干文。民凡百萬七千百四十名，米一萬六千百五十石，錢一百九十八萬四百文。復慮倉廩空竭，措置户口塩五萬引，俾鬻諸商得銀若干，易米以補前米，易錢以補前錢，仍以塩之羡利爲一切傭工造閘之費。是役也，財不出于官，不取于民，而濟青之善利以完。青船入于濟，濟船入于張秋，東西轉輸之人，大稱曰『便』。以甲午二月始，至十月告完。厥功既成，都憲公爲疏源潔修河之勞于朝，公卿大夫罔不稱善。某，東人也，尤便之。

自夫泄荒之世，天、地、人并位，未嘗理水事。理之，自唐虞始。以人而任天地之責，所謂經理山川，古聖賢第一功也。移天時，變地力，取不窮，用不竭，旱不灾，饑不困，萬世之計也。缺焉補之，乏焉繼之。一方之入，纔足一方之出；天下之産，僅供天下之用。國可静也，可逸也，不可動也，不可勞也。静以逸，國不至虐斂；静而勞，則難免厚賦一時之計也。夫二河之力，本天地自然之利。或者以爲窘于堙塞，迫于歲饑，若終不能爲者。賴都憲公獨知遠覽，預定事機，多方設法，既息小清之患，并通大清之波，二河如一水之周流，斯民歷年荼毒盤剥之苦，一旦告除，非萬世之利而何哉？

（嘉慶）《清一統志》卷一六二《濟南府》 大清河。自泰安府肥城縣流入，逕長清縣西；東北流，逕齊河縣東；又東北，逕歷城縣北；又東北，逕濟陽縣南；又東北，逕齊東縣北一里，與武定府惠民縣分界；又東流武定府青城縣界。自長清至歷城，皆濟水故道。其在濟陽、齊東者，漯水故道也，今謂之鹽河。《水經注》：濟水逕平陰城西，右迤爲淯湖；又東北，至垣苗城西，河水自泗瀆口東北流注之；又東北，與淯溝合；又逕盧縣故城北；又逕什城北；又過盧縣北，東北與中川水合；又東北，右會玉水；又東北，濼水注之，謂之濼口；又東北，逕華不注山；又東北，逕臺縣，巨合水注之；又東北，逕臺縣北；又東北，合芹溝水；又東北，過管縣南。《通典》：東平以東有水流經濟南、淄川、北海界中入海者，謂之清河。蓋汶水、菏澤之合流，非古時之濟水也。《濟乘》：自鉅野北出，至四瀆津與河合流者，乃齊之清河，《水經》所謂得其通稱者是也。胡渭《禹貢錐指》：《齊乘》以大清河爲古濟水，小清河劉豫所創，志家皆沿其說。黄子鴻非之曰：以《水經注》、《元和志》、《寰宇記》諸書考之，濟水最南，漯水在中，河水最北。今小清河所經，自歷城以東，如章邱、鄒平、長山、新城、高苑、博興、樂安諸縣，皆古濟水所行。而大清河所經，自歷城以上，至東阿固，皆濟水故道。自歷城東北，如濟陽、齊東、青城諸縣，則皆古漯水。所行蒲臺以北，則故河水所經，蓋宋時河嘗行漯瀆，及河去，則大清河兼行河、漯二瀆。其小清河所行，則斷爲濟水故道也。自與漯水合，而清河之名遂被於漯。據《水經》，漯水逕著縣故城南。著即今濟陽，而縣南有大清河，是知大清河即漯。其水自歷城入濟陽，乃近世所決，非唐清河入海之故道也。濟陽之流日盛，則章邱之流日微，故劉豫堰濼水使東以益之，其所行者，實濟水故道。而志家反以濟陽之大清河爲古濟，舛謬殊甚。然大清河自歷城入濟陽及濱州以東入海之道，不知決於何年。意者，宋神宗時，河嘗合北清河入海，始開此道，其後，金明昌五年，河復由此入海，久而後去，流益深廣。此大清河所以浩浩而小清河所以屢浚屢塞也歟！

傳記

（道光）《濟南府志》卷七二《補遺》 徐九思，江西貴溪人。嘉靖中，北河分司漕河，與大清河近，不相接，漕水溢，每爲田患。九思議築減水橋，分漕以達之河，漕溢則有所洩，以入海；少則有所限，而不至於涸。功成，遂爲河漕永利。

《清史稿》卷二七九《楊方興傳》 楊方興，字浡然，漢軍鑲白旗人。【略】七年，加太子少保。八月，河決荆隆口，南岸出單家寨，北岸出朱源寨。南岸先合，河全注北岸，張秋以下堤盡潰，自大清河東入海。方興用大猷議，於上游築長縷堤遏其勢，復築小長堤塞決口，期半年蔵事。九年，方興復乞休，不許。大猷擢江南按察使，方興請以新銜管河務。九年，荆隆口工竟，方興疏言：『清口，淮、黄交匯，黄强淮弱，歲需疏浚。請於清江、通濟二閘適中處修復福興閘，啓一閉二，以時蓄洩。』從之。

又卷三一〇《高斌傳》 高斌，字右文，高佳氏，滿洲鑲黄旗人，初隸内務府。【略】調直隸總督，兼管總河。奏言：『永定河惟在尾閭通暢，請於三角淀旁開引河，下接大清河老河頭，上接鄭家樓水口。挑去積土，即於北岸圈築坡埝，以防北軼。南岸亦量爲接築，以遏南溜。下口河唇，隨時疏通。至上游應籌分洩，請於南岸雙營，北岸胡林店、小惠家莊各增建三合土滾壩一，并減堤高，使卑於壩。南岸郭家堤舊草壩應一律修築如式。』

又 卷三二四《方觀承傳》 方觀承，字遐穀，安徽桐城人。【略】又明年春，疏言：『永定河下口掣溜出冰窖壩口。請即於坦坡埝尾東北斜穿三角淀，開引河入葉淀，自鳳河轉入大清河。』廷議以時初過淩汛，慮盛漲挾沙淤淀，令觀承覆奏。奏言：『冰窖壩口掣溜，在上七工尾，低於正河丈二三尺。南距南坦坡，北距北大堤，有漫衍而無衝溢，此地勢之順也。水由壩出，非衝決亦非開放，民情不怨，此人事之順也。淩汛改移，經理有暇，此天時之順也。今日必應改移，不復稍存歧見。至慮盛漲挾沙淤淀，渾水至三十里外，水渙沙停，當無此慮。且臣亦嘗計及，故不使東循龍尾直入鳳河，而引入葉淀，迂其途而廣其地，更可經久無患。』上命尚書舒赫德、河東總督顧琮會勘，如觀承議。自是永定河下口出冰窖。

居二年，復疏言：『永定河下口漸淤。請於北岸六工尾開堤放水，至五道口，導歸沙家淀，仍自鳳河入大清河。』廷議以甫改冰窖下口，何以又請於北岸六工開堤放水，令觀承覆奏。奏言：『冰窖改口後，水勢暢順。上年盛漲，下口十里內淤阻。今請於北岸六工放水，循南埝而行，仍以鳳河爲尾閭，實於現在情形爲便。』

又 卷四一一《李鴻章傳》 李鴻章，字少荃，安徽合肥人。父文安，刑部郎中。其先本許姓。鴻章，道光二十七年進士，改庶吉士，授編修。【略】三年，晉、豫旱災，鴻章力籌賑濟。時直隸亦患水，永定河居五大河之一，累年漫決，害尤甚。鴻章修復金門牐及南、上、北三灰壩。盧溝橋以下二百餘里，改河築堤，緩其溜勢。別浚大清河、滹沱河、北運河、減河，以資宣洩。自是水患稍紓。

又 卷四五一《金福曾傳》 金福曾，字苕人，浙江秀水人。【略】七年，疏大清河，浚中亭河，培千里堤。福曾先援例以道員候選，至是鴻章督直隸，奏留總辦籌賑局。福曾以淀地淤塞爲清河受病之源，清丈東淀無糧地，釐定葦租，規復垡船。八年，浚東淀河道，修築天津三河頭堤。九年，築子牙河堤，展寬正河，又別開支河王家口以洩盛漲。十年，畿東大水，福曾疏青龍灣減河入七里海，疏筐兒港減河入塌河淀，并出北塘海口。又開瀝水各河以洩武清、寶坻窪區積水。十一年，浚饒陽滹沱河。十三年，浚四女寺南運減河。兩署永定河道塞決口，於下口別闢新道。又就大清河合流處別浚新河，永定河水始直達天津海河。山東河決數爲災，鴻章輒檄福曾往助工賑，親至蘇、浙募貲。會浙西大水，巡撫崧駿復疏留福曾治工賑。于是杭、嘉、湖三府各河次第疏瀹。會廷議浚餘杭南湖，以福曾董其役。明年工竣，直、魯又告災，福曾已臥病，猶力疾籌賑濟。

紀事

《元史》卷一八《成宗一》 六月戊申，濟南路之歷城縣大清河水溢，壞民居。

又 卷五〇《五行一》 六月，泰安州奉符、曹州濟陰、兗州嵫陽等縣水。歷城縣大清河水溢，壞民居。

又 卷五一《五行二》 六月癸丑夜，濟南山水暴漲，衝東西二關，流入小清河，黑山、天麻、石固等寨及臥龍山水通流入大清河，漂沒上下民居千餘家，溺死者無算。

又八月，棣州大清河決，濱、棣二州之界，民居漂流無遺。濟寧路肥水城縣西黃水泛溢，漂沒田禾民居百有餘里，德州齊河縣境七十餘里亦如之。

又 卷九三《食貨一》 初，伯顏平江南時，嘗命張瑄、朱清等，以宋庫藏圖籍，自崇明州從海道載入京師。而運糧則自浙西涉江入淮，由黃河逆水至中灤旱站，陸運至淇門，入御河，以達于京。後又開濟州泗河，自淮至新開河，由大清河至利津，河入海，因海口沙壅，又從東阿旱站運至臨清，入御河。又開膠、萊河道通海，勞費不貲，卒無成效。

明 王士性《廣志繹》卷三《江北四省》 大清河，濟水之故道，經流長清、齊河、歷城、濟陽、城東、武定、青城、濱州、蒲臺、利津入海。小清河一名濼水，即濟之南，源發趵突，東北經章邱、鄒平、新城、高苑、博興、樂安入海，今亦爲鹽河，兼資灌溉。而淤塞流溢，久離故道，水利失而水害興，各郡邑乃自以意爲堤而以鄰爲壑，如新城、博興、高苑之民，日尋干戈以競通塞，非朝夕故矣。故爲山東者，必當興復河流，講求故道。使竹口不闢則西民之水害不除，清河不修則東民之水利不舉，恐田野荒蕪，終無殷富之日。

《清史稿》卷一二二《食貨三》　五年，河決銅瓦廂，由張秋入大清河，挾汶東趨，運道益梗。六年，截留江蘇應運漕糧二十萬石供支兵餉，實運漕白正耗及支賸給丁餘耗米七十五萬五千餘石，其歉緩南漕，令各州縣依限催徵運通。

又卷五四《河渠一》　七年八月，決荆隆朱源寨，直往沙灣，潰運堤，挾汶由大清河入海。

又　六十一年正月，馬營口復決，灌張秋，奔注大清河。

又　方銅山之始決也，下廷議，吏部尚書孫嘉淦獨主開減河引水入大清河，略言：『自順、康以來，河決北岸十之九。北岸決，潰運者半，不潰者半。凡其潰道，皆由大清河入海者也。蓋大清河東南皆泰山基脚，其道亙古不壞，亦不遷移。前南北分流時，已受河之半。及張秋潰決，且受河之全，未聞有衝城郭淹人民之事，則此河之有利無害，已足徵矣。今銅山決口不能收功，上下兩江二三十州縣之積水不能消涸，故臣言開減河也。上游減則下游微，決口易塞，積水早消。但河流湍急，設開減河而奪溜以出，不可不防，故臣言減入大清河也。現開減河數處，皆距大清河不遠。計大清河所經，只東阿、濟陽、濱州、利津四五州縣，即有漫溢，不過偏災，忍四五州縣之偏災，可減兩江二三十州縣之積水，并解淮、揚兩府之急難，此其利害輕重，不待智者而後知也。減河開後，經兩三州縣境，或有漫溢，築土埂以禦之，一入大清河，則河身深廣，兩岸堵築處甚少，計費不過一二十萬，而所省下游決口之工費，賑濟之錢米，至少一二百萬，此其得失多寡，亦不待智者而後知也。計無便於此者。』上慮形勢隔礙，不能用。

又　五年六月，決蘭陽銅瓦廂，奪溜由長垣、東明至張秋，穿運注大清河入海，正河斷流。

又　十一年，御史薛書堂言：『南河自黃水改道，下游已無工可修，請省南河總督及廳員。』下廷臣議。侍郎沈兆霖言：『導河始自神禹，九河故道皆在山東，入海處在今滄州，是《禹貢》之河，固由東北入海。自漢王莽時河徙千乘入海，而禹之故道失。歷東漢迄隋、唐，從無變異。宋神宗時，河分南北兩派并行，北派由北清河入海，即今大清河。至元至元間，會通河成，懼河北行礙運，而北流塞。歷今五六百年，河屢北決，無不挽之使南。説者謂河一入運，必挾泥沙以入海，而運道亦淤，故順河之性，北行爲宜。乾隆朝，孫嘉淦請開減河入大清河一疏，言之甚詳，足破北行礙運之疑。夫河入大清，由利津入海，正今黃河所改之道。現在張秋以東，自魚山至利津海口，皆築民堰，惟蘭儀之北、張秋之南，河自決口而出，奪趙王河及舊引河，泛濫平原，田廬久被淹浸。張秋高家林舊堰殘缺過多，工程最鉅。如東明、長垣、菏澤、鄆城，其培築較張秋爲易。宜乘此時，順水之性，聽其由大清河入海，諭令紳民力籌措辦，或應開減河，或應築堤堰，統於水落興工。河慶順軌，民樂力田，缺額之地丁可復，歷年之賑濟可停，就此裁去南河總督及廳員，可省歲帑數十萬，而歸德、徐、淮一帶地幾千里，均可變爲沃壤，逐漸播種升科，似亦一舉而兼數善者矣。』下直督恒福、東撫、文煜、豫撫慶廉、東河總督黃贊湯勘議。

又　署河督譚廷襄上言：『河已北行，攔水惟恃民埝，從未議疏導，恐漸次淤墊，海口稍有扞格阻滯，事更爲難。查濮、范一帶舊有金堤，前臣任東撫時，設法修築，未久復被沖缺，上游毗連直隸開州處亦有沖缺。開州不修，濮、范築亦無益。東、長之埝，開、濮之堤，須設法集貲督民修築，庶可以衛城池而保廬墓。此外既未專設河員，要在沿河地方官督率修理，并勸助哀集，以助民力之不逮。請飭下直督、東撫，迅將蘭陽下游漫溢地方，揀員會同該州縣妥辦。』從之。十二月又言：『今年夏秋陰雨，來源之盛，迥異尋常。一股直下開州，一股旁趨定陶、曹、單。豫省以有堤埽，幸獲保全。直、東則無，不能不聽其泛濫。迄今半載，直隸未聞如何經畫。開州缺口，亦未興工，至山東被害尤深。或欲培築堤埝，或欲疏浚支河，議無一定。濮州金堤，亦因開未動工，不能興辦。瞬屆春汛，何以禦之？臣遣運河道宗稷辰履勘，直至利津之鐵門關，測量水勢，深至六七丈，去路不爲不暢，而上游仍到處旁溢，則大清河身太狹不能容納之故。如蒲臺、齊東、濟陽、長清、平陰、肥城民埝缺口，寬數丈或數十丈，不下三四十處，不加修築，則來歲依然漫淹。是欲求下游永奠，必先開支渠以減漲水，而後功有可施。必將附近徒駭、馬頰二河設法疏浚，庶水有分洩，再堵各缺口，并築壩以護近水各城垣，此大清河下游之當先料理者也。至開、濮金堤及毗連菏澤之史家堤，當先堵築，并加培舊堰，擇要接修，此大清河上游之當先經畫者也。』復下直督劉長佑、東撫閻敬銘會籌。

又 十一年二月，侯家林塞，予寶楨優叙。先是，同知蔣作錦條上河、運事宜，朝廷頗韙其議，下河漕撫臣議奏。未幾，侯家林決，松年、寶楨意見齟齬。及寶楨塞侯家林，松年上言：『作錦所陳，卓然有見，可以采取。』并稱：『東境黄水日愈泛濫，運道日愈淤塞，宜築堤束黄，先堵霍家橋諸口，并修南北岸長堤，俾黄趨張秋以濟運。挑浚張秋迤南北淤塞，修建閘壩，以利漕行。』上以松年意在因勢利導，不爲無見，令寶楨、文彬詳議，毋固執己見。旋覆稱：『目前治黄之法，不外堵銅瓦廂以復淮、徐故道與東省築堤即由利津入海兩策。顧謂二者之中，以築堤束黄爲優，而上下游均歸緩辦，臣實未見其可。自銅瓦廂至牡蠣嘴，計千三百餘里，創建南北兩堤，相距牽計，約須十里。除現在淹没不計外，尚須棄地數千萬頃，其中居民不知幾億萬，作何安插？是有損於財賦者一也。東省沿河州縣，自二三里至七八里者不下十餘。若齊河、齊東、蒲台、利津，皆近在臨水，築堤必須遷避。是有難於建置者二也。大清河近接泰山麓，山陰水悉北注，除小清、瀰瀾諸河均可自行入海，餘悉以大清河爲尾閭。置堤束黄以後，水勢擡高，向所洩水之處，留閘則虞倒灌，堵遏則水無所歸。是有妨於水利者三也。東綱鹽場，坐落利津、霑化、壽光、樂安等縣，濱臨大清河兩岸。自黄由大清入海，鹽船重載，溯行於湍流，甚形阻滯，而灘地間被漫溢，産鹽日絀，海灘被黄淤遠，納潮甚難，東綱必至隳廢，私梟亦因而蠭起。是有礙於鹾綱者四也。』

又 卷五六《河渠三》 咸豐五年，河復決銅瓦廂，東注大清河入海。

又 二十四年，大雨，直隸各河并漲，下游悉歸淀内，大清河不能宣洩，轉由鳳河倒漾，阻遏渾流，南岸四工堤決。命御前侍衛赫爾景額協同直督剋日堵築。

又 五十九年，決北二工堤，溜注求賢村引河，至永定河下游入海。旋即斷流，又漫南頭工堤，水由老君堂、莊馬頭入大清河，凡築南堤百餘丈。又於玉皇廟前築挑水壩。

又 十一年春，河溜改向東北，逕賓淀，歷六道口，注大清河，汪兒淀口始塞，水由范甕口新槽復歸王慶坨故道。

又 十四年，宛平界北中、北下汛決口，水由龐各莊循舊減河至武清之黄花店，仍歸正河尾閭入海。良鄉界南二工決口，水由金門閘減河入清河，經白溝河歸大清河。爰挑引河，自漫口迤下至單家溝，間段修築二萬七千四百餘丈。

又 十年，南岸石堤漫口，奪溜逕良鄉、涿州注大清河入海。

又 二十二年，北六工、北中汛先後漫溢，由韓家樹匯大清河，遂挑浚大清河積淤二十餘里。

又 二十五年，詔直督裕禄詳勘全河形勢，以紓水患。裕禄言：『畿輔緯川百道，總匯於南北運、大清、永定、子牙五經河，由海河達海，惟永定水渾善淤，變遷無定。從前下口遙堤寬四十餘里，分南、北、中三洪，嗣因南、中兩洪淤墊，全由北洪穿鳳入運。』因陳統籌疏築之策七：一，先治海河，俾暢尾閭，然後施工上游；一，宜以鳳河東堤外大窪爲永定下口；一，修築北運河西堤；一，規復大清河下口故道於西沽；一，修築格淀；一，修築韓家樹横直各堤；一，疏浚中亭河，以期一勞永逸。需費七十七萬有奇。帝命分年籌辦。適有拳匪之亂，不果行。

又 卷五七《河渠四》 五十四年，浚通惠河、朝陽門外護城河及温榆河。五十五年，培修千里長堤，豬龍河、大清河、盧僧河等堤，鳳河東堤，及西沽、南倉、海河等疊道，改建豐城東西堤石工，築潛江仙人舊堤千二百八十餘丈，挑浚永城洪河。

又 十二年，以直隸河患頻仍，命總督李鴻章仿雍正間成法，籌修畿輔水利。旋議定直隸諸河，皆以淀地爲宣蓄。西淀數百里河道，爲民生一大關鍵，先堵趙村決口，築磁河、豬龍河南堤，以禦外水，挑浚盧僧、中亭兩河，分減大清河水勢，以免倒灌。并疏通趙王河道，將苟各莊以上巨堤及下口鷹嘴壩各建閘座。

又 七年，挑浚大清河下游，使水暢入東淀，并於獻縣朱家口古羊河東岸另闢滹沱減河，使水歸子牙河故道，達津入海。浚寶坻、武清境內北運減河。

藝文

明 劉嵩《槎翁詩集》卷三《大清河》 大清河，渾漉漉；南黃河，清湝湝。今河不與古名同，自是河流有反覆。君不見安山直下粟阿時，一斛之水數斗泥，徐州吕梁走下邳，可以照見人鬚眉。清河北河入北海，黃河入淮東入海。彼此争流不相待，兩水清濁各自流。終然到海同一漚，東流北流君莫愁。

又 卷八《自濟南堰頭開舟溯黃河西上》 小清河入大清河，混混船頭湧濁波。已過回灣五十里，華山猶自鬱嵯峨。

明 楊王潤《午日泛大清河》（道光）《濟南府志》卷七 天涯令節喜天中，江上龍舟此日同。誰向羅川懷屈子，且從濟水泛群公。晚風習習青帆動，落照茫茫碧漢空。更是夜來新月上，良宵佳景亦難逢。

清 陳錦《補勤詩存》卷二一《賈莊堵口之工屢瀕于險三月初六日兩堤合龍河復北流諸工員由黃河大流行張秋大清河同舟歸省有作》

一夕滄桑有古今，洪流千里渺蹶涔。橋横鐵鎖南溟小，浪拍金堤北溜深。飢溺在人關氣數，挽回無日豈天心。江淮萬户知高枕，不信秋來便陸沈。

誰教重坎復夷庚，徑向龍門策馬行。往日風雲何不測，本來流水自無聲。驚疑乍定神工出，成敗攸關造化争。怪道雙輪生四角，天然觸吻接中泓。

清 傅仲辰《心孺詩選》卷一九《縈蒲買棹由大清河抵歷下》

南人不慣風塵埋，喧馳車馬同揚柴。尤苦倦枕初化蝶，鈴鐸入耳驚難諧。遙思萬派琉璃碧，動即乘舠舒筋骸。筆牀癭椀羅楚楚，携將卷帙爲生涯。今朝有事歷亭畔，計程三百烽樓排。僕夫告予須從陸，水則溯洄玄駒挨。我聆其語付一哂，有舟不泛於情乖。亟募蜻蛉便捩柁，數聲款乃隨開懷。黃犢青驢牽百丈，坐忘萬慮心如齋。有時風便吹五兩，迅追渴驥奔清湝。環河罛網計殊巧，潑剌頻充行厨膎。每逢酒旆搖波影，喧嗔闤闠臨長街。亦有高樓分嬌面，衣香風送殊垂釵。獨客顧此神色王，長年謔浪摹優俳。兩日已迎嶠岫翠，從容踏屐青芒鞋。回視陸行方後至，淄衣黧面呼巾揩。

又 卷二一《大清河黃鴨》 沿堤三月風烟嘉，桃花歷亂催梨花。中多黃鴨浮沉適，兩兩時眠晴川沙。曈曨旭日斜照背，色奪南金流光賒。鷗鳧争食何足道，獨此推讓情交加。游客殊增伉儷重，故鄉矯首凝神遐。

又 卷二二《歸發大清河》 秋水兼天净，匆匆一棹過。鳧依清渚久，魚向逆流多。歲月慚萍梗，家山憶薜蘿。會心原不遠，老眼放頻摩。

清 李柟《同嚴閬仙大尹大清河泛舟》（乾隆）《蒲臺縣志》卷四 一棹春流漾漾清，波光掩映浴鷗明。高陽酒興同山簡，渤海循聲擬少卿。夾岸緑楊遮曲渡，連村紅雨快鳴庚。黃昏隔蒲漁燈遠，明月蒼蒼上雉城。

清 嚴文典《大清河築防》《兩浙輶軒續録》卷七 元初制海運，舳艫經濕沃。至元開會通，直北無紆曲。三空五空橋，水溢猶湍洑。況復諸山泉，奔匯迅以速。維兹大清河，始行古濟瀆。又繼納漯水，洶湧勢方蓄。夏五苦淫霖，波浪高於屋。衝突怒蛟飛，澎湃天吴撲。單騎急往視，深窪相接續。大懼潰巨防，如人洞胸腹。一日田禾湮，三日城闉覆。負土身先之，捍衛增版築。平坡障蘆埽，深溝塹櫕木。陡塘陂陀塘，高下均聯屬。長堤兀如屏，狂濤頓駭服。麗譙固金湯，南畝稻生緑。功豈余敢貪，邦人士之福。

清 嚴文典《大清河賦》（乾隆）《蒲臺縣志》卷四 緊虛危之分野，屬無棣之名區。瞻岱峰兮遠峙，望渤澥兮環紆。水拖藍而拂柳，堤横帶而飛鳧。萬頃銀波，南依雉堞；千層粉浪，北繞花衢。有大清河焉，分派汶流，發源王屋。從濟漯而瀠洄，合洸泗而湍洑。渡韋口而東趨，亘淯壖而北逐。烟述喚渡，叢生縈馬之蒲；風送朝宗，疾若穿鴻之鏃。仿佛白蘋洲畔，詞唱張郎；依稀紅蓼灘頭，詩傳杜牧。

粵自禁海運，利鹽艘，鼓舟楫，騁驊騮。南商西賈，雲聚星稠。細雨春帆，滄海熬波之客；輕風晝槳，邯鄲抱布之儔。呷呷短笛之聲，長堤夜市；歷歷層樓之外，古渡晴秋。

羌乃草木蔥蘢，魚蝦萃聚，衍沃雲畦，涵濡花圃。朝驅犢兮淡烟横，夕載耒兮明月吐。珠芒簇簇，岐分絳縣之雙。緑蒂離離，色并青門之五。垂釣而冰鮮剪，雪光生盤上玻瓈；浮波而玉露流，瓊香沁杯中鸚鵡。

當夫千尋澄澈，一望蒼茫。萋萋芳草，裊裊垂楊。藻萍馥郁，鷗鷺翱翔。釣竿簑笠，漁笛滄浪。涵碧落而鏡塵如拭，繞翠堤而練影偏長。星斗輝澂，恍三秋之銀漢。雲霞彩漾，疑五色之榮光。

其或春雨廉纖，夏雲靉靆。皓月扇圓，層冰玉碎。晨輝共暮色俱清，波影與天光無礙。何必孤山亭上，淡粧濃抹，西子齊名；居然八景臺前，夜雨晴嵐，湘江作對。載米家之畫舫，盪破銀鱗；拾長吉之錦囊，輕描翠黛。

至若蘭風結陣，長雨垂簷。河流駛疾，浪擁山尖。淹埋阡陌，漂泊衡閭。縱有鐵箭千條，射破潮頭雪練；安得赤繩萬丈，撥開天上晶簾。然而聖治光昭，豈鳴條而破塊；民歌大有，亦浪靜而波恬也。

僕本吴人，綰符溼沃，擊楫中流，揚舲河曲。蘇長公虎林門外，唱徹勾留；庾開府明月樓中，興來瞻矚。澄澄濤影，宛金鏡之開奩；泠泠風徐，恍水壺之在玉。心似水而何能，水爲鑒而弗告。因爲之謌曰：維茲河流兮清且長，駕言出游兮仁徜徉，環城三隅兮固金湯，東流于海兮達梯航，求伊人兮宛在水中央，祝聖人兮莫敢不來王。

清 沈廷芳《渡大清河》（光緒）《惠民縣志》卷三〇　一線瀉海角，四瀆此最微。源從王屋山，初發僅激磯。三伏四見間，息息無停機。東平至濼口，數百里迂威。阿井涵乳竇，明湖漾僧衣。名泉七十二，或停或噴飛。謂是大地脅，酈注標厥徽。爰從東北注，艖艑相因依。造物鍾困脈，利濟衆所歸。我來無棣道，古渡人蹤稀。宿雨净林翠，清流明斜暉。川源愜浩蕩，雲靄淡依稀。溯源嘆未能，竟委尚可幾。高崖且縶馬，悠然謝塵鞿。

佚名《大清河》（光緒）《續高平縣志》卷一六　隔岸山光遠，連崖樹色低。濤奔通渤海，波動撼青齊。響送千帆雨，平吞萬丈霓。蓬萊如可到，直欲跨鯨鯢。

清 劉學渤《大清河賦》（咸豐）《武定府志》卷三七　維青齊之古郡兮，伊濟瀆之所歸。始濫觴於王屋兮，終朝宗而來茲。與濁河而異色兮，呈波紋之淪漪。環茲城之三隅兮，勢紆折而委蛇。懿夫兩岸如繡，千塍雲連，隰皋衍沃，葱翠芊綿。多漢陰丈人之室，饒青門邵生之田。均資灌溉之利，無煩渠澮之穿。更有舟子舵師，蕩槳兮擊櫂；漁父釣叟，垂綸兮餌鮮。朝烟消兮儼畫圖，鏡中競渡；夕月上兮聽款乃，浪裏叩舷。

至若舸艦迷津，舳艫成市。黄龍青雀，晶華與澄練交輝；畫鷁飛鳧，丹艧與綺霞門美。共額接而彌漫，并尾銜而迤邐。燕趙之積儲，幽并之粟米，吴越之名珍，閩滇之奇瑰，跨滄海而麕至兮，涉風波於萬至，雜輻輳乎五方兮，來懋遷於水涘。通商賈而便民兮，且沾匄乎遠邇。垂經畫於天家兮，設關津而防宄。

其或天光皎潔，霧氣澄收。錦鱗呴沫，文魚遨游。鷺棲沙渚，鷗戲汀洲。芳草萋萋，間碧波之如縠；垂楊裊裊，挽輕縷以繫舟。曲岸招提，石欄倒影，長千幽舍，横笛倚樓。宜偕志和之漁童兮，徜徉放棹；兼具龜蒙之茶灶兮，自在中流。

若乃霪雨不休，水漲河腹。岸闊朝翻，盈溢溝瀆。波濤喧豗兮，蛟龍犇轟；滿地江湖兮，龜蜃穴陸。灶忽驚其産蛙兮，陵倏變而爲谷。茲河伯之不仁兮，致生民之隘蹙。雖然此特其一偶耳，若論其常，則青蘋交映，微波輕颺，春凍開而鮮鯉美，冬冰結而銀魚香。鱠鯉鰤鯽，鱣鮪鰱魴，茲水族之涵育兮，實利民之無方。

爾其至下浸廣，北流泱泱。寥落烟村，漸近蛟人之室。依稀雲樹，并爲蝦菜之鄉。瞻銀灘之星列，覽積艖之彌望。通鹽貨於荆豫兮，悉由斯而利航。爰經牡蠣之崇阜，渡鐵門之峻防。因疾馳而迅赴，歸大壑之蒼茫。蓋瀆流埒乎侯服兮，終朝宗於百谷之王。

歌曰：有獮濟水兮環津城，清且漣漪兮可濯纓，紆回千里兮歸滄瀛，皇王有道兮安瀾無驚，梯航咸至兮共祝聖明。

清 嚴曾業《端午前三日同官治具泛大清河二首》（乾隆）《蒲臺縣志》卷四　短蒲縈馬人長謝，小艇流波景自涵。斷隴黄雲雖濟北，古堤芳草似江南。

曲折清河赴海東，剪蒲時節熟梅風。莫言僻縣無名勝，此日清樽幸不空。

雜録

《明史》卷四一《地理二》　歷城倚。天順元年建德王府。南有歷山。東有華不注山。有大清河在西北，即濟水故道，自壽張縣流經縣界，東北至利津入海。

又 齊河府西。元屬德州。洪武二年七月改屬府。有大清河。

又 齊東府東。元屬河間路。洪武初來屬。北有大清河。東有減水河，成化元年開浚，洩小清河漲溢入大清河。

又 濟陽府北。南有大清河。

又 長清府西南。元屬泰安州。洪武二年七月改屬府。東南有青崖山、隔馬山、方山。西南有大清河。又有沙河，自縣南流入焉，亦曰沙溝河。又東南有石都寨巡檢司。

又 肥城府西南。元屬濟寧路。洪武二年七月來屬。西北有巫山，一名孝堂山，肥水出焉，西流入大清河。

又 青城府東北。元屬河間路。洪武二年省入鄒平、齊東二縣。十三年十一月復置，來屬。北有大清河。北有大石關，舊置巡檢司，後廢。

又 洪武初，州縣俱廢。六年六月復置州，改名樂安。宣德元年八月改爲武定州。永樂十五年，漢王府遷於此。宣德元年除。南有大清河，又有土河，又有商河。東南有清河巡檢司。

又 利津州東。東北濱海，有永阜等鹽場。東有大清河，流入海。

又 蒲臺州南。元屬般陽路。洪武二年七月來屬。東濱海。北有大清河。

又 汶上州東南。西南有蜀山，其下爲蜀山湖。又西爲南旺湖，其西北則馬踏河，運道經其中而北出，即會通河也。又汶水在東北，舊時西流入大清河。永樂中，開會通河，堰汶水西南流，悉入南旺湖。

又 東阿州西北。故城在縣西南。今治本故穀城縣也，洪武八年徙於此。南有碻磝山。西有魚山。會通河自西南而北經此，始與大清河分流。又西有馬頰河，俗名小鹽河，東流入大清河。又張秋鎮在西南，弘治二年，河決於此。七年十二月塞，賜名安平鎮。

又 平陰州東北。南有汶河。西南有大清河，又有滑鎮巡檢司，後廢。

又 **卷八三《河渠一》** 至三月，永和浚黑洋山西灣，引其水由太黄寺以資運河。修築沙灣堤大半，而不敢盡塞，置分水閘，設三空放水，自大清河入海。且設分水閘二空於沙灣西岸，以泄上流。而請停八柳樹工，從之。

又 昂又以河南入淮非正道，恐卒不能容，復於魚臺、德州、吴橋修古長堤。

又 自東平北至興濟鑿小河十二道，入大清河及古黄河以入海。

又 **卷二八一《貝秉彝傳》** 貝秉彝，名恒，以字行，上虞人。永樂二年進士。授邵陽知縣，以憂去。補東阿，善決獄，能以禮義導民。歲大侵，上平羅備荒議。帝從之，班下郡縣如東阿式。邑西南有巨浸，積潦爲田害。秉彝相視高下，鑿渠，引入大清河，涸之，得沃壤數百頃，民食其利。

《清史稿》卷五四《地理一》 霸州衝，繁。府南百八十里。隸南路廳。玉帶河自保定入爲大清河。

又 文安繁，難。府南少東三百四十里。隸南路廳。大清河三支并自霸入，趨東淀。

又 大城繁，難。府東南三百九十里。隸南路廳。西北：會同河自文安入，逕臺頭村，有行宫。大清河、辛張河并自文安入。

又 保定簡。府南少西二百里。隸南路廳。西南：大清河自雄入，曰玉帶河，逕張青口，口西西淀，東東淀，乾隆二十八年界之。

又 清苑衝，繁，疲，難。倚。清苑河即府河，古沈水上游。奇村河自滿城入，合白草溝，環城，左納徐河溝，又東合金線河。唐河自望都入，合陽城河，納齊賢莊河，今淤。咸豐中，南徙；同治末，益南入蠡，至安州，復緣界入，下與府河會，爲大清河中支。有大激店鎮，張登店巡司，金臺驛。鐵路。

又 雄衝，繁，難。府東北百二十里。西淀，縣南。亙安州、高陽、任丘，周三百三十里，匯府境諸水，所謂『七十二清河』。趙北口扼其中。橋十二。四角河自安州入，出第五橋，曰大清河，錯出復入。白溝河自容城入，南及大港、柴禾二淀。大清河乃改由欒王行宫北與會。有歸義驛。

又 静海衝，繁，疲，難。府西南七十里。雍正三年自河間來隸。南：南運河自青入，右出爲靳官屯減河。西：子牙河自大城入，納黑龍港河。西北：大清河亦入，納支津辛張河。有獨流鎮巡司。有奉新驛。

圖表

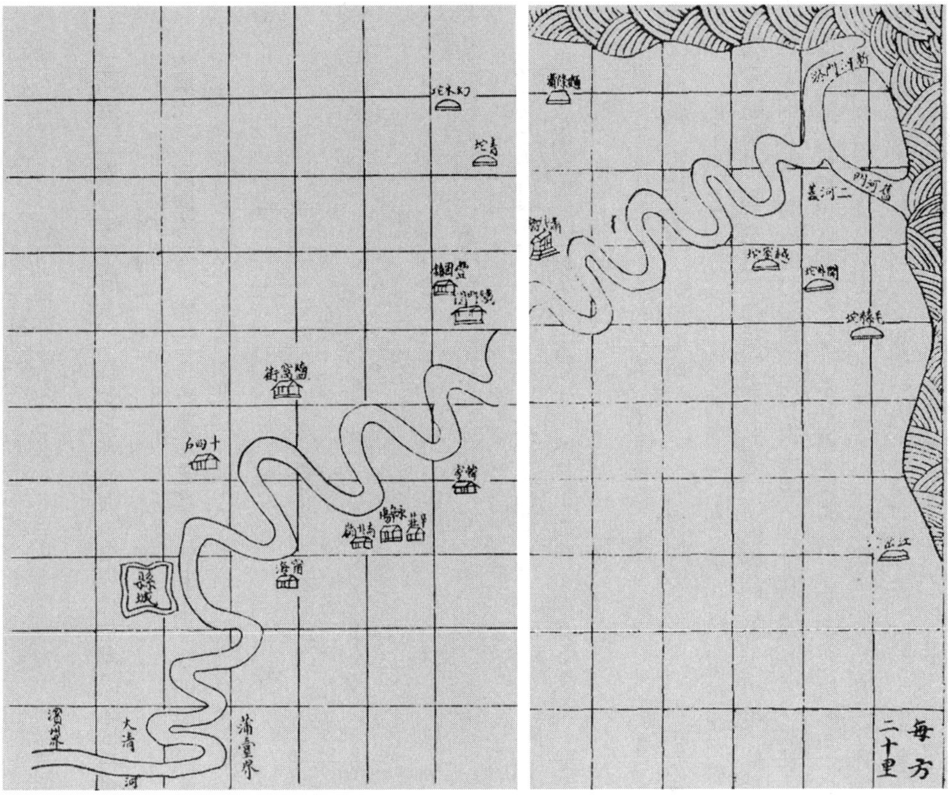

（光緒）《利津縣志》卷二《輿地圖第一·大清河圖》

豐稔河

綜述

明 楊挺生《豐稔河碑記》（道光）《河内縣志》卷一三 明嘉靖二十五年，濟源縣沁水枋口肇開豐稔河，余曾叔祖純以七百八十金易濟民李文紀等七十三户地一頃三十五畝，豐稔於是有口有身。其時濟之南程、程村、樊家庄三小甲夫三十名與焉。

隆慶間，太守紀公誠復浚廣濟河，絶豐稔中流南下，河廢。萬歷十四年，邑令黄公中色疏導之，置程浩地一畝六分，程大地三畝，砌陰洞二，十八年又廢。二十五年，復行三小甲之役夫，溉地如故也。三十一年，邑令袁公應泰鑿廣濟河石洞，濟令史公記言鑿永利石洞，即今名玉帶河者。三小甲，濟人也，夫没盡歸永利，豐稔之迹絶矣。李士亨、郭孟傳輩繼是告争，經府斷罰責有差，給士亨金十兩五錢，絶其覬覦，著爲令。本河之身其事者，則楊守祖、楊有德、張汝魁也。

萬歷三十七年，河倅朱公希龍、督侯永安張汝魁改砌豐稔口，以李蘭、李相地五畝八分爲口，直十一兩六錢，河得行無阻，而利人淤已數年。四十三年，邑令胡公沾恩力闢之，郡人大司農范公濟世佐其成，然利人口居豐稔之下，水勢鯨吸於豐稔者，至利人掉臂去，遂强豐稔合口，力維均，豐稔苦之。利人又於分水之處低昂其術，豐稔以是不行者四年。四十六年，邑令邸公存性，移胡公沾思之太公閘於程村之西，曰天平閘，又改架橋，架廣濟之上而南。四十五金有奇，置李臨溪等地三十畝零二分七釐，則改砌之。籍計永利開河，業已四十五年，前所云三小甲者，渺不相及，而豐稔之由廢而興，破家逾時，不啻越人視秦人之肥瘠已。崇禎十七年，李世能、李學孔等乘闖逆之變，突於利，豐未判處私開大閘，盡奪兩河之利。

雜録

（乾隆）《重修懷慶府志》卷七　豐稔河，由程村東南流至朱村樊家莊小天平牐，分南北兩支。

（道光）《河内縣志》卷一三《水利志》　豐利渠，在河内。乾隆二十四年，知府薩寧阿公于李村西北建連開渠，分引猪龍河水紆，至前韓吴大村，入豐稔河，灌地十一頃零。

滏陽河

綜述

元 胡祗遹《紫山大全集》卷九《滏水記》　水善利萬物，然不擇地而出。或出深山窮谷無人不毛之土，或汙下泥淖沮洳寂寞之野，雖滔滔汩汩，源委深達，終何益哉？

滏陽當中原之腹心，太行左界，南北要衝，桑麻禾黍之沃野，炭磁礬鐵之奥區，陸車水舟，窮海南而走京師，商賈如織，實所謂神州赤縣者也。州四十里，山南北而中斷，西來巴、蜀、秦、晋，東抵趙、魏、齊、魯之通軌也。有泉出於山足，發源淵深，迤邐廣濶，成大川流，北抵州城，支别五渠，灌溉阡陌園圃，用其力十不一二。其流經兩岸，取其注下推盪之勢，不煩相杵驅驢之勞，米其粟，麵其麥者，七十餘所。

佳哉！此泉生於有用之地，居高就下，澤及無窮，實天地之鍾秀博施也。居民行人，蒙其利而不知敬，填淤滓穢而不知浚，馬牛羊豕，褻瀆於其中。前州從事馬某，甃以貞石，歲久復爲傾圮。某年月日，廣平路都達嚕噶齊某官，久奉朝命，問滯訟於縣，適至泉上，臨流而嘆曰：『天下之水一也，得地不巧者，十蓋六七，雖欲德澤施於人，而不能也。吾郡此泉，天下之名泉也。守土者昧疏浚開導賛助之功，不盡神之德，寧無愧乎？』顧謂宰邑者曰：『山川能興雲出雨者，官爲祠祀。滏陽之得名者，兹水也。立州治者，兹水也。不憂旱乾不雨，兹水也。食得精鑿，兹水也。六月火雲，商旅無枯渴之苦，兹水也。有此數德，而無泛溢漂没昏墊之惡。且庶人之祭祀，報神惠也。是水之惠，豈特五祀之比哉？主土者，宜如何哉？即以香火謝過，焉去其壅塞，潔其汚濁，高其垣墉，方正其神宇？』曰：『廟而祠焉，後世文崇祇敬也，當俟農隙而請命於上。』士人不勝忻忭，衆口同曰：『我公此舉，不可不刻石以識其美。』邑宰王某來乞言，以不肖州人也，義不可辭。

某年月日，大中大夫、江南浙西道提刑按察使胡某書。

清 張文莊《滏陽河建閘溉田記》（光緒）《鉅鹿縣志》卷一二　順德九邑享水之利者多，而廣宗、鉅鹿不與焉。廣宗去河遠，苦於勢之無所乘，獨惜鉅鹿以三百餘丈之滏水，棄而不之取也。

乾隆歲癸亥，余涖是邑，訪所以利民者，一歲中凡數至其地，與諸父老詳籌熟商確，知其利之可以興也。爰於甲子春，相度形勢，鳩工庀材，於瀕河建閘一座。凡三月而閘成。由閘開溝，由溝分支，於農隙之時，次第經理。凡十月而渠成。於是開閘引水，以次灌溉，畇畇萬畝，一時滋沃。士民之享其利賴，莫不鼓舞稱慶。遂共謀立石，以志成功。

予竊惟前數十百年，此閘未建，民無見爲利也，相與安之而已。今既以爲利矣，利之所在必争，争而不已，必有戕賊獄訟之事興於其間。是始見爲利者，旋見爲害。其究也，勢必并其利而棄之，而且歸咎於始創者之多事。予深懼無以辭於後也。由此觀之，可爲功成乎哉？特始基云爾。

夫與其侈陳功德漫作誇大之詞，無補於萬一，何若申明條約刊垂永久？舉異日之争端而預有以弭之，使世世無有所害，而予亦不至以滋事貽譏也，不亦善夫？爰述其梗概，而并勒其條約於碑陰。

清 賀濤《賀先生文集》卷二《冀州開渠記》　滏水自西南來，至州北境，折而東，横亘衡水界中。縣城俯其南，并岸而西四、五里，左轉至州城東，地汙下，廣五里，狹亦不減三里。北二十餘里，隸於縣者，名衡水窪。南十餘里，隸於州者，名海子，州東北之水潦匯焉。城西十餘里少北，有泊名尉遲潭，水之來自西南者，委之不能容則溢，而旁趨與東北之水會。而城南之九龍口，亦受州南之水，挾以東注，衆水所豬，遂爲巨浸。

乾隆間，方敏恪公道使入滏，立閘以爲閉縱。嘉慶、道光間，猶稍疏瀹。後棄不修，閘亦圮壞，水遂奠而不行。而冀東衡南之地，無阡壟畽畛，而爲耒鎛所不加者，蓋十餘萬畝也。桐城吴摯甫先生，既知州事，欲開渠通滏，復方敏恪公舊迹，亦未嘗不慮民力之彫敝，官帑之匱竭，而懼功之未易就也。後行部按巡其地，水方盛，縱横演迤於數十里中，念疲氓久罹重灾，怛焉閔傷，不能自已。

光緒十年二月興工，經始於下流，遞進而南，抱城右旋，過九龍口北，迤西達尉遲潭，六十餘里。十月工畢。明年復深之。又明年廣之。廣七丈餘，底殺三之二，深丈餘，堤高五尺，厚倍之，或三之。置橋八。於舊閘處設閘，高二丈四尺六分，去一以爲廣。費白金十萬兩。司其事者，州人張君廷湘、張君增豔，縣人馬君景麟、劉君玉山，深張君廷楨，武强賀君嘉枏，先生之甥蘇君必壽。諸君皆佔畢之士，性樸而力勤，賦丈受役，縮盈汰冗，人毋刻休，材不寸棄。既訖功，有久治河者見之，嘆曰：『此役屬他人者，非三十萬金不能卒事也。』渠善淤，歲請白金二千兩於鹽運使，爲修浚之費。後又置白金萬兩，取息助工，仍屬其事於州人與斯役者。使賀君定章約，以爲經法。水既有歸，田皆沃饒。今七、八年，所獲倍蓰所費，而夏秋水盛，舟楫往來，商旅稱便，州境遂富。於初工之初興，人苦煩擾，或妨其私，怨讟并作。至是，皆歌頌之。

時國用空乏，行省鮮倚餘，大灾、要工猶不能贍，冀以辟左之地，故無河害事，非所急而遽思興作，仰給於官，議者頗疑事之不集。先生躬謁大府，退而上書執格，則更端以進，違覆十反。制軍合肥相國李公，故重先生，而先生仁民恤患，迫於誠心者，尤足感人，故終聽先生所爲，人不得而間之，而其功遂成。吏治積壞久矣。其號稱良能，率如職而止。或擇事有美名、易見功、絶無怨咎者張皇之，動人耳目，而實無裨於民。至於利害，所在元元，託命而爲之甚難，且易得過，不爲亦不虧所職，則漠然不以厝意。官勤而事愈廢，政美而民愈困，豈非俗吏拘文法而循吏多僞飾爲執所必至者哉？

先生獨行志學，無所趨畏，苟利於民，雖簿書所不責，計課不以此殿最，無速功近效而不悦於人，甚或忤上官之恉，亦必毅然爲之，以要其成，故所措施於州者，恆有百年之利。若責以吏事，參之時論，則較號稱良能，舉高第而得顯名者，或不逮也。濤懼先生所爲或不見諒於時，故推言之，以明先生之志。至於新渠之利效已驗白，無煩深論。謹述顛末，使後人毋忘其始，善持其終而已。而州人士心，先生之心，造福鄉里，其功勤不可没，亦備列焉。

清 沈聯芳《邦畿水利集説》卷一《滏陽河》

滏水源於鼓山之麓，而上游八字澗浸淫之水亦入焉。東南行二十里許，與黑龍洞水滙其流。始《大魏都賦》云：滏水出神麕山。神麕山，即黑龍洞也。其水沸騰，如湯在釜，隆冬不冰，遂以得名。

經磁州城南東北行蜿蜒一百二十里，入邯鄲界。往時漳、滏合流，在磁州東北五里開河村。漳得滏助，每於漲溢時，大爲民害。明成化十一年，州判張埕塞其交滙之口，疏滏北流，漳漸遠徙，二水遂分。滏水由閻家淺東北行，歷邯鄲、永年，至曲周之東橋，復與漳水合流。康熙二十二三年間，漳水東行，閲十載，至康熙三十三年春復歸故道，六月間二水仍分，漳水東流至今矣。

自曲周而下，滏水經雞澤、平鄉、任縣至隆平之牛家河。又九十里至寧晋之鋪頭。又十里至孝口，漳滏又合流爲一。又十里至冀州之王家庄，乃與滹沱合，其水愈大。又二十里至冀州之堤北。又二十里至衡水之浪子橋。又七十里至衡水之石橋，(橋。於乾隆三十年制府方恪敏公奏修，欽賜名爲安濟橋。)又四十里至武邑之圈頭。又三十里至武邑之趙橋。又二十里至武邑之小汜。又二十里至獻縣之大國口，(土音戴河口，即完固口。在獻縣西南十八里。)乃分而爲二股：一股東流十五里至單家橋，一股北流三十里至臧家橋。其由單家橋者：六十里至淮鎮，又四十里至高川，俱獻縣境。又五十里至交河縣界。又六十里至滄州之杜梨木，今屬青縣。又二十里至青縣入運河。其由臧家橋者：六十里至河間縣沙河橋。又六十里至河間縣龍花橋。又大十里至大城縣之南趙府。又六十里至王家口，屬文安大城兩縣。又六十里至信安，屬永清、霸州、文安三州縣。又經由唐二府至東湖港。又至褚河港。又至王慶坨，自西沽入天津衛。此滏陽古河行水之道也。

以今河考之，滏陽河由磁州至邯鄲會渚、沁二水，經永年、曲周、雞澤、平鄉、任縣、隆平，貫寧晋大泊而出，自漳水南徙，逕魏縣元城抵館陶入衛，不與滏會，滏水獨行。自乾隆二十四年至嘉慶五年，滏水皆由寧晋營上村，與滹沱合流。六年以後，遂穿東泊而出矣。

復考滏、滹合流，始自前明永樂九年。逮成化正德間，忽分忽合，遷徙無定。我朝順治二年，滹、滏、漳三水合於冀州。康熙五十三、四、五、七等年，并雍正元年，滹沱泛濫，頻爲泊害。其時滏得漳水之助，其清流尚可抵濁。自康熙三十六年，漳水南徙入衛，分流漸微，又數年，上流盡塞，今廣宗、鉅鹿、平鄉、冀州等境，故道尚間段可指。

蓋滏自失小漳之助，而出口之處頻爲滹水横截。前此，附泊之民議開洨口，而新冀百姓復以死控阻，數年聚訟不決，皆由於此。至嘉慶六年大水，滏河由新立庄漫口東注，經孟家庄、辛庄、邱頭、白家庄出埝口。埝口乃昔日小漳故道也。今滏河既不由營上村入滹，則營疙疸亦非經久會流之處。治之之法，固欲爲隆寧計，亦當爲新冀慮。昔滏有漳助，滏可敵滹。今漳去而滏弱勢孤，若治不助滹即可助滏，如果浚治之議行，則滏河現在經由之孟家庄、白家庄一帶，亦當於東岸攔築長堤，以爲新冀保障。而新開河侯阜一帶，并須疏浚，俾節節通流，庶河經流久遠，否則區區劉公一堤，不足爲長城之倚也。

謹按：滏陽一河乃益運要道，所過之處，疏渠灌稻，沿河田畝，均收此水之利。元郭子敬曾言，可灌田三千頃。至明，高汝行、朱泰等建惠民等八閘，嗣因磁民築壩截流以專其利，而下流八閘盡廢。怡賢親王奏請將磁州改隸直省，所以均其利也。今廣平府城堤之北，尚有惠民閘舊址。然閘外地已淤高，不能宣洩。前者，制府方宫保於斜路橋開溝一道，引水入牛尾河，并於溝口建閘一座以防倒，至今賴之。惟滏陽一至北泊，輒爲滹沱阻遏，今埝口雖暫通流，而滹水渾濁，斷不能不復淤塞於此。而再有淤墊，則塩運更無别路可通，可不預爲綢繆哉。

入滏諸河：

渚河，又名塔水，在邯鄲縣南五里。其源有二，俱發源於紫山，經城西南入滏。

沁河，在邯鄲縣西一里。其源亦有二，亦出於紫山，經城西入滏。按《名勝志》，渚、心二水，即古牛首水也。《水經注》，牛首水出邯鄲縣西堵山，東流分爲二水，入邯鄲城，逕温明殿䡴臺，又東逕邯阜東流出城，合成一川，又東澄而爲渚、沁水，又東入白渠。

輸黿河，洺河支流，在邯鄲合沁水。

落漠水，即《水經》所謂薄洛津，在平鄉縣五里，洺河分流也，下合滏陽河。《寰宇記》，故薄洛邑也，語訛爲落漠。

賀蘭河，在磁州西北三十里。源出賀蘭山，東南流入滏陽河。

泥河，在磁州西十五里。源出本村沙石山橋下，西北流入滏陽河。

羊渠河，在磁州西三十里。源出本村之西半里許，西南流入滏陽河。

牤牛河，在磁州北三十里。其源有二：一出蔣村爲北河，一出林壇鋪爲南河。二水至落子村始合流，至東城橋入滏陽。

澗河，在磁州北四十里。源出河口村東北，經邯鄲縣北入滏陽。

玉泉池，在磁州西北二十里溢泉營，方圓畝許，水從地中湧出，下流入滏。

八字澗，在磁州西北七十里，支分派引流爲八字，東南入滏河。

賈葛潭，在廣平府城西，受邯鄲西山之水東注。

廣盛泉，在磁州西南神□山東入滏。

傳記

《清史稿》卷四八二《邵嗣堯傳》 邵嗣堯，字子昆，山西猗氏人。康熙九年進士。授山東臨淄知縣，有惠政，以憂去。十九年，服闋，補直隸柏鄉。興水利，減火耗，禁差擾，民安之。縣人大學士魏裔介爲嗣堯會試座主，家人犯法，嚴治之，不少貸。又有旗丁毒毆子錢家，入縣庭，勢洶洶，嗣堯不稍屈，繫之獄，移文都統訊主者，主者不敢承，具論如法。

值歲饑，或言勸積粟家出粟，嗣堯曰：『人惟不積粟，故歲饑則束手。吾方蘄令積粟家獲厚利，何勸爲？』已而糶粟者衆，歲不爲灾。有言開滏陽河通舟楫者，巡撫于成龍使嗣堯往相度，嗣堯力持不可，謂此河旱潦不常，未可通舟楫，即或能通，恐舟楫之利歸商賈，挑浚之害歸窮民矣。事遂寢。

又卷四八三《童華傳》 童華，字心樸，浙江山陰人。年未冠爲諸生，長習名法家言，出佐郡邑治。雍正初，入貲爲知縣。【略】

怡賢親王奏以華理京南局水利。華度眞定城外得泉十八，疏爲渠，溉田六百畝，先後營田三百餘頃。滏陽河發源磁州，州民欲獨擅其利。自春徂秋，閉閘蓄水，下游永年、曲周滴涓不得。時改州歸直隸，以便控制。華建議仿唐李泌、明湯紹恩西湖三江兩閘遺規，計板放水，數縣爭水之端永息。華又以北人不食稻，請發錢買水田穀運通倉，省漕費，民得市稷黍以爲食，從之。

紀事

明 吴道南《吴文恪公文集》卷一《郡國水利》 其後正德元年十月戊申，浚滏陽河。河在任縣新店村東北，源出磁州，經永年、曲周、平鄉，抵穆家口，會百泉等河北流。景泰間，漳水并入衡曲周等處。

（光緒）《臨漳縣志》卷一《疆域》 正德元年，浚滏陽河。

《清史稿》卷一二七《河渠二》 三十二年，直隸運河決通州李家口等五口、天津要兒渡等八口。衛河微弱，惟恃漳爲灌輸，由館陶分流濟運。明隆、萬間，漳北徙入滏陽河，館陶之流遂絶。至是三十六年，忽分流，仍由館陶入衛濟運。

藝文

明 皇甫汸《皇甫司勛集》卷一五《雨夜邀唐兵曹滏河舟泛同冠廣平》 滏流春滚滚，與子暮乘槎。解纜生風雨，停杯感歲華。河陽聊種樹，上苑憶看花。他日相思淚，題書寄省鴉。

清 周京《無悔齋集》卷四《將過冀州由任縣大陸澤入滏陽河泛舟》 驛路遵川塗，舟行道車迹。泛泛滄洲趣，蕩蕩禾黍陌。入夏泗澤滿，方秋惟水宅。遂令大陸區，恒衛洄溁闢。漫漫滏陽河，挂席蹈空碧。鯷鮰泳清深，鳧鷖動洴澼。輕舠摘□穗，袪稭曳葦荻。爲惜鴻雁群，嗸嗸在中澤。可有稻粱謀，畏彼餘浪激。秋風振迴波，秋月映圓璧。迢遥冀州城，光景烟水隔。浩詗發滄浪，且以承今夕。

又《滏陽河阻風同楊學士孟班秦秀才恭叔聯句》 冀州二百里，水漲挐舟往。布颿輕摇摇，柳岸浩泱泱。大陸迷近遠，滏陽恣震落。瑟瑟蘆荻聲，漾漾濠濮想。維兹禾黍區，欲擬溟渤廣。商颷時順逆，桂檠多忽怳。鳧鷗匿不飛，雲烟渺而漭。邪許與水爭，澎湃犯濤上。進未盈尺咫，退或動尋丈。湍急疾於箭，川迴折如紡。彳亍爬沙蟹，回旋緣磨蚌。長年爾何能，短櫂吾安放。偶駛軋林梢，且住傍漁網。縱横野人居，脱落塵世鞅。風波任其惡，淹留懷所賞。詎乏破浪思，空尚涉川象。行路信獨難，所道亦云枉。閒程餘一舍，晨朝占五兩。

清 沈赤然《五研齋詩文鈔·詩鈔》卷五《閱滏陽河堤折杏花一枝歸插瓶内》 溪上經年别，重逢滏水邊。萍蹤偏不定，花貌總如前。出爾風塵苦，隨吾几案緣。須知主人意，耐久勒春妍。

雜録

（隆慶）《趙州志》卷一《地理》 滏陽河，在寧晋縣東，俗呼爲清水河。發源於磁州神麕山，歷曲周、陰平入大陸澤，又東北入於滹沱。夏秋水漲，渰没勳戚庄田數千畝，例不蠲免，民多苦之。

又清水，在寧晋，自獲鹿縣封龍山北發源，經欒城至本州城西，與洨水合，入葫蘆河。按此水與滏陽河一派，俗呼清水河者，源各不同，覽者詳之。

又灃城，在寧晋縣東二十五里，今名歷城村，在滏陽河之西。城下有籔澤，周迴百餘里，中有魚藕菱芡之利，每歲飢，兵荒土人賴以全活者甚衆。金末，王義率衆保此。

清 顧祖禹《讀史方輿紀要》卷一五《直隸六》 滏陽河，縣東七里，亦自曲周縣流經境内，又北入于漳河。萬歷初，漳水挾滏陽而北出，於是舊流益亂。落漠水，在縣西南十八里，漳水舊經流此，謂之薄洛津，俗因譌爲落漠。水志以爲洺水支流也。自縣境北入南和縣界，與滏陽河合。近亦爲漳、洺諸流所并，非復故渠矣。又淤泥河，在縣東十里，亦漳水支流也。

又 滏陽河，縣東一里，自永年縣東北流經縣南，又東北入平鄉縣境下流合於洛河。舊時雨潦，輒有暴溢之虞，春冬之交，則以暵涸爲患。萬歷初，漳水決溢於大名府魏縣界，奔流北出，至縣南八里蘇河寨，挾滏河而經縣界，勢盛流駛，非復故瀆也。舊有護城堤，在滏陽河上，自縣西南十二里滏陽集至縣東北十五里馬疃村，長幾三十里。

清 包世臣《小倦游閣集》第二七《滏陽河出磁州由邯鄲永年曲周平鄉至鉅鹿入大陸泊合滹沱》 滹沱河，出山西繁峙縣，合雁門、五臺諸水，至直隸之井陘、平山，又合固關諸水，由獲鹿、靈壽、正定、藁城至束鹿之大陸泊，又合滏陽河。東北由武強至交河分二股，一股由獻縣東至青縣入衛河，一段東北由文安、大城至天津，由大清河入海。

清 陳儀《陳學士文集》卷二《直隸河道事宜》 滏陽河，源出河南磁州之神麕山，至邯鄲會渚、沁二水，逕永年、曲周、雞澤、平鄉、任縣、隆平、寧晉之境，貫大泊而出，至冀州與滹沱合流，所至之處，疏渠引灌，盡成稻鄉。而磁州之民閉閘截流以專其利，下流州縣水出盡廢。雍正四年，怡賢親王奏請改隸廣平，刻時分水，上下均沾，營田多至二千餘頃。但沿河堤岸，例係瀕河村庄修築，工多力寡，年年不免潰決。惟隆平令馮元方勸諭邑民，闔境公修，而堤工遂以完固。八年大水，滏河所經州縣漫決屢告矣，堤岸殘缺，尤非瀕河民力所能耑任，應照馮令修堤之例，將該州縣所有滏河堤工尺丈查丈明白，按通邑里甲均勻攤派，不許一毫偏累，造具印册存案，永爲定例，堤少人多，工程自然鞏固矣。唯出泊以下水勢倍增，會以滹沱湍悍之流，所有民堤，難資捍禦。八年，衡水衝決，溢流淹及青縣。前轍可戒，宜爲預圖。自臧家橋以上至衡水、冀州民堤，應令地方官查估動帑興修，修成之後，應照千里長堤例，令民間年年修補。

（嘉慶）《清一統志》卷三二《廣平府》 滏陽河：即滏水，源出磁州神麕山東北，流逕邯鄲縣東三里，又東北逕永年縣南五里，又東北逕曲周縣東一里，又北逕雞澤縣東十二里，又北入順德府平鄉縣界。《山海經》：『神圖之山，滏水出焉，東流注於歐水。』《淮南子·墬形訓》：『釜出景。』高誘注：『景山在邯鄲西南，釜水所出，南入漳，其源沸涌，勢如釜中湯，故曰釜。今謂之釜口。』《元和志》：『滏水出滏陽縣西北四十五里鼓山。』《寰宇記》：『源出鼓山南巖下，其水冬温夏冷。』《元史》：『中統三年，王允中請開洺州、滏河以溉民田。至元元年，以洺磁路引漳滏灃水溉田，致御河淺澁，鹽運不通，塞分渠以復水勢。』又，《河渠志》：『至元五年，洺州路請疏滌舊渠，置壩牐，引滏水分灌洺州城濠，以濟民用。』又，郭守敬言：『磁州東北滏、漳二水合流處引水，由滏陽、邯鄲、洺州、永年下逕雞澤合入灃河，可灌田三千餘頃。』《舊志》：滏有二源，一出神麕山黑龍洞口，一出武安鼓山南巖下，合流逕磁州南關舊城東南，至臨漳縣西十五里入漳。明咸化十一年，州判張理以磁州地低窪，導水北流，從邯鄲界逕永年、曲周入漳。由是經流遂壯，南盡淤磁。《州志》：滏水至州南，繞城東北流至閆家淺入邯鄲界，又東北至府城南，又繞城東北至曲周縣東。昔時漳、滏合流於此。本朝康熙二十三年，漳河東徙。三十三年，漳水復還故道，尋又東徙，滏水獨流，至雞澤縣又北入平鄉界。按，滏水舊合漳河，故多衛溢，今漳河南徙，水患遂息。自明嘉靖中，知府高汝行、永年知縣朱泰創建惠民等牐，引流灌溉，自後秔稻始興。而磁州之民欲專水利，築壩遏水，致下流稻田多廢，爭訟累年。本朝雍正四年，怡賢親王奏請以磁州改屬廣平府，由是爭訟始息。磁州以下，均霑水利，營田多至二千餘頃，從前斥鹵盡爲稻鄉矣。又按，牛尾河接滏陽河分支北流，逕永年、雞澤至馬坊營，入順德府南和縣界。本朝乾隆二十八年，總督方觀承奏請挑浚。

（光緒）《永年縣志》卷二《山川志》 滏河即滏陽河，源出於磁州鼓山之麓，東南行二里許與黑龍洞水合，其流始大。黑龍洞，即神麕山也。《山海經》：神麕之山，滏水出焉。《寰宇記》：滏水源出鼓山南巖下，泉流奮湧若釜之揚湯，故以滏名之。流經州東北。又東入邯鄲縣界，會渚、沁二河，東北流入永年境，賈葛潭水注之。又東北爲八閘，爲郗家灣，爲府南橋。又環護堤北折，爲利民、安民閘，爲東橋，本名宏濟橋，昔年漳滏合流於此。又北爲便民閘，爲張西堡。又東北爲于家寨，入曲周縣境。河流在永年者，長九十七里。護城堤相傳築自夏王竇建德，明嘉靖間，知府李騰霄修之。環城四周，東爲娘娘口，東北爲鐵鍋口。明萬曆丁未河決，東岸村舍湮没殆盡。

《清史稿》卷五四《地理一》 平鄉疲，難。府東八十里。東：滏陽河自鷄澤入。西：劉壘河自南和入。縣驛一。

又 鉅鹿疲，難。府東百十里。鉅鹿藪即大陸澤。滏陽河自任入。老漳河，康熙中徙，廢。縣驛一。

又 永年衝，繁，難，倚。西北：婁山。東北：沙河，自沙河入。南：洺河，自河南武安入。乾隆中，決入牛尾河，同治末，復故。東南：滏陽河，自邯鄲入，歧爲劉壘河，即牛尾河。有八閘，并引滏溉田萬九千餘畝。臨洺關通判，道光中，裁移河務同知駐此。縣驛一。

又 曲周繁。府東北四十里。西南：滏陽河自永年入。漳河故道東南，自明萬曆初挾滏而北，康熙十年始南徙，四十七年益南逕大名元城，縣驛一。

又 新河簡。州西少南六十里。西有滏陽河，自寧晋再入。有胡盧灣，舊與漳合處。縣驛一。

又 武邑疲，難。州東北九十里。西：滏陽河自衡水入。又廢龍治河、老漳河。有水驛。

又 衡水簡。州東北九十里。漳河衡流，古亦曰衡水。隋以氏縣。後爲新漳河，乾隆中南徙。其滹沱今北徙。惟滏陽河自州入。古鹽河湮。縣驛一。

又 隆平簡。州南九十里。東有滏陽河。澧河自任入。澧有九閘，雍、乾中建。北有泜河，自唐山入，合新溝水。泲河自栢鄉入，合支津及午河，曰槐午河。有驛。

又 寧晋簡。州東南四十里。滏陽河自隆平入。有寧晋泊，周百餘里，匯其澧、泜、午及州之洨、槐諸水，自十字河來會，錯出復入。邑故澤國，康熙末，漳南徙，雍正初，滹東徙，怡賢親王復浚各水口，築堤設斗門，閑內外水出入，積潦始消。光緒中，滹沱復淤塞，半爲平陸。有百尺口廢巡司。縣驛一。

傅公河

綜述

明 林梅《重闢傅公河記》（光緒）《漳浦縣志》卷一七 漳浦縣學，宋天聖迄乾道凡幾徙，自熙寧卜臧官塘再徙而後定，至于今不改。曰印山，曰城岡，皆不數年易置，漫無可考。官塘建學祀四十，爲徽宗大觀宰邑傅希龍用士議闢河于學前，引潮水入自巽方，流于溪，注於海，襟拘環遶，爲文物彬蔚之徵，人呼爲傅公河。因游印山，而記諸石其事，詳載淳祐、嘉定二郡志。世代陵谷水道湮淤，莫知所自。殆一百六十年來，學前衡道自垣而南折，塗者、室者、洿池而藝圃者，區分界別，各私其有，河之迹荒矣。雖名聞不可泯没，爲政君子有志修復，輒爲異說搖惑而失於考證。

嘉靖改元，文名日遜，歲丙戌，吉水周侯仲視篆至庠，士請益力。時邑事絲棼，清理未暇。又踰年，政既大行，考學政沿革，歷官次第，稽諸石刻，而參驗符合，喜曰：『是可破疑矣。』朔日廟謁，偕丞、簿、校步而前，視諸所侵者。令下，期日盡復之。授圖與傭，乃畚乃鍤，鑿爲方塘，深丈許，東西袤爲丈五十有一，廣殺十之四。河之中因土砌石爲印臺，其制方。南岸地多曠，污者窒之，隆者夷之。其亭上楹三，柱十有二，臨池舊蔽以垣，乃易綽楔而開焉。扁曰：『泮宫』。東路逼民居，東版而繩直之，防侵漸也。費不于官，無誅侵于民，凡歷三年而制始大備，幽深洞遠，疏展奥麗，有光舊物。教諭蔡德進、訓導彭潛、鄧崇文以侯有嘉惠後學之功，屬予記其事。

惟人才出自學校，而學校之盛衰，物理之興廢，皆天也。天不變，道亦不變，故學校流衍萬世，不與封建、井田、肉刑、銅冶之法俱變焉。此河之所以有作而又有續也。文運之通塞，人才之顯晦，氣脈攸繫，則當有翹材穎質出，而應山澤通氣之兆者。予是歲濫修邑志，搜遺考故，傅希龍治浦無他政，獨存闢河一事，古今稱誦，列名宦祠而俎豆之，以爲政知所先後。今侯以清節重望、文章政事爲稱首，其治最不一書者，已具載于頌德碑矣。夫育才之澤，與造化流。古之人無斁，譽髦斯士，侯之德其可以感也夫！蔽芾甘棠，勿翦勿拜，侯之功其可以不没也夫！

傳記

（光緒）《漳浦縣志》卷一四《名宦志》 傅希龍，字廷允，仙游人。待制楫之從子，龍巖尹知柔之從父也。登元祐進士，鋭意文教，嘗病學宫山勢環繞而水直瀉，乃鑿河引潮水自鹿溪流入宫墻之内，後登第者接踵，人呼爲傅公河。性梗直，不附二蔡，終本縣令。

又 周仲，字南仲，江西吉水人。由舉人嘉靖五年任，疏通敏决，吏民畏服，浚傅公河，纂修邑志，葺坊都社學，以訓民子弟。

紀事

（康熙）《漳浦縣志》卷九《學校志》 國朝康熙七年，知縣喬甲觀清復澄心亭，并浚傅公河。

（光緒）《漳浦縣志》卷一《方域志上》 嘉靖間，知縣周仲浚傅公河，爲之深丈許，東西袤爲丈五十一，廣殺十之四，有郎中林梅記。

雜録

（光緒）《漳浦縣志》卷一《方域志上》 傅公河，宋令傅希龍所鑿也，引鹿溪潮水自巽方入泮宮，以增山川之勝，記於印石。嘉靖七年，知縣周仲增鑿印池，歲久堙闕。康熙三十二年，生員蔡來朋等鳩貲疏浚。

又 後溝，在邑治東南，凡縣前縣後街、南驛前、西街、魚市街之水入焉，城内東南之水皆會於傅公河，前由城南水門而出達於南溪。

又 卷二《方域志下》 澄心亭，在學前傅公河上觀德亭。

官河

綜述

宋 王居安《重浚官河記》（雍正）《浙江通志》卷五八 黄巖縣爲田可百萬畝，而水鄉之田實居大半。言水利者，惟浚河、置閘二事而已，而二事又復不審不密。昔之爲河者，慮未及閘也，是之謂不審。其爲閘者，慮未及河也，是之謂不密。

元祐以前，初未有閘，大率爲埭以堰水，頗爲高田之利，而下田病之。水潦大至，下鄉之民十百爲群，挾梃持刀以破埭，遂有鬥争格殺之事。於是鄉先生羅公適提刑本路，始議建閘，酌高下以謹啓閉，解仇怨以全鄉井。意則美矣，然繼述匪人，諸閘既立，開時常少，閉時常多。潮水一石，其泥數斗，潮汐淤塞，寖成平陸。時當巨浸，閘雖啓而流實壅。於是下田被害，反咎夫閘之閉水，曾不若埭之可以破決，其洩水易且速也。

東嘉蔡君範來宰我邑，深究水之利弊。初年，遂疏決閘内外諸港，使水有所洩。明年，遂開浚田間諸河，稍令廣大，使水有所瀦。又用葉森議，建爲爬梳之法，設長鐵爬及輥江龍，因潮之方退，合人力以鼓蕩之。泥淤乘流而下，力少而功倍。此不特於河有功，而閘亦永利矣。

明 周志偉《請開河疏》（雍正）《浙江通志》卷五八 臣竊見黄巖、太平兩縣，負山瀕海，形如仰釜。雨則衆流奔趨，頓成湖蕩。稍旱即諸原隔絶，輒成斥鹵。故水利之在兩縣，尤爲切要。

宋元祐間，提刑羅適開河置閘，地始可耕。淳熙九年，提舉朱熹奏請官錢增修諸閘。繼之勾龍昌泰，精思力行，遂迄成效。今仍在黄巖者五閘，長浦、鮑步、蛟龍、陡門、委山是也。分隸太平者六閘，金清、回步、周洋、黄望、永豐、細嶼是也。潦則洩之，旱則蓄之，潮則捍之。而又立爲爬梳之法，以時洗蕩之。經畫區處，至爲詳備。其間田畝約計七十餘萬，盡爲膏腴。景泰、天順間，兩次差官修築，民獲其利。弘治以來，有司廢不之講，啓閉不時，旋復壅塞。頻年旱澇，束手無謀。

臣到任初，訪之父老士人，皆云此河不復，民無生日。臣於去年冬督同黄巖縣知縣方介、太平縣知縣曾才漢往來相度，故閘雖存，諸河淤塞，率與田等，遂行兩縣，起倩人夫，協力開浚。又見各閘去海頗遠，潮淤日積，未免有尾塞不通之患，乃請巡按御史傅鳳翔動支無礙官銀，於近海之地建閘一所。竊惟諸閘之復，不惟旱澇有備，兩縣糧運皆由此達，較之往年海運、陸運風波之險，人力之繁，利已數倍。但數十年間，旋修旋塞。其最爲患者，海潮耳。海水一石，其泥淤數斗，積之旬日，即以丈計。最要者，啓閉耳。兩縣去閘頗遠，率難照應。

臣查得黄巖縣南監地方，先年設有河泊大使一員，專管沿海課米，仍復此官，使之兼理諸閘，責之啓閉爬梳，各以其時。爲此具本，差吏奏聞。

傳記

（光緒）《黄巖縣志》卷二一《人物志五》 王轂，字華轂，號墨舟，廣陵人。能詩，有器識。康熙戊辰，客黄巖。丁丑，與錢塘吴允嘉游九峰，有追和吴黄倡和詩。趙鎮軍宏燦與劉令寬重浚官河，轂爲作歌紀之。時年七十餘矣。

又 卷四〇《雜志四》 徐玉璣，字輝齋，西山人，候選布政司理問。道光十九年秋旱，玉璣以工代賑，重修新來橋閘，自閘頭東至匯頭金，浚河十餘里，廣三丈六尺，深一丈八尺，築匯頭金壩，以蓄白龍嶴、唐家嶴、東嶴、西嶴等水。又别開新河，自北山龍顧橋至花藥堂爲溪口石壩，以蓄西山之水。明年訖工，獨費數千金。今重浚官河，易於施功者，以此。

紀事

（萬曆）《黄巖縣志》卷一《輿地志上》 淳熙元年，令孫叔豹復浚之。越十年，丞劉友直又浚之。又十五年，丞何坦浚之。又二十六年，令蔡範按視疏治，常平使者齊碩爲請於朝，得旨，分命鄉官士民浚之，直派旁流深廣有度。及元大德己亥，知州韓國寶又復浚治。國朝治河，已往不能悉記。嘉靖己亥，周守志偉令黄巖令方介、太平令曾才漢分董浚之，且增置永通閘云。

雜録

（萬曆）《黄巖縣志》卷一《輿地志上》 官河，在縣東南一里，自南浮橋至嶠嶺即温嶺一百三十里，廣一百五十步。又别爲九河，各二十里。支爲九百三十六涇，以丈計者七十五萬，分爲二百餘埭，其名不可殫紀。綿亘靈山、馴雉、飛鳬、繁昌、太平、仁風、三童、永寧八鄉，溉田七十一萬有畸。八鄉之田，高下不等，形如仰釜。仁風已上，西爲永寧、三童、負山，東爲飛鳬、靈山。濵海負山，則接溪源，濵海則近潮，淤皆釜唇也。繁昌、太平、方巖三鄉處山海之中，實居釜底，河雖經緯，蓄洩不均，稍雨則卑鄉受墊，稍晴則高鄉慮暵。此利彼害，交相爲痡。農無數歲之稔，以水旱奏報振廩捐租者，歲相踵也。紹興九年，令楊煒賦功筭畫最詳，功力最深，田能水旱者凡二十有六年。

廣惠河

綜述

清 蕭應植《重開廣惠河記》（乾隆）《濟源縣志》卷六 濟源之得名也以濟。其農田水利得於濟水者爲多，次則沁。自秦建枋口以導沁流，晋司馬孚易之以石，唐温造節度河陽奏復秦渠，以溉濟、河、温、武四縣田，而利乃益廣。

明萬歷間，河令袁、濟令史又鑿山開洞，而爲永利。廣濟等渠，沁南之水利，河、濟之受益已多。其沁河之北，古有灌田河二道。一名廣惠，前明隆慶年間創自郡守紀公，河、濟兩縣民田得資灌溉者二百五十餘頃。年久湮廢。至康熙五十八年，前令余君尚鈺率里民李鑒等議復修浚，而未竟其功。一名利澤，本朝初年，創自前令夏君霖，分廣惠而南，溉上莊、化村等田六十餘頃。續亦失修而廢，數村恒以旱暵爲苦。

予治濟之三年，上莊等村士民李平世、郭寧等以疏導舊渠興復水利請。予謂：興利除弊，司牧之責也。特恐以利民者擾民，飭令公同確議。旋據該士民等詢謀，僉同以爲有利無害，約需費二千餘金，用水地户各願捐工捐費，不煩公項一文。予隨親詣勘度，見故道瞭然，舊工可藉，遂欣然而可其請。乃逯、馬兩村之民，抗違不遵，因集衆議，按照廣惠河，上截自上莊東北挑至任寨，其下棄舊河身不用，即於任寨之南，另開河尾，循利澤下截，放水入沁，不經逯、馬兩村，無庸派其工費。惟逯村有地數十畝，與任寨等村相錯，水所必經，派令照畝出資。又復梗議捏詞控府蒙發縣查予復諸工勘訊飭遵取結覆立案。

奉郡憲親履其地，細勘情形，實有裨于民生利益。於是核定規條，其應資水利者，上莊、寺莊、逯寨、任寨、留村、化村、逯村計七處，共地六十餘頃有零，土工各按畝出夫，石工則計畝輸費，其有舊河身外挑動地畝，則公估時價，照數給之。石梯之上，倚石爲墻，汏入峪口，復壘石爲岸，下至沙河，建立大閘，設爲重枋，需水始行開放，而於其南建放水閘一座，不用水時放之入沁，以防汛溢。

上莊以西，仍分南、北二河，中建分水一閘，南河經留村、化村而入沁，北河則由上莊而北，經任寨西復南，逕寺莊而歸于沁。至賀坡之東，有白澗河一道，雨後山水陡發甚暴，乃于河下砌作陰洞，上面平鋪石板，約五十丈，旁建八字墻二座，使利水下行，澗水上出，不相妨礙焉。

是役也，經始於己卯五月，旋以天旱薄收，民力艱難，暫時停止。庚辰二麥有秋，民皆踴躍。功已半就，秋成又得大熟，收穫甫畢，衆即共趨，閱月而告厥成功。予驅車臨視，爲之歡慰。先是，屢奉憲檄，凡有關地方水利者，俱令設法興修，村民有是請，即思詳報。但懼有初鮮終，不敢冒昧妄陳。乃方一載而功竣，計工費未及三千金，而數村之地，將來可成沃壤。予深嘉數村之民，勇于趨事，而又感戴上天之默佑，與以豐收，俾得速成，可謂以人和而興地利，且得天時之慶矣。河成之日，適屆縣志重修告竣，因據實通詳各憲，并爲之記，以附入新志云。

清 佚名《修廣惠河記》（嘉慶）《續濟源縣志》卷一　天地之美利，半出於天工，亦半成於人力。古今之善政，莫難於創始，尤莫難於續成，比比然也。

沁河以北，舊有廣惠河，創自前明隆慶間郡守紀公。本朝初年，邑令夏君諱霖分廣惠而南，名曰利濟，溉上莊、留化村等田，後俱因歲久失修而廢。康熙五十八年，前令余公諱尚鈺議復修浚，而功未就。乾隆二十四年，蕭公諱應植令濟，率士民介議重修。維時年歲豐，有餘里至化村西觀前入沁河。

是役也，始於嘉慶六年二月，成於嘉慶十一年六月，共費銀約五千兩奇。所灌之田，上莊、留村、任寨、化村，計地三十頃有奇。倘日後寺莊等邨見此河之爲利久遠，翻然有改悔之心，應仍准其入利，以其貲爲歲修之用可也。是爲記。

雜録

（乾隆）《濟源縣志》卷六《水利》　廣惠河，在沁河北。前明隆慶間，創自郡守紀公，歲久失修而廢。乾隆二十四年，邑令蕭與數村士民酌議重修，二十五年冬季告成。仍分南北二河，計利地五十六頃有零，附録碑記于左。

滹沱河

論説

宋 綦崇禮《北海集》卷二《論王霸從光武渡滹沱河事》　臣觀光武初至河北，會王郎之亂，求帝甚急。方從薊中晨夜南馳，而郎兵在後，使滹沱之水或不能渡，殆矣，安能中興漢業，綿祀二百，與西京之盛比隆而繼美哉？當滹沱之未濟也，聞候吏之言，衆情危懼，將有離散之憂。王霸詭以冰堅可渡，還報，而衆果得濟。雖脱於艱難，實天相之。然非賴霸設權以安衆，則衆以離矣，將誰與之濟乎？或謂冰適得合，幸耳，不然。霸之誤衆，悔可及耶？蓋霸知人情懼不得濟，必生意外之變，若譎衆以臨河次，則阻水待濟，不暇他慮，可得相保。況天時方寒，河冰之結無常，則事或可符，理當有是，則霸之用心也。顧帝聞霸言而笑候吏之妄，則已識霸之意矣。兹其大度過人者歟！

臣幸得備官太史，與修日曆，而王府舊僚以事迹來上。竊聞陛下初以大元帥起兵相州，將濟河如大名，以圖入援。是時我師單寡，敵騎充斥，浚滑既梗，而賊營牢固，度不得前。忽報洹水渡河冰可濟，遂趨洹水路。向晚，候騎言冰已拆。蓋節近立春，凍當解矣。官屬失色，莫知所爲，未敢以白也。黎明，前鋒報河冰復合，衆情大悦。時久雪陰晦，及時開霽，天日清明，陛下乘小車安渡，師徒獨後乘糧車，以冰薄不能勝，有陷溺者。既渡，三軍讙譟。是夕宿洹水，聞敵營不遠五十里。翌日，由間道進，食村民間。有言，適見三敵騎至旁近村舍，問陛下所止，人詭答曰：『過已數日。』遂以鞭擊鞍而去，可謂危矣！蓋天以大業付陛下，則神之相之，有非人力所能爲者。是以中興宋室，同符漢光，祚嗣之隆，未易量也。雖然，無忘在莒，古人忠戒，臣竊願有獻焉。伏望陛下兢兢業業，雖休勿休，懲此多難，思雪大恥。所期戡定中國，迎還兩宮，盡復聖朝之舊，傳嗣無窮。此臣區區效忠之至，願陛下所當念兹而不釋者也。

明 袁黄《皇都水利·滹沱河考》 滹沱河出代郡泰戲山，循太行，掠晋冀，逶迤而東，至直沽入海，《禹貢》九河中所稱徒駭者是也。西漢曾置蒲吾渠，以通漕船。至國朝，流經藁城，迄于今不知凡幾徙矣。或謂是河東趨真定，由晋州紫城口南入寧晋，會衛河入海，此故道也。自紫城口衝决東流，失其故道，而束鹿、深州等處俱被水患。是時，太僕寺卿何棟以嘉靖十一年奉命相視，議慾于藁城之張村至長州之固堤大築長堤一道，約十八里，高濶堅完，然後挑浚舊河身三十餘里，障水南行，使歸故道。議下順天保定撫臣治之，久俱不報。

隆慶、萬曆間，御史趙應龍田樂以畿輔水灾相繼請治。本部題覆行勘，又俱莫有報者。至萬曆十三年，尚寶少卿徐貞明奉命開畿内水田，乃慾力除此患，議復深州故道，仍存饒陽見行之道，使滹沱由饒陽行者十之七，由深州行者十之三，并欲挑浚河道，修建橋梁，俱該本部覆行勘舉。然而中官大家重棄成田，不欲改事，浸淫聞于上，上意以爲不可，適御史王之棟疏言之，遂并懇田事俱停止。

明 陳仁錫《無夢園初集·勞集》四《西北水利》 懷慶紀守嘗因舟沁支流，疏渠成田，民頗利之。紀去，而田亦隨廢。又如真定楊中丞之家居也，亦嘗募南人緣水墾田，歲入甚饒。及滹沱旁决桑田之變，秪瞬息間耳。予謂滹沱河必不可治，孺東之議亦以此沮，不如空此二百里，則西北水利可商也。

又 滹沱河在真定郡城南者，南岸上實而勢稍高，北岸沙浮而勢稍低，故水之漂湃，就北爲多。弘治六年，知府張淑開新河於郡南，通不匝歲而水仍盡歸於舊河，則以南高北低故。今饒陽勢低，若自束鹿吕彩村入深州之道浚深，使平常使饒陽見行之道與深州初復之道地勢相等，則雖中半十分之水，亦且分流而并出。此孺東斟酌之論，而終以故止。愚謂且止滹沱河勿治，先其易者可矣。

又 滹沱河會衛河，繇直沽以入海。載在《一統志》。

清 陸隴其《三魚堂集·文集》卷二《滹沱河辨》 按《漢書·地里志》以滹沱爲《禹貢》九河之徒駭。蔡九峰謂滹沱不與古河相涉，而取酈氏、程氏之説，謂九河之地已淪於海。

《深州志》載嘉靖時深州知州山陰錢楩云：班固以滹沱爲徒駭，未必無據。禹時黄河北流，西山諸水皆東注入河，滹沱其一也。滹沱正在大陸北，不得謂與古河不相涉。九河，即恒山以東諸水。逆河，即易水，逆與易音相近，呼稍訛耳。黄河自南而北，易自北而南，故曰逆河，相合東行，趨入直沽，故曰『同爲逆河入于海』。蓋直以今保定、真定諸水爲九河逆河，皆天作之川，禹特疏而合之，而非分河之謂也。又謂漢、唐諸儒以九河在滄州南皮、東光間者，皆非。滄州南皮、東光，皆在大陸正東，且濵海矣，又何藉于分播耶？大陸北播，經有明文。滹沱爲北播之始，易水爲北播之終，其説似是。

但如此，則《禹貢》『九河既道』之文，應在冀州，不當在兖州矣。先儒求之東光、南皮之間，又求之碣石之海，而謂滹沱與古河不相涉，豈無謂哉？洪荒之事，本難臆斷，存之以備一説可也。

清 王念孫《王石臞先生遺文》卷一《籌復滹沱故道説》 子牙河上游即滹沱也，由獻縣迤北，經河間、大城、静海、天津，以匯北運河。河間、大城、文安邑地勢俱窪，而文安爲最，高宗純皇帝所以有《望窪亭》御製詩也。比因河不順軌，屢决西岸，一經漫溢，河間、大城害在終歲者，文安之害必至數年。

自乾隆五十九年以來，於今七年矣，田廬墳墓盡没於汪洋浩瀚之中，行道者蒿目傷心，當局者呼天欲訴，今築長堤以捍盛漲，移石閘以洩瀝水，誠拯溺之要務矣。雖然，猶有慮此河大溜側注，西堤險工叠出，七年之間，四遭漫决，已有明徵。現雖動帑普律加培高厚，而迎溜頂衝之險仍然如故，怒浪洶濤，日朘月削，既無掃厢以資抵禦，又無石壩與爲分洩，輒恐單堤一綫當此急湍，不數年而漫决仍難保也。可慮者此其一。

石閘以洩瀝水，無如盛漲之時，外高於内，無可宣洩。霜降，大河水落，而寧晋泊所放之水接踵復至，外槽常盈，則内水之得放無日。迨至淩汛過後，再行啓閘，而二麥已無及矣。夏秋之間，又值瀝水，是河之漫溢固成巨浸，即不漫溢，而水潦之積或至半載，縱消涸之有期，已收穫之失望。偏灾乃其尋常，有年實所僅見，況偷扒、倒灌，更有意外之灾乎！地勢西南高而東北下，三邑西南皆瀝水之來路，大清河橫亘於北，河身本高，萬無可出，而東面子牙河日復淤積，方虞倒灌之不遑，何能宣洩？可慮者此又其一。

限於地之無如何策，其勢之所必至，蠲賑之費卒無已時，生靈之憂伊於胡底，毀堤結訟，持械傷人，特其小焉者也。再四思維，莫若改復滹沱故道，庶幾抽薪釜底耳。

考滹沱一河，自獻縣西南完固口支分爲二：一入單家橋，由交河縣至青縣之鮑家嘴，匯南運河；一入臧家橋，由河間、大城、静海，至天津縣匯北運河。康熙五十年後，河流漸趨北道。雍正五年，單家橋流涸，遂并爲今河。數十年來，舊河爲獻、交、青三縣瀝水所注之區，廢雖久，其迹猶存，綿亘將及二百里。循舊挑浚，自完固口引溜入新河，俾由單家橋入交河縣界，經杜林鎮，至青縣南鮑家嘴以匯南運河。并於完固口北道及新河口二處各建減水石壩一座。建在完固口者，仍分入今之子牙河，非山水迸發之時，壩外滲滴不過，即大汛所洩，其勢已去十之八九。建在新河口者，減溜入子牙故道，下老君泊，穿獨流叠道，至宋家馬頭橋，歸現今子牙之下游，以入北運河。再於鮑家嘴迤下，南運河之東岸静海一帶，相度地勢，開挖引河一道，即就引河頭建減水石壩一座，分運河之水入引河，以東注於海。滹沱既有完固口、新河口二處之壩分洩，運河又有東岸之壩旁消，則入運之水僅有三分之一，其勢已殺，雖遇盛漲，不至瀰漫如此。不惟現佔之子牙長堤及移閘、抽溝等費可省，亦且王蕃村、閻兒莊、留兒莊等處閘壩均可無庸，即以王、蕃二閘石料拆爲完固口之用，閻兒莊石閘拆爲新河口之用，留兒莊石壩拆爲運河東岸之用，就近取給，不必另爲采購，縱或添湊，亦易爲力。

此一舉也，有五利焉。

河、大、文三邑頻年顛沛流離者，非關天灾，以子牙河故也。河流不改，淪胥之患終無止息，隨時補苴，無濟也。今滹沱仍歸故道，則宿患除矣。百萬生靈各保其命，沮洳盡去，家室攸寧，勞在一春，逸於百世，將敦治比之誼，同慶袵席之登，又何至以鄰爲壑，紛紛結訟也哉？此其利一也。

近年三邑被淹，蠲免地糧動輒數萬，賑恤灾黎亦動輒數萬，自乾隆五十九年至今，三邑之叨蠲賑者四次，合而計之，不下二三十萬矣。現在築堤諸費又復不貲，雖皇上念切民依，湛恩汪濊，獨何堪此無已之害，屢糜國家無窮之帑哉！今河流徙遷，則三邑永無水患。既無水患，蠲糧且不必，賑恤更無庸矣。益民即以益國。此其利二也。

三邑在滹沱未經趨北之先，素稱沃壤。自河流合并，遂罹墊隘。方其槽深足以容納，害猶未劇也。迨河底淤積日高，尋常之水即抵異漲，非復昔日情形，外高於內，田疇洿爲藪澤，河實使然。大抵河不漫溢之年，三邑得耕地畝亦不過十之五六耳。今河既改流，故瀆遂空，不但河間、大城不苦積潦，即文安大窪亦得向東洩水。北有長堤一面以禦淀河，已足晏然無事。雖東面一帶長堤，亦屬可有可無，區區廣安横堤、長城老堤，更屬無關緊要。將見此三邑之田，今日欲求一收不得者，他日皆滿篝滿車，蒲葦之區，盡變膏腴之産，三時有慶，奚待蠲租，千耦其耘，且饒正賦。此其利三也。

滹沱本入南運河，其入北運河，乃現在之所行。下游有格淀堤一道，乾隆十年所築，偪束尾閭，不使停緩，隔别清濁，不使混淆，實係衆河樞紐。自此堤衝決，遂支分一流於淀河。淀河即大清河，大清河既匯桑乾，不宜更匯滹沱，以增其漲。且所匯之地，相距俱不甚遠，三河合注，清濁相混，則疏瀉不及，則上流受傷。比年以來，不特滹沱一河衝決頻仍，亦且大清、桑乾漫溢迭見，下壅上潰，皆滹沱會流之明效大驗也。今滹河復由故道入南運河，在南運河本係從前所匯之舊河，未爲加增，南、北運河得少一股之漲，大清、桑乾亦可藉以安瀾，是治一河而三大河并受其益。此其利四也。

大凡行水之勢，宜直不宜紆；入海之口，宜近不宜遠。滹沱現行之道，由河間、大城、静海，至天津西沽入運，經歷四邑，綿亘三百餘里。若故道只歷交河、青縣二界，未及二百里。河長，則所佔之地既長，而爲患之地亦長，以新較舊，長去三分之一，不惟可少歲修之費，亦且防範易周。此其利五也。

以害若彼，以利若此，故道之當復，不待再計決矣。

或有慮之者曰：勞民傷財，不如其已，而不知非也。得已之事，簣土亦不應勞，寸金亦所當惜，茲豈得已乎？計功受值，從古不廢力役之征；非創實因，在今大關水利之要。費雖甚浩，獲益良多；役即需時，害除不少。試思數年以來，漫溢頻仍，存無以養，没無以葬，其可憫孰甚焉？而且屢次蠲賦，屢次加賑，至於二三十萬，所傷不更多乎？此舉正爲民計，正爲財計，舍而弗事，輒恐下民其咨，而國帑亦不勝其耗矣。

或者又曰：於河、大、文等邑，則誠利矣，獨不爲交河、青縣慮乎？曰：不然。交河、青縣，本係滹沱舊由之區，循其迹而修復之，一律深通，正昭順軌。且今昔異形：昔日之滹沱，挾漳、滏二水，奔騰洶涌，其勢甚强。自康熙四十年後，漳水改注館陶。四十七年，全漳歸衛，而北道遂湮。是今日之滹沱，久已絶去漳水之助，所會者獨滏陽耳。夫以昔日之挾二水而由此道也，未聞頻罹其患，今所挾止一水，多寡强弱正不同矣。況盛漲之時，又有完固口、新河口二處石壩分洩其勢乎？

或者又曰：舊河堤内多已成田，河復則田廢，無乃可惜？曰：不然。成大功者，不能更避小怨。此河之廢，甫數十年，獻、交、青之瀝水，均藉宣洩，未盡湮塞，高處雖墾成田，亦第有河之半耳。且兩堤之内，所寬無幾，非若平原之衡從其畝也。試以永定河下口言之：南北兩岸相距五十里，任水蕩漾，此五十里中，村莊不下百數，沃田不下數千頃，以較此河之所有相懸，奚啻倍蓰？方改下口之時，高宗純皇帝諭旨，令各村莊之民移徙他處，毋許近河居住，以佔容水之分，其地畝之有糧者悉行蠲免。其故何也？爲民除害，自不得與水争地，睿慮至深且遠。今宜凜遵成法，查明堤内地畝，已升科者，予以蠲除，若係私墾，無庸置議。況乎兩利相形，則取其重；兩害相形，則取其輕。惜此舊河一綫之田，而令河間、大城、文安、任邱、保定五邑數百村之田盡歸烏有，其害之輕重，利之多寡，不可同年語矣。即爲濱河居民計，河路既通，則舟楫往來不絶，藉以多謀生理，亦未始不有其利也。

或者又曰：滹沱水濁，不慮其淤南運河乎？曰：滹沱入北運河數十年矣，未聞淤北運河也。不淤北運河，獨淤南運河，恐不其然。且南運河之爲滹沱所入，由來已久，自明至國朝雍正初年，三百餘年矣。粮艘輓運，無不稱便，亦未聞南運河有受淤之患也。

或者又曰：完固口分爲兩流，豈不甚便？何必更建石壩？曰：分流未始不可，但完固口不建石壩，則溜終向北趨，新河不久仍涸，只可於盛漲之時減洩，不可於尋常時分溜。凡治渾河，胥是道也。且有河即須築堤，既築單家橋迤南一帶之堤，又築臧家橋迤北一帶之堤，不但日後歲修較增於昔，而目前之費亦必加多。今有兩壩分洩之名，而無兩河并行之實，則堤工只須一處，作堤之土即取給於河身，并將所省現在估築等費移而用之，以工抵工，以項抵項，則事半而功倍矣。

清 沈垚《落帆樓文集》卷三《滹沱水考》 《山海經》曰：泰戲之山，滹沱之水出焉，東流注於漊水。郭璞曰：今滹沱水出雁門鹵城縣南武夫山。《漢書·地理志》：代郡鹵城縣，滹沱河東至參户，入滹沱別，過郡九，行千三百四十里，并州川。從河東至文安入海，過郡六，行千三百七十里。《元和郡縣志》：代州：繁畤縣，西至州六十里。泰戲山，一名武夫山，在縣東南九十里，滹沱水出焉。雁門縣，本漢廣武縣，夏屋山在縣東北三十五里。句注山，一名西陘山，在縣西北三十里。崞縣，東北至州五十里，滹沱水在縣東二百步。唐林縣，東北至州一百一十里，滹沱水在縣東，沙河在縣南二里。忻州，東北至代州一百六十里。秀容縣，滹沱水在縣東三十二里。定襄縣，西至州四十五里，縣本漢陽曲縣城，聖人阜在縣東北二十里，石上手足迹猶存，滹沱水西自秀容縣界流入。代州：五臺縣，西北至州一百二十里，本漢慮虒縣，五臺山在縣東北一百四十里，慮虒水在縣北十五里。太原府：盂縣，西南至府二百二十里，原仇山在縣北三十里，滹沱水西自代州五臺縣界流入，南去縣百里，縣城本名原仇城，一名仇由城。《太平寰宇記》：代州雁門縣，句注山在縣北，注《水經》云：雁門郡北對句注，東陘其南，九塞之一也。晋咸寧元年《句注碑》曰：蓋北方之險有盧龍飛狐，句注爲之首，天下之阻，所以分別内外也。漢高祖欲伐匈奴，不從婁敬之説，械繫於廣武，遂踰句注，困於平城，謂此也。滹沱水在縣南。龍泉水源出縣西北平地，注《水經》云：龍泉出雁門縣西平地，其大三輪，泉源涌沸，騰波奮發，以巨石投之，水輒濆出，亦云潛通燕京山之天池也。漢故廣武縣城在郡西南，魏文帝移雁門郡南渡句注，置廣武城。《冀州圖》云：廣武縣水出定襄縣南陽西鎮之南山，東北流，又北經兩嶺山，又北合一南來之水，經建安堡，東注於滹沱。滹沱河稍北，有一水自西北來會，水出泉巖堡西北山，兩源，合東南流，經槐陰堡東北，至河邊堡之西南，南入滹沱。滹沱又東南，五臺山之清水河自西北來會。清水河源出南臺山麓，西流數十里，東峩山、東麓山自西北來會。折而南，稍東南流百里，有射虎川自東來會。折而西流，稍西南，經虒陽山麓，又西，有虒陽河北自獨龍山來會。又西南，有九女泉西北自縣東來會。又西，經五臺縣城東南，又南，有小水自城西來會。折而東南，流經煖泉山西、突厄山東，又東南，經寶村店西，又東南入滹沱河。滹沱河又東南，經盂縣東北境，有龍華河自西南來注之，河出盂縣北之龍霧山，東北流百里入滹沱。滹沱又東南，有秀水河西南來會。秀水河三源：一曰烏河，出盂縣西南之玉泉山，合一水東北流，經縣城東南，又東北，有星河自縣西北東流，繞城來會，又東合一小水，又北，有白鹿泉自西來注之，又東，有白馬山水自西來注之，又北入滹沱。滹沱又東入長城黑山關，東南入直隸界。自發源至此，由東而西，而南，而東，而東南，回環九百里。

又按，代州城東之水，即《續漢書・郡國志》之常溪水也。五臺縣西之小水，即《元和志》之慮虒水也。雲中河即肆盧川，《寰宇記》：肆盧川水今名雲中水，一名分領水。《元和志》：後魏宣武帝於忻州西北十八里故肆州城移肆州理此，因肆盧川爲名也。開皇十八年改置忻州，因州界忻川口爲名也。忻川在北，肆盧川在南。《水道提綱》有肆盧川，而無忻川。《元和志》：恆州房山縣，東南至州八十里，蒲吾故城在縣東二十里。靈壽縣，東南至州五十里，滹沱水在縣西南二十里。眞定縣，恆州郭下縣也，恆州西北取五臺山路至代州五百三十里，滹沱河南，句去縣一里。九門縣，西南至州三十里，滹沱水在縣西九十里。藁城縣，西北至州五十八里，肥纍故城，縣西南七里，滹沱水去縣二十九里。鼓城縣，西北至州九十五里，滹沱水在縣北十三里。《寰宇記》：靈壽縣衛水，《水經》云：衛水出常山靈壽縣西，東北入於滹沱河。靈壽舊縣城在縣西北。眞定縣蒲澤，酈道元注《水經》云：滹沱河水又東逕常山城北，又東南爲蒲澤、濟水，有梁焉，俗謂之蒲澤口。安樂壘，魏道武出關，登常山郡城，北望安樂壘，嘉其美名，遂移郡於壘，今州理是也。藁城縣，藁城舊城在句注陘南口之南二十里。東陘關地甚險固，在郡南二十里，西陘關在縣西北五十里。五臺縣五臺山，《水經》云：五臺山，五巒巍然，故謂之五臺。晉永嘉三年，雁門郡傁人縣百餘家避亂入此山，見山人爲之先驅，因而不反，遂寧巖野。往還之士希有望見其村居者，至詣訪，莫知所在，故俗人以此山爲仙者之都矣。聖人阜，《水經》云：滹沱水東流經聖人阜，阜下有泉，泉側石有十二手迹，其西復有二腳迹甚大，莫窮所自，在縣西南四十八里。趙一清曰：五臺縣五臺山，《太平御覽》引《水經注》曰：其北臺之上，冬夏長冰雪，不可居。文殊師利嘗鎮毒龍之所，今多佛寺，四方僧徒善信之士多禮焉。《寰宇記》：仙人山在五臺縣東南五十里，石嵒上有人坐迹，山腹石上有手迹，山下石上有雙腳迹，皆西向立。《初學記》引注《水經》曰：代州專池水西注五臺。又思陽水東有獨山，山上有嵒，嵒上有坐迹，山腹石上有兩手迹，山下石上有兩腳迹，俗名之曰仙人山也。據此，則樂史所稱仙人山亦是酈《注》原文，而『思陽水』一語尤足補其缺逸。《魏書・地形志》：肆州永安郡驢夷縣有思陽城，蓋因水以爲名。垚按：漢鹵城故城在今繁畤縣東，漢繁畤故城在渾源州西，慮虒故城在五臺縣北，驢夷即慮虒，字隨音變耳。

又《水道提綱》曰：滹沱河，源出山西繁畤縣東山泰戲山，在平(荆)〔型〕關南，巖頭山西，曰青龍泉。西流經三泉鎮北、孤山大營南，有小水自南來會。又西經沙澗驛南，有華嚴水自南來會，水出中臺之麓，北流經北臺東，又西北流入滹沱。滹沱又西少南，經縣城南，又西南有峩水自東南來注之。峩水出東峩山西麓，西北流入滹沱。滹沱又西南，經代州城東南，有小水自北來，繞城東而南來會。又西南，經陽明堡東，有二小水自西北來注之，由西南經崞縣城東，有一水自西北經城北而東注之，其東岸即五峰山。滹沱又南，有小水自西來，經城南注之。又西南，有陽武河自西來會，其東岸即天柱山及福壽山。又南，經平原村東，有銅河東出鳳皇山北麓，自東來會，有小水西出五峰之西北麓，自西來會。又南，有沙河自西南來會。又南，爲忻州北境之忻口。折而東南流，經定襄縣城西北，有雲中河自西南來會，河出忻州西北山，兩源，合而東流數十里，經州北，又東稍北，自定襄西北入滹沱。滹沱河又東南，牧馬河自城南來會。又東，經五臺縣南境槐陰堡南，有一水自西南來會，縣城在今縣西。按唐眞定縣城本安樂壘，舊常山郡城在壘南，滹沱水經常山城北，則經安樂壘之南，不得在唐眞定縣北。樂史改《元和志》之文，曰滹沱水在縣北一里，則誤矣。

又《水道提綱》曰：滹沱水入直隸界東五十里，有一水西自黑山關之北東流，穿城而南注之。又東南三十里出山，始行平地，經平山縣城北，有井陘縣水自南來會。又東南流，經靈壽縣南、獲鹿縣北境、眞定府城南。又東南，經藁城縣城北。按：井陘縣水即《漢志》之緜曼水，鼓城縣今晉州也。滹沱水舊經晉州之北，今改由晉州之南四十里。滹沱自晉州以下，宋、元來決溢不常。《元和志》：定州毋極縣，北至州八十里，滹沱水南，句去縣三十五里。從藁城北至定州一百二十里。深澤縣，西北至州九十里，滹沱河縣南二十五里。光武至滹沱，冰合，以囊沙布冰上，渡未畢數車，冰陷，今名溝旁合處爲危渡口。深州安平縣，東南至州五十三里，滹沱河在縣南二十三里。鹿城縣，東至州二十五里，滹沱河在縣西北四十二里。饒陽縣，西南至州三十里，滹沱河北，句去縣四十五里。州理城，晉魯口城也，公孫淵叛，司馬宣王征之，鑿滹沱入泒水以運糧，因築此城。蓋滹沱有魯沱之名，因號魯口。後魏道武帝皇始三年，車駕幸魯口，即此城也。蕪蔞亭在縣東北四十五里，後漢光武帝自薊東南馳，晨夜至饒陽蕪蔞亭，飢甚，馮異進豆粥。《寰宇記》：漢毋極故城在祁州無極縣西，深澤故城在深澤縣東南三十五里，饒陽故城在饒陽縣東北二十里。按：隋本於饒陽置深州，故《元和志》載魯口城不曰縣理，而曰州理，州理即縣理也。《寰宇記》又曰：寧邊軍博野縣，東至瀛州一百里，南至安平縣五十里，東南至饒陽縣六十里，東北至高陽縣七十八里，滹沱河在縣東南三十五里。《寰宇記》又曰：饒陽縣，枯白馬渠在縣南一里，一名黃河，今名白馬溝，上承滹沱河，東流入下博界。故注《水經》云：滹沱河又東，自白馬溝出。李公緒《趙記》云：此渠魏白馬王彪所鑿。又《通典·州郡》云：滹沱河舊在縣南，即光武所渡處。魏武帝因饒河故瀆決，令北注新溝，所以今在縣北。《漳水注》曰：漳水東北歷下博城西，逶迆東北注，西逕樂鄉縣故城南，又東北逕武邑郡南，又東逕武强縣北，又東北逕武隧縣故城南，白馬河注之。水上承滹沱，東逕樂鄉縣北、饒陽縣南，又東南逕武邑郡北，而東入衡水，謂之交津口。衡漳又東逕武邑縣故城北。《元和志》：冀州下博縣，南至州一百里，下博故城在縣南二十里。武强縣，西南至州一百三十里，本漢武隧縣地，武隧故城在縣東三十一里，武强故城在縣西南二十五里。武邑縣，西南至州九十里，長蘆水北，句去縣三十二里。《寰宇記》：武强故城在今縣西南二十五里，漢爲侯國，西晉於其城置武强縣，因古城名之，高齊移於今理。有衡漳河，在今縣南五里，其城即後魏武邑郡城，道武皇始二年築。然則後魏武邑郡即今武强縣城。《元和志》：武邑縣北之長蘆水即漳水，蓋長蘆水於下博城東北注漳水，自下漳水兼納長蘆之通稱矣。下博故城在今深州南，樂鄉故城在州東南。滹沱水唐時自藁城縣北，東經鼓城縣北、定州毋極縣南，又東經深澤縣南，又東經深州鹿城縣西北、安平縣南，又東，白馬河出焉。又東北經博野縣東南、饒陽縣北，又東北，故瀆東出，與漳水合。蓋東與漳合者，漢時滹沱水道也；自饒陽東北至樂壽者，後魏及唐時水道也。

又《漳水注》曰：衡漳自武邑縣故城北，又東北，右合張平口故溝，又逕東昌縣故城北，又東北，左會滹沱故瀆，謂之合口。衡漳又東北，分爲二川，當其水泆處，名之曰李聰涣。衡漳又東，分爲二水，左出爲向氏口，瀆水自此決入也。衡漳又東，逕弓高縣故城北。又東北，右合李聰涣水，又東逕阜成縣故城北、樂城縣故城南，又東逕建成縣故城南。成平縣故城在建成縣北，二城南北相直。衡漳又東，左會滹沱別河故瀆，又東北入清河，謂之合口。又逕南皮縣之北皮亭，而東北逕浮陽縣西，東北注也。《淇水注》曰：清河又北逕北皮城東，左會滹沱別河故瀆，謂之合口，城謂之合城也。《地理風俗記》曰南皮城北五十里有北皮城，即是城矣。清河又東北，浮水故瀆出焉。清河又北，逕浮陽縣故城西。又東北，滹沱別瀆注焉，謂之合口也。《漳水注》又曰：清漳逕章武縣故城西，故濊邑也，枝瀆出焉，謂之濊水。東北逕參户亭，分爲二瀆。應劭曰：平舒縣西南五十里，有參户亭故縣也。枝水又東注，謂之蔡伏溝。又東接而爲淀。一水逕亭北，又逕東平舒縣故城南，又東北分爲二水：一右出爲淀，一水北注滹沱，謂之濊口。按《漳水注》叙枝瀆之濊水而不叙正流，淇水注叙正流而不叙濊水，互以相明。

又《淇水注》曰：清河又東北逕纻姑邑南，又東北逕窮河邑南，東北至泉州縣北，入滹沱。《寰宇記》：東昌故城在武邑縣東北二十八里，弓高故城在阜城縣南二十七里，阜成故城在阜城縣東二十二里，樂成故城在深州樂壽縣東南六十五里，建成故城在瀛州景城縣東南三十里，成平故城在景城縣南二十里。按：阜城縣西南至冀州一百四十里，冀州東北至瀛州二百四十里；樂壽故城在今獻縣西南，獻縣北至河間府六十里；景成故城在今交河縣東北，交河西北至河間府一百十里；南皮故城在今南皮縣東北，浮陽今滄州也；今大城縣，古平舒縣地；泉州故城在武清縣東南四十里，南皮縣東北至天津府二百五十里，滄州北少東至天津府一百八十里，天津府西北至武清縣治一百二十里。《元和志》：參户故城一名木門城，在長蘆縣西北四十里，縣東南至滄州四十四里。今參户故城在青縣界。《漢書·地理志》：河間國樂成縣，滹沱別河首受滹沱河，東至東光入滹沱河。弓高縣，滹沱別河首受滹沱河，東至平舒入海。按：滹沱於東昌東北入漳，自下漳即滹沱矣。左出爲向氏口，乃東逕弓高城北，則向氏口之水當即弓高縣之滹沱別水。滹沱逕弓高縣城北，即東逕樂成縣城南，又東逕建成、成平縣南，又東與滹沱別河合，此別河即向氏口決入之水。蓋自向氏口東北出，逕樂成、成平等縣北，又東與滹沱合也。然則樂成縣之滹沱別，即弓高縣之滹沱別矣。《寰宇記》：東光故城在東光縣東二十里。按：東光唐屬景州，東光西至州治弓高縣四十里，景州西南至冀州二百十里，東光西至阜城縣六十五里。西北至景城縣九十里，而建成故城在景城縣東南三十里，滹沱逕建成縣南，乃東與別河合，其地正與東光相直。蓋水北爲建成，水南則東光，故言滹沱別河東至東光入滹沱河也。東光入滹沱後，又北與清河合，自後清河即滹沱河，亦即滹沱別河矣。清河至東平舒縣北、泉州縣南，與滱、易諸水渾濤入海，故言滹沱別河東至平舒入海。滹沱經成平縣南，故《漢志》成平縣有滹沱河也。《寰宇記》：文安古城在霸州文安縣東北三十里。平舒在文安東南，參户又在平舒西南，文安、平舒、參户之東皆是陂淀。《水道提綱》曰：三角淀即古雍奴水，當西沽之上最大，周二百餘里，後漸填淤，袤延霸州、永清、東安、武清，南至静海，西及文安、大城之境，東西百六十餘里，南北二三十里，爲七十二清河所匯。永定河自西北來，子牙河自西南來，咸注之。今日東淀，以其對任邱趙北口之泊爲西淀也。東淀在武清縣南八十餘里王慶坨之南，東西四五里，南北十餘里耳。又東爲西沽三十里。然則平舒、參户以東皆陂澤矣。

又《漢志》鹵城縣下言『東至參户入滹沱別』，按《淇水注》：清河逕浮陽縣故城西，東北與滹沱別瀆合。驗其地，正當參户故縣之南，此別瀆當即《漢志》參户之滹沱別，特其水首受滹沱之處則不可考。疑自饒陽以下分故瀆東北出，經瀛、莫二州者，即古滹沱別河所行道。元時滹沱正流改由滹沱別河之道，而舊時與漳合於東昌東北者改稱故瀆矣。漢時滹沱與漳合，後魏及唐滹沱先與滱、易合，酈《注》雖亡，滹沱脈絡猶可得其彷彿也。過郡九者，謂代、太原、常山、中山、眞定、信都、涿、河間、勃海等郡也。《漢志》『從河東至文安入海』，『從』字疑有誤。近儒改曰『別河東至文安入海』，然曰過郡六，行千三百七十里，里數多於滹沱河，則此『從』字決非『別』字之譌。蓋滹沱篇亡，不可悉知矣。且自鹵城至參户，里數亦不止千三百四十里也。《寰宇記》：深州樂壽縣，漢中水城在縣西北三十里，高祖封功臣吕馬童爲中水侯，即此地。居兩河之間，故曰中水。《郡國縣道記》云：其城南枕滹沱，北背高河。瀛州河間縣大浦淀，又名大廉陂，在縣西南四十一里。注《水經》云：大浦下導，陂溝競奔，咸注滹沱，是故人因決入之處謂之百道口。滹沱河在縣西二十里，按河經武垣北，後魏太和年刺史王質掘直之。西武垣城在郡西南三十八里，故城東微北十三里又有一武垣城，時人謂之東武垣城，即當今郡南二十五里，蓋因魏武鑿渠引滹沱水，遂移西武垣城於此，置武垣縣。高陽縣，在州西北七十里，滹沱河在縣東北十四里。瀛州，西南至深州一百五十里，北至莫州一百八里。莫州任邱縣，在州南四十三里，狐狸淀在縣西北二十里。《水經》云：鄚縣東南隅水有狐狸淀，俗亦謂之掘鯉淀，非也。按：淀中有蒲柳，多葭葦。莫縣，滹沱水東流，經縣南二里，東北流入文安縣界。易水在縣北二十里，東入文安縣界，合滹沱水。掘鯉淀在縣西二十里，俗名掘柳淀。易京城在鄚縣西北三十里，濡水在縣西二十里，向東合易水。廢鄚縣城在縣東北三里，高郭故城在縣西南二十六里，宣帝封河間獻王子爲高郭侯，此城是也。滹河經高郭城南面，東流過莫州，東北至霸州七十里。霸州文安縣，西北至州五十里，滹沱水在縣西北三十里，又東溢爲趙淀。大城縣，西北至州九十五里，本平舒縣，滹沱河出縣北一百三十里，永濟渠在縣東五十里。

又《易水注》曰：易水東逕容城縣故城南，又東，漄水注之，水側有渾渥城，易水逕其南，東合滱水，自下滱、易互受通稱矣。易水又東逕邑京南，又東逕易縣故城南，又東逕安次縣南鄚縣故城北，東至文安縣，與滹沱合。《巨馬水注》曰：巨馬水於平舒城北南入於滹沱，而同歸於海。按《寰宇記》，容城廢城在雄州西北五十里，渾渥城在容城舊縣南四十里。南易水在容城縣南流入瀛州高陽縣界，與滱水合流。按容城本屬易州，《元和志》：容城縣西北至易州八十八里，周顯德六年收復三關，於良橋建雄州，移涿州之歸義及易州之容城二縣於城中，故樂史謂唐屬易州之容城爲舊縣，南易水在縣南者，亦指舊縣言也。舊歸義縣，《寰宇記》在涿州南一百二十里，漢易縣地，易水在縣南，易京城在縣南十八里，易縣故城在縣東南十五里，是燕桓侯之别都。安次縣，在幽州東南百里。按《寰宇記》之安次縣本耿橋行市，在常道城東五里，常道城在漢安次縣西，則唐縣去漢縣不遠，今爲東安縣地。《寰宇記》：雄州南至莫州三十里，幽州南至莫州二百八十里。按：滱水合濡、博諸水入南易，南易與滹沱合而入北易，范陽以下之巨馬水即北易也，鄚縣西之濡水即滱水也。滹沱自故瀆東北出，東北逕樂壽縣西北，又北逕瀛州河間縣西，又北逕高陽縣東北，又東北逕莫州莫縣南，又東逕文安縣北，與南易、滱水合。又東逕平舒縣北，與北易、巨馬水合。又東南與清河合，北與鮑邱水合，同入於海。大城縣東之永濟渠即清河也。《鮑邱水注》曰：南極滹沱，西至泉州、雍奴，東極於海，謂之雍奴藪。其澤野有九十九淀，枝流條分，往在逕通。《沽河注》曰：清、淇、漳、洹、滱、易、涞、濡、沽、滹沱同歸於海，故《經》曰派河尾也。此後魏及唐滹沱所行之道也。

又滹沱自宋、元來遷徙不常，今水自晋州南，東南出。《水道提綱》曰：滹沱河經藁城縣城北，又東南經晋州南，又東南至束鹿縣東南入大陸澤，自澤東南流，經冀州北，東北流，經衡水縣城西北，又東北經武邑縣北、武强縣南，又東北經交河縣西境，至獻縣南而水分爲二派：一派東流，經獻縣南，東北行一百三十里，至滄州西境杜林鎮南，與南來之漳河合，又北至青縣城，東南與運河會，北至静海縣西，又北至天津，會白河、桑乾諸水，東入海。一派北流經，獻縣城西北，折東北流，經河間府東境景河鎮北，又東北經青縣西境、大城縣東境，又北經子牙汛，俗曰子牙河，又北經静海縣西境，與西北來之清水河合，東流至西沽北，與白河、桑乾會，又東南，南與運河會，二派復合也。滹沱既入直隸，由西而東南，折而東北，又東入海，行一千二百餘里。按：自大陸澤以下本古漳水所經，漳水南徙而滹沱行漳水故道，清水河、涞、易、滱、唐諸水之委匯也。《水道提綱》曰：漳水北入直隸成安縣西南界，又東北經縣東南，又東至廣平縣西南境，分爲二派：東流者經魏縣北、大名府治元城縣北，又東北入山東冠縣西界，與南來之衛河合，而東北經館陶西北，又東北至臨清州，入運河。東北流者經廣平縣東南，東北經肥鄉縣東，東北入山東界，經邱縣南，又分爲二派：一自邱縣城東北流，入直隸威縣南境，又東北經清河縣城北，又東北經故城縣西、棗强縣東，又東北經衡水西南、景州西、武邑南、阜城縣城西北、交河縣城東南，又東北經南皮北，又東北至滄州西之杜林鎮東，滹沱東派自西來會，又東北至青縣城南，運河自東南來會，又北達直沽。一自邱縣城西北流，至直隸界龍堂，折而北流，經廣宗縣城西，又北經鉅鹿縣東，又北至新河縣西南，北流入北泊。大陸本爲漳水之匯，今僅存此一派耳。自泊東北流，會滹沱，經冀州衡水、武邑之北，武强之南，交河之西，至獻縣復分爲二，至天津俱會而東入海。經冀州衡水、武邑之北者，僅存廣宗一支，是漳水南徙也。滱水本經高陽之北，今乃經肅寧縣北、高陽縣南，是滱水南徙也。巨馬水本於平舒城北南入滹沱，今乃於雄縣東南入南易，是巨馬西徙也。巨馬、滱、漳諸水皆非故道，不獨滹沱矣。

又《滱水注》曰：滱水歷安國縣東，分爲二水：一水枝分東南流，逕解瀆亭南，又東南逕任邱城南，又東南逕安郭亭南，又東南流，入於滹沱。滱水又東北流，逕解瀆亭北，而東北注。《元和志》：定州義豐縣，西至州六十里，本漢安國之地，滱水在縣北五里，解瀆故城在縣東北九里，定州東北至莫州二百五十里。《寰宇記》：任邱古城在任邱縣南二十六里。按：義豐縣今爲祁州，自義豐東至莫州之任邱一百八九十里，疑滱水枝津之所經别是一任邱，去解瀆亭不遠，非莫州之任邱也。《滱水注》又曰：滱水東北逕依城北，即古葛城，又東北逕阿陵縣故城東。

《寰宇記》：廢唐興縣在鄚縣西北五十里，舊名葛鄉城，一名依城。阿陵故城在任邱縣東北二十里，任邱北至莫州四十三里。是依城在西北，阿陵在東南，滱水不得先逕依城，而後逕阿陵城東，疑此有誤。

（咸豐）《平山縣志》卷二　平山水利，始於雍正初年。怡親賢王奏準設立京南局，統轄正定、平山等處，挑引滹沱、冶河之水，灌溉田畝，仍洩水於本河。考冶水發源於山西平定州之松嶺，流至平山，初不與滹水相通。元初，鑿而合之，其勢遂猛。延祐間，引闢冶河，害已減半。後冶河下流漸塞，復并入滹沱，歲有潰決之患。自營田制定，民多賴之。二水在平邑，出山之始，水濁泥肥，於上流疏引布石留淤，可以成田，但苦山漲衝突，須築石堰捍禦，方可無患。積久田高，水不能上，則改種菽粟，水旱互易，田乃可久，在人之變通盡利耳。雍正五年，縣治西北奉良莊并正北川防村等處營田共六十頃一十一畝，農民自營稻田共二十二頃零二畝。

清 曾國藩《曾文正公奏稿》卷三四《陳滹沱河水患大概摺》同治八年十二月三十四日　奏爲滹沱河改道北流已閱兩年，各屬被害，亟應設法修治，謹陳大概情形，仰祈聖鑒事。

竊維直隸有五大河，子牙河居其一，其上游即滹沱河也。該河源出山西繁峙縣，入直隸平山縣境，逕靈壽、正定、藁城等縣，下抵晉州。前此，滹沱由晉州東行至衡水、武强會合滏陽河，經過獻縣而後名爲子牙河。又逕河間、大城、静海等縣，由天津縣之海河入海。自同治七年秋初，河從晉州、藁城之間改道北徙，遂與滏陽河不復相通。因漫及束鹿、深州、安平、饒陽、肅寧、河間、獻縣、任邱、保定、雄縣、霸州各州縣，均被其患，而文安、大城受害最重，俗所稱文安大窪者也。

維時又值永定河南岸上汛决口未合，下游竄入大清河，致清河日受其累，節節淤淺。臣抵任後，飭永定河道於三月間分段趕修，四月初旬南上合龍。又飭清河道，挖浚清河口、亞古城、龍灣村、張青口各段積淤，并挑浚府河，修建石閘。厥後永定河北岸復決，大清河亦未能一律深通，是微臣抱愧之事。然二河皆能興工開辦，究亦不無裨補。惟滹沱河未能興工，一則因藩庫難籌經費，一則因該河別無去路，是以久未定議。而文安被害日深，亟思涸復田業，遂會商大城兩縣紳民捐貲，集衆自行興辦，於該縣之東隅開挖迸莊引河，由王口歸入子牙河，將大窪積水洩去三尺有餘，淺處一律種稻。滿擬秋收可望，不料六月中，滹沱河上游水漲，來源洶湧，其患仍與上年相等，不特文安一邑變爲洪湖，即大城、雄縣、任邱、饒陽、安平等屬亦皆淹没田廬，浸占驛路，小民蕩析離居，栖託無所。而滹沱既已北徙，舊河斷流，向之由西河運鹽至順、廣、正、趙等處者，今則舟楫不通，鹽商誤運，所關亦鉅。且文安與雄縣交界有西堤一道，文安則聚衆築塞堵禦上游之水，雄縣則聚衆掘開以洩本境之水，竟用鎗礮、器械傷斃文安守堤民夫。七月九日，迭次爭鬥，兩造洶洶，相持不決。現雖經委員彈壓勸諭，暫停械鬥，而水患未除，爭端終不得息。仍恐數縣交訌，激成巨案。此皆最切之患，不可不急爲修治者也。

臣數月以來，博采群言。有議改平山縣冶河以分其勢者。查元時曾闢冶河，自爲經流，不與滹沱相合。雍正元年，怡賢親王亦奏稱冶河引入洨河，則滹沱之猛可減。然洨河本入寧晉泊，今泊已淤塞，難容巨水，且滹沱挾水至多，亦不待會同冶河方能爲患。是分闢冶河未必有益也。有議由雄縣之辛莊挑引河入王口鹽河者。查辛莊至王口八十餘里，皆穿文安之境。文安形同釜底，若道滹沱横貫縣境，則永遠爲患。且迸莊王口亦并不能暢洩河水，以救目前之急。是辛莊引河更不宜挑也。有議從去年新徙之道開浚以復其舊者。查晉州下至武强二百餘里，河徙之後，一片飌砂，舊道多成平陸，間有河形，亦若隱若見，絶少大段槽道，勢難開挖。且前明至今，滹沱屢次遷徙，從不能挽由故道而行，誠以河因高壅而決，水徙沙停，斷難遽還舊觀。是故道不能竟復也。有議於南旺村開通引河以達獻縣回子牙之故道者。臣派員至該處測量高下，人力似尚可施，惟田畝皆膏腴之地，百姓不願開河。且由獻縣修治，上游仍然泛濫，鹽運仍然不通。此獻縣之不宜開挖也。有議開王村廢閘引滹沱之水分消西淀歸入大清河者。查大清河地勢較高，不惟不能多消滹沱積水，且恐引西淀之水灌入文安大窪。是開王村閘未必有益也。迭經委員查勘，迄無定議，最後派委清河道費學曾、候補道陳重前往細勘，另籌修治之法。訪得藁城南樓村迤南，尚有乾隆五十九年迄咸豐元年滹沱閒行之故道，自藁州東門外起，經晉州、趙州、寧晉之境，計共河路一百八十里，至冀州邵村下會滏陽，河形尚存，其下游且間有寬至二十餘丈、深至一丈餘者，雖亦多有游平，若就此施功，尚可著手。該道等於九月履勘、繪圖、貼説、會同稟覆。臣批令會商藩、運兩司酌籌款項，設法興辦，并飭令再赴藁城一帶覆加勘估。

茲據費學曾等於十一月底回省，勘得藁城新徙河口，水深一丈，面寬七十一丈，接連兩岸老坎、嫩灘共長三百一十丈，擬築大壩以堵塞之，高二丈五尺，底寬十五丈，頂寬五丈。兩旁依次遞減。惟旁無堤埝，築壩無處生根，擬接修土埝，長九千一百五十丈，計五十餘里，以遏旁溢而固壩基。其引河之新開者，擬自藁城東門外壩前起，至陳村舊河首止，裁灣取直，共長一千一百六十丈，以下接入舊河。開有平灘至晉州界止，連前共長九千七百三十四丈，擬挑寬二十丈至十餘丈不等。又晉州境内工長一千二百八十丈，藁城境内工長四百丈，趙州境内工長三千四百五十丈，晉州境内工長二千八百五十丈，寧晉境内工長九千二百七十丈。約計估銀二十萬兩有奇。

該道等所以不能確估定數者，據稱專就引河壩埝工料計之，其數尚不過十七萬兩，惟壩埝所占之民田，若民閒索取地價，則多寡難以預定。又引河所經之處應納地糧，有從前除額今未升科者，有從而緩征今已起征者，現在皆成熟地，若民閒求索地價，則多寡尤難預定。論大河官工之常向無價買民地之理，此費本屬可省，然亦須察看輿情，權衡事勢，乃能定局。臣本擬於明年二月興工，急拯文安等處之灾，惟經費太巨，前在天津與運司商酌，擬令挪墊銀十萬兩，將來按引攤捐，數年歸款。此外尚短十餘萬兩，無從籌措。

而訪諸衆論，皆稱修治滹沱河，係豪無把握之事。或謂該河性善遷徙，即就《東鹿縣志》而論，自順治至乾隆百年之閒，已徙二十五次。一縣如此，他縣可知。遷徙既無定所，修築亦屬徒勞。或謂滹沱河剽悍激烈，不受約束，堤防愈堅，衝決愈甚。且其下有伏流，往往水尚未至，土已迸裂，居民見而預避，不久即有横流經過。築堤埝於伏流之上，斷難久峙。或謂滹沱河挾沙最多，質本磽薄，性最鬆浮，從前怡賢親王修治之時，亦係旋開旋淤，今僅築埝浚河，勉救目前，仍非經久之計。若必遠築長堤，大開引河，不得不議歲修。既有歲修，必設汛官，將來日增無窮之費，而水害仍不能免。

臣正慮籌款之無著，而聞此數説者，又恐巨款付之一擲，不得不徘徊瞻顧。然念文安之淪爲巨浸，雄縣之互相鬥爭，及西河鹽船之別無運道，又不忍置之不問。反復焦思，迄無長策。茲擬改於明年八月秋收後，籌定經費，再行興辦。理合先行具奏，請旨敕下部臣核議。此雖疆吏之責，本不必重煩廷議，惟水患迫近畿郊，當此衆説紛紜，或辦或否，或別有良圖，得在廷臣工討論裁奪，則是非得失，可以折衷至當，而遲至明秋，則籌款購料等事措置，亦覺暇豫。所有滹沱河改道北流，亟應設法修治緣由，謹會同兼管順天府尹臣萬青藜、府尹臣王榕吉恭摺具奏，伏乞皇太后、皇上聖鑒訓示。謹奏。

清 李鴻章《李文忠公奏稿》卷二一《滹沱河修復堤壩片》同治十二年二月初一日　再，查滹沱河水勢洶湧，向由正定府城下經過，其靠城西、南、北三面，分設草壩堤埝，以護城垣。歲需經費，係奏明動撥營田工本，發商生息，解存清河道庫，按時撥用。

乾隆年閒，因河流南趨，工程可緩，叠經停止歲修。道光十六年以後，復將息銀解儲藩庫，嗣又撥解部庫，遂致堤壩各工積久廢棄。現在草壩已無形迹，堤埝坍塌殆盡，而近年河流北徙，水漲即浸城根，不特民嘆其魚，城垣亦將不保。臣於年前，閲伍過境，查看情形，非興復堤壩不可。當飭該府縣詳細勘辦，并於今春應行調劑摺内聲明在案。旋據勘明草壩工費甚鉅，驟難議築，所有城西南之斜角堤八百餘丈，接連之迴水堤一千六百餘丈，均係頂衝，且距城切近，實資攩護。又城西北之漕，馬口堤五百餘丈，雖相離較遠，但地居上游，每遇盛漲，出槽水即漫至城下，并請酌量修復等情。

臣察核所議，皆屬必不能緩之工，已飭該府縣趕緊購備料物，春融即便興作。所需經費，計清河道庫，自同治八年奏銷，以後截至十一年十二月初十日止，尚存前項息銀七千九百三兩零，即令儘數動用。其有不敷，再由官紳量力捐助，以濟要工。去年，正定一帶河水爲灾，今值青黄不接，民多困苦，應仍以工代撫，俾一舉兩得，并循去年奏准預提地丁籌修河道堤工之案，一體免造細册，仍責成該府縣核實開支，不准絲毫浮冒。事竣，將用過銀數彙案開單奏報，以符定章。至此項息銀，本爲歲修堤工而設，現在河流北徙，城垣危險異常，工程極關緊要，茲雖興復堤埝經費無多，尚須遞年加培，并將草壩設法辦理。嗣後，每年所收息銀，應請仍留清河道庫，歸歲修本案隨時撥用，以符名實而衛地方，理合附片具陳，伏乞聖鑒訓示。謹奏。

又 卷三一《查覆滹沱河工難辦摺光緒四年四月初四日**》** 奏爲滹沱河工程艱鉅，鹽務無款可籌，勢難興辦，恭摺仰祈聖鑒事。

竊臣欽奉光緒四年二月初八日寄諭：御史劉恩溥奏請籌浚直隸河道，以工代賑，暨鹽斤加價提作商捐，以治河道，及由運庫墊款興工各摺片。所稱修理河道，宜先治滹沱河，請闢冶河以分水勢，塞改道以復故瀆，治子牙河、黑龍港河以疏下游，既可以工代賑，亦免頻年水患。新准鹽商二文加價提作商捐，歸公辦賑，於水利、鹽務、工賑均有裨益。加價如何捐繳，令各商平議，款項未能遽集，先由運庫墊發興工。是否可行，著李鴻章酌度情形，奏明辦理等因。欽此。

伏查直隸通省七十餘河，大者有五，滹沱河居其一，源出山西繁峙縣，入直隸平山縣境，會冶河，經藁城等縣，下會滏陽河，至獻縣子牙河，達津入海。其至平山以下，正當出山之後，迅流急湍，挾沙壅泥，易淤善徙，向無堤防修守。藁城、束鹿、深、冀一帶，南北縱橫，皆其故道，然總以滏陽爲達海之路。同治七年由藁城改道北徙，遂不與滏陽相通，因漫及沿河藁城、晉州、無極深澤、安平、饒陽、獻縣、肅寧、河間、任邱、雄縣、保定等處地面，祁州、博野、蠡縣、高陽、束鹿、深州亦有毗連之區，而下游文安、大城水無出路，被淹尤甚。滏陽河舟楫艱阻，鹽貨難行。臣疊經詳查委勘，擬闢冶河復故瀆以濬沈灾，而工程殊無把握。

按《漢書・地理志》上艾縣注，緜蔓水東至蒲吾入虖池。緜蔓即冶水，蒲吾即平山，虖池即滹沱。是冶水本有入滹沱之路，非元初鑿而始合。又《元史・河渠志》：至元三十年，正定路請闢冶河，越三年爲元貞元年興工，越十四年爲至大元年，冶河口淤塞，復入滹沱。嗣後，旋闢旋淤。我朝雍正三年，怡賢親王雖有塞冶不使入滹之奏，并未施工。是元代即已仍舊會流，非近時始合爲一。

凡治水，必以地勢高下順逆爲衡。據勘，舊冶河底高於現行之河水面數丈，低昂相去懸遠，勢難逆挽而行，而冶河口至入滹沱十里之間，則上高於下數丈，水性就下，自然奔入滹沱，恐非壩工所能抵禦。且舊冶河須會洨河入寧晉泊，今泊已淤墊，亦不能容巨水，其河身二百里間之淺隘，更無論矣！此闢冶河之難也。藁城滹沱河，據勘前年盛漲之際，走溜河槽寬至七百二十丈，深至一丈一尺五寸，而同治七年以前故道，現在至寬不過三十五丈，窄者僅二丈，至深不過七尺，淺者僅一尺，其間淤成平地者不少，河頭高於現行河底一丈一尺有奇，通工二百里，無從挖起。曾國藩前有挽復咸豐元年以前邵村故道之議，里數不甚相懸，間有寬深之處，當時委員僅擬挑河寬十餘丈至二十丈，深數尺至一丈，連壩工已估需銀二十餘萬兩，旋以無款中止。此時非再加寬深，不能掣引大溜。而博訪衆論，謂該河剽悍激烈，遷徙靡定，自來不受約束，堤防愈堅，衝決愈甚，其下又有伏流，往往水尚未至，土已迸裂，立壩於伏流之上，勢難久峙，挑築亦屬徒勞，此復故瀆之難也。舍此二者，別無善全之策。

況直省向係缺額，加以連年灾歉，庫儲空虛，商民交困，實無財力議興大工，近歲量就賑款勻撥，以工代撫，僅於河獻文大等處開挖引河，修築堤埝，俾出路稍暢，旁近民田略可攔護，并酌修子牙河堤，議疏黑龍港，以爲逐漸經營之計。直隸河務廢弛已久，五大河中之永定河、大清河、北運河、南運河，率多淤淺坍塌，皆關民生利害，又不能不并顧兼籌，隨時設法補救。且奉撥賑款，本以分給灾區，其應賑者，非盡沿河之民，勢不能趨集一隅，皆令供此一役也。今劉恩溥擬提蘆鹽加價二文，以充滹沱工費。若果易於攤繳，能集巨款，正可設法圖維，冀紓水患。其請勻引酌劑嚴中融銷代銷等禁，於鹽務情形尚多隔膜。

查豫省蘆岸加價，係彌補棨工經費，按年解部，無可再提，直岸所加之二文，本因商累過深，暫資體恤。蓋自道光年間清查以後，前商虧空課帑數千百萬，皆責現商捐攤，交款加重，連年灾歉，灘鹽歉收，諸物昂貴，成本倍增。上年，直豫大旱，河運不通，硝鹽遍地，窮民死亡相繼，銷數大減，有僅銷額引一、二成者，甚有停秤者。直屬近年出庫引止二十餘萬道，其領引未運及運而未銷者，亦在其內。若今年春運直豫各岸，現僅過關鹽一萬七千餘包，原奏謂歲銷六十五萬引，但就應領額數而言，尚未知實領實銷之數。且實銷之鹽，亦有不盡能加價者。一則百姓貪賤食私，官鹽貴則銷愈滯。一則累商鹽至引岸，諸債蝟集，往往減價求售，故商民尚不至因加價結怨也。

康熙年間，長蘆額引九十餘萬道，每包鹽重二百五十斤，納課銀四錢有奇。然雍正二年，巡鹽御史莽鵠立奏言，每届奏銷已有積存未領引二、三十萬道。嗣後，鹽與課逐漸加增，至道光時每包鹽重至五百數十斤，課帑至一兩以上，其雜攤各款尚不在內。今雖減至六十餘萬道，實則中稔之年，只能銷至四十餘萬道，引滯則課須包賠，是以愈久愈疲，殷商寥寥。又值奇荒之歲，運售尤艱，無論殷商累商，皆須虧本。

臣與運司通盤籌酌，尚須量議調劑，實難再提加價運庫。因湊解上年，京協各餉羅掘一空，更無從籌墊工費，至融銷代銷，載在鹽法志及奏定章程，本無例所不禁，緣各處鹽引皆有定額，不准互相增減，其銷滯者，祇許暫將引目勻給暢岸之商，領運銷賣。津貼運商銀三、四、五錢不等，課帑均歸運商完納，是爲代銷。若鹽已築成勻給暢岸之商銷賣，原商可得成本，以完課帑，是爲融銷。融、代者，乃不得已。酌劑之法，必由運司查核明確，詳請立案，并非任商自爲。若統計各岸銷數，先由官爲勻濟，微特孰暢孰滯，應以年歲豐歉爲憑，不能先時預定，近且十岸九滯，直、豫額引出庫者，不及四十萬道，則下餘之二十餘萬道，又從何處濟銷？

惟期此後，暘雨應時，人民復業，銷數漸暢，商力漸紓，仍隨時督飭運司，察酌籌維，嚴查私相融代、借名侵灌及夾帶攙和等弊，以期保全課本。所有查明滹沱河工程艱鉅，鹽務無款可籌，勢難興辦各緣由，理合恭摺覆陳，伏乞皇太后、皇上聖鑒訓示。謹奏。

又 卷四〇《挑浚大清滹沱兩河下尾摺光緒七年正月十九日**》** 奏爲挑挖大清河下游并另闢滹沱減河，以工代賑，恭摺仰祈聖鑒事。

竊直境之大清河，上承西北群流及西淀巨浸，由雄縣會白溝諸水，東經保定、霸州、文安而趨東淀。本爲五大河之一。自嘉道以後久失修治，日就淤廢。前因巨款難籌，先於上游任邱地面開趙王減河以分洩西淀盛漲，新城地面開蘆僧減河以分洩白溝河盛漲，并將清河堤工分別修築。惟雄縣、霸、保境內河身，限於地勢，本難多容漲水，其自文安左各莊至臺頭二十八里零，係入淀尾閭，處處高仰狹窄，每届汛漲停積不下，上游亦因之壅潰。近淀近河之安州、高陽、任邱、雄縣、保定、霸州、文安等處，頻受其害。必將尾閭挑挖寬深，使河水暢洩東淀，達津入海。

又，五大河中之滹沱河，自山西發源，奔注直境，渾流急湍，趨向無定，自來不設堤防。同治七年，由藁城北徙經晋州、深澤、深州、安平、饒陽、獻縣、河間、任邱、雄縣、保定、霸州，下趨文安大窪，波及大城。其藁城南入子牙河故道，叠次勘查，不能挽復。而現行河身下游本無出水之路，文安久成澤國，獻縣以下沿河州縣亦受害甚深。前於河間及文窪中先開引河，秋後啓閘消減。但來源極旺，減水不多，須於獻縣境內擇地另闢減河，使其分歸子牙河，達津入海。

臣於去冬調派助辦直賑浙江紳士候選道金福曾、隸候補道史克寬、盛宣懷、周金章分投前往，詳細勘度，并飭司道會同籌議。旋據禀稱：大清河下游擬從左各莊起，挖口寬十三丈，底以二五收分，挖深一丈三四尺，地勢漸去漸低，挖深亦漸去漸減，至臺頭淀邊挖深九尺上下，可得順行之勢。其挖出之土，各在十丈以外分別培堤，并先築壩截流，挑埝攔水，使船隻暫由勝芳河、中亭河行走，以便開挖。惟近淀之處，兩面皆水，且老蘆叢密，入土根深，工程甚屬不易，須臨時設法搶辦。至淀身人力難施之處，即以機器船接挖，約需工費銀十五六萬兩。又，滹沱減河擬從獻縣朱家口起，由半截河頭向東，循舊有河形至野廠轉北入子牙河，地勢水性皆順，本係舊河，無礙民居墳墓。計工長三十三里零，先築攔水埝壩，挖口寬十一二三丈，底寬五丈，高處挖深一丈八尺，最窪之區挖深七八尺，於河身兩旁五六七丈以外，出土堆堤。惟上口適當水窪，頗難措手，中間須鑿開沙岡，工更煩重，亦應臨時設法搶辦，并於沿河沿堤安設木橋、渡船涵洞以便行人。而洩堤裏瀝水約需工費地價銀十六萬兩等情。具禀前來。

臣查所擬辦法均合機宜，大清河下游既暢，則消水可速，上游淀河亦不致過於阻遏，近淀州縣水患較輕。滹沱有此減河，雖不能全溜歸槽，實添一大消路，目前可減獻縣、河間、任、雄、霸、保、文、大一帶水灾。若將來新河衝刷寬深，或冀北流截止，文窪有涸復之日。直境應辦河工尚多，此係擇要經營，關係十餘州縣民生休戚，必不可緩。已派金福曾督辦大清河下游工程，史克寬督辦滹沱減河工程。各將界址預行清理，妥籌一切，俟春融凍解，即便核實興辦，剋期竣工。仍集附近灾民以工代賑，一舉兩得。惟兩河工費地價共需銀三十一二萬兩，直庫本極支絀，民力又甚拮据，部款亦難指請，惟有商懇東南各省勸捐解濟。幸承各該省官紳士商顧念畿疆工賑緊要，陸續設法集助，約可得銀二十餘萬兩。尚不敷銀約九萬兩，再由臣督同司道竭力挪湊應急，事竣仍歸賑案彙開清單奏報。至南省官紳代集巨款，拯救灾區，或更遠來勘辦，不辭艱苦，實屬無分畛域，好義急公，有裨大局，擬俟事竣，與實在辦工出力者，查照河工章程，擇尤酌懇恩施，以昭激勸。其出貲官民，并照奏定賑捐章程核奬。理合恭摺具陳，伏乞皇太后、皇上聖鑒訓示。謹奏。

又　卷四一《大清滹沱各工完竣摺光緒七年六月初九日**》**　奏爲挑挖大清河下游并另闢滹沱減河、修浚北運減河各工均已剋期完竣，恭摺仰祈聖鑒事。

竊臣前因大清河自文安縣左各莊至臺頭，係入淀尾閭，高仰狹窄，每届汛漲，停積不下，上游因之壅潰，近河州縣頻受其害，必須挑挖寬深，使河水暢洩東淀，達津入海。又，滹沱河自北徙後，故道難於挽復，其現行古羊河下游本無出路，沿河州縣受害甚深，文安窪久成澤國，叠經設法籌度，須於獻縣朱家口古羊河東岸另闢減河，使其分歸子牙河，達津入海。當於去冬派員分往詳細察勘，議定工程做法，大清河下游委助辦直賑之浙江紳士候選道金福曾督辦，滹沱減河委候補道史克寬督辦。所需工費，商懇東南各省官紳集捐濟助，不敷之數飭司道竭力挪湊，仍集附近灾民以工代賑，業於今年正月奏報在案。

又，寶坻縣境内有王家務減河，上自香河入境，下達寧河七里海；武清縣境内有筐兒港減河，下入天津塌河淀。該兩河皆分減北運河盛漲。寶坻一河，年久失修，節節阻塞，堤亦坍塌，兩岸數百村連年被水；武清一河早爲居民佔種，前於同治十三年另開新河，復被民間盜决堤防，塡淤河道：皆應擇要修浚。當派候補道周金章、候補通判袁遂分往勘議興辦。寶坻約需漕米二萬三千餘石，銀二千兩，武清約需漕米二千九百石，銀二百兩，一并以工代賑，均自二月中旬起次第開工，五月初旬陸續報竣。計大清河下游從左各莊至臺頭二十八里零，挖口寬十二丈至十四丈，底寬五丈五尺至八丈七尺，挖深一丈三四尺，河形漸去漸低，挖深亦漸去漸減，至臺頭淀邊挖深八九尺。其挖出之土送至十丈以外，分別培堤攔水。又因左各莊以上任莊河流偪束，酌展河身二百丈。又因北而中亭河淤淺，就便挑挖七百八十餘丈，并裁去淤灘一百九十餘丈，堵築决口七處。此大清河下游工程里數丈尺辦法也。

滹沱減河自獻縣之朱家口起至子牙河，長三十三里零，挖口寬十一丈至十五丈，底寬五丈至十二丈，高處挖深一丈九尺，最窪處挖深七尺，於兩旁五六七丈以外出土，堆築南北新堤底寬五六丈，頂寬二丈二三尺，高一丈三四尺。又於南堤修砌涵洞五道以洩堤裏瀝水，其當窪心之處空留三百餘丈，另挑引河以收南窪漫流歸河。李謝、留鉢、野廠三村，共建木橋三道，并將舊有臧家橋修建完整，以便行旅。其附近子牙河、古羊河堤决口，一并堵築。此滹沱減河工程里數丈尺辦法也。

寶坻北運減河自大白莊起至口嘴，長三十一里零，挖口寬十三四丈，底寬五六七丈。因地勢低窪，下游七里海高仰，恐致倒漾，只能挖深二三尺至五六尺，兩面出土各於二十丈外築成長堤，底寬五丈，頂寬一丈六尺，高七尺。中段舊有遥堤不能束水，亦移近改築。又，減河之東有袖針河堤工，自黄莊至楊岡莊兩岸各長三十三里零，亦已廢壞。遂於河中取土加培，底寬三丈，頂寬一丈二尺，高四尺至六尺，裁去河邊蘆灘十餘里，并修楊岡以外窩頭河東埝五百餘丈。武清北運減河自王老莊至楊家河，長十七里零，挖口寬三丈至七丈，底寬三丈至五丈。因經費支絀，先加深一尺至四尺，即以挖出之土加培南堤。另修沈莊等處南堤一千一百餘丈，六小莊等處北堤一千六百餘丈，於吴辛莊、大康莊各建木橋一座。此寶坻、武清北運減河工程里數丈尺辦法也。

臣於工竣後親往大清河下游，并委清河道葉伯英、候補道萬國順、候補知府吴中彦分往滹沱減河、北運減河逐一驗收，丈尺均過原估，毫無草率偷減，用費亦均核實，應俟截數仍歸賑案彙開清單奏報。北運減河有此槽道堤工，汛漲水至，可資約攔分洩。尚有應行加深及上下游疏浚工程，來年續籌辦理。大清河下游自開壩後，溜勢甚爲迅疾，上游河水驟落尺餘。新開河道刷深，自左各莊至臺頭皆水深一丈以外，有遄流直下之勢。現又將新河兩灘及臺頭淀邊蘆葦分別刈除，以免阻礙河流。其入淀淤淺之處，人力難施，再飭西洋機器船逐漸接挖。至滹沱新減河地形極順，深得吸川之勢，自開壩後，大溜滔滔東去，衝刷河灘不少，已將原走古羊河之滹水全行奪入新減河，其漫流南窪之滹水亦由引河洩入新減河，并注子牙。

刻下古羊上游河底吸深尺餘，滹水驟落五尺，古羊下游滹水竟已斷流。據文安縣稟報，該縣窪水日落，現在深者四尺餘，淺者僅七八寸，可種稻者一百二十餘村，已成旱地者七十餘村，不能種者一百十餘村等語。若新減河再衝刷寬深，伏秋盛漲，必能奪古羊全溜，則獻縣以下八州縣從此積患可除，文安窪有涸復之日，獻縣以上州縣亦獲暢消之利，殊於大局有裨。除分飭籌議修守章程核定飭遵外，至此次工程多於水中開挖，且有老蘆叢密不堪駐足之處，在事人員胼胝經營，力任艱苦，剋期告成。其南省官紳不分畛域代集巨款，遠來挑辦，尤屬異常奮勉，殊堪嘉尚。容臣遵照前奉俞旨，擇尤酌請獎敘，以昭激勸。所有挑挖大清河下游并另開滹沱減河、修浚北運減河剋期工竣緣由，理合恭摺具陳，伏乞皇太后、皇上聖鑒。謹奏。

又 卷四三《滹沱入子牙辦法摺光緒八年正月二十日**》** 奏爲滹沱已復子牙故道，應將獻縣新河開寬，以資汛漲暢洩，并修築獻縣以下子牙河兩岸堤工，用衛田廬，現經籌定辦法，恭摺仰祈聖鑒事。

竊上年十一月欽奉皇太后懿旨：恭親王、醇親王奏察看河工情形一摺，此外應行修浚處所，著李鴻章等查勘奏明辦理，以興水利而裕民生等因。欽此。遵查滹沱爲直省五大河之一，向稱巨浸。本由子牙河達津歸海，自同治七年由藁城北徙，氾濫橫流，經晋州、深澤、深州、安平、饒陽灌入古羊河，下穿獻縣、肅寧、河間、任邱、雄縣、保定、霸州、大城境内而歸文安大窪。其藁城南入子牙河故道，叠次勘查，沙淤極深，不能挽復。而現行古羊河下游并無出路，沿河州縣受害甚廣，文安一帶久成澤國。臣幾經設法籌度，須於獻縣朱家口古羊河東岸另闢減河，使其分歸子牙。前派道員史克寬詳細察勘妥議，即於去春開工。自朱家口起至子牙河止，計長三十三里零。平地挑挖口寬十一丈至十五丈，底寬五丈至十二丈，高處挖深一丈九尺，最窪處挖深七尺。於兩岸五六丈外出土堆築南北新堤，底寬五六丈，頂寬二丈二三尺，高一丈三四尺，地形極順，深得吸川之勢。夏閒工竣開壩，大溜東趨，竟將原走古羊河之滹水全行奪入新河，復歸子牙故道。古羊下游即已斷流，獻縣至文安九州縣頓除十餘年之積患，即獻縣以上州縣亦獲暢消之利，實爲始念所不及，官民同深慶幸，已叠次奏蒙聖鑒在案。惟原開獻縣新河，本擬分減滹水，未克展寬河身，今既奪滹沱，全溜勢兼力猛，誠慮水大難容，復蹈舊轍。必將新河加寬，俾得暢洩而資經久。又，獻縣、河間、青縣、静海、大城、文安等六縣，原有子牙河兩岸堤工五百餘里，爲各縣田廬保障。因滹沱北徙，年久失修，大半塌廢。今滹水既歸子牙故道，必將通工重加修築，庶免旁溢之虞。復飭清河道史克寬、天津道吴毓蘭、候補知府惲桂孫等分投履勘，妥細籌議。據史克寬稟稱：獻縣新河應就北面酌量開寬三四五六丈，地勢高者挖深丈餘，窪者挖深五六尺，原出廢土離河五六丈，今再於北而移出十丈。除挖寬河身三四五六丈，外河岸離堤尚有十丈之遠，設遇汛漲出槽，可使暢流。仍以廢土爲堤，與南岸之堤對峙。其兩堤之遠近較上游古羊下游子牙兩堤相等，上下形勢聯絡一律，計挑河移堤合土六十六萬餘方。至原建李謝、留鉢、野廠三村橋座，應拆修加長，以免河寬橋窄，阻扼水路。其宋家房土壩係堵截滹水不復下趨古羊，最關緊要，應加高培厚，并於宋家房之南、新河頭之北酌添重壩，俾資捍衛，約共需方價料物雜用銀七萬兩。又據吴毓蘭等稟稱：獻縣以下子牙河兩岸堤工，東岸自獻縣賈莊橋起，歷河間、大城、青縣，至静海獨流鎮大橋當城止，西岸自獻縣新河尾起，歷河間、大城，至文安豐樂橋、天津格淀堤止，共合工長八萬五千三百六十四丈，擬就原堤基址修築頂寬一丈二尺，底寬五丈二尺，高八尺。青、静、文、大地勢較低之處，應築頂寬一丈五尺至一丈八尺，底寬五丈五尺至六丈三尺，高八九尺。其堤甚偪近河身及無堤而只有河脣之處，應展寬二三十丈築堤，使溜勢舒展。共計原堤舊土七十三萬餘方，應加新土一百七十三萬餘方。從前該堤本資民力協修，今勸諭六縣紳民認修土一百十六萬餘方，尚稱踴躍。仍體察情形，令以遠村補近村之不足，此縣補彼縣之不足，酌盈劑虚，通力合作。其不敷之土五十七萬餘方，劃歸官辦，并修築各段缺口車道，約需方價及險工樁料雜用銀七萬兩等情，具稟前來。

臣查獻縣新河加開寬深，則全溜悉歸子牙故道，下游九州縣可永除滹水之患。子牙河堤加築完固則歲時督民修防，沿河六縣可永獲保衛之益，實於地方水利有裨。直庫入不敷出，平時難議大工，今幸南省官紳前捐賑款，經臣節縮支放，尚餘銀二十萬餘兩，以之湊撥此項堤河，及另摺奏辦之大清河下游東淀河工，尚可敷用，自應及時興辦。已責成史克寬督辦加開滹沱新河工程，吴毓蘭、惲桂孫等督辦子牙河兩堤工程，均於年前籌商布置。現已春融，即令招集民夫，分段認眞工作，務期妥速告成。所需工費，飭籌賑局照數撥給，仍令撙節動支，事竣照案彙開清單奏報。至此項堤河與東淀河道工程均關重要，擬俟事竣，將實在出力官紳查照河工章程，擇尤酌懇恩施，以昭激勸。除咨呈恭親王、醇親王查核外，理合恭摺具陳。此工關係新開河道，并繪具圖説，敬呈御覽，伏乞皇太后、皇上聖鑒訓示。謹奏。

又 卷四九《查覆滹沱南岸情形片》光緒十年二月十六日 再，臣欽奉光緒九年十二月初三日寄諭都察院奏直隸民人耿學卜等呈控攔河築壩傷斃多命一摺，即著嚴行查辦，據實具奏等因。欽此。遵查，此案係獻縣滹沱河南岸大章等村民，於上年八月初，糾集數百人鳴鑼吹角，執持鎗礟駕駛多船，擁至北岸扒掘官堤，一面施放鎗礟拒敵。北岸守堤之民力不能禦，促令礟船駛往馳救。始則好言勸阻，繼以空礟恐嚇，皆置不顧。其時堤之存亡與下游九州縣田廬民命危在呼吸，不得已開礟抵格，始行解散，間有落水傷斃者，當經臣查明辦結，將案情始末實在情形，詳細具奏。奉旨：知道了。欽此。欽遵在案。旋奉寄諭，後又派道員金福曾前往詳切覆查，實係南岸村民糾眾扒堤，施放鎗礟拒敵被格，曾奪獲火鎗刀械多件，供證確鑿。該府縣稟報卷據皆同，與訪查情節悉相符合。耿學卜等原呈所稱逃難過河，被北岸妄稟致傷各節，均係事後捏控，飾詞逞刁，毫無影響。至原任河間府知府陳崇砥於河間八里橋一帶所開引河，本欲引滹水由古羊河入子牙，但形勢不順，非惟無益，反受子牙倒漾之患。叠經臣派員勘度，於光緒七年在獻縣朱家口另開新河，滹水復子牙故道，下游九州縣受益甚廣。其北岸河頭，因古羊斷流，是以築壩使水趨歸新河，乃河工一定辦法。該縣南岸四十餘村，本居窪下，適傍滹沱上流，久被漲漫，固由地勢使然，而被灾情形甚屬可憫，未忍膜視。業飭金福曾與清河道史克寬詳細察勘，妥籌疏治，擬於北岸建滚水壩，盛漲時減水三分，北走古羊，冀於下游大局無礙。并補築南堤缺口及滏陽河堤，移建雙村閘座。凡此皆於無可設法之中，思爲南岸竭力補救，庶得稍輕水患，已飭籌款照辦。現在窪地積水次第涸消，尚可補種春麥，仍妥爲撫綏，分别平糶散賑，藉工代撫，以舒積困於萬一。合再據實覆陳，伏乞聖鑒。謹奏。

綜述

《元史》卷六四《河渠志一・滹沱河》 滹沱河，源出於西山，在眞定路眞定縣南一里，經藁城縣北一里，經平山縣北十里。《寰宇記》載經靈壽縣西南二十里。此河連貫眞定諸郡，經流去處，皆曰滹沱水也。

延祐七年十一月，眞定路言：『眞定縣城南滹沱河，北決堤，寖近城，每歲修築。聞其源本微，與冶河不相通，後二水合，其勢遂猛，屢壞金大堤爲患。本路達魯花赤哈散於至元三十年言，准引闢冶河自作一流，滹沱河水十退三四。至大元年七月，水漂南關百餘家，淤塞冶河口，其水復滹河。自後歲有潰決之患。略舉大德十年至皇慶元年，節次修堤，用捲埽葦草二百餘萬，官給夫糧備傭直百餘萬錠。及延祐元年三月至五月，修堤二百七十餘步，其明堂、判官、勉村三處，就用橋木爲樁，徵夫五百餘人，執役月餘不能畢。近年米價翔貴，民匱於食，有丁者正身應役，單丁者必須幕人，人日傭直不下三五貫。前工未畢，後役迭至。至七月八日，又衝塌李玉飛等莊及木方、胡營等村三處堤長一千二百四十步，申請委官相視，差夫築月堤。

延祐二年，本路前總管馬思忽嘗闢治河，已復湮塞。今歲霖雨，水溢北岸數處，浸没田禾。其河元經康家莊村南流，不記歲月，從於村北。數年修築，皆於堤北取土，故南高北低，水愈就下侵嚙。西至木方村，東至護城堤，數約二千餘步，比來春，必須修治。用椿梢築土堤，亦非永久之計。若浚木方村南舊湮枯河，引水南流，牐閉北岸河口，於南岸取土築堤，下至合頭村北與本河合，如此去城稍遠，庶可無患。』都水監差官相視，截河築堤，闊千餘步，新開古岸，止闊六十步，恐不能制禦千步之勢。若於北岸闕破低薄處，比元料，增夫力，葦草捲埽補築，便計葦草丁夫，若令責辦民間，緣今歲旱澇相仍，民食匱乏，擬均料各州縣上中户，價錢及食米於官錢內支給。限二月二十日興工，役夫五千，爲工十六萬七百一十九，度三十二日可畢。總計補築滹沱河北岸防水堤十處，長一千九百一十步，高闊不一，計三百四十萬七千七百五十尺，用推掃梯二十五，每梯用大檁三、小檁三，計大小檁一百五十，草三十五萬八百束，葦二十八萬六百四十束，梢柴七千二百束。

至治元年三月，眞定路言：『眞定縣滹沱河，每遇水泛，衝堤岸，侵没民田，已差募丁夫修築，與廉訪司官相視講究，如將木方村南舊堙河道疏闢，導水東南行，牐閉北岸，却於河南取土，修築至合頭村，合入本河，似望可以民安。』都水監與眞處路官相視議：『夫治水者，行其所無事，蓋以順其性也。牐閉滹沱河口，截河築堤一千餘步，開掘故河老岸，闊六十步，長三十餘里，改水東南行流，霖雨之時，水拍兩岸，截河堤堰，阻逆水性，新開故河，止闊六十步，焉能吞授于步之勢？上嘸下滯，必致潰決，徒糜官錢，空勞民力。若順其自然，將河北岸舊堤比之元料，增添工物，如法捲掃，堅固修築，誠爲官民便益。』省准補築滹沱河北岸縷水堤一十處，通長一千九百一十步，役夫五百名，計一十六萬七百三十九工。

泰定四年八月七日，省臣奏：『眞定路言，滹沱河水連年泛溢爲害，都水監、廉訪司、眞定路及瀕河州縣官洎耆老會議，其源自五臺諸山來，至平山縣王母村山口下，與平定州娘子廟石泉冶河合。夏秋霖雨水漲，瀰漫城郭，每年勞民築堤，莫能除害。宜自王子村、辛安村鑿河，長四里餘，接魯家灣舊澗，復開二百餘步，合入冶河，以分殺其勢。又木方村滹沱河南岸故道，疏滌三十里，北岸下椿捲掃，築堤捍水，令東流。今歲儲材，九月興役，期十一月功成。所用石鐵石灰諸物，夫匠工糧，官爲供給，力省功多，可永無害。工部議，若從所請，二河并治，役大民勞。擬先開冶河，其眞定路徵民夫如不敷，可於鄰郡順德路差募人夫，日給中統鈔一兩五錢，如侵礙民田，官酬其直。中書省都水監差官，率知水利濠寨，督本路及當該州縣用工，廉訪司添力咸就，滹河近後再議。』從之。九月，委都水監官洎本道廉訪司眞定路同監督有司并工修治。後眞定路言：『閏九月五日爲始興工間，據趙州臨城諸縣申，天寒地凍，難於用工，侯春暖開闢便，已於十月七日放散人民。』部議，人夫既散，宜准所擬。凡已給夫鈔二萬六千八百三十二錠，地價錢六百三十錠。

明 石珤《熊峰集》卷五《滹沱河記》 恒山之陽有鉅川焉，曰滹沱，源出代郡泰戲山下，滙爲三泉，流稍延曼，循大行，掠晋冀，蜿蜒而東，注之海。按班固叙《禹貢》九河，所謂徒駭者是也。至宋蔡沉疑之，蓋亦惑於『夾石碣石』之説，遂以『九河皆淪没於海，滹沱中高不與大河相涉』非之。夫九河固淪没於海，九河之源豈亦淪没乎？滹沱固不與大河相涉，然所謂九河者亦猶九川云爾，豈謂大河播而爲九乎？故知山川經絡茍非目睹身歷而欲據文字定之，鮮有不失者矣。是則滹沱亦未見其的不爲徒駭也。顧太行以東，地勢頓下，且河道淤沙窪壅不常，旁無澗壑以洩水怒，故霖潦相仍，山谷諸流叢奔會趨，洶湧而至，敗城郭，没田廬，其害有不可勝言者。今《禹貢》舊道既不可見，而西漢於此置蒲吾渠通漕船，亦湮滅無迹，豈非亦以玆水之害甚不可疏瀹而廢與？

河經藁城，自國初至今不知凡幾徙。成化壬寅，始迫城下，净土寺没焉。自後每秋漲至，則泛濫於縣，三五十里，市野皇皇，無所遁棲。適有天幸，未爲洿沼。弘治六年，太守張君淑始開新河於郡南，費以萬計，未再逾夏，水大入，復趨故道，功竟不成。老氓相傳云：『是河不宜修築，惟祭則可，蓋神明之也。』於乎禮，諸侯得祭其境內山川，則祭典固不可闕。然禦灾捍患，以寧邦家，爲民父母者職也。往者宣房之塞，近時張秋之築，具在疏理之功，亦豈可少哉？顧得其要與否耳。誠使善工相高下、量順逆，遲以歲月，鑿山開源，廣拓水境，要其上流而放之，寧棄百里之地以全城池，則雖鎖龍門、析伊闕尚可爲也，而此獨難哉？不然，爲石堤以捍之，亦再歲之利也。又其上者平政惠民，薄聚斂，省刑罰，尊老慈幼，修祭祀，順天時，使五行各得其所，則火炎上，水潤下，百川用，寧無墊溺之苦，雖古昔賢者之論豈能外乎是哉？若復迂之，於是《洪範》可遂廢，而天下之害付之，末如何矣。智者試反而思之，萬一得其效，豈以某之言爲迂生之談哉？

明 吳道南《吳文恪公文集》卷五《滹沱河》 滹沱河出山西繁峙縣泰戲山，匯爲三泉，流稍延漫，循太行，掠晋冀，蜿蜒而東，又東北至青縣岔河口，入運河下直沽入於海。班史所稱『徒駭』是已。今已就湮，不可據。

至國初，流經藁城。迄于今，又不知凡幾徙。或謂是河東趨眞定，由晉州紫城口南入寧晉，會衛河入海，乃其故道。自紫城口衝潰東流，道非其故。而束鹿、深州被水患後，屢議浚復。中官大家重棄成田，不欲改事，蓋需後云。洪武十一年七月，浚滹沱河。其後建文四年十一月癸未，撫安北平郡縣户郎中李昶言：滹沱河決武强縣南，宜亟修治，而民力不敷，願調旁近軍民夫相參作從之。正統十一年七月丁卯，晉州請疏滹沱河故道，及堤河岸爲水衝敗者，詔俟秋成其後。成化七年十月癸巳，巡撫直隸右副都御史楊璿言：順天、河間、保定、眞定四府屢被水患，由地勢平衍，水易瀦積，而滹沱等河上源堤岸多不修，縱修之，率皆低薄，以故遇雨水漲決，數郡當之。間有官吏欲爲民通利，又以彼疆此界，心力難協，不過決諸東西以隣爲壑耳。

臣愚以爲，宜遣官視索求水道故迹而浚之，而又堤築滹沱等河堤岸如衛河，則順天以西數郡無水憂。詔從之，仍命璿董其事。十八年八月己亥，滹沱等河水溢，衝潰運河岸，從清平縣抵天津衛八十有六處，及大蒙村等屯凡九處。其後弘治十七年十月庚午，巡撫保定等府都御史王沂奏：眞定城南滹沱河比年大水，内外幾爲巨浸，今改挑新河，水患息。知府熊逵實有功，宜增秩，乃升爲山西布政司右參政。嘉靖元年七月乙巳，堤束鹿城西滹沱河決口，修晉州紫城口堤成。十年十月乙未，巡按直隸御史傅漢臣言，滹沱河流經大名，故所築二堤輒衝敗，今擬修復如舊，度工費不貲，難獨辦，宜令廣平、順德協濟之，庶勞費以均，功可立就。詔撫按會議以聞。

明年五月庚午，太僕寺何棟勘眞定等府河患言：滹沱河東趨眞定，本從晉州紫城口南入寧晉泊會衛河入於海。晉州地形西高而南下，河遂奔溢，潰紫城而東，束鹿、深州是以被其患。茲欲捍塞，宜起藁城張村抵晉州固堤築堤以禦，更次椿木植榆樹，令堅厚，足障奔湍。然後浚河身三十餘里，導之南行，東注之海。如此則方能爲眞定等郡少殺水患。詔從之。

《明史》卷八七《河渠志五》 滹沱河，出山西繁峙泰戲山，循太行，掠晉、冀，逶迤而東，至武邑合漳，東北至青縣岔河口入衛，下直沽。或云九河中所稱『徒駭』是也。

明初，故道由藁城、晉州抵寧晉入衛，其後遷徙不一。河身不甚深，而水勢洪大。左右旁近地大率平漫，夏秋雨潦，挾衆流而潰，往往成巨浸。水落，則因其淺淤以爲功，修堤浚流，隨時補救，不能大治也。洪武間一浚。建文、永樂間，修武强、眞定決岸者三。至洪熙元年夏，霪雨，河水大漲，晉、定、深三州，藁城、無極、饒陽、新樂、寧晉五縣，低田盡没，而滹沱遂久淤矣。宣德六年，山水復暴泛，衝壞堤岸，發軍民浚之。正統元年，溢獻縣，決大郭鼂窩口堤。四年，溢饒陽，決醜女堤及獻縣郭家口堤，淹深州田百餘里，皆命有司修築。十一年，復疏晉州故道。

成化七年，巡撫都御史璿言：『霸州、固安、東安、大城、香河、寶坻、新安、任丘、河間、肅寧、饒陽諸州縣屢被水患，由地勢平衍，水易瀦積。而唐、滹沱、白溝三河上源堤岸率皆低薄，遇雨輒潰。官吏東西決放，以鄰爲壑。宜求故迹，隨宜浚之。』帝即命璿董其事，水患稍寧。至十八年，衛、漳、滹沱并溢，潰漕河岸，自清平抵天津決口八十六。因循者久之。

弘治二年，修眞定縣白馬口及近城堤三千九百餘丈。五年，又築護城堤二道。後復比年大水，眞定城内外俱浸。改挑新河，水患始息。

嘉靖元年，築束鹿城西決口，修晉州紫城口堤。未幾，復連歲被水。十年冬，巡按御史傅漢臣言：『滹沱流經大名，故所築二堤衝敗，宜修復如舊。』乃命撫、按官會議。其明年，敕太僕卿何棟往治之，棟言：『河發渾源州，會諸山之水，東趨眞定，由晉州紫城口之南入寧晉泊，會衛河入海，此故道也。晉州西高南下，因衝紫城東溢，而束鹿、深州諸處遂爲巨浸。今宜起藁城張村至晉州故堤，築十八里，高三丈，廣十之，植椿、榆諸樹。乃浚河身三十餘里，導之南行，使歸故道，則順天、眞、保諸郡水患俱平矣。』又用郎中徐元祉言，於眞定浚滹沱河以保城池，又導束鹿、武强、河間、獻縣諸水，循滹沱以出。皆從之。自後數十年，水頗戢，無大害。

萬曆九年，給事中顧問言：『臣令任丘，見滹沱水漲，漂没民田不可勝紀。請自饒陽、河間以下水占之地，悉捐爲河，而募夫深浚河身，堅築堤岸，以圖永久。』命下撫、按官勘議。增築雄縣橫堤八里，任丘東堤二十里。

傳記

《舊唐書》卷一〇八五《賈敦頤傳》　賈敦頤，曹州冤句人也。貞觀中，歷遷滄州刺史。在職清潔，每入朝，盡室而行，唯弊車一乘，羸馬數匹，羈勒有闕，以繩爲之，見者不知其刺史也。二十三年，轉瀛州刺史。州界滹沱河及滱水，每歲泛溢，漂流居人，敦頤奏立堤堰，自是無復水患。

《宋史》卷三二六《張昭遠傳》　張昭遠，字持正，滄州無棣人。**【略】**領忠州刺史、知成德軍，遷四方館使。滹沱河決，壞城郭，乃修五關城，外環以堤，民至今爲利。

《金史》卷九七《劉仲洙傳》　劉仲洙，字師魯，大興宛平人。大定三年，登進士第。歷龍門主簿、香河酒稅使，再調深澤令。縣近滹沱河，時秋成，水忽暴溢，仲洙極力護塞，竟無害。

（萬曆）《保定府志》卷三一《宦迹志四》　李華魯，河南祥符縣人。由進士任束鹿知縣。嘉靖庚戌，達虜入寇，李因舊城卑薄圮壞，不足捍禦。乃請於上，而增修之，足禦虜患。癸丑夏，滹沱河泛漲，水逾堤衝城。居民驚亂，賴城以免，祀名宦。

（嘉慶）《清一統志》卷二八《正定府》　張昭遠，無棣人。眞宗時，知成德軍。滹沱河決，壞城郭，乃修五關城，外環以堤，民至今爲利。

又　任布，河南人。眞宗時，知正定府。式欲省河北兵，布言遼、西夏方窺伺，備木可弛也。築甬道，屬滹沱河，跨絶泥潦。

又　王憲，東平人。宏治中，知阜平縣。操履清潔，政平訟理。嘗督民浚滹沱河憲，碇衣敝履，與衆同食糠粃。撫按感其意，爲免本縣夫役。

《清史稿》卷四七七《閻堯熙傳》　閻堯熙，字涑陽，河南夏邑人，原籍山西太原。康熙四十五年進士。**【略】**雍正元年，調南宮，擢晋州知州。州瀕滹沱河，河決徙道，蕩析民居。堯熙爲籌安集，民免於患，扶携老稚來謝。堯熙曰：『此朝廷恩，我何與?』令望闕拜，人給百錢，以資裹糧，散錢十萬，咸感泣曰：『真父母也!』

紀事

唐　李吉甫《元和郡縣志》卷一八《河北道三·深澤縣》　本漢南深澤縣也，以涿郡有深澤縣，故此加『南』以別之。屬中山國。高齊省。隋開皇六年，分安平縣于滹沱河北重置深澤縣，屬定州。皇朝因之。

《舊唐書》卷四《高宗紀上》　六月，恒州大雨，滹沱河泛溢，溺五千餘家。

又　卷三七《五行志四》　永徽五年六月，恒州大雨，自二日至七日。滹沱河水泛溢，損五千三百家。

《新唐書》卷三六《五行志三》　七月，鎮州滹沱河溢，害稼。

又　八月，恆州滹沱河及山水暴溢，害稼。

宋　晁載之《續談助》卷二《北道刊誤志》　皇朝熙寧元年七月，以避大河及滹沱河水之溢，徙于縣北舊武强城。

《金史》卷二七《河渠志》　大定八年六月，滹沱犯眞定，命發河北西路及河間、太原、冀州民夫二萬八千，繕完其堤岸。十年二月，滹沱河創設巡河官二員。十七年，滹沱決白馬崗，有司以聞，詔遣使固塞，發眞定五百里内民夫，以十八年二月一日興役，命同知眞定尹鶻沙虎、同知河北西路轉運使徐偉監護。

《元史》卷二七《英宗紀一》　庚辰，鹵簿成。滹沱河及范陽縣巨馬河溢。

又　卷二八《英宗紀二》　五月己巳，以公主速哥八剌爲趙國大長公主。免德安府被灾民租，修滹沱河堤。

又　卷二九《泰定帝紀一》　大司農屯田、諸衛屯田、彰德、汴梁等路雨傷稼，順德、大名、河間、東平等二十一郡蝗，晋寧、鞏昌、常德、龍興等處饑，皆發粟賑之。大同渾源河，眞定滹沱河，陝西渭水、黑水，渠州江水皆溢，并漂民廬舍。

又　己巳，修滹沱河堰。

又卷三〇《泰定帝紀二》　癸酉，給別乞烈失寧國公印。度支監卿孛羅請辭職奉母，不允。賜皇后乳母鈔千七百錠。滹沱河水溢，發丁浚治河以殺其勢。

又卷三六《文宗紀五》　甘州大雹。揚州之江都、泰興，德安府之雲夢、應城縣水。汴梁之睢州、陳州、開封、蘭陽、封丘諸縣河水溢。滹沱河決，没河間清州等處屯田四十三頃。常寧州饑，賑糶米二千四百石。杭州火，被灾九十一户，池州火，被灾七十三户，命江浙行省量賑之。

又卷四〇《順帝紀三》　是月，復立司禋監。加封真定路滹沱河神爲昭佑靈源侯。

又卷五〇《五行志一》　七月，上蔡、汝陽、西平等縣水。八月，霸州文安、文成二縣滹沱河溢，害稼。汾州平遥縣水。

又　六月，益都、濟南、般陽、東昌、東平、濟寧等郡二十有二縣，曹、濮、高唐、德州等處十縣淫雨，水深丈餘，漂没田廬。大同渾源河溢。陳、汾、順、晋、恩、深六州雨水害稼。真定滹沱河溢，漂民廬舍。

（嘉靖）《藁城縣志》卷五《事異志》　仁宗延祐九年，滹沱河決爲灾。

又卷六《祥異志》　國朝弘治辛酉歲，滹沱河水泛溢，巨浪洪滔，周流城郭通衢，水深丈餘，衝壞民居，不可勝計，城郭幾致滂没。邑人震駭，移徙無所。數日後，水勢洶湧方已。

（嘉靖）《河間府志》卷六《河道志》　正德中，滹沱河岸底薄水常爲患，雖經修補，未底成功。

又卷七《風土志》　開成元年七月，滹沱河溢，害稼。

又　丁酉，滹沱河決，没河間、清州等處屯田四千三萬頃。

（萬曆）《保定府志》卷一二《政事志》　十三年，遣捕虜將軍馬武，屯滹沱河以備匈奴。

又卷一三《政事志》　七年，詔引滹沱冰淤田。王安石謂决水淤田，可以省漕食，故程昉灌塘治并深州，開引滹沱水淤田，及開回胡盧河，并回滹沱河下尾。後提舉河北，韓宗師劾程昉導滹沱水淤田，而堤壞水溢，甚爲民害，詔昉分耕，王安石復爲之辦明。於是深州静安令任廸奏乞俟來年刈麥畢，全放滹沱、胡盧水淤溉南北岸田二萬七千餘頃。從之。

又　泰定帝二年，詔修滹沱河堰。

又　成祖渡滹沱河，留其將孟善守保定。丁丑。

又卷一四《政事志》　十二年，滹沱河由寧晋北徙。由束鹿城北而東。

又卷一五《祥異志》　三年夏，大水。滹沱河溢，束鹿城圮，發帑銀賑之。

又　夏六月，束鹿大雨，滹沱河溢。午夜入城，水深數尺，官衙民室浸滂不堪居。

《明史》卷二八《五行志一》　熙元年六月，驟雨，白河溢，衝決河西務、白浮、宋家等口堤岸。臨漳、滏二河決堤岸二十四。真定滹沱河大溢，没三州五縣田。

又卷八八《河渠志六》　十一年，太僕卿何棟勘畿封河患有二。一論滹沱河。其一言：『真定鴨、沙、磁三河，俱發源五臺。會諸支水，抵唐河蔺家圈，合流入河間。東南經任丘、霸州、天津入海，此故道也。』

（光緒）《重修天津府志》卷四〇《宦績二》　聖祖臨視，命光地於獻河兩岸築長堤，西接大城，東接静海，亘二百餘里。又於廣福樓之焦家口開新河，引水入淀，由是下流益暢，無水灾。光地以堤工既成，請開諸州縣水田，引漳、滏、滹沱大陸諸水資灌溉，薦同知許天馥爲河閒知府司其役。從之。四十四年十一月，授文淵閣大學士。

《清史稿》卷一一《高宗本紀二》　丁卯，上閱滹沱河堤。賑湖北漢川等九州縣衛水灾。

又卷四〇《災異一》　七月，嵊縣大水，邢台大水，棗强大水，真定滹沱河溢，雞澤大水，單陽大水。

又　六月，沂州河決；武强滹沱河溢，平地水深數尺，田禾盡淹没；普宣大水；澄海大水，堤決五百丈。

又 五十九年三月，衛河溢，武城大水，襄陽、光化、宜城、黄安、清苑、蠡縣、撫寧大水，滹沱河溢。

又 六年春，禹城運河决，水至城下；長清、觀城、任丘、静海、黄縣、平鄉大水；滹沱河溢，田禾盡没；鎮西堤决。

又 九年六月，滹沱河溢。

又 六月，滹沱河溢，漫入滋河；直隸諸郡大水；高淳、甘泉、臨朐大水。

又 卷一二九《河渠四》 三十八年，聖祖南巡，至東光，命直隸巡撫李光地察勘漳河、滹沱河故道。覆疏言：『大名、廣平、眞定、河間所屬，凡兩河經行之處，宜開浚疏通，由館陶入運。老漳河與單家橋支流合，至鮑家嘴歸運，可分子牙河之勢。』

又 卷三六〇《柴潮生傳》 八年，天津、河間二府大旱。九年，潮生復疏言：『河間、天津二府經流之大河三：曰衛河，曰滹沱河，曰漳河。』

又 卷四五一《金福曾傳》 十一年，浚饒陽滹沱河。

藝文

唐 胡曾《咏史詩》第二《滹沱河》 光武經營業未興，王郎兵革暫憑陵。須知後漢功臣力，不及滹河一片冰。

宋 黄廷堅《次韻孔四著作比行滹沱詩》（嘉靖）《河間府志》卷一 駝褐蒙風霜，鷄聲渺墟里。青燈登豆粥，落月踏冰水。平生不龜藥，纔可衛十指。指此千户侯，誰能優劣此。

宋 許綸《涉齋集》卷一七《滹沱河》 逋誅狂冦釜中魚，未免真人駕六飛。千古石人雖曖昧，一時河伯太機微。風沙睢水終亡楚，草木公山竟蹙秦。始信滹沱冰合事，世間興廢不由人。

宋 文天祥《文山集》卷一四《滹沱河二首》 過了長江與大河，横流数仞絶滹沱。蕭王麥飯曾倉卒，回首中天感慨多。

宋 汪元量《湖山類稿》卷四《真定官舍》 風烟漠漠庭前樹，霜月娟娟沼内荷。驛吏出門相語及，城南便是滹沱河。

元 曹伯啓《曹文貞詩集》卷八《過滹沱河》 當年天意欲興劉，倏忽冰凝水不流。此日王郎如解事，韃橐弓矢便宜休。

元 陳孚《陳剛中詩集·交州稿·過滹沱河》 鉦鼓連天戰血紅，存亡只寄寸冰中。憑誰剪取鱗鱗碧，畫作雲臺第一功。

明 許復齋《滹沱河詩》（嘉靖）《藁城縣志》卷一二 滹沱河水正流澌，文叔南奔欲渡時。天爲赤符冰自合，不應王霸敢相欺。

明 姚廣孝《逃虚子集·詩集》卷九《滹沱河二首》 一宵冰合遂龍韜，豹虎王郎亦濞劳。麦飯進來香味美，封疆還属卯金刀。

漠漠平沙際遠空，断橋疎柳夕陽紅。漢家事業今何在，千古東流恨莫窮。

明 胡儼《頤庵文選》卷下《過滹沱河》 曉渡滹沱覺有霜，白沙官道草茫茫。秋深不見河冰合，猶聽行人説漢光。

明 胡廣《胡文穆公文集》卷二〇《過滹沱河》 輕塵不動暖風和，一片旌旗水上多。已喜北京看漸近，澹雲無雨度滹沱。

又 載筆扈萬乘，三度滹沱河。春夙如舊日，暖水浮新波。張幟揚飛隼，伐鼓喧鳴鼉。氣榷貔虎士，光炫金銀戈。前茅閲道路，大車鎗鸞和。野曠芳草合，塗縈積漲多。濟權孰王霸，轉漕疇蕭何。報主乏長□，美德亡頌歌。幾時理歸旆，林馬重經過。

明 徐有貞《武功集》卷一《滹沱河二首》 荒草寒烟接海限，扁舟欲渡却徘徊。千年境土秖依舊，當日君臣安在哉。世道自興還自廢，河冰時合復時開。村童野老知何事，猶説真人過此来。

功曹詭報幸能酬，自是天心未厭劉。倉卒權宜須將略，回旋造化豈人謀。寒澌乍合須臾事，炎運重還二百秋。應信帝王真有命，世間僭竊可含羞。

明 程敏政《篁墩集》卷六七《渡滹沱河》 寒風挾霜起，冰浪從西來。下觸斷橋柱，碎此千瓊瑰。

明 石珤《熊峰集》卷五《滹沱河賦》 介然子將如東瀛，放舟於滹沱之浦。覽郡國，披山川，辨土壤，聆風泉。俯象六極，仰窺無垠。問遺俗於故老，招海上之飛仙。於是揖漁人而進之曰：子亦知夫兹水之源乎？出自繁時，經於代谷，放乎雁門之坂，帶於太行之麓。朔方巨岳，實扼其胸；恒衛諸流，半入其腹。氣吞萬壑，激碖礨而未平；勢應三泉，墮平原而逾甓。時乎春冰乍融，積雪方解。支流趨順，客浪藏駭。迂迴縵延，千里一帶。霤石成渠，鏘波赴海。千城藉其潤色，萬畮資其灌溉。鏦錚鳴帝子之環，嘔軋散將軍之凱。編桴賈客，燈火輝煌；罷釣漁郎，歌聲款乃。芳洲乍晴，倏昏忽明。掔神農之遺譜，得靈均之杜衡。

及夫積霖未止，秋水大至。巨濤拆空，駛溜軒地。律令助威，飛廉擁勢。海若爲之改容，巨靈因而避位。鯨翻渤澥，鬼母長嘯；虎栗昆陽，英雄失智。山刋菑翳，野誅樸樕。先驅一指，崩沙潰屋。怒留城邑，薪藁如雲。殃及鳣魦，僵屍遍谷。亦有傾城，摧山變陵。不雨而怒，無龍而興。湍隨鯤徙，勢若雷崩。斷岸蒙隤，殷輪乍赤。平岡被嚙，戈戟猶青。雷崩斷趺，訝魚龍之識字；渚留袍笏，豈犀火之通靈？乃有泗濱磬浮，汾陰鼎見。寶鏡入秦，號鐘歸梵。涇陽嫁女，簫鼓猶喧。龍叟射綃，波濤飽戰。壞百尺之長橋，剗千年之古塹。人懷魚鼈之憂，國有沼池之嘆。忽幾劫之餘灰，出昆明之一旦。蓋自列國兵屯，朝齊暮秦。盟渝韓魏，兵來薊門。趙國上卿，功名一擊。平原公子，車騎長奔。虎狼勢成，合縱事緩。頗牧既亡，望諸已晚。建不出援，丹空起變。常山之蛇陣徒存，主父之龍顔幸返。復有劉項相雄，赤旗建功。淮陰故壘，東垣廢宫。王霸詭冰，再光舊版；蕪亭麥飯，猶著遺忠。保河北以待朕，亦何異於關中。乃至開元弛綱，漁陽肆毒。投鞭斷河，驅王入蜀。常山太守，首扼天下之吭。帳下猪兒，竟破禄山之腹。惟宋有國，兹當北垂。契丹伺便，西夏來窺。築箭梁津，任布有備邊之策；山崩海覆，劉蚼興致死之師。自餘紛紛，以暴易暴。中更幾巡，世歷多號。劉琨有志，獨枕長戈；虞詡難逢，空增萬竈。太平之日少於戰争，中區之地半多鍪帽。是宜地下白骨，多於黄土。長河東奔，爲泄其怒。摧車卷甲，盪百世之餘兇；濺沫飛流，刷遺羞於千古。山蓋不得不峻，水蓋不得不駛。陵谷蓋不得而不變，城市蓋不得而不徙。是雖天時人事交會之偶然，然亦豈惡殺好生造化之得已者乎？乃知天本待人，地亦藏宅。界我祖宗，增其式廓。既定鼎於金陵，又相居於恒岳。若成周之豐鎬，復營邑於伊洛。挽唐虞三代之遺風，掃争戰百年之餘虐。

於是山多獻靈，川亦效職。噓氣成雲，蒸地得澤。不須劉累豢靈沼之二龍，亦有豫且得白黿之徑尺。木多杞梓，自河而東；波有鰋魴，望海而入。其有異氣藴鬱，孕爲賢良。煒煌事業，璀璨文章。高門大纛，紫綬金章。或名流乎林藪，或身負乎綱常。乃若藺陵著述，功裨墳典；文貞諫論，治逮成康。閣敞平津，屢屈吾丘之博辯；屏張便殿，猶存李絳之封章。武惠忠誠，身兼將相。韓維兄弟，并在巖廊。趙賓客之名懸調燮，黄牧伯之風輓循良。一代龍頭，世頌文忠之相業；兩朝司馬，名登恭敏於旂常。是其在昔有作，于今益昌。孰非山河之所鍾毓，地氣之所敷揚者乎？矧吾生之行休，值海波之方晏。駕木蘭之長舟，縱千里於遐覽。横桓伊之古笛，飽廉頗之一飯。籍荒磯之芳草，憩清風之别館。采江離以爲佩，畦揭車之九畹。悵九原之莫作，想古人之如見。於是流魚出波，沙鳥鳴苑。月華窺林，露色凄晚。樂未極而悲已生，日已夕而路猶遠。既引領而高歌，又一唱而三嘆。浩浩乎，飄飄乎，蓋不知吾之所欲之，而忘吾之所欲返也。歌曰：

山窅窅兮波鱗鱗，臨長洲兮思古人。魚來迎兮鶴與吟，惟秋鴻兮北以南。志不可騁兮，樂不可單；還予舟於江臯兮，吾將續先王之遺音。

明 張旭《梅巖小稿》卷一二《過滹沱河見某太守率民築堤以禦水患》 河決長堤逼郡城，誰知太守果神明。渡濤未許滔天去，砥柱能教立地成。有水曾香馮異飯，無冰重渡漢王兵。行人莫爲英雄恨，洗耳猶聞哽咽聲。

明 何景明《大復集》卷一五《滹沱河上》 長堤枕春郭，斷岸入殘暉。栖鳥張燈起，驚鳧觧纜飛。古人堪墮淚，吾道豈常非。未識臨河意，中流擊楫歸。

明 楊慎《升庵集》卷七七《石熊峰滹沱河考》 恒山之陽有巨川焉，曰滹沱，源出代郡泰戲山下，滙爲三泉，流稍延曼，循太行，掠晋冀，蜿蜒而東，注之海。按班固叙《禹貢》九河，所謂徒駭者也。至宋蔡沈疑之，蓋惑於夾右碣石入於河之説，遂以九河淪於海，滹沱中高，不與大河相涉。然所謂九河者，亦猶九川云爾，豈謂大河播爲九乎。故知山川經絡，苟非目覩身歷，而欲據文字定之，鮮有不失者矣。

明 皇甫汸《皇甫少玄集》卷一五《再送栗子》 役車聞唱歲華殘，客裏邊愁無奈寒。魏闕分明當落日，滹沱河上莫東看。

明 莫如忠《崇蘭館集》卷四《渡滹沱河》 問水欒城北，滹沱始識名。飛流來紫塞，濯地瀉滄瀛。飲馬春冰薄，褰帷曉練明。津亭飯客處，漢將古行營。

明 戴鱀《戴中丞遺集》卷一《滹沱河行》 曉行恒山道，復渡滹沱水。滹沱兩岸平沙黃，寒日射波朔風起。輿梁如砥中流清，來輪去轂穩不驚。川浮晴野孤城迥，旆拂霜枝雙戟明。憶昔乘秋嘗鼓枻，魚龍駕濤無涯涘。舟子常依楊柳堤，居人盡失桑麻地。十年回首夢寐間，遲回祇覺增哀顔。乃知夷險詎能計，所以古人太息再歌。行路難，行路難，何偪側，衆煦能漂山，貞心殊轉石。君不見，三峽奔濤崖石墮，方舟撤漩猶捷過。又不見，太行九折盤巑岏，驅車直上青雲端。人間畏途豈在他，誰令同室還操戈。從來善宦固有術，吾聞流行坎止如命何。

明 吳國倫《甔甀洞稿》卷二二《滹沱河》 滹沱之水雁門來，直入平原遠漢臺。萬馬乘流奔赴海，千鯨觸石鬥鳴雷。秦兵北戍投鞭渡，楚客南浮擊楫回。麥飯亭前沙草合，翠華不見使人哀。

明 駱問禮《萬一樓集》卷一《過滹沱河》 久知河有神，合冰興漢室。今日我適來，冰堅尚猶昔。乃知彼時事，王霸道其實。不然陷死地，霸肉其足食。聖人固不死，史文多失核。凝釋須臾間，於事豈爲的。滎陽曾拔木，謀蓋傍有窟。吾非惡夫異，所惡理殊惑。悠悠千萬世，眞僞何足述。非霸貪天功，或帝用欺敵。盡信不如無，此類寧獨一。勒馬問河神，河神杳難索。

明 屠隆《由拳集》卷八《渡滹沱河》 萬里渡滹沱，邊城落日多。沙長浮曲岸，雪盡見流波。目送歸人急，心懸征馬過。凄凉問燕趙，余亦好悲謌。

明 劉伯燮《鶴鳴集》卷四《滹沱河》 沱水原歸漢，堅冰合有神。三泉齊濺玉，千古洗胡塵。

明 周復元《欒城稿》卷二《滹沱河橋椿》 滹沱之水雁門來，洪波浩瀚真奇哉。千山萬山似擁髻，五月六月如轟雷。蒼龍偃卧百丈長，徒杠輿涉垂蒼茫。水融冰澌春已去，修塗一望惟橋椿。橋椿不動水横走，雲根石髓常相守。水荇爲衣浪作花，誰言生意無所有。日月星辰萬年控，盈盈沙磧黄塵霧。塹燒船破頃刻移，惟有此物不能動。竹頭木屑皆可留，焦爛之餘中郎收。大匠豈爲尺寸棄，虞衡終向山林搜。逝者如斯可柰何，扣舡杯酒發長歌。張騫八月乘槎去，何事還留遺迹多。

又 卷五《秋日滹沱河上》 烟波極目水濛濛，張翰蓴鱸思秋風。雪羽倒翻夕陽外，金鱗照躍青萍中。荷葉萬莖雨面白，蓼花千穗池心紅。病起又是他鄉路，愁指恒南嘆轉蓬。

又 卷六《渡滹沱河賦》 東瞻封龍，西望太行。星分畢昴，地切邢襄。疏源晋汍，溢滓趙疆。自土關袞亘而扼搤，由雁門躔繞而汪洋。潢瀉三輔，振擂八荒。寒日奔沙，悲風斷航。余將隨執事以求渡，忽長年操艤而告余曰：

惟洪波之浩瀚，毓龍母與貝胎。遡中原而緬邈，控上游於蓬萊。餙蘭橈桂楫而款乃，馭潏澤渼灝而徘徊。勢萬頃而靡盡，流百折而不駭。似迅弦而發矢，恍矯翼而飛埃。

當其北陸圜轉，朔氣閉凝，水涸石見，寒沍成冬。駕杠梁于晴蜺，偃浮塹於蒼龍。邁行役之胺胼，望明星而鏗鍧。既艱難而跋涉，免踣跙而迫窮。念皇恩之優渥，亦司命之權衡。別有糾紛孔道，迤邐修程。遠柔邇來，遐征近攻。帶甲百萬，襲贼十重。盧龍之兵起釁，鉅鹿之戰未寧。邯鄲之圍不觧，魏慱之将横衝。隘三關，阻百城。襟馮翊，帶扶風。冒林蔓而環繞，響訇磕而湃澎。慘陰晦以汨汨，薄黔翳之冥冥。趋艦艘而進發，障舳艫而蔽空。甫潺湲而沔憑，逾涸沌而漼泓。渢渢乎，瀇瀇乎，淈淈乎，瀹瀹乎，漶漶乎，若馮夷御風，而不知其所窮爾。

其斷岸残沙，遺堞古塹。鬼火晝明，金銀夜燦。銅駝巇嵲而罔完，鐵戟磨洗而難辨。音塵徒懷，英雄增嘆。嗟腥風兮既淪，幸桑田兮未變。日出霧起，滙海瀣而縮盈；岸塌堤崩，杳辰霜而潠渙。遡桑乾上谷之滑，想盧溝涿鹿之戰。漭漭洶洶，漩漩欝欝。靉靆雲蒸，汪濊鼎沸。戍壘索莫，陣圖凌替。磧烟夕空，林月東出。山木慘而振哀，魚鳥怪而驚適。楚閩之貢賦，挾山東而達乎滄海；吳越之樓舡，經漕河而躋之燕市。江山繆乎相望，豪傑竟乎安逝。吾日操舟而待，亦何求而不足。

余曰：子言近矣。古今千載，浩浩冥冥。黄霸冰合，乃在此中。子生長于斯，盍再爲我言之。

長年復停橈而告余曰：當夫西漢煨燼，東漢奮興。漁陽飛檄，上谷征兵。謀臣雲起，壯士龍從。黎庶塗膏，日月晦暝。稱僞侈號，假王僭名。於是成都天水甫殄，盆子王郎横行。光武求渡而勢窘，黄霸一夕而冰凝。夫何天心之陰隲兮，遭厄險而夷平。感王者之不死兮，知與河伯而争功。驅士馬而咸濟兮，戴辣羊之威靈。望鄗郭而駐蹕兮，入迥洑而履亨。建大號于高邑兮，千秋封而峻嶒。播龍蠢于南征兮，悉鄧禹之經營。

逮夫隗囂授首，公孫就戮。雲臺中摽，玉關西固。真人之寶籙重歸，炎漢之洪基恢復。而當其時也，若狂瀾之罔制，危波之常去。欲横飛而結緝，求順流而猶豫。即溅汰其軫軏，縱汔涸而鏗鍜。秋早無霜，冰凝奚自。鯨鼇出没，魚龍噴戲。即囊沙之智空懸，雖焚舟之計亦弊。則東漢一十三帝之丕基，將遨乎其莫聞矣。

余曰：噫嘻，榜人其知言哉！夫命而在我，黄霸有合冰之神；道或不行，孔子有乘桴之嘆。故知天地之大，古今之久，時至者易成，機失者不偶。浩浩我舟，泛泛無涯。擊楫中流，泊浪如花。於是扣舷而作歌曰：黄沙漠漠兮渡滹沱，古今漫漫兮竟如何。逝者如斯兮催長波，催長波兮人胡多。

明 方應選《方衆甫集》卷一《渡滹沱河》 青天開淡蕩，白日下滹沱。遠道悲行役，中流撫逝波。沙寒孤鳥没，葉落敝貂多。立馬千峰夕，躊躕意若何。

明 姚孫棐《亦園全集》二集《過真定府晚渡滹沱河》 南客忻逢水，輕裝晚渡時。流纔衣帶濶，襟已霧雲被。盪漾天如動，清明月與期。回看脾睨影，歷歷共舟移。

明 凌義渠《凌忠介集》卷二《渡滹沱河》 硬將脚力當雙戬，出没蒼烟信馬馱。時值冬初風漸緊，望窮天末雁頻過。爲防石截難移趾，愁見津迷且細哦。霍霍水聲争上，下也知舊事幾銷磨。

明 羅明祖《羅紋山全集》卷七《滹沱河橋上夜雨次冬節》 雨知秋欲盡，中夜共零零。柳病啼難下，鴉殘影覺仃。原平塵不起，林薄户猶扃。方察寒深淺，清砧仔細聽。

明 陶汝鼐《榮木堂合集・詩集》卷一《滹沱河》 漠漠黄沙何處炊，饑龍粗糲飽如飴。人間豈少青精飯，不當英雄困戹時。

明 陳子龍《湘真閣稿》卷六《河間》 滹沱河上又徵兵，粉堞牙旗擁漢京。帝子樓臺通北極，仙人宫闕近東瀛。

明 楊廷麟《兼山集》卷四《再渡滹沱河》 駟鐵紛紜渡鼓城，西來諸水盡東行。自題漢後將軍樹，不見當年君子營。河上風旗魚鳥出，雪中夜獵磧沙明。鎮州自左稱雄險，謾説山前北府兵。

明 佚名《元音遺響》卷一〇《滹沱河》 夙駕違鎮都，客行有前期。蓬飛歲將晏，恨恨臨高岐。長河動我前，夾岸流水澌。需次向晨渡，馬鳴游子悲。天寒野無人，世梗道路疑。豈無故鄉懷，辛苦曷得辭。貧賤本吾分，險艱庸自持。嗟哉雲臺勲，千載今得知。

清 沈嘉客《西溪先生文集》卷四《度滹沱》 滹沱河水急，千古此潺湲。休問疆場事，逢人不忍傳。

清 熊文舉《雪堂先生文集》卷九《過滹沱河》 草創君臣智勇深，波流如昨雨沉沉。不從冰合□眞主，且看春風麥飯亭。

清 王鑨《大愚集》卷一七《滹沱河》 滹沱偏不改，日日向東歸。神鬼留傾險，乾坤有動機。木舟持曉驥，鐵角響寒衣。不解群鴉意，違心何處飛。

清 嚴書開《嚴逸山先生文集》卷一三《渡滹沱河》 遵彼河涯，冰雪淒其。招招君子，遄臻于斯。

我策我騏，六轡如絲。瞻望弗及，佇立以思。

君子至矣，載騏載馳。君子濟矣，日出冰澌。

清 彭孫貽《茗齋集》卷一四《樂陵道上經滹沱河》 中水城南策騎過，亂流何處渡滹沱。烟生野店雲横嶺，秋近炎天雁渡河。燕趙佳人彈瑟去，漁陽豪俠引弓多。只今三輔英流盡，大澤深林半馲駝。

清 胡榮《容安詩草》卷九《暮渡滹沱河》 霞平烟晚渡滹沱，麥飯蕪蔞味若何。光武有心還自報，迹今亭址未顛磨。

曉行暮宿儘蒼凉，茆店雞聲斷客腸。誰識英雄旌汗馬，忍教河水日湯湯。

清　姚文然《姚端恪公集·詩集》卷七《滹沱河別方繡山使晉予東指山左》　出郭河流遠海長，征軺回首背恒陽。雨餘波漲石梁淺，露後風高沙草黄。使節東西分巇巘，離情山水共蒼茫。眞人麥飯曾經進，慚愧三秋不裹糧。

清　朱彝尊《曝書亭集》卷六《滹沱河》　滹沱河上流澌急，騎馬春冰滑可憐。百尺浮橋空斷板，孤城哀角動荒烟。愁顔送老飢寒日，絶塞因人雨雪邊。轉憶江鄉多樂事，花濃齊放五湖船。

清　盧紘《四照堂詩集》卷八《滹沱河》　衝寒乘曉渡滹沱，風雨當年更若何。麥飰無供栖野店，應知此地善蹉跎。

又　卷一〇《過滹沱河石橋》　野草荒原夕眺中，河流東下夜瀜瀜。當年冰合今如在，安用長橋跨石虹。

清　潘問奇《拜鵑堂詩集》卷一《滹沱河》　麥飯滿蕪蔞，直人此舊游。帝王原不死，江漢豈能流。水勢來恒岳，山形抱冀州。都成懷古地，寂莫憶炎劉。

清　葛祖亮《花妥樓詩》卷七《滹沱河二首》　十月滹沱水，悠悠白浪生。霜華両岸落，虹影一橋横。漲去沙痕濶，風喧驛路平。朝暾騰氣暖，千里快南征。

此地稱天險，尋源徑太行。河靈曾效順，聖主遂當陽。晓渡寒威厲，波横古岸長。幾年游壯浪，相對思茫茫。

清　王攄《蘆中集》卷八《渡滹沱河》　五渡滹沱水，兹行倍惘然。長爲燕道路，誰記漢山川。浪湧中流日，林疏两岸天。三年遠客此，來往馬蹄穿。

清　崔冕《素吟集》卷六《渡滹沱河懷古》　北望樓尖儼是城，曠原短草半枯榮。黄流衝岸舟相待，白日斜林梁未成。龍集昔聞冰夜合，鴻飛今共客南征。一鞭浩嘆攀驢背，莫訪當年耿鄧營。

清　王嗣槐《桂山堂詩文選·詩選》卷一一《過滹沱河》　一望滹沱水，空懷建武年。蒼沙迷古岸，白鳥破山烟。十月河冰合，三陵野燒圓。宋三陵也重尋南鄗地，灌莽倍凄然。

又　一二《重過滹沱河》　臘月寒冰馬足湮，更嗟建武渡河神。雲臺星過燕亭夜，白水龍歸漢祚新。客劍飄零頻朔雪，儒冠誤落老邊塵。謾將北道于時意，徒羡南宫遇主人。

清　史申義《使滇集》卷上《渡滹沱河》　河流泱漭氣凴陵，風捲魚龍濁浪層。今日炎天呼嘯過，可知騎馬渡堅冰。

清　鄭性《南溪偶刊·自滹沱河步至趙陵鋪》　斜日渡滹沱，無從訪古何。茫茫烟樹邈，瑟瑟水沙多。東岸驢回站，西濵客上坡。天涯迢遞去，步向趙陵歌。

清　張廷玉《也足山房尤癯稿》卷四《滹沱河行》　輪蹄沙野水滂沱，恒山城外滹沱河。恒山恒月流不盡，榜舟驅風瞥眼過。長思四七漢光武，刀兵闖出火爲主。鷄鳴潜走河漲漫，王郎軍赶渡無艫。水鼠烏能爲士馬，六月俄冰凍南浦。河上豆粥蕪蔞飰，履平雲合背馬穩。人世休執，牛背較馬。終穩着須看，滹沱水何若。吉人失意皆得意，滹沱六月冰不薄。

清　沈德潜《歸愚詩鈔》卷一四《風雨渡滹沱河》　屢遇月生暈，還看豕涉波。朝來風雨急，衝浪渡滹沱。我僕俱無色，中流敢放歌。何心懷麥飯，冒險此經過。

清　張廷璐《咏花軒詩集》卷三《過滹沱河》　蜒蜿平橋清淺波，晚風落日渡滹沱。中州亭堠連天近，三晋雲山入望多。寒雁數行低別浦，嚴城千堞俯長河。當年戰壘知何處，霜草蕭蕭牧馬過。

清　黄任《秋江集》卷一《滹沱河》　王郎竊邯鄲，光武困薊城。倉皇輒大駕，百萬奔命兵。臨流不得濟，六軍皆震驚。桓桓王功曹，恫喝呼先聲。波臣竟効順，頃刻堅冰行。假令背水戰，死地當能生。要知天所授，不假人力争。我來冰已泮，流澌何盈盈。草店大河濱，一飯空復情。山川不戰伐，野渡舟自横。

清　胡天游《石笥山房集·詩集》卷一〇《滹沱河》　塞水急滹沱，聲聲咽復多。是誰堪飲馬，獨有趙廉頗。

清　周長發《賜書堂詩鈔》卷六《恭和御製滹沱河堤元韻》　丙秋扈珠罕，道出中山城。千古滹沱駛，两岸沙水平。淼瀰泉有竇，灌溉滋春畊。渠繙班固志，水閲桑欽經。足資溝洫潤，要令婦子寧。效靈仗河伯，良由祈禱誠。我皇舊駐蹕，軫念闔民生。睿謨親相度，大吏殫精能。畚鍤築堤岸，安流得未曾。行其所無事，是用潰於成。溯源雁門遠，厓涘歲月更。利導順厥性，勿與奔湍争。桑乾秋潦猛，刺縛難徐行。聖主示方略，疏瀹安輿情。佇奏宣房績，籍籍多頌聲。

清 李繼聖《尋古齋詩文集·詩集》卷二《滹沱河》 蚩尤作霧網重圍，呼吸興亡撥此機。海涷三番燕馬渡，河冰一語漢龍飛。高風尚欲催雲陣，大雨會經透鐵衣。舊是奔馳辛苦地，蓼花何事弄春暉。

清 李稻塍《梅會詩選》三集卷四《渡滹沱河》 汗漫真爲河朔遊，滹沱北望是并州。天横碣石青無際，水障寒沙斷復流。渡口風烟高邑暮，關門山色太行秋。驅車欲問當年事，麥飯亭空野樹稠。

清 沈大成《學福齋集·詩集》卷一《渡滹沱河》 我昔游秦晋，北歸渡滹沱。今來淹歲月，如此流光何。城闕眇雲際，西山鬱嵯峨。浮氛襲行舟，日莫風濤多。彌年役道路，百憂集狂歌。榮悴不可期，佇楫徒咨嗟。

清 彭啓豐《芝庭詩文稿·詩稿》卷八《恭和御製閲滹沱河堤工元韵》 滹沱古名川，襟帶常山城。雁門千里來，浩浩波流平。往者患衝齧，蔀屋停鋤耕。曰惟攝提歲，清蹕曾來經。宸懷惻飢溺，午夜籌盈寧。大吏承指授，河伯鑒精誠。洪流向南徙，建壩土梗生。堤防寓决排，咸知利導能。宣房瓠子歌，亦識此意曾。三築重疏浚，六府歸平成。因性順自然，無事議紛更。白水昔問渡，麥飯思戰争。回看雉堞壯，却架虹梁行。利涉有舟楫，騰歡遍輿情。前路指河洛，還聽嵩呼聲。

又 卷九《恭和御製渡滹沱河元韻》 水落横沙潤，梁空倒影重。中州回御蹕，朔氣釀初冬。月偃龍堤畔，雲開雉堞封。浮圖天際出，迢遞一樓鐘。

清 全祖望《續耆舊》卷八四《滹沱行》 恒陽城南滹沱河，河流汩汩盤深渦。兩崖迫來相湧蹙，晴日無風自作波。西山春月時雨瀉，水溢横衝薄城下。有時崩决轟若雷，乱捲泥沙漂廬舍。我來八月秋水高，策馬欲渡河無橋。行船傍岸流正急，馬嘶近河不敢驕。白水眞人苦何故，忽報永堅河可渡。渡未及半冰已開，兵追失却王郎路。

清 紀邁宜《儉重堂詩》卷七《渡滹沱河感懷》 經旬解榻魄南州，又舉吟鞭事遠游。隔岸舟移人待渡，遥空響墮雁賓秋。恒山螺黛如新染，滹水鯨波正穩流。來往頻過知幾度，霜華莫怪漸盈頭。

清 茹綸常《容齋詩集》卷一八《夜渡滹沱河失道至正定示旅宿諸君子》 朝發土門關，夜渡滹沱水。已憐僕馬疲，况當月魄死。求火過前邨，失道落蒼耳。所幸胥吏候，重城到迤邐。入門昏不辨，冒昧得戾止。諸君笑且譁，子行眞憊矣。予聞但唯唯，清樽促浮蟻。平生輸捷足，蹇滯多類此。回憶孤舟横，黨恍猶未已。

清 翁方綱《復初齋外集》卷一《滹沱河》 兩涉河間獻縣河，路人指此即滹沱。前年亦問常山渡，何日還從下博過。白日微風如見底，平橋落日欲生波。俱非文叔經由處，懷古從來最易訛。

清 劉秉恬《竹軒詩稿·觀光集·滹沱河咏古》 漲後横開十里平，滹沱自古最聞名。王郎小捷何須道，漢主鴻勳久已成。四面環看雲樹遠，中流座對岸花明。扁舟一葉乘風度，薄暮陰陰正定城。

又《述職吟》卷上《滹沱河》 水面冰凝似鏡明，輿梁一道報初成。風吹落葉千林曉，日照平沙兩岸晴。麥飯昔能酬主德，葵衷今欲表臣誠。五雲深處望金闕，策馬先過正定城。

清 謝啓昆《樹經堂詩初集》卷一二《滹沱河》 絳衣大冠赤帝子，壞雲如山壓賊死。河冰未合薄於紙，一夜天風割馬耳。澤腹堅凝白玉砥霜雪耀。刀光萬騎渡騰驤，河神效順波不揚。白衣老父在我旁，將軍麥飯解人意，此河之德終難忘。清寧匯入寧晋泊，故道遷移無南北。賢王相度行焦岡，束鹿安流頌帝力。冬之月，水歸宅。夏之日，水過額。無風浪三尺，有事惡池禮白璧。旱能降雨潦無積，使者畫流贈輕策。

清 百齡《守意龕詩集》卷三《晚渡滹沱河》 滹沱秋水漲新痕，烟靄蒼茫半壓村。一片蕪蔞殘照影，更無人憶漢公孫。

又 卷四《滹沱河再答葛生菱溪》 落日又滹沱，臨流動遠慕。置詩懷袖中，即景若相晤。我亦大梁游，秋帆從此渡。日月曾幾何，層冰踏歸路。矯首天一涯，伊人阻雲樹。各各事奔走，容鬢均非故。寒禽擇枝棲，良馬空群顧。懷抱今何如，臨風倚尺素。

清 潘奕雋《三松堂集・詩集》卷四《渡滹沱河》 城頭初日上，擊楫興何長。水退濤猶壯，風微草自香。蓮峰看的曆，豆粥憶蒼黄。今日征途樂，皇華況有光。

清 許兆椿《秋水閣詩文集》卷三《過滹沱河》 寒澌凍合殷輕雷，策馬滹沱亦壯哉。倉卒事多成大業，艱難天不負英才。雁門西枕三關險，雉堞南臨百堵開。塵路劬勞閒指點，春光取次滿金臺。

清 吴壽昌《虛白齋存稿》卷六《渡滹沱河》 鎮州城外面滹沱，泰戲山來湧惡波。一駛何曾殊竹箭，無梁直欲駕黿鼉。沫生馬腹中流聚，涔帶牛蹏下隰多。麥飯蕪蔞尋往迹，空亭日落草盈坡。

清 曾燠《賞雨茅屋詩集》卷八《夜渡滹沱河十韻》 河朔三邊静，滹沱五月寒。滿川星斗碎，孤櫂水雲寬。野勢連燕代，濤頭湧魏韓。龍岡環宛宛，雁塞下漫漫。主父初通楫，臺駘昔障瀾。冰堅因漢帝，渠鑿自曹瞞。嘶馬流方急，驚烏樹未安。松醪誰避暑，麥飯此加餐。古意波長逝，天光夜漸闌。征塵還僕僕，無夢過邯鄲。

又卷二二《滹沱行》 滹沱河邊車轣轆，碾得荒沙血漉漉。沙中强半是人肉，客子欲投人處宿。千村不見一椽屋，此時三軍出井陘。誰供麥飯蕪蔞亭，塞外羽書如火急，麾軍且飲滹沱冰。

清 孫原湘《天真閣集》卷二《滹沱河》 臨河數騎走倉黄，穩渡寒冰薄似霜。天意早歸銅馬帝，人言争道白魚祥。孤城雷雨聽軍令，諸將星辰捧太陽。假語豈知真得濟，市人休笑潁川王。

清 阮元《定香亭筆談》卷二《渡滹沱河》 燕臺畫角動邊歌，木末平原見大河。阜帽烏裘歸上黨，黄沙雪浪渡滹沱。荒村日淡收蘆荻，空磧風寒飯駱駝。獲鹿城頭西指去，暮雲紅處亂峰多。

清 葉紹本《白鶴山房詩鈔》卷五《渡滹沱河》 風霾日日緇塵汚，觳觫柴車困顛仆。忽然溟渤限平原，浩浩波濤公莫渡。白沙萬頃茫無邊，馬毛蝟縮不肯前。土人挽輿競徒涉，半濟始得中流船。水氣昏昏没星斗，驚波勢挾行山走。一炊黍許纔纜舟，明滅漁燈映枯柳。吾聞晋之巨浸曰呼沱，此水閲人今幾何。津頭大樹搖風急，還憶堅冰萬騎過。

清 陳用光《太乙舟詩集》卷五《渡滹沱河》 源發泰戲山，北流成交河。常山城外一停泊，夏漲怒挾千層波。我來孟秋時，水勢已前落。城下濁泥三尺深，五里肩輿難放脚。官人雇夫來擎輿，負而涉者先輿夫。盤渦激浪里許耳，隔岸先與愁泥塗。驟綱憶昨敲冰處，十月橋成鋪草路。題橋敢詡馬卿才，游梁且學枚生賦。

清 查揆《篔穀詩文鈔・詩鈔》卷七《得家上舍銘三書知其將出都門却寄》 滹沱河水下飛湍，七月燕臺已作寒。多少酒徒零落盡，秋風秋雨渡桑乾。

又卷一八《勘水深冀間渡滹沱河》 漳滏交流滂奈何，輕舟八月渡滹河。風聲夜拆將軍樹，雨氣寒連太史河。小市論升魚太賤，中央如礪草無多。鷺絲飽後渾閒事，争得南村舊鵲窠。

清 趙良澍《肖巖詩鈔》卷七《渡滹沱河》 滹沱河水流渾渾，驚濤洶涌連雲屯。心疑萬怪藏其内，魚黿蛟鼉紛競奔。驅車到此安敢涉，欲招舟子趨河濱。唇焦口燥未得渡，饑愁交迫心如焚。憶我初來水猶涸，兩邊堤岸高嶙峋。長橋架木覆以土，往來晝夜交蹄輪。春夏泉源正騰沸，大戲山頂如崑崙。上流雖細下流鉅，大波爲瀾小波淪。居人拽橋置高阜，權以小艇通長津。此策傳自宋周革，較視浮梁多費難同論。却恐通都行旅衆，得操緩急生奸民。失船賣壺索高價，過客傾盡囊中緡。我聞王政備于預，杠梁舟楫隨時新。火既朝覿道路塞，單襄用是知亡陳。況此迅流號危渡，過涉滅頂殊酸辛。誰將旅困告官吏，毋徒竊禄羞河神。

清 斌良《抱冲齋詩集》卷六《滹沱河懷古》 炎漢中興記戰征，河源銅馬舊知名。兵纏宇宙英才出，身蹈艱危帝業成。澤腹堅冰仍凍合，村頭大樹幾枯榮。雲臺諸宿空千古，惟聽流澌激岸聲。

又卷一〇《大風過滹沱河》 蛇奔象走鬥昆陽，千載餘風吼戰場。冰合天教銅馬渡，朋來驚奏客星狂。稱心少艾陰華得，失路燕妻麥飯傷。沈勇知人兼用衆，蕭王大度似高皇。

又卷一四《渡滹沱河》 辛歲渡滹沱，漲縮灘痕小。今來喚舟楫，瓜蔓蒼波淼。水亦如人身，脈絡互縈繞。方秋灌百川，少壯盛隨腦。凌冬潦全涸，膏液漸枯槁。陰陽遞慘舒，精理闡微渺。君其問水濱，河伯義難曉。燕趙匯衆流，帶水縈回抱。桑乾及温榆，滹沱最易考。緬昔漢蕭王，帝胄起臨鄗。雲臺圖諸將，祈父予王爪。小兀累卵如，大業包荒造。王郎值梟張，銅馬適戈倒。蒙塵事北征，六軍幾莫保。倉皇蕪蔞亭，豆粥僅一飽。賴有臧宮賢，韜鈐頗機狡。詭言河冰合，回首琉璃皛。投鞭涉流澌，飛過迅如埽。眞人信天授，福豈待禳禱。霸圖歸想像，烟雲入嘑鳥。方舟榜河口，卬須來及早。漁父醉不知，瓦瓶酌清醥。今來持簜節，兩岸開紅蓼。歸時雪載途，斯河應亦老。

清 吴榮光《石雲山人集·詩集》卷一一《滹沱河》 宜人天氣正中和，到處炊香麥飯多。行客别無懷古意，曉風晴日過滹沱。

清 沈欽韓《幼學堂詩文稿·詩稿》卷八《度滹沱河》 朝發危渡口，鈴馱雜邪許。奔流翻濁泥，日光與吞吐。窸窣上危梁，馬枊共撐拄。黄雲暗泰戲，童童袤斥鹵。盤渦一淫濫，比屋炊懸釜。光武昔南轅，狼狽負楯弩。冰稜蹴馬蹶勢急千椎鼓。驚心追騎來，朔風卷凍土。赤制佑眞人，白衣逢老父。我今得徐驅，猶憚行役苦。遠夢落漁簑，五湖足烟雨。

清 張澍《養素堂詩集》卷一《滹沱河》 己未孟冬月，載賦歸來詞。何意連日雨，遲我征行期。平地泥没屐，車輪不轉移。我馬亦云瘏，我僕亦告飢。前塗方渺渺，况值河之麋。奔濤挾風立，沙石散漫瀰。危橋亘百尺，濘滑泛膏脂。愁心郞可寄，伊人天一涯。仰視雲中鴻，高飛不差池。銜蘆避繒繳，千里稻粱滋。何當假羽翼，不復嘆路歧。

清 汪仲洋《心知堂詩稿》卷一〇《滹沱河》 南陽天子人中龍，二十八宿如雲從。更始既立王郎起，匆匆未渡滹沱水。是時天寒河欲冰，濁浪無花波有棱。效靈河伯咄嗟辦，未畢數騎倏已陷。麥飯豆粥倉卒間，大樹撐開中興天。澠池積甲齊熊耳，功與赤眉相終始。厚意未報如故人，區區封侯何足論。君不見，韓彭葅醢事高祖，一飯君臣愧光武。

清 鄧顯鶴《沅湘耆舊集》卷一五九《滹沱河》 蹄鐵亂滹沱，風沙咽浩歌。英雄古來有，飢餓路邊多。地氣中原薄，蒼生責望苛。星辰滿空濶，驚起夜如何。

清 宋翔鳳《憶山堂詩録》卷七《過滹沱河》 清濟清漳接濁河，秋風今又過滹沱。圖經故道誰能按，溝洫新猷事若何。記得曾攀岸傍樹，可憐無定水中波。欲尋麥飯蕪蔞路，只恐沙塵撲面多。

清 黄本驥《三長物齋詩略》卷二《滹沱河》 燎衣炊麥此經過，馮鄧勳名尚轗軻。笑我書生成底用，一鞭殘日渡滹沲。

清 袁翼《邃懷堂全集·詩集前編》卷五《行抵正定滹沱河暴漲田廬漂没車馬斷絶退至十里外僦居野店復大雨三日示同行者》 東行六日已離晋，石道摧輪鋭於刃。蒼山中斷長河横，嚙岸濤飛萬雷震。居民避灾盡奔竄，水面高檐略堪認。踉蹌回馬投荒村，有路可通急相趁。泥牀稭壁僅容膝，感謝主人意非吝。手摶乾精未敢飽，深恐絶糧作枯殣。一更大雨如翻盆，屋破淋漓燈忽燼。呼僮取火起敲石，數客披衣各驚訊。雨師三日不放晴，遠聽河流響彌振。夢寐錯疑久還里，蹤迹誰知尚留軔。年來險阻備嘗遍，今月黄楊又逢閏。有客勸我且舉杯，丈夫意氣拔千仞。不見崎嶇劉文叔，麥飯此間亦强進。吾儕貧賤豈天厄，世事偶然雪中印。夕陽一罅逗虹腳，遥指恒山掃雲陣。縱横轍亂避窪淖，高下禾眠恣蹂躪。前途行旅共歡笑，回首蒼茫獨搔鬢。

清 黄爵滋《仙屏書屋初集·詩録》卷一四《滹沱河》 莽莽石連沙，滹沱覓水涯。陂田難問稅，岸樹幾横槎。草憶渡頭緑，緜添川上花。犇流終靡定，無力但長嗟。

清 朱方增《求聞過齋詩集》卷二《滹沱河》 發源自繁畤，匯作并州川。恒山亙西北，青上丹邱巔。長夏值盛漲，衆流相洄沿。岸圻忽無地，野曠欲到天。灝氣吞溟渤，疑與碣石連。策騎想徑渡，梁絶不得前。津吏頗解事，已早具數船。黄雲四野匝，赤日當空懸。駭浪擊船背，聲厲愁其穿。危哉此渡口，道元言信然。到岸麥飯熟，茅舍飛炊烟。

清 沈兆澐《織簾書屋詩鈔》卷三《渡滹沱河》 月落鐙火明，五更出城郭。一水無障堤，色濁聲淵灂。褰裳齊踏波，人馬争騰踔。輿夫咄嗟行，疾如不著腳。頃刻亂流過，官道塵埃墣。回望恒山高，晨曦挂林薄。昔年井陘去，嚴寒水秏涸。長亭訪蕪蔞，輕車試略彴。深秋隔歲還，淤泥阻芒屩。縱横互斷連，負戴勞繹絡。不深不淺間，兹行差足樂。履險如夷途，惡池殊不惡。

清 祁寯藻《饅飢亭集》卷一《秋晚過滹沱河》 策馬走滹沱，横橋水不波。山川并塞近，烟樹趙陵多。野店依沙草，遙村出笠蓑。燕蔞亭畔路，麥飯幾經過。

清 李星沅《李文恭公遺集》詩集卷五《自京至滹沱河》 回首燕關勢莽蒼，草風沙雨日初黃。九邊合沓環中夏，一色空青隱太行。地伏河流猶震動，天高雲氣漸飛揚。垂鞭直渡滹沱去，獨對汚泥惜錦障。

清 林昌彝《衣讔山房詩集》卷六《渡滹沱河》 太行山色照嗚駝，北雁南飛路遠何。三尺河冰驚始合，如呼王霸渡滹沱。

清 丁寶楨《月夜渡滹沱河》《道咸同光四朝詩史》乙集卷三 輕航一葉渡滹沱，駐馬長堤且放歌。沙雁驚飛秋月朗，舟人聚飲暮烟多。當年麥飯空陳迹，滿地蘆花漾夕波。安得洞簫和旨酒，清游我亦效東坡。

清 柏葰《薜箖吟館鈔存》卷三《滹沱河次黃樹齋少寇韻》 平橋接白沙，凍合水之涯。五夜催星騎，三冬泛月槎。源探千壑浪，雪積一川花。行館晨餐足，何勞麥飯嗟。

清 俞樾《春在堂詩編・甲丙編・滹沱河懷古》 滹沱河冰薄於紙，白水眞人飛渡此。今日猶傳危渡名，當年早卜中興始。嗚呼項羽倉皇走大澤，不能安坐烏江舟。苻堅投鞭笑天塹，不能遂作江東游。惟有眞王所至神爲謀，往往奇迹人間留。錢唐之潮，可使三日而不至。旃然之水，可使千年而不流。願將此意廣作叔皮王命論，掃盡潢池擾擾千蚍蜉。

清 林直《壯懷堂詩初稿》卷二《滹沱河題麥飯亭》 漂母哀王孫，馮異結光武。俯仰漢君臣，一飯各千古。

清 施補華《澤雅堂詩二集》卷一《滹沱河》 懷古滹沱水，艱危漢業興。臣心一盂飯，天意滿河冰。事去濤仍壯，沙虛岸欲崩。臨流朝飲馬，仗策我猶能。

清 李嘉樂《仿潛齋詩鈔》卷四《渡滹沱河》 高岸風狂擁大波，書生立馬望滹沱。經營麥飯開王業，崛起雲臺勝制科。川澤匯流燕阸塞，封疆交錯晉山河。海帆歲轉東吳稻，惜此畿南水利多。

又 卷九《渡滹沱河》 滹沱滾滾濁流忙，依舊亭前麥飯香。自昔君臣同骨肉，斷無戎馬不倉皇。願歸大樹軍心奮，能渡堅冰國祚長。此去還鄉有勝迹，更尋祠廟拜蕭王。

清 皮錫瑞《師伏堂詩草》卷一《滹沱河》 昔聞冰結處，今我渡滹沱。日黑塵頭落，天青麥氣多。客心驚大漠，春色斷長河。漢帝英風在，蕭蕭起白波。

清 任傳藻《同樾笙北郭外滹沱河觀漲》（嘉靖）《續修藁城縣志》卷一二 濤聲繞郭似奔霆，中有龍吟賴久聽。觀漲偶來同極目，滹沱河上遠山青。

盛説堅冰軼事多，漢家王業近如何。興亡今古同無謂，負手河濱感逝波。

雜録

唐 李吉甫《元和郡縣志》卷一七《河北道二・真定縣》 滹沱河，南去縣一里。

又《鹿城縣》 滹沱河，在縣西北四十二里。

又《饒陽縣》 滹沱河，北去縣四十五里。

又《安平縣》 滹沱河，在縣南二十三里。

又 卷一八《河北道三・深澤縣》 滹沱河，縣南二十五里。光武爲王郎所追，至滹沱，欲渡，導吏還言水深無船，左右懼。上使王霸前瞻水，霸恐驚衆，乃言可渡。比至，冰合，以囊沙布冰上，乃渡。未畢數車，冰陷，今名溝旁合處爲危渡口。

宋 晁載之《續談助》卷二《北道刊誤志》 滹沱河在縣西十二里，自深州饒陽縣界，經縣界入莫州任丘縣界。案《周禮》并州》，『其川虖』注虖出鹵城，并見冀州鄚縣。滱河音寇，又苦炙切，見《漢志》注。

又 滹沱河分流。案《周禮》，并州『其川嘔夷』。《水經》曰：滱水出代郡靈丘縣高是山，即嘔夷之水。又《山海經》曰：高是之山，滱水出焉。《漢志》曰：嘔夷出平舒。

又 義渡口，在縣西南二十里，後漢光武至滹沱河。案滹沱舊在饒陽南，曹操因饒河故瀆决，令北注新溝水，後在饒陽北。

（嘉靖）《藁城縣志》卷一《地理志》　滹沱河在邑城北，發源於雁門繁畤，經靈壽、平山，過真定，至藁城四公鋪，而南逼近邑城之乾隅，順流東注至城艮隅一里許，復曲折東南而下。成化間，縣令黃瓊常引水於城壕中，以植蓮周繞城郭，宛然如游龍之紆徐。其靈秀足以振甲科，其潤澤足以肥民田，邑人至今賴之。弘治十四年，因水泛漲，北徙，去邑城八里，但泛漲之勢汹湧，蕩民居，没民田，其害可畏。且河之上流有小豐屯去邑城二十里，小豐之河口不塞，則邑之衝嚙湮没之患未已，此則憂時預防者所當知也。

又　滋河，在邑城西北四十里南孟村，其發源於曲陽恒山，經靈壽，至行唐張茂村伏流不見，至真定縣迤邐藁城無極達於滹沱河。其夏秋泛漲之勢，與滹沱相類，而春冬則水常涸。

又　查出滹沱河兩岸河灘地七頃四十畝八分，徵銀六兩六錢六分七釐零。

又　府南滹沱河水手十二名，工食銀二十一兩六錢，遇閏加銀一兩八錢。

又《續補一·封域志》　滹沱河向自城東折而南，經興安村、陳村、辛莊、彭學村入晋州境。同治七年，決於城東北隅，改道經兩河堡之南，入晋州之北辛莊。

（萬曆）《保定府志》卷四《古迹志》　危渡口，在城東南滹沱河上。光武避王郎渡河冰合處。宋文天祥渡滹沱河詩。

又　留屯在滹沱河北，光武既渡屯兵於此，故名。

又　水凍村在滹沱河北，光武到此冰合，故名。

又　息馬村在滹沱河北，光武渡河息馬於此，故名，今俗訛爲洗馬村。元劉因重渡滹沱詩。

《宋史》卷九五《河渠志五》　滹沱河源於西山，由真定、深州、乾寧，與御河合流。

神宗熙寧元年，河水漲溢，詔都水監、河北轉運司疏治。六年，深州、祁州、永寧軍修新河。八年正月，發夫五千人，并胡盧河增治之。元豐四年正月，北外都水丞陳祐甫言：『滹沱自熙寧八年以後，泛

宋　王存《元豐九域志》卷二《河北路》　望河間五鄉，未城、永牢、北林三鎮，肅寧一寨有滹沱河、高陽關。

又　上任丘八鄉，長豐一鎮，馬村、王家二寨有滹沱河濡水。

又　上大城州東一百五里二鄉，萬春一鎮，有滹沱河。

又　李詳軍東六十里有界河、滹沱河

又　父母軍西北一十一里有滹沱河

又　次畿稿城府東六十三里，六鄉有滋水、滹沱河

又　次畿獲鹿府西南九十九里，三鄉，石邑一鎮，有平山、滹沱河。

又　望東鹿州西四十五里，四鄉，有衡、漳水，滹沱河。

又　望安平州西北八十五里，三鄉，有沙河、滹沱河

又　望饒陽州北九十里，三鄉，有滹沱河

又　古迹，滹沱河下博漢縣屬信【中缺】武迷於下博是也。

又　緊鼓城州西南一百里，三鄉，深澤一鎮，有滹沱河、盤蒲澤。

《金史》卷二五《地理中》　束鹿有衡漳水、滹沱河。

又　饒陽有滹沱河。

又　安平有沙水、滹沱河。

又　卷二六《地理下》　崞倚。有崞山、石鼓山、滹沱河、沙河。

又　卷五六《百官志二》　大定二年設滹沱河巡河官二員。散巡河官。於諸局及丞簿廉舉人，并見勾當人六十以下者充。

（成化）《山西通志》卷二　滹沱河，源出繁峙縣東秦戲山，即孤山，列如品字，名三泉，西南流三里至故福都，合玉斗泉，亦名青龍泉。西流數里，合三泉都之二泉，其泉亦列如品字。又西流至沙磵東，合北樓口水。又西流至新興村，合華嚴嶺水，至縣城北，經代州崞縣五臺忻州定襄孟縣，入真定府平山縣界。所經州縣，居人多引渠灌田。在定襄縣，名通利渠，今壅塞。

又　泉岩河，在五臺縣西北三十里。泉岩守平地發源，流入滹沱河。

又　伏馬關，一名白馬關，在孟縣東北七十里。又東北四十里，有榆棗關、滹沱河，所經路通真定府平山縣界。

又　建安橋，在五臺縣西南三十里滹沱河上，今廢。

濫深州諸邑，爲患甚大。諸司累相度不決，謂其下流舊入邊吳、宜子淀，最爲便順，而屯田司懼塡淤塘濼，煩文往復，無所適從。昨差官計之，若障入胡盧河，約用工千六百萬，若治程昉新河，約用工六百萬，若依舊入邊吳等淀，約用工二十九萬，其工費固已相遠。乞嚴立期會，定歸一策。』詔河北屯田轉運司同北外都水丞司相視。

五年八月癸酉，前河北轉運副使周革言：『熙寧中，程昉於眞定府中渡創繫浮梁，增費數倍。既非形勢控扼，請歲八九月易以版橋，至四五月防河即拆去，權用船渡。』從之。

又 胡盧河源於西山，始自冀州新河鎮入深州武彊縣，與滹沱河合流，其後變徙，入大河。

又 七年正月，程昉言：『滄州增修西流河堤，引黃河水淤田種稻，增灌塘泊，并深州開引滹沱水淤田，及開回胡盧河，并回滹沱河下尾。』

（嘉靖）《河間府志》卷三《建置志》 長豐渠，在武垣縣東北百里。武德五年置，二十一年，刺史朱潭開。又此渠西南五里有長豐渠，二十五年刺史盧暉自束城平舒引滹沱入其通漕，溉田五百餘頃。蓋二長豐渠也。爲縣復廢。

又 束鹿州東南。北有故城。今治，天啓二年所徙。滹沱河在南。又南有百天口巡檢司。

又 河間倚。西南有滹沱河。西有滱水。西南有景和鎮巡檢司。

又 獻府南。元獻州。洪武初，省州治樂壽縣入焉。八年四月降爲縣。有滹沱河自代郡流入境，經縣南，至青縣合衛河達於海。有單家橋巡檢司。

又 任丘府北少西。元屬莫州。洪武七年改屬府。西北有瓦濟河，下流爲五官淀，注於滹沱河。北有莫州，元治莫亭縣，屬河間路。洪武七年七月，州縣俱省。

又 青府東北。元清州。洪武初，以州治會川縣省入。八年四月降爲縣，尋改清爲青。滹沱河自縣南流入衛，謂之岔河口。其支流經縣之北者，曰獨流河。

又 眞定倚。滹沱河在城南。又北有滋河，自山西靈丘縣流入，經行唐縣之張茂村伏流不見，至府北南孟社復出。下流合於南易水。

又 藁城府東南。北有滹沱河，又有滋河。

又 平山府西少北。北有滹沱河，東北有冶河入焉。西北有房山。西有十八盤、下口村巡檢司。

又 冀州洪武二年以州治信都縣省入。西北有漳水。北有滹沱河。成化十八年，滹沱挾漳南注爲州患。正德十二年，二水寧晉縣南北流，患始息。又北有洚水，一名枯洚，下流合於漳。

又 晉州洪武二年以州治鼓城縣省入。南有滹沱河。

又 安平州東北。滹沱河舊在縣南，萬曆二十三年自束鹿縣南行，始不經縣境。

又 饒陽州東北。北有滹沱河。西南有饒河，即滹沱河支流也。

又 武强州東。漳河在縣東。又南有滹沱河，舊合於漳，萬曆二十六年北出饒陽縣境，而縣之滹沱河始涸。

又 深州洪武二年以州治静安縣省入。南有故城，今治本吳家莊，永樂十年遷於此。滹沱河在東北。胡盧河在東南。有傅家池巡檢司，後廢。

又 衡水州南少東。故城在縣西南，永樂十三年遷於今治。西有漳水，南有洚水。又北有滹沱河，舊與漳合，成化八年北徙，不經縣界。西南有鹽池。

《明史》卷四一《地理志二》 盂府東北。元盂州。洪武二年降爲縣。東北有白馬山。北有滹沱河，東入北直平山縣界。東北有伏馬關，一名白馬關。又東有榆棗關。

又 忻州洪武初，以州治秀容縣省入。北有滹沱河，又有忻水，一名肆盧川，自北流入焉。

又 定襄州東少北。北有滹沱河。又南有叢象山，有三會水流合焉。東北有胡谷砦巡檢司，後廢。

又 崞州西南。元崞州。洪武二年降爲縣。八年二月來屬。西南有崞山。東南有石鼓山，又有滹沱河。

清 查爲仁《蓮坡詩話》卷下 滹沱河之南，柏棠村在焉。中有梁蒼巖相國清標別墅。相國《秋憶詩》云：『城東別業輞川圖，手種垂楊一萬株。大麓經秋霜幹冷，緑烟猶似昔時無。』

（乾隆）《崞縣志》卷一《山川》 上封渠，引滹沱水，灌溉河灘稻田。大莫張家庄渠，引滹沱水，灌溉河灘稻田。亭子頭村渠，引滹沱水，灌溉河灘稻田。峙峪村渠，引滹沱水，灌溉河灘稻田。營裡渠，引本處泉水并沱水，灌溉河灘稻田。雙嶺渠，引本處泉水與滹沱水，灌溉河灘稻田。庫狄渠，引滹沱河水，灌溉河灘稻田。桃園渠，引滹沱水，灌溉河灘稻田。

（嘉慶）《清一統志》卷二一《河間府》 滹沱河自趙州之寧津縣，與滏陽河合。經冀州武邑武强，流入府境。由獻縣西南之完固口，分爲二：一由縣北之城家橋入河間縣，又曰沙河，以城東四十里有沙河橋也。下流過龍華橋入順天府大城縣境，經東西子牙村爲子牙河。其一由完固口分流至獻縣南之單家橋，又東經滄州杜林鎮至青縣鮑家嘴，入於南運河。此滹沱故道也。嗣以濁流淤運，且運河當盛漲時，水不能下。本朝雍正四年，塞完固口，使專循城家橋東行。其疏浚工程，詳見順天、天津二府志。按滹沱河，古今遷徙不一。《漢志》：成平縣，滹沱河民曰徒駭河。樂成縣，滹沱別水，首受滹沱河，東至東光入滹沱河。弓高縣，滹沱別河，首受滹沱河東至平舒入海，在今獻縣交河阜城之地，故瀆久湮難考。《寰宇記》：滹沱河在河間縣西二十里，舊經武垣城北。後魏大和中，刺史王質掘直之。又云：滹沱河自高陽東流，經鄚縣南二里，至莫州金口分界，又東入文安縣界，在今府境西北。此唐宋時故道也。今滹沱上流，自冀州即會滏陽，至獻分流，而完固口又經堵塞，南北經流皆與古異矣。

又　完固口，在獻縣西南十八里滹沱河北岸，河水由此分流，水漲時易致衝決。明嘉靖十三年，築堤爲備故名。今河專由臧家橋東流，此口久涸。又縣西南有陳家口，亦滹沱河口也。明建文中，燕王嘗由此波河擊敗咸庸軍。

又卷二八《正定府・關隘》　白馬關，在正定縣西北。《舊志》，唐時鎮州有白馬關，臨滹沱河，旁有白馬岡，故名。金大定十七年，滹沱河決，白馬岡關始廢。明永樂四年，詔修滹沱河白馬口堤岸即此。

又　惡石口，在平山縣西北一百五十里，滹沱河自山西經此入縣界，川原平敞，最爲要害。明景泰二年築城置戍。

又《津梁》　中渡橋，舊在正定縣東南五里，跨滹沱河上。

又　廣濟橋，在正定縣南一里滹沱河上。每歲水泛時拆之，渡以舟楫，至冬則復閣架。本朝乾隆五十四年修。

又　通濟橋，在晋州西南洲頭邨滹沱河上，冬架夏撤。

又　郝莊渡口，在無極縣西南滹沱河渡也，路通稿城。

又　塌子渡口，在稿城縣西三十五里縣境。又有馬邨、西里邨、四公、高莊、大張莊等諸渡口，皆滹沱河渡也。

又《陵墓》　魏徵墓，在晋州西南五里。明宏治中，爲滹沱河所淤没。嘉靖中，知州黄明良爲修墓立碑，崇禎中復淤没。

又《祠廟》　滹沱河神祠，在正定縣南門外，俗名回龍廟。明宏治中建。本朝雍正九年，修春秋致祭。乾隆十五年，高宗純皇帝御書扁額曰『畿甸安瀾』。

又卷四九《冀州直隸州》　滹沱河，在州北，自保定府東鹿縣流入，合漳、滏二水。又東北逕衡水武邑入武强縣界。《漢書・地理志》：信都縣，故滹沱河在縣北東入海。《舊志》：本朝順治二年，滹沱河入冀州境者二口，一由東鹿縣轉村庄至州界趙家莊入漳，一由智邱村、四七營、温浪口等村過堤北入漳。自合漳後，即入衡水。及武邑縣北，又達河間府境舊道，自東鹿縣南過安平南、深州北，復東出饒陽縣北，歷河間府獻縣交河而合漳水。今自冀州合漳，於是深州、安平、饒陽諸境皆無滹沱故迹矣。

（光緒）《忻州志》卷六《山川》　王府渠、新渠、金山渠。以上三渠據《舊志》載，胥由滹沱河引水溉地二十七頃有奇。

《清史稿》卷五四《地理一》　無極簡。府東七十里。雍正二年改屬晋州，十二年復。滹沱河自稿城入，再錯出復入，逕東漢邨，復歧爲二，其滋河入逕縣南，屈東又北。木刀溝自新樂入，合護城河，錯出復入，并入深澤。縣驛一。

又卷六〇《地理七》　五臺難。州東南百四十里。五臺山，東北百二十里，一名清凉山。聖祖、高宗、仁宗前後十三巡幸。中臺有太華池水，西北流，會縣北峨嶺水，出峨口入繁峙。北：錦屏。西北：鐵嶺。西：紫羅。滹沱河自定襄入，逕東冶鎮，左合慮虒水、清水河，又東南入盂。東：烏牛山，滋水出，東流入直隸平山。鎮三：竇村、東冶、臺懷。巡司駐臺懷。嶂衡。州西南八十里。嶂山，西南四十五里。其西黄嵬。南：前高。西北：栢枝。東北：滹沱河自州入，逕城東，又南，右合羊虎谷水，又西南，雲中河自忻入，會忻川入忻。原平、閙泥二驛。

泇河

論説

明　潘季馴《河防一覽》卷六《隆慶六年工部覆止泇河疏》　題

爲河道工完水消，懇乞聖明申飭總理憲臣及時計處經久長策，以裨新運以免後艱事。

該左給事中雒遵題，據山東分守參政等官劉孝等呈，據兖州府知府等官朱泰等勘得：自馬家橋、微山、赤山、吕孟等湖起，葛墟嶺下止一段，計水面長三十里，該挑口濶三十丈，底濶七丈，除水挑深一丈八尺，與馬家橋河底相平，且本河水來自薛河上下及東山一帶山水，五六月水發之時，勢甚漲漫，縱築土堤，不免衝决，工程最難。葛墟嶺頂起，至曹兒莊天齊廟止一段，計長二十里，該挑深六丈一尺、五丈二三尺不等，方與馬家橋河底相平，岸既高峻，若非斜坡，恐致傾墜，凡鑿深一尺，必須兩岸各開二尺斜作土蹬，以便人夫上下，連底占河身七丈，共該挑口濶三十一丈。隨經委官部領人夫七百二十名，於嶺頂開鑿一工，自隆慶五年十月十八日興工，長十丈、闊雖八丈，除兩頭斜坡實止濶三丈五尺、四丈不等，至十一月十七日止，計二十九日，用過人夫二萬八百八十工，工食銀六百兩。僅挑前工上有黑土四尺，下多砂石二三尺不等，層靠又係礓土，以下紅砂石層層厚一二尺不等，鍬钁難施，俱用鐵鍬、石木等錘開鑿，深淺不等，深處二丈五六尺，淺處二丈二三尺，以下砂礓硼石愈加堅硬，内有東西兩工，泉水湧沸，急流有聲，戽水之工更多，前項工程以下再挑二倍方與水平相等，較之先做一分尤爲加倍，一則高下出土之難，二則晝夜徹水之苦，實難開鑿。自十二日至十六日止計五日，戽水方纔見底，及至動手，天又將晚，經過一夜水積尺餘，無計可施，自嶺頂東南至天齊廟，沿路又挑四工，長濶各一丈，掘至二三尺，下俱是礓石，泉水湧出，隨徹隨盈，十夫做工，十夫徹水，尚不能勝，再掘尺餘，礓石愈大，泉水愈多。據此，二十里岡嶺若强欲開鑿，其貲費不可以數筭也。又嶺下西路自利國驛起，由郝家莊中心溝至曹兒莊止計一段，長三十八里，地勢雖少卑窪，但郝家莊後一帶，兩邊近山掘試，俱係連根青石，尤難開鑿，無容更議。曹兒莊起，由大房嶺至棗兒莊小房嶺止一段，計長一十八里，原無河形，該挑深三丈八九尺不等，口濶三十丈，在于天齊廟前挑試一工，長濶一丈，挑至二尺以下，即有礓石，大者如升斗，小者如鷄卵，層叠堅硬，不能用鍬，惟钁可施，一钁不能竟寸，石内泉水湧出，终日徹打難盡，夫役開鑿，愈甚艱難。大房嶺前微有窪水，棗兒莊見有小溪濶一二丈，水深六七寸不等，中間挑試四工，礓石泉水難鑿同前。又據鄉民郭相等同稱：伏秋天雨，山水泛漲，平地成湖，冬春露地，始見河形。小房嶺起至萬家莊、彭河、頓家莊止一段，計長一十八里，見有河形口濶四五丈深一二尺，尚該挑深二丈二三尺不等，濶一十二丈不等。自萬家莊挑試一工，長濶一丈，掘至二尺下俱是礓石，用钁開掘，僅入半寸，兼之泉水湧發，徹取不及，掘石水中，極爲費力。彭河口以下挑試二十工，二三尺之下掘石徹水，工力艱苦，較前尤甚。頓家莊起至侯家灣□止一段，計長二十五里，河濶七丈，水深二尺六七寸不等，該挑深二丈八九尺不等，在於頓家莊以下挑試七工，空至二三尺，俱是砂礓硼石，钁不能入，俱難用工。等因。該各道先後參勘得湖嶺浩廣，計開鑿之功何止於十年，水石堅深，筭用工之夫終疲乎三省工費不貲，竟難就緒。等因。又據徐州兵備等官副使馮敏功等呈，據淮安府知府等官陳文燭等勘得山東地方侯家灣起至岔河口止一段，計長四里零六十丈，水深一二尺不等，内二里一百四十丈石露水面，一里零一百丈有浮沙，下俱平底大石，隨委官於隆慶五年十月十九日領夫一千名在於彼處興工，河底有石，走砂引水，難以用工，先開月河一道改水流行，隨於原河有石處丈量一段，長十三丈、濶十丈，打壩斷流，分爲六工，每官各做長二丈二尺、濶十丈，各將工内撼動大小浮石盡行扛擡，兩岸河底俱係過河青板大石，又取石匠四十五名，各用鐵鏨油錘打鑿數日，僅及寸。工至十一月十三日止，計二十四日，共用過夫匠二萬五千八十工，銀六百九十七兩。時日既久，工力徒施，委難開鑿。又勘得岔河口起至楊家林止一段，計長一里零七十四丈，有露面大石數處，自楊家林起至李家道口止一段，計長七十九丈，錐探砂石相兼，李家道口起至良城橋止一段，計長一百七十六丈，遍河俱係露面大石，於橋東岸挑試一工，長濶各一丈、深八尺，下係大石，又於橋西岸挑試一工，長濶各一丈、深九尺，下亦係大石。良城橋起至馬蹄灣溝口止一段，計長一里零一百一十丈，挑試一工，長四丈、深濶一丈，底有走砂，難以深入。溝口起至水静溝止一段，計長一里零三十八丈，内有截河大石，寬廣深厚，餘俱砂礓，於截石兩旁挑試二工，土下二尺，俱見大石。又共挑試一工長十五丈、濶二丈、深一丈，錐探底有大石，水静溝至泇口橋止一段，計長九里零五十八丈，俱係泥土，挑試一工長四丈、濶二丈、深一丈，底有走砂，隨挑隨陷，再若加深，岸必傾覆。且據鄉民胡觀等禀稱：每年夏秋各山水勢驟發高至數丈，居民房屋常被衝蕩，且兩岸地勢高阜，既不可張水門，又不可開水櫃，諸水會集，難以防禦，傷船之害，勢所不免，實難開鑿。又自加口橋起至譚家園止一段，計長三里零九十丈，河形見濶一十四丈，水深七尺，除水仍該挑深一丈四尺，自譚家園起至王史鋪止一段，計長十二里，河形見濶十四丈、水深四尺，除水仍該挑深一丈四尺，王史鋪起至瓦子埠止一段，計長十里，河形見濶十二丈，水深五尺，除水仍該挑深一丈三尺，瓦子埠起至齊家莊止一段，計長二十里，河形見濶十四丈，水深四尺，除水仍該挑深一丈二尺以上，河身土砂相兼，雖可挑浚，但譚家園下有營河一道，內多滚砂，每遇山水泛漲，乘水擁至，易於淤塞。又有成字河一道，夏秋奔流，易於衝射，終爲河患。又齊家莊起穿蛤鰻、土巨、連汪等湖至杲家口止一段，長六十五里，湖心原係積水舊汪，其餘皆係渰浸民地，水深五六尺不等，較測水平比之上源河底尚高一丈三四尺，北有蒙陰營河、加口、成子河諸水瀰漫浩蕩，非築堤不可成漕，灘窪不平，非挑浚不能通運。然挑河於巨浸必不能固，須下樁捲埽，且取土於數里之外，況沂河之水每遇陡發，衝射甚猛，今欲築堤橫截，恐亦難捍。又杲家口起至直河口止，計長二十一里零四十五丈，中間周湖、柳湖水勢相聯，渺無涯岸，然深處止四五尺，比之上源河底上高一丈二三尺，必須更加挑深方可通運。今湖坡之内蕩然，一壑水將安徹？又須多用樁草高築堤防。今四面皆水無從取土，雖議用小船裝載，亦覺道路艱遠，難計工程。況加河出直河口復歸黄河，則平昔險溜處所尚未盡避，或遇黄河暴發，則直河出口之際難保不淤，是又不能無慮也。等因。該各道先後參看得前項工程築鑿之費既已不貲，而衝溺之虞有難預料，雖耗公家之巨蓄，難收運道之全功等因。通呈到臣。

臣與催運御史張憲翔勘議得微山、赤山、吕孟等湖各官同稱水中難以築堤，臣獨謂勢不甚難，使鑿葛墟嶺以洩正派，開地浜溝以散餘波，則其堤尚可築也，但其工不得施於葛墟嶺未開之先。加口鎮至齊家庄一帶見有河形，水亦可舟。工夫省力，莫此爲最。蛤鰻、周柳等湖雖滙水汪濊，倘浚導下流，瀦水亦能漸去使無。葛墟嶺、侯家灣、良城山，假以年歲，不惜貲費，浚河築堤，以通漕艘，雖不能盡脱宿遷以下黄河之害，將不可避徐、吕二洪之險哉？無奈葛墟嶺高出河底六丈有餘，開鑿至二丈以下，未及其半下即有硼石，水泉湧出有聲。侯家灣、良城等處，雖有河形流水，水底俱有過河板石，兩岸又多露石參差，石在水中，既不能火煅，又不得錐鑿，其勢必不可成功，縱成功亦不可通漕。

昔先漢時，人有上書，欲通褒斜道及漕事，言抵蜀從故道多阪回遠，今穿褒斜道少阪近四百里，而褒水通沔，斜水通渭，皆可以行船漕。時張卬拜漢中守，發數萬人作褒斜道五百餘里，道果便近，而水湍石不可漕，至今論者不韙。侯家灣、良城一帶伏石根盤，不斷脉串二洪，縱令河形再深丈餘，亦水湍石也。葛墟嶺設使可開舟運於六丈之下，人牽於六丈之上，勢豈可漕耶？

且葛墟嶺緊防南北通衢，去徐州洪僅七十里，前人鑿洪之時，諒必經歷此嶺，諦較難易，豈肯舍此易開之嶺，而苦鑿難開之洪哉？故諺有之曰：『寧鑿二洪，不開一嶺。』此言雖俚，可稽實難。又恐蛤鰻、周柳諸湖築堤水中，工費無筭。然葛墟嶺、侯家灣、良城一帶，上源山石既不能開鑿，湖中築堤豈能通運？況運道借用黄河已經百數十餘年，見今復安故道，時加修防，可保無虞，漕規一加整頓，運船亦自蚤能如期過洪入閘，其機甚易，又何必過費苦役以復開加河哉？

再惟該部請開加口河渠者，思遠避河洪，固爲保運之謀也。臣愚請止開加口河渠者，恐枉費財力，功緒難成，不敢取誤國之罪也。但該部得於所聞，臣愚本於所見，又親嘗歷試，尤爲的確。伏乞敕下該部再加詳議，如果臣言有據，覆議題請行令河漕官益修已安之運道，大振久壞之漕規，預止無益之工程，愛惜有限之財力，庶國計人情永爲便利。等因。

又該巡按直隸監察御史張憲翔題，同前事俱奉聖旨：工部知道。欽此欽遵。該本部看得加口之議起於都御史翁大立。蓋當黄河衝決之時，漕運阻塞之後，博采群議，開陳此策，一時人情洶洶，咸謂舊河難恃。本部亦見頻年治河所費不貲，而阻溺之患歲不能免。既經都御史翁大立題有前議，相應及時查勘，續爲題請。荷蒙皇上軫念國儲，特差臺臣勘議，復因科臣查勘功次，再加叮嚀，無非多方講求，欲爲國家建長久之策。今該科道諸臣奉命查勘，躬親探測，謂加口必不可開具題前來，所見必真。

但事關軍國大計，不厭詳細，即今本部尚書朱衡奉命經理河工，見在地方合候命下，移咨本部尚書朱衡，會同總理河道都御史萬恭虛心再加查勘，務求的實。果如科道諸臣所言，難以開掘，別無遺議，徑自具題施行。

又《萬曆三年工部覆止泇河疏》

題爲河身淤墊，運道可虞，仍開泇河以圖永利事。

該工科都給事中等官侯于趙等題，據山東參政馮敏功等呈稱，行委兖州府同知等官樊克宅等會勘得：自泉河口水面至性義嶺頂，從低至高二丈四尺五寸，又加挑下河身一丈，共挑嶺頂深三丈五尺爲止，其嶺頂督夫試挑，稍下即有砂礓，俱用錛钁鋤斫，隨即碎起，泉水湧浸。又侯家灣水面巨石參差，難以施工，隨向陡溝至岔河口回避，處所下有伏石，未能逆料，自性義河至岔河口共低四丈四尺，總計泉河口窔泥作堤之工十里，琴溝以下開河全挑之工二十三里七十丈，性義嶺掘嶺之工十一里七十丈，嶺西開河全挑之工四里，巨梁橋東因河挑窔之工三十一里，彭河以下隨河刷浚之工三十一里，臺兒庄以下回避至岔河口全挑之工十三里，合用人夫，并攔湖截水防潦，築堤建閘，建壩工料，通共用銀一百三十四萬五千一百八十二兩一錢。又據南直隸委官淮安府通判蔡玠等會同探測估筭，大約自性義嶺至陵城湖，上高於下，自陵城至大河口，下高於上，合計窪地夾堤爲河者該一百九十二里五十丈，平地挑土成河者該三十七里零一百二十丈，因舊河身而拓開成河者該九十八里，其良城以至馬蹄灣石隱水底，今放乾河水，則河底板石露出，計長五百五十丈，共計河面濶二十丈，底濶七丈，估議石匠五百，人夫三千名，期以二年鑿深。然皆非人所嘗試之工，臨期果否報完，亦難逆料。此外，所可慮者，則有大河口倒瀼之淤，山水暴漲之患。今自大河口探測水平浪石以裹頗爲窪下，見今黄水灌入，從此旁流溝渠，分洩入海，山水自泇口而下，至邳、徐、桃源，率由東北以趨黄河，今開河欲遠黄流悉在諸湖之北，誠恐開河之後山水勢必奔湖，計非横過運道無路以達，建閘、修堤、築壩防禦之所不容廢也。總計挑河、築堤、建閘、修壩通共用銀二百六十三萬一千五百二十六兩六錢一分。等因到道。該各道會勘與前相同，總計工料共用銀三百九十七萬六千七百八兩零，如果黄河必不可用，故道必不可復，國家運道別無他路可通，則泇河雖有崎嶇之險，勞費之大亦萬不得已，而當竭力以圖之矣。但今日之計既欲修治黄河以紓目前之急，則力有所分，勢難并舉，其施爲緩急之序，非各道所敢擅擬也。等因到臣。該臣與工部郎中張純會同河道都御史傅希摯、僉運御史劉光國親自復勘，得地勢水源開築難易，大略與該道所呈無異，諸所稱難亦人力可爲，非終不可成之事，使此河果有利無害，或利多害少，可以一勞而永逸，則當斷以不疑，毅然舉行，穿山鑿石，夾湖改水，築堤建閘，百凡艱難，皆所不辭，財用人力亦不足惜。但臣等反覆思惟，作事當先其所急而後其所緩，爲謀貴審之於始而慮其所終。我國家資河以爲漕，治河即所以治漕也，使河水安流，漕亦永利，又何必別爲漕計？今惟黄河日益淤墊，奔潰遷徙勢所不免，兼之二洪爲險，茶城多阻，皆自來爲漕患者。傅希摯目擊其艱，焦勞爲計，因節年未定之議，爲通漕善後之策，意以此河一開，則清河以北、夏鎮以南一帶六百餘里黄河可遠，二洪、茶城可避，漕可恃以無恐，策無便於此者。若不論漕之大勢而止論一節，不遍履地里始末而止據人言，鮮不以爲萬全之計也。孰知今所慮者，慮河之決也。萬一南決淮、揚，則南無漕矣；北決豐、沛，則北無漕矣。南北有一，於此中間泇河一段將安用之？不可一日無漕，則不可一日不治河也。河乃漕之大勢，治河可以兼漕。泇特漕之一節，開泇亦須治河。是治河爲急，開泇爲緩，理勢之的然可見者也。臣等詢之河臣及瀕河居民，僉謂：自直河至清河三百餘里，自來河道無恙。若於此段別創一河，則逼近黄河，其患易侵。即使高厚其堤，亦難保其不衝。與其創新河而倍加堤防之費，孰若仍舊河而獲不勞之逸，是此三百餘里者，似無賴於泇，當仍舊貫，不惟省無益之作，而落馬等湖黄水之灌與大河口倒流之淤皆不得爲我害矣。惟自徐、吕至直河，上下二百餘里，誠恐河衝蕭、碭，則涸二洪，衝睢寧，則淤邳河，不得已而開性義嶺以通泇河，又必使良城石不爲險，豐、沛水不能衝，則泇河二百里斯爲全利。藉此二百里之利，以避二洪、邳河之害，方爲得計。此先年河臣建議止欲於直河出口者，蓋有見於此耳。今仍議開至直河出口，如該道所估，可費一百五十餘萬金。與其通開五百里之遠利少而害多，孰若止開二百里之近省費而有利之爲愈也？臣等竊以爲，直河而下斷在可已，直河而上猶所當講者也。特開鑿良城，工力難以逆料，改口直河，尚恐有似茶城，此又所當慎重而不可輕率者。若遽請內帑，輒興大工，恐有後艱，咎將誰執？合無先用在官徭夫，動支河道官銀用資犒賞，先鑿良城石工以開難克之工程，預修豐、沛堤防以杜黄水之東注，俟二工俱有次第，然後照依後開條款議興前工，則始無輕舉而終可底績，誠爲思患預防一策也。等因具題，奉聖旨：工部知道。欽此欽遵。抄送到部。看得工科等衙門都給事中等官侯于趙等題稱會勘泇河事宜，自泉河口起至大河口止五百三十餘里，內自直河至清河三百餘里，自來河道無恙，無賴于泇，斷在可已，惟自徐、吕至直河上下二百餘里，猶所當爲，約費一百五十餘萬金，特開鑿良城工力難以逆料，豐、沛河決，猶慮灌入，要先鑿良城石工，預修豐、沛堤防，然後議興前工。各一節爲照。

治河無上策，惟避之似爲得策，然亦在視爲患之淺深、權利害之輕重而已。事當改作者固不可憚惜勞費，計在久遠者尤不可苟延。

目前徐、邳以下河身淤澱日高，二洪水流無聲，都御史傅希摯慮恐如近年邳河之變，則咽喉梗塞，故議開泇河以備不虞，其爲計至深遠也。今據都給事中侯于趙、御史劉光國等勘稱，自直河以下三百餘里斷在可已無容再議外，惟自徐、吕直河口上下二百餘里可開，以避二洪、邳河之害，會計工程難易，并合用人夫錢糧，俱有成數，及查原委各道府縣等官，原議大約以正河有目前之患，泇河非數年不成，故以治河爲急，開泇爲緩。

臣等再三思惟，目今正河尚可支持，若不早設預備之策，是猶作舍道傍，終無可成之日。患至而憂，無救于患。所據二河工當并舉，自不相妨。再查傅希摯原勘良城伏石七十五丈，馬蹄灣不滿五丈，共僅八十丈，今科道諸臣勘得，良城至馬蹄灣，舊因石隱水底，露面不多，今放乾河水，起去河面浮土萍草，則河底板石露出，總計有石之地長五百五十丈，比原勘多四百七十丈，所以議先鑿良城難克之功，然後次第興工，無非慎於謀始、功出萬全之意。相應通行議處，恭候命下，本部移咨河道都御史傅希摯，一面督率管河副使郎中主事等官加意正河，時常巡視，某處縷堤卑薄當加修築，某處河身窄狹當築遥堤，此外，別有長策虛心講求，合用錢糧俱於河道原額徐州、洪、儀、真閘船税等銀從宜動支，務堪保障；一面另委能幹官員，儘用在官徭夫、河道官銀將良城伏石設法開鑿，果見無甚艱阻，即將前工照依後開條款次第興舉，庶謀於其始而審則終可無悔，計其所利者多則爲無不成，非徒漕道永賴，而錢糧亦不致妄費矣。

明 章潢《圖書編》卷五三《停開泇河》 親詣該勘地方逐一踏勘，先自徐沛、吕梁、邳州以至直河口、次自直河、周湖、柳湖以至泇河口，良城、侯家灣、彭河、葛墟嶺、馬家橋，復自葛墟嶺以下一帶，該桃河兩岸各六七里，以至直河口，往返數四，左右旁求，勘得地里，東西相去計長二百五十餘里，委比黄河長三百里者，不惟可以避徐、吕之險，抑且得捷徑之利。兼之中間原有河形，間亦可舟，雖淪漣於周柳、蛤鰻土山，距山連汪、吕孟等湖，然障水築堤，未盡不便。雖横射於十里泉、黄河溝、雙溝、沂河、營河、成子諸河，然打壩建閘未盡稱難，創議渠漕，誠爲有見。但自馬家橋量至葛墟嶺相距三十里，中間吕孟湖水週圍七十餘里，接連微山湖、赤山湖、陵溝、橋金溝、泉閘橋河、玉花泉諸泉，俱由薛河流入此湖，其水停蓄，瀠回終難注瀉，以便築堤。又據鄉民張世禄等呈稱，夏秋山水泛漲，衝蕩激射，勢甚洶湧可虞。又勘得葛墟嶺與馬家橋河底相較，原量高六丈一尺或五丈二三足不等，今於嶺頂先次掘處，迤西另它一工，自四月初七日起至十五日止，前後共用過夫匠八百三十四工，給過工食銀二十五兩二分，掘開南北長一十五丈，除兩斜坡實長六丈，闊一丈八尺七寸，深二丈四尺，以下錐探俱係礓石難掘，果有泉水湧出。且此嶺非係孤岡陡起，實漫從遠處積高。迤東量至曹兒莊、天齊廟計長二十里，俱屬高坡，迥無河勢，盡鑿深四五丈不等，且地脉相通，礓沙無異，今有原試二十餘井可照。又自嶺西南馬山旁張莊湖邉利國驛、郝家莊，由中心溝亦可達曹兒莊，南湖內河流計長三十餘里，但道既回遠，地復濱山，雖有溝形，中多斷續。又自曹兒莊，東踰大房嶺、棗兒莊、小房嶺、萬家莊、彭河、韓家莊，過臺兒莊，至侯家灣，共長六十餘里。自棗兒莊以下俱有河形，但兩岸寬窄不一，河底深淺不等，水流斷續不常，其夾岸土石不爲赤礓之堅確難掘，即係黑沙之散漫難築，固已號稱不易，然較之侯家灣、良城之積石，此猶土礓之易爲者。若侯家灣至郭家林、岔河口、李家道口，良城橋至馬蹄灣、水静溝抵泇河橋共計長二十餘里，水雖順流，但侯家灣、良城、水静溝、岔河口等處間多大石，皆横亘河底，巉巗河外，試鑿數處，寸斷惟艱，隨於良城迤西南、北兩岸各離五六十丈或百餘丈挑試三井，俱長濶一丈或八九尺，掘深方與河平，輒遇大石不下。又於侯家灣南并郭家林北，亦共挑試三井，各長一丈五六尺，濶一丈三尺或八九尺不等，掘深二丈三四尺，不測與水平，俱有大石截底。自四月初一日起至初六日止，前後六井共用過夫匠二百零四工，給過工食銀六兩一錢二分，意欲遵依，移於六七里外另道開穵，奈左右去山愈近，則伏石愈多，委難疏鑿。又自泇口橋由譚家園、瓦子埠、齊家、杲家、嚴家、宋家等莊以至直河口，共計長一百三十餘里，中貫諸湖，固沙淤衝射之可虞，幸底鮮伏石，無開礓鑿石之大苦，用工浚築，似亦成漕，尚可虞者，周、柳二湖地勢卑窪，取土獨難。議者又欲開泇口由隅頭集以出直河，共長九十餘里，并力開挑，或遠諸湖。尚可慮者，泇南一帶地勢直下，停蓄不易，是豈可輕議哉？大約馬家橋水從此入者也，其道有二，一由葛墟嶺，一由利國驛，皆會曹兒莊而東。然葛墟嶺止礓土猶未易鑿也，矧利國驛林頭村之伏石乎？直河口水從此出者也，其道亦有二，一由周栁湖，一由隅頭集，皆接泇口鎮上流。然周柳湖堤岸尚不易築也，矧泇口鎮隅頭集之開鑿乎？縱利國驛、隅頭集爲可開，周柳湖、葛墟嶺爲可避，至如中間良城、侯家灣等處，中阻伏石，無從宛轉，旁逼諸山，莫可遷就，卒難成功。等因到司。據此猶恐不的，覆該兩司會同各道逐一踏勘，與各官大約相同會議得曆查黄河之徙決惟在沛縣飛雲橋以南，邳州以北徐、吕二洪上下之間，今自馬家橋以至直河口開通運道，不惟可避二洪之險，實可暫免河決之患。但葛墟嶺、良城、侯家灣地形高者，有徹水鑿石之艱；吕、孟、周、栁諸湖地勢汙者，有運土築堤之苦。群議畢集，無容復贅。且一興大工，所費不貲。即今公私匱乏，財用不敷，而差賦日繁，民力愈竭，况西自葛墟嶺東至臺兒莊約七十餘里，南北相去約三十餘里，俱係嶧縣地方，連遭水潦，居民逃徙十已六七，職等驅馳竟日，杳無人烟，停訛缺之地即欲興工動衆，時勢委難。合無候呈允日，俯賜題覆，停寢前工，以紓民困，庶財力不致徒費，而地方得以少息矣。

明 傅希摯《河身淤墊運道可虞仍開泇河以圖永利疏》《萬曆疏鈔》

臣惟治河當視其大勢，慮患務求乎永圖。若因循延挺，雖目前幸免梗虞，終難特以無恐，脱或患出不測，則倉皇失措，縱能極力開復，所費更不知幾倍矣。焦頭爛額之功，孰與曲突徙新之計耶？

臣本踈庸，謬膺重寄，數月來，見得徐、邳一帶河身淤墊日高，歲裏則探徐州洪視前歲又高三尺，漕渠寧深幾何可勝此淤沙之積累，恐壅決變徙之患不在今秋則在來歲，其大勢已可見矣。幸而決於徐、吕之下，猶可爲也。若決於蕭、碭之上，則閘河中斷，兩洪俱涸，如之何？幸而決於南岸，猶可爲也。若決於北岸，則不走張秋必躬豐、沛，如之何？

臣日切憂懼，悉心講求，雖畫策者無慮數日，約亦不過疏浚塞四端而已，此外無他計也。夫黄河之性，久則變遷，自古然矣。我朝河爲漕幾二百年，邇來淤決疏築，歲無寧日，不但平河之民疲於供役，即歲工費常亦不下數萬金，是尚可以苟延耶？昔禹之治水，不過順水之性耳。今乃以欲强水之性以順我，恐雖神禹亦難底績，其下乎？《傳》曰『琴瑟不調』，甚者必解而更張之，良可爲治河之永譬也。臣集衆思而反覆籌度，惟有開創泇河，寘黄河於度外，庶爲永圖。

及照泇河之議，自前任都御史翁大立題請之後，經勘至再祇爲三難報罷。然訪諸土人，皆曰可開。因選委義官韓宗堯帶領錐手、步弓、水人、畫匠人等前去開河一帶三難處所，逐一踏勘果否可開，隨據本官回稱：吕孟、微山等湖水常停蓄，若自馬家橋開河，則未免經貫其中，取土築堤，委難爲力。且起處低窪，恐下流難以趨高，應移上泉河口開向，東南沿湖邊退出，乾地可挑成河。塌石橋西，今尚有水八里，然概不滿尺，上原自有豸里溝可以改洩。及勘葛墟嶺之高堅委難開深，賴迤南性義村東約祇五六尺可以避過，其良城、侯家灣之伏石委雖開鑿，賴臺兒莊東有堤溝可以避過，侯家灣、郭家莊西有平坦地可以避過，良城至於泇口，上下河渠之深淺不一，湖塘之聮絡可因細加錐深，雖間有砂礓，亦皆無碍於挑穵。等因，畫圖貼説開報前來。

據此，臣猶未敢遽信也。又經備行徐州管河道副使舒應龍、濟寧管河道副使洪忻再會勘詳確報奪去後，至本年正月十八日據徐州道副使、督同管河指揮文棟、縣丞趙景昌、義官韓宗堯勘得：泉河口距原議馬家橋可十里許，於此開渠，沿湖邊直向東南，則吕孟口湖遠不相及，勢尤順便，且借土爲堤，一舉兩得。前到性義領令指揮文楝等督夫試開一井，黑土尺餘，下皆砂礓，用钁穵鋤，亦可開鑿。及至一丈上下，又皆黃土似石，在水内則堅確難開，見風日則擲地即碎，距先年元開井處約有三百餘丈，形勢可低五尺許，開深三丈二尺即與湖底相平，似此高堅東西僅一千丈，是不過開鑿費力，視他工爲倍蓰耳。隨向曹兒莊勘至泇口鎮，大約自泉河口至棗兒莊幾七十里，俱宜全挑深闊，始可成河。但曹兒莊迤西則有性義嶺，地勢漸高，工力自倍，迤東則有纖佛溝地勢漸低，工力稍省；自棗兒莊至周家莊十三里，見有三分河形，尚有七分挑穵之功；自周家莊至臺兒莊二十六里，見有五分河形，尚有五分挑穵之功。自臺兒莊至泇口鎮二十八里，河闊十六七丈，水深七八尺，淺者三二尺不等，稍加刷，浚即可成河，柰中有侯家灣、良城二處伏石。隨勘得：侯家灣可避入陡溝河，開井七尺，岸高八尺，又錐下一丈二尺俱是黑泥泉水，并無頑石，但視正河稍遠六七里耳。良城可避入西岸，令州判易禄試開二井，深至一丈五尺，俱虚沙無石，使周圍盡如此井，則良城之石亦可避也。約計兩處避石全挑之工亦不下十四五里。過此則兩山對峙，河經其中。竊恐更有伏石，及令錐手自水面探深丈餘，雖砂礓亦無，蓋泉流至此，數派灌注，已成完河，而土脈亦俱净，可喜也。隨沿河而南，直抵邳州，勘得：自泇口至齊家莊四十六里河已深廣，無煩挑浚。自齊家莊迤東至郭家莊，欲避峒山湖水，當全挑一十五里引入沂河。又有一十五里見河至連兒東，可循周柳、張丕、路馬等湖邊開河以出馬陵山也。既至宿遷，細訪土民，僉謂開河縣北以出侍丘湖東，異日縣治改遷山麓，使新河環遶其南，外築長堤以禦黃水，縣治、漕兩受其利，斯爲全策。且開河由邳州以至清河出口，不惟漕渠全遠黃水之害，而邳、宿、桃原一帶湖水可得盡洩入淮，所救淹没民田亦不下萬餘頃矣。續又據該道呈稱，行據邳州衛經歷何養松會同桃原縣主簿劉恪、宿遷縣典史王梓、清河縣典史花澍報稱，帶領錐手、水平人等親詣邳州，勘至清河縣大河口止，逐段丈量測探：自泉家口出周湖，由招賢村、煎鍋營至直河岸丁家莊，共二十四里七分，錐探一丈二尺，黃土下有砂礓。自丁家莊至朱家莊二十四里，錐探一丈之下有砂礓。自朱家莊由花溝哨至馬陵山井兒頭，共五十二里，錐探四五尺有砂礓，惟井兒頭一丈一尺有砂礓。過此則侍丘湖、茅茨湖，上下六十里。又東南至楊老湖三十五年，兩水不接，平地無石。又過此則蒼基、靈城、邵家、胭脂、黿蚌、水晶等湖，共九十里，至黃家墩。又五里至萬家莊，平坡無石。又二十里至陳家莊，俱有舊河，岸闊一二丈，水深二三尺。又七里至柳林頭，舊淤平。又六里至大河口，仍有舊河岸，闊一丈，水深一二尺以上。俱探無伏石，易於挑穵。等因到道。竊意此河一成，誠國家萬年之利，地方生民之福。所可慮者惟在工力之鉅、錢粮之難耳。若以砂礓、伏石、湖水爲憂，則皆人力可施，地利可避，無難者。等因造册會呈到臣。

緣臣尚未身親勘過，遽未敢懸斷輕舉，又經督同河南郎中熊子臣、夏鎮主事陸徽親詣開河一帶地方，逐一勘度，果與各道勘報無異。惟勘行迴避良城新開二井丈餘，下半皆流沙，又恐開城河後或有他虞，及探量正河伏石，良城計七十五丈，馬蹄灣不滿五丈，二處共僅八十丈，石上水深一二尺，乃懸工價四百金，召募石匠四十餘名，包工開鑿，見今改水興工匠作，俱無難色。此外少有應通變者，不妨臨期裁酌，亦惟擇其省便者爲之焉耳。及照此河大較，上起泉河口，水之所從入也，下至大河口，水之所從出也，自西北而東南計長五百三十餘里，比之黃河約近八十餘里，且河渠湖塘居十之八九，源頭活水，脉絡貫通，所隔斷者無幾也。

開挑既便於因勢接濟，尤資其有泉，是誠天建地設，事半功倍，見之未有不欣羨者。昔年尚書朱衡之開新河，都御史潘季馴之開邳河，皆屬漕渠淤阻粮運愆期，一時情事之忙促，工費之浩大，難盡名言，俱臣之所身親而目擊者。今之糟渠粮運雖尚幸無梗，然相時審勢，已可隱憂。若不亟求永圖，竊恐勢極難反，旦夕卒有他虞，則驚惶勞費，雖竭天下之財力以通咽喉，亦在所不暇惜，又何啻開新河、開邳河情事之洶洶已也？且括治河十年之費，即可以成此可久之圖，黃河無虞其壅決矣，茶城無患其淤阻矣，二洪無畏其艱險矣，運艘無憂其漂損矣，羊山之支河可以不聞，境山之閘座可以不建，徐、吕之洪夫可以盡省，馬家橋之堤工可以中輟，論其開河之費固屬不貲，計其成河之利，抵尚有餘，一勞永逸之策，始無踰於此矣。

臣忝職司，私憂過計，故惓惓一得之愚冒昧陳瀆，實有不容已者。不然，勞民動衆，自古慎之，時詘舉贏，有明戒也，臣豈不知，而顧不自揣量，輒以難大事功輕舉而妄動耶？謹將開河事宜款列上請，伏望皇上軫念國計至重，運道爲急，乞敕户、工二部廣集廷議。如果臣言可采，速爲覆請施行，河道幸甚，國計幸甚。

明 湯聘尹《議開泇河以興萬世永利疏》《萬曆疏鈔》卷四七　臣等待罪户科，於本年二月二十九日接到總理河道都察院右僉都御史傅希摯一本，爲河身淤墊，運道可虞，仍開泇河以圖永利事，奉聖旨：户、工二部□了來説。欽此。

臣等竊惟，建非常之功者，不可泥膠柱之見，興不世之利者，當大破築舍之疑，則斷之貴獨，而定之貴豫審矣。然謀無遺筴而後可以克斷，事期底績而後可以經始，則博謀者乃所以資斷也，謹始者乃所以成終也。今傅希摯慮河身漸淤，則運道艱阻，憂且不測，而其費亦恐不貲費一也。

與其後事而遺其憂，孰若先事而備其患？毅然以泇河爲當開，而欲以一身肩其事，是誠焦勞於經畫，艱辛於跋履，而思爲國家開萬世之永利，非所謂一勞永逸，暫費永寧者乎？然勞之重大者，勿可爲善處，而費之孔殷者，不可無預備之計。開浚五百餘里，其勞非可以旦夕期也。工費一百萬金，其費非可以尋常計也。役必用民，民必資食。以舊規計之，每役一工給銀四分，則官價也，津貼一錢，則私助也。然聞之民不樂就，恒待加至二錢，蓋以戽水之功視挑土爲尤艱，而陰雨一值則前工爲盡捐耳。今雖加給至五分六分，而安能禁民之不私貼乎？官給之外又有私貼，則貼之者誰也，此不可不爲之早計而預處也。聞昔年開河一百三十里，内多舊迹，始議用費七萬，及其成功，殆十倍焉。則今日雖議百萬，而大役難料，中道難輟，恐不能無倍於初議矣。此不可不爲之早計而預處也。即如希摯所議百萬果足充用，然自兩淮餘塩，河南、山東贓罰，臨清課稅，河道預備銀兩可借六十萬之外，其未足四十萬不知果孰取盈乎？譬之營室家者，召大匠規爲棟宇計直百金，則必預蓄其資恒倍焉，而後鳩材聚工，一舉可就，未聞方具其半而據爾興工者也。

今天下民力殫矣。將欲加賦，則水旱薦仍，閭閻蕭條，似不可益其困也。將欲搜括，則自差御史查盤以後，府縣羨積一空，雖搜括亦莫能足其數也。今宜大集心計，博采衆思，工費約用幾何，支取出自何所，或内帑有積則請蠲之以助工，或庫藏無碍則借給之以資費，或各省撫按贓罰除備賑外盡數解京轉發，其餘凡有堪動者，許内外臣工悉心開列具數奏聞，必使儲蓄可備乎六年，餼廪不遺於一役，則人不浮食，工可必成。以往役之民爲就食之計，即疏浚之舉寓賑濟之恩，計無有便於此者。夫然後下詔興工，責成當事諸臣協心幹濟，久任加銜假以便宜，寬以歲月，杼不投於三至之疑，書不惑於一篋之謗，庶先臣宋禮、陳瑄之勣不得專美於前，而宗社萬年之利恒必賴之矣。臣等係職掌所關，不敢隱默。如蒙皇上俯察有可采録，乞敕户、工二部并議，臣愚幸甚！天下幸甚！

明 吴道南《吴文恪公文集》卷二《泇河議》　東南之漕賦由江入瓜儀，由瓜儀入高寶諸湖，由諸湖達淮，由淮達河，由河入運河，由運河抵衛河，由衛河抵潞河，復運通惠河以入於太倉。國家二百數十年來漕以河運久矣，故修河所以固漕，欲固漕則益修河，兩利之道也。

泇河之不可開，余掌河渠志，覽當年奏疏，悉言麗國驛湊，底盡沙石，今固驗之，乃創開此者，則以節次河臣未詳審河流之漲涸，而以冥冥決事，故至此。先年淮水漲漫，懷襄祖陵，神宗皇帝命工侍郎楊一魁主其事，議主分黄而治，誠爲有見。第宜自清口而上十餘里，清河而下數十里，鑿爲一渠，分而復合，則河之正流，其勢少殺，河不至於截淮，淮得出焉，與河會而合流；河之分流，其勢少阻，流不至於盡掣，正流自如，而徐、邳可以無涸。乃於三义口至海三百里而遥穿一渠以分之，遂令分者反爲正河，而上流之河幾爲沙灘矣。

繼之者能審其所以然，乃捲埽填塞三义之口復如前所云云，又於海口高處另穿一渠以入之，則河治而淮亦治，乃不少俟暴漲之後，遽以沙土建閘，一旦驟漲閘倒塌入水中，其起石未盡者如馬家淺礌礫一處，春夏水漲則浪噴如雪，聲吼如雷，衆遂訝爲神怪，而泇河之議起矣。

余入京，目睹其狀，未暇究其所以，第登西岸，見有舊河迹僅二里許，鑿之就可避險，况險在河流中，原不必避，漕船魚貫而進，牽挽而上，即謂右淺，左岸甚深，何遽費數十萬之水衡錢開三百里砂礫無用之運道？欺之甚也。且其可用，則坦然通流，何必啓閉各半？其閉之也，不過挑砂石於兩岸，高積如山，一遇洪漲，仍復填塞。嗟彼淺夫即當通行之時日無寧息，雖云餼食，蓋亦勞止之甚矣。然非特無補於漕已也，且於河之損爲甚大。狼矢口一决，而徐、邳田廬渰没過半，不知經幾河臣曾不一加意已饑已溺之念如是乎？豈非以漕不是藉而河之爲務或可以少宜乎？此皆神怪之説爲祟。余兩歸都下，值秋冬水涸之時，其神怪處只是沙土埋石於其下，不過用一二百人可數日而罷，乃仍然封固以掩前人開泇河之失。詎知歷年既久，泇河兼用，則雖去怪自我，亦有顰眉者所當爲之事。

然或謂河漕之臣不宜兩設，總而一之，則事權不分。如或事煩途遠，獨不可多設道臣以分理乎？然又謂河漕既可以兼，則淮撫設矣，何必勳臣之并建？嗚呼！此祖宗深遠之慮，萬一風塵有警，一舟可得十軍，百舟可得千軍。倘非督以勳臣，彼衛官各相頡頏，誰能用命乎？余嘗疑及於此，曾勤諮問，謂漕糧由河而至衛輝，用車轉入衛河止一日耳，比運河費可大省，然而必用運河者，以山東之單弱足慮也。敢并及之。

明　曹時聘《報泇河展拓工完疏》《明經世文编》卷四三二　爲照泇河之役，其來已久，肇於壬辰之洩湖水，闢於辛丑之達沂河，而避湖鑿石，遂成通津者，則前河臣李化龍之議也。

上自李家巷，下至直河口，計長二百六十里，已於去年四月内盡開通矣。糧艘之由泇而上者，業五十餘隻矣！祇緣張村集以下三十里直河廣闊，因其舊以爲渠，意在省費，而不料水漲沙壅，舟行稍滯，兼之泇卑於直，其水逆流，土壩被衝，其水旁洩，於是直河一帶沙淺膠舟，不免爲全河之累。續該前河臣督行司道，相度地形，避高就下，自張村西南創開支渠一道，長三十一里，下接田家口。

去年所開舊河，而沙得遠避，毛窩一段，横穿沂河浮沙約二十丈，見用樁板廂護，内實老土，而泓不爲壅，王市口之減水閘，臺、頭二莊之節水閘，與夫彭家口之滚水壩，一一用石建造。又自直河口以至劉昌莊，但係上年淺阻之處，一一闢浚成渠。以上各工至三月三十九日一并告竣，放水行舟，從留守中衛以後銜尾而入，揚帆徑渡，款乃之聲不舍晝夜。

臣由曹、單、豐、沛閲視黄流，周咨挽回之策。南趨鳳、泗，恭謁祖陵，東出靈、邳，放舟直口，親覩口外舳艫鱗集兩傍者不下數百隻，督夫挽拽不兩日而盡。臣尾其後，沿途測量，渠水深者丈餘淺亦不下六七尺，不但去歲沙淺毫不能侵，即大泛口之溜，亦以下建閘座，有所節蓄，而其勢甚平也。夫新造之河，非虞淺即虞陿，今頓莊閘上有運解木筏數百吊泊於北岸，糧船行於南，臣之官舫又行於糧船之南，是三舟可以并進，不可謂不濶矣。近據判官吕文實揭報，重船過王市口者，至五月初三日，已二千三十餘隻。儻此後船無脱幇，行如魚貫，則較之去歲，遲速相懸，當不止於一兩月也。運道安瀾漕舟飛渡，既無守風之苦，又免損失之虞，此皆群工用命之所致也。

又《泇河善後事宜疏》　題爲泇運三年成效已覩，備陳善後事宜，乞敕該部覆議舉行，以圖永利事。

據中河分司郎中劉不息等呈，泇河之役，鑿山掘石，其工最艱，流浚兩年，河流通利，遠避二洪淘溜之險，永厝漕舟衽席之安，凡在臣民靡不懽忭，第事屬創始，必須善後，酌爲條款，理合會呈裁奪施行等因到臣。維時黄灌南陽，大挑孔棘，臣方疏請平治料理工程，而泇役告完，見通舟楫所有善後事宜，待河回之日另議題請。

今北徙之河挽歸故道，南陽一帶已無梗矣。新闢之泇又行一運，視前兩年且全運矣。從前之成效可覩，此後之永賴可期。避險即夷，舍迂就邇，咽喉順利，國脉疏通，四百萬石之粟渡江而北，與貯之倉庾者無異，詎非社稷無疆之慶耶？謹會議照得：國之大事莫重於漕，命脉攸關，良非細故。二百餘年，自徐而下，大都以河爲運。邇來遷徙不常，數失其利，非二洪告涸，則諸溜難前，内外臣工蒿目腐心，莫不以無漕爲慮。幸泇河一線，先該河臣舒應龍創開韓家莊以洩湖水而路始通。繼該河臣劉東星大開梁城侯先莊以試行運而路漸廣。

比至三十二年，河臣李化龍上開李家巷鑿郗山石，下開直河口挑田家莊，殫力經營，行運過半而路始闢。至三十三年二月，内該臣接管行事，見得改挑，經始運艘將臨立限嚴催，多方鼓舞，暮春首夏接踵告完，是年行運者八千二十三隻。比至去冬今春，臣雖躬督大挑，猶不時親詣泇渠往來料理，建閘平溜，浚淺裁灣，日夜催趨，如期而竣。故今年糧艘七千七百六十五隻盡數渡泇，則泇之可賴豈不昭昭在人耳目哉？然漕渠成矣，河官未設；閘座建矣，官夫未定；轉輸通矣，置郵未改；萑苻警矣，司捕未立。兼之閘禁未嚴，節宣失度，水利一洩，立覩膠舟。臣故不敢虧一黄之功，廣集衆思，謬畫善後六事，列款具題。

或云黄已治矣，運可行矣焉，用泇河爲哉？噫！此未覩河患之言也。治黄者，去南陽之害也；用泇者，避徐、邳之險也。非謂黄治而泇可不用，亦非謂泇通而黄可不治也。二者不相悖而實相成，則黄流既挽，安得不汲汲然從事於泇，以爲運道久遠計耶？此後過淮粮船，一入直河，别無險阻。臣等自當照數具題，不必襲過洪之舊名也。

一、畫地分管以便責成。據各司道議稱：泇河自沛縣李家巷經滕、嶧地方至黄林莊西邳州界止，應屬夏鎮分司及濟寧道，自黄林莊至直河口俱邳州地方，應屬中河分司及淮徐道，各照所屬會同管理。其沛地屬徐沛河防同知，邳地屬邳宿河防同知，無庸議已。惟沛東不數里即滕、嶧之境，自劉昌莊至黄林莊量長一萬九千一百六十二丈，約百有十里，其中有歲修之工須得府官料理，有出没之盗須得府官彈壓，有歲運之舟須得府官催儹，將歸之徐沛同知則慮隔屬之難行，將歸之運河同知則虞遥制之難遍，合於萬家莊建驛處所，專設管河通判一員爲便。又嶧縣原無管河縣佐，應增主簿一員，但該縣河道工程頗簡，歲修自易，惟以縣丞帶之亦足辦理，等因到臣。該臣看得新創泇河道里延長，省直司道自應畫地分管，總攝於上兩分司及淮徐道無論已。惟以濟寧道而統轄滕、嶧，遠隔三百里外，雖鞭之長，其及馬腹乎？查得兖東見管兩縣兵巡且駐在沂州，距泇孔邇，合增『管河』二字於原領敕書之内，督率府佐縣正管理泇河，計莫便於此者。其分管府佐除邳、沛地方聽邳徐同知照界管理外，所有滕、嶧河渠長逾百里，既不可責之直隸府佐，又不可屬之運河同知，添設通判一員駐札萬家莊，委爲得策。第增一官即多一官之費，而兖州府馬捕通判其事甚簡，合無令其兼管泇務，專聽夏鎮分司及兖東道統屬爲長。

一、增設官夫以司閘務。據各司道議稱，泇河建有韓莊、臺莊、頓莊石閘三座及應增直河口、鉅梁橋、侯先莊、萬家莊等閘，應設閘官、閘夫以司啓閉。及查直隸舊運河馬家橋、留城、黄家等閘，自萬曆十八、九年黄河倒灌，鎮口内水不得外洩，積匯成湖，各閘久廢，而閘官猶沿襲選補未革也。先該夏鎮分司議將黄家閘官夫移之韓壯，留城閘官夫移之臺莊，馬家橋閘官夫移之頓莊，彼方曠役，此方乏人，不煩增費，而官夫各得其職業矣。不敷之數，再查廢閘移用及就近兼管。等因到臣。該臣看得泇河之内建有韓莊、臺莊、頓莊石閘三座節宣水利，則啓閉官夫委不可少，合將已廢之閘如所謂黄家、留城、馬家橋遺下員役即補前項新閘之缺，專司啓閉，以後吏部選除閘官，俱照新閘名色，不必仍襲舊號，其餘閘座候建完之日再查廢閘官夫一體移用，或於兩閘相近之處酌議兼管，容臣移咨吏部照閘改正，以垂永久。在邳州境内者附邳州僚屬，在滕嶧境内者附勝嶧僚屬，斯閘座之啓閉有人，而水利之節宣無誤矣。

一、添一驛遞以便應付。據各司道議稱，泇河原稱二百六十里，今新挑支河，避彎取直，實止二百四十里耳。宿遷至趙村約百二十里，與宿遷至邳州道里相等，應令邳州分撥廠夫即在趙村荅應，趙村至嶧縣之萬家莊約九十餘里，應令兖州府查照原議暫派錢粮，委一職官於此荅應，待一年之後通計歲用錢粮若干，庶便酌量設驛。如使客果盡數趨泇避黄，則另議裁徐州彭城驛爲之幇貼可也。萬家莊至夏鎮亦約九十餘里，即接沛縣之泗亭舊驛，無庸别議爲也。等因到臣。該臣看得泇河告成，安瀾利涉，趨夷避險，舟楫通行，自去歲至今，貢舫使舟無不由此出入。據議趙村爲邳、宿適中之地，宜設一驛，令邳州驛廠分撥人夫錢粮在彼應付，盖從水之途雖異，而過客之數不增，浥彼不煩别費。又萬家莊係邳、嶧適中之地，宜設一驛，先令兖州府措處錢粮委官荅應，今已一年，用過錢粮必有定數，應於東省坐派三分之二、再裁彭城驛三分之一以佐之，聽吏部選除驛丞一員，添設驛吏一名，一切夫役廩粮悉聽東省驛傳道議處。

一、設立巡司以備干掫。據各司道議稱，泇河濱湖傍山，人烟稀少，地方曠野，粮運經行，盗患宜防，合於臺家莊設立巡檢一員，吏一名，編設弓兵四十名，就將原裁沙溝巡檢改撥守備營弓兵二十名撤回，再於近泇州縣編增二十名常川巡緝，仍於河堤上修築墩堡分布防護，其官吏俸粮與夫修建衙舍等項錢粮，聽該府查處。等因到臣。該臣看得泇河行運最稱重地，且東南財賦捆載而北者悉出其途，非復昔日荒凉景象，但長途曠野，村疃稀踈，距縣頗遥，捕官難顧，盗竊之警，委應預防。據議於嶧縣臺家莊添設巡檢一員，弓兵四十名，專在新河巡緝盗賊，防獲粮艘，應添弓兵，半撤舊裁沙溝巡司之役半，聽州縣酌量編發，俱屬停妥。

一、申嚴閘禁以節水利。據各司道議稱：泇河展濶浚深，漕輓永利，官民船隻，往來櫛比。但直口爲泇黄交會之處，即今黄歸故道，全河東下直口之外，清黄交接倒灌可虞。業於直口議建閘座，倘遇黄水暴發，即下板以遏濁流之入，而閘以内無灌淤之患，黄水消落，則啓板以縱泉水之出，而閘以外有衝滌之功。是此閘乃泇河門户，啓閉最宜嚴謹。次之王市閘居沂河之上游，繫全泇之命脉，每歲粮船由直口而入，全藉閉閘積水以浮舟，官民船隻由沂河而進，却擅啓板洩水以誤運。是此閘乃泇河權輿，啓閉亦應嚴謹。其他頓莊、臺莊、韓莊等閘啓閉之例自有定規。但河渠新創，閘禁未嚴，每被勢要座船擅啓閘板，有將鎖鑰擊碎者，有將閘板帶去者，有將管閘官牌横加嗔責者，不思漕河關係國計，乃以一人之私圖，而阻四百萬石之重務，可不可也？合無請照淮安鎮口閘座禁例，嚴行申飭。等因到臣卷。查萬曆七年，該前河臣潘季馴題稱，每歲六月初旬，通濟閘外暫築土壩以遏横流，其官民船隻暫行盤壩，至九月初旬，開壩用閘，仍將題準明旨刊示各閘之上，如有勢豪人員恃强阻撓，應拿問者徑自拿問，應參奏者徑自參奏，毋得阿狥假借等因。該工部覆奉聖旨，又該前河臣潘季馴題稱，鎮口等閘并未奉有明旨，人心不知警惕，乞要照例請旨刊刻遵守，再乞天語申飭鮮貢諸船，如遇黄水盛發，亦令暫候頃刻，工部覆奉聖旨，俱經遵行在卷。今據前因，該臣看得新闢泇河二百四十里以代徐、邳黄河三百六十里之遥，計程既省，險溜又避，行運三年，業有明效，官民船隻，并涉此途，允爲百世之利。内韓莊、臺莊、頓莊、王市等閘已徑建造，啓閉節宜，足裨粮運。其直口、梁城、萬莊等閘見在修砌，均爲轉漕而設，必須以時啓閉，方得利濟漕舟。第未奉明旨，誠恐勢豪船隻玩視各閘，不遵禁例，如今春王市閘開放不時，粮船膠阻，倘直口之閘尤而效之，將來黄水盛漲，必至倒灌，其害更有甚於此者。據議比照淮安鎮口閘事例，請旨申飭，刊示閘上，嚴加禁約，委不可已。

一、議加裁展以收全功。照得泇河草剏，行運三年，魚貫往來，已覩成緒。第此河之通，原因水衝舊迹，廣陿不等，高下不齊，有殘缺應築之堤，有灣曲應裁之岸，有淤淺應浚之沙，雖連歲開挑，而渠長工劇，未得深廣如式，且大泛口湍溜未平，猶須力挽而上，與夫鉅梁、直河等處舊議閘座未建，吴冲、猫窩二處新議閘座應增，皆未竟工程，目前急務。據各司道勘議，自郗山東起至直河口止，各項工作酌量緩急，分爲二等。應先完者爲一等，估該土二十四萬七千二百六十四方，每方四工，共九十八萬九千五十六工，每方銀一錢二分，該銀二萬九千六百七十一兩六錢八分，募夫一萬一千名，三箇月完工。應續完者爲二等，估該土一十五萬九千三百方，每方四工，共六十三萬七千二百工，每方銀一錢二分，該銀一萬九千一百一十六兩，募夫七千一百名，三箇月完工。吴家冲、猫兒窩應建二閘，估該工料銀四千四百兩有零。以上錢粮分毫無措，萬不得已分作兩歲鳩工。先將一等最急者，趁今秋防事竣，檄行司道督令管河府佐州縣掌印佐貳等官補築殘堤，裁削灣嘴，展闊陿岸，疏浚淺沙，與夫新舊閘座勢不可缓者，刻期建造，自十一月初築壩興工，限至次年正月盡開壩放水，漕舟一至，務令鼓檝而前。其二等工程，候至來年運畢再舉，合用工價移咨工部，將河工事例盡數解發，以抵其費。不敷即再開二三年佐之。工完之日核實奏報，伏候聖裁。

明 李化龍《議開泇河疏萬曆三十一年**》**《明臣奏議》卷三四　臣看得河入中原，以湍流抉淺土，潰溢四出，所至則靡從，古以爲患矣。迄于今日，施治尤難。蓋南虞陵，北虞運，水性無常，勢不能必出中道，人力角之，互有勝負，堵塞挑浚，歲以爲常，所謂勞費無已，數逢其害者也。臣自肩事以來，于沿河上下，方數千里，逐一周視，下淮、徐觀兩瀆之合流，上鳳、泗望二陵之佳氣，乘舟而游沛城之中，逆流而泝决口以上，出蕭、碭，經蘭、儀，過東、長，入曹、單，因之稽堤工，脈水勢，詢之故老，咨之士人，乃始知河勢之大凡，而得施工之次第也。

兹謹會同鳳陽撫臣李三才、按臣高攀枝、鹽臣蔣以化、山東撫臣黄克纘、按臣嚴一鵬議得，河自開、歸而下，合運入海，其路有三：由蘭陽道考城，至李吉口，過堅城集，入六座樓，出茶城而向徐、邳，是名濁河，爲中路；由曹、單經豐、沛，出飛雲橋，泛昭陽湖，入龍塘，出秦溝而向徐、邳，是名銀河，爲北路；由潘家口過司家道口，至何家堤，經符離，道睢寧，入宿遷，出小河口入運，是爲符離河，爲南路。此三路者，近代以來，河所遞行之道也。較而言之，南路雖近陵，然有隋堤障其上，有九岡十八窪隔其中，有歸仁堤護其下，于陵無害也。第其北扼于山，南近于淮，倘下流淤塞，不逆流而上，則潰堤而南，是皆能亂淮。亂淮則久之而淮亦淤，淮淤而沮洳之患上及陵園矣。且全河下宿遷、徐、邳，運道不免告涸，則南路者利不勝害者也。北路雖近運，然太行堤足障驚濤，徐、吕洪足柬亂流，且汶、泗有接漕艘之利也。第其下流往往潰堤，堤潰而魚、沛之間城郭夷綷路壞，非直殃民，亦且梗運，則北路者，利害正等者也。惟中路則不南不北，既遠於陵，亦濟於運，有利無害，稱全善焉。前督臣排群議而斷之，獨合三省以興茲役，亦謂得算。假令不惜大費，必竟全功，一勞永逸，豈不休哉！乃以資用乏，工程減，以故狂瀾已迴，下流復溢，陵麓雖云亢爽，運道尚在梗塞，蓋所得已多，直全利未收耳。

然則爲今日計，守行堤，開泇河，事所必出，無容再計矣。惟是泇河之役，向來數議，竟成畫餅。談者恐以爲疑，乃臣則以爲其善有六，而其不必疑有二。

今之稱治河難者，謂往代止避其害，今且兼資其利。故河由宿遷入運，則徐、邳涸而無以載舟，是以無水難也。河由豐、沛入運，則漕堤壞而無以過綷，是以有水難也。泇河開而運不借河，有水無水第任之耳，疏瀹排決皆無庸矣。善一。

黄河者，運河之賊也。用之一里，則有一里之害；避之一里，則有一里之利。以二百六十里之泇河，避三百三十里之黄河，二洪自險，鎮口自淤，不相關也。善二。

河之當治，固不問其濟運與否，而皆不容已者也。顧運借河則河爲政，河爲政則河得以困我，當不憚勞費而治之。運不借河則我爲政，我爲政則我得以相河，當熟察機宜而治之。夫熟察機宜之與不憚勞費也，其利害較然覩已。善三。

先年估全工，以三百九十萬；估半工，以二百六十萬。即前督朱衡開新河百四十里，費亦以四十萬也。今直以二十萬，開二百六十里，比之全工則二十之一，比之半工則十之一，比之新河亦事半而功倍者也。善四。

江之北，山之東，患水極矣。老弱轉乎溝壑，壯者散而之四方矣。召募行而富民不苦于賠，窮民且得以養，春荒而役興，麥熟而人散，以仲淹之堤湖，代汲黯之發倉，此即國計無裨計猶且爲之也。善五。

糧艘過洪，約在春盡，蓋畏河漲之爲害也。運入泇河而安流逆浪，早暮無妨，過洪之禁可弛，參罰之累可免。即運軍不至以趕幫失事，所全多矣。善六。

運不借河，則河防遂疏，恐遂恣横流而沼鳳、泗也，奈何？夫開封、歸德上下千里，未聞濟運，未聞不治河也。彼直爲民禦灾而若此矣，何況乎爲陵捍患，其何防之敢疏？無疑者一。

徐州，天下咽喉處也。奈何一日而令其索莫荒凉，安所稱重地乎？夫太王遷岐，盤庚遷亳，第審利害，安問重輕？且徐沼于河，直須時耳。徐民安土重遷，聞泇河之役，且刺心隱痛，曰奪其利也。此如蛾赴火、蠅趨餳，大利在前，害不暇顧，一日而洪水暴至，城沼民魚，悔之晚矣。泇河開而徐城之貿遷化居者必且移之泇口，必且移之沿河上下，即土著者利所不在，必且擇高土而居之，即使水能破城，必且爲魚者少。此爲曲突徙薪于徐，而出之罟獲陷阱者也。無疑者二。

故泇河之開，無俟再計而知其可行者也。

至其分工，則自李家巷至劉昌莊，全挑新河八里，建閘一座，該夏鎮郎中梅守相、淮徐道副使劉大文，督率徐屬河防運同知許一誠、徐州知州張執管理；劉昌莊至萬家莊，計長八十一里，内除韓莊等處二十里六分舊渠免挑外，該全挑新河一十六里，浚舊河四十四里四分，建閘一座，滚水壩一座，築堤二十七里，該夏鎮郎中梅守相、濟寧道副使傅良諫，督率兖州府運河同知汪兆龍、清軍同知劉師朱、滕縣知縣張鵬翼、嶧縣知縣凌志魁管理；萬家莊至黄林莊，計長四十里，内浚舊河三十八里三分，全挑新河一里一分，建閘三座，又分直河工内王市東全挑新河三十里，該南旺主事沈孚先、帶管兖東分巡道副使陳簡，督率兖州府管張秋河通判許仲譽、沂州知州王許、費縣知縣董三邊、郯城縣知縣陳嚳生管理；黄林莊至直河出口，計長一百三十一里，内除梁城紀家田家集其七十里舊河，深闊免挑，并王市東新河三十里，派山東助挑外，實浚舊河四里五分，全挑新河二十六里，建閘三座，减水閘一座，滚水壩五座，該中河郎中劉不息、淮徐道副使劉大文，督率邳宿河防同知許從坤、揚州府管河通判趙性粹、邳州知州周世臣管理；其單縣幫修大行堤北面土工，長六十九里，南面護埽長二十四里，該兖西道參政來三聘、濟寧道副使傅良諫，督率兖州府帶管黄河通判許重譽、曹縣知縣成伯龍、單縣知縣屈允高管理。以上五工總責成漕河道按察使汪可受會同司道提調往來稽核，其合行事宜，則據司道府縣會議，共十三款，臣當以次徑行，無容瑣瀆。

大抵河之所來，蕩析沈浸，爲害非常；河之所去，膏腴肥美，爲利亦非常。年來拮据無已，北移之南，南移之北。河之害一，治河之害十；河之害有補，治河之害無補；河之害止在沿河兩岸，方數百里，治河之害且漫衍直省，方數千里不止矣。

總之，先年止恐傷運，使河不得北，近且又恐傷陵，使河不得南。南北迫陿，幾無藏身之所。蓋微獨民苦，即河亦苦之矣。泇河既成，運已已借河，河復不近陵，臣以爲自此以後，但北守太行堤，南守隋堤，中間蕭、碭、豐、沛城郭所在，各高起堤防以自救，任河游衍容與于其中，每年相度水行何方，但蠲其租入，而賑以銀穀，計費且不及治河之一二，而他所省且復不貲，此爲不治而得其大者也。惟是河近北堤，終有齧堤梗運之虞，則請以俟來歲。儻其時和年豐，而民可使耶，則無難大挑濁河，以開中路，不憚一勞，足收長利；儻其天灾人害，而民難用耶，則不妨死守行堤，以救目前，雖乏遠略，亦弭近憂。至于司道所稱，泇河下流，由嶋頭集，經落馬湖北岸，至宿遷，盡避黄河諸險，事亦可行，當爲後圖。儻異日財力有餘，再舉此役，則運道所經黄河者，不過入海二百里之安流耳。彼其强弩之末，力何能爲？斯亦國家之上事已。除將應開應浚河道地里繪圖貼説明白，另封進呈聖覽外，緣係決河，驟拘非易，運道艱阻可虞，懇乞聖明俯從末議，亟開泇河，酌浚故道，以濟新運，以拯灾民。事理未敢擅便，爲此具本謹題。疏入。得旨。該部知道。

明 黄承玄《經始泇河議》《明經世文編》卷四七九 爲議浚泇河以濟運便民事。

竊照泇河之議蓋已有年，前經翁、傅二總河先後具題，再遣科臣行視，率以工難費鉅，旋議旋寢。至萬曆二十年，舒總河復議開韓庄支渠二十餘里，以洩吕孟諸湖之水下達泇河，蓋雖微引其端，而猶未竟其緒也。復因黄河南徙，運道告艱，復經科臣具題勘，然亦以費逾百萬，工力難施，竟成築舍之議。近該職親詣韓庄泇口一帶踏勘，熟察地形，遍觀水勢，周咨荒度，盡得此河源委，前有可因之迹，後無難竟之功，然後乃知人言不足盡憑而百聞不如一見也。

蓋先議者謂，性義、葛墟二嶺，地勢高懸，砂礓難鑿。今原開韓庄新渠業已避高就下，水見通流，第展挑深浚，便可行漕，且近發徭夫挑浚已十完七八矣。議者謂，梁城等處地多伏石，難以施工。今勘自侯家湾至梁城，水底伏石僅二百餘丈，先年試鑿已去其半，今若再去一層，而于梁城之下建閘節蓄，則水可盈漕，自無妨碍。

又議者謂，諸湖聯絡，難以築堤，不便捧挽。今議自黄泥湾之下，就湖旁實地開渠，直達宿遷，而韓庄以上則或從旁開浚，或就淺築堤，亦絶非難事也。又議者謂，工程重大，非百萬之費不可以成功。今據估浚河、鑿石、建閘、築堤，一切之費不過二十六萬金，若止役徭夫，從容從事，以三歲畢工，則可省費二十萬兩。即其他犒賞、料價之費，總計亦不過六七萬金耳。夫使其工果難，其費果鉅，固不可妄興大役以希難必之功；若事有可爲，費不甚大，亦何可坐失事機，以廢前人之績？故職今日謂，此河斷斷可成，不宜再計，數十年道旁不決之謀，若有待于今日也。

况此河一成，豈直可以預備不虞？其他利便，有不可殫述者。蓋舊河自夏鎮以至宿遷計地四百里，而新河自夏鎮至宿遷僅二百五十里，比舊河可省兩日之程，其便一也。

舊河借河行運，而河性不常，去來靡定，其去也不免有艱澁之虞，其來也不免有漂流之患，必不能分河兩行久而無弊也。况鎮口上下，地形陡峻，水不能留，故時病淺澁。若新河一衣帶水，直達宿遷，更無波濤之險，其便二也。

李家口以下地高水澁，議者至欲復留城舊河，以水浸堤傾、淤泥難浚不果。若新河既成，湖水自涸，即留城舊河，亦可修復，新河自有薛、永、泇、沂諸湖之水可引灌漕，不必全資汶、泗，其正河强半之水仍可聽入留城舊河以出鎮口。蓋新河專行重運，其貢鮮官民船隻及回空糧船則聽從其便，兩河并行，其便三也。

微吕、連汪、周柳、落馬諸湖共計地一萬五千餘頃，皆民間膏腴也，緣鎮口灌淤及武河、沂河、直河三口并塞，所受薛、永、泇、沂諸水不得時洩，故泛濫成湖。今新河既成，兩堤夾峙，則束水歸漕，自無泛溢，沮洳將盡，化爲良田，久困之民可以大甦，其便四也。

徐、邳東鄙多塩徒，嶧縣多荒地，蓋緣人稀地廣，生計無聊，故轉徙失業耳。今新河既通，則民有生意，安分復業者自多，榛莽之郊變爲樂土，其便五也。

新河之工爲費既不甚鉅，而既成之後所應添設官夫及一切歲修之費計亦不過萬金，即將耗出湖地召民佃種，照例徵租，一歲所入供一歲之用，寬然有餘，其便六也。

職知之甚眞，計之甚悉，翻前人數十年不決之案，掰國家億萬載永賴之圖。所用止于徭夫可以隨便調發，所費不過七八萬兩，省直額徵歲修之費可以隨便動支。要以三年爲期，勿以欲速見效。事蕲于集不必先自鋪張，巧蕲于成不必盡自已出。務使河成而國不費，功完而人不知。此今日所當計而力行者也。

清 傅澤洪《行水金鑒》卷一二八《運河水》 加河業已通漕，但直河一段沙淺，韓莊、台莊、郄山一帶，尚多淺狹。因行司道官督率各府佐，於直河之南另挑支河三十里，于王市等處建閘三座，於彭家口、台庄等處，各加展浚，至一萬二千三百丈，足行全運。臣之料理加河者如此。又念徐、邳之間，黄河大涸，至不通舟。因行司道官督率各府佐，將塘池、馬家淺、高家灘各挑月河一道，拷挖灣大加疏浚。牛角灣、張孤山、范家山等處，俱大加開闢，令黄水順流南下，不復舊年景象矣。臣之料理黄河者如此。又念南陽西堤，頻年爲黄水壅激，湖水齧蝕已多，恐昭陽湖漸高，則黄河漸北，因而穿漕，是又一李家口也。因令各官集料鳩夫，將南陽運河西崖釘樁下埽，實土築堤，以遏湖波。又將單縣陳燦樓決口堵塞，以絶來源。臣之料理南陽一帶漕堤者如此。

清 佚名《加河夫議》（康熙）《嶧縣志》卷四 按：故明嘉隆以前，運道原自彭城抵夏鎮。後因吕梁有波濤之險，湖泊多泛濫之虞，廷議采河臣言，於萬曆癸卯改由加河，得享安瀾之慶矣。自加河既開以後，運道之在嶧境者。百里而遥，每歲有堤岸之修築，有灘淺之疏鑿，以故原食淮庫，召募之徭夫若干名，改食兖庫歸隸嶧縣，而徐州、豐、沛、蕭、碭額編之夫若干名，亦隨之以北，皆爲加河工程而設，固非河上逍遥，可以東西奔命者也。

至康熙十三年，徐屬五州縣額夫悉經裁減，所存者止代僉應募之徭夫而已。以此有限之夫，即窮年從事畚鍤奔走於加河境内，尚苦不足。乃邇者歲歲調發，非赴南河塞淮方之決口，則赴北河修濟下之堤防。其間饑寒暑雨之不時，而困殞於他鄉者，往往有之。

夫加河之夫，不令之治加河之工，舍正務而遠役旁境，是猶庖人不治庖，尸祝越樽俎而代之也。編氓下賤，惟上所使。土國威漕，孰敢怨咨？第不知迢迢百里之漕渠，遂可以甌脱置之否耶？至於八閘閘夫，每閘止三十名耳，而蓄洩啓閉，而牽挽漕舟，而歲時之依期浚導，是其專司，外此非所當與也。今之過往差航，或爲上貢之筐篚，或爲黄華之使臣，或爲冠蓋之行李，或爲南服班師之將弁目兵，他或奸估之居貨租賃官舫，或狡胥之懋遷假名憲府，樓船簫鼓，絡繹旁午，每聞動輒索夫數十名不等。兼之苞苴薪粲，逼取重重，供應少稽，舟子榜人，駕虎威而箠楚交加，甚且有鞭斃水濱而草菅視之者矣。前差未過，後差踵至。南下方去，北上復來。即一夫之軀，分作數夫之身，益以賣兒貼婦，亦不能應此無涯之求也。語不云乎：『皮之不存，毛將安附？』恐東野之馬力既竭，魚爛之潰形立見。寧僅楊柳雨雪，興嘆於勞役而已哉！諸上官塞源拔本，清弊恤民，於以重飛輓而鞏天庾也，則幸矣！

綜述

明 李化龍《上神宗皇帝論加河疏》（咸豐）《大名府志》卷二一 臣愚不肖，蒙皇上授以總河之任，以其年七月入境，八月視事，至次年七月丁母憂，今年三月旋里。中間開過加河二百六十里，行運二年，計船一萬六千以上。今年運事視往年更早，二月已經巡漕御史及河、漕二總督具疏報明，臣以爲可幸無罪矣。

近見邸報，工科右給事中宋一韓條陳河事多反於臣。科臣所以少臣者，其説非一，總之，棄黄工加，致失行堤而已。其意豈不曰『開加分黄，費亦不少，并力以挑黄河，則一了百了，何用加河？』又豈不曰『河即不成，但棄加而守堤？』亦何至失堤。嗟夫，臣何嘗一息敢忘黄河哉！惟是當年時勢有難以即興大工者。查前總督所估大挑計費一百四十萬金，起夫動至一二十萬，彼時現銀尚不滿數萬，工何敢即興？大役之後，僵尸數萬，民間視挑河如就死地，工夫又何敢即興？縱使有銀矣，有夫矣，開挑之工，遲以二年計，速以一年計，再速以半年計，而運船不能待矣。

然則臣非敢棄黃，工固必不得速也。臣非欲工泇，勢固必不得已也。且泇非目下可以代黃也，以二百六十里之安流，代三百六十里之險道，日者八千運船，不兩月而過盡，即謂之百年永利，非耶？今談河者多以南陽之漕爲慮，不知泇成而後可慮者，止此百里之漕，泇成而後爲漕防河者，止此百里之間耳。以連年之物力連年之事變相提而論，泇縱不即開，河亦不即成，河既不即成，堤亦不即保。縱使河成矣，堤何矣，黃水之泛濫雖掣，而李家口之漕尚費挑修，濁河之故道雖復，而徐、邳間之溜猶然險惡，是魚、濟、徐、邳上下數百里之漕皆可慮也。泇成而漕有所歸，乃敢少以治黃，乃以休養民力，待其喘息少定，驅之再事大挑，則泇不但爲黃代漕，亦且爲黃助治也。此臣開泇之意也。泇甫就而臣值憂，始不得復治黃矣。

丁憂之後，尚有河工時不可失之疏，有奉旨估計河工之疏，臣何敢一息忘黃河哉？向非丁憂，則一年開泇，一年挽黃，運既不悮，河亦可成，何至煩言官之評議耶？至於行堤之失，則與泇工無預。泇河所代者，夏鎮以南之運道，行堤固無與也。若當時遽罷泇工而盡調官夫以守一堤，未必有堤，先已無漕，憂漕事者，且在夏鎮以南，何暇及南陽哉？且三十一年七月，河決蘇家莊攔水壩，是日即決該縣縷水堤，又一日即決沛縣四鋪口太行堤。蓋臣未至濟寧、太行堤，在豐、單者其半已失，而其半已必不能守矣。尚幸分黃之後，全河一半南行，故南陽之漕，是年不淤。今年之淤，則以八月大水，全河北行之故耳，泇何與焉？

嗟夫！使行堤無三十一年之失，則劉蕭口之決河可以成，使無三十二年之失，則朱旺口之分河可以成。乃堤再失而河再不成，雖曰天災，亦有人事。臣職司行河，分按信地罰治各官，乃議未脫於口而謗議四騰，臣已爲射的矣。臣所心折於科臣者，謂臣實有僥倖圖成之心。夫開泇分黃，所恃者狹，所欲者奢，安得不謂僥倖？然實以時勢艱窘，工程浩大，故情急慮生，欲以救目前之急，且圖爲國家省數百萬錢糧，爲地方省數十萬民命。無米而爲全家之炊，徒手而捕負嵎之虎，臣之遇誠窮，臣之心良苦矣。泇之成早，故臣得以二、三十萬成前估二、三百萬之工。河之成遲，故臣不得以數萬成今估七、八十萬之事。蓋其所能者，人也；所不能者，天也。

臣實不職，無所逃罪，伏乞俯賜宸斷，將臣先行削籍，以謝人言，然後下工部嚴行查勘，臣之審於治黃是否有合機宜，臣之急於開泇是否有裨緩急，行堤之失果否起自臣身，臣之經營是否有悮河事，皇天后土必能知之，天下後世必能亮之，臣即伏死苦塊，有餘榮矣。

明 湯賓尹《睡庵稿·文集》卷二《泇河疏議序》 十餘年來，予於河上數往反矣。其一經浦頭三閘，石門闔束，狂濤刺天，巨纜長橦，數百人戰水不上，舟中之人無色，予爲之咏曰：『千呼萬叫始經過，猶向空中拜浪婆。』其二徐、邳之間，涸澑見厎，人牛俱膠，予爲之咏曰：『數里朝朝見，空船步步推。』蓋實録也。比歲一往一來，其時皆春夏之交，漕艘千百，銜尾而濟，間有淺澀之處，而亦易爲力矣。予以一薄板舟容與其中，若履平地，若驅柔馬，風濤嘷叫之聲不震于耳，甚快異之。問之，曰：『此新開泇河也。』急起舞，三酹，歲漕百世之利在玆已！已復偃坐，追維太息。此涓涓者，天實設以代黃，猶嘖有口者，何慮始難耶？』石硼堅硬，工力難施，莫逾韓莊。梅大夫實首其難，取歲修十一勤之。既于事而竣，他工不足就矣。議仍紛者，何也？使黃不再決，李少保不來仙臺趙圈，李吉之工不旋舉旋閼，廷中道中之論當未可盡奪，夫誰使有泇如今日始始之終終之者耶？甚矣，任事之難！而梅大夫之功多也。

予既行泇上數日，心口自語：泇之道逸矣，利博矣，闊宜兩之，深加半，宜堤，宜增閘，宜沿途驛置廨舍。凡此皆泇事也。適大夫方領漕，寓書訊之，宜頌言以收全效，而時有過予。論者曰：『泇可也，黃可廢不治與？』曰：黃何可廢也？有泇乃可治黃也。黃之來去，豈□□所能安置？亟治亟用，日且不給，而支祈益驕怒以扼，余于吭有坐斃耳。泇治則別有以待漕，別有以待漕，乃可徐度機宜，而久專工力，黃不難理也。徐州四通五達英雄紛走之地，又以不可知之一縷，操國命往，甚危之。泇治而漕不獨恃，徐不獨重策無萬全於此矣。往款貢議始，廷臣十九非是，竟賴利之至今。惜無能秉款之暇力急邊備者。泇行，世世永賴矣。秉泇之暇以急河防，其不無望于當事。予嘉梅大夫之勞烈，因識其疏議終始而存之，以告來者。

《明史》卷八七《河渠志五》　泇河，二源。一出費縣南山谷中，循沂州西南流，一出嶧縣君山，東南與費泇合，謂之東、西二泇河。南會彭河水，從馬家橋東，過微山、赤山、呂孟等湖，踰葛墟嶺，而南經侯家灣、良城，至泇口鎮，合蛤鰻、連汪諸湖。東會沂水，從周湖、柳湖，接邳州東直河。東南達宿遷之黄墩湖、駱馬湖，從董、陳二溝入黄河。引泗合沂，濟運道，以避黄河之險，其議始於翁大立，繼之者傅希摯，而成於李化龍、曹時聘。

隆慶四年九月，河決邳州，自睢寧至宿遷淤百八十里。總河侍郎翁大立請開泇河以避黄水，未決而罷。明年四月，河復決邳州，命給事中雒遵勘驗。工部尚書朱衡請以開泇口河之説下諸臣熟計，帝即命遵會勘。遵言：『泇口河取道雖捷，施工實難。葛墟嶺高出河底六丈餘，開鑿僅至二丈，硼石中水泉湧出。侯家灣、良城雖有河形，水中多伏石，難鑿，縱鑿之，湍激不可通漕。且蛤鰻、周柳諸湖，築堤水中，功費無算。微山、赤山、呂孟等湖雖可築堤，然須鑿葛墟嶺以洩正派，開地浜溝以散餘波，乃可施工。』請罷其議。詔尚書朱衡會總河都御史萬恭等覆勘。衡奏有三難，大略如遵指。且言漕河已通，徐、邳間堤高水深，不煩別建置。乃罷。

萬曆三年，總河都御史傅希摯言：『泇河之議嘗建而中止，謂有三難。而臣遣錐手、步弓、水平、書匠，於三難處核勘。起自上泉河口，開向東南，則起處低窪，下流趨高之難可避也。南經性義村東，則葛墟嶺高堅之難可避也。從陡溝河經郭村西之平坦，則良城侯家灣之伏石可避也。至泇口上下，河渠深淺不一，湖塘聯絡相因，間有砂礓，無礙挑穵。大較上起泉河口，水所從入也，下至大河口，水所從出也。自西北至東南，長五百三十里，比之黄河近八十里，河渠、河塘十居八九，源頭活水，脈絡貫通，此天之所以資漕也。誠能捐十年治河之費以成泇河，則黄河無慮壅決，茶城無慮填淤，二洪無慮艱險，運艘無慮漂損，洋山之支河可無開，境山之閘座可無建，徐、呂之洪夫可盡省，馬家橋之堤工可中輟。今日不貲之費，他日所省抵有餘者也。臣以爲開泇河便。』乃命都給事中侯于趙往會希摯及巡漕御史劉光國，確議以聞。于趙勘上泇河事宜：『自泉河口至大河口五百三十里内，自直河至清河三百餘里，無賴於泇，事在可已。惟徐、呂至直河上下二百餘里，河衝蕭、碭則涸二洪，衝睢寧則淤邳河，宜開以避其害，約費百五十餘萬金。特良城伏石長五百五十丈，開鑿之力難以逆料。性義嶺及南禹陵俱限隔河流，二處既開，則豐、沛河決，必至灌入。宜先鑿良城石，預修豐、沛堤防，可徐議興功也。』部覆如其言，而謂開泇非數年不成，當以治河爲急。帝不悦，責于趙阻撓，然議亦遂寢。

二十年，總河尚書舒應龍開韓莊以洩湖水，泇河之路始通。至二十五年，黄河決黄堌口南徙，徐、呂而下幾斷流。方議開李吉口、小浮橋及鎮口以下，建閘引水以通漕，而論者謂非永久之計。於是，工科給事中楊應文、吏科給事中楊廷蘭皆謂當開泇河。工部覆議允行。帝命河漕官勘報，不果。二十八年，御史佴祺復請開泇河。工部覆奏云：『用黄河爲漕，利與害參用，泇河爲漕，有利無害。但泇河之外，由微山、呂孟、周柳諸湖，伏秋水發虞風波，冬春水涸虞淺阻，須上下別鑿漕渠，建閘節水。』從之。總河尚書劉東星董其事，以地多沙石，工艱未就。工科給事中張問達以爲言。御史張養志復陳開泇河之説有四：

一曰開黄泥灣以通入泇之徑。邳州沂河口，入泇河門户也。進口六七里，有湖名連二汪，其水淺而闊，下多淤泥。欲挑浚則無岸可修，欲爲壩埽則無基可築。湖外有黄泥灣，離湖不遠，地頗低。自沂口至湖北崖約二十餘里，於此開一河以接泇口，引湖水灌之，運舟可直達泇口矣。

一曰鑿萬家莊以接泇口之源。萬家莊，泇口迤北地也。與臺家莊、侯家灣、良城諸處，皆山岡高阜，多砂礓石塊，極難爲工。東星力鑿成河。但河身尚淺，水止二三尺，宜更鑿四五尺，俾韓莊之水下接泇口，則運舟無論大小，皆沛然可達矣。

一曰浚支河以避微口之險。微山湖在韓莊西，上下三十餘里，水深丈餘。必探深淺，立標爲嚮導，風正帆懸，頃刻可過，突遇狂飈，未免敗没。今已傍湖開支河四十五里，上通西柳莊，下接韓莊，牽挽有路。當再疏浚，庶無漂溺之患。

其一則以萬莊一帶勢高，北水南下，至此必速。請即其地建閘數座，以時蓄洩。詔速勘行。而東星病卒。御史高舉獻河漕三策，復及泇河。工部尚書楊一魁覆言：『泇河經良城、彭河、葛墟嶺，石礓難鑿，故口僅丈六尺，淺亦如之，當大加疏鑿。其韓莊渠上接微山、吕孟，宜多方疏導，俾無淤淺。順流入馬家橋、夏鎮，以爲運道接濟之資。』帝以泇河既有成績，命河臣更挑浚。

三十年，工部尚書姚繼可言泇河之役宜罷，乃止不治。未幾，總河侍郎李化龍復議開泇河，屬之直河，以避河險。工科給事中侯慶遠力主其説，而以估費太少，責期太速，請專任而責成之。三十二年正月，工部覆化龍疏，言：『開泇有六善，其不疑有二。泇河開而運不借河，河水有無聽之，善一。以二百六十里之泇河，避三百三十里之黄河，善二。運不借河，則我爲政得以熟察機宜而治之，善三。估費二十萬金，開河二百六十里，視朱衡新河事半功倍，善四。開河必行召募，春荒役興，麥熟人散，富民不擾，窮民得以養，善五。糧船過洪，必約春盡，實畏河漲，運入泇河，朝暮無妨，善六。爲陵捍患，爲民禦灾，無疑者一。徐州向苦洪水，泇河既開，則徐民之爲魚者亦少，無疑者二。』帝深善之，令速鳩工爲久遠之計。八月，化龍報分水河成，糧艘由泇者三之二。會化龍丁艱去，總河侍郎曹時聘代，上言頌化龍功。然是時，導河、浚泇，兩工并興，役未能竟，而黄河數溢壞漕渠。給事中宋一韓遂詆化龍開泇之誤，化龍憤，上章自辨。時聘亦力言泇可賴，因畫善後六事以聞。部覆皆從其議。且言：『泇開於梗漕之日，固不可因泇而廢黄；漕利於泇成之後，亦不可因黄而廢泇。兩利俱存，庶幾緩急可賴。』因請築郗山堤，削頓莊嘴，平大泛口湍溜，浚猫兒窩等處之淺，建鉅梁吴衝閘，增三市徐塘壩，以終泇河未就之功。詔如議。越數年，泇工未竟，督漕者復舍泇由黄。舟有覆者，遷徙黄、泇間，運期久踰限。

三十八年，御史蘇惟霖疏陳黄、泇利害，請專力於泇，略言：『黄河自清河經桃源，北達直河口，長二百四十里。此在泇下流，水平身廣，運舟日行僅十里。然無他道，故必用之。自直河口而上，歷邳、徐達鎮口，長二百八十餘里，是謂黄河。又百二十里，方抵夏鎮。其東自猫窩、泇溝達夏鎮，止二百六十餘里，是謂泇河。東西相對，舍此則彼。黄河三四月間淺與泇同。五月初，其流洶湧，自天而下，一步難行。由其水挾沙而來，河口日高。至七月初，則淺涸十倍。統而計之，無一時可由者。溺人損舟，其害甚劇。泇河計日可達，終鮮風波，但得實心任事之臣，不三五年，缺略悉補，數百年之利也。』工科給事中何士晋亦言：『運道最險無如黄河。先年水出昭陽湖，夏鎮以南運道衝阻，開泇之議始決。避淺澀急溜二洪之險，聚諸泉水，以時啓閉，通行無滯者六年。乃今忽欲舍泇由黄，致倉皇損壞糧艘。或改由大浮橋，河道淤塞，復還由泇。以故運抵灣遲，汲汲有守凍之慮，由黄之害略可見矣。顧泇工未竟，闊狹深淺不齊。宜拓廣浚深，與會通河相等。重運空回，往來不相礙，迴旋不相避，水常充盛，舟無留行。歲捐水衡數萬金，督以廉能之吏，三年可竣工。然後循駱馬湖北岸，東達宿遷，大興畚鍤，盡避黄河之險，則泇河之事訖矣。或謂泉脈細微，太闊太深，水不能有。不知泇源遠自蒙、沂，近挾徐塘、許池、文武諸泉河，大率視濟寧泉河略相等。吕公堂口既塞，則山東諸水總合全收，加以閘壩堤防，何憂不足？或謂直抵宿遷，此功迂而難竟，是在任用得人，綜理有法耳。』疏入，不報。

明年，部覆總河都御史劉士忠《泇黄便宜疏》，言：『泇渠春夏閘，沂、武、京河山水衝發，沙淤潰决，歲終當如南旺例修治。顧別無置水之地，勢不得不塞泇河壩，令水復歸黄流。故每年三月初，則開泇河壩，令糧艘及官民船由直河進。至九月内，則開召公壩，入黄河，以便空回及官民船往來。至次年二月中塞之。半年由泇，半年由黄，此兩利之道也。』因請增驛設官。又覆惟霖疏，言：『直隸猫窩淺，爲沂下流，河廣沙淤，不可以閘，最爲泇患。宜西開一月河，以通沂口。凡水挾沙來，沙性直走，有月河以分之，則聚於洄伏之處，撈刷較易，而泇患少減矣。』俱報可。其後，泇河遂爲永利，但需補葺而已。然泇勢狹窄，冬春糧艘回空仍由黄河焉。

四十八年，巡漕御史毛一鷺言：『泇河屬夏鎮者有閘九座，屬中河者止藉草壩。分司官議於直口等處建閘，請舉行之。』詔從其議。

崇禎四年，總漕尚書楊一鵬浚泇河。九年，總河侍郎周鼎奏重浚泇河成。久之，鼎坐決河防遠戍，給事中沈胤培訟其修泇利運之功，得減論。

傳記

（嘉慶）《清一統志》卷三七《大名府》　李化龍，長垣人。萬歷初進士，累遷右僉都御史。巡撫遼東，時泰寧巴圖爾入寇，化龍與總兵官董一凡，伏兵破之，邊塞讋服。進兵部侍郎。播州楊應龍作亂，以化龍總督湖廣川貴，兼撫四川，發兵討平之。父喪服除，起爲工部侍郎，總理河道。奏開泇河二百六十里，以避黄河、吕梁之險，爲漕渠永利。

《明史》卷二二三《劉東星傳》　劉東星，字子明，沁水人。隆慶二年進士。【略】又明年，奉開泇河。泇界滕、嶧間，南通淮、海，引漕甚便。前總督翁大立首議開浚，後尚書朱衡、都御史傅希摯復言之。朝廷數遣官行視，迄無成畫。河臣舒應龍嘗鑿韓莊，工亦中輟。東星力任其役。初議費百二十萬，及工起，費止七萬，而渠已成十之三。會有疾，求去。屢旨慰留。卒官。後李化龍循其遺迹，與李三才共成之，漕永便焉。

紀事

《明史》卷二一《神宗二》　夏四月辛巳朔，日有食之。是月，浚泇河工成。

（嘉慶）《清一統志》卷一六五《兖州府》　自萬歷二十二年開浚泇河以避黄河水險，由是黄專合汴泗入運，不復達於淮。

（道光）《濟寧直隸州志》卷二之六《山川志》　隆慶三年，翁大立請開泇河，未果。

藝文

明 沈一貫《喙鳴詩文集·詩集》卷一三《浮泇河懷李于田中丞》　吕梁東岸有通津，太史河渠禹迹新。海若雍客朝甲子，支祈宛委伏庚辰。桂花明月近歸客，瓠子秋風憶美人。天上正憐河漢夕，孤槎疑寄斗牛隣。

明 祝世禄《環碧齋詩》卷三《過新泇河》　少府金錢歲未停，司空飛檄萬家丁。弁河直欲驕河伯，衡水真堪續水經。三户亞鱗司水簣，千艘銜尾接莎汀。誰從畚鍤收餘骨，峄草春來不忍青。

明 劉繼善《掩關集》卷上《泇河舟次》　返棹河非舊，開窗月再新。客愁寧我獨，旅泊更誰親。岸白蘆花影，林青山鬼燐。夜深猶不寐，霜雁戒寒頻。

明 謝肇淛《小草齋集》卷一《泇河行》　泇河南下三百里，两岸高山束杯水。水門重重閉不開，千竿雲檣行復止。汶河已斷淮流急，南北余皇過如織。水衡錢盡丁夫死，春水桃花不盈尺。君不見，魚臺南，泗亭上，白骨相撑膏草壤，河臣歲歲承恩賞。

又卷一五《室人歸至泇河病不果行》　一棹宿泇河，西風水乍波。知予游已倦，憐汝病偏多。涉世身爲患，安禪念即魔。徒令鹿門意，歲莫竟蹉跎。

又卷一五《宿泇河二首》　百里人烟斷，孤舟可奈何。饑民恒業少，畏路戒心多。殘月悲春雁，驚風起夜波。半生慵散性，渾未慣經過。

投宿無村落，三家野水濱。河崩迷故道，驛廢滯行人。警柝寒偏急，同舟晚自親。年年沉璧馬，極目轉傷神。

明 湯賓尹《睡庵稿·詩集》卷六《泇河舟中》　曾記春游處，雙肩盡力摩。如何船子路，轉似郭門窠。旬日蹶焉卧，萬人勞者歌。咽喉操國命，僅一勺之多。

萬古龍門峽，流黄辦灌輸。可堪欺歲事，欲一討天吴。宫保偷身後，金錢没淺夫。年來開塞狀，得似禹書無。

明 公鼐《浮來先生詩集·七言律詩》卷三《夜泊泇河》　舳艫鱗次集新河，桅上紅燈滉緑波。堤柳細分山色影，酒人都向月明歌。地當齊楚音聲雜，客到江湖感慨多。我欲乘流仍鼓枻，狂來不覺態婆娑。

明 陶奭齡《今是堂集》卷三《九日舟行泇河徐伯鷹洎賢昴姝相携登岸擇小阜而升之引領舒望有懷家弟錢祖因藉草坐徘徊良久小雨歸

飲頹然時伯鷹挾穉孫余女之子也孟萬年即彭澤外祖故末及之》 也當登高共舉觴，怪余何事獨悽傷。地難遠望平如掌，河亦鄉思曲似腸。顧見賢孫成一笑，且容老子暫疏狂。罇前欲墮龍山帽，好在淵明意不忘。

明 戴澳《杜曲集》卷一《九日泇河阻風》 昨日只愁風不轉，今日轉風愁忒大。帆欹船側檣欲摧，三老失色天晻靄。急呼三老且收帆，轉風須作逆風看。不妨艤船坐半日，風勢稍馴行自安。苦無菊花亦無酒，但有風光似重九。去年醉乘南高峰，今年嘯對泇河柳。他人善行我善住，終作順風順流去。多少揚帆趯飽風，正得意時俄失據。

明 何慶元《何長人集・虋社游草詩類上・泇河》 望望泇河水，迎流一櫂過。節宣調地脈，容與定風波。横議徒爲爾，前功轉見多。因人恢往迹，歲晚惜蹉跎。

明 陳仁錫《無夢園初集・海集》三《偶憶泇河善後紀事》 泇河幾百里，天下皆道斯。邳嶧煩供億，移郵設捕司。

清 彭孫貽《茗齋集》卷一五《泇河》 在昔神廟時，泇河首疏鑿。直從岡巒脊，穿出蛟龍齶。斧斤殫百工，神鬼互前却。顯皇親射牛，山靈效訓酢。帝刀驅丙丁，欝攸助燔灼。酒星流女醯，火烏木棉爝。從兹百里途，安流通略彴。舳艫千檣上，不苦河伯虐。歸帆下彭城，優游随魚樂。叩舷石子岡，纍纍尚盈壑。雲根爛不消，時露虎蹲躩。禹功迹豈殊，神后不可作。川塗長北望，慶陵雲漠漠。

清 余縉《大觀堂文集》卷四《泇河新月》 發牖見湖山，垂簾閲圖史。悠游一葉中，倏忽數千里。焚篆清幽襟，閒吟卷秋水。黄昏藉新月，摇漾滄波裏。

清 先著《勸影堂詞》卷下《揚州慢・送證山赴泇河兼懷子樹別駕》 水滿蒲荒，雨多麥爛，江村四月連陰。有故人重到，相對話愁身。聊復坐竹閒亭子，溼雲不散，飛墜鳴禽。能淹留，幾日扁舟，又送河津。戚城傲吏，想別來，懸榻凝塵。向簾閣攤書，毬場揲箭，意度深沉。天與因緣見面，高樓夜，兩度傾心。好江山近在，風前側耳佳音。

清 陳廷敬《午亭文編》卷七《泇河咏雪》 春寒不歸柳欲催，輕烟醮水如青苔。宿麥在隴色自好，農夫荷耒争黄埃。河水沄沄可灌溉，我欲手挽東流迴。惜哉老髦身無力，雲師風伯多見猜。龍公作意初試手，映空小雨行裵裏。土膏沾潤拜明惠，縱横忽訝紛瓊瑰。資清以化本天德，夾鐘之律猶飛灰。表賀瑞雪吾豈敢，詩咏豐年亦快哉。

又卷一九《雨泊泇河二首》 紅濕牕花逐幔浮，翠低隴麥映波流。蘭旌桂櫂終難似，從此舟名喜雨舟。

好風好雨送遥津，同是敲冰嚼雪人。酹取清波當桂醑，敢將牛酒瀆龍神。

清 佚名《泇河帆影》（康熙）《邳州志》卷九 汶泇會合應星文，國計全資運道分。面萬儲稍趨上□，十年樓櫓駐斜曛。簫聲動地喧如沸，帆影侵宵亂烟雲。自是太平佳麗地，轟闐景物耀河濆。

清 劉大櫆《海峰詩集・古體詩二・述舊三十六韻送張閑中之任泇河》 昔在康熙中，其歲維辛丑。與君俱少年，意氣于牛斗。游從偶然合，傾蓋期白首。譬彼巨鐘懸，而以寸筳叩。君家兄弟賢，東臨尤我厚。同時諸俊流，心傾葉君酉。方姚二三子，來往争先後。我時寓勺園，方廣纔盈畝。垂楊何毿毿，池水清且瀏。水中十丈花，嘉名目以藕。官梅白過雪，海棠顔勝婦。帷張四角燈，夜筵坐鹿韭。春深鳥雀喧，緑陰周户牖。諸子時過從，同聲肆鯨吼。壯心吞濤江，起衰竊自負。千秋與萬歲，盛事圖不朽。嘉會詎可常，秋風散蒲柳。葉君早治行，千里峙糧糗。君未判泇河，三年滯淮右。君兄及君弟，從宦七閩久。惟餘方與姚，尚能繫其拇。我復迫饑寒，衣食於奔走。顛倒跋胡狼，愁恨喪家狗。去年過淮上，倉皇一執手。别懷何多端，未得即開口。爲君立斯須，舟人苦饜輒。豈知燕市中，相逢唱于喁。葉君時在坐，殷勤接杯酒。追思曩昔遊，十猶記八九。兒戲多可笑，面赤增愧忸。帥師待長子，善補終無咎。君筮得師之坎。方今聖天子，大化彌九有。君家受國恩，世世賜圭卣。泇河一分司，富貴何足苟。君苐竭忠藎，會見龜壓紐。獨憶故園花，一觴能對否？

清 斌良《抱冲齋詩集》卷九《泇河口見策蹇十數呼船争渡戲題》 蠢爾如何逐隊行，踏波銜轡舞跳踉。莫嗔三紙無驢字，博士於今署券忙。

清 沈兆澐《織簾書屋詩鈔》卷一二《泇河阻淺》 曆年泇河水，

無若今夏淺。泛舟泇河時，無若今夏晚，時晚行思疾，水淺行愈緩。清泉涓滴增，薰風升斗減。兼旬百里程，牐閉頻中斷。永日卸帆輕，細流移櫂短。挹注幾經營，出徐甫入兖。更聞汶水微，莫由良籌展。世盛陰陽和，胡爲久旱暵。泰山雨崇朝，默祈天心轉。

清 華長卿《梅莊詩鈔》卷一五《泇河》　世味飽嘗慣，飛鴻受網羅。文章知遇少，骨肉别離多。心迹甘雌伏，身宫耐蠍磨。舟行奇夢醒，雷雨渡泇河。

雜録

明 沈德符《萬曆野獲編》卷一二《泇河膠萊河》　泇河初議費數百萬，先朝往勘者及身當其事者，皆謂斷不可開，屢議屢止。至潘印川季馴司空始以挑河餘力，尋葛墟嶺故道，尚未暇浚治，而舒中陽應龍稍從韓莊疏鑿之。繼之者如楊后山一魁、褚愛所鐵諸公，俱相度經營，漸有次第。至劉晋川東星在事，則功已將半矣。迨李霖寰化龍從平播起任河事，遂決計專治泇河，初尚淺淤艱阻，今遂成康衢。避淮黄三百里之險，而所費不及先朝所估十分之二，眞不世功也。因思膠萊河亦必可開。往年江陵當國，用劉白川應節、徐鳳竹栻二人謀，鋭欲圖之。以劉爲南司空主之，徐則以少司空奉敕專領其事。時李敏肅世達撫東省，亦主其説，勸江陵亟成之。既而東省仕紳苦于徵發，群起譁之，即江陵亦不能違。改二人他用，役亦中罷。其膠河之中梗者，僅百餘里，沙石磽确，畚鍤良難，要之不過如泇河之葛墟止矣。今國計方絀，或難興此大役，妄意水道所不接處，南北各設一城以爲發運收運之區，中道再築一城爲運夫憩頓之所，三城各以州邑衛所佐貳守之。度起車至入舟，僅三數日，可尅期搬運，而總以一户部郎專管，如隋、唐洛口、河陰及本朝臨、德二倉事例。其道近費省，似亦策之次者。余曾間語言路諸公，頗亦首肯，終未有抗疏及之者。蓋慮始之難久矣！

泇河之成，工部郎梅春宇守相功最多，僅得加四品服俸，尋積資升副使去，竟未有以酬其勞云。

又《泇河之成》　李少保化龍浚泇河通漕，甫一年而以憂歸，代總督者，曹時聘也。曹素無素絲之譽，適南陽堤稍壞，曹遂思大興工作，因以爲利，謂泇不足恃，而河且爲大害，請發帑金六十萬，留漕糧四十萬，以遏大河之決。工科給事宋一韓從而和之，謂河不勝徙，安可勝避？且云河潰昭陽，害及祖陵，治河諸臣擇輕避重，圖易辭難。蓋暗攻少保以佐新督興工之議。李不勝憤，從憂中上書，謂：『臣非棄黄而事泇，勢不得已也。泇以二百六十里之安流，代三百六十里之險道，八千運艘不兩月過盡，謂非百年永利耶？向非臣丁憂，則一年開泇，一年挽黄矣。臣以時勢艱窘，圖爲國家省費，故泇之成早，臣得以二十萬成前估三百萬之工，黄河之成遲，故臣不得以數萬成今估八十萬之役。臣誠無所逃罪。』蓋明指新河臣溪壑其中，且六十萬後又請二十萬也。旨下，姑調停之，命催新工而已。大功不賞，而媢妬之輩彈射已及之，眞令人解體。

丙午之八月，曹時聘又上疏，極稱舊河臣李化龍開泇之功，且云：『自臣接管改挑後，三十三年及今年，糧艘盡數渡泇，則泇之可賴昭昭耳目。』仍列善後事宜以請。蓋借以完興工之局，而八十萬之帑金、四十萬之漕糧，俱銷歸無存矣。工科既不駁，上亦允其言，不復詰。

《明史》卷四一《地理二》　嶧府東南。元嶧州，屬益都路。洪武二年降爲縣，屬濟寧府，後來屬。東南有柱子山，舊名葛嶧山，丞水流其下。又北有君山，一名抱犢山，西泇水所出，東南流至三合村，有東泇河自沂水來會焉。

（嘉慶）《清一統志》卷一六五《兖州府》　青檀山，在嶧縣西七里，上多青檀。山巔有流泉，經縣南會丞水入泇河。宋岳飛嘗留題巖壁。

清 福趾《户部漕運全書》卷四〇《泇河考》　泇河者，明河臣李化龍所開，以避黄利運者也。以東、西兩泇水得名。東泇發源費縣箕山，經沂州卞莊而南。西泇出嶧縣抱犢山，東南流至三合村，與東泇合。又南合武河，至邳州入泗，謂之泇口。

明初運道經徐州、吕梁二洪，懸流水險。隆慶初，都御史翁大立屢請開泇，自馬家橋至邳州，以避二洪之險，因經費難籌而止。萬曆二十一年，汶、泗泛濫，堤潰運阻，挑韓莊中心溝通彭河水道以入黄，而泇口始闢。其後二十五年，河決黄移，二洪告涸，乃令河臣劉東星尋韓莊故道，鑿良城侯遷閘，及挑萬莊由黄泥灣至宿遷董家口，而泇脉始通。至三十年，河決沛縣，由昭陽湖穿夏鎮横衝運道。總河李化龍乃復請開泇行運，自夏鎮迄於董口，綿亘二百六十里，以避黄河三百六十里之險。改李家港以避河淤，開王市、田家口以遠湖險，中鑿都山以展河渠，建韓莊、候遷、頓莊、丁廟、萬年、德勝、張莊等八閘，以節宣水利。漕臣楊一鵬復行修改，避灣取直，糧艘遄行尤爲便捷。河臣曹時聘大加展拓，建壩遏沙，修堤度綍，而迦爲坦途矣。國朝乾隆二十三年，於湖口閘迤北建滚水石壩，水大則漫壩宣洩，水小則收蓄濟運，漕運、民田均資利賴。

賈魯河

論説

清 靳輔《論賈魯治河》《清經世文編》卷九六　昔賈魯治河，用沈舟之法，人皆稱之。明萬歷間，僉事俞汝爲奏議，以爲塞決簡便之用無如此者。臣竊嘗疑之。夫河底淺深坦陷不一，惟草柳性柔，一經壓擠，則周遭充滿，故塞決必用埽。今以至平之舟底，而沈之深淺坦陷不一之湍流，則埽根透溜之患，必有不俟終日而見者。若沈舟之後，仍用埽工繼之，則所費不貲，何如專用埽之便而省？然以魯之才，其成功如是，必非孟浪姑試之人。因於《至正河防記》沈思尋繹者累日，恍然知魯之沈舟，蓋以代壩而逼水，非以塞決而合龍也。蓋彼時故河業已通流，但決河勢大，水流多於故河十之八，又適當秋漲，洄漩湍急，埽不能下，又其上逼水三堤短弱而勢不支，恐埽行一遲，水盡湧決，決則故河復淤，前功盡墮，因急沈舟爲壩以逼之，所謂搶救也。故前則曰，魯乃精思障水入故河之方；後則曰，船堤之後，草埽三道并舉。此并舉之三道，乃加築前短弱之三堤也。迨至船埽四堤并就，河勢南流，然後塞決耳。不然，魯於九月七日沈舟，而龍口之合，何以直至十一月十一日邪？

雖然，臣以魯於是役也，有三忌焉。魯自受命以及回朝，僅逾半載，昏曉百刻，役夫分番，無少間斷，不恤民力，一也。築堤塞決，正值伏秋，用功於河流暴漲之候，不審天時，二也。廢農冒暑，聚十數萬軍民於一路，不念國家隱憂，三也。蓋魯惟上恃其君相之信任，下恃其强敏果敢之才氣，力排群議，犯三忌以成功。蓋以治河則有餘，以之體國則不足。《元史》因『石人一眼』之事，竟坐以亡元之罪，則過矣。夫『石人一眼』之謠，是亦大澤中篝火狐鳴之類，殆韓山童、李芝麻等所爲耳。然則元之亡即不因魯，毋乃火將然而投之燧邪？

清 張伯行《居濟一得》卷七《曹州賈魯河》　此河自桃園集入州境，迤東九十八里，折北而至閻什口出州境，共長一百八十里。州東南二方之水，俱入此河。自元季爲分洩黄河之别渠，及塞黄陵岡決口，河歸故道，而賈魯隨成廢河。前經紳衿耆庶會議，止將久淤河心挑掘一溝，自通淍集至黄家口，共計三十二里，便可承受夏秋雨漲之水，順流而下，不至淹没田禾。按：河兩旁地土有主者，令其照河身自挑，無主者，官捐募夫，亦易爲力。其餘新挑河天家河等處，俱照此插工。但通淍等處，與東明縣壤地相連，工小費省，令彼處業户，協力疏通。而賈魯河天家河新挑河等處，皆入濮州境内，應一體開浚，歸入張秋運河。其清浪集與鉅野縣之龍堌集、田家橋相接，亦應齊力開導，彼此無妨。再按：賈魯河形勢曲折，時盈時涸，決其淤塞，一往無阻，即水達運河，并無有礙。

清 康基田《河渠紀聞》卷七　元順帝至正十六年河決鄭州河陰縣，官署民居盡廢，遂成中流。旋築塞之，命賈魯疏治。合河京水雙橋之水以通漕，起鄭州至朱仙鎮，亦名賈魯河。

按：河陰居鄭州之西，河之上流。河陰瀕河立治，漲水衝刷南岸，縣治民居遂成中流。然内地土高漲落水自歸槽，賈魯河固無恙也。而别引内河之水以通潁，亦名賈魯河者，不與黄通也。《目游四海記》云：鄭州北有賈魯河，自滎澤縣東流入中牟，其源有三：西源自密之聖水峪，中源自滎陽之煖泉、冰泉，東源自州之九仙廟。合於張村，名曰合河。至京水鎮，曰京水河。北受須、索二水，曰雙橋河。賈魯引諸水以通潁、蔡、許、汝之漕，起鄭州，由朱仙鎮下達此，不通於黄者也。黄陵岡賈魯河故道，經曹縣梁進口下通歸德丁家道口，由徐入淮，此賈魯治河之道也。明時故道已淤，而徐恪議疏梁進以北八十里未通之河。自嘉靖以前猶爲運道，萬歷中，楊應文議開趙渠，仍循自商虞下徐之道，則賈魯河雖湮而不湮也。今大河已歸故道，而朱仙鎮由周家口下注之河，商賈通行。賈魯之治功，與河并存矣。

又 卷八 是年三月，浚祥符縣賈魯河故道。

按：此疏復賈魯河入徐州小浮橋故道也。洪武時，河決原武。賈魯河故道久淤，既決開封，又決温縣。至是，復大決開封，壞城二百餘丈，民被患者四千餘户，没田七千五百餘頃。命張信往視，信言祥符縣魚王口至中灤下二十餘里，有舊黄河岸，宜浚之以殺水勢。

時尚書宋禮、侍郎金純方開會通河，發民夫十萬，命興安伯徐亨、侍郎蔣廷瓚偕純相治，令禮總其役，引河自開封北入徐州小浮橋故道分流，由封邱金龍口下魚臺塌場，濟運漕事以定。於是運必借黄，欲通運不得不先治黄也。數十年來，河流横出東南，由壽入淮，時復南決入渦水，聚於開封數百里閒。張信疏暴流入於汴渠，以分殺其勢，而復二十年久淹之故道，通金龍濟運之渠，一舉兩利，近時僅見。是時以由壽州入淮之水爲正河，故張信言，今河即沙河決堰通入陳州之大河也，疏故道入徐，即碭、蕭入徐之支流，王暹謂之小黄河也。

古汴渠之道出滎川而東，歷祥符、商邱至徐州合泗水南下，嘗改流由符離入泗。北宋轉漕於此，嗣改流之道堙，古渠故道復通，戴金謂河入淮之道自開封經葛岡小壩入丁家道口，至小浮橋是也。賈魯河始自白茅入丁家道口至小浮橋，行汴渠故道。河成後四十七年，堙於黑羊山之決。又歷二十餘年，至是始浚，復與會通河合，分流入運。其經流仍由壽州入淮，以爲正河，固不塞也。引河入漕之道有三，小浮橋、魚臺、陽穀各爲一道。宋禮疏河，經濮州東北入漕，金純開塌場，由魚臺入漕，皆用以濟淺，而會於徐之小浮橋。其由丁家道口浚河至徐州，經二洪入淮者，汴渠之正道也。其後，張秋之役，劉忠宣以出孫家渡者爲經流，即由壽州入淮之故道，由梁靖口南出曹縣至徐者爲汴河，即黄克纘謂開賈魯河由古汴渠下徐之支流張信所疏以濟運者。自是大河以南，水患稍息矣。

又 卷九 明武宗正德五年九月，河自儀封北徙入賈魯河，泛濫横流，直抵豐沛，命侍郎崔巖治之。

按：史稱黄河初自原武、滎陽分爲三，其一自亳州鳳陽通淮入海，其一自歸德過丁家道口抵徐州小浮橋，其一名賈魯河，自窪泥河過黄陵岡，亦抵小浮橋。宏治中，河決黄陵岡，犯安平，大名築堤五十里，曹州築堤百三十里，翼以小堤，患始息。至是復北徙。議者言：河勢趨北，堤外水高，堤内地下，倘北決，龍王廟壞，安平鎮必爲運河害。法當先治上流，儀封、考城等縣，疏浚故道，引河南流，勢有所分。然後，築塞決口，修復故堤，而是時河南上流開祥符董盆口，及寧陵五里鋪，引水由鳳陽達亳州，浚孫家渡故道，引水由朱仙鎮入淮，以殺水勢，而水不能分，疏賈魯河，通運道，而水不能至。堵築梁靖諸漫口，功未就而驟雨潰堤。侍郎李鐣請築堤，自大名府地三春柳，至沛縣飛雲橋長三百十里，以防河北徙。功未就而改築河，事至此眞無策矣。

又 卷一八 是年，河督田文鏡奏疏賈魯河淤沙，以洩坡水。

按：豫省所屬之賈魯河，洩西南一帶數百里坡水，關係至要。自雍正元年，楊橋地方河堤漫溢，賈魯河被沙淤塞，每至大雨時行，民田多遭水浸。先於雍正三年，廣撫楊文乾傳奉諭旨，飭行挑挖。至是查明覆奏疏稱：檢閱舊案，細察賈魯河形勢，自鄭州屬之滎陽縣起，至陳州屬之沈邱縣，計十一州縣，紆回不下千里。其間深淺寬窄不一，當康熙四十五年開挖之時，計費二十餘萬兩，至兩年，方竣工。兩岸浮沙鬆土，風振雨淋，隨至淤淺，費多益少。查有中牟縣屬之天麻堡至孔家莊，地勢低窪，雨多即至淹没，復環繞城邑，一時難以就涸。亟宜疏浚河身長四千七百餘丈，添開新河八百九十餘丈，共挖開五千一百餘丈，直達祥符縣屬原無阻碍之河。河成後，再有淤淺，士民情愿照畝分浚，不致壅塞。計所費不及從前二十分之一，而使水有所歸，民安其利。此豫中第一洩水之道，擇要開疏，水得下洩，亦可補救一時也。

又 卷二九 是年五月，江督薩載奏覆豫省蘭陽三堡築堤開河，不經由賈魯河，安省亳蒙境内無庸籌辦。

按：自時和驛十六等堡，屢經殃失，分流入賈魯河，歸渦河入淮。安省受患已久，尚不知蘭陽三堡在儀汛下流也。奉上諭，譚尚忠奏親查賈魯河、渦河情形預籌妥辦一摺，此事現據阿桂等奏明，於蘭陽三堡堤内開渠築長堤，引河由商邱七堡歸正河，曲家樓漫口不堵自合，已降旨依議妥辦。賈魯河、渦河一帶，黄水并不經由，自可無庸辦理。傳諭譚尚忠，使閭閻安堵無事，方爲妥善。將此并諭李奉翰、韓鑅、富勒渾等，一體留心慎重，毋得稍涉張皇，并阿桂、薩載等知之。欽遵。覆稱豫工改由蘭陽三堡開渠築堤引溜，由商邱七堡歸正河入海，賈魯河、渦河在蘭陽迤南百有餘里黄水不經之地，安省蒙亳境内自無庸備辦，前已札會。據稱看過各河回皖密札所屬，不使張皇民情，照常安堵，并當欽遵諭旨，一體留心慎重，以安民集事。凡舉大事，當更動之始，必以静鎮爲上。静鎮而民安，然後可徐理其緒，不動聲色，漸底安全。未有不持重而能理大事者也。

清　朱雲錦《賈魯河説》《清經世文编》卷一一五　賈魯河，汴河之南支也。汴本作汳，即浚儀渠，又名莨蕩渠。源出滎陽大周山下，受西南諸山溪京、須、索、鄭之水，東流至中牟縣北，與沙水同流，東至浚儀即祥符。而分，南注一支爲沙，東注一支爲汴。

漢平帝時，黄河南奔衝汴。明帝永平中，命王景修汴堤渠，自滎陽東分疏河、汴二水，令黄河東北流入海，汴河東南流入泗。隋大業元年，開通濟渠，自板渚在滎澤。引河，歷滎澤入汴，又自大梁之東，引汴入泗，達於淮。渠廣四十步，渠旁皆築御道，樹以柳，名曰隋堤，又曰汴堤。宋定都汴梁，引汴水穿城中，有上水門、下水門，歲漕江、淮、浙、湖之粟六百萬石達京師。常至決溢，設官司之。至元時至元二十七年，黄河決，始淤塞東流一支。

今止存南注一支，以曾經元臣賈魯疏浚，故又名賈魯河，又名小黄河。仍上受京、須、索、鄭諸水，經朱仙鎮、距省東南四十五里。王家潭，至扶溝東北，受雙洎河水，以溱、洧合流得名。又東南入西華境，城西東北三面，又東南經李方口西，又東南合潁、汝二河，入商水境，經周家口，又東受清水及柳莊河水爲白馬溝，其南爲潁岐口。沙水東流，潁水東南流，經南頓鎮，又東南經項城，北受濦水、汾水，又東入沈邱境，至潁州，復與沙合。沙東經槐坊店，折而東南，受枯河水，又東經紙店界首集，入江南太和縣，東由潁州，北合注於淮。

按隋自板渚引河入汴，河濁汴清，且汴流頗微，安能勝河之濁？如今洪湖水弱，亦有借黄濟運之時，然河身因是更形高仰，是其明驗。宋仍汴渠，不聞引河之説，則在隋時河、汴暫通，必未久即行隔絶，特未審何時耳。

又按宋都汴時，開四渠通漕：曰汴水；曰蔡水，即惠民河；曰五丈河，即廣濟河；曰金水河。汴以通江、淮、浙、湖之運，惠民至歸德、鹿邑以通東方之運，五丈、金水通曹、鄆諸州之運及西北商旅。因黄流數徙決，今皆湮，惟汴河僅存東南支流，藉通江淮舟楫。然近來源弱流微，故朱仙向爲商販輻輳之區，今亦大減於昔云。

清　曾國藩《曾文正公書札》卷三〇《復劉省三軍門》　防守賈魯河之策，尊意以爲難辦。一則周口至朱仙鎮三百里，朱仙鎮至黄河尚有百里，工程浩大；一則東守運河，西守沙河及賈魯河，兵分力單。所議誠爲切實。鄙意工程一層，開賈魯河本出商民之意，上年估價四萬金，鹽商願捐二萬，藩庫吝此二萬，故未辦成。聞僅六十里難開，餘皆易辦。朱仙鎮至黄河太遠，改由中牟至黄河，僅三十里，濠工尚不甚難。兵力一層，西守賈魯、沙河，東守運河，佔兵誠屬太多。若賊已全竄西南，則移守運之兵合守賈魯、沙河，亦正與去冬尊策相合。僕所酌改者，在周家口以上，沙河無止境，賈魯則以黄河爲止境。至於遏賊於沙河以西，與遏賊於沙河以東，擇善而從，僕斷不執成見也。

又《曾文正公奏稿》卷三〇《防守沙河賈魯河片同治五年六月十四日**》**　再，臣於四月初，先擬挑浚賈魯河，置船設防，專函商諸東河督臣張之萬，旋準覆稱，賈魯河沙淤已久，萬難興挑，詢之河南紳士，言亦相同。沙河上下千餘里，地段太長，防此兩河，本係極難之事，惟念臣處馬隊，不敵賊騎，戰事既無把握，不能不兼籌守事。且防河之舉辦成，則有大利，不成亦無大害，是以仍就前議，竭力興辦。劉銘傳首畫此策，即令其與潘鼎新、張樹珊會防，力任其難，扼守朱仙鎮以下四百里。其自朱仙鎮以上，必須專資河南兵力，撫臣李鶴年現已移駐許州，豫兵已赴西路追剿。臣趕辦河防，咨商李鶴年，請其暫駐省城，調回各軍，先圖近守，不必遠剿。

查自朱仙鎮以北，至河南省城四十里，又自省城以北至黄河南岸三十里，以豫省各軍全力守此七十里，似乎頓兵不進，難免外間浮議。然此七十里者，全係沙地，開挖深濠，猶恐旋開旋壅，汛地雖少，防禦甚難。但使扼防得力，將來可與追剿之兵同一論功請獎。本年三月，山東兩軍先在曹州迎剿，均經失利，後在運河扼防，均稱得力。臣曾奏請獎敘，蒙恩允許。

河南兵不甚多，即可仿照山東辦理，不貪馳剿之虚名，或收制賊之實效。臣於軍事辦未就緒者，向不輕於具奏，因臣主聚兵防河之説，恐使李鶴年蒙頓兵不進之譏，不得不預先奏明。可否請旨飭李鶴年暫駐汴梁，調齊各兵，先辦朱仙鎮以北防務。設兩河防務不能辦成，或有損於大局，臣願獨當其咎，不與李鶴年相干。除由臣詳細函商外，理合據實附陳，伏乞皇太后、皇上聖鑒訓示。謹奏。

清 李鶴年《挑挖賈魯河一律深通疏光緒八年**》**《清經世文續編》卷九九

竊查豫省賈魯河，發源滎陽以西，歷滎澤、鄭州，滙京、索、須諸水，經由朱仙鎮、周家口下達於淮。從前舟楫暢行，朱仙鎮百貨雲集，合省商民藉資周轉。自道光年間，兩次河決，河淤泉塞，船路不通，以致商民交困，迭經奉旨挑浚改挖，用帑銀數十萬兩。其時浮沙高積，旋挑旋淤，迄未得有成效。及至南北軍興，此項工程遂難兼顧。

同治七年，豫東肅清臣帶兵回省，疏消城内積水，歸入城外惠濟河，通流下注，亦思試行畚鍤，爲賈魯河計。顧念工程浩大，籌畫尚無把握，臣亦蒙恩擢任閩浙總督去豫，因以此事屬之後任。同治十二年，撫臣錢鼎銘實力興修，費銀亦數萬兩。工竣之後，仍漸淤淺。

臣上年復莅巡撫任，於農隙之時，親歷上下游履勘該河形勢，自中牟李牧岡至祥符之徐寨三十餘里中，沙淺層迭，各一二三里不等，自徐寨，河勢南灣折穿朱寨，直至張市，亦逐段皆有淤塞，舟行阻礙。職是之故，詢訪居民，僉稱：通河淤塞，固由沙性，亦因徐寨河身坐灣，動多潰溢，下游决，則上游愈淺，非特行舟不能入鎮，并致尉氏、扶溝、西華等縣時遭淹浸。若於鎮西八里之王堂改挖新河，達鎮西門，循舊河身入鎮，令河南行，北面舊有沙岡藉作堤防，保護尉、扶等境田疇，尤臻利益等語。并據紳士等稟陳相同。

臣回省後，與司道等熟商，深慮僱夫費繁，因思前任河督時黑堽搶險調用兵勇甚資得力，當檄管帶豫鋭勇營提督蔣東才馳往勘辦，暫由糧臺借撥款項，製備修河器具、勇丁賞犒。該提督頗能實心任事，督飭弁勇，晝夜力作，本年二月間開工，至七月工竣，上下游一律深通。現在河水暢流，舟行無礙，檣帆絡繹，鎮市糧貨，漸復充牣，實於商賈農民皆有裨益。

據該提督蔣東才具報完工，并由藩司覺羅成孚、臬司豫山總理糧臺候補道黄振河驗收，稟報前來。臣查前此河道暢行之時，水運便利，米糧易致，民間多有蓄儲，雖亦曾經旱灾，未若三、四兩年流離之甚。臣目擊灾荒，立意勉圖修復，顧當創議之始，實未敢料其必成。仰賴朝廷洪福，不數月間，即著成效，亦臣初願所不及。倘自此再無變患，不致湮塞，地方氣象，當日有起色，甚足上慰聖主軫念民依之至意。

該提督蔣東才辦事勇往，精細耐勞，合無仰懇天恩，賞加獎叙，以示鼓勵，臣未敢擅擬。至所借糧臺款項，僅止數千兩，應由臣設法歸補，不敢動作庫款，應請免其造報。除咨部查考并將本盡事宜暨歲修章程悉心籌辦外，所有挑挖賈魯河現在一律通暢緣由，理合繕摺具陳。

綜述

明 潘季馴《河防一覽》卷六《賈魯河記》 元至正九年冬，脱脱既復爲丞相，慨然有志於事功。論及河決，即言于帝，請躬任其事。帝嘉納之，乃命集群臣議廷中，而言人人殊，唯都漕運使賈魯昌言必當治。

先是，魯嘗爲山東道奉使宣撫首領官，循行被水郡邑，具得修擇成策，後又爲都水使者奉旨詣河上相視，驗狀爲圖，以二策進獻。一議修築北堤，以制横潰，其用功省；一議疏塞并舉，挽河使東行，以復故道，其功費甚大。及是，復以一策對。脱脱韙其發策，於是遣工部尚書成遵與大司農禿魯行視河，議其疏塞之方以聞。遵等自濟、濮、汴梁、大名行數千里，掘井以量地之高下，測岸以究水之淺深，博采輿論，以謂河之故道斷不可復，且曰：『山東連歉，民不聊生，若聚二十萬衆於此地，恐他日之憂，又有重於河患者。』時脱脱先入魯言，及聞遵等議，怒曰：『汝謂民將反邪？』自辰至酉，論辨終莫能入。明日，執政謂遵曰：『修河之役，丞相意已定，且有人任其責。公勿多言，幸爲兩可之議。』遵曰：『腕可斷，議不可易。』遂出遵河間鹽運使。議定，乃薦魯于帝，大稱旨。

十一年四月初四日，下詔中外，命魯以工部尚書爲總治河防使，進秩二品，授以銀印。發汴梁、大名十有三路民十有萬人，廬州等戍十有八翼軍二萬人供役，一切從事，大小軍民，咸稟節度，便益興繕。是月二十三日鳩工，七月疏鑿成，八月决水故河，九月舟楫通行，十一月水土工畢，諸埽堤成，河乃復故道，南匯于淮，又東入於海。帝遣貴臣報祭河伯，召魯還京師論功，超拜榮祿大夫、集賢大學士。其宣力諸臣遷賞有差，賜丞相脱脱世襲荅剌罕之號。特命翰林學士承旨歐陽玄製河平碑文，以旌勞績。玄既爲河平之碑，又自以爲，司馬遷、班固記河渠溝洫，僅載治水之道，不言其方，使後世任斯事者無所考則，乃從魯訪問方略，及詢過客，質吏牘，作《至正河防記》，欲使來世罹河患者按而求之。其言曰：

治河一也，有疏，有浚，有塞，三者異焉。釃河之流，因而導之，謂之疏。去河之淤，因而深之，謂之浚。抑河之暴，因而扼之，謂之塞。疏、浚之別有四，曰生地，曰故道，曰河身，曰減水河。生地有直有紆，因直而鑿之，可就故道。故道有高有卑，高者平之以趨卑，高卑相就，則高不壅，卑不瀦，慮夫壅生潰、瀦生堙也。河身者，水雖通行，身有廣狹。狹難受水，水溢悍，故狹者以計闢之；廣難爲岸，岸善崩，故廣者以計禦之。減水河者，水放曠則以制其狂，水隳突則以殺其怒。

治堤一也，有刱築、修築、補築之名，有治水堤，有截河堤，有護岸堤，有縷水堤，有石船堤。

治埽一也，有岸埽、水埽，有龍尾、攔頭、馬頭等埽。其爲埽臺及推卷牽制薶掛之法，有用土、用石、用鐵、用草、用木、用杙、用絙之方。

塞河一也，有缺口，有豁口，有龍口。缺口者，已成川。豁口者，舊常爲水所豁，水退則口下於堤，水漲則溢出於口。龍口者，水之所會，自新河入故道之界也。

此外不能悉書，因其用功之次第，而就述于其下焉。

其浚故道，深廣不等，通長二百八十里百五十四步而强。功始自白茅，長百八十里。繼自黄陵岡至南白茅，闢生地十里。口初受，廣百八十步，深二丈有二尺，以下停廣百步，高下不等，相折深二丈及泉。曰停、曰折者，用古筭法，因此推彼，知其勢之低昂，相準折而取匀停也。南白茅至劉莊村，接入故道十里，通折墾廣八十步，深九尺。劉莊至專固，百有二里二百八十步，通折停廣六十步，深五尺。專固至黄固，墾生地八里，面廣百步，底廣九十步，高下相折，深丈有五尺。黄固至哈只口，長五十一里八十步，相折停廣墾六十步，深五尺。乃浚凹里減水河，通長九十八里百五十四步。凹里減水河口生地，長三里四十步，面廣六十步，底廣四十步，深一丈四尺。自凹里生地以下舊河身至張贇店，長八十二里五十四步。上三十六里，墾廣二十步，深五尺；中三十五里，墾廣二十八步，深五尺；下十里二百四十步，墾廣二十六步，深五尺。張贇店至楊青村，接入故道，墾生地十有三里六十步，面廣六十步，底廣四十步，深一丈四尺。

其塞專固缺口，修堤三重，并補築凹里減水河南岸豁口，通長二十里三百十有七步。其刱築河口前第一重西堤，南北長三百三十步，面廣二十五步，底廣三十三步，樹置樁橛，實以土牛、草葦、雜稍相兼，高丈有三尺。堤前置龍尾大埽。言龍尾者，伐大樹連稍繫之堤旁，隨水上下，以破囓岸浪者也。築第二重正堤，并補兩端舊堤，通長十有一里三百步。缺口正堤長四里。兩堤相接舊堤，置樁堵閉河身，長百四十五步，用土牛、葦草、稍土相兼修築，底廣三十步，修高二丈。其岸上土工修築者，長三里二百十有五步有奇，廣不等，通高一丈五尺。補築舊堤者，長七里三百步，表裏培薄七步，增卑六尺，計高一丈。築第三重東後堤，并接修舊堤，高廣不等，通長八里。補築凹里減水河南岸豁口四處，置樁木、草土相兼，長四十七步。

於是堤塞黄陵全河，水中及岸上修堤長三十六里百三十八步。其修大堤刺水者二，長十有四里七十步。其西復作大堤刺水者一，長十有二里百三十步。內刱築岸上土堤，西北起李八宅西堤，東南至舊河岸，長十里百五十步，顛廣四步，趾廣三之，高丈有五尺。仍築舊河岸至入水堤，長四百三十步，趾廣三十步，顛殺其六之一，接修入水。

兩岸埽堤并行。作西埽者夏人水工，徵自靈武；作東埽者漢人水工，徵自近畿。其法以竹絡實以小石，每埽不等，以蒲葦綿腰索徑寸許者從鋪，廣可一二十步，長可二三十步。又以曳埽索綯徑三寸或四寸、長二百餘尺者衡鋪之。相間復以竹葦麻檾大繂長三百尺者爲管心索，就繫綿腰索之端於其上，以草數千束，多至萬餘，匀布厚鋪於綿腰索之上，稿而納之，丁夫數千，以足踏實。推卷稍高，即以水工二人立其上，而與衆合聲力舉，用小大推梯，推卷成埽，高下長短不等，大者高二丈，小者不下丈餘。又用大索或五爲腰索，健丁操管心索，順埽以立踏，或掛之臺中鐵猫大橛之上，以漸縋之下水。埽後掘地爲渠，陷管心索渠中，以散草厚覆，築之以土，覆其上復以土牛、雜草、小埽稍土，多寡厚薄，先後隨宜。修疊爲埽臺，務使牽制上下，縝密堅壯，互爲犄角，埽不動搖。日力不足，夜以繼之。積累既畢，復施前法，卷埽以壓先下之埽，量水淺深，制埽厚薄，疊之多至四埽而止。兩埽之間置竹絡，或三丈，圍四丈五尺，實以小石、土牛。既滿，繫之竹纜，其兩旁并埽，密下大樁，就以竹絡上大竹腰索繫於樁上。東西兩埽及其中竹絡之上，以草土等物築爲埽臺，約長五十步或百步，再下埽，即以竹索或麻索長八百尺或五百尺者一二，雜厠其餘管心索之間，候埽入水之後，其餘管心索如前薶掛，隨以管心長索，遠置五七十步之外，或鐵猫，或大樁，曳而繫之，通管束累日所下之埽，再以草土等物通修成堤，又以龍尾大埽密掛於護堤大樁，分析水勢。其堤長二百七十步，北廣四十二步，中廣五十五步，南廣四十二步，自顛至趾，通高三丈八尺。

其截河大堤，高廣不等，長十有九里百七十七步。其在黄陵北岸者，長十里四十一步。築岸上土堤，西北起東西故堤，東南至河口，長七里九十七步，顛廣六步，趾倍之而强二步，高丈有五尺，接修入水。施土牛、小埽稍草雜土，多寡厚薄隨宜修疊，及下竹絡，安大樁，繫龍尾埽，如前兩堤法。唯修疊埽臺，增用白闌小石。并埽上及前游修埽堤一，長百餘步，直抵龍口。稍北，攔頭三埽并行，埽大堤廣與刺水二堤不同，通前列四埽，間以竹絡，成一大堤，長二百八十步，北廣百一十步，其顛至水面高丈有五尺，水面至澤腹高二丈五尺，通高三丈五尺，中流廣八十步，其顛至水面高丈有五尺，水面至澤腹高五丈五尺，通高七丈。并剏築縷水横堤一，東起北截河大堤，西抵西刺水大堤。又一堤東起中刺水大堤，西抵西刺水大堤，通長二里四十二步，亦顛廣四步，趾三之，高丈有二尺。修黄陵南岸，長九里百六十步，内剏岸土堤，東北起新補白茅故堤，西南至舊河口，高廣不等，長八里二百五十步。

乃入水作石船大堤，蓋由是秋八月二十九日乙巳道故河流，先所修北岸西中刺水及截河三堤猶短，約水尚少，力未足恃。決河勢大，南北廣四百餘步，中流深三丈餘，益以秋漲，水多故河十之八。兩河争流，近故河口，水刷岸北行，洄漩湍激，難以下埽。且埽行或遲，恐水盡湧入決河，因淤故河，前功遂隳。魯乃精思障水入故河之方。以九月七日癸丑，逆流排大舡二十七艘，前後連以大桅或長樁，用大麻索、竹絚絞縛，綴爲方舟。又用大麻索、竹絚用舡身繳繞上下，令牢不可破，乃以鐵猫於上流硾之水中。又以竹絚絶長七八百尺者，繫兩岸大橛上，每絚或硾二舟或三舟，使不得下，舡腹略鋪散草，滿貯小石，以合子板釘合之。復以埽密布合子板上，或二重，或三重。又於堤前通卷攔頭埽各一道，多者或三或四，前埽出水，管心大索繫前埽，硾後攔頭埽之後，後埽管心大索亦繫小埽，硾前攔頭埽之前，後先羈縻，以錮其勢。又於所交索上及兩埽之間，壓以小石白闌土牛，草土相半，厚薄多寡，相勢措置。

埽堤之後，自南岸復修一堤，抵已閉之龍口，長二百七十步。舡堤四道成堤，用農家場圃之具曰轆軸者，穴石立木如比櫛，薶前埽之旁，每步置一轆軸，以横木貫其後，又穴石，以徑二寸餘麻索貫之，繫横木上，密掛龍尾大埽，使夏秋潦水、冬春凌簰，不得肆力於岸。此堤接北岸截河大堤，長二百七十步，南廣百二十步，顛至水面高丈有七尺，水面至澤腹高四丈二尺；中流廣八十步，顛至水面高丈有五尺，水面至澤腹高五丈五尺，通高七丈。仍治南岸護堤埽一道，通長百三十步，南岸護岸馬頭埽三道，通長九十五步。修築北岸堤防，高廣不等，通長二百五十四里七十一步。白茅河口至板城，補築舊堤，長二十五里二百八十五步。曹州板城至英賢村等處，高廣不等，長一百三十三里二百步。稍岡至碭山縣，增培舊堤，長八十五里二十步。歸德府哈只口至徐州路三百餘里，修完缺口一百七處，高廣不等，積修計三里二百五十六步。亦思刺店縷水月堤，高廣不等，長六里三十步。

其用物之凡，椿木大者二萬七千，榆柳雜稍六十六萬六千，帶稍連根株者三千六百，藁秸蒲葦雜草以束計者七百三十三萬五千有奇，竹竿六十二萬五千，葦蓆十有七萬二千，小石二千艘，绳索大小不等五萬七千，所沉大舡百有二十，鐵纜三十有二，鐵猫三百三十有四，竹篾以斤計者十有五萬，硾石三千塊，鐵鑽萬四千二百有奇，大釘三萬三千二百三十有二。其餘若木龍、蠶椽木、麥稭、扶椿、鐵叉、鐵吊、枝麻、搭火鈎、汲水貯水等具皆有成數。官吏俸給，軍民衣糧工錢，醫藥、祭祀、賑恤、驛置馬乘及運竹木、沉舡、渡船、下椿等工，鐵、石、竹、木、绳索等匠傭貲，兼以和買民地爲河，并應用雜物等價，通計中統鈔百八十四萬五千六百三十六錠有奇。

魯嘗有言：『水工之功視土工之功爲難，中流之功視河濱之功爲難，決河口視中流又難，北岸之功視南岸爲難。用物之效，草雖至柔，柔能狎水，水漬之生泥，泥與草并，力重如碇。然維持夾輔，纜索之功實多。』蓋由魯習知河事，故其功之所就如此。

玄之言曰：『是役也，朝廷不惜重費，不吝高爵，爲民辟害；脱脱能體上意，不憚焦勞，不恤浮議，爲國拯民；魯能竭其心思智計之巧，乘其精神膽氣之壯，不惜劬瘁，不畏譏評，以報君相知人之明。宜悉書之，使職史氏者有所考證也。』

先是，歲庚寅，河南北童謠云：『石人一隻眼，挑動黄河天下反。』及魯治河，果於黄陵岡得石人一眼，而汝潁之妖寇乘時而起。議者往往以謂天下之亂，皆由賈魯治河之役勞民動衆之所致，殊不知元之所以亡者，實基於上下因循，狃於晏安之習，紀綱廢弛，風俗偷薄，其致亂之階，非一朝一夕之故，所由來久矣。不此之察，乃獨歸咎於是役，是徒以成敗論事，非通論也。設使賈魯不興是役，天下之亂詎無從而起乎？故今具録玄所記，庶來者得以詳焉。閲此，則見魯之治河，亦是修復故道，黄河自此不復北徙。蓋天假此人，爲我國家開創運道，完固鳳泗祖陵風氣，豈偶然哉？

明 沈德符《萬曆野獲編》卷一二《賈魯河故道》 今上甲辰，泇河告成已年餘，既而南陽稍淤，異同之説遂起。時中州范岫雲守己以降補在京，上疏，其略云：河工之需，用銀八十萬、動夫數十萬過計者，不無意外之虞。況挑築於此，能保不横決於彼？何不别求利便以爲永圖也？

臣嘗往來沁口諸處，見沁水自山西穿太行而南，至武陟縣東南入河，十數年前河沙淤塞沁口，沁水不得入河，乃自木蘭店東決岸奔流入衛，彼時守土諸臣，塞其決口，築以堅堤，仍導沁水入河，而堤外遺有河形，直抵衛滸，固至今存也。若于原決築堤處建一石閘，分沁水一派東流入衛，爲力甚易，再將原衝河形補加修浚，兩岸培爲縴道，爲力亦易。計其功費，用銀不過二三萬，用夫不過三萬餘名，而大工告成矣。乃引漕舟自邳州泝河而上，直抵沁口，因沁入衛，東達臨清，則會通河可以不用也。若謂泝河數百里或有灘溜之患，無縴道之便，則又有一河可繇者，查滎陽之東，廣武山南，一水東流，經鄭州、中牟之北，祥符之西，繇朱仙鎮南經尉氏、扶溝、西華之東，沈邱之南，在元時名爲鄭水，土人名爲賈魯河者也。南至周家口，與潁水合流，名爲沙河，至潁川正陽鎮入淮，直抵淮安。今自正陽至朱仙鎮，舟楫通行，略無阻滯。自朱仙鎮而北而西，至鄭州西北惠濟橋地方，不及二百里，河身略窄，稍當修浚，若于惠濟橋西開一支渠，分水一派北入黄河，不及二十里耳。渡河而北，直入沁口，爲道甚便。如謂鄭水微弱，不任漕舟，則滎、鄭之間，又有京水、索水、須水諸泉，皆可引入鄭水以濟漕挽，再每二十里建一石閘，如會通河之北，則蓄泄有時，水自裕如。計其工費丁力，亦不過四五萬兩耳。

若此道既通，則漕舟出天妃閘，即由洪澤湖入淮，泝淮入潁水，泝潁入鄭水，牽挽尤穩，黄河又可不用矣。雖衝溢萬變，何慮焉？如河流安妥，不至侵漕，則夏鎮南陽之間，仍加修浚，兩利而俱存之，分舟并進，可免守閘之困。如河流變遷，東道有梗，則專由鄭水，而徐吕之道可無問。便利之策，無逾此者。臣懷此已二十餘年，因會通河無阻，不敢輕言。今屢浚屢塞，而黄河又衝決無時，侵逼益甚，與其竭海内脂膏以填不測之壑，孰若改弦易轍，就此易竟之功緒也？

如果臣言可用，先將武陟迤東至于衛水之滸，東西百餘里原有河身故道，發夫萬餘名，及時挑浚，約深一丈，闊十丈，却于木蘭店東築堤處所修建石閘一座，分導沁水一派東行入衛，舟至則啓閘以通漕，舟盡則閉閘以掩水，明歲春末，其功可成。姑將漕舟泝河而上，由沁入衛，以濟目前之急，却于議修浚朱仙鎮迤北至惠濟橋迤西，分導鄭水以通漕舟，則帑藏民力可省百倍，而國家之利賴無窮矣。疏上得旨，下部行總河及河南撫按勘議具奏。按，范疏所陳，與景泰、天順間諸臣建白略同，而其説更詳。及今查勘，即命范往任其事，亦可濟會通河之梗。

（嘉慶）《清一統志》卷一八八《開封府》 昌宜泰，滿洲鑲藍旗人。嘉慶十六年，知開封府。十八年，滑縣教匪滋事，大吏悉赴軍營，宜泰留守省垣，於沿河緝獲匪黨，奸究無由偷渡，大河以南賴以安堵。歲饑，實心賑濟全活無算。捐修學宮，浚賈魯河，士民交頌。二十一年，卒於官。

又 卷一九二《陳州府》 程孔述，淮寧人。性好善。康熙四十八年，賈魯河決，溺死者甚衆，孔述駕舟渡活人無算。是年，鄰人有因貧鬻妻者，孔述悉贖歸之。

《清史稿》卷二七六《徐潮傳》 徐潮，字青來，浙江錢塘人。康熙十二年進士，選庶吉士，授檢討，累擢少詹事。【略】又別疏言：『汴水通淮，一自中牟東經祥符至宿遷，湮塞已久，一自中牟東南經尉氏至太和，今名賈魯河，尚可通流，請量加疏浚。鄭州北別有支河，舊迹尚存，若於此建閘，使汴與洛通，尤爲民便。』上從之。

又 卷三〇八《胡寶瑔傳》 胡寶瑔，字泰舒，江南歙縣人。父廷對，嘗官婁縣訓導，因居青浦。寶瑔，雍正元年舉人。【略】

二十六年，河決楊橋。復調還河南。疏言：『賈魯、惠濟二河在中牟境内，逼近楊橋。賈魯受黄水南徙，至祥符時家岡仍入故道，今已成河。當將分者截之使合，淺者疏之使深，兩岸多挑渠港，增築堤堰，自成河道。惠濟自兩閘至岡頭橋已淤斷，而岡頭橋至十里坡賈魯河不過四五里，即於十里坡建滚水壩，導由岡頭橋入惠濟，以分賈魯之勢，而惠濟亦復故道。』上褒爲事半功倍。

又 卷三一〇《完顏偉傳》 完顏偉，完顏即其氏，滿洲鑲黄旗人。【略】初，上以黄河大溜逼清口，命循康熙舊迹，開陶莊引河，導使北注。大學士鄂爾泰與河道總督高斌合勘，甫定議，會暴汛積淤，工遂停，高斌亦去任。復命偉相度。偉議自清口迤西黄河南岸設木龍挑溜，使漸趨而北。七年，疏言：『淮源上游雨多水發，賈魯河盛漲，由渦達淮，匯于洪澤湖。三石滚壩減歸高寶、邵伯等湖，而古溝、東壩漫刷過水又自白馬湖來會，水勢益大。臣督築子堰捍禦，并開高郵老土壩及南關等三壩，水勢始定。』上嘉之。

又 卷三二一《裘曰修傳》 裘曰修，字叔度，江西新建人。【略】河屢決山東、河南、安徽境，積水久不去。是歲，上南巡蒞視。既返蹕，命曰修會山東、河南、安徽諸巡撫周行積水諸州縣，畫疏浚之策。曰修至安徽，偕巡撫高晋疏言：『安徽宿、靈璧、虹三州縣頻年被水上承河南虞城、夏邑、商丘、永城四縣積水下注，畢匯於宿州。宿州有睢河，虹縣有潼河，泗洲與宿遷、桃源接壤處有安河，皆境内大水，與靈璧、虹縣諸支港，當次第疏浚，俾入洪澤湖。洪澤以清口爲出路，上令去草壩使暢流。江南之民，仰頌聖明，宜令每歲應期開放。』

曰修至河南，偕巡撫胡寶瑔疏陳：『黄河南岸，自滎澤以下諸水，東入睢，東南入淮，皆淺阻不能宣洩。東境幹河，在商丘爲豐樂河，在夏邑爲響河，在永城爲巴河，實即一水，次則賈魯河，又次則惠濟河、渦河，皆當疏浚。自永城至汝寧府支河當施工者凡十二，導積水自支河入於幹河。其不能達者，或多作溝渠，或渟爲藪澤，潢汙野潦，有所約束而不爲民害。』

曰修至山東，偕巡撫鶴年疏請培館陶、臨清濱運河諸州縣民埝，官給夫米，令實力修補。復偕巡撫蔣洲疏言：『山東當疏浚諸水，以兖州爲要，曹州次之。兖州宜治者九水，曹州西南境當浚順堤河，東北境當於八里廟建壩，俾沙河、趙王河水入運，賴以節宣。』曰修諸議皆稱上意，命及時修築。

又 卷三六一《嚴正基傳》 子正基，原名芝，字山舫。副貢生。少隨父練習吏事。道光中，官河南知縣，有聲。擢鄭州知州。治賈魯河，息水患。

又 卷三九六《潘鐸傳》 潘鐸，字木君，江蘇江寧人。道光十二年進士，選庶吉士。【略】

二十八年，擢河南巡撫。時議漕糧酌改折色，鐸疏言：『户部有南漕折價交河南等省采買之議，是他省且須在河南采買。若將本省額徵之米分別改徵折色，於政體兩歧，於倉儲有損無益。河南歷年辦運踴躍，一經改徵，轉滋流弊。循舊章爲便。』議遂寢。賈魯河經祥符朱仙鎮，爲商賈舟楫所集。自黄河決於中牟，賈魯河淤塞，責工員賠浚，久未復。鐸勘鎮街南北淤最甚，議大浚，請率屬捐銀五萬兩興辦；又奏擇要增培沁河民堤以資捍禦。并如所請行。

又卷四二五《錢鼎銘傳》 錢鼎銘，字調甫，江蘇太倉人。父寶琛，湖北巡撫。鼎銘，道光二十六年舉人，從寶琛治團練。【略】修水利，鑿賈魯河故道，南自周家口，北至朱仙鎮，又西北至鄭州京水寨，疏積沙，補殘堤，俾上游無水潦，下游通舟楫。

又卷四五七《蔣東才傳》 蔣東才，字軼衆，安徽亳州人。【略】光緒初，統領豫軍。先後疏浚賈魯河、京師内外城河。

又卷四九〇《明善傳》 明善，字韞田，富察氏，滿洲鑲藍旗人。父昌宜泰，河南開封知府，以浚賈魯河有功於民，祀名宦祠。

紀事

清《文獻通考》卷七《田賦考》 浚河南之賈魯河。先是河南巡撫尹會一奏請興豫省水利，并浚賈魯河下游入渦會淮。而安慶巡撫陳大受復言，上游之水奔騰下注，渦河淺窄，恐不能容。受工部議，令總理水利大臣暨兩省督撫河臣會議，務使有利無害。上從之。

至是，汪漋等言，豫省自開封府以南沿河七州縣之水，俱歸江南之渦河，見議所開河道雖有沙河、桃河、永利溝、老黄河諸名，其實本屬一河。所浚者，即舊有之水道也。唯賈魯河，原係入淮之河，因水勢善溢，故議於北岸設閘開河，以分其勢。所洩之水，本自無多。況流行四百餘里方入於渦，自不至於江南有礙。

查豫省地居上游，其水皆以江南爲歸，而入渦入淮稍有區别。賈魯河入淮之水，既分洩入渦，則渦水亦當分洩入淮，庶上游下游之水，兩得均平。亳州迤下六十里渦河南岸有分流之水漳河一道，由乾溪溝、歷淝河以入於淮。今應將漳河疏浚，遇渦水盛大，可以分洩。大學士工部議，應如所請。從之。

（雍正）《河南通志》卷一四《河防三》 武宗正德四年，河溢皮狐營，決曹縣温家口、馮家口等處。又北徙至儀封小宋集而決黄陵岡埽壩，溢入賈魯河，敗張家口等處縷水小堤，循運河大堤東南行，而賈魯河下流淤塞，亦出張家口合而南注，命官塞治。

又卷一五《河防四》 康熙四十五年六月，部覆撫臣汪灝疏稱：賈魯河由舊河身至黄河岸口南北共長十里，其緊接賈魯河之地名曰東趙，由舊河身行七里，有大堤一道名曰大堤頭，自此而北三里至黄河岸口，其東南名爲新莊。應於新莊之黄河涯口築草壩一座，至舊河既開，勢必將大堤挑斷，通水入黄。應於堤根設石閘一座，既資防患，兼備疏蓄。至引賈魯河入舊河身，則東趙爲受水之口，亦應於東趙地方建石閘一座，引受河水，東之入黄。二閘、一壩，以時啓閉，可使賈魯河舟楫由黄入洛矣。奉旨依議。

《東華續録·乾隆一四》 河南巡撫雅爾圖奏，乾隆四年諭開乾河涯以消行潦，又念賈魯河由江南全注入淮，命與江南欽差大臣留意疏浚。臣先開乾河涯洩省城積水，至紅沙灣入沙河，復於中牟縣十五里鋪賈魯河北創開新河一道，分賈魯河水勢，由沙河會乾河涯之水，達江南渦河而注淮，緜延六萬五千餘丈，請錫嘉名。得旨：『用惠濟名可也。』

《清史稿》卷一二六《河渠一》 雍正元年六月，決中牟十里店、婁家莊，由劉家寨南入賈魯河。會鵬年卒，齊蘇勒爲總河，慮賈魯河下注之水，山盱、高堰臨湖堤工不能容納，亟宜相機堵閉。上命兵部侍郎嵇曾筠馳往協議。七月，決梁家營、詹家店，復遣大學士張鵬翮往協修，是月塞。九月，決鄭州來童寨民堤，鄭民挖陽武故堤洩水，并衝決中牟楊橋官堤，尋塞。是歲，建清口東西束水壩以禦黄蓄清。二年，以嵇曾筠爲副總河，駐武陟，轄河南河務，東河分治自此始。六月，決儀封大寨、蘭陽板橋，逾月塞之。

又 二十六年七月，沁、黄并漲，武陟、滎澤、陽武、祥符、蘭陽同時決十五口，中牟之楊橋決數百丈，大溜直趨賈魯河。遣大學士劉統勳、公兆惠馳勘，巡撫常鈞請先築南岸。上謂河流奪溜，宜亟堵楊橋，鈞言大謬，調撫江西，以胡寶瑔爲河南巡撫，并令高晋赴豫協理。十一月塞，上聞大喜，命於工所立河神廟。

又 先是，上念豫工連歲漫溢，堤防外無宣洩之路，欲就勢建減水壩，俾大汛時有所分洩，下阿桂及河撫諸臣勘議。至是，阿桂等言：

『豫省堤工，滎澤、鄭州土性高堅，距廣武山近，毋庸設減壩。中牟以下，沙土夾雜，或係純沙，建壩不能保固。至堤南洩水各河，惟賈魯河係洩水要路，經鄭州、中牟、祥符、尉氏、扶溝、西華至周家口入沙河。又惠濟係賈魯支河，二河窄狹淤墊，如須減黃，應大加挑浚，需費浩繁，非一時所能集事。惟蘭、儀、高家寨河勢坐灣，若挑浚取直，引溜北注，河道可以暢行。』上然之。

又 八月，決鄭州，奪溜由賈魯河入淮，直注洪澤湖。正河斷流，王家圈旱口乃塞。鄭州既決，議者多言不必塞，宜乘此復故道。

又卷一二九《河渠四》 四十八年，浚鄭州賈魯河故道，自東趙訖黃河涯口新莊。於東趙建閘一，黃河涯口築草壩、石閘各一。甘肅巡撫舒圖言：『唐渠口高於身，水勢不暢，應引黃河之水匯入宋澄堡。如水不足用，更於上游近黃處開河引水，酌建閘壩，以資蓄洩。』從之。

又 六年春，雅爾圖言：『永城地窪積潦，城南舊有渠身長三萬一千餘丈，通澮河，年久淤淺。現乘農隙，勸諭紳民挑浚，俾水有歸。』又言：『前奉諭旨，開浚省城乾涯河，復於中牟創開新河一，分賈魯河水勢，由沙河會乾涯河，以達江南之渦河而匯於淮，長六萬五千餘丈，今已竣工。』賜名惠濟。

又 二十五年，浚賈魯河，修汶上馬踏湖民堰。

又 御史楊彤如劾河南撫臣三次挑空賈魯河決口，費幾百萬，迄無成功，請敕查辦。詔褫鄂順安以下職。新任巡撫潘鐸疏言：『賈魯河工程應以復朱仙鎮爲修河關鍵。惟朱仙鎮內及街南北河道淤墊最甚，今議添辦柴稭埽工，以防兩岸淤沙。其淤沙最深處，挑浚較難，另擇乾土十數里，改道以通舊河，責成各員賠修，限四十五日工竣。』從之。

藝文

明 田鑒《賈魯河》（康熙）《蘭陽縣志》卷九　至正年間事，深爲水患憂。恐來侵汴國，導去過徐州。罔恤黎民苦，惟從賈相謀。開通徒竭力，終久向南流。

明 郭維藩《賈魯河》（乾隆）《儀封縣志》卷一二　秋漲如知候，奔流匯作淵。津喧爭渡客，堤泊捕漁船。禾黍滄波裏，人家白浪邊。何時脫此厄，一爲問穹天。

清 何登棅《賈魯河舟中》（乾隆）《陳州府志》卷二九　春夜泛舟行，溪流雪後盈。青松遮野寺，淡月隱孤城。岸狹緣流曲，橋危傍路橫。片帆風力軟，莫厭櫓聲輕。

清 盛以仁《賈魯河》（乾隆）《儀封縣志》卷一二　楝城風景近如何，浪打荒邱百丈過。遺骼滿堆誰爲掩，亂蛙青草夕陽多。幾家茅屋傍灘堤，斜日波濤半掩扉。惆悵榮花無處覓，一雙白鳥向人飛。

清 萬宏祐《賈魯河上》（乾隆）《西華縣志》卷一四　水漾舟仍静，人間鳥不驚。徘徊遥望裏，一帶野烟平。

清 袁昶《安般簃集》詩續丁《自八月十三日河決鄭州奪賈魯河南流詔書頻繁出帑振灾敕在事臣工堵塞漫口敬述一首》 元代財殫賈魯河，忽聞決處奪流過。誰驅龍鬼浮空下，奈付蟲沙造物何。湛玉袛愁淇竹盡，捐金虚費水衡多。聖慈頻撤封樁賜，早晚宣房趣奏歌。

雜録

《明史》卷四一《地理志二》 曹州東南。元曹州，治濟陰縣，直隸中書省。洪武元年省濟陰縣入州。二年，州治自北徙於盤石鎮。四年降爲縣，屬濟寧府。正統十年十二月置州，以縣屬焉。西南有黃陵岡，與河南儀封縣界。弘治五年，黃河決於此，河遂在縣南，東入單縣界，至南直徐州，合泗入淮。又西有賈魯河，嘉靖前猶爲運道，後廢。

《清史稿》卷五四《地理一》 東明繁，疲，難。府南二百二十里。西有黃河自長垣入，自明以來，在縣境者三徙：嘉慶八年奪洪河，二十四年奪漆河，咸豐五年奪賈魯河，後復北徙爲今瀆。

又卷六一《地理八》 曹繁，疲，難。府東南四十里。東：青山。東南：景山。北：曹南山，即禹貢陶丘。古氾水出，與南沛、古黃河、賈魯河并堙。

又卷六二《地理九》 祥符衝，繁，難。倚。城東北隅：夷山。東北：赤岡。河水自元至元中始，盡歷府境，自中牟緣封丘界，逕黑岡、柳園口入，東入陳留。其賈魯河入，逕朱仙鎮入尉氏，即蔡故瀆，上游一曰沙水。水經注渠水實鴻溝，而浚水堙。其惠濟河入，逕府治南，亦入陳留。宋都四渠及五丈、白溝河亦堙。吹臺，縣丞駐。陳橋鎮。大梁驛。

鄭汴鐵路。

又 尉氏衝。府西南九十里。城内：尉繚子臺。東：錦被岡。西南：三亭岡。城南：五鳳山。東北：賈魯河自祥符入，右合康溝及大溝新河。《水經注》『長明溝逕向城北、尉氏故城南，三分』者。至白潭鎮，左納半截河，東南入扶溝。縣驛一。

又 中牟衝，繁。府西七十里。北：牟山。西南：馬陵。西北：圃田澤。河水自鄭入，逕楊橋口，又東，黄練集。賈魯河入，合龍鬚溝。

又 淮寧繁，疲，難。倚。明省宛丘入州。雍正十二年，析改爲府治。西北：西鉻山、杏岡。北：鞍子嶺，西明河出，逕漢新平故城北。東北：渦水自太康入，并入鹿邑。西南：沙河自商水緣界會賈魯河入，逕趙牛口，納柳涉河，逕新站集，又東南，左納西蔡河，又東南入項城。汾河自商水流入縣西南，又東入項城。東南：東蔡河，入沈丘。周家口在縣西南，賈魯河、沙河交匯於此。縣驛一。

又 商水簡。府西南七十里。西北：沙河，古渡水，自西華入，逕鄧城，又東，右會潁水，逕叢臺，至周家口。南綰汝、蔡，北轂陳、汴，通判駐。左會賈魯河，逕灌溉城、潁歧渡，緣淮寧界入之。西有汾河，舊自西華入，逕扶蘇城，左合枯河，東逕范臺，右納界溝河，入淮寧。谷陽一鎮。縣驛一。

又 西華難。府西北百八十里。南：宜山。西：廟陵岡。西南：沙河自郾城入，東逕小陶、夏亭城入商水。渚河即潁，右合土鑪河，又東北，左納其支津流潁爲合河口，逕叢桑村，又東，左納大浪溝從之。西南：洪河，自上蔡錯入，仍入之。又賈魯河，西北自扶溝入，逕護當城，側城東南入淮寧。柳涉河源自縣東，東南入淮寧。常社一鎮。縣驛一。

又 扶溝簡。府西北百二十里。西北：雕陵岡。賈魯河自尉氏入，至張單口，左會雙洎河，《水經注》『洧水逕桐丘城西』，其孟亭故道堙。

（雍正）《河南通志》卷一二《河防一》 賈魯河，即汴水之分派也。汴水源出滎陽大周山下，受西南山溪京須索鄭之水，東流至中牟，分爲二派，一瀆南注爲沙，一瀆東注爲汴。漢平帝時，黄河南奔衝汴。明帝永平中，命王景修汴堤渠，自滎陽東分疏河、汴二水，令黄河東北流入海，汴河東南流入泗。隋大業元年，開通濟渠，自板渚引河，歷滎澤入汴。又自大梁之東引汴水入泗，達於淮。宋定都汴梁，汴水穿都城中。有上水門、下水門，歲漕江淮浙湖之粟六百萬達京師。

元至元二十七年，黄河決，始淤塞東流一支，今止存南注一支，以曾經元臣賈魯疏浚，故名賈魯河。自中牟東南流，經祥符縣之朱仙鎮、吕家潭至扶溝縣東，北受雙洎河水，又東南入西華縣，遶城西北東三面，又東南經李方口西，又東南合潁、汝二河入商水境，經周家口，又東受清水及柳莊河水爲白馬溝。經陳州南頓鎮，又東南經項城北，又東入沈邱境南潁河，經槐坊店折而東南受枯河水，又東經紙店界首集入江南太和縣，東由潁州北入於淮。

雍正五年，復疏浚睢水，在陳留縣東北四十里，合小黄河入杞縣、睢州、寧陵、商邱，即浚儀蒗蕩渠之下流也，東至江南虹縣而入於泗。後漢建安七年，曹操軍譙至浚儀治睢渠，蓋因睢水而作渠也，後湮。

金水河（河北元氏縣）

綜述

明 智鐩《重修金水河記》（崇禎）《元氏縣志》卷六 元邑東北，有渠曰金水河，去城二十里許，鑿歷年所不可考。大都水以金命名，必其民曾受水利。故發源於封龍，經趙村、董堡村數鄉，東入欒邑之洨河。漕止一衣帶，易開亦易塞。開則水有會歸，田無湮没，百姓受其利不淺；塞則散漫横溢，秋田滂沲，汪洋千頃，百姓受其害亦不淺。先是直指成公常浚導之，久，官古公踵其事，輿誦迄今不絕。嗣是寧宇周公議開水利，計畫已豫，旋調真定，不果其説，勒石可稽也。厥後，壅淤久，而水之渙散如故。一經潦集，四望無涯埃。東北四十里之田産，渾成巨浸，甚至往來車馬無行聲矣。

許昌蘇公，中癸丑進士，甲寅冬受槐陽令，下車初亟問民間疾苦，時循行郊野，召鄉三老，率子弟詣學，得前渠利害狀，核諸士民，宜舉也。公乃偕二三僚屬細閱，計丈數，揣廣狹，目高下。某氏之地，某氏自鑿，其有便於泉流，更便於種植者，不妨習其故而深之；其有便於水道，或不便於耕耨者，不難，剏其渠而婉轉通之。萬一有不能通者，償以價。仍令尉梁以高時行督，率民忘其勞，功成不日。役竣時，適值天雨暴集，新開之渠紆回環帶，迅逝朝宗，一派清流，潺潺而東，絕無衝失矣。倘非公之此舉，數百畝田蘆幾何不依然板蕩也哉。我元民今而後樂可知矣。水田可次第修舉也。潦乎田之水入於渠，旱乎渠之水引於地，田畔耕，道途之行客，飲利其何極焉。

予考古循吏，若召信臣杜元凱，皆以行地利爲治行第一，猶每每假之歲月，需以經年，孰有不兩月而河工告成如蕪公也者？且河之在地，譬如血脈之在人身。停壅腫，行通暢，况金水河流於縣鄙之東北，有水繞青龍之勢，其關係邑之文運尤重。河之開，其天機甫通乎？自此孕靈毓秀，滾滾不窮，則公之造福元邑者，亦與河俱無窮。他日文章德業，當超舊令三公而上也。

雜録

（崇禎）《元氏縣志》卷一　金水河，舊志不載，在縣北十五里。郄村、使莊之間，地頗窪下，舊有小渠洩水，年久壅淤。萬曆四十二年，知縣蘇繼歐設處丁夫挑土成河，命名金水，有修河碑記。前知縣周應中告政碑謂此處可成稻畦，惜未有創始者。

（乾隆）《正定府志》卷四《地理下》　新樂縣西南，亦曰湧泉。《一統志》云，浴河在新樂縣五里，一名金水河，源出縣西南十五里中同村浴兒池，東流分爲二，皆與木刀溝會，曰三汊河，與藁城縣接界。

（光緒）《獲鹿縣志》卷一《地理志上》　金河，在獲鹿縣東南三十里，一名泥河，一名辛溪河。明萬曆知縣蘇繼歐修浚，改名曰金水河，即此。省志府志俱載。

又　《元氏志·金水河考》云，金水河發源於縣西北二十五里石溜山，元之金水絶無與於獲，且獲之金河南岸即爲元界。其水亦殊未入於元，又何有縣北十五里之一説乎。今按金河發源在縣屬三十里金珠山，由嶺底村檀山聖母廟前流至良政村南，與西來之溥蓮河合流，計三十一里。又南自高遷平同等村出境，至彭家莊入欒城界。今又按，元之金水河、獲之金河，歷考諸志，二水均混而爲一，現經履勘之下，知元則發源石溜山，獲則發源金珠山，迴不相涉。且與元之金水河考一一相符，故備載於篇，以示河道之異云。

金水河（四川成都縣）

論説

清　項誠《開浚成都金水河事宜》（雍正）《四川通志》卷一三　雍正九年二月十七日，成都府知府項誠爲凛遵憲諭諄切，詳請開浚事宜，利民用以廣惠澤事。竊照。

成都金水河一道，向日原通舟楫，日久漸至淤塞。昨蒙撫憲面諭，宜民立政之道，水利爲先。即畎澮溝渠，皆應及時修理。矧省會爲闔城民命，地氣攸關，豈可任其久廢，令卑府查勘確議。卑府遵即率仝廳縣逐一親勘：此河上流當日原通灌縣江水，從郫縣兩河口引入磨底河，徑達成都縣西門水洞入城；由貢院前三橋、青石橋、玉河沿一帶，出華陽縣東門外水城，直達府河。今自磨底河起，至府河止，量共一千五百二十六丈，俱應開浚。西門外，原無往來船隻，且門內即係滿兵駐札，應將水洞密布鐵牕，止令通水，不得通船。其划小船由東門進者，俱抵滿城東水關爲止。

如此，則沿河一帶，俱爲商賈闤闠輻輳之所；凡客船一至東關，貨物行李，皆用小船撥運入城，就近投店，可免背負遺失之患，有便於商。其利一。

米蔬柴炭，爲民間日用之物；既可船運入城，三橋又爲省會適中之地，衆物齊集，在城居民皆可就近購買，有便於民。其利二。

且省城房屋，多用草苫蓋；即街市瓦房，亦係竹壁編成。間或不戒於火，每至比屋延燒。雖各設木桶貯水，但器小易竭，亦難盡恃爲救焚之具。是河一開，即有祝融爲患，而隨處有備，不難立時撲滅。其利三。

舊河既塞，城中地泉鹹苦；每至春夏，沈鬱穢濁之氣，不能暢達，易染疾病。昔杭州近海民飲井水多病，唐刺史李泌始引西湖水入城作六井，至今賴之。是河一開，則地氣既舒，水脈亦暢，民無夭折。其利四。

卑府細詢僚屬，博訪輿情，僉無異辭。再查雍正元年，議准條奏內開；行令各省確查大小河道。如有淤塞者，即行設法疏浚，務期實濟。造册報部。等因。通行在案。相應詳請，憲臺俯念民生，飭，發公項銀兩，委員雇募人夫，興工開浚，務期深通，可垂久遠。從此惠澤旁流，當與導江之功比烈矣。等因。當蒙撫都院憲發藩司高議詳查，得沿河一帶，俱爲商賈闤闠輻輳之所，而三橋又爲省會適中之地，一經開浚，便商便民，誠有如該府所云者。且河流深滿，可息不戒之風烟。地脈疏通，可散不時之疫氣。該府所詳，甚屬妥協，自應速爲奉行。等因。隨奉批：允於二月十七日興工，三月二十九日告竣。共用工費一千四百兩，俱係撫都院捐給廉俸給發。并將滿城水東門，另造石橋，可以通舟。凡商賈舟楫，由大河撥換小船，直通滿城。

又於九年六月十九日，詳爲再陳城河善後事宜，以垂遠利事：

竊照省城金水河一道，開自宋時，相沿已久。近年失於疏浚，以致不通舟楫；民苦沮洳，深爲未便。幸蒙撫都院俯念城河有關水利，慨捐清俸，獨力興修。卑府遵奉，督率廳縣各員，於本年二月十八日興工，分段挑浚。計自西門外磨底河起，由西門內滿城一帶，三橋、青石橋、玉河沿，直至東門外府河止，共挑浚過一千五百二十六丈。今已次第工竣，但查善政之垂，貴於可久；使無專司分理之人，則日久仍歸淤塞，深爲可惜。卑府謹酌末議，惟憲臺采擇焉：

查卑府同知一員，原有專管水利之責。請嗣後城河一應事務，令該同知管理。其成、華兩縣縣丞，亦經卑府議加水利職銜，詳請在案。應令該同知督率分管，以專責成。

省城向係旱門，今東西添設水閣，其西門水閣原係密釘鐵簾，不用啓閉，自有滿兵看管外，至於東門水閣，通船出入，必須依時啓閉。應請照旱門之例，交與城守營撥兵看管，以重防守夏。

城河新浚，兩岸俱係浮土，如遇夏秋雨淋衝刷，泥土下河，難免淤墊。兼以來源係引江之水，亦未免夾帶流沙，必得每年淘浚，方能深通無阻。況已成之功，更可力省功倍。查水利同知衙門都江堰工，每年各縣額解銀一千二百兩有奇。請於每歲冬間，於修理堰工餘剩銀兩動支，雇夫疏浚，一例報銷，以垂永久。

東門水閣，最爲緊要。查閣洞係舊時建造，原屬堅固；但沿城上游俱係土岸，恐日久被水沖刷，猶恐囓及城根；應請兩邊添築護城雁翅，各長丈許，下簽木樁，兩岸用磚石包砌，以資捍禦。

三橋以下，水勢猶緩；惟板橋一帶，水勢迅利。蓋緣板橋兩岸偪仄，橋門既狹，又值河勢灣曲，以故水急浪湧。似應於轉灣之處，兩岸略爲取直，并將橋旁石柱改換木柱，則水道寬緩。并請將一洞、青石、卧龍等橋，俱照安順橋之例，改換木橋，以緩水勢。庶稱利涉。

沿河兩岸，俱係居民。凡糞草腌臢，每圖便易，傾入河內，易至堙塞。請刊木榜曉諭禁止，仍令牌頭不時稽查。有犯，即送該管縣丞量責示警，實於河道有益。

城河之源，來自郫、灌西門外，應請建閘，水大時下閘以防衝溢。但冬月源水稀少，若再任其直達府河，則城河必致淺涸；似應於東水關外河口之處，建閘一座，交與華陽縣縣丞管理。一遇水淺，即將閘下板蓄水，毋使外洩。凡有貨物出入，俱於閘邊搬運，統俟冬間水涸興工，則永享其利矣。

奉撫憲批發藩憲詳議允遵在案。

本年三月成都府知府項誠又議：請於蜀王城之南、三橋之西北，相度地形，開新河一道，直通貢院河。并修淘貢院週圍河道，通舟便民。

又新開河路搭橋二座，總共需木植夫價銀七百兩有零。奉藩憲高酌議允行隨捐發銀三百兩。又奉臬憲劉及重慶府知府張光鏻、龍安府知府張育茳、雅州府知府張植、眉州知州高思雍、資州知州李懷智，各捐銀有差，并臬憲劉發下充公銀兩，共五百四十兩有零。成都府知府項誠，自捐銀一百六十兩有零。於三月興工，七月告竣。計開新河一百八十九丈六尺九寸，開淘王城河一千零五十八丈一尺五寸。從此舟楫可直達王城之北矣。

綜述

清 劉侃《重開金水河記》（雍正）《四川通志》卷四二

成都環錦江爲池。江之支緯，城中曰『金水』，開自宋白敏中。厥後廢興，無徵也。

嘉靖乙丑，侃來守是邦。閱金水，僅僅如綫。盖水宗於江，逕隍以入河；其後久堙而江沮，止托源於隍耳。又壅閼日增，居人利其岸以自拓，河之深若廣纔咫尺，雨潦無所歸，蜀人患之。

明年丙寅春，大中丞宜黃譚公以節鉞鎮蜀。始至，即周覽錦城曰：『城外犖錦江如帶，而內襟以金水，重績交組，所以翕坤靈、縕休氣、胥此矣。顧帶存而襟廢，豈所以毓厥秀哉！』心籌之。

時大足支羅甫洗兵，而僰道與南詔未靖，又飭興都，需材棘，公方以敷和叙戎，登材釐政爲急。已而，僰蠻遁去。其冬十有二月，邛都以南詔捷至；而木政罷。會公亦晋司馬，總兩廣師以行。乃屬侃而詔之曰：『吾將復金水之故。顧釃其流也，孰與溯其源？』

明日丁未，公命駕西循少城，步觀於江之上游；而藩伯楊公賢、陳公東光，臬僉呂公蔭，暨閫帥張君焰、沈君禮，判守成都薛君衛，知成都令董君石，暨侃；咸從行。公忻然喜曰：『隍俯金水，江復俯隍，有建瓴水之勢；於形便。隍去江不能數武，而近分江以益隍；河宜自利，其事無難。便且無難，而前修闕焉，將以需今耶？』

曰：『汝閫帥：其休三軍閱，使穿江作渠，而浚金水之堙。』

曰：『汝太守：其西犖當儀，東斲龍泉之石；固水門以節江之入。溝堰津梁，悉聽汝便宜。』

曰：『汝令：其刊汝山之木，下沃野之竹，以爲江障。』

明日戊申，萬鍤具興。又明日己酉，渠成而江入隍。越二日辛亥，汰河之壅，廣三尺有奇，其深三之一，而河成。匠石各以所徵至。爲石堰一、閘一、橋一於其渠；壩一於其隍。

既成，公始至。金水之漪，洋然流貫闤闠；蜀人奔走聚觀，詫其神易。由是釜者汲，垢者沐，道渴者飲，絖者洴澼，園者灌。濯錦之官，浣花之姝，雜沓而至；懽聲萬喙，莫不鼓舞。公之賜焉，以爲天漢之飛注也。

侃惟在昔，李冰以導江著烈，廉范以貯水興謡，皆蜀先猷也。公是舉似導江，而愈於貯水遠甚，君子當能辨之；矧公之膏澤蜀者，不啻一金水已乎？而其經綸之略，操易握簡，神行風偃，悉得神禹治水行無所事之機；故功捷而利之溥若此，是可以觀智也。夫人視官如蘧廬，一得代去，便視若秦越；公於蜀人，獨眷眷護持，洵若慈母之私其子，思貽百葉之安，罔不注心；弗以去住而異其情也；是可以觀仁。仁以涵之，智以運之，公之庇蜀人者深矣。噫！君子之澤易堙，地道之變靡恒，安知後之不復如今哉？繼公之迹，以永蜀人之庥，又俟乎後之君子也。匪托之金石，無以詔方來，於是述其事之所由，而勒碑置於江上。

紀事

（雍正）《四川通志》卷二三《山川》 國朝來，久經淤塞。雍正九年，巡撫憲德復開，舟楫往來，民甚便之。

雜録

（天啓）《新修成都府志》卷二 金水河蜀府南門前，白敏中闢添環衔，舊名禁河。王明叟、度大光、范成大相継修之。

又 卷三 蕭公廟，王府金水河東。

又 蕭公橋，蜀府金水河西蕭公廟。

又 龜任橋，華陽治南金水河之東，俗呼曰青石橋。

又 大悲庵，在龜化橋之左金水河北岸。

（雍正）《四川通志》卷二三《山川》 金水河在城内，唐白敏中所開，舊名禁河。吴師孟導水記，自高駢築羅城，堰麋棗，二江惟餘一脈，自城西北隅鐵窗潜流入城，歲久遂絶。宋天禧中，王覿知成都，博訪父老，得鐵牕石渠故基，循渠而上十里許，至曹波堰接上流溉餘之棄水，于是導之，自西門循大逵而東注于衆小渠，又西南隅至窑務前閘南流之水自南鐵窓入城。于是，二渠既釃股引而東派，别爲四大溝，脈散于居民夾街之渠，而輻輳于米市橋之瀆。又東匯于東門而入江，民以爲便。久之，復塞。大觀初，席旦復疏導之。宣和末，旦子益以舊渠堙廢，復修築城西外堤，引江水入城如故，作三斗門節之，并議歲加修治。《舊志》云：王明叟、度大光、范成大相繼修之。明初建蜀府，改曰金水河。

又 卷二五《山川》 金水河在縣南一百四十里，流入飛烏江。

（同治）《重修成都縣志》卷一《輿地志第二》 磨底河自郫縣兩河口分流，至蓮花池入縣界。左分一支爲金水河，經青羊宫側與清水河。

又 卷二《輿地志第二》 節旅橋滿城内，跨金水河。

又 通順橋滿城内，跨金水河。

又　斜板橋滿城内，跨金水河。

又　龍鳳橋滿城内，跨金水河。

又　半邊橋半在滿城内，跨金水河。

又　三橋治南貢院前街，跨金水河。

又　錦江橋治東染房街口，跨金水河。

又　青石橋治東，跨金水河。

又　臥龍橋治東，跨金水河。

又　金花橋跨西水關流入金水河，在滿城内西較場北。

又　清源橋縣西城外百步，石橋上有奎星閣，有土城柵門，跨金水河。

又　金沙橋縣西南三里，石橋跨金水河。

金線河

明　單用賓《門山洼新開金線河碑記》（光緒）《東平州志》卷一九　昔三代時，井田之法行，天下之農食於官，其土壤之肥瘠，生齒之登耗，視之如其家，民仰食於官，受官之田，食其力而輸其賦。歲有豐凶，則賦有厚薄，且補助其所不及，而民無艱食。

秦以後，始以宇内自私，不恤其民，田無限制，歲之凶，或蠲其租，終非三代君臣一體之意。是故古今談治道者，莫先於仁政。仁政始自疆界，古井制不復見矣。至若田中溝洫，經界堤防，諸有利於民田，沿革不同，率由禹之治，大抵因其意而變通之，無古今一也。民不知自治其事，官雖牧民，怠於其事。稻人、遂人之法，悉載《周官》。導水甚周，一切棄而不舉。雖有豐年，高亢卑濕之田，不免旱澇。非獨地利，亦人事之不修也。故通渠洩水，此法不可一日廢。

南昌李公名國祥，別號松門，博學好古，有志三代之治祿。仕吾郡，職在治農，留心經國遠慮，軫東平宿潦，經歲不涸。赤子久遭昏墊，艱于粒食，思欲拯而置之衽席，倡開渠洩水之謀，與民更始。李公之經畫，夫非井田遺制，而爲仁人之首務與？昔鄧艾著濟河論，以田良水少，不足以盡地利，宜開河渠，以大濟運儲。杜元愷在荆州，開楊口起夏水達巴陵千餘里，内瀉長江之險，外通零桂之漕，而人歌之。彼皆自我作始，當兵興多事之秋，建兹偉績，矧自澤國故墟，其迹可循，而事亦甚便。前司牧未有議及此，惟不以民事爲心，畏民情難與慮始，工役重事，恐勞民也。

夫民生有欲，不能自遂。上之人因而導之，不令而從。奚始之難慮，若違道□舉，拂民之情，以圖己功。始固怫然不樂，堅而持之，不得已從上之令，非其心也。民心不可欺以智，故天下事惟誠，則可以久，始與終一耳。始不得民心而强之，我從未有久而不離者，是可與之樂成耶？人情莫不恐恐焉，避其所害，而惟利是趨。上之人身任其事，則歸之若流水。公之治渠，因人情而布之，今不勞督責，民自樂於趨事。《易》曰：悦以使民，民忘其勞。其公之謂乎？

門山之陽，民田久苦于山水，乃令鑿渠。經始于乙未年九月，越三旬而工畢。門山鄉民感公之德，建碑需言，用志不朽。因推古今養民之異制，而喜公之有是舉也。故爲之記，是亦邦人之志也夫。

（萬曆）《兗州府志》卷一八《山川》　金線河縣東北三十五里南流入泗河。

又　塔河在縣西北七十里，亦名金線河。源出蒙山九女關三山下，南流入于浚。

利豐河

清　佚名《重修廣濟利豐河渠碑記》（道光）《河内縣志》卷一三　沁水，自晋境折入濟源之枋口，昔人引以灌田，其來舊矣。顧渠口初未審形勢之便，易湮淤，遂通塞，不常時，有興廢。明萬曆庚子間，大司馬鳳翔袁公應泰令河内，相度水勢，鑿山爲洞，置閘司啓閉，引水出洞口，滔滔汩汩，東南流歷濟、河、温、武四縣界，又數分支流，以資遍溉，名曰廣濟洞渠。其役甚衆，其慮始甚周，其落成甚艱，而其永濟乃甚溥。其下又有利仁豐稔渠，用濟廣濟之不及，而膏腴沃壤，幾盡境内，越數十載，渠潮淤塞，僅存涓涓細流，而澤不下究，邑侯孫公，目擊心傷，謀爲疏浚之舉，初有慮媯工之難者，侯曰：否，因民之所利而利之，其强者，吾以公服之；其奸者，吾以明察之；其愚而弱者，吾以均恤之。苟有利於斯人，勞怨其奚辭。既肇，庶民子來踴躍趨事，猾者無所施其巧，樸者，無所愛其力。自廣濟正渠以暨，各支渠并利仁豐稔諸渠咸浚，深廣如舊式，未三月而告成事，浸灌之利大饒，而用不争。余嘗稽晋安平獻王司馬孚，爲魏野王典農，將具表言，枋口木門朽敗，易以方石，溉田滋廣。唐貞元二年，隴西公李元淳刺懷州，開渠七十餘里。史又称温造爲河陽節度使，太和五年，浚古秦渠枋口堰，役工四萬，溉濟源、河内、温、修武四縣，田數千頃。可見枋口渠，自秦有之，當時以木爲渠口，司馬獻王乃易之以石，猶易湮淤。至袁公鑿爲洞，功乃益大，利乃益溥爾。

天下事往往振迅于創始，而後乃因循凌替，故繼起之功貴焉。今鑿山開洞，前有袁公，不有公之力任疏浚，則袁之澤漸至湮没，故兹役也，公於河内永利濟，實有大功于袁公也。

工始于順治十五年十月初二日，訖於本年十二月二十日，役夫三萬人。侯名灝，字湛一，己丑進士，順天之大興人。

清 楊蕃生《修復利豐河碑記康熙十七年立》（乾隆）《濟源縣志》卷六 利豐河肇開於明嘉靖二十五年，規模粗具，遞廢興者三。繼萬歷丙辰，胡公沾恩令河内，從新整飭，口岸砌以石，始盤固。迄兹其口其身，爲余族伯大中丞嗣修之。叔祖純以七百八十金，易濟民地，一口兩腹，南豐稔，北利仁，至程村天平閘分焉。延袤百餘里，灌溉河、濟兩邑田，爲利至溥也。客秋沁水泛溢，口淤咽塞，石堤衝没殆盡，河又廢。是猶鑄釜烹食，食成釜碎，天之灾也。謂非農民之大不幸哉？

太守楊公、河倅郭公心煩於慮，而身親其勞，同詣河干，度工限程。委令公直、生員楊化生等督同總管堰甲重修之。諸首領率作惟勤，各殫厥職，又加之兩公日省月試，不憚馳驅。以故開工於去冬十月廿頭，告竣於今春三月中旬，若斯之速也。灰石、物料、工價、口食惟公直日其計。而時，其出納假官濟私，兩公則鄙其非而痛絶之。工完利濟，士民感恩，乃丐余作記。

余竊惟善忠君者，先愛民，善愛民者，先謀食。夫河，食之源也，胡公治是河，河濟二邑無凶年，其忠君、愛民之心固已著於前矣。今兩公修復其舊，是誠所謂後先同揆也。世之施小惠者，當時則榮，過則已焉。若兩公之澤，當與河流并長；兩公之功，實同天地不朽矣！噫，微獨農民世世賴之，即胡公亦且借二公而永終其譽哉？昔漢召公信臣爲南陽太守，造鉗盧陂於穰縣南，用廣灌溉，畝收皆一鍾，人獲其利。及後漢杜公詩爲守，振興其業，時歌之曰：前有召父，後有杜母。其即今日之謂與，兩公德政撫百姓，恩加六邑，異日必有聞之。天子書之史官，余固可略也，兹以河人之請，特取治河之事，而喜爲天下後世道云。太守公諱廷耀，三韓人也。河倅公諱璉盛，京保安人也。并志之。

清 范泰恒《重浚利豐河記》（乾隆）《續河南通志》卷八〇 河内多水渠，民受其利。其大者，廣濟渠外，乃有利豐河，河故名豐稔。創於明嘉靖二十五年，久且廢。萬曆四十三年，吾邑胡公沾恩復闢之。先，大司農實佐其成，分而爲二，曰利人、豐稔。建太公閘以關之。後邸公存性移閘程村之西，易名天平，兩行如故。東流爲利人，尾繞郡東郭入於沁，長七十里。豐稔流東南，至樊庄，復分南北支，由韓旲村注猪龍河，長六十五里，爲南支。北支亦六十里，而長則至温之雙流村，并達猪龍。而發源皆枋口。枋口雖濟地河，則河内前民以價易之者，惠分濟而疏浚之事，濟不得過而問。嗣因減水閘之在濟梁家庄者，洩之過或減正流，又上流闌截，爲奸民不沾利，不計年所矣！乾隆五年夏，水泛沙湧，而河流遂絶。余閲前史，有曰河内富實，夫所謂富實者，豈獨地利，蓋人事實有賴。自司馬争表治枋口，千餘歲乃得經略袁公，胡公繼袁公以興。而利豐之功侔廣濟。百餘年來，名存實亡。前徽不繼，按圖者猶曰：河内富實。反不如瘠土者，猶易邀仁人惠也。夫今河内之視古河内，彈丸耳，即河内之恃爲地利者，又十不二三耳。而一渠之利，且聽其污塞，無有過而問之者，吏則逸矣，如吾民何？我侯胡公心惻焉。

六年仲春，偕丞薛君樂天，謀浚之。河源至五龍頭，長二百七十九丈，濶或丈餘、或二丈餘，深八尺。五龍達天平閘，深六尺，而長二千七十丈，濶二丈有奇。此利豐總滙也。利人起天平閘，至減水閘，長則一千三百丈，丈餘至二丈濶不等，深三丈。減水閘至鄭村館，其長八百丈，爲河内門户，河身昂三尺，深倍之，計其濶一丈五六尺，下達河尾一丈四尺濶，深四尺，長五十有七里。而利人於是乎浚。豐稔自天平閘，逮樊家庄小分水閘，六百三十丈而長，又南北支之門户也。昂更甚，深至七尺，計其濶，不減一丈二三尺。其南支，自小分水閘至史村，深五尺，濶一丈四五尺，長蓋一千四百丈。下至河尾，長逾五十里，深四尺。一丈二三尺，其濶也。北支與南支起同閘，至官庄，長約一千二百丈，濶一丈三四尺，五尺深。則同迄河尾，濶不過丈二尺，深三尺，其長四十有六里。蓋南北支之分流豐稔者，皆於是乎浚。而利豐河百年淤塞，豁然大通矣。又河吸沁流，舊設三洞以待之。中濶八尺，東西各四尺五寸濶，向開中、東二洞，西則閉，訛傳爲洄溜，開且無益。當是時，諸有事河干者，白之公，公不可。則力起大石數十，皆千觔，小石不可計。臭穢遠徹，不可近聞。迨去之，而水勢充暢，視前三倍。抑又念減水閘之在濟者病正流，則於邑西古章村，馬坡村，開閘各一，而以時洩其水。梁庄舊閘，非大水濶勿啓。旱魃巨浸，俱不爲災。河内富實，庶幾復其舊。

小民有歌，聞之太守王公，太守聞之中丞雅公，中丞嘉乃丕績，而公且謙讓未遑也。夫美利不言，良有司之事，而棄起廢之功不載，無以爲來者法，則都人士之過也。且一渠耳，胡公闢於前，即有今胡公浚其後。昔胡公闢之，而先大司農佐其成；今胡公浚之，而余又得觀其成，倘亦有數焉於其間耶？遂泚筆而記其事。

（雍正）《河南通志》卷一七《水利上》 利豐河，在縣東北，自五龍口起至河内縣交界止，長二十里，寬四丈，深一丈，灌田。

（道光）《河内縣志》卷一三《水利志》 明宏治六年，河南參政朱瑄言：廣濟渠苟盡人力，可甦民困。巡撫徐恪以聞，敕瑄專主其事。隨宜宣通，置閘啓閉。由是，田得灌溉。嘉靖時，河内令胡玉璣浚之，名利豐河。隆慶二年，知府紀誡，又名之曰通濟河。

又 利豐河，順治十五年，舊志云：利豐河，即利人、豐稔二河，因二河水小，分灌不均利，户爭訟。知縣胡霑恩萬曆年建砌天平閘一座，分水澆灌，永杜争端，故更今名。《府志》云：利豐河在濟源縣東北，由利豐洞引沁水入渠，自五龍口東南流九里，逕王寨至程村，利地七頃有零，西南建天平閘，分爲利仁、豐稔二渠。

呂公河

綜述

明 張弘襟《邑侯白公重開呂公河記》（康熙）《鄠縣志》卷一二 呂公河發源於潭、皂二峪，横可跳而越也。蜿蜒而來，横經東關外北折，而西入澇水，于鄠雉若縈抱然。還映紫閣，湊成帶厲。以其開于前邑侯呂公，故名。

先是，呂公請可，兩院合暨司道上下移文可覆按也。呂公去，後河旋塞。緣佃其旁者，貪尺寸之利，于波臣之口快眉睫而忘遠利，故聽其淤不復疏耳。白公侯于兹土，蒿目民艱，搜一切積蠹釐之。于是歷趾原野，躬親勞來，尋一線之故道于蔓草埋没之間，督工疏通。是爲萬曆癸丑，季春之朔，當瀠緑潺湲之初，正不佞弘襟盗竽甲膀，適家報之日。吾邑自渼陂王太史後，甲膀故寥寥。曩此河一開，而得韓君期維。今再開，而謬得不佞。不可謂非祥也。公但曰偶然耳。公更慮暘旱不均，厥水弗繼，捐俸金，命石工鑿粟峪之山，闢直峪之壑，引水自南鄠旁，共入呂河。湧湧而下，流派不絶。

羅二君、張幕君及前幕王君，嘗左右之以觀厥成，且沿堤樹柳萬餘，勢如藩屏環。邑人無老若穉，咸舉手加額喁喁然，歌無疆之澤也。直謂有增風氣然耶？計瀕河之田，可引灌數百頃。及令嘆魃失權，桔槔無功，真萬世之利，所補匪細故也。

古云：民不可與慮始，而可與樂成。于兹益信。按邑父老相傳，此河創自初尚有渠痕，隱隱可辨。公是役也，不但光映前侯，且有功初矣。公清比寒潭，纖徵悉照，揚善洗冤，賙貧恤孤。築建士山，則遺缺之地脉補矣。施捨樂劑，則遠近之人命活矣。其大者，决累世之積寃，清萑苻之氛祲。籌紆樽俎，神武不殺，尤百二秦關藉之以安漾也。諸縉紳聚諸父老謀曰：祀法曰，澤施於民則祀之。據我侯浚川一節，已符兹典，矧德政，種種恩膏，沁人肌髓，正直是對，神明而厚，德中之才猷，更自寡二乎？

此當於古循良中求之。《詩》所云：豈弟君子，民之父母。非與是爲，可不爲置祠，當吾輩目□而缺然。遂令立生祠。守東關武安王廟之右殿宇弘廠中肖公像，并前邑侯王公而兩，共爲俎而豆之，令傳之世世母絶。

噫嘻！山陬侗樸之民，不慣逢迎，庸詎有所爲而爲也。祠事竣，而聞公。公辭之不能，不佞姑記其涯略若此。白公諱應輝，號懷竹，四川几江人。羅二君諱崑，號繡南，湖廣石首人。張幕君諱應升，號和衷，福建福清人。王幕君，諱之璽，號乾峰，四川巴人。王公詳在別碑。

明 冷大蒙《修河小記》（康熙）《鄠縣志》卷一二 余承乏鄠、杜，甫鄠邑父老請興事。適鄉紳象南張先生以省親里居，每爲余言邑東南舊有吕公河，歲久湮滯，白公承而新之，暨河工成，而余不佞，會捷之報適至，然則斯水不獨便民灌溉，實與文運相關，今復就壅，亟宜浚導之，勿緩。

余聞而唯唯，顧簿書旁午幾成，道傍築舍。余入覲還，諸父老再申前請。余乃乘公侂，與先生徐步南山之澳，察其原委高下，見有皂峪泉，停毓淵泓，可引而長，四時不涸。余驩然，喜曰：斯可藉乎，以完是局矣。爰屬邑佐王君力肩其任，督工開刱，深濶各三尺許。自方勝村起，而天和村、陳平坊因勢疏鑿，計十里，與白公河滙，遂遶城而歸，并於澇焉。落成之日，王君酌余，而觀緑波瀠繞，快目賞心，且不費民間一緡，不捐民間半菽，而工告竣。余不勝舉手稱慶。

時農畯婦子，環聚而樂覩以百千計，僉欲歸功於余。余惟昔者，翟方進壞陂，而黄粘怨興，召杜開陂，而父母歌作。夫余令也隧將焉，詒興其誰，竢今而後，不爲吕、白兩公所姍笑，而後之繼余而令者，偏亦心余之心乎？余竊有厚幸矣。

清 陳瑋《康令重修吕公河記略》（乾隆）《鄠縣新志》卷一 吕公河發源檀皂峪，白公踵修之，冷公再踵修之。歲久，潺湲清湍，化爲緑草平蕪。歷百年來，守斯圭者，未有過而問焉。河之存焉者，名耳。

邑令康公，惓惓以修浚斯河爲急。乃巡行故河，由末深原鑿石，以廣其流，引渠以達其遏。高者平之，隙者窒之，壅者疏之，狹者擴之。不傷財，不害民，不逾月而功告成。猗歟休哉！若公者，可謂知先務矣。于時審察形勝，力主其議，則康君宏祥，指畫地宜，力贊其成，則王君郫。而往來督工，共襄其事者，則嚴尉泰也。後又有邑人王劻所撰，邑令李文漢新開渠道記。

雜録

（乾隆）《鄠縣新志》卷一《地理第一》 皂水出皂峪，亦入於澇，又引入吕公河。

又 吕公河北人稱流水概曰河，非不知水名領別，蓋誤以水流處爲河耳。相傳既久，雖名儒著作，往往不免此誤。舊志内如此者甚多，不能盡改也。在縣東。舊志云：明萬曆中，知縣吕仲信引檀谷皂谷及阿福泉諸水，遶縣東關，北折而西，遶城入澇水，人謂之吕公河。知縣白應輝又鑿栗谷、直谷諸水爲新河，引流入吕公河。人亦謂之白公河。是後，知縣冷大蒙浚之。明末，知縣張宗孟復引澇水，自白雲山逕天和村羅什寺至南關外入新河及城壕，民享其利，未幾淤塞。國朝康熙間，知縣康如璉重浚之。乾隆己巳，知縣李文漢亦浚之。今堙廢。留心水利者，不沽名，不自用，當知所盡力矣。

孟瀆河

論説

明 郭思極《修復練湖疏浚孟瀆疏萬曆四年上》《吴中水利全書》卷一四

巡按直隸監察御史臣郭思極謹題爲江南亢旱日久，運道艱阻可虞，乞敕當事臣工清復蓄水湖額，疏通達江閘道，以垂永利事。

臣惟蘇、松四郡關係國計民瘼之大，莫急水利。近荷皇上洞悉民隱，專敕憲臣董理其事，將見澤國奠安，四郡黎民熙熙然有更生之望矣。臣復何言。近臣巡歷常州、丹陽以至鎮江，則見漕河淺涸，大異往時，運舟鱗集，停閣不前，蓋繇天時久旱，外無江潮可入，内無支流可濟。雖竭盡挑浚之勞，末如之何。於時督漕憲臣以及司道有司絡繹道塗，星行露宿，經營相度，多方計處，乃導流轉灌遠戽港汊之水注之漕河。又廣募民舟以剝運，多撥民夫以挽拽，知慮悉殫，水陸畢力，工費無算，僅能引舟出江，雖於漕期尚可無悞，而二郡騷然，民幾不堪命矣。

臣觸目疚心，不遑寧處，顧無策以濟民艱，乃考按圖經，咨諏士庶，則固有陳迹可復，地利可修者，得貳説焉：一曰清復練湖，以永資蓄洩。蓋江南漕河縣亘四百餘里，其勢北高而南下，在蘇州以至常州，則地形最下，水得流通，雖遇歲旱，不至甚涸。自常州以至京口，地形高亢，河流易涸，雖奔牛、吕城建有石閘二座，以時啓閉，蓄水以待運船。然而仰藉蓄水以濟運者，實有丹陽之練湖爲之源也。練湖北去丹陽城百步，而近漕河縈遶其側，舊額廣周四十餘里，仰受長山高驪之水，滙爲巨浸。唐宋以來，築有中埂斗門石閘，制度詳備，歷代修浚。

至我明天順、成化之間，屢常疏會增修，是以水得停瀦，汪洋不竭。夏秋則戽水以溉田，冬春則放水以濟運。故有湖水放一寸，河水漲一尺之諺。其有資於漕運者，甚大也。夫何守令狃近利而忽遠圖，縱令勢家豪户周圍告佃成田，日侵月削，寖失舊額，且佃田之家輒私放其水，冀免渰没，而便于耕作也。傍湖之民又私開函洞，張網其間而利於取魚也。彼皆相仍其業，視爲己有。雖嘗有建議清復之者，而怵于謗讟，因循中止，年涸一年，至於今且揚塵矣。一遇亢旱，束手無策，是天造地設之利，而人棄之，安得盡諉之天時哉！

臣愚以爲，佃湖租税之入，爲利甚微，漕河蓄洩無賴，爲害甚大。理當清復無疑矣。但向之清復未能者，勢家豪户阻撓於其間，而任勞任怨之難其人也。今既敕有憲臣專管水利，奸頑之徒自當讋服。憲臣主持於其上，有司奉行于其下，披圖按籍，一清復之。儻以貧民失業爲慮，臣又訪得該縣有萬頃洋等處，皆可墾爲膏腴之區。使佃湖之家轉佃于彼，則失于東者償於西，公私可兩便矣。

一曰議修孟瀆，以旁通舟楫。夫奔牛、吕城之二閘，例於冬閉春啓，蓄水以待運船。然秋冬之交，運船空回者，必取道於此，而官船之往來者，亦必取道於此。上下交馳，情奪而勢阻，欲其恪守閘規，不可得已。求諸先年，有不繇二閘而可以間道達江者，則又有武進之孟瀆河在也。孟瀆在武進之北，延袤六十餘里而長，外通長江，內資灌溉。商民舟楫，罔不便之。向使此河不淤阻，則空回糧船，與往來官船，率繇此以抵江。俾奔牛、吕城得閉閘蓄水，專通運艘，則勢不至於淺涸之甚。緣自嘉靖年間，遭值倭亂，築堡中流，設兵禦守，於是河流漸微，日就阻塞。雖嘗有建議開浚之者，計度工費約該五萬餘金。而當事之臣經理欠周，乃欲以武進一縣之民力當之，譬之一國之事，而責辦于一家，以十人之負，而責荷於一人，勢有所不能矣。以故旋議旋寢，至於今將爲平陸矣，安望其能通舟以達江哉！

臣愚以爲，此河之開，不獨有資于灌溉，而實有資于漕運。不獨有便于武進一縣，而實有便于常、鎮二郡。今惟責之水利，憲臣詳爲酌議，民力取諸常、鎮二郡，錢糧取諸漕運衙門，要不必加派以病民，而計工授直，則無不濟矣。孟瀆一開，則既有間道，以通舟楫，而運閘得啓閉之宜，又引江潮以達奔牛，而運河資接濟之力，縱遇亢旱，不至坐以待困如今日矣。故議浚孟瀆，以旁通舟楫，亦緩急可賴之一策也。此外，若預查勘時挑浚等事，漕規具存，臣無事瑣瑣矣。伏乞敕下該部，再加查議，如果臣言可采，覆請定奪施行，庶於國計民瘼，咸有所裨矣。

明 陳世寶《清復練湖疏浚孟瀆疏萬曆四年上**》**《吴中水利全書》卷一四

欽差巡按直隸等處監察御史臣陳世寶謹題爲敷陳末議，懇乞聖明亟賜舉行，以裨將來糧運大計事。

計開：

一、清復上下練湖。照得練湖上下約一萬三千餘畝，長山之水盡注于中，東距運河不過一堤。如使已往湖形未湮，舊制猶存，停流蓄水，不使外洩。雖今年運道旱涸，而引決以濟，第見建瓴而下，須臾盈滿，豈至使臣等驚惶區處，備嘗艱苦。軍民疏導撈浚，重遭勞擾，而後徼倖利涉于萬一也哉！

今臣督同浙江都司葉歡于張官渡車水之暇，沿埂逐崖查得原設之閘半廢，函洞之底太低，中雖有水，走洩甚易。且豪黠彊禦之徒，占爲己田，雖近有公租之入，所值幾何。彼又將利其水之不存，而便于耕種爲矣。以故今春引水通運，累及百姓，遂有一二鄉紳貽書于臣，以歸咎此湖之久廢。里老百餘人，遮道泣訴，謂復此湖而後，常鎮之民始有息肩之日。吁嗟！此湖之便于漕運若是，人情之願于清復若是，乃有司惟以城狐社鼠，占恡掣肘，竟寢而不問，不知朝廷三尺之法議，單清復之令將安用之。即歲納些須公租，亦豈能當我官民一遇河道旱乾，輒勞費如此耶？

況有誤國計，干係匪輕。臣昨于糧運通行之後，亦行管河參政王叔杲委官踏丈，但非奉明旨，則臣行既遠，將又停閣不舉。伏乞皇上鑒今年之事，爲未然之防。敕下該部鋭意清復咨行，應天巡撫專責管河參政，督同各該府縣掌印管河官逐一踏丈，要見四圍原額若干畝，今存若干畝。某處蓄水，更當挑渠以入湖。某處堤壞，更當修築以防溢。舊閘當修者修之，函洞當改者改之。應於某官掌管其事塘長壩夫各該若干，修浚錢糧應費若干。其地勢高阜，仍當招種者，即以其租收貯官庫，以爲本湖修浚之資。嚴立限期，務在五月以裏，踏丈明白，造册回繳。仍於每年終，巡當招種者，即以其租收貯官庫，以爲本湖撫衙門具本，練湖蓄水若干文册報部查考。仰祈聖裁。

一、復開孟瀆河。照得清復練湖誠濟運要務，而孟瀆河不開，亦爲缺典。聞此河于嘉靖初年，當漕船旱澁，該漕司呈達該道開挑，而運事始通。今該臣親至奔牛鎮，疏浚閘左之月河。查得孟瀆河亦在奔牛之中，因督同蘇松管河參政王叔杲、督糧參政楊世華往彼踏勘，見得河形尚存，閘基猶在，又據土民稟稱，本河起于奔牛萬緣橋，歷黄泥謝店羅墅石橋萬遂等處，約七十里，而入大江。入江之後，繇黄牛山圖山門焦山金山之側，以達瓜洲閘，雖有百里之遠，而急流之險，止一二十里耳。但因嘉靖三十一、二等年，倭寇突犯常鎮，有司始將此河緊要去處築壩堵塞，以斷其入寇之路。日積月累，遂致此河淤墊幾平。而糧運商賈之船，不復經行矣。

臣又博訪衆論，謂此河復開，不惟遇旱可通運船，而秋冬回空，倘正值丹陽一帶打壩修河之時。逕繇大江入此，直出常州，無復阻礙，而船到必早，夫回空早則赴兑亦早，開幇亦早，最有益於運政者也。仰祈聖裁。

明 林應訓《開浚孟瀆河工疏萬曆五年上**》**《吴中水利全書》卷一四 欽差巡按直隸巡視下江兼督水利監察御史臣林應訓謹題爲河道異常淺阻漕船遲悮數多懇乞聖明嚴飭當事諸臣以重國計事。

臣奉命督理江南水利，節經案行蘇松常鎮兵備道，即將按屬蘇松等府地方大小河道逐一查勘，去後隨據本道參政王叔杲呈，稱孟瀆河爲國家漕運之捷徑，而開浚之江，必調停夫役之得宜行。據常州府通判王日東公同府縣掌印官丈勘得，本河自萬緣橋起，至孟瀆河口止，共長九千九百五十丈，積方三萬九千九百六十方，細閱兩岸高峻，挑土安頓，陡而且遠，比之平地開土堆堤者不同。價若不平，夫無應募。合照舊例每方深廣一丈給工價銀四錢，今計方數共該銀一萬五千九百八十四兩。及本河壩邊立車六十一部起，集人夫車戽計工三千一百工，共銀三十一兩，二項通共銀一萬六千一十五兩。

查得前河原係浙直運道，永樂、宣德、弘治年間，議于蘇、松、常、鎮、杭、嘉、湖七府協力并開，自正德時浚後，至今淤塞年久，是難獨坐常州一府。等因。報道照得孟瀆河雖坐武進縣地方，實爲浙直運道捷徑，載在《漕志》。且官民船隻，經行尤便，非止一隅之利。今據覆勘合用前銀，查得原蒙題准修河米折銀專聽修浚運河支用，萬曆元年起至四年止，浙江杭、嘉、湖三府欠解銀四千四百五十兩四錢八分八釐，并存留三府備用銀六千二百二兩五錢六分，合無將常州府見存導河夫銀及該府并蘇州府見貯修河米銀先行給發，立限興工挑浚，所少銀兩暫於兵餉銀内借用，仍乞移文浙江撫院嚴督杭、嘉、湖三府，將欠解并存留備用銀兩速解該府補還，工可立就。此河既開，江口修完閘座，每遇運船通行之時，徑繇此河出江，誠爲官民兩便。等因。

呈蒙本院批允，遵依督行，府縣掌印管河官責令委官動支前銀起夫興工挑浚，去後續據常州府申稱照依通判王日東原勘丈方，議用前銀募集人夫五萬四千四百名，照方開浚，委官照磨金承。詔縣丞雀言、典史吴仁，分段督率人夫，俱於三月初八等日興工，論方給直，務照原派，深濶丈尺，如式開浚，各報工完，訖除原議前銀外，又加增戽水人夫一千九百工，每工銀一分，該銀一十九兩。及委官省祭白訢等十二員，每員每日議給供給銀四分，該銀一十兩八錢八分。又犒賞塘長里總花紅銀九兩，連原議通共銀一萬六千五十三兩八錢八分。隨將本府庫貯導河夫銀五千一百四兩二錢九釐六毫。又修河米銀一千二百六十三兩五錢二分六釐七毫二絲二忽，及蘇州府并武進等縣導河夫銀并修河米銀共四千八百六十八兩五錢六分七釐三毫六忽四微，通共銀一萬一千二百三十六兩二錢九分七釐六毫二絲八忽四微，動支放給外，尚欠銀四千八百一十七兩五錢八分二釐三毫七絲一忽六微。即於本府庫貯兵餉銀内權借支給，俱經給發。居民沈彩等散給人夫收領訖合候，嚴催杭、嘉、湖三府前項欠解，并存留銀兩補還兵餉之數。

再照沿河兩岸，率多泥沙，俱非固土，天時雨潦，未免倒塌。而江潮日至，浮沙湧進，淤塞之患，勢所不免。歷年以來，屢浚屢淤。蓋開浚工完，則人情俱懈，而不復議及經久之計。今雖挑浚完工，若不立法善後，不一二十年，淤塞之患又至矣。合於萬緣橋、黄蓮樹各建閘一座，每座用銀三百九十三兩三錢，共該銀七百八十六兩六錢。築壩樁木等料銀六十六兩二錢。孟河城南北西閘改造天闕修砌燕尾并打壩等項，該用銀一千二十五兩五錢七分八釐。又議設三百料船二十隻，每隻約用銀四十兩，共該銀八百兩。鐵掃箒二十具，該銀二十二兩，專備夾取河中淤泥之用。以上共該銀二千七百兩三錢七分八釐，無從措處，合無仍於本府庫貯兵餉銀内借用，即行建造，閘座築完，每歲冬月，量加疏浚，使河泥輒至而不集，河水常裕而不涸，實爲運道萬全之利也。等因。申道該本道親勘開浚工程，委無虚冒册，報到臣該。

臣看得孟瀆河口徑渡江北，入白塔河，至灣頭以達漕河，爲淛直運道捷徑。此河誠開，不直漕船出江之便已也，仍有三利焉。運船與民船分道而行，一也。商民船瓜洲而下，一潮可達，免風濤盗賊之虞，二也。地方灌溉之利，三也。先此武進之民憚於獨勞，倡爲險澀之説，故其議不果行。今銀兩取之導河夫銀修河，米折銀不足，則借支兵餉，不累常州，人夫則徵諸各屬，不累武進。蓋人人踴躍，率作興事矣。

自三月初八日起，至五月初七日止，募集人夫五萬四千四百名，開河九千九百五十丈，用銀一萬六千五十三兩八錢八分。蓋先於秋後數月，不必再行估計，而夫工錢糧，因以附見焉。相應具題，伏乞敕下工部。將臣等造送文册，逐一稽查，除將導河夫銀修河米折銀徑行支用外，其杭、嘉、湖三府應解修河備用銀兩行令浙江巡撫作速起解，補還兵餉。至於常州府官續議建閘改闕設船編夫等項費，不過二千餘金，容另便宜處發，委官責成，不煩内帑，不敢疏瀆，容臣造册奏報，清册送部查考。

清 陶澍《陶雲汀先生奏疏》卷二七《籌款挑浚孟瀆劉河摺片》

再，臣查蘇、松、常、鎮、太倉四府一州地方，縱横不過五六百里，而錢漕各項歲需二三百萬。因其地濱江湖，且灌且洩，旱潦無虞，是以地雖小而賦税足供。訖自數十年來，河道淤塞，田畝每致歉收。如道光三年水災，其明驗也。公私傷損，至今元氣未復。是水利一事，於東南財賦之區，尤爲切要。

前於道光七年八月，欽奉諭旨，令臣同督臣籌款挑浚。其時已將吴淞江挑工，議請於七年平糶緩漕米價銀兩借動銀二十六萬五千餘兩，勘估興工，旋於八年二月工竣。仰蒙恩旨將所借平糶緩漕米價銀兩，即作爲挑浚吴淞江經費，就款開銷。其劉河、白茆、孟瀆等處，并經臣等於收工摺内附片聲明，分年籌辦。嗣於八年十二月，議請借糶七年徵剩及八年帶徵緩漕，挑浚劉河，攤徵完款，經部議駁。

查劉河工費較鉅，估需銀三十餘萬，别無閑款可籌，是以覆議暫緩興工。惟該處係三江之一，爲蘇、太等屬農田水利蓄洩最要之區，勢難久任淤墊。并查孟瀆一河，地在常州，其水從武進縣東北大江邊引納潮汐，逶迤數十里，至縣西北之奔牛閘地方入運，與丹陽下游河水會合。每遇上游徒陽運河興挑，官民及商貨船隻，均由孟瀆河通江出入，下達蘇、杭，上達鎮江，實爲京口徒陽河道之副。而常屬武、陽等縣農田之蓄泄，尤以此河爲關鍵。自嘉慶二十年後，久未挑浚，湮塞不通。一遇徒陽築壩興工，江廣船來，無路可入，動須遶道海口，險遠難行，蘇、常等屬每至無米接濟。而本地農田焦涸，或須戽水於數里、十數里外，以資灌溉。實係民商交困，亦係萬不可緩之工。現在各屬緩漕米石，除搭運三成及撥補灾缺兵米外，約計尚剩米十數萬石，因運河枯淺，議請留省糶變，仰懇天恩暫借爲劉河、孟瀆河挑浚工用，一體攤徵歸款。

除飭司道確勘估計，臣仍親往履勘，另請奏辦外，合先附片陳明，伏乞聖鑒訓示。謹奏。

道光十年正月初四日具奏。二月初四日奉到硃批：『覽。』欽此。

又 卷三〇《籌款興挑孟瀆等河摺子》蘇撫會稿 奏爲勘估武進縣境水利工程，借動籌備銀款，乘時興挑，以資利賴，仰祈聖鑒事。

竊照蘇省劉河、孟瀆等河，日久淤墊，亟應興挑。經臣陶澍於道光八年吴淞江收工摺内，附片陳明：本年正月，因緩漕米石除搭運外，剩米十數萬石，運河枯淺、難以全行帶運，請留蘇糶變，暫借爲挑浚劉河、孟瀆河之用，攤徵歸款。奏蒙俞允。嗣於覆奏緩漕分別搭運糶變數目摺內聲明：孟瀆河及相近之得勝河、澡港河，多有淤塞，應須一并辦理，或與劉河同時并舉，或先後興挑，熟籌另議，另行奏辦。於本年閏四月間，奏蒙聖鑒在案。

查常州府屬武進縣境，運河之北，有孟瀆、得勝、澡港三河，皆南通運河，北達大江。旱則引江潮以濟運、灌田，并可直達無錫、金匱、宜興、荆溪各縣，以資接濟。如遇水潦，即宣導入江，不致壅溢爲患。實爲各屬水利要道。惟孟瀆河自嘉慶二十年興挑，得勝河自嘉慶十一年興挑後，均已湮塞不通。澡港河乾隆三十年挑辦，至今已越六十餘年，亦久經淤墊。經臣陶澍暨臣梁章鉅、先後親往勘明，數十里之遙，并無江潮灌輸，水泉滋潤。現在農田受困，民望孔殷，實爲刻不可緩之工，較之劉河尤應先行興辦。

茲據署蘇州布政使衔慶、常鎮道劉名載會詳，據調署常州府知府趙光禄、武進縣知縣程士偉、陽湖縣知縣廖鴻苞會勘得，孟瀆一河，估需土方夫工例價津貼、連壩座工料，共銀一十三萬四千五百七十兩零。又，因孟河舊口，漲有老沙，難於開穵，改開超瓢港出口通江，應行穵廢沙田，拆移草房，遷讓墳地，共需銀二千九百六十三兩零。并於孟河中間，添建閘座，需銀一萬八千八百六十二兩零。又，得勝河估需例價及津貼等銀三萬六千九百三十九兩零，澡港河估需例價及津貼等銀一萬三千三百八十三兩零。以上三河，共需工費銀二十萬六千七百餘兩。選舉董事余保純等，分段領銀挑辦，官爲稽察。所需工費銀兩，議請分作十成，照康熙十九年鄰縣協濟成案，歸於武進、陽湖、無錫、金匱、宜興、荆溪六縣攤徵。內武進、陽湖二縣，共攤五成；無錫、金匱、宜興、荆溪四縣，分攤五成。各分限十年，按照條銀徵還歸款。并據各該縣以『輿情允洽』出具印結，詳送司道覆加查勘，委無浮冒。查糶變緩漕米價，已據各屬全數解存司庫，銀二十六萬餘兩。所有挑浚孟瀆、得勝、澡港三河工費銀二十萬六千七百餘兩，即請於米價銀內按數借給，分作十年攤徵還款，買米搭運。仍俟工竣，將用過銀兩造册報銷。至此次挑河工程較大，在工委員人等以及挑夫、搭蓬等項一切雜費，應請循照歷辦成案，在於工價內每兩扣平五分，爲經費之用。詳請具奏前來。

臣等查現准户部咨稱：『各項工程概行停止，不得奏請興修。』惟武進縣孟瀆、得勝、澡港三河，淤塞已久，先經奏明，係不可緩之工。且所借米價，將來須攤徵歸款，并非動項開銷。業已籌備銀款，欽奉允准，與部行停工之後奏請者有間。仰懇皇上天恩俯准，仍行舉辦，乘此冬令興工。所有估需工費等項銀二十萬六千七百餘兩，經臣等細加覆核，實無浮冒。應請即於奏准緩漕米價銀內，動支借給，飭令該地方官督率董事，實力興辦。臣等督飭司、道等，隨時查察。俟工竣後，親臨驗收。務使工不虛糜，銀歸實用，以仰副聖主惠遍農田、永資利賴之至意。所借銀兩，應如府、縣所議，循照舊案，歸於武進、陽湖、無錫、金匱、宜興、荆溪六縣分別攤徵歸款。容另取估計攤徵各册結，分別題咨。至此外尚餘米價銀五萬餘兩，應照奏定之案，存俟籌辦劉河，湊借工用。

所有先行佑挑武進縣孟瀆等河，及借動銀款緣由，謹合詞恭摺具奏，伏乞皇上聖鑒訓示。謹奏。

道光十年十月十八日具奏。十一月二十日奉到硃批：『另有旨。』欽此。

同日奉到道光十年十一月初六日内閣奉上諭：『陶澍等奏勘估武進縣境水利工程，借動籌備銀款一摺。江蘇武進縣境孟瀆、得勝、澡港三河，日久淤墊，亟應興挑。前經該督等奏明，係刻不可緩之工，業已籌備銀款，與部行停工之後奏請者有間。著照所請。所有估需工費等項銀二十萬六千七百餘兩，准其在於奏准緩漕米價銀内動支借給。該督等即飭令該地方官，督率董事，實力興辦，并飭司、道等隨時查察，務使工不虛糜，銀歸實用。工竣，該督等親往驗收。所借銀兩，着循照舊案，歸於武進等六縣，分別攤徵歸款。此外尚餘米價銀五萬餘兩，存俟籌辦劉河工用。該部知道。』欽此。

又 卷三一《孟瀆河工程請緩至來年接續興挑摺片》 再，常州府屬武進縣境內，運河之北，有孟瀆、德勝、澡港三河，係引江潮濟運、灌田之要道，因年久湮塞，江潮未能灌輸，以致農田受困，運道淺滯。經臣陶澍、前護撫臣梁章鉅，先後親往勘明，必需及時挑浚。估需工費銀二十萬六千七百餘兩，借動糶變緩漕米價銀兩，分年攤徵還款，於上年十一月奏蒙俞允。當即轉飭該府、縣，督率董事，分段領銀挑辦。并飭司、道，隨時查察，在案。

嗣據報：定期開工，人夫甫經下塘，即值雨雪連綿。自上年十二月，至本年正月，河内積水盈滿，實屬人力難施。直至二月初旬，天時晴霽，先將工段較短之德勝、澡港兩河，多集夫車，趕緊戽涸，如式興挑，勒限趕辦。臣程祖洛到任後，復即催飭認眞辦理。惟孟瀆河工段最長，淤墊最甚，現在河内積水至六七尺之深，連日雨猶未止，車戽不易。轉瞬即交夏令，夫役亦須歸農。體察情形，實屬工程艱鉅。若責令趕辦，必致草率從事。應請緩至本年秋後農隙之時，接續興挑，一律完工，以期費不虚糜，用昭愼重。理合附片陳明，伏乞聖鑒。謹奏。

道光十一年三月二十六日具奏。四月十八日奉到硃批：『另有旨。』欽此。

同日奉到道光十一年四月初八日内閣奉上諭：『陶澍等奏請緩挑孟瀆河，等語。江蘇孟瀆、德勝、澡港三河，前經該督等懇請動項興挑。茲據奏稱，德勝、澡港兩河，現經勒限趕辦，惟孟瀆河工程艱鉅，一交夏令，夫役亦須歸農。着照所請，准其緩至本年秋後接續挑辦，一律完工，毋許草率偷減。該部知道。』欽此。

又 卷三九《請緩挑孟瀆河工程摺片蘇撫會稿》 再，常州府屬武進縣境内孟瀆、德勝、澡港三河，係濟運要道，前經臣陶澍在巡撫任内奏准，於緩漕米價銀内動支借給，於道光十年冬開工興挑。因雨雪連綿，河水盈滿，至十一年二月始克驅夫下宕，先將工段較短之德勝、澡港兩河興挑。其孟瀆河工長淤甚，未能同時并挑，奏准緩至十一年秋後接續興辦。嗣據承挑之武進、陽湖二縣詳報：德勝、澡港兩河挑至七分工次，適值春雨兼旬，上游水發，灌注滿河，下游煞壩，水無去路，淹及田廬，不得不將尾壩啓放。時已農忙，即使天氣晴霽，亦難趕辦，等情。臣等查係實在情形，當飭俟秋後農隙與孟瀆河一并接挑在案。嗣交冬令，積水未消，無從施工。

行據蘇州藩司梁章鉅，轉據該縣等詳報：『覆查該河原估，雖皆核實，而自上年挑工未竣，被水衝刷之後，今昔情形微有不同。應將各河口底寬深丈尺，覆加確勘，或尚可以節省帑項。現在春水方長，潮汐日旺。上年春工半塗而廢，不敢再行冒昧從事。請乘此停工之時，將應行增減工段，覆加勘定，俟本年秋後興挑。』等情。由該藩司覆核請奏前來。

臣等查，孟瀆、德勝、澡港三河，未挑工段既有今昔情形不同，尚須覆勘之處，自應暫緩挑辦，以重帑項而昭核實。

除飭該府、縣乘此停工之際，將各河口底寬深丈尺、應增應減之處，覆勘造册，繪圖通詳，俟本年秋後農隙即行挑辦，不得再行藉緩外，合再附片陳明，伏乞聖鑒。謹奏。

道光十二年三月十三日附奏。四月十七日奉到硃批：『知道了。』欽此。

又 卷四八《孟瀆等河工竣驗收摺子蘇撫會稿》 奏爲武進縣境内孟瀆、得勝、澡港三河挑工完竣，驗收如式，并請將節省銀兩發典生息，以備歲挑經費，仰祈聖鑒事。

竊照常州府屬武進縣，有孟瀆、得勝、澡港三河，北達大江，南通運河，係引納潮汐，接濟漕運，兼以灌溉民田之要道。如遇水潦，亦由該三河宣洩入江，以免壅溢爲患。前因年久湮塞，以致稻田乾涸，運道淺滯。經臣陶澍暨前護撫臣梁章鉅，先後親往勘明，必應及時挑浚，估需土方工價，并添建閘座、空廢沙田、拆移草房、遷讓墳地，共銀二十萬六千七百餘兩，借動糶變緩漕米價，分年攤徵還款。於道光十年十月内奏奉上諭：『著照所請。所有估需工費等項銀二十萬六千七百餘兩，准其在於奏准緩漕米價銀兩動支借給。該督等即飭令該地方官，督率董事，實力興辦，并飭司道等隨時查察，務使工不虚糜，銀歸實用。工竣，該督等親往驗收。所借銀兩著循照舊案，歸於武進等六縣，分別攤徵歸款。此外，尚餘米價銀五萬餘兩，存俟籌辦瀏河，湊借工用。該部知道。』欽此。

當即轉飭該府、縣，督率董事，分段領銀，實力挑辦。緣值雨雪連綿，至十一年二月，先將得勝、澡港兩河興挑，其孟瀆河工長淤甚，未能同時并舉。經臣陶澍會同升任撫臣程祖洛奏准，緩俟是年秋後接續興辦。迨得勝、澡港兩河挑至七分工次，又值江潮異漲，直至冬令積水未消，不能施工。而該三河被水冲刷之後，情形微有不同。應將各河口底寬深丈尺，覆勘減估，以歸撙節。又經奏准，俟十二年秋後再行興辦。臣林則徐自上年到蘇後，疊催司、道、府、縣，督同委員、董事等，將各河未挑工段應行增減之處，覆勘定議，與臣陶澍會核價辦。於上年十月接續開工，復值雨雪連綿，工程倍爲費力，直至今年四月間始報通工挑竣。其應建閘座，亦據購料興建一律完工。臣陶澍現駐清江，未及會驗，臣林則徐當與藩司陳鑾先後親往驗收。

查核該三河工段内，孟瀆河，南段自奔牛鎮萬緣橋運河口起，至小河口，及北段石橋灣河口起，至塔山壩堤，并孟永洲至丹陽縣六沙大圩超瓢港江口止，共河長一萬三千六百十六丈三尺，估挑口寬六丈至十二丈，底寬二丈至四丈五尺，挑深六尺至一丈二尺五寸不等。又得勝河，自運河連江橋進口起，至江口止，河長七千四百四十四丈五尺五寸，估挑口寬四丈至十丈，底寬一丈六尺至四丈，挑深三尺四寸至七尺五寸不等。又澡港河，自燕子河工首起，至江口止，河長五千四百四十八丈四尺，估挑口寬三丈五尺至十丈，底寬一丈四尺至六丈，挑深一尺至六尺不等。按照估册，逐段量明丈尺，均已如式。并據禀報，孟河段内挑出江船一隻，船身量長三丈有餘，驗明係久湮河底、歷届挑河未經穵出之陳物，該處土人交相嘆異。其閘工，自頂至底，逐一驗量，亦俱堅固，并無草率偷減。惟附近岸灘，間有堆貯河泥，業經飭令剷撈净盡，翻貯遠處，以免坍卸入河。隨令開壩放水，測探三河水勢，自五六尺至八九尺，均係一律深通。溯查該三河距前届興挑之時，遠者垂七十年，近者亦二十載，均因淤沙漸積，湮塞不通，運道、農田，交受其累，仰蒙聖恩，准其借款疏浚，民辦官稽，毫不假手吏胥，一清挑河積弊。統計孟瀆、得勝、澡港三河開挑工段，共長二萬六千四百餘丈，灌溉武進縣田二十九萬四千六百餘畝，其陽湖、無錫、金匱、宜興、荆溪各縣亦各分沾其利，從此運道無虞淺阻，而農田亦免旱潦之傷，藉以仰副皇上惠溥群黎、永資利賴之至意。

惟該河岸土鬆浮，每易坍卸，加之往來潮汐，不免沙積淤停，仍須間年擇段疏挑，俾河身永臻通暢。此項工費民力不能屢捐，亟應預爲籌備。查三河原估銀二十萬六千七百餘兩，現在通工用過土方、夫工、料物等項共銀一十八萬九千六百六十七兩八錢七分六釐，又添車戽雨水實用水方夫工銀六千九百三十四兩五錢六分四釐，較原估計節省銀一萬一百二十二兩二錢一分二釐。應請仍照原估銀數攤徵歸款，即以此項節省之銀歸於武進、陽湖二縣發典，按月一分生息。將息銀解存司庫，作爲該河歲修經費，俾得間年擇段疏浚，永不停淤。似於國計、民生，兩有裨益。

至孟瀆河超瓢港新口，及護城河各處穵廢民田，雖已給發價值，但已成廢地，自應飭令查明字號、畝數，將額完課銀，詳請咨部豁除，庶民間免受虚糧之累。

除催取估計攤徵各册結，及應豁穵廢田畝錢糧數目，分别題咨外，所有驗收挑工緣由，謹合詞恭摺具奏，伏乞皇上聖鑒。謹奏。

道光十三年六月初十日具奏，七月十六日奉到硃批：『另有旨。』欽此。

仝日奉到六月二十六日内閣奉上諭：『陶澍等奏，驗收武進縣境内三河挑工，并籌備歲挑經費一摺。江蘇常州府屬武進縣孟瀆、德勝、澡港三河，據該督等奏稱通工挑竣，驗收如式。惟該河身尚須間年擇段疏挑，俾資通暢。此項工費民力不能屢捐，自應豫爲籌備。所有原估銀二十萬六千七百餘兩，除現在通工用過工費等項銀兩外，計節省銀一萬一百二十二兩零。著照所請，准其仍照原估銀數攤徵歸款，即以此項節省之銀歸於武進、陽湖二縣發典生息，將息銀解存司庫，作爲該河歲修經費，俾運道、農田永資利賴。其孟瀆河超瓢港新口，及護城河各處穵廢民田，着查明字號、畝數，將額完課銀咨部豁除，以省虚糧之累。該部知道。』欽此。

综述

明 楊榮《文敏集》卷九《重建孟瀆河閘記》 君子之立政，有可以益國而利乎民者，知無不爲，爲之有方，雖疲民力，而民忘其勞，耗其財，而民不自恤。苟或役民於非所當務，則謗怨隨之，其能留聲？當時爲利，後世者幾希。孔子曰：擇可勞而勞之，又誰怨？孟子曰：以佚道使民，雖勞不怨。其信然矣乎！

工部侍郎盧陵周君忱奉命巡撫蘇常諸郡，常之武進故有孟瀆河閘，以通東南漕運及商販之舟，且溉傍近田數千頃。歲久閘壞，公私病焉。常守莫君愚圖改作之，以役費繁重，弗敢專謀。於周君議，以克合，遂發往歲節省稅賦浮費，以市財僦工礱石姑蘇洞庭山，而舟致之。郡民皆懽忻趍事，作於舊址之南丈餘，其下先錯列巨栈，貫以長松，而後寘石焉。東西石甃，縱以丈計，爲十有六。崇以丈計，爲二百五。中廣視縱，當八之一，南北爲雁翅狀，以殺水勢。中夾木石，鑿以納懸板而上下之。

經始於宣德八年九月，而畢工於是年之冬。用徒匠以日計二萬三千七百六十，木以株計八千九百，石以丈計三千五百，灰以斤計二十二萬，磚以片計十有二萬。始終董其役者，知縣朱怨。效勞爲多者，耆民惲昶。閘成而獲利如故，莫君以爲苟無記述，則後世莫知。所自遂因通判張齡來京，請記於余。

余按《圖志》，兩浙運河貫郡城西行三十里，歷奔牛、吕城二堨，以達京口，舟行既艱，而河小不足以通巨艦。唐元和中，刺史孟簡始令開北河，自奔牛北行七十里至河莊鎮，入揚子江，舟無巨細，皆得徑達于江，而免過堨之勞。第其水上引運河，源遠不能常續，下仰江潮，去來不能常存。簡於是置閘河莊爲之節制，使人以時啓閉，而其利益博。其惠之在人，可謂深且久矣。人以其姓，名河謂之孟瀆，又謂之孟子故閘，亦以孟瀆爲稱。閘廢，民失其利。今得周、莫二君子協謀，而更置之二君子之惠，足以繼簡而流於無窮，是可尚也。故系以詩曰：

孟瀆伊始，唐元和中。始之者誰，刺史孟公。公時爲政，佚道是崇。鑿河築閘，厥功既隆。泛泛者舟，往來具通。每每者田，歲恒獲豐。歷數百年，湮塞嚙衝。既阻于舟，亦病乎農。猗歟周君，思成其終。莫守贊之，詢謀僉同。相地之宜，惟善之從。乃市良材，乃鳩衆工。匪取于民，匪私于躬。錯栈累石，既堅既礱。傍峭而固，中虚以容。舟無阻艱，農無歲凶。人用懽謡，二君之功。功成惠施，既博且洪。勒辭于石，用昭無窮。

傳記

（嘉慶）《清一統志》卷八七《常州府》　陳謙，永嘉人，孝宗時知常州，開孟瀆河溉田數十萬頃，歲屢豐。

紀事

明　沈岱《吴江水考增輯》卷二《水治考上》　四年浚孟瀆河。先，洪武七年嘗浚，不深，後從閘官陳讓言，遣通政趙居仁率常、蘇、松三郡丁夫開浚。

（乾隆）《江南通志》卷五九《河渠志》　八年三月，浚瓜洲壩、東港。《明英宗實録》：洪武間，瓜洲壩有東、西二港。永樂間廢。東港壩爲廠，以貯材木。正統初，廷臣議徙木浚港，未果。至是，督漕總兵官都督僉事武興言，壩廢港塞，非惟舟楫往来遲延，且艤泊大江，有風濤之虞。請俟秋成於鎮江、揚州二府僉夫七千餘人，復修從之。

又浚常州孟瀆河、德勝河、揚州白塔河。《明英宗實録》：漕運總兵官都督僉事武興巡撫侍郎周忱等奏，常州府武進縣民言，漕舟出夏港，泝大江風濤險阻，害不可勝言。常州西城有德勝新河北入江，江北揚州府泰興縣有北新河，中間有淤淺者，俱宜浚之，以避大江險阻。浙江都司署都指揮僉事蕭華言，永樂、宣德間，漕舟自常州府孟瀆河出江入白塔河，江行不踰半日。今孟瀆河淤淺，請浚之。廣東按察司知事黄武、浙江處州衛指揮使牛通，皆以爲言。事下，臣等計議：華等所言，皆有據，請先浚孟瀆河，其白塔河有四牐，可於其中大橋牐築壩，候運河水泛則啓牐，行舟水落則仍閉塞。德勝河亦宜修浚。惟北新河，計當役一十五萬五千人，一月方完，請俟浚理孟瀆河、白塔河、德勝河完再議。上從之。

藝文

明　倪宗正《倪小野先生全集》卷五《孟瀆河二首》　千年孟瀆口，惆悵一登高。山川多舊壘，風雨雜驚濤。鄉信空雙鯉，燈期隔六鰲。何當風日霽，簫鼓木蘭橈。

五日泊孟瀆，巨浪渡應難。檣索鳴驚夜，人烟聚滿灘。微雨迷春色，輕風弄午寒。舟中無別事，縵展古書看。

清　姚瑩《後湘詩集·續集》卷一《毗陵孔道也壬辰之冬孟瀆三

河大工未已漕艘畢集又以臺灣有事豫陝官兵絡繹南下供應驕將悍卒曉夜扁舟與夫役奔走河干者三月雖寒熱之疾屢作風雪中竟亦無害作此示從役諸人》 羽書驛傳日縱横，撫字催科政未成。三月扁舟風雪雨，一時徵役漕河兵。官如逆旅還多病，歲近知非亦自驚。辛苦閭閻人莫嘆，明年安穩事春畊。

雜録

明 張國維《吴中水利全書》卷七《河形》 孟瀆河，長七千四百九十丈，底闊四丈三尺。

（嘉慶）《清一統志》卷八六《常州府》 孟瀆河，在武進縣西三十里奔牛鎮東，南接運河，北流六十里入江。《唐志》：縣西四十里有孟瀆，引江水南注通漕，溉田四千頃。《唐會要》：元和八年，刺史孟簡因故渠開之，因名。明永樂四年，詔漕船自孟瀆出江入白塔河，江行不踰半日，省風濤之險，尋罷。正統以後，巡撫周忱、巡按林應訓相繼浚治。本朝康熙二十年，巡撫慕天顔請浚孟河。四十六年，修建孟河北牐，以備蓄洩。雍正五年，重浚，并造犂船，歲時拖刷淤墊。

洺河

論説

清 李鴻章《李文忠公奏稿》卷一九《修浚洺河工程摺同治十一年四月初八日**》** 奏爲籌修廣平順德境内洺河工竣，酌奬在事出力員紳，恭摺仰祈聖鑒事。

竊查直隸廣平、順德二屬，舊有洺河一道，自山西武安縣入臨洺關，經永年雞澤南和任縣，至趙州之寧晋泊，東入於海。沿河建有閘座，從前兩岸村莊，藉水灌地獲利甚溥，又有牛尾河一道專洩，永年西南各村，積水亦暦雞澤平鄉任縣，至寧晋泊。乾隆二十四年，洺河決口，南趨并入牛尾河，河身窄小，宣洩不及，致下游雞澤等縣，歲被水患。而洺河頻年淤墊，逐漸增高，牛尾河地勢愈低，積流成渠，屢次議修，迄無成效。

同治十年，據南和縣紳民禀經該管順德府知府任道鎔，詳由臣檄飭廣平府知府長啓，一體勘辦委員，分往會同各縣，傳集紳士，詳詢籌商議就。各該縣沿河村莊，按畝出貲，派夫通力合作。嗣據署永年縣知縣錢敏等先後禀報，於上年五月興工，至本年三月次第告竣。經臣檄委候補直隸州知州吴棨馳，往會同順德府知府薛斯來、廣平府知府長啓，逐段驗收。所修堤壩，用三合土夯硪穩固，工料堅實，河身亦一律挑挖深通，復歸故道，禀覆前來。

臣查洺河水道，係畿南兩府一州利害所關，自乾隆年間，決口南趨，淤墊日久，水勢就涸，沿河村莊，既失灌溉之利，下游各縣，暦受漫淹之害。經臣督屬籌議修浚，百年淤廢，一朝興復，於農田民生，大有裨益。而永年所屬洺河四十二里有奇，計工長七千六百四丈，并堵築牛尾河頭大壩一道，土埝一道，迎水壩一道，又修築堤工七百六十八丈，工程尤鉅。

在事官紳，集捐興工，晝夜督率，時逾半年之久，未費絲毫帑項，卒能堵築決口，使數百里内，積患頓除，閭閻共霑利益，實爲異常奮勉，未便没其微勞。除其次出力員紳，由臣查明，核給奬叙，并經各該地方官酌給花紅匾額，以示鼓勵外，所有尤爲出力各員紳，謹酌量擬奬，繕具清單，恭呈御覽，伏懇天恩，分别照准，俾昭激勸，理合恭摺具陳，伏乞皇太后、皇上聖鑒，訓示，謹奏。

综述

清 黄彭年《陶樓文鈔》卷三《重浚洺河碑記》 洺出太行，自遼遥武安，環紫山，而東入畿南，亙廣、順二郡，匯於趙之寧晋泊，溉永、雞、南、任四邑田六十萬畝有奇。故洺之名，不著於《水經》，而論畿輔諸水之利於民者，洺居一焉。顧恰之則利多，不治則利少，而害亦巨。

洛在紫山之上，二流雙道合流，入永年之陽城村，而水勢始大，故元郭守敬建議修浚，以收其利。自泰定洛溢之後，迄明正德、嘉靖，史不絕書。辛村決而水勢南趨，故萬曆中，永年知縣馬翰如築堰捍禦，始歸故道，以除其害。我朝乾隆二十二年，辛村復決，經八汪村北，入於牛尾河，而故道復湮，泛濫横流，土不稼穡。道光中，有議請借帑興修者，既不果行，於是水及八汪之南，益漫衍矣。

同治九年，予奉命旬宣畿甸。明年春，順德知府任道鎔因士民之請，以開浚洛河告。予爲規畫，上溯永年，下至任縣，袤二百里。其上自辛村決口至五馬營三里許，爲全河要害，非堅築堤壩，無以遏其横流。其下舊有引河入北澧河以通泊者，非疏通湮塞無以收其泛濫，迺輸貲爲之倡。而道鎔與廣平府長啓、永年知縣錢敏各輸錢五百緡，三邑按畝輸錢各四千五百緡，集四邑官民荒度分治，以導澧河屬之任。以築壩疏故道屬之三邑。而永年當決口，事尤重，則以錢敏總其事焉。

爲壩長五十丈，掘地三尺爲之基。廣三丈，高丈有七尺，其上廣二丈。壩之北河廣四十丈，去淤沙浚深八尺，岸高丈有四尺。壩之東河廣二丈，加廣三十五丈，浚深一丈。其廣二十有八丈，長六十丈。西岸爲護堤，長三百丈，掘地爲之，基高八尺，凡爲壩、爲堤，皆束水使就故道，於是洛之上游治。洛至尼家莊北，河形既失，而牛尾河之在任者，別名劉累河，在洛之左，引而東之，歸於北澧河，於是洛之下游亦治。經始於十年五月某日，告成於十有一年二月某日。中經夏秋霪雨，嚴冬寒沍，輟工者百日，凡官民所輸錢萬五千緡，用錢若干緡，其餘以爲歲修之費，不更議捐工。

既竣，予奉撫豫之命。將行，二郡官民乞爲文紀其事。予考李吉甫、樂史書，皆言洛、漳二水在雞澤合流。元、明以後，漳徙而東，水患宜少紓矣。然洛之上游横溢不歸故道者，猶百有餘年，不獨四邑瀕河之區，不獲沾溉，即永之翟、路、張、徐諸村與雞、南、任、平四邑之近牛尾河者，且漫爲巨浸焉。今者慓悍之流循其舊軌，斥鹵之地悉變膏腴，二郡之民相爲慶幸。抑思數十年以前，固早有建興修之議者，非不知利害之所關甚巨也；任事無其人，而衆情難於齊一，遂使民嗟昬墊，不獲安居。夫小民可與樂成，難與圖始。前事之不忘，後事之師也。則消畛域之見，勤修治之方，上紓朝廷廑念下，以利濟斯民，吾能無望於後之君子哉？

傳記

《清史稿》卷三八四《林培厚傳》 林培厚，字敏齋，浙江瑞安人。嘉慶十三年進士，選庶吉士，授編修。出爲四川重慶知府。【略】

培厚先在天津治淀河，至大名治新衞河、洛河，浚築悉中程度。培厚數以時事利病、屬吏賢否語攸銛，爲布政使屠之申所忌。及攸銛入相，那彦成代之，坐河北旱荒施賑不如法，解培厚任，宣宗夙知其能，改授湖北糧儲道。時河患淺涸，漕舟數阻。攸銛以大學士出督兩江，期八省漕以首夏畢渡河，乘清水盛漲，浮渡尚利。培厚所部尤速達，爲嘉慶以來數十年所未，有攸銛特疏陳敘。歷三運無誤，上意方嚮用，以勞卒於通州運次。

又卷四五〇《任道鎔傳》 任道鎔，字筱沅，江蘇宜興人。拔貢，考授教職【略】

洛河自廣平入，久淤塞。道鎔與鄰郡合浚，又浚郡北響水河，復民田萬餘頃。總督曾國藩、李鴻章送薦之。十一年，調保定，尋擢開歸陳許道。剔河工積弊，驗工料必以實。嘗冒風雨搶護中河險工，四晝夜始定。

藝文

清王汝璧《銅梁山人詩集》卷一五《勘洛河》 蹤迹洛河道，沙痕未可憑。寒林棲落日，野水結長冰。歲暮春聲急，山寒雪意凝。周咨求浚復，畚鍤待春興。

清杜堮《遂初草廬詩集》卷三《雨渡洛河》 小雨微兼雪，輕寒半挾風。馬嘶洛水上，人過太行東。鉅鹿懷前績，沙臺覓故宮。千年陵谷易，烟樹鎮濛濛。

清李嘉樂《仿潛齋詩鈔》卷一一《渡洛河》 黑夜傾盆雨不休，洛河濁浪抱關流。烽烟久已邊防撤，溝洫誰將水利修。麻炬然燈難照路，柳條編筏代行舟。同官遙羨乘槎好，豈信艱危歷道周。

清 陶澍《陶文毅公全集》卷五八《勘視洛河示潁州緒守牛牧》 洛水交洄口，年年苦潦留。地因鄰鹿邑，界似畫鴻溝。詎啓争桑釁，能無徹土謀。漢才推賈讓，三策待君籌。

雜録

《明史》卷四〇《地理志一》 平鄉府東少南。西南有漳河，西有沙河，又有洺河。東有滏陽河。萬曆三十年，漳挾滏陽河北出，會於沙、洺諸河，而漳水之舊流益亂。

又 雞澤府東北。漳河在縣東。又西有洺河，又有沙河自南來合焉。

又 邯鄲府西南。元屬磁州。洪武元年來屬。西北有洺河。東有滏陽河。

又卷四二《地理志三》 武安州西北。元末廢。洪武元年十一月復置。東南有滏山，滏水出焉。西南有磁山，產磁石。東北有洺河，流入北直邯鄲縣界。又西有固鎮巡檢司。

《清史稿》卷六一《地理志一·廣平府》 南和繁，疲。府東南四十里。西：百泉河自邢臺入。沙河支津亦自其縣入，合東狼溝。其正渠曰乾河。又東洺河、劉壘河，自鷄澤入。有驛。鐵路。

又 永年衝，繁，難。倚。西北：婁山。東北：沙河，自沙河入。南：洺河，自河南武安入。乾隆中，決入牛尾河，同治末，復故。東南：滏陽河，自邯鄲入，歧爲劉壘河，即牛尾河。有八閘，并引滏溉田萬九千餘畝。臨洺關通判，道光中裁，移河務同知駐此。縣驛一。

又卷六九《地理志九·彰德府》 武安繁。府西北百六十里。南：鼓山。西：龍虎頭。西南：磁山、闞與。西北：摩天嶺、三門。有磨盤皎，南洺河出，屈東北，逕粟山，合玉帶及紫金河。其天井皎，北洺河出，逕儒山，合於紫金山，西入直隸永年。縣驛一。

漆沮河

論説

宋 魏了翁《尚書要義》卷六《漆沮言從灃水言同皆入渭》 闞駰《十三州志》云：『漆水出漆縣西，北岐山，東入渭。』沮則不知所出，蓋東入渭時已與漆合。渭發源遠，以渭爲主，上云『涇屬渭』是矣。故此言『漆沮既從』，已從於渭；灃水所同，亦同於渭：以渭爲主故也。《地理志》灃水出扶風鄠縣東南，北過上林苑入渭也。

又卷一〇《漆沮亦名洛水在涇東與詩沮漆别》 又東過漆、沮，入于河。注：漆、沮，二水名，亦曰洛水，出馮翊北。《正義》曰：《地理志》云，漆水出扶風漆縣。依《十三州記》，漆水在岐山東入渭，則與漆沮不同矣。此云會于涇，又東過漆沮，是漆沮在涇水之東，故孔以爲洛水一名漆沮。《水經》：沮水出北地直路縣，東入洛水。又云：鄭渠在太上皇陵東南，濯水入焉，俗謂之漆水，又謂之漆、沮，其水東流注於洛水。《志》云：出馮翊懷德縣，東南入渭，以水土驗之，與《毛詩》古公『自土沮漆』者别也，彼漆即扶風漆水也，彼沮則未聞。

宋 程大昌《雍録》卷六《雍地四漆水》 雍境漆、沮，其在後世地書，名凡四出，而實三派：雍州富平縣石川河，一也；邠州新平縣漆水，二也；鳳翔府普潤縣漆水，三也；鄭白渠亦名沮、漆，四也。四水之中，惟石川河當爲《禹貢》沮、漆，而《緜》詩之謂『自土沮、漆』者，葢在岐不在邠也。若鄭白亦分沮、漆之名，則誤矣。今分三派而枚辨之，貴其不雜也。

又《周漆沮》 《緜》之《詩序》曰：『文王之興，本由太王也。』言太王遷岐，肇基王迹，而文王有所承藉也。其《詩》曰：『民之初生，自土沮、漆。』言有沮有漆之地，太王荒之，而民命由之以生也。生如玄鳥之能生商，后稷之能生民也。凡《緜詩》所指，截自古公即太王遷岐爲始，曾無一語上及公劉在豳之初，其文曰：『緜緜瓜瓞，民之初生，自土沮、漆，古公亶父，陶復陶穴。』言民命所生，自遷岐之後，有瓜瓞之緜緜不絶也。下文亟及太王亶父，即不與公劉居豳之事一語相關也。而惟鄭氏自出其意，而曰：『公劉遷豳，居沮、漆之地，其世緜緜』也。學者不從《詩》之本文歸沮、漆於亶父，而從鄭氏之臆歸漆、沮於公劉。所謂『寧道孔聖誤，不言伏、鄭非』者，非此類也耶？

自鄭注既行之後，凡談《詩》而及漆、沮者，悉皆主本其説，其實全無古據也。按《水經》，渭水自雍縣東下至岐山，與岐水、漆渠水會，三水大小相敵，故渭力不能獨擅其名，是以猶得名漆也。此三水者，東及周原之北，岐山之南，是爲太王之邑。故《詩》曰『居岐之陽，在渭之將』，而《孟子》亦曰『邑乎岐山之下而居焉』者也。然則太王作邑之地，山固名岐矣，而其山南有水焉，亦自名岐也。《水經》岐、漆、渭三水同流而共一名，則岐水之陽，亦漆水之陽也。故《周頌》曰：『猗歟漆、沮，潛有多魚。』毛氏釋之曰：『漆、沮，岐周之二水。』其説確也。

且夫潛之致頌，爲夫岐周之沮、漆冬而有魚可薦，春而有鮪可獻也。是爲土地所生自能備物，故以薦先也。則毛氏指漆、沮以爲岐周之水者，兼有物産可證也。若夫邠地之在岐北尚二百里，藉使有水亦名漆、沮，而漆、沮有魚可以致之宗廟，然地之相去如此其遠，其在冬薦猶或可用，若當春獻則鱻皆爲薨，豈可用也。以此理而測其遠近，則知獻魚之漆、沮，當屬岐周而不屬邠土，亦已明矣。世人之於鄭説，既不能本經以正其誤，乃反屈經以信其語，而《元和志》又從而傅會之，則其説愈實也。若李吉父之誤，則能證其所以矣。

《漢志》扶風漆縣嘗有漆水，此之漆縣其疆境甚濶，唐鳳翔之普潤，暨邠州之新平，其地本皆屬漆。今從唐郡縣以求古地，則公劉之邠自在邠州新平，而太王之岐則在鳳翔之普潤，故岐之與邠，固皆同隸漢世漆縣矣。然而《漢志》漆水特嘗一出，無兩漆也。《元和志》務合鄭説，故遂分《漢志》一漆而著諸兩縣，故普潤、新平皆有漆水，仍於新平明立之説曰：『漆水在縣西九里，西流注乎涇。今鳳翔麟游即普潤上流亦有漆水，與此異也。』据《志》此言，則不獨一漆分爲兩漆，而意指所向，正謂邠州漆水應經，而岐下漆水不與緜應也。夫《漢志》但著一漆，而吉父直以邠漆爲漆，不以岐漆爲漆，則酷信鄭玄之過也。予詳求其所以而知其誤之所起，乃敢明言也。

又《禹貢漆沮》 《禹貢》漆、沮，惟富平石川河正當其地，它皆非也。何以知其然也？曰《禹貢》叙載渭水首末，有叙可攷也。曰：『導渭自鳥鼠同穴，東會于灃，又東過于涇，又東過漆、沮入于河。』則自渭原以至入河，所謂沮、漆者僅嘗一見，而其水行之序又在灃、涇之下，則自灃、涇而上凡後世名爲沮、漆者，皆非禹世之所嘗名也。

今以漢、唐郡言之，豐之入渭在盩厔縣境，縣蓋咸陽西南也。涇之入渭在陽陵，則又在咸陽之東矣。漆、沮入渭，即石川河。在漢馮翊之懷德縣即唐同州之朝邑縣也，朝邑又在陽陵東北三四百里也。故予謂石川之沮、漆可應《禹貢》者，爲其派序入渭在豐、涇之東，全與《經》應也。《禹貢》於雍嘗曰：『漆、沮既從，灃水攸同。』則漆、沮之文嘗在灃派之上，其水疑於在岐矣，然可以知其不然者，有類可驗也。《經》曰：『弱水既西。涇屬渭汭。』若以既之一語，謂爲記已然而啓未然，則弱水未西，其能越秦、隴而亂涇、渭乎？故『漆、沮既從』者，下流既已附從，則上流不壅，灃水亦遂東行也。謂《禹貢》無兩漆、沮，予言有本也。

又《洛沮漆》 《禹貢》止有漆、沮，秦、漢以後始有洛水，諸家皆言洛即漆、沮，今先分派以言，貴於有辨所謂洛水者。《地理志》曰：『源出北歸縣戎夷中。』今按其水自入塞後逕鄜、坊、同之三州，乃始入渭。孔安國輩謂：『自馮翊懷德縣入渭』者是也。漢懷德，唐同州衙縣也。

所謂沮水者，《長安志》曰：『自邠州東北來，至華原縣南流，乃合漆水入富平縣石川河。』石川河者，沮水正派也。所謂漆水者，《長安志》曰：『漆水自華原縣東北同官縣界来，南流入富平縣石川河。』是爲合漆之地也。此三水分合之詳也。若槩三水而命其方，則漆在沮東，至華原而西，乃始合沮。沮在漆西，既已受漆，則遂南東而合乎洛。洛又在漆、沮之東，至同州白水縣與漆、沮合，而相與南流，以入于渭。三水雖分三名，及其至白水縣，則遂混爲一流。

故自孔安國、班固以後論著此水者，皆指懷德入渭之水以爲洛水，而曰洛即漆、沮者，言其本同也。洛之剏名，不知起自何世？秦用鄭國鑿谷口渠，《史記》已曰『鑿涇注洛』矣。漢武帝用嚴熊言，穿龍首渠自徵以達商顔，亦云引洛，則洛名久出秦前矣。若其立洛名而蓋掩漆、沮，則難究其始也。

又《總説》 漆、沮在雍，名凡四出，予雖派別言之，今更爲之圖，以奠位置，而其説易明矣。《緜詩》、《潛頌》之謂漆、沮者，普潤之漆水也，太王、文王之都在岐，而普潤者岐地故也。《禹貢》之謂漆、沮者，即富平縣石川河，至白水縣入洛，而與洛水俱自朝邑入渭者是也，以其派在涇下故也。若本邠州雖有漆水，而其地在邠，邠乃公劉所都，不與緜詩岐地相應，又無派流與岐水相入，則決知其不爲《緜》詩之沮、漆矣。鄭、白二渠自雲陽谷口東入石川河，石川河既爲漆、沮，故世亦誤認二渠以爲沮、漆者也。而其可得而言者，禹時未有鄭、白二渠，涇派之與石川河自隔仲、嵕二山，安得而有沮、漆之名也。予故得以果決言之無疑也。

宋 王應麟《詩地理考》卷三《漆沮》

《禹貢・雍州》：「漆沮既從。」蔡氏曰：「漆水，《寰宇記》：自耀州同官縣東北界來，經華原縣合沮水。沮水，《地志》：出北地郡直路縣東，今坊州宜君縣西北境也。《寰宇記》：沮水自坊州昇平縣北子午嶺出，俗號子午水，下合榆谷、慈馬等川，遂爲沮水，至耀州華原縣合漆水，至同州朝邑縣東南入渭。二水相敵，故并言之。『既從』者，從於渭也。」

朱氏曰：漆沮，在西都畿内，涇、渭之北，所謂洛水，今流入鄜、坊，至同州入河。

段氏曰：《書》所謂漆沮在灃水之東，爲渭之下流。《吉日》漆沮乃會於東都，繼田獵之後，則宜爲下流之漆沮。蓋遠曆鄜、坊，北之東都爲地近。李氏曰：「《禹貢》『東過漆沮』，即此漆沮是也。」

孔氏傳：在涇水之東，一名洛水，與『自土沮漆』者别也。此《職方氏》所謂雍州『其浸渭、洛』，非河南之洛也。

清 李惇《群經識小》卷二《漆沮》

漆沮之水在雍州者不一，《詩》所云：『自土沮漆，猗與漆沮。』其水皆在扶風。考扶風有二漆水，其一則《漢志》扶風漆縣，注云：水在縣西。《説文》所謂出杜陽岐山者是也。其一則《水經注》謂，漆水出杜陽之漆溪，謂之漆渠，即《隋志》所謂普潤縣有漆水者也。

此二漆皆在灃涇之西，與又東過漆沮不合。林氏引詩以證漆沮，非也。沮則扶風無聞。《漢志》北地直路縣，注云：沮水出西東入洛水。《經》又詳其源委云：沮水自直路縣東南流西南，逕宜君川東南，逕祋栩縣故城西，又南合銅官水，逕懷德城南，東注鄭渠，濁水亦注焉。自是分爲二水。沮水出東合澤泉，東北入洛，濁水東南絶白渠，東逕萬年縣故城北爲櫟陽渠，又南屈更名石川水，又西南與白渠枝渠合，南入渭。又云：俗謂之漆水，又謂之漆沮水。是鄘以濁水爲漆水也。《寰宇記》云：華原縣漆水自東北銅官縣界來合沮水，是以銅官水爲漆水也。程大昌《雍録》謂：《禹貢》，漆沮惟富平，石川河正當其地，胡朏明取之。然石川河水即濁水，程氏之説仍以濁水爲漆水，蓋亦據鄘注爲説。而鄘云俗謂之漆水，則是後世土俗之稱，以釋禹貢，終無確據。

謹案，今孔傳於漆沮既從下云：漆沮之水，已從入渭。并不言其出入於導渭。下云：漆、沮二水名，亦曰洛水，出馮掖北。夫既云二水名，又云亦曰洛水，騎墻甚矣。但漆沮亦曰洛水之説，則固有所受之。今案《水經注》云，渭水東過華陰縣北，洛水入焉。闞駰以爲漆沮之水。顔師古《漢書》注亦云：漆沮即馮掖之洛水，詩瞻彼洛矣。正義亦引此漆沮云：洛水則漆沮是也。與東都伊、洛别矣。夫洛水爲雍州之大浸，職方與渭并列周三川，震與涇、渭并列。《禹貢》不應舍此大水不志，而志漆沮之二小水。而禹主名山川，又不應雍、豫二大水同名爲洛，豈職方之洛在禹時自名漆沮，而商周之際始名洛水，與漆沮既改爲洛，而雍州之水有漆有沮，又復相亂遂，難反其本矣。

清 王鳴盛《蛾術編》卷四一《説地五》

『雍州，漆沮既從。』此漆沮乃《地志》出扶風漆縣西之漆水。『導渭』節内漆沮，即馮翊之洛水，二漆沮不同。《大雅・緜》云：『自土漆沮。』箋云：『公劉遷豳，居漆沮之地。』《周頌・潛》云『猗與漆沮』，傳云：『岐周之二水也。』疏云：『漆沮自豳歷岐周以至豐鎬。』然則毛、鄭雖分言漆沮，其實一也。

據《豳譜》疏引杜預云：『豳在新平漆縣東北。』則鄭箋云『漆在豳』者，即《漢志》所云『在漆縣』者矣。疏以導渭之漆沮非『自土漆沮』，則雍州之漆沮，即《緜》『自土漆沮』、《潛》『猗與漆沮』可知矣。《周禮》『雍州之浸曰渭洛。』《詩・小雅・瞻彼洛矣》毛傳：『洛，宗周溉浸水。』宗周者，西周也。西周洛水，其名别出，與東周之洛，全無干涉，非漆沮而何？然則以漆沮爲洛，《毛詩》是其明證。

胡先生以爲起自《孔傳》，非也。《孔傳》于此但言『漆沮之水』，于『導渭』則言『漆沮亦曰洛水，出馮翊北』，則亦以雍州漆沮爲扶風，導渭漆沮爲洛水。胡先生欲合二漆沮以爲一，乃强指此節疏所引扶風漆水爲未定之論，失于刊正，厚誣孔氏矣。要而言之，扶風漆縣西，一漆也；《元和志》麟游縣東南亦是漆水，又一漆也。二漆之中，必有一沮在，麟游之漆，當是沮水，土俗音譌以爲漆耳。此二水一則注涇以入渭，一則合杜岐雍以入渭，皆在涇水之西。而『導渭』云『又東會于涇，又東過漆沮』，則漆沮乃在涇水之東，疏于此節解爲扶風漆沮，于『導渭』分屬馮翊洛水，極確。豳之漆在右扶風，長安之西，無洛名。涇東之漆在左馮翊，長安之東，一名洛。《緜》疏于幽之漆牽混入一名洛之漆，大謬。至《潛》云『猗與漆沮』，是亦在豳而流至鎬者，與《緜》之沮漆爲一，無洛名也。《緜》疏又于沮漆之是一是二，如有疑而不定者，殊爲混目。

清　夏炘《讀詩札記》卷五《漆沮之從》　漆沮之水在雍州者有二，一在涇之西，一在涇之東。《水經漆・水篇》，酈注引《山海經》、太史公《禹本紀》、孔安國《書傳》：在涇東之漆沮，屬漢馮翊者也。引許氏《說文》、潘岳《關中記》、班固《地理志》、闞駰《十三州志》：在涇西之漆沮，屬漢扶風者也。涇西之漆沮爲二水。《毛》：猗與漆沮。《傳》云：漆沮，岐周二水。又《緜》詩：自土沮漆。《傳》云：沮水、漆水是也。涇東之漆沮爲一水，又名爲洛。孔安國《書傳》云：漆沮，一水名。從阮氏校本詳校勘記亦曰：洛水是也。涇東之漆沮，去鎬京尚三百里，講武習田已爲遠地，況越岐邠而西之漆沮乎？此朱傳從呂氏讀詩記以涇東馮翊之漆沮當之也。而或以毛氏無傳爲疑。按《猗》及《緜》傳以二水釋漆沮，不言馮翊，其爲馮翊之漆沮無疑。此《傳》但云：漆沮之水。則或以漆沮爲一水，即扶風之漆沮，《禹貢》之洛水，亦未可知。

綜述

清　張鳳鳴《耀州漆沮源流利害說》（乾隆）《西安府志》卷七一《藝文志下》　《禹貢》：導渭自鳥鼠同穴，東會于灃，又東會于涇，又東過漆沮，入于河。是漆沮入渭，在灃涇之下，正屬今耀州地。與詩言：自土沮漆。在灃涇之上者迥別。其源流利害可考而知也。

耀城東西環漆沮，而會于南。漆源自同官金鎖關北雍家原，至州北孝家莊入境，傍東城南駛護城，故有石堤，比漸衝齧，將及趾乃，循東乳山與沮合。沮源自宜君至摩天嶺入耀境，逶迤東南行，出入同耀界不一所，至蘇家店，乃由耀地行南至錦陽川直衝城西南隅。前牧所以有城西水勢劇于城東，西南工程倍艱西北之議。

厥後傍崖開河，當衝築堤，財費力殫，水仍由舊，循西乳山東會漆，自此合流，出鸛鵲谷入富平境爲石川河。然則漆沮在耀，但有衝齧之害，莫獲灌溉之利。古稱陝西無地不可興水利，豈虛語哉！又豈知二水獨有害而無利哉！計惟順漆水勢決東，東流即以其土爲堤，壅培城址，則漆害可除。頃開河東崖約長一百六十餘丈土數，西接城堤，沿新河南迤東城，庶永保無虞。西城沮河，亦宜準此浚築，則費減工固，而勞先未逸，不敢復議，隨時保障，汔可小憩。來者踵修，則沮害亦可永除。

夫天地之大德曰生，生物之不測惟水。水自有利，而大小殊多寡判久暫異其勢然也。故漆沮合流，入富平界。自北而南，兩濱皆可開渠，導灌凡數十里，獲利無算。東濱之渠，則有若判官、文昌、通鎮、永濟、石惠、自在、永興、新渠、順陽、石水、永潤、廣濟、永豐、溢水、遺愛、千年、陽九，凡十七渠。西濱之渠，則有若偃武、中渠、白馬、永興、洞子、河西、廣濟、永壽、長澤，凡九渠。而漆之在耀者，舊僅二渠，曰漆水，曰小渠，久已淤壞。現議自泰山廟東岸新開一渠，引傍五臺麓，可灌田五六頃。

沮之在耀者，舊僅八渠，濱西七，曰新開，曰甘家中渠，曰甘家渠，曰義渠，曰通潤，曰水磨，曰一門，濱東一，曰通城渠，灌北郭地三頃。并引入城中，名洒街水數渠，近仍引灌。而山逼坡陡，土不平衍，崖圮沙陷，溝不堅窄，約灌地十五頃餘，盡力勸相，如是而已。且耀地東南隘，而西北廣，南門外三里，東門外十五里，即屬富平界，甚矣隘。西北雖廣，惟崇山深谷而已，是故沮水西北十餘里爲潤谷，東南流入三原界，名趙氏河，與石川水合，爲富平金定渠。又西北二十里許爲濁谷，東南流入三原界，名樓底河，作堰引灌，則有若小毛、長孫諸堰。又西北三十里許，爲清谷，東南流入涇陽界，名清河，經三原縣，爲毛坊工進木漲五渠。三谷皆源耀西北，其地愈高，其勢愈急，是以民不獲其利，而亦無大害。

蓋凡山溪之間，始出必狹以峭，比流及遠，乃就平衍，此非水有私人，所乘之勢不同也。故曰：大生生萬物，而不自爲生。似兹水德美，利利天下，而不言所利。允協乾元，蓋實録也。然而石多土少，山峭水激，瘠不能化，駛不能容，雖有智慧，不如乘勢。雖有鎡基，不如待時。嗚乎！此耀民之所以長貧也。

雜録

宋 宋敏求《長安志》卷一九《縣九》 漆沮水，在縣西北四十五里，亦名石川水，自華原縣界來，入義亭、脾陽、豐閏三鄉通過。

又 澤多泉，在縣西一十三里永閏鄉温泉村，東入薄臺川三十里，東南入漆沮河，溉民田。

又 白馬渠，在縣西北四十里。義林鄉信義村，引漆沮河水，溉民田一十五里。

又 長澤渠，在縣西北三十里義林鄉西陽村，引漆沮河水，溉民田一十五里。

又 高望渠，在縣西北二十五里義林鄉閏村，引漆沮河水，溉民田三里。

又 文昌渠，在縣西北一十七里永閏鄉，自義林鄉引漆沮河水，溉民田一十里。

又 石泉渠，在縣西北二十五里，引漆沮河水，溉民田一十里。

又 永濟渠，在縣西北二十五里，引漆沮河水，溉民田一十二里。

又 陽渠，在縣西南二十八里，引漆沮河水，溉民田一十五里。

又 直城渠，在縣西南二十里，引漆沮河水，溉民田二十里。

（嘉慶）《清一統志》卷二二七《西安府》 漆沮水，在富平縣南五里。漆水源出同官縣東北北高山，西南流逕耀州城東。沮水自鄜州宜君縣流入耀州西，又東南與漆水合流，逕縣境南，又南至臨潼縣東北，合清谷水入渭，亦名石川水。《書·禹貢》：漆沮既從，又導渭東過漆沮。《傳》：漆沮，二水名，亦曰洛水，出馮翊北。《疏》：是漆沮在涇水之東，與毛詩古公自土沮漆者別。《水經注》：沮水西南逕宜君川，世謂之宜君水，又得黄嵚水口東南，流逕祋祤縣故城西，又南出土門山西，又謂沮水東南歷土門南原下，東逕懷德城南，又東逕漢太上皇陵北，東注鄭渠。又東濁水注焉，分爲二水，一水東南出，即濁水也，至白渠與澤泉合，俗謂之柒水。又謂之爲柒沮水。絶白渠，東逕萬年縣故城北爲櫟陽渠，又南屈更名石川水，又西南逕郭狼城西，與白渠支渠合，又南入於渭水。

其一水東出，即沮水也。東與澤泉合，循鄭渠東注於洛。《魏書·地形志》：萬年縣有漆沮水。《括地志》：沮水，一名石川水，源出富平縣東南，入櫟陽。《長安志》：漆沮水，在縣西北四十五里，自華原縣界來，入義亭、脾陽、豐閏三鄉通過。又石川河，在櫟陽縣東三十里，自畜平縣界來，入縣境合渭水。《雍録》：《禹貢》，漆沮惟富平石川河正當其地，他皆非也。《禹貢》叙導渭，漆沮在澧涇之下，石川在澧涇東，全與《經》應。《舊志》：漆沮水自耀州南合流入縣境，通名爲石川河。東南過北陸原，受北陸川水，又南受薄臺川水，又南受温泉水，又南合澗谷水，又南流至臨潼東北相橋合清谷水，又南至交口入渭。《同官縣志》：漆水在縣東北五十里，源出北高山，以其地多漆而名，西南流合同官川，又南受雄同水，又西南受富平水，又西南入耀州境。其水善溢，甚爲邑患。《耀州志》：沮水自宜君界東北來，一出銀兒坪，一出太子石，俱西南至楊秀川合流爲宜君水，南入同官境合諸水，又南復出州境爲堰頭河，又南始名沮水。過錦陽川，經州城西，循西乳山東會漆水，合流入富平縣境。又通名爲石川河。《舊志》：漆沮水在富平縣南五里臨潼縣東北八十里。按漢時，沮水由鄭渠入洛，故洛水亦有漆沮之名。非謂漆沮即洛水也。諸家之説多誤，詳見《同州府》白水下。

沁河

論説

清 張伯行《居濟一得》卷四《開沁河議》 古之治河也易，今之治河也難。古之治河，止以除水之害；今之治河，兼以資水之利。蓋水也者，天地之血脈，原日流行於天地之間者也。故順之則利，逆之則害；治得其道則可以轉害而爲利，治不得其道，亦可以變利而爲害，今日之會通河是也。

古人治得其道，而漕運通利，民田無害。今日不得其道，故南旺以北，糧艘每至淺阻；南旺以南，民田每至淹没。則今日之治河，惟有使河還其爲河，湖還其爲湖，閘座還其爲閘座，民田還其爲民田而已。而其要總在於復古人之舊制，通今日之時變，準乎古而不泥於古，酌乎今而適宜乎今而已。無餘事，何言乎古制之當復？

蓋南旺湖所以蓄水濟運也。自南旺湖盜種而水遂不容入湖矣，水不入湖，而南旺悉種田禾矣。南旺佃種，而濟運無資矣，此湖之不可不還其爲湖者也。馬場湖亦所以蓄水濟運也。自開楊家壩，而馬場湖不蓄水矣，使府河泗河之水，由楊家壩入運河，至南陽，由減水閘入南陽湖。又由牛頭河至濟寧南鄉，夫馬場湖不用以蓄水，使數百年之滄海，悉變而爲桑田，豈非一大利乎？但所苦者，濟寧南鄉一帶之百姓，與魚臺之百姓耳。

夫馬場湖召租納課，所得能幾何哉？而使濟寧南鄉與魚臺數千百頃良田，悉變而爲滄海，其心又何忍乎？今惟有使湖還其爲湖，而民田還其爲民田，斯善矣。至聊城縣之進水閘減水閘，又堂邑之進水閘、博平之減水閘，皆宜酌量修復而其各引河，皆宜急爲疏通者也。何言乎酌今之宜？古人治會通一河，不知幾費經營，而始克成之。且經數百年前後之修理，數十人心思之所區畫，而始克成之，其爲功亦大矣。獨是以二千餘里之運河，而僅恃此一線之泉水，雨潦之年，糧運無阻，而民田每受淹没。亢旱之年，民田不淹，而糧運又多淺阻。此數百年之患，而人亦卒無如之何者也。

至明季，因北運淺阻，議於荆隆口建壩，引黄河之水，至張秋以濟運，豈知黄河之水，有利而亦有害者也。至宏治五年，黄河決荆隆口，而張秋被淹矣。宏治六年，劉大夏方治之。至於順治六年，而荆隆口又決矣。順治七年，楊芳興治之。自是之後，而荆隆口不敢復議開矣。而卒無如北運之淺阻何也？今查得沁水發源於山西，至河南懷慶府，合丹河之水，至武陟縣，而入黄河。若於武陟縣東木欒店，開引河一道，使由原武陽武至封邱，而入荆隆口舊河，至張秋以濟運，而北河不虞其淺阻矣。若慮張秋水淹没民田，宜於大感應廟東，建減水閘一座，使水由鹽河下海，則不惟民田不淹，而商賈之船，且得以往來矣。

又《引沁入運》 查，沁河由河南武陟縣木欒店入黄河，夫黄河之水至大，而加以沁河之水尤大，是以其害爲最甚。與其入黄河而爲黄河之害，何如入運河而爲運河之利。查，陳橋至張秋，原有舊河一道，名爲棗林河，即金龍口舊河也。可以穿運河至濟南府雒口下海，不煩大爲挑浚。而木欒店至張秋，亦有沙河一道，但久經淤淺。若由木欒店挑浚至陳橋，分爲二河：一由沙河入運，一由棗林河入運。而於張秋運河東岸，建閘以備蓄洩，水大則啓版放水入海，水小則閉版蓄水濟運。而又於棗林河之雙河集，建閘二座，南運水小，則閉北閘，使之由小黄河牛頭河以濟南運，至沭陽下海；若北運水小，則閉南閘，放水北行，以濟北運。又於曹州之白茂建閘二座，可以分水由曹縣、城武、單縣、金鄉、魚臺入南陽湖。又於宋家窪開河一道，冬月使水由小黄河入南旺湖，蓄之以濟春運。是此河一開，既可以除黄河之害，又可以資運河之利，可以使河南開封漕米由陳橋上船，歸德之漕米，由東明杜勝集上船，可以不至衛輝府，亦可不至小灘矣。并可以興西北之水利，使河南、山東、北直、江南俱爲水田，其利眞無窮也。此區區一得之見，不能無望於後之君子力爲舉行耳。

又《開沁河》 國家歲漕數百萬糧，以實京師，全賴會通一河。而會通一河，又藉汶河之水，至南旺分流濟運，南旺迆南，尚有馬廠數湖接濟；南旺以北，止有安山一湖，而今已報租佃種矣。所以每逢天旱之年，東昌一帶，處處淺阻，以致糧艘稽遲，非一日矣。歷來司河者，非不多方籌畫，而卒無如之何也。

今查得沁河發源於山西，由河南武陟縣東四十里木欒店往東南，會入黄河。若將此河改來入南旺濟運，則南北俱無淺阻之患矣。但沁河之水微則利，大則害。須於引河頭建閘一座，水小時，開放濟運，水大時，下版閉閘，使不爲害。仍宜於十月以後，開閘放水，至五月初一日，即行閉閘。仍於閘外建築土壩，使水不至閘，則下源永無泛濫之虞。此河由武陟、獲嘉、原武、陽武至封邱劉廣，挑通六里，至王參莊，即入荆隆口舊河。由祥符、長垣、蘭陽、東明、曹縣、定陶、曹州至雙河集往東，由鉅野縣安興墓巡檢司，至鄆城縣東。由宋家窪入南旺湖。

又由南旺湖北流，出兼濟閘濟運。又於上源北岸封邱縣劉廣，分支河一道，由長垣、東明、曹州、開州、濮州、范縣、壽張至東阿，出沙河濟運。又於曹州雙河集，分支河一道，由鄆城、汶上、壽張、陽谷、東阿入東林河，出小閘濟運。又於上源南岸長垣白茅集，分支河一道，由曹縣、單縣、金鄉、柳溝河入魚臺、南陽湖。又於鄆城東，分支河一道，由鉅野、嘉祥、小黄河，入濟寧牛頭河，至魚臺，亦歸南陽湖。又由南陽湖至沛縣昭陽湖、微山湖，由徐州荆山口下邳州猫兒窩，出彭家河口，過運河入駱馬湖。

又由宿遷西寧橋，歷桃源、清河、安東、沭陽、海州、頭圌口大伊山下海，但徐州荆山口已被黄水淤墊，即使挑挖，隨挑隨淤，必無善法，須接沛縣太行堤，建築攔黄堤一道，由張谷山藺家山、荆山口、南至子房山，使徐州以上，黄河之水，出黄河者，仍由子房山下，歸入黄河。不惟荆山口之淤墊，可以挑挖，而邳州一帶之湖，不致淹没，俱可爲膏腴之田矣。此河一成，若慮張秋水大，又可於大感應廟東建閘一座，使水由曹家單薄入鹽河下海。若於此處挑深成河。而鹽船及商民船隻，俱可以往來。且濮州范縣亦免淹没民田之患矣。此河既成，又可於戴村壩倣堽城壩制，建石閘一座，將戴村壩下汶河築壩堵塞，使水由閘入運，冬春水小，則放入濟運，伏秋水大，恐有沙淤，則堅閉石閘，開坎河口，使水由鹽河下海，則南旺塘河免致淤墊，而亦可省每歲挑挖之費矣。

又《沁水入運河頭》　沁河在武陟之東四十里木欒店，爲入黄河之路。其水勢由西北而東南，至黄河交會處，尚有二十五里，宜於木欒店内，沁河之東，挑引河一道，使之由東南而西北，逆流而上，河頭建草壩一座，中留丈餘寬口門。往西北，每里許，建草壩一座，須用四座重重關鎖，則水自不至於泛濫而爲害。又於四座草壩之中，建石閘一座，若遇山水泛漲，則將石閘下版謹閉，毋使東行。若水十分大漲，石閘恐不足恃，則將四座草壩，擇其易堵者下埽築堵，使水全不能過，則自不至爲下源之害矣。蓋以沁水之性，微則利大則害，不可不防也。

又《引沁水利》　沁河開成，則水利可興。山東宜添水利同知一員，專司其事，或以黄河同知兼攝亦可。濟寧、魚臺、汶上、鄆城、壽張、陽穀、東阿俱可以修水田，運河水足，則沁河之水，可以灌田；運河水小，則沁河之水，可以濟運。且此河一通，而各州縣之水，俱可以歸河，民田永無淹没之患矣。再將沛縣太行堤接築至子房山，則黄河之水不入清河，荆山口以下徐、邳之地，皆可以修水政，再築彭家河兩岸，則邳州諸湖，俱成水田，其利爲無窮矣。

綜述

明　何瑭《柏齋集》卷七《重修沁河堤記》　懷慶府城北二里而遠有河，曰沁河，源自山西來，乘高趨下，怒流湍悍可畏。河之南有堤，蓋以防其患也。始築年月無可考，計其來，蓋亦久矣。

成化年間，堤漸陵夷。十八年夏秋之交，霖雨大作，河暴漲，決堤毁城，摧房垣，漂人畜，不可勝紀。日照陳公時守懷慶，徵徒役修築之，堤復高厚完善，迄今餘三十年矣，復漸陵夷。比年夏秋之交，每霖雨河水暴漲，輒至城下，城外房屋墻垣多致傾塌，居人恒凛凛焉，恐復有十八年之患。

太守郟城周公議欲修築，以勞費重大，乃請於欽差巡撫都御史李公，公曰：『修堤防以禦水患，政也，雖勞費固不得已。况親王在此，尤有不可緩者。其亟圖之。』乃諮于分守大參楊公、王公，分巡僉憲韓公、范公，俾經畫區處。計堤之當修築者，西起回龍廟，東過真武廟，長凡三百一十丈有奇，高約二丈有奇，厚濶狹不等。計椿木當用八千根，府庫官銀一千兩，易買六千根，本府措置二千根。計夫役當用三千名，懷慶衛派九百名，河内縣派二千一百名。計定，乃委府太守周公、推官張公、衛指揮徐公、賈公、縣大尹高侯總督，府復轉委温縣典史丘會督役修築。

起工於正德十二年正月二十四日，訖工於是年四月十日。太守公又令沿堤種樹千餘株，盖亦爲護堤設也。既落成，府縣儒學教諭、訓導宰廷俊、趙文隆輩，囑某請記成績於石，以示久遠。竊惟天下之患，備于未然則力省而功倍，患至而後圖之，非惟勞費不貲，往往有不及事之悔。古人於堤防溝渠之類，歲加修治，職此故也。惟兹堤使十八年以前有人修築，則可以免墊溺之患，奈何其不然也？

今太守公及河之未大爲患也，先築堤以備之，其爲民之德甚厚，然亦勞且費矣。嗣是而後，歲加修築埤補，使兹堤不至陵夷，則吾人墊溺之患，其永免乎？故記其修築始末，復系之以此，以告後人。至於公其他德政與是役無關者，則不暇贅。而義官之屬有勞於是役者，其姓名則記之碑陰，亦不暇詳述云。

明 婁樞《重開丹沁河渠記》（道光）《河内縣志》卷二三 懷慶地狹民稠，役繁賦重古稱富庶者，以有溝渠利而雲雨由人也。丹、沁二河，皆自北而南下穿大行，以達河内之境。丹東沁西，相距五十里。沁出山處枕濟源、河内之交，東南至郡城，又東南至武陟，逶迤百五十里入於河。丹水歷長平之南，萬善驛之東，出山僅三十里，會於沁，以達於河。丹分十八支派。沁分五渠，俗稱五龍口，曰利人，曰豐稔，曰廣濟，曰温潤，曰減水。而五渠又東有支派，引水灌田。

三代以前無所考，志稱秦渠。至漢劉頌爲河内太守，表罷三公水碓，而民獲其利，則秦漢間已有之。流久善泛，岸久善崩，變溉爲淤，利爲病者，勢也。淘淤止突，若隋盧賁，唐温造、崔宏禮、元譚澄，代不乏賢。我朝宏治以前，屢有浚塞，張寅碑可考。七十年來，利人、豐稔通行，而廣濟諸渠久塞。

隆慶丁卯，文安紀公自冬官郎來守是邦。明年戊辰，自夏四月至秋七月不雨。公詢諸故老，諭諸鄉民。凡陳興利以袪旱灾者，不臨以勢，不限以時。於是四境之民或告開廣濟河，或告新開廣惠南河、廣惠北河，或告開高橋河、普濟河、青衿王三汲輩，請於堯王泉開惠民河。公慨然曰：前人開河以爲民，後人乃不能因勢而利導之，是所謂弗肯堂於底法，弗肯播於既蓄也。

乃遍履其處，窮廣濟分派之源，於五龍口間有存遺址者，面濶四丈。因浚之深二丈，底半之。建橋閘四十四，長一百五十餘里，可灌田五千餘頃。廣惠南北二河，亦播流於沁之出山地，名石梯者。俱濶一丈五尺，深稱之，底得三之一，南建橋閘一十七，異流三十五里入沁，可灌田二百五十餘頃。高橋河易名康濟河，下流雖存，而上流久淤，乃疏浚三十餘里，濶一丈，深八尺，底稱之，建橋閘九，可灌田一百餘頃。普濟河，濶一丈五尺，深一丈，底稱之，建橋閘九，長三十里，可灌田一百餘頃。康濟河，播流於趙家莊。普濟河，播流於翠筠觀。俱出於丹，而入於沁。惠民河則引堯王泉，以過五花泉，濶一丈，深稱之，底半之，建橋閘七，行十五里，附廣惠北河入沁，可灌田五十頃。六河共修橋閘九十九，用夫五千名。公又措穀五百餘石以食之，亦古人興作救荒之意也。

朔六河。作始於隆慶二年七月，落成於明年二月。以數萬家千百年之利，而成於五千人，數月之間。巡撫李公擊節嘆賞，以爲河渠成效甚速，爲利甚溥，惠澤及民，當與河水共長者也。

夫旱潦者，天時也。溝洫者，地利也。引而導之者，人力也。督人力，盡地利，以相天時之不及者，善政也。前輩穆文簡公有言：江北之待天時，不如江南之盡人力，盡江南之人力，不如修三代之善政。公可謂修三代之善政者歟！政成將遷，而河内之不能久留也。宜勒之石，以示後世，同德之君子，得有所考，無俾世迷。

傳記

《明史》卷一七一《徐有貞傳》 徐有貞，字元玉，初名珵，吴人。宣德八年進士。選庶吉士，授編修。【略】景泰三年遷右諭德。河决沙灣七載，前後治者皆無功。廷臣共舉有貞，乃擢左僉都御史，治之。至張秋，相度水勢，條上三策：一置水門，一開支河，一浚運河。議既定，督漕都御史王竑以漕渠淤淺滯運艘，請急塞决口。帝勑有貞如竑議。有貞守便宜。言：『臨清河淺，舊矣，非因决口未塞也。漕臣但知塞决口爲急，不知秋冬雖塞，來春必復決，徒勞無益。臣不敢邀近功。』詔從其言。有貞於是大集民夫，躬親督率，治渠建閘，起張秋以接河、沁。

《清史稿》卷三一〇《齊蘇勒傳》 齊蘇勒，字篤之，納喇氏，滿洲正白旗人。【略】康熙四十二年，聖祖南巡閱河，齊蘇勒扈蹕。至淮安，上諭黄河險要處應下挑水埽壩，命往烟墩、九里岡、龍窩修築。齊蘇勒於回鑾前畢工，上嘉之。洊擢翰林院侍講、國子監祭酒，仍領永定河分司事。河決武陟，奉命同副都御史牛鈕監修堤工。疏言：『自沁河堤頭至滎澤大堤十八里，擇平衍處築遙堤。使河水趨一道，專力刷深，不致旁溢。』

又卷三六六《吴璥傳》 吴璥，字式如，浙江錢塘人，吏部侍郎嗣爵子。乾隆四十三年進士，選庶吉士，授編修。大考擢侍講學士，典陜西鄉試。【略】十八年，睢州河溢，命赴南河察勘湖河。十九年，授河東河道總督，督治睢工。次年，遷兵部尚書，工竣回京，歷刑部、吏部，協辦大學士。上以璥練習河務，無歲不奉使出勘河。二十一年，協防東河秋汛。二十二年，勘睢工及山東運河，南河蕭南民堰，清江浦禦黄、束清諸壩。二十三年，築沁河漫口。

又卷四三二《劉韻珂傳》 劉韻珂，字玉坡，山東汶上人。由拔貢授刑部七品小京官，洊遷郎中。【略】十九年，擢河南巡撫。整頓吏治，停分發，止攤捐；籌銀二十萬兩，津貼瘠累十五縣；築沁河堤，浚衛河： 甚有政聲。

又卷三八九《栗毓美傳》 栗毓美，字樸園，山西渾源人。嘉慶中，以拔貢考授知縣，發河南。歷署温、孟、安陽、河内、西華，補寧陵，所至著績。【略】毓美自爲令時，於黄、沁堤工，馬營壩工皆親其事，勤求河務。時串溝久爲河患，串溝者，在堤河之間，始僅斷港積水，久而溝首受河，又久而溝尾入河，於是串溝遂成支河，而遠堤十餘里之河變爲切近堤身，往往潰堤。毓美涖任，乘小舟周歷南北兩岸，時北岸原武汛串溝受水已三百丈，行四十餘里，至陽武，溝尾復灌入大河；又合沁河及武陟、滎澤諸灘水舉注限下。兩汛素無工無稭，石堤南北皆水，不能取土築壩。毓美乃收買民甎，拋成甎壩數十所。工甫就而風雨大至，支河首尾皆決數十丈而堤不傷，於是始知甎之可用。疏陳辦理情形，以圖說進。

又卷四〇二《潘鐸傳》 潘鐸，字木君，江蘇江寧人。道光十二年進士，選庶吉士。【略】賈魯河經祥符朱仙鎮，爲商賈舟楫所集。自黄河決於中牟，賈魯河淤塞，責工員賠浚，久未復。鐸勘鎮街南北淤最甚，議大浚，請率屬捐銀五萬兩興辦；又奏擇要增培沁河民堤以資捍禦；并如所請行。

紀事

《明史》卷一五《孝宗紀》 夏五月庚申，河決開封，入沁河，役五萬人治之。

又卷八三《五行志一》 弘治二年五月，河決開封黄沙岡抵紅船灣，凡六處入沁河。所經州縣多災，省城尤甚。

清 朱壽朋《東華續録·光緒二六》 庚申，武陟縣沁河漫口合龍。

《清史稿》卷一四《高宗本紀五》 戊辰，河南武陟、河内沁河決。

又卷一六《仁宗本紀》 六月壬申，武陟沁河溢，旋報合龍。

又卷二二《穆宗本紀二》 癸巳，武陟沁河堤決。

又卷二三《德宗本紀一》 八月己卯，永定河決。丙戌，沁河決。

又 丁未，河内沁河決。

又 癸巳，沁河復決。

又 乙卯，修沁河堤。

又 八月戊子，祭大社、大稷。甲辰，沁河決。賑平彝水災。

又 辛未，沁河決。

又卷二四《德宗本紀二》 秋七月甲辰，沁河決。

又 癸卯，河南沁河溢，賑災民。

又 秋七月戊戌，置川滇邊務大臣，以趙爾豐任之，賞侍郎銜。沁河決口合龍。

藝文

明 劉伯爕《鶴鳴集》卷一三《沁河泛舟行呈宋使君》 秋林澹蕩平野清，落日古懷放舟行。初至微暝山銜色，轉眥月上千峰明。主人越客吴兒歌，帶得江濤湖光并。顥氣凌空水晶滿，雄風四動白紵輕。榜人剌剌岸夾走，棹歌款款魚出迎。急管繁絲何處奏，金杯大斗兩人傾。起立船頭再索酒，星河欲墮光盈手。君看此河來天上，太行潞子晋州部。東下黄河清濁分，直射水心蛟龍吼。比年徐沛苦爲魚，此地村村足楊柳。歌舞悲啼何處聞，扣舷直入水南關。借寇堂高更漏永，望雲山下衣裳斑。出門曙色欲臨人，霧雨不見舟中山。

清 夢麟《大谷山堂集》卷三《沁河漲》 天波震蕩闌風長，沁河水涌一丈强。山水逼河河水激，馳突怪石奔牛羊。懷州夜半萬霆鬥，洪聲浩洶隳堤防。濤翻浪吼大堤決，衝屋屋塌墻坍墻。富室没倉囷，貧家漂糗糧。猛湫壑松禿，横灌田禾荒。東家携孩稚，西家呼爺娘。蒼茫未識天地意，夫挽妻袖牽兒裳。傳聞澤州水更大，冥冥暴雨連宵墮。沁源村户數千室，十家遭水死五個。時見浮尸逐堤岸，半日已閱數人過。攬衣頓足呼蒼天，河伯不仁民實癉。府吏報監司，監司報大官。大官連夜來，騎馬巡河干。雞黍雜瓦礫，按視潛辛酸。批府發倉廩，批縣分金錢。封章奏陛下，施濟科條頒。明旨敕大吏，撫恤籌民艱。停徵歲賦室給賑，白鏹分救災偏全。瓦屋二兩茅屋半，丁男計口官徭蠲。闔澤豈不重民命，果否卒歲離饑寒。況復一七一箸民力殫。嗚呼！室家再造良復難。

清 張九鉞《紫峴山人全集·詩集》卷二〇《晚觀沁河漲》 沁勢蹴懷州，其力不可禦。昨宵波有聲，知是蓋州雨。川氣莾匌黄，赤曰門平楚。初轟枋門口，漸刷邗臺渚。建瓴駭迅趨，劈箭激渴怒。長堤一綫摇，輿梁就拶拄。所幸巨壑容，圻岸好延佇。帆邊落霞澹，原際凉蟾吐。樹燈隱銀沙，星河曳珠組。暝色丹陘中，客路在初署。吾將探靈源，更上銅鞮俯。

雜録

明 吴道南《吴文恪公文集》卷五《沁河》 沁河，出山西沁源縣綿山東谷，經太行山麓，至河南武陟縣境，與黄河合。而東注達徐州，前代嘗引沁以通衛。其支流猶自武陟小原村東北，由紅荆口經衛輝，凡六十里，與衛通。歷我朝猶然。後河趨陳潁，入於淮，不與沁合，乃開沁以達徐。復引河以合泗，而入衛之故道始堙。

永樂九年正月己酉，河南武陟縣言，去歲霖潦，沁河南北九百餘步流潰成河爲患，甚乞發人徒堤塞從之。宣德九年正月癸卯，河南新鄉縣知縣許宣言，比年沁河水漲，潰馬曲灣，經獲嘉至新鄉，水深成河，城北又匯爲澤，已築堤百丈防之，不能禦，宜行懷慶府，屬堅築決口，俾沁由故道行患乃息。

上命行工部遣使者相度，役以時興。景泰三年七月丁酉，河南按察司僉事劉清言，正統間，沁決馬曲灣，沁、黄、衛三水相通，轉輸甚利。今決口已淤，舟從黄河以達，嘗險敗，宜遣官相沁原決處，浚水資衛，軍民舟悉令隨遠近之便。詔行。撫臣等官勘可否。

明年八月辛卯，劉清復言，東南漕舟水淺澀，若自河入沁，浚馬曲灣裝載岡百十九里以通衛，實便漕，而又得以分河沁勢，無張秋之患。行人王晏亦言之。明年九月戊寅，户右給事中何升言，往使河南，見沁河有漏港，今水溢衝已成河，誠令舟從漏港出沁，入黄度二旬，可達於淮。願以臨清膠淺卸糧舟，試險易。詔令左副都御史王竑等相度其便。十月辛卯，詔罷引沁河議。

先是，以晏疏廉問有司，及隣河故老，僉言弗利，晏固争命。會官議吏尚書王直等言地形水勢，非可遥度，宜遣官行河相利害。上以爲然。於是，命工右侍郎趙榮偕晏往，已而榮亦言弗利，議乃寢。時復請治晏罪，詔宥之。

天順八年七月壬申，都察院都事金景輝言，會通河自安山抵臨清，僅有汶水，若春月雨少水脉微，舟必膠淺，宜載理别源以備。汴梁城北陳橋集有古河一道，北由長垣經曹州，至鉅野地界出。運河每水溢，舟行其間，第陳橋遞西一舍許稍淺。誠開浚，分引河沁水，置二閘啓閉，而徐州、臨清兩河均得濟。且增衛水，可免長垣曹鄆諸處飛輓之勞。又江淮民舟，由徐小浮橋抵陳橋以達，無濟寧一路壅滯之苦，甚利便。詔令按實以聞。

弘治十一年七月壬子，管河員外郎謝緝言，黃河一支引沁水入運河，先自徐州小浮橋出。比來河決，從歸德勢將牽沁水俱南，徐、吕二洪必淺涸，宜遣官堤歸德決處，遏河入徐。仍行管河官於沁水，時滌淤固潰，不令黃河泛引而他流，庶水道深廣，漕運利命，下所司經度。明年二月戊申，漕運等官申引沁之議，時知曹縣鄒魯駁之言，今爲引沁之説者，蓋曰沁水勢緩非河比，一入運河，則有源之水不竭，不知引沁必先塞沁入黃河口處，時沁水無歸，勢必散漫，渰廬稼。將俟下流通，始塞水勢，擣虚千里，不折不至，衝山填壑不已，害尤甚黃陵。

且起木鸞店至飛雲橋，地以千里計，用夫百萬，積十年，尚未必成否。兼河南、山東民連年困旱澇以疲民肩久役呻吟，而思亂無難。又曹地西北高，東南下，兼沙土善崩，勢或建瓴而下，張秋之監不遠矣。冒此五害，而有益於運猶可，況功難期而患莫免，寧不益害而之六耶？此論於駁議爲當。其後嘉靖十三年十一月庚寅，右副都御史劉天和言，先朝名臣經理河道，皆不敢引河，誠以河水，來則激射，至必衝決，退乃填淤，無一可者也。然國計所係，當圖萬全而已。無寧引沁之爲愈爾，蓋勞費正等，而限以斗門。澇則縱之，俾南入河。旱則約之，俾東入運。其節制固易易也。

《明史》卷四一《地理志二》 陽城州西。西南有析城山，南有王屋山，與垣曲縣及河南濟源縣界。東有沁河，又西北有濩澤水入焉。

又 沁水州西北。東有沁河。又西有蘆河，下流入於沁水。西北有東烏嶺巡檢司。

又卷四二《地理志三》 封丘府北。南有大河。西南有荆隆口，一名金龍口。弘治二年、五年，萬曆十五年，崇禎四年、五年，河屢決於此。又西北有沁河，弘治六年淤。西南有中欒鎮巡檢司。

又 河内倚。永樂二十二年建衛王府。正統三年除。八年，鄭王府自陝西鳳翔府遷此。北有太行山，又有碗子城山，上有關。又有沁河，源出山西沁源縣，流入府境，下流至武陟入大河。又有丹河，白澤州流入，注於沁河。又西有柏鄉城，崇禎四年築。

又 武陟府東。大河在縣南。東有沁河，至南賈口入焉。又東北有蓮花池，萬曆十五年沁河決此。又西北有寧郭城，景泰中築。

又 新鄉府西南。北有衛河。西北有清水。又西南有大河故道，正統十三年河決縣之八柳樹由此，尋塞。西有古沁河，永樂十三年後，時決時涸。

又卷八七《河渠志五》 沁河，出山西沁源縣綿山東谷。穿太行山，東南流三十里入河南境。逺河内縣東北，又東南至武陟縣，與黃河會而東注，達徐州以濟漕。其支流自武陟紅荆口，經衛輝入衛河。元郭守敬言：『沁餘水引至武陟，北流合御河灌田。』此沁入衛之故迹也。

明初，黃河自滎澤趨陳、潁，徑入於淮，不與沁合。乃鑿渠引之，令河仍入沁。久之，沁水盡入黃河，而入衛之故道堙矣。武陟者，沁、黃交會處也。永樂間，再決再築。宣德九年，沁水決馬曲灣，經獲嘉至新鄉，水深成河，城北又滙爲澤。築堤以防，猶不能遏。新鄉知縣許宣請堅築決口，俾由故道。遣官相度，從之。沁水稍定，而其支流復入於衛。正統三、四年間，武陟沁堤復再決再築。十三年，黃河決滎澤，背沁而去。乃從武陟東寶家灣開渠三十里，引河入沁，以達淮。自後，沁、河益大合，而沁之入衛者漸淤。

景泰三年，僉事劉清言：『自沁決馬曲灣入衛，沁、黃、衛三水相通，轉輸頗利。今決口已塞，衛河膠淺。運舟悉從黃河，嘗遇險阻。宜遣官浚沁資衛，軍民運船視遠近之便而轉輸之。』詔下巡撫集議。明年，清復言：『東南漕舟，水淺弗能進。請自滎澤入沁河，浚岡頭百二十里以通衛河。且張秋之決，由沁合黃，勢遂奔急。若引沁入衛，則張秋無患。』行人王晏亦言：『開岡頭置閘，分沁水，使南入黃，北達衛。遇漲則閉閘，漕可永無患。』并下督漕都御史王竑等核實以聞。

明年，給事中何升言：『沁河有漏港已成河。臨清屯聚膠淺之舟，宜使從此入黃，度二旬可達淮。』詔竑及都御史徐有貞閱之。既而罷引沁河議。初，王晏請漕沁，有司多言弗利。晏固爭。吏部尚書王直請遣官行河，命侍郎趙榮同晏往。榮亦言不利，議乃寢。天順八年，都察院都事金景輝復請浚陳橋集古河，分引沁水，北通長垣、曹州、鉅野，以達漕河。詔按實以聞，未能行也。

弘治二年夏，黃河決埽頭五處，入沁河。其冬，又決祥符翟家口，合沁河，出丁家道口。十一年，員外郎謝緝以黄河南決，恐牽沁水南流，徐、吕二洪必涸。請遏黄河，堤沁水，使俱入徐州。方下所司勘議，明年漕運總兵官郭鋐上副使張鼐引沁河議，請於武陟木欒店鑿渠抵荆隆口，分沁水入賈魯河，由丁家道口以下徐、淮。倘河或南徙，即引沁水入渠，以濟二洪之運。帝即令鼐理之。而曹縣知縣鄒魯又駁鼐議，謂引沁必塞沁入河之口，沁水無歸，必漫田廬。若俟下流既通而始塞之，水勢擣虚，千里不折，其患更大，甚於黄陵。且起木欒店至飛雲橋，地以千里計，用夫百萬，積功十年，未能必其成也。兖州知府龔弘主其説，因上言：『鼐見河勢南行，故建此議。但今秋水逆流東北，亟宜浚築。』乃從河臣撫臣議，修丁家口上下堤岸，而鼐議卒罷。

至萬曆十五年，沁水決武陟東岸蓮花池、金屹嶠，新鄉、獲嘉盡淹没。廷議築堤障之。都御史楊一魁言：『黄河從沁入衛，此故道也。自河徙，而沁與俱南，衛水每涸。宜引沁入衛，不使助河爲虐。』部覆言：『沁入黄，衛入漕，其來已久。頃沁水決木欒蓮花口而東，一魁因建此議。而科臣常居敬往勘，言：「衛輝府治卑於河，恐有衝激。且沁水多沙，入漕反爲患，不如堅築決口，廣闢河身」。』乃罷其議。

三十三年，茶陵知州范守己復言：『嘉靖六年，河決豐、沛。胡世寧言：「沁水自紅荆口分流入衛，近年始塞。宜擇武陟、陽武地開一河，北達衛水，以備徐、沛之塞。」會盛應期主開新渠，議遂不行。近者十年前，河沙淤塞沁口，沁水不得入河，自木欒店東決岸，奔流入衛，則世寧紅荆口之説信矣。彼時守土諸臣塞其決口，築以堅堤，仍導沁水入河。而堤外河形直抵衛滸，至今存也。請建石閘於堤，分引一支，由所決河道東流入衛。漕舟自邳遡河而上，因沁入衛，東達臨清，則會通河可廢。』帝命總河及撫、按勘議，不行。

《清史稿》卷五四《地理一》 邯鄲衝，繁，難。府西南五十里。西北：紫山。西：靈山。東北：滏陽河自磁入，合渚河、沁河、輸䨓河。有叢臺驛。鐵路。

又 卷六二《地理九》 武陟衝，繁。府東百里。河北道治。西南：清風嶺。河水自温入，納廣濟河，沁河水注之，又東入滎澤。沁河自河内入，逕故懷城木欒店，側城東南，又東逕魯店入原武。

史公河

清 張萬青《浚史公河記》（道光）《濟南府志》卷六六 事固有舉之而必不可廢，廢之而必不可不復舉者，匪直陂渠爲然，而陂渠其一端也。陂渠之利，旱乾則足資灌溉，而水溢則有以洩其餘。惟斯民狃於旦夕之安，而不知久遠之計。吏之號才能者，但務刀筆筐篋，苟非法令之所及，則寧拘牽常算，而不敢一輕用其民。陂渠之舉而廢，廢而不復舉，其或由此也歟。

余自蓬萊移章邱，每策騎郊行，歷阡陌之縱横，睹菑畬之衍沃，儼然泱泱大國之風，第未見所謂通田閒之水道者。私心竊疑之，雖不必井有溝，成有洫，若古匠人之所爲，要其制，烏容盡泯也。城北有洛泊河，尋其故道，久已屬湮塞。詢諸土人，知曾經前令史君疏浚，積久不治，蓋五十餘稔矣。

往年九月，前大中丞今任江南西制府鄂公，親按郡邑，爲天子整飭官方，勤恤民隱。臨所部，余上其事，因得相機宜，定規畫，乘農力之餘閒，家撫户諭，并不苛切之以速其成。民皆奮興。計里分工，以疏以瀹。於十一月起工，今年二月閒工竣。揆諸史君所浚，庶幾得其遺意焉。

鄉之老者來請曰：願有記。余思河之得復爲河，在余亦不過集衆廣益，因人成事已耳。而還念民之踴躍奮迅，竟相與舉其所廢者，寧不可著其辛劬耶？河計廣若干尺，深若干尺，延袤若干里，用民若干工，皆宜書之，以告後之人。至若史君之創始經營，具列永豐石碣。沐膏而詠勤者，猶歷歷能言其崖略，而兹概不及詳也。洛泊河，一名史公河，宛爾鄭渠、召埭云。

（道光）《濟南府志》卷六《山水二》 落坡河，在章邱縣西北五十里。《縣志》云：西起羅家莊東北坡，地勢窪下，恒有水患。康熙年，邑令史在篇度量高下，疏河自牛家窪起至郝家溝，計長二十七里。北注繡江，而入大清河。邑人德之，爲立祠，因名史公河。有焦毓棟碑記。年久淤塞，復失故道。乾隆十七年，巡撫鄂容詢水利。知縣張萬青議請開浚，暢流如故。

又 卷三八《宦績六》 史在篇，浙江餘姚人，監生。康熙三十五年，知章邱縣。興利除弊，洞悉民隱。城北有洛泊河，爲疏浚之。俗名史公河，合邑以眞父母稱之。因建祠於河上，祀名宦。

泗河

論説

明 尤應魯《泗河始末考》（光緒）《泗水縣志》卷一五 出泗水縣城東五十里陪尾山之陽山陰有湖，謂之漏澤。山下有泗水神祠，號仁濟侯。故宋時所封也。廟西即泉林寺，水出山下，四泉同發，故曰泗水。寺之左右，泉以數十，互相灌輸合而成，流西南經卞城有橋，跨之曰卞橋。泗水又西，有泉數十，自邑之南境北流入之。有泉數十，自邑之北境南流入之，皆謂之泗水。

國初，開會通河，引泗入運，命工部主事顧大奇等遍歷山川，疏浚諸泉，以通水利。正統中，參將湯節大加疏鑿，諸泉盡出，漕渠賴焉。泗水又西過其縣北，又西過曲阜城北五里，離而爲洙水。春秋所謂洙瀆也。洙水逕聖墓前，泗水繞其後，過孔林之西，合而爲一，總謂之泗水。

泗水又西至府城東五里金口閘東，沂水、雩水入之泝水，出曲阜尼山之麓，過其縣南，至府城東入於泗水。雩水出曲阜縣南五里馬跑泉，西流過鄒縣境，至府城東入於泗水。泗水正流西入金口閘，金口閘在府城東五里，俗所謂黑風口也。隋文帝時，沂、泗南流，泛濫大野。薛胄於二水之交，積石堰之決，令西注陂澤，以溉良田，號爲薛公豐兖渠。李白詩中魯東門石堤，即其地也。

元至元二十年，開會通河。乃修薛公舊堰爲滚水石壩，以引泗入運。延祐四年，都水太監闊闊始疏爲三洞，以洩水勢。而金口閘壩，所由始矣。國初，堰以土，旋築旋廢。成化七年，侍郎喬毅始命主事張盛以石爲壩，固之以鐵。夏秋水潦，則開閘洩水，使南流會沂，由港里閘入師家莊閘河。冬春水微，則閉閘遏水，西入府城，以出濟寧。其節宣之宜，與戴村同。皆運道所利賴也。

然石壩之上，常益以土，歲壞則歲增之。嘉靖末年，河道都御史王廷復命同知黎天啓增築閘壩，以石益土，而制始大備矣。金口閘河入府城而西至於西門之外，納闞黨蔣詡七泉水，合而成流，謂之濟河。濟河者，以其通濟寧也。濟河至城西十里過土樓閘，又西爲杏林閘，又西幾六十里至濟寧城屈，從南門合於洸水入漕，謂之府河。以上見《府志》

余按泗地據勢，上流泉源數十，而皆順入泗河，直趨而西之三十里，而挾洙以經曲阜，又三十里而奪沂，以會於兖之東門。又六十里，而會洸與汶，以入於濟。在隋朝，泗水南決，薛胄積石堰之以注西陂澤，可溉良田，號爲薛公豐兖渠。當是時，未入漕河也。迨元至正年間，方引泗入運。而我國初，每建閘以閼遏水勢，令其紆紓，而西由府河而濟河，運道賴焉。迨乎旱乾水涸，則益分官疏通泉利，有參府湯節疏鑿泉林源記。然地脈亦稍稱洩焉。其疏泉之法，余以爲浚其源，又當浚其流，流窒，而源亦窒。源之浚，以數步計，流之浚，以數十步計。不難於數步，而難於數十步。吁！此可爲智者道也。

又 《水經》：出泰山蓋縣西南，至卞縣受盜泉水，又西南流於卞城，西合於泗水。至魯縣東北，分爲二水，水側有故城，雨水之分會也。《春秋》：浚洙非謂始導，蓋深廣之耳。以上見《府志》 余按洙水，在府志屬於本縣，其源在蓋縣，其河在曲阜縣。洙、泗二水異源而同流，洙源在北，泗源在南，而同流之中，又有分合。《水經注》曰：泗水西南流經魯縣分爲二流，北爲洙瀆，是其分也，稍迤而孔林宣聖墓。泗水遶其北，洙水經其南，又其分也。迨乎洙水南流入於沂水，而西至府東黑風橋，又與泗相合焉。

清 丁寶楨《丁文誠公奏稿》卷一二《挑浚新舊泗河片》光緒二年五月二十九日 再查東省舊有泗河一道，發源於陪尾山，經曲阜、滋陽、鄒縣，迆邐入濟寧州境。至瓜園分爲二股，東股爲新泗河，曆鄒縣而南，至濟寧州再折而西。西股爲舊泗河，由瓜園分溜西行，再折而南，均由沙洲寺之泗河口入運，會合汶水，南流入海。又沙洲寺南七八里，有直接新泗河分溜一道，名曰新河，會白馬河水直入獨山湖。

溯自咸豐元年，豐工决口，黄河横流。二十餘年來，泗河口迤南迤北，約五十里，運河堤岸至今全行衝毁。張家橋至泗河口舊泗河，約二十里，河身淤如平陸。其間有河形者，不過十之二三。每逢夏秋，泗水盛漲，漫溢旁趨，并頂托奔騰之汶水，倒漾分流。一由石佛閘缺口入濟寧州東鄉之黑土店、登豐里等處。一由新店入坡，全注於濟寧南鄉各地方，以致該州境内三百數十村莊，悉爲澤國。議蠲緩者二十餘載，小民陷溺已久，困苦堪憐。

同治七年，該州居民於張家橋地方舊泗河口攔築土壩一道，以禦水患。而上游鄒縣等處來源暢洩無從。鄒縣所轄新泗河，係屬泗水分支，東南岸横河及西岸李家河口等處，地當坐灣頂衝迎溜，頻年潰決，亟應次第趕辦。以上各工，從前疊據。該紳民懇請挑修，均因經費難籌，未曾舉辦。本年，江北漕糧仍歸河運所有，石佛閘一帶殘缺運河堤岸，已由河臣曾國荃勘估飭辦。其張家橋等處新舊泗河工程，亦爲運道所關，且目前天氣亢旱，水乏來源，運河節節洩涸，而二麥失收，各處飢民嗷嗷，窮苦不堪言狀。民生國計所繫甚重，不得不於萬難措辦之中，設法籌辦。以濟運道，而顧灾黎。

現已將張家橋至泗河口二十餘里淤墊泗河，并新河及白馬河入湖各十餘里淤塞河道，一律挑挖深通。再將民間所築横壩啓除，使各水暢行，下注俾運道通順，無慮淺阻。而飢民獲此工作，目前既可期安靖，即日後亦幸免浸淹。據委員勘估，應需工料實銀二萬五千九百三十兩四錢三分三釐，逐加確核無浮，當經飭司竭力籌發，分派委員，前往督飭紳董承辦監工，并飭濟寧州督同經理河身挑出之土，即以培築兩岸堤堰，俾資捍衛。現已據該委員等禀報興工。臣仍嚴飭認眞挑築，總期工歸實在項，不虚糜，以仰副聖主軫念漕運賑濟黎元之至意。除咨部查照外，謹附片具奏，伏乞聖鑒。謹奏。

清 福趾《户部漕運全書》卷四一《泗河考》 泗河源出泗水縣東陪尾山，四泉并發，故名泗水。循西流過卞莊城始合爲一，又西流至兖州府城東轉南，流經横河與沂水合。元導之以濟運，乃於兖州府東門外作金口閘，遏令東入府城。又轉南流爲洸河，以入濟寧天津閘。前明增修閘口，夏秋水潦，開閘洩水，南流會沂水，由港里河入師家莊閘河。冬春水微閉閘，遏水從府城出濟寧入漕。

綜述

明 黄克纘《數馬集》卷二五《魯王新建兖州城南泗水石橋碑銘》

士君子每侈言濟人，然有其心而無其力，則儒弱之夫，皆藉口焉；有其力而無其責，則吝嗇之夫，皆委咎焉。此非常之功，所以必待非常之人而後濟也。由兖郡而南數里，有泗水從曲阜西南流入於漕河，其地横絶兩京周道，爲七省必經之津，縉紳冠蓋之所趨也，士民商賈財賄貨物之所涉也。當冬春時流澌清淺，一艇可度；入夏秋則山水暴漲，狂濤洶湧，刺舟者虞於覆没，涉川者苦於難待，往來病之。

有以其事，聞於魯王者曰：『是其地可石而橋也，匪橋不濟，匪石不久，匪王此橋不立。』王曰：『其費幾何？』曰：『以歲入之禄計之，損二十年，事辦矣。』曰：『不穀荷？我太祖高皇及列聖之賜，幸不虞於匱乏，我先世諸王又弘大帛大布之風，以貽其子孫。若春秋祭祀，燕享贈遺，飲食居室，無所靡費。以其餘用之兹役於國未病，而於民有濟，是我先世諸王之志也，予其敢辭。』於是命中官潘鳳專董其役，令某某等佐之。伐木於林，鑿石於山，地得椿而基固，石臥橛而柱成。柱鋭其末而豐其中，以殺暴湍，使水不能怒。兩柱之間虚而爲洞者十有五，洞之上爲石梁，去水三丈有奇。梁之左右爲石欄，其堵七十有二。計橋之長七十餘丈，其廣二丈八尺。琢鏤必精，砌築無罅，望之隱然臥波長虹也。

役始萬曆甲辰之春，成於己酉之夏。於是近者、遠者、輿者、馬者、擔者、負者步而趨者，臨流而觀，莫不駭其創建之神而美其明德之遠也。長史趙君世典，爲余枌榆社中人，來告成事於余。余因名之曰『泗水橋』；而額其橋之坊，曰『魯國石虹』。又請爲之記辭。曰：『恐近諛也，然橋之功大矣！有司者不能成，而王代成之，敢忘德乎？嘗讀漢諸侯王世家及《西京雜記》，當文景時，長沙定王以其地褊小舞爲帝壽張袖舉乎，故令左右笑其拙；魯恭王作靈光殿，崥嵬壯麗，規制上應星宿。其養孔雀、鵁鶄、鬥雞、雁鴨，一年至費穀二千石；梁孝王築百靈之山于兎園中，宫觀臺榭，連亘數十里，一何侈也！

夫不足於財者，則以國小地狹不能回旋爲恨，有餘於財者，則惟用之臺池鳥獸以爲歡娛，何能損半菽出一金以濟人爲事乎？我朝藩王食租衣稅，終歲禄入僅及石。奮一家之奉，王不用之于彼，而用之于此，視棄二十年禄猶鍾釜也。遂能成石虹於通津濟，遐邇於萬禩。其識見之遠，視魯恭、梁孝諸王何啻霄壤哉？葢王宅心淡泊棲意玄遠，居常食不兼味，臥不重裀，蕭然一室，迸去姬侍與白士無異。至語以布德市義則赴之若渴，不曰其責不在而有所愛惜也。昔杜元凱建河梁于孟津，人免覆溺之患，然功在一時，而不及異代李昭德累石橋于洛水，歲省繕治之勞。然事本因舊而非，由創始今，茲泗橋美同杜李，績邁晉唐，君子曰是一舉而三善備焉。推君惠以濟人，忠也；廣祖德以及物，孝也；匪己是私，惟民是利，仁也。忠孝且仁，豈非大宗之屏，翰星潢之冠冕乎？王高帝雲孫，嘗出數千金，修泮宮及顏曾廟，鄒魯之士誦誼無窮。茲役也爲費益鉅爲功益大，魯世不乏史克其可無昌熾之頌。

乃系之以銘曰：『岱之南，泗水出。流于兖，時乃溢。褰裳欲涉河無梁，泛舟狂瀾壯膽失。誰能鞭石爲此橋？高帝聞孫揮萬鎰。昔稱畏途今如砥，車轍馬迹去何逸。蓬萊闕下會車書，奔走衣冠與琫珌。經過此地盡徘徊，何幸從容得就田，美哉石虹照千秋，當與泰岱同崒嵂。我爲此銘告行客，青史好將銀管述。』

傳記

《清史稿》卷三二五《李宏傳》 李宏，字濟夫，漢軍正藍旗人。監生，入貲授州同。**【略】**二十九年，擢河東河道總督。奏言：『山東運河資湖水接濟。今秋雨少，飭早閉臨運各閘。』又言：『微山湖蓄水濟運。韓莊湖口閘水深，與滚水壩脊相平，空船足敷浮送，即應堵閉。泗河會合諸泉，收入獨山湖，僅濟南運。應請於兖州府金口壩截築土偃，俾達馬場湖，俾濟寧上、下河道并資其益。蜀山、馬踏二湖專濟北運，亦須築壩收蓄。』又請增募夫役挑浚沙、趙、漳、衛、汶、泗、韓、馬諸水，均報聞。

又《韓鑅傳》 韓鑅，順天大興人，原籍貴州畢節。入貲授通判，揀發山東，授上河通判。累擢江南淮徐道。乾隆四十六年，授河東河道總督。奏言：『山東運河，賴汶、泗來源及各湖接濟。汶河上游東平戴村等處民堰，對岸沙淤，應鑿灘抽溝，以展河勢。泗河下游即爲府河，自安居、十里二斗門入運，河淺堰卑，亦當疏治。蜀山、馬踏、馬場、南旺諸湖，現當濟運洩水，堰根顯露，正可取土培堤。』七月，河决祥符焦橋，疏請罪，上原之。工竟，命優叙。

紀事

（萬曆）《沛志》卷一《邑紀》 二十年，御史陳嘉謨遷《大風歌碑》于泗河北岸。

（道光）《濟寧直隸州志》卷一《五行志》 二十年六月，大雨水。泗河漫溢，牛頭河決。

又《大事志》 三十六年閏三月，知州吴樫建築泗河西堤，并雞嘴壩，開浚姜家橋淤淺。

又 二十一年，修泗河堤，請建楊家閘新石壩。

又卷二《山川志》 乾隆三十年，改新泗河，移魯橋東。

又 康熙三十六年，建築泗河西堤。

又 道光十八年，知州徐宗幹捐修泗河西岸，姚安莊民埝。十九年，捐修泗河西岸下吴家灣、齊家營等處民埝。

《清史稿》卷四〇《災異一》 十年夏，武清、平谷大水。秋，公安大水，泗河堤潰。

又卷一二七《河渠二》 三十七年，河督姚立德言：『泗河下流董家口向建石壩分洩，今泗水南趨，轉爲石壩所累。請拆去，并展寬孟家橋舊石橋。』如所請行。

又卷一二九《河渠四》 二年，浚張家橋新舊泗河。

藝文

唐張籍《張文昌文集》卷四《泗水行》 泗水流急石纂纂，鯉魚上下紅尾短。春冰銷散日華滿，行舟往來浮橋斷。城邊魚市人早行，水烟漠漠多棹聲。

唐 吴融《唐英歌詩》卷下《兖州泗河中石牀》 一片苔牀水漱痕，何人清賞動乾坤。謫仙醉後雲爲態，野客吟時月作魂。光景不迴波自遠，風流莫一作難問石無言。邇來多少登臨客，千載誰將勝事論。

宋 蘇舜欽《蘇學士集》卷七《過泗水》 五年六經此，仰首嘆勞生。山是往時色，人皆今日情。機心去國少，塵眼向淮明。物理吾俱曉，漂流安足驚。

宋 祖無擇《龍學文集》卷三《泗水》 紀地復涵虚，清疑灝氣俱。東家遺教遠，夏后建功殊。冷色平吞魯，長波迴勝吴。闕二句。

元 陳孚《陳剛中詩集·觀光稿·泗水》 落日漁歌，何處白鷗。雙墮蒼烟，欲吊周家。殘鼎秋風，泗水千年。

元 胡祗遹《紫山大全集》卷一九《祭泗水神文》 維大元歲次癸未四月乙酉朔越四日戊子，某謹致祭，昭告於泗水之神：皇帝事天勤民，神人咸喜。六合之内，名山大川，能興雲致雨者，罔不望秩禋祀。海瀆受職，川澤効靈。九夷八蠻，通道致貢。陸行山宿，輪蹄困憊。浮重致遠，無若水運。是以按圖命官，疏導穿決。舟楫所通，遠邇咸集。惟神源高委長，徹達南服，來威來庭，萬里取便。某等拜受廷命，開除壅蔽，疏導堙淤，贊神功而舒民勞，達方物而饒國用。伏願旱不淺澁，霖不濫溢，溶溶漾漾，不舍晝夜，祥飈送飄，櫂歌奏功。與國無窮廟貌，血食尚饗。

元 吕彦貞《滄浪軒詩集》卷五《泗水道中》 雉堞嵯峨古卞城，斜陽渡口落鞭聲。蒼然暮色來陪尾，最愛寒潭徹底清。

元 袁桷《清容居士集》卷一一《泗水》 泗水青於古蔚藍，因依碧藻净相涵。遊魚細數心空羨，活火新烹舌自甘。可怪然犀望牛渚，底煩斬虎觸蛟潭。清湍混混歸滄海，不惜臨流浣舊衫。

明 吴寬《家藏集》卷六《觀泗河》 四源合一水，古河因以名。望之渺千頃，永口汪然清。蕩摇鄒嶧山，映帶兖州城。餘波入漕渠，資國功匪輕。疏浚藉水部，來往勞經營。欲渡免舟楫，石堰築且平。臨流一縱步，魚鱉不我驚。即欲窮其源，何惜此數程。念昔洙泗間，講業皆諸生。河廣豈水然，聖澤惟盈盈。茲游幸沾溉，自慶非徒行。浴沂效前哲，春服亦既成。

明 公鼐《浮來先生詩集·七言律詩》卷一《泗水道中》 泗水橋頭卞子庄，依然故堞照殘陽。三千王迹空車轍，五百雄圖入戰場。疲馬嘶風遊客倦，昏鴉啼樹野城荒。十年此路虚来往，愁聽西風響白楊。

明 歐大任《歐虞部集十五種·歷游集》卷下《泗水驛樓晚眺》 策馬淮西路，飄飄作遠游。關山頻擊柝，疲病獨登樓。河繞龜峰出，天連泗水流。不堪羈客思，吹角送殘秋。

明 佘翔《薜荔園詩集》卷三《泗水逢雪》 泗水風生古渡寒，長途無那客衣單。鬢邊忽點飛來雪，縱是瑶華不忍看。

明 夏尚樸《東巖詩文集·詩集》卷五《泗水道中用晦翁韻時以尋芳泗水作論題試諸生鮮有能會其意者故示之》 乘春遠渡泗河濱，野草閑花觸處新。會得心中無事意，眼前都是自家春。

又《由泗水往往鄒邑同諸生登尼山復用前韻》 静對東風學養心，滿腔生意與時新。尋芳泗水歸來處，還上尼丘咏莫春。

明 張經《半洲稿·東巡稿·泗水觀泉》 駐節臨川上，涓涓泗水源。寒聲鳴地核，靈氣遡天根。萬古神機運，千年道體存。奔流從百折，終入海東門。

明 羅明祖《羅紋山全集》卷七《泗水》 泗水自陪尾，陪尾豈其源？偶爾川觀逝，誰言化有敦？汪洋今日月，潤澤魯乾坤。千載流行在，伊人終弗諼。

又《再過泗水》 泗仍與我信，寒極不佗流。石骨稜稜出，波紋毋摺幽。神功歸寂若，至道共誰遊。怪得孔尼父，水哉嘆未休。

清 蔣薰《留素堂詩删》卷一《渡泗水遥謁故陵》 駐馬河干倦問津，故陵東望散珠塵。山川不改蒼梧舊，松栢無從采醴新。淄上金蠶藏有日，漢家玉盌得何人。可憐剪伐今州守，空復年年宿草春。

清 胡蘇雲《芥浦詩删》卷三《泊泗水口柬郭州牧》 烟水方積沉，扁舟意不緩。蒼然蒹葭秋，雲外故山遠。縱觀非有託，揆心失所本。湖海路何修，禾黍歲已晚。不見鳥群飛，帶月歸遥巘。

又　睢寧新城去泗河南岸五十里，韓平章守禦邳州修築。有遺址。

（萬曆）《兗州府志》卷一八《山川》　黄陰河在縣東三十五里，北流入泗河。

又　百丁河在縣東北二十五里，南流入泗。

又　丑村河在縣東北二十里，南流入泗河。

又　金線河縣東北三十五里，南流入泗河。

又　高隅河在縣北十五里，南流入泗河。

又　濟河在縣東一里，北流入泗河。

又　中册河在縣西北十三里，南流入泗河。

又　壁溝河在縣西北十八里，南流入泗河。

又　馬庄河在縣西北二十二里，南流入泗。

又　柘溝河在縣西北二十五里，南流入泗。

又　洋溝溪在縣東五十里，南流入泗河。

又　魚頭溝溪在縣東四十里，南流入泗。

又　青泥溝溪縣東三十里，南流入泗河。

又　苗館溝溪縣東二十五里，北流入泗。

又　埠西溝溪縣東二十里，南流入泗河。

又　七里溝溪在縣西七里，北流入泗河。

又　龍宮塘溪縣北七里，西南流入泗河。

（萬曆）《沛志》卷九《秩祀志》　東岳廟六一在縣東半里泗河北岸。

又　東岳廟五一在縣東半里泗河北。

又　大王廟四一在縣南泗河北岸。

又　卷一〇《學校志》　天津社學在泗河東岸，嘉靖十一年，知縣楊改建，今廢。

又　卷一一《古迹志》　樊巷在縣泗河東岸，即樊噲所居，舊有古碑，今斷裂。

《明史》卷四〇《地理志一》　沛州西北。元屬濟寧路。太祖吳元年來屬。南有大河。東有泗河，自山東魚臺縣流入境。又泡河在西，薛河在東，又北有南沙河、北沙河，皆會於泗。又昭陽湖在縣東。又東北有夏鎮。

又《地理志二》　鄒府東南。元屬滕州。洪武二年七月改屬。東南有嶧山，亦曰

清　桑調元《弢甫集・弢甫五岳集・泰山集》卷下《泗河》　既遶魯城北，又遶防山林。縈抱非他處，潺湲一片心。

佚名《泗河泛舟》（道光）《濟寧直隸州志》卷九　暇日探幽勝，扁舟泛泗河。短檣牽細柳，凉月照疎荷。野曠蒼烟合，沙明白鳥多。何當脱塵鞅，長得伴漁簑。

雜録

明　何喬遠《名山藏》卷四九《泗河》　泗河，源出泗水縣陪尾山，四源并發，循山西流二里，過卞莊城合爲一。又西流至兗州府城東，又轉南，流經横河，與沂合。

元人遏令谿黑風口入濟，西南入于河，復出河之南溢爲滎，又東出陶丘北，又東至荷澤，又東北至壽張縣安民亭合汶水，又東北至博平縣入於海，又自泰山北與齊東南諸谷水西匯于黑水灣，又西北匯于柏涯灣抵渴馬崖北，又湧爲趵突等七十餘泉，復溢爲大小清河。元人壩金口傍有河西通濟流，并入會通河。永樂中，宋禮開會通河，自安山河西南行，谿壽張而北至城昌，又西北抵臨清引汶，絶濟屬之衛。

（萬曆）《淮安府志》卷三《建置志》　張村湖治北三十里，周圍五里通泗河。

又　泗河治南二里，即泗水，出山東泗水縣，源有四泉。西南過彭城，又東過下邳入淮。

又　武河治西北五十里，源山東嶧縣馬旺山許家泉，經流偃武鄉，故名。入蛤湖，至乾溝入泗河。

又　沂河治西一里許，自山東沂州南流，至下邳西南入泗河。

又　直河治東五十里，自本州沭纓湖分派南流入泗河，直而不迂，故名。

又　洪河治東南三十里，自曲吕過直河入泗河。

又　蛤湖治西北一十五里，源自武河流入，停猪五十里，由乾溝口泄流入泗河，多蛤。

又　皂河治西北四十里，源出本縣港頭社，下流入泗。河底泥黑。

又　睢水在治西南，自宿州靈璧界東流環治後，又東四十里，引芹溝湖入泗河，水勢小而流長。又按：睢水一在徐州一百二十里，即楚漢交鋒之地。

邾嶧，又曰鄒嶧。東北有昌平山。西南有鳧山。又有泗河。

又　魚臺　府西南。元屬濟州。洪武元年屬徐州。二年七月屬濟寧府。十八年來屬。泗河在東，即運道也。北有菏水，一名五丈溝，東入泗。又東有穀亭鎮，嘉靖九年，黄河決於此。

清 張伯行《居濟一得》卷二《泗河口》　宜於小長溝疊路之南，開一泗河口，即於馬場湖內，開泗河一道，直引泗河之水，由此入運，仍於泗河之南築堤，將馬場湖界出，則以泗河之水濟南運。而以汶河之水，專濟北運，則東昌一帶運河，永無淺阻之患。泗河北仍宜建界水閘一座。

又泗河口宜開十字河對過，使水由馮家滚水壩往西，由蜀山湖南岸，開引河一道。再於引河之北，築堤一道，隔斷蜀山湖，直引至十字河對過，開河口一道，使入運河。水小則用以濟運，水大亦可由十字河分洩入南旺湖中，蓄以濟運。

又泗河口宜改於寺前鋪閘之北，使從利運閘入運，將利運閘之南，汶河東堤之東，開泗河一道。又於泗河之東，建堤一道，以禦蜀山湖之水，使泗河之水，由馬場湖由馮家滚水壩往北，直至利運閘入運，以濟南運，則南運之水，亦無不足之患矣。

又《改泗河口》　宜於兖州府金口閘之北，相地勢所宜，近於泉河者，再開泗河口一道，使之由泉河入洸河，至濟寧北，隔斷府河，於府河之北，另開引河一道，引水至蓮水坡，即今濟寧州西葦湖也。使由馮家滚水壩入運。

《清史稿》卷六一《地理八》　淄川簡。府東少南二百二十里。東南：原山，淄水出焉。南有豬龍河，俗呼孝婦，即瀧水，自博山入，逕城西南，右合般水，又北逕浄山。獺水河出黌山，逕昌國故城，會浸泗河自左注之，乃古德會水。左得萌水口，入長山。鐵路。

天平河

元 胡祗遹《紫山大全集》卷九《新開天平水記》　人之生也，水與穀而已。人不食飲七日而死者，水穀俱絶也。得水，則猶可以活。年飢避兵，以蘖辟穀者，唯水不可廢。養生者，亦以嚥玉池之水爲能致壽。黿蛇不食不死，以得太陰之精，而陽不能涸。花木土植而生，折置瓶盂，養之以水，則自芽而葉，旬日終月不死。然則水之利萬物，萬物之秉命乎水，其利溥哉！故五行生成爲先後，而水爲之冠。布五氣而行四時，流而爲江海淮漢，霈而爲雨露霜雪，雖天地復資以榮，豈特萬物哉？

林州當太行最佳處，民居圖畫間，五材具美，唯水爲艱得。鑿井，淺者百餘尺，深者倍蓰，綆如牛腰，一人不能舉。歲當暑旱泉縮，居民環井而立，炊時瓶罌不能滿，民大以爲苦。村落鑿井，盡土而無水者，潴雨水以飲。撫字之吏前後相承，無如之何。州西三十里，水出天平龍洞，歷山而來，甫踰中路，阻以巨石，伏入地下，不適民用。至元五年春，前江淮等路安撫李公漢卿來治是州。下車，撫民勸農，問以利病。教條既布，詢謀於衆，導水以東，以濟渴，以溉枯槁。衆踴躍從命，不督而集。於是公洎同僚達嚕噶齊石林奇塔特、州判李讓，親畚鍾從，命石以火，塹高湮卑，順流而行，滔滔汩汩，直抵城下。

役不再集，工不三宿，闔境之人以公有潤物之功而感公之仁，能見前後臨民者之所未見而嘉公之智，刻石記事，求文於余。因告之曰：『《詩》云：「豈弟君子，民之父母。」唯豈弟之人，則可以子民。子民之道，順民之所好，去民之所惡。知天地歲運之豐歉，而預防其禍。開山澤林藪富藏之閟，以適民用。至於辦賦斂，集户口，警盗賊，給工役，此一介里胥亦能之，古人所謂循吏、良吏則非也。余識李公舊矣，天資豈弟。疏水之政固美矣，消癃閉壅腫之疾，流淤塞滓穢之惡，濡枯潤槁，其利非一。雖然，是才仁政之權輿也。異日，黄潁川、龔渤海惠政良法，所去見思，此亦未可量也。磨以歲月，汝當自知之。』衆喜曰：『唯。請書諸石。』是歲重九日，應奉大夫翰林文字胡祗遹記。

（康熙）《林縣志》卷一《疆域・境界》　玉曰：兹舊志所載，然實亦有不盡然者。人力少而廢棄多，不講求探討之過也。如黄花桃源之水，前人未始不以爲利，而今俱聽其歸於無用之溪壑。今天平水、永利渠等遺迹，猶可辨也。役縣西北一帶，水高而土薄，深不三尺，悉見水泉，能於此掘塘種稻，當開無窮水利之源。再於天平、永利故迹，修厥廢而大其流，則城西南北，比高秦叢莽，不難變爲溝澮田塍矣。

又 卷二《山水・諸水》　萬曆十九年二月，内分巡河北道副使李公廷謨開渠鑿池於舊南池之右，引天平水注之。

瓦刯河

綜述

清 裴若裒《瓦刯河碑記》（同治）《枝江縣志》卷一〇　枝江縣百里隸圖江北古河曰瓦刯河，遡當遠而上始窮其源，分流至枝。頻年水勢瀑漲，瀰漫廣袤，卒違故道，以致高下之地，旱潦俱灾。

元刺史鮮公具題動一州三縣糧夫，開疏四十八□，灌救糧田一千五百石，業巳貽數百年利矣。至嘉靖間，馮□横流，溢爲汎濫，害劇往昔，民業之汙萊者奚翅千畝，而公賦計五百二十餘石，多致逋負。罹灾之民嗚情當路，前令再四申請堤防之，竟不報，大都築室之謀，奪於衆議，簡髮而櫛抅，論束之無惑，視民之溺，莫之拯也。

歲丁酉，蜀毓所周使君莅枝，會民田本仁馬應珠等具以狀聞。公殊爲惻然即税駕往閲，扼腕拊髀，嘆曰：當此四潰五裂，田廬胥爲巨浸，民命國計，其謂之何？長民者，直勤簿書，期會以博名高，何爲哉？因備陳利害，請於諸大憲，不煩民貲，力主發倉之議。且引□以堅其必成，上一一如所請，僉嘉其爲民實念，卓有古王政風。檄下，蒙動倉粟七百五十石。公次第捐出俸銀給匠，等董厥成，甃石注水，以防衝決，堅厚高深，爲一勞永逸計。

一時荷畚鍤奔命者，如子來焉。疇昔奉漏沃焦，苟且圖成，盡洗而更新之，務可回狂瀾，抑洪水，暵澇兩不稱病。自是歲登禾黍，民享粒食，皆公賜也。何有於國課哉！

噫！公之爲枝民計者至深且遠矣。昔胡烈於襄修築石堤，民德之。杜預於荆修召信臣故堤，民恃爲障，君子至今稱之。公以有盡之財，填無窮之浪，去歷年之危，錫萬世之安。視胡、杜偉伐不得專美於前已詎止永鮮公之績哉！《書》曰：惟克果斷，乃罔后艱。《詩》曰：匪直也人，秉心塞淵。其公之謂歟！

雜録

（康熙）《荆州府志》卷八《堤防》　瓦刯河爲四十八□，灌救糧田五千百石。

（光緒）《荆州府志》卷三《地理志三》　沮水在縣西，自襄陽府南漳縣流入荆門州遠安縣界，又南入當陽縣界，合漳水南至府城西入江。《水經注》，沮水又東南，逕當陽縣城北，又南逕麥城西，與漳水合。又東南逕長城東，又東南流於江，謂之沮口。《一統志》，沮水舊分二支，一支自江陵入江，一支自枝江入江。枝江之流，明萬曆二十五年因沮水泛溢，甃壋塞之，沮水遂徑從江陵入江。其塞處，謂之瓦刯河。

渭河

論説

（道光）《重輯渭南縣志》卷六《山川考》　渭邑水利，以湭爲最。其最西者曰武渠溝，次東曰清水河渠，又其東曰稠水河渠，又其東曰羊峪小河渠，又其東曰羊峪河渠，皆湭之上流。其曰湭水河渠者，則既滙之名。其在縣東者，赤水河渠爲最東，陽侯馬渠次之。其在縣西者，泠水河渠爲最，白庄溝渠杜化水渠次之。

案古渠之在渭南者，《水經注》曰：白渠經屋陵城北蓮勺城南，又東注金氏陂，又東南注于渭。《唐書·地理志》：武德二年，引白渠水灌下邽金氏陂。故南宗伯曰：水利自古記之，自渭水不肥田之説興，而渭南水利遂報罷矣。漢武穿渠易渭，溉渠下民田萬餘頃，居民稱便，非渭水耶？開渠以溉，築堤障之，隨時導利，因勢防害。史義伯言之既詳，行之有驗，非口説者。倘采擇而致行焉，實萬世之利也。舊志亦曰，渭河東西亘縣境百里餘，率三二十年一徙，或南或北，相距十里餘。兩岸民田，無論没于河者，空輪土税，即淤而出者，盡爲沙阜，不堪耕種矣。終年逋負，間至破産，苦哉！今渭水以南，固不乏渠，而渭北則惟憑雨澤，倘遇澤少，豈不歉收，且民食窖水，亦何以堪？如引石川河于高處，自西北達之東南，不甚善耶？至于引渭溉田，與夫渭之遷徙靡定，則宗伯之論備矣。惜史光禄説不獲睹耳。

（光緒）《新續渭南縣志》卷二《輿地志》 《涇陽志》：秦時鄭國渠水注雒，漢時由石川河注渭。今考石川河乃在下邽西北，當時渭水故道，今不可考。

傳記

宋 劉摯《忠肅集》卷一三《贈諫議大夫西門公墓志銘》 公諱某，字某，姓西門氏。【略】渭水經邑可溉，而民不知用。公親相地形，率并水居人爲圩堰溝塍，使之殖稻，教以灌引蓄泄之法，刻其法于石。田歲增溉，皆爲沃野，民賴以無飢。

（光緒）《延慶州志》卷八《人物志》 李衍，字文盛，隆慶州人，景泰進士。成化初，歷官參議，督四川松潘糧儲。行部至彭索河，知生蠻擾邊，民不得耕。衍以計誅其渠帥，乃視要害築亭，障墾荒田千餘頃。灌縣江都堰壞，衍修之。三遷，以户部左侍郎權尚書事。河北連歲饑，郡縣當輸粟塞下者，橐銀就糴，穀騰貴，衍請輸銀京師，以太倉米給邊，軍民便之。二十年，總督關陝，引渭水爲渠，溉民田。召爲户部尚書，以老告歸。

紀事

《宋史》卷九五《河渠志五》 閏四月丁未，提點秦鳳等路刑獄鄭民憲請於熙州南關以南開渠堰，堪引洮水并東山直北通下至北關，并自通遠軍熟羊砦導渭河至軍溉田。詔民憲經度，如可作陂，即募京西、江南陂匠以往。

藝文

（同治）《續伏羌縣志》卷六《渭水秋波》 放眼晴川一色秋，當亭水繞自東流。誰從鳥鼠探源返，舊有蛟龍破浪游。岸柳蕭疏村賽社，江萍宕漾月移洲。清泉會我鳴琴意，灌溉田渠萬頃收。

雜録

（嘉靖）《高陵縣志》卷一《地理志》 渭北溝在奉正原上，或曰亦先正引渭水以溉田者，中作而輟。

清 顧祖禹《讀史方輿紀要》卷五四《陝西三》 紅善泉，州西南四十里，又十里爲蘇村泉，俱自平地湧出，流入渭河，州人資以灌溉。

（乾隆）《甘肅通志》卷五《山川》 渭河，在縣北一里，自寧遠縣流入邑北，東流入秦安縣境。縣西有陸田，通濟廣濟惠民四渠，皆引渭水之流溉田數十里。

又卷一五《水利》 渭水在隴西縣北。宋熙寧八年，秦鳳提點鄭民憲自通遠軍熟羊砦，導渭河至軍，溉田引流入城，分東西南北四池，以資汲取。又有頭渠，在縣西十五里，引渭水至下中川澆圃。轉磨二渠在縣西教場，西引渭水至下川澆圃。轉磨三渠在縣西三里岳家墩，引渭水至城東角澆圃。轉磨上下四十里，皆引渭灌溉，下流仍入渭。

（乾隆）《隴西縣志》卷二《山川志》 東郊田溝自下川至磚塔故址，多種蔬菜，引渭水灌之，約五里。自磚塔至三十里鋪，引渭水灌田，沿河約二十里。官路之上地高，多不能達，惟三十里鋪煖泉溝方圓四十五里，資其灌溉，過此則無矣。

又 西郊田溝三十里，水曳坪鑿溝引渭水澆溉，不過二三十畝。近則三角城、汪家魚池遠，則兩河口亦然。

（光緒）《重纂秦州直隸州新志》卷二《地域志》 其中灘引渭水爲渠者五，溉田數千畝。一曰石渠，在渭北，乾隆中，劉康、劉際适、劉興仁率衆而成者。一曰陳家渠。一曰毛緤家渠。一曰張楊家渠。一曰河邊渠，光緒二年，前知州陶模倡捐新開者。

衛河

論説

清 靳輔《文襄奏疏》卷五《衛河水勢疏》 題爲衛河水勢微弱，漕船浮送難前，謹請天語申飭，輓水歸河立濟重運事。

該臣看得堵塞衛水渠口以濟漕運一案，部覆奉旨：漕運、民田均關緊要，何以使衛水可濟漕運，兼不悮民田灌溉，著臣會同撫臣確議具奏。欽此欽遵。移咨到臣准此，臣隨移會直隸、河南兩撫臣，并行直守大名、河南管河分守河北各道確議，去後又復節次駁催，今據各該道詳覆前來，除直隸大名府屬之元、大、浚、滑、内黄等五縣沿河兩岸地高，原無借水之渠無庸置議外，其河南衛水之源發自輝縣，合懷慶之大小丹河、衛輝之淇水、安陽之洹水經直隸、山東境内，會流而至臨清，總名衛水，以濟漕運。内輝縣既設五閘以潤禾苗，而安陽又有一閘以溉田畝，兼之河内縣兩岸二十餘里民田需水灌溉，則旁洩在所必然者矣。

臣惟重運漕船行至臨清之北，全賴衛水浮送，庶可早達天庾，乃輝縣、河内、安陽三縣又需此水以溉民田，凡遇三春雨少之年，民田無水，往往引流旁洩，以致運河淺阻，漕艘難行。案查順治五年，前河臣楊方興具題，議每年二、三兩月聽民用水，四月以後即便封貯閘板，堵塞渠口，以濟漕運等因。部覆奉旨欽遵在案。但民田需水之候四月，更甚於三月，是以雖有四月封板塞渠之例，而民間必不能遵，任臣衙門大聲疾呼，終不放水下注，臣萬不得已，復有請敕直、豫兩撫臣嚴督該管官員火速起板堵渠，不使衛水旁洩之疏，蓋原從速漕起見也。

今部覆奉旨：漕運、民田均關緊要，何以使衛水可濟漕運兼不悮民田灌溉，著臣會同撫臣確議具奏。欽此欽遵。仰見我皇上愛民至意，必期上下均利，誠堯舜之用心矣。臣雖愚昧，敢不仰體皇仁酌議妥確乎。今據河南省各道府詳稱，輝、安、河内等三縣農務在於每年之三、四兩月，而漕船盡數抵臨之期大約在於五月，今議四月之前聽民取水溉田，自五月初一日爲始封貯閘板，堵塞渠口，以濟漕運。倘該管各官漫不遵奉，聽臣等會疏糾參等因會詳前來。臣按其所議誠爲妥協，於我皇上使衛水可濟漕運，兼不悮民田灌溉之恩綸足稱不悖矣。

惟是各省漕船不下五六千隻，即過臨極速亦得兩月之期，如輝、安、河内等三縣恪遵五月初一日封起塞渠之議，則不出五日衛水自即至，臨七月之内尾帮可盡抵通，回空可無遲悮，倘因循積習，仍前陽奉陰違，則悮漕之事勢所不免，爲今之計惟有嚴定處分之例，如五月初一日不封板塞渠，以致五月初十日之内衛水尚不暢注，臣等即將該管道府廳印河官特疏題參到部，必得部臣將陽奉陰違之該管各官從重處分，庶各官知所儆畏，不至因循錮習也。伏乞皇上睿鑒。俯念漕運關係緊要敕部，將五月初一日封板堵渠之議著爲定例，并嚴定不遵官員處分則例，以便永遠遵奉。臣謹會同河南撫臣王日藻合詞具題，伏乞敕部議覆施行。

又 卷七《衛河水勢疏》 題爲衛河水勢微弱，漕船浮送難前，謹請天語申飭，輓水歸河立濟重運事。竊照重運漕船自進瓜、儀閘口之後，在清河運口以南則賴淮水浮送，清河運口以北至於皁河則賴黄水浮送，皁河迤北至濟寧州之南旺則賴汶水之分流南下者浮送，南旺迤北至臨清州，則賴汶水之分流北注者浮送，臨清閘口以北至天津，則賴衛水浮送，我國家數百萬漕糧，數千隻運艘，惟恃此淮、黄、汶、衛四水，得以早送天庾。

今淮、黄盡歸故道，江南處處深通，雖春來雨少，汶河水弱，而各閘蓄水灌塘，不過略遲時日即可儹過，惟衛河水勢微緩異常，兼之并無閘座，不能蓄儲。今據濟寧道副使董安國等詳稱三春久旱，汶水既少，而衛水弱極，臨北一帶淺處甚多，且閘河無接濟之資，一經起閘，則建瓴之勢將閘河灌蓄之水頃刻洩盡，不特閘内易涸，而重運漕船從閘門乘高放下，萬分危險，請飭河南道、府各官速啓五閘之板，堵塞旁洩渠口，輓水下濟漕運等因。

臣查衛水發源於河南衛輝府輝縣之蘇門山，其泉頗大，更有洹、淇等水并流入衛，儘足濟漕。秖以自衛至臨相隔五百餘里，沿途居民往往私洩爲灌田之計，是以下注會汶者甚少，臣雖嚴行該管道、府、廳、縣各官將所有仁、義、禮、智、信五閘之板盡行取起，并各洩水渠口盡行堵塞，而牢不可破之積習，每每陽奉陰違，直待時雨頻沛，河水大發而後重運，方得暢行，此歷年皆然也。但從前漕艘過淮甚遲，及至稽阻臨北，乃在五、六月之間，彼時入夏已深，去伏不遠，雖經暫阻，而時雨可期，故或阻數日而得水，或阻一二十日而得水，若本年漕艘賴各督撫臣疾饋嚴催，加以漕臣親行驅督過淮，極早三月甫半，而出清河運口入黃河者將及五千餘隻，其過濟寧者已逾三千，見今銜尾而北俱阻於濟北臨南一帶，若照往年故事，必待衛河時水漲發方得浮送北上，則臨南濟北之船必得守候兩三月之久，是過淮雖早而回空仍復遲悞，彼時雖將沿河各官從重處分亦無及矣。

除臣見在嚴行河北、大名兩道并衛輝、大名兩府著令將五閘板取起封貯，兩岸洩水，渠口盡行堵塞，輓流歸衛以濟重運外，但臣遠在江南，呼應不靈，鞭長莫及，誠恐沿河官民狃於積習，陽奉陰違，仍前阻水不下，貽悞匪輕。伏乞皇上特賜天語，敕令直隸、河南兩撫臣嚴著該管道、府、廳、印等官火速盡啓閘板，盡堵渠口，務使衛河之水涓滴不致旁洩，全歸運河，以濟漕運，如再仍前膜視，容臣會同撫臣嚴參重處，俟指日漕船盡行北上，或將來河水盈漕之候，聽民照舊分洩以滋灌溉，如此則無傷於民田，而漕運克濟，可免阻滯回空之虞矣。臣謹特疏題請，伏乞皇上睿鑒，敕部迅賜，議覆施行。

清 岳濬《籌洩衛河漲水疏》《清經世文编》卷一〇五 竊雍正十一年七月內，衛河漲發，漫開德州之哨馬營、老虎倉、第三店、桑園鎮等處，隨嚴飭地方官鳩工堵築，旋具摺奏報在案。

伏念衛河漫口，雖在德州境內，而自州以北，與直隸接界，一有溢水，即灌入直隸之吳橋、東光、南皮、滄州等處。前此雍正八年，有第九屯漫開，淹及吳橋等縣。今次則泛濫更甚。是漫口在於東省，而滋害及於鄰封。臣雖竭力經營，剋期堵築，然止可爲一時捍灾之計，而終非經久銷患之圖。因查衛河發源於河南衛輝府輝縣蘇門山之百門泉，南合小丹河東北流，左會淇水、湯水、洹水，至館陶縣入山東界，徑南館陶，有清、濁二漳，全流注入，東北達於臨清，歷程九百四十里，沿途并無支河旁洩。至臨清板閘，又與會通河之汶水合流，折而北行，計二百四十餘里，至恩縣之四女寺東岸，始有減水壩一座，由引河至九龍口入老黃河歸海。衛河又行二百四十餘里，至直隸滄州之甎河驛，有減水壩一座。又行七十餘里，至青縣之興濟鎮，有減水壩一座，俱由引河東流入海。有此三壩，衛河小有漲滿，足以宣洩無虞。一遇河南上源積雨橫溢，河水陡發丈餘，千里洪濤，大溜直注，雖有四女寺之滚水壩，而建瓴之勢，一時疏洩不及。在甎河、興濟二壩，相隔尚遠，又有滹沱河橫擁下流，不能迅達。惟德州一區，距四女寺北二十五里，河流至此，奮湧欲洩。而運道紆，正當洄溜頂衝，兼之東北一帶地漸低窪，更有以引其趨下之性。於是前衝後激，直射東堤，罅漏偶開，全河側瀉，實非尋丈之土堵所能抵禦。

臣思治漲之法，分洩爲先。凡溢水所趨，必有自然歸宿之路，因勢利導，即可轉害爲功。查衛河東岸，自臨清歷夏津、武城、恩縣，坡水會注，總以老黃河爲要津。河在德州城南二十里，由西南而達於東北，經直隸之吳橋、寧津、南皮，東省之樂陵，直隸之鹽山、慶雲，復由東省之海豐縣大沽河入海。其河之西北岸，有陳公堤一道，橫障河濱，綿亘數縣，凡溢水穿過此堤，即能循路以達老黃河。若不及穿過，而順堤北行，則轉爲高阜所阻，不得不灌入吳橋以北之東光等縣，直至滄州入海。則茲德州之堤岸，揆之地形水勢，斷不能保其不衝不溢。若使因其漫決之路，開乞成渠，東與老黃河相通，俾水至有歸，免致橫泛，此則人力之所能爲，而不可不亟加酌議也。但事關河道，又係兩省接壤，可否容臣移會兩省總河，并直隸督臣，公同會勘，將德州各漫口水道，逐一查驗？但有可以引水過陳公堤、歸入老黃河之處，即應於此建壩開渠，分路宣洩，妥議上奏，請旨遵行。但得疏導得宜，實於瀕河州縣有益。

清 福趾《户部漕運全書》卷四〇《衛河考》 衛河即南運河也，源出河南衛輝府輝縣之蘇門山百門泉，泉在輝縣城西北七里，經新鄉縣北過衛輝府，東北入浚縣及直隸大名境，謂之白溝河。此南白溝河也，與北白溝河異，淇水入焉。本西漢時大河所經，後漢建安時亦嘗由此運漕，隋大業中役丁夫百萬，引白溝爲永濟渠，亦曰御河。由南達北幾二千里，宋皇祐初，河合永濟渠仍爲大河所經。南渡後，大河南徙，而衛河如故。金元以來皆漕運所經也。今衛河由浚縣經大名府東北流與屯氏河相接，曆山東東昌府館陶縣，漳河合焉。又東北流至臨清州，西與元人所開會通河合，始爲運道，由臨清州板閘至德州柘園，計長三百五十里，由柘園入直隸界，經吳橋、東光、交河、南皮、滄州青縣、静海至天津又六百餘里。元初漕舟由黄河至封邱，陸運百八十里，由洪門入御河以達京師，蓋用衛河之全也。今自臨清始入衛河，蓋用衛河之半云。前明於衛河開減水河二，一在滄州南十五里，一在故興濟縣南，以備衛河泛溢，久而湮塞。國朝雍正三年，怡賢親王奉命開減水河二，河各建滚水石壩，挑浚舊河，分道入海，衛河北至天津始無中路泛溢之虞矣。

又卷四三《衛河挑浚》　一衛河之水來自丹河、洹河及擲刀泉等處，建閘開渠築堰，居民藉以溉田，漕船賴以濟運。

順治五年，河臣楊方興題定每年二、三月間聽民用水；四月以後，即將閘板盡啓，封貯渠口堵塞，俟運務完日，聽民自便。康熙二十三年，河臣靳輔以天久亢旱，居民私洩灌田，下注甚少，請令該管官速啓閘板，盡堵渠口，不致旁洩，以濟漕運。奉旨：漕運、民田均關緊要，何以使衛水可濟漕運兼不悮民田灌溉，著督撫會同確議具奏。欽此。嗣據覆奏，河内、輝、安三縣農務在三、四月，糧船抵臨約在五月，請每年自五月初一日起將閘板封貯，盡啓渠口，毋致旁洩。俟漕船過竣再行分洩，以資民田。

康熙二十九年，河臣王新命親往查勘，至河内縣，細閱丹河發源太行山，至丹河口分渠九道，大丹一河直歸懷、沁河，其餘六渠民間引水種竹溉地，約計一千四百餘頃，祇小丹河上秦、河二渠灌溉所餘之水通衛，諭令所在士民於每歲三月初用竹絡裝石横塞入河渠，使水歸小丹河入衛濟漕，留涓涓之水溉地，至五月盡重運過完，則開入河渠。用竹絡裝石塞小丹河口以防山水漫溢，士民咸爲稱便。其小丹河若有淺阻，責令印河官量爲疏浚。至輝縣擲刀泉，在縣西北五里蘇門山下，約二十餘畝，泉珠上湧，難以數計，民間設立五閘蓄水，灌田約三百頃，往例於五月初一日封板放水濟運，惟是五月正農人需水之時，閉板始可通渠，灌田啓板則各渠立涸，應亦用竹絡量渠口之高下堵塞，使渠水常盈而餘流濟運。

其萬金渠出自彰德府安陽縣西南六十里善村山下，約二十餘里至高平村，昔人建閘開渠，引水溉田地百頃，仍由彰德府東北五里許入安陽河。其閘門高不過三尺，寬不過一丈，一啓板渠即斷流，亦應照五閘之法用竹絡裝石堵塞。再令重運俱由中河北上，較昔甚早，五月封板之議應行停止。部議行令會同河南巡撫作速詳確定議具題。嗣經河南巡撫兼河道總督王新命題准，丹河之源發自晋省高平界，穿太行直入沁河，合流而入黄河。此河源與漕運無涉，亦無大、小丹河之名，後因河之東西兩岸百姓見此洪流可以引灌田地，乃開渠引水灌田澆竹，除灌田小渠之外，又開大渠一道，由河内、武陟、修武、獲嘉等縣直達衛河，歸於臨清運河，濟漕始有大丹河、小丹河之名也。

前議每歲三月初用竹絡裝石横塞入河渠，使水歸小丹河入衛以濟漕，留涓涓之水以溉地，此議誠爲可行。但雨澤沾足，河流充溢，漕運、民田均不恃此水，如遇天道亢旱，漕運民田皆需此水，似此涓涓細流，渠深田高，焉能灌溉？查現今重運不由黄河，俱由中河北上，較昔甚早。如雨水匀足之時，照河臣所議，用竹絡裝石塞口之法濟運灌田。

倘遇亢旱之時，請於每年三月初一日起至五月十五日止，令其三日放水濟漕，一日下板塞口灌田，週而復始，至五月十五日以後，聽民便用。其武陟、修武、獲嘉各縣境内小丹河經由之處，百姓田地俱望引水灌溉，亦應用竹絡裝石塞口之法。如遇亢旱，并照三日濟運，一日灌田之例而行。若中有淺阻之處，責令印河各官量爲挑浚。再查衛輝府屬輝縣擲刀泉亦應照河臣所議，用竹絡裝石，量渠口高下堵塞，使泉水直流不竭以濟漕運。所餘之水得以灌溉民田。

至彰德府安陽縣萬金渠，乃係引洹河之水而灌民田者，該縣西、南、東三面地畝資其灌溉，故名其渠曰『萬金』。此渠水自新曲溝、舊曲溝、舊北渠、舊南渠、永河、集渠等處用水，各村庄灌田之後，仍由縣東北五里許歸入安陽洹河，暢流入衛，以濟漕運，亦應照河臣所議，用竹絡裝石塞閘通渠以便民漕。

雍正二年，副總河嵇曾筠奏，小丹河上自辛勾口至河内縣清化鎮二十里内有水口二十餘處，向係竹絡裝石阻截灌園，留涓涓之水以濟運。輝縣擲刀泉亦設有仁、義、禮、智、信五閘，經前河臣王新命題明三日放水濟漕，一日塞口灌田。其安陽縣之萬金渠及洹河，昔人建閘開渠，引水灌地，亦照官三民一之法，通漕便民，向有成例。但日久弊生，每有守口之夫夥同堰長奸民違禁賣水，以致運河淺澀，應請於回空赴兑漕運儹行之期，嚴飭各該管縣丞、主簿親至水口，秉公啓閉，將水勢情形五日一報，仍嚴責管河同知、通判往來督理稽查，如有淤塞，會同印官不時疏浚。如有通同賣水阻運情弊，嚴加治罪。部議覆准。

雍正三年，内閣學士何國宗奏豫省衛河自百泉而下，曆仁、義、禮、智、信五閘，遇水旁注，愚民不無截流盗水之弊，請於泉池南口建石堰一道，開三口門，分爲三渠，以下五閘盡行拆去，取挖河之土建築小堤，使無旁洩，東西各開一渠，内照舊各建五閘分灌民田。小丹河口東一里開一水塘，建石閘三座，分爲三渠，就小丹河身爲渠，東西各開一渠爲民渠，需民田七十九畝二分，向民價買挑挖。洹河舊有石壩兩頭，皆已湮廢，民間自築土壩遏水灌田，請將舊石閘拆去十五丈，留五丈爲挑水壩。以上三河每河各設閘夫八名，責成管河道同知、通判、縣丞、主簿等官不時稽查，如有盗塞官渠壅水自利者，以偷盗倉庫錢糧例治罪。河官通同作弊者，以監守自盗例治罪。印官以失察例治罪。至於諸河泉，各開深廣，使其入衛通流。再小丹河自清化鎮以上，除舊河身量開寬二尺，挑深三尺。清化鎮以下淺隘之處，連舊河身面開寬三丈五尺，底開寬一丈，深一丈，取挑河之土建築小堤，使無旁洩，一律深通。豫省漕糧冬兑冬開，正值水涸之際，不免淺阻，應仍照舊例沿途建立草壩蓄水濟運。遇有流沙停淤，照常挑挖深通。

奉旨：何國宗奏運河情形，甚爲明晰，但督理工程委之地方官，恐其因循遲悮，若特差官員前往，又恐呼應不靈，且不得其人，反滋煩擾。朕意欲將沿河有應修工程之州縣，俱著揀選賢能之員補用，果能實心任事，朕自加恩議叙。如此於地方工程均有裨益，著九卿速議具奏。欽此。九卿遵旨議覆，令總河、副總河、河南巡撫轉飭諳練河務之員，逐一查明妥議，務於河道、民生兩有裨益，并將應建應築草壩工料銀兩據實確估，造册具題，到日再議。至奏摺内稱盗塞官渠壅水自利者，以偷盗倉庫錢糧例治罪。河官通同作弊者，以監守自盗例治罪。印官以失察例治罪。但偷盗倉庫錢糧及監守自盗，係按錢糧多寡計贓論罪，今水之多寡難以核定，不便照偷盗倉庫錢糧及監守自盗例治罪。查律内故決盗決山東、江南等處漕河，爲首之人發附近衛所充軍，其聞官人等盗泄水利，串同取財犯，該徒罪以上照前問遣。嗣後倘有盗水官渠壅水自利及河官通同作弊者，俱照此例治罪。印官照失察例議處。

雍正三年，部議覆准，河南漕糧自衛輝北行，經汲、浚、内黄、湯陰等處溜沙石岡，不能建閘蓄水，向遇重運入境，或派人夫縴輓，或拘小船撥運，嗣後應令地方官相度地宜水勢，於淺澀處所每年建築草壩，蓄水浮舟，其餘淤淺膠泥，并設淺夫，臨期刨挖，及時疏浚。

雍正四年，内閣學士何國宗等備陳豫省河道，奉旨：著九卿會議具奏。河圖并發，其河南小丹河一件，何國宗等與田文鏡、嵇曾筠兩議具奏。何國宗等乃一己之見，田文鏡、嵇曾筠身在地方，所見自然明確，著照田文鏡、嵇曾筠所議行。欽此。九卿議覆，内閣學士何國宗等奏，稱河南百泉、洹河、丹河之水，小民之資其利者已非一日，每三日濟運，一日灌田之舊制，實係有名無實。查百泉之水原議分作三渠，中爲官渠，東西各開一渠爲民渠，東口門寬四尺四寸，西口門寬三尺六寸，今議將東民渠口門加寬一尺一寸，西民渠口門加寬九寸，則小民灌溉有資，而亦無損於漕運。再查洹河萬金渠口外有石壩一道，上年水勢泛溢，衹露壩頂二十丈，故臣等議將石壩拆去十五丈，留五丈迎水入渠。今水消落，壩南一帶淤成沙灘，灘之東南有石橋一座，請將東頭第一洞處許民自架石子壩，北接沙灘，沙灘之東南開小渠一道，引水入渠，其西三十三洞盡行疏浚，則石壩毋庸再拆，而洹河之水自可一分灌田，三分濟運，應如所議行。

令副總河嵇曾筠、河撫田文鏡作速興修。又閣學何國宗等奏，稱查小丹河之水直注大丹河入沁，斗門在山麓之旁，地方高阜，每年作壩，方能引水入閘，且斗門高一丈二尺，現在水深一尺七寸，有過水一道，皆用石壘砌，名爲斗門，實同涵洞。又設重板添設閘夫，以司啓閉，今細心籌畫，原議斗門加寬一丈六尺，下分三渠之處尚屬利漕便民，相應仍照原議。又據副總河嵇曾筠奏，稱小丹河面寬三丈七尺，其石斗門寬一丈零四寸，誠恐山水暴漲，進水過多，今若再拆造加寬，不免水勢過大，一當大雨驟降之時，山水建瓴直下，一時洩瀉不及，非惟清化鎮一帶盡爲巨浸，而河内、修武以下均不免水患。今查小丹河之水有秦渠一道，小丹河之下有董下渠一道，議將秦渠口門量爲開寬，使小丹河內東渠七水口之田俱由秦渠分水灌溉，其董下渠口門亦量爲開寬，再於迤南開挖新渠二百零七丈，以接前渠，使小丹河內西渠九水口之田俱由董下渠分水灌溉，兩渠各建分水渠口一個，其東西兩渠仍照欽差會議，各開一渠，計長二十二里，各寬六尺，需民田七十八畝三分，向民價買挑挖。

至小丹河閘口，仍照舊不動，而小丹河內東西分灌民田之十六口門，并皆堵塞，俾小丹河之水盡入衛河濟運，於漕船更有裨益。經部議覆，將小丹河閘口照舊不動，惟開寬秦、董二渠口門，堵塞小丹河內分灌民田之十六口門，應令該撫并副總河作速估計開挖。乾隆二年工部侍郎趙殿最等勘視，請於館陶立一水，則以驗彰、衛之淺深。臨清立一水，則驗汶、衛之淺深。每歲豫省遣員勘實，如果東省運河暢流之年，應酌議通融便民。再如臨清以北重運已過，不必拘定五、六、七月，即宜將官用餘潤波及群生，請於百泉官渠口門內再製一層閘板，將官閘上板。小丹河原有石閘，亦將官閘上板，使水分濟東西民渠。洹河東石洞之外，再酌予數洞以濟灌溉。

如東省運河平流之年及臨清以北重運未過之日，則將百泉、小丹河官閘悉行撤開濟運，洹河石洞之外不許再增如。東省運河澀流之年，除百泉官閘去板外，再於東西民閘酌議輪流啓板濟運。洹河東石洞之內再酌量封禁，小丹河東西民渠亦應堵塞，其口但藉此汲飲，未便封閉，其上有竹絡壩一處，亦應免其封閉，至漕船回空，即或遇有淺阻，飭令山東管河道測量水則，飛檄豫省酌議啓板。至東省暢流、平流、澀流之年，俱視水則記號爲準，其期則俟漕船將抵臨清之候爲率，部議應如所奏。在於館陶、臨清二處各立一水則，每歲豫省派委賢能之員，會同山東管河道於漕船將抵臨清之際，將運河水勢或係暢流、平流、澀流之處驗看確實，以便將百泉等處渠閘隨時啓閉，庶蓄洩得宜，於漕運民田均有裨益。至漕運需水之時，該管河道尤當加謹查察，倘有私自啓板及挑挖等弊，即行詳報該督撫嚴拏治罪，官吏失察賄縱，該督撫訪查確實，亦即照例參革究治。

乾隆三年，河道總督白鍾山疏稱，侍郎趙殿最等原奏館陶、臨清立一水則，以爲平準，惟查水則之淺深，可定泉源之强弱，難必衛河水勢情形，大約漕船將抵臨清之候正在三、四、五月，其時天晴日燥，源微流弱，澀流居多，平流殊少，暢流則數年不能一遇，以臣愚見，水則竟可不立，如雨水調勻之年，運河水勢尚可足用，即將百泉等處渠閘照舊官民分用。如遇雨澤愆期，河水淺澀，則將民渠民閘酌量暫閉，以濟漕運。若遇重運經臨之時，河水充暢，或漕船早過臨清，民田尚需灌溉，則官渠官閘亦即酌量下板緊閉，以灌民田。總令東省管河道及上河通判、豫省河北道及衛河通判不時查看水勢，彼此關照，相機啓閉，務使漕運、民田兩利無害。工部覆准遵行。乾隆二十四年，總漕楊錫紱因重運已出臨清，衛河水澀，行走維艱，奏請令河南撫臣疏浚泉源，酌閉民渠，全啓官閘以利運行。經河撫胡寶瑔奏請，將民間渠閘全行堵閉。

奉上諭：據胡寶瑔奏，將衛河民間渠閘洞口全行堵閉，俾河流歸注下流，以濟漕運，候正流充足，再行照例分啓等語。現在漕艘已過濟寧，正資衛水浮送蓄水濟運，固屬因時酌辦之法，但豫省河南各屬得雨，已經充足，其河北一帶雖節次得雨數寸，民間尚不無需水灌田之處，若將渠閘洞口全行堵閉，恐農民不能接濟，亦關緊要。著傳諭張師載、楊錫紱、胡寶瑔等公同酌量，但使漕艘自臨清以北，足以資送天津，不致淺阻，則民間渠洞亦須酌爲開放，俾暢正流以濟運，而旁分餘水以潤田。總在該督撫等彼此咨會，審度水勢情形，妥協調劑，一面辦理，一面奏聞，務使漕運民田均有裨益。欽此。嗣經會奏，將封閉之民渠民閘三日之內閉兩日以濟運，開一日以灌田。俟尾幫全過德州，即飛咨豫省，全啓如先。得大雨衛河增長亦即咨會全啓。

乾隆二十四年，總河張師載、河撫胡寶瑔奏，臣等前赴新鄉、輝縣等縣查勘衛河情形，查得山東諸水漕、農交賴者有三，一曰小丹河，乃衛河迤西之支流。一曰百泉，乃衛河發源之正派。一曰洹河，乃衛河迤北之分支。三路分洩均入衛河，其流似衆，然在春水未長，則涓涓泉流，易致微弱，倘雨澤少稀，則泉流更細，而南漕北行，正值需水灌輸之時，是以今春之籌畫，接濟時患水少者，此其明驗也。臣等伏思衛河之水全賴泉源，泉流之衰旺不常，惟在人功調劑，以收利益。則水源雖有多寡之不同，而接濟必期旱澇之有備。臣等遍曆各泉，正值秋霖霶沛，山水灌發之時，隨細詢土著鄉民，核其分支合流之處逐一志記。

今查得清化鎮之九道堰，上承上清、下清等渠之水歸入小丹河，引丹歸衛以濟漕運，但丹河尾閭與沁河毗連，水勢就下，一至盛旺，悉歸沁河，自應撙節來源，以裕水道。臣等於丹、沁毗接之處相度形勢，如建滚水石壩，不特工費浩繁，且恐丹河不能容納，則瀰漫四出，必至浸及民田。如任聽洩入沁河，則源少流弱，難資灌輸。臣等公同籌畫，於竹络壩下附近沁河之處酌建土壩一道，如遇順軌之水，則匯注丹河，不使旁洩。倘值盛漲，即任其漫壩歸沁，無虞外溢。俟水退之後，每年令地方官督率民夫，將該壩歲加修築，工竣之後呈報勘驗，則丹河之來源自裕矣。

至於百泉則在輝縣之西，舊設仁、義、禮、智、信五閘，嗣後年久，仁、義兩閘已廢，經侍郎臣何國宗改建斗門三座，亦照迤下三閘，中爲官渠，兩旁爲民渠，向例於重運抵臨之時，封閉民間渠閘，使官渠之水暢洩入衛。俟五月以後民間插秧需水，仍二日濟運，一日灌田，互相啓閉。六、七月間聽民自便，但運道、民田均關緊要，如果泉源疏浚，水勢充盈，原不必拘守成規，概行封閉。統俟來春重運經行，察看衛河水勢，如封閉民間渠閘，衛水日增，仍可循官二民一之定期，應於其時飭令河北道督率地方官弁審度形勢，酌籌啓閉，毋許民間私爲啓洩，則百泉之挹注亦充矣。

洹河發源於青龍河，其流亦歸衛河，向有南、中、北三萬金渠，今俱乾涸，惟洹河清流經年不絶，若山水暴漲，該河每易沙淤，不能暢流入衛。應飭地方官循照舊例，隨時疏浚，則洹河亦資挹注矣。總之，衛河之水全賴泉流，如湯河、淇河、蒼河、新惠、永通、伏道等河均可匯流入衛，但山水性猛，動挾泥沙，水旺之時，一望汪漫，迨至稍退，即行淤墊。臣等已面飭河北道於春季水生之時，帶同廳、汛各員逐一查勘，凡有泉眼壅塞，河身淤墊及豐草盤結有礙泉源之處，逐一志記地名，即飭地方官督率民夫上緊挑挖芟夷，并將疏浚各泉造具清册呈送臣等衙門查核。如廳、汛各官查勘率混及地方官督夫不力，視爲具文，即令該道據實揭報，以憑參究。則泉務既定，章程司守均知警惕，自可收濟運利民之實益矣。奉硃批：甚好。知道了。欽此。

乾隆二十五年，河撫胡寶琭以衛河自汲縣以至大名縣計四百餘里，河身多係流沙而淺，縣之三官廟、老鸛嘴又多沙礓石塊，河底高低不平，必須淺處疏之，使深石處束之使緩，奏請動項興挑。奉上諭：胡寶琭奏衛河建壩挑沙以利漕運，所需銀兩照例於鹽規銀内動支一摺，衛河係漕運所經，即有淤淺處所，自當照例疏築，以裨實用。况胡寶琭辦理地方水利，自必實心經理，不肯爲屬員慫慂浮冒，但向來有司陋習，率以多辦歲修工程有事爲樂，摺内所稱嗣後每年照此辦理之處，則不可不及今酌定章程示之限制，蓋前此數十年來未經挑浚，漕運亦無甚阻礙，其非必須每年興工已可概見。今或以相隔年久，悉心相度修治舊日淤墊一清，向後或三年一小修，或五年一大修，至及期鳩工，專派道府大員核實，督修責令，立限保固，如有侵蝕，按例著賠。庶屬員不致滋弊，而運道得以深通，著傳諭胡寶琭，令其逐一確查妥議具奏。欽此。經河撫奏准欽遵諭旨，定以三年一小修，五年一大修，如當大修、小修之年，適遇運河水大，無庸挑修，仍行停止，留俟下年相機辦理。其所修銀兩逐加核實報銷，此後既按定年限修治，自不致大有淤墊，需費無多，其有應減辦者，仍臨時核算，以節糜費。凡工竣之後，即令照例具結保固，如未至年限即有淤阻者，責令承辦之員賠修，以專責成。至於鳩工稽查，最爲緊要。查運道係糧道專管，應請凡遇小修大修之年，均令糧道督修，并該管各府分行督率沿河各縣會同河員辦理，務令核實報銷。倘各縣承辦不實，及有侵蝕等弊，該道府即行揭報題參。如各上司失於查察，一并議處。

乾隆三十年，河撫阿思哈奏准豫省衛河係漕糧運道，自水次至出境計程四百餘里，流沙壅積，在在淺阻，最盛者則浚縣之三官廟、老鸛嘴等處，名十八里溜爲善化山，山根石柱，砂礓挺踞，河心水底，重船經過，尤易疏虞。從前河撫諸臣勘題於衛河上下建築草壩二十六座以束水勢，行之日久，因循未修。迨乾隆二十五年，前撫臣胡寶琭議請照東省運河挑淺之法每年逐一疏挖，仍於淺水處所建築草壩，并欽遵諭旨定爲三年一小修，五年一大修在案。

臣到任以來，據沿河州縣以疏築未見成效，漕運仍屬艱阻，紛紛稟陳。查運河發源於輝縣之百泉，南注三十里至新鄉縣之岔河尖，與丹水合流，又一百五十里繞衛輝城北爲兑漕水。次又東北至浚縣，會淇水而達湯陰内黄界，受湯河、洹河二水迤邐至直隸大名縣張兒莊出境下入臨清河。原議於水下游淺處建築草壩，以期束水濟運，但夏秋水漲之際，河勢汪洋，無需草壩，一交冬令，來源既涸，支派甚微，而糧船於十月内正屆兑開之時，水落沙停，逐節淺阻，雖有草壩亦屬無益。

今計疏通之道，不若於上游來源之處先期蓄水，不令散流，臨時開放，較爲得宜。但考之舊定章程，以各河之水兼濟民田，是以有官渠民渠之別。水既分注，蓄洩無時，似未酌其緩急，夫民田需水多在春夏之間，漕船起運則在冬初之月，爲時本自不同，當漕船開行，農工已竣，民田不需灌溉，正可協濟重運，以收挹彼注兹之效。臣現飭該府縣督令管河各官，於九月望後起至漕船出境止，將衛河以上一切民渠支港堵閉，使水盡歸官渠，一面將官渠下尾之閘下板潴水，候糧艘開行之日啓板放水，俾衆流匯合，水到船行，則涓滴皆歸有用，重運自可疏通。嗣後每年官爲經管，所有原奏建築草壩之處糜費無當，應請停止。至浚縣十八里溜之三官廟、老鸛嘴等處石柱砂礓，最爲妨礙，經臣諭令該縣知縣吴振域設法開鑿，適該邑鹽商以其阻礙鹽船，情願捐資辦理，該令實力督率，將十八里溜中頑石山根雇夫用力盡行鑿去，現已溜勢直下，河流寬闊，所費有限，積患頓除，無不咸稱利便，將來糧船經過，可以順流直下，可免疏虞。其餘逐段浮沙旋挑旋積，應仍照舊章程於八、九月間飭印汛等官集夫刨挖，再用混江龍刮板器具隨船疏浚，使沙隨水盪，以利遄行。

清 楊錫紱《四知堂文集》卷一二《陳明衛河水漲糧艘到通稍遲請變通辦理疏》 爲奏聞事。竊臣前恭報本年漕船全數催過濟寧一摺，欽奉硃批：今年水大，到通已遲，雖屬無可，如何恐回空亦遲，則明年漕運又必遲悮。汝宜設法督催，且朕啓行在即，汝不必赴熱河請安。

又另摺，欽奉殊批：已批示前摺矣，不必來押，催回空船隻乃要務也。欽此。臣跪讀之下，仰見皇上廑念漕儲，因本年水大抵通遲緩，將來回空若遲，恐悮新漕，令臣設法催儹。臣受恩深重，敢不殫竭心力，設法督催，期於早行抵通。查漕船過濟，自南旺分水以北至天津俱係順流，往歲由濟抵通不過月餘，今緣臨清一帶六月半間衛河異漲，挾沙倒漾，直至東昌以南，浙江、湖廣、江西幫船行抵臨清牐口，因水勢洶湧，縴路全無，守水一十餘日，及至七月初四水勢稍退，始得出牐行走。

又因牐口内外俱有積沙，不無淺阻，臣趕至臨清一面催儹，并將情形據實奏聞在案。今查自七月十五以後，臣督率河員及地方官多僱人夫挑挖積沙，并於牐外築攔水草堤，又將牐傍月河堵築，使運河之水全由正牐行走，稍抑衛河倒漾之勢。雖未能一律深通，然每日可過八九十隻，計此半月之内已催過船二十三幫，目下止剩船七百餘隻，約八月初旬即可全行催過。臨清將來抵通回空，其江南、浙江幫船俱可趕回水次，不致遲悮新漕。惟最後之江廣各幫恐回空稍遲，不免凍阻。臣已札商倉場侍郎臣雙慶、臣羅源漢，或將最後幫船酌定幫數，即於天津令領運千總督率正丁，自僱剝船將米運至通倉交兑。其漕船即令押空，千總同副丁先行管押南下，稍爲變通，亦可無虞凍阻。至臣荷蒙聖諭，令不必赴熱河請安，臣自當仰體聖懷，一俟尾幫交兑全完，即上緊沿途督押，俾各幫船及早抵次，以冀仰慰聖心。臣謹將現在籌辦情形繕摺恭奏，伏乞皇上睿鑒。

又卷一三《遵旨陳明籌辦衛河水勢疏》 爲遵旨審度衛河水勢，酌籌辦理情形，仰祈聖鑒事。

竊臣張師載於本月初四日在七級牐催漕舟次，承准廷寄，乾隆二十四年六月初二日奉上諭：據胡寶琭奏將衛河民間渠牐洞口全行堵閉，俾河流歸注下游以濟漕運，候正流充足再行照例分啓等語。現在漕艘已過濟寧，正資衛水浮送，蓄水濟運固屬因時酌辦之法，但豫省河南各屬得雨已經透足，其河北一帶雖節次得雨數寸，民間尚不無需水灌田之處，若將渠牐洞口全行堵閉，恐農民不能接濟亦關緊要。著傳諭張師載、楊錫紱、胡寶琭等公同酌量，但使漕艘自臨清以北足以資送天津不致淺阻，則民間渠洞亦須酌爲開放，俾暢正流以濟運，而旁分餘水以潤田，總在該督撫等彼此咨會，審度水勢情形妥協調劑，一面辦理，一面奏聞，務使漕運民田均有裨益。欽此。

遵旨寄信前來，仰見我皇上軫念民生無微不至，除一面飛咨河南撫臣胡寶琭外，臣張師載隨星夜前赴臨清，會同臣楊錫紱查看水勢情形，悉心籌度。查本年衛河水勢本屬微弱，兼以大雨未降，日見消耗，是以臨清至德州一帶間有淺滯，臣等節經嚴飭河員及地方州縣上緊挑撈，臣張師載除先經將各湖濟運斗門、牐座開通暢流外，復於尾幫全過濟寧之後，將利運牐之南開挖水口，廣洩蜀山湖水，以資接濟。目下南旺以南之寺前牐已經嚴行封閉，汶水全歸北流，臨清牐外水勢已稍增添。又衛河上源之民渠民牐，經撫臣胡寶琭堵閉後，旬日内下流亦增長數寸，現在湖北幫船經過各淺處所不致阻滯。是目下衛河水勢江廣重船亦可資浮送，但衛河之底流沙易壅上源，滙注之水愈多則愈受其益。

臣等詳加籌議，應請將現在封閉之民渠民牐，嗣後三日之内酌閉兩日以濟漕運，仍開一日以灌田疇。俟尾幫全過德州，即飛咨豫省全啓渠牐，庶河北一帶民田仍可稍分餘潤，而臨清以北衛河水勢亦得收灌注之益。至尾幫未過德州之先，如或得有大雨，衛河水勢增長，臣等亦即先行咨會豫省，將民間渠牐全行啓放，更於民田有益。臣等往來查看，目擊衛水增長情形，籌酌調劑，因撫臣胡寶瑔遠隔七百餘里，雖已星飛咨會，若俟咨覆到日始行覆奏，竊恐上厪聖懷，是以不及會銜，謹遵諭旨審度定議，一面飛咨豫省，遵照辦理外，所有臣等籌辦緣由，理合恭摺奏聞，伏乞皇上睿鑒。

綜述

清 朱澤澐《由濟寧至汶河衛河記》《清經世文编》卷一〇五　《禹貢》紀濟會于汶，恆、衛既從，而衛輝之衛不書，濟與河上流通，而下流分爲二者也。濟自王莽時不能被河南，汶至臨清入衛而不承濟，河入海於淮，衛自爲一河承汶以入海，禹之故道盡失。

丁亥秋，舟次所經，相地高下，觀水出入，然後知禹之治水，因地之勢以導水之歸，順水之性，不貪水之利。自張秋北，荊門、阿城、臨清，地勢高峻，惟沙灣卑窪。沙灣在張秋之南，西承曹、開、東明之水，東經博平、博興入海。則濟之由此，地勢也，即水性也。自德州至文安，六七百里，卑溼沮洳，宜爲衆水所歸。觀衛河逶迤曲折，自趨於海，則九河之在此，亦地勢也，水性也。昔宋商胡決後，當國者競言河宜東南，以固國勢。元、明以降，導河入淮以濟漕，遂使滄、瀛一帶，僅存衛河。又開臨清以南數百里高阜之壤，通汶入衛，是皆貪水之利矣。夫因水爲利，其經營措置，未始無數百年之益，而不知其失水之性已甚。然汶之入衛，其本性入衛者七，由沙灣而東者三，猶不没大禹遺意。獨不知河之南將合江而止邪？吾不得而知也。抑有時而北邪？吾不得而知也。

清 張鵬翮《治河全書》卷五《衛河圖説》　衛河即隋之御河也，源出河南輝縣蘇門山之百門泉，亦名朔刀泉，方池二十畝許，泉出其中，不可數計，南流至新鄉縣境漸深廣通，舟楫蜿蟺，而東經汲縣、湯陰、安陽、直隸浚縣、滑縣、内黄、大名元城至山東館陶縣，北入臨清州與汶河會流，自發源至汶河會流處共計九百二十三里零。其間水之入焉者六，其他細流不與焉，曰小丹河、蔪脛河、淇河、湯河、安陽河、漳河，查自臨清板閘以北全賴衛水濟運，然而春夏之交漕艘盛行，每患淺澁。康熙二十九年，原任河臣王新命議以丹河口分渠九道，每三月初用竹絡裝石，横塞八河渠，使水歸小丹入衛，而留涓涓之水與民間溉地，至五月盡重運過畢，則開八河渠，用竹絡裝石，塞小丹口以防山水漫溢。

奉旨：行河撫閻興邦再議，如雨水足時，照河臣議。倘遇亢旱，令每三日放水濟漕，一日塞口灌田。五月十五以後，聽民使用。中有淺阻，責令各官量浚。王新命又議衛河於輝縣境内，民間設立五閘蓄水灌田，往例於五月初一日封板放水濟運，惟是五月正當農人需水之時，未免有妨農務，應亦用竹絡裝石，量渠口之高下堵塞，使各渠之水常盈，而所餘之水晝夜常流濟運。其萬金渠出自安陽縣西南六十里善應村山下，約二十餘里至高平村，昔人建閘開渠引水溉地，其水仍由縣東北五里許入安陽河，亦應照五閘之法用竹絡裝石塞閘通渠，漕、民兩便。康熙三十年俱奉旨允行，歷歲以来，漕運無阻，農民樂業，莫不頌皇仁於無既焉。

輝縣所管衛河，自百門泉起至新鄉縣界止，計長二十五里二百四十八步，河寬三四五丈深四五尺不等，舊有民建閘五座，曰仁、義、禮、智、信。

新鄉縣所管衛河，自輝縣界塊村營起至汲縣界曲里村止，計九十二里，深至一丈七八尺不等，小丹河西自獲嘉縣境至岔河尖入焉。

汲縣所管衛河，自新鄉縣界曲里村起，至浚縣界雙鵝頭止，計一百四十五里，河寬至六七丈，深一丈五六尺不等。

淇縣所管衛河，在汲縣河之北岸，自西沿村起至薛村口止，計長一十五里，河寬至十三四丈，深至二丈一二尺不等。蔪脛河，北自太和泉流至西沿村入焉。淇河北自林縣境流至薛村口入焉。淇河西岸屬淇縣，東岸屬浚縣。

浚縣所管衛河，自汲縣界雙鵝頭起，至滑縣界伍隆固止，計一百七十五里，内有石岡一道，自屯子鎮至老鸛嘴十八里，綿亘河底，水稍落則爲重艘礙，河寬至十四五丈，深一丈七八尺不等。

滑縣所管衛河，自浚縣界泥灘口起，至内黄縣界韓西口止，内有湯陰縣所管河三段，計共長十里，滑縣河道計九里一十三步，河寬至十五六丈，深一丈八九尺不等。

内黄縣所管衛河，自滑縣界草坡村起，至大名縣界張兒莊止，内有湯陰縣所管河三段，計共長二十七里零，内黄河道計九十里，河寬十四五丈，深一丈七八尺不等，湯河西自湯陰縣入焉，安陽河北自安陽縣入焉。

湯陰縣所管衛河六段，三段在滑縣境内，自南而北第一段長一百八十丈，第二段長五百四十丈，第三段長一千八十丈，三段在内黄縣境内，自南而北第一段長一千丈，第二段長三千八百四十丈，第三段長一百七十二丈九步，共計長三十七里三百一十三步。

大名縣所管衛河，自内黄縣界張兒莊起，至元城縣接界曹家道口止，計九十六里，河寬至十六七丈，深至二丈三四尺不等。

元城縣所管衛河，自大名縣接界趙家站起，至館陶縣接界善樂營止，計七十三里，河寬十五六丈，深二丈一二尺不等。

又卷一五《衛河情形》 總督河道提督軍務兵部右侍郎兼都察院右副都御史臣王新命謹題，爲謹陳丹衛河道情形，仰祈睿鑒事。

竊照臨清以北一帶運河，每歲重運，經臨歷多淺阻，因考有河南小丹河可以通流入衛濟運，曾經題明親往看驗在案。臣於十月初七日自清江浦起行，循河而至河南懷慶府河内縣，細閲丹河發源太行山，至丹河口分渠九道，大丹一河直歸懷慶沁河，其餘陸渠民間引水種竹溉地，約計一千四百餘頃。止小丹河、上秦河二渠灌溉所餘之水涓流通衛，臣仰體皇上漕運、民田均關緊要之至意，諭令所在紳士耆民於每歲三月初用竹絡裝石横塞八河渠，使水歸小丹河入衛以濟漕，留涓涓之水以溉地，至五月盡重運過完，則開八河渠，用竹絡裝石塞小丹河口，以防山水漫溢，士民咸爲稱便。其小丹河經修武、獲嘉以達合河鎮之處，若有淺阻，責令印河各官量爲疏浚。至輝縣搠刀泉在縣西北五里蘇門山下，清水一泓，約二十餘畝，泉珠上湧，難以數計，即《詩經》所咏『毖彼泉水』也。民間設立五閘蓄水，灌田約三百頃，往例於五月初一日封板放水濟運，惟是五月正當農人需水之時，未免有妨農務。

臣親行啓閉看驗，閉板始可通渠灌田，啓板則全流直瀉，各渠立涸，應亦用竹絡裝石，量渠口之高下堵塞，使各渠之水常盈，而所餘之水晝夜長流以濟運。其萬金渠出自彰德府安陽縣西南六十里善應村山下，約二十餘里至高平村，昔人建閘開渠，引水溉彰德府西南東三面地約計百頃，仍由彰德府東北五里許入安陽河，其閘一門，閘門高不過三尺，寬不過一丈。臣親行啓驗，一啓板渠即斷流，未免有妨農務，亦應照五閘之法，用竹絡裝石塞閘通渠，漕民兩便，士民莫不懽欣，頂頌皇仁。

再今重運不由黄河，俱由中河北上，較昔甚蚤，五月封板之議相應停止，臣復循衛河至臨清，由水路抵甲馬營等處，節節查驗，凡有淤淺處所，俱經責令地方官大加疏浚，所有微臣查看過丹衛河道各情形，理合題報，伏乞皇上睿鑒敕部議覆施行等因。康熙二十九年十一月十一日題，本月二十五日奉旨：該部議奏。欽此欽遵。於十一月二十六日抄出到部，該臣等會議得總河王新命疏，稱臨清以北運河歷多淺阻，因考有河南小丹河可以入衛濟運，曾經題明親往看驗在案。

臣自清江浦起行，至河南懷慶府河内縣，細閲丹河發源太行山，至丹河口分渠九道，大丹一河直歸懷慶沁河，其餘六渠民間引水種竹溉地約計一千四百餘頃。止小丹河、上秦河二渠灌溉所餘之水通衛，臣仰體皇上漕運民田均關緊要之至意，諭令所在士民於每歲三月初用竹絡裝石横塞八河渠，使水歸小丹河入衛濟漕，留涓涓之水溉地，至五月盡重運過完，則開八河渠，用竹絡裝石塞小丹河口，以防山水漫溢，士民咸爲稱便。其小丹河若有淺阻，責令印河官量爲疏浚，至輝縣搠刀泉在縣西北五里蘇門山下，約二十餘畝，泉珠上湧，難以數計，民間設立五閘蓄水灌田約三百頃，往例於五月初一日封板放水濟運，惟是五月正當農人需水之時，未免妨農。

臣親行看驗，閉板始可通渠灌田，啓板則各渠立涸，應亦用竹絡量渠口之高下堵塞，使渠水常盈而餘流濟運。其萬金渠出自彰德府安陽縣西南六十里善應村山下，約二十餘里至高平村，昔人建閘開渠，引水溉地百頃，仍由彰德府東北五里許入安陽河，其閘門高不過三尺，寬不過一丈。臣親行啓驗，一啓板渠即斷流，未免有妨農務，亦應照五閘之法，用竹絡裝石塞閘通渠，漕民兩便，士民莫不懽欣，頂頌皇仁。

再今重運俱由中河北上，較昔甚蚤，五月封板之議相應停止，等因前來。查先經總漕董訥將舊有河南五閘蓄水濟運，改於三月内即爲開放，果否不致有誤民田灌溉，未經聲明，不便遽議，應行令漕運總督、河道總督、河南巡撫會同確查定議具題到日再議等因具題。臣等會議以河南五閘改於三月内開放，庶河道無阻等因具題。行文去後，今該督雖將衛河五閘并丹河萬金渠閘等處看驗具題，但該督將此看驗之處并未會同總漕、河南巡撫定議具題，不便遽議，應仍行該督會同總漕、河南巡撫將衛河五閘并丹河萬金渠閘作何開放堵塞，方可有益漕運、民田之處，作速詳確定議具題到日再議可也。

康熙二十九年十二月初十日題，本月十四日奉旨：這事與總漕無涉，著速行河南巡撫確定到日再議具奏。工部謹題，爲謹陳丹衛河道情形仰祈睿鑒事，工科抄出該本部等會覆河南巡撫閻興邦題前事等因，康熙三十年三月初三日題。本月十六日奉旨：該部知道。欽此欽遵。於三月十七日抄出到部，該臣等會議得河南巡撫閻興邦疏，稱衛河并丹河萬金渠閘作何開塞有益漕運民田，奉旨行臣確定到日再議。臣隨親查丹河源發晋省，流入黄河，因百姓開渠灌田外，又開大渠直達運河，使有小丹河之名也。前河臣王新命議用竹絡裝石塞渠濟漕，留涓涓之水溉地，誠爲可行。但今重運俱由中河北上，較昔甚蚤，如雨水匀足，照河臣所議，用竹絡裝石塞口，濟運灌田。倘遇亢旱，請每年三月初一日起至五月十五日止，令其三日放水濟漕，一日塞口灌田，以後聽民使用。再搠刀泉乃衛河之源，建立五閘蓄水灌田，每年五月初一日封板濟運，但五月正民間需水之候，應照河臣所議用竹絡裝石堵塞，使泉水直流濟運，餘水灌田。至萬金渠水自高平村建閘開渠，灌田之後仍歸洹河，暢流入衛濟運，亦應照河臣所議，用竹絡裝石塞閘通渠，以便民漕等因前來。查該撫既將衛河、丹河萬金渠親詣勘明確議具題，應如該撫所題，將丹河如遇雨水匀足之年，用竹絡裝石塞口濟運灌田，倘遇亢旱之年，每年自三月初一日起至五月十五日止，令其三日放水濟漕，一日塞口灌田，以後聽民使用。至衛河五閘、萬金渠閘亦應如所題，用竹絡裝石塞口濟運灌田，俟命下之日知會總河可也。康熙三十年四月初七日題，本月初九日奉旨依議。

紀事

《清史稿》卷一二七《河渠二》 時衛河淺澀，難以濟運。東撫經額布請變更三日濟運、一日灌田例。詔將百門泉、小丹河各官渠官閘一律暢開，暫避民渠民閘，如有賣水阻運盜窃情弊，即行嚴懲。

明年，漕督朱澍復言：「衛河不能下注，有妨運道。」命河督文沖、豫撫牛鑒察勘。文沖等言：「衛河需水之際，正民田待溉之時。民以食爲天，斷不能視田禾之枯槁置之不問。嗣後如雨澤愆期，衛河微弱，船行稍遲，毋庸變通舊章。倘天時亢旱，糧船阻滯日久，是漕運尤重於民田，應暫閉民渠民閘，以利漕運。」從之。

藝文

明　孟思《孟龍川文集》卷五《觀衛河漲有感》 凌風駕雨勢滔天，百里民愁益可憐。不效清流由正道，秪將濁浪壞良田。蛟龍懼涴深潛穴，魚鱉乘時盡弄權。安得禹功排決去，兩陂禾黍萬家烟。

明　薛瑄《敬軒文集》卷八《衛河舟中懷古》 衰草蕪城澹月輝，河流雖是昔人非。北門鎖鑰輸平仲，南渡兵車數岳飛。汴水風高霜落木，吴山秋晚露霑衣。當時故老知何限，空抱遺忠賦式微。

明　王越《黎陽王太傅詩文集》卷上《衛河送别爲邢先生賦》 野岸平蕪接暮烟，行人初上衛河船。沽來酒薄難成醉，釣得魚多不用錢。雲破月移沙際樹，萍開風動水中天。吟餘斜日孤帆外，閑聽漁歌自在眠。

明　鄭善夫《少谷集》卷六《衛河集别》 去國心仍苦，風塵病未休。六飛淹歲月，八極想遨游。水動魚龍夕，雲盤鸛鶚秋。江山回紫氣，沙塞度青牛。秪有簪萍戀，聊爲文字留。遐心渺無盡，寄與衛河流。

明　佚名《衛河古渡》（嘉靖）《夏津縣志》卷五 衛河古渡界鄃城，一派洪流拱帝京。萬里遠通交廣地，四時常帶霧烟清。陸經南北依稀見，舟艤東西窰邇横。漕運便民充國用，謳歌擊壤樂昇平。

明 邵寶《容春堂集・别集》卷三《衛河舟中》 河水日以縮，河柳日以黄。凛風吹杲日，草上餘殘霜。漕舟返從北，牽挽何匆忙。相逢問前路，群盗勢且張。山東數千里，何人不奔亡。我師一當百，直氣浮劍鋩。萬全待時至，左次非翱翔。我筮遇坤乾，方長欣初陽。剥極行見復，彼哉孰能當。所嗟六合中，眞元化痍瘡。欲哭復吞聲，短歌不成章。

明 孫承恩《文簡集》卷一六《衛河舟中短述奉同行諸君子》 野曠居人少，河流逐岸紆。蒼烟迷古戍，落日聚啼烏。已是悲長道，還聞警不虞。相依有群彦，聊慰客心孤。

又 卷二五《讀邯鄲野老衛河謡小述三首》 落日肩輿古道西，急風殘葉亂烏飛。入門剪燭郵亭上，細讀邯鄲野老詩。

老人詩句不支吾，爲泣民窮淚眼枯。何當録上獻天子，便是當年鄭俠圖。

天時人事互差池，肉食誰知念阻饑。不用觀風賡諧度，但看壁上老人詩。

明 歸有光《震川集・震川先生别集》卷一〇《行衛河中》 風雨霏微送客舟，天涯魂夢日悠悠。可憐雙淚空零落，却付漳河向北流。

明 胡應麟《少室山房集》卷三六《衛河阻風同張陳兩生小飲作》 何限蕭條色，相看一坐中。乍收霞脚雨，仍起石尤風。逆浪衝飛鷺，驚沙没斷鴻。移文岩際滿，獨此滯征蓬。

明 皇甫涍《皇甫少玄集》卷一七《衛河雨後》 帆逗河湄暮雨收，隴雲飛盡見皇州。楚鴻南下看形影，其奈心隨衛水流。

明 盧柟《蠛蠓集》卷五《衛河漲二首》 河隍東望似東洋，簸蕩中流日月光。漁子舟人頻顧盼，恰如五月下瞿塘。

匏子烟波横九灘，淇園蒼竹斬千竿。何如此日風濤惡，灑雪衝飈作海湍。

明 陸寶《霜鏡集》卷一三《衛河西館得南書》 榛丘野井幻生成，十尺香茅足幾楹。不盡苔泥霑雪淺，半乾蘆葉卷風輕。回看驛路心應折，只謝輿人眼較清。况是雙魚頻問訊，門前帶水恰盈盈。

明 王世貞《弇州四部稿》卷三五《月夜發大名謝茂秦顧季狂追會衛河舟中作》 月擁層城萬堞開，天垂極浦片帆來。如霞獨賞長康語，似練還驚謝眺才。拂袖中原堪落拓，曳裾公等重徘徊。亦知爲俠輕分手，明夜誰同酒一杯。

又 卷四五《衛河八絶》 擊汰蕩金波，流光起千鬣。仰看雲間質，如鈎帶殘堞。

河流曲曲轉，十里還相唤。那比下江船，揚帆忽不見。

前望渡口驛，行行轉相隔。非關驛路移，應是儂心迫。

十五誰家女，紅糚嬌自多。低頭浣衣坐，不解聽呉歌。

款乃櫓聲低，來船坐自移。無須苦相羡，各有去來時。

人家半侵河，屋後曬漁網。夜深唤小婦，篝燈聽波響。

青青河畔柳，蕭索半無枝。爲是輕攀折，非關贈别離。

人云風波惡，風波信自惡。生長在家鄉，那得容華落。

又 卷四八《衛河夜泛》 衛河秋望接天迴，大艑高帆擁月來。爲問乘槎諸漢使，幾人元是謫仙才。

明 朱長春《朱太復文集》卷四六《衛河舟中答肥城馬主一書》 興疾兩日，陵羊角走河干十日，卧舟中，頓小榻上，接赤札如對故人，意在七發亂矣。今天下故多狹耶，足下言何多畏也。昔者商周盛時，衡旦囚桐，負依不引，嫌其季也。聖賢守雌而視舌，故曰名者爭器，無攖人心，去彼而取此。昔之人寧惡榮與人殊乎？虞長孺二十年，棲玄談寂，閉門養微名，第以兩月，吏部郎爲呶呶者誣汙，至不成面目，天下雖有吾等知虞翻俗耳，將用何塞，近爲此君忿欲死，長孺不至，少此官，天下誰不信，其素士而半生决於一朝，奈何？夫使人以名求，既犯户屨矣，而自又不避之。狎水溺水好名汙名，此公自壞吾師戒矣。

《易》曰：群龍無首。楊子曰：持滿扢敧，當與主一共實，一生隱於山林，隱於簿書。古云出處無二，見迹者分之耳。自今望足下爲道友共勉逵爾矣。雖然足下已爲衡氣機矣，藏珠於淵，藏玉於山，二物無求於世，而采者出之，其光遠也。安石不免之嘆。旦夕恐到足下，要則來無逆、去無留，執虚舟之應，以調不怒意，損益者庶幾乎。

《經》曰：和其光、同其塵。若必滅光而出塵，此自下一等之事，有不足於中，强莫藩籬之爲。僕中德也，執此而已，非高攬之業也。向邱舍與足下言吾守中散，今日不敢以良友敗，自幸抑隘，心適與時會時，滔滔轉盛。僕病轉深，保此反初，嘯歌老矣，已無望食魚，安問河鲂乎？山中芝术不堪贈，數年後有著作之副，願以遺。問金門隱者別遠矣，畏途祈自愛。病夫東出，不受人一錢，今爲斷金下拜，雄劍處士無用副紵，以獻爲別。

明 謝榛《四溟集·四溟山人詩集》卷六《中秋夜衛河泛舟同王元美顧聖少醉賦》 王郎乘舸下重灘，相送清樽一盡歡。客路艱虞知己在，老年離合定期難。月光初上孤帆落，秋氣平分萬木寒。後夜登樓嘆圓缺，回瞻北斗是長安。

明 徐中行《天目集》卷四《衛河留別盛少尹》 不斷風沙色，扁舟且未迴。送余臨汝水，念爾滯燕臺。把臂春陰合，開尊莫雨來。慚非孔北海，誰薦孝章才。

明 袁宏道《袁中郎全集》卷三三《衛河道中和丘長孺惜別》 墜葉驚沙積蓼窓，射波寒月影幢幢。此身却似淘河鳥，纔過南江又北江。

明 袁中道《珂雪齋集·前集》卷二《衛河別宋公時其子有溺水之變》 垂楊覆長堤，蟬聲啼不止。可惜掌中珠，一旦赴流水。

明 趙時春《浚谷集·文集》卷七《祭衛河神文》 維嘉靖三十一年，歲次壬子春三月癸未朔，越八日庚寅，前任兵部武庫司主事、見任山東按察司兵備僉事平凉趙時春謹以剛鬣柔毛庶品之儀，奉妥衛河水神之位曰：

凡山川興雲出雨有利生民者，人咸以爲必有神主之，矧自大河南徙，九河諸水咸於是匯，專達於海，尊同四瀆。又爲國家運艚阜貨，脉絡兩畿，襟舌八州，神之利益顧不大哉！時春曩於庚寅之歲疏乞却瑞禁諛，自底狂辜，道于兹河，蒙神弘庇，大著厥靈，曾祝有事兹土廟食，以報神休。今經二十三載，統兵於斯，以衛畿甸，戎馬糗糒由河運致，土地人民賴神降澤，丕振兵威，托神佑助，昔承靈貺，今叨職守，神之缺祠，寔惕厥衷，不遑寧處，建宇揭主，昭虔妥靈，遵禮題爲衛河水神之位，稱至於神，尊莫大焉，世俗煩黷，不敢妄加，伏唯時降甘澤，以阜我民，通利舟楫，以裕國用，震迅雷雨，以掃胡塵。將時春有大賴焉！故兹昭告，尚饗。

明 趙世顯《芝園稿》卷四《衛河阻風》 辭燕四五日，日遇石尤風。滿目塵沙暗，如行霧雨中。只言三月春光好，此景蕭條向誰道？阮籍途窮秖自悲，卞生抱玉空低眉。從來世路風波惡，何必沙頭嘆飄泊。呼童有酒且開樽，得句還同静者論。會看風色須臾定，千樹濃花開滿徑。花枝嫋嫋映通津，驛路綿綿緑草新。畫鷁俄從千里去，持觴笑睨萬家春。

又卷二七《上巳泊衛河有懷海内諸游好》 衛河三日春水平，樹頭千點彩霞生。當年修禊人何處，腸斷流鶯四五聲。

明 趙用賢《松石齋集·詩集》卷二《晚渡衛河》 不識澶淵路，今窮渭水源。野花低壓岸，汀樹遠連村。馬飲春流急，人歸夕渡喧。客行殊未已，明月逐征軒。

明 顧紹芳《衛河行》（道光）《濟南府志》卷七〇 衛河北馳疾於箭，日夜入海無休時。我船泝流費牽挽，南風况復當頭吹。隔江黑雲塞天起，水急風狂礙行李。南船十步不一前，北船飽飯蓬底眠。君看世事那不爾，北船南風豈長使。

明 張頌《衛河》（康熙）《青縣志》卷四 城下西流遶衛河，秋來雨急漲洪波。排空雪浪奔騰遠，得水魚龍變化多。兩岸人家分野色，萬株楊柳挂烟蘿。漁翁不解東西路，穩坐船頭發浩歌。

明 董復亨《衛河泛舟遇雨》（康熙）《元城縣志》卷六 爲問河朔飲，何似蘇門嘯。任是雨翻盆，酒船不肯掉。

清 李昌祚《真山人後集·詩》卷下《衛河逢同年周茹公時茹公小不豫過舟道契闊意甚黯然》 三日兩逢知已過，艤舟詎復嘆逶迤。君來猶説離愁在，生後原經患難多。正待及時依仗馬，無然懷古下銅駝。同官尚有憐予問，爲道風吹泊衛河。

清 張丹《張秦亭詩集》卷一三《衛河口雨望》 衛河渡口雁飛回，細雨鳴橈叠鼓催。帆色蒼茫秋不斷，白雲千里太行來。

清 李明嶅《樂志堂詩集》卷三《衛河夜泊二首》 日落天津走逆流，河回百折撼孤舟。荒邨小店蘆中出，秃樹凉雲水際收。千里舳艫供牧馬，一天星斗問牽牛。北來不草長門賦，歸路還宜及早秋。

忽見桑麻似故丘，西風轉促旅人愁。柝聲夜急黃沙岸，蟲語涼生白露秋。心是山雲忘去住，身如水鳥信沉浮。十年游倦不歸去，閒殺漁鄉范蠡舟。

清 蕭惟豫《但吟草》卷三《自青縣入衛河》 忽睹清分濁，貧家居上頭。一篙新漲水，半自故園流。帆影高懸日，橈聲盪入秋。漁樵雲樹外，引我下汀洲。

清 顔光敏《次衛河》（乾隆）《德州志》卷一二 莽莽衛河濵，孤城對古津。風塵通驛路，鞍馬去鄉人。日落帆前樹，烟含廟口春。客心從此異，忍見柳條新。

清 顧景星《白茅堂集》卷二〇《運河涸仍過大名消夏由衛河過館陶作》 地徑館陶僻，扁舟獨向西。道邊蒼耳塞，水上白雲低。落日無歸雁，晴空有斷霓。丘陵何寂寞，沃野舊青齊。

清 舒位《瓶水齋詩集》卷二《德州曉雨渡衛河》 細雨東陵道，平明送客船。夢猶驢背上，秋在鴨頭前。黃帽催雙槳，青箱趁一鞭。何如鹿門隱，高咏孟公篇。

清 蔣士銓《忠雅堂文集》卷二四《入衛河》 閘了清水盡，渾流莽潺湲。其源出輝縣，迸落蘇門山。東北會漳淇，同貫臨漳閒。乃分燕尾勢，北出東流便。挹洺注臨清，合汶滄沽連。八百里入海，溷挾泥沙奔。別支走滹沱，亦如弟與昆。南宋大河徙，此水獨恬安。轉漕永賴之，減水壩雙門。我行諸閘中，坐守動經旬。止水故納汚，飲之藏府翻。腹疾兼脹泄，每食辭盤餐。陷阱幸乍脱，濁流飲大難。七竅當復塞，混沌鑿孔艱。投膠使渟泓，厥性重以頑。可憐北游人，乃欲易胃肝。將欲買征軺，更懼暑暍患。不如泊田家，一飯老瓦盆。再拜借軍持，古井無波瀾。

清 李紱《穆堂類稿·初稿》卷四八《告衛河神文》 維雍正元年八月二十有二日，經筵講官兵部右侍郎李某謹以牲醴果核祭告於衛河之神，曰：國家漕粟，東南上供天庾，所關甚鉅，今歲漕船過淮，稍後天子特遣卿貳南行催儧，荷天之庥，霖雨以時風水，咸宜舟行，迅速盡出諸閘，兹至衛河，風忽逆阻，惟神沿河廟食享國家褒崇之典，宜於河道有孚佑之功，敬陳牲牷，用申昭告，其即返風，爲順迅達天津，庶神威有赫廟食，亦永永弗替。謹告。

清 厲鶚《樊榭山房集·續集》卷七《歸舟行衛河西顥先發一日中途相遇知有武昌之行賦此送之》 水宿懷前儔，荒雞已戒旦。乘流各參差，近岸屢回轉。停橈復相逢，行計中道變。男兒且依劉，鄉井何足戀。迍賤予所安，才謫子堪羨。江夏黃鶴樓，青山漢陽縣。太白句。到及葉飛初，高吟獨不見。

清 錢大昕《潛研堂集·詩集》卷八《衛河》 河曲如之字，帆斜作扇形。依依岸旁柳，猶剩數分青。

又卷一〇《衛河》 順水挐篙捷，乘風挂席便。漸移雙隻堠，默數往來船。岸柳秋仍緑，沙禽晚欲眠。河流元自濁，不礙月長圓。

清 裘曰修《裘文達公詩集·古今體詩》卷二《舟入衛河》 沙岸彎環水溯洄，向秋懷抱渺難裁。客行三見月圓缺，遠道一番人去來。錦纜亘空經數轉，蒲帆銜尾喜俱開。計程已近長安界，北極星明是上台。

清 孫星衍《孫淵如先生全集·冶城絜養集》卷上《德州偕吴學士肅**嚴孝廉**可均**周刺史**履端**放舟衛河小飲次韻》** 急流東去見層波，殘暑初消換薄羅。屯氏河荒遺迹古，米家船小載書多。宦情漸比知秋葉，樂歲聊看合穎禾。六載平津眞卧治，媿無循政入輿歌。

清 王汝璧《銅梁山人詩集》卷一四《衛河勘水》 一往全漳水，衝波入衛渾。濤聲雲外湧，虹氣雨中昏。積潦紛盈畝，流沙半擁村。愜山遺法在，載石好重論。

又卷一七《勘衛河堤埝途中口占》 節候恢台近，晴風麥氣和。游絲吹馬疾，新緑駐春多。陂障籌方切，軍烽警或訛。聞楚匪竄入豫境，旋即西去。洗兵須好雨，指顧聽鐃歌。

清 楊錫紱《四知堂文集》卷三三《五月十七日聞衛河得雨喜賦》 交流汶衛水泉渾，坐困端爲解澤屯。忽報清源三日雨，淋漓直送到津門。

又卷三四《聞衛河水發札致巡漕總河二公》 版牐尾閭處，衛水實承流。迢遥赴津門，到海不復收。二灣當一牐，軍儲資載浮。每歲春夏交，患常在膠舟。今歲聞更甚，爬梳夜未休。及兹時雨降，水發盈澮溝。河流一瀰漫，倒灌汶上游。版牐當其口，積淤成陵邱。頓使咽喉阻，飛渡從何由。下策決淤墊，得尺旋停留。計惟築月壩，兼堵魏灣頭。東汶以全力，刷沙如赴讎。庶幾壅塞患，旦夕可全瘳。此事經親歷，非同遥度謀。滯留尚韓莊，一身難分抽。作書與寅好，共濟賴良籌。何日諸水平，方寸蠲繁憂。

清 張開東《白蒓詩集》卷一三《衛河秋風詞》 雲繚繚兮山之阿，有美一人兮渡衛河。風蕭蕭兮生微波，蕩中流兮發櫂歌。水浩浩兮石峩峩，馬無轡兮車無軻。與子飲兮朱顔酡，聊夷猶兮心猗娜。子忽別兮涕滂沱，鳥高飛兮結新羅。木將脱兮辭故柯，立頓邱兮影婆娑。天陰陰兮路陂陀，望之不見兮奈若何。

清 趙希璜《四百三十二峰草堂詩鈔》卷一一《醉後渡衛河口占》 三更酒醒月初上，兩岸犬聲何太狂。燈火漕船人語鬧，萬檣新泊水中央。

又 卷一二《衛河水漲淹浸田廬城不没者三版矣愴然有賦》 今春赤地已千里，夏潦荒郊浹旬雨。衛輝城外黔黎悲，人家屋上馮夷舞。我住三日比干廟，目擊蒼茫心愧沮。盈盈咫尺不得前，杳杳情懷無可語。側聞深夜鬼啼飢，躍入平林魚化虎。揚鬐無厭巨舟吞，貪饕那計群生苦。自慙微材鮮技能，欲效老漁施網罟。填平滄海變桑田，手捉螭蛟獻神禹。

清 祝德麟《悦親樓詩集》卷二《衛河即事》 似帶如腸詰曲盤，逆流疑上富春灘。堠排雙隻防堤易，路轉東西挂席難。撥悶最嫌邨釀薄，迎寒休怨客衣單。瀕行支得天家俸，已製狐裘一領完。

又 卷二二《衛河漫興》 朝聞擊柝夜鳴榔，不必郵籤道里詳。水手熟於三折臂，河身曲似九迴腸。月華流去波全白，霜信催來柳半黄。我豈悲秋湘楚客，未妨得句也清狂。

佚名《衛河新張》（道光）《冠縣志》卷九 萬古源泉水，分流入衛河。沿堤春雨霽，瀲灎漾晴波。

清 沈兆澐《織簾書屋詩鈔》卷八《衛河雜咏》 臨河不見數帆樓，芥子園前好泊舟。爲愛城西一條水，海潮來處却交流。

滄州有酒號麻姑，薄醉朝朝罄玉壺。客久最思鄉味好，吴江一樣憶蓴鱸。

吴橋水净石粼粼，丞相祠堂萬古新。勒石記曾傳墨寶，臨流一掬薦溪蘋。

河流圓折抱荒祠，入望烟村欲到遲。漫道石尤慣留客，轉帆即是順風時。

屯氏河長彎復彎，平原却少碧孱顔。天公巧補燕南景，處處秋雲處處山。

一舸中流自在行，輕風助我達前程。矗官懶讀桑經注，古淺從他不辨名。

清 葉紹本《白鶴山房詩鈔》卷一《衛河》 晴波流向北，征棹故逶遲。岸遠識潮落，帆迴疑樹移。白沙堤上路，翠柏水邊祠。秋意寒原盡，蒼茫畫角悲。

清 張應昌《彝壽軒詩鈔》卷一《衛河》 九曲濁河紆，彎環到直沽。斜行舟似蟹，圓折水成珠。急浪參徐浪，來鳧繞去鳧。東西窗并啓，梭影看金烏。

雜録

明 吴道南《吴文恪公文集》卷五《衛河》 衛河舊名御河，出河南輝縣蘇門山之百泉，東北流經浚、大名、館陶諸郡縣，下流會淇、漳諸水，過臨漳分爲二，其一北出經大名至武邑以入滹沱，其一東流經大名東北出臨清至直沽會白河入海，長二千餘里，今爲運河，河自德州而下漸與海近，窄且卑，易衝潰，每潰即遣官修治。永樂五年正月辛亥，山東東昌府言衛河堤岸自臨清抵渡口驛衝決凡七處，命遣使者發工卒塞之。十年三月壬戌，工尚書宋禮奏，比者御史許堪言衛河爲患，命臣經度，臣自衛輝至直沽視，所在河岸多低薄，若不分析漫流壹事，於堤築後有坍決，費甚。臣爲永久計，先視會通河抵魏家灣與土河連其處可穿二小渠，用泄暴水入土河，則雖遇驟漲，衛河下流可亡患。已發軍夫治之，復視德州城西北自衛河岸東北至舊黄河，亦可穿小渠一道，中間五里，固舊渠當鑿者僅平地古路七里耳。誠令開通泄水抵海豐縣大沽河入海，衛河亦可亡患，約作者三千人，期以十日。上當其議，詔俟農暇爲之。正統十三年三月戊子，御史林廷舉言元時衛河分引漳水支流，永樂間填淤舊迹，去廣平大留村十八里，今尚存，宜發丁夫鑿通，遏漳水轉入，庶免民患，且可增衛水以資漕，從之。明年九月庚辰，巡按御史錢清言臨清四閘被黄河水決，上下船皆失利，州南舊有撞圈灣河，宜可浚，令船自此達衛，便詔下管河主事黄瓚等議。景泰四年七月丁卯，河南右參政豐慶言江南運艘阻於張秋之決，坐受其困，臣請自清河口入黄河抵開封滎澤，轉至衛輝胙城泊沙門，陸輓三十里入於衛抵京師，曩議者以河初改，恐水道不通利，今舟楫尾啣不絶，何獨漕疑？章上，命督運都督僉事徐恭覆報。嘉靖六年十月壬申，詹事霍韜以治河議問山東僉事江良材，良材具爲言，通河於衛有三便，古黄河自孟津至懷慶東北入于海，今衛河自衛輝汲縣至臨清天津入于海，則猶古黄河道也。三代前黄河東北入海，宇宙全氣鍾于北，迨後南徙，全氣遂因遷轉。我成祖皇帝定鼎神京，而全氣又自南而北，今于河陰、原武、懷孟間度地勢導河入衛，以達于臨清天津，不獨徐沛患息而京師形勢壯，且百倍便。一元漕舟涉江入淮，至于封丘陸運抵淇門入於衛，達於京師。今導河注衛，冬春水平，漕由江入淮，沂流至於河陰，順流而達衛，夏秋水迅，仍從徐沛達臨清，是一舉得兩，運道也便。二又河西沃壤，若得人力盡闢而耕之，三邊軍餉可不漕而裕，宜自臨清以北抵京師修其溝洫，擇良有司而任之，如此可以備旱澇并捍戎馬，益起河南北直隸富强之勢，利三韜，大然其畫，具疏上，詔議處以聞。

清 沈書城《則例便覽》卷一六《衛河阻滯》 豫省輝、安、河内三縣農務在三四月，漕船抵臨清在五月，應五月初一日爲始封板塞渠，如不封板塞渠，致漕船阻滯者，經管官降一級調用，該管官罰俸一年，該撫不行查參，罰俸六個月。

又 卷四八《稽察河南省衛河》 河南省衛河五閘，責成管河道、同知、通判、縣丞、主簿等官不時稽察，倘有盗塞官渠，壅水自利，及河官通同作弊，閘官照故決盗決山東、江南漕河律治罪，印官照失察例議處。

汶河

論説

明 章潢《圖書編》卷五四《汶水考》 《水經》：出朱虚縣小泰山。今沂山絶頂穆妃陵側有瀑布泉，懸百丈崖而下，即汶水也。東流循鳳凰嶺折而北，經大峴山陰，峴水入焉。又北逕蔣峪口，有水出谷中，西來入焉。又北逕黿山陰，乃折而東逕柴阜，又東北逕安丘南阜山，又東北逕安丘城西，又東北入于濰。顔監曰：前言汶水出萊蕪入濟，今此又出朱虚入濰，將桑欽所説有異，或者有二汶乎？余按入濟之汶，見《禹貢》、《論語》之『汶上』，《書傳》謂之『北汶』，即今大清河；入濰之汶，見《漢書》；入沂之汶，見《水經》。齊有三汶，清河爲大。

清 王昶《春融堂集》卷三四《齊風汶水考》 《齊風・載驅》章云：汶水湯湯，行人彭彭。《序》云：盛其車服，疾馳于通道大都。《箋》因之云：汶水之上，蓋有都焉。孔氏《正義》云：襄公入于魯境，往會文姜。按《前漢書》于泰山郡萊蕪下云：《禹貢》汶水出西南，入泲。又于琅邪郡朱虚下云：東泰山，汶水所出，東至安邱入濰。顔師古云：前言『汶水出萊蕪，入濟』，今此又言『出朱虚，入濰』，將桑欽所説有異，或有二汶水乎？

然按《水經》云：汶水出泰山萊蕪縣原山西南，過嬴縣南，又東南過奉高縣，北屈，從縣西南流，過博縣西北，又西南至安民亭，入于濟。又云：汶冰出朱虚縣泰山，北過縣東，又北過淳于縣西，又東北入于濰，又東北入于縣。是則萊蕪之汶，由西南行入濟；朱虚之汶，由東行入濰以達于海者也；二汶固不同矣。以今地理核之，汶河冰有數源，其經流，一自萊蕪縣東北原山之陽發源，一自泰安縣泰山之北仙臺嶺發源，至故縣鎮，二水合流，謂之大汶河。又西南逕焦家店，與萊蕪縣之牟、嬴二汶會。牟汶有二：一自縣東南寨子村海眼泉發源，一自縣東古牟城東響水灣發源，至盤龍莊，二水合流，西至滬馬河，合於嬴汶。嬴汶有二：一自萊蕪縣南宫山之陰石漏河發源，北流會牟汶；一自縣東北大小龍潭發源，南流會牟汶；并南合爲一流，又西至半壁店，復會南北諸泉，入泰安縣界，至焦家店，合于大汶，逕無鹽山西，與北汶會。北汶本于泮水，自泰安縣泰山西桃花峪發源，東南流至郡城。又東南流，有石汶水入之，又東南至無鹽西。合于大汶。小汶水自新泰縣東北龍堂山南麓發源，南流逕螯陽店，至南鮑莊，入新泰界。西流逕靈楂堡，入泰安縣界，逕徂徠山南，又西南至故柴城北，世謂之柴汶。又西南至大汶口，合于大汶。此汶之名，各不一也。《詩》言汶，蓋指大汶言之。

酈氏又云：汶水南逕鉅平縣故城東，而西南流。城東有魯道，《詩》所謂『魯道有蕩，齊子由歸』者也。汶上夾水有文姜臺。按成二年：『齊侯伐我北鄙，圍龍。』注：龍，在泰山博縣西南。桓三年：『公會齊侯于嬴。』注：齊邑，今泰山嬴縣。哀十一年：會吴子伐齊，克博。壬申，至于嬴。然則嬴、博以南屬魯界，龍以北屬齊界，故成二年『取汶陽田』，蓋汶之南皆魯地也。且酈氏云：文水屈從博縣南西流，又西南經龍鄉故城南。益知齊、魯往來要道，實在嬴、博，當今寧陽、東平間，故襄公之來會由之。扼要之地，即爲大都通邑。惜《正義》之未能詳指其地也。

清 何裕城《籌汶水蓄洩疏》乾隆四十八年 《皇清奏議》卷六五 署理河東河道總督臣何裕城跪奏，爲請於戴村壩迤上酌建閘座，以資蓄洩事。

竊查東省汶河爲諸泉之歸宿，全運之來源。自前明於戴村築壩截汶入運，復由南旺分水口之兩岸斗門，收入蜀山馬踏二湖瀦蓄，源源助濟，在運河水弱之時所賴惟重汶流。水旺之年，諸泉坡水同時并漲，挾泥帶沙，性最湍急，由分水口奔注入運，泥沙沉聚南旺一帶，積淤極厚，緣戴村壩高於汶河五尺，汶水大發，雖可漫壩洩入大清河，但祇能洩泛漲之水，而不能減重濁之砂。故張伯行所著《居濟一得》云：戴村壩止可洩水，不能通沙。當於該壩建閘，以便蓄洩。明宋禮築壩而不能建閘，乃未竟之功也。且當盛漲之際，汶水或一日長至一丈餘尺，一線運河不能容納諸湖，又積水過大，勢必有潰堤泛溢之虞。

乾隆四十五年秋間，汶河驟漲，致戴村民堰漫溢，由大清河歸海。經前撫臣奏明堵合完竣。四十六年秋間，濟寗以南水勢甚大，恐汶流倒漾爲患，因將舊築堰口開放宣洩至冬，令復即堵築。上年伏秋時，亦照此辦理。嗣以南旺煞壩後，汶水旺盛，恐各湖收蓄太多，復經臣奏請，將民堰開挖。現在二月初，即届消水之期，應於南旺開壩前，照舊堵閉。年來頗得洩漲之益，而屢開屢築，既費人工，且在應開應築之時，動關蓄洩，總要集夫興辦，未免需時，亦恐緩不濟急，似應於該處相度情形，設法籌辦，以期一勞永逸。

臣率同道廳等逐細講求，咸以戴村壩身綿長一百二十六丈八尺，曆次興修，成功匪易，未可輕易更張，莫如在壩旁另行擇地建立閘座，俾資蓄洩，既得免驟漲漫堤之患，又可省開堰堵築之勞。臣於查催挑工之便，復於戴村壩上下察看，惟迤上舊開民堰處所，上承汶水地當坐灣，連年於該處開堰洩水，高下形勢已極通順，而堰口以外，皆係山根，并無民間田舍等。須將原有河形略加開展，即可堵注大清河，毫無阻礙。今擬即於該堰口建閘三座閘，底與汶河底相平，設板啓閉，水小則將閘板堅閉，收束入運水，大則亟行啓板，暢洩歸海。不但因地制宜，足以保衛堤岸，而相機妥辦，行之經久。伏秋盛漲，沙隨水去，南旺一帶運河即可漸免淤墊。且本年大泛内，正值運河估辦堤工之際，汶河漲水，即於閘口減消，將來堤岸告成，永資蓄洩，預防汶流之泛漲，疏通河底之淤沙，實於利運便民兩有裨益。臣再三籌度，委係急應興辦之工，除將需用工料銀數確切估勘，另行具奏外，所有擬於戴村壩迤上酌建閘座緣由理合，繕摺奏聞。

清 福趾《户部漕運全書》卷四一《汶河考》 汶河水有數源，一出新泰縣宫山之下，曰小汶河；一出泰安州仙臺嶺；一出萊蕪縣原山；一出萊蕪縣寨子村。俱至静封鎮合流，曰大汶河。遶出徂萊山之陽，而小汶來會。至寧陽西北分而爲二，其一爲元朝所改，由堽城南流别爲洸水。其一由堽城西流，會坎河諸泉入大清河。由東阿而北至利津入海，此故道也。

明永樂中，開會通河。乃於寧陽之北築堽城壩，阻汶入洸。於東平州坎河之西築戴村壩，阻汶會濟。使其全流，盡入汶上城北二十五里，受濼當諸泉謂之魯溝，又西南流會草橋河、白馬河、鵝湖、黑馬溝至南旺入於漕，以濟運道。

清 朱澤澐《由濟寧至汶河衛河記》《清經世文編》卷一〇五 《禹貢》紀濟會于汶，恆、衛既從，而衛輝之衛不書，濟與河上流通，而下流分爲二者也。濟自王莽時不能被河南，汶至臨清入衛而不承濟，河入海於淮，衛自爲一河承汶以入海，禹之故道盡失。

丁亥秋，舟次所經，相地高下，觀水出入，然後知禹之治水，因地之勢以導水之歸，順水之性，不貪水之利。自張秋北，荆門、阿城、臨清，地勢高峻，惟沙灣卑窪。沙灣在張秋之南，西承曹、開、東明之水，東經博平、博興入海。則濟之由此，地勢也，即水性也。自德州至文安，六七百里，卑溼沮洳，宜爲衆水所歸。觀衛河逶迤曲折，自趨於海，則九河之在此，亦地勢也，水性也。昔宋商胡決後，當國者競言河宜東南，以固國勢。元、明以降，導河入淮以濟漕，遂使滄、瀛一帶，僅存衛河。又開臨清以南數百里高阜之壤，通汶入衛，是皆貪水之利矣。夫因水爲利，其經營措置，未始無數百年之益，而不知其失水之性已甚。然汶之入衛，其本性入衛者七，由沙灣而東者三，猶不没大禹遺意。獨不知河之南將合江而止邪？吾不得而知也。抑有時而北邪？吾不得而知也。

清 陳錦《勤餘文牘》卷三《汶水濟運源流記》 山下出泉，故《禹貢》導水自山始。岱脈殊衆，隨地皆泉，莫名所自，其出左腋而爲泗者，西流入運南會於淮。其出右腋而爲汶者，西流入濟北歸於海。自戴村遏汶而分流，亦入於運，且北會於衛矣。自黄河奪濟而分流，徑入於河，不復達於衛。此其變遷大較也。

予奉大府檄，窮汶源，始知上游北、嬴、牟、柴、浯五汶，今實二支。北支出萊蕪及蒙陰北境之泉，南支出新泰及蒙陰南境之泉，分道西流入泰安境。其泰安北泉由泮水會流入北汶，南泉由各渠分流入南汶，力敵勢均，合流於邑西南大汶口而至堽城壩。堽城壩者，堵斷小汶入洸河故道者也。故下游大小二汶，今實亦一支。二百里間，萬派會歸，沙流散漫，廣輒五里，不計深淺，博大能容，兩崖天成，無堤捍可束。大汛則驟漲丈餘，滂沱溢岸，小汛則原泉有本，涓滴成渠。其越寧陽、東平邊境以至於戴村壩上者，實汶水經流，而無一非蒙新萊泰四境之泉，始作運河者，以爲不足，又旁引肥城、平陰、東平北境諸泉開滙河七八十里，使同入於壩上。濟汶其閒，泉力亦復深厚，惟皆平地，土池深溝，積潦與沙河迴別，全賴人力開浚。

自道光壬寅至今，泉廳先裁後復，未曾開浚一次，是以有水之池，什不獲一。祇肥城一邑，於同治庚午重開得水，而平陰渠塞，不得宣洩。此其受病之原，蓋可得而指也。夫汶根於泉，泉散於地，上游涓流時涸，河身高淤，而難容下游，渠路不通，尾閭艱澀而不治，年復一年，去路緩停，則來源回縮，汶水經流末由暢旺。其病一。

戴村滚水壩，洩汶之餘者也。壩缺則不餘亦洩，當年所稱高七尺者，自河底仰量而定耳，今底高幾及四尺，則壩高不過三尺，即無缺漏，已減分流什六矣。況土壩缺口已三十丈，而石壩周身滲漏，一無補苴，是以大汛洩或不盡，小汛洩竟無存幸。值異漲盼若雲霓，而無漫不刷，有刷必盡，正溜西奔，則分流南淤。其病二。

今之分水口閘，亦得水者，漫壩所餘，及寧汶泉流也。若經流異漲，未嘗不一擁而下，但須汶口煞壩，堵其正流，旁開引渠入湖，方得藏以待乏，乃蜀山馬踏兩湖，自侯林黄決淤淺如盤，一無可蓄，專恃草壩攔留涓滴，何以敷運河挹注。其病三。

明時，職方地圖，汶水百泉，運不見乏。運河備覽所載，增至二百四十四泉。運不見充，良由泉之旺衰，雖關地力，亦視人工。咸豐初停運以來，泉官泉役日事惰偷，毫無引導，塞者以廢，通者以塞，至今泉員復設，必無實事求是之材。其病四。

夫運河，天下之血脈也。汶水，運河之命脈。泉源，又汶水之命脈也。治運而不治汶，治汶而不治泉，則汶竭而運與俱竭，而海運真成孤注矣。溯自設泉以來，泉必有池，池必有渠，立之穹碑，大書深刻，池圈渠畔，多其餘地，種之柳樹。俾泉夫泉老，世服先疇，蠲其賦役。此輩食毛踐土，視同家業，莫敢怠荒。至今借泉灌地，厲禁猶存。其涓滴寶貴之心，尚相傳於勿替。但使申明舊例，賞罰嚴明，則歲修之費，未始不在泉旁租稅之中，本不難從頭整頓。某爲區處，查得各泉自蒙陰、萊蕪、新泰，而經泰安者，爲汶水正流。蒙之泉十有五，渠二里有奇。新之泉四十有九，渠一百八里。有半萊之泉一百有三，渠七十六里十分里之一。泰之泉百三十有七，渠三百六十七里六分里之五。自肥城、平陰而經東平者，爲汶水支流。肥之泉二十有一，渠三十九里，有半滙河二十里有奇。平之泉二，滙河十有八里，東之泉五十有四，渠二十里十分里之六，滙河六十有六里四分里之三，皆出戴村壩上。

自寧陽汶上別出壩下，并蓄入蜀山湖者，爲汶水下游。寧之泉七，汶之泉二十，渠百五十有八里三分里之二。共實存新舊泉池四百有八所，渠五百八十五里有奇，河一百三里有奇，以泉數考之，一倍於運河備覽，四倍於明代職方，可不謂多與。今檄有泉州縣，辨其泉之上、中、下，石池土池，沙底泥底，有井無井，有珠無珠，而又探量原深新淤之尺、寸、分三等。工程概令，開出原底，以拔草撈，汙責之泉。

夫以開渠行水，責之牧令。初辦則酌給經費爲創始，歲修則仍屬泉旁種地之人。泉則由池入渠，渠則由枝達幹。蒙新四邑工簡而易行，肥平三邑工繁而可久。嚴其考核，勤其抽查。不三年，而戴壩分流，不勝挹注矣。或謂泉源過旺，則三合土壩，漫勢益洪，不知此壩始於道光壬午，皆爲運河苦漲而設。今運河苦涸久矣，即增高土壩，猶不及原定七尺之數，而分水口尚恐斷流，豈容拘泥遠年成法。尚慮汶境被淹，即須疏通楊家河，以洩下游去路，而入於蜀湖，豈得顧汶上一邑之淹，而坐視運河分水之涸。

且洩汶上之餘，正儲蜀湖之蓄。秋冬開湖濟運，以利鹽船，實有無窮之益。至目前土壩被沖，群知爲嵩山逼溜所致，既不能引溜以避壩計，不如遷壩以避溜。照大堤防汛法，歲峻秋防，使之不漫則不刷，不刷則不決。較之逐年草壩苟安旦夕者，百倍其功。方今晉豫洊饑，南漕西賑，來年漕運，急顧京儲運道泉源，固屬事不容緩。即以大局而論，規復舊章，治先腹地，將贍民以裕國，使內重而外輕，事亦無急於此者。治黃則重在尾閭，宣洩爲貴，治運則重在脊背，引導爲先。惟此原泉混混，實爲灌頂醍醐。漕運貿遷，胥基乎是。士大夫矢志澄清，力肩世事，盍於此加之意與謹記所見如右。

傳記

《清史稿》卷二二〇《允祥傳》 怡賢親王允祥，聖祖第十三子。【略】三年二月，三年服滿。以王總理事務謹慎忠誠，從優議叙，復加封郡王，任王於諸子中指封。八月，加俸銀萬。京畿被水，命往勘。十二月，令總理京畿水利。疏言：『直隸衛河、淀河、子牙河、永定河皆匯於天津大直沽入海，衛河與汶河合流東下。滄、景以下，春多淺阻，伏秋暴漲，不免潰溢。請將滄州磚河、青縣興濟河故道疏浚，築減水壩，以洩衛河之漲；并於白塘口入海處開直河，使磚河、興濟河同歸白塘出海；又浚東、西二淀，多開引河，使脈絡相通，溝澮四達；仍疏趙北、苑家二口以防衝決。子牙河爲滹沱及漳水下流，其下有清河、夾河、月河同趨於淀，宜開決分注，緩其奔放之勢。永定河故道已湮，應自柳義口引之稍北，繞王慶坨東北入淀，至三角淀，爲衆水所歸，應逐年疏浚，使濁水不能爲患。又請於京灤、薊、天津、京南文、霸、任丘、新、雄諸州縣設營田專官，募農耕種。』

又卷三一〇《高晉傳》 高晉，字昭德。父述明，涼州總兵。高晉初授山東泗水知縣，累遷安徽布政使，兼江寧織造。【略】四十年，河東河道總督姚立德奏請以蜀山湖收蓄伏秋汛，水工部以舊例蜀山湖於十月後收蓄汶河清水議駁，上命高晉會勘。尋奏：『蜀山湖周六十五里，在汶河南、運河東，爲第一水櫃。向定蓄水限九尺七八寸，請改以一丈一尺爲率，兼蓄伏秋汛水。』從之。

又《白鍾山傳》 白鍾山，字毓秀，漢軍正藍旗人。【略】十五年，授永定河道。十八年，河決張家路，命從尚書舒赫德往勘。旋命以按察使銜協辦南河事。十九年，復授河東河道總督。二十年署山東巡撫。請罷孔氏世襲曲阜知縣，上命改授世襲六品官。尋奏濟寧以南積水未消，請緩開汶河大壩，疏浚下游河道。上命白鍾山往勘南河，文武各官聽調遣。

又卷三二五《韓鑅傳》 韓鑅，順天大興人，原籍貴州畢節。入貲授通判，揀發山東，授上河通判。累擢江南淮徐道。乾隆四十六年，授河東河道總督。奏言：『山東運河，賴汶、泗來源及各湖接濟。汶河上游東平戴村等處民堰，對岸沙淤，應鑿灘抽溝，以展河勢。泗河下游即爲府河，自安居、十里二斗門入運，河淺堰卑，亦當疏治。蜀山、馬踏、馬場、南旺諸湖，現當濟運洩水，堰根顯露，正可取土培堤。』

紀事

《明史》卷二八《五行志二》 二十七年三月，寧陽汶河決。

藝文

宋 鄒浩《道鄉集》卷六《渡汶河》 舊來紙上得河名，今日橫過徹底清。浚治早經神禹手，若爲汩汩尚西行。

元 胡祗遹《紫山大全集》卷一九《祭汶水神文》 維大元歲次癸未，四月乙酉朔，越四日戊子，某官某，謹致祭昭告於汶水之神：聖天子臨御，二十五年於茲矣，五行循序，庶徵惟和。聖算睿思，以謂水由地中行，猶血脉之榮一身，大經緜絡，一有溢滯，則身爲之失和。所以敷平導決，地平天成，萬世永賴，夏禹以爲己任，八年於外而不辭也。惟神載在經傳，實爲名水。惟其開導修潔之不至，障塞壅蔽，曲爲堤防，不惟不盡神用，而爲民害。是用命某等敬順神德，轉失爲功，乘水潤下，直走京師，遐方異域，月輸歲貢，如山如阜，不復告勞，神之力也。伏願祈寒不能凝其行，秋潦不能鼓其勇，載泛載浮，有恒無替。四時牲酒，肥腯馨香，著之祀典，與國無疆。尚饗！

明 朱善《朱一齋先生文集·文集後》卷五《過汶河》 汶河冬月水湯湯，閔子嘉言不可忘。必載姓名同不朽，祗緣同是□□長。

明 吴國倫《甔甀洞稿》卷三一《渡汶河》 誰言汶水不朝東，劃地分流九道通。試問天朝飛輓計，何殊神禹鑿山功。

明 尹臺《洞麓堂集》卷九《舟次汶河水部李古容君杜訪因招集池亭有作》 鉅野冬寒獨客舟，霜天烏几對長洲。忻承水部高軒過，忽爲池亭竟日留。江海喜通秦職貢，烟霞歸問楚林丘。丈人才力原兼濟，宴笑知懷天下憂。

明 余有丁《余文敏公文集》卷一二《汶河》 褰裳厲汶水，汶水何瀠洄。水光與沙色，相暎白皚皚。輕波叠細紋，静不聞風雷。策馬立水曲，馬迹印蒼苔。緬思汶上人，千古胡悠哉。

明 趙用賢《松石齋集·詩集》卷一《汶水吟贈于進士子步》 美人家住汶水陰，我往從之烟樹深。入門孤興發清藹，披襟爽氣澄高林。于公門楣古來少，況復青雲致身早。建安詩句永和書，紫芝眉宇秋空杳。薦雄雖奏屬車篇，報劉更抗陳情表。歸來到徑掩荊扉，抱甕軋軋渾忘機。中郎坐上曾倒屣，公子門前乍解騑。錦瑟高張促絃柱，繡幄低垂小槐雨。黄昏木末動青蘋，主人一尊情未已。三十年來天下行，客游無日不心驚。風塵蹭蹬盱白眼，憐君獨炤何英英。汶水流本清，河水流至濁。人心不同若此水，對君肝腸差可燭。別有荆卿一片心，易水風寒空刺促。

明 謝肇淛《小草齋集》卷一一《汶河嘆》 亢陽枯禾霜殺菽，風吹汶河成大陸。余皇銜尾不得前，胥靡叫號長年哭。南船下牐守轆轤，北船斬關聲揶揄。争雄鬥力紛往返，役殺迎送貧官夫。官夫亡，泉水竭。黿鼉可爲梁，龍宫赭成血。嗟彼河伯何不仁，往年汎濫愁吾人。沙灣一決三百里，水中野鬼啼秋旻。天心反側殊不定，陽侯肥遺遞爲政。寒至方知杼柚空，饑來安得草根剩。近聞枹鼓起青州，州縣官租追未休。大冠擁傳争意氣，突決棟焚巢墜地。

又 卷二九《渡汶河》 霜飛月落野雞啼，霧鎖長林水拍堤。夾岸人家寒未起，孤舟已過汶河西。

又《春日遡汶河作》 東風殘雪繫蘭橈，滿目山川對寂寥。記得門前春水滿，美人蕉壓赤欄橋。

清 馬世俊《馬太史匡庵集·前集》卷六《汶水道中過明孝子董天知里》 故里何時記水湄，遺民能説董天知。白雲空望慈親舍，青草猶傳孝子碑。卷上蓼莪誰忍廢，堤邊楊柳自低垂。只憐道遠思歸者，目送啼烏心更悲。

清 陳廷敬《午亭文編》卷七《觀汶水南北分流處》 昨行天津北，汶水東流出。今行濟寧北，汶水西流發。西流來不近，及此初蕩潏。

南北忽分流，北三分南七。投木柹試之，其數不一失。悠悠百年後，此豈有牽率。緬想開鑿人，用意必祇栗。憑之儼有神，不匱復不溢。利涉通湖江，倉庾衛京室。盈盈一水間，伴我已廿日。往路幸相從，溯洄猶未畢。有情若汶水，生理向君説。老夫今老矣，往往情懷惡。晨夕亦已久，君應悉本末。使我飲水心，即事自欣悦。

又《汶水舟中寄阮亭》 朝發濟水南，暮泊汶水東。思君如流水，日夜隨征篷。征篷雖泛泛，所歷物象雄。遥望泰岳雲，孤撑摩蒼穹。澒洞出遠岫，飄颻乘長風。灑然忽歸來，星月相朣朧。卷舒亦何心，託興將無同。尤憐汶水浄，清波映玉虹。解作西北流，千里浮烟空。縱復雜行潦，皎潔含沖融。低徊赴滄海，意若無成功。奔溱謝衆壑，浩蕩將焉窮。對此感離别，與子期鴻濛。

又卷一九《汶水》 汶水南來處，迢迢作意行。帆檣連帝里，漕輓達神京。善下還多讓，居高最有情。合流同到海，對此豁平生。

又《余觀天津北汶水潞河合流處心固已異之及東南行數日見汶水曲折流數百里而北一旦遇潞河水折而東若無意然者于余心益有感焉既爲汶水詩又題長句以示壯履》 舟過東南十日程，偏於汶水最含情。爲憐宛轉朝京去，還見低徊赴海行。能以功成如未有，却將身退等無名。人生解識清流意，何處人心不太平。

又《汶水道中題觀海集》 風流文采幾人同，芳草萋萋汶水東。千里山川高枕外，百年身世一舟中。風帆欲定歸神燕，烟擢無聲近野鴻。我亦乘流觀海去，把君詩卷問鴻濛。

清 王士禛《帶經堂集》卷二二《渡汶水》 泉流紛演漾，争遶汶陽田。水碧明沙外，山青玉鏡前。凉風起蘋末，斜日冷溪烟。鷗鷺吾憐汝，菰蒲自在眠。

清 方中發《白鹿山房詩集》卷一四《汶河見稻穗》 半畝香秔汶水邊，江南客過早秋天。豈知此地逢新穀，四月離家正莳田。

清 紀邁宜《儉重堂詩》卷三《十日 是日立秋自朱家庄往羊流查勘蝗蝻路經汶水呼舟子不得遂亂流而渡》 茫茫汶河水，亂渡正斜陽。遠樹猶思蔭，秋風已洒裳。大田占美稼，履畝喜無蝗。節序匆匆過，浮生有底忙。

又卷四《渡汶河有感》 汶水當年呼棹過，驅車回首一悲歌。春流斷岸堆楞錦，秋雨叢祠長薜蘿。曾架飛虹度仙仗，幾驚奔浪瀉銀河。獨欣瓠子堤成後，兩岸人家禾黍多。

清 程晋芳《勉行堂詩集》卷一三《渡汶水》 昔賢思避地，終古泛崇瀾。堤遠樹陰直，馬鳴風力酸。論錢三老數，浣手一襟寒。彩翠層層起，遙瞻泰岱巒。

清 馮雲鵬《掃紅亭吟稿》卷七《渡汶河》 汶河水長悲行客，枯葦蕭疎隔南北。艤舟如葉索酒錢，大車哼哼過不得。改装卸載惶恐灘，深砯淺揭心骨寒。馬牛觳觫鞭不進，對此長吁行路難。

清 葛祖亮《花妥樓詩》卷一三《汶河接駕浮橋》 長河有截駕橋虹，飛渡疑如天漢宫。彩絢紅欄照水府，深潛不動馴蛟龍。

又《過汶河口》 汶河清口淺，盤結石何多。岸側叠如浪，波心激作渦。遥聽聲浩浩，近覽勢峩峩。縱横黄沙起，長橋萬馬過。

清 顧宗泰《月滿樓詩文集・詩集》卷二五《渡汶河》 汶水出原山，又復由牟縣。二水交合流，入濟勢重洊。當其經蕪萊，夾路穿沙堰。晻靄繞松林，綿濛達花甸。絶谷清飈鳴，山壑響俱遍。釃流滙汶陽，春波競奥衍。揭來渡平橋，林表斜陽絢。何處嘶馬河，雲深引遙盼。

清 錢陳群《香樹齋詩文集・詩集》卷一三《恭和御製汶水吟元韻》 圓流孕珠方孕玉，分洸會泗循舊躅。翠華臨曉度清川，柳影參差蘸波緑。

又卷一六《恭和御製渡汶水元韻》 汶流如帶滙爲津，橋道中分輦路新。風印沙痕疑作篆，日融冰縠漸生皴。薄陰天氣宜行客，帶雪春林不動塵。昔侍鑾輿曾度此，錫簫杏粥記前因。

清 裘曰修《裘文達公詩集・恭和御製詩》卷二《恭和御製度汶水元韻》 濟水波通汶水津，春容猶薄曉寒新。輕雲細作羅紋箋，老樹僵如凍面皴。隔岸地分齊魯境，戒途風静往來塵。天顔底事沈吟久，別有深情感舊因。

**清 桑調元《弢甫集・弢甫五岳集泰山集》卷上《張家口渡汶

水》　汶水浩湯湯，浮沙映日黄。行程淹馬足，客夢省津梁。利涉誠難遇，清游了不妨。漸車經澤腹，吾自上舟航。

清　唐英《陶人心語》卷五《深秋早渡汶河口占》　茅店寒雞催客起，行行汶水隔西東。沙平岸濶迷津渡，人立殘星冷露中。

清　汪由敦《松泉集·詩集》卷一八《恭和御製渡汶水元韻》　路轉青齊過汶津，微黄未放柳條新。輕冰似怯虹梁壓，餘雪渾如畫手皴。藹藹當空雲影霽，熙熙入望物華春。宸遊親攬豐盈象，樂意相關自有真。

清　王汝璧《銅梁山人詩集》卷二二《夕渡汶水》　纖月挂高嶺，澹烟明小舟。人聲藏渚曲，斗柄揭河流。山色徂徠峻，雲光日觀收。便當尋六逸，秉燭竹溪游。

清　吴俊《榮性堂集》卷三《渡汶水》　數里聞雷霆，岸豁見奔駛。亂瀨濺人衣，清淺纔濡軌。與石一觸鬥，鉦鼓聒兩耳。白鷺嬉沙唇，黄蘆委岸趾。遠山如屏風，人家明鏡裏。我來值亭午，白日數齒齒。欲渡嗟無梁，瘦馬不受箠。寂莫汶陽田，秋光一千里。

清　謝元淮《養默山房詩稿》卷二六《汶水河》　汶水清如許，漣漪萬象涵。發源來岱下，分澑入江南。待渡人方切，爲舟我更慚。昔賢思宛在，泉味飲餘甘。

清　趙文楷《石柏山房詩存》卷四《渡汶水》　泰岱落我後，徂徠橫我前。汶水清淺流，白沙明且鮮。遥看遠林底，素練鋪平川。曆盡原上邨，始識天邊烟。逌然風景佳，况資梨棗便。何時結茅屋，躬耕汶陽田。

清　朱孝純《海愚詩鈔》卷八《東平逼近汶河居民常苦水患經撫臣入告檄純督築堤防曉夜奔馳者兩閱月工既竣紀詩三首》　屢患山東歎歲成，又煩治水奠民生。徙家實見流離狀，臨陛如聞嘆息聲。分付驕鼉遷遠海，從容秧馬事春耕。小臣典郡司河伯，焉敢區區負聖明。

汶水常聞夜怒號，桃花春浪壓城高。何來婦子盈寧樂，不恤川塗浚距勞。身許功名齊岳瀆，手持忠信障波濤。好將攫土摶沙力，晝斷寒雲臥巨鼇。

今年日日苦淫霖，一浪真愁直斗金。客舫有時依敗隴，人烟幾處斷荒林。易驅萬弩迴瀾力，難慰三農望歲心。沙磧倘教成沃壤，依依烟柳化桑陰。

清　寶鋆《文靖公詩鈔·典試浙江記程草》卷一《晚渡汶水》　無數平田繡汶陽，魯齊舊迹久微茫。兩三尺水界官渡，四五箇人撑野航。暮靄高低林麓黑，斜曛明滅岸沙黄。善辭猶憶子騫子，歸隱何虞權貴强。

清　斌良《抱冲齋詩集》卷一《渡汶水》　漸車渡汶水，駿馬自蕭蕭。流水去無已，客心相與遥。炊烟低屋角，晴旭界山腰。鄆讙田誰問，春風遍麥苗。

又　卷七《渡汶水》　鳴騶踅行邁，去家百里强。延緣泗水濱，越度寧山陽。維時届長至，觱發郊坰荒。烏臼捲翔風，鴨腳凋嚴霜。地曠樹影短，村野天光長。冰澌膠篠簜，犖确沿松岡。堨來大河口，瓦亭標路傍。汀洲浩無垠，清汶流湯湯。卭須爲喚渡，書劍同携將。笴輿駕瓜皮，穩坐疑匡牀。寒漪徹底澄，鑒影鬚眉蒼。沙虚受篙觸，眼亂如蜂房。瞥忽登彼岸，遠縱一葦杭。回看待渡者，心急如渴羌。舟師橫索錢，捩柁神飛颺。氣阻負販徒，羞澀愁空囊。凶雖非滅頂，濟亦須褰裳。將進復趦趄，脛畏衝波涼。徬徨夕陽岸，閲之頓心傷。我聞鄭子産，濟人溱洧行。愚蒙頌惠政，賢哲小器量。云胡更不逮，病涉羈旅妨。芻牧無乃惰，保赤名何當。緬彼上古制，冬月成輿梁。

又《重渡汶水》　買棹臨流記昨經，垂楊無恙罥長亭。波環汀溆寒凝碧，岸隔峰嵐遠送青。老馬心雄思奮足，閒鷗意淡欲忘形。七分沙磧三分水，汶上舟宜月夜停。

清　王相《友聲集·有竹居存稿》卷中《渡汶水》　魯酒依然醉，難爲竟夕留。古來無别恨，此水不西流。皎月偏催曉，枯桑易感秋。隔河時往返，羨爾一輕舟。

清　翁心存《知止齋詩集》卷一〇《東阿渡汶水》　沙岸彎仍矗，官橋斷未修。行人長北望，汶水自西流。冰雪壓春氣，津梁生暮愁。明珠如可采，莫向洛川求。

清　姚燮《復莊詩問》卷一〇《渡汶河二絶句》　去年三月渡汶水，柳自春風水自波。爲折長條贈離别，亂烟蕭瑟臘無多。

古溆無舟有夕暉，蘋花如雪水鷗飛。不知日夜滔滔去，流得征人幾夢歸。

清 姚瑩《後湘詩集・詩集》卷六《舟入汶河》 霜林初白雁南飛，九月天寒未授衣。暮雨天邊舟渺渺，穮風河上柳依依。漁人葺網臨官渡，小婦湔裙傍石磯。無那隔堤湖水闊，不教鄉夢一時歸。

清 張應昌《彝壽軒詩鈔》卷一《汶河道中》 久住船中與屋同，朝朝好景到窗篷。粗絲細縠瀠洄浪，去馬來牛順逆風。落日黄時村樹黑，月輪白處市燈紅。踈林茆舍真清絶，一幅倪迂畫筆工。

清 張際亮《思伯子堂詩集》卷一八《曉渡汶水回望泰山有作》 天門一輪月，送我獨宵征。月落平沙曙，悠悠汶水情。石林靄蒼翠，雲水蕩空明。誰看滄溟口，朝來絶頂行。

清 黄易《秋盦遺稿・過汶河》 此水原東指，偏令轉野橋。激冰聲細細，赴壑氣迢迢。潤壤資農乂，浮船責我曹。民生兼國計，臨履敢辭勞。

清 李賡芸《稻香吟館集・詩稿》卷三《汶河道中》 漳河行盡汶河行，船進臨清水漸平。真似磨牛重踏迹，恰教雲雁與同程。一天明月秋無影，萬里西風樹有聲。正是三吴好時節，籬花初放穀將成。

雜録

明 吴道南《吴文恪公文集》卷五《汶河》 汶河，一曰小汶，出新泰縣宫山下。一曰大汶，出泰安州仙臺嶺。又出萊蕪縣原山陰，與寨子村俱至静封鎮合流，復遶出狙猍山陽，小汶來會，經寧陽縣北堽城西南流百餘里，至汶上縣，又西流抵東平州城南，復西北流入東阿縣界，又東北流五百餘里入於海。此汶水故道。元時作堽城壩，遏汶入洸，南流至濟寧，合沂、泗二水會於淮。我朝遏汶入南旺，於是洸、沂、泗自會濟而汶不復通洸。今沂州亦有汶河，一出蒙山東澗谷，一出沂水縣南山谷，俱入邳州河。永樂九年六月乙卯，會通河成工。尚書宋禮聽老人白英畫築壩戴村遏汶出南旺分水。蓋南旺形勢獨高，如人脊背，一從左臂而南，一從右臂而北，南距濟寧僅九十里。有沂、泗二水，以濟故分四流，北距臨清三百餘里。獨汶水無他，可引濟故分六流，迄今二百餘年，不爽云。

《明史》卷四一《地理志二》 新泰州東南。西北有宫山，本名新甫。西南有龜山。東北有小汶河，西流合汶水。

又 平陰州東北。南有汶河。西南有大清河，又有滑鎮巡檢司，後廢。

清 張伯行《居濟一得》卷三《汶河》 汶河源出山東萊蕪縣原山之陰，一由本縣寨子村，一出泰山之陽仙臺嶺，三水俱名汶，至静封鎮合流，經泰安州寧陽縣，分爲二：一自東平州戴村壩西南流，至汶上縣，會白馬河鵝河，凡八十里，南北流，號爲分龍口；一自寧陽縣堽城壩西南流，合泗沂二水，凡一百餘里，至濟寧州南天井閘東，合分水南流之汶。

又《汶河口》 宜以南旺分水，改爲汶河口，專往北行，不分水於南，則北河之水，自足濟運矣。如糧船盛行，水不足用，則酌量出蜀山湖水以助之。如再不足，則宜開洪仁橋，放馬踏湖水以助之。則北河一帶之水，自無不足之患矣。

又 汶河口宜改於分水龍王廟之北，十里五里鋪滚水壩對過，專濟北運，則東昌一帶，自無淺阻之患矣。汶河口既改於滚水壩之對過，則滚水壩之南北，仍宜各建閘一座，以洩運河有餘之水，入南旺湖，蓄以濟運。

又 南河水小之時，先開安居閘，如水再小，方可開十里閘。如遇天旱之年，北河水小，南旺塘内，及開河塘内，不得存船，以致壅蔽水勢，不得暢流。

又《汶河中閘》 汶河中閘之版，當視分水口之志樁，以爲啓閉，如運河五尺水足以濟運，則止用五尺水，過五尺，則酌量下版，使水至五尺則止。不足五尺，則酌量起版，使水至五尺而止。如中閘下版，則將東西二斗門啓版，收水入湖，俟中閘啓版之時，仍將二斗門閉版，毋洩湖水。如中閘之版全啓運河水猶不足用，則將斗門酌量啓版，放出湖水接濟，足用即止，不可過洩。蓋湖中之水，常使有餘，毋使不足也。

又《汶河堤岸》 汶河之水，發源於松山之麓，及新泰萊蕪，至汶上而河始大，故每逢水長，則汶上先受其害。今宜於汶河兩岸，加築堤岸，則汶河水長，庶不至於淹没矣。

又《築汶河堤岸》 康熙四十一、二兩年，寧陽、汶上、濟寧、滋陽、魚臺、滕縣、嶧縣及江南之沛縣、徐州、邳州，連遭水患者，皆由於汶河堤岸不修之故也。查寧陽汶河南岸，有石梁口，最稱險要，歷來各州縣被水，皆由於此。至四十一、二兩年，爲害更烈，而汶河南岸之沖決者，又不止石梁一口也。又有桑家等口，俱經沖決，所以淹没之慘，較往年而倍甚。余於九月間，親往查看，見堤工甚是單薄，且緊頂沖，而離堤數十丈内，有高阜之地，可以加築越堤。又見石梁口上下堤岸，殘缺甚多，若於石梁口内，添築越堤，再於桑家等口，堵築堅固，又於沿河一帶堤岸加幫高厚，不惟寧陽不受水灾，而汶上、濟寧、滋陽、魚臺、滕縣、嶧縣及江南之沛縣、徐州、邳州，俱蒙寧陽之福矣。蓋石梁等口一開，先淹寧陽，次及濟寧、滋陽、汶上，漸至魚臺、滕縣、嶧縣，而并及於江南之沛縣、徐州、邳州。是此十數州縣之被淹，皆由於寧陽石梁等口之沖決也。夫堵築石梁等口，加幫汶河堤岸，非有浩大工程，難以奏績也，爲功甚少，而造福無窮。從前皆因循悞事，逮至沖決，十數州縣被淹之後，始行堵築，則何益矣。應批行藩司，轉行各府縣，將石梁口加修越堤，桑家等口堵築堅固，沿河堤岸加幫高厚，并嚴飭汶上縣，令其照依寧陽，加幫汶上堤岸，庶水不爲害，而寧陽、汶上、濟寧、滋陽等十數州縣之民，均免淹没之患矣。

（嘉慶）《清一統志》卷一六五《兖州府》 汶水自泰安府西南流入寧陽境，至縣東北三十四里堽城壩，分而爲二，其一南流别爲洸水，其一西流入東平州界。轉西南流至汶上縣北，又西南會諸泉匯於南旺湖入運河。《水經注》，汶水過博縣西，西南流逕陽關故城西，又南左會淄水，又南逕鉅平縣故城東，又西南逕汶陽縣北，又西逕汶陽故城北，又西洸水出焉。又西逕蛇邱縣南，又西南過岡縣北，又西蛇水注之，又西溝水注之，又西逕春亭北。又汶水自桃鄉四分其派别之處，謂之四汶口。《元和志》：汶水北去中都縣二十四里，又北入須昌縣界。《明會典》，汶河逕寧陽縣北堽城，歷汶上東平、東阿，又東北流入海。元於堽城之左築壩遏汶入洸，南流至濟寧，合沂、泗二水以達於淮。自永樂間築戴村壩，汶水盡出南旺，於是洸、沂、泗自會濟，而汶不復通洸。《舊志》，汶水至汶上城北二十五里，受欒澢諸泉，謂之魯溝。又西南流至城北二十里，受蒲灣泊水，謂之草橋河。又西南十里，謂之白馬河。又西南二十里，謂之鵝河。鵝河者，故宋之運道也。涸而爲渠，汶水由之。又西南十五里，謂之黑馬溝。又西南至南旺入於漕，六分北流出南旺下閘，至於臨清，會於御河，長三百五十里。四分南流出南旺上閘，至於濟寧，會於沂、泗，長百里。按汶水有五，其源各異，詳見泰安府。而合流入運之地，并在今兖州境。乾隆十三年、二十年、四十五年、四十九年，高宗純皇帝巡幸，俱有御製渡汶河詩。

又卷一六六《兖州府》 汶河神廟在寧陽縣西北。堽城壩，明成化十一年建。

清 郭夢星《午窗隨筆》卷三《汶水》 《漢書·地理志》，泰山郡注汶水出萊蕪之原山，西南入泲琅邪郡。注又云，汶水出朱虛之東泰山，東至安邱入濰。顔師古疑之，未敢定其説。《水經注》：《淮南子》曰，汶出弗其，西流合浦。高誘云：弗其，山名，在朱虛縣。按誘説，是乃東汶，非經所謂入泲者也。蓋入泲之汶，今隸兖州。《論語》之言汶上，《左氏春秋》之言汶陽，皆指此水。東汶今隸青州，經史不少概見，故鮮知者。東汶俗呼運河，以汶運音相近而譌耳。東汶北三四里許，有一水流稍弱，俗呼小運河。向不知其何名。及見他書有引《詩地理考》者，董氏曰：出萊蕪者，今須城之汶是也。出朱虛者，今濰之東南有大汶、小汶是也。始悟小運，乃小汶之譌云。

洨河

論説

（雍正）《畿輔通志》卷二三《山川》 按《漢志》，太白渠首受綿蔓水，東南下至曲陽入斯洨。《水經注》，綿蔓水又東謂之太白渠，白渠水又東謂之斯洨水。是冶河故道，本與洨通，自并入滹沱，決溢爲患。今上雍正四年，興修水利於冶河入滹沱之處，堅築大堤，以遏絶之，引入洨河，以適其性。由是冶河復循故道，而滹沱亦慶安瀾矣。

清 張俊叙《洨河考》（光緒）《獲鹿縣志》卷一 獲鹿之西南多崇山峻嶺，爲衆水發源之所。自龍池而南，與井陘接界，其巉巖高聳者爲五峰。五峰之左山，與元氏相接，崇隆廣大者，爲封龍山。下出泉，左右分流，匯而成河。而河之大而且著者，爲洨水。流各異名，皆洨水之別派也。《説文》謂，洨水出常山石邑井陘，東南入於泜。《明一統志》謂，在欒城縣西，來自平山，流經縣境，至趙州南入大陸澤。《獲鹿舊志》謂，經縣南入欒城，且因洨、孝同音，洨外復添一孝河，謂有孝子居此而名。

今按洨水發源五峰，五峰一名順天山，群峰聳翠，大者有五峰，下有坪名禪房，坪左有泉，出自石竇，天旱不涸，名曰竇泉竇，洨水之正源也。五峰山北及石墻嶺水，經梨窖草窖至上寨村西，與洨匯而爲一。封龍西北之水，遶南寨村而北流至古石邑故址之西，亦與洨合。故邑以東，河内有石，高可丈餘，立若砥柱，謂之天橋。天橋而東，約三四里許，兩岸皆石，有高至十數丈者，飛流湍激，聲聞數里，謂之響鬧。響鬧之下爲龍窩，龍窩之左有大潭，深數丈，則飲馬池。洨水大觀，莫奇於此。而舊志圖入金河，誤也。

沿流而下至甘子鄉西南，有小山，山巔有廟，爲鄉人禱雨處。晉周處廟側一石，鐫王祥臥冰像。俗傳河以此像得名，是洨孝之訛所由來也。封龍東北之水，俗名小河，遶古封龍城故址，至寺家莊入於洨。自寺家莊而東，至東平同村，受金河水，由欒城達趙州寧晉，遂入於泊。洨北五里，村名耿家莊，其西平地出泉，下流成河，名曰溥蓮。雨後石墻以北之水至良政村，南入於金河。金河之水發於金珠嶺下，至任村河邊，石岸間清流迸出，是爲平泉。其下流至北同冶村，受張公西渠之水，至良政村，北受張公東渠之水，至於平同則入洨，而下達欒城矣。洨水之源流支派蓋如此。

《舊志河圖》於洨、金二河其支派，固屬不清。《一統志》雖得洨水經由之處，而此水在縣治之南，并無來自平山之水。蔡氏書傳不聞訓大陸爲澤，其源流亦未確鑿。洨水發源於井陘接界之山，遶石邑故址而下。又元氏泜水亦入於泊，則洨水之源流，大率不離乎説文者，近是。因參考志傳，尋流溯源，親履其地，訂訛別派，繪圖左方，以成《洨河考》云。

清 俞錫綱《為勘驗洨河淤塞示諭》（光緒）《獲鹿縣志》卷一 近河平同等村按照向派挑河段數分工挑挖，東平同應挑河三百一十丈，氈襪屯應挑河三百八十七丈五尺，牛家莊應挑河四十四丈，共計四里有零，均於十月初四日開工，十五日工竣。凡境内洨河淤塞之處，一律疏通，毋違特示。

綜述

清 佚名《修浚洨河碑文》（光緒）《獲鹿縣志》卷一 從來堤岸之設，所以防水患而衛村落也。獲鹿縣東南五十里有古洨河，源自邑之蓮花營，通欒城縣至於趙州大石橋，以注於滏河。迨日深年久，堤平沙壅，每遇夏秋霪雨，山水橫流，民苦昏墊，氈襪屯平同村受害尤劇。頻年以來，屢呈修浚，不果。

康熙三十八年七月，内樊清高趙進寶公叩護理道務，本府陳詳請撫院李批準舉行，隨蒙本縣大令躬臨踏勘，會同欒城縣張趙州孫具議覆允。興工在三十九年三月初四日，蒙縣尊勸諭，自給錢米，復行詳委本縣糧廳許監理其役。踴躍赴工，效力成事。自五月十一日，蒙井陘道張親驗河工，以高遷村所分堤岸未修，批送本府，陳提審當堂捐金五兩，將高遷分爲東岸，自還河口以至三官廟氈襪屯、平同二村，照批修築，一樣高厚，甫三月而告成。

又九月十三日，士民等擅挑官堤，削平二尺，清高等復控道府各行戒飭，責成徵令，具捕照舊，而修河之事乃竣。至今堤岸一帶，不爲水灾，皆念府道縣愛民之大德也。清高等供國帑而修築，恐有抗慢之徒阻撓損削，爲害匪細。如有此情，合鄉鳴鼓而攻，以官法治之。以後堤岸冲塌，俱按各村原分段數，照工補修。毋要推諉，爲此呈縣，刊石堤旁，以爲後日之明證云爾。康熙四十二年四月闔村公立。

清 佚名《桂邑侯浚洨河德政碑記》（同治）《欒城縣志》卷一四 洨河發源獲鹿，至彭家莊入欒城界，四十五里出龍門村，爲趙州界。攷趙侯文奎碑記云：「淺細如縷，搴裳而渡，徒憑時潦，以誇漲瀾。」是明嘉靖間，已半湮塞，今又二百餘年矣，河身幾没，村民墾種爲田。水潦一至，橫流漫衍，田衢其腴，宅反于土，居民若之。

道光十六年，桂侯下車，以禮防民，令如流水，除暴安良，百廢具舉。問民疾苦，首在洨河。親行履勘，毅然曰：『貪小利者忘大害，難慮始者樂圖成，是予之責也夫！』十八年，勸挑道旁兩溝，試民力可用與否。工竣，意遂决。十九年春，勸沿河諸村浚洨河。計口出夫，計夫分地。又慮工費劇，諸村力不足也，令西南鄉鄰村咸來助工。以去河少遠，不免觀望，侯念護城河受治河水，久經淤塞，諭東南北三鄉民疏决之，均勞役也。于是闔境之民咸知踴躍，以赴厥功。洨河支流有金水河，源出元氏縣，由西辛莊入欒境，十二里至郭家莊入洨河。河形填塞殆盡，亦于是年春疏浚，以暢其支。諭居民，洨河七丈以内，金水河三丈以内，永不許墾種。復會元氏福侯治金水河上源，趙州德刺史治洨河下流。河槽既深，流行通暢，兩年以來，霖潦湧溢，水有所歸，高原下隰，咸免沮洳之患。

又洨河東，自趙臺至龍門舊有堤，距河稍遠。萬曆耿侯繼武、康熙趙侯炳先後修築。因河身已塞，以堤捍之，今亦傾圮。二十年春，侯復培而增之。諭兩岸種柳以護堤根，歲售枝條爲增修費，所以善其後也。夫智者所舍者小，所獲者大；勇者必爲于始，收效于終。侯以挽瀾之手挈吾民而登衽席，今之畋爾田，宅爾宅，皆侯賜也。侯之智且勇，皆侯之仁也。上憲嘉之，移知萬全。繼侯治欒者，睹遺迹，思明德，踵事而浚治之，俾吾儕世食其利，侯之有造于欒，豈止綏我氓庶于今日已哉！侯名超萬，字丹盟，安徽貴池縣人，道光癸巳科進士。沿河十八村公立。

傳記

（康熙）《欒城縣志》卷二《建置》　趙炳，四州廣元舉人。康熙七年任，重修五夜譙樓，督修洨河長堤，《刑注》、《六訓》、《太上感應》諸書，昭然在人耳目。

紀事

（同治）《欒城縣志》卷三　三年，築洨河堤。

又十九年，勸民浚洨河，修堤。

藝文

明 張黼《過洨河》（乾隆）《陵川縣志》卷二六　洨濵抖擻布衣塵，不意羈棲又浹旬。夢裏松杉孤客淚，雨前薇蕨故園春。身無定迹空懷德，藥有何方可療貧。最惧石橋東畔柳，競開青眼看行人。

明 周復元《欒城稿》卷四《晚渡洨河》　側目凌石級，驅車渡洨河。晚峰雲散盡，春漲水流多。侯騎沙原列，危波尊酒過。斜陽諠鼓吹，欹枕發狂歌。

清 桂超萬《養浩齋詩稿》卷九《洨河工竣紀事》　下車問民情，邑西鵠面黑。父老向我言，洨河爲害烈。塞來二百年，境内八萬尺。河槽半墾種，那復辨故轍。洪波一歲衝，十豐補不得。未信何敢勞，鬱鬱中腸熱。捐工尋舊章，忽見古碑碣。勸民勿憚勤，誓掃天吴絶。井毋臨渴修，桑乘未雨徹。春秋書大役，時使在冬節。誰知北地寒，冬令凍深結。凍解而農閒，四時惟二月。破塊促鴉鋤，省力駕牛軛。載土車與筐，兩堤築如鐵。堤築須遠涯，休令土反宅。切身固皂趨，望宇亦驚竭。富者授貧餐，老者爲壯饁。傭僕盡驅遣，商賈各津貼。春雨柔土膏，枯草動活色。三旬平地中，漸漸成川澤。憚人豈不怨，疲憊反懽悦。恐乏歲修資，日久又淤塞。楊柳種滿堤，伐條作金穴。金水支流開，城濠四圍掘。合邑無閒民，西人力倍協。胼胝爾自勞，莫助我心惻。群謳歸我功，貪天詎非竊。鄰壤同心人，源委合疏决。德星照我前，福曜在我側。福泉涌何長，德水流不歇。善哉徐孺東，一言尾閭洩。

又《欒城即事六首》　夏潦不爲害，幸疏洨河流。我欲浚洨河，先開道旁溝。課雨驗雲集，占雪視霰浮。伐楚始伐原，示信乃定謀。河畔膏腴壤，萬井一齊修。間有磽确地，十種九不收。勸民栽稈樹，勿稀亦勿稠。十年養成材，石田勝玉疇。

雜録

清顧祖禹《讀史方輿紀要》卷一四《直隸五》 洨河，縣西十二里。《漢志》：『源出井陘山，東南至癭陶入泜。』洨讀曰効。今自平山縣甘淘河分流，東南入縣境，元氏縣之沙河東北流合焉，又東南經趙州南，下流注於胡盧河。《宋長編》『咸平五年，河北漕臣景望開鎮州常山南河入洨水至趙州以利漕』，即此。

又 洨河，州南五里。自欒城縣流經此，下流達寧晉縣入於胡盧河。今州南有安濟橋，跨洨河上，俗呼大石橋，闊四十步，長五十餘步。宋咸平五年，漕臣景望引洨河自鎮州達趙州以通漕是也。又清水河，在州城西。自元氏縣流入境，即槐水之支流矣。志云：水出封龍山北，經欒城縣入州界。似誤。清水又東南流合於洨河，有永通橋跨其上，在城西三里。

又 水閘渠，在州西南二里。志云：舊引清水河入城濠，壅而無洩，爲東北田疇患，因鑿此渠西南出，會於洨河。今淤，近郊復多水害。

（雍正）《畿輔通志》卷二三《山川》 北沙河，在獲鹿縣南，源出元氏縣西山，流經縣界之封龍山，東至欒城與洨河合。

又 金河，在獲鹿縣東南三十里，源出井陘縣，東流經縣界，入元氏縣，又東至欒城，合於洨河。明萬曆中，河流堙塞。知縣蘇繼歐修浚，改名金水河。

又 猪龍河，在元氏北八里，源自山西，流經縣界，又東至趙州，合於洨河。

又卷二四《山川》 洨河，在州南五里，自正定欒城縣流入，又東達寧晉縣，合葫蘆河。

又 清水河，即元氏縣之北沙河也。自元氏縣經欒城入州境，至州東南五里，與洨河合。

又 惠政橋，在欒城縣西南二十里沙河上。本朝順治十三年建。永安橋，在欒城縣西十二里，跨洨河上。

又卷四二《關津》 安濟橋，在州南五里洨河上，俗名大石橋。製造奇特，隋匠李春之迹也。唐中書令張嘉貞有銘。《名勝志》，洨水東逕平棘縣南，有石橋跨水，濶四十步，長五十步。

又 丁石橋，在寧晉縣南里許洨河上，舊名丁橋。又魚臺橋，在縣東十里。劉陸橋，在縣東十五里。

清鄂爾泰《授時通考》卷一八《水利四》 沙河之南有滋河，源出山西枚回山。經靈壽入行唐之張茂村伏焉，至無極南孟社而復出，疏鑿成渠，皆天然水利也。以上諸水，盡攝於西淀。

自此而南，水之載在圖經者，惟滹沱最大，發源山西繁峙之泰戲山，由雁門入直隸之平山界，冶河、綿曼等水皆入焉。冶河源自山西平定州松嶺，流至平山，初不與滹水相合，自二水合流而滹沱之勢遂猛，屢奔潰爲眞定害。冶之故道本與洨合，今應於入滹之處，塞而斷之，循其故流，加以挖浚，引入洨河，則滹沱之猛可減。

又 洨河發源獲鹿之蓮花營、浲北村二泉，其源頗有堙塞，至欒城合北沙河而流始大，澆溉可資，但苦岸高，難以升引，應作壩以壅之。開溝縱橫，俱可通流，水漲則決壩以洩，此萬全之利也。洨河下流自寧晉入泊，舊有石閘三座，遺迹尚存，現今兩岸居民尚戽水以澆畦麥，其爲水利之用，亦可想見矣。

又 洨河以南諸水，自贊皇來者，有槐水，有午水；自臨城來者，有泲水、泥河、泜河、沙河；自内邱來者，有李陽河、七里河、小馬河、柳河。或名在而迹已湮，或源存而流已徙，然石橋宛在，斷碣猶存。前人洩潦歸泊之路，今皆任民耕種，以致山川暴下，瀰漫四野，貪尺寸之利，貽害無窮。今已委員查勘，酌量疏通，令漫水有歸，田疇不受其害。小柳河之東，爲聖女河，泉從地湧，引流可田；南爲白馬河，居民建閘溉田，下流遂湮，水漲之時，以鄰爲壑。故此之聖女，南之牛尾二河，俱被其衝突，爲任邑害。今應浚入泊之路，嚴閉閘之禁，害去而利乃可興矣。

（嘉慶）《清一統志》卷五一《趙州直隸州》 洨河堤，在州南。洨河四源，浚發合流至城南，渠流始壯。本朝乾隆二十七年，建長堤五十餘里，以防泛溢。澧河堤，在隆平縣東，長六里，本朝乾隆二十五年增渠。

清 沈聯芳《邦畿水利集説》卷一《南北二泊》 發源獲鹿之連花營滓北村，其始不過二泉耳。至欒城西南，合北沙河而流始大。過趙州至寧晋，入葫盧河，即水經法所謂斯洨水也。《唐書》：寧晋令程處默於洨河鑿新渠，過城南至鋪頭村入滏河，近河田畝咸資灌溉。

又 猪龍河，源自山西，流經元氏縣北，東至趙州合洨。

又 沙河，有三派，一發源元氏縣西山，經獲鹿之封龍山至欒城，與洨河合。一發源贊皇縣，東流經臨城縣東北會泜，即古彭水也。一係栢鄉縣野河，别流亦曰沙河，經滏平縣王橋村東北，注寧晋縣葫盧河。此三者，名謂雖同，源流各異。

圖表

（光緒）《獲鹿縣志》卷一《地理上·洨河》 洨河在縣西南四十五里。《爾雅》云：『兩水相交謂之洨。』今河至平同村與金河、溥蓮河合流，三水有交會之義，故名。舊志未載源流。省志、府志只載支流，非洨水之正源也。

小清河

論説

明 胡應鳴《小清河議》（道光）《濟南府志》卷六七

新城巨害莫甚於小清，蓋小清一河界於高、溥、樂安諸處，非若大清之天造地設，可以蓄洩諸水。而此河鑿於人力，自濟南逶迤東流百里，至新城始大，橫亘城之東西。其上有烏河、滂淄河東注之，滸山、孝婦河西注之，黄土崖、鄭潢溝中注之。每遇秋霖，益以南山七十餘川之水奔灌此河。舊有三空橋東洩河流、支脈溝北殺水勢，今被高、博二邑塞三空橋爲民居、填支脈溝爲沃壤，加以彼縣協力緣河捍壅，以致新城邊水八里諸處匯爲四大湖泊，周匝五十餘里民居淹没，禾稼一空，以致逃亡殆盡，催徵多逋。

撫按往往差官踏看，發金疏鑿，徒費不貲，迄無成功。揆厥害原，良由高、博諸縣謀利固堤以病鄰，新城羸羸而待斃，譬人之飲食然，日納而不洩，必成蠱脈，積久不治，雖盧扁無以善其後矣。

明 潘鉽《小清河呈》（康熙）《高苑縣志》卷八

呈爲盗决河防，貽害地方事。佳新城知縣黄金申欲開支脉溝，以洩清沙泊水。撫院委濟南府同知賈璋踏勘，間隨被新城縣金家等庄民金厚等，將小清河劉家旦決開約有五丈，又決開蔡家口，亦約有五丈，二口流水晝夜不息，平地水深三五尺不等，高苑等三縣蕩漾成湖，切思孝婦河，自是水流故道。河南岸爲新城清沙泊，乃自古受水之區，人民往取魚藕之利，多不徵糧。河北岸爲高苑徵糧賦復地畝，支脉溝正是相傳地名，并無形迹爲有故道，令水可就。今水已淹遍高苑縣敷教坊一十三社徵糧之地，又浸淫博興縣西馬頭等十六社，下流瀰滿於樂安、壽光，又不知幾社。淹過地方，南北寬約一十餘里，東北長將一百餘里。中間地畝，難計頃數。

有此地方重患，本職於本月十九日離府，行至博興縣柳橋及苑庄地方，水滿如湖，一望無際，居民廬舍，俱在水中。或牽裾而望他境，或起爨以就高阜，滿耳號哭之聲，舉目崩角之狀。凡有人心所不忍聞見者也。及至縣之南隅，□道已失，陸路行舟，凡三四十里，始抵城下。則博興縣之城，亦在水中矣。自縣而西至高苑三十里，被淹之慘，猶夫博興。自高苑而西至岔河一十二里，舊有官路，今俱水矣，不能以步。職隨分巡海右道僉事邵，各乘葉舟往視河口，中流遇風，波濤洶湧，如渡蠡險。比至，則劉家、蔡家二口，決清沙泊之水，看其瀑北以溺，三縣乏民，急莫能極。不意黄金賈禍，如此之毒也。

世謂害人惟水爲大，故古者行軍不能勝，則決水灌之。高博與黄金，非有不共國之仇也。彼謂不決口以洩水，則悞三社夏麥不得布種，不知三縣之麥，俱已投種在地。爲在已未種之地，而害他人已種之麥，爲本邑三社之民，而灌臨境三邑之地。少知自畏者不爲也。況漂廬舍，犯衆怒，侵城池，干國紀，不意黄金敢於自用如此。如曰三社之地被淹，誠不可坐視而莫之處。夫徒井救人，勢必不可，清沙泊之水，譬諸井之溺人，黄金以三縣之地，代受清沙泊之水，譬諸納高博、樂安之人，填實井中，使不爲溺，逆天害理，雖三尺之童，亦識其不可。黄金豈便寘然無覺，悍然不顧至此。

且小清河納受孝婦河，及章丘滸、漯諸水入海，孝婦河則發源顔神鎮，歷淄川至長山。杜張庄口子潰決，長山之民不肯修築。夏秋雨水泛漲，孝婦之水不由小清河故道，而入於清沙泊，以致金家等三社之地被淹則固長山遺之非高苑有水逆流，其地爲彼邑患也。黄金不與長山相訟，而乃無禮于高博下邑，良以長山與該縣俱隸濟南，高博則非其伍，爲可爭强耳。不知蔡人即吾人，濟、青連封接壤，尤非蔡人也。

況兖州疲敝，各郡尚得代銀曹金水衝合省俱爲代賦，亦以東郡一體之義休戚相關耳。何黄金眼界之小，不相容鄰邑如此。且究訪新城，不肯築上源杜張汪之岸，而惟欲盗决下流蔡家等口之故。居民咸謂孝婦河六七月之水，俱山澤渾污，着地肥腴，極起春麥，一畝可兼三畝之收。故金家庄等三社之民，夏秋强利渾水入泊，及秋冬，渾水沉底，則盗决河口，以洩泊中清流，令其乾盡。春二月耕種大麥，五月刈割，一畝得八九石。至六七月，又聽其納受渾水，至九十月又復盗決，歲以爲常。三庄之民，俱致殷富。果若此言，則前濟南府與黄金以秋食開蔡家口爲舊規者，非是舊規，乃故智耳。

若鄰國無害，而彼有利，誰復禁之。今三庄以舊不起科之泊，反得春麥之收，而三縣徵糧之地，則并投種在地而失之，是所謂割人之肉以啖已，又不意黃金衣冠之流，乃作無賴之行如此。

今蔡家等口業已決矣，高博、樂安三縣實被滸矣。是非曲直，當有所歸。古之治水，方命圮族者，法猶不宥，固未聞決水以害人也。今黃金以一人違衆議，決水灌三邑之生靈，是宜首加提究，以爲悖愎自用之戒。次追問金家等三庄豪民盜決河口屢犯不悛之罪。仍責令修築河口，則法度所在，將來或知遵守。仍將高博割附濟南，免令胡越之視，歲遭荼毒之苦，則三縣之民幸甚，職亦不勝幸甚。

明 葛臣《小清河圖説》（康熙）《高苑縣志》卷八　高苑地勢爲濟水所經，濤山浪屋，溺民殺稼；地脉爲濟水所瀉，六月如水，一望無際，率沮洳斥鹵之墟矣。然不但此上有新城、長山、鄒平居其上流，使守堤幸完，則上三縣申吾高苑以鄰國爲壑；下有博興、樂安、壽光居其下流，使鼠穴或潰，則下三縣申吾高苑畐渾水之利害可勝言哉！欲因宜便民，轉害爲利，有二道焉：

其一，通舟楫以資貿易。大學士劉珝《小清河記》云：濟青之區有河曰大清、曰小清。小清發源於歷城之趵突泉中，匯湞、漯、籠諸水，東北抵樂安高家港入海。大清則濟水渠也，自東阿至張秋東北抵利津富國鹽場入海。徃年舟楫浮于二河，商鹽便于齊魯，諸道水利鮮與爲儷。自永樂以來，堙塞不通，水失其經，一值天雨，茫茫巨浸，壞民田廬，弗以數計。成化癸巳，參政唐言相視地形，令水工準高下，自歷城浚至堰頭，又至樂安，小清通矣；自張秋浚至平陰之滑口，大清通矣。大小清既通，水循故道退出，各縣膏腴可耕之田數萬頃，民用大悦。其河內備淺，置潴水閘；防溢，置減水閘，閘傍各鑿月河總叠三十有八，浚通水路五百餘里。於是青船人于濟，濟船入于張秋，人大稱便。

臣俯仰今昔，國初通鹽商舟楫，自樂安高家港等各鹽課司，以達濟南府歷城縣燕家渡，下卸道里，城店俱存。舊時民富庶者，清河通舟楫之交，居民遂魚鹽之利。高苑因設税課一局，歲得商税銀一百六兩一錢九分五釐，上堪以資國用，下堪以業貧民。今是水如故，舟楫不通，課局亦革，四野斥鹻，無可耕之田，小民株守困窮廬之內，無怪乎民之昔富而今貧。是其爲已試之成法，在今當急興以安民阜財于目前也。

其二，興稻田以教農務。《元史·虞集》曰：京師之東，瀕海數千里，北極遼海，南濱青、齊，萑葦之場也。用浙人之法，築堤捍水爲田，聽富民欲得官者合其衆，分授以地，官定其畔以爲限。能以萬夫耕者，授以萬夫之長，千夫、百夫亦如之，察其惰者而易之。一年勿征也；三年，視其成，以地之高下，定額于朝廷，以次漸征；五年有積蓄，命以官，就取儲給以禄；十年佩之符印，得以傳子孫，如軍官之法。則東海民兵數萬，可以近衛京師，外禦島夷，遠寬東南海運，以紓疲民。遂富民得官之志，而獲其用；江海游食盜賊之類，皆有所歸。

臣遍訪士民，有謂地鹻難稻，有謂引水灌田有害者。載觀《周禮》：草人掌土化之法以物，相其地而爲之種。凡糞種鹻瀉用貆。釋者曰：凡糞種者，皆取其糞和水，漬其種也。鹻瀉者，逆水之處，水已瀉去，而地爲鹻鹵也。貆，貉類。竊遍求貆糞以漬種，躬相地形以潴洩。雖未大成，試似頗驗。徐察是水源委，上而白雲湖一帶汪洋無際，下而小清河一帶滲洩甚微。若開通舟楫，備淺置潴水閘，防溢置減水閘，則蓄洩有方，即禹溝洫之遺意，周公潴防之成法。變滄海爲桑田，化斥鹵爲膏腴。淳于甌窶滿篝之祝，東坡霜風緑錦之咏再見于今矣。是其爲未試之良法，在今當漸舉以安民阜財於後也。

明 佚名《小清河防論》（康熙）《高苑縣志》卷八　按，凡水任兖州者濟爲大。今大清、小清，皆濟水支流，發源趵突泉，流入大明湖，至韓家店，北一支流入大清，西一支流爲小清。會龍山河，經章丘，會湞、漯、沙三河，經鄒平、長山、新城，會孝婦河，又東經高苑、博興、樂安，會烏河、漢溱河，由樂安馬車瀆入于海。高博地勢窪下，成帝時，黃河決平原，流入濟南千乘。宋初黃河雖南決，然小清之害熾。乾德四年，清河水溢壞，高苑縣城溺數百家。其後無歲不溢，因設管勾勘農河堤尉一員。僞齊劉豫復加疏導。金皇統九年，令高通改今縣北河于縣南，長沙溝受小溝水。元重浚，有碑。明法禁修堤防厚，又泊多地曠，水至即漫衍，有所停洩。故洪武初，水患頗寧。永樂後，上源泊地未嘗税，畝或田連數十里，而租不數斛，民多利之，率瀕河爲堤以自固。家富力强，則又增修之。高苑民田，税多徭重，丁口單寡，雖堤有官以主修築，然法久弊滋，修或不時，故主未堅實。夫客堤益高，主堤益卑，故水至不得寬緩，湍怒迅激，勢必衝嚙，主堤先受其害。

由是言之，客堤□惟侵利且貽之害也。然大水既至，泛濫洶湧，主客之田，皆爲波濤。雖日主害，亦非客便也。《漢書》曰：左堤强，則右堤傷，其謂此與成化癸巳河淤水溢。都憲牟相視地形，令水工準高下，自歷城浚至堰頭，又至樂安。小清復通後，白雲湖水溢于小清，爲諸邑患。都憲賈又開洩其水，使經薛渡口入于大清。嘉靖癸巳，都憲袁又自博興達歷下，開小清故道幾三百里。其濟沙、孝婦諸河，則浚其塞，導其支，而樹防。於是，諸水咸注小清河。歲厘一紀，至甲辰小清復患，都憲端委本府推官陳珪挑浚小清共四十里，立窩鋪人夫防守，仍令博興縣恊濟。

嘉靖丙午，新城知縣畢侗申己北開高苑縣小清河之蔡家口，入支脉溝，以洩清沙泊水，由高苑達海。蒙海右道左參政應濟、南道右參政韓會詣新城、高苑、博興三縣，相踏小清河，若疏浚支脉溝，以殺小清河之水。雖於清沙泊之患可除，而高苑、博興、樂安之患復作。盖河高地卑，一决則勢不可遏，故高苑等縣之豐歉，視河之决與不决而已。往歲晝夜持刀，以防盗决。今一聞斯議，奔訢如集，就盡如該縣所申，無害於諸縣，必須河闊三丈，兩岸各闊二丈許，横當用地七丈許，自蔡家口至草橋約凡六十餘里，皆高□□，三縣民地，焉能使之割己所有以資鄰邑。

況工程浩大，非役四五萬人，人役一月，未易就緒。被害之大，百不及一，必須起調新城、長山、高苑、博興、樂安之民。被害者雖悦，不得利者必怨，非悦以使民之道。高博等縣有害無利，誰能樂從。況舊名爲泊，即係蓄水之匯，或古今廣狹不同耳。清沙泊之害小，三縣之害大，豁除小害，而成大害，勢必不可行也。

爲今之計，只於小清河、陶家口、孝婦河、杜張庄各决口、烏河東西兩崖，各起夫修築，使之堅厚。并於河内壅塞，盡行挑浚以後，歲設老人二名看守。但堤岸損壞，即告官修築，使水由其道，不至潰决。仍於蔡家口南岸、姚家口西岸聽其各設石閘以時啓閉。水漲則閉閘，使水不得出，水小則開閘使水歸于河。如此雖不足盡除各泊之害，而亦少救其一二矣。

嘉靖丁未，新城知縣黄金關屯决，小清河之蔡家口水灌支脉溝，高苑、博興、樂安匯爲巨壑。高苑知縣葛臣申請兩院委本府知府潘鈛按臨築塞，復踏支脉溝不可開。嘉靖壬子，新城知縣鄒充會關開支脉溝。知縣葛臣關申如前，云見在居民因徵糧賠糧，有樂土之思，招回貧民，因無食無衣，多隴首之想。驟聞平地開河，不推驚畏怨讐，動石人隻眼之謠，亦兼帑庫空虛，蹈時詘舉贏之咎，勞費不貲，歲月難繼，恐未見開河之利，先致民逃之害也。議遂止。

噫嘻！昔者先生不防川，不竇澤，是故水土演，民用裕也。班固謂經無堤防壅塞之文，以爲起于戰國。夫疏河浚川，所以豐物也。湮庫塞汙，所以防溢也。況小清水患常被鄰决，然苑地窪下，鄰地高阜，一决則捲埽打樁，麻茹土牛，費用不貲。築後四五年，水方得涸。民之死生逃亡關焉。故合縣男婦白晝在堤鋪守，昏夜荷戟循行。吾民牧幸今得弁端而治者，賴有群公之建議也。否則，吾民其魚乎？縣之利害，臣備嘗其苦，故著之。

明 馬從聘《小清河議》（康熙）《高苑縣志》卷八 看得小清河一道，由濟南府趵突泉發源，以下接會淯、漯、滸山、孝婦諸水，行章丘、長山、高、博、樂、壽以入于海，此河之源委也。但自高苑以上，河由地中，故能順受諸水而無害；至高苑以下，地形漸窪，築土爲堤，地高丈許，載河以行，始能達下；河身既高，故新城、高苑、博興之水，俱不得入河。每遇天雨驟興，水無通洩之所，則三縣各有水患，不獨新城一縣爲然也。惟新城在河南岸，原有清沙、麻大二泊，週圍各三四十里，爲新城受水之區，中生魚藕菰蒲之利，新民取之，倚爲世業。倘遇雨水瀑漲，則傍湖民舍，亦被淹没，每欲横穿河堤北岸，使水洩于高、博之境。夫二縣地形本下，二百年來所以不陷于淪胥者，止憑此一線之堤耳。

此堤一决，河水建瓴而下，是無二縣之民矣。況湖泊原不起科，而二縣俱徵糧地土，傍湖之民有數，而二縣則數萬之生靈，其利害之輕重大小，可不較而關者？故高、博二縣之衆，胥力以護此堤，誠以河堤所係，若斯之重也。今陡被新民糾笔盗决，遂使沃壤萬頃，化爲巨浸，國計民生，未知何出，此豈渺小細故哉？卑職故曰明殺新城者四人，暗殺高苑者不知幾千百人也。乃新民無知，見河身乾淤，認爲己有，遽然布種麥禾，冥頑不靈，一至於此，尚可與之言利害、較是非也？先是，前任新城趙知縣慨然建議，欲横穿小清北岸，于高苑地方另開一河，以洩泊水而歸之海。使其説可行，則既可以免昏墊之患，又可以息争鬬之端，亦何憚而不爲之？

但高苑、博興原不通海，必由壽光、樂安，而後可達于海，奈高、博地下，形如釜底，樂安、壽光，反以漸而高，今築堤載河，下流必壅，如之何能使徑達于海也？恐河堤一穿，則高、博二縣反爲新城注水區矣，即今二縣被決之害可知也。但知去己之害，而不顧貽彼之害，正所謂以鄰國爲壑者耳。維其偏謬不通，所以其説屢逞，而終不能行也。當時卑職目擊紛争之議，欲求善處之方，展轉思惟，苦無長封，惟思地名湖泊，其來已久，較之南方諸湖，雖大小不同，其理則一。若可洩水歸海，變澤藪爲膏腴，古人當先爲之矣。何從古以來，未聞有洩湖以成田者，勢不可爲也，而獨欲强行之今日乎？若慮水爲灾，莫若徙民就岸，即湖泊之利爲遷徙安置之資，不得已而爲權直之計，惟有此耳。伏乞裁酌施行。

明 陳珪《小清河議》

（雍正）《山東通志》卷三五　本職自奉委以來，惕然靡寧，晝夜思索，以爲此舉係一方利病，萬姓安危，必洞識其要害，深得其肯綮，而後可以建議。

顧愚劣，何足以辨此？乃自樂安草橋遡小清河而上，歷博興、高苑、新城、長山、鄒平，至章邱縣淯河而止。又沿淯河而下，至齊東、青城及蒲臺縣界。週回數百里間，陟降原隰，備嘗險阻，周覽其形勝，窮究其源委，所至必集士民而詢訪之，乃頗得其梗概。始知前此各縣畫圖皆爲錯誤，縣官不審，狃於見聞，出門望洋，付之浩嘆，雖屢經計議，而不得其要領，所以謬妄紛紜，迄無定論。

詩曰『如彼築室於道謀，是用不潰於成』，是也。於是按地爲圖，集士民而指示之，大約高苑等縣水患，由章邱之東有漯河一條，流二十五里，至小清河故道柳塘口，横過淤河，而直趨鄒平以下，高苑以上之駕鴨灣，則溢而泛濫横流，爲諸邑之害最甚。次則青陽驛後之滸山泊、鄒平縣西之沙河、縣東之白條溝皆受章邱、鄒平一帶山壑之水，下注小清河，至朱家灣之夏旺口，下流淤塞，乃决岸而西，亦會於駕鴨灣。舊時小民無識，爲堤於灣之下，水既有源，勢不敢捍，則横衝小清河之北岸，而入小清河故道，流二十里，至劉家口，又横決北岸而出，以泛濫於數邑之地。又次，則清沙泊之水亦決故河而入，乃決北岸而出，爲蔡家口。又次，則孝婦河決岔河口而出，諸水輳合，匯爲巨浸，一望無際。此高苑等三縣之所以受害也。次則烏河之水，順小清故河而下，不能爲患，但自樂安石辛鎮而下，兩岸太卑，河身太窄，恐不能受以上諸水耳。蓋自龍山驛而東，環章邱、鄒平其南皆山也。諸山譬則屋之脊也，山下諸水譬則屋上瓦隴間之水也，小清河譬則簷前瓦口横盛滴水之簡槽也，新城、長山、高苑、博興、樂安之地譬則人家之庭院也。今小清河淤塞，譬則簡槽中有物作梗，而瓦水溢出，流滿於庭院矣！若開浚小清河故道，是剔去簡槽中之物，而瓦口之水循簡槽而注於所當注之地。又，將漯河導入淯河，是簡槽所受不到之水，當於屋上高脊去處爲夾溝斜出，使從外注，不爲庭院中之患也。

夫小清河故道，志謂齊劉豫導濟南趵突泉東行，經章邱、鄒平、長山、新城、高苑、博興至樂安而入海。今自樂安遡河而上，至章邱之淯河薛渡口止，見得小清河南岸一面横受章邱、鄒平、長山等縣群山萬壑之水，南岸地高，北岸地卑，此河横亘其中，延袤數百里，名雖與大清配，然其實大清乃濟水故道，天地生成之河，小清乃人力所爲，非生成之河，觀諸二河，淺深廣狹俱不相敵，可見矣。大清深入地下四五尺，濶將二三十丈。小清河岸僅三丈許，河底只在平地上，水由地上行，兩岸爲堤以束之，今填淤平滿，河底將高過平地五六尺矣，所以一決即爲害也。其所以填淤者，何也？蓋本來河身横當諸水之衝，而又褊淺窄狹，不能容受群山萬壑之水，往往衝決泛濫，而爲諸邑之患。凡水上流既決，則下流必淤；下流既淤，則上流愈決。愈決愈游，愈淤愈決，淤決相尋，堙塞日甚，而河遂不通矣。此河不通，則無以受諸山之水。由南岸之高瀉北岸之卑，建瓴而下，決防而出，高苑、博興、樂安皆居窪下之地，何爲乎其不受害也？今必開通此河，使受諸水患斯免矣。然不必窮源至委盡開之也，蓋此河固雖昔人導趵突泉而來，中經數河，自東南諸山來者，皆爲石閘於下流横截之，使必由此而之海，蓋其初爲通舟楫計也。今非爲通舟計，乃爲除害計耳。苟不爲害則已，何必盡開而通之。故自章邱淯河而上，諸山之水雖經小清故道，而徑趨大清者不知其幾。今皆既入大清，不爲東方之害，則自此以上小清故道，開之無益，所以不必開也。考之

《圖志》，成化癸巳，都憲牟公亦嘗挑浚此河，自樂安直抵歷下，一以洩水，一以通舟。故大學士劉公珝記之。曰：退出膏腴之田數萬頃。又曰：於是青船入於濟是已。後又淤塞，而章邱以上諸山之水各隨其性之所之直越小清之故道，而趨大清以入海。惟章邱白雲湖最濶，一遇大雨即溢于小清而入于大清，即今之淯河是已。大學士李公賢之記可考也。

爲今之計，惟圖除害，不圖通舟。淯河既入大清矣，則淯河以西固不必開。惟淯河以東八里許爲漯河，較諸河爲大，發源於鄒平之會仙山下，北流至小清河故道，柳塘口高家庄壞閘，横注而下至二十里許，則泛濫瀰漫，至駕鴨灣而與諸水合，匯爲巨浸，其害居諸水之半。此河舊亦由柳塘口高家庄入於小清，蓋昔人爲石閘於下流而遏之，使東務可通舟故也。今閘既廢，而河身且復深陡，兩岸小清故道俱已淤爲平地，自岸上俛視水面且一丈有餘，而水深又七八尺。若復拘泥舊迹，自高家庄挑起，至滸山泊之清河溝止，計二十里。小清故道年淤既久，民已栽植樹木，小者拱把，大者合抱。雖殘堤斷隴，隱現無常，而河身已幾於不可復辨也。地勢高仰如許，若欲使漯河之水東由故道，與滸山泊之水會，必須二丈深而後水可得行此二十里。居小清之上流，既挑二丈許，不知其下流又當深幾丈許，而後水可行也，勢必不能矣。然則此水竟付之無可奈何，而任其爲害耶？

於是往復相度，自高家庄舊閘口遡河岸而上止八里許，曰紀家口，乃漯河水泛西決之舊口也，西望淯河之薛渡口僅五里許。自此至彼，地勢趨下，經三里許，爲常家庄，即小清故道猶有存者，深尚五六尺，濶亦三四丈。又二里許，即薛瀆口之舊閘，爲淯河矣。此漯河之所以可由紀家口開至常家庄由故河而入薛渡口，與淯河合流而入于大清，其勢甚便，其功甚省。與其開二十里高仰之地，抑漯水而使之必東，孰若開五里，上高下低之地導漯水，而使之就下以五里，而較二十里其遠近何如也？舍五里而圖二十里，其勞逸何如也？又沿淯河而下至齊東縣，淯河之水入大清河處，深而且濶，奔駛無滯，號爲陳海溝，自齊東東門視之，下臨如井，此其足以容水而不爲民患。中經麻姑堂，上下倘有淺澀處，則疏瀹之可也。況詢之柳塘口之居民，僉謂漯河水泛之時，姑未言下流之害。但自紀家口之兩岸言之，東決則由袁家口而入於潘家灣，豬于滸山泊，而河東之民受害；西決則由紀家口而瀰滿平地，浸于柳塘口，決于常家庄，而河西之民受害。修堤築口，歲無虚日，勞費孔多。今若由此而開入大清河，則非惟下流高苑等數縣之民免害，而章邱、清平等數庄之民亦免于墊溺之患矣。一舉而三得，利孰大焉？然自常家庄而下二里，係小清故道。不占民田，其上三里，濶四丈許，係民有税田地，當何如？曰：此自有處，夫柳塘口舊閘東西皆有小清故道，西至常家庄五里，東至新橋十八里，淤爲平原沃壤，民皆耕種樹植，視爲已業久矣。今不追其花利，但使之承受所占民地之税糧，其孰不從？至於地價，又或以官銀給之，或以小清之故道沃壤加倍償之，亦孰不願？功省而利倍，在所必爲。又況地勢、水勢使然，亦終不容不然者也，其長五里，内三里，平地二里，舊河河身深濶俱與漯河相等，須用深一丈二尺，濶四丈，乃可通水。此章邱地方當役該縣人夫三千名，三日可開一里，十五日而功可成。

夫漯河之水既入于大清河，則柳塘口舊閘處高家庄以東至滸山泊之淯河溝二十里淤平之故道俱可棄，不必開，省力多矣。自淯河溝而下，小清受滸山泊之水東行二十里，至王亭口子而北，決流于駕鴨灣。此二十里淺澀，當浚深三四尺。自王亭口起至開河口五里許皆淤塞，當挑深七八尺。開河口乃受沙河之水自鄒平縣西南來，入小清東行，至閻家橋二郎廟前會白條溝之水，流至舊口，約二十里許。此淺澀當浚深三四尺。又，沙河經鄒平縣西關而北，入于小清，地正五里，名曰開河。據本處民人告稱，水漲之時，東決則由戴家口而漫流，西決則由蕭家庄而漫流，鄒平縣浮石等數庄之民皆受其害，而亟欲浚之，然其深不過再用三四尺。夫自滸山泊之清河溝起，至白條溝之舊口止，通計有水而淺者四十五里，無水而淤者五里，此鄒平地方，當役鄒平縣夫開之，可自免其縣之水患也。當用四千人，計一月而完。

自白條溝之舊口起，至朱家灣之夏旺口，止計七八里，水深不必再開。又自夏旺口起，至陶塘口，止此三十里淤塞殊甚，略有河形而已，當挑深一丈，濶四丈，皆長山縣地方，此處淤塞不通，故往往白條溝溢，而東孝婦河溢，而西漫流平地，浸淫數社，居民患之。若開而通之，則非惟水循故道，高苑等數縣免害，而長山縣之水患亦可免矣。此當役長山縣夫五千人，每日開一里，計三十日而完。自陶塘口起至劉家口，止計十五里，此駕鴨灣水衝小清北岸而入，至劉家口而出。自劉家口至蔡家口五里，南岸口子受清沙泊水，此二十里有水而淺，當浚深三四尺。相離齊東青城各五十里，宜借二縣夫每縣二千名，四千人每日浚一里，二十日而完。自蔡家口至岔河口十七里皆淤淵，當挑浚七八尺。宜用高苑縣夫三千名，計二十日而完。此岔河口乃孝婦河自顔神鎮受諸水，流至此入小清，遇下流壅塞，乃決而北注，爲害甚大。

自岔河口至烏河口止，約五十里，大約分爲三等：西頭十里淤甚，爲上等，當挑一丈；中間三十里次之，爲中等，當挑七尺；東頭十里，又次之，爲下等，當挑四尺，使與烏河河身相平，水不倒流足矣。此五十里，當用新城、博興縣夫各四千名，一日開一里，每縣不過二十五里，約二十五日而完。烏河之下爲博興之灣頭，自此以下，烏河之水循小清故道而流，兩不爲害。但自樂安縣石辛鎮而下至海口二百里，河身僅三丈許，水深止六七尺，其間兩岸口子，不下三四十處，堤内之水往往與高苑流來堤外之水相平，出入無定。須俟上流河通，下流水落之時，有口所當築，堤所當修、淤所當浚者，再行估計徐議興工。故留樂安與附近臨淄之夫未用，蓋有待也。

議者見得現今水勢滔天，黎民受害，亟欲於樂安地方或挑支脈溝，或浚花陽溝，或另挑一河入海使洩之。各該一百五六十里，殊不知上流漯河既入于大清，則水勢殺一半矣。小清故道又通，則滸山泊、興沙河、白條溝、孝婦河、烏河諸水皆由河中行，則今平地巨浸之水其源俱絶矣。平地之水源頭既絶，而博興以下，樂安以上，俱有口子水可還河趨海，上既無源，下又有洩直，坐待其涸耳，何必復爲此浩大之功，以妨開河之役耶？蓋民力有限，不能兩用，所謂欲速則不達，見小利則大事不成者。或以疏通小清工程浩大，謀于青城、蒲臺之間，相近高苑地方，挑開一河五六十里通大清，以洩諸水，此最徑約言似可聽。昨見大清河身雖低而兩岸，高于水面二三丈，詢諸居民，咸謂水漲之時，亦能溢岸爲害。今若開之，使通于高苑以洩諸水，目前亦足以快然，窪下之處亦終不能盡涸。而大清水溢之時，又能倒流入來，高苑等縣反受其害，則大小清皆爲患矣。此所以斷不可從也。

夫漯河既改，小清既通，水患固可免矣。然駕鴨灣與馬家泊皆聚水之處，天雨連綿，泛漲爲害，又如之何？曰：駕鴨灣在上，流則入于馬家泊，馬家泊在河之低岸，水不能上入于小清，故舊有支派溝延亘三縣，至樂安會小清而入海，此天地生成之溝，使洩諸泊之水也。然在高苑、博興境内者，今已没于巨浸之中；其在樂安境内者，已淤爲民田，長百餘里，不必復開。須待河道水涸之後，尋其近便小清去處名爲滸溝者，徐議浚之，使有以洩諸泊之水于小清足矣。今姑未暇及也。載觀陶塘口以下至烏河口南岸爲新城地方，北岸爲高苑、博興地方，水由中行，南決則新城受害，北決則高苑、博興受害。故小清水溢之時，南岸之民偷開北岸，往往殺人致訟，勢之使然，無足怪者。然南岸地勢高，故水溢雖決而進，水退則淤而肥，利害相當。惟北岸地勢卑，故水一決而遂聚，經年不消，所以浸淫數百里，貽患五六年，而民不聊生矣。愚民無所知識，往往只與水争，故高苑之民則於陶塘口爲堰，以捍駕鴨灣之水；及其既潰，則又爲堰於馬家泊之上，亦崩決而不能禦。博興、樂安之民亦然，每縣界上必有遏水之堰，所謂以鄰國爲壑者也。又新城、高苑之間，小清決口數十，皆爲月堤以助之，修築之勞，迄無虚歲，所謂補塞罅漏者也，然而隨修隨廢。前此命官估計，惟會計此耳，不知歲費若干緡，而兩岸之民盗決河防，互相争鬥，不知殺死若干命，至今訟者紛然，可爲流涕。

兹誠開小清水循故道，兩不爲患，堰可不必修，堤可不必築，民可不必争，訟可不必聽矣，所謂一勞而永逸者也。

清 張鵬《重浚小清河議》（康熙）《章邱縣志》卷一〇　水性下，以海爲歸，禹疏九河，瀹濟、漯而注之，不聞以鄰國爲壑也。故夫旱潦雨暘因乎天，原隰高下因乎地，疏浚宣洩，俾水不致潰溢者在乎人。不能相天之時，準地之宜，盡疏浚宣洩之人事，仍致汙民之居，潴民之田，橫決而不可復制，徒諉其責，曰『此天也，地也，非人之所能挽也』。豈理也哉！

按《志》，齊青之間，有大小清河二：大清河爲濟渠故道，小清河源本濼水即今趵突泉，出歷城，與章丘之淯河、漯河合，自淯、濼二水俱經大清河。惟漯河發源於長白東陵山西麓，約行五十里，至山頭店；而下至鮑家莊即萬家口二十里；由大高莊、碑灣、柳塘口，經段家橋，止故河，約二十八里。段家橋至淯河口二十七里，土人名爲漯河，實即小清也。相傳劉豫所開，行舟運糧，其水自章丘，歷鄒平、長山、新城、高苑、博興、樂安，東北入海。蜿蜒六百餘里，初本一脉流通也。至今日，而小清河故道截爲數節矣。自萬家口於順治四年，決河一道向東，折而東南，又折而東北，行十五里，至段家橋，其水平地瀰漫，而章丘之地，遂遭水患矣。

自段橋而下，新決漯河之水，與滸山濼合。濼，他處，音洛，此處獨音泊。夫滸山濼，環南山約二十餘里，受衆山之水。今增漯河之水歸之，其勢不得不洶湧澎湃，横溢無涯，而鄒平西北之地，遂遭水患矣。滸山既積溢無涯，遂於濼之尾，出環河溝，復趨小清河故道，行八里，至對門口，又東會鄒平之沙河，合而爲一。其勢益悍不可禦，竟穿小清河故道，折而之北，決河一道，亦平地瀰漫，而鄒平東北之地，遂遭水患矣。自是漯河、滸山、沙河，行三十里，合秀白雲湖。夫湖之容水有數，今諸水合而歸湖，湖不能受，其横決汎濫有更甚於滸山濼者，而長山膏腴之地，盡成澤國矣。

湖之下爲陶塘口，諸水直注陶塘，復不由小清河故道而盡歸清沙泊。夫清沙泊者，新城蓄水之處，今儲水滙焉。至新城而别無所之，是一彈丸之新城，竟爲衆水之歸墟矣。田舍墳廬，盡皆漂没，新民其能堪乎？夫新城在南岸，高苑在北岸，中分小清河以爲界。新堤堙廢，而高堤堅固。新居上游，獨當水患；高憑堤以爲固，率男婦萬人寢食其上，以禦新人之決，弓矢力石相向，如仇讎，如敵國，搆訟格鬥，於兹數十年矣。乙丑夏秋間，長、新兩邑民數以水灾告云，小清河不治，故至此。初委青州倅督工修浚，不數月而反命曰：水已深通矣。繼而新以曲防訟高，高又以盗決訟新，復令濟、青兩監司往鞫，不逾旬而亦反命曰：民已帖然矣。噫！小清河之果深通與否，與兩邑之果帖然與否，余實未能釋然於心也。

爰於丙寅春正之三日，公務稍暇，不憚嚴寒，單騎親往，濟東道陳俞侯、新城令崔懋從。先循小清河新決之處，一一相度其形勢，又溯小清河故道，一一窮究其源委，而後知小清河之不治，致諸邑受害者，非天也，地也，人實爲之爾。夫善治病者治本，不善治病者治標，若舍本症，而徒於標，治之病必愈治而愈不治。今日新城等之受病本症也，不爲追究其受病之由，而苟且補苴，是徒治其標也，何益哉！然則新城等之受病何在？曰：在上流不在下流也，在故河不在新河也。治本之法又何在？曰：在制小清河之上流，疏小清河之下流而已矣；在復小清河之故道，截小清河之新道而已矣。

夫漯河至萬家口東徙，遂淤故道約三十里，今當浚之，仍使北行。議於萬家口新決河，不必堵塞，宜建石閘一，使漯河之水不入決河，即不致平地瀰漫，而章丘永無水患矣。水既不入決河，自不入滸山濼。濼所受止南山之水，旱則無水，潦亦止此，一濼之水，聽從還河，出小清河故道，而鄒平西北之地，永無水患矣。八里至對門口，此地原增沙河，水爲更横，議建石閘一，使水不北行趨白雲湖，而鄒平東北之地，永無水患矣。對門口之下，本小清河故道，約三十里許，至郭家口。今兩旁高岸堅厚如故，而河身多被豪民犂而爲田，如開河莊、王家莊、閻家樓等處，間竪草房數間。以理諭之，逭其罪而還其地，仍浚爲深濶之河，出郭家口，使與長山之舊口通，則無水至白雲湖，而長山之地，永無水患矣。

舊口至陶塘口，約三十九里。清河不治，白雲湖所受湖泊諸水，直趨陶塘口；使清河治而無水至白雲湖，自無水至陶塘口。陶塘之左爲小清河故道，右則新城之清沙泊。泊南北寬止五六里，東西長止八九里，今竟滙衆水以爲歸，排山倒海，勢同稽天巨浸。况復諸水横於南，孝婦河之水又横於北，一派汪洋，歷有年所，新民能不爲溝中之瘠乎！宜其挺而走險，必欲決高苑之黑水灣、軍張道口，以少緩須臾也。其所以必欲決之者何？以黑水灣、軍張道口之下，舊有支脉溝，溝行十八里有五空橋，水可由橋趨博、樂入海。高人奮力争鬥，必不使決。兩監司按之得實，曲在新城，治以盗決之罪。故旋決而旋塞，而新城之水，仍瀰漫如故。余親歷其地，一望慘目，反覆思維，新水無所洩救，勢必衝決而新城危。若驟以新城之水，瀉高之決口，其下支脉溝水道久堙，兩旁無堤岸束水，勢必横溢田畝，高苑衝決而高苑危。

又况博、樂二邑，地勢較高，更窪新水，果如此行，博、樂恐亦未可保也。且上流不遏，下流必壅，即今新城之水，從高決口出，從前之積水方洩，在上之積水又來，是又徒有害於高苑，而究無濟於新城也。今議或黑水灣或軍張道口，建石閘一。其下支脉溝舊道，當疏浚深濶，達五空橋，再下五道口、尹家泊、姚家窪、直身河、劉注洼，至大吾坡，係高、博、樂下流，凡淺阻之處，通加疏浚。令新城所漲之水，徐徐啓閘宣洩，勿使暴怒衝激，前水入海，後水復流，逐漸放行，新城之地不逾月而皆可涸出，既有濟于新城，又無害於高苑，誠兩得之策也。待至全河底績，使漯河、滸山、白雲、陶塘、清沙諸水，不灌新城，是新城已無水患，而軍張一閘，可以永閉，以防萬一之蓄洩。高民可安枕而卧，又何必率男婦萬人寢食死守，世與新民爲難哉！此皆制上流之法也。

其疏下流又若何？曰：是不難。考小清河至岔河與孝婦河合，至此而下，土人統名孝婦河，或統名小清河。由岔河十里至通濟橋，又五里至伊家園，伊家園五里至閘上，又十五里至灣頭，接入烏河。有謂此一帶河身俱高，水反西向至伊家園，因云小清河水不能逆流而上，開之無益。夫使水必不可行，則從前小清河當至灣頭而止，何以能由博、樂入海？皆由灣頭滙聚諸水，勢甚湍激，故爾倒流；伊家園以下，地久淤澱，必多阻塞，遂云河身俱高。若使深通，俾灣頭不致湍激，便可順趨入海，又何有不行之患乎！此疏下流之法也。

至長山孝婦河、范陽河、黄土崖等，亦歲爲新城患。余又循孝婦故道，迹其源流，原合范陽河、米溝河、乾溝河，由劉家等莊入岔河，歸小清入海。自吕家莊口決，不由舊河，反由鄒平毛、張等莊，經新城入麻大泊、清沙泊，灌新城，下衝博興等縣，爲害甚大。使自吕家莊建石閘一，使黄土崖等水仍歸岔河，與小清合，而諸邑更可永慶安瀾矣。

總之，水合則强，分則弱；急則怒，緩則平；通則行，阻則滯。今以蜿蜒六百餘里，一脈流通之清河，竟截而爲數節，又益之湖泊，以助滔天之勢，其害寧有窮乎！猶人之一身然，發源之漯河，咽喉也；所經鄒、長、新、苑等處，如人之腹與腸胃，傳送受載之府也；至博、安入海，則尾閭也。人身一處血脈不通，則人必病；水脈一處不通，則水必爲灾矣。今小清故道既通，石閘復建，即使山水迅發，皆趨正道入海，萬不得已，而啓萬家口閘洩之，啓對門口閘洩之，啓黑水軍張閘洩之。向蹙地受水而泛之湖泊，今擴地受水而納之故道，謂仍足爲害者，吾不信也。此議一行，則蓄洩有地，啓閉有時，將見七邑之中溝壑之地，疏爲桑麻，魚鱉之民均可安宅，旱可資其灌溉，遠可通夫舟楫，不獨使不爲害，兼可因以爲利，又何重舉事而樂因循，以留此無窮之患哉！考志，明成化癸巳，都憲牟公曾浚之，自歷城至樂安，水循故道，退出鄒平等邑膏腴田數萬頃。迄嘉靖癸巳，蓋六十年，小清河復塞，淯、沙、孝婦等河潰漲，當事者復浚之，三年而畢，諸水悉平，咸注之小清河。《高苑志》亦載青州推官陳君珪《小清河議》，按其地形，似又與今異。其言引獺河可歸淯河入大清甚切。《齊東邑志》已備述其害，得無今昔之殊勢歟？溯成化以至於今，歷百幾十年矣。余憫斯民之昏墊，冀一盡疏浚宣洩之人事以拯之，實余之苦心也。經營創建，明知勞民而不敢避怨，以期垂之永久。惟望後之君子，或先事而綢繆之，或乘時而補救之，使小清河得永循故道，而七邑之民，得永免水患；無因循傾圮，使諸水横決莫制，而反歸其咎於天地，則幸甚矣。故不揣爲之議，復爲之圖説，以俟後之君子省覽焉。

清 李方膺《山東水利管窺略》卷一《小清河議》 小清河，古濟水也。自歷城而東折，會濼水，逕華不注山，由萬松口水寨等處直趨章邱。至章邱之薛渡口，一支東向，從柳塘口歷鄒平、長山、新城、高苑、博興、樂安入海，此小清河之正派也。一支向北，從薛渡口逕滾水壩，由齊東之減水河入大清，此小清河之分流也。自歷城至章邱之柳塘口，河形尚在，石壩猶存，淤塞不通，僅有故道。今即以章邱縣東南之東嶺、長白二山爲小清河發源之地，自西南而至東北横亙七邑，逕章邱之城東，鄒平之東北，長山、新城之城北，高苑、博興之城南，樂安之東北，由淄河門而入海，此小清河現在之原委也。

七邑之南，有崇山複嶺、長渠廣川，如鄒平之沙河由對門口而入焉；鄒平之白條河、長山之珠龍河，由郭家口而入焉；新城之范陽河、博山縣顔神鎮之孝婦河、新城之鄭黄溝、臨淄縣之烏河，俱逕麻大湖、會城泊而入焉；臨淄之漢溱河、澠水河由會城泊而入焉。此小清河衆水之會歸也。章邱有萬家口，逕滾水壩，自引河溝分瀉於滸山泊，仍從清河口而入於河；長山有陶唐口，從月河分瀉於清沙泊；高苑有軍張道口，分瀉於支脈溝。此小清河分勢之支河也。鄒平有對門口，受沙河之頂沖；長山有郭家口，受白條、珠龍兩河之頂沖；博興有逯家口，西受清沙泊之灌注，南受麻大湖之頂沖。此小清河沖決之各口也。

鄒平之滸山泊東西三十餘里，南北七八里有差，新城之清沙泊東西十五里，南北十里八九里有差，新城、博興連界之麻大湖南北三十餘里，東西十餘里有差，博興之會城泊南北十三里，東西二十餘里，樂安之石村湖南北十里，東西十五六里有差。此小清河相連之湖泊也。高苑縣之軍張閘迤東至博興之灣頭莊淤塞四十六里，俗呼曰乾河。是六百餘里河身截爲兩節，在乾河迤西如沙河、白條、珠龍、滸山泊、清沙泊諸水，從高苑縣之軍張閘入支脈溝，經樂安之寬濶梢，會小清河入海。殊不知支脈溝深不及三尺，寬不及四丈，其中高岡土嶺，灣曲紆回，不可勝數。況寬濶梢并非容水之巨壑，不過一些小之窪坑耳，尚有四百九十丈平地與小清河身相隔，即開通四百九十丈平地，從新槁入小清河內，而新槁以下，至淄河門尚淤高七十餘里，是軍張閘口日受排山之水，而下無一溝一洫之去路，所以高苑閘板不得不堵新城之清沙泊。清沙泊之水停，則長山上游之水亦停；長山之水停，則鄒平之滸山泊愈停而愈漲。章邱雖勢居高阜，而山水暴泛，沿河兩堤亦不能保其不決。其七邑之所以叠承爲患者，自以寬濶梢爲支脈溝之尾閭，置下流於不問，而遂以訛傳訛，將錯就錯，以致各縣境内今年而成一湖，明年而又多一泊，始而窪者爲湖，繼而高者亦漸次成泊矣！

推原本末，皆上半截之水無所歸也。在乾河迤東，如孝婦、鄭黄、漢溱、烏河、灄水、麻大、會城、石村諸水，從博興之灣頭莊，逕柳槁、草槁，從樂安之淄河門入海。殊不知小清河面極寬之處不到五丈，極深之處不及六尺，且新槁以下爲七縣全河之門户，而極窄極淺，愈淤愈高。如孝婦河、烏河，面寬四五丈，深三五尺有差；鄭黄溝、漢溱河、灄水河，面寬二三丈，深四五尺有差。以合算十五丈之河面，一丈三四尺之河深，齊注於寬五丈，深五尺之河中，欲其不泛溢横流，豈可得乎？或牽連數十里，或牽連五六里，夏秋更甚，春冬不涸，千頃良田盡沈水底，萬家村落并作邱墟，此下半截之水無所歸也。

膺相度七縣之形勢，諦觀河脈之源流，理會則在上游，致功則在下流。支流既分，而全流自殺；下流既洩，而上游自安。今河身截爲兩節，即以兩節治之，古人所謂『順其水性之所之而利導之』者也。如文脉溝，自高苑縣之軍張閘起，至樂安之新槁止，必須面寬六丈，深八尺以至一丈二三尺有差；如小清河身，自博興之灣頭起，至樂安縣之新槁止，河面不必開寬，河身疏深三四五尺有差；自新槁至淄河門，兩河會合，爲七縣之下流，必用功於下流，以疏其壅塞之勢；然後用功於上游，以浚其發源之地。下流有所歸，則上游有所殺，必須面寬八丈十丈，深一丈以至一丈一二尺有差，然後樂安水治大綱始立矣。由此而議及博興。博興之支脈溝一律寬深，則高苑上來之水不致積留泛溢；小清河上下疏通，則麻大、孝婦諸水有所歸宿；逯家口堵塞堅固，自無沖決，而博興可以無水患矣。由此而議及高苑。高苑之支脈溝既深通歸海，則軍張道口之閘門不必拆毁，而閘板可以永遠不閉。現在閘高一丈，寬一丈，即使極大水勢不過高閘底六尺，以一丈寬，六尺高之水匀入六丈寬之河面，八尺深之河身，不過一尺水耳。況且往者過，來者續，無一息之停，非從前之積聚半年，汪洋奔駛可比也，新、高兩邑可以永無争訟，永無水患矣。

由此而議及新城。新城東臨麻大湖，北臨清沙泊。今麻大湖循小清故道，清沙泊入支脈溝，兩路分流，新城無水患矣。由此而議及長山。長山河道現在通流，但鄒平地勢低於長山，必欲俯地以就水，不能升水以就地。欲除鄒平之水患，不得不借道於長山，所以長山境内，河面不必開寬，河底疏深三四尺不等。郭家口現在北岸堅固，而岸外又有月堤。陶唐口之月河，建瓴直下，并無阻滯，長山無水患矣。由此而議及鄒平。鄒平境内，河身淤淺，滸山泊之水不能出瀉，應疏深三四五尺有差。對門口現在堵塞，而岸外更宜月堤，以保無虞，而鄒平無水患矣。章邱雖地勢高阜，河源上游，但山水暴漲，一時齊注。從萬家口滚水壩由引河溝入滸山泊者十分之八，直北入小清河正流者十分之二；滚水壩外之引河溝應浚深通三四尺有差，以暢流歸泊者也。

再，齊東縣之減水河，自章邱之柳唐口，至薛渡口，石壩河形寬四五丈有差，深一尺二尺有差；自薛渡口至麻姑堂，面寬五六丈有差，深四五尺有差；自麻姑堂至齊東之大清河，面寬七八丈有差，深六七尺有差。考《齊東邑志》，則謂小清之減水河也。據現在之石壩河形，則昔日之通連小清河内，確然有據。地勢極其順利，不壞尺寸民田，而究其所受之水，不過章邱東南一角。而一角之中，又不過三分之一。今齊東堅執以爲不可通，則亦無容議開者也。至於鄒平之沙河、白條，長山之珠龍，新城之孝婦、范陽、鄭黄，博興之烏河，臨淄之漢溱、灄水諸河，奔灌此河者，其中不無山澤橫淤，淺深不一。俟大功告竣之後，各縣勸諭附近居民乘農隙之時疏浚深寬，則支分派別節節流通，六百餘里之内脈絡貫通，暢流歸海，退出良田不下數萬頃。即積水廢瀦，皆堪經理。自此七縣生靈永慶安瀾之福矣。

又卷二《小清河問》 問：海口距淄河門若干里？

答曰：自淄河門至海口四十七里。

問：海口之外是否有蛤蜊嶺堵塞不能通流？

答曰：蛤蜊嶺之説，不知創自何人。乾隆二年十二月十九日，蘭山縣知縣李方膺同曹縣縣丞孔毓珮、博興典史朱鳴岐、樂安典史張廷相親到海旁之龍王廟，并無蛤蜊嶺。且雍正十一年九月，福建龍溪船户郭長棗船被風進口，雍正十二年九月，天津船户鄭殿清糧食船被風進口，通報在案。如果有蛤蜊嶺堵塞，海船何能進口？此訛傳也，明矣！

問：海口高於内地，開通之後能保不倒灌否？

答曰：海口乃淄河之海口，非小清河之海口。小清河入淄河，會淄水四十七里歸海。若海水倒灌，必先及淄河，再及小清。既不灌淄河，天下豈有越門户而升堂奥之理？

問：海口雖不高於内地，而清水入淄，恐淄水逆流？

答曰：乾隆三年四月，管河道探量淄河底低小清河底一丈二三尺有差，詳禀在案。即開深一丈，尚高數尺。現在清水流於淄，淄水流於海，一見瞭然。況地勢西北高而東南下，豈有自西北行數百里，將至海口復自東南而逆流西北乎？

問：淄河門到發源處六百餘里。今議開淄河門處最深不過一丈，則上游自當一步淺一步，然後有建瓴之勢？

答曰：河水建瓴在地勢，不在河身，如黄河萬里，若一里低一尺，低至海口，可低千丈。

問：海潮長落有一定否？

答曰：春、秋二季一樣潮泛，夏季潮汛較春、秋略小，冬季沿邊堅冰，潮更小。

問：海潮上灘若干里？

答曰：平時潮長上灘一里許，初一、十五日較平日海潮所到之處，還上來五六步。

問：一年之内，何時潮勢最强？

答曰：一年之内，春季在二月半以後、三月初十以前潮勢强，秋季在七月十五以後、八月十五以前潮勢强。春風大，潮紥强；重陽暴信，潮勢亦强。

問：何時潮勢稍弱？

答曰：一年之内，二月後、八月前勢强，其餘十個月勢弱；一月之内，初一、十五勢强，其餘二十八日勢弱。

問：最强之時，潮高若干？

答曰：最强之時，潮上沙灘一里之外還多五六步。

問：稍弱之時，潮高若干？

答曰：稍弱之時，潮上海灘只有一里許。

問：東北風大，果有倒漾之水灌入内河？

答曰：自雍正元年起，二年、三年潮水止到灘一里許，并無倒漾；雍正四年十月初四日，大風大雨，水到馬家樓，深尺許，五六日方退；雍正五年、六年、七年，照常潮汛，并無倒漾之事；雍正八年，水灾，是小清支脉漫溢民田；雍正九年至乾隆三年共計八年之内，并無海潮倒灌。再自雍正四年以前，康熙四十二年二月十六日大風大雨，海水到馬家樓、北夏家橋、王家岡場迤東等處，水深尺許；再康熙六年，大風大雨，海水到馬家樓。再遡前明，不可考矣。

問：小清河尾何以紆回曲折，反致宣洩不舒？前人開挑，必有深意。

答曰：查此河始於偽齊劉豫，以歷下濼水爲源，東會章邱之繡江河，再東會章邱之漯水，即今之東嶺長白。劉豫爲資海興鹽。舟楫往來，欲其蓄以載運，所以回環彎，不計其數。使當日爲洩水除害之計，濼水最强，而勢趨直北；繡江稍次於濼，勢亦趨直北。何故拂兩水之性，堰之東行？卒之，兩水不可堰，仍取道於濟陽而歸大清，則當日之初心已可概見，況海水奔騰可以數丈計，不可以尺計，可以直湧横行，不必循軌蹈矩。則其曲爲蓄水載運，非防海水倒灌彰明較著。

問：可否另開一河出水，以免海水倒灌？

答曰：寬濶梢正東即淄河，正北即利津縣界。自樂安一百三十里至利津，利津至海又不知若干里。東北即現在自新槁至淄河門之河道。舍此之外，并無別路。

問：河內現在有水，如何徹乾，以便挑挖？

答曰：可以借道，可以停蓄。自淄河門至新槁截壩，將上流之水從繆家道口迤東，順蒼頭溝引歸東北塢，入淄河。如從舊口堵壩，則章邱、鄒平兩縣之水停於滸山泊。如從軍張閘堵壩，將長山、新城兩縣之水停於清沙泊。如從孫家屋子堵壩，則高苑、博興兩縣之水停於寬濶梢。

問：開工果分先後？

答曰：開工必從下游。自淄河門至新槁爲第一段，自新槁北至軍張閘，南至灣頭爲第二段，自軍張閘從月河而新城、長山、鄒平章邱爲第三段。

問：募夫有良法否？

答曰：與其擇立夫頭，不如以莊頭爲夫頭。一庄之內應募若干家，一家之內應募若干丈，注明册檔，再取同庄互結，以防拐價逃工。

又《小清河商》 自高苑縣軍張閘迤東，至博興縣灣頭，計長四十六里，河身淤斷。軍張閘東北之支脈溝現在通流，則高苑縣之清沙泊，并迤西鄒平縣之滸山泊，及章邱等縣東嶺長白、白條、珠龍諸山之水，循流而至清沙泊，出軍張閘，入支脈溝，較之閘東挑浚四十六里乾河似覺省便。第支脈溝現在深通否？

支脈溝原爲小清分勢之支流，章邱、鄒平、長山、新城各邑之水，從軍張閘入支脈溝。若不浚支脈溝，而復小清故道，又恐灣頭以下河身不能容納，勢必展寬河面。而所展之地連絡四百餘里，非墳墓即廬舍。即使無墳墓、無廬舍，以展寬之工費開浚支脈溝，則兩河分流，事半而功倍。故不浚四十六里乾河而浚支脈溝者，不特以爲省便，亦勢處於不得不然也。至於支脈溝現在情形，在高苑境內者，面寬二三丈有差；在博興境內者，面寬三丈有差，深一尺二尺有差。自寬濶梢至新槁，尚有四百九十丈不通小清河身，且各縣境內灣曲紆回，高岡土嶺阻塞河道者，不計其數。此支脈溝現在之情形也。

軍張閘起，至樂安新槁止，長若干里，應挑浚者若干段，長濶若干丈尺。新槁至淄河門，又長若干里，應挑浚者若干段，長濶若干丈尺。

自軍張閘起，至樂安新槁止，共長二萬七千一百八十七丈，計程一百五十一里。現在寬深有差，總以面寬六丈，底寬二丈，深一丈以及六七八尺不等爲率，在高苑境內十三段，博興境內三十段，樂安境內十段。自新槁至淄河門，共長一萬一千零七十八丈，計程六十一里有奇，現在寬一丈二丈有差，深三四一二尺有差，總以向寬八丈，底寬三丈，深一丈以及八尺不等爲率，共十段。

西南之水，由支脈溝入錦秋湖、寬濶梢，可能容蓄，不致泛溢爲害博興、樂安兩邑，倘錦秋寬闊梢即能容蓄，其上游之清沙泊、滸山泊等處可否不致泛溢？錦秋湖乃博興城南積水之小區，南北不過一里，東西不過半里，深不及二尺。至於寬濶梢，非湖非泊，不過蘆草之荒蕩。今支脈溝穿過錦秋湖，而竟以錦秋湖爲腹，寬濶梢爲尾，兩處既不能容蓄，又無去路，則上游之清沙泊、滸山泊諸水齊灌軍張閘內，高苑先受其害，博興次之，樂安又次之。在章邱、長山、新城、鄒平四縣，命脈懸於一閘，而三縣百姓避害切膚，將閘板不啓，則新城先受其害，鄒平次之，長山又次之，章邱又次之。

軍張閘東南之范陽、孝婦、鄭黄、烏河、漢溱、澠水各支河，會歸於麻大湖、會城泊、石村湖，而由麻大湖北流至灣頭歸河身，經柳槁、草槁，至樂安之新槁，出淄河門，歷年因宣洩不及，在灣頭迤西逯家口沖決。今將逯家口堵塞，其麻大等湖可否循軌順流，不致如前沖決？逯家口係小清乾河之北岸，乾河之南岸即爲麻大等湖之北堤，障水東行。雍正八年，水勢浩大，將兩岸沖開，直連支脈溝，散溢博興、高苑等處。雍正九年，將南岸決口堵塞，北岸之逯家口未經修理。所謂逯家口者，因逯家莊在決口之旁，故名逯家口。倘自灣頭以下，一律疏通，則麻大諸湖循軌東行，逯家口似無關於重輕。下游不疏，湖水漲滿，逯家口不堵固沖，堵亦沖也。

新槁至淄河門，向受麻大湖一帶正河之水。今將支脈溝、錦秋湖、寬濶梢接連開通，滙聚西南之水，至新槁，與正河之水合流，出淄河門。是新槁至淄河門，受兩河之水，其勢倍大，可否不致泛溢？新槁至淄河門，受兩河會合，水勢倍大，似難容受。現在深不及三尺，寬不及二丈，所以估開寬八丈，底寬三丈，深七八尺以至一丈有差。寬深數倍於從前，則水有游息，且兩河合行而有力，則入海迅速，不致泛溢。且新橋以下，一片荒場，即使泛溢，亦無害民田。

軍張閘係何年創建？未建閘以前，清沙泊水係由何處宣洩？高苑、博興、長山、新城等處地方利害如何？

查康熙二十五年，張撫憲題《請開支脈溝建軍張閘》，部議准行到東，其如未曾開通支脈溝，而先行建閘。適張撫憲内升，而高苑等縣百姓將閘拆毁，堅築土壩，數十年内決堤放水，争鬥互訟，歷案可稽。康熙五十七年，李撫憲請開支脈溝，建軍張閘，委博興縣知縣李元偉總理工程，高苑、博興境内已屬苟且，尚有河形；樂安境内，毋論深不及三尺，寬不及二丈，且開至寬濶梢而止，并未完工。在當日，借寬濶梢之名，掩飾耳目，蒙混一時，而後即以訛傳訛，牢不可破，悮七縣生靈者，李元偉之罪也。至於未建閘之前，清沙泊諸水由故道下接灣頭，冲决散漫，非一朝一夕矣。總之，不開支脈溝，則閘不可建。閘者，受水以歸溝也。倘不開溝，上游、下游之害不除。

乾河四十六里，係何年淤塞？未淤塞以前，西南之水是否俱由清沙泊歸正河，出灣頭等處？

乾河淤塞，無從稽考，但自康熙二十五年建閘開溝必因淤塞不通，然後有此議請，即此四十餘年是其明証。至於西南之水，舍此正河，別無去路。

各縣雖任地方，非土著耆老生長於斯，經歷有年，不能深悉。似宜預令樂安、博興、高苑、長山等縣，將歷年水勢情形，并博采輿論如何有害、如何有益。

樂安縣民即不願開，因地勢高於博興，本境雨水尚且積滯，再加上游諸水，勢難容受。博興縣民，只願樂安開河以歸瀉，不願上游疏通；高苑縣民，只要堵塞軍張閘，不顧上游漲積；新城縣民，只願閘板盡啓，一瀉無餘；長山縣民，又願開小清正流，并願開郭家口支河，直灌陶唐口，不願章邱開引河溝，以歸滸山泊；章邱縣民，願開引河溝直瀉滸山泊，不願開柳塘口分瀉於減水河。不特各縣之民，各有私心，即一村之内，議論迥不相同。

如何是利於彼而不利於此？

高、博、樂三縣境内之支脈溝略爲疏浚，置寬濶梢以下於不問，上游諸水放歸閘内，是有利於新、長四縣，不利於高、博三縣；若閘板閉塞，不許通流，使各縣之水積於各縣境内，是有利於高、博三縣，而不利於新、長四縣。此有利、有不利之綱領也。如開章邱之引河溝，而不開鄒平之還河溝，是有利於章邱，而不利於鄒平；開鄒平對門口以下之河身，而不堵郭家口北岸，是有利於鄒平，而不利於長山；開長山陶塘月河，而不啓軍張閘，是有利於長山，而不利於新城；啓軍張閘板，不展開高苑境内溝身，是有利於新城，而不利於高苑；展開高苑溝身，不將博興之錦秋湖置之溝外，韓家莊等處之高岡不一律挖深，是有利於高苑，而不利於博興；即博興一律深通，而樂安寬濶梢以下四百九十丈不開，即開通四百九十丈，而新橋以下之六十一里至淄河門不開，是有利於博興而不利於樂安。此有利、有不利之條目也。

如何是上下四方均利無害？

樂安爲七邑之下游，自新橋至淄河門，乃全河之扼要，必極深、極寬。下游有所歸，則上游有所殺；縣縣相承，流通不滯，上下無害，則上下均利矣。

各縣地畝被淹若干頃起自何年？如今開浚河溝可否全涸？

被淹地畝，原無定數。水大則多，水小則少。如博興之丈八佛、柳橋、高家渡等處，樂安之石村、草橋，鄒平之北鄉，長山之陶唐口，新城之城北，章邱之曹劉等莊，高苑之五孔橋等處，有二十餘年不能下犁者，俱康熙五十七年預備河之遺害。其餘牽連漫溢，不計其數。至於可否全涸，雖未經試驗，但水既流通，自無積滯；既不積滯，自可耕犁，理有然也。

清　陸燿《切問齋集》卷一三《疏浚小清河條議》　竊照小清河一案，現奉憲臺酌定土方工段，分派各員疏挑，并委某等督查，仰見憲臺慎重工程，籌畫至當。某等悉心商酌，内除章邱、鄒平、樂安三縣派定本境工程，及續據博興尹令自認該縣南門橋首段工程，均可毋庸再議外，其自第二段至第十段地勢綿長，該員等越境承挑，工多費大。某等管見，尚有應行籌辦者，理合開具各條，呈請鈞覽。

一、辦工各員宜請酌添也。查支脈河原派工程，每段土方自五萬六千零至六萬八千零不等，該處俱係坐落荒鹻地面，村莊稀少，河旁間段坡水未消，照工程則例計算，每土一方，撥夫二名，須銀一錢。又承連歲荒歉之後，民情拮据，各物騰湧，除每名借穀三斗外，尚有窩鋪器具等費，挑土一方，又需銀二三分，合計各段土方經費，爲數甚多，止派正辦、協濟二員，且係鄰境遠來，地方情形本不相習，竊恐興工之後，力量難支。今除博興一縣認挑本境一段外，其餘工程九段，原派官十九員，每段遵派二員外，尚餘剩臨淄一員，應請再派八員，每段各得正派一人，協濟二人，庶幾出力者多，易以剋期集事。

一、派撥人夫宜聽工員籌辦也。查原單内開工程十段，需夫四萬一千零，分派長、新、高、博四縣各出夫一萬有零。竊思四縣生齒本不繁盛，又上歲俱成灾九分，春初恐有附近外出之户，撥夫逾萬不無掣肘。應令承挑之員，自行悉心籌畫，或酌量攜帶，或就近雇募，總以每員辦夫四千名爲率，務於開工前一二日齊集工次，至期畚鍤同舉，不得先後參差，所需給借倉穀及窩鋪器具等物，并令該員妥協經理。其原派長、新、高三縣，亦令照此承辦，不必預集萬人聽候分撥，在該三縣既免多集人夫，而各委員亦得操縱自如，施工較爲易便矣。

一、土方分數宜按員指定也。查原派每段工程，承挑一員，協濟一員。今某等議請每段加添一員，合計九段，共二十七員。雖正辦之員出力自應較多，但協濟兩員如不限以土方分數，則踴躍急公者固多，互相推委者亦或間有。甚至觀望不前，有名無實，正辦之員愈覺費力，於工程頗有關係。應請憲臺每段土方以十分爲率，令承挑正員認挑十分之四，協濟二員各認挑十分之三，所有應需土方、工費，務各先期就近解交某等二府，轉發正辦之員收放。如不剋期解送，致誤要工者，某等立即指名揭報。若協辦者并無遲誤，而承挑者藉詞延緩，亦惟該員等是問。

一、協辦人員宜各隨府分也。查原單内正協各員錯綜派委，不論府分異同，雖承挑之，與協辦原可無分彼此，然究係同府之員，痛癢尤覺相關。某等酌議，如正辦之員係濟南府屬，即當於濟屬内派令協辦，如此一轉移間，在該員等既易聲息相通，工作無誤，即某等就近督催，亦覺呼應較靈。倘蒙俯允，應請將原派東昌府三屬并歸濟南督催，武定府二屬并歸青州督催，其餘續請派出之員，一并照此辦理。所有酌議各員工段，謹另開清單呈覽。

以上各條，謹就某等及奉派到省各員公同酌議，合詞呈稟，是否有當，伏候憲示。

清 顏世清《約章成案匯覽·乙篇》卷二四《外務部覆奏山東修浚小清河并行輪毋庸招集洋股片光緒二十八年》

再，山東巡撫周馥奏修浚小清河，以便行輪，并酌撥工款一片。

光緒二十八年十二月初二日，奉硃批外務部議奏，欽此。欽遵。由軍機處鈔交到部。查原奏内稱，此次查勘小清河，上自濟南省城郭外起，下至羊角溝出海止，長四百八十里，寬約數丈十數丈，深二三四尺不等。清水漣漪，行船極便。惟屢被黄流冲決淤澱，商民病之。現洋商欲在小清河行駛輪船，并擬代籌浚河之費，尚無成議。查内河行輪章程，不論華洋，未便阻止。而修河之資，借助他國，既難會商畫一，誠恐流弊滋多，擬飭令商務局招商集股，購造輪船試行，如股本不足，準其華洋合夥。至應需修浚小清河工款十餘萬兩，擬於現辦牙帖捐輸等款内酌量湊用等語。

臣等伏查，交涉之義，首重主權。該撫議修小清河工程，即在本省籌款，不欲借助洋商，洵有遠慮，惟購造輪船。若準華洋合夥，誠恐各國於内地各處紛紛效尤，益滋流弊。本年九月間，前議商約，大臣盛宣懷因英約改訂内河行輪章程，欲爲收回利權之計。擬招集華商創設内河輪船招商局先購淺水輪船試辦。曾經電奏在案。該省自可仿照辦理，毋庸招集洋股，以重主權。如蒙俞允，即由臣部咨行。山東巡撫遵辦。所有臣等議覆原由，理合附片具陳。伏乞聖鑒。謹奏。光緒二十八年十二月十六日，奉硃批：依議。欽此。

又 卷三七《山東小清河接修支路合同章程光緒三十年》

大清國山東全省農工商務局布政使胡候補道朱特、補道蕭大、德國總辦膠濟鐵路事務錫斯，今爲彼此便通商民起見，擬將膠濟鐵路推廣，接修小清河叉路一段，公議代修及租回條款，訂立合同於後。

一、此段叉路自濟南縣東關車站分路起，接修至小清河南岸止，計長二千五百米，達合中國四里。

二、查曹州條約膠濟鐵路章程，并未準有此段叉路。今山東商務局奉撫台準外務部來文，以此叉路準由山東商務局自行修築，今商務局以此路工太小，不便獨自起造，與鐵路公司議明，由公司代造，將來公司代爲造成之後，應作爲中國商人産業，與膠濟鐵路公司無涉。

三、此段叉路應需地價土方橋梁鐵軌墊板，及一切車站應用等項工料價值，由商務局籌付濟平銀二萬兩，交膠濟鐵路公司承辦。如不敷用，由公司貼補。仍俟路成之後，公司將實用銀數開單報與商務局存查。倘有不符，準商務局不認。

四、此段叉路造成之後，議準仍由鐵路公司租回，所有租價，照膠濟鐵路股票現章長年四釐生息，每年合濟平銀八百兩，由公司於年終照付。五年之後，如生意興旺，再由商務局向公司議加租價。

五、此段叉路，凡由小清河頭以及省東關車站來往貨物上下搭客應收車費利益，均歸公司經收。至應用歲修養路一切各費，均歸出資，商務局概不與聞。惟遇有便商取益防損之事，仍隨時由商務局與公司商辦。

六、此段叉路，倘日後商務局自願收回，除已付二萬兩外，應再補足修路實用之銀數，公司即應照準。

七、郵政乃中國國家利權，不應商人附置於鐵路。今議所有此路之郵政，及電報馬路行棧官房，并以後再做分叉。大小枝路等項，概由商務局與應辦之官商經理，均不在膠濟公司代造代管之内。

八、此項合同商務局與膠濟鐵路公司議定詳報山東撫台批示，并候咨商外務部核準，再行畫押。如外務部不允，或有改訂之處，仍應照辦，并由膠濟鐵路公司報明栢靈總公司核準，派何人畫押，須將總公司來函，報知商務局存查。大清國山東全省農工商務局布政使胡候補道朱特、用道蕭大、德國總辦膠濟鐵路事務錫斯。

綜述

明　劉翊《修大小清河碑》（道光）《濟南府志》卷六五　濟青之區有河曰『大清』、曰『小清』。小清之源，出於歷城之趵突泉中，匯濟、灤、孝婦諸水，東北抵樂安高家港達於海。大清，則濟水渠也，自阿東之張秋，東北抵利津富國鹽場達於海。往來舟楫浮于二河，商鹽遍于齊魯諸道，水利鮮與爲儷。自永樂初，以來堙塞不通，水失其經，一值天雨，茫茫巨浸，壞民田廬，弗以數計。

乃成化癸巳冬，參政唐源潔分巡海右，言于巡撫左僉都御史牟公曰：『今二河爲患，守土諸君子，以頻年饑饉，民不任勞爲辭。彼不知救荒之中，有可以興利者；役民之中，有可以濟民者。惠而不知爲政，惡在其爲民父母也。疏河之責，某請當之，敢告都憲。』公曰：『天下事，事當豫圖，斯無患。即率屬理之，無食之民，食之而役之，庶上下兩得。吾知若必能辦此。』源潔遂躬任其責，焦勞靡寧，擁節宵征，相視地形。令水工準高下，自歷城浚至堰頭，又至樂安，小清通矣。自張秋浚至平陰滑口，大清通矣。大、小清既通，水循故道，退出鄒、平等邑膏腴可耕之田數萬頃，民用大悦。其河内備淺，又置豬水牐；防溢，置減水牐，牐旁各鑿月河。總叠牐二十有八，浚通水路五百餘里。于是青船入于濟，濟船入于張秋，人大稱便。

明　許成名《修大小清河記》（道光）《濟南府志》卷六六　濟城之陰，曰大、小清河，皆水支流也。濟水伏見不常，名隨地異。按，發於沇，溢於滎，至於河，浮於汶，東達於濟，入於海。濟，今之大清河也。小清出趵突泉，流大明湖，經華不注山，會龍山河；經章邱，會濟、漯二河；經鄒平、長山、新城，會孝婦河；又東經高苑、博興、樂安、會烏河；北由馬車瀆入於海、此兩河之故道也、成化癸巳閒，道塞水溢，大參侯官唐公議召饑民數萬，浚數百里，通舟楫之交，廣魚鹽之利，得湖田數百頃。歷城之有稻，實自兹始。迄嘉靖癸巳，蓋六十年，大清如故，而小清之道，自博興而西，及濟、漯、孝婦諸河皆決塞爲害。歷下之西北百里，水盤迴山阜，道多梗塞。每秋雨暴漲，溪潰川奔，漂居廬，灾禾稼，濟人之憂莫甚焉。惟時庵袁公來撫兹土，乃奮然曰：水以養人，顧以害人，治之無道耳。吾聞之，善者順其性，莫與之爭；爲之，委以殺其勢，斯轉害爲功矣。害之弗祛，惟撫之愆。遂目博興達歷下，開小清故道幾三百里；疏鄭黄溝，分新城之流；疏新河，殺烏河之勢；其濟、漯、孝婦諸河，則浚其塞，導其支而樹之防。於是，諸水悉平，咸注之小清河矣。

又，歷下之西南，大清河之北，黄岡之西，舊石橋四出，迴折八十餘里，河旁達曲貫。於是，諸路之水咸注之大清河矣。夫濟水經緯濟、兖之墟千餘里，派析條分，驅而之道，俾生民無水之虞，而反滋其利。然非抱康濟之蘊、篤極惠之誠、闡燕黎之利、審山川之紀，未有能濟者也。於乎唐起其端，而公益大其後，上下百餘年，鴻猷駿功，炳炳齊魯。遡其時亦癸巳，若造物相之而然者，其數數哉！苟嗣是有爲之紹，殆萬世之利也。竊謂九河失道，神禹迹微，而江北兗、冀之區每秋水橫發，任其泛溢而莫之理。畏動寡謀者，則諉諸海桑陵谷之變；而貪功喜事者，又鑿以自用而昧水之宜。乃若樹不可已之功，惟仁且智者能之。故清河之役三載，而民不困。是東人之利罔窮而愛弗竭者，爲志其略，俾後有考焉。

明 陳子龍《重修大小清河記》《明經世文編》卷五一　維青之區有河，曰『大清』、曰『小清』。小清之源，出于歷城之趵突泉中，滙濟、漯、孝婦諸水，東北抵樂安高家港達于海。大清，則濟水渠也，自東阿之張秋，東北抵利津富國塩埸達于海。往年舟楫浮于二河，商塩遍于齊諸道，水利鮮與爲儷。自永樂初，堙塞不通，水失其徑，一值天雨，茫茫巨浸，壞民田廬，弗以數計。

乃成化癸巳冬，參政唐源潔分巡海右，言於巡撫都憲牟公曰：『今二河爲患，守土諸君子，以頻年饑饉，民不任勞爲辭。彼不知救荒之中，有可以興利者；役民之中，有可以濟民者。惠而不知爲政，惡在其爲民父母也。疏河之責，某請當之，敢告都憲。』公曰：『事當豫圖，斯無患。豈直二河，凡東藩六郡，罹水患之處，即率屬理之。無食之民，食而役之，庶上下兩得。吾知若必能辦此，其行無惑。』

源潔遂躬任其責，焦勞靡寧，擁節宵征，相視地形。令水工準高下，自歷城浚至堰頭，又至樂安，小清通矣。自張秋浚至平陰之滑口，大清通矣。大、小清既通，水循故道，退出鄒、平等邑，膏腴可耕之田數萬頃，民用大悅。其河水備淺，又置瀦水閘；防深，置減水閘，閘旁各鑿月河。揔疊閘二十，浚通水路五百二里。所役即無食之民，當賑濟者每人日給米三升，賞錢若干文。民凡百萬七千百四十名，米一萬六千百五十石，錢一百九十八萬四百文。復慮倉廩空竭，措置户口塩五萬引，俾鬻諸商得銀若干，易米以補前米，易錢以補前錢，仍以塩之羡利爲一切傭工造閘之費。是役也，財不出于官，不取于民，而濟青之善利以完。青船入于濟，濟船入于張秋，東西轉輸之人，大稱曰便。以甲午二月始，至十月告完。厥功既成，都憲公爲疏，源潔修河之勞于朝，公卿大夫罔不稱善。某，東人也，尤便之。

自夫泄荒之世，天、地、人并位，未嘗理水事。理之，自唐虞始。以人而任天地之責，所謂經理山川，古聖賢第一功也。移天時，變地力，取不窮，用不竭，旱不灾，饑不困，萬世之計也。缺焉補之，乏焉繼之，一方之入，纔足一方之出，天下之産，僅供天下之用。國可静也，可逸也，不可動也，不可勞也。静以逸，國不至虐斂，静而勞，則難免厚賦一時之計也。夫二河之力，本天地自然之利。或者以爲窘于堙塞，迫于歲饑，若終不能爲者。賴都憲公獨知遠覽，預定事機，多方設法，既息小清之患，并通大清之波，二河如一水之周流，斯民歷年荼毒盤剥之苦，一旦告除。非萬世之利，而何哉？

明 顧鐸《修浚小清河説》（康熙）《青州府博興縣志》卷八　小清河去博興城南五里許，頻年爲患，積不治者久矣。嘉靖甲辰，郡憲羅江陳公始治之，夜大風雨，浮舟而來，二皷入縣，五皷即行，抵小清之上流及諸水之來會，入樂安之盡境，窮入海之下流，相度地形，斟酌利害，見定議决，計下集夫計夫程工，而五阜熊侯茂往來總督焉。河之原議深若干，濶若干，以畚以杵用堅且固矣。始事于三月，畢工於五月矣。又多插柳，以固岸之善崩；修鋪舍，以防民之盗决焉。永謀遺愛，爰及博人，是可記矣。

雖然，予有説焉，小清河可考者三。讀《卜式傳》，吕嘉反卜式，上書欲率博昌習舟之民以行。又讀《雜傳》，王師範據青州叛，恃博昌之水不備于北，則當時茫然巨浸也。歷下之趵突泉，章丘之白雲湖，淯、漯、沙溝、養瓦口、霸子口、蒙場六河，俱入大清河，以下之沙開、馬常、販羊紅、孝婦、漢湊七河，白條、鄭黄二溝，盡歸博昌，入海者入海，不入者不入，所以民習操舟、恃水爲險者皆以此。而不入之水，如今青沙泊、魚龍灣即麻大湖、滸山泊不與區區之水争地也，此其可考者一也。至僞齊劉豫，時借都大名，改趵突泉及章丘諸水爲今之小清河，下與烏河合流。濟水勁猛，能蕩滌垢濁，以故常流無虞。而海上之鹽場、傍河之州縣貨物皆得達于歷下，又入大清河，抵張秋。此其可考者二也。以後致廢，不知何時。成化癸巳，山東參政唐公源潔力請修之。乃尋劉豫時故迹疏之、浚之，皆復其舊，又移置閘所；又開支脉溝，遇大水，則開閘分流以殺其勢，旱則閉之，故河常無虞，東方鹽貨仍得抵于張秋。博興居民半移今之灣頭店，則利故也。此其可考者三也。今則趵突及章丘、漯諸水仍入大清河，而小清河之上流爲平地行車矣，止孝婦等河諸水來滙，然旱則涸而斷流，潦則溢而爲灾，一斷一溢，迄無寧歲。延望撫我東土，參我東藩，尋唐公故迹，以惠我青土之民。

清 李方膺《山東水利管窺略》卷一《小清河辨》 蓋聞致治之道，惟在安民；安民之道，察其疾苦。夫以六百里水患，七縣生靈疾苦不爲不重矣，歷任各憲之苦心經營不爲不詳且悉矣，田廬之飄蕩淹没，灾黎之流離失所，八十餘年不爲不久矣。況此水非龍門積石，萬里來源，又非江漢朝宗，排山巨浪，不過山泉雨水聚少成多，日積月累，總無去路，而所以築室道旁，終成畫餅，何也？蓋畏動寡謀者諉諸海桑陵谷之變，而貪功喜事者又鑿以自用而昧水之宜。

膺自雍正九年至乾隆三年往來河上，歷有年所矣。而議者曰『海口高於内地，若開浚深通，不特河水不能外出，而且海水倒灌』等語。殊不知小清河行至淄河門，然後會淄水四十餘里入海，則與海之最近者，莫先於淄河。如果海水倒灌，必先從淄河，而後及小清。考之數千年來，不聞海水倒灌淄河，天下豈有越門户而升堂奥者乎？水之就下，從無自低而至高者。淄河現在通流，則海口之低於淄水明矣。

小清會淄而合流，是淄水之流，即小清之流也。設使海口地高，而淄河獨高於海口，小清河更低於淄河，則淄水已倒灌小清，何待海水越淄河而倒灌耶？今清水流於淄，淄水流於海。小清河底現高淄河底一丈二三尺有差，是小清且居上游之勢矣。再考前明成化癸巳、嘉靖甲辰，自歷下直疏至海口，青船入於濟，退出膏腴之地數萬頃，《通志》開載甚明。若必以地勢、水勢不足據，前人之成效不足信，惟懸臆其海口地高，此膺所不可解者一也。議者曰『淄水强，清水弱，清水爲淄水所抵，不能入海』等語。試思九州之大，止有南北兩條，而萬派千支莫不同條而共貫。伊、洛、瀍、澗既入於河，灃、涇、漆、沮皆入於渭。且小水合大水謂之『入』，大水合小水謂之『過』，二水勢均相入謂之『會』，所以水之强弱不根於來源，而根於袤延之支會。

淄水發源於博山縣顔神鎮之原山，過臨朐之城西、臨淄之城東、樂安之東北、壽光之正北，亦不過四縣一角之水耳。小清發源於章邱之東嶺山，歷平、長山、新城、淄川、臨淄、高苑、博興、樂安九縣，萬壑千山之水，即不能清强而淄弱，亦可以相依而并駛。且兩水合并，則入海迅疾而有力，海水淤沙亦可借此洗刷，益加深廣，南人所謂『天生港不假人力而自成，如淮黄會合』是也。必使一河有一河之出口，則大陸以南皆無去路，彭蠡迤西有何歸宿？此膺所不可解者二也。議者曰『不必開通下流，只就支脈溝挑深兩岸築堤』等語。殊不知各縣水患不盡在支脈溝之淤淺，而在六百里全河之勢總無去路，不在河身之不能容受，急須築堤以保障，而在泰山迤北七十三川之水平地横流，不循故道。

今不治上游以減其勢，不治下流以導其歸，惟治中間之支脈溝，又不思支脈溝之去路，譬諸人家瓦口之水流滿庭院，不思墻根開洞而惟院内挖坑，治本、治標兩無所濟。即使支脈溝挑深一丈，不過積一丈之水。積之不已，又築堤以防遏。現在高、博、樂三縣城池民舍已低河底三四尺有差，將來堤愈高，則水愈高，而河底愈墊，城池民舍盡居釜底。滸泊諸水行於天上，一經決堤，不忍回首而億度矣。且支脈溝既開之後，而軍張閘照前啓閉，則新城四縣之水患依然如故。若啓板通流，而滸山、清沙諸水盡移囤於高、博、樂三縣境内，則三縣之民必出死力以堵閘板，而新城等縣又以既修深通，必盡啓其板而後已。是結訟争端由此日多，各縣水患由此日甚。

據云，所費二三千金可以集事，而國家有用之財糜於必無濟之工，又駈高、博、樂三縣無辜之民置之必死之地。此膺所不可解者三也。議者曰『一律深通，錢糧太多，不可輕舉』等語。殊不知，體國必先於經野，損上即所以益下。皇上自御極以來，蠲除惟正之供，施恩常格之外，不可以億萬計。内外臣工，或以水旱入告，或以疾苦上陳，或請蠲浮糧，或請修水利，無不喜溢天顔。諭批必加『速行』兩字。『速』者，『亟』也。已飢，已溺，是以如是其亟之意也。今可以除六百里水患，救七縣生靈，退出萬頃良田，一舉而大害除，大利興，聖天子之憂勞釋矣。不務此遠大之圖，而沾沾以惜費爲辭，此膺所不可解者四也。議者曰『任大責重，萬一賠累，所係匪輕』等語。竊思國計民生所信者理而已，反覆講求，得乎理之至當，而成敗利鈍不可逆覩，惟以實心行事，以實事奏實功。

戰惕之過甚，而適成其畏葸，此膺所不可解者五也。

總之，近日之最切宸衷者直省積貯，積貯莫先於治農，治農莫急於水利。山東水利不過田間水道以小注大而已，然必大水決而有所歸，而後小水浚而有所入，各因水勢、地勢之宜，縱横曲直，隨其所向，自高而下，自小而大，自近而遠，盈科而進，委之海而已。倘不決九川，雖浚畎澮，不能除患。患既不除，則耕者不得種，種者不得収，而積貯之本不立矣。

況天庾太倉，俱藉運於東南，而山左拱衛神京，水利日興，田野日治，以小清河兆其端，引其緒，則濟之西、青之東皆可以次而行也。水退而民聚，則耕者愈多；粟賤而民饒，則耕者愈易。生聚既繁，和糴轉便，即或東南有水旱蠲漕之事，而山東亦可以運濟京師，其利寧有窮哉？前此之所以遲疑而不開浚者，在沿河有司樂於無事，不曰『現在通流』，即曰『民心不願』；在踏勘委員，非道聽塗説，即略觀大意，即如以『海口之外有蛤蜊嶺堵塞』爲詞，而今蛤蜊嶺已烏有矣；又如以『寬潤梢係此河之尾閭』爲詞，而寬潤梢又烏有矣。今又『海高』爲詞，恐猶是『蛤蜊嶺』、『寬潤梢』之説也。古云成大功者，不謀於衆，是在仁知。上憲持定論以闢群議，專委任以責成功，解七縣之憂，慰二東之望，千載一時，萬世永賴矣。

清 李方膺《重開小清河詳雍正九年八月詳**》**（雍正）《樂安縣志》卷二〇

小清河，古濟水也。自歷城而東折，會濼水，直趨章坵，至樂安入海，爲濟水古道。後濟水經流又會漯水北行，逕濟陽而東至利津，謂之大清河；分從章坵而趨樂安者，謂之小清河。其分道趨行并大、小清河之名，起於宋熙寧間，史志可據。其後濟陽之流日盛，章坵之流日微，故僞齊劉豫欲堰濼以助東行之勢，卒之濼不可遏，仍趨濟陽，而歷章坵相乘之故道，漸致淤塞。

今小清河首受章坵之白獺水，即楊緒水也，出會仙山之西北，自西迤東，横亘七邑，逕章坵之城東，鄒平之東北，長山、新城之城北，高苑、博興之城南，樂安之東北，由淄河門而入海。此小清河現行之水道也。

七邑之南有崇山複嶺，長渠廣川。如鄒平之沙河，由對門口而入焉。白條河會朱龍河，由郭家口而入焉。新城之范陽河會孝婦河、鄭黄溝、澇淄河，經麻大湖而入焉，博興之烏龍河界於麻大湖，會城泊而入焉。漢溱河則由會城泊而入焉。此小清河衆水之所會歸也。

章邱有萬家口，分瀉於滸山泊，仍從清河口而會於河。鄒平有對門口，分瀉於駕鴨灣，經白雲湖，仍從陶唐口而會於河。長山有郭家口，分瀉於白雲湖，亦從陶唐口而入於河。新城有月河口，分瀉於青沙泊，不從故道，直由軍張閘入支脉溝，自高苑而博興，而樂安。此小清河各口之會通也。

故明青郡倅陳濂誨云，南面之山，譬則屋之脊也。山下諸水，譬則屋上瓦隴間之水也。小清河，譬則簷前横盛滴水之簡槽也。新城等縣之地，譬則人家之庭院也。小清河淤塞，則簡槽中有物作梗，而瓦水溢出，流滿於庭院矣。今小清河疏通，是剔去簡槽中之梗物，而瓦口之水，自循簡槽而注於所當注之地矣。取物近譬，名言親切。周覽本縣之形勢，會勘七邑之源流。不揣末議，敢爲憲臺陳之。

查小清河除新城、高苑、博興四十餘里乾河淤塞，其餘現在疏通不議外，各縣之湖泊，所以不耕不税者，原爲一線河身，不能容萬壑奔騰之水。故留此巨浸，以待盈科後進。此酈道元《水經》所以於高博之間，有平州渚之一注也。如鄒平之滸山泊，長山之駕鴨灣、白雲湖，新城之青沙泊，博興之麻大湖會城泊，皆古之所謂渚也。

今居民無知，貪種無糧之地，往往偷開缺口，以待其涸。咫尺鄰境，視同秦越。至於群山之水，必由南岸入河，折而東行，乃自然之理勢。今一遇汛期，不俟終日，即偷開北岸，直冲四漫。上決則下淤，下淤則上愈決。淤決相乘，水不由故道，則河身漸湮，而患遂不可彌矣。

今將章坵之萬家口原築滚水壩增高一尺，則上流愈蓄，而下流愈緩。使滸山泊之水平，則章坵之東，鄒平之西，可無患矣。鄒平之對門口，長山之郭家口，堅堵北岸，則沙河、白條、朱龍之水由南岸歸河，下接陶唐，一分於月河，一分於小清河，與駕鴨灣、白雲河衆水皆平，則鄒平之東北、長山之西北可無患矣。新城、高苑接界之軍張閘，宜改爲滚水壩。較南面之桑公堤可低二尺，使泊内之水，不得逆汛。夫然後，漫行暢流，則高苑、博興、樂安皆不爲患。

軍張閘之南岸，急宜堵塞，以護新壩月河出口。向北直冲，急宜順勢以便東流，自軍張閘至博興之閘上莊四十餘里之乾河，急宜疏通，爲新城迤西之去路。由滾水壩入支脉溝者十之三，由乾河而入博興境内者十之四，匯澤於青沙泊者十之三，則新城之十三莊、高苑之東西南三面、博興之西南，可無患矣。

博興之官漏口、逮家口，急宜堵塞，則障水東流，不得北連支脉溝，以致汎濫。支脉溝之錦秋湖，受源於軍張閘口，今改爲滾水壩，則博興之迤城西面，皆可無患。樂安爲衆水之匯合入海之門户，自毛家道口至淄河門共計二百餘里，面寬四丈六丈不等，河身深一丈三四尺不等，水勢暢流，毋庸議浚。惟支脉溝之寬濶稍淤塞八十餘丈，疏深五尺，自可會小清河而暢流入海。其各縣之殘缺小口，勸諭附近居民，沿途就近修築，再循河兩岸一切水草、蒿蓼、蒲葦以及跨河木橋，多樹樁柱，土橋束堤，雁翅横隴，零星計筭，皆爲河患。

另置官渡，設立河長，分段管押，地方官不時查察。每年於霜降後出具，堤岸堅固，河身暢流，甘結申報，以候委勘。則小清河永無淤塞，而七邑之安瀾有慶矣。今估計鄒平之對門口，長山之郭家口，新城之月河口，新城、高苑連界之乾河，軍張閘之滾水壩，博興之逮家口、官漏口，除各縣自備公費木樁不議外，共計五縣應行開浚之處，計土方拾壹萬叁千叁百陸拾陸方貳分，每方工銀柒分，共銀柒千玖百叁拾伍兩陸錢叁分肆釐。除逐丈尺修，造清册呈核外，理合具詳。

再自博興之灣頭莊至柳橋，共四十餘里，河面寬四五丈不等，河身深一丈五六尺不等，河岸高三四尺不等，現在暢流。自柳橋至樂安之草橋，共五十一里，地居窪下，在春水平伏之時，可以東匯於樂安之石村湖，西注於博興之錦秋湖，可種可耕，二麥可期。若至秋水汎濫，即使數倍河身，亦不能容四面汪洋之水，是修之無可修也。幸去海甚近，可以漸退。

自草橋至丁家莊，自丁家莊至馬家樓，共五十七里。現在深通，雖水平兩岸蒿藕蘆蒲，居民實以爲利。自馬家樓至淄河門，共六十七里。瀕海不毛，毋庸置議者也。

傳記

（嘉慶）《清一統志》卷一六一《山東統部》 牟俸，巴縣人。成化間，以副都御史巡撫山東。值歲大饑，經理賑濟，全活數萬人。大、小清河湮塞，建議修浚，民大稱便。

又 卷一六三《濟南府二》 崔懋遴，陽州人。康熙中，知新城縣。時水旱頻仍，民多逋逃。懋力請蠲赦墾荒，捐給牛種，召募耕種，民皆樂其故業。值小清河溢，頗爲邑患。懋修築堤堰，一切貲費，并不取之民間。又修浚孝婦河，以利民田，居職十二年，政簡刑清，老幼咸德之。

又 卷一七一《青州府二》 高通，皇統九年爲高苑令。時小清河溢爲患，通改水道由長沙溝。又築堤捍城，至今民受其惠。

又 鄭安國，崇禎中爲博興縣丞。度小清河形勢，置閘，引水灌田，種稻如江南，斥鹵皆變爲膏腴。

紀事

《明史》卷八八《河渠志六》 三年，修上虞曹娥江壩埂，温縣駃塢村堤堰四千餘丈，南海衛蓮塘、四會縣鵶鵲水等堤岸，無爲州周興等鄉及鷹揚衛烏汪屯江岸，築昌黎及歷城小清河决堤，應天新河口北岸，從大勝關抵江東驛三千三百丈。

又 齊東知縣張昇言：『小清河洪水衝决，淹没諸鹽場及青州田。請浚上流，修長堤，使水行故道。』皇太子遣官經理之。

又 巡撫都御史牟俸言：『山東小清河，上接濟南趵突諸泉，下通樂安沿海高家港鹽場。大清河，上接東平坎河諸泉，下通濱州海豐、利津沿海富國鹽場。淤塞，苦盤剝，雨水又患淹没。勸農參政唐濾浚河造閘，請令兼治水利。』詔可。

《清史稿》卷一三《德宗本紀一》 丁卯，浚山東小清河。

又 卷四〇《災異一》 八年六月，武定、濱州、海豐、利津、霑化、滕縣、寧陽、兖州大水；濟南小清河决，傷禾稼。

藝文

宋　汪夢斗《北游集》卷上《舟過桃源至下流近申刻舟人欲取小清河出淮謂可省路四十里既入小清河乘潮亟行舟去如駃次早已至山陽》　前來不得由捷徑，今日才能據要津。水趁晚潮勢殊順，岸陳秋緑迹相親。因知客路無多日，喜到家時恰小春。曉絶淮流却扶杖，逢人便謂即鄉人。

明　朱善《朱一齋先生文集・文集後》卷五《丁亥周竹小清河》　山東齊魯地，二國蔚相望。官有魚塩賦，民多粟麥場。小河縈九曲，茂水欝千章。獨立更懷古，高歌送夕陽。

又《戊子舟竹小清河由鄒平縣界入長山縣界》　邹乎猶在眼，忽復至長山。□勢連千叠，河流曲幾彎。身同清海遠，心共白雲閑。聞説遼東使，名高夷貊間。

明　孫承宗《高陽集》卷五《小清河》　顧清門外水潺潺，分得齊南玉一灣。過客風帆天遠近，親人魚鳥月闗山。烟鬟樸雨孤城曉，石髮衡波老樹間。且任蹔舟横野渡，誰調人瘼紫宸班。

清　傅仲辰《心孺詩選》卷一五《泛郭外小清河》　秋高雲物迥，鼓棹濯塵纓。有水皆珠迸，無風似鏡明。扁舟天上坐，仙侣畫中行。宛在山陰道，夷猶興愈生。

又卷一七《舟行小清河至丁家庄沽飲》　清流涵倒影，小艇挾飛仙。人在空明鏡，魚懸上下天。雖無謀婦酒，還有看囊錢。柳外青帘出，壚頭好醉眠。

又《夜泛小清河抵新橋》　樹杪蛾眉月漸韜，蒲帆風滿興偏豪。柳邊鐙亂三家市，蘋底星開一葉舠。長結古歡翻舊帙，每驅新恨酌清醪。扣舷中夜驚宵漢，可似商歌扣角曹。

雜録

《明史》卷四一《地理志二》　**歷城**倚。天順元年建德王府。南有歷山。東有華不注山。有大清河在西北，即濟水故道，自壽張縣流經縣界，東北至利津入海。又小清河，即濟之南源，一名濼水，出城西趵突泉，經城北，下流至樂安縣入海。

又　**章丘**府東。東有長白山，又有黌山。南有東陵山，又有長城嶺。又小清河在北。又東有淯河，一名繡江，合諸泉西北匯爲白雲湖，下流入小清河。

又　**鄒平**府東北。西南有長白山，接章丘、長山二縣界。北有小清河。

又　**淄川**府東。元般陽路治此，屬山東東西道宣慰司。太祖吴元年改路爲淄川州，縣仍爲附郭。二年七月，州廢，來屬。西南有夾谷山。南有原山，與萊蕪縣界，其山陰淄水出焉。又西有孝婦河，自益都縣流入，合瀧、萌、般諸水，下流入小清河。

又　**長山**府東北。元屬般陽路。洪武二年七月來屬。西南有長白山。西北有小清河。南有孝婦河。

又　**新城**府東北。元屬般陽路。洪武二年七月來屬。七年十二月省入長山、高苑二縣，後復置。北有小清河。西北有孝婦河。東有烏河，其上流即時水，下流至高苑縣入小清河。

又　**齊東**府東。元屬河間路。洪武初來屬。北有大清河。東有減水河，成化元年開浚，洩小清河漲溢入大清河。

又　**博興**府西北。元博興州。洪武二年降爲縣。南有小清河，有時水。

又　**高苑**府西北。東南有商山。西南有小清河。西北有田鎮巡檢司。後廢。

又　**樂安**府北。東北濱海，有鹽場。北有小清河。

《清史稿》卷六一《地理八》　**歷城**衝，繁，難。倚，城南：歷山。東：華不注。東南：長城嶺，玉水出焉。錦雲川水入長清注黄河。河即大清、濟水故道，其右瀆入。西北逕藥山，北至濼口鎮。又東北逕鵲山，其南新小清河入，逕城北，右受大明湖，東逕虞山，納巨合及闗盧、武原水，并入章丘。

又　**章丘**繁，疲，難。府東百十里。南：長白山、東陵、平頂。西南：危山；雞山，《水經注》『巨合水出西北』，逕榆科泉莊，及武原、闗盧水，入歷城，注新小清河。新小清復入西北，右合繡江，即溝河，注百脈水，出土鼓故城，逕陽丘故城黄巾固。小清河又東北逕賈莊入齊東。其北黄河右瀆自歷城入，緣濟陽界。小清昔源濼水，今源獺河，别源出東南野狐嶺，西北逕青龍山，土鼓、寧戚故城，折東入鄒平，即小清故道。有普濟鎮。

又　**鄒平**疲。府東北百六十五里。南：長白山。東南：黄山。西南：九龍。北：新小清河，自齊東入，東入長山。西北：獺河，自章丘入，逕滸山濼，東北爲清河溝，并入長山。東南：孝婦河，即瀧水，自長山錯入。左合白條溝、沙河，逕伏生墓，屈東北，仍入之。其故道逕梁鄒故城。有孫家鎮。

清 李方膺《山東水利管窺略》卷三《小清河支》 章邱縣東嶺山、章邱縣長白山，以上二山係小清河發源。

沙河。發源於鄒平城南摩呵山東峪傅家莊南，東行至柳家庵，向西逕于滋山、黄山、印臺山，計二十七里；至土橋，從對門口入河。

白條溝。發源鄒平縣楊堤莊，經城東三座橋，會珠龍河，從郭家口入河。

珠龍河。發源長山縣南山，經三座橋，會白條溝，從郭家口入河。

范陽河。發源長白山，至黄土厓，會孝婦河入河。

孝婦河。發源博山縣原山，經益都、淄川、長山、新城、博興，從麻大湖入河。

鄭黄溝。發源淄川之矍山，經新城縣東北，入麻大湖。

烏河。發源臨淄縣矮槐樹，經新城、博興，從麻大湖入河。

漢溱河。發源臨淄縣城西，經廣才橋，會澠水河，從博興之會城泊入河。

澠水河。發源臨淄縣城東申池，經樂安、博興，歸會城泊入河。

淄河。發源博山縣原山，經益都、臨朐、臨淄、壽光、樂安入河。

小清河。發源章邱縣東南之東嶺山，五十五里至山頭店，面寬八九丈有差，深一二丈有差，俱係石底；自山頭店二十里至萬家口，面寬六七丈有差，深一丈以至五六尺有差。

萬家口南岸滚水壩之支流，從引河溝三十六里，至鄒平段家莊，入滸山泊，溝身淤塞。萬家北岸至薛渡口之間基五里，薛渡口至會仙橋二里，淤成平地。自會仙槁逕麻姑堂，從齊東縣城之東北入大清河，俗名陳海溝，即《齊東志》載『逕小清之減水河』也，灣曲八十餘里，面寬六七丈有差，深五六尺有差。

自萬家口之正流二十四里，至章邱、鄒平交界之段家橋；自段家槁十里，至清河口，面寬五六丈有差，深四五尺有差。清河口，即滸山泊入河之口也。自清河口二十四里，至鄒平之對門口，面寬六七丈有差，深五六尺有差。鄒平沙河之水，即從對門口入焉。

自對門口十九里，至長山之郭家口，水勢通流。郭家口西有鄒平之白條溝，東有長山之珠龍河，淤塞横流，合冲郭家口歸河。自郭家口三十八里，至陶唐口，水勢流通。陶唐口南岸，有月河一道，計長十三里，分流入清沙泊，河身九里即在泊内，自陶唐口正流十五里，至軍張閘西，入清沙泊，水勢順流，此小清河上半截之來源也。自軍張閘四十六里，至博興之湾頭，即俗名乾河，小清河之所以分爲兩節也，面寬五六丈有差，深三四尺有差。博興境内逯家口冲開二十餘丈。乾河之南有麻大湖、會城泊、侯子泊，受南來之孝婦河、范陽河、鄭黄溝、烏河、漢溱河、澠水河，牽連一片，東西三十餘里、南北十餘里有差，從灣頭入小清河身，此小清河下半截之來源也。

自灣頭四十一里，至博興、樂安交界之毛家道口，面寬六七丈有差，深五六尺有差，毋庸疏浚，北岸堅厚，南岸坦平。

自毛家道口二十八里，至草橋，面寬六七丈有差，深六七尺有差，南有石村湖牽連一片，并瀉過小清之北岸。查石村湖西受會城泊之水，而會城泊又西受麻大湖之水，層層灌注，别無去路。

自草槁五十六里，至侯家倉頭，面寬四五丈有差，深四五尺有差。所謂倉頭溝者，并不在三岔莊。從侯家倉頭向東北，至淄河，計長六里零四分，寬二三丈有差，深一二尺有差，相隔小清河約計三里。但倉頭溝西北低小清河岸丈餘，東南低淄河七八尺，此倉頭溝之地勢也。每逢淄水漲發，即從倉頭溝灌入北流，至性家溝，再北至種魚溝，再北至黒水窪，再北至王昌河二十餘里，俱係蘆葦蒲藕之地，此倉頭溝受淄河之水勢也。

自侯家倉頭二十七里，至新槁，面寬二三丈有差，深四五尺有差。自新橋三十一里，至馬家樓，面寬一二丈有差，深一二尺有差。自馬家楼五十一里，至淄河門，面寬一丈或一丈三四尺有差，深一二尺有差。支脈溝入河之處，即新槁是也。自新槁至淄河門，兩河合行，所以爲七縣入海之門户。

支脈溝之軍張閘寬一丈，高一丈，閘板十塊，每塊八寸。桑公堤東西十八里零一百四步，東至新城黒水灣，西至長山韓家套。在長山境内，一千四百六十四步。堤南鄭家莊、張管莊、官莊、曹家莊、前金家莊、後金家莊、楊家莊、張家莊、辛莊、康家莊、孫家莊、北營莊、先角莊，所謂桑公堤之十三莊也。

自閘口三十九里，至五道口，面寬五丈以至三四丈有差，深三尺五六寸有差。

自五道口三十三里，至乾槁。自乾槁二十四里，至博興城南錦秋湖，深一尺三四寸有差，面寬與上流相同，兩崖泛溢，牽連一片。

自錦秋湖六十七里至官莊，自官莊二十八里至燕兒口，自燕兒口二十里至丁家河頭，面寬與上流相同，深二三尺有差，兩岸高堤，水行地上。

自丁家河頭十里至孫家屋子，自孫家屋子尚有四百九十丈未開之平地，至新槁，新槁即小清河身也。

（嘉慶）《清一統志》卷一六二《濟南府》 乾溝河在長山縣西南三十里。源出長白山東北，流入孝婦河，或謂即古魚子溝也。又有豬龍河，亦出長白山北，流入小清河。

又 減水河在齊東縣東二里。一名陳愷溝。明成化元年開浚，南引章邱之白雲湖，流逕薛家渡口，由馬家窪入大清河。舊志：馬家窪近小清河，與白雲湖相接。一遇水潦，河水即通小清河，而瀰漫於馬家窪，民田多被其害。因築渠以洩之大清河，而汙池變爲膏腴。又有禦寇河，在縣西南三里。

又 白雲湖濇河之下流也。自章邱縣西北七里，流逕歷城縣東北，合小清河。周五十里，俗名劉郎中泊，有魚、藕、菱、芡之利。明洪武初設河泊所，十七年革。

又滸山濼，在鄒平縣西十五里九龍山之西，周回二十餘里，接章邱縣境，自小清河淤塞，獺水流逕其中，汪洋無際。

又卷一六三《濟南府二》 臨河鎮在齊東縣，南臨小清河。宋明道二年，大清河自東平溢入小清河，廢淄川之臨河鎮以避水患。

又卷一七〇《青州府》 時水一名耏水，亦名如水，俗名烏河。源出臨淄縣西南平地，西北流逕濟南府新城縣界，又西北至博興縣，南合小清河東入海。

又 孝婦河源出博山縣顏神鎮孝婦祠下，西北流入濟南府境，又自新城縣西流至高苑縣西南界入小清河，即古瀧水也。

又 青沙在博興縣南，與小清河相接，爲高苑、新城二縣蓄水之地，莊民俱傍泊以居，南有桑公堤十八里，又舊設石閘一座。本朝乾隆五年，改爲滚水壩。

又 馬家泊在高苑縣西南五里小清河北，鴛鴨灣水所匯也。舊引爲支脈溝，經縣南二里，又東經博興至樂安縣界，仍入小清河。明嘉靖中，其溝於塞，每經夏，甬則泊水，泛漲爲患。

又卷一七一《青州府二》 塘頭寨在樂安縣東北一百里。小清河南有土城，周三里。明設備禦百户所，駐守於此。

又 柳橋在博興縣東南二十里，跨小清河。

又 通濟橋在高苑縣東南五里，跨小清河。

又 岔河橋在高苑縣西南七里，有兩橋相對，一跨孝婦河，一跨小清河，當二水合流之衝。

又 平政橋在樂安縣西北二十八里，跨小清河。

又 朝宗橋在樂安縣北二十里，跨小清河。

又 利農堤在樂安縣北八十里清水岸。明成化十七年，知縣沈清築以禦小清河之水。

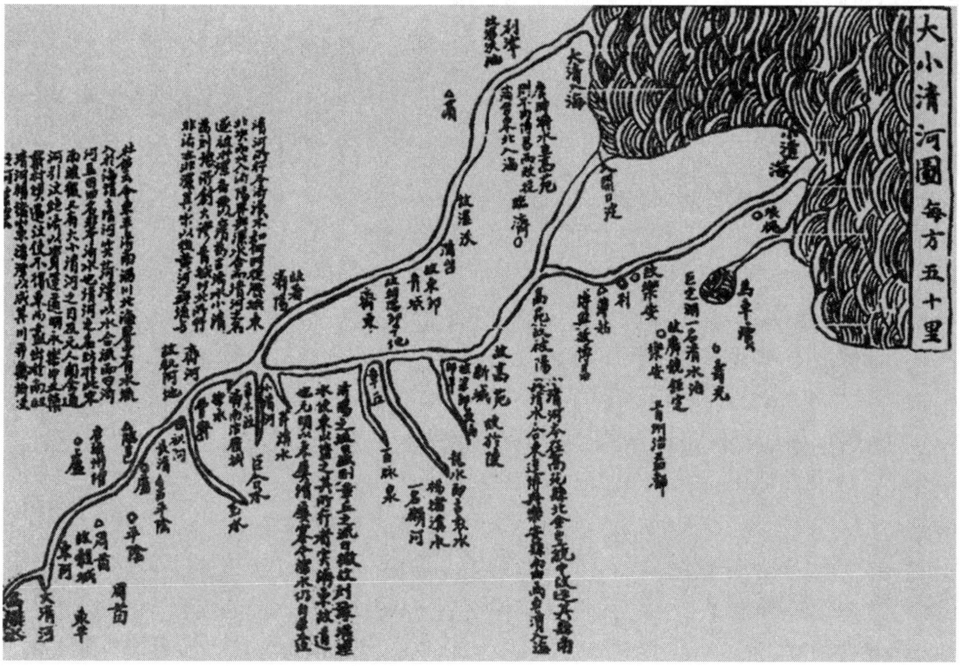

（道光）《東阿縣志》卷首

楊公河

明 王璣《楊公河記》（康熙）《西安縣志》卷一一 吾衢當浙上游，號多佳山水，與閩婺栝蒼相望，山水之間，龜峰特起，而郡治據其岡，儒學依焉。南迎石室之水，其水發源栝蒼，經流至爛柯山下昔賢堰。其水入溝曰石室堰，分道灌注民田，至城南踰魁星閘入濠，回遶城東南北爲池，與西溪之水四面交抱，共成城郭溝池之固。

溪納江常開諸邑之水，北滙于浮石爲潭，此衢水道之在郊外者然也。濠水南來，由水門入城，凡二道。一自西南入，折而東，過華豐、仙履諸橋，入通仙門之右，遶郡學與烏橋之水合，而東入治垣，北遶龜峰之麓，折而東，南出經寶坊剎，北折過菱湖北，由水門出。亦二道，一由雲山閣北，一遶縣學西北出，與北濠之水滙溢，而踰定水閘，以灌注北郊民田，末流入石鼓潭，抵雞鳴山，與石室堰水合而東下，以入于海。此衢郡内外之水，合流之故道也。

于時民物阜安，賢才輩出，豈非山水降神鍾美，不偶然與？歷歲既久，東北之水道日就淤塞，西面雖存，僅足瀦水，而民物賢才，亦不復往時之盛。弘治間常有疏浚者，罔知尋東北故道，乃鑿新橋渠直達于定水，至今識者爲憾。嘉靖已未六月，安吾楊公以司徒郎中出守于兹，嘗于郡治前建上游名郡坊以壯一府之具瞻矣。達觀郡中，乃曰山水之関于民物賢才，信有所自。東北無河流以爲之津潤，而西渠之水復直達以大，豈度地居民陰陽交會之意耶？

於是，以己之精意獨見，肇舉疏鑿。始自新橋渠，浚入龜峰之麓，自北徂東復折而北，舉數百年之淤塞，一旦開通，而與衢之故道，不謀暗合。向之榷木壩椿，種種露見。其經費取諸輕罪之贖，無所斂于民財。其工役倚于顧募之傭，無所煩於民力。其甃砌拾之琢鑿之餘，無所籍于民物。其旦夕襄公于相視之行，則少府文臺薛公、別駕雲田張公、節推鍾山任公。其奉行于下樂贊厥成，則西安尹俞君大有也。

自八月經始，至十月竣事。爲渠者數百丈，爲橋者若干所。郡學多士，則以學既西，向外溪水碓之當其前者，白于公，爲之罷去。而新渠之水，復自前而遶出于後。則是舉也，利于民者固博，其益于學也尤切。公之功不少也。公諱準，字汝庶，別號安吾，常之陽義人也，癸丑進士。

明 佚名《楊公河記》（天啓）《衢州府志》卷一二　濠水入魁星閘，過朝眞橋而北，由西橋出浮石閘入外濠，溉民田。又自長橋頭西入烏橋，至石獅橋南轉，沿尼姑橋滙爲大池，北流至白蓮池，今填爲靈順別廟，其存無幾。又自芙蓉臺下，東流出彭家橋稍南，而東過寶坊寺，又北入於菱塘，出普圓寺東門。

乾道初，守何俌嘗浚內外濠，自爲記。歲久，亦湮塞。其通仙門外魁星閘，舊名清輝，俗名前湖。開禧乙丑，毛自知進士第一故郡守孫昭先，易名魁星，後爲有力者據爲水碓，內河因而淤積。城中多火災。皇明弘治己未，郡守姑蘇沈公杰以水能制火，因大加疏浚，復置閘立表，又於拱辰門內置閘一所，旱則蓄水，漲則洩之，水道流通，頗利舟楫，而故道猶未盡復。

嘉靖十八年間，郡守豐城李公遂以河水通塞，繫氣運盛衰，浚復沿尼姑橋一帶，節推巴蜀李公文進董其事，未竣，二公相繼升遷。嘉靖三十九年，郡守宜興楊公準涖政甫朞，百廢修舉，爰考舊志，毅然開復城內古小河，以厭火災。時雖相度便宜，恐傷居民。然動合數百年河水故道，輒有舊閘古木，并河涯砌石。人曰：公聰明，天授也。上民弊之，咸曰楊公河云。

（天啓）《衢州府志》卷一《輿地志》　楊公河，城內舊有諸小□，皆由城南水門引濠水而入，至城北水門，仍流出於濠。

又 卷四《職官志》　楊準，字汝宅，號安吾，宜興人，進士，嘉靖三十八年任。才高識廣，意篤行堅。郡中喫緊事機，或創或更，無一不出公手。修文廟新賓館，建上游之坊。浚古河之流水遶龜峰，火灾頓熄，百姓至今有楊公河之稱。

沂河

論説

清 福趾《户部漕運全書》卷四一《沂河考》　沂河源有二：其一出曲阜縣尼山，西南流與泗水合，分爲二股，一西流金口閘，入天井，一南流會泗水下師家莊閘河。其一出沂水縣，會蒙陰沂水諸泉，合流至邳州入淮。當泇河未開之先，邳州運道惟沂水是賴。自泇河開，而邳州之沂水遂導由駱馬湖出董、陳二溝，以入於黄焉。

藝文

元 陸文圭《牆東類稿》卷一九《臨沂沂水道中塵沙眯目不可行聞東北有温泉即浴沂處不及往》　臨沂以北沂水東，行人揚袂塵沙中。縱有温泉能自潔，雩壇安得可乘風。

明 何白《汲古堂集》卷一六《度沂河懷楊木父》　酸風吹雨度沂河，葭菼蒼蒼水自波。一病頓令神理盡，孤生不耐別離多。弋童日上吹桐角，游女烟消出棹歌。遙憶寂寥楊子宅，可能揮手入雲蘿。

清 凌廷堪《校禮堂詩集》卷四《渡沂河》　石瀨舟難泊，黄郎負客登。中流沙漸露，兩岸土全崩。波煖雀争浴，水清魚可罾。傳聞春漲發，萬馬勢奔騰。

清 劉嗣綰《尚絅堂集·詩集》卷二六《夜渡沂河》　波光倒流月漉漉，駈車夜走沂河曲。河兵僵立喚不前，水骨稜稜没雙足。一人手掣兩口騾，騾夫登車催渡河。河流曲折已天曙，車上照見霜痕多。春風昨發黄河岸，屈指春來春忽半。袚除先借十日期，恨不兹游及童冠。路人聽説迎社公，前村打鼓聲鼕鼕。搖鞭笑指降神處，馬頭雲氣來東蒙。

又 卷三〇《大風渡沂河作》　風色莽平野，沂流厝亂迴。舟車争水渡，沙石徙山來。此地可祓濯，無人同溯洄。輿丁不解事，渡口轉晴雷。

清 童槐《今白華堂詩録補》卷五《曉渡沂河》 琅邪大道似津沽，跋涉蕭晨瘁僕夫。驅馬渡前雙艑合，照人灘上一星孤。天開蒙羽雞聲斷，水落淮徐雁影徂。隔岸數家茅屋外，村烟畫出曉行圖。

清 吴榮光《石雲山人集・詩集》卷六《渡沂河作》 方田如罫水如羅，我欲臨流一曲歌。兩岸夕陽雙棹穩，好風相送渡沂河。

清 謝元淮《養默山房詩稿》卷二〇《渡沂河》 春風初淡蕩，春水已流澌。斷冰積淺灣，殘雪盈路歧。客子清晨發，待渡重依遲。水清沙愈净，鳧雁多幽姿。童冠昔咏浴，熙然暮春時。吾徒嘆鞅掌，千載難與期。

清 朱筠《笥河詩集》卷五《渡沂河》 沂河沂城東，重源沂水自。其又載禹貢，下邳通淮泗。酈説出尼山，舞雩風浴次。新泰亦有城，武陽水同謂。乃知山下蒙，殊出同一萃。我行臨水側，坐輿以舟刺。遙遙想禹功，超超發點志。異績何足辨，但見流濞濞。此間當夏秋，山水疾於駛。傾刻溢斷行，官書或留滯。我過得穩渡，若有水靈庇。二鼓李家莊，登岸即安睡。

雜録

明 吴道南《吴文恪公文集》卷五《沂河》 沂河源出曲阜縣尼山西南，分流爲二，一西流至兖州府金口壩上，與泗會；一南流，亦與泗水下流會。其二水南趨故道，本從堌里河出師家莊閘河。元時作金口壩遏二水，令由黑風口入濟，又南流會洸水至濟寧出天井閘。國朝因之。又有出沂水縣艾山者，會蒙陰沂水諸泉，與沂山汶合流，至邳州入淮。按職方氏青州其浸曰沂沭。禹貢於徐州，亦曰淮沂。其又蓋青之沂，乃其源。徐之沂，則其流云。永樂三年正月乙巳，修山東郯城縣沂河堤岸。

《明史》卷四一《地理志二》 費州西北。西北有蒙山。西南有大沬洄，又有祊水，東北有蒙陽水，下流俱入於沂河。西南有關陽鎮，西北有毛陽鎮二巡檢司。

清 張伯行《居濟一得》卷二《沂河濟運》 查，沂河之水，原合泗水由黑風口入府河濟運者也。數十年來，舊制不修，河失故道，沂河之水，不合泗水入黑風口，竟由金口壩下直趨魯橋矣。今應照舊修理，使沂河之水合泗河之水，仍入黑風口，由府河濟運，使水無旁洩，而於運道大有裨益。

又 查，沂河舊制，合泗河由金口閘入濟運者，僅一二分，而出魯橋入運者，乃八九分。今舊制盡湮，河道淤塞，沂河之水，并不能由金口閘濟運，而盡出魯橋矣。故今宜於金口壩之東南，建壩一道，如金口壩之制，又將沂河合泗河之舊制，挑挖深通，使沂河之水，合泗河之水，由金口閘入府河，由馬場湖出馮家壩，由十字河濟運，再泗河沂河之水，可以專濟南運，運河之水，可以專濟北運。

又《引沂泗二水北運》 明臣劉珝《金口堰記》，略云：堰距兖州東五里許，以其障沂泗之水，入金口閘，西達濟寧會通河，因號今名。考之後魏及隋元以來，皆嘗修築，以通漕運，都之建不一，堰之興廢亦不一。暨我太祖高皇帝定鼎金陵，無事乎堰。太宗文皇帝駐蹕北京，復通漕運，而堰多事矣。前此堰築以土，每夏秋之交，波濤洶湧，即圮無餘，萬夫之役，不貲之費，爲之蕩然。自永樂以迄於成化，朝廷雖數命官修固，卒莫能底定。歲庚寅，都水主事宜興張公克謙，祗承是任，乃曰：與其屢廢以病民，孰若一勞而永逸？乃易土以石，自地平石計五層，高七尺，湫口三處，眎水之消長，時其啓閉，橫巨石爲橋，以便往來。愚按，金口堰即金口壩也，原障沂泗二水，入金口閘，西達濟寧會通河，自府河淤塞，而二水不能濟運矣。今宜大挑府河，引水至長溝入運，而汶河口移北十里，則南旺大挑既易，而東昌一帶，不至於淺阻夏鎮一帶，不至於湖河相連矣。此運河萬世之利也，是在後之君子，留心運河者，力舉而行之耳。

又 卷二《沂水》 《紀略》云：沂水發爲二流，其一由金口壩以會泗者，僅什一，其一由捲里以濟師家莊閘者，則什之八九，均之利也。而天井急何者，天井高，而師家莊平也。萬一泗水竭，濟河淺，天井涸，則遏沂益泗，當不可已。

餘濟河

綜述

明 薛所蘊《餘濟河重接遂村水利碑記》（康熙）《河南通志》卷四八

沁水出上黨謁戾山，迤邐逕野王之枋口，川巖蕩析，波勢蓊匌。古人導以溉田，不知昉于何代。

自魏司馬孚表興河内水利，蓋土人資以爲歲久矣。繼此陵谷移易，又不知堙塞何時。明萬曆庚子間，河内令鳳翔大司馬袁公應泰創鑿廣濟洞渠。而濟侯史公記事，于少下數武，亦斷鑿永利渠。蓋與廣濟同其灌溉云。然廣濟下流百五十里許，派之支分，以二十餘計。霑濡所暨爲邑者四。而水利南流不逾二十里，迄于濟境而止，何其功溥而被狹歟？且其支流所注，爲渠僅二。一渠，東南逶折至官莊，入溴；一渠，南徑遂村東桃園，入溴。逕官莊者，天啓辛酉間，河内大衛、孟縣曲弘等村士民接以爲餘濟一渠，涓涓幾何，而上游者又復多所慳閉，澤不及遠。

皇清丙戌五月，偶偕姻婭司李楊君，循如步至桃園砦口，見水自遂村來者，奔放漭泱，建瓴入溴，濺雪吼雷，驚濤怒迅。以爲此何非斯民之命而委脂膏于逝波哉。乃相與相厥形勢曰：可折而北，合之餘濟，以補不足。惟是異日者，攙越正號，則濟之人以爲惴惴爾。余指水矢心曰：以鼬干正有如此水，衆乃欣欣有愉色。走牘請之，鄉先生銀臺段公、侍御周公咸曰：『可。』而濟侯晋公、孟侯傅公同涖厥事，傅侯且即投牒上官。報，可。畚鍤肇興于丙戌六月之六日，斷手于丁亥某月之某日。而餘濟尺濤幾幾乎永利全浸矣。

先是患南雍村迤南壑汙下，水勢不能軼，而北詢之父老，僉謂架橋渡水，可利攸往。余乃捐二百金，建木梁以漕水，并用價購民地若干畝，爲渠基。由是逕南雍，東流官莊，北環楊中丞祖塋前，爲帶形滙之。餘濟舊渠，深廣倍之。首大衛，次小衛。王亮、葛萬爲河内地，其地孟境者，則曲村、弘道、羅莊、堯村、吴家寨、趙莊、藥師，蓋沐浴膏液者，疃以十餘里則四十焉。

是舉也，利在奕世廣其惠以及隣者。濟之鄉先喆與諸子衿義民也。主其事者晋侯、傅侯，而相度鼓舞以利濟我二邑者。司李楊公之德爲最，宜壽貞珉，以志不忘。晋侯諱承寀，山西洪洞人。傅侯諱爾栻，遼東蓋州人。銀臺諱國璋，萬曆癸丑進士。侍御諱維，新萬曆巳未進士。司李諱挺生，循如其字。子衿、義民則商生昌祚、李生等也。

清 佚名《重浚餘濟河渠記》（乾隆）《孟縣志》卷三 懷郡水利，盛於河内、濟源二邑。孟獨灌溉不及，自天啓五年，始接河内豐稔河之下流，繼後復接濟源水利河支流，以分涓涓之潤，而邑之北境如有餘濟一渠，乃上流者，苦於澤之無多，每壅閉，不能下究，僅存渠之名，無渠之利。

逮順治丙戌之歲，里人謀爲架橋於南雍，迤南接遂村全渠至官庄，滙二渠東注，經河内之大衛王亮葛萬入孟之曲村，迤東洪道、趙蓋、羅庄、後堯村、吴家砦、趙庄、藥師復以餘濟之餘波，及韓章、立義、前姚村，而民始獲溉田之益。然慮始之時，草草創作，渠狹淺，不能多受水，潦易羨溢爲害，暵之蓄水少，仍弗克遍霑濡。

戊戌之秋，紳箬劉侯履畝省斂，慨然曰：盍浚諸以爲吾民溥利濟乎？躬詣南雍，集衆鳩工，深廣定式，怠而不及格者懲無貰。鄉人踴躍，畚鍤雲興。未兩月而告成，事因民之所利而利，衆君咸喜。貢生趙邦治、生員李蘭公直、崔大裕等來請記。因欣然曰：水利之裨於民大矣。自秦鑿鄭國渠注，填閼之水，溉爲鹵之地四萬餘頃，收皆畝一鍾。於是關中爲沃野，無凶年。而白公等渠繼興，利及萬世。即懷郡，自魏司馬孚表興野王水利以後，生民富庶，其所由來者遠矣。顧興廢由人，肇造經始，芳規在前，而羽湮導淤，繼起之功未可廢也。嘗考西門豹令鄴，鑿十二渠，引漳水灌田，至今傳有西門渠。而班史《溝洫志》引史起語曰：魏氏之行田也以百畝，鄴獨二百畝，是田惡也。漳水在其旁，西門豹不知用，是不智也。知而不興，是不仁也。於是起爲鄴令，引水溉田，民乃作『鄴有賢令兮爲史公』之歌，千古艷傳。青史以口，尚論渠工水利始於豹，而起以不仁不智譏之。豈西門之渠工有未盡善，故利有未大溥，史公繼之，乃遂施澤廣，而利濟永歟？

今餘濟一渠，雖開之於前，而民不沾實惠，侯浚而深廣之，厥澤乃下，究而利賴滋大。昔人云：莫爲之前，雖美而弗彰。莫爲之後，雖盛而不傳。侯茲奉庶幾史公之於西門矣，我孟民當有繼鄴民而爲歌者。即侯諱楷，順天之大城人。是役也，凡厥利户，咸竭蹶趨事而率作，經營鼓舞不倦者，公直某某等，勞績爲最，因并記之。時順治十五年，歲次戊戌月日記。

清 崔聘三《餘濟河紀事碑》（乾隆）《孟縣志》卷三　濟源縣舊有永利河一道，下分二支。東一支由官庄東入湨河，西一支由官庄西桃園砦入湨河。是有用之水，徒委諸河。

伯申公天秩，與余祖邦慶，并族祖邦彦，於天啓五年，告准府道詳允，接其餘水以灌孟田，遂以金一百零六兩一錢，錢九千三百買朱思問和旻等六十一契地一頃零四畝五釐。餘濟河於是有身接永利河東尾，自官庄東由楊家墳、大衛、小衛、王亮、葛萬至趙改村東分支，南支由洪道至曲村南丁家庄入湨河，後亦接其餘於姚村等處，北支由曲村、羅庄、姚村、吴家寨、趙庄至兵師入濟河，後亦自吴家寨東，分接其餘於立義等處。

天啓六年，郭名金告争本府推官周申明、道府余祖并申公，又接引豐稔河尾一道，自鄧村起至趙改村東入餘濟河。順治三年，夏鄉人以餘濟一渠，分河濟灌溉之沫灑，孟民桑麻之潤，甚盛事也。但慮其澤之無多，若遇天旱，水必壅閉而不下，於是復捐金錢二百八十八千七百七十買濟民邵永寧、商性等三十三契地，三十二畝九釐二毫五絲，爲河身一道，接永利河南支，起自南榮村，南過官庄，至楊家墳東入餘濟河。又以南榮村南東西有港，謀爲架橋一座，慮無土修補，又於架橋之下，買地一畝，上以備修橋緩急之用，租以充守閘工食之資。

此時本縣縣公傅諱爾栻，實共成其美，委總管李公諱長國公直、趙公諱以龍督工。又訪求舊役公直天秩之子諱得民，并余父大裕，問利地之有無，夫役之多寡。李公與余父等四人，計地派夫，將孟縣之民編爲四小甲頭，小甲夫十名，二小甲夫十名，半三小甲夫八名，四小甲夫十名零六分，外大衛、小衛、王亮、葛萬四村夫十名，半共夫四十九名零六分。集衆鳩工，不兩月而告成。

又慮守閘無人，旱固不得水澤，澇亦難免渰没衆利，户攢金十兩，四公直出銀四兩，每年作利銀七兩，以抵五龍口守閘工食。守閘夫李思孝立券收訖，日後不願守閘，將本銀十四兩退回。至餘濟河糧，蒙本府糧河廳佟署濟邑事，丈量地畝，將糧一槩申除。余與利户邢可仁等恐河務多端，日久差訛，故搜求遺文，將事之始末，勒之于石，以垂不朽云。康熙十六年，歲次丁巳，孟夏上浣原任湖廣沔陽衛掌印守備崔三聘撰。公直李長國申得民趙以龍、崔大裕，堰長邢可仁，小甲朱習儒、崔大鳳、張光化、常文治暨槩河利户仝立。

清 薛京《重修餘濟河官庄東北架橋碑記》（乾隆）《孟縣志》卷三　孟邑南瀕大河，北貫湨水，而地少水利。雖史稱元世祖時郭守敬請分黃流一渠，以灌温孟民田，中統、天曆間，王允中、楊端仁、阿魯不花、阿合馬等奉詔浚沁水廣濟渠，以灌河濟温孟之地，然故道皆湮没已久，不可復考。以故一遇歲旱，則膏腴盡爲石田，民甚苦之。

明天啓五年，先伯父同公直申天秩、崔維世、趙以龍、李長國謀接河内之豐稔河。後國朝順治三年，又接濟源之永利河，滙爲一渠，名曰餘濟，澆灌趙槩、宏道、曲村、羅庄、姚村、吴家寨、趙庄、藥師諸村田，雖餘波所及，沾濡無多，然數村得沐膏澤，亦時時獲有利濟，甚盛事也。但河道紆遠，高下不等，其間架水有橋，蓄洩有閘，非時爲修餙，最易頽廢。先大人情白公體伯氏之志，每歲鼓舞振作，與諸公直協謀整理，故得久而不壞。迨先大人捐館舍，而河上諸老成人，亦俱凋謝殆盡，遂事多廢弛。官庄東北有架水橋一座，年遠衝激，幫石俱圮，以致所接永利下流，滔滔汩汩，盡傾入湨河，涓滴不下。仰沾餘利者，惟有望洋浩嘆而已。

丁亥秋，堰長王一耀携小甲張廷世、張名高、耿士倫、張魁選等來謀於余。余不忍先人之遺澤廢而莫繼也，遂偕水部高公同詣估計集諸公直小甲，鳩工庀材，重復修理，不匝月而告成。於是向之滔滔汩汩者，復東注而下，群沾利益矣。工既端，堰長請勒石紀其事。余謂此不過襲前人之遺迹而修整之，非甚鉅工，亦胡足紀。既而思，莫爲之後，雖盛弗傳，正宜書以貽後之人，凡有廢墜，即當補葺，慎勿畏難苟安，以似以續於無窮，庶前人之利濟甚隆，而未有艾乎不寧。

惟是孟邑地狹民貧，水利無幾，倘後有賢令宰如郭守敬、王允中輩接踵而起，睹茲利益，必更講求故事，廣謀疏浚，以資灌溉。是沾膏澤者，將不止此區區數村已也。則茲橋之修，所關不綦重哉！遂泚筆而爲之記。康熙四十六年孟冬吉旦，候補内閣中書癸酉科舉人薛京撰，崔爾璧書丹。

清 李澤基《餘濟河斷塞私青溝碑記》（乾隆）《孟縣志》卷三 壬辰夏五月，范村姬明志、和尚朗明、姬天章、蘇彦貴等，在分水石東半里許，私開青溝一道，攙截利水。公直崔維世之弟崔一連、堰長王訓，具告分府唐太老爺，案下，批孟縣左堂俞查審斷明詳，允批闞會河内捕官趙又復委河内河衙范兼督押令姬明志等，將所挑之溝，作速填塞，猶恐刁風復熾，再行私開，立石垂戒，以杜後患。

王永先半枕之水，其地俱枕大河，仍照舊例澆灌，凡挑浚夫役公費，張薄烟、張臨吾情願包補，應承取具甘結存案，原批勒後。唐大老父批據詳，餘濟河一道，原係孟邑人與崔一連之前人出銀買修永圖。餘濟利内有河内縣范村王永先半枕之水，灌田一頃二十五畝，歷有年所，非自今日始也。碑文卯册，鑿匕可憑。和尚朗明，理宜遵守舊例澆灌，乃圖利己之私，率領姬明志、姬天章、蘇彦貴竟爾創開青溝，以截下流之水，不法甚矣。猶不痛加改悔，復敢嘵嘵瀆告，宜重懲究。姑從寬免，仰該捕官闞會河内捕官押令姬明志等，即將所挑之溝，作速填塞，立石，照舊例使水取具。朗明等不得再行私開，甘結報查其張臨吾、張薄烟情願包補，從寬免責，餘犯審係無辜，俱照詳釋逐繳。

康熙五十一年，歲次壬辰季冬吉旦，邑庠生李肇基撰，崔曰信書。河内河衙范典史趙、孟縣典史俞公直、申嵩生、趙光漢、李肇基、崔爾珣，堰長□□小甲邢可仁、崔林池、段洪才、張大政、枕頭張臨吾、石匠李進才率男文魁仝立。

清 崔巖書《邑侯李公諱麟原公斷孟邑餘濟河水利及濟源縣孟民葦地碑》（乾隆）《孟縣志》卷三 嘗聞召伯恩深百世，垂甘棠之慕。國僑遺愛輿人，興誰嗣之歌。仁澤所及，疇不慕德，揚休思酬，報於萬一哉！

我賢侯蒞孟以來，黄流爲灾，河務賢勞，築堤代爲賠糧，塌地申請除豁。講鄉約以施禮教，息訟端以安民生。錢糧不用刑驅，漕米聽民自便，惠心善政，難以枚舉。至如孟邑水利，最關緊要。查濟源有永利河一道，枝分爲二，其下流可灌孟田。天啓七年，公直李長國、申得民、趙以龍、崔大裕告准上憲，接其北枝。順治三年，邑人請之本縣邑侯傳諱爾栻接引南枝至楊，鄉紳諱循如墳後合而爲一，由河内縣大位、小位、王亮、葛萬等村至孟縣趙改、曲村、洪道、姚村、羅庄、吴家寨、趙庄、藥師村等處，東流入濟河。

孟邑北面一帶，始獲水田之利，但南枝河一帶，地勢頗下，議砌架水橋一座，蓄水閘二座，不時啓閉，以資蓄洩。向覓濟源土人商民向承管其事，橋頭又置有葦地六畝一分零撥與四畝八分，以作口食之費。及商民向已故，其孫商應中將葦地盜當，得價肥己，并不疏浚河道，修理橋閘，以致河淤閘壞，下流壅塞。

堰長李憲章具告本府祁太老爺，案下，蒙我賢侯審理詳明，本府蒙批，令商應中照舊承管，河淤閘壞，則聽孟民别招人户等語。商應中竟違府斷案，仍然盜當葦地，損壞橋閘。堰長李憲章又具控本縣主蒙行關濟邑催修，商應中賄買私充堰長，孟民王取在濟邑僞禀，情願認修朦朧回關。公直李肇基等又呈，本縣蒙准審明，詳府批准照案，令孟民别招人户，仍移明濟邑發落，原地歸還孟民，聽孟民别招人户總理，其私充堰長朦禀之王取重懲三十。再查官莊鎮西舊日河身塌壞，有七契買到商自德等地一畝四分，其糧在商民向名下。除河身所佔餘地一畝零，令商民向耕種四，公直又借付銀一兩，令其每年生利三錢，以作完納錢糧之費。

今既經府縣斷明，應將此糧取於水東里六甲公直崔趙李名下，追還原借銀一兩，永斷葛藤。從此招人看守，修築疏浚，水勢暢流，萬姓蒙福。微我賢侯之力，不及此允矣。三城之慈父，自可與名伯甘棠國僑遺愛，同登賢書，并傳不朽也。是爲記。

傳記

（雍正）《河南通志》卷五八《人物志二》 薛所藴，字子展，孟縣人，抱素子。明崇禎戊辰進士。本朝歷官禮部左侍郎，任司成時，疏請滿州文武大臣各送子弟入監，設八旗教習，刱立監規，購求遺書。河陽爲古孟津渡，秋月河流暴溢，渡者率多溺死。所藴置大船，令善水者操之，過渡不取直。有遇風波漂没者，即飛棹拯救。陸則造營房，以棲宿兵士。又開餘濟河，溉田百頃。仕宦三十年，家無遺金。殁祀鄉賢。

（乾隆）《重修懷慶府志》卷一六《職官志》　劉凡，字元㡿，江南繁昌進士。康熙二十八年，知孟縣。性恬淡，視民如家人。聽訟每以情理解釋，民用不争。治之明年夏，遇旱，自立義邨南，勸民賃地，疏渠導餘濟河南渠下流餘水以溉地。秋穫豐收，計賃資之外，倍贏於昔。暇日輒進諸生有造者講學，又捐俸創建學山書院，延師相切劘，於是聞風感激。紳士咸置學田，爲師生膏火，至於今賴之。在任六年，以行取升吏部員外郎。

《清史稿》卷四二五《錢鼎銘傳》　錢鼎銘，字調甫，江蘇太倉人。父寶琛，湖北巡撫。鼎銘，道光二十六年舉人，從寶琛治團練。

【略】

十年，擢河南巡撫。十一年，捻匪餘孽蠢動，鼎銘令總兵崔廷桂剿平之。用直隸練軍制，就河南三鎮額兵，簡其精壯，抽練馬步各三營，重其額餉，擇駐衝要地訓練，期年成軍。修水利，鑿賈魯河故道，南自周家口，北至朱仙鎮，又西北至鄭州京水寨，疏積沙，補殘堤，俾上游無水澇，下游通舟楫。復浚勺金河、丈八溝、餘濟河、永豐渠，以資灌溉。令諸州縣勸民按畝出穀，就鄉分倉，擇公正紳耆董其事，毋假手胥吏，通省積穀九十餘萬石。提督張曜一軍出關剿回，全軍餉由河南供給無缺。光緒元年，卒，賜恤，謚敏肅。

紀事

（乾隆）《孟縣志》卷三　餘濟河，明天啓五年，從縣境接濟源之永利支渠，及河内之豐稔渠。按此渠緣起大略見後崔聘三《餘濟河紀事碑》。又按郡志，所謂永利支渠者，永利東支也。自濟源官莊東起，由楊家墳、大小衛村、王亮、葛萬至本縣之趙改村爲餘濟河，所謂豐稔渠者，豐稔南渠也。自河内鄧村起，至本縣之趙改村東入餘濟河。餘見後文。

又國朝順治三年，邑人以餘濟河但接永利東支，水勢尚小，因自遂村更接永利南支餘水，至南雍官莊匯前渠入孟境，至趙改村分水池，分爲南北二支：南渠自趙改村，逕洪道曲村、西姚、前姚、立義等村入溴，長十五里。北渠自趙改村，經羅莊、後姚、吴寨、南董、趙莊、藥師、子昌等村入沇，長十八里。二渠身寬七八尺，深五六尺不等。按餘濟河南北三渠之迹，今存至舊。《府志》謂康熙二十九年，縣令劉凡以比歲苦旱，又令民浚其下流，溉陳村，及城北張家莊、韓丈絫村段渠等處田者，今則無復故迹矣。

官河

明　陳宁《新開張河廣濟橋記》（乾隆）《歷城縣志》卷九《山水考四》　泰山北麓，泉源競發，吾邑得七十二焉。流既夥，勢不得不滙而爲湖。水既滙，勢不得不趨而爲川，衍而爲陂。湖泊川陂既廣，不時蓄洩疏浚，則民病。厥病，何若湖不失爲湖，則菱芡荷茭、魚鼈蚌蠃之利，去原隰而七。陂不失爲陂，則溝塍啓閉、火耕水耨之饒，去原隰而五，乃今十不得一也。

兹窪，故鵲湖北足也。水既涸，不得爲湖，而又不得與原隰等。水潦至，人爲魚室鮫織。亢陽至，則地龜裂，澤若焦，而民病兼之。祝阿、鬲津之境，薄孫耿而東注者，且帶吾邑闔邑帖。然此窪告勞，則司牧者不遽信，即信矣，難遽置之膝股上，而諦視之。而吾民愈病。

客歲，吾父母張君明府授符而莅兹邑。兹邑者，海岱之間一大都會也，有監司之車塵馬迹焉。吾父母來兹一稔，刑清。再稔，事簡。鹿車摇摇，遍於原野，戾止兹塗耳，而目之慨然。屬九鄉父老告語之，曰：來爾有衆，此終爲瀉鹵也乎。九鄉父先泣拜而請曰：此之爲田十萬餘畝，舊有洫，屬之大清，而累世不一見焉。用是胥膏腴，而汙萊之。吾父母爲小民司命，再奠之樂。王公曰：可。請之監司，不煩公帑，不費閭閈，取之贖粟，募彼飢民，盖畚鍤如雲，三月而功畢。何曩者遷延多歲，而今易易也。治有人，事有時。當癸甲之歲，而榪然遑遑，易聚也。出我陳朽，粒我萊民，易趨也。是故不三月，而大工告成。民奠厥居，水歸其藏，終古斥鹵，生之黍稷。

是役也，起鵲山東北十里許，迤邐而東之，長三十里，濶三十尺，深五尺。又一起徐家店迤北，延袤十五里許，深濶如前。二水合流，俱入大清河，爲田十萬餘畝，爲鄉九。而西訖齊河，北屆濟，南盡爲神阜河。名張，志姓也。橋名廣濟，惠邑民也。譚水利有日矣，今茲見之。故樂觀其成，而記之記曰：

太史公曰：甚矣，水之利害也！利害起於甲乙相參也，是故利於甲者害於乙，詢之乙者迷於甲，矧之乎所浚非所害，所害非所浚。害在甲，必待乙而洩之。浚在乙，必援甲而非之。是非横起，而當局者莫措。愚嘗讀河渠及翟子威、杜元凱、劉貢父諸説，未嘗不搤擘於吾邑也。

吾邑以泉源爲血脉，二清爲腸胃。清之南宜蓄，清之北宜洩。蓄者宜時，其洩爲蓄。洩者宜審，其害爲利。吾邑之士民大抵無慮皆時已之蓄，而不恤人之洩。審己之利，而不虞人之害。故舉一而利百爾爾，其他政種種，茲不贅及矣。明府張君諱鶴鳴，號鳳臯，潁川衛人。

（乾隆）《歷城縣志》卷九《山水考四》 懷家窪，在鵲華北，周廣六十餘里。張公鶴鳴爲渠洩其水，遂爲腴田，見《張河記》。

漳河

論説

宋 劉摯《忠肅集》卷七《劾程昉開漳河》 臣伏見内臣程昉、大理寺丞李宜之于河北開修漳河，功力浩大，凡九萬夫，所用物料，本不豫備，需索倉猝，迫于非時，官私應急，勞費百倍。除轉運司供應稈草梢椿之外，又有差官采漳堤榆柳及監牧司地内柳株共十餘萬，皆是逐州自管津搬。河北難得薪柴，村農惟以麥秸等燒用。而昉等妄奏民間已料一萬餘工，差本司土兵散就州縣民田内自行收刈。所役人夫，莫非虐用，往往逼使夜役，蹂踐田苗，發掘墳墓，踐壞桑柘，不知其數，愁怨之聲，流播道路，傳至京師。而昉等妄奏民間樂于工役，無不悦喜。民夫既散，役兵尚衆，本路廂軍剗刷都盡，諸處不闕事。而昉等奏陳不已，驅迫州縣，凌侮官吏，仍乞于洺州調起急夫，又欲令役兵不分番次，其急功擾攘，至于如此。本路監司畏昉之勢，不敢言其非而上下以目，臣不知昉之爲是役，其利安在？

或聞欲泄邢州、大名等處積水，今使此水如昉之意通行而北，緣下流狹，無所容受，不免泛濫，乃是移此就彼，易地爲患。今來朝廷既令權罷，則利害姑置之。如聞昉爲現罷役，忿恚偃蹇，有休退之請，朝旨又令總領淤田司事。臣謹按程昉、李宜之，將命興事，初不以事之可否實聞于朝，貪功倖進，擾民殘物，前後奏報，事皆欺罔，而昉又敢邀君肆慢，在于典憲可誅無赦。若尚令昉以都水丞領事河工，伏恐生事興患，未有窮已。伏乞明布罪狀，重行貶竄，以慰一方殘敝之民，使天下皆知此役之害非朝廷意，且以戒儌倖希賞罔上賊民之人。謹具彈劾以聞。

清 張伯行《居濟一得》卷五《築漳河壩引漳水濟運》 外河水大，則版閘之船，易於出口；若外河水小，版閘之船，出口甚難。須於魏河漳河築壩，使水由支河經元城館陶，而入衛河，則外河之水，自然有餘，而無淺阻之患矣。但魏縣元城係大名府轄，非山東之官所可專行，須預先詳明河院，使行文大名道，則事無不濟矣。但漳河之水小時，固足爲運河之利，而一經漲發，又恐爲元城館陶之害，須於重運到臨清時，將漳河築壩，引水入衛濟運，至重運過完，仍將漳河壩開通，將入衛支河堵塞，則元城館陶俱不受害矣。

又《引漳入衛》 衛河之水，發源於河南輝縣之百門泉，源遠而流長，及至臨清，其流漸細，以故北河一帶，每遇天道亢旱，糧船不無淺阻，查清河縣東北，漳河去衛河僅十餘里，有舊河一道，名曰蔡河。康熙四十二年大水時，曾由此入衛河，後被武城堵塞。若疏通成河，使漳河之水，由武城縣西關北頭，引入衛河，則北河一帶，可永無淺阻之患。若慮伏秋之時，二水交發，其勢太大。查，恩縣四女祠北，減水閘下，原有引河一道，今宜疏通寬深，使水由古黄河下海，則運道民生，均受其利矣。

清 李光地《榕村集》卷二七《覆漳河分流疏》康熙四十年十月二十六日 臣李光地謹題爲欽奉上諭事，臣等欽奉皇上面諭：『漳河現在分流，須令永久分流纔好。若并而歸運，則於漕道有妨；并歸子牙河，則民田受害。爾等再往詳看來奏。』欽此。臣等遵奉諭旨，查看得現在漳河分爲四支：一支自直隸大名府之魏縣、元城縣，流至山東館陶縣地方，歸衛入運。一支由直隸廣平縣至山東邱縣地方，復分爲二，其一俗呼老漳河，自邱縣東北分流，經直隸之威縣、南宫、棗强、景州、武邑、阜城、交河等地方，至清縣杜林木村與完固口之支流合，至鮑家嘴歸運。又其一俗呼小漳河，亦自邱縣西北分流，經直隸之鉅鹿、廣宗、平鄉，至寧晉與滏河會，又經束鹿、冀州，與滹沱河會。由衡水至獻縣完固口，復分爲兩支。自完固口流至清縣，會老漳河，至鮑家嘴歸運；一支經河間、大城，爲子牙河，出王家口歸淀。查漳河現在末流所分四支，三支歸運，一支歸淀。然歸運三支，水勢頗弱，其歸淀一支，水勢獨强。約其水勢，三支之水，僅可以敵一支。是則此時漳水一半歸運，一半歸淀，運道既無難受之虞，子牙河亦得分殺之勢，誠有如聖諭所云者。

臣等竊觀此時水勢，惟經寧晉、冀州，會滏河、沱河一支，最爲深通。其歸館陶及清縣入應之兩支，水勢頗淺，或恐將來淤塞。臣等議得：應令所經由各地方官，每年於水未發，分段挑浚，臣等按季察視，務令此兩支俱疏通無滯，以殺小漳河之勢。如遇水大時，仍用挑水壩等法，逼水分流，庶幾北不至挾滹沱以侵田，南不至合衛河以害運。臣等愚陋之識，未必有當，伏乞皇上訓誨指示遵行。

清 鄂爾泰《勘議漳河故道疏乾隆四年**》**《清經世文編》卷一〇五 山東迤北至直隸南運河一帶，統名衛河。其初原從平地穿鑿，以爲漕渠，勢不能多有容受。前山東河道張伯行，因衛河水弱，創爲引漳入衛之舉。謂漳河之水，小時固足爲運河之利，一經漲發，又恐爲元城、館陶之害，須於重運到臨清時，將漳河築壩，引水入衛濟運；至重運過完，仍將漳河壩開通，將入衛支河堵塞等語。是其分漳濟運之初，即以漲發爲虞。雖其築壩開壩之議爲不可行，然繼此以後，并未聞有經營防範之策。以致漳水全勢東趨，故道堙塞，以一綫運河，而受汶、衛、漳三水，此泛濫之患所由甚也。迨後籌及分減之法：山東於恩縣四女寺建有減水閘，於德州哨馬營建有滚水石壩，直隸於滄州建有捷地閘，青縣建有興濟閘，開挑支河，使由老黄河等處東流入海。然各閘河每年過水之後，溜斷沙停，旋即淤墊，沙泥土積，至六七尺、丈餘不等，一次疏浚，所費皆不下萬餘兩。兼之老黄河身及海滑，較之閘河高幾丈，水至數十里之外即不能復下，下壅上淤，徒耗帑金，終歸無益。

臣前奉命查勘河道，由南運河至哨馬營閘壩一帶，察看情形，知支河之不足以資分洩，而全漳入運之患，所當别籌長策。自此留心訪詢，聞每年四五月間，重運北上之時，漳水常小，助衛無力。或遇漲發，則又洶湧排蕩，漕艘沖擊，在在堪虞。南運河堤岸，自雍正四年以來，屢經加築，而水發之時，輒與堤平。夫水不加多，而堤歲歲增高，水又歲歲與堤平，則河底日漸淤高可知。以淤淺之河身，受全漳之大漲，是以德州以下，直隸臨河州縣之民田廬舍，動輒沖決，每歲爲害，此其勢之相因而益病者也。

今河臣白鍾山等請復漳河故道，并築閘洞，以資啓閉。臣與河臣詳勘熟籌，案閲舊圖，并詢問熟知漳河故道之人，講求曲折，事屬應行。按漳河故道有二：其一由直隸故魏縣經山東邱縣，西歷王路等處，至效口村會滏陽河，入大陸澤，即寗晉濼，下會子牙河，由天津歸海。其一由故魏縣之老沙河，俗呼爲清陽江，又名黄路河，河形自潘爾莊起，至漳桐村北，轉經邱縣城東、清河縣城北、武城、故城、景州、阜城各地方，遇千頃窪，入運歸海。

查邱縣城西故道，去衛河較遠，且自故魏縣至滏陽，約三百餘里，河形舊迹全堙，開通匪易。又滏陽滹、沱兩大河會流歸子牙，復益以全漳，勢難容納，寗晉濼恐更易淤，此一故道似不可復。其邱縣城東老沙河，即古馬頰河，河形寬闊，自二三十丈至七八十丈不等，河身内如路爾莊、軍營村等處，淤段不遠，挑浚亦易爲力。若於此處請復故道，自和爾寨村東，承現在漳河北折之勢，接下開挑十餘里，至漳洞村歸入舊河，溜勢稍順，工費亦省。即於所挑新河頭之下，東流入衛處，詳加審度，建立閘座。如衛水微弱，則啓閘分漳以濟運；如衛水足用，則緊閉閘洞，俾漳水盡歸舊河，至千頃窪東北，於青縣之鮑家嘴入運，由天津歸海。再於青縣以下，酌量水勢，或仍須分洩，則另議建立閘堤，以保萬全。

如此則自臨清以北，山東直隸境内運河六百餘里，可避濁水之淤墊。即青縣以下運河已減六百餘里夾束灌注之濁水，而沿河居民永免田廬淹浸之患。四女寺、哨馬營、捷地、興濟四閘俱可不用，又節省每歲浚築若干之工費。且鑿渠引漳水灌鄴，而河内富饒，《史記》具載。今將舊河請復，則近河田地，既可資其灌溉，爲利甚溥，而豫省濱河郡縣與畿南各處商販米糧，亦可漸次流通，以濟民食。實於運道民生，均有裨益。

清 孫嘉淦《漳河無庸復故道疏》乾隆四年 《清經世文編》卷一〇五 漳河之性，洶湧奔湍，擁挾沙泥，雖有淤田之利，實多沖決之虞。其現在所宜復者，乃漳河之支派也。臣歷青縣、交河等處，親行查勘，雖有河形，類多淺狹。阜城有柳株橋，跨河直渡，量其閘口，僅寬十一丈有奇，自此以上，河身漸堙。今欲引全漳之水，俱歸於此，不能容納，必須挑浚，所費不貲。即使不惜費而浚之，濁水善淤，將又別徙，徒費無益。聽其遷徙而不爲之所，沿河田廬，在在堪虞。若欲防護，勢必築堤，紆迴千里，工程難計，兩堤束水，必致沖決，善始圖終，不可不慎。且運河終不能不需漳也。衛水力弱，不勝漕舟。漳水未入之先，山東、河北凡有泉流，靡不疏引，額設淺夫，隨處挑穵。自引漳入衛，然後漕船通行。若漳復故道，則衛水不足濟運。於是欲建閘以分之，不知濁流洶湧，不能由人操縱；借使果能操縱分流，竊恐運河水勢轉致停淤，又煩挑浚。數十里之減河猶以爲費，乃轉挑六百里之運道，是欲省費而費更多也。

且漳水終不能不歸運也。於邱縣雖能分之使出，至青縣不能不引之使入。漳、衛同流，有四減河以洩之。若復故道，則減河無庸集全力以突入，下游焉能保固？於是議於青縣以下，酌量建閘。查青縣下游建閘之處，惟有獨流，今獨流之閘既已勘明，不可建立。全漳之水分洩無方，静海、天津之患，不僅村莊而兼及城垣，是欲除害而害更大也。

且漳河不歸故道，於運河原無害也。負舟而走，水大則行速；刷沙而行，水大則不淤。自設減河以來，大堤從無漫溢。至挑淤之費，在山東者臣不詳知。若直隸之減河，并未動帑挑淺，實無費至萬餘兩之事。且現今運河兩岸淤土，漸次將滿，各處險工，皆化爲平，設有漫溢，又有遥堤以障之，自可永保無虞。經營甫就，乃不觀其有無成效，而棄之别圖，似非行所無事之義也。今復故道之利害，尚在未定。若南運之工程，則今年已有成規，明年可觀成效，非久遠難待之事，姑緩一二年以徐考其實。若自明年以後，漕艘直達，河身不淤，既省挑淺之費，又無沖決之虞，則事已完善，自可無庸改作。如其尚有費帑病民之處，則是臣言不驗，然後考究漳河之故道而歸復之，或亦未晚。

清 顧琮《議覆漳河洩漲疏》乾隆五年 《清經世文編》卷一〇五 漳水自康熙四十五年間，因衛河水弱，引漳由山東館陶入衛以濟運。後緣全漳入運，漳、衛、汶三水會同，渾流奔赴，勢甚浩瀚，以致衛河難以容受，每有漲溢之患。此臣白鍾山所議，有改復漳河故道之請也。

今臣等勘得漳河故道，自魏縣北會滏陽縣子牙河達海之正路，舊迹全湮，亦不可復，無庸置議。惟支流一道，自山東邱縣之堤上村起，抵青縣之鮑家嘴會歸運河之處，舊遺尚存。自和爾寨村東，現有河口，乃當年引漳入衛之故迹。上游雖有淤塞，尚可疏浚。若於此處開河宣洩，則山東德州以下、直隸滄州等處可免沖潰，實於運河有益。惟是和爾寨東起，至青縣鮑家嘴入運之處止，計程六百餘里，淺深寬窄不一，而景州、阜城、交河各州縣無數支河，積水匯歸，悉由鮑家嘴而出，河身久淤，兩岸居民較前稠密。臣顧琮查勘故道，目擊情形，若益以全漳之水，別無減河可以分流，勢難容納，鮑家嘴以下之青縣、静海、天津城社堪虞。則漳水改由故道，於直隸不能無患。然不由故道，於山東亦不能無患。

臣再四籌畫，公同熟商，惟有分洩防禦，使兩省均無所患，庶爲經久之圖。查元城縣之和爾寨村北，原有河溝一道，由袁爾寨、潘爾莊等處，以達堤上村，與漳河故道連。而袁爾寨等處村民，將河身築堤橫截，雖有河渠，中多阻塞。請將此河口不必堵塞以壅水勢，留此天然壩口，飭令地方官嚴禁小民，不許於故道築壩攔水，聽其宣洩以分水勢。

又自鉤盤河入老黄河之處起，至海豐小泊頭潮河止，凡直、東兩省地方，俱請挑穵子河，務須一律深通，暢流無阻，以洩暴漲。但漳、衛、汶三水并趨，大汛之際，猶恐不足宣洩，致有漲漫之患。查臨清、恩縣、夏津、武城、德州一帶，間有民修堤堰，尚未聯絡整齊，汛水出槽，難以防護。若令民力修整，而連年被水灾民，勢難力役，應照東省官堤之例，請帑興築。河岸寬平者，估築遥堤，以防暴漲。河岸窄狹者，估築月堤，以備放淤。印官領帑承辦，河員指示督修，工竣仍令民修守防護，無庸别議歲修錢糧。再前應修工段，有堤在山東，而堤後居民無論在直在東，汛漲之際，派令附近村民，協同加緊搶護，毋許彼此歧誤，庶於運道民生有濟。

清 孫嘉淦《孫文定公奏疏》卷七《會勘漳河疏》 奏爲奏聞事

臣因查勘漳河故道，於正月二十五日起程，二十八日至正定府，沿途情形，已經繕摺具奏。二十九日自正定起程，經由順德廣平所屬地方，於二月初二日至大名府。細觀此三府，民情尤爲淳樸，男務耕耘，女工紡織，畔有桑棗，隴無蓬蒿，實係力田務本之區。若良有司撫循而教誨之，去古原未遠也。

臣每接見地方官，必教以弭盜安良，化民善俗。每至州縣，必集學官諸生，誨以孝弟忠信，畏法守身。竊不自揣，亦欲宣揚聖化，易俗移風，惜守令多屬庸才，教職大半老邁，不能實力奉行。然屬員賢否，長吏之責，臣當勉思所以董率之方，不敢諉過於屬員也。初三日在大名府操演，副將羅俊標下兵丁，軍裝技藝，亦俱可觀。操畢即至和爾寨，會同直隸河臣顧琮、河東河臣白鍾山、山東撫臣碩色公同查勘漳河歸復故道之處。

大約元城魏縣以下，廣平、肥鄉、曲周、邱縣等數百里内，一望平疇，間有河形，斷續迷離。詢之士民，僉云：漳水性濁，善淤善徙，是以數百里内，河無定漕，民無寧宇。廣平、肥鄉城垣被湮，牌坊高三丈者，今止存數尺耳。幸而漳河南徙，數十年來，始修廬舍，漸成村落。若復渚爲澤國，不惟工費浩繁，抑且民情堪憫。

公同查驗，皆以爲難。初四日至山東境觀漳衛合流之處，勢若建瓴，不可禦止。初五、初六、初七等日，由館陶以至臨清，皆傍運河行走，見其河道寬深，堤岸高竣，渾水爲清水所刷，不復遷徙，亦無定淤，漕船直達，不憂淺滯，皆由我國家福德無疆，是以河靈效順，實不可輕爲改易。

惟兩岸民堤，高卑遠近，不能一律，是以水大之年，間有冲潰。臣等公同酌議，將堤埝帮修，再將哨馬營、減河疏浚，防洩有資，自無漫溢務期。兩省俱享成平之利，以庶幾少舒皇上宵旰之心。謹合詞具奏。

至直隸積水工程，頭緒繁多，容臣回署之日，繕摺敷陳。再，臣等於初七日在山東臨清地方，公同定稿畫奏之後，河臣白鍾山、撫臣碩色俱各便道回署。臣現與直隸河臣顧琮在德州地方查驗哨馬營、減河，查畢，即由河間府地方回署。合并聲明謹奏。十三日奉硃批：所奏俱悉。

清 方觀承《議浚復漳河故道疏》乾隆二十八年（《皇清奏議》卷五四） 直隸總督臣方觀承謹奏爲漳河亟須浚復故道恭摺，奏明情形，仰祈聖鑒事。

竊查漳河由河南臨漳縣入直境，經廣平大名二府，屬地方至山東館陶縣與衛河合。乾隆二十六年秋汛，於臨漳所屬之沙莊北岸漫溢，下游成安、廣平、大名、原城四縣數百村莊被水成災。經臣題報，蒙恩賑恤，嗣經臣與河南前任撫臣胡寶瑔各委道府會勘，由兩省藩司公議挑淤築壩，使水歸故道，比因漫口在臨漳，而爲患仍在直境成安等四縣，士民情願捐備工料，今臨漳士民亦出一段。按五股均攤，協力辦理，工竣并經臣移咨豫撫委員會同直隸汛員駐工防守，上年入夏以後，水由正河，已屬循軌。因閏五月雨水連綿盛漲，叠至草壩被衝過溜，臨漳境内羊羔村以上八里已刷有河形，過此則散漫於成安、廣平、大名、元城各境内，水至大名復分五股旁溢於山東邱縣，復入直隸之廣宗，由鉅鹿歸入寧晋泊内。臣委永定河同知滿保前赴漫口詳加察看，前工祇因就正河淤處挑浚，而建壩處所又稍覺兜灣，水勢下墜，致被衝刷，現在漫口溜走七分，正河溜止三分，今應將河頭改上百餘丈，使之迎溜得勢。其下河身淤處挑北漫口加深，約長五百丈，於河頭分流處堅築大壩，長一百八十丈，高一丈，截其北溢之路。又於壩東接築土堤，長五百餘丈，底寬六丈，高一丈，攔截河灘，抵正河而止，估需工料銀八千餘兩。

據該道府議稟，此次不便復用民力，大名道楊開鼎、大名府姚之德、廣平府周元理，并所屬十七州縣，情願公捐，副用業於上冬購備物料。臣於新正遴派永定河熟習樁埽弁兵二十二名，前往關會豫省，擇於開凍後興工趕辦。三月内完竣，尚不致有誤秋耕。詎新任彰德府李諷、臨漳縣張光熊忽生異論，謂築壩則逆流倒灌，不但臨漳城淹没堪虞，即附近村莊恐先歸於烏有，惟有因其自然，於下游廣大所屬多開支河，引入大河等語，具覆大名道轉稟到臣。

查臨漳縣逼近漳河，其爲患與否惟視河流之通塞，與河莊漫口築壩全無關涉，今築壩開淤，使水歸正河，一路則濁河不致分勢，有水緩停沙之病，兩省均有利益。是以前工兩省合辦，臨漳出夫，直省給值，工完之後，委員會同防汛官均無異議。今不過將所挑河頭移令迎溜，所築之壩移近河頭，與上次所辦并無二樣，何至利害頓殊，輒相沮格，蓋因該府縣皆非前此經辦之員。又見臨漳改溜處所已成河形，水有約束，遂罔顧下游數邑田廬淹漫，直欲以隣爲壑耳。

查正河經流一百數十里，現在深通所議挑河浚游工作，祇五百餘丈，乃該府欲於下游多開支河引入大河，所稱支河，惟元城莪井村以下十餘里悉係平田，何能另開河道容納全漳。語既乖謬，至其詳請咨商會勘，意在遷延不辦，以兩省公同勘定之事何須另勘，且連年被灾之地豈容又誤秋田。臣已飭交大名道府督率辦理，并恐彼處無知士民窺見府縣意指藉端阻撓，議於成安、廣平附近村莊撥夫前往，尅日興工，一面將下游元城館陶交界地方，移會東省，查有停淤，一律疏浚深通，以暢尾閭之勢，但事關隔省，臨漳縣府皆係新任，既存畛域之見，又復不識河務，合無仰懇皇上天恩，敕知新任河南撫臣葉存仁，飭委原辦之河北道吴虎炳會同大名道楊開鼎悉心妥辦。臣并俟葉存仁赴任經過保定之時與之面論，事宜一并飭屬遵照。所有該處河壩情形理合繪圖貼説，恭摺具奏。

清 包世臣《中衢一勺》卷四《代大名兵備富敬齋争堵漳河決口稟戴使相》 敬稟者，竊職道于上年除夕，將大名等四縣被漳河決口、衛河旁洩各水成灾，及上年水勢直趨郡城，恐掣動大溜，害及城池，并應否堵塞馮宿村決口，加寬浚深豆公河各情形，專丁馳呈中堂，并抄稿稟明直督憲在案。新正初四日丁回，接奉中堂鈞諭：初六日會同豫撫憲由永和、田市一帶，查至楚旺鎮等因。職道旋於初八日，督同該府守令馳至楚旺迎謁，蒙中堂面諭，馮宿村決口以下，并無河槽，現擬將正河挑復，而新決口門且不堵塞，使漳河兩行，各走五分溜勢，試看一年再商。其豆公河自宜加挑寬深，唯查該處向係鹽務自辦等諭。伏唯中堂熟諳河防，恭膺特簡，自必會同豫撫憲籌畫盡善。職道守土下吏，豈容妄參末議？惟是大名地處下游，上年受害，實爲切膚。恭讀諭旨，內有漳河關係直、豫兩省民田之語，特遣中堂前來相度，是直省灾民不堪迭浸，下情已蒙聖明洞察，若職道隱忍不言，則無以上對聖主，而下又何顔以見灾黎乎？

職道前稟馮宿村決口之水，淹及大名府附郭兩縣各村莊；袁村壩旁泄之水，淹及清豐、南樂、大名三縣各村莊，共計二百數十村莊者，專指現被漳、衛兩河水患而言也。其實清豐、南樂上年被水輕重不等，尚有四百餘村莊，皆因袁村坡水奪占新開引河，使各村莊積雨無處宣洩，以致被水；而肥鄉、廣平各縣之水，向由大名縣境宣泄，亦因漳河横決，頂阻去路，倒流上泛，皆成巨灾。合而計之，上年因漳、衛兩河以致失收者，不下二千餘村莊。約計撫恤大賑修費，以及蠲、緩銀米，不下二十餘萬兩。又大名北境之紅花堤，被漳水漫決，淹及山東之館陶等縣，尚不大知若干村莊。職道因本境上年麥收尚好，一季被歉，民力尚可支援，是以今年未請展賑。若聽馮宿村決口之水試行一年，下游各州縣民田，必又試荒一年，迭浸之民，次變爲極，勢必展賑。不但數百萬生靈轉展溝壑，蒿目傷心，而賑恤所費，必比上年加倍，公私兩困，何以堪此？若竟掣動大溜，東北直趨，貽害郡城，如從前魏縣、廣平縣兩城舊事，職道職司守土，豈能當此重咎？

查河不兩行，一邊掣溜，則一邊掛淤。漳河古有三道，北道由磁州、邯鄲北趨滹沱河，中道由肥鄉、廣平東趨東光，南道由魏縣迤東趨山東之館陶入衛，此皆天成河槽。而百餘年來，北道先絶，中道繼之，南道又徙至豆公河，挾洹入衛。勢不兩行，已有明驗。此時若挑浚正河走溜五分，其餘五分聽由決口漫行，查正河陡折向南，旁有堤岸約束，斷不能如決口直趨東北横潰漫行之暢，是水發之時，大溜必趨決口，正河仍前淤墊，則挑浚之工本，已歸虚糜。况往歲袁村旁泄，皆歸咎於漳河頂阻，上年漳河北決，衛水獨行，而仍由袁村泄入引河，至岔河嘴歸道。是豆公莊一帶淺窄，衛行不暢，以致貽害大、南、清等三縣民田，尤有明證。

職道愚昧之見，馮宿村決口以下至慶豐莊六十里之間，現既一片漫浸，自數里至一二十里不等，斷不能築堤導水，則必宜堵塞決口，挽回正河。將浚出正河之淤，就兩岸舊堤加高培厚。其豆公河估挑寬深，亦將浚出淤土，創築袁村壩一帶東西兩堤。至漳、衛合流之後，河身如有窄狹之處，一體加寬，使能容受。其入職道境之張二莊以下至岔河嘴五十里内河身，比較下游一帶，皆形窄狹。查河身過岔河嘴，即寬至二十丈以外，從無漫溢之事，而迤上河身止寬十四五丈不等，竊擬加寬五丈，使與下游一律。其豆公河既係鹽務隨時挑浚，此次若估明土方，移知鹽政，籌款歸入大工妥辦，在鹽務并出數年經費，得免歲挑歲淤之煩苦，想亦樂商所樂從也。唯是展河創堤，經費不無稍繁，然亦斷不至浮于續辦蠲賑之數。如所稟實有窒礙難行，敢乞中堂明白批斥，以開愚蒙，而職道亦得奉鈞示以曉諭灾黎矣。冒昧直陳，臨稟惶悚，恭請福安，伏惟垂鑒。除稟直督、豫撫兩憲外，職道富祥謹稟。道光三年正月初十日。

清 白鍾山《籌復漳河故道疏》乾隆三年河道總督 《清經世文编》卷一〇五

漳河源出山西，其自長子縣出者爲濁漳，自樂平縣出者爲清漳，穿太行山至河南涉縣之合漳村合流，與萬山衆壑之水會而爲一，洶湧異常。從前係由直隸入海，其引至山東館陶縣入衛河，自康熙四十五年始。其時山東濟寍道張伯行，以衛河水弱，議詳河、撫二臣，請引漳水入衛以濟漕運。撫臣張世顯并未具題，即批飭館陶縣，并咨直隸撫臣轉飭挑浚。蓋欲分漳之有餘以濟衛之不足，初不意全漳之歸衛也。乃自康熙四十五年以後，漳河故道，歷久漸淤，漳水全歸衛河。漳、衛合力并馳，排山倒峽而來，一線衛河，勢難容受。山東德州，適當衛河之衝，不但漕艘經臨，波撼浪湧，每有沖激損壞之虞，而且水勢泛漲，廬舍民田，難免淹没。德州首受其害，直隸吴橋、寍津、東光、南皮、滄州等處，亦皆波及，雍正八年、十一年其最甚者。前撫臣岳浚因奏請會同直隸督臣李衛、河臣顧琮、河東河臣朱藻，公同會勘，於德州哨馬營建築滚水壩，開挑支河，以分衛河泛漲之水，由鉤盤河達老黄河入海。蓋以保護堤岸田廬則誠善矣，又不意沙水之易淤支河也。

乾隆二年，部臣趙殿最會同臣等，查勘支河上下情形，每年洩水必致淤澱。隨議重加疏浚，并將支河壩以下曹村堤口開挑，中間阻礙水勢之橋梁拆除，以冀水勢暢達，浮沙少淤。復請照歲修之例，每年挑浚。無如漳、衛二水，源出萬山，挾沙帶泥，本來渾濁；支河又旁設衛河東岸，無迎溜吸川之勢，有流緩沙停之病。又支河入鉤盤河處，形如丁字，難以直達，縱百計經營，究不能禁其淤墊。今欲别擇捷徑，使之建瓴直瀉，不但上下左右，并無可以别開支河之處，即有可開之處，亦恐取徑太直，建瓴下瀉，有奪河阻運之患。欲將現在支河棄而不治，則恐復淹漫田廬，不得不歲加修浚，年挑年淤，幾成漏卮。臣等再四籌畫，抽乞中泓，使河窄流急，沙隨水行。并於漳水漸消、力已綿弱之際，衛河無庸分洩，即於壩上加築草土，不令過水，以免勢緩沙停。雖將來於沙較前可以稍減，然亦止爲支河補偏救敝之法，而非治漳水釜底抽薪之計。

臣等細思，支河原爲衛河水漲而設，而衛河之所以易漲者，由於全漳歸衛之故。與其每歲糜帑，以挑必淤之支河，曷若令漳水復其故道，衛河不致漲溢，爲一勞永逸之計？且漳水性本湍悍，今與衛水合流，於一綫運漕之衛河，其勢斷不能容。且全漳由館陶歸衛，則館陶民生尤爲可慮，又不獨德州與直隸吴橋等州縣有淹漫之憂。臣等伏查康熙四十五年河決，館陶之西，直隸威縣有漳水支河一道，名爲靖陽江，又名黄路河，由東北經直隸清河縣，歸天津入海。又西有正河一道，由西北經直隸寍晋縣大陸澤，亦歸天津入海。彼時正河勢尚浩大，即不長水，亦可舟楫通行。黄路河水小之時，尚寬至二三尺、五六尺不等，於阻未久，故道或尚可復。於兩處内擇其易於疏浚者，請復一處，使漳水有歸海之路。而於館陶相度其地勢，如可建一閘洞，衛河水大，則聽漳水入海，以防其漲，衛河水小，則分漳水入衛，以濟漕運。

操縱在人，節宣有制，收漳之利而不受其害，此則一勞永逸，而目前所當急爲籌議者也。

清 朱雲錦《漳衛合流説》《清經世文编》卷一〇五 漳水之源有二：一出山西潞安府長子縣，發鳩山，曰濁漳，自林縣西北入豫境；一出山西平定州樂平縣少山，名清漳，自涉縣入。俱東經林縣之合漳村，匯流由安陽、臨漳，經直隸之成安、大名、元城等縣境，又東北經山東館陶縣，與衛合流，至臨清閘外入運，歸直沽入海。

衛水出輝縣蘇門山百泉，經新鄉、汲縣、湯陰、浚、滑、内黄等縣。淇水源出林縣南七十里，東北流經湯陰，至淇縣入焉。湯水源出湯陰縣治西，舊名蕩水，流經縣東，過内黄入焉。洹水一名安陽河，出洹山，經林慮縣，其水屢伏屢見，流經安陽、内黄，與衛水合。衛挾三水，歷直隸大名等縣，至臨清閘外，合漳水同入運河。

河北之地，惟二水爲經流，衛南漳北，歷無侵混，而衛爲豫漕廬鹽舟楫通行之處，所關綦重。乾隆五十九年，漳水盛漲，由臨漳之三台村，挾洹入衛。六十年，經河撫臣奏明，捐款堵築，工甫竣而漲驟發，漳復横溢南趨，自此遂於内黄縣之豆公村與衛水合流。漳性濁，水一石挾泥數斗，且長落無常。初合流時，河槽深通，水勢尚覺順利，嗣遂淤墊日甚，以致合流處水口不暢，而其地爲運道咽喉。嘉慶十五年，巡撫臣奏定爲春秋挑浚，經費約需銀八千兩，定爲漕四鹽六，俟挑浚二三年後，查看情形，再爲核定。自十五年後，隨挑隨淤，殊無善策。而豆公村一帶，淺阻日甚。

今就北豆公村漳、衛合匯處較量，至南豆公村迤南，相距二千三百餘丈，而北高於南已五尺餘。衛被漳逼，不能盡循故道，自東西袁村漫流東下，經由低窪處，或由車行軌道，經内黄縣境六十餘里，又經大名、清豐、南樂三縣約八十餘里，至岔河嘴，復與漳合。百四十餘里間，或串流村中，或由舊渠道，或值平低處所，演漾漫散，寬至數百里，如淀濼然。然豆公村爲鹽漕經由要地，近年淺澀尤甚。長蘆運商，就兩袁村中間築壩，蓄水濟運。衛流抵壩，北折由豆公村入故道，水勢不暢，上游之安陽、湯陰附水村莊，多被水患。且衛水雖有攔壩，亦不能全流順軌，復由袁村稍西之冉村溢流，稍南，繞袁村至東北，歸入陂河，迄今商民交病。

惟查衛爲漳奪，測其地勢，北高南下，萬不能挽歸故道。至豆公村一段，清濁交混，寖淤寖高，亦難導衛與漳合流。若徒恃建壩擡高水勢，以敵漳之倒灌，則上游田畝浸淹，而内黄至岔河嘴一百四十餘里間，民田廬舍，偶遇漲發，宛在中央，竟成澤國。近經豫、直大吏悉心籌度，并遣諳晰河務之員往返詳查，知由袁村迤東，衛水漫流已久，平衍處流淺而寬，其低窪處多有刷成溝槽深三四尺不等者。若於深處少加疏浚，於平衍築堤夾束，如高、寶間左湖右河甎工隔斷之法，將袁村壩拆毁，於豆公村漳水倒灌處，量築格堤，以備漳之乘漲溢潰。則衛挾淇、湯二水，由新開之路，全勢刷浚，日見深通，而上下游田廬皆免淹溺，運道亦無阻滯矣。特是自袁村至岔河嘴，界連兩省四縣，事權不一，則呼應不靈。又浚治河渠之外，漳之南岸地勢較窪之處，又須仿黄河格堤縷堤之制，横亘堅築，以防再行侵軼，庶爲萬全之計。約計經費，非三四十萬金不能興作，然濟鹽漕而衛田廬，造福實非淺尠。當代有大力者，秉獨見而采輿論，毅然興作，竚可觀成，當不斥鯫生爲紙上浮談也。

清 程含章《論漳河不宜築堤書》《清經世文編》卷一一〇 頃接中州來信，知七月間雨水漲發，漳、衛、洹、沁同時漫決，河北三府被灾者十有餘縣，業經閣下親往查勘，奏請撫恤，聲明俟秋杪水涸時，請派欽差前來，會勘商辦爲一勞永逸之計。敢謬陳所見，以備采擇。竊以爲漳、衛、洹、沁四水之漫決雖同，而情形各異，則施工之大小次第，亦各不同。有不容不塞，不塞則其害愈大者，沁是也；有不須大塞而不可不加以疏浚者，衛、洹是也；有不宜復塞，塞之恐爲禍愈大爲費亦愈重者，漳是也。

沁水頻年漲決，助河爲虐，今既改道不入於河，如果於運道民田兩無所妨，則因其勢而利導之，以分黄河之勢，豈不甚善？然而經過豫、東二省，上下千數百里，既不勝築堤防費之繁，且其性挾沙帶泥，今既奪溜入衛，下達臨清，從此衛受其害，不但有妨於豫省之漕鹽運道，即山東之臨清閘口，亦必被其壅塞，而東南六省漕艘，皆有阻滯之虞。愚所以謂其不可不塞，不塞則其害愈大者此也。

衛、洹二水，皆出於太行山，水源不遠，鮮有沙泥，向無水患。今因山水漲發，河無所容，故致漫決。竊以爲止須補苴缺陷，無事大興工作。惟河道久不修治，河身淤淺，一遇水漲，即至漫溢，似宜加之疏浚，俾復深通。然當此紛紛工作之時，既不能概用帑金，而哀鴻嗷嗷，又不能盡資民力。似應於竇公河以下，向由長蘆商人挑修者，仍責令商人速爲挑修。其自竇公河以上，無關乎鹽運者，分出段落，勸用民力，以工代賑。惟是賑恤之例，每大口日支銀六釐，實不足以資養贍，似應於賑恤之外，酌借帑金以贍之，每日每工支飯食銀六分，不給工價，事竣，符地畝攤征邊款，則賑務河務兩事并舉矣。愚所謂不須大塞而不可不加以疏浚者此也。

若夫漳水，雖清、濁二源皆起於太行山，而濁漳之沙泥特甚。溯自皇古以至於今，漳水已應數千萬年，從不築堤，亦從無水患，衆所共聞共見也。邇來數十年間，河身漸高，始有漫溢。然其水四散旁出，而大溜仍走中泓，無沖坑刷坎之威，無毁居抉地之怒。且其水源不遠，二三日後即見消退，被淹禾苗，得受淤泥，愈見芃茂。即間被沙壓，水退之後，便可單種二麥。泥土肥美，一歲有兩歲之獲，故於農民無甚大苦。迨嘉慶二十二年，安陽吏民，慮患不深，始議築堤，以爲可免漫溢之患，而不知束縛水性，使不得舒，從此漳河紛紛多事，無歲不報水灾，亦無歲不塞漫口，旋築旋決，訖無善策。其決也，大溜不走中泓，有沖坑刷坎之威，有毁民居、抉地畝之怒，而官民之受害滋深矣。是則未築堤障以前，漳水漫而不決，爲患猶小，既築堤障以後，漳水漫而必決，爲患愈大，則漳堤之不宜復築也，豈待繁言而後明哉？

去秋漳水報決，往來鄴下，因得詳細訪問，當將漳河不宜築堤，築則明歲必復潰決之故，爲閣下言之。後聞親往勘訪，亦以爲然，奏請毋庸築堤。皇上聖慮，以事關兩省民瘼，且漕鹽運道，不可不加詳慎，欽派中堂來豫省會勘。因漳水直走大名，大名之民，咸所不願，故仍以築復故道具奏，三月而後成功。夫以素由河南行走之漳，一旦改由直隸，直隸之民不願，夫固其宜，築復故道，於理爲順。聞今年漳水之決，仍走大名，築而復之，豈容再議？且愚非不知漳堤不築之有害也，但天下事兩利相形，則取其重，兩害相形，則取其輕。常取漳水之源流而諦思之，而知其不可復築，築之而勞費將無已時也。何則？漳水由河北歷直隸以達山東，今既潰決，將止築其決口邪？抑將未經漫決之庭而并築之邪？如止築其決口而置決口上下於不問，則水必決於不築之處，是築猶不築也。若并其南北兩岸而全築之，則工費甚巨，非一二百萬不可。且河南既築，則直隸亦宜接築，不築則數年之後，漳水又將決於直隸矣。直隸既築，則山東亦必接築，不築則數年之後，漳水又將決於山東矣。三省皆築，非數百萬金不辦。既費數百萬金以築之，則必添設數廳員以守之，每歲弁兵之費，歲修之費，搶險之費，又須數十萬金，從此又添一漳河工程矣。

國家之經費有常，現在東南兩河及永定等工，每歲所費，業已不貲，豈可復添一河工哉？且漳河亦止太行山下衆水之一耳，即如直隸內，若滹沱，若子牙，若白，若趙，若定，若沙，小河不下十餘道，而皆無堤，何獨於漳而必堤之哉？竊謂漳河改道，但得無妨於運，似宜因其勢而利導之，不當復築。即築恐亦不固，去年之事，是其明驗。如曰不築，則恐大名之民不願，則又不然。漳水之由豫由直，唯其性之所便耳，在官民則有彼此之分，而在國家視之，均是王土，均是王民，但當籌計大局，安有此疆彼界之殊邪？唯閣下酌而處之，與時宜之，且爲河北之民慶更生也，則幸甚！

清 趙希璜《研栰齋文集》卷一《漳河天平閘故渠圖説》 按西門豹、史起導漳水治渠，實得《職方》之遺，其後率循者皆食其力。《後漢書·安帝紀》：元初二年春正月，修理西門豹所分漳水爲支渠，以溉民田。注：《史記》曰：西門豹令鄴，發人鑿十二渠，引水灌田。所鑿之渠，在今相州鄴縣西也。曹魏時有天井堰，故《魏都賦》云：『墱流十二，同源異口也。』元魏時有萬金渠，東魏時築漳濱堰，北齊時有河清渠，至唐至德時皆廢。惟汴宋時欲復之而未果。《宋史·王沿傳》：天聖四年二月，沿言史起爲鄴令鑿十二渠，引漳水以溉斥鹵之田，而河內饒足。唐至德後渠廢，而相、魏、洺、磁之地，濱漳水者累遭決溢，今皆斥鹵不可耕。夫漳水一石，其泥數斗。古人以爲利，今人以爲害，繫乎用與不用者耳。請募民復十二渠，渠復則水分，水分則無奔決之患，可使數郡瘠鹵之田變爲膏腴。詔河北漕司規度。而洺州倅王軫，言漳河岸高水下，未易疏導，又其流濁，不可溉田。八月，沿又奏：渠田起於魏襄王時，但紀灌溉之饒，不言疏導之法。惟《相州圖經》載：天平堰，魏武帝所作，凡二十里，分十二墱，相距二百步，互相灌注，一源分爲一流，皆懸水門，所溉處名晏澤陂。然則爲渠之法，必就高阜，鑿岸爲渠，截流爲堰，然後水行數里，方至平田。若渠開二丈四尺，則作堰之功，可損其半，日役萬人，五十日而罷。扼中流以作堰，下流大渠，分置水門，東入於衛河。或水盛溢，則下版閉渠，以防奔注。復三百年之舊迹，溉數萬頃之良田，雖役百萬，數載而畢，未足爲勞，況此五旬之力哉。奏寢不行。

康熙時，彰德同知李光型《天平閘説》：魏鄴令西門豹，引漳水溉田，以富魏之河內。史載是事，爲水利之權輿，然其迹久湮。余巡曆河干，訪得天平閘舊址，在西高穴村濱河高阜間，屬今安陽縣地，非臨漳也。其閘石，前後上下左右，至今完具。閘設兩門，各濶八尺五寸，自頂至底，高一丈五尺，長四丈七尺，河發水漲，流可至閘門，退則不及。土人云：古於閘外開引渠一道，由漁洋渡口河身高處引水入閘，長二百六十丈。今以水平測量，水頭高閘門底二丈，其閘門內正渠，經東百餘丈轉南，舊有子閘一座，基石尚存。復轉東，至東高穴村界，又有小閘一座，年久被土壅塞。蓋自西高穴村至東高穴村，正渠長六百餘丈，兩岸高三四丈，寬二三丈至四五丈，內有支渠一道，係張胡頂洩水之處。自東高穴村至邵家屯，正渠長三百餘丈，兩岸高三丈餘，寬二丈餘，內有支渠一道，在張顯屯後。自邵家屯，由郭家屯、小洪河村，至李家屯止，正渠長一千四百餘丈，兩岸高二三尺至七八尺，內有支渠六七道，經張家莊、劉家屯、後蔡村，東自李家莊、崔家莊至後静曲村，長八百餘丈。此二莊有渠形，無渠道，渠道已爲民所耕種。自後静曲至三十里鋪止，渠長二千四百餘丈，兩岸高二三尺，寬七八尺至一二丈，内有支渠一道，經華村店。自三十里鋪大路東，由華村街往東南，至小華村，正渠長五百餘丈，兩岸高二三尺至七八尺，寬七八尺至丈餘；内有支渠一道，經臨漳界，自小華村至郝家小莊，入大青龍渠，長三百餘丈，有渠形，無渠道，渠道亦爲民所耕種。自大青龍渠，達青龍河入洹河，長四十餘里，現在疏通。自西高穴村至大青龍渠，入洹河，共長七十餘里，滙歸衛河。

大抵古人設立水利，必先明其水土之性。漳河水性悍急，而自漁洋以下，濵河之土極疏，所以設有子閘以護大閘，復設有小閘以防岡水，其措置之周密如是。至設大閘在山岡高阜之上，因水勢之高如建瓴，開鑿小渠引入山岡石骨之内，托基始固，而引渠分流，勢復紆徐，此尤其用意之精微，且有合於納水用山之説也。嘉慶五年庚申三月初三日，余至西高穴村，徘徊竟日，歸作斯圖，并纂説以詔來者。

清 賀應旌《漳河源流考》《清經世文编》卷一一〇 漳河之迹，肇於《禹貢》，詳於《水經》，散見於諸子百家。其源有二：一出山西樂平縣爲清漳，一出山西長子縣爲濁漳，迤逶分流，以及林慮北欽山口合爲一。故由彰德之西達於磁，折於臨漳，而氾濫於成安以下諸縣地，前則匯者、沁、汾、潞之水，後則集沙、滏、洺、沱之水，抵天津入海，其大較然矣。

自臨漳以上，皆山陵坂峋也，勢建瓴不可停。成安而下，地皆平坦，故縱其性之所如，而瀰漫渟泓，流斯放焉。其經紀於肥鄉也，在《禹貢》有『至於衡漳』之説，在《唐史》有『韋令防漳』之説，在宋、金、元傳史與學碑，有『修堤受漂没』之説，是肥鄉之有漳水，實與運會相終始者也。其去來遷徙不常，不見經傳，無從考究。自有明三百年，没城者凡五，浸城者不勝書，散而波蕩村落者，則歲以爲常矣。其在唐、宋、元以前，繞臨漳縣東，直達魏縣、元城之南境，正值黄河經小灘鎮一帶北流，漳入則尾閭洩之，而其餘支，以及成、肥、永、曲之閒，其害小。及黄河漸次東南下，吕梁之險著，徐、淮之道，通沿黄河舊址，淤塞成邱，漳咽而不能洩，而禍斯烈於諸縣矣。其在嘉靖戊戌，由嚮王口經回隆鎮、艾家口入於衛，而肥之無漳者十年。及嘉靖癸卯，河決磁州以東、臨漳以西四十里。磁州守秦姓者，曲周人，遂極力築務本堤，挽河由枯桃園趨蘇胡寨以還入於衛，而肥之無漳者十五年。及隆慶己巳，決臨漳，由成安達肥鄉，直繞城下，數年而復南徙，或從魏之回隆經元城以達館陶，或從石佛堂南決，泛濫廣平西南，若柳林屯、麗兒莊、南温、汕房等村，而肥之有漳而不甚爲害者，又幾三十餘年。突自萬歷戊戌，其素所經歷者，幾成高阜，勢不能順流南下，始不得不復入肥鄉之西境焉。

萬歷乙巳，知縣曹公昕，沿城外一里許，創立新堤。萬公廷搢，各加增築，其外日積而高，其内日窪而卑，識者已有沈竈産蛙之慮，而署事者以膜外置之。壬戌六月，肥城遂遭沈圮之慘，不可救藥。嗣是修葺十有餘年，而迄今屋宇儉陋，委巷空虚，元氣尚未大復也。其最甚而傷禾殺稼，蕩産析廬，四望蒼茫，城鄉俱困者，一則天啓之丙寅，一則崇禎之癸酉，一則順治之甲午，以迄今康熙之壬寅，皆奇灾也。自萬歷戊戌以後，其勢常在肥之西鄉，自順治壬辰以後，其勢常在肥之東鄉。今壬寅突決成安之野莊口，繞堤數匝，四圍胥化稽天，而又有蟻穴潰於北，長流迅於西，薄膚侵牀，岌岌難保。

《書奕篇》云：水以漳名者甚多，當陽有漳，灩上有漳，鄣郡有漳，亳州有漳，安州有漳，而皆不如晋、趙清濁合流之漳，猛而烈，狂而肆，沮洳而善幻，肥何德於漳，而自開闢以迄今兹，不舍晝夜之如斯也？善哉！張雪髭之言曰：成安者，漳之門庭；曲周者，漳之郵舍；而肥鄉者，則漳之腹心。又曰：漳有十功，曰獲秔稻，曰易膏沃，曰填污下，曰通舟楫，曰資蓮藕，曰備旱乾，曰增林本，曰省糞畜，曰聚魚鰕，曰廣薪芻。又曰漳有十過，曰克城郭，曰溺性命，曰阻貿易，曰決堤防，曰没村落，曰壞封植，曰混阡陌，曰淤稼禾，曰苦棲息，曰悲遷徙。功不如過之多，功之及於民者，或以月計，或以歲計，而過之及於民者，則其量十世，其量百世也。故曰：肥鄉之有漳水，實與運會相終始者也。

道不通乎漕運，平江之奇策誰聞？事難資於灌溉，西門之顯績不著。人居僻壤，禍慘黄河，敬述近代源流，以聽當事采酌。其一切利害淤塞疏鑿防浚，已見陳公盤防堤議中，不録。其自晋代以上沿革，已詳酈道元《水經注》中，亦不録。

清 李鴻章《李文忠公奏稿》卷六三《開浚漳河片》光緒十四年七月二十

七日》 再，大名府城外舊有漳河，上接河南内黄縣，經郡城西北入衛河，嗣因北道淤塞，改由城南行走，近年此路亦淤，漳水本甚迅猛，每遇汛漲，泛濫爲患。上年於郡城西南大康莊決口，漫流四溢，城内外多被浸灌，報灾者一百數十村。商旅隔絶，物價增昂，官民苦之。

查大康莊以北，原有漳河故道，塡淤高仰，無力挑挖，必須另籌出路。紳民擬就決口處東趨之勢，引入白水潭、老衛河至岔河嘴，入現行衛河。當飭大名鎭總兵徐道奎、大順廣道羅錦文，督同府縣詳細察勘，甚爲直捷便利，實得就下之益。計自大康莊至白水潭應開新河五里餘，於兩面十丈外出土堆堤，佔用民地按畝給價，并免錢糧。

又自白水潭順老衛河至岔河嘴，現行衛河二十五里餘本有河形堤址，須重加挑挖，亦就兩面十丈外出土堆堤，計開新河，及挖老衛河合土十五萬餘方，堆堤方數稱是工程較鉅，民力不支。飭徐道奎即調大名練軍，并馬礟隊四營先挑老衛河，俾放上游積水入衛河，以便接挑新河，而民地亦可早涸。原擬由受益村莊集夫，認挑新河。旋因民夫未能踴躍，做法亦不合式。復由練軍將新河分段加做，并築新河、老衛河兩堤。於二月初開工，五月杪竣事。本届因東明黄河堤埽工程重要，先經奏派徐道奎督率練軍挑辦該鎭，遂分軍曉夜趕挑，胼胝經營，不辭況瘁。計黄、漳兩工挑土至三十餘萬方之多，使黄河堤埽一律鞏固，漳河亦順軌安流，俾大名元城百數十村積潦頓消，秋苗遍種，輿情感戴，洵能異常出力。該地方官一再勸籌、督飭紳民興辦，亦甚奮勉。至大康莊以上，至内黄縣界，舊漳河南北兩堤，已飭民夫量力修培。其在内黄者，咨河南撫臣飭修，共資捍衛。計漳河工程發過地價、籽種、遷葬費銀二千三百餘兩，錢七百餘串；搭蓋窩棚、置辦器具銀一千餘兩，錢二百餘串；購買樁料、繩蓆等物銀四百餘兩，錢八百餘串；添雇民夫及犒賞練軍民夫銀二千三百餘兩，錢二千二百餘串；雜項錢二百餘串。共僅用銀及以錢合銀七千四百四十兩三錢六分五釐，洵屬節省。核實，已飭於大名釐金項下撥給，應請就款開銷，免造細册，以省繁費。其佔用民地錢糧，俟查明奏豁。此後歲修，仍令照章官督民辦，認眞經理。所有大名漳河工程，調派練軍與民夫合力挑辦完竣緣由，理合附片具陳，伏乞聖鑒，訓示。謹奏。

綜述

清 李繼白《望古齋集》卷一一《修建漳河神廟碑記代》 昉《禹貢》曰：覃懷底績，至於衡漳。葢漳水二，其一出上黨、沾縣、大黽谷，曰清漳；其一出長子縣、鹿谷山，曰濁漳。二水異源而下，同流至臨漳而著。秋夏與黄河相亞，其引水灌田，而魏文以富，則又西門令之遺址也。

應詔入都，至磁之豐樂，擊楫中流，見其汪洋澎湃之勢，天地震動，中有魚龍出没，雨吼風搏，窮奇萬狀，以沛澤此一方。而沃饒百里，其波及下土者，皆神之餘。安得一官坐治，仰承神惠，以朝夕而俎豆之也。

既而承乏茲土，自都入境，即册祝修，虔以邀神佑。望之洪濤無際，知惠我人斯矣。蒞治之三月，閲邑人有南郭廟事之舉，立碑致享問序於余。余以受命漳邑，則漳神之妥侑，與社稷等分，不容辭，而又懼荒略不克，道揚其盛，非以光其事也。

竊念漳之爲利，億萬斯年，使民殷饒，沃富生生，自庸神之惠也。其頻歲以來，蕩析離居，罔有定止。葢非神之怒此一方，而守土者之責也。歲告水患於上，請蠲請緩，以奔命不暇，不則册藉，隱没里胥，那移小民，未必得蒙實惠，何如昭其典物，潔其明禋，神之福我，永奠此邦家者哉！神無日不愛我漳而顧懷茲邑，知其必有所應之也。繼自今伊，始其城郭人民，惟神是賴，土田豐沃，惟神是功，宦海無驚。而商車日輳，惟神是佑。且雀臺岸磧之下，拍浪飛濤，天下之大，文章在焉。得數偉人應之，爲霖爲楫，則又河伯之助也。

余初受職，愧未能修西門令灌田之績，而待澤下流知恩將及，惟爾有神，尚克相予，以無忘今日祝也。

傳記

《宋史》卷三〇〇《王沿傳》 王沿，字聖源，大名館陶人。少治《春秋》。中進士第，試秘書省校書郎。【略】詔河北轉運使規度，而通判洺州王軫言：『漳河岸高水下，未易疏導；又其流濁，不可溉田。』沿方遷監察御史，即上書駁軫説，帝雖嘉之而不即行，語在《河渠志》。

又 卷三一六《包拯傳》 包拯，字希仁，廬州合肥人也。始舉進士，除大理評事，出知建昌縣。以父母皆老，辭不就。【略】契丹聚兵近塞，邊郡稍警，命拯往河北調發軍食。拯曰：『漳河沃壤，人不得耕，邢、洺、趙三州民田萬五千頃，率用牧馬，請悉以賦民。』從之。

又 卷三三三《沈立傳》 沈立，字立之，歷陽人。舉進士，簽書益州判官，提舉商胡埽。【略】遷京西北轉運使。都水方興六塔河，召與議，立請止修五股等河及漳河，分殺水勢以省役，從之。

又 卷四六八《程昉傳》 程昉，開封人。以小黄門積遷西京左藏庫副使。熙寧初，爲河北屯田都監。河決棗彊，釃二股河導之使東，爲鋸牙，下以竹落塞決口。加帶御器械。河決商胡北流，與御河合爲一。及二股東流，御河遂淺澀。昉以開浚功，遷宫苑副使。又塞漳河，作浮梁于洺州。兼外都水丞，詔相度興修水利。河決大名第五埽，昉議塞之，因疏塘水溉深州田。又導葫蘆河，自樂壽之東至滄州二百里。塞孟家口，開乾寧軍直河，作橋于眞定之中渡。又自衛州王供埽導沙河入御河，以廣運路。累遷達州團練使，制置河北河防水利。

御史盛陶言：『昉挾第五埽之功，專爲己力。假朝廷威福，恐動州縣。所開共城河，頗廢人户水磑，久無成功。又議開沁河，因察訪官按行，始知不便。漳河、滹沱之役，水占邢、洺、趙、深、祁五州之田，王廣廉、孔嗣宗、錢勰、趙子幾皆嘗論奏其奸欺之狀，則多置撻口，指決河所侵便爲淤田。其事權之盛，則舉官廢吏，惟其所欲。悖慢豪横，則受聖旨者三，受提點刑獄司牒者十二，故有違拒。小人誤當賞擢，驕暴自肆。願遣官代還，仍行究治。』神宗曰：『王安石以昉知河事，故加任使，令開漳河，用工七百萬，滹沱八九百萬，已議體量矣。』

始，安石欲興水利，驟用昉，昉挾安石勢而慢韓琦，後安石覺其虚誕，亦疏之。以憂死，贈耀州觀察使。遂罷都大制置河防水利司。

《清史稿》卷二六二《陳夢雷傳》 陳夢雷者，侯官人。與光地同歲舉進士，同官編修。【略】三十七年，出爲直隸巡撫。初，畿輔屢遭水患，上以漳河與滹沱合流易泛濫，命光地導漳自故道引入運河，殺滹沱之勢。光地疏言：『漳河現分爲三：一自廣平經魏、元城，至山東館陶入衛水歸運；一爲老漳河，自山東丘縣經南宫諸縣，與完固口合流，至鮑家嘴歸運；一爲小漳河，自丘縣經廣宗、鉅鹿合於滏，又經束鹿、冀州合於滹沱。由衡水出獻縣完固口復分爲兩支：小支與老漳河合流而歸運，大支經河間、大城、静海入子牙河而歸淀。今入衛之河與老漳河流淺而弱，宜疏浚；其完固口小支應築壩逼水入河，更於静海閻、留二莊挑土築堤，束水歸淀，俾無泛濫。』詔報可。尋奏霸州、永清、宛平、良鄉、固安、高陽、獻縣因浚新河，占民田一百三十九頃，請豁免賦額，從之。

又 卷二八八《鄂爾泰傳》 鄂爾泰，字毅庵，西林覺羅氏，滿洲鑲藍旗人，世居汪欽。【略】四年，南河河道總督高斌請開新運口，河東河道總督白鍾山請復漳河故道，命鄂爾泰按視。尋加太保。

又 卷三二五《李奉翰傳》 李奉翰，宏子。入貲授縣丞，補沂水。【略】五十九年，漳水溢，臨漳三臺漲發，命馳往勘察。奏：『漳河兩岸沙土浮鬆，水勢驟長驟落，向無堤堰。上年大雨漫溢，應將下游淤墊處疏浚深通，再將三臺壩基填築，俾歸故道。』上從其議。

又 卷四七八《劉體重傳》 劉體重，山西趙城人。乾隆五十四年舉人。【略】十四年，擢河南彰衛懷道，筦河事，修防有法。終任，黄流安瀾。沁水堤由民築，多單薄，擇其要區加築子埝，籌歲修費垂永久。漳河無堤防，勤疏浚，水患并息。

紀事

《宋史》卷一五《神宗紀二》 丁丑，禱雨。詔增漳河等役兵。

又 卷一八《哲宗紀二》 己丑，漳河決溢，浸洺、磁等州，令計置堙塞。

又 卷六一《五行志一上》 十年七月，河決曹村下埽，澶淵絶流，河南徙，又東匯于梁山、張澤濼，凡壞郡縣四十五，官亭、民舍數萬，田三十萬頃。洺州漳河決，注城。大雨水，二丈河、陽河水湍漲，壞南倉，溺居民。滄、衛霖雨不止，河濼暴漲，敗廬舍，損田苗。

又是年，相州漳河決，溺臨漳縣居民。懷州黃、沁河泛溢，大雨水，損稼，壞廬舍、城壁。磁州諸縣鎮，夏秋漳、滏河水泛溢。臨漳縣斛律口決，壞官私廬舍，傷田稼，損居民。

又 卷九一《河渠志一》 詔樞密直學士任中正、龍圖閣直學士陳彭年、知制誥王曾詳定。中正等上言：『詳垂所述，頗爲周悉。所言起滑臺而下，派之爲六，則緣流就下，湍急難制，恐水勢聚而爲一，不能各依所導。設或必成六派，則是更增六處河口，悠久難於堤防。亦慮入滹沱、漳河，漸至二水淤塞，益爲民患，又築堤七百里，役夫二十一萬七千，工至四十日，侵占民田，頗爲煩費。』其議遂寢。

又 卷九五《河渠志五》 十二月，河北提舉常平韓宗師論程昉十六罪，盛陶亦言昉。帝以問安石，安石請令昉、宗師及京東轉運司各差官同考實以聞。還奏得良田萬頃，又淤四千餘頃。於是進呈。宗師疏至言：『昉奏百姓乞淤田，實未嘗乞。』帝曰：『此小失，何罪，但不知淤田如何爾？』安石曰：『今檢到好田萬頃，又淤田四千餘頃，陛下以爲不知，臣實未喻。』帝曰：『昉修漳河，漳河歲決；修滹沱，又無尾。』安石力爲辨說。已而宗師與昉皆放罪。

《明史》卷八八《河渠六》 十七年築磁州漳河決堤。決荆州岳山壩以灌民田。

又三年疏泰興順德鄉三渠，引湖溉田；潞州永禄等溝渠二十八道，通於漳河。

《清史稿》卷一二《高宗本紀三》 壬辰，命方觀承赴河南會勘漳河工程。

又 卷四〇《災異一》 六月，荆州萬城堤決，城内水深丈餘，官署民房多傾圮，水經兩日始退。漳河溢；枝江大水入城，深丈餘，漂没民居；羅田大水，城垣傾圮，人多溺死；江夏、漢陽、九衛、武昌、黄陂、襄陽、宜城、光化、應城、黄岡、蘄水、羅田、廣濟、黄梅、公安、石首、松滋、宜都大水。

又 卷五四《地理一》 大名衝，繁，難，倚。府南偏。明徙府南八里南樂鎮。乾隆二十二年圮於漳，復故，惟縣丞駐。衛河自河南内黄入。其新衛河自清豐入，錯出復入來會。漳河自臨漳分入，一入衛，一至府治南爲漳河引河。東有縣故城三。東北：小灘鎮，嘉慶中置河主簿。縣驛一。

又 元城繁，倚。府北偏。故城三。東南：衛河自大名入。其漳水引河，古漳河入，逕北張莊而合，并東入館陶。東南：馬頰河自南樂入。縣驛一。

又 南樂難。府東南五十里。嘉慶二十一年，新開衛河始自大名入。光緒十四年後，漳河始自其縣來會。西有朱龍河、岳儒固河，東六塔廢河，并自清豐入。

又 廣宗疲。府東百二十里。漳河故道二；康熙二十六年溢，知縣吴存禮增築東西堤萬九千餘丈。縣驛一。

又 鉅鹿疲，難。府東百十里。鉅鹿藪即大陸澤。滏陽河自任入。老漳河，康熙中徙，廢。縣驛一。

又 曲周繁。府東北四十里。西南：滏陽河自永年入。漳河故道東南，自明萬曆初挾滏而北，康熙十年始南徙，四十七年益南，逕大名、元城。縣驛一。

又 肥鄉簡。府東南四十里。東西漳河故道二。東有舊店營。康熙中，縣寄此。縣驛一。

又 雞澤疲，難。府東北六十里。東滏陽自曲周入，右導爲興隆河。西有沙、洺、牛尾，自永年入。

又 廣平簡。府東南六十里。漳河故道舊自成安入，其支津拳壯河，并湮。縣驛一。

又 成安簡。府南少西六十里。洹、漳故道并自河南臨漳入。順、康中，漳河再毀城垣。乾隆末，改自其縣三臺入衛。

又 威難。府東北百一十里。南有漳河故道。張臺村廢巡司。縣驛一。

又 清河簡。府東百八十里。清河故瀆，縣西。衛河自山東臨清緣界入。其武城，古屯氏別河。西北：漳河故道。雍正中，移縣丞駐油房口，兼巡司事。縣驛一。

又 磁州衝，繁，難。府西南百二十里。雍正四年，自河南彰德來隸。西有神麕山。釜山，滏水南北源出焉。合羊渠河、泥河，東播爲五爪渠。環城，復歧爲三，合牤牛河、澗水。漳河自河南涉縣入。州判駐彭城鎮。有滏陽驛。

又 阜城衝。府南少東百四十里。西：漳河自景州入。東南：古沙河，即屯氏河，亦自景入，亦曰漫河。有漫河驛。

又 交河繁，疲，難。府東南百一十里。南運河自東光緣界。其西漫河、漳河、亭子河、滹沱別河，并涸。有泊頭鎮河主簿及廢巡司。高川鎮。富莊驛。有丞，裁。

又 景州繁，難。府東南百九十里，南運河自山東德州緣界。古沙河自故城入，曰大洋河。曲流河自故城入，曰江江河，合爲漫河。又西北有廢漳河。劉智廟、安陵、連窩三鎮。龍華鎮巡司。有東光驛。

又 故城疲，難。府南少東二百八十里。南運河自山東入。武城緣界入。德州西北屯氏二支曰古沙河、曲流河，并出縣西。有廢漳河，即黄瀘河。縣丞駐鄭家口。有營。甘陵驛。

藝文

宋 許綸《涉齋集》卷一七《漳河》 出郭安陽漾碧波，黄流汩汩泛漳河。河濵飲水令人瘦，岸石其如腹疾何。

明 高叔嗣《蘇門集》卷一《漳河上元日寄呈後渠》 落日銅臺北，獨行南望頻。鄴城今夜月，燈火可憐春。

明 郭諫臣《鯤溟詩集》卷三《渡漳河有感》 輕浮一葦渡漳河，時聽舟人起櫂歌。山自太行西望遠，路從全趙北來多。春深諸塚埋青草，歲久三臺浸碧波。日暮停車倍惆悵，英雄千載類消磨。

明 謝榛《四溟集》卷五《漳河秋漲候渡因憶李通政伸西》 萬折漳河過鄴城，洪濤動地幾時平。沙邊鸛鶴仍求飽，霜後魚龍始見清。遥憶君家臨古渡，更堪旅思聽寒聲。杖藜自惜徘徊影，不逐東流寄此情。

又《除夕同顧聖甫宿漳河旅舍》 故人同宿濁漳濆，冰底春聲近可聞。世事短長雙鬢改，歲華新舊一宵分。當庭古樹明殘雪，何處清鐘落斷雲。龍劍從來有離合，燈前把看七星文。

明 徐師曾《湖上集》卷三《渡漳河》 驅車登陸苦風烟，半月漳河始見船。簫鼓忽從雲際起，帆檣疑是夢中懸。青山北聳分韓魏，錦浪西來落澗瀍。擊楫未酬平昔志，數年空著祖生鞭。

明 于若瀛《弗告堂集》卷七《渡漳河》 大陸卷黄埃，愁雲黯不開。九華人已去，萬里雁還來。草積靈泉觀，烟荒銅雀臺。濁漳流不盡，落日轉堪哀。

又《漳河初月》 一片漳河月，清陰曳渡頭。勾霜上銅雀，流影度銀鈎。寒□窺雲細，初輪落水幽。烏烏何處笛，哀颯鄴宫秋。

明 趙彦復《梁園風雅》卷一六《漳河上元日寄呈後渠》 落日銅臺北，獨行南望頻。鄴城今夜月，燈火可憐春。

又 卷二二《餞別張逸人子書宿漳河旅舍》 鳴鞭相送遠游子，北渡衡漳四十里。春雪留人凍馬嘶，晚風攪樹寒鴉起。回首安陽第一橋，野亭尊酒復中宵。他年有意傳書札，海鶴冥冥不可招。

又 卷二三《漳河有感》 行經百度水，秖是一漳河。不畏奔騰急，其如轉折多。出山通遠脉，兼雨作洪波。偏入曹劉賦，東流鄴下過。

明 曹學佺《石倉詩稿》卷二《送成爲蒼歸漳河》 未盡論文興，俄然動別顔。漢歌瓠子渡，禹迹大伾山。予卧雪中病，君懷天步艱。還登鹿臺上，吊古一潺湲。

清 李繼白《望古齋集》卷三《渡漳河時在山右**》** 蚤發天黨門，暮涉漳河水。云是故鄉流，如或見城市。黄昏褰車帷，亂呼擁舟子。鹿谷太黽谷，交口明日是。此地勢未張，建瓴下千里。飛濤崩岸磧，淜湃震無比。豈知溯流尋，盈盈衣帶爾。古人重初服，清濁尚自矢。

清 彭孫貽《茗齋集》卷一七《渡漳河望銅雀臺和藺江胡松石沉》 秋風嫋嫋渡漳河，雲散高臺罷綺羅。疑冢空流群伎淚，舞人半向子桓歌。二橋斜漢横天没，三匝南飛余鵲何。倚槊賦詩誰復在，野花無主鄴城多。

清 史申義《使滇集》卷上《漳河》 臺荒銅雀草成窠，消歇西陵繐帳歌。回首英雄疑塚盡，曉來風雨渡漳河。

清 宋琬《安雅堂詩·漳河》 悠悠驅馬渡漳河，河上秋風落木多。鐵鳳高飛沉碧瓦，玉鳬深閉長青莎。平原蕭瑟游麋鹿，古堞參差牧駱駝。況是應劉俱泯寞，中流慷慨一悲歌。

清 宋徵輿《林屋詩文稿·詩稿》卷一四《渡漳河望鄴下》 漳水滔滔自北來，太行鬱鬱向南開。霜空天遠孤城出，不見當年銅雀臺。

清 孫宗彝《愛日堂詩文集·詩集》卷二《漳河》 衡漳清淺瀉泠泠，草碧沙明入鏡屏。漲雨曉侵銅雀瓦，凉風秋動狎鷗亭。

清 蕭惟豫《但吟草》卷六《渡漳河》 濁漳不復見清流，駐馬斜陽古渡頭。兩岸村墟惟植柳，三時播種止收穫。於今治水全無策，何處開渠尚可謀。堪笑西門過磬折，老巫掾吏不勝投。

清 嚴虞惇《嚴太僕先生集》卷三《過漳河訪金鳳臺遺址》 鄴中全盛日，金鳳起高臺。雄業窺千古，詞人集上才。東流漳水急，西陵歌吹哀。披榛訪遺迹，日暮悲風來。

清 趙賓《學易庵詩集》卷三《漳河》 問渡彰河上，深沙古岸平。雨靈山黛娟，風軟布帆縈。歌舞悲臺樹，舳艫想旆旌。征車莫浪去，芳草正程程。

清 劉謙吉《雪作鬚眉詩鈔》卷五《漳河問銅雀臺故址因作西陵行》 西陵何鬱鬱，銅雀伴黄昏。賦梁悽臺幔，分香泠墓門。白沙空莽曠，碧草亦翩翻。只有啼鵑舌，天津叫蜀魂。

清 百齡《守意龕詩集》卷三《漳河南望》 拍岸波聲萬派含，峭帆千尺截晴嵐。淺深厲揭於斯悟，清濁源流是處探。野樹微茫分冀北，遠山層疊入漳南。淮陽指掌無多路，好傍棠陰策錦驂。

清 斌良《抱冲齋詩集》卷六《漳河懷古》 曠世英名安在哉，興亡同盡事增哀。東京詞賦留餘勁，北戒河山老霸才。終古金凫迷葬地，當年銅爵有高臺。驅車試問清漳水，曾照群英奪錦來。

清 蔡新《緝齋詩稿》卷四《望漳河》 畿輔南來一水過，清流濁浪共洪波。朝宗直北歸滄海，濟運從東合衛河。銅雀臺空無緑瓦，西門堰廢但青莎。翠華入豫初程路，虹影新看駕彩鼉。

清 蔡衍鎤《操齋集》卷四《漳河》 漳河千里碧，東去無窮極。濁浪捲微茫，狂濤飛霹靂。寒與江海通，勢共滄洲敵。買艇渡河過，忽聞河上歌。所歌是何曲，歌公無渡河。渡河縱不死，飄飄終奈何。

清 葛祖亮《花妥樓詩》卷七《過漳河次魯觀察韵》 霜寒沙淺白波平，十月漳河策馬行。長襪津人争引渡，健翎征鳥若呼名。曹家香履春全歇，鄴下豪華烟自横。最是桃花紅雨□，障川何術庇編氓。

清 郝浴《中山集詩鈔》卷四《過漳河有懷魏事》 魏王千乘壓清漳，自取銀河遠玉床。神智那終籌國步，風流别欲作家鄉。親開妙境參魚鳥，獨出高懷低廟廊。最是花明銅雀翠，詩成父子各升堂。

清 紀邁宜《儉重堂詩》卷七《渡漳河飯豐樂鎮》 直豫此分境，清漳颯亂流。梁成仍病涉，壟斷競摻舟。古轍平沙道，荒烟列戍愁。馬來皆自北，燕去已辭秋。鈴馱行人少，霜楓落木稠。虚名問豐樂，孤店傍村頭。

清 李嘉樂《仿潛齋詩鈔》卷一二《渡漳河》 一水分燕豫，頻年出此途。迴瀾風力猛，照影客心孤。車重嫌沙輭，橋平仗土鋪。欲尋銅雀瓦，臺迹久荒蕪。

清 林良銓《林睡廬詩選》卷下《漳河舟中有懷鄭鸞岡司馬》 風颯雨憶同舟，魏灌情殷意氣投。滕閣燈迷連夜雪，儲潭彩勝一灘流。燕山雲迥歸鴻斷，漳水波平野鷺浮。相約金臺春盡候，秋坡辜負月當頭。

清 林直《壯懷堂詩初稿》卷二《渡漳河》 匹馬西風過相州，烟波滿目使人愁。白雲已失安陽樹，斜月猶懸講武樓。渺渺川原分遠曙，荒荒戍壘入殘秋。銅臺冰井飄零盡，萬古清漳水自流。

清 龍啓瑞《浣月山房詩集》卷四《漳河懷古》 漳河東畔魏王臺，銅雀遺基隱草萊。慷慨中原餘霸氣，蒼凉樂府見詩才。荒陵誰識當年樹，片瓦難尋劫後灰。滿地黄沙明月夜，漫疑歌舞美人來。

清 錢維喬《竹初詩文鈔・詩鈔》卷九《渡漳河》 一水兼洺滏，南過是相州。别河流自大，趨海迹堪求。濁浪三秋急，驚沙萬馬愁。銅臺渺何處，不盡暮雲浮。

清 全祖望《續耆舊》卷七二《渡漳河》 三年客燕京，出門鞭在手。策馬邯鄲來，買船漳河口。忼慨聽中流，魏趙分左右。空尋銅雀臺，黄雲遮新柳。

清 桑調元《弢甫集・弢甫五岳集恒山集》卷二《渡漳河》 漳濱水半落，填淤數里賒。淺渦不没脛，深溝尚淹車。瀕河蕩客影，鼓楫飛鷗沙。隔岸黄峍屼，雜樹青鬖髿。英雄没頹照，詞賦飄浮花。古人不可作，臨風生嘆嗟。

又卷七《渡漳河》 躑躅漳河口，橋梁尚未成。人從高岸望，車向濁波行。遠樹安陽縣，寒風講武城。老來遊物外，空抱濟川情。

清 沈大成《學福齋集・詩集》卷一《渡漳河》 漳河儲濁流，奔決唯所向。元氣太行來，蓄極乃一放。淫霖積盛夏，大聲起新漲。斯須失高原，鱗介湧異狀。客來問船人，捩舵色愀愴。偪側局艙中，顛簸虐風浪。群鶩馬尾銜，或憂魚腹葬。伊余苦風沙，翻覺耳目曠。高帆餓鴟鳴，萬弩激混瀁。狂來呼馮夷，擊鼓送行榜。

清 孫士毅《百一山房詩集》卷七《漳河》 去去邯鄲道，征程浩淼看。鞭絲搖暮雨，衫影怯春寒。歌吹臨漳水，人才盛建安。不如銅雀妓，千古發長嘆。

清 張九鉞《紫峴山人全集・詩集》卷一三《渡漳河望鄴宮故址》　岸斷漳河出，秋銜銅雀來。故宮惟見樹，落日罷登臺。詞賦黄初手，君臣曠代才。風騷尋墜緒，驅馬重徘徊。

清 張問陶《船山詩草》卷九《過漳河》　漳水千年在，危橋六度過。奔流如此急，閲世自然多。客久傷眞氣，天空許浩歌。畿南足風景，一曲小黄河。

清 朱景英《畬經堂詩文集・詩集》卷一《渡漳河》　銅雀䫉飛石虎來，霸圖前後只高臺。匆匆北渡憑風雪，殘瓦無心覓硯材。

清 趙良澍《肖巖詩鈔》卷七《渡漳河》　漳河流浩蕩，勢敵淮與黄。新秋積雨後，百谷增汪洋。敝車不可涉，待渡立夕陽。賴有賢主人，爲我招舟航。中流發長嘯，懷古心慨慷。昔者漢祚衰，阿瞞竊其綱。詐戰克强敵，滿志縱色荒。掘地得銅雀，築臺施匡牀。臨終有遺令，瑣屑及分香。好雄氣欲盡，兒女關情長。繐帳人未散，石馬勢方張。疑冢竟何有，烟樹空青蒼。人生有大義，富貴安足常。不見漳水側，徒令來者傷。

清 趙希璜《四百三十二峰草堂詩鈔》卷一三《秋雨連綿漳河漫溢赴三臺勘災舟中感賦》　人不使漳河興水利，地不使漳河趨北去。三臺波起山與平，扁舟聲唤公無渡。我共黔黎均一體，何以猖狂河伯妒。洪濤巨浪罪滔天，魚首人身羞娶婦。雨師桀驁風伯驕，室如懸磬田無苗。銅雀入水化爲蛤，金鳳留盼星辰高。汪洋滿目痛心髓，喧囂滿耳惟呼號。流民有圖繪鄭俠，哀鴻來集毋嗷嗷。

清 劉開《劉孟塗集》卷一二《渡漳河》　漳河水遠岸雲限，暮色蒼茫樹影開。多少西風懷古恨，夕陽無語送人來。

清 吴壽昌《虚白齋存稿》卷六《渡漳河》　清濁雙源異，經過漸合流。已需舟楫濟，相與水天浮。沙篆隨波折，鳧盟狎隊游。笑他疑塚發，心力盡磁州。

清 吴嵩梁《香蘇山館詩集・今體詩鈔》卷一四《送謝仲蘭觀察奉使漳河》　洹衛争流擁怒波，年來故道徙漳河。宣防得力民居奠，飢溺關心廟算多。但願餘糧棲雁鶩，肯將閒地委蛟鼉。匡時小驗經綸手，千騎歡騰使節過。

雜録

唐 李吉甫《元和郡縣志》卷一六《河北道一・魏縣》　舊漳河，在縣西北十里。

又　新漳河，在縣西北二十里。

《宋史》卷九五《河渠志五》　漳河源於西山，由磁、洺州南入冀州新河鎮，與胡盧河合流，其後變徙，入于大河。

神宗熙寧三年，詔程昉同河北提點刑獄王廣廉相視。四年，開修，役兵萬人，袤一百六十里。帝因與大臣論財用，文彦博曰：『足財用在乎安百姓，安百姓在乎省力役。且河久不開，不出於東，則出於西，利害一也。今發夫開治，徙東從西，何利之有？』王安石曰：『使漳河不由地中行，則或東或西，爲害一也。治之使行地中，則有利而無害。勞民，先王所謹，然以佚道使民，雖勞不可不勉。』會京東、河北大風，三月，詔曰：『風變異常，當安静以應天灾。漳河之役妨農，來歲爲之未晚。』中書格詔不下。尋有旨權令罷役，程昉憤恚，遂請休退。朝廷令以都水丞領淤田事於河上。

五月，御史劉摯言：『昉等開修漳河，凡用九萬夫。物料本不預備，官私應急，勞費百倍。逼人夫夜役，踐蹂田苗，發掘墳墓，殘壞桑柘，不知其數。愁怨之聲，流播道路，而昉等妄奏民間樂於工役。河北厢軍，剗刷都盡，而昉等仍乞於洺州調急夫，又欲令役兵不分番次，其急切擾擾，至於如此。乞重行貶竄，以謝疲民。』中丞楊繪亦以爲言。王安石爲昉辨説甚力，後卒開之。五年，工畢，昉與大理寺丞李宜之、知洺州黄秉推恩有差。

七年六月，知冀州王慶民言：『州有小漳河，向爲黄河北流所壅，今河已東，乞開浚。』詔外都水監相度而已。

《金史》卷二七《河渠》　大定二十年春正月，詔有司修護漳河牐，所須工物一切并從官給，毋令擾民。明昌二年六月，漳河及盧溝堤皆决，詔命速塞之。四年春正月癸未，有司言修漳河堤埽計三十八萬餘工，詔依盧溝河例，招被水闕食人充夫，官支錢米，不足則調礙水人户，依上支給。

《明史》卷四〇《地理一》 武强州東。漳河在縣東。又南有滹沱河，舊合於漳，萬曆二十六年北出饒陽縣境，而縣之滹沱河始涸。

又 南和府東少南。南有漳河，合縣西之澧河，又縣西北有泜水，蓋伏流而旁出者。

又 平鄉府東少南。西南有漳河，西有沙河，又有洺河。東有滏陽河。萬曆三十年，漳挾滏陽河北出，會於沙、洺諸河，而漳水之舊流益亂。

又 肥鄉府東南。漳河在縣西北。

又 廣平府東南。北有漳河。

又 元城倚。故城在東，洪武三十一年圮於衛河，徙此。東有沙麓山。西有漳河。北有衛河，即永濟渠也，自河南汲縣流入，下流合漳河。東北有小灘鎮巡檢司。

又 大名府南少東。元與元城縣同爲大名府治。洪武十年五月省入魏縣。十五年二月復置。永樂九年移於今治。北有愜山，東南有衛河。

又 魏府西少北。舊治在縣西。洪武三年遷於此。南有魏河，又有新舊二漳河，下流俱合於衛河。

又 内黄府西南。元屬滑州。洪武七年三月改屬府。北有衛河。東有繁水。西有洹水。西北有回隆鎮，有回龍廟巡檢司。嘉靖三十六年，漳河決於此，入衛。

又卷四一《地理二》 丘州西。元直隸東昌路。弘治二年改屬州。東南有衛河，又有漳河。

又 館陶州西南。元屬濮州。洪武二年七月屬東昌府，三年三月省，尋復置，仍屬東昌府。弘治二年改屬州。西有衛河。自元城縣流入。又西南有漳河。又西南有南館陶鎮巡檢司。

又卷八七《河渠五》 漳河，出山西長子曰濁漳，樂平曰清漳，俱東經河南臨漳縣，由畿南真定、河間趨天津入海。其分流至山東館陶西南五十里，與衛河合。洪武十七年，河決臨漳，敕守臣防護。復諭工部，凡堤塘堰壩可禦水患者，皆預修治。有司以黄、沁、漳、衛、沙五河所決堤岸丈尺，具圖計工以聞。詔以軍民兼築之。永樂七年，決固安縣賀家口。九年，決西南張固村河口，與滏陽河合流，下田不可耕。臨漳主簿趙永中乞令灾户於漳河旁墾高阜荒地。從之。是年築沁州及大名等府決堤。十三年，漳、滏并溢，漂没磁州田稼。二十二年，溢廣宗。洪熙元年，漳、滏并溢，決臨漳三塚村等堤岸二十四處，發軍民修築。宣德八年復築三塚村堤口。正統元年，漳、滏并溢，壞臨漳杜村西南堤。三年，漳決廣平、順德。四年，又決彰德。皆命修築。十三年，御史林廷舉言：『漳河自沁州發源，七十餘溝會而爲一，至肥鄉，堤岸逼隘，水勢激湍，故爲民患。元時分支流入衛河，以殺其勢。永樂間堙塞，舊迹尚存，去廣平大留村十八里。宜發丁夫鑿通，置閘，遏水轉入之，而疏廣肥鄉水道。則漳河水減，免居民患，而衛河水增，便漕。』從之。漳水遂通於衛。

正德元年浚滏陽河。河舊在任縣新店村東北，源出磁州。經永年、曲周、平鄉，至穆家口，會百泉等河北流。永樂間，漳河決而與合，二水每并爲患。至景泰間，又合漳，衝曲周諸縣，沿河之地皆築堤備之。成化間，舊河淤，衝新店西南爲新河，合沙、洺等河入穆家口，亦築堤備之。英宗時，漳已通衛。弘治初，益徙入御河，遂棄滏堤不理。其後，漳水復入新河，兩岸地皆没。任縣民高暘等以爲言，下巡撫官勘奏，言：『穆家口乃衆河之委，當從此先，而并浚新舊河，令分流。漳、滏缺堤，以漸而築。』從之。自此漳、滏滙流，而入衛之道漸堙矣。

萬曆二十八年，給事中王德完言：『漳河決小屯，東經魏縣、元城，抵館陶入衛，爲一變，其害小。決高家口，析二流於臨漳之南北，俱至成安東吕彪河合流，經廣平、肥鄉、永年，至曲周入滏水，同流至青縣口方入漕河，爲再變，其害大。滏水不勝漳，而今納漳，則狹小不能束巨浪，病溢而患在民。衛水昔仰漳，而今舍漳，則細緩不能捲沙泥，病涸而患在運。塞高家河口，導入小屯河，費少利多，爲上策。仍迴龍鎮至小灘入衛，費鉅害少，爲中策。築吕彪河口，固堤漳水，運道不資利，地方不罹害，爲下策。』命河漕督臣集議行之。直隸巡按佴祺亦請引漳河。并下督臣，急引漳會衛，以圖永濟。不果行。

趙王河

論説

清 王念孫《王石臞先生遺文》卷一《挑浚趙王河議》 東省運

河，全賴湖水瀦蓄充盈。近年湖水短絀，前曾詳請挑挖牛頭河，而牛頭河之上游即係趙王河。乾隆五十二年興挑之後，微山湖水即長至一丈二尺有餘，前亦曾稟請河、撫兩院估挑，因工長費重未辦。若爲運河久遠之計，總以挑趙王河爲正辦。但必需認真挑挖深通，方能有濟。今微山湖水衹餘六尺八寸，來年重運經臨，實不敷挹注。而趙王河工段綿長，一時不能挑成。欲爲暫時權宜之計，舍開放蘇家山閘，別無辦法。

查引黄入湖，不能不稍有淤墊，原非良策。但行之暫時尚無大害。緣蘇家山閘口僅寬四丈，又係石底，開放可有節制，且黄水出閘之後，先向東流，入水線河。築壩攔向北流，再西北，乃由毛邨河流入微山湖。冬令水行不能甚暢，且沿河紆折，至入湖時挾沙不多，湖底亦不至大淤，一俟湖水敷用，即將蘇家山閘口堵閉，此策尚可權宜辦理。

至挑深運河一節，微山湖界趾雖在東省，其所蓄之水，東省惟入閘，百餘里内，資其灌注。江境則邳、宿一帶全賴此水下注。年來邳、宿運河淺阻，若將山東運河挑深，邳、宿以下全行高仰，於東省運道無甚裨益，而江境必致淺阻益甚。況湖水來原短缺，即將運河挑深，水勢亦不能增長。

清 李鴻章《李文忠公奏稿》卷二二《開通趙王河摺》同治十二年六月初十日

奏爲開挖趙王河，瀉西淀之水，以工代賑，現已完竣，恭摺仰祈聖鑒事。竊查保定府屬之西淀，跨安州、新安、高陽、任邱、雄縣數邑之境，西北萍河、雹河及一畝泉方順河、漕河、徐河所匯之依，城河西南，滋河、沙河、唐河所匯之瀦龍河，皆注之。其各處泉水支河，依附而來者，尚不知凡幾，源遠流長，派繁勢盛，實爲巨浸。

向由趙北口連橋下會大清河，而達東淀，衆派之水專洩，一、河勢難暢達，加以連橋日久淤阻，河身本形窄淺，全淀之水幾無所容，而近年雄縣清河趙村決口，白溝河水自北漫入淀内，滹沱河水復泛連滋河，由瀦龍西南入淀，該淀既難下洩，兩處渾流又相迸注，不特汛漲，爲害滋深。平時雨水稍多，即横決四溢。安新、任雄一帶，田園廬舍，多在積潦之中，上游河道皆無歸宿。臣熟籌補救，因於上年秋後，奏請預撥庫款，以工代賑，一面飭據清河道葉伯英周曆詳勘，博采衆議，定爲堵趙村决口，築滋河、瀦龍河南堤，以禦外水。挑浚盧僧中亭兩河，分減大清河水勢，以免倒灌西淀。至於西淀下游，尤必開分流之河，使其去路稍暢。

查任邱之苟各莊，舊有趙王河經雄縣保定縣境，至鷹嘴壩出口，歸大清河，應將趙北口街南之連橋六孔，全行疏通，以靠南第二孔爲正河，引淀水出諸孔，匯正河全注大港淀，就大港淀引河，并靠千里長堤濠溝舊迹開挖，寬深順至苟各莊，入趙王河。其趙王河身已極淤淺，一律挑浚，仍於苟各莊以上之毛堤，及下口之鷹嘴壩，各建閘座，以資宣蓄。今春臣由省來津，便道相度，即令該道葉伯英親督印委各員，次第興辦，彼時水勢泛漲，上下一片汪洋，先將南岸長堤殘缺，酌發銀兩，責成任雄兩縣，逐一堵合。其北岸無堤處所，起築長埝，淀口、河口，用壩攔截，皆於水中施工，所需椿料既多，又無處取土，撈方填築辦理，甚形艱苦。截住外水後，復於河身節節築壩，多置水車，將積水淘盡，招集遠近灾黎，益以直字營勇丁，於三月底，逐段開挖，其連橋橋孔，及橋之東西水勢蕩漾，設法截堵。廣雇船夫，夾泥撈挖悉成深槽，尤費工力。仍視工程難易，酌給方價犒賞，計連橋西二里許起，至鷹嘴壩出口止，共長六十里内。苟各莊以上，至東里，長一千五百餘丈，本無濠溝，係屬新開河道，其餘原濠原河，僅深三四尺，寬三四丈，一律開至面寬十丈，底寬五丈五尺，深九尺。兩岸堤工，因地制宜，築高六七尺至丈餘不等，力加夯硪，添做椿工。并將連橋及下游史各莊橋座，分别加高修固，俾通舟楫。鷹嘴壩建閘，以時啓閉，均於五月底完竣。

委據候補道祝塏驗收，工段丈尺相符，即經開壩放水，大溜東趨，勢極暢順。上游安新等處，及淀邊田地，日見乾涸，先於雄縣下村開放白草窪積水，涸出窪地數百頃。又放任邱鄚州大窪積水，附近四十八村田廬復見陸地，此皆多年被淹者，今已播種秋稼。窪心牘水無多，亦栽稻秧，仍將近窪堤身，酌留涵洞洩水，布置均合機宜，民情極爲懽感。臣維直隸地勢，西北高而東南下，各河皆以淀池爲宣蓄，西淀係數百里河道，民生一大關鍵，淤阻已久，水患頻仍，今議開趙王河，以通去路。工程甫竣，積潦窪區已多耕作，從此時加修守，民生可免昏墊，農田冀獲有收，實於地方全局有裨。清河道葉伯英，盡心民事，督辦堤河各工，將次全竣，而趙王河最爲緊要，亦極費手，竟能剋期告蕆，在事印委各官，皆力任艱瘁，不無微勞足録，可否請旨，准其擇尤彙案獎勵。除飭將善後事宜妥籌稟辦外，理合恭摺具陳，伏乞皇上聖鑒，訓示。謹奏。

傳記

《清史稿》卷四七七《劉大紳傳》 劉大紳，字寄庵，雲南寧州人。乾隆三十七年進士，四十八年，授山東新城知縣。連三歲旱，大紳力賑之。調曹縣，代者至，民數千遮道乞留，大吏爲留大紳三月。及至曹縣，旱灾更重於新城。大紳方務與休息，河督檄修趙王河决堤，集夫萬餘人，以工代賑，兩月竣事。無疾病逃亡者。

又卷四八九《沈齊義傳》 沈齊義，字立人，浙江烏程人。乾隆九年舉人，大挑用知縣，發山東。【略】三十七年，改授壽張。縣境趙王河湮三十餘年，大雨至，水無所洩，禾麥皆淹死，民多逃去。請募去開浚，凡三十餘里，上引范、濮諸水，悉達諸五空橋，自是南鄙無水患，民皆復業。

紀事

《清史稿》卷一二九《河渠四》 十二年，以直隸河患頻仍，命總督李鴻章仿雍正間成法，籌修畿輔水利。旋議定直隸諸河，皆以淀地爲宣蓄。西淀數百里河道，爲民生一大關鍵，先堵趙村决口，築磁河、瀦龍河南堤，以禦外水，挑浚盧僧、中亭兩河，分減大清河水勢，以免倒灌。并疏通趙王河道，將苟各莊以上巨堤及下口鷹嘴壩各建閘座。

雜録

清 張伯行《居濟一得》卷四《趙王河》 查，趙王河若欲大開，先將東阿縣鹽河挑成，可以下海，然後引沁河水，通金龍口河，以達張秋，使由鹽河下海，則北直河南山東船隻俱可以通行矣。查，明天順八年，金景輝疏稱，陳橋原有黃河故道，船可往來，止是陳橋迆西三十餘里淺狹水小時，月不得通流，若開挑深闊，亦可分引沁河之水，以通運河。是其所不通者，止三十餘里耳，即使年久淤塞，開通亦無甚難也。查，沁河入黃河之處，在武陟之東，其去陳橋，不過百有餘里耳，即無河形，剏爲開之，亦似可行，况河形現在乎？若欲小做，止將古黃池北二堤挑開，使通金龍口河，再將黃陵岡扒頭二堤挑開，使通趙王河，然後將白茅集三空橋堵築，使古黃池至黃陵岡一百七十里河内之水，盡入趙王河。又將雙河集下堵築，使由小黃河至南旺湖南，馬村集開河，引入南旺湖内，由運河斗門出而濟運，再將魏河洪河小流河開通，使由張秋沙河濟運，此河各衙門俱有案卷。經登州府同知楊廷望查明，濮州、范縣、陽穀、壽張各縣情愿自挑，後因史通判有欲未遂，竟不果行。案卷可查，河圖昭然，此二河開，南旺迆北運河，可無淺阻之虞矣。

又卷四《挑趙王河沙河》 天時亢旱，河流微細，其南旺以南河道，將各湖之水開放接濟，一切糧船，可以前進，惟南旺以北一帶運河，止賴汶河分流，浮送糧艘，并無湖水接濟，實屬可慮。查，張秋城河，舊有趙王河、沙河二處之水，堪可濟運。應委員確勘，飭行曹州、濮州、鄆城、陽穀、壽張、汶上各屬，速將境内趙王河、沙河淺阻之處，多撥人夫，加意挑挖深通，放水濟運，不惟漕艘得以接濟，而民田亦不致淹没矣。

湖部

湖田

論説

宋 李光《莊簡集》卷一一《乞廢東南湖田札子》 臣契勘東南地瀕江海，水易泄而多旱，曆代以来皆有陂湖蓄水以俻旱歲。葢湖高於田，田又高於江海，水少則泄，田中水多，則放入海，故無水旱之歲、荒蕪之田也。祥符、慶曆間，民始有盗陂湖爲田者，三司轉運使下書切責州縣，復田爲湖。當時條約甚嚴，謹水之畜泄，則有閉縱之法。禁民之侵耕，則有賞罰之法。近年以来，所至盡廢，爲田澇則水增益不已，旱則無灌溉之利，而湖之田亦旱矣。民既已承佃，無復脱期，所收租税，悉充御前，而漕司暗虧常賦，數至百萬，而民之失業者不可勝計，可謂兩失。伏望聖慈速賜指揮，盡罷東南廢湖爲田者，復以爲湖，庶幾凋瘵之民，稍復故業，不勝幸甚。取進止三月一日，奉聖旨令逐路轉運司、常平司同共相度奏聞。

宋 李心傳《舊聞證誤》卷三 宣政間，樓异守明，王仲嶷守越，皆内交權臣，專事應奉。於是悉廢二郡陂湖以爲田，其租悉屬御前。重和元年二月甲子，詔鑒湖田租以備繕修原廟之需，不許他司奏請，他皆類此。由是民失水利，而官失省税，不可勝計。紹興元年，李莊簡爲吏部侍郎，奏請復之。上虞令趙不摇奉詔考究，自宣和元年至今，湖田凡得米三萬三千餘斛入御前，而納放者税米十四萬六千餘斛，得不償失。遂復廢餘姚、上虞二縣湖田，其本末如此，仲言所云誣矣。

宋 史浩《鄮峰真隱漫録》卷三一《論餘姚廢罷湖田上紹興太守札子》 昨准使帖委往本絲，余支汝仇兩湖廢罷盗種田事，承准後，某竊詳侵種之弊，本緣湖邊居，人沿堤種殖茭荷，歲久根株堙塞，漸至淺淀，增培築埭，始成畦隴。畦隴一成，遂敢占據，蓋非一日之積。鄉鄰左右聞見習熟，恬不知怪，雖官司嚴立法禁，深山窮谷，豈免侵越？欲行廢罷，若不毁掘畦隴，絶其占據之心，切恐湖外殖利争競，永不息絶，湖内居人盗種，永不悛革。若官司興夫毁掘，則雨湖之田千頃，所用工力不可數計。以某鄙見，欲且令種一年，官以頃畝收受花利於近湖，刱置倉敖，委官收納，官司不得指用。却候今冬農隙，以所收米斛募民爲夫，將其畦隴鑿而爲深池，積而爲島嶼，庶幾争訟永絶。湖不諸鄉，苦旱之田，悉成膏腴，公私實爲兩便，更乞詳酌。

（嘉泰）《會稽志》卷一〇 給事傅公崧卿守鄉郡，時侍郎陳槖入幙，上公利便槖，竊惟執事作鎮鄉郡，必思所以興利除害，爲此邦悠久之福槖。亦嘗蚤夜籌慮，期有獻於左右，其間非無利害之大者，復念吾君遷播，未有定居，戎馬憑陵，疆圉弗固。乃欲於此時陳利害之説，是猶疾病之人，邪氣未除，而遽議調補，亦似乎不知務也。故事非迫切於今日者，皆未敢輒有言。前日因至上虞境内，過夏葢湖，而備究湖田之爲害，實吾民今日倒懸之苦，有不得不言者，古人設陂湖以備旱歲。王仲嶷建請以爲田，乃引鑒湖自然淤澱已成田陸爲説，又有不妨民間水利之語，其欺罔甚矣。然佃户占請之初，各有畝數，不敢侵冒。當時湖之爲田者，纔十二三，佃户止於高仰處作埭，未敢涸湖以自便。民田尚被其利，但瀦水不如曩日之多，故諸鄉之田，歲歲有旱處。比年以來，冒佔不已，今則湖盡爲田矣。以夏葢湖推之諸處，可以類見。槖所知者，止上虞、餘姚，其他四邑皆不及知。新昌嵊縣無。上虞餘姚所管陂湖三十餘所，而夏葢湖最大，周迴一百五里，自來陰注上虞縣新興等五鄉，及餘姚縣蘭風鄉。此六鄉皆瀕海，土平而水易洩，田以畝計無慮數十萬，唯藉一湖灌溉之利。今既涸之爲田，若雨不時降，則拱手以視禾稼之焦枯耳。其他諸湖所灌注，皆不下數百頃，植利人户，倚以爲命，而乃盡奪之，一遇旱暵，非唯赤子飢餓，僵踣道路，而計司常賦虧失尤多，雖盡得湖田租課，十不補其三四。又況每遇旱歲，湖田亦隨例申訴官中，檢放與民田等。昨見上虞丞言：曾蒙上司差委，相度湖田利害，因點對靖康元年、建炎元年湖田租課，除檢放外，兩年共納五千四百餘石。而民田緣失陂湖之利，無處不旱，兩年計檢放秋米二萬二千五百餘石。只上虞一縣如此，以此論之，其得其失，豈不較然，民間所損又可見矣。但當時以湖田租課歸御前，與省計自分兩家，雖得湖田百斛，而常賦虧萬斛，嬖倖之臣猶將曰此百斛者，御前所得也。不刱湖田，何以有此？省計虧羨，我何知哉？今湖田租課既充經費，則漕臺郡守固當計其得失之多寡，而辨其利害。夫公上之與民一體也，有損於公，有益於民，猶當爲之。況公私俱受其害，可不思所以革之耶？彙得之父老，云本州之湖其自然可以爲田者，唯有鑒湖。高仰去處，蓋不失水利，兼與民田亦無相妨，其他皆隨湖廣狹以定植利之頃畝，尋常湖水平堤，旱歲尚憂不足。頃見李宣州言此利害甚詳而明，必曾與執事熟論。況執事越人也，想前已洞達於胷中。君子懷濟民利物之志，每恨不得行耳，然則解斯人之倒懸，顧不在今日乎。彙愚意欲望執事斷以不疑，除鑒湖外諸，縣湖田悉罷之以便民，誠不貲之利也。然儻俟奏報，則湖田皆在四月上旬揷種之後，若行罷廢，似非人情，不廢，則失今夏瀦水之利。故彙必冀左右以權宜，即日施行，一面具利害聞奏，仍上章待罪，如四聰嘉納，則粒米狼戾之慶可坐而致。或俞音尚閟，則湖已瀦水，今歲不得爲田，足以寬嗷嗷之衆，秋間果得一稔，則疲氓可蘇，盜賊可息，人樂其生，無思亂之意。執事雖以此得罪，亦無愧於心矣。此事唯在斷而行之，雖謀之上客，謀之益友，愚恐少有肯贊高明以必行者。執事試召所親信三數人，詢之必有二三之論，非其智識有不逮也，其勢然耳。爲國計者必曰湖田歲入幾萬斛，正今日經費所賴，而遽罷之，則緩急何以濟。爲左右計者必曰行在咫尺，公爲守臣，豈可不待奏報而專罷行之事。此皆知其一，而不知其二也。又或以爲未必然者，亦人情之常。彙若非前日親見，雖他人以誠相告，亦未盡信。蓋彙聞湖田之害熟矣，向雖在幙府，未嘗言及，今播種迫期，方獻言於左右，誠以親究其害耳。執事儻以彙之言爲信，不異身臨而目覩也。恐或以爲湖田，行之累年矣。縱不便於民，未應疾苦。若此其甚，豈可未聞於朝？一旦驟欲罷廢，待報而行，未爲晚也。彙謂此特拘攣守常者之言，非惻怛愛民者之言也。吾民困苦極矣，前此怨嗟叫，號爲其父母者，恬不聞知流害滋深，以至今日。今執事將自比於拘攣守常之徒乎，抑以世之重自任耶？又事有大可慮者，頃年雖有豐有凶，然富民薄有儲畜，兼他邦轉糴，可以相補，故小民幸免於溝壑。今北騎所過之地，穀粟皆被焚爇，屈指聚落之間，有餘糧者無幾。且無他邦轉糴之望，而官兵支費又將取給於民，父子兄弟不相聊矣。然猶竭力耕種，以覬秋穫，雨澤在天，不可必也。陂湖之與奪在人，幸未至於後時，可不任其責哉？失此機會，歲事或虧湖田之租，常賦之額，兩無所得。元元艱食，流離道路，强者爲盜，弱者爲丐，嘯聚弄兵，豈不由此？執事當自見之，知彙不爲過論也。建炎二年春，邑民嘗訴湖田之害於撫諭使者，使者下其狀於州縣，上虞令陳休錫遂悉罷境內之湖田，翟帥以未得朝廷指揮，數窘之，陳不爲變。是歲越境大旱，如諸暨、新、嵊，赤地數百里，農夫無事於銍艾，獨上虞大熟，餘姚次之。餘姚七鄉通江潮，蔭注兼有燭溪湖等數處，不可作田，不曾廢，故亦熟。其冬新、嵊之民糴於上虞、餘姚者，屬路不絕，向使陳令行之不果，則邑民救死不暇，況他境乎？夫以一縣令尚能爲之，彙之所望於左右，宜如何？聞陳令見在會稽，敢望呼召訪以利害。彙既知利害之詳，今或不言，彙則有罪。遂敢不避僭易，仰瀆聽覽，不任悚懼，更有數項鄙見，條具于後。

綜述

宋 王十朋《梅溪集·後集》卷二七《鑒湖説上》 東坡先生嘗謂杭之有西湖如人之有目，某亦謂越之有鑒湖如人之有腸胃。目翳則不可以視，腸胃秘則不可以生。二湖之在東南，皆不可以不治，而鑒湖之利害爲尤重。昔東漢太守馬臻之開是湖也，在會稽、山陰二縣界中，周回三百五十餘里，溉田九千餘頃。湖高田丈餘，田又高海丈餘，水少則泄湖帰田，水多則泄田帰海。故會稽山陰無荒廢之田，無水旱之患者，以此自漢水和以來，更六朝之有江東，西晉隋唐之有天下與。夫五代錢氏之爲國，有而治之，莫敢廢也。千有餘年之間，民受其利博矣乆矣。至國朝之兴，始有盜湖爲田者，然其害猶微。盜於祥符者纔一十七户，至慶曆間爲田四頃而已。當是時，三司轉運司猶切責州縣使復田爲湖，自是而後，官吏因循禁防不謹，奸弊日起，侵盜愈多。至于治平熙寧間，盜而田之者凡八千餘户，爲田盖七百餘頃，而湖侵廢矣。然官亦未嘗不禁，而民亦未敢公然盜之也。政和末，有小人爲州内交權幸，專務爲應奉之計，遂建議廢湖爲田，而歲輸其所入于京師。自是奸民豪族公侵强據，無復忌憚，所謂鑒湖者，僅存其名，而水旱灾傷之患無歲無之矣。今占湖爲田，蓋二千三百餘頃，歲得租來六萬餘石，爲官吏者徒見，夫六萬石之利於公家也，而不知九千頃之被其害也，知九千頃之歲被其害而已，而不知廢湖爲田，其害不止於九千頃而已也。蓋鑒湖之開有三大利，廢湖爲田有三大害。山陰會稽昔無水旱之患者，鑒湖之利也。今則無歲無灾傷，蓋天之大水旱不常有也。至若小水旱，何歲無之？自廢湖而爲田，每歲雨稍多，則田已淹沒，晴未久，而湖已枯竭矣。說者以爲水旱之患，雖及於九千頃之田，而公家實受湖田六萬石之入。嗚呼！其亦未之思也。夫灾必訴，訴必檢，檢必放。得湖田之租，失常賦之入，所得所失，相去幾何？官失常賦而以湖田補折之，猶可也。九千頃之民田，其所失者不可計，其何以補折之耶？王者以天下爲家，其常賦所入亦廣矣，豈利夫六萬石之入而以病民耶？況湖田之入在今日雖饒，而他日亦將同九千頃而病矣。使湖尽廢而爲田，則湖之爲田者，其可耕乎？今之告水旱之病者，不獨九千頃之田也。雖湖田亦告病也，況他無鑒湖，則九千頃之膏腴與六萬石所入之湖田皆化爲黄茅、白葦之場矣，越人何以爲生耶？此其爲大害一也。鑒湖三百五十八里之中，蓄諸山三十六源之水，歲雖大澇，而水不能病越者，以湖能受之也。今湖廢而爲田，三十六源之水無吞納之地。萬一遇積雨浸淫，平原出水，洪流滔天之歲，湖不能納水，無所歸則必有漂庐舍、敗城郭、魚人民之患。嘗聞紹興十有八年，越大水，五雲門都泗堰水高一丈，城之不壞者幸也。假令他日湖廢不止於今，而大水甚於往歲，則其爲害當如何？此廢湖爲田，其爲大害二也。自越之有鑒湖也，歲無水旱，而民足於衣食，故其俗號爲易治。何以知其然也？以守令而知之也。自東都以來，守會稽令山陰者，多以循吏称，見於史傳者，不可一二条也。非昔之守令皆賢也，蓋民居樂歲之中，室家温飽，民之爲善也，易尔。比年以來，獄訟繁興，人民流亡，盗賊多有皆起於無年。去秋灾傷之訟，山陰、會稽爲尤多，非昔之民皆善良，今之民皆頑鄙也。蓋礼義生於飽煖，盗賊起於飢寒，其勢不得不然耳。此廢湖爲田，不獨九千頃受其病，獄訟之所以興，人民之所以流，盗賊之所以生，皆此之由，其爲大害三也。自祥符慶曆至今，建復湖之義者多矣，而湖卒不能復。非湖之不可復也，蓋異議者有以摇之也。異議得以摇之者，蓋亦建議者之未能深究夫利害焉耳。建議者曰：廢湖爲田，則九千頃被水旱之害，湖不可以不復。異議者曰：九千頃雖被水旱之害，而常賦不尽失，以湖爲田，而官又得湖田之利爲多，湖雖廢而何害？且多爲異說以摇之，此建議者之言，卒奪夫浮議者之口。使建議者灼然知，夫三大利害之所在以折夫異議者之云云，則復田爲湖有不可得而已也。

傳記

明 曹學佺《蜀中廣記》卷四二《王罕》 王罕，字師言，以陰知宜興縣。縣多湖田，歲訴水者多不以實。罕以暇時履畝圖其高下，及訴至，按圖驗之，皆不能欺。

紀事

宋 李心傳《建炎以來繫年要録・紹興五年閏二月戊申》 以雨雪放公私僦錢。五日，寶文閣待制新知湖州李光言明越之境，地濵江海，水易泄而多旱。故自漢唐以來，皆有陂湖灌溉之利。大抵湖高於田，田又高於江，每旱則放湖水溉田，澇則决田水入海，故無水旱之灾、凶荒之歲也。本朝慶曆嘉祐間，民始有盗湖爲田者，三司使切責漕臣，其禁甚嚴，圖經石刻備載其事。宣和以來，創爲應奉，始廢湖爲田，自是兩州之民歲被水旱之患。臣自壬子歲入朝，首論玆害，蒙朝旨先取會餘姚、上虞兩邑廢置利害，縣司供具。自廢湖以來，所得租課，每縣不過數千斛，而所失民田，常賦動以萬計。遂蒙獨罷兩邑湖田，其會稽之鑒湖、鄞之廣德湖、蕭山之湘湖等處，其類尚多。州縣官往往利爲圭田，頑猾之民因而獻計侵耕盗種，上下相蒙，未肯盡行廢罷。臣謂二浙每歲秋穀，大數不下百五十萬斛，藴湖明越，其數大半，朝廷經費之源實本於此。伏望聖慈專委漕臣乘此暇豫之時，遍行郡邑，延問父老，考究漢唐之遺制，檢舉祖宗之成法，應明越湖田，盡行廢罷，內有積生茭葑淺澱去處，許於農隙量差食利户旋行開撩，稍假歲月，盡復爲湖。非徒實利，有以及民亦以仰副陛下勤恤勸戒之意。

宋 李心傳《建炎以來繫年要録・紹興十三年三月辛亥》 明州言：自廢廣德湖田，歲失官租三千餘斛，請復以爲田。從之。事祖見九年五月。

宋 衛涇《後樂集》卷一五《鄭提舉札》 某夏初，附來使具稟謝之削，深懼荒率失事大之恭，爾後多留山間。又苦脾疾不常，姓名不敢數登記，府然區區，尊慕德誼，實未嘗一日廢不悉。尚蒙矜恕，否時事遽如許諸公，方當深念郎中憂國之誠，諒不能忘，今弭節既久，畿內蒙福多矣。某偶有所聞，或可助諏詢民瘼之萬一者，某寓居江湖間，自曉事以來，每見陂湖之利爲豪强所擅，農人被害無所赴。愬澱山一湖，廣袤四十里，澤被三郡，沿湖民田百年無水旱之患，蓋湖之勢高而水清，江之勢下而水濁，湖以潴水，遇旱則資灌溉，江以泄水，遇水則可通放，且湖水不壅，則江中海潮往來，濁泥得湖水衝動，不能停積。凡通湖浦漵，無壅塞之患，江湖之水相通，乃爲農人之利也。數十年來，湖之圍爲田者，大半皆出豪右之家，旱則獨據上流，沿湖之田無所灌溉，水則惟知通放湖田，以民田爲壑，兼湖水既不通濁潮，貯渟通湖，水道浦漵皆爲之湮塞。江湖既隔絶，旱無所灌溉，水無所通泄旁湖，被江民田無慮數千頃，反爲不耕之地，細民不能自伸，抑鬱受弊而已。每爲慨念淳熙間，今吏書羅丈爲使者，因閲詞訴，遣僚吏相視利害之實，即以上聞，即日報可，被旨開掘山門溜五千餘畝，乃一湖喉襟。由是數十年之害，一旦盡除，灌溉之利亦漸復。八九年間，小有水旱，果不爲灾，此利害曉然易見者。紹熙初，忽爲中天竺寺挾巨援指間，使司吏輩并緣爲奸，子宜徐丈亦不深究，遽爾給佃。因民詞再得旨開掘，事雖施行，緣冒佃者不曾行遣，小人無所忌憚。今春復有頑民數輩，約從毁撤向來禁約石碑，公然圍築。稍孰何之者，輒持刃相向，更有甚可慮者，不止此。凡良民惟從事常産，趁逐湖田者，率是頑獷。方趙永、王貴盛時，初刱築此田，多招納亡命逃卒以爲爪牙，豐年僅幸無事，稍歉即群起爲盗，出没江湖間，客旅爲之絶迹，居民亦被其毒。此某丱角所親見，今不早除，它日爲盗賊之淵藪無疑，此尤可念也。浙西多仰陂湖之利，非它處比。前後圍裹陂湖，禁戢甚嚴。且載甲，令臣僚申請尤多。某得淮東，陛辭日，曾論此事甚詳，少定或檢尋得當，録拜呈求教誨也。某以先妣襄事在九月，方勉强躬土木之役，憂冗萬狀，鄉中父老有請，且某粗知本末，臨筆不覺縷縷。

元 馬端臨《文獻通考》卷六《湖田圍田》 紹興五年春二月，寶文閣待制李光言：明、越之境皆有陂湖，大抵湖高於田，田又高於江海。旱則放湖水溉田，澇則决田水入海，故不爲灾。本朝慶曆、嘉祐間，始有盗湖爲田者，三司使切責漕臣甚嚴。政和以來，創爲應奉，始廢湖爲田，自是兩州之民歲被水旱之患。壬子歲，嘗取會餘姚、上虞兩邑利害，自廢湖以來，每縣所得租課不過數千斛，而所失民田常賦動以萬計。遂先罷兩邑湖田，其會稽之鑒湖、鄞之廣德湖、蕭山之湘湖等處尚多，望詔漕臣訪問，應明、越湖田，盡行廢罷。其江東西圩田、蘇秀圍田，併遍下諸路監司守令條上。詔諸路漕臣躬親相度，以聞於朝。

清 馬慧裕《湖田占水疏嘉慶七年**》**《清經世文編》卷一一七 竊以民生資乎穀食，而穀稻資乎水利，水利資乎堤垸。故近水則腴，遠水則瘠，所在皆然。湖南長沙、岳州、常德、澧州四府，濱臨洞庭，各屬多就湖之濱築堤墾田。惟是洞庭一湖爲川、楚、黔、粤諸水匯宿之區，自應使湖面廣闊，旁無壅滯，方易於消納，乃湖民與水争地，常有衝决漫溢之憂。經前撫臣蔣溥題請，近湖荒地禁民築墾。查湖南瀕湖十州縣，共官圍百五十五，民圍二百九十八，刨毁私圍六十七，存留私圍九十一。其内官圍係雍正間發帑修築，民圍係業民陸續圈築。奏準存留，一體歸入歲修，無論官圍、民圍，俱係業民自行修補，官爲督率。每年九月興工，不分畛域，及除易工程，皆係通垸之民按畝出工，通力合作，於次年二月工竣。三月内勘明，取結詳請奏聞，并無設存官修、民修，防除搶築等費亦無保固年限。其刨毁私圍，見俱洗刷殆盡，永禁修築，并無阻礙水道之處。至存留各私圍，係臣此次遵旨歷勘長沙等九州縣，共續報私圍埂九十四處，内有湘陰縣錫江山私埂二道，華容縣馬家私垸一處，均有礙水道，先經勒令刨毁，不準修復。餘俱築自乾隆二十八年以前，未經列入應留應毁册内。見查各堤身僅高一二尺及六七尺不等，每逢江湖灌漲，水高一二丈，此等數尺之堤，早已漫溢過頂，實不能與湖水争勢。數十年來，尚無阻抑泛溢之事，圍内業民水小藉以衛田種植，水大任其漫衍流行，每年廣種薄收，全賴捕魚刈草之利以完賦課。歷久相安，目可無庸勒令刨毁，致令失所，應以見在堤埂長高丈尺爲限，示之準則，永禁增築，庶水利民生兩無妨礙矣。至此外各屬，非近江近湖之田，皆藉塘池以爲灌溉，塘池水足，則夏初久晴，亦挹注有資。乃愚民昧於遠計，往往廢水利而圖田功，不獨大江大湖之濱，即自己輸糧管業之塘，亦培土改田，截流種稻。彼徒狃於雨，暘時若之歲，以塘爲無用，不知偶值旱澇，所得不償所失。又流潤之水，遠近取資，若徒恃己業，截壅爲田，則上溢下漫，無不受累。見在各屬訟案糾紛，大半由此。臣愚以爲國家生齒日繁，地土甚闢，至於關係水利之蓄洩，當仍以地予水，而後水不爲害，田亦受益。小民不能遠慮，貪目前之小利，忘經久之大計，臣思從前已經開墾之田，逐一清釐，固恐滋擾。若自今以往嚴行禁止，於東南各省甚爲有益。應請皇上敕下，凡地闢蓄水及出水者，令地方官親自勘明，但有礙水利，即不許報墾。如有私將塘池改墾爲田者，查出重懲。此實治水務農、裨益民生之一大端也。

清　李宗羲《黄水下注遵旨豫籌防範疏》《清經世文續編》卷九〇　同治十年，侯家林決口，旋即合龍。上年侯家林以南之王老户等處又復潰決，黄水騣騣南趨，猶幸大溜，仍向東北。其分流入運者，擠清下注曹州等屬，首當其衝，被灾甚重。江境則銅沛一帶湖田，亦已被淹不少。江北數十萬生靈引領以待，東省之堵口庶幾可緩，剥膚之灾乃自秋徂冬，協款已定，水勢漸涸，尚未聞集料興工力籌堵。合臣等正深疑慮，欽奉上諭，飭令豫籌防範，始知東省已罷堵口之議，在署撫臣文彬審時度勢，誠有不得已之苦衷，而江省防河之策，更有萬分爲難之處。臣等參考圖説，博采衆議，證以近日黄水情形，敢爲皇上縷晰陳之。查江境運河與東境運河相接，如果黄水下注，由鉅野嘉祥金鄉魚臺境内迤邐而南，直達南陽、昭陽、微山等湖。湖底久已淤墊，一經普漫，仍以中運河爲消路，運堤殘缺五六十處，隨處可以横流。無論修補甚難，即使一律培補，而欲以淺窄之運河，容泛濫之黄水，不待智者而知其立形潰決矣。

清　彭玉麟《遵旨查明據實縷陳疏光緒四年**》**《清經世文續編》卷九八　武昌縣十居其五，各縣又分居其五。以武昌縣犬牙相錯，多毗連各縣故也。而武昌縣之田畝又莫廣於三坂，曰上西洋坂，中西洋坂，下西洋坂。此三坂人稠地寬，俗稱九堡半，若每年不被水灾，計堡耕種可播穀種三十餘萬石，每石穀種如遇豐收，可得穀十石有餘，約計可收設三百餘萬石。又加各州縣所屬濱湖之田，雖地有寬窄，田有肥瘠，綜計亦可收穀三百餘萬石，而此六百餘萬石穀之收成全賴濱湖田地之不被水淹。欲求濱湖田地之不被水淹，全賴樊口地方之建築閘壩。無閘則無堵禦而田淹，田淹則弱者轉于溝壑，强者流而爲盗賊。有閘則水有關攔而田熟，田熟則農得倍收之利，國多維正之供。此事利害甚鉅，是非甚顯，關係甚重。然該處居民各執一説，不盡以建閘爲然者，何也？樊口乃魚米之鄉，百姓謀生者有二，一則有恒産者以耕田之業，一則無恒産者以捕魚爲業。耕田者惟恐江水内灌而禾稼被淹，捕魚者惟恐江水不内灌而罟網失利。利本相反，勢不并存。

藝文

唐　劉長卿《劉隨州集》卷五《上湖田館南樓憶朱晏》　漂泊日復日，洞庭今更秋。白雲如有意，萬里望孤舟。何事愛成別，空令登此樓。天光映波動，月影随江流。鶴唳静寒渚，猿啼深夜洲。歸期誠已促，清景仍相留。頃者慕獨往，爾來悲遠游。風波自此去，桂水空離憂。

唐　韋應物《韋刺史詩集》卷四《送唐明府赴溧水三任縣事**》**　三爲百里宰，已過十餘年。祇嘆官如舊，族聞邑屢遷。魚鹽濱海利，薑蔗傍湖田。到此安甿俗，琴堂又晏然。

唐　黄滔《黄御史集》卷二《下第》　昨夜孤燈下，闌干泣數行。辭家從早歲，落第在初場。青草湖田改，單車客路忙。何人立功業，新命到封王。

唐　李頻《梨岳詩集·送德清喻明府》　棹返霅溪雲，仍參舊使君。州傳多古迹，縣記是新文。水柵横舟閉，湖田立木分。但如詩思苦，爲政即超群。

唐　許渾《丁卯集》卷上《贈鄭處士》　道傍年少莫矜誇，心在重霄鬢未華。楊子可曾過北里，魯人何必敬東家。寒雲曉散千峰雪，暖雨晴開一逕花。且賣湖田釀春酒，與君書劒是生涯。

唐　鄭巢《鄭巢詩集·送人南游》　南京路悄然，敧石漱流泉。遠寺寒雲外，揚帆暑雨前。雁行回曉岫，蜃色上湖田。更想清吟處，多同隱者眠。

唐 朱慶餘《朱慶餘詩集·送浙東周判官》 久聞從事滄江外，誰謂無官已白頭。來備戎裝嘶數騎，去持丹詔入孤舟。蟬鳴遠驛殘陽樹，鷺起湖田片雨秋。到日重陪丞相宴，鏡湖新月在城樓。

宋 歐陽修《歐陽文忠公集·居士集》卷一〇《智蟾上人游南岳》 終日念雲壑，南歸心浩然。青山入楚路，白水望湖田。野渡惟浮鉢，山家少施錢。到時春尚早，收茗緑巖前。

宋 岳珂《玉楮集》卷八《泥行終日至晡始抵中橋六絶》 農家未補眼前瘡，却種湖田作早糧。別浦誰家夜鳴櫓，踐殘一半不成秧。

宋 岳珂《寶真齋法書贊》卷六《村舍二首》 尚平多累自休難，一日深居一日安。山路有雲收獵網，水亭無月掛漁竿。花間酒氣春風遠，竹裏棋聲夜雨寒。三頃湖田秋更熟，北牕誰拂舊塵冠。

宋 廖行之《省齋集》卷一《和游子嘆》 前年春種方萌蘖，我喜君來屐幾折。今年湖田農正忙，君從伯氏聽漁榔。平生四海饒足力，到處哦詩不虚日。高懷一笑無心雲，暮秣燕冀朝吴殉。從渠小知但莽蒼，羈靮維絡游龍顙。男兒遇合自有秋，此志寧爲温飽休。

又 卷四《壽湖南汪倉十首》 六月湖田槁欲燋，岳雲俄起雨如川。不憑公意回天意，争得饑年變有年。

宋 吴芾《湖山集》卷一〇《送津赴紹興倅八首》 我曾開鑿鑒湖田，功竟難成愧昔賢。汝謁馬祠須問訊，此湖興復是何年。

宋 姚勉《雪坡舍人集》卷二一《問雁》 家山已作一月踈，囑雁爲取秋風書。雁飛竟去已幾日，乃爾寂寂知何如。曉霜雁聲又東去，急起出門呼雁住。前時囑爾爲寄書，汝今將書落何處。雁言丈夫志非常，桑弧蓬矢示四方。顧家安足就大事，底用屑屑悲故鄉。吁嗟來汝空中雁，黄耳猶能書往返。飛奴解遞丞相箋，鶺鴒亦傳商婦簡。帛書自古倩世傳，詩人流咏知幾年。汝今何事倦來往，應我不如蘇武賢。雁言君擬乃如此，信史不如無此史。當年常侍枉教欺，我亦安能書萬里。湖田漠漠多菰蒲，就食聊寄江南居。書郵安得爲人作，君欲覓書尋鯉魚。

宋 陳宓《龍圖陳公文集》卷四《題安溪流惠亭陳塘舊水亭曰瑞蓮歲久頹圮廣而新之以塘爲放生池因改名流惠亭**》** 平蕪幾載翳雲烟，一日重開便豁然。須信耕桑皆帝力，謾將翔泳祝堯年。金堤新插千株柳，玉井仍看十丈蓮。縣令欲同民快樂，西風來看遶湖田。

宋 張侃《張氏拙軒集》卷一《五雲門外湖田詩》 越中官賦重，有田即追呼。小民生計薄，何以存妻孥。前賢念民切，潴水啓鑒湖。自此歲常登，不計大有書。湖堙水漸涸，往往事耕鋤。禾根雖浸水，天秋翠平鋪。后王主生育，詎肯餒一夫。盡説湖田好，大勝行商車。商車利縱博，巨濤與險涂。湖田若不熟，明年豈全無。

又 卷二《拽碑嘆》 上虞溪湖十四處，昔日是田納官賦。逢秋民間欠灌溉，縣官作文告后土。民間以田浚溪湖，田上官賦却抱輸。閑時潴水旱時用，縱未全熟無全逋。古來人心平似砥，今來人心薄于紙。不念平人輸賦苦，情願自爲悠久計。大臣奏事怡天顔，以民爲基古已然。况乃民間推己有，明知食是民之天。此事傳來猶未久，爲雨爲雲翻覆手。拽碑使平命工磨，別鐫奇文垂不朽。鬼神訶護屹不移，至今碑上光陸離。噫嘻人心不如石，使我嘆息重嘆息。

宋 趙蕃《淳熙稿》卷一七《投王饒州日勤四首》 我行三日鄱陽路，每向居民説歲年。蕎麥吐花勝宿麥，山田小旱熟湖田。

宋 周麟之《海陵集》卷一《憂旱》 老農病旱如膏肓，汲井灌秧秧已黄。湖田半作龜兆坼，河渠斷道不可航。救旱不必焚巫尪，當去民害烹弘羊。嗟哉銷變此不務，龍川佛舍徒祈禳。中興天子食不遑，側身感天天與祥。霈然坐待三尺雨，擬賦雲漢歌宣王。

元 成廷珪《居竹軒詩集》卷三《送松江朱焕章之烏程令尹》 新除令尹烏程去，霜落湖田十月初。貂帽錦衣懷印綬，青簾白舫載圖書。到官先謁將軍府，省俗仍陪太守車。東望吴淞三百里，莫因蓴鱠賦歸歟。

元 戴表元《剡源集》卷三〇《張景忠學正之平江》 江南最好説蘇州，傍得閒官也自由。市舍酒香春四坐，湖田租熟雪千舟。歌成爛熳烏絲寫，意到縈紆畫鷁游。我亦少年心性在，經從準擬作遨頭。

元 郝經《陵川集》卷三《雲夢》 群山避鄢郢，霜净楚天遠。秋色浮雁背，風水蘆花滿。陂澤通江湖，田岸藏町疃。橫匯淵藪大，散漫稻畦淺。積烟晚翠重，老浪虛白卷。乾坤入涵混，魚龍深宛轉。殘嶺土崖斷，餘浸黑壤輭。平崗繚中洲，澗甸負長坂。勁竹密如簀，綠粉封紫筍。忽向青楓末，半出黃檞峴。北人有圖畫，却向此間展。選鋒一萬騎，掣電鐵滿眼。更不顧虜獲，直向腹心翦。昨去今飲江，埽道草盡偃。何處仍三户，踐踩殆不免。荒莊自池臺，寒蔓相挂罥。鵝鸛不知家，悠悠忘還返。注目浩無際，馳想首重俛。何時結茅屋，老吟寄殘喘。濯纓謝漁父，瞑卧汀沙晚。

元 李繼本《一山文集》卷二《夕次同川》 鴉噪晚凉天，新晴景豁然。柳橋通水市，荷港入湖田。鷺影沙頭月，人烟渡口船。相過又相别，書到是明年。

元 劉仁本《羽庭集》卷一《湖田閔，上虞也，田利于湖水而或奪于豪石，民甚病焉，故作詩以閔之也》 漠漠湖田，瀕于海堧。爲畎爲畝，湖水漣漣。以溉以灌，稼穡薿薿。弗溺于澇，弗暵于乾。

又 卷二《過上虞西溪湖二首》 千頃湖田百頃陂，波光山色水相依。蒼烟釣艇漁歌起，野水人家燕子飛。培塿蛇蜒青不斷，池塘楊栁綠成圍。數聲牧笛雙溪外，熟路牛羊下夕暉。

又 湖田漠漠上虞鄉，葑蕩陂塍復舊疆。九十九溝春水滿，一重一掩岸花香。山禽布穀催東作，泥馬移秧過别莊。慚愧省耕非我地，遲歸猶坐野人航。

元 馬玉麟《東臯先生詩集》卷一《唐伯剛幽居》 唐侯不受官，移家水雲鄉。養鶴置湖田，種魚買陂塘。蒲荷亂書帙，薜荔牵衣裳。黃鳥下窺人，白雲飛近牀。挐舟時一過，爲我開高堂。金石雜鼎彝，烟霞爛文章。行厨薦嘉鯉，澗毛愜新嘗。清歌窈窕出，紫酒蒲萄香。萬事付春夢，百榼送流光。余髪昔如漆，把鏡今已霜。負郭二頃田，繞墻百株桑。早晚落吾手，願與歌滄浪。

又 卷四《聽雨樓夜坐次韻張仲舉學士》 江雨飛来夜氣澄，小棲高處冷於冰。聲留蕉葉頻欹枕，影亂簷花獨對燈。遠客異鄉添白髮，故人何處擁青綾。致君堯舜慙無術，思入湖田睡未能。

元 馬祖常《石田文集》卷三《書事》 伏蒲論事屢逢訶，白髮而今更奈何。好去仙山尋種杏，敢期帝里要鳴珂。囊中舊笏書青竹，篋裡新袍稱紫荷。百畝湖田三畝宅，南天春雨白鷗多。

元 謝應芳《龜巢稿》卷二《嘉定雜詩二首》 黍熟湖田花鴨飛，雨香秋浦簖魚肥。野翁織屨街頭賣，日暮裹塩沽酒歸。

又 卷三《次韻贈管伯齡》 風塵連四海，身世同一漚。斯文幸未喪，同類猶相求。蜉蝣果何物，敢作撼樹謀。諸公新亭淚，可笑學楚囚。我無西園金，孰問東家業。嗟爾一片玉，産此崑山州。天門九重深，献納亦末由。江村茅屋雨，湖田稻花秋。門外車有轍，窓前水長流。時無華子魚，幼安誰與儔。濯足弄雲水，商歌興悠悠。胸蟠五色線，唾視萬户侯。針芥適相遇，珠璧驚暗投。酒盃接殷勤，詩盟結綢繆。千金享敝帚，猶曰不易酬。新知如故交，一笑忘百憂。停杯問蒼天，干戈幾時休。金風雖乍起，火雲未全收。溪橋柳陰清，繫我三日舟。摻執不忍别，相期重来游。

元 張昱《張光弼詩集》卷七《寄胡侍御》 後市街頭相見稀，此翁眞是早知機。浮沈里閈陶彭澤，輕易官資白紫薇。小妾畫堂楊柳曲，高年白髮薜蘿衣。風流莫負特螯事，越上湖田蟹正肥。

元 朱思本《貞一稿》卷二《湖田》 湖田春水漲，遠近富魚蝦。浪接雲邊樹，風回海上查。鷸浤深畎畝，浩蕩失津涯。農事嗟何及，豐年望更賒。

又《題玉臺觀》 冉冉春光取次歸，玉臺高處閱清暉。湖田水漲耕夫息，野渡舟橫過客稀。篁竹籠烟饒綠暗，櫻桃帶雨長紅肥。心清隨地皆仙境，何用尋真入翠微。

明 陶安《陶學士集》卷二《送庸田僉事》 庸田使者乘軺車，閱得太史河渠書。姚江農民西引領，庶幾來此吾其蘇。傷心今歲夏秋月，甘雨不降禾苗枯。海潮東回救不得，老稚無異涸轍魚。曩從官軍過州境，編户奔走頻供需。計畆斂錢築城去，役繁未見民力紓。正逢稔歲亦饑餒，遭此乾暵窘室廬。往年有詔甚寬厚，恩澤至今流海隅。既蠲湖田主户米，亦減水深長蕩租。皇華光臨浙江左，忍視瘡痏無完膚。曉霜方寒問道路，冬雨未霽行泥塗。我願歲豐水旱無，公賦早輸私有儲。國家富足民歡娛，且免使者勤馳驅。

明 劉嵩《槎翁詩集》卷六《送白石上人游江東》 東望龍山一片雲，飄飄徑度大江濆。金山樓閣中流見，天界鐘竽白日聞。雁下湖田秋欲暮，鳥飛淮浦路遥分。浮盃更過維揚去，何處松岩譯貝文。

明 楊士奇《東里集》卷二《高郵》 四顧無山色，蒼茫極遠天。水雲涵郡郭，秔稻被湖田。草舍津頭市，菱歌柳外船。覊愁念前路，非爲別離牽。

明 邊貢《華泉集》卷七《插秧歌》 紅石岡頭夜雨晴，湖田水滿接堤平。行人欲問年豐儉，試向田中聽鼓聲。

明 郭諫臣《鯤溟詩集》卷四《陳氏湖田別業晚集》 携酒臨山閣，杯深客漸醺。湖心淹落照，樹杪度春雲。風急鴉群亂，山高鳥道分。歸途無醉尉，誰詰李將軍。

明 韓奕《韓山人詩集·秋日》 百事年來盡懶爲，閉門高臥動經時。秋來深悟芭蕉喻，歲暮聊吟蟋蟀詩。巷陌草深人住少，湖田水没雁來遲。人生適意無貧賤，尊酒鱸魚且自持。

明 姜埰《敬亭集》卷四《簡弟垓詩稿將付剞劂》 七子才名每自憐，每日詩便作去，那得有嘉隆才子名也。豐城寶氣隱龍泉。玉樓天上青蒲痒，金椀人間碧草芊。余葉書成魚豕日，何王心許棗梨年四友姓。阿咸窮困眞無賴，欲棄湖田作版錢。

明 李東陽《懷麓堂集》卷一三《和李若虚韻》 芋區瓜圃地相聯，仄徑多從斷岸邊。鄰曲望疑沽酒市，兒時憶上打魚船。年華未改先驚暮，風景重來不及前。更説農家少生事，一番秋水没湖田。

明 林俊《見素續集》卷三《三江翁歸老贈篇次韻》 夾江蓮蕩問湖田，夢裡還家此信然。遇比王曾名故重，錫同疏傅寵逾偏。放懷笠澤收奇勝，結會香山感昔賢。静養功深行勿藥，白麻新詔起朝天。

明 劉城《嶧桐詩集》卷八《消夏》 幾頃荒蕪幾歲年，旱餘水長没湖田。徵求使者持三尺，斥賣先人業萬錢。敧案隱囊何處是，營書蓄墨不徒然。緑陰容席妖氛遠，澹蕩薰風伴書眠。

明 馬中錫《東田漫稿》卷二《李西涯韻答之時張赴浙臬》 和靖寒花一樹無，湖田聞有吏催逋。寫圖不盡都官意，此去憑君自泛湖。

明 莫如忠《崇蘭館集》卷七《答皇甫司勳相訊》 兵戈海上未全休，生理蕭條漸白頭。儉歲湖田常苦雨，索居門巷早驚秋。姓名與世從呼馬，榮進無心學飯牛。惟有同聲千里外，相憐不惜夜珠投。

明 歐大任《歐虞部集十五種》卷六《同何太僕泛舟作》 桂檝飄飄珠浦前，上書寧待鑒湖田。歸同賓客居閒日，恩在君王賜告年。月下錦袍江祖石，烟中翠被鄂君船。乘風直到金銀闕，誰道凌虚不是仙。

明 邵經濟《泉厓詩集》卷一〇《餞後岡考績入覲》 使君報政上瑶天，爲説湖田近可憐。赤地頻仍煩涕淚，蒼生何以出顛連。即看鳳閣絲綸重，會見龍池雨露偏。萬里春情回草野，五雲嘉氣遍菑田。

明 孫永祚《雪屋二集》卷一《家庶明邀過湖田別業》 歌吹西郊日，青春海晏年。水郵多曲處，茅閣獨悠然。遠勢山縈叠，閒情柳起眠。夕陽猶未下，散作海棠烟。

明 譚元春《岳歸堂合集》卷三《客夜聞布穀》 百鳥宵正寂，鳴蛙聰未起。布穀何處啼。關我鄉園喜。昨得湖田信，新雨潤一指。日者諒已耕，田事皆經始。莫我出門來，事事後鄉里。賴有此聲切，或入家人耳。

又 卷五《得家書二首》 開封心不定，母弟定催歸。何意良朋札，亦言游久非。湖田秋在麥，河水夜侵磯。堅我遲遲發，家人幸未饑。

又 卷一六《客夜聞布穀》 百鳥宵正寂，鳴蛙聰未起。布穀何處啼，關我鄉園喜。昨得湖田信，新雨潤一指。日者諒已耕，田事皆經始。莫我出門來，事事後鄉里。賴有此聲切，或入家人耳。

明 陶汝鼐《榮木堂合集》卷九《湖中吟四首》 湖田數萬頃，化作湖水身。豆穀盡蕪没，魚鰕知苦辛。

明 屠隆《白榆集》卷四《顧野王讀書堆》 希馮秀巖穴，高韻掩時賢。香挹花間露，清分竹裏烟。春莎平墓道，秋雨漲湖田。颯颯長林下，黃狐飲澗泉。

明 魏畊《雪翁詩集》卷一〇《峴山登眺憶潘居貞却寄》 秋濤滾滾撼城回，峴首亭高返照來。斥堠遠山兵馬動，湖田近縣稻花開。霑衣北闕關河阻，流浪他鄉老病催。故舊殘年思會面，每因風景重徘徊。

明 吴與弼《康齋文集》卷三《别湖田》 際曉晴開一葉舟，故人高誼共悠悠。回頭却憶沙頭别，寒菽糢糊烟樹稠。

明 夏言《夏桂洲文集》卷六《贈饒湖田方伯之蜀》 杏苑初誇緑髩郎，薇垣今見帶腰黄。壯年正籍馳驅健，莫厭青天鳥道長。

明 謝晋《蘭庭集》卷下《題郭宗儀半野軒》 竹樹縈迴帶板橋，一溪流水隔塵囂。成村只有三家近，去郭都無四里遥。春雨樓臺窗裏岫，寒宵更鼓枕邊譙。湖田渺渺山塘路，烟月平分景倍饒。

又《横塘深趣》 周郎舊業横塘東，山明水秀清無窮。軒窗景致四時在，佳趣不與尋常同。烟霞縹緲成林壑，竹樹縈迂帶村落。山寺鐘來近上方，石橋路轉通新郭。日午汀洲花盡開，人家臨水半樓臺。畫船載酒春趁客，時擁笙歌水上來。高堂永晝簾齊捲，闌外風微柳垂軟。開庭千頃緑陰濃，隔墅一聲黄鳥囀。誰能高遁老江鄉，琴書終歲樂徜徉。陰陰門巷連桑柘，漠漠湖田移稻粱。嗟予十載去鄉里，客舍半間闤闠裏。短笻擬欲訪林泉，重賦歸來卧雲水。

明 謝遷《歸田稿》卷七《元旦紀興次雪湖韻》 郊居忽漫入新年，老去襟懷益澹然。三島晴霞瀕海曙，一犁春雨傍湖田。村醪獻壽聊相慰，野服迎賓取自便。獨奈沉陰妨賀轍，願瞻旭日麗中天。

明 薛瑄《敬軒文集》卷二《過儀真》 忽忽過儀真，來往已三度。茲行復祗召，嚴程還北去。湖田收晚禾，長堤落秋樹。已遠金陵山，漸近廣陵路。乘月宜舟行，牽者且莫住。

明 嚴怡《嚴石溪詩稿》卷五《宿芹湖田家》 天惱梅花漏春信，東風忽起千林振。客子衣單路悠遠，村酒閉門難借問。喜逢田父湖西路，自言家在湖南住。不辭濁酒甕菜羹，白駒暫繫庭前樹。稍喜田家風味好，茅屋自來塵不掃。妻能刺語息兒啼，槽有枯箕從馬飽。縱然田父知好客，古木叫風眠不得。野外何曾聞漏聲，秖聽雞鳴辨天色。曉辭田父歸城市，田父寄言明府吏。里社無人横索錢，年來雞犬多生意。

明 葉盛《涇東小稿》卷一《次韻奉答孫南溪先生見寄》 執友能憐我，書来别思牽。湖田多歉歲，慈母正高年。緑髪風霜改，丹心日夜懸。恩深勞聖主，未即許南旋。

明 余學夔《北軒集》卷一五《題凍上人八雁圖》 雁陣驚寒八月秋，幾雙飛下荻花洲。一汀蘆葦江天闊，十里湖田草澤幽。北起未因書札寄，南來正爲稻粱謀。相呼其喜無矰繳，飲啄隨陽不自由。

明 余有丁《余文敏公文集》卷一二《憶舒園寄諸友》 小有樓居海嶠邊，百花島嶼半湖田。身疑蓬閬真仙侣，地縮台明小洞天。八斗分來詩卷裏，萬山飛落酒尊前。風流總憶應劉輩，赢得人傳漢魏年。

明 袁宏道《袁中郎全集》卷四〇《香光林即事用前韻》 宦網弛三面，禪心積久灰。歲功聽瓦卜，天紐問杓魁。老蠹穿香節，寒蟲叫古槐。江花排岸出，沚水到門回。割裂窮巴衍，俳優畜馬枚。沉思竭廢井，久語墮梁煤。子鶴難爲父，妻梅不用媒。立窓石皺瘦，困雨竹嚌頹。花社僧來訊，鷗鄰長可推。附舟求洞藥，置檻養盆苔。作意爲農去，湖田怕長萊。

明 袁凱《海叟集》卷二《出西郊》 谷陽門西路，瀰汩澍清川。舟艫相縈帶，蒲荷亦芊綿。依依望江渚，漠漠盼湖田。湖田今有秋，老稺飯紅蓮。此實父母邦，亂離乃棄捐。垂老幸得歸，不識陌與阡。卜築願茲始，逍遥終百年。

明 張寧《方洲集》卷七《送余大尹》 山郭惠風和，湖田好雨過。鳴琴初住響，行旆又聞歌。赴闕心應重，懷民夢亦多。旌褒垂已及，天詔有餘波。

明 張羽《静居集》卷四《耕漁軒題寄徐良夫》 之子住銅阮，人傳好事名。如何同甲子，翻遣昧平生。野岸風中釣，湖田雨後畊。秋天漸涼冷，或可赴前盟。

又 卷五《秋日登戴山佛閣》 風物澄明宿靄收，登山欲盡更登樓。一行白雁投南下，百道清溪向北流。野嶂雲歸初歇雨，湖田稼熟始知秋。空門寂寂無塵事，騁望端能散客愁。

明 趙用賢《松石齋集》卷三《送陸山人昺還吴便道將登太山》 垂白詩名入洛年，杖頭行色又翩翩。符探漢策金泥秘，觀指吴門練影懸。夜雨江楓揚子渡，秋雲菰米太湖田。中林舊侣如相問，謂報爲郎愧又卷八《聞顧華玉謫全州二首》　南中郡檄非嚴譴，白下萊衣得便歸。但使柳侯能變俗，莫言陶舍早知幾。傷心絶塞一揮淚，回首高天空落暉。已卜湖田堪種秫，耦耕他日豈相違。華玉有田湔里故云。

明　朱曰藩《山帶閣集》卷七《坐館中五韵》　長嘯入重湖，田廬喜未蕪。窗文搖水鏡，雲朵媚香罏。静諷楞伽偈，閒披山海圖。勞生竟何益，道在且從吾。

明　祝祺《樸巢詩集》卷四《郊行》　爲愛梅花好，行吟過古灘。山如屏嶂列，人作畫圖看。野燒湖田渺，夕陽松寺寒。流連不歸去，欲別酒家難。

又卷五《憶吴柳寛湖上》　移家偏喜傍湖田，湖上山山翠欲連。十里藕花留客酒，一灣楊柳釣魚船。音書久已疏柴户，詩畫多應勝輞川。我病又虚浮渡約，雁鴻空叫水雲邊。

清　畢沅《靈巖山人詩集》卷八《冬夜咏懷》　老樹鏖風策策聲，書樓夜静景凄清。曲屏小榻回孤夢，明月荒城打二更。人爲驟寒生酒病，友因遠别散詩盟。此身未是無歸處，數棱湖田廢不耕。

又卷一五《寶應道中》　凉風吹落日，瘦馬度荒郊。亂葉投枯磵，寒禽争廢巢。近湖田有蟹，遠郭屋皆茅。最愛疏籬外，青黄綴苦匏。

清　曹溶《静惕堂詩集》卷一一《故里吟》　我本禾中民，暫作姑蘇客。一年一度歸去來，每見人情不如昔。惡雨連春蠶箔難，湖田浸水桑苗殘。鄉村苦盗市苦役，家無斗米衣裳單。成群游手貪游玩，傳訛頃刻騰郊閈。識者稍爲違俗行，輒起千人横目看。負販低昂物價貴，里正胥徒熱可畏。拄屋空遺一卷書，面色如灰少生氣。親知恤我招我返，具區烟浪滔天遠。吴語輕浮莫久居，長卿倦轍今須挽。狐有首丘豈不憶，滿室蓬蒿除未得。伯通故迹依然在，傭保隨時寧敢悔。

清　陳維崧《篋衍集》卷四《苧蘿山》　出郭尋芳草，湖田近水濱。居然浣紗石，曾共沼吴人。苔上蛾眉月，溪流舞袖春。至今山下路，猶帶綺羅塵。

清　程瑞祊《槐江詩鈔》卷四《次宿遷》　一到江南是我鄉，故山遥隔暮雲長。寒燕日暖纔舒緑，堤柳春深欲吐黄。幾載緇塵嗟濩落，三年草玄。

又《别周元孚作周時被譴歸楚》　蘅門高掩尚湖田，忽報文星墮楚天。肝膽乍傾杯酒後，死生相憶箯輿前。停雲賦奪千秋雪，抱葉吟同五月蟬。君到懷沙如有問，衡湘歸雁起聯翩。

明　鄭岳《山齋集》卷六《送馬善徵致仕還吴》　君去洞庭何處住，海門迢遞接東甌。湖田歲熟收粳稻，烟渚秋高弄釣舟。漫説孔明無將略，早知若水是仙流。浮生萬事何時盡，都把閒情付白鷗。

明　周用《周恭肅公集》卷一《虚亭》　虚亭帶江郭，日出滄江流。客裘驚凄風，舉目望南州。南州復不遠，欲往川無舟。爲問雲中雁，湖田亦有秋。

又卷二《耕雲》　桐丘先生笑開口，問我湖田不知畝。一卷神農百穀經，今日居然落吾乎。農夫十耦牛十角，公家什一我什九。大田之稼歲十千，與公歲歲爲春酒。

又卷三《穀日》　穀日得無雨，農人知有年。况深幽薊雪，應熟傍湖田。肯展新書卷，從輸舊酒錢。秋風江水上，可念釣魚船。

又卷五《鄉居》　紅菱收鱉爪，紫芡摘雞頭。水國爾何有，湖田吾不憂。故人懷舊雨，稚子報新秋。老去宜蔬食，行庖合見留。

明　朱國楨《朱文肅公詩集·喜玄白兄以水部差歸見顧有作》　百畝湖田三草齋，儘堪結果老生涯。男婚女嫁無難事，酒伴碁邊有好懷。形體豈容常假借，桐棺須用早安排。兒孫側耳聽分付，閉眼青山就去埋。

明　朱朴《西村詩集》卷上《吴江道中》　江上芙蓉著晚花，故人書畫泛輕槎。廿年往事今重省，雙鬢逢秋各有華。水落湖田漁網集，天低澤國雁行斜。垂虹橋下堪停棹，碧樹紅簾賣酒家。

明　朱應登《凌溪先生集》卷五《立秋後一日過興隆次韻書懷》　辭家方首夏，奄忽臨秋期。行役良孔艱，運序一再移。那能不夙夜，行露多欽巇。緬藐親之廬，阻絶天一涯。心隨落日遠，目與飛雲馳。四月乏一書，何以慰遐思。湖田亦粗給，歲計無厚基。秋稼儻有穫，尚可豐華滋。私言秉昭曠，生産非所治。

馬首歷星霜。烟横谷口眠鷗待，只恐湖田半就荒。

清 鄧顯鶴《沅湘耆舊集》卷一〇《和李若虚韻》 芋區瓜圃地相聯，仄徑多從斷岸邊。鄰曲望疑沽酒市，兒時憶上打漁船。年華未改先驚暮，風景重來不及前。更説農家少生事，一番秋水沒湖田。

清 黄文暘《埽垢山房詩鈔》卷一二《采蓮曲》 佃田苦無主，買田苦無錢。水鄉之人嗟可憐，合家辛苦種湖田。一春辛苦田浸水，湖中荷葉青如錢。可惜荷花煑不得，且剥榆皮作飯喫。湖邊女兒昔如花，于今餓瘦無顔色。看見花開盼花落，落盡蓮花見蓮菂。坼面蓬頭盪小舟，采得蓮子不敢食。曬乾賣入城中去，大户朱門備果核。明年只願水平沙，田禾結實收盈車。多煑白飯日日飽，紅顔養得如蓮花。賣入城中不用哭，飽餐蓮子嫌粱肉。嬉游共上采蓮舡，嬌聲學唱采蓮曲。

清 黄鉞《壹齋集》卷六《飯鑒湖觀穫稻》 今年志于役，兩度過鑒湖。春來秧未插，冬至已運租。歲華遽荏苒，一飯眞須臾。青山遍紅樹，碧浪風舒舒。疏狂羨賀監，清暉能爲娱。居民擅美利，不復揆厥初。扁舟恣往來，那管閒菰蘆。馬臻昔開導，曾鞏曾序圖。請看盜湖田，今盡成膏腴。倉皇吾負腹，老農誠不如。

清 蔣景祁《瑶華集》卷一四《題寫生芋》 湖田幾稜分薑蔗，青青近依禾黍。促織聲邊牽牛花，外慣滴籬根清露。梢溝倚渚記錦里，先生小園秋暮。野色柴門，夕陽攜客斷畦語。圓荷滿陂匀翠晚，來風葉響一樣疏。雨白踏泥中紫收，霜後便好開筵。場圃燃糠煨處聽，呢呢空村夜闌。兒女多少，封君移家思傍汝。

清 蔣楷《天涯詩鈔》卷三《五日大宗招泛蕭家池同用蕭字》 百頃湖田舊采蕭，陂塘轉出第三橋。遠帆弄影移津柳，清雨無聲點晚潮。

清 李驎《虬峰文集》卷七《過南旺莊》 細雨清初夏，鳴蛙亂桔槔。湖田耕帶水，村犬吠迎舠。雲白沈溪潤，帘青出柳高。誰吾東道主，莫漫問香醪。

又 卷九《舟中偶成》 桃花影裏放船行，昨日愁陰今喜晴。近海畫橈。煙際闌干紅袖倚，城頭歌管白雲遥。共嫌競渡中流沸，散髮披襟趁風寒雁隼健，出村波潤鷺鷗輕。高低柳絮飛何盡，斷續漁歌聽欲傾。節逼清明農務急，湖田水退督牛耕。

又 卷九《九日遣懷》 佳辰思舊意都迷，愁見黄花籬畔低。章甫曾經裹烏髮，天閑竟未試霜蹄。烹鮮老去懷邾莒，魚比邾莒小國，王肅語。縱酒年來薄阮嵇。切莫登臺舒望眼，湖田聞又上鯨鯢。

又 卷一三《聞故園大熟》 天北天南雁日飛，故園何事信音稀。秖今杭南湖田熟，誰識飄零游子饑。

白湖

綜述

唐 權德輿《權載之文集》卷三五《蕭侍御喜陸太祝自信州移居洪州玉芝觀詩序》 太祝陸君鴻漸，以詞藝卓異爲當時聞人。凡所至之邦，必千騎郊勞，五漿先饋，嘗考一畝之宫於上饒。時江西上介殿中蕭侍御公瑜權領是邦，相得歡甚。會連帥大司憲李公入覲於王，蕭君領察廉留府，太祝亦不遠而至，聲同而應隨故也。先是，常舍於道觀，因復居之。竹齊虚白，湖水在下，春物萌動，時鳥變聲，支頤散髮，心目相適，蕭君悦其所以然也。既展賓主之既，又歌詩以將之，其詞清越，鏗若金璧，得詩人之辯麗，見君子之交好。詩既成，而太祝有酬之作，往復之盛，粲然可觀。

明 陸應陽《廣輿記》卷二 白湖，廬江周七十餘里，與巢湖相連。

又 卷一四 白湖，府城西，九真山之南，周三百餘里。

（光緒）《重修安徽通志》卷二九 白湖，廬江縣東北三十里，周七十餘里。其北爲排子湖，與巢湖相連，東南合西河，由無爲州界入江。

傳記

（弘治）《八閩通志》卷六四《章粹》 章粹，字仲容，浦城人，登元豐進士第。調盧江令，有巫以禍福惑人，粹究其奸，罪之。白湖之田沃壤千里，頻年水患，粹爲築堤防之，民享其利。代還，遷太府丞，考簿籍之謬誤，得羡財幾千萬。通判恩州，百廢具舉，適河溢，亦賴其捍禦，迄以無虞。

紀事

宋 釋惠洪《石門文字禪》卷二二《少陽義井記》 建炎元年六月，蔡陽野墅僧子辰俱潯陽檀越陳琦還自白湖。過少陽，渴甚須水，道傍皆近人，積水穢濁不索。相與嘆曰：江淮要衝，而地無美泉，何以止往來渴心？相約出錢開井于湖之左，而白湖楊元廣彦隆亦欲恊成之，有僧祖慶實董其事。工畢，泉甘凉，邦人賴以灌畦飲啜，行人盛暑爲歸宿之所。《易》曰：改邑不改井，以象正君子之有恤心，雖大行無加，窮居不損。又曰：井者德之地，以象有煩心之德虚其中，而不自有之也歟。嗚呼！二三人者不獨爲濟衆無窮之利，其亦尚德也哉。十二月望日記。

明 毛伯温《毛襄懋文集》卷四《白湖記》 新淦謝君乾祐，世居鳳山，山之下有白湖焉，□其戚杜君元俚請記於余。余未識乾祐，竹石太守乾祐之兄也，於余爲同年。墨潭正郎，元俚之先君也，於吾祖太守公爲同寅。元俚、乾祐皆通家也，記其可辭。夫湖大陂也，都也水之蓄而大者也。白湖之澄而清者也，蓄水之量也，澄水之德也。蓄而汪滙衍溢，澄而清廓泓渟，非源之長也有是哉？吾聞乾祐之先，昉於艮齋，曾大父仕載、大父能愼、父榮傑俱以忠厚起家，至乾祐承厥，休而擴之，秉禮尚義，與賢士大夫游則有嘉譽，捐其餘以濟人之急，恒如不及視。曳倨鞅掌泊如也。夫擴其令緒，蓄德日大，得湖之義矣。黜紛屏華不爲世塵所緇，得白之義矣。然遡而求之，艮齋源也，仕載導之，能愼浚之，榮傑瀹而同之，乾祐匯而豬，豬而澤焉。其所從來不亦長矣。乎是故人但見其澄以清也，而不知蓄之大，但見其蓄之大也，而不知源之長。余故表而記之，以爲欲知白湖者告。

藝文

唐 岑參《岑嘉州詩》卷一《劉相公中書江山畫帳》 相府徵墨妙，揮毫天地窮。始知丹青筆，能奪造化功。瀟湘在簾間，廬壑横座中。忽疑鳳凰池，暗與江海通。粉白湖上雲，黛青天際峰。晝日恒見月，孤帆如有風。巖花不飛落，澗草無春冬。擔錫香爐緇，釣魚滄浪翁。如何平津意，尚想塵外蹤。富貴心獨輕，山林興彌濃。喧幽輒頗異，出處事不同。請君爲蒼生，未可追赤松。

宋 陳宓《龍圖陳公文集》卷五《南園新作小舟與客游白湖柯某東海有詩次韻》 好着西湖藕似船，青秧緑水正相緣。漫從略約無人處，唤得蟬娟欲雨天。雲意愛隨雙槳動，山光秪在短蓬邊。小園暇日頻來往，老竹喬松看歲年。

宋 姜夔《白石道人詩集》卷上《昔游詩》 青草長沙境，洞庭渺相連。洞庭西北角，雲邊更無邊。後有白湖沌，渺莽里數千。豈惟大盜窟，神龍所盤旋。白湖辛巳歲，忽墮死蜿蜒。一鱗大如箕，一鬐大如椽。白身青鬐鬣，兩角上捎天。半體卧沙上，半體猶沈淵。里正聞之官，官使吏致虔。作齋爲禳祓，觀者足闐闐。斂席覆其體，數里聞腥羶。一夕雷雨過，此物忽已遷。遺迹陷成川，中可行大船。是年虜亮至，送死江之壖。或云祖龍讖，詭異非偶然。近日山陽人，采菱不知還。望見三龍浮，目若電火然。見龍多見尾，少見四體全。一龍已爲異，三者亦罕傳。又因漁湖側，水中忽生烟。烟中一驢出，繞身步蹁躚。俄隨霹靂去，欲語無由緣。我聞語此事，乘舟往觀焉。徑往枯葭浦，白鷺爭相先。湖有劉備廟，實司浩渺權。徘徊無所見，歸櫂月明前。

宋 李流謙《澹齋集》卷四《次德茂湖中韻》 秋風早已來吹人，朝數暮數唯歸程。白湖粘天行未了，單舸夜泊令人驚。更闌剪燭共愁語，酒醒彈鋏爲商聲。篙兒飯飽便熟睡，那識懷家去國情。

宋 廖行之《省齋集》卷二《宿白湖即事》 亂蟬聲裏夕陽村，野寺荒凉竹映門。汩汩溪流新過雨，芃芃禾稼已平原。老僧不省論詩句，初月猶能共酒樽。莫爲奔馳起歸興，東西南北一乾坤。

宋 劉攽《學易集》卷三《舟中二首》 野水今年長，青田入白湖。鄉音聞驛馬，風力驗檣烏。永夜眠雖著，高秋病未蘇。常憂北山拜，辛苦倩人扶。

宋 劉學箕《方是閑居士小稿》卷下《漁家傲》白湖觀捕魚 漢水悠悠還蕩漾，漁翁出没穿風浪。千尺絲綸垂兩槳，收又放，月明長在烟波上。 釣得活鱗鯿鯾項，篘成玉液香浮醖。醉倒自歌歌自唱，輕裊纜，碧蘆紅蓼清灘傍。

宋 蘇泂《泠然齋詩集》卷五《自述》 交友凋零似曉星，生涯依舊短長亭。前身房琯仍名永，今代蘇耽不姓丁。兒女成行頭自白，湖山相對眼終青。還鄉曲調如何唱，枯樹無言最可聽。

宋 王遽《清江三孔集》卷四《白湖泥》 昔浮洞庭浪，今踏白湖泥。水陸雖異趣，客程皆嶮巇。浮身無根株，轉徙長路岐。嘗聞昔人言，欲以瓦爲衣。風雨輒不出，華堂安所栖。我今南復北，擾擾亦奚爲。行役衆所同，浩歌聊自怡。

又 卷七《至白湖驛寄四弟》 江頭言别頗匆匆，暮止荒陂破屋中。散盡烟雲無夜雨，喚驚梟雁有春風。却思僧舍一少會，坐卷香醪百盞空。薄禄牽人非得已，相望秋思浩無窮。

宋 周紫芝《太倉稊米集》卷一九《舟次句茨》時寓白湖 移居來近玉湖中，漁户新添白脚翁。覓句深慙何水部，浮家全似陸龜蒙。山寒政恐無黄獨，地濕應須要鞠藭。晚日飄零天不管，雙梟乘雁聽西東。

又《寒食日歸郡舟中作二首》 世事聊相挽，吾歸亦有期。白湖爲客久，寒食到家遲。接屋花仍在，遮門柳自垂。向來歌社裏，應著老人嬉。

又 卷二〇《將歸白湖而雨》 世間那得此間身，恐是前生賀季真。白水窻間頻入夢，黄梅雨細却留人。重聽款乃烟中曲，净掃離騷几上塵。但得南風送歸棹，未應幽獨解傷神。

又《歸自白湖舟中作》 客舍三寒暑，扁舟入往還。殘年不如意，老色日凋顔。暗谷鳴珊珮，晴巒結翠鬟。江禽渾識面，似欲喚人閒。

又《寄家龍溪寺小閣初成時寓橫岡》 三年波浸白湖門，佛屋新分水北村。窻可近書真窈窕，室纔容榻頗深温。妻孥共社同香火，魚鼓催人作曉昏。雪頷已疏憐我老，雲蹤無定與誰論。

明 邊貢《華泉集》卷四《倫上人院晚坐次白湖韻》 過雨禪房寂，松筠一逕遮。梵筵青瑣珮，香竈碧山茶。鶴静欹寒水，僧閒數落花。詩人類迂僻，乘興即爲家。

明 林大輅《愧瘖集》卷一〇《芋原黄小江副憲留飲二首》 坐聞佳句振詩豪，十月霜花見絳桃。榕館雲青天路遠，芋原潮白海門高。巨卿留客催杯酒，漫士還家戀綈袍。烏石梅岡桑梓近，白湖遥夜興蕭騷。

明 邵經濟《泉厓詩集》卷七《新春書懷賦燕山篇二首》 臘去紓殘歲，春先報早除。梅花索共笑，柏葉爲誰書。谷口雲常白，湖南草不如。親闈千里外，瞻拜意躊躕。

明 吴之甲《静悱集》卷一《游白湖嶺遲友未遇》 幾望白湖嶺，今來始一過。春歸花發盡，山僻路迷多。石坐同僧飰，松行賴鳥歌。日曛聊獨返，細雨宿孤舸。

清 陳作霖《可園詩存》卷二《九月十五夜渡石白湖》時隨家君赴寧國 秋風瑟瑟搖菰蒲，平沙落雁聲相呼。漁子棹歌入烟去，叢叢遠樹雲模糊。晚來明月出東隅，水天一色弄雙珠。妙手徐熙畫不到，分明一幅瀟湘圖。我本烟波舊釣徒，飄飄浪迹來三湖。飽張蒲帆乘月渡，驚起沙頭雙宿凫。船頭傾倒酒一壺，鄉心不覺生蒓鱸。家園迴望知何處，天外青山幾點孤。

雜録

宋 陳宓《龍圖陳公文集》卷一九《白湖順濟廟重建寢殿》 昔稱湘水神靈，獨擅南方。今仰白湖香火，幾半天下。同祠宇殆周於甲子，規摹增焕於此時。妃正直聰明，福同於天道，周匝宏博，利澤覃於海隅。人人盡得所求，户户願殫其力。不日遂成於邃宇，凌霄有類於仙居。用赫厥靈，以報有德。神豈厭舊，衆惟圖新，修梁既舉於佳辰，善頌宜騰於衆口。

兒郎偉，拋梁東。獵獵神旗照海紅。但見舳艫來又去，寄禪造化不言功。

宋 洪邁《夷堅支志》庚卷五《辰州監押》 辰州監押任滿，顧舟下五溪將歸。王沙沔陽鎮有硃沙數百兩，過五陵，遣弟由陸路先携行。兄約十餘日可到家，而踰月弗至，乃沿元道還訪之。迨抵武陵，則兄所乘舟猶艤岸，疑其有故，潛身伺察。見舟人持緋出市，遥認之，蓋兄物也。徑告於官，發卒執縛，盡捕惡黨，既就鞠，始盡供吐本末，云：曾以不謹，爲監押笞辱，固已銜怒，及涉白湖，又争言往復。湖瀰漫萬頃，四無他船，遂悖駡之曰：常德府是官人世界，這裏是我世界。即捽以篙，隕於水，其妻驚出，亦隕之，并二女三婢皆死。一時失計，自觸刑誅，今已成擒，無所尤悔。遂就戮。湘中多有此惡，其人泛泛洪波中，寄命舟楫而與之爲怨，取死宜矣。右二事子中説。

宋 陸游《入蜀記》卷五 十六日過白湖，渺然無津。拋江至升子鋪，有天鵝數百，翔泳水際。日入泊沙市，自公安至此六十里，自此至荆南陸行十里，舟不復進矣。老杜詩云：買薪猶白帝，鳴櫓已沙頭。劉夢得云：沙頭檣干上，始見春江闊。皆謂此也。

明 徐霖《白湖渡新橋記》（弘治）《黄州府志》卷一〇 去黄梅一舍許，有白湖。其源濫觴于蘄陽、廣濟諸山，而滙于太白。白湖，太白之支泒也。湖之上舊有渡，渡當南北要衝，驛傳之往来，遠近之負販，租稅之輸納，匪此弗達。春夏潦盈，濟以小舟，往往運載不勝。秋冬潦涸，涉以徒步，則又泥濘莫前。喧競咨嗟，行者病焉。成化秋，欒平朱璧廷獻以進士宰茲邑。下車即號子衆，曰：維茲劇邑，寄予以民社，歲久弊滋，民利罔興。予雖不敏，欲漸修舉。汝予同心用賛，予以有成。既而又曰：維茲白湖，實邑大弊，梁以鉅石，庶克堅久，工費重大，弗資于有力，厥觀罔成。衆曰諾。侯乃選于衆，得冠帯義民陳哲、張錦，付以董理之責，募四鄉耆民馮瑾等，随其力之多寡爲工費之資。又朞年而梁告成，梁之基橛以松木，四圍甃以石版，其下穴三甕門。不朴不華，既堅且久，行無掎埆，水無患害，苦雨隆冬，如履周道。於是老稚相與歌于野，商賈相與歌于途，達官貴客之歷是者，莫不歆顋嘆羡，而侯亦膺顯擢去矣。梁成十年，予仲子行慶亦以進士繼侯武而致仕。知衛事石均信、大行人徐均欽等相與謀曰：茲梁之建爲利匪小，匪勒之石無以永侯之功。石具而徵予以文，予維先王之政，杠以濟徒，梁以濟輿，固二梁也。而一年一役，至冬乃成。前此猶病涉也，豈若茲梁之利哉？費不取于公帑，工不擾于齊民，義者資焉，財者成焉，行者安焉。嗣而葺之，雖千稔可也。侯之功，不亦大矣哉？侯公清畏，慎勤能幹濟，勸農興學，理材治獄，備荒整戎，百廢具興，利于民者匪直一梁也。乃爲詩一通，并刻之石，俾往来之人歌之，以不忘乎侯之功。詩曰：白湖秋冬潦不汚，牽挽弗涉怨且呼。我侯濟民餒得餔，堯尊甘芳置通衢。巉巖鑿開得碔砆，琢磨晶光瑕疵無。陽侯鞭笞神鬼俱，天吴紫鳳紛前驅。屹然三門衆流趨，翩翩車馬走萬夫。呻吟以謳病以甦，我侯胷次吞江湖。三千鑿鑿忠信孚，庠痾疾痛切體膚。如騶引駒鷄哺雛，如川泳魚藻游鳧。感侯盛德良勤渠，瑱珉勒石辭匪諛。千秋萬歲人生途，毋忘建梁侯姓朱。

北湖

綜述

（洪武）《無錫縣志》卷四中 從大同殿直上，至望湖閣，東北九里有北湖，一名射貴湖，一名芙蓉湖。其湖南控長洲，東洞江陰，北淹晋陵。周回一萬五千三百頃，蒼蒼渺渺，迫於軒户。

（嘉靖）《温州府志》卷二 北湖去城北一里，一名錦湖。

（嘉靖）《續澉水志》卷八 北湖二千四百一十畝，每畝用夫五名，共夫一萬二千五十名。開深五尺，計工二個月可完。

（嘉靖）《浙江通志》卷二 北湖在縣北五里，乃珧所開，共溉田千餘頃。

（隆慶）《潮陽縣志》卷六 十都之村寨，縣廓之北，曰北門寨，即北關内。曰埔尾，曰羅厝圍。迤東曰北湖。舊爲各家池塘，連接後溪，邑人陳大器因易以貲壘闢成湖，又築岸捍海水，置湖田其上，環佃，衆居之。湖中有芙蓉洲，上有竹林以及橋梁亭榭之觀，後燬于倭人，居漸少。

（萬曆）《郴州志》卷七　北湖在州西北一里，源自龍窟，而出昌黎，所謂航北湖之空明是也。爲郴陽八景之一，曰北湖水月。

（萬曆）《杭州府志》卷二四　北湖在縣北五里，其源出諸山塘，高一丈，上廣一丈五尺，下廣二丈。按唐《地理志》云：縣令歸珧所開，溉山千餘頃，週回六十里。

（道光）《東陽縣志》卷四　北湖在縣□西南數里，爲田源□，納之所在二都。

傳記

（嘉靖）《浙江通志》卷二五《歸珧》　歸珧，寶曆中爲餘杭令，因陳渾故迹修上下湖。及築南湖甬道，開北湖，溉田千餘頃，人咸稱賢。令建祠祀之。

紀事

清　程恩澤《程侍郎遺集》卷七《重浚北湖記》　郴州北郭外有湖，曰北湖。唐永貞初，韓文公由陽山貶所量移而北，待命於郴，所觴咏地也。湖蕪絶，有流涓涓出山磵，敗畦賸圃，交絡其側，其窪處有舊形可規。今刺史曾君慨嘆湮廢，導泉成沼，列植木草，闢堂三楹，拓堂以庭，環庭以欄楯，令可俯瞰沼。堂祀文公，而以張員外署，李使君伯康配焉。經始於道光六年春日，落成於冬日。以澤曾駐其地，屬記於澤。澤維公之待命於郴也，由貶陽山。其貶也，或以爲論宫市，或以爲論關中天下根本，遭逢旱饑，徵斂不以急，或以爲李實之譖，或以爲公謗時政，有泄其語於王伾、王叔文、韋執誼者，疑不能明也。夫小人之厄君子也，或罔以所必無，或巇以所必有，或陷以有與無之閒。然君子辨於是非，或不受其誣，轉相詰責，則君子之身廢而其氣伸，小人之術行而其惡暴。惟其茫昧掩抑，不言其過，臨之以朝廷之怒、奔迫之命，則君子無可置喙，而小人得以顯逃其鉗網周内之罪。嗚呼！術至此亦巧矣。迨赦書既下，量移而北，猶復使公鬱鬱居此，則小人之朋未翦，而其陰鷙沉毒，仍欲以茫昧掩抑相困。阻使小人不即翦，則公之待命且無已時也。嗚呼！術至此亦足以戚君子矣。然公不云乎凡禍福吉凶之來不必在我，必曰君子則吉，小人則凶，不可也。不又云乎儒者之於患難，苟非其自取之，其拒而不受於懷，若築河堤以障屋霤。是則公居郴三月餘，盱衡相羊，快意於北湖之上，極叉魚行酒賦詩之樂，所謂築河堤以障屋霤，而與騷人秋士悲憤怨尤，激而爲此樂者，固大相河漢矣。且公之始貶也，宜咎李實。其待命於郴也，宜咎伾、叔文。蓋貶以貞元十九年冬，其時李實方幸，而待命以永貞元年春，其時伾、叔文方幸，然則北湖者乃群小人舉以貺君子，而爲君子樂天知命之地者也。嗚呼！後之游者可以觀矣。曾君名鈺，第進士，能文章。其治郴也有李使君之風，其浚湖建祠也得李使君之志，不意千百年後尚有聯韓張李之交，而令我文公傾倒者也。若是者不可以不記。

（光緒）《嘉興府志》卷二九　正統十年，得蒙木縣縣丞龔潮達奏，奉工部堂字三百七十一號勘合行仰，委官踏勘，起倩七縣人夫一萬八千五百餘名開挑。至今未蒙起夫興工，田禾愈加荒旱。今蒙勘得本湖南北二處，俱各平淺，閘下通湖。河港高如湖底，如蒙查照，原奏勘合事理起夫，將閘下河港、浜漊急當先浚通，接六里堰下河港。接開北湖，開掘之際，倘有雨水不常，先將閘下河浜瀝去水漿，庶不失悮工程。以後方開南湖，若得開完，河湖田禾有收糧無拖欠，人民利益，逃者思歸，又漑浦千户所軍餘屯田俱得利便。今勘得永安二湖，古該三千七百餘畝，今量計三千七百四十三畝。南湖一千三百三十三畝，每畝用夫五名，共夫六千七百六十五名。開深五尺，北湖二千四百一十畝，每畝用夫五名，共夫一萬二千五十名，開深五尺。

藝文

宋　曾鞏《元豐類稿》卷五《北湖》　常時泛西湖，已覺烟水永。北堤復誰開，喪溼一川静。久幽谿地偏，跬步人迹屏。我初得之喜，指顧闢榛梗。種花延妙香，揷柳待清影。飛梁通两涯，結宇臨四境。包羅盡高卑，開柘極壬丙。洒然塵滓消，恍爾心目醒。與物振滯淹，如人出奇隸。

日携二三子，杖屨屢觀省。念時方有爲，衆智各馳騁。獨此得逍遥，固知拙者幸。

宋 畢仲游《西臺集》卷二〇《次韻和貢父學士游左山歸泛北湖》 帶郭湖山歸故丘，使君把作醉鄉游。僧軒愛客長開户，沙鳥迎人不避舟。一塔清風來自遠，三樓寒月影相留。酣歌想見江南路，野客溪禽好在不。

宋 陳傅良《止齋文集》卷七《和沈仲一北湖十咏》 北湖只隔嶺頭雲，誰在湖邊問訊人。若得小舟通我過，雨晴須破半時辰。

又《東陽杜季高遠訪詩以送之·北湖》 人去岷峨水自流，豫章三字竟沈浮。懷人好上層樓看，木落山寒不肯秋。

宋 林季仲《竹軒雜著》卷一《憩瑞安北湖詩三首》 去去春無語，融融物自驕。餉耕憐野老，隨犬過山橋。晚唱緑溪口，晴暉絆柳腰。迂儒欲何得，只合伴漁樵。

宋 釋居簡《北磵詩集》卷八《蔡山在江陰北湖西相傳是蔡邕伯喈墓》 身與東都孰重輕，至今猶擅蔡山名。四圍深塹方方禁，千古英詞凛凛生。漢鼎已歸曹馬手，胡茄猶播管絃聲。傳家更有柯亭竹，曾作岐陽老鳳鳴。

宋 陶弼《邕州小集·北湖》 寧越佳山水，城樓枕北湖。邱陵助形勝，溝洫借膏腴。

宋 吴芾《湖山集》卷四《夜來同諸公泛舟湖中，樂甚，因更潭名作北湖，乃作拙句呈諸親友，以紀一時之勝云》 北山萬仞羅翠屏，下有湖水鏡面平。山影静倒千丈碧，波光冷浸一天星。自有此湖知幾歲，居人日日常經行。但知湖水鴨頭緑，誰人向此含幽情。我來正值秋容媚，野曠天空風物清。烟横木末斜陽晚，雲散溪頭明月升。放舟直入波深處，水鳥窺人元不驚。天晴水暖魚亦樂，時見撥刺波間鳴。持竿舉網忽有得，滿座歡呼山岳傾。水面黄花更堪愛，盈盈佇立如娉婷。粟玉簪頭紅一點，隨風翠帶還相縈。興來不覺千鍾盡，衆賓皆醉無一醒。漁榔敲罷棹歌起，十里猶聞笑語聲。謫仙死後無此樂，我今此樂真難并。人生適意未易得，此湖從此宜知名。要配北山長不朽，酹酒更告山之靈。我欲結茅湖上住，盡使湖光入户庭。枕流漱石過一世，不妨清處時濯纓。更釀北湖作春酒，招我四海良友朋。夜夜扁舟同載月，尊前吹笛到天明。

宋 吴則禮《北湖集》卷一《北湖》 北湖真大癡，醜拙人共憎。宿昔有鼻孔，不穿牯牛繩。亭亭僧伽塔，要以兩脚登。折腰怕督郵，此事豈吾能。

又《贈趙聖源》 北湖河西來，繫船清洛尾。老眼便許奇，日日南山紫。脱身戎馬間，見此佳公子。手捉有錦囊，胡床教脱屣。劇談倚蒲團，勝處輒啓齒。非関偶追尋，臭味有相似。不知官如何，但説邱壑事。俗子初未侵，唤醒雲壑睡。古圖開巨然，茗椀同料理。落日望長空，西風雁行起。

宋 蕭立之《蕭冰崖詩集拾遺》卷上《雨中過北湖戲作》 玉虹飲湖湖欲乾，蒼林摇落金彈丸。黄泥坂深没白馬，野渡落日人争船。山城草草魚菜市，乳鶯呼雛飛不起。練花曉薄客棲寒，自買湘羅裁半臂。誰家玉手鳴象床，藕絲夜織芙蓉裳。等得船成看花□，一屏秋色楚雲香。

又《郴旱檄北湖龍》 北湖三百頃，其下神龍蟠。常時泛湖人，不敢笑語喧。龍居祠下龍王廟，碧瓦朱甍映清湫。邦人四時迎送神，牲肥醴香神醉飽。開慶元年秋七日，山中從前無此熟。早禾焦死晚禾枯，百姓相看眼如血。去年淫雨冬無收，私科官糴紛徵求。薯粮掘盡蕨根斷，一飽謂有今年秋。州家差官走田里，奉佛迎仙取龍水。南村北郭鼓鼕鼕，幾日街頭無處避。爾龍位置尊鱗蟲，鬚髯如戟聲如鍾。人間風日不到處，珎珠室屋珊瑚宫。蝦蟹爲儔鰍鼈伍，耳如無聞目無覩。捍灾禦患則祀之，安得神龍食兹土。我有旌陽在時劍，能礫爾龍爲萬段。徐將鮓法問張華，普施農民供一飯。刑鵝投虎終無補，爾龍有知胡不雨。如問只守過湖船，塊坐教人送錢楮。

又卷下《七月十五夜雲心邀泛北湖》 凉透秋衣不忍眠，更何處覓蘂珠仙。水光夜氣無三伏，人影花陰共一船。菱藻有香風四合，地天無際月雙圓。碧筒賸對青山吸，此樂人間幾百年。

宋 周紫芝《太倉稊米集》卷三六《北湖暮春十首》 北湖看雨兩春餘，忘却漁村笠澤居。去歲鶯花猶是主，今年鬢鬢不勝疏。

元 三寶柱《游北湖》（嘉靖）《瑞安縣志》卷九 一月不來湖上路，湖邊桃李已成陰。蒼蒼山色故人面，蕩蕩風光游子心。沽酒樓高斜欲墮，賣茶船小巧相尋。自憐鸚鵡洲中客，手撚江籬和楚吟。

明 李夢陽《空同集》卷二七《北湖畏雨不至》 亂山上雲氣，孤客發西岑。徒瞻北湖寺，其如東路心。嶺猿愁暝雨，巖鳥下空陰。回首太行麓，蕭蕭松橡林。

明 李萬實《崇質堂集》卷二《北湖三叠爲同年朱侍御題》 湖中一艇去來輕，湖上兩峰相對明。春風澹澹岸花發，春日遲遲沙鳥鳴。

明 吴國倫《甔甀洞稿》卷一六《夏日同莊則勸程萬里暮泛北湖》 五月仍春服，江平雨乍收。客懷殊放浪，山意亦遲留。遠樹移新月，輕雲送白鷗。不知人世裏，何物勝滄洲

明 陳宏烈《北湖吟》（天啓）《慈溪縣志》卷一六 朝游北湖堤，暮登北山巔。但將葱蒨供清眺，豈惜摩娑兩屐穿。春禽語滑柳花亂，策杖縈回窮壯觀。平岡或是五丁開，絶壁疑從女媧煅。水漾波文百雉摇，簇簇山巒擁花縣。上有崢嶸之樓閣，下有迂斜之高岸。緱嶺仙人鶴乍飛，巫山神女魂方斷。縱令丘壑轉深沉，自有藤蘿相繾綣。

明 陶弼《北湖》（崇禎）《廉州府志》卷一三 寧越佳山水，城樓枕北湖。丘陵助形影，溝洫借膏腴。晚景群峰會，春流衆壑趍。自知千載後，歌調有農夫。

清 博爾都《問亭詩集》卷一《北湖》 柳葉青青夾岸垂，花香淅淅向衣吹。日中爲聽滄浪曲，折得芙蕖作蓋持。

清 查揆《篔穀詩文鈔・詩鈔》卷六《北湖》 獨速舞還歌，尋幽日夕過。牛腰雙笛掛，蜂背一花馱。崖抱圓留磬，沙明淺讓莎。房公千載後，湖水閲人多。

清 陳作霖《可園詩存》卷一四《三月十六日游北湖一名十刹海**》** 朝從棘闈歸，筋力頗疲殆。游興忽勃然，問途十刹海。水自西山來，衆流復交匯。渟泓積成潭，映日漾華彩。樹密交柳槐，草香散蘭茝。盎然春氣深，含情若相待。名心苦未忘，頓覺胸襟猥。洗滌且臨流，毋受緇塵浼。

清 張英《文端集》卷三一《四月十五日過玉蝀橋望北湖漁舟輕泛有致遂成口號》 荷葉田田昨夜生，南垞北岸貼波平。明湖風定澄如鏡，最愛漁舟兩兩輕。

雜録

（嘉靖）《江西通志》卷八《東溪書舍》 在浮梁縣治北湖。後正德間邑人戴旦增拓其父璉講學之所，中有邱高堂，奉先聖先師。左有崇正軒，祀鄉賢吴迂輩及其父。又有四齋，以課子□□黨之業儒者。

（嘉靖）《瑞安縣志》卷二《九里斗門》 九里斗門，嘉靖間曹令誥建。邑中水道俱淺，北湖之水由城中注東湖，稍有停蓄。東南趨石岡斗門，則勢縈紆，若九里達江則太洩矣。求目前之利者，尚當思其大者也。去城東九里，俱屬清泉鄉。

（萬曆）《郴州志》卷九 北湖橋，在北關外，北湖水流其下，舊名朝天橋。久傾圮，萬曆乙亥知州胡漢鼎建。

北香湖

（康熙）《諸羅縣志》卷一 北香湖在縣北二里許，有記見藝文，別見水利。

（乾隆）《續修臺灣府志》卷二 北香湖在縣治北一里許，泉深地廣，盤曲三四里，縣治東北一帶之水歸焉，大旱不涸。康熙三十四年，畨民合築陂於下流，名畨子陂。

（嘉慶）《清一統志》卷四三七 北香湖陂在嘉義縣北一里，泉深地廣，盤曲三四里，大旱不涸。本朝康熙三十四年築。

清 陳夢林《九日游北香湖記》（乾隆）《續修臺灣府志》卷二三 丙申秋，予初至諸羅。九月九日，與李君世勳、林君秀民載酒郊坰，思得危峰絶頂以縱目寄懷。山率數十百里之外，遠不可即。先是土人云，縣北里許有湖修且廣，荷方盛開，未之信也。及是日偕往觀焉。出郭數百武，便見此湖

蜿蜒屈曲，殊有勝概。少選風從北來，香氣蓊勃如相迎過，漸逼湖憇舍旁道口。從者曰：此淡水雞籠大道也。緑雲委波，紅衣鱗次如畫，湖面東自台斗坑凡數折，而滙縣治之衆流，黛蓄膏渟，廣可三四畝，修如其廣數十倍。漢人與土番合築爲陂，其下西出北社尾，灌田凡數百頃。遠山蒼翠，列峙于對岸，循阡陌以東有地數畝，扼全湖之勝，野竹上逼青霄，參差茅屋，蓋園丁所居。移坐竹間，湖清荷直，回環如帶，又有牙蕉，檨樹蓼花，風動波搖，東西上下，互相掩映，泠泠幽麗。人在香國中，飄乎若出有而入無，蕩遺塵而特立也。傍岸有筏，小奚從一番子跳越，穿荷以去。篙數尋，或不得其底。園丁爲予言：此湖深冬不涸，花之放度臘乃盡，荷錢新舊相接，亦奇觀矣。顧念自有此湖，未有表而出之者，抑不知開鑿何時，湖之有荷又不知始自何時。蓋埋沒蠻烟瘴雨者幾百年，而吾三人今日來游於斯，假碧水之英華，代登高之舒嘯，豈可令戲馬之臺、落帽之山獨美千古。然則斯湖也，其可以無名乎？因酹酒而名之曰北香湖。以其地居縣之北，又中土此時菡萏香消，而此地之荷獨與梅菊争奇吐豔於北風凛烈之際，是足以愧夫趨熱而惡涼，遇霜而先萎者矣，故曰北香也。李林二君齊附手口善，因爲記，而二君各系以詩。

清 李欽文《九日北香湖觀荷》（康熙）《諸羅縣志》卷一一 九日湖光好，紅渠一望奢。嘉名初有錫，是日湖始命名北香。勝地培增華。國色臨秋水，香風落彩霞。歲寒須共保，切莫妒黄花。

碧浪湖

論説

清 李元度《天岳山館文鈔》卷三五《開浚長沙城北碧浪湖議》

長沙郡城西瀕湘江，地勢少灣曲，水急不便泊舟，每遇風濤暴作，舟多漂溺撞碎，商旅苦之，多泊隔江水陸洲。其在商船起貨載貨，率用小舟，剝運既多不便，其在州縣漕船、餉船、淮綱鹽船、滇省銅船、外國貢船、大府及群有司來往官船，皆須與城中交際，亦藉小舟接渡，其不便於官者尤多。且水陸洲亦係直流，遭風往往失事，甚有一年失事數次者，言之寒心。以舍此洲，更無可泊處。故仍勉强停泊，實則無可如何耳。此雖地勢使然，固此邦之大缺陷也。明推官翟台、守道金學曾、知府劉昶、知縣彭堣、唐源，均有開河通商之議。而唐源請開南湖港四利之説，通志具録之，可見留心利濟者，有同心也。

顧長沙在前明一府城耳，國朝康熙三年，分置湖南布政使司移偏沅撫治於此，則西南一大都會也。官商往來，百倍繁庶，而仍無地泊舟。以省會之大，反不逮湘潭一縣，坐視城外數千艘栖泊險地，如處堂之燕雀，於心安乎？昔人有憂之，是以有新開河、南湖港之役。《志》稱：康熙初，巡撫王公良於城北相度新開引河，泊舟甚便。後因河身偪窄，歲久淤廢，巡撫趙公申喬重浚，今復淤。又稱乾隆十一年巡撫楊公錫紱奏請開浚南湖港，旋淤。二十一年，巡撫陳公宏謀築分水壩以刷沙泥，開月形渠以暢水勢，商民便之，《通志》所書如此。

今南湖港如故，惜泊船無多。新開河則咸豐中巡撫駱公秉章因寇警，委員重修，以石多中止。可見從前大府莫不拳拳於此，惜未得要領，故無成功耳。議者欲從北門轉小吴門，遵陸路而東，鑿通回西渡，無論地勢不便，廬墓尤難，措置亦竊未得要領也。要領惟何？孟子曰：爲下必因川澤。語曰：善創不如善因。今明明有基可因，而顧熟視之若無覩乎？請得備舉其説。

長沙城北四里許有碧浪湖，五代時楚王馬希範避暑處也。俗稱黑羅塘，一稱黑潦塘，蓋方音轉注耳。《志》載：碧浪湖在城北開福寺後，即黑羅塘。有流杯池，池上有亭。馬希範鑿爲上巳祓禊之所。又有會春園，即開福寺地。《五代史·楚世家》：天福四年，馬希範作會春園、嘉宴堂，其費鉅萬。《張南軒文集》：長沙開福蘭若，故爲馬氏避暑之地。所謂會春園者，下臨湖光，舉目平遠，爲此邦登覽勝處。此湖之見諸載記者也。湖廣袤約二三十頃，周四五里，春夏成巨浸，至冬漸涸。上有九尾沖小溪來注之，并可鑿通瀏河水以殺撈塘河水之險。湖與江止隔一堤，堤即大路也。長約二十餘丈，廣二丈有奇。水漲時船多泊湖內，水乍退則閡於堤不易出，故多未便。今擬掘其堤，改其路則湖與江通，泊舟當以萬計。此可因之基，亦自然之利也。

惟江底較湖約低五六丈，須乘冬涸時雇工挑挖，使與江平，庶湖水不慮外洩。再於掘堤處砌石岸，照運河式於水口立閘，以時啓閉，則湖雖略高，水亦不至傾洩矣。至挑挖之法，土以方計，每方縱橫各一丈，厚一尺。估需工食錢四百七八十文，以十萬方計之，約需五萬緡。若令駐防勇丁協力挑浚，更可省其半，透底積算，每五十方可得五丈深，縱橫各一丈寬。若十萬方，即可得二千丈寬，一律五丈深，而泊舟不可勝計矣。就中仍可略分界段，挖極深數十處，藉以潴水。界段略高，使江水縮而所潴之水不隨以縮，舟行則循洪路以進，狹其口而廣其腹，所容必多。是又在督工者之因地制宜，而大略則具此矣。興工須在十月至次年正月止，春水一生，即可泊船，遲則罔濟，所貴預爲之備也。是有四便，有八利，請更詳陳之。

凡開鑿河道多礙墳墓田廬，墳須改葬，田廬須價買，所費不貲。人仍有願，有不願。茲湖自五代至今九百年，汪洋巨浸，無寸椽片甓孤塚尺田之礙工，便一。新開河之難鑿，以土堅而石确也。今湖底悉淤泥鬆土，鉏钁易施，便二。南湖港之易淤，以水面窄而乏來源也。今湖之上游有九尾沖小溪來注，若將瀏河水開通分一支入湖，計鑿港不過二百丈，即有源頭活水，可以流惡而刷沙，便三。凡開河慮無堆積新土處，若購民田堆土，亦殊費事。今湖之下岸爲撫標三營牧地，堆土成邱，草必愈茂，彼此有益。便四。

若夫工成之後，湖與江通，千艘萬舶，賓至如歸，無漂泊耗折之患，而百貨日益流通，行商坐賈取多用宏，可以運掉如意，其利於商，一也。客艘雲集，凡無業之户、挑運之夫，可以小舟貿易，負販營生，養活貧民不少，至日需之煤米，轉運者多則居奇者少，日用亦覺裕如，而湖内魚鰕并可爲資生之助，其利於民，二也。赴任調任之員，挈家來去，因事羈泊江干，動淹旬日，一遇風濤猝起，心旌搖搖，若解糧、解餉、解銅、解運軍火諸委員，責任匪輕，尤虞失事。今泊舟得所，如在堂室，風雨無驚，其利於官，三也。湖工告成，北門外百貨所屯，行棧櫛比，會館典肆，皆將次第興修。視昔日之南門，必且遠過，即城中隙地亦將化爲列肆，高墉人烟繁盛，地比寸金，其利於地主，四也。咸豐二年，粤逆圍長沙，踞南門外。其時儻有戰船環擊，賊必難支。迨四年春，曾侍郎以舟師至，又苦無地泊船，分紮南湖，勢終渙散。今湖中可容戰船數百，不特鎖鑰北門，四面皆可援剿。老營既固，出入均得自由，其利於防守，五也。省脈自平瀏而來，至湘岸循江，而下凡數十里，堪輿家謂之順水走竄。陽宅陰基，皆未盡善。今開浚此湖，停蓄隨龍諸水，可以貯旺氣而挽回瀾。加以市廛鱗次，水口益有關攔，氣象迥異。至新土堆積下岸，種樹成林，重關叠障，皆以培護省城，其利於風水，六也。瀏水在城北十里，西流入湘，謂之瀏口，亦名撈塘河。其地有駱駝觜磯，流迅急，舟行常易失事。今鑿通瀏河，分一支由湖以入江，則遇風狂水漲時，可繇内湖出進，以避瀏口之險，其利於舟行，七也。湖水溉田數萬畝，居民賴之，相仍不廢者近千年。今加挑深廣，則潴水益多，雖旱不竭，其利於民田，八也。

至若工作之費，則請於鹽局釐局借支，分三年歸款。籌款之法有四：湖成後設局，另抽船釐、貨釐，歲可得萬緡，此一説也。南省淮鹽咨明每斤加價一文，由督銷局代收，歲可得六七萬緡。如謂普加未便，則派入省岸輪銷者，每票抽捐四十兩，歲可得千四五百金，此一説也。城内十八省皆有會館，公積均多，此舉爲客商所深願。若傳集勸捐，善導之，可得萬金，此又一説也。各州縣船幫各分馬頭，各有公積，令船行傳諭各幫，分别捐助，可得巨款，此亦一説也。四説并行，一年可以彌補。即用其一二，亦不過三年。若當軸主裁徑提公款，不事補苴，則尤快事也。

同治四年冬，同人有建此議者，言於中丞李公瀚章。公甚韙之，命往勘者三次，議且定，有尼之者，遂不果行。尼之之説曰：湖水溉田數萬畝，居民慮絶其蔭，不知天下有填湖而蔭絶者矣。豈有浚湖而蔭反絶者乎？水且十倍於前，何慮之有？又曰：省運方隆，是年同鄉任外官者，凡五督、五撫、五藩、五臬，可稱一時之盛。若輕易動土，慮有傷夷，其説尤陋。查省脈自南門天心閣入城，壬子八月賊挖地道，官軍掘濠以禦之，寬深各數丈，宜其傷矣。乃自時厥後，湘人士立功平賊，膺封爵、任畺圻，及建牙專閫者不可數計。而以一甲第二人賜及第者，亦迭見焉。豈非地靈以開鑿而愈顯乎？咽喉之地尚爾城外，可知此皆過慮之説也。昔者史鄭開渠，利在萬世。白蘇二公先後浚西湖，至今俎豆尸祝。古名臣興利除害，往往注意一二事，即可千秋。繇其識精力定所見者，大故所被者遠也。前撫軍趙恭毅、楊勤慤、陳文恭、駱文忠皆當代名臣，於此舉皆有志而未逮，豈非常之功，百世之利，天固留以俟後之君子乎？方今景運休明，大府勵精圖治，百廢具興，有能舉而措之，一舉手之勞耳。而其利賴生民，則雖百世不祧可也。謹議。

綜述

明 熊明遇《文直行書詩文·文選》卷一六《碧浪湖》 碧浪湖在湖州府，治南所爲苕霅間也。澄潭数頃，中峙浮玉石。石上建萬魁塔瀕湖，峴山樹石，奇秀道場，諸峰四面圍合，菰城宛宛在中央，眞良國也。

明 徐伯齡《蟫精雋》卷一二《過碧浪湖》 東吳張節之和副憲浙西時，嘗過吳興碧浪湖。有詩云：碧浪湖頭月色凉，夜乘蘭槳泝流光。星河落落天連渚，葭菼蒼蒼露欲霜。一曲菱歌歸別浦，幾家漁火住横塘。宦遊多少思鄉念，回首西風見雁行。成化癸巳予過苕城，半隱唐君惟勤爲予言，苕人至今稱述之。

明 鄭明選《鄭侯升集》卷二二《游自碧浪湖至月湖記》 辛丑夏六月望，余困於暑，弟侯昌曰憊矣。盍相與逃暑於碧浪湖，湖多水風，遂爲我治罍酒以行。客四人及我子若孫，從駕舟出城南門，至於湖。湖并峴山，因登焉。山前後樹木穠郁，綠潤逼人，下臨湖水如熨。顧瞻城中，萬屋鱗次，烟靄交帀。復登舟，駐於中流，隱隱聞雷聲，陰雲四幕，欲雨不雨。乃有凱風自南來，水紋如織簾，披襟納凉，信不知有伏也。日且暮，還入城，相傳賈秐老浮暉閣與白蘋洲在其處，皆湮沒不可識。或云白蘋洲者，今所作官廨是其地也。又行至月湖，湖之上故有鷗波亭，趙子昂遺址也。南由小橋入，爲蓮花莊，水色特綠，芙蕖爛開，子昂別業所在也。復駐舟中流，水風颯颯，如碧浪湖，其地夏月無蚊，水宿者聚焉。岸上下燈火錯暎如星，俄而雲漸開，完月朧朧，且隱且見。因舉觴酹月，歌李太白問月之詩，漏三下乃歸。蓋吳興最多水，其近在城外者，碧浪湖爲大，在城内者，月湖爲大。適两游焉，昔袁紹避暑爲河朔之飲，迄今傳其事，其風流蕴藉，不知如我輩今日否？因顧謂客曰：樂乎？客曰：樂哉！此游匪直逃暑也，可以娱心目。余曰：殆有甚焉，暑可畏也。百欲之毒，人如焚如灼，不啻暑也。然而人争趣之，是自投火也。人知逃暑而莫知逃於欲，是之謂顛倒之。民至人者，恬淡無爲，日游於清凉之府。客躍然喜曰：我輩入於火，而不知逃也久矣。悲乎哉！余復顧子若孫曰：小子識之逃暑，不如逃欲之急也。

（成化）《湖州府志》卷五 碧浪湖在縣南五里，□□山之水清而碧。每風生浪涌，其色可觀，因名。又名峴山溪，以其在峴山前，故名。□溪在縣東七十二里，其水自郡城運河東流，與震洛罍湖接。

（嘉慶）《長沙縣志》卷四 碧浪湖，縣北五里，即紫微山古開福寺後黑塘。板石湖，縣西三十里。

（光緒）《歸安縣志》卷五 碧浪湖在縣南定安門外二里，德清餘不溪、北流溪、武康前溪所會處也。

《清續文獻通考》卷一三 碧浪湖在湖州城南，爲七縣聚水之藪，非深廣無以儲上流之總匯，非運河之横亙無以殺分洩之支流，非塘堤無以障衆流之衝決，非漊港之流通無以達衆流之去委。數者相聯，不可偏廢，不僅通而能宣，亦必深而能蓄，庶旱潦均宜。環太湖水道，自西而南湖之七十二漊，自南而東蘇之七十二港。漊港之塞較昔甚者，昔植樹木，山土尚堅，遇雨浮泥不致隨下。今則棚民滿谷，山土墾鬆，偶值淫霖，沙隨水瀉。所以浚漊宜深，深可借水力以刷泥沙，其内支河横港當盡開浚，取其節節横衝以會直來之水，流愈有力。直流則瀉，曲流則峻，横港之曲入漊處，其流必峻，無非爲滌淤計也。

紀事

清 凌廷堪《湖州碧浪湖各漊瀆要害説東南水利略》《清經世文編》卷一一六 碧浪湖即峴山漾，湖州之上源也。承天目西南萬山而來，南條諸水及郭西灣諸山水，俱匯於此。所藉以宣洩者，惟太湖。故沿太湖各漊瀆，湖州之下委也。其碧浪湖衆匯之水，及南溪各水穿運河，由各漊散注以入太湖，此程邑之情形。若長邑則獨承天目西條之水，會安吉及本邑諸水，由各瀆散注於太湖，此長邑之情形。然長邑西條之水又分洩於湖郡，而會注程邑各漊港入太湖。是以郡南碧浪湖爲七縣聚水之藪，周圍約七八里。論厥形勢，碧浪湖爲咽喉，而各漊瀆爲尾閭。顧非碧浪湖之容納，則水無囊蓄，而郡之西南鄉及東北兩鄉受其害。非各漊瀆之分洩，則水無歸宿，而郡之東北鄉及長興下六區均受其害。源委利害相關，莫要於此。

徐憲忠云：吴江垂虹湮塞，而吴興之害加甚。爲政者要思其洩水之處，不必全仰於垂虹。凡所以思患豫防，湖州水利有不容以不講者。范碩云：碧湖沙漲如陸地必，脈絡流通，則上流之泥沙不積。童國泰云：碧湖受南來諸水，今泥沙堆積，郭西灣西南諸山水，尾閭不通，及今不治，泛濫横行，害豈獨二三區哉？沿城濠塹又多壅塞，沙漲由是而起。又嚴述曾云：南來水旺，則衆水皆從而北，沙亦隨水而行，水緩沙積，其勢然也。今蘆灘壅阻，亟宜開浚，以通上流，此碧浪湖之利害也。伍餘福《三吴水利論》：七十二漊，界烏程長興之間，烏程三十九，長興三十四，通經遞脈以殺其奔衝必潰之勢。《吴興志》：太湖沿堤多爲漊，各有斗門閘版。旱則閉之防溪水之走，有東北風亦閉之，防湖水暴漲。鄭元慶云：三吴之水利在下流，吾湖之水利在漊港。譚肇基云：原古人之多漊港也，取洩水之速，而每漊各置閘座也。取時蓄時洩，旱潦無虞，人事可挽天時之窮，立法盡善，此各漊港之利害也。唐宋以來，悉勤修浚，其治績具載全書。我朝康熙十年、四十六年，雍正五年，乾隆四年、二十七年，浚碧浪湖及漊港，建立閘座，屢廑宸慮，所以爲田疇計者至矣。

或問：洩水誠是也，其如蓄水何？曰：凡蓄與洩，惟在上源勿塞，下委勿壅。今碧浪湖沙漲成洲，是源已隔也。各漊港淤阻特甚，是委不通也。一遇水發，泛濫爲灾，惟不能洩，斯不能蓄，故水患不深通，不患不蓄，以窪如釜底也。按勞志載：城外濠，唐武德四年李孝恭所鑿。廣德四年，刺史獨孤問俗重開。此濠自清源門沿城至迎禧門，又至奉勝門，又至臨湖門，自古苕水入太湖之溪也。闊數十丈，深不可測。西濠自定安門至清源門，南濠自迎春門至定安門，北濠自臨湖門至迎春門。或假人力開鑿，西濠受西南諸山之水，南濠受南來衆溪會碧浪湖諸水，東濠兼受運河之水，皆成溪澤。春夏水生，浩漾洶涌，湍激迅駛，西南二水交流以入太湖。今城濠俱阻梗，概宜疏治，蓋上有碧浪湖之蓄，必藉城濠通駛以殺其流。下有各漊瀆之洩，亦必藉城濠及運河分注，順軌而下。是城濠通則碧浪湖下流迅駛，不致積沙，即於各漊港上流力衝，不致泥淤。所謂以水治水，借水刷沙，法亦莫善於此。譬諸腸胃通徹上下三關，方稱無病。碧湖爲上關，城濠及運河與漊港聯絡爲中關，各漊港爲下關，非第湖州，此爲扼要，實東南諸郡水脈呼吸相通。一有不治，水患不息。故但浚杭郡之上游，勢雖建瓴，而湖州之病在泛溢。但浚蘇松之下游，漊港仍塞，則湖州之病在難消。其爲要害何如邪？昔太守李堂大水行云：廣苕諸水湊城南，碧浪湖填難注洩。全憑笠澤爲尾閭，七二漊港成長渠。以見碧浪湖各漊港開浚，固不容稍緩也。

清 凌廷堪《杭湖蘇松源流異派同歸説》東南水利略 《清經世文编》卷一一六

蓋湖州處太湖上流之最要，蘇、松等郡處太湖下游之最要。使湖州上流疏通，而蘇、松下游淤滯，則害在蘇、松，并害及嘉、湖。使蘇、松下游疏通，而湖州上流阻塞，則湖州獨受其害。爰就湖州一郡而論，猶人之一身，碧浪湖咽喉也，運河及分洩支港腸胃也，沿太湖諸漊瀆尾閭也。喉不可塞，腹不可脹，尾閭不可不通。一有不治，則一身均受其害。緣碧浪湖爲七縣聚水之藪，非深浚則水無囊蓄，郡之西南鄉及東北兩鄉均受其害。今泥沙堆積，致使潦則淹没田廬，旱則無從車戽。至運河之塘，外以濟運，内以衛田。水發時驚湍奔突，賴塘堤防。故塘由西北迤邐而東南，水則自西南洶涌而東北，且地勢南高北下，自塘坍廢，塘北田廬時遭横決，因水勢無由障，且無由分殺也。沿塘一帶有水口四十餘處，與沿太湖漊浦三十餘口，兩兩相應，聯絡貫注，疾趨而下，足刷淤泥。自塘廢而漊港愈淤，全郡受害。又乾隆年間，開浚時誤將漊口開直，泥水更易倒灌，蓋舊時漊口則灣向東北也。其横港受衆水貫漊之端，古人所謂開直港而不開横港者，仍屬無益。此湖郡水利之大略也。而統蘇湖數郡而論，亦如人之一身。天目首也，餘邑南湖口也，湖郡碧浪湖及各漊港咽喉胸胃也，太湖腹也，吴淞等江尾閭也，蘇太諸浦涇入江入海足也，嘉郡之水肢股也。一有不治，則兩省數郡均受其害，猶一身血脈貫通而衆竅各有經絡。固不得藉口於吴淞等江既開，而湖州水患可息。亦不得徒責太湖漊港之阻塞，而不問吴淞下流之通塞也。蓋蘇州近西之港瀆俱來自湖境，而湖州近東之漊浦又隔於蘇境，若湖屬之胡漊、喬漊、宋漊諸港，南來受水之口一帶地方俱屬江蘇震邑管轄，故水必經江蘇境抵漊，至蘇境入港之水，無不自湖郡而來，通塞利害，兩省攸關。徐憲忠云：蘇松興利之處即吳興去害所由，眞兩郡治水扼要之言，所望於究心之君子。

清 陸心源《儀顧堂集》卷八《重浚碧浪湖記》 碧浪湖距湖城半里許，周八里。南受天目、南條、餘杭、臨安諸水，及德清之餘不、武康之北流諸水。西受郭西黄蘗諸山之水，長興安吉諸山之水折而南者亦滙焉。東北達於漊港，入於湖。漊港塞則水不能洩，而郡城東北民田受其害，碧浪塞則漊港雖通而水無所蓄，郡城四鄉田廬均受其害。故以東南大局而論，漊港尾閭也，碧湖腹也。而碧湖西來諸水挾沙而下，勢如建瓴，至碧湖則漸緩，緩則水去而沙停。又有浮玉山横衍湖中，沙遇阻則止，故碧浪之沙高積尤易。宋元以來，無百年不積亦無百年不浚。我朝廑念民瘼，自康熙五年至道光八年，凡六浚。道光距今四十餘年，沙之積愈高，水之道愈窄，秋高水落，兩旁僅能通舟，蓋民之困於昏墊也久矣。太守宗公潔己勤民，有兩漢循吏風。甫下車即以爲民興利爲己任，既遵旨開浚漊港矣。論考方略，訪問芻蕘，知碧浪湖之利害與漊港相表裏，各率匠役親履勘丈，博訪周諮，既實既確，爰請於大府。先開湖之最關要者十之六，日至工次，風雨無間，測量估計，必親必慎。天心佑順，雨雪不作，吏不敢奸，役徒奮興。經始於九年十一月，越三月告竣。竊謂天地開而水爲之脈絡，脈絡運而天地之功成。脈絡不通，而天地之氣閉。天地之氣閉，而謂民能受其利邪？湖郡自道光二十九年以來，大水洊臻，灾荒屢告，兵燹後田疇有秋，何足怪乎？今碧湖既浚，漊港已疏，去者無阻，來者有蓄，水不至於爲灾，旱不至於無救，田廬日闢，生聚日繁，時和年豐，桑麻遍野，皆公之賜也夫。

藝文

宋 張蘊《過雪》《江湖後集》卷二一 碧浪湖邊望雪城，水高於地欲相吞。春風歌鼓家家酒，夜月舟航處處村。西塞人歸魚市散，東林仙去鶴宫存。往來頻有鷗相識，搔首閑汀日又昏。

元 華幼武《黄楊集》卷中《游碧浪湖簡沈高士》 浮玉山邊夕繫舟，菰蒲蕭瑟動新秋。碧天萬里轉銀漢，明月一輪當柁樓。每愧塵勞成白首，喜從仙御作清游。酒杯未落南風起。又掛歸帆託順流。

元 黄玠《弁山小隱吟録》卷一《浮玉山在城南碧浪湖中**》** 渺渺碧浪湖，中有浮玉山。相期采蘭若，佳人殊未閒。舟楫忽已晚，乘風聊獨還。

元 沈夢麟《花溪集》卷二《舟出碧浪湖望横山有作寄烏程令》 揚舲出南郭，迎風碧浪生。白鷗鏡中度，青山溪上横。煩抱頓消散，鄙吝無由萌。緬懷孫令尹，結交有真情。

明 黎民表《瑶石山人稿》卷一六《杯峰浮玉》 菱葉荷花素錦鋪，中流一點落星孤。扁舟曾逐玄真子，呼酒狂歌碧浪湖。吴興碧浪湖有浮玉山。

明 曹學佺《石倉詩稿》卷九《夜渡碧浪湖宿顯山》 湖風不可渡，暝色况如斯。漁火祇自照，林鐘非有期。叩門僧出問，何事客來遲。禪室投不穩，猶於深夜移。

明 陳函煇《小寒山子集·泛舟碧浪湖》 竟是山陰鏡，風來添浪花。無船不載酒，是漾好浮槎。桑柘湖州産，烟波釣叟家。閒將登峴淚，斟酌染流霞。

又《韓仲弓載酒招同李端木陳校書泛碧浪湖》 衆妙隨緣集，清尊枕浪流。酒人差上户，花事典前籌。有女雲同泛，飛觴玉共浮。野鷗知客意，吾道在滄洲。

明 黄汝亨《寓林集》卷三《碧浪湖别梅季豹得三江》 碧浪浮天際，孤帆送客艭。寒風偏淅淅，征雁獨雙雙。濁酒頻相勞，離心未易降。相思何以托，明月照蓬窻。

明 沈思孝《溪山堂草》卷二《十五夜携具碧浪湖，邀李伯遠、錢叔達、温允文、范東生待月，聯句得韻十灰》 滄江今夜月，應爲美人來。河漢光疑動沈，峰巒景未開。紫簫邀鳳下李，清杵雜蛩哀。雲隐城南寺温，烟迷郭外臺。遠燈漁浦亂范，叠鼓戍樓催。授簡梁園客錢，悲秋宋玉才。東山方愧謝沈，緑野塹留裴。鷁首鴟夷泛李，龍門元禮推。尊香堪入饌温，浪碧宛成醅。星聚蘭初握范，風流玉未頽。正愁千樹暝錢，忽覩一輪迴。水浄涵沉璧沈，天空失暈灰。渚蘋紛自媚李，沙鳥謾相猜。錦瑟靈妃奏温，霓裳素女裁。蜃樓遥散彩范，珠蚌正合胎。不必淹叢桂錢，偏宜坐石苔。雄心仍倚劍沈，興劇且啣杯。直欲俘槎去，何妨拂曙回。

明 孫一元《太白山人漫稿》卷六《碧浪湖臨別書此》 一笑長鬋意已投，角巾相對草堂秋。看山載酒青藜健，籠鶴尋僧盡日游。浮世事多悲去鳥，野人道在只滄洲。他年寄迹来南墅，小結芳鄰水竹幽。

明 汪道昆《太函集》卷一一七《招章元禮入白榆社》 江關夏木合啼鶯，百丈東來帶杜蘅。碧浪湖空風挂席，白榆社僻雨連城。千年鮫室傷心淚，一代牛刀執耳盟。久客不妨旬日飲，相逢總是布衣情。

明 王世貞《弇州山人四部續稿》卷二四《碧浪室》 百挺琅玕直復斜，午薰揺入小窻紗。偶然將作清漪看，碧浪湖頭一釣艖。

明 王穉登《王百穀集十九種》卷下《重游苕川懷前司理謝在杭》 碧浪湖邊水滿磯，故人回首思依依。碑殘峴首啼痕在，箭隔聊城信息稀。白練書慚王太令，餘霞詩憶謝玄暉。臨邛舊客誰相問，獨立斜陽看鳥飛。

明 魏畊《雪翁詩集》卷一〇《五月錢志熙邀同茅檠蔣莵泛碧浪湖》 五月五日端陽節，菰水菰城客舍邊。囊裏無錢出郡郭，故人有酒下樓船。洪波蹴岸蛟龍喜，細雨吟風楊柳顛。不惜青山陪謝朓，銀蟾遥待碧霄懸。

又 卷一二《晚行碧浪湖》 碧湖清且深，時見鷗飛處。落日澹秋山，行歌拂衣去。

明 文洪《文氏五家集》卷一一《贈沈道人》 沈休别我非一日，歸自南屏峴山隔。峴山岧嶢霅水西，碧浪湖連芳草色。今來訪我白雲深，雲深塔影空沉沉。銅盤戲曲梅花衲，駐顔不用燒黄金。修髯玉立絶塵鞅，竹籜爲冠鳩作杖。恍如洪景出山圖，獨行徐步紅橋上。紅橋東來虎阜居，分明諸葛南陽廬。與君朝夕數來往，還讀人間未讀書。

又 卷一三《自菱湖歸泊峴山月夜泛碧浪湖》 雨晴重到峴山前，萬頃湖光月在船。塔湧奎文移北斗，峰浮螺黛落遥天。漁歌遠向烟中起，帆影飜從鏡裏縣。酹酒臨風堪寄傲，醉來真欲挾飛仙。

明 謝肇淛《小草齋集》卷四《十月望同徐興公顧長卿世卿泛舟碧浪湖登浮玉塔看月》 斜照入寒山，落霞滿秋水。刺舟碧浪中，坐看孤雲起。風急蘆花飛，霜清木葉墮。明月忽飛來，寒色射四坐。玉鏡半空開，金光百道繞。時挂浮圖巔，還如慧燈照。漁艇弄横笛，棹破水中影。斷雁哀遠天，踈鐘隔遥嶺。夜盡露氣微，相對澹忘歸。澄江净如練，却媿謝玄暉。

又 卷一三《十一月望夜同惟和碧浪湖看月》 净水吐片月，清光上人衣。乍驚漁火出，飜共浪花飛。寺遠踈鐘斷，江寒過鳥稀。峴山烟樹裏，無數暮帆歸。

又 卷一五《送陳伯孺之吴興兼懷諸舊游二首》 棄置當年事，風烟此日殊。人家盡桑柘，秋色在菰蘆。雨暗黄龍洞，雲愁碧浪湖。不知諸父老，還憶使君無。

又 卷一九《送烏程袁尹赴虞部》 碧浪湖邊柳滿船，一枝聊贈使君鞭。幾年作吏花爲縣，萬里歸朝舄是仙。粉署舊傳虞部選，漢家新鑄水衡錢。看君疏草承明上，民力東南絶可憐。

又《秋夜碧浪湖懷鄧汝高時汝高有嶺南之行》 西風把袂又瓜期，紅葉青山憶别離。千里月華人去後，半江秋色雁來時。交河野曠飛霜早，雪水寒輕落水遲。此日風烟各行役，嶺猿啼鳥費相思。

又 卷二五《碧浪湖晚望》 日落湖水平，涵虚氣杳冥。歸帆天際盡，一點峴山青。

明 徐賁《北郭集》卷六《泛碧浪湖在湖州南門外》 邀客泛流槎，開樽對渚沙。苧袍沾杏雨，蘭棹撥蘋花。積水添湖滿，遥山抱郭斜。閑情遂幽賞，聊用荅年華。

又《游浮玉山在碧浪湖中次韻》 浮玉山前路，樓船泊渚沙。蘋香風際草，杏色雨前花。閑鳥兼湖净，遊絲趁岸斜。不因來此處，那得賞春華。

又《己酉八月十七日夜泛碧浪湖泊浮玉山對月呈席上諸公》 水月共秋妍，山椒夜泊船。人來黄葉浦，漁宿白鷗天。聞唱風瀾外，持杯露影前。自從經喪亂，誰得此留連。

明 徐爾鉉《核庵集》卷下《碧浪湖曉泛》 城外層層滿翠屏，鳴榔曉出峴山亭。峰高日射烟猶白，溪冷舟稀水尚青。零亂岸花風媚客，輕盈堤柳浪迷汀。浮屠渺渺中流見，虚坐常疑一葉萍。

明 徐熥《幔亭詩集》卷六《碧浪湖泛月同在杭》 扁舟過碧浪，孤月出林端。兔影搖波碎，嬋娟落鏡寒。湖光澄似練，山色秀堪餐。別後幾圓缺，今宵纔共看。

明 張鳳翼《處實堂集》卷四《贈烏程荆明府》 十洲仙客駕仙鳧，捧檄來過碧浪湖。一曲清琴頌聲作，公庭雲白似冰壺。

明 張羽《静居集》卷一《碧浪湖》 整棹出崇墉，平郊眺清迥。山表四圍明，湖明落天鏡。蒼茫沙鳥逝，蕩漾漁舟競。洲渚莽回復，蒲荷交隱映。中有浮玉山，坡陀泛清瑩。已無蛟鯨患，自悅魚鳥性。芳春士女繁，落日簫鼓盛。蓮棹曉同遊，蘭舟晚相并。何慚稽山秀，未數鑒湖净。願蒙一曲賜，將老愜幽興。

明 朱長春《朱太復乙集》卷九《碧浪湖畔與薦卿對酌談邊事》 艤舟相與酌，夕日平湖沙。廓落孟冬月，悲凉寒水涯。干戈方滿地，漁釣豈吾家。灑血論兵事，高城起戍笳。

又 卷一三《七夕碧浪湖渚浩歌》 銀河淺淺入江垂，碧浪盈盈度月□。萬古鵲橋良會夕，三更漁碣獨眠時。乘槎若爲尋支石，乞巧從教結細絲。玗老老來彌野放，浩歌沈醉復何知。

明 朱國楨《朱文肅公詩集·泛碧浪湖》 小艇泛溪晴，蕭然自在行。樓臺映水色，竹樹帶春聲。感慨當年事，銷鎔涉世情。貞心終不改，彌覺畫圖清。

明 朱曰藩《山帶閣集》卷一四《午日同盧明府及吴興諸公泛碧浪湖作》 傾城拾采峴山頭，避雨競乘輕利舟。争標忽憶楚人俗，并檝叨陪謝傳游。中流吟嘯去不止，薄暮雷電歸何憂。潭口雙魚瑩如玉，醉看新月生汀洲。

又 卷一五《己酉仲春祀壇，宿齋碧浪湖舟中，雷雨大作，因述所懷寄獻南坦》 浮玉山前雲覆湍，湖南二月起龍蟠。春風久凝在沂冰，夜雨若爲仍灌壇。望杏又驚農事動，翳桑猶怯客袍單。江舟肯渡何須艫，只向玄真乞釣竿。

清 黄宗羲《南雷詩曆》卷四《雜詠》 方沈温韓閔蔡唐，魔君降下豈尋常。徐神翁對蔡京之言。可憐碧浪湖中水，一代銷沉在此方。

清 李稻塍《梅會詩選》卷一一《碧浪湖》 長日江村好風景，自呼鄰叟放春船。亂雲野水白相映，細柳新蒲青可憐。晚去星河生客夢，舊游臺榭渺寒烟。紅妝剩有當壚者，且醉烏程市上眠。

清 厲鶚《樊榭山房集》卷一《碧浪湖》 白塔紅亭宿霧收，放船港口足銷憂。蘆分山色離披去，水接雲容淡沲浮。風物三吴何處最，陂塘五月已如秋。樊川可是詩情減，不爲探春也合游。

清 查慎行《敬業堂詩集》卷二三《碧浪湖》 蒲柳城南水一方，三年重此泊吴航。開陪白社青門客，愛入銀鷗雪鷺鄉。帳下諸生看漸老，甕頭吏部最能狂。烏巾美酒東風泛，并作澄湖匹練光。

清 陳三立《散原精舍詩》卷上《次韻答寄禪上人海上見寄》 碧湖花雨照迷津，十五年前挾老筠。客湘時，屢與郭筠仙侍郎諸公同集碧浪湖詩社。石火光中吾未死，乾坤毁後汝何人。

清 陳文述《頤道堂集》卷二三《寄范白舫蜀中》 碧浪湖邊白石生，西泠詩社舊知名。遠游未踐還吴約，垂老重爲入蜀行。巴峽暮雲遥入夢，漢皋春樹定關情。天涯且作三年住，河渚期君事耦耕。

清 鄧顯鶴《沅湘耆舊集》卷一二二《陳兵備繩祖四十三首·雪後過碧浪湖望峴山兼呈李肯庵太守》 出郭緬層巘，雲木浮清波。微陽薄寒氣，積雪明山阿。膠舟冰始斷，餘響風帆過。歷歷沙岸鳥，冥冥漁艇蓑。雉堞渺回顧，中流鬱嵯峨。良游按圖志，山麓入坡陀。明湖浩東注，車蓋相盪摩。晃瀁水晶闕，崢嶸璃島羅。潘塘列上下，浮玉轉細麼。烟嵐互明滅，浩劫撐青螺。結搆宛在望，隱見垂藤蘿。窪尊酒不飲，苔蘚隨年多。平原錫嘉名，玉局此婆娑。吾鄉山水窟，漢沔迹未訛。登臨共今古，慷慨將如何。咄嗟碑頭淚，曩哲虚滂沱。宇宙一過客，滄桑本同科。側聞太守賢，民有襄陽歌。風流見耆舊，顔蘇去則那。酹酒臨碧浪，嘯咏朱顔酡。

又《碧浪湖》 碧浪重經打槳來，平沙無際鳥飛回。長天漠漠魚龍曉，春縠鱗鱗荇藻開。山色縈盤成島嶼，人家疏落認蒿萊。平生雅慕鴟夷子，望斷湖東大小雷。

清 方文《嵞山集》卷四《送曾止山之吴門》 歲晏來游碧浪湖，

主人聾聵不堪呼。獨携破笠尋山寺，且喜貧交得酒徒。快意那能如百粵，止山去年粵游甚壯。早春端合去三吴。停舟先問靈巖路，鄧尉梅花天下無。

清 洪亮吉《更生齋詩餘》卷一《如夢令十三日侵曉過碧浪湖》 龍氣出波冉冉，瀨鶒鷺絲皆閃。海日未升時，幾片斷霞如斬。休喊，休喊。驚破一群鵜膽。剩得曉星數顆，芒角出同諫果。尚未破天光，水碧盡將魚裹。孤坐，孤坐。千尺浪中一我。

清 洪亮吉《更生齋集》卷九《將抵焦山先柬巨超僧一律》 携將碧浪湖頭月，來作清凉寺裏秋。山館緑浮前夜雨，海雲紅擁隔江州。齊梁歲月催何遽，吴蜀江山老貫休。畢竟此身誰住著，又隨凉露點閒鷗。

清 胡天游《石笥山房集》卷上《章水部深柳書堂》 詩名古今三水曹，先生句錢雲月高。羅浮萬里帶巴蜀，走馬歸來秋鬢緑。坐曹過午花氣清，一心不羨卿水衡。但思掌録隨任末，生平味耽袁伯業。草堂何人移作圖，軒窗遠吞碧浪湖。截堤萬柳手自插，何用李家千木奴。人言嗜書或成癖，先生解知書有色。竹屋鐙青荻岸凉，咿唔頗記蟲聲夕。此樂如今安得有，功名却被天公肘。且須點檢武昌營，漫知書堂别來久。

清 黄鉞《壹齋集》卷六《九月朔日泛碧浪湖，游道場山，歸登峴山亭，尋李相石尊》 卉載塵霧胸，悵悵何處洗。秋風送客槎，天許祓苕水。閉關一月餘，烟雲湧足起。晨興出南郭，扣枻泛清駛。鱗鱗碧浪湖，皛皛明鏡啓。菱芡蝕半規，攬照亦可喜。回帆入小溪，線路争叢葦。道場青滿眼，孤塔矗可指。稍稍有人家，我舟亦云口。

上上百步棧，商飆奏林皋。山田新雨足，霜稻香如醪。弁山自南來，嵐氣遥相包。少休瓿巖罅，群想歸一超。置身千仞岡，始見天之高。五湖一杯水，可以清煩勞。

又 卷八《雨中雜憶效姜白石雪中六解體》 曬繭科桑那得閒，人家都趁水彎環。畫船穩載烏程酒，碧浪湖中看弁山。

雜録

唐 顏真卿《顏魯公文集》卷二八 浮玉山在府城南碧浪湖中，怪石礧砢。出於蒲葦之中，入郡第一景也。《湖州府志》

宋 周密《癸辛雜識·前集》 趙氏蘇灣園，菊坡所剏，去南關三里，而近碧浪湖。浮玉山在其前，景物殊勝，山椒有雄跨亭，盡見太湖諸山。

又 倪氏玉湖園，倪文節别墅。在峴山之傍，取浮玉山碧浪湖合而爲名，中有藏書樓，極有野趣。

明 謝肇淛《五雜俎》卷一一 江南之三白，不脛而走，半九州矣。然吴興造者勝於金昌，蘇人急於求售水米，不能精擇故也。泉洌則酒香，吴興碧浪湖半月泉黄龍洞諸泉皆甘洌異常，富民之家多至慧山，載泉以釀，故自奇勝。

（雍正）《浙江通志》卷五五 南塘在碧浪湖西，所以障郭西灣之水。萬曆三十六年，知府陳幼學修築。多用青石上植桃柳，名曰陳公塘。朱長春重修南塘，改名通塘。記吴興西南諸溪谷水，并三道會於城南。峴山南湖，曰碧浪湖。水壯決堤，爲害夂矣。萬曆三十三年，太守陳公來度塘，自山川壇北盡民舍，南至百明橋、古橋二，益設新平橋三，凡五。内疏支渠，廣深之，達夾山，引漾水瀹，分出於五橋外，塘辟古之半，累高甃石爲堤，以捍湖溢。又南接古峴山，橋廢，按志疏復之。迤盤山又西至峴山寺門止，塘凡修二百五十丈有奇，廣二丈六尺，堤高七尺五寸，役五閲月而工竣。塘内凡鄉區四，田畝四萬七千有奇，圩圍四百五十有奇。徵爲記曰：通塘志本利也，自城達峴山，其南連蘇灣，文忠蘇公治故堤在焉。兩堤於兩太守不朽矣。

步𡸣湖

清 李煥章《織水齋集·步𡸣湖記》 余之至𡸣湖凡十數矣。至則拜許忠節公祠，吊水香北渚天心水面亭，尋李北海、晁太常、張文忠遺迹，憶華泉、滄溟兩先生。明月方舟，蓼汀荷畔，詩歌離離，與漁人款，乃聲相應也，而暢游凡三。崇禎庚午秋，偕聖裔孔君靈華、弘頤、賢裔孟君奎東、弘巍、魯王孫壽鍫、東蒙公君文侯襄、陳君孝先、福徵王君米山、詢費勒君敬軒、吾邑本師張先生、瞿堂徐君、太拙羅君，惺⿰目更養心。余兄浮玉先生携尊罍布茵席，却絲竹之繁響，樂山水之清音。太拙唱蘆花，拂袖鏡中來。諸君子扣舷而和之，舉金蠡杯傾波心，悲歌聲烏烏。追北海太常，華泉，滄溟，不復作戍鼓咽空。群呼月出，芰荷夾路，衆帶星回。艤舟寓公院側，登北城，華不注，翠色欲滴，射人衣袂，詩成，諸君子屬余爲記，此余之少年游此湖也。後康熙壬寅偕會稽章先生載庵、貞陽城王先生半石、克山陰孟君遠次，徵諸伶畢，集酒酣樂，作諸君子不聿遄飛，頃刻數十首。湖光晶晶，燈火熒熒。章先生譙甚曰：吾鄉有西湖、鏡湖、六橋、三竺，禹迹蘭亭，佳則佳矣，不若兹斜陽流水，不信城中勝秦淮清溪一帶矣。詩成，諸君子屬余爲記，此余之壯年游兹湖也。乙卯，偕吴門顧君、寧人絳、濟陽張君嵩庵、爾岐、益都薛君儀甫，鳳祚小舟，舒放短棹輕舉歌，謝康樂瀫，結緑而澄清，闌陽白而載華。時值殘秋，大火西傾，征雁南翔，蕭蕭白髮，英英紅蓼，相映堤上。人共訝曰：此四皓去商山，而泛中流也詩。詩餘成，諸君子又屬余爲記。昔酈道元性好游，注《水經》自云：生長東齊，而吾郡之七級，寺五龍口，天齊之淵冶官之祠，萬春之門莊岳之市，雪宫稷下牛山愚谷。數語點綴外，不復有好覽之篇。余自顧何人乃於兹湖，筆墨數及信與，有夙生之緣，此余之老年游于兹湖也。舍觸暑而來舍，館莫定，匆匆東歸，於陰雨濛濛中至其地。波光如故，人事遞更，自今視昔，自後視今，意緒茫茫，所謂情隨事遷，而感慨係之矣。一奚童，一蹇足，蒼皇自湖上而返，故曰《步⿰山昔湖記》。五月二十四日。

鼂湖

紀事

明 費元禄《甲秀園集》卷二七《鼂湖記》 采館之前澄然而爽朗者，官湖也。屠緯真先生以余館擄其勝，移書易爲鼂湖。云湖周遭可二里許，逶迤曲折，居然具千里之勢。余置舟一館門，雜樹碧桃、芙蓉、梅柳，舟常維其傍颜，曰隔凡。由隔凡下石磴十餘級，始登舟。舟自館前順流，凡二折而達夾鏡，坡靈山鵜湖。霞舉叠秀，流烟半垂，時時繆帶，山阜峨眉，四松亭亭，孤立如盖，是爲内湖。自館前上流，經甲秀園飛雲閣，一折而爲會心亭，再拆而爲南園，三折而爲蔣家庄。章巘赭亭，山形如列屏，大顗武夷幔亭玉女諸峰，遠嶂層巒，尤爲秀茂，狀若奔龍飛舞湖中，風帆時見出没，是爲外湖。湖不盡屬一主，主人不盡皆好事。内湖南岸與余館相對，常欲市其地種梅百株不得。故南岸輒無他木，僅青楓數本，根皆半朽水中，久當盡去。然平濤沃野，時見農夫村婦榼餉驅犢，其間亦自不惡。北岸爲余館及甲秀園，臨之雙樹凌跨，桃柳葳蕤，樓臺亭榭，掩映若畫。余館下稍數武爲家侄别業，朱欄油幕，夜分燈火相映帶，時聞讀書伊唔聲。窗前近亦間植桃柳、芭蕉數株可玩，此内湖之勝也。第湖勢稍狹，外湖則曠敞空明，一望無際。北岸爲余家居，烟火稠密，道上往來如織，人語鷄聲，時斷續於烟景。間稍下有古樟一本，美蔭婆娑數畝。樟下湖水注爲小塘，隔以短堤，堤上俱雜植桃柳。南岸爲家叔氏園亭短墻，修竹茂林，杉松楓樫，桃李橙橘之屬，蔽翳蓊欝。翔禽奇鳥時棲其上，薄暮倚舟聽其争飛競宿之聲，可當數部鼓吹。左翼以水閣二，倒影挿波相媚，荷花芙蓉輒居其半。三兩茅舍，隱隱深林中，大有幽致。此外湖之勝也。由内湖而達外湖，耳目若開而廣，境界若闢而新。由外湖而入内湖，其勝尤在會心亭一折，古木千章，壽藤掩翳，委蛇婉致。舟行輒停橈遲廻，不忍即過，如入桃源，恍然異世。盖景物之所獨鍾，而幽情之所畢集矣。湖中饒魚蝦，童子時往采捕，夜深猶聞網聲，軋軋不已。又饒蓮實菱芡，沙明水煖，鴛鴦鳧雁，屬玉鵁鶄之屬，莫不咀嚼出没。其間晨光初起，夕景斜輝。時輕舟上下往來，所謂禽魚鳥獸自來親人，當非虚語。每春和景淑，桃柳艶發，輒鼓吹張讌，才子揮毫，妖姬度曲。小舟送酒絲肉迭和，岸上游女靚飾濃粧，嫛珊婀娜於花叢之側，素面改緋，香語遥聞，誠湖中之鉅麗，而賞心之樂事也。背春涉夏，花事將残，落英随微颸飄墮水中，往往與篙鏫，燕子時掠水啣之而去。大足散懷，薫風南來，菀柳成帷，碧荷如拭，則提琴携卷，維舟緑陰深處。偃卧湘榻，聽黄鸝以取凉。適興至命酒，取荷葉大者爲碧筒，飲清香沁入肺腑，玉壺琉璃，信不足以喻其清徹也。楓葉飛丹，晴初霜旦，内湖夾鏡坡一雕繢，滿眼四顧，如錦可謂掩春花之秀，擅秋景之奇，即善圖者莫寫其狀矣。千林六出，雪花如掌，山若益而奇，水若益而秀，樹若益而古鶴氅。登舟憑攔指點，意方忻忻。適第覺岡巒積素，而不知有寒凛之色也。歲行且盡南園，橘實纍纍可玩，維舟眺望，食指覺動，自愧德無休明，不能致籬壁間物一二。灌園丈人散髮蕭踈其下，令人情邈灌蔬意寄漢陰矣。至如明河參横，素月流天，鍾聲忽度，鶴唳乍聞，二三朋侶，相識緇衣，談詩相命，放棹中流，朱絃一曲，清酹一壺，焚龍腦一爐。童子取虎丘松蘿，以陸家經竹火吾郡第二泉及石井泉烹之，凉入脾間。詞鋒飛動，商略終古，近代竟夜不休。又或屯雲沉黑，雨勢奔騰，烟霧空濛，尤爲奇絶。近則九陽龍門風影潭聲之所砰磕，遠則章巘赭亭雨勢雹光之所激映。舳艫帆檣，若見若没，盖至彭蠡澎湃，靈岳嶄崱，隱隱皆几帶間物矣。一日之内而氣侯不齊，四序之中而景物代變，樂矣。兹湖可以澄神，盪垢可以愉志，汰襟信巨靈氏之所擘以遺我也。余猶憶往歲南登武夷、九曲、天遊，尋魏王子騫窟宅，東訪羅浮七十二峰之勝，已而出武林，遍西湖、六橋、三天竺、五雲諸名境，快己悠然而返。旋則失去，心亦忡忡焉。凝思若復，欲至如桃源洞，忘故道也。乃今得之，吾湖朝而得日，夕而得月，跬步而得峰巒洞臺，亦何異武夷、羅浮、西湖之間哉？夫古今之勝景多矣，或終其身而不得游，即遊而或不得數遊，昔人所謂主人來少客來多者是也。悲夫！余幸獲旦暮此湖得以散觀遊衍，所享多矣。人或疑内湖南岸余不得有之，以多植梅花爲憾。余謂：宇宙大矣，安得悉攘爲己物。即以此爲兹湖之缺陷，不亦可耶？余又悲愚溪鈷鉧潭輞川之樂，夢寐注之，而後乃彷彿草莽，不復可辨，徒寄之詩，若文以傳，則湖山猶爲長物也。余不敢必黿湖之長，托於天壤，妄意欲因余文令黿湖之得與愚溪、鈷鍻、潭輞川并播諸千載，余又愧文之不能如柳州右丞也。是余之記黿湖意也。

藝文

明 費元禄《甲秀園集》卷八《黿湖雜詩七十首有序》

余館在黿湖之左，厥有雙樹長生千章。瓌木禽鳥之所棲，止日月自覺清朗，陽扉陰樹，春牖秋窓，頫仰吟睞，而四時之景具焉。至若東郊拾翠，南浦送君林岫丹青，巖巒皓素。於是逍遥，芳甸遊豫，華林登高，多落帽之賓，眄隰有采菱之女，斯故五湖之巨麗，而非余館所得專也。讀書餘隙，屨留連往來游彦，循崖忘返，爲天姥不足，多四明難弟畜也。作湖上詩七十首。

韶陽開令序，淑氣入芳年。柳眼烟新媚，櫻唇雨暗然。嬌歌徵綺席，妙舞送瓊筵。倚醉酡顔後，横陳錦瑟邊。

《二》 密葉交窓暗，寒花委砌森。輕蜂嬌掇潁，弱鳥亂啼陰。激水滋繁圃，懸橋度斷潯。昨宵風雨急，吹艇緑蘿深。

《三》 霧淞蒙縣野，郊扉澹遠春。沉沉啼樹鳥，隱隱摘花人。寶袜鞦韆汗，長裙蹴踘塵。今朝風日麗，繡轂逗蘭津。

《四》 陰天寒陸晦，霽雨夕山佳。江漲橋難度，雲歸樹欲埋。修蘿陰蔓壁，細草積扶階。舊侶迷樵逕，幽禽語竹齋。

《五》 步出清湖岸，遥看甲秀園，巉巖紆石嶂，青翠杳松門，柳埭尋鶯慣，花蹊撲蝶喧，惟應塵境望，定是武陵源。

《六》 島與青蘿徑，津梁緑浦岑。群魚翻藻動，獨鶴唳雲深。茗竈隨蓮舫，茅齋入橘林。舊遊堤畔散，桃李不成陰。

《七》 焕景臨梟渚，輕陰覆鹿蹊。茶經邀月校，詩句覓蕉題。遠火投村滅，殘星映水低。岩僧香霧裏，鐘磬萬松西。

《八》 坐愛春塘静，歸防晚徑斜。稗田棲白鶴，蒲沚漲青蛙。月送僧投寺，帆隨客到家。陰森迷旅竹，香艷識名花。

《九》 爲園依静渚，幽事勝田家。翠黛流桑葉，黄雲覆菜花。含櫻喧鳥語，釀蜜鬧蜂衙。獨攎雙梧立，繁陰滿院華

《十》 地接芳郊勝，時同禊事分。蘭亭人似玉，金谷妓如雲。白雪籠紗透，酡顔借酒熏。尚勞風捲帶，無使露沾裙。

《十一》 南陌草萋萋，王孫怨路蹊。孤村寒食哭，幾樹亂烏啼。翠眊縈馳馬，金鈎激鬪鷄。松楸人望祭，古墓夕陽迷。

《十二》 湖色含山靄，陰晴望屢迷。仙槎遥渡水，漁釣亂臨溪。草狹桐陰路，荷翻竹塢堤。歸巢喧鳥雀，燈火石林西。

《十三》 幽棲誠暇豫，逸事頗能兼。鬭草銅駝陌，分花玉女奩。開尊浮緑蟻，汲水弄銀蟾。榻遍黄庭後，微風不捲簾。

《十四》　筇杖鏗幽石，看花手自携。高枝風夜拆，弱葉露晨低。照眼珊瑚網，留人桃李溪。鷩鶯飛不遠，只在隔墻啼。

《十五》　幽情閟節候，散策極回紆。遠翠層岡合，重陰複澗扶。條風颺白芷，廣露滴青梧。心迹嫠凄寂，松間聽鷓鴣。

《十六》　別業青溪曲，幽幽愜遠情。春陰濃栝栢，時候語鶬鶊。分火催朝餽，扶藜課早畊。湖南新水滿，吾欲濯塵纓。

《十七》　養痾親藥餌，寒食曠花期。緑水流澌下，青驪結駟馳。遥經嘉樹憇，側聽緒風吹。丹竈烟常在，寥寥獨坐時。

《十八》　物候逼清明，郊扉風日晴。花繁看奪目，柳亂折縈情。綺陌嘶遊馬，金塘響度鶯。長筵歌舞外，客醉錦官城。

《十九》　幽事起常早，緑畦稍辨花。商量幾蓝吐，扶植數枝斜。迎日呈香態，棲烟隱綺葩。游蜂忙底甚，破曉占春華。

《二十》　日過蘭池暖，風生蕙畝遲。窓桃敷細蓝，湖柳裊新枝。隔樹調鸎管，循流泝羽巵。春情聊可托，歛意咏新詩。

《二十一》　林下風時至，朱明患太凉。雕冰疑冷局，激水作流觴。趙帶浮瓜濕，燕裙入芰香。所之情既倦，高枕傲羲皇。

《二十二》　坐卧無晨夕，幽棲懶自宜。山猿啼急峽，水鶴集高枝。碧澗縈三谷，青林備四時。幸承明月夜，文酒共追隨。

《二十三》　静嘿觀無始，踈鍾來五湖。巢風吹户裡，石乳滴階隅。松短猶千尺，衣輕只六銖。終朝無盥櫛，細草藉跏趺。

《二十四》　積晦淹成病，初晴興復饒。村原鷩麥夏，杖策過花朝。卧柳抽長穗，新篁出遠條。却憐風日好，江上動漁樵。

《二十五》　未曾離曲徑，便復步清池。野鳥墻陰出，幽花石底危。問関尋對語，慘淡倚相思。聊可娱心處，那堪持贈誰。

《二十六》　百草芳垂歇，驚時鶗鴂愁。雲山潛變夏，麥隴静兼秋。院閉逢僧出，船空載鶴遊。興來堪拊缶，秦女鮮菱謳。

《二十七》　歷歷風潭上，千畦引隩區。田翁朝餉黍，隣女夜炊菰。笛隱横坡麥，舟穿出水蒲。花村聞吠犬，月下吏催租。

《二十八》　游女憐顔色，盤跚下曲塘。捲簾窺緑鬢，臨水妬紅粧。玉袖搴蓮濕，羅裙襞藕香。回身傍輕檝，畏動兩鴛鴦。

《二十九》　穀雨過林瀨，桐叢噴石淙。緑眠新漲草，翠濕乍晴峰。露葉蟬鳴柳，烟梢鶴在松。澄湖明鏡裏，倒照玉芙蓉。

《三十》　何處堪逃暑，澄湖小閣深。障天嘉樹合，籠日滃雲陰。荷雨調冰藕，松風韻玉琹。泠然濠濮想，林水澹予心。

《三十一》　梅節村村雨，農時處處歌。鳴鳩桑椹熟，戲蝶楝花和。隴餉炊黄黍，田衣借緑荷。幸同高勝侣，於此咏槃邁。

《三十二》　伏雨迷清晝，翔烟散緑陲。江門翻杏藹，浦樹失參差。草屋鳴鷄晦，風簾入燕遲。高樓凉色重，枕簟看彈碁。

《三十三》　搴杜薰爲佩，燃蘭浴作湯。漁家沽緑酒，妓館醉紅粧。蒲節抽烟軟，榴花噴雨香。傾都齊鬭草，羅綺坐成行。

《三十四》　高天猶曉月，永夜但寒春。晴溆孤舟笛，雲林遠寺鍾。山泉微引瀑，浦氣漸沉峰。籬落稻花發，油油戴露濃。

《三十五》　鳥毳風前落，蛙聲雨後多。芙蓉縈素坂，菡萏冒清波。園豆蟲殘葉，堤檉水没柯。漁翁頭覆雪，斜照晒青簑。

《三十六》　暝色含清靄，澄湖破晚氛。朱樓千樹月，畫舫一溪雲。波影摇珠綴，荷香入練裙。翛然誰共語，瀏鶒自爲群。

《三十七》　循沚蘭舟蕩，依山桂席開。花殘啼鳥過，葉窖抱蟬哀。舞影簾前落，歌塵扇底迴。芳辰歡麗賞，定好罄霞杯。

《三十八》　宴坐修篁裏，澄湖澹不流。朦朦山欲雨，颯颯樹疑秋。隔水初蟬響，深林一鳥幽。煩心何處寫，蘭芷在滄洲。

《三十九》　黯靄重雲蔭，朱明暮景遲。長懷河朔飲，高咏竹林詩。荇露流衣帶，荷風引釣絲。微酣清興劇，濯足弄華池。

《四十》　清和資首夏，遠樹曖空青。浪影摇魚藻，沙痕亂鶴汀。清風來磵牖，恠石壓茅亭。欲擬陶家賦，聊尋山海經。

《四十一》　朱陸温風歇，金天大火流。浮瓜辭净渚，岸幘坐高丘。竹密清餘暑，荷深薦薄颸。旋知凉信入，紈扇漸悲秋。

《四十二》　静夜消清籟，霜堂集舊歡。楹虚砧響度，臺迥月光寒。鵁首銀波蕩，鵾絃玉指彈。休言風露冷，人世幾盤桓。

《四十三》削迹深三徑，爲園即一丘。窸萎全障鳥，高樹曲藏舟。荻岸埋烟夕，桐門滴露秋。江風吹日落，布帽任欹頭。

《四十四》廓落同羈旅，新愁感逝波。華叢遲粲菊，別葉早辭柯。蟲語侵階細，漁舟出浦多。回軒陳綺席，留酌待明河。

《四十五》辰火流西候，商風扇暮筵。梧桐翻夕照，荷芰狎清漣。葉落烹茶竈，燈明送酒船。樵人歸路晚，隔浦望炊烟。

《四十六》廓處躭禪寂，蒲團禮落迦。秋風桐井葉，夜雨石鐺茶。幽幔低鼯竹，繩床亂蝶花。青蓮還淨果，總是梵仙家。

《四十七》地僻冠仍懶，林深轍屢回。清風林下酌，明月樹梢來。燕去檐恒静，霜寒菊未開。尋常迎送處，不過石橋隈。

《四十八》剥棗西園夕，讀書秋樹晨。懿筐收栗橡，初醖藉松筠。小雨追樵客，踈烟點釣人。荒鷄啼不已，落葉滿庭貧。

《四十九》的的螢飛夕，喓喓蟲思秋。穲秔棲緑畆，蘆荻引滄洲。摘果餵林鶴，分粮施渚鷗。閒居誰過枉，寥落有羊求。

《五十》汀葭隨雁靡，籬菊向人斑。鵝鴨浮寒水，牛羊下晚山。村墟昏罷市，客渡午開關。雲散歸城邑，清晨復往還。

《五十一》田鶴時相叫，沙鳬忽背翔。蓬風驅滯影，雲日逓清光。燒晚楓郊赤，江秋荻岸黄。籬花初破蕋，含景望重陽。

《五十二》行藥遵金隰，征途去曷窮。逢僧殘樹裏，問渡亂流中。靡靡蘋花白，霏霏柿葉紅。沙鷗行畔狎，刷羽泛烟叢。

《五十三》點綴林容勝，朝昏樹色華。無風雲散錦，不雨葉飛花。萎緑分殘黛，踈紅落晚霞。猿猱横古路，鷄犬認人家。

《五十四》蟋蟀哀霜降，鵽豚飽稻登。村舂沙瀨碓，人語橘園燈。閣寮雲留客，山寒月伴僧。芝苓春有酒，卒歲召賓朋。

《五十五》幽事雖煩委，園居亦不同。開畦山骨膩，鑿石水衣蒙。菖菖彫時藹，啁啁語候蟲。臨罇嘗菊醖，挂席待樵風。

《五十六》亭皐延晚照，桑柘尚餘暉。溪鳥啣魚去，菱船載藕歸。借眠敷荀席，陶暑狎絺衣。野老開村釀，迎人啓竹扉。

《五十七》霜容朝上麗，秋景晚來酣。舫入湖東橘，櫚交石上楠。遠山雲自出，平野氣相含。選地開三徑，誅茅結小庵。

《五十八》然犀明水恠，弭節導山狨。席綴平林錦，船移下瀨風。霜華汀薺紫，夕景嶺雲紅。殘醉扶朋好，沙洲聽晚鴻。

《五十九》橋斷銷魂水，䏓茲送遠濆。離亭方別酒，征路欲浮氛。曲樹丹含日，層峰翠濕雲。回舩牽竹纜，花月共紛紛。

《六十》洒掃移新樹，經營闢故臺。桂窓斜月度，松澗亂雲堆。雪夜紆青簡，花時枕緑醅。齋居人不到，時有岳僧來。

《六十一》京宛遨游地，山林隱遁廬。霜明孤嶼釣，雪照一床書。婦剪芳園韭，童烹廢沼魚。蛩蛩鳴水次，鴝鴝步階除。

《六十二》湖湘寒色晚，櫧葉綴梅柯。濕竈烟炊少，磽田蒲稗多。桔槔閒野汊，棲栅翳深蘿。隱隱征梁下，横槎阻度河。

《六十三》烟関鳴磬杳，花院掃壇稀。甜石松炊飯，攀藤雪點衣。應門斐鶴瘦，然塔一燈微。月黑聞僧語，溪南乞食歸。

《六十四》積雪叢林外，懸崖壓欲崩。長松晴洒落，古殿露崚嶒。江肅沉寒渚，橋危觸斷冰。乗舟招隱士，得句報高僧。

《六十五》臘盡愁更永，春回願日遲。人懷新歲恨，梅發故年枝。鳥毳罥蛛網，蝸紋篆獸碑。竹爐邀賞畢，就枕續新詩。

《六十六》口葉風吹樹，紛披雪集庭。鷺迷林外白，山斷鏡中青。玉筯扶簷溜，瓊花綴户櫺。瞑鍾蘿月下，清夢幾回醒。

《六十七》凍浦河流帶，関門霧薄衫。雲中彭蠡雁，天際豫章帆。王鮪潛沙岫，饑鼯竄石岩。江南秋色暮，落落見松杉。

《六十八》池水昆明破，窓山石室寒。素波疑練委，青嶂似蓮殘。橡栗縈幽徑，樱楠夾曲欄。以茲情累盡，遽解世途難。

《六十九》輕陰層阜引，夕素曲湖連。場父收烏櫓，村姑擷白綿。踈林稀宿鳥，凍塹阻回船。雪裏頻堪折，梅花照綺筵。

《七十》風光何處動，雪色諒應殘。蘭葉縈香帶，椒花進王盤。殘冰揚月素，暮嶺冠霞丹。吹律迎新煖，燒爐送舊寒。

赤瑞湖

清 張漢《赤瑞湖記》（乾隆）《石屏州志》卷五　石屏治西寶秀驛，東有巨潴焉，俗爲寶秀海。又以東異龍湖，爾西湖，無定名也。湖瀕南有砦，我張氏聚族居之。湖西南之山，由筆架山燕子洞跳擲而來，至湖南大展如屏嶂。嶂中起一阜，張氏世世會葬之山。由西下者秀山，達西塞有關折而北，乾柴嶺、鳳凰山、虎頭山、寶山以至水清坳坦甸，會湖口之迤絡橋，湖腹充而口隘，如倒壺而流，一衣帶水。直走十餘里，入九天觀鑒湖，又分兩帶抱城南北入東湖，東達臨安之瀘江，會曲江、瀾滄江而去，流之長不可以里道計矣。湖中有石版俗號雲梯，有龍孔泉沸發伏湖中莫見，水冽可鑒毛髮，雖雨漲淖流赴入，不能濁。康熙癸巳，春水忽赤月餘，每初曙及薄暮，如丹砂傾瀉被湖面，舟人驚怪，不省何祥。是秋，予萬壽科得第嗣。丁酉，春水復淺赤，予冢子鄉舉，或曰：予先世兆域臨湖上，應此祥也。丙午，水復淺赤，丁未司得第四人。又西郭噴珠泉及泮池。壬子，歲水亦赤，癸丑同第者二人，年來得第。以水赤爲瑞，而總無如癸巳湖赤之烈也。抑聞城北乾陽山石參土有赤色，昔人相傳有北山青出翰林之讖。國朝以來山日蒼，以翠館選，屢有人意，山水人文顯晦有時，其光氣薰欝，亦靈奇而詭變，有開必先耶？予因更湖名曰赤瑞湖，是爲登第讖。至乾陽山，定名久矣。署山閣曰青瑞閣，牽連紀之。

清 張漢《月夜同傅嘉言諸公赤瑞湖泛舟觀荷》（乾隆）《石屏州志》卷七　何地無清泉，何夕無明月。人間何處無藕花，少得閑人相舉集。天生我輩作閑人，芰荷衣裳水雲客。千葉蓮中一葉舟，尚有隨舟浮數葉。哀絲急管破暝烟，驚起群鷗眠不得。風中有葉忽聞香，月下看花不辨色。信是舟回一水香，恍焉夢游衆香國。

（乾隆）《石屏州志》卷一　西湖即寶秀海，在張本寨之北，形如倒壺。以水赤應科第，又名赤瑞湖。中有龍孔出泉，湖西北一帶有石，如龍名，曰版雲梯。相傳夜半如有書聲，湖邊有水樓數間，一鏡泓然，漁舟往來，柳浪荷風之間，彷彿錢塘勝境。水由迤絡橋達九天觀，入異龍湖。州人張漢有《西山叠翠》、《西湖澄波》、《漁舟晚唱》、《龍孔書聲》、《松濤午夢》、《竹院清游》、《水樓觀炬》、《山徑歸樵》、《蓮池夜月》、《五畝晴烟》十咏。

又 卷二　連龍閣在赤瑞湖口，張漢建。

（嘉慶）《臨安府志》卷一六　龍孔書聲在赤瑞湖西北，湖形如倒壺，有龍孔出泉。泉上虬石蜿蜒，欲名版雲梯，相傳夜半有書聲出湖中，與波潮相應。

赤山湖

論説

清 顧炎武《天下郡國利病書》　大江西南爲赤山湖。名雖湖，其故時皆沃壤也。水涸之日，湖高秦淮数尺，莽翳数百頃，僅屬於牛馬之芻牧，而不得其半菽之用。夫水未有無潴而能常聚者，亦未有任其莽溢而不爲害者。此湖形勢既高，而自諸山發源以連秦淮，復屈曲如羊腸，伏秋雨積，即衝射决嚙，爲田畝之灾。以故崇德、茅山、承仙、臨泉等鄉，十年之中而滌沒居五也。今攷赤山湖志，前代計築堤百二十里，建二斗門，以爲疏閉之節。盖所資灌溉之利益普，今廢久，半爲居民楹棟之所壓，額不可復，而獨秦淮以西、蘇培橋以東相距数里，若浚爲一河，自可直達。仍東西置閘，防其壅涸，且即所浚之土爲堤，而從中經紀其陂池，鱗次其塍隴，其上腴者以播秔秫，其稍瘠者以植蔴枲，其道旁以樹棗栗，其最窪者以蒔芰芡，以畜魚鳧。因勢利導，疇非華實之毛，此在低鄉之可議者也。

清 劉著《赤山湖水利説》（乾隆）《句容縣志》卷一〇　按赤山湖即古之絳巖湖，在句容縣西南三十里，西北距上元縣九十里。舊志載：絳巖湖周廣百二十里，四面皆岡，而西北獨缺數里如門。門之南聳然而爲蒼崖斷壑者，赤山也。赤山之麓磅礴，方廣者二十餘里。門之北蜿蜒爲平岡，而止者爲竹巷，爲下葛庵諸村之地。門之内東涵大澤，望之坦然而曠遠者，赤山湖也。後人因其水落之際，近湖之濱，皆圍築埂岸，開爲膏腴。今特就現在所存荒澤，四面之濱計之，西南則有赤山，稍轉而南則有三陽地、盧亭，起庵葛村金村圩諸村之地。湖之東則有閘頭道士圩、青城埠岡子，上其北而西則有馬園里、邵家邊、毛家里諸村之地。西北則有散岔老圍，以塞湖口之內，其寬廣尚六七十里，上受茅山、瓦屋、浮山數百里之泉源、雨水。西北由散岔出湖口，以會崙山、五棊、空青、華山之水。由句容城東而至者爲秦淮，秦淮之北正當其湖下流之沖者，則上元丹陽鄉之戴陽圍、周予圍、泥圍、北山圍、白米圍也。丹陽鄉在上邑東南之極邊，賦稅甚多，犬牙相錯於句容界內。此諸圍不但東南受絳巖之沖，東北受崙山、五棊、華山之沖，而冑王湯山、青龍諸山之泉源，復自北由元橋、土橋、周郎橋而下繞於諸圍之內出水門，於北山圍之東與赤湖、秦淮之水相會於赤山之西北，而爲下散岔。察其地勢，丹陽諸圍北起周郎土橋之下，南抵赤山之麓，東界秦淮，西至北山。而北山岡隴自青龍蜿蜒而至北山圍內，南臨淮水以抵赤山之麓，若相環抱而爲門户者。然中含母聖、張家、戴陽、北山諸圍，平洋萬頃，方廣亦將百里，卑濕低窪，內外溝渠交錯。而母聖圍之旁猶有污池數里，其荻蘆萑葦，鳧雁鵁鶄，無所不具。蓋昔年丹陽之一湖也。又其西南當下散岔之尾流者，則泥圍、白米圍。白米圍其大凡數十里，其南與百丈圍相接，又其南與西則有山矣。及西至湖熟，則青龍岡隴，直抵於河，而有石橋阸之。西岸之市廛烟火，幾似城中，爲上元清化鄉之地，過此而爲圍者。依山傍藉，不若丹陽鄉之一無所藉，突然爲圍於大澤之中，以犯衆流之匯也。及考舊志載：夏駕湖在丹陽鄉，則丹陽鄉諸圍之地即古夏駕湖之地無疑矣。又載：上元縣東有白米湖，與句容下塘村接。則白米圍即古白米之地無疑矣。夫古之上邑，水患之所以不至告殷者，以東南有此數湖以爲瀦水之澤。今則夏駕白米已爲西成東作之區，而赤山一湖又復大半侵佔，則此數圍之中有時田廬漂没，泛漲秦淮，以至延及各鄉者，是豈水之咎哉？夫愛一時，盡地利之虛名，以與水爭地而貽他日之水患，又豈獨上元之一邑爲然哉？今之最可慮者，倘再以赤山所存之荒澤，愚民貪一時之利盡墾爲田，使數百里之泉源無所瀦蓄，以緩其勢，則其水患必更有烈於今日者矣。若鑒今日之害，而欲廢膏腴之産，以還夏駕白米之舊，其理則善，而其勢必有所不能。若及赤山湖之尚存，加以疏浚，使水就下，而民患亦可以稍紓。然抑有難言者，竊考赤山一湖，其東北至西南長幾二十里，西北至東南亦六七里。湖之乾涸等於平陸，無淺可撈，非開土方無由浚之。使深開方之法準河工之例，開立方方一丈者，其工價一兩一錢。開平方方一丈、而深一尺者，價銀一錢一分。每立方見方一尺者，價銀一釐一毫。且無論土歸何處，今姑就開方之價計之，每立方一尺動支一釐一毫。開平方方一里、深一尺者，每一里爲積三百二十四萬尺，方需工價三千五百六十四兩矣。今於湖中自東北至西南，若開深一尺長十里闊五里之方，此則五十分之一耳。若開方長十里闊三里者，此則三十分之一也。若開方長五里闊三里，此僅十五分之一也。如此一湖開方長五里，闊三里，而深一尺，雖暗者亦知其無益，況再減而少之乎。然其工價亦已五萬三千有奇矣，此又浚湖之説不易言者也。夫廢産以還既往之湖勢，既有所難行，傾貲以浚，現在之湖又力有難給，則惟嚴禁湖中之開墾，於老圍新圍之外，免其賦稅，復存荒澤，詳請具題永禁爲例，以爲鍾水之地。庶讓尺，而水得其尺；讓丈，而水得其丈。以廣抵深較之開浚爲行所無事，其亦今日補救之一法乎。至城中水患，內則視乎秦淮之宣塞，外則視乎江潮之枯滿，使其年江水不漲，秦淮之水雖盛無患也。倘其年江水盛漲，天雨又復浸淫，內外輻輳，雖有智者無所施其巧矣。其利害之故，非盡在上源也。

綜述

唐　李吉甫《元和郡縣志》卷二六　赤山湖在縣南三十五里。

（景定）《建康志》卷一八　絳巖湖，一名赤山湖，在句容縣西南三十里，去府六十里。源出絳巖山，周迴二十里，下通秦淮。

又　戴經新塘有豐等三湖圍埕，內田多是私函，取水澆灌。田苗准舊例，放絳巖湖水下，秦淮三日取，指揮給放不得專擅。開函取水，其湖先有傳食田五十畝，句容縣弓量二十畝三十步，上元縣弓量二十畝三十步，百埕堰與絳巖湖同置。絳巖湖貯水，百埕堰捺水。保大中曾别差官親到赤山湖所建斗門三所，通放湖水出入，常令湖中積水五尺。其斗門或遇山水擁下，高於湖内水面，即須全開三所斗門，放水入湖，候外溪水退却，放水出溪，下秦淮入江，專須酌量湖水，不得失於元則，右前件湖堰承舊澆灌九鄉田苗共一千餘頃畝。伏奉省符帖命指揮修作貯水，逐鄉差承潤户管當，先有條流歲久去失，續於晉天福年中再興工役修作，經今六十餘年。

（乾隆）《府廳州縣圖志》卷五　赤山湖在縣西南，與上元縣界，上接九源，下通秦淮，周二十里。秦江乘故城在縣北六十里。琅邪僑郡城在縣北，今有琅邪鄉，即其地。金城在縣北。

（光緒）《續纂句容縣志》卷六上　赤山湖在治南三十餘里，一名絳湖。週圍舊百二十里之廣，其源發於山，入於河，而漸達於江湖之東南。遠受句邑、茅山、浮山、虬山、甲山、瓦屋山、諸山之木，東北又受崙山、五基山、亭山、華山、胄山諸山之水，兩源會合於湖。出陳家閘口，入上元界，逕三岔赤山至湖熟，自湖熟而西，由龍都西柏村尾北至方山，而與秦淮之西源合。淮源詳後。湖中有正支河，河内有五蕩兩灣，湖西舊有石閘，即陳家閘。時其啓閉。淮河木涸，沿河各圩懼旱，則開閘以洩之。準河水漲，沿河各圩懼淹，則閉閘以蓄之，法云美矣。然歷年既久，湖河淤塞，石閘無存，蓄之既不能容，洩之亦不能暢。湘潭左文襄督兩江時，從郡人之請，委員估開。經始於光緒八年十月，至十年二月而工竣。今湖中新河一道，通接東來之舊河者，即文襄所疏浚也。茲詳叙其始末，如左俾後之留心木利者，有所考證焉。劉著程廷祚二論，詳見前志藝文。

傳記

（光緒）《漳州府志》卷三二　長澐官至兵部侍郎，自有傳。長澐字巨源，文勤次子，年十三入縣學。乾隆戊午，學使者疏薦孝弟廉潔，貢入太學。己未，引見詔往江南，以知縣用。初試目泉，令邑故饒進署，僅携二笥出如之，調石埭改句容。縣有劇盜，久繫獄不肯承感，以誠一訊而服。時方議疏秦淮河，長澐悉其源委條上開石湫、浚赤山湖二議。上官韙其言，調補無錫令，旋遷太倉州牧。徐氏女妖妄惑民，寘之法。

紀事

（光緒）《續纂句容縣志》卷六《浚修赤山湖記》　赤山之東有巨浸焉，名曰絳湖。受三茅、瓦屋、丫髻、浮虬諸山之水，外環百數十里，溉田萬頃。潦則港汊交錯，宣洩暢流。旱則閘壩縱横，潴渟屯澤，固一方百世之利也。吴人創之，梁人通之。唐宋以來屢修屢廢，沿及前明，湖身淤墊，闢爲田畝，據爲廬舍。迄乎今日，僅僅周四十里矣。春水暴漲，狂瀾欲倒，秋陽燥烈，漏卮無餘。歷數百年，豈無一二賢豪鋭意興修。然非閡於浮議，即怵於巨工，借餉難籌，望洋徒嘆。歲在壬午，湘潭侯相左公宗棠總督兩江，關心民瘼，上江句溧，四邑紳佩，合詞籲請，勘估興工。公奏朝廷，慨然引爲己任。乃遴道員，詳審地勢，擇要修浚。即飭諸將所部淮楚各軍，率作興事，肇於是年十月，迄於甲申三月。所浚東西流河道二十二里，并建陳家村閘橋各一座。旋擬接開東河，達於寶堰，以分秦淮水勢。適閩海不靖，公秉鉞南征，湖工截止，然即此水各有歸，不致泛濫横決，而築堤修閘蓄洩以時，足資灌溉，旱潦有備，年穀順成，已造四邑十數萬農民之福。湖濱舊有禹廟，居民肖公像於别室而祔祀焉。春田秋社，苾芷薦馨，世世祈報，民不能忘也。今年夏，臨湖居民匄余作記，余不敢以不文辭謹質言其顛末，而以派撥兵數履勘委員及土方丈尺、支用銀數附識於後，俾□之等具利者有所觀感焉。時在光緒二十六年，上章困敦之歲，邑歲貢生候選訓導張瀛謹撰。

又《籌防局陳道鳴志稟稿》　敬稟者竊職道奉憲台面諭飭赴句容，履勘赤山湖興辦水利情形，稟復核辦等因，職道遵即會同新兵後營陳都司鶴齡，於八月二十四日自省起程，由通濟門水路前往。於二十五日，抵三岔河，勘得一路河流，均一律疏通，毋庸挑浚。是日，適舉人秦際唐遵奉憲札，會同履勘，亦即趕到。二十六日早，職道邀同舉人秦際唐、都司陳鶴齡、代理句容縣知縣黎令光旦等履勘。句容縣東舊河由三岔河勘起，行二十里，至淤鄉。沿河寬四五丈，深約一二丈不等。循河向東北五里，至小其村又三里，至何莊廟。河道均寬二三丈不等。又五里，至畢墟村，河道亦寬丈餘。過此以往向東北五里，至鼉龍廟，皆屬土岡河影，淤成田地。過黿龍廟土岡十里，至吕坊寺，又有河影，約寬丈餘。每逢春夏水漲之時，寶堰船隻亦可駛至。又八里，入丹徒境之寶堰河，船隻即能暢行。計由淤鄉至畢墟村十三里，由黿龍廟至吕坊寺十里，河身尚易挑浚，惟畢墟村至黿龍廟五里一片土岡，施工較鉅。此二十六日履勘句容縣東舊河影之情形也。二十七日，職道又與該舉人等履勘赤山湖周圍，計七千九百三十丈，以一里一百八十丈，約計四十餘里。湖中舊有石柱，相傳高一丈二尺，今祇出土尺許，淤塞太深。謹勘得湖中舊有五蕩，日漸淤狹，惟白水蕩較大。若浚五蕩，則泥土仍積湖中，一遇大雨時行，土泥入蕩，依然淤塞，是浚蕩之議似無把握。惟白水蕩有正溜河一道，通麻培橋入秦淮，爲湖水之西流。又蠏子壩近蕩有溜一道，由張廟達義成橋，至淤鄉，爲湖水之東流。一經浚深，則湖水可由東西兩路分洩泥土，亦可培高堤岸。再於東西擇地各建一閘，以時啓閉，可期水旱無虞。較之浚河，挑蕩實屬有利無弊。此二十七日履勘句容縣赤山湖河道之情形也。職道伏思赤山湖受茅山、丫髻、瓦屋、斗門諸山之水，洩於秦淮，年久淤塞，民田均受水患。歷經官紳籌議，設法挑浚，俱以工鉅費絀而止。竊念地方非常之利，必待非常之人而後興。今職道履勘後，與舉人秦際唐等互相商榷，以爲江寧城外歷經水患，一由於赤山湖水無分洩之路，一由於江洲淤高，江潮抵住，淮流不能宣洩。今相度水勢，必須復開句容東之舊河，以資分洩。茲擬先將句容縣東淤鄉至吕坊寺舊河開通，再將赤山湖內兩河深浚，以河中泥土加築堤岸，遇水盛漲，東西可以分洩。東則洩入丹徒之寶堰河，西則洩入秦淮。仍於兩處建閘，以資儲洩。既免上江、句溧四邑之水患，又可使蘇常船隻由內河而至江寧，免長江風濤之險。洵屬一舉兩益，可爲百世之利。惟開河工程及建閘等項經費，須俟測量地勢高下，方能分段核計，暫難酌定。所有遵諭履勘赤山湖興修江寧水利情形，理合稟候批示，祇遵云云。

藝文

元 薩都拉《薩天錫詩集·同伯雨游疑神庵，因觀宋高宗賜蒲衣道士張達道白羽扇》 晴日赤山湖水明，湖中山影一眉青。蒲衣道士無人識，羽扇年多落鳳翎。

元 左克明《古樂府》卷六《湖就姑曲》 赤山湖就頭，孟陽二三月。綠蔽貰荇藪，湖就赤山磯。大姑居湖東，仲姑居湖西。

清 談遷《北游録·赤山湖》 巨浸流天末，居然一孟諸。山螺波面赤，水鏡月中舒。漁父非知己，津人或啓予。秋光凌萬頃，隱映落芙蕖。

雜録

（萬曆）《滁陽志》卷三 赤山湖橋去縣三十五里，以上俱在縣東。

（萬曆）《兖州府志》卷二〇 支河王家口至東滄橋，至豸裡溝張家寨，至赤山湖及東。邵黄甫、宋家口、吕孟湖向南，通共長九十六里六十一丈。

（萬曆）《應天府志》卷二〇 夏禹王廟一在秋于村，一存赤山湖。

（天啓）《來安縣志》卷一 海子眼在縣東三十里赤山湖，其水冬夏不竭。俗傳瓦梁□成日此也，最深若通海然。

（乾隆）《句容縣志》卷三 黄堰在福祚鄉，去縣南一十五里。慶元間因提舉監造石堰，故名關屯。水利澆灌，通德福祚，兩鄉官民田土千餘頃，下赤山湖達秦淮。

圖表

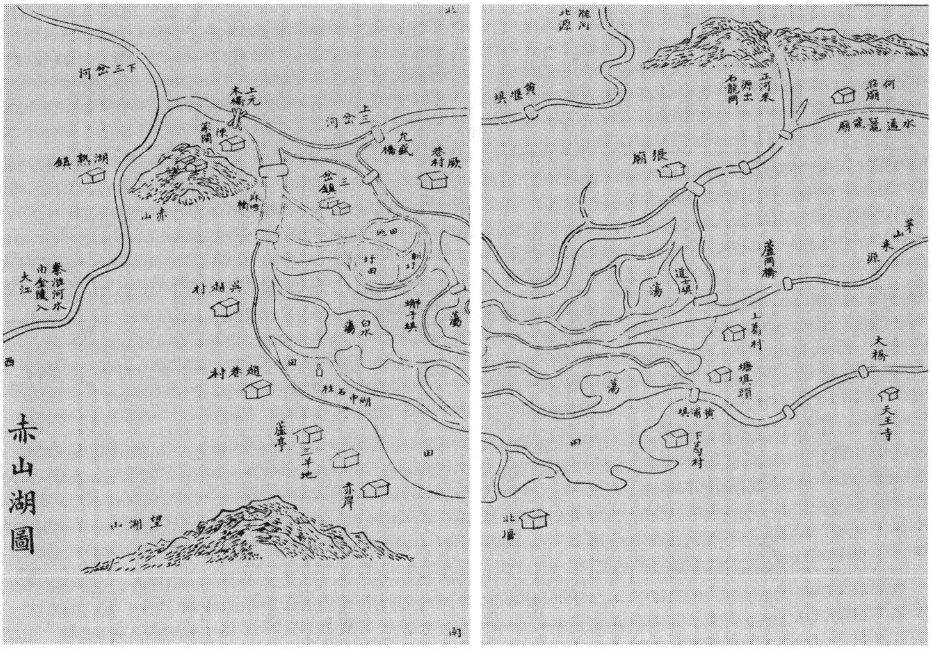

（光緒）《續纂句容縣志》卷首《赤山湖圖》

慈湖

綜述

宋 桂錫孫《重浚慈湖記》（雍正）《慈溪縣志》卷一四

易下經首咸，咸之用大矣哉。其理爲感，其象爲山，上有澤。澤居下者也，而上山。山居上者也，而下水。山澤通氣，如坤乾爲泰，氣可通而不可壅，此其所感。感則必有應萬物以之生天地，以之平咸之用大矣哉。慈邑之東山，擅勝槩不專以其山，以其有普濟湖者在也，止也説也。二氣相感以相與也，自有宇宙，便有此山却浚湖以爲輝映而已。吴闞太傅居之則爲德潤湖，楊文元公居之則爲慈湖。不專以其湖，以其有感人物者在也。野蔭田疇，淵淵其淵，有龍蟠虎踞之峰，巍壓其首，如渴鰲怒鯨奮迅者鬣奔而衝水之狀，允矣勝矣。何人斯於中央積土用之而成路，以便由徑陰陽者流，蹙額相向而言，又類獅子中箭矣。淑靈之氣鬱而弗宣，菰蒲叢生，榛莽荒穢，所謂剩水殘山既陵廢矣。今有玉洞王公慨然欲浚而闢之，方事之殷未暇也。審齋金公下車游刃肯綮，期年而治。公退之暇，坐清清堂上，下瞰沮洳，慨然太息曰：不可以當吾暇而不整黔黎。識公意皆曰是願也。湖以畝計者百五，邑以都計者三十。於是民來經始，各浚三畝，餘而治之，乃裹餱糧，同聲競勸，洎水昏正畚鍤并興，體足沾塗，民不告苦，但知樂成。於是公固有感之也。湖既停滀，必觀其瀾，一碧浸空，千翠倒景，山含彩而含暉。公因矗峙，對舊環堤，增建新亭於其間，扁曰湖山第一，曰小蓬萊，曰野航，曰茅亭，曰仁天祝聖之壽。縱魚鳥以咸，若建橋之名，則曰碧繡，曰砥流其下，曰側楔放盈科之泉。時堤闕以咸逸。湖之景物春種程川之柳，夏愛濂溪之蓮，秋瑩瓊田霽月，宰於晴碧，冬凝玉界白雪，擁於寒清。四景印慈湖之門墻，一曲涵咏，沂之氣象，湖之風物又咸矣。適膺比歲邑貢士二十八。邑士獨占角亢應羲畫，前所未有。争言絜地靈而多人傑也，言之不足，故咏歌之。殆且百家洋洋，盈耳湖於人物，抑又咸矣。浚一湖而萬物成，可以觀其所感，猶未也。劉定公之告趙孟，曰：

盍續禹功，而大庇民旨哉。言乎自宣汾洮者神，而後有浚川之禹，以水利利天下。自浚川者神而後有鑿渠之西門豹，以水利利一邑。自時厥後，陂澤多廢，如越之鏡湖，三百里耕之者遍矣。如之南湖數百里，墓之者匝矣。通之以盡利，豈人力不至於是乎。惟公瀦，西門之常膏，溉南畝之下游，不止開東山之圖畫也。或曰：是湖也，開於有唐，令吾邑者房琯，御史琯之開，即公之浚，使餘澤遞遞流動充滿，功可久庇，可大於此，觀其所感至矣。公遂以所應，復又謂咸之受人以虚，不但以是心至皛磯，有驛除客所館，皆在我闢可也。而或燥濕之不時，以重朽蠹所受者溢矣。乃高其閈閎，敞其廳堂，聳其樓閣，易其道路，時其圩填，以無憂客使。又謂咸之憧憧往來，不但爾心未定，行旅出於其途，而或冥迷不知東西，亦憧憧靡所止矣。乃新其坊若扁，創立則十，重修則六，而民爾瞻有作，而咸事既作，而咸熙士具。謂梓潼之神福我，乞并湖山經始奕廟。公曰：是感而遂通者也，即頷之以往察，來而知不日于役之易易矣。今述湖事，考工所役七萬，而多外不以謁富人，内不以敝公帑。傾倒積俸，勞之來之，慰藉傳呼，昕夕不絶。邑惟見民之樂事勸功，夫豈知公不獨明咸之象，詣咸之理而且妙於迎時之咸者哉？邑有《興修水利記》曰：財不蠹民，不擾一箠，不施而興利除害，可傳永久。此宣獻樓公筆也，予於審齋亦云，咸淳改元二月初吉記。

紀事

清 沈赤然《五研齋詩文鈔·文鈔》卷二《重浚慈湖碑記爲胡雙湖邑侯作》 慈溪之湖凡十數，而慈湖最著。湖在闞山，下廣百五十畝。唐宰相房琯開以利居民之在北郭者，宋普濟寺僧復於湖中築横堤，通南北，知縣金君昌年又爲提閼，以時蓄泄之，民胥稱便。至明洪武初重修後，不聞有繼之者，於是日漸頹壞。邑大姓皆侵湖湄淤地，競營别墅居民，亦從而爲田、爲廬、爲墓，湖始日隘。向之所謂利與便者，不復有矣。國朝順治中，王君繡來令是邑，嘗募民浚之，復所侵地還湖，事未蕆即解組去，其隱占者遂不可復。制夫昔人之或開或浚也，凡以爲利，便吾民而已。乃數百年來廣者日益侷，深者日益淺。又烏知過此以往，并今日之侷且淺者之不爲田爲廬爲墓乎。嗚呼！此固令是邑者之責也。余以某歲涖官，甫下車即規畫此事，尋奉檄改令鎮海，不果行，去年復來，此始捐俸以倡邑之人亦素稱好義，不旬日輸錢三百萬，鳩工徒具畚挶。其已爲田、爲廬、爲墓者，相因既久，苟無大害於湖，槩不復問。歷十月工竣，水土既分，清濁始辨，溶漾紆餘，睨若無際。復葢小亭於湖上，顔曰師古志，予之非妄作也。於是公退之暇，偕邑之士庶臨眺其間，而見夫澄波不動，山翠欲流，舟楫款乃，菱荇縈帶，則此湖又爲郊外一游觀之地，非特利便吾民之以畊以飲而已也。因書之石，以告後之令是縣者。

藝文

宋 蘇軾《蘇文忠公全集》卷四《慈湖夾阻風五首》 捍索桅竿立嘯空，篙師酣寢浪花中。故應菅蒯知心腹，弱纜能争萬里風。

又 此生歸路愈茫然，無數青山水拍天。猶有小船來賣餅，喜聞墟落在山前。

又 我行都是退之詩，真有人家水半扉。千頃桑麻在船底，空餘石髪挂魚衣。

又 月輪亭午汗珠融，誰識南訛長養功。暴雨過雲聊一快，未妨明月却當空。

又 卧看落月横千丈，起喚清風得半帆。且并水村欹側過，人間何處不巉巖。

宋 張耒《張右史文集》卷三一《慈湖中流遇大風舟危甚食時風止游靈巖寺》 心悸西江浪似山，眼明僧舍一窗閒。從今要見廬山面，画作屏風静處看。

宋 彭汝礪《鄱陽集》卷一〇《到慈湖九江有感》 昔赴長沙幙，初經彭蠡湖。所天正强健，此地稍踟蹰。杖履今何在，溪山祇自如。白頭雙血淚，一夜落深蒲。

宋 李綱《梁溪集》卷一四《阻風泊慈湖夾焚香默禱有長魚躍波而江豚出没舟人大驚抵暮風便因命解舟乘月泛禁江一夕至金陵葢數百

里作二絶以紀其事江險而不可行者爲禁江時夾江水落行禁江》　江豚出没白波中，十丈神魚躍晚空。知是陽侯憐我拙，故教來助一帆風。

宋　嚴粲《華谷集·慈湖墨竹》（《江湖小集》卷一一）　先生萬慮盡空時，元氣渾淪可得窺。還有發生消息在，揮毫烟雨一枝枝。

宋　陳造《江湖長翁集》卷三《泊慈湖北岸》　坐覺江流平，滮漫裂三股。舟子告風横，因循宿中浦。慈湖古戍近，猶復小江阻。漁翁家葦間，蝸舍無鄰伍。把酒訊三老，此寧泊舟所。諗我今昔異，解帶無所苦。向來探丸徒，白晝猶旁午。一自尚書來，此輩凛刀俎。江山亘千里，有屋皆外户。似聞襄江道，衽席過行旅。翳公舊威愛，平寧尚如許。兩地好經行，爲官喜欲舞。倒床鼻雷吼，夢破聞船鼓。受欺噰姑息，迂儒彼何取。謂張尚書定叟。

宋　楊萬里《誠齋集》卷三五《發慈湖過烈山望見歷陽一帶山》　夢繞天津月再彎，慈湖觧纜已開顔。淮山到眼渾相識，直北青梢是定山。

宋　王之道《相山集》卷一四《次韻趙積中慈湖即事》　江南七月旱不雨，捲地風霾翳寰宇。夷門先生有底忙，車馬東遊亦良苦。

又　干戈九載予心哀，亂離誰復歌南陔。喜君父母老相守，調官仍逐金陵來。

又　入室兒童隘函丈，想見彩衣還謔浪。掛冠如欲賦田園，一水淮鄉足閒曠。

又　嗟予留滯行當歸，秋雨夜寒聞搗衣。短檠明滅淚眼暗，誰令不寐心如飛。

又　山色湖光過雨清，江邊歸騎净無塵。先生有酒快吾取，相逢少見如斯人。

又　平生可慣償詩債，追驥疲駑况加怠。不妨對客自揮毫，文社於今有淮海。

元　戴良《九靈山房集》卷一五《游慈湖》　青年尚奇偉，末暮竟迍邅。出游訪陳迹，歷覽愧前賢。湖光紛蕩漾，山色互澄鮮。人以淑氣鍾，境由名德傳。我來值初夏，物意盈化先。渚蒲革囊悴，雨荷媚新妍。披榛度南徑，躡苔趨北原。川岳無隱形，祠宇有餘閑。俛視淵底魚，仰觀天上鳶。撫化心已愜，即物理自全。舞雩記曾咏，濠梁憶莊言。不見祠下人，感激爲誰嘆。

元　王冕《竹齋集》卷二《送章德遠校官自湘湖歸慈湖》　我生不想圖凌烟，草衣曲肱牛背眠。早看紅日出海底，夜看素月懸中天。陰陽推盪幾昏曉，長嘯狂歌不知老。清泉白石自愉怡，那信人間宦途好。逍遥偶爾窮外觀，之子已在青雲端。廣文坐上新彈冠，蕭爽不作儒生酸。三年考績易官燭，回首西風正黄菊。白雲喜動故山秋，慈湖遥映湘湖緑。君歸莫慮鐵研穿，且力古道希聖賢。我歸不用君致言，門前自有梅花田。

元　楊宏道《小亨集》卷三《慈湖客夜》　凉意江城早，秋聲客夜多。露凋佳樹木，月照舊山河。争戰何時定，功名兩鬢皤。湖邊營壘近，隔水聽笙歌。

元　張仲深《子淵詩集》卷四《慈湖感懷》　十年不蹋慈湖路，湖水湖山總舊游。老樹尚能知客意，白鷗元不識人愁。漫需菽粟謀盤笋，盡使鉏犂化戟矛。築得長城爲屏蔽，也應飛遁住滄州。

又　慈湖三月風物好，客子行吟遣日長。斷浦草根科斗黑，隔籬櫚下來禽香。家童解事故携酒，野鳥辟人低度墻。今夜山中有風雨，何妨下榻贊公房。

明　陶安《陶學士集》卷四《泊慈湖》　望闕無三舍，維舟忽再宵。欲晴微露日，近晚漸停飈。試起川神語，難稽國命招。遲明當發棹，帶月蕩江潮。

明　吴應箕《樓山堂集》卷二六《慈湖曉發微雪示曼殊》　客途無伴喜相依，并轡荒村尚近畿。入夜漸知寒色厲，出門欣見雪花飛。敢言道殣緣天意，未必蝗消解歲饑。安得瀰漫深幾尺，與君沽酒款前扉。

明　楊慎《升庵集》卷五八《慈湖撫琴行》　蕭蕭指下生秋風，漸漸幽響颼寒空。月明夜氣清入骨，何處仙珮摇丁東。野鶴驚起舞，流水咽復鳴。一唱三嘆意未已，幽幽話出大古情。龍吟虎嘯遞神怪，千山萬壑風雨晦。海濤震蕩林木響，亂撒金盤冰雹碎。和氣回春陽，縹緲孤鸞翔。三江五湖烟水濶，波聲颼颼鳴漁榔。悲猨臨澗欲渡不，敢渡但聞澗下蕭。瑟松風長閒雲洩，碧落勢去還迴薄。神仙恍惚無定所，微吟似欲止所作。馭風一笑歸蓬瀛，猶有餘音遶寥廓。

慈湖此詩不減盛唐，亦嘗苦辛，非苟作者，又何必指李杜爲癡，笑昌黎薄逸，少空萬古爲無人耶。

清 查揆《篔穀詩文鈔·詩鈔》卷六《慈湖晚步》 幽行不憚遠，徘徊及日晏。春禽悄無聲，有人語山澗。

清 程晉芳《勉行堂詩集》卷一〇《慈湖道中》 人家住水村，曲徑倚山背。稍稍蔽日色，宛宛垂柳帶。鵝鴨驚行塵，牛羊卧風籟。六朝此名鎮，拱衛環冑介。時移變桑田，境僻長松檜。流連坐盤石，灑濯俯鳴瀨。漁童下新釣，樵斧破烟界。兹焉得宵棲，窅爾出塵外。

清 孔貞瑄《聊園詩略》卷六《慈湖》 江山絶勝武陵畐，曖曖漁村小港紆。秋去雁來歸路永，片帆挂雨過慈湖。

大明湖

綜述

（至元）《齊乘》卷二 大明湖亦源于濼城西五龍潭，側古有北渚亭，豈池亭遺迹邪？ 湖今在府城，内周十餘里，即歷下泉源競發北流出郭者也。

（嘉靖）《山東通志》卷五 大明湖在府城内西北隅，源出歷下諸泉，一名西湖。其地占三之一，由北水門出，流注大小清河入海。按酈道元《水經注》：濼水北爲大明湖，湖水引瀆東入西郭，而側城北注。又《一統志》：源出舜泉。今按濼水遠上承東城歷下泉源，競發北流出郭。今在城北流，向東不入城，舜泉亦止成一井不流，惟北珍珠濯纓諸泉。今在德府内者北流入大明湖，而自北水門出注濼水如舊。豈湖中自有泉源暗發，人不及見耶。今湖多爲民居填塞，治圃夾蘆爲沼，小舟僅通曲港，而蔬果蓮藕菱芡魚蟹之利，民頗資之。

清 李裕游《太明湖記略》（乾隆）《歷城縣志》卷九 濟有七十二泉，滙爲明湖。由北水門注於濟湖，占城内地三之一，延亘長堤，堤傍多柳，堤上跨七橋，以通諸泉之流泄。棋布於中，若洲、若渚、若沚、若溆者以百數，爲歷下勝概。余至濟南，閲四載。成化己丑，左長史屈公天錫，新構軒於湖北之湄，其夏邀余與葉公拱宸、鄭公德聚、劉公行恕、董公國器、張公鳴玉、吴公大禄，臨流以嬉，泛覽湖上。水光映天，澄鮮一碧，屬玉水鷗，浮游洲渚間。於時主賓獻酢，情甚暢。天錫命僕艤三舟於水涯，余八人登舟列坐，隨流曲折，悠漾栁陰中，而絲竹管絃之聲洋洋盈耳。時清風徐至，荷香襲人心，凝形釋與萬物賔會，恍若身在閬苑蓬萊間。遂循南岸至歷下、環波、水香三亭，亭瞰湖濵。宋曾子固知齊州重建，今湮圮基存。比日將中，舟屆北岸，復登北門城樓，啓窗四顧，其泰山綿亘而南拱，華不注桀立於東。鵲、藥諸山環抱於西北，俯視白雲，巨合諸水，皆在階戺下。濟南山川形勢，亦雄矣哉。雖然余與諸公皆膺民社之寄，一賞而足。奚可躭遊廢務，犯荒佚之戒乎。

紀事

明 袁中道《珂雪齋集》卷一五《大明湖記》 湖在郡城内西北隅，一名西湖。其半猶浩白，一墾可泛。而其半爲蜆菱藕之利者，畦分塍列，如白地明光錦，變爲百結衲衣，殊可惋惜。夫此湖之源，舊出於濼者也。今濼已徑從城外入小清河，而此水之所取給者，僅藩封内珍珠、濯纓諸小泉耳。然而其爲巨浸如故也，豈湖中自有泉脉耶？夫湖不出於濼，而入於濼。濼不入大清，而入小清谷之變也。珍珠泉有二，南珍珠泉已塞，惟北珍珠泉從藩府中入於湖。舜泉舊亦入湖，古人所云清涵廣陌，冷浸平湖者，今已索然，惟見一勺。又城西金線泉澄澈見底，中有金線一道，隱起水面，其小入濠不入湖。

藝文

金 元好問《遺山集》卷五《泛舟大明湖待杜子不至**》** 長白山前繡江水，展放荷花三十里。看山水底山更佳，一堆蒼烟收不起。山從陽丘西來青一灣，天公擲下半玉環。大明湖上一盃酒，昨日繡江眉睫間。晚凉一棹東城渡，水暗荷深若無路。江妃不惜水芝香，狼籍秋風與秋露。蘭襟欝欝散芳澤，羅襪盈盈見微步。晚晴一賦畫不成，枉着風標誇白鷺。我時驂鸞追散仙，但見金支翠蕤相後先。眼花耳熱不稱意，高唱吴歌叩兩舷。喚取樊川摇醉筆，風流聊與付他年。

元 張養浩《歸田類稿》卷一五《大明湖泛舟》 肇余復鄉土，樹石皆華滋。沔彼明湖波，倍覺香可厄。携朋訪蓮葉，浩浩從何之。俯視亂山影，與樹相參差。商飈一披拂，夾岸蛟龍嬉。舉手欲攬玩，復恐陽侯悲。平生慕天遊，不意今有兹。赤壁坡仙笛，渼陂少陵詩。二子孰可繼，沙鷗弄晴熹。

又 卷二二《大明湖泛舟》 浮空泛景泝流光，箕踞船頭倒羽觴。喚出湘靈歌一曲，水雲摇蕩暮山蒼。

明 黄克纘《數馬集》卷一四《春夜偕同僚游大明湖一首》 河冰泮盡水初流，日落湖平風色收。朗月飛來楊柳樹，青天泛入木蘭舟。絶勝訪戴衝寒夜，不羡横汾發櫂秋。欲借陽春聽一曲，憑君醉向醉鄉游。

又 卷一六《夏夜宴歷下亭同蕭念野畢東郊二侍御泛舟游大明湖》 雲意沉沉水氣寒，移罇倚棹再邀歡。衣霑香霧穿荷葉，手染濃烟傍竹竿。執法明時章表健，談詩良夜酒杯寬。獨慚江海思歸客，猶自追隨忝法冠。

明 凌義渠《凌忠介集》卷三《夜泛大明湖》 數曲城隅水，悠然别有源。嵐光偕晚静，澤氣與秋屯。小艭寬于掌，芳洲環似盆。葦乾聲乍起，菰爛韻無存。一任風掀燭，徐當月滿樽。沿洄隨所向，近遠詎須論。

又《頻過大明湖》 寺圮湖存溯始終，古今明晦不相同。四周山翠排闥入，咫尺溪灣覓舫通。香滿静池鐃雁鶩，蔭分客館列楸桐。非關亂後遊踪寂，攬勝前朝久已空。

明 王慎中《遵巖集》卷一《劉函山招游大明湖》 輕舟恣所往，適趣何必深。居然在城郭，而得混魚禽。翠岫遠銜席，緑波清照襟。明湖既得性，芳歲亦娱心。暮景媚涵水，春風吹滿林。岸木稍變色，汀草微生陰。浩蕩紛言笑，滿盈遆酌斟。不能日日至，勿云樂太湛。

又《游大明湖晚至北極廟登覽》 春城足遐觀，携手復嘉客。欲極高深趣，停橈理輕策。林木飛鳥還，蒼茫烟景夕。反照射巖丹，遥空帶水碧。山色晦彌明，人聲喧更寂。燈火起閭閻，漁樵散原澤。當歌浩思盈，對酒沉憂釋。不知驩娱滯，天表生皓魄。

明 夏尚樸《東巖詩文集·詩集》卷三《初春同諸憲長游大明湖三首》 城中有湖水，遠映碧山幽。便覺登舟好，真疑出郭游。渚蒲萌水底，野雉立沙頭。何限江南意，春盃共唱酬。

又 尹家亭子好，叢薄帶湖幽。白首同仙侶，青春作勝游。枯槎横水際，野蔓拂人頭。千載張公石，摩挲自勸酬。

明 張經《半洲稿·秋泛大明湖燕尹太宰池亭》 明湖十里蕩秋光，暫滌煩襟十小航。細雨曉催紅蓼色，輕風時拂緑荷香。波晴并泛沙鷗近，徑轉斜牽錦纜長。不用繁絃歌窈窕，濯纓吾欲聽滄浪。

明 朱長春《朱太復文集》卷一三《獨往大明湖》 城南山色滿，瀟灑落明湖。五月荷花净，空亭水氣孤。吏閒時獨往，鳥宿晚相呼。越女紅蓮曲，臨流意不無。

清 斌良《抱冲齋詩集》卷七《泛大明湖》 高岸初回轡，明湖好放船。蒲芽出春水，柳色澹新烟。螺黛涵波動，漁歌入浦圓。偶然閒笑語，沙際警鷗眠。

清 蔣士銓《忠雅堂文集》卷四《大明湖櫂歌四首》 冰壺署貼水雲窩，皎月湖光與盪磨。官燭下船銜鼓歇，出門十步是烟波。

又 半折朱欄卧緑苔，殘荷猶傍畫闌開。回廊轉側看人影，時有青裙打槳來。

又 歷下城中半是湖，居人分水種菰蒲。從教兩岸添臺榭，得似秦淮子夜無。

又 敗荷枯葦入樵薪，殘臘新年興可乘。湖面十分纔露出，九分湖水一分冰。

清 李稻塍《梅會詩選》卷一一《大明湖》 七橋珠沫滙潺湲，湖上人家静不喧。歲有蓮菱紅掩湜，春浮鵲蘗翠當門。川巖莫訝非吾土，鷗鷺相看似舊邨。五百年無曾子固，數亭猶幸一亭存。

清 劉大紳《寄庵詩文鈔·詩鈔》卷五《中秋夜泛舟游大明湖飲滄浪亭》 中秋不相負，一舫復來過。湖潤消烟净，亭空受月多。悲歡餘白首，聚散付清歌。尚欲期明夜，鋧光常盪磨。

清 秦瀛《小峴山人集》卷四《大明湖》 遺堞參差渚水昏，曾傳皂蓋駐東藩。哀絲急管今蕭瑟，池上空懷北海尊。

又 佛頭螺髻映淪漣，青入齊州九點烟。海右風光還似舊，鵲山寒食泰和年。元遺山句

又 濟南名士已飄零，落日蒼凉水上亭。好趁棠梨尋斷碣，一尊閒吊李滄溟。

又 明湖秋柳最魂消，無復詩人繫畫橈。猶有殘陽幾株在，亂鴉閒坐説無聊。

清 沈兆澐《織簾書屋詩鈔》卷二《苦雨》 春來常苦旱，秋來常苦雨。經旬泥淖中，攬轡遵東魯。曆下聊息止，又見商羊舞。波濤注屋檐，苔蘚上楹柱。城北大明湖，良游阻數武。兀坐斗室中，嗒焉忘朝午。側聞衛河水，漫溢遍畿輔。禾稼未登場，田疇已成浦。嗟哉終歲勤，人難足二鬴。竈下蛙競鳴，雲端龍餘怒。我欲禱天公，調劑慨下土。來春麥苗新，滂沛膏澤普。

又《游大明湖》 瑟瑟大明湖，澄鮮初過雨。漾舟信微風，容與輕一羽。延緣緑蒲叢，浪花散復聚。游魚若空行，一一細可數。汲水煎新茶，瓷甌泛碧乳。良游憺忘歸，吟聲答柔艣。

清 施補華《澤雅堂詩二集》卷一八《與子相曉泛大明湖》 烟水澹無極，方舟乘曉凉。荷花似嬌女，初日倚新粧。鷗鷺舊相識，亭池今已荒。廿年觴咏侣，好在鬢如霜。前游如丁筱農、劉子彝，今已物故。

清 韋謙恒《傳經堂詩鈔》卷五《大明湖秋泛》 誰將七十二泉流，匯作明湖十頃浮。天與詩人添逸興，我來烟艇恰新秋。遠山倒暎成雙髻，初月斜穿又一鈎。無限濟南好風景，畫圖都向鏡中收。

又《雨後大明湖》 頓覺歊蒸退，湖光弄晚晴。七橋新溜急，一棹夕陽明。言采芰荷去，因隨鷗鷺行。田歌聞隔岸，相對不勝情。

清 吴俊《榮性堂集》卷三《答孔廣拭寄和游大明湖詩》 魯王宫畔彈琴坐，曆下亭中吹笛游。一自宣南坊别後，寄來五字足清秋。

又 風淪月倚語清華，十字千秋洵足誇。復有清吟壓前輩，看來此事屬東家。

清 謝堃《春草堂集》卷二《大明湖》 新水滿陂澤，野草滋春榮。淼淼蕩微波，中有鳧鷖聲。南山雲氣佳，高歌瀉瓊英。漁櫂畜遥響，咿啞撑月明。

清 姚文然《姚端恪公集》卷七《大明湖》 水面亭邊放小舠，還登北極望湖潮。聞是先朝欽賜地舊賜德藩，荇根蘆葉月蕭蕭。

清 張際亮《思伯子堂詩集》卷二六《劉方伯諸公子招泛大明湖方伯名斯嵋爲人寬厚而愛士公子曰績去年别於南豐曰繁去年别於都下曰釋壬辰别於都下皆高才而有長者風附記於此》 濟南名士昔時多，永憶飢驅李杜過。鹽筴久罷餘廢榭，湖田漸合界枯荷。一年風雪爲誰早，萬物滄桑奈汝何。向晚迴船拚劇醉，話殘今古有觴歌。

清 張開東《白蒓詩集》卷一一《月夜泛大明湖》 夕景澹微波，蕩舟入淪漪。蒼蒼蘆中人，藹藹水中坻。徑往歷修澗，忽迷東與西。葭葉亂我目，菱花牽我衣。菡萏含欲吐，采者將爲誰。暝色藏幽寂，晚風動參差。仰盼明月光，倒瀉青天輝。星辰出船尾，鳧鷺傍酒巵。潛魚驚潑剌，鳴鼉生清悲。漸覺湖面澗，終被林陰翳。何處游冶子，纖歌舒逶迤。聲聞人不見，韻流意俱遲。緩酌不辭醉，久坐亦忘疲。襟帶有餘馨，懷抱無塵淄。人生日苦短，莫問夜何其。寄言同心侣，行樂當及時。

清 張澍《養素堂詩集》卷一二《大明湖》 歷下亭猶在，大明湖可沿。泛舟芜葦逼，携妓芰荷妍。落日飛鳧外，遥山倦目青。烹茶何處好，七十二名泉。

又 不見滄溟老，空餘白雪樓。逸才眞曠代，好景到清秋。水木何明瑟，池臺若宿留。明朝須策馬，跡注快三周。

清 張廷璐《咏花軒詩集》卷一《大明湖》 大明湖水滙清流，歷下亭臯此最幽。香滿芰荷晴裛露，風生蘆荻晚疑秋。峩峩古堞帶荒渚，渺渺夕陽飛野鷗。欲吊貞魂何處是，不堪重上木蘭舟。

雜録

（至元）《齊乘》卷二　朱砂灰泉，西府城内，灰泉最大，自北珍珠以下，皆匯於此。周回廣數畝，當是大明湖之源也。

又　卷五　宣聖廟，憲府東大明湖上，有宋崇寧賜辟雍詔、大觀御製、政和手詔三碑在焉，曆下亭。

又　百花橋，今曰鵲華。大明湖南岸橋南百花洲，洲上百花臺，環湖有七橋。曰芙蓉、曰水西、曰湖西、曰北池之類，是也。

（嘉靖）《山東通志》卷五　珍珠泉在府城内有二，南珍珠泉在鐵佛巷街東，今淤塞，北珍珠泉在都司西北白雲樓前，今規入德府城中矣。泉爆起粒，粒如珍珠，匯爲大明湖。

又　卷一八　北極廟在府北城内，大明湖土人祀玄武，亦以臺名。

（崇禎）《歷城縣志》卷四　朱公祠，大明湖上，祀朱中丞大典，平東有功，遷督鳳陽，立祠祀之。壯麗宏敞，大爲湖上生色，一在趵突泉東，各有董宗伯其昌記。

帶湖

紀事

清　劉命清《帶湖記》（康熙）《江西通志》卷一三四　帶湖自麻霞石闌入小口，歷鄧州，抵花園而北，遂折而東注，經緑青寺橋，其水清淺，皆挾川沙以行，復逶迤而東北，過石頭山，山與湖稍距，然今石壁之下篙師綷板，支拄之痕，深入石裏，昔爲川舟通濟之區，今淤爲湖者久矣。據舊志：帶湖名戴，因唐時曹王皋表授戴叔倫刺郡，遂築冷泉陂以均水利，凡數十處。今志云即千金陂，殆非也。此湖延袤五六十里，處處築堤，而後灌溉之利不洩。故後人志其功德，因名戴湖。猶之蕭寺、蘇堤，皆不忘其所始耳。今石頭山北吞納離峰、琬山諸泉，汪洋瀰湃，遂爲溪潢之最勝焉。循東山而下，并曲而西，則受靈谷瀑布之流，蓋散爲大橋湖、爲萍湖、爲浩湖、爲螺湖、爲古井湖、爲蓼湖，其深者爲龍潭。由潭以西，地益卑，水懼其洩，而不留也。乃障巨堤護柳陰，灌溉千頃，舟航遂隔焉。瀠洄數里，憑高遠矚，盤旋若帶，遂易今名云。湖上多緑樟文梓，長松古櫟，岸竹溪花，因時布妍，鵁鶄鸂鶒鴛鴦之鳥，翔其渚者，可羅而致。蘋菱菡萏，雞頭凫茨之秀，參差互映。舉網擊鮮，則有狂鱗，奔駭奮沫，鼓浪之奇，夜静風疏，則社鼓刹鐘，隱若發於水上，鑒鉉可悦。余宗世倚湖上，環居虎溪，歲輸此湖魚稅三石有奇。四方游履至者，或風晨和煦，撥棹嬉游，或月露凄流，扣舷蕩漾，莫不飲酒賦詩，期以暢遂幽情。余亦簡棄塵事，與族之逸老咏歌泉澗，因遵古月會之飲，相與買舟泛湖，儼然有次窮石濯洧盤之志焉。復懼久而弛也，乃相約以志其事。

清　黄石麟《半蕪園集》卷一二《宿帶湖蘭若》　卧聽流水聲，欹枕竟無眠。安在廣長舌，妙華吐法筵。此聲大自在，性相并非然。淳化邈何際，毋將滯理牽。聲云虚者有，虚盡亦應憐。吾以其神往，遇之虚者前。浮家日二六，棒喝豈能禪。以此夜參故，我聞如是焉。

天地中正惟有氣耳，氣行而形出。人之氣縮於形，形盡則氣亡矣。聖賢仙佛亦未能留形，形已化而神在，則其氣自神耳。夫且以爲天地之形可有盡，而吾之渾渾泡泡，流行造化之外者，自未嘗有止。此非其氣之神乎？孔子嘆逝者，意復如斯，存性執理，乃以立教。聖賢仙佛之氣、之性，非有殊包矣。四月八夕自跋。

藝文

宋　馬廷鸞《碧梧玩芳集》卷二四《帶湖春樹先和公手植也感而有賦》　暗香疏影久凄迷，咫尺塘邊丈尺泥。培植莫教陽德盡，看花踏雪過前堤。

又　老樹今踰七十霜，冰魂玉骨自孤芳。大家扶起摧殘後，此是吾家召伯棠。和公戊辰即世今七十三年矣。

**明　李萬實《崇質堂集》卷六《南峰博士約游帶湖不果枉作見懷

依韻奉答》 春風十里開晴湖，雲航載酒誰能孤。桃苍臨水照野服，栢葉滿樽煨竹爐。舟楫渺茫懷舊侶，巾袍欹側咲今吾。它年共泛林和靖，并入西湖畫作圖。

明 陶奭齡《今是堂集》卷一一《閑居和辛稼軒帶湖新居成沁園春詞》 稽鏡之間，水石清閑，棹舟去來。喜從容甚樂，儵魚濠上，蒼茫下視，野馬塵埃。意適成懽，身閑當貴，何事高軒駟馬哉。渾多事，白頭騷屑，却笑方回。池邊况築高齋，正十丈新蕖拂檻開。笑酒船初返，湖應屬賀，飇輪乍舉，市亦呼梅。縛帚僮閑，避烟雀嬾，且共園翁理藥栽。斜陽後，向疏桐影裏，一餉徘徊。

清 黄石麟《半蕪園集》卷一三《凉夜坐帶湖庵前賦得水中月》

流波静素秋，冷色落滄洲。沉景淵中住，浮光浦外收。千巵應不漏，一掬亦非留。耀魄眞何似，于斯證寂修。

清 彭士望《耻躬堂詩文鈔・詩鈔》卷三《庚寅九日諸公集聽月庵有詩，余自帶湖送山中人歸補作同集爲於越吕卿月鳩兹葛鎬思臨汝陳穎士裴永叔李方中樂安鄧同一庵僧笠齋**》** 余兹九日詩，最後諸公作。余詩却最先，諸公乃不覺。陶公得斯意，音不向琴索。咄嗟車馬行，塵深暗東郭。入山聞桂馨，傍湖知魚樂。更把良友詩，月明秋浩落。夜來風雨生，坐久雞聲惡。送客千里道，作書寄孤鶴。十指雖告勞，肝腸頗已豁。中雜數幅吟，寒響動哀壑。我畫看疏山，晚眺從北閣。取以裁吾詩，醉君魯酒薄。莫言金谷觴，余飲不能勺。

清 沈叔埏《頤彩堂詩鈔》卷九《初正涉七辱東籬江田，諸子來集帶湖草堂東籬，有詩見投，十日復招飲所居舫閣，叠韻索和，余比因室人臥痾，吟興久澀，念合并之難數，而諸子又將各賦遠游也，勉次一首辛亥**》** 春陰動經旬，雪止雨復滴。出城阻懽游，即景多驚惕。及此羅辛盤，猶然展良覿。一櫂自延緣，空雲任蒙幕。把酒傾談諧，聯吟互賞擊。牢丸試重煎，蔬甲堪再擘。伊余希老萊，掖省謝孫逖。二三倚素交，還往遣元寂。既見襟暫豁，未見心如惄。話舊感易生，知新疑與析。物象恣揮灑，盲聾資抉剔。君果志兩湖，無忘次鉛擿。

雜録

（嘉靖）《廣信府志》卷一一 帶湖書院在郡城北靈山門外，宋淳熙間稼軒辛先生讀書所也。因燬，遷於鉛山之期思鄉。

當湖

綜述

明 孫承恩《文簡集》卷三三《當湖記》 平湖，漸齋趙子既致山西大參之政而歸，易其號爲當湖。當湖者，其邑内之湖也。莫究其名義所自，趙子世居在焉，故以爲號。毅齋子曰：以吾觀于趙子之號，而益信夫人之賢不肖之相遠也。古之君子樹德蓄藝，于吾性分之所固有者盡心焉，而外物者若于己無與。是故功名利達烜赫焯耀昧者，競得攘攫馳騖，惟憂其力之弗足也。貪者汩溺委身命，而不知有底止。趙子舉進士，歷官中外，端諒簡重，繩趨矩步，罔逾越焉。盖嘗號漸矣，漸也者，聖人所以約人于義理之正，而抑其躁心也。故曰：進以正則有功，象之義爲止爲巽，内止静而外巽順，止静巽順躁進，貪昧之反也。夫趙子之于進可以爲漸矣。故仕逾二十年，猶藩參也。卒乃未及引年，而乞休焉。寄迹幽曠，寘心澹泊，遠絶世紛，其視功名利達如釋負，如委蜕，如閲傳舍，如棄敝屣，如飄風過，鳥而莫留。吾懷于是，即其所居以爲號，若曰吾固當湖之里人耳。樂樂自生，禮不忘本，斯趙子之心歟。孟軻氏曰：君子所樂，大行不加，窮居不損，彼其固有者重也。今吾故吾區區外物，曾有毫末與吾性分哉。趙子，其古之君子歟。湖曠而邃，雅而潔，趙子既託意于兹，乃日習幽事，芳辰淑口，扁舟獨往，追逐雲月，狎玩魚鳥。盖将招范蠡于具區，訪賀老于剡曲，和太白郎官之咏，誦天隨散人之歌。雖其踪迹有不同，而爲適則一，遐情逸思，豈不超然其高哉？趙子其賢歟，雖然趙子夙負經世之志，懷濟時之略，其仕之所至，固已揚休樹績，然十之二三耳，矧其年力之尚裕，趙子雖欲遺世，而世能遺趙子乎？方今天子寤寐老成，奨進恬退，以勵士風，微書行且至矣。趙子其能遂久于茲湖哉？乃若異時得位大行，益盡發其藴勛業，加于上下功成，名遂身退，然後事茲湖之樂未晚也。姑記以俟。

明 潘之恒《當湖記》（乾隆）《平湖縣志》卷八　當湖縣東陸地，有沓僧相曰是當爲湖，後果陷。史君者不知何許人，一馬繞東北角而號，馬迹盡爲壖，今祀廟曰白沃，民思而報之者也，此漢順帝年間事。我明宣德五年始立縣曰平湖，言與湖平也。湖稱放生池，自陸太宰與繩之先公始，詳弇州公記中悠然亭所由名也。亭北曰鸚鵡洲，今建塷處，而弄珠樓扆其北，塷當樓之南。余以仲冬閏月平旦登樓，日出東方，當九溪之南首，白沃則最北口也。日初出，吐半規與水中影合而成璧，出水面則爲連環，而浮光萬點，政如倒影多寶塷，亦觀水之最奇也。樓雄傑特起，周列步廊然，湖水盪胸，不若塷前亭際爲曠。悠然亭皆石柱挺立，此中淵邃而澄泓，下通海眼，有源涌出，分東西流。歲旱則禱於斯，爲近龍之窟，宅前案即爲陳山龍毋居之。油然沛然其感召神化爾爾，既歷聖塘闢訪俞僧密于灌莽山居。南出二十里，可達乍浦城，向從秦駐山眺之，以歲暮未暇一臨方朝食。忽聞萬馬奔馳聲，僧密云此潮鳴也。夫錢塘之有激而聲也，此非其聲聲者耶。作當湖記。

（嘉靖）《浙江通志》卷三　當湖在縣治東，周回四十餘里。《吴地志》：王莽改海鹽縣爲展武縣後，陷爲此湖，亢旱水涸，其街陌遺迹猶隱隱可見。東泖在縣東北三十里，界于松江之華亭，南涇塘在縣南，柳莊塘在縣東南一十二里，獨山塘在縣東南一十五里，乍浦塘在縣東南二十里。諸水縱横，會合以入于海，而乍浦引海水通于市河。元時番舶輳集，居民互市。本朝洪武中城守其地以備倭寇，置乍浦千户所。嘉靖三十五年八月，總督尚書趙文華、右都御史胡宗憲擒斬巨寇徐海、陳東於此。

（天啓）《平湖縣志》卷二　當湖在縣治東三百步，周四十餘里。按《括異志》：南北十二里，東西六里，東南則通故邑，西南則近海塩，其東則廣陳，其北則華亭接境，舟楫便利，地迥村遠，古老相傳。地初陷時，有婦産一物若蛟蜃狀，濯于水，遂陷一方，迤逦從東北去，今有泖港直通太湖。昨得石刻乃唐吴郡陸府君墓銘，葬于蘇州海鹽縣齊景鄉當湖，則當湖之名舊矣。或云鸚鵡洲，《圖經》不載。按陸廣微《吴地記》云：武原縣陷爲當湖，隆安五年改東武洲，以鸚鵡易東武，此後人以佳名相餙耳。曩歲漁者于湖中獲一鐵，鏈長不計，及舟滿幾覆，懼而棄之，或云繫蜃於此。自漢及今，上下千餘載，湖日淺，土日增，聞有于其中髣髴見餘址。云其水自海鹽塘北入陶涇，而漢塘自雙溪橋各五十里會於茲，分爲支流者九，東抵獨山塘、徐家帶，南抵乍。

紀事

明 鄭曉《端簡鄭公文集》卷七《當湖里居記》　當湖里居者漸齋，趙先生之廬也。當湖川谷，委抱深秀。余三過當湖，未嘗不躊躇焉。景陵時，初縣平湖，平湖治當湖，至今父老稱當湖，云漸齋七世祖友一居新倉，力耕種德，其從當湖者葢友一之曾孫也。當湖濵故有榷務，趙氏世居其旁。先生八九歲時秀穎不凡，喜弄水石草樹，置盆缶中，葢池若山水。既壯，時時走湖上觀水，或登高望海，上東南諸山，有會意輒圖之，久之益精潤，意所未盡。又能發諸詩歌，清遠有思，致以故人爭搆之。先生曰：藝成而下，吾直自適耳。已仕給省，請告歸。益徙近湖，舍東闢隙地，叠石栽花，構數椽游息其中，名其石窻。曰：吾將于茲老焉。比再起再歸，益闢後圃，湖上雜植竹樹花草，無慮百種。川湖奇石，不問巨細，闉徑溏隍，高下羅列，就中爲序芳亭。亭中有書萬卷，有琴、有棊，弈博簺投壺，觥籌談笑，可樂之具。圃後有曲溪，可遡當湖。時與三四友生放舟觴咏，既醉，或維舟青草宿湖中。雖藩泉郡邑吏，非知舊有禮數，願見者不見也。初先生以程朱易舉進士，推官建昌。太史羅玘，建昌人，志先生名宦，未幾召拜給事中南科，已而爲兵科給事中。當是時，士習稍變，言官采聽風議，依附頣旨，論事猥瑣。先生獨持大體，户、兵兩尚書有時譽，顧其子弟通鹽賈。邊帥覔金錢，先生疏論引古誼，動以廉耻，兩尚書竟引去。大禮議起，先生曁廷臣伏左順門哭諫不可，竟下詔獄。朴於廷，其復拜給事中，進都給事中也，得與朝廷大議。先生不屑俛仰權貴人怵好，語君無異，我卿佐可得。先生益堅飭自愛，權貴人亦益忌之，出先生山西參政。先生至纔六閲月，又不能馳驅，懇疏乞歸。考功曰：是端靖有才識者，請賜告需後用。内批竟致仕。致仕歸當湖三年，雲中遼陽戍伍囂譁，關隴三鎮虜入塞殺掠吏士，朝廷方急人，公卿臺諫合詞薦先生，亦竟不肯起。余友數人皆海内名士，有才志、能文章、達練時務者，一遭蹇産，即低頭變面，曲事權貴人。庶幾附會功名，以自濟其私。然亦未聞有枉尋直寸者，雲泥鴞鳳。先後兩截，百年之身，蒙此緇垢，吁可惜也。余與先生同朝，先生出處之際，大節皦然，非直刓毁，選避區區，全其身不出其鄉者比也。作《當湖里居記》。

明 馮汝弼《勝游記》（天啓）《平湖縣志》卷二 吾邑東枕當湖，爲一方勝槩，四時之觴咏聚焉。自倭奴搆亂，是湖爲干戈矢石之區者，四禩于兹矣。嘉靖丙辰秋八月，王師南下，閫臣協謀，蕩滌妖氛，廓清海宇。乃是湖也，風景不殊，烟波如故。明年丁巳三月三日，余與客泛舟載酒，遡北潮而上，微風蹙水，波叠如鱗，對酒臨風，襟懷灑灑。轉盻之間，市河在日，行商艤舟，坐賈列肆，鷄犬相聞，往來絡繹，居然一闤闠也。頃之，陰雲四起，微雨東來，僕夫沾濕，慢櫓南湖，則野水没鷗，盆沙舞鷺，列嶂豐林，雲迷烟鎖，雖晦明時變，而觸目可人，自成佳趣。既而好風倐至，陰霾屏空，麗目融融，天水如鑒。于是陟案山之顛，謁陸公之祠。遠眺則九山環拱，俯瞰則三湖貫珠，西顧則千雉拂雲，環視則九龍掣尾，天然勝景也。命酒三巡，返棹而北，傍繞東浦，則岸柳垂絲，野花如繡，漁艇凌風，一聲款乃欣然舉盞，與客對酌。余曰：美哉斯湖！樂哉余與客之獲游斯湖也！有客愀然長嘆曰：昔賊踞案山，虎視吾邑無城距爲險，獲保無虞。向非此湖，則吾邑煨燼矣。今復城誠金湯。

藝文

宋 居簡《北磵文集》卷八《當湖建觀音殿念佛道場榜》 白衣幻月輪之相，在佛左邊。黄金開車軸之花，題名萼上。盡是契經所説，又于方册重書。欲分海岸風烟，來壯湖山棟宇。化千二百五十之衆，施亦如之。想十二萬九千之餘，見而後已。擬超濁刧，合辦西資。應以此身，現此身而説法。示諸净土，于净土以求生。看飛檐横不度之雲，對懸皷状欲殘之日。自憶而念，同上九蓮臺。從聞而思，共入三摩地。

元 黄玠《弁山小隱吟録》卷一《當湖早行》 離離海氣分，皛皛晨光發。舟楫遠相呼，川途正紆折。翕目聊假寐，凉飈動毛髮。客路繞天涯，人家在林樾。

明 戴澳《杜曲集》卷二《當湖有仙客贈陸徵君辛酉年**》** 當湖有仙客，家在湖之干。湖月開澄鏡，湖風生碧湍。幅巾笻杖臨湖嘯，月搖風激成殊調。今古都將佐酒杯。琴詩未肯輸年少。懶將天放换封侯，那問飛綸勝枕流。且縱艈，船挾風月，棹歌時匝弄珠樓。

明 方其義《時術堂遺詩·當湖舟中》 未經兵火路，十里一間闤。飛鳥投烟亂，浮萍帶水還。俗將田作墓，人以樹爲山。款乃當霜日，長年弄幾灣。

明 貢修齡《斗酒堂集》卷七《當湖舟次讀東坡集》 外似中非我自知，禪心儒行總相乖。髪稀難髻無煩祝，衣敝成玄可作緇。孤枕横肱偏厭伴，短衾曲膝懷於絲。酒醒細簡身心事，絶勝黄粱未熟時。

又《當湖阻風》 雨暗孤村風折篙，不堪蕭瑟首重搔。明年更有三千里，十萬金錢一萬艘。

明 孫永祚《雪屋二集》卷五《過當湖寓陸狂生北郊》 陶門臨一水，鄴架足三冬。下榻慚孺子，操觚讓士龍。書殘仙蠹飽，樹臘葉蟲封。莫道飛鴻似，還留雪上蹤。

明 湯顯祖《玉茗堂全集》卷一八《送朱懋忠當湖》 傲吏逢迎氣欲降，輕風微雨富陽江。當官正是清和節，陶令清閒卧北窗。

明 趙漢《漸齋詩草》卷下《當湖詞十首湖人喜歌，凡工作以之相力，其詞則溷狎不可爲訓，作當湖詞，俾歌之改其習聞，庶乎以風也**》** 平湖元是舊當湖，形勝天然好畫圖。九山一一青蓮秀，九水灣灣錦帶紆。

又 兩街相望六橋横，澤國週遭水作城。公家晝日無苛察，木柝聲沈夜不驚。

又 燕梢長櫓緊摯推，布米魚鹽去復來。莫聽樓船銅鼓吹，清晨解纜月明歸。

又 昨夜南風上海鮮，今朝市上競攤錢。黄旗標貢何旹到，四月人家已薦先。

又　三朝新婦罷先花，東家井臼似西家。星高屋角農夫飯，日上柴門過客茶。

又　日薄西林欲下機，聞郎息作唱歌歸。聲聲一似豐年調，軸上二梭好著衣。

又　三里通橋五里抗，晨鳩晚鵲對林塘。行商怕作經年客，莫道爲官老異鄉。

又　金山廟茾香火飄，金山腳下颶風高。風潮不抵官塘岸，神力全施捍海勞。

又　常年潮風風作灾，眼見稻花花半開。颬雲拉雨由天意，纔過秋分不用猜。

又　新穀登場看揭龔，割鷄團粉賽田公。田公大喜收成好，白酒開缸潑面紅。

又《後當湖詞十首》予昔嘗作當湖詞風民俗也，平查泛湖，每令鼓楫者歌之，意趣閒閒，近自海寇爲患建城設備，刀斗之聲徹夜不絶，垂朽老人失寢即病，乃或舟居遠渡漸避至武林，携兩孫秩，程以侍。憶歌舊詞惘然殊况，因作後當湖詞以紀時事，隨口授秩。俾録寄鄉人耕夫牧者，試一歌之耍，亦有感於願聞不特相其力作已也》　平湖元是舊當湖，湖上風光似昔無。九水九山相向好，却教城上瞭强徒。

又　築城工役始平湖，一勞永逸是良圖。民無貴賤齊心力，父母官賢子姓趨。

又　建城城守事相侔，功在唐劉與漢劉。淚血憂民眞郡牧，里霜佩劍有賢侯。

又　唐劉不做脱身謀，骨立艱難幾度秋。矯矯漢劉應可繼，二公擔苦我無愁。唐巖太守嶅漢樓大尹存義。

又　也無面諂議生祠，也不私酬見任碑。幽有鬼神明日月，一點人心去後思。

又　前官遺愛後官知，地利人和屬付誰。我土我民還我守，里居丘攏問何其。

又　壯夫六百號民兵，練養叜番但守城。例定役錢田入辦，田多大姓敢紛爭。

又　雨後循河省外城，星前執戟戒嚴叜。家有阿翁難得寢，過門金柝放低聲。人子之情。

又　千季捍海仗金山，一邑生靈默相問。歲祀勤修何足報，好持善念對慈顔。

又　菩緣易結不欺難，舉首神靈豈可瞞。和協天人消沴氣，定知日日保平安。伊兒曰畢竟要得如此。

清　曹溶《静惕堂詩集》卷二九《當湖懷古四首》　舊事惟聞巨鎭偏，彈丸封壤畫原田。天圍桑柘收平野，地擁蛟龍俯百川。積鹵夜明千竈月，麗譙朝散五湖船。近逢仙令多閒暇，臨眺長歌大有年。

又　宋室南遷此附畿，溪連村郭憺忘歸。僅傳宗子躭書癖，謂趙孟堅。亦有名卿得姓微。謂聞魯諸氏。游舫晝停花外墖，釣絲秋漾石爲磯。一從列邑開雄象，滄海雲霞百道飛。

又　分隸新圖海上餘，烟横萬井見安居。山靈欲厭秦皇氣，鄉俗爭誇陸贄書。泖水西回漁舍集，朱樓俯瞷雉城虚。欣逢盛世徵求簡，叢竹初開處士廬。

又　乍浦孤城泣違烽，島夷曾此駐艨艟。兵威閩粤開專閫，廟算神明仰世宗。驟馬沙平吹萬柳，射魚波静立千峰。即今荒服圖王會，戰士無勞甲數重。

清　曹溶《静惕堂詩集》卷四二《當湖沈氏圃中看菊二首》　種秫功成晚興多，花枝壓艇泝寒河。應憐作賦登高手，數爲幽人寫薜蘿。

又　野老栽花歲月深，泉流甘谷動成陰。揮杯自勸籬邊影，任爾南山響素琴。

清　查慎行《敬業堂詩續集》卷二《再過當湖喜晤翁蘿軒》　無事能相憶，扁舟兩詣門。秋田經夏暵，冬日就春温。身健長如此，官貧且勿論。別中安慰意，各喜得曾孫。

又　卷三《去冬過當湖重宿化城精舍紅椒上人初自嶺外歸出游草見示今有詩來索和以四絶訓之》　化城庵外水如天，每到東湖愛泊船。禪老羸償行腳債，詩翁重續對牀緣。

又　消息流傳恐失眞，親從六祖證前因。黑灰堆裏尋衣鉢，辛苦南華禮足人。

又 識取寒泉不二門，散花千偈似瀾翻。平生痛癢相關處，拍掌中看帶血痕。來詩有吾道痛相關之句。

又 水月洗開雲霧窟，廬山面目現當前。從今便結紅椒社，何必青松與白蓮。來書云將歸老廬山相約續青松之社。

清 陳祖法《古處齋詩集》卷四《春日在當湖游東湖諸勝》 微雨茫茫天欲落，有客來約出東城。一里二里小艇便，登岸謂可舒吾情。弄珠樓上榱楹朽，弄珠樓下瓦礫盈。數道河光互争勝，前四後五相奔傾。小舟支撑帆影亂，一來一往中復横。恍如數馬相奔突，亦如尺梭相經營。黄花燦燦成堤岸，中斷復連緑野塍。謂此不盡眺覽興，持篙直入放生亭。荷鋤老叟讓途徑，碧眼老僧廢逄迎。東塔塔成纔一級，已具高矚俯瞰形。河岸園亭相對雅，翠竹古樹間雕楹。木橋斜通亘十丈，柱朽木敗身欲輕。週圍園外不得入，云已數易主人名。梵聲出自化城庵，亦有陸子讀書聲。案懸名繪柱懸琴，床覆蒲簟有餘清。揖之入我對竹坐，清茗數啜爐烟明。時值陰雲覆四座，雄談不教黯澹生。相傳城北仙人壇，舟子意嬾云已傾。縱使故壇隨白鶴，何妨遺址聽流鶯。碧紗護處劍舄古，瞻拜之餘生精神。最後一園更幽艷，惜花門扃今導行。碧桃皎如星漢白，垂絲艷若醉顔酲。餘香雜芳來何自，閣影參差池水泓。以其一日登臨興，徐入小舟簡點明。有艦堪携酒堪酌，忘聽茫茫微雨近初更。

又《寓當湖客有餽缾花者賦謝》 寂寞觀門扃白晝，舁濛梅雨走宿溜。苔痕常自上殘書，蝸涎復驚來衣袖。侵晨剝啄自何聲，有客忽携缾花授。俯首似欲明可憐。嬌柔已落零雨後。可憐一半沾絮泥。一枝又向寒窗伴消瘦。寂寂幽香何處聞，微風常把疏簾透。挑燈爲解茗飲時，開軒忽聽語燕候。

清 成文昭《蒈觴詩集》卷二《送過鶴言歸當湖》 當湖逸客過鶴言，人淡如菊才飛騫。瘦骨崚嶒健黄鵠，雅重之中風流存。力扛龍文百斛鼎，勢倒三峽傾詞源。前年把臂在燕市，秋風共棹來湘沅。僦屋相依又一載，酸虀冷粥足饔飱。吾輩但爲文字飲，陶陶永夕陪春温。昨朝別我束書卷，匆匆行色還故園。我病浹旬扶不起，連宵風雨江聲昏。望湘亭子野烟裏，絲絲柳色浮青樽。洞庭水打天破碎，漂沒一點君山痕。放眼揭袂一長嘯，雲擘絮從衣帶翻。我夢此夜逐君去，荻烟葭月招唫魂。

清 高士奇《高士奇集》卷二《當湖曲》 汪汪湖水幾瀠曲，唼喋水禽波上浴。木蘭爲檝沙棠舟，往來摇蕩春波緑。韶光染色天氣和，紅鮮翠濕媚更多。湖東山淺隱復見，雨晴一抹青黛螺。我來乘曉春烟薄，坱靄横塘杏花落。誰惜垂楊金縷輕，懊惱黄鶯啼尚弱。家家門巷臨清流，妝成繡頸倚畫樓。但知鳴橈聲軋軋，那識華轎嘶紫騮。

清 彭孫貽《茗齋集》卷一〇《當湖舟歸作》 楊花漫天飛白雪，湖面水風著人熱。歸舟已發行復留，倚棹梛陰啼百舌。留春不住君奈何，爲歡苦少憂情多。維梢對飯楊花裏，一聽舟人囉嗊歌。

又《檥舟當湖戲珠亭》 衆水環相抱，當湖尚有樓。蔽虧孤月吐，浦溆九龍收。廢檻棲殘笥，荒城急瞑流。空將登眺意，感慨寄滄洲。

又《當湖泊月獨酌》 獨宿東湖上，雲繁風滿天。霜華過水白，月色伴人眠。酒盡寒生被，魚跳夜觸船。孤舟儘歸夢，吹送小樓前。

清 王慶勛《詒安堂詩稿》卷六《上元節後夜泊當湖》 塔影横穿月一湖，扁舟疑已入冰壺。天邊風色猜難定，海上山痕隱欲無。柏葉獨澆今夕酒，梅花自寫早春圖。思携鐵笛船頭弄，還恐蛟龍胆氣麤。

雜録

明 沈懋孝《長水先生文鈔·水南徐先生當湖會語叙》 往嘉靖乙丑，龍溪王先生嘗止于陸，與中之天心院講良知學脉，從游士數十百人，而水南徐君從焉。余時侍養家居，亦與其末從。大衆中與水南語，見其和粹之氣，由中達之，面目已足感人，而致其依仰矣。後官京邸時，時與其同邑趙年兄語而思之。萬曆戊寅，安福劉君令吾湖以書迓水南至，則館于北寺之松風塔院，一時會講，彬彬盛集。水南學日純德，日尊吾湖。後學人人傾服，稱水南先生矣。明年聞水南卒，與劉令君爲位哭之。又十五年，有司俎水南先生于其鄉，其子一念走千里，携遺言就余校正。而水南所自録北寺會語在其集中，視諸生所録尤懇懇有神，此不可無傳也。因手次刻之，以諗同好。吾聞之水南先生曰學必求先天初動之機，所以能充塞天壤，發育萬物者，先立吾之根宗，則萬物一體之意自無一息不徹，此顏子所得于仲尼之眞脉也。故平生向朋友間言之，必盡望之甚殷。只是此義聞者無不感悟，以爲陽明先生致良知之指，得之愈眞，此眞不可無傳也。嗚呼！學術日以漓，士習日以陋，人心眞機烱焉。斯在吾聞，山居者不乏薪，浮筏者不憂水。讀先生會語能無竦髮彌襟，憬然以興者乎。

又《當湖西林寺募建禪堂引》 漢塘之水自茗川下者，滙于樵李諸湖，其來自遠，分派東行，長渠直下，將五十里也。乃始結局於當湖之西滸，再起貫城以出滙于湖，以北遥接東海浦溆之水。潮汐逆行，總合衆流，與東海之波臣偕至。湖之東滸，故城之東郭，有金山廟宇鎖之，則秀結在東方矣。西郭一帶萬程橋鎖之，西林寺立于橋之偏，既有廟宇，再搆禪林，巋然特聳而秀結，又將在西方矣。嗚呼！西方萬物所歸，神靈諸聖所棲托也。建豎之役可少虖。萬程之上，天迥雲垂，野廓烟銷。攬夕照眺崇深，其樂亡涯。緩步入西林，片月微掛，名香沉沉，緇袾洒洒，梵聲飄飄，從雲外來。泠然彌襟，瀹茗而聽之，令人恍惚幻眇，覩玄珠於眉睫，小八陲於一芥，又一奇也。握管一揮，莊嚴栴林，如已浮浮然，建豎畢了矣。始成城之役，余操版畚共事其間。後數十年，建萬程橋，余助爲之。今西林禪堂，余捐貲小助，以文爲倡。余於湖之西方，若數數有緣者，四方諸彥，儻緣合者，多聊以寄余之心焉。

東湖

論説

（弘治）《八閩通志》卷二二 萬家湖亦名東湖，舊溉田九百五十頃有奇。後茭葑壅塞，幾成平陸。宋慶元初，郡守劉熲募工開浚，總二萬八千丈有奇。積泥爲小阜凡七，湖之西南置斗門四，以通海潮。歲久寖廢，今期畔多爲田，唐歐陽詹有《泛東湖序》。李誼《二倉記》云：□之東隅有萬家湖者，渺瀰十里，一本分萬家湖、東□爲二，盖誤也。

综述

宋王廉清《修東湖記》《赤城集》卷一三 天台爲郡，負山帶江，地形嶮巇，草木翳薈，人烟繁夥，萬室鱗比，隨山高下，無平川大陸以洩水，怒每陰雨霖霪，則水泉噴薄，澗輸壑委，奔流疾走，自高而下，如建瓴於高屋之上。閭里之民咸懷决溢之懼，厥初經營，智者相攸，鑿湖於城東，當衆山縈匯之要，以受百水，即城徑庭爲瀆以疏之。湖高而江低，并湖爲斗門，泄水以注之。江旱則瀦畜以待，灌溉之須，民用奠居，無復水患。歲月既久，畔援施易，土石傾圮，啓塞無時。葢自皇祐熙寧以迄于今，屢作屢廢，至是極矣。每大風雨至，闤闠寖，有蕩沃之虞，水無所歸，不循其流，理則然也。乾道五年冬，秘閣河内向公以淮南連帥移守是邦，始是見民吏，具宣天子德意，問民所疾苦。舊聞此湖湮廢弗除，即躬至其所，環眂利病考卜，協日興工以役。公以浙東路兵馬都監開封，俞紳才幹有餘，敏於集事，即檄以董之。臨海令會稽陳居安方以民功薦聞，興利除蠹，實惟其職。公乃核舊迹，披故道，昔之沮礫鬱積者，今疏鑿之。昔之侵漁蔽虧者，今疆理之。浚城中之水溝，刱城闉之斗門，覆以亭屋，以引左右之水，以進懷義橋之南北。又即湖東故城之址，舊斗門築三閘，以通西江，總爲斗門者六，爲亭者一。凡湖其南方東西十六丈五尺，其北方東西六十五丈五尺，南北通袤三百二十丈，計其廣輪二百十三畝有奇，其深七尺。興工於六年二月之丙戌，而訖於三月之壬戌，凡用功八千九百有奇。長堤崇崇，清波綿綿，夏屋渠渠，坊址暨暨，不勞於民，不擾於市，宏壯深廣，焕然一新，烏虖偉哉。厥功告成，郡僚邦人咸願刻石紀績，屬僕以文。乃爲之記曰：惟昔水利，取備於周官，溝洫澮川，遂人掌之蓄水、止水、均水、舍水、寫水，詳於稻人。在漢召信臣杜詩號爲循吏之冠，其功始於鑿六石門。晉杜元凱儒者之宗，請二千石修理堰谷以積其水。原其用心，豈專爲耕耨浸灌之計哉？惟公夙以風力知略，爲世吏師，凡所臨郡國，興滯補弊，壞奸隸之機埽，險健之訟，施惠於斯民，以廣我國家之盛德。是役也，披蓁刈荒，窮源探本，發明前人久廢之績，推尋百里堙汩之弊，啓作竣事，必躬必親，無一弗盡，以爲邦人永永無窮之利，用心亦可謂罔矣。公今行且歸闕，左右帝旁推此心以利天下，顧豈久留於郡哉？凡此父兄，戴公之賜，自今其謹儲泄之節，相暵潦之宜疏導以時，渟汙無壅甘棠，峴首之思俾永勿壞，尚千百年公之恵澤，其有既乎。

明 毛伯温《毛襄懋文集》卷四《東湖記》 東湖者，知按察事鄒國賢之號也。國賢於予爲世交，予徃來毗陵數矣，欲一游東湖不可得。吾友張巽山再貳常郡，厥子進士道甫往省，將過東湖也，乃徵予言以記。予雖未游東湖，然聞諸國賢矣。湖擅無錫之勝，江洋千頃，朝熹夕冥，日輝月華，星粲霞爛，天光雲影，如類巨鑒。至其風回雨溢，鷗浮魚游，足芬蘭馨。蘆則深，蕖則美，芡菱則實，荇則縈以蔓藻，則潔以文景，遷象變與時無窮。此則無錫之大觀也。國賢投牒銓部，而志不願仕授一命，即歸時泛舟湖中縱其所如。招仙凌古，育物寄懷，攄幽發粹，如馮虛御風，飄飄乎遺世獨立，所謂心曠神怡，寵辱皆忘，把酒臨風，其喜洋洋者，蓋無日不樂也。夫湖水之都者也，放之以資灌溉則膏腴彌望，粒米狼戾，其利世不亦大乎。國賢積而不能散，富而好施，其德實類于湖。雖不願仕而澤濟人，視仕者或相倍，徒其號也允宜。昔范蠡用計然之策，遂報彊吳，覩兵中国，乃乘扁舟浮放江湖，擇人任時，三致千金，分散至再，子孫修業而息之，遂至巨萬。夫積而散者，知也。散而復積者，理也，亦勢也。散至再而積愈多者，天道之報也。考之志，無錫舊有蠡湖，茲湖乃是邪。不然，亦當與蠡湖同不朽也。

明 何喬遠《浚東湖記》（乾隆）《晉江縣志》卷一六　泉東湖在古最鉅，其時人民錯奠於武榮山之下。湖之延袤，北距北山，南距海，東距山，西距今郡城之行春門。其後城郭之、廬舍之、田疇之、墳墓之，歷歲懸長。今之東湖坳堂杯水而已，而廬舍之、田疇之、墳墓之，尚未有已也。北山之石厓巖巍蹶，湖水演漾以映以盪，則無回祿祝融之虞，原田則水可車可戽。歲是以收離坎之會，文明興焉。設涵置牐，啓閉通海，古之法也。猶人之眉目軒張，血脉流暢，則無札瘥疵癘，和阜嘉生，豈不美歟？宋四百年，泉州浚湖太守二人而已。其一曰劉公穎，其一曰顔公頤仲。二公浚湖，封泥爲山，凡七峼嶁，劉公四之，顔公三之，名七星矣。餘未聞也。去今七百有餘，歲乃有沈公。公始來泉，見湖之美，徙賓客廬宿候館作新於湖上，自冬徂春，湖則大旱，塊不可破。公出私錢謂子曰：吾將遵海而南，放乎七星，用灑其厓，以滋灌溉，誰與我共？此子曰：古卿大夫與先生謀賓介焉，至於息正，息介徵否惟所欲，夫子欲之，則遠請從。於是爲公大召役卒，一日而竣。舉其闕土，聯湖爲堤，比於斗柄，毋置岸傍，生田疇心。堤下橋之，堤上亭之。亦擬溱洧悦我士，女公不督，鄙謂可圖事？余於是爲公作亭記之：昔在唐貞元，邦牧席公、姜公來游斯湖，俯察遐觀歐陽四門名亭，載厥盛事，碑湮文存，爲重刻之，以與記公之碑參伍并峙。予於是告于邦人曰：史白之渠，繇來尚矣。召信臣漢循吏，亦惟與水相出入。白井、蘇堤本以興利，名勝隨焉。白不云乎如法蓄洩，瀕湖千頃，可無凶歲。蘇不云乎失今不治，葑無湖也。沈公浚湖水，氣通矣，火患熄矣，原田每矣，文明興矣，血脉暢矣，眉目軒矣。書載六府水火居二，民於水火惡其有餘，又惡不足也。聖王治天下，能使菽粟如水火。公茲浚湖，水火菽粟哉。美哉禹功，江淮河漢而已乎。畎澮溝洫，何巨何纖。然則有土民社之君子，不在頴簿書，徵發期會間明矣。公爲政大不勝書，在湖言湖。

（弘治）《八閩通志》卷二一　東湖在府城東北二都，晉太守嚴高築城時，與西湖同開鑿，以泄兩潦。舊記：周廻二十餘里，宋慶曆中漸塞爲民田，而猶有湖。至淳熙間，則盡爲民田矣。今鄉人猶有湖塍之號。

又卷二四　東湖在縣東一都，縣山高水急，前輩議敬□堤久矣。宋淳祐間，邑民有請于部者，符下之日，縣令李澤民躬率僚佐鳩工，築堤九百丈，周圍九百七十五步。繇是田無旱潦之虞，邑人德之，號曰李公堤。

（嘉靖）《江西通志》卷三二　東湖在府城東三十步，宋至和二年郡守祖無擇於湖上建亭榭，爲游觀之所。張栻書扁，李覯詩萬象城東雅人詩：半湖雲藹捲殘暉，老龍惜雨慵離蟄。迷鷺依人慣不飛，岸僻自宜安釣石。水清誰擬濯塵衣，使君公退便游此。却恐吾皇□□□。

清 儲方慶《儲遯庵文集》卷三《東湖記》　士之出身加民，受朝命從官于四方者宣力之暇，亦得因其地之山川，寓意于游觀，以爲後世美談。昔賢如歐陽修、蘇軾出典郡邑，皆有登臨遺迹，見乎詩歌，或覧其形勝，刱爲亭榭，垂諸不朽，雖千百世之下，猶得想像其遺風而思樂之。然皆順民之利，以自托于修建，功成而後亭之，然後以文章鳴其意，故其文可傳，而其地可久也。

異哉清源之有東湖，何其異于古所云耶。湖居邑東偏，計城市廣狹，湖居三之二焉。父老爲余言：縣故無湖，湖所占者悉平壤。曩時白石水漲，不以時疏導，悉歸城東低下處，外障于垣墻，而内益以泉水，故水日聚而成湖。葢此湖之滙爲巨浸者，數十年于兹矣。居民樂其有魚鼈之利，潛泳游行于中，而令長之來宰是邑者，又以西北少水泉之美，輒快意于斯湖，以爲一隅勝也，遂從而文飾之，爲游觀之所。然而傍湖城垣，受水冲激，崩塌無完土。西岸水侵，民居日毁壞。每歲夏秋交，山水暴發于外，湖水氾濫于中，則市無行人，居無燥土，惴惴焉有沉溺憂。然則守斯土者，見其汪洋浩瀚之勢，當戚然以憂，有食不下咽之慮，而又何暇對景怡情作爲詩篇垂之邑乘耶？

余以今皇帝十四年孟春來守兹土，既受事數月，凡境内山川風土悉身歷之，而東湖尤日夕在臥榻傍。故其地形之高下，斯湖之本末，考之至晰，籌之至熟。方將運南方之桔槔，盡發湖水于城外，使内水有所去。修西面護城堰障白石口，使外水不得入。然後繕完城郭，整理廬舍，使清邑不至湮廢。而秦隴兵興，晋陽駐牧，附近州邑之民日夜輦運芻粟，以供師旅，猶懼不給。凡所經畫，悉阻于時會，未可遽行。及平凉歸命，晋地稍寧，大中丞又以吏議去官，屬邑皆有震色，無暇爲久遠計。遷延及于戊戌春，吏事稍暇，將申本志，謀塞此湖，而朝命猝臨，亟去兹土。乃使三年中日爲清土計者，不得少展，遽委之而去。惜哉！然而東湖之名業已載在邑志，作爲咏歌。竊恐後之君子不察斯湖之有害，且非天地生成之水，乃山水流漲所積，不可不早爲放泄，以存清邑一撮土者，而事目前之觀忘，守土之計，則凡涖斯邑者，皆不免于有戾，而余亦在其中，故敢筆之于篇，以待後之君子。至于山水映帶之妙，魚鳥花月之情，昔賢述之詳矣。余又何詞焉？

紀事

宋 祖無擇《龍學文集》卷七《袁州東湖記》 袁城之東有湖焉，上有四亭，興自近歲，厥後爲州者，耄昏不事事，湖亭用不治以荒。初予至州日，其處不及往者三月，既而吏曹務簡，登城而觀，水雖盈而甚汚，屋雖存而將傾，延議葺之。且官無羨財，苟賦於民，則予不爲也。閲封内之浮屠，民多藏者，籍其餘什之一募匠購財，一皆新之。別爲堂亭、臺閣，互植以珍木嘉果，間以奇卉幽草、紅蕖、緑荷雜襲波上，於是游者日往焉。予樂州人之觀游是好，遂署其中堂曰樂游，其東堂曰廉循，厓之南其亭曰休，因城之高，其臺曰月抗水，而榭曰采香閣。爲庖厨二，以供賓客。舊亭四，皆無名，亦名之。在樂游之西者，曰遜堂，堂壯有射硼，南有石高丈餘，奇秀可愛，實自盧肇故宅徙焉。背城而東向者，曰采珠閣，閣後有石，亦惟舊廉與遜，采香、采珠皆東西相值。據城之隅者曰銷暑亭，與月臺相屬而差小者曰風亭。其浮有航，其絶有梁，其登有磴道，其周有繚墻，南北其門，後溪前市，山烟水風，淵魚林鳥，明滅虚徐，浮沉下上。眺聽之際，可以釋幽鬱，可以道和粹。予以公事，不得數自放于其間，月或一至，再至葢稀矣，予猶以爲數也。越二年，新太守在道，予行有日矣。因置酒爲會，同僚舉觴，屬予曰：湖亭雖舊，而增廣之，以至大備者，非君而誰？不可以不聞於後，盍文而刻諸金石乎。予曰：池館之作，耳目之娱，非政之急，何足道哉？然此州自江以西，蕞然窮處，故朝廷往往以有罪者居之，予即其人也。或終年不逢王人出於其塗，非數君子相與樂此，予何以夂處乎？後之踵予武者，其以才選而來厥職，是宜政成民和，能無燕嬉之事歟？若以辜譴而來，又宜有登覽之美，庶幾忘遷謫之累焉。繇是而言，則兹境也當不廢矣。奚取於予文，如欲識其歲時，請以斯言刻之。至和二年冬十月一日，洛陽祖無擇記。

宋 魏了翁《鶴山全集》卷四八《常德府東湖記或作東園》 大府寺丞四明林公以湖北路祥刑使者治常德府，會攝守事，乃寶慶三年之秋，繕城浚隍，得城東廢地爲圃，與民共之。臨邛魏某嘗被命守是邦，旋以辠戾徙靖，靖實公所部。明年，命記成事，不敢以寡陋辭。東門之衔，籍于侯都，溝封弗戒，歲異月殊，斷潢裂壤，菑翳所於。帝命林公，使節州符，靡微不究，曷蠹弗除？溥彼武陵，城郭虧疏，言坯言救，相彼闉闍。彼城之隅，有煒其湖，顧謂賓佐，風气之儲。而是陻陀，盍辟而肱？略址賦文，度財庀徒。自朝宗門，迄西南郛，東西擠修，其廣百堵。埤厚浚深，剔疏沮洳，信偃起仆，披聾發瞽。乃基乃堂，攸館攸宇，藝之卉木，沈沈渠渠。爲梁十所，可舟其下，庚鄭氏樓，以門其圃。鶯橋爲防，以泄以猪，以流其惡，以戒不虞。公與其屬，于方于車，疏視瀹聽，志明體舒。侯士若民，于曳于妻，節宣勞佚，聲和氣愉。自有宇宙，山川與俱，奚隱乎人，今有昔無。如艮止揵，久畜弗紓，霍然陽開，何天之衢。又如睽孤，或豕或弧，遇雨之吉，群陰畢驅。如人心然，所居廣居，所立正位，所履大塗。爲間不用，謬迷厥初，一日克己，我室我廬，不假外求，隨處裕如。下客不佞，記事之餘。請歌唐風，以儆宴娱。其詩曰：無已大康，職思其居。

明 吴寬《家藏集》卷三三《東湖記》 東湖本陳湖也，在長洲邑東南，周可六七十里，其涯多良田，居民資之。予凡再游焉而再樂，皆以訪陳氏故，而有汝器、玉汝昆仲爲之主也。

當成化己丑，歲予與玉汝同試禮部歸。及秋，過其家，午飲畢，汝器亟命舟泛湖，入夜始還，則月色如晝，水波若空，尊俎之間，歌聲相發，有杜子美渼陂之樂。

後十年爲戊戌之秋，予復過其家，則玉汝初登進士第，居京師。汝器見客至，益喜，顧患末疾，使僮奴舁行庭中，相從以爲樂，而引滿劇飲，如前日歡。仍命舟泛湖，則憊而不能從矣。

予由姚城過蔣墟，登磧沙，入瑞雲觀。吊古訪俗，悉著于詩，有蘇子瞻西湖之樂。及暮還，而汝器笑迎于門，更具酒飲客，且曰：吾生長于是，于是而農，于是而漁，久矣！中間雖一出長鄉賦，輒謝去。今既老矣，有子若孫矣，世俗事無預矣，而吾益得與林僧野叟棹扁舟，舉杯酒，出没於渚雲沙月之間，浩然而歌，悠然而醉，其樂不可以語人者。吾將終身焉。湖在吾家之東，因以東湖自號，其亦可記乎？予曰唯唯。

既來京師，數以書抵其弟，促予記所謂東湖者。蓋予於東湖再樂，特再遊耳。使屢遊之，亦恐厭也。然憶汝器疇昔之言如是，必有眞可樂者。予獨未足以窺其趣也。異時與玉汝南還，汝器之疾當瘳，相與益窮其樂，酒酣興發，尚爲執筆賦之。

明 熊明遇《文直行書詩文·文選》卷二《開浚東湖記》 江右會城爲古豫章郡，有湖在城中，章、貢流其西，因名東湖。漢以來未之或改也。地脉句已三處，羅湖水句已一處，沃若驪龍蟠頷下之洙，遂稱形勝云。沿湖回遠，不得不絶湖爲徑。徑必有津，以導沉沛勢也。乃市地湫隘，民聚殷蕃，積漸填閼，結搆其上，徑而衢津而霤矣，一湖而股分爲三矣，久之湖身滋高，又不得不閘于城下之津。聞之長者曰：初建閘時，水深洶輒敗，城疑有蛟蜃窟宅其中，爰取城隍廟内四金人，同四活死囚築之，勢乃定。而津傍所祠斗門神者此也。距今又若而年，填閼結構，寖尋不可問。湖身益高，湖之竅竅益小，猶人身喉注臟腑之官，扞格不通，惡得無病。于是士大夫虞文運市井，虞火菑虞疾疫，當事動色，數四號令操畚鍤從事。奈沮淖瀰漫，逼近街巷無壖地，一石泥五斗水，淫湫不可掬澄澱，擔負出城，與穀同價。置之湖干，天雨，復歸于湖，父老私憂之，不知所出，匪朝夕矣。適萬曆己未，無爲寰同朱公萬春以名御史出爲是邦，分巡水利，使者與熊子明遇，暨劉司空去，非王太僕仲緝，皆同榜。奮然開徑下之三津，采石各爲洞橋，如垂虹駕月之狀，棹鷁往來，太平有象。于時即占，爰立鼎甲之兆，而林下盡起，一何快也。居無何有老謀長慮之君子，恐流弊爲漸臺，雁沼之觀會，始議者俱薄游四方，竟扼津而柴柵其中央，凡值天啓甲乙間，禍不可言。又有言橋蹠斗峻，枳擔負者之足醵，金隍之橋，如坳堂置芥津，復爲霤矣。崇禎壬申，熊子歸自睢鳩之署，巖居川觀戒閭户外事，國中頗脊脊多故鬱攸，更憯父老復歸咎湖壅所致。癸酉，東萊御史新寰王公，按部是邦。爲姜官詹居之之門人承宫、詹意捐浚湖金五百兩，行水利道昭度潘公屬郡司理，嘉錫李公執開塞之牛耳，沿湖剔其填閼之壤，邊幅稍廓，而湖中沮淖亦躊躕于畚鍤之難施。復有議開城下之閘，引小河船漕轉食貨入城中者，屬李公必行。李公明而嫻于計熟，視閘下有金人，心口自語曰：果也，如城何？且河低湖高，一啓閘則無湖，又安所問漕轉，因枉熊子之華門而下詢焉。熊子口使君語良，然抑知閘外有閘乎？外閘所以扞夏漲之羡入，内閘所以砥冬沍之斗出，盍量灑外隍，俾湖水繇城北之峴子湖，值夏漲第，堅閉外閘，内水曲折東泄，距章門五十里而遥，法當低一尺，可無虞。潦三橋之墮，人心積不能平，盍循朱公已事，復其垂虹駕月之舊，俾無底滯乖隔之憂可乎。李公曰可哉，大學士劉季晦先生亦贊其决。遂分屬鳩集之事，于南新二邑宰松石何公、坤儀卜公不三月外隍鐫廣，内水通行無所累，而湖之洪恩、廣濟、靈應三橋焕然神明，頓還舊觀矣。其橋之蹠視舊倍，延君子，履小人，視并稱有夷之行也。計三橋之費可一百五十金，灑外隍，剔湖湄稱是。鐫廣三橋之下可七十金，尚存一百三十金，畀質庫貯，爲通國山水利益之用。鄉也東萊直指王公之所布金錙銖無他靡，而後乃知李公之勤力民事，綜核水工，眞可師也。癸酉冬開橋，甲戌大稔。是春制科三十三人，得四十年來所未曾有且也。火菑頓熄無俟，禆竈占禳，父老踴躍走告。熊子曰：異哉湖水之爲利害如斯夫。熊子曰：固也火之强神。曰：閼伯通則無閼矣。水之强神曰實沉虛則不沉矣。邃古之世，伯禹爲司空，隨山浚川，奠安中夏，重黎掌火正，以淳曜光照四海。先聖人操氣母搏，捖陰陽順天之道而無私焉。人而天，事而道者也。後時鄙儒小拘，反以㟃里青烏之言斷，斷譚機祥，不幾于天，而人事而術乎。既人之術，又烏能與天爭道哉？夫湖之天本開也，繄人實塞之，雖聖賢復起，必將以人事補天道，裁成輔相，俾水土演而民用也。今茲之役可謂無益之作耶？吾將證道于詩焉。相其陰陽，觀其流泉，大雅之所以贊公劉也。原隰既平，泉流既清，小雅之所以懷召伯也。水火土穀，國之府事，諸君子實勤力于是邦也。聿觀厥功之成，豈不亦九德可歌哉？乃作歌曰：湖寫河兮何公仁，疏反壤兮悅吾人。延道治兮就水因，柏冬日兮火德純。蛟龍起兮紛其鱗，舍毳載舟力平均。地得寧兮功誰倫，東湖開灑沛哉神。直指王公，諱萬象，別號新寰，山東萊州人，乙丑進士。水利潘公，諱曾紘，別號昭度，浙江烏程人，丙辰進士。司理李公諱嗣京，別號嘉錫，直隸興化人，戊辰進士。邑宰南昌何公，諱謙，別號松石，直隸崑山人。新建卜公，諱象乾，別號坤儀，直隸武進人。俱辛未進士。適是時，潘公即建大中丞節，撫南贛□諸公，皆金馬雲臺之望，兆足以行矣，府事之成功如此。

明劉一焜《浚治東湖碑記》（康熙）《江西通志》卷一三二　郡城之浸曰東西湖，蓋自漢太守張躬、宋太守蔡廓爲之經始。至唐武陽郡公韋公丹者，拜洪州觀察使，其治爲元和循吏第一。是時吾郡之民竹而居者，茅而茭者，潦甚則虞墊墋，甚則虞火顛連轉徙，而無固志。公至，教民範土爲陶，因山庀材，始變竹居茅茭之俗，爲瓦屋萬八千餘間，疏東西湖以注江，開一門以蕩渫，汙壅爲堤，徑五尺，長十二里，以謹暴漲。於是吾郡康居良食，而人文興，自嶺以北，彭蠡以南，聲名文物居然一都會矣。國朝胡若思氏作吾郡功德碑，稱許、韋兩公蓋旌陽神，而施於政，其粲然日可見者，皆康功、田功之實。武陽政而幾於神，其穆然深慮，於人所不及知者，皆陰卻陽伏之先，微兩公，吾郡其魚乎？武陽之後，東西湖之治代有作者，而予耳目睹記。則新安范公以歲之侵民有餘於力，不足於食，公給其所不足者，以用其所有餘者，用能修武陽之業，以通九津，湖益治，民以不饑。久之，湖政復弛，沿湖之民相與私尋尺以自附益，編籬葺圃，隱湖額以爲常。即清丈之令下，而吏益擾民，僞益出湖有魚課三分，其課程一輸，將作二隸郡，以故當事急在課，而緩在民，每歲冬則竭流而漁，澤若焦矣。而沿湖之所棄，餘率皆湖受之，故源壅而委涸，湖額日縮，不可致詰，霖雨暴漲，至不能泄。兩學宮先受其病，竭流之日必有眚灾應，方數十里，瓦礫相望。向所謂潦則虞墊，熯則虞火，復如武陽時矣。歲丙午，莆田盧公來守吾郡，郡中城郭溝涂，先正之所勞作，勤施以遺吾民者，靡不釐然舉矣。至是復因博士之請，條湖政七事上之兩臺，報可。而公身率長吏，巡行相度，鳩役受直，程能核工，而伐石繚以爲周堤。寬隱額之過於前，示畫一之政於後，且也浚深，以實岸增高以受，淤物不棄，於近力不疲於遠，事半而功倍矣。復慮竭澤貽民之灾害，爲之多方節縮，郡蠲費七十餘金，兩邑各改編二十餘金，以抵將作之課，申禁請佃以杜方來。戊申，公晉副觀察使而堤成，堤長五百五十四丈有奇，浚治稱是。橋西立梅子真祠與蘇、徐兩亭，跂峙而三。於是兩學宮之前其平如砥，其環如璧，淵然澹然，蓄而不溢，注而不閼。己酉，得雋者稱盛，灾眚不作，蓋其響應如此。郡中嘉成事，將刻石志遠，而徵詞不佞。夫不佞，蓋受廛湖上者，竊以爲武陽之精神與吾郡相終始。即一湖之沿革，由之則成，不由之則圮，其來久矣。而當事者不求其所自始，豈不惑哉？夫官不知湖之利，而後以矢魚爲利。民不知湖之利，而後以隱額爲利之二者，其蔽一也。公爲吾郡深計長畫，告以弭菑，詔以譽髦，務其遠者、大者，而使後之官民盡舍其近者、小者，先勞之慮施及奕世，即武陽可作，何以加諸易有之，損上益下，民說無疆。自上下下其道，大光故益之。初曰大作，五曰惠心惠德，此益之實說之符也。公業以大作勤吾民，而民以惠心惠德相與謳歌頌禱，刻石以寄其無疆之說，後有徵功德者，胡氏之碑又何讓焉？不佞素不嫻於詞，惟是習知湖政，喜其功之成且永也。故次第其本末而書之。

明 秦鳴雷《重修東湖記》（康熙）《臨海縣志》卷一二　台之東湖，負郡郭爲湖者也。以其居于東偏也，故名。按宋初爲水軍營，嘉祐中徐守億徙營于城。拓而爲湖，則熙寧四年錢守暄也。湖爲閘三，中建堂爲共樂亭，爲流杯，規制甚備。其時翠瀲摇岸，澄波洗月，峰巒列障，桃柳盈堤，爲一郡之勝焉。嗣後遞塞遞開，入我國朝宏治丁巳，陳守相復爲修浚之，以迄于今，無有踵其美者。湖遂積爲習坎灌莽之區。曩時之勝，人徒想像于暮烟清波而不可得矣。豪民因占墾爲田，志所載一萬六千步者，合二湖而僅存其三之二耳。萬歷甲申，侍御范公奉命按兩浙，風裁獨持，民懷吏畏，行部至台甫，竣事即覽輿圖之勝，吊樵夫之亭，徘徊湖側。乃喟然嘆曰：此湖也漫漶若此，可復其故名乎？第開與塞，亦有關于郡治否也。于是父老進曰：台負山爲郡，而形勝獨詘于東，偏脱有警，則騎可徑薄城下。昔人營水軍于此，良有深意。比去營而湖，與南津相爲環抱，亦有限帶封域。或龍見而雩，順勢導流，則貫畦浮塍爲溉，奚啻千頃。又堪輿家言湖不瀦水，則襟抱虧流，風氣宣洩，居人靡寧。由斯而言，則湖之于郡，所以固風氣、扞寇踰而興民利也，敢云無益哉？公曰：嘻！余實代天子以巡省方岳者也，是故以明天時則觀雲物，以保地利則觀山川，以察人和則觀謡俗。顧止于持柱，後惠文摶擊大猾已邪。乃進郡守張君會宗俾總其成，屬邑令周君孔教，俾任其事。且戒曰：毋病民，毋耗費，毋狃目，前仍貽其難于後之人。二君奉命惟謹，顧兵灾之餘，邑民儉廹，帑藏告詘，難以驟役，大費筴之無所出。獨幸一時郡邑之政，與民爲便，衆爲之附。重以周令臨事有先物之智與見義之勇，故議不煩于衆，慮不動于民。經畫盈縮，悉中肯綮，力取耕耘之暇，食取公儲之粟，而又度地分工，均其勞逸。民乃大悦，不俟促而自課，雲動雷行，畚臿齊舉。周君坐署中，治事如他日，而以畢事告矣。湖之深可通舟，其滑則護以木柵，以防崩嚙；其岸則築以高岡，以植桃柳，置斗門于前，以節旱潦。徙樵夫祠于北，以便妥靈，籍占田之入于官，以備修浚。中若堂、若亭、若橋，結搆如舊制，而稍增益之。湖之規制遂大備矣。用夫以工計者六萬九千五百三十有八，用粟以石計者三千三百三十有七云。周君持幣詣予，請曰：斯役也，非侍御公倡議經維于上，則僕等安能爲役？夫公私享無疆之休，則亦相與戴公以無疆之澤，子大夫幸賜一言，紀之以垂永久。余曰：誠然哉！誠然哉！而予亦享公之休者，其何敢辭？然不能不因而有感于世。故云爾，蓋先王設官，雖維以上下之分，而實聯以共濟之情。故和衷協恭，天下事未有不致于理者，自後世文密法詳，體勢懸隔，長吏始有不自得之心，以避事爲良策，即利害所繫，朝不及夕，猶逡巡郤步者，比比是也。若湖非在窮山邃谷間而廢棄，如是其久吏兹土者，能一不慨于中邪？豈皆憚勞費坐因循也？此其故可知矣。幸兹侍御公文學節槩，爲臺省名流，且趯舉雄步，思力變世吏之習，獨執體要，虚心盡下，而吾郡邑諸君遂得殫力畢志以效其才，故成功如此，其易易斯古之道也。公今得代還朝矣，握要秉樞固，旦夕事當益廣其志意，爲國家培元氣，成寬裕隆平之治。俾中外臣工，有以自盡而無不自得之心，將無偏不舉，無利不典，而三代之治可復矣。豈區區一郡蒙其休哉？公名鳴謙，舉辛未進士，直隸江陰人。張君與公同榜進士，閩之晋江人。周君江西臨川人，則庚辰進士也。時樂觀其成者，同知通海趙君汝誼，通判望江李君彦，推官同安王君道顯，于法皆得書。

明 羅洪先《餘干遷復儒學東湖記》（同治）《饒州府志》卷二七　餘干江濱有學，自唐始從江濱而縣左，而南隅，而琵琶洲，而東湖，而東山。凡五遷，而東湖之地爲最善。宋紹興至嘉靖歷年四百有餘，其爲時亦最久。名人輩出，國家賴之，若宋之饒雙峰，明之胡敬齋、張古城。諸先生以理學鳴，又其最傑然者也。嘉靖丁亥，督學憲使徐公一鳴，喜東山中峰之勝，撤昌國寺而徙焉。形家以爲弗利，先後督學徐公階蔡公克廉議復，其舊不果。丁巳，巡按侍御徐公紳問俗考故，慨然以造士勸學爲念，廉陸令鳳儀之才，且良足以任事。乃允諸生之請，程工發帑，總爲金一千有奇。而督學王公宗沐分守，張公煌分巡，孫公應鰲、兵備方公廉、屯田林公一新至於郡守而下，咸樂有成，補助不給。於是核東湖隙壤鬻於民者，盡反之，計其縱廣，東得二十五丈八尺，西减十有六尺，南十四丈三尺，北增十二尺而强。即其中建殿廡重門如制，而殿後爲明倫堂，從以成德、達材兩齋。并堂設官廨，前左廨則敬一亭，而右廨爲啓聖祠，翼爲名宦鄉賢兩祠。又前神廚宰牲所，而戟門左右后土祭器庫之屬，物采咸備。其外鑿池，象半壁而環之東湖，山水宛復清峻，既爲形家所奇，而新學之制疏密得宜。又復若此，蓋慮審而力贍，且輔之者衆故也。工始於冬十月戊午，四月而告成，又越月陸令奉侍御徐公之命，遣諸生詹夢桂、姜廷輔來索記。且曰：幸有以告諸生者，嘗觀人情，更嘗閱歷，有未至則不能知善敗之故，因仍拘曲之意未盡捐，亦必不能去其習熟，而即所安人之？言曰：學至聖人至矣。然考之詩書，執禮之雅言，琴瑟絃歌之和，答朋友問難之，啓助汲汲然。若有不及，而恐失之者，彼豈無所據哉？亦曰：吾心固有之善至爲難，復而學之，誠不可以自畫也。且夫學之爲辭章，視訓詁有間矣。由訓詁視知見，由知見視踐履，又有間矣。踐履者能知聖人之言，舉其要而體行之，不徒以其知見已也。然亦因言責實而已，非其能自得也。彼自得者，心自得其所者也。得其所而後用利，耳目所加，手足所措，惟所適而無乎不可。方東湖之未遷復，嘗病於力不足矣，而議者卒不憚，止以其更嘗閱歷之久，知得所之爲難，是以篤信而不疑也。雖然因仍拘曲之意，少横於中，亦必不能求復於屢遷，且此猶有待於人也。至善在我，一念以爲得失，孰能禦之，雙峰敬齋古城諸先生，非其人乎？雖然是諸先生皆可謂能踐履，而冀乎自得也。已充其志，其敢遽謂至善矣乎？夫善之至者，守其故而流新，其流彌廣，其守彌固，是謂知復故也者。言乎其不相離，則得所之謂也新也者。言乎其不相襲，則適用之謂也。據知見之虚以爲學，而不知反身而行之爲要。譬之遷東湖者，但知詳於議論，而未嘗增飾，其殿寢高厚，其垣墉以稱其力之所可，能是比於因仍之未盡捐，非能復者也。據踐履之實以爲學，而不知心得其所之爲善，譬之居東湖者，僅能守其門户，而未嘗升階陛之崇嚴，探堂奥之深幽，以保其中之所固。有是比於拘曲之未盡捐，非知復者也？夫心無物而有所，歷禍變而不改其故主宰乎，動静以發，其靈智而實無所發，非退藏而反求之固，莫能測其機緘，識其得失，存亡所由，於凡日用。云爲之間也，諸生講授於斯，校讐於斯，咏嘆於斯，誠得所矣。寧止於辭章、訓詁矣乎？其亦有志於知見、踐履之辨，而求復其固有矣乎。洪先不學，不能爲叙，敬誦所聞，以廣群公遷復之議，使學於東湖者出而有位，可以佐國家緩急之用，退則傳其説以詔後人，以不辱鄉之先生，則群公之遺澤遠，而洪先之記不虚作矣。

藝文

唐 顧況《華陽集》卷中《同裴觀察東湖望山歌》 浴鮮積翠棲靈異，石洞花宫横半空。夜光潭上明星啓，風雨壇邊樹如洗。水淹徐孺宅恒乾，繩墜洪崖井無底。主人載酒東湖陰，遥望西山三四岑。

唐 李群玉《李群玉詩集》卷一《三月五日陪裴大夫泛長沙東湖》 上巳餘風景，芳辰集遠坰。彩舟浮泛蕩，綉轂下娉婷。林榭回葱蒨，笙歌轉杳冥。湖光迷翡翠，草色醉蜻蜓。鳥弄桐花日，魚翻穀雨萍。從今留勝會，誰看畫蘭亭。

唐 劉長卿《劉隨州集》卷八《東湖送朱逸人歸》 山色湖光并在東，扁舟歸去有樵風。莫道野人無外事，開田鑿井白雲中。

唐 張九齡《曲江集》卷三《臨泛東湖時任洪州》 郡庭日休暇，湖曲邀勝踐。樂職在中和，靈心挹上善。乘流坐清曠，舉目眺猶緬。林與西山重，雲因北風卷。晶明畫不逮，陰影鏡無辨。晚秀復芬敷，秋光更遥衍。萬族紛可佳，一游豈能展。羈孤忝邦牧，顧已非時選。良公世不容，長孺心亦褊。永念出籠縶，常思退疲蹇。歲徂風露嚴，日恐蘭若剪。佳辰不可得，良會何其鮮。罷興還江城，閉關聊自遣。

宋 陳宓《龍圖陳公文集》卷二《東湖四咏》 我作城東湖，築堤百餘丈。水深纔四尺，岸曲八回往。中號小滄洲，拏舟徑蓮蕩。回環即數里，渌作三江漲。集鷺絶驚猜，跳魚時跌石。欄外一峰奇，意重友人餉。月夕命客游，不更蓬萊訪。秋凉但曝書，未許歌吹上。

又 卷五《同柯兄游東湖》 荷張萬盖迎仙艦，葵卷千卷旗擁將。壇顧我從來嗤翣，飽看仍不負空餐。

宋 葛紹體《東山詩選》卷下《秋日東湖》 荻花風裏桂花浮，萬竹生雲翠欲流。誰拂半湖新鏡面，飛來烟雨暮天愁。

宋 郭祥正《青山集》卷二五《東湖》 東湖北溆水相通，十里荷花半白紅。冷艶已能消酷暑，暗香時復散清風。欲眠別浦無魚艇，且倚疎欄學釣翁。雲起仙庭飛晚雨，洒然身世出塵籠。

宋 黃公度《知稼翁集》卷上《和汪端中陪府君游東湖》 漢家虎璽重分銅，鑾坡厭直金蓮紅。海角瘡痍煩大手，循良不媿古人風。偃蹇霜風鈴閣寂，蒙茸春色圜扉空。爲郡風流見前輩，隙日車蓋飛城東。鰲首虛亭未泯滅，騷人古意無終窮。香風十里菰蒲外，喜氣一城尊俎中。中原景物久荆棘，南渡衣冠隨梗蓬。此地龜文符古讖，盛觀略與承平同。腐儒謬忝無雙裔，聲價遠慙吾祖童。青衫幕府困奔走，賴有新詩爲發聾。

宋 李庚《天台集》卷三《東湖懷賀子忱》 不負春風爛熳晴，聊驅小隊出郊坰。一百五日可無酒，二十四絃須細聽。溶溶漾漾沙鳥白，短短長長溪柳青。賀監扁舟在何許，惜無妙墨記蘭亭。

又《寒食日游東湖》 官曹顔狀滿塵埃，負郭陂湖眼爲開。春色少留如過客，賞心多病只寒灰。黃童白叟喜相告，皂蓋朱幡能一來。日暮游人歸去盡，沙邊鷗鷺與徘徊。

宋 李覯《直講李先生文集》卷三七《東湖》 古郡城池已瞰江，重湖更在郡東方。水仙坐下魚鱗赤，龍女門前橘樹香。路絶塵埃非灑掃，地無風雨亦清涼。使君待客多娛樂，只有醒時覺異鄉。

宋 李石《方舟集》卷四《東湖感事二首》 桃李洲中別一春，雪山肯爲障紅塵。鬼神半夜應憐我，魑魅今朝不喜人。烟雨晦明窓外眼，風霜來去樹邊身。細思只合歸耕好，并舍何由笑我貧。

宋 李廌《濟南集》卷三《東湖詩》 翠荇弄水時出没，紫蓴浸滑涎蜿蜒。川光遥接行潦前，野氣空濶浮寒烟。常思郢客解刺船，豈解乘槎上青天。又思吾兒能測淵，豈能奪得驪頷蠙。上昇却回復入海，只恐澄海爲桑田。

宋 陸游《劍南詩稿》卷四《秋日懷東湖》 小閣東頭罨畫池，秋來長是憶幽期。身如巢燕臨歸日，心似堂僧欲動時。病思羈懷惟付酒，西風落日更催詩。故知歲莫常多感，不獨當年宋玉悲。

又 卷五《東湖新竹》 插棘編籬謹護持，養成寒碧映淪漪。清風掠地秋先到，赤日行天午不知。解籜時聞聲簌簌，放梢初見葉離離。官閒我欲頻來此，枕簟仍教到處隨。

宋 彭汝礪《鄱陽集》卷七《游東湖》 草色蒹葭蘆葦中，蓮花一片萬枝紅。斜陽色妬波心日，細雨香吹水面風。澤國地開金色界，桃源人在水晶宮。扁舟便好如張翰，好在溪邊舊釣筒。

宋 史浩《鄮峰真隱漫録》卷三《次韻孫季和東湖二首》 出郭乘清興，扁舟一趁風。山光真黛比，水色與天同。宿鷺班班白，寒楓處處紅。誰知吾勝概，名冠甬勾東。

宋 孫應時《燭湖集》卷一九《泛東湖風浪作復止》 萬頃重湖東復東，意行得怕打頭風。故畦遺穗粼粼在，野水寒林處處通。鴻雁汀洲渺葭葦，牛羊籬落見兒童。衣冠塵土空頭白，慚愧扁舟把釣翁。

宋 陶弼《邕州小集・東湖》 寧越佳山水，東湖帶郡城。月天高寺影，春雨一橋聲。石上青蒲合，沙中白鳥横。天涯正寥落，獨往若爲情。

宋 王十朋《梅溪集・後集》卷一七《東湖小飲》 微涼散梅潤，濃緑敷桐陰。送客出東郊，駕言事幽尋。湖光照我眼，荷香清我襟。平疇入遠望，歲有其自今。牛眠種已畢，蛤吠苗初深。古亭懷二公，遥望羅千岑。邂逅得良友，欣然契予心。喬松喜客來，風枝出清音。手持荷葉杯，共對蓮花斟。東湖異西湖，有詩不妨吟。

又《東湖》 二公亭揷芰荷間，緑盖紅粧四面環。若把西湖比西子，東湖自合比東山。

元 劉仁本《羽庭集》卷二《東湖》 一帶山如畫，東連百頃湖。水腥龍吐氣，月瑩蚌含珠。畎澮浮香稻，漚波没短蒲。漁人撑小艇，來往疾如鳬。

元 楊載《楊仲弘集》卷六《東湖四景爲大尹本齋王侯賦》 朝來千騎出城闉，爲向東湖踏早春。素練冪林雲氣薄，明珠穿草露華新。山花獻咲開簷畔，海鳥忘機戲水濱。記取當年賢太守，及時爲樂與斯民。

元 袁士元《書林外集》卷三《和嵊縣梁公輔夏夜泛東湖二首》 短棹乘風湖上游，湖光一鑒湛於秋。小橋夜静人横笛，古渡月明僧喚舟。鷲浦藕花初過雨，漁家灯影半臨流。酒闌興盡歸來後，依舊青山遠客樓。

明 曹學佺《曹大理集》卷二《望東湖二首》 我愛東湖好，看之豈厭煩。空青飛不着，新緑照無痕。烟破孤成塔，星浮幾作墩。人家能好事，臨水即爲園。

明 郭諫臣《鯤溟詩集》卷四《晚過平湖縣東湖》 薄暮風生訪戴舟，湖波遥引太空流。墟烟縷縷山腰起，塔影層層水面浮。幾點閒鷗紅蓼晚，一行新雁碧雲秋。江鄉到處堪乘興，莫怪明時便乞休。

明 解縉《文毅集》卷四《東湖攬勝》 十年不到豫章城，鎖蛟宫中新水生。澹臺祠下日乍午，觸熱更上聘君亭。聘君亭前無亂蛙，此事或有非人誇。聘君高風自千載，況有湖水明丹霞。望中西山青似幕，參差開徹芙蓉花。登高攬勝興未已，柳風吹天凉似洗。青眼故人殊已稀，慨慷更讀南豐碑。

明 陸寶《霜鏡集》卷一二《東湖水涸》 淺淺平平作大觀，經秋無雨半成灘。人行葑底如魚熟，舟閣磯頭共葉乾。十里山圖無墨潑，一天霜鏡等塵看。外家小聚臨西塢，乞與餘波付釣竿。

明 徐𤊹《鼇峰集》卷二一《東湖》 平湖渺渺鏡波澄，花落芳洲暮靄凝。紫葯香中回雀舫，緑楊陰裡掛魚罾。春風橋路横千尺，明月樓臺露幾層。蘇圃徐亭題詠遍，一杯誰把吊來鵬。

明 張時徹《芝園集》卷一〇《泛東湖二首》 春游不知遠，到處即蓬萊。谷引仙霞入，舟隨返照來。轉沙窺碧漢，度嶺踏蒼苔。明日歸城市，應疑泛斗回。

清 戴晟《寤硯齋集·東湖春色》 新楊搖緑於波，草閣雲帆掩映多。擫笛畫船還泛泛，因風香雪已傞傞。臨流誰架吴生筆，傍岸偏藏逸少鵝。景物堪充詩粉本，任余携取一唫哦。

清 彭孫貽《茗齋集》卷四《東湖》 東湖城下枕荒陂，尚有殘荷綴廢池。芳草萋萋徐孺宅，秋螢寂寂澹臺祠。江干塞馬鳴空壘，墻上寒鴉憶故枝。欲訪南州舊時路，縱横十畝種蹲鴟。

清 錢陳群《香樹齋詩文集·詩集》卷四《春日游東湖》 東湖最勝是湖東，乘興重來一棹通。孤寺半啣殘照裏，紅橋多在緑楊中。水門曲處烟皆合，山色深時雪正融。如此風光如此景，百年更與幾人同。

清 秦松齡《蒼峴山人集》卷三《過東湖》 湖流環百里，挂席到荆州。南國千秋思，西風兩岸愁。雲隨傳檄騎，楓落過灘舟。豈有依劉願，眞同王粲游。

清 王鑨《大愚集》卷二二《雅集東湖》 東湖八月近林霏，鷗鷺閒眠鴻雁飛。在野夕陽停昨雨，滿山紅葉换新衣。欲飡瓊圃仙人果，似坐翁源釣者磯。酒罷菱歌人散後，征帆何處掩霞扉。

清 王相《友聲集》卷上《東湖》 天清木葉脱，倚樹聽鳴泉。有客奏瑶瑟，令人懷水仙。飛來空外鷺，閑繫鏡中船。不盡孤吟意，滄洲共渺然。

清 吴綺《林蕙堂全集》卷二〇《秋感次東湖韻》 寒梧瘦竹弄秋暉，小徑蓬生過客稀。老子自應甘墨守，道人無復想雄飛。燈前酒竭青磁甕，雨後泥深白板扉。盡日彈琴無一事，雙眸長送晚鴻歸。

東晋湖

綜述

（雍正）《雲南通志》卷三 東晋湖在城東北十里環龍山下，有九泉，冬春渟蓄成湖。

（嘉慶）《清一統志》卷四七八 東晋湖在趙州東北，泉有九孔，一名九龍池。州志：春水澄渟，桃花匝岸若繡，湖堤有閘，以時啓閉溉田，湖水涸，亦可耕植。

清 韓宸《建立東晋湖塘閘口記》（道光）《趙州志》卷四 趙州治東北十五里許，有陂堤一區，南北亘十里，東西約五里，中有九泉，冬夏不涸，在古爲潴水之湖。冬蓄夏泄，以灌栽插，軍田則大理衛後所資之，民田則趙州草甸里各村資之。今觀湖之南有埂，堅厚廣博，古人垂遠之意巍然在目。鑿穴一區爲橋，以闗啓閉，信爲陂堰無疑矣，但名爲東晋，不知所考也。弘治初，分巡林公會鬻之以城，趙州民厄扵灌，復醵金贖之。然湖之勢西深東淺，水落湄地，可以播藝湖之東，漢邑村民利之，與掌湖口者爲獘，幕閉夙啓，扵是水蓄不足者有年。嘉靖癸丑，屯軍愬扵當路求分河水爲灌，乃付趙守坤泉潘公議之。潘公審斯弊也久矣，乃哂之曰：是猶衣帶有珠而不知，乃丐食於人者乎？審於衆曰：浚田之利與灌溉之利孰廣？治河之力與治堰之力孰簡？河之水及與湖之水及孰多？然則何不求之湖？遂解之曰：民不知義，爲無覺者以誨之。法不能遠，爲無當心者以憂之。民無所威，爲無嚴以畏之。何謂無覺？今夫人則知自利，不知利人。自利者神嫉之，利人者神聽之。云何？曰旱潦，曰疫癘，曰爭訟，曰蟲荒，曰盗賊，曰灾眚，曰饑饉，曰夭孔之類不生是已。然則與浚田之利孰强？誠知此，必不肯以一己而防群衆也。何謂無當心？譬之人家不相犯者，謂各有主也。今湖專於後所之掌，思以防之，衛之如治家，然其誰敢侮？何謂無嚴，《易》曰：慢藏誨盗，本無心因。慢而有心，是以慢誨爲盗也。苟湖口之闕如他處，閘口之啓詭，焉得而同之？於時掌所千户宋君應聞而作曰：吾媿矣。乃謝於潘公之門，唯公所詔是從，願竭力輸財無難也。公曰：有是哉，事可濟矣。復於當路許可，於是宋君請匠於隣邑，購材於山谷，鑿石爲池，如樓之制，樓之坂石爲孔三，孔各置一椿土爲鎖鑰以扃之。由是水無漏泄，啓閉有時，垂之億年猶一日也。是時潘侯授曲靖袟五月矣。又明年乙卯，潘侯往曲靖，水利大興，民思之。宋君謂石園子曰：子其被水之利甚深知潘侯者。余曰：竊有志，恐以私而累侯之德也。有命其烏辭，乃稽首颺言曰：養民者農事爲本，水利爲急，陂堰爲美，有自然之利而民不被其澤者，無憂國者以爲之也。潘侯破群迷之見，察起弊之源，開成務之宜，竭心思之巧，仁政彌於上下，此則見諸一端。宋君承而荷之，則斯民粒食之報在頌禱者，自引於無盡也。是爲記。

紀事

清　韓棨《東晋湖記》（道光）《趙州志》卷五　客有紝東晋湖者，顧余而言曰：東湖以景之勝重乎，抑以祠之溥重乎。余曰：在利不在景。凡天地之生成，山川之發毓，一澤一浸，有裨於民生者，靡不詳載輿图，箸其美利。《夏書·禹貢》言滎波既猪，又曰九澤既陂。《周禮·職方》言九州之川浸。《爾雅·釋地紀》：十藪之嘉名胥是遒也，何獨於東湖而親之。夫東湖名義未詳。或曰：晋，進也。水漸進而不已也。或曰：晋，溍也。水漸至而習坎也。然姑弗深考，湖周十餘里，相傳中有九首龍，故出泉不一，其處滙障，汪洋澄澄無翳，環湖内外爲田数百頃，咸資灌溉，冬不涸，夏不溢，旱不乾，澇不潰，其利與羅江埒，湖口設閘登穀。後閒以蓄水，刈麥後啓以洩水，屋期有司，刑牲致祭，報其功也。堤畔多檯桃，當春和景，明花紅夾，岼興萬頃，晴波掩映於青山緑樹間，昔人題爲東湖錦浪。游賞者携尊題咏，曲水流觴，如蘭亭修禊故事，是誠景之勝也。顧遺莫大之利，而以景求之隘矣。景有四時，而徒以春當之抑又隘矣。杭有西湖，四時佳景不可勝收。六朝以來以其美比西子，論殊太遇。蘇子瞻守杭勤政，暇不眈逸樂於湖，中取葑田壘石爲堤，以便民時，號蘇公堤，迄今享其利者稱道弗衰。玆湖日不出於葑，而利倍於葑，試使守土者師長公遺意，溯源導委因湖之故，地柘而廣之，疏而瀹之，復飭附近居民時其啓閉，曲防者有儆焉，美利溥於無疆，休聲垂於不替，則東湖之在趙視西湖之杭景雖遜之，利實同之。後之紝玆湖者，睹春□之萬樹比於甘棠，眄德水之一渟儷於蘇隁，不更之多乎哉？固爲之記。

藝文

清　趙淳《泛東晋湖》（乾隆）《趙州志》卷四　積水新晴潤，輕舟泛白鷗。傲睨天地大，滌蕩古今悉。蜴飲桃花塢，輕揚杜若洲。湖光看不厭，山色一齊收。

清　戴濤《泛東晋湖》（乾隆）《趙州志》卷四　萬頃桃花一葉舟，櫓搖波浄樂春游。臥龍雨注山環翠，鐵甲雲穿水暗流。相對文章皆製錦，齊酣烟景更交疇。輞川

清　李鵠《東晋湖賞農》（道光）《趙州志》卷五　永日平湖水，雙雙白鷺飛。分秧非越畔，飽德豈添肥。擬繪豳風譜，如披夏雨衣。余心知稼穡，勸勞趁晴暉。

清　趙之璘《東晋湖賞農》（道光）《趙州志》卷五　水漾平湖春淺深，扁舟輕泛碧波心。不妨鷺鷥連□□，解使魚龍出聽琴。夾道紅桃欺醉烦，遠村緑栁映青□。怕疑此地仙源近，屬付漁郎子細尋。

清 曹樸《游環龍山望東晉湖》（道光）《趙州志》卷五　環龍東去晉湖頭，一望蒼茫入暮秋。曲徑芒鞋穿□□，□村斜日出林邱。分明□岸曾行處，牛是桑田異□□。□否仙居傳鐵甲，隔溪空結水雲□。

雜録

（乾隆）《趙州志》卷三　九頭龍在東晉湖邊，地名九龍吐水。明崇正二年，生員何顯宗請祀，未建廟。

（道光）《趙州志》卷一　東晉湖閘城北十里，明洪武中知州潘大武建，例以湖中穀盡閉閘，湖外麥盡啓閘，灌溉上下草甸、紅山、千户營、犁頭灣、石鼻頭、華營、班庄七村田地。設閘夫二名，立石遵守。湖内田原額七百二十一畝三分，湖墩五，計五百二十三畝三分，俱無徵。本朝雍正元年，馬元鼎詭報税七石八斗四升，與七村簡恒等控，經督撫准以開墾民屯地升科，夏税抵補。

東西湖

綜述

（康熙）《大理府志》卷二七　東西湖：泊州治西北，有東西二湖，而西湖爲勝，柳灣荻岸，環匝水村，耀漁艇於翠烟緑雨之中，風景清灑，使人留連。

紀事

清 聶鎬敏《重修東西湖記》（道光）《建德縣志》卷一六　嚴州府城之形勝，在枕烏龍山，磅礴鬱積，其氣甚厚，而南臨新安江，東南婺江來會，水所交之處，脈所鐘之處也。所不足者，東南下臂，無高陵大麓，形勢視右尤縮，地師每以此惜之。而吴景鸞更有水去無情之説，蓋天地間氣質散著之物，無一不有偏，有弊原於天工者，半成於人事者，亦半以人補天缺陷汜焉，此則郡城東西兩湖之所由設也。嘗考前守吴公士進府志於西湖，則溯源於唐刺史侯温之開置，而因及宋之靖康、景定，明之嘉靖、萬曆，遞修之人，至東湖止載嘉靖、萬曆間之修浚，而始自何時，曾未之及。然吴景鸞本宋人十二記之末章，已云若得兩湖通一處，即時顯貴富民多，則是東湖開置，亦當在宋以前矣。而兩湖由來之久，關繫之重，不亦可想見耶？唐宋所築之城，舊居西偏，兩湖皆在城外。自明洪武初移城，西湖在城外，而東湖則在城中。然其爲東湖居下砂，西湖居上砂，則無異也。東湖之水從東洩，西湖之水從西洩，是爲水分八字，於地利非所宜，即與設湖本意相刺謬。蓋湖者大陂之謂也。象取於浸也，多灘之地，水剽激而不留，故引泉分派，注爲兩湖，以裕其淵涵渟蓄之勢。有湖則有堤，有蓄則有洩，兩湖之水之行也，自必從左趨右，從下逆上，引東水而西流，而後水勢潆洄，與外江由右而左，由上而下。由西而東之水互相環抱，所謂腰帶水者，其當止，或峻爲防；其當行，或曲爲導。雖皆人之所爲，而實則行乎其所，不得不行止乎？其所不得不止，究與天之所設無異也。嚴州府城之兩湖，其廢興更遞，實爲地方盛衰之故所倚伏。其見於前明者效驗，捷如影響矣。移城之初，整理一新，其於湖必浚之極其深，於湖壩必築之極其堅，於穿城經過之塘與濠必闢之極其疏以達，而後靈秀所毓，收科第，登貴顯，炳耀遍於六邑。如正統壬戌姚文敏之解會，正統乙丑商文毅之三元兩科，接踵名噪天下，直如連茹彙征，愈出愈奇。抑非徒科名官職之稱盛，其勳德實有卓軼倫類者。其後韓公叔陽、吕公昌期、華公敦復守是邦，皆修浚東湖。張公子宏之分守，參政張公任、陳公文焕之守郡，皆修築西湖，而外而開府，總制内而秉鈞軸者，後先相望，濟濟然，隆隆然。在天啓崇禎相際之時，猶鼎盛未艾，而民多殷富，則康阜成俗，豪族亘於鄉閭。要非風水之驗，何以至此？然不數年，而東湖以洩水築臺，而流復東西湖，爲細民逐利所敗壞，而巨石漸崩，末季兵燹之餘，更潰決不可收拾。入國初，而兩壩隤圮如故，三十年間地方困乏，人文式微，科第官秩罕繼前哲。行人司何君士錦、徵士宋君維藩所作《重修東西湖壩序略》俱有慨乎其言之，而築壩引水之次第，六邑四境之明，效宋君紀略尤加詳，有令人紬繹之而神往者，則是前人殫智慮以創其基，後人循塗轍以守其成。所謂莫爲之前，莫爲之後，二者兩相須焉。天下事亦孰不如是，而東西湖一端非尤彰明較著者耶？今日者兩湖淤塞，閲百數十年矣。廢墜莫修，否塞莫啓，自小南門外，惟此爲最矣。地方之困乏，人文之式微，科第官秩之罕繼，前哲蓋有什倍於何宋二君迫切修築。時者予守斯土，每一觸目，悚惻難安。因集父老紳士於郡城隍廟，既語以小南門之當復，并諄諄於修浚兩湖。龍山巋然，兩江宛如，丁字惟不失補偏救弊之道，百後其美克全，經費不貲，取資衆力，布告六邑，諒無不踴躍輸助者。予自出廉俸倡其先，亟命董事等諏吉興工，援筆爲此記以與闔郡約。竊願自今兹修浚，以後酌定條規，歲歲年年整理之，毋令法久弊生，始勤終怠。庶幾東西兩湖流澤之長，皆我嚴州六邑士民福源之長也，則予願慰甚矣。所有酌定整理規約四條，并録於左。

一、東湖東岸之壩，滴水不可漏也。舊壩本高，傳聞蓄魚者立岸撤網嫌其高，而削低之。本無水道，貪放水之便，竟於東北角開一大孔，使直洩出東水門，敗壞莫甚於此。今約定於東壩添石築堤，加高、加堅。放水大孔拆卸塡塞，與全壩融成一片，毫無罅漏。下砂氣脈乃臻完，固壩外距城墻根一帶隙地土人耕爲田。別有小泉從東北城根流來，足資溉潤，原不仰給東湖，即値涸旱，桔槔儘可挹注。其東水門則不必閉塞留，以備大水入城之宣洩，東湖内之水斷不可使出此門也。

一、引東水爲西流，其穿城經過之湖塘濠溝，寸水不可淤也。首穿字民橋蓄魚者，防魚之逸出，故水口甚隘。然勘查經過次第，除湖塘外，寬者二丈，狹者亦一丈五尺，向未通船，而皆可以通船。此處水口宜闢開，雖不必寬，即以狹者丈尺爲準，次入小東湖，次穿三板橋、太平橋，迤邐向西，入江家塘，穿後歷橋，入蔡家塘，乃出西水門，歸西湖。共計湖塘渟蓄凡三處束納，有四橋，原極曲折瀠洄之勢。小東湖今俗呼宋家湖，不若小東湖之名，爲近古水道。兩旁民居店舍當初自必嚴禁作踐，而日久廢弛傾倒，灰土石礫習以爲常，以故淤塞不通，敗壞莫甚於此。今約定小東湖江家塘、蔡家塘俱須挑浚，積土不得栽種菱藕蘆茭，以防陳根腐爛，化泥添壅。濠溝均係官地，不容侵占。太平橋西所有方萬春、吴春發兩户，因居暗僻，舊蓋有過街樓共二間，念係貧民，各給發錢三千，飭令雇工折毀。吴春發樓下石板四片，全折以拔根株，此後如再有私架樓房，及傾倒土礫者，責成地保逐段密查，報官嚴究。其兩湖堤壩遍栽柳樹，兼可收蟠根垂蔭之效，如有損折，一并稟官責罰。庶幾淤塞作踐之患可除也。

一、西湖久淤，直似水田，宜按查周圍界址，全行挑浚，以復設湖蓄水舊規也。查西湖大於東湖而四岸淤淺，土人漸次占爲田地，畸邪參差，已失軌範。西壩爲湖水出江之道，依巖壘石，原極堅固，細民逐利，任意啓閉，搬運無常，遂致傾隤，敗壞莫甚於此。今約定占官湖爲田地者，俱須清出還官，而湖之方圓界畫畢現，全湖積土必以挑深五尺爲率。寶華洲今居陸地，土既去，而玲瓏映水之眞面出焉。挑運之土堆築爲堤，西北堤外并砌石脚，以防烏龍山雨水奔放沙石衝突之患。修培西壩，連接新堤，倘遇水漲宣洩，斯便俾湖不失。其爲湖而設，湖以培風□之意，乃可復也。

一、東湖以蓄魚而水不淤，西湖亦當仿照蓄魚，且不宜分租土民，使兩湖通爲一氣，無此疆爾界之別也。查西湖古稱放生池，後又榜曰來賢湖，前代曆經修築，俱以容水爲重。康熙十一年，前守梁公浩然率屬暨紳士重修，引東湖達西湖，猶以蓄水、導水爲要務，加意堤濠，自此以後遂歸廢墜，而菱藕蘆茭，腐根添壅，受害甚久，皆由分租土民之故致之。租東湖歲入税錢僅二十八千，而水壩之削，水道之洩，水口之隘，既坐視不能制。租西湖者歲入税錢僅二十二千，而其害又在種植，不顧水利敗壞，莫甚於此。今約定兩湖俱毋許民間分租，父老紳士公舉董事，由官簽定經理之，全行蓄魚。責成地保，招致漁船十户，分駕十舟，於兩湖中養魚打魚。編册承認，五船立一户長，董率協應，毋或乖隔。賣魚所得之錢，地方憑衆議定，報明存案，以若干交歸値年董事，寄貯城典，積爲經費。以若干給與十舟，作身家妻子饔飧之用。須設立兩簿，呈官用印，分存典鋪，及董事手登記細數，逐月彙算，年終造入總册，有餘即可生息。十舟夜則分泊守望，晝則巡邏往來，出入西水門，穿插湖塘濠溝，講求刷沙之法，隨時疏浚，毋使壅積，而東西湖之活潑通暢乃能迴改舊觀。一有疏懈，或滋弊端，諸董事聞見切近，稟官責革，另募地保，狥隱扶同，并行責懲。如董事不自振作，或少檢飭，則父老紳士公商稟官，另派經理，任勞任怨，總以有濟公事爲主。此六邑風水攸關之大端，故惓惓酌立規約，期於永遠。行之至於籌備周密，或尚有言不盡意者，即以此隅反焉可也。

藝文

唐 劉長卿《劉隨州集》卷二《將赴江南湖上別皇甫曾》 此去君何恨，南行我更遥。東西湖渺渺，離别雨蕭蕭。緑水通春谷，青山過板橋。潯陽如枉棹，千里有歸潮一作橈。

宋 范成大《石湖詩集》卷二二《送郭明復寺丞守蜀州》 士進固未易，退亦良獨難。西州多故人，歸路常險艱。有道獨行意，郭舟若神仙。勿輕銀兔符，傾倒金貂蟬。唐安君昔游，百萬蠲逋錢。我亦常客夢，醉歌采菱船。父老尚相記，况君有前緣。想見東西湖，恩波漲春瀾。此地著經濟，紗籠相後先。潭潭相業堂，新題我所刊。政爲來者地，君行豈偶然。去去進明德，後日五四賢。

宋 王之望《漢濱集》卷二《文監丞出關子東西湖春游倡和且約爲重九之游次韻》 西湖爛醉踏青天，秀句重尋未隔年。已約清樽携九日，要將黄菊薦三賢。深秋風日明寒水，宿雨波瀾起畫船。佳氣葱蘢如有待，曉粧濃淡抹非烟。

清 熊文舉《雪堂先生文集》卷二《讀山谷老人諸詩步韻》 天上神仙無俗韻，人間傲吏有奇書。我欲十年窺探索，松間滴露研明珠。憶昔漢武愛文士，生時恨不同相如。已而莫迷南北徑，歸與尚有東西湖。

又《萬吉人朱子美陳士業萬茂先諸君子鳩社于東西湖上虚席遲予書來酬和》 奇文并世得相親，烟雨湖光又一新。且莫座中多若輩，還從江上待斯人。虚疑沽酒延陶令，絶勝□鄰艷宋臣。大雅不衰風可作，扁舟吾豈爲鱸蓴。

清 徐一科《東西湖》（乾隆）《銅陵縣志》卷一四 波光蕩漾欲浮空，幸得依回俗念融。風送荷香襟帶滿，正堪乘興弄絲桐。

雜録

清 何士錦《重築東西湖序》（道光）《建德縣志》卷一五 嚴城方九里，扼山川之勝，枕龍岡，面馬目，兩峰插天。東西湖回環左右，築堤引水，逆流而西。宋地師吴景鸞所謂玉帶水，明清溪令吴天洪所云復引東湖上御街是也。曩魏科顯仕六邑，繽紛最著者，如文毅三元，文敏解會，科名事業，炳耀千古。明萬歷四十五年，太守華敦復浚湖而深之，開府秉鈞，掌省司銓，前後踵出，不可謂非兩湖毓秀所致也。大清鼎興，諸名勝猶存，而兩壩崩隤，水分八字，三十年間科第罕繼，前哲筮仕，未膺崇秩，豈其有如形家所謂地脉未修，故人文不振歟。壬子歲，余以行人假歸，督兒輩與同學諸子相爲砥礪，見諸子磊落多英，私心竊喜，期是科必有奪魁解者。及試畢，榜發六邑，仍然敗北。余始疑人文不振，由地脈不修之説，未可盡非也。爰進諸子於庭而商搉之，諸子慚垂翅于回溪，思澠池之奮翼，首建修壩通湖議。余乃籲之，郡守梁公、邑尹項公咸喜溢顔色，捐俸爲士民倡。余與各紳亦相率鼓舞，諸子乃先樂輸，且持簿勸募，凡我郡中輸粟輸金者，悉銖斂錙收，共勸厥美。經始于壬子季冬，垂成於癸丑季春。甫三月而兩壩告竣，數十年淤塞一旦開通。時即有馬君天選、王君齡昌之捷，適符其會焉，而形家之説幾令人欲不信而不可得者。然余思之人文，與地脈各操其柄，有志之士以人靈地，不以地靈人，嗣有繼馬君、王君而起者，炳蔚未艾。行將姚商事業復見於今日，此余與諸子砥礪初心也。若徒乞靈於山川，則引東湖上御街，未嘗預爲馬君、王君卜也，奚必獨鍾靈于二君哉。爰書其顛末，勒於貞珉，以爲後來有志者勸。

（康熙）《大理府志》卷二七 東西湖，泊州治西北，有東西二湖，而西湖爲勝。柳灣荻岸，環匝水村，耀漁艇於翠烟，緑雨之中風景清灑，使人留連。

洞庭湖

綜述

（嘉靖）《常德府志》卷二 洞庭湖，縣東一百六十里，跨沅江縣界。《山海經》云：洞庭乃沅澧之交，瀟湘之淵，九江之口。《禹貢·九江》孔殷注云：即今之洞庭也，沅、漸、元、辰、叙、酉、澧、資、湘九水皆合于此，而沅、資、湘三水爲最大，皆自南而入于湖，岳州則荆江自北而過。每歲夏秋之交，湖水泛溢，方八九百，龍陽、沅江則西南之一隅耳。

明 姚希孟《循滄集》卷一《游洞庭前後渡湖記》 澤國之民習水，誕語也。吴以震澤爲湯沐，乃童髮鯢齒而不識太湖者十居八九矣。士鶩名細，民逐錐刀，北走江河，南浮海，何獨怖太湖，蓋道險者所怖，不勝其所饕升。以性命博而淼茫，巨區僅有青嵐翠巘，隱約迎賓，賓謝弗任也。余亦回翔久之，而決策于丙寅之九月月盈之夜。艤舟胥口，夜半風利，聞隣舟發艕人從之。殘月濛濛，濃雲四垂，風轉迅，舟行欲舞，昂首高丈許。頫亦如之搖鬣振鱗，與浪花作擊刺狀。余見之狂叫，同舟者蒙頭惴惴，嘔噦狼藉，轉助余狂。時冥色未開，曉霧且騰，騰起以一葉激盪于三萬六千頃中，亦險矣。從此入包山，淹留忘返，駕輕舠往來龍渚石公間，與湖益狎，繇西洞庭，而東風日恬美，櫓聲悠揚，若沼沚中行也。游既竣逼燒衣，節欲還丙舍，先一日爲二十九。忽西山皚如積雪，僅蒼然露其髻。徐之東山亦白已，而湖中皆白知其將風也。次日，風從西北來，始飂然鳴漸，乃震吼半帆，衡受之不甚鬬奈，白浪高于屋，滿湖沸騰。余以三舟聯絙如蚷，虚相倚恃，可亡恐然。此身如坐欹器，舟砰砰相擊，牕櫺碎落，漸成枯槎。余呼長年轉棹乎不可就淺渚，少艤乎不可乃長年轉咎余輕發也。俄得武山泊焉，詰旦抵横金，波瀾宴然，又別自一湖矣。姚子曰：余之渡而游也，人懼弗懼也，且跌宕自雄，藐太湖猶坳堂，杯水繼之，渡而還也。心少動矣，然幸儲副舟，而又以身付之無可奈何，更栩栩適也。此兩渡者，皆具薄警，實可弗警也。日皎風輕，桅颿乃興，微波始生，且息且寧，毋與造物者攖，又何戒心之有。夫焦焉迫焉，以身行殆者，正吾所爲，士鶩名細，民逐錐刀者也。負山水癖，而褰裳就之，幾有濡首之憂，是太湖不險而余自險之也。後之人將險其所不險，而洞庭之游客愈稀矣，是余之過也夫。

清 黎汝謙《夷牢溪廬文鈔》卷五《過洞庭湖記》 少時讀范文正《岳陽樓記》與杜子美、孟浩然之詩，竊欲覽洞庭之勝，而無所因。乙亥，北上紓道，維揚道出荆漢，已買舟矣。同年華君樫陽，以湖水冬涸滯於舟行，因循陸自荆州入江，洞庭近在咫尺，而終不可見，心常慊焉。庚辰，北上則又由驛道，緣洞庭之旁而趨。今冬十一月，復有日，本之役，乃得浮洞庭登岳陽樓。讀范文正公記，誦杜、孟兩公之詩，慨然想見先輩之胸，期飄飄乎有凌雲之志，吁湖山之變態，千古如斯，而古人之餘韻高風則邈焉，不可復識。地以人顯，境隨時變，同一湖也。估客舟師日往來於巨浪驚濤之中，而不知其境之浩渺，足以興人高曠之志，望古之懷而一。自范杜諸公登臨騁目，則天地之大，萬物之繁，生民之憂戚，咸入於其胸中，而不可遏抑。蓋境無不同，而心有千變，同一境也。欣愉憂戚，判若天淵，然後知黄鶴之樓、滕王之閣、蘭亭之春、赤壁之夜，宇宙之内，四時之中，無時不有其時，無在不有其境，特乏古人之心境耳。一入憂樂者之胸，則高山大陵、平湖淺沼莫非勝地名區。若盡如舟師估客之所懷，則雖登蓬萊，游閬風，跋涉四海，亦祇見財耳、帛耳，安有所謂憂樂悲愉者乎？安有所謂絶特閎壯者乎？萬物之變，存乎其人，不必係乎物也。喜者見之爲喜，悲者見之爲悲。譬如四子六經，三尺童子誦而習之，則詰屈聱牙，其苦若蘖。一經有道之心胸，便充然有無窮之味。余於洞庭之勝，因有感而發焉。

藝文

唐 白居易《白氏長慶集》卷八《自蜀江至洞庭湖口有感而作》

江從西南來，浩浩無旦夕。長波逐若瀉，連山鑿如劈。千年不壅潰，萬姓無墊溺。不爾民爲魚，大哉禹之績。導岷既艱遠，距海無咫尺。胡爲不訖功，餘水斯委積。洞庭與青草，大小兩相敵。混合萬丈深，淼茫千里白。每歲秋夏時，浩大吞七澤。水族窟穴多，農人土地窄。我今尚嗟歎，禹豈不愛惜。邈未究其由，想古觀遺迹。疑此苗人頑，恃險不終役。帝亦無奈何，留患與今昔。水流天地内，如身有血脉。滯則爲疽疣，治之在鍼石。安得禹復生，爲唐水官伯。手提倚天劍，重來親指畫。疏河似剪紙，決壅同裂帛。滲作膏腴田，踏平魚鱉宅。龍宮變閭里，水府生禾麥。坐添百萬户，書我司徒籍。

唐 韓愈《昌黎先生文集》卷三《洞庭湖阻風贈張十一署》 十

月陰氣盛，北風無時休。蒼茫洞庭岸，與子維雙舟。霧雨晦争泄，波濤怒相投。犬雞斷四聽，糧絶一作斷誰與謀相去，不容步險如。凝山丘清談，可以飽夢想。接無由男女，喧左右飢啼。但啾啾非懷，北歸興何用一作由。勝羇愁雲外，有白日寒光自悠悠。能令暫開霽，過是吾無求。

唐 劉長卿《劉隨州集》卷二《岳陽館中望洞庭湖》 萬古巴丘戍，平湖北望長。問人何淼淼，愁暮更蒼蒼。叠浪浮元氣，中流没太陽。孤舟有歸客，早晚達瀟湘。

唐 孟浩然《孟浩然集》卷三《洞庭湖寄閻九》 洞庭秋正闊，余欲泛歸船。莫辨荆吴地，唯餘水共天。渺瀰江樹没，合沓海湖連。遲爾爲舟檝，相將濟巨川。

唐 宋之問《宋之問集》卷上《洞庭湖》 地盡天水合，朝及洞庭湖。初日當中涌，莫辨東西隅。晶耀目何在，瀅熒心欲無。靈光晏海若，游氣耿天吴。張樂軒皇至，征苗夏禹徂。楚臣悲落葉，堯女泣蒼梧。野積九江潤，山通五岳圖。風恬魚自躍，雲夕雁相呼。獨此臨泛漾，浩將人代殊。永言洗氛濁，卒歲爲清娱。要使功成退，徒勞越大夫。

宋 陳與義《簡齋集》卷一四《五月二日避貴寇入洞庭湖絶句》 鼓發嘉魚千面雷，亂帆和雨向湖開。何妨南北東西客，一聽湘妃瑶瑟來。

宋 王遽《清江三孔集》卷八《五鼓乘風過洞庭湖日高已至廟下作詩三篇》 半掩船篷天淡明，飛帆已背岳陽城。飄然一葉乘空度，卧聽銀潢瀉月聲。

宋 王十朋《梅溪集·後集》卷一五《洞庭湖》 江山好處未經眼，人道岳陽天下無。入筆波瀾自今闊，匈中已有洞庭湖。

宋 趙師秀《衆妙集·洞庭湖》 八月湖水平，涵虚混太清。氣蒸雲夢澤，波動岳陽城。欲濟無舟檝，安居恥聖明。坐看垂釣者，空有羨魚情。

元 王沂《伊濱集》卷七《次仲弟子啓僉憲過洞庭湖》 黄鶴樓前曙色開，吕公磯上首重回。平湖盡處青天出，積雨晴時白雁來。千古戰争餘舊壘，百年歌舞廢崇臺。昔人總逐流波逝，猶想清風被八垓。

元 虞集《道園遺稿》卷五《洞庭湖》 楚澤吴山千里遠，丹崖碧樹九秋高。何由身似雲間鵠，横絶江湖一羽毛。

明 凌義渠《凌忠介集》卷四《洞庭湖》 瞿然驤顧心靡止，以目追目晶光起。未信長天散作烟，獨愁大地消成水。日月停輪遲不飛，委墮中流流無已。淘瀉世界入玻璃，表裏通明八百里。雁影鷗群豈易留，白蘋紅蓼將何倚。百靈出入閃物象，曉暮陰晴盡波詭。含嚬孰辨古黄陵，廓落孤懷乃如此。

明 史謹《獨醉亭集》卷下《曉過洞庭湖》 渺渺湖光接素秋，雁聲嘹嚦滿汀洲。孤舟唤醒還家夢，楓葉蘆花一片愁。

明 帥機《陽秋館集》卷九《過洞庭湖一首》 昔聞洞庭勝，薄游得危睨。巨浸包全楚，駭浪浮元氣。浩渼天淵平，荒忽慘舒異。日月經往來，鳥鳶怯霣墜。震澤亦汙沱，彭蠡安能儷。宦拙窮江湖，老至遇魑魅。遂成無倪舟，邈若翔天際。諒乏蹈水公，徒興歷覽思。帝子望夷猶，騷臣感歔欷。彼岸惟中心，風波嘆人世。日暮增情瀾，懷鄉正迢遞。

明 譚元春《岳歸堂合集》卷五《洞庭湖》 夏淺湖心伏，不分天水非。新帆隨數點，好鳥擇邊飛。日月光難遍，江湘氣盡歸。客舟來此泛，孤似岳僧扉。

明 謝榛《四溟集》卷四《李行人元樹宅同謝張二内翰話洞庭湖》 詞客家何處，西南是岳州。地連湘樹闊，湖共楚天浮。極目風烟夕，驚心鴻雁秋。君山更奇絶，應待子長游。南望岳陽郡，蒼茫吴楚分。帆迴孤島樹，樓出九江雲。落日浪中没，秋風天外聞。何時采蘋藻，湖上吊湘君。

又 卷六《送客游洞庭湖》 相逢楚客問巴州，此去揚帆湖上游。天漢長連洞庭水，雲霞半入岳陽樓。低空白雁投寒渚，隔浦丹楓照暮秋。莫向湘君聽鼓瑟，黄陵月冷不勝愁。

明 薛瑄《敬軒文集》卷二《洞庭湖歌》 吾觀庖犧龍馬圖，五行惟水居其初。自從清濁奠高下，山澤通氣無時無。荆南之水亦衆矣，壯觀惟有巴陵湖。世俗相傳八百里，足迹未到空躊躇。今秋持節來南楚，舟泊岳陽訪奇古。登樓始得肆遐觀，萬頃洪濤際天宇。如從東岱窺滄瀛，一點仙山隔烟雨。長風欻起層霄間，渤渤洶洶增狂瀾。轟天揭地急雷鼓，排空炫日堆銀山。須臾風止波濤定，涵泳虛空開玉鏡。金烏飲淵千丈紅，白鷗落影一行動。行客喜甚無氛埃，連翩大舸爭往來。我亦飄然下樓去，放舟中流何快哉。蜀江西來半天瀉，瀟湘南接蒼梧野。一劍横空有所之，丈夫不作悠悠者。洞庭洞庭七澤雄，鄒魯昔有觀瀾翁。我今賦此良不苟，乃知有本無終窮。

明 易震吉《**秋佳軒詩餘**》**卷四**《**九日飲洞庭湖畔**》 問今日何日，蛩聲急雁行高。向湖水傳觴，菊開籬落，葉下亭皋。蕭騷恰逢此節，憶龍山帽落首空搔。元亮有人送酒，劉郎不敢題餻。 陶陶磊隗已全消，萬事等秋毫。看洞庭一點，君山凝翠，出没波濤。徒勞爾塵世上，只頻驅牛馬競錐刀。誰似狂夫躭醉，連朝左手持螯。

明 尹臺《**洞麓堂集**》**卷八**《**雨宴岳樓觀洞庭湖復述**》 危檻高憑萬里風，湖天飛雨映冥濛。二儀漭蕩長波外，七澤迴游元氣中。綺宴疑張龍女宅，瑶絃似聽帝妃宫。酒闌忽見君山出，髣髴仙鬟彈太空。

明 張邦奇《**張邦奇集**》**卷一四**《**洞庭湖**》 百川奔注勢如傾，涵納無涯運量平。深酌黄流天下煖，淺斟玄酒萬方清。波回岳麓功非小，浪拍君山力自輕。千古不灰神禹廟，蒸黎何以荅平成。

清 貝青喬《**半行庵詩存稿**》**卷三**《**渡洞庭湖**》 巨浸日中海，揚帆快乍臨。魚龍忽滿眼，憂樂豈無心。夢澤合秋漲，君山沈夕陰。此間通地穴，鄉國願追尋。

清 陳恭尹《**獨漉堂詩文集·詩集**》**卷一**《**過洞庭湖**》 灌注令梁荆，蒼茫四望平。江山俱不到，天水自相生。失路行湘浦，期舟渡郢城。風波此瞻眺，真信地維傾。

清 陳作霖《**可園詩存**》**卷二四**《**泊洞庭湖**》 何處湘靈瑟，數峰青渺然。洞庭一片月，化作滿湖烟。

清 甘汝來《**甘莊恪公全集**》**卷三**《**過洞庭湖次韻**》 薄暮發湘口，侵晨過洞庭。烟凝寒水净，雲斂遠峰青。乞食烏隨舫，偷閒鷺息汀。此中舒眼界，天地一浮萍。

清 葛祖亮《**花妥樓詩**》**卷二**《**洞庭湖**》 洞庭之大大無邊，洪波瀾汗連青天。滙通諸汎恣瀠瀦，陶汰日月歕蛟涎。漢廣江深激濤怒，憑陵吞吸等凡川。扼隘小山泛青玉，森森雙點浮蒼烟。回頭岳陽彈丸耳，挼莎破碎虞崩騫。氣蒸雲夢不可遏，濕濕上欲頽衡巔。長舸百尺破巨浪，飄輶片羽凌岔岔。狂夫跳梁猱升木，懾伏手足皆拘牽。奇景萬態出瞬息，不敢箕踞呼横梃。黄雀鸚武昔所咏，悵未追賞遨群仙。到此飈然犬海紫，瀾漩昨聞江南三月渴霖雨，誰能脚踢横絶翻。潺湲驅之滔滔一夜順流去，汪洋千里潤枯田。

又《**十月過洞庭湖西**》 北風夜半起湖西，浪訇曳枕如騅嘶。侵曉舟子夢初醒，群呼迅發不可稽。我時披衣獨危空，浩浩隱聽鼓霜鼙。沙晴水涸十月景，湖東昨見有如斯。此際風勢水勢相激宕，何恠入耳奔勝澎湃如軍馳。少馬啓窗閒一望，橋舌瞪目乃移時。波濤萬頃何處来，淼淼四顧無端倪。浮空只有天爲界，混沌未鑿真爲奇。疑是長蛟潛龍所，窟宅黿鼉之屬相。傍此幽棲歕薄衮衮不可禦，淺深測之難以蠡。憶昔四月渡東湖，滔天裂地與斯齊。何爲湖西一體醸元氣，不長而消之日尚如兹。行過華容到安鄉，安流窄港神猶夷。猛見男女老幼多鳩鵠，詢之誰使顛阨無以支。云今夏秋湖水泛，洶洶如游上古愁。黄羲於今水泄强數丈，爾時坡沈岸汨百里千里皆瀰瀰。我聽斯言益惆悵，官舸賈舶有驅之。我本蕭然無繫之，歸旅胡然紆回到此等。兒戲吁嗟乎到此等，兒戲安得洞庭之靈遥可叩，從此湖水永不溢，使令飢啼寒號轉徙無告之窮黎，熙熙遂長不憂忽翦爲鯨鯢。

清 黄師憲《**夢澤堂詩文集·詩集**》**卷二**《**洞庭湖**》 盈盈一藪接南天，咫尺波搖萬仞巔。日漾孤光餘水鏡，帆浮小影只雲烟。蛟龍自吼銀河窟，鴆鵲難飛瀚海邊。爲嘆秦王無霸力，不驅山石塞雄川。

雜録

（嘉靖）《**長沙府志**》**卷五** 洞庭湖龍神祠在縣北磊石山，四月初四日致祭。

方湖

綜述

明 朱應登《凌溪先生集》卷一五《方湖銘》 懷由内致理可近，譬惟方斯直湖，因以名爰，申盤几之意，作方湖銘：淵淵方湖，維懷之隅。靈曜中涵，奥壤外潴。有美哲人，世協厥居。肅如齋如，截如威如。鑒彼顯則，以昭永圖。敬義既立，爲德不孤。永言昕之，文桁朱疏。永言守之，千祀弗渝。

（弘治）《八閩通志》卷二二 方湖方圍二百八十丈。

（嘉靖）《九江府志》卷二 方湖在五柳鄉。

（同治）《彭澤縣志》卷二 方湖，縣南十五里，週回五十里許，深井楊塘新橋等水俱會於此。

傳記

（光緒）《浦江縣志》卷七 龍復禮，宜春縣舉人，初任桃源令。嘉靖十六年，調繁浦江，廉明剛果，戢暴綏良，稱爲神明。初至值旱，赴白石山迎龍，暴露行塗，不憚險遠，竟以澍應部使，遣一佐職踏勘旱灾，免冠頓首求以實狀上申，是歲稅糧賴以全免。科目久曠，以爲學宫，東南散漫，乃捐俸買田一十六畝，浚方湖於學南，名曰起龍。建奎映樓於龍首爲門，建聲遠樓於湖東邊。文運再振，公之力也。偶忤舊郡守爲中傷，從計典去，百姓悲號如失慈母。居官僅八月，而深仁厚澤，至今感頌不衰。

藝文

宋 劉克莊《後村集》卷二《方湖泛舟得南字》 湖波經雨緑如藍，小艇閑携客二三。墜絮颭萍生細浪，驚魚避鷺没深潭。入荷似覺傍無岸，穿石方知上有巖。却凭朱樓同望海，一規寒玉帖西南。

又《孟夏泛方湖得同字一首》 長笛横吹露滿空，柂行渾不辨西東。岸回初見遥峰出，浦盡新疏别港通。月照鷺身明石畔，風翻螢影没荷中。書生此樂關時命，嘆息無因夜夜同。

宋 劉克莊《後村集》卷四《夜飲方湖》 貪聽月下小叢歌，擲去金蕉吸碧荷。四面凉如浮震澤，五更渴欲挽斜河。古稱賢達誰存者，今不懽娱奈老何。長笑峴山空感慨，羊公湛輩兩消磨。

元 耶律鑄《雙溪醉隱集》卷三《飲方湖菊州塵外亭》 三徑雖然已就荒，菊州猶在水中央。不愁塵外仙無路，竊喜花前醉有鄉。倦鳥也知人去就，狎鷗原識我行藏。浮游種種真滋味，更索誰教仔細嘗。

又卷五《方湖釣魚臺》 杜梨花外杜鵑嘑，醉倚春風上一作擁釣磯。眞是一聲聲更切，不知猶更勸誰歸。

清 何瑾《方湖漁唱賦》（同治）《彭澤縣志》卷一六 彭蠡之下，大江之隅。水之所湊，匯而爲潴。不圓璇以名璧，乃方折而成湖。浪不千層，何鯨鰲之能躍？波非寸水，亦蝦蟹之所居。未嘗臨溪以釣，相與絶流而漁。迺有戴笠之翁，提簹挈笱；荷蓑之豎，約伴連儔。結三面之鉄網，駕一葉之扁舟。事不在春，非有虔於薦鮪；争同較獵，豈無擾乎浮鷗？維時青嵐晻藹，緑波蕩漾。得趣于山水之間，放懷於羲皇以上。逸興飛而豪舉，纖歌唫而雅唱。清幽入韻，鶯度柳而轉喉。嘹喨騰空，鶴披雲而引吭。方其流測淺深，家忘近遠。惟此中之可樂，詎吾生之已晚，興發菱蘭，情生鯉鰋。韻底悠揚，歌餘清婉。波臣出聽，恍龍窟之唫秋；水伯遥聞，詑夷宫之響暖。既而舟放蘋汀，節敲蘭槳。豈雨竹之傳聲，抑風松之放響。是凌波以摻雅，仙姊輕盈；似横槊而賦詩，曹公蒼莽。蓋具忘懷已久，寄興無窮，唱和有人，何須鉄板？宫商無律，不必詩筒。既同聲以嘯月，乃合樂以臨風。三五爲群，誰是歌長齊右？百千屬和，還同客在郢中。至若盱衡往古，慷慨平生。遵晦海隅，思子牙之釣渭；翺翔河上，羡清人之在彭。旂常事業，彝鼎勳名。爰緬懷而結想，乃激烈以成聲。更有棄軒冕而不顧，閒散嚴光；謝貴介而不居，逍遥范蠡。自取樂於波濤，不縈情於禄米。堪爲世外之流連，借作歌中之肯綮。乃一唱而三嘆，可賞心而傾耳。他如得路桃源，徵士之抒懷不淺；取譏湘浦，楚客之借諷可悲。皆可藉以鳴志，譜以爲詞。望長江而莞爾，因高唱以宣之。更或舟楫長材，甘爲釣客；江湖予樂，號作散人。出沒於海島之上，放浪於潁水之濱。抱明月而終身，高歌滴露；附飛仙以托足，長嘯臨津。豈魚鰕之是侶？實歌笑以爲賓。則方湖之唱，乃天籟之眞也。

雜録

（同治）《九江府志》卷六 柘林嘴渡，方湖内，縣西南二十里。

（同治）《彭澤縣志》卷一八 月山墩義渡，在縣西南二十五里方湖内，故屯田一十五畝。坐茶山後鮑家壠，一連三十三片。又何家壠，民田二片，計二畝一分。又細灣地五，片計二畝。又舊凉亭基地一分。

房湖

論説

清 張珽《房湖記》（嘉慶）《漢州志》卷三六 唐天寶間，房相琯因陳濤斜之敗，出爲廣漢刺史，鑿池於治之西偏，以供游覽，一時名輩如高彭州適、杜拾遺甫，皆有詩及之。迄今讀舟楫光輝蓴絲繪縷之句，想見當年勝概，而扼腕貶謫，救護賢良，意亦見於言表。湖自兵燹以來，殘毁殆盡，欲訪遺踪，幾無措指。是固世事之遷，而亦有司之恥也。謂余今日碑碣之留，顧可已乎特念。相有唐名臣開元天寶間以姓配公不名字而可知者，房其一也。輔相元肅，兩朝道節，彪炳史贊，其有王佐才，左遷後歷邠晉二州，尋知廣漢，所在皆有治績，至今尸祝不忘。若兹湖者，特其休沐觴咏之所，千百年來猶足繫人思，流連景慕如此。嗚呼！相之覽亦概可見矣，相之湖已永鐫蜀人心碑矣。則余兹石之記也，又何關有無哉。

綜述

宋 孫應時《燭湖集》卷一《答漢州張大卿到狀》 平生蜀道之難，今其飽見咫尺房湖之勝，遂欲往游。況黄堂之主人，乃白頭之舊友，更思一面容，寫寸心屬。冬温之異常，懼天意之當戒，將齋心而致禱，爰便道以遄驅，無煩五馬之郊迎，以爲民望。空復雙魚之踵，至有媿前言。

（天順）《明一統志》卷六七 房湖在漢州治南，唐房琯爲刺史日所鑿，凡數百畝。洲島回環，亭堂臺榭甚多，同時高適、杜甫皆嘗賦咏。宋蘇轍詩：酒壓郫筒憶舊沽，花傳五老出新圖。此行真勝成都尹，直爲房公百里湖。

清 陳祥裔《蜀都碎事》卷三 房湖在漢州，唐刺史房琯鑿，洲島凡數百畝，高適、杜甫皆嘗觴咏于此。今湖址渺不可考，惟漢州署中有一小石，上鐫房公石三字。

紀事

宋 曹彦約《昌谷集》卷六《答漢州詹監丞啓》 記鄂渚之舊游，九年人夢；訪房湖之新政，萬里尋盟。吐覿面之珠璣，出滿懷之錦繡。交情得雋，旅況增榮，恭惟某官，蜀産瑰奇。天資卓犖，鍾岷山之獨秀，寤寐汗青，鎮砥柱之頽波。勤拳忠赤，至寶不堪於横道，高山自得，於知音果膺芝檢之求。亟上筭班之選，得君行道，厥直承明，治民考功，暫還蜀郡，人望可齊。於唐相公來，又重於雪山，將入告於遠猷，即徑趨於近禁。某地寒已甚，天幸獨多，昔見論心，侯不封於萬户，今來銜袖，筆獨掃於千人。斸牛狐父之戈，張樂洞庭之野，但學過情之譽，不勝非據之慚。更具盤飧，義終難於反璧，空投木李，禮莫備於報瓊。

藝文

宋 郭印《雲溪集》卷一二《問漢守劉寶賢覓酒四首》 不到房

湖已數年，麯生風味想依然。使君醞籍真無敵，欲向樽中識聖賢。

宋 陸游《劍南詩稿》卷六《暑行憩新都驛》 細細黄花落古槐，江皐不雨轉輕雷。長空鳥破蒼烟去，落日人從緑野來。散策意行尋水石，脱巾高卧避氛埃。羈遊未羡端居樂，看月房湖又一回。

又 卷九《道上見梅花》 載酒房湖風日美，探梅喜折一枝新。今朝忽向街頭見，萬蕚千跗俗却春。

又 卷二八《東村散步有懷張漢州》 扶杖村東路，秋来始此回。寒鴉盤陣起，野菊卧枝開。憂國丹心折，懷人雪鬢催。房湖八千里，那得足書來。

宋 孫應時《燭湖集》卷一七《寄孫正字》 萬里來還去，能忘問啓居。休尋吊湘賦，早就過江書。身健何妨晚，名高勿苦疏。房湖風雨榻，獨夜意何如。原注季章守漢州。

宋 吴泳《鶴林集》卷三《又和洪司令春日》 房湖曾别苦吟身，兩度東風似一塵。柳外游絲難繫日，麥邊馴雉亦驚春。玄都君子皆通貴，栗里先生衹一貧。珍重龍陽賢太守，時將詩句惱陳人。

清 張珽《房湖感興》（嘉慶）《漢州志》卷三四 太尉琴聲絶，公以好琴聞。即以此被謫，臨池倍惘然。蒹葭思渺渺，枳棘意懸懸。調燮歸觴咏，憂勞寄管絃。當年風白地，誰教息公肩。

清 陳惟謙《守風黄花洲迴寄舍弟》（嘉慶）《漢州志》卷三四 征帆渺渺思依依，回首晴川雲樹微。何處春風人自醉，一天寒雪雁孤飛。笛殘江上梅初落，事滿江頭夢亦移。往日清狂問釣艇，房湖烟月素心違。

分湖

綜述

（光緒）《吴江縣續志》卷三四 分湖地屬吴江，去縣治東南六十里。唐宋以來代有聞人登邑乘，未易更僕數。然自乾隆丁卯，沈徵君修志後，迄今將百年，生其地者忍聽，其文獻無傳，廢墜而不知舉耶。抑或尚有待于來者，謂此事非我責耶。樹芳志在搜羅，閲二十餘年矣，其見聞未及與無文字可徵信者，尚少登録。分湖雖一隅地，而百年以來人才輩出，後之人徵文考獻，亦備什一於千百云。

紀事

元 陶宗儀《游志續編》卷下《游分湖記》 至正九年正月十有六日，吴江顧君遜既招客游東林。明日復命釣雪舫，載聲伎酒具游分湖。客凡七人，會稽楊維楨，甫里陸宣，大梁程翼，金陵孫焕，青雲王佐，吴郡陸恒，汝南殷奎。妓二人，珠簾氏，金粟氏也。朝出自武陵溪，過五子灘二里許，北望見鵲巢橋，樹顛桃杏，與水邊楊柳緋翠相間。長竿旆出緋翠頂，主人云是西顧村。又五里所見修篁喬木，蔽虧亭臺于巖洞之上，遂解舟維來秀橋下口。問主徑詣亭所，亭曰翠岩，主人陸君繼善出肅客憩，樂潜文室，談樂潜詩有『向夕群動息，時聞落葉聲』之句，余喜而録之。復引客至嘉樹堂，觀先翁手植百歲棠，飲堂上出鐵笛一枝，江南後唐物也。有刻字云：一枝横寒玉，七點明瑞皇。余爲作清江引一弄，聲勁亮甚笛闋。陸君揳余二弦琴，顧君遜亦自起彈十四弦，命金粟氏與孫君焕作十六魔舞。飲徹，妓蹋歌引客，長堤上度來秀橋。至南陸庵班荆坐大樹下，珠簾氏用王蓮瓣令行杯酌主客，舟中鼓吹交作，兩岸女婦馳逐而觀者緜履不絶。解纜出汪涇五里而至分湖，東西廣袤十分里，南北如之。湖分而半，一屬嘉禾，一屬姑蘇。故名分云。舟經龍王廟，酹酒龍君，借順風果應，錦帆一開即抵柳溪，過吉祥寺，游鮑氏池亭。有栝松數千章，奇石數十株，亭已廢壞，翠池及石屋洞尚無恙。寺客徐柳邊出陪客談興廢事，云池亭前朝鮑節制舊墅也，今子孫無噍類，惟餘八十老媪不能主。乞入寺，云登舟出柳溪，過登瀛橋十里所，北至蘆區，爲巡官寨寨官李某邀客啜茗。徐步過馴通橋，月已在青松頂一丈矣。遂步月色歸蒼雪所，用主人顧君遜武陵溪上花如錦之句分韻賦詩。夫水國之游衆矣，得名者鴟夷子後，惟陶水仙、儋州秃耳翁。鴟夷子先幾去國，并陝西，家施去智矣。而客則未聞秃翁赤壁之樂。客有吹洞簫者清矣，而妓尚無聞水仙。賔客與聲妓俱載客爲焦孟之流酒徒耳，而觴咏之樂又未聞也。觴咏至而聲妓俱又無流連之行，今分湖之行是也，已其可不有紀述以爲後人之慕用乎？于是乎書俾刻之蒼雪軒上。

藝文

元 龔璛《存悔齋稿·陸季道歸汾湖居寄懷》 分湖水滿天如碧，美人扁舟弄秋色。相望知無兩日程，昨日便爲風雨隔。四十里城何逼仄，遼鶴飛飛不停翼。桂花欲開尊酒在，世事肯容頭髮黑。君能發藥起我病，時復思君支短策。却尋論心携手處，意行猶到城西陌。伊誰不是無家客，鄉井田園歸路直。莫令懷抱感中年，中年一笑良難得。

明 陶振《分湖賦》《吴都文粹續集》卷二四 釣鼇生朝發乎東海，夕將抵乎西都。過茫洋之大澤，勢滔涵乎太虚，以爲洞庭耶。則層樓不見翬飛乎黄鶴，近山不見翠列於蒼梧。以爲彭蠡耶，則瀉不見銀河九天之瀑布，而張不見屏風九叠之匡廬。於是東覽三泖，西瞻具區，然後知三吴之巨浸，名所謂汾湖者歟。是時也，日落蒼灣，烟淡平蕪，恍東山之月出，遇隣舟之老漁。停桂楫而揖予曰：吾將告子以汾湖之所以得名，衍子以汾湖之大義，子亦樂而聞之乎。是湖也，兩界中分，南北無虧。其南也，則千緶之無盡。其北也，則百弓之有餘。故南其半爲嘉禾之境，北其半爲松陵之墟。湖之得名，其以是歟。故老相傳，信而不誣。原其始，别蓋具區之溢出，而旁滙乎此渚，然亦安知其不濫觴於崑崙之頂，泄瀚海而來尾閭者耶。乃若微波不興，一碧萬頃，如青銅之净拭，似白練之平鋪。颶風倏起，長鯨怒呼。拔銀山之千尺，捲驚濤之雪，如使觀者，不覺心戰而膽慄，頃刻碎行人之舳艫。其産則辛夷、杜若、菡萏、珊瑚、大貝之寶，明月之珠。春水桃花之鱖，秋風蓴菜之鱸。白蘋奪淮西之風味，紫蟹剖吴下之膏腴。又有魚鱗之屋，水晶之居，其源莫測，其奥莫覩。構波神之窟宅，作馮夷之幽都。月白風清，似或聽廣樂鈞天於縹緲，雲消雨霽，恍若見金支翠旂之有無。既無凌波之仙子，豈無騎鯉之仲夫。玉宇生凉，則足以稱純陽飛劍之渡，緑雲曉漲，則足以供漢陰抱甕之壺。散落霞錦光於蕩漾，濯殘陽紅纈於扶疏。昔杜少陵空有渼陂之樂，曾不及此一覩。李翰林空有郎官之泛，曾不及此一窺。故凡游乎此者，自有以得其樂，又何必渡黄陵而遊赤壁，隔滄海而望翠蓬與玄壺也哉。雖然此特其槩耳，若夫地靈人傑，同德相符，則有陸龜蒙之苗裔，陶弘景之後徒。天游子學貫乎載籍，六一翁道究乎精粗。雲樵先生之磊落，采芝逸士之清臞。是數公者，莫不韜光於草莽，混迹於樵漁，披羊裘於風雨，恣綸竿之卷舒。一棊不肯，却淝水之戰，一箭不肯，射聊城之書。仰高名於辭漢之嚴子，慕清風於去越之陶朱。悉能葆清光於治世，處高明而不汙。吾嘗品其人，南州高士之列，孰云誕而爲迂。若是則今之汾湖，不獨有異芳奇物之産，神仙巨靈之宅，抑且爲浙西人物之淵藪，東吴學海之歸墟也。語畢，老漁鼓枻波間，倏别而去。飛玉龍之一聲，捲輕濤於别浦，折風木於太湖，八百之西灣，不覺七十二峰翠鸞之掀舞。紛落葉以相觸，洒篷口之急雨。起而視之，則時夜將半，雞三鳴，更四點，月已墮海西丈五矣。於是叱湘妃捧研，命洛神展素，授長杠大筆於青天，蘸蟾窟九秋之清露。想老漁所述之前言，而遂寫爲汾湖之賦。陶振，字子昌，華亭人，贅於麗山謝氏，遂爲吴江縣人。

清 戚學標《景文堂詩集》卷一三《分湖》 一樣春流似畫圖，半連秀水半連吴。離情無限從兹始，慎莫匆匆過此湖。

汾湖

綜述

（正德）《姑蘇志》卷一〇 汾湖，一名分湖，分屬吴江嘉興也。其東流入謝宅蕩、蓴菜蕩、南陽港，又東通三泖，入華亭界。其北流入三白蕩，又北受曹龍港，通鶯脰湖。

明 沈岱《吴江水考增輯》卷一 汾湖去縣治東南六十里。沈志云屬二十八都，與浙江嘉善縣分屬，亦曰分湖。其南支東折爲蔣家蕩，爲大渠，爲東古蕩，爲官場灘，爲冰印蕩，爲白渠兜，爲雙沙兜，爲蕭湖，爲洪蕩，爲骷髏漾，爲西天荒，爲東天荒，爲雪落漾，爲油車輾。東出華亭縣金澤三泖湖。其北支爲連蕩，爲石底蕩，爲天荒蕩，爲茶澤蕩，爲蓴菜蕩，過蘆墟爲東古塘，十五里播爲顧家草，爲劉家漾，爲徐家渠，寫歇梁爲楊沙坑，爲陳思港。即陳思村元王原傑所居，因旁有潭，故橋有錦里萬里等名，蓋倣於杜云。內有殷家潭，穿心站，船浜浜，以站名聞，故老云東數里爲松江金澤寺，在元親王爲僧封尉，貢問驛站不絕，故名。里巷、龔家、早浜、師姑、薛家、蕩頭、朱虎、楊家、石家、吴家、水清、鑾子、東岳等浜。北有九曲港，南有曲尺港，東有張金港、吴江路灣，轉路夾港，又東渚爲白蕩灣，爲朱長蕩，爲蕭田衖，出皮漾、田蠶蕩、府字港、蔣家港、茶澤港、十字港、邱家港、來秀港、沈三泖內有張橋河、金涇溪、徐橋港、尤家港、北洋港、大港屬二十八都、鞋家扇港、小油車輾港、廟港、橫港、大樹下港、高字港、通窑港、莊家圩港、大塔港、趙田港、許田港、南傳港、芸田港、南莘塔、北莘塔、東張港、鹽田港、陸家橋港、胡家港、八埠港、姚家港、槐字港、兵家港沈志作兵字港、賣鹽港、徐婆港、廟漕港、楊樹港、菱塘港、蘇家港、五娘子港，馬家路屬二十九都。

紀事

元 楊維禎《游汾湖記》《珊瑚木難》卷二　至正十年三月十有六日，吴江顧君遜既招客游東林，明日復命鈞雪舫，載聲妓酒具游汾湖。客凡七人，會稽楊維禎，甫里陸宣，大梁程翼，金陵孫焕，青雲王佐，吳郡陸恒，汝南殷奎。妓二人，珠簾氏、金粟氏。朝出自武陵溪，過五子灘二里許，北望見鵲巢喬樹顛，杏桃花與水楊柳緋翠相間，長竿旆出。緋翠頂主人云西顧村也。又五里所見修篁喬木，蔽虧亭臺於岩洞之上，遂解舟維來秀橋，不問主，逕詣亭所，亭曰翠岩，主人爲陸君繼善出肅客甜樂，潛丈室設茗飲，談樂潛詩有：向夕群動息，時聞落葉聲之句，予喜而咏之。復引客至嘉樹亭堂，觀先君手植百歲棠，飲堂上出銕笛一枝，云江南後唐物也。有刻字云：七點明列星，一枝橫寒玉。予爲作清江引一弄，聲勁亮甚笛閡。陸君恒揳予三絃琴，顧君遜亦自起彈十四絃，命珠簾氏與孫君焕交作十六魔舞。飲徹，妓蹋歌引客，長堤上度來秀橋。至南陸庵班荊坐大堤上，珠簾氏用白蓮瓣令行盃酌主客，舟中鼓吹交作，兩岸女婦馳逐而觀者，緇履不絕。鮮纜出汪涇五里，而至汾湖，東西袤十八里，南北如之。湖分一半，一屬嘉禾，一屬姑蘇，故名汾湖云。舟經龍王廟，酬酒龍王，借順風果應，錦帆一開即抵柳溪，過吉祥寺，游鮑氏池亭。亭有枯松數十章，奇石數十株，亭已廢環，翠池及石屋洞尚無恙。寺客徐柳邊出陪客談興廢事，云池亭爲前朝鮑節制舊墅也，今子孫無噍類，唯遺八十老媪不能主。乞入寺，云登舟出柳溪，過登瀛橋十里所，北至蘆墟，爲巡官寨寨官李某邀客啜茗。徐步過泗州橋，月已在青松頂一丈矣。遂步月色歸蒼雪所，用主人顧君遜武陵溪上花如錦之句分韻賦詩。夫水國之游衆矣，得名者鴟夷子後，唯陶水仙、儋州禿翁耳。鴟夷先幾去國，并挾西，家施去智矣。而客則未聞禿翁赤壁之樂。客有吹洞簫者清矣，而妓尚無聞水仙，與賓客聲妓俱載客爲焦孟之流酒徒耳，而觴咏之樂又未聞也。歌咏而至，聲妓之娱，又無流連之行，今汾湖之游是已，其可不有紀述以爲後人之慕乎？於是乎書俾主人刻諸蒼雪軒上。坐客各繫於後時期而不至者，茅山張君雨□□□□□也。

藝文

宋 張堯同《嘉禾百咏·汾湖》《兩宋名賢小集》卷一五四　我是滄浪叟，閒來繫釣艘。如何一湖水，半秀半吴江。

元 龔璛《存悔齋稿·陸季道歸汾湖居寄懷》　分湖水滿天如碧，美人扁舟弄秋色。相望知無兩日程，昨日便爲風雨隔。四十里城何逼仄，遼鶴飛飛不停翼。桂花欲開尊酒在，世事肯容頭髮黑。君能發藥起我病，時復思君支短策。却尋論心携手處，意行猶到城西陌。伊誰不是無家客，鄉井田園歸路直。莫令懷抱感中年，中年一笑良難得。

明 楊維楨《游汾湖得武字》《吴都文粹續集》卷二四　盪舟武陵溪，朝出伍子浦。還過西陸家，仙童啓岩户。棠樹大十圍，桃花燦欲語。遺我古鐵枝，色比修月斧。爲作古江調，江鳥凌亂舞。携之謁龍君，湖水吹暮雨。晚飲花石岡，亭臺已無主。瀛橋步月歸，竹枝和銅鼓。道人早歸來，脱冠挂神武。

明 陶汝鼐《榮木堂合集》卷一〇《赴約汾湖》　鷗閒惟喜浴晴

沙，桂落還飛作雪華。爲訪幽人過湖去，一竿漁艇日初斜。

明 陶汝鼐《榮木堂合集續》卷一《鄒近野至汾湖客樂蔬園相期不至》 岳靈不易斷，綿邈湘上嵐。高人守巖壑，出即非所堪。與君久濶絶，相望聲淚合。置身良苦峻，風來墮冠簪。白首幸相見，蓄積千萬談。草廬雖未成，擬榻溪上庵。停雲困赤日，渴雨漲津南。山陰興頓盡，報我書一函。把書益苑結，雲樹爲之慙。豈不念溈水，芳洌如優曇。横遭陳孟公，投轄求長酣。歸舟忽云促，遙別增憂惔。仰嘆見河漢，浮雲適相參。吁嗟騶虞步，畏俗如蘱蠶。古劍未雪冤，帶血且在龕。那能久不平，願言師老聃。誰憐道鄉子，風雨渡江潭。

又 卷二《夏日王仰權都督偕玄上座乘畫船至汾湖過陳長公遣人相招作采蓮之游即事》 六月湖天凉有颸，洞庭倒浸羅與資。將軍畫舫若蓮葉，張帆載酒尋荷陂。邀我不辭冒赤日，貪看鴻鶴循江湄。舟中供具無不有，茗椀香爐金屈卮。牀頭寶刀伴琴筑，中塵硯匣光琉璃。水高蓮落花難出，載此木蘭信所之。采蓮未得逢村柳，繫船一對高僧碁。展牋潑墨酌我酒，爲君寫得秋風詞。雨過微月見山影，荷香静透冰綃幃。愛客自憐青雀舫，凉人無用白龍皮。明日乘風逐鷗鷺，溯洄更傍佳林住。讙肰射獵獲兩麋，雜俎先烹雉與兎。垂釣任公舊有磯，相留還看園林樹。人生此樂豈尋常，歸到草堂談未足。王浚樓船今已閒，陳蕃下榻非無數。聚散何如湖上雲，英雄大好兼禪悟。

峰湖

明 林俊《見素集》卷一一《峰湖記》 峰湖本方壺樵谷故鍊冶處，梅峰東引，而水與湖會山截焉。嘉樹蔽虧，修竹環映，無飄塕浮敵之所，城中隱一山林，殘碾斷奄，參錯於假山方池，磴回川曲之間，又若蜕畢絡以游乎方之外。予友陳君，敦賢愛之翔其直，而市之徙文峰之居居焉。因引爲號久之，曰：無殆神仙者流意，固有寓其未足告也。抑地之名，舊名之我亦熟矣。吾取其似代之易，峰湖黜虚就實，援之彼以入之於此。吾儒運化，殆其然歟，神仙吾不得而知也。世無是人則，宜無是事，倡爲是説，非獨方士之妄，盖有托而逃者矣。君風神清脱，運博而操之，要視天下事，若無其難，在司諫有直聲，逆璫時例，與調停方壺所以寄也。起藩參，又起臬貳提學，懸穹付以待者，不淺峰湖，無蚤計耶。士君子身雖廟廊，未嘗一日忘林木魚鳥之思。峰湖嘗在烟霏，泡沫流止而生滅者，祇見其小也。傅巖渭濱，南陽藏身，巷影拔俗而離世，一旦乘時應會，使人指而駭曰：此築徒也，漁輩也，耕流也，突然起其若是烈也。是固吾儒作用之常要之於山水，不爲無助，山受而大，水受而深積，而至於含元氣，宰化機，長養萬族。贊發育以遞承，二五之匱，峰湖固寓彼而取此矣。其獨留情一玩適哉？若乃酬雲水赴烟霞，還迹山靈，梅山、香眉山爭其崇，高湖鑒湖，爭其凈冽，峰湖十年，外事未晚也。正德乙亥秋，仲鳳山見素子，林俊記於雲庄青野。

芙蓉湖

論説

（洪武）《無錫縣志》卷二 芙蓉湖在州東北興道鄉。《寰宇記》云：上湖一名芙蓉湖，亦謂之無錫湖。占晉陵、江陰、無錫三縣界，西去常州五十九里，東西四十五里，南北四十里，深五尺，東流爲五瀉水。《毗陵志》云：芙蓉湖在縣東五十五里，南北八十里，南入無錫縣，北入江陰軍，東南入平江府，北入揚子江。《吴地記》云：無錫湖萬五千三百頃，爲晉陵上湖，又云無錫湖。通長洲，多魚而甚清。《徐州記》云：横山北曰上湖，南曰芙蓉湖。陸羽《惠山記》云：惠山東北九里有上湖，一名射貴湖，一名芙蓉湖。其湖南控長洲，東洞江陰，北掩晉陵，蒼蒼渺渺，迫於軒户。故惠山有望湖閣，蓋自山下百餘里，目極荷花不斷，以爲江南烟水之盛於是。皮日休買舟與陸龜蒙，及毗陵居士魏不琢共爲烟水之樂。時乘短舫，載一甌酒，由五瀉遥入震澤，穿松陵抵杭越，號其舟曰五瀉舟。《南徐記》云：芙蓉湖，晉張闓基其中，洩湖水令入五瀉，注於巨區，欲以爲田。盛冬著赭衣，令百姓負土，值天寒凝沍，施功不成而罷。至宋，居民因其舊迹堤岸，堰水塞湖爲田，今悉南東其畆矣。湖之經界漫不可考，獨興道鄉麻塘橋至今有湖東、湖西之稱，亦皆良田，無復痕迹。以諸家傳記所載考之，則芙蓉湖占平江、常州、江陰凡三郡。自無錫推之，其南當與延祥鄉、鵝肫蕩接，爲控長洲之境。東入興道鄉麻塘港，以北爲洞江陰之界。北出興道鄉越歐瀆，爲掩晉陵之域。其西則五瀉水，從東流入于湖。如此則南北不下七八十里，東西亦四五十里，始合傳記所載。獨《徐州記》稱：横山北曰上湖，南曰芙蓉湖。按今南横山在州西南開化鄉，去惠山不下十里。北横山在州西北開元鄉，去惠山亦十五里。兩山相望，皆在運河之西，臨太湖。而《惠山記》稱：東北九里有上湖，若在横山之北，不應與惠山遠近不倫。姑辯其説，合諸家傳記之載，并著《徐州記》之失，好事者或可因是以求古迹。

綜述

唐 陸羽《慧山寺記》（咸淳）《重修毗陵志》卷二一　大同殿直上至望湖閣，東北九里有上湖，一名射貴湖，一名芙蓉湖，其湖南控長洲，東洞江陰，北淹晉陵。周回一萬五千三百頃，蒼蒼渺渺，迫於軒户閣，西有黄公澗，昔楚考烈王之時封春申君黄歇於吴之故墟，則此也。

宋 王象之《輿地紀勝》卷九　芙蓉湖在县南四十里，即射貴湖，一名上湖。

（嘉靖）《山東通志》卷五　芙蓉湖在沂州西南二十里。

（萬曆）《兗州府志》卷一八　芙蓉湖在縣西九十里，上有卞莊寺，世傳爲卞莊子處變之所。

明 張内藴《三吴水考》卷五　芙蓉湖在縣西北興道鄉，湖廢成田，十常九潦。萬曆七年、八年築成巨堤，夂淹之田悉得成熟。西瓜瀆在縣北四十里，南引湖水，北入江陰界，西界涇在招義鄉與武進分界，蕫塘港在縣西北興道鄉，自咸塘河西爲郟祁河，至興寧界口爲蕫塘尖，其河即蕫塘港，西北行二里許，與西瓜瀆會北入江陰界。咸塘河在縣北，自五丫浜北行，合張塘河北入江陰界。張塘河在縣北太平港，分流而西，至胡家渡，分支而行爲張涇，通五瀉河，一支東行入咸塘河。嚴埭河在縣北，自蔡家渡東北流，由閘口河入江陰界。萬曆五年浚。

清 顧祖禹《讀史方輿紀要》卷二五　芙蓉湖，縣西北十五里，即故上湖也。湖流浩衍，北接江陰，南連武進，其後堙廢。今自城以北，運道所經，亦曰芙蓉湖。《宋會要》：元祐中，堰芙蓉湖爲田。紹聖中，轉運毛漸復奏導芙蓉湖入江，今縣西北十里運河北出者，曰高橋堰，舊名五瀉堰，亦曰五瀉河，即芙蓉湖下流也。自高橋而北四十里，接武進江陰界，曰雉尾口。又北四十七里，至申浦上口入江，潮汐所至，勝數百斛舟。宋熙寧末，郟僑議決五瀉堰，使水入揚子江。乾道六年，常州守臣請塡築五瀉兩牐，及修牐裏堤岸，仍於牐内郭瀆、港口舜郎廟側水聚處築捺硬壩，以防走泄，委無錫令主掌。非水盛時，不許開牐通放客舟。蓋是時以運河淺淤，切於堤防也。今高橋爲武進、江陰之要道，有巡司戍守。

（雍正）《山東通志》卷六　芙蓉湖在縣西南九十里，即鄫城湖也。源出芙蓉山，下灌田數千頃，香杭畝鍾，即所謂琅邪之稻也。泇水入焉，中有卞莊寺。

（乾隆）《江南通志》卷六一　芙蓉湖在常州府東五十五里，昔時湖岸南北相距凡八十里，南入無錫，北入江陰，又北注於大江。明周文襄公園作圩田千餘頃，東南流曰五瀉。水滆湖在常州府西南三十五里，南北百里，東西三十餘里，今北通漕河，導流東注於湖。

傳記

明 張内藴《三吴水考》卷七《張守朴》　張守朴知無錫縣，督率縣丞吴述浚察亭河廟堂港等處，築芙蓉湖田園。

又《孫一俊》　孫一俊知武進縣，莅任即修芙蓉湖，浚皇里埠湖。萬曆九年十月，大開運河，自丹陽界起，白家橋止，漕運得濟，民更賴之。

紀事

清 任源祥《芙蓉湖記》《常郡八邑藝文志》卷四　出毗陵東可二十里塘，行折而北可十里港。行抵黄山橋，橋以西鄉民市焉。魚蟹最聚處，望可十里許。曰黄山江陰分焉，比橋乃折而稍東，土人曰：此古芙蓉湖也。余觀絶水處與閘等，内水下平三尺許，旱則稍浥以灌田，潦則四升其水乃聚族而桔槔焉。沿山并高田若涯湖而固之，其邊水者樹而圩之若屏，其上可聚焉。考志，永樂中某某覭勢建議，凡費工役若干，糧若干，所得肥田若干頃，後稍稍圮。周文襄公葺而固之，溝塍縱横，村烟繹絡，無貧家亦無豪族，外人入其中，水陸皆不達，其中舟小於葉，遇埧則兩人舉之，其水阻亦無常渡，招而應者，類此舟也。舍外舟可八九里，去黄山橋十里，達史子遵戧居所曰蘭港。港以西一里曰龍潭，居稍盛，港以東三里得芙蓉湖，舊迹可數十頃，古湖心也。土人私之以名，港以北直黄山見舜，過山西北五里許見采菱橋，湖凡五十里，三邑旱潦如左右手，同舟之勢然也。西、戌間獨不被亂，人業相若，舟梁不通，居民以來無盜賊焉。史子避地自甲申始，所税屋三間，所携妻子數人，殘書數卷，日不得再食，吟咏不輟所與游，并不識城縣，及有所聞，惟機聲晝夜不絶，所見捕魚具甚奇且備，遂得與世絶矣。此中故不麥，涉冬乃漁，或潦則魚布以生，稍有桃李桑竹及芙蓉諸草，最盛者楊柳蓮花，所在村及水，二者常相依也。其先後各異種，涉五月至七八月間，熏心扇目，五十里皆荷蕖也，此時香不絶於聲矣。余既兩至其地，一仲冬觀徒手捕魚，一季夏餌蓮實。

藝文

唐 李商隱《李義山詩集》卷二《代贈》　楊柳路盡處，芙蓉湖上頭。雖同錦步障，獨映鈿箜篌。鴛鴦可羨頭俱白，飛去飛來烟雨秋。

唐 李紳《追昔游集》卷下《却到無錫望芙蓉湖五首》　水寬山遠烟嵐迴，柳岸縈迴在碧流。清畫不風鳧雁少，却疑初夢鏡湖秋。

又　丹橘村邊獨火一作燭微，碧流明處雁初飛。蕭條落葉垂楊岸，隔水寥寥聞擣衣。

又　逐波雲影一作采參差遠，背日嵐光隱見深。猶似望中連海樹，月生湖上是山陰。

又　舊山認得烟嵐近，湖水平鋪碧岫間。喜見雲泉還悵望，自慙山叟不歸山。

又　翠崖幽谷分明處，倦鳥歸雲在眼前。惆悵白頭爲四老，遠隨塵土去伊川。

唐 陸龜蒙《甫里集》卷九《嚴子重以詩游于名勝間不幸且没襲美作詩序而吊之余和》　每值江南日落春，十年詩酒愛逢君。芙蓉湖上吟船倚，翡翠巖前醉馬分。秪有汀洲連舊業，豈無章疏動遺文。猶憐未卜佳城處，更斸要離冢畔雲。

宋 胡宿《文恭集》卷四《芙蓉湖泛舟》　小湖香艷戰芙蓉，碧葉田田擁釣篷。嵐氣欲飛山隔岸，秋光不定水摇空。翩翻雪鳥争投浦，撥剌霜鱗鬭擲風。正是滄浪濯纓日，一竿多謝紫溪翁。

宋 晁公遡《嵩山集》卷二《眉山史頤老秀才遣人寄詩用其韻答之》　衰年臨滄江，華髮羞照映。人怜貌枯槁，水與心清净。所居少席煖，況望有屋潤。但期牧鷄豚，那得追騏駿。爲貧未歸田，投老聊爲郡。每行芙蓉湖，魚躍見于牣。自欣逢外平，兵木適無刃。願從賢者樂，俯同農夫慶。常令燔或炙，安敢驕且吝。使君非何武，弟子乃樂正。陳綸翻犀革，宴語對塵柄。却思凌雲下，亦致賓客盛。暇時可數來，念此百里近。

又 卷三《四月堰水甚小一灌田方足》　岷江惟清流，涇水惟濁泥。泥濁禾黍茂，流清秔稻宜。舊傳江發源，瀵涌出沉黎。老農望其來，未至龍尾西。今晨南山雲，蓊然思朝隮。滂沱三尺雨，泛溢千步隄。積潦始北滙，餘波各東疏。茫茫黑壤潤，戢戢翠剡齊。亦復到邑里，溝澮争交馳。往看芙蓉湖，微風緑生漪。似欲娱使君，豈臧習家池。老農喜相語，歲晚可無饑。再稱勾龍社，配我靈星祠。更煩請天公，膏澤在及時。

宋 葛勝仲《丹陽集》卷二一《次韻元述》　漂泊身如不繫舟，芙蓉湖上懶回頭。干戈時幸逃新鬼，巖壑人能識故侯。已覺功名真破甑，却驚歲月甚奔流。仙庭五載空浮食，恩重丘山豈易酧。

元 顧瑛《草堂雅集》卷九《舟中三首》 潮發江門百餘里，曉過芙蓉湖上頭。嫋嫋秋風吹櫸柳，層層雲氣盖船樓。

元 謝應芳《龜巢稿》卷六《題漁人扳罾圖》 大横峴東芙蓉湖，水村高樹屹兩枝。漁郎曳罾坐樹下，短衣繦撮赤髭鬚。此圖無乃貌此景，東鄰西舍皆菰蒲。吾嘗過此看春水，桃花雨晴春日晡。漁郎含笑語厥子，鱖魚肥似松江鱸。街頭米貴魚亦貴，賣魚日糴供家脯。只愁水面重租課，風飛健卒頻追呼。逋租畢輸榜捶脱，前村有酒仍須沽。猶勝禄食致奇禍，坐受鈇鉞連妻孥。夜來湖上好明月，醉吹蘆笛歆嗚嗚。人生之樂有如此，此身安用紆青紫。漁郎漁郎知我乎，我亦烟波老釣徒。

明 管時敏《蚓竅集》卷八《京中懷季翔》 百壷佳醞透隣香，出水新魚滿尺長。阿母微醺孫在抱，芙蓉湖上好秋光。

明 皇甫涍《皇甫少玄集》卷二〇《爲毗陵龍皐陸公之子題》 雲起碧山隅，龍皐即此區。山前一峰秀，五色儼紛敷。昔日蓬萊客，振羽在天衢。今叨令子顧，而擬鳳毛俱。含音不肯雊，獨立將何須。斜日照芳草，空此仰良圖。仙辭倘可閱，尋棹芙蓉湖。

明 李蓘《宋藝圃集》卷一《芙蓉湖泛舟》 小湖香豔戰芙蓉，碧葉田田擁釣篷。嵐氣欲飛山隔岸，秋波不定水摇空。翩翻雪鳥争投浦，潑刺霜鱗對擲風。正是滄浪濯纓日，一竿多謝紫溪翁。

明 劉基《誠意伯文集》卷一七《次韻和王文明絶句漫興十八首》 芙蓉湖上夕陽低，楊柳枝頭一鳥棲。獨倚闌干看山色，白雲飛過若耶溪。

明 孫繼皐《宗伯集》卷一〇《山中謡》 芙蓉湖邊楊柳斜，家家啼鳥村村花。水面歌兒摇畫舫，陌頭游女渡香車。

明 王世貞《弇州四部稿》卷三五《同省中諸君過徐丈》 詞客真同河朔游，主人偏解孟公留。高城雨過凉生席，殘夜花明月滿樓。紫玉行杯彈出塞，紅牙催拍按伊州。更憐少日閶門侣，菱葉芙蓉湖上舟。

明 王世懋《王奉常集》卷八《賦得蓉湖秋色送王吏部》 惠山西浸芙蓉湖，蘭橈出祖王大夫。日落蒹葭望不極，天寒雁鶩行相呼。啓事由來歸水鏡，清心自昔暎冰壺。追隨亦有含香侣，得作王家第二無。

明 張元凱《伐檀齋集》卷一二《芙蓉湖送客》 八月芙蓉湖水清，征帆一片挂離情。暮雲黯慘難爲别，重唱驪駒待月明。

明 鄭鄤《峚陽草堂詩文集・詩集》卷三《芙蓉湖觀蓮二十韻》 觀蓮未見蓮，遐景與蓮會。一澗入清深，飛雲起林外。水光可照人，荇藻偃松盖。游魚驚濯足，波心吐流沫。蒼蒼翠微横，水墨烟波繪。漁舟恰如指，簑笠翁老大。舟尾銜稚童，停橈望酒斾。問途了不應，我知非茫昧。神定見天機，詔我辭多害。中流展明鏡，空澄發清籟。風波堪不驚，白鷗立沙瀨。連池環四周，隨風結錦帶。鄉農采實供，聊以當鱸膾。歡喜見人來，咨嗟復深嘅。昔年有異種，今被狂湍壞。草木有何心，物理徵否泰。因懷四明客，鏡湖激主賚。一曲自千秋，山川詎容匄。何似溥游閒，蒙恩亦已濊。蓮花知我心，且酌村醪酹。

清 畢沅《靈巖山人詩集》卷五《夜泛芙蓉湖》 九龍蔚紫翠，明流澄暮景。客心趁晚鐘，水枕横孤艇。波闊颺微風，琊璃鋪萬頃。芙蓉無一花，水木饒明靚。咿啞柔艣聲，眠鷗驚夢醒。酒闌夜三更，新月墮西嶺。蕭蕭楓樹林，下蔭漁莊静。微烟生柁樓，折葦煮春茗。灘聲霧氣中，坐覺衣裳冷。峰隱石門松，星蘸一湖影。

清 陳廷敬《午亭文編》卷七《送桐城張相國還龍眠山歌》 聞道龍眠山，龍眠今不眠。白雲從之去，縹緲青冥天。一朝噓氣生紫烟，沾灑千山與萬川。先生昔時此山居，白雲出岫隨軒車。自從雲去山逾静，春猿秋鶴相吟呼。雲今冉冉歸來乎，山前修竹林，山下芙蓉湖。水石公釣游，花鳥公友。于曲江荔子，嗟莫致成都，桑樹餘幾株。乃知賢達少儔侣，赤松黄石差可夫。且如白雲何山無，龍眠之山山不如。

清 陳文述《頤道堂集》卷一四《荆溪舟中夜起》 繁星壓篷天在水，銀漢無聲臥水底。扁舟夜過芙蓉湖，湖上水花三十里。水蟲繁響夜烏啼，坐待林梢華月起。

清 程晋芳《勉行堂詩集》卷二二《李公讀書臺在無錫縣惠山寺》 芙蓉湖遶闇崢嶸，短李堂堂負盛名。作相基從知稼穡，遜人才每服歌行。熟嘲蝘蜓非無謂，遠適湘沅最可驚。松下壯心餘幾許，衰年回憶不勝情。

清 顧宗泰《月滿樓詩文集・詩集》卷一一《芙蓉湖》 何處芙蓉湖，湖開七十里。不見芙蓉花，花落涼風起。涼風起時黄葉飛，碧波深處白雲微。雲中仙岫隔水見，翠鬟十二憐依稀。我戀寒暉一弭櫂，練影嵐光紛可眺。夕陽孤鳥下平蕪，點綴秋湖更窈窕。秋湖如此不勝秋，憑弔烟波動遠愁。聞説陸皮嘗載酒，至今五瀉尚名舟。《寰宇記》：湖東流爲五瀉，唐皮日休、陸龜蒙時乘短舫，載酒由五瀉入震澤，名其舟曰五瀉舟。

清 蔣敦復《嘯古堂詩集》卷四《芙蓉湖上作》 一帆鷗際飛，涼烟白縷縷。萍末浪花香，散作衣上雨。不見涉江人，芙蓉渺秋浦。

清 陸世儀《桴亭先生詩文集・詩集》卷六《十五日游惠山歸泝芙蓉湖作》 盡日登臨曦馭收，野航歸去出溪頭。月來遠水千尋影，山入暝烟一抹秋。風露空濛浮斷沚，棹歌容與泝中流。遙知今日乾坤裏，占盡清光在此州。

清 毛奇齡《西河集》卷一六一《泛舟過秦園留贈秦翰林松齡有作》 芙蓉湖上曉雲生，畫舫還爲湖上行。碧草千絲含日映，紅粧幾處照波明。平橋入路開朱樹，曲澗滦滦林裏瀉。泰伯城隨南浒回，春申祠在東峰下。祠前流水自年年，宛轉瀠洄最可憐。不從梁氏花溪度，只在秦家桂樹邊。秦家桂樹生烏子，文石爲池蕩秋水。別巷應通解玉坊，前闕并築燒金壘。烏桿紫木夾層樓，大府錢堆馬埒溝。北谷繩床春自偃，西園翠蓋夜爲遊。暗通瓴甓銜環轉，細激連珠波面捲。出地疑分太液來，去天不道承明遠。滄州自古惜沉淪，花底偏逢翰苑人。潘岳娛親推緑輦，謝公携妓坐紅茵。風流盡日開三徑，自笑多年隱名姓。門投張儉已還鄉，廡下梁鴻豈亡命。一自浮家願屢違，吴中築室故人稀。君家尚有清泠水，何日重來一浣衣。

清 汪學金《静厓詩稿》卷五《無錫道中》 芙蓉湖上漾晴波，有客微吟倚櫂過。初月近人偏婉約，莫春無處不清和。溪濃山淺樓居好，釀美泉香水市多。如此平江風景勝，鄉園安穩著漁蓑。

清 王昶《春融堂集》卷三《芙蓉湖小泊》 疏楊響絡緯，月上新雨餘。碧雲映空翠，玉露沾芳裾。遙夜已幽曠，矧復臨澄湖。我行三過此，此度尤□虚。村舂隱桑柘，漁唱鄰菰蒲。浪紋静湘簟，星影涵冰珠。頗與市塵遠，彌覺秋興舒。應有世外侶，卜築開精廬。朝夕飲寒緑，燈火繙仙書。

雜録

明 張國維《吴中水利全書》卷一〇 芙蓉湖堤，瀕湖腴田苦潦，築堤捍之，圍可二十餘里。築武進、無錫二縣界堤，長十餘里，北障江潮，南捍湖水，自是皆成腴産。

明 張内藴《三吴水考》卷一五 常州開堰置閘，有司既治芙蓉湖爲田，因開五瀉堰置閘。

又 開浚湖浦，浙部水溢，詔賜緡錢二百萬以賑之。轉運副使毛漸奏數州被害，即捐二百萬，倘仍歲如之，將何以請？官貸錢七十萬緡，起長安堰，至鹽官徹清水浦入海。無錫浚芙蓉湖，武進疏廟堂港，常熟疏梅李涇以入楊子江，又開崑山七鴉港、下張浦，東北導松江，開大盈、顧會二浦，東南浚柘湖新涇，下金山小官浦，皆入於海。自是水不爲患。

（雍正）《山東通志》卷六 鄺城湖在縣西南，即蘭山縣之芙蓉湖也。兩縣連界。

甘棠湖

綜述

宋 王象之《輿地紀勝》卷三〇 甘棠湖，在德化縣南三十步，按唐書地理志：長慶二年春，刺史李渤築堤，長七百步，以利行旅而爲此湖。張洪靖思而美之，故名甘棠，李翱爲銘。

（嘉靖）《九江府志》卷二 甘棠湖，在府城南，一名景星湖。唐刺史李渤築堤於湖陽，人不病涉，後人懷其德，因目其湖曰甘棠湖，上有橋曰思賢。胡虚白甘棠謡：甘棠堤上水平溪，野人掘河新築堤，春風杏花三十里，長城道邊聞馬嘶，使君政迹朝天去。沙堤惟見甘棠樹，兒童騎竹待公還，父老攀轅願公住，公今到京莫久留，驄馬重來堤上頭。塩官户口三十萬，寒則思衣飢則飯，我今試作甘棠歌，父兮母兮可柰何？

清 吴名鳳《甘棠湖記》（同治）《德化縣志》卷四　甘棠湖，水週十餘里，中間界以長堤，冀以垂柳，采虹卧波，兩水夾鏡，侍從迤邐，輿蓋奔馳，俱倒影於波光雲影中，人忙我閒，風塵外獨饒逸趣，其所憑之地勝也。驛路之界，湖如銀河之界天，環湖而居者，如宿列、如星拱，墻隨岸轉，門逐水開，傑閣敞樓，臨觀尤得佳勝。余日在樓上，默讀心經，趺坐凝神，憑闌送目，山之紛也。如皴湖之净也、如練堤路一綫、如月中之梯、如海上之梁，此身飄然不啻遺世獨立，羽化登仙也。城市而得山林之趣，於吾養病最宜，日與匡君面目相對，眞覺相看兩不厭也。

清 萬衣《改修甘棠湖堤記》（同治）《德化縣志》卷五　九江郡治，從匡廬五老峰南下，北行稍轉而西，奔吞大江而南，挹雙劍峰之秀，又從湓浦西南，迢遞蜿蜒盡於柳林，迎匡山諸水滙而爲湖，舊名甘棠。然亦莫知所本指，實當郡治之南，堪輿家所謂明堂也。夫明堂宜澄静停蓄，而不宜川拽暗冗也，乃湖心有古道焉。其直如矢穿，文明門趨郡治，又柳林舊有堤，今圮，水無所潴，而民亦鮮利，故歲稍旱，郡中輒回禄，往往延亘，民患苦之。父老亦時時傳堪輿言，九江當雙劍峰，焰甚湖涸而明堂道穿，郡不利云然，百姓愚習故而不知變也。前郡侯班田鐘先生嘗欲塞南道，復柳林堤引江水入湖，以穰且以爲濠，用護郡城焉。業已計，慮偶遷秩去，事未竟逮。嘉靖癸亥冬，郡侯春渠汪公來詢之往牘，特以告於兵憲，泗橋陶公即慨然欲竟之，遂下其議計，堤延亘凡七百六十丈廣，四丈高，稱是伐石爲橋，凡三洞，計費千緡有奇。湖歲增課四十金，可備修城之費上之，公以請於撫院柏泉胡公、按院少淇陳公，咸喜其利民也，遂檄德化，令陸君某董之。陸君督邑之民，凡七十二寨得三萬五千人分役之。寨僅得五尺，工省而民力易興，且時方農隙，庶民子來，群工畢興，不再旬而堤成矣。堅緻縝密如天成然，兩岸種柳即林林可睹也。逮甲子春，衣適至自閩下車里門，過堤上，湖光樹色掩映，天地而郡改觀焉。士民喜溢，嘖嘖口碑載道也。陶公屬衣言，衣作而言曰：嘗聞之，君子務其遠者、大者。又曰：裁成天地之道，輔相天地之宜，兹役也。陶公毅然不少引避，而一時諸大夫咸相成之。因天地自然之勢而施裁，成輔相之功，開斯民千萬世之利，蓋非偶然矣。其所謂待人而興者非耶？矧因其舊而圖新，不奪農時而城减攸浚，足以穰民之灾，又有以備修城之利，功倍而民不勞，一舉而衆善。集民之思之也，非即所謂甘棠之政耶？湖之得名有以哉，有以哉！因其役，并原其名以志思焉，是爲記。

（同治）《德化縣志》卷六　郡治之南有湖，圓徑約十餘里，曰甘棠湖。甘棠，思少室也。李公渤治郡，嘗築堤防潰，通往來，後人德之，故曰甘棠。有橋界湖之中，南北亘長堤，而橋以通内外湖水，水之橋下流者，位於戌，而内湖當府縣署之午位，與小東門位寅方者互相參，而形家以是爲攸利。嘉靖癸亥，兵備，葛寅亮又别有見，塞門改橋，堤亦剗焉。自是，化邑科甲似减於昔，士人以爲言。三者請復其舊，粤西桐莊朱郡憲主建堤，堤集費而擎舉焉。門亦啓，建者、費啓者亦費力，既屈矣。非橋則内外舟楫不通，且内湖春夏水漲，無所洩湧於堤而噬之，堤且不可保。余竭蹷勷厥成焉，僉曰：洵善哉！橋昔稱思賢，思少室也。李公不在兹乎？是宜仍舊名。夫橋於堤，功猶尋丈也。無堤橋，無所藉手，少室故治郡朱、郡伯之堤，足媲美矣。因承橋於堤，而歸其名於今，昔郡侯曰兩賢橋，橋之竣後於堤者，未匝月，始事於乾隆十七年十月初十日，訖十一月二十一日。兩者俱告成焉。勷事者，即今辦志事記姓名，諸紳士其首事，則王安國、賀國泰、邵德、舒秉壎、蔡邦俊、鄒之儒、羅占魁，呈請者張問政、熊士鼇，張年時已逾八旬矣。既竣事，逾二年，余以推升寓公所日，大雨，張扶杖泥塗，投剌而固請見焉，曰：堤與橋恐久而圮也，願以告。新父母繼長而增高，俾勿壞。詞懇懇殊可感，吁張生且然，況稱民父母哉！以此思賢，賢累兩而三，且十百矣。夫橋其小焉者也。

傳記

（天順）《明一統志》卷五二《馬驄》　馬驄，廣西臨桂人。正統間，知德化縣。涖事勤敏，首以學校、農桑爲務。甘棠湖堤歲久且壞，行旅病涉，遂率民往築，甃以巨石，植柳於堤護之上，有烟水亭、濂溪祠久圮，驄復修葺之。後升工部主事。卒於官，邑民懷其德，遂迎其喪葬於廬山之麓。

（嘉靖）《九江府志》卷七《李渤》 李渤，字浚之，長慶爲江州刺史。操自持，急民之患，嘗作詩勸農，云：萬顆皆因一粒春，良農何待勸諄諄。四時若要農安業，須革妨耕酷虐人。又築南湖堤立斗門，水勢以利民涉人。號爲甘棠湖。

（康熙）《江西通志》卷一六 順治十五年，推官胡宗虞補築甘棠湖堤，兩傍栽柳，春日湖光緑映，人稱胡公堤。

（嘉慶）《清一統志》卷三一九《吴秀》 吴秀，吴江人。萬曆中，知九江府，聞南薰門建甘棠湖閘，聞便商河掘老觀塘，多所修舉。

紀事

清 金武祥《粟香隨筆》卷六 乙亥九月，道出潯陽，訪琵琶亭遺址，不得，遂游甘棠湖。周約十餘里，中有墩圓如月，白香山作亭其上。後人因别時茫茫江浸月之句，以浸月名之，則猶琵琶行詩意也。宋時，周元公長子重建，改名烟水亭。其湖名甘棠，則以南唐刺史李渤築堤而名。東坡詩，春酒一變甘棠湖，即此地。余唤渡而往中流，容與導之，鷺鷗危碕，兀然翼以欄楯。此湖北濱大江，雉堞、梵宫參差隱現。其西則闤闠咽，樓臺倒影，歌管時聞。沿堤半栽楊柳，秋霜乍拂，旖旎欲黄。南望廬山，蒼翠撲人，則五老匡君如在雲中招手。查初白屢游此湖，有云：一奩明鏡插芙蓉，直可寫入圖畫。此亭據湖山之勝，恐當日琵琶亭無此佳景也。亭有聯云：恰好亭臺駐烟月，可無觴咏對湖山。又云：疏烟流水自千古，山色湖光共一樓。亦能言其大概。

清 施閏章《學餘堂集》卷一二《重修烟水亭記》 潯陽地界，匡廬彭蠡間，承平時所在亭榭。士大夫多燕游，爲歌咏。壬辰春，予奉使過潯陽，求所爲琵琶亭者，不可得。更詢他所土人云：此間有甘棠湖，以唐刺史李渤築堤名。湖中高阜，舊有亭，曰烟水樓，曰鏡波。爲士大夫咏游處，亂後傾圮，十餘年無人迹矣。

藝文

宋 蘇頌《蘇魏公集》卷三《甘棠湖》 爲湖始何人？人賢物亦久。所以甘棠名，百年猶不朽。

宋 袁説友《東塘集》卷五《用陳和父太博韻題江州高遠亭四首》 鮮新棟宇出樓顛，盡得江山四面全。高摘星辰風月夜，遠迷河岳水雲天。一湖尚想甘棠愛，又湖名甘棠湖。萬井誰呼大隱廛。見説松關頻却掃，兩賢吟處日回旋。

元 虞集《道園遺稿》卷三《董掾湖山堂》 九江秀色何處好？新堂正值甘棠湖。春水初生蕩洲渚，晚風欲起散魚鳧。自公退食對修竹，教子讀書編緑蒲。知君廉恕足陰隲，行見高門紆紫朱。

明 邵經濟《泉厓詩集》卷一〇《陳别駕守義號南堂因念西川》 君家甘棠湖之南，而今棠樹更稱甘。嘉禾入望雲千頃，西水當闌月一潭。敷布可能追召伯，謳謌應不讓張堪。暫予駟馬橋邊路，萬里春風幾駐驂。

明 王慎中《遵巖集》卷一《侯民部静溪招游甘棠湖陪憲使管復齋諸公》 積雨夏陰生，瀰漫湖水遍。悔爲一室拘，幸逢方舟宴。遠嶼微出江，雜芳正盈甸。沿流始泝洄，逗浦更游衍。樹色逐橈迴，波容隨望變。放情魚鳥間，景昃不知晏。雲氣輕嘉體，蘭觴易酬獻。一杯已可歡，况以偶時彦。

清 查慎行《敬業堂詩集》卷一四《同吕灌園鄒仙來諸君游甘棠湖登烟水亭次壁間舊韻》 長烟濛濛春澹澹，草色波光晴颭灔。廬山翠掃兩角雲，倒瀉杯中青一片。舊開小閣壓紋縠，時見飛帆掣流電。背郭人如燕雀稀，點沙舟與鳧鷺亂。地偏絲管曲嘈雜，市遠塵囂風截斷。可憐俗眼競喧湫，誰肯清游期汗漫。同時數子興不淺，佳句澄鮮分謝練。莫辭勝境日日往，預恐萍迹紛紛散。何當春酒變成湖，醉過鶯花三月半。東坡送劉景文詩云：春酒一變甘棠湖，自注云景文卜居。九江近甘棠湖，即此地。

又《同王令詒泛甘棠湖至城南謁陶白祠》 艇子打兩槳，剪風如燕梢。白鷺導我前，行行入蘆茭。古祠晝常啓，不待游人敲。門前十畝田，按碑記云：有田十畝即以給居僧。夏旱土不膠。牛宮柱欹側，旁種苦葉匏。居僧老業農，叱犢犂黃茅。苦云生理拙，歲歲山田墝。入門風氣遒，沙水互裹包。湖光隱林杪，山色遮城坳。天然好位置，結構宜榗欒。緬懷二先生，潛見各一爻。潔身苟有歸，千載應神交。如何斗室中？湫隘隣溷庖。誰能移佛座，勿令名實淆。正室三間，中設大士像，而二公祠反在其左，與僧廚偪處，殊不稱也。

清 王原《甘棠湖》（康熙）《江西通志》卷一四九 北郭長江流，混混雜黃赤。南城千傾波，一奩貯青碧。小屋叢近汀。衰楊罨遙陌。沙尾古堤橋，勝迹懷先畫。一抔若浮杯，孤亭破烟白。匡廬現全身，嵐紫落几席。傑閣字鏡波，五賢妥神魄。佳日携朋儕，放浪脱巾幘。湖山色不改，人民已非昔。江州屬重鎮，一再罹兵革。休養日已久，曾未起羸腊。蕭索慘氣象，憑吊愁過客。

清 江臯《江州竹枝詞五首》（康熙）《江西通志》卷一五八 甘棠湖水碧於烟，湖面孤亭一笠懸。可惜柳香花暖日，總無人上月明船。

清 陳文述《頤道堂集》卷三〇《吕洞賓先生先生唐宗室，名瓊，字伯玉，娶金氏，子四，曰甘美豐節，宰德化值世亂，乃棄官入廬山，從苦竹先生學道，今甘棠湖烟水亭有仙令祠**》** 昔現宰官身，世稱李伯玉。學道因棄官，廬山師苦竹。至今烟水亭，湖波浸寒緑。

清 程頌萬《石巢詩集》卷四《陪函樓年丈游甘棠湖》 亭午過函樓，叟飯意有餘。謂宜脱空飛，下攬甘棠湖。湖壖接城闉，水竹櫛比居。其上車馬涂，其下荇藻鋪。烟波送遥青，孤亭瞰層虚。嵯峨誰家園，樹石分綺疏。一步一眄樓，半直半曲渠。竹音撼飢禽，荷響跳游魚。叟至厭停杖，周覽方須臾。挾予出園行，飄髯隨所如。道左識叟者，問年驚倍予。躬朽不自鞭，叟歸無用輿。湖山樂聖解，性命通仁書。試傾此湖波，注海猶注壺。持歸飲一勺，悵望寥天孤。

清 范當世《范伯子詩集》卷六《燕生香海同游甘棠湖之烟水亭，論詩頗洽而語及時事乃必不能諧，香海不復願聞輒復拉觀其壁間舊題而索和焉，余即依韻笑作二首，一譏香海不識時務，一并以吾州之水西亭傲此湖也》 結屋樓臺起莫烟，出塵壺嶠九江偏。暫將苦茗捐煩慮，更對甘棠懷古仙。與子囂囂難避世，生今曆曆可談天。君看島嶼群飛鳥，掠樹窺人智尚圓。

清 方濬頤《二知軒詩續鈔》卷七《九江郭外有感》 刧盡蟲沙海客來，甘棠湖畔起樓臺。障川要把狂瀾挽，固本端須正氣培。害馬不除無遠慮，長鯨能掣是雄才。徑思憑仗飛廉力，一掃迷漫濁霧開。

又 卷九《爲人題畫松横幅》 昨乘番舶過柴桑，太息淵明徑已荒。貌得虬龍懸素壁，夜來春雨足甘棠。湖名。

清 胡承珙《求是堂詩集》卷三《烟水亭》 極目蒼茫處，中央忽此亭。九江浮檻白，五老落檐青。荇藻皆明蒨，鳬鷖自杳冥。甘棠有遺愛，頹廢更誰經。亭在甘棠湖中，時已就圮。

清 金甡《静廉齋詩集》卷一二《自九江至南康作》 曉過甘棠湖，堤柳眠方起。連日苦風埃，夜得微雨洗。夾鏡自通光，吾心映清泚。不知廬山頂，積雪復如此。因憶暮寒生，霏空玉塵委。匡君招五老，皓首幸相倚。顧看征途客，青鬢亦希矣。遥空聞妙聲，仙心雜詩裏。鎖院久低眉，披豁自今始。兹山傳繡谷，屢到昧遺址。陽春呈麗景，隨地布錦綺。菜麥間青黄，紅白認桃李。文章五色備，幽居者誰子。但作田舍翁，將毋愧山水。峰巒紛起伏，峻嶺眇雲峙。吴障嶺，九江、南康分界於此。如臨常山脊，直望鄱湖涘。從此入南康，闗門破空啓。崎嶇殊不減，秀潤倍堪喜，一徑翠陰森，松林密於葦，諸生道旁謁，鹿洞距尺咫，得門終不入。當道有白鹿洞書院石坊。用意亦有以，紆途憐僕瘁。側景迫餘晷，想像昔賢心。不嫌虚仰止，行行近城闕。塵務待重理，兩郡一日程，偷閒短章紀。

清 李慈銘《越縵堂詩續集》卷八《吁嗟行》 吁嗟！高昌巧言高安伕，千里之草風不競。誰何健者出里儒，寒氈雪映甘棠湖。讀書所得媚世術，毋乃姓名羞江都。國運中艱餉需急，百萬轉軍竭膏血。誰知仰屋廿載餘，自爲司農作金穴。和戎大邸開海西，侏離上坐斑闌衣。王公咕囁獨迎笑，俛眉進酌金留犂。赫赫潮溝董世子，纖褉打稽五都市。爰書數尺名捕亡，日入西曹夜北里。忽聞告密緹囊投，魯公罪狀出蔡攸。都坐腭眙却不理，眼看芻上生戈矛。可憐瓜葛尚如此，龍鍾夜行不知止。七八十翁何所求？爲汝檮杌作馬牛。詔書先奪貂隸職，繼罷文昌聽嚴劾。徒令年少相誇張，書生大破銅山賊。

清 阮元《兩浙輶軒録》卷一一《將入廬山過甘棠湖》 背郭一

湖水，田田蓮葉新。亭虚浮斷檻，柳暗渡行人。隔浦遥疑畫，看山近逼真。匡君迎我笑，雲氣往來頻。

清 湯貽汾《琴隱園詩集》卷九《九江訪陳金門備來于甘棠湖》 重到潯陽歲已闌，陳遵閣畔酒人殘。披君湖上新詩本，憶我江村舊釣竿。宦似秋蟬拋殻易，家如春燕定巢難。安能便結東林契，等把浮雲白眼看。

清 唐英《陶人心語》卷三《又續春興其二》 暖風細雨又江州，陶榷頭銜野境留。無藥醫狂惟止酒，有方却老但蠲愁。甘棠湖泛桃花舫，湓浦堤開楊柳樓。冷宦訂盟誰道少，舍南舍北總閒鷗。

又卷五《邀方司馬暨幕中諸友以詩代簡和方仲駒司馬韻》 漫笑天涯浪白頭，恩深宦海繫浮舟。甘棠湖上諸君子，肯向風塵話勝游。

清 吴省欽《白華前稿》卷二七《甘棠湖櫂歌有序**》** 甘棠湖，一名景星。其得名，皆以李少室。湖心有烟水亭，邨曲、漁歌静夜間起，寓館多暇，輒取竹枝之體爲櫂，歌若干首，篌衍及之，備風軺之采焉。

楚尾吴頭控上游，驚心曹翰李成競屠劉。一從雙劍韜鋒後，水氣深溶入郡樓。程史，乾道中，文立方守江州，以郡治，直雙劍峰乃聳，譙樓而池，其前謂之藏劍匣。

清 吴嵩梁《香蘇山館詩集》卷一〇《題陳棠湖備來對廬書屋圖書屋落成尊甫東浦方伯已卒于官**》** 甘棠湖水緑，一半浸廬山。坐擁書千卷，憑添屋數間。平泉餘手澤，退谷待身閒。五老應惆悵，仙雲暝未還。

清 謝元淮《養默山房詩稿》卷九《烟水亭九江城南甘棠湖中**》** 湖心亭子似西泠，湖外匡山列畫屏。軟浪搖來秋艇白，浮嵐迸入小窗青。情深烟水思邀月，愛繼甘棠説景星。湖舊名景星，唐刺史李渤築堤衛民，民德之，因名甘棠。宋周茂叔知南康軍，捌浸月亭以望匡廬。明黄蒨中，改建烟水亭，以奉吕仙。屯陽取山頭水色薄籠烟之句。 到此渾忘風色險，雲帆江上幾時停。

雜録

宋 黄榦《勉齋集》卷二三《五陂塘》 國家頻年以來，常苦旱暵。是雖天時之適然，而亦人事不修之過也。人事既盡，則雖天灾流行，亦有不得。而勝者陂塘之利，所以灌注田畝。漢世良吏往往以開渠灌田立名，後世如召伯埭、甘棠湖之類。民到于今，稱之使爲國者，可以一切取必於天，則何必若是之屑屑哉？

（嘉靖）《九江府志》卷二 甘棠堤，在甘棠湖中。唐李渤所築，即南門壩。歲久傾圮，水泛泥濘，行者甚苦。嘉靖九年，知府馬紀命工甃以磚石，高踰尋丈，履若平地，人甚便之，呼爲馬公壩云。

又 思賢橋，在城南迎恩門外。南唐長慶間，李渤爲九江刺史，築堤畜水，砌石爲之，跨甘棠湖上，後人懷其德，故名。天順元年，同知安永修，上覆以屋七間。成化甲午，水崩，知府蘇致中、趙祺相繼葺完。弘治己酉，知府童潮復修今橋，存屋廢。

又 清平橋，在城西門外。元至正間，照磨陳應昌建，跨甘棠湖之北，今塞。

又卷一四 龍池寺，在府城西門外，湓浦港之東，甘棠湖之北。晋大元間，僧慧遠開創有龍開河，因名。宋紹興中，僧悦堂重建。元壬辰，兵燬。我朝洪武十一年僧本明，成化五年僧恵俊，嘉靖間僧明瑨次第重修。

《明一統志》卷五二《浸月亭》 浸月亭，在府城西。甘棠湖中有土墩，圓如月。唐白居易作亭其上，後人因其別時茫茫江浸月之句而名。

又《烟水亭》 烟水亭，在甘棠湖堤上。周敦頤子司封郎官壽建，取山頭水色薄籠烟之義爲名。

廣德湖

論説

宋 舒亶《舒嬾堂詩文存》卷三《水利記二案此及後篇皆指廣德湖也**》** 是湖千頃，有四利焉。當春夏秋，四明諸山積水東注，浩蕩泛濫有如海潮。居民廬舍往往湇没，不一二曰，輒下，以是湖納之，一利也。方其旱歲，七鄉之田引以灌溉，而漕河北取以濟公私往來之舟，二利也。菰蒲鳧魚四時不絶，凡村落城市之民，無田以耕、無錢以商者，莫不仰食於此，三利也。歉歲，窮民以蓴根爲聖米，蓋自别邑、他州争取，而食者不可勝數，四利也。嗚呼！其利溥矣，有心於民者，繕其堤防，謹其經界，時其啓閉，禁其畜牧可也。而或者徒見其沙沫淺淀，乃欲議以爲田，獨不知沙沫爲田，則湖遂廢矣。古人戒始作俑者，意顧不在此。與越之鏡湖、白馬湖可見矣。沙沫地纔四十頃，參天下顧少四十頃田哉！今夫導一渠、浚一井，猶苦其勞費，積日月而不之成。奈何欲規四十頃難必之利，而遂廢千頃已見無窮之利哉！誠有心於民者，姑思之毋忽焉。邑人舒亶題。

又《水利記三》　或謂是湖堤塘善頹，每一浚築，則取材調工於并湖之民，亦勞費矣。今誠能即其膏沃，少損爲田，歲積穀以爲繕修之備，亦因利之利也。是不然，自慶曆丁亥，距今元祐癸酉，凡四十七年矣，而湖堤之修，前荆公，中張侯峋，最後段君藻，蓋未始數也。夫利害未嘗不相隨，顧大小如何耳？今置大利而顧小害，未可謂知務也。堤所以善頹，無他，由啓閉不時，而畜牧陵踐故耳，此縣令之事也。嘗得聞父老謂段君治是湖頗力，增卑培薄，植榆柳於其上，凡一百二十丈，置之列亭，刻石載其數目、姓名，使分守之，而一切禁止。誠持久能如此，湖復何患哉？

宋　魏峴《四明它山水利備覽》卷上《廣德湖仲夏堰已廢并仰它山水源》　唐《地理志》載：鄮縣其下注云，西十二里有廣德湖，溉田四百頃。貞元十一年，刺史任侗因故迹增修西南十里，有仲夏堰溉田四千頃。太和六年，刺史于季夏築今湖、堰，并廢。寶慶二年，郡守、尚書胡榘再修。鄞志既載廣德湖興廢之由，復附言于後，曰：今歲夏初，愆陽再旬，東鄉惟恃錢湖，以不恐西鄉渠流已竭。舟膠不行，幸而禱雨，隨應錢湖猶可以資灌溉，而它山堰水決無可救之理，此蓋未知它山之水源深流長也。峴屢因亢陽惜水之泄，從權以土石增障，堰上約鄞江之水以入溪，又浚水口淤沙，引水以入田，故水勢流貫諸港，滔滔不已，使有人焉。力行障堰排沙之説，則何旱之足慮，謂其無救于旱，則誤矣。或曰：廣德廢湖之田，中間川渠及仲夏之港，縱横流貫，豈無大雷林邨建嶴之流，何獨它山？夫言水利者，不必言其流衍之時，而當言其旱涸之際。如流衍之時，何往無水，惟亢旱不竭，方足恃也。大雷林邨建嶴之水，山近源淺，常時與它山合流，絶無以别，稍遇旱涸，則流必先竭。至它山之流，獨共輸灌，以此言之，雖謂悉仰它山之水可也。

（乾道）《四明圖經》卷一　城之河渠，蓋一水，自它山經仲夏而入。南門一水，自大雷，經廣德湖而入西門，淫潦泛溢，則城之東北隅有碶，以泄於江。碶閘猶存，二水入城，爲州民之利，今猶昔也。皇朝天禧間，許兪作、李侯夷庚《開河記》言：廣德湖水也，元祐間，舒公龍圖亶爲西湖。《引水記》言：它山之水也。其後，檢正王公庭秀作《河渠説》則兼言二水之利。《開河記》曰：廣德湖者，舊爲官職田之所，廢穿百三十六，盜泄四注，中不涵潴，耨之爲畎畝之地，蹂之爲芻牧之場，公於是口官占民侵之所，及芻牧之所踐者，盡命撤廢，禁不得入，亘之以巨防，環之以長堤，築捍堅固，導洩有方，均之以高下周之。以遠近自郭之，内家映修渠，人酌清泚湜湜之流，周環四來，潤下不竭，澄源有歸。也。《引水記》曰：鄞縣南二里，有小湖。唐正觀中，令王君照修也。又引之於州北隅，鑿兩池以渟之，雖炎曦下爍，河流交絶，而茲池不可涸蓋今里俗所謂細湖頭者，乃其故處焉。湖廢久矣，獨其西隅尚存。今所謂西湖是矣。明爲州，瀕海枕江，水難蓄而善泄。歲小旱，則池井皆竭，而是湖所以引它山之水，爲旱歲備也。

清　全祖望《鮚埼亭集》卷三五《廣德湖田租考》　吾鄉廣德湖之廢爲田，所輸于官者，租也，非賦也。故較諸鄉之田，爲獨重世，但知湖田之開，由於樓异而不知湖田之不輸賦，而輸租由於仇悆故，世但知湖田中有樓异祠，所當廢，而不知仇悉。鄉校之祀，尤宜黜也，《宋會要》云：紹興九年，權發遣明州，周綱上言，湖自政和八年爲田，召人請佃，得租米一萬九千石。至紹興七年，守臣仇悆乞令見，種之人不輸，田主徑納官租增爲四萬五千餘石。嗚呼！古今來聚斂之臣，逢君縱惡蓋有出於人情之外者，夫田主之得，有此湖田也。其募人墾塞之功，不知幾何，即其既墾既塞，一歲而菑，再歲而新田，三歲而畬，亦不知其糞治幾何。而後得有此租也，而上之人忽攘其租而有之，吾不知其何顔以臨民也。夫田主之租，詎終可得而攘乎？彼佃田者，大率皆貧民也。其平日不能無所藉於田主，一旦而竟負其租，亦非貧民之利矣。而三代以後之阡陌，不能終爲王田者，勢也。數年之後，必售之人即又爲田主所有矣。田主將盡以其租輸官，而不取升斗之利乎？抑亦將重其額，以取之貧民也，是以爲無窮之患。當紹興二年，李莊簡公光守宣州，嘗言：政和以來，東南湖田之累，僅得罷餘姚、上虞二縣而已。踰二年，移知湖州，再疏請盡復鑒湖、廣德湖、湘湖之舊，朝議遣轉運使相視，報尚書省。而其時明之守臣即悆也，不思奉行正義，以紓部民之害，反以加租誑其君，自有此加租，而其後轉運使遂言：契勘湖既爲田，更無可復之理。則湖之累，始於异，而成於悆也。故始不過以充高麗使臣貢道之費，而其後遂以養軍。宋亡，遂以海運赴津門，湖田之民受害巨矣。乃《宋史》居然爲立傳，頗稱其美，《四明志》亦然。不知其爲聚斂之臣，如此其餘寧有足，觀乎湖田，減賦在明嘉靖中，以布衣楊欽之疏，其時，尚書聞公淵、副使陳公槐主之始得，請於朝而以視他鄉，猶獨重焉。湖田之祀，三人也。以報功而廢湖者、加租者，亦享其祀，而莫之問，是則不可解之惑也。或曰：今奉化之善塘有廟焉，以祀悆也，悆之退居奉化，築塘利民，何與？此事相戾，與曰：悆當爲守之時，但欲增國課以固位耳，無暇爲民也。及其退居，則不作此想矣。樓异亦復，戚浦至今城南之人祀之。予故謂豐惠祠、蓬萊觀之祀，當黜。至戚浦，則不以過掩功也。悆之宜祀于善塘亦然，事各有所當也。獨恠五百年以來，盡人皆言廢湖之害，至歸罪于王正己之强辨而莫有考。及此事者，故特記之。

綜述

《新唐書》卷四一《地理五》　西十二里，有廣德湖，溉田四百頃。貞元九年，刺史任侗因故迹增修。

宋 曾鞏《元豐類稿》卷一九《廣德湖記》　鄞縣張侯，圖其縣之廣德湖而以書，并古刻石之文遺予。曰：願有紀。蓋湖之大五十里，而在鄞之西十二里，其源出於四明山，而引其北爲漕渠，泄其東北入江。凡鄞之鄉，十有四，其東七鄉之田，錢湖溉之。其西七鄉之田，水注之者，則此湖也。舟之通越者，皆繇此湖，而湖之産有鳧雁、魚鱉、茭蒲、葭菼、葵蓴、蓮芡之饒。其舊名曰鸎脰湖，而今名，大曆八年，令儲仙舟之所更也。貞元元年，刺史任侗又治而大之。大中元年，民或上書，請廢湖爲田，任事者左右之爲出，御史李後素驗視後，素不爲撓，民以得罪，而湖卒不廢。刺史李敬方與後，素皆賦詩刻石，以見其事、其説以謂。當是時，湖成，三百年矣。則湖之興，其在梁齊之際歟。宋興淳化二年，民始與州縣疆吏盜，湖爲田久不能正。至道二年，知州事丘崇元躬按治之，而湖始復。轉運使言其事，詔禁民敢田者至其後，遂著之於一州敕。咸平中，賜官吏職田，取湖之西山足之地百頃爲之。既而，務益取湖以自廣。天禧二年，知州事李夷庚始正湖界，起堤十有八里，以限之湖之濵，有地曰林村，砂末曰高橋。臘臺而其中，有山曰白鶴，曰望春。自大平興國以來，民冒取之夷庚，又命禁絶，而湖始復。天聖、景佑之間，民復相率請湖爲田，州從事張大有案行，止之。而知州事李照又言其事，報如至道，詔書照以刻之石，自此言請湖爲田者始息，而康定某年，縣主簿曾公望，又益治湖。至張侯之爲鄞，則湖久不治，而七鄉之農以旱告，張侯爲出，營度民田。湖旁者皆喜，願致其力。張侯計工賦材，擇民之爲人信服有知計者，使督役而自主之，一不以屬吏人，以不擾而咸勤趍，於是，築環湖之堤九九千一百三十四丈，其廣一丈八尺，而其高八尺，廣倍於舊，而高倍於舊。三之二鄞人累石陻水闕其間，而扃以木，視水之小大而閑縱之，謂之碶。於是，又爲之，益舊捻爲碶，九爲埭，二十堤之上植榆柳，益舊揔爲三萬一百，又曰其餘材爲二亭於堤上以休。而與望春、白鶴之山相直。因以其山名之上爲庙，一以祠神之主此湖者，一以祠吏之有功於此湖者。以熙寧元年十一月始役，而以明年二月卒。事其用民之力八萬二千七百九十有二，工而其材出於工之餘。既成，而田不病旱，舟不病癘，魚雁、茭葦、果蔬、水産之良皆復其舊。而其餘及於比縣旁。州張侯於是可謂有劳矣。是年，予通判越州事，越之南湖久廢不治，蓋出於吏之因循，而至於不知所以爲力。予方患之，觀廣德之興，以數百年危於廢者，數矣。繇屡有人，故益以治。蓋大曆之間，溉田四百頃，大中八百頃，而今二千頃矣。則人之存亡、政之廢舉，爲民之幸不幸，其豈細也歟。故爲之書，尚俾来有知，毋廢前人之功以永爲此邦之利，而又將與越之人圖其廢也。張侯名峋，字子堅，以材聞，去而爲提舉兩浙路常平、廣惠倉兼管句農田、差役水利事，方且用於時云。

（寶慶）《四明志》卷一二　廣德湖，在西十二里。仲夏，堰在西南四十里，當時縣治，乃今州治非古鄮治矣。

（至正）《四明續志》卷四　西有廣德湖，亦灌溉七鄉之田，凡八百餘頃。今廣德湖既廢爲田，則全仰它山堰一水之源，灌注官民田，引流入城潴蓄。

又卷一一　東湖與廣德湖，灌溉民田甚衆。廣德湖，在西門外，今廢爲田，以其租入贍水軍。東湖存，然久堙弗治。

清 顧炎武《肇域志》卷一二　廣德湖，在西二十里。它山堰，在西南五十里。先是，四明山水注于江，與海潮接，鹹不可食，田無以溉。唐太和中，鄮令王元暐始叠石爲堰于西山間，闊四十二丈，級三十有六，治鐵灌之。渠與江截爲二，渠水入城市，繞鄉村，以汲，以溉，其利甚博。高橋，在西南二十五里，宋建炎初，金人犯明州，張俊率諸將鏖戰，敗之于此。

清 李鄴嗣《杲堂詩文鈔・文鈔》卷五《書曾南豐廣德湖記後》

歲己酉六月至七月，鄞苦久不雨，即雨亦不遍不大。雖幸蚤獲，而晚田垂槁矣。余適自城中，望西鄉，河水久竭，心爲彷徨。即日過甬江浮橋，將下東鄉，則河水瀰瀰然。所乘舟可載粟五十石，時西鄉之人輿錯河中，而東鄉之人縴交岸上。西鄉之田蚤禾少，然篝持撰負江背生鹽；東鄉之田蚤禾多，然大艑小槳泛穀而唱。西鄉之河，枯魚、渴雁、腐茭、折葦，亦無所見；東鄉之汀，魚游、鳧流、茭肥、薵鮮，新眺極目。自余一日所見，一江之分，二三里之隔，其不同有如此。此無他，西鄉之湖久廢，而東鄉之湖在得洩水以注于河也。既至草堂，即發其篋中，取曾南豐所撰《廣德湖記》而讀之，其云：鄞東七鄉之田，錢湖溉之；西七鄉之田，廣德湖注之。所由來已久。蓋自南朝齊梁之際至宋數百年，其廢興利害固已歷歷可見，灼然在人耳目間。然主興者究不勝其主廢者，而湖竟爲田。即在政和七年，去今復五百歲矣。事本里人樓暐欲得鄉郡，因倡言開田益税足以資國費，朝廷悮爲所諂，而不知其害之至今也。方湖之廢，得田八百頃，初，官募民佃，歲輸粟四萬石，已而不便，聽歸之民間。一時勢家貪其肥，急于獲利，甘出重税以得田。其一歲所輸略浮于鄉田二歲，然横取者每不能長有。數十年後，固復轉賈于所不可知之人。而湖田亦已漸，所收僅比鄉田，而輸税倍之，更以爲害。然則湖之廢，不但使鄉田久失其利，而即此湖田亦僅使一人獲其利，而貽害于所不可知之人。固茫不測，其所止也，不亦悲哉！但余謂他日即欲歷按故籍，舉目前灼見之利害，以請復此湖亦極難矣。蓋湖雖廢，使鄉田受其害，然鄉田之租，固不失也。而湖田所輸，則八百頃，已有一千六百頃之入矣。今議復此湖，即以湖田原供之賦，更均之西七鄉，亦不能有所加也。而復欲大費朝廷之錢粟，役民數十萬之工，以徐收將來無所加之利，是民間未即受益，而國家先已受損矣。其誰爲請之，而誰爲聽之耶？由是推之，凡先王之政，爲後人一朝廢之，而千萬世不能復之。其較然得失有如此湖者，可勝道哉！南豐此記與序鑒湖圖相上下，業已擘畫如掌，而余復附所見于後，亦聊以俟諸後世，爲吾鄉之循吏有如召信臣者。

又《再書廣德湖記後》　余既書《南豐記》，後或謂余曰：君言湖之廢，其害若此；而欲復田爲湖，其難又若彼。是廢者，終不可復舉也。余曰：不然，南豐不云乎？政之廢舉，視國之治亂，人之存亡而已。使朝廷政修，則國用自足。雖百姓之常徵，尚有緩、有免，而豈惜此遺利所入哉？況一時大臣當國，以民事爲重，必能權其利害大小，而審處之。更有良有司能以湖之本末，具陳于朝，請得去八百頃之田，以利此數萬頃之田于世世，固亦治朝君臣所許也。是則廢者尚可復舉，而況猶在未廢者乎？蓋南豐作記在判越州時，宋治方盛。及元祐中，諸正人當國，有俞襄者復挾廢湖策走京師，諸公惡其害民，執而誅之。至政和之時，宋事大壞，而樓异乃言湖可田，得儲所入以待高麗使者，蔡京輩即爲所陷而許之。夫奪數萬頃田之民命，以飽一小國使者，使司馬公諸賢聞之，樓异復可斬也。然余謂其事終，責諸有司。儻樓异不得明州，湖終不可廢。而自唐宋以來，此方循吏若儲仙舟、王元暐、陸南金、李夷庚、李焰、任侗、張峋、丘崇元、程覃、吴潛諸公皆有功于水利者，其事載于傳牒，或廟食至今。而如樓异者朽骨猶臭，吏何可不知所觀□哉。或曰：南豐作記後，吾鄉舒亶復著《四利説》鐫之寺壁，以示後人。及湖初廢，檢正王廷秀更著《水利説》將上章復之，會遭靖康之禍，而止。是則君所謂治朝固不易值而未廢者，竟莫保其終。已廢者，終不可復舉，奈若何。余曰：誠如君語，然事有廢有興，時極而轉，而仁人君子之言則百世可考也。且余之汲汲然，更詳其事者，固非徒望廢者之復興，而亦欲保尚在者之終不可廢也。蓋吾鄉之有東西二湖、廣德湖之水所溉，僅在西鄉，而東錢湖之水旁注于三縣，溉田至百萬餘頃，其利益溥然。西鄉之山深，其發水大而去海稍遠。東鄉之山薄，無水與海逼，鹵潮汐易侵，即民朝無此湖莫立稿矣。前此湖既廢，其一而東鄉之奸猾有所慕，稍侵湖堧爲田，漸失其舊界。幸當事力爲釐正，凡田者，得論如律著爲令，湖遂以復。至余少時，復聞里中勢家欲得湖爲田，賴東鄉丘隘丘氏、横涇陳氏二大族苦争之事，雖格不行，然湖界仍失其舊矣。已而有勢力者復請植茭藕其中，謂不碍水道。時郡守某公不與辯，但使吏取二甕，各盛水，滿器而以草數莖投一甕中，水即溢出，議者爲少沮。至湖有淤葑，歲積則易塞水。初，官置義田，聽民取葑計，多寡給粟，約歲去葑，二萬餘船水益瀦得如所去。久之，義田漸湮，但以葑可糞田，民猶争取。後有進策者，曰：湖茭葑力肥宜使出税，于是民不復下湖，而葑益淤舟道，膠不可行。前此洩湖水注河，得三渠半。而今止，兩渠稍餘，即湖界如故而，已陰失三之一矣。若碶閘啓閉，更須重防往近湖奸人，利得魚鰕與司碶。夫通盗洩無禁，或歲苦旱，民競控于縣，曰：天久不雨，湖水乏，乞治碶夫罪。適一令新至江北，人不知水利，竊顧左右曰：天不雨，碶夫何罪？聞者爲掩口，由前數者觀之，湖之不可廢，其關于民命甚大，所不必言。即使人稍侵其利，而遂能爲害，不可不察。然則凡爲東方之吏者，于河渠一書，可不日置左右耶？故余汲汲然，并列其事，所以□明已廢者，宜力舉而復之，而尚在者之宜益治而廣之也。其有望于後人者豈少哉！

傳記

宋 蘇頌《蘇魏公集》卷五六《太常博士張君墓志銘》 太常博士張君諱大有，字損之。先世占數華陰，自其曾祖諱圖避五代之亂于湖湘，因家潭州遂爲長沙人。祖某三世仕宦皆不過縣令、州佐。至君以天聖五年進士乙科，一命爲隨州節度，推官翰林，胥公偃薦監壽春茶場。由明州推官改著作佐郎，知河南府澠池縣。再遷太常博士，河東都轉運使。【略】明州廣德湖灌溉之利，由古然矣。先時，患民侵冒壖地，太守李夷庚築大堤以限之。歲久，堤壞，而冒耕者衆請奪，滋益繁。轉運使移君往案視，得故迹而復之，于是，人均其利而訢牒自息。【略】而君卒矣，時皇祐四年八月某甲子也。君既登朝，贈其父國子博士，娶同郡馮氏號仁和縣君，繼卞氏。永安縣君一男子曰：明舉進士，嘗試于春官，三女子適考功，郎中鄭民憲、進士周郁、曹知微。君卒後二十六年，明以長興宰陳之才狀屬于予，曰：先人之仕于時，官不過博士，而壽止五十四。

（寶慶）《四明志》卷一《任侗》 任侗，正元九年刺史，增修廣德湖，溉田四百頃，見《地理志》。

又《錢億》 錢億，建隆元年，以節度使持節明州，事請于朝。浚廣德湖，築塘岸，周回一萬一千八百七十一丈。它山堰損，若不可收，跪請于神，增築全固。乾德五年二月丁卯卒，官謚康憲，葬奉化白石里。

又《丘崇元》 丘崇元，淳化年復廣德湖。

又《李夷庚》 李夷庚，吏部員外郎，直史館。天禧年，知浚東錢湖、廣德湖，移建州學。

（嘉靖）《浙江通志》卷二六《周渭》 周渭，字得臣，恭城人，慷慨有大志。建隆初，上書言時務，太祖召試稱旨，賜同進士出身，累官廣南諸州轉運使，後徙兩浙。及卒，貧不克葬，眞宗賻錢十萬，以其子建中爲乘氏主簿。渭在嶺南奏免劉鋹，時税筭之繁者，重定田賦興學校，鄉人德之，詳具《宋史列傳》。錢億，字延世，吴越王鏐之孫，俶之弟。建隆元年，爲奉國軍節度使，知明州。內和民兵，外固封守，市無二價，路不拾遺。浚廣德湖，築塘圻，周回一萬二千八百七十餘丈。它山堰損，億增築完固，民受其利。

又卷二七《樓异》 樓异，字試可，奉化人。元豐進士，爲鴻臚卿直秘閣，後改知明州。治廣德湖爲田，七百二十頃，歲得穀三萬六千，加徽猷閣待制。

紀事

宋 韓元吉《南澗甲乙稿》卷一九《右朝請大夫知虔州贈通議大夫李公墓碑》 縣西有廣德湖，延袤數十里。溉田餘二千頃，廢以爲田，給高麗供備之費。公得唐大和中復湖事迹，及熙寧曾舍人鞏所爲修湖記以請于朝，丐以還民奏，且下值靖康之難，公亦丁内艱去。

宋 李心傳《建炎以來繫年要録·紹興十三年三月辛亥》 明州言：自廢廣德湖田，歲失官租三千餘斛，請復以爲田從之事。祖見九年五月。

（乾道）《四明圖經》卷二 皇朝建隆間，廣德湖湮塞，康憲錢公億請于朝，用工浚治築爲塘岸，周回一萬二千八百七十一丈，它山堰損，苦不可修。公跪請于神，復得存固。

又 天禧中，直館李夷庚爲太守，修治東湖與廣德湖，水利通濟，有功於民。

清 徐時棟《烟嶼樓文集》卷一八《廣德湖遺愛廟碑丙辰》 鄞縣廣德湖，始興於齊梁，而廢於趙宋之崇寧。其未廢也，吏修舉屢有功。熙寧初，張侯峋既治湖，即湖之白鶴山爲廟祀。唐宋諸公曰白鶴廟，既而湖湮，群祀廢，以其廟專祀任刺史，侗任刺史者，貞元中修湖而見於唐史者也。皇朝乾隆間，全吉士祖望考圖經增議，其當祀鄉社蹕之，而未能舉也。道光初，里中新白鶴廟，時董大令瀾家居，始徵其言，闢廟旁室爲位祀諸公。後二十餘年，克備物以祭於是諸君子，謀曰：室隘且陋，其奚以肅明，禋而報嘉貺，是卜吉廟西，實始作爲新廟，始咸豐元年冬，越某年告成。既成，大令之孫名煊，以本末來謁，以請曰：願有記，余復爲斟酌祀典，稍增損，其人題廟曰遺愛而作，而言曰：嗚呼！吾鄞人之愛，長上何其久而不能忘也。雖然猶是民也，乃以徵賦之故，而以爲仇讎。一夫狂呼千社響，應斬竹裂布，揭旗題廟社，雜遝城府，蜂擁而逼迫之，必平價始已，猶是民也，何遽？不愛其長上，一至於此。夫粟米者，賦税之所從出也。而水利者，粟米之所由來也。四明，海國也，斥鹵不足資灌溉，是故堤防潴蓄，視溪湖爲性命。唐宋諸公，既備舉水政，其爲民納逋蠲賦，又常數十萬。今廣德廢矣。西七鄉之田，賴小江湖塘堰碶閘傾跌，失故道。無或過而問者，疾苦利害聽諸民，水旱、豐凶聽諸天，而催科則加之重焉。則宜乎民之思，諸公而久，而不能忘也。今巡道段使君方將舉大工修整洪水塘，以障小江湖之水，經營瘏痡。終將有成異。時汪濊溢而波及於廢湖之阡陌者，皆使君之賜也。民不忘諸公，其敢忘使君，故因記。遺愛之廟而喜，而及之至於諸公，增損之典，則別爲考，鐫諸碑陰。

《宋會要輯稿·食貨一》 三年二月一日，詔越州鑒湖、明州廣德湖自措置爲田，下流堙塞，有妨灌溉，致失陷常賦。又請佃人多是親舊權勢之家，廣占頃畝，公肆請求，兩州被害民户，例多流徙。仰陳亨伯體究詣實，如所納租税過重，即相度減免，立爲中制。應妨流灌溉處，并當弛以予民，令條畫圖上取旨，毋得觀望滅裂。

又 七月十七日，樞密院計議官薛徽言：被旨體問，得明州廣德湖田，元分三等，計管五百七十五頃九十九畝。每畝納租米三斗二升，通計一萬八千四百三十一石六斗八升。緣開墾之初，不問肥瘠，高仰深葑，一等亡租。其上中二等，皆權勢之家請佃。下等多是不曾耕種，所得不足輸官，往往抑勒貧民承認分種，歲久爲害。除中等租課，更不增損外内，上等別無二税，和買委是太優。今欲每畝量增八升，其下等合納租欲令豁退，所增上等田米，其餘乞委官相視。内低田即廢爲湖，濼依舊積水灌溉，其邊湖深葑可以植茭，即爲茭地，量立租錢。其間尚有堪種田畝，却立爲下等。將豁退不盡。米四百六十四石六斗四升，拘收補足，元數乞施行。尚書省扎送知明州，陳戩與本路提刑司同共子，細措置戩等言，相度到逐項事理，委是經久利便，從之。

又 四日，知湖州李光言：自壬子歲入朝，首論明越間廢湖爲田之害，蒙獨罷餘姚、上虞兩邑湖田，其會稽之鑒湖、鄞之廣德湖、蕭山之湘湖等處，其類甚多。州縣官往往利爲圭田，頑猾之民應而獻計，侵耕盜種，上下相蒙，未肯盡行廢罷。竊謂二浙，每歲秋租大數不下百五十萬斛，蘇湖、明越其數太半朝廷經費之源。實本於此，伏望專委漕臣遍行郡邑，延問父老，考究漢唐之遺制，檢舉祖宗之成法。應明越湖田盡行廢罷，内有積菱、葑淺澱去處，許於農隙量差食、利户旋、行開撩，稍假歲月，盡復爲湖。詔逐路轉運限半月躬親前去，相度利害，申尚書省。

又 十三年三月二十四日，明州言，契勘廣德湖下等田畝。緣既已爲田，即無復可爲湖之理，不免私自冒種。非惟每年暗失官租三千餘碩，而元佃人户詞訟終無田止息，又因緣有争占，鬥訟愈見生事。欲乞依舊爲田，令元佃人户耕種，從之。

又《食貨八》 紹興五年春二月，寶文閣侍制李光言：明越之境，皆有陂湖，大抵湖高于田，田又高於江海。旱則放湖水灌田，澇則决田水入海，故不爲灾。本朝慶曆嘉祐間，始有盜湖爲田者，三司使切責漕臣甚嚴。政和以來，創爲應奉，始廢湖爲田。自是兩州之民，歲被水旱之患。壬子歲，嘗取會稽餘姚、上虞兩邑利害。自廢湖以來，每縣所得租課，不過數千斛，而所失民田常賦動以萬計。遂先罷兩邑湖田，其會稽之鑒湖、鄞之廣德湖、蕭山之湘湖等處，尚多。望詔漕臣訪問應明越湖田，盡行廢罷。吴江東西圩田、蘇秀圍田折遍下諸路，監司守令條上詔，諸路漕臣躬親相度以聞於朝。

又 六月十二日，工部尚書兼侍讀張闡等言：竊見近降，指揮將紹興府鑒湖田、明州廣德湖田盡賣。二湖元灌溉民田浩瀚，後緣民間侵種，遂作圩田。今若一概出賣，竊恐於民間別有所妨。如紹興府鑒湖曾立石碑，應深溝大港并永遠存留以充灌溉。今欲乞專委紹興府明州守臣討論利害，詣實，方可出賣，從之。

藝文

宋 舒亶《舒嬾堂詩文存》卷一《和馬粹老修廣德湖》 古作重慮始，功利故能永。末俗紛錐刀，往往附光影。此幾百歲餘，興廢屢動静。七鄉十萬家，利害寄俄頃。譸張好惡曹，聒聒亂池黽。使君武陵孫，明潔水中荇。坐嘯黄堂春，獨得意外景。登臨莽蕪没，嘆息民不幸。一日山水光，蕩漾出荒梗。黍禾雜菰魚，狼籍被他境。人指白鶴祠，殷勤竊有請。衣冠儼郡公，一一畫真鯁。斯人豈可作，庶用薦遺秉。公乎且勿去，何以慰鄉井。願屬丹青手，千載共觀省。

又《粹老使君前被召約往它山謁善政侯祠既不果以書見抵謂可嘆惜并示廣德湖新記因成長句奉寄》 長江滚滚西南流，秋水時至狂不收。大浪似屋山欲浮，王侯神智禹所啾。萬鬼琢石它山幽，梅梁贔屭卧龍虯。咄嗟湍駭就斂揫，巨靈縮手愚公羞。障成十里沙中洲，支分脈引聽所求。赤旱稽浸民不憂，那得蟲蝗隨督郵。汙邪甌窶滿車篝，斯民飽暖何以疇。廟貌突兀寒灘頭，歲歲雞黍祠春秋。老農擊鼓稚子謳，當時人物紛雁鷗。豈無鼎食腰金儔，朽骨往往空蒿邱。姓名幾復人閒留，唯侯惠施膏如油。江聲浩浩風颼颼，千古不見使人愁。拔俗萬丈山標嶠，使君不減裴商州。下車百蠹隨鋤耰，一笑四境無瘠疣。天閑老步須驊騮，已聞歸作金華游。欽賢訪古意未休，畫船載酒岸鳴騶。約我與往置脯牖，冠蓋紛紛暇莫偷。搔首悵望情綢繆，我問使君亦何尤。西湖萬頃蛟龍湫，幾年荒苐今則修。鼛鼓弗勝財不掊，長堤岌嶫高岑樓。瀉有澮兮蕩有溝，餘波北注引漕舟。桑麻被野禾連疇，鶴鶴白鳥雜游儵。菰蒲菱芡餍采搜，柳楊成幄蔭道周。耕漁呼歌羸病瘳，使君之賜侯可侔。天邊旌旆看悠悠，父老雪涕争攀輈。地僻借恂恨無由，高文摛秀春華抽。豐碑崒嵂鑱銀鉤，千年空此留海陬。君知此日思君不，還如今日人思侯。

又《游承天寺望廣德湖》 桃源二月春風起，是處穠華有桃李。調笑聞聲不見人，游人只在華山裏。華山逋客來何遲？隱隱茶林隔烟水。滿眼相思寄碧雲，獨立城南望山觜。

雜録

（寶慶）《四明志》卷一三 豐惠廟，廣德湖之望春山。政和七年，樓异守鄉郡，墾湖爲田，人爲立祠，其孫鑰參知政事追封太師。嘉定二年，府以士民之請上於朝，十一月二十一日，有旨賜廟額，札送參政府。

又 蓬萊觀，縣西廣德湖之望春山。先是白龍祠之側有道堂立，郡守樓异生祠有道士奉香火。紹興十三年，請象山廢觀爲額。

（延祐）《四明志》卷一五 靈波廟，在縣西。廣德湖，唐賜額靈龍，特封廣德宣聖王。宋熙寧七年，改賜今額，鄞宰張珣與陳光禄忠恕奉敕建。

清 全祖望《鮚埼亭集外編》卷一三《增定廣德湖白鶴廟祀典

碑》吾鄉城外，水利資於三湖：小江湖、廣德湖在西，錢湖在東。小江湖之爲功，雖由於王長官之堰，而其湖道則固天作地成，綿延至鏡川二十餘里。非若廣德湖、錢湖之開自人力也，故歷久尚易支。廣德湖三面平坦，堤防九難，故卒爲樓异所塞。錢湖之欲塞者多矣，僅而得存。今不旱則已，旱則東管尚恃錢湖以無恐，而西管必失穫，小人苟且以圖一切之利，其害無窮如此。湖口有望春、白鶴二山，當湖未塞，即山爲廟，一以祀神之主斯湖者，即望春之靈波廟是也。一以祀守令之有功於斯湖者，即舒信道詩所云『人指白鶴祠，殷勤竊有請。衣冠儼群公，一一畫眞鯁。斯人豈可作，庶用薦遺秉』是也。塞湖以來，靈波之廟尚無恙，而群公香火則僅存一椽矣。

嗚呼！愚民知有田可種之利，而不知其害，群公當日之功今已澌滅，則民之忘其祀也固宜。甚至豐惠有額，蓬萊有觀，塞湖者反世享焉。王正己之强辨，況逵之記，寧有念及前人之良法者。夫湖之不可復也，亦明矣。然吾以爲，湖雖不可復，而廟必不可絶。何也？蓋神祇之享廟食，固有因其功長存，而世世祀之者，亦有其功止一時，而卒莫之廢者，群公之有功於湖民，實足左右夫靈波之神。其不當因樓异而斬祀也，明矣。況其英爽不與湖俱澌滅，則未必不爲湖民庇也。故議重新其廟，增定而列祀之。

湖興於魏晉之間，其始事者無攷矣。可攷自唐大歷中，吴府君謙鄮令儲侯仙舟。貞元間，有任府君侗。大中間，已有謀廢湖者，持之者爲李府君敬方，時奉使來驗不撓民以趨利者，爲御史李公後素。五代時，大增湖塘者有節度使錢康憲公弘億。宋淳化間，釐正湖界者，有邱府君崇元，已而有蘊府君耆。天禧間，增湖塘、湖堤、清湖界者有李府君夷庚。景祐間，又有請廢湖者，持之者爲李府君照，奉使來驗不撓民以趨利者，爲從事郎張公大有。康定間，治湖者，有主簿曾君公望。慶歷間，則王荆文公安石。熙寧間，有張侯珣。望春、白鶴之祠，即張侯所建也。元祐中，有馬府君琉，又有虞侯大寧、段侯藻。已而復有請廢湖者，持之者爲葉府君棣，未幾，而樓异至矣。惟吴府君於故九里堰旁有專祠，至今尚存。南渡而後，力請復湖者則李莊簡公光，雖非吾鄉守令，吾亦并請以祀之。

嗚呼！前輩於樓异之廟祀，欲毀之者多矣。方湖上之祀，异也。即在靈波廟中，其後始別建。今吾增定白鶴之祠，則其當毀，更可知也。抑將使今之爲民牧者，瞿然知遺愛之所在。雖其陳迹已亡，而尚有思而報之者，則彼欲廢東錢湖而田之，其亦可以返矣。湖之塞也，西管之田，遠資小江湖之水，雖不能遍及，然庶幾焉。而今不治已甚，洪水三壩僅存其一。不問水旱，溪流入江者十之七，梅梁淤入沙中，不可復見，不知是誰之責也？吾之爲是舉也。抑將使今之爲民牧者，瞿然知遺愛之所在，雖不能使廣德湖之復興，或不至坐視小江湖之廢而莫之救，將廣德湖尚可波及焉。則是祀也，其可以謂之無補哉！靈波廟神蓋，舊時湖中之龍居於山下者也。舒信道謂湖中時嘗有光采如海市者，其龍之靈歟？桑田既變，神物亦去，然其英爽則猶有存者。成化《府志》妄引里俗之言，以爲齊梁間人，僞造姓氏以實之，則慢神之尢者，爰附正之於麗牲之石。

吾鄉水利報功之祀，惟廣德湖上二祠最爲詳協。至若小江湖專祀王侯，東錢湖專祀陸李二公，其實後來守令有功者，不應槩置。小江湖則吴越錢康憲公弘億、宋監船唐君意、虞侯大寧、秦府君棣、陳府君塏、判府吴正肅公潛、元阮侯申之，明沈侯繼美、魏府君復琦、沈侯猶龍，里人則宋張簽幕必强、龔宣議行修、魏泉使峴、王尚書應麟、安吏部劉、元潘教官某，皆應配享遺德廟者。東錢湖則王荆文公安石，主簿吕君獻之、張府君津、魏王愷、姚侯枱、程府君覃、胡府君榘、陳府君愷、元縣尉王君世英、明黄侯仁山、寇府君天叙、沈侯猶龍，里人則先侍郎、先宫詹董户部守諭，陸副使宇熑，皆應配享嘉澤廟者。至於城中雙湖，始自唐王侯君，照其既如吴越錢康憲公、宋李府君夷庚、錢府君公輔、劉府君俶、虞侯大寧、唐監船意、劉府君埕、張府君津、判府吴正肅公，明張侯伯鯨，城中萬户資以得生，九不可以無報也。今但於水則亭祀正肅，亦未盡。

桂湖

綜述

（天順）《明一統志》卷五五 桂湖在新淦縣治南，舊傳湖傍有登科第者，因名，又名倉池。

（正德）《建昌府志》卷二 桂湖七曲回流至白水鎮，舟亦可通，故又名桂湖七渡。

明 周文《復桂湖水議》（同治）《新淦縣志》卷一 本縣學前，明堂舒展，賓峰聳秀，龍虎拱衛，洋潮環抱，尤稱文明氣象也。近爲堪輿俗師妄肆穿鑿，將左肋掘挖成河，大洩垣局，截斷龍脉，壅塞來水，又築堤作帶如盤蛇狀，城門釒亞列，横抑明堂，皆爲不吉。是宜仍舊任水自流，去其梗淤，循道開河，略移城門，直與明倫堂相對，俾正南秀峰拱峙爲美，挽回神化，振起人文，端在此也。

（雍正）《四川通志》卷二三 桂湖在縣學前，廣三十畝，李大昕有記，楊太史慎有桂湖曲。

又卷二五 桂湖在縣城内西北隅，與中江通。

（乾隆）《福州府志》卷五 桂湖一名貴湖，在四十二都。群山環合，清溪中注，平曠如盤，周迴可二十里。村落皆背山臨流，僅通一徑，險阻可守，中有湯泉出，鉅石閒形如帽，土人呼爲紗帽石，又有靈峰五雲，大冥石竹巃諸勝。

（嘉慶）《清一統志》卷三一一 桂湖在鄱陽縣東北三十五里，相近有道汊湖，俱受諸山水，南徑小渡入鄱江。又孔目湖亦在縣東北三十五里，東納大渡支流，西徑南湖入鄱江，相近又有角尾湖，又縣東六十里有沙隔湖，俱納大渡支流西入鄱江。

清 張奉書《重修桂湖記》（道光）《新都縣志》卷一四 縣廨之南有桂湖，廣四十餘畝，波光澄澈，爲有明楊升庵先生遺迹，先生沿湖植桂樹，製桂湖曲。乾隆己巳，湖水偶涸，廢爲田。楊君芹洲來宰，是邑復浚爲湖。湖中築土爲基者三，殆有志營造而未逮也。道光壬辰，前令汪君霱嵐集士大夫捐金，就基址結舫，居方亭岸南建觀音堂，湖東建樓供倉頡朱衣諸像，水閣依其旁，余莅任後履其地。以是湖既爲先生遺迹，即應奉先生於其間，而樓閣亭宇亦思有所增損，以工鉅而止。戊戌夏，會他邑偶旱，米價因之倍蓰，鴻嗷時有聲，爰出俸錢，導樂善者輸金糴米，賤其價以糶之，至秋乃止。餘鏹幾萬，遂置沃畬百一十餘畝，增龍門書院膏火，廣養濟院煢獨之額，尚有嬴者三之一，邑之諸君子咸以重修桂湖來請，余欣然從之。己亥春，鳩工庀材購湖東隙地畝餘以益之，斥其樓閣以爲前後廳，刻木肖先生像奉於前，其右爲水閣，左則跨湖爲屋，望之若舟。壘石爲山，障其前。湖中築臺，爲月夕吟眺處，顧諸神像無位置所，乃於門内建觀音閣，長廊環其左右，迤東建殿宇，奉諸神像，循其舊也。觀音堂舊址葺爲軒，其地剥者修治之，闇者塗澤之，增置机按坐具之屬一百八，事造小舟三。門前隙地修市廛，八椽取賃資爲歲修之，用凡十閱月工始竣。用銀以數千計，不足者邑之人助之，始終董其役者，粟君純剛、鞠君映台、魏君作霖、廖君昺、高君星彩，其楊君光俊、向君開基、魏君用中、鄭君達書、劉君安峒，時亦經營之。其規畫布置助余不及者，則余友桐城姚仙槎騫之功爲最，例皆得書是役也。非圖美臺榭，資游覽蓋，以先生文章節義爲一代之冠，此邦人士泛斯湖者，當思希踪前哲，觀感之心，其有不油然而生耶？他若烟波風月之佳，先一曲中咏之矣，故略之。

（同治）《德興縣志》卷一 桂湖在縣南十八都，紫駝山後，過峽處水泉不竭，因名村。

（光緒）《江西通志》卷五八 桂湖在新淦縣南門外，爲儒學外泮，又名倉池。明萬歷戊申，知縣朱邦禎以水勢徑洩惠政橋於學宫，無關鎖，率民開浚繞迎春門，循秀峰學泮而出，名玉帶水。

紀事

清 楊道南《重修桂湖記》（嘉慶）《新都縣志》卷四六 壬申夏六月，余赴始康任。舊例履任後閱城，城齊整完固，繞城上行，見城南門内有田數十頃，禾黍芃芃，蔚然在望，因思邑爲通都孔道，居民比屋而居者，鱗鱗而立，幾無隙，士安有原田，膴膴錯出於人烟稠密中乎？詢諸士人，曰：此古桂湖也。廢而爲田，將百年矣。有明楊升庵先生於兩堤栽桂樹數百株，作桂湖曲，故後人呼爲桂湖。乃一縣勝迹，本不可没，緣乾隆十四年，湖水偶涸，奉役在公者請於官，將此湖湮爲田，以充解費。士人屢争之，官弗爲理，事遂寢。去歲，大憲飭各屬修志，有欲復古者復訴於太守，太守下其議，余幕友擬以分半之説始是，而終疑之，因集士人於庭而問之，君等爲争田乎？爲復湖乎？若争田，是以利言也。分半之説亦無不可，若欲復湖，余請以完璧歸趙。士人慨然，皆願復湖。余喟然而嘆曰：事無大小，不繫以私，皆可行。向來官斯土者亦知，曲在役直在，士人費無所出，故容隱而袒護之。余一行作吏，安肯明知其非而故文之乎？俟秋收後，田復爲湖，費捐於官，不狥私、不累民，區區之志如此。他日湖成，波光萬頃，瀲徹淵涵，縈回映帶於闤闠間者，洵一邑之巨觀也。公暇時，與邑中士大夫或游堤，或泛艇飲酒，賦詩憑吊。升庵之遺迹，俯仰興懷，流連不置，不獨士大夫之樂，亦可副官斯士者，培地脈、興人文之至意也。

清 金武祥《粟香隨筆》卷四 隱山六洞，唐李渤所開，在西郭外里許。余寓居榕樹，樓近麗澤門，故先游隱山。《方輿勝覽》云：山在西湖中。唐吴武陵《新開隱山記》言：可走方舟，泛畫鷁，渺然有江海趣。宋劉克莊詩：桂湖亦在西，豈減潁與杭，今湖灌爲田，祇有澄潭數泓，清泉泌沸而已。

藝文

明 楊慎《升庵集》卷一三《桂湖曲送胡孝思》 君來桂湖上，湖水生清風，清風如君懷，灑然秋期同。君去桂湖上，湖水映明月，明月如懷君，悵然何時輟？湖風向客清，湖月照人明，別離俱有憶，風月重含情。含情重含情，攀留桂之樹，珍重一枝才，留連千里句。明年桂花開，君在雨花臺，隴禽傳語去，江鯉寄書來。方云流麗。

明 周復俊《全蜀藝文志》卷一九《桂湖夜月》 月白湖光净，波寒桂影繁。人間與天上，兩樹本同根。

清 郭崑燾《雲卧山莊詩集》卷二《春山策杖圖》 山人足清興，落落誰能窮？結廬深樹林，一徑連蒙茸。幽居謝塵事，策杖登前峰。懸崖矗石壁，孤亭翼其中。層巒互環抱，秀削攢芙蓉。寥寥縱遐矚，浩浩凌青空。年來山水游，歷歷藏心胸。展圖若有悟，萬象森昭融。蜀山吾未到，傳聞頗蠶叢。君家桂湖上，華萼對蔥蔥。何當結比鄰，誅茅遠相從。他年儻携手，酩酊醉郫筒。

清 劉光第《衷聖齋詩文集・詩集》卷上《桂香池》 桂香宫裏花冥冥，桂香池中水熒熒。荷花低枝壓滿月，梧桐大葉扇疏星。星懸北斗陰朝鱧，月轉西樓暗度螢。騎馬當時桂湖去，直穿三百樹瓏玲。池中老黑鱧大如嬰兒。

清 沈壽榕《玉笙樓詩録》卷二《楊升庵先生祠祠在新都縣桂湖**》** 文采風流尚在兹，湖光樹影碧參差。盈庭議禮紛如訟，故國登樓有所思。芳草猶傳鸚鵡賦，蠻花愁寄鷓鴣詞。更憐誤引茅焦語，海上羈魂人未知。刑部員外郎邱經邦上疏，末引茅焦語，帝怒謫鎮海衛與先生，皆永遠不赦。

清 姚騫《桂湖五律十首寄張宜亭》（道光）《新都縣志》卷一五 前哲遺芳躅，平湖傍女墻。登瀛推領袖，抗疏植□□。□曲咸争誦，升庵先生製有桂湖曲。名區嘆久荒。休哉賢令尹，重締會心堂。

又 張君爲政好，無事藉匡扶。青眼頻投轄，紅蓮久濫竽。鈞游共晨夕，觴咏極歡娱。不識花開日，携樽憶我無。

又 難得囂塵裡，開門別有天。樓臺皆近水，風月浩無邊。碧玉千竿直，紅霞萬朵鮮。欲存山意思，叠石自幽然。

又 勝地春偏早，天然好畫圖。穠桃紅亞水，垂柳緑遮湖。波澈魚堪數，風和鳥自呼。此間容小隱，更不羡蓬壺。

又 一棹烟波裡，波光漾淺深。野菱團水面，老樹卧湖心。魚戲翻新漲，鴉歸噪夕陰。維舟香世界，清磬出疏林。

又 秋色艷湖濱，桂花香满城。香風吹不斷，冷露聽無聲。撲面心先醉，當頭月更明。芙蓉千萬朵，臨水笑相迎。

又 百本寒梅樹，沿堤手自栽。憶鋤明月種，應傍綺窗開。香雪迷幽徑，春風佛碧苔。一枝誰折贈，西望獨徘徊。

又　乘輿便臨眺，流連常暮歸。折花香在手，灌樹綠沾衣。柳港藏輕艇，春波没釣磯。我慚彈鋏者，歌罷羨魚肥。

又　更上層樓望，平疇一帶齊。犬隨人刈穫，牛負雀耕犂。村樹綠圍屋，菜花香滿畦。循良重農事，憑眺日沉西。

又　一别沉霞樹，重游白帝城。暮雲千里共，春水片帆輕。政事懷三異，飄零愧半生。短詩聊代柬，用慰别離情。

清　孫雄《道咸同光四朝詩史》卷四《桂湖謁楊升庵祠》　如此江山未得歸，却投魑魅竄荒陲。置身科第眞無忝，溷迹俳優亦可悲。學異程朱偏崛强，遇同璁蕚恥追隨。似聞祠宇忠魂在，夜夜南枝叫子規。

清　曾國藩《曾文正公詩文集·詩集》卷三《桂湖五首》　新都桂湖，明楊升庵修撰故宅也。使旋過此縣令張君宜亭招飲湖上，爲賦此詩。

遂别華陽國，歸程始此賒。翻然名境訪，來及夕陽斜。翠竹偎寒蜨，丹楓噪暮鴉。詞人云異代，臨水一咨嗟。

又　短城三面繞，淺水半篙寒。鳥過穿殘日，魚行起寸瀾。秋來樓閣静，幽處地天寬。平昔江湖性，眞思老釣竿。

又　十里荷花海，我來吁已遲。小橋通野港，壞艇臥西陂。曲岸能藏鷺，盤渦尚戲黿。傾城游女盛，好是采蓮時。

又　矮桂枝鉤褏，叢篁葉打頭。堤行皆仄徑，路斷得高樓。欄檻千回錦，琉璃五色秋。落霞沈水底，綺散不能收。跨水一樓名沈霞榭。

又　頗憶家山好，去鄉茲六年。此閒行樂地，小有洞庭天。點綴須人力，招尋信妙緣。使君殊不俗，把酒意茫然。

雜録

（正德）《建昌府志》卷二　大小崖山在金砂里，桂湖七渡水繞之。

（嘉慶）《清一統志》卷三一一　高湖山在德興縣東南三十里，四圍聳峭絶頂，平曠相近，有紫駝山，其北有桂湖。

又　大演水，在浮梁縣西三十五里，今名西河。源出安徽建德縣，東南流入縣西北界，流八十里，合江山水。又東南二十里，合洗馬橋水。又南十里，出西港口，入昌江。其江山水源出江山，南流四十五里，入大演水。洗馬橋水源出焦坑東南，流十五里，合桂湖。又東南流六里，入大演水。又梅湖水，在縣北有二源，西源出滕溪，嶺東源出柳木，合流二十里，入昌江。

又　卷三二四　湄湘水，在新淦縣南一里，源出縣東三十里高嶺。經縣南門外惠政橋，入贛江，曰南河口，又峰岡秀水在縣南十里，源出縣東北，瀑布下七里坡，南流合桂湖，亦達惠政橋入江。

後湖

綜述

明　謝杰《後湖記》《明文海》卷三五四　湖，漢以前未之聞，吳赤烏四年，鑿青溪，洩後湖水。寶鼎二年，開城北渠，引後湖水入新宫，厥名姑著，尋更練湖。晋元帝肄舟師於此，名北湖。宋文帝元嘉中，名習武湖。後二年，黑龍見，改玄武湖，立廟祠焉。孝武大明中，大閲水軍，號昆明池，或明飲馬塘。齊梁以來，仍名玄武。齊永明二年，車駕幸湖。梁太清中，侯景引湖水灌臺城。陳後主燕群臣於湖，閲武賦詩。唐置放生池。宋建青溪閣。至熙寧八年，王安石請廢湖爲田，趙善湘因之增收後湖田租。元大德，下鍾山鄉，開後湖河道。自後，惟有一池，餘皆菑畬之所至。國朝復開爲湖，貯黃册其中。

在京城直北太平門外，周迴四十里，其上名山大川，掩暎如畫，正東曰鍾山，下有太平堤。堤設水洞，俗稱蓮花洞。中有小閘，以時啓閉、蓄洩湖水。北有秣陵尉蔣子文廟，子文存日，自言骨青當爲神。後逐盜，死于鍾山，土人憐而祠之。代著靈響正南曰覆舟山，象形也，一名真武山。時有渡杯僧不知姓氏，常乘木杯渡水往來，不測死，瘞此山。山之南爲樂遊苑，爲臺城。城在中阜，側據高林，下東環平，岡西控石。城北帶玄武，南擁秦淮、青溪，梁武帝居之西南，有鷄鳴山。宋雷次宗、齊竟陵王子良，開館録書之所。今建十廟山，有寺。寺有寶公塔，寶公爲齊梁間神僧。寶志孝陵玄宫，實據其穴，因遷之。靈谷而祠，有像于鷄鳴。甃以金棺銀槨，志趺坐其中，不僵也。爲一比丘營二堵窣，亦殊典哉！正西有盧龍山，本名獅子山。晉元帝渡江以比北之盧龍，故名。高皇帝曾此督開平王破僞漢南，爲石頭城。其山曰馬鞍、曰四望。北爲湖頭塔，其山曰直瀆、曰大壯觀、曰幕府，即石灰山。開平伏兵處，晉王導開府其上。大壯本觀名，陳宣帝所營，帝幸觀，大閲武，命任忠陣於湖，後并以名其山。外有坡山，梅花水。西北爲大江，沿江諸山競獻秀麗，增湖之勝焉。

湖有五洲相向，中隔十字河，疑宋所開。洲有郭璞墓，璞忤王敦意，爲所害。世皆以爲墓在荆山，識者疑其非，今云在湖中，差近之。又劉宋於湖得甄邯墓。初，張永開湖，遇古塚。塚外一銅斗，有柄。文帝以訪朝士，著作郎何承天曰，此名新歲斗。三公亡則賜之，一在塚外，一在塚内。王莽時，江左惟甄邯爲大司徒，必邯墓無疑。啓塚，果復得一斗，石銘曰，大司徒甄邯之墓。若承天者，可謂博物君子矣。西北曰舊洲，今爲黄册庫。西南曰新洲，上有大墩，即郭璞墓。弘治十五年始建庫貯册。其上言：新者，别於舊也，前抱一洲。正德七年，移厨房於此，不令煬近，二洲也。東洲二號荒洲，未建庫也。近西小洲，號别島，視諸洲爲勝。西南之水，獨深而澄，所謂黑龍潭。洪武間，册貯其中者，省直共五萬三千三百九十三本。弘治間，共六萬七千四百六十八本。嘉靖間，共六萬五千八百五十九本。洪武，得户一千六十五萬二千七百八十九，得口六千五十四萬五千八百一十二。弘治，得户九百六十九萬一千五百四十八，得口六千一百四十一萬六千三百七十五。嘉靖，得户九百九十七萬二千二百二十，得口六千二百五十三萬一百九十五田土。洪武時，計八百八十萬四千六百二十三頃六十八畝。弘治時，計四百二十九萬二千三百一十頃七十五畝。嘉靖時，計四百三十六萬五百六十二頃六十畝。此國家全盛之民數事産也。攷之往牘，若西漢自高祖迄平帝，約户千二百二十三萬三千餘，約口五千九百五十九萬四千餘，約田八百二十七萬五百三十六頃餘。東漢自光武迄桓帝，約户千六百七萬九百餘，約口五千六萬六千八百五十餘，約田六百九十三萬一百二十三頃餘。晉平吳之後，天下一統，户僅一百四十五萬九千八百餘，口僅千一百一十六萬三千八百六十餘。隋混一之後，户凡八百九十萬七千餘，田凡五千五百八十五萬四千四十餘頃，户未及兩漢，而田遠過之。唐自太宗至玄宗，户凡九百六萬九千一百五十餘，田凡一千四百三十萬三千八百六十二頃餘。宋元豐間，田凡四百六十一萬六千五百五十六頃餘。大觀初，主客户共二千九十一萬有奇。雖以禹平水土，周公致太平，其時人口止千三百數十萬上下，地之定墾者，亦止九百一十萬八千二十頃。是夏周迄今上下三千載間，户之多，莫過於宋之大觀，及二千餘萬。口之多，莫過於嘉靖，及六千二百餘萬。田之多，莫過於隋，及五千五百餘萬。所可訝者，晉武去東漢無百年，户頓減什之九。唐去隋無百年，田頓減五之四。弘治去洪武，亦堇堇百餘年，田頓減什之伍。晉武猶曰大亂之後，唐號太平，隋雖富，而田在天地間，止有此數。不應頓增至此，非唐之減，乃隋之增，有可疑者。宋區宇甚狹，而户及二千萬，皆所未解。若國初，田八百餘萬頃，今遽止四百餘萬頃，非頓加少，或豪强兼并、侵没之故耳。

夫國家以武取天下，初年，户口之盛猶如此。視晉之頓減什九者，奚翅天淵。乃知三國戰争，其民塗炭，曹操攻徐州，所過，鷄犬不留，八十萬衆下江南，歸者無幾，則他又可知已。祖宗之有天下，真神武不殺，至仁而無敵也哉。兹湖迹之大，略可攷者於戲。湖於六季，爲閲武樂游之所，無日不干戈而歌舞。一入皇明，遂成禁地。堤之北，湖之東復三法司建焉。縉紳非公事，無敢一寓目其間矧於治遊兒。五洲宛在水中央，有同蓬萊方丈。惟省臣、臺臣、部臣，五日更，直宿湖者，抵其所人視之。且如登瀛洲，而吾白雲曹執法、廷尉諸寮日循堤入署者，所在湖山亦輒供吟眺。春而碧萼朱英相錯如繡，夏而菱荷旖旎十里飄香，秋而卿月流光玻瓈千頃，冬而瑤華玉筍倒影凌波，雖無水嬉紅妝之可娱，綽有真水真山之可玩，亦仕路一清况也。淑問之，暇不揣爲之辭，庶明吾吏之，非俗云。

明 顧起元《客座贅語》卷一〇《後湖》 後湖之中，有五洲。西北曰舊洲，一名祖洲。西南曰新洲，上有郭璞墓，皆爲庫以貯册。前抱一小洲，中有溝，縈環如溪澗，今爲厨房，以供飲食。東二洲，一曰陵趾洲，一曰太平洲。近西小洲號别島，秀出可愛。西南之水獨深而澄，則所謂龍潭也，即劉宋時龍見處。

清 陳作霖《可園文存》卷四《後湖不可通江儀上胡芸臺觀察》

金陵太平門外，有後湖者，古稱桑泊。吴寶鼎二年，開城北渠，引後湖流入新宫，其名始著。劉宋元嘉中，築堤壅水，名北湖。又因黑龍見，命曰元武湖。大明中，閱水軍於湖，號昆明池，俗呼飲馬塘。趙宋天禧四年，改放生池。熙寧八年，王安石奏廢爲田。明代復浚成湖，建册庫於中洲，至今爲城北巨浸。其水發源鍾山，渟滀於此。由北水關銅管入城，分爲潮溝、青溪，以匯於秦淮。歷考《建康實録》、《丹陽圖經》、景定《建康志》諸書，從無與江通流之説，惟至正《金陵志》載元季浚後湖河道，自鍾山鄉珍珠橋至龍灣入江。蓋宋代廢湖時開十字河，泄其餘水於江，因有此遺迹，而加疏浚。至明復爲湖，必築堤以障之，此可想而知也。豈得引爲湖，與江通之證哉？乃近年之談水利者，以後湖淤塞日甚，春夏水僅沒腰，冬末祗餘中泓，旁皆枯裂，遂欲決堤開河，引江相灌，其謀誠偉然。後患則甚大矣，請得而略陳之。夫後湖在鍾山之麓，坡陀相接，其地身較長江形勢，約高數倍，如遇旱年，山水之來源既涸，湖底存水亦必無多，而以長江爲尾閭，一洩無餘，誰能禦之？則全湖之竭可翹足而待矣，一不可也。秦淮之水，由東關引入，直穿西關而去，偶逢潦歲，則江潮倒灌，與淮水相頂，河窄難容，往往漫溢街市，幸所入僅一西水關耳。若後湖通江，彼北水關一路又將挾江潮而來，不反增一螘穴乎？二不可也。況江與湖通，則估舶客帆勢必麇集菱、藕、魚、蚌之利，一埽而空。貧民恃以爲生，將何餬口？即公家租税，亦坐失此大宗，損下而無益於上，三不可也。至於金陵之城，背山面水，僅儀鳳一門與江相近，擇要憑守，後顧無虞，倘湖路一通，則神策太平皆失其險，三方受敵，防不勝防，四不可也。若形家者言，謂後湖爲胎元之水，氣一外泄則會城之中上而達官，下而居民皆有不利。此雖爲通儒所不道。然相陰陽，觀流泉，詩咏之矣。卜澗東，卜瀍西，書志之矣。豈有興非常之功而拂輿情以成事者乎？五不可也。然則爲後湖計者，將如之何？曰：積淤則浚之，使深穢草則撈之，使淨長堤則培之使厚，潦時水既有所容，旱時水亦不致竭，斯水櫃之功見矣。閔子曰：仍舊貫如之何？何必改作敢引，以爲芻蕘之獻，謹議。

紀事

明 羅勉《重修孝感縣後湖記》（嘉靖）《湖廣圖經志書》卷五

聖天子即位之三年，大詔天下，勸力農畝，以爲小民，所依莫先於稼穡。欲得稼穡之養，莫先於疏陂湖、浚溝洫、修圩堤。俾旱而得有所灌溉，澇而得有所注泄，則稼穡不苦。於歲凶，而民之饑寒無憂矣。於是，分命州縣有司，每里擇二人老於農者，以董其事。余時知孝感縣政，同寅盧公哲、徐公敬、幕僚江君應宗相□謀，所以祗承皇上德意，且使孝感之民，得有所養。適縣耆老周瑀等相率來告，曰：縣之後湖，其廣僅二里，其袤五六里。春潴水可灌環湖之田一十餘畝。由元季兵燹，湖之圩岸泄漏不防。凡黿、鼉、魚、鱉游息處，馬、牛、羊、麋鹿場者，八十年。以是田常苦於歲旱，而縣之民益困焉。余聞之赧焉。于色乃卜，曰：臨其舊堤之缺處，備牲酒告馮夷。召編户之丁壯者二百人，石工二十五人，鍛夫四人，圩長二人，江右之民郛賈于市□，助力者又一百五十人，總其事則委之以醫學官董浩。由□□□許而集，牽車□□畚鍤輦石，舉壤如子來之奔命。始事於臘月朔，且落成於是月之既望。周瑀等乃跽而言，曰：湖今重修，負郭之田可常稔，民之疲癃者，將拜不朽之德矣。不爲文以勒諸石，則無以彰朝廷勸稼穡養民之意。而今日之趨事者將泯，而無聞焉。□書此以志，且以爲後來執政者之鑒視云。

明 許宗道《過後湖記》（道光）《上元縣志》卷二三

天下版籍，盡貯後湖。南京户部官率歲一往磨勘。正德中，壬申秋，予叨職斯役，過湖必出太平門，命舟行可六七里。許閒立四顧，其嵯峩霄漢之表，王氣鬱葱而峙乎。東南者，鍾山也。叠連如屏、如幃。在西北者，幕府山也。巒嶺偃蹇，盤伏於地。而松森其上者，覆舟山也。挺拔而凸出，城頭殿角參差。浮屠聳空者，雞鳴山也。山東西一帶列，如懸榜者，世傳臺城也。崚嶒冒水而出者，島嶼也。傍視三法司，隱隱錯落，雲水之湄。重岡叠阜，遙連於其外，巋然而鸞鳳峙，騰然而蛟龍走矣。其中遠近芳洲相聚如五星，紅紫、烟花華絢如匹錦，鷗鷺鳧鴻載飛、載鳴，鰷鱨鰋鯉以潛以泳，則已目飫而心怡矣。忽驚風暴作，洪濤舂撞，篙人煌懼，挐舟艤岸而行，經敗荷，聞香氣猶襲人。浮藻、亂荇牽舟綴楫，已乃引入曲渚。兩岸薈蔚，須臾抵小陂，遂舍舟以陟焉。命隸翦荆分莽，排霧穿雲，逡巡而進，見數處頽垣廢址，意前朝遺迹，令人嘅嘆。復進，望一高邱，隸指曰：此相傳郭仙墩也。衆狙狘以上，四圍樹蔽日，復下故道，向新建籍庫。過石橋，延佇其上，見日光射水，晚霞相蕩，回視湖上，諸宇在蒼烟杳靄閒，不啻蓬萊閬苑然。豈不信爲勝地哉！

藝文

唐 獨孤及《毗陵集》卷三《登後湖亭傷春懷京師故舊》 昨日看搖落，驚秋方怨咨。幾經開口笑，復及看去聲花。時世事空名，束生涯素髮。知山山春草，滿何處不相思。

又《雨晴後陪王員外泛後湖得溪字》 遠山媚平楚，宿雨漲清溪。沿泝任舟檝，歡言無町畦。酒酣相視笑，心與白鷗齊。

唐 劉長卿《劉隨州集》卷五《泛曲阿後湖簡同游諸公》 元氣浮積水，沉沉深不流。春風萬頃緑，映帶至徐州。爲客難適意，逢君方暫游。寅緣白蘋際，日暮滄浪舟。渡口微月進，林西殘雨收。水雲去仍濕，沙鶴鳴相留。且習子陵隱，能忘生事憂。此中深有意，非爲釣魚鉤。

唐 權德輿《權載之文集》卷一《侍從游後湖讌望》 絶境殊不遠，湖塘直吾廬。烟霞旦夕生，泛覽誠可娱。慈顔俯見喻，輟爾詩與書。清旭理輕舟，嬉游散煩劬。宿雨蕩殘燠，惠風與之俱。心靈一開曠，機巧眇已踈。中流有荷花，花實相芬敷。田田緑葉映，艷艷紅姿舒。繁香好風結，净質清露濡。丹霞無容輝，嫮色亦踟躕。穠芳射水木，欹葉游龜魚。化工若有情，生植皆不如。輕舟任沿泝，畢景仍躊躇。家人亦恬曠，稚齒皆忻愉。素絃激凄清，旨酒盈罇壺。壽觴既頻獻，樂極隨歌呼。圓月初出海，澄輝來滿湖。清光照酒酣，頫傾百慮無。以兹心目暢，敵彼名利途。輕肥何爲者，斃藿自有餘。願銷區中累，保此湖上居。無用誠自適，年年甑芙蕖。

唐 元稹《元氏長慶集》卷三《後湖》 荆有泥濘水，在荆之邑郛。郛前水在後，謂之爲後湖。環湖十餘里，歲積潰與污。臭腐魚黿死，不植菰與蒲。鄭公理三載，嚴司空綏，其理用煦愉。歲稔民四至，隘廛亦隘衢。公乃署其地，爲民先矢謨。人人儻自爲，我亦不庀徒。下俚得聞之，各各相俞俞。提携翁及孫，捧戴婦與姑。壯者負磔石，老亦捽茅蒻。斤磨片片雪，椎隱連連珠。朝殆布庭落，夜宿完户樞。鄰里近相告，親戚遠相呼。鬻者自爲鬻，酤者自爲酤。雞犬豐中市，人民岐下都。百年廢滯所，一旦奥浩區。我實司水土，得爲官事無。人言賤事貴，貴直不貴諛。此實公所小，安用歌袴襦。苔云潭及廣，以至鄂與吴。萬里盡澤國，居人皆墊濡。富者不容蓋，貧者不庇軀。得不歌此事，以我爲楷模。

宋 徐鉉《徐公文集》卷二《陪王庶子游後湖涵虚閣東宫園》 懸圃清虚乍過秋，看山尋水上兹楼。輕鷗的的飛難没，紅葉紛紛晚更稠。風卷微雲分遠岫，浪摇晴日照中州。躋攀況有承華客，如在南皮奉勝游。

又卷五《春盡日游後湖贈劉起居劉時方燒藥》 今朝湖上送春歸，萬頃澄波照白髭。笑折殘花勸君酒，金丹成熟是何時？

宋 許棐《梅屋詩稿・元夕後湖上作》《江湖小集》卷七五 自從樓閣罷燒燈，未有今朝一日晴。暖拆葑邊冰翼破，寒留山頂雪痕輕。嬌驄已印尋芳迹，小妓新翻鬻唱聲。每箇旗亭商一醉，也應排日到清明。

又《後湖訪古各賦一題得西邸》 南朝藩閫地，八友舊招尋。事往山光在，春晴草色深。曲池魚自樂，叢桂鳥頻吟。今日中興運，猶懷翰墨林。

宋 陳師道《後山集》卷三《後湖晚坐》 水净偏明眼，城荒可當山。青林無限意，白鳥有餘閑。身致江湖上，名成伯季間。目隨歸雁盡，坐待莫鴉還。

宋 蒲積中《歲時雜咏》卷一六《車駕幸京口三月三日侍游曲阿後湖作》 虞風載帝狩，夏諺頌王遊。春方動宸駕，望幸傾五州。山袛蹕嶠路，水若警滄流。神御出瑶軫，天儀降藻舟。萬軸運行衛，千翼泛飛浮。彤雲麗璇蓋，祥飈被彩斿。江南進荆艷，河激獻趙謳。金練照海浦，笳鼓震溟洲。藐盼覩蒼崖，衍漾觀緑疇。人靈騫都野，鱗翰聳淵丘。德禮既普洽，川岳遍懷柔。

元 白珽《湛淵集·游後湖賦》按此賦又載方回桐江續集 三月廿又三日，張鵬飛及方萬里、李和之、白廷玉，泛湖值雨，各賦詩一首。萬里曰：堤柳春濃萬緑垂，開懷消得好風吹。絶憐白也詩無敵，共賞坡仙雨亦奇。興欲狂時呼酒急，境當佳處任船遲。豈無顧陸丹青手，畫與人間後世知。余戲作小賦云：

柳絮化萍，濃緑藏鶯，不見其處，止聞其聲，此豈非春工之極致歟？湛然宴坐，輕舟自行，萬姿千態，遠山縱横，透踈簾而濕衣。忽驟雨之若傾，甫下矴而閉户，才頃刻而復晴，白子酒稍酣矣。奮髯而慷慨曰：此何爲者邪？撫流光之倏忽，悟慘舒之不常。於是誦趙抃《表忠》之奏，歌蘇仙《薦菊》之章，彼割據於五季，若錢氏之數王。渺丘壟之無迹，愴松楸其可傷，涸銀海而出金盌，穴狐兎而上牛羊，豈不亦雄傑一時兮？終若雍門之泣孟嘗。賦梅處，士妙解影香。骨可以腐，千古不忘。鬱孤山其律兀，擁萬樹之青蒼。罔蔗節之遺恨，保故封猶若堂。天道茫茫，一雨一暘，榮悴隆替，柔剛微彰。謂偶然不足芥蔕兮，曰作善降之百祥。謂理有必可恃兮，曷顔夭而蹠長。二客方李，遨頭目張。嗔無故而多事，掇陳迹而揣量。指金叵羅其猶淺兮，舉大白而浮一作罰之觴。白子曰：不然，老陰爲六，老陽爲九，老則必變，如屈伸肘。惟知變者，可與長久。知六之變，固乃可守。知九之變，健不爲首。顧此湖中之舟與舟中之人，寧常壽而不朽。能畏謹以自修，庶吉亨而無咎。幸乘時而過分，負且乘兮致寇。環綽約之蛾眉，佩金印而如斗。管絃沸其前後，紫緋奔其左右。一旦不能自保，率同歸於石友。蠢苗竄於三危，防風積一作横於九訨。曾不見或裸體以罩魚，或跣足而踏藕。侔帶索之榮公，甚泥塗之絳叟。立層冰而弗寒，茹野堇其適口。無樂亦復無憂，不自知其不偶。豈不勝於夢晉而疾顛者乎？此莊子所以不爲廟犧，而李斯所以憶上蔡之狗也。舟且抵岸，悉闢其牖。賦詩各成，肴核再取，有化而無，無化而有，雨晴晴雨，紛糅結糾。斯時也，度夕陽猶未至於酉。多言數窮，姑相與大笑，盡樽中之酒。

元 方回《瀛奎律髓》卷一五《後湖晚出》 水净偏明眼，城荒可當山。青林無盡意，白鳥有餘閒。身致江湖上，名成伯季間。目隨歸雁盡，坐待暮鴉還。滄江萬古流不盡，白鳥雙飛意自閒。東坡賞歐公詩，謂：敵老杜《后山》，三四一聯尤簡而有味，不致身于廟堂而致。身於江湖之上，名成伯季間。謂在蘇門六君子中亞於黄，而高於晁、張也。

明 曹學佺《石倉詩稿》卷一《後湖看荷花共用水香二韻有序**》**

余量移江南，虚銜注秩職。事既無時日，多暇三法曹。在太平門外，不免束帶趨府。古木蔭堤，明湖浮堞，維時凉秋入郊，絺綌自爽，水禽噪匹，芙蓉搴掇，勝侶招携，毋煩置。鄭莊之驛，閒亭眺聽，何異游山簡之池，悵越女之先歸，懼吳舠之易盪。紅衣狼藉，曲渚生愁，翠蓋傾持，空波競沸。于是，朋尊溢醥，折俎選腴，五斗既醉，萬年亦酬爾。乃散帙致韻，分義陳詩，簪晷未移，金聲逓奏，川壑注而宫商調，雲霞起而文章爛。故已笑玉井之或誣而琳池亦太侈矣，詩曰：

灼灼芙蓉花，盈盈後湖水。明星綴流際，文虹亘霧裏。六代繁華盡，托根獨遺此。臺城儼仙列，鍾山象岳起。蓋窞栖龜玄，茄動遡鱗紫。歌斷棹中姬，袂揚堤上子。恐被秋風零，感嘆烏能已。

又 卷二《後湖塔影六韻》 湖光何渺渺，塔影自層層。稍與雲無定，還因水共澄。春芳拂魚藻，歲晚上虬冰。七級空能湧，千花若不勝。銷沉幾秋雁，變幻六朝僧。欲問烟波外，輕舟未可乘。

明 陳邦瞻《荷華山房詩稿》卷三《曹能始席上賦得後湖看荷花》 命侶愜超曠，臨流愛清泚。湖光淡欲空，秋容净無滓。欲濟鮮方舟，蕭然望回汜。蓮花如佳人，綽約正自喜。婷婷無近姿，艷艷有餘美。色與輕霞亂，香逐微風起。搴芳時不留，寄遠情曷已。可望不可涉，日暮悵烟水。

又 卷九《秋日後湖堤上》 湖上白雲平，秋風日夜清。鍾陵分曉色，御苑接寒聲。獨有臨流興，還餘鼓枻情。中宵端正月，萬頃共誰明？

又 卷二四《後湖曲四首》 湖光一片入雲長，風動荷花水自香。凉夜無人秋寂寂，獨留明月照紅粧。

明 馮惟訥《古詩紀》卷五五《濟曲阿後湖》 宵登毗陵路，旦過雲陽郛。平湖曠津濟，菰渚迭明蕪。和風翼歸采，夕氛晦山嵎。驚瀾翻魚藻，頹霞照桑榆。

又卷一一三《後湖泛舟》 上苑奢行樂，滄池聊薄游。泛荷分蘭櫂，沈槎觸桂舟。殘虹收度雨，缺岸上新流。欲知有高趣，長楊送麥秋。

明 高出《鏡山庵集》卷一六《鷄鳴寺聚遠亭望後湖》 亭高銜睥睨，湖闊接崑崙。半嶺松杉落，中流日月吞。黿鼉戲塔影，烏鵲到河源。衰颯蒲荷色，天風滿白門。

又《焦弱侯太史招飲憑虛閣晚移席亭子望後湖》 秋浄招提境，開襟霧忽披。追隨慙小友，德業即吾師。雲氣冶城落，江聲吴苑悲。深談竟飛動，聽喜附心知。

又卷二一《春日同諸君過後湖作六首》 城帶春堤緑，湖垂夜雨光。樹烟明漠漠，沙溆隱茫茫。民數藏書府，官曹列省郎。久懷栖逸客，誰乞賀知章。

又《二》 五年欣一遇，灝氣遽相降。却省頻游寺，緫無悔渡江。草痕迷履迹，花片過船牕。莫放金樽歇，摇摇進艇雙。每登鷄鳴寺，望湖覺神越。其間南中勝，覽無踰此湖。而職事拘限，非所得游。予再來承役，了兹願，不恨矣。

又《三》 廣大今朝典，車書集版圖。省方王會要，奠極帝城隅。形勝宜無敵，游觀不爲娱。江山助天府，萬象落冰壺。

又《四》 淡日籠孤嶼，朝烟隔萬家。大魚浮檻出，群鷺避船斜。山影湖心樹，林香水面花。練光時過眼，身遠似乘槎。

又《五》 湖平洲落落，地僻屋層層。祠廟傳相訝，神靈遠有憑。空寥聽水怪，莽蒼見雲蒸。不待論瀟灑，摩娑萬歲藤。

又《六》 亭閣連春樹，當樽積翠流。不熏地無鼠，相狎渚多鷗。暮色浮歸袖，酣聲動晚舟。淹留那忍别，分少得重游。

明 顧起元《客座贅語》卷一〇《李御史後湖聯句》 李熙爲御史，同喬户曹後湖聯句云：片雨孤城黑，三洲一水通。竹深喧宿鳥，天遠斷飛鴻。魏闕心迢遞，鍾山氣鬱葱。雲程須共勉，莫遣鬢如蓬。其二：簿書偶成暇，緩步小橋東。袖拂蘆花雪，堤翻落葉風。觀魚臨水次，訪古過林中。回首斜陽外，孤鴻自遠空。李素有文名，而集少傳，僅見於此。

明 皇甫涍《皇甫少玄集》卷一《後湖雁賦并序**》** 予每過省闈，則見群雁後湖之上回翔而不去，感而作賦：余奮京之羇旅，乃散矚於城隅。有違寒之靈鳥，矯歸翼於翔塗。系華林而傾藻，紛棲泊於春湖。背高柳之修巖，飄南雲以遐征。戒儔匹於萬里，懼矰繳之我嬰。聊濡迹以游憩，終懷土而思縈。日凝光而西墜，山倒影於寒渚。咹澄瀾以群浮，仰崇岡而延佇。亮豐草之可依，愁繁氛之襲予。忽反顧以驚鳴，振輕羽而孤邁。濯煩襟於長霄，去寰流之塵隘。言紲馬以悠悠，感微禽而永喟。

又卷四《後湖官舍春暮漫興二首》 湖上春歸早，雲山滿目愁。洗心成浪語，終日對滄洲。

明 焦竑《焦氏澹園集》卷四一《與邦師克明汝教雞鳴寺看後湖作》 湖天漠漠蕩春陰，湖上精藍載酒臨。入洛何人推獨步？攀嵇今日見幽心。沙明鷗鷺寒相并，水濶蛟龍晚自吟。取醉莫辭歸路暝，殿鍾龕磬有餘音。

明 靳學顏《靳兩城先生集》卷八《後湖》 君家住湖口，遠屋玻璃寒。佳木翳芳嶼，蕙風起微瀾。下有驪龍窟，馮夷護重關。攘臂羡吾子，時采夜珠還。

明 林烇《居易堂詩集·登後湖衆香閣》 閣倚諸天起，人閑此日過。登樓方遇雨，隔院恰聞荷。水到新繩浄，香分古佛多。五雲天秀處，宫樹晚風和。

又《後湖看荷》 湖水依天永，宫流分出深。風微人淡語，花怯睡濃心。艷炤清光動，輕香寂寞沉。前山凉雨過，往氣在衣襟。

明 梅守箕《梅季豹居諸二集》卷七《後湖眺鍾山》 鍾陵佳氣落玄湖，十里山雲片片孤。似傍銅臺開玉鏡，如何銀海泛金凫。松林麋鹿看人狎，風雨蛟龍入夜呼。戍鼓悲笳聲斷絶，石城回首聽啼烏。

明 王世貞《弇州四部稿》卷一一《秋日與諸大夫登後湖閣宴眺有述》 崇麗多孌竭，置遠足徜徉。豈若登兹閣，二美適有當。高棟切天居，華燕冠文昌。凉飇躪嘉蔭，落日暴崇岡。千甍波鱗踊，雙闕風翼張。馳道東西直，輪鞅正縱横。俯瞰澄湖波，皎若明鏡光。鳧鷖下游鬣，菰稗出收潢。雖無方舟具，興至欲褰裳。望舒隨陽没，銀燈嬉未央。上客襲主權，行籌浩無方。徒御私相適，毋乃淪太康。

明 王世貞《弇州山人四部續稿》卷八《後湖》 炯炯澄湖色，

濯濯堤柳姿。雲水相蕩潏，洲嶼正參差。六季日尋兵，元武集舟師。帆檣蔽秋空，組練射晨曦。高皇重民數，堅墉四周之。自非負版吏，有櫼不敢窺。魴鯉忘所驚，悠然各揚鬐。天鵝白於雪，鳴聲一何怡。魚鳥自相驕，游子安所之。可憐水如鏡，無分照蛾眉。

明 吴稼竳《玄蓋副草》卷一八《和朱文寧咏後湖塔影》 玄武湖頭秋水清，浮圖倒揷映空明。寶燈光照迷津徹，花鐸聲摇細浪平。法雁乍疑棲碧藻，神龍常似護金莖。悟來色界都成幻，波面青蓮片片生。

明 熊明遇《文直行書詩文·詩部》卷六《後湖見荷簪》 二里香堤路，高城水影南。藕根饑鶩唼，荷芰醉魚酣。岸色舒深緑，湖容帶淺藍。采蓮還有待，何事早遺簪。

又 卷一一《後湖蓮華次前司寇趙麟陽韻》 玄武湖頭朶朶開，長堤灌木幾徘徊。香流漢苑金人掌，色借秦封玉女胎。吹落紅衣花作舞，擎來綺席葉爲杯。吴船莫唱江南曲，樂府新編十丈才。

明 袁中道《珂雪齋集·前集》卷八《後湖觀蓮同龍君御楊修齡馬康莊仲良兄弟蕭爾先飲》 如何韋杜曲，有此芙蓉池。雨至緑先暗，風來紅盡披。深畦藏冶鳥，臥樹走歌兒。亦愛無花處，浮空雪浪奇。

清 蔡新《緝齋詩稿》卷六《雞鳴寺望後湖有作》 雨霽雲收日正晡，雞鳴寺上望平湖。曾無金石傳中秘，尚有菱荷入歲租。水浸城根翻老樹，波摇塔影漾輕蕪。游人已去笙歌歇，夜夜秦淮互灌輸。

清 曹仁虎《宛委山房集》卷二《登雞鳴山眺後湖》 振策重登建業城，丹梯碧磴望中明。澄波千頃水禽散，落照一陂山雨晴。射雉場荒芳草合，聞雞埭遠野煙生。華林舊苑銷亡盡，惟見漁舟日暮横。

清 陳三立《散原精舍詩》卷下《八月十一日後湖觀荷同施履卿毛實君伯韓兄弟葛虞軒劉班侯》 秋陰孕晨雨，凉色潤郊郭。游侣魚貫前，野航欣有託。捷疾脱箭䩨，飄兀捲筍籜。蕭蕭葭葦風，零語挂寥廓。菱芡紛糾纏，細朵波光掠。敗荷猶映蔚，千頃青漠漠。淤洲得柳堤，板橋半燒爍。一二銜烟鷗，銜魚眼中落。棘徑夾修篁，遂涉太傅閣。雲霄萬古意，相顧念腰脚。瓦墁見毁畫，佻達戲爲虐。其習萌恣睢，教失孝義薄。飢僧亦逃去，租吏稍朘削。風景舉目非，誰云世外樂。小飲敵荒寒，積慮赦纏縛。歸隨栖箬舟，聽噪城門鵲。

清 陳文述《頤道堂集》卷一六《雞鳴寺望後湖》 臺城北塹雞鳴寺，傑閣憑虚快一登。十廟繁華銷刼火，六朝花月澹禪燈。松陰杳靄藏靈谷，秋色蕭疏見秣陵。一片微波後湖水，夕陽西下冷魚罾。

又 卷二〇《重至西湖寓德生庵在後湖之北斷橋之西小樓瀕湖風景殊勝詩以紀之》 衡門斜對斷橋開，萬頃烟波浸碧苔。宿樹嬾雲開不落，隔湖空翠遠能來。漁人網向澄潭集，游客船從別浦回。都入小窗吟眺裏，登樓應復勝登臺。

清 陳衍《石遺室詩集》卷二《游後湖》 步登北極閣，俯瞰元武湖。糢糊澤與陂，曆亂荷與蒲。驅馬至湖壖，一道柳夾扶。彷彿蘇公堤，跨湖爲此途。路轉紅板橋，瓜疇及芋區。團焦三五處，草樹相枝梧。似行冷飯洲，在洞庭湖中。雲水侶雁鳧。亭榭水一方，净境歸浮屠。芙蕖既以花，彌望青葉鋪。壁閒官有示，算此田田租。竹葦文酌篇，蒲魚職方圖。倏然願一廛，爲氓於菰蘆。

清 陳作霖《可園詩存》卷二三《泛後湖》 喚得瓜皮船，摇入荷蕩去。小港最紛歧，舟人能識路。兹游無定向，只揀花多處。駭緑兼紛紅，萬柄不知數。香氣蕩漾中，忽與風相遇。氤氲吹不散，空際凝成霧。白日斂無光，一片輕陰護。天意作新凉，睡熟閒鷗鷺。此是蓮花城，纖塵不容污。非具山水緑，誰解耽浄趣。臨流數漁家，我願結鄰住。暮鐘催人歸，再來途恐誤。

又《重泛後湖》 後湖別經旬，又泛采蓮棹。鷗鳥如識我，飛飛作前導。秋荷出水遲，殘紅依舊鬧。穿花行五里，遂抵湖神廟。招凉坐水榭，竹樹四圍繞。片雲挾雨飛，不受驕陽照。時有拂拂香，隨風遠送到。談久境逾清，興酣酒屢釂。東橋杜老游，赤壁蘇公嘯。詩賦續舊題，豈襲尋常調。叩舷歌三終，歸路頭頻掉。湖山看不厭，且訂明年約。借佛作證盟，拈花微一笑。

清 彭孫貽《茗齋集》卷四《吴城後湖》 昨宵山雨來，沒却前村碓。夜半閣漁舟，寒江知水退。

清 王士禎《帶經堂集》卷六《後湖即目》 片雨止還作，雲陰覆水關。眠鳧翹鷺處，瓜架豆棚間。魚鳥久相待，滄洲殊未還。新秋玉泉水，準擬弄潺湲。

又卷一三《同楊西印副使蔡谽若秀才夜登觀音山眺曲阿後湖放歌》　我昨南渡登金焦，鯨魚跋浪生風濤。更上君山俯震澤，長江萬里窮秋毫。五日探奇興不盡，曲阿城畔來登高。觀音山高高百丈，星辰羅列捫層霄。懸崖絶磴挂猨臂，崇巒叠嶂森松毛。山巔作亭瞰飛鳥，湖光山色相週遭。練湖一萬六千頃，勢與江海争迢遥。淵注渟著古所嘆，滄桑磨滅非前朝。風景不異謝郎死，我來憑眺凌寒宵。長嘯空山答山鬼，驚飛鵬鶻求其曹。滄波混茫接元氣，有如盂水浮堂坳。馮夷擊鼓百靈集，金支翠羽光飄摇。是時月黑風怒號，萬弩突射錢塘潮。蛟龍贔屭時隱現，靈胥慘澹天吳驕。高麗長山互鉤帶，六州一氣迴斗杓。楊公蘄黄昔開府，坐清江漢真人豪。蔡生白皙美無度，頗能飲酒歌離騷。東吳菰蘆有君輩，力鞭巨石驅神鼇。練塘一勺好栖託，結鄰未卜心空勞。酒闌歌罷意惆悵，烟江明日横輕舠。

清　翁同龢《瓶廬詩稿》卷三《七月四日與子松招汴生子禾至後湖觀荷汴生有詩次韻奉答時南還》　詞源三峽涌波濤，走送頻煩侍史勞。書與詩人俱不老，花如名士自然高。尋芳最喜同攜屐，弄水還應淺著篙。默數鬢絲長嘆息，近來退盡筆鋒豪。

清　吴清鵬《笏庵詩》卷二〇《後湖》　緑洋赤岸兩湖環，一水通流繞曲灣。茆屋幾家斜正向，漁舟終日去來還。人間豺虎何須逼，世外鷗鳧只自閒。此地若教容卜隱，也思安穩結柴關。

清　張九鉞《紫峴山人全集》卷六《同京門慎菴登雞鳴寺望後湖》　游事既踴躍，故人况蕭閒。出門惝怳指何處，凉風吹出雞籠山。雞鳴埭上雞鳴寺，秀壓臺城布初地。螺旋磴道杳靄間，朱夏陰陰樹交翳。琳宫鏡閣足盤桓，休問蘭陵家國事。兩城嵐錦天爲磨，亂滴青溪瀉丹翠。沉沉下俯元武湖，削不見底凌虚無。覆舟樂游互蕩漾，天光破碎雲氣孤。夕陽滉瀁鳧鷺散，倒影百尺珠浮圖。昆明池與儲胥館，即今一片荒蒲菰。却瞻鍾山晨雨後，濃緑巖阿露八九。鳥陣斜連建業長，鐘聲直挾岷江走。金棺徒去王舍空，惟餘雙闕朝牛首。坐闌逸興忽翻飛，欲攀絶頂四無依。蔣侯笑人且東下，深秋當許窮烟霏。白門晚色彌鮮新，隔籬荷芰香飄巾。歸途那用籠燈照，踏碎長街月似銀。

雜録

明　葉春及《石洞集》卷一五《萬石後湖修築橋堤碑》　吾郡有水貫城中，中紫微，莫知所始。《志》：故城狹南門門鐘樓北，西門門公卿橋東。然則池耳，後廓城，兩門之植，植於銀岡。東西水乃中，夾岸泝流，若揭河漢而西也。人第覩其睫，謂振古固然。余諦地形，橋中高而旁下，中狹而旁廣，是謂果蠃。二水攸分，脈從中度，至秀水湖止焉。固知斯地鑿於築城，彼一時也。

郡之名勝，必以西湖爲先，其原西北曰横槎，西南曰水簾。二原淫裔，匯而爲澤，南北未堤，巵漏于江，其土有可見者，隱隱隆隆，郡城所繇度也。宋治平，太守陳公始堤其北，置水門而橋之。民姓其橋，以示不忘，即今拱北。宫觀亭榭，益增修矣。水族繁、蓴菜美、隖嶼星列、菱荇雲甹，世比之杭、潁云。南隱既載不傳，敗不甚，功不多，職此不述，亦《禹貢》法耳。

湖入城，即百官池，其中有洲，亭之。自淳祐太守謝公始，其下即公卿橋，橋之自咸淳太守章公始，或曰亦謝公也。橋初名平湖，後乃更。讖緯書，湖平出公卿。池若橋，所命皆以此。下則鐘樓關入于江矣。萬石里，在下湖東岸，其東則江，受下湖之委而北，人謂水之所比，足當吉士。故宋李公思純、若弟思義、黎公獻臣、陳公開皆以二千石里居，人因集而名之。是西湖不特爲吾郡勝，尤勝吾里，彼一時也。

代有修葺，我明宣德則太守陳公，弘治則太守方公，嘉靖則太守李公司理方公，繕南北兩堤，若諸杠梁亭榭，功皆可紀。居人徃徃盜湖壖地，蔴采其中，家并傅水而止。方公復侵疆，開新術，厥功茂焉。關外有臺丈餘，以遏水勢，經始未聞。余方十齡，假罾臺畔，一舉得數十鱗，先大人忘其儇而孩之。當是時，里多黄髮，百姓康寧，衣食滋殖。歲時讀法，圓袂曲袷，肇厲綦履，交錯于道，先大人命孺子春及偕諸兒歌鹿鳴，雍雍濟濟，可謂和樂者乎！此一時也。

自後，闕前堤潰，臺圮樓焚，死徙過半，存者獨吾宗人。若梁文學，若張穀城，若他一二家，家一二人，耗矣。今劉亳州自郡前至，李將軍自衛前至，張銅陵自東里至，余不佞不能有其敝廬，遯于東平，鳧飛不爲少也。葢橋處高，水建瓴而下，闕前雖嘗有石堤，易敗，即西湖盈，下湖往往可揭，澆爲我舟不能踰橋而進，行人薛公欲甃鐘樓闕三尺瀦水，有以也。萬曆丙子，太守李公責縋城者，建鐘樓堤，敗如故。丁亥，嶺西兵憲黃公時爲太守，鄭公貳之，亳州將軍及余姪孫世俊輩以聞。黃公欣然，謀諸鄭公，出官錢八十緡，鄉人輸八之一，令將軍揣高低、度厚薄、程功物土，書成以授平海所吏目歐陽某。廣橋門若干尺，上如之，浚若干尺，下如之。橋故有亭，署曰公卿，惡當讖，罷勿亭。闕前堤壁立，故敗。廣其址，內三尺，外二丈有奇，拾級上，至其上，廣八尺，高四尺，水漫而過，緩矣。北至橋若懸衡，其水常盈。日暖風恬，上蘭舟，盪桂楫，流盼兩崖，直若絃，句若規，折若磬，擟若漢之白金，平若鏡流、若瀑布、若飛雪。里户疏茂，若棊置。鼓而進之，汜乎若漢使者之乘槎，仰望橋上，若自明河趨閣道。踰橋門，疾若馬。隖嶼絫絫，若浮玉。樓觀矗矗，若翬斯飛。遠山若蛾眉，近若舞袖。四面長林若步障，其蔽虧若蔚藍。魚初生，若銀。鳥聲和鳴，若笙簧之迭奏。月出粉堞間，順流而返，舟繫于門。余雖播遷，百歲後魂魄猶思樂，此又一時也。

庶人安士遂，姪夢熊從列卿之後，出鎮三邊，讖符矣。天時協，地靈出，人官能，本黃公之功也。抑余因是而知物，余因是而知政，記曰：善溝者，水漱之。善防者，水淫之。漱則爲川，淫則爲防。下令如流水之原，令順民心、導利而布之，葢取諸川。物不可終通，故受之以畜。君子以畜其德，小人以畜其欲，忠臣以畜其君，葢取諸防。上善若水，平中準，大匠取法焉。君子平其政，弱不受强，寡不怯衆，葢取諸水。江河之大，不能當螘穴，事有旁出，其權乃分，君子愼于此，葢取諸塞。川以行仁，防以正義，平以由禮，塞以明智。黃公修是四者，象其物宜，故曰：入其國而政可知也。亳州曰：古人從異國覘，故因物知政。葉子里人，於政觀其深矣，乃由之知物耳，請碑之以示子孫。

黃公名時雨，吳人；鄭公名天佐，閩人。亳州名光奕，將軍名如桂，文學名廣譽，穀城名王治，銅陵名喬一。

花嶼湖

綜述

（至正）《四明續志》卷四　花嶼湖，舊志作花墅，在縣東南一十里，古有塘瀦水，宋正觀十年，刺史任侗、縣令房琯勸農修築，計一十七頃四十餘畝，溉田六千餘畝。湖中有小墅，春花明媚，多於衆山，故名之。湖中築塘以通往來，故有東西二湖之名。湖多魚及蓴菱，并湖之人資以爲利。宋嘉祐間，簿成公立築堤，增高以捍之，仍有碶。歸附後，東皐寺僧首占十餘畝，以種蒲蓮。大德初，憲副家奴朱、都省左丞家奴周壽築田一十七頃，輸粮二百餘石，官爲科。七年，定海縣黃國瑞與沾利之民訴于省臺。八年，會都水使者馮公君輔分洫壞田復湖。天曆間，又結道士李至善從道教所申于部，事下州縣，復占爲田，里民死争，訴于分憲，湖得不廢。後紀至元五年，兩浙官田失實，分遣温州路同知楊公到路，李至善等乘時復舉，邑尹程郇力争，卒罷其議。後刊石記之。

（嘉靖）《寧波府志》卷六　花嶼湖，縣東南十里，古有小塘瀦水。唐貞元十年，刺史任侗勸田修築，計一十七頃四十餘畝，溉田六千餘畝。中有小嶼，春花明媚，多於衆山，故名。中築塘以通往來，湖遂分爲東西，多魚及蓴菱，并湖之民資以爲利。宋嘉祐間，邑簿成立增堤以捍水，仍置碶。元至元間，東皐寺僧首取十餘畝，以種蒲蓮。大德初，都省左丞家奴周壽差築爲田，計畝輸糧，凡二百餘石，官爲收科。七年，施利之民訴于省臺。八年，會都水使者馮尹，輒分隸悉復爲湖。天曆間，奸人又結道士李至善，從道教所申於部，事下州縣，復占爲田，里民訴於官，湖得不廢。至元六年，兩浙官田失寔，分遣温州路同知楊清孫核之，李至善等乘時復舉，邑尹程郇力争，卒罷其議。郇自爲之記，具載《延祐志》中。國朝洪武三十一年，邑人邵功奏以爲田，官爲踏量，除積水池塘河溝爲田一十三頃九十畝八分九釐。既而民人合詞，于官議又寢。永樂五年，定每衛軍人，陳詳奏復爲田。七年，以原定畝數，俾民佃之起科輸糧。

（光緒）《慈溪縣志》卷七　花嶼縣東一十里，王恂《舊景記》云：花嶼湖廣一千五百畝，中有兩小山，百花蒙之，爛若雲錦，因名花嶼。

傳記

明　徐象梅《兩浙名賢録》卷一〇《楊允恭欽》　楊允恭，名欽，以字行。鄞人也，先治舉子業，累試不第，遂弃去。居家以義烈聞，嘗憫鄉人湖田重稅之苦，謂産走京師，上書闕下，具陳湖民重困逃亡之由，援慈溪花嶼湖田全折之例，累疏不下，瀕死者數迄不爲止，卒得請行。省勘覆議如所奏，而督儲使者牽制之，詭行而止。允恭復三上，其情并論牽制之弊，一時奸胥狡吏，雖抵於法，而時方多故。有司内懷疑懼，莫敢先發，太守林富力主其議，曰：上不失朝廷，唯正之供下，可以舒湖民偏重之困。上下帖然，無或異議，竟得全折。如花嶼湖例，民困始紓，懽若更生，湖民感林之德，食楊之惠，請於官立祠祀，富而以允恭配食焉。祠名曰懷惠，志報也。

紀事

宋　成立《花嶼湖記》（雍正）《慈溪縣志》卷一四　國之利害，民爲重。民之利害，農爲重。農之利害，水爲重。求治者能此三重先之，其天下之達利乎。嗚呼！井法既廢，民到於今，數困水旱之患者，溝洫川澮之制亡也。至觀秦之鄭國、魏之史起、漢之邵父，未有不先訓農穿渠築壅，以時閉泄，水利爲尚，流美方册。獨奈何方今之世，以利農均水爲非急務，而高言不事哉。予任是邑，領主簿事未旬日，按古圖既見邑有陂湖數所，皆唐刺史任侗、縣令房琯所營廣之也。治之今日，藉爲沃壤，其爲利固博也。然一至歲旱，則瀕湖之田或不免焦病者，何？詢於吏，則曰：非湖之不利也，長民者閉泄不時爾。嘉穀不登，歲入有常，而農民爲之重困，此豈天子勸農恤民之本心歟？予任是三年，高堤防，謹約束，以時省視，溉沃民産，靡有遺缺，得以承先賢之遺利而及於民，斯其幸也。何彼貪饕而往會，郡邑之士交章，叠其射湖爲田者，衆而乘利之民輟食而相會，約以死拒。曰：寧致吾身，不可奪吾子孫之利。予於是相與完美籌慮，後人不知今日有不可變之利也。因具條其事以勒石，庶爲記之永遠，圖湖之久長之利，可指諸掌，得以永永邑民之利云耳。時嘉祐十有三年九月十五日記。

元　程郇《花嶼湖記》（雍正）《慈溪縣志》卷一四　古者以溝洫置田，遂人、匠人之職疆理，規模浚治之深廣，體國經野，制度詳備，其於水利蓋便便焉。西門豹鄴令，鑿渠通水灌田，史起復决鄣水沃鄴，遂致河内之富。班孟堅賦西都，稱鄭白渠之沃，關中恃之盛强。前者作之，後者繼之，誠民政之先務。今縱未能繼，而忍廢之乎？縣之東并出爲田，諸山之水奔流汗漫，易致涸竭，必藉瀦蓄，以備灌溉。唐刺史任侗、縣令房琯始鑿花嶼東西二湖，以蓄諸山之水，并山之田六千餘畝，遂無亢旱之虞。奈何豪右奸民奪湖爲田，睥睨者衆，因循失治，湖見廢弛。宋嘉祐間，縣主簿成立察知其故，高其捍防，時加省視。迨其去也，乃序建湖之始末，關於田之利害者，勒之於石，使有考焉。版圖既入國朝，遺事漸見湮没，東臯寺僧首謀佃占，始割十餘畝以種蒲蓮。大德初，遂有豪貴斸田一十七頃，輸糧二百餘石，里民誓以死争，訴於臺省，事未竟。會馮公輔來爲都水使者，分涖東浙，公端毅正直，不避豪貴，按圖考牒，即日壞其田，除其糧，囚其人，遂復爲湖，民至今德之。然豪右之心未始已也。天曆初，乃結黄冠李至善者，從道教所申聞省部，事下州縣，奸民乘時群集徒黨，破堤决水，以爲平疇。里民群訴於有司，適分憲按治，深究民瘼，湖得不廢。後至元之五年，言者以兩浙官田失實，分遣使者詣諸部按核。永嘉通守楊公來按。慶元，予以職事備驅策於下，黄冠乘時厚賂上下，廢湖之議已定，吏以成牘來署。予職在牧民，忍奪民利以助豪右乎？拒不與署，乃以廢湖之言白於楊公。公仁厚愛民，聞義勇爲，詰責郡吏，亟易其議，豪右奸謀，因得以寢。公之季父嘗以宣尉治鄞，甘棠之愛，至今具存，業祠梵宇，尸而祝之。再世相望，有德於民。邑士臧實夫一日與里民陸敬之等，翕然來言曰：民既德公，琢石紀績，可無記乎？願須文以詔來者。因謂之曰：若等之德楊公，以永無窮者，固非文無以詔來世。予以腐儒衰老，治縣一無善政，是湖之不能廢，因楊公以逸其責，方將自詔之不暇，况敢詔於後人哉？繼自今湖水渥渥，魚鱉藻荇，游泳暢茂。其中湖下之田，歲獲全穰，可不知所自乎？故不敢以鄙陋辭，乃摭前代近世復湖之數君子，皆牽聯而書。後之來者能以數君子與楊公之心爲心，不爲勢利所奪，則豪右之睥睨可息矣。湖固不足與鄞下、關中之渠比，然數君子與楊公之功，視西、史、鄭國，則又難者。衆皆曰然，遂書以遺之，使鐫諸石。至元五年八月吉日，縣令眉山程郇記。

藝文

明 李言恭《青蓮閣集》卷三《送潘博士之慈溪》 鯤化如雲垂大翼，怒飛上與青天逼。暫困扶摇九萬程，圖南終向天池息。花嶼湖邊絳帳開，春風桃李待君植。生徒前列後笙歌，誰云苜蓿不堪食。登高作賦擁霜毫，到處山川盡生色。試看三鱣集講堂，功名未可言雞肋。握君手贈君栤，他日蛟龍自驤首。扁舟且繫蓼花灘，西風好醉紅亭酒，紅亭酒浩歌傾百斗。

明 王淮《花嶼湖詩》（光緒）《慈溪縣志》卷八 太平時節競繁華，日日笙歌泛彩霞。兩岸風光三月柳，一山烟景四時花。鐘鳴畫閣開禪刹，簾捲虹橋見酒家。今日悽凉誰著眼，水枯荒草沒泥沙。

明 鄭溱《寒食過花嶼湖詩》（光緒）《慈溪縣志》卷八 湖光雖不食，山色翠如纂。花開何處巖，野草香來暖。蘭若集村妝，隨意結游伴。春生澗水濱，曳步情亦散。別墅半飄零，中有舊交館。叩談相見希，飲我泉雙椀。往事嘆浮雪，形容病且嬾。窗前竹作籬，門外松濤滿。

清 趙之璧《花嶼湖詩》（光緒）《慈溪縣志》卷八 湖改山常在，花烟稻愈香。漣漪成繡陌，麐鹿走迴塘。

清 鄭梁《寒食花嶼湖詩》（光緒）《慈溪縣志》卷八 籃輿軋軋霧蒸蒸，出郭踰岡又轉塍。湖已犂田忘甲子，山猶埽墓集雲礽。徵君風節知誰繼，老我波摩恐不勝。慚愧松楸無別事，一年柯葉一年增。

清 鄭梁《花嶼湖道上詩》（光緒）《慈溪縣志》卷八 清明時節此常過，雨打今朝又怎麼。一出城來香載道，自踰嶺後水鳴坡。山莊倚女花容少，陌路逢人酒意多。莫道春華易零落，即今湖亦不揚波。

清 鄭性《出花嶼湖忽失康敬山同東門轀山須之途次詩》（光緒）《慈溪縣志》卷八 游人出花嶼，塍陌雨霖零。一騎忽相失，三兜別自行。過橋頻躑躅，得樹且消停。終究來同道，須知物可成。

清 周維棫《游花嶼湖詩》（光緒）《慈溪縣志》卷八 不知花嶼路，策杖費幽尋。竹密留禽語，雲深遏磬音。頓生棲隱意，已澹利名心。恰喜逢僧話，相邀坐碧岑。

清 費志雲《早春與友游花嶼湖集唐》（光緒）《慈溪縣志》卷八 故人同泛處，花嶼水中春。雪盡唯逢鶴，冰開見躍鱗。緑蘿霜後翠，香蕊日邊新。未習風波苦，巡池咏白蘋。

清 俞挺芝《花嶼湖春望詩》（光緒）《慈溪縣志》卷八 細草萋萋漲碧痕，當年曾説舊芳村。一堤春色藏烟渚，十里花香度郭門。馬嶺峰迴凝暮靄，龍山林密隱朝暾。只今移步湖橋去，回首殘碑欲斷魂。 湖光澹澹水悠悠，我亦乘春過隴頭。畫裏烟波鷗灑落，詩中花草蝶風流。殘紅帶雨飄千樹，新緑如山擁一洲。最是孤亭返照晚，歸來猶欲憩休休。

清 洪觀《花嶼湖泛月歌》（光緒）《慈溪縣志》卷八 平湖茫茫涵一碧，半夜湖心澄兔魄。扁舟纔向小塘來，游人忽訝全湖白。傳聞嶼中多栽花，三春明媚競繁華。世間花月稱二絶，豪情勝景良足誇。更喜秋來絶點塵，十七頃波浄似銀。月光水光皎不分，翻疑月是我前身。湖中築堤通來往，東西明鏡分作兩。青天倒影入鷗波，嵌空玲瓏羅萬象。人生到此豁心胸，洗眼静看松間峰。直教俗慮消都盡，恍然如在水晶宫。

清 錢濱《花嶼湖懷古詩》（光緒）《慈溪縣志》卷八 四圍山色罨青螺，游冶當年載酒歌。腸斷湖光何處覓，棹歌聲久變農歌。

雜録

（嘉靖）《寧波府志》卷一七 國子祭酒陳敬宗墓，在縣東南十里花嶼湖東。

明 楊守勤《寧澹齋全集》卷五《白龍應禱記》 明州故稱海國，山澤中多龍宫，能興雲雨，應人祈禱而麗吾慈者。邑東南花嶼湖之陰有白龍潭，潭水出石磵，廣不盈三尺許，沙石灼然可見，而莫測其底。止遇歲暵，吏民匍匐往禱，嚮答尤顯。然禱弗虔，亦罔應，應亦不速，閒有襲禱山投犬之術，觸怒龍者，暴雨大作，人馳走不及。然不須臾，雨旋止，旱顧逾甚，一溉之苗竟枯，不復救龍德，正中變化不測，德及水泉龍神迺現，固有不可矯舉者耶。

（光緒）《慈溪縣志》卷六　坐蟾山，縣東南八里，花嶼湖北，山形似坐蟾。或曰上有坐禪堂，舊名坐禪也。俗稱望海峰。

又卷七　六家隩，縣東八里，花嶼湖東北。

又　家隩縣東七里，花嶼湖西北，地甚幽僻，在六家隩西。

又卷八　西河縣東五里，花嶼湖南，其東有門家堰，故曰西河。河中有閘，曰西閘。

清　鄭性《南溪偶刊・法庵睿上人五十壽序》　邑東花嶼湖諸山，秀美蜿蜒，層叠狀如青蓮既放。昔戴九靈隱居其中，余祖塋在焉。歲時祭掃，過之不忍去。

鑒湖

綜述

宋　曾鞏《元豐類稿》卷一三《序越州鑒湖圖》　鑒湖一曰南湖，南并山，北属州城漕渠，東西距江，漢順帝永和五年，會稽太守馬臻之所爲也，至今九百七十有五年矣。其周三百五十有八里，凡水之出於東南者皆委之。州之東，自城至于東江，其北堤石撻二，陰溝十有九，通民田，田之南屬漕渠、北東面屬江者皆溉之。州之東六十里，自東城至于東江，其南堤陰溝十有四，通民田，田之北抵漕渠、南并山、西并堤、東屬江者皆溉之。州之西三十里，曰柯山斗門，通民田，田之東并城、南并堤、北濱漕渠、西屬江者皆溉之。揔之，溉山陰、會稽兩縣十四鄉之田九千頃。非湖能溉田九千頃而已，蓋田之至江者盡於九千頃也。其東曰曹娥斗門，曰蒿口斗門，水之循南堤而東者，由之以入于東江。其西曰廣陵斗門，曰新逕斗門，水之循北堤而西者，由之以入于西江。其北曰朱儲斗門，去湖最遠。蓋因三江之上、兩山之間，疏爲二門，而以時視田中之水，小溢則縱其一，大溢則盡縱之，使入于三江之口。所謂湖高於田丈餘，田又高海丈餘，水少則泄湖溉田，水多則泄田中水入海，故無荒廢之田、水旱之歲者也。繇漢以来幾千載，其利未嘗廢也。

宋興，民始有盗湖爲田者。祥符之間二十七户，慶曆之間二户，爲田四頃。當是時，三司轉運司猶下書切責州縣，使復田爲湖。然自此吏益慢法，而奸民浸起，至于治平之間，盗湖爲田者凡八千餘户，爲田七百餘頃，而湖廢幾盡矣。其僅存者，東爲漕渠，自州至于東城六十里，南通若耶溪，自樵風涇至于桐塢，十里皆水，廣不能十餘丈，每歲少雨，田未病而湖蓋已先涸矣。

自此以來，人争爲計説。蔣堂則謂宜有罰以禁侵耕，有賞以開告者。杜杞則謂盗湖爲田者，利在縱湖水，一雨則放聲以動州縣，而斗門輒發。故爲之立石則水，一在五雲橋，水深八尺有五寸，會稽主之；一在跨湖橋，橋水深四尺有五寸，山陰主之。而斗門之鑰，使皆納于州，水溢則遣官視則，而謹其閉縱。又以謂宜益理防堤斗門，其敢田者拔其苗，責其力以復湖，而重其罰。猶以爲未也，又以謂宜加兩縣之長以提舉之名，課其督察而爲之殿賞。吳奎則謂每歲農隙，當僦人浚湖，積其泥塗以爲丘阜，使縣主役，而州與轉運使、提點刑獄督捄賞罰之。張次山則謂湖廢，僅有存者難卒復，宜益廣漕路及他便利處，使可漕及住民田里，置石柱以識之，柱之内禁敢田者。刁約則謂宜斥湖三之一與民爲田，而溢堤使高一丈，則湖可不開，而其利自復。范師道、施元長則謂重侵耕之禁，猶不能使民無犯，而斥湖與民，則侵者孰禦？又以湖水較之，高於城中之水，或三尺有六寸，或二尺有六寸，而益堤壅水使高，明水之敗城郭廬舍可必也。張伯玉則謂日役五千人浚湖，使至五尺，當十五歲畢，至三尺，當九歲畢。然恐工起之日，浮議外摇，役夫内潰，則雖有智者，猶不能畢其成。若日役五千人，益堤使高八尺，當一歲畢。其竹木費，凡九十二萬有三千，計越之户二十萬有六千，賦之而復其租，其勢易足，如此則利可坐，而人不煩弊。陳宗言、趙誠復以水勢高下難之；又以謂宜修吳奎之議，以歲月復湖。當是時，都水善其言，又以謂宜增賞罰之令。其爲説如此，可謂慱矣。朝廷未嘗不聽用著於法，故罰有自錢三百至于千，有至于五萬，刑有杖百至于徒二年，其文可謂密矣。然而田者不止而日愈多，湖不加浚而日愈廢，其故何哉？法令不行，而苟且之俗勝也。

昔謝靈運從宋文帝求會稽回踵湖爲田，太守孟顗不聽，又求休崲湖爲田，顗又不聽，靈運至以語詆之。則利於請湖爲田，越之風俗舊矣。然南湖繇漢歷呉、晋以来，接于唐，又接于錢鏐父子之有此州，其利未嘗廢者。彼或以區區之地當天下，或以数州爲鎮，或以一國自王，内有供養禄稟之湏，外有貢輸問遺之奉，非得晏然而已也。故强水土之政以力本利農，亦皆有数，而錢鏐之法最詳，至今尚多傳於人者，則其利之不廢，有以也。

近世則不然，天下爲一，而安於承平之故，在位者重舉事而樂因循。而請湖爲田者，其語言氣力往往足以動人。至於修水土之利，則又費材動衆，從古所難。故鄭國之役，以謂足以疲秦，而西門豹之治鄴渠，人亦以爲煩苦，其故如此。則吾之吏，孰肯任難當之怨，来易至之責，以待未然之功乎？故説雖博而未嘗行，法雖密而未嘗舉，田者之所以日多，湖之所以日廢，繇是而已。故以爲法令不行，而苟且之俗勝者，豈非然哉！

夫千歲之湖，廢興利害，較然易見。然自慶曆以來三十餘年，遭吏治之因循，至於既廢，而世猶莫寤其所以然，况於事之隱微難得，而考者繇苟簡之故，而弛壞於冥冥之中，又可知其所以然乎？

今謂湖不必復者，曰湖田之入既饒矣，此游談之士爲利於侵耕者言之也。夫湖未盡廢，則湖下之田旱，此方今之害，而衆人之所覩也；使湖盡廢，則湖之爲田亦旱矣，此将来之害，而衆人之所未覩者。故曰此游談之士爲利於侵耕者言之，而非實知利害者也。謂湖不必浚者，曰益堤壅水而已，此好辨之士爲樂聞苟簡者言之者。夫以地勢較之，壅水使高，必敗城郭，此護者之所已言也；以地勢較之，浚湖使下，然後不失其舊，不失其舊，然後不失其宜，此議者之所未言也。又山陰之石則爲四尺有五寸，会稽之石則幾倍之，壅水使高，則會稽得尺，山陰得半，地之窪隆不并，則益堤未爲有補也。故曰此好辨之士爲樂聞苟簡者言之，而又非實知利害者也。

二者既不可用，而欲禁侵耕，開告者，則有賞罰之法矣；欲謹水之畜泄，則有閉縱之法矣；欲痛絶敢田者，則投其苗，責其力以復湖，而重其罰，又有法矣；或欲任其責於州縣與轉運使、提點刑獄，或欲以每歲農隙浚湖，或欲禁田石柱之内者，又皆有法矣。欲知浚湖之淺深、用工若干、爲日幾何，欲知增堤竹木之費幾何，使之安出，欲知浚湖之泥塗積之何所，又已計之矣；欲知工起之日，或浮議外揺，役夫内潰，則不可以必其成，又已論之矣。誠能枚衆説而考其可否，用其可者，而以在我者潤澤之，今言必行，法必舉，則何功之不可成、何利之不可復哉？

鞏初蒙恩通判此州，問湖之廢興於人，求有能言利害之實者。及到官，然後問畐於兩縣，問書於州與何渠司，至於參核之而圖成，孰究之而書具。然後利害之實明，故爲論次，庶夫計議者有涔焉。熙寧二年冬卧龍齋。

明　董裕《董司寇文集》卷四《鑒湖記》　鑒湖者，鄧公天鼎之别號也。公王父曰丕隆，有樓名八景，一峰羅先生嘗記之。公號鑒湖者，即記中所稱夜月所止夕而俯焉者也。公樂之是，不讓而有之。玆公去而上仙者久矣，獨湖猶在，湖之洸洋可鑒者猶在。公與吾祖豫庵公爲異姓昆季，相比若形影，今不佞裕與公之孫輝章某某其相比，猶公休愉忻戚，手足同之。故每過橋西，挹鑒湖之勝，若奉公顔色，輒怊悵而不能去，而鑒湖之魚鳥，草樹依依。近人又有欲去而不能者，輝章輩因請裕記之。顧思見公而不可得，而彷彿見公於斯湖。公龎而晰，浴德深淳，澡行方潔，幼雖孤特，老益熙愉，載覩于湖，其廓然虚者，漆園之溪谷也，公之有容者也。其皛然明者，紫陽之半畒也，公之不緇者也。其淵然静穆然止者，工倕之取平也，公之格人者也。其涵之叵測，出之罔匱者，子輿之資深也，公之澤物者也。然出猶止於陳腐，施未遍於蒸蒼者，是井渫而鮒射者也，公之所木偶也。乃其可鑒鬚眉而浴天日，固與湖俱留，覩於湖者，可以知公矣。昔賀監遺棨物外，明皇賜之鑒湖一曲，古今侈爲美談。顧其人遨然於方以外者，且嘗浪迹於青紫麯糵之場，以是埒公。公其曰：姑舍是也，漢有黄叔度者，郭有道擬之爲千頃之波，謂爲澄之不清，撓之不濁。今觀鑒湖，宜不讓千頃波，即叔度而在。公從郭有道，過之宜亦無赧於終日留者，斯可以知公也。然記八景者，極之萬物，皆備要之一，誠進之太極。今八景雖成，烏有而一踵鑒湖之濱耳。而目之八物，具在反而思之，萬物亦具左也。踞鑒湖而逹觀天地萬物之撰，會天地萬物而實體於身心，信如羅文毅所云，招携類太極，則吾身在太極之中，而太極在吾心中矣。此余與輝章輩所當有事以共媚于鑒湖公者也。若徒操楮墨，而貂續于羅文毅之後，則予豈敢。

紀事

宋 王十朋《梅溪集·後集》卷二七《鑒湖説上》 東坡先生嘗謂杭之有西湖，如人之有目，某亦謂越之有鑒湖如人之有腸胃。目翳則不可以視，腸胃秘則不可以生。二湖之在東南，皆不可以不治，而鑒湖之利害爲尤重。昔東漢太守馬臻之開是湖也，在會稽山陰二縣界中，周回三百五十餘里，溉田九千餘頃，湖高田丈餘，田又高海丈餘。水少則泄湖帰田，水多則泄田帰海。故會稽山陰無荒廢之田、無水旱之患者，以此自漢永和以來，更六朝之有江東，西晉、隋、唐之有天下，與夫五代錢氏之爲國，有而治之，莫敢廢也。千有餘年之間，民受其利博矣、久矣。至國朝之興，始有盜湖爲田者，然其害猶微。盜於祥符者，才一十七户。至慶曆間，爲田四頃而已。當是時，三司轉運司猶切責州縣使復田爲湖，自是而後，官吏因循，禁防不謹，奸弊日起，侵盜愈多。至于治平熙寧間，盜而田之者凡八千餘户，爲田盖七百餘頃，而湖侵廢矣。然官亦未嘗不禁，而民亦未敢公然盜之也。政和末，有小人爲州，内交權幸，專務爲應奉之計，遂建議廢湖爲田，而歲輸其所入于京師。自是奸民豪族公侵强據，無復忌憚，所謂鑒湖者僅存其名，而水旱災傷之患無歲無之矣。今占湖爲田盖二千三百餘頃，歲得租來六萬餘石，爲官吏者徒見夫六萬石之利於公家也，而不知九千頃之被其害也。知九千頃之歲被其害而已，而不知廢湖爲田其害不止於九千頃而已也。盖鑒湖之開有三大利，廢湖爲田有三大害。山陰會稽昔無水旱之患者，鑒湖之利也。今則無歲無災傷，盖天之大水旱不常有也。至若小水旱何歲無之，自廢湖而爲田，每歲雨稍多，則田已淹沒，晴未久而湖已枯竭矣。説者以爲水旱之患雖及於九千頃之田，而公家實受湖田六萬石之入。嗚呼！其亦未之思也。夫災必訴，訴必檢，檢必放，得湖田之租，失常賦之入，所得所失，相去幾何。官失常賦，而以湖田補折之，猶可也。九千頃之民田，其所失者不可計，其何以補折之耶。王者以天下爲家，其常賦所入亦廣矣。豈利夫六萬石之入而以病民耶？況湖田之入，在今日雖饒，而他日亦將同九千頃而病矣。使湖盡廢而爲田，則湖之爲田者其可耕乎？今之告水旱之病者，不獨九千頃之田也。雖湖田亦告病也，況他無鑒湖，則九千頃之膏腴與六萬石所入之湖田，皆化爲黄茅、白葦之場矣。越人何以爲生耶？此其爲大害一也。鑒湖三百五十八里之中，蓄諸山三十六源之水。歲雖大潦，而水不能病越者，以湖能受之也。今湖廢而爲田，三十六源之水無吞納之地。萬一遇積雨浸淫，平原出水，洪流滔天之歲，湖不能納，水無所帰，則必有漂庐舍、敗城郭、魚人民之患。嘗聞紹興十有八年越大水，五雲門、都泗堰水高一丈，城之不壞者，幸也。假令他日湖廢不止於今，而大水甚於往歲，則其爲害當如何？此廢湖爲田其爲大害二也。自越之有鑒湖也，歲無水旱，而民足於衣食，故其俗號爲易治，何以知其然也？以守令而知之也。自東都以來，守會稽、令山陰者多以循吏稱，見於史傳者不可一二斈也。非昔之守令皆賢也，盖民居樂歲之中，室家温飽，民之爲善也，易尔。比年以來，獄訟繁興，人民流亡，盜賊多有，皆起於無年。去秋災傷之訟，山陰、會稽爲尤多，非昔之民皆善良，今之民皆頑鄙也。盖礼義生於飽煖，盜賊起於飢寒，其勢不得不然耳。此廢湖爲田，不獨九千頃受其病，獄訟之所以興，人民之所以流，盜賊之所以生，皆此之由，其爲大害三也。自祥符、慶曆至今，建復湖之議者多矣。而湖卒不能復，非湖之不可復也，盖異議者有以揺之也。異議得以揺之者，盖亦建議者之未能深究夫利害焉耳。建議者曰廢湖爲田，則九千頃被水旱之害，湖不可以不復。異議者曰：九千頃雖被水旱之害，而常賦不盡失，以湖爲田，而官又得湖田之利爲多，湖雖廢，而何害？且多爲異説以揺之，此建議者之言卒奪夫浮議者之口。使建議者灼然知夫三大利害之所在，以折夫異議者之云云。則復田爲湖有不可得而已也。

又《鑒湖説下》 夫廢湖爲田有三大害，復田爲湖有三大利。湖固不可以不復也，然亦有三難。揺於異議，一難也。工多費廣，二難也。郡守數易，三難也。今之占湖爲田者，皆權勢之家，豪强之族也。侵耕盜種爲日已久，一旦欲奪而復之，彼必游談聚議，妄陳利害，曰勞民也、費財也、失官租也、有科率之擾也、無積土之地也，爭爲異説，以沮害之。官吏方墮於因循苟且之習，復爲勢力多口舌者之所動移，而欲冀成功於歲月之久，可乎？此摇於異議，一難也。昔人常計浚湖之工矣，日役五千人，浚至五尺，當十五歲而畢。至三尺，當九歲而畢張伯玉之説。夫用工如此之多，歷年如此之久，其爲費如何？今越不浚湖，而財用猶不給，況𠔏至大之役，有不貲之廢耶？此工多用廣，二難也。守令之於郡邑，久任則可以立事，數易則不能成功。況鑒湖之開，非一歲一時之所能畢。今之爲守者或一歲而遂迁，或半歲而遽易，湖之利害不暇問，焉能知？不能知，遑暇治？其間慨然有志於開復者，功未及施而去，計已迫矣。後來者所見不同，復变前議，以數易之守，而欲𠔏浩大悠久之役，可乎？此郡守數易，三難也。湖有三不可不開，而厄於三難開，是終無策以開之耶。某切謂欲遏浮議，則不可不白利害於朝廷。朝廷主之，雖異議紛然，但莫之恤可也。如向者經界之行於天下，固有不樂其事而欲動摇之者，多矣。然經界卒行，而民受其利，蓋朝廷主之則事無不可成者，況一鑒湖耶？彼異議者，不過曰勞民費財耳。夫勞民費財，𠔏無用不急之務，則不可。如鑒湖之利害，如此謂之無用不急，可乎？自湖之廢也，歲多灾傷，細民艱食，今於農事之隙，募民浚治，官出財，民出力，兩有所利，民雖勞而不憚，財雖廢而不虛矣。彼不過曰官失湖田之租，民有科率之擾。夫鑒湖之開千有餘歲矣，昔無湖田之租，有國者不以不足爲病，豈今日獨少此耶？況湖既復，而民利𠔏，灾傷不作，而常賦不失，民無凶荒之訴，官無檢放之患，較其所得，與今孰多？至若錢米之費，當一出於官，而不取於民，竹木之具，雖資之於民，而尽酬其直。胥吏都有從而擾民者，則嚴法令以治之，尚何科率之憂耶？越人多謂湖可開也，而土無所歸。是不難，積其泥塗以爲丘阜，昔𠔏長文常論之矣。今湖之側，曠地固多，擇其利便，隨其遠近，而丘阜之土非所患也。欲沮浚湖之計者，不過數者之説，而皆有以取之，尚何浮議之恤耶？謂曰役五千人，浚至五尺，十五歲而畢者，蓋通三百五十里之間而計之也。某謂今之浚湖，固未能𠔏三百五十里之内，而尽復之也。湖自熙寧以來，建議者立兩存之説，有牌内牌外之限，今牌尚存，而牌内亦盗而爲田矣。爲今日計者，當先復牌内之湖，其用工固有間，自牌之外，當以漸治之可也。所費之財自本府經畫外，又當請於朝，乞每歲湖田所入之米，以爲雇工𠔏役之費。朝廷捐六萬石之米，不足以爲多寡，越得此以辦事，則沛然有餘矣。欲復田爲湖，必當遲以歲月之久，有久𠔏之役，無久任之守以主之，則異議一摇，而事必中輟。是又當請於朝，置開湖一司於越，命守倅帶提举主管之職，如勸農举事之類，又命二知縣分董之。舊日會稽、山陰知縣皆帶提举鑒湖事。守既職其事，則必任其責，雖迁易不常，而後來者不得不繼，非正術同也，蓋職使然也。又有倅終任以管其事，令終任以董其役，則責有所歸。又命監司督察賞罰之，俟湖成之日，凡主其事董其役者，皆次第加賞。如是，則湖不患其不復也。昔論復湖之利害者多矣，莫如曾子固。子固之言曰，謂湖不必復者，曰湖田之入固饒矣，此游談之士爲利於侵耕者言之也。使湖尽廢，則湖田亦旱矣。謂湖不必浚者，曰益堤壅水而已，此好辨之士爲樂聞苟簡者言之也。以地勢較之，壅水使高，必敗城郭矣。二者既不可用，而欲禁侵耕，開告者則有賞罰之法矣。蔣堂欲謹水之蓄泄，則有閉縱之法。杜杞欲痛絶敢田者，則拔其苗，責其力以復湖，而重其罰，又有法矣。杜杞或欲任其責於州縣與轉運使與提點刑獄。吴奎或欲以每歲農隙浚湖。吴奎或欲禁田石柱之内者，又皆有法矣。張伯玉欲知浚湖之淺深，用工幾何，爲日幾何，欲知增堤竹木之費幾何，使之安出。張伯玉欲知浚湖之塗泥積之何所。吴奎又以計之矣。欲知工起之日，或浮議，或摇役。夫内潰則不可以必其成。張伯玉又已論之矣。子固誠能收衆説，而考其可否，用其可者，而以在我者潤澤之，令言必行，法必举，則何功之不可成，何利之不可復哉。子固昔嘗倅越，知鑒湖之利害爲詳，而其言有足取者，故并記其略。有能举行子固之言，而不棄某之兩説，則湖庶乎其可復。不然，姑存其説，以俟馬太守再生可也。

清 王昶《春融堂集》卷五〇《游小鑒湖辭》 緬山陰之幽迴兮，聞萬壑之交流。滙鑒湖於一曲兮，自昔志美于前修。何兹水之如鏡兮，乃佳名之是郵。藉嵐翠于細林兮，鬱松竹之相摎。際同袍之清暇兮，呼櫂郎于扁舟。既延緣于葭菼兮，復瀏覽于鳧鷗。雲容容其將散兮，風欲起而悠悠。浦潋宛其聯屬兮，炊烟澹而始浮。律未移于夷則兮，時二十五日立秋，露已下而如秋緊。凉雨其新霽兮，薄暑晚而微收。余情眷其瀟照兮，擷菱藕以爲羞。忽弦月之東上兮，光遥耿于斗牛。展嘉客而咏佼人兮，擬賀監之前游。惟恐菡萏之將疏兮，年華逝而莫留。冀勝踐之可再兮，繫清夢于林邱。

藝文

唐 方干《玄英集》卷四《鑒湖西島言事》 慵拙幸便荒僻地，縱聽猿鳥亦何愁。偶斟藥酒欺梅雨，却著寒衣過麥秋。歲計有時添橡實，生涯一半在漁舟。世人若便無知已，應向此溪成白頭。

宋 夏竦《文莊集》卷三二《鑒湖晚望》 新霜脱衰葉，寒日下疎篷。岸細低疑盡，波平闊似空。橋通越溪水，帆帶剡川風。何處鳴簫鼓，叢祠杳靄中。

宋 趙抃《清獻集》卷四《寄酬前人上巳日鑒湖即事三首》 禊飲已經佳節後，畫舡猶泛若耶濱。未還魏闕陪仙仗，且向稽山作主人。賡唱我知長引玉，懷歸誰道苦思親。古詩鑒湖也似西湖好，兩處風光一樣春。

又 湖上初經上巳春，水邊遥見碧燕新。輕舟競泛無涯樂，夾岸希逢不醉人。厨醖旋篘浮蟻釅，府茶深點再龍珍。詩筒往復余知幸，垂老親仁得善隣。

又 蓬萊高與卧龍俱，位望兼隆似合符。絃管夜聲傳井邑，樓臺春影蘸江湖。休功即報朞年政，直節曾行萬里胡。真是玉皇香案吏，坐看歸去贊蘿圖。

又《次前人游鑒湖》 湖治誰能繼後塵，馬侯祠閣至今存。昔太守馬瑧開鑒湖。窮源上達仙翁井，引派傍通吏部園。紅旆遍游償素志，畫橈歸去近黄昏。別懷屈指朞將半，况屬鄉州役夢魂。

宋 李覯《直講李先生文集》卷三六《鑒湖夜泛以明月到樽前爲發句**》** 明月到樽前，拏舟古岸邊。亂山斜入霧，遠水倒垂天。酒氣薰龍戲，歌聲弄鶴眠。回頭嗤李郭，此外更無仙。

宋 秦觀《淮海集》卷八《游鑒湖》 畫舫珠簾出繚墻，天風吹到芰荷鄉。水光入座杯盤瑩，花氣侵人笑語香。翡翠側身窺渌酒，蜻蜓偷眼避紅粧。蒲萄力緩單衣怯，始信湖中五月凉。

宋 沈遘《西溪集》卷三《鑒湖》 鑒湖千頃山四連，昔爲大澤今平田。庸夫况可與慮始，萬年之利一朝毁。

宋 釋寶曇《橘洲文集》卷三《夜過鑒湖用前韻書所見》 湖光晚作鏡樣平，寂無人聲唯櫓聲。群峰倒影不可辨，新月半鈎如許情。斷蓬散作凫雁過，漁火静入江天明。移舟快得一枕睡，夢有河神來送迎。

宋 王十朋《梅溪集・文集》卷三《過鑒湖》 誰把青銅鑄鑒湖，湖光冷浸越王都。東風二月西游客，買得扁舟入畫圖。

又 春水如天浪未生，扁舟真在鑒中行。漁人不問君王覔，占得湖光亦自榮。

宋 王十朋《梅溪集・後集》卷二《過鑒湖》 翔風吹水鑒湖寒，千里扁舟赴幕官。路入蓬萊天尺五，眼中見日與長安。

宋 王十朋《梅溪集・後集》卷四《望湖亭》 杖屨登臨望鑒湖，湖中一半已湮蕪。誰能更繼東郡守，長使山陰水旱無。

又《賀知章祠》 賀老祠堂枕鑒湖，霓裳羽化宅荒蕪。無人更問君王覔，轉使高風千載孤。

又《鑒湖》 胷中萬頃元才子，方外孤標賀季真。鑒水縈回三百里，風流何止兩唐人。

宋 張孝孝《于湖集》卷二《鑒湖納凉》 鑒湖周圍三百里，極目平湖清到底。荷花歲久生滿湖，人來采蓮唱歌起。賀家千頃水雲鄉，六月荷花風最凉。短楫輕舟來斷續，山横曉月正蒼蒼。

宋 陳淵《默堂集》卷一《過鑒湖》 稽山霸業已蕪没，賀老鑒湖今幾時。當年乞得亦清絶，不道後日知誰尸。人生底物乃吾有，謬辱君賜寧非癡。遊人依舊逐勝賞，歌舞自昔皆塵泥。荷枯葦折洲渚出，深處不變清琉璃。汪汪萬頃撓不濁，坐令我憶牛醫兒。

宋 薛季宣《浪語集》卷一一《乙亥歲東游會稽謁禹陵過馬瑧祠下詢所謂鑒湖者則已堙塞爲民田因賦》 登會稽，瞰長湖，漪漣萬頃皆平蕪。桑田變改唯聞説，豈信古今人事殊。往時夏后禹，道川治水勞馳軀。四支疲敝跛其足，過門弗視兒呱呱。衆流宗海出平陸，滋人巨浸因卑湾。百神效職來大計，勤民遠狩崩于畬。名山立郡此焉始，明明功與日月俱。馬侯有漢二千石，施仁復古蘇燋枯。浚深培薄拂古鏡，還使墝埆成膏腴。陰邪醜正富權戚，居育如鬼捐其軀。大君良吏不復見，茫茫陳迹日就無。玻璃湛湛長芳草，蛟龍窟宅生菰蒲。前功不録倚寮弃，誰何聚斂浮穿窬。情非聖禹決陂澤，遷移膏潤爲官租。昔人舊事已無在，猶有水識魂長途。高田燥仰下沮洳，雨暘無歲均沾濡。咄哉槃利歸乃室，是邦黔首其何辜。反令二主神淫祀，煩此都王陵委積。蠹明幣守祠澆酹，傾清酤禳禱兩無。已跳梁飽，妖巫享祭。緣報誠嘉猷，委泥塗神靈，血食已非分，無爲耗黷，令人吁復，績悵何從，我心徒自悽。

宋 陳造《江湖長翁集》卷一三《鑒湖道中》 風烟佳處放歸橈，吟坐篷牕首屢搔。萬壑千巖争獻狀，三江九堰自忘勞。尚多菡萏張秋錦，少待蟾蜍印夜濤。繚碧森青誰子宅，未容載酒訪清高。

宋 張侃《張氏拙軒集》卷四《鑒湖别島二絶》 坡老當年乞鑒湖，君王未肯付珪符。清名凛凛照人目，欲倩丹青成畫圖。

又 鑒湖别島對青山，山下菰蒲獵獵寒。最是曉烟收未盡，春鋤閒立景尤寬。

宋 徐僑《毅齋别録・鑒湖》 箇中巖壑欠相羊，秋色無邊古興長。寒盡鑒湖僅荷浦，靈遺禹廟尚梅梁。追尋游舫空千載，物色先賢但一堂。征□倚風歸路晚，可堪晴月照凄凉。

宋 陳著《本堂集》卷一三《游西湖》 罨畫溪山入望迷，工夫都在禁城西。松蘿霽藹群峰寺，楊柳輕風十里堤。酒向朱欄樓上買，詩從翠館壁中題。都門路迥馬蹄困，奔得歸來醉似泥。

宋 虞儔《尊白堂集》卷四《稟陵仲秋薦獻畢回舟過鑒湖遇雨》 稟陵蕆事謹秋嘗，歸路扁舟泛渺茫。剡雪無由訪安道，鑒湖空復憶知章。

又 早禾割盡晚禾青，地下知章果有靈。豈憶鑒湖曾敕賜，連山雲霧雨冥冥。

宋 戴昺《東野農歌集》卷五《夜過鑒湖》 推篷四望水連空，一片蒲帆正飽風。山際白雲雲際月，子規聲在白雲中。

宋 戴復古《石屏詩集》卷九《夜過鑒湖》 推篷四望水連空，一片蒲帆正飽風。山際白雲雲際月，子規聲在白雲中。

宋 葛紹體《東山詩選》卷下《黄友載酒鑒湖》 雲細風柔雨後天，兩三飛鷺點晴川。小舟穩泛疏簾静，着我閑身坐少年。

宋 黄裳《演山集》卷二《陪會稽太守游鑒湖會于禹祠之下》 一鑒沉沉含万象，千巖競秀還相向。季真夢斷歸去来，数頃寒光対夷曠。管絃公外與民同，秘閣先生千騎長。從公于迈巷無人，尽船解纜争先放。去探禹穴升稽山，語笑相逢洞天上。玉帛紛紛何處尋，謾对遺陵起悽愴。越王羞辱微之欢，山水依然人獨往。先生揖我歌金巵，吾道本來無得喪。日月如飛奚用勞，醉舞言歸勿令蕩。湘灵不見湘江間，回首斜陽落秦望。

宋 王炎《雙溪類稿》卷八《鑒湖》 粼粼萬頃碧玻瓈，今日耕鋤半稻畦。菡萏開時還自好，買舟一醉玉東西。

又《賀監宅》 輕解金龜呼酒徒，却問君王求鑒湖。歸來蹁躚著鶴氅，自辦米帛供妻孥。鸞驂一去杳無迹，數畝荒園生草棘。惟有青青秦望山，曾識湖邊老狂客。

宋 喻良能《香山集》卷一〇《鑒湖道中口占》 軋軋籃輿鑒水濵，水紋如染草如茵。繁紅零落徐娘老，遠翠低徊西子顰。猶及殘春追勝賞，不妨餘事作詩人。胷中磊塊須澆洗，未厭傷多酒入脣。

又《次韻王龜齡謁大禹祠酌菲飲泉》 不到稽山已十年，夢中物色故依然。憶尋絶境經幽寺，曾向東風酌妙泉。書穴雨餘雲撲地，鑒湖春盡水連天。别來喬木高多少，想見嬌鶯自在遷。

元 貢性之《南湖集》卷下《題鑒湖夏景》 鑒水微涵五月凉，荷菱接葉净生香。酒船若許頻來往，更比當年賀老狂。

又《鑒湖》 鑒曲雨晴秋水多，千年遺迹未消磨。直疑賀老風流在，亦有樓船載酒過。

元 黄庚《月屋漫稿・夏日陪王君玉泛舟鑒湖》 波光萬頃接天光，畫舫歸來載夕陽。一棹湖心天不暑，萬荷風裏滿身香。

元 李孝光《五峰集》卷九《鑒湖雨》 越角鑒湖三百曲，雨餘曲曲添新緑。八月九月風已高，詩人夜借漁船宿。漁翁城中沽酒來，筐底白魚白勝玉。當時賀老狂復狂，乞得鑒湖此生足。

元 吕不用《得月稿》卷二《許生告别歸鑒湖》 燕雨青山郭，鵁衣白屋郎。春深詩思短，客散别愁長。意重交貧賤，年來負慨慷。因君歸鑒曲，忽憶賀知章。

又 卷五《送一鶴道人歸鑒湖》 七年正月初三日，忍把離觴送故人。草色催人愁共起，客情如酒味如醇。越王城郭還依舊，賀鑒湖山揔是春。知汝早將凡骨蜕，寧忘忠孝答君親。

元 張昱《張光弼詩集》卷六《過鑒湖》 風流數得賀家湖，觀裏黄冠是酒徒。笑出市壚留劍當，醉臨秋水索花扶。當時未免呼狂客，後世猶堪勵鄙夫。落日無從訪陳迹，商聲爲我起菰蒲。

明 黄汝亨《寓林集》卷四《鑒湖》 日夕西湖好，看來遜鑒湖。遠分烟渚碧，幽踞石林孤。樵屋過狂客，漁船載酒徒。拍浮真可了，寧復問荒途。

明 李昱《草閣詩文集·詩集》卷六《鑒湖舟中》 鑒湖秋暮水如天，宜與詩人載酒船。兩岸芙蓉紅未了，小樓絲管出嬋娟。

明 劉璟《易齋稿》卷三《鑒湖扇面》 鑒水悠悠荷芰香，千岩萬壑自生凉。喬柗應日軒窓静，無奈抱琴人到忙。

明 祁彪佳《遠山堂詩集·上巳泛舟鑒湖步月鶩聖山埠》 春日逢上巳，泛舟出孤村。衆巘弄遥色，一水净微痕。桑柘照初□，薄烟共吐吞。景物自相媚，會者静無言。窮山□□出，曲流當柴門。茅屋三四家，屋裡富雞豚。獨與樵子□，歲事細評論。春□□旦昔，盤只有竹孫。倘不醉於此，吾道亦何存。

明 沈一貫《喙鳴詩文集·詩集》卷一三《春日懷鑒湖》 坐對朝曦生緑條，潜思春色秀蘭橈。微風魚陣翻菰葉，細雨禽聲長藥苗。徑僻不辭雙屐軟，波晴惟我一帆遥。愁心未得騰蒼霧，華髪何當老碧霄。

明 魏畊《雪翁詩集》卷二《南樓雨中望鑒湖作》 蒼茫寒雨晦，何處散愁疾。况我離故園，已是清秋日。登樓望鑒湖，臨風陶佳節。翻翻水鳥飛，時時遠嶠滅。雖有芙蓉花，妍姿爲誰悦。渺聞漁子歸，浩歌弄舟檝。滄洲倘見招，持尊候蘿月。

又 卷九《同諸公游鑒湖還吴六理禎復邀入郡城留别作》 竹間勝友遣相聞，昨晚迴城已共君。萬里長風吹海月，孤舟横笛起湖雲。語驚鸂鶒人皆醉，露滴荷花宵向分。别後自知憔悴甚，可憐白髪笑紅裙。

明 楊守勤《寧澹齋全集》卷六《鑒湖即事》 鑒湖秋色接長空，一曲猶傳賀監風。放艇恍從銀漢入，采菱斜向玉橋通。雲門樹影浮殘緣，梅市漁燈映晚紅。取醉已拚身是寄，鐘聲遥落夢魂中。

明 姚廣孝《逃虚子集》卷七《與乾上人游鑒湖》 清流曲曲与天長，乘興游，趁晚凉。柔櫓不驚鷗鷺夢，輕橈还觸芰荷香。百年風物朝露，兩岸雲山自夕陽。勝处更宜逢狎友，放歌濯足且尚羊。

明 袁宏道《袁中郎全集》卷九《鑒湖》 鑒湖昔聞八百里，今無所謂湖者。土人云舊時湖在田上，今作海閘，湖盡爲田矣。賀監池去陶家堰二三里，濶可百十頃，荒草綿茫如烟，蛙吹如哭，月夜泛舟于此，甚覺凄凉。醉中謂石簣爾，狂不如季真，飲酒不如季真，獨兩眼差同耳。石簣問故，余曰季真識謫仙人爾，識袁中郎眼詎不高，與四坐嘿然，心誹其顛。

明 張泰《滄洲詩集》卷五《鑒湖》 萬壑千峰一鑒中，酒舡摇蕩藕花風。清歌落日思狂，客可得風流萬古同。

明 鄭善夫《少谷集》卷八《同王方湖泛舟鑒湖入蘭亭偶成贈章二首》 木落秦山近草堂，避人仍葺薜蘿墻。知爾經綸數在手，釣船長繫鑒湖傍。

又 鑒湖放船雲霧光，蘭亭八月溪水長。我愛風流王逸少，青山同引碧霞觴。

清 李紱《穆堂類稿》卷一〇《鑒湖垂釣圖爲天山兄題》 出水珊瑚火樹枝，紅光照夜海東虧。六鼇貫餌三山動，知是垂綸得手時。

清 李雯《蓼齋集》卷一八《鑒湖歌》 會稽城南雲水鄉，緑波摇曳青山長。石帆不動烟艇外，絲竹無聲蘭杜香。庭中群嶺都青蔚，倒寫平湖瀁光翠。夜懸明月照晴溪，朝剪輕雲被沙汭。聞道山陰在鏡中，明妝秀服對芳叢。浣紗日暮不歸去，貪看荷花著水紅。

清 厲鶚《樊榭山房集》卷五《泛舟鑑湖四首》 秋波渺渺碧無泥，雲樹參差望不齊。喚得烏篷新艇子，好山都在鑑湖西。

清 梁章鉅《退庵詩存》卷一二《爲幕客岑可樓題鑑湖歸舟圖即以贈別》 桑蓬四方志，筊鶴萬里心。從來倜儻士，詎容槁泉林。岑子負異禀，巖壑秀山陰。治經明律令，佐治推藥鍼。聲名爆東國，品學珍南金。胡爲歸興發，山水躭清音。鑑湖釣弋地，陳迹期重尋。小航畫龍頭，烏篷泛白蘋。先人遺老屋，翠竹牽蘿勤。團圓慶翁姥，肥滑羹鱸蒓。買否十雙田，更辦兩稅緡。解囊賙戚黨，沽酒請比鄰。便爲村夫子，屏當良苦辛。曷如且住佳，吮筆常活人。

清 陸進《巢青閣集》卷六《十月十二日夜泛鑑湖》 鑑湖一望色蒼蒼，小艇鳴榔夜月涼。滿眼蘆花疑着雪，沿堤柏葉盡凝霜。帆依梅墅烏聲急，星落柯橋雁影長。遥指山陰路百里，西陵烟樹鬱相望。

清 陸元鋐《青芙蓉閣詩鈔》卷一《鑑湖》 百里湖光似鏡平，樵風吹送片帆行。魚游空水秧鍼細，鱅入秋雲雁語清。篷滴時聞知雨過，釣竿閒倚看潮生。笠簷簑袂江鄉慣，狂客還容訪四明。

清 毛奇齡《西河集》卷一七五《姜太翁月夜邀泛鑑湖》 城南一棹泛清漪，永夜來游賀監池。風起平翻花底練，月流遥漾鏡中絲。開樽静久鳴箏細，撤燭涼深下幔遲。萬頃波光明似雪，誰來不作剡川思。

清 錢大昕《潛研堂集》卷三《鑑湖》 賀公善吴語，兩命登近列。一夢游鈞天，翻然謝朝謁。黄冠返故居，遂得不死訣。供奉詩酒仙，司户書畫絶。天台與夜郎，流離淚空咽。誰能洞先幾，惟公全晚節。賣藥戲人間，鴻爪試泥雪。如鑒一曲湖，于今水猶活。

清 陶元藻《泊鷗山房集》卷三四《鑑湖》 烟波不改舊風光，太守賢勞利澤長。秋水北來生快閣，菱歌東去過茅洋。緑蕪岸接眠鷗渚，紅樹邨穿載酒航。三十六灣湖一曲，翻教人愛賀知章。

清 屠粹忠《栩栩園詩・鑑湖新張諸友分韻即席限成**》** 鑑湖風月千年賒，十洲三島遍人家。憶昔春夜笑桃李，而今秋色滿蒹葭。十旬不雨乾七尺，頓教日月無光華。內有日湖月湖相連。謝仙斧逐香女車，街頭銀竹雨也舞青蛙。白蘋紅蓮二魚名争出没，烏鬼翠奴二鳥名磨齒牙。小婦澣衣驚促織，老漁補網理舟楫。我來一見雙眸碧，豁然胸襟雲海闊。解却金龜換索郎酒也，把盞臨風吊狂客。

清 張九鉞《紫峴山人全集》卷一四《鑑湖月歌送吴水雲歸山陰》 鑑湖月照雄州飛，雄州客子將東歸。東歸不記鑑湖路，但逐月華度關去。顧公不留趙公行，颶風吹海海滿城。吴公此時難作客，身老雖貧歸亦得。鑑湖月漲蓴絲肥，桃花紅倚釣魚磯。老妻捉甕傾春酒，稚子持竿候竹扉。我亦歸心連夜發，便請作圖紀離別。他時更約天姥游，挐舟一弄鑑湖月。

清 鄭虎文《吞松閣集》卷五《鑑湖曲送別》 君家鑑湖旁，湖面琉璃光。田田覆蓮葉，葉葉戲鴛鴦。采蓮蓮葉稀，蓮舟月下歸。鴛鴦暖猶睡，驚起東西飛。朝飛蓮塘東，鬱鬱多喬松。暮飛蓮塘西，青青見孤桐。桐孤不蔭根，松枯摧作薪。願言矢所託，高處愁艱辛。善飛不如棲，高棲不如低。君看燖毛鵠，何如斷尾雞。

又《鑑湖漁隱圖》 擾擾車塵似逐逋，雲山如此眼前無。十年遲我黄冠想，未敢陳情乞鑑湖。

清 朱彝尊《曝書亭集》卷三《鑑湖》 狂客當年歸四明，經過遺迹不勝情。澄湖一曲明如鏡，身在山陰道上行。

雜録

宋 鄧牧《伯牙琴・鑑湖修禊序》 歲丙申三月三日，陳用賓、劉邦瑞、胡汲古與予舉修禊故事，會於鏡湖一曲，舊所謂鴻禧觀，今易爲寺。遥望蘭亭，招逸少酹之，祝辭云某歲月日，敢告晋右將軍王公，惟公書法造化胷腑，千歲之上不能發其端，千歲之下不得方其武。彼高才與遠識，夫故不待悉數。某等溥遊會稽，俛仰今古，俯山川其永，慨傷歲月之不與藴藻潢汙，用告時序，臨風有懷，隕涕如雨。禮竟，主僧持酒出觴客，客亦返觴焉，問姓名不告，以出，循枊陰，復飲春波橋上，歡甚。有浩歌者，有瞪目視太虛者，有連舉大白不置者。浮船自禹廟返，出橋下，仰見咸驚，以爲異人。間有起復坐喧笑，亦不暇恤。或感慨言曰：樂哉茲遊！豈減永和時乎。此去蘭亭，不一舍而近，風景猶昔之風景，山川猶昔之山川，井邑城郭，雖時有變更，亦豈大異向日之井邑、城郭邪？天運無情，忽其千年，晋人風流醞藉，庸可復見。方其留連觴咏，俯仰興懷，已知今日有感於其言者矣。後之視今，政爲我輩發詎，知千年後復有高曠如我輩者，舉酒相酹。其人謂誰哉，其言謂何哉，於是相顧嘆息。余解之曰：不然。千萬世一日之積也，千萬人一氣之分也。死死生生，於天地間，如閲傳舍，來者不得不往，往者不得不來，憧憧而未已也。又安知晋人不復爲我輩，我輩不嘗爲晋人也哉？而以死生爲大者，前此蓋未悟爾？於是四人相顧而笑，相携扶而下，分流觴曲水韻，賦詩舟中。

圖表

（萬曆）《紹興府志》卷六

絳巖湖

綜述

（景定）《建康志》卷一八　江寧府上元、句容兩縣臨泉、通德、湖熟、崇德、丹陽、臨淮、福祚、甘棠，舊額八鄉，今并入丹陽、臨泉、福祚、甘棠四鄉。百姓自來共貯水絳嵓湖，澆灌田苗，下有百堽堰捺水，其湖上接九源山，其堰下通秦淮江，自吴赤烏二年到今，已七百餘年。

（至大）《金陵新志》卷五下　絳巖湖一名赤山湖，在句容縣西南三十里，去府六十里，源出絳巖山，周百二十里，下通秦淮。石邁《古迹編》：赤山湖在上元、句容兩縣間，溉田二十四埕，南去百步有盤石，以爲水疏閉之節。《南史·沈瑀傳》：明帝復使築赤山塘，所費減材官所量數十萬，即此湖塘也。唐麟德中，令楊延嘉因梁故堤置，後廢。大曆十三年，令王昕復置，周百里爲塘，立二斗門以節旱暵，開田萬頃。《茅山記·太元真人内傳》曰：江水之東，金陵之地，左右間有小澤，澤東有句曲之山，陶隱居曰小澤，即謂今赤山湖也。從江東來，直對望山。今此湖半屬句容，半屬上元。唐樊珣記句容西南三十三里曰赤山，天寶中改爲絳巖山，以文變質也。山外周流，厥有湖塘舊址，考於前志，則曰吴人創立，梁人通之。《景定志》又載宋時湖條云：江寧府上元、句容兩縣臨泉、通德、湖熟、崇德、丹陽、臨淮、福祚、甘棠，舊額九鄉，今併入丹陽、臨泉、福祚、甘棠四鄉，百姓自來共貯水絳巖湖，澆灌田苗。下有百堽堰捺，水其湖上接九源山，其堰下通秦淮江。自吴赤烏二年到今，已七百餘年。其湖東至數堽，西至雨壇，南至赤岸，北至青城。舊日春夏貯水，深七尺，秋冬貯水深四尺。先是，麟德二年，前縣令楊延嘉并建兩斗門，立碑碣，具言周回僅百里，州司尋差十將丁籌計，生徐蔵巡湖打量，得一百二十二里九十六步。盧尚書判，置湖貯水本爲溉田，若許侵耕，難防灾旱，取定四尺水，則使其澆九鄉田苗。九鄉在上元、句容兩縣界，若過令深廣，又慮浸毁，若逢曠旱之年，須稍增加，令且定取五尺水，則其不及處，且任耕墾種植，如有人於五尺水則内盗耕一畝一角，推勘得實，其犯條人斷遣，令衆十日。本管湖長不能覺察，亦併施行。又據十將丁籌狀：蘆蕟亭北邊去岸約有二百來步，有一盤石，東西闊四尺七寸，南北闊三尺五寸，石面中心去水面一尺六寸五分，即是五尺之則，并有察柱。仍仰下縣便於石上磨刮，更刻字記其湖，仍每季一申，不得鹵莽。戴經新塘有豐等三湖圍埕内田，多是私函取水澆灌田苗，準舊例放絳巖湖水下秦淮，三日取指揮給放，不得專擅開函取水。其湖先有傳食田五十畝，句容縣弓量二十畝三十步，上元縣弓量二十畝三十步。百堽堰與絳巖湖同置，絳巖湖貯水，百堽堰捺水。保大中，曾別差官親到赤山湖，所建斗門三所，通放湖水出入，常令湖中積水五尺，其斗門或遇山水擁下，高於湖内水面，即須全開三所斗門，放水入湖，候外溪水退却，放水出溪，下秦淮入江，專須酌量湖水，不得失於元則。右前件湖堰承舊澆灌九鄉田苗，共一千餘頃畝，奉省符帖命指揮，修作貯水，逐鄉差承，潤户管當。先有條流歲久去失，續於晉天福年中再興功役修作，經今六十餘年，重添建造。貯捺百里溪闕山源，賑恤耕民，備供王賦。累奉敕恩給賜料物及借助日食【闕】，差兩縣官員置造斗門三所，計用一萬七千【闕】百八十工。及添修湖埂，并百堽堰，共計三萬三千六百八十工。衆議重置條流，嚴加束轄，謹連符條如前，乞判印指揮，永爲證據。建隆查員外、乾德伍侍御、開寶王司空、閻侍御、魏司空、盧司直、林員外并判執條，常加束轄。慶曆三年二月十八日，葉龍圖知建康府日，於古來舊湫處置立大石柱一條，將湖心盤石水則刻於柱上，永爲定則云。

（萬曆）《應天府志》卷一五　絳岩湖，絳岩山下周百二十里，下通秦淮，界上元、句容二縣，溉田甚衆。創於吴赤烏中，歷代修築。《南史·沈瑀傳》：明帝復使築赤山塘，所費減於官，所量數十萬。唐麟德中，令楊延嘉因梁故堤置，後廢。大曆十三年，令王聽復置，周百里，立二斗門，以節旱澇。宋時，湖禁尤嚴，詳見湖條，文多不載。其畔有墩，隱士周如心結屋於上，因名如心墩。

明 張内蘊《三吴水考》卷二　絳巖湖在絳巖山下，周百二十里，界上元、江寧二縣。

（乾隆）《江南通志》卷六二　絳巖湖在句容縣西南，原出絳巖山，縣南境諸山溪之水悉流入焉，下通秦淮，上元之田賴以灌溉。吴赤烏中築赤山塘，後廢。唐大曆中，修復之，周一百二十里，立二斗門，以節旱潦，溉田萬頃。又有百堽堰，在縣西南三十五里，與斗門同置，湖水由此入秦淮，南唐修築，不廢。宋時湖禁尤嚴，湖心有盤石，以爲湖水疏閉之節。慶曆中又立石柱，刻水則於其上。

傳記

（嘉慶）《重刊江寧府志》卷二六　王昕，大歷中句容令，復置絳巖湖，周百里，爲塘立二斗，鳴以節旱暵，開田萬頃。

紀事

唐 樊珣《絳巖湖記》《文苑英華》卷八一三　句容西南二十三里曰赤山，

天寶中改爲絳巖山，以文變質也。山外周流，厥有湖塘舊址，考於前志，則曰吳人創之，梁人通之矣。洎金火有變，積爲習坎灌莽之所。我唐麟德歲，邑宰楊嘉延亦綦前服利農爲名，雖迹於傳聞，而事斯茫昧。楊氏之後，今餘百年，實滋菰蒲，莫植粳稻，剥極則賁，俟能而伸。大曆十二，紀縣大夫兼大理司直太原王公昕能蘇罷勞一作人，且易弊俗，臨湖而嘆，以欲從人吟使臣之清風，酌良牧之高課，將圖永逸。匪顧暫勞，因察其地形，訪以興誦，謀始作則，定徒撰工，月在休農，雲其荷鍤，周匝百頃一作里，蓄爲湖塘。置兩斗門，用以爲節，旱暵則決而全注，霖潦則潴而不流，收功濟時，道甚明遠。開田萬頃，贍户九鄉，洎成奥區，頗無凶歲，魚稻之盛，公實爲之。晉叔敖芍陂能張楚國史，起漳水竟富魏邦，秦稱鄭國，漢歌邵杜，皆謂是也。每商羊罷舞，龍見而雩。比屋有憂於銷鑠，連阡莫覩於耘耨。我則黛波瀰淪，白鳥飛滅，下洞庭之鳧雁，泳中流之鱣鮪。横塘之右，構爲新亭，芬其芰荷，樹以杞柳。楊楚江嶺，憧憧是途。行李實獲於蔭庥，歌咏或藉於觀覽。懿乎哉，君子之用心也。孰愈崇其島樹，侈以林堂，此而莫文翰墨奚述。

雜録

（萬曆）《應天府志》卷一五　蒲里溪南六十里，源出浮山，入絳巖湖。

又　龍淵溪南四十里，出仇山，入絳巖湖。

又　高平、后白二溪，俱南出浮山，入絳巖湖。

椒湖

綜述

元　錢遹《東山椒湖記》《敬鄉録》卷三　余家之東，有山渾然而中峙者，曰觀崑。崑之頂，有泓沛然而不竭者，曰椒泉。二者獨鍾一方地氣之秀，故山色長青，而泉味尤甘。嘉祐中，吾祖與先考大夫嘗議建防蓄水，以待歲旱，中間更事齟齬，未能也。大觀戊子，適自視無所用於時，乃上書告老於朝，天子從其請，退而經理生事，以爲終焉之計。然欲修灌溉之利，以追成吾祖考之志，亦未逮也。越四年，蒙恩起自野，進直禁嚴，又命領祠官於亳社，雖備從官，食厚禄，而猶竊里居，因得以其閒暇，閲月之良，涓日之吉，發積粟，捐餘俸，鳩材募工，鑿石積土，築爲長堤，潴爲巨浸，而名曰椒湖。蓋取《爾雅》山頂曰椒之義也。是役也，始於辛卯孟冬甲午，成於壬辰季春壬申。工徒勤事，土功堅密，夐無前比。堤繚焉而崇厚，水瀰焉而廣深。天清風止，虚明下徹，可鑒毛髮。遇歲大旱則可大決之，小旱則可小決之，其勢無異居高而建瓴水也。余家農畝日被潤澤，而餘波浸浸，旁及者未易以一二數也。而斯泉未始有加損焉，亦奚愧於井德之地也歟。環湖益植以杉木佳竹，葱菁蓊鬱，掩映西山之間。萬籟作止，鳴禽上下，四時殊景，物態無窮。樵蘇耕牧，提負往來，前者歌，後者和，各隨其適。余每杖藜堤上，周覽旁聽，以窮山林之趣，而萬慮銷隕，飄然若遊方之外。行者有過其下，莫不駐足仰視，恍如虬龍之横空，蝃蝀之下飲，皆喜慕而稱嘆。大暑流金，暍者造焉，不待解襟，揮箑自生清涼之思，而忘疲苶音孽，疲貌之煩矣。況於均被灌溉之利者哉？此區區又樂與隣里鄉黨共之也。平居竊伏，自念材智朽薄，分遠迹以自匿，老死於寬閒之野矣。而皇明下燭，國恩横被，進有以榮其哀，退有以成其私，何其幸哉！役既成矣，旁郡比邑或苦旱暵，而吾里并堤之田，歲獨大穰，鄉人咸以德予。於乎！非聖天子加惠小臣而便其私，豈能及是哉？爲吾鄉人，宜其息争訟，時貢輸，無犯於有司，庶幾圖報仁天子之萬一，顧欲以虚心委於不肖，豈所望也哉？政和五年乙未正月記。

藝文

明　謝遷《歸田稿》卷七《和雪湖清明雨中見懷》　白鷺群飛下沉寥，頂絲披雨亂飄蕭。草生夜入池塘夢，麥秀朝聞里巷謡。吊古永懷寒食候，采芳欲上遠山椒。湖頭荇帶牽新翠，分付舟人緩著篙。

清　謝啓昆《樹經堂詩初集》卷一〇《雪後出錢塘門二首》　梅

塢探梅信，麥嶺觀麥苗。寒林淡斜日，野樵出山椒。湖冰皓已結，馬行嘶不驕。人謂采詩料，我欲聆風謠。田家炊餅大，飯甕歌春朝。

雜録

清 顧祖禹《讀史方輿紀要》卷九三 東湖，縣西南三十五里。又西南五里，曰西湖，迤南曰椒湖。宋天聖初邑人錢侃築塘潴水，爲灌溉之利。大觀間，其孫適重修之。邑人謂之三湖。

（雍正）《浙江通志》卷五九 椒湖在縣南三十五里。

焦岡湖

論説

李兆洛《書焦岡湖考後》《清經世文編》卷一一六 按蕭景雲《焦岡湖考》曰：湖西北受潁上平湖澗渠之水，西南受楊家腦兩窪之水，濁溝、催糧溝、中心溝、小口溝一道爲經，餘水數十道緯之。湖勢南北岡昂，西等之，東北最下，而中虛曠。遇西北、西南雨多水盛，建瓴而下於湖，則湖成巨浸矣。潁水漲，則破楊家腦壩灌湖。淮水漲，則由沙河支流故道入唐家窪、牛家溝，下催糧溝灌湖。或由魯家溝下催糧溝灌湖，由杜家窪、柴家窪、大口、小口、燕湖口灌湖。西肥漲，由董奉湖至劉家路，入福天窪、賀家塘灌湖，不惟湖勢瀰漫，岡地亦成澤藪矣。湖之利在放内水，禦外水。而引水難行，内水古由董焦岡南厓、南岡迆尾、北厓中豁里餘處爲燕湖，由燕湖東南行出岡外，抵湖尾而注淮。今中豁處汙塞，水不出故道，而由南岡迆尾之西南里餘，開小口放水，湖水廣而口狹，未能通利。須復開燕湖故道，築壩修閘，開閉合法，地下易出，而以小口出水輔之，則内水無壅滯之患矣。禦外水恃壩工，楊家腦壩固，則潁水不直灌魯家溝以下，各窪、各口之壩固，則淮流不倒灌，劉家路壩固，則西肥不倒灌，而燕湖劉家路兩壩尤要。地勢下，水易灌，壩不固，尤易破也。壩工固，而外水之患絶矣。引水難行者，湖之南岡較昂，岡之南，淮流甚低也。苦開魯家口溝引淮以入湖，溝淺則岡昂河低，力費難引；溝深則湖淮通流，湖受淮害矣。且湖地性溼，畏漲澇利暵乾。暵乾之年，他地禾枯，而湖苗倍收，毋須引水以救也。漲澇其常，河不漲澇其偶，此湖之勢然，而治之疏密，豈不貴審勢以爲之哉？以上蕭説。

蕭生此考甚詳密，然其所擬議尚有未盡然者。其云湖水廣而口狹，未能通利。余嘗於放水時親按行之，以水平度淮、湖高下，湖水高於閘外幾三尺，而閘口出水處懸流不過四五寸，蓋小口溝長五里餘，又接中心溝三里餘，始至湖心平漫處。溝身既長，溝道又盤曲，故水流迂緩，其病在溝不能吸溜，使水勢直注閘口，若能使湖水駛抵閘口，懸流三尺而下，以水法度之，湖雖廣，不十日可涸。故其不通利之故，不在口狹也。又云引水難行，湖本低窪，不引水亦無不可。然大旱之年往往有湖底龜坼，而淮水夏漲瀰漫遍灘者，若有引水處，便可放令滿溝，即行堵閉，使岡上之地亦可以藉資挹灌，有益無損也。又云暵乾之年，他地禾枯，而湖苗倍收，毋須引水以救。此尤不然。所謂湖苗，或高粱、豆菉諸旱種耳，至於稻苗不能無水而收也。湖底種旱糧終爲非計，遇數寸驟雨，岡水下，稼悉壞矣。湖地雖下，然遇有盛潦，但外壩不破，則湖心之水極深處不過二尺，余於潦時屢以小舟親探之矣，吾鄉圩田終年積水尺許，宜禾而不能麥，以地下水無可洩也。今焦岡湖之地亦利於開水田耳，秋冬洩水以種麥，刈麥後，引水灌之以種稻，爲利乃大。若可放而不可引，則一涸之後，止可種旱糧，又畏驟雨成潦，殊非計也。其欲於燕湖故道築壩修閘，以輔小口，其言甚是。而燕湖口土性沙劣，工段又長，施工頗苦不易，且燕湖口以上所淤之田皆成膏産，距湖又遠。欲挑熟田爲溝，其勢不行。民情難與慮始，鳳人尤愛逸而惡勞，苟且旦夕，莫爲久計，雖小引其端成之者，或俟後人耳。

綜述

（嘉靖）《壽州志》卷二 焦岡湖，州西三十里。

清 蕭景雲《焦岡湖考》（嘉慶）《鳳臺縣志》卷四 焦岡湖，衆水所滙也。其來最遠者爲濁溝，自潁上縣東北境龔家集坊之白塔湖，東南屈曲行十五里，入縣西北境雙橋集坊之陳家壩，名濁溝。又東南行二里至南岳廟，南一里左合柳溝，溝自縣西北王家集西八里左家湖。水東南行十二里至南岳廟，東折西南行一里，會濁溝。濁溝又東南行七里，至雙橋集南。過橋東南行二里至黄家莊，西左合庇利溝，溝自王家集南三里，南行爲庇利溝。五里至頗塘，穿塘百餘步，南行十里至雙橋集。北過木橋，折而東南行一里左合橋溝。溝自陳家集西郭家村之西南下爲橋溝，南行五里逕夏家集，又南行五里逕雙橋集，又南行四里至高家橋，會於庇利溝。庇利溝又東南行七里，會於濁溝，濁溝又東南行三里爲栗子湖。出湖折而西南，行二里至黄家壩。橋東右合花水澗，澗自潁上縣東北二十里曹家湖東南行八里，過劉三橋。又東南行五十里，入縣西境管家店，由管家店南畔東北行一里，過大橋。又東北行四里至陳家橋，過橋折而東行二里至甄家岡，南右合兩窪水。水自縣西南境楊家腦集北受潁河水，半里至楊家壩，壩長一里，東南半里餘屬縣，西北五十步屬潁上。過壩分兩支，南支爲大窪，東北行五里至展家窪，又東北行四里至和上橋，折而東行三里餘，右則北支水來合之水，自過楊家壩爲劉家窪。東北行一里入潁上境，又東北行五里至葉家岡南畔，又東北行三里復入縣境管家店坊大橋集南一里之大橋，又東北行二里合於大窪。水又東北行半里，對甄家岡南，會於花水澗。花水澗又東行二里，過黄家壩橋，會於濁溝，此下名催糧溝。折而東南，盤曲行三里至郝家小樓，南折而東行二里至董家橋，又東行半里，右合唐家窪水，水自黄家壩坊之鄒家巷東入於沙河支流故道，北行一里至董家橋，東會於催糧溝。催糧溝又東行二里餘至王家橋，過橋折而東北行百餘步，右合于家溝水。溝自黄家壩坊之曹家臺西半里微脊分水，南行二里入於沙溝，北行一里餘會於催糧溝。催糧溝又東北行半里，合魯家溝。溝自黄家壩坊之韓家臺分水，東南行二里折而南行三里，折而東南行一里，至魯家口大壩，注於淮。自韓家臺分水，西北行二里至王家橋，東半里餘會於催糧溝。催糧溝又東北行二里餘至焦岡湖百涯新橋，過橋東北行二里，名中心溝。折而東行一里，左合吕溝。溝自黄家壩坊之栗子湖尾分水，東行二里逕叚家廟南，又東行五里入湖，折而東南行三里會於中心溝。中心溝又東行一里餘，左合澗溝，溝自夏家集南四里孫家莊南平水南下，行三里逕虎頭岡坊折而東南，行二里至黄家橋，又東南行四里至姑姑庵西畔入湖，又東南行三里會於中心溝。中心溝又東行六里，左合官溝。溝自夏家集北，繞集東，又繞集東南一里，折而東行三里至觀音寺南。又東行一里至王家橋，南岸屬虎頭岡坊，北岸屬陳家集坊。過橋百餘步，左合八丈溝，溝自王家集西半里繞集北，東南行六里至趙家孤堆，東北折而東行四里至觀音寺，北又東行一里至劉家樓，東北折而南行三里過泰公路劉家橋，折而東南行一里至王家橋，東會於官溝。官溝過王家橋，折而東南行一里至燕岡嘴，北又東南行四里至歐蘇臺，北過石家橋。又東南行三里過馬家橋，又東南行一里至棗林張氏莊，東入糊北涯，又東南行三里會於中心溝。中心溝又東行四里，左合丁家窪水，水自朱毛集西二里，平水南下二里至水碧寺東，折而東南行二里爲梁家窪，又東行三里至丁家窪，又東南行二里至丁家臺，東入湖。又東南行四里會於中心溝，中心溝又東行二里，左合王家溝，溝自朱毛集東南三里袁家湖平水，南行四里爲王家減溝，又南行二里至王家臺西插花廟東。又東南行一里入湖，折而南行七里會於中心溝。中心溝又東行二里，左合何家溝，溝自袁家湖東角平水南行三里爲減溝，又南行二里爲何家溝，又南行半里至李家岡，東入湖。又南行五里，史家溝水來合之。溝自縣西北境董奉岡史家集南水下爲減溝，南行三里爲史家溝，又南行二里入湖。折而西南，行六里合於何家溝，又西南行一里會於中心溝。中心溝又東行一里餘，左合福田窪水，窪自史家集東二里，西南行三里至約衆寺東。又繞其南，西南行二里入湖，又西南行七里會於中心溝。中心溝又東行三里，名小口溝。折而東南行五里至豐湖閘，出閘又東南行一里注於淮。按：焦岡湖西北受潁上平湖澗渠之水，西南受楊家腦兩窪之水。濁溝、催糧溝、中心溝、小口溝一道爲經餘水數十道。緯之湖南北岡、昂西等之東北，最下而中虚曠，遇西北西南雨多水盛，建瓴而下於湖，則湖成巨浸矣。潁水漲則破楊家腦壩灌湖，淮水漲，則由沙河支流故道入唐家窪、牛家溝，下催糧溝灌湖。或由魯家溝下催糧溝灌湖，由杜家窪、柴家窪、大口、小口、燕湖口灌湖。西肥漲，由董奉湖至劉家路入福天窪、賀家塘灌湖，不惟湖勢瀰漫，岡地亦成澤藪矣。湖之利在放内水，禦外水，而引水難行。内水古由董焦岡南厓、南岡迤尾、北厓中豁，里餘處爲燕湖。由燕湖東南行出岡外，抵湖尾而注淮。今中豁處汙塞，水不出故道，而由南岡迤尾之西南里餘開小口放水，湖水廣而口狹，未能通利，須復開燕湖故道，築壩修閘，開閉合法。地下易出，而以小口出水輔之，則内水無壅滯之患矣。禦外水恃壩工，楊家腦壩固，則潁水不直灌魯家溝以下各窪。各口之壩固則淮流不倒灌。劉家路壩固，則西肥不倒灌。而燕湖、劉家路兩壩尤要，地勢下，水易灌，壩不固尤易破也，壩工固而外水之患絶矣。引水難行者，湖之南岡，較昴岡之南，淮流甚低也。若開魯家口溝引淮以入湖，溝淺則岡昴河低，力費難引。溝深則湖淮通流，湖受淮害矣。且湖地性濕，畏漲潦，利暵乾。暵乾之年，他地禾枯，而湖苗倍收，毋須引水以救也。漲潦其常，河不漲潦其偶，此湖之勢。然而治之疎密，豈不貴審勢以爲之哉？蕭生此考甚詳密，故備録之。其所擬議，尚有未盡然者，其云湖水廣而口狹，未能通利。余嘗於放水時親按行之，以水平度淮、湖高下，湖水高於閘外幾三尺，而閘口出水處懸流不過四五寸，蓋小口溝長五里餘，又接中心溝三里餘，始至湖心平漫處，溝身既長，溝道又盤曲，故水流迂緩，其病在溝不能吸溜，使水直注閘口。若能使湖水駛抵閘口，懸流三尺而下，以水法度之，湖雖廣，不十日可涸。故其不通利之故，不在口狹也。又云引水難行，湖本低窪，不引水亦無不可。然大旱之年往往有湖底龜坼，而淮水夏漲瀰漫遍灘者，若有引水處便可放令滿溝即行堵閉，使岡上之地亦可以藉資挹灌，有益無損也。又云暵乾之年，他地禾枯而湖苗倍收，毋須引水以救，此尤不然。所謂湖苗，或高粱豆菉諸旱種耳，至於稻苗，不能無水而收也。湖底種旱糧，終爲非計。遇數寸驟雨，岡水下，稼悉壞矣。湖地雖下，然雖有盛潦，但外壩不破，則湖心之水極深處不過二尺。余於潦時，屢以小舟親探之矣，吾鄉圩田終年積水尺許，宜禾而不能麥，以地下水無可洩也。今焦岡湖之地亦利於開水田耳，秋冬水洩以種麥，刈麥後，引水灌之以種稻，爲利乃大。若可放而不可引，則一涸之後，止可種旱糧，又畏驟雨成潦，殊非計也。其欲於燕湖故道築壩修閘以輔小口，其言甚是。而燕湖口土性沙劣，工段又長，施工頗苦不易。且燕湖口以上所淤之田皆成膏産，距湖又遠，欲挑熟田爲溝，其恐不行。民情難與慮始，此間人尤愛逸而惡勞，苟且旦夕，莫爲久計，雖小引其端，成之者或俟後人耳。

清 李兆洛《養一齋集》卷七《書蕭景雲焦岡湖考後》 鳳臺蕭生《焦岡湖考》甚詳密，故備録縣志中其所擬議尚有未盡然者。其云湖水廣而口狹，未能通利。余嘗於放水時親按行之，以水平度淮、湖高下，湖水高於閘外幾三尺，而閘口出水處懸流不過四五寸，蓋小口溝長五里餘，又接中心溝三里餘，始至湖心。平漫處溝身既長，溝道又盤曲，故水流迂緩，其病在溝不能吸溜，使水勢直注閘口，若能使湖水駛抵閘口，懸流三尺而下，以水法度之，湖雖廣，不十日可涸。故其不通利之故不在口狹也。又云引水難行，湖本低窪，不引水亦無不可。然大旱之年往往有湖底龜坼，而淮水夏漲瀰漫遍灘者，若有引水處便可放令滿溝，即行堵閉，使岡上之地亦可以藉資挹灌，有益無損也。又云暵乾之年，他地禾枯，而湖苗倍收，毋須引水以救。此尤不然，所謂湖苗或高粱豆菉諸旱種耳。至於稻苗，不能無水而收也。湖底種旱糧，終爲非計，遇數寸驟雨，岡水下，稼悉壞矣。湖地雖下，然雖有盛潦，但外壩不破，則湖心之水極深處不過二尺。余於潦時屢以小舟親探之矣，吾卿圩田終年積水尺許，宜禾而不能麥，以地下水無可泄也。今焦岡湖之地亦利於開水田耳，秋冬泄水以種麥，刈麥後，引水灌之以種稻，爲利乃大。若可放而不可引，則一涸之後止可種旱糧，又畏驟雨成潦，殊非計也。其欲於燕湖故道築壩修閘以輔小口，其言甚是。而燕湖口土性沙劣工段又長，施工頗苦不易，且燕湖口以上所淤之田皆成膏産，距湖又遠，欲挑熟田爲溝，其勢恐不行，民情難與慮始。此間人尤愛逸而惡勞，苟且旦夕，莫爲久計，雖小引其端，成之者或俟後人耳。

（光緒）《重修安徽通志》卷三〇 焦岡湖，壽州西三十里，相近爲董奉湖。

藝文

清 方士貞《書焦岡湖記後》（光緒）《鳳臺縣志》卷二〇 尺書遥遞水雲鄉，溝洫分明舊志詳。山灤漫商劉貢父，鑒湖久屬賀知章。春深魚鳥驚冠蓋，地近菰蒲混畎疆。擬傍淮濱尋閘石，李侯政績已滄桑。

雜録

（光緒）《重修安徽通志》卷六六　豐湖牐在縣西三十里，舊名小口溝，在焦岡湖濱淮一面，屢被淮患。嘉慶十四年，知縣李兆洛築燕湖口壩、大口溝壩、楊家腦壩以防驟漲。是冬淮水落，因開小口溝以洩湖水，建石牐以資宣節，又疏催糧溝、中心溝以下高阜之水。

圖表

（光緒）《鳳臺縣志》卷首《焦岡湖圖》

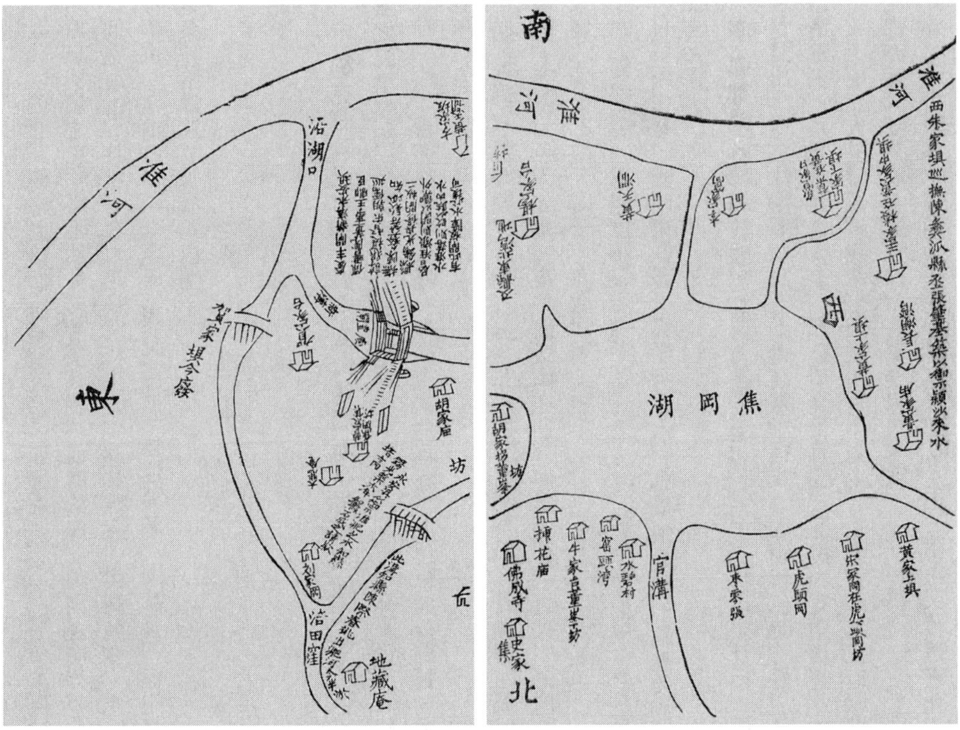

錦湖

綜述

（嘉靖）《瑞安縣志》卷一　錦湖發源于錦湖山，下注玄江口，去城西八十里，右屬廣化鄉。

（萬曆）《温州府志》卷一　北湖，一名錦湖，在縣城北面，外旁有水門，城内水出通湖，環繞城外。接東湖有錦湖橋，爲競渡處。古詩：一月不來湖上路，湖邊桃李已成陰。蒼蒼山色古人面，蕩蕩風光游子心。沽酒樓高斜欲墮，賣茶船小巧相尋。自憐鸚鵡洲中客，手撫江蘺和楚吟。

紀事

明　王祖嫡《師竹堂集》卷一六《錦湖記》　豫以汝南爲樂土，兼山水而稱美，無如吾州。州西雖秀，而水逼山障，爽塏幽曠，千里盡見，莫如城東。城東之地後依崇岡，前臨沃壤，長河如帶，叠巘若屏，園以巨池，錯以嘉樹，無如宗伯何公園。園舊稱勝，公益治之，浚池爲湖，不漲不涸。復於吳下買二雀舫，遡淮入溮，繫之湖陰，泛者無虚日。蓋郡以地勝，地以園勝，園以湖勝，湖以人勝，不獨甲天中而已。宗伯問名于王子，王子曰：錦湖哉，湖曷言錦，蜀不有錦江、錦城乎？予嘗游匡廬，雲封而上，漸入佳境，厥橋厥澗，俱以錦名，歷千載莫能易也。兹湖雖一區，而群峰蜿蜒，紫翠萬狀，岡阜蟠踞，烟嵐異態，喬木壽藤，濃樾互掩，竒花異卉，芳郁遠襲，虚亭邃閣，丹碧錯雜，恠石珍禽，璀璨焕發。或翠欲滴，或紅欲然，倒浸空涵，俱湖所有，而揚舲鼓櫂，清吹妙響，縈廻于孤嶼危梁之下，容與于鏡波净練之間。心目俱眩，爛然若繡矣。錦哉湖哉，湖哉錦哉，斯稱情哉。蓋宗伯之輟講帷而怡兹也。正人君子胥切貝錦之恨，乃宗伯顧以得常奉尊大夫仙室翁遊爲幸，其治此園，人擬晝錦之堂，而不知爲萊彩之具也。王子曰：君親大倫，忠孝大節，固莫敢軒輊，而所遇不同，不能無辨焉。宗伯事上潛邸，以至於今恩眷渥且久，豈其以萋菲，俾終以娱斯而學製焉？如鄭僑所云：無寧重夜行之誚，而忘補衮之思，必不然矣。芳亭葳蕤，前席綸扉，錦湖漣漪，爰佇鳳池，仙室翁健，甚雅好客，足爲浣花主人，錦瑟錦纏，與湖競麗，此宗伯他日事也。宗伯曰：我寔倦游娱親之外，無他異名。湖甚善，盍記之當采芳英、膾錦鱗、飛晝鷁以謝子。

藝文

宋　劉克莊《後村集》卷三四《錦湖新亭告成宸翰大書水村二字以落之二詩輒附賀客之後》　暫辭玉笋眷猶濃，朝野皆知不世逢。賀老曾求湖一曲，希夷亦乞華三峰。鳳銜奎墨飛華扁，虎拜觚稜折御封。帝以此翁深易學，除官壹似鄭司農。

明　吴錦《游錦湖》（嘉靖）《瑞安縣志》卷九　纜牽風郭外船碧，波吹浪白鷗前。夕陽山色人如畫，夜月蕭嚴鶴亦仙。漁父去分燃竹火，溪翁來乞買茶錢。憐予不似天隨子，瀟散江湖又幾年。

明　郭都堅《錦湖早發》《明詩紀事》卷一八　曉月樹猶白，放舟身與輕。日長添午夢，蘆暗束江聲。雲影天在水，郵籤浪是程。錦湖深幾許，得似送余情。

明　郭都堅《錦湖放歌》《沅湘耆舊集》卷二八　中秋抂夜不抂曰，風雨彌朝驚月出。霓裳沐浴照新妝，不遣高寒添宿疾。錦湖秋色時時好，風雨牀頭清絶倒。月光水光良夜多，孤負清光怕月惱。况復今宵雨後晴，誰容九十放三更。人道勝情鍾我輩，天教明月伴先生。先生秃影忽抂地，烟磬銷沈佛亦睡。芰荷衣上露華深，荇藻交横生半臂。

清　李人龍《咏錦湖秋水》《沅湘耆舊集》卷七二　兩岸芙蓉接素秋，波光容與愜清游。柳絲自向風中裊，山影時從花外游。幾縷晴雲迷遠浦，一拳宿鷺戲滄洲。晚來欲卧湖邊月，夢醒江天一白鷗。

清　王士禄《炊聞詞》卷上《漁歌子·錦湖四時漁歌四首》　雪霽冰澌水漫流，魯波春漲繞磯頭。携短棹縱扁舟，逐鷺徵凫下遠洲。

又　繫纜青邱萬柳東，荷花面面午時風。懸箬笠枕籠篆，卧待宵涼理釣筒。

又　細雨溪微溼緑蓑，白蘋香裏斷鴻過。持蟹飲扣舷歌，向夕漁燈炙紫螺。

又　認斷敲冰下短叉，北風獵獵背篷遮。炊荻葉蔽蘆花，擁婦呼雛醉晚舣。

雜録

（嘉靖）《瑞安縣志》卷一　東河在錦湖之東。先是城北新埭未建，水環城東，徑注東湖。城中常多火患，弘治間前令高賔築埭于城北，隨廢。嘉靖辛卯，城中大火，曹令誥再築此埭，東河水乃合錦湖水入城，火災遂息。

又　峴後河在錦河之西，水合錦湖入城。二河之源皆出集雲山，俱去城北二里。

清　朱鴻瞻《重建錦湖忠義廟記》（乾隆）《瑞安縣志》卷九　忠義廟祀漢安鄉侯蔡公，始即侯故第，建於縣治側，後以崇福院廢基改爲之。有司循祀典，每歲中秋日致祭，報功德也。有明中葉，吾里錦湖亦建廟于社稷壇東，見於邑志，曰神行祠，未詳也。考明制，命居民凡百户立里社壇，祀土穀神，倣古八蜡遺意。里人聚會言歡，同并相親睦也。製誠誓詞，勸厥德，糾厥失，用比閭族黨，使鄉大夫帥之，申以讀法例，其於化民成俗，法至良也。

吾邑境考無壇址，惟里各有廟，名之曰地主神，蓋本里社壇意而通之者爾。錦湖里故隸城内忠義廟下，後以地廣人稠，倡議分建，自爲一里社，第曰行祠已哉。吾少長於斯，習見里人歲時饋祀，宴會歡洽，序少長，明齒讓，慶相歌，患相恤，士相摩以文，農相資以力，其傳世久遠，宛若一祖之孫、一父之子。有事輒相與禱於神，蓋吾里風俗之厚有如此者。自經兵燹，吾嘗作悼里賦，述仁風，傷離黍，每過之低徊不能去。康熙壬戌，民居偤未復，里老有念舊者謀曰：吾儕散處他所，情義不能相維繫如疇昔，盍新神廟假歲事以敦好。衆皆韙之。耆民徐士瑄首領其事，鳩工於癸亥正月三日，落成于次年之臘。黝堊丹雘，次第以施，里人歡慶，私幸重觀昇平，記曰：觀於鄉而知王道之易易，吾里足以徵矣。廟三楹兩廡、後兩耳房，前爲大門，悉用前址，而崇峻有加。爰役予言，鑱其事於石。廟故合祀五顯帝、宣靈王，相傳始自唐光啓中奉敕，至宋大觀中合祀，今因之。然門顏侯謚爵曰忠義，稱地主神亦曰侯，蓋不忘本，始云侯。事詳邑志忠義傳。

近天湖

清　林東棨《近天湖記》（乾隆）《鶴山縣志》卷一二　雙橋□宿山之南十餘里，有河夾岸，曰天湖坪。其内有近天湖，因以名其坪也。湖之水週涵六七畝，静深澄澈，傳此星光與天相接，故曰近天淵。淵之中錦鱗赤鯉，時泳時游，莫窺其所從來。更有可異者，春雨綿綿，湖水不漲，秋陽皎皎，湖水不乾。與河相近，河有消長，而湖無加損也。相傳此湖爲仙人丹井，又謂古有巨黿破地，浪湧成湖，皆不足據也。余慕湖之湛潔，結廬天湖下坪，嘗於三時之暇，握拳携壺，盡日與湖相對，目注心照，作無言知己，頗得其無加無損之説。然不敢謂盡識其中所涵也，不敢謂能默契活水之源頭也。故記之以俟夫真知者。

九鯉湖

綜述

明　陸應陽《廣輿記》卷一八　九鯉湖，仙游何氏兄弟九人於湖側各乘一鯉去，因名。

明　王世懋《王奉常集》卷一二《游九鯉湖記》　閩山以水稱奇勝者，即亡如九鯉湖。且著夢靈宦游者，多禱焉。

余始爲督學使者，迫試事，不得往。已，晋參政守莆，竊自喜爲地主，乃先檄仙游令延莆山人黃天全，志鯉湖山人，字全之，年且七十，能詩文，余舊知也。度山人往可一月許，而余始謀爲九鯉游。二月朔，雨甚，而余亦逡巡有所待者，王生湛未至。湛字汝存，余督學時所取，好古士也。四日，雨良已。五日，湛至。六日，昧爽成行，湛以鹿車從出莆西門，循城北行已，折而西入山。霧滃九華，嵐巘出没，長松夾道，都着黃花，香来襲人。輿中得二詩，行三十餘里，聞澗聲甚厲，憑軾寓目，恠石林立，躑躅亂開，一佳境也。四十里得民家飯焉，已乃涉澗，望雲際高山，當懸絙而登，舁夫喘吁相屬如是者，十里而至頂。頂以西萬山綿亙，前旌皆度，翠微上路，僅左擔下臨，不測如是者，又千里而近湖祠之，羽士来迎，知靈境不遐矣。地稍稍闢爲石田，可耕可廬，其陽碧水湯湯，初不知爲九漈上流也。橋曰鯉湖，度橋而登一嶺，可半里許，盡嶺而漈見，聲始喧，目不暇接。已爲舁夫送置迎仙館，館即余宿處也。入門更衣，仙游令謁畢次黃山人来接，以賔禮遺問，令祭品具者當来。言令白具辦盥而往，可數十武而至水晶宮，則鯉湖正當其前。水晶宮者，九仙所宅也。余時意交於神，甚虔拜，而命諸生讀所爲祝詞。畢復嘿，自禱大都如石竹山旨，而語加詳奠。已出，就湖前小亭荅山人拜，復召王生偕遣吏，謝令暨諸生。使君且與二客袒衣游母相迫，余乃易衣起羽士，前爲導山人，選竹爲杖，而從山人。故善談而勝具不衰，又雅熟山中事，余倚爲游宮之西，石壁嶄巖，佳植籠映，勒天子萬年四字甚偉，宋人陳讜筆也。壁下一巨石，如鼓屹立湖傍，一人撼之輒動。又一小石曰玄珠，湖水溢則與俱浮，皆號靈迹云。覽竟稍左折，而北得古梅洞入焉。洞故有梅生其中顯名者，遂以古梅名，今無存矣。洞之右，地稍斥而可廬，九仙閣峙焉。前植老梅，亦緣洞意也。

余三人登閣徘徊，望鯉湖水如玉雪可餐，而槖中偶携吴中天池茗，来命汲水烹茗，色味俱絶，再啜而下，始謀選勝以觴。山人云：此去而南爲瀑泉，爲龍擦石山之第二漈，可席而游也。於是復循洞出，行可數十武而至。山人已先諭諸候吏，布席以待。至則三人鼎足坐焉，余時猶齋素而默，不能卻酒以塊壘，須澆諸瓌觀，非是莫領也。問槖中有携樽，在亟呼之煖而進其地，北對水晶宮，水從湖中穿龍擦石下瀉，危石長如匹練，故以瀑布名龍擦石者，紋縱横若鱗，日晃之光来射人，怒流争汛，聲若震霆，又如數部鼓吹，而石間紫，躑躅盛開，彌益其態。王生故所未覩大叫絶倒，謂不從先生来者，幾虚此生。盤中山蔌甚廉，顧流目快心，杯至輒嚼蔬不暇佐。山人又盛言珠簾玉筯之勝，當倍瀑布。興益勃不可遏，輒奮衣起，從此而下，徑益傾欹，以兩人掖而行，幾五百步而至，是爲第三漈，稱奇絶矣。泉自瀑布漈洞而下墮不測，其右一石削成數十仞，水從上垂垂而挂，可數十行，綴若流蘇，皛若聯珠，是名珠簾，山人所誇最勝處也。顧余所獨喜者，水激濤湧，噴薄飄空，細者如霧、如烟，粗亦如霰、如雹。粉珠屑玉，簾外都無勺水，誰謂南中不雪耶？予從石上望，前一樹槎枒未斬，稍爲礙目，亟呼力士斧之，爲游人除障。斧之奇果益出，而意猶鋭觀第四漈。問羽士可更前乎？辭以滑不可下，意未已，更以侍童往，須臾返。命曰：此以下磴絶矣，須人着草屩行。山人曰：往吾縋而下者數十丈，捫葛躡屩而行者幾數里。乃得窮玉筯之勝，玉筯水自盤龍山来，與漈合勝，不能過珠簾。玉筯而下羽流絶迹，使君似不宜往。余與王生相視而嘻，既已無可奈何，乃就山人選石，箕踞布席，復飲於時。微日射水閃忽，作五色光，對視鳳臺岡。其上灌木萬章，其下鐵色萬仞。仰面望九鯉湖，瀑布俱不可見，但覩銀濤漭泱，皆從樹杪下，令人毛骨清徹。顧謂山人吾老是鄉矣，坐亣泉數武，而飛灑霡霂，若来沾拂巾，舄坐久之，酒益進，體顧益寒。余與山人俱御袷，視王生色慄起睨路旁一石，高可丈許，中爲半觚，若洗若削。山人賈勇而登，余與王生繼之，政得坐三人中，施榼焉天若爲余輩設坐者。於是王生坐逾穩，余戲謂此生翠雲裘耶，坐高而後蔽目，與珠簾辭而前，望飛鳳、盤龍兩山愈親，遠水蜿蜒上映，刺天石壁又一奇觀也。匡坐且談從者以瓶罄告，度日且晡，乃徐步而返，立水晶宮前亭，四顧皆穹山稠木，中闢爲湖，下無片土，豈非天爲神仙造此境耶？出亭而東爲蓬萊石，屹立雷轟漈之右，旁施小閣，步閣而南，巨石數十丈，偃臥漈中，江督學以達所鐫詩處也。

余方欲更步，而仙游令及師生輩皆跂館門以待，乃辭全之。汝存往別令，旹已薄暝矣。閉閤静息，啖少粥而臥，中夜得夢，似不如石竹，而殊有絲繆桑土意。人云：漈水震撼祈夢者，多苦不得熟眠。余遘此亦良幸矣。

晨起復謁，而謝九仙，拉山人請與俱東，山人告未飯，余復還館以待已。山人偕王生至曰：從此而東，雷轟漈，石梁可游也。余復易衣而行，先視所謂丹竈者，竈無慮百餘處，蓋石嵌空似竈耳，水漫流其上，遇竈色加澄，而垂綆有至數十丈者。或云與下四漈通，理未可測也。又東而近石梁，巨石傾仄，不可步下，藉以草數人勾連而行梁之上，已施坐設食矣。梁廣六尺，修倍之，四旁若斲，上平如砥。左顧則雷轟漈建瓴而下，右盼則九鯉湖下墜如弱水。於時陰霧霏霏，別爲空濛景。余乃擘脯浮白，以禦嵐氣不覺陶然將別山靈，命鼓吹振於石間，水若加駛，復舉數酌與山人長揖而別。王生從余歸，行二里許，而飛鳳山更出吾南。余復停輿與王生睇視，久之乃去。余於泉石癖蓋天性也，顧於泉，恨所出處多無奇，即有奇，巖絶壑，又每恨水不得注玆山，故饒奇石，然山所出泉，僅古梅洞邊一縷耳。湖水乃從永福萬山中來，所歷無慮數十百里，而九漈之石適與遇合，相得爲奇麗觀，快心醒目，自匡廬雁蕩外，不多見也。亡其爲神仙所窟宅，云何仙兄弟九人乘鯉事頗杳冥，又與淮南八公異顛末，即夢奇中，余未敢信然。然要是地靈所鍾，世有神仙，定當顧而樂之，雨時淋灕不可游。游不雨後，水亦微減勝。余幸以積雨後霽而游，游而竟日夕，亦自沾沾，謂有薄緣於山靈矣。歸而述之，以記得題名若干字、詩若干篇。

紀事

明 文德翼《求是堂文集》卷一三《游九鯉湖記》 丁未，客莆陽，日夜魂想，鯉湖九際不知作何狀也。九月既望，始與平原趙元超偕往，升輿負簣僕從者二十二人，由莆西門上，下三嶺五十里，而遙高松深澗，白石清泉，在在有之，抵湖已薄暮矣。積水斜遶，過小橋，行林間，泉聲淙淙，然寓目適來，軒泉益壯，石平如掌，水瀧而束□奔下，故壯即所謂一漈轟雷者也。方石稜角約二三十尺，横亘路一亭駕，其下刻壁曰石湖亭。折而右則何氏九子祠也。甫上燈，丐夢者已酣睡滿堂。堂之隣有黄冠室止焉，坐軒上一水清泓，雙巖奔削少焉。松上月明如鏡，人在冰壺之中，玉屏之下，眇然忘其身世爲蓬鬌矣。小飲而宿，早起見下漈之徑壁上刻詩，禍同黥墨，一石踞立，形方如左，回視有閣，二石相壓。串其中石刻，林頁蕭公聯句，又一石刻古梅洞三字，閣半殘，老梅尚兩三株，横斜倚石，與林叢相亂也。具食已，乃假杖同元超下漈以淵，白導淵白僧帽不言姓，實黄冠徐也。例不引游人危險，詭語之曰：昔者墨歷稱至九漈，師導之乎？曰：未也，他來者率三漈，墨公勇而抵五漈，公到自知之前不可往，余意不然。循西厓濱湖而行，步漸窪下，篏中懸，陡□□□澗而直下，白如絲，約八九丈，即所謂二滌瀑布者也。遥望東厓，潭湧而結聚，上如白烟，徐指曰：此九子騎鯉飛處。稍隨林石迭而上，下有觀瀾石子亭，更上有天然坐石子亭。二亭之間則觀第三漈珠簾最親者，湖至珠簾奇盡矣。懸絙十倍，瀑布故勢不能太白，纚纚縫縫，白中襞績，宛然編珠織簾，非巨靈手能勝任耶。舍而益上，名石梯者益高，林隔不見湖泉，聲亦漸遠。又下則第四漈玉筋垂焉，偏在東厓，左筋垂而直，右筋垂而岐，似非有道者若緣督止踵，其息自深深也。去之齒石，且休雙壁，忽擁而合，磐石起如波瀾，廣於千人之座泉。委蛇而行，不敢上侵石，下乃團爲潭壁，高揷霄漢矣。自一漈至五漈，水石相争相讓，一縱一横，雖形勢不同，而同於南下。及是則大折而東，石門虎踞焉。坐磐石上擊火烹泉，久之作而曰：此湖之都會也。仰眺南厓，有牖、有檐、有垣、有甃茨，有碑，有者非有也。不惟名石門，且名石屋。徐亦笑曰：昔所未覩，異哉！嚮循西厓望東厓，如河漢焉。此隔東厓，尋引間泉入潭口，雖深三尺許，迅突不常。人有以過頭小榔，標三梁之家，僮不解事，徑欲乘以渡。疾呼方止，不且入黿鼉窟矣。既而東厓有人來，余爲之骨戰，乃裸而涉潭，口以三榔標爲扶擢，云勢不可裸。徐前云到，自知正坐此耳，僮與一胥競效來者，没脛而東，如猿攫鳥企，隱林石間，移時乃出。詢之曰亦無奇，非無奇也，不能言其奇也。余笑語元超曰：是湖之奇，泉第一，石次之，峰又其次也。凡所謂轟雷瀑布、珠簾玉筋，皆以泉名。石門而下六漈而五星，七漈而棋磐石耳，八漈而飛雁，九漈而將軍峰耳。湖高不逾里，水下漸入四華陂，自與淺澗平。溪不異僮之言，無奇亦然哉，否聊解不裸之嘲也。於是共笑而返，至玉筋漈一支，徑觀小珠簾，簾雖小乎，公主夜明之贈鮫，人泣泪之遺，亦莫有過者。徐指一遠潭曰：日照則五色繽紛，能眩人目，名曰晴雨是也。時方陰靄，望石白氣霏霏成雲而已。至二亭之間，流連大珠簾不能去，心憶自有宇宙，便有此泉，人日行而夜息，生勞而老逸，彼何爲者荒荒匆匆，長不休耶？豈所謂有道者耶？忽矚東厓千仞之顛刻九天珠玉四大字，其細行不可識辨。當時好事者爲此能不頭須□白，否將抵祠所，一與夫坦腹石上，衆争以小礫驚之，思覺也之不勾夢，而夢亦猶古華胥氏之民歟。遍尋石刻，左方石上第一蓬萊大如箕，頗有楷法。唐以上無碑記，惟元祐三年仙游令吴人于無求有紀游之書。余嘆司馬爲政之日而仕，京攸伏莽之鄉，此令何以自全也。鹿厓樹多不知名，葱欝似盛夏，微有紅葉數片，相映于其中。諺謂樹蠻不怕霜，蓋殆信歟。晚坐軒遲遲，月上猶園。因私論次之曰：何之九子與張，路斯之九子不異其□鯉，亦與琴高之騎鯉略同，何神仙之相襲耶？要不足深辨，獨念洲之方嶠之員，海尚有不流者乎？不流斯庶矣。否舍是不徜徉，游泳樂以萬年，一旦乘鱗鬣之腥，涎泛泛焉，以他適未見九子之爲智也。再宿而歸莆，因以爲記。

明　葉向高《蒼霞草》卷一一《游九鯉湖記》　吾閩山水奇絶，大者武夷，次則九鯉。武夷以行轍所經，嘗一再游。九鯉去吾居不二百里，屐齒闕然，蓋夢寐久之。夏月客遷江，友人林可繼、可度、大默力從曳余往。余心許之，而足不能前。荏苒歲晏，可度復來約。邑鄔令君知余且行檄宏路、蒜嶺兩郵，爲具輿夫，乃決計往。

以仲冬十八日偕表弟郭汝偕，五鼓出西郊，黎明抵宏路，可繼、大默已遲。余于漁溪三酌而行，頃之可度亦至，午至蒜嶺，丞孟舜來迎，余亟止之。吾方魚服，而子乃迹我乎？必如是且阻吾行，丞乃去。余憩民家，飯畢約勒諸傔，從母以姓名告人。行十餘里抵江口，爲吾邑與蒲陽分界，民居頗盛，隔江一望，萬井鱗次，乃邑峰頭澳。其人以漁海爲業，歲所入腥鮮鬻羹之利，可當一名都，賦亦壯鄉也。十里至謝埔，十里至涵江，已昏夜，憩宿劉家園，花樹數株，團欒堪賞。晨起，行十餘里至興化，郡治吾師肅庵先生别二十年矣。欲一望顔色，念方謝病，不宜出疆，即吾師能原之，其何辭千郡邑？大夫盖徘徊越趄久之，遂徑去。自北門緑城繞郡治之背可數里，有林園甚巨，麗稚子迎門引入，余與可繼歷數亭臺，即出。可度、大默、汝偕遍覽，津津其勝，詢及主人，則鄭姓新解州郡。歸，汝偕語余：吾兄城西别業，視此何如夜郎之與漢？余咲曰：彼此各適，未見芥子之小於須彌也。自此路漸峻，二十里至熨斗，二十里至莒溪，雨下如注，從者皆憊。止宿茅舍中，短簷破壁，風景蕭蕭，亦自有致。丙夜雨不休，大默謂仙靈妬我曹耶，何敗人游興乃爾？余曰不然，彼知吾至，引天河以注溪流，使瀑布珠簾增其雄麗耳，旦日且晴，諸君毋慮。晨起果開霽，四山如洗。輿夫皆喜，躍行嶺路，可十餘里稍平衍，又六七里抵九仙宫。宫傍爲公館，午飯館中畢，觀雷公漈，溪流喧闐，眞如豐隆驅霹靂，令人神奪。其下滙爲湖，可十數畝，深碧映人。又下爲瀑布，爲珠簾珠，簾最勝，懸流數十丈餘，沫四噴如雨、如霧、如霰、如絮、如縈絲、如掣電、如萬斛明珠，日色映之，金光照爍，不可正視，恐龍門雁蕩無此奇絶。其傍爲玉筯，水自他澗來，雙流如筯，本不甚奇，又奪于珠簾，殊覺落莫。自此而下路絶，非縋綆不可度，遂歸探石洞，有峰可丈餘，梅簪其頂，亦一奇也。其上爲閣，拾級而登，荒凉殊甚。夜宿館中，可度盛言麥斜巗之勝，余恐爲人蹤迹不欲往，可繼、大默、汝偕意俱鋭。旦日取麥斜道，行可二十里，原田每每夷猶平野，中不知爲萬山絶頂矣。抵山門，林木菁葱如春夏，秀色映人。仰視峰巒，皆累石嵌空，大似鄒嶧山及吾鄉瑞巗。宋末有林姓者，栖其地，力辭元辟有司顔曰，節隱入門，行萬樹中，逶迤曲折，殊忘其困。半里許有石洞，傴僂而過，又半里抵寺，飯畢登峰頂，叠石如垣，當是居人避兵處。路稍峻削，可繼不能從，夜宿寺中，商度歸路。偶有游僧爲余言，從此取囊山八十里，減程四之一，余大喜，屬僧爲道。以五鼓行，曉烟未闢，復乘高而下，足屢前陷，如是者四十餘里，始得平地。飯逆旅中，回視經行處，萬峰縹緲，上揷霄漢，捫參歷井，語故不虚矣。午後抵延壽里，有溪廣數丈，以片木梁其上，輿夫度余輩不能度，汝偕鼓勇先行，余繼之遂畢。度薄暮，過林儀部新阡左園右庵，皆弘敞，園中一樹，可合抱，三木附麗亭亭十餘丈，故是奇絶。行不數里，昏夜失道，倩村人前引，無肯應者。余輩無柰，何乃舍輿徒步，魚貫而進，可六七里。大默先所遣人爲具，寺中者同僧持炬火來迎，望見甚喜。夜宿方丈以倦極寢甚，甘晨起歷，寺前後見法堂新燬，詢之僧云：寺後有猪婆石，能作風，賴寺前石虎制之，而法堂礙其中不便，爲鄉民所焚耳。此説殊渺茫，然問之土人，輒云天且風，則石上有青衣婦人，出游不數日，即狂飈大作，田禾若掃，殆不可曉。出寺十餘里抵江口，始循故道歸，午飲蒜嶺驛，薄暮過綿亭。晦庵先生手書刻石，斷裂風兩，中可嘆也。中表郭茂才徼宿其舍，可繼遂先歸，茂才與二兄盛言郎官海可堤而耕，余咲謂君欲滄海爲桑田耶？果爾，吾當檄滄水使者助君，大黙黙然。次日至漁溪，與可度俱別，去見大帽峰頭積雪如瑤京，二君復挽余往游，并窮黄蘗九淵諸勝。余意闌，遂歸，盡暮抵邑。兹游也，不具衣冠，不設賔主，不擾緇黄，肩輿、徒步各隨其力，肉食、菜羹各因其便，呼牛、呼馬各任其意，尋水問山各從其趣。雖非寥廓之觀，差有逍遥之興矣。至於游覽之奇，珠簾偉矣，麥斜次之，九漈之石門棋盤、將軍飛鳳足雖末歷，按圖而尋一解，不如一解不游可也。

藝文

宋 蔡襄《蔡忠惠集二・游九鯉湖》《兩宋名賢小集》卷七二　何嶺巍峩欲插天，回頭人與白雲連。桃花不點尋常路，從此依稀度九仙。

宋 王邁《臞軒集》卷一三《題九鯉湖原注湖游洋勝境也有九龍運仙人丹竈至今存焉舊傳有巨鰲隱其中**》**　仙人蟬蜕幾經年，山水勝處今依然。長驅九龍叱雷電，高跨九鯉升雲烟。武夷九曲此幻相，靈砂九轉成丹鉛。黄雞白犬得一舐，翩翩高舉紅輪邊。我家去此可三舍，欲識仙竈無因緣。竭來乞取方匕劑，要使凡骨成飛仙。群仙駢頭顧我語，笑指巨鰲在深淵。覔丹他日來未晚，且與一釣六鰲連。

宋 王邁《臞軒集》卷一四《仙水歸程》　九鯉湖邊路，重來盟未寒。折花援水獻，策杖馭風還。宧海波濤惡，仙家日月閒。前生丹在否，歲晚要重丸。

明 費元禄《甲秀園集》卷一三《游九鯉湖二首》　金碧仙源攬秀遥，水晶宫里夜蕭蕭。書探蝌蚪千年秘，藥種菖蒲九節苗。瀑布簾寒無過鳥，石枰柯爛不歸樵。休疑深淺蓬萊杳，洞底桃花接海潮。

又　雲門丹竈絶塵寰，跨鯉飛仙自往還。合沓灘聲桃簟里，蒼茫湖色蕋珠間。時時素石逢流髓，處處金光采駐顔。高枕松根聊一笑，看人白日夢三山。

明 雷禮《鐔墟堂摘稿》卷一九《因上官多游九鯉湖志感》　幽明一理本無尤，舉世紛紛夢裏求。衆挽肩輿扳曲磴，自甘經宿混丹丘。劫來積禍難更福，何至生疑復益愁。假使九仙如有覺，聰明寧不爲民謀。

明 林大輅《愧瘖集》卷七《九鯉湖咏仙迹十首》　寒濤溪欲曙，晴巘日初懸。坐恊滄洲趣，石門生紫烟。山人談服食，問我掛瓢年。一笑瓊花在，娟娟媚遠天。

明 羅大紘《紫原文集》卷二《九鯉湖觀珠簾泉時日本寇朝鮮未平**》**　倒瀉銀河捲地開，仙源從此出蓬萊。明珠掛壁重簾净，白雪飜空叠浪催。石勢動摇龍化去，日光寒薄鳥飛回。試將神劍霜華濯，遼海鯨鯢膽盡摧。

明 梅守箕《梅季豹居諸二集》卷三《初至九鯉湖夜立一漈月水間》　新月熖懸瀑，金風響寒玉。雙峽束湍激，一潢粲幽谷。石勢瞷流錯，俯飲如蒲伏。上澮盈且跳，下崖奔似蹴。奇質澹倩容，半鏡窺修目。接雨噴千絲，騰雷轟萬軸。人迹雖亦繁，胡不凝幽獨。信乃神人宅，居然遠塵俗。

明 邵經邦《弘藝録》卷一四《九鯉湖二首》　仙凡隔越藉幽通，精氣神全寤寐中。九鯉闢開天混沌，一精長貫日玲瓏。仙人共九止有一日。懸空瀑布千巖落，激石洪濤萬瀨空。我有款誠祈感應，修詞預許達神聰。

明 佘翔《薜荔園詩集》卷二《九鯉湖即事》　步入桃源路，山空日未昏。花明丹竈火，犬吠酒家村。石竅通鰲極，濤聲激海門。翻思生羽翼，長嘯躡崑崙。

明 佘翔《薜荔園詩集》卷四《九鯉湖歌招道士》　九鯉湖中山水深，九鯉仙人何處尋。我來此地訪遺迹，西風吹雨晝陰陰。石牀丹竈依然在，珠簾瀑布長不改。跨鯉仙人去杳然，桑田幾度變滄海。齋心初向水晶宫，遥見青童玉女下雲中。鸞驂鶴馭應無數，中有紅顔緑髮之仙翁。儼然授我金丹訣，沆瀣盤中和玉屑。我也再拜三復之，臨風直欲朝天闕。君不見秦皇遣士訪蓬萊，徐市樓船去不回。驪山刑徒七十萬，空餘金椁葬寒灰。又不見漢武求仙開桂館，文成五利朝中滿。十二樓成海内虚，輪臺詔下悔何晚。仙分由來不偶然，古人遺事今人傳。何如此地搴瑶草，左挾洪崖右偓佺。羽衣道士開笑口，舉杯酌我山中酒。百年超忽若飛梭，安用虚名垂不朽。我欲尋真學赤松，飄飄與爾駕茅龍。湖中采却三花秀，養得仙人冰雪容，道士道士可相從。

又《陪陳玉叔游九鯉湖同陳彦冲作》 使君飛盖動山靈，九鯉烟霞接幔亭。樹綴巘巒空外碧，雲移樓閣鏡中青。招來凫影棲仙洞，閲罷鵝群寫道經。湖水潺湲人不寐，鈞天廣樂若爲聽。

又《題九鯉湖水晶宫二首》 崔嵬樓閣俯澄湖，湖上仙人竟有無。赤鯉何年飛碧漢，白雲猶自滿元都。寒潭倒影三珠樹，列嶂高懸五岳圖。即此避秦無不可，風塵容易歲華徂。

又《和陳宗伯九鯉湖韻》 襄城問道意無窮，杖履逍遥洞壑中。漢主虚開游獵館，秦庭何重望仙宫。披雲獨往窺丹竈，觀瀑相攜坐玉礲。鸞鳳聲從蘇嶺下，桑麻路與武陵通。霞明亂葉秋光晚，月浸澄湖夜色空。揮麈談時星歷歷，銜杯藉甚草茸茸。詩成笑倚三珠樹，筆落雄生五彩虹。騎鶴浮丘應有待，飛凫葉縣未能同。文園渴矣懷餐露，鄭圃泠然快御風。讀罷淮南招隱賦，溪山吾欲縮壺公。

明 王世懋《王奉常集》卷二《宿九鯉湖迎仙館一首》 曰余少迷方，中歲返初服。彳亍復來兹，顧景畏途促。豈以獨往心，而從世人角。大夢五十年，展轉猶未覺。云胡復夢夢，幻境彌相續。行藏本心知，詹季安事十。恭承九仙人，蜕迹在冰玉。靈境果殊觀，寧但醒人目。傳鄧異賢愚，夢者同所欲。安得希至人，無夢長寢足。

又卷六《春謁九鯉湖仙晨入高山雲霧中作示王生一首》 無論仙源好，山行亦壯哉。斷雲前徑出，排石暗泉來。幽澗花偏媚，深林鳥不猜。軒車任超忽，未夢已天台。

清 汪筠《謙谷集》卷二《題九鯉湖圖》 衆山落泉湖滙鍾，湖口倒瀉蒼玉龍。斛珠飛濺匹布衝，四林濕氣無春冬。何家兄弟玉鍊容，九人挾戲湖上峰。一人一鯉青天從，丹成各去無留蹤。湖頭自發秋芙蓉，白水長落雲長封。吾兄試宰道氣濃，圖成示我懸壁松。列仙之儒安可逢，紛吾蔡鄭懷惺忪。隱居夾漈空谷跫，此間讀書須着儂。巖凹破寺林重重，久對欲響斜陽鐘。

雜録

明 王世懋《王奉常集》卷八《九鯉湖志序》 閩山川之奇者，大亡踰武夷，而小亡踰九鯉湖，皆有神仙主之。武夷有魏王子騫張席幔亭，其事最著乃久，靈耀無聞矣。主九鯉湖者爲何氏九仙，其説本於淮南王，世之言神仙者，多祖淮南八公，然淮南王以叛逆自殊死，史言甚眞，故今爲何氏説者，以父從淮南王九子，諫不從而去之，大都反八公之事，以傅會太史公，其實皆非實録也。乃余以爲七閩皆山郡也，危嶁傾岳，動以萬計，而獨其中靈秀所融，結爲武夷九鯉湖。即大小不同，皆有駭心眩目之觀，其必爲神仙所託迹無疑矣。九鯉湖以夢靈著，故當世好奇之士爭侈言之，而舊志猥雜苟簡，頗爲世所揶揄。莆田有山人黄天全，汪司馬伯玉客也，往在京師不佞，以司馬故知山人屬不佞，督學閩中，司馬移書請以山人志九鯉。不佞方鞅掌校，士未遑也，已量移參政，所駐在莆，幸爲九仙地主，乃檄仙游令請山人志之。於是剪蕪薙穢，傳以近事殺青，自正月始，閱三月而成。凡得若干卷，惟閩入中國最遲，漢唐間事不著，故山人所記多宋以後言。又神區頗窄，攬勝易窮，故多借蔡溪麥斜以自廣。此時與地爲之，非山人意也。然已翩翩成一家言，足與武夷山志共垂天壤矣。昔陶弘景耻爲頑仙，迹九仙之靈，亦未必不謂兹山缺典，有待不佞而成，則山人著述之益弘哉。志成當以質之司馬。

九曲湖

明 程于古《落玄軒集選》卷二《九曲湖記》 湖之九曲，爲東南僻壤之勝。禾人習聞者什一，間亦遡游焉，濵湖居者不解適也。至于風簑雨笠，出没沙溪，惡其詰曲少徑，湖亦没于不相賞哉。戊午歲暮，訪友幽水，學劉驥好事，遍問其曲，其長林鬱緊而老，雲影白皙而肥。時則鳴雁驚寒，荻漁吹雪，此深冬之奇，亦曲中之全概也。岸邊有古墳高原，纍然數十，湖幾于邙山阨矣。唼喋雙凫，如履浮水上，因徘徊振風，見水勢湯湯，從曲中來，怒于門蛟。蘇子所謂盡力死鬥，矢盡劍折而去，此寔有之。橋欹垝作飲虹狀，村籬比隣，殆若蜂室。然余長睇遠思浩歌，與水俱發，行人居者咸出而觀之。始迴船袞柳下，酌肴核，數游蝦，醺然竟醉，旁皇日落，幾不知去留之所，榜人擊槳。志余意而歌曰：秦之遐兮，溪花墟兮。漁人迷而不歸兮，既乃泝曲歸，勝情未已，夜色如寐。

明 朱曰藩《山帶閣集》卷七《飲罷》 沙溪雨過漸通潮，新漲潮來拍小橋。九曲湖堂藏窈窕，數株門柳伴逍遥。時魚饌客烹蘆笋，海鶴驚人起稻苗。飲罷中庭不成寐，夜闌河漢正寥寥。

鉅定湖

（乾隆）《府廳州縣圖志》卷一五 鉅定湖，今名清水泊，在縣東北四十里，接壽光縣界，淄水、女水、北陽水俱匯于此。

清 李焕章《織水齋集·鉅定湖記》 鉅定，余家湖也。去舍東北二十里，曰巨定，曰巨澱，曰馬車瀆。漢時其地置鉅定縣，武帝征和三年，躬畊籍田鉅定是也。廣百餘里，北通渤澥，納洋女王欽諸水，爲齊北藪。余兒時曾一至，不爲意。今年秋暮一再過，出芰荷琴瑟蘆葉中，如曲徑深巷，忽一開，郎則天風泬寥，廓然無際，漁棹往來，踏欹互响一村浮。中央編茅籬爲居，采菱芡，拾魚蝦，嬉樂朝夕，幾同化人之國，杳不知有人世間者。竟日歸見湖濱廣莫，疑是鉅定皮丘馬井城故址。湖西北偏所謂馬車瀆者，又河濟交流處，望桓台咫尺，號栢寢齊先公藏寶鼎者也。賦雜吟數首，余向時固於莊生之説，河伯望洋，嗒喪海若興經所載，朝那革池，太野孟諸之盛固矣。而後世錢塘姑蘓，楼館臺榭，簫鼓畫舫，紫綃黄竹，甲諸海内，争欲往游其下，則此生可以無憾。而所謂鉅定僅比之，衣帶行潦，未有不啞然自笑者。雖近在眉睫，置之且五十年矣。迨一乘舟而往按視其故迹，舊澨馮吊其之。讀齊乘《水經注》諸書，知齊景公再霸天下，田貝丘，貝丘、青丘，栢寢也。回鑣栢寢，海外旁皇，賦家已侈言之矣。漢武時千乘雄太郡，埒于瑯琊，東海京師尚方紈繡，塩絺諸貢盡仰給焉。鉅定又爲大縣，其富饒華鹿，當如今之錢塘、姑蘓，不啻過之。史言武帝籍田，鉅定候仙人月餘，萬乘旌旗，輝煌其區，鉅定稱上游。而今之錢塘、姑蘓倫于下州小邑，不能與鉅定争一日之盛衰入矣。奈何其後疊遭喪乱，漸爲僻壤，而此邦之人，皆自安其固陋痺，鄙使數千年之名勝巨觀，輒自褻于一丘一水之下，亦物理之甚不當然者矣。時其張吾北軍令吾鉅定與朝那革池、大野孟諸，復其舊觀，爲九州之巨藪。則余之鉅定又不在，賞心娱目間矣。記成季逸薛子曰：是記也可以論學。

昆明湖

論説

清 錢陳群《香樹齋詩文集·文集》卷一六《御製萬壽山昆明湖記恭跋》 《洪範》曰聽曰聰，聰作謀，所謂謀者，該成事而言，惟聰乃斷耳。昆明湖之浚，滙諸泉而猪之使導。我皇上考据精詳，知泉脈深遠，綽約微達，出入就鮮，萬折必東。審其勢，順其性，俾其不縮不濫，而功成之日遍與利濟，視前制爲益備。若非斷自宸衷，則因循觀望，坐失事機，夫豈少哉？皇上樂其成，而轉憂出謀之難，所以示訓者深矣。

藝文

清 寶廷《偶齋詩草》卷三《偕王芷亭道士志伯時游昆明湖》 列坐高亭上，悲秋獨斷魂。水枯斜照暗，風急亂雲翻。事變山猶昔，家亡我尚存。迴頭十年夢，愁緒不堪論。

又《昆明湖登高》 湖光黯澹嶺嵐消，蘆雪飄風草木凋。十一年來人似舊，登高重上繡漪橋。

練湖

論説

唐 劉晏《停免修築練湖狀》永泰二年上狀存略《吳中水利全書》卷一三　轉運使劉晏上言：得刺史韋損丹陽耆壽等狀上件，練湖，按圖經周迴四十里，比被丹陽，百姓築堤横截一十四里，開瀆口洩水，取湖下地作田，其湖未被隔斷。已前每春夏雨水漲滿，側近百姓引溉田苗，官河水乾淺，又得湖水灌注，租庸轉運及商旅往来，免用牛牽。若霖雨泛溢，即開瀆洩水入江。自被堤築以来，湖中地窄，無處貯水，横堤壅礙，不得北流。秋夏雨多，即向南奔注丹陽、延陵、金壇等縣，良田常被渰沒。稍遇亢陽，近湖田苗無水灌溉所利，一百一十五頃田，損三縣百姓之地，今已依舊障水爲湖，官河又得通流，邑人免憂旱潦，乞敕中書門下牒浙西觀察使韋損勿使更令修築，致有妨奪。

南唐 吕延貞《浚治練湖狀》昇元元年上狀存略《吳中水利全書》卷一三　知丹陽縣事吕延貞上言：當縣有練湖，源出潤州高麗長山，下注官河一百二十里。臣考之碑志，訪諸鄉老，當爲湖日，湖水放一寸，河水漲一尺，旱可引灌溉，潦不致奔衝，其利田幾逾萬頃。昔環湖而居，衣食於漁者，凡數百家。有斗門四所，繇前唐末兵亂之後，民殘湖廢，近湖人户耕湖爲田，後農家失恃，漁樵失業，民復思湖以禦灾，而無所寘力。臣頻承條制，修葺陂塘，切度其湖爲利甚博，遂聚財役工，於斗門基上以土堰偃捺，及填補破缺處。初謗議震動，謂臣不良圖，且廢湖豐已者不十餘家，有湖無灾者，四縣之地。臣明知利害，獨如弗聞。自今秋後不雨，河道乾枯，累放湖水灌注，使商旅舟船往来，免役牛牽。當縣及鄰縣人户請水救田，臣并掘去湖岸給水，如將久遠，須置斗門，方得通濟。其斗門木植須用楠木，乞給省場板木起建，下所司處分。

宋 向子諲《奏禁練湖侵佃狀》紹興七年上狀存略《吳中水利全書》卷一三　兩浙轉運使向子諲言：鎮江府吕城夾岡，形勢高仰，因春夏不雨，官漕艱動，尋遣官屬李潤詢究練湖本末，始知此湖在唐永泰間已廢而復興。今堤岸弛禁，致占侵佃，冒决放湖，水不能瀦畜，舟楫不通，公私告病，若夏秋霖潦，則丹陽、金壇、延陵一帶良田亦被渰没。臣已令丹陽縣知縣朱穆等增置二斗門、一石䃮，及修補堤防，盡復舊迹，庶爲永久之利。

宋 趙必棣《修復練湖議》《吳中水利全書》卷二二　雲陽之練湖，原有斗門三、石䃮六、函口一十三，多被風水衝坍。上湖則褰裳可涉，下湖則如履平地。今水道久已湮塞，未可猝復，惟存函管，取以備蓄洩也。若湖中水滿，須資函以洩之，淺則不須矣。舊年傾頹處，止是下湖西埂四百餘丈，今上湖横埂三百六十丈，上金斗門三十五丈，南石䃮基七丈，皆先後坍壞。官府倘復，悠悠不恤，非惟水無所蓄，而頑民僥倖，侵害耕農，其來正未艾也。維今霜降水涸，亟宜上緊興工，必于安邊太平庫錢及平江府新收義米内量支，募夫運土，補築外埂。然後值松插柳，候措置樁石，陸續釘砌，若失此時，後悔無及。

宋 鄭興裔《鄭忠肅奏議遺集》卷上《請浚練湖疏》　臣竊見丹陽練湖幅員四十里，納長山諸水，漕渠資之。故古語云：湖水寸，渠水尺。在唐之禁甚嚴，盗决者罪比殺人。本朝寖緩，其禁以惠民，然修築嚴甚。春夏多雨之際，瀦蓄盈滿，雖秋無雨，漕渠或淺，但泄湖水一寸，則爲渠一尺矣。建炎兵變以後，多廢不治，堤岸圮闕，不能貯水，强豪因而專利，遂致汙澱，歲月既久，其害滋廣。望責長吏浚治湮塞，立爲盗决侵耕之法，永著於令。庶幾練湖漸復其舊，民田獲灌溉之利，漕渠無淺涸之患。臣慮深憂國越職言事，不敢避罪，伏乞聖斷。即敕漕臣措置施行。

元 佚名《中書省請修浚練湖疏治運河狀》至治三年上狀存略《吳中水利全書》卷一三　中書省臣某奏江浙行省言：鎮江運河全藉練湖之水爲上源，官司漕運供億京師及商賈販載、農民来往，其舟楫莫不繇此。宋時專設人夫，以時修浚練湖，瀦蓄潦水，若運河淺阻，開放湖水一寸，則可添河水一尺。近年淤淺，舟楫不通，凡有官物差民運遞，甚爲不便。委官相視，疏治運河最爲急切，伏望亟賜指揮。

明 郭思極《修復練湖疏浚孟瀆疏》萬曆四年上《吳中水利全書》卷一四　巡按直隸監察御史臣郭思極謹題爲江南亢旱日久，運道艱阻可虞，乞敕當事臣工清復蓄水湖額，疏通達江，間道以垂永利事：臣惟蘇松四郡關係國計民瘼之大，莫急水利。近荷皇上洞悉民隱，專敕憲臣董理其事，將見澤國奠安，四郡黎民熙熙然有更生之望矣。臣復何言？近臣巡歷常州、丹陽以至鎮江，則見漕河淺涸，大異往時。運舟鱗集，停閣不前，蓋繇天時久旱，外無江潮可入，内無支流可濟，雖竭盡挑浚之勞，末如之何。於時督漕憲臣以及司道有司絡繹道塗，星行露宿，經營相度，多方計處，乃導流轉灌遠戽港汊之水注之漕河。又廣募民舟以剝運，多撥民夫以挽拽，知慮悉殫，水陸畢力，工費無算，僅能引舟出江，雖於漕期，尚可無悞，而二郡騷然，民幾不堪命矣。臣觸目疚心，不遑寧處，顧無策以濟民艱。乃考《圖經》，咨諏士庶，則固有陳迹可復、地利可修者，得貳説焉。一曰清復練湖以永資蓄洩，蓋江南漕河繇亘四百餘里，其勢北高而南下，在蘇州以至常州則地形最下，水得流通，雖遇歲旱不至甚涸。自常州以至京口，地形高亢，河流易涸，雖奔牛、吕城建有石閘二座，以時啓閉，蓄水以待運船，然而仰藉蓄水以濟運者，實有丹陽之練湖爲之源也。練湖北去丹陽城百步而近漕河，縈遶其側，舊額廣周四十餘里，仰受長山高驪之水，滙爲巨浸。唐宋以來，築有中埂斗門石閘，制度詳備，歷代修浚，至我明天順成化之間，屢常疏瀹增修，是以水得停瀦，汪洋不竭，夏秋則戽水以溉田，冬春則放水以濟運。故有湖水放一寸，河水漲一尺之諺。其有資於漕運者甚大也。夫何守令狃近利而忽遠圖，縱令勢家豪户周圍告佃成田，日侵月削，寖失舊額？且佃田之家輒私放其水，冀免渰没，而便于耕作也。傍湖之民又私開函洞，張網其間，而利於取魚也。彼皆相仍其業，視爲己有。雖嘗有建議清復之者，而怵于謗讟，因循中止，年涸一年，至於今且揚塵矣。一遇亢旱，束手無策，是天造地設之利，而人棄之安得盡諉之天時哉？臣愚以爲佃湖租税之入爲利甚微，漕河蓄洩無賴，爲害甚大，理當清復無疑矣。但向之清復未能者，勢家豪户阻撓於其間，而任勞任怨之難其人也。今既敕有憲臣專管水利，奸頑之徒自當讋服。憲臣主持於其上，有司奉行于其下，披圖按籍，一清復之。儻以貧民失業爲慮，臣又訪得該縣有萬頃洋等處，皆可墾爲膏腴之區，使佃湖之家轉佃于彼，則失于東者償於西，公私可兩便矣。

明 陳世寶《清復練湖疏浚孟瀆疏萬曆四年上**》**《吳中水利全書》卷一四

欽差巡按直隸等處監察御史臣陳世寶謹題爲敷陳末議懇乞聖明亟賜舉行以裨將來糧運大計事：

計開内摘修浚湖瀆二：

一、清復上下練湖，照得練湖上下約一萬三千餘畝。長山之水盡注于中，東距運河不過一堤，如使已往湖形未湮，舊制猶存，停流蓄水，不使外洩。雖今年運道旱涸，而引決以濟，第見建瓴而下，須臾盈滿，豈至使臣等驚惶區處，備嘗艱苦，軍民疏導勞浚，重遭勞擾，而後儌倖利涉于萬一也哉。今臣督同浙江都司葉歡于張官渡，車水之暇，沿埂逐崖查得原設之閘半廢，函洞之底太低，中雖有水走洩甚易，且豪彊禦之徒占爲己田，雖近有公租之入，所值幾何，彼又將利其水之不存，而便于耕種爲矣。以故今春引水通運，累及百姓，遂有一二鄉紳貽書于臣，以歸咎此湖之久廢，里老百餘人遮道泣訴，謂復此湖而後常鎮之民始有息肩之日。吁嗟此湖之便于漕運若是，人情之願于清復若是，乃有司惟以城狐社鼠，占悋掣肘，竟寖而不問，不知朝廷三尺之法，議單清復之令將安用之？即歲納些須公租，亦豈能當我官民，一遇河道旱乾，輒勞費如此耶？況有誤國計，干係匪輕。臣昨于糧運通行之後，亦行管河參政王叔杲委官踏丈矣。但非奉明旨，則臣行既遠，將又停閣不舉。伏乞皇上鑒今年之事，爲未然之防，敕下該部，鋭意清復，咨行應天巡撫，專責管河參政，督同各該府縣掌印管河官，逐一踏丈。要見四圍原額若干畝，今存若干畝，某處蓄水更當挑渠以入湖，某處堤壞更當修築以防溢。舊閘當修者修之，函洞當改者改之，應於某官掌管其事，塘長、壩夫各該若干，修浚、錢糧應費若干。其地勢高阜仍當招種者，即以其租收貯官庫，以爲本湖修浚之資。嚴立限期，務在五月以裏踏丈明白，造册回繳，仍於每年終巡撫當招種者，即以其租收貯官庫，以爲本湖撫衙門具本練湖蓄水若干文册報部查考，仰祈聖裁。

一、復開孟瀆河，照得清復練湖，誠濟運要務，而孟瀆河不開，亦爲缺典。聞此河于嘉靖初年當漕船旱澁，該漕司呈達該道開挑而運事始通。今該臣親至奔牛鎮疏浚閘左之月河，查得孟瀆河亦在奔牛之中，因督同蘇松管河參政王叔杲、督糧參政楊世華往彼勘見，得河形尚存，閘基猶在。又據土民稟稱本河起于奔牛萬緣橋，歷黃泥謝店、羅墅、石橋、萬遂等處，約七十里而入大江。入江之後爲黃牛、山圖、山門、焦山、金山之側以達瓜洲閘，雖有百里之遠，而急流之險，止一二十里耳。但因嘉靖三十一二等年，倭寇突犯常鎮，有司始將此河緊要去處築壩堵塞以斷其入寇之路，日積月累，遂致此河淤墊幾平，而糧運商賈之船不復經行矣。臣又博訪衆論，謂此河復開，不惟遇旱可通運船，而秋冬回空，倘正值丹陽一帶打壩修河之時，逕爲大江入此直出常州，無復阻礙。而船到必早，夫回空早則赴兑亦早，開幫亦早，最有益於運政者也。仰祈聖裁。

明 林應訓《清復練湖疏萬曆五年上**》**《吳中水利全書》卷一四 欽差巡按直隸巡視下江兼督水利監察御史臣林應訓謹題爲江南亢旱日久運道艱阻可虞，乞敕當事臣工清復蓄水湖額，疏通達江，間道以垂永利事：該臣奉南京都察院札，付准工部咨該巡按監察御史郭思極題前事，疏開清復練湖以永資蓄洩，該本部議覆，奉旨移咨到院備札，到臣隨即案行蘇松常鎮兵備道，轉委廉能官員及行常鎮二府掌印水利官，臨湖踏勘，該道仍親詣湖所，查革占佃。去後，今據本道參政王叔杲呈稱，遵依備行常鎮二府掌印水利官及委蘇州府通判劉體道前去，會同該縣掌印水利官勘議報續，據劉體道呈稱，會同鎮江府通判劉琚、丹陽縣知縣尹良任，查得本湖自西晉陳敏遏馬林溪，引出長山八十四汊之水，以溉雲陽之田，周圍築堤，名曰練塘，又曰練湖，約四十里許，計一萬三千畝有奇。

蓋包山溪兼隣邑丹徒縣界，爲張堰湖至龍頭崗止，而槩言之也。環湖之堤仍立函洞一十三處，至宋紹興時中作橫埂分爲上下湖，立上中下三閘，凡八十四汊之水始經辰溪衝入上湖，復爲三閘轉入下湖。本朝洪武間因運道水澀難行，依下湖東堤開建三閘，借湖之水以濟糧運，舊址見今具在。其佃種成田，勘得丹徒縣居民蔣祥等公莊田一千七百二十畝一分三釐九毫，華諒等佃田四百二畝，丹陽縣民姜得三等佃墾田三百一十三畝，俱起科辦糧，與水利無妨，相應存留。外其華諒附近決口田一百八十畝七分，并居民任清等佃墾田六百七十四畝四分，張芸荆貴等佃墾田四千七十三畝，此皆未經起科，於湖地水利有礙，俱應開浚。切詳長山八十四汊之水原非山下發泉有源之水，不過藉天雨。時行則群山崙水奔流淜湃，來不可禦，去不可留。而本湖形勢本高，又非若昭陽、邵伯等湖低窪，滙水之比，今堤障浚治之功，誠不容已。但照湖身周圍方四十里，若必槩湖之地而開浚之，非動支數百萬之帑金，募集數十萬之夫力，又遲以經再之歲月，必無有濟。今除上湖係來水建瓴之勢及下湖本窪之區，俱免開浚外，其餘量行浚深一尺，以預瀦蓄。以土方人工計之，共該銀三萬一千六百有奇。以所起之土即挑加西南堤埂，議以存留之田，准其浚湖之數，亦可以省工費之半，其餘查請應動錢糧，募夫開挑等因到道，本道隨親詣練湖處所，督同府縣掌印水利等官，周迴細審本湖形勢，看得所勘練湖源委，原額已詳，其堤內所佃田畝俱係侵占湖利，不問丹徒、丹陽告佃久，近已未升科，既奉有嚴旨，自應盡行查復，以杜後來侵古之漸。所議姑留以助疏浚，殊屬未妥，惟公莊田傍堤邊高岡，不妨湖內蓄水，且藉此守黃金堤，庶免衝决，相應存留。其湖心淤漲，相應挑浚，即以其土加築西南一帶堤埂，務令高厚，仍堅築閘座以備蓄洩。行令該府覆議詳悉，并估築砌堤閘工費速報。去後，續據知府張純申稱，會同常州府知府穆煒、蘇州府通判劉體道、該府通判張汝正、劉琚，督同丹徒、丹陽二縣知縣楊廷相、尹良任會勘，得上下練湖前代資以灌田，國初兼以濟運，其間興廢不一，皆緣節宣失宜。蓋本湖雖無常源，然夏秋雨潦，止受長山八十四汊之水，每每衝溢，傷堤壞閘，堤壞水乾，則湖爲棄物。於是民佃爲田，舊制寖失矣。是堤壞者民佃之漸，民佃者湖廢之繇也。兼以春初亢旱，水枯益甚，無怪乎運道之不濟也。今奉明旨，查復舊制，革田歸湖，誠切時務。然欲使堤可不壞，河可常恃，則浚湖築堤爲要，而設閘宣節尤急。議得上湖四際夾阜下湖，東北臨河一帶原埂完固，無容再增，中有缺口四處，相應填補，惟西南一帶殊覺單薄，合行倍加增築，約令高以一丈，厚以十丈爲率，略與東北相應。湖心受水去處，間有年久淤淺，應加疏浚，即以所浚之土加倍堤埂。

臨湖上舊閘一座，底高湖心，三尺堅厚如故，無容再修。仍增建中閘一座，底比上閘低二尺，改建下閘一座，底比中閘低二尺，高厚俱倣上閘之制。每遇啓閘濟運，先上閘，次中閘，次下閘，則水不盡洩，自有餘濟。復慮秋水衝擊堤不可守議，建減水閘二座，界於中下二閘之中，閘面比湖心高六尺，闊五尺。水未滿閘面，則資以蓄，既滿閘面，則資以洩，庶幾宣節得宜，功可永賴。其議革湖田在上湖者，如魏家莊一帶蔣祥等公莊田傍，湖堤、高岡與水利絶不相礙，姑免追奪，其餘臨湖圍埂如華諒、華昇等田相應盡行革去。在下湖者，如道人墩一圍，查議丹陽縣嘉靖三十三年間因被倭亂，築城鑿濠，用過姜得三腴田三十餘畝，將本墩量行給補，殊與別佃不同。且墩阜成山，離水十有餘丈，似不必槩行攤革，墩下低田圍埂少礙水利，并與任清、張芸、荆貴等，久近佃種已未升科之田，最礙水利者，盡行將埂攤平退還。內查升科田糧相應除豁共該革田五千六百四十三畝一分，存留不妨水利公莊田一千七百二十畝一分三釐九毫。其沿堤私設函洞槩行禁塞，中有古設函洞一十三處，皆民田賴以灌溉，湖水賴以宣洩，合無照舊存留。每遇秋夏，呈官給示，方准啓放。一入冬春，即行閉塞，有私啓者官治以罪。如此則官民兩便，非惟運道有賴，抑且農業不妨矣。合用人夫，相應三縣協濟，合用錢糧，照依部覆取足漕銀，興工等因，并將勘估。新建中閘一座，改造下閘一座，建築減水閘二座，修造中埂二閘，合用石料夫工等用共三千五百三十八兩七錢九分八釐，及挑浚等堤，其合用人工該銀九千五百五兩六錢二分，通共銀一萬三千四十四兩四錢一分八釐。數目緣繇到道。

照得練湖自晉宋迄今，屢興屢廢，盖因水本無源，雨集則群流奔湧，湖緣堤障而成其勢，易於潰決，天旱則泉源既枯，地以積淤肥美，小民利於佃種。該府所謂堤壞者佃種之漸，佃種者廢湖之繇，誠確論矣。今既查明原額，除公莊田於水利無妨姑留外，其餘盡行清復。已經起科者，准與開除其挑浚築砌之工費，公私函管之存革，上下閘座之啓閉，該府酌議詳悉停妥。乘今春水未至湖地，方乾便於挑土，本道已行，令多募夫役，先挪常鎮二府解淮兑軍減存行糧銀二千六百三十一兩，并暫借貯庫練兵銀，即日興工挑築，計月餘內可完其閘座一面，采辦石料，立限修砌，未敷銀一萬四百一十三兩四錢一分八釐，伏乞速行措處補庫，接放兵餉，刻限完工，庶可以乘時蓄水，以便秋冬濟運。再照工固，詳於經始，而事每忽於圖終，誠使堤障既設，而督察不勤，函閘既修，而節宣無法，是繕治於一時者，未免旋廢於日久。湖額既清，而禁令不嚴，泉源已微，而疏導不加，是取辦於目下者，豈能永利于將來？合于堤埂函閘完固之後，專委鎮江府水利通判督令丹陽縣水利縣丞，時常沿堤巡視，稍有滲漏，即加補塞，遇山水泛漲，悉啓閘口，以防灌潰秋。冬水泉微涸，督令塘長多方疏導歸湖，無令他洩，或湖水盡涸，亦不許奸民乘機佃種，違者重治以罪，悉著爲令甲。各官奉行不謹，聽本道不時參究等因具呈到臣。該臣看得上下練湖水無常源，非堤障而浚治之，何能爲運河助也？是以國初有三閘之址議，單有歲修之令，積久以來，豪民習見佃田之利，而私相侵鑿以潰其防，有司亦幸其河運之通，而不復禁制以虞其後。居常率，稱如故。不意天旱水涸，如今春而漕運幾失濟矣。今欲施湖之工，必先復湖之舊。故委勘於通判劉體道等，革田四千九百二十八畝一分。覆勘於知府張純等，革田五千六百四十三畝一分。督勘於參政王叔杲，革去佃墾田五千八百五十七畝三分四釐一毫。其所存留止藉守黄金堤之公莊田耳。臣親詣其地，周圍四望，基埂平夷，無復阻撓障礙者，迺就形勢而考鏡之，竊見上湖地仰八十四汊之水，所繇來也。雖不能蓄，而懼其洩，洩則水力分矣。

下湖地形較上湖頗平衍，而高於運河僅數尺，故懼其不盈，水盈而堤堅，則應時而注之，河有全力矣。二者上下，湖之大方也。上湖四際，夾阜循治故岸，足無疎洩，下湖環旋，計四十里頃者，委官建議，浚以一尺，於工不爲深，而費已三萬餘。且泥無所歸，旋盪入湖，槩浚何益？故沿湖築堤，相堤建閘，殊爲長便。所據知府張純等、參政王叔杲，其議工程，則堤凡一十七號，長二千七百七丈，各高以一丈，厚以十丈。西南一帶務與東北相等，其司啓閉，則增建中閘，改建下閘，修造中埂二閘。其虞秋水，則建減水二閘。而參政王叔杲又欲於堤閘完固之後督官緝理，勿隳前功，始事善後之議，似俱詳當。今人夫已集，約用銀一萬三千四十四兩四錢一分八釐，部覆原取之漕運衙門。臣等已將應解減存行糧銀二千六百三十一兩扣兑支用，仍有不敷銀一萬四百一十三兩四錢一分八釐，與夫前項事宜，通應題請。伏乞敕下工部，再加詳議，如臣所言不謬，將革去民田已經起科者，除其差糧，應增堤閘如前布工，應用銀兩，如數催發。臣等胼胝赴之功，可踰月而望矣。

明 曹胤儒《練湖水利議》《吳中水利全書》卷二二　常鎮二府，惟丹陽、丹徒有水利可講耳，練湖最焉。宋法：凡有占塞及盗洩湖水者，罰如擅殺人律。《元史》：至治三年冬，省臣奏，江浙行省言，鎮江運河全藉練湖之水，官司漕運、商販農舟莫不繇此。宋時專設人夫，以時修浚，接濟運舟。自平江南之後，豪勢之家于湖中築堤圍田耕種，侵占既廣，不足瀦水，遂致泛溢淤淺。委官相視浚滌，計用三千人九十日可畢。參政董中奉又言練湖舊有湖兵四十三人，添補五十七名，共百人。于本路州縣苗糧三石之下、一石之上差充，專任修築湖岸。設提領二員、豪寨二人、司吏三人，于有出身人內選用，工部給印，仍委本路達嚕噶齊總治其事，同知知事專管啓閉斗門，并從之。夫宋元之重練湖如是，豈得已哉。我明乃漫不加意，國初尚設巡司，旋復裁之。二百餘年棄置弗及，駸尋至于今日。運舟壅塞，無歲無之，而旱潦亦不獲其利。萬一有風塵之警，欲行丘仲孚之策，不可得也。是當亟治無疑者，開挑占田，啓閉置閘，更當詳議。今有爲湖漏者，皆飾說也。如其果漏，亦當治之，以復古迹始當。

明 莊祖誨《修復練湖疏》崇禎六年上 《吳中水利全書》卷一四

欽差總理糧儲提督軍務兼巡撫應天等府地方都察院右僉都御史臣莊祖誨謹題爲練湖修復新漕轉輸謹據實恭報，以慰聖懷事：准工部咨該本部題奉聖旨，練湖既足濟漕，即着該撫按同巡漕御史查照舊制，力圖修復。其經費錢糧，准將協濟修河等項銀兩，酌議動支。仍嚴核冒破，務期工築堅整，可資永利。如有勢豪頑猾阻撓把持的，即指名參來該部知道，欽此欽遵！備咨到臣，隨經會同按漕二臣，仰道行府查修，去後續據常鎮兵備右參議兼僉事吳麟瑞呈，據鎮江府申，准水利通判張含錦牒，開勘得練湖延袤四十餘里。往者蓄水原有石閘五所，水函三處，按時開閉以濟漕運，自佃田之後，內外築埂，毀閘開函，水盡洩去，隨于漕運有碍。今欲退湖田以復湖水，先塞水函以固閘壩，使水無洩漏，則不退田而田自退，不復湖而湖自復。更有京口、丹徒、呂城三閘，上下走洩，湖水即有停泓，不足以當此三處漏卮。必先築此閘壩，趁時瀦蓄，方濟漕運。等因牒府呈道，該本道看得居民貪佃湖田，橫築堤埂，毀壞閘函，致無蓄水濟運。今據詳覆，舊有石閘水函必先議復，湖水自盈等因，具詳本院奉批。湖水濟運亟應檄府，停蓄工費數目，若干錢糧、動支何項，仰速查議報。奉此行間，又奉本院批：據鎮江府署印推官周廷鑨申稱，行准水利廳，勘估修閘料價共一千三百餘兩。然所議止七閘木石諸料，尚有九函及修築湖埂八十餘丈募夫工價不與焉，大約以三千金爲準。向有蘇、松、杭、嘉、湖等府每年協濟本府修河米銀六千一百餘兩，歷年逋解及本府屬三縣支存修河米銀七百餘兩，應于內動支，合請檄催，速解興工。預行丹陽縣禮聘義民綜理料價工費，不使吏書經手。至有爲就田派夫之說者，斷不可行。夫以江南之水利，豈可偏累雲陽之赤子乎？又呂城奔牛、丹徒京口各閘，皆爲練湖而設。蓋徒陽地居上流，若湖水一入運河即洩，而之毗陵以下，勢不可圉。故先年練湖蓄水時，呂城奔牛等閘冬初下版封閉，商民船隻悉取道孟河，今不再申禁。千頃汪洋不足當一宵流洩，宜急行縣，將數閘設版募夫，特嚴啓閘等。因奉批，仰常鎮道速查議報，奉經備行。鎮江府查議去後，續據申稱備行。通判張含錦牒開會同丹陽縣知縣王範，帶領匠作，公同查估，下湖石閘四座，上湖石閘三座，應用物料夫工實該銀二千九百六十三兩二錢六分。牒府申報到道，該本道覆核無異，呈詳到臣。批允去後，續據該府知府王秉鑒申，准水利通判張含錦牒報，練湖各閘于去年三月初九日興工，至六月十八日報竣。築埂五十三丈，于六月二十六日興工，至八月初十日報竣，共用過工料銀一千九百一兩四錢四分八釐五毫，築埂共用過工料銀一百六十八兩五錢一分七釐，通共用銀二千六十九兩九錢六分五釐五毫。各閘比原估節省銀七百三十一兩七錢四分一釐五毫。又南埂新舊俱已築高加潤，比照河埂尚高數尺，等因并造支銷數目文册，呈報前來。據此該本道覆看，得練湖修復關漕務灌輸，勘驗閘埂俱倍加堅築，幸已告成。其工費取之蘇、松、杭、嘉、湖等府協濟修河銀內照數支給，及查南埂低陷，加築高闊，稱係上年未用人夫著令奋鍤，并未動支錢糧。其呂城、奔牛二閘，兩府并已報竣等。因呈報到臣，值按臣陳乾陽候代離任，該臣覆核，看得練湖一水，豫瀦蓄以資灌輸，此國家無疆之利也。惟是建閘築埂，堤防有法，啓閉以時，斯足永賴。年來兑運愆期，遲至夏秋，河水瀰漫，重艘遄行，無藉停蓄，而此湖侵占爲田。今漕既挽遲爲速，則嚴冬水涸，練湖修復難緩須臾。故臣欽奉明旨，催檄道府各官估勘節省，浚築告成，湖流傾注，凡重艘經過，時啓函洩水，以通濡滯，新運盡銜尾出江矣。其呂城、奔牛二閘，復行修整，以遏上流之水，隨令附近巡簡，時其啓閉。糧運之日，南北商民船隻仍照往規，盡繇孟河出入，此皆防尾閭之洩爲飛輓之計。其丹陽北舊有九曲河，向亦灌田濟漕。自練湖廢，而此湖與之俱廢。今正鼓舞義民修復，亦補助練湖之不足也。除另册送部查考外，仍請明旨，勒石著令，庶練湖水利永資漕運矣。

綜述

元 陳膺《重修練湖記大德九年**》**《吳中水利全書》卷二四　練湖之興，其來遠矣。繇晉及唐，迄於今，廢而復壞，而修者不可勝紀。每一役輒劇勞甚費，乃克底于定。其最近而可考者，淳熙之役用工人二十有二萬六千三百九十有七，米萬八千八十石，錢二千一百三十一萬四千八百有奇。其汗漫狼戾如此，雖曰爲民興利除害，然妨奪庶務，耗蠹財物，不已甚乎。乃至元三十一年，亦嘗經紀於湖。當時蒞事者痛抑浮靡，存其大綱，損其糅目，工亦不下六千四百餘人，糧亦不下五千石，錢稱是。然則湖之濟民也雖大，而其弊苦民也，亦不細。夫以幅員數十里之奥區，水自長山犇流而滙者八十有四派，亦可謂一巨浸也。而欲使之大旱不減，大潦不溢，可溉而田，可運而河，可使爲利，而不可使爲害，厥惟艱哉。牢捍禦以防衝决，深浚導以治填淤，多門函以備蓄洩，堅木石以俟悠久，勞逸均而趨疾，試省勤而集易，期限蹙而費省，丁徒少而功多。凡此八者，倘非儉以體國、勤以恤民、深知利病者，孰克臻其具美哉！大德乙巳春，都水監丞行檄相湖，中順大夫、鎮江路總管史公實董修役，公以名門貴介，春秋富而見地高，力量毅而精思到。以節用愛人爲根本，以至公無私爲權衡，懲昔大奢，酌今便宜。作於仲春之初，息於莫春之首。環湖上下，陵埒巋然，厚且完固，斗門石磋暨諸函竇，辰次星列，陽開陰闔，視舊制無毫髮遺。然計工度財，纔及曩時三之一耳。適務民之義，蠲抑配之苛，嚴而恕，暇而整。跋涉揭厲，與農夫野人共辛苦，有不勉者，至親執鉏鍤訓誘之，異乎子罕之執朴以抶也。將成，平章政事徹爾公臨視稱善。既畢工，父老來言，請壽諸石。

元 翟思忠《復修練湖記泰定元年**》**《吳中水利全書》卷二四　水在天地間爲利甚大，利不興，害不除，民之生奚以遂。陻不通，淺不浚，水之利奚以興。京口漕運迤邐夾岡，勢邛微奔牛，吕城閘堰之捍瀉不日矣。南去數百里，皆無水源，仰給練湖，自長山八十四汊，流爲辰溪，瀦而爲湖。不有疏鑿，則有壅淤，不有堤防，則有奔衝。丹陽、金壇之田，衮廣勢下，微湖之承滙有年矣。若夫春淫夏亢，瀦之洩之，此湖得用，而河得濟也。歲遷月改，淤之澱之，此湖必疏，而河必浚也。隨勢上下，中埂一爲湖，二函磋斗門，一一有法，旱不乾枯，潦不洊没，湖水放寸，運河注尺，其功如何哉？郡當南北要衝，貢賦之輸運，聘介之往來，蠻商蜀賈，荆航吳檝，泛閩浙上、京師者無虚日。至泰定元冬，湖河淺塞，牽夫頓蹢，進不能趨，車挽肩輸，公私病之。浙省平章政事拉哈光禄暨僚屬僉謀，委前都水任少監路總管毛公計工程。適平章政事元布達拉榮禄赴召，旋得上聞。命行省參知政事董中奉、行臺侍御史和托拉察噶奉親臨之，兼司副使管本巴奉議僉事，華善奉議董督之，省鎮撫會，立萬户警巡之。凡募五郡夫萬五千二十二人，工六十日，郡廢錢六十二萬七百二十緡，米萬八千九百餘石，皆出於官。由程公壩抵浦河口百二十里，深浚四尺，廣上五尺，廣下三尺，畚壤培岸，霖潦不復灌。河底半高，置函管五十四，一利舟漕，一利田溉。於是河流瀰漫，大艘小舫悉得通行，無膠澁之厄。又役三千人，舟千隻，工九十日，郡廢錢二十七萬緡，米八千一百石，以南湖泥葑根植淖不可斸鍤，止求土漕堤埂爲斗門一、石磋六、石函十有三，一備啓閉，一借蓄洩。於是湖波歛灩，官漕民田悉得灌溉，無旱潦之虞。時泰定甲子春也。噫！昔漢開南山渠，鑿褒斜道，唐門、三山門，鑿廣運潭。今國家舉河之重役，民忘其勞，興湖之大利，民賴其便。是非天休涵濡，省臺贊襄，安能奠此大功？姑記其實，俾來者有所考云。

明 曹胤儒《練湖説》　按杜佑《通典》：練湖亦曰後湖，劉宋顔延年有《侍游曲阿後湖詩》，所繇來古矣。李華復《練塘頌》所謂：大江具區惟潤州，其藪曰練湖，幅員四十里，刺史韋損廣之爲八十里是也。兹湖之水旱則放，潦則蓄，西南諸山泉雨之滙也。每遇水涸，開閘放水一寸，則運河水尺。運舟不梗，耕者資焉。今爲豪家佔佃，官爲給帖，自丹陽、丹徒、金壇，環地三百里，旱則懸耜，水則浮桴，况于運舟歲窒，艱楚萬狀，奈何不爲之所也。念塘林公亦曰：修練湖不惟通運道，且益民田，非與。又按六朝齊鸞永泰初，王敬則反會稽，至曲阿，曲阿令丘仲孚收船艦，鑿崗埭，瀉瀆水以阻其路，留數日。臺軍克之，則此地之有湖，此湖之爲重，較如也。又按御史劉曰睿《觀吳録》曰：練湖坐落丹陽，上受高麗長山諸汊之水，泛濫爲灾。始自先秦，時居民疏告官司，議將開姓田地，築梗瀦水，得免旱潦，始名開家湖，週迴四十餘里，計畝一萬三千有奇。晉陳敏據有江東，改名曲阿湖。南宋文帝游幸其上，更名勝景湖。至宋建炎間，值亂練兵于此，遂易今名，載在《水經志》，册居五湖之一也。

清 盛符升《練湖考》《清經世文編》卷一〇四 丹陽之有練湖，去城西北百步，而近即所稱丹塘，亦稱練塘者也。宋文帝曾幸其地，名爲勝景湖。宋武帝有《游曲阿後湖詩》，不知當日所云鶩瀾曠津，與今日之沮洳灌莽果何如也。自晉、唐迄今，廢興不一，要而論之，用之之法有三：一曰灌田，一曰濟運，一曰半以灌田、半以濟運。如晉之陳敏遏馬林溪，引長山八十四汊之水以溉雲陽，周回築塘，由張堰至龍頭岡約四十里，得田一萬三千畝有奇。至唐而居民築一横塘，截十四里，分上下二湖，取下地作田，設斗門者四。永泰初，刺史韋損復修其利，廣爲八十里，民皆刻石頌德，而李華爲之序曰：旱則放，潦則蓄。此專以灌田者也。

自唐轉運使劉晏以横塘壅礙，潦霖泛溢南注，金壇等縣，常被淹没，有障水爲湖洩水注河之議，而湖禁以興。南唐昇元初，縣令吕延貞增修斗門偃爲土堰，會河道旱竭，賴以通濟，遠近稱之。至宋而設斗門五，石䃮六，涵口十三。凡民間占塞及盜決河水者，如擅殺人律。至元而設湖兵百，提領二，專司啓閉。至明而建三閘，上閘之高湖心者三尺，中閘之低上閘者二尺，下閘又低二尺，設巡司專董之。因著在漕單，有歲修之令，此專以濟運者也。

然前代之湖禁嚴矣，如元臣翟思忠曰：春淫夏亢，瀦之洩之，官漕民田悉得灌溉。陳膺曰：大旱不減，大澇不溢，可溉而田，可運而河，未嘗盡廢民田也。明郭思極曰：夏秋則㕓水溉田，冬春則放水濟運。林思訓曰：田之在上湖者，如魏家莊爲公莊田，傍堤高岡，無礙水利。在下湖者，如道人墩一圍，離水十丈有餘，不須攤革，亦未嘗盡廢民田也。此灌田濟運兩利兼存之説也。

因得取而遙計之。凡湖之水有源，而練湖無源，以長山諸汊之水無所自出，不過天雨時行，山水奔注，來不可禦，去不可留也。凡湖之中可航，而練湖無航，以其形勢本高，淺而易竭，非若洮滆諸湖常爲水匯也。凡湖皆瀦以天然，而練湖獨成於人力，自長山以達辰溪，入上湖，入下湖，無不束以堤埂，復就湖之埂爲閘、爲䃮，環湖之堤爲涵、爲洞，節以高低，時其蓄洩，非有深溝大壑長流不匱者也。試就昔人之議，濟運者言之，每曰冬春，然冬春之月河水皆枯，此湖早已淺涸，何從得其灌注邪？其言湖水一寸河水一尺者，特於夏秋久旱，霖潦適盈之際，僅見之耳。更就昔人之議治湖者言之，每曰旱不減潦不溢，然如庚申之秋，久雨泛漲，蘇松尚未全淹，而毗陵高阜之區先成巨壑，無不咎此湖之水奔溢爲害，則所爲旱放而潦蓄者，其法又安在邪？況運道流通，全藉京江一水，潮汐日至，歲多壅積，大挑撈淺，總須力役，不聞以此湖之濟可代民勞，較之山左，用諸湖爲水櫃者，其功非可同日語也。然則修而治之，其説安在？竊以爲一則高低之地勢宜因。就其高者圍之、塍之，就其低者浚之、疏之，則小爲溝洫，大爲陂塘，何一非蓄水之地，水得所蓄，而可引之以灌田，即可洩之以濟運，無二法也。二則上下之節宣宜辨。上湖爲諸汊之水所由來，勢如建瓴，不能蓄者，貴瀦之使蓄；下湖爲諸河之水所由去，每憂衝決，易於洩者，貴淺之有時。昔人爲減水閘界上下之中，高於湖心者六尺，未滿閘面而留，既滿閘面而去，此善法也。三則公私之責成宜分。向來閘座之設，引二湖以達外河，備運道之盈涸。涵竇之設，引二湖以注田，間防民田之旱澇。今豪民有私取涵洞、各擅其利者，而有司或視閘䃮爲緩圖，以致大水時至，多被崩衝，一決之餘，涸可立待，是當取在官在民者各任其成毀，又當取時啓時閉者，峻立其防閑。昔陳膺有云：牢捍禦以防衝決，深浚導以治澱淤，多門涵以備蓄洩，堅木石以俟悠久，四者其不易之定論乎。

我朝之初，湖中之佃爲民田者不少，所出賦税載在全書。迨順治八年，按臣秦公奏申湖禁，三十年來，遂爲棄地。今科臣張公鵬特以墾闢上請，其間經畫便宜，非可懸論，而推本晉唐遏溪溉田之初，原以重民間之耕作。顔延之所云衍漾緑疇，劉長卿所云春風萬頃，元稹所云提携翁孫，捧戴婦姑者，儼然有雞犬桑麻之盛。其漕政之歲修，特詳於宋明之世耳。特爲紀古今之沿革，以俟當道之采擇焉。

紀事

宋 陳伯廣《練湖增置斗門䃮函記》淳熙十六年 《吴中水利全書》卷二四

自□□合八十四流，布爲辰溪。自辰溪而爲練湖，湖又自别爲重湖。堤環湖四十里而築，高於舊者六尺，加厚四十尺，而半殺其上。舊疏爲斗門者五，爲石䃮者三，爲石函者十有三，皆以備蓄洩也。今加板於䃮十有二寸，加函之管數倍之，而易斗門之柱以石者，抵函之數均用民力二十一萬六千二百九十有七，總爲米一萬八千八十一石，爲錢二千一百三十一萬四千八百皆有奇。而錢出於郡帑者五之三，鳩工於冬之十一月，越明年三月朔而畢其役。

藝文

唐 權德輿《權載之文集》卷四《送少清赴潤州參軍因思練湖舊居》得潮字 二紀樂簞瓢，烟霞暮與朝。因君宦游去，記得春江潮，遠别更搔首，初官方折腰。青門望離袂，魂爲阿連銷。

唐 許渾《丁卯集》卷上《重游練湖懷舊》并序 余嘗與故宋補闕次都秋夕游練湖亭，今復登賞，愴然有感，因賦是詩。

西風渺渺月連天，同醉蘭舟未十年。鵩鳥賦成人已没，嘉魚詩在世空傳。榮枯盡寄浮雲外，哀樂猶驚逝水前。日暮長堤更回首，一聲鄰笛舊山川。一作一聲蟬續一聲蟬。

宋 楊萬里《誠齋集》卷二七《練湖放閘》 滿耳雷聲動地來，窺窻銀浪打船開。練湖纔放一寸水，跳作冰河萬雪堆。

又 水簟南舒去轉虚，天簷北卸望來無。相傳一萬四千頃，老眼初驚見練湖。

宋 袁説友《東塘集》卷三《練湖》 練湖四十里，往往半徐州。巨浸膏千畝，餘波濟萬艘。回旋迷宿鳥，浩蕩狎飛鷗。父老相迎問，猶懷旱暵憂。

元 盧琦《圭峰集》卷上《練湖曲》 練湖七月凉雨過，白水蕩蕩紅芙蓉。芙蓉紅盡早霜下，鴛鴦飛去何匆匆。茜裙女兒弄虚碧，嗚榔聲斷無消息。清波小藻出銀魚，落日湖山秋欲滴。望湖接山雲茫茫，鳥飛不盡青天蒼。丹陽使者坐白日，小吏開甕春酒香。倚欄半醉風吹醒，萬頃湖光落天影。挂冠何日隱江南，短褐綸竿上漁艇。

明 葛麟《葛中翰遺集》卷九《夜泛練湖》 一葉漁舟泛柳溪，横吹鐵笛晚風淒。且看翡翠巢邊石，莫問蛟龍瀨下泥。數點寒星疏網漏，千尋斷岸短帆低。連天暮靄迷春草，賴有殘霞認海西。

明 鄭明選《鄭侯升集》卷八《太平堤望練湖作》 玄武湖中烟水平，青絲絡馬傍湖行。九州玉版藏天府，十里金堤接帝城。宿雨尚霑紅藕濕，晴波時躍白魚輕。昆明習戰南朝事，風日蕭蕭蘆荻生。

清 黄達《一樓集》卷一《練湖口》 峭帆健似鶻，飛趁晚烟昏。雲影依村樹，江聲下牐門。秋風練水潤，夜雨吕城喧。客裏銷愁寂，篷牕一酒尊。

清 孔尚任《湖海集》卷五《望練湖》 練湖秋水未全消，光接斜陽影動摇。十幅吴綾白勝雪，漁郎黄葉作裙腰。仙裳云就練字發意甚新。

清 林壽圖《黄鵠山人詩初鈔》卷四《發京口憶練湖用謝宣城晚登三山韻》 席指瓜州城，甕藏雲陽縣。菱芡開家湖，來時曾眼見。鼉駕秦皇橋，馬閃吴門練。集羽鏡霜潯，翔翬插江甸。阻今鬱盤紆，追昔供游宴。海思空凌雲，塵征方冒霰。能無人事紛，陳迹亦屢變。

清 劉嗣綰《尚絅堂集》卷四《夜過練湖》 葭菼緑連天，寒塘夜扣舷。沙明疑積月，水迥欲生烟。江上雁初起，蘆中人未眠。蘾祠何處火，蹋浪響神絃。

清 石韞玉《獨學廬稿》卷一《曉發練湖二首》 凌晨候雲氣，林杪日光銜。野港時逢斷，河梁不礙帆。葦杭何窄窄，山石太巖巖。江海曾經後，烟波挹大凡。

又 明湖一鏡圓，有客刺吴船。菱葉秋烟上，蘆花曉月邊。遥村微辨樹，極浦遠連天。偶借風帆力，虚舟坐若仙。

兩湖

明 張邦奇《張邦奇集》卷三《兩湖記》 兩湖子惟可者，予宗叔也。方卒業太學，而予適爲祭酒，間告予曰：吾祖槎湖公以明經貢，歷修武、延平訓導。吾父覃湖公舉進士，歷官至益府左長史，德行文業，昭昭在人，吾惟不能纘承是懼。以兩湖自號，以識不忘，願吾子廣其義，將終身佩之。予曰：善。爲之記曰：四明郡城之西南有湖焉，今所稱槎湖者是也。或曰嘗列槎取魚，故名。或曰爲其密邇大海，通潮汐，而張氏世居其上，故以博望侯所乘得名，未之有考也。覃深廣也，甬水西南行，會桃源之水，而澄深弘溥。曰覃湖者，即槎湖也。湖非有兩，而曰兩湖，念祖及父也。蓋予觀於湖之水，君子之德備矣。冲和澤物，仁也。淺深必適，義也。漸而趨卑，禮也。不測而夷，不曜而察，智也。虛而負重，强也。動而不禦，勇也。孚允旁達，信也。仁以裕之，義以制之，禮以和之，智以别之，强以立之，勇以行之，信以動之。夫如是，君子之德備矣。是故善觀水者得師焉，師其仁，貪忮滅矣；師其義，流僻滌濫節矣；師其禮，傲戾消矣；師其智，猜惑去矣；師其强，萎薾之氣振矣；師其勇，嘽諧慢易之心激矣；師其信，機詐詭誕息矣。故君子之備德也者，修之也。《書》曰厥修乃來，言如水之來不竭也。來斯積，積斯備矣。是故善繼人者立其身，立身修德之謂也。《詩》曰：無念爾祖，聿修厥德。

來賢湖

清 鄧美政《來賢湖記》（道光）《建德縣志》卷一四 夫湖，池也，大陂也。瀆流四向，所限都也。禹貢揚州之域，其浸五湖，浙揚土也。湖池相望，其以西湖名者，則錢塘、吴興、甬東、東甌、龍邱暨吾郡而六。在錢塘者最著，蓋當時開于白公居易，而其後修於蘇公軾，皆賢大夫，故其名不衰耳。寧第以區區，勝概爲游人齒頰哉。吾郡之有西湖，自南唐刺史侯温始也。故老相傳，郡治若横腰帶水，凡來太守盡賢侯，記所從來久矣。閱郡治水，東西分流，蓋欲以人力挽之。盡激東流，逆行令西，始符其讖。第西地山泉，悉滙於斯，春雨驟漲，其湍悍尤甚。以兩湖水來，不特壅淤可虞，而濠入隘，既不能茹，又不能吐排，蕩衝擊堤，遂大潰。時歲在乙卯也。明年春，郡丞黄公投牒，具陳利害，黄公謂此微二千石莫敢任也。而業爲裒役費，以遲賓薪。是歲仲秋，我牧伯華公下車，詢得其詳，即日臨視，揆地度工，費幾千金，公不忍以力政煩民也，請發帑中滯錢，而佐以黄公歸所裒者，并建令郝秉中所存鍰金三百緡，及時蔵事，剔浮柯基，撻石裒而甃之。埴如壁，綿密如織，相錯如犬牙，湖口崇廣，悉如其舊，實石子於堤腹，而以巨撅衛其址。曆上層累數階，迤北而南，稍張兩翼，皆以殺水勢也。七閱月而告竣，湖如安流，遠郡譙東，宛然腰帶矣。士民手額曰，是役也，大繄人力乎哉。因取記之，所云來賢者名其湖，而更其洲賨華爲瀛洲，謂其橋曰梁瀛步。今而後，喜可知也。夫天壤問順之而通，逆之而壅者，無論水性民情，一也。通則遵途，壅則必潰，其至于潰，而奔放横溢，其孰能禦之。故曰，以人治人，以水治水，蓋言其順也，雖然言一於順，而不以堤防止之，則滔滔者又安極焉。是故道民者，必齊以禮，行水者，必蓄以潴，此順導之善政，可與賢者語耳。是役也，因民情達，水性順，其茹吐因以堤防，建萬世之功，而胥徒予直鳩材，予價人，人各厭其欲問所予，則盡出諸公，勿發閭左，畚鍤如雲，雞犬閴如也。卒之水歸於壑，民寧於家，黄鵠泯於無言，而元圭可以載錫，不賢而能之乎。於戲，藉賢侯之來也，而成湖，將不藉湖之成也。而繼公以來皆賢耶，則公大有利於吾郡者矣。錢塘一湖，寧專美於今日哉。公諱敦復，號雍明，晉陵無錫人，丁未進士，起家度支尚書郎，諸凡順流更始種種善政善教，具口碑中，兹不述。

（雍正）《浙江通志》卷一五六 吕昌期，舊浙江通志溧陽人。萬曆中知嚴州，明敏精勵，修郡志以備文獻，開浚來賢湖，造建蒼山下橋，尤喜接引士。

歷陽湖

論說

（康熙）《含山縣志》卷五　歷陽湖，州西治，縣東治，距七十里悉爲湖。而中有歧，近州曰歷湖，近縣曰麻湖，周百餘里。傳聞歷陽之郡，一夕化爲湖，見淮南子。劉夢得詩所謂一夕爲湖地，千年列郡名是也。古有老姥，遇兩書生，謂之曰，此地當爲湖，視東門石龜目赤，其期也，急上山勿反顧。自此姥數往視龜，門吏久覺之，詐塗雞血於龜目，姥一見，遽往走，地已爲湖矣。宋建炎三年，金人破和州，軍士潰圍四出，於此立水砦自保。金復來攻，大敗而退。明太祖微時，嘗游江淮，夜陷麻湖中，遇群童稱迎聖駕，叱之不見。又嘗避孫德崖之亂，乘牛渡歷湖水，入麻湖旬日。故而歷湖又謂之龍駐湖，俗譌爲龍珠，非。永樂中，郡吏目張良興希開田功計，鑿河以涸之，湖遂廢，得田三萬一千二百六十畝，縣得六之一，至景泰間，知縣黃潤玉始成，有麻湖圩田記，載藝文。但地勢平而水難洩，每逢雨潦，往往多淹没之患。按晉地理志，淮南阜陵縣下注云，漢明帝時，淪爲麻湖。蒞淪者，巢湖屬巢縣，麻湖自属歷陽，晉志合二湖爲一，似無辨。又一統志及巢志所載，老嫗塗血，皆係焦湖故事，或誕誣不足信云。又按元和志名灑湖，古歷字作麻，令謂之麻湖，似謬。

（乾隆）《府廳州縣圖志》卷九　歷陽湖，在州西。一曰麻湖，源出桑山，淮南王書歷陽之都，一夕而爲湖。

（光緒）《重修安徽通志》卷三二　歷陽湖，州西三十里。淮南子歷陽之都，一夕爲湖。唐劉禹錫所謂一夕爲湖地，千年列郡名是也。一作麻湖，相傳未陷時，有老姥先見於夢，今湖濱有神姥廟。明永樂中，湖水涸，議堰爲田，凡三萬一千二百餘畝，至景泰二年始成。然地勢平衍，水難驟泄，每逢雨潦，往往多淹没之患。

藝文

唐　白居易《白氏長慶集》卷五四《答劉和州》　換印雖頻命未通，歷陽湖上又秋風。不教才展休明代，爲罰詩争造化功。我亦思歸田舍下，君應猒卧郡齋中。好相収拾爲閑伴，年齒官班約略同。

唐　李賀《李賀歌詩集》卷四《公無出門》　天迷迷，地密密，熊虺食人魂，雪霜斷人骨。嗾犬狺狺相索索，舐掌偏宜佩蘭客。帝遣乘軒灾自息，玉星點劍黄金軛。我雖跨馬大得還，歷陽湖波大如山。毒虬相視振金鐶，狻猊猰貐吐嚵涎。鮑焦一世披草眼，顔回十九鬢毛班。顔回非血衰，鮑焦不違天。天畏遭銜齧，所以致之然。分明猶懼公不信，公看呵壁書問天。

宋　王禹偁《小畜集》卷一〇《送李著作》　芸閣新銜捧詔歸，歷陽湖畔拜庭闈。已聞愛子披朱紱，著作郎君已賜服邑。猶學嬰兒着彩衣。飯饋海陵紅軟稻，鱠擎淮水白魚肥。吾生自失榮親禄，謾踏花磚入北扉。

又卷一一《第送三人朱嚴先輩從事和州》　乘船東下歷陽湖，牓眼科名釋褐初。賓職不憂無厚俸，郡齋唯喜有藏書。錢侯聚院尤多。伴吟先買秋江鶴，醒酒時烹晚市魚。廉使多情應問我，爲言衰病似相如。

清　胡文學《適可軒詩集》卷二《過甓社湖有感》　水光日色兩糢糊，幾點屠蘇映荻蘆。魚鱉不知身是主，風濤還逞甓爲都。傷心淚滴征帆濕，換酒愁聞釣艇呼。欲覓紫芝漂没盡，却教錯認歷陽湖。

雜録

（光緒）《重修安徽通志》卷三二　太陽河，州南二十里，由歷陽湖經戚家橋入於江。

又　姥下河，州南三十里，由歷陽湖經黄梁橋入於江。宋乾道初鑿。

蓮子湖

綜述

唐 段成式《酉陽雜俎》卷一一 歷城北二里有蓮子湖，周環二十里，湖中多蓮花，紅緑間明，乍疑濯錦。又漁船掩映，罟罾疎布。遠望之者，若蛛網浮杯也。魏袁翻曾在湖燕集，參軍張伯瑜諮公言：向爲血羹，頻不能就。公曰：取洛水必成也。遂如公語，果成。時清河王怿而異焉，乃諮公：未審何義得爾？公曰：可思湖目。清河笑而然之，而實未解。坐散，語主簿房叔道曰：湖目之事，吾實未曉。叔道對曰：藕能散血，湖目蓮子，故令公思。清河嘆曰：人不讀書，其猶夜行。二毛之叟，不如白面書生。

（康熙）《宿遷縣志》卷一 蓮子湖，去治三十里，在運河之西，以其産蓮藕故名。

（康熙）《廣寧縣志》卷一 蓮子湖，城東北九十里。

（嘉慶）《沅江縣志》 蓮子湖，在縣南五十里。

（同治）《徐州府志》卷一一 蓮子湖，在縣西三十里，雍正八年海嘯河溢，湖遂淤。

紀事

清 張貞《杞田集》卷四《夜泛蓮子湖記》 吾鄉山水，濟南爲最勝。七十二泉皆散滙於北城，爲蓮子湖。澹蕩空明，瀰漫數千頃。南山迴環斷續，與城内之漁莊蟹舍遥相掩映，無異畫圖，此昔人所以有濟南山水天下無之語也。余當壯盛，槐黄席帽，從事會城，必偕朋好流連湖上，文酒歙集，一時名勝，士後先不啻數十人。年運而往，知交零落，余亦日就衰索，削迹名場，游興奇減，不至濟南者幾十五年。

康熙庚辰，有事北上，取道其間，自傷孤另，頓覺湖山慘淡矣。解后得朱君子青，遂託末契，交情綢洽，不殊前日之諸君子也。相邀月夕，重尋舊游。于天心水面亭登舟，再過歷下亭，放舟烟水，皓魄澄波，凫沈雁宿，聲籟四絶，獨健魚往往觸響船頭而已。子青所載酒特芳冽，坐客皆醉，余雖不能飲，亦彊進兩蕉葉，不覺醺然。清歌忽自坐中起，音韻縹緲，聲繞茭蘆，令人神骨俱爽。至北極臺，夜漏乙丙，廟扉盡闔，道士已入，華胥因不復叩門，裵回月下久之。更登舟縱談，鬨然而笑，水鳥驚起，群犬齊吠，若豹沿水門遵東渚而歸。不能成寐，言念初游，忽忽餘四十年，且此四十年中，荐歷幽愁，備遭哀酷，猶是往日酒痕墨債之地，浩然俛仰，已非故吾。胸懷耿耿，何能下臍邪。故泚筆作記，以志今昔之感云。同泛者爲鍾聖輿、吴木欣、朱子青、杜西山、谷九畹、胡宗舜，余與兒子在戊凡八人，時則四月十五日也。

清 朱彝尊《曝書亭集》卷六八《題歷下亭》 康熙庚戌五月既望，泛舟蓮子湖，眺北極臺，時菡萏始舒，熱風未甚。循湖而行，求七橋故址。俄而雨驟至，復乘舟登歷下亭，與客縱飲。既霽，泉泠注亭下，有魚自濺泳躍入階除，童子烹以侑酒，蓋客濟南二年矣，乃得一醉兹亭焉。

藝文

清 杜堮《遂初草廬詩集》卷一《留别吴補之》 楊柳橋邊蓮子湖，十千斗酒且論沽。他時到此能相憶，一曲清歌尚記無。

清 張元《鵲華橋吊李滄溟先生橋東北數武即白雪樓舊址**》**（道光）《濟南府志》卷六九 蓮子湖邊蘆荻秋，鵲華橋上月如鈎。西風雲水空蕭瑟，何處詩人白雪樓。

清 傅仲辰《心孺詩選》卷一四《蓮子湖垂釣》 蓮子湖頭花亂飛，扁舟蕩漾滿人衣。何須鱸膾秋風憶，釣得銀鱗尺半肥。

清 厲鶚《樊榭山房集》卷三《同人携茗集張漁川齋中試惠山泉用涪翁韻》 吴客遠來好風俱，扁舟載泉兼載書。梅龍貪睡鞭不起，分得數斗爐塘珠。鬬茗須鬬芳而腴，群賢列坐鐺腳如。嗟予微疾不能飲，湖目但思蓮子湖。予以病戒茗，煎蓮子代之。

清 王士禎《帶經堂集》卷三六《行玉河上懷故鄉有作》 河邊弱柳漸生稊，沙上蒲芽緑未齊。蓮子湖頭風物早，誰摇艇子罥春泥。

清 朱彝尊《曝書亭集》卷七《飲歷下亭泛舟蓮子湖作二首》 濟水來王屋，源泉處處清。自從湖口入，不復地中行。柳岸鳴蜩急，荷風浴鳥輕。江南歸思緩，髣髴櫂歌聲。

又 海右亭仍在，城隅路不賒。竹深池館静，山轉柁樓斜。小隊千行柳，行廚五色瓜。未愁霑席兩，歸櫂豁晴霞。

又 卷二二《送李上舍之濟南謁新城王尚書》 海右惟濟南，具饒山水趣。側坎趵突泉，單椒華不注。匯爲蓮子湖，七橋從坦步。尚書宅新城，道重東山傅。絲竹匪所耽，騷雅乃先務。林端有嘯臺，池北但書庫。著録幾千人，片言等墳素。李生辭菰蘆，高山動遐慕。譬諸驥騄姿，孫陽宜一顧。莫因籤程迂，直趨九河渡。送行吟短章，心飛蠶尾樹。蠶尾山房，尚書著書室也。

柳浪湖

綜述

明 袁中道《珂雪齋集》卷一一《柳浪湖記》 郭外西南，柳湖與斗湖，一湖也。長堤間之，爲大道達於南門。其內，爲柳浪。柳浪，滙通國之水，穿橋入於斗湖。柳浪，實湖也。田之，然常浩浩焉。獨其中稍阜者幾四十畝，可田。絡以堤，堤内外皆種柳及楓，帶以渠，渠樹之内始爲田。田之內地較阜，復爲堤周之，堤上復種柳。堤之內，前爲放生池，種白蓮，亭臨之，後漸阜爲臺。臺之上，則柳浪館在焉。爲室三楹，環以渠。臺上及渠內外皆種柳。凡堤之襲者三，渠之襲者二，樹之襲者六，若笋、蕉，若陣，若城，翠碧醞釀，不知紀極。放生池堤外，右有窪地，不可田，築橫堤與田隔，中種紅蓮。水中有洲，爲室三楹，以待名僧及過客也。右爲小堤以出，是爲門徑。左爲小堤，達於柳浪館。欲泛舟，則繞臺下，從右出橋下，達於放生池，盤旋亭前。折而右，穿橋，至紅蓮池，繞僧舍而西，穿於後渠。後渠西可達斗湖，水最闊。返棹，仍從後渠達於左。左既，則前望見臺上朱欄畫梁隱隱。繞而右，復還後渠，過僧舍，從紅蓮池舊路歸焉，可二里許。日午，渠內無曦暘，濃樹遮樾，差參見碎天，水清澈底，此柳浪大略也。暑中，中郎與予坐卧其中，辰起，偕數僧麈譚，倦則泛舟，月夜尤佳。常有一客苦熱，夜來避暑，忘携襆，夜半凍欲絶。樹凡萬株，種楓柳者宜水也。楚中柳色，止一月黄落，入秋，楓葉紅酣如錦。土人云後有篔簹，前有柳浪。篔簹爲予居，柳浪爲中郎別業也。

（光緒）《荆州府志》卷三 柳浪湖，在舊縣西南。湖中高阜數十畝，皆種柳。

藝文

明 袁宏道《袁中郎全集》卷三二《明空住柳浪五月附余舟南下別于歸宗道上因作柳浪三叠以送之》 青池白石每談空，銷却寒釭幾炷紅。記取柳浪湖上柳，夜禪聽盡碧絲風。

又 卷三八《答魯印山見賀新居之作》 東亭故宅昔曾過，旋着新花剪舊莎。簾遠頗宜低度曲，門寬兼得大張羅。鳩巢喚婦真成拙，瓜屋隨身也覺多。試問柳浪湖上柳，幾回秋草幾春波。

又 卷三九《曾退如雷何思過柳浪湖時退如初度有詩見示次韻答之》 醉裏烏藤手自扶，閒隨鷗鷺過澄湖。一江浩雪浮箕舌，千畝深篁露頂顱。且與青娥删白髮，休將五岳换三孤。烟巒好在消摇侶，慚愧虛名老顧廚。虞翻謂公安地形如箕舌。

清 王昶《春融堂集》卷一九《望荷葉山懷明袁中郎兄弟》 達材經世宙，畸客營衡廬。所適判大小，樂志原無殊。亭亭荷葉山，下映柳浪湖。雲嵐共渺瀰，竹樹交扶疏。占此瀟湘景，聯築棣鄂居。伯修官春坊，畫省依香罏。中郎來錦帆，仙令飛雙鳧。性情各蕭澹，素尚歸菰蒲。琴書親位置，農圃商耘鋤。往還雜詩酒，問答兼樵漁。中年愴朝露，名譽傳荆巫。今我過楚北，冰霜上籃輿。清游未獲踐，懷古滋躊躇。當時論詩旨，刻意歸白蘇。苦吟轉蚓竅，正類山澤癯。風騷即弗逮，龘厲略以除。吸光并飲淥，靈秀良非誣。

清　孫錫蕃《**泛舟柳浪湖**》（同治）《公安縣志》卷七　柳浪千年緑，中郎故里墟。雙星懸夕永，孤月掛林疏。棹泛銀河遠，風高脱葉徐。瓶花何處是，隔岸冷紅蕖。

清　侯家光《**柳浪懷古**》（同治）《公安縣志》卷七　柳浪湖上柳如烟，柳浪湖下浪接天。浪花柳絮交春色，沿湖多泊釣魚船。可憐湖岸釣魚翁，去來打槳浪花中。豈知浩渺烟波裏，當年曾此住袁公。我聞昔日油江口，三袁兄弟躭詩酒。湖邊搆起水心亭，陶潛門外多種柳。伯修小修擅文詞，中郎更是開天手。天馬行空不可羈，游戲騷壇世罕有。三百年來景物非，人去亭空水四圍。柳不垂絲湖無主，碧波千頃鷺鷗飛。白鷺沙鷗紛起落，九原才子不可作。東風吹浪碧參差，畫棟雕梁成蕭索。君不見，湖柳不是舊時腰，年年風雨傍野橋。惟有三更湖上月，曾照行狂貯詩瓢。

馬湖

綜述

清　張澍《**養素堂文集**》**卷九**《**游馬湖記**》　蜀之屏山縣，爲季漢馬湖縣，前漢僰道、朱提二縣地。僰道，故僰侯國，今爲宜賓。朱提縣因山爲氏，山出銀、銅。馬湖縣治有馬湖江，爲金沙江之下流，即若水，又名瀘水。諸葛公渡處在此，非今之瀘州。湖在縣治西一百七十里，黄螂司南五里。黄螂即漢之堂琅縣地，一作堂狼，後人音訛轉爲黄螂。謂其地出螂，謬矣。其山巘巖巀嶭，直刺層霄，即酈道元所言高山也。湖踞山巔，袤三十餘里，廣七里餘，淵深莫測。去大江二百里，水與江流同消長，日夕作潮。中有島嶼，如螺髻石，戴土，可容四五百人，俗謂之海包。有海馬石，水消則見。耆舊相傳有龍馬潛湖内，亦謂之龍湖。春時繫牝馬於湖側，龍馬出與交，則生神駒。圖經言明昇據蜀，所獻明太祖之飛越峰，即得於此湖。或云得黔南之栁坑，非此湖。四圍皆巉崖峭壁，一綫鳥道。

余於辛未歲冬十一月，以公事赴雷波廳，抵黄螂，巡檢黄君省曾言陸行奇險，不如泛湖便安。乃乘舟，時朔風正厲，波濤震盪，巨魚涌躍，舟若鳧雁飛浪上。日未昳，出湖至牛咃，易轎入箐口。劇寒，林木森密，堅冰在樹，厚寸許。雪冒枝上，風吹之，斗出枝外，寬四五寸，如馬鬣魚鱗然。出山，則天氣和暝如二月時也。

桉南中志，朱提有大淵池，水名千頃池。西南二里有堂狼山，多毒草，盛夏之月，飛鳥過之不能得去。脈其道里，千頃池即馬湖也。蜀都賦注：朱提有靈池，在縣南數十里，周四十七里。靈池即千頃池，疑當日朱提縣治，在今平夷司，故云縣南數十里也。所言廣狹微異，想今昔變更耳。

嗟乎，造物亦太幻譎矣。匡廬山頂有方池，中横大艑，水多白鵝。朝那縣高山有靈湫，四時不涸，風吹擇入水，輒有鳥銜去。此皆余所目睹者，其所未見，更不知幾何也。

藝文

明　邊貢《**華泉集**》**卷七**《**送顧侍御出守馬湖五首**》　露冕南征火井西，東過瀘水北泥溪。借問鄉愁何處切，千山明月子規啼。

又　五馬驕嘶錦水隈，雙旌遥指劍門開。巴童吹笛羌兒舞，重見文翁鎮蜀来。

又　五月瀘州蕉葉黄，武侯祠下水如湯。行人莫惡南中熱，自有參天古柏長。

又　古箐人稀秋草深，碧松蒼檜接陰森。高樓永日彈棊暇，海北天南萬里心。

又　漢家驛路止牂牁，相望龍湖路幾何。聞説夜郎天更遠，潯陽李白亦經過。

明　王九思《**渼陂集**》**卷五**《**顧孔昭出守馬湖**》　東閣當年共詞賦，嗟爾分曹違素心。繡衣持斧郡國動，桃李無言蹊徑深。烟際乘舟去褭褭，雲邊望闕常陰陰。漢官獨重二千石，行路不難休苦吟。

明湖

紀事

清 王士禎《帶經堂集》卷七七《泛明湖記》 予去明湖十年矣，游漪園之次日，鍾、朱二子復有泛湖之約。肩輿而北，過百花洲，葭蘆彌望，新荷田田被水，故德藩宮泉北出，溢爲洲。又北過薛文清、王文成二公祠，不入。過許忠節祠，許公諱逵，正德中爲樂陵令，殺流賊，全其城，後與孫忠烈同死寧濠之亂。西階下，刻何大復樂陵令行一碑。祠西鄰水面亭，亭前有池，種佛座、錦邊諸白蓮，皆異種。一橋跨之，惜不及花時來游也。

亭西登舟，舟頗具欄檻。解纜而北，彌望皆蘆荻葭菼。湖本空闊，勢家規爲塘堰，擅蒲藕之利，如圍棊界道，如明鏡著瘢，舟循港行，不復能溯洄上下矣。西北古歷下亭，即李北海、杜子美賦詩處，近頗修葺。亭中額曰歷下此亭古，嘆其朴雅。亭之北有奥室，回廊繚之，而西復有一軒，甚紆折，亭軒皆構架於水上。菱芡被渚，鷗鳧近人。城南龍洞諸山，蒼翠若在眉睫。湖上看山，無踰此亭之曠者。流連移晷，解纜而東，復由水面亭捨舟登岸，取道鵲華橋以歸。橋之所跨，即百花洲北流入湖之支也。

藝文

明 黄汝亨《寓林集》卷三《訪曹能始明刑署署在豫章城中後傍明湖香荷如幔而余以能始始得之》 羅雀宜廷尉，官衙似草廬。琴尊真静好，車騎自清疏。壁有驚人句，牀餘散帙書。但令心地寂，游宦亦瀟如。

又 日夕江城裏，不知池館佳。凉風來水際，爽氣落山厓。杯自香荷泛，音將比竹諧。浮家君且適，況復得清齋。

清 陳祖范《司業詩集》卷三《泛明湖飲歷下亭》 世間萬物貴得名，我來先問歷下亭。今朝始放湖中艇，蘆葦蒲稗相遮迎。風吹簌簌如雨至，數轉乃見亭觚稜。池亭水木極明瑟，濠梁魚鳥怡性情。敷坐杳在青蓮界，唧杯已復白日傾。前浦閭井勢浮動，遶城山岳空憑陵。白蘋洲連緑柳岸，夕烟初漲曉月明。爾時夷猶仕孤棹，吴歌小海小洞庭。遥知此趣更幽絶，何似東藩皂蓋停。

莫愁湖

論説

明 顧起元《莫愁湖考》（乾隆）《江南通志》卷一一 江左今有莫愁湖，在西城南。按古樂府有莫愁樂、石城樂。唐書樂志曰，石城有女子名莫愁，善歌謡。石城樂第二歌云：陽春百花生，摘插環髻前。捥指蹋忘愁，相與及盛年。莫愁樂云：莫愁在何處，莫愁石城西。艇子打兩槳，催送莫愁來。尚未詳也。莫愁，盧家女子，善歌唱，嘗入楚宫。李商隱詩：如何四紀爲天子，不及盧家有莫愁。是也。莫愁村今在承天府漢江西，石城在州西北，晋羊祜所建。鄭谷詩：石城昔爲莫愁鄉，莫愁魂散石城荒。江人依舊棹舴艋，江岸還飛雙鴛鴦。王横詩：村近莫愁連竹塢，人歌楚些下蘋洲。又沈佺期詩盧家少婦鬱金堂，即此也。按通考載，梁武帝詩洛陽女兒名莫愁，云莫愁盧家女，洛陽人，則莫愁又有兩人矣。

綜述

（正德）《江寧縣志》卷二 莫愁湖，在縣西京城三山門外。莫愁，盧氏妓，時湖屬其家，因名。今種芰荷，每風動，香聞數里許。

（乾隆）《江南通志》卷一一 莫愁湖，在府西三山門外。相傳盧莫愁居此，因名。

紀事

明 李維楨《游莫愁湖記》《明文海》卷三六一 余將之南徐，與山甫俱乘舴艋，泊三山石城二門間。有所遲未即發，逼仄殊甚。山甫曰：此去莫愁湖不遠，盍往觀乎。舟子識其處者前導，兩人携而步至湖邊，湖屬魏國。家中有小艇三四，覓之渡，不可。魏國監奴將來捕魚，漁人具網罟以俟。復沿仄徑穿委巷而出至大道，過西城兵馬司治所。望二石狻猊，則徐氏别業。入門瓦礫滿地，蓋久圮敝，而匠石方掃除更新之。前爲四美堂，是徐髯仙篆。後爲勝碁樓，則徐公子筆。又有扁曰湖山逸興，題出邢太史雉山，字亦出髯仙，髯仙固善古篆也。樓旁垂楊數株，鬖鬖作羽葆形勝，碁未知所自，豈謝安手談地耶。按晋書符堅大舉入寇，謝玄問計，答曰，已别有旨。不敢復言，令張元重請，安命駕山墅與元圍碁别墅，安碁常劣於元，是日元懼，便爲敵手而又不勝，安顧謂其甥羊曇以墅乞汝，是不勝碁者張元也，非謝元也。而後人訛以爲幼度。謝可冒張，樓不可冒墅耶。山甫爲之一粲。左方有馮咸甫次唐人韻詩殊佳，憑樓北檻而望，鍾山龍蟠其右，石城虎踞其左，秀色綺靡，若指掌上，秋樹尚緑，倒影湖中，魚躍鷺泛，暢人心目。樓下引湖爲池，栽得苦荷葉少許。小橋可渡，湖堤已斷其半，堤中尚有亭址，主人翁或漸次修舉，能著兩三畫舫更佳。余叔氏入夔門，山甫與諸人謀置餞於此，以蕪穢不治罷，計向後游客必盛矣。

按《唐書·樂志》、《樂府解題》皆謂：莫愁樂出於石城樂，以石城有女子名莫愁，唐人所謂南國佳人字莫愁也。宋曾三異，以石頭城在余郢中漢江西岸，有莫愁村，《一統志·金陵》不載莫愁湖。三異又云，曾見莫愁像石本，衣冠甚古，乃古神仙者流，非女子，郢中娼女竊其名，則莫愁爲女子，亦誤。石城在竟陵郡有晋杜預第，臧質爲竟陵郡時，作石城樂，莫愁村在其西，盧家女善歌，嘗召入楚宫，古辭云：莫愁在何處，莫愁石城西，艇子打兩槳，將送莫愁來。又云：聞懽下揚州，相送楚山頭，探手抱腰看，江水斷不流。唐人詩：莫愁魂散石城荒，村近莫愁連竹塢，人歌楚些下蘋洲。莫愁故爲三楚女，或以楚山頭似郢，而江水下揚州似金陵，然郢視揚州亦可言下。漢水亦稱漢江，而郢人又呼漢爲河。那呵灘曲有江陵三千三，聞懽下揚州語，則此二語未可爲吴郢分地定據。或言此地相傳有妓盧，莫愁家焉。或亦如三益所云：竊名好事者，因其人以名湖，而竟陵與金陵聲之訛，石城與石頭城言者，省文自可通稱，亦非兩地判案也。

又按：後魏孝文宣武相繼，得江左舊曲及江南吴歌、荆楚西聲，總謂之清商署，清商署謂之清樂。唐用十部樂，清樂在焉，則天長安後不重古曲，僅子夜等曲列吴聲。而西曲則石城樂、莫愁等曲，或舞曲或倚歌，雜出荆郢樊鄧間，以其方俗謂之西曲：莫愁如吴人曲，不當列西曲矣。樂志石城樂和中，復有忘愁聲，因有此歌。樂録曰：莫愁樂亦云蠻樂。是以莫愁屬郢之明徵也。又河中之水歌，《藝文類聚》作古辭，《玉臺》作梁武帝樂府曰：河中之水向東流，洛陽兒女名莫愁，莫愁十三能織綺，十四采桑南陌頭，十五嫁爲盧家婦，十六生兒字阿侯，盧家蘭室桂爲梁，中有鬱金蘇合香。沈詹事古意本此。别有還將盧女曲，夜夜奉君王。則魏時宫人故將軍陰升之姊，明帝崩出嫁爲尹更生妻者也。如何四紀爲天子，不及盧家有莫愁。所指非阿侯母，即更生妻矣。由此言之，古今有三莫愁，而盧氏多好女，令湖山争借以爲重乎。山甫微笑曰：君郢人，欲專莫愁爲故實耳。然其言辨，可并記之。

藝文

元 吕彦貞《滄浪軒詩集》卷六《莫愁湖四首》 秋潮漲後水平鋪，載酒蘭橈拍手呼。冷落風光桃葉渡，游人但問莫愁湖。

又 真娘蘸小足千秋，此日蜚聲又莫愁。不信紅顔悲薄命，芳名箇箇世間留。

又 多虧太守愛風流，簪朶巋來小影留。寂寞湖光資點綴，佳人名士快優游。

又 我亦多情善恨人，槐黄接迹訪香塵。何當柳媚花明日，更向晴湖賦冶春。

明 邊貢《華泉集》卷六《莫愁湖奉餞松月樾岡二都憲仍次前

韻》　多病春來久索居，祖筵花柳出郊初。湖中遠興依沙鳥，雨外清尊薦野蔬。名姓會看當宁識，勳勞應付史官書。登朝且上安邊疏，漫學文園賦子虛。

明　鄧原岳《西樓全集》卷七《題莫愁湖和葉少宗伯之作》　平湖漠漠草蕭蕭，歌舞人間久寂寥。水冷乍疑窺攬鏡，月明却憶伴吹簫。渚花帶雨開爭艷，野鳥迷烟語自嬌。冣有石城楊柳色，春來依舊鬬纖腰。

明　范景文《范文忠集》卷一一《莫愁湖》　莫愁湖上酒樓前，露荻烟葭間渚蓮。一代風流披錦夜，四時芳氣蔚藍天。

又　半畝山碧帶秋波，柳岸樓臺掩映多。水鳥相呼飛不遠，慣聽人唱石城歌。

明　高出《鏡山庵集》卷二一《張肅之周廣裕張夢澤三比部王永啓王聞修兩駕部送別于莫愁湖樓上不勝凄然河梁之感爰賦古什以寫別悰》　悠悠天地遠，今古同此情。豈不念達者，熟禁愁恨并。游子嵩作歸，追送吾友生。江風没浩蕩，白日乃徂征。臨岐復登樓，解□炎暑清。欲語意不叙，含悲酒一傾。曠望雲樹遠，躑躅驂馬鳴。舉目生別離，忍淚猶沾纓。

明　葛一龍《葛震甫詩集・莫愁湖上作》　西水橋西一水周，盪烟艇子夕陽樓。氣求曾莫孤名飲，波寫猶能送眼秋。蓮葉扇風香隔岸，蘼蕪收雨緑平洲。重爲載筆人應老，不似當年供奉游。

又《莫愁湖》　一水石城邊，名借盧家婦。一歌石城曲，至今誰得和。酒樓出高柳，艇子邁輕霧。人去幾年年，年年愁日暮。

明　何白《汲古堂集》卷二二《莫愁湖逢程德懋》　莫愁湖邊鶯莫春，暖風霽日摇青蘋。柳條繫馬不辭醉，飛絮滿天逢故人。

明　黄克纘《數馬集》卷一八《游莫愁湖》　官湖艷説莫愁名，湖上春風四面生。嬌臉已隨流水逝，殘眉猶作遠山横。江樓勢動蘭橈轉，浦樹陰移綺席清。江左風流饒勝事，憂時無暇語傾城。

明　黄汝亨《寓林集》卷四《莫愁湖與吴生白年兄快飲》　與君十載別，相見轉依依。老去交情在，憂來世事非。只堪湖上醉，莫遣客中違。寂寞盧家婦，蓮花媚釣磯。

明　駱問禮《萬一樓集》卷六《莫愁湖樓上爲徐蔭軒公子題》　湖上樓臺楊柳風，樓前簾幕藥欄叢。鳳凰古阜濃陰接，白鷺滄洲小澗通。春水畫船喧錦瑟，曉窻晴日引彤弓。王孫好事尤憐客，常許迂疏執簡從。

又《莫愁湖送葉龍塘使君之贛州》　湖水茫茫接大江，使君旌蓋倚帆檣。沙鷗漫逐春潮散，渚荇輕沾暮雨香。雲日燕關開象魏，筍魚槐閣近桑鄉。報成應有南過吏，莫寄新詩動我腸。

明　梅鼎祚《鹿裘石室集》卷九《秋日同宋初陽山人陳季迪孝廉張大來兄弟載酒莫愁湖》　帝京行樂處，侯館莫愁湖。蓮葉遺鈿散，峰雲寫黛孤。天空開玉鏡，地迥列金鋪。却向盧家問，能教兩槳無。

明　孫承宗《高陽集》卷九《莫愁湖》　斷岸枯荷雁影秋，石城西畔水西頭。一泓澹蕩心偏遠，不爲盧家有莫愁。

明　湯顯祖《玉茗堂全集》卷一四《莫愁湖》　石城湖上美人居，花月笙歌春恨餘。獨自樓臺對公子，晚風秋水落芙蕖。

明　謝肇淛《小草齋集》卷二一《初入金陵柬曹能始廷尉》　莫愁湖上藕花舒，廷尉門前草色疏。作客正當三伏盡，思君已是十年餘。江城月送看花艇，石榻風翻種樹書。世路升沉何足問，六朝臺榭總丘墟。

又《吴載伯招游莫愁湖得雲字》　藕花開盡鎖香雲，彷彿金翹漾水紋。南國佳人猶有字，西吴公子早能文。垂堤柳共纖腰鬭，隔岸山疑黛色分。惆悵風流千古事，石城殘角不堪聞。

明　熊明遇《文直行書詩文・詩部》卷六《留都赴召魏國徐公同年友劉去非諸寅僚餞于莫愁湖之勝碁堂》　鳳閣飛丹詔，江東驛路傳。上公開綺席，寮友贈華牋。選勝新亭畔，臨風賭墅邊。應聆吉甫誦，持此去朝天。

又卷一一《莫愁湖》　白雲黄葉雁行秋，江上平湖字莫愁。樂府石城雙艇子，盧家明月一銀鈎。山形目挾河淮壯，海色遥將楚越收。舉目梁陳烟草在，能將歌舞到今留。

明　徐石麒《可經堂集》卷五《莫愁湖二首》　莫愁何處水空春，黐爲莫愁愁殺人。一樹絳桃陪着笑，秖應前是莫愁身。

又　東風吹散赤城霞，盡入當湖數樹花。日暮不聞傳漢臘，輕烟猶在五侯家。

明　于若瀛《弗告堂集》卷三《莫愁湖》　平湖溜欲滿，杜若香春蕪。雝雝細沙静，藹藹緑踈踈。危岫吐三山，江連二水紆。帆檣石城動，照景鍾雲孤。薄游泛輕橈，中川驚飛鳧。羈心與春興，陶然付一壺。

明　張鼐《寶日堂初集》卷三一《夏日同社奉常錢學士游莫愁湖葉中舍園放歌一首》　古來山水依名士，亦如皇甫序三都。莫愁之名恍千古，蛾眉淺澹凌秋波。朱樓十二住不足，茅簷一曲江之沱。天涯水涯眞眇眇，若箇佳人疑苧蘿。至今雲雨自朝暮，寂寞不語含愁多。物景隨人生意態，烟霞有主足婆娑。主人結屋石頭下，遠臨古堞近當湖。朱欄四週夾斷岸，高榭百尺俯平莎。疏籬別啓迎風牖，短壁時開望月窩。呼酒不設侯門鯖，換書且近王家鵝。奉常齋開浮大斗，學士興到亦微酡。滿堂歌鐘樂似沸，一葉蕩槳輕如梭。昔人爲樂成往事，今日不飲當如何。望帝子兮降北渚，思美人在山之阿。萬點閒愁付流水，一輪皓月起清歌。

明　趙彦復《梁園風雅》卷二〇《孟真招飲莫愁湖戲爲豔曲》　莫愁不可見，湖水日澄清。舉棹鴛鴦起，翩翩度石城。緑楊留舞態，寶瑟想歌聲。惟有巫山妾，堪知暮雨情。

明　鄭明選《鄭侯升集》卷七《同祝給事黄侍御黄國博至莫愁湖即事》　宛轉群山好，虚無一水多。畫橋低細柳，飛閣傍殘荷。野曠宜長嘯，官閒許放歌。携尊路不遠，從此數相過。

又　卷八《與祝諫議偶談莫愁湖佳勝卒然便往登樓小飲薄暮泛舟至湖心亭》　到湖非舊約，聯騎偶相過。翠鳥鳴楊柳，金魚拂芰荷。水光新雨净，山氣夕陽多。別有中流興，輕舟放緑波。

又　卷一〇《莫愁湖送董司寇確菴之京》　白馬不行青馬嘶，留君且住石城西。遲遲晴日桃花亂，淡淡春湖燕子低。千里趨乾容祖餞，兩年傾蓋竊提携。慇懃好慰曹驄使，早晚應聞烏夜啼。時曹御史在獄。

明　祝世禄《環碧齋詩》卷一《孫子真家奇窮性不嗜飲乃復孫楚酒樓于莫愁湖上賦此壯之》　孫郎當代擅風流，湖水湖天日夜浮。一笑偶乘詞客興，千秋還結酒人樓。乾坤莽蕩憐供奉，雲雨虚無對莫愁。何日相尋湖水上，錦袍拚醉解壚頭。

又　卷二《莫愁湖》　南國佳人何處去，一湖猶挾莫愁名。春風桃李六朝盡，野水菰蒲兩岸生。疲馬黄塵官道繞，高天落日女墻明。心懸衮補慚無補，江嶼沙鷗憶舊盟。

清　柏葰《薜箖吟館鈔存》卷二《秋日自朝天宫游謝公墩雞鳴寺望元武湖復由随園至盋山西指白鷺洲南爲莫愁湖皆勝迹也》　名園到處幾林邱，石磴茆亭記勝遊。蓮桂猶香初放菊，江山大好共登樓。人因閲世空增感，地只傳名有莫愁。四顧蒼茫一長嘯，不須重唱秣陵秋。

清　陳作霖《可園詩存》卷一《莫愁湖勝棋樓》　一局圍棋百尺樓，勝朝元老最風流。争墩不效王安石，千古湖名尚莫愁。

清　樊增祥《樊山集》卷一四《莫愁湖懷古和壽丈》　絶漠歸來身手强，湖樓奪得女兒香。秦淮畫舫依然入，高廟良弓故未藏。玉子一枰容賭墅，春風雙燕合棲梁。如今勾管烟波事，可是中山異姓王。

清　李雯《蓼齋集》卷三〇《莫愁湖》　一夜秋風蓮子黄，莫愁湖色似瀟湘。爲誰艇子催將去，遠岸明沙雜珮涼。

清　樓錡《于湘遺稿》卷三《同嶰谷游莫愁湖》　故人老去儘風流，又向湖邊問莫愁。我亦勾留苦回望，菰蒲楊柳似新秋。

清　欽璉《虚白齋詩集》卷下《夏日吴蒙泉招飲秦淮河樓次日王愼菴用游莫愁湖韵作詩見貽即仍前韻賦酬》　蓂莢當堦知晦朔，遼鶴還鄉識城郭。時移物換景不殊，眼底烟波照碧落。王君翩翩名家子，年少方華富著作。老來作吏不辭卑，翻愛金陵足巖壑。佳吟矢口八乂成，騷壇詞人弗敢角。胸中况復饒經濟，昔曾共事資斟酌。自余官罷稱寓公，官衙三載不着脚。廣文先生延陵裔，儒雅風流端可託。載酒秦淮共素心，凉風披拂觥籌錯。就中興會君最豪，矍鑠祇覺今勝昨。作詩貽我老氣横，欲報瓊瑤意難拓。

清　王相《友聲集》卷一《莫愁湖》　十里山光接水濱，殘棋收拾悟前因。風流占盡平湖秀，不讓英雄讓美人。

清　邢昉《石臼集》卷一《冬日同徐州來崔季韞莫愁湖眺望》　霜霽天更清，衆潦縮而小。澄泓莫愁湖，微波猶淼淼。演漾餘水木，彷彿動寒藻。耦勝樂嘉招，出城即幽討。閒亭息游侶，煖日逢魚鳥。乍憩慮已遺，躊躇魂復悄。回思四海晏，樓閣此中好。風景豈復有，世事久紛擾。峨峨清涼山，黄葉落漸少。蕭條亦如此，雲烟亘繚繞。

雜録

清 陳作霖《可園文存》卷八《莫愁湖新建曾公閣記》 蓋聞祠留峴首，實羊公游覽之區，堂築平山，本永叔燕娱之所。自來名臣功德，碩輔經綸，莫不於政務之閒，極嘯歌之致，品題泉石、藻繪山川，以故遺愛常留，芳徽不沬。過習池而溯簡，行湖岸而景蘇。玩草木之精神，亦生愛敬，當春秋之佳日，每切懷思。此金陵莫愁湖所爲有曾公閣之建也。夫曾公以衡岳偉人，作建康使相，平江南而除巨憝，鎮建業而活疲氓，迎竹馬於并州，兒童皆識，珥豐貂於西蜀，節鉞三持。裴令公之勳名，暇日常開賓宴，范希文之剛介，荒年不廢水嬉。當其極意綢繆，苦心擘畫，即土木經營之頃，寓腥羶洗滌之心。

南湖

綜述

元 虞集《道園學古録》卷三八《撫州臨汝書院復南湖記》 臨川臨汝書院，在郡城西二里許。有匯澤曰南湖，延廣数百畝，受西北諸源之水，霖雨不溢，旱乾可瀦。其流南出，多所灌溉，而後與郡城衆流會焉。蓋屬縣樂安、崇仁、宜黄之水，皆至於郡城之南，與所謂臨水、汝水俱合於盱江之水，而東北行，去郡城殊遠，雖抑之趨近，卒不可得也。城郭之間，峰嶺膠葛，地勢回薄，自宫府民居，祠廟閭巷，因其高下，無有虚曠。風氣隘互，疏通委折，則渠溝之流注而已矣。是以無以宣其堙鬱，去其壅底，以來爽塏而至清通焉。則南湖之納，於郡人之休養生息蓋有所繫焉。書院雖以臨汝名，實主於茲湖也。考諸舊志，容其進而莫之敢堙者，舊已。故宋天聖中，修唐故事，郡置放生池。時守臣太常博士朱公正辭用詔書，即此湖爲放生之地。其説曰：使魚鳥草木各遂其性，以祝人君千萬壽云。是以有司謹治之盛觀善與民皆者也，曾子固諸人皆嘗賦焉，非直道其游觀之美而已也。及乎宋晚，儒士之在庠序，尚進士業，而務爲禄仕，學道之君子有憂之，是以常平使者都昌馮公去疾，即湖爲堂，率學者以從事乎爲己之學。書堂祠朱文公，而尊信服行其説焉，而茲湖也，遂爲風雩咏歸之地，郡人士耆艾童冠之至於斯也。相觀而善，是以徽庵程君以考亭之學，從郡守部使者之請，來爲之師，游其門而甚知名者，故司徒楚國程文憲公鉅夫，故翰林學士吴文正公澄，其人也。蓋書院始於淳祐戊申，未三十年而内附。國朝崇尚學校，建官立師，士之效學於斯者，無敢慢焉。又數十年，而執事者弗虔，浸爲旁近堙塹殖利，鳶飛魚躍之高深，溷以汙萊之变易，川咏雲飛之間，適限以畦町之縱横，吏民失及時之樂，士子興茅塞之嘆，彼獨何心哉。吾聞古之爲田者方里而井，井九百畝，上有阡陌，下有溝洫，夫豈不知千畝之土，溝洫之浸，皆可稼穡乎。然而聖賢之相承，謹修其制，而不敢盡者，所以爲天道地利之當然而不可易，不然，何待於後之盡利者之輕廢者乎，此又君子之所當究心者矣。是以仕於斯者，豈無慨然欲復其舊乎。蓋曰：力有所不及者而已。至正辛巳，蜀人王君堅孫來爲照磨，覽其舊迹而嘆焉。愛蓮之名徒在，而中通外直者何見。枕流之扁雖存，而有源之活水何注。語諸其寮，知事夾谷立以告監郡倅貳，請按圖籍之舊而復之，莫不稱善。是時山長張震盡力職事，租入無弊，廪膳有常，自礼殿、講堂、門廡、齋舍，乆壞而弗修者，悉致其力而新完之。土田之乆侵於人者，理而復之。方委曲咨勸，以承王君之志，而幕老亳人趙君雷澤，寔來克合其志。按得其實，即備徒役，具畚锸，除損壞，完堤防，沛然而清流集，淵然而止水停，生植爲之光輝，飛動爲之欣悦。而郡將處州萬户邢侯惟明，始作漱石之亭，以爲之勸，而放生、風雩、枕流皆如其舊。自始役至於成功，朝夕程督者，録事同達魯花赤和尚與震也。既而太守洛陽楊公益，始下車登斯堂也，觀斯湖也，顧而喜曰：天將使吾民沐浴聖化，而蘇息其凋瘵乎。春水方新，秋潦既盡，予得以與文武吏士，酌芳泉以胥慶，咏太平於無涯，有不在於斯者乎。郡幕三君皆歷仕憲府而至，是以得時錯之宜者，以予既老而僑於斯土也。命震率其訓導虞登，而以其府公之命，來求爲記云。

明 何瑭《柏齋集》卷八《南湖記》 桐城錢生君溥，吾友憲長公溥之從弟也。以其先君子水南居士去世，思之不置，計以水南之號，親之所以自命者也。親雖徃矣，水南之地則猶在也。已之號若仍乎親，則游斯地而耳斯號，庶吾親之常存乎。顧以父子同號，則他人莫辨，乃自號曰南湖。蓋不忍遠乎親，而又不欲混乎親也。頃來南都，語予以故，予曰：孝子之事親也，生則盡力，沒則盡思。盡力可能也，盡思則非純孝者不能也。古之孝子，於親之歿也，聲不忘乎耳，色不忘乎目，嗜欲不忘乎心。故食杯圈則思口澤焉，誦遺書則思手澤焉，居宮室則思堂構焉，履畝畬則思播穫焉，孝子之用心蓋如此。今生於親所號之地，思之不置，因轉爲己號，可謂歿能盡思矣，不孝而能之乎。孝則孝矣，然生於是，吾恐其道之未充也。生瞿然曰：是將柰何？曰：孝子事親，養其口體，樂其耳目，親歿則皆無所及矣。其尚可勉者，不在於順其心志乎？立身揚名，以顯於世，親之心志，孰不以此而望其子乎？亦思之而已矣。生復蹙然曰：孝親之道，既聞命矣，如南湖何？予曰：人之志，苟有所思，則隨所見聞，無不感發。故志思草書，則公孫之劍器亦草書也，志思養生，則庖丁之解牛亦養生也，況親所徃來釣游之地嘗以自號者乎？今夫南湖之水，淵源有本焉，會同有德焉，鑒照有明焉，涵泓有量焉，波瀾有文焉，蒸爲雲雨，澤及萬物，則又有濟時之用焉。凡人子立身揚名，以順其親之心志者，南湖之道無不有焉，是在乎思不思勉不勉耳，孰謂其於孝無所發乎。生欣然曰：甚善開我，請書以爲記，庶永無忘乎。予既諾之，遂書以貽之云。

明 鄭紀《東園文集》卷六《南湖記》 邑治在飛山南，其南爲學宮，飛山西原有水混然出，里許，滙爲大澤，以在邑治之西，名曰西湖。餘波南流，繞學宮之南，東注迎仙館，瀠洄如之，以在邑治之東，名曰東湖。學宮之南，西湖東注之所經者，其環如帶，俗呼爲環帶水。西湖多植芙蕖，有宋盛時，衣冠故老，休致林下者，每夏月芙蕖正花，買舟載酒，游泛其中，舟楫往來，歌聲倡和，西湖清風，香氣交接，亦仙溪一大奇觀也。

自元以來，環水決而南注，二湖水脈始不相通，居民因侵爲田，而湖徒壅虛名而已。天順間，邑庠教諭泰和歐陽潘因考縣志，嘆溪山之不古若。乃謀父老茅宏贊等，於所決處甃石，築土爲堤以障，餘注西湖之水，環流如故。蓋取土則地窊，堤高則水深，舊之如帶者，今皆沮洳矣，因改今名而紀記之。

紀以山川完缺，關氣運之否泰，人才之盛衰，自古有是言也。是學原在邑治之西，今城隍廟是也。宋咸平間，始遷于茲。咸平之後，忠惠、正簡諸名公顯相頂背相望，勳業名實，照耀古今，今蓋適西湖、環帶時也。今如帶者湖南，注者東，咸平後則又完矣。諸士子沐浴聖澤於斯，吟風弄月，咏而歸於斯者，當何如耶。然紀聞士君子一言，實造化之樞紐，天待之以清，地待之以寧，萬物待之以育，世運待之以亨。嘉諸士子有得於是，則可以挹仙溪之奇觀，而謝之曰，我造汝者也，非造於汝也。則咸平以後，諸公特宋室之人才而已。因書此爲南湖記，以俟後之君子云。

清 章永祚《南湖記》（光緒）《貴池縣志》卷四 池郡之陽，川流一線，遶郡治東達於江，曰清溪。溪長二十里許，形勝志所謂清溪南來也。川自九華至清溪，岡益平，地益曠，周圍四五十里，匯川流爲巨浸，曰平天湖，李白所謂此地即平天也。面湖枕清溪第二曲，曰南關鎮，余家居此六代矣。是湖之勝，映帶左右，得而專之，竊取以自號焉。當其衆壑奔趨，江潮倒灌，翳日浴山，汪洋萬傾，登高以望，吾鎮若荷錢之貼水，而隨波動盪也。及水落草齊，白羊縱牧，維莫之春，彌望菜花，金碧一色。盛暑既夕，摇白羽扇，坐柳陰納凉，及水澈無痕。秋光届望，則夜駕小艇，緣蓼灘，酹酒酬月。若夫積雪横鋪，晚晴凝睇，又森然若白玉之墀。其平如砥，厥産，浸宜菱芡，洄宜蒿薺，崖有桃柳，弋有鳧雁，魚有鱗蝦。朝有遠岫之嵐，夕有銜山之照，風有帆檣之迅，駛雨有烟波之蓑笠。蓋四時朝暮，變態百出，而湖之勝，於是極矣。客有誚余爲郊外野人者，余曰：野則野耳，君烏識野趣乎。且是土也，先人之敝廬在焉，湖山之佳致聚焉，余之獨專其勝也，固宜。既語，客退而自悉焉。人以地重乎，地以人重乎。南湖固天然最勝處，居此而名不朽者，惟宋華子西一人而已，至今關口石狻猊，父老猶指爲殿帥家故物。向使子西先生當韓史奸國之時，不能奮其忠烈，以攖逆鋒，至百折不回，杖死東市而不悔，即爵位炫赫一時，其里居亦或不傳也。余碌碌無狀，居是里，專是勝，人地不相稱實甚。雖然，居南湖者，烟火相錯，能領略野趣者，或少惟漁工水師，日習不厭，問其勝，亦同歸於不知耳。漁工水師所不能領略者，而余能，这則謂余差勝於漁工水師，亦可既竊以自號，亦爲之記焉。

紀事

清 洪亮吉《更生齋集・文乙集》卷四《游南湖記》 南湖者，南江之委也。自漢以來，南江不能至山陰入海，遂滙爲此湖，與丹陽石臼湖等通，桐水亦入焉。湏洞千里，微茫百重，蘋蓼荇藻，青浮一州，梅栭棕櫚，緑積萬狀。巢波則盈丈之鱗，細至徑寸，南湖出針魚。穴岸則百斛之蟒，微而么麽。五色之鳥，時浮鏡中，同聲之禽，或轉雲外。圓浪衝漢，驅凌日星，方波撼山，振動林木，魚鼈層累，以淪漣爲梯。蠯螺沈浮，藉漚沫作屋。游鱗東西，或生世而不值，水族巨細，亦恃强而互吞。雲霞朱丹，時出波底，雷電赤白，咸飛水心。或夜半金碧，知朝暾之升，或日中青黄，識靈雨之集。衣食於南湖、北湖者至數千家，然詢其層湖之深淺、壖岸之廣狹，即終老於此者亦不知也。蓋陸有定界，州縣以之區分，波難割圓，蛟蜃因而越軼者矣。

余以丙寅三月中旬，偕友人來游，食宿於湖者二日。晴雨雜出，風雲杳冥，絳蘂白絮，争飛一林，黄麗紫翦，雜轉百步。釣岸有得，即供晨餐，傍舟所撈，云待夕膳。兒童驚其嘯咏，鹿豕訝其淹留。距岸十步，狂思揭衣，離橋數尋，響已拍枕。不速之客，無算之爵，日之夕矣，夜如何其。穿徑出筍，足供朶頤，驚濤落魚，助此饕餮，飛雨踵至，將沉席帆，殘蟾忽升，時颺竹笠。神燈翔乎，影外鬼語，出於橋心。忘世之侣，能全其性天，朝宗之魚，以此爲渤海。有聲無形之禽，怪響時出，由波達岸之獺，跛形可嗤。雖止二日，而晴雨晝夜之景，罔不備焉。

迨乎回舟，已接新霽。童冠之樂，云當暮春，祓除之期，剛展十日。於是門草船尾，澗裳水濱，萬鱗窺蒲，百翼映樹，雖皆遠人，疑若送客。於是泛山陰之樽，摘水陽之稱，櫻桃紅而餉客，玫瑰艷而登席。叩舷而歌，擊楫以往，有不知儀度之脱略，神致之飛越者焉。

同游者爲涇縣胡孝廉世琦，宣城貢州倅及門，旌德吕文學培，而亮吉爲之記。

（同治）《建昌縣志》卷一《南湖記》 南湖爲北鄉諸水總滙之區，對北鄉而言，故曰南湖。上聚寧武之流，下吞彭蠡之漲。分汊九十有九，其大者，若歸義鄉四圖之丁坊汊、轉城汊、官塘汊、浰橋汊，永豐鄉之張家汊，蘆鎮鄉之青山汊，六汊舊雖瀕湖，而有原有隰，尚可麥可稻。自水刼田汙，遂皆成澤，春夏之間，一望汪洋，奔涌四溢。諸汊之水，浩淼於歸義鄉一圖浰橋汊。故六汊这受害也深且大，惟冬漸涸。南望而至東南，則有上老虎頭、下老虎頭、上茅洲、下茅洲、沙湖灘、白湖灘等處，平衍六十餘里，而抵新建縣之吴城鎮，與章贛水會。北望而指東北，則自石港口，歷青山嘴，至星子縣之土牛嘴，注猪溪而入宫亭湖，與鄱陽湖水合。故南湖之水，土人皆呼爲小鄱湖也。叠蒙恩恤，居民賴以濟者，慶保聚矣。然惴惴其慄，惟水是憂。桑田滄海，能無感慨係之乎，故記。

藝文

唐 白居易《白氏長慶集》卷一〇《南湖晚秋》 八月白露降，湖中水芳老。旦夕秋風多，衰荷半傾倒。手攀青楓樹，足蹋黄蘆草。慘淡老容顔，冷落秋懷抱。有兄在淮楚，有弟在蜀道。萬里何時來，烟波白浩浩。

又卷一七《南湖早春》 風迴雲斷雨初晴，反照湖邊暖復明。亂點碎紅山杏發，平鋪新緑水蘋生。翅低白雁飛仍重，舌澀黄鸝語未成。不道江南春不好，年年衰病減心情。

唐 劉長卿《劉隨州集》卷五《宿懷仁縣南湖寄東海荀處士》 向夕斂微雨，晴開湖上天。離人正惆悵，新月愁嬋娟。佇立白沙曲，相思滄海邊。浮雲自來去，此意誰能傳。一水不相見，千峰隨客船。寒塘起孤雁，夜色分鹽田。時復一延首，憶君如眼前。

唐 羅隱《甲乙集》卷一《姑蘇城南湖陪曹使君游》 水蓼花紅稻穗黄，使君蘭棹泛回塘。倚風藻荇先開路，迎旆鳧鷖盡着行。手裏兵符神與術，腰間金印彩爲囊。少年太守勳庸盛，應笑燕臺兩鬢霜。

唐 釋皎然《晝上人集》卷一《五言南湖春泛有客自北至説友人

岑元和見懷因叙相思之志以寄焉》　故人隔楚水，日夕望芳洲。春草思渺渺，征雲暮悠悠。心期無形影，迹曠成阻修。有客江上至，知君佐雄州。鏗鏘佩蒼玉，躞蹀驅絳騶。伊昔中峰心，從来非此流。資子長生訣，予嘗受以胎息之訣。希彼高仙儔。此情今如何，宿昔師吾謀。別後謁禪老，更添石室籌。深見人間世，飄如水上漚。蟬號齊王邸，月苦隨帝樓。聲華盡冥寞，麋鹿徒呦呦。我有一字教，坐似遺此憂。何煩脫珪組，不用辤王侯。秖在名位中，空門兼可游。

唐 温庭筠《温庭筠詩集》卷四《南湖》　湖上微風入檻凉，翻翻菱荇滿迴塘。野船著岸偎春草，水鳥帶波飛夕陽。蘆葉有聲疑霧雨，浪花無際似瀟湘。飄然蓬艇東歸客，盡日相看憶楚鄉。

宋 文彦博《潞公集》卷四《月夕挈新釀并文石酒罇就公儀南湖雅飲》　桃花石器榴花釀，携就南湖訪飲朋。雅論清吟凉月滿，山翁不惜醉騰騰。

又《次歆和公儀月夕游南湖》　凉夜南湖飲，林端月上初。樽罍既古雅，亭榭復清虚。静賞興無盡，劇談歡有餘。群騶不解事，應厭久停車。

宋 劉敞《公是集》卷一四《獨釣南湖》　澄澄春波深，中有魴與鯉。無人收潛隱，好生得吾子。投竿坐孤石，盡日倦未起。既失常若驚，有逢忽然喜。子心豈殘物，子道豈娱己。人誰辨子意，我請盡其理。垂釣須得鮮，治國須得賢。所以不憚勤，豈無蝦魚間。君子愛其君，諷諭以爲先。詹何臧丈人，古事皆已然。誰將子之術，更誦吾君前。

宋 晁補之《鷄肋集》卷一八《次韵韓求仁南臺朝請晚過南湖見寄》　浮花浪蕊信東西，何許尋芳去自遲。流景不須驚石火，寸田應已長瓊枝。想君清興聊堪發，遺我憂心久欲夷。便作崔丞日臨水，梟行擿尾不須知。

宋 蘇轍《欒城集》卷七《除夜會飲南湖懷王鞏》　歲晚城東故相家，夜聽窓外落瓊花。醉眠東閣銀釭暗，起視中庭風竹斜。魯酒近來無柰薄，秦箏別後苦聞誇。思君勸對空陂飲，歸去紛如日莫鴉。

又 卷八《次韻文務光秀才游南湖》　料峭東風助臘寒，汀瀅白酒借衰顔。滿床書卷何曾讀，數步湖光自不閑。夢想緑楊垂後浦，眼看紅杏照前山。新春漸好君歸速，不見游人暮不還。湖前小山曰杏山。

宋 劉摯《忠肅集》卷二七《泛舟南湖二絶句寄公秉二首》　路轉芳洲面面風，回環塹媿刺船翁。畫橋東北桃花塢，時有飄紅落酒中。

又　不知芳物過春風，傲兀扁舟怯浪翁。得似王猷剡溪上，何須范蠡五湖中。

宋 楊萬里《誠齋集》卷二三《和張功父夢歸南湖》　一生兩事苦相關，從仕居貧并作難。顧我雪穿行脚韈，羡君身作在家官。曉分京兆月半璧，夕問南湖水幾竿。桃李能言春滿坐，向人猶自訴霜寒。

又 卷二九《過洛社望南湖暮景》　南湖隔水見漁燈，雁落蘆汀八字横。對面双峰烟雨裏，雙峰外面是宜興。

又　暮烟如雨雨如烟，一把珠簾隔遠山。簾影漸濃山漸淡，恍然移入畫屏間。

又　一陣南風似箭來，蒲帆飛上最高桅。兩邊岸柳都奔走，不及追舩各自回。

宋 謝邁《謝幼槃文集》卷六《夏日游南湖》《兩宋名賢小集》卷三三　麯塵裙與草争緑，象鼻筩勝瓊作盃。可惜小舟横兩槳，無人催送莫愁來。

宋 曾季貍《艇齊小集・南湖》《兩宋名賢小集》卷一二五　葛巾藜杖興何長，爲愛南湖六月凉。雨在山頭作雲氣，風來水面散荷香。登臨稍喜市聲遠，徙倚猶嫌歸興忙。後日重來携枕簟，不妨午夢到斜陽。

宋 郭印《雲溪集》卷一二《和杜安行南湖泛筏詩》　翩翩小筏穩如船，十畝平湖碧浸天。不待乞身追賀監，君今已是吏中仙。

宋 黄裳《演山集》卷一二《泛南湖二首》　菡萏香中画舫輕，新紅相照亦多情。似迎孝士来歸院，花燭前頭朵朵明。

又　雨過圓荷萬點星，雲開銀漢眼前明。难逢此景休歸去，更待天西片月生。

元 程端學《積齋集》卷一《史躬父諸公有南湖之游病中不與因見寄題焉》　愛汝春郭樓閣迥，更有花鳥争紛紜。花臨漣漪影自照，鳥隔葱蒨聲相聞。清江見底浴日月，碧天無際走風雲。抱痾羡子得此樂，何當相與窮朝曛。

元 丁鶴年《鶴年先生詩集》卷四《武昌南湖度夏》 南浦幽棲地，當門罨畫開。青山入雲去，白雨度湖來。石潤生龍氣，川光媚蚌胎。芙蕖三百頃，何處看炎埃。

元 納新《金臺集》卷一《賦南湖送歐陽逐學歸廬陵》 瀟灑廬陵郡，南湖水鏡開。亂雲堤上起，一棹雨中來。浦樹棲鴉集，城樓叠鼓催。君還秋色裏，載酒重徘徊。

元 周南瑞《天下同文集》卷四五《過南湖》 忽有一事礙胸次，擺脱不去呼酒來。溟溟濛濛混沌在，坦坦蕩蕩虚空開。精神一生留筆墨，形骸昨夜爲尊罍。年年看梅今白髮，晴日江路行莓苔。

明 鄧原岳《西樓全集》卷六《同臧晋叔博士康元龍秀才游南湖》 東風邀客泛雲槎，十里平湖抱郭斜。梅爲凝寒遲破萼，雪緣漏日不成花。鐘聲隱隱它山寺，樓影層層近水家。我欲涉江采蘭芷，前林昏黑已棲鴉。

明 高啓《高太史大全集》卷五《早過南湖》 湖黑月未出兼葭，露凄凄榜人識浦。溆不畏荒烟迷殘，夢詎可續舟摇櫓。聲齊開蓬見天邊，斗柄插水低津遥。未見樹村近纔聞，鷄自嗟遠游人中。宵走東西不如沙，頭雁宛頸猶安棲。

又 卷一七《入郭過南湖望報恩浮屠》 雨過春波柳浪香，布帆歸緩怕斜陽。漁人爲指江城近，一塔船頭看漸長。

明 胡奎《斗南老人集》卷五《過嘉興南湖》 湖樹青青湖水流，鴛鴦飛過木蘭舟。最憐今夜初三月，照見行人過秀州。

明 李濂《嵩渚文集》卷一六《南湖憶李白》 李白去長安，泛舟携所歡。人傳醉供奉，詩贈老郎官。捉月虚鯨御，吟花岸鷁冠。風流思不盡，空翠落江湍。

又 卷二三《南湖隱居》 南湖水清沙岸長，愛汝面水開茅堂。鱖魚入釣剖猶活，荷花遶籬秋更香。鸕鷀鸂鶒寂對眼，雪朝月夕幽難忘。興來移尊倚江閣，醉餘擊缶歌滄浪。

又 卷二九《題王方伯用章月夜南湖泛舟圖》 章華臺畔碧湖秋，有客狂歌夜泛舟。棹月幾經斑竹港，濯纓偏傍蓼花洲。渚宫風物歸雄藻，楚塞山川屬勝游。聖代只今崇俊乂，荆南何用賦登樓。

明 李夢陽《空同集》卷二七《南湖》 中湖果奇絶，逾嶺復南湖。石磴回相倚，巖泉有乍無。開憁衆壑積，當殿一峰孤。更覽千林竹，因懷長嘯徒。

明 王鏊《再游南湖》（吴都文粹續集）卷二三 漾舟出深港，舟人問安之。我行無定在，信彼天風吹。東西與南北，遠近齊所宜。連朝風雨顛，晴明喜今兹。鳴笳發湖口，蘭橈蕩輕漪。紅鱗撥刺驚，鷗鷺相與飛。扣舷激吴歌，續彼滄浪詞。風雲忽變色，前山雨將來。勸君速回棹，無爲逮崦嵫。

明 錢子正《三華集》卷三《南湖》 五月凉風湖上多，向來持酒聽漁歌。不知好事今誰在，孤負扁舟與釣蓑。

明 秦夔《五峰遺稿》卷七《楊叔理邀吟社諸友同游南湖草堂》 溪上南風五兩高，舟行還試木綿袍。一天凉雨催詩思，十里春波鑒鬢毛。吴下伯圖今寂寞，水南山色自周遭。湖鮮饋饌頻呼酒，莫笑先生是老饕。

明 申時行《賜閑堂集》卷五《御史大夫沈純甫邀泛南湖集真如寺》 畫舸乘流錦席開，招携仍到給園來。新投慧遠三生社，舊識休文八咏才。抗疏功名真脱屣，逃人踪迹且銜杯。相從并是忘機者，湖上群鷗莫浪猜。

明 譚元春《岳歸堂合集》卷三《南湖十一月二十四夜月》 明月涵南湖，湖中梟雁呼。霜氣結亂聲，能使明月孤。明月平湖水，水明光未已。奇寒欲作冰，冰成寒不止。

明 譚元春《岳歸堂合集》卷四《南湖蕩船引》 湖如盆盎船如葉，兒童用篙不用楫。幾人曠蕩任所之，歌船吹船忽相接。放船正值日落時，天地漸小雲烟隨。喧聲四合客不言，新月滿湖湖未知。漁人渺渺還其村，我亦落落歸黄昏。風吹湖水凍兩岸，異情各趣同入門。

又《八月十五夜誕先招泛南湖》 八月寒生武昌湖，隨意蕩槳入菰蒲。動者入湖各欲静，湖連江北浸平蕪。所向空濶半村落，陽矦奪作魚龍區。篙師袖手任所往，但一牽條與攀株。楊柳作圍覆藕塘，蓮子摘盡荷未枯。此月隨我十餘年，去年歸楚前年吴。江山映發出入久，後飛鴻雁先棲鳧。忽思中庭月已滿，岸鐘切切盍歸乎。

明 陶汝鼐《榮木堂合集》卷五《南湖舟中逢篷溪楊青石》 湖雲終日變，野木藹然生。山意但青杳，柳陰難緑横。宿隨鷗鷺濶，泛與稻粱乎。有客譚疇昔，江天空世情。

明 王璲《青城山人集》卷二《南湖佳趣》 雨香雲暖東風裏，緑漲南湖湖上水。望中千頃浄無塵，細縠平鋪吹不起。鳧鷖鸂鶒交交飛，蒲芽含紫蘆芽肥。天光水影更蕩漾，湖南湖北皆春暉。美人家并湖邊住，花落花開春幾度。自從捧檄仕京華，夢遶烟霞釣游處。我本沙鷗社裡人，别來頻見鳳城春。賦詩爲寫湖南趣，猶憶汀洲采白蘋。

明 謝晋《蘭庭集》卷上《題南湖小景》 南湖三月春水大，射鴨船從菰上過。郫前載粡唱歌聲，村後罱泥相應和。紅桃開處見一簇，白鷗飛來時兩箇。我家亦在此湖近，惟愛垂竿對山坐。

清 斌良《抱冲齋詩集》卷九《曉過武城用高青邱早過南湖韻》 露泫杞柳澤，風掠蒲稗淒。雉堞隱曉霧，咫尺望眼迷。絃歌古邦邑，聲教開東齊。遺俗猶善謳，貼水琵琶低。隴耘叱晨犢，飯熟嘛午雞。廬舍抱城隈，烟水半向西。不圖塵壒裏，蟹斷環幽棲。

清 曹溶《静惕堂詩集》卷二九《中秋南湖泛舟》 漁榔清夜依空曲，水樹繁花傍短城。潮落家家飄桂影，樓開面面踏歌行。窮交得酒時相命，樂事耽狂愧未成。小駐野航人静後，魚龍群起抱珠明。

又 卷四二《中秋夜道扶招同右吉飲南湖舟中二首》 金波灧灧倚高樓，花外清樽咽不流。休顧隔城銀箭急，踏歌今夜宿芳州。

清 陳昌圖《南屏山房集》卷一〇《偕趙珍、程之章游南湖慧雲寺，登水星閣晚歸，同用昌黎望秋韻》 唫秋連轡過北墅，香林選佛翻經函。穿渠静聽水瀺灂，盤陀巧疊山嵌巉。闖空傑閣突兀起，躡梯直上摳蕉衫。小水晶宫展晝暳，蒼然平楚夕照銜。挑鬟烟外矗遠翠，了了不許雲封緘。烏犍卧隴晒穲稏，僧鑠終歲勤耘芟。打鐘掃地無罣礙，那須肥遯栖荒嵒。竹爐蠏眼瀹苦茗，泉冽不帶江潮鹹。南湖上將荒址在，舊迹指説紛詀諵。繁華幻夢一彈指，劫灰悲咤誰忠讒。遺文剥蝕苔繡石，斷碑未泐渟熙劖。龍華誓願抗牋疏，眞宰上訴天帝監。嘔余嗜古久成癖，譬如嘗鼎恣貪饞。鐘魚寥落黄葉舞，一袈裟地通至諴，歸途酒幔青半幅，霜橙香橘試手攕。

清 陳錦《補勤詩存》卷一二《風阻南湖》 菰蒲風裏夏涼時，隔岸飛飛一鷺鷥。未到南陽湖十里，蟲雷先已報人知。

清 陳夔龍《松壽堂詩鈔》卷七《偕亭秋游南湖》 偕向城南作俊游，楚天涼雨夏如秋。畫船隱隱穿紅藕，烟樹深深駐碧油。幾陣香風來乳燕，一般清趣付閒鷗。登臨大有西湖意，山外青山樓外樓。

清 洪亮吉《更生齋集》卷四《雨中入南湖口》 一萬頃湖來枕上，兩三點雨落牀頭。捷帆險擘鷺肩過，空翠欲從鴉背收。人與魚龍争定界，我同天地恍浮漚。著書匝月低眉坐，且借舟行豁遠眸。

又《夜宿南湖起眺殘月》 漏盡曾無戍鼓敲，濛濛月黑雨瀟瀟。殘更一鳥獨啼樹，新漲萬魚争出橋。客夢似烟篷底散，神燈作炬浪中飄。南江舊迹沉埋甚，欲勘方書燭已銷。

又《南湖道中雜詩》 尚留幾日好春光，出郭登舟攬勝忙。敢與衰翁鬢争白，荼蘼輕薄柳花狂。

雜録

唐 李翱《李文公集》卷一七《江州南湖堤銘并序**》** 長慶二年十二月，江州刺史李君湊之，截南陂，築堤三千五百尺，高若干尺，廣若干尺，以通四鄉之路，畜水爲湖，人得其嬴。正月既畢事，舒州刺史李翱歌以記之，辞曰：

天地作物，功或不周，賢人相之，智與神侔。漭漭南陂，冬乾夏溢，九江漲潮，潜潜逆流。東南百民，城市所繇，水積既深，大波其飄。亦有舟航，覆溺之憂，擔擁叠路，車軔其舟。童嬰涕堕，老媪號愁，歷古建兹，孰爲泯籌。湊之之来，養民如身，乃築長堤，拒江之瀕。厚其錢傭，以飽餓人，南北東西，百里門臻。莫不用力，千鎚響振，摅讙相勵，不督而勤。堤既成止，岡聯突起，堅若石城，障爲瀦水。蒲莞茭芡，鴻鵠鱧鯉，唯其所取，或食或祀。長堤坦坦，植之楊槐，架豁飛圯，以便去来。除險作利，非賢不能，歌示江人，式悦汝懷。

南旺湖

論説

清 丁寶楨《丁文誠公奏稿》卷九《南旺湖工請免攤徵片同治十年三月三十日**》** 再查東省運河西岸舊有南旺一湖，地居濟寧、嘉祥、汶上、臨清四州縣衛，周圍修築圈堤，復建立斗門十二所，以注汶河西下之水，并撤運河停積之沙，關繫運道者甚重。而湖西北數百里一帶民田，當運河盛漲時，尤恃一綫單堤，藉資保護，惟湖堤自道光二十八九年興築，以後因迭遭兵燹，經費難籌，久未修理。兼以同治九、十兩年，黄水由洪川口、侯家林等處潰决衝開芒生閘，直灌入湖，以致圈堤悉遭衝缺，而湖底受淤益形高仰，既不能容納汶水，於運河極爲有礙。即民田之淹浸亦日甚一日。前據濟、汶、嘉、臨各州縣衛稟請修復堤堰，臣以該湖所關甚大，且現值規復河運，自應亟圖整理，當即批飭該州縣衛切實勘估，稟報核辦。臣前由鄆城查看，河堤後繞至汶上、濟寧，周曆查勘，目擊四圍，堤身悉成殘廢，而湖心淤墊過高，若不及時修築，恐運道、民田受害益深。隨據濟寧等州縣各將所管界内應修工段估計前來，共計約需銀三萬一千七百一十八兩七錢五分。臣逐加確核，較之道光年間所估有減無增，尚無分毫浮冒，惟查從前興修，係先行藉帑辦理，由民間分年攤徵歸還，當經飭令各該州縣衛查照成案舉辦。復據稟稱，傳集沿湖各村莊紳民，剴切勸諭，該紳民等均以湖堤係保衛身家，藉帑攤還，自應遵辦。第從前濟、汶、嘉、臨各屬，未經賊擾，亦無水灾，民力尚爲充裕，故攤徵稍爲遲緩，尚能清還。現在地方迭遭兵燹，十室九空，又加以黄水改道，漫淹十餘年之久，田廬盡爲澤國，生計毫無苦難言狀，若再照案攤徵，恐民力萬有不及，將來有名無實，徒滋拖累，環聚泣求稟請籌款興修，免其攤還等情。臣詳查所稟，係屬實情，似應准其變通辦理，以顧要工期，於國計民生兩有裨益。惟司庫近日協撥過多，支絀異常，而此項工程又萬難姑待。再四思維，惟有於臨清關税設法湊撥銀三萬一千七百一十八兩七錢五分，委解交署兖、沂、曹、濟道潘駿文隨時支給，并札飭督同，認眞修築，以仰副我皇上慎重運河之至意。至此項銀兩攤徵歸還，雖有成案可循，而今昔情形懸殊，民力凋殘，實甚相應，籲懇鴻慈，逾格矜全。俯准寬免，則億萬窮黎，感沐聖恩，永無暨極。除俟工程報竣，委員驗收，再行核實，造報咨部核銷外，所有修理南旺湖要工并籌款，變通辦理，請免攤徵，各緣由謹附片陳奏，伏乞聖鑒謹奏。

綜述

（嘉靖）《山東通志》卷五 南旺湖在汶上縣西南三十里，湖濶數十里，每歲引湖水濟會通河。

又 卷一三 南旺湖距縣治西南四十五里，縈迴百五十餘里，中爲二長堤，漕渠貫其中。西堤有斗門，上有橋，以便挽外蓄水，號爲水櫃。成化四年，山東按察司僉事陳善因舊土堤易壞，始用石修砌西堤，又負土增築東堤。老人一人，夫三十人。

明 楊廉《楊文恪公文集》卷三三《南旺湖工部分司修造記南旺分司公署》 漕河自儀眞抵淮安，皆諸湖無源之水也。自清江直抵通州，皆諸派有源之水也。無源之水如調服之馬，御之也易。有源之水如泛駕之馬，控制爲甚難焉。汶水北會黄河，過臨清，南會沂泗，過濟寧，又會黄河，過徐州，至淮河，豈非所謂有源之水哉？當其中分也，上下數百里，皆視之以爲盈涸，寔漕河一大要會也。蓋在南旺湖之間所設諸牐，以爲之蓄泄者，舊以管泉主事兼之。泉出泰山諸處，而主事者往來其間，至南旺則一歲之間，殆亦無幾，惟其歲至無幾，恒舍於府館而已。近年朱君寅，蓋管泉而兼之者，顧漕事一一具備，而謂獨于一公署省之在物，理有不當然者，乃請於總理河道侍郎趙公璜。公然之，於是經畫調度，始之以某年某月日，成之以某年某月日。公署既成，居幾何。總督漕運都御史叢公蘭謂權不可以不專，官不可以贅設，乃歸朱君於諸泉。時王君鑾在沽頭，以其贅也，乃取橶焉。君至嘆曰：一榱、一桷、一瓦、一石，出於朱君之勞厥心，而本於趙公之主厥議也。何可使之泯泯焉，以致後來者無所於考耶？遂具書南京，屬予爲記。竊惟諸牐之有部屬專官，舊惟臨清、濟寧、沽頭三處而已。今沽頭以黄河之出於徐州者，浩浩蕩蕩，十數年間，水高於牐，何啻丈餘。固無事乎啓閉，而南旺當汶水之分，水大而淤長，水小而舟膠，其所以爲之，消息盈虚，有不可以故常視者，亦河道之繇海，自然而然耳。然則廢沽頭以興南旺，豈非隨機應變之道哉？夫運渠之利害大矣，古今講求者衆矣，以廷和之才識，其於尚書宋公禮、平江侯陳公瑄所以開其先者，必盡得之。至於前人所未到處，亦當别有所見。異時謂南旺分水大有功於漕河，吾將於廷和乎徵之。或謂元虞集氏謂瀕海之地肥沃，宜稻堤圩而田之，其所得殆不止於歲運。又謂我朝大學士丘公浚謂海運不可不興，此固可備，一時之講説，而恐非今日之切務也。予願王君，且姑置之，或又謂司牐，惟禁權豪爲第一義。余謂王君不當其任，猶能力抗貴近，而庇豐沛之民，矧當其任哉，總漕計者之及於君，亦以有見於此，是爲記，鄒庶常奏疏。

（乾隆）《兖州府志》卷一八 南旺湖在運河西岸，周回九十三里，圈堤一萬五千六百餘丈。湖之東堤當分水口，有斗門八座，減水入湖，以時放水，南北濟運。北有闞家壩、五里鋪壩二口，南有十字河閘。雍正四年加修湖堤，添設八斗門閘板，將闞家壩、五里壩改建石閘。

又 南旺湖本鉅野澤北濟之所維也。詳濟水下。明永樂中，宋禮引汶絶濟，區湖爲三，一南旺，一蜀山，一馬踏。蜀山、馬踏爲東湖，南旺爲西湖，漕河貫於南北，汶水從東來注之。東西湖各爲長堤，西岸設焦鸞等斗門八，每遇汶河水盛，斗門盡啓，收水入湖，水小則閉斗門，將所蓄之水分濟南北二運，南則由十字河閘放水入運，北則由闞家大閘五里鋪閘放水入運。按南旺一湖昔年運道由牛頭河行舟，係蓄水之區，後漕河改遷，此湖漸廢。至康熙二十三年，總河靳輔仍修砌十字河斗門，加築湖堤，儲水以濟長溝。濟寧以南運道可省分蜀山湖水一半，雍正四年内閣學士何國宗勘議南旺湖地，居水脊固，可引以南流，亦可導以北注。南運湖泉資濟不至如北運之易於淺涸，請將湖堤加高培厚，分水口之八斗門，添設閘板，夏秋汶水盛長盡啓八斗門減水入湖，其分水口南之十字河閘，即行堵塞，將分水口北之闞家壩、五里鋪壩改建石閘。仍開通閘内支河，使之暢流入漕，專濟北運。

傳記

（康熙）《仁和縣志》卷一七 李之藻，字我存，萬曆二十六年進士。由工部歷官太僕卿，素精天文。崇禎初，詔修歷法，大宗伯首推之藻，召供事，抨西佯法，定五行七政，歲差無訛。已奉命治河，在張秋浚泉百餘，漕河始無淺阻患。南旺湖久佃種，淤塞之，藻特復之，蓄洩有方，河水得以流通。又開濟南月河，浚彭室口以洩汶水之決而北河皆治。其治南河也，會黄淮交漲，淮城危在旦夕，之藻起涇河黄浦二閘以洩之，于高郵城外開閘壩塞海子之東洩，俾繞城而北復淮。安板閘五壩以防黄河濁流内灌，又築黄浦南堤之屬賨，應者兩治河漕，咸著成績。所著有《簡平儀説》、《頖宫禮樂疏》等書行世。

紀事

明 程文德《程文恭公遺稿》卷一〇《游南旺湖記》 丙戌夏四月十八之日，舟過南旺，松溪子從篷牕瞰湖中，見人隱隱，行茭葦内，不知其爲舟也。心甚樂之，偶登岸，偕史初齋、陳半湖、陳近渠，行指湖旁，小艇將往游，顧棹郎未得，忽野叟從旁，赤身斗笠，欣然請登。予喜曰：是不可不游也。遂從二童子，携茶一壺，而往萍荇四合，一棹中分，蕩漾漣漪，渺然有瀟湘桃源之想。漁舟往來，笑談相接，頃所見而樂之者忽焉。身親之漸入湖中，菰蒲掩映，荀留絡繹，香風泠然，草光欝然，游魚戢然，鳴鳥革然，葛衣岸幘，坐泝空明，俯仰睇眄，無一物不可人意者。然後知向所見之猶未盡也。是游也，壺南子以恙不得與，初齋最長，次半湖，次予，次近渠，坐如齒。有頃童子供茶飲如坐，勝絶情真，雖無醴饌絲竹之樂，而陶然自適。曰：是游也，三美具矣。偶有興野老能成之，一也。燕游之間不廢長幼之節，二也。清談啜茗，取適而止，三也。顧世之所謂游者，惟供具酒食焉。是議不役志焉，則蕩且淫焉陋矣。予聞昔郎官湖以太白名兹湖，今將不得焉。四賢湖耶，抑有感焉。是湖在天地間舊矣，不知昔之人有爲斯游者否？又不知後之人能繼斯游否？又不知吾四人得復同游如今日否懷思，緬邈付之茫然？此古人所以當歡而悲也。相與歌孟浩然之詩曰：人事有代謝，往來成古今。歌畢相視，慨然太息。嗟乎，可以感矣！松溪子遂爲之志，而繫以詩。

藝文

元 吕彦貞《滄浪軒詩集》卷一《舟過南旺湖作》 齊州自古慕青蒼，魯國西來半浦塘。早向午橋尋蟹市，偏逢亥日問魚莊。登盤不減蓴鱸美，入座猶聞藴藻香。我本江湖舊漁釣，烟波快意似吾鄉。

明 程文德《程文恭公遺稿》卷二三《游南旺湖有記》 昔聞濟上湖，今泛湖中棹。偶爾成勝游，此景誰能貌。泛泛菰蒲深，杳杳滄洲情。游魚時可數，孤鶩還一鳴。清漪接空碧，遠峰疑咫尺。香飄蕙蘭細，葉翻芰荷赤。返棹迷歸來，幽興轉悠哉。宇宙此浮生，心賞能幾回。所貴各適志，榮名眞細事。坐令今日游，芳聲垂千祀。

明 儲巏《柴墟文集》卷一《南旺湖次韻》 南湖水闊秋無岸，盡日開帆疑不轉。忽從樹杪得高崖，始覺扁舟出天畔。漁家何自住楓蘆，陂寒雁鶩遥相呼。斜陽欲下晚風急，人間此景何時無。君不見飲啄那須論樊藿，人生得意良不惡。

明 鄧原岳《西樓全集》卷一〇《南旺湖汶水至此北流入衛河》 榆柳蕭蕭兩岸秋，片帆千里下齊州。客中欲寄思鄉淚，汶水從今却北流。

明 胡纘宗《鳥鼠山人小集》卷九《南旺湖》 東湖霧漫漫，西湖雲瀰瀰。泉開柳絮垂，雨過桃花起。

明 陸深《儼山集》卷一七《南旺湖二首》 愛此長堤夾樹行，北來鄉土倍關情。青山白水渾相似，只欠提壺布穀聲。

明 羅洪先《念庵文集》卷二〇《南旺湖》 百年風景兹奇絶，到處江湖却欠詩。驢背不歸秋易老，黄花也解笑人癡。

明 馬中錫《東田漫稿》卷六《泊南旺湖連日阻風》 荒灣斜日艤扁舟，病眼逢春恰似秋。鄉思與雲俱北去，閒愁隨水不東流。爲驚旅夢憎黄鳥，未息塵機愧白鷗。明日謫仙祠下過，石尤風定一登樓。

明 倪岳《青溪漫稿》卷四《過南旺湖望蒙嶧諸山》 十里青湖一棹通，夾堤榆柳受東風。漁人出没菰蒲裏，客子謳吟烟雨中。東望龜蒙餘魯甸，西來凫繹閟秦宫。寒宫寂寂空懷古，此日經游嘆轉篷。

明 丘雲霄《北觀集》卷二《南旺湖謁宋丞相祠》 雁落平湖烟草秋，夕陽結纜玉沙頭。長堤翠抱金龍廟，去水平分黑馬溝。地連吴越三千里，歲運東南一萬艘。讀罷功臣舊遺碣，更聞滄海有平流。

明 夏言《桂洲詩集》卷九《過南旺湖》 落日南湖上，風烟入畫圖。遙山疑泰岱，平野失青徐。鸛鶴忽高下，黿鼉乍有無。坐憐江路永，轉覺旅情孤。

明 謝遷《歸田稿》卷六《南旺湖湖水南北分流以濟寧臨清諸閘，其源出山東萊蕪諸泉，永樂間上命尚書宋禮經營之，漕路遂通，始免海運之艱》 南旺湖通黑馬溝，濟南汶北兩分流。淵源直是徂徠出，真重前人爲國謀。

明 徐熥《幔亭詩集》卷一四《南旺湖泛月》 蘭舟乘月下黄河，一片清光漾碧波。宛似江南湖上景，分明惟欠采蓮歌。

明 張邦奇《張邦奇集》卷一七《出南旺湖見山》 性僻耽詩興未闌，獨辭金馬向江關。他年定醉湘南景，此地得看湖上山。風際水花搖晚色，梦中烟樹遶天顔。長安十載成追憶，今日瞻雲許暫還。

明 朱長春《朱太復乙集》卷八《閏八月十五日泊南旺湖對月有興寄河上使君》 霜前閏八月，湖畔又中秋。雲落渚洲空，川含江漢流。舟孤淹北道，客再望南樓。寄問庾公興，來能共咏游。

明 宗臣《宗子相集》卷八《南旺湖夜泊》 落日孤舟下石梁，蒹葭寒色起蒼茫。青天忽墮大湖水，明月長流萬里光。中夜鸕鷀迴朔氣，南來鴻雁亂邊霜。他鄉歲暮悲游子，涕淚時時滿客裳。

清 斌良《抱冲齋詩集》卷九《南旺湖曉望》 葛帔臨淵静，韓紋捲岸凉。魚罾透山翠，鷺點没湖光。我正垂綸想，農逢刈麥忙。烟波縈陸瑁，蓑笠宛江鄉。

清 戴敦元《戴簡恪公遺集》卷三《南旺湖晚眺》 孤舟雜鳧鷖，出没烟波裏。不知烟波外，蒼茫復奚似。落日喚句留，微風生邐迤。湖光破秋色，無意迎屐齒。一笑如故人，相識自兹始。澹蕩泛微波，咫尺恨千里。浮雲與飛鳥，幽趣兩無已。人家環堤居，屋外但秋水。激流時濯纓，忘饑聊洗耳。榮枯世宙閒，悠悠何者是。儻逢用里生，或遇元真子。長嘯且歸來，願言結蓀芷。

清 揆叙《益戒堂詩集》卷三《月夜舟行望南旺湖》 一片湖光百頃寬，行舟無寐坐更闌。高空月透烟容薄，遠浦風回水氣寒。但使極天通鳥道，便堪隨地把漁竿。人生清景眞難覯，好拓船窗仔細看。

清 潘德輿《養一齋集》卷八《南旺湖采蓮歌》 南旺湖邊烟水秋，朝朝携手上蓮舟。莫學龍王廟前水，一河分作兩邊流。

清 彭孫貽《茗齋集》卷一五《南旺湖歌》 梆林南下流已清，南旺湖頭眼暫明。蜀山太白相向出，兩岸水光同水精。芙蓉芰荷枯略盡，芡葉菱絲蠹敗英。鸕鷀飛過鷺鷥起，隔浦已聞打魚聲。烟波接天日出没，千舟雷鼓魚駭突。此中鱣鯉持作飯，沐浴腥風卧魚窟。惜我長齋乆茹蔬，一任銀刀胷苔髮。汶川流水接天流，七十二泉經濟州。蒼龍相挾白龍下，掉尾安山湖盡頭。土岡高陵漸成阜，牝牡川澤通襟喉。徘徊水上與龍語，宜有神靈佐職幽。靈風颯動宋公廟，波上雲飛太白樓。扣舷擊汰歌復嘯，百丈已過雙長溝。

清 孫治《孫宇台集》卷三七《南旺湖》 南旺湖流遍幾尋，悲風衰柳益蕭森。沂源曼衍分南北，汶水浸淂變古今。犍石頽堤餘牧馬，漁舟拍浪起飛禽。客愁疑逐飛蓬遠，返照長溝日暮心。

清 陶澍《陶文毅公全集》卷五七《題南旺湖分水廟用梅村韻》 離合一湖中，猶傳白老功。分水之議，起於白英。路分蛟蜃隊，帆擘馬牛風。界擬鴻溝畫，天應犀角通。泰山眞砥柱，不遣順流東。

清 王永命《有懷堂筆》卷六《游南旺湖》 百折潺緩對蜀漩，汶陽洪澤滙南偏。桃花澗漾碧波柳，石笋浹堆赤緒蓮。林外鳥飛驚鏡度，湖中山影訝屏懸。不緣遲客來登眺，悞認菡蒲萬葉泉。

平湖

論説

清 王謨《江西考古録》卷四《平湖》 按初學記云，南康有平湖，即平固湖也。南康記曰，平固縣覆笥山上，有大湖周數十里，靈果異物皆不可識。又有石雁浮在湖中，每至秋天，石雁飛鳴，如候時也。張正見石賦雁浮平固之湖，鄭惟忠石賦若非平固湖中雁，并引此事作平固湖。今覆笥山已無此湖矣。初學記又云，尋陽有招湖，今亦無考。

綜述

明 游潛《夢蕉存稿》卷四《平湖記》 水，氣之化也，天一生之，行乎地，道之爲江淮河漢，爲濟漯壑，爲海，小爲沼，差大之爲湖，皆水也。湖之德，爲廣爲静深，爲能不擇乎細。吾友朱君取之，即其所寓爲平湖者，言曰：水性潤下，周流無滯，象智，利諸物不屯厥施。象仁，空洞汪濊投之若虛。象德，是故指水而忘諸湖可也。指湖而忘諸我，亦無不可也。水固無擇於湖，湖亦何擇於我哉。休休俍俍，有不知其所以彼且我者，因嘗從之泛乎。其所沿兩涯而瞰焉，清波素瀾，澄映上下，鳶飛而魚，躍静有常也。風雨鞺鞈，物與化相蕩吞吐，漱浴之狀，可駭可怡，動有變也，動静相涵造化之妙出之。然且曰廣思，所以爲容，曰静深思，所以爲有夲，曰不擇乎細，思所以爲能大於其所謂江淮河漢濟漯。由是以放諸海爲天下長者，亦我而已，是誠爲足取歟。風俗通曰：湖流瀆，四面之所猥也。川沛所仰，以溉灌也。君名澤，義有攸屬，揚之斯瀾，浸之斯潤，騰之斯霆，湖盖其優爲矣。惟益取之如何，毋曰吾直假，是以自名也。

宋 俞桂漁《溪乙藁・平湖》《江湖小集》卷五四　平湖一景堪圖畫，舟子烟波去復歸。舊日元真無覓處，西山長見鷺鷥飛。

宋 喻良能《香山集》卷一一《平湖》　平湖瀲瀲浸葱蒼，畫出風烟十畝强。蜜曲六從霜後熟，玉芙蓉向露中芳。新開石洞連松碧，低結莢房映菊黄。最愛堤邊秦地柳，一回春到一回長。

金 趙秉文《滏水集》卷八《平湖戲鴨圖》　平湖飛下蹙雙紋，翻動江南水底雲。盡日自來還自去，塵埃滿眼不如君。

元 房祺《河汾諸老詩集》卷二《上巳日游平湖》　微風漠漠水增波，禊事重修繼永和。脆管當筵清似語，扁舟争岸疾如梭。一時人物成高會，千里雲山入浩歌。日暮芝蘭無處覓，野花汀草占春多。

元 陶宗儀《南村詩集》卷三《平湖爲山陰鏡上人賦》　萬頃平湖枕越城，短篷如在畫圖行。波浮霜鑒金輝瑩，山擁冰壺玉氣清。翡翠蘭苕酣净緑，天光雲影照空明。知章一曲應分得，用作沙門字與名。

元 趙時遠《孫耕閑集・平湖秋月》　月浸寒泉凝不流，櫂歌何處泛歸舟。白蘋紅蓼西風裏，一色湖光萬頃秋。

明 程嘉燧《松圓浪淘集》卷二《平湖風夜》　野闊水逾白，天霾風正呼。欹帆衝細雨，遠樹怯重湖。官燭分津吏，公厨其野夫。少年漂泊意，樂罷不能無。

明 鄧原岳《西樓全集》卷四《平湖舟中阻雪二首》　青陽方改歲，朔雪忽霏霏。宛轉隨風入，飄摇帶雨飛。雲横官路合，天凋旅船稀。故國梅花落，空慙生計非。

又 卷六《除夕平湖署中遇雨時將有鹽官之役二首》　旅況蕭條漏未央，且將殘燭送年光。滿城簫鼓還除夕，何處風烟是故鄉。歲晏梅花消積雨，春回草色耐微霜。椒盤彩勝誰相問，明日鹽官路渺茫。

明 貢修齡《斗酒堂集》卷三《泛湖同少槐明若賦得落日平湖》　落日晚湖平，舍山碧王横。帶霞孤鶩去，穿鏡小刀明。照影低宛柳，池翻遠映城。貪看不覺暝，漁火已微生。

明 揭重熙《揭蒿庵先生集》卷三《憶平湖》　叠得龍光塔未成，合尖特地藉英聲。魯公一使知還好，忍晦衷言愧不勝。

明 林垐《居易堂詩集・癸未開春四日平湖放船有作》　牢落依然勝事存，花明晴水暧如鴛。東風吹草新詩路，異國開顔好友尊。山色漸青來越地，梅花連白到吴門。平流不動回舟緩，貼岸家家印月痕。

明 吴應箕《樓山堂集》卷二一《平湖舟中坐月》　孤舟今夜坐，月色娟娟好。四野生静觀，深宵助幽討。紛綸十日游，感兹恬以掃。皎然照太古，川雲同不老。光遠自他及，氣虚以生顥。凉襟起閨惻，微風瀉哀擣。群動資晦息，羈人賁遠抱。廓然視無際，庶以清夢考。

明 趙伊《序芳園稿》卷上《喜半峰禪師到平湖見訪奉贈》　思君君似白下山，何由置我草堂間。故人此日從天降，把袂猶疑夢裏還。老去逢人常物色，豈意容顔似疇昔。二十年來憶舊游，七十老僧還作客。烟雨横江繫客舟，莓苔滿户留行屐。人生有情戀故知，況我於子心無逆。道林幾共山頭話，愚谷再同湖上迹。旅館荒城晚幽獨，莫言桑下無三宿。

明 莊昞《莊定山集》卷二《游平湖南寺》　緑陰撑入傍湖州，水作清深樹作幽。是晝不知還是寺，晚峰斜日更登樓。

又 卷三《將往平湖寄白沙》　石翁何處是，何處石翁心。南海夢長到，平湖别亦深。藥移花在盪，瓢飲月同斟。明日南川至，相思各苦吟。

清 高士奇《高士奇集》卷二《送沈覃九還平湖》　柘西三畝宅，歸臥掩柴荆。竹徑秋光淡，蘆洲晚照明。團金垂橘實，縷玉膾魚羹。客路消殘暑，滄浪可濯纓。

清 龔翔麟《浙西六家詞》卷二《平湖樂題宋何閣長魚藻圖**》**　半奩香雨簇春漪，没個漁舟繫。徑尺横拖鴨茵翠，鯉花肥。乙腸可有相思字？猜量不定，幾番步蹀，渾欲撒沉絲。

清 顧光旭《響泉集》卷六《送青柯還平湖時將出宰移疾不就**》**　泠泠澗出泉，暖暖雲歸山。澗水流不已，山雲有時還。不辨取合途，寧知出處間。長安日扃户，俯視空塵寰。多士争奮興，之子胡獨閒。青紫紆世紛，葵藿充令顔。長揖謝時輩，浩然返荆關。邱中鳴緑琴，古調今誰彈。

清 顧永年《梅東草堂詩集》卷七《贈平湖某邑宰丁亥》 漢室醇儒豈改柯，風移俗易暗漸摩。群無敗類羝成乳，政不苛行虎渡河。肯爲繭絲忘保障，每因撫字罷催科。平湖百里觀秋稼，養就成周一太和。

清 黄達《一樓集》卷八《從平湖橋歸》 烟阜暝色亂雲横，尚有飛沙踏不平。帆向遥天遮樹影，水衝近牐起雷聲。漁娃收網秋風急，村婦提筐夜火明。柳外一鉤新月好，沿堤直看到西城。

又《送筠谷歸平湖》 聞君家近弄珠樓，蓼渚蘋灘境自幽。已覺名心歸冷淡，肯因宦味作句留。褐衣向羡臧榮緒，下澤偏懷馬少游。有興出門尋舊約，春風重泛過江舟。

清 秦時昌《韭溪漁唱集》卷三《平湖道中同陸瞻武話舊》 相思十餘載，相見一扁舟。重有東湖泛，都消南浦愁。未騫阿閣鳳，仍懶碧沙鷗。豈減風乎興，春光似昔游。

清 施閏章《學餘堂集》卷一四《追送陸義山編修假歸平湖》 歲晏懷中林，首春命歸櫂。裝發重踟躕，轡紆眷同好。松陰雪未消，花塢梅初耀。東望湖光開，陽崖試投釣。水樹藹因依，猿鳥群叫嘯。散帶何從容，無營謝競躁。閒居理舊業，開襟還一笑。平原多藻思，茂林起丹詔。

清 王士禎《帶經堂集》卷三《送陳生由金陵歸平湖》 群鶯交交春向暮，淮北江南草如霧。送君遥指秣陵城，已夢新亭亂花絮。新亭此去少年游，故里何時江上舟。秋雁定過西水驛，音書誰寄弄珠樓。

清 魏學誠《一齋舊詩·平湖舟次喜晤沈季子世兄》 四十餘年一故人，班荆何意在風塵。鬚眉乍識驚還喜，道誼相關老愈眞。横眼乾坤存碩果，逃名巖壑擬天民。自憐生晚離親早，溯到淵源淚滿巾。

清 吴鼒《吴學士詩文集·詩集》卷三《平湖秋泛夜歸偶成》 水鄉隨處好，秋事倍清華。涼雨收菱實，西風落豆花。句留逢月色，浩蕩亦吾家。醉劇歸來晚，浮游似海槎。

清 姚燮《復莊詩問》卷六《平湖》 平湖散漁榜，高城下鴻雁。遥林忽動搖，長風已及面。天雲凝將夕，得勢偶微展。藹藹初月光，横向水中見。

清 張九鉞《紫峴山人全集》卷六《夜坐平湖秋月亭待月二首》 夜循段橋去，殘月待平湖。螢火出深柳，人聲聞暗蒲。磬銷僧户閉，水映酒燈孤。欲問鐵厓叟，吹簫到此無。

清 朱方增《求聞過齋詩集》卷一《送雲浦還平湖》 少小結罫弟，兩意無差池。君來事文戰，盡室爲解頤。困鱗輒點額，倦鳥因思歸。明知別離苦，又恐淹留非。高堂已垂白，定省難久違。行行捨君去，既捨還復悲。餞君城南曲，揮涕如綆縻。今夜一樽酒，明日誰同持。孟冬木葉脱，行旅慘不怡。頽景易西匿，朔雁方南馳。瞻望不復見，雲樹空迷離。

日月湖

綜述

宋 王象之《輿地紀勝》卷二六 日月湖，在進賢北十五里。

（寶慶）《四明志》卷四 日月湖之水，釃爲支流，可濯可湘，可載可沿，徒杠輿梁政所宜，舉人繁屋比，則家自爲之矣。創置歲月載舊，經者不敢廢，今增創過倍，姑識其大者，歲月不暇究也。

（天順）《明一統志》卷四九 日月湖，在進賢縣北二十里。水涸則分爲二，漲則合爲一，中有石人灘，古諺云，日月湖明良將出，石人灘合狀元生。

清 劉同升《日月湖記》（道光）《吉水縣志》卷三一 予邑山水之勝，最於城中，而人事殊未至，與友人商略，思還舊觀。聞父母之言，邑中有日月湖，城外之鑑湖，月也。城中學前之湖，日也。鑑湖之水，通於城内，兩湖交會，映帶黌序，然後注於一溪，遶城而北行，橋爲北門之鎖，形勝之説如此。今學前汙處，即日湖也。其田不可以畊，圍其田畝。浚之，還其土以堤，而湖以成，城中之景增一日焉。夫人心如日，當使若重離之炤山川，信助於人文哉。今溪之繇鑑而流者，春則發發，冬則瓦礫壅塞其間，故水不清。水不清，而欲人文之盛，難矣。邑治學宮界於一溪，在一疏淪間而已。予游行半海内，皆以得水爲形勝，若予邑有水而湮之，抑亦人事之不修也。

（同治）《建昌府志》卷一　日月湖，三十六都。兩湖相望，如日月然，今漸淤塞。

清　張岱《陶庵夢憶》卷一《日月湖》　寧波府城内，近南門，有日月湖。日湖圓，略小，故日之；月湖長，方廣，故月之。二湖連絡如環，中亘一堤，小橋紐之。日湖有賀少監祠，季真朝服拖紳，絶無黄冠氣象。祠中勒唐元宗餞行詩以榮之。季真乞鑒湖歸老，年八十餘矣。其回鄉詩曰：幼小離家老大回，鄉音無改鬢毛衰。兒孫相見不相識，笑問客從何處來。八十歸老，不爲早矣，乃時人稱爲急流勇退，今古傳之。季真曾謁一賣藥王老，求冲舉之術，持一珠貽之。王老見賣餅者過，取珠易餅。季真口不敢言，甚懊惜之。王老曰：慳吝未除，術何由得。乃還其珠而去。則季真直一富貴利禄中人耳。唐書入之隱佚傳，亦不倫甚矣。月湖一泓汪洋，明瑟可愛，直抵南城。城下密密植桃柳，四圍湖岸，亦間植名花果木以縈帶之。湖中櫛比皆士夫園亭，臺榭傾圮，而松石蒼老。石上凌霄藤有斗大者，率百年以上物也。四明縉紳，田宅及其子，園亭及其身。平泉木石，多暮楚朝秦，故園亭亦聊且爲之，如傳舍衙署焉。屠赤水娑羅館亦僅存娑羅而已，所稱雪浪等石，在某氏園久矣。清明日，二湖游船甚盛，但橋小，船不能大。城墻下址稍廣，桃柳爛熳，游人席地坐，亦飲亦歌，聲存西湖一曲。

紀事

宋　陳著《本堂集》卷七九《與林國器公輔》　某不拜訶夂矣，非敢故簡，爲自五月，凡更數病而瘁疽。自涉四個月方愈，則下部膀胱作楚，見服藥未效，一貧如此。造物又困我以病，有死而已。但遺二百指以溝壑，則不能不顧後也。秋風正凉，琳宫瑶館足以夷猶，以昌詩酒之興。茀諗鼇首浮山，又将在日月湖之間，可謂天福其物外樂也。某已無分可入邪，深恐不能不累，請重數言，以挽其入九泉耳。象元觀記，又已修改數字，竟取名章二字，庶几渾成。若夫直下流傳一字，記中已力説矣，自無可易，尚在大手筆，自斟酌去取之，至祝。敬拜尊眷仙況日長，家人羅拜意，二令嗣爲學必日進，亦老親知之所拳拳也。病後未復，且下部痛煎，筆不成字，且乏紙，不謹。

藝文

宋　蘇軾《蘇文忠公全集》卷二《趙德麟餞飲湖上舟中對月一首》　老守惜春意，主人留客情。官餘閒日月，湖上好清明。新火發茶乳，温風散粥餳。酒闌紅杏闇，日落大堤平。清夜除燈坐，孤舟擘岸撑。逮君幘未墮，對此月猶横。

元　戴表元《剡源集》卷二八《雪後况湖歌爲阮使君作》　君不見，明州城中日月湖，縈藍繚白如畫圖。良時樂遊古亦有，何人破雪浮官厨。金猊暖壓紅氍毹，紫貂醉拂青珊瑚。塵尾高懸前唾壺，使君霜髯雙臉朱。同時僚客總豪秀，陸池閬苑羅仙儒。名談鋒湊初不惡，安得玉人歌縷珠。似聞州民喜公出，終日繞岸狂驩呼。淫絃濁管何足道，入耳得此成真娱。城尖數峰大糢糊，山郭何路通樵蘇。年年臘前得三白，樂歲仍然多餓夫。定知新年稍安樂，風流使君江左無。

明　吴之甲《静悱集》卷二《贈錢元冲明府·其二》　日月湖邊雲水涯，驅雞翻若主烟霞。莫言刀尺非隨錦，已見城池總作花。褒德未應輸卓茂，施蒲何用祝江華。千秋俎豆尋常事，信史還須特筆嘉。

明　張邦奇《張邦奇集》卷一一《李本立新居成索賦》　新搆鄞城似畫圖，好峰三十競紛敷。文瀾漫湧蓬萊水，筆勢時凌日月湖。釃酒軒輜春草碧，捲簾樓閣暮雲孤。試衣北斗瞻宸極，驄馬英聲滿上都。

清　胡文學《甬上耆舊詩》卷一一《甬上歌二首》　不知何地是瀛洲，日月湖光净不流。秋到萬家黄葉亂，玉簫人倚月明樓。

清　萬壽祺《隰西草堂詩文集·詩集》卷四《孟春一日》　日月湖西正杳冥，桃花廬舍過旗亭。春風依舊吹芳草，寒火荒凉照遠坰。閉户經營删後史，敲窗堆積讀殘經。幾回指點浮雲外，半夜蒙茸望斗星。

清　姚燮《復莊詩問》卷二九《九月望夕散步日月湖觀社火，歸

而有作得四章》 飲飛旌蓋鮑郎宮，火樹銀花徹曉紅。叠翠層樓天半蜃，流丹複道水西虹。摩烟墖影靈壇外，繞郭江聲畫鼓中。媚獻我神來醉止，願爲民氣振衰窮。

又 湖平天闊漏迢迢，群燕飛過錦帶橋。切樹明霜鏘步瑟，當筵華月睨橫簫。鴛鴦拍綺烟中檝，翡翠籠燈馬上翹。酒市盡收人盡散，墻陰一蟀語清寥。

又 碧眼胡僧唱楚些，大傾祕露散無遮。九蓮地府祆神火，七寶天門帝女車。獨艷淒然生古怨，迴風霎已捲輕沙。炎溝久涸思甘澍，知否枯魚泣萬家。

又 干戈凋瘵已頻年，貞復纔如宿火燃。得飽便忘離亂苦，有司坐失轉移權。爭輸黛汁塗秋蚓，力省金錢買夜蟬。道是太平祥瑞氣，燭龍上與柳星纏。

清 周煌《海山存稿》卷一七《日月湖》 兔走烏飛歲歲周，一篙春水兩丸浮。橋心亂落東西影，澤腹平分晝夜流。合有壺公攜藥駐，未妨槎客挂星游。朅來我欲探湖勝，風雨如何黯不收。

雜録

（開慶）《四明續志》卷三 它山堰，唐大和中鄮令王元暐所創也。溪流派四明山而入于江，潮逆上，鹵不可灌，限以石堰，上溪下江，溪流入河分注鄞西七鄉，貫于城之日月湖，以飲以溉，利民博矣。然越里餘至洪水灣，河流罅而外泄，江潮溢而內攻，溪江合灣之左右漫爲壑，而它山之水始不得東注，民久病之。淳祐間，嘗立石塘以障，已而水穴其傍，堤潰如昔。大使丞相吳公一日出，鈞批謂境內碶閘河道措置略遍，惟它山洪水灣岸坍水泄，關繫匪輕。委官下都保議於是，即其地爲埧三：一瀕江以禦狂瀾，一瀕河以防罅漏，一則介其間，爲表裏之拓。僉謂江之東南，有何氏竹木園，當水之衝，激其而北，欲撤其蔽而疏通之。官爲給錢市其業，浚地爲江。因畚沙以實二埧之北，河堤堅密，江水安流矣。異時挾日不雨，城內外涸可立待，今春夏所至演迤，謂非埧之力，可乎。

（萬曆）《新修南昌府志》卷三 日月湖石人灘，在縣治北、鄱陽湖東。日月湖中有灘，曰石人。古讖云，日月湖明良將出，石人灘合狀元生。

三湖

綜述

（萬曆）《揚州府志》卷六 三湖，在州治西五里。按高郵舊志有三湖，新志不載。考一統志，三湖大率即新開甓社，而樊良據其中耳。

紀事

明 李濂《嵩渚文集》卷四九《游三湖記》 人有言曰：河北諸名山固多，而惟輝縣山水爲勝，輝縣山水固勝，而惟三湖邃奥爲尤勝。三湖信尤勝，而獨中湖奇絶爲最勝。余慕三湖久矣，今年春始克來遊，聿償夙願云。於是作遊三湖記，藏諸山寺，以附昔賢故事。記曰：

輝縣之西北七十里，曰侯趙川，四面崇山巑巘而中悉平疇，烟林村墟，雞犬相應，蓋彷彿桃源焉。相傳古時避兵者居此，實四塞險阻之區也。侯趙川有水北流，土人呼爲北流河，或者乃謂侯趙川無川，誤矣。然遊者欲至侯趙川，必過十八盤山，而十八盤山極危峻，石磴仄隘，盤旋而上，殆若登天然。遇不可輿處，則徒步行，僕夫牽曳以上。俯瞰兩崖，頗深陷，若較諸天壇之十八盤山，則此差爲易上矣。余晨出百泉書院，過午，始抵侯趙川，少憩巡檢司。頃之，至中湖寺，岩谷幽窈，倚崖叢竹數萬竿，翠陰蔽日，涼飅瑟瑟，雖盛夏亭午，暑氣不到。余坐其下，聞竹音如笙簫竽籟，心神蕭爽。寺中有石鏡半規，往聞能照山河人物之影，俗稱透靈碑。余諦觀之，殊昏闇，與常石等。僧曰：昔有一上官，見此石異之，舁以歸，至盤山頂，忽昏闇無所見，乃復送至寺云。余聞僧言，因憶歐陽公作菱溪石記。有曰：好奇之士聞此石者，可以一賞而足，何必取而去。誠有識者之言，南湖至中湖僅三里，北湖則倍之，闊大宏敞，視中湖寺咸弗及。乃若各當一峰之奇，有泉有竹則三寺同耳。中湖寺建于唐中和二年，南北湖寺則元至正間，建有碑刻存焉。余遍遊三湖，昏黑不能返，宿中湖寺。是夕風起撼林木，獵獵如秋聲，卧不成寐，乃秉燭起坐，賦五言古體四章。曩正德戊辰春，北郡李公夢陽寓汴，嘗往遊三湖，歸爲余言中湖之盛，殿宇壯麗，烟火稠密，僧徒數百人，歲穀饒裕，出則乘騾馬，距今三十餘年矣。殿閣傾圮，廊廡毀廢，僧死徙殆盡，存者僅五六人，朝不謀夕。余怪問其故，僧憮然曰：比歲不登，賦役日繁，里甲逃之四方，邑長吏繫，僧完其逋，坐是大困。余聞而悲之，乃私嘆曰：叢林廢興，寔物理之常，無足深慨。所可慨者，徭重而上莫之恤，民咸棄屋走，至僧亦弗能寧厥居。此中原安危所關有民社者，不可不亟爲之所也。詩曰：不鮮于位，民之攸塈。又曰：瘼此下民，不殄心憂。嗚呼，安得不鮮于位之君子而爲之憂，則民瘼其有瘳乎。

藝文

南朝齊 謝朓《謝宣城詩集》卷三《望三湖》 積水照頳霞，高臺望歸翼。平原周遠近，連汀見紆直。葳蕤向春秀，芸黄共秋色。薄暮傷哉人，嬋媛復何極。

明 李東陽《懷麓堂集》卷九三《風過召伯高郵寶應三湖》 地折山平野，烟深水抱城。湖天四面濶，風舸一時輕。鸛鶴飛揚意，魚龍出沒情。相看總自得，吾亦愛歸程。

明 李濂《嵩渚文集》卷一九《酬孟僉憲望之三湖見懷之作》 三年思見面，一見復離群。驄馬自行色，瀟湘空斷雲。清歌勞寄憶，愁思轉氤氲。昨夜庭梅發，何緣折贈君。

明 李夢陽《空同集》卷二八《登盤山頂顧望三湖》 爲訪三湖寺，春山獨自來。千盤不到頂，萬壑劃争回。石罅鳴鷄犬，林風過虎豺。俯觀侯趙樹，西望白雲臺。峰日明寒雪，溪泉激暗雷。若非武陵口，那得有桃開。

明 陶安《陶學士集》卷五《三湖丹陽石臼故城》 三澤茫茫一碧連，白蘋風起棹歌傳。樹頭烟浪浮沈日，水底星河上下天。葦長新沙留雁夢，草鯹斷磧濕蛟涎。何當結屋瓊瑶窟，買取臨堤二頃田。

明 王廷相《王氏家藏集》卷一七《淮南泛三湖出望廣陵》 江淮萬里分南紀，巨浸洪波散五湖。上接明河洗星斗，東連仙島入蓬壺。吳歌越女鴟夷國，錦纜雲槎博望圖。日暮鳴鐃催出浦，龍堤烟柳見揚都。

明 袁中道《珂雪齋集·前集》卷七《三湖》 分風隨意往，一葉似飛翔。水上霞尤麗，波中草更芳。茭芽堪入饌，菰米可爲糧。中有荷花蕩，開來五里香。

清 查嗣瑮《查浦詩鈔》卷一《三湖》 三十六湖三百里，玩珠人到偶維舟。雙丸日月蚌中出，兩戒山河鏡裏浮。水挾風檣來木末，堤垂虹帶壓城頭。紛紛九寨諸官將，設險休輕此一漚。《山堂考索》：自老鸛新開諸湖，相通四十餘處，凡九寨三官，一將主之。宋時守淮恃以爲險。

清 陳廷敬《午亭文編》卷一九《三湖二首》 湖光杳無際，河上櫂歌行。春水連天盡，斜陽接地平。雲霞三百里，烟火幾重城。可惜風帆駛，郵籤促去程。

又 三湖望不極，夕艇進長河。老屋偏臨水，兒童解弄波。星明依釣火，月影散漁蓑。閲盡烟濤意，生涯足欸歌。

清 王柏心《百柱堂全集》卷一八《三湖遇西風率爾自嘲》 久聞歸隱大江東，何事勞薪道路中。正恐蒓鱸忘舊約，故教張翰悟西風。

又 卷二〇《曉渡三湖》 仙人戲海上，誤墮碧玉壺。壺中盡仙醖，瀉地爲明湖。日華下照之，静見龍銜珠。我舟御風至，愛此鮫綃鋪。幽境絶寥曠，蕭蕭菰與蘆。烽塵半天下，是間吹到無。憶我舊釣宅，洲畔多蘅蕪。終愁邇豺虎，犁爲榛莽區。更欲託中沚，移家來寄孥。從兹謝物役，啓社招鷗鳧。

又 卷二二《舟經三湖得西風》 湖神真踐諾，歸艇贈西風。遠舉凌黄鵠，飛行躡彩虹。雨來籠鏡濕，烟薄颺綃空。無數鷗鳧起，驚回曉夢中。

上虞縣復湖

元 貢師泰《玩齋集》卷七《上虞縣復湖記》 上虞縣西北五鄉，曰永豐、上虞、祈興、寧遠、孝義。五鄉有三湖，曰上妃、白馬、夏蓋，而夏蓋實承其委，其周一百五里，其門三十有六，其溉一十三萬其畝，賦一萬石奇。中有潭，名梟鏡，雖大旱不竭，而其支流餘閏，又足以遠被會稽之延德、餘姚、蘭風一都三保之境。其爲利也，亦博哉。湖自唐長慶中，民始請割田爲之，仍令受水者包其所輸，至今五鄉田租倍他産。然其地勢倚江枕海，鹹鹵浸淫，傷敗禾稼，東南又多大山深谷，一遇暴漲，則奔潰莫禦，旱即枯涸可待，故其堤防啓閉之法，視二湖爲尤謹。叠堰分埭，以時蓄洩，限量晷刻，以節多寡，序次先後，以均遠近。而後民免凶荒捐瘠之憂，官無侵奪分争之訟矣。宋政和初，越守王仲薿嘗廢湖爲田，得不償費，南渡後，吏部侍郎李光疏於朝，盡復爲湖。嘉熙丁酉，幾斂於福邸五鄉民張康等，鬮詞争之迺已，始末且見碑志及通鑒長編。國家内附以來，屬時屢豐，水利不講，居民迺竊緣堤高仰以私播種。元貞間，或言之營田使者，得田三十頃，粟五百石，然自是蔓延莫禁，湖之存無幾，即有旱乾水溢，則五鄉咸受其害矣。至正十二年，翰林應奉林希元來爲尹，遂定其壂數，餘悉爲湖。十六年夏旱，豪民乘間侵種，其禁復弛，縣尹李睿力復之。明年春，行御史臺移治會稽，駐兵縣境，或妄言湖膏腴可屯田典兵者，忽於譏察，一旦竭如焦釜，所得僅百許石，而官民失利，不可勝計。御史察知其弊，俾嘗賦於官者，田如初，他皆論罷。明年春，又有獻之長鎗軍者，賴分省阻止之，於是積水盈溢，恵及遠近，而湖之利益博矣。又明年，父老乃相率謀於邑士徐焕文、魏延曰，湖食我民，生死倚之，不有紀述，將何以示來者。焕文等以予之嘗信於其人也，具以狀請。竊惟溝洫澮川之制廢，陂湖池塘之利興，而叔孫敖、史起、鄭國、文翁、鄭當時、兒寛、召信臣之流，各以治能名於時，其載之史傳者，班班可見。迨我國朝内設都水監，外立庸田司，郡縣守令皆知河防無渠堰，凡所以爲生民計者，可謂周密而深遠矣。尚何弗修厥職，往往使已成之業，湮廢崩潰哉。且是湖也，旱則決水以灌田，澇則導水以注海，用力寡而成功多，與諸湖較之，實相倍蓰，是以不敢重違父老之請，而叙次其故，用刻諸石，豈徒爲豪强奸貪之警，庶幾長民者知所勸焉。

射陽湖

論説

清 王永吉《重浚射陽湖議》《清經世文編》卷一一二 竊惟淮、揚兩府之民，歲苦水灾，而淮之鹽城、山陽，揚之興化、高郵、寶應、江都、泰州爲尤甚。二十年中，無歲不受水灾，而六七年來爲尤甚。蓋黄河水溢，則勢重南徙淮，既避黄以直下，若淮、泗水溢，則力猛東注，凖復引黄而合趨以高、寶一線漕河容納。南北兩河，滔天浴日之水而下流，壅淤無所宣洩，水聚中飽，安得不奔潰决堤，病漕而害民哉。

士民苦於水患，因下流不通，輒紛紛陳控，求開海口。殊不知海口之在泰州、興化、鹽城界内者，如丁溪場、白駒場、劉莊場、神台場四口，現開原無阻塞。若泰州河垛場一口，萬歷十三年，本州鄉官林海樓議開，地方抗阻。鹽城城東之天妃口，天啓六年，興化鄉官李碧海議開，地方抗阻。凡事有礙於地方，知其不可爲而强爲之者，終畫餅耳。至於山陽境内之廟灣海口，此口空闊，實爲七州縣之尾閭，更無一毫阻塞之處。夫各處海口既無阻塞，何以水不趨下，反泛濫而横行邪。永吉蒿目心傷，考之傳記，詢之士人，乃知射陽一湖全然淤墊，中間隔斷，上下不通，雖有海口，水不東注。病漕害民，根原在此。爲今之計，重浚射陽湖，眞有一日不可再緩者。

查鹽城縣志載，射陽湖在城西一百四十里，西接寶應縣界，西北接山陽縣，中流爲界，瀠洄約三百里，南北淺狹。自故晋地方至喻口，北流入海，東屬鹽城，西北屬山陽縣。故晋而上至射陽，屬寶應。嘉隆以來，湖乃大淤。萬歷七年，民李雯等建議開浚。萬歷九年春，知縣楊瑞雲申詳具題，請發帑金重浚，水由廟灣、新豐市入海，水患稍息，民賴以安。至崇禎四年，淮北蘇家觜、柳鋪灣、新溝建、義口并决，築塞久無成功，黃流灌注三年，水退沙停，支河小港，大半壅淤，而射陽湖幾化爲平陸矣。然湖形現在，疏鑿不難。有硬沙墊高者，亦有泥水夾雜，深淺不等者，里數不多。若合七州縣之力，認眞疏浚，成功何難。大概分爲三段。

其上一段自寶應、鹽城界上射陽鎮起，至安豐鎮止，約長二十五里。自安豐鎮至山陽縣東作地方止，約長十六七里。自東作至涇口止，約長五里。以上係泥水相雜之工。自東作至山陽、鹽城界上清溝止，約長二十里，係泥沙旱工。此處接連湖面，查湖面舊制三十六丈闊，今止存三四丈，極闊者七八丈耳。湖面盡淤，安能受水，宜裁闊如。舊自清溝至南馬駱一林坊地方，約十五六里長，此處亦甚逼窄，鑿之使寬，則下流通暢。由此入山陽之孔東溝，由溝入艨艟、喻口，由喻口入廟灣，則入於海矣。

中一段自鹽城奪基廟起，至林上止，約十二里長。自林上由舊浦河至馬家蕩止，約三十里長。自馬家蕩至陶家林止，約十里長，以上亦係泥水相雜之工，應用鐵口罱子撈浚其泥，用船裝載去湖稍遠，庶不再淤。此處舊名鰕溝，從此至東尤莊，約二十里長，則入鬐溝，而水直達於射陽湖矣。

其西一段，則單在鹽城縣境内，舊名東塘河、西塘河。西塘河自黃土溝起至許家灣止，約二十里長，只此淤淺，急宜挑浚。從此入於樓下莊、唐橋鎮，則一路闊深，直達射陽，出廟灣，入海通行無礙也。東塘河自唐子鎮起，至安豐王莊，約三十里長。自王莊過界河，至大港鎮，約二十里長。自大港至九曲河廟止，約三十里長。從此二十里至古吉寺，又二十里至院道港入艨艟、喻口，達射陽，入廟灣，則入於海矣。此與鹽城縣近河生員周國顯、梁卓、徐行等面相考訂明白者，雖未盡確，或亦不遠。

大約黃自北來，淮從西下，如人身喉項。廟灣各口，如人身尾閭，而射陽湖則如人身之胸膈腸腹也。若人身日進飲食而胸膈不得通，腸腹不得納，縱有尾閭，無從消導，安得不鬱而病，病而至死哉。全湖形勢了然，疏瀹決排，原無難事，而坐視淪胥，無人肯救者，何也。各州縣有司畫於封域，未必周知。即或知之，而彼疆此界，觀望推諉，不肯擔當。殊不知所淹沒者本州縣之田禾，所漂淌者本州縣之廬舍，築塞漕堤決口，所起派者本州縣之人夫，利害相關，剥膚切骨，孰大於此。又或精神疲於催徵工，夫分於獄訟，視此畚鍤之勞反爲不急之務。殊不知湖淤河決，水滿歲荒，死亡流竄，十室九空，錢糧從何出，漕米從何完，差徭從何供，贖鍰從何納，老幼男女羸衣糲食從何來。國課根本，萬民性命，舍此別無活路。州縣正官急務，亦孰有急於此者，奈何不深思也。

至於治水衙門，不肯著力。必謂此係下河，不是上河。殊不知下河之水不通，則上河之堤必決。治湖正以治河，表裏原是一事。又必謂河帑不敢輕動，日後難於開銷。殊不知所淹者下河之民田，所決者上河之漕堤。堤決，年年築塞築堤，月月起夫民閒，每歲起派人夫，或百萬，或數十萬，固可憐。朝廷每歲銷算錢糧，或數萬，或數千，亦可惜。公私交困，何不急圖一舉兩便之策乎。

欲興大工，事關題奏，務求詳確，未敢草草。敷陳管見，大約有五。

一曰：先估勘揭中所開淤塞村落地名及道里長短。原係采訪，未曾親到。必得實心任事之大員，不辭辛苦，督率山陽、鹽城、高郵、寶應、興化、江都、泰州諸屬，各乘小舟，沿射陽湖上下各處淤淺地方逐節逐段，再三講求，務要直捷便近，不得遷就迂回，恐有奸民假公濟私，避害趨利，希圖本村本鎮便宜。其應開浚處所該挑若干里、若干深、若干闊，一一詳開，如有與揭開不合者，即行改正估勘，既有清册，則工程難易人人共知。酌遠近、淺深、闊狹，品搭派工，庶無多寡不均之嘆。

一曰：專責成各州縣官分定工程。則一切人夫、器用、船隻、稽查督催等事，自應逐項料理。但職務煩劇，未能嘗駐工所。除淮、揚兩府各有提調，及分委府佐監督外，每湖灘十里，須於兩府各州縣中選委幹官一員，義官數員，分頭催趲，庶無照管不到之虞。

一曰：派人夫。湖水無阻，則漕堤堅固，運道通行，可省年年塞決幫堤之費。似當量動官銀，以襄大役。然河帑空虛，難以輕議。止可酌估犒賞，或官備竹鐵罱子、合掀等項，以省民閒擾累，亦無不可。各州縣欲圖永利，合派民夫。如東塘河、西塘河，若果單洩鹽城一縣之水者，俟查確另議外，其餘關係山、鹽、江、泰、高、寶、興七州縣利害者，自當均匀酌派，庶無偏私不平之嗚。

一曰：嚴功罪。先年亦曾興工開浚，上司正官足迹未到湖邊，提調諉之各州縣，各州縣諉之佐貳，佐貳諉之義官，義官與夫頭通同折夫，無人實力。遇水濼無載泥之船，遇淤泥無撈淺之具，朦朧報完，徒費民財，毫無成效。似當預先題準，若有急公勤事者紀録優升，儻或苟且塞責，遲誤缺少者，摘參重處。至於包夫折夫，誤事殃民，情法難恕，但有犯者，不論有職無職，立置重典，則積弊可除，不難事半功倍也。

一曰：定期限。霜降前後，水勢泛漲。雖極淤淺，亦沈水底，難以相度。目前牌行會勘，須限十一月上旬估完詳報，以便仲冬具題。如此大工，既不多動河帑，部覆必無留滯。似當一面入告，一面擇日部署開工。若以九年正月爲始，定限一百日報竣，斷無不完之工程、不通之水利矣。此湖僻在東北一方，非若上河爲南北咽喉，秋冬有回空，春夏有重運，築壩開壩，甚費掣肘。議早定則今冬亦可舉行，工難成則來冬亦可補足。兩府士民，異地同心，雖勞不怨。七省漕船，波恬浪静，飛渡無憂。國計民生，漕堤運道，永遠攸賴矣。

綜述

（萬曆）《寶應縣志》卷一　射陽湖，在縣治東六十里。寰宇記云，濶三十丈，長三百里。漢書廣陵王有過，其相勝之奏奪其射陂，即此湖也。今俗呼爲謝陽湖，縈回可三百里，南北淺狹，自固晋至喻口，白沙入海，湖之東屬塩城，西至固晋，屬山陽。東至上射陽，屬寶應。唐大曆三年，與洪澤并置官屯，後以所收，歲減并廢。射，《史記》作貰。漢劉經、樊丹皆封射陽侯。塩城志云，射陽湖在縣治西一百四十里，西南接寶應縣界，西抵山陽縣，中流爲界。漢書廣陵王射陂即屯也。今俗呼寫射陽湖，縈回三百里，其源自楊家溝，入東注于海。

（萬曆）《淮安府志》卷三　射陽湖，去治不遠，南七十里。漢廣陵王胥有罪，其相勝之奏奪王射坡，即此。今謂之射陽湖，其濶約三十厘許，縈迴三百里。自故晋經喻口，至廟灣入海，山陽、塩城、寶應三縣分湖爲界。

紀事

明　余孟麟《重開射陽湖記》（萬曆）《鹽城縣志》卷一〇　鹽城蔽長淮而阻於海。去縣治一百四十里爲射陽湖，山陽、寶應、高郵、興化、通泰諸水皆匯於湖，由湖入海。先是，湖水縈流，不湮不潰，沃原膏土，纚纚乎百利可興也。歲久填閼，諸水叢奔，而至無以洩水怒，田廬既圮，舟楫不通，環湖居民，一望荒墟，用是胥戚，蓋越三十年所矣。其有捍患興利者，或情狃于便安，或事畫於惜費，迄無成功，蓋有以也。邑大夫楊君至，覩斯民之重憊也，惻然傷之，乃難曰，夫令民者□□補敗，而以與民利之也。民憊如是，而泄泄然罔所援，極令民謂何。乃按行隱度，備無遺謀。因議上郡守，郡守上監司，監司行視，凡三反復而白於督府。以奏聞，下大司空決荚之，然後報可，而皆不能易楊君之議也。楊君既受事，則朝嚴夕儆，畫地分工，奉其軀於橇檋鍬钁之間，與肩負跣馳之衆，同其甘苦，疏浚積淤，增葺頽岸，蓋合木土金石之工，而使水得所壑，經始于萬曆九年正月，凡七閱月而告成矣。邑人士相與言曰，斯湖之開，邑大夫之澤，弗可泯也。異時大水散潰瀦城，邑民且阽於危亡，今庶幾流不他徙，而公私家以萬計可倚而宫也。五方之材，千里之貨，所不能力致者，今庶幾翼翼浮航可一息而馳至也。田以水齧，民故艱食，今庶幾禾栖于畝而可有秋也。斯湖之開也，大夫之澤，弗可泯也。義官李雯等乃叙其事，而徵文于余。余曰，昔杜預爲荆州，嘗開巴丘湖，以洩長江之險，通零杜之漕，南土懷其德，號曰杜父。嗟嗟，以彼其時江漢間，所稱智名勇功者，何限而預。獨以開湖得民，盖捍患興利之政，民所丁寧以急者也。今楊□□□里之筦籥，修扞其民，功在射陽與荆之□□□等矣。而民幸藉楊君之儲胥以毋魚鱉□□□之也，抑豈出預後哉。頃諫者言大江南北□□，水菑莽莽巨浸，民廢烟火，上乃深憫之，令計相減漕。有司蠲租，□已又輸發，大司農餘鏆命使者分行以賙貧民，此爲根本，計則是矣。然余以爲，未可繼也。爲民令者，視民所丁寧，以急從而熟計之。如楊君民將久□其利，即不幸而遇菑害，其亦不至坐困矣。功鉅而惠流，獨一鹽城已哉。漕可不減，租籍可不蠲，而大司農餘鏆可不輸發也。國家重吏治，既舉賜金增秩故事，以表楊君異能矣。他日踵而行之者，毋至于殆廢，豈惟爲利於無窮，厥亦永有譽哉。夫懋賞惇禮，朝廷之所以報功也。敷惠禦灾，循良之所以建迹也。是皆不可無傳也。楊君名瑞雲，南海人，舉甲戌進士，仕鹽城多善政，如塞石磋口，修天妃廟，闢南門，創社學，與夫建倉以便宛運，減役以拊春憤，莫可殫述，茲不記。記其開湖始末，以告後之君子。督府凌公，太倉人。監司張公，漳浦人。郡守樊公，霸州人，皆預主其議。縣丞王三吾，主簿朱太，典史吴木，皆分役其工，并勒之石。至於湖開里數，費金若干，募夫若干，及鄉約承差吏民名氏，則具碑陰。

藝文

宋 范仲淹《范文正公文集》卷三《射陽湖》 渺渺指平湖，烟波極望初。縱横皆釣者，何處得嘉魚。

元 薩都拉《薩天錫詩集·過高郵射陽湖雜咏九首》 飄蕭樹梢風，淅瀝湖上雨。不見打魚人，菰蒲雁相語。

又 秋風吹白波，秋雨鳴敗荷。平湖三十里，過客感秋多。

又 野鶴如人長，迎風理毛羽。獨立秋雨凉，人來忽飛去。

又 雨濕鼓声重，風匀湖面平。官船南北去，帆影掛新晴。

又 白鷺愛秋水，獨立仍自行。得魚固偶尔，驚飛亦常情。

又 秋水落紅衣，秋波日瀟洒。不見采蓮人，惟逢捕魚者。

又 霜落大湖淺，漁家懸破罾。此時生計别，小艇賣秋菱。

又 捕魚湖中水，賣魚城市裏。夫婦一葉舟，白頭共生死。

又 大罾一丈濶，小舟一葉輕。相傳子與孫，終古無人争。

明 徐中行《天目集》卷七《射陽湖逢子相北上醉别》 邂逅長安舊酒徒，張燈夜醉射陽湖。斗間劍氣雙龍合，江上濤聲萬馬趨。病起適逢枚叔賦，狂来重入步兵厨。明朝挂席還南北，回首長淮月色孤。

明 嚴怡《嚴石溪詩稿》卷六《過射陽湖》 日出烟開湖水通，今朝又是刮南風。誰家挂席如傳箭，早飯推篷亦盪胸。豈有波神撼鼇極，虚疑海若門龍宫。一詩戰退兼天浪，始信狂夫筆力雄。

明 鍾惺《隱秀軒集·射陽湖》 清深流數日，俱是射陽湖。潮響亂如一，漁燈遠不無。寒逾知水月，天漸入菰蘆。此去邗溝後，東南舊日途。

明 朱長春《朱太復文集》卷九《同沈三仲禎射陽湖守風》 湖高不可渡，奈尔飄風何。岸遠青天濶，城昏白浪多。方舟終日坐，同客一春過。却羡臨漁者，楊舲逆上波。

明 朱曰藩《山帶閣集》卷七《北庄庄在射陽湖之西》 西隣春築捍海堰，北庄秋漲監淮亭。山陽濁水不可白，射陂草田那得青。即看鷄鴨擇高木，便辭蛙黽揚空舲。滿携一斗挂帆去，直向天河寄酒星。

清 黄達《一樓集》卷六《射陽湖》 偶趁秋潮下海關，蕩心穿過又前灣。亂帆争指揚州郭，急雨欲沈泗口山。薄宦襟情同葉脱，浮家踪迹似鷗閒。天寒正值西風作，跂脚船篷夜未還。

清 孔尚任《湖海集》卷一《夜過射陽湖》 煌水拍帆半夜歸，蕭蕭敗葦幾重圍。船衝宿鷺當牕起，燈引秋蚊入帳飛。湖海陳登名未著，蓴鱸張翰興全違。誰知冷落漁歌隊，風雨萍踪夢紫微。孝威云，處江湖之遠，則憂其君。公之謂與。

清 彭孫貽《茗齋集》卷一五《射陽湖歌》 射陽湖頭風浪多，白晝時有蛟龍過。長堤一線屆空漢，两岸湖光没曉河。小舟出没風際葉，山郭浮沉波面螺。層冰不消成白石，金椎齊敲鳴霹靂。舟子狂呼遠避凌，大者如山小如席。惟有魚查不畏寒，手弄冰花少皸坼。蝦鬚出凍蟲水精，白魚過人長八尺。霜蓑雪笠沽酒来，水宿風飱同卜宅。江湖行客狎風濤，屐齒霜芽茁矛戟。片帆張風風轉急，船頭倒流怒濤逆。凌寒布衲鐵十重，粟起膚毛冷胸鬲。故山千里水雲端，窗下寒梅定堪摘。

清 汪學金《静厓詩稿》卷六《射陽湖晚望》 射陂千頃水，一望愴羈魂。風雨喧淮口，烟雲蕩海門。近聞春漲急，遠挾濁流奔。保障勞當事，東南十萬村。

清 嚴長明《嚴東有詩集》卷五《射陽湖晚發》 旅宿瀕澄湖，停橈見新月。舟子利宵行，悠悠向空發。野水既淪漣，寒烟復明滅。前期二月程，歧路經年别。遠夢連鷗波，遥情寄魚鵅。何處菱歌聲，江南思愁絶。

清 楊錫紱《四知堂文集》卷三三《曉渡射陽湖》 灣頭殘雪白

皚皚，細草燒痕到岸回。半月河冰開未得，不知何處海潮來。

清 張丹《張秦亭詩集》卷一三《射陽湖懷朱揆序》 高郵城上暮啼烏，遠水扁舟此日孤。一片愁心天際落，秋風吹滿射陽湖。

雜録

（寶曆）《寶應縣志》卷一 凌溪，在縣東八十里。南通黄昏蕩，北接黄浦溪，東北入射陽湖。

又 楊家溝，在縣東八十里。西北接射陽湖，東南入馬長汀。

又 三王溝，在縣東六十里。西南通廣洋湖，中貫箕山，東北入射陽湖。

石湖

綜述

元 楊維禎《游石湖記》《游志續編》卷下 蘇名山水其魁者，夫椒、震澤，其次虎邱、劍池、靈岩、天平、石湖、楞伽諸山也。白樂天守蘇，于虎邱一月一游，至連五日夜遨游太湖，不以爲過。以樂天之官守，不爲文法窘束，而肆志山水之樂如此，矧無窘于文法者乎？吾黨之將儔命匹挾乎女伶，如容滿蟬態以迹夫樂天氏之游者，又何過乎？至正七年三月三日，予既得與吴中張景雲而下，客凡十一人，越十有五日，又得與吴中顧伯敏、張仲簡、西夏高起文、張俊德游石湖諸山一月，載游于樂天，迨若過之。朝步自鵲橋過百花洲，登姑蘇臺。余賦詩臺上曰：横洲草色緑群腰，臺上春泥徑已銷。祇有越來溪上水，聲聲猶帶伍胥潮。仲簡和云：梁燕低飛妬舞腰，春洲寂寂百花銷。扁舟不見鴟尸子，空使江城響怒潮。午登舟盤門下，主人以腒脯飯客粱糗，仲簡出禮部韻徵聯句，而賣謳者來曰：周碧蓮氏、張錦錦氏、笙師周子奇出十二簧和謳者。主曰：笙歌麻沸冷，生活姑置。遂割羔傳酒，令行觴。過横塘至石湖，欲抵緑庵，石尤，風急甚，回舟泊行春橋下，换輿登上方五王祠，少歇楞伽寺。寺僧晚堂領客觀洌泉，登西崦石壇酌酒，偕至五王所。晚堂云：吴王拜郊臺址也。誦唐賢許渾詩，且索余詩，余遂和渾詩曰：五茸春草野麋來，城築金錐亦已摧。白髮老身談故事，五王宫殿是郊臺。仲簡和云：湖上春雲挾雨來，楞伽山木盡低摧。吴王廢冢花如雪，猶自吹香上舞臺。少時微雨東來，急反舟次，主再治酒舟中，杯行無算，以各鬮果令爲多少飲數。予于客年最高，而飲量最少，輒頽然醉去。酒散，子奇出紙，諸客求賦玉笙樂府。明日余爲補玉笙謡一首云云，且書遺仲簡同賦。是歲丁亥三月十九日辛酉，會稽楊維禎述。

（成化）《中都志》卷二 石湖在縣東北十五里，中有巨石，水漲涸不過舊痕，人以爲異。

明 蔡羽《游石湖記》《吴都文粹續集》卷二三 非高山不能驅吾神，非深林不能沈吾思。遊虎丘之一日，求石湖焉。時少雨，春盡，漲未起，舟梗於越來之溪。客刺木揭跣，始獲登。遵岸百步，得茶磨之觀音岩。間行憩岩中，爲間從者至，又百步得治平寺之竹林。西起茶磨，東繞拜郊臺，其山皆墻立，其腹多怪木美箭，望之蔚然深黑，治平之林樾也。從郊臺東走，環突奔，聳爲楞伽。山顛爲楞伽寺，有浮圖插雲中，吴西南之鎮也。竹林逮楞伽不及五里，峻甚多石，客始輿負以升，浮圖之前，平展百餘步，有亭其上，曰望湖之亭。於是石湖徑其陽，梅灣出其背，左引靈岩，右帶吴淞。不出十五里，林巒疏秀，水風清潔，生雲之山，出泉之谷，咸會亭下。客始定，飲於亭而臨觀焉。夫治平深林，楞伽高山，入其深搜玄鈎僻。萬化俱冥，登其高心空目開。萬象俱顯於一日之遊，而兩極其情，四月竹脱節，松生花，草木灌茂，玉膏出林，與泉俱香。服之已喝而神生。主人王履約，讀書石湖，蓋三年矣。用能抽其奇奥，以與客共，暮不謀歸，而忘其倦，則兹遊也王子之功。蔡羽記。

明 沈懋孝《長水先生文鈔・游石湖記》 天壤之下，高山可以驅吾神，深林可以藏吾思，神清竟合，兩者難并。乃者游虎丘，明日求石湖焉。石湖在姑蘇郭外二十里，時少雨，春盡，漲未起，舟梗不前。遵岸百武，得茶磨之觀音岩，間行憇岩中。又百武得治平寺之竹林，蓋西起茶磨，東繞郊臺，其山墻立，多樫木美箭，望之蔚如。從郊臺東走，突聳者爲楞伽山，其顛爲楞伽寺，浮圖插雲，如際天漢。自竹林至楞伽，不及五里，峻甚多石，升浮圖之前，平展百武，有亭其上，曰望湖。斯亭也，石湖經其陽，梅灣出其背，左引靈岩，右帶吳淞，林巒疏秀，風水澄潔，出雲之山，吐泉之谷，躍湍之鱗，凌風之翼，色色咸會亭下。始定飲於亭而臨觀之。夫以治平深林，楞伽高潔，入其深搜玄鈎辟，萬殊都瞑，登其高心空目行，萬象畢曜一日之游，可謂兩極其致。是月也，竹脱節，松生華，草木灌茂，王膏出林，與泉俱香。會心處良，亦不淺矣。范成大所搆立諸景俱寂寞，半蕪落墨妙。詩情亦彼時勝事也。此湖與於越之溪相接，於越故城當在其房。范少伯從此路駕一葉，泛烟濤以去，功成身抽，迹遠名揚，令人義想，其人宛如昨日。

明 牛若麟《石湖圖説》（崇禎）《吳縣志》 石湖亦吳城西南諸水之委瀦，以太湖視之，猶一勺耳，何以圖？豈爲翠巘長虹，陸行水泛，足誇勝槩乎？當此四郊多壘，所在綢繆，石湖密邇城闉，其南北東西，港水縱横四出，又與吳江長洲錯壤交轄，險無足恃。嘉靖甲寅、乙卯之歲，倭舶輒繇此進退，幸吳江令楊公芷帥鄉貢士周大章諸生，吳詰督水師拒戰鮎魚口，生俘馘獻，大挫賊鋒。吳江尚傳述梗槩，而吳竟泯其績矣，可嘆也。時吳令康公世耀奉檄守禦城西，往來於楓橋木瀆之間，不遑兼顧。楊公一心報國，不辭越境，奮力迎鬥，至今談之凛凛有生氣。予故圖石湖，撰説略紀其事，使知石湖亦吳邑之要害。邇藉督撫，設營分哨，簡練精勇，飛艇如駛。即有寇盜，不敢陸梁然。叨司土不可不留意於此湖也，牛若麟識。

紀事

明 朱逢吉《游石湖記》《吳都文粹續集》卷二三 姑蘇之西不一舍而近，有石湖可千餘頃。岸左右皆居人，襍植桃柳梅竹。其下帀水，率蒲荷菱芡之屬。中涵澄波，猶冰鑒然，沙鳥飛帆，出没往來無虚時。具區横其南，良田沃壤綿其東，越來溪絡其北，層巒叠巘環其西。背具區行數十里，至湖西而止，峙爲三峰，盤旋如蓋。由山麓抵絶頂，可三里。晉支遁嘗棲其上，唐因建梵宇曰楞伽，後立浮圖，岌岌撐太虚，若欲飛動，前闞小殿，列爲神像者五。自前代時，城内外暨村落百餘，里閭男女稚耋，當春夏月，遠近各相率舟行，載酒肴雜樂戲，具徒行乘馬驢、竹兜，以壺榼食器自隨，或登岸以樂神日，肩摩迹接，畢則宴遊以樂太平，逮今如之。

今年正月，余奉詔理水是郡，偕呉縣判簿濟陽江君率民循行田間，築堤防疏壅障遏奔激，夙夜從事，罔敢怠。舟嘗過之，未暇一登覽。二月既望，行次湖上，適以風波，遂輟棹登岸。君曰：今幸農事，周水之泊田他鄉者，已漸縮，惟濵湖歛否莫覩，盍相與凭高覽之？遂登峰之巔，四顧其下田，向所謂溺者，蒼翠覆阡陌井井，乃矚呉西群山如穹窿、靈岩，如天平、陽山、薦福，如獅子、横山、黄山、吳山，小者離離如青鬟螺髻，高者列翠屏，參差出烟樹杪，湖波瑩然在足底。殆天啓畫圖，信爲遊樂之境，餘所莫及。抵暮，寺主僧德啓倒屣出翠微亭，延觀雙泠泉，掃榻以宿。時治平僧清渭先在坐，焚香煮茗，相與清話。

翌日下山，復歷諸村墟，若木瀆，若光福，若横金。及過具區，登包山，督促成農功。於是堤之圮者整，頹者立，坎者夷。水以車力，入於湖溪，田野漸復。故修禊日，舟過湖濵，入治平精舍，值僧渭松陰中，相與尚羊，觀吳之洌泉，及深沙神池。泉池所甃石已撤毁，所存潢潦一窪而已。遂縱步登中第二峰，披蓁蕪，攝衣以上，可三百武，其顛方整若印。故老相傳，呉王夫差嘗即此爲祀天之所，俗因呼拜郊臺。外繚崇垣，循湖堤，坡陀起伏如昔。向有實積寺居其麓，今叢荆野蔓，悉莽爲狐鼠之墟，興廢不常，無足慨者。

獨其北第三峰未登。翌日，老僧浄日直其舍後薙荒穢，取道叢篁，曲折間攀援而上，殆數十尋，峰頂狀如磨，故名茶磨山。當石竅中出泉一泓，不溢不涸，甚清冽可愛。峰之北下瞰湖尾，瀦爲蓮花陂，山之環拱，騰蛟翥鳳，至湖以峙者奇秀萃，此止峰誠中冠，治平寺獨當之。峰左則枕湖，有二橋聯絡，東曰越城，西曰行春。其傍有亭宇，俯臨湖波，乃即樵徑，崎嶇而下，入面湖佛祠。祠裂巨石，鑿岩洞，幽邃清絶，襍樹陰翳，樛枝交其上。岩下泉一池，黝碧深百尺許，魚洋洋游其中，飛石梁其上踰數仞。過此而北，岩中立石，斲大士像。前爲小軒尤奇，因少憩，俄見樹杪懸一蛇，可三四尺，色蒼碧，初疑爲蔓，童子以礫擲之，輒昂首空中，騰及他枝而去。老僧以爲異云。

至亭下，有刻石湖二字。字盈尺，其兩間璽文，一曰御書之寶，小字三，曰賜成大，且有表文。乃知宋人范成大嘗孝宗朝爲參政，乞歸老石湖，故有是賜，表即其上謝者。按蘇州志載：公以文學政事著名，其歸於斯，園堂亭榭，游樂之所非一湖，因之以稱。今遺址漫不可攷，獨湖北數里山曰天平，文正公祠猶存。今四百年，山林蓊蔚如故，所置義莊，子孫蒙其澤未窮。是知君子惟道德，爲永世之本，山水未足云。然古明達士游覽所至，必紀其見聞，所以益智識。今余老而無學，於格物致知之道，不敢不勉，故記。永樂二年甲申春三月五日，檇李芝山老樵朱逢吉記。

明 周鼎《重游石湖記》（弘治）《吴江志》卷一五　吴人以水爲國，舟爲步，川澤爲陸，無一日而不即乎險也。石湖在郡城南數里而近，人事猥繁，匪若窮鄉僻壤，人簡出入，宜其舟于是者，鱗相集也。湖上有楞伽山，桃花飛雲諸塢，紫薇有村，綺川有亭，行春、越城二石梁鎖北尾，民廬、佛祠，長林邃谷，瓌奇之石之木骈山水窟。其俗好游，傾家出城，載酒肴，歲必一至。有至自遠者，城四外至者隨所至。取道以登，雖山行必藉舟爲爨室，下而必飲於湖以返。余嘗謂吴中多佳勝地，石湖爲之冠。蓋有范成大罷相乎，此好游以成其俗，然不能皆范之人也。群然而至，又群醉而去，雖游而志不在湖，特階此而彼登，其不爲湖之辱耶？必擇而不群，然後可洗其陋。乃天順壬午冬十月朔，爲瀹庵居士壽辰，客有杜用嘉、陳孟賢、徐用理、王敏道，歲相集行飲賀禮。方有詔，公宴皆罷，遂不果至越。一月癸巳，朏四客偕王孟南、陳孟英、賀美之、陳叔莊至邑庠，二先生亦至，賀而不飲，瀹庵齒高，薄於味也。飲于其子景和，議爲石湖之游。舟出越溪橋，望紅蓼渚在舟之左，水痕乍縮，漁梁出尺可數，綺亭惟故址在，在蓼之南，迤西叢木翳之，可指顧不可以辨。天鏡閣在蓼之北，新郭事與。綺同盟鷗亭在行春西，薇之北，宋阜陵御書碑一，新碑二，皆在治平寶積二寺□藏之。有楞伽，在寶積南，更南則二塢也。自盟以下，皆舟之右，皆不登，但分題賦焉。殆成坐游，誠不俟夫登也。潮緑上衣可掬，山翠飛下，欲凝不去。登者、降者行欹於塗，倦而憩者、樵牧者、農者、浣者、汲者、網罟艤未行者，歸而迎去。而餞者舉在目前，而一歸之詩句。詩成乃飲，飲非以其登降勞而慰藉之也。借詩中境，移之杯酒間耳。湖若有神，當謂此數客爲謫星，此游爲湖上奇事，范後而一二見也。余幸預焉，故記之。謂之重者，前輩張南村嘗先爲之自作記。叔莊家有其稿，七十年矣。令歸之景和，景和爲其族曾孫，欲修其故事，而難於擇客。客自擇而至，足以追范之高風，於三百載之上。余之記曾足以追南村後塵否邪？詩録于左前，記録之首簡。雖然吾客也，湖光山色又皆吾之客，景寓于吾之此游，非吾寓而游也。詩卷長留天地間，又孰得而客主也耶？天順六年仲冬四日，嘉禾周鼎記。

明 李流芳《檀園集》卷八《游石湖小記》　予往時三到石湖，游皆絶勝。乙亥，與方孺冒雨著屐登山巔亭子，貰酒對飲，狂歌絶叫，見者争目攝之。去年與孟陽弱生公虞尋梅到此，遍歷治平僧舍。已登郊臺，至上方絶頂，風日清美，人意頗適。九日，復來登高，以雨不果登。放舟湖中，見烟檣雨楫雜沓而來，舉酒對之，亦足樂也。是日，秋爽伯美，舍弟輩俱有勝情，由薇村至上，方復從郊臺、茶磨取徑而下，路傍時有野花幽香，童子采擷盈把。落日泊舟湖心，待月出，方命酒。孟陽魯生繼至，方舟露坐，劇飲至夜半而還，蓋十年無此樂矣。

藝文

宋 葉茵《順適堂吟稿·石湖》《江湖小集》卷四二　千古湖山人物，百年翰墨文章。寂寞梅花開處，一尊自酹寒香。

宋 葛天民《葛天民小集·詶書上人石湖春望》《江湖小集》卷六七
蕩蕩春風草木香，茫茫澤國水雲長。鶯來占柳爲歌院，蝶去尋花作醉鄉。閑與物情聊品帶，老於文字嬾巡行。望中別有關情處，幾度朝陽又夕陽。

宋 陳深《寧極齋稿·雪後游石湖二首》　衆峰戴雪玉崔嵬，風定湖光鏡面開。山色可堪西子笑，溪聲曾送越兵來。天寒野水摇孤艇，日落浮圖對古臺。回首風塵翳城闕，愁來誰伴倒清罍。

又　振屐重来事已非，却憐清景不相違。晴湖盡属盟鷗樂，夜月還驚化鶴歸。萬里吴船空野水，百年庾宅尚斜暉。醉哦昔日三高些，千載何人復見幾。

宋 周南《山房集》卷一《石湖》　作者看胷臆，泠然接大荒。雲溪收浩蕩，海觀度滄凉。故國餘丘壑，春船落艷陽。百年看俯仰，越燕又空梁。

又《游石湖》 曉日曈曨水霧開，自吹清管過湖來。闔閭城下青青草，又染裙腰上舞臺。

元 馬玉麟《東臯先生詩集》卷三《舟次石湖》 得此東風便，飛帆過石湖。日光連雨濟，嵐氣到山無。楊柳頻啼鳥，波濤亂浴鳧。可無行樂意，有酒况盈壺。

元 倪瓚《清閟閣遺稿》卷八《烟雨中過石湖三絶》 烟雨山前度石湖，一奩秋影玉平鋪。何須更剪松江水，好染空青畫作圖。

又 姑蘇城外短長橋，烟雨空濛又晚潮。載酒曾經此行樂，醉乘江月卧吹簫。

又 愁不能醒已白頭，滄江波上狎輕鷗。鷗情與老初無染，一葉輕軀總是愁。

元 釋善住《谷響集》卷二《過石湖》 十月吳臯霜露零，田家收稻滿柴扃。湖中浪擁銀花白，天末山横螺髻青。寒色亂雅飛笠澤，夕陽衰柳并旗亭。何時覔得清游伴，更買扁舟過洞庭。

元 王逢《梧溪集》卷二《同鄭遂昌山人張谷賢俞樵夫艤舟石湖登拜郊臺留題上方寺》 高秋木落紫嵐開，載酒登臨第一回。亡國不無西子恨，拜郊猶有僭王臺。上方樓閣中天倚，直北風雲幾日來。三老班荆話閒樂，石湖魚鳥莫驚猜。

元 王沂《伊濱集》卷一〇《石湖》 我愛湖上居，家家種楊柳。解識愁人心，門懸掃愁帚。

元 鄭元祐《僑吳集》卷五《春游石湖》 越來溪上水瀰瀰，閒驀鴟夷棹底風。暖霧黄消治平寺，燒痕青入館娃宮。笙歌作樂年年少，魚鳥關情處處同。吊古從來易興感，尚循華髮繫孤篷。

明 鄧原岳《西樓全集》卷六《强善長山人邀游石湖尋吳王故迹，同錢象先、彭興祖二山人，彭次嘉、朱善侯二太學，王房仲茂才分賦，得何字》 南風乍起水生波，十里平湖幽興多。茶磨山荒溪壑冷，郊臺草暖鹿麋過。天清野鳥聽歌舞，日暮江花醉綺羅。獨步蒼苔一懷古，洞庭浩渺柰愁何。

明 方鳳《改亭存稿》卷九《游石湖》 幾年寥落石湖游，此日重過趁麥秋。范老詩歌空滿地，吳王臺榭已荒丘。依依雲樹迷青嶂，渺渺烟波漾白鷗。風景不殊人易换，莫停瑶瑟醉清謳。

明 高啓《高太史大全集》卷五《與客攜樂游寶積山遂泛石湖》 雲山擁春郭，烟花漲晴川。看花入山中，諸峰恣攀緣。客吹玉管笙，合以金柱絃。清陰度碧嶂，松風助泠然。宛若鸞鳳吟，要眇入紫烟。行人盡矯首，響遏雲中仙。下山興未闌，相携更登船。虹收嶺外雨，鳥沒湖中天。嵐翠破夕陽，樓閣影倒懸。酒傾緑脂膩，鱠斫瓊絲鮮。獨恨無紅粧，清波寫嬋娟。微風吹帆緩，欲使歸途延。衆賓起歡呼，船返水漫舷。回艣掠寺過，楊柳山門前。此地有離宫，美人艶當年。羅裙罷春舞，草色餘芊綿。况我昔此游，冠蓋十里連。重來復誰在，新知滿中筵。人事既若斯，今古俱可憐。能游即稱達，何須問愚賢。我欲叫馮夷，捧月出海邊。醉後不歸去，相照船中眠。

明 葛一龍《葛震甫詩集·渡石湖》 風攪帆陰亂法幢，山懸塔影墮吳江。白鷗慣聽横塘曲，來往飛飛自一雙。

又《秋晚石湖作》 豁然十數里，一帆生雨西。蘋花如欲語，日暮不堪携。漁户偏新郭，僧田帶越溪。依依爲别處，橋畔柳陰低。

明 郭諫臣《鯤溟詩集》卷三《仲夏與客泛石湖》 白舫湖中飲，青山座上看。日光浮浪出，湖色入簾寒。遠市烟初起，深林雨未乾。故人同勝賞，潦倒厭微官。

又 卷四《中秋夜石湖舟中無月》 湖上通宵坐，中天月未明。孤舟虚夜景，萬籟自秋聲。竹葉沽還進，燈花剪復生。故人相對飲，潦倒不勝情。

明 黄淳耀《陶庵全集》卷一三《登石湖諸山》 春水渾無際，吳天總欲浮。花疏時近眼，柳弱不依洲。醒酒山風急，看碑野寺幽。提携佳侶在，吾豈負雙眸。

明 黄居中《千頃齋初集》卷四《夏日同姚叔乂、戴冠卿、林若撫泛舟石湖，遍游治平上方諸寺，拈得村字四首》 睠此丘中賞，泠然避俗喧。維舟紅蓼渚，放屐紫薇村。望遠亭堪借，憑高石可捫。上方吾欲到，不必待黄昏。

明 黄省曾《五岳山人集》卷一二《八月八日泛石湖一首》 山氣帶烟浮，湖波納雨流。樹梭鶯織曉，天字雁書秋。禮石參靈象，停磯并女牛。彌空縈柳色，隨處接芳游。

明 妙聲《東皋録》卷上《次韻游石湖五首》 闔閭城西佳氣深，青天翡翠斲千岑。臺荒不見麋鹿迹，日落空聞樵牧音。吴王宫殿絶壁下，隋朝城郭清湖陰。登高吊古意不盡，惟有沙鷗知我心。

清 曹寅《楝亭詩文鈔·詩鈔》卷二《石湖泛舟》 八月秋山畫不成，萬松梢上夕光清。獨來捲幔無人見，雲在澄潭着底行。

又 卷三《八月十八日夜石湖泛舟》 紫烟不見上方亭，已上青天玉彈星。一鼓金輪方躍出，醉身從此藉空靈。

清 查揆《篔穀詩文鈔·詩鈔》卷一七《五月六日，沈子逸招同爽泉泛舟石湖阻風，遂往支硎吾與庵訪性誠上人，爲設伊蒲饌并出示本師寒石所藏彭尺木梁山翁尺牘》 石湖烟水清，勝侣喚輕舫。迢遥楓橋南，飄風阻新漲。林心無定詣，鷗意忽改向。迴櫂尋支硎，論詩過文暢。寒泉喧竹籬，獨犬吠青嶂。自然物外情，相賞契微尚。本師極精修，佛海乃無量。以禪通儒書，千卷鬱在望。廓乎無彼我，焉能縈得喪。彭梁兩尊宿，斯誰善提唱。翁固大智慧，早現壽者相。山翁少日讓山爲畫小像，作衲子裝。老彭吾未見，法性殆相抗。亹亹寄柔翰，相與證真妄。因之撫縑素，褊衷藉自廣。如侍君子側，相形見佚岩。豈無佳冶游，游龍狎驚浪。蒲艾信芳華，菰蘆敢相況。美膳護世城，妙義祕密藏。歸途振靈襟，所獲殊已扨。

清 顧嗣協《依園詩集》卷一《九日石湖雅集次昌黎人日城南登高韻》 朝旭動林端，秋光山鳥弄。颯颯曉風吹，衣薄嫌微凍。令節固嘗心，天地爲我用。相招白髮翁，余忝忘年從。翩翩自越來，兩地詩人共。放舟出中流，四面青山送。縈纜石湖邊，湖水清見葑。明月落空杯，歌聲入雲縱。夜游良有以，人世苦倥傯。後會不須期，慎始吾道重。

清 顧宗泰《月滿樓詩文集·詩集》卷九《木葉集·中秋後三日陳生雪岑、盧生梅嶼携舟邀游石湖，晚泊楞伽山下，登石湖草堂作》 翠微深處足清游，蘭棹初停杜若洲。遠岫籠烟千樹夕，晴湖涵月一天秋。却憐參政留芳野，豈問鴟夷逐去舟。最好溪川亭畔路，人來説虎與盟鷗。

清 洪亮吉《更生齋集》卷三《石湖串月歌》 東橋月，西橋月，碧玉玲瓏串成玦。前石湖，後石湖，星點曆落鋪成珠。珠光初稀月光膩，倒影射天天作地。全湖何止波影涼，江海蒼茫貢清氣。謫仙我本天上來，曾向桂闕時裴徊。最清涼夜最圓月，不飲亦可傾千杯。一更延回至二更，天水與月初分明。吴孃雙槳捷如馬，一一儼向空中行。簫聲隱隱墮閣頭，帆影紛紛出湖口。君不見星光月影何零亂，玉忽同殊結成串。三更歸夢過虎邱，十里水光飛不斷。

清 華希閔《延緑閣集》卷一二《暮春同何義門太史游石湖》 緑陰暗郊甸，萬物欣榮滋。良辰縱登臨，勝侣相招携。揚舲出横塘，數部奏黽茲。絳萼耀陽陂，緑楊冒清漪。修虹跨漭泱，雲飄互爭馳。褰裳陟危磴，選勝坐屢移。循巖歷上方，捫碣猶隋遺。鬱盤無數峰，滴翠含遠姿。徐侯豁達賢，萬頃澄襟期。快論起玄渺，高情數追隨。風林僧磬落，夕渚漁烟吹。戀賞興未盡，晤言愜所宜。展席諧故歡，月出湖山奇。歌聲闐闠近，燈火侯歸遲。

清 黄中堅《蓄齋集》卷一六《有言將以石湖作西湖者感而賦之》 西湖風景天下無，真宰巧搆真畫圖。若使人工粧點得，柳堤索寞無顔色。吾蘇石湖可漁釣，豈堪彷彿西湖妙。辟如西子本天生，東施效顰徒貽笑。山川佳勝各爭雄，造物出奇何無窮。匠石臨摹縱神似，亦嫌意象多雷同。六龍頻歲歌時邁，勾吴於越齊瞻拜。虎丘宫樹六橋船，兩地流連最心快。無端乃有兩西湖，習見不鮮何爲乎。若慮聖躬勞跋涉，祗應築鑿在皇都。楊云今樂府何愁不傳。

清 李紱《穆堂類稿》卷四《春晚雨泛石湖同陳彦瑜》 野芳無主亂風吹，雲濕難飛貼岸垂。小艇裝來春幾許，就中穿破雨絲絲。

清 李宏《戢思堂詩鈔》卷下《由石湖至靈巖》 朝飲石湖水，暮倚靈巖松。清境歷幾許，縈紆山數重。波明天與接，雲定樹爲封。四布煦和令，東風扈六龍。

清 厲鶚《樊榭山房集》卷七《自石湖至横塘二首》 楞伽山頂

逕雲堆，噤痒桃花出廢臺。萬頃吴波搖積翠，春寒來似越兵來。

清 厲鶚《樊榭山房集·續集》卷四《月夜渡石湖》 斗柄倒插吴江濱，三萬頃外秋無垠。楞伽山影混空碧，胥口月光流水銀。十幅帆從天上渡，一星火識蘆中人。世間嚜夢那得到，寒塘露下添衣頻。

清 梁逸《紅葉村稿》卷二《石湖醉歸》 石湖夜泊湖水長，蒹葭兩岸芙蓉香。珠簾高捲浩歌起，美人羅袖隨風揚。銀河清淺露初下，滿空列宿光煒烟。我行擊棹不知醉，歸來月在天中央。

又 卷三《石湖春泛》 東風吹客袂，吟眺石湖邊。水遠帆聲疾，天空塔影懸。僧歸治平寺，人立洞庭船。爛醉梅花下，春晴又一年。

又 卷四《石湖看月晤張方瓢志別二章》 行春橋畔石湖邊，共話相思一黯然。憔悴梁鴻非舊日，風流張緒自當年。燈光十里初回月，絲竹千群直沸天。此際更憐珍重別，望君真是挾飛仙。

又 卷六《石湖竹枝》 誰唱吴歈處處聞，磨磐山下日初曛。一行水鳥過湖去，七十二峰多白雲。

清 劉鳳誥《存悔齋集》卷一五《石湖觀串月行》 海東明鏡不照水，中秋肯閉蟾蜍死。滿天星斗自破碎，玉盤深藏龍窟底。誰從萬丈探元珠，金精水氣涵有無。長虹駕空望縹緲，燈毬一出千人呼。千人呼呼，串月何處。清歌舫中發，嬌女低鬟坐兩頭。上下衝波緑烟滅，金絲弄鳳凰，玉管吹鴛鴦。豪家上座劇笑樂，一吸何止千百觴。晶簾明煌紫燄映，縱有皓月令無光。但問今夕是何夕，勸儂莫怨秋夜長。秋夜長時悄風露，窄褒依依怯紈素。醉客旋聞城鼓歸，美人移舟不知處。罷歌頓嘆歡未足，隔岸何來夜深哭。老農翁媪各抱頭，云是秋租無粒粟。迺知今宵匪無月，清輝不向綺筵逐。眼見越宿月復臨，萬象都歸一圓玉。不信請看光明燭，尚照逃亡小家屋。

清 劉嗣綰《尚絅堂集》卷三四《上元夕偕賓谷丈泛舟石湖登天鏡閣》 石湖渾似鏡中過，湖上風光漸緑波。邨鼓不圓烟月冷，寺燈先落水風多。原知勝地宜畊讀，且放新年入嘯歌。浄業合從居士證，楞伽清梵夜如何。

又 卷三五《立春前一日舟過石湖棖觸春游惘然獨醉》 湖風瀟瀟落篷響，湖上行人罷來往。山前老鶴邀叩門，一年一斷梅花魂。梅花何早客何暮，濛濛飛白江南路。玉壺且買船頭春，明朝非復今年人。

清 樓錡《于湘遺稿》卷二《茶塢雨中招游石湖》 楞伽山下雨霏微，春盡餘寒戀祫衣。珍重故人留客醉，歌聲低壓水雲飛。

又 曾聞湖上采香蓴，空羨沙頭釣紫鱗。彷彿文家圖畫裏，緑蓑青笠過橋人。

又 載將茗椀與吟牋，消領江南櫻筍天。烟雨緑波移櫂去，安知不是石湖仙。

又 一春縱酒百千場，況是閑身在故鄉。只恐他年忘不得，畫船絲竹過橫塘。

清 羅天尺《癭暈山房詩删》卷一《秋日葉介如諸子過石湖觀菊花石分賦》 湖峰削不成，及此清秋況。喜有探奇人，十里凌泱漭。選石何紛綸，玆懷乃和暢。昔聞太華峰，蓮花生其上。一一拔雲根，兩兩勾陳向。拳石足争奇，微霜射重嶂。中現雪菊英，離披不一狀。我近三徑荒，愛此敦微尚。撫玆文理姿，亦復增惆悵。物病在有文，抱璞無真償。吁嗟太古心，籬東自偃仰。

又 卷六《春晴卧病癭暈山房，喜梁東巖、陳東白、佘兼五、陳宕侯四公過訪，因陪游石湖》 病多憂委頓，新鳥唤晴林。客自長松人，言尋曲澗陰。青陽遍芳草，白日垂幽襟。吾意復何有，當軒鳴素琴。

清 毛曙《野客齋詩集》卷三《八月十八夜石湖泛舟》 白月光於畫，澄湖静不波。人稠緣岸窄，燈爛較星多。霧護層巒樹，風傳遥渚歌。蘭橈回更復，良夜肯輕過。

又 卷四《游石湖作六月十五日**》** 盛夏苦鬱蒸，不易際斯日。虚凉宛清秋，御夾猶蕭瑟。向晨蕩葉舟，托迹烟波術。林茂鳥語喧，江漲濤聲疾。薄雲翳朝暾，細雨乍疏密。遥遥造石湖，列岫環湖崒。天然妙圖畫，絶類米家筆。萬象盡含烟，溟蒙不可悉。良朋素忘形，諧笑互促膝。興會一舉觴，維量無科律。開霽倘可期，更擬凌崒嵂。

清 潘奕雋《三松堂集》卷一《舟泛石湖菜花甚盛》 出郭香風來，扁舟漾渺瀰。石湖風景佳，況乃逢明霽。白日照平田，黄花舒錦麗。

雲光變陰晴，嵐翠互明翳。側景下遙岑，游蜂惹衣袂。

又 卷九《石湖謁范文穆公祠》 巾幘曾聞慕遠夷，洞霄再領已衰遲。早拌生死扶孱主，却卷經綸入小詩。古渡放船懷病起，公有病起出關傍，漕河望楓橋。横塘即事咏景之作，横塘古渡横塘橋牓題也。上方山名蠟屐想花時。湖光嵐翠猶堪咏，太息何由操几隨。

清 彭啓豐《芝庭詩文稿·詩稿》卷一一《七夕後一日同人招游石湖》 浮舟西郭外，一鑿石湖秋。塔聳楞伽寺，橋横笠澤流。柳陰猶宿鳥，漁網不驚鷗。參政名常在，磨崖兩字留。

清 彭孫貽《茗齋集》卷五《石湖》 問棹黄花後，歸丹緑水前。石湖烟月滿，孤負載花船。

清 彭藴章《松風閣詩鈔》卷三《澗東集·八月潮日泛舟石湖次葦間叔父韻》 古塔楞伽地本偏，高吟重此袂相聯。水天放棹延新賞，烟雨憑欄説舊年。一鏡湖光臨傑閣，登范公祠天鏡閣，千潭月影載輕船。留人桂樹還開徑，得句秋風欲滿川。香火荒祠今寂寞，笙歌畫舫自喧闐。耆英會裏追陪慣，眞率齋中去住便。潁上泛舟懷散誕，山陽聞笛意纏綿。誰知題硯詩成後，叔度汪波竟渺然。同社復翁丈新逝。

圖表

（崇禎）《吴縣志·圖·石湖圖》

文湖

綜述

（光緒）《汾陽縣志》卷二 文湖在縣東十里。《水經注》云：文水南逕兹氏縣故城，東爲文湖，東西一十五里，南北三十里。世謂之西湖，在縣直東一十里，湖之西側，臨湖又有一城，謂之潴城，水澤所聚，謂之都，亦曰潴，蓋即水以名城也。自北魏之西河郡治兹氏城，唐上元以後又以西河名縣故陂地，唐謂之西河泊，宋則謂之西河濼。《元和郡縣圖志》：汾州西河縣文湖一名西河，泊在縣東十里，多蒲魚之利。《宋史·河渠志》：熙寧元年正月復汾州西河濼，濼舊在城東，圍四十里，歲旱以溉民田，雨以潴水，又有蒲魚茭芡之利，可以給貧民。前轉運使王沿廢爲田，人不以爲便。至是知雜御史劉述請復之，明謂之潴城濼。

又 文湖因文水得名，蓋起於晋及北魏之世。前後文水往往不及，至是已入汾川，而文湖所匯汾陽西山之水，自洩於汾。故宋謂之西河濼，以西河縣名之也。明謂之潴城濼，以陂側之城名之也。若《水經注》言：世謂之西湖，則又以陂在文水西得稱。後人引《水經注》，改湖爲河，以證此地古名，西河因乎是謬矣。明萬歷四年，分守冀南道張士佩令治渠堰，俾得宣洩。孔天胤碑記云：濾濵公以布政左參政分守冀南，開府於汾。下車省方，問民疾苦，則得水之所以爲利害。義安里有潴水一區，曰潴城濼。其濼西北受張堡河十八澗之流，東南隔汾河二十五里，匯不得輸。天雨暴漲則瀰原淹野，敗壞民田，凡七里十一村，旱則無補於溉。公乃察河壖之紆直，相水維之弦緩，畫方略定準裁，下令鑿渠增堰，自濼頭起，逕通河口。渠長九千二百五十步，闊四丈，深五尺，堰高七尺，兩堰基各闊一丈，收頂各六尺，渠高連堰，共深一丈二尺。渠有長，長有夫，其力用里畮之民，其易買渠地與犒勞工役，用公府之粟。由是數百年淤滯之陂，一朝通理，委輸而會之川渠，以衍滂堰，以禦衝計，民得安好，腴田二萬二千四百畮有奇。久之渠水充積，猶足以資灌注，而退灘之餘，又倍利秔麥。《汾陽縣志》云：潴城村一帶舊係文湖，深一丈，長十五里，闊八里。文峪河及隱泉諸水皆入而匯爲水澤，千頃稻梁，莫不待灌，而窮民網罟亦資鮮食，《文湖神廟記》迄今可考。嘗見東南水利甲於天下者，以割田爲湖，旱則蓄之，潦則洩之，雖有凶灾，而民不困。西北之水則又貴蓄，而不貴洩。文湖當時納而不吐，故得常盈不涸。金大定間，濱湖居民浚渠入汾，太守傅公慎徽力爲嚴禁守，去終引而注之，耡以爲田。無論傍湖膏腴多旱暵之虞，皆變石田，即此地亦惟旱年可熟，略有霪霖，輒致淹没。但知窪地可田，而不知餘田失水也。但知低田可耕，而不知凶年賠累也。今欲全浚爲澤，勢必不能當法割田爲湖之意。規其半以蓄水，導上流會納，而勿使通於汾，其所鑿地賦均攤於傍湖之田畮，庶幾稍免賠糧之害，而實獲積水之利矣。但愚民當被灾之時，或亦願行而當收獲之年，遂忘貽害。

傳記

（光緒）《汾陽縣志》卷四 傳慎徽大定中知汾州，州東十里有西河濼，即古文湖。圍四十里，歲旱以溉民田，雨以潴水。宋時轉運使王沿廢爲田，熙寧元年御史劉述因民不以爲便請復之。至是有欲涸以爲田者，慎徽力爲嚴禁，及代去，後卒廢。濼耕種其中，自是傍近之田多旱暵之虞，而濼地本污下，遇雨久，輒致淹浸。

紀事

清 曹錫齡《游潴城文湖記》《湖海文傳》卷三八 乾隆乙卯五月十九日晨，興出太平門，辰刻小憩陳家莊王壯橋。橋有明正統年所建碑，言：宋時土豪王壯號攔街虎者，狄武襄公青除其害，内以名橋，寓垂戒之意。今俗名王莊，蓋傳寫之誤也。又數里憩於義安村三賢祠，祀卜子夏、段干木、田子方，中有金大定年同知汾州節度使雷志所撰碑，正書，惜下半已漫漶。稱汾州軍者，金沿宋制，明萬歷二十三年改汾州爲府，倚郭始設汾陽縣，前此爲兹氏隰城西河縣，而未有汾陽縣名也。過義安，積水瀰野，徘徊於文湖神祠者久之。碑文亦雷志撰書，石泐不可卒讀，大致與汾陽縣志藝文所載者略同。碑稱此魏文侯故地，隋王通之，所居志皆闕焉。又有明給事中張第元碑及康熙間舉人趙日昌碑，皆紀重修事。旁一石碣光可鑒，影扣之聲清以越，亦奇迹也。夫文湖滙文峪河及隱泉諸水，宋謂之西河濼，以西河縣名之也。明謂之潴城濼，以陂側之城名之也。興廢有時，滄桑屢變矣。嘗考東南水利，每割田爲湖，旱則蓄之，澇則洩之，雖遇凶灾，而民不困。文湖當時納而不吐，故得常盈不涸。雷志碑言：大定間濱湖居民浚渠注汾，太守傅公慎徽禁之甚力，守去終引而注之，剿以爲田，無論瀕湖高腴多虞旱暵，即湖地亦略有霪霖，輒致淹沒。但知窪地可田，而不知餘田失水也。但知低田可耕，而不知淫雨爲害也。今欲全浚爲澤，勢有不可，宜仿割田爲湖之意，規其半以蓄水，道上流及馬寨諸水注焉，庶幾水有攸歸，而旱乾有備，即湖以北諸村俱免水患。明孔文谷先生曾爲分守冀南道張公士佩紀治渠宣洩事，近年太守孫公和相亦言計豁糧地若干頃，晦民失其業，宜規畫奠安，所著治汾説甚詳，蓋湖去汾河二十里有湖，以爲汾之陂湖，治則汾亦治，正得《禹貢》九澤既陂之遺意。潴城西二里許爲陸運莊，相傳宋之問故里多魚蒲之利，志言唐令狐楚碑在湖側，淹沒已久，冀一遇之不可得。俯仰之間，過晡時，食何家莊，坐談太平橋，忽雷雨從西北來歸，已向夕矣。同游者爲司佑湯、李果亭兩同學，從叔父世傑，弟申之、佑之及余六人云。

雜録

元 雷志《文湖神祠記》（成化）《山西通志》卷一四　大定癸卯十一月，僕祇命佐治是邦。下車之始，詢其故實，閲視圖經，此魏文侯之舊地。壯哉山河之固，魏國之寶，正謂此也。田子方、段干木、卜子夏之隱洞存焉，漢之所謂股肱郡也。疏屬之，南汾水之曲有先人弊廬在，可以避風雨，有田可以供饘粥，此隋大儒王通之所居也。其俗淳儉，載在於詩，今在并晉最爲甲。郡城之西北有石鼻溪、賀虜諸泉，碾磑連絡，灌溉百有餘里。其碑令狐楚辭，董叔經書，文翰妙絶，亦一郡之奇迹也。人無知者，城之東北東南有湖三處，此文湖特其一焉。深一丈，長十五里，闊八里。酈元注《水經》云：水南經玆氏縣爲文湖濼，沿波討源，其來遠矣。自孝文山縈紆疏流，文谷經子夏山東來，約三百餘里，至此爲大泊。因而名之其湖，流溢分派二湖，曰眞稽，曰玄象，皆子湖也。鱗介游泳於中，鷗鷺翔集其上，暨四山通氣，升則致雲，降則爲兩。菰蒲藏丹，蓮芰映水，汪洋浩渺，氣象寧葱，與笠澤洞庭之景無以異也。鄉之民貧者網釣肓，其生老者魚稻養，其命皆賴湖之利亦大矣。此大河之東地處高阜，岡巒丘堞，綿亘相接，其土磽燥，陂澤盖少焉。獨此一郡富有澤濼若江鄉，然實一方勝觀也。湖碑亦令狐楚所製，後至崇寧間，汾水泛漲，失其所在。大定間濱湖民居，利其耕墾之饒，遂相率殘渠引法，注流入於汾水。太守傅公慎微者，博雅士也，力拒而禁之，爾役秩滿，遂相扇復其前功，後政俗吏因循，苟竊不禁，終引而注之，今遂涸焉。但覩其平疇麥浪，綠野雲屯，涼風遠至，苗葉懷新，農家田父之趣具矣。向之所謂江卿之景者，一無有焉。然而湖之神宇尚在，四時祠祭，每有水旱，祈而即報，民獲其慶，享此一邦之血食，宜矣。但年歲悠遠，寖成荒圮，殆不蔽風雨，鄉民父老乃相謂曰：若不重加修崇，建碑記實，愚後來不知有此湖之號也。遂鳩工度木，制度一新，泓敞松栢植列，神像儼然，望而畏之，使後人登此堂翫此碑者，庶幾不至堙滅。適有佛家子法温，隰川大也，巡禮於此，有鄉社耆德屬温請記於予，予拒之。至于再三懇求，重違鄉民之願，遂爲之序。直書其事，刻諸琬琰，用水其傳，大凡物興廢有時，殆非人力所能。傳曰：高岸爲谷，深谷爲陵。後郡有賢守，命塞欒邅流，使水留積於故，明神幽賛，安知其不復爲澤國進舊貢焉。

（成化）《山西通志》卷二　文水源出石州方山，流入交城縣界榆城龍門山，至文水縣西北，合文谷河，流經汾州城東南，名文湖。其二子湖，一名眞稽，一名玄象。《水經》云：文水出大陵界西文谷，即此水也。又名萬谷河，東入汾，其在交城，引爲甘泉，渠在文水引爲常稔。

又 卷五　文湖神廟在汾州東北文湖堤上。

五湖

論説

明 駱問禮《萬一樓集》卷五五《五湖》 說者謂太湖即震澤，亦名具區，即所謂五湖，非太湖之外有四也。然《周禮》職方氏所掌，東南曰揚州，其鎮曰會稽，其澤藪曰具區，其川三江，其浸五湖若具區，即五湖不應兩言之，豈具區在五湖中，而五湖則不盡於具區耶？抑別有具區，古今地勢，滄海桑田，不可考耶。何尚書公喬《新集注》謂：五湖，彭蠡、洞庭、巢湖、太湖、鑒湖也，豈湖本有五，而太湖居其一，亦得稱五湖耶。又曰：具區今在蘇州府，明兩言之矣。今東南江湖甚多，古今言議各有所指，恐不可執之以爲必不可易也。

明 徐應秋《玉芝堂談薈》卷二三《五湖》 五湖之說有二，《周禮》：揚州其浸五湖，范蠡云與我争三江五湖之利者，非吳耶。《史·河渠書》曰：於吳則通渠，三江五湖。《貨殖傳》曰：夫吳有三江五湖之利，太史公自叙曰登姑蘇望五湖，此五湖者，即具區也。其派有五，故曰五湖。一名震澤，一名笠澤。張渤《吳録》云五湖者太湖之別名，按太湖在湖州府城外十八里，介于烏程長興之間，其大三萬六千頃，東西二百餘里，南北一百二十里，周五百里，西北極於宣常，東北極于蘇湖，盖浙西苕霅與臨安廣德諸水散出，凡七十二溪，奔海不及，則渟蓄於湖，道三江入海。《禹貢》謂之震澤，《周禮》謂之具區，《左傳》謂之笠澤，其實一也。雖環繞江南數郡，其以之名州，則獨吳興爲善。義興記：太湖、射湖、貴湖、陽湖、洮湖爲五湖。酈道元《水經注》謂：長塘、湖射、貴湖、上湖、滆湖、太湖爲五湖。《吳越春秋》：五湖，貢湖、游湖、胥湖、梅梁湖、金鼎湖。韋昭曰：胥湖、蠡湖、滆湖、洮湖，并太湖五。張守節《史記正義》云：菱湖、游湖、漠湖、貢湖、胥湖，皆太湖東岸五灣，爲五湖。虞翻云：太湖水通五道，謂之五湖。東通長洲、松江、南通、嘉興、韭溪，西通宜興、荆溪，北通晋陵、滆湖，西南通嘉興、韭溪。陸魯望云：太湖上禀咸池，五星之氣，故一水而五名，其名大同小異，皆《禹貢》之所爲震澤也。王勃文襟三江而帶五湖，則總言南方之湖。洞庭一也，青草二也，鄱陽三也。彭蠡一名宫渟湖，即《禹貢》滙澤四也。太湖五也。

綜述

明 徐樹丕《識小録》卷一《五湖》 吳中五湖，曰菱湖，曰莫湖，曰貢湖，曰胥湖，曰游湖。五湖之外又有三小湖，曰梅梁湖，曰金鼎湖，曰東臯里湖。而吳人稱謂則總曰太湖，云按曆代所記不同，是則《震澤編》所記。一說太湖三萬六千頃，共五百里，故謂之五湖。

明 費元禄《甲秀園集》卷二七《五湖記》 去邑四十里爲橫林，橫林余家發祖地也。東北上十里爲湖上，又五里爲烈橋，文憲公卜居之，清湖公始遷而得湖上。云湖上以中具五湖而得名也，惟是族姓既衍，子孫蕃殖，橫林隘而不任，我疆土受命於先公，始遷者旁河口僅二三家，自清湖公始宅，閱世而百而千，遂當成邑成都焉。夫天有五星，地有五岳，畫地而占俯仰，得乾坤之徵。應固亦星岳之垣，安居之極也。乃今聚廬者七十年，德茂存乎四世，户口動以千計，人文則絃誦，門闌則修禮，溷極而流，此五湖之勝也。五湖，白鶴蟠其南，鵝湖峙其東，九陽障其北，章巖、赭亭蔽其西，而長河繞帶，龍門闕據丘閒相因，林莽相望，屋後植松數百株。天風既濟，松濤乍起于喁，時乘粲若朝霞，錯若列繡陰，若紺陽，若朱流，若碧凝，若紫貝，若月濸，若璧鋭，若圭。折如磬螻，伏如龍蛇，不湍不瀨，不瀨不涸，暗與龍門、長河相應。若潮汐名山大川，宏麗巨敞，邑自不乏。要以紆錯，采秀空明，小人有懷，不忘此土，故清湖公遷此隩區也。形家之言曰：邑靈山自西北来，南揭鵝湖，略九陽而繞也。蜿蜿成龍，蟠踞郭北，則障然，水滙而爲龍門五湖，於南山下余家窟處，其中實一都之勝概焉。其方負癸趨丁，其佐在寅，翊在坤申。癸者天發，丁者文明，寅則東秀，而坤申則傳厚悠遠申命之象也。水德於是乎王矣。余乃考五湖之名，而列之以志，其勝云東爲岑湖，馬鞍山在南，去劉林三百餘步，其浸百頃，周以原田多水草，魚育焉。天宇澄霽，錦林如雕，靈山如黛，倒影其中。其上則阡陌，條暢坦迤。西爲葉湖，湖上望童巙如頳魚，張鬐鼓浪而出，達余西園。五百餘步長，七十頃有奇，多藻荇鳧鷺，及鵁鶄之類，然不育魚，育則鰕鮔爾。湖上道狹尺餘，其水澄，其色碧。北爲後湖，沿堤多桃花褷蒔、芙蓉、榆柳，去松林二三十步，滙澤二百餘畝。南北各有家，其水甘美多魚，有楓林蔽翳。出抵九陽、長河里許，則太保廟，爲之限矣。南爲清湖，白鶴峙其上，有重峰秀發映水中，如我眉清澈，深不測，多巨魚。西有堰如堤障，一石梁跨其上，瀉之與大河通，旁多水箭竹枝，有紅蕖荇藻，昔有漁，且墮網没入，見蛟龍窟宅，後相戒不敢漁。其地每夜生光怪則雨，徵中爲官湖，其水深涇泓瀠，而色獨黝。當以夾岸榆楊楓柳、落葉積漬，所成九拆紆，渺水光上下，掩映門第，甲秀踞其上，黿采踞其東，而佳木繁陰，多白鳥翠羽，鳧雁唼喋，魚大者可五六十斤，修廣二三百頃，甲諸湖。臨湖有樟樹，可三四十圍清湖，公手植之物。公嘗刳木蘭，賓朋宴集其中，有詩紀盛焉。黿采氏曰：天下之大水，百三十有七，此五湖獨非水哉？《周官》存藪澤之略，《爾雅》開崑崙之端，皆是也。五湖於余家爲始遷，地因其形勢而建宅，樹廟亭榭園圃，綿綿勿絶，是烏得無紀哉？伯益之覽疏姒，禹之告成，桑鄘之括，纂彼皆測之，八表六合之廣，余安能知之？若以耳目近玩狀寫此土，指核遷徙，探世德之源，驗五德之合，則五湖略舉之矣。

紀事

明 王鏊《震澤集》卷一五《五湖記》 吴郡之西南有巨浸焉，廣三萬六千頃，中有山七十二，襟帶三州，蘇、湖、常也東南諸水皆歸焉。其最大者二，一自寧國、建康等處入溧陽，迤邐至長塘湖，并潤州、金壇、延陵、丹陽諸水會於宜興以入，今寧國、建康之水不由此矣。一自宣歙、天目、諸山下杭之臨安、餘杭、湖之安吉、武康、長興以入，而皆由吴江分流以入海。一名震澤，書所謂震澤底定是也。一名具區，《周禮》職方氏其澤藪，曰具區；《山海經》浮玉之山北望，具區是也。一名笠澤，《左傳》越伐吴，吴子禦之，笠澤是也。一名五湖，范蠡乘舟出五湖口，太史公登姑蘇望五湖是也。五湖者，張《吴録》云：周行五百里，故名虞仲翔云，太湖東通華亭，松江，南通烏程、霅溪，西通義興、荆溪，北通晉陵、滆湖，東連嘉興、韭溪，水凡五道，故謂之五湖。陸魯望云：太湖上稟咸池五車之氣，故一水五名，然今湖中亦自有五湖，曰菱湖，莫湖，游湖，貢湖，胥湖。莫釐之東，周三十餘里，曰菱湖；其西北周五十里，曰莫湖；長山之東周五十里，曰游湖；沿無錫老岸，周一百九十里，曰貢湖；胥山之西南，周六十里，曰胥湖。五湖之外又有三小湖，夫椒山東曰梅梁湖，杜圻之西、魚查之東曰金鼎湖，林屋之東曰東皋里湖。而吴人稱謂則惟曰太湖云。

藝文

宋 劉克莊《後村集》卷二八《扁舟五湖》 種蠡功名士，吾評蠡最優。五湖足春水，一葉寄扁舟。變姓乘單舸，翻身退急流。千金徒鑄象，萬里孰馴鷗。震澤鱸堪膾，蘓臺鹿已游。君王既稱霸，求盡沼吴謀。

宋 喻良能《香山集》卷一四《題泛五湖游東山圖》 陶朱西子功名後，安石東山隱遯初。畫圖三挹春風面，豁得平生俊氣無。

元 方回《桐江續集》卷二六《五湖空濛圖》 五湖之水何冥冥，五湖之山何青青。烟雨空濛寄絹素，吾聞善畫不畫形。畫山畫水畫烟雨，界畫點綴分秤星。寓意托興有所主，人品高絶名芳馨。斗牛分野古彭蠡，橘柚包貢今洞庭。史傳同異不可攷，青草丹陽兼官亭。諸老英魂可招否，亡吴霸越携娉婷。三致千金變名姓，槖裝恐帶戰血腥。陸龜蒙，張季鷹，無功可上彝鼎銘。江湖粗有蓴可羹，何必石崇齏韭萍。滿身花影醉歸夜，何必涯訓居朝廷。三高之中去一高，似於人物太渭涇。鴟夷子者非我侶，焉得張陸二高復起，與我共揚舲。

元 楊維楨《鐵崖古樂府》卷三《五湖游》 鴟夷湖上水仙舟，舟中仙人十二樓。桃花春水連天浮，七十二黛吹落，天外如青漚。道人謫世三千秋，手把一枝青玊虬。東扶海日紅桑樛，海風約住吴王洲。吴王洲前校水戰，水犀十萬如浮漚。水聲一夜入臺沼，麋鹿已無臺上游。謌吴歈舞吴劍招，鴟夷子狎陽侯。樓船不須到蓬丘，西施鄭旦坐兩頭。道人卧舟吹鐵邃，仰看青天天倒流。商老人橘幾奕東，方生桃幾偷，精衛塞海成甌寰。海盪卭山漂髑髏，胡爲不飲成春愁。

元 楊載《楊仲弘集》卷二《送方韶父先輩游五湖》 蕭蕭垂素髮，渺渺泛滄波。過眼江山好，離家日月多。詩名終不朽，世事復如何。一往五湖上，蒼茫問釣簑。

明 程于古《落玄軒集選》卷八《五湖》 但見五湖水，不識五湖心。悠悠千古烈，長嘯與浮沉。

明 黃省曾《五岳山人集》卷一二《初泛五湖二首》 大闕帆輕掛，東山日浩臨。蛟龍蟠地穩，波浪際天深。少作楊泉賦，遐生范蠡心。相風無不可，寒色對孤吟。

又 卷一六《新購亡室墓域名鳳凰山在五湖之濱一首》 山妻十載無黃土，始得金錢買嶠壚。拔俗不愁松櫝僻，飛冥宜託鳳凰孤。平生抗意唯三島，長夜歸骸合五湖。草郭尚傳梁處士，鄭鄉何必念荒蕪。

明 田藝蘅《香宇集》卷七《游玄妙觀過天寧寺登飛英塔絶頂晚望五湖》 紺宇丹丘次第過，飛英重塔鬱嵯峩。自憐使足登臨健，誰信諸天歷覽多。卞嶺雨餘銜落日，具區風急漾晴波。何由去逐玄真子，西塞山前卧緑蓑。

明 文洪《文氏五家集》卷九《五湖》 浪接五湖天，澄波凝紫烟。蒹葭明遠溆，鷗鳥下平川。吟玩天隨句，虚無范蠡船。一罇消日月，彷彿御蓬仙。

清 胡敬《崇雅堂詩鈔》卷三《仿曹堯賓游仙詩分得少伯攜西子泛五湖留别文種》 萬頃烟波一釣徒，别君從此老菰蒲。偶扶烏喙成新越，重載蛾眉入舊吴。此去不憂生計拙，再來還見故人無。酬功寄語金休鑄，王占三江我五湖。

清 沈景運《浮春閣詩集》卷二《題五湖泛舟圖》 紛紛楓落白雲限，水濶天空眼界開。七十二峰波浩渺，秋光悉載一舟來。

又 卷五《五湖寒望》 五湖廣矣漲瀰漫，放艇渾疑畫裡看。極目千村楓色麗，晴天十月鏡光寒。玲瓏橘柚饒佳景，浩蕩烟波愜大觀。匝地具區三萬頃，峰巒無數水雲寬。

清 王鉞《世德堂集》卷四《五湖》 五湖烟雨一扁舟，更有麗人在上頭。不是功成嫌主忌，此生消受也應休。

清 項樟《玉山詩鈔》卷四《五湖舟中》 鎮日車馬勞，幸此舟行逸。波澄翠帶長，村遠人語寂。簿塵飛不到，宛似波間客。展卷風露清，不復知炎劇。飯罷偶圍碁，丁丁日將夕。

清 袁棟《書隱叢説》卷一二《扁舟五湖》 范蠡扁舟五湖，以西施自隨。劉孟熙謂載籍無所考，按《墨子》曰西施之沉其美也。吴越春秋逸篇云吴亡後，越浮西施于江，令隨鴟夷以終，鴟夷謂子胥也。范蠡亦號鴟夷子，故誤耳。杜牧之詩曰：西子下姑蘇，一舸隨鴟夷。後此則蘇子瞻詩云：却遣姑蘇有麋鹿，更憐夫子得西施。高季迪詩云：載去西施豈無意，恐留傾國更迷君。遂紛紛矣。或云沉于五湖，非溺之也，謂沉淪而不出也。

五姓湖

綜述

清 顧祖禹《讀史方輿紀要》卷四一 五姓湖，縣南三十五里，亦曰五姓灘。灘旁爲五姓村，湖因以名，即涑水姚暹渠經流所鍾之地也。《水經注》：涑水經張楊城東，又西南，屬於二陂。東陂世謂之晋興澤，東西二十五里，南北八里。西陂一名張澤，或謂之張楊池，東西二十里，南北四五里，西北去蒲坂十五里。五姓湖當即兩陂之餘流矣。

清 周景柱《五姓湖記》（光緒）《永濟縣志》卷二〇 永濟、臨晋、虞鄉間，縱廣環回可數十里。古者所謂張揚之池也。其稱五姓，不知始何時。或曰昔湖中有五姓漁者，人因以名云。余少讀《漢書》，曹相國與淮陰侯信攻魏將孫林，遬于東張，未識其地何所。後讀《水經》及注，始知爲涑川所經。因考地志：湖接桑泉，帶刳首，面中條，空浮翠涵，景象多有，往往想見其處。乾隆壬申，自寧武移守來蒲，以事往臨晋，因得至湖所。臨晋人云：前時環陂皆樓閣亭館，雜樹桃李，丹綺照耀，酒帘歌箏，游者簇集，波光渺瀰，吞漾雲日，烟艇往來，泛狎鷗鷺，光景良勝。今湖就涸者久，佳賞麗矚，曩昔殊異。惜予之不及見，然漪吹練縈，猶足悅心目，曠志趣。蓋山西諸郡多叢山廣原，陂澤川池所在鮮少，一日得此，江鄉之思悠然自生，予之所以流連於是矣。至明年，而水之涸者復生，又明年，方有事，涑姚之渠遂并湖浚之。浩淼瀰望，浮碧無際，湖中有堤，橋影參差，樹色映掩，行人往來，儼若圖畫。湖先多魚，自既涸，而民失網罟之利。及是水日益盈，魚亦日愈衆。癸酉之冬，罛師棹入者，舟數十，比甲戌已百餘。今年乙亥，且二百，蓋合臨晋、虞鄉、永濟三縣之人皆往焉。四方諸郡或先賦以金，而後償魚，計其利，歲可數萬。夫陂毀鴻却，黄鵠託歌，練湖既復，權傳丹陽，蓋民之畏奪其資而喜得其獲也。《左傳》言：衛文公元年，三十乘，季年，乃三百乘。今湖魚之羨有似於此。予又以喜其利之無窮，若夫移畫舫，泛清泠，擥蒲荷之芬芳，狎鳧雁之翔泳。太守得以官政暇餘，與邦人相羊其際，既以快其觀娱，且得以利及民者，美是湖而爲蒲人慶，尤有樂乎此也。乃爲之記。

清 胡天游《石笥山房集·文集補遺》卷一《五姓湖記代蒲州守周景柱**》** 湖當臨晋、虞鄉間，縱廣環迴可數十里，古者所謂張揚之池也。其稱五姓，不知始何時。或曰：昔湖中有五姓漁者，人因以名云。余少讀《漢書》，曹相國與淮陰侯信攻魏將孫林，遬于東張，未識其地何所。後讀《水經》及注，始知爲涑川所經。因考地志：湖接桑泉，帶刳首，面中條，空浮翠涵，景象多有，往往想見其處。乾隆壬申，自寧武移守來蒲，以事往臨晋，因得至湖所。臨晋人云：前時環陂，皆樓閣亭館，雜樹桃李，丹綺照耀，酒帘歌箏，游者簇集，波光渺瀰，吞漾雲日，烟艇往來，泛狎鷗鳧，光景良勝。今湖就涸者久，佳賞麗矚，曩昔殊異。惜予之不及見，然漪吹練縈，猶足悅心目，曠志趣。蓋山西諸郡多叢山廣原，陂澤川池所在鮮少，一日得此，江鄉之思悠然自生，予之所以流連于是矣。至明年而水之涸者復生，又明年，方有事涑姚之渠，遂并湖浚之，浩淼瀰望，浮碧無際。湖中有堤，橋影參差，樹色映掩，行人往來，儼若圖畫。湖先多魚，自既涸而民失網罟之利，及是水日益盈，魚亦日愈衆。癸酉之冬，罛師棹入者舟數十，比甲戌已百餘。今年乙歲，且二百，蓋合臨晋、永濟、虞鄉三縣之人皆往焉。四方諸郡或先賦以金，而後償魚，計其利，歲可數萬。夫陂毀鴻却，黄鵠託歌，練湖既復，權傳丹陽，蓋民之畏奪其資而喜得其獲也。《左傳》言：衛文公元年三十乘，季年乃三百乘。今湖魚之羨有似于此。予又以喜其利之無窮，若夫移畫舫，泛清泠，擥蒲荷之芬芳，狎鳧雁之翔泳。太守得以官政暇餘，與邦人相羊其際，既以快其觀娯，且得以利及民者，美是湖而爲蒲人慶，九有以樂乎此也。乃爲之記。

（乾隆）《蒲州府志》卷二 五姓湖綿亘一百五十餘里，蓋解鹽池，每患水敗，自有渠以刷，諸水則有所歸滙，不致浸入鹽池，而其利亦資灌溉。

（乾隆）《府廳州縣圖志》卷一二 五姓湖即古張陽池東西二陂也。

（嘉慶）《清一統志》卷一四〇 五姓湖在永濟縣東南三十里，分屬臨晋縣、虞鄉縣界，即古張陽池東西二陂也。《水經注》涑水又西南，屬於陂，陂分爲二。東陂世謂之晋興澤，東西二十五里，南北八里。西陂即張陽澤，西北去蒲坂十五里，東西二十里，南北四五里。冬夏積水，亦時有盈耗，縣志亦名五姓灘，灘旁有五姓村，因名。

（光緒）《續修臨晋縣志》 五姓湖在縣西南四十里，與永濟、虞鄉三縣界會處也。昔湖旁有村，五姓居之，故以名，亦曰五姓灘。舊志云每歲荷花盡發，爛若披錦，今則湖水乾/涸，非復前日風景矣。

紀事

清 牛運震《游五姓湖記》（光緒）《永濟縣志》卷二〇 蒲郡太守周侯既浚五姓湖之三年，余與浙東胡稚威及周侯永濟令張君萬、泉令畢君泛舟於湖，是湖匯永濟、臨晋、虞鄉三縣之交，南浸中條之麓，北接桑泉，東受姚暹渠、鴨子池諸水，西抵趙伊鎮，輸於涑水，周環六十七里。五老諸峰倒影其中，孤山峨眉岡遠空涵翠，復映帶之。十月二日，余與張、畢二君先後至湖，已而周侯自虞鄉却來，輿迎胡君，達湖上。當是時，漁人篙工及湖山農民百數十人，咸艤舟以待。明日登舟，由南岸放乎中流，緑嵐微暈，紅林未脱，風平烟净，湖光瀲灎，白雲横抹，橋影參差。已而扣舷載咏，舉酒相屬，高謳轉清，極望曠渺，樂可知也。然而漁人農父有歌於舟中者，隸卒按拍吹笛和之，漁之柔流而施罛者，罛聲與歌相答也。當是時，周侯推酒饌以餍耕牧之民，俯仰雲水四顧，洲原爲説。鄉土山川風景之勝，晴雨桑麻，伏臘賽酺之樂。移舟促棹，酒酣耳熱，雜引杯觴，高索果栗，若不知有太守公者。梟雁讙聲，林木交舞，日暮景轉，夷猶不厭，夫牧有司，不可以游覽爲事。彼其部領文奏，一日之翫則廢之矣。矧其朱幡皂蓋，鹵簿騶騎，於山水之趣何有哉？謝靈運之泛麻源山，簡之醉高陽池，吾意其掾吏猶苦之，爲之民者，顧安所得共焉？如使僕僕鑿山谷供帳具，則民不利有風雅之使君可知也。至若逸人畸士，往往幅巾竹杖，喜自放於山巔水湄之外，一遇達官畫舸鼓吹則有款，乃一聲棹烟港荻浦而去耳。夫又安從致之？然則周侯今日之游，其何以爲此樂也哉？然湖當昔盛時，環陂皆樓閣亭館，桃李霞綺，酒旗歌管，掩映簇集。近湖之淤且涸者，百有餘年，幾成胥池。周侯疏涑水河，并湖浚之，今之清波瀠漾，彌望浩淼者，周侯力也。淺有菰蒲，深有葭葦，魚蝦之産歲千萬石，湖之民攟而弋其利者倍。禾稼之入，扶老父，抱孩穉，熙熙於山色湖光之中者，朝夕遍焉。乃今周侯得一游，游而山農澤甿益得有其樂。然則湖自周侯始，湖之游亦自周侯始，是使湖之民利有湖并利有周侯，雖謂周侯治蒲，如斯游可也。舍是而鼓櫂，西湖之波探奇，渼陂之澳，其樂又豈有易於此。於是余與胡君稚威逌肯，與太守游，張、畢二君曰不可以弗志也。遂記之。

藝文

明　楊博《五姓湖歌》（光緒）《續修臨晉縣志》　曉披五老峰上雲，晚釣五姓湖中鯉。忽逢漁父三五人，問是五姓誰家子。自云無姓亦無名，世代相傳常釣此。月落天昏駕小舟，從來未見風波起。得魚心自安，無魚心亦喜。公昔提兵在薊門，單于繫頸呼韓死。頗聞飛語轉流傳，彫弓幾付東流水。東流水，眞可笑，何如相將日垂釣。白雲冉冉生，元鶴雙雙叫。極地與窮天，居然不盡其中妙。

清　胡天游《石笥山房集》卷三《同張明府泛五姓湖有懷真谷山長》　百頃風漪當面起，下馬就船三十里。五月清涼無處尋，赤日青天歸净洗。主人好客復愛奇，曉郭邀出臨空陂。微茫未辨野岸闊，風爽但信迴飇吹。哦岢駕槳船窗倚，舟子梟雛相向喜。曠觀不復礙波瀾，幽思何如被蓮葦。櫂入陂心渺無極，浮虛浮翠皆生白。琉璃看作地上行，翡翠來從浦邊直。褭褭瀜瀜動偏側，陰插中條陂底黑。倒入珊瑚盪陂色，朝暮西南烟霧積。蔓牽藻荇平于席，玉醥哀絲催轉劇。樂事貧窮喚打魚，漁舟出没捷若驅。未知蛟龍有擾怒，咫尺失水觀須臾。赤尾銀刀雜相送，鱠盤揮霍行鮮供。日暮陂滨愁柰何，杳冥忽驚波浪横。奔雷舉扇却可麾，鬼神有意同清機。雨飛知向何處黑，鷺暝悄立沙渚微。舵樓傳鐘崖寺暗，嶺樹挂月高城輝。扶醉歸來嗔兩炬，清景迴頭失相遇。少昊祠南烟草滨，忽憶春星醉邊聚。有無變化也復多，抹眼人閒飛電去。

清　喬光烈《最樂堂文集》卷六《泛五姓湖》　湖陂千頃渺烟波，圖畫相看竟若何。遠岸堤長春樹暗，晴天沙暖浴梟多。詩情處處臨風好，漁笛聲聲向晚過。一曲滄浪清興足，不知誰和扣舷歌。

又《奉陪恒大中丞五姓湖觀漁》　湖波渺渺一千頃，靴紋細織練光净。烟暉黛色相向開，倒影青天入明鏡。湖中撥刺多錦鱗，依蒲在藻何莘莘。罛師漁子争掉入，緑莎青篛歌玄眞。打鼓鳴榔逐魚起，折溜穿梭盡魴鯉。漁舠競集如合圍，撒網横空截湖水。銀刀紅尾三尺强，翻濤衝浪看驚翔。百頭一網喜得雋，出水戢戢相陳將。中丞來觀駐千騎，纁囊飄風映湖澨。賜錢遍樂漁人心，共指多魚懽從吏。須臾湖静蔚藍天，魚唱聲聲雜采蓮。衆唯魚矣兆先慶，當筵請爲歌豐年。

又《丙子春日五姓湖泛舟》　隔岸桃花滿眼紅，輕舟閒泛夕陽中。練鋪波影平如掌，翠滴山光欲倚篷。遠聽漁歌穿浪出，回看沙鳥掠烟空。扶橈更指前村路，買得鮮鱗興未窮。

清　韓埴《同友泛五姓湖》（光緒）《永濟縣志》卷二二　殘雪晴風刺眼新，湖光風約净如銀。低徊離亂難重語，指點壺觴自可親。千頃寒濤凌酒力，一天霜日健詩神。終期泛宅扁舟去，深映蘆花引釣綸。

清　畢宿燾《奉陪郡守周公泛舟五姓湖》（光緒）《永濟縣志》卷二二
時胡牛兩先生同游。
喬卿高挂福星駢，六邑人家戴二天。黄閣已題名姓蚤，襜帷暫寄水雲邊。漁歌聲滿花千樹，心迹清如月萬川。此日五湖留勝迹，名園佳客盡神仙。

清　張叔渠《奉陪郡守嚴陵周公泛舟五姓湖》（光緒）《永濟縣志》卷二

二　五姓知名地，朱幡十月過。地偏人迹少，山静葉聲多。碧浪搖丹樹，清流映緑螺。魚窺名士舫，鷗聽野人歌。風定茶烟細，日高榜語和。詩籤分部署，杯酒勸漁簑。蘇堰功何鉅，習池事不磨。從公留信宿，清夢入巖蘿。

雜録

（成化）《山西通志》卷二　五姓灘在臨晋縣南三十五里，五姓村即涑水姚暹渠經流所鍾之地。一名五姓湖，西流至蒲州入黄河。

（光緒）《續修臨晋縣志》　古解梁城，舊志云在縣西南三十里五姓湖北，其迹至今猶存。

圖表

（光緒）《永濟縣志·圖考》

西湖（嚴州）

宋 董弅《嚴陵集》卷九《浚西湖記》 澗水、瀍水，周以都。洙水、泗水，魯以國。周三代之盛，魯列國之尊，都焉，國焉，資水乎？曰：都國之建，士欲秀，民欲阜，不資乎水，則二利莫致也。烏龍、嚴山之主，來自東北，聚氣于予州治。按之，午向得水，山生旺西南，方利潴水。今有湖，此方歲放生祝聖壽，古碣揭于岸，湖方四里，南一里僅有水，餘皆赤地。草芃生牛馬，豕羊牧焉。岸北溪長數百丈，久無浚者，砂石積平岸，夏潦秋霖，水漲抹岸，漫民屋廬，入湖澎激。湖南岸爲河，長三十丈，深澗三丈。水注江地理之説，謂水山水利生旺来宜西南，利衰病去宜東北。今西南去，無東北去，水反陰陽之利，始知郡今空乏，人多貧少，富室士登桂籍，赫赫聲名不如舊，皆害於水而又不能廣封人祝聖之意。聞詩深念之，郡乏未暇理，適經常外有輸入者，可當浚湖費，溪則不給。因命縣官諭等第家浚溪，彼欣然如諭，各分丈尺浚，繼命郡戎官趙善特偕建德宰邵暹尉李唐卿督浚湖役，季冬農隙以善價募夫，一日得數百坌集，喜甚。鋤者钁者，杵而築、畚而貯者，奮千萬指力不怠。湖啓得大小石千數，築澎激岸，層石層土，柵以木，壓大方石其上，凡三埂。埂用工千，屹若城壁。已絶西南去水，而東北無去水路，議導焉。而有父老告，昔東城址有大壕，注湖水入城，洄洑小湖者三，與外溪水會龍津。橋揖州治，轉東南入江，可訪也。一訪而得，壕廣丈餘。居民侵塞爲屋爲圃者半，不知幾歲月也。委曲諭侵塞，家皆願如古界還官。今湖水入東津江，凡五里一壕，奫淪而下無礙者矣。又慮溪砂石日積，久復爲湖害，思所以利其後者，乃囑監浚湖官就畚湖土填堤，得屋地百餘丈，匠屋爲民居三十四，募賃，賃直度日，得緡錢委尉，日積三歲及千緡。餘用以浚溪，若湖涸亦浚，利遠而無窮也。夫水行地中，猶人血氣之運經絡，經絡塞則壅，耗則枯。聚而不散則潰，行而不安則逆。今水塞矣無壅乎，耗矣無枯乎，聚而不散無潰乎，行而不安無逆乎，經絡病人，水病國一也。湖之四病悉去，疏積年結伏之脈，暢一時清明之氣，鱗甲游而樂，士民喜而泳，壽吾皇而福吾土，有既乎夫周資水也。我菁菁，棫芃芃，士秀矣。千斯倉萬，斯箱民阜矣。魯資水也，浴而歸雩而舞，亦秀也。昌而熾壽，而富亦阜也。嚴一同地，周非所擬，庶幾焉魯也聞詩衰晚假，紱行且去，同志者来繼。時魯風盛矣，當有頌僖公者，然湖以放生名，要先頌聖壽。魯爲後，天子萬年，天子萬壽，一頌之，再頌之，又頌之，如崧岳之三呼焉，可也。淳熙十六年春三月二十有四日，朝奉大夫權知嚴州軍州兼管内勸農事借紫錢聞詩記，朝散大夫直顯謨閣新改差知福州軍州兼管内勸農事主管福建路安撫司公事馬步軍都總管借紫馬大同書。

宋 舒亶《舒嬾堂詩文存》卷三《西湖記》 湖在州城之西南隅，南隅廢久矣，獨西隅存焉，今西湖是也。其縱南北三百五十丈，其橫東西四十丈，其周圍總七百三十丈有奇。其中有橋二，絶湖而過，曰幢。幢，天禧間，直館李侯夷庚之所建也。然僻在一隅，初無游觀，人迹往往不至。嘉祐中，錢侯君倚始作而新之，總橋三十丈。橋之東西有廊，總二十丈。廊之中有亭，曰衆樂，其深廣幾十丈，其前後有廡，其左右有室，而又環亭以爲島，嶼植花木，於是遂爲州人勝賞之地。方春夏時，士女相屬，鼓歌無虚，曰：亭之南小洲前此有屋纔數椽，乃僧定安守橋之所，後浸廣，今遂以爲僧院，壽聖是也。其西又有佛祠四，并其東皆鄉士大夫之所居。其北有紅蓮閣，大中祥符中章郇公嘗倅是州，實刱之，有記在焉。閣之北即郡酒務，故時使人即湖以汲水，勞費甚，乃堤湖之中畜清流，作樓於其上，以轆轤引而注之，至今以爲便。然是湖本末，圖志所不載，其經始之人與其歲月皆莫得而考。蓋嘗聞之父老，明爲州瀕江而帶海，其水善泄而易旱，稍不雨，居民至飲江水。是湖之作，所以南引它山之水，畜以備旱，歲始未之信也。熙寧中，歲大旱，闔境取給於其中，湖爲之竭。既又穴爲井，置廬以守之。鄞令虞君大寧嘗記其事，刻石於壽聖院，乃知父老之傳不誣也。錢侯去距今幾三紀矣，而湖輒浸廢不治，其亭南既堤以爲放生池，瀕湖之民又緣堤以植菱芡之類，至占以爲田，淀淤蕪没，幾不可容舟。元祐癸酉，劉侯純父來守是邦，適歲小旱，乃一切禁止而疏浚之，增卑培薄，環植松柳，復因其積土，廣爲十洲，而敞壽聖之閣，以其名名之，蓋四時之景物具焉。湖遂大治，然其意初不在游觀也。古人於事蓋不苟作，惟其利害伏於久遠難知之中，所以後世貴因循者，或莫之省，而好功之士至樂爲之紛紛也。明有數湖危於廢者，不特是湖也。若劉侯可謂有志於民矣，故具論之以冠諸圖，庶來者有考焉。元祐甲戌三月。

明 柳本泰《重修西湖記》（萬曆）《續修嚴州府志》卷二二 嚴州西湖始見於《唐書·方干集》，而詳於宋史靖康景定之間，作者具載郡志歷。元潰廢已久，皇明修復，則自藩參廬陵張公。始嘉靖癸亥，公旬宣于嚴，廣詢民俗，鋭志復古，與前守嘉定張公恊謀堤堰，此湖以完風氣。湖駸深而嚴之，俗駸美矣，民且永賴，前人紀于寶華洲備矣。然自癸亥逮今，甫踰一紀，而湖之決者再，豈興廢有時，抑初作之未良於趾耶。慨今甲戌，四時淫潦，而春夏爲甚，烏龍諸山萬壑争流，皆下於湖，一時衝激，壩遂不支，悉蕩露封，漭嚴之舊勝索然沮矣。太守臨川陳公目擊其壞，而隱其靈淑之不收也，諗于同寅二守博羅林公、三守婺源潘公、節推安成周公，咸曰事關形勝，政体攸存，兹役良不可已也。廣諮於建德尹朱君兩校師弟暨耆德□民，詢謀僉同舉以告于巡道，僉憲王公喜聞其事，出郊周覽報曰：此邦之巨浸，山川之奥區也，可無作歟。遂捐金若干以爲傭直，太守乃屬其耆老，而告之曰：事萃於人心之同，而工舉於時利之隙。則又曰：某石於某川，某木於某山，某土於某丘，某編於某竹，某鐵於某爐，皆公家之遺利，不煩内帑之積也。某董若干役，又某董若干役，又某統攝若干役，考其工勤，時其廪餼，直以在官，壙役之餘，貲不煩徒役之苦也。今者日資三守，提其綱，公則旬一課之。經始于是年十一月之吉，迄次年春初，而厥功告成。考其壩，視舊進徙若干丈，得竪趾廣若干丈，兩岸無疏土，沿堤增築高厚，以樫柳内外盤錯，較昔有加而功，垂於悠久矣。舊傳西湖專主聚秀，未察城中基土高仰，秋冬則取汲於闤外，至有新水價之語，湖成有餘潤矣，可一端盡耶。公以名侍御來守，嚴郡政難，縷舉西湖，其有迹者。於是教授凌君文瑛、教諭劉君伯潮走幣，以其諸生來問，記泰曰：粤自唐宋，迨今載紀華藻湖之休奕覃矣，曷假予言。顧生長是邦，山川攸賴，所企願于湖之成者則然耳。兹役也，王公秉憲于上，飭此湖之終始，諸寮吏恊賛于下，遹觀厥成，例皆得書。王公名謨，直隸潁川人，壬戌進士。陳公名文煥，林公名烋，俱乙丑進士。潘公名絲，恩選貢士。周公名憲，辛未進士。餘悉勒于左方。

西湖（福州）

宋 葉爽《闢西湖記》（光緒）《漳浦縣志》卷一七 浦五千户，梁山蔽其西南，屬之海，特高秀，多異峰，相傳時見巨人迹。山中美果自熟，不知名數，就啖者欲持去，輒迷失道。近人而奇詭不常如此，非止於禽獸草木爲廣大也。郭西古陂涵受衆水，修數里有眞君道院。初，國家感冥會，按道書，命天下皆立聖祖像，長吏拜伏如原廟禮，而殿在焉蓋。必山水令吉，而後祖靈依之，所以助民福祥，祈國永延也。顧民惰吏慢，公私室廬無能以山答，陂廢不治，枯落見底，而殿亦徙置鄰於岳祠，然則山水皆人，而神靈失其所棲宿矣。故至今其俗尚陋狹，乃爲下邑，悲天不畀人也，人自棄耳。趙君師縉之來，偶以事行西門，訪道院，周視良久，忽若心動，道士言狀，因慨然曰，政莫先是耶。即以其力復殿舊址，浚陂苐堤，閉縱以時，使水常滿澤，而謂邑人曰，據陰陽法，坤申上位也。水之長生，俊秀所出也，邑其興於善乎。陂陰爲堂，中湖爲亭，高有桃柳，下有菱芡，紅敷緑繞，俯仰映帶。然後山水之與人，若拱若揖，若響若翕，寢食坐起，無不與接，神之居嚴以清，民之游和以安，令於其間上敬下順，無不自得也。夫好不度義，而恣情之所發，故有聲色田獵之娛，珠玉裘馬之玩，甘於獨往而人莫能同，聖人未嘗不深致其戒也。至於所好者山水，則以爲德而賢之，豈非動静妙應物之宜，壽樂由反躬之效歟。然其泛之瀰茫，遁之幽遐，家薜蘿，友鷗鷺，亦甘於獨往而人莫能同，固不取也。君治縣寬簡，即山水之近，與民共樂，以寧其神，是可書矣。

清 李祖陶《國朝文録續編》卷一《福州府重浚西湖記》 出迎仙門三里，直福州之西北隅，有渠若鑒而擠，泓然深緑以流者，晉太康間郡守嚴高所鑿西湖也。初高既拓新城於越王山之陽，闢地爲二湖，所以承傳城諸山之水，吐吞海潮，汐釃以溉田，兼收魚鰕貍互之饒，其利甚溥。在東北者曰東湖，在西北者曰西湖也。唐貞元十一年，觀察使王翃復鑿南湖於郡之西南，實引西湖水以達於東南。蓋其時四郊之田無不被三

湖之利，前人之功偉矣。宋慶曆初，奸民蠹食其中，東湖湮而西湖亦微，
農以爲病。於是吏始議浚，蓋一浚於嘉祐，載浚於熙寧。至淯熙中，趙忠
定公奏請大浚，湖利稍復。由宋曆元，寖而不圖，東南二湖俱廢，而福人
所恃以備旱潦者，惟西湖矣。明萬曆十六年，知府江鐸重浚，始穿北門
右偏，引湖水入城，今北水門是也。迨後提學僉事熊尚文、按察使陳邦
瞻相繼清理，副使李思誠出私錢建牐，今西北二牐是也。洎入聖朝，先
後使於此而治之者，康熙癸亥則姚公啓聖、金公鋐，癸未則金公世榮、
梅公鋗也。蓋百年以來，湖旋治旋湮，而自癸未迄今又四十有七年矣。
高之初鑿，其周二十餘里，忠定浚時已隘什之七八，萬曆重浚加隘焉。
癸亥、癸未之間，兩浚猶隘也，今則更加隘焉矣。蓋曆世久遠，盜湖之奸
不止，而畚臿之役惟艱，未易言也。乾隆戊辰春，余自皖移閩，初至天久
不雨，西湖之淺可涉，福三面負山，前臨江地勢，西北高而東南下，爲渠
以承之，則西北諸山之水索有鍾而溢有泄，今東南二湖既塞難理，而西
湖又不亟爲浚復，民何賴焉？會督府喀公將有事於兹，因與藩伯永君集
議，而命守王君董其役，農隙水涸，工遂以興。始於十一月二十日，逾十
二月晦而竣事，白金二千二百有奇，蓋新爲堤一千三百六十二丈五尺，
以步法計之，湖之存僅七里餘。其疏瀹餘工，則培城隍，布泮杙，樹楊
榆，修環堤之梁，曰長河、梅柳湖津，賢熊兵者五，水所由注湖之道也。
完西北之牐，北仍故，而西之水則增高焉。所以節其下趨於江也，葺湖
心之開化寺及旁褒忠祠，毋廢後觀也。其用則取於贖鍰，并入官之田，
直其力則鳩於傭，作不以煩民，其理出侵占私鬻之田，儲穀爲歲繕費，
并廪寺僧，凡此皆王君之勞。而佐以成之速者，則權通判徐君也。夫是
湖既字曰西，又有長堤，湖心寺宋時若蔡君謨諸賢皆嘗觴咏於此，蓋髣
髴六橋、孤山之勝。然杭之西湖，白、蘇二公，後踵治者衆，故鄰侯之美
益彰。是湖自忠定以來，或忽而不治，或治而不力，迄今湖蝕，且日甚
矣。非使於此老，踵而治之，再閱百年，不幾與東南二湖胥爲陸乎？此
余之所深懼也。則夫紹前人之功，而惠此一方之農，俾嚴與鄰侯，抗迹
於無窮。凡爲使者，職也。余何能無望於後乎？喀公爾吉善，永君寧，
俱滿洲人。王君涫，三韓人。權通判徐君熊占，余同郡人。其在工之令、
丞、牙、校姓氏，及理出占鬻畝之數，租穀，與夫材木之利，別鑱於碑
陰。

西湖（桂林）

清 鮑同《西湖記》《粵西詩文載・文載》卷一九　桂林西湖，今經略使徽
猷張公所復也。舊日蒙溪去城里許，而近勝概爲一郡甲。按唐吳武陵
《隱山記》、韋宗卿《六洞記》，皆述溪潭可以方泳，然歲久廢爲田，尚可
考者特一潭二池。有芰荷，廣不踰尋丈餘，盡耕稼之壠矣。初公游山中，
得二記，按之以求。後讀吳記，至走方舟，泛畫鷁渺然，有江湖趣。則嘆
曰：鬱兹觀美，可謂殺風景者矣，遂已默記。厥由居山之麓，衆泉所會
中偃，而四穹兹蓋天成，第流泉使之不得去，則湖可坐而復，乃相所從
泄，作斗門以閘之。未幾水遂盈衍，澶漫若潭、若池，横徑將數十畝，望
之蒼茫皎激，千峰影落，霽色秋清，景物輝煌，轉盼若新。然吳記以爲
溪，而云作亭牖，北夾溪潭之間。韋記以爲池，而云北牖洞口有田砥平，
可施欄檻，以知昔時猶有淺陸，水所不及之處，而今洪深之滙矣。其中流
平沙隆出，波面如島嶼，因築亭其上，命之曰瀛洲。植卉藝竹，映帶遠
近，南闢招提，西隱山爲亭。每游覽則憶家山，因命之曰懷歸。北依茂
林，俯流爲閣，用老杜湖水林風之句，命之曰湘清。放船集賢，於是乎在
環山循趾，引水疏渠，繚繞縈回，索奇討幽，得新洞二，命曰北潛、南
潛。又爲亭於其陽，直西命之曰望崑，是皆出乎六洞之外，發前人之遺
逸，增往牒之未載。遂使西湖勝概脩然，如立塵寰之表，江浙所稱亦未能
遠過焉。

西湖（杭州）

明 方鳳《改亭存稿》卷三《游西湖記》　嘉靖甲午三月望後三
日，得曲林曹公書，約游西湖。四月一日，遣人候於滸墅，二日公與其弟
柿庄抵蘇，四日予約朱懋功往會，夜飲于舟中。五日懋功別去，未刻至吳

江，祭吴瞻之墓，訪静之天益二同年飲于瞻之子邦模，六日至嘉興，飲于張秉文寓。七日晋邦彝迓，飲于途，至石門再飲于沈氏園，夜至崇德。八日至杭，九日至昭慶寺，訪夏懷軒，謀游湖之舉，公首爲主。酒既半，登大佛、集慶二寺，謁武穆、孤山二祠，晚眺望湖亭，宿溢上人房。十日雨，柿庄主之放舟，循六橋而南，每一橋酒三四行，歌如之，歌止樂作，連續如縷。艤藕花居，觀雷峰塔，舟中見湖山，隱見出没，不可名狀，真所謂雨亦奇也。既醉入寺，十一日雨，公游興不少减，邀余輩飲張氏園。謔咲竟日，歌聲遶梁，酒行無筭，而予尤酩酊。公雖素少飲，然以樂甚不辭，玉山亦就頹矣。十二日，偕溢上人，早過保叔寺，登天然圖，盡樓與湖山對面，儼若主賓。風日和美，蓋又一境界矣。既而歷智果鳳林、永壽諸刹，徙倚移時，碑志多不能讀，乃由内六橋直至法相寺，望南高峰矗矗如笋，謁于少保祠。至萬松書院登留月掬湖二臺、及振衣亭。東望錢塘江，白如長練。下山觀净慈寺大殿，皆以壺榼，隨復登舟大酌，懷軒主之。十三日，從下中二竺行山徑中，長松夾道，宛如人立。鳥聲上下，烟光遠近，掩映左右，應接不暇。至上竺，乃就席，予主之。飲畢游北高、飛來二峰，及靈隱寺、冷泉亭，溢上人預具酒玉泉寺，觀五色魚，即席賦詩三章志别。十四日，將窮歷烟霞、虎跑，勝果月巖，而柿庄歸興不可挽。且公與予初約隱姓名爲野老游，不意爲人物色。忽憲使同年路公使，使邀公相會，公浩然登舟，給其使反命，即鼓枻而西焉。歸途凡五日，嘉興守司馬君偕邦彝，邀飲于天寧寺方丈，繼登傑閣四望無際。明日静之天益梦賓，聚飲者同年凡五人，至夜半不忍觧舟。公不遠百里訪余兄太常公於南村，懋功復來，會飲盡歡。信，宿兄子。策，余子。築相與携酒餞於半途，再拜而别，蓋廿又一日也。是爲記。

明 胡居仁《胡文敬公集》卷二《游西湖記》 成化辛丑春三月己亥，予游西湖錢塘，掌教丘君崇育、司訓徐君旭、周君璘，相與偕行，出杭城湧金門外，即西湖也。憩柳洲寺，因論道之體用。諸公曰：未發爲静，已發爲動，静爲體，動爲用，古人之學多在於静乎。子曰：人之一心，動静無端，體用全備，不可偏廢也。動而無静，則體不立，静而無動，則用不行。二者工夫皆以敬爲主乎。居處恭儼若思，不愧屋漏，此静時存養之敬也。執事敬事思敬，修已以敬，此動時省察之敬也。若不主於敬，而專欲習静，未有不入空虚者。既而杭郡掌教毛君敏、司訓舒君升，至乃相與登舟，仁和掌教林君邦輝又至，乃泛舟湖中。閲杭志以觀古今人物，諸公備酒肴，蔬果數品，蓋以杭俗之奢，而示之以儉也。酒數行，言談亹亹，論鄂侯之忠勇及秦檜奸邪誤國之狀。予曰：大學之道以格物窮理爲先，後世所學淺陋者因其不能即事以窮理也。遂因鄂侯而極論用師之理，以至於宗湯武鄗孫吴。若《周禮・司馬》，乃平時講武之法，《湯誓》、《泰誓》乃臨時用武之道。豈若孫吴偷捷一時，反爲殘民之具乎？諸公又曰：秦檜奸邪，固可爲戒。若良相之道，可得聞乎？曰：愚陋無知，請以古人明之。舜舉八元八愷，誅四凶，闢四門，明四目，達四聰。此爲相之道也。若有賢才而不能用，有邪佞而不能去，則聰明盡爲小人所蔽，惡政日施，危亡至矣。於是舟抵孤山，拜林公祠，舟抵鄂墓山，拜鄂侯墓。徜徉登舟而回，諸公曰：今日之游良會也，請人各舉杯以勸，先生庶盡陪游之情也。予謝曰：愚陋一人，豈足當諸公之勸，且杭人游於湖者，必縱酒酣歌，醉不知節，今正當示之以禮。於是乃行旅酬之禮，雍容揖遜，自長及幼，一周而罷。縱月眺望，峰之聳於南者曰南高峰，聳于北者曰北高峰，獨孤山屹立於湖中。一吴山遥應於城内，其餘諸山磊落奇秀，宛然在目。然後俯臨湖水，魚蝦不驚，青草交長，清風自東南而來，雲氣從太空而布。日欲落，烏欲棲，情思悠然，不知樂之爲可樂也。既而舟泊乎岸，陸行入城而别。次日周君璘復來相訪，乃曰諸公身繫學職，未嘗出游，以先生之游非世俗之游也，故樂陪不倦。所言所行皆當記之，而不可略也。予因詳其本末以著于篇。

明 劉春《東川劉文簡公集》卷一五《杭州重開西湖記》 杭西湖以里計周三十有奇，唐刺史李泌患城中飲水鹹鹵，作六井，引湖水以便民汲，至今利之。白居易浚治西湖，作石凾，謂堤防如法，蓄泄及時，則自錢塘鹽官縣界瀕河田五千餘頃可無凶歲。鹽官今海寧也，宋守蘇軾以城内諸河乾淺，造筧閘溝渠，引湖水貫城以注清湖、鹽橋二河，而六井運河及近河田咸賴焉。夫湖之利如此，顧國朝以來，并湖之家乘其淤塞，盗爲蕩田以自私歷。歲既久，又鬻而易主者多，故湖日隘，而向所謂瀕河田畝之所賴以溉者，皆空言矣。弘治壬戌，鄞都楊侯以刑部郎中假守於兹，既踰年蠹剔惠，敷民用底寧。又踰年，歲運大侵，仁和錢塘之民蟻訴於庭，侯乃進其父老詰之，咸曰：西湖水利著於志記，非誣也。明公誠按圖開浚以復其舊，其於救灾固博矣。侯聞而惻然，復詰之曰：湖之開，其財可假於公，其力可募於民，顧其田籍於私家而業之者，不啻百年矣。今取而闢之，得無亟奪之苦乎？父老曰：湖之業於民，而擅若利者，非法也。取之特還於官耳，非刱奪民之私以爲官也。且湖之盜於人，其利止數十家，若歸於官，則無窮。但無貞恪愛民之心，力行於上耳。明公誠正民之失，以復於官，以利於民，而非有所私圖，亦孰得而苦之？侯曰：有是哉。乃檄通判朱麟按湖之私占，以畝計凡一千八百有奇，詭報之粮以石計凡五百七十有奇，而度其浚治之功，以工計凡用人六千人，日給傭直通爲兩一萬九千四百。遂以廢寺之田，易民私占，不願者償以直，欲不失其業也。以按核漏報之粮，填詭報之數，欲不失其額也。其所費財則出帑藏節省驛傳之餘，不欲取於民也。乃言于巡按御史太原車公梁洎、藩臬諸公，皆志同謀協，而車公尤專斷於上。遂疏請於朝，報可，水利僉事高公尤以職任之。爰卜丙寅二月二日始事事，乃簡仁和知縣余經、錢塘知縣劉諶、縣丞毛忠輩分董其役，而侯以其暇，躬飭於其間，察其勤惰，而勸懲之。其東湖淤泥則以小舟運置錢塘門及孤山隙地，聽民壅田。其西湖田蕩浮土則畚築蘇公堤，加崇厚焉。湖西并山，舊無封術，乃運田蕩塍土，築堤畫界，以拒侵占，而構橋四座，俾山水有所泄。於是湖始復舊，不但瀕河之田得資溉，而六井之汲，運河之利涉，皆免乾涸矣。其利不亦博哉？是役也，既浚治之三月，以暑罷，罷三月復浚，而後畢工。錢塘令劉諶輩徵記於余，夫世之爲守令者，以保國愛民爲心，其於利澤可以及民者，非不欲爲也，而知識有所不周，才力有所不逮，當爲而不能爲者多矣。或有能爲之，則又迫於顧慮，而不敢爲。故皆苟圖一身之利而已，於民不暇恤也。侯乃毅然爲之，使百年既墜之績，一旦復興，其知識才力豈尋常可伍哉？春秋之法凡役民而利民者書，若此者固不可不書也，抑余猶有所感矣。昔鄭當時爲大農，引渭穿渠以溉，渠下田萬餘頃，召信臣守南陽，行視水泉，開通溝瀆，起水門提閼數十處，以廣灌溉。夫古之君子，其學篤於爲己，其仕篤於爲人，故有可以利民者，猶竭心思創爲之。况修其廢乎？修其廢而猶有所嫌，視刱爲者益何如？何恠乎？古今人不相及也，則侯之勇於必爲固宜。侯名孟瑛，字温甫，舉成化丁未進士，以文學名。所至即能推而見於用，觀此舉亦可槩其餘矣。

明 唐時升《三易集》卷一一《前游西湖記》 萬曆庚寅之夏，士孫有浙東漕運之命，要余同行。五月之望，至杭州，再明日始至湖上。首從大佛寺瞻石像，高可四丈，志云是秦皇繫舟石，後人鑿之。蓋謂當時明聖，湖與海通，故舟至此，自酈道元《水經》皆以爲信。然次至新堤，堤是中貴人孫隆所築，上植梅、桃、楊、柳、木樨、紫薇、山茶、玉蘭之屬，下皆藂菊，土人言春時士女靚粧妖服，與百花争妍。秋月望時亦然。兩湖滉漾，如夾金鏡，皆佳麗之極也。將三里以達於望湖亭，亭西爲陸宣公祠，皆宏爽無比。南直湖心亭，而西盡孤山之阯，以達岳王墓。又後數日，始歷九里松，至飛來峰，小憩于靈隱寺，窮三天竺而止。是時天氣漸熱，唯蕩舟湖中可耳。行山間則炎風烈日相迫，見修竹茂樹，欣然思息，未能盡泉石之奇也。七月之望，余歸嘉定，而士孫遣促余以八月之望觀濤浙江。戊寅，余登舟矣。孫履正、程孟陽留飲於城南張氏之林，會暮不及發，而士孫信至，苦要履正，履正尚未有行意也。余從臾之明日，遂戒行李來從余。余大喜，過太倉，留弇州公西園兩日，至吴門遲趙，就之一日，就之亦士孫所要也。凡九日而至杭，明日將至六和塔候潮，而土人言潮不至久矣。余四人策馬出清波門，從湖南至浄慈寺，寺幽絶而壯麗，甲於一方。左有回廊，塑五百阿羅漢。後一堂高其阯可數丈，北面以瞰湖。湖北山數重，蒼翠之色以遠近爲濃淡，望兩堤隱隱，行人出没，緑樹間游船各選勝而泊，呼酒小飲。復上馬西行，路在兩山間夾道，嘉樹離列，下多草花，或如鷄冠，或如翠羽，而銀杏將熟，纍纍黄金，丸垂墻壁。間行數里，不遇一人，其林木蓊翳，疑爲狖鼯鼠之都而跬步。人境壺觴，易致游者可數至焉。至能仁寺，探石屋，屋中可列五六席，左有石牀，勞者可得甘寢。右有石扉，蔽一竇所謂蝙蝠洞也。幽邃不可瞰，石壁多鑿佛像，記云晉天福中所爲，非楊璉眞伽之迹也。余意欲至烟霞洞，而從者有難色。遂由舊徑至六橋，及於龍玉堂而飲焉。堂亦近歲所創，堂背爲平臺，下植蓮花，遍數十畝湖中。登臨之美，宜以此堂爲第一，徘徊久之，乃至岳王墓，拜其像觀兩廡畫壁，相與追論其功烈，墓前長松千雲，撫之不忍去。日將昳乃歸，履正於馬上謂余曰：明當襆被而出耳。余亦怪此邦之人辰出西入如爲市然，吾輩何爲効之？又明日庚申，余四人復出湧金門，將盡湖北之諸山。是時新雨，山泉交道來激，馬蹄縈紆，百態殊可喜。首至飛來峰，峰鼎足下覆而中空，大於石屋。憶初夏入之，上有乳滴滴不休，下爲泥淖，余性畏濕不能久留。童子言石隙中有白蝙蝠棲樹枝，其首倒垂，蓋《博物志》所稱仙鼠倒垂以腦重也，云服之者仙。余先爲三君言之，士孫命以弓矢自隨，將取之，是日竟不見也，豈眞神物耶？出峰之南，行桑塢中以至下天竺，經三生石，呼酒於寺前之石橋。橋下泉聲淙淙，然中有鼉數頭，以果核投水中，輒泝流而唼之。是日天色多陰，竹樹交道，翠烟霏霏漠漠，相爲掩映。先命從人爲具於上天竺，而徐徐以行，至則寺僧候于門矣。寺之宏麗，與靈隱等。前有流泉相與，壅以流觴，是山竹木葱蒨，秀色挹人，余與履正語寺僧，當借方丈一夕矣。已而宿鳥交于林，就僧舍飲罷，士孫與就之，疾上馬歸，余二人步出山門，相語以兹游之勝在靈隱，東則爲九里松。松之仰而詰屈者，如蒼虬之將拏；俯而偃蹇者如玄熊之將攫，亭亭而立者如直臣之在朝，憔悴枯槁者如賢士之放逐，而不失其度。其西則在流泉，緩而淺者映石如蒙，冰綃狹者如曳匹練，囓石而怒以入于坎者，如散百斛之珠璣。其在篁竹間，蕭蕭漻漻，然如奏雅樂，轟轟然如壯士之將鬭，嗚嗚然如孤臣寡婦之怨聲。是夜聞舍後泉響竹聲，至旦不絕，皆會人意。時與履正期登北峰之巓，至明朝食罷，出寺門四顧峰巒樹木之美。念吾里丘子成、張公路、程孟陽皆與余同好，而無世事覊紲，可以共此游而不得偕。未半里，士孫遺馬至矣。至靈隱舍馬，而尋北峰之路，與樵夫雜行。行三里許則湖南北諸山已在下，而南峰猶與相抗不相下。覺小頓，解衣憇樹，下有從峰巓來者，云山中時有虎往來，但不久住。余略無怖意，復自力而上，上爲華光廟，廟半圮有僧徒五六人，問所以爲生，云汲道可半里有泉在焉，米自山阯來，一石得七斗。東南望則雲氣勃鬱，江海一色，諸山僅露其尖，如人面之著子耳。下視城郭，數十萬家，皆在樹影中，北面皆平疇，禾稻青黄相錯。三面諸山益傴僂不相敵矣，唯五雲若相抗者，既不携糗糧，而僧舍粗糲不可食。遂尋故道而下，一步一回頭，至山腰聞寺中鐘聲，俄聞奚奴呼同伴聲甚遽，既至則傳張將軍國華以是日招余兩人也。初欲登保叔塔，以主人方需，客不果入城，則將軍使者在門矣。士孫已先去就之遲，余二人於是復同策馬至柳洲，既入席，放舟循湖南，遇佳處輒一停泊，而張將軍欲以歌者侑觴，士孫阻之，就之履正，意皆悵悵，終日不樂。二君俱善弓馬，士孫欲於金沙灘騎射，二人亦不慫慂也。余兩知之而不言，唯罷於登陟。坐中有范某，能仰觀。余問以經緯順逆之義，并及遁甲所以然，皆纚纚可聽，不能暢飲耳。會暮黑雲黯黯，上下慘澹一色，湖面蒼爐四合，不知天地四方之所如。余更大快，以爲未始見也。乃呼巨觥自勸，因念夏中嘗于湖中遇雨，見諸峰倏顯，倏晦湖波，與雲氣相接。今又見烟霧瀰漫之色，皆與平日所見不同，若明月在天，積雪在地，必有奇觀。蓋游必歷晦冥、寒暑，而後盡山水之變。艤舟湧金門，則闤闠燈火烺烺，人語相接，非復湖中若洪濛混沌時矣。

又《後游西湖記》

余自登北峰，望五雲之崔嵬，常願一至焉，獨無好事者與偕。九月癸亥，張仲立伯含自崑山來訪，余邀與同游。是日先登吴山，山木奇絶夾道，沙樸六七章，其根皆抱石，外無一杯土相壅，其高幾百尺。或中空如鏤，而秀色可愛。上爲玉虚官，右爲野鶴亭，仙人丁野鶴之蛻在焉。巖巒洞壁，玲瓏窈窕，處處如雲錦，望浙江海門諸山，歷歷在滉瀁之間。伯含問十廟之勝，余謂奇麗，必稱兹庵，前江後湖一覽可得，則城隍神祠。於是至祠後，倚石闌瞰湖中，時流雲迸裂，西日耀輝，小舟星布波間。日將晡，遂出湧金門，登舟至昭慶寺，就二君宿明，且從新堤，歷六橋不盡而西折。首過法相寺，禮崇慧禪師。禪師生唐同光中，涅槃在錢王時，身不存一縷，長耳覆肩，兩手仰而置於膝，自胷以上充然，腹微緊縮，堅於金石。瞻仰久之，乃至高麗寺，志云宋時高麗進金書藏經，命置於此，今猶有存者。其寺前後，盡流泉夾道爲方池。殿中藏經，轉輪甚麗，下樞亦在小沼中，蓋寺址故不崇，又引諸泉以自繞也。有理宗書易庵二字，刻石上過，是尋五雲道。道南北皆高山，多長松修竹，經九溪十八澗，流泉與人錯行，時左時右。山坡怪石起伏萬狀，蒼翠之色，自來逼人。水樂洞口半爲淤泥所阻，微聞汩汩聲，前望峰嶺圜匝，疑不通行。既至，復左右折以去，如是二十里，以達于五雲之左趾，亂流而渡，路欹仄難上。時臨峻阪，慄慄心悸，行三四里，命從者先行，具蔬食於僧舍。小憇篁竹間，望浙江東入大海，西屢折以至富春。自是益高，則見江之態頻變，又三四里，望先行者在嶺上，如行雲際，凡十餘里，而至寺山。左右五峰并列如雲，故名山中頗有美竹，僧舍四面面墻，絶無所見。從山南而下，諸山蔽地，驟視之以爲平疇，乃知玆山之爲高。於是循江而東，波濤幾欲囓人足，問居人知無潮之爲信。至六和塔，復舍輿而登，碑記皆言江流慓悍，破壞廬舍，不可禦，故爲此塔以遏之，不圖今日，乃爲安流也。塔下有石，刻玄武像，御風而行，旗旛衣袂飄擧，運筆極有勢。高宗敕書，會寫《金剛經》皆在。余以塔之勝在江海所見，不能過五雲，又脚力甚罷。遂不窮其巔，而止問道，向虎跑泉寺，甚荒落而極有幽致。路旁雜樹蒙茸，丹黄相間。人策策行落葉中，俯視泉泉，觱然有聲，汲而飲之殊清洌，絶不凝滯。比之惠山，微不甘讀東坡詩。徘徊久之，復從六橋以至新堤，時盡日在山中。見夕陽在山，翠彩浮動，湖波無風，湛然澄碧，更作一觀也。余居杭州凡百日矣，意未嘗不在山水間，所見人不可勝計。其中豈無好奇之士可與游者？而余所與偕，皆吾鄉之所習者也。蓋人情固樂于見其所習耳，杭州諸山其清美幽邃處甚多，而游者所至，常在六橋三天竺之間，鮮有深入者，蓋人情固難於求其所不習耳。自今以往，余與諸山漸習，則躡蹻擔簦，與山僧同飯，樵夫雜行，必有日矣。

明 王祖嫡《師竹堂集》卷一六《游西湖記》

壬午季冬廿八日至浙江驛，十五里入鳳山門主湯氏園亭。是日，開府銅梁張公枉過，邀明日飲湖上，而三司府縣諸公相繼来訪。次日荅拜臬司，出錢塘門，張公已艤棹久候。乃登舟過保叔塔大佛寺望湖亭，度六橋，肩輿行蘇公堤，謁岳墳，觀忠武遺像，高宗手敕岳珂肅之敕，皆家藏物也。祠廡之右，檜中分，而枝榦鬱茂，曰分屍檜，其它樹枝南嚮異矣哉。樹前巨石，刻精忠報國四大字，北爲流芳亭，石刻甚多，不能悉讀。由橋左至陸宣公祠，祠四望俱水，寒侵肌骨，予與公談歷下吴門、天目、南郡諸公事。時雪初晴，環湖諸山如玉筍森立，信大觀也。坐久日已没西陵，入湧金門。次日後山曰孤山，和靖隱居處，今并祀敬輿等十二賢。飯罷舟行甜湖心亭，爲歲除，雨雪交下，游戎徐君治具飛来峰，復捨舟由棲霞嶺九里松，市井連絡，過神霄雷院，數里至峰下。峰高不越百丈，而翠環玉削，玲瓏萃律，千態萬狀，蓋帝役鬼工。壘竒石爲之，使顧陸諸人卧其下十日，不能措手也。峰下巖洞窈窕，𡶴岈屈曲，縈紆若行，暗室櫺牖朗豁，各有門户，布鎸佛像，遍滿峰壁。晉咸和中，西域僧慧理見而嘆曰：此靈鷲小嶺，不知何以飛来？以是得名。而青林、玉乳、龍泓諸洞深入者，往往聞江濤聲，信寓内靈區也。折而稍北過石橋半里爲靈隱寺，寺在北高峰下，舊有百尺彌勒閣、蓮峰堂、千佛殿，延賓、望海諸閣，巢雲、見山諸亭，白雲、松源諸庵，及宋理宗御書，覺王寶殿妙莊，嚴域并廢。詢宋之問遇駱賓王夜吟處，山僧茫然莫對也。寺前冷泉亭，唐刺史元𦵏建，舊在水中，今依澗而立。白樂天記所謂：山樹爲盖，巖石爲屏。雲從棟生，水與階平。可濯足于牀下，垂釣于枕上者，尚未盡其勝也。予坐巨石，取一缶烹茶，甘甚。欲躋高峰絶頂，而雨雪不止，苔滑不能上。乃至呼猿洞，折而東行，宻箐重嵐，幽澗石竇泠泠，争瀉數里，至玉泉寺。寺故名净空院，南齊建元中僧曇超説法于此，龍王来聽，爲出泉，遂建龍王祠。祠前有池畝許，清澈可鑒，毛鬛五色魚數百頭，青者可長數尺。僧散飯池中，争来食遊泳，殊不畏人。苐寺摧落，不可棲息，小飲池畔，雪益緊，乃回。舟中優伶鼓吹兢作，約二鼓登岸，月色射湖中如晝怪。問之乃居人除夕焚松紫，若北方爆竹。然富者紫堆丈餘，貧者亦二三尺。城内外數百萬家，無弗然者，此亦一奇也。入城行火林中，抱掩鬚髩，輿人超越而過，婦人盛粧立門，首侑以簫鼓，盖杭俗如此。歸與世昌弟延世及鍾雲，畢生望楚吴生甥。方生小集，頗動年華之感，而主人湯君曰：来日元旦，兩臺、諸司、郡大夫稱賀往来可厭。公二日游湖未至三天竺，盍避客玆地。予已具笄，蕨上天竺矣。予欣然從之，次日五鼓，北嚮望闕，拜又遥拜，親舍乃覓小竹輿，七出鳳山門。過鳳凰山兩翅軒，翥左薄湖滸，右掠江濱，形若飛鳳，其麓爲萬松嶺，即報恩寺。基建萬松書院，設先師孔子四配，爲大成殿。後曰明道堂，又有居仁、由義二齋，顔樂、曾唯二亭，以孔氏子孫世守之。乃由殿後石級登振衣亭，湖山諸迹一覽無遺矣。時雪止，風急寒甚，約十里過長橋，爲南屏山净慈寺。山峰聳秀若屏障，凌空而中峙者曰慧日峰。寺爲周顯德元年錢王俶建，田字殿貯五百阿羅漢塑像，咸出一僧，而儀貌各異，如欲語者，像成而僧化去。寺有鐵釜數千斤，款云梁貞明二年鑄。又觀雙井萬工池寺後蓮花洞，居然亭盖。西湖之寺甚多，惟此與靈隱相若，爲南北兩山之最。云出寺過雷峰塔，取道天竺祈福。及省墓者、遊者、乞者肩摩踵接，而香燭蔬食肆，或僧，或俗，羅列不斷，少婦靚粧，當壚甚多。十餘里至上天竺正殿，佛座高丈許，架以木，護以欄，左右各梯而上，男子婦女各持香楮，闐擁無容足地。佛前小燈以百千計，殿前楮灰如丘阜，三天竺惟此爲勝。僧導遊殿後觀音，出現井大悲泉，白雲堂由右石階登小閣而遊，戎徐君亦至。飯畢觀乳竇峰、獅子峰、天香巖，折而東至中天竺，小憩永清塢。至下天竺坐靈鷲山麓，亦僧慧理建寺，後即飛來峰。其材木皆巖骨擢起，蒼翠葱鬱，不土而茂。僧言兹山産玉，故腴潤如此。冷泉亭左一小峰，洞鐫胡人騎獅子，高丈許，製作精巧。予謂從人曰：若等有能越澗上洞騎獅子者乎？延世攝衣，緣危石過澗，攀蘿薜而昇拊獅子耳。躍而乘其首，徐君大呼爲飛將。予伏卧石上，飲泉腐穢之腸，疑盡濯去。暝色四来，依依不能去。湯君苦邀舟中，秉燭張樂，一鼓由湧金門回。次日出武林門，門舲至檇李。

清 方都秦《梅溪文集》卷一《游西湖記》 西湖之水周三十里，以觀海者視之，不過清流一掬耳，而東南之名勝稱最焉。漢代金牛見湖中，人言明聖之瑞，故舊稱聖明湖。杭苦江水鹵惡，李鄴仙刺郡時，引湖水入杭，鑿六井以爲民利。至白樂天刺郡，甃函筧以司蓄泄，泄水一寸，可溉田五十餘頃。去官之日，有惟留一湖水，與汝救荒年之句。唐後亦代有浚治，宋初廢置，遂成葑田二十五萬餘丈。蘇文忠守杭，力疏五不可廢。乃浚葑泥，築長堤十里以障，而湖始開復。至紹興建都之後，君相日嬉游晏樂于此，致啓金人立馬吴山之志。諭者致罪西湖爲尤物，比之西子沼吴。嗟乎！淄川有靈，何不幸而蒙兹詬詈也？元代遂爲桑田，霸初因之縱横阡陌，曾不容刁。宣德正統間，稍稍搜剔，阻于群議。弘治間，御史吴公一貫修築石闌，漸有端緒。正德三年，楊公孟瑛守郡，不避怨讟，疏請至再極力開浚，而湖始復唐宋之舊。嘉隆以後點綴昇平者，百有餘年。湖山佳麗，頓還舊觀，游者四時歌舞之不休，而千里舟車之罔輟也。迨革除以後，而湖山不可復識矣。健兒牧馬其上，歌臺舞榭，强半榛蕪，使人有煮鶴焚琴之嘆。然平陂往復，天道固然，無足怪者。己亥春，偕佘季周士作淮楚之游，歸泊廣陵，忽動念吴越山川之勝，遂移舟京口。至金閶而遇戴子赤玉，過檇李而又值范子五湖，即相與維丹結伴，勇訂同游之約，蓋四月之上浣也。偕抵昭慶，時暮靄銜山，暝鐘初動矣。寺門容與，見新月在林，波光蕩漾，把洒與老僧話西湖全盛事，并商游政。座客有感慨悲涼者，余曰西湖之真面目在山水，如邢夫人衣故衣，時能令尹夫人自嘆不如者，非以天然本色爲都麗乎，何必孤山有梅，蘇堤有柳，藕花居有菡萏，湖心亭有歌板舞衣，而後見西湖之勝哉？明日晨起即理游，具放舟烟水間，青山四照，澄波萬頃，亭榭非綺麗，爲工林樹以蕭疏，見致櫓摇明鏡中，遂不覺心曠神怡，如翠袖佳人，暮倚修竹，夢想頻年，一旦對此，淡粧濃抹，宜何如定情也？每值一境，榜人即艤舟待客，登臨憑吊，輒流連不忍即去，隨波上下，繫舟湖心亭。夕陽返照，影射波紅，不啻赤城霞起，泳游再四，歸掉入林，而月映前川矣。繼此則吴中勝友日集如雲，時方初夏，寒暄之氣候不齊，風日之陰晴未卜，鷗眠鷺宿，竊步水仙，蠟屐携笻，願追山賊，而湖中之日月長矣。時或入孤山而吊，和靖問昔時梅鶴猶無恙乎？紹興中，起四聖延祥之觀，官民之墓盡徙，而死士之隴何以歸？然獨存彼富貴，而終磨滅其不穴狐狸，薪樵牧者幾人之墳墓哉？時或登棲霞而拜鄂王之墓，喟然嘆曰：鬱鬱葱葱，萬古忠魂之所式也。微義士隗順之負屍潛瘞，殉以玉環，識以雙橘，雖孝宗之詔求改葬，豈可得哉？時或登于墓而生哀，益太息痛恨于石亭諸人也。奪門之後，少保含冤，固已天荒地老矣。乃湖水清漣，孤臣之丹心碧血，猶照耀千秋耶。時或登南屏，而望潮鎖海門，雲生天目。近則怪石峻嶒，聳霄漢間，人語不聞，松濤遞響，若萬馬騰空而下，亟支笻，次静慈，方一瞬而殷殷雷聲。從北高峰至歸舟，烟雨迷離，群山疊岫，滄茫莫辨。回視保叔浮圖，微有彷彿而已，眞米南宫畫圖一幅也。夜深再商游政，忽念白香山《長慶集》以爲東南山川之勝，餘杭爲最，而餘杭之勝又以靈隱、冷泉、弢光爲最。以故有在郡六十日，入山十二回之句。明日虎陵諸子如月鹿、汝平、蘭臯輩，僉謂余日至西湖，不至靈隱，與不至西湖同；至靈隱不至弢光，與不至靈隱同。余應之日，古人登高望遠，身到處不肯放過，敢不窮千里之目乎？于是覓笋輿尋山徑，徑曲折入深谷中，盤溪飛瀑，阻之不可行，而長松修竹，引渡危橋，得茅屋幾家，遥指古寺門，即下天竺也。一徑達靈隱，幽邃絶倫，萬山環抱，門外一峰奇削，號曰飛來，相傳咸和中西僧慧理過此大呼曰：昔在靈鷲山，見一峰飛去，今乃在此耶？峭石縱横，嵌空玲瓏，山膚竟□寸土而長松，老樹悉出雲根。中有龍泓一洞，深窅莫測，間其水與江海通，其洶然耶。山僧引之，出即小憩，泠是亭見百丈飛泉，從萬丈懸崖而下，晴空濺雨，夏日生寒，同人盡呼肌粟殆凜乎，其不可留也。及入寺，祇徊尋攬，咏宋延清之句，而海日江潮殊不能見，惟階森雙塔堂，擁千僧作選佛道場而已。客至隨繞寺循蹊，再問幽壑，歷翠竹千重，過飛泉百道，而弢光在望矣。客至此不過，謂木末山巔，一幽深禪院耳。及到門登樓，而放眼青天之上，一望千里，纖毫畢見。竹外有樹，樹外有湖，湖外有城，有萬家烟火；城内有山，山外有江，江外有海，眞大千世界也。乃信海日江潮之咏，惟是庵足以。當之師號弢光，故庵以師得名，與白香山友善，入山十二回，勾留白傅者，其在斯乎？余既喜白傅之詩，復信諸子之言，故能與二三好友窈窕尋壑，崎嶇經丘，而窮兹湖山之勝槩也。古今人豈欺我哉？是夜，月明如晝，山庵無酒，意覺岑寂，而余季已解杖錢，覔甕頭春于長鬚酬良夜。殿前方池半畝，鑿石爲龍形，泉從龍口中噴出，聲入枕畔，達旦不能寐。遲明亟起，登樓望朱輪湧出扶桑，海天一碧，即身在日觀峰，何肩上矣。同人舉酒相屬，謂桓子野對清光，輒喚奈何，因各聯韻賦詩以以異此？少焉，白雲冉冉，從山下飛來，瀰空繞室，以襟袖拂之，皆戎戎不能散停。午始整歸，屐取侄入上天竺，見長林蔽日，遠瀑濺空，古寺蕭森，禽聲上下，意必有高僧法座，若辨才其人者，共一時清話，而山僧持簿索錢，追逐無厭。因與同人大笑曰：我輩愧非子瞻，故辨才不出，而使傖荒法子下令逐客耶？行行且止一路，斷橋流水，茅屋疏籬，野花黄蝶，助歸途詩興者，正復不淺。薄暮抵招提，袁酒大醉，謂今日之游不可無記也。因共追數晨夕，大約風日晴和，高朋雅集，登放鶴之亭，訪魚樂之國，步錦唐之月，觀段橋之荷。青簾白舫，泛泛中流者十六。八荒同雲，殷雷不已，山雨驟至，颶風忽來，舡窓不啓，飲酒樂甚，枕藉無歸者十一。長堤步屧，絶巘扶笻，渡西泠、合澗之橋，入石屋烟霞之洞，不假輪蹄舟楫。而吴山、葛嶺、輞川諸勝地詩，筒酒盞挈，伴以游者十三。我故曰：西湖之眞面目在山水，我輩之眞性情亦在山水，繁華銷歇，正見本來。千里來游，會心自遠，何事撫今追昔，慷慨悲凉而下斷亭之淚哉？是爲記。

西湖（潁州）

清 盧見曾《雅雨堂集》卷三《潁州重浚西湖記》

潁之西湖在城西北隅，遠不知其所始。唐許渾從事潁，已有西湖清讌之句。至宋益顯，歐陽文忠公嘗典是州，去後序其思潁詩，表乞致仕以終老于西湖。後人因祀公湖上，合以晏元獻殊、吕正獻公著、蘇文忠軾，今所稱四賢祠者是也。潁無高山大阜，地洿下三川貫潁，是湖實鍾靈秀。歐陽公嘗奏免黄河夫萬人，築塞白龍溝，蓄水西湖，以爲民利。坡公亦云千夫餘力，起三閘、焦陂，下與長淮通，是湖之興廢，直關一境之利害，匪特以游觀與前人之餘思而已。明季閘廢，湖水洩，後有盗湖爲田者，湖幾廢。乾隆丙辰，余奉命來守潁，潁人士以復湖爲請。或有難之者曰：是湖之盗田者衆，已同永業，且湖久堙廢，埂界難明。奈何余諗于衆曰：盗湖爲田，乃民與湖争利，非太守欲奪民之田以爲湖也。今復湖則利及于一州，而任民侵耕，利湖旁居民數十家止耳。且民侵耕所得，不過沮洳之地，倘湖盡廢爲平陸，大水時至，衝溢蕩嚙，害且及室廬，利害孰爲輕重？今欲辨湖之盗與不盗，片言而决湖廢，而閘址尚存，第築閘止水，使湖水平閘，水之所浸，非侵盗而何？衆咸曰善，由是民争自首，群情大和，畚鍤齊施，數月之内，湖復舊觀，重葺四賢祠，而以宋僉書趙令畤、明通判吕景蒙二公配享，凡有功於湖者，不敢忘也。倣杭之西湖，築亭湖心，别建一室曰畫舫齋，志歐公遺愛也。極湖水所至爲埂界，有餘地則爲水田，令民佃之，而歲收其入，以爲修浚之用，令後爲可繼也。余惟司牧者以水事爲重，維潁地勢卑下，即使無前人之遺迹，尚當因勢利導，爲民興利而除害，矧前人之所傳彰彰如是，而不克修舉，致百年之利泯焉？廢墜咎何可辭，《周官》稻人職以防止水，以溝蕩水，湖水得閘以瀦，必陸地有通流，以達于河。而後蓄洩有備，啓閉以時，旱無槁苗，澇不敗禾，厥利甚大。余方膺寵命，不獲久留于浚溝，已啓端緒，未竟厥功，謹詳書其事以告來者。湖袤十里，廣視其十分之二。潁舊爲州，雍正十三年升爲府，其始建議浚湖，及後襄力者爲郡人吴茂陵、李榮白、寧世發、劉肇彭等。

時乾隆元年丙辰秋七月。

西溪湖

論説

（萬曆）《紹興府志》卷一六　西溪湖自元時廢，明萬曆十二年知縣朱維藩鋭意復之，懲前之疑。阻者議曰：檢諸額册，西溪湖田計一千六百二十六畝，而量出夏蓋、白馬、上妃三湖諸逸田五百餘畝，又十二都隱地九百餘畝，既補且償，適足其數。况湖田之價貴不過三金，而有湖溉田，旱潦有備，皆成膏腴，歲可常稔，價當倍蓰於昔。即酌宜分泒，人情無不樂從者，官無缺額之賦，民無不償之價，可謂兩利矣。請於上官，皆允之。乃諏日舉事，倣築城例，先築塘，每里遞計一丈二尺，相地以定序，不旬月功成。

綜述

（嘉泰）《會稽志》卷一〇　西溪湖在縣西南三里，舊七里湖。舊經云：縣令戴延興立，周七里，故以爲名。溉田二百頃。

元　劉仁本《羽庭集》卷五《西溪湖題咏序》　西溪湖當虞邑之西南鄙，環堤以里計之蓋四十有五焉。水利之奪於豪者既復，田賦之輕重遍負者既適均，溝塍墹閘與夫矩度之防範者既周以密。余嘗爲紀泳澤亭，以著民情之忻懌不忘矣。乃至正二十有二年春正月，其鄉老有章志安，率若干人持繪帙，踵門而告曰：西溪湖之利病殆將百年弗治，今一旦得參政方公檄韓伊，上下詢謀，悉心匡濟，俾吾農民利其利，而樂其樂，誠有如子記。言春而耕，歌於斯，秋而斂，歌於斯者，不徒曰感嘆而已。蓋即吾溪湖勝景有八焉，昔放翁陸先生嘗標題之，今將極其想像，擬諸形容，協諸情辭，見諸謳咏，使有引考，猶覩河洛而思禹功也。敢請序諸卷首，按圖湖之東有長者山，山麓新作祠堂，旁爲泳澤亭，仙人魏伯陽金罍丹井在山後，湖光晴嵐，氤氳轇轕，相爲盪摩。然以水之朝會於此，築版閘，時其滀洩。西陲則瑞山屏遏，回巒疊巘，當夕曛返照，蔚乎紫翠。稍南爲周嵒，雄踞若獅子狀，秋月揚輝，倒影浮光，湧躍金璧。又南則坤峰特出，嚴冬積雪，圭璋交炫，融入湖間，澤瑩潭潔。自西而北匯塘巨浸，水源春發，揚波激浪，散入溝塍，以灌以溉，鳧鷺之翔集，鱗鰭之游泳，藻荇蒲菰，箐箐旆旆。又防其淫溢，更别爲石閘以限之，而湖心二培塿委曲蛇蜒，斷堤連橋，烟柳濯濯，春和可掬。凡此者，四時之景不同，而皆足爲湖之助也。至若樵唱咿嗚，牛羊蒸薪出没乎，雙溪之上漁歌款。乃鳴榔往來于任剡，兩徑十二里塘之滸，其樂概無盡也。噫！往者湖墮爲穽，而民受其害，兹當擾攘艱阻之際，而能披蒙薙蠹，均田薄斂，克集庸功，先憂其憂，而樂其樂，特貽永久若然者，人人所喜。聞而飫道，故嘉其請，而爲之述。且以勵於後之長牧焉，童氏家業儒七世，居溪湖上，盖始終湖事，而孚信於其鄉人者也。

（萬曆）《紹興府志》卷七　西溪湖在縣西南門外，三十六湖之水鍾焉。昔縣令戴延興築塘七里，又名七里湖，所灌田甚多。宋慶曆中，歸縣學，爲養士之費。紹興初，詔割三分之一爲功臣李顯忠牧馬地，李挾勢侵據，僅以綿錢七百歸學。治平中，朱文公游，始寧見西溪湖山水之勝，講學湖上，後提舉浙東，因浚治，虞人德之。迨元時盡廢爲田，至正十二年，縣尹林希元復之，後復湮没。明嘉靖十六年，知縣陳大賓圖規復，以内召不果，後總憲浙江，復移文董成，又以擢官去。萬曆十二年，民苦旱甚，知縣朱維藩請於上官，復之。

清　顧祖禹《讀史方輿紀要》卷九二　西溪湖在城西南，志云縣境舊有三十六湖，悉鍾於此。唐令戴延興築塘七里，亦名七里湖。宋紹興以後，湖漸廢。元至順中，盡廢爲田。至正十二年，縣尹林希元浚復，尋堙。明朝嘉靖中，屢議興修，不果。萬歷十二年，民苦旱，縣令朱維藩修復，爲民利。

傳記

明　徐象梅《兩浙名賢録》卷二六《上虞令陳宜之炳》　陳炳，

字宜之，崇德人。嘗令上虞，有西溪湖瀦水利及三鄉中廢爲田，參政張綱嘗浚復，勒石紀其事。歲久豪右復據之，夏大旱，民持綱所刻石請復湖，豪右撓沮之。炳奮曰：令寧以罪去，必不忍畏避强禦，委棄三鄉民命也。卒浚復之。百姓歌曰：前復湖，張參政。後復湖，陳縣令。與我衣食，全我命。除提轄文思院，炳恬退雅正，居官務行所學，興利除害，以身任之。有《退庵文集》十五卷。

又 卷二七《知上虞韓自行諫》 韓諫，字自行，天台人。至正末，知上虞，時方軍興，善取供億，民不擾而用，亦不乏時有以夏。蓋三湖獻長鎗軍者，諫言於督軍，郎中得寢。均西溪湖田，定四等賦，民咸利之。畏壘之祠，至今不絕。

紀事

明 徐渭《徐文長文集》卷二四《西溪湖記》 虞之爲縣壤高，河水東下。舊有湖曰西溪者，當縣西南，主畜水以備旱。三鄉負郭之畝，恆賴焉。宋末李顯忠既請其高者以牧，福邸仍之，遂盡田以庄，湖始廢，旱輒不登。元尹林希元欲復湖之不果，入明田既稅，則湖益不可復矣。萬歷癸未夏旱，知是邑者爲宋侯，既合衆以禱，乃更求長策得湖，以請於府某公某若省及分省諸公，并得可，遂復湖。湖東起湖山麓，北抵鄭家堡，迤北以西至龍古嘴前村之高阜，南盡長港埭。從而長得弓可九百二十七，衡而廣損，從者三之一，周而度之爲丈者千七百五十二，當湖爲田，時計其畝可千六百二十六，茲復田以湖，宜仍抵湖以田也。而夏蓋、白馬三湖適得新括浮畝，可五百有奇。第都之區曰十二者，括地復得隱畝九百，餘二百直買之以抵田，而稅有隱羨於某所者若干，括得之適相當，復用以抵稅，蓋二抵具，而湖告復始果。他若水道宜塞者塞之，凡七所；宜引以佐湖者引之，凡三十有六所。閘之以瀦以泄，坊一以表築，室一以省責。其成於里之正長畚鍤所及，計高廣近遠而課之，并有差費取倉粟庸取募丁，閱幾月而迄事。是役也，不勞民，不耗公，取浮修墜，下相地紀，上佐天時，而中免夏畦之桔槔，使吾虞千百年之久魃雖苛，不能必饑與殍於吾民也。是孰使之然哉？衆謀記於予，予謹記曰：侯名某，字某，某地人，以某支干進士來知虞，治廉平而興學獎士，尤諄諄云。

藝文

宋 張侃《張氏拙軒集》卷二《西溪湖》 杭州西湖天下無，重樓複閣成畫圖。中宵與客買舟去，千金間亦呼名姝。自言此游有真樂，月明星稀飛林鳥。珍殽旨酒雜樽俎，水精之鱗盤橫鋪。光陰鼎鼎暗中去，事業泯泯紙上拘。蘇仙在郡情甚適，君復居山身頗臞。英風既往不可作，蹤迹勝槩生荒蕪。空留濃粧淡抹句，思士久泥反長吁。金罍有溪名西湖，我來適當夏之初。萬荷叠叠風捲翠，群山隱隱雲依梳。岸頭有亭翼然立，明秀拱挹美且都。名園花卉憶靈運，古洞深遠棲仙姑。月當下弦遲開鏡，高燒銀燭行冰壺。君不見水利及人居第一，爲壑勿學白圭術。

元 劉仁本《羽庭集》卷二《過上虞西溪湖二首》 千頃湖田百頃陂，波光山色水相依。蒼烟釣艇漁歌起，野水人家燕子飛。培塿蛇蜒青不斷，池塘楊栁緑成圍。數聲牧笛雙溪外，熟路牛羊下夕暉。

又 湖田漠漠上虞鄉，葑蕩陂塍復舊疆。九十九溝春水滿，一重一掩岸花香。山禽布穀催東作，泥馬移秧過別莊。慚愧省耕非我地，遲歸猶坐野人航。

明 徐渭《徐文長逸稿》卷三《上虞復西溪湖縣官姓朱》 歲旱災無慮，湖還績永存。他年書北史，此日儼西門。赤蹶諸公剡，黃雲幾處村。橋門圜聽者，別紀笑言温。

又 卷七《復上虞復西溪湖縣宰朱姓**》** 復此西湖水，侯即西門豹。湖水何足論，溉我三鄉稻。

明 林希元《西溪湖賦》（萬曆）《紹興府志》卷八 縣居東北，湖坐西南。縣乃虞舜之故鄉，湖是越王之遺迹。上枕千山連九溪，聚此萬源之水，下通兩涇，注二閘，灌彼三鄉之田，歸利於漁耕，獲便於商賈。九條橋遇夏風清，芰荷馥郁。七里塘逢春日麗，梨杏芬芳。一秋來蘋蓼滿洲，紅間白三冬。竹松夾路翠兼青，侵晨雲罩。嶺梅向暮烟迷堤，柳浪連天。鵁鶄出沒波漾月，鷗鷺浮沉。高高下下，鶯擲金梭，圉圉洋洋，魚抛王尺。東有秦樓楚館，得清風明月，可聞鳳笛鸞笙。北遶驛路運河，通玉勒牙檣，堪聽鼓聲角韻。菱舟滿載月明歸，去櫓咿啞牧笛遠。聞曉霽出來聲，孋娜八面。山叠青叠翠十里，景争白争紅。李公曾爲牧馬之場，彭王亦作蓄魚之蕩。所聞勝景，此其大都文俚，而蕪不盡載。

雜録

（嘉泰）《會稽志》卷四　西溪湖閘在縣南三里。

（萬曆）《紹興府志》卷五　釣臺山二。一在縣東南五里許，下瞰深潭，云葛洪釣處。一在縣西南七里許西溪湖之陰。《舊經》云：山有槎，大十圍，陶弘景嘗乘之垂釣。公既去，槎墜於潭底，不復浮矣。

（萬曆）《紹興府志》卷九　湖心亭在西溪湖之陽，久廢。萬曆十二年，知縣朱維藩以復西溪湖，乃構子來亭於其側。

又　卷一八　泳澤書院，元至正間刱于西溪湖之濱，方樞密移金罍山東，以朱文公弭節講學於此，立院祠之前橋，曰來學橋。歲久廢，明萬曆十二年，知縣朱維藩既復西溪湖，并復書院。

（雍正）《浙江通志》卷一五　釣臺山，《名勝志》在縣東南五里許，下瞰深潭，云葛洪釣處。縣西南七里許西溪湖之陰，亦有釣臺，其山有木，槎大十圍，陶隱居常乘之垂釣。既去，槎墜於潭底，遂不復浮。

又　白馬湖，嘉泰《會稽志》在縣西南四十里，在夏蓋湖南。《水經》云白馬潭深無底，創湖之始，邉塘屢崩，百姓以白馬祭之，因名西溪湖。舊《浙江通志》：在縣西南門外，三十六湖之水鍾焉。昔縣令戴延興築塘七里，又名七里湖，後屢湮。萬曆十二年，旱甚，知縣朱維藩復之。互見《水利》：徐渭《復西溪湖詩》：復此西湖水，侯即西門豹。湖水何足論，溉我三鄉稻。湖上新稻熟，湖中赤鯉長。網魚煑香稻，千載薦桐鄉。

夏蓋湖

論説

（嘉泰）《會稽志》卷一〇　給事傅公崧卿守鄉郡時，侍郎陳橐入嵲，上公利便。橐竊惟執事作鎮鄉郡，必思所以興利除害爲此邦悠久之福，橐亦嘗蚤夜籌慮，期有獻於左右。其間非無利害之大者，復念吾君遷播，未有定居，戎馬憑陵，疆圉弗固，乃欲於此時陳利害之説，是猶疾病之人邪氣未除，而遽議調補，亦似乎不知務也。故事非迫切於今日者，皆未敢輒有言。前日因至上虞境内，過夏蓋湖，而備究湖田之爲害，實吾民今日倒懸之苦，有不得不言者。古人設陂湖以備旱歲，王仲薿建請以爲田，乃引鑒湖自然淤澱已成田陸爲説，又有不妨民間水利之語，其欺罔甚矣。然佃户占請之初，各有畝數，不敢侵冒，當時湖之爲田者纔十二三。佃户止於高仰處作㘴，未敢涸湖以自便，民田尚被其利，但瀦水不如曩日之多。故諸鄉之田，歲歲有旱處，比年以來冒佔不已，今則湖盡爲田矣。以夏蓋湖推之諸處，可以類見。橐所知者止上虞、餘姚，其他四邑皆不及知新昌、嵊縣，無上虞、餘姚所管陂湖三十餘所，而夏蓋湖最大，周迴一百五里，自來蔭注上虞縣新興等五鄉及餘姚縣蘭風鄉。此六鄉皆瀕海，土平而水易洩，田以畝計，無慮數十萬，唯藉一湖灌溉之利。今既涸之爲田，若雨不時降，則拱手以視禾稼之焦枯耳。其他諸湖所灌注，皆不下數百頃，植利人户倚以爲命，而乃盡奪之，一遇旱暵，非唯赤子飢餓，僵踣道路，而計司常賦虧失尤多，雖盡得湖田租課，十不補其三四。又況每遇旱歲，湖田亦隨例申訴官中檢放與民田等。昨見上虞丞言曾蒙上司差委，相度湖田利害，因點對靖康元年、建炎元年湖田租課，除檢放外，兩年共納五千四百餘石，而民田緣失陂湖之利，無處不旱。兩年計檢放秋米二萬二千五百餘石，只上虞一縣如此。以此論之，其得其失豈不較然。民間所損又可見矣。但當時以湖田租課歸御前，與省計自分兩家，雖得湖田百斛，而常賦虧萬斛，嬖倖之臣猶將曰此百斛者，御前所得也。不剏湖田，何以有此省計虧羨，我何知哉？今湖田租課既充經費，則漕臺郡守固當計其得失之多寡，而辨其利害。夫公上之與民一體也，有損於公，有益於民，猶當爲之。況公私俱受其害，可不思所以革之耶？橐得之父老云本州之湖其自然可以爲田者，唯有鑒湖高仰去處，蓋不失水利，兼與民田亦無相妨。其他皆隨湖廣狹以定植利之頃畝，尋常湖水平堤，旱歲尚憂不足。頃見李宣州言此利害甚詳而明，必曾與執事熟論，況執事越人也。想前已洞達於胷中，君子懷濟民利物之志，每恨不得行耳。然則解斯人之倒懸，顧不在今日乎？橐愚意欲望執事斷以不疑，除鑒湖外諸縣湖田，悉罷之以便民，誠不貲之利也。然儻俟奏報，則湖田皆在四月上旬挿種之後，若行罷廢，似非人情不廢，則失今夏瀦水之利。故橐必冀左右以權宜，即日施行，一面具利害聞奏，仍上章待罪，如四聰嘉納，則粒米狼戾之慶可坐而致。或俞音尚閟，則湖已瀦水，今歲不得爲田，足以寬嗷嗷之衆，秋間果得一稔，則疲氓可蘇，盜賊可息，人樂其生，無思亂之意。執事雖以此得罪，亦無愧於心矣。此事唯在斷而行之，雖謀之上客，謀之益友，愚恐少有肯贊高明以必行者。執事試召所親信三數人詢之，必有二三之論，非其智識有不逮也，其勢然耳。爲國計者必曰湖田歲入幾萬斛，正今日經費所賴，而遽罷之，則緩急何以濟？爲左右計者，必曰行在咫尺，公爲守臣，豈可不待奏報而專罷行之事？此皆知其一，而不知其二也。又或以爲未必然者，亦人情之常，橐若非前日親見，雖他人以誠相告，亦未盡信。蓋橐聞湖田之害熟矣，向雖在幙府，未嘗言及今播種迫期，方獻言於左右，誠以親究其害耳。執事儻以橐之言爲信，不異身臨而目覩也，恐或以爲湖田行之累年矣，縱不便於民，未應疾苦。若此其甚，豈可未聞於朝？一旦驟欲罷廢，待報而行，未爲晚也。橐謂此特拘攣守常者之言，非惻怛愛民者之言也。吾民困苦極矣，前此怨嗟叫號，爲其父母者恬不聞知流害滋深，以至今日。今執事將自比於拘攣守常之徒乎？抑以世之重自任耶。又事有大可慮者，頃年雖有豐有凶，然富民薄有儲畜，兼他邦轉糴，可以相補，故小民幸免於溝壑。今北騎所過之地，穀粟皆被爇，屈指聚落之間，有餘糧者無幾，且無他邦轉糴之望，而官兵支費又將取給於民，父子兄弟不相聊矣。然猶竭力耕種，以覬秋穫。雨澤在天不可必也，陂湖之與奪在人，幸未至於後時，可不任其責哉？失此機會，歲事或虧湖田之租、常賦之額，兩無所得元元。艱食流離道路，强者爲盜，弱者爲丐，嘯聚弄兵，豈不由此執事？當自見之，知橐不爲過論也。建炎二年春，邑民嘗訴湖田之害於撫諭使者，使者下其狀於州縣，上虞令陳休錫遂悉罷境內之湖田，翟帥以未得朝廷指揮，數窘之，陳不爲變。是歲越境大旱，如諸暨、新嵊，赤地數百里，農夫無事於銍艾，獨上虞大熟，餘姚次之。餘姚七鄉通江潮蔭注，兼有燭溪湖等數處不可作田，不曾廢，故亦熟。而上虞新興等五鄉被夏蓋湖之利尤爲倍收。其冬，新嵊之民糴於上虞餘姚者，屬路不絕。向使陳令行之不果，則邑民救死不暇，況他境乎？夫以一縣令尚能爲之，橐之所望於左右，宜如何？聞陳令見在會稽，敢望呼，召訪以利害。橐既知利害之詳，今或不言，橐則有罪，遂敢不避僭易，仰瀆聽覽，不任悚懼，更有數項鄙見條具于後。

綜述

（嘉泰）《會稽志》卷一〇 夏蓋湖在縣西南四十里，湖內三十六溝，其岸北二斗門，依山有神祠。湖東北則夏蓋山也。夏蓋一作夏駕，又作夏架。《水經》云：西陵湖西有湖城，山東有夏架山，湖水上承妖皐溪，而下注浙江。古語云夏駕山、浮蓋山屹丘于湖中，不爲湖水之漲涸也。紹興二年，上虞縣令趙不摇言縣所管夏蓋湖等一十三處，爲田不便。吏部侍郎李光奏：一方利害無甚於湖田，乞比較興湖爲田以來所失常賦孰多孰少，自政和以來，以湖爲田者乞復爲湖。得旨，張守真經久利害以聞，限三日。知越州張守言：上虞縣夏蓋湖改爲田者一百三十二頃二十四畒，餘姚縣汝仇湖等湖一十三所，改爲田八十一頃四十九畝。二年内暗失米四千二百三十六石八斗有零，民間所失當復數倍。乞復廢爲湖。自此兩縣可望全熟，委是經久，有利無害。奉聖旨，依仍自三年正月爲始。

明 戴冠《濯纓亭筆記》卷五 上虞縣有夏盖湖，竊意湖乃潴水之地。夏月旱暵，并湖之田資其灌溉，當名夏溉，訛爲盖耳。吾蘇近閶門有水，亦同此名郡志作夏駕，謂吴王夏月避暑駕游於此，故名。

清 經元善《居易初集》卷一《驛亭壩改復石堰記》庚辰葭月 吾族自始祖琦八公遷居上虞驛亭村，已曆二十餘世。虞之北鄉有夏蓋湖焉，南抵蘭芎諸山，西濱曹娥江，北極於海，中間溝渠縱横，灌溉民田一千三百餘頃。驛亭處夏蓋湖東，爲洩水之匯，中有石堰，唐長慶年間所築。界上下河，以資瀦蓄，舟抵堰易而復濟。迨本朝乾隆間族人砻石累泥爲壩，兩岸設轆轤，繫巨綆以挽舟楫，行旅稱便。此壩爲族人按户挨日輪值，不預他姓，當改壩時，非有官司令甲也。相沿已久，遂視爲業。嗣後涉者與挽者争值，屢搆訟。有司患苦之，於是設法防制，列瓦十二章鈐，以印置壩上，客過需索，准碎裂之。朔望持瓦呈驗，胥吏有費，似乎化私爲官，核計一歲入貲實數千貫，族之人賴以舉火者數百家。雖然利之所在，害即因之，百餘年來户口繁衍，每家歲輪一二日，所獲實微。而農家子弟歲時不作，苦浸成游惰，且群焉以陵競囂争爲能，風俗因之日壞。先府君資政公憫之，慨然曰：是不可無以援挽，而使宗黨胥及於溺也。爰出資建造義塾，延師訓迪，并給發贍老恤，嫠月糧以教以養，冀有以潛移默化之。而丁口既衆，欲其盡舍壩務而安耕讀則實難。資政公彌留之際，深以此志未竟爲憾。咸豐年間，鄉人因湖水不敷灌溉，於曹娥江塘開挖窨洞，導江水入濟，江水挾泥沙以進，不十餘年湖槽愈淺，而驛亭一壩又日久失修，更形低陷。夏蓋湖水一洩莫遏，每逢旱歲常患乾涸。同治庚午，湖内四十八村公稟有司，將壩身加高，重築石樑。族人以舟難車拔，商之於余，思聚衆拆毁，余曰此國家水利攸關，官憲政令所定，誰敢擅毁？族人不得已，則皆欲稟請退壩。余曰：此舉若行，吾族一姓之福也。乃遍詢族中耆老，僉曰：願棄於是，爲之具詞有司。邑侯余公庭訓嘉嘆重其事，即日親臨，遍召列呈十六人，諄諄勉以孝弟力田，各賞銀牌一面，獎勵之。遂宣示勒石，永禁車拔。余猶恐族人之猝難謀生也，禀命太夫人，商之諸昆弟，族人逐户給籽種。其不能耕者，復出資於旁近小越、横塘兩鎮，捐納牙帖，使可貿易，各得其所。是舉也，共糜制錢數千貫，與族人訂約，日後倘仍業壩，則此款不論年代近遠，何若概須計息償還越。二載，王公晋玉宰是邦，以舟楫繞道小越，河清，相安無事，更爲通詳督撫。各大憲批示立案，迄今距庚午已十稔矣。族之老弱者大半凋謝，少壯者爲農爲工，漸務正業，竊計更十年後，休養日茂，前事日忘，我宗族彼此相安，頹風盡革，資政公在天之靈，亦庶幾稍慰矣。爰詳次其事勒之石，俾後之人考信焉。

傳記

（天順）《明一統志》卷四五　唐鐸，洪武初紹興知府，御下以誠，人不能欺。時徵賦有非土産者，鐸竟奏罷之。餘姚、上虞二縣争夏蓋湖水利，經歲不決，鐸斷以至公，民皆感悦。

（雍正）《浙江通志》卷一八八　俞木鄭僑，俞木傳，字嗣祺，上虞人，豆亭少子也。順治庚子，歲飢，出資賑濟，全活甚衆。康熙戊午，海氛未靖，木請於上憲，同諸兄練鄉兵，置守具。一日賊犯境，身率鄉勇，持矛前擊，一鼓摧其鋒，嗣是不敢復犯。虞邑疊有潮患，築塘捍海，遂罄其家。夏蓋湖舊有十八溝閘，蓄水蔭田，歲旱輒爲鄉隣毁壞，特設法輪，巡永資灌溉。縣令高之蕙旌其門。

紀事

清　陳梓《刪後文集》卷四《渡夏蓋湖記》　自虎林渡江，紅葉尚少。及樊江，嘗菱成五律，一午渡百官江，買一葉經夏蓋湖。是日風小，晴山含翠，白波如練，野鳧出没蘆渚間。須臾由羊山口入，望兩岸紅葉，五色畢具，近復變幻如朱，如鱔血，如蕉葉白，如墨，如醬，如碎錦著塵土，不可端倪。未霜降已爾，爾十月當如何爲之狂喜。薄暮抵小越，訪謝子式南於袁氏，日飲齋與主人及安共談至夜，分式南工，書出老坑研賞玩。云：甲辰潮患，室廬飄蕩，僅存片石耳。兩童子煮茶迭進，因成五古。一次晨飯而别抵齋，則從子庶咸變。後伯觀病，復垂絶舉家，相對流涕，興趣索然矣。丙辰重九前一夕書於卧雪軒燈下。

清　查祥《兩浙海塘通志》卷三　二十二年秋，颶風大作，土塘衝齧殆盡，府檄斷事王芳督治，兼縣尹總理之。及度夏蓋湖所灌之田，畝出粟一升，於西偏鵲子村作石塘二百三十二丈，而海患以息。

清　吴邦慶《澤農要録》卷二　上虞之夏蓋湖，觀之方知梁子之議可行，而永久利民矣。有志經國者，當相視一鄉之中，擇其最高仰者，割爲陂湖。先均其稅額於衆利之民，次營别業以招矢田之户，大展陂岸，使廣而多受，雖亢旱之年不至耗涸。從高瀉下，均資廣及，沾潤一番可以經月，雖有凶灾不能及矣。況陂湖之利魚蝦雜産，茭葦叢生，貧者資以養生，富者因而便利。大雨一注，衆流復積，前者既瀉，後者復蓄，山鄉水利無逾此者。故孫叔敖之芍陂，汝南之鴻隙陂，古人成績，可以引証，自非爲民父母者力主其事，愚民誰肯割其成業者乎？至於下鄉之田亦有高亢不通資灌者，莫若照依北方掘鑿大井，上置轆轤，汲引之利，亦民自辦。民可樂成，不可謀始，若出力任事，惟存乎人，必須久任之，方可有成功也。按此則播種山田者，若無流泉，亦須爲陂塘於高處，以資澆灌。

藝文

宋 張侃《張氏拙軒集》卷二《自白馬湖穿夏蓋湖至後郭塘岸》

連日天晴雲送雨，群山環繞翠相聚。湖心波起小玉山，映帶不多添媚嫵。十年江湖寄此身，每到佳處喜生津。豈知築堤限海水，底事毁泐築更頻。君知此理休更説，只緣今日人心别。

元 劉仁本《羽庭集》卷一《上虞大禹峰夏蓋湖山寺分韻得楚字》　我倏秉飈帝之所，謫向滄洲采芳杜。水田萬頃夏蓋峰，茫茫禹迹靈鼇負。金仙赤脚開寶坊，倒影玻瓈濕窗户。玉壺下浸馮夷宫，瑶光上掣璇璣府。闌干十二銀闕通，日月烟霞互吞吐。瓊枝棋樹凋秋霜，赤壁丹崖隳玄圃。夜半潮聲風雨來，老蟾捧腹魚龍舞。我時一葉青蓮舟，雲從群仙盡翹楚。紅塵隔斷人間世，手挹天杓酌清酤。醉登絶頂叫虞舜，神禹之功垂萬古。

又 卷三《夏蓋湖山寺》　夏蓋山爲大禹峰，何年有此梵王宫。吐吞日月湖光近，出没蛟鼉海氣通。烟靄滿空浮紺碧，樓臺倒影濕青紅。蒼生幸不同魚鼈，萬古難磨疏鑿功。

又　長湖萬頃禹山前，半浸烟波半海田。以佃以漁風土樂，爲巢爲窟水雲連。門開日日鳧鷖到，酒熟家家魚蟹鮮。便作洞庭浮小艇，扣舷明月叫飛仙。

元 張翥《蛻庵詩》卷一《識趣齋爲山陰魏仲遠賦》　夏蓋湖濱宅，幽然水竹開。莊前魚市合，山下酒船來。把釣依雲樹，尋詩步石苔。相羊総成輒，直待醒心回。

明 釋宗泐《全室外集》卷四《短歌寄魏仲遠》　夏蓋湖呑上虞浦，魏君家在湖邊住。岸花汀草幾春秋，白鳥滄波自朝暮。知君愛客仍好奇，畫船載酒如渼陂。櫂歌中流日將夕，璧月湧出青琉璃。嗟哉隱居端有道，世上無如閒處好。王充遺迹尚可尋，賀老風流良不少。去年聽詔來京國，識君臉紅頭半白。别懷空與水東流，海燕江鴻斷消息。今朝聞有東州船，尺書欲寄心茫然。福源精舍地最偏，安得與君湖上相周旋。

清 陳梓《删後詩存》卷八《夏蓋湖》　當年停蓋此婆娑，障海孤峰翠結螺。南朔東西波浪急，辛壬癸甲别離多。石根隱聚黿鼉窟，松頂高穿日月梭。萬國衣冠渺何處，滿湖烟雨一漁蓑。

又《禹陵》　石紐難尋李白書，此間陵寢未荒蕪。翻因附會存王迹，遂使平成頌海隅。菲飲泉名，秘圖山名。供眺覽，玉書金簡半虚無。九河故道多湮没，溉澤徒傳夏蓋湖。

又《過夏蓋湖大風》　開棹日未落，過湖風轉雄。拍船裾接水，騰馬笠乘空。愁極歌遍壯，山窮路忽通。堰頭人語亂，燈火出林中。

清 胡文學《甬上耆舊詩》卷二一《過夏蓋湖》　一日孤帆風正長，萬山晴色滿湖蒼。天青鷗鷺都如雪，秋盡蒹葭未及霜。漁户半依船作舍，人家多借水爲鄉。故園物候應相似，蟹稻田田橘柚黄。

清 厲鶚《樊榭山房集》卷二《夏蓋湖》　幾曲蘆漪外，如梭艇子過。駕風波忽大，到海地無多。茫昧思前古，悲凉發慕歌。事見《晉書·夏統傳》。寒更何處泊，髣髴聽鳴鼉。

清 邱允玉《夏蓋湖》《兩浙輶軒録》卷八　嚴程早發起披衣，夢遠雞聲出翠微。得月水光先曉白，向晨星影透林稀。帆穿敗葦移村過，風捲崩沙作雨飛。到處浦田耕未起，野農何以救朝饑。

清 鄒尚《薄暮過夏蓋湖》《兩浙輶軒録》卷一八　海日西難下，湖波月易平。天圓雙鏡合，村遠一燈明。鄉思憑歸鳥，山光閱客程。路逢知己在，不負剡溪行。

清 桑調元《弢甫集》卷五《舟夜望夏蓋山》　夏蓋山連夏蓋湖，

遥看萬仞插虚無。雲來神鬼乘空下，月出魚龍破浪趨。漲海荒寒留此土，扁舟狂醉屬吾徒。依稀夜渡經揚子，烟擁焦山一點孤。

又 卷一一《雨望夏蓋湖》 湖面晝濛濛，雨脚挂天半。墨蒸夏蓋雲，散作白汗漫。崩浪跋神魚，荒陂叫飢鸛。芳草渚田生，界水平如案。圜空漲春嵐，入海青不斷。萍翳繪此圖，推篷納奇觀。孤舟逆風吹，篙力破湍悍。松巖趁驛亭，烟中人語亂。

清 沈季友《檇李詩繫》卷四《奉次見貽詩韻》 夏蓋湖頭秋日涼，碧雲遙屋見蒼筤。波光入酒葡萄緑，雨意催詩菡萏香。每羡謝公能曠達，也知賀老足清狂。故人已動江湖興，擬借扁舟載筆牀。

又《至正庚子三月七日，魏處士昆季邀予游夏蓋湖，憩福原精舍，胥會者九人，各賦詩一章》 石橋流水放蘭舟，野水蒼茫凉欲秋。山勢截雲横碧海，波光吞日沒滄洲。岑參渼陂客同泛，賀老鑑湖誰復游。醉挿花枝争勸酒，尊前一笑歲如流。

雜録

（嘉泰）《會稽志》卷四 夏蓋湖閘在縣西南四十里，閘在湖之北。

又 卷九 夏蓋山在縣北五十里，舊經云：山形如蓋，因以爲名。引《輿地志》云：上虞縣北有夏駕山，在湖中，湖即名夏駕。出茈草，土人織以爲席，甚細密，多接者爲精織。書云：夏駕山浮，可避甲申水灾，湖北去海數里，山北對海鹽岸。蓋一作駕，蓋駕音近傳之訛耳。舊經：蕭山縣翠嶂山一名夏駕山，在縣西二十五里有夏蓋湖，湖北去海數里，山北對海鹽岸，餘并同。

又 卷一〇 五夫河在縣北三十五里，源出夏蓋湖，曰驛亭堰，凡三十里，東流入餘姚縣之菁江。

又 上虞陂湖之爲田者共一十四所，共管納租米四千餘石，其西溪湖等十三所共納二千餘石，而夏蓋湖獨管納二千餘石。可以見夏蓋湖之廣濶，係上虞、餘姚兩縣六鄉二萬餘户植利所繫非輕。蓋六鄉皆邊海，彌望盡是平陸，非如衢、婺諸郡間有池塘，可以蔭注自興，湖田無歲不旱。大旱之歲，至檢放秋米一萬餘石。逮建炎二年，陳令罷湖田，獨此一鄉，無一户訴旱，其利害甚明。前年陳令爲新昌丞，槖備聞其語。恐台意以謂方朝廷多故，又總鄉邦，帥權慮事涉太專，未欲盡罷，不識可先罷夏蓋湖田否？蓋其他諸湖比之爲狹，縱失其利，未爲大害，雖州郡行遣，不當分彼此。然一時權宜，救民之所甚急，於理無礙。此亦侯雍齒之意，民間曉然，皆知惠之將及我也。此已涉第二義，恐思其上者，而不得故謾及之。

（萬曆）《紹興府志》卷五 甑箄山、馬家山、犂山、石竹山、荷葉山、土長山、梁家山、鯉魚山、洋山、剌山、符家山、柴家山，共十二山，俱在夏盖湖中。

又 伏龍山在縣北四十五里夏盖湖東，狀如龍伏，首東俯而尾西掉，下瞰小越。市山巔有巨石，壙長四丈許，世傳吴越公主墓。南有小越閘，北有磨劍井。

又 横山在縣北五十里，其峰列九，亦名九峰山，横枕夏盖湖左。

又 佛迹山在縣西北四十五里夏盖湖塘南，上有石逕尺許，深一寸，如巨人足迹。

圖表

（萬曆）《紹興府志》卷六

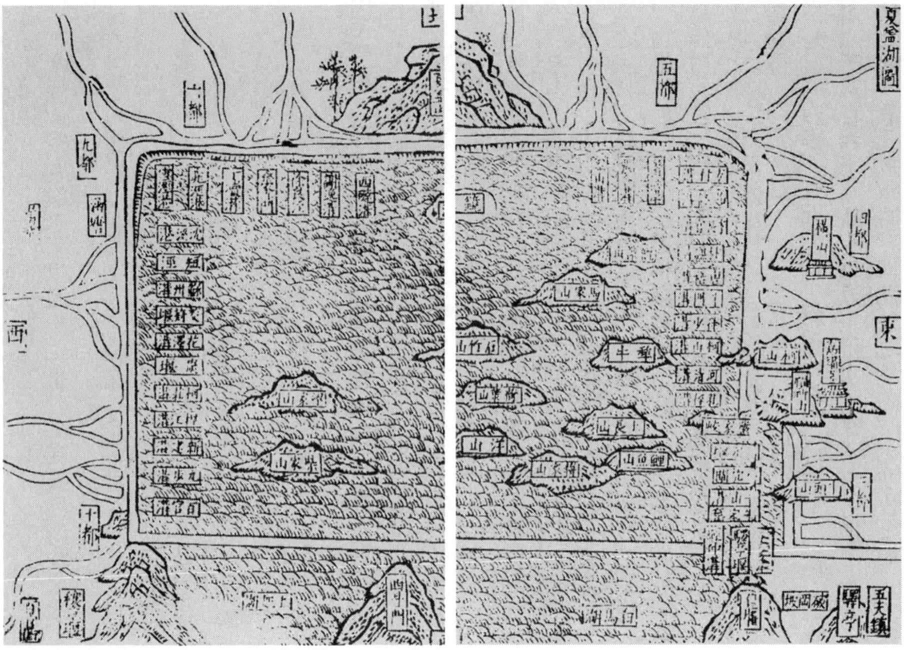

香澗湖

綜述

（光緒）《重修五河縣志》卷一 香澗湖，一名相見湖。在縣治西四十五里，邑人沈名桂有記。

又卷二 香澗湖，在縣治西五十五里，歐家渡之迤左，長約六七里許，寬約二里許。北受夏家湖，并丁、茁、杜等莊及靈璧南下諸水，滙而爲湖。由馬家橋、石滚橋而入澮濱湖，田莊時被其沖漫若澮，又頂漲則汪洋四溢，浩無津涯，而俱受其害矣。一曰相見湖，相傳昔有夫妻相失者，後於此相晤，破鏡因以重圓，此亦一佳話也。但傳者不知其爲何時，亦無姓名可考，不亦甚可惜哉。

清 沈名桂《香澗湖記》（光緒）《重修五河縣志》卷一七 縣治西四十里，澮河北，有所謂香澗湖者。予訪諸父老，傳聞異詞，或名相見湖，云昔有夫婦二人，離散多年，得於湖上相見，名之以志不忘。時里中好事者作歌以賦之，其詞曰，郎住湖之頭，妾住湖之尾，開門相見時，同隔湖中水。蓋陌上花之遺音也。或曰是湖原不通澮，但以地勢稍窪，春夏陰潦，積水不乾，里人稱之爲澗，以其汀蘭岸芷，雜生澗邊，故名香澗，利無湖之名也。後決澗通澮，以洩澗水，因值澮漲灌入澗中，澗日益濶，不可復塞。澗中之水，大於前數倍，週圍二十餘里，人見其水勢浩蕩，改名爲湖。鳳陽府舊志所載香瀾湖即其地。瀾，蓋澗字之誤也。今岸邊蘭芷全無，湖中惟菱荇葱蒨，鷗鷺翔浴，漁歌互答而已。傍湖居民築堤種柳，以防湖水，每春早秋初，風和日暖之時，游行湖畔，見澄波一碧，楊柳千行，夾岸人家，茅茨竹籬，互相掩映，亦不減莫愁西子也。

雜録

（光緒）《重修五河縣志》卷二 曹水湖，在縣治西南四十五里。

白鶴許莊之迤北，爲瀶之南岸。據此似於香澗湖南北遥對，而瀶出其中。然未言其寬廣數，其源流今已淤沒爲田，莫能指其故迹。惟舊志尚舉其名也，故存以俟考。

又　丁苗湖，距縣治永字里西十二里。上受靈邑南注之水，與香澗湖合而入瀶。

湘湖

論説

清　毛奇齡《西河集》卷七《湘湖私築跨水横塘補議》康熙二十八年八月，湖民孫氏私築一堤，西至至湖嶺，東至窰裏吴，横跨湖面，水利衙報縣申府，府發公議

湘湖灌田一縣之國課，九鄉之民命均賴之，自明初迄今，著爲令甲，載在志典，并無許絲毫增損，誠重之也。

頃者湖民孫氏擅爲築堤，以截湖水，蒙發公議。爾時某在會城調治痺疾，原不曾與，然漸查東城舊宅，亦并無陰陽生到門，相傳豪黨賄賂阻抑，甚爲可怪。夫以湖之利害，關係重大，在當事先賢則有楊、顧、張、趙爲之主持，在鄉官先賢則有魏文靖、張尚書輩爲之恢復，豈有身列薦紳，實生其地，而漠然不相聞者。然且奸邪衆多，反駕黨論以爲公呈，其爲黑白尤宜早辨，此所以扶病捉筆，急爲補議者也。

按此堤之築，否百可一。第所否者，祗云非制，而可之者，妄謂無礙，故紛紛耳。

愚謂是舉有四害，有五不可。何謂四害：按湘湖之水，通管九鄉田一十四萬六千八百六十八畝，每畝止得水六絲八忽一抄。水面多寡，所争在毫釐之間，故凡放水時，即湖外之竹筍、土埂皆令撤去，以爲截一筍則阻水三寸，截一埂則阻水九寸。今公然蔽湖而截之，則九寸之水勢必加倍，其害一也。

湖之有跨湖橋也，即湖民先輩孫學思强築之者。爾時當事鄉官不與之争，以爲湖有上下，上湖南洩，下湖北洩，彼此可分，而橋適當分界之間，似乎無患。然而築橋之後，父老痛恨切齒，至今嘗爲謡曰，孫學思，築湖堤。湖堤長，害九鄉。蓋以一湖雖分上下，而上湖爲孫氏淘土塼埴，其水深，下湖爲葑茭，年遠壅積，其水淺。以淺身倒注之水而又横堤以截之，則下湖之水咽而難洩。况堤之又堤，是一埂之阻將不止九寸，而下湖水常少，上湖水常多，其害二也。

放水則例惟恐偏枯，故凡爲湖納粮之田，當按其時候，均其緩急，以便贏縮。舊制下湖之水，分爲數等，如第三放東斗門，溉昭名由化等鄉，得水七釐二毫一絲一忽，放二十一時六刻止，第二放金二六，溉夏孝寺庄等村，得水一釐三毫二忽，放三時一刻止。夫開放之時如此其促，而出堤之水如此其緩，則不特下湖，上湖水有多寡，而即下湖之中，其時刻多者，尚可望堤内之水紆徐而下，若三時一刻而即行閘止，則水未出堤，而湖口之防已閉矣。將見得利之田，竟成虚受，其害三也。

且水流則葑草不生，前此下湖之葑，以跨湖一截致之，今又加一截，則渟蓄不行，葑與土膠。而孫氏復取埴于湖如淘浚。然淘浚右涵，則葑土左露，窖汙所止，既鮮瀠洄，而奔注不能，即反生轇轕。又况秋前推草，秋後放水，孫、吳二姓，皆互立竹簽以爲界限，彼此盤亙，使其閼處不得竟泄，遲久不疏，遂爲平地，其害四也。

且夫孫、吳之爲害也，自明初以來，歷歷可指。在洪宣時，有吳子信之害，在成弘時，有孫全、吳瓚之害。在正嘉時，有孫肇五之害。初則文靖清之，既則何御史清之，又既則張尚書清之，然且御史父子以身爲殉，其禍烈如此。今其族富，其丁繁，沿湖而居，易爲侵蝕，稍一疏縱，奸占百出，不可者一。

舊制，湖址以金線爲界，一交青土皆爲湖身，而今則孫氏，竟住于青土之中，豢魚畜凫，種荷采茭，已非一所，稍欠者無倚傍耳。一有堤可倚，則以漁以佃，漸次成勢，不可者二。

且惡不可長也，涓涓不絶將成江河，其言甚可鑒也。此湖利弊，自嘉靖以後，平安至今，亂法一形，將釀大患，據水利報文，已稱石巖諸處，竟有效尤相繼起者，此變亂之兆，不可者三。

况湖豪奸宄不測，而又加之以勢家大族，有風水于湖中者，陰爲指使而陽竟助之，如駕爲公呈之楊氏、蔡氏，皆風水家也。湖中兩山無非墳

墓，此端一開，將東圈西鍤，無賸地矣，不可者四。

況中尊至公洞析水利，而郡尊甫涖，即有非常之譽，起于四境，此真東南幸逢之一會。豈可使賢守、賢令相際之時，而舊章之變自今日始，不可者五。

具此四害五不可，其宜存、宜廢、宜築、宜毀，當事薦紳必有能辨之者。若夫專擅之罪，變制之罰，舊有定例，未敢擅及。兹但補申臆議，以俟裁擇。某月某日。

綜述

（嘉泰）《會稽志》卷一〇　湘湖，在縣西二里，周八十里。溉田數千頃，湖生蓴絲最美，水利所及者九鄉，以畋漁爲生業不可數計。

（嘉靖）《贛州府志》卷三　湘湖，田五頃四十畝。

（嘉靖）《蕭山縣志》卷一　湘湖，去縣西二里。四面距山缺處，築堤障水，別無民田，跨由夏夏孝長興安養新義崇化六都之地周八十二里中，計三萬七千二畝，溉九鄉田，一千四百六十八頃。泄水穴十有八處。

又卷二　惠祠者，朝廷從蕭山邑民之請而建，以祀宋大儒將樂龜山楊文靖公也。公政和間爲蕭山令，多惠政，而其大者水利焉。蓋爲民嘗苦旱，公相邑西南多山，地勢高亢平曠，乃築堤，延袤八十餘里，中計三萬七千二畝，瀦水曰湘湖，利及九鄉。溉田一十四萬六千八伯六十八畝有奇，其地之入於湖者，則驗所獲利之田，而均其稅，仍因時以爲水之蓄泄。雖大旱，而邑田之稔者常過半。

明　吴淑《游湘湖記》（康熙）《蕭山縣志》卷五　蕭山縣西二里許，有水一區，可數十千畝。木之周回則界有山，山之斷缺處，則築土以補之。山有泉源百餘，處皆蓄于此，以爲灌溉者之資，志稱湘湖是也。予以庚子莫春，政事之暇，風日和明，乘小輿，由德惠祠經隆興寺，至于湫口。湫爲湖之東岸，岸上即隆興寺山。由兹山之麓南十里爲柴嶺，又四五里爲文靖公之樂丘，丘以南六七里即石岩矣。時湖水新漲，沿山小路半已漫沒，于是舍輿，從湫口下舟，循湖之北岸，至湫口之西，所謂菊花山者在焉。山多佳菊，而修篁老桂掩映左右，乃泊舟岸側，舉酒徜徉，有不忍舍去意。由菊花山之右轉而東也，爲湖之西岸，沿西岸行二里許，爲黃家山，山後即桃花塢，去塢五六里，即越王城。城在山上，山之下有邑，姓孫氏家焉。

舟既至，孫氏一父老，年九十餘，龐眉皓首，迎見于水次。遂指輿南行，過一小澗，有怪石數枚，或立，或仆于水中。循澗之南涯，步穿松林下小徑，有雀一雙，從樹林中望見人影，即長鳴飛去。又行半里許，乃緣石崖，攀老藤而上，路險且峻，未十數步，兩足即酸軟不可支。于是倚石偃卧，筋力稍復，復起而行。行久之，聞水聲溜溜然出于崖谷中，蓋洗馬泉也。泉有池，池上有兩峰，相合爲城門狀。至此則地稍平坦可行，復數十步，乃至其巔，山形四高，壁壘宛然，蓋烏喙棲兵之故區也。其設險捍禦之迹，歷歷猶在。中岸有石生萬年松，九節草，青翠冬夏不變。石上竅如盃大，泉恒滿，俗稱佛眼泉是也。泉之側，有供佛小屋數間，一老僧可六七十歲，煑筍作飯。時日已西落，予亦精神倦極，遂詣榻而休焉。

晨起衣冠，倚空長望，則紅光燭于海底，日上扶桑矣。乃振策周覽，擊石浩歌，取故道而下，遂依山麓沿湖行數百步，至後黃寺，背山面湖。時桐花盛開，香風滿林，齋几上有詩文一卷，一夔徐先生手筆，敬想風韻，邈不可及。時日將辰，命庖人具米粥爲晨餐，餐畢而去。南經塘子堰，左右皆山，山最深入，引湖水爲一小浸，尤可愛。盤出嶺外，經連山下，有廢宅，舊礎無數露出瓦礫中，蓋南宋貴宅舊基也。過此爲河墅堰，過堰爲楊岐嶺，嶺有楊濟王冀王之墓，墓之左側有崇福院，久壞，存一僧，住破房，僅供香火，餘皆没于草莽。自越王山至此，歷二十餘里，路皆輿行，而小舟則從湖心先至于沙闌嘴矣。蓋自沙闌嘴以上，爲湖之南岸，折而北，始爲韓家嶺，又北，始爲史家池。路迂回不便，于是出崇福院百餘步，下沙闌嘴，鼓雙棹，由箬笠山趨于金家塘。塘于史家池相去半餘里，其盡處有石閘一座，閘之上所謂石岩山者在焉。閘與鳳林穴、童家湫、石湫、周婆湫、横塘、塘子堰、河墅堰諸處皆洩湖水，以救旱乾者之所，實龜山楊先生之所創鑿，與邑蒙宰魏先生之所經葺者。由閘陟石磴數十百級，過一岸，有平石方可二尺，築亭于上，蓋以節游者之勞之所。據亭高坐，則湖山之勝得其大都矣。復陟數十百級，望見麋鹿一群，或卧或食于林麓中。時喉吻枯甚，忽一僧，披袈裟，執手爐，兩童子捧茶盒來迎。遂躋于巔，曠然有平地十餘畝，中有一小庵，餘皆畦以種花木蔬果之類。庵後有一軒，軒外有一池，池有金魚數尾，軒之左右皆高丘，丘上有巨竹，梢翠，色如鳳尾，筍如龍角，簇簇在根傍。取長鑱斸而燒之以薦茶。既而直登其巔崖，縱目高視，心胸大開矣。蓋自湖之北岸而來，夾于兩山，闊不數百丈，至此軒然而起，豁然而開，山益高峻，水益深潤，洲渚島嶼之勝，花木禽鳥之盛，與夫雲烟變動，宇宙推移之迹，凡得于斯游者，皆足以長吾胸中育物之機，消吾事外營心之慮。始而喜，終而樂，初不知天地之在吾身，吾身之在天地也。乃作短歌一章以寄意。

歌曰：山叢兮湖水清，麋鹿飽卧兮，魚龍不驚。坤實固脉兮，天氣清明，河洛標異兮，岐山鳳鳴。超越宇宙兮，刮磨日月之精。渴飲瓊漿兮，饑餐玉樹之英。將俾吾身兮，與天地而長生。歌竟而返。

紀事

明 袁宏道《袁中郎全集》卷九《湘湖》 蕭山櫻桃、鸄鳥、蓴菜皆知名，而蓴尤美。蓴采自西湖，浸湘湖一宿然後佳，若浸他湖便無味。浸處亦無多地，方圓僅得數十丈許。其根如荇，其葉微類初出水荷錢，其枝丫如珊瑚，而細又如鹿角菜，其凍如冰，如白膠，附枝葉間，清液泠泠欲滴。其味香粹滑柔，略如魚髓蟹脂，而清輕遠勝。半日而味變，一日而味盡，比之荔枝，尤覺嬌脆矣。其品可以寵蓮嬖藕，無得當者。唯花中之蘭，果中之楊梅，可異類作配耳。惜乎此物東不踰紹，西不過錢塘江，不能遠去，以故世無知者，余往仕吳，問吳人，張翰蓴作何狀，吳人無以對。果若爾，季鷹棄官，不爲拆本矣。然蓴以春暮生，入夏數日而盡，秋風鱸魚，將無非是。抑千里湖中，別有一種蓴邪。湘湖在蕭山城外，四匝皆山。余游時正值湖水爲漁者所盜，湖面甚狹，行數里即返舟。同行陶公望、王静虚，舊向余誇湘湖者，皆大慚失望。

藝文

唐 杜荀鶴《杜荀鶴文集》卷二《將游湘湖有作》 一家相別意，不得不潸然。遠作南方客，初登上水舡。岳鍾思冷夢，湘月少殘篇。便有歸來計，風波亦隔年。

唐 釋齊已《白蓮集》卷三《送人游湘湖》 君遊南國去，旅夢若爲寧。一路隨鴻雁，千峰遶洞庭。林明楓盡落，野黑燒初經。有興尋僧否，湘西寺冣灵。

宋 蘇泂《泠然齋詩集》卷二《湘湖飲平遠亭口占呈邢㓔父》 我屐欲行山路遠，我舟欲泛湖水深。湘湖湘湖在何許，不在天上終可尋。君才未減邢居實，藥品之中貴參术。君歸芹省我湘湖，夜看月明朝日出。

元 王冕《竹齋集》卷二《送章德遠校官自湘湖歸慈湖》 我生不想圖凌烟，草衣曲肱牛背眠。早看紅日出海底，夜看素月懸中天。陰陽推盪幾昏曉，長嘯狂歌不知老。清泉白石自愉怡，那信人間宦途好。逍遥偶爾窮外觀，之子已在青雲端。廣文坐上新彈冠，蕭爽不作儒生酸。三年考績易官燭，回首西風正黄菊。白雲喜動故山秋，慈湖遥映湘湖緑。君歸莫慮鐵研穿，且力古道希聖賢。我歸不用君致言，門前自有梅花田。

明 倪元璐《倪文貞詩集》卷上《泛湘湖》 吽破鸕鷀夢，粗吟與細呼。柔風扶病櫓，瘦影點酸湖。舫額誇題米，堤身盗姓蘇。山山有新意，不是畫葫蘆。

明 魏畊《雪翁詩集》卷一《湘湖游眺》 渺然湘湖裏，西望富春山。雲景鮮且秀，彩翠雙眉彎。回潭下石壁，層溪接潺湲。村村攢雲樹，處處眠白鷴。遥見隱居者，臨流采芳蘭。願言邀丹術，餘光駐頹顔。谷口弄明月，棹歌不能還。

又 卷五《憶蕭山湘湖贈蔡士京》 昨夢湘湖雲，娟娟青蘿月。覺來欲泛季鷹舟，已值子猷山陰雪。小窗獨坐醉流霞，浙水茫茫道路賒。相思欲寄無雙鯉，極目飛鴻天一涯。春風緑潭倘可涉，洞門試掃石楠花。

又 卷一二《苕溪草堂酬湘湖徐芳聲》 四面猿聲嘯，懷君夢裏回。湘湖尊可采，不道未須來。

明 魏驥《南齋先生魏文靖公摘稿》卷九《戊寅夏久旱得宋龜山楊公所創湘湖以濟》 不假天瓢極旱灾，滔滔竟日自湖來。旄睨随處歡聲洽，禾黍從今生意回。力挽凶荒爲稔歲，功資社稷宣凡材。九鄉總被龜山澤，有廟堪嗟翳草萊。

又卷一〇《舟發湘湖抵峽山途中書事》 一棹薰風趁曉凉，平湖如練接天長。蒼松掩映楊蕲嶺，黄竹依稀范蠡塘。柳下樵夫過彴擔，波心漁子去鳴榔。鐘聲忽聽來林杪，不識招提在上方。

又《咏湘湖》 百里周圍注渺茫，龜山遺愛許誰忘。水能蓄潦客千澗，旱足分流達九鄉。荇帶荷盤從取市，蒓莖芡實任來嘗。邑侯鄉老休輕視，圩岸時須督有方。

明 袁宏道《袁中郎全集》卷二七《湘湖》 而我游湘湖，恰值湖水小。湘湖舊有名，敢道湖不好。辟彼如花人，必須眉黛姣。一旦决洪流，山寧不枯老。白鯉曝腮鱗，漁刀蔽深草。水少已不堪，何况酒更少。

明 正勉《古今禪藻集》卷二四《湘湖漫興寄獵微生》 蘭堂客散酒船空，湖上清游孰與同。五月秋聲梅子雨，一天凉思藕花風。烟將白鳥沈沙際，雲帶青山落鏡中。自是儋翁阻杭越，誰教天塹限西東。

明 朱長春《朱太復文集》卷三《望湘湖》 登塘望湘湖，遥在箬山東。白日出悠悠，湖氣空濛濛。初陽孟春月，美女如芙蓉。朝來駕素船，采蓴涉湖中。湖船何泛泛，蓴葉亦茸茸。借問江南樂，悠悠米可從。

清 陳袞《雪川詩稿》卷一〇《湘湖》 扁舟信往還，不異畫圖間。派接三江口，波摇兩岸山。蘋花穿棹遠，竹徑繞村彎。况有蓴絲美，他年莫惜閑。

清 單隆周《雪園詩賦》初集卷一〇《曉望湘湖贈別》 隔水誰家宅，清晨尚掩關。一空烟霧下，兩岸桔槔閒。寒氣全依樹，澄波半浸山。凭高無限意，况是別離間。

又卷一四《湘湖曉泛》 輕舟西郭外，旭日上春衣。地僻溪流響，灘寒釣艇稀。園桃紅帶露，山鳥宿初飛。漲水圍青渚，孤烟出翠微。塵囂應不到，倚棹對芳菲。

清 葛祖亮《花妥樓詩》卷一《秦孝廉總山惠文藁誚教時孝廉將歸湘湖》 春暖江城欲暮天，晴窻静簡白雲篇。吟時滴滴艷於雪，望裏珊珊骨已仙。澹𣲗蘭溪初放柳，清齊鑒水半舒蓮。歸舟還有瑶編在，展向花街百卉鮮。

又《送總山歸湘湖》 故鄉常送客，此際別離過。已悵群賢去，還如今日何。問渡石湖口，歸帆湘水波。紛紛浣花雨，知爲孝廉多。

清 陸圻《威鳳堂文集·過蕭山，友人毛大可、丁大聲、徐徽之、徐涵之暨表兄楊旨音，訂游湘湖作》 勝友西陵渡，蕭然與俗殊。山形全抱越，人語半通吴。杯酒添鸚鵡，林塘感鷓鴣。尊羹如有興，明日下湘湖。

清 毛奇齡《西河集》卷一七四《入湘湖書事》 落星湖畔草茫茫，別有澄波萬頃凉。溪口一橋連大路，城西幾里到横塘。青山入浪烟林動，翠藻緣崖水帶長。隔浦鵁鶄棹起，藕荷深處又成行。

又 環山浄捲碧琉璃，紫幕紅茵度水涯。稻葉暗抽朝溉後，荷風不斷午凉時。龍堂瀨淺楊王宅，（湖有楊冀王宅，今爲寺。）鳥道雲盤句踐祠。蕩槳女兒歸獨晚，前湖新約采蓴絲。

清 毛師柱《端峰詩選·湘湖》 湖潤起秋風，湘煙入望空。尊絲知最美，曾否似江東。

清 彭啓豐《芝庭詩文稿·詩稿》卷六《湘湖夜泊》 蕭山東去山陰路，鏡裏天光漾修樹。回風吹起紫蒓香，柔艣鳴榔聲不住。初夏清和縟景鋪，楊梅紅綻映青蒲。若教賀老移舟入，應把湘湖换鑒湖。

清 陶元藻《泊鷗山房集》卷一五《湘湖》 龜山遺迹想甘棠，灎灎湘湖百里長。不愛尊絲愛秋水，桔槔聲裏稻花香。

又卷二五《泛舟湘湖》 春風吹短髮，湖岸放舟行。出郭人烟少，盟鷗客語清。斜陽轉峰没，遠火傍林生。那得浮家住，青簑忝隱名。

又卷三二《九月二十日，邀王介然并携兒子廷琡泛舟湘湖，由萎山轉宿獅子山房，次日渡湖登蜈蚣山，是夕仍還宿獅巖，又明日乃歸》 四山霜染丹楓齊，中流放艇隨鳧鷖。秋潭寒浸半篙碧，蒹葭穿破萎山西。黄昏曰投獅子屋，清晨又杖蜈蚣藜。窮搜遠歷窈窕谷，紅日遽墮寒生畦。邨盧湫隘佛寺少，身如烏鵲無枝棲。回槕瑟縮天更晦，浦漵莫辨洲汀迷。明星雖爛月正黑，夜珠何處求神驪。暗水路長鳥拍拍，荒砧聲斷風淒淒。船頭忽見石突兀，打門仍上蒼苔梯。山房未移曾宿榻，木葉已滿初經蹊。懸鐙再續昨宵話，寒蛩依舊喧人啼。平明啓户雨非雨，連天霧漲藏虹霓。鴻濛氣合混沌界，那有陵谷分高低。天東一綫日光漏，乾坤下闢呈端倪。須臾凈掃巒嶂出，峰影倒插明玻璃。行廚淡泊客不責，一榼鮭菜奚奴携。烟雲供養朝復暮，勝傾白酒烹黃雞。經年不到泊鷗墅，滿膺塵壅難鋤犁。今朝得與山川遇，頓覺膜翳開金鎞。兩峰三竺晴翠在，秪輪蘇白横波堤。人生如夢懽有幾，窮年矻矻空居稽。聽松聽水幽處好，蕙帶兄傲通天犀。墓門碑版誰不朽，且留千載磨崖題。老夫耄矣泉石癖，猶嫌晝短慳攀躋。歸家未信勇可賈，請看兩腳青鞋泥。

又《偕同人泛舟湘湖》 群賢巾舄聚繽紛，絲竹何曾玷白雲。沈約座邊聽讀賦，羊欣榻上看書裙。桃因雪黍餐難飽，酒爲論文飲易醺。紀勝欲題洲畔石，臨河序媿右將軍。

又 卷三三《九日同姪晴皋青漵孫景霞至湘湖山麓》 良辰陟歷豈辭勞，無吏催租興轉豪。杖履樂偕童與冠，林泉羞載酒兼螯。湖生秋水清於眼，路轉陽坡煖勝袍。髮短不教風落帽，嬾登高處勝登高。

又 卷三八《滿庭芳·重游北山瑞峰禪院，復泛舟湘湖，再過止水庵》 入谷籃輿，昇來阿對，何須兒子門生。遨游萬里，野服未曾更。勿墮終南徑捷，移文應，不作山靈。吾頭白，却輸菩薩，髻尚似峰青。乘流向西去，盪舟湫口，湖水盈盈。又遇招提境，樹疊雲横。一縷香縈薝蔔，勝荷花，開滿前汀。年雖晚，舊交多佛，到處有逢迎。

清 張應昌《彝壽軒詩鈔》卷九《湘湖城山寺》 茨花茭葉望周遭，西去城山漾小舠。八十里如溪路窄，百千磴上寺門高。季鷹秋興無蒓菜，文種威聲有海濤。日暮青烟横嶺下，但餘摶埴幾家陶。

圖表

(萬曆)《紹興府志》卷六

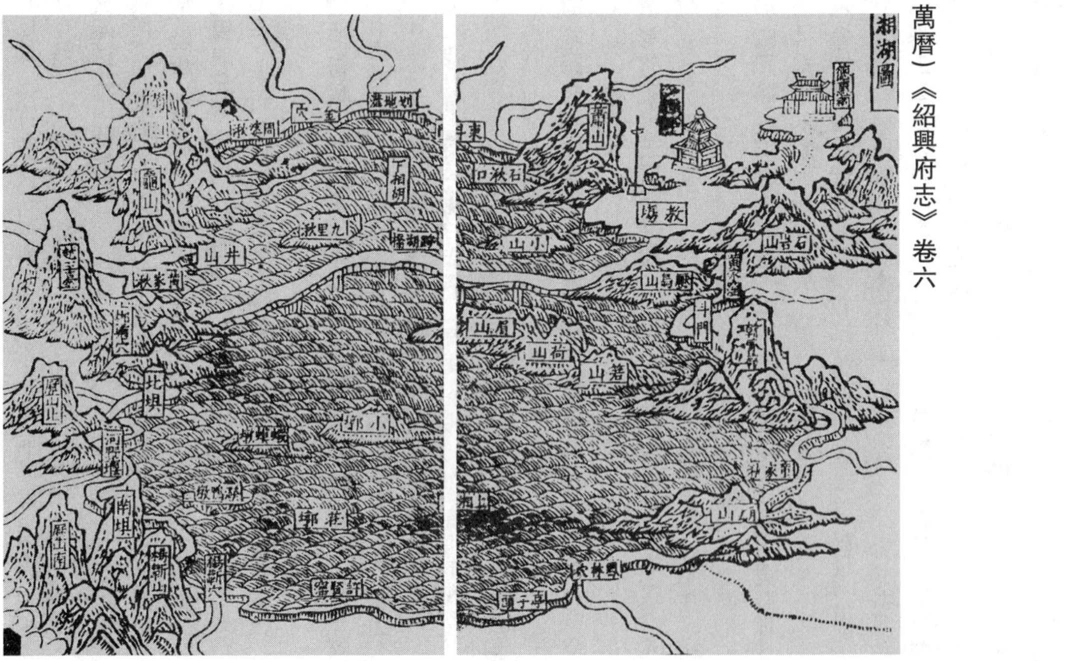

湘坑湖

清 劉光第《衷聖齋詩文集·文集·湘坑湖記》 湘坑湖，在山頂，環拱四五秀峰。喘山而上，有碎石路三，皆十里。至則山屏地砥，劃然中開。雨乃漫爲湖蕩，實非湖也。南風至，墻屋皆汗味之潮。若蓋數百里外，海氣遥蒸萬山之上，而吾劉氏實居焉。爲時，以日計得二十萬，爲户，得千數百，爲丁，以指計可得十萬，湖内無以容也，散落湖外。

四周爲田，莊所三十，其田以石計者數萬。湖之東，八里岡子下，十里湖洋背、太陽前，二十五里大壩，三十里店廈。湖東北，三里邱地，十里泉坑。湖之南，五里洋畲、七里凹上，十里大湘坑，二十里羅坑。湖之西，二里白竹壁下，三里上邱，坑五里彭屋岡，七里石井，八里高畲燕上，十五里黄屋塘，二十里雁鵝塘，五十里赤高坑。湖西南，五里荷樹坑，三十里桃裏堀。湖西北，五里石坑。湖之北，四里少芬，五里高員地，十里長坑角，十二里林禾地，二十里湖嶺，二十五里上堀，四十里濯田，皆有吾族人居之。或數家，或十數家，或數十百家，或百數十家，惟湖内多至四百餘家。

湖之内爲祠五：總祠一，支祠四。總祠祀三郎公，爲元始遷祖。支祠祀六世祖兄弟四人，爲各房分支之祖，曰伯聰、伯盛、伯達、伯瑛。湖東二里，曰水口下坪，三郎公之始遷，實居於此，繼乃徙湖中尚屋。尚屋者，當時同遷者蓋十餘姓，今皆轉徙絶滅無存者，獨劉氏存。劉氏則可幸也，他姓則可悲也。雖然，湖内居地尚多名其人之姓焉。名伯聰公祠所以田屋，田氏之所居也，名伯盛公祠所以下廖，以别於上廖，則皆廖氏之所居也。名伯達公祠所以夏屋，夏氏之所居也。名伯瑛公祠所以尚屋，尚氏之所居也，即劉氏始遷地，五傳而分授伯瑛房者。鏃公祠亦在其地，實爲伯瑛之曾孫。名英用公祠所以池屋，池氏之所居也，實爲伯盛公七世孫，其又支祠之小焉者也。

湖内復有地曰黄屋、江背者，皆以人姓名，而他姓無考焉。湖内之地，又有曰墱上，曰天燈子下，曰蓮塘角，曰竹下，曰山下，曰下湖坑，曰砦峡，曰砦前，曰砦背，古蓋砦其地，今夷矣。

山之要腹脊膂，人家分棲之，烟雲複繚，雞犬聲清以遠。聞湖中有田、有池、有井、有園、有溪、有橋、有村、有廛、有市、有廬。有硯者、犂者、鉏者、鐮者、斧者、芻者、攤者、擔者、量者、權者、刀者、尺者、鬻酒者、飯者、肉者、烟者、肩米肩紙者、肩木油者。無炊石炭者，多爇松明火者。多老壽者，亦有博塞者，燒洋藥而飲者。然無爲盜者，無覘胥徒籤票者。求壻歸妻，無不計花邊洋圓者，然少娼者，懲髮賊之追，無婦女裹足者，多項銀環者，多雛姬幼女樵汲者。無老弱，咸擎五寸椀飲純酒者。其俗尤重邱墓、祠廟、族譜。族譜自明來五修之，然近漸蕪俗，無治之者。好追寫先人圖影，多不似者。而尚武，有争墓以械鬬焉死者。其地豐山，而弗嗇於水，饒材木、竹林、紙、鐵。其樹多松、杉、楠、楮、橡、栟櫚，而少柏。其穀晚稻、稜禾，少菽、麥。其蔬多冬筍、蔓菁、藷芋，少菘、韭薤、萊菔、葵。其果栗、橘、梅、桃、李。其花瑞香、梔子、蘭蕙。其於畜也重雞而輕鶩，奇羊而易豕，貴魚而賤兔。有秦牛，無水牛。其山有虎、有豺、有獺、有狼、有狐狸、土蝓，而少豹。有野猪，多有豪猪射人，有雉，亦多虎，難食人。野猪酷害種植，亦傷人，然不食人。

光第，伯盛公十七世孫也，入蜀之世蓋六。少時，每聞族老相傳説湘湖名字，輒欣然想見之，願果一往以爲幸。然自吾祖吾父時思欲一歸省視祠墓者數矣而不得，光第則可得耶。且閩蜀天懸，遷徙隔絶之日久，生長於蜀者，綜各房殆數千人，無得一歸者。而光第則光緒乙未，脱然由京師航北海以達南海，而竟安歸乎湘湖也。則豈徒光第一人之幸。乃上以慰吾祖父泉下，下以告吾子孫，而以答蜀中諸伯叔兄弟，東望冀一歸閩而不得者，又以歡閩中諸伯叔兄弟，西望冀一知蜀而不得者。

湘坑湖，其於城市也皆遠，北去長汀縣百二十里，西去會昌縣百二十里，西北去瑞金縣百四十里，而在武平縣東北百十里，其别地名同而不湖者，則有大湘坑、小湘坑。大湘坑多何姓，小湘坑則王姓。

新開湖

綜述

明 何喬遠《名山藏》卷四九 新開湖，長三十五里。湖東夾河，是名康濟，屬高郵州，故名高郵湖也。運經高郵九十里，湖居三之一焉。故東直南北爲堤，舟行其中，西風與舟觸輒敗。弘治六年，户部侍郎白昂請更鑿複河利，牽挽既成，賜名康濟河也。

明 佚名《淮南水利考》卷下 高郵州新開湖，在州西三里。

清 顧祖禹《讀史方輿紀要》卷二三 新開湖，州西北三里。其水東南俱通運河，長闊各百五十里，天長以東之水，俱匯此湖。而入於淮湖，中突起一洲，可百餘畝，水雖盛漲，終不能沒。其洲去城十里，秦觀詩高郵西北多巨湖，累累相連如貫珠。蓋州境自昔恃湖爲險。山堂考索云：淮東，川澤之國，凡小洲大渚，水勢環遶，人所不到處，皆水寨也。南自老鸛新開諸湖而言，凡四十餘處，而相通之寨九，一寨一將主之。南宋所爲守淮者，皆新開等湖，以爲之險耳。

紀事

明 劉健《高郵州新開湖記》《名臣經濟録》卷五一 高郵州之西南，湖曰新開，與甓社湖通，而天長以東諸水盡匯於此。其南北運道，自杭家觜至張家溝，凡三十餘里，颶風或起，則巨浪掀天，舟行遇之，多致覆溺。弘治初，户部左侍郎白公昂奉敕整理河道，乃於湖東開夾河一道，曰康濟河，以通行舟，往來便焉。然湖之老岸歲久，激於西北風浪，日就頹壞，而康濟之河難保無虞。九年，都憲李公蕙適總督漕運，嘗委揚州府通判施君淵董工修築，未幾遷官去，乃以通判韓君琚代之。工未竟，而李公亦物故。都憲張公敷華、張公縉相繼其任，工部郎中謝公緝、張公瑋、劉公浩相繼管理，凡工力措置，悉委揚州府知府王君坦、許君節、王君恩，而督勵益。至老岸之下，頹椿廢石，積久未除，岸之不堅，職此之故，命夫匠入水悉出之，然後釘椿下石，以次修築，迄十六年八月也。歲久湖東夾河之間，民田千餘頃，困於積水，乃於河底作涵洞三以泄之。歲久而湮，塞河之新岸，又日漸衝決，田沒於水，而税如故，凡業田之民，流亡殆盡。諸君患之，仍委韓君等督工修理，僅三閱月而完，田既可乂，民之流亡者復業。又自淮安至儀真一帶，河岸低者增之，缺者補之，視舊有加，故近年以來，雖大水無所患，而舟楫經行者，咸視爲坦途焉。

藝文

宋 梅堯臣《宛陵集》卷三五《次韻夜過新開湖憶二御共泛》 出舟湖渺渺，月白絶纖氛。已見水如鑒，莫生波上雲。獨征河慕侶，冷酌不知醺。露下清吟久，同心本愛君。

宋 蘇舜欽《蘇學士集》卷七《新開湖晚霽》 霽霞飛盡失西東，水入天光浩氣中。籍籍輕帆一游鳥，似乘風力上虚空。

宋 劉攽《彭城集》卷一八《新開湖上待潛珠不出偶書戲孫莘老二首》 貝闕藏珠安在哉，九淵深絶若爲媒。風波可畏且歸去，漫道扁舟湖上來。

宋 王安石《臨川集》卷一五《和仲庶夜過新開湖憶衝之仲涂共泛》 水遠浮秋色，河空洗夜氛。行隨一明月，坐失兩孤雲。露髮此時濕，風顔何處醺。淹留各有趣，不比漢三君。白樂天有二處成孤雲之句。

宋 沈遘《西溪集》卷二《和中甫新開湖》 渺渺清波百里浮，昔遊曾是一扁舟。十年人事都如夢，猶識湖邊舊客郵。

宋 秦觀《淮海集》卷四《新開湖送孫誠之，有龍見于東北，因成絶句》 狂客走影暗悠悠，菡萏吹風五月秋。黄綬不爲無氣概，蒼龍隨尾送行舟。

宋 郭祥正《青山續集》卷七《新開湖》 湖應與海接，歲暮水猶多。净色平蒼野，餘香積敗荷。舟行依累石，梟起散圓波。誰似漁翁樂，鳴榔作楚謌。

宋 鄭獬《鄖溪集》卷二八《食魚憶新開湖》 柳條穿頰一雙鯉，鱗插金錢腰尾長。何日酒泉飛白浪，湖邊先問把罾郎。

又 曾擊畫船湖北樹，船家新撇白醪醅。紫荷蓋下黄金尺，只就罾頭買得來。

宋 李之儀《姑溪居士集·後集》卷一三《朝中指望新開湖有懷少游，用樊良道中韻**》** 新開湖水浸遙天，風葉響珊珊。記得昔遊情味，浩歌不怕朝寒。故人一去，高名萬古，長對孱顔。惟有落霞孤鶩，晚來依舊争還。

又 合浦因人去不還，隋侯未值報恩年。欲憑泉客傳微信，夜久涼風月滿川。

宋 劉弇《龍雲集》卷七《新開湖詩》 輸寫由來未易窮，渾疑天作水仙宫。浩無邊際藍吞野，散作霑濡雨卷空。末口潦收秋漲縮，汙溝波泛暮潮通。會當揮楫乘高興，書把塵纓濯此中。

宋 鄒浩《道鄉集》卷一一《池上》 荷花荷葉滿池塘，柄柄摇風作晚涼。忽憶新開湖裏過，遶船終日送清香。

宋 劉一止《苕溪集》卷二《過新開湖呈無言兄御史》 整整斜斜村舍居，十十五五沙中凫。潛魚釣影水深淺，高柳着行烟有無。天濶雲低過平楚，已覺淮音近吴語。淮南米賤好留儂，正恐不歸心更苦。

宋 釋道潛《參寥子集》卷三《過新開湖寄李端叔大夫》 新開湖邊秋夢曉，雞犬無聲人悄悄。試揭疎篷覘日華，水面殘星猶繚繞。嘗聞明珠藏巨浸，光焰一出輝群草。篙師爲我暫停橹，冈象終期入幽討。波間宛轉興方豪，依然別恨生懷抱。故人離群東海頭，徇禄摧眉事枯槁。菰梢蘋末翠猶在，蕙蘭憔悴青楓老。浪游不知歲月徙，舊約無端失天杪。目羡南鴻兩兩飛，安得身同羽翰小。游胥堂在吾必行，一榻數椽應預掃。

宋 魏了翁《鶴山全集》卷二《重陽前一日，約寓公飲于新開湖之西港，有歌詞者，其亂曰：會與州人飲公遺愛一江醇酎，遂以此分韻，賦詩某得一字》 吾州遠景樓，爲天下第一。下有千尺湖，長虹倚斜日。烟雲紛蔽虧，草樹互蒙密。人既位通顯，湖猶困遺逸。一段雲錦機，割截不成疋。我來劃見之，慨然爲拈出。凹者豁以舒，凸者疏而溢。乃取半山句，以榜湖陰室。晨舟亂平渺，日晏未云畢。客喜以問余，幻成子何術。余非襲而致，彼有是良質。牛山木嘗美，茅徑人自窒。一笑各會心，涼風送蕭瑟。

宋 楊萬里《誠齋集》卷二九《過新開湖》 奇哉萬頃水精盆，一線青羅緣却脣。只有向南接天去，更和一線也無痕。

又 漁郎艇子入重湖，老眼慇懃看著渠。看去看來成怪事，化爲獨雁立横蘆。

又 白葦黄蘆尚帶秋，長風遠水幾時休。愁人對著君休問，不是愁人也作愁。

又 一鷗得得隔湖來，瞥見魚兒眼頓開。只爲水深難立脚，翩然飛下却飛回。

又 遠遠人烟點樹梢，舩門一望一魂消。幾行野鴨數聲雁，來爲湖天破寂寥。

又 卷三〇《過寶應縣新開湖》 寒裏舩門不可開，試開一望興悠哉。空濛烟雨微茫樹，都向湖光外面來。

明 楊基《眉庵集》卷三《過高郵新開湖微雨有咏》 殘虹曉落西陂岸，雨脚斜飛鷗鷺亂。扁舟盡日晝中行，荷葉荷花香不斷。船頭老翁一尺鬚，斗量菱舟兼賣魚。兒能鼓柁女蕩楫，何用聰明多讀書。

雜録

（萬曆）《興化縣新志》卷二 海陵溪，高郵、寶應、興化俱有之，其實一也。在高郵境内者，東北通興化縣，西抵新開湖堤。在興化境者，南自泰州來，合高郵州河，西入射陽湖。在寶應縣界首者，俗名琵琶頭，去縣治東九十里，西北通射陽湖，東接馬長汀。

（萬曆）《揚州府志》卷一 龍岡，在州治新開湖西，與天長泗州界，去城九十里。

（萬曆）《揚州府志》卷六 清水潭，在州北二十里新開湖堤傍，□有龍王廟。

清 顧祖禹《讀史方輿紀要》卷二四 趙田湖，在縣東南七十里，一名范青漾，亦曰范家田。南連瀫山湖，一望巨浸，其北即千墩浦口也，俗曰新開湖。

玄湖

綜述

明 劉繪《玄湖記》《明文海》卷三三一 凡物之成，其事勢小大，不侔若突爾。有興廢成敗，皆非人謀，時數然也。玄湖之作此，豈余初自有計畫營度，規田園，産物利哉。亦非以初歸田即欲爲逸樂林池魚鳥，恣嘻遊謀也。物有偶然而作，事有因人而成，亦足笑耳。

初歸田，歲丁未夏四月。予乃以家務責任，事臧獲此莊，租穀歲可二百餘斛，計三歲數，蒼頭曾未足具半，予讓，將懲治。蒼頭懼，伏地以手指畫曰，歲再無獲，莊湖在北田在南，南下可文餘，天不雨，歲可獲。雨多湖高，水溢，田禾盡澇，夏秋苦之。不信，居明歲可驗。明歲，夏雨如蒼頭語，蒼頭乃計白，田已卑泄水，無巨渠成窪，今莫若整田兩堤，掘河令通田，環莊皆水如圍，造橋或舟通出入圍中，田高計四頃，糞多歲可倍穫。外環水遠七八里，略因勢作堵嶼，養魚一二萬頭，可補卑田穫數。內間置花石，列珍果芳樹，計夏秋理稼穡，春冬駕舫射獵于內，足爲公林下昕夕娛樂。度前積穀可辦，小人計熟矣。予亦悟，遂盡如蒼頭言。蒼頭名梅孰，知梅瘠陋而有心計，且勤敏，乃疏鑿如計。慮與俱胥居宇權當否，先後種藝區畫賴其便。即歲八月至十一月渠成，明夏五月，野水漲下渠，渠盡滿，乃買舟通往來。是歲，築堂五楹于中，顏曰明農堂。後疊樓高五丈，樓曰依雲。登樓，見先人松楸焉。東有池二十畝，植蓮，疊少閣水中，閣曰注經。予嘗玩易春秋其上，每有己意發明，即注之云。西置西疇草堂，設筆研書史足吟咏，題曰賦雪堂。西有懷忠亭，即射圃也。西之前有高阜搆亭，爲九日登高松菊亭。隨處種花竹，花有海棠、山茶、瑞香、寶象、絳桃、芙蓉之屬，其裸置小亭八九，紆逶相望也。暇日，予喜招羽客談養生術，又背郭玄静遠市廛，因名之曰玄湖焉。此其大略，詳見玄湖賦中。予嘗謂往昔賢達，棲息咸有精舍，與園亭以自適，或養老計要之。茆舍土堦，有竹百餘，竿花卉三五藁，幽僻閒静，士君子搆之，亦易未費經營。

（萬曆）《應天府志》卷一 四年正月，大雪平地三尺，吴鑿青溪自城北塹玄湖水九曲，西南入秦淮。

藝文

明 高出《鏡山庵集》卷一六《十四夜月》 白門江似雪，玄湖水如月。石城初妝鐵甕雨，烟氛濛濛出還没。有客況有酒，對此清魄逼毛髮。夜鵲無聲向東發，怨歌誰子空勞勞。金閨相望夢大刀，願言乘之歸去廣陵濤。

明 劉繪《嵩陽集·玄湖送徐太守龍沔》 片片浮雲伴客還，知心語罷淚成斑。共憐宦路從人後，却怪才名滿世間。醉酒直擯傾北海，看花如夢度春山。知君勝有一時峆，莫向江門乆閉關。

又《二月中於玄湖田課耕五首學陶體》 海霞蒸朝旭，溪烟蔽桑柍。布穀鳴前村，秉耒聊啓塗。刈草飼牛飽，炊黍啖耕夫。土鮮落英散，犁深苗根疏。颽風滄人情，林霧飄還虚。偶躭田家樂，漸與市交踈。清陰挾書策，常得古人俱。遥謝徐孺子，芳軌疇能驅。

又《三月三日偕客泛舟玄湖》 桃花水泛映朝曦，度柳飛觴翠鬱披。旌拂游絲雲外繞，櫂凌青翰斗邊移。鳴儔意氣同蘭葉，豔女嬌歌轉竹枝。文藻空傳王謝盛，山陰誰復接芳儀。

明 湯顯祖《玉茗堂全集》卷五《答恒叔并憶夢白伯符》 玄湖烟雨半霏微，鍾阜晴雲濕更飛。卧聽鳴猿谷曙起，游看宿鳥山明歸。由來意性難塵褋，到處風流饒吐納。吴中有酒酒須酤，洛下無書書省答。相看似憶海人烟，犯雪裁書已隔年。巾子山前凴岸幘，旗亭樓畔好回鞭。多君正直能玄史，今日南中美無此。寶刀將寄只丁卿，玉律閒調是鄒子。別後交情一問君，山郎謝病欲何云。如今曉事歸年少，漫道長安吃子雲。

明 萬虞愷《楓潭集鈔》卷上《玄湖懷古》 玄湖深不極，秋景垂夕光。登降縱周覽，有懷悽以傷。涼風振林木，玉露摧蓮房。榮媚不可久，良辰詎能長。龍舟教歌舞，此樂期未央。豈謂同秋草，一朝被繁霜。泠泠湖中水，默默共斜陽。寧照碧山色，曾含紅粉粧。黑龍既遐逝，白鷺紛飛翔。興廢胡太亟，令人發清商。顧云景物滿眼轉換自足。

明 徐中行《天目集》卷七《汝南罷歸過光州游劉公玄湖作》

南去懷沙一逐臣，相逢披髮醉經旬。鄴中文藻劉公幹，洛下豪華石季倫。霄漢雲開臺榭迥，林塘風度管絃新。江東豈乏登臨地，能賦蘭臺更幾人。

明 陳璋《七月既望劉子素邀飲玄湖》（順治）《光州志》卷一二 四海豪雄氣味投，清秋共上木蘭舟。名家元自推公幹，鎮俗何人比太丘。閣外碁枰驚舞雀，花間簫鼓起眠鷗。千年赤壁同今夕，更有玄湖續此游。

明 劉黄裳《王元美見訪玄湖》（順治）《光州志》卷一二 柴門鎮日掩東菑，開膺尋幽駐羽旗。白雪調高來楚塞，子雲亭寂枕江潛。秋湖放舸懷千古，蓺苑論文盡一巵。莫道十洲瑤草勝，荒陂今見聚星期。

剡湖

紀事

明 黄尊素《黄忠端公集》卷二《兩游剡湖記》 吾郡剡爲剩縣，唐詩爲愛名山入剡中者，此也。吾邑之東南有剡湖，謝文正公云：邑治之東南曰通得鄉，迤邐而上，大山之麓，環拱周匝，溪流汩汩有聲。下通於江，山水所滙，渟而爲湖。人以其景物之勝，擬諸剡溪而名之。蓋文正嘗讀書於此，故得而記之也。

癸丑歲，余與象衡、元素沿溪而往。至嶴口，居民數百家。南行里許，折而西，小橋流水，拾級登山。其阿爲化安寺，荒址依然，青草芊芊。童子指點山門、方丈禪堂故處，而清磬疏鐘窈乎不可聞矣。箕踞松下，漱石徵詩，劇飲而歸。月印前溪，狂歌溢發，以爲剡湖之勝盡矣。

後余復至剡，徘徊其間，遥見樵人度嶺，迹之，忽闢一高下原隰，兩山夾出，有山家，鷄犬鳴嘷叢薄。樵叟曰：此石湫也。余攝衣更進，峰巒忽絶，斗出奇巖，石壁嶙峋揷空，攫虬踞虎者，未必在贊皇奇章所品之下。壁下溪流湯湯，澄泓徹底。上有奇鬼，趨而搏人，急足避之，審視，方知亦石也。又進數武，幽壑盤松，濤聲驟起，山鳥鳴其顛，似嘲似傲，吞化安荒址者，奚啻八九，恨不得使象衡元素一見之也。

夫四明山二百八十峰，東連勾章，西帶始寧，南接天台，北包翠竭，中峰最高，上有四穴若開户牖，以通日月之光故，號四明洞天。所謂剡湖之山，不過四明北面七十峰之一耳。計此二百八十峰者，峰峰各有其勝。一峰尚待今日，餘峰未知更待何日乎。四明之在域中，猶然十岳中之撮土耳。司馬遷始江淮，卒事梁宋，踪迹殆半天下。余家四明，尚且有待，況於天下名山之廣乎。以此知人之學問未有窮盡，士希賢，賢希聖，聖希天，不可少有所見便嗷然而自足也。

雜録

元 戴表元《剡源集》卷二九《褚叔豪赴山陰和靖祠長》 此老真迂闊，白頭方出山。一燈河洛後，千礎剡湖間。講鼓驚雲動，書船載月閒。可無容席地，容我了躋攀。

明 劉春《東川劉文簡公集》卷二三《挽陸參政》 杖節纔聞過故鄉，士林忽慟哲人亡。去思尚見封棠樹，奏疏空存舊皂囊。閩嶺夜寒春欲到，剡湖風急月無光。高才未究當時用，不但門人憶負墻。

清 黄宗羲《南雷詩曆》卷二《王仲撝侍御過龍虎山草堂》 剡湖豈是乏茅蓬，那得君來住此中。百卷緯書眞絶學，千秋國史附江東。古松流水宵移算，紅欒青櫨曉負籠。方伎儒林憑位置，誰知世外有行蹤。緯書三史，皆余所著，仲撝欲居剡共學。

清 萬斯同《石園文集》卷一《游剡中四首》 剡湖風物好，取棹月中來。水勢千重出，山形萬疊開。野梅緣徑路，寒鳥啄蒼苔。即景渾忘倦，幽懷次第裁。

雜録

（光緒）《餘姚縣志》卷八　周家埠閘，在通德鄉三都節。剡湖之水，緩注於江，旱時極爲有益。

永安湖

綜述

（紹定）《澉水志》卷上　永安湖，在鎮西南五里，周圍一十二里。元以民田爲湖，儲水灌溉，均其税於湖側田上。税雖重，而田少旱，四圍皆山，中間小堤，春時游人競渡行樂，號爲小西湖。

明　王圻《續文獻通考》卷一一　永安湖，海鹽縣南四十五里。溉田甚廣，湖中之税均于田上。

（嘉靖）《嘉興府圖記》卷六　堤障山下有湖，曰永安湖。諸山臨之，周一十二里，深一丈五尺。先是三村十六保之田多旱，衆願規田，浚湖灌之，以其税均于所溉之田，洪武壬申重浚。

明　趙若源《永安湖記》（嘉靖）《續澉水志》卷九　國以民爲本，民以食爲天，而民食又以潴水爲先。蓋水居五行之先，而典六府之首。自古帝王平治天下，莫不先化爲務。欽惟皇元撫育人民，興舉水利，開無遺則盛矣哉。海鹽本嘉興之屬邑，比升爲州，州南四十五里，有湖曰永安。周迴十二里，原以民田，爲湖潴水灌溉澉墅、澉浦、石帆三邨，農田八千三百餘畝，均其税糧於田上。時潦則東南注入於海，旱則水澤仰給於湖，遂變斥鹵爲膏腴。時和歲豐，家給人足，兹有禩矣。歸附初，至元丁丑，澉浦鎮守王招討熔，假軍權而淫毒，縱己欲以誅求，力逼鄉夫圍湖成田三頃八十畝，令駱興立户，每秋輸糧三十八石。至元己丑，歸之楊招討思諒，未幾，瀕湖居民效尤，盡欲決而田之，是以三村屢經旱患，民食不給，老小悽惶行流四方。大德己亥，里人王仁狀具于州，雖鞫治焉，猶未削誅也。幸賴澉浦寓居宣威將軍，前南寧州安撫使王君濟，勇於爲義，聞之朝廷，由是省臺委官公同蒞政，目擊斯害，昭然孔彰。大德乙巳秋七月，浙江行省平章政事徹里榮禄，偕都水監官，及本路本州官，親臨糾惡，廉明公正，遽令疏浚爲湖，開除元立佃米，一改而正之，於是狼吞虎噬之徒，爲之斂迹，斯湖得以復舊。噫，不有廢也，成之名不彰，不有壞也，立之功不著。今廢而復立，使斯民享悠久無窮之利，豈曰小補哉。人皆舉手加額，擊壤歌謳，得以遂仰事俯畜之願，顧不偉歟。兹刻于石，庶來者知斯湖源流有自云爾。至大四年二月日，前權東披書院山長趙若源撰，從事郎鮑郎場鹽司令金汝礪書，承務郎嘉興路同知海鹽州事趙泰篆，奉政大夫嘉興路兼勸農事朱緒立石。

明　趙若源《重開永安湖碑記》（雍正）《浙江通志》卷五四　海鹽州南四十五里，有湖曰永安，周圍十二里，潴水灌溉澉墅、澉浦、石帆三村。農田潦則東南注入於海，旱則水澤仰給於湖，遂變斥鹵爲膏腴。至元丁丑，王招討圍湖成田，是以三村屢經旱患，安撫王君濟勇於爲義，聞之朝廷，由是省臺委官公同涖政，目擊斯害。大德乙巳秋七月，浙江行省平章政事徹爾榮禄廉明公正，遽令疏浚爲湖，開除元立佃米，一改而正之，於是斯湖得以復舊。兹刻於石，庶來者知斯湖源流有自云爾。

明　張千五《結勘永安湖狀》（雍正）《浙江通志》卷五四　德政鄉十三都澉墅石帆村，社長張千五等，照勘得本里古有永安湖三千七百畝，積諸山之水，灌溉澉浦、澉墅、石帆三村官民田八千三百餘畝。此湖原係民田爲湖，其税均於湖側田上輸納。就湖東際石砌斗門，木板爲閘，以時啓閉。每遇天旱，開閘放水下流，灌救田苗。或天雨連綿，湖水漲溢，却有東南葛母山下古置渾水閘，放洩入海。是以三村農田，歲無水旱之憂。至元十三年歸附初，鎮守管軍官王招討，將永安河西南際湖面築捺圍裹，成田三百八十畝，納官糧三十八石。於後至元二十六年，招討男王四萬户，將上項湖田過佃召業，却於湖田南際掘開海塘，剏造石閘，連年每遇春水汎漲之時，將湖水僉夜放洩入海，及至夏旱又被管佃户壩塞，致有三年兩旱，田禾不收。若蒙官司將上項湖田仍舊開掘爲湖，積水灌田，實爲民便。元大德十六年六月初一日結。

清　查慎行《得樹樓雜鈔》卷一一　永安湖，今名南湖。按志本二名，堤南曰永湖，北曰安湖。灌湖田七千三百餘畝，舊爲沃壤，今北湖爲葑田矣。

清 吴懋政《永安湖德政碑記》（光緒）《海鹽縣志》卷六　永安兩湖之水，琛如醴酏，非時不敢輕洩。乾隆二十四年，有宦家惑於風水者，將堰水之孫家堰改閘洩水，民甚病之。三十四年，蒙邑侯韓公、何公相繼爲民請命，蒙府憲李公、道憲寧公秉公勘詳，重復古堰。十年疾苦，甦於一旦，蓋自是田無漏巵之患矣。然水源猶未及議浚也。按澉水志，湖三千七百餘畝，舊本是田，後遂瀦之爲湖，在當時本不甚深，世代滋久，陂堤圮壞，水葑淤塞，殆有日涸之虞，亟須疏浚，而當事每以工程浩大，輒難之。三十五年歲庚寅，邑侯鮑公下車，慨然曰，此而不浚，吾民安有鳩乎。爰召諸紳士民，曉諭一切利害，無不踴躍色飛。公乃捐俸倡先，詳明上憲，按畝樂輸，浚築中湖塘茅，塘增加高濶，重保障也。永安大閘及西北隅小閘，東南區張老人閘，均加修築牢固，慎蓄洩也。兩湖中間，開浚引河，接濟大閘，便灌注也。大閘下七十二浜，諭令各佃開挑，通支流也。中湖塘茅，塘扞種楊柳、芙蓉、烏桕等，樹分段佃管，并仿西湖之利，蓄養公魚，取息貯公，以備修葺塘閘，且爲逐年挑浚之費。美風俗，亦以計經久也。自是年九月興工，至十一月竣工，親臨七次，戴星出入，不辭勞倦。公之軫恤黎元，抑何委曲而切摯哉□乎。吾百里郊耳，改閘洩水，澉之害也。築堤聚水，澉千百年未有之利也。頻年以來，害既除而利頓興，是數公者，皆大有造於吾澉，而吾澉所没世不能忘者也。於是澉之民僉曰，是不可不勒石，以頌不朽。惟是立法經久，始之難，終之亦不易。今兩湖歲修之費，全賴公魚，而養公魚，經營伊始，必重典守之人，慎經理之法，杜侵漁之弊，而後得取息存貯，以收將來全浚之功，其利無窮，而其績殊未易竟也，是更重有望於父母斯民者。道憲寧公，名武立，府憲李公，名允升，邑侯韓公，名本晋，何公名肇灝，鮑公名鳴鳳。

（光緒）《海鹽縣志》卷六　乾隆四十一年，知縣張力行示爲德諭道熙事，照得永安湖灌溉湖田八千餘畝，與口設三大水閘，□□向有閘夫看管，各用鎖鑰，應時啓閉，以備蓄渡邇。來有等地，棍貪厚平，車往往不待中湖水淺，先時强行開放，又或中河支浜，實在乾涸需水，上游港闊，水深之處，轉肆阻撓，不容及時開閘。更有湖傍低田十餘畝，恐水滿溢田，凡湖水并未關滿，即肆行開閘放洩，遂至湖無滿蓄。又有捕魚偷開，賣水盜放，種種弊竇，均屬徇私害公。本縣上年已視勘情形，當即飭諭公議，去後隨據紳士酌議，善後規條，請將大小閘鍉鑰，移送鮑郎場廳掌管，遇有旱澇，應行蓄洩之處，著落坊保公同會商赴場領匙啓閉。其轉水閘、張老人閘，專爲減水而設，一遇大雨驟漲，自應即刻宣洩，若赴場領匙，未免稽遲，請著伐讓兩坊保收執經理。并請同大甯湖閘一體查察等情。除經移場經理并飭知該坊保外，合行出示曉諭，爲此□示，推付議國、唐伐各坊保業佃人等知悉。嗣後，湖閘兩庄如遇旱澇，應行開放，各保會同公商稟場領鍉督，同閘夫依時啓閉，所有湖傍低田約十餘畝。現在飭保立著，該佃户速即自行築岸衛田，不得仍前偷閑怠惰，再以湖滿溢田爲詞，擅放閘板宣洩，轉致以少害多，如有棍辰私自開閘盜放，故意攔阻，許該保立時扭解稟縣，或就近稟場以憑提究，斷不姑寬。

傳記

（光緒）《重修安徽通志》卷一九二　飽鳴鳳，青陽人，知海鹽縣。城河湮塞，鳴鳳創議開之，越五月而工竣，紳士繪圖以紀其事。修海塘，開永安湖，溉田數千頃，衆豎石曰鮑公堤。調臨海，臨患山水衝決，乃鑿石自青龍頭一帶，捐廉修築，臨人刊碑，以志不忘。

（光緒）《海鹽縣志》卷一四　寧武立，滿洲正藍旗人，繙譯進士，寧紹台道，署杭嘉湖道。乾隆中，海寧陳氏惑於風水，改築孫家堰及張老人閘，致永安湖旁之田頻年患旱，民訟之官，案久不結。寧武立自往踏勘地勢，情形瞭如指掌，遂得復舊制焉。

又　李允升，長安人，進士，乾隆三十四年知嘉興府。性和易，而遇事侃侃不少假借。澉浦孫家堰，蓄永安湖水以灌田，自改堰爲閘，水洩，田多荒，訟數年不決，允升相度水利，力請上官復之，民至今刊賴焉。

又　張素仁，字静公，遼東人，廕生。康熙九年任知縣，催科力行，滚單不事，敲扑漕糧，盡革陋規，實心造士，以興文教。修築海塘，浚永安湖，修堰閘，發粟賑飢民，尸祝之。

又卷一八 朱文才，字尚卿，慷慨多智略。澉地屢遭旱患，文才倡捐修復永安湖閘，於六里堰底創設瀛洞鐵門，以時啓閉，又捨田八十畝築堤蓄水，爲大窩湖以灌田，民賴其利。

又卷一九 王濟，宣威將軍，前南寧州安撫司，寓居澉川。至元丁丑，澉鎮招討王熔假軍權決壞永安湖爲田，傍湖民業多槁，濟勇於爲義，聞之朝，命行省親臨糾勘，還浚爲湖，澉民德之。

紀事

清 朱奇齡《拙齋集》卷二《游永安湖記》 去澉城數里，有湖名曰永安，而闊百丈許。湖中有塘，塘内爲北湖，其外爲南湖，大略與西湖相似。環以諸山，錯然競秀。予少時嘗游於此，亦未知其勝也。甲辰秋，復從伯父游泛小艇，乘風而往，是時秋水方盛，百川灌河，極目浮空，蕭然木落，眞覺別有天地非人間。已而尋游湖畔，則見夫古木喬松，荒烟斷靄之間，人迹罕至，惟有放豚野鶩，相與躑躅而已。其寺觀臺榭，皆已圮廢傾頹，不蔽風雨，問諸野老，則曰地僻而荒，人不能居也。于是尋游久之乃歸，宿于吴氏祠焉。祠臨湖面山，時當月白夜静，捲簾憑眺，但見水光接天，蒼翠入目，而樵者、牧者、漁者遍超謳歌，聲聞四野，予顧而樂之，慨然有遺世之想。或謂予曰，惜哉，此湖之不遇也，使移此湖于都會之地，則游人輻輳，繁華佳麗，何遽不若西湖，而爲此寂寂遇也。予曰，永安湖之所以勝西湖者，正以此也。地僻而荒，故冠蓋不至，車馬不聞，庸夫俗子未嘗過而問焉。其往來尋游者，大抵高人逸士居多，此其幽勝之趣，豈西湖所得而比哉。因相與信，宿湖上，復爲雲岫之游，然後歸，歸而不能忘情于湖也。爰述其略以爲記。

（光緒）《海鹽縣志》卷六 嘉慶三年十二月，知縣任澤和議浚永安湖，修築堤閘。次年正月，大雨，水滿湖，未果浚。凡修築湖閘四座，知縣任澤和稟，勘得澉浦迤西環山負海中，有屯田民廬八千三百餘畝，向賴永安湖灌溉，且有堤閘以時蓄洩。自乾隆三十五年挑浚以來，湖身日就淤塞，若再因雨勢，必漸戎平陸中。湖塘長五百餘丈，茅塘長六百餘丈，溪經由澤逼大路亦俱坍卸□□，不特天晴，無以諸蓄，毀田盡之無由。若遇大雨，堤没水中，即行旅亦有病□之苦□處，湖堤元宜亟爲浚築。知府尹湯安北據稟閘浚築永安湖堤閘，俾澉浦一帶屯田民産，均資利益，殊堪嘉尚，仰即飭令首事，乘此農隙之時，亟爲經理并禁書，差地保不得干預滋弊。

又 永安湖大閘、小閘，圖經亦名轉水閘。澉水新志二閘并蓄永安湖之水，灌田時，陸續啓板，放入中河。國朝知縣張素仁、鮑鳴鳳任澤和，相繼修築。案小閘在茅塘之西頭，其下又有洞橋，閘水自小閘放下，由洞橋閘以入中河。

藝文

元 楊維楨《和金粟道人游永安湖韻》《檇李詩繫》卷三八　秀州城外鴛鴦湖，郎官帆開十幅蒲。人遊玉壺天上下，鳥度屏風山有無。起舞或呼謝鴝鵒，賦詩争傳鄭鷓鴣。酒酣不怕歸路晚，將軍曾識李金吾。

元 顧瑛《玉山璞稿・次韻劉季章治中邀夏仲信郎中游永安湖》 金粟寺中公廨静，白晝事閒如治蒲。沙棠爲舟穩可泛，郎官之湖今豈無。啄花鶯坐水楊柳，雪藕人歌山鷓鴣。日西上馬踏歸路，小隊高呵驚道吾。

又 湖上筵開張水戲，捲幔涼風吹短蒲。大魚聽樂浪頭出，小艇賣花城内無。丙鼎庚庚識饕餮，甲煎斑斑炙鷓鴣。酒酣賦詩動海色，繭紙楷書能寄吾。

明 孫一元《中秋夜永安湖泛月》《檇李詩繫》卷四〇　中秋此夜成高會，山雨初収澉墅限。望裏星河舟楫近，坐中滄海酒杯開。月明静抱黿鼉出，樹色晴浮島嶼來。爛醉狂歌真自得，回頭天地莫生哀。

明 徐定夫《再游永安湖》（嘉靖）《續澉水志》卷九　湖上千峰開錦屏，東山寺下石泉鳴。晴波叠嶂參差見，斜日輕紋瀲灩明。鷺過翠微翻素影，松傳蒼籟作濤聲。孤吟自愜重游興，盡日還如畫裏行。

明 唐肅《丹崖集》卷四《經孫處士墓二首》 鼓子花開馬鬣春，

永安湖上一沾巾。鄉人知有先生墓，幾箇青松不敢薪。

清 查揆《篔穀詩文鈔・詩鈔》卷一《永安湖二首》 我行金牛嶺，健翮舉霜鶻。同行客兩三，趺趺負駏蟨。背傴蟹爬沙，雨過苔滑笏。峰回見白龍，蜿蟺南湖缺。湖光忽破碎，匹練向空裂。棲神託鷗鷺，解襟憩蓬葦。膠擾亦何爲，笑爾頭如核。

又 往尋雲生處，比至雲已没。回顧來時路，蓬蓬雲蕩汩。危哉九折坂，東西路飄忽。白日遞左右，倒行入雲窟。陰森慘行旅，步步遭顛蹶。蛇盤出坤輿，魚貫升天闕。浩氣流不盡，一身界吴越。始皇此望海，萬里懷溟渤。豈知轀輬車，乃付儵與忽。

又《永安湖》 湖山幽絶處，莽蒼入雲烟。一鏡割昏曉，千雷入斡旋。瀑流楓落處，秋在雁來先。采藥隨僧去，相逢不問年。

清 查揆《篔穀詩文鈔・詩鈔》卷四《送子安之澉浦有懷永安湖》 香街燈市儘遲眠，此夕方歌人月圓。忽憶湖山飄一葉，去尋風雨屋三椽。瓜瓤水色嫌僧唾，蟹眼茶湯待客煎。堤畔寒梅春雪霽，須君遲我郭門船。

又 卷六《由龍山清道觀循山麓看菜花憩北湖野寺》 出城未半聞清鍾，行人逐暖如游蠭。卷空喬木出樓觀，鄞江西北趨其東。山腰左轉岡勢斷，平畲百頃黄濛濛。地媼亦作裂繒笑，碎錦窣堵驕春紅。清明寒雨漸搖落，惟見青犢嬉晨風。菜花盡處林烟浮，樵歌傳響東峰頭。翠屏無語上空緑，朱甍縹緲誰家樓。下有通潮之小澗，吾欲坐此聽春鳩，平林一束蒼崖住，略彴斜通又何處。夕陽茅屋子鵝肥，一竿驅入閒陂去。寺樓西角雲光明，不聞人聲聞水聲。松梢已到北湖北，鷗波含睇來相迎。鄮人亦住龍山麓，九十九峰來往熟。永安湖田可種秔，永安湖水可濯足。張南周北劉中央，往者卜鄰張與陸。張今已死陸亦老，歲月催人快擊轂。何時歸卧石床秋，夜聽春濤如坼屋。

清 陳樽《古衡山房詩集》卷四《夜雨有懷吾四祖望馬三緯雲》 東風吹面雲鎖嵐，夜深酌酒酒易酣。燈花落蕊紅灑灑，細雨聒耳聲耽耽。丹塗黑點老硯北，雄才誰復高斗南。城南好友吾與馬，石渠天禄恣幽探。筆健不讓負隅虎，思深有若抽絲蠶。每于無味得至味，齒頰之間回清甘。望兮清介超塵世，雲復奔放雄清談。追陪自媿馬齒長，鼎足兀立而成三。有時狂呼不得意，掃除傀儡開新壜。有時唱酬作長句，蛟龍落紙烟雲含。馬嘷城畔濤怒立，永安湖邊波渟涵。狂歌不顧時人怪，尋春恣復駕騂驂。日來探幽城西寺，鴨卵色變雲曇曇。談經未許參老衲，説詩不假發金函。縋幽伐險紛唱和，斟酌字句音諵諵。奇材異質無不有，楓杉桐栝松柏楠。不施绳墨中規矩，天然蒼老冥斧鏨。歸來但愁風雨惡，午夜獨坐心如惔。丈夫處世貴磊落，騰今擲古夫何慙。肝胆照人懸日月，雄心未試親霜鐔。鵬摶鳳翥志萬里，枋榆徒笑雀與鷂。寒階忽聞簷溜滴，吟詩刻燭誰相參。空堂懷想夜正永，紞如暮鼓來僧藍。詩成折束寄二子，慎勿老作書中蟫。

又 卷八《永安湖櫂歌》 南湖北湖春水流，郎船妾船共夷猶。郎船幸載青山去，免妾眉峰相向愁。

又 妾家近住紫雲村，一幅輕帆直到門。借問郎來緣底事，湖心不似海潮渾。

又 燕梢鴨嘴逐波輕，盡日浮家自在行。却笑秦王仙分薄，漫教童女訪蓬瀛。

又《泛永安湖》 春水日已長，春草日已滋。放船隨中流，及此春陽時。雲木互高秀，藻荇紛交披。輕風洒然至，清影摇琉璃。俯看水底山，沈浸光參差。美人臨明鏡，一一呈蛾眉。英英山中雲，遠随釣艇移。白鷗有閒意，楊柳弄新姿。無心相娱樂，見客如有私。仰看岸上山，蒼然莅圓漪。山水有本性，動静人自疑。兹土雖僻陋，未足誇宏規。亂頭與粗服，天然生光儀。因憶明聖湖，竊比西家施。樓臺誠富麗，晴好雨亦宜。此景豈不佳，幽懷終在兹。

又 卷一〇《憶游永安湖不果》 雲山想像非千里，風雨何時載酒過。東海有槎通貝闕，南湖無客眺鷹窠。山名。兩奩明鏡沉千髻，四面雲鬟現一螺。焉得身閒時策蹇，漁樵影裏自吟哦。

清 樂鈞《青芝山館詩集》卷一六《錢擇石侍郎畫品字蘭卷爲劉蒔田題》 擇翁爲詩闢新境，擇翁以畫寄幽興。興來寫此品字蘭，筆法與詩同瘦勁。曹君秉鈞得之贈劉郎，露葉風花殘墨香。永安湖水映墳草，空有晚雅啼白楊。近日名家數吴照，詩格如公畫益妙。試拈一瓣問東風，楚客湘娥應大笑。

清 彭孫貽《茗齋集》卷五《中秋日麗京近修諸子俱集永安湖仲木飛書見招以病不赴》 白石清泉集勝流，羈人高臥獨添愁。蕩舟露下芙容老，招隱山中桂樹秋。夜静魚龍吟大海，月明烏鵲度南樓。永安湖上多棲遁，爲我相尋杜若洲。

又 卷六《永安湖春游》 海嶼周遭散遠汀，湖光十里落滄溟。長堤偃月分明鏡，烟樹連山繞畫屏。沙渚波輕鷗故故，水雲春重柳冥冥。扁舟不少垂綸地，幾箇高人傍客星。

清 錢載《蘀石齋詩集》卷一《永安湖曲二首》 春初有韭秋末菘，湖光南北村西東。寥寥獨犬吠深竹，趁海人歸斜日中。海頭曬鹽爲趁海。

又 海月初高山露微，出林燈火正鳴機。績麻催得纖腰纖，好作臧祚切新涼白紵衣。里出腰機布。

又 卷五《夜至永安湖丙舍集陶句》 行行失故路，曖曖遠人村。素月出東嶺，枯條盈北園。饑來驅我去，心在復何言。雞犬互鳴吠，而無車馬喧。

又 卷七《聽雪憶永安湖》 迢遥此際海東壖，誰念窗聲聽未眠。墓下哀號媿徐積，火餘露寢判焦先。明明點到紅爐內，急急吹來黑鬢邊。杜曲岡西松萬樹，樹根寒殺在山泉。

又 卷三一《憶永安湖》 山圍南北兩湖平，堤接東西一字横。放艇白蘋花霧曉，收罾緑柳樹風晴。海鹽曲子楊宣慰，至正游人顧阿瑛。寂歷祇餘村俗儉，此時烟壠又催耕。

又 卷四八《永安湖坐雨》 湖岸有山難力登，海門矯首陽烏升。白梅花照青松樹，狗毛雨生雞腳冰。薄酒何如千日釀，短筇不及萬年藤。悟空寺遠鐘無響，支傘猶來乞食僧。

清 秦瀛《小峴山人集》卷一〇《海鹽四絶句》 三秋泛月永安湖，太白山人今已無。獨上鷹窠山頂望，五更海日射珊瑚。

清 沈季友《檇李詩繫》卷五《次韻劉孝章治中邀夏仲信郎中游永安湖二首考見題詠》 金粟寺中公廨静，白晝事閒如治蒲。沙棠爲舟穩可泛，郎官之湖今豈無。啄花鶯坐水楊柳，雪藕人歌山鷓鴣。日西上馬踏歸路，小隊高呵驚道吾。

又 湖上筵開張水戲，掩幔涼風吹短蒲。大魚聽樂浪頭出，小艇賣花城内無。丙鼎庚庚識饕餮，甲煎斑斑炙鷓鴣。酒酣賦詩動海内，絹紙楷書能寄吾。

又 卷一一《中秋夜招同孫太初，朱西村董蘿石、陳勾溪、沈紫硤、僧石門永安湖泛月》 一年好月是中秋，向夕呼舟抱病遊。大地清輝翻白晝，良宵幽興屬滄洲。湖山影動孤篷遠，天水光寒兩鏡浮。酣坐不知吟嘯永，闌干北斗挂峰頭。

清 汪仲洋《心知堂詩稿》卷一八《永安湖歌寄朱笠漁秀才吴蓉渠孝廉》 彩虹横挂明月裏，繞月飛雲飛不起。雲化爲山虹化堤，月是南湖北湖水。何人引湖初灌田，湖口置閘瀦洩便。琉璃鑿破沆瀣出，七十二浜何渺然。繞甸穿塍隱復見，滙流下注勢忽斷。分宣旁有張老閘，横攔正賴孫家堰。水旱無憂歲有秋，膏腴之産人争謀。不識西湖去葑草，但解南畝歌甌窶。貪恃天功惜人力，六十年來失水則。湖身漸高堤漸低，溝澮交流半淤塞。去年南鄉苦旱乾，湖田車戽亦艱難。雖邀餘潤出天幸，當遵成法籌萬全。我循海岸來湖上，咨詢父老但惆悵。幸逢高士朱與吴，募捐董役得憑仗。從來豪傑不虚生，識膽兼擅功乃成。舉事能興百年利，成功難讓千古名。鳩工聞有舊章在，鼛鼓一聲氣百倍。餘力願及城長河，澉浦田原亦灌溉。湖水歧爲七十二浜，其總滙下游，爲孫家堰。由堰溢出爲澉浦城。長河灌田，亦數千畝云。

清 吴騫《拜經樓詩集》卷五《永安湖晚望二首》 一曲湖堤隱釣灣，四圍山翠溼雲鬟。琺綸閣上閒舒眺，不見人還見鳥還。

又 非烟望裏極空濛，明媚時流黯澹中。若把西湖比西子，永安猶未入吴宫。

又 卷八《永安湖曉起》 秦嶺依微抱女墻，櫓聲雅軋雁聲長。携琴獨上江天閣，月落烟横是個蒼。

又 卷一一《與夢唐梅史泛舟邵灣同游永安湖》 孤篷倦搖搖，川夕波潺湲。涼飈吹客夢，遠落菰蒲間。萬籟此方寂，露氣瀰空山。山空桂初零，宿鳥相與閒。河漢渺西流，落星尚明灣。咫尺讀書臺，秋草萋荆菅。在山泉水易，出山泉水艱。緬惟葆眞士，高風不可攀。杞菊充餱糧，芝菌堪怡顔。高歌出金石，清越造化班。矧復吾黨流，夙昔情彌殷。抱琴來海上，躡屐窺雲關。出沒龍蜿蜒，九十九烟鬟。一峰韞靈秀，足爲群所寰。攝衣遲明發，緩步追輕鷴。片言獲眞契，千載期不刪。

清 徐豫貞《逃莽詩草》卷三《初夏懷永安湖舊游寄譚左羽先生》 乙亥夏四月，左羽先生寓海上，招游永安湖。舁小舟，踰三一閘，入湖泛次。忽雷雨，俄霽虹見，湖光海色，相映接山隙中。遥望澉城，晻靄如畫。先生與予，皆有詩紀勝。湖西有譚仙嶺，相傳五代時，譚峭上昇處也。先生詩云，雲峰南宋寺，仙嶺我家山。故落句及之。

永安載酒憶當年，正是桑陰麥秀邊。斷堰十夫輿白舫，澄湖雙槳打青天。輕雷送雨山城外，返照垂虹海郭偏。記得寓公詩句好，我家山嶺是譚仙。

雜録

（紹定）《澉水志》卷上 望湖橋，在鎮西南五里。地至澉墅，西通永安湖，東至海岸，中分水脈，至錢港入鎮市。

又 望夫石，在永安湖仰天塢之右。山巔有石磬，磬側有立石，昔日有海商，失期不返，其妻登磬望夫，泣殞化而爲石，因名。

（天順）《明一統志》卷三九 鹿山，在海鹽縣西南四十里，永安湖側，以形似名。

（雍正）《浙江通志》卷一一 九杞山，澉水續志在永安湖子丑之位，舊名杜家灣，九杞翁許相卿買之，置杜曲岡雲濤莊，因以名山。

圖表

（嘉靖）《續澉水志》卷首《圖·永安湖圖》

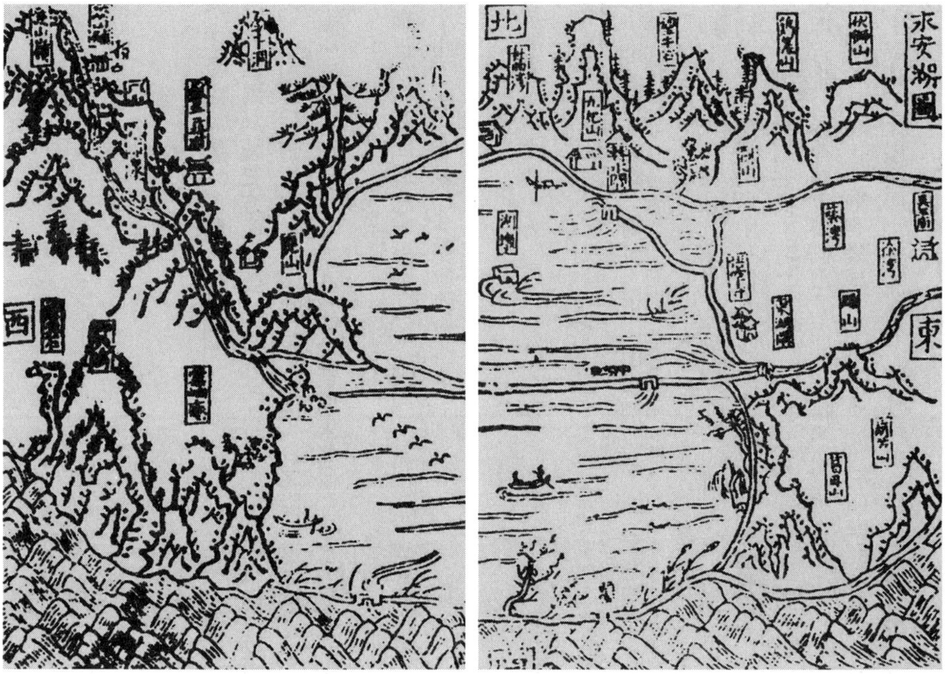

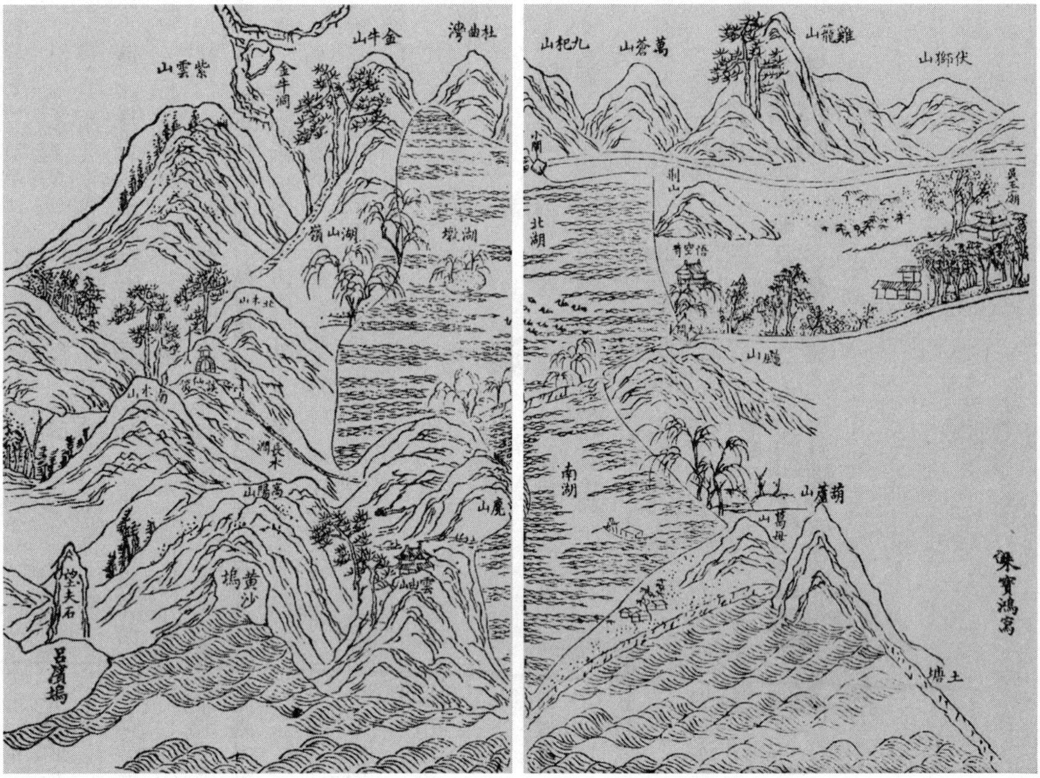

（光緒）《海鹽縣志》卷首《圖・永安湖圖》

玉湖

綜述

宋 王象之《輿地紀勝》卷六四 玉湖，在江陵縣東三十里。

清 顧祖禹《讀史方輿紀要》卷九一 玉湖，府南三里，又有碧浪湖，與玉湖相接。趙孟頫云，南來之水，出天目之陽，至城南三里，而近滙爲玉湖。汪汪且百頃，北流入城中，至城東北而合苕水，又東北入於太湖。

（雍正）《浙江通志》卷五八 玉湖，台州府志在縣西十里，廣百步，長五里，溉田百餘頃，俗呼馬湖。

紀事

清 楊昌《游玉湖記》（光緒）《麗江府志》卷八 麗江雪山，奇觀也。山之倒影更奇，山麓有湖，周可二里，山影倒映湖中，澄鮮朗澈，莫可方物，乃以玉湖名。

丁卯春，余與牛鐵山内弟及王子碧泉讀書玉峰梵寺。寺距湖十六里，每邀僧同游，輒爲風雨所阻。四月十之夕，明月滿地，萬籟俱寂，余偶出齋散步，徘徊於風露之間。呼二子曰，如此良夜，玉湖宜可游矣。二子曰，曷即行乎。遂掩關，轉側山麓而北，信步出松林，相與咏松際露微月，清光猶爲君之句。乘興踏月，忘路近遠，時約四鼓，行抵雪松村，距玉湖數十武耳。比屋而居，繞宅流水，穿林觸石，琤琤作漱玉響，蓋湖之下流也。扣門求憩，深巷寒犬，逾時甫息。告主人以故，主人曰，日閒無風，游之可得其眞境矣。炊薪煮茗，清談片刻。

晨光微出，徐至湖畔，相與席地，倚石而坐，冷冽之氣，逼人肌髮。而波定風平，而湖光明潔若鏡，峰巒林木，禽鳥飛回，如隔琉璃，屏展畫圖，眉宇爲之一新。須臾，朝曦遥上，峰頭積雪策抹紺紅，天半朱霞，相與掩映，目不給賞。二子善吹笛，作穿雲裂石之聲，有令人心曠神怡，手舞足蹈不自知者。

旁有雪松院，昔木侯避署之所。今堂廡就更，而踵其舊址，綿亘里許。膩石緑甃，出没榛莽間，昔日繁華，使人遠想。沽酒佐晨膳，坐對屋屋後老松數百株，虬枝連蜷，高逾百尺，古雪隱見。雪松之名，疑取諸此。

飲畢，徃登雪麓，捫蘿附葛而上。山半突出一崖，石色光潔，長丈餘，石上直書玉柱擎天，榜昔楊太守郄所題。字高四尺許，書法遒健類褚虞，不知當年鎸工，果何術爲之，不可謂之不好事也。山足下臨無地，二子謂不可久留，迤逦而下，手足俱疲。

時方初炎，小憇濃陰。輒有沙泉湧出，掬而飲焉，其味甘冽，頓滌煩襟。信步歸來，傍午達寺。寺僧方驚訝問訊，以爲余三人者不知其何所之也。

藝文

唐 杜荀鶴《杜荀鶴文集》卷二《早發》 東窻未明塵夢蘇，呼童結束登征途。落葉鋪霜馬蹄滑，寒猿哭月人心孤。時逆帽簷風刮頂，旋呵鞭手凍和鬚。青雲快活一未見，争得安閑釣玉湖。

宋 劉弇《龍雲集》卷五《夜泊玉湖口》 流溪一瀉驚磨垢，夜繫蒙衝玉湖口。青燈明外一作處稍知村，白鳥飛邊初辨斗。風死波閑坐來久，短髮欲搔慵着手。一泓清淚墮吴雲，横管叫秋龍子瘦。

宋 魏了翁《鶴山全集》卷八《虞萬州生日剛簡》 玉湖面面碧回環，六月寒飈撼屋山。跨鶴不隨刀夢去，卧龍甘與壁梭閒。漁樵是處便争席，利欲年來早閉關。拂拭石君勤把酒，照人風節兩孱顔。去歲嘗以靈壁石爲使君壽，故云。滄江深處汲難渾，世味濃枯不見痕。竹影移枰風澹蕩，芰荷摇艇月黄昏。坎離合處靈根峙，剥復機中碩果存。門地人才如許秀，可能投老釣魚村。

元 胡祗遹《紫山大全集》卷六《納凉》 赤日燒空萬里晴，人間何處避炎蒸。玉湖遠水波無際，高柳清風陰萬層。静境洗心無用扇，新泉漱齒不思冰。短童亦作槐根夢，鼻息如雷唤不譍。

又卷七《水調歌頭・賞白蓮招飲》 妖嬈厭紅紫，來賞玉湖秋。亭亭水花凝竚，萬斛冷香浮。初訝西風静婉，又似五湖西子，相對更風流。翠潤寶釵滑，重整玉搔頭。泛雲腴，歌白雪，捲瓊甌。尊前共花，傾倒一醉洗閒愁。屈指秋光能幾，歌咏太平風景，佳處合遲留。更倩月爲燭，散髮弄扁舟。

元 吴會《吴書山先生遺集》卷一六《玉湖》 老客歸千里，殘年送五窮。漸長行地日，已得過湖風。春酒催浮蟻，殘虧落斷鴻。問知前口路，近與玉湖通。

元 趙孟頫《松雪齋集》卷五《浮玉山》 玉湖流水清且閑，中有浮玉之名山。千帆過盡莫天碧，惟見白雲時往還。

明 范欽《天一閣集》卷九《初秋湖上十首》 玉湖當此日，心賞復如何。東下滄溟近，西成禾黍多。蛟龍堪卧壑，烏鵲待填河。向夕紛漁唱，偏從籬落過。

明 費元禄《甲秀園集》卷一三《閣成》 峨眉山下玉湖清，斬竹編茅小閣成。春暮垂楊鳴睍睆，夜凉秋水語鵁鶄。簾通太乙燃藜色，漏滴金壺落葉聲。高咏尚慙梁沈約，校書休擬漢更生。

又卷一九《鼂湖泛舟十首》 荷花十丈玉湖開，五月香風襲吹臺。鸂鶒鵁鶄飛散盡，畫船簫鼓樹中來。

又卷二一《湖上梅花四首》 臘雪飛香滿玉湖，東風吹遍白珊瑚。不知墻外誰家住，觧看孤山處士圖。

明 胡奎《斗南老人集》卷四《題清致軒》 玉湖清冰清徹底，銅盤甘露甘如醴。一洗胸中萬斛塵，揮毫濯以薔薇水。坐中賓客且勿喧，聽我長歌清致之高軒。聞道幽居最清絶，人物似是瀛洲仙。五峰佳氣鬱不散，仰見華蓋當中天。朝朝拄笏延爽氣，空翠飛落軒楹前。自從負笈登太學，借問不歸今幾年。山猿野鶴豈無夢，緑蘿夜月秋娟娟。萬先生，何磊落，在山泉清出山濁。手把芙蓉朝紫皇，下上青雲騎一鶴。會當四海澄其源，白日洗天風雨作。

明 黄仲昭《未軒文集》卷九《玉湖霽雪》 天孫夜剪銀河水，散作琪花滿林卉。平湖萬頃如月明，老龍驚舞澄潭裏。我昔釣雪蒼苔磯，飽吸清氣歸吟脾。嬴馬別來成底事，但覺塵土緇人衣。何日扁舟棹晴雪，湖心洗我襟懷潔。

明 柯潛《竹巖集》卷二《玉湖霽雪同前》 長湖浩浩寒無潮，夜風吹雪聲瀟瀟。平明日出耀晴彩，萬樹瓊花猶未消。湖南畫館松篁裏，錦帳氍毹人未起。湖北朱樓翠幙深，獸炭紅鑪酌香蟻。竹籬茆屋是誰家，瓦鼎敲冰自煑茶。布衣多年冷如鐵，蹇驢隨處吟梅花。笑渠富貴總塵俗，一味清寒貧亦足。

明 童承叙《内方先生集》卷六《雨中送駕和研岡二首》 法駕開雲幕，慈闈擁萬城。社烟隨彩仗，谷雨落青旌。春豫流鮮澤，皇游覽太清。沾衣知寵渥，潤物感昇平。山繞鑾輿凈，泉當帳殿鳴。傳宣戒龍舸，還泛玉湖行。

明 魏畊《雪翁詩集》卷一三《浮玉山前歌》 玉湖流水碧雲間，中有浮玉之仙山。裊裊垂楊臨白石，飛花如雪送君還。

明 夏言《夏桂洲文集》卷六《舟抵西山二首》 青山萬叠玉湖頭，旭日晴光蕩碧流。閃閃黄旗圍曉岸，依依畫舫過春洲。

明 朱長春《朱太復乙集》卷一一《玉湖酒泛秋後頻頻》 日涉有携酒，扁舟在玉湖。舟開不蕩槳，酒盡更行酤。山景夕多變，蟲聲秋漸無。時乘謝客屐，信步得兒扶。

又《春日放舟玉湖》 江南春色早，湖上葷離離。□日遲舟兼，輕風澹酒巵。柳塢晴岸樹，花暖連村籬。向夕憑游望，年華惜在斯。

清 沙琛《點蒼山人詩鈔》卷八《曉霽游玉湖湖左第二峰，麓浸漬雪水湖，外皆沙漠，無瀦蓄矣。峰頂嵌崿萬狀。洞谷林木冰雀雪鼠諸動植纖微。乘曉日，照雪悉現，湖影中如咫尺也。逾時即風動，湖波玉鱗閃灼矣**》** 飛雪曉猶落，玉湖俄已晴。峰雲揭吞吐，天鏡落晶瑩。空磧人烟絶，跫音雁隊驚。忍寒頻照影，失笑此何情。

清 金農《冬心先生集》卷四《玉湖阻風唐太守招飲沿月歸宿舟中作此遣興》 石尤風甚厲，故人酒頗佳。阻風兼中酒，百憂釋客懷。先生了公事，文案無繁哇。箏竹閉鈴閣，乳雀馴苔階。組圭澹相忘，林壑期不乖。既恕向栩狂，且作鎦伶埋。歸來見凉月，其光新磨揩。空船唧尾卧，濁浪如長淮。

月湖

综述

（嘉靖）《寧夏新志》卷一 月湖在城北三十五里，以形似名。

明 唐龍《漁石集》卷一《月湖記》 月湖者，月湖先生之所居，而從事於學者也。先生農城人，初居城之闉，民居雜焉，市囂溷焉。乃憮然曰：學者適夫道者也，志者致夫學者也，居者定夫志者也，閧焉而居其志也。離而已矣，志誠離其學也。雜而已矣，學誠雜其道也。闇而已矣，故君子慎所居。惟是距城數里，水所瀦爲湖，厥形肖月。曰月湖先生乃緣而爲屋，而居之日，治六經之學，於理澤如也。遂以爲號月湖，由是重於天下。夫天下之地，其有以人重者乎？天下之人，其有以地重者乎？地以人重者，人重於地故也。人以地重者，地重於人故也。予嘗望廬山而登之，猶夫山也。得吾考亭，即而論道，宫墻翼然。由是山之一巖、一壑、一草、一木，天下莫不重之，其信獲所遭哉。載吊臨觀，徘徊遺閣，誠豫章之勝，楚之名區也。王勃，夫人而已，摳衣作賦，名藉藉是重，後世稱勃者非閣無以夫不能重，夫地而以地重哉。勃誠何賴焉？夫斯湖之未遇先生也蟄焉，夫水爾既遇矣，天下之人跂而望之揭厲而從之。皆曰：吾安得沃其光以澤於理，飲其源以潤其身乎？良哉湖之遭也！夫月得水之精，其魄明。湖坎焉而容其體虚，故月與湖合，而虚明之德具焉。君子虚以開其窒，明以疏其蔽，由是卓乎其志，約而不離也。由是純乎其學，精而不雜也。由是明乎其道，晳而不闇也。此固先生之重之故也，然則先生之取於斯湖，匪直爲居而已。而湖之所恃先生以爲重者大矣哉。

紀事

明 鄭明選《游自碧浪湖至月湖記》《吴興藝文補》卷四〇 辛丑夏六月

望，余困于暑，弟侯昌曰憊矣。盍相與逃暑于碧浪湖，湖多水風，遂爲我治罍酒以行。客四人及我子若孫，從駕舟出城南門，至于湖。湖并峴山，因登焉。山前後樹木穠郁，緑潤逼人，下臨湖水如熨。顧瞻城中，萬屋鱗次，烟靄交市。復登舟，駐于中流，隱隱聞雷聲，陰雲四幕，欲雨不雨。乃有凱風自南來，水紋如織簾，披襟納凉，信不知有伏也。日且暮，還入城，相傳賈耘老浮暉閣與白蘋洲在其處，皆湮没不可識。或云白蘋洲者，今所作官廩是其地也。又行至月湖，湖之上故有鷗波亭，趙子昂遺址也。南由小橋入，爲蓮花莊，水色特緑，芙蕖爛開，子昂別業所在也。復駐舟中流，水風颯颯，如碧浪湖，其地夏月無蚊，水宿者聚焉。岸上下燈火錯暎如星，俄而雲漸開，完月朧朧，且隱且見。因舉觴酹月，歌李太白問月之詩，漏三下乃歸。蓋吴興最多水，其近在城外者，碧浪湖爲大，在城内者，月湖爲大。適兩游焉，昔袁紹避暑爲河朔之飲，迄今傳其事，其風流蘊藉，不知如我輩今日否？因顧謂客曰：樂乎？客曰：樂哉！此游匪直逃暑也，可以娱心目。余曰：殆有甚焉，暑可畏也。百欲之毒，人如焚如灼，不啻暑也。然而人争趣之，是自投火也。人知逃暑而莫知逃于欲，是之謂顛倒之。民至人者，恬淡無爲，日游於清凉之府。客躍然喜曰：我輩入于火，而不知逃也久矣。悲乎哉！余復顧子若孫曰：小子識之，逃暑不如逃欲之急也。

藝文

宋 陳宓《龍圖陳公文集》卷五《同喻景山游月湖》　兼旬不到月湖來，無數荷花雨裏開。燕是舊知頻遶棟，蟬如有意共啣杯。公庭兀坐雖無暇，佳友同携得幾回。冒雨作閑成勝賞，兒童迎道任相咍。

宋 舒亶《舒嬾堂詩文存》卷一《和西湖即席二首》　金碧樓臺閣暮烟，彩虹雙影卧漪漣。雲鋪物外無塵地，月滿人間不夜天。細柳千門惟畫舸，華燈兩岸度鳴絃。清狂亦有黄冠客，不負仙人載酒船。

十洲風籟韻笙簫，疑有仙人燕碧桃。影逼銀河星半墮，氣吞月窟免争豪。九秋波浪沙鷗狎，萬古功名釣艇高。却恨何須明似鏡，空令志士泣霜毛。

宋 陸游《劍南詩稿》卷一〇《泊蘄口泛月湖中》　炎天倦長路，月夕泛平湖。晃漾披銀闕，清寒住玉壺。釣絲縈[illegible]荇，蓬艇入菰蒲。自別蜻蜓浦，斯游十載無。予故廬在蜻蜓港東南，暑月常與客泛舟至中夜。

又卷一三《醉中步月湖上》　閏餘時節早，天氣已凄冷。悠哉曳杖行，樂此清夜永。霜風鎪病骨，林月寫孤影。新詩得復忘，薄酒吹易醒。浮生役聲利，百歲常鼎鼎。清游倘可繼，終老謝人境。

元 劉仁本《羽庭集》卷三《月湖即四明涵虚驛餞友人別》　月湖橋畔水明樓，繫馬涵虚古驛頭。芳草春深人載酒，陽關聲斷客登舟。四邊烽火將休息，千里江山足勝游。如過天台經雁宕，爲余問訊舊林丘。

明 陸寶《霜鏡集》卷一二《先大夫膂宗祀畢值閏中秋步月湖上苦未能出游》　駿奔鶬罷即徜徉，喜趁湖堤月滿墻。水似停秋爲我供，天應置閏息人忙。轉驚鬒髮添餘照，總計陰晴賸此光。安得頻年逢令節，朗吟携具上孤航。

明 沈一貫《喙鳴詩文集・詩集》卷九《月湖秋泛》　秋入涵虚館，天間衆樂亭。湖含七橋月，人聚一船星。此地祠狂客，吾今老洞庭。獨憐雙鬢白，點破數山青。

明 唐錦《龍江集》卷一《月湖》　萬頃玻璃一鏡浮，玉蟾分影印寒流。清輝寂寂魚龍夜，白露瀼瀼菡萏秋。風送笛聲漁艇外，雁驚人語蓼灘頭。疎狂賀老偏多興，欲買扁舟釣共游。

明 萬表《玩鹿亭稿》卷二《與法光泛舟月湖時光自賊中還》　月湖同蕩槳，相對各生悲。百死何須問，重逢轉覺疑。禪心元不二，幻體豈無知。寂寞殘生在，焚修更有期。

明 魏畊《雪翁詩集》卷一二《月湖泛月邀顧樵》　月是月湖好，無人解醉游。須君清興發，齊上管絃舟。

明 張瀚《奚囊蠹餘》卷五《月湖》　滿月净娟娟，平湖一鏡懸。晚風清蕩影，秋水碧連天。却理任公釣，而浮范蠡船。願言從所好，塵累莫相牽。

清 陳文述《頤道堂集》卷二三《月湖》　月湖宜向月中游，春月明明更勝秋。宛轉畫堤平接水，參差碧樹静當樓。林間有客招雙屐，花外何人艤一舟。爲是童烏觴咏處，滿天風露怕句留。

又《月湖古郎官湖也，太白與張正言泛此得名，葉堣若生自吴門來漢上省視，余邀同泛舟湖上，作爲此詩》　月湖如月影團圞，流照清輝一倍寒。憐我此間成旅客，期君他日作郎官。桃花祠近浮紅檻，梅子山遥漾翠瀾。擬築一龕棲二客，琴臺西畔起詩壇。

清　陳文述《頤道堂集》卷二五《洪少弓招泛月湖玩梅子山石壁》　何年翠壁此飛來上有飛來靈鷲四大字，横壓滄波作釣臺。斷岸浮烟澄遠樹，層巒倒影浸寒苔。香餘梅子空林在，紅憶桃花古洞開有桃花洞。五岳游踪三島夢，壺天相遇一徘徊。

清　董沛《六一山房詩集》卷四《月湖散步》　纔刖繁華境，清涼世界開。長橋驅馬過，畫舫送鷗來。水閣春風杳，烟汀夕照回。夾堤疏樹影，閒步興佳哉。

清　董以寧《正誼堂詩文集·詩集·泛漢陽月湖》　一片湖光白，如浮大别山。武昌絲管急，流人水潺潺。

清　樊增祥《樊山集》卷四《春日同栗園桐侯郊外行散》　遥指農壇側帽來，東皋春麥漸含胎。一番已過花朝雨，二客同尋石徑苔。謝豹啼時山筍拆，紙鳶斜處野棠開。殘碑蝕盡尚書墓，寂寞無人薦羽杯。

清　劉嗣綰《尚絅堂集》卷一四《月湖》　月湖湖上月，只是曲如鈎。遠思碧千里，餘暉寒一樓。黄花空外影漢口有黄花地，紅蓼畫邊秋。欲咏懷人句，平添竟夕愁。

清　祁寯藻《䜊䜊亭集》卷一二《中秋步月湖上懷六弟》　波光樹影漸扶疏，散步山椒地有餘。高柳枯枝能漏月，亂荷深響自跳魚。市樓鐙火疑江上，徼署更籌入夜初。悵望榆關千里隔，馬頭明日近鄉閭。

清　吴邦治《鶴關詩集·月湖即事》　瀲湖一片翠微微，誰把漁竿上釣磯。驚起白鷗閒不得，雪花無降鏡中飛。

清　張九鉞《紫峴山人全集》卷八《月湖》　誰知一逐客，舉酒酹南湖。大别孰磨滅，郎官今有無。好乘今夕月，遥望武昌都。夫子風流在，徘徊興不孤。

制府湖

綜述

（道光）《廣東通志》卷一二六　下埠築基蓄水，名制府湖，城賴以固。府志按：郡人楊起元有制《府湖記》，今不録。上城爲公署、倉庫、監獄及義學重地，下城爲學宫、萬壽宫、慶賀重地。自築新城，舊城遂廢，百餘年來，樓堞傾圮，居民鮮少。國朝乾隆七年，知縣陳張翼履任，巡行兩城，周視三郭，改上城東門城樓外向，剏建下城西門爲鼓樓，并建下城東門城樓，改名正東門。以上城爲堂奥，以下城爲門户，兩城并治。自上城東門至下城鼓樓，路向東北，計長二百八十六弓。經噩湖中堤，由迎秀橋達小虹橋，路凡九曲，其池上城東門外噩湖，即東濠也，亦名制府湖。自東南至東北，長里許，中有長堤，迎秀橋通上下城，東門路其水道，與北門化龍橋及各城濠相通。

紀事

清　楊起元《河源制府湖記》（光緒）《惠州府志》卷二三　制府湖者，河源縣灣湖也。曷爲以制府名彰，制府陳公之賜也。河源之休戚繫其城，而城之興廢繫此湖。桂山爲河源巨鎮，葱蒨秀特，昔人據桂幹爲城，而枝布爲三郭環之。肇自南齊，迄于宋，上下千年，生齒著育，四時歌，游人文萃焉。元末城陷于寇，孑遺之民逃散，四遠城因以廢。國初，乃即中下二郭，間濱江爲城，舍幹就枝，勢弱形下，水稍溢即齒之。辛未壬午，兩罹水患，漂溺者尤衆。於是令長父老相率修復，古城居之民始即安是城也，非河源之休戚所繫歟。當城盛時，銀漢之水出自桂山遶城之西，而環其北，滙其東爲灑湖，城因之以爲險，其守可固。是以曆千數百年而無患。其後下埠瀝泄而深，水瀝繼之鵝，公瀝繼之牛角，埕木棉塘又繼之，故寇之能陷城者，城之失其險也。一陷而遂不復，以致於别城者不難於復城，而難於復湖也。城以湖失而廢，又以湖難復而竟廢。則是湖也，又非城之興廢所繫歟。夫城之興廢爲河源之休戚所繫，城重湖之有無，又爲城之興廢所繫，湖尤重河源。父老謝成學、李乾等因其士夫李熹、舉人李樹禎以請，而制府陳公慨然念之，下其事道府，議捐軍儲助費者，蓋二百金焉。於是即下埠築基，其址厚十有五丈，其崇三丈，其長二十餘丈，名之曰萬年基。其他若深水鵝、公牛角、木棉及城南之南澗等處，凡可以爲蓄水計者，莫不築焉。蓋民感制府之仁，而動子來之義，故取用於二百金充，然其無不足也。而湖乃江洋浩蕩成巨浸於厥城之東，而銀漢之源所以委輸于西北長壕者，益以宏衍靜深，城賴之以爲固，而汲其清以資飲食，挹其秀以興文運，爲利巨矣。蓋仁河源之民而資之以爲此湖也。民即湖名公以垂示子孫千萬年，無忘所自，不亦宜哉。公鎮粵二載，廉靜寡欲，省興作務，撙節未嘗妄費，人莫不知公之儉迹。公此舉豈非所謂儉而能廣者耶？公之仁雖一物之微不忍傷之，然至彝情深固，重關利害，人所逡巡，相視莫敢發難者，公輒持其窾綮，而定之于呼吸之間。此又以見公之德，故能勇也。上今召公入佐留都大司徒，天下有大事，公可屬。公諱蕖，湖廣應城人，戊辰進士。不佞方有事郡，乘河源士夫父老請記，遂不能辭，而爲之記。

雜録

（道光）《廣東通志》卷一〇五　涇湖在縣上城東門外，明萬曆分守宜鄭邦福、知府林國、相邑紳李熹請於制府陳蕖，捐金加厚萬年基二丈餘，以潴湖水爲衛城之計，邑民德制府之有造於民也，故又名制府湖。中有長堤、迎秀橋，四圍山光樹色，與湖水相映，九曲路徑，兩城通行，足稱勝景。《縣志》

周家湖

（嘉泰）《會稽志》卷一〇　周家湖在縣南二十里。

（萬曆）《應天府志》卷一五　周家湖南五十里，今爲周干圩。

（嘉靖）《蕭山縣志》卷一　周家湖去縣南三十里，周五里，溉田六十九頃二十七畝五分二釐。廢久嘉靖間，里民王□呈議，令林策始改正之。

（嘉靖）《九江府志》卷二　周家湖在新興鄉大江之濱。

明 毛公毅《改正周家湖記》（嘉靖）《蕭山縣志》卷二　周家湖記者，記周家湖之改正也，正之者誰，我邑宰丹峰林侯也。湖在苧羅鄉，去縣南三十里，肇建自宋嘉祐中。邑人周其姓者，族衆繁衍，産業亦甚饒裕，環是鄉田，屬於其家者居多。然其地連山延谷，未始有湖，故旱潦相仍，往往被其害焉。周人苦之，聚鄉人合謀，相度山形，酌量水勢，各捐己田，浚而深之，遡衆流而納諸中，以備灌溉，而周家湖成矣。南渡以來，尚未敝也，沿至勝國。入於國初，周人日益替，而居於其鄉者，亦死徙靡常。於是向之所謂湖，其名雖存，轉展貿易，夤緣侵佔。先之以奸民之填塞，繼之以豪右之兼并，誣起則例混報升科，蕩然無復舊觀，宣德間至今極矣。去任錫山張侯、東皐王侯，每常究心於此，力欲厘正之。適以遷轉之速，功未就緒，以去于後，随革随僭，瀍莫有禁之者，乃者丹峰。林侯來宰茲土，興衰剔蠹，百廢具舉，深知是湖爲厲，階不淺也。躬履其地，諭告諸鄉民曰：昔人棄田爲湖，乃今易湖爲田，豈昔人之見出汝輩下哉？其所慮誠遠也。然竊怪前有司者不塞其源，而逆禁之於其末，不豁其升科之税，而徒有僭種之罪，是使奸民有辭莫之禁以甚焉。於是委陰陽訓術，田玹等按圖籍之傳，稽額例之舊，丈量其涯岸而新之，正其冒者，裁其竊據者，剗其壅塞而田者，厘其妄科而誕漫者，自是無廢前業，而規制猶昔宿矣。計其廣四百一畝九分八厘，分豁其税，稽額九石二斗合，妄科二石二升七勺，約十有一石二斗二升七勺，均泒本鄉，每畝代輸一合六勺，一抄筆其泄放以利，及爲準先後次第各有説，則毋致紛爭。又慮塘圩弗禁，啓閉無方也，委耆老予猶子毛官者，鳩鄉夫運土累石，築以塘垣，設以版閘，工告成且僉塘長三人管束爲夂遠計。半諸當道以昭大工，侯之惠民可謂宏且遠矣。猶子毛官以德政不可使民也。請言志諸石，予惟侯之悳玫存於湖，湖存满世，則澤流万世，鄭國白公可知也。已奚俟予贅若湖之興，廢彼惡害己者利於速。去其籍不有言以昭諸永久，則繩約弛而防範，踈法禁毀而勸懲廢，歲月流易，耳目改觀，後之弊安知其有今乎？是使侯之悳政不衍於世世也，斯則不可不記也。已故悉其始末，以示方來。侯諱策，字直大，丹峰其别號也，閩之漳南人，以名進士耒行，有公輔之望云。

（嘉慶）《清一統志》卷三一八 青山湖在彭澤縣東北大江濱，可泊舟楫。東北有周家湖，亦濱大江。又會口湖在縣東北三十餘里，磨盤洲東接，東流縣界，課洲周圍十里，北入江。

（光緒）《善化縣志》卷五 周家湖，縣南十一里，新開鋪出口。

井部

概説

綜述

宋 盧鉞《咸淳重修井記》（咸淳）《臨安志》卷三三　六府以修爲功，而水居其首，蓋生人所資以養，有一日不容闕焉者也。凡邦國都鄙、稍甸郊里之地，必有井焉，以濟其日用飲食，故曰井養而不窮。杭爲東南一大都會，左江右湖，民物阜繁，厥初因沙塘奠厥攸居，故不難於得水。然江之融液者，常苦惡，不若湖之爲甘且美也。蓋江與海通波，湖則受衆山流泉而瀦之，味之不同也亦宜。唐刺史李鄴侯泌始作六井，引兹水以足民用。我朝熙寧壬子，陳公襄因其舊而修之。元祐庚午，蘇公軾又修之。于以見六井者，杭人之所利賴。矧南渡駐蹕以來，百司庶府、六軍萬姓，仰於水者，視昔何啻百倍。乾道間，周龍圖淙詢民之欲，踵蘇之規，而深致力焉，蓋百有餘年於此矣。皇上咸淳之六年，太傅平章賈魏公任軍國重事，朝廷清明，宫府一體，彈壓輦下，今時則易然也。夫既處時之易，而復受任之久，故衆廢具舉，而功緒始及於井，曰惠遷者。溝低於河，泥不可食，筧舊用木，歲久輒壞，乃培而高之，復治石爲渠，以尺計一千七百有奇，表捍裹錮，既廣既深，水始大至。覆之巨石，而竅其上，可用汲流，溢而南注於金文橋之河。舟者載以粥焉，民且饜水矣。然猶慮衆流之合汙也，乃浚受水之海以澄其源，迺鑿別溝以疏其惡，旁立神祠，置守者，遠汙慢也。西井者，舊有亭宇，經燬不存，今鼎新如惠遷，以至相國南井、大方。小方水口之所自入，莫不表而出之。流福居六井之外，於府治爲近，其源自聚景園導湖灌輸，後填淤成陸，湮廢滋久，乃自學士橋別開大港水脈以通。他如衆河之支分派別，壅者疏之，狹者廣之，石梁之圮者改造之，堤岸之夷者培築之。而又推本六井之攸始，於是鄴侯之廟隘以拓之大，卑而增之崇，像設儼如，塗雘煥如，過者改視。工告役備，尹以修浚本末來諗，俾爲記。鉞作而言曰：人非水不生活，水非井不甘潔。在《易》，井之六四曰：井甃，無咎修井也。誠齋楊氏釋之曰：大哉，井之有功於斯人乎。大哉，修之有功於斯井乎。尹能于鞅裁之暇，汲汲以修井爲務，蓋得聖經賢傳之旨矣。以余觀之，井之爲井有二：自天一生水，而坎之中畫，自乾來掘地九仞而得泉，此自然之井也；六井則異是，穴平地以爲凹池，取諸西湖而注之，此使然之井也。自然者修治易爲力，使然者修治難爲功。是役也，其工大，其費夥，其利於民也博，法宜書。尹姓潛，名説友，括蒼人。

元 王惲《秋澗集》卷三六《新井記有銘**》**　水之滋人至矣，予城居三十年，口衆而無井，亦一古也。盖飲食酒茗之用，日不暇數十斛，率以僕奴遠汲取，是誠可憫也。中統四年夏六月朔，召井工鑿井於舍南隙地，告成於是月上旬之戊午。凡用錢布四千五百，役傭三十六，甃甓三千二百，其深四尋有一尺。既汲，果食洌而多泉，味之莫餘井若也。且夫汲之，爲郡一咽會也。吾聞生聚夥之地，水率鹹苦，井而得美泉者，百不一二數，何則？腐穢滲漉之餘故也。予生也多疾，鹹苦之味尤所禁忌。今新泉若是而甘且冽，天其或者湔浣我心肺，滌濯我五臟，沛然助往来生生之資，而供無窮之用也。是宜銘。銘曰：四年季夏日戊午，鑿井得泉甘勝乳，古云飲之疾可愈。朝来汲引已堪覩，金沙離離流百股。一泓寒碧蒼烟吐，黑知湾澴潆水府。劇郡之水率斥鹵，此泉扶哀殆天與。我婴重潔繘修組，尚飲耒者無窮數。

明 喬宇《萬泉縣鑿井記》（乾隆）《蒲州府志》卷二〇　萬泉縣隸平陽，舊爲汾陰地，以萬泉名，雖因東谷多泉，實志水少也。城故無井，率積雨雪爲蓄水，計以甖瓶盎桶，取汲他所，往返動數十里，擔負戴曳之難，百倍厥力，然民不告病而安之者，生於斯地，有不獲不然爾。三原穆君伯寅，以名御史出按山西，振舉憲度，究訪民瘼，所屬郡邑必親歷其處。嘉靖戊子夏四月，臨萬泉，憂水之乏，爰進父老，諭之曰：『井固不可强鑿，然精誠則可感格於神。』乃檄稷山令賈憲往董其役，前期齋沐告祭，而後舉事。百姓荷畚鍤就工者，争趨效勞，罔敢後。不踰月而鑿井之一。民飲而喜曰：『自創置縣治以來，有此城郭即有此人民，有此人民即掘此井，千百年中殆不知其幾掘也，而卒不可得泉。去此地甚遠，雖或有井，又皆七八十丈許。此井僅二三十丈而已，且清洌而甘，甲於他井，匪巡按君惠念我民，我曷以有今日。』無老稺婦女，無遠邇群黎，衆觀駭異，以爲神哉。此事也，僉謂奇迹，不可不勒於石，以永其傳。於是，邑令張鯨以告和順令鄒瓚獻卿，請余記之。余聞而嘆曰：『天下之事，安習故常，弗克振建者恒多，苟因民所利利之，至公無我，則一施爲間，神人胥悦，必有嘿祐其成者。若耿恭之出泉，韓朝宗之息井，悉載於史策，歷歷可徵，信非偶獲而倖致之者也。』《易》曰：『水上有風井，君子以勞民勸相。』《書》曰：『至誠感神。』穆君此舉，協人情，宜土俗，蓋出於澤民濟物之誠，振古所未有之功，固其宜哉。自今而後，人將稱之曰：『此穆公井也。』又將以井之清潔，比其操履，及泉受福，比其事業。是皆不可以不書，遂爲記。

明 俞允文《仲蔚集》卷一九《井銘并序》　徐使君子與爲藏書高齋，其中庭深廣不踰百尺。去庭之半，累石爲山，山之隙，穿土爲井，井泉清溢，扵茗飲最良。凡盥漱溉滌，咸于是乎取之。子與以爲是井扵吾齋爲有功，宜刻銘，以示永久。銘曰：惟井之功，利物實滋。當暵而溢，深綆不施。清氣朝升，踈寒夏凄。神龍來蟠，合耀重暉。昭刻後世，使君所開。

明 王世貞《弇州四部稿》卷一〇三《使院新井銘》　使院故無井，晨取汲於一里外，運甓者踰十人，而猶不給。余莅事之三日，進群吏而詰之，即無問勞役者之肩與踵，一夕車門鐍，而牙城鈴閣之間緩急，何所恃哉？行相地於帥厨之後隙艮隅而鑿之，凡四十尺而得石，去石之五尺，而甘泉見。初，沫起若瑟。俄，蹙沸騰溢。其洌冰齒，可以佐茗色，益茗味，因爲之銘，以示後人。其辭曰：天之一，地之六，湧神瀵，寫明玉。汝茗汝粥，汝盥汝沐，蓍而布櫝，得易九三之繇，曰：可用汲，王明，并受其福。

明 戴蘭《武場掘井記》（道光）《新城縣志》卷一七　邑有武場，制也。斯邑之制，廢已久矣。余自隆慶壬申，備官於兹，農隙講武，恒以場廢爲歉。心欲爲之，猶以改作，古人之所慎重，故《魯論》止長府之爲，《春秋》譏洙水之浚。况夫新民值兩京八省之衝，夫廩供億歲幾萬計，勞民傷財，奚忍爲武場哉。越明年癸酉，上命司馬閱兵郡城，時余以郡屬典兵從觀，師次垣壁，亭臺井竈靡不備，竊嘆邑獨缺焉，遂果爲之。乃環以墻，隨列以柳，計百餘株，北建廳，左右有舍，傍有井亭，旂墩前有門。方經始需水，謀掘井。或告曰：『地鹵水鹹，其勿掘。』余曰：『是棄井也，古不有拜井者乎。』遂掘得泉，勺而飲之甘，乃祝曰：『某爲吏，固不能良，然亦弗敢酷。是役也，雖用民與財，而亦不忍勞與傷也。凡築樹木石攻鑿之需，取諸罹法而願贖者，計所費亦尠，若夫假公而肆科罔上以行私，則仰視有天，俯察有水耳。』因揚水而賦以辭，辭曰：考太極之始判兮，乃兩儀之攸立。生天一而成地六兮，水爲五行之一。周流兩間而無所不在兮，必穴地而始出。乃今朝之奮志兮，踰九仞以極力。果有爲以及泉兮，信成功於用汲。嗚乎時甃兮，毋塗泥憤注兮，毋鮒射上行兮，毋甕漏收之，毋幕兮有孚元吉。

明 胡纘宗《郡城鑿井記》（康熙）《鞏昌府志》卷二六　隴西土厚水深，郡城地傾，民不克井，吾不知其幾千年矣。自創郡，引渭水、荆水入城，而注之池，民朝夕取給焉，吾不知其幾百年矣。然源不遠，故流不大，而旱必涸，潦必溢，寒必冰，則無水。地且邊，民且貧，羌氏深入，豺虎竊發，河不可引，池不及濬，則無水。民日病之而不能顧也。往歲，侍御霍丘胡君欲水入城不慳，而入池不竭也，嘗築堤以障渭，以約荆，然猶夫故流也。今歲之春，侍御張君鵬按，隴以西於民利病孳孳焉，於民疾若兢兢焉。既至郡，乃詢及井，郡中士以其故告公，公喟然曰：『民何取於河耶，民何取於池耶，民舍河與池，曷以生耶。』乃咨之分守劉君少參，從學分巡紀君僉憲，常諏之父老曰，是地也，嘗鑿井及水矣，嘗鑿井不及水，遂輟不鑿矣。無恠其不能井也，夫水行地中，猶氣行天地中，無時無之，無處無之，然亦有脉絡焉。故水行之也，有巨細，有淺深，未有鑿不得水者，未有鑿此不得，而鑿彼復不得者。盍求善鑿者察地之脉，鑿之當得水矣。乃命指揮使閻清氏督其功，然不以煩民，即数罪人之法當贖力能贖者，令人鑿一井，而人効力焉。清乃先於其司儀門前之右，選工鑿之十数仞，果得水。甘而洌，汲之令令然，取之淵淵然。然昔難而今易，昔嗇而今豐，此非其数哉，此非其時哉。明日，清復於公，公曰：『我固知必得水也。』由是盡城中將分鑿之計，得井十有五，將次第皆得水也。初鑿井而得水，郡中無大小賢不肖，無不欣欣然以得井爲賀者，曰：

『而今而後，吾郡得安飲也。』既汲井而得飲，郡内外無遠近賢不肖無不欣欣然以得井爲樂者，曰：『而今而後，吾乃得安食也。』蓋不復以涸、以溢、以冰爲病矣，是可賀；不復以羌氏、以豺虎爲警矣，是可樂。既訖工，闔乃謀諸大夫士、謀諸父老曰：『引水以飲其利小，鑿井以飲其利大；引水以瀹其力勤，鑿井以汲其力暇；引水以生其澤近，鑿井以生其澤遠，夫何可無記，以示永久。』纘宗樂道之，而爲之記，然民之感之也，吾不知其幾千百年也，夫何俟於記。

清 于敏中《日下舊聞考》卷二六《御製古井記》　白塔永安寺，蓋就瓊島故地而建，所謂廣寒殿、玉虹金露之亭，皆湮没不可考。適有所營葺，工人於山之西麓，掘地得廢井一，甎甃木盤，層累鱗䃃，尋丈以深。汋汋有水，不瀾以智。巽下坎上，合羲經義。轆轤綆汲，可致山巔。乃知《輟耕録》所稱，引金水河於山後，轉機運㪺至山頂者，舍近求遠妄也，明矣。不寧惟是，所云島土取自塞外者，更妄也。當時縱爲厭勝，或少取塞山之土置此，則有之矣。豈有鑿掘輦致於數千里外，以成是山之理。意者疏浚液池，不能移土於遠，即就近成此島耳。夫顯而易見者，尚淆訛至此，史氏之耳食影談，任好惡而顛倒是非。吁，可咤哉。井不可幕，而杜牧闢之，顧謂廢井之無水者，或致傷人。今得之於堙埋土封中，不浚可汲，導流助景，事半功倍，故樂從司工之請而存之。瓊華島始於金，至元時改稱萬壽山，或訛爲萬歲山，茲不具論。惟是甑瓿盤幹，半千年物，而人視之與今之木若甎無以異。若夫宣德、成化之瓷，則人寶之，其初豈離土哉。物之托質失尺寸而貴賤殊别與，夫人之好惡，逐目役高下，鮮定衡者，吾以慨古澄照息其是非焉。

清 向國庠《李公引泉入城注官井記》（同治）《歸州志》卷一〇上　自古水利之興，曰河，曰渠，而亦於井。《易》曰，井養而不窮。又曰，可用汲，王明并受其福。井之時義大矣哉。昔白太傅在杭州，首復六井，宋蘇長公繼之，迄今二公之風流，猶與杭州山水相輝映，官方以爲善政，志乘以爲美談，無他，急先務也。我秭歸爲楚蜀咽喉，附郭居民不下數千户，城中無井，百姓不得不取汲於江。然城高江遠，民頗病之，後山有磨刀溪一源，前人曾引之入城，達於官池緣，架以木梘，接水甚細，涓涓滴滴，既不能供飲，往往山水㪺發，常有冲塌之患，民之不給於水者，視不給於粟而更甚，井養之利缺焉。幸我牧伯李公，於下車之始，詢民所苦，廉得其情，於是不藉民謀，不賦民財，親爲相度地勢，估其工值，任之己而不辭。易木梘爲石梘，濶其水眼，高其石碚，以圖垂久計，弓二百七十四丈，爲工千餘，而工始告竣。俯彼清泉，瀰瀰焉，浼浼焉，而今而後，咸食其利於無窮，可無遠汲之勞，直不啻家給而人施之也。所謂可用汲者此歟，王明受福之占，爲公拭目俟之矣。

清 方濬頤《二知軒文存》卷二〇《正誼成仁井記》　井向以董子名，考《揚州府志》，明陸昺、我朝李昂枝皆有詩，明楊士奇《董子祠記》曰：金華何士英，爲兩淮鹽運使司，以遺井尚存，作亭於上。喬宇《重遷董子祠記》則云：運司畢瓌移祠於司治西正誼書院之前堂，而不及井。同治己巳，浚頤由粤東量移兩淮，適前運司李君元華重修司治，工未畢，浚頤繼之，復建祠於景賢樓之右。時匠者雲集，汲水於井，禁之不可，嗣掘地得碑，斷爲二，而字迹完好，中間題曰：正誼成仁之井。其左曰：井，董子所汲也。今以節愍家屬赴義以死，遂絶汲焉。不可以不存其舊，兆洛既爲之記。姚瑩題之曰：正誼成仁之井。寶山毛岳生爲之銘，銘列於右。道光丁酉六月，廬江江開書子，既喜得井上之碑意，李申耆先生所爲記文，當日亦必勒石，再命索之弗得。迨庚午，又有嶺南之役，九閲月始歸，乃得劉同年寶楠所撰《勝朝殉揚録》，載楊公時熙，一作振熙，浙江臨海人，明季署揚州轉運使，城破，與其子諸生廷棟俱殉節。楊公，本朝追謚節愍，據金望欣題公畫像詩序云，景賢樓有公畫像，後遂訛爲董子像。張公雲巢登樓瞻拜，疑衣冠皆明制，非漢威儀，檢核史乘，知爲公像，屬吴江郭麐爲文以祭之。寶山毛生甫并爲畫贊，望欣與江都凌曉樓同爲詩書其後，録中僅載一詩而佚其名，然以碑證之，明日家屬，則與節愍同死者，必不止其子一人。惜乎！不能詳考其姓氏也。詢之老吏，曰：『井宜閉不宜開，開則勿利。』予乃悚然，於重入廣管之不爲無因矣。壬申，補葺儀董軒，遂湮井而建亭於上，以碑爲垣，因舊有記，故於《儀董軒記》中略而不書。今又三稔，李先生文卒不可得，而續修府志將成，因念嘉慶間所纂者秩官闕載，而第於忠義門中書節愍之名，實爲憾事。爰表而出之，以告秉筆者。夫乃嘆區區一井耳，而大儒垂型於遺澤，忠烈抗志於清流，傳之千秋，洵乎不朽哉。

清 楊向順《河東書院修井記》（光緒）《永濟縣志》卷二一　余郡河東書院，高踞峨眉原上，院之南舊有井一眼，不知創自何時，去年仲春初旬，忽爲泥沙陷墜。監院白司訓稟府，府尊查公克丹召趙生昌齡等而命之曰，井之通塞，關乎人材之盛衰，今泉原既淤，諸生遠汲不便，因捐廉，飭趙生督理其事。嗣是，縣尊劉公潜之及衆官長亦捐廉，戒令速治。趙生延地師相度，以舊井之西爲吉，即卜日興工。掘之五丈，下皆碎沙流走，旋浚旋淤，畚掘之功，數倍於常。至十三丈五尺許，始克及泉，泉施雙槃，内外用甓累兩丈，上覆井屋兩間，期於永久。功多費繁，肄業諸人亦有於公捐外施貲，以助其不足者。井工既竣，趙生念院墻傾圮，行人習爲捷徑，夜間不免盗竊之虞，更出己貲，於周圍築墻二十六丈，東北角又蓋厩房一所，以便遠者秣馬之需，其周詳慎重，殊足多也。是役也，經始於道光二十四年三月二十七日，至十月二十六日而落成。向之井泥者，今則井甃可汲，井洌可食矣。余郡人士承郡尊作養之恩，思果行育德之事，睹巽水上水之象，勵養正作聖之功，將見修綆汲古，於井道大成之義，庶幾有合焉。謹書施貲姓名，勒諸貞石，後來監管書院者，更加勸勉修葺，使蒲郡文風蒸蒸日上，豈不休哉。

清 曹煜《康熙二十三年重修弇山神廟并浚井記》（光緒）《莘縣志》卷八　莘治西北有弇山焉，是邑志之所志也。余向者奉檄親履境内，遍考輿圖，欣然有林壑之志。及至，則平野無際，求高阜且不可得，於山乎何有。余是以嘆處士盗虚聲，山川亦有然者。惟見神廟三間，荒井一圖。父老矜相告，神司風雨，歲旱求其井水，去輒雨。余不之信也。又謂神本邑合，昔此地湧泉，洪波千里，曆年爲灾，令乘白馬，慷愾赴泉死，水涸灾息，封顯仁王，爲百世福神。此不知何王之代有此説，豈余益弗之信。今年夏大旱，余爲文焚於土神祠中，使賫投於王，而甘霖遂降，余始嘆神果能司風雨者矣。秋則大澇，晝夜淫雨如瀉，余望西北，焚祝於庭，明旦日出，自是陰霾頓絶，余益信神能殺風雨，以拯吾民矣。聞之祀典，能興雲雨利百姓者，則神之。今秋雨暘時，若歲則大稔，余故葺神廟宇，新其衣冠，取石甃井，浚潔其源，不可無文以志之。爰從傴僂長吏之餘，整飭簿書之末，用其高擎俯揖之手，憂譏懼辱之心，研墨疾書，以應風雨，叙其由來。謬稱爲文，非求工也，聊以志神功於不忘云爾。

紀事

唐 柳宗元《河東先生集》卷二〇《井銘并序》　始州之人，各以罌瓶負江水，莫克井飲。崖岸峻厚，旱則水益遠，人陟降大艱。雨多，塗則滑而顛。恒爲咨嗟，怨惑訛言，終不能就。元和十一年三月朔，命爲井城北隍上。未晦果寒食洌而多泉，邑人以灌。其土堅垍，其利悠久。其相者，浮圖談康，諸軍事牙將米景。鑿者蔣晏。凡用罰布六千三百，役庸三十六，大甎千七百。其深八尋有二尺。銘曰：盈以其神，其來不窮，惠我後之人。噫！疇肯似于政，其來日新。

唐 趙光《古井銘》（光緒）《費縣志》卷一三　天寶九載冬十月，尉趙光檢校造，因勒銘曰：費城之井，昭然道周。土缶舊得，石幹今修。徹大昜之不改，垂一善於千秋。

宋 逄完《古井記》（光緒）《費縣志》卷一三　井面圓甃，盈澄深湛，莫測其底，臨視兢戰。唐賢趙公之銘，土昧已久，今洗而扶之，以旌其美。紹聖四年丁丑二月丙辰朔，朝奉郎知縣事逄完記。

宋 程頤《二程文集》卷一二《伊川文集・明道先生行狀》　會大旱，麥苗且枯，先生教人掘井以溉，一井不過數工，而所灌數畝，闔境賴焉。

宋 劉一止《苕溪集》卷二五《謝雨》　曩者有旱暵之憂，祇告於神，應期而雨。越二日，復霽如初。懼吏不知謝，克不終受神貺。嗚呼，田壠拆矣，禾不得滋以穗也。井洫涓矣，民不得酌以溉也。神其思聞之乎，敢涓辰往拜，以謝以請。

宋 周淙《乾道重修井記》（咸淳）《臨安志》卷三三　乾道三年夏五月，淙自兩浙轉運副使改知臨安府。越明年，狴犴屢空，經費稍裕，乃以暇日披圖牒，考風俗，思欲與都人爲不朽之利，而修井之役始興。惟六井，自熙寧五年太守陳公始實改作，蘇公通守爲記其事，逮元祐五年，蘇公自禁林出守是邦，相距纔十八年，而井已廢壞。於是，改用瓦筒石槽，其詳見於《乞修井僧師號奏狀》。自元祐至今已八十年，率多湮涸，白龜池且爲大姓所據。淙念此邦爲東南都會，生齒阜繁，況今輦轂所駐，四方輻轅，百司庶府，千乘萬騎，資於水者，十倍昔時。儻廢而不治，豈不爲民病。仰惟聖主，惟民是念，宗奉承德意，不敢循默，因奏於上。面奉玉音，即日浚治，遂以六月己亥經始，於惠遷井易用新石，堅厚高廣，過昔數倍。以次至方井、沈公井、相國井、白龜池，而蘇公所記之六井畢修。扞蔽周密，可支數百歲，水脉大至，率皆盈溢。則又治古井之有泉者，曰瑞石、曰中棚、曰義井、曰清湖牐井。城之内外，無不足於水矣。竊惟此邦懷蘇公之德，逮今不忘，既踵公舊規，再治六井。因訪求熙寧間舊本記文，刻之井上，而書歲月於其後，使億萬生聚知是井之修，蓋奉聖天子之命，而遵蘇公之規，守臣何力之有。

宋 應孟明《浚井記》（光緒）《永康縣志》卷一五　予訪峽山之明日，齋臧以無水，告曰：此地難得水也，取之東家之井，東家之井勿能以旁及；取之西家之井，西家之井道迂而且長，凡涉數門，奔一里許而後得水，至吁其憊哉。且盥濯烹飪，今茲固不乏也，不知火雲燒空，汗流息喘，挽天河而濯之，猶恐不逮，升斗之潤，何能快此亡聊耶。予於是焦然以無水憂，睡三夕，山空月生，萬籟不作，有泠泠而徹枕間者，如擊盤之珠，如滴槽之酒，如瑟瑟而絃繼續，如珊珊而佩璜瑤，豈山能相予哉。推枕起坐，伺曉以叩諸友。諸友曰，是山之址，是窗之隅有泉脚焉。汙廢而弗治，不以水見知於人也。予因董前日告勞之僕，揮鍤運石，浚爲泓井，其深五尺，方廣稱之，清湛泠然，呼吸以足，一塵不到，鏗乎太虛。諸友相與聚觀，且嘆之曰，盥濯足於是，烹飪足於是，三伏澡雪之須又將足於是。人以爲隘，我視之南溟也。人以爲淺，我視之九淵也。孑孑之僕，庶其少息肩乎。吾嘗聞貳師拔刀扣山，飛泉湧出，天卑吾數公盍饗於此，豈特芳潤漱九經淵源，浚師友而已。兵洗池浪空鯨海，他日志也，肯無水以渴吾心、垢吾體乎，斯井之成天也，非人也。諸友欲走筆志諸壁，予曰諾。

明 冷宗元《井記》《汴京遺迹志》卷九　開封郡學文廟東有名賢祠，祠南有隙地，東爲宰牲所，每歲丁祀，潔牲滌器，水必取于他井，甚艱焉。是歲秋七月丙子，宗元白於方伯楊公，給以修井之直，郡守賀侯乃專人以董其役。壬午，宗元相隙地之西，命匠氏鑿之，僅仞許，中有一石，揭其石，遂得故井焉。深可四仞，其泉冽，其味甘，而甃砌完整如故。於是補甃井口，作轆轤，旁開小渠，西通神庖墻，以達於泮池。潔滌牲器者，皆資其用，而池之魚藻亦藉以溉之。八月丁巳，釋奠于先師。丙申，藩臬諸公省牲，咸飲而甘之，嘆曰：『異哉井乎！其學校之徵邪。』是月壬戌揭榜，門生中者五人，而李生濂發解，斯亦異也已。提學僉憲劉公命宗元記其事，竊聞孔氏以井喻德，孟氏以井喻學，晝于易，咏于詩，散記于史籍，蓋井體有常，而應變不窮，學者進德之地也。然德者致用之本，時者用德之幾，有其德而弗遇其時，井渫之不食，孔孟是已。有其德而又遇其時，井收之勿幕，伊周是已。噫，德之修不修在我也，世之用不用在人也，時之遇不遇在天也，君子亦惟修其在我者，其在天在人，則静俟而順受之耳，何容心焉。二三子來游來歌，挹斯泉而味斯味，其於聖門體用之學，將黙有所悟者矣。豈直資夫滌溉而已哉。楊公名子器，慈溪人。劉公名玉，萬安人。賀侯名鋭，臨汾人。

明 楊慎《連然新井記》（雍正）《雲南通志》卷二九　安寧，爲漢之連然縣，據班氏《地理志》：『有鹽官焉。』今其遺井四：曰大界，曰洪源，曰河中，曰石井也。嘉靖己酉，奉敕理鹽法。雲南布政司參政平崖李公，以浚新井之議，白於巡撫都御史箬溪顧公、巡按御史石海林公，乃檄下安寧鹽課提舉張右銘及同提舉姚文，而銘實專董其役。不一歲而井成，李公名之曰『連然新井』，稱從漢舊，績則新矣。又亭其上，以蔽風雨，下緻石爲疊，澁以廉之，以遏淫潦，蓋其地濵螳螂川，勢宜爾也。是歲十月，李公復按其地，謂右銘曰：曷碑之樂石。乃屬詞於慎。嗚呼，山海，天地自然之利也。惟不私其有而公之人，則是順天、因地，虞廷之阜財，中庸之寶藏也。若國專禺筴之富，民隱覆盆之憂，官榷而私病，上肥而下瘠，開利孔，懸罪梯，是管、商而已，桑、孔而已，豈聖朝設官之意哉。緊惟李公之創是舉也，俾茲一泓之饒，庸補四泉之乏。實以阜吾民，非朘民以阜財也。《易》曰：『井收勿幕，有孚元吉。』又曰：『損上益下，民悦無疆。』此二志者，今之謂矣。嗣茲職者宜鏡茲，雲南右布政使羅湖劉公、參政雲阿譙公、參議龍巖趙公、賓竹王公、按察副使仰齋胡公、雲門周公、石庵郝公、臨溪張公、漸庵郭公、僉事泉陂孟公、劍峰黄公，同議而協之贊，行部而觀厥成，例得牽聯而書之。

明 朱家法《重浚署井記》（乾隆）《信陽州志》卷一〇　余少讀荆川唐先

生集，知其尊人有懷公，眞不愧古循良云。然未識其曾守信陽也。余承乏來此邦，顧瞻署舍，低徊躑躅，至墻東有一井，周廣可六尺許，深可六仞，井上有石，石有銘，乃有懷公守申時所浚，是在嘉靖辛卯歲。余以今萬曆辛卯舉於鄉，壬辰釋褐剖竹而來，計公浚井之年，僅周一甲子耳。余忝生公鄉，又承乏公後，可不爲奇遘哉。顧問署人，謂前守輒以眢井目之弗汲，乃汲澌流，鑿垣而入。余謂澌流與井泉孰潔，汲澌流與井泉孰便。命工重置轆轤，旦夕令家人修綆其上，旱不加涸，潦不加盈，味清嘉甘冽，即中泠惠泉，無以大過，若吴淞六橋諸泉，鈞弗若之矣。乃知公遺口澤於人者遠哉。公德政溢在申人，口碑六十餘年不忘，祀典尚闕，余采人士論，請諸督學使者，祀公名宦祠中，庶幾無愧後先矣。公井銘，故有碑陰，因磨勒而附麗其事。

明 張四維《條麓堂集》卷二四《河中書院新井記》 當蒲城東五里許，峨嵋岡之南原，有河中書院者，建自正德戊寅。前給諫北地呂公經謫貳于此，撤東岳行祠，爲之連廊靚深，叢栢鬱茂，下瞰城市，不與囂塵接，郡諸生多寓以肄業，誠精宇也。顧其地去水遠，舊有雙井以汲，深凡二十餘仞。經嘉靖乙卯坤變堙焉，書院亦廢。隆慶戊辰，分守少參江右歐陽公修復書院，顧舊井不可理，乃別鑿一井供用，未幾復堙。諸生咸取水原下，往返迂遠，日用殊勞頓。萬曆癸酉冬，杪余偶過書院，諸生張楠輩以告。時州判官公安曹君廷相署州篆，余爲語之曹君，遂召工相地，諏浚治之宜謀，所以爲堅久計者。蓋其土有流沙，鑿未半，沙即坌涌出，凡爲井原上者，遇沙則極力淘汰，易以良土實其旁空，即以磚甃之四週。既固，乃復下浚，遇沙即復如上法治之，汰沙務净盡，築土務堅實，甃磚務密理，夫然後井乃可久，不則隨鑿即堙，戊辰之井是已。曹君乃命工如法浚甃之，比及泉得水，甘冽異于他井，仍爲亭其上以覆之。于是諸生咸訢訢相慶，得所未有，乃徵言于余，以不忘曹君之施。余諗之曰，諸生之群處而學于是也，豈獨誦習文字已耶，蓋將以致其道也。即曹君之爲井，豈獨使諸生朝夕已耶，蓋將以相諸生之致于道也。夫道譬則泉焉，學譬則掘井焉。泉之深也，難及也，中復以沙淤之，匪用力之勤焉，泉不可幾矣。道之高也，難達也，中復以欲間之，匪用志之篤焉，道不可幾矣。是故己能克，則沙之汰者净矣。禮能復，則土之築者厚矣。敬能主，則磚之甃者固矣。無有事而忘，無畏難而止，優而游之，厭而飫之，而道未有不致者矣，此及泉之説也。諸生既聚業于是，朝夕汲焉，朝夕警焉，庶幾觀掘井而得爲學之道，乃可謂不忘曹君之施也已。不然，群居而言不及義，飽食而無所用心，雖終享井渫之利，亦何益哉。諸生乃唯唯而退。余遂以是説歸之曹君，俾刻石井隅，用永爲諸生所觀省云。

明 張衛《鑿井記》（乾隆）《蒲縣志》卷一〇 井記者何，記蒲侯曹公所治之井也，蒲非故無井者，而公廨之井，則自曹公始。井鑿於邑治東南公廨之左，不九仞而及泉，味甘冽異常，在官者胥取汲焉。夫教民鑿而飲，政也。其得甘泉，則政之異也。後人飲水思源，夫孰忘其所自，然則井在一日，公之澤在一日矣。《易》曰：『王明，并受其福。』曹公之井之謂歟。公在蒲，清操潔志，汪度淑政，三年於兹矣，行將立，登要津，而潤皇猷，清海宇，鴻名瀛澤，流布於無涯焉，夫井其小焉者也。公諱立，陜西慶陽人。

明 佚名《城中鑿井記》（道光）《會寧縣志》卷一一 會寧城中，自古無井，居民日夕汲於南河，遇冬河凍，水則不流，更取八九里之外，未易致。一罹烽警，民心皇皇，莫知攸措，咸以爲憂。成化庚子，靈石李侯威來宰是邑，始下車，即詢民間先務，鄉耆以此爲言，侯慨然偕僚屬歸於城隍祠下，遂命工於祠前穿井。甫及八丈，而泉水遂溢出，且甘冽。從此，闔城居民，效而鑿之，得井百餘，民皆懽欣感頌，永懷惠澤，因請文以識其實。

清 馮洪孜《復井記》（道光）《繁昌縣志》卷一六 井養而不窮也，復其見天地之心乎。二義備，庶幾作吏者，稍免獲戾矣。繁治在山中，苦於無水，縣署舊有井，相傳十餘年前，吏茲土者，以他故塞井。懲噎廢食，遂以朝夕必需之物，勞吾民擔負而來。予在此年餘，每窗前曙光晃朗，則潺潺水聲徹於枕上，驚醒夢魂。此非朝飧未飽之赤子乎，何爲而擔負勞勞也，欲節省則不能。欲浚井，則陰陽禍福之説紛呶相告。予毅然曰否，否與其勞，此飢民攪吾心曲，何如井甃，無咎。且貽將來者，井渫可汲也。捐俸錢，備磚石，不擇日而成之。覆以茨幕，於是乎復有井，絶不知所謂陰陽禍福者。適在酷暑，烈日中，取匏樽滿，酌寒泉，水冷沁人心骨，廻思枕上水聲，一旦謝却，何啻身釋重負哉。雖然，能勞農勸相乎，能利有攸往乎。愧二義之未兼，徒沾沾謝一夫之勞，將無贏其瓶矣。是爲記。

清 盧士傑《新開井記》（同治）《清河縣志》卷八　清河斥鹵地也，遍地如雪霜，其水鹹不堪飲，日用所需皆取汲於城南小井中。城之内外，雖民居寥寥，然一井之水，豈足以贍汲者。故旋取旋竭，竭則勢必用鹹水，人皆苦之。不則遠取於十數里之外，而人尤苦之。夫水爲日用所必需，乃珍貴如是，艱難如是。無他，食者衆，而生者寡也。今欲期其至足，惟别穿一井，以佐之，而後可。余自下車以來，簿書鞅掌，忽忽數年，雖有志而未逮。兹幸政簡刑清，民安物阜，春光爛熳，化日舒長。讀擊壤之歌曰：『耕田而食，鑿井而飲，真樂事也。』爰捐俸鳩工，擇地卜吉，新開一井於舊井之西。數日之間，不兩軔而及泉，甃圍堅整，味色甘清，汲者源源而來。因憶昔人廉潔自愛者，動曰：『僅飲某地一杯水耳。』若夫清河之水，誠不易言飲也。斥鹵之地，勺水維艱，苦澁轉輸，終非民便。今因民之利而利之，其養而不窮之謂乎。自有斯井，吾願飲此水者，可以洗心，可以滌慮，政刑清於上，有如兹水焉。風俗清於下，有如兹水焉。夫而後清河一杯水，上以成廉吏之操，下以貽萬世之利，兩有裨焉。若曰期後人飲水而思源，則因非余之初念矣。《禮》云：『井居五祀之一。』今井成，而祀之。偶筆數言，勒之於石。康熙十七年，歲次戊午，三月穀旦。

清 張琛《葭州宜鑿井記》《清經世文續编》卷三六　葭州，古銀州，故城在永樂川。宋元豐九年，西夏破銀州據之，河東轉運使孫覽頡兵吐渾河，爲進討計，於是另築葭蘆寨，即今城也。固一時權宜計耳，豈意迄今數百年，無所更改哉。夫建城邑，必曰可守。而可守之道，首在便民。民不便，將何以聚。民不聚，將何以守。王城省會之地，必有亘岳名山，爲左右輔翼，非直拔其巔也。其城必擇環山平原之地，於是舟車可通，財貨輻輳，推之州縣，何獨不然。今葭之左有大會坪，右有南河底，皆寬敞而平衍，而不建城邑於兹者，蓋當日西夏兵逼，惟恐不得其險耳。擇其險，莫如今之地，故以爲城。然險則險矣，城中乏水，絶地也。今自城中盤旋而下山之麓，或十里，或五里，磊砢屈曲，人不能并行，少失足則墮厓，有力之夫，不能負五十觔而上下。汲水必於黄河，於葭河，斗大之筒，日不能十往返，担水價至一二十文，或貴至三十文。故有青子衿者，力不能買水，則自擔水。民非水不生，其不便民也已若是，豈不寒心。孫覽築寨以後，因其地改名晉寧軍，厥後金人婁宿載菱草湮支流，城中人馬皆渴死，守將徐岳言孫昂，被虜城破。迨明流賊起，亦以絶水破地，往古之事，豈非炯戒。今欲移城就水，力所不能，然鑿井豈遂無泉，穿井可以固守。今葭州高據峰頂，四圍陡峭直下，百萬雄兵到此束手，固千古之形勢也。然城内或有數月之糧，斷無隔日之水，無水則鬼國，有水則雄關。豈止倉卒生靈安枕無恙，且爲五原屏藩，兩陜吭喉也，則官斯土者，當教鑿井，居斯城者，當自鑿井。今城内近二千家，家用水二擔，價至賤二十文，二千家則日需錢二十千文，月六百千。夫石工三人，日可鑿圓徑五尺者，一尺深每工日給錢百，則錢三千文可鑿一丈，三百千可鑿百丈，以一月之所需錢六百千，可鑿二百仞。五十仞之石可穿四井，則居民共捐此錢，不過預出一月之水值耳。過後其利無窮，永不需錢，其事當易集也。今國家承平日久，斷無意外之事。然兵不可一日無備，有所以保城池，安室家，全性命之道。不虞之事，預籌於安居承平之日，豈不從容暇逸民，何憚而不爲哉。或曰城内多鹽鹵不可食。琛曰：琛曾從戎擊教匪，守大成寨，乏水，視兵飲馬溺甚甘，至爭毆。蓋人之餓可耐數日，渴則不能過一日者，溺尚可飲，況塩鹵水乎。且居民用水之處，塩鹵所不擇也。食水少，平居仍可取之於黄於葭也，所省錢多矣。或又曰，石高數十丈，欲其得泉，不亦難乎。琛曰：惟在人力之堅與不堅耳。泉之深淺，所不計也。宋种士衡判鄜州，築城以防西夏，城即今之清澗縣也，無水築井，築至九仞大石横亘，議者皆以爲難。种曰不然，豈有有石而無水者乎，令能築一畚者予錢百，於是人争築之。又多日，泉湧井成，故縣賜名清澗。琛自愧官錢空乏，不敢私用，請於上，非例所允行，故勸民出資耳。其視种公舊迹而行之，地不愛寶，必有以副衆人之志也。琛忝爲邑長，所見及此，故以商諸士民。

藝文

唐 慧斌《思親鑿井銘》《古今禪藻集》卷一　哀哀父母，載生載育。亦既弄璋，我顧我復。一朝棄予，山川滿目。雲掩重關，風驚大谷。愛敬之道，天倫在兹。殷憂暮齒，見子無期。鑿井通給，託事興詞。百年幾日，對此長悲。玉檢之南，嶧陽之北。獲麟之野，秉禮之國。居有美政，俗多儒墨。玉井洞開，高碑斯勒。

宋 程珌《洺水集》卷二三《汲井溉田民亦勞止歌以相之》 短綆長缾高下飛，老農雨汗紅淋漓。夜來雨意已垂垂，一事不成風又吹。決破玉龍太清池，滿浸萬頃碧琉璃。

明 姚綬《穀庵集選》卷一〇《井銘》 日澄碧泉，鳳池來脉。甘洌淵源，父祖之澤。

明 程敏政《唐氏三先生集》卷一三《新井銘》 奕奕新井，渟涵固密。度土攸宜，中庖匪逖。是雅是鑿，惟工惟力。工積二百，測滚則石。水由地行，功自上出。程君伯仲，天性孝友。相國餘波，霑濡既久。庭無間言，温恭是守。汲之大來，裕資百口。雲仍浚清，昭示不朽。

明 邵寶《容春堂集・續集》卷一《寄題湖南汲福井方伯周公儀視我井記有作》 昔之日，此井竭。今之日，此井渫。水由地中功上出，往來汲汲寒泉洌。六月焚如道無渴，君不見，朝宗江漢在此州，水哉能止還能流，召棠蔽芾今歌周。

明 李夢陽《空同集》卷六〇《井銘》 故井崩塞，汲溪焉飲。春夏交，溪毛茂芊，蛇虫毒可虞也。正德八年冬至，予至南康府，使學生劉峻往書院視地掘井，得諸亥方。厥日甲申，是日也，南風至，穿土數尺，石阻，集力除焉，始艱而終利。有泉上涌，甘洌。然慮溪侵也。布至其底，覆石，泉旁出焉。甃甎而上，石壯約口，五日而井成。余究惟易義，繹孟氏譬言，乃爲井銘。銘曰：厥道流形，水行地中。導之斯湧，無卑無崇。維愚靡爲，于潦于澮。爲不及泉，是曰中廢。於井斯肇，亥位廬麓。源源澄洌，匪溢匪竭。艱始終利，孰曰匪力。静止用發，惟義之則。含陽潤陰，炎寒冬熱。勿鮒勿幕，九五終食。出時溥施，視受爲容。吸華茹甘，挹之必充。濯煩滌汙，費而弗勞。爰薦神明，以亨以芼。彌遠彌馨，聖澤攸陶。

明 李濂《嵩渚文集》卷七五《井銘》 綆短不可以汲，深彼以區區。世俗之見，安能測聖人之心。

明 丁紹軾《丁文遠集》卷九《掘井得古井記》 余子煜頗好讀書，余詞林十七年，未爲構書室，屢歲借人屋以居。今年春，余始爲貿舍旁地，猶不能特構，貿舊屋數楹，移來潤色之。思爲纍石種花其間，以稱幽静之意，曰：是不可無井也。而是時室尚未竪，初在經度，意東角前隅爲天空處可井，而舊屋未除，有竈在上，僕者難之。余曰：舍此無可爲者。因令沽酒脯以禱土神，即以神惠犒諸僕，僕者欣然去屋除竈。掘下三尺，有大石板横其上，諸僕又難之，余令其去石再掘，又尺餘而見員圈砌塼，衆訝之。余曰：此必古井欄也，戒勿動塼，第掘其土而遞下，塼欄遞整，土色遞細，絶無半點瓦礫，意此必非填塞之土，而年久凝結之土也。其塼製皆如扇面樣，掘至二丈餘，又得一大石板。余問是底否，曰未也。余又令啓之，得刀劍者三，長尺五六寸許；銅銃五，長者尺二三，短者近尺，金光燦燦；又鉛三餅銅鼎一具，鐵鎗鉤十數件；又有錢十數文，爲開元通寶、皇宋通寶、熙寧元寶等字樣；又有銅員圖章一面，篆羲甫二字。余令窮其底，而止約三丈許。是時治室之匠不下數十人，皆驚異之，喧傳于外，聚而觀者充途塞巷云。澄之，翌日，水洌且旨，閭里争汲之。噫嘻，異哉異哉。人有意中事，如求珠于淵而得珠，求玉于山而得玉，是也。爲淵與山，原珠玉之所生也。有意外事，如得珠不于淵，得玉不于山，途遇而卒遘者，是也。然珠玉亦世間所常有也，若夫古井及井中刀劍諸物，其非常有明矣。使掘井得金，猶如途中而拾珠玉，雖屬意外，亦何足異。因是而攷古，惟孫權于溢城自標井地，令人掘之得古井，其讖曰爲應運者所開，權欣悦以爲己瑞。然僅云井耳，無他物也。孔融告昌安縣教曰，辟得井中鼎，黄耳金鉉，利貞之象。得之休明，雖小重也。此與張華得豐城之劍同，不關掘井也。今掘井得井兼得鼎得劍，可不謂異哉。愧余父子凉德，不足承之，因語兒曰，井渫有用汲之日，金石無不耀之光，據錢文歷唐宋已逾千年，而湮塞者復出，沉埋者復現，世之蓄極而通，由困而亨者，皆此類也。惟是短綆不可以汲深，利鋒必先于磨礪，惟兒勗諸。屋竪于天啓六月之二十五，井開于六月初十，而竪屋之刻，恰爲余第三男舉第三孫之刻，亦事之適然者并識之。

（光緒）《丹噶爾廳志》卷七《修柵掘井記》 咸豐九年四月，巴燕戎格撒回告警，籌擬堅固城郭，以資保衛。案内查丹城修理城垣、城樓、角樓、垛口、礮臺并東關各自創建哨門十處，文昌閣一處，城内掘井三眼，共需用大錢八百一十二千零九十文。署丹噶爾達昌捐大錢一百千文，丹噶爾閣屬人民共捐大錢一百一十二千文，動用馬云貴原捐偹急大錢六百千文。

阿井

綜述

宋 陳師道《後山談叢》卷三 阿井在陽穀縣故東阿城中，惟二井耳水也，相傳秤之比他水重爾。

明 許彬《修阿井記》（萬曆）《兗州府志》卷五一 予昔掌太常，每歲肆時分祭五祀，歲暮又合祭之。五祀者，門、行、井、灶、中霤也。井之利，濟於民，載於祀典，尚矣。況其清冽溶液，有裨國用者哉。兗之東阿、陽穀界古阿城内舊井一泓，闊圍如車輪，名曰阿井。厥味甘美，隣境汲以熬膠，歲供國事弗歉。

清 孫星衍《孫淵如先生全集·岱南閣集》卷二《重修阿井碑記》 阿井闢自上古，《神農本經》有阿膠。《水經注》：『河水於東阿縣西，東逕東阿縣故城北，大城北門内西側臯上有大井，其巨若輪，深六七丈，歲常煮膠以貢天府，《本草》所謂阿膠也。』按《太平御覽》引《周書》云『黄帝作井，』《世本》云『伯夷作井』，《淮南子》云『伯益作井』，然《藝文類聚》引盛宏之《荆州記》『隨郡北界有九井，相傳神農既育，九井自穿』，則神農時有井明矣。漢魏已來別録圖經，則稱或煮牛皮，或煎烏驢皮，其井官禁，海内古迹莫先於此。今在陽穀、東阿二縣之界。

紀事

明 許彬《修阿井記》（萬曆）《兗州府志》卷五一 今歲秋，少監奉命親臨是井，汲以熬膠，果徵殊常。嗟其井亭傾圮，泉源涸溢，甚非珍重妙化者。遂命兗州守郭鑒、使司副理問吴琛，率知州潘洪、知縣陽穀王昌裔、東阿徐思孝、壽張張翱鳩材僦工，甃石及泉，覆亭其上。其北創建官亭三間，以爲官僚往來棲息之所。繚以周垣，闢以門户，經始於九月之望，落成於十月之朔。官僚吏屬，群目環視，莫不頌公愛國之誠懇而慶斯井之遭遇也。工既告成，太守具其事速寧陽典史許廷蘭持以授予，屬爲之記。考之古，若蘇耽之橘井，陸羽之茶井，葛洪之丹井，固皆水之清潔，山之精氣所發者也。《爾雅》曰，『改邑不改井』，井以不變爲德。李白云：『石甃冷管苔，寒泉湛明月。』杜甫云：『月映瞿塘雲作頂，亂石峥嵘俗無井。』盖井之見重於世，而致詞人之咏歌也如是，況此井又有甚焉者耶。自古及今，清潔不移，爲良劑以益民，以回生。上利於國家，下利生民，生移造化於不知不識，其爲世重有如是哉。是宜記之，以告于魯之人，俾毋褻焉。

清 孫星衍《孫淵如先生全集·岱南閣集》卷二《重修阿井碑記》 明兗州守郭鑒率牧令等建亭修井，禮部侍郎許彬記其事於碑石，今經數百餘年，亭亦漸圮。陽穀金令湘，東阿蔡令臨到官已來，以興廢繼絶爲念，閔斯積廢，陳請甃石加牀，屬予記事。予惟阿膠治疾，以濟水性重而伏能分清濁之界，入河洪出，挾沙不揚，是其效也。古語云：『阿膠不能止黄河之濁。』禹之治水，引濟達河，故無横决之害，濟分流則河患成矣。治河比之治性情，欲其陰陽相輔，是以《神農經》稱爲『主心腹内崩，輕身益氣』，血陰氣陽，引火下沉，則無血崩氣逆之疾，以膠收水。或牛或驢，舊不必拘。其重在濟水，尤重在阿井之濟水者，古人能別水性，如易牙之辨淄澠，或神農於此嘗味尋源，爲濟性最正之處，迂儒不信水有伏流渡河之説，豈可謂之知言哉。今縣每歲煎膠入貢，與古不異，須昌壽良之地，大河所經，若微鄉微子冢，猶且迷失，獨幸此井未湮。予於丙辰之歲，兼攝運河都水使者，巡工至此，得觀上古遺迹，惜求唐宋石刻，蕩然無存。欣聞兩令修井，猶屬搜尋殘石遺字，以廣異聞云。

藝文

明 謝肇淛《小草齋集》卷一七《古詩三·阿井》 濟水伏流三百里，迸出珠泉不盈咫。銀牀玉甃閉蒼苔，餘瀝爭分青石髓。人言此水重且甘，踈風止血仍祛痰。黑驢皮革山柘火，靈膠不脛馳郵函。屠兒封剥如山積，官司催取頻飛檄。驛騎紅塵白日奔，夭札疲癃竟何益。我來珍重勤封閉，兎造業錢充餽遺。任他自息仍自消，還却靈源與天地。

清 陳錦《補勤詩存》卷一六《過故阿井在張秋北十八里阿城道傍，井徑容五尺，深丈餘，冬有水，夏涸，舊有亭臺，今圮，僅存碑碣**》** 扶輿閒氣出玄牝，伏流上瀹成阿井。虎跑突起明湖泉，沇濟分流地脈穿。到此乾坤滴眞髓，神龍煦沫通長淵。昔聞此井有呵護，複壁重門愼管庫。分符調水歸官司，未許尋常輕挹注。百泉寒涸逢隆冬，汲取升斗甘且醲。味沈力厚調上劑，輕重不與凡水同。歲貢天家寶涓滴，亭臺代嬗成塗礫。眢甃苔封石徑荒，令我停車飲馬憂蒼茫。名泉伏處人不食，空使殘碑嘑路傍。

清 彭孫貽《茗齋集》卷一五《阿城道中》 陽穀城西路，河流閉歃深。長風溯流疾，斜日過湖沉。阿井藏泉脉，荆門隔栁林。霜天無斷雁，阻絶故園心。

八角井

論説

清 沈濤《瑟榭叢談》卷上 西盌城東有八角井，相傳爲漢李后汲水處。考《五代史·漢家人傳》，高祖后李氏，晉陽人，當時燕雲十六州已賂契丹，李后何從來此，流俗附會，不足深辨。方志載之，可謂無識。武昌林大林盛辨順聖川晉王山，頗能援据史傳，乃亦摭拾不經之談，作八角井詩，可怪也。

綜述

宋 沈作喆《寓簡》卷三 唐相賈耽鎮滑臺，鑿八角井以鎮黄河。既成，有父老來觀曰，大好手，但近東近西近南近北。耽聞之曰：是言吾井太大也。曹公與父老善爲隐語，而楊賈能辯之，亦奇矣。凡門户之制，自有尺寸陰陽，而吉凶係焉。凡鑿井大，不可復小，猶斲木然，小不可復大也。塑像之法，目與口先必小，小可增也。耳鼻先當大，大可損也。

（正德）《松江府志》卷二一 八角井，前志府南太平橋南。今張涇橋西，其水通海，歲旱投鐵簡其中，云能雨，俗傳陸氏外厨井也。

（正德）《大名府志》卷二 八角井。一名新井，在舊州子城外北壕下。唐貞元五年，節度使賈耽鑿井記，李騰篆，徐璹正書。

（成化）《山西通志》卷二 八角井，在代州城内東北隅，味極甘美，釀酒號金波。

（成化）《中都志》卷四 八角井，在八公山上。

（萬曆）《新修南昌府志》卷三 八角井。在縣小石頭之西五里荆棘中，其石甃尚存，故老云即南平王鍾傳家前之井也，今存。

（萬曆）《保定府志》卷三 八角井，在深澤縣西石橋社龍神廟前，雖旱乾不竭，名曰龍泉。

又 卷四 八角井，在縣治西南太僕寺内，今湮没。

（萬曆）《承天府志》卷一九 八角井，在縣西南八十里，梁高僧演教之所。

（萬曆）《滁陽志》卷三 八角井。在州南二十五里，舊仁義驛之側。俗傳崔韜遇虎化爲婦人，投其皮於井，今廢。詳見雜志。

（萬曆）《黄巖縣志》卷一 八角井。在縣西二十步，清鎮坊巷裏。

（萬曆）《四川總志》卷一八 八卦井。治東三十里，形如八卦，其水清冽，俗名八角井。

（萬曆）《兗州府志》卷一八 八角井。在縣南法興寺前，石甃八角，周圍二丈，泉湧清甘，下綆百餘仞，不窮其底，抵以瓦礫，久之水光乃動。時或疏浚，則水泉湧出如車輪，人不敢正視。

又 卷四五　八角井。在雪山法興寺前，周圍二丈餘，泉湧清甘，下綆十餘紉，不窮其底，抵以瓦石樂，久之水光乃動。磚石甃成八角，故名。又一井在梁山之巔，今爲亂石塞閉，人莫敢發。

（嘉靖）《鞏縣志》卷一　八角井，在縣北三里石窟寺前。

（嘉靖）《高陵縣志》卷一　御井，在接蜀門西十里，唐高祖舊宅中井也，梁開平中廢。今八角井口在龍泉寺中，俗猶稱御井云。

（嘉靖）《臨朐縣志》卷一　八角井，在嘉祐寺山門外，上甃石、下鑿石，各深丈有尋。嘗以歲旱水竭，寺僧明德者，腰絙而下，因得其淺深。但此井上圓下方，而今呼八角。且明德云，『泉竅在六尺以上，而鑿復深』，其説不可知矣。

（崇禎）《閩書》卷二一　八角井，在開元寺。井濶可丈許，深十三丈。舊傳與雲瓖閣下河水相通，溢則井溢，清則井清。異時水忽高湧，衆以爲下通龍潭，疑龍穴焉。今寺入學宮，井從之。

明 呂毖《明宮史》卷一　自嘉德右門之西向南者曰二南門，門之北，則八角井也，水不堪汲。天啓六年亦曾修改，而味竟不堪，其廢井也。

（康熙）《江西通志》卷七　八角井。在小石頭西五里，世傳鎮南節度使鍾傳家井，今石甃尚存。

（雍正）《四川通志》卷二六　八角井。在縣西三里，相傳麗真人煉丹處，其水可愈瘡疾。

（雍正）《畿輔通志》卷二三　八角井有二：一在正定縣龍興寺後，一在元氏縣東十五里。有龍母碑記，字多剥落。

（雍正）《陝西通志》卷九　通寺井一名八角井，在長樂坊趙景公寺前，俗呼爲八角井。元和初，有公主夏中過，令從婢以銀稜碗就井承水，誤墮井中，經月餘，出於渭河。

又　御井一名八角井，在縣西十里，唐高祖時龍躍宮中井也，今龍泉寺八角井是。

（乾隆）《鄞縣志》卷四　馮灣古井，縣西二十五里，又名八角井。

（乾隆）《江南通志》卷三一　八角井，在婁縣西南，與張涇橋近，其水通海。相傳歲旱投鐵簡於中，能致雨，俗謂陸氏外厨井。明一統志云：在陸氏宅旁。

又 卷三六　八角井，在全椒縣門南數十步，有石刻。宋元祐四年十月初吉，全椒令元時忱命開義井於縣門外，以資民用，今亦號元公井。

又　八角井，在高封周舊宅，舊傳井有藏金，鄉民常欲取之，水輒沸湧，隱隱聞笙歌之聲。

（嘉慶）《直隸太倉州志》卷五一　八角井，在南翔寺九品觀後圃。周遭皆刻字，大小不等，宋慶元庚申歲，沙堽里人龔大雅甃井題記。

清 薩英額《吉林外記》卷九《寧古塔》　八角井。在舊宮東北，石甃八角，井欄猶存，常有光自井出，掘之得鐵砧二枚，古鏡二圓。雍正四年，井中淘得銀牌一面，鐫人姓名功績。

（道光）《武康縣志》卷三　碧泉井，在縣北警心坊側，泉最洌，俗呼八角井。宋宣和三年，知縣朱容建石欄。

（道光）《英德縣志》卷四　八角井，在城北塘底街，水清美，居民數百户用之，經冬不竭。

（道光）《趙城縣志》卷二八　媧皇井，在飲馬池側，其形八角，深不滿二尺，而取携弗竭，俗亦呼八角井。

（道光）《直隸霍州志》卷四　八角井，在侯村里，朝不盈二尺，至夕常盈，相傳媧皇飲馬於此。

又 卷一七　八角井。在女媧寢園外，形八角如卦，井深二尺許，取之不竭，清潔澹香，游女拭鬟，飛塵不染。

（光緒）《廣州府志》卷一三　八角井，康熙十年冬，城隍廟井水竭，道士夢神示，以廟後有泉處，掘之得八角井。甃石完固，大一丈餘，水溢而清。先是，俗諺語云：『未有城隍先有井，未有廣州先有城。』其年代不得而知也。《番禺志》

（光緒）《黄巖縣志》卷三　八角井，在縣西二十步清鎮坊巷裏。

（光緒）《荆州府志》卷三　八角井在城東，下有泉竇通江，以水淺深識江流消長，後人作石塔鎮之。

（光緒）《新樂縣志》卷一　八角井，在縣屬王伯和村。相傳有僧見一白蛇入地，因鑿之，建龍王廟其上。遇旱，掘之即雨。

（光緒）《重修安徽通志》卷五二　八角井，在高封周舊宅。舊傳井有藏金，鄉民常欲取之，水輒沸涌，隱隱聞笙歌之聲。又有九曲池，亦在宅内，皆封周所鑿。

（光緒）《重修奉賢縣志》卷一八　八角井，在南橋鎮祖師堂内。

紀事

唐 段成式《酉陽雜俎・前集》卷一五《諾皋記下》　景公寺前街中，舊有巨井，俗呼爲八角井。元和初，有公主夏中過，見百姓方汲，令從婢以銀稜椀就井承水，悮墜椀。經月餘，出於渭河。

宋 樂史《太平寰宇記》卷九《河南道九》　八角井，在州子城外北濠下，即唐貞觀元年節度使賈耽所鑿。公自爲記云：滑城控白馬之津，邇斥鹵之溢，里居者井無良焉，宰夫司庖汲用自遠，人則勞止，心曷以寧。乃相土宜視水脉，因使道求美泉，得之於城壕之右，闢成八隅，合爲一甃云云。

宋 李誡《營造法式》卷八《小木作制度三》　八角井於方井鋪作之上，施隨瓣方抹角，勒作八角，八角之外四角，謂之角蟬。於隨瓣方之上，施七鋪作上昂重栱，材分等，并同方井法。八入角，每瓣用補間鋪作一朵。

隨瓣方每直徑一尺，則長四寸，廣四分，厚三分。

枓槽版長隨瓣，廣二寸，厚二分五釐。

壓厦版長隨瓣，斜廣二寸五分，厚二分七釐。

宋 馬純《陶朱新録》　河陰南廣武山，漢高皇廟在其麓。殿前有八角井曰漢泉。井中三魚，一金鱗，一黑，一如常，半邊鱗肉與骨皆無，獨其首全。與二魚并游水中。但其游差緩，不復有揚鬐撥刺之勢。觀者憑欄俯窺，雖異之而猶未審。一日，有墮井而死者，因浚之，遂得三魚。鱗色如在水中時，半邊者骨肉皆無，方大異之。後復置水中，至今三魚尚存。俗傳漢高皇食鱠，庖人治魚及半而楚人至，倉皇棄魚井中而遁。此語固無根難信，然已剞之魚而游泳不死，亦可怪也。

元 納新《河朔訪古記》卷中　觀音禪院八角井附　彰德路城中豐安坊有寺，曰觀音禪院，唐天祐二年所建，寺有八角井。父老。相傳，井中嘗有雲氣如虹，衆謂有寶。探之，其深不可測，郡人周邯得崑崙奴，善入水，曰：水精使之入井底。良久出，曰：一黄龍抱數顆月明大珠熟睡，水精驚亦病死。初州城在井北，避洹水泛溢南徙，乃包此井於城中云。

明 姚時策《秦臺八角井記》（咸豐）《武定府志》卷三二　秦臺在濱州城東十里，臺無奇，在濱稱奇，謂秦皇至海上，望仙而築也。噫，有是哉。秦皇常曰東南有天子氣，因東游以厭之。信矣。太史公曰：三神山在渤海中，諸仙人及不死之藥在焉。此何以稱也。又聞秦皇東游海上，祀名山大川及八神并渤海，或築臺，祀祈有年耶。歲庚寅，春徂夏不雨，雩壇東南郊，太守見華林君齋心服形，帥諸吏奉祭具如法。不雨，令民通溝渠，疏河堤。或曰：秦臺下有八角井，地近海穴，與海通。天地一氣爾，上蒸爲雲，下注爲雨，爲水浚之，可以解旱。或曰：西域方士，禹步吹炁，龍即浮出十餘丈，更吹，輒縮至數寸，掇取入壺。之旱處發之，得大雨。是井也，成化間，有僧夢而浚，小青蛇見，人以爲龍云。於是太守舍政事，去直侍，召諸吏登焉。四顧蕩然，野無青草，已而疾風從西南起，塵霾蔽日，太守悄然悲，憮然嘆也。諸吏曰：大夫何嘆。太守曰：韓子有言，維茲之旱兮，其誰之尤。我知其端兮，風伯是尤。愧不能如劉江陵之反之也，是以嘆也。諸吏曰諸：不肖無以解大夫之嘆，請從事浚井。及二角，有泉湧出，小青蛇復見，一以爲雨徵，一以爲文兆。太守曰：吾望士如望歲焉。命筮之，初筮得咸，再筮得恒。諸吏曰：何義也。太守曰：豈虚哉，一年之計，莫如樹穀，速也。其咸乎，百年之計，莫如樹人，久也。其恒乎，行將兩得之也。四月戊戌，井報成。有雲自東起，雷電皆至，雨祁祁下。太守曰：異哉，泉之靈，臺之靈耶。多士振振起矣。學正姚時策記之。繼以頌曰：繄此渤濱，坤維所終。逶迤而東，有臺斯崇。昔歲在寅，浚井導涇。大起斯文，百年于今。於維我公，單車來臨。睠此濱民，培植以仁。豈惟以仁，剔蠹除凶。作士閔農，夙夜其勤。藴隆蟲蟲，有事于神。必嚴必恭，昭假無嬴。爰疏滯沉，釀此甘霖。□既載臻，歲復在寅。時和年豐，郁郁雍雍。五星聚東，伊誰之功。

（光緒）《保定府志》卷三六　龍母宫，在府城北門外，舊志明嘉靖四十二年建。國朝乾隆十四年，總督那蘇圖重修，廟内西南隅有八角井，名龍潭，天旱不竭。

藝文

宋 劉敞《公是集》卷八《八角井》 誰鑿八角井，不方亦不圓。此地饒美水，此井獨苦泉。泉甘常早竭，泉苦更永年。浪得世上名，對之還慨然。

宋 許尚《華亭百咏・八角井》 浚極疑無底，丰稜定有因。沉沉中夜月，照影屬何人。

元 于立《八角井》（《玉山紀游》） 呉王臺下井，俯影浸秋月。如見苧蘿魂，恐是胭脂血。

明 袁華《八角井》（《玉山紀游》） 山頭八角井，點影十分圓。故國嬋娟盡，何人拾翠鈿。

清 毛奇齡《西河集》卷一四七《八角井》 鋪南八角井，井上雙轆轤。左繩扳大婦，右綆牽小姑。

清 儲方慶《儲遯庵文集》卷一二《八角井》 聞道當年地湧銅，至今遺井在珠宮。莊嚴法像登蓮座，清冷靈泉映碧空。八角形成明似鏡，千秋帝業疾如風。轆轤夜半傳聲急，未許愁人入梦中。

清 費錫璜《掔鯨堂詩集》卷五《古井》 野田村東數里，地名交平。舊有市衢，三十年來，人散市廢，但見兩石馬仰、一枯井耳。

荒田八角井，鑿斯自何時。不知何年少，下馬來飲之。據欄下窺眄，無水但見泥。野雉東西飛，馬渴人亦飢。桑生枯井上，緑柯正葳蕤。遙望是君家，但見蒿與藜。不信阿翁言，請看交平西。

清 胡栩然《卧山詩鈔》卷中《玄墓山游春竹枝詞八首》 回廊曲徑夕陽中，八角井邊花落紅。何事如雲太飄蕩，春風還近館娃宮。

清 李調元《童山集》卷一《御溝怨》 爲齊飛鸞也，甲申十二月朔，王同周貴妃自經端和殿，飛鸞躍入御溝死。是時，又有成都王至澍、至淥同日投宮中八角井死。

群猪進城城甫閉，城頭大呼屠伯至。紛紛宮女出王宮，鼠竄不復分雌雄。蜀王已縊端和殿，貴妃從死色不變。八角井中二王殉，又見御溝鐵女人。鐵女人，是何名，齊飛鸞，面如生，可憐身死名不死。人傳姓氏留青史，向來奔出誰家女。

清 徐基《十峰集》卷四《普照寺爲習儀朝賀之所，相傳係陸士衡園亭，舊志力辨其妄，然八角井、黄耳塚皆在傍，乃斷以寺非其地，恐未盡然，因感而賦之》 茸地蘭宮孑半過，惟斯歲歲聽山呼。長安音問凴黄耳，谷水聲名自赤烏。海月中堂海涌月，景蘇西觀景游蘇。寺有海月堂，西廡祀東坡，額曰景蘇。士衡即横字起舞登歌處，影響於今可有無。

（光緒）《蠡縣志》卷二《方興八志》 王荔詩云：仉村寺内八角井，磷磷玉甃映琉璃。奮髯雲罩千重嶺，矯首烟迷萬頃陂。唧燭幽州無暗谷，爲霖聖代息炎曦。百丈龍淵底莫測，清冷元有碧泉知。

雜録

北魏 楊衒之《洛陽伽藍記》卷一 瑶光寺，世宗宣武皇帝所立。在閶闔城門御道北，東去千秋門二里，千秋門内道北有西游園，園中有凌雲臺，即是魏文帝所築者。臺上有八角井，高祖於井北造凉風觀，登之遠望，目極洛川。臺下有碧海曲池。臺東有宣慈觀，去地十丈。觀東有靈芝釣臺，累木爲之，出於海中，去地二十丈。

唐 佚名《玉泉子》 賈相躭在滑臺，於城北命築八角井，以鎮黄河。於是，潛使人於鑿所偵之，果有一老父来觀，曰：誰鑿此井？曰：賈相公也。父曰：大好手，但近東近西近南近北也。躭聞之曰：吾井太大，惜哉。

宋 李昉《太平廣記》卷二三二《周邯》 唐周邯自蜀沿流，甞市得一奴，名曰水精。善於探水，乃崑崙白水之屬也。邯疑瞿塘之深，命水精探之，移時方出，云：其下有關，不可越渡，但得金珠而已。每遇深水潭洞，皆命奴探之，多得寶物。聞汴州八角井，多有龍神，時有異手出於井面。欲使水精探之，而猶豫未果。其友邵澤有利劍，常自神之，鮮劍授奴，遣之入井。邯與澤於外以俟之，悄然經久，忽見水精高躍出井，未及投岸，有大金手拏之復入，劍與奴自此并失。邯悲其水精，澤恨其寶劍，終莫窮其事。他日，有人謂邯曰：此井乃龍神所處，水府靈司，豈得輒犯，可祭而謝之。邯乃祭謝而去。出《原化記》

（崇禎）《吴興備志》卷一四　冲真觀，在長興縣東二里，晉咸康元年建。唐高宗麟德三年正月一日，封泰山，日有重輪，敕天下郡邑各置觀一所，以重光爲額，遂立爲重光宫。宋治平二年改今額，殿側有八角井，世傳葛仙煉丹處。

（成化）《山西通志》卷五　河瀆神廟在西海廟東，祀西瀆大河之神。元至正間敕建，左右風伯雨師廟，前列八角井亭。國朝載祀典，有司歲祀。

明 張聯元辑《天臺山全志》卷五　妙樂院，在桐柏山，即王喬仙壇，舊名仙壇院，吴赤烏二年建。殿前有石泉，名醴泉。泉南有上眞亭，去壇東二十步，有八角井。壇東有太子庵，西有朝斗壇。南去百步，有吹簫臺。北去三十步，有瀛峰室。故址猶存，舊有銅鐘，上刻唐景龍二年所鑄，今廢。

（萬曆）《四川總志》卷一五　醴泉山。州治西八里，環繞州城，山半有八角井，清甘如醴，蘇軾有詩。

（萬曆）《襄陽府志》卷二九　黑龍大王廟。在石梁山，前有八角井，相傳井中有龍，遇白雲起即雨。

（嘉靖）《建平縣志》卷一　高封周宅在縣北，廢爲壽昌院。封周在江南，爲陳氏外戚，宅有八角井、九曲池，皆封周所鑿。

（康熙）《江西通志》卷一一〇　南平王鍾傳墓。在新建石頭十里，隧前有八角井。

（雍正）《畿輔通志》卷五〇　龍王廟，在州北城上。萬歷四十四年，知州宋子質移城内北隅，旁有八角井，時適旱，禱之立應，是歲大熟。

又 卷五二　天寧萬壽寺，在平山縣覺山。宋元豐元年建，寺有靈蛇二，名大青小青，相傳爲龍種。宋時禱雨有應，一封福應侯，一封利澤侯。至今種類不絶，居八角井中，時出與僧人床榻相接，旱則禱之。

又 卷五三　張華村，在固安縣東北。《天府廣》記：張華宅在固安縣東北八里，猶有八角井，乃其故宅。村中今多張姓，是其後人。

（光緒）《婁縣續志》卷九　海慧教寺在楓涇，宋時建，祀姚廷睿爲伽藍神。寺有水波壁、留春亭、精進閣、轉藏殿，久廢。金沙灘、圓田滙、留慶河、八角井，今亦廢。

（光緒）《浦城縣志》卷三　章家泉。在北鄉練村。五代章仔鈞登嶺上，天泉忽涌出，因名。今名八角井，泉猶甘美。

（光緒）《重修安徽通志》卷二八　石城山，府東二十里，有石環繞如城。唐羅泰記云，有八角井、飲馬池、駕鼓臺在焉。舊傳楚熊繹受封於此。

八井

綜述

明 郭纓《八井記》（同治）《安義縣志》卷一三　正德十五年十一月戊辰，安庠少博孫先生、陳先生，命予作八井記。予按八井，安邑垣内滋生源也。邑舊無井，民飲水咸汲於河，路迂徑仄，雨雪載塗，泥行趾蹶，民實病甚。兹幸别駕林公，以碩德良猷，受知當道。當道每念此新造區之難治，屈公置理。公因早夜祗懼，求無負委任意，經營慘淡，疴癢備至。不踰時，政通人和，湛施汪濊焉。乃公猶慮膏雨未遍也。適一日，沐雨巡視阡陌，見夫汲河之民，偃仆道左，并毁汲器，惻然愴動，恨無挹注之地。因思澤自上而下者，惟天工，澤自下而上者，惟人力。爰稽井養以需濯溉，乃鑿七井焉。繼而復有告未遍者，又鑿其一，用周井渫之食。鑿井得泉，不專在七，詎得以七泥也哉，是爲八井所由名也。井各深二丈有奇，廣五尺有奇。鑿用工力若干，砌用磚石一萬有奇，獨其費悉出於我公罰贖之鍰。夫鍰金若私也，而公竟公焉。則民不以私病公，而反欲公之自督其私。豈弟君子，攸塈攸歸，將公之所以霖雨天下者，俱於是乎始，詎僅安邑八功德水哉。顧八井在安，則亦以安之八井名，是爲記。公名寬，字克容，莆田人。初倅於南康。安義之立，實公之意。以丁卯艱去，今復涖此，若天之巧遺以庇此一方民也。并記之。

清 汪价《中州雜俎》卷五《扳倒井》 扳倒井在裕州東三十里，漢光武曾駐師于此。水與地平，其流不竭，可灌稻數十頃。俗傳此井，光武扳之而倒，故名。竊笑其誣，問閲汝寧志，信陽州亦有扳倒井。注云：井水斜注，如扳之而倒然。此解近是。若謂此井，乃光武扳之而倒，彼信陽州之扳倒井，何以稱焉？且此井北去數里，又有一井，亦名扳倒，抑又何以稱焉？開封府扶溝縣廟頭岡，亦有扳倒井，亦傳光武行軍士渴，倒井飲之，尤謬。

（乾隆）《信陽州志》卷一 扳倒井。南十五里，井形欹倒，水溢流出，俗傳關聖扳倒飲馬。

（乾隆）《裕州志》卷一 扳倒井。漢光武曾駐師于此，水與地平，厥色澄澈，厥流不竭，注下可灌田。井有亭，行人渴飲者憩焉。後有光武廟。知州潘雲桂修井上亭，額之曰汲福。

（嘉慶）《清一統志》卷二一〇 扳倒井。在裕州東三十里，俗傳光武嘗渴飲於此。色澄澈，常流不竭，溉田數十頃。

（嘉慶）《鄖陽志》卷一 扳倒井。城東二里，井口側出，水澄清，夏日飲之，如冰漱齒。

（道光）《滕縣志》卷五 欹井，其形欹，俗呼爲扳倒井。土人云漢光武駐此，渴欲飲不得汲，井忽欹側，故名。

（道光）《輝縣志》卷二〇 聖井，在長春觀東北，一名扳倒井。水味甘冽，崖上有手膝痕，俗傳有異人俯飲於此，大旱不涸，禱雨輒應。

（同治）《宜城縣志》卷一 扳倒井，在縣東北朱家港。相傳漢光武經此，人馬俱渴，爭扳井飲之。

（光緒）《樂亭縣志》卷二 敧井，俗名扳倒井。在縣南四十里祥雲島龍興寺前。海濱水多鹹苦，此井獨甘。相傳唐太宗征遼東經此，馬渴，求水器不得，薛仁貴以手扳井，井欹而水出焉。此亦與束鹿靈壽之傾井同，事屬不經，或亦好事者附會之耳。

（光緒）《續輯均州志》卷二 扳倒井，在州西南五里。

（光緒）《廣平府志》卷一五 扳倒井，《畿輔通志》：在邯鄲縣西北二十里。《名勝志》：世傳漢光武帝爲王朗所迫，士馬皆渴，因無汲具，輒扳倒飲，裂石井。《邯鄲志》：在城西三十里黄家窰村。土厚無

雜録

宋 葉廷珪《海録碎事》卷一四《怕八井》 邠州有馬生者，非卜筮而前知。柳公綽嘗問云，馬曰：僕射只怕八井，後果于并州遇疾。

扳倒井

綜述

（天順）《明一統志》卷三一 扳倒井。在信陽縣南，井水欹流，若扳倒然。

（嘉靖）《廣平府志》卷三 扳倒井。在邯鄲縣北二十里，井口倒側，泉水外流，故名。俗傳光武征王郎，曾於此飲馬。

（嘉靖）《河間府志》卷一 扳倒井。在武帝臺下，俗傳井浚後，有婦人汲水，遇有男子索水飲馬，不與，遂扳井口倒側。今雖湮没，其迹猶存。

（嘉靖）《湖廣圖經志書》卷八 扳倒井。在朱家港，東漢光武上蔡陽經此，人馬俱渴，扳井泉飲。

明 盧龍雲《扳倒井説》《明文海》卷一〇三 井在邯鄲西北，去城二十里。世傳光武逐王郎於此，士馬俱渴，因無汲具，輒扳倒飲之，事涉荒唐。志者謂，滹沱冰合之事，可以類觀，或天所以相光武者，當如是耳。余初未之信也，及親履其地，諦視久之，則傾側之狀頗存。土人指余曰：此水高下不平，以繩測之，東西相去尚二寸許。余曰：此其故難知矣，夫天至無私也，而何獨私於光武。水至平也，何兹水之失其平者，若此易稱，改邑不改井，謂其居所而有常也。何兹井之失其常者又若此。此其故難知已。天下之以有所私，而失其平失其常者，又何限哉？滹沱之冰，雖爲光武一合，然未畢，數騎而即解，後世僅得於傳聞耳。獨此井與此水猶若未能盡，復其初也，意者有巨靈主之昭示，其私於千百世之下，而使爲有目者所共睹耶。況人而一有所私也，縱可以掩覆於一時，亦安能逃乎後代之指摘哉。

井，乾隆年間，歲大旱，村人皆汲於鄰村，忽陰雲四合，霹靂一聲，石裂丈餘，波濤湧出，高與岸平，運石補綴，宛成井形。後水泉不繼，同治戊辰，井中橫一大魚，水復怒湧，清潔異常。

紀事

明 靳學顔《靳兩城先生集》卷二〇《扳倒井銘》 庚子，予既出佐宛郡，數以事行縣，道出裕州，謁世祖祠。祠外有井，方亭上覆，渫泉旁溢，穴不中直，甃砌欹側，人曰此光武扳倒井云。予心異之，顧謂驛丞潘曰：嗟是惡可無識諸。潘頓首請曰：非明府，則誰與識者。予爲之序曰：自昔帝王受命，符驗讖兆，可略數焉。然書載惟眷，易云所祐。定勝則吉，反德爲妖，天道人事，其揆一也。故里社呴而黎元歸，斗樞降而寶孕結。黃龍赤烏，登祥夏姬，玄烏大虹，紀瑞商姚，萊蕪表其立石，上林徵諸卧卉。浮璧滅秦，白虎興晉，雖幽明異術，静躁殊章。飛潛有沉躍之性，動植有區別之族。至其神祥符靈契，旁徵匕鬯，皆將以明。統顯祚昭，聖鏡仁陳，錫而界釐也。故曰：王，天下之往也；帝，天下之適也，赫乎崇矣。人以徵天，理以恊數，不其躓歟。世祖帝苗統固正也，漢曆木彈，祚固當也。神幾文武，聖固茂也。推心履信，仁固裕也。方其始也，光鑒室陝，禾滋邑壤。迨其既也，冰合滹沱，符來華疆。錫釐如是，豈惟井哉。昔之人曰：雖有威力，非天命不授；雖有命運，非功烈不舉。不然，驅石赭山，無益敗軀之載，囊血卯騏，何止絶咽之斃。斯非其闇於數而弗就於天也。所以然者，不務厚基，而自剥之勢速也。君子過武廟之墟，下車訪古，其將歔欷於斯言云。銘曰：炎熈既熸，白水發祥。呵禁啓翼，得天者昌。坤靈效順，匪愛厥寶。拯困沃渴，醴泉斯倒。浥浥廣隰，瀸瀸華渚。蒸蒸卿雲，祁祁甘雨。渥茲皇澤，閲彼邑改。純佑保定，帝鑒攸在。

藝文

明 于謙《忠肅集》卷一一《題光武扳倒井在裕州北四十里》 天相中興不偶然，等閒平地湧清泉。靈源千古蛟龍蟄，時出人間救旱年。

明 董裕《董司寇文集》卷二〇《扳倒井二首》 玉甃龍湫秋更鮮，漢兵倒此吸鯨川。坤靈有意扶真主，猶是滹沱冰渡堅。

其二

絳衣大冠舂陵起，炎天威斗碎彈指。井扳一吸勝投醪，却笑望梅漱空水。

明 郭正域《合并黄離草》卷七《過漢光武皇帝扳倒井》 將軍飲此井，一井皆扳倒。好似銀河翻，奔流莽皓皓。挹此道旁泉，中原潤枯槁。巨君威斗傾，群盜如行潦。茫茫天漢來，飛灑關西道。一扳六軍驚，再扳萬馬鳴。三扳百川廻，大海吸長鯨。王郎賣卜兒，坐井觀天小。白帝井中蛙，聒噪空縹緲。不識真龍興，此井有神霛。至今南陽道，風雨晝暝暝。

明 魏應嘉《扳倒井》（光緒）《宜陽縣志》一三 風起雲還擾，符歸日再中。人虚炎爐活，天與碧流通。大業光青史，長碑樹舊封。餘波分廟祝，歲旨灌田功。

明 草池蜀人《題扳倒井漢世祖廟》（乾隆）《裕州志》卷六下 漢帝中興日，奸雄未滅時。昆陽決勝負，冰合定安危。炎魄回元氣，官儀復舊規。山河千載固，祠下有豐碑。

明 李如珪《題扳倒井漢世祖廟》（乾隆）《裕州志》卷六下 執莽降囂事未遲，山河重整舊征旗。都緣天意存劉後，豈獨人心爲漢思。嚴瀨高名方見大，伏波遺恨得無私。中興功業雲臺蒲，扳倒泉邊獨吊祠。

明 劉魁《題扳倒井漢世祖廟》（乾隆）《裕州志》卷六下 河朔親征日，南陽杖策時。千年奇會合，數語定安危。自是英雄見，終成遠大規。肅容瞻帝衮，汲井洗殘□。

明 劉成治《扳倒井》（乾隆）《裕州志》卷六下 白水村前王氣濃，源泉不隔海雲重。巨靈忽漫回地軸，立飲長虹起六龍。

清 戴明説《扳倒井光武廟》（乾隆）《裕州志》卷六下 方山楚國障，倒井漢墟林。大樹瞻王氣，甘泉沃帝心。讖圖叶鳳質，涕淚記龍陰。猶剩殘陽碣，綵綸勒狩臨。

清 孔貞瑄《聊園詩略·後集》卷一一《過光武廟題扳倒井》

道旁扳倒井，東漢著奇聞。立馬臨深甃，傾泉濟萬軍。地靈知義舉，天意屬仁君。井底公孫輩，誤參圖讖文。

（康熙）《河南通志》卷三八 扳倒井。漢主中興非偶然，等閒平地湧清泉。靈津千古蛟龍蟄，時出人間救旱年。

清 張開東《白蒓詩集》卷八《扳倒井謁漢光武祠》 西漢王綱委，南都佳氣開。炎光縣歲月，白水動風雷。寶鼎雙龍象，戎衣一草萊。真人乘景運，列宿降雄材。蕩滌妖氛盡，扶持天地回。芳名堪俎豆，大烈豈塵灰。三國猶宗爾，千秋亦壯哉。皇基經咫尺，皇基在棗陽。帝廟見崔嵬。黻冕丹黄在，冠裳左右陪。靈威騰畫壁，恍惚出雲臺。廟壁圖列二十八將。古柏凌霜戟，清泉濯露杯。淵源餘潤澤，瞻拜獨徘徊。

清 張廷樞《崇素堂詩稿》卷一《古井行》 裕州北有光武廟，廟前有井，覆以方亭，石甃欹側，泉流横溢，俗所謂扳倒井也。

炎氣銷歇祚中否，紫色蛙聲亂天紀。提戈仗鉞自舂陵，蜿蜿飛龍來白水。白水眞人仁且英，指揮叱咤風雲生。昆陽一舉翦修鯨，陣雲繚繞古方城。方城仙井渟渟好，天子臨之流可倒。只今遺廟俯清泉，乳竇噴沫猶潺湲。衰草荒烟迷舊壘，斷文殘碣記當年。天與人歸俱有數，故老傳聞諒非誤。君不見，滹沱之河冰可渡。

清 寧訥《戲咏扳倒井》（光緒）《寧陽縣志》卷二三 共工頭觸天柱摧，魯陽揮日紅輪回。巨靈手擘華山峽，怒濤直下聲如雷。詭奇之事古所有，此理難以常情推。以管窺天覺天小，眼中所見幾何哉。彩山之西有古井，横出不受垂垂綆。一八四八仰泉飛，斜飛之泉人不省。幸逢百歲黄髪翁，衣爲之肅冠爲整。長揖拱立前致詢，翁曰可哉從汝請。我自少時居此村，少時曾聞父老言。言有仙客持金尊，不數一石淳于髡。引千百斗渴且煩，大醽不復傾瓶盆。視井如盂信手捫，地軸搖動天瓢翻。取之左右逢其原，至今井上留扳痕。果有是哉不可諼。

清 王翺《扳倒井》（康熙）《鹽山縣志》卷一二 帝臺南下冽寒泉，威猛非凡暫息鞭。妬婦奪甖慳飲馬，翻然扳倒不知年。

清 劉秉恬《公餘集》卷九《裕州東三十里，地名扳倒井。相傳漢光武帝曾憩息于此，道渴思飲，見一石側立，石下微有水痕，扳倒其石，即涌出甘泉，遂穿爲井，至今尚存。其事雖未見之史，策想亦當時赤符諸休徵之一也。井之上，首建有光武廟，廟旁有偏院一所，克敬道人住持。余于丙午冬經過其處，題此，即以書贈克敬道人》

小院精廬古刹邊，道人修鍊奉香烟。徧栽木樹環牕外，饒有琴書置案前。井養于今留惠澤，休徵當日涌淵泉。古來聖帝多靈感，洒掃庭除汝勉旃。

清 戚學標《景文堂詩集》卷一三《裕州光武扳倒井》 地近舂陵氣鬱葱，蘇伯阿使南陽，遙望舂陵城郭氣佳，鬱鬱葱葱然。千秋遺井見靈踪。須知倒海排山力，白水真人本是龍。光武紀論，或以貨泉字文爲白水真人。

自古興王事事奇，暗中知有鬼神隨。人心思漢方如渴，想見功成反手時。

清 汪如洋《葆冲書屋集》卷一《扳倒井謁光武祠》 北條多支流，洑見互無定。噴騰或山梁，觱沸亦澗徑。居人憚遠汲，掘地一泓瑩。衆口諳俚名，故老熟志乘。絳衣昔行兵，赤伏比符應。望梅士心饞，進粥臣力罄。動搖石可轉，神濆走不脛。砉疑佩刀刺，湛若方諸孕。道暍貪飄茶，香溉勻其剩。靈祠咫尺通，摳衣肅神聽。翼然王者冕，旁侍耿若鄧。丹青儼雲臺，俎豆報功稱。民生資井養，帝運厭火勝。釣臺有清泠，何年陟巖磴。

清 吴俊《榮性堂集》卷九《扳倒井裕州北》 未去赭陽三十里，有泉細與珠璣等。封以石欄覆以亭，旁溢潴爲池一頃。池中紅蓮擢萬柄，池上修竹秀千挺。道人香火祀光武，壁畫雲臺氣森整。謂帝微時人馬渴，轉石探泉得甘冷。南陽好事愛且誇，勺水名與方城永。帝王之生非偶然，昆陽戰鼓天地警。掃清關洛造中興，諸臣功可韓彭并。滹沱麥飯蕪蔞粥，數語公孫聲淚并。輕年恢度似高祖，繼世猶能媲文景。吁嗟黨錮激黄門，月黑流螢照悽哽。我來洗眼更煎茶，塵夢疲勞藉驅醒。道人話古雜稗野，二千年事駒一騁。緊人鑒井井鑒人，中有搖縈不死苻。芒碭山頭赤帝雲，樓桑村中車蓋影。真人符瑞洵有之，此地人呼扳倒井。便從宛葉望嵩邙，王業蒼茫一斷綆。

清 吴壽昌《虛白齋存稿》卷八《經光武帝廟在裕州扳倒井》 曾傳

冰合渡滹沱，感召靈泉此又過。佳氣春陵鄉土近，眞人白水讖文多。風雲四壁丹青面，壁繪雲臺諸將。鸞鶴三霄碧樹柯。階柏甚古，山旁爲道院。下馬行人勞再拜，門前指點舊山河。

清 朱黼《畫亭詩草》卷九《自昆陽至方城謁漢世祖廟》 昆陽遺墟曠平陸，春草芊綿遍堤緑。當時神武戰王尋，三十萬軍同日覆。天風奔盪急雨傾，屋瓦盡震虎豹驚。至今過者尚股栗，況乃大敵金戈横。赤眉銅馬驅除畢，紫色蛙聲眞一瞥。秦州空起隗囂宮，躍馬公孫更休説。天命中興有聖人，如雲蔚起從龍臣。絳衣大幘謹厚者，垂旒祠廟經千春。方城南北介宛葉，戰場近與鄉閭接。扳倒井邊碧水流，蕭王城外千山叠。由來佳氣聚南陽，憑吊雄風説漢皇。末祚尚餘名世在，西南遥指卧龍岡。

清 張祥河《小重山房詩詞全集·扳倒井謁光武廟飯於暢園》 門前雙井午風凉，廟祀精虔拜漢皇。名將争看圖列宿，伏波不與爲椒房。小園東有亭臺勝，過客南來水木香。漫説中興多盛業，軍威一振自昆陽。

清 吴重憙《石蓮闇詩》卷四《九月廿四日宿扳倒井光武廟》 幼時曾走昆陽道，玉照堂中侍兩親。四十三年悲逝水，前維庚戌後壬辰。

小亭方甃玉涓涓，庭樹池荷尚儼然。一自地靈知效順，長教過客品名泉。

十載陳州作守時，曾從南頓拜荒祠。滹沱麥飯蕪蔞粥，班氏偏遺水一卮。

雜録

清 汪价《中州雜俎》卷二《恨這關》 信陽平靖關，古稱黽阸。《淮南子》曰：天下九塞，黽阸其一。《漢書》云：『秦不敢攻黽阸之塞』，即此。一名恨這關，以關將軍攻圍不克得名。又有悶城拖刀嶺、扳倒井、搠刀石、揞鍋石，皆紀將軍事也。

（康熙）《錦縣志》卷一 寶林山。城東北一百里。上有實林寺，寺前有扳倒井，相傳爲唐太宗征遼遺迹。

（乾隆）《裕州志》卷二 漢光武廟。在扳倒井。兵火後，廟廢。順治戊戌，汝南道楊公瑊捐俸修之，廟中樹木古茂，内有二桐，昔被雷火焚，枯已十餘年。丁酉春，忽重生，咸以爲異。康熙二十九年，知州潘雲桂重修大門亭欄。三十一年，中丞閻公捐貲修廟。

（道光）《滕縣志》卷三 袁家河，源出鉅山東麓，由將軍墓順流南下，經茶棚至扳倒井西南流，又南過郭家窪，西南至郗山。

清 華學瀾《辛丑日記》 初五日，卯初二刻起行三十里。巳初二刻至扳倒井尖，路過一鎮，曰龍泉鎮，街市甚盛。寨門外有土房一所，門懸豎牌曰翰林院，地屬裕州，不知爲何人。窮鄉僻壤，功名之足重如此。物希爲貴，理固然也。扳倒井者，漢光武帝扳石得泉處，後人因即其地立光武廟。殿三楹，中供光武像，冕旒秉圭，兩壁繪二十八將，各詳封爵姓名。龕兩旁立像四，則後補之竇融等四人也。

（光緒）《撫寧縣志》卷二 王臺，在峪門口南，山口對五王山。山上將臺猶存，下有十八眼小井，口皆西側，水亦西流，俗名扳倒井。雖大旱不涸，村民淘之以致雨。

（光緒）《寧陽縣志》卷二 栗南河，發於彩山西硼中。西南流經傅家窪村，東至扳倒井村西折而西北流經栗家樓村，東至大胡家莊，西入龍魚泉河，西流入汶。又一支，溢出扳倒井村西，西流經栗家樓村，南至彭家莊南，西北流經閣老院村前，入苗家河。

包公井（包井）

綜述

（天順）《明一統志》卷一六 包公井。在府治内西偏，相傳宋太守包拯所浚。

又 卷八一 包公井。在府堂東。宋守包拯鑿，人以其水泉清洌似之，故名。

（嘉靖）《池州府志》卷一 包公井。在府治内西厢，宋太守包拯所浚，本朝知府葉恩重浚之。

清 金堡《遍行堂集》卷一二《重修包公井碑記》 古賢士大夫至一方，必興一方之利。李鄴侯刺史杭州，作六井，至今賴之。包孝肅爲端州守，作七井，城以内五，城以外二，其在西門外者龍鼎岡，民居環抱之中，清凉滑甘，爲七井第一，此郡城來脉山川之秀所發也。予頃至端，見有新甃此井者，謂亂餘漫没，都門常君、穆君合諸同志，共爲修復，往來歡仰。昔蘇端明謫居惠陽，以仙城飲鹽海，寓書當途，欲連萬竹，引山泉以便黔首。爲德不必乘權，諸君亦僑居此地，不以客游，而膜外此井，所謂物我同體者，非耶？薩婆多論云：若曠路作井，若津口作橋梁、船，其人功德一切，時生正法。念經云：施人美水，或覆井泉，不令蛇虺得墮，以傷飲者，當受天樂。昔有母子，常行三事，一造渡船，二造井，三造圊厠，獲大福報，永不流轉三塗，然則修善法者，使一事一物，無不得所，亦何必盡之三寶。一切衆生，具如來智慧德相即饒益，群倫供養大覺，等無差別，則諸君修井之善，又可以世諦視之哉。嗚呼，爲賢士大夫居人上，亦足隨地隨時，思吾民永久之利矣。

（乾隆）《貴池縣志續編》卷一　包公井。在府署西偏，李公暲浚，建石亭覆之。

（嘉慶）《合肥縣志》卷一四　包公井有二，一載舊志，在縣學内。一在城南十五里包家沖，水味甘美，大旱不竭。

（道光）《肇慶府志》卷二　包公井，在府聽之東。宋康定間郡守包拯所鑿，其水清冽。府志明董源記，宋仁宗朝，包孝肅公以知揚州天長縣，徙知端州，病民之汲於江，作七井以便其用。其一在府治内，後人以其水清冽，比公之介，名之曰包公井。其二距府治西岳廟旁，則其第二井也。其三在縣學前街南，俗謂之義井。其四在分司巷口。其五在廣濟倉右。自廣濟而轉城北門之左，其第六井也。自城北門而復主帥堂之前，其第七井也。惟縣學前、分司巷口兩井，當通衢之衝，汲之者衆。然皆以罌缶出水，少不謹，則相撞擊破毁，歲久填塞。水涸之月，綆不能以及泉。井之用，於是乎有間也。高要縣判簿，樂平鮑君宣文，仰前人之遺矩，急斯民之日用，方廟學、義倉諸役甫完，欲興修治。即買石僦工浚之，復躬自指畫，出其瓦礫汙滓，補其敝漏缺。井之口，周以石闌。其外四隅，皆治使端正，甃砌平坦，尤愈于新。郡之老幼，咸趨蹌往觀，莫不驚嘆。以爲百數十年之迹，一旦浚治潔清，其汲有常矣。屬予記之，稽之圖經，暨義井舊闌石刻，則知包井之作，昉於宋康定庚辰，至嘉定癸未一百八十四年，始見修之。自嘉定癸未，至今正統丁卯，又二百二十二年，乃克修其兩井，蓋非吝于費而憚其勞，抑亦有待於人力之所及也。今兩井之修，成於興作之餘，不計勞費，能急其所當先者，以濟於民，則凡人情之欲飽暖安逸者，亦必處之有道矣，豈惟井哉。判簿君又常于學中，創建書樓號房，穿甃泮池，選進士類，勸民出穀以備荒歉，鑿井獄中以惠囚禁，亦邑政之可紀者，宜悉記之，兼之井興壞有考云，正統十二年孟春月。

（光緒）《四會縣志》卷一　包公井，在縣署東南包公祠前。舊志謂今已湮塞，不知何時重浚，今縣廚日取汲焉。

紀事

明 葉恩《包井記》（嘉靖）《池州府志》卷九　郡治之迹有曰包井，在郡治西偏，乃宋孝肅包公守郡時所鑿。予訪其迹，井雖多，莫知其所謂包公者。予居正北高亢井，在大門東南墻隅，其深幾四仞，霖潦注則溢幾平，不數日如焦釜，日用皆汲于河，僕夫告勞，菜畦茹區，稍旱則坐視乾死，莫可救灌。今年秋九月，予周旋廳事前，欲得宜井之地。或告曰，西偏階級下，舊有泉眼，吏人汲以瓶罌潤硯，今甃爲路矣。因所指發視之，得一井，湮塞殆滿，上餘古甓尺咫，乃救淤土，抒頑石，駢手偕作。越三日，淤盡而泉始達，以尺度之，其廣十有二，其深倍之，甃以巨石，護以石闌。既訖，工時久不雨，又三日得雨，泉冷然及井之半，剩嘗之清冽異常。噫，此所謂包井也耶，曷知其然。曰，公爲郡時，必居吾今所居，因井不宜鑿，井必於廳事前，以資食飲。不然，寮佐以一所居之，井不應冒公姓也。噫，此所謂包井也耶。井無地不有，而公所鑿，特系其姓，閱數百年而不易者，豈以井哉。爲之銘曰：泉之清于公之潔，泉之芳于公之烈。湮而復完，太虚湛然。公名與俱，垂千萬年。嗣而汲者，尚無愧焉。

（雍正）《合肥縣志》卷一〇　門内有井亭，□□第一泉。萬曆癸酉，知縣胡時化改曰包公井。天啓中，知府張正學、知縣陳瑄各捐俸重修。明末寇焚之後，惟正殿明倫堂尊經閣僅存，而墻垣俱頹。

藝文

宋 趙必象《覆瓿集》卷二《游濂泉》　星巖高哉，不知其幾千丈兮，下有儒宫，上接青雲梯。緑凹鑿破水泉冽，泉以濂名宗濂溪。濂翁去今凡幾載，一脈流通無窒礙。光風霽月此山中，景物因人成勝槩。亭翼翼，水泠泠，一清不著點子塵。眼前色俱呈露，何必解蘭縛塵纓。君不見，孤山六一泉，硯州包公井，君子之澤深且長，清風千古霜凛凛。我欲采薇隱此山，祇恐林慙澗亞鎖松關。我欲祠下筆一詞，又恐寒泉痛洗凝之詩。解襟坐石濯清泠，一歃寒冰和露飲。雪我酒腸霜詩脾，此身疑在神仙境。倩君爲問玉皇借玉鞭，鞭起睡龍騎上天。持此一瓢濂翁泉，一雨炎荒洗蠻烟。

明 劉嵩《槎翁詩集》卷四《包公井》 止飲端州水，猶爲鑿地謀。在官真不負，於世果何尤。光抱一泓月，清涵萬古秋。塵懷思一滌，欲去復遲留。

明 區懷瑞《包井冰清》（崇禎）《肇慶府志》卷四九 一脉源流幾穴成，使君深澤遍端城。霜凝碧甃銀牀净，日照寒泓玉鑒清。光映冰壺侵座徹，氣凌梧葉藉階平。谿來一硯清操勵，遂使甘泉有令名。

又《得十五咸》（崇禎）《肇慶府志》卷五〇 月晴雲漾到松杉，包井清泠更不凡。曲宴幾曾趨玉署，題詩猶許續冰銜。閣鈴畣響依歌板，簪筆承花落舞衫。犀兕拍浮千日醴，龍螭屈戍七星巖。緑霏玄箸珠三樹，紫電文芒劍兩函。坐久總忘蟲寂歷，一劇譚如聽燕呢喃。歡餘酒政時能肅，言下疑根蚤已芟。恍是百神觴集地，無爲郭外問嶔嵌。

明 陸鏊《包公井》（崇禎）《肇慶府志》卷四九 喻清於水冽於泉，無意垂名名自傳。民德式歌初鑿日，吏情無染再疏年。春浮大地輸温玉，月映澄淵徹二天。多少亭臺時鼎革，獨占用汲古堂偏。

明 陳子壯《端州雜歌》（崇禎）《肇慶府志》卷五〇 一水何分刺史清，石門江介并崢嶸。于今全説包公井，涓滴寒泉亦滿城。

清 桂超萬《養浩齋詩稿》卷三《池陽雜咏六首》 包公有舊井，井水廉惠全。願以告長官，朝朝飲此泉。聞公詞色厲，敷政寬爲先。但逢佳士笑，奚必河清年。我祖參軍公諱孟春，被薦達九天，齊相擧御夫，千載願執鞭。此風不再得，枕雪吾高眠。

清 唐班《包公井》（乾隆）《池州府志》卷一五 包公遺愛更何窮，一井猶標府治中。惠爾蒼生寧獨此，數來政迹有誰同。河清想見解顔日，泉冽當知似水衷。汲取朝朝洗俗慮，貪夫應亦慕高風。

辱井

論説

明 熊明遇《文直行書詩文·詩部》卷一六《清凉環翠》 石城清凉寺，起于南唐，山頂有翠微亭，亦南唐時所建。又有暑風亭，乃李後主避暑殿故址。門内有胭脂井尚存，而人以爲陳後主與張麗華所避景陽井，非也。其井在今盧妃巷，有文曰辱井。登山之冢，江山色相，若在掌握中。寺亦新飭，宏厰南都，貴官治張無虚日。

綜述

宋 曾鞏《元豐類稿》卷五〇《辱井銘》 辱井銘，辱井有篆文云：辱井在斯，可不戒乎。并下文共十八字，在井石檻上，不知誰爲文。又有景陽楼下井銘，又有陳後主叔寶辱井記，云：江寧縣興嚴寺井石檻銘，莫知誰作也。歷序隋文帝命晋王廣伐陳，後主自投井中，令人取之，驚其太重，及出，乃與張貴妃、孔貴人三人同束而上。其末云：唐開元二十二年三月十七日，前單父縣令，左轉此縣丞。太原王已下闕。

宋 程大昌《演繁露》卷五《辱井》 陳後主入景陽井，隋軍出之，因號其井爲辱井。曾子固記其所見曰，井口石欄有鐫字曰：辱井在斯，可不戒哉。乾道壬辰，予將漕江東，以季月，同諸司入眎行宫有無修換，至學士院前，典鑰大璫指其中一石欄曰：此古辱井欄也。即而視之，其欄口之上，果嘗鐫刻辱井當戒等語。側邊則唐人記其游觀月日，鐫題填湖至無見石。而其石理光瑩可鑒，仍有淡紅漫布其上，略如朝霞。《建康圖經》謂此之紅者，乃張、孔二宫人脂澤所染也。予細視而揆之以理，則皆誤傳。蓋史記後主與二嬖同縋而上，則三人矣。今其欄口略可容一小兒，則後主一身尚不可入，安有三人同縋之理也？建康城中鋪街之石，率皆青質紅章，此自其地石性天然而然，安得遂云胭脂所染也。予久欲辨識，爲無的據，不敢輕發。淳熙壬寅正月十四日，偶閲歐公《歸田録》曰，隋煬帝作景陽井銘，銘文尚隱隱可讀，有云：前車已傾，後乘將没。則歐公所見之銘，此井鎸文全然不同矣。予亦嘗墨得唐世鎸刻井文一本，今尋不見，然猶記其詳，元無歐公所見傾没等語也。然則今之留眞建康行宫者，非古物明白矣。特不知唐人皆指此欄爲眞，而歐公又何從而得傾没等語也。

宋 黄震《黄氏日鈔》卷六三 辱井銘，銘十六字，可見者八字。曰，辱井在斯，可不戒乎。又有陳後主辱井記，大略以其與張、孔二妃同投井也。愚按，辱井可對貪泉。

明 董斯張《廣博物志》卷七 建康辱井，以後主、麗華、貴嬪共入其中，故名。

明 彭大翼《山堂肆考》卷二五《胭脂》 胭脂井，在上元縣臺城内。又名辱井，昔陳後主與張麗華、孔貴嬪投其中以避隋兵，井欄石脉有胭脂痕，故名。宋曾南豐有辱井銘，蓋耻後主之死也。

清 郭夢星《午窗隨筆》卷三《辱井》 辱井即景陽井，一名臙脂井，在上元縣治東北五里。舊傳闌有石脈，以帛拭之，作臙脂痕，故名。隋兵破臺城，陳後主與張麗華、孔貴嬪投其中避之。後人恥其所爲，名曰辱井。揚州張喆士咏臙脂詩：南朝有井君王辱。即用此典。按辱井二字，可與貪泉作的對。

紀事

宋 張舜民《畫墁集》卷七 丙寅，同劉宫苑游臺城寺，觀辱井三品石，三閣遺址。晚就鐵塔寺具食。臺城寺在府城内，北附城隍，隳圮殆不堪處，即東宫故地也。辱井在佛殿前，深可尋丈，上加石檻，紅痕點染若胭脂，俗云後主拉孔、張二妃入井，泣涕所沾也。石檻上刻後主事，八分小字，極其精古，乃大曆七年張署，文頗詳，爲近年俗人題記刊刻所掩，甚可惜也。又有太和四年篆書，可見者數字。又舊聞臺城辱井石上，有胭脂淚痕，久未之信，今見之，似是淋漓塗抹之迹，失笑不已，因成此句：平居已無奈，倉卒故難任。井上痕猶淺，水中痕更深。問罨何至此，下石爾甘心。不及馬嵬轍，猶能致萬金。三品石在寺門外榛莽間，即今園苑中怪石，磊落奇詭，各有尋丈，一爲鄉中人鑿取之以焚灰，剜缺爲甚。

宋 周必大《文忠集》卷一八三《記金陵登覽》 政和間輦致京師，而辱井石欄又在今行宫中，遺迹無復可見，嘆息而已。辱井者，三人俱投之井也。在寺之南，甚小，而水可汲。意其地良是，而井則可疑。世傳二妃將墜淚漬石欄，故云脉類臙脂，俗又呼臙脂井。或云以帛拭之，尚爲此色，豈有是哉。秦深言，舊有井亭，揭詩牌數百，今已亾矣。又云，某猶見居民因鋤地得柱礎，刻蛟龍甚精工，殆宫殿遺物，民皆屑之。

明 馮夢龍《古今譚概》卷四《昏主》 隋兵入臺城，群臣勸依梁武見侯景故事，後主曰，吾自有計，乃挾宫人十餘出景陽殿，欲投井中。袁憲及夏侯公韻苦諫不從，以身蔽井，後主與争，久之方得入。軍人呼井不應，欲下石，乃聞叫聲，以繩引之，怪其太重，乃與張貴妃、孔貴嬪同束而上，後人名爲辱井。

藝文

宋 王安石《臨川集》卷一九《次韻王微之登高齋》 臺殿荒墟辱井堙，豪華不復見臨春。北山漠漠雲垂地，南埭悠悠水映人。馳道蔽虧松半死，射場堙没雉多馴。登高一曲悲亡國，想繞紅梁落暗塵。

又 卷三一《辱井》 結綺臨春草一丘，尚殘宫井戒千秋。奢淫自是前王恥，不到龍沈亦可羞。

宋 項安世《平庵悔稿》卷六七《辱井》 寺前蔬圃是臺城，寺後寒泉入柳營。玉甃多年無舊物，銀瓶終日有哀聲。游童走卒争强點，弱水貪泉共姓名。不似冶鋮三尺土，鍾山回首讓崢嶸。卞侍中墓，在冶城。

宋 李洪《芸庵類稿》卷二《臘雪》 寂寞江村客，彌漫大雪天。愁雲紛密羃，虚籟極饕顛。坐聽天窻落，時將書幌褰。胎禽羞潔白，閒客失明鮮。勢急鵝毛墮，寒欺雁翅翩。鼠形方誚璞，蠟貌遽摧鞭。鮫室綃盈軸，陽公玉種田。蝶衣勻膩粉，蠶繭剥吴綿。近郴横飛絮，穿榆并墜錢。後庭迷玉樹，清禁覆花磚。帝子剪湘水，銅仙泣淚鉛。銀床漫辱井，粉水媚房川。繁麗真難比，縈盈似乞憐。玉京樓十二，金界地三千。秦國占烏白，遼東獻豕豜。尺圍飄洛浦，席大記幽燕。憶昨逢殘臘，呈祥慶有年。冷侵東郭履，寒逼廣文氊。喜極塡篪和，吟餘鹽絮聯。長城歸大阮，巨軸屬群賢。思跨藍關馬，將乘剡曲船。恨拘崇讓里，思逸灞橋邊。剩酒觴慵舉，烹茶鼎旋煎。尋盟淡生活，凍筆尚如椽。

又 卷三《**追和下若大雄寺汪内相陳朝檜詩**》　斮骨刳心操凛然，盤根厚地老逾堅。八千椿木應同壽，十五蓂莫紀年。辱井已荒傷故國，瓊枝無復盜春權。六朝陳迹空餘此，閲世真成嘆逝川。

宋 何夢桂《**潛齋集**》卷二《**賡曾省齋舊題鳳翔空壁**》　滄溟陵陸起黄埃，薦福碑驚半夜雷。玄鶴歸遲生墓草，白鷗飛盡上磯苔。寒泉辱井留脂水，黑土夷陵出燼灰。往事興亡渾一夢，高名千古黨碑魁。

元 張伯淳《**養蒙文集**》卷七《**次韻李治書賦辱井**》　宴安毒江左，百年不知兵。酣歌溺魚貫，荒游媿盧令。羽書撤牀下，暖帳猶春酲。主辱不繫井，罍耻固在瓶。流芳與遺臭，等是百世名。所以賢聖君，厲階無由生。興亡雖有數，禍釁人所成。三代亦亡國，此理似難明。千里讀公詩，堂陛如親登。安得全吾真，勿使猨鶴驚。

元 袁桷《**清容居士集**》卷一一《**觀閑閑齋紅梅次蘇公姿字韻四首**》　臘底飛霙瑞已遲，天將絳雪報清時。施朱可是良工手，補衮端歸大雅姿。溜溜温泉傳賜浴，斑斑辱井愧淪肌。閉門已覺寒如許，迴首江南竹外枝。

元 張翥《**蜕庵詩**》卷四《**辱井欄**爲御史所碎留片石李之心嘗》　好事能收斷石存，摩抄堪憶古雲根。樓空野寺鐘何在，宫没寒燕井已眢。古篆半留欄上字，妖姬猶有墓中魂。試捫凹处殷紅濕，不是燕脂是血痕。

元 顧瑛《**草堂雅集**》卷四《**辱井石闌**》　好事能收斷石存，摩挲堪惜古雲根。樓空野寺鐘何在，宫浸寒燕井已眢。古篆半餘闌上字，妖姬猶有夢中魂。試捫窪處紅猶濕，不是臙脂是血痕。

元 王逢《**梧溪集**》卷一《**奉寄王丁二御史**》　春風浩蕩東南來，吊古訪舊金陵臺。龍蟠鍾山石虎踞，二十四豸臨三台。其中弸彪兩柱史，飯蔬日飲青溪水。女牛翼軫避法星，文章禮樂羅賢士。玉晨帝居霱雲鄉，一塵不動閒琳瑯。煮茶數對冶亭晚，黄雪滿地松花香。君不見，六朝前後三百霜，當時王氣迴天章。瓦棺閣廢辱井在，王謝宅燕他家翔。又不見，自唐逮宋爲政好，顔張二吕程公顥。勞勞故址蟪蛄鳴，幾多人迹埋烟草。榮華如夢足驚心，惟有清名世共欽。願言白馬之生且復諫，庶使丹雞之盟良可尋。

明 楊基《**眉庵集**》卷一《**送許山人歸長干别業**》　我從長干來，君向長干去。春鴻與秋燕，相逢不相聚。當時三閣上，緑鬢花如霧。辱井不可尋，纍纍種瓜芋。

明 程敏政《**唐氏三先生集**》卷一六《**病中次韻有懷伯文**》　聯翩接踵向金陵，對酒悲歌不忍傾。梅雨和烟成暝色，荷風雜水作秋聲。鳳凰無復吹簫地，龍虎空存辱井城。試問長安天遠近，舉頭但見日邊行。

愁心却似滄溟水，流遍東南日夜深。好客俱登青瑣闥，老夫只誦白頭吟。龍潭雨足須乘舫，鹿苑風清或抱琴。光景不殊人世换，幾家隔岸柳摇金。

明 邵圭潔《**北虞遺文**》卷一《**胭脂井**》　春粧玉腕空，曉汲銀瓶冷。胭脂却污人，千載稱辱井。

明 黎民表《**瑶石山人稿**》卷五《**登雞鳴寺**》　寶地空香散，金繩覺路賒。樓高礙白石，軒密秘青霞。緑泣臺城草，紅悲辱井花。江山今幾劫，非獨有恒沙。

明 易震吉《**秋佳軒詩餘**》卷九《**胭脂井**》　井相傳在陳公景陽樓下，隋兵渡江，後主與張孔二美人自沈于井，即此也。在上元縣東北紅花地上，或曰清涼寺井者，非。唐宋人有銘詩皆曰，景陽公井一名辱井。

新林兵進，朱雀門前近，亡國已成千古恨，玉樹庭花誰問。試將秋草，鋤荒得無，三閣遮藏。我所思兮，舊井蕭蕭，葉下銀床。

清 汪琬《**堯峰文鈔**》卷二《**清涼寺中與武曾訪景陽宫井因飲海棠花下**》　春山如畫屏，群芳亂烟霞。小紅欹曲徑，點綴山僧家。我來訪陳宫，樹石空槎牙。髣髴辱井存，緑蕪翳湥窪。山僧施法雨，欲洗烟脂汙。妖艷銷未盡，千載萌根芽。至今光風中，一一開晴葩。嫣然展微笑，絶似宫中娃。試問諸天女，豈解散此花。正恐花信闌，淒涼委泥沙。與君置尊酒，及此風日嘉。無然感廢興，三嘆張麗華。

清 王鴻緒《**横雲山人集·山暉集**》卷二《**秋日雜感**》　金陵宫

闕大江頭，廢殿無人水自流。玉女窗寒懸暮雨，銅駝月冷動清秋。千尋鎖帶降幡影，一曲花含辱井愁。當日新亭誰灑淚，空傳猿鶴化汀洲。

清 陳大章《玉照亭詩鈔》卷一七《青溪晚眺》 九曲青溪一曲存，殘山剩水幾朝昏。六朝邸第空荒草，東府行營只廢垣。帶月菱歌歸別浦，趁潮漁艇下寒村。小姑廟貌荒無主，何處堪招辱井魂。青溪小姑，蔣子文妹也。舊有張麗華祠，在其側。

清 陳梓《刪後詩存》卷一〇《六朝松四首存三》 試問蒼髯歷幾傳，翠濤隱隱徹旻天。語寒黃鶴知吾壽，服氣青牛縱爾仙。眼見新亭揮淚日，傷心辱井抱頭年。可憐老大終無用，匠石頻過意黯然。

清 龔翔麟《浙西六家詞》卷一《風蝶令石城懷古》 青蓋三杯酒，黃旗一片帆，空餘神讖斷碑鑱。借問橫江，鐵鎖是誰監。花雨高臺冷，胭脂辱井緘，夕陽留與蔣山銜。猶戀風香，閣畔舊松杉。

清 金堡《遍行堂集》卷一五《清醒泉銘爲姚子水真作》 濁外餘清，醉中獨醒，名異貪泉，義超辱井。觴行李白，盌吸盧仝，圓涵璧月，滑瀉松風。尚可濯纓，兼能抱甕，照影無犀，和鳴有鳳。滌研雲輕，濡毫露重，萬斛深留，半瓢淺送。一漱在齒，再洗即耳，是浣非心，三掬而止。性空眞水，性水眞空，眞水永眞，二相皆融。澹歸作銘，更無一滴，動着舌根，刀頭餂蜜。

清 程晋芳《勉行堂詩集》卷五《白門春雨集壬申・金陵懷古十首》 寒雨瀟瀟濕古苔，疑城辱井總堪哀。長千里要花迎送，少婦堂經燕去來。芳樂游春徒入夢，昆明曆刼早成灰。登高覽古闌情甚，惜少江淹擅賦才。

清 樂鈞《青芝山館詩集》卷五《過江至金陵絶句十四首》 迷樓辱井渾相似，玉樹垂楊兩可憐。一例陳隋亡國易，莫將形勝論山川。

清 李兆齡《舒嘯閣詩集》卷四《金陵懷古》 蒼茫烟樹石頭城，故壘蕭蕭幾戰征。鐵鎖沉江王氣滅，胭脂辱井蘚花平。秦淮水送孤帆渺，燕子磯飛白鷺明。飄泊何堪傷往事，滔滔東下浪濤聲。

清 徐昂發《揚州》《清詩別裁集》卷一九 木鶴沈處錦帆斜，隋氏離宮接暮霞。辱井有魂悲玉樹，仙都無夢餉金蛇。裙緣禹穴千年蘚，鏡擁迷樓萬朵花。莫向吳公臺上望，江南江北總無家。從義山地下，若逢陳後主二語，而申言之，一加點染，遂若別開面目。

清 沈學淵《桂留山房詩集》卷二《渡江懷古》 玉樹歌殘月不明，宮門敲斷曉鐘聲。戈船直下西陵渡，鎮戍空屯北府兵。黃土無情填辱井，青溪如舊仿臺城。六朝短夢天催醒，賀若韓擒浪得名。

清 盛大士《蘊愫閣詩集》卷二《臙脂井》 辱井宮妃匿，低鬟落翠鈿。臙脂紅半減，猶被晋王憐。

清 舒位《瓶水齋詩集》卷一《讀長恨傳三首用李義山碧城詩韻》 誰將辱井比長干，無復飛橋奏廣寒。踏臂悔教來赤鳳，返魂何處覓青鸞。空餘宮女偷閒說，忍使天孫帶笑看。凄絶江南花落後，拋殘腰鼓共鈴盤。

清 潘衍桐《兩浙輶軒續録》卷三六《讀明季稗史》 擁戴何由到福王，紛紛傀儡又登場。迷樓辱井須臾事，笑煞當年馬貴陽。

雜録

明 歸有光《震川集》卷二九《聖井銘》 余讀《金史》，皇統二年，使劉筈以衮冕玉册册宋康王爲帝，以臣宋告中外。嗟乎，吾國於是不得爲中國矣。紹興君臣，萬世之罪人也。昔晋永嘉之亂，其禍不異靖康，然江左世守正朔，歷五代至於陳亡，以其力不足與中原抗，而未嘗少屈也。孔子曰：微管仲，吾其被髮左衽矣。五代之君，其功豈在管仲之下哉。陳高祖平侯景之亂，卒禪梁祚，恭儉勤勞，志度弘遠，江左諸帝，號爲最賢。余來長城，遊下箬里，觀其故宅，相傳其始生時，井中沸涌，出以浴帝，今其井尚如故，慨然而嘆。令人去蔽翳而出之，作亭於其上，銘曰：帝王之生，靈感幽贊，觱沸水泉，浴帝始誕。流虹瑶月，應時則滅，惟不改井，於今不竭。我尋華渚，翳桑之處，寒泉古甃，如見其沸。赫赫陳祖，大業光燦，寂寞沛鄉，吾茲感嘆。嗟後之王，荒墜厥緒，麗華辱井，建康所記。

報恩寺井

論説

（嘉慶）**《溧陽縣志》卷一六**　報恩寺井，唐元和六年零陵寺僧澄觀於石欄刻字，今尚可辨。俗呼秦公井者，或宋秦梓及熺嘗施功德於寺中，而世俗漫稱之。若以爲開自宋時則誤矣。又案金陵志注，零陵寺臨街石井，亦元和六年刻字，即今西寺也。今山門外有古井一口，麻沙石欄，正與報恩寺石欄同，而形橅殊。小僧云別有斷石欄，其匕刻字，久已失去，未知即元和所造否，不可考矣。

綜述

宋 李流謙《澹齋集》卷一六《雅安報恩寺井銘》　雅安環報恩，北落皆無水，人飲諸江，病遠汲。長老法輝指寺之庚曰：是有美泉，鑿之而信。因甃爲巨井，觱沸澄洌，亢燎自如。於是綆缶係道，遠近給足。郡文學掾廣漢李流謙爲作銘。銘曰：五大物，功周施。坎心亨，兆其倪。利生人，配重離。環精廬，壞瘠衰。焦釜甗，勤甕甈。坤含珍，黿吐之。鑿鮮原，出澄漪。甃堅深，潦無時。往艱汲，人其咨。取諸隣，孰不怡。溉濯滌，炰燔炊。求口實，當觀頤。來維新，注益滋。願進德，比于斯。

清 張鵬翮《治河全書》卷六　報恩泉，距州西南六十里，出報恩寺井中。石泉長五十步，入狗跑泉，轉入會河，西南二十餘步會陷灣。

傳記

清 裘君弘《西江詩話》卷六《危素》　危素，字太樸，金溪人。未冠通五經，受業吴草廬門，甚器重之。至正中，與同縣曾子白、朱夏并以文鳴，官禮部尚書、翰林學士、修國史。元亡，投報恩寺井，僧大梓挽出，明太祖召侍禁林，後謫和州。子白名堅，歸明爲禮部侍郎，夏屡徵不就，元末死于土冠，著有《鳴陽集》。

冰井

唐 釋貫休《禪月集》卷二《苦熱寄赤松道者》　天雲如燒人如炙，天地爐中更何適。蟬喘雷乾冰井融，些子清風有何益。守羊真人躭之役，高吟招隱倚碧壁。紫氣紅烟鮮的的，磵茗園瓜麴塵色，驕冷奢涼合相憶。

明 方以智《浮山集》卷七《冰井記代瞿年伯作**》**　蒼梧郭東門稍北，有冰井寺。井居寺之西偏，味至甘，有源不涸。本草載其主治之功，梧人賴之。考一統志，唐元結於肅宗時爲此地容管經略使，過部嘗之，題曰冰井。爲銘刻石泉上，有火山無火，冰井無冰之句。宋宣和間，郡守蕭槃有詩云，井名未磨滅，目我發沉晦。則爾時已堙塞，從訪求得之矣。我明天順六年，崑山御史中丞葉公與征夷將軍顔侯彪有事南徼，師旋索是井，於莽蒼中得次山斷牌一角，辨可數字。公大位姓名獨存，因重浚之，紀文於石，覆亭其上。時郡人陳洙作漫泉亭賦，漫亭云者，次山自號漫叟，遂以顔之。余來西粤泊蒼梧，時值國變紛紜，東方戒嚴，朝夕爲備禦計，雖聞冰井之名，未遑履其地。屬靖藩變起，潢流横發，江水沸騰，余亦遂有桂林之行，賴新天子威靈，波濤頓息。越明年，謝事將歸，復泊此地。一日至冰井寺，求所謂漫泉亭者，則井存而亭烏有也。淤泥旁塞，甃石迸裂，井匽無導，濁流反羨入井中。余不覺頓足曰，此冰井，乃汚井也。飲此水以療疾若，不反以致疾乎。念謀之有司，董其役者，未必盡制。適新安舊家子吴君僑寓寺，因語之故，吴君故同志，相視周旁，知泉源不在井中也。乃躬督鍤□，發旁釦砌，離舊井凡四五尺而源見。蓋原有巨石爲山之根，氿泉穴出，從石罅中汩汩流者三，此乃所謂冰井也。汲而嘗之，甘冽與前迥異。吴君喜而告余，余再觀之，則新池中已泓肰滿注矣。井湮七百餘年，而始見其源，豈非隱見有所待耶。爰庀良材，爰出新規，陝陝肰亭成矣。輔以欄楯，甃以堅石，其四周復疏溝洫以瀉山坡之水，俾自頻之滛潦不復入。從此，挹之不竭，酌之愈甘，其功不益永賴乎。余擦諸舊牌，或曰冰井以厭郡火山，或又曰雙井，自元公以唐大曆來後，遷徙不一。萬曆間，郡守林喬南所刻寺石，袁衷所記二池之蓮，地已變異，今乃得真源而樹之，古人或羡停泓，或嘆淵注，其意各有所托，不獨以有功永賴居民已也。反復葉文莊公碑，歎以元公天下士，道州之政最，故人至不欲名字之，今石可泐，其文不可蝕，字幾盡，名不可泯，卷卷於往還京國，道出其下者，得以想見公之爲人，立碑之意，葢其遠哉。乃者時當搶攘，適覯斯舉，豈曰元凱淵底，幸其必傳邪，亦幸慕文莊之慕次山云爾。

鵓鳩井

清 陶文彬《祀鵓鳩井記一名後井**》**（康熙）《彭水縣志》卷四　伏牛山之左麓，去郁鎮可里許，曰鵓鳩井。或曰有鳩伏於石上，鑿石得泉，因名曰伏鳩。今呼鵓鳩者，音誤也。

又　井附近於鎮，而溪口可通舟楫。自清水以上刈草者，皆載而售於井，其水計竈而汲，較之他井，稍有贏餘，故四井竈民之在籍者八十一户，而隸於鵓井者三十有七，於四井中推爲上井。每當徵課届期，必鵓井先集，而他井方能趨事。井在兩崖峭壁溪水之中，其巖峰對峙，嶔然突怒之狀，如虎豹之蹲踞，而勢欲搏人者。相傳明時巖石崩裂，故井覆壓，不可復汲，踰月下移數十步，突湧一泉。今之井，非唐宋舊址也。泉出石罅中，穴深尺餘，工以竹筩入穴，引泉水歸井以汲，一穴中分鹹淡二水，如誤引其淡者，則煮工力均而得鹽無幾。每溪水漲溢，井受沖淤，而工之修井有獨秘其傳者。泉穴之對溪曰風洞，洞口垂藤百尺，蜿蜒如蛇龍，風從洞來，近之令人寒慄。夏月天旱，土人常禱雨於此。洞内地敞，有石若几案，然者過此，莫敢深入。他井竈民購畫由界，刈草以煮，其工力甚苦。惟鵓井籍給兩河之運載，其得草也，視他井稍易。但計一煎所得，以償工力之餘，不足供數口之食，竈民之日就困憊也，亦與他井等。余至鎮之明日，齋宿告虔，親修祀事，嘗鹹水之味，周視井泉竈舍，濱於大溪之間，計終歲之勤力，苦於淹井時多，煮鹽日少，欲隸籍於竈者之無困，不可得也。訪民疾苦而有術，以蘇民困者，邑宰之事，而愧予之未能也。因退爲之記。

參軍井

明 歐大任《歐虞部集十五種》卷三《參軍井銘井序**》**　參軍井，在歙長源里中。贈彭城衛經歷程公有緣之所鑿也。先是，里去水遠，里人病汲。程公數往來其地，用是憂之，乃相視泉脈，告于后土，召號鄰左經始井事。已而，潛源遂啓，甘洌異常，繘以甃檻，汲者攸賴。終程公之世，有子宗海，以璧水之英，通藉金閨，得受渥恩，贈公今官。里人德公澤之下施，念源源之未竭也，相率而字其井爲今名云。夫分人以財，其源易窮；給人以粟，其流難繼。孰若兹井，不虚不盈，隨取隨足，費省利溥，一勞永逸，井之時義大矣哉。公之所息，葢深深者，里人不忘長原之俗，亦厚矣。余聞其名，實沃乃心，且樂程公之獲飲其報也。固知九仞之功，始于一鍤，洋溢之達，本于涓滴。程之衍慶，寧有涯哉。遂爲銘曰：唯兹長原有井，既清且淵。流而能坎，方而能圓。甘以不竭，洌乃長存。里人，藉此饔飧。繘瓶而往，抱甀而還。滿腹非濫，一歃非慳。臘無斧冰，伏可消煩。日用不知，曷求其源。有取之迹，無與之名。誰其爲此，里有程君。程君浚德，沒有令聞。君以子貴，井從君官。千秋百世，榮名以完。我銘其甃，照暎長林。視此彭城，何如穎陰。

曾井

綜述

宋 王象之《輿地紀勝》卷一〇二　曾井，曾姓者所鑿也。泉甘而冷，人苦瘴癘，一歃疾且去。

元 曾福昇《曾井記》延祐四年四月（乾隆）《嘉應州志》卷七　忠孝，人倫之大經，宇宙綱常，萬古一日也。厥里以顔井稱，世之希賢，甘於陋巷簞瓢，飲水樂道，過者式之，至今無恙。余嘗讀曾公類説，所謂程鄉邑曾井者，爲之驚異，謂宜與顔井并著。不謂暮年得親迹其所，掬清飲甘，徘徊不忍去。諗之故老宿彦，舉無以對。乃者疇昔之所見，以補其闕。類説逸篇云，曾氏於漢，爲廣州刺史。刺史之後五代時尹程鄉，名芳，以政清簡仁愛聞。邑境民有瘴癘者，公給以藥，愈，由是遠近踵門者日以千百。公乃以大劑藥納於井，令癘者飲之。是後邑之民祠公，飲水愈疾如初。宋南寇儂智高叛，上命樞密使狄武襄公，率大兵五萬，由廣東蹈海。軍士至境，感疾癘。武襄公禱，井水溢出以給，軍旅獲濟。狄公旋師奏凱，首以公井泉爲言。仁皇降制，謚忠孝公，且賜飛白書曾氏忠孝泉五大字。田海代易，而井尚如故。嗚呼，出蒙之泉，聖人一初之天也。水木本源，自有來矣。余嘗考之譜牒，大節懿行，代不乏人，矧忠孝如公者，豈容不敏辭。雖然，飲泉知脉，尚有望於來者。跋尾云：余既記其事，并以屬之州大夫長者，勒之堅珉，以識不朽云。

（嘉靖）《潮州府志》卷一　曾井。在縣西一里、南漢令曾芳所鑿。後人思之不忘，故名。

明 鄭懋中《曾井後記》（乾隆）《嘉應州志》卷七　井以曾名，識不忘也。漢有曾公芳尹是邑，以藥濟斯民，之求療者摩肩接踵。公以大囊盛藥置諸井，令民汲之，一飲疾愈。後人思之，命曰藥井。邑乘載爲詳備，茲不復贅。明洪武壬午，懋中來牧斯邑，首訪遺迹，遂欲構堂建碑，以彰不朽。而遽有遠行，翌載乃復。再覩興嘆，酌泉而飲，徘徊起慕，乃命里之好義之士葉仲華氏董其工，琢珉爲碑，掄材爲守，奉而祠之。無幾忠孝公之精神，萃於斯堂，程鄉之民，朝提暮汲，有以想其惠澤。使後之令斯邑者，倣公之心，斯以去夫民之瘴癘，豈復有病其民者乎。爲斯民者，飲公泉源，有以愈其腹心之疾，而蒙其清安之樂，豈復有不修其身而自速於禍乎。一事而二警存焉，於是乎識。

（順治）《潮州府志》卷九《曾氏忠孝泉》　城西一里有曾井，南漢時程鄉令曾芳，因民苦瘴，給藥愈之，來者接踵，乃以大囊藥投井中，民汲水飲之皆愈。宋皇祐五年，狄青征儂智高經此，疇於井，泉溢出，軍士不苦疫癘。青凱還具奏，仁宗降制，封芳忠孝公，賜飛白書曾氏忠孝泉五大字旌之。咸淳七年，知府蒲壽晟建亭井上云。

（乾隆）《嘉應州志》卷八　曾井，城西一里梅峰之東。南漢令曾芳，投藥療民者。宋咸平七年，知縣薄壽晟建亭井上，後廢。明永樂元年，知縣鄭懋中復甃井構祠，撰碑文記之。

（乾隆）《晉江縣志》卷一　曾井，在城西曾井鋪。相傳曾從龍微時，釣于井，有龍見焉，亦名釣龍井。

（嘉慶）《清一統志》卷四五六　曾井，在州西一里。《輿地紀勝》：曾姓者所鑿，泉甘而冷，人苦瘴癘，一飲輒愈。明統志：相傳南漢曾芳令是邑，以藥置井中，病者飲之即愈，後人思之，故名。

（道光）《廣東通志》卷二二五　曾井亭，在城西一里梅峰之東。井爲南漢時程鄉令曾芳所鑿，泉清冷而甘。宋皇祐五年，狄武襄公征儂智高，軍士疾癘，禱於井，水溢，飲之而愈，奏凱。仁宗賜飛白書曾氏忠孝泉五字。咸淳七年，知州蒲壽晟建亭井上，今亭毀，井尚存。

傳記

（萬曆）《粵大記》卷一〇　蒲壽晟，咸淳七年知梅州。性儉約，於民一毫無取，每思曾井遺澤，建石亭于上，日汲井水二瓶置廡右。進士楊圭題其亭有曰，曾氏井泉千古洌，蒲侯心地一般清。

清 劉應麟《南漢春秋》卷四《程鄉令曾芳》　曾芳，不詳籍貫，中宗時爲程鄉令。民病瘴，以藥濟之求者踵接，迺囊藥置井中，令民汲水飲之，病良已。後人名其井曰曾井，立祠井傍。至宋仁宗詔封芳爲忠孝公，井爲曾氏忠孝泉，用飛白御書。芳他政靡所考見，然歷今數百年，名益彰。兒童走卒過祠下，咸稽首禮焉。

藝文

清 陳應奎《曾井甘泉詩》（光緒）《嘉應州志》卷一七　仰止曾祠何處

尋，程江西滸草深深。堂陰百里消氛祲，井汲千家作雨霖。丞相有詩禋祀舉，明皇受福帛書臨。生平心事同天地，忠孝聲名振古今。

雜録

（嘉靖）《潮州府志》卷二　程鄉縣署，在西城外曾井之東。洪武二年，知縣樊思明移建於今縣治城内，即宋梅州治也。二十八年，知縣陸儁重建。其後，通判陳碩、知縣文琳、張欽相繼增創。嘉靖二十五年，知縣黄進重修，又建古梅州郡坊於儀門外。

（順治）《潮州府志》卷八《程鄉山記》　梅峰，在縣西二里許。曾井之右，高三丈二尺，周八十丈，爲温禧故居，嘗植梅其上，故名。

茶井

綜述

明　楊慎《升庵集》卷五四《裴迪詩》　湖廣景陵縣西塔寺有陸羽茶泉，裴迪有詩云：景陵西塔寺，蹤迹尚空虚。不獨支公住，曾經陸羽居。草堂荒産蛤，茶井冷生魚。一汲清泠水，高風味有餘。迪與王維同時，其詩自輞川倡和外無傳，此詩予見之石刻云。

紀事

宋　張舜民《畫墁集》卷七　己巳，徐確承議丘，朝奉辛大觀游建隆寺九曲池，登大明寺塔摘星樓故基，望江南山水烟雨隱顯如圖畫，酌水試茶井，在茶經爲第五品。

藝文

宋　王禹偁《陸羽茶井》《事文類聚·續集》卷一三　甃石封苔百尺深，試茶嘗味少知音。惟餘半夜泉中月，留得先生一片心。

宋　郭祥正《青山續集》卷六《送郭明叔分寧》　西安蕭灑我嘗游，去自修川泛小舟。民本豐饒矜氣節，士多儒雅出公侯。梅山晚翠屏當户，茶井春芽雪滿甌。預想弦歌富閒暇，白雲深倚鳳凰樓。

宋　王珪《華陽集》卷一《送僧歸吴中》　閒心輕出世，遠念起游方。漱月抛茶井，眠雲夢草堂。歸程指山色，去影背湖光。欲問重來日，孤雲未可量。

宋　舒亶《舒嬾堂詩文存》卷一《香山野步二首》　龍護禪堂鉢，雲籠古殿燈。經窗僧待月，茶井客敲冰。驚雁回峰影，踈星壓檜欞。心清更無睡，未讓省郎能。老杜宿贊公房，有燈影照無睡之句。

宋　項安世《平庵悔稿》卷三《次韻胡撫幹再雪詩每句寓再字仍用汝陰詩禁》　積疑茶井實，高恐劍峰平。星暗楚雙路，津迷洛兩生。隨風來不斷，洊水凍無聲。已覺一爲甚，更堪三後行。

元　劉詵《桂隱詩集》卷三《送文尚志赴寧州州判二首》　士患空餘志，君今復近臣。一官開器業，二父獨君親。茶井行雲曉，蓮亭釀酒春。臨分無限意，望絶馬蹄塵。

元　柳貫《待制集·文集》卷六《强振之招游粲山新築别業即賦秦少游墓在西》　明靈觀後惠山前，新營堂館貯風烟。藤陰不蔽淮海墓，茶井遥分桑苧泉。好景正須多領略，佳辰且復少留連。劉伶一鍤太早計，却要冥靈受大年。

明　湯賓尹《睡庵稿》卷五《讀崇德録爲沈贈公作》　幾輪霜月伴公車，身後生身上玉除。此日墓田高著馬，舊時茶井冷添魚。顓門孔壁歐陽學，約矢齊城魯仲書。千載瞽宗應不滅，長年牖下定何如。

明　胡承諾《陸文學茶井》《明詩紀事》卷一五下　茶井覆釜洲，至今淪沒久。專祠表祇園，亂後亦何有。清風動孤磬，湖烟散高柳。

清　王士禎《感舊集》卷一二《茶井》　鐵甃護寒流，一泓何澄邃。傳是第三泉，水記昔所志。裹茗聊就嘗，甘香愜幽契。石乳與雲津，天地留至味。颯然滌塵襟，半疑松風吹。未知中泠泉，較此何差次。終當倚蒼崖，結廬對空翠。日日飽煎喫，無然煩水遞。

清　王隼《大樗堂初集》卷一七《贈武夷隱者》　櫻笠同僧掃月稜，慣看雛鶴啄潭冰。古杉影裏煎茶井，瀑布聲中擣藥燈。封果霜天籠蟻穴，養蜂晴日聚猿藤。柴門掩著知何去，九曲橋邊説武陵。

清　樊增祥《樊山集》卷二七《歲暮偶述》　閒身常早起，平曉過東園。年近雞豚貴，晴多鳥雀喧。琴亭待春葺，茶井入冬温。當户蓮峰秀，支頤久不言。

清　樊增祥《樊山續集》卷一二《繡漪極愛余迴文詩三四疊前韻》　茶井送香秋蕊細，暖簾猩色月來遲。花釵一樣新梳髻，翠管雙題舊和詞。霞晚閣簾秦女静，雨寒餐菊楚人飢。紗屏畫滿眞珠字，枕繡迴文織錦詩。

又　卷一三《十二疊韻述家人過八仙庵看花》　不是花朝是雪朝，玉蘭一樹映疏寮。松年高過金毛鹿，萍翠圓於翎眼貂。脆炙花酥擘蜜椀，深絙茶井試冰瓢。歸來貽我瑤臺雪，浸入哥瓷分外嬌。

雜録

（萬曆）《承天府志》卷一七　□龍盖寺，在西湖中洲。成化丙申，縣令張繼宗重建，中有陸羽茶井，嘉靖壬寅，僉憲柯公作陸羽茶亭，并□茶經。

陳宫井

宋　蘇易簡《陳宫井記》（乾隆）《江寧新志》卷一二　陳宫三閣，遺址僅存，傍有古甃石欄，周以蟲篆。年禩寖遠，辭旨殘缺，其可觀者有戒哉戒哉數字。詢諸耆艾，即陳之季主避兵之井也。詰其篆刻，即後之名士垂訓之文也。敢復明其志而言曰：嗚呼！惟天匪親，君爲司牧，司牧之畏，有若厲也，有無爲也。苟弗厥道，雖降志辱身，未足補過，苟底厥績，則憑几高視，可以致理。是故爲人君者可不戒哉！叔寶之盜南國也，悖民心，慢天鑒，忘吞日之業，昧投□之範，淫湎之失，一至於此！且城下之盟，牀下之巽，前聖尚或恥之，矧於沉井哉！夫唐虞之懼與陳主之懼一也，文武之樂與陳主之樂一也。唐堯統天下，思安安，御彼黄屋，如臨深淵，此避兵之井也。唐虞君臨，德音愔愔，睦彼二女，樂而不滛，此又同繩之妃也。靈臺、靈囿，其文王之結綺乎，公旦、公奭，其武王之狎客乎。四聖克念，勃然而昌，後主反是，溘然而亡，爲樂之理，孰否孰臧。余因公暇，游斯地，覩斯井，吊往憤懣，故窮理盡性，礱其石而文之。

元　薩都拉《鸚鵡曲》《元音》卷七　有以繡枕見恵，枕上繡貴妃看鸚鵡，高力士侍側，善其補製得體，爲鸚鵡曲以答之。

水晶簾垂宫漏長，猩色屏風圍繡牀。美人春睡苦不足，夢隨飛燕游昭陽。覺來粉汗濕香臉，一線深紅枕猶淺。三十六宫在眼前，五色輕雲隨目轉。牙牀端坐楊太真，雲冠霞珮絳色裙。雙成小玉各宫樣，繡衣烏帽高將軍。雕籠七寶挂高樹，玉案金盤年鸚鵡。可憐鸚鵡解人言，不説漁陽動鼙鼓。乃知禽語能戲人，不知人語能殺人。亡家敗國汙天地，天生尤物天亦嗔。一朝豔質化塵土，可恨可憐千萬古。香魂不逐馬塵飛，猶託深閨繡房女。想當袢袂欲繡時，停針想像心如絲。繡成時自比容貌，伏枕自喜還自悲。郎官有此從何得，見慣梅花心似鐵。偶然持贈百拙人，眉毛眼睛生百色。少年得此惱斷腸，錦屏繡褥蘭麝香。夜深酒醒换銀燭，時見楊妃在耳傍。張麗華、陳宫井，銅雀章臺烟燼冷。繁華一夢人不知，萬事邯鄲呂公枕。

明　劉昌《中州名賢文表》卷一六《無題》（四首）　瓦溝銀竹曙翻江，閬苑凉風滿石幢。葛令寄來丹臼一，陶公歸去酒瓢雙。梧桐寂莫陳宫井，薜荔扶疏玉女窗。天畔地車呼小鳳，桂花流水夜淙淙。

大成井

宋 李石《大成井記》《成都文類》卷三〇　外學吏李石作二井于成都，先筮得巽，揲之六䷯九而老之坎☵焉，曰此井祥也。陽揺其精，陽開其明，水湛乎深，土溢乎津。順所汲以免於險，吾井其濟乎。乃闕甃三尋有咫，得食焉。分東西爲亭，以大成名，據象詞也。歲大荒落，日清明，大余一十二，小余一千七百七十一。銘曰：一奇而精，六偶而盈。此天地合，水所未形。我浚其原，如海之溟。泒挹華滋，分注以清。我則不驟，待其淵渟。有綆之修，此險之行。爾汲爾學，無敗厥成。

明 張震《大成井記》（嘉靖）《汀州府志》卷一八　本縣儒學，在邑之北翠華山之麓，後枕崗阜前瞰城市。地極高爽明嚴，然惟缺井泉。學徒日膳，僕夫取汲於山趾之泉，晨夕勞瘁。至洪武十五年夏，皇上有旨，凡天下郡縣學，釋奠於孔子殿庭，則玆學春秋之祀神。厨所資水尤廣，地陡力艱，爲非便矧山趾井。瀕市衢與民雜汲，慮或不潔，尤非所以致敬於神明者。是年冬，南陳仲復甫奉朝命，來典是學。今年春，林汝嚴亦以聘禮來自三山，邑司既爲修治學宮，靡不完飾，惟井一事，無議定之者。至秋祀期復邇，仲復、汝嚴白是事於邑，時主簿譚宗遠獨署邑事，即命駕詣學，與諸縉紳士夫暨井工，歷閱學之左右前後則多突阜巨石，土剛燥甚，衆以爲井徒費，泉無由得。宗遠顧謂仲復、汝嚴曰：何如？仲復乃力請曰，泉行地中，理勢然也，畚鍤未施，而遽謂泉不可待，是欲沮厥事而不成厥美者也，吾將筮之□止惟卦繇是視，既而辭弗獲著，遂奮步而之戟門外之東偏，信手仗錘，俛身而視一所，以示衆曰，鑿是必得泉。衆睥睨莫從，至或竊笑之者，宗達□厲□戒工曰，敢異議而棄之不力者罰。衆始定，初掘地丈餘，皆瓦礫雜壤，又丈餘，皆黄壤色殊，滋又下一二尺，則上沮洳，有平底巨石截，然而上承鑱之則鏗鍧然，若空洞者。衆異之，既起石，則得一故井，寒泉澄徹，味甘冽光，可鑒毫末，深可丈餘，舊甃尤存，無少缺塌者。衆神其事，宗遠命工因舊甃累石而上。井成，功斯倍而用力則寡也。是秋九月，予之京，道邑中舍干溪，南仲復汝嚴率諸生來訪，且言井之異，因位觀焉，固請文以記。予惟井之利物，其施無窮，然而上出爲功，今斯故井也。有寒冽之德，顧乃不爲世用，而乃湮没于地下，彼地之靈，亦寧忍使之以廢棄，而不上出也哉。矧吾聖人之靈，昭昭于天，而仲復、汝嚴文以紀事，一念之誠，而有以感之者，則斯井之上出，而不久湮没也。固宜不然，則仲復何以信乎，一視而親舊之井，相承若脗合，而無絲髮之差者焉，是固不偶然者也。《易・井卦》上六之象傳曰，元吉在上，大成也。夫以久湮没之井，今上出而見，用何？元吉如之，斯吾聖人所以使之，而大成者歟。是井也，今名之曰大成，仲復、汝嚴暨諸生咸曰宜，是爲大成井之記。

（萬曆）《山西通志》卷一七　周鉞，直隸宿州人，弘治間由永新改調和順，修大成殿、大成井，工詩幹。

（康熙）《寧化縣志》卷二　大成井，在舊學戟門内。不知鑿自何代，洪武間，因掘井偶穴地而得舊井，時以爲異。後學改僞光嚴寺，寺僧從形家言堙之久矣。詳張震記。

大井

綜述

宋 王十朋《梅溪集》卷一七《大井記》　予始祖五代末自錢塘徙于温州樂清之左原，迨今無慮二十房，雖吾廬世得先祖始卜之地，閱二百年矣。家之東南有井焉，不知其疏鑿之始，其深纔二丈，方不踰丈，水清而味甘，寒于夏而温于冬，至歲亢旱，他井皆告枯，玆獨不竭，提罌而汲者駢集也。大觀間，吾家築新門，遂徙舊門爲井亭，作林以護之，植雙桂于南北兩旁，名其亭曰投轄，皆先人之雅致也。宣和辛丑，魔寇犯境，吾廬數千百椽燎而爲埃，惟是亭與門幸而独存，盖吾家遺迹也。是井有三可書，當大父之世，鄉人號吾居爲大井頭王家，井非甚大，而以大得名，以其大於他井也，非吾家大之，見大於鄉人爾。宣和壬寅，大父得疾，服藥思鯽魚，時方盛暑，不可遽致，先人憂見顔色，遂垂鈎于井，獲巨鱗，予時年十有一，侍立井旁，親見之。井初無魚，先人素不善鈎，蓋孝感也。紹興癸亥，予闢家塾于井之南，用友歲集焉。飲灌洗濯，率資其利。至庚午季夏，群臧夜汲，以有光告，予往視之，果不誣，嘗作井光辨以識之矣。意謂魚鼈之族，鱗甲文理發光于夜，或螺胎蚌腹産珠以自照，然未可知也，必有博物君子辨之者。是井有能大名，有孝感之異，有光輝之象，其可没而不書耶。且三者皆，予耳聞目見之實，非誕語也。然是井可目曰大，曰孝，曰光，予独以大名之者，先吾祖也，作大井記。六月二十六日書。

元 萬松齡《儀門外大井記》（同治）《都昌縣志》卷一二　太史公列六家指要，以陰陽之術居其首，後世堪輿家託焉。近代堪輿宗曾楊，不知范氏越舊譌趙鳳所謂傑然者也。都昌爲邑舊治，王市鎮遷今治所始于唐。山明川媚，故老相傳，以爲趙鳳過之，喜其地勢，合兩儀、五行、八卦、十干、十二辰之説，爲浚舊譌凌五井于方隅，蓋有深意焉。由是疏通，緜延淵深，名公鉅卿、賢士大夫多此焉出。至元丙子冬，廬陵范公貳令斯邑，首詢民瘼，凡可以恤其隱，剔其蠹，無有知而不爲。值歲歉，爲勸分以濟困乏，雨暘愆期，純忱祈禱，應捷桴鼓善政攸，漸和氣爲之感召，瑞麥駢秀。又越朞，政通民阜，優游暇日，訪搜古迹，而表章之問五井所由。曰：噫，杲吾祖所爲，而我後人修渫，可緩與？矧井渫不食，爲我心惻。乃捐己俸七百緡，得甓五千六百八十，用以浚胥圮。井冽寒泉，利用汲引，吾享其功，民被其澤，豈小補哉。予嘗讀詩，公劉遷邠，相其陰陽，觀其流泉；衛文公徙居，升虚望楚，景山與京，堪輿之術，殆權輿乎。是又不待太史公列六家指要，而昉始也。《易》曰：巽乎水而上水，井；井，養而不窮也。范公于是得勞民勸相之義，并受其福也。宜哉。

明 曹忠《重修大井記》（嘉慶）《海州直隸州志》卷一二　《易》：次井以革，次革以鼎。革，去故也。鼎，取新也。然所以革而新之者，則存乎人。自景泰時，州守董公鑿井于兹，冽寒名泉，民賴以食。歲久堤潰，行潦横流。汲者濡足其間，而冽且寒者，乃淆諸物。州守鄭公命復修治，疏渠出污，决淤浚源，圍以厚土，甃以大石，堤防曲至，規模肇新。雖霖雨盈，澮而坎口高突，濁流無從入焉。落成日，州人往觀，咸曰寒泉之食，鼎新之功也。爰立石以記。嘉靖庚子仲春，知山東萊蕪縣事，郡人曹忠謹撰。

藝文

宋 韓淲《澗泉集》卷一五《秋日郊行題崇福寺大井》　秋暑未退舍，獨游亭午時。籃輿汗翻漿，陟覺回凉颸。青春十載前，此地嘗娱嬉。只今髪種種，蹉跎尚何之。懸崖多紫花，遶夜垂青枝。殘蟬猶爾噪，新雁乃許遲。允矣原憲貧，異哉宋玉悲。酌泉揖老僧，清坐生佳思。

清 胡天游《石笥山房集・詩集》卷五《大井堡》　嶺向五迴落，關通倒馬初。摟崖鵰窟宅，斜日虎邨墟。寒逼烌場草，人争小市魚。補墻黏石碎，婦子慣能居。

清 斌良《抱冲齋詩集》卷一二《大井村至肥城書所見》　西山屏障枕河流，烟薺荒荒抱戍樓。月細風尖驢子背，慣馱詩夢度盧溝。

丹井

综述

宋 林亦之《網山集》卷七《丹井罷齋》　惟是春月，一来丹井。山泉不枯，夜竈無恐。兹豈無相之道耶？歲行盡矣，群居謝去。曰：有卮酒以告於神，神其必賜之飲此酒也。

（嘉定）《赤城志》卷二三　丹井泉，在天慶觀昊天殿後。舊傳茅盈鍊丹於此，尤守袤昊天殿記有云：厥初茅君上飛仙，靈蹤湧沸丹井泉。蓋指此也。

宋 倪守約《赤松山志・丹井》　丹井，在丹山左隅，二皇君得道，將欲飛舉，乃爲石屏，上有石荷，蓋與龕相類。奉所事石老君於内，而埋井中，不使後人知神仙踪迹及井所在，却以他井代之。其中泉冬夏不涸，可以治病，神濟無方。後有慢道者厭觸之，其泉不通，此井自塞。守山道士方以井閉爲懼，二皇君乃親降指示，故井因忽不見。亟鳩工掘土，則見所藏老君在龕中，顏色嚴古，冠裳坐扆，皆肅整，殆若天降。衆共驚愕，乃奉祠於太清殿。今之丹井，實故井也。梁國葛惟肖，乃稚川耳孫，有詩紀之曰：煉厥紫河車，汲此太陰精。鉛男沈玉洞，汞女隱金城。蓋爲是也。

（咸淳）《重修毗陵志》卷一五《山水》 丹井，在縣北三十五里葛墟。舊傳葛仙翁煉丹于此。

宋 何夢桂《潛齋集》卷七《吴鼎君實求古村烟草詩序》 古村烟草，蓋詩人懷古之遺意也。古村居九仙山下，九仙多古遺迹。葛老仙丹井猶煖，蘇坡翁詩墨未乾，追想流風，已令人永慨。軍前老樹衣錦彫零，陌上飛花行歌絶響。上下三百年，往事如彼，山前故老尚有能言，聞者莫不噫嗚泣下也。古詞人『橘里漁村半烟草』之句，橘渚漁汀，藐在何許，豈若登錦山臨繡水，觸目盡心，俯仰今昔之異者邪。故古村詩多幽憂感發，使人一唱三嘆，如清廟遺音。曷時載酒擔詩，直造金堂玉室，與古村一醉，長歌以吊昔人於九京下也。古村徵余序，遂爲書，以識他日。

元 王傳宗《丹井記》（康熙）《象山縣志》卷一三 象山以蓬萊名，奚始乎祖龍氏祈永年，徐眞人福涉蓬萊山，掇長生不死藥，憩兹築廬，鑿井以觀焉。梁陶弘景修煉，自寫容於東壁，後人鑱諸石丹，井瓶竈遺迹具在。世歷寖廢，涸爲榛莽瓦礫。唐肅宗時，臨海守袁仲宣以疏聞，命復之。後宰弘農楊公弘正始大新之，井在東廡右，深不踰一丈，泉甘且冽，以瓶液滲，昔呼爲透瓶泉。相傳眞人投丹於中，故然耳。邑户幾千數皆飲之。徵爲記，辭不獲已，故書之。

明 宋濂《宋學士文集》卷一三《丹井銘》 海虞有虞山，梁天監初，漢天師十二代孫張道裕来隱其下，建招真之治，鑿丹井焉。宋淳熙中，道士李正則浚井，得蔵丹石礎，啓之化爲雙紅鴿，飛入上湖，至今湖中丹光熤熤然。邇年井且廢，莫知其所。周尊師玄真窮日力尋獲之，重加以甓，構亭覆其上，時皇明洪武元年也。然仙家煉丹必以井，故名山多有之，其在今海虞者，舊廢而新治，豈玄學復興之徵與。銘曰：太陰委精自天一，融而爲液養萬物。神丹浴之赤如日，有夫玄巾發我室。雙禽衝霞飛翐翐，靈泉重噴甘逾蜜，飲焉壽與天地畢。

藝文

唐 顧況《華陽集》卷中《山中》 野人愛向山中宿，况在葛洪丹井西。庭前有個長松樹，夜半子規來上啼。

唐 劉長卿《劉隨州集》卷四《過包尊師山院》 賣藥曾相識，吹簫此復聞。杏花誰是主，桂樹獨留君。漱玉臨丹井，圍碁訪白雲。道經今爲寫，不慮惜鵝群。

唐 許渾《丁卯集箋注》卷三《天竺寺題葛洪井》 羽客鍊丹井，井留人已無。舊泉清石下，餘甃碧山隅。雲朗鏡開匣，月寒冰在壺。仍聞釀仙酒，此水過瓊酥。

唐 張祜《張承吉文集》卷三《題杭州天竺寺》 西南山最勝，一界是諸天。上路穿巖竹，分流入寺泉。躡雲丹井畔，望月石橋邊。洞壑江聲遠，樓臺海氣連。塔明春嶺雪，鍾散暮松烟。何處去猶恨，更看峰頂蓮。

唐 陸龜蒙《甫里集》卷一〇《和醉中即席贈潤卿博士韻》 共是虚皇簡上仙，清詞如羽欲飄然。登山凡著幾緉屐，破浪欲乘千里船。遠夢只留丹井畔，閒吟多在酒旗前。誰知海上無名者，只記漁歌不記年。

又《松陵集》卷三《游毛公壇》 却上南山路，松行儼如廡。松根凝幽徑，孱顔不能斧。擺履跨亂雲，側巾蹲怪樹。三休且半日，始到毛公塢。兩水合一澗，潨崖却爲浦。相敵百千戟，共攂十萬鼓。噴散日月精，射破神仙府。唯愁絶地脈，又恐折天柱。一窺耳目炫，再聽毛髮豎。次到錬丹井，井幹翳宿莽。下有藍剛丹，勺之百疾愈。凝於白獺髓，湛似桐馬乳。黄露醒齒牙，碧粘甘肺腑。檜異松復怪，枯疏互撑拄。乾蛟一百丈，髐然半天舞。下有毛公壇，壇方不盈畝。當時雲龍篆，一片苔蘚古。有劉先生鎮壇符，今存於堂。時時仙禽來，忽忽祥烟聚。我愛周息元，忽起應明主。周徵君名曰息元。三諫却歸來，迴頭唾珪組。伊余何不幸，斯人不復覩。如何大開口，與世争枯腐。將山待夸娥，以肉投猰貐。欻坐侵桂陰，不知巳與午。兹地足靈境，他年終結宇。敢道萬石君，輕於一絲縷。

唐 徐寅《釣磯文集》卷八《游靈隱天竺二寺》 丹井冷泉虚易

到，兩山真界實難名。石和雲霧蓮華氣，月過樓臺桂子青。騰踏回橋巡像設，羅穿曲洞出龍城。更憐童子呼猿去，颯颯蕭蕭下樹行。

唐 徐鉉《徐公文集》卷一四《許真人井銘》 長史含道，棲神九天，人非邑改，丹井存焉。射茲谷鮒，冽彼寒泉。分甘玉液，流潤芝田。我來自西，尋眞紫陽。若愛召樹，如升魯堂。敬刊翠琰，求識銀牀。噫嗟後學，挹此餘光。

南唐 李中《碧雲集》卷上《游玄真觀》 閑閑游古觀，静慮想神仙。上景非難度，陰功不易全。醮壇松作蓋，丹井蘚成錢。浩浩紅塵裏，誰來叩自然。

又 卷中《經古觀有感》 古觀寥寥枕碧溪，偶思前事立殘暉。漆園化蝶名空在，柱史猶龍去不歸。丹井泉枯苔鎖合，醮壇松折鶴來稀。回頭因嘆浮生事，夢裏光陰疾若飛。

宋 楊大雅《游龍瑞觀》《會稽掇英總集》卷九 泛舟秋水一湖平，入觀松風數里清。丹井有泉仙迹在，玉書藏穴禹功成。步虚夜月千峰静，投簡春霖萬壑盈。述記賀知章手筆，題詩元相國聲名。結廬野客前溪住，采术幽人絶頂行。杉檜影侵山殿冷，星辰光逼醮壇明。降仙臺畔看雲過，射的潭邊聽鶴鳴。樵客多聞逢異事，洞天都不遠重城。林間窓户塵難到，衣上烟嵐暮自生。不待照湖天子賜，欲將長往换浮榮。

宋 范仲淹《范文正公别集》卷一《依韻和魏介之同游玉仙壇》 雲壇共上百神清，碧塢紅霞相照明。幽草欲迷丹井處，亂峰依舊白雲生。亭亭翠纛高杉矗，險險狂雷落石轟。待得九霄鸞鶴馭，玉書應改地仙名。本傳云玉作遼，地仙也。

宋 劉攽《彭城集》卷一七《丹井》 古井玄泉色，仙人玉鏡寒。照來知骨相，作意就金丹。

宋 劉敞《公是集》卷二七《丹井在真人祠**》** 清源秖數尺，知是鍊丹餘。安得棲真子，相邀肘後書。

又《竹岡其下丹井**》** 層岡南面起，仰見檀欒姿。詰曲成幽洞，因堪象武夷。武夷有毛洞也。

宋 郭祥正《青山集》卷三〇《許先生書堂》 丹井光長在，空堂兒亦存。隣僧深夜磬，時復與招魂。

宋 黄庭堅《山谷外集》卷一《答明略并寄無咎》 可以忘憂唯有酒，清聖濁賢皆可口。前日過君飲不多，明日解醒無五斗。古木清陰丹井欄，夜來凉月屋頭還。論交撥置形骸外，得意相忘樽俎間。冰壺不可與夏蟲饗，秋月不可與俗士賞。已得樽前兩友生，更思一士濟陽城。雖無四至九卿之規畫，猶有千秋萬歲之眞榮。空名未食太倉米，今作斑衣老萊子。卿家嗣宗望爾來，不獨我聞足音喜。西風索寞葉初乾，長鋏歸來亦罷彈。窮巷蓬蒿深一尺，朱門廉陛高難攀。吾儕相逢置是事，百世之下仰高山。

宋 李綱《梁溪集》卷一六《似表復以詩來，再次前韻，并簡似矩侍制似之舍人》 吾宗抱逸韻，試吏得南屏。掃廳日哦詩，俗士駕敢并。雙溪與疊嶂，拄頬對佳境。諸昆奉板輿，晨夕嚴省定。仲氏近剖符，鍊養窺丹井。叔兮久燕閒，禪要心獨領。何人縶騏驥，逸足未高騁。會當歸本朝，宗社重九鼎。衰疲老山林，耕釣供餌餅。叩門欣得朋，草草具醪茗。追思會金陵，三載如食頃。契闊懷晤言，川途阻修永。臨流送將歸，歲晏風霜冷。寄聲昆季間，卜隣誰定肯。天高烟霧深，且縱江湖艇。

宋 曹冠《燕喜詞·驀山溪九日**》** 年年九日，萸菊登高宴。今歲旅新豐，聽征雁、吟蛩幽怨。行行游賞，邂逅得詩人，呼斗酒，發清吟，豪氣凌霄漢。

窮通默定，志士那興嘆。寓意醉鄉游，且嬴得、開懷蕭散。功名外物，何必累冲襟，鍊丹井，叱羊山，尋箇修眞伴。

宋 林亦之《網山集》卷二《丹井陳子白母二首》 哀曲梧桐夜，何年苜蓿盤。敬夫前輩重，好客婦人難。十月明朝盡，孤墳落日寒。鹿門催作黍，此意竟長嘆。

又 其二

嫁娶比隣近，門庭古木幽。藁砧舊相好，蘭玉久從游。雙鶴来何處，孤鸞不到頭。通家丘嫂行，愁涕白雲浮。陶侃母憂，嘗有二客来，吊不哭而退，化爲雙鶴，冲天而去，時人異之。

宋 施樞芸《宿龍泉寺有葛仙丹井**》**《江湖小集》卷二四 既濟功成列左玄，餘波猶作世間泉。苔荒碧甃龍宫寂，庭老梅花月在天。

宋羅與之《玉梁道中雜咏》《江湖小集》卷六一　濛鴻玉梁境，縹渺雲霞仙。月壇白雲洞，遺址空依然。千年唯辭石，蹲踞秋山烟。徘徊莫可覓，酌盡丹井泉。

宋姚鏞《龜泉松》《江湖後集》卷二三　未讓葛洪丹井靈，石根流水更清泠。多年不見仙桃出，化作老松生茯苓。

宋陳藻《樂軒集》卷一《丹井懷叔達》　喜稱吾子賦，羞道少年時。別去休論易，愁來欲寄詩。夕陽書不到，殘月夢相隨。晚歲傷心事，松峬獨語誰。

又卷二《紀夢》　自從弱冠爲游子，玉融丹井壺山市。哦詩不用著工夫，已謫牂柯四千里。柳侯未五十，羅池作刺史。翰苑失詞華，蛟龍怨泥滓。我今四十貧無官，六合飄零到融水。來時三宿柳城村，再拜前賢我如此。才卑何怨嗟，且述西征始。奔走豈吾心，跬步思桑梓。江右湖湘抵桂林，青山争獻雙眸美。青山縱好興不生，萬斛羈愁懷抱裏。夜長正好夢，征夫何早起。合眼見故鄉，開眼知行李。交朋無恨別，親戚常孔邇。天明同登途，薄暮共棲止。一更春酒熟，街頭逢伯氏。二更桑麻園，仲氏談生理。三更四更，平時往還人，見我早歸呼我喜。五更茅店寒，鄰鷄振吾耳。忽驚身在竹床眠，天外七閩何處是，雙淚汪汪沾布被。

宋范浚《香溪集》卷九《游赤松觀》　靈祠丹井餘眞迹，祠下老松森百尺。仙子騎鯨去不歸，癡人猶問山中石。

宋林亦之《網山集》卷八《福真觀開堂》　丹井名區玄，都勝地有來。傲福曾是問，津苟爲蔬食。之弗充即見，香火之或廢。敢求檀施有，開倒廪之懷。勿謂神仙自，多辟穀之術。

宋劉安上《劉給練文集》卷一《登煉丹山三絶句》　神仙已往遺基在，丹井淒清絶點埃。歸去漏殘初睡醒，恍疑身到洞天來。

宋陸游《劍南詩稿》卷一二《高安州宅三咏·丹井神仙李八百煉丹處**》**　丹成人已仙，遺竈亦已平。尚餘松根井，鏘然環玦聲。我来試一啜，槁面還童嬰。祝君勿闕鑰，人人遺長生。井有闌楯護之。

又卷一九《故山葛仙翁丹井有偃松覆其上夭矯可愛寄題》　葛翁煉丹一千年，翁去丹飛餘此泉。炯如古鏡不拂拭，俯聽缺甃時鏘然。老龍受命護泉臥，蜿蜒直恐從天墮。人言神物老愈靈，夜半聲酣風雨過。放翁還山亦何有，閉門吟歗龍爲友。客来相對聊曲肱，但酌此泉勝酌酒。

又《渭南文集》卷四九《好事近·其五》　華表又千年，誰記駕雲孤鶴？回首舊曾游處，但山川城郭。紛紛車馬滿人間，塵土汙芒屩。且訪葛仙丹井，看巖花開落。

宋樓鑰《攻媿集》卷八《題尤延之給事所藏葛仙翁徙居圖》　莫言家具少于車，藥裹衣囊自有餘。老婦親携三稚子，仙翁獨玩一篇書。羊牛相與趨新築，雞犬無因戀故廬。到處山頭有丹井，不知如此幾遷居。

宋白玉蟾《武夷集》卷五《仙巖金仙閣》　寒烟鎖斷梵王家，一篆博山飛冷蛇。滿天秋雨落瓊花，清溪漲緑浸平沙。老松壓石巖争聳，青蘿拽樹牽雲遮。竹根倒出烏翅斜，夜半寒風攪宿鴉。木魚唤粥蝴蝶醒，巖頭殘月沉丹井。

宋胡次焱《梅巖文集》卷二《題觀壁詩》　仙子王僚上九天，山中遺迹尚依然。藥爐雲冷灰無火，丹井松陰地有泉。亟篆碑文傳萬古，鶴鳴華表近千年。我來吊古空惆悵，塵世茫茫幾變遷。

明方峻《仙翁煉丹井銘》（弘治）《句容縣志》卷一二　仙翁沖晦，營鍊長林。仙翁顯明，海島流音。方基白麓，丹砂黄金。神飛萬天，井存于今。碧甃函丈，銀牀半尋。涵清冽寒，滌慮洗心。得地不改，短綆汲深。我長斯民，知宗青元。周詢故里，景仰遺研。勒銘琳館，庸永厥傳。

（萬曆）《襄陽府志》卷四九《丹井銘》　元延祐間，頒降仰止。高山仙祠，赫震福地。岩岩匪鏞，弗稱泉德。至柔善物，與僑太和。鍾秀大能，濟舟天地。清寧普洽，大千其聲，遠聞何千萬年。

雜録

唐佚名《大唐傳載》　茅山下泊宫茅君鍊丹井，香潔不受觸。曾有修宫工人獲知取水煮肉，良久不熟。

又　澤州長平即白起坑趙卒故地。開元中詔爲省宼谷，至今天氣長陰，有泉色赤，於其下立丹井碑。

宋 陳葆光《三洞群仙録》卷三 盱真君，諱烈，字道微。事母以孝聞，而母亦有志學道，與母同往西山，見許真君，叩頭求哀。真君念之，使築室於所居之西，侍母居焉，授以道術。及許真君上昇，道微與母皆受玉皇詔，部分許君家屬昇天。又，真君姓黄名仁覽，字紫庭，父名輔，字萬石，有高行，事親以孝聞，州郡舉孝廉。穆帝時，仕至御史，紫庭少俊技，有清致，許真君以女妻之。萬石事許君，執弟子之禮。及紫庭受玉皇詔，與父母家屬昇天。今高安縣祥符有丹井存焉，乃其故居也。

宋 洪邁《夷堅支志》癸卷五《酆都觀事》 忠州酆都縣五里外有酆都觀，其山日盤龍山之所，即道家所稱北極地獄之所。舊傳王陰二真君自彼仙去，未嘗爲兵戈踐暴，故多古迹。晋唐五代乾竺殿猶在，吴道子畫壁丹青如新。丹井上二柏，狀如龍角，人言東漢時物。老子丹竈後，柏亦數百年。柏槁摧裂，而直幹堅如石，皇甫先生赴召過之，曰：吾能使此柏再榮，即布氣呵手，拊摩盤根錯節處，自是數十枝復蒼翠如初生者。政和以來，有旨禁采捕，群鹿至，與人雜糅，養茸引子，卧廊廡食厨蔬，居然相忘。淳熙十二年中元日，方作齋醮，鹿從丹井來，數百成群，驤首霄漢間，五色氣自井出，散而成雲。中有笙笛鸞鶴之聲，至暮，知觀白道士無疾而逝，咸以爲尸解云。

（嘉定）《赤城志》卷二〇 丹崖山，在縣南四十五里。崖石俱赤，有金銀星焉。世傳仙人煉丹於此，故名。有池深可尺餘，群烏浴其上，俗名老鴉井，或又曰煉丹井。

又 卷三〇 純熙觀，在縣東南一十五里括蒼山下，群峰迂抱，溪谷水潺潺然。舊名峽山，吴赤烏元年葛元建。初元游歷至此山，有景雲覆西北，遂築室爲鍊丹之所。詔遣官吏建神館，仍賜號焉。今丹井尚存，後周長壽中詔加崇飾。唐中和中火，乾祐中觀之龍虎神夢於吴越王，復新之。國朝慶歷中，又夢於邑士吴用堯，修堂殿、廊廡，道士胡道崇刱建昊天閣。政和中，用堯之裔孫請改今額。宣和二年燬于寇，紹興五年又重建。

丹泉井

综述

明 杜應芳《補續全蜀藝文志》卷五五 丹泉井，在彭水治東郁山鎮。有泉一泓，石刻丹泉二字，其下文詞磨滅。相傳此泉以山谷得名。

明 曹棟《丹泉井記》（康熙）《彭水縣志》卷四 彭邑郁山開元寺前，以□□□□者何山□取諸《易》矣。井冽寒泉，辰可用汲，鑿石爲池，名之□曰□，曰無喪無得往來井。井山下出泉，取象于蒙，水漸至，取象于坎。以丹名泉者何，山谷氏游摩圍，居洞中者久之，得其趣，建摩圍閣于郁山之陽，即今開元寺後佛閣是已。棲息于斯，修煉于斯，名之曰丹泉。丹煉于火，成于火。而名泉者何，龍從火裡出，虎向水中生，水火不相射，盖取諸《易》之坎、離二卦云。或謂丹資白礬，就□山而取之。去郁山可三十里許，丹成□憑雷□□于霄漢間，余竊謂其幻妄，厥後贈戎者何人也。周茂叔曰：讀書如煉丹。余亦曰：此山谷氏之寓意於物與。萬歷辛丑春月朔七日，不佞棟税駕于鎮井，在易之初，太與九三。曰井渫不食，爲我心惻徘徊。四顧者久之，命工人除之，掘其淤，則復井□哉。生明覩其色碧如嘗其味甘，如惜鎮中得鉛汞法門者乏其人，謂□爲無所驗，謂之古則名副其實矣。

（康熙）《彭水縣志》卷一 丹泉井。黄山谷謫黔時，寓召鳳凰山開元僧寺。山下看泉，水味甘洌，僧人煮茗，以爲清供。因題曰：丹泉井明。萬曆間，知縣曹棟刻有碑記，載文藝。

藝文

宋 沈晦《松陽上方山居五首》《檇李詩繫》卷二 學道空山歲月深，丹成初試馬蹄金。猶餘一勺丹泉井，洗盡人間名利心。

明 劉嵩《槎翁詩集》卷三《題楊奇琛所藏山水圖歌》 我本白

雲人，愛住青山下。五岳尋幽未憶歸，川崖歷壑窮秋夏。曾看絶壁明高霞，秀色照耀金蓮花。洞前遠訪丹泉井，谷口時逢白鹿車。鹿車東渡溪流淺，瑶草春香緑如剪。海門日出天雞鳴，手接飛蘿上層巘。是時笙鶴從天來，徑欲浮海觀蓬萊。雲路微茫波浪闊，使我嘆息空徘徊。十年汩没塵埃裏，却看丹青心獨喜。問君何處得此圖，髣髴林巒烟霧起。雖無秀絶凌衡岷，點染亦復窮其真。深林修竹草亭静，似是水邊修禊人。蒼苔白石臨流路，亦欲相呼抱琴去。晴天指點北飛鴻，應識雲中舊行處。

清 王鴻緒《横雲山人集》卷四《細林山》 仙館神黿迴，層巒上碧空。霓裳三泖月，笙鶴十洲風。雲洞花常滿，丹泉井自通。山有雲洞丹井。

清 邵堃《丹泉井》（同治）《增修西陽直隸州總志》卷二二 名勝紀開元，寺傍得深穴。厥名曰丹泉，迥與凡井别。憶昔黄公來，坐此嘆奇絶。適興學養生，雅慕長生訣。暮暮與朝朝，爐中火不輟。公木濟世人，匪在神仙列。聊寄物外心，詎欲遺一切。斯人去已遥，芳蹤不磨滅。至今瀹泉者，餐霞應有法，何處覓彭翁。明初，彭素翁得道於此。名以山谷設。汲之飲一杯，清風仰前哲。

雜録

（康熙）《彭水縣志》卷一 鳳凰山，郁鎮主山也。山巒秀麗，狀如飛鳳，與伏牛山對峙。山麓有井，曰丹泉井。相傳黄山谷煉丹於此，石刻猶存。

又 狀元堡，元狀元向午鳳墓在鳳凰山丹泉井之右，股若小丘，石柳天成。有神道碑，因亂，爲土酋所毁。

（同治）《增修西陽直隸州總志》卷五 丹泉書院。在郁山鎮黄山谷丹泉井東，故名。舊定，每歲束修錢二十千文。同治元年，署縣事張鋭堂籌款，加增爲錢四十千文。

東井

清 史士銓《東井》（光緒）《巫山縣志》卷七 邑有井二，一曰東井，一曰西井。西井則自北山而引入北門，以便民汲。東井則泉自石隙湧出，在於東郭外仁泉寺傍，源源不竭，冬温夏凉，勝於西井，雖夔東各處，未有如此水之甘洌者。每逢盛夏，取汲尤多，無如年久淤淺，間有走洩於外者，是以三股之水僅有二股，不敷民用。乾隆五十四年，衆姓捐貲重修，六年六月工完，眞所謂井養而不窮者也。因刻石以志之，候選儒學教諭史士銓譔，邑人章珣東美氏書丹，乾隆四十六年辛丑。

東岳神井

晴 龐銓《東岳神井記》（光緒）《陵縣志》卷一七 嘗考臨淄有水曰天齊淵，論者以爲東岳之所鍾聚也。由是而知，東岳之神，升而爲天，未嘗不沉而爲淵。止而爲山，未嘗不流而爲川也。陵之東境，離城六十里有天齊廟一所，巍然高峙，其神之所棲乎。三月二十八日大會舍茶，社首孔傳琴等苦井泉不便，乾隆乙丑歲，禱於神前，掘地於廟之東南，得井一圓，淵然静深，其神之所鍾乎。吾聞祀東岳於岱宗，壇而不廟，茲地之廟不知始於何時。然唐貞觀間，駕征高麗，軍次於此，從軍將校七人各於廟前，手植楊樹一株，故號曰七官栽。自唐而五代而宋而元而明及我國朝，閱歷數百餘年，使非有護國佑民之功，茲地之民必不搆廟而奠，其搆廟而奠者，必不能歷千百年而常新。廟爲神之所鼓，而謂井非神之所施乎。且沙地易坍，茲何以深而不坍。沙性易塞，茲何以流而不塞。而且泉湧出而不窮，其流澄澈而無渣，汲取而飲之，甘淡清凉，立止煩渴，趕會人等莫不驚嘆，以爲是神之所以惠我衆生也。余亦意其誠然，故號曰東岳神井。井號東岳者，亦猶淵係天齊之意云爾。吾於是而知神功之不可量矣，能止人之渴，豈其不能恤人之饑。能去人之暑，豈其不能禦人之寒。則風雨之調順，民物之安阜，可於是井而見其端，不可於是井而統其全哉。或曰：谷神常虛，有感斯應，非有衆善士之虔誠，無以得東岳神之靈應，其姓字固不可没云。

董井

綜述

明 楊士奇《東里集·續集》卷二《董井記》 金華何士英爲兩淮鹽運使。運司廳，漢江都王相董仲舒故宅，其遺井尚存。士英考郡志，及詢諸耆舊而信，遂修葺井而作亭其上，又於廳事之後作堂，設仲舒位，朔望必率僚屬致敬。四方士大夫過江都知慕之賢者，必升堂而拜，造井而觀，又退而竊嘆士英之能尚賢也。自孟子沒，異端之説競起，迨秦焚滅經籍，盡廢先王之法，而聖學遂湮。漢興，知崇尚孔子，諸儒往往有出，而卓然醇正者惟仲舒。如論道之大原出於天，强勉問學，則知益明；彊勉行道，則德日起。與夫正誼明道之言，皆有功於學者，論正心以正朝廷、百官、萬民、四方，及有國者不可不知春秋，皆有功於世道。君子謂使仲舒得游聖門，無慚游夏。仲舒，孔子之徒也。自漢以來，孔子之道晦而復章，自仲舒始。仲舒，廣川人，孝景時爲博士。武帝即位，舉賢良對策，天子悦之，以爲江都王相，後相膠西王。史稱其進退容止，非禮不行。兩相驕王，數上諫諍，而正身以率下，此豈徒見諸空言也哉。洪武中，升仲舒從祀孔子廟，庭表先儒，以儀來學也。則其生之所居，遺迹之所在，士誠尚賢者，其能自已乎。《詩》曰：高山仰止，景行行止。知尚董子，其必心其心，而道其道哉。廣川，今德州，余嘗過之訪仲舒故迹，無復存者。顧時吏茲土者，無可與語，而德州之人亦不復知有仲舒。獨江都尚致敬有所者，由士英也。士英，宋文定公六世孫。清厚恭謹，明達大體，爲運使。十餘年，設施有方，江郡吏民及過使客交譽之，如出一口。相斯舉者，運使白琛、同知張翔、盧亮，後之繼士英諸君之位者，尚思繼其績哉。

（天順）《明一統志》卷一二 董井。在府東城兩淮鹽運司治内。即漢江都相董仲舒故宅井也，後人號曰董井。

（萬曆）《江都縣志》卷七 董井。在大東門外西□運同廳後。即漢董仲舒故宅，國朝少師楊士奇有記。張萱詩：『大道久淪替，蔓草紛蒙茸。董生紹典刑，白日行太空。鳳德無乃衰，而生元光中。簿宦羈王官，豈不思冥鴻。挾策抗天人，何以取三公。微言振千古，荒井空孤桐。撫之有餘思，落月啼秋蛩。願言載麟筆，慷慨齊高蹤。』歐大任詩：『由來下惟人，不薄江都□。斯井猶至今，月照轆轤上。』

（乾隆）《潮州府志》卷一三 董井，縣東南十五里。

紀事

（崇禎）《泰州志》卷一〇《董井寒泉》 董永年饑，傭於溪富室，賣身葬父，井乃天女汲水繅絲井也。又有辭郎河、鳳昇橋，皆仙女别永處。

清 王士禎《香祖筆記》卷二 黄雪洲同畢嘉會送馮憲副還浙一首：『廣陵淹畢誠，越山老馮唐。兩賢師友間，力障波瀾狂。翩翩游子衣，獨與朔雁翔。汲古尚董井，銷魂更雷塘。胡然歌式微，彩服戀故鄉。驚心濟南叟，桃李空門墻。江蘺未堪折，遠思憑誰將。』嘉會，吾邑大司空畢公亨也，公官兩淮運使，爲茶陵李相所重，卒爲名臣。止從《鈞臺集》得其一詩，餘不槩見，偶閲黄集録之。備公故事云。

藝文

明 葉盛《菉竹堂稿》卷二《奉挽外舅恒庵尚書廿首》 誰從董井誇新汲，此日恒庵已得名。一着泥沙水还浊，有時不似使君清。

明 高出《鏡山庵集》卷一八《遥同顧所建廣陵懷古廿六首·董井》 舊井嘆無禽，前賢如可想。梧桐漾秋陰，繁露生枝上。

明 陸寶《霜鏡集》卷一〇《揭來》 廣陵揭來汲古井，轆轤聲斷青絲綆。汲長綆短難稱心，水濁泥深空照影。照影不見心自傷，璢璃瑩碧那可常。蕉衣乍變浣時色，竹葉潛銷甕底香。我獨生平有茶癖，恨少泉源出雲液。盧仝七椀渴未除，董井一泓名可惜。君不見，大明之水徹底清，郊關十里多人行。又不見，中泠第一古有語，漁舟取次臨江渚。挈瓴抱甕了不聞，空擅銅山詫豪舉。

明 張萱《董井詩》（光緒）《增修甘泉縣志》卷二　大道久淪替，蔓草紛蒙茸。董生紹典型，白日行太空。鳳德無乃衰，而生元光中。薄宦羈王官，豈不思冥鴻。挾策抗天人，何以取三公。微言振千古，荒井空孤桐。撫之有餘思，落日啼秋蟲。願言載麟筆，慷慨齊高蹤。

清 吴嘉紀《陋軒詩·董井漢董仲舒先生舊宅內》　一泓漢家水，苔深汲者寡。當日供大儒，今日飲邊馬。

清 方孝標《鈍齋詩選》卷一五《董公宅》　在大東門外，今塩運司是也。內有井，號董井。

董公昔作江都相，鑿井爲堂此地居。石甃波瀾畄俎豆，蘧廬烽火寄詩書。天人策豈公孫比，灾異言將貴戚疏。獨號醇儒尊漢代，荒園可似下帷初。

清 程文正《董井詩》（光緒）《增修甘泉縣志》卷二　賢良登漢殿，三策對天人。道僅終王相，儒當作帝臣。池臺繁露遍，俎豆玉杯新。故宅留遺井，空教汲引頻。水部遺詩。

清 汪師韓《上湖詩文編·紀歲詩編》卷一《董子宅在今兩淮運司署內**》**　大儒西漢倡，遺宅故吴尋。冬夏迭行歲，春秋宗事心。虚將經對策，莫見治張琴。出相閒伊吕，論材別向歆。蝯熊驅赤社，鼸滷榷黄金。歌吹蕪城舊，香烟禮殿深。閉陰天有雨，時方祈晴。覆幕井无禽。祠有董井。公乃歸齊老，迎神望竹林。景十三王傳江都治故吴國。

清 黄爵滋《仙屏書屋初集·詩録》卷一六《萬喜田廣文見示漢碑拓本賦之漢碑原榻百本，爲君家廉山太守舊藏，屬王君子若縮摹研背，未成而廉山逝，張芥航河帥出貲續成之，其研石仍歸萬民云**》**　兩都賦後三都賦，漢代河山幾劫灰。百種殘碑見文字，一時妙手失鉗鎚。龍蛇鬱律端溪石，風月蕭條董井苔。誰是腰纏十萬客，解與湖畔買珠來。

清 林昌彝《衣讔山房詩集》卷四《維揚懷古雜詩四十二首》
雙檜難尋謝傳栽，蒼茫況溯孔融臺。寄聲都轉三樓界，退食須詢董井來。

雜録

（嘉靖）《惟揚志》卷一一《董子祠》　董子祠。原在兩淮運司後堂。運司即董子宅內，井曰董井。正德間，巡鹽御史朱冠、運使畢亨移于新興坊。春秋運司官致祭，判官劉買田十畝，辦祭器。嘉靖五年，巡鹽御史戴金令同知劉璣等重修。嘉靖二十一年春，巡鹽御史胡植行府凡祭董子祠，運司官主祭府縣官并儒學師生俱往陪祭，永爲定規。是春，發罰贖金，行運司同知白浚重修。

（萬曆）《揚州府志》卷二一《漢董仲舒宅》　漢董仲舒宅，在大東門外，今塩運司是也。仲舒爲江都王相居此，內有井，號董井。井上有亭、有碑，翰林學士吴郡金問爲記。陸昺詩：董相千年宅，寒泉澹古井。轆轤已無聲，寂寞悲斷綆。趙瞻奎詩：一代高賢宅，惟餘井甃存。晚風吹蔓草，猶似未窺園。

（乾隆）《江南通志》卷三三　董仲舒宅，在江都縣大東門之外。今兩淮運司署即其地，內有董井。府志云，井上有亭、有碑。

清 方濬頤《二知軒文存》卷二〇《水月庵記》　朱生去之次日，狂飆震空，柳絲亂舞，冒寒過董井西，問圃丁黄花絶無消息，不審水月庵菊田之菊開否。朱生歸，而奉母賞菊，必有咏歌，予猶將拈筆和之，是爲記。

清 王定安《兩淮鹽法志》卷一五〇《大儒祠》　大儒祠，祀漢大中大夫董子仲舒。舊在運司堂後，相傳運司署爲董子相江都王故宅，有井曰董井。宣德中，運使何士英嘗加甃治，而覆以亭，復屋其旁以祀之，大學士楊士奇爲之記。正統中，運使嚴貞重修之，翰林侍讀金問有記。

凍花井

清 陳加儒《凍花井記》（道光）《鄰水縣志》卷五　鄰州有二井，一甘泉、一涑花。甘泉在城中，涑花在樵門外。甘泉爲子族兄子十氏有，去宅五十步，涑花爲予有，去宅三百餘步。二井味相次，甘泉甜美，涑花獨以清洌勝，意者紛闠，疏散地盤，別故泉香亦異與。予嘗北抵齊燕，南踰江淮，東走吴越矣，金山、在鎮江府楊子江心。惠泉在常州府無錫縣。爲天下第一，予皆飲之。歸來飲涑花井水，或啜或烹，嘗來初無二味，乃知天下事，求之遠失之近者，類此井矣，而不獨二井然也。昔柳愚溪八愚詩，凡愚邱、愚溝、愚泉、愚池，俱買而有之，且去家八千里外，今予不貿於人，而得井於百步之近，較之柳愚溪，便已多矣。自鄰州設而井設，鄰州廢，而井不改閲，千餘年不知幾更主人翁矣，今日復爲余有，井得主人乎，主人得井乎，二井良不偶然。《易》曰：井渫可用汲。《詩》曰：泌之洋洋，可以樂饑。予也生于斯，飲于斯，盍優哉游哉，可以卒歲，時乾隆二十五年庚寅秋記。

杜公井

综述

宋 歐陽修《五代史記注》卷六〇中　新城縣杜公井，太師杜稜所開。賊圍城，城中乏水。兵民穿土及石，深百尺餘，不得。稜至，誠禱之，泉立至，城以不陷。人目爲杜公井。

（萬曆）《新城縣志》卷一　杜公井，在多福院。杜稜守東安時，賊圍城急，城中乏水，稜穿井及石，不得泉。乃至誠禱之，泉至，民賴以活。今多福院改建城隍廟，故井在廟前。

（光緒）《奉節縣志》卷五　杜公井在城西北，偪近利民池。永寧同知杜樞，於乾隆五年，署夔州府事，捐俸新浚，由二道堰至開元寺進城，凡三里許，用竹石作梘，泉達於井。工竣，而公卸事。閱八載戊辰，公又攝夔篆，爲長久計，旋捐廉百金，置買奉邑喳口石龍姓田地，收租十石，以資歲修及看守費用，并請人交代焉。公有便民梘井制産記，詳藝文。利民池在城西北，嘉靖郡守張公廷柏，開浚潴水，以利濟民生者也。汪志敏有重修古利民池記，詳藝文。

傳記

明 徐象梅《兩浙名賢録》卷一一《潤州刺史杜騰雲稜》子建思建孚附　杜稜，字騰雲，新城人。少修父業，唐末盜起，乃糾集義兵以扞鄉邑。乾符間，杭州冀諸縣鄉兵各千人，稜爲東安郡將，後更爲武安營，與臨安董昌、錢塘劉孟安、阮結，富陽聞人宇，塩官徐及，餘杭凌文舉，臨平曹信，號八都，董昌爲長，錢鏐副焉。鏐功業寖盛，光啓三年，天子拜鏐杭州刺史，稜謂諸子曰，成大事者，此人也。遂傾心歸之。潤州牙將劉浩，逐其帥周寶，寶奔□州，浩推薛朗爲帥。鏐遣稜興成及阮結討之，敗其將李君雁，拔常州，奉寶歸於杭。天子拜稜常州刺史，稜遂屬其兵於諸子，建思拊於內，建徽禦於外，建孚則經度於季孟之間，皆以雄武稱。大順二年，鏐以楊行密數侵邊境，命稜築東安城。稜相險易度資用，因山爲城，環城以池，越十月而訖事。天子以鏐爲鎮海軍節度，稜爲副使。乾寧二年，鏐討董昌，昌乞師於行密，行密遣田頵、安仁義率萬衆來攻東安，稜嬰城自守，城中乏水，穿井百尺不得泉。稜禱之，泉立至。淮人樓櫓翔空，矢石交迸，稜憑城施武，斃淮兵於城外者千數。濠塹爲赤，其黨敗散。於是紫溪、保城、建寧、静江四鎮，皆聚保東安，民懷其恩，目其井曰杜公井。自是群寇無圖南意，□年鏐得滅昌，天子改威勝軍曰鎮東，拜鏐鎮海鎮東節度使，稜兼兩浙諸軍都指揮使行軍司馬。又明年，安仁義攻婺，鏐遣稜救之，仁義移兵攻睦，亦不克。稜後爲潤州刺史，卒。初孫儒爲行密所殺，其士卒多奔浙西，鏐愛其驍悍，以隸中軍，號武勇都。稜疾中，密疏於鏐曰：狼子野心，是乃狼也。稜觀武勇將士，終非所畜，願以土人代之。鏐不聽。及徐綰等叛，思其先見，命使祭之。後以子建徽貴，贈太師。

清 譚譯《杜公井記》（乾隆）《夔州縣志》卷九　公陝西寧朔人也。任永寧軍糧司馬，志存利濟，政有惠聲。乾隆五年秋，攝太守篆於夔，見夔之户口繁熙，井弗能給，思所以濟之。訪治西數里外，舊有蒙泉，可以引注城中。慨捐俸廉之半，鑿石導淤，甃井於利民池畔，士民便之。昔杜預鎮襄陽，修陂塘以灌民田，民賴其利，謳歌弗諼，今夔之人士，食公之德而不能忘所自有也。因僉稱爲社公井，勒石以志不忘焉。

紀事

（道光）《夔州府志》卷七

重修利民池、潤澤池、大水井、杜公井、太平池

道光二年，奉節令萬承蔭清查泉池，今多不存。存者，利民池、潤澤池、大水井、杜公井也。淺者深之，汚者淘之，坎崩砌以石，欄杆有管門者以時啓閉。知府恩成重修石硐竹筧，以清水道，官民資之。又，向時城内常有火災，而無水救，恩守萬令議各衙門、各街坊鋪户、會館廟宇，皆修太平池及救火器具。數年來，竟無火患。偶有之，即起即滅，池之力也。

藝文

（咸淳）《臨安志》卷三七 許廣淵詩：幾處城中井，標名孰與倫。異非深百尺，功在活千人。大旱流皆涸，甘泉恵受均。無情知水石，誠發應如神。

又 許仲蔚詩：德地見圖諜，神機發杜稜。寇圍炎甚火，壺飲冽於冰。古邑桑田換，靈源鑒面澄。如今風月夕，煮茗詑山僧。

雜録

（咸淳）《臨安志》卷八五《多福院》 多福院，在縣治東。舊爲淥新院，景福二年建，治平二年改今額。爲國忌薦嚴道場，寺有杜公井。唐大順間，淮南楊氏遣兵圍城，城中乏水，兵民穿井及石，深百尺餘不得泉。杜公稜至誠請之，泉立至，以此，城得不陷。遂目爲杜公井云。

（乾隆）《杭州府志》卷三二 多福院，在縣治東。唐景福間建，爲清新院。宋治平二年請改多福。杜公井在焉。今城隍廟即其故址。

二井

綜述

宋 葉夢得《建康集》卷二《二井銘》 紹興壬戌六月甲子，建康府新作二井於州治前。銘曰：予者不窮，取者不争。用恵我民，以安其生。毋瀆其煩，毋厭其多。我民資之，視彼濤波。

清 黄宗會《縮齋文集·記東西二井》 葉石林《避暑録語》，人無食猶可，水不可一日闕。俾有水者，諸知其爲重爾。今歲夏不雨幾四十日，熱甚，草木枯槁，山石皆可薰灼人，凡山前諸澗悉斷流，有井者，不能供十夫一日之用，獨吾東西兩泉，略不加損。平居無術者，既患不能得水，有水而易涸者，方其有時，又以爲常而不貴。今吾泉，乃特見衆艱於得水之時，故居者始知其利，近於有常德者。今甲午，自季春已苦少雨，入夏幾七十日不雨，高下如焚，予居平野，環數里間皆仰潮汐，以爲飲食濯溉之費。性予圃中穿小井，深劣玉丈，小旱輒不能繼十夫數日之用，有汙池，大率積雨水，泥潦僅足供濯溉耳。邇日，鹹水入寇，自汪壖浦溆皆爲斥鹵，其毒物如螫，吾里中汲汙池泥潦以飲食者，益缶交錯於吾圃中，未旬日而已，無餘清矣。去予居西三里，而近有泉，曰葑井。深廣不踰五尺，蓊然淡而不流，味甘，西崦之居者，日汲以百夫而不耗，而田之環其旁者，無旱患。其東五里，而遥深如西泉常三之一，味尤冽而冰齒，在化安山麓，曰化安泉，以其品不減中冷也。一曰江井，每苦煩熱，輒思偃仰其間，以澧慮汏勝，使神觀聳然。然莽蒼一望，炎烈沸騰，蒙埃蔽空，而至無少竹木，可陰息道旁，命屐輒止。念李習之走泉深潭老木遠視之句，嘆息而已。是日，坐豆棚下，閲葉話，慨然有動於中，適僕夫新汲化安泉至，不覺引滿，盡孟胸中，澄澈虚白，旁睨草木，若爲之掀舞稱快者。

紀事

宋 洪邁《夷堅支志》庚卷四《吴江二井》 淳熙七年，夏秋之交，浙西不雨苦旱。吴江塔院大古井，其水穢黑，不堪汲飲。僧命匠王大者浚之，日亭午外間，居人見烈焰從井中出，蓬勃丈許，匠被爇，皮膚皆灼破，急出即死。一賣果實小民過其傍，亦損面，又焚井亭，自是水清冷可鑒。同時有菜户孫氏亦浚井，匠入鑿土，聞其下人聲良久，一衣緑者坐胡床，一黄衫卒捧文書，一童侍立，匠望其處如官府然，廳堂整峻，黄衣叱之出，急引索而登，僅獲免。識者疑爲龍神所據，無復敢窺，此井遂廢。

藝文

（至元）《嘉禾志》卷一七《秀州桯真觀二井銘》 粵彼靈泉，涵□□□。二處方開，一時爲盛。松檜影臨，江湖脈應。汲之不竭，緜緜永永。

清 鄧旭《林屋詩集》卷九《吴王二井，一圓一八角》 薜蘿滿甃草芊芊，一井觚稜一井圓。莫笑空山黄葉冷，吴娃曾此照嬋娟。

方氏義井

綜述

明 吴萊《新復方氏義井碑》（崇禎）《寧海縣志》卷一〇 方氏義井，正學先生之里舊井也。先生罹禍，赤九族舉族黨之衆，及其墓中骨悉投之井。夫先生爲國家殉大義，而廬墓且不保，天之未定也。乃族黨亦甘心從之以死，即所稱田横之客，千載奚讓焉。時方氏禁甚嚴，人孰敢問其井。父老相傳，百年來，其水猶赤。蓋義士之流血尚能化碧，其染於水，久而不散，理有之也。時既遠，井水亦漸涸，其地當市肆間，趨利者則浸圖，堙塞而廛其上矣。然方氏之禍，百世猶酸鼻，故老類能指而言之。方井之名至今存。頃年，廷議盡寬革除之禁，而優恤之，其加於方氏尤渥。復廬墓，録子孫，方氏後始有冠帶奉祀者，而遺迹没於民間，如方井者，猶未盡復也。曹侯來，大振百年之異政，首崇忠義，以勵風教。則從方氏始，聿新祠宇，博采遺事，其裔孫尚幼，即請於督學使者給衣巾，奉先生之蒸嘗，仍爲置田，以供饘粥，且欲亟還方氏舊井，因内召行速，弗果，屬予以竟其事。予承侯意，即出己俸償其人，復還舊址，爲之建亭立碑，而記其顛末焉。從侯所修新志，題其上曰方氏義井。

夫申胥鴟夷于江水，三閭懷沙於湘流，千載下都人士猶憐而尸祝之。矧方氏之生族遺骸同時殉義，永墮於重泉，里人哀之，至今猶泣其葬所。司風教者無從封其墓，而忍没其埋骨處乎。是宜曹侯既去，而猶惓惓於兹也。萊小子生平慕先生之節，義誦先生之文章，炳炳若日星雲漢，然矧其族黨遺骨故處，可令其泯泯已耶。余涖兹土，始耳其詳，且目其槩，發往事之幽光，而冀垂金石於不朽，侯誠美意哉。然非予任之而誰也，於是立石之日，率邑之父老，偕其裔孫，陳牲灑酒拜奠於義井之上，念忠魂而追義魄，徬徨不忍去。十賦楚些，恍惚九泉可作也。其地東西步濶九尺，南北步深二丈二尺，前臨大街，後抵民居。謹識之以告來者，俾護持不致如向之侵没云。

清 潘耒《遂初堂集》卷一二《方氏義井記》 正學方公之難，株連死者八百餘人。鄉里頗收其骸，納諸大井。二百餘年，其水猶赤，居民時見光怪。乃塞之而築亭其上，名曰義井。余過而悲之，古忠臣得禍極於殺身止矣，又甚而覆宗止矣。而方公獨以十族殉，或疑公自死國可耳，盍稍遜辭以全宗族。夫文皇之於公所争者，屈與不屈耳。屈則高官厚禄，不屈則戮辱誅夷，豈在遜與激哉。且人主所恃以摧折人者，獨恃此生死之柄耳。刀鋸鼎鑊之不畏，而其權始窮，至怵之以孥戮而不動，懼之以湛族而不動，終於無可如何，然後萬乘失其尊而匹夫之節立。蓋唯禍之極，乃爲忠之至也。當明之初，坐空印，而死者若干人。坐微文，而死者若干人。坐胡藍黨，而死者若干人。彼死非，皆得罪也。又蒙惡名，此八百餘人者非必人人賢也。坐方公死而悉見，謂忠義等死耳，死義不猶榮乎。吾聞萬曆末年，有異人言天下將亂，或扣其故曰，建文中慘死之徒，已生人間矣。審如其言，則亡明天下者，井中諸人預有力焉。特不知爲敵國謀臣猛將，以相攻逼乎。抑爲鯨奔豕突之寇，殺人如麻，以快其忿乎。抑爲食禄之臣，植黨營私，以斵喪明室乎。天道好還，得國之初，已釀亡國之釁，人主若之何可以妄殺人也。并書之，以爲戒。

紀事

（崇禎）《寧海縣志》卷二　方家井，東二百步。永樂初，方氏族黨盡投之井。二百年來，其水猶赤。萬曆初，有市民投入，後塞之，變價民間，壬辰令曹學程清復建亭，樹碑曰方氏義井。

藝文

清 施閏章《學餘堂集》卷二五《隱龍方氏義井》　山潤長疑雨，千家舊井存。疏泉通地肺，倒海瀉雲根。飲酌人皆壽，冰霜氣益温。灌園逢野老，嘯傲倚柴門。

飛井

清 陶文彬《祀飛井記》一名中井（康熙）《彭水縣志》卷四　郁水泝流至伏牛山前，分二道，其一上達鷄鵓二井，舟行至龍灘沱而止；其一稍北而繞山之右，自唐崖經郁井而來。其源甚遠，溪無坻石，以一葦小舟於平沙淺瀨中，行四五里，乃至飛井。泉出峭壁石罅中，狀似銅龍之口，遥望瀑布，千人噴瀉，溪流如銀河之傾注，如雪浪之飛濤，而圓珠灑激，又如天女之花，而璣玉之霏屑也。溪下大石，平如氊茵，中有小穴，泉泡涬而出，仰與飛泉似爲妃偶之狀。工以竹空其竅，引泉上湧，貯以木桶，回以沙石，隸籍於井者。以小舟泊飛水下，汲溪泉和而煑之。如止汲一水，則其鹽不成。每逢夏秋雨集，飛岩泉湧，則水浚不可煑。崖下有小穴，曰岩渴，日出水數斗，按户分汲，和溪泉以煑，飛泉味鹹，則棄不取也。溪流繞井，而經岩下，井藉沙石以護，時多淹没，民以爲苦。他井竈舍，依崖谷以架椽，其汲水稍易，而飛井則列於兩崖峭壁間，遠搆舍於山麓，以舟運水，其工方尤苦。丁亥七月，溪水漲溢，沙石崩淤，乃轉繞溪流於崖左，井傍堆阜，如沙磧泉穴，故有小石圜轉穴口，取之不得。時督工修浚，爲一小兒撿出，形如鷄卵，光潤堅栗如碧玉，莫知寶愛，碎而棄之。越三月，穴泉涌泛水增，汲而味鹹十之四，向之若□井而逃徙者，始得安業焉。父老咸嘆息，爲數百年未有之奇，而余以謂固造物之哀斯民，而拯其困也。然而泉水不可以久恃，則造物之勝興於斯井，其果有數焉。而爾民其亦思何以安爾業，而不徒謝於造物之可恃者耶。竈民之隸籍於井者八户，而溪泉汲水止供七户之煑，激流而上，石塘岩曰楠木井，日汲水數石，其一户依井而煑云。

分金井

明 宋懋澄《九籥集瞻途紀聞·瞻途紀聞·梁山》　梁山泊有小梁山，爲宋公明分金處，分金井尚存，新建三十六頭領廟。大梁山乃公明結寨處，舊有廟，每年四月初八出會，民被盗者控之，輒殛盗斃，豈山兒提轄，惡其辱莫歟。

清 吕調陽《分金井記》（光緒）《溧水縣志》卷二〇　徐子云拓落之士，達觀宇宙之表，雖窮荒絶徼，不憚搜剔之勞，務以發造化之祕，況耳目近地哉。仙壇之墟有分金井者，在白石觀乾位三百武許。自東田出一土壠，高三四尺，井踞其上，餘皆汙下，土面而石底，圜徑七尺有奇，水清瑩能鑒物。其底緑苔滿布，荇藻雜生，底泥黑色如墨，土人有害大瘡者，取塗之，移時即瘳。大澇而水不加盈，久旱而水不見涸。南有田如半璧，傍川如片月，西則長川，北鄰布玉田，約有七八畝，播種悉給於井。唐供奉李公游此賦詩云：『白石分金井，丹砂布玉田。古今人易老，片月下長川。』李公間世豪傑也，爾時游覽所至，豈一鄉一邑哉，他皆排擯，獨咏此井，亦見造化之祕，不憚搜剔以發露之耳。舊傳井有十二泉穴，依十二時出水。髻時從先祖游其地，云井眼有七，日久漸淤，今僅三。取木條觸之，徐徐如珠，連貫而上，移一處觸之，復如故。蓋井居荒野，牧童往來，或投沙擲土，澡浴其中，物非其故，由來漸矣。今泉雖不見噴珠之勢，而源泉混混，不舍晝夜者，依然如昨也。且井以分金命名，或如堪輿之術，按十二方位，分金立向，則十二穴之説，不爲荒唐而無據也明矣。

清 林佶《樸學齋詩稿》卷一〇《小游仙六十首》 鋤將白石分金井，種却青芝布玉田。耕鑿仙家原不廢，只殊人費買山錢。

佛公井

清 王宏任《長清佛公店鑿井記》（道光）《濟南府志》卷六八 靈巖下院者，古炒米店泰山行宫也。游人至止，借此息輿馬，每以無水爲苦，前人卜地鑿井，終弗及泉，此炒米店所由名也。康熙壬申之秋，巡撫佛公視工闕里，旋省時問及此方疾苦，住僧永泰即以無水對。復問地名，即以炒米店對。公曰何謂也，曰無水故耳。公曰，吾與汝鑿井及泉，可易舊名矣。遂委邑宰巴公董其事，未竣，輒升川陝總督去。佛公去而桑公來，復繼善以成其美，冒暑同司道府官親詣井所，命縣令巴公精選工匠，務期及泉，以遂佛公愛民之志。善念篤而天意從，人力至而泉源出。俾焦土乾谷頓成清凉世界，人定勝天，如斯益信矣。因謂其井曰佛公井，其店曰佛公店。凡游人借此以息輿馬，不以無水爲苦，即佛公之膏澤下於民也。佛公諱倫，桑公諱格，俱滿洲人。巴公名柱朝，奉天人。

（道光）《濟南府志》卷三八 巴柱朝，號素庵，奉天人，舉人。康熙間知長清縣，開柴家洿河，一鄉遂免水患，至今名巴公河。又監開佛公井。

福鄉井

綜述

元 劉大彬《茅山志》卷一三《崇壽觀碑》 昭明太子讀書臺，臺東有井曰福鄉井。福鄉者，因昭明道館名也，出諸榛莽，著文刻石，覆之以亭。

藝文

元 劉大彬《茅山志》卷一三《福鄉井銘》 惟蕭有臺，曲水之濆。井甃不改，我思若人。若人伊何，桐柏其儔。稟教華陽，振迹丹丘。百世之澤，式如金玉。是謂王明，并受其福。

元 李孝光《五峰集》卷五《登任玉女仙臺》 東崦有仙臺，仰見地勢隔。冬日轉清麗，過午得散策。山花亦逶迤，山鳥鳴始磔。微行大松下，其石盡玉脉。路經福鄉井，帝子動精魄。會意一莞爾，吾道未徧迫。阮籍竟何物，但作眼青白。何如張山人，有此捫虱客。

雜録

元 劉大彬《茅山志》卷一二 福鄉古木，梁昭明太子植福鄉井上，半心摧朽，生意逾茂。

（天順）《明一統志》卷一一 讀書臺。在金壇縣西六十里。相傳梁昭明太子讀書處，臺下有福鄉井、撫掌泉。

甘井

綜述

（萬曆）《雷州府志》卷三 甘井，北門鋪内。洪武間知縣張昭開鑿，味甘，邑人汲之。

清 李鍾麟《甘井記》（光緒）《惠民縣志》卷二八 吾州地多斥鹵，水常苦鹹，井泉之甘者，蓋十不得二三焉。余别業之西數步，有沮洳一方，雨潦横集，則成溪潭，冬春旱乾，則可取土壤，以備板築之用。今歲三月，余於後圃欲壘小山，命工徒操畚鍤以往，去泥沙數尺，即有泉出焉，飲之而甘。余大喜過望，因鑿成一井，甃之幕之，置鹿盧於其上，時起而汲之，不獨可濯可湘也。又引之環繞書屋，則清冷之狀與心目謀。注於池沼，則錦鱗游泳以適其性。灌於花木，則榮滋潤澤，日茂月新。在井之九三，可以汲，王明并受其福。施濟之功，固如是也。斥鹵之地有甘泉，猶十室之邑，必有忠信。謂齊俗急功利，喜夸詐，無誠明廉讓之人，是渤海奥區，必無清冽之水矣，豈天地生物之情也哉。然兹泉伏於地中，非得人力不能上出。而余不得此泉，亦無以爲恬養之資。作甘井記，所以賀予與泉之交相遇也。

（康熙）《寶慶府志》卷一一 甘井，周濂溪攝州事于此，飲泉而甘之。一在大安門内，一在九龍嶺路旁。

（康熙）《邵陽縣志》卷一 甘井，一在南街，一在梅塘鄉九龍嶺。皆以周濂溪先生飲之而甘，故名。

（乾隆）《馬坪縣志》卷二 甘井，在仙奕山下，隨江消長，雖旱不涸。

（乾隆）《兖州府志》 伯禽井。在周廟東南魯故宫也，水清而甘，亦名甘井。

（嘉慶）《安仁縣志》卷二 甘井，舊名寺傍井，在縣城北惠日寺側。味甘洌，市民取之。

（光緒）《乾州志稿》卷五 甘井三：一東岳廟，一白衣堂，一興國寺。俗謂之三台。井芳冽，略無差别。又有二大井：一在城北隅，一在南門外。水尤甘美，惜已渫矣。

（光緒）《新樂縣志》卷一 甘井，在縣南龍母宫前。視他井特甘，故名。

（光緒）《永壽縣志》卷一 甘井，舊志在縣西南二十五里。

（光緒）《重修天津府志》卷二二 甘井，在舊城。《唐書·地理志》在清池縣舍。令毛某母老，苦水鹹無以養，縣舍穿地，泉湧而甘，民謂毛公井。

紀事

（乾隆）《棗强縣志》卷七上 先是郭之東有甘井二，歲久毀圮，侯既浚而新之，民驚以爲玄醴之再溢也。又周測泉脈，於縣署之左加甃聚焉，營之不日，既滀且深，於是户之游綆抱甕者，如汲諸其家，莫不便之。

藝文

宋 家鉉翁《則堂集》卷六《遷居得甘井詩》 海鹹河淡都嘗遍，荼苦薺甘我自知。世味曾教千百變，先生舌本只如飴。

又 真水由來自有源，非河非海性其天。爲君甃飾標三字，唤作城西君子泉。

元 陳基《夷白齋稿》卷三《九日從陳醫師所寓得甘井課童子分汲》 世亂遠爲客，迢迢淮海濱。空城百戰餘，多非舊人民。十井無一甘，憂心渴生塵。蕭條值九日，無酒亦無親。偶過同宗友，款咲意何真。爲我修茗事，芳潔無與隣。一啜喉吻潤，再啜肺腑新。三啜衆體平，四啜百慮伸。連啜至五六，高談如有神。吾宗和緩流，豈遇蘇耽倫。得非上池水，沾丐及時人。呼童抱瓶盎，乏汲勿辭勤。飢飡及渴飲，它井棄勿論。

澤我枯槁容，滋我衰病身。沃我冰炭腸，餘潤及朋賓。古人飲菊水，其壽及千春。今余遇菊日，飲此樂欣欣。裁詩謝宗友，勿以饕見嗔。

（同治）《武岡州志》卷三八《武陵春色》　紅綻夭桃綴小春，清深甘井豔浮新。東風閬盡嬌花面，不見漁人更問津。

雜録

明 陳鯁《甘井碑》（成化）《山西通志》卷一二　河東運司蒞解之安邑鎮白路村，富商大賈實居其地，世殊事異，雖生齒未復，而利源所在，衆必争趋鎮。去解四十里，里路不遠，而豐嗇陡異。先是，運司發塩分爲兩場，東場属鎮，其西場在今解州，民賴其利，後爲豪右夤緣計，置厚賂前代之當道，遂以兩場并而爲一，解之人户十去八九，市井蕭條，恒風久旱，民不聊生，晝行如月明中，經歲不聆歌鼓之聲，君子耆老兼旬不知肉味，烏見所謂小耳羊哉。聞路村之歌舞，則以爲在天上，向時樂户，二三十年交兵，莫知所駐猶有在者。今入籍盡隸各縣，歲首公宴，檄取一二應節。世以蒲解并稱，舉一城生聚，不及蒲州十家之産，於此可見。市酤厭薄，槩用草烏和□，飲少輒醉，口噤目瞪，信宿乃愈。安邑善醖葡萄，木性傷脾，養生所不取。吏曹以飲爲常，往往迷瞀，息於趋事。近年公規振整，以身爲教，此弊頓除。或以聲妓之習，爲在解州傳者，過安然路村，木悪人甫五十已傴僂痿痺，官到一飲，池雁連日。未若吾州，井泉貫通山脉，甘腴清冽，愈病祈醒，飲之以壽，是可責也。僕晚學書此，以告將來，凡官是州者，此至其境當使先聞知也。略於泉，而詳於事，意有在焉。是爲記。

（崇禎）《閩書》卷二三　天龍山，山勢騰驤如天龍，其下有塘，方廣四十畝，吴氏世居，號吴塘。有天龍庵，庭院清遠，中有甘井。

（光緒）《邵陽縣志》卷三　富庶坊，坊前有甘井，以周子飲之而甘，故名。甘井頭坊西行爲咼家園，有向日塘，爲彭克濟故居。

甘泉井

綜述

（永樂）《樂清縣志》卷六　甘泉井，在縣治東澄清坊七寶寺前溪東。

（弘治）《八閩通志》卷八　甘泉井，在進士坊北巷内。其水重於他水。

明 李濂《汴京遺迹志》卷九　甘泉井。在徐府街。洪武末，河水入城，水皆鹹苦，飲之者多感瀉痢之疾。永樂癸未夏，魏國公徐達宅後忽湧一泉，色潔味甘，甲于汴中，教授滕碩有記。

（正德）《莘縣志》卷一　甘泉井。在縣治東二里。其水甘美，煑物易爛，人多汲不竭。

（嘉靖）《廣平府志》卷三　甘泉井，在威縣城治東南隅。

（嘉靖）《鄧州志》卷八　甘泉井。在十字街，東西二井相對，水極清冽。

（嘉靖）《廣西通志》卷一五　甘泉井，在府治北，水味甘。有寺。宋陶商翁立亭於其側，扁曰思泉。

（嘉靖）《蘭陽縣志》卷一　甘泉井，在東城門外百步許。水甘冽異常，盛夏飲之，齒如冰。

（嘉靖）《瑞安縣志》卷一　甘泉井，在峴山北。甘美宜釀酒，舊更漏用此水。

（嘉靖）《沙縣志》卷二　甘泉井，在興義坊眞君堂前。

（嘉靖）《山東通志》卷五　甘泉井。在金鄉縣城内養濟院左。源通淶河，味極甘且冽。

（萬曆）《淮安府志》卷三　甘泉井，今名龍窩。在豊登橋側，水與淮潮爲消長。上立大聖廟鎮之，大聖謂庚辰禹鎖巫支祈神也。支祈鎖泗州龜山，泗舊屬淮，景泰間民有鴨墜井，即無蹤。半月餘，此鴨復鳴井中，剖其腸嗉，佳有黄少。乃始知井有孔穴通也水。

（萬曆）《通州志》卷五　甘泉井，在州治西五十步。通地斥鹵，井水多鹹，宋任伯雨謫官於此，鍬地有廢井浚之，忽得甘泉。樂閑先生有議論不能回國步，精神真可動淵泉之句。

清 屈大均《翁山文外》卷一二《甘泉井銘有序**》**　甘泉井，在永安南嶺之北。井本毒泉，宋文丞相駐兵其間，軍士或飲以死，丞相祝之，變爲甘液。土人因名曰甘泉井。銘之曰：巖巖南嶺，虎豹所家，我公孚之，土不蟲沙。一勺毒泉，噴出峆岈，化爲甘液，中有月華。是公白血，變化成霞，逝將往飲，發我心葩。

清 王履泰《畿輔安瀾志・薊運河》卷上　甘泉井，在豐潤縣東二里大路之南，有二井，東者尤佳。

（乾隆）《江南通志》卷一四　甘泉井，在府治豐登橋側，水與淮湖爲消長。

（雍正）《四川通志》卷二四　甘泉井，在縣西南五里。其味甘冽。

（乾隆）《潮州府志》卷一七　甘泉井，在蓬洲都漁洲邨。有石欄石甃，其泉甘冽。

（嘉慶）《清一統志》卷一八六　甘泉井，在祥符縣治北。明統志云，魏國公徐達故宅，洪武間河水入城，井苦不能食，永樂初忽湧此泉，色瑩而味甘，因名。

（道光）《肇慶府志》卷二　甘泉井，在城南文明門外甘泉庵左。水甘異常，故以名庵。

（道光）《英德縣志》卷四　甘泉井，在下蓮塘左。濶五尺，水甘美，經冬不竭。道光壬辰，修砌以石磚。

（光緒）《廣州府志》卷一四　甘泉井，在邑南一里許。清洌異常。

（光緒）《湖南通志》卷二六　甘泉井，在縣東北十里，夏秋味洌，冬春氣温，可以愈疾。

清 佚名《甘泉井記》（同治）《宜城縣志》卷九　邑有甘泉，舊矣。辛丑會湮廢，同安胡侯率邑人新之，余從父安居公題其石，曰萬濟甘泉井。又十年庚戌，屬大旱，城中諸井皆渴，環邑人及四方皇華之使沓至，取給斷繘羸瓶，無暇時坐，是復湮廢。今劉侯來令，宜除弊舉廢，百猷鼎新，覩邑民匍匐廢井呴噓狀，亟謀議邑三老紳衿輩，捐金修之。余不佞，與生員胡可襄謬與其事，鳩工掄石，務期堅久，於五月朔二日經始，至六月朔日告成。成之日，爭取飲之，清冷潔洌倍於初。《易》曰，往來井井，斯井之謂乎。井養不窮，劉侯之謂乎。又曰，改邑不改井，知井不可改，則知劉侯之德不可易矣。謹識。

傳記

宋 薛居正《舊五代史》卷一八《張策傳》　張策，字少逸，燉煌人。父同仕唐，官至容管經略使。策少聰警好學，尤樂章句。居洛陽敦化里，嘗浚甘泉井。

紀事

清 楊威盛《重修甘泉井記》（順治）《鄧州志》卷一四　嘗讀《易》，至『井養不窮』，而嘆先王立名取義其深，識至意爲不可及也。蓋民待命於水火，與待命於五穀等，自非前之人有以區處而經畫之，安能使天下之人，朝斯夕斯飲食於此而無不足也乎。故與其養一人，毋寧養千萬人，使千萬人而必待養於一人，毋寧使千萬人有所取給以足其養，而無異待養於一人，此井之制，所以爲不可易也。鄧爲南陽西南邑，昔當全盛之時，居民富足，炬火萬家。而城南之十字街舊有井，載在志書，名曰甘泉。相傳以爲東西二泉相對者，即此井也。自明季流氛肆虐，人民送竄而其井遂廢。皇清定鼎，四海一家，向之逃亡者稍復故土，而州之一切廢壞者，亦頻爲修舉。予於辛亥之春奉命視州事，適時和年豐暨壬子户口益衆，州之士民咸以修復故井爲請。予曰凡事可以爲民利者，不惜刱行之，而況仍其舊乎，遂從其請。於是庀材鳩工，不越月而告竣，視其水清而洌，較衆水爲佳，是其土脉之所異也。而且甃以四眼，因故制也。覆以瓦亭，防陰雨也。額以甘泉，不忘舊也。嗚呼，井之名不一矣，要皆隨地命名，否則或因人而傳之者，有之矣。而茲獨以甘泉名者，得無以甘爲百味之和。泉爲有源之水，爲人生茲益之所宜，以是而得名歟。使州之士民，詳飲茲水，而疵癘不作，氣登太和，予之願也，而况乎爲千萬人所取給以待養者也，是井之修，其容緩乎。康熙十一年歲次壬子孟夏日記。

清 顧光《河北寺甘泉井記》（乾隆）《寶坻縣志》卷一八 縣城北二里許有井焉，清泓澂澈，味甘如醴。昔人以地近河北寺，命曰河北寺泉。蓋漁陽諸山自太行來，綿綿延延，亙數千里，山川融結滙爲名泉，固地脉然也。泉既在近郊，居人之往來井井者，以爲飲食、作酒、醴奉、祈穀、報賽、釋奠之供，燕饗喪祭，百工技藝之用。源深流清，千百世有賴。昔我聖祖仁皇帝巡幸郊圻，駐蹕渠上，曾以斯泉供大官品食。至於令耆老子弟過其地者，往往流連徘徊而不去。蓋國家深仁厚澤和人之心，如泉淵淵涵濡浸灌於無窮也。近歲以來，頗爲士人所據，肆其防遏，汲綆維艱。邑之人咸以爲患，於是乃聲明其事，請于邑侯洪公。公豈弟君子也，忻然俞之命，於其地立石示禁，以昭茲來者，毋滋草宅，毋尋畜牧，毋俾勢家侵估以爲民厲。蓋自是斯泉得仍其舊，凡吾邑人可取之不禁，用之不竭矣。居嘗思士大夫存心濟人，雖小必爲，雖難不避，泉之興復事甚小，然聖天子之遺澤，賢邑侯之懿德，邑人士之利用胥。於是乎在則飲斯泉者，當慨然而興起也已。《易》之上六曰井收，勿幕其冢。傳曰：井養而不窮，夫勞民勸，相皆利於養知，養之不窮則知豈弟君子之心矣。是爲記。

藝文

宋 葉適《水心集·前集》卷二六《修甘泉井》 定裏有聞，古禪之迹尚在；邑前不改，西山之味尤甘。一勺匪多，萬家俱汲。豈以冽寒之食，忽貽湫陋之羞。衆力所趋，甃工肅戒。既平無咎，勿幕大成。

明 王世貞《弇州山人四部續稿》卷一九《寄鄧州劉廣文》 昔忝襄鄧節，于今十四年。清才豈我下，黄綬属城偏。七略元劉向，諸生仰鄭虔。扶藜過五壠，探蠡酌甘泉。井自心源出，亭因覽秀傳。衹愁花蠟燭，不暖青寒氊。

清 王永命《有懷堂筆》卷四《甘泉行》 寧園飛瀑布，錯落引峰前。不自西源瀉，恰分東注漩。西源東注遶山行，勢若奔流趋下傾。漫引洪波與細泒，耳中早聞湍浪聲。湍浪聲急聽較宜，海鹹河淡性偏移。怪得主人嗔水味，不合於旨費厥思。我思旨水須新汲，拾得紅渠似蜜汁。人人俱道城中泉，十箇九箇多苦澀。苦澀誰將地氣換，虔心莫被人言亂。古來多少甘泉祠，羊舌馬跑近里諺。里諺流傳情最眞，風發泉湧告龍神。建祠賽禱未云至，滌慮積誠數經旬。數旬精白徹雲右，徙倚停穿泉欲透。夙戒工人莫浪言，一朝忽把靈奫漱。靈奫漱時客滿堂，玉盞盛來卬次嘗。首坐一聲甘露降，悉拱主位賀甘觴。主人入口懷方慰，不是諛言隱已諱。髣髴郊田東西瀼，城中城外語蜩沸。蜩沸不關人語梗，幾見城多甘泉井。我今幸叨水龍仁，賦就甘泉殊自省。

清 蔣士銓《忠雅堂文集》卷三〇《梁州新郎·白鶴峰》 朝衫初脱，籃輿過嶺，閲遍炎荒風景。會江樓小，相依嘉祐窗櫺。最愛白鶴峰間，無邪齋靜，新鑿甘泉井。秋來家具足，謝居停，荔子垂垂拂户青碧落洞，堪游騁，倚桄榔願作遨頭領。真一酒，共酩酊。

清 吳高增《玉亭集》卷八《甘泉井二首》在滋羊村俗傳王羲之兄弟三人讀書處鑿地爲井，有洗墨池，今名其鄉曰甘泉 平沙漫衍草芊綿，古井渟淵不紀年。開鑿相傳由逸少，至今鄉里號甘泉。

又 井泉清冽井花香，長綆頻牽引玉漿。我欲廣教耕且鑿，勞民勸相樂胥匡。

雜録

（天順）《明一統志》卷一二 甘泉山，在府城西北三十五里。高二十餘丈，周圍二里，上有甘泉井。

明 彭大翼《山堂肆考》卷一八《甘泉》 甘泉山，在揚州西北高二十餘丈。周回二里，上有甘泉井。一在西安府涇陽縣西北，上有甘泉宫。漢書單于烽堠以應甘泉，即此。

（萬曆）《温州府志》卷一 西峴山。在縣治西。古傳馬仙鑿二十八井，上應列宿以厭勝。鬱攸之患，悉掩以石。又有甘泉井，知州三賓柱詩：蕭瑟西風木葉殘，千巖萬壑闘蒼顔。畫工胸次分明處，寫出斜陽影外山。

（嘉靖）《瑞安縣志》卷二 甘泉坊，在秀峴街西山腰橋首以内。有甘泉井，故名。

葛仙井

綜述

宋 李石《方舟集》卷一四《葛仙井銘》 仙猶蛻也。蟬以殼蛻，蛇以皮蛻，至於龍獨以骨蛻者，得非江海靈物。儲蓄既大，不爲蝡蝡小技，以幸速化，顯晦動静，與元氣合一。出入生死，唯氣之存。其於形也，若將遺之，故能玩息古今，踔躍天地，翻波濤，走雲霧，是氣也，而形從之。人因鍊形以仙者，猶龍乎？乃今執蛻以議仙，縛之故棲，索之環堵。塵滓之市，謂其陳迹在此，且仙者之形尚不可執，況其居處作止之細乎？是窺潭洞竅穴，以求與龍戲也。天彭大智僧坊，昔謂葛璝之宅，井故在焉。汲者甘此井，謂仙嘗浴丹此水，疾者飲之平，疥者飲之清。或云，玆大葯餘馥，伏龍瞀井也。住持惠祖淘井，郡丞李石銘。銘曰：仙棲千山，今葛璝是也，而亦宅夫塵滓之市，有不爲市人所洿者。泠泠乎仙人之泉，歷梁宋以來，刼灰變遷，井不改也，渺莫記其歲年。嗟夫，雲霞獨往，仙躅上天。彭民愈飲而愈有味者，玆非其鼎中之餘瀝，而大葯之九還者乎。

（天順）《明一統志》卷三九 葛仙井，在嘉興縣天慶觀。世傳東偏一井，歲有丹浮起，今不復見矣。

又 卷四五 葛仙井，在禹冗側。舊經葛洪煉丹於宛委山下，有遺井大如盆盂，其深尺許，清泉湛然。

（嘉靖）《襄城縣志》卷一 葛仙井，在仙翁觀門首兩眼盖亭，泉通山竅不涸，即葛玄煉丹之井。

（康熙）《廣東通志》卷三 丹泉，在城南四十里，一名葛仙井，其水甘洌，秋冬不竭。

（康熙）《新修廣州府志》卷八 葛仙井，在藥洲西岸。又有孫公井，在府西北古教場内。元豐間，孫龍圖頎鑿，故名。今不可攷。

（雍正）《四川通志》卷二五 葛仙井，在縣東南雲居寺。

（乾隆）《岑溪縣志・序》 葛仙井，在葛井村，水清洌，村人飲之多壽。又長寧墟東南有泉，從葛仙巖地脈涌出，亦清洌可飲。

（乾隆）《岑溪縣志》卷二 縣東有葛仙井，相傳居民飲之多壽。有廖百舉、莫毓賢者皆百歲。百舉故明諸生，力學，至耄不倦，士林多稱之。又連城鄉民甘瑞榮百七歲，固未嘗乞靈葛井也。

（光緒）《仙居志》卷三 葛仙井，顧志縣西北四十五里。相傳葛元煉丹於此，鄭志後漢葛元所鑿有二，一在括蒼洞，一在慶雲洞。

藝文

唐大 張祜《張承吉文集》卷三《題餘杭縣龍泉寺》 四迴山一面，樓殿倚嵯峨。中路見山遠，上方行石多。天晴花氣漫，地暖鳥音和。徒漱葛仙井，此生其奈何。

宋 趙師秀《衆妙集・葛仙井》 古井碧沉沉，分明見百尋。味甘傳邑内，脉冷應山心。圓入月輪净，直涵峰影深。自從仙去後，汲引到如今。

宋 朱復之《葛仙井》《江湖後集》卷一一 葛翁鑿井冽寒泉，浸熟丹砂去作仙。底事并煩仙子按，却隨海水變桑田。

元 楊維楨《東維子文集》卷二九《八月五日喜雨初陽臺上作》 敲門空過太史宅，曳杖却上初陽臺。雷從葛仙井底起，雨自黄妃塔上來。官軍捷報銅駝陌，山人酒瀉白螺林。憑誰得知詩句好，山東李勛今有才。

明 張泰《滄洲詩集》卷五《葛仙井》 碧樹寒巖與世辭，丹功惟有冷泉知。一般天地飛昇去，何處仙山日月遲。

明 顧璘《顧璘詩文全集・山中集》卷三《分題得秦淮壽龍致仁》 秦人鑿淮古城磧，秦時流水今如昔。地下黄金空自深，天門紫氣逾輝赫。六代烟華漲錦雲，龍江鷺渚澄青碧。形勝今開天子都，風流更隱幽人宅。幽人抱藝入承明，能使四海傳高名。翻然解組歸淮水，笑弄漁舟自濯纓。聞道舍傍葛仙井，的爍丹砂徹夜明。與君共泥紫金鼎，手把霓旌游太清。

明 佘翔《薛荔園詩集》卷一五《葛仙井》 昔時煉液人，鑿井湖山側。即今井中泉，猶帶丹霞色。

明 朱國禎《湧幢小品》卷二七《勝游佳境》 江南花木勝游，梅時玄墓，菊時婁江，桃華時蟠螭，芙蓉時西湖，朮時菁山葛仙井，楊梅時光福，櫻桃時北固山。而時令佳境，則太湖月，錢塘潮，兩天目松石，棲賢筍，洞山茶。鷹窠、普陀山看海及日出，庶幾得之。

明 陶允《葛仙井》（乾隆）《安岳縣志》卷二 藤蘿交映莫如年，仙侶遺踪尚宛然。蟬脱舊衣留石室，瀑飛靈水湧金泉。碑書故事生苔蘚，池浴真圭鐀翠烟。薄幕松巔聽鶴淚，猶疑髣髴是神仙。

明 吕邦耀《葛仙井》（康熙）《襄城縣志》卷九 煉得丹成後，山川總是空。至今人不悟，井上覓仙翁。

清 邢昉《石臼集·後集》卷三《與翼仲别兼送之句曲》 蕭蕭行李去，爲我嘆頻興。久住衣裳敝，貧歸道路憎。城陰一分手，客意各擔簦。予憶葛仙井，幽尋獨爾能。

清 趙良生《暮春游靈洞山小飲葛仙井作》（康熙）《武平縣志》卷九 偶然出郭試尋芳，靈洞山深引興長。序届清和補修禊，地當曲水倣流觴。看花佛院香偏異，汲井仙源淡共嘗。更喜郊行農事好，緑針連野布新秧。

清 張大德《葛仙井》《兩浙輶録補遺》卷七 寥陽仙籟已通靈，古廟猶存過客經。剩有寒泉浮玉甃，每勞素綆汲銀瓶。階前老檜原無葉，殿上遺鐘尚有名。回首開元舊時事，七賢遺迹半凋零。

清 裘日德《葛仙井》（同治）《新建縣志》卷八八 崖上有藥爐，崖下有丹井。丹成去不返，澄澈餘清冷。

清 陳用光《太乙舟詩集》卷六《贈張生時託其寫照生，宜春人**》** 聞道宜春縣，登臨大有情。山餘葛仙井，邑本灌嬰城。泉石他年夢，丹青後日名。寸心託毫素，瘦影是書生。

清 張鑒《冬青館集》甲集卷三《修竹圖爲葛香士賦》 葛仙井在包山麓，繞屋流泉映修竹。中有堆牀萬卷書，鎮日攤書遠塵俗。春雷一夜迸竹竿，十十五五翔青鸞。讀書看竹無不可，科頭六月長風寒。吾來靈威訪祕書，山前碧玉鳴通渠。知君曠度如抱朴，臞然鶴骨中心虚。卜居祇合住林屋，洞口耕烟洞中讀。抛書一嘯湖水寛，七十二峰青矗矗。

清 王用臣《葛仙井》（康熙）《處州府志》卷一一 山中饒藥物，一泓清絶滓。想從勾漏歸，九還須此水。

雜録

（嘉靖）《廣東通志初稿》卷一 丹泉，在縣城南四十里雲谷中。一名葛仙井，其水甘洌，秋冬不竭。

（嘉靖）《廣信府志》卷一九 玉虚觀。縣南七里。昔葛玄煉丹其地，唐宣宗咸通中置宗華觀，治平二年改。暘有葛仙井、靈驗眞官祠堂、地仙、徐若軍題字。

（康熙）《廣東通志》卷二三 雲谷泉。在清塘山上。葛稚川洸藥于此，亦名葛仙井。

（乾隆）《重修北流縣志》卷一 聖水井。即文石井，又名葛仙井。正勾漏靈寶觀南大路旁，相傳稚川於此洗藥，石盤、石柱猶存。

（嘉慶）《三水縣志》卷一 雲谷泉，在清塘山上。葛稚川洗藥於此，亦名葛仙井。

（嘉慶）《清一統志》卷三二四 百丈峰，在新喻縣東七十里。其南爲新淦境，北爲新喻境，高入雲表，蜿蜒盤亘。《寰宇記》，『頂潤百丈』，因名。上有葛仙井，井畔有廟。

觀風驛新井

唐 崔黄中《觀風驛新井記》《文苑英華》卷八一二 自荆門至清宫三百里，雖水泉味鹹，鑿井疏源，往往而有。中間觀風驛。三十里涓滴不流，磽确而瘠，長亭短亭，三百餘家，終日挈瓶入谷而汲。暨乎暑氣，炎煽天地，燒爍金石，提綆半路，已成温湯。居者既往来一作性命難通，行者固不保其往。元和六載，我司空鄭公節度荆南，下車之日，緝寧巴徼，統正楚風，疏導瀆溜，未暇細務。三年，政閒事已一作簡，因議路室委餼之事，饑乏汲引之道，訪於幕中寮佐，僉曰地形峭峻，意功多未即贊公。公曰：登陸求蓮，誠宜不卜。然貳師鑿井焉，有檻一作濫泉，愚叟移山，素無巨力，志之所至，神亦或昭，苟利於人，不計藏鏹。支使庾承度宣貞，絶俗仗義，真一作直副成規，終此殊績。於是程功蕆事，穴其路隅，一之日興畚鍤，俾應鼛鼓，騰沙掊土。二之日困于石，飛鎚敲火，轉石磊硪。三之日計功一作工未畢，瀸泉仄出，泛灧渤潏，井上千夫，嚾噪喧呼，揚灑甘溢一作泉，提缶争先。巷無居人，語笑道邊。嗟乎，夫善政養人之術，皆日就月將，然孜孜而化，曷若鄭公興一言土石之役，濟萬古生靈之命，匠意於衆慮之表，見機於不牽之初，如此翊君爲堯舜之代，惠澤必浸於昆蟲，贊國爲華胥之朝，恩波必滋於草木，况濟人於聲教之外，愛物於象數之中。立德已来，無出其右。《易》曰改邑不改井，以君子清規長存，鄭公有焉。黄中猥從鄉一作鄉從第，得厠賓筵，覩事揚嘉，猶未盡焉一作善。冀後来多士，經此樂土，知有仁焉。時元和七年，歲在壬辰，十二月二十三日。

韓公井

綜述

宋 曾鞏《元豐類稿》卷五〇《韓公井記》 開元二十二年，初置十道采訪使，韓朝宗以襄州刺史兼山東道。襄州南楚故城，有昭王井。傳言汲者死，行人雖暍困不敢視。朝宗移書諭神，自是飲者亡恙，人更號韓公井。楚故城，今謂之故墻，即鄢也。此記今移在郡廨中，故城改爲墻者，由梁太祖父烈祖名誠，當時避之，故至今猶然。

元 陶宗儀《古刻叢鈔・井識》 在驛東卅步，楚昭王廟西，神嘗恡，古今莫敢窺者，近日山南采訪使韓公誓責其神，親酌而飲，自余汲者，一無灾癘，遂號韓公井。

(萬曆)《襄陽府志》卷六 韓公井，在縣東三里。詳見名宦。

雜録

宋 莊綽《鷄肋編》卷上 退之昭王廟詩，今集中皆作丘原滿目，余親到宜城祠，見刻爲丘墳。韓公井在焉，今之道稍遠，人無汲者。小城鄢氏之居，猶想見也。

明 劉節《聲律發蒙》卷三 甲對丁，庚對丙，千鍾對五秉。蹴踘對鞦韆，轆轤對舴艋，郭氏墟、韓公井，烏臺對畫省。斜陽汐半江，明月湖千頃。小徑微吟動竹光，空庭久立移花影。

壺井（冰壺井）

綜述

明 高棣《游壺井記》（乾隆）《福州府志》卷六 壺山，樂邑之極處也。當邑之東爲大海，山倚海濱，湧出空波，遠視若青螺。予生四十有六年，每聞茲山多奇産，海物錯出，居民鮮少，皆逐逐於舟車魚鹽之末，未嘗有顯者聞。竊意其幽閒寂寞之濱，閒必有精神聚處，獨無能發其秘者，豈天設而地藏，未見遭其人乎？洪武乙亥，余叔氏張伯清讀書山中，屢要余以剡棹之期。莫秋十日，余訪舊崀，南去壺山，只隔一水。越五日既望，宗人翼宇中行者，好文士也，資舟載酒，領余來游。時樵川朱以義亦與焉，東魯生馮璵扶病皆行。有友十人，自塘頭發舟，值風潮不便，泊棹於冶崀，携酒登岸，展酌於天妃祠。下臨大江，望壺山若在几席，天風飄蕩，浪花飛舞，舟子吹洞簫，歌水調，余亦倚歌而和之，諸客從而賡歌互答，舉觴勸酬，劇飲無筭，不知身在人閒樂也。斯須風恬汐退，沙洲斥望若千里，舟人漁榜出没於其閒。余情益肆，遂扶醉跣行泥淖中，可一里，以抵壺山。東魯生病不能從，寄留於野人家，餘客亦稍稍引歸，從余者五人焉。於是履巉巖，披蓁莽，造張叔讀書處，諸生出與成禮、中行復洗殘樽，飲於鼇峰石上，以觀大海。時日已夕，輕雲翳空，月影微霽。由鼇峰左行，周山之一遭，下臨江岸，觀所謂壺公井者。井有二泉，出石罅間，味皆清冽，居人咸飲之，俗呼爲壺井山。是夜，張叔復置酒於主人館，余亦不勝杯矣。相與枕藉而臥。及覺，鷄已咿喔。余賦近體詩以寓興，遲明返於洽嶼之野人家。東魯生曰，今日之游，無讓古，昔龍門子既首倡，諸人不可無繼。余慚向之辭不逮興，未足以張斯游之大，乃作而曰：游哉游哉，無徒游者哉。彼昔人之窮搜遠覽，賦景興懷，如郎官、渼陂、洞庭、赤壁之雄者，曾幾何人。况吾儕衣冠文翰，遭際清朝，而得寄興江山，忘情軒冕，如斯樂者，又幾何時。不有合作，劖巖而記之，豈直貽笑於山靈，亦何以慶兹山之有遭矣。遂以孟浩然『衆山遥對酒，孤嶼共題詩』之句分韻，余探得共字，詩成，再撰次以爲記。

紀事

清 杜臻《閩粤巡視紀略》卷下 壺井山，有一井在山麓如壺。鹹潮至則没，潮退其水復淡。自壟下城歷江田、漳阪、東山、三戌而至，其地凡四十五里。志勝云在縣東北四十里，誤。以圖考之，尚在東南，下有壺井村，有水曰壺井。

藝文

明 高啓《高太史大全集》卷一六《師子林十二咏冰·壺井》
圓甃夏生冰，光涵數星冷。窓有定中僧，休牽轆轤綆。

明 謝徽《冰壺井》《吴都文粹續集》卷三〇　冰花覆銀床，雲液沁瑶甃。一勺甘露漿，入口不敢漱。

明 王行《半軒集·水壺井》　一泓碧澄甃，寒沁玉壺清。裹茗曾來試，虚聞石井名。

明 王彝《王常宗集·獅子林記并詩**·冰壺井》**　銅瓶百尺下，出甃帶微霜。注入蓮筒去，風吹滿寺香。

明 姚廣孝《逃虚子集》卷八《師子林十二咏·冰壺井》　疏鑿傍雲根，虚寒深百及。時汲煮春芽，爲待參玄客。

明 張適《張子宜詩文集·詩集》卷一《獅子林精十二咏·冰壺井》　銀牀梧影合，玉甃蘚花侵。汲得冰壺水，相如渴正深。

明 徐賁《右冰壺井》《式古堂書畫彙考》卷五四　非假琢磨功，泓澄似鑒同。朝来蓮葉盡，波動覺秋風。

雜録

（同治）《蘇州府志》卷四六 獅子林，在城東北隅。元至正間，僧□如惟則延朱德潤、趙善良、倪元鎮、徐幼文共商叠成，而元鎮爲之圖，取佛書獅子座而名之。近人誤以爲倪雲林所築，非也。中有獅子峰、含暉峰、吐月峰、立雪堂、臥雲室、問梅閣、指柏軒、玉鑒池、冰壺井、修竹谷、小飛虹、大石屋諸勝。湖石玲瓏，洞壑宛轉。上有合抱大松五株，又名五松園。康熙中聖祖南巡，乾隆中高宗南巡，皆屢次臨幸。後爲黄殿撰軒居第。

化龍井

綜述

（弘治）《八閩通志》卷四 化龍井，在欽平上里靈勇廟前，以其近魁龍橋故名。

（嘉靖）《山東通志》卷六 化龍井，在蓬萊縣學内。

清 王心清《化龍井記》（光緒）《蓬萊縣續志》卷一二　按，邑乘所載化龍井，在明倫堂之左，基址不可復尋矣。近因廟工於堂右掘地，得甘泉焉，遂與同人謀築成之，以續古迹，閱旬日工竣，是井也。昔爲左，宜今爲右，有逢源之樂，余將與諸君共勉之也。

（道光）《重修蓬萊縣志》卷二 化龍井，舊在縣學明倫堂左，後堙。嘉慶十三年又得一泉於明倫堂右，浚爲今井。有教諭王心清石記。

（同治）《芷江縣志》卷四　化龍井，在縣東一百二十里，春間值雷鳴雨降，常有鯉魚躍出，故名。

雜録

（康熙）《龍游縣志》卷五　梓山，在縣東南八十里，山多巨石，岌嶪相倚，石間有梓數株，質幹奇老多骨，蒼藤宛轉通路，蟻磨螺旋以上得一坪，稍夷曠，坪左右雄峰突出，如怒虎愁獅，撲攫天際。上有天池三，其雲出不一，或合或離，田家呼爲分化龍井。井悉石穴，圓欹方廣，形狀亦異。時值七八月，覩此雲天矯以升，則靈雨自澍。

淮陽古井

宋 楊傑《無爲集》卷一〇《淮陽古井記》　淮陽之井，鹵而少甘，其民多汲於沂、泗。光禄卿劉公之守是邦也，問風俗而始知，且嘆之曰：一郡之井，不爲少矣，胡爲斯民捨近易而趨沂、泗哉，謂井不可食，豈其然乎。於是使人遍汲郡井而嘗之，俄於後圃榛莽之間得廢井焉，其泉洌然，若冰而甘，以之烹茶，則茶浮而味久，以之釀酒，則酒醇而色清。又以舊所畜揚子南濡水及惠山泉以校之，則輕重幾乎等矣。爰命缶以出其濁，石以潔其外，亭以覆其上。由是瓶繘不絶，汲者便之。予道過淮陽，得其語於郡人，公且以記見託。予聞井者，德之地也，古今有變而井不變，猶士君子之有常德乎。故井不患乎不汲，患乎泉之不洌，士不患乎不用，患乎德之不修。泉既洌矣，德既修矣，人或不之汲，世或不之用，非井與士之不幸，蓋物不幸得其利爾。噫，斯井也，前此幾千百年，荆榛蔽之，泥沙混之，禽所不窺，人所不食，豈其泉之不洌耶，曷其湮塞之若是耶。使秉權者有能推劉公求井之心以求賢，則豈獨能輔天子之明，且足以均天下之澤矣。《易》曰：井渫不食，爲我心惻。可用汲，王明，并受其福。此之謂也。治平三年五月十日，無爲某記。

惠愛井

綜述

（嘉靖）《湖廣圖經志書》卷一三　惠愛井在縣前，極清令，夏月飲之，能除暑疾，且久旱不涸。弘治中，鄉官葉芳、張全、顧祥、張信重浚。正德十年，知縣吴彰德復立亭，扁曰爲惠甘。

清 王元弼《惠愛井記》（康熙）《零陵縣志》卷一二　井記非古也，余記之以其取義，有關乎世道、風俗、人心者也，非若古之所爲仙井、玉井、天子井、火井、二水井也。今井在余縣署之堂側，有數椽覆之，惠愛之名，未詳其何人始，更未知鑿自何年，□□□洌可飲，遠近居民汲此井之水者，時相繼□□□井之水，雖大旱亦不涸。或者曰，其井也，以遠近居民咸仰賴以爲食者，故以惠愛名之。余曰：不止此也，凡物之庇于人者，如山川草木，湖海魚蝦，泉池丘壑，與夫雨露風霜，何一非庇于人，而惠愛十人者哉。而人可不知惠愛乎，愛民則民聚，惠民則民興。惠愛行，上自天子諸侯卿，下而郡邑州長，莫不知所以惠愛，莫不知所以行吾惠愛。而民之遠近來歸，不于是井之義，益相發明哉。予故曰：井之義，有關于世道風俗人心者也。予視事零邑二年矣，于斯井也，實予鑒焉，豈若前此之仙曰玉井、天子井、火井、二水井耶。因爲文記之。

（康熙）《永州府志》卷八　惠愛井，在縣治前，水甚清洌，相傳脈通江水。

藝文

（道光）《永州府志》卷二上　惠愛井，前零陵令宗静軒有銘。銘曰：有來涓涓，原自大川。潤我蒼生，滋液萬年。厥澤孔宣，厥愛匪偏。勵乃惠心，長如此泉。

雜録

（同治）《江華縣志》卷一　白泉井，在白泉村龍泉廟前。深莫能測，相傳與零陵縣署前惠愛井同源。

惠通井

宋 蘇軾《蘇文忠公全集》卷一五《瓊州惠通井記》　禹貢：濟水入於河，溢爲滎。河南曰滎陽河，北曰滎澤。沱、潛本梁州二水，亦見於荆州。水行地中，出没數千里外，雖河海不能絶也。唐相李文饒，好飲惠山泉，置驛以取水。有僧言長安昊天觀井水，與惠山泉通。雜以他水十餘缶試之，僧獨指其二缶曰：此惠山泉也。文饒爲罷水驛。瓊州之東五十里，曰三山庵，庵下有泉，味類惠山。東坡居士過瓊，庵僧惟德以水餉焉，而求爲之名，名之曰惠通，元符三年六月十七日記。

（天啓）《衢州府志》卷一　惠通井，西隅竹巷口。

鷄鳴井

明 唐龍《漁石集》卷四《十六夜月鷄鳴雨》　凉月度清漢，邊城暑亦秋。鏡飛闕影動，珠孕海光流。今古千年嘆，關河萬里愁。鷄鳴井陌曙，風雨轉悠悠。

（雍正）《畿輔通志》卷二三　鷄鳴井，在正定縣北門月城内。相傳井傍有石，聲如小鷄，故名。

（雍正）《阜城縣志》卷八　鷄鳴井，在東關街南夥巷中。

（嘉慶）《龍陽縣志》卷一　鷄鳴井，縣西滄溪寺旁趙家井。

（光緒）《江浦埤乘》卷四　雞鳴井，在湯泉北關鳳凰橋詳後橋梁旁。昔人謂掘井時聞地下雞鳴，遂止，故名。

清 陶文彬《祀鷄鳴井記》（康熙）《彭水縣志》卷四　由鸉鳩井泝流而上可二里，曰雞鳴井。溪流淺溜，隤石錯列，舟楫不可至。就溪旁危石架獨木爲梁，攀鐵索以渡。山行榛莽荆棘中六七里，遥望茅屋數椽，星布兩山，非復鸉井之依崖而集處也。迺俛窺泉井，已在巉巖萬仞之蹊間矣。在徑介然，峻絶不能下，紆曲回繞，上尋溪流，轉達於井。兩崖峭立，山翠層覆，天光如線，仰不見日。於時春溪澄碧，時鳥弄聲，巖花馥郁，藤篠紛披。復有遥山猿叫，空谷鏘鳴，泠泠乎心凝，悠悠乎神遠，幾不知身之在何地也。予乃修祀事，訪井泉之故迹。或曰：泉出溪右洞石罅中，阻於危石，伏流引而左涌，井幹經幾百年，溪水沁其半，民困於修浚之失。傳巖左有小穴，穴上形如覆釜者三，今之竈鍋，蓋取式焉。旁有銘記，其文漫滅無可考。去井下十餘步，曰黄魚洞。每春月水溢，土人以小舟入洞，洞蓄水如沼，魚尤肥美，問其深，則無有泝其源者。又前數十步，一洞尤深邃，明末時土酋肆掠，居民避兵洞中，篝火而列，居者數百人，或曰有神處焉，謂之三皇洞。予竊疑造物者之爲此，若故以瑰怪奇奥者，供人之搜覽，又不列於通都大邑，而隱夫荒遠窮谷之中，爲貴游之士、墨客騷人迹所不到。即有好游者，亦不肯涉危險，親曆於巉巖萬仞之下，以探其怪奇。徒令樵夫埜叟，日游息焉。卒不能傳其迹，以顯於世。則雖有瑰怪奇奥之區，終亦歸於滅没。又不知造物者之果有意耶。予乃幸辱於此，復得假祀事，以搜覽其瑰怪奇奥者，在貴游之士所屏迹不到，予皆親曆之，而幸有獨得焉，則豈造物之果無意耶。而予於造物其亦可以無憾矣。或曰：昔有聞雞鳴於溪下者，浚之得泉，故曰雞鳴井云。

汲福井（喜雨井）

綜述

明 張邦奇《張邦奇集》卷一六《汲福井銘》　汲福井，不知造自何人，堙淪埋没，棄而不食者，不知凡幾何年。左方伯修江周公因有所營樹，偶得之，翳久而出，若固有待然。

（嘉靖）《湖廣圖經志書》卷二　汲福井，在布政司門左，年久而翳。正德丁丑，左布政周季鳳復浚，其水清冽，民利焉。

（萬曆）《郴州志》卷七　汲福井，在城隍廟。

明　郭正域《合并黄離草》卷二二　縣東南四十里，曰汲福井，在藩司前。

（同治）《安吉縣志》卷三　汲福井，在州治東。

清　陸文祖《汲福井記》（光緒）《井研縣志》卷三　考易井卦九三爻辭曰：井用汲，王明并受其福。迺知井之用，其功甚廣，其利甚遠，特無以汲之，斯不免井渠不食之嘆耳。兹當聖主，重華繼治，膏澤覃敷，海澨山陬，莫不同資汲引。西蜀素稱沃壤，武陽一邑，復以仙井名。今夏，余奉檄委署是邦，甫下車，見士女熙皞，鑿而飲者多藉井，以安其業，以厚其生。而來鳳書院舊有一井，其水更清冽可愛，奈地近通衢，爭汲者衆。余慮人迹錯雜，有妨於絃誦也。爰謀集紳士，改設於講堂後之東偏，鑿不數日，而水泉出。迺週以綺欄，甃以文石，甫試汲，而寒漿澹蕩，潸然浮上，殆與湧泉之文思互相顧瀉矣。都人士樂是井之成，乞錫名以紀實。余謂井之時義大，無不包，以之勵學，則欲其及泉而不棄也。以之布治，則羨其養物而不窮也。今諸生集同人以資麗澤，有得於汲之深，無慮夫綆之短，將見左右逢源，德崇業懋，有知人者，舉而用之，出淵深之藏，布清和之澤，上有功於國，下有利於民。其於井汲受福之義，洵有當乎，爰顏之曰汲福井。以慶地脈之祥，且以卜人文之盛也。遂書此，以壽貞珉。

傳記

（萬曆）《湖廣總志》卷六四　鄒應愽，寧宗時爲武昌尉。政和事舉，浚壽井、汲福井以便民。

紀事

明　劉績《汲福井記》（嘉靖）《湖廣圖經志書》卷一　正德戊辰，楚省外左敷政坊灾。又十年丁丑，省内左吏舍灾。適方伯周公公儀自右歷左之踰年，時水灾相仍，師旅連興，又加中使騷擾，財匱民迯。公極力補救，更新治體，遂次第營成，易敷政爲裕國，以配右安民，撤門外行馬，因得翳井，浚而深之，計三丈有六尺，瓦合爲甃□者六，泉突然濆出。夫地在天中，乘氣而□載水，而浮氣凝而爲水，水散而爲氣竅。小者通氣，大者通水，故泉出地之正脉不可改，猶人經絡之井滎俞經合也。瓦裹壁立，内致潔，外去法，疾風無濁浪，驟雨無潢潦，魚鰕黿鼉，梟鷗不能遺，溺浴字於中，非若江湖之納穢，頽沙失水真性也。且不在委巷，而當通衢往來，有公事者邂逅，洗耳目之塵，滌口吻之垢，沃心膂之煩，若醍醐金莖然。其施廣矣大矣，豈但閭閻日汲烹飲溉濯有禽而已哉。遂加石攔，構亭於上，問名於予。予曰，在易井九三，井渫不食，爲我心惻。可用汲，王明并受其福。是井不知湮没幾百年，非明公則終爲行道人傷惻而已，無由上出濟世，宜名曰汲福。惟汲則福，不汲安能福哉。就公喻之，非逢時得位，又安能踈荒政軍餉，根刷侵貸之弊，榜柳取佛之横哉。因爲之頌曰：

惟泉觱沸，亦既渫兮。隆冬獨温，氣蒸結兮。三伏獨寒，鮮暍爇兮。存之不盈，汲之不竭兮。愽施有常，比公奇節兮。

清　鄭驥《喜雨井記康熙五十一年》（乾隆）《興寧縣志》卷一〇　今春雨暘時，若咸占爲有年。及季夏之交，彌月不雨，堂臺林公以公出。驥憂旱，倉皇爲民請命。詣城隍祠，竭誠虔禱，每於禮拜之餘，尋覽古碑，知祠前有井，開於嘉靖間，堂臺魏公名汲福井。後數十年，瓦礫堆塞，城中之人至汲於城外，覿面相失，患亦甚矣。已而邀神之靈，次日大雨，四野沾渥，苗黍勃然，復詣祠申謝。遂謀之衆曰，雨澤泉流，皆天之所以厚民生也。此間古井，盍加浚鑿，況在城内，所關尤鉅。昔之官斯土者，深謀遠慮，豈可使良法美意，終等湮滅乎。衆韙之，欣然從事，徹底開掘，清泉混混，味亦甘美，覺雨澤固可大，而泉流亦可久。是得雨固喜也，得井又喜，名爲喜雨井，倣古喜雨亭之意。由是挹彼注兹，群黎遍德，五風十雨，物阜民安，均之汲王明之福也，其喜更當何如。乃序其事，勒之石，以垂永久云。

（乾隆）《興寧縣志》志一　新井，在城隍祠内。嘉靖間，知縣魏廷美鑿，名汲福井，歲久而湮。康熙五十一年，典史鄭驥浚之更名喜雨井，未幾又塞。乾隆二十三年，典史董偉浚復如故。

藝文

明　邵寶《容春堂集·續集》卷一《寄題湖南汲福井方伯周公儀視我井記有作》　昔之日，此井竭；今之日，此井渫。水由地中功上出，往來汲汲寒泉洌。六月焚如，道無渴叶。君不見，朝宗江漢在此州。水哉能止還能流，召棠蔽芾今歌周。

明　喬宇《汲福井成》（嘉靖）《湖廣圖經志書》卷二　翳井新開映列星，真從闤闠汲清泠。源通七澤來何遠，派出三湘味自馨。炎暑頓忘蘇道暍，歲時不竭仗坤靈。湖南臺澤施將遍，願采嘉名載水經。

明　秦金《汲福井》（嘉靖）《湖廣圖經志書》卷二　一脉香泉清且奇，恍疑仙向洞庭移。貪夫點撿寒心處，賢牧經營濟物時。亭豁八窗規甚偉，泉分六眼味何差。明瑩澄澈清如許，汲處源源福自隨。

賈太傅井

論説

清　陶方琦《漢孳室文鈔》卷四《賈太傅井專考》　光緒紀元之歲，新建夏糧儲，重建賈公祠，新其構宇，魏然奂然。其祠之後，傳有舊井，志言即賈公井，尚有太傅石牀及手植一柑。柑早槁無存，𨻶石牀猶在。其井亦圮窪，恐其湮沫，因而浚之，得專四五方，質狀堅𡉪，爲漢無疑。其文有大吉大吉，永寳宜子孫諸字，似篆似隸，古意疏落。夏公制其一爲硯，陳丹皆廣文，得其半以貽余，亦制爲硯。大吉二字皆完好，一面僅宜子字下缺安。古不紀元，但書甲子，漢成文景之間，始有其制，此專在漢成以前，故無紀元之字。太傅至今幾三千年，摩挲古物，洵可寳貴，較之五鳳黄龍，尤出其先，幸爲藏之，毋磨毋磷。

（光緒）《湖南通志》卷四一《長沙縣古城考》　賈太傅井，不詳何地，而以陶侃廟之賈誼井爲陶公井。葢不知漢時，臨湘故城在今城南，故并有此誤云。

綜述

（光緒）《湖南通志》卷一三　賈太傅井，在城中祠内。舊志，湘州南寺之東賈誼宅有井，水最深，上歛下大，狀似壺，即誼所穿井也。荆州記，成化中，知府錢澍復浚之。舊志，唐韓愈井詩：賈誼宅中今始見，葛洪山下昔曾窺。寒泉百尺空看影，正是行人暍死時。

紀事

清　李元度《天岳山館文鈔》卷一六《賈太傅井記》　自漢文帝元年，迄今二千五十有五年矣，古迹可考者，在長沙莫著於賈太傅宅。雖與定王臺并稱，然定王，景帝子，太傅仕文帝朝，爲尤古也。酈氏水經注湘州郡廨西陶侃廟，云舊是賈誼宅地，中有一井，是誼所鑿，小而深，上歛下大，其狀如壺，旁有一腳石牀，纔容一人坐，云誼宿所坐牀。又有大柑樹，亦云誼所植也。盛氏荆州記，湘州南寺之東賈誼宅有井，其稱狀與酈注同。樂氏寰宇記則云，上圓下方，杜子美清明詩，長懷賈傅井依然。韓退之詩，賈誼宅中今始見皆謂此也。井之詳於傳記者如此。今陶廟久别建，南寺無可考，石牀古柑并不存。惟井在德潤門内濯錦坊故宅旁，弇口廣腹，水清洌，居民飲食沐浴悉資之。綆汲者趾相錯也，殆所謂改邑不改井者耶。光緒元年秋，糧儲道兼權按察使夏公倡同官割俸，新太傅宅爲祠，闢祠後隙地爲池、亭，自有記。又以挈瓶者衆，巷狹不能容，乃拓而廣之。井則渫之，甃之幕之，旁舊有石欄，有古碑隊剝不可辨，擬補植柑於井眉。井今溢爲二，泉脈故相通，又引注祠後之荷池。明年夏四月壬午，公觴客於亭，汲井瀹茗，味甘冽，與白沙井埒。先是，寧鄉王處士得古甓於井中，製爲硯，其友汪君嘯霞聞公此舉，乃購硯供祠中。公櫝弆之，拱璧不啻也。公既屬楊駕部爲井銘，又以記屬元度。謹案應劭云，井者，法也，節也。言法制，居人令，節其飲食，無窮竭也。後漢李尤作井銘，遂闡其義曰：法律取象，不概自平，多取不損，少汲不盈。執憲若斯，何有邪傾。旨哉言乎。於賈太傅之學，若冥契焉。史稱賈生明申商，又所陳一制度、定官名、更秦法諸策，莫不有節制之義。然則慕效賈子者，觀於井，固可得其大凡哉。宜乎流澤孔長，歷二千餘年不改也。是歲四月甲申，平江李元度記。

劍井

綜述

宋 王象之《輿地紀勝》卷六　劍井。旧風土記云，葛仙翁駐馬之地，蓋其秀氣所鍾，類多顯異之材，挺生此邦。前宰公陸元光立石紀之。

（咸淳）《重修毗陵志》卷一五　小井，一名劍井，在縣東九里。《風土記》云：葛仙翁駐鶴之地，有白氣亘天如虹。靖康初，令陸元光爲記，謂嘉祐壬寅，胡文恭宿爲副樞。元祐戊辰，胡修簡宗愈爲右丞。熙寧癸丑，余吏部中魁廷試，邵鄉史剛魁南省，邵司業祊魁開封。元符庚辰，蔣魏公之奇入西樞。率前一歲，氣輒見，人以爲秀異所鍾，此其證應云。

（天順）《明一統志》卷一〇　劍井，在府城東南二十里，亦名小井。風土記葛仙翁駐馬處，郡人將有拜樞相擢大魁者，是井輒先一歲有瑞氣，氳氳累日。邑宰陸元光嘗立石紀其異。

又 卷五〇　劍井。在浮梁縣治東。相傳晋蔺真人卓劍處，其水清冽，大旱不竭。

（嘉靖）《江西通志》卷四　劍井，在奉新縣南鄉十都羅塘大澤村。井在大石中，石橫闊五尺，深六尺，徹底皆石，色純紫。相傳許眞君自栢林得劍，至此試劍，透石爲井。

明 孫愼行《玄晏齋集》卷三《劍井記庚申五月二十日**》**　域之東丁堰有劍井，相傳葛仙翁曾負劍入，故名。每郡有高科第，井輒光燭天，人稱爲瑞井，廢久矣。每舟過，人皆指河中有泉。頃泉從岸湧出，不竭且甘，土人某即地亭之謂。是瑞比光燭更大，不知兆應更何似。說者謂仙人冲舉出世事也，其於科第，世事何相關切。余曰，非也。凡仙道非獨了一身也，其生平必積德，累行功澤贍世，而後精神完白，脫凡以仙。如張思許祖除邪救灾，寧濟人不知幾百萬，在在有井泉光怪，今葛仙非是類邪。夫生而積功澤於一時，仙而遺功澤於世世，其望國家之長有善人，而善人之長爲國家用，不啻農夫之望苗，而慈父母之望嬰兒也。其爲科第瑞焉，而開之先，亦何足異。城之東有塔院寺，郡每高科第，塔上下輒紅光燭天，甚有晝見者。城之南有清凉泉，僧言疾疫時，人持歸飲輒瘳，泉即在大士座前。蓋仙佛之於世，數數頓如此。

（乾隆）《江南通志》卷三二　劍井。在陽湖縣永豐東鄉。《風土記》云，葛仙翁駐鶴地，有劍躍入水，白虹亘天。

（道光）《浮梁縣志》卷三　劍井，在河東清源觀，深五丈，口類插劍形。

清 金桂馨《逍遥山萬壽宫志》卷九　劍井，在縣南大澤村羅塘。井在石中，石横五尺，色純紫。相傳旌陽逐蛟試劍於此，透石爲井。井凡三口，一深丈餘，其二皆深丈五六尺，徹底皆石，迥異他井。

紀事

元 佚名《氏族大全》卷二《劍井瑞氣》　余中，熙寧中狀元及第。常州有劍井，先一歲，瑞氣氤氳上騰數日，乃大魁之讖也。

明 王穉登《王百穀集十九種·紀程第二》　又五里曰劍井，曰白家橋。劍井中相傳有寶鍔，往年白虹貫日，唐中丞嘗見之。

（嘉慶）《清一統志》卷八六　劍井。《輿地紀勝》葛仙翁駐馬之地。郡人有拜樞相擢大魁者，皆先一歲瑞氣氛氳，升騰累日。邑宰陸元光立石紀之。《明一統志》，在武進縣東南二十里，本朝乾隆四十五年，高宗純皇帝南巡，有御題劍井詩。

藝文

元 謝應芳《龜巢稿》卷四《劍井》 余家劍井邊，不飲井中水。要令生瑞氣，藹藹見多士。古甃暗莓苔，贏缾委泥滓。黃河今復清，豈獨長已矣。

又 卷五《結茅東郭歲晚言懷八首》 季子躬耕地，寥寥禮讓風。度遼歸老鶴，遵渚集飛鴻。土姓多相雜，鄉音舊不同。獨憐東郭外，劍井氣如虹。

又《兒子木蒙釋屯種而歸詩以志喜》 老烏失孤雛，嗷號鳶臺前。鳶鳴徹九閡，德澤降自天。鉄籠放雛歸，渴飲劍井泉。井泉非不甘，飲之不下咽。念我老病烏，肺肝烟火然。返哺知幾時，骨肉且生全。牖户尚綢繆，羽衣復翩躚。衆烏喜聲集，卉木同春妍。援筆紀離合，執徐洪武年。

又 卷六《六月八日得次子詩并書久旱高田未秧是夕連雨三日喜而和之》 新鄭書來劍井邊，方將陰石捶荊鞭。雷霆夜坐三更雨，江海寒生六月天。不惜空囊沽緑螘，從教破屋濕青氈。北窓風響蕭蕭竹，如聽南薰奏五絃。

明 程敏政《篁墩集》卷六九《分得劍井送濮用昭兵部公差便道還毗陵》 毗陵東城隅，劍井千尺深。當年葛仙翁，駐鶴曾幽尋。有時靈秀碏，白虹出其陰。魁材與碩輔，秉毓人争歆。濮君兵曹彦，家住此水潯。奉檄向江南，薰風惜離襟。安舟載老母，甚遂平生心。頗聞井中氣，耿耿發自今。願保忠孝期，爲子歌好音。

明 何景明《大復集》卷一三《古愚翁挽詞》 古龍啾啾啼劍井，井底秋泉七星冷。漪蘭堂上瑟不鳴，嘆調空懷金石聲。劍亦不復得，瑟亦不復聞。悠悠何處尋封君，何處尋封君。林壑幽魂風雨黑，錫山崔嵬暮峰影，吴江慘澹秋波色。江之南，山之北，松梧幾樹封君宅，來往徘徊嘆行客。

明 秦夔《五峰遺稿》卷九《劍井》 候氣争傳此最靈，一泓寒水碧澄澄。仙翁鶴駕今何在，科第人才謾足徵。千丈光芒騰壁宿，百年文運盛蘭陵。近來又説中天見，應報先生自此升。

明 王鏊《震澤集》卷七《河橋舟發歸途作》 伐鼓侵星發，吴門此日還。斷澌溪漲潤，融雪隴痕斑。劍井來寒樹，銅棺失暮山。衰年仍事役，翻羡白鷗閒。

明 邵寶《容春堂集》卷一二《夜坐復用韻寄與成》 夜聞雷雨過前峰，忽見浮圖在眼中。最喜江城增勝槩，却愁山鬼妬成功。白雲影護無聲瀑，碧海光摇不霽虹。東望怡亭西劍井，路人傳識定應同。

明 唐順之《荆川集》卷二《劍井行時有白氣屬天》 仙人擲劍不記年，至今光恠猶未歇。薄蝕日月騰金晶，青天倒挂雙白蜺。曾斬妖蛟帶腥氣，寒泉滿甃誰敢汲。只恐仙人求故物，但看水底飛霹靂。

明 童佩《童子鳴集》卷二《賦得劍井送湯憲副》 寶鍔曾留此，千年尚有名。星辰片雲識，風雨半江生。鍊想古人迹，功知烈士成。張華在當路，寧使久延平。

明 俞允文《仲蔚集》卷四《龍別駕黔中八景圖歌》 三江浩浩波連山，金龍嵯峨出雲間。遥看落日下蒼藹，孤帆不動浮澄灣。還聞三洞剖半壁，攢靈叠恠與世隔。一朝神累敞花坊，自是游塵日交積。別有孤峰削不成，天開秀色青峥嵘。昭王空營古劍井，寒泉明青陂曉霧。

明 陳邦瞻《荷華山房詩稿》卷一二《重過妙真宫與静軒道士話舊賦二首》 舊識松門古，重游竹逕深。林聲生爽籟，簷影落疏陰。劍井波還細，丹爐氣久沉。尋仙空有約，已失向來心。

明 孫慎行《玄晏齋集》卷三《劍井庚申五月十四日**》** 長川何始去何終，決決溪泉快與東。始信乾坤大冶在，轉疑關鑰寸心通。天空何處尋玄鶴，地勝偏能浴采虹。莫説仙蹤常遠世，道傍林下倘時逢。

又 白髮悠悠碧草明，乍來曠野使人驚。二三客到閒中事，千百年來世外名。斷續烟霞帆檻影，朝昏風雨寺鐘聲。道人解得仙翁意，勺水還應結普盟。

又 嘗來恰喜不沾泥，汲後俄看復滿池。靈眼寧容塵土掩，妙緣應遣衆人知。此仙此事久寂寞，他井他山遠負持。亭下徘徊誰忍去，扁舟方趁夕陽遲。

清 方孝標《鈍齋詩選》卷九《劍井》 河中有井，相傳葛仙翁駐隺之所也。仙翁昔負劍過此，剑忽躍入井，後嘗有白氣亘天如虹。宋元來，凡郡有封拜及魁多士者，氣輒見，人以爲異云。

龍躍古潭空，秋旻亘白虹。相傳飛隺地，曾駐葛仙翁。斗氣兮川秀，奎章兆國工。若逢求舊日，定出倚崆峒。

雜録

明 錢溥《劍井禎應記》《常郡八邑藝文志》卷三上 劍井，在常州府城東十五里。景泰辛未春正月，有白氣亙天如虹。其年三月，王學士與廷試第三人。明年，胡尚書濙進少傅兼太子太師。鄉人謂是地，世傳葛仙翁駐鶴之所，其氣自宋嘉祐壬寅胡文恭宿爲副樞，元祐戊辰胡修簡宗愈爲右丞，熙寧癸丑佘史部中魁廷試，邵御史剛魁南省，邵司業材魁開封，元符庚辰蔣魏公之奇入西府，率先一歲而見。見輒有應，載諸陸元光記中，昭然可考。曆南渡入元而抵國朝，三百有餘年不見，而人材亦未有登甲科，拜師傅，如二公之克協者。光岳之氣，分而復完，完有遲疾，應亦隨焉。昔從井中出，今從河中騰上，或井在河中，而今井蓋別穿者，地鍾靈異於人，固不限乎井，然非井無以識其地。成化五年，府同知謝公聞而異之，重植一亭覆其上，以書謁記，將鑱石以示永久。夫天生材與地合德，氣必先之，凡一草木之華，得氣之充者，往往兆瑞於人。況是氣氤氳騰達，上燭於天，下胚於地，娠賢毓秀，爲時之憲。噫，霜降而鐘鳴，礎潤而雨至，一氣潛孚，默運於亭，毒之表開，必有先興，必有禎驗乎，斯井豈虚其應。然前非記無以證於今，今非記何以證諸後，後其有證以續應於無窮。蓋允賴謝公，克昌斯文，以成其美。公名庭桂，山西蒲州人。景泰癸酉解元，由上舍佐府，治有善政，蔚爲士林所推重云。

（道光）《浮梁縣志》卷二〇 清源觀，內有劍井、滦谷軒。又昌江八景金鰲背穩、雙溪夜月即此地。元末兵廢，明洪武間重興，末燬。

（光緒）《江西通志》卷五二 天堂山，在金溪縣西南五十里。周十里，與鳴山對峙，上有劍井，大旱不竭。

澆藥井

綜述

清 厲鶚《樊榭山房集·文集》卷七《澆藥井銘并序》 馬君嶰谷，穿井於小玲瓏山館之陽，得水清而恬，色白如乳，甎甃四旁，上覆磐石，而穴其中以汲。地統潮，故乾不竭，有厚積之道焉。脈通淮，故雨不溢，有持盈之道焉。是井也，使居市闤間，則洮類湅浣者汩之，將異卉之羅生，上品之蘦藡，仰雨于天而不得，其溉者何限邪，善其得地與用，故命曰澆藥之井。於是樊榭生爲之銘曰：圓瀾不翻，穴彼雲根，柳汧鳳門，畹盈珍叢。續綆連筒，春葩決紅，夏嘆芝焚，啓幕出雲，灑葉遠聞。瀊垂斗筐，埶咽銀牀，冬回微陽，靈源幽修。潛竇仰流，乃應物求，中有黄芽，漱嚥孔嘉。孰爲唾邪，霢霂三田，逍遥永年，視此珉鐫。

藝文

唐 姚合《姚少監詩集》卷七《題田將軍宅》 焚香書院最風流，莎草緑墻緑蘚秋。近砌別穿澆藥井，臨街新起看山樓。棲禽戀竹明猶在，閑客觀花夜未休。好是暗移城裏宅，清涼渾得似江頭。

清 馬曰琯《街南書屋十二咏》《淮海英靈集·乙集》卷三 井上二楊柳，掩映同翠幕。空瓶響石闌，寒泉濺芒屩。澆藥井。

清 馬曰璐《街南書屋十二咏》《淮海英靈集·乙集》卷三 井華清且甘，靈苗待灑沃。連筒及春葩，亦溉不材木。澆藥井。

清 厲鶚《樊榭山房集》卷六《題秋玉珮兮街南書屋十二首·澆藥井》 久視託靈苗，仰流資灌溉。際曉轆轤聲，眾芳欣所在。

又《樊榭山房集·續集》卷一〇《閱金經南呂宮·澆藥井》 抱甕忘機事，栽花消俗緣。中有桐君上品傳。泉，飛流當暑天，雲漿嚥，主人平地仙。

清 戴文燈《静退齋集》卷五《伏暑題汪柯山表叔行看子有懷草堂舊游三首》 小山桂之樹，勝集舊游曾。澆藥井華冷，生香竹素凝。席移因水檻，簾捲待風燈。便擬乘潮下，秋堂許重登。

清 樊增祥《樊山集》卷一五《賃廡與吴子修慶坻**翰編比鄰奉簡一首》** 好竹連墻唤可鹰，前身同是理安僧。十年交臂西湖雨，五字如餐内賜冰。君杭州人，與余有連，又工詩。曩游西湖，恨未見。泉脈互通澆藥井，壁光分與讀書燈。兩家共住垂楊下，几席春來緑不勝。

雜録

清 錢泳《履園叢話》卷二〇《小玲瓏山館》 揚州馬主政，名曰璯，字秋玉。住東關街，好古博雅，考校文藝，評隲史傳，旁及金石、書畫、鼎彝、古玉、玩器諸物。與其弟曰璐俱能詩，好客，爲東南壇坫所居，曰小玲瓏山館。有看山樓、紅藥階、七峰草堂、清響閣、藤花書屋、叢書樓、覓句廊、澆藥井、梅寮諸勝，今亭樹依然，惜非舊主人矣。

金鷄井

綜述

(淳熙)《三山志》卷三三 金鷄井，越王井中有金鷄，昔牧羊兒見之，因以石投，久而聞聲，後不復見。

宋 王象之《輿地紀勝》卷一二八 金雞井，在州城懷安寺。越王井中有金雞，牧羊兒見之。

(弘治)《八閩通志》卷四 金鷄井，在乾元寺内。相傳昔有牧羊兒常見井有金鷄，久乃聞聲，因以名其井。

(嘉靖)《惠州府志》卷五 金鷄井，縣西二里。相傳邑人於此見金鷄，掘地得泉，飲之愈疾。

(嘉靖)《湖廣圖經志書》卷二 金鷄井，在金鷄山。相傳昔有金鷄□于山，遂入此井，故以名金雞井焉。

清 葉良杞《金鷄井記》(光緒)《羅田縣志》卷七 鳳凰關外有金雞井焉，或曰昔有仙人，雞鳴度關，汲此井飲，遺一金，故名。又曰，初掘井時，土人獲一金，篆刻雞形，故名。二説未知孰是。第覺其色清如鏡，其味美如醑，其氣凛若冰霜，其功有便於居人，有濟於行旅，獨惜其僻在山陬。與凡井同，而名竟莫之達也。夫世之阨於時地者，獨井也與哉。使其當通都扼勝地，如武庫青龍，見盆城紀石銘。洛城有五色氣，載之簡編，傳於累葉，津津然膾炙人口。即不然，得一文人學士寄迹，其間投其契好，播之歌謡，如暗井以東坡傳，石井以錢起著，其彪炳人世，當何如也。乃竟自抱清溪，一任行路者之悠悠相視，何湮没至此。予以壬戌中副車，厥後不博一第，遂悠然有泉石志。時與同人游於關，關中人汲此水以烹茶，飲而甘洌，沁入肝脾，得世外味，自是或月一至，必索此水而飲之。意者井之與吾爲緣與，抑吾之與井爲緣與，爰秉筆而爲之記。

(光緒)《重修安徽通志》卷四六 金雞井，在府城北廣教寺右。唐黄檗禪師建寺千間，其樹皆羅漢松，相傳禪師募化安南，限樹某日自運至山。是日，有二金雞相鬥入井，松即隨泉涌出，後寺灾燬，一木尚横井口。

藝文

清 李天植《李介節先生全集·前集》卷四《廣教寺懷古即黄檗師道場，灾于火，有金鷄井，游敬亭者道必經此**》** 叢竹蕭蕭覆短墻，昭亭雲屐此津梁。道傍古井生秋草，門外浮圖對夕陽。高礎有基游鹿豕，殘碑無字問隋唐。空山不見裴公美，誰念吾師舊法堂。

雜録

(康熙)《咸寧縣志》卷五 金鷄寺，在三都金鷄山。天順五年，僧道清重修，上有金鷄井。

金泉井

綜述

（嘉泰）《會稽志》卷一一《井》　金泉井，在縣西。今爲居民徐氏園。每縣務醖酒，取汲於此。士大夫家釀，亦多用之。故縣多名酒，所謂釀泉爲酒泉香，而酒洌者，信有之。

（天順）《明一統志》卷三四　金泉井，在興安州治東，取金生水之義爲名。

（萬曆）《紹興府志》卷八　金泉井，在縣西一里。嘉泰志云，今爲居民徐氏園，每縣務醖酒，取汲於此。士大夫家釀酒，亦多用之，故縣多名酒。亦名酒泉，縣新志云，其色瑩潔，今蠶繅用焉。

（嘉靖）《蕭山縣志》卷一《金泉井》　净土山其麓，有金泉井。

（光緒）《興文縣志》卷一　金泉井，在梅嶺下。

（雍正）《雲龍州志》卷六《金泉井》　金泉井，距州署半里，出西山下，近沘江，江高井低，春冬江水落，滷微鹹，夏秋積雨，江水浸入，滷味淡。其井深四丈餘，方三丈，置水車於上，輪流翻轉挽滷。值江漲之時，每加夫二十餘名，扯淡水使盡，日得滷四百二十背，散給四百二十小角。一名河邊井，在正井之南三十步，視金泉井微狹，日給滷一百四十背，味淡。夏秋正井水多，則棄而不汲。春冬正井水涸，則以此滷挽分，補足額數。每角日支滷一背，積月共三十背。以先汲之滷熬極鹹，燒灶使滲入土內，隨折毀此灶，將土掩入後汲滷內，名曰工本土。砌大灶一圍，安銅鍋十三口，擦以油，將浮面清滷熬四晝夜成沙。僱匠捏塊如燈臺樣，色黄白。春冬獲鹽九十六七八斤，夏秋滷淡，獲六十餘斤。次月照前燒灶，輪環周轉。舊灶土燒滷多者，常溢出三四斤，新灶土澆滷少者，常不足三四斤。柴自蘭州、順盪一帶砍伐，前一年運入溪側，監木閘水，積日使多，徒放冲行，名曰水倉。一次僅行半里，如此數十次，方到江畔。至春，沘水涸放入，沿江巡推，積月方至。煎鹽百斤，約費柴七八十筒，春間野柴四至，約值六七錢餘，夏秋連雨，長至七八錢，煎辦之費，不在此內。原産五井，一名金泉，一名河邊，一名石縫，一名民居，一名雒馬。其三井因地震滷洩，久已湮没，課皆并於一井，附井居民四百餘户。

藝文

清　陶元藻《泊鷗山房集》卷二八《過金泉井偶成》　汲引何曾少，沈淪偏獨深。虚涵利用志，清鑒在山心。花雨臨流羡，松風抱甕尋。識高輪陸羽，悵望到而今。

雜録

（嘉靖）《蕭山縣志》卷二　金泉井亭。在净土山麓，郡守洪珠題。

又　卷六　隆興寺。在金泉井東。晉將軍隆吉建題曰，隆興。後名接□院，宋乾道五年，僧請于府，乞以舊額歸焉。至正間毀，今永樂初重建。

金沙井

綜述

（咸淳）《臨安志》卷二三《金沙井》　金沙井，舊在廣化寺。白樂天嘗酌此泉，甘美可愛，視其地沙，光燦如金，撥以杖皆黑，今在延祥觀。

宋　王象之《輿地紀勝》卷一六一　金沙井，在葛仙山。晁公逆詩云：客來酌此水，沙净色黄金。當時轍有鮒，今日并無琴。

（天順）《明一統志》卷五八　金沙井，在府治西北，水極清洌。

（成化）《寧波府簡要志》卷一　金沙井。龍湫也，阿育王山後。旱禱輒應，本朝歲以六月十八日祀之。

（雍正）《浙江通志》卷一三　金沙井，四明龍薈，在縣東五十里阿育王寺東一里許。兩山夾路，陰沉可畏，有龍井七。舊名瑞井，又名聖井，又名鰻井，二鰻游泳，來去無常。邦人禱雨累驗。宋元祐元年，賜靈淵廟額。

（嘉慶）《清一統志》卷三五四　金沙井，在益陽縣南。後漢書郡國志益陽注荆州記曰，縣南十里有平岡，岡有金井數百，淺者四五尺，深者不測，俗傳云有金。人以杖撞地，輒成井。水經注，資水南十里，有井數百口，古老相傳，昔人以杖撞地成井。或云古人采金沙處，莫詳其實也。

紀事

（道光）《廣東通志》卷三三一　嘉靖癸丑，三水縣胥江華山金沙井，泉甚清洌。秋八月，水忽變赤，有腥氣不可食者，三日復舊。九月，强賊流刼，殺人甚衆。

藝文

唐 李商隱《李義山詩集》卷三《昭郡》　桂水春猶早，昭川日正西。虎當官路恤，猿上驛樓啼。繩爛金沙井，松乾乳洞梯。鄉音吁可駭，仍有醉如泥。

宋 楊蟠《金沙井》（淳祐）《臨安志》卷八　細細沙痕落，流金在井泉。山人邀我飲，化骨共爲仙。

宋 郭祥正《青山集》卷三〇《金沙井》　泉脉應通海，沙痕漾細金。成仙吾未必，一酌洗煩心。

宋 徐集孫《竹所吟稿·金沙井》《江湖小集》卷一六　修綆垂缾自汲深，水澄沙瑩幾星金。分明不與貪泉比，莫爲金沙起利心。

宋 董嗣杲《西湖百咏》卷上《金沙井》　在孤山前，樂天嘗酌此泉，謂其甘美可愛，視井傍沙，光粲有金星。寶祐初，井前重建墨溱堂，御扁德馨。

沙漾金星湧活泉，虛堂龍染德馨懸。朱繩汲冷梅林外，翠甃圍凉桂洞前。石鼎烹茶非異事，井闌鐫字是何年。西南雲擁仙人屋，品酌今誰想樂天。

又《和韻》　金沙燦燦映清泉，絲綆嘗将碧甕懸。斞灌嘉蔬流竹下，汲煎芳茗傍花前。不因白傅留題品，那得皇家紀歲年。堪笑尋芳往來者，有人坐此欲觀天。

明 偶桓《乾坤清氣集》卷一四《南山詩》　山在龍虎山南，張宗師藏劍之地曰丹丘。有小洞門、玉津澗、月橋、天鑒池、金沙井、躍雪泉、漱雲亭、山雲閣、丹桂塢、桃花源云。

江左群山囿，仙丘倚太霞。上清分亢爽，南谷抱谽谺。臺觀黄瓊宅，林巒赤虎家。天池開寶鑒，日井射金沙。桂貫秋岩粟，桃烘曉岸葩。泉香通美竹，雲液漱靈芽。俯澗松偏潤，緣崖徑自斜。幽亭宜水遶，晴閣喜嵐遮。神烏丹扃秘，玄闕紫氣賖。石橋留月色，銀浦渺星華。願解延陵劍，終乘博望槎。臨風一邂逅，食我棗如瓜。

明 范欽《天一閣集》卷九《朱大尹禱金沙井獲雨二首》　窈窕古龍宫，遥當太白東。金沙齊擁霧，玉澍亂兼風。禾黍蒼茫外，人家笑語中。知君虔禱意，蚤已格玄穹。

滿地愁妖魃，单車謁上靈。忽驚雷破壑，不覺水流腥。野接湖江白，春回草樹青。憑將父老頌，萬里達明廷。

明 劉仁本《禱雨金沙井》《明州阿育王山志》卷一〇上　□乞天瓢走謁龍，秉情曾到育王宫。萬年舍利孤幢在，一脉靈泉九井通。雲氣合來鰻出水，雨聲隨至鳥呼風。應須三日甘霖遍，太守同歸造化功。

明 釋體元《錢教諭紳祭金沙井次韻》《明州阿育王山志》卷一〇上　每羨良儔共懽賞，故舊江湖惜長往。錢公與我方外交，幾度馳神勞渴想。謁龍禱雨當深秋，摩挲石刻詢來由。致祝宣文禮初畢，金沙聖井偕優游。適欲分襟鄮峰下，涉嶺凝眸猶駐馬。半溪流水響鳴琴，兩岸青山列圖畫。日回西崦穿洞天，垂鞭緩步凌危巔。薄暮夷猶極清興，新詩走筆如涌泉。人事紛拏塵夢裏，今古那能究終始。全身脫略惟子房，四皓虚譽傳角里。肯從晦迹專一丘，丹崖翠壁居深幽。不解施工輔名教，譬植黍稷空無收。先生讀書只一過，雄辨高談驚四座。横霄老氣尚崢嶸，陽春白雪難爲和。聖賢奥閫誠莫窮，鬱然丘壑蟠胸中。挹露忻看階畔菊，迎風愛聽簷前松。眷彼儒釋復何異，磊落奇才豈徒爾。明經足繼程伊川，振世奚慚錢若水。論文最喜眞意濃，情懷傾倒嗟同風。未擬過逢到城郭，凭欄矯首雲溟濛。

明 王應鵬《游育王寺》《明州阿育王山志》卷一〇上 中條一支路，十里夾青松。龍卧金沙井，雲依玉几峰。殿鍾聲裊裊，花澗水淙淙。惠遠相聞久，無因識道容。

明 樂長卿《金沙井》《明州阿育王山志》卷一〇上 金沙耀日水溶溶，中有靈鰻解化龍。親見旱時曾應禱，山川六月雨漫空。

明 釋自學《次十境韻》《明州阿育王山志》卷一二 鄮峰東畔金沙井，千古潛藏護塔龍。邑令年年卒奠祭，大施甘澤灑長空。

明 薛仕銘《過玉几二首》《明州阿育王山志》卷一二 勝地從來入品題，不須掬水覓曹溪。金沙井潔群龍蟄，玉几峰横一案齊。塔影遥分天上下，鈴聲遠拂樹高低。我來今日登臨罷，謾向松陰散馬蹄。

明 清源本《次十景韻》《明州阿育王山志》卷一二 金沙三井鄮峰東，雜布金星漾活龍。聞説昔年多感應，炎天施雨滿瑶空。

明 張瓚《游廣利寺》《明州阿育王山志》卷一二 萬松夾道隱鳴鐘，望入承恩紫氣重。古陌行詢馴野雉，禪堂延話起潭龍。雲霞長護金沙井，日月平臨玉几峰。記得坡翁曾解帶，公餘猶得暫從容。

明 李德斷《同趙學憲徐侍御宿阿育王寺》《明州阿育王山志》卷一二 日日登臨未擬還，更尋别徑訪松關。毒龍潛伏金沙井，靈鷲高飛玉几山。月照清池僧榻净，雲封紺殿佛燈閒。知君共有談禪興，不厭華簪對白綸。

明 釋畹荃《金沙井》《明州阿育王山志》卷一五 自古能神應，澄泉在碧嵌。山川遺勝地，碑碣豎重巖。雩祭潭雲黑，靈翻海雨鹹。空亭斜日外，古甃石巉巉。

雜録

（咸淳）《臨安志》卷七九 廣化院，在北山，舊在孤山。天嘉元年建，名永福。大中祥符改今額，有白公竹、閣栢堂、水鑒堂、涵輝亭、凌雲閣、金沙井、辟支佛骨塔。

宋 周密《武林舊事》卷五 四聖延祥觀，有韋太后沉香四聖像、小蓬萊閣、瀛嶼堂、金沙井、六一泉，餘見御園類。

（雍正）《廣西通志》卷一四 金沙池，在府治東南隅，即金沙井。

又 金沙泉，在府治東半山中，有泉清洌，能蘇瘴癘。唐李義山詩『繩爛金沙井』是也。

（光緒）《廣州府志》卷一二 龍坡山，在城北五十三里胥江都。即華山也。下有地藏寺龍真堂，明增建文昌閣其上。嘉慶十八年，建大魁樓於山麓。又有真武廟，廟前金沙井，味極清洌，前有青雲橋。山之東北約二百步有雞騰圃，舊傳李仙飛昇，餘藥臼於其間，鄰雞食之，亦上昇，故以名圃云。據張府志、三水志參修。

又卷八九 華山寺，在城東内，有金沙井、鬬龍鐘、僧復庵、洗鉢泉。據郝通志、金通志參修。

景陽井

論説

宋 歐陽修《歐陽文忠公集》卷六《唐景陽井銘開元二十一年**》** 右景陽樓下井銘，不著撰人名氏。述隋滅陳，叔寶與張麗華等投井事，其後有銘以爲戒。又有唐江寧縣丞王震井記，云井在興嚴寺。其石檻銘有序稱余者，晉王廣也。其文字皆磨滅，僅可識其十一二。叔寶事，前史書之甚詳，不必見於此。然録之以見煬帝躬自滅陳，目見叔寶事，又嘗自銘以爲戒如此，及身爲淫亂，則又過之，豈所謂下愚之不移者哉。今其銘文，隱隱尚可讀處，有云：前車已傾，負乘將没者，又可嘆也。嘉祐八年十二月二十六日書。

明 熊明遇《文直行書詩文・文選》卷一六《金陵四十景記・清

涼環翠》 石城清涼寺，起于南唐，山頂有翠微亭，亦南唐時所建。又有暑風亭，乃李後主避暑殿故址，門内有胭脂井，尚存。而人以爲陳後主與張麗華所避景陽井，非也。其井在今盧妃巷，有文曰辱井。登山之冢，江山色相，若在掌握中。寺亦新飭宏廠，南都貴官，治張無虛日。

（嘉慶）《重刊江寧府志》卷八 景陽井，一曰胭脂井，一曰辱井，今在雞鳴寺前施食臺。後世謂即陳後主與張麗華、孔貴嬪避兵處，事見後主本紀。相傳井闌上以手拭之，作胭脂色，故名。按，俗以此井爲即古井，非也。

綜述

宋 張敦頤《六朝事迹編類》卷上《景陽井亦名胭脂井**》** 臺城中景陽宫井也。按《南史》：隋克臺城，陳後王與張麗華、孔貴妃俱入井，隋軍出之。故杜牧之詩云：三人出眢井，謂此也。其井有石欄，上多題字。舊傳云，欄有石脉，以帛拭之，作胭脂痕。或云石脉之色類胭脂，故云。圖經不載。楊修之有詩云：擒虎戈矛滿六宫，春花無樹不秋風。蒼惶益見多情處，同穴甘心赴井中。唐李白金陵歌曰：石頭巉巖如虎踞，凌凌欲過滄江去。鍾山龍盤走勢來，秀色横飛歷陽樹。四十餘帝三百秋，功名事迹隨東流。白馬小兒誰家子，泰清之歲來關囚。金陵昔時何壯哉，席卷英豪天下來。冠蓋散爲雲霧盡，金輿玉座成寒灰。扣劍悲吟空咄嗟，梁陳白骨亂如麻。天子龍沈景陽井，誰歌玉樹後庭花。此地傷心不能道，目下離離長春草。送爾長江萬里心，他年來訪商山皓。

（景定）《建康志》卷一九《井泉》 景陽井，一名胭脂井，又名辱井，在臺城内。陳末後主與張麗華、孔貴嬪投其中以避隋兵。其井有石欄，多題字。舊傳云：欄有石脈，以帛栻之，作胭脂痕。或云石脉色類胭脂。案曾南豐集辱井銘曰，辱井有篆文云：辱井在斯，可不戒乎。并下文共十八字，在井石檻上，不知誰爲文。又有景陽樓辱井銘。又有陳後主叔寶辱井記云：江寧縣興嚴寺井石檻銘，莫知誰作也。今皆磨滅，唯辱井銘數字，仿佛可辨。

（嘉慶）《清一統志》卷七三 景陽井，在上元縣北。建康志一名胭脂井，又名辱井，在臺城内。《輿地紀勝》：今白蓮閣下有小池，面方丈餘，或曰即景陽井。

紀事

宋 吴曾《能改齋漫録》卷一一《王元甫有詩名》 動地隋兵至，君王尚晏安。須知天下窄，不及井中寬。樓外鋒交白，溪邊血染丹。無情是殘月，依舊照闌干。廬山王元甫紹聖間敕賜高尚處士，所作景陽井詩也。東坡嘗跋云：余聞江南王元甫、郭功甫，皆有詩名，余南歸，過九江，因道士胡洞微求謁之。元甫云：吾不見士大夫五十年矣。竟不可見。後予過秣陵，有以元甫景陽井詩示予。乃知其得名不虛也。

明 徐應秋《玉芝堂談薈》卷二四《胭脂井》 秣陵臺城内胭脂井，一名景陽井。陳後主避隋兵，與張麗華投此，因名。陝西臨洮府西有胭脂嶺，云吕布胭脂馬産此。福州侯官縣北嶺，有胭脂團，膏潤不毛，四時紅煒。相傳忠懿王郡主梳妝樓在焉。膏潤紅煒，脂粉之餘注也。又崇德縣千金鄉有洗足灘、胭脂滙，以西子事附會之。吴宫故事，有香水溪，乃西施浴處，又呼爲脂粉塘。吴王宫人臨妝於此。又鄖陽府房山有粉水，蕭何夫人於此漬粉，鮮潔異常。

藝文

唐 李白《李太白集》卷七《金陵歌送別范宣》 石頭巉岩如虎踞，凌波欲過滄江去。鐘山龍盤走勢來，秀色横分曆陽樹。四十餘帝三百秋，功名事迹隨東流。白馬小兒誰家子，泰清之歲來關囚。一作白馬金鞍誰家子，吹唇虎嘯鳳凰樓。金陵昔時何壯哉，席捲英豪天下來。冠蓋散爲烟霧盡，金輿玉座成寒灰。扣劍悲吟空咄嗟，梁陳白骨亂如麻。天子龍沉景陽井，誰歌玉樹後庭花。此地傷心不能道，目一作日下離離長春草。送爾長江萬里心，他年來訪南山皓。

唐 李商隱《李義山詩集》卷六《景陽井》 景陽宫井剩堪悲，不盡龍鸞誓死期。腸斷吴王宫外水，濁泥猶得葬西施。

唐 黄滔《黄御史集》卷一《景陽井賦擴然舊事國艱人悲**》** 臺城破兮烟草春，舊井湛兮苔蘚新。自亡迹於天子，幾興懷於路人。葢悲萬乘之尊，投身到此，豈爲一泓之故，舉世驚神。叔寶以立作荒君，在爲亡國。玉樓之絲管宵咽，桂岸之兵戈晝逼。御天失措，且四方之大何從。没地無慙，顧九仞之深可匿。便委鴻業，旁擕緑鬟。奔入泓澄之内，冀逃吞噬之艱。殊不知理昧納隍，處窮泉而詎得。誠乖馭朽，攀素綆而胡顔。既而出作窮鱗，奪歸偏爵。一時之覆轍如此，千載之遺波儼若。陌上澄澈，丘中寂寞。暗淘人事以冰釋，旁寫江天而鏡擴。青銅有恨，也從零落於秋風。碧浪無情，寧解流傳於夜壑。徒觀其蕪没沙逕，葳蕤澤葵。漁樵汲引，荆棘榮衰。雖虚中而可鑒，終徹底以堪悲。寶鏡休分，豈有得銅之日。雕筵罷設，永無投轄之期。固以滌盡繁華，銷平曩舊。猶驚鼎沸於餘湧，更吊山崩於叠甃。荒凉四面，花朝而不見朱欄。滴瀝千尋，雨夜而空啼碧溜。斯則堙塞終古，蕭條永年。半竭而珠瑠或出，陸沈而翠蓋寧旋。莫可追尋，玉樹之歌聲邈矣。最堪惆悵，金瓶之咽處依然。嗟夫，穿鑿豈殊，淺深非異。葢悲鮒蟄之穴，不是龍潛之地。所以避匿其中，莫比漢高之事。

元 王逢《梧溪集》卷二《景陽井》 踏臂歌殘璧月昏，驕龍猶藉井生存。石闌漫涴臙脂色，不似湘筠淚灑痕。

元 吴萊《淵穎集》卷二《題錢舜舉張麗華侍女汲井圖》 景陽宫中景陽井，手出銀盤牽素綆。鉛華不御面生光，寶帳垂綃花妬影。臨春結綺屹層空，壁月瓊枝狎客同。鴛鴦戲水池塘雨，蛺蝶尋香殿閣風。日高歡宴驕若訴，床脚表章昏不寤。吴兒白袍戰鼓死，洛土青盖降船渡。井泥無波井欄缺，半點胭脂汙緋雪。蕙心蘭質吹作塵，目斷寒江鎖江鐵。

明 程本立《巽隱集》卷二《楊花曲》 君不見，陳宫美人張麗華，春情輕薄似楊花。兵塵吹入景陽井，荒城老樹啼寒鴉。又不見，隋堤一千三百里，煬帝龍船壓春水。錦帆飛不到天涯，腥風戰血楊花裏。噫嘘唏，陳與隋，山川雖是國已非，年年三月楊花飛，江南江北啼子規。

明 費元禄《甲秀園集》卷一二《景陽井應天府**》** 玉樹燈前照暮烽，景陽樓下錦胥封。可憐亡國三軍入，猶有殉恩二女從。翠鈿餘痕侵碧蘚，胭脂愁色冷芙蓉。斷腸何處秋風起，不是催粧半夜鐘。

明 王伯稠《王世周先生詩集》卷一五《景陽井》 金井万丈深，郍能護傾國。風吹妖血紅，猶剩臙脂色。

清 李雯《蓼齋集》卷二八 宫井當年歛翠華，景陽休唱後庭花。不堪羅襪欺寒藻，賸有燕脂染暮霞。永夜銀牀輟曉綆，千秋玉砌炯幽葩。可憐僕射還衣錦，素頸殉王獨内家。

清 姚文然《姚端恪公集》卷四《南中永懷古迹·景陽井》 銀床蕭颯碧梧秋，尚憶宫嬪繡鬢留。粉黛若隨流水盡，臙脂何愧緑珠樓。麗華復爲繩引出，此井亦名臙脂。可憐萬騎宫門啓，不待雙蛾曉鏡收。想是佳人難再得，瑶臺金井并風流。

清 袁枚《小倉山房集》卷一〇《景陽井》 華林秋老草茫茫，誰指遺宫認景陽。當日君王縱消渴，井中何處泛鴛鴦。

清 王鳴盛《西莊始存稿》卷五《吴王井》 一泓貯孤岑，雙桐鑒空影。千古傳吴王，何如景陽井。

清 屈復《弱水集》卷八《金陵古迹二十四首有序**·景陽井》** 一片胭脂色，殘陽映落霞。銀牀飛落葉，素綆汲空華。尚有雲中兔，長窺水底蛙。可憐千載後，無井著吴娃。

清 李繼聖《尋古齋詩文集·詩集》卷一《景陽井》 錯認龍潛處，徒爲鼠竄形。循欄窺涸井，守器挈空瓶。鶺鴒適何往，轆轤偏不停。千金當一刻，抱玉出幽冥。

清 陸錫熊《篁村集》卷一《春江花月夜》 結綺西闌日初落，花雜春風逗羅幕。晚妝遥對玉鏡明，宫奴擎燭樓頭行。御溝水皺魚鱗緑，脂粉流來膩如粥。後庭狎客呈新詞，麗華醉濃聲轉遲。君王夜夜眠清豔，不用樓船鎖天塹。景陽井荒歇晚鐘，清溪妖血流初紅。春江自東月自去，不見宫中看花處。

清 陳文述《頤道堂集》卷一六《景陽井》 齊宫曾起景陽樓，陳宫復有景陽井。十萬隋師捲地來，一夜君王去無影。臨春深閟齊雲高，君王何處歌董逃。銅鉼轆轤杳不測，此間避世難藏嬌。不枉生平同穴誓，井中之人奈何帝。可憐墮日抱兩星，結綺望仙舊佳麗。入井出井元象知，青溪劍血心傷悲。六朝從此始結局，石闌紅淚明燕支。刼灰消盡佛烟起，猶膩銀牀暮烟紫。當日惜無三尺水，君王妃子此中死。

清 吴鑲《臨春閣》《淮海英靈集·戊集》卷三 不上臨春閣，安入景陽井。蛾眉業傾城，霜鍔還報潁。莫笑江東殘，興亡如逐影。轉瞬玉句斜，楊白秋風冷。

清 孫原湘《天真閣集》卷四《金陵懷古樂府十章·燕脂井》 美人情重江山輕，井中墜日抱兩星。轆轤誰轉銀牀聲，蛾眉不作井底泥。獨足翻上高臺行，美人尸自青溪横。回頭却顧景陽井，可惜中無水一泓。

清 唐仲冕《陶山詩録》卷四《華清泉歌》 靈湫百丈陰火煮，浸玉跳珠互吞吐。不寒不熱含温和，千人萬人滌塵土。開元天子華清遊，海棠睡足鴛鴦浮。銀河七夕泛牛女，金蝦蟆化黄長虯。洗兒初罷賜湯餅，鼎沸還同景陽井。長纓飛散滿梨園，鈴雨郎當懷繡嶺。我聞丁夫壬妃爲水仙，潏汩揚華作温泉。飛廉佚女欲大圜，穢行往往遭風傎。驪山豈信不祥地，何處山川容秘戲。老姥曾受陰符經，阿環况是瑶池侍。膩漲銷沉第二泉，泉底歕噓冷不然。萬年銀海無朝燭，空亭甃石生苔錢。

清 湯鵬《海秋詩集》卷二五《和友人金陵雜題十四首·景陽井》 飄飄景陽樓，慘慘景陽井。胭脂莽漂零，誰吊殘秋影。

九井

論説

明 陳士元《江漢叢談》卷一《九井》 仁卿問神農九井，答曰：羅長源《路史》謂，神農母安登感神於常羊，生神農於列山之石室，生而九井出焉。列山者，厲山也，在今隨州。盛弘之《荆州記》云，江夏郡隨縣北界厲鄉村南重山，井在山北，重塹周之，廣一頃一十畝，内有地，名神農宅，神農生此。神農既生，九井自穿，舊説汲一井則八井皆動。樂子正《寰宇記》云，九井在隨縣北百里，不敢觸犯，今惟存一井，即其處爲神農社，里人年常祀之。夫神農生而九井出，此神農之所以爲神也，非符命之説哉。袁彦伯宏《後漢紀》云，光武生於春陵，望氣者嘆曰氣佳哉，鬱鬱葱葱然。及光武與兄伯升縯起兵還春陵，遠望舍南火光燭天，卒能中興漢室。春陵，在今永州寧遠縣，本漢泠道縣地，節侯買之封國也。元帝時，徙封南陽，仍號春陵。在今襄陽府棗陽縣。沔志云張文德興世，竟陵人，居臨沔水，先無洲嶼，文德初生，門前忽生洲寖大。及文德爲方伯，而洲遂至十餘頃。李延壽《南史》云，江陵九十九洲，古老相傳洲滿百則應天子，桓玄爲荆州刺史，懷異志，乃破其一以應之，隨即漂散。宋文帝爲宜都王，在藩時忽一洲自立。明年文帝即位，桓温構禍，前洲復没。梁武帝太清末年，枝江之浦復生一洲，明年梁文帝即位。承聖末年，其洲與大岸相連，惟九十九洲耳。據細可以揆大，稽近可以測遠，神農九井自穿，詎不足信邪。奈何世儒諱談符命，即楚南公三户亡秦之言，亦不知何所指授。三户，地名。項羽渡三户津，破章邯軍，遂滅秦。乃使凶人昧乎天命，謂智力足以篡奪，遂甘心不軌，如武陵張文表、江陵王延範，以及黄岡歐普祥、沔陽陳友諒輩，或因一夢一讖，輒興亂而被誅，豈知符命哉。自漢以來談符命者，推衍穿鑿流爲讖緯，王莽、公孫述既以速禍，而隋煬帝、唐太宗、武韋二后又因之以濫殺，乃疑上古帝王符命不足信，斯亦矯枉太過，而不究聖人圖書精藴神以知來百世，可知之説，非虚誑也。

紀事

宋 張君房《雲笈七籤》卷一二二《金堂縣昌利化玄元觀九井驗》 金堂縣昌利化玄元觀南院玄元殿前，有九井焉。平陸之上，纔深一二尺，或方或圓，大者五六尺，小者三二尺，相去各數步，泉脉相通，而水色皆異，其味甘香，蓋醴泉之屬也。無水旱增減之變，常涵岸不溢。蜀王討東川之年，岐隴之師赴援，乘鋭深入，來屆金堂江側，江水泛漲，雷雨異常，遂不克濟，師驚而遁。時以盛暑，探騎十餘人入昌利化，見井而喜，繫馬解衣，將赴泉以浴，忽大井中有馬絆蛇騰湧而出，首如白虎，大若車軸，噓氣噴毒，勢欲噬人。騎卒見之，奔迸而去。又每歲三月三日蠶市之辰，遠近之人祈乞嗣息，必於井中探得石者爲男，瓦礫爲女，古今之所效驗焉。

清 傅作楫《游九井記》（乾隆）《英山縣志》卷二二 多雲山去縣治百二十里，爲廬鳳安黄諸郡龍脉之源，□環數十里，形勢嶔崎，林木茂密。蛟龍窟其内，虎豹穴其巔。大石嵯峨，星布碁列，田地狭隘，居民鮮少。率視之若絶徼足弗前也。山有九井，遇旱禱雨立應。昔王荆公會至其地，紀之以詩，鎸下井石壁間。余每思游这未果，今夏天中節，始與家世父、麋峰黄君埉坪，暨仲季輩往游焉。是日也，天氣清朗，緩步隨行，仰視絶頂，雲氣籠罩，緑葉披紛，瀑布飛瀉。溯流西上，至洗馬潭，潭水正黑，土人言時有巨魚出没潭際。不知者誤擊之，則倏忽晦冥，雷電交作，疑蛟龍所變化云。潭上兩壁對峙，仄徑僅容一足，俯視髮豎立然。爲禱雨者要道。過此爲風井，或下以石，狂飈經句不歇。曲轉龍井，形如甕，東面可容五六人。相傳荆公詩刻在東壁，歲久磨滅，殊可嘆惋。倦而少憩，忽聞濤聲甚急，若萬馬奔騰，爲之心動，乃瀑布也。復緣徑下，度萬松，上楓香嶺，下香木棚，茅屋八九間，殊幽曠。其人形貌都古絶，不與外人通。旋涉澗，澗水澄徹，望瀑布，纔數尋。其下亦有潭，潭失名。盤曲而上，抵龍井。四圍可席、可憑、可倚。仰觀二面壁縫間，虎茨秀麗，恍若畫屏。回視下井，石形曲折，水勢濆湧。久坐頓忘煩燠，真勝境也。余欲直趨峰頂，觀所謂上井者，土人云上井在黄毛嶺，明季沙淤，止一栲栳地，盡白沙。虔禱則沙開水湧，雨較中下井爲稍和。去此尚四五里，同游者皆興盡而返，遂憩於龍王寺，荆公所請敕建者也。余惟先君子之言，地以人傳，斯地也。若當通都大邑，遷客騷人，游記眺咏，其焜赫當不知如何。乃僻處萬山中，荆公而後，名公鉅卿罕有至者。朝暮所往來，不過樵夫牧豎輩，居其地不能知其勝。即知之，亦未能言之。匪惟九井不傳，即多雲亦僅存其名耳。則天下可傳可紀之境，其湮没於窮荒絶域，與流俗人耳目者，豈少也哉。同游各賦詩一章，余更援筆記之。

藝文

宋 王安石《臨川集》卷一二《九井得盈字**》** 沿崖涉澗三十里，高下犖确無人耕。捫蘿挽蔦到山趾，仰見吹瀉何崢嶸。餘聲投林欲風雨，末勢卷土猶溪阬。飛蟲凌競走獸慄，霜雪夏落雷冬鳴。野人往往見神物，鱗甲漠漠雲隨行。我來立久無所得，空數石上菖蒲生。中官繫龍沉玉册，小吏磔狗澆銀觥。地形偶爾藏險怪，天意未必司陰晴。山川在理有崩竭，丘壑自古相虚盈。誰能保此千世後，天柱不折泉常傾。

明 馮惟訥《古詩紀》卷四六《南州桓公九井作》 四運雖鱗次，理化各有準。獨有清秋日，能使高興盡。景氣多明遠，風物自凄緊。爽籟驚幽律，哀壑叩虚牝。歲寒無早秀，浮榮甘夙隕。何以標貞脆，薄言寄松菌。哲匠感蕭晨，肅此塵外軫。廣筵散泛愛，逸爵紆勝引。伊余樂好仁，惑祛吝亦泯。猥首阿衡朝，將貽匈奴哂。

明 陶奭齡《今是堂集》卷一《與諸君陪無念禪師游九井中道遇雨九井近多虎啖人》 李父脆人骨，樵子嬰不薪。吹奇寡深念，嘯似犯具齗。異物昧所嗜，肥瘦各自驚。相顧魂魄動，獨恥恇怯名。中飯忽泛灑，情喜色故瞋。委罪行雨兒，草草理歸程。念子遺形士，投袂走侁侁。群公意慘沮，强起次且行。况無登山屐，徒見折角巾。石滑腳難把，衣重體不勝。共束松枝蓋，竄頭類山鶉。水石自奇壯，陡澀不得停。瞶似處墻壁，怒如臨淵冰。争走四散去，踽凉出荒榛。漸看徒侶稀，轉覺身命輕。十里上舟楫，數人賀更生。

菊井

綜述

元 王惲《秋澗集》卷六六《菊井銘》 余到官兩月，移居司西官舍，治舊井而新之。方衆菊爛然，擇其佳者，植諸欄傍，因銘之曰菊井，其辭曰：養而不窮者，井之德也。服而能壽者，菊之靈也。我潔斯井，冈羸其缾。彼窈然而深，泓然而澄。蓋南山之餘溢，迺濟清而未名。思欲沉浸醲郁，皆菊之馨。庶幾西河南陽之意，仁吾民而制頹齡也。

（嘉靖）《鄧州志》卷八 菊井，在子城東北隅。

（萬曆）《四川總志》卷五 菊井，蜀府蕭墻内。

（天啓）《新修成都府志》卷二 菊井，蜀府蕭墻内，成都八景之一，名菊井秋香。

（順治）《鄧州志》卷七　菊井，在子城東北隅，久廢。崇禎壬午，久雨，循出去門北二十餘步，礙于城徬之。相傳鄉人飲菊泉水，壽至百餘歲，而此也。

清　陳祥裔《蜀都碎事》卷四　蜀府西宫内，有井甚大，水甘美名，曰菊井。菊井秋香，八景之一也。

紀事

清　吴騫《愚谷文存》卷一二　吾家老屋東向臨水，廳事後有古井，在中庭，頗清冽，飲之者多壽，故名曰菊井。府君三數歲時，值除夕，爾鳴公以赤仄三枚賜之，曰：以此押歲。府君拜而受之。閱數載，公忽問往，予爾押歲錢猶記否。對曰：不敢忘，錢故在也。公未之信，試命取來，即趨庭中，探井闌下，出錢呈公，土花紺碧，宛類古布。公問，何不藏之囊。對曰：翁賜不敢妄使，藏他所不若井闌下之安。公益異之。謂家人曰：是兒必能成家也。吾母少年，親操井臼，朝夕汲此，恒苦其旁泥滓。今四旁咸甃以石矣，無復當日之苦。而婦女多習懶，莫肯躬親，恐提甕出汲之風，自此而替矣。

清　陸以湉《冷廬雜識》卷一《何書田》　青浦何書田，茂才其偉，居北榦山下，工詩，家世能醫。書田益精其業，名滿大江南北。侯官林文忠公則徐撫蘇時，得軟腳病。何治之獲痊，贈以聯云：菊井活人真壽客，榦山編集老詩豪。由是投分甚密，而何介節自持，未嘗干以私，人皆重之。

藝文

宋　劉克莊《後村集》卷一九《居厚弟示和詩復課十道》　病夫豈有力翹關，腹憤胸奇漫結蟠。昔臂靈旗窮塞下，今腰長鑱亂山間。秫田易了淵明醉，菊井難湔伯始顔。慚愧天魔呈伎倆，老僧入定未曾還。

宋　吴文英《夢窗稿》甲稿《西平樂慢》春感　重過西湖先賢堂　岸壓郵亭，路欹華表，堤樹舊色依依。紅索新晴，翠陰寒食，天涯倦客重歸。嘆緑平烟帶苑，幽渚塵香蕩晚，當時燕子無言，對立斜暉。追念吟風賞月，十載事，夢惹緑楊絲。畫船爲市，夭粧艷水，日落雲沉，人换春移。誰更與苔根澆石，菊井招魂，謾省連車載酒，立馬臨花，猶認蔫紅傍路枝。歌斷燕闌，榮華露草，冷落山丘，到此徘徊，細雨西城，羊曇醉後花飛。

宋　吴文英《夢窗稿》丁稿《沁園春》賦方泉　澄碧西湖，軟紅南陌，銀河地穿。見華星影裏，仙棊局静。清風行處，瑞玉圭寒。斜谷山深，望春樓遠，無此峭嶸小渭川。春一泓地解不波不涸，獨障狂瀾。老蘇雨後坡仙，繼菊井佳名相與傳。試摩挲勁石，無令折角，丁寧明月，莫涴規圓。謾結鷗盟，那知魚樂，心止中流别有天。無塵夜，聽吾伊正在，秋水闌干。

元　周巽《性情集》卷三《采菊》　秋英有佳色，晚節含餘香。悠然東籬下，觧珮紉芬芳。繁霜瘁百草，林木盡凋傷。白酒山中熟，歸來松逕荒。露冷沾襟袖，遶籬花正黄。掇英引觴酌，酣咏幽興長。心閒得其趣，塵慮憺以忘。朝飲菊井水，夕餐菊籬英。坐看浮雲净，南山晚蒼蒼。

明　潘伯翖《菊井》（天啓）《新修成都府志》卷五〇　蜀國秋香秋氣清，黄花古井溢金精。餐芝豈是長生訣，飲水能消吐納經。彭澤賦歸驚紫豔，龍山醉舞傲紅英。何如深殿飛瓊液，一碧沉沉有地靈。

清　余縉《大觀堂文集》卷六《壽熊太君古稀》　渭水秦山曲，黄雲紫翠中。瑞儀徵内教，壺範作臣忠。芝草萱庭蔚，瑤階菊井通。玉鳩行再錫，敢擬放金籠。

清　唐仲冕《陶山詩録》卷一三《六十生朝淮南舟中自述十首》　全家依菊井，生日近登高。老樹歸岩壑，么鴻墜羽毛。長兄能健飯，群從共題餻。狡獪猶堪憶，仙人爲種桃。

橘井

綜述

宋 王象之《輿地紀勝》卷五七　橘井，在漢蘇仙君宅。傳云仙君將去世，謂母潘曰：明年郡有灾，民大疫，母取橘葉井飲之水。如期，疫果作，郡人憶前言，競詣飲，下咽即愈。

明 劉球《兩溪文集》卷六《橘井記》　有能拯人於危阨之中，而不有其功者，皆足爲有德善人也，吾於橘井而信其然。夫棘其柯而包其寔，森然遍江南者，皆橘也。掘深出泉窟焉，遍天下者，皆井也。橘井之名，何獨擅于蘇氏哉。世謂昔者躭隱郴之高秀峰，逆知其境之人將病疫，於是鑿井植橘，而神之以其法，其後病者取井泉橘葉而服之，累累皆興，然未嘗歸功於躭，躭亦不自收以爲己功。躭之能仙，吾不得而知也。然以橘井活人，使不夭閼於瘥札，又不有其功，其德善之高於人也遠矣。諸暨醫學官馬晸仕勉慕躭之橘井能去人病，因取以爲號，每至京師，輒僦舍通衢，置百藥物其中，人以疾病求之，理即欣然從而診其脉，以察其病，所自始與其攻所宜，先而授之藥。服其藥者，疾無不愈，由是京師之人，求藥者日填其門。公卿貴人之家僕馬迎送之者，絡繹于道，雖大內亦嘗召而用之，其道不爲不行矣。然於人未曾有德色，及察其退居故土，出遊外方，所施博而所獲約，皆若在京然。仕勉之能躭，吾亦不得而知也，然其以藥之活人也，庶幾乎橘井焉，其誠有慕躭之德善者歟。不然，何以有橘井之號也。大抵士患不古慕耳，慕乎古者，必有以超乎今而志與古人相追逐矣。是故顔氏慕舜而仁與舜期，孟氏慕孔而聖與孔亞，司馬氏慕藺而召與藺齊，仕勉之橘井，所以慕乎躭也，慕躭不已，將日累善蓄德以冀及之。德善冀乎躭，安知他日不躭耶。故特記橘井，以爲其力德善之助焉。馬氏，山陰人，父祖而上皆名能醫，故郡邑醫學之官，多出其家云。

清 劉應麟《南漢春秋》卷一一《橘井》　鬱林郡故城東南，有陸公井。乾和中，潯州刺史劉博古種橘於井傍，故名橘井。今屬貴縣地。

紀事

宋 陳葆光《三洞群仙録》卷一六《仙君橘井神女竹壇》　郴江集蘇仙君，一日太上有召，將補真官，臨別告其母曰：明年此郡當有疾疫，可取庭前井水一盃，橘葉一枝，以救人疾苦，必有奇驗，亦少資甘旨。言畢出門，衆仙擁衛，幢節羽儀，森列左右，冉冉昇天而去。明年果大疫，母以井水橘葉救之，無不立愈，至今橘井存焉。

清 鄧旭《林屋詩集》卷二《題宗源弟橘井詩後并序》　山水與吏治，二而一也。柳柳州、蘇玉局所至，携一杖一鍤，使荒嶠僻壤，蠻烟瘴雨之地，皆可標爲名勝，其政績亦復赫然。豈非仙靈泉石，端有賴於評論哉。近世刀筆筐篋之徒，令人耳目稠濁，一行作吏，便以簿書爲奥區，以山水爲任誕，分塗掉臂，輿皂嗔呵。其欲子喬之鳧，與韓衆之鹿，羅致庭中，已藐然河漢矣。吾弟治郴，獨搜討幽靈，表彰殊俗，繇其心閑，治有餘刃，單子之憂道，苐賈生之詆，俗吏吾知免矣。若聖世醴泉生、甘露出，尤非神仙迂怪同日可語，故樂爲書之，漫綴以歌。

古甎苔繡梧桐井，仙人化鶴清霜冷。轆轤自轉天上謡，琅玕笑贈雲中綆。浯溪磨崖多禹碑，朱鳥銜墜郴州詩。郴州蠶食若螺蠃，神君祝之常似我。以此孝慈晰感通，玉棺忽出潛虬宫。吾弟拍手柏葉下，使我神游七十二峰登祝融。

藝文

唐 元結《元次山集》卷四《橘井》　靈橘無根井有泉，世間如夢又千年。鄉園不見重歸鶴，姓字今爲第幾仙。風冷露壇人悄悄，地閑荒逕草綿綿。如何躡得蘇君迹，白日霓旌擁上天。

宋 陳與義《簡齋集》卷六《偶成古調十六韻上呈判府兼贈劉興州》　稽首蘇耽仙，乘雲去無迹。尚留橘井在，與世除狂疾。誰能不飲此，識味亦可録。坐令鄭玄牛，亦抱荆山玉。偉哉稚川裔，神交接朝夕。

游戲及小道，造化入大笔。優爲吴詩父，雅命楚騷僕。豈其橘井助，本自同仙籙。坐中子列子，知是當客日。書懸元和脚，語經建康力。先我登公門，不數鶖鳥百。曾挹兩仙袖，自然生羽翼。嗟我無長才，學架屋下屋。詩雖兩牛腰，事亦幾蛇足。已窮猶不悔，政荷師友德。文盟儻許予，幸不疑藉湜。

宋 戴復古《石屏詩集》卷二《新喻縣蘇晋叔相會》 偶作榆溪客，還逢橘井仙。多才出人上，笑我老吟邊。買錦囊詩卷，典衣供酒錢。竹林青眼叔，常説仲容賢。

又 卷四《寄永嘉太守趙茂實》 身爲吟詩瘦，家因好誼貧。如何賢太守，不念可憐人。橘井誰知處，桃源莫問津。秋風吹白髮，滄海老垂綸。

宋 劉過《龍洲集》卷八《玄鶴》 緱山橘井與青田，驅策風雲反列仙。名號横空心萬里，九皐聲動九重天。

宋 阮閲《郴江百咏·橘井》 蘇仙舊隐已藤蘿，橘井空來歲月多。摘葉汲泉皆朽骨，郡人猶説愈沉痾。

宋 張栻《南軒集》卷四《廉州何使君挽詩》 橘井登賢籍，槐宫并俊游。姓名題雁塔，文字上瀛洲。公嘗進卷，召試詞科。青簡窮千載，朱轓但一州。有懷終未試，眼看落山丘。

宋 許月卿《先天集》卷四《次允杰五首》 老鶴吾慚鶯谷儔，楊州草檄類徘優。千年橘井雉城字，萬斛桃花鶴料舟。爲文待漏書丹鳳，如此有盟寒白鷗。歌吹竹西驚昨夢，眼中騎鶴有高楼。

元 郭鈺《静思集》卷九《哀楊和吉》 重到西亭泪自垂，更從何處共襟期。看花馬上春雲散，種柳門前秋雨悲。仙客已聞遺橘井，故侯猶待館羅池。茫茫天壤名長在，賴有灤京百咏詩。

元 錢惟善《江月松風集》卷六《送陳輔賢侍母之柳州興寧簿》 十年學就何蕃舍，百里才淹楚子邦。桂嶺風霜連橘井，洞庭烟浪接郴江。維舟夜聽啼猿獨，入饌朝供躍鯉雙。別後夢魂思舊業，富春山遠白雲窗。

元 王逢《梧溪集》卷三《贈王菊鄰》 白露秋香外，君家若箇邊。神交陶靖節，地主傅延年。采對蒲城酒，餐同橘井泉。宗人有王翰，行咏卜鄰篇。

元 許恕《北郭集》卷三《題子方修三皇廟卷》 子方先生醫者流，楚楚玉樹森清秋。蘇耽種橘井不竭，董氏賣杏穀初收。即今起家初掌教，兵後欹傾先聖廟。柱石重迴日月光，輪奐一新在談笑。我家業醫百口餘，萍蓬飄蕩無根株。愛爾靈椿映芝草，生意藹藹白雲居。故國風塵尚戎馬，豈不懷歸泪盈把。願期藥力拯民生，醫國聲名盖夷夏。

元 張昱《張光弼詩集》卷六《菊隱齋爲金子才賦》 蒔菊家園作隱淪，要於晚節伴閒身。從來東晋多名士，豈獨南陽有老人。色綻黄花知應候，香浮緑酒不過旬。蘇躭橘井桐君録，從古良醫盡佚民。

明 郭奎《望雲集》卷三《贈醫者黄秋圃》 蜀都有良士，家世住東川。鞭叱羊爲石，丹成犬化仙。醴泉浮橘井，膏雨下芝田。江漢倦行役，相逢夢十年。

明 金幼孜《金文靖集》卷四《輓史公望院判》 三十餘年住帝鄉，獨將遺業究岐黄。官閒久已忘生事，朝退猶能校古方。月滿杏林秋雨冷，風悲橘井晚烟凉。令孫萬里扶歸櫬，忍聽哀鴻薦一觴。

明 胡廣《胡文穆公文集》卷六《贈醫者》 都城邂逅識徐郎，共説能醫學太倉。賣藥市頭因借宅，活人肘後有奇方。杏林舊業烟霞遠，橘井新泉日月長。試問上池如可飲，便應拊髀訪長桑。

明 胡奎《斗南老人集》卷三《贈醫士長律十首·橘井》 鑿井仙翁本姓蘇，后皇嘉樹翠紛敷。一泓碧甃涵雲母，萬顆金丸鑄木奴。德洽人心終有濟，泉通海眼不曾枯。我今亦抱文園病，修綆何由轉轆轤。

明 黄仲昭《未軒文集》卷一一《挽橘泉方文謨先生》 八十高年强健身，西風一夜殞莊椿。黎元正爾多奇疾，天地胡爲奪此人。橘井泉深空自冽，杏林花發爲誰春。刀圭我亦曾蒙惠，一束生芻淚滿巾。

明 陳循《芳洲詩集》卷三《劉仲和橘井歌》 我思昔人有蘇耽，少年嘗與神人參。變化隱見在倏忽，仙家秘訣皆飽諳。一朝乘雲忽輕舉，白日松稍度飛羽。飈車笙鶴不可攀，惟有橘泉留下土。桂陽域中疵癘豊，此物濟人多神功。遽令陰德遍城府，坐看生意回疲癃。姑蘇有客聲籍籍，業擅軒岐人不及。早年應詔來兩京，客金臺，承鄉邑，大市東頭第幾家。庭前橘井春無涯，銀瓶剩貯懸泉水，藥圃爭開紅杏花。昔人已矣不可作，幸子能醫效如昨。更應推廣濟物心，盡使疲癃遂康樂。

明 程敏政《篁墩集》卷七一《贈程琄》 曾到星源種德坊，紫苔春雨上君堂。活人當日功多少，門外長聞橘井香。

又《唐氏三先生集》卷二三《題醫士朱士良紫陽讀書卷》 流水淙淙撼石梁，紫陽當户挹嵐光。何殊講習居長白，自説流傳屬太倉。藥品君臣儲滿籠，書籤今古積連床。螢囊照眼能供讀，龍化爲人欲問方。坐愛茅簷隨月色，病思橘井湧泉香。良醫良相真何異，好拯生民濟世康。

明 程文德《程文恭公遺稿》卷二六《南村爲周醫士題》 南村何處是，北望闤闠城。老桂堂前并，秋江門外清。杏園芳蔭接，橘井暗泉生。阿母方瞳碧，長看孫子榮。

明 藍仁《藍山集》卷二《藍澗雜詩五首》 碧草雲連屋，黄山暮入簾。養生思橘井，曝背戀茅簷。雪爲觀書積，泉因洗藥添。懶從閒轉甚，貧與病相兼。

明 倪宗正《倪小野先生全集》卷四《默泉》 龍山有泉默而流，泉源來自龍峰頭。奔騰無聲海波應，掩遏不住雲氣浮。春日作旱欲喘牛，往來飲之厥病瘳。功論餘泗遠以周，不數當年橘井秋。

明 秦夔《五峰遺稿》卷三《橘泉爲郁景章賦》 辰陽東下山人宅，宅畔寒泉深百尺。湛湛清涵一鏡光，涓涓暗接三江脉。山人種橘凡幾樹，橘花覆井秋扶疎。鄉人飲水勝飲藥，恐是異代仙人蘇。沅湘東下三千里，映日浮空亦徒爾。豈如此泉能利人，往往收功惟一七。山人古貌還古心，平生重義輕黄金。懸知橘井源頭水，應比他年陰德深。

明 王英《王文安公詩文集・詩集》卷二《橘井圖》 桂陽之山摩蒼穹，秀若萬疊青芙蓉。昔時隱者蘇仙公，千二百歲顔如童。結廬山中深幾重，庭中橘樹何青葱。根頭鑿井靈氣鍾，泉流深與江海通。上有枝葉紛蒙茸，下有變化之蛟龍。四時玄雲彌太空，陰覆石甃寒如冬。鑒光澄徹黛色濃，絶勝玉檻雙梧桐。仙公妙術那能窮，摘橘之枝投泉中。飲者一勺疾可攻，平生濟世多陰功。忽然飛步凌高峰，青鸞白鶴紛相從。翱翔萬里超鴻濛，至今仙井留遺蹤。翠葉宻覆蒼苔封，顧郎貌偉神氣融。學仙冀與仙人逢，謾託毫素怡心胸。明當問道凌崆峒，引泉種橘神化工，再與世上蘇疲癃。

明 岳正《類博稿》卷二《橘井》 仙翁釀得洞庭秋，一滴能令痼疾瘳。石甃静涵雲液冷，銀床光動玉華浮。碧桃漫説來瓊島，絳雪虚傳出閬州。我欲相從换毛骨，不知還解乞人不。

明 朱讓栩《長春競辰稿》卷八《成都十景》 古栢森森碧葉齊，春城日暮草堂西。岷山雪霽排銀壁，浣水烟籠鎖翠堤。橘井香浮金盞注，墨池色潤彩毫題。濟川舟送鍾鳴遠，官柳橋邊疋馬嘶。

明 黎民表《瑶石山人稿》卷一二《和陳公載致仕言懷》 十載金華忝侍臣，滄浪垂釣幾經春。鼎湖回首風雲異，橘井驚心草露新。白髮愧爲趍府客，青山合有避賢人。柴門掩斷漁樵路，車馬空憐陌上塵。

又卷一六《卧芝山房爲傅木虚弟木剡作》 茆盈兄弟昔餐霞，回首松門幾度花。留得玉芝逾橘井，煉成金骨勝丹砂。

明 崔世召《秋谷集》卷上《橘井蘇耽遺迹在郴郡西》 郴水多異人，最著者蘇仙。曰孝以成道，騎鶴飛上天。活世豈刀圭，但酌橘井泉。仙去橘已枯，玄津誰復傳。我來客其土，瞻謁重凄然。荒壇宿古雲，眢井生冷烟。野月墜石欄，日暮咽哀蟬。仙魂不可返，撫檻嘆變遷。昔人涉滄海，頃刻成桑田。矧此一勺水，安得長涓涓。吾將呼仙子，把袂拍其肩。烟霞稟痼疾，酌水詎能痊。不如飲美酒，爛醉井邊眠。

明 董裕《董司寇文集》卷二〇《南泉爲張子題》 迢迢疋練祝融邊，瑶草琪花共碧天。最愛仙源通橘井，老人星在鏡中懸。

明 傅夏器《錦泉先生文集》卷五《送方存吾之柳州永興》 湖海聲名二十年，塵沙吹鬢欲蒼然。仙鳧初度衡陽嶺，秋水應浮橘井烟。半世功勳鑄粵皷，百蛮風俗播僮絃。愧予無策驂行旆，惟祝祖生快着鞭。

清 黄達《一樓集》卷九《輓曹東村》 朔風淒緊欲霜天，閃閃寒燈素幔前。思邈生來原得道，蘇耽化去已成仙。活人早探青囊術，事父偏傷白髮年。何事招魂長不返，宅邊橘井有靈泉。

清 何達憲《橘井賦》(嘉慶)《郴州總志》卷三六 粵稽炎漢，郴毓孝仙。

吞華苔而祥鍾靈，孕乳白鹿而別闢洞天。誕降當惠帝之五載，飛昇在文皇之三年。爾迺子隨仙侣，霓旌雜遝，母尸饔爨，甑甒虚懸，爰留匱櫝，包藏萬千。恁飢渴之所欲，叩大小而隨傳。復插橘樹，倏生井邊。緑葉向榮，實駕甘谷之菊；清渟泚潔，無殊醴香之泉。數片拈來，儼類丹丸在手；一餅給與，頓洗臟腑煩冤。解州人之癘疫，資阿彌之甘鮮。此不匱孝思，仙澤源源本本；而至誠感格，母壽緜緜延延。蓋有之矣，誠亶其然。迄今追遡元風，遐思往古。眺望牛脾之岡，謳吟鶴爪之語。仙桃的皪，靈鍾觀前之山；仙菲紛披，秀毓蘇氏之圃。樹傳疑信，橘説枯而再榮；皋任濁清，井仍舊而規撫。城郭風渺，甲當三百而來歸；制天志成，地列十八而可數。【略】豈似此一樹菁葱，能解閭閻之厄；半甌泠冽，可消滅結之憂。孝比王靈而更著，事寧陸績所可侔。道術靈奇，幻不同乎；奕叟功施浩蕩，澤誠配乎。江流受福，叶用汲之，慶素榮賡，徠服之謳。倘遇范雲，銘垂志美，如逢子建，賦更揚休。斯則仙風已杳，舊德長留；爾其時當道泰，運際光昌。嘉惠孚自北闕，化淳洽於南方。草木若時，不啻家栽靈橘；泉源甘美，居然户飲瓊漿。斯橘斯井，若存若亡。然而玉局名存，猶表談經之處；冰桃實渺，尚傳道籙之芳。矧茲甃磚，於今宛在，迴遡蹤迹，迥異荒唐。允宜與叢桂虬松，金杵玉液，同增洞天福地之光者矣。辭曰：道冠九仙首，孝行更可宗。井泉多菽水，橘葉勝綺葱。利澤江湖大，安康老少同。一朝騎白鶴，三錫享皇封。地脉通靈久，陳根早化龍。又謌曰：仙觀何崇隆，冲素表仙風。仙去澤長在，靈應屢奏功。半面難再見，千年夢已空。惟留仙母塚，觀後青濛濛。

清 首永清《橘井賦》（嘉慶）《郴州總志》卷三六　惟吾郴地鍾清淑，天開畫圖，蓮池建學，燕泉名儒，豈惟前賢之遺愛。時備游觀，亦有羽士之遺蹤，高語虚無，厥名曰躭，厥姓曰蘇。想當年，點石化金，駕鹿鶴而飛去，嘗草爲藥，留橘井於通衢。井千秋其潤澤，橘萬古亦扶疏。蓋嘗爲往來所撫玩，朝夕所揣摩焉。方其明心見性，鍊汞修鉛，洞開妙諦，豁然成仙也。【略】且爲之歌曰：昔有人兮化鶴飛，履黄雲兮衣紫緋。訪舊廬兮景依依，橘樹香兮井泉肥。又從而爲之歌曰：惟橘井之普濟兮，意其説之元元。胡歷漢以及今兮，猶宛在乎目前。想瀛海之蕩漾兮，緬羽衣之悠然。惟神谷之不朽兮，乃物序之常全。緊何地無橘井兮，橘井以吾仙而傳。

雜録

（雍正）《廣西通志》卷一五　陸公井，在縣南三里。近古鬱林城，怪石清流。吴郡守陸績所鑿，南漢乾和中劉傳古種橘井旁，因名橘井。明正德間，提學劉節建亭其上。

老翁井

論説

宋 蘇轍《欒城集·後集》卷一八《東塋老翁井齋僧疏一首》

降授朝請大夫、護軍、賜紫金魚袋蘇轍伏爲東塋老翁井近歲以來，泉源耗竭，人失烹飪，田失灌種。先壠攸託，中情惕然。今因姪孫新授廣都主簿元老西歸，謹請戒律僧就墳側，晨設齋轉經，夜設水陸道場，以祈冥應。謹具疏如後。

綜述

宋 蘇洵《嘉祐集》卷一四《老翁井銘》　丁酉歲，余卜葬亡妻，得武陽安鎮之山。山之所從來，甚高大壯偉，其末分而爲兩股，回轉環抱。有泉坌然出於兩山之間而北附，右股之下畜爲大井，可以日飲百餘家。卜者曰吉，是在葬書爲神之居。蓋水之行常與山俱，山止而泉冽，則山之精氣勢力自遠而至者，皆畜於此而不去，是以可葬無害。他日，乃問泉旁之民，皆曰是爲老翁井。問其所以爲名之由，曰：往數十年，山空月明，天地開霽，則常有老人蒼顔白髮，偃息於泉上。就之則隱，而入於泉，莫可見。蓋其相傳以爲如此者久矣。因爲作亭於其上，又甃石以禦水潦之暴，而往往優游其間，酌泉而飲之，以庶幾得見所謂老翁者，以知其信否。然余又閔其老於荒榛叢石之間，千歲而莫知也。今乃始遇我，而後得傳於無窮。遂爲銘曰：山起東北，翼爲南西。涓涓斯泉，坌溢以瀰。斂以爲井，可飲萬夫。汲者告我，有叟於斯。里無斯人，將此謂誰。山空寂寥，或嘯而嬉。更千萬年，自絜自好。誰其知之，乃訖遇我。惟我與爾，將遂不泯。無溢無竭，以永千祀。

（天順）《明一統志》卷七一　老翁井，在蟇頤山上。一名老翁洞。洞中有泉，常有白蟹出見。又爲四目老人真府，唐末楊太虛、尒朱真人皆得道於此。旁建祠，有三仙石像，四目居中。蘇軾詩井中老人悟年華，白沙翠竹公之家。公來無蹤去無迹，井面團團水生花。翁今與世兩何與，無事紛紛驚牧豎。改顔易服與世同，無使世人知有翁。

藝文

宋 蘇軾《蘇文忠公全集》卷一《老翁井》　井中老翁悞年華，白沙翠石公之家。公來無蹤去無迹，井面團圓水生花。翁今與世兩何與，無事紛紛驚牧豎。改顔易服與世同，無使世人知有翁。

宋 晁公遡《嵩山集》卷三《師永錫少出通義其歸携伯渾詩來因用其韻伯渾頃嘗相送至下岩也》　益州古建國，遠自蚕叢來。吾敢怪鼇靈，人有化牛哀。惟愛老翁井，蘓仙手所開。乘軺難少留，門前厩吏催。愧子遠相送，同把嵓下杯。至今夢見之，石壁青崔巍。豈伊四座客，能屈一世才。去者不可招，至者不可推。

又《次韻劉安收惠詩二首》　此地冠盖圖，古來翰墨場。夜看蟇頤山，上于牛斗光。試酌老翁井，尚餘書傳香。想其居清華，漢閣千步廊。大字寫翰青，小楷書硬黄。仙去不可追，里人祀蒸嘗。神兮肯下來，冠劍在帝傍。作詩遺里人，聞者當感傷。

又 卷三《喜劉文潛來奉簡短作》　吾州横絶峨嵋陰，地勝無復俗塵侵。慈姥嵓深不受暑，老翁井寒能洗心。子來觸熱可休駕，我起呼風令解襟。芙蓉池上更爽塏，仰看參天皆茂林。

明 吳寬《家藏集》卷三《壽席道士》　白頭一羽客，何處曾相逢。月下老翁井，雲間玉女峰。蹁躚還似鶴，變化眞猶龍。試問渠年紀，山中有古松。

李公井

綜述

（嘉靖）《廣東通志初稿》卷一　官井，一名李公井。在縣東南武溪，湧出泉水，甘味不渴。

（萬曆）《新寧縣志》卷三　李公井，在縣右五十丈，知縣李華所鑿。

清 杜樞《重浚李公井記》（乾隆）《夔州縣志》卷九　夔郡風俗淳厚，素稱易治，惟閭閻無井，涓滴皆取汲于江，民非水火不生活，司牧于夔者，其殆以水利爲先務歟。稽自漢諸葛武侯接竹引流，以濟民飲，誠創舉也。宋太守王梅溪因之詩，曰：官費接筒竹，民蠲沽水錢。惠政至今傳焉，迨有明楊、張、許、郭諸太守，亦皆相繼作梘，俾諸葛梅溪舊澤弗衰。是前人莫不急，急于水利，有由來已。余菲才，兩攝夔，篆念治民之道，養先于教。若在夔而言，養必以水利爲急。前於乾隆五年冬，彷接竹之遺規，作梘於西門左側矣。窃思夔地攄險扼塞，爲全蜀咽喉，況百雉萬家，日用所需，豈自古以來竟無益伯作井計乎。赴江而汲勞矣，臨渴而掘晚矣，余盖未之信也。爰訪諸郡紳，鄧璋曰：萬曆年間，李公時孳守夔，曾於小東門化龍橋南甃井一口，水甚美，今久而淤没莫知。其鄉隨遍詢該地老人，約略尋其故址，命匠掘之，果得井，爲泥石所塞。又命匠浚之，而源泉浚發混混，不舍一時，童叟莫不欣然稱慶焉。余曰：此李公遺澤也。易有之木上有水井，君子以勞民勸相。書有之德惟善政，政在養民。其李公之謂歟。余何功之有，今而後，頌接竹引流者，自諸葛武侯始，頌掘井便民者，自李太守始。

（乾隆）《續修文縣志》　李公井，在縣北七十里。銕谷山三峰高聳，峰頂各有一井，冬夏汲水不絶。土人相傳，漢吳廣所鑿。

（道光）《惠安縣續志》卷一一《李公井碑文》　邑龍津以南，峻既多燥，民艱井没，公見而憫之。嘉靖戊申冬，乃卜地捐金，積石以浚，深幾丈許，不得泉。公爲文拜禱，泉湧若靈邇。薦旱益濟，百家利樂，相與追頌，鎸碑以志不忘公。居鄉節慨，完城勳德，其濟人猶泉也，蓋無往不在云。公諱愷，别號抑齋，官天部郎，壽八十一。

（光緒）《百色廳志》卷四　李公井，在鎮龍街。乾隆五十年，同知李焜開鑿，因以名。

（嘉慶）《惠安縣志》卷八　李公井，在邑樂善鋪錦田驛口。

傳記

（同治）《孝豐縣志》卷五　李夢登，福建人。乾隆間舉人，知孝豐縣。初之官，與同志三數人絮袍布被，挾册而至。出無儀衛，門不設監，奴有質訟者，直詣廳事，即爲剖析，因而勸諭之。胥吏或請事，則曰，安有子女白事父母，轉用奴隸勾檢者，汝曹謀食盍爲。農時行阡陌間，與父老商確利病，遇俊秀子弟，與論文不倦。居三月，以斷獄具詞，不如令式，劾罷。代者至門，長揖即去。庫廪官物，猶前官封識也。貧不能歸，負販小民日以米粟蔬果曉投門外，門啓，足取給朝夕。周一歲，縣人醵金爲治歸，裁并製青蓋爲贈，題名至萬人。初，夢登行村落間，有老婦哭之哀，詢之，以夫死子貧不能養。夢登惻然，召其子賜錢二緡，俾遂什一賴以稍裕。至是，其子合嘗受惠於夢登者數輩，徒步負擔，送夢登抵其家。夢登通形家言，在官日嘗登高環視曰：縣衙右隙穿井，當有舉科第者。後人用其説，果驗。時縣中百餘年不登大比矣，因呼李公井云。

藝文

清　潘耒《遂初堂集》卷一六《城渠開》　臨安城中十萬户，泉源蓄洩渠一縷。何年梗塞半爲土，深不容刀淺如釜。血脉既以枯，咽喉鬱不吐。煩蒸偪側奈何許，火灾數起疾病多，使我民兮苦復苦。車軒軒，中丞來，中丞來，河當開。教令一朝下，動地懽如雷。千夫畚，萬夫鍤，波鱗鱗，泥獵獵。疏渠之淤浚渠狹，雲揮電霍不停睫。二百年來沙礫場，方舟連筏流湯湯。役徒百萬不費民間一斗粟。中丞經略誠非常。君不見，白公堤，李公井，一時功績千秋永。嘉名更有趙公渠，誰能補入河渠書。

梁鴻井

論説

（光緒）《無錫金匱縣志》志一四　梅里一作梅李，古所謂梅李平墟也。其在常熟縣東三十六里者，亦名梅李。乃以五代時吴越使梅李二將，駐兵于此而名，非泰伯之梅李。又云，舊志載，梁鴻非在皇山。案唐李紳詩：至德今何在，平墟井有泉。梁鴻重浚後，又歷幾千年。明即是井爲鴻浚，非别有梁鴻井，可以正相沿之誤。

綜述

明　吴桂森《息齋筆記》卷上　錫之東南有鴻山，其西嶺泰伯墓也，其東嶺有梁鴻井、滌硯池。嶺下有一丘，號梁鴻墩，鴻山之得名由此。

清　秦瀛《小峴山人集》卷三　梁溪亦名梁清溪，或言梁鴻曾居此而名。鴻山向爲皇山，東嶺有梁鴻井。

（乾隆）《江南通志》卷三二　梁鴻井，在金匱縣鴻山東嶺。相傳鴻適吴嘗居此，井猶存。

藝文

元　郯韶《次韻》《玉山紀游》　駟驖騑騑向驛程，遠傳優詔慰民情。關河落木雁初至，風雨渡江鷄亂鳴。季札衣冠空有像，梁鴻井臼尚遺名。黄花滿地秋堪把，一夜思君白髮生。

清　傅占衡《湘帆堂集》卷二六《品令・咏茶和山谷韻》　自汲

梁鴻井，借貞白，松風聽。牕硼几净，甌香色嫩竹光遥映。陸酬何功，更覬九卿執政，佛燈僧影。鍾殘梵，休幡定，偶然相遇，寒山拾得，當杯點省。陡喫清凉，唇舌尚落蒓茗。

靈井

綜述

唐 韋述《兩京新記》 次南曰延康坊，西南隅西明寺，本隋尚書令、越國公楊素宅。大業中，素子玄感誅，後沒官。武德初，爲萬春公主宅。貞觀中，賜濮恭王。恭王死，後官市立寺。寺内有楊素舊井，玄感被誅，家人以金投井，後人窺見，鈎汲無所獲。今寺衆謂之靈井。

（天順）《明一統志》卷二 靈井，在唐縣西北隅，俗呼趙母井。所謂醇酎千日，即此井。

又 卷二七 靈井，在府城南四十里高辛廟中。世傳井始有四，今存其一，在東廊。四時不竭，遇旱，土人取水禱雨。

又 卷五七 靈井，在上高縣西。相傳有疾者，禱飲之即愈。

（嘉靖）《許州志》卷一 靈井，在州西三十里。其水色玄而氣温，澇不溢而旱不涸，灌田數百畝。每祈雨輒應，民以爲龍潜其中，故名。又宜靛傍近數百家，歲獲厚利。

（嘉靖）《歸德志》卷一 靈井，在高辛廟前。世傳井始有四，後塞其三，惟東廊内在。四時不竭，凡遇亢旱，民取水禱雨輒應。

（康熙）《河南通志》卷六 靈井有二：一在許州城西三十里，其色玄而氣温，積雨不溢，久旱不涸。一在鄭州東三里李衛公祠後。

（乾隆）《順德府志》卷六 靈井，在文廟前玉石橋東。相傳魏太傅游雅鑿，衆泉皆滷，此泉獨甘。遇午酉歲則更溢，多發鄉書。

（乾隆）《望江縣志》卷二 靈井，邑東北三十里。不知鑿於何代，時紫氣籠罩，其泉温甘，汲可瘳痿。昔句漏令投丹砂於井，飲者如飫仙液，此或眞人之遺與。

清 蔣雲寛《靈井記》（光緒）《永明縣志》卷四七 廟之右偏有故井焉，寒冽多泉，坌湧不竭。郭内人居近北者，咸資以汲綆瓶，朝暮不絶，所謂井收勿幕者也。聞往時汲者，挽繘誤墮落，見有异使上狀，遂得不沉，如是者數數焉。或曰，此觀若瓊之靈憑焉者也。予曰不然，城隍享永人血食，保障斯土，蓋屢有靈迹矣。井介廟側，凡操汲於是者，旮得以陶盪，瘵得以蠲愈，神罔不眷顧而呵護之。其必大施神之力，以出汲者於厄，無怪也。不然，井惟五祀之一，其於都邑，特物之小者，何靈之昭昭若是。會修井工竣，鄰人問井名，乃名曰靈井。匪井靈也，以神之靈，靈井也。抑茲井冬温夏凉，於風土記，靈井之稱，兼有取焉。

（嘉慶）《清一統志》卷一九三 靈井，在商邱縣南四十里帝嚳廟中。府志，井始有四，今存其一，遇旱取水，禱雨多應。

又 卷二〇二 靈井，在濟源縣西四十里軹關城内。寰宇記，魏時刺史平鑒祝井得水，故名。

又 卷二一八 靈井，在州城西三十里。水色黑而氣温，潦不溢，旱不涸，灌田數百畝。九州要記，許昌靈井亦曰靈泉，今石砌方正，水旱民必禱焉。

（嘉慶）《績溪縣志》卷二 靈井，在旺川象山右。其泉能療百病，水溢井檻，有人文之應，故名。

（道光）《瓊州府志》卷四 五靈井，在縣東北九十里。逢旱，人多往汲。

（同治）《瀘溪縣志》卷三 靈井，在出雲峰絶嶺。泉極甘，千人飲之不竭。

（光緒）《永明縣志》卷六 靈井，在城隍廟右，味如江水。道光中，有汲者誤墮，恍惚有人舁之使不沈，旋爲後汲者救起。邑人蔣給諫雲寛記而勒石，嵌於井神祠左壁，并題其闌石曰靈井。

（光緒）《於潜縣志》卷四 靈井，在縣南三里土地祠内。其水冬夏不涸，味甘而潔。

（光緒）《唐縣志》卷一 靈井，今失所在。康熙志，在中山城西北隅，俗呼爲趙母井。所謂醇酎千日，即此井所醖。後以石蓋之，人不敢開，齊刺史博陵王濟欲開之，即有雲霧，隐蔽不開。寰宇記。

紀事

（同治）《益陽縣志》卷二　靈井，治内雲嬉亭東，不知所自。泉久涸，康熙二十一年，泉復出。

藝文

宋 梅堯臣《宛陵集》卷二七《道次靈井》　井面水不動，傍分龍鱗激。泉氣時生漚，上湧光的皪。深苔翠堪染，石底清可覿。旱歲或來祠，彈絃屬靈覡。

宋 黃庶《伐檀集》卷上《靈井》　何年清泉眼，幾斛涵蒼苔。瓮盎日夜至，長滿莫可涯，天旱不知竭。衆流起黃埃，淘綆乾未定。能使沴氣開，大旱淘井，竭其水必得雨，以爲常。廟祠失根柢，故老奠酒盃井。傍有祠，或曰衞靈公廟。蠶民咒棗栗，千斤意徘徊。臘月，民持蠶紙浴井中，必投棗栗咒。祝其辭曰：齊起齊眠，千斤萬斤。兒童慣冷煖，預知春秋來。臨之鑒鬚眉，方鑒無煤炲。窟穴若喉吭，我疑吐雲雷。何當鞭蜃螭，與國驅旱灾。

宋 劉敞《公是集》卷一六《苦雨》　東風十日不肯回，濃雲猛雨無時開。紛然萬瓦垂組練，忽變百里吹塵埃。河魚無翼蹈平陸，水鳥哺子升高臺。羲和送日不竟夜，陽烏翅濕方摧頹。腐薪數吹不堪爨，靈井已滿無用汲。大衢泥潦安得出，敗瓦漏缺端愁入。街頭紅粟更騰踴，歲晏敝裘方綴緝。黃花熒熒獨不憂，悵然爲爾臨風立。

宋 韓淲《澗泉集》卷一《靈井九峰庵前涉澗入崦，間泉發嵌空，日夜流不竭，鄉老傳嘗有龍見光怪，吾翁名之靈井》　靈井復何許，薰風度前林。一邛爲蕭散涉，流珠匪深。山空人迹少，無言見鳴禽。嵌嵓適所會，潺然送清音。宜我濯塵土，陶寫此胸襟。富貴本天命，得閑且幽尋。

又 卷四《五思》　我思南澗水，秋雨漲白蘋。但見禽鳥啼，少值城市人。倚杖獨照影，幽懷寄閑身。潺潺瀉塵舊，汩汩來清新。濯纓江濱漁，洗耳潁陽真。長安多飛埃，乃復在兹辰。

又 卷七《十四日》　風花郭店路，靈井隔雲溪。渡水魚争出，隨山鶯亂啼。只疑身未老，不信夢還迷。今日逢寒食，西湖春草萋。

又 卷八《次韻昌甫九峰留詩》　遠峙山常峻，幽泉水自泠。幾回靈井曲，如入九峰屏。雅以平生舊，空懷萬古靈。詩成霜露濕，原上草青青。

又 卷一九《謝昌甫到九峰》　靈井曾煩翁記文，至今流水對荒墳。孤兒自掃松間祭，人隔九泉聞不聞。

金 譚處端《水雲集》卷上《題洛陽朝元宫》　宫門寂寂鏁祥烟，古迹靈蹤尚儼然。雲罩連枝烹藥鼎，霞生靈井溉丹泉。日魂煉就華胥國，月魄收將不夜天。紫詔師眞歸去後，未知孰繼大羅仙。

明 劉溥《草窗集》卷下《游澱山寺訪梧竹禪師》　綠嶼平瑚路渺茫，遠公相見啓禪房。山中靈井通滄海，雲裏香臺出上方。翠竹碧梧窺色相，落花芳草送年光。我來欲問三生事，秖恐孤鐘又夕陽。

清 王廷諫《登盧山》（同治）《黃縣志》卷一二　春風花草發幽香，圖記會聞此道場。仙迹擬從靈井出，鶴巢偏占古松長。嵐光遠近浮青黛，樹影高低擁翠蒼。破篆蘚苔文細認，盧童飛騎諒非荒。

（光緒）《於潛縣志》卷一五《靈井芳泉》　瑞雪霏霏冷意濃，無人不道是嚴冬。庭前一片寒光罩，井上幾番煖氣衝。染翰奚煩呵凍筆，煎茶尤待沸金鍾。清泉那得渾如許，仙子當年留古蹤。

雜録

（嘉靖）《許州志》卷一　龍華井，在州北五里，深三丈許，水常不涸，祈雨輒應，如靈井。舊志，靈井詩：碧甃俯銀床，疑寒紫綆長。千年閟靈應，九夏挹清凉。潄齒詩喉潤，澄心俗慮忘。三農如有旱，虔禱注甘霶。

（康熙）《安慶府望江縣志》卷三　司馬井，邑東三十里菩提寺北。

深僅二尺，大旱不涸，味甘芳，能愈疴，特有紫沫浮水。而識者曰，此龍涎也。十景中靈井浮英即此。

（同治）《高安縣志》卷二七 靈泉寺，在南城連通鋪。原有靈井，故名。明住持僧普誠出穀賑饑，朝廷旌之，現有石碑存寺。

（同治）《饒州府志》卷四 多峰廟，在崇德鄉十三都，祀平南感應周公之神。舊傳有仙鶴飛至山頂，神開靈井九口。禱雨心誠，則泉自湧出於井。

（同治）《清豐縣志》卷一 蓮花池，在江瀆廟東北百步。相傳唐太宗征遼時，靈井溢水，注此爲池，蓮花生焉，因名。

清 李調元《童山集》卷八《游馬馳寺記》 馬馳寺，在綿州北三十里。中有靈井，爲州八景之一。井去南村僅十里，髫年讀書在鶺鴒寺，去守數里，欲游之而未得。後服官三十年，時時縈念，人有問靈井者，愧無以應也。

清 林穗《靈井祠記》（光緒）《鉅鹿縣志》卷一二 戊寅春，穗承乏是邑值亢旱異常，玉帛交瘁，靡神不舉，卒罔一應。邑人告余曰：城之西南隅有井焉，雖久旱不竭，邑之人炊爨者，咸仰資焉。盍禱諸穗，即率屬禱求，果得大雨，農田遍植，比舍騰歡。既而入伏，又復苦旱，禾苗焦槁，民心惶惶，穗復率屬禱告，甘霖滂沛，四野均霑，衆以爲是井之靈，殆有龍焉，實憑之。噫，其井之靈歟，其龍之靈歟。禮有之能爲民禦灾捍患者，皆祠之。先儒劉氏云，水不在深，有龍則靈。即以是爲靈井焉可。

（光緒）《鉅鹿縣志》卷二 靈井祠，在城外西南隅劉家疙疸。光緒四年大旱，禱雨輒應。知縣林穗、典史黄世清公建。

流泉井

綜述

清 王秉韜《流泉井記》（乾隆）《保德州志》 天下事特患不爲耳，無患其不成。爲之而成固已，爲之不成，亦云爲所當爲而已。事未曾爲，先藉口於未必成，是以終無一成，不盡失其所當爲不止矣。德踞山枕河，城中舊有井三，前後廢者百餘年。南門外井一，西門外一井，巉巇曲折，登降爲難，其餘則東取水於河，往返約三里，而高下數百丈，一遇雨，石滑趾難錯也。且黄河水一泥沙及半焉，取重用輕，日多縻費。余於乙巳三月望抵任，初不知城中無井也。城守都閫薩公與余同里，詢及武修。都閫曰：器械具，技藝嫻，火藥鉛子，可供五年差操用，惟城中苦無水。曩者甘省逆猾作亂，沿邊知警嘗謂，使賊猝至城，一閉則人馬俱渴，維時官民譁然，咸以不早握井爲恨，逾月事平，迄於今人無一語及井者。余重慨其言，檢州志，擇所營舊址，命匠掘復之。會五月，委署寧武守，雖去而恨掘井不早者，又譁然以爲其事斷不可爲矣。余少間復集前匠詢之，曰：舊難循，曷圖諸新。於是察山形，審泉脉，擇西門内北偏開浚，工未及句，穿五丈餘而得泉。余偕都閫至井所，嘗其水而甘，問其泉，曰流泉，因名曰流泉井。盖取泉流不息之義，時又奉差且天寒，議明歲更成一二井，則可全濟。余於是井爲之而成而色喜，抑於是井幾不爲而不成而滋懼矣。爰志始末告來兹。

藝文

清 沈秉成《編修同年無題八首》《蜆嶕山房詩集·初編》卷二 橋梁白水認新邨，徹骨流泉井未渾。笛裏關山疑有路，畫中樓閣竟無門。緑珠十斛寧論價，紅豆三升別種根。莫雨瀟瀟今罷曲，人間何處問桃源。

琉璃井

綜述

（天順）《明一統志》卷二九　琉璃井，在府城外發祥寺側。宋太祖汲此井浴，後甃以琉璃，至今石壓其上。

又卷六〇　八角琉璃井，在房縣西南隅，上有真武廟。

（成化）《中都志》卷四　琉璃井，在縣治東勝真禪寺内。週圍磚石結砌，光若琉璃，故名。

又　琉璃井，在城中州治東南。水清洌，井底有青石八片，光瑩，故名。

（弘治）《句容縣志》卷四　琉璃井，在縣治北鳳壇鄉華家邊。以其石甃瑩如琉璃故名，今存。

（正德）《大名府志》卷二　琉璃井，在縣東南五十里荆岡集，味頗甘洌。

（嘉靖）《沛縣志》卷八　琉璃井，在河東一里許，深不可測。其水泉什洌，下廣上狹，投以瓦石，則砰然有聲，所甃之磚，潤滑光采，世傳漢高所築。

（嘉靖）《武定州志》　琉璃井，在縣治南五十步。

（嘉靖）《山東通志》卷五　琉璃井，在長清縣南三十里。凡八□，不知鑿自何時。每井皆以琉璃甃砌，其水光瀅奪目。今二井涸。又樂陵縣南，亦有琉璃井。

又　琉璃井，在汶上縣西六十里。

又卷六　琉璃井，在臨清州城外西南隅，久而湮塞。景泰初，平江侯陳豫建城，因訪得之。命工疏，深丈餘，其甃皆璃璃。浚之泉湧，味甘色清，遂圍以八角石欄覆亭。

（隆慶）《儀真縣志》卷二　琉璃井，志云在寧江門西南闤闠中。井幹光映，類琉璃云。

（萬曆）《滁陽志》卷三　琉璃井，在縣治後。泉極甘，雖旱不竭，以琉璃甃砌，水光奪目，投之瓦礫，聲若笙簧，久之方止，但不知鑿自何時。

（萬曆）《淮安府志》卷三　琉璃井，治北三十里，在金城，今塞。

（嘉慶）《清一統志》卷一八六　琉璃井，在儀封廳請見亭西。府志：井皆自生，琉璃不假甃造，光耀自然，又名聖井。世傳夫子曾飲於此。

（光緒）《重修安徽通志》卷五〇　瑠璃井，在巢縣城北。中有四柱色，如瑠璃。

紀事

明　尹夢壁《漱芳亭記》（天啓）《來安縣志》卷一　來安邑□之□吉祥寺之左，有古井焉，曰琉璃井。日色射其中，光彩熒煜，絢若琉璃，投之瓦石，聲聞數十。武邑民競爲奇迹，稱十景之一云。

藝文

宋　趙師使《坦庵詞·鵲橋仙歸舟過六和塔**》**　風波平地，塵埃撲面，總是争名競利。悟時不必苦貪圖，但閒任流行坎止。忽來忽去，何榮何辱，天也知人深意。一颿風送過桐江，喜跳出瑠璃井裏。

元　岑安卿《栲栳山人集》卷上《咏范氏池亭》　虚亭巧結構，翡翠屏，水瑩琉璃井。書生東海來，山水頗深省。喜有鄭家湖，詩文每相有此觀魚境。碧沼風生紋，高林月留影。花竹列我前，松杉瘦而顥。山環警。

元　宋褧《燕石集》卷一〇《摸魚兒至元六年二月望日，登安陸白雲樓。樓今爲分憲公廨，城中有楚大夫宋玉故宅與池，其井名琉璃井，有蘭臺故基**》**　屹危闌，郢都西北，滔滔漢水南去。蘭臺陳迹何從訪，廢宅芳池凝竚。愁絶處，空只有，琉璃眢井鼍聲聚。千年遺緒，邈白雪宮商，雄風襟量，恍惚可神遇。英靈在，應念諸孫鹵莽，斯文徼福如許。蕙肴蘭藉椒漿奠，屈景幽魂同赴。驚節序，却邂逅，春深不識悲秋苦。撫今懷古，謾醉墨淋漓，狂歌悽惋，和者應無數。

明 李鳴盛《天長十景・琉璃井》（嘉靖）《天長縣志》卷六 玉甃虛圓入鏡天，琉璃新長碧交連。却疑無底圖澄鉢，花發青蓮繞鉢鮮。

明 陳虞化《琉璃井銘》（嘉靖）《天長縣志》卷六 眞勝有井，琉璃是名。匪今溢美，緊惟奇徵。淆之不濁，清清曷澄。歲夂凝碧，光瑩虛明。淵渚良渫，澤爾生靈。振古清德，貪污是懲。

明 吾昪《觀琉璃井》（嘉靖）《天長縣志》卷六 和氣能鍾瑞，英靈自吐奇。一泓金井水，四畔碧玻璃。清澈疑冰鑒，光芒比刷絲。我來尋勝迹，忘却在天涯。

明 張鍊《琉璃井》（嘉靖）《天長縣志》卷六 何年穿此井，虛甃結琉璃豈是人爲巧，皆由造化司。澄寒源不竭，甘潔性無移。寶地鍾靈異，如來道在兹

清 秦瀛《小峴山人集》卷二一《三月十八日迭駕後出廣渠門赴通潞登舟雜咏六首》 四載琉璃井畔棲，樹陰深護鶴巢低。懸知後夜相思夢，長在春風禁苑西。

清 馮雲鵬《掃紅亭吟稿》卷五《龐涓井井有數處皆琉璃甃作，亦稱琉璃井**》** 琉璃甃作果肰精，幾處人傳汲水清。大抵將軍知掘井，漫誇宰相鮮談兵。攻韓未遂班師願，失魏翻成豎子名。譬若功虧泉九仞，難從鬼谷認先生。

雜録

（萬曆）《紹興府志》卷二一 諸暨大雄寺，在城中寶長山麓也。吴赤烏年間建，梁通普間，改名法樂寺。唐會昌五年廢。大中二年復，改報國。後改今額。寺中舊有琉璃井、琉璃軒、先照樓。

（天啓）《來安縣志》卷九 彌陀院，在縣南三十里。元至正五年建，内有琉璃井、鳳凰橋。

（雍正）《畿輔通志》卷二〇 荆岡，長垣縣東南四十里荆岡集。岡頂當集之中，岡畔有琉璃井。

（嘉慶）《清一統志》卷三四二 宋玉井，在鍾祥縣東，一名楚賢井，俗名琉璃井。輿地紀勝：在舊州學前楠木山之下。明統志：楚賢井，亦名宋玉井，郡守張孝曾建亭，名曰楚賢。

龍虎井

清 周長森《重修龍虎井記》（同治）《贛州府志》卷三 同治戊辰六月，長森奉檄總查保甲，周巡廛市，見東南居民負汲者，遠輒一二里。詢其故，曰鎮署西有龍虎井焉，脈絡與三潮井通，泉甘而冽，曩者供千家汲，今眢矣。曷不浚而出之，曰費不易集。費幾何，曰數百緡可矣。亟往視，如所言。商之前贛令韓君懿章，復陳之上憲，皆惻然，民隱於是，鎮道府皆出貲倡助，而民之居其側者，無不慨然樂輸。浹旬，鳩集以數千計，八月初吉，始興事，郡人邀韓君與予，焚香禱於井神之廟，負畚運土，隆然如阜。積甃石墊底，窅然而穴深，懸繩架木，環以欄楯，支以板鍤，閱數月工甫半，有笑於列者曰，泉塞矣，量其水僅深二尺許，不足供百人汲。詢諸工，則錯愕不能對。而費已不貲，爰召他工決之瀹之，浚之益深，督之益勤，石之泐者新之，土之鬆者築之。更得今贛令黄君德溥總查保甲，何君訥加之以策勵，越明年六月而工竣。《易》曰：井養不窮，并受其福。此之謂也。仍名之曰龍虎，蓋風雲之象，人文肇興，亦基於此矣。是舉也，予與韓君啓其端，而非上憲獎其成，紳民協其力，踵事諸君董其役，則不能底於成工。既竣，凡官紳士民之捐費，與夫紳首之姓氏，鐫諸石以爲勸。

龍井

論説

宋 樓鑰《攻媿集》卷四八《洞霄宮徑山天目山龍井祈雨祝文》 伏以國方多事，所願年豐。春夏以來，甘澤未足，種不入土，遺蝗已繁，當宁興思，旱氣甚廣。近雖得雨，猶未霑然，遣官禱祠，齋心以俟，庶祈響答，三日爲霖，大慰九農，敢忘伸報。

宋 許應龍《東澗集》卷九《天目山龍井大雄山祈雨祝文》 伏以六月不雨，豈勝旱暵之虞。三日爲霖，願沐霑濡之賜。雖屢伸於祈禱，猶未遂於感通。爰遣廷紳，偏走郡望，嗟鬱攸爲沴，民生已困於煎熬，茍膏澤愆期，歲事必遭於荒歉。願垂陰相，俯鑒衷忱，龍翔而景雲興，沛爲甘霔，穀熟而人民育，迄用康年。

綜述

宋 秦觀《淮海集》卷三八《龍井記》 龍井，舊名龍泓，距錢塘十里。吴赤烏中，方士葛洪嘗錬丹於此，事見圖記。其地當西湖之西，浙江之北，風篁嶺之上，實深山亂石之中泉也。每歲旱，禱雨於他祠不獲，則禱於此，其禱輒應，故相傳以爲有龍居之。然泉者，山之精氣所發也。西湖深靚空闊，納光景而涵烟霏，菱芡荷花之所附麗，龜魚鳥蟲之所依憑，漫衍而不迫，紆餘以成文，陰晴之中，各有奇態，而不可以言盡也。故岸湖之山多爲所誘，而不克以爲泉。浙江介於吴越之間，一晝一夜，濤頭自海而上者再，疾擊而遠馳，兕虎駭而風雨怒，遇者摧，當者壞，乘高而望之，使人毛髮盡立，心掉而不禁。故岸江之山多爲所脅，而不暇以爲泉。惟此地蟠幽而踞阻，内無靡曼之誘，以散越其精。外無豪捍之脅，以虧疎其氣。故嶺之左右，大率多泉，龍井其尤者也。夫畜之深者，發之遠，其養也不苟，則其施也無窮。龍井之德，蓋有至於是者，則其爲神物之託也，亦奚疑哉。元豐二年，辨才法師元静，自天竺謝講事，退休於此山之壽聖院。院去龍井一里，凡山中之人，有事於錢塘，與游客之將至壽聖者，皆取道井旁。法師乃即其處爲亭，又率其徒以浮屠法環而咒之，庶幾有慰夫所謂龍者。俄有大魚自泉中躍出，觀者異焉。然後知井之有龍不謬，而其名由此益大聞於時。是歲，余自淮南如越省親，過錢塘，訪法師於山中。法師策杖送余於風篁嶺之上，指龍井曰，此泉之德至矣，美如西湖，不能淫之使遷。壯如浙江，不能威之使屈。受天地之中，資陰陽之和，以養其源，推其緒餘，以澤於萬物。雖古有道之士，又何以加於此，盍爲我記之。余曰唯唯。

又《龍井題名記》 元豐二年中秋後一日，余自吴興過杭東還會稽，龍井辨才法師，以書邀予入山，比出郭，已日夕，航湖至普寧，遇道人參寥，問龍井所遣籃輿。則曰：以不時至去矣，是夕天宇開霽，林間月明，可數毛髮，遂棄舟從參寥杖策并湖而行，出雷峰，度南屏，濯足于惠，因澗入靈石塢，得支徑上風篁嶺，憇龍井亭，酌泉據石而飲之。自普寧經佛寺十，皆寂不聞人聲。道旁廬舍或燈火隱顯，草木深鬱，流水激激悲鳴，殆非人間有也。行二鼓矣，始至壽聖院，謁辨才於潮音堂，明日乃還。

宋 程珌《洺水集》卷七《游龍井記》 余舊讀秦太虚筆記，謂元豐二年中秋後一日，自吴興過杭還會稽，龍井辨才法師，以書招其入山。出郭，日已夕，航湖至普寧，遇參寥道人，相與杖策，并湖而行。出雷峰，度南屏，濯足于惠因澗。入靈石塢，得支徑上風篁嶺，憇龍井亭，酌泉據石而飲之。自普寧，凡經佛寺十數，寂不聞人聲。旁廬舍，或燈火隱顯，草木深鬱，流水激激悲鳴，殆非人間也。行二鼓，至壽聖院，謁辨才於潮音堂。明日乃還。予讀其辭，想其事，甚欲一追故步者，不記幾年矣。乃辛巳歲立春，出清輝門，經净慈寺，過白蓮院，上風篁嶺，謁龍祠。酌龍井，遂至辨才塔，飯于月林。月林，辨才所廬也。主僧出范文正、東坡、欒城、參寥、辨才遺像，及坡遺辨才水墨羅漢八軸，軸皆二象，仁皇飛帛四字，與南唐草字四紙。已而，酌泉瀹茗，復汲二盎以歸。徑旁佛舍，多不知名，獨白蓮爲近，晚不暇入。四山多怪石，如亂雲，如虎豹。下眎西湖如盤，狹處僅若帶。沿路居民，眎昔不加密，炊烟斷續相望，澗泉則瀧瀧如故。但太虛乃宵征，所不見者，怪石與西湖及炊烟耳。元豐訖今百三十七年矣，人事幾變，而景物則宛然當時，可爲太息。辨才結廬，今爲廣福寺。一山屹然内向，故備録以告來游者。若水、若曾、若愚，侍東家周叔向俱。

紀事

明 董其昌《畫禪室隨筆》卷一《跋自書・補龍井記書後》 秦太虛撰龍井記，直稱藕家勝友，元章此碑，絶得李栝州三昧，惜多殘缺，余爲補之。然聞趙吳興曾欲補米書數行，一再易之，皆不相似。曰：今人去古遠矣。則余其有續貂之愧也夫。

明 史鑑《西村集》卷六《跋米元章書秦太虛龍井記石刻後》

尹君孟容以米元章所書秦太虛龍井記石刻，委余求題於今翰林修撰吳君原博。原博有録太虛題名、東坡跋語之屬，且云刻日游杭，蓋是時，方與余約在戊戌歲春行也。是歲，杭城西山中忽有虎，白晝食人，人莫敢入。原博復書云：尚欲與吾兄食老米飯，數年未敢以身許此物也。因憶余前七年，嘗至杭山中，虎方盛，而龍井爲甚中間，一至而遽歸，不敢久也。由是遂尼此行，所謂按記登覽，將爲數語以續古人，爲君再書之，語皆墮茫茫然矣。俄而杭人諸君立夫至，爲余言杭諸山近日絶無虎，采樵者多莫夜行，因以告原博，相與懊恨彌日，思再圖一行以實之，故是刻留余家頗久，蓋將有待也。既而原博上京師，竟不及往，余乃考求秦蘇二公之記，爲補書之。秦記中言，自普寧至壽聖院，凡經十五寺，皆乘月夜行，然則立夫之言，可益信矣。物理之無定，人事之不齊，有如此者，是皆不可以不書。若夫太虛文、元章書，尹君之能寶愛先澤，自有原博及兵部郎汝君行敏之跋在，余何敢言之。

清 黄今《玉石巖龍井記》（光緒）《龍南縣志》卷八 玉石巖龍井，太守邢公珣開鑿也。明正德間，王文成平三浰，開玉石巖，顔曰陽明小洞天。時邢公亦回軍，駐龍南開巖，内石壁如小竇，俗稱鞠躬門。門以内石徑空嵌，沿徑數十丈，是爲龍井。游人持燭僂而入，泥石油滑，上有狻猊、巨象，驚蛇掛壁，又有如犬者，如荷花、荷葉者，皆極形肖。躡石磴十餘級而上，有石如蛙，清泉直滴蛙背。再行數武，始達龍井。井上有一線天亭，午日光射入，仰視如罅雲烟蓬勃，似井中乍起者，投之以石，踰時響猶不斷。游人至此，必躡足凝神，不敢作俯探狀。定南人熊某失足入，將及數丈，爲橫石隔而止，四顧深黑，彷彿間有人告之曰，此仙境，何緣到此，吾掖汝以上，令蹲伏。明日有墜石聲，試仰首號鳴，當引汝出。及期果然。相傳井旁有石，碎仙仰臥，好事者置以美酒，間日輒盡，其靈異大都類是。邑人唐翠章者，好奇士也，嘗裹糧游形華，歸美諸山，居巖側里許，自以龍井之勝，未曾入探爲憾。既而飲於岩醉甚，諸少年語以井中多靈迹，試入當必有遇。取竹纜結作履形，納足其中，腰脥交維，數人曳持之，乃縋執炬而下。甫駐足石，銛利如劍戟，或膝行，或手拊，形疲不可耐。數丈有石如車蓋，至是必微俯，其躬輾轉達之。自此而下，欹斜如螺旋，約歷三曲，稍平坦可步，始解纜，步折而西，下十餘丈，中開一大坪，廣袤約丈許，盤以巨石，疑此即井底也。坪之西積石一堆，即游人所投者，東有骷髏一副，石底别有小窪，注水三四尺，不滿不竭，以手掬之，凍冷入骨，有石罅溜下如琴瑟聲，如風吹竹梧聲，變幻非一端。志稱井通泉脉，入糠粃以驗，流出龍湫，據此則井水止而不流，舊説似訛。惟四壁多别竇形，亦空嵌，欲更覓徑以入，炬盡而止。予謂天地之奇，不容一覽而盡其間，雕劖元氣，鎚鑿幽險，而置諸混沌閉塞之中。蟄蟲之所不穴，榛莽之所不宅，且旦晦之所不知圓靈，曜景之所不一到。道家所謂形與神全知希爲貴者，與然積久而見潛隱，乃彰如斯井者，當年未遇邢公，則閉藏岩石間，雖千百年，龍井之名卒不著。即著矣，而不得好奇者身歷其境，其奇亦不傳地之顯晦，殆有時焉。非特武夷、九曲、天台再至，爲足供人間搜探也。是不可以不記。

藝文

宋 孔延之《會稽掇英總集》卷四《龍井》 寒井深無極，人謂藏虬龍。嘗聞救炎旱，絲雨灑長空。

宋 蘇軾《蘇文忠公全集》卷一八《次韻和楊次公惠徑山龍井水龍井水洗病眼有效》 漏盡雞號厭夜行，年來小器溢缾罍。棄官縱未歸東海，罷郡猶堪作水衡。幻色將空眼先暗，勝游無礙脚殊輕。空煩遠致龍淵水，寧復臨池似伯英。

宋 葛勝仲《丹陽集》卷一九《龍井》 古甃泓澄淺，涓涓似有源。蒸雲驟游宇，吹雨忽翻盆。泉伏微如蠋，泥蟠肆任蚖。嶄然頭角見，坐穢葉公魂。

宋 沈與求《龜溪集》卷一一《奉迎嘉山龍井水祝文》 矯矯神龍，惟水爲所，吹噓成雲，噴薄成雨。惟兹井泉，爲龍所主，一勺之多，澤遍九土。挈此瓶罌，置我庭宇，燁燁電壺，坎坎雷鼓。發揚英靈，浹洽周溥，溉我田疇，滋我稷黍。毋使我民，仍歲饑阻，則惟報之，如御田祖。

宋 喻良能《香山集》卷一四《游龍井》 九月十日天氣凉，桂花零落菊花黄。竹根如意雙不借，放眸一望海天長。

又 天人彌天同一游，灑落珠璣不自休。二老風流今凈盡，空餘怪石對龍湫。

又 致身通顯大槐夢，快意畋魚紫石潭。何似相攜古蘭若，細看香篆味茶甘。

宋 葉紹翁《靖逸小集·秋日游井》《江湖小集》卷一〇 引道煩雙鶴，携囊倩一童。竹光盃影裏，人語水聲中。不雨雲常濕，無霜葉自紅。我來何所事，端爲聽松風。

宋 韓淲《澗泉集》卷一九《龍井》 龍井寒深碧水流，辯才詩已在山丘。蕭蕭石上風篁嶺，曾遇蘇仙秦少游。

宋 金履祥《仁山集》卷一《龍井并序**》** 嚴陵北高峰之上，臨崖有井，其實因崖有泉，疊石而止之，甃以爲井耳。今山僧謂，其開山祖師善導和尚講經致龍抉石爲井，蓋附會以神其法也。

高峰餘洞氣，石竇通靈液。發源已太孤，臨崖千萬尺。井甃回飛湍，修綆收澄碧。一飲清風生，膚寸寒雲出。山僧語似奇，老龍事無迹。我来翠微巔，得此寒泉食。東望子陵臺，連峰對□嵂。下有十九泉，趾此相仲伯。因哦招隐詩，凭高三嘆息。

龍泉井

綜述

（天順）《明一統志》卷一 龍泉井，在平谷縣東南一十里。永樂間，嘗駐蹕於此，因鑿是井。

又 卷二 龍泉井，在府城東北八十里固城鎮。相傳井甃於秦漢時，後井水泛溢，立觀音殿鎮之，唐及金元皆修葺。元至元間，土人因浚之，得觀音像及水瓶，時遭旱，總管韋政率衆禱像前，甘澍大降。

又 卷七七 龍泉井，在武平縣禪果寺，相傳定光佛所鑿，嘗有龍見其中。

（弘治）《八閩通志》卷八 龍泉井，在縣南禪果院殿後。相傳定光佛所鑿，其水□瑩甘洌，後有以污濁觸之者。一夕龍鬥于井，飛騰而去，自是色味俱變。宋慶元間，龍復見，水復其舊。

（嘉靖）《山東通志》卷五 龍泉井，在德平縣龍泉寺内。其水甘潔，雖大旱不竭。

（嘉靖）《長泰縣志·食貨志》 龍泉井，在縣治東醮樓之側，潤丈，以石爲闌，蓋上爲七眼，創於元正至丙戌。

（嘉靖）《汀州府志》卷二 龍泉井，在勝運里石牌前。石隙間流出一泓，四時澄澈，夏冷冬温，鄉民建庵其上，名曰龍泉庵。

（隆慶）《豐潤縣志》卷三 龍泉井，在陳宫山南。一石甃，咸水湧出，每六日溪即滿且溢，至冬乃□焉。故又曰溢泉井。

（萬曆）《金華府志》卷三 龍泉井，縣西南三十步，居民數百家，皆仰給之。歲旱不竭。

（崇禎）《廉州府志》卷三 龍泉井，在府治東八里惠澤廟前。清泉湧出，遇旱取水，祈禱輒應。

（康熙）《衡州府志》卷二 龍泉井，舊屬桂陽州，灌田可五百畝。

（雍正）《賓川州志》卷一二《龍泉井記》 賓川州治後園有神井焉，水冽且甘。壁有龕，供龍王之神像，可尺五，頗靈異，能驅祟，又能䰞人。官於斯者多憚之，至易置其神於廟。余則奉歸，祀之井傍，有神井碑。萬曆中，署州事西蜀劍閣王皐記，其有寒疾，醫者謂不可以水，至病篤，家人禱於神。昏夢間，神若相之，醒而索水急，家人弗能禁，飲之無算，汗大出如霑，病遂良已。因謂神能䰞人，即能福人，是在從政者自知之。余前莅此境内，疫病流行，求水者衆。余爲啓重門，縱其來汲食者，輒獲痊益，徵神之利，於物者溥也。易象曰：木上有水井，君子以勞民勸相。其九三曰：井渫不食，爲我心惻。余惟時爲之加甃焉，收而勿幕焉。挹其有孚，以資其養而不窮，使人并受其福，斯已矣。余又聞之，其地舊爲龍潭，是有神物潛伏乎其下。故名之曰龍泉井。

清 蔣溥《盤山志》卷四《井》 龍泉井，在龍泉寺門前。

（乾隆）《長泰縣志》卷一 龍泉井，在縣治東。闊丈餘，石蓋爲八眼，水泉湧出，大旱不竭，元至正丙午年鑿。

（乾隆）《上杭縣志》卷二 龍泉井，縣東南石牌嶺前。水自石罅中流出，里民架屋其側，名曰龍泉。

（嘉慶）《清一統志》卷二四三 龍泉井，在華州東南蟠龍南嶺之東。深二尺許，極旱不涸。

又 卷三七六 龍泉井，在會同縣東三十五里伍招堡。其水夏寒冬暖。

（嘉慶）《旌德縣志》卷一 龍泉井，在江村正龍山傍。江景佳鑿，泉湧石底，清冽異常，俗名四角井。

（道光）《清澗縣志》卷一 龍泉井，在縣西北三十里折家坪北山下。水甚清冷，堡内賴之，旁建龍泉寺，今改關帝、財神、牛馬王等廟。

（光緒）《湖南通志》卷二二 龍泉井，在縣北梧桐山下，水可療疾。

（光緒）《重修安徽通志》卷四五 龍泉井，在休寧縣隱充外隖。其泉冬温夏凉，大旱不竭。

（光緒）《白河縣志》卷三 龍泉井，在縣東門外，其水冬温夏凉。

（光緒）《會同縣志》卷一 龍泉井，在五招星塘。夏則寒沁心脾，冬則温煖可浴。遇汙穢，即渾濁數日不可飲。

（光緒）《荔波縣志》 龍泉井，在龍王洞右側，水從石竅噴出，濺沫如跳，令人寒骨竦立。相傳内有潛龍，吟吼則大雨將至，水出油魚如指大，甚鮮美。

（光緒）《四會縣志》卷一 龍泉井，在河西鋪雞咄寨外。深二尺許，廣不過三尺。長年盈滿，夏冽冬温，足供百數十家取汲。有善相地者，嘗盤桓井上，居人詢之云：予自五梅花嶺尋龍來，不意結穴在，此飲此者多壽，是其驗也。居人徵之信。文宗咸豐閒，副將衛佐邦督勇防剿竄匪，駐城西北十里外，每日遣人入貞山挑水供茗飲，其人貪近，汲此井以給之，衛覺甘美異往時，詰得其實，責常汲，因名之曰龍泉。

（光緒）《重修嘉善縣志》卷一 龍泉井，在城南。萬歷二年，知縣李仕華鑿。李侯號龍田，故名此，以識不忘，今塞。

雜録

宋 王象之《輿地紀勝》卷九三 龍泉寺，在州北。道傍中有龍泉井，深百餘丈，澄湛甘美。舊傳通海眼時，有蒼龍蟠躍。張士遜、蘇東坡有留題。

（弘治）《黄州府志》卷四 東永福寺，在東五里。梁僧朗公所居處，中有龍泉井。

（嘉靖）《南雄府志》卷下 龍泉、靈潭二都，麒園村。莫詳所始，中有龍泉井。

清 顧祖禹《讀史方輿紀要》卷一二 固城鎮，府北八十里，有龍泉井，其水常溢。洪武八年，置固城巡司於此。今廢。

（乾隆）《平江縣志》卷四 梧桐山，在縣北三十五里，以山多梧桐故名。峰巒秀麗，爲邑之鎮。山上有元帝廟，下有觀音堂，中有龍泉井，遇旱取水，禱雨輒應。攬勝者亦多於此登眺焉。

（光緒）《興文縣志》卷一 龍泉山，縣南一里。山下一里有洞，名龍泉井，在趙村。相傳昔出海馬，禱雨輒應。今有蟲鍊砂，爲房負之而行，俗以爲海馬云。

羅漢井

綜述

宋 李昭玘《樂静集》卷七《敕謚靈慧大師傳》 有僧伽道人過寺，三請不受，乃言曰：吾因緣不在此耳，後有白衣人，即無垢真身，爲法津梁，汝當歸重。昔五百羅漢居此，嘗有甘井，大石覆焉。是人至，止當自開浚，亦正法流通之驗。師既来，從者告無水，命具絙鍤，發石出井，而飲溉大給，今號爲羅漢井。

宋 王象之《輿地紀勝》卷四四 羅漢井，在古盱眙先福寺。先有僧伽道人過此，曰：兹山下有石井，後當開發。及真寂來住山，以之水詣山下，發井如僧伽，宿記即謂云羅漢井。盱眙寶積山下，又有羅漢泉。

（正德）《松江府志》志卷二一 羅漢井，在南禪寺。宋崇寧中，僧普願於此得住世羅漢像，寺因以興故名。水甘冽宜茶，汲者遇月朔，率投以紙錢一陌。

（萬曆）《泉州府志》卷三 羅漢井，在縣東羅漢寺前，水極清冽。

清 屈大均《廣東新語》卷四《羅漢井》 羅漢井，在廣州城内光孝寺西廊，即古乾明井地。古圖經云，寺有訶子，取此水和甘草煎，乳白而甘，又謂之訶子泉。

（道光）《廣東通志》卷一一三 巖洞，深廣可容千人，中有穴泉，亦名羅漢井。

（光緒）《續修廬州府志》卷七 羅漢井，在冶父山寺前。石欄上刻羅漢十八尊，有亭。

傳記

宋 釋贊寧《宋高僧傳》卷一八《唐泗州普光王寺僧伽傳》木叉 慧儼 慧岸 慧儼，未詳氏姓生所，恒隨師僧伽。執侍缾錫，從楚州發至淮陰，同勸東海裴司馬妻恪白金沙羅而墮水。抵盱眙，開羅漢井，宿賀跋玄濟家。儼侍十一面觀音菩薩旁，自爾詔僧伽上京師，中宗別敕度。儼并慧岸、木叉三人，各别賜衣鉢焉。

紀事

（光緒）《重修華亭縣志》卷二二 羅漢井，張頭陀鑿，泉甘而冽。越四百四十年嘉靖丙申，竹庵上人浚而甃之，都綱一峰德濱爲之銘曰：井之升惟水，泠泠止不波兮使我心平，養之不窮兮弗羸其瓶，終古不改兮同其清。

藝文

元 胡助《純白齋類稿》卷一三《越上寶林寺八咏·羅漢井》

應眞曾卓錫，百尺井泉深。汲汲天人供，泓澄佛印心。

明 虞淳熙《虞德園先生集》詩集卷四《登五雲山·其二》 香火來三市，旌幢導五通。金浮羅漢井，雲起水仙宫。日利歸烏氏，風流想白公。幾回烟道宿，銀氣夜如虹。

雜録

（嘉慶）《清一統志》卷三五九 圓通寺，在巴陵縣東。晋建，明楚昭王重建，寺内有羅漢井。

吕井

（嘉靖）《山東通志》卷五　吕井在單縣，有二：一在城南，一在城北隅。邑人惠冲之花圃。世傳金大定間，吕仙翁來游，單父與惠冲爲友，徜徉圃中，因浚二井水。初苦澀，吕擲瓦礫，水遂甘冽。二井相去二里許，泉穴相通，北井沉物其中，南井浮出。今雖湮塞，尚呼爲吕井。

清 馮焯《吕井記》（同治）《德化縣志》卷四九　治南舊有吕井，泥不食者有年。今邑侯郝公重爲淘浚，清泉復涌，人争以爲仙迹復彰焉。按舊志，昔有道士，乞泉于市，老嫗與之不受，棄錢于泥，騰空而去。人異之，隨取其所踐土，治病輒愈，久成涔，清泉湧出，甃而成井，二泡劃然狀若吕字，因名此。其説似誕，宜無足志。或曰：昔蘇耽仙去，遺母井橘，歲大疫病者，食之即瘳。世遂傳其井曰橘，吕井得毋類是。余謂遺母，孝也。而耽獨以仙著意，仙術之幻，多有不可解者乎。然井者，養也，邑令養人者也。我郝公來，百廢具舉，民之病者，已得所養矣。今又重浚，是井數十年後，人之謂吕井也，即以爲郝井也可。

（同治）《瑞昌縣志》卷一　吕井，縣治南。相傳有道士乞化，老嫗擲一錢與之，不受，踐於泥，騰空而去。或就其擲錢處取土，治病輒愈，積久成涔，清泉迸發，泡起必大小二漚，劃開復聚。

緑井

綜述

（嘉靖）《貴州通志》卷二　緑井，在司治三里。水色深緑，常有緑鳩群食於中，故名曰緑井。

（乾隆）《太平府志》卷六　緑井，縣治東社學内。詳古迹。

（道光）《永州府志》卷二上　山下有緑井，廣四十丈，唐元和時所穿也。久堙，莫識其處。明萬麻三十一年，歲旱，民艱于汲水，知府游廷栢清復其迹，于民廛浚之，得泉碧色，今山井久失，仍爲廛舍所掩，惟廷栢碑在艾氏蔬圃焉。

（光緒）《寧明州志》卷上　緑井，在州城西門外半里，俗所謂紅門者也。前知州事張芙初刺史鴻芬捐廉重甃。

紀事

明 李琳《緑井記》（康熙）《繁昌縣志》卷一八　正德戊寅歲將除，余自郭外學署避寇挈家入城，無從僦居，遷於治東之社學。居之右有井泉，雖可用，瀕于污渠。明年春，命工改鑿。距舊址尋許，得泉清冽而甘，蓋三月庚子也。越四月甲戌，井内忽湧緑泉，沉涵陸離，方葡萄之潑其醅，徘徊久之，乃復其故。或旦至，或日二至，甚或三至焉。余初意其適然耳，累日俟之，往復迭見，若有物釀其中者，自甲戌歷戊寅止焉。

雜録

明 李琳《緑井記》（康熙）《繁昌縣志》卷一八　因憶家食時，嘗遊楚之醴陵，聞邑有緑泉不恒出，出則兹邑人才丰興，科第多捷，志諸與圖，自昔已然。繁之緑泉剏見于今，士顒其振矣乎。夫水者，天之一所生，質無渣滓，性至清明，流通兩間，平鑒百物，五氣之至妙，而最先者。而緑□東方□色□□□□而□不□□之□□□□□□□□□生之□□□地中以鍾美。於是水由之而中融呈異，理則然也。故夫黄河清，賢聖生，王化平，醴泉出，天人之際，其可誣哉。雖然，天之所啓，人須副之。人之所定，天弗違之。斯井之呈其異者，天符其異者。人徒諉諸天，棄天矣。余承乏于兹五年，愧學術，凡陋行，履謭薄亡，以表率邑之子弟。尸素莫逭，兹因井泉之異，而請以井道規焉。夫井之爲體，不變其所，而其爲澤不動，而能及物。修之浚之，其泉清潔，反是淪於污濁矣。清潔，斯爲人之所汲；污濁，則人斯棄之。故易井卦之辭曰，改邑不改井。無衣無得，往來井井。明其有常及物也。其爻辭曰，井泥不食，明其不浚，而人棄也。曰井渫不食，惻其浚，而不汲于人也。曰井甃無咎，曰井洌寒泉，食，明其修治而見用也。曰井收勿幕，明其施用之溥也。聖人之因，物立教至矣。觀物修德，君子則焉。惟邑之人士相興奮激，張勉閣學，飭治節行，舍其舊而新是，圖求爲井之清潔，以見豕毋甘，卑污而爲人之棄。厚其積，以相其時，哀然輩出，取科第以膺民社之寄。于以效忠貞，樹功烈，輔翊國家，而揚聲光於時。否則，修其孝弟，忠信高尚，其德義以善一鄉。上之爲國邦之井，下之亦不失爲鄉邑之澤，斯則體立用達。于斯井，無愧人傑地靈。于斯井，呈祥之異爲不負也。若徒攻文辭以獵青紫，資亦重負斯井之異矣。此余區區，以俟邑弟子之意也。將必有奮而起者，以慰吾之望，於是乎記以風之。

（康熙）《零陵縣志》卷二　輝山之形，勢如天劈，青巖有一種，令人可怡情處，不能向筆墨上道也。在城之西傍，有緑井，民居之大爲樂。

滿井

綜述

（成化）《山西通志》卷二　滿井，在臨汾縣南一十里。其井有五，不汲則水滿，雖大旱亦然，故名。

（萬曆）《順天府志》卷一　滿井，大興縣北十里。水接古濠，飛泉突出，冬夏不竭。井傍蒼藤豐草，掩映小亭，游人探爲奇勝。

（嘉靖）《遼東志》卷一　滿井，城西北三里。水味甘美，人多汲飲，雖旱亦滿，故名。

（康熙）《昌平州志》卷四　滿井，在州治南十六里。水甚甘涼，行人恆飲憩於此。

（道光）《承德府志》卷二一　滿井，在利州城南十三里鳳翼莊。其水清冷，冬温夏凉，晝夜外湧，至中夏正午，澄澈見底，雖豪髮之微，曆曆可數。居民引以灌溉，用之釀酒，其味尤佳。

（道光）《濟南府志》卷七　滿井，在淄川縣東八里。舊志云，一名柳泉水，自溢出，烹茶最勝。

（光緒）《撫寧縣志》卷一六　滿井，在城東南二十里許。井水常滿，汲取不竭。相傳爲唐太宗征東遺迹，莊因以名。

紀事

明　劉侗《帝京景物略》卷一《滿井》　出安定門外，循古壕而東五里，見古井。井面五尺，無收有幹，幹石三尺，井高於地，泉高於井，四時不落，百畝一潤，所謂濫泉也。泉名則勞，勞則不幽，不幽則不蠲潔。而滿井傍，藤老蘚草，深烟中藏小亭，晝不見日。春初柳黄時，麥田以井故，鬣毿毿且秀，游人泉而茗者，罍而歌者，村娄而蹇者道相屬，其初春首游也。

明　王思任《謔庵文飯小品》卷三《游滿井記》　京師渴處，得水便歡。安定門外五里有滿井，初春，士女雲集，予與吴友張度往觀之。一亭函井，其規五尺，門窪而中滿，故名。滿之貌，泉突突起，如珠貫貫然，如蟹眼睜睜然，又如魚沫吐吐然，藤蓊草翳資其濕。游人自中貴外貴以下，巾者帽者，擔者負者，席草而坐者，引頸勾肩履相錯者，語言嘈襍。賣飲食者，邀訶好火燒，好酒，好大飯，好果子。貴有貴供，賤有賤鬻，勢者近，弱者遠，霍家奴驅逐態甚焰。有父子對酌，夫婦勸酬者，有高髻雲鬟，覓鞋尋珥者，又有醉詈潑怒，生事禍人，而厥天陪乞者。傳聞昔年有婦，即此坐蓐，各老嫗解襦以帷者，萬目睽睽，一握爲笑。而予所目擊，則有軟不壓驢，厥天扶掖而去者，又有脚子抽登復墮，仰天醜露者，更有喇唬恣横，强取人衣物，或狎人妻女，又有從傍不平，鬪毆血流，折傷至死者，一國狂惑。予與張友買酌葦蓋之下，看盡把戲乃還。

明　袁宏道《袁中郎全集》卷九《滿井游記》　燕地寒，花朝節後，餘寒猶厲。凍風時作，作則飛沙走礫，局促一室之内，欲出不得。每冒風馳行，未百步輒返。廿二日，天稍和，偕數友出東直，至滿井。高柳夾堤，土膏微潤，一望空濶，若脱籠之鵠。於時冰皮始解，波色乍明，鱗浪層層，清徹見底，晶晶然如鏡之新開，而冷光之乍出于匣也。山巒爲晴雪所洗，娟然如拭，鮮妍明媚，如倩女之靧面，而髻鬟之始掠也。柳條將舒未舒，柔稍披風，麥田淺鬣寸許。游人雖未盛，泉而茗者，罍而歌者，紅裝而蹇者，亦時時有。風力雖尚勁，然徒步則汗出浹背。凡曝沙之鳥，呷浪之鱗，悠然自得，毛羽鱗鬣之間，皆有喜氣。始知郊田之外，未始無春，而城居者未之知也。夫能不以游墮事，而瀟然於山石草木之間者，惟此官也，而此地適與余近，余之游將自此始，惡能無紀。己亥之二月也。

藝文

明 歐大任《甔館集》卷二《同韋純顯祁羨仲崔子玉游滿井》 下馬坐開尊，燕陽福地存。宅同深井里，城近浣溪村。玉浸渾成色，雲根自有源。桔槔非我事，聊灌呂安園。

又 卷四《立秋先一日同黄君慶顧叔震周之禎游滿井過觀音院逢珍公》 聖水庵前下馬游，山亭一葉已先秋。已公大是談禪客，不爲茶瓜半日留。

明 黄居中《千頃齋初集》卷二《游滿井》 步出城東門，長堤蔭高柳。睠兹風日和，嚶鳴復求友。興至隨所之，逢人即爲偶。但了區中緣，豈問罇中酒。石泉旱不乾，老藤枯不朽。斷蔓發初芽，寒淙瀉空瀏。鑒可燭鬚眉，纓亦浣塵垢。一畝試新茶，芬馥已盈口。夕陽促歸鞭，西山來馬首。

明 袁宏道《袁中郎全集》卷三四《游滿井》 怪我頻來去，無樽亦嘯歌。店荒酤酒濁，僧近施茶多。竹裏分黄鸝，波間語翠娥。溪光最勝處，高柳蔭長坡。

明 林堯俞《滿井》《帝京景物略》卷一 寒泉凝碧甃，一酌冷人心。素綆無妨短，銀牀半欲沈。畦渟魚藻入，林影鳥巢深。偶值堤邊叟，悠然似漢陰。

明 黄儒炳《游滿井》《帝京景物略》卷一 秋郊迢遞野雲陰，隨地泉源出古今。側岸盤拏藤獨罥，迴塘空碧水相侵。石牀賁茗閒中況，花塢班荆郭外心。暫豁公餘塵半日風，柯烏語儼山林。

明 鄭元勳《滿井》《帝京景物略》卷一 天氣蒼黄水氣微，一痕村甸集朝暉。忽驚草樹亭依井，偶定風沙晝啓扉。雨過也流花片片，春深有數蝶飛飛。葑田麥隴争相緑，緑似江南未若肥。

清 屈復《弱水集》卷一一《滿井》 井高于地，泉高于井。無收有幹，散漫四溢。冬夏不竭，都城貴家飲食，俱此水也。

安定門東去，清泉井上浮。以高功濟物，雖滿覆何愁。中道遥相望，將行且少留。滋深芳草潤，光射古藤幽。斟酌當三伏，甘寒邁九秋。銀牀盈宇宙，素綆任遐修。好鳥須沈影，常魚未敢游。闌干遮不住，散漫自横流。每煮槵前茗，寧知飲有由。梅花偏大遠，趵突并無收。車馬皇都密，春冬永日求。萬家烟火者，誰到此源頭。

雜録

（光緒）《昌平州志》卷四 南沙河，發源西山鼊魚溝。東流逕龍泉寺前，又東北逕後沙澗村中，左合岔河水。其水發源後白虎澗，東南流入南沙河也。又東南逕前沙澗村東，右合滿井水。滿井在前沙澗村中，沿街東流。

茅山泉井

清 胡敬《崇雅堂文鈔》卷一《茅山泉井記》 貢院東彌勒寺側，舊有溝，自南迤北，屈曲繞寺垣，經蔬圃，亘百十尋丈，以達於東橋之河。或曰地有珍珠泉，故浚溝以引之。稽諸志乘，均不載。而溝之水長汩汩然來，爲東河增波助瀾者，功甚鉅。河久湮塞，頃議鳩工。即流溯源，溝其要務，遍訪溝水所從出處，訖無明證。高君鳳墀，乃於寺側當溝道鑿井，旁穿一孔，俾水縮則儲，水盈則泄，堵其外以杜行潦之入，穴其内以導清泉之流。既寬且深，則泉脈自滲漉而貫注，澄泓漾演，發源在已。趨向巽方，合於形家者言。從此文明丕興，而汲甘飲和，有利於閭閻亦溥矣。工既蕆，乃易其名爲茅山泉，以泉當宋茅山河故道，從其實也。道光乙巳孟夏，仁和胡敬記。

米井

明 闞士琦《米井記》（光緒）《桃源縣志》卷一四　余游靈巖，十里内外山皆空無底，行其上，有空中踏蹴之聲。意如蓬萊五山，常乘潮風上下，根無所附著。磨上蟻，牖中人，居行不覺也。高靈亦然，洞左右多空穴，傍數十井。井多在溪底，或寒或熱，非金繩、銀床所可汲測，豈九十九泉環繞如仇池耶。溪旁有米井，井中石子隨水觱沸，粟粟如米，春秋不減不增。余觀臨邛之火井，漢興則熾，漢衰則微；長安有雲井，土德王則黄雲出，木德王則青雲出。若兹井，傳光潛飛，殘星暗落，榴珠自迸，玉屑無聲，而名字湮滅不與諸泉伍，則似以避地隱形，自竄於兼葭秋水之外者也。

又《咏邑景詩》（光緒）《桃源縣志》卷一七　年年下歲到君邊，不費居人一鈔錢。濁酒豚肩山鬼笑，靈湫別有雨風天。米井。

（雍正）《浙江通志》卷一九　渼井，遂安縣志在縣南八十里，一名米井。泉水湧出，大旱不涸，溉田數百畝。

（光緒）《湖南通志》卷二三　米井，在縣北七十里。中有石子，隨水觱沸如米，春秋不增不減。

（光緒）《恭城縣志》卷一　葛仙米井，在古陶莊鍾氏祠前。爲一村汲飲處，其年有鄉人士登科者，則産葛仙米。

牛井

明 蔣又滋《牛井記》（嘉慶）《零陵縣志》卷一四　城東行二十里，土名橋頭，有泉曰牛井。其流可供衆户汲，可灌田數頃。余始祖御史公城居，父喜其地僻，乃遷於井右。吾嘗於月夜見一牛行田疇，若齧禾稼，意以爲逸閑也。及再見，訪之鄰人，竟無逸者。至三，竊尾其後，近井遂隱不復見。每春末夏初，雷電交至，風雨大作，或三四日，或五六日，則是井恒見形焉。見則水勢噴湧，突起數尺，可驚可愕，其歲必豐一方。咸慶大有，心甚疑之，是峒居民數姓，惟鄭族來自元末，歷世獨久，爰進詢顛末。一叟語余曰：此固平地，初未有井，憶吾先世曾畜一牛，色純白，一日放牧未歸，家人覓之，忽見牛尾獨露土上，而身全入地中，駭甚呼衆往觀，轉瞬間尾亦没入，泉即汩汩湧出，始潴爲井。其形平鋪可丈餘，因呼爲平頭牛井，此井所由名也。余聞而嘆曰：異哉牛乎，神哉牛乎。夫鱗之族，神者龍也。晉世，龍見於武庫井中。咸寧，龍見於東厢井中，是皆能隱能見，能變能化者也，斯牛亦何神異若是，殆上天牛宿之精所□□，如釋氏雪山白牛之説。或鄭之先族秀峰道成，涅槃不甘泯滅，而卓錫湧泉出，其唤虎召魚之術，故以此牛爲幻歟，蓋均未可知也。或曰：昔宋桓元易老人青牛飲涇溪，不出而零之，金牛嶺以此得名。兹井距嶺不遠，疑即所謂涇溪，而牛疑即所乘之牛，子何騎牛覓牛乎。然執是説以論，又與鄭叟之言絶不相符。噫嘻，天地之間，何所不有，如山經語近荒怪，太史公已不敢言，中庸謂及其至也。雖聖人亦有所不知，則吾輩欲概以耳目測之，可乎。今牛井之奇，詎宜臆斷，余第以有功禾稼，爲吾鄉農夫之慶。於是作記以傳之，其他固可存而不論也。

（康熙）《雲南府志》卷二　牛井，在羅漢山崖下。明嘉靖初，有趙道人修煉於此，居苦無水，道人以一牛駕桶，於背下山汲水海邊。居民注之，使拽上以供炊爨，垂二十餘年。一日牛忽死，其處即出水，味甘洌，盛旱不涸。

泮池古井

清 張起唐《泮池古井記》（同治）《通城縣志》卷一八　道光八年戊子歲季春月庚子朔，爲戟門暨儒學頭門上梁之吉辰。時則新鑿泮池，已深二尺許矣。原上年初三乙亥日，相度學署隙基，移建文廟。此處屬舊明倫堂之右偏，行道坦坦，無異也。忽於内掘出方整舊石百餘塊，斯亦奇矣。越翼日，辛五日未刻，首事趨而告曰：池中又得古井一口，請往覘之。至則聚觀如堵，欣笑喧闐。掇去幕口覆石，碧水一泓，壘圓澄湛，探以竹竿，約深數丈，有汲而烹之者，曰清曰甘，有綆而浚之者，曰深曰廣。沙礫則汰之，缺甃則補之，載醨載滌，飛泉四出，僉曰奇哉，此建縣時古井。或云，此老泮池也，胡湮閉至今乃見也。予曰：庸詎知非數千載以上之迹耶，所異鑿池者，胡不謀而合也。使稍違數武，則不能得矣。縱得之於彼，而非池中，亦不足述矣。夫趵突虎跑，迹之靈剌山，卓錫迹之幻。今兹池中之井，更有神助焉。若曰：此真天造地設，確不可移者。池不然，泮同也，曷以得井，井同也，曷以在泮。井有清濤，池與共之。池有芹藻，井與養之，殆所謂相得益彰者歟。爲斯井賀，爲斯泮賀，更爲新創夫子廟堂賀。爰敬志之，與同學諸生共勗焉。贊曰：井有德，泮水爲鄰；井有位，芹藻之馨。閟塞復明井之遇，炊爨勿褻井之數。有名士風抱道自重，有隱者志待時而動。如神龍升，如威鳳起。是洙泗源，非汙潢水。昔養晦兮，懷清蕴潔。今得志兮，沐日浴月。無俟照星盆不躍，蕤賓鐵泮也。井也兩美同，兩美必合均天功。天合自然應人合，圓靈一鑒開清空。此時筮得井之五，中正寒泉唯德輔。三爻受福上大成，涵泳優游霑化雨。

（同治）《通城縣志》卷三　泮池井，道光丁亥年，改建文廟，鑿泮池，掘土三尺許有石板，揭視之，下有井，適在泮池中，清可見底，衆稱異，隨淘净，欄以石，稍右與月宮橋相倚，教諭張起唐撰有古井歌，鎸石廟外。

裴公古井

綜述

宋 王象之《輿地紀勝》卷一九　裴公井，在城北。味甘，异他井。唐丞相裴休所開。

清 鄧顯鶴《沅湘耆舊集前編》卷一六《古井銘》　常德府志：在武陵縣盤古山旁裴家衝内。其銘云：裴公古井，清泉皎冽。盤古之靈，液流不竭。

（嘉慶）《常德府志》卷五　裴公井，府西南三十里盤古山下裴家沖内。其泉歷久旱不竭，井旁有碑。

（光緒）《重修安徽通志》卷四六　裴公井，在府城北萬壽禪院南麓。色白味甘，獨異他井。相傳唐丞相裴休鑿。又一在敬亭山南萬松亭側，即梅都官所謂古石盎舊基也。

藝文

宋 葉清臣《裴公井》（嘉靖）《涇縣志》涇縣志卷一〇　山根雷雲液，潏潏寒且深。莓苔叠新暈，梧桐非古陰。朝瓶有機叟，晝檻無窺禽。莫言石澗溜，嘗爲天下霖。

溢城井

明 梅鼎祚《西漢文紀》卷二二《溢城井銘》潯陽記：溢城，漢灌嬰所築。孫權經此，自立標井，掘得井銘。權忻，以爲瑞井。江中風浪，井水輒動》　潁陽侯所開，三百年當塞。不滿百年爲，當運者所開。

平固井

（同治）《興國縣志》卷六　平固井，在南門城内。咸豐丁巳年開，知縣潘安國記。

又 卷四一《平固井記》　瀕河爲城，瀲灔之流，取之不竭焉。然居者有行汲之勞，掘地得泉至近，且逸而塵囂湫隘之區，又慮其源不遠，而流易竭，故甃井細事也，而未雨綢繆，其深計乃與修城浚池等。予莅興年餘，適粵寇猖披，湘湖告警，偪近江右，乃簡丁製械，日就署中演習，以爲四遠倡環。顧城闕年久頽壞，亟建議興修，高其睥睨，完其樓櫓。癸丑七月，城工甫竣，而寇至。距守五晝夜，砲石交下，斃賊甚多。邑人志切同仇，鳴鉦四起，入境之賊，芟薙無遺。又二年，而粤寇闌至，逆鋒較鋭，城守較前綦嚴。邑人内外夾擊，較前彌奮，四民咸慶更生。方城守警急時，避亂入城者，盡室皆滿，或以井泉弗繼爲憂，幸而氛祲烟銷，雨暘時若。貢生歐陽品、職員楊敏成、廩生胡仁燦、生員吕貴誠等請修井，以備不虞。永興、同興、長春三典共捐制錢百一十四串，卜於城之西南，掘地丈餘，規而甃之。經始於丁巳五月，迄九月而落成。泉冽且甘，予名之曰平固。平固者，邑舊名也。年來水旱頻，仍迭罹兵燹，岌岌乎殆已。所恃衆志成城，安堵如故，自今以始飲和食德，登春臺而享太平，四野無犬吠之警，遠鄙無鹿駭狼顧之虞，飲斯泉者，咸怵然思未雨綢繆之計，則一邑相養，無有後艱者，視此井矣。

東坡井

論説

（萬曆）《瓊州府志》卷三　東坡井，在道治後東北隅。東坡曾飲息于此，故名。昔人立有石碑，萬曆乙卯，郡守謝繼科覆以亭，題聯于石柱。近志以爲即雙泉，誤矣。

綜述

（天順）《明一統志》卷七九　東坡井，在府治西玄妙觀。宋蘇軾寓居，始鑿此井，得一石龜，故又名石龜泉。

明　劉春《東川劉文簡公集》卷一五　蘇文忠在廣州鑿井于觀，人利之，名曰東坡井，至今在焉。

明　沈懋孝《長水先生文鈔·修復浮土禪院碧鮮亭坡公井記》　余水雲精舍之西南，有净土寺。寺建於唐至五代時，爲漢南王宅，掘地得石幢，知爲寺也，因捨爲安福禪院。及宋祥符間，仍賜名净土寺云。暇日，則以小艇行游其間，滿地曲澗環林，頗幽閴有致。村村茂竹，家家沃桑，望之甚近，縈繞折旋，始至寺門前，艇行竹林中，如有數里之遥。寺四面古木陰森，前有三石梁，景色清曠，市囂不到處，雲月甚宜人。因問寺之故，僧爲指點碧鮮亭舊址，其南蓋有坡公井。坡公常游覽寺中，有碧鮮亭詩。今志稱碧蘇亭，或者合井與亭，俗稱訛異耳。然碧鮮之名尤雅云。余曰：長公飛仙也，仕爲杭湖太守，晚老于宜興，我長水一帶，是其經行灑拂處。【略】千載同心，何能不眷眷起遐思也。寺僧欲光浚井甃治，環以石欄，樹竹千箇，縈水爲带，乃始治亭其上，勒長公詩，使我輩可觴可泳，如見碧鮮，昔日之致焉。寺基廣六十畝，可田可桑，佛宇峩然，一水中貫，同于僧廬下，甚宜綴景，而物力不副。余猶子德貞讀書其處，思以漸拓宇舍，還其舊觀，亦視願力所至，何如耳。嗟嗟，人世莊園第宅，成圮不踰百年，净土香區，自唐到今，已是千餘年，勝地回想，半生身世，皆是塵中浮物。倘藉名賢遺事，傳天壤，俱亡窮。故記其事，與知道君子共焉。

（康熙）《江西通志》卷一〇　東坡井，在府城南。相傳蘇軾自儋耳還，游清都觀，至米市街，失足墮溝中，笑曰：此地好開井。如其言，果得甘泉。

（嘉慶）《清一統志》卷三二七　東坡井，在廬陵縣治南。宋蘇軾自儋耳還，過此，游清都觀，至米巷曰：此地可開井。市人如其言，果得甘泉因名。

雜録

明　袁中道《珂雪齋集·前集》卷一三《過真州記》　眞州，即古白沙地也。城濠帶引，白波晶耀，極可泛。萬曆戊戌，予曾客此。詢舊游，半已化去。城中有寺曰天寧，内有浮圖，爲尉遲敬德建。下有僧舍，頗潔。門外茂樹十餘株，舊與吳興臧顧渚、閩人謝在杭同納凉其下，文酒賞適甚快，題曰嘉樹林。墨瀋如新，已十二年矣。後殿有井，即東坡井也。東坡宦輙，屢次眞州，欲往陽羨，皆不果。初自黄移汝，道出南都，晤張安道，以二生經授之，託以流布。是時方上書乞居陽羨，住眞州俟命，爲書此經。內有禪室，即其書經處也。得旨一月後，登州之命旋下，儋耳北還，子由已定居許下，不欲老年兄弟，復作兩處，再次此地，令人往陽羨鬻田，東北行裝。而商之程德孺輩云：相忌者多，北行漸近都門，必不得靜。以此遂定計居陽羨，霜露溘至，卒於常州顧塘橋之孫氏宅，竟亦未得至陽羨也。田間之樂，託之空言耳，悲哉。子瞻云：老境兄弟，不得相聚，此天也，吾其如天何。但此行避害省力，于計爲得。予謂當深文刻責之時，士大夫動以脣吻得過，多難畏人，固其宜也。然使放歸陽羨之命下，即高卧不起，約子由爲長往計，則夜牀風雨之樂，可以再尋，何至作桄榔樹下人哉。比之後來，更覺省力。惜乎不早決也。

大士閣內所供伽藍，爲昭明太子，訊之都不知其始末。蓋此地近建業，于時南朝刹宇最盛，青宮或有勝願，未可知也。與鶴林寺米顛，共是慧業文人，正堪作對。出寺數百步，爲學舍，泮池極皓淼。原爲資福寺基，十年前一長令奪以爲學，後來頗有異應，予不欲言之矣。梟史曰：予去此十餘年耳，昔年素封之家，夷爲窶人。喬木漸摧，亭臺異主，游雲幻變，豈待華表鶴來也哉。可嘆也。

（道光）《瓊州府志》卷四　惠通泉，在城南五十里三山庵下。宋蘇軾經此飲之，謂味類惠山泉，因名惠通，并作記，故亦名東坡井。

又卷一一　洞酌亭，在城東北里許。東坡得雙泉於此，郡守承議郎陸公建亭覆之，并求亭名與詩，東坡名之曰洞酌。歲久，雙泉與亭俱廢。明萬歷間，郡守謝繼科别建食源亭於金粟泉上，而移洞酌亭於城內之東坡井，後俱圮。

溥利井

（道光）《夔州府志·新修溥利井記》　水之爲利溥矣哉。然仰觀諸天，雨澤之水徧於候；俯察諸地，江河之水界於偏。惟井水，隨時可挹，隨地可逢，故曰井養而不窮也。獨夔城不然，考舊志，城中有九井之名，而無其實，訪之故老，求其地亦不可得。前守周公介之，曾於化龍橋側鑿一井，費數月工，垂綆數十丈，竟以不及泉而止，後遂無敢問及此者。予涖夔三年餘，凡城內外有可振興者，莫不及時舉之，惟此一事，耿耿予懷，而未有愜也。昨於政事暇，因訪地方疾苦，偶有告者，曰水硐門側近有舊井一泓，然未知其的處。予聞之欣然，試令人於平垣處隨掘之，未敢期其有效也。不三日，掘一處深丈餘，得陳木現一頭，似前甃井者。循木探之，不數武而泉出，再數武而泉混混然來矣。欲更掘之，或以土性疏，故宜且止，水亦輒蒲力無可施，一若示之以不可深鑿者，異哉，此井也。向不知曆幾何年而廢，今又不知曆幾何年而復出也。於是士民競請曰：此我公祖利民之心切，故神默相之。不然，何以化龍橋數十丈，而猶爲棄井，今祇數丈餘而已沛然泉出也。且其泉清洌異常，任民取携不竭，其爲利之溥，何如乎。此千載盛事也，不可以不記。予因徇士民之請，即以溥利之言爲名焉。夫利而曰溥，當不一而足也，豈予足以當此哉。後之守此土者，留心於井養之政，并會夫改邑不改井之說。尋故道，復九井，求用汲而并受其福，其利之溥，當更倍於今日。然則予之是舉也，其亦後來花驄使之嚆矢矣乎。道光六年丙戌孟冬月，知府恩成謹作記，以序其事。

（光緒）《奉節縣志》卷五　郡守恩成，又製造救火器具，演習人夫，以備不虞。復於城西水洞門內，掘得溥利井一眼，泉水甚旺，小民受福無窮也。

錢塘六井

宋　蘇軾《蘇文忠公全集》卷三一《錢塘六井記一首》　潮水避錢塘，而東擊西陵，所從來遠矣。沮洳斥鹵，化爲桑麻之區，而久乃爲城邑聚落。凡今州之平陸，皆江之故地。其水苦惡，惟負山鑿井，乃得甘泉，而所及不廣。唐宰相李公長源始作六井，引西湖水以足民用。其後，刺史白公樂天治湖浚井，刻石湖上，至于今賴之。始，長源六井，其最大者在清湖中，爲相國井。其西爲西井，少西而北爲金牛池，又北而西附城爲方井，爲白龜池。又北而東至錢塘縣治之南爲小方井。而金牛之廢久矣。嘉祐中，太守沈公文通又於六井之南，絶河而東至美俗坊爲南井。出湧金門，并湖而北，有水閘三，注以石溝，貫城而東者，南井、相國、方井之所從出也。若西井，則相國之派別者也。而白龜池、小方井，皆爲匿溝湖底，無所用閘。此六井之大略也。

熙寧五年秋，太守陳公述古始至，問民之所病。皆曰：六井不治，民不給於水。南井溝庳而井高，水行地中，率常不應。公曰：嘻，甚矣，吾在此可使民求水而不得乎。乃命僧仲文、子珪辦其事。仲文、子珪又引其徒如正、思坦以自助，凡出力以佐官者二十餘人。於是發溝易甃，完緝罅漏，而相國之水大至，坎滿溢流，南注于河，千艘更載，瞬息百斛。以方井爲近於濁惡而遷之少西，不能五步，而得其故基。父老驚曰：此古方井也，民李甲遷之於此，六十年矣。疏涌金池爲上中下，使澣衣浴馬不及於上池。而列二閘於門外，其一赴三池而決之河，其一納之石檻，比竹爲五管以出之，并河而東，絶三橋以入于石溝，注于南井。水之所從來高，則南井常厭水矣。凡爲水閘四，皆垣墻扃鐍以護之。

明年春，六井畢修，而歲適大旱，自江淮至浙右井皆竭，民至以罌缶貯水相餉如酒醴。而錢塘之民，肩足所任，舟楫所及，南出龍山，北至長河，鹽官海上，皆以飲牛馬，給沐浴。方是時，汲者皆誦佛以祝公。余以爲水者，人之所甚急，而旱至於井竭，非歲之所常有也。以其不常有，而忽其所甚急，此天下之通患也，豈獨水哉。故詳其語，以告後之人，使雖至於久遠廢壞，而猶有考也。

宋 黄震《黄氏日鈔》卷六二 錢塘六井，唐李長源所作。清湖中相國井，其西爲西井，西而北爲金牛池，又北而西附城爲方井，爲白龜池，又北而東錢塘縣治南爲小方井，而金牛之廢久矣。嘉祐中沈文通絶河，而至美俗坊，爲南井，其疏湧金池爲上中下。

宋 陳襄《古靈集》卷二五《古靈先生年譜》 熙寧五年壬子，公年五十六秋，移知杭州，有勸學文夫人吴氏墓志銘。十月，餞送錢塘貢士，登彼公堂詩題忠定張公書後。是年，修錢塘六井。

潛夫井

宋 何基《何北山先生遺集》卷一《潛夫井銘》 井道之成，功在上出。既潔既甃，斯可用汲。體常用周，繄井之德。勿幕有孚，是謂元吉。射鮒與禽，井道幾息。渫而勿用，井則何失。我卜斯井，寒泉之食。匪惟食之，亦以觀德。惟泉有源，其來罔極。惟德有本，其進無斁。我泉日新，我德日益。相彼井矣，爲吾之則。井泥斯廢，心茅則塞。我作斯銘，井陰是勒。有不潔修，明神其殛。

潛公井

（咸淳）《臨安志》卷三七 潛公井，在丁橋邑，人顧向榮，即四方往来之衝，鑿井甦旅暍，而名以帥守之姓。

宋 劉晞顔《潛公井記》（咸淳）《臨安志》卷三七 京兆統縣九，惟餘杭置自漢。其俗尊愛良吏，猶有兩都之遺風。余承乏之三年，按行阡陌，間百姓所疾苦，耆老因爲余譚開慶時事，方烽火通甘泉，尹臣始議城京師，□發如雨，馬方駭鼓而驚之，吾父子且不相聊，不圖更生之至於今也。十餘年間，穀熟蜡通，吏無妄賦，役事不興，詔書每下，務在蠲征，已責明良之朝，其況我甚厚，然來若遺我賢師帥之爲厚也。吾閲師帥多矣，率病用不足，今潛公覃化宣風，壹是以仁義爲本，恥言寵貨事，府中不聞疾呼亟步，田里密如而百爲克開，取諸有而不竭。吾農隙嘗試游都市，榜於河，胡黝然其澄逝於梁，胡鱗然其新，登按而酒賤，掬池而泉甘，嬉於湖堤之上，草木水潤而魚鳥樂，迹其佚民生、救民死、備民患者，靡不致密，而猶有餘力捐以予民。吾生於斯，老於斯，第聞輪吾聚，未有代吾輸者。夫囷有餘粟，筒有餘帛，然後人裕於爲善。今而後，吾子孫其知向方矣乎。居無何，邑有顧向榮者，聚而謀曰：丁橋右朝行都，右通蜀廣，行者重足錯轂，且傳遽日夜田流而環運也。每盛夏燠暍，無所於醒，盍鑿井以濟焉。族之爲浮圖氏普觀，又相與謀覆井以亭，且築庵其旁，以容憩者。既買地鳩材，顧工傭，不澹則相與謁於府。公曰：嘻，勞民勸相，井象也。農之相旅也，如是盍勸諸。乃斥緡錢三千佽其役。既成，耆老又告予曰：潛公實父母我，祠而祀之相兹，可請名井曰潛公井，今其爲我識之。余應之曰：公潤澤若巨海，井云乎哉。曰：不然，井養不窮，而以寒洌爲至善。吾恐後之人瞻公之像，而未識公之心也。使於是焉觀之，以篤不忘。吾感其言，重嘆夫開慶以前井泥莫渫，而再造以來，得兹寒洌之爲不易。其曰遺我厚也宜哉。公名説友，字君高，父括蒼人。今以户部侍郎兼尹事，間者囷廩空，天子加賜璽書，固嘗亟稱其廉矣。

橋井

明 饒傑《橋井記》（嘉靖）《漢陽府志》卷一五　高觀橋當漢陽之衝，井次于橋南。傑嘗過之，見行者繘瓶以汲于井，瓶罄而汲者再，飲者續，往來井井，其有窮乎。傑嘆曰：非橋無以通往來，非井無以濟往來之饑渴，二者誠相依以爲用。有守井道人，植杖而言曰：夫子曰，二者相依爲用。願請其旨。傑告之曰，天下無不偶之物，物之相依爲用者，至足矣。大而誠心，可以通君臣善政，可以濟天下，故君依乎臣，臣依乎君，善政又爲君臣之所依，豈直橋依于井云乎。道人謝曰：富哉，先是穿井主人劉大本曰，吾竭力以爲是井，非徒濟一人，將使人人無不濟也。傑微笑，策馬而去。他日過，大本誦其事曰，予有志於濟人久矣，一井之功如此，況行道以濟天下者耶。易曰：木上有水井，君子以劳民勸相。昔與道人言其易之義歟。井有亭，亭有石，願勒斯言，以爲行道者之勸也。

清 莊任春《重修橋井記》（同治）《彭澤縣志》卷一五　余頃視彭澤邑事，踰月輒辭去。邑人杏垣翁言於予曰，邑病於民者二，願子少俟，須臾爲民。余曰，何謂也？翁曰：邑城外十里許，有橋曰楊家橋，歲久崩廢，每遇下秋水溢，往往有渡而溺者。城中二井不可汲，居者抱甕出於江，其無以禦城中火患爲也。余瞿然曰：微長老言，余安知其民之病也，縱余欲行，安得不爲邑人拯溺救災，以負長老之言乎。即令趣蘇人徐廣者治橋，耆民劉基等治井，以邑吏劉述董治其事，即皆如期而成。余過謝杏垣翁，曰：使予治邑，獨不聞邑人病，是予長吏之罪也。今行，猶得以其請，而利此邑人，是長老之教也。翁起謝予曰：邑人病此久矣，向言之邑令，令不諾，今言之子，子舉不踰時，費不擾民，子善知長老與民之意者也。余再三辭而去。

泉井

綜述

清 嚴珊《泉井記》（光緒）《開化縣志》卷一二　凡人有所感，斯有所取，有所取，故名之以示不忘。若鹽池湯井，醴泉之屬，不可枚舉。是皆有異以感人，爲人所取，因以命名，豈徒然哉。予所居前三十餘步，有池舊名泉井塘，或謂其有井泉焉。然泉四面皆至，非有特然湧出，又無井焉，或又謂池即井也。乃其寬淺且污泥，人所不食，又無井之實焉。質諸故老無辨者。先人徙居其上，匾堂曰清泉。時大學士并翰林諸公，皆有吟咏。咸以泉清而有本，以比人之德。余嘗謂泉之在地，猶血在人身，何處無之。以是名堂，其於修治警省之功，不幾缺乎。竊憶先人必有所感，而取不苟焉。爾乃正统三年五月初旬，至八月末旬，天不雨，旱甚，溪壑澗谷，陂池潭洞皆涸，雖常有所儲匯之處，可不揭而涉，百穀草蔬果實，枯死脱落殆盡，魚鼈鰻鰕，不網罟而獲，井無高下皆竭，鄰里告渴。予家幾七十口，日須水三十餘斛，家人疲於遠汲，嗷嗷然。余偶思及池，往視之，則污泥燥坼，風至揚塵，無異平地，惟一處微潤，試掘之。入寸則土溼，入尺餘則泉脈通，未三尺則甘泉突出，頃刻盈坎。遂浚之，深五尺，廣亦如之，清瑩光冽，鄰里賴之，予家尤甚。因引繩而度諸家之井，或深尋丈，或倍之者再，大抵彷彿皆與溪平。而此池，去平地才二尺許，彼深者反不泉，而此則有之異哉。前人命井之義，或有感於此與。昔聖人畫井，卦推其功用大矣，其驗於中原西北之方。江南地卑，户有井，家有池，有江河溪澗，清潔可食，井之功用，雖學易者未能深知。今久渴而得泉，如獲瓊漿甘露。於是知井之功用信大。又以見昔人命名，真有所取不苟也。舉一事，而三感存正，况其他乎。當是時，僉曰必甃是井，以表其異，且遺後人。磚石既具，余恐妨於汲取，姑緩之。已而一日，大雷電疾風甚雨，比明，而水汪洋，井居其中，若坎窞焉，勿克治，此子過也。尚慮後世，有遭灾旱，舍近而取遠，故記，以寓所感云。

紀事

清 胡敬《崇雅堂文鈔》卷一《茅山泉井記》 貢院東彌勒寺側，舊有溝，自南迤北，屈曲繞寺垣，經蔬圃，亘百十尋丈，以達於東橋之河。或曰地有珍珠泉，故浚溝以引之。稽諸志乘，均不載。而溝之水長汩汩然來，爲東河增波助瀾者，功甚鉅。河久湮塞，頃議鳩工。即流溯源，溝其要務，遍訪溝水所從出處，訖無明證。高君鳳墀乃於寺側，當溝道鑿井，旁穿一孔，俾水縮則儲，水盈則泄，堵其外以杜行潦之入，穴其内以導清泉之流。既寬且深，則泉脈自滲漉而貫注，澄泓漾演，發源在已。趨向巽方，合於形家者言。從此文明丕興，而汲甘飲和，有利於閭閻亦溥矣。工既蕆，乃易其名爲茅山泉，以泉當宋茅山河故道，從其實也。道光乙巳孟夏，仁和胡敬記。

藝文

唐 方干《玄英集》卷六《僧院小泉井》 亦恐淺深同禹穴，兼云制度象汙樽。窺尋未見泉來路，緬想應穿石裂痕。片段似冰猶可挹，澄清如鏡不曾昏。欲知到底無塵染，堪與吾師比性源。

瑞井

綜述

（乾道）《四明圖經》卷二 瑞井，在縣東三十五里。即淵靈廟靈鰻井也。

（隆慶）《臨江府志》卷三 瑞井，新喻縣南百步。

（嘉慶）《義烏縣志》卷二 瑞井，在東河。舊名襄井，有發科者泉必陡湧，改今名。

（光緒）《重纂邵武府志》卷五 瑞井，在十九都墟上。遇里人有人泮者，則其井自鳴，屢試皆驗。

紀事

宋 王珏《瑞井記》（光緒）《仙居志》卷二二 歲景定癸亥冬，余偕杜生用之抵巖邑，訪李生景文、景傳，二生款余於委羽山中，因尋二徐故迹，竟不能得。是以傷道學之淪喪，吊芳躅於蒿萊，徘徊悵望者久之。已而相與抵空明洞天，時日方午，風颸息，因留洞口，拂石坐譚黄白之事。俄有一樵叟，亦息肩於兹焉。致辭曰，諸君子能談神仙，亦知此中琪樹所植之處乎？予輩謝弗知，叟指曰：此前穴者是其處也，閱歲久遠，忽一夕爲風雷所撥，里人斧以爲薪，析之有文彩，焚之有異香，家人驚訝，舉而棄之江，自是無琪樹矣。予曰，有是哉，是瑞也。夫地能産異木，或者下有異物。乃命奚奴掘之，甫尺咫，得方石無算，須臾有泉湧出，其味清冽甘美。二生以爲此地宜井，遂命工鑿之，因名曰瑞井云。嗟嗟，物之榮枯有時，出處有數，向使予輩不至斯地，不遇此叟，則琪樹無徵，醴泉閉塞矣。固知士有才抱德，巖居穴處者，不遇明良延攬，則終於草萊而已，孰得如是井之名於世也。因作瑞井記。

（嘉靖）《寧波府志》卷四 井龍潭，縣東五十里阿育王山後。舊名瑞井，又名靈鰻井。

明 黎遂球《蓮鬚閣集》卷二〇《瑞井銘》 神宗皇帝登極廿有餘載，時先隱君已逾壯歲，弗育子。以相宅者言，遂與三伯父卜居斯地，更二年，而遂球生，珍惜特甚。至遂球十一歲，而隱君復生仲弟，十八歲，生季弟。蓋廿有餘載間，而家之人舉育男子者又幾廿人，則寔於斯宅乎賴。憶數歲時，與群兒方戲，忽宅之東偏有井沸瓶而出，僉訝之。或曰斯地近金家園，園池舊有蛟，其氣也。或曰是栖老蟇。於是吾母太君謹誡兒毋過嬉東偏。其後先王母慈淑太安人老且疾，伯父遂移家歸養板橋，隱君亦於板橋築蓼水居，因共質斯宅於人，而留其西偏與遂球，依母就外傅。至今天子庚午，遂球始克圖而復之，見斯井如往，輒念及少小，爲諸父諸母呵保備具，不覺感嘆。偶閱占驗諸書，咸稱宅井湧沸，是爲瑞徵。又陳高帝始生時，井水沸湧出以浴帝，今其井尚在，歸太僕作亭其上云，如遂球寒微，安敢與彼稱帝者比。然當時倘有道及此，諸父諸母不知若何慰籍耳。亟語之吾母太君，乃于辛未之長至作閣其上，以奉佛經。外露小臺，是曰蓮鬚臺。閣其下，遂球讀書之處，即邇斯井。曰瑞井者，侈其事而錫之嘉名也。因嘆物之能爲祥瑞者，其始多爲人疑訝。歲丁卯三月，板橋十許里內，有數魚隨潮上出，其鱗如斗，光可射日，漁婦怪之，群握粟以禳。不數日，風雷大作，電雨相炤，魚爲龍去，屋樹多拔，此其義著之井渫然。育德君子有以自甃，而勿疑矣。是爲之銘曰：生一位六，而湧可浴。而蛟而蟇，而亦匪射鮒之谷。宜子宜孫，寔受其福。

（同治）《德化縣志》卷七 浪井，在庾樓側。灌嬰築郡城時所鑿，年久湮塞。後孫權至此立標，令人掘之，正得故處。有石函銘云：潁陰侯所開，三百年當塞。塞不百年，又爲應運者所開。權喜，以爲瑞。井與江通，每江風起，井輒有浪。故李白詩云：浪動灌嬰井，潯陽江上風。亦名瑞井。

藝文

元 耶律鑄《雙溪醉隱集》卷三《瑞井行》 赤子半入井，寧無惻隱心。急走掣其足，啼號嗄以喑。其親即偕來，翕然集四鄰。將謂相謝不世恩，忿呼恚詰渠何人。令我兒哭聲酸辛，中心自誓救顛墜。孰顧若輩怨且嗔，君子謀道不謀身。

明 孟思《孟龍川文集》卷一九《瑞井銘有序》 有明諫大夫筆山陳公，清貞凈潔，文思泉湧，浚冽深沈，澄澹潫洞，瀹行澡心，立身井井。初自大行陟拜諫院，清慎以正己，忠謇以論政。中正元吉，在上大成。時及王明并受其福，聖天子或思歷試諸難，勞均出入，爰命公出，翼政于魏，公忘出入，爲意浮沈。洗杻飲德，滌瑕蕩穢，野滋沃田，澤潤稿穡，民慰渴望者萬口一聲。始魏之城，水鹵脉鹹，自昔已然，人飲弗甘。公相土宜察，地脉除改，邑之久茀，黙耿恭之。精禱荆蓁，茷鍤朽壤，闢缺圮，剪荒莽，古井不泥，有得無喪。發灌嬰之銘，現玉兔之象。寒泉以冽，味甘而潔，少取不盈，取多不竭。登醴玄虚，潤旁津澤，昔堙今顯，神化陰浥。井甘一泉，瑞彰七德，匪文匪銘，奚久之揭。銘曰：厥初生民，獉獉混沌，庶厥艱食，莫克自奉。惟聖有作，憂民縱縱，俯契靈爻，仰觀宿景。下木上水，斯焉有井，脉土興泉，洞幽深玄。美惡沈潛，神智莫探，或浪而冰，亦腐而鹹。無禽以顧，射鮒靡需，既渫可食，所貴登甘。茲維魏城，改邑斥鹵，人士咨嗟，罌瓶厭苦。罹言紛如，脉由茲土，微垣一星，飛臨魏邑。懿德清明，弘才治準，厥政優悠，厥令滃溉。地靈發祥，甘泉上出，奚用揮鋒，匪繇拜揖。太陰協化，靈液湧汩，顯瑞佑賢，彰善闡密。如道無窮，流流不涸，上善流惠，來繘來汲。舊井昔幕，今見之天，盈以其神，淵淵其𣶒。化公之德，居所而遷，式公之法，井井而然。味公之惠，飲水知源，兆公相業，澤溥八埏。振振陳公，神應之玄，甘井之瑞，流芬萬年。爰詩以銘，媲美醴泉。

三井

綜述

清 王惟修《宿遷縣城内新鑿三井記》（康熙）《宿遷縣志》卷六 夫民

之生活需於水也，要矣。蓋水出有源，穿下者因宜爲井，家給□□□濟者非止一泉。況宿爲淮北要區，民之蜂屯蟻聚，難以數計也。何侯治宿，更歷五稔，政教浹洽，恩德流盪。任初即舉敝城而鞏圖之，可爲先識無恐矣。島夷犯順，羽檄星馳，以宿枕山襟海，則乏重□巨鎮之險，儻值不測，閉城堅守。【略】今於東門内鑿井曰官，取近公署之意也。西門内鑿井曰金，取按庚辛之意也。南門内鑿井曰玉，取爲潤澤之意也。幸而處常三井之水，可以節黄河之遠，不幸而處變，三井之水可以解熱暍之憂。雖所費之不資，則受利實無窮矣。委役鳩工，次第告成，民甚便而甚德焉。何侯之澤，不將與井泉俱永耶？員役輸財督工者，徐文善、葉連、蕭士英、苗子實。冀乞余言以記，攸連顛末，綂勒一石而標之，以表何侯慮遠之心，以代百姓口碑之頌。斯舉也，豈非官民兩利，金玉流聲哉。

清 屈大均《廣東新語》卷四《三井》 廣州有三井：一曰星井，在城西六里，古金肅外繡衣坊，始鑿見星于井。一曰月井，在廣州城内西南，古月華樓下，今鹽倉街舊月泉庵址。舊志：月出則照映井底，光燚澄徹。又有日井，與月井相望，在舊青紫坊千佛寺側。今惟月井存，餘皆堙。

藝文

宋 夏竦《文莊集》卷二五《三井銘》 石罅山半，三井如鑿。圓不可窺，深不可度。亂澗四入，飛流外落。墮石不盈，驕陽不涸。冷激松檜，碧混崖崿。山靈所衛，神物攸託。簫鼓一鳴，雷雨開作。案，此銘原本闕，今據北宋人小集增入。

宋 韓元吉《南澗甲乙稿》卷二《桐柏觀三井龍潭下爲瀑布》

一水赴壑如奔雷，兩山壁立堅誰開。山高石限水不去，萬古門怒何轟豗。盤渦散作鍾與釜，往往石上相縈迴。泓渟歲久深莫測，人言海眼良可猜。不知蛟龍底無用，局促石竇真窮哉。未能九土霈一雨，尚與千里清炎埃。往時金斗墜玉簡，中使奉詔從天來。百年舊事今寂寞，但有雪浪飛崔嵬。杜鵑花開蘭正發，雙闕萬丈晴雲堆。寒聲徹耳心骨爽，凌風一上吹笙臺。

宋 陸游《劍南詩稿》卷五《游三井觀》 三井夂知名，暇日偶一訪。棟宇壞欲盡，基址尚閎壯。畫墻皆國工，烟雲儼天仗。旌旄亞戈戟，佩玉雜弓韔。太古實傑作，筆落九天上。呉生名擅世，睥睨未肯讓。規模遠有考，意象豪不放。最奇老癯仙，骨立神愈王。石恪雖少怪，用筆亦跌宕。兩姝淡蛾眉，非復火食狀。塵埃夂侵蝕，風雨無蓋障。好事未易逢，寧能夂亡恙。雍洛劫火餘，妙迹盡凋喪。斯游恐難繼，佇立增悄愴。

宋 陳著《本堂集》卷一六《三井》 兩崖削鐵上擎空，下有靈潭與井同。龍出世時磐石透，水無低處洞天空。餘波噴作雷霆怒，大旱騰爲霖雨功。兄弟相携看奇迹，脚根牢立險巇中。

又《董伯和竹溪寓居》 三井西邊十畝坡，與雲盤礴傲羲娥。危時自説昇平話，險地今爲安樂窩。魚鼈収溪供草酌，竹松臨戶當花窠。故園臺榭姑蘇問，萬世從來蟻一柯。

清 梁雲構《豹陵集》卷四《雙闕三井斷橋諸勝》 屐敝奇無盡，幽探興不窮。山靈排萬炬，岸卉媚千紅。丹井塗何僻，瓊臺路可通。斷橋危坐處，勺水向東風。

雜録

（嘉定）《赤城志》卷三一 三井廟，在縣東北三十里，祀三井潭。皇祐中令陳襄有禱隨驗，欲新廟，不果。

宋 洪邁《夷堅支志》壬卷一《三井中竹木》 南城陂頭士人崔椿，慶元元年築宅，鑿石爲基，深數尺，於石中得一桃核，取視之，應手爲塵而散。及將開井，日者云：宜就屋之角。崔嫌與屋太近，欲遠之，日者持不可。至施工，不見泉源，過三丈，乃古井也。細驗之，蓋古昔田中之井，以竹爲籬，闌尚宛然，竹但微爛，而闌之堅不可拆，其内有破盌及飲水盞、污泥之類存焉。此邦向來初無洪水之變，而桑田改更如此。又建昌城内驛前，紹興間富家創旅店，其處無井，穿穴過四丈，得古陂牙木。牙木者，兩木鑿竅相受，以爲固也。臨川烏頓人，亦因掘井，有横木，枝葉猶存，上有小柹數顆，蓋柹樹也。三者均爲甚異，非復智慮所能測度云。

三元井

綜述

明 廖希顔《三關志》 三元井，在三官廟前。

（萬曆）《泉州府志》卷三 三元井，在縣學禮殿右。隆慶元年教諭余采立名石，知縣羅名士書之。

（乾隆）《太平府志》卷六 三元井，乾隆辛未，邑令王熊飛重浚。

（嘉慶）《内江縣志》卷六 三元井，治南五里，舊出鹽鹵，今廢。

（道光）《繁昌縣志》卷一 三元井，在縣前西第一條巷出口。

（道光）《晉江縣志》卷八 三元井，在今縣學内禮殿前露臺下，右畔西廡中門前。井蓋穿三孔，明知縣羅名士立石，鎸三元井三字。其碑高大，又有石蛇。乾隆十四年己巳，重新縣學，其碑適在西廡門前，故偃置于後崇聖祠邊地上。後修祠者不悟，移于禮殿後佳冬梨樹下獨井北，則謬矣。

（道光）《旌德縣續志》卷一 三元井，在四都大川村。

（同治）《六安州志》卷五 三元井，州治東府館側，有夾巷通街。

清 曾昭信《三元井記》（光緒）《雲夢縣志略》卷一〇 三元井，邑侯吴公更其名也。以俗言井關闔邑風水，故名以三元云。舊名五福井，在五顯祠神座前，謂神能降福，因以福名也。井泉極深，前邑侯邵公浚，至四丈餘無水，再數尺，始見鉛底，以朽壞不可用，欲易之啓底，而泉突出，須臾溢丈餘，浚者不可下，遂因而甃之。相傳泉脈遠通桂花潭及碧潭等處，故水清洌，亦甘且多。前明流寇圍縣城，以城小無水，久不退。後偵知其故，從城上揚水示賊，圍乃解。邑人以爲獲神佑，塑龍神像於其上。每歲旱，祈禱輒應，前邑侯楊、邑侯文相繼浚，然水甘，汲者甚衆，往往綆甕相砰擊，則瓴甋碎甓，日剥落填塞，而泉輒涸。多或數十年，或十餘年，或數年，必一再浚。舊有碑，鐫每次董事及捐貲姓氏，甚詳。光緒己卯，邑侯吴公涖任，以城内人多水少，甫議浚，旋奉檄調任東湖，遂不果。歲庚辰回任，捐廉商同邑紳李肇基、左璸籌資興工，經五六閱月，而力無少間。土山木林日塗泥數十輩，而始及舊源所，泉溢横來，頃而滅頂。抑以鑒前事之輒，浚輒塞也，變通盡利，截小杉木環列其中，截每尋數，共尋木五截，外仍以甎甃實之，庶汲者無砰擊之虞，而亦無碎甓之積也乎。井於辛巳仲夏告竣，邑之人飲水思源，則其食邑侯之德者，必歷世而不朽也，是爲記。

（光緒）《黄岡縣志》卷三 梅家井，府學前。向在民家，明知府潘允哲擴學前地得之，後又爲民佔。康熙二十三年，知府蘇良嗣修葺學宫查出。水甚清冽，又名三元井。

（光緒）《江浦埤乘》卷四 三元井，在治南門大街。

藝文

清 談自省《題三元井》（康熙）《茌平縣志》卷四

山泉脉脉通洙泗，萬派波流此發源。詞湧秋濤傾錦峽，筆翻春浪瀉崑崙。王明用汲禔雙福，太史星占聚五垣。最喜更新收勿幕，斯文重起掇三元。

雜録

（道光）《繁昌縣志》卷一 泉水塘，在縣北一里許。周圍三畝餘，雖大旱，泉流不竭，溉田約百頃，每遇旱時，城中食水，皆資是泉。由北門水閘放入，經三元井溝達泮池，所謂六秀辛水，即此井。

（嘉慶）《内江縣志》卷六 三元山，治南三元井上。明邑人於此建塔，鎮水口光離位，今圮。

（光緒）《德安府志》卷四 五福井，雲夢城東。光緒辛巳，知縣吴念椿更名三元井。舊傳井通碧潭，汲者曾臯雁於井。

善淵井

綜述

元 楊公焕《重浚善淵井記》（光緒）《費縣志》卷一三　縣治之東南隅，舉三十餘武，敗垣有眢井，汙穢充塞，傍有石記。縣達魯花赤忻都因公掣肘行視，詢諸左右，莫知所從來。令剔垢視其文，即東吴江珪所爲井，名善淵。宋建中靖國初，江維宰是邑，邑東有祊水，民取以供餉。祊水清濁不常，民屢失飪汲，乃謀諸寮屬作是井。主簿楊温其董役，縣尉祝瞻佐之穴地，鑿石四尋，餘石罅中出，泉甘且洌，僚隷邑民，暑暍大濟。忻都嘆曰：井，前人利民所作，豈可廢墜，而窒塞之。況易云：改邑不改井。公輟俸募工，浚數日而畢。井道復行，官吏邑民大悦，一如石記所載。吁，江載鑿於前，忻都浚其後。時數否泰，豈偶然哉。縣尹董宰，莅政得其事曰：興善利民惡可泯。其人宜筆其事，衆曰諾，遂書之。

紀事

（光緒）《費縣志》卷一三　善淵井，在縣治東南隅。宋知縣江維所鑿，有重浚碑記尚存。

尚書井

綜述

明 李默《群玉樓稿》卷七《題尚書井銘》　華坌翔井道，窒遠負潤糜。晷日鞭稿壤，白龍逸檻泉。奮聲滜滜美者，鍾時而出，養不窮神所隲。

（嘉慶）《竹山縣志》卷二　尚書井，在城隍廟之東。嘉慶九年，吴制軍熊光駐節竹山，憫邑之無井，捐俸開鑿，民稱曰尚書井。并鎸其勸諭鑿井詩於城隍廟。

（光緒）《舒城縣志》卷五　尚書井，在儒學東。教諭余默以邑中屢出尚書，故名。

藝文

清 吴熊光《勸諭竹山居民鑿井詩》（嘉慶）《竹山縣志》卷二　伯宗整衣拜，水泉即奔出。明漢耿恭事。攻石過數重，寬州井乃得。用宋神世衡事。至誠默通神，厚賞群致力。上庸環堵流，地勢在平陽。山縣舊無城，居民臨河汲。二年保障興，掘地空縣繘。或云城憑高，九軔猶弗及。或云肖僂句，鑿破呰徵集。籍籍倡由誰，紛紛溺所惑。溪寒飲病瘿，甓運貧鮮息。絶澗立困窮，無井豈成邑。我來禱龍神，户曉開茅塞。爰相神廟旁，荷鍤先諏吉。緬耿虔乞靈，效种寬給直。一簣功勿虧，百道甘白溢。庶以便閭閻，因之固藩域。

又　王正常和詩：六府之修水居一，從古有井斯有邑。上庸孔陽迹渺茫，成化竹山治初立。堵水自西斜繞東，居民沿溪資飲汲。未知黿水昔所或，縣西十里有黿谷，昔人戒勿飲此水，出水經注。乃以鑽黿貽口實。形家言，縣治係黿形，故不鑿井。槐江尚書排浮言，勞民勸相仁心質。默禱龍神乞甘泉，甲子秋杪開鑿吉。鑿成閧傳尚書井，懸壺其上使人識。人識家家盡提甕，千甕萬甕銀牀集。内湧寒漿百道流，取之不窮用不竭。□□菽粟俱如此，長令吾民食舊德。

又　樓春坊和詩：竹山新築城，民居始安宅。城足資保障，有城水且隔。汲水河之湄，無井非長策。鄖陽傳十井，時移膏未歇。此縣閒鑿難，訛言傷龍脉。龍脉問龍神，武爲見眞迹。東厢蟠卧間，水光浮鱗脊。龍亦愛蒼生，臨時潠靈液。去道常下施，地澤喜上出。神龍稱變化，天地合其德。德運本無疆，功成在不息。九軔不及泉，無乃歉人力。或整衣冠拜，或拔劍破石。視昔猶初今，一誠求可得。大府斷厥疑，邑宰董厥役。賤子亦挈瓶，水利是其職。堤以利民田，井以利民食。瞻彼城外河，烟波連阡陌。會看城中井，轆轤轉長繘。事紀嘉慶年，甲子秋九月。

少陽義井

宋 釋惠洪《石門文字禪》卷二二《少陽義井記》 建炎元年六月，蔡陽野墅僧子辰，俱潯陽檀越陳璹，還自白湖。過少陽，渴甚須水，道傍皆近人積水，穢濁不索。相與嘆曰：江淮要衝，而地無美泉，何以止往來渴。心相約，出錢開井于湖之左。而白湖楊元廣彦隆亦欲協成之，有僧祖慶實董其事。工畢，泉甘涼，邦人賴以灌畦飲啜，行人盛暑，爲歸宿之所。易曰：改邑不改井，以象正君子之有恤心。雖大行無加，窮居不損。又曰：井者，德之地。以象有煩心之德，虚其中，而不自有之也歟。嗚呼，二三人者不獨爲濟衆無窮之利，其亦尚德也哉。十二月望日記。

神農井

宋 樂史《太平寰宇記》卷四五 神農井，在縣南五十里，出羊頭山小谷中。上黨記云：神農廟西五十步，有石泉二所，一清一白，甘美，呼爲神農井。

清 胡天游《石笥山房集·文集》卷四《羊頭山神農井銘》 井冽于羊頭山北，始爰稼穡，秬黍入穟，以瀵乎赤醴，是惟帝之所啓。銘曰：常羊誕靈，九井自穿。神之所爲，不知其然。垡土變煠，飽民于恬。于于童蒙，藏化居淵。栝啜而飲，孰相愚賢。太乙吐精，勿幕勿宣。潛英渠渠，味爲璇源。嗚呼噫嘻，瀨鄉蒼茫。神汲遂遷，社本穴石。知幾歲年，惟茲窪如。有洫共甘，甃以中冀。太行之榦，儷厥東井。咸池駢闐，炎陵是望，終古孔存。

（乾隆）《潞安府志》卷四 百穀泉，在百穀山神農廟前。砥石湧泉，寺僧引爲伏流，注爲塘，由螭口飛下大壑，注石子河，味甘，雖旱不涸，一名神農井。上黨記：炎帝廟西五十步，石泉二所，一清一白，味甘美，呼爲神農井。

師泉井

清 施琅《靖海紀事》卷上《師泉井記》 今上御極之二十一載，壬戌孟冬，予以奉命統率舟師，徂征臺灣。貔虎之校，犀甲之士，簡閲而從者，三萬有餘。衆駐集平海之澚，俟長風，破巨浪，以靖掃鮫窟。爰際天時暘亢，泉流殫竭，軍中取汲之道，遙遙難致。而平澚故遷徙之壤，介在海陬，昔之井廛，盡成堙廢。始得一井於天妃宫廟之前，距海不盈數十武，漬鹵浸潤，厥味鹹苦。其始未達深源，其流亦復易罄。詢諸士人，咸稱是井曩僅可供百家之需。至隆冬澤愆水涸，用益不贍。允若茲，是三軍之士所藉以朝饔夕飧者果奚恃歟。予乃殫抒誠悃，祈籲神聰。拜禱之餘，不崇朝而泉流斯溢，味轉甘和。綆汲挹取之聲，晝夜靡間，歕涌滋溉，略不顯其虧盈之迹。凡三萬之衆，咸資飲沃，而無呼癸之慮焉。自非靈光幽贊，佐佑戎師，殲殄妖氛，翼衛王室，未有弘闡嘉祥，湛澤汪濊，若斯之渥者也。因鎸石紀異，名曰師泉，昭神貺也。在易，地中有水曰師。師之行於天下，猶水之行於地中。既著容民蓄衆之義，必協行險而順之德。是知師以衆正，乃克副大君討貳，撫順懷柔萬邦之命。而揚旌海外，發軔涯涘，神異初彰，闓惠覃布，誕惟聖天子赫濯之威，以致百靈效順，山海徵祥，亶其然乎。昔貳師劍刺大宛之山，而流水溢出。耿恭拜禱疏勒之井，而清泉奔涌。并能拯軍士于渴乏，著萬里之奇功。乃今井養不窮，三軍獲福，予之不敏，其曷以答茲鴻嘉之賜哉。是用勒之貞珉，以志不朽云。

十井

明 沈暉《十井記》（嘉靖）《湖廣圖經志書》卷九 郧在襄漢萬山中，自古無井，民惟飲江水。然江去郭一舍許，士女出汲、往返甚勞。況飲之者多生癭疾，民深以爲患，國朝成化中，添設行都司府衛，知府吳遠始於府廨中鑿一井，既而都指揮僉事吕鍾輩，各就司衛近地鑿三井，城中人乃得井飲至今，賴之自是。又設撫治、行臺，總鎮三省之地。三省官僚之往來，四方客商之輳集，視昔加數倍，食口日衆。汲者日多，四井不足以供飲用，又井在司府官廨，江在城外，門禁早晚啓閉，有時軍民不得擅出入，往往缺少，或用錢三四文，始得一二斛。其至事汲鬬毆破面流血者有之，則今日之患，不特所謂往來之勞，癭疾之苦而已。予惟天下之至足，而民生日用所急者莫如水。古者八家同一井，或家有一井，或大家至四五井。今鄖數千家，而仰給四井，其不足用，固宜聖人治天下，將使菽粟如水火焉。有水之至足，而反缺用者乎，此雖細故，亦爲政者所宜究心也。因檄有司浚治舊井，使源泉清洌不至於污泥，仍於各坊里通衢，相地之宜增鑿六井，以便汲，使居民皆得井飲無復不足，且免江汲之勞，癭疾之憂，亦養生恤患之一端。云：爾井既成，爰題其歲月刻諸石，庶後之人有考，相繼浚治焉。

石板井

（乾隆）《江津縣志》卷二　石板井，縣西南四十里。正德辛未，都御史林俊破曹甫于此。

（道光）《大定府志》卷一二　石板井，去乾河溝五里漢民寨。

又　石板井，去黑苗寨五里夷民寨。

又卷一二　以支塘去石板井十里，有塘户十：男二十二，女二十四。

（道光）《建德縣志》卷二　六合井，舊志在正街東，又名石板井。

石井

論説

宋陳亮《龍川集》卷二二《石井祈雨文》　惟龍伸縮變化，吁吸雲雨，一潭之間，龍則安焉。民有不告，其答如響。惟此境被龍之澤舊矣，歲一不周，亦龍之恥。龍之澤不終朝而被天下，十里之間嗷嗷如此，豈龍之所安乎。油然之雲雨既有緒，起而成之，何啻反掌之易也。

綜述

明費元禄《甲秀園集》卷二八《石井記》　石井在鵝湖山下，去城五里，其井負山而出，始方涓涓耳。積至瀠泓，其味甘美，近郭諸原田皆仰此，多文魚遊者，汲以煮茗，魚依依親人。其旁巨石，錯出壁立，揷天松桂、竹木，蕭踈可愛。其上則僧建塔及普陁巘云，普陁相亦極精絶，別搆精舍五間。在左方，其水通潮汐，或曰有龍處，其下有磐石磴道，狹可受足，而石勢錯，差趾相齟。有白蝙蝠如掌大，飛而撲人，如吳地志禹穴中物。法顯傳曰：饒夷，城南接恒水，城之西北六七里，恒水北岸，佛爲諸弟子説法處。浄王夫人入池洗浴，出池北岸二十步，東向舉手，攀樹生太子，太子堕地，行七步，二龍吐水浴太子，遂成井，衆僧所汲養也。太子見行足迹，文理尚存石上。出家時，四天王來迎，有泉水出，行旅所資飲也，此得無顛是耶爾。時余與吳孟堅箕踞坐井上觀魚，命童子列茗具，召山僧，爲作茗飲。以陸處士法治之，各觴六七觥而起，兩腋習習風生，登山坡望天鵝浴處，欲翩翩仙去。處士嘗言：郡茶山泉，當天下第二水。余嘗汲嚼之，不若井甚，柰何遺此品也，或未履其地爾。前督學李北地有詩，邑大夫作亭覆其上，余與孟堅徘徊者久之，捉筆聊爲題咏。孟堅詩成誇余，余曰：驪龍頷下珠，君探得之，是遭其睡也。雖然，未若象罔得玄也。君試竢之，比一揮，則泠泠之響無異。孟堅相與抵掌拊石而歌曰：醉石磷磷，吾將抱北以自沉。按縣志，此水發脉，下流田中，轉入邑北門，經清風洞，劉知道讀書於此，舉宋進士第一，則王氣之符也。於此求源，形家所最，故爲彷彿矣。

清 汪後來《石井記》（乾隆）《鶴山縣志》卷一二　藥逕發源，来自崑崙，錯落千峰，分流萬壑，山明水秀，人傑地靈，焕然新邑之巨都也。間嘗登臨，游覽圖山之勝，品水之佳，雖澗溪沼沚，堪供茗鼎，不一而足。然而瀟洒胸襟，澡潔精神者，莫石井泉若也。深不盈數尺，淵然令人有鑒止之思。詢之故老云：井開自元代，而年月不傳，或謂因其環砌以石，故名石井。予意不然，井不以石傳，石不以井傳，而傳之以泉。易曰：井冽寒泉，食義可知也。甃特修井之功耳，因徘徊其上，不欲即去，思作記以俟同好者，共知山川鍾毓之秀。忽吕子倫琬，出箋示余，則胡子大靈、周子葉旭、韓子橋村美期井之作也。不禁喟然嘆曰：諸子先得，我心之所同，然爰書以志不忘。

藝文

唐 錢起《錢考功集》卷一〇《石井》　片霞照仙井，泉底桃花紅。那知幽石下，不與武陵通。

宋 潘閬《逍遥集·題資福院石井》　炎炎畏日樹將焚，卻恨都無一點雲。强跨蹇驢來得到，皆疑渴殺老參軍。按，此詩從《能改齋漫録》補入。

宋 王安石《臨川集》卷三三《龍泉寺石井二首》　山腰石有千年潤，海一作石眼泉無一日乾。天下蒼生待霖雨，不知龍向此中蟠。

宋 洪炎《西渡集》卷下《鉛山縣石井院》　兩年再踏鉛山路，今日初嘗石井泉。碧玉岩邊瀹湯餅，全勝五鼎擊肥鮮。

宋 李綱《梁溪集》卷一四《鉛山約高無咎同游石井》　巖洞嵌空鑿翠崖，一泓雲液貯瓊瑰。幽人須信耽泉石，茗飲相招特特來。

宋 李彌遜《筠溪集》卷一九《過鉛山石井》　抱石寒泉湧帝青，浄涵窟宅駐鯢鯨。誰知潤物功無盡，只見岩腰鑒樣平。

宋 陳文蔚《克齋集》卷一四《石井偶書呈同來者趙國興書堂》　爲君半日留，得與諸賢集。人生貴遠游，何苦自維縶。好鳥鳴更幽，遠山青欲濕。時有午邊風，吹從木陰入。

又 卷一四《和胡應祥游石井韻》　世間潢潦水，可嘆無根源。盈滿涸可待，驟雨空翻盆。鵝峰此邦鎮，秀潤草木繁。洩爲石井泉，永與天地存。平湖十頃開，峰頂有湖。風漪緑荷翻。意共一脈落，高下相吐吞。清游二三丈，歸途月黄昏。咫尺阻同集，笑我真憚煩。相期一朝去，雷電當飛奔。鞭龍起爲雨，微功不須論。

宋 范成大《石湖詩集》卷三三《虎丘新復古石井泉，太守沈虞卿舍人勸農過之，爲賦三絶謹次韻》　勸耕堂上醉高年，和氣春風共藹然。大士亦修隨喜供，夜來古井躍新泉。

宋 韓淲《澗泉集》卷一九《石井》　碧山嵓底水長流，要與騷人勝士游。霜氣吹寒浮落葉，爲扶藜杖看清幽。

宋 韓元吉《南澗甲乙稿》卷五《次韻沈駒甫觀石井》　湖裏鴐鵝亦洞天，最奇山下石坳泉。一泓自覺寒光浄，六月都無暑氣煎。清似錫峰藏雨露，迴如篁嶺閟風烟。壁端舊乏騷人句，從此須君妙墨傳。

宋 洪邁《萬首唐人絶句詩》卷七《石井》　苔色遍春石，桐陰入寒井。幽人獨汲時，先樂殘陽影。

宋 李吕《澹軒集》卷三《游鉛山石井》　碧玉罅中仙洞府，玻瓈無底涵烟雨。好將潤澤天下施，沾溉寧論數千畝。

宋 劉子翬《屏山集》卷一九《題石井二首》　玲瓏巖穴巧如刳，中貯滄浪百斛餘。衰懶自憐游世久，襟懷未及汝常虚。

又　道經蘭若偶停鞭，客裏逢幽意惘然。一把緑蘿蒙石竇，夢魂翻憒醒心泉。

宋 趙鼎臣《竹隱畸士集》卷六《石井》　山腰一石窟，其深不可計。静聽水潺湲，流作澗聲細。

宋 朱熹《晦庵集》卷五《次二友石井之作三首》　一竇陰風萬斛泉，新秋曾此弄清漣。人言湛碧深無底，只恐潛通小有天。

又　聯騎君登泉上亭，黄塵雙眼想增明。籃輿獨向溪南路，惆悵不成同隊行。

又　泉嵌側畔一川明，水石縈回更有情。聞説近來疏葺好，想應仍是舊溪聲。

宋　喻良能《香山集》卷五《石井》　山石最佳處，有泉生石傍。虚明秋後月，清冷雪前霜。鰻井真牛後，龍湫可雁行。濯纓仍漱齒，政爾不能忘。

宋　趙蕃《淳熙稿》卷一六《石井有感》　歲月不可玩，變遷何所無。青衫今白髪，泉谷乃官途。

宋　張嵲《紫微集》卷三《題石井》　精藍負東岑，奇石護山麓。巉巖如車輪，一鏡方黛蓄。沉沉不動容，澹灝立山木。日射翠氣浮，游鱗翻寸玉。泉邊群石潤，净映僧房緑。廬阜勢相高，魚龍争起伏。奇章昔好此，忽棄不見録。青叢晚花明，澗草幽氣馥。樹深春去遠，景至夏方燠。此地風長清，蕭蕭似秋肅。南來眇萬里，雲嶠幾經目。安知絶世境，在此近山腹。超遥輕前游，慷慨謝雙足。向非來遠客，所見信跼趣。寧非造物意，設此慰覊束。人世足埃氛，山林有高躅。何當襆被來，共此巖下宿。

明　胡奎《斗南老人集》卷三《賦石井送吴税使還鄉》　頭白烏啼井上桐，桐花落盡夜來風。愁見還鄉呉季子，恨無縮地馬仙翁。轆轤聲裏腸應斷，天柱峰頭思不窮。試把丹泉分一掬，慈顔猶得駐春紅。

明　李昱《草閣詩文集·詩集》卷五《石井山中》　石井山中雲繞門，題詩不減浣花村。已知子可爲宗武，更願孫能繼審言。照眼椒花工取媚，向人梅蘂故開繁。老来自信生涯好，乞與春風日討論。

明　王廷相《王氏家藏集》卷一五石《井别業有作》　花暗棠梨浦，禽鳴桑樹林。濃霞淹曙色，微雨作春陰。田父班荆坐，漁翁濯足吟。偶來人境外，銷却宦游心。

明　費元禄《甲秀園集》卷七《石井》　鵝湖山下泉眼緑，滙爲石井流寒玉。蓮花露氣綴陰崖，藻葉淪紋絢陰谷。錦鱗文儵泳層泓，見底澄澄逼水晶。呼吸玄靈通地肺，晦冥春雨泣山精。近映激湍盪羽酌，遠分疏稼縈畦落。或乘元已既聯鑣，或趁杏花復東作。冷冷照眼瑩精神，琢破青山不受塵。素綆銀瓶争錯落，爲君沁得幔亭春。

明　劉炳春《石井靈泉》《鄱陽五家集》卷一二　山根遺古井，雲骨浸寒漪。碧甃苔花澁，銀牀野樹欹。葛洪仙後浚，賈誼謫前窺。病渴愁無地，清泠一嗽奇。

清　汪由敦《松泉集》卷二一《石井》　寒泉洌不食，石髓空滴乳。爲問誰所鑿，應始自太古。寸瀾了不興，縷雲時一吐。銅缾與銀床，未是山中侣。漫持短綆汲，觀天仰膏雨。

清　袁枚《小倉山房集》卷三一《石井》　石井一泓水，潺潺鎮日鳴。無功能濟世，只管自家清。

清　朱筠《笥河詩集》卷六《石井》　張又新品水，水品第三泉。古石轆轤壞，土井味不鮮。紹熙僧復古，淘汰兼煩撋。泥剔骨根出，沙扣膏微漩。四圍石鱗皴，澈底龍腹便。波瀾中自起，噴薄流香涎。到今幾百載，石氣清生烟。游客據欄度，六月寒呼綿。蘢蘢古榱棟，覆此雙綆懸。兩汲一下上，一杓吾喝痊。

清　吴嵩梁《香蘇山館詩集》卷八《石井》　我聞石井龍所居，其深定可八千尺。及見寒泉一鑒清，出雨興雲恐難必。道人勸我無妄猜，神力能救東南灾。尋常一唾污澄碧，山石怒裂隨風雷。昨日龍來飲潭水，倒捲滄波入雲裏。下界微聞過水聲，甘霖已遍雲歸矣。始知山澤氣本通，妙用不測惟神功。莫嫌鱗甲無多滴，四海蒼生被澤同。

雜録

宋　曾鞏《元豐類稿》卷五〇《魏侍中王粲石井欄記》　貞元十七年，山南東道莭度使于頔撰，掌書記胡證書。記一，參謀太子舍人甄濟撰，判官彭朝議書。云上元二年，山南東道莭度使来瑱移井欄，置於襄州刺史官舍，故爲記。甄濟者，韓愈所謂陽瘖避職，卒不朽禄山父子事者也。其文得之爲可喜，而朝議書尤善，皆可爱者也。

雙井

綜述

（咸淳）《臨安志》卷七八　水于天壤間，無所不通。然有聚焉，有會焉。舍望洋向若，則湖者水之聚，江者水之會也。錢塘左江右湖，湖濵江岸，湖之泉，皆有所麗，而不克以自立。方雨盈于澮，瀑飛于山，濯烟嵐而走塵陌，汪洋衍肆，可潤而潴，可瀆而注，可沚而環也。至于遥岑不雲，平畦斷遂。水之行乎地中者，江湖寔驅而有之，或未旱而綆汲匱，雖靈山福地不免焉。浄慈爲寺甲于杭，負山面湖，出清泚而膠淥浄，宜若不嗇于泉也。而鏗鯨擊鼉，千衲頤哺，齋盂茗椀，漱風嘯月，搰搰乎，晨夕之供水之畔。湖而私于井者不給，則取餘于湖，山君悪焉。法薰之來，馭禪以律而梵楽嚴，約衆以己而緇計裕，增舊濯新，無一或闕。定餘周視其庭，慨然嘆曰：美哉，山虖之有斯刹也，而猶病于汲。以錫扣地而祝曰：井于斯，泉于斯。衆粲然笑，謂是信有泉耶。薰弗爲畫，亟召工具畚鍤，劚佛殿之前隟，爲雙井對峙。未尋，而液未丈而溜，及泉而濆湧，既甓而泓渟，不與時虧溢，胥異之。噫，斯泉之所以異者，涵翠麓之寒清，竅靈源而獨出，非假道于江，而借資于湖也。其潛也如遁，其見也如期，深以蓄其德，高以下其施，其猶時立之君子，而能擇其人者歟。是可尚已，薰復崇二亭，以賁其上，而謁記于予。予辭曰：孤山六一泉，寔歐蘇惠勤之勝迹，故以泉名于湖。玆泉也，固非偶然者，若重以記，無嫌自詭于先賢乎。薰曰：天一生水，而地以六成之，盖未始無配，吾將進雙井而友六一，則孤山之泉不孤矣。否則歐蘇笑人寂寂于記乎。何遜。余無以辭，因識其顛末而繫之以銘。云：水胎于乾，而育于坎，淩高沃深，不召而感。彼悍如恭，以血飲兵，屬韃一呼，枯甃傼盈。相是幻泉，爲法之乳，寂以心法，如子得哺。昔泉之閟，蟄于九淵，垢佛渴祖，爲薰出焉。清夏燠冬，蒸雲化雨，澤我大地，洗衆生苦。我笑謂薰，口吸西江，一滴不噍，付此雙井。

（弘治）《貴州圖經新志》卷八　雙井，在府城東北，泉出石壁，四時不涸，郡人仰焉。

（弘治）《黄州府志》卷二　雙井，在縣治古槐樹下。正統辛酉立。

（嘉靖）《江西通志》卷四　雙井，在寧州西二十里。黄庭堅所居之南溪心有二井，土人汲以造茶，絶勝他處。庭堅有送雙井茶與蘇軾詩，云：爲公喚起黄州夢，獨載扁舟泛五湖。

（嘉靖）《仁和縣志》卷二　雙井，在定民坊，舊棚心寺内。今入居民。

（嘉靖）《汀州府志》卷二　雙井，在溪南里吴坑。澄澈不涸，居民汲飲，遂以雙井名村。

紀事

明 黄文星《雙井記》（同治）《南昌府志》卷七　井以待人之汲也，所在皆是，何足異。異其爲雙井也。世有一區而數井，有一井而數垣，未聞有異之者，雙井奚異乎。異其爲吾黄氏之雙井也。夫雙井之名，自宋興以來，叠産名賢，遍達於縉紳，錯見於書史，孰不知其異，而要未知其所以異也。其所以異者何，異其在修水之中，有二垣泉源湧出，塵垢不能污，沙磧不能蔽，朗朗然如兩玉環，隱露於水中，此其所以異也。匪獨他都人士不及知，即生是邑者，偶見於吟咏，未遑於探索。舟子漁人間，能探索而不知，好無怪乎雙井之異之眞，所以不出也。昔蘇髯翁聞石鐘之奇，初得酈元之説而不信，繼得李渤之説而益疑，必待艤舟絶壁，夜央風作，巨浪與石罅相吞吐，然後得其噌吰之韻，竅坎鏜鞳之音，而石鐘之眞，始出古人之不苟，於辨物有如此。嗟乎，雙井并列於水中，不知幾曆年世矣。至吾黄氏而其名始著，則知地以人傳，非其人而仿不傳，獨石鐘也歟哉。

清 田雯《古歡堂集》卷三八《雙井》　習安城東北隅，一井名雙井，上有石欄。居人汲左以炊，則色紅；汲右以炊，則色白，是豈可以尋常理道求哉。常閲異物志云：廬陵城中有一井，中有二色水，半青半黄，黄如灰汁，取作糜粥，皆成金色，此色之一定者也。又閲廣州記云：

（同治）《蘇州府志》卷五〇　北虞先生邵圭潔墓，在北山舜過井東。子兵部郎中鑾祔。

舜井

綜述

唐　封演《封氏聞見記》卷八　齊州城東有孤石，平地聳出，俗謂之歷山。以北有泉，號舜井。東隔小街又有石井，汲之不絕，云是舜東家之井。

（嘉泰）《會稽志》卷一一　舜井，在縣西北三十五里興教寺傍。

（咸淳）《重修毗陵志》卷一五　舜井在惠山中。陸羽云，南朝以惠山爲歷山，擬舜所耕於井。

明　張昌《舜井記》（成化）《山西通志》卷一二　聖人之德，與天地無終窮，故其迹亦與天地無終窮。迹之所存，德之所寓也。然聖人初無心留其迹於天地間，千萬載之下，人慕其德，故覽其迹而志其所也。昔者虞舜以聖人而遭人倫之變，父頑母嚚弟傲，相與謀殺舜者數矣。至使浚井，從而揜之，則其危也尤甚。當時非舜穿井，預爲匿空，傍出自免，則必爲泉下人矣。而舜也，出自井中，潛入其宮，皷琴自治，及弟象以殺舜爲功，分取其物，則見舜在牀琴，復爲詭辭曰，鬱陶思君爾。而舜遇之泰然，不以殺己爲憾，而愛之彌篤，仍使治其臣庶。吁，此其所以德爲聖人者乎。聖人之與，神明通其機，固不能害其身。聖人之量，與天地同其大，故能有以化其人。聖人之迹，人莫不起敬，故千萬世而不陻没也。

平陽垣曲縣晉塚村北五里許，有舜井，古者相傳，即舜所浚者。其圍深若干尺尋，然非聖人之德之盛，則陻而爲智井也久矣。孰於荒山僻野，而識其迹也哉。獨嘗竊求大舜之心，惟誠與順而已。誠則眞實無僞，故能動天地，而感神人，順則和適無違，故能革頑嚚而化凶傲，是蓋不知父母之有過，而惟知子職之不共。不知其弟之不恭，而惟知爲兄之當愛，此大舜所以遭人倫之變，而獨能盡人倫之至。自古迄今，蔑有如舜者，謂之大鬱林郡有石井，半甘半澹，潛通江波，冬夏長盈，此味之一定者也。獨習安之井，其源同也，其色同也，其味同也，何以汲之以炊，則遂不同。然其不同也，不在乎水，而在乎井上之欄與夫汲之者垂綆之左右，斯爲造物之奇，而不可解者矣。水之奇如此，而寂寂不聞於世，此蘇子瞻所以嘆酈道元之簡，而笑李渤之陋歟。又習安有胭脂井，炊稻飰成桃花色，鮮妍可愛，故得名。然於義，別無所取，葢與景陽宮畔同名，而異實也。

藝文

明　歐大任《歐虞部集十五種》卷二《雙井濂源作》　春陵天遠桂陽溪，井記濂泉曲遶堤。席帽山青回鸛鶴，芝蘭湖碧泛鳧鷖。幽隱積草溢江色，明月連城太史題。更上漢臺臨百粤，白雲何處道州西。

舜過井

清　蔡澍《重浚舜過井記》（光緒）《江陰縣志》卷二二　邑城建於梁，毀於元，而復於明，城東周橋下有古井焉。曩時漕渠冬淺，下閘蓄水，外引通漕，則城河水涸，居民咸就井取汲。邇歲湮沒於鬱棲糞壤間。壬戌冬，父老來告予，鳩工重浚之。井形上窄下寬，四圍架石七層，深數仞，廣逾丈，甃石爲底，立四石柱，柱琢三石人，中爲衣冠而髯者，旁列二童子，蓋一井而古人創造，精堅不苟然也。如是，舊名舜過，訛曰舜哥。按史紀，重華南巡，溯三湘，歷九疑，未聞至句吳之地。茲曰舜過者，何歟？予考唐人朱慶餘有舜井詩，不沿舜過之謬，因緬思有虞氏側陋升聞成都、成邑，而聞善若决江河。孟子言：舜，人皆可爲。有爲者，辟若掘井，則以是井之閎深，而錫名取舜，亦舉義之最上者也。今皇上孝治天下，民風允升，於古而王明之福，引汲用慶，凡隮嘬甘，澤涵泳光化者，其幸爲何如哉。自今以往，有時其甃浚者，豈復憂井渫之不食耶。

（道光）《江陰縣志》卷二二　舜過井，在舜井巷。舊有亭，趙孟頫書額。

孝。宜哉，愚又聞聖人所過者，化大舜之德如此爾。垣曲之人，居聖人之鄉，覩聖人之迹，則當心聖人之心，行聖人之行。孝爾父母，宜爾兄弟，則爾之孝友，亦舜之孝友矣，豈特敬其井之遺迹也哉。垣曲之人，托鄉士李忠來微文，請志其井于石，故書以贈之，使其人世世仰思大舜之德，而益鼓舞其向尚之心焉。

（成化）《山西通志》卷二　舜井有二：一在垣曲縣北五十里，傍建廟。一在蒲州東南二里。東、西二井，相距有舜祠，宋眞宗名爲唐□泉，王欽若撰碑，見後。

（萬曆）《紹興府志》卷八　上虞舜井，在百官市舜帝廟北，東西各一，昔湮爲二墩，吴越時錢王鏐復浚。

清 褚人穫《堅瓠集》卷四《舜井》　楮記室，史記舜紀，瞽瞍使舜浚井，舜穿井爲匿空旁出，論史者多譏其鄙誕。按澠水燕談，河中府舜泉坊，二井相通，匿空旁出者也。宋眞宗祀汾陰，車駕臨觀，賜泉名廣孝，坊名舜泉，御製贊以記之。是穿空事有迹可憑，豈眞舜世之遺耶。抑好事者緣遷語，而贋爲之耶。

（嘉慶）《清一統志》卷三九　舜井，在保安州西南。括地志：懷戎縣城中有舜井。宣鎮志：今有舜池，在州西南七十里舜鄉堡。

（道光）《濟南府志》卷六　舜井，即舜泉也，在祠東。舊志云，井北十餘步，復有一井，泉穴相通，世傳即當日旁出之匿孔也。

又卷一一　舜井，舊志云在府城舜廟東廡旁，即舜泉也。又水經注，南山有舜祠，祠下有大穴，謂之舜井，蓋茅山禹井之比云。

紀事

《續資治通鑒長編》卷七五 大中祥符四年二月甲子　次河中府，賜扈駕諸軍緡錢。幸舜廟，賜舜井名廣孝泉。

明 田藝蘅《留青日札》卷一〇《舜井》　瞽叟繼母及象蓋都君之井，在今襄陽均州土陂窑子鋪，即舜耕處。有康山、碎米山，田中石蓋井，即舜所浚者。修真觀左一穴，云即從空旁出處，皆好事者傅會之説也。宋真宗祀汾陰，賜河中府舜井名曰廣孝泉，舜泉坊御製贊以記之。

藝文

唐 朱慶餘《朱慶餘詩集・舜井》　碧甃磷磷不記年，青蘿鎻在小山顛。向來下視千山水，疑是蒼梧萬里天。

宋 魏野《東觀集》卷三《送陳越之河中寧覲》　寧覲高堂舜井西，欲辭東閣思依依。三台筵上飛觴送，五老峰前負米歸。莫嘆貴無蘇子印，且憐榮有老萊衣。舊書達少應投杼，新集鐫多肯斷機。紅葉村坊臨水迴，黄花岐路入山微。重陽雖近難留住，把酒登高會又違。

宋 蘇轍《欒城集》卷六《答文與可十首》　舜井溢流陌上，歷山近在城頭。羇旅三年忘去，故園何日歸休。

金 趙秉文《滏水集》卷四《河中八咏・舜井》　一水獨泠然，浮雲幾變遷。心知思舜處，時見井中天。

元 王惲《秋澗集》卷一二《舜井》　廣孝銘遺井，千秋仰有虞。側微多在困，捐浚失之誣。喬木非三代，雲烟接兩都。依依風樹感，不待露霜濡。

明 黎貞《秫坡先生集》卷一《舜井歌》　彭澤因陶令，清風播千古。滹沱得美名，中興濟光武。況復大聖鑿此泉，手澤出自唐虞前。太山可頹海可竭，此泉萬古猶依然。想當浚鑿時，頑嚚共驅遣。天倫至親豈敢違，怡怡奉命容尤婉。象弟兇强世所稀，殺兄自謂權謀奇。干戈琴弤不可得，鬱陶思君猶忸怩。謳歌訟獄歸有德，鑿井耕田遵帝則。蠢爾傲象胡不思，隻手安能獨行逆。嗚呼，重華一去寧復來，前入已矣今人哀。今人飲其泉，力其田相生。相育何綿綿，當知父母慈兮子盡職，免使怨慕號旻天。歷山峩峩濟水緑，幾處桑田變陵谷。爲語邦人思大舜，飲此甘泉比珠玉。

明 邊貢《華泉集》卷七《諸友二首》　濟水源南舜井旁，月明曾共坐宵長。六春睽隔離江路，五月相逢是帝鄉。

明 徐石麒《可經堂集》卷五《過舜井》　歷山山下井花香，朱綆青嶴百尺床。徒倚謾論謨蓋事，遺編强半要商量。

清 葛祖亮《花妥樓詩》卷一三《舜井二首俗傳即象謨蓋者考未確**》**

紅欄謹護一亭閒，俯看盈盈碧水寒。謨蓋可眞留聖迹，千官扈蹕照襟顔。

又 固聞浚井在當年，歷下人喧向此傳。好事誰教親試釀，祇今又説杜康泉。

清 馮詢《子良詩存》卷二《舜井》 昔年耕鑿處，今日作城市。嗟哉舜跖徒，共此一杯水。

（同治）《隨州志》卷三一《舜井碑》 天生忠孝人，兩地民爭之。虞帝古大聖，安得無異詞。曆山十一見，其一在吾隨。豈真舜所耕，確有舜井碑。相傳五大夫，殘缺尚可追。我登漢東閣，欲將蔓草披。原是秦漢物，近閱宋明時。欲尋無處覓，其他更可知。好德蒸民心，傳信不傳疑。不見舜子巷，長吟斷碑詩。

雜録

（嘉泰）《會稽志》卷九 象田山，在縣西南四十里，周四十餘里，山平衍，俗呼小天台，南有舜井。

（道光）《濟南府志》卷六 舜泉，在舜祠東，一名舜井。雙井并列，世名源源泉，蘇半刺爲梯，修其南一井，翼亭其上，北一井規入公廨，不復名源源矣。

（嘉慶）《清一統志》卷八六 石井，在江陰縣大安坊，俗呼爲舜井，遇旱不涸。

四井

綜述

清 方濬頤《二知軒文存》卷二〇《蜀中四井記》 物之待人而生者，有時不待人而生，其生也，地生之，一如乎人之生之也。井曷爲有四？曰鹽、曰火、曰油、曰酒。鹽井深數十丈，或百十丈，皤其腹，隘其口。井之上，施木爲闌，汲水載以牛車，熬之成鹽，亦有以日曝之者。井或滲漏，汲之涓滴不可得，則有井師伏於井口，側耳諦聽，即知其患處。團石灰爲丸，以長竹篙銜之投井中，彌罅隙，涌溢如故。井師治井，歲獲數千金，眞絶技也。火井者，式與鹽井同，深稍殺，井口晝夜燄燄不息，有光若螢，取之者等乎以酒取火也。井或與鹽井密，邇置鍑其上，熬鹽至便。所最奇者以巨竹通其節爲梘，置井口，引火入室，承之以爐，旦助烹飪，昏代燈檠，兼可引入鄰家。比户以竹梘遞引，一村雖千萬家賴之，薪傳勿絶。凡家有火井者，按火歛貲，豐過田租，以永無惡歲也。井火然物，頃刻灰燼，而竹梘則日日引之，不見有焦灼痕。噫，異矣。油井者，井口較寬，深不及數丈，油色潔白，醲釅似酒，然燈甚明且無烟煤。味微苦，不堪食，食則人輒嘔泄。惟以之塗瘍立瘥，亦可寶也。酒井者，類乎油井，色則鵝黄，味同越釀。相傳某媪家有酒井甘且旨，座上客常滿，家日以裕，有仙人來飲，笑問媪曰：天賜此井，汝子孫世世享其利，心中樂否。媪愀然曰：樂則樂矣，第惜有酒無糟。仙人嘆曰：世人得隴望蜀，溪壑終不能填，如媪所言，洵貪得無厭矣。乃掬土撒井中，酒化爲水，而他井亦如之。至今蜀中僅有三井云。許叔平囊入蜀，親睹三井，酒井則得之傳聞，亦不誣。夢園曰：鹽井、火井見諸記載，他處亦有之，非蜀所獨也。油井、酒井則蜀以外無有焉。仙人惡媪之貪，又廢其一，予以爲非惡媪貪，殆恐衆人皆醉也。

雜録

清 陶文彬《祀四井後記》（康熙）《彭水縣志》卷四 蜀地多鹽井，其井分上下，而産鹽之多寡亦不等。唯彭自唐宋來沿設四井，而井獨受其敝。四井俱濱於大溪，時雨稍集，則迸淹于水，計一歲之工，淹井時多，煑鹽日少，其與他井之地居高阜，而終歲可煑者不同。竈之汲水也，先和丸以漬，水復破丸以瀝滷，又轉而漬瀝也，而後可煑。其與他井之汲水注鍋，而不勞漬瀝者不同。其火也，刈茅以燒，先集茅數百馱，以供一煎之火。

時逢陰雨，則茅不可刈，其與他井之火，以井火以薪者不同。合男婦之勤力，殫六日不眠息之工，名曰一煎，多則得鹽五六百觔，少則三四百觔，其與他井以一日之工計，一煎之火者不同。其産鹽也，味稍淡，名曰水花，每越宿漸消，滷水不可以行遠，其與他井之堅成塊粒，不憚溧晒，而堪行遠者不同。況鹽法例徵課税，而四井之受敝則尤有甚焉。課按以籍而輸於竈，税給以引而徵於官。自明時，四井丁竈課額止一百六十兩有奇，後以竈丁田粮一百八十石，彙徵於課内，乃增課一百八兩，四井竈課共徵二百六十八兩有奇。迄後竈田仍歸徵於正供，而所增竈課，已成定額而不可減。彭地界居邊徼，明季偕僞蜂擾，竈民流離，井鹽則在官召煑，給商以售。華池之廠鹽阻，鹽得地於黔省，淮鹽之禁例弛，鹽得販於楚界。斯時行鹽日廣，商獲其利，税浮其額。至順治十七年庚子，始歸版圖，徵税相沿，遂請領水陸共五百四十九，引額税二百四十九兩有奇，附以新增者，又漸益焉。於今則廠鹽通禁例嚴，井鹽不達於黔楚。況彭環繞土司，商引不敢入苗界，而嵁巖大箐，利於肩獻，私販井鹽，不能按引銷售。而正税日缺，其頒引定税，復以成額，而不可減。每當徵課屆期，追呼者號於門，索逋者譁於室，竈民之頓踣日蹙，迫以男女質而流亡者相藉也。其額税之缺，於官者貸商本，那正賦，唯拮据以集事焉。民办於課，官累於税，則四井之受敝，其孰甚於是。余涖治於彭未一月，丁亥春，修祀事於四井，目斯民之隸籍於竈者，皆鶉衣鵠面，其貌若甚慼。而不可朝夕待者，核其籍八十一户，而轉徙流亡者已十之二。余憫而撫之，媿無術以拯斯民之困。是秋七月，霪雨彌旬，井竈之沖淤，鍋舍之漂拔者，十空其四，余尤憫而心懷焉。至冬十月朔四日，四井之泉水同時涌泛，微赤色，溢於井外。明日水落，而味之鹹，似增其半。父老咸嘆息，井之困憊日久，今幸一時水泛味厚，亦我民白首未逢之盛事，而竈之勤於煑者，計工力之餘，稍得償其積逋焉。迨後雞、郁二井，漸爲淡水所沁，而民仍困憊。今己丑九月十七日，鷄井之水復涌，而味復稍厚，念爾民之衣食於井者，泉水不可以長恃，安知今之泛而厚者其繊，何年不復泛而淡也。今將有術，以拯斯民之受敵，唯在涖茲土者。思吾民不可以獨困，而有以請於上，其臨於上者，思彭民不可以獨困，而有以恤其下。余幸辱於彭，日憫其困，而媿莫能請也。其毋乃怠若事，而見譏於纓弁言語之土木者耶。因爲之記，以待後之觀民風者覽焉。

宋玉井

综述

宋 王象之《輿地紀勝》卷八四　宋玉井，在舊州學前，楠木山之後。

清 李棠馥《重修宋玉井記》（乾隆）《鍾祥縣志》卷六　郢學宫，爲楚大夫宋玉故第，去泮水數武，有泉泠然，相傳爲宋玉井云。玉葢古辭賦祖，地以人存，匪誣也。顧井以養爲義，假令源淺以渴用，弗及於養民。昔杜牧方且作廢井文，以塞其實，安在興復遽舉。明有劉、孫二公修於前，近有翥雲石公修於後哉。爾復崩毁有年，會署守婁君過而心惻，毅然思復之，捐俸鳩工，先架水車轆轤，以洩其積。鑿可四丈許，得泉有四：其一竅出西北，適當井脇；一自東來，稍下之；最下二竅自底上湧，胥清流涓涓，弗可遏也。乃命匠師釘木鎮石，縱横圍砌，實以鍊土，層累而上，如建浮級於九淵中。至口，則穿石爲盤欄，有亭覆其上。余與諸君子登臨其側，汲而飲之，形神俱爽，不啻偕宋大夫共歌陽春、白雪於蘭臺焉。聞之瑞應圖曰：王者清明，則醴泉出。昔李玉蘭作荆南節度使，值楚俗佻薄，不穿井飲，下令合錢開井，民咸便之。房豹遷樂陵太守，風教修理，甘泉感之而通。李容嗣令壽安，剗翳除徑，鑿井與民，共今尚留噴玉泉之名。勿謂修井微事也，養也，而教在其中。易曰：可用汲，王明并受其福，是井有焉。或亦可仰質前賢矣。是役，自經始至告成僅期月，計費百五十緡有奇，皆不取之民間。婁君代庖數月，百廢俱舉，茲特其一端云爾。

清 楊緑綬《重修宋玉井記》（乾隆）《鍾祥縣志》卷六　郢郡志載，學宫爲楚大夫宋玉故宅，泮池東北隅有井，相傳爲宋玉井，迄今二千餘年。屢壞屢修，郡志碑記，昭然可攷。乃歷年又久，仍復堙塞。戊子夏，余來守郡，謁文廟，過井側，憫其堙塞，意欲重修，以諸務倥傯，未遑也。庚寅仲秋，始捐俸鳩工，偕郡僚諸公共襄厥事，至孟冬告成。用鎸石碣，以志永垂。夫宋玉一文士耳，井亦尋常所有之物耳，何爲膾炙人口，歷久不泯。良由宋玉爲屈原弟子，原忠於楚，玉亦忠於楚，志師之志，憫楚之衰，往往託文詞以諷諫，事雖無濟，其志可嘉。傳宋玉并傳其井，或以此故耶。嗟夫，采薇之山，洗耳之溪，豈盡地可傳哉，亦人堪不朽耳。士君子惟勉自樹立，巽垂不朽，勿徒選擇名勝以相矜高，則可矣。

藝文

明 王越《黎陽王太傅詩文集》卷上《宋玉井》 此水通汨羅，中涵千古恨。離騷洗不清，難洗高唐夢。

清 陳瑚《確庵文稿》卷五《題宋玉井》 宋玉空遺井，清泉萬古饒。誰爲白雪調，和者正寥寥。

清 王岱《了庵詩文集·詩集》卷一四《集金會公署會公設鐸郢中署內有宋玉井**》** 倉忙握手辨須眉，已是神交數載期。苦憶紫芝驚識面，舊傳白雪和留詩。粲樓空有千秋賦，蔣徑惟應二仲知。伯仲與霞友。此會不虚眞幸意，霜花爛熳正斯時。

清 張開東《白蒓詩集》卷三《宋玉井》 愛仙不在山，懷人因及境。我行郡學宫，中有宋玉井。流風驅俗塵，寒光鑒雲影。芹藻媚華滋，庭階生寂静。昔賢亦有言，汲古得修綆。寥寥呼多士，同來吸清泠。

清 石鳳臺《宋玉井》（乾隆）《鍾祥縣志》卷九 大雅擅鄢郢，文心噴紫淵。小天升潤氣，高月映寒泉。用汲源頭活，觀瀾風味鮮。澄襟歌楚曲，相對意悠然。

清 孫文龍《宋玉井》（乾隆）《鍾祥縣志》卷九 大夫遺井尚幽深，迢遞悲傷國士心。泮水清波相映耀，不知何處有兼金。

又 鳳闕嵯峩天上開，一泓清鑒近三臺。無端秋色偏摇落，幾使飛塵點碧苔。

又 遺址蕭條數百年，衣冠此日更聯翩。陽春臺上空相憶，無那烏啼欲暮天。

又 漢江盱目悵秋空，何事情垂一故宫。泗水涓涓流欲斷，令人猶自憶雄風。

清 鄭直《宋玉井》（乾隆）《鍾祥縣志》卷九 言尋宋玉井，因上楚王臺。雪入陽春調，雲隨暮雨回。韻人今邈矣，遺址尚幽哉。一覽寒光碧，孤懷若爲開。

清 向兆麟《宋玉井》（乾隆）《鍾祥縣志》卷九 吾楚不列風，屈宋揚遐武。後起多詞人，斯爲不祧祖。九辨續九歌，復哉邁千古。緬然想琦行，一泓清如許。

雜録

宋 王象之《輿地紀勝》卷八四 楚賢井在城東，舊傳即宋玉宅，俗名琉璃，亦名宋玉井。

塔院古井

綜述

明 談于庭《東山塔院古井記》（嘉慶）《硤川續志》卷一一 沈山浮屠，剏於宋僧智標，已廢數十年。萬歷壬子秋，蜀僧瑞林來游，露坐三晝夜，市人異而趨之，覆苫結茆於浮屠之巽隅，卜基之日，拓土得甎城依然故物，不爽尺寸，檀施益集，像設僧寮，漸飾其概，諷唄之聲與天風遞。響第積礫纍礦，無可謀汲，日作漢陰，丈人抱甕於里外，又閉汲焉，緇素苦之。俄新安僧周視土脈，指其東南曰：此任鑿。於是披沙畚石，見故井甎甃，盡其澄汰，湧泉甘冽。昔之塵渴，今而醍醐；昔之翳阻，今而沆瀣。相與嘆爲勝緣，葢事若微末，而積址荒迹之餘，故老莫聞，往牒失攷，偶憑一時之祭，頓還舊觀，豈非大雄之慈，渡默佑而冥潤之哉。予老矣，感滄桑之故，曠若發蒙，俟山僧瀹茗，當身操百尺綆以味於腴雲、沁雪之間矣。

紀事

（嘉慶）《硤川續志》卷二　塔院古井，潘志在東山絶頂，運水甚苦。萬歷中，有新安僧，於塔前石壁下土得古井，磚甃浚之，土皆五色，涌泉甘洌，緇素便之，今湮没不復辨矣。

銅步井

清 胡天游《石笥山房集》卷三《銅步井記》　凡水甘者、鹹者，澀且苦者，厚而脂濁者，或潔而刻者，温而良，噤而毒灼者，厥類夥異。至乎井，大要鹹與濁輩殊者鮮焉。山陰城西，四十里皆崇峰，繇壑泉冒土十數計，咸甘洌可飲，顧冠其美獨以井，則名銅步云。銅步屬刑塘山，山中之人來往郡縣，及適他所，争詡是水若珍美然。或遞以餉所親善，而四方之人至刑塘，雖甚遽，必就酌焉，閒以不及嘗爲缺。予始聞而疑之，夫川谷之流甘，以其汩而清也。大海之舉鹹，以其壅閼而無所洩也。若井之蓄，于土而不能行者，非猶夫海也歟。今測海而無有異，豈方是類者，顧獨爲别若是閒愈焉。倍寸而已相絶，寧若甚者。他日姑取試焉，烹葬菽之屬，而盂覆之，俟日且半發，相其質，盎盎乎若始涵于坎，然再覆焉以達明日，更視若仍其始然。更熟而味之，滋涣乎舌，輔者盈且久。更杓其貯餘者而嚼之，冷然以清，爽然以和，若有内悦而不宣者。夫始笑其知之晚，而嘆物之果不可以類約也。井僅周尺餘，甎甃之無屑幹之飾。刑塘之民，負谷居十百户，晝夜環取之未嘗絶，閒日爲市，魁檜粥腥蔬者，輒沈物水中，頃出之，冀少重以多其值，獨相戒無入穢。于是凡汙潦之傾集者，市人必遠方丈以祛之，使無所近若甚，畏重而敬惜之者。然則是井也，類隱君子如叔度彦方之流，處肆廛之閒，託庸保醫卜之賤，而懷仁義之具。使聞其風者，曠若不能致憚其操者，有所不敢浼，而其惠之被人也，方且日仰而莫窮。噫，豈非殊德與。銅步名，舊不詳所起。或曰，句踐鑄山，設銅官焉。或曰，刑塘而南益十里，有山曰銅部，存龍湫迹，斯井脈相通，見蜥蜴常浮水上，因襲以呼云。或曰，銅爲桐，山多桐也。或曰，江南之俗，凡山近水成囂亥而居人者，謂之步銅，其號也。是近之考之傳，刑塘蓋禹築以戮長人，予讀山海經，相繇歍尼之所，源澤辛苦，不可以居人，防風氏之棄餘而瀵濆者，獨甘且美若是。然則天下事，必約以其類者，其信曰知方者邪。

銅井

清 葛芝《卧龍山人集》卷一一《游銅井記》　游西山者，皆指玄墓爲名勝，他山若避席焉，未有知銅井爲特出者也。吾友素庵子、俟齋子探奇選異，愁然稱銅井爲第一，遂謀銅井之游。先是，游小赤壁，俟齋子足有癬疥之疾不能從，至是，舁輿先登，有顧子者，挈酒榼以行。從麓至其巔約二里，中道見石，累累臥道旁，靈質森秀異之。入門，銀杏一株極鬱茂，造銅井下，巨石巍峩覆其間，中一水泓然，所謂銅井也。井向出銅，故名。佛殿三楹，後倚絶壁高數仞，古樹參差皆可愛。童子報曰：酒至矣。乃出飲東巖下，始遍攬湖山之秀，舉酒屬素庵子、俟齋子，曰：以是爲二君壽，二君之言，不虚也。吾嘗登縹緲峰矣，峰於群山最高，群山無敢蔽之，故所見全登之者，震澤失其廣焉。兹游異是，衆山雲屬，湖水纓帶，參錯傾側，恍惚萬狀。峰外有峰，峰之外復有峰焉。或青或碧，所謂峰者，若千百峰也。峰外有湖，湖之外復有湖，互爲輸灌，乍放乍束，若明若滅。所謂湖者，若千百湖也，踵之所至，目輒變易。群峰衆水，皆若左右，奔赴以效，其勝美哉。覩乎昔羊叔子愛峴山，每游則嘆曰：吾魂魄猶登此也。百年之後，請以兹爲余之峴山焉。

涂公井

（嘉靖）《廣德州志》卷三　涂公井，在縣南十字鋪左。嘉靖十四年，判官涂相鑿，縣人宗訓有記。

窮之説，有解者曰：井，清也。又曰：井，通也。是知井之取義甚博，爲用甚溥，而其於民又甚便，故古人穿井，不特一家汲浴賴之，左右居民，無不利賴之。其説有由來也，如城邑五鋪，其地屬治之半，居民上下數百家，苦于無井，輒汲水於城闉之外，勞而且苦，亦不計歷年所矣。署篆王公時以民瘼爲念，訪聞其事，即不忍徒令缺水之居民，日勞勞於遠涉也，遂毅然捐金，置地穿井於大街之南，一磚一瓦，俱出己貲，且欲堅其工作，使萬世無敝而止。工創於戊戌之初冬，越兩月而井告成矣。從此，四街居民，以及肩負往來之人，任其取携而不竭。一時觀者，歡聲載道，群號爲王公井。於是知上之人能從民之所好，而下之頌上也必感且切，有一矢口而不忘者。昔高、喬兩公建五門堰以利萬世，迄今載之志乘，邑之父老，猶稱頌其功德于勿衰。今我公穿井，以爲萬世利，其立志濟民，與兩公同，則其功德垂後，繼兩公而家户尸祝，有不待余言矣。而城之紳士大夫欲予作記勒石，以垂不朽，辭既不獲，因思舉念成霖，通流作雨，民享安逸，巷歌父母，而益有懷於井養不窮之説，而爲之記。

清 趙貞《題王公井碑後》（康熙）《城固縣志》卷一〇 易云：井收勿幕。又云井養不窮。巽水而上，上則大成周孔交贊之井之，時義大矣哉。樂城固足水，而城南之井尚缺，向時取汲于漢，自漢流南徙，道遠莫致，早夜之需，幾同抱甕。老人王公相地度宜，捐俸開井，井成而比户資給焉。蓋由平日勞民勸相，得井之義，冽泉可食，有井之德，故無俟九軔之掘，而湛恩汪濊，挹之不盡，澤何深也。豈但如耿恭之拜武侯之禱，補救一時哉。夫雨降自天，施之者普；水出自地，湧之者□。覆載之澤，公堪配焉。他日改邑不改井，公之德振古可食，振古可思也。是烏可無施值礱石之晴，余適道經其地，遂感而跋數語于後。

文井

（弘治）《句容縣志》卷四 文井，在本縣儒學明德堂之西，因其居文翰之地，故名。

明 宗訓《涂公井記》（嘉靖）《廣德州志》卷一〇 明侍御史涂公，曩以論列，積忤于朝佐，遷别駕，位桐州。公口孤木之臣，幸苦獲宥，而置之畿，即吾虞之惠也。敢辱天銓，以速官謗，乃仍其風軌，不害爲古循□吏而示之，豈爲又不害爲中□法□□□明。凡踐石以上者，咸畏而愛焉。鳥鳥攫肉於道旁，而郵亭畜雞豚者□抑毋，乃次公之政也。

再踰年，公行部舍于陳村之道郵，今即其郵爲館矣。顧斯地也，人以罌瓻，負澗泉黄克井飲，崖岸峻厚，旱焉，則溪竭而水遠，人陟降滋益艱，雨焉，則汐塗，凡行汲者，恒病于滑以顛也。民其咨焉，夫事不必民之所甚疾苦也，苟有觸于目，即其小者，而莫之憂，爲民父母，不亦悪乎，此固仁人之所隱也。公於是受其俸以爲直，令民戠公鑿井焉。量事期，表丈數，物土方，計徒庸，属役賦，丈書以受工。井成，無愆於素，斲石爲幹，而覆之屋，即其小者，亦自盡其心焉爾矣。

夫井唯不改，而民利其食，能鑒鬢眉無泥滓。夫不滓清也，清，公有焉。能鑒明也，明，公有焉。利民仁也，仁，公有焉。不改操也，操，公有焉。公具井之德矣，遂稱爲涂公井云。是舉也，董厥事者，則李簿應仁、楊丞大綎，可書也。

銘曰：玄德攸蓄，演爲民用。不窮之養，帝力是誦。緼利滋久，闕靈則深。往不可汲，乃則公心。惟井其井，惟清惟静。公去桐川，流澤斯永。

（同治）《貴溪縣志》卷一 白水井，桂洲南十里。宋金溪中宮寺僧劉能豢龍招隣，涂公往山中，山有井，僧人并令提鞋以竢。越三日僧出，涂公已坐化。後人嘗祭以白雞鴨，因名涂公井，旱禱輒應。永樂中，龍見於井。嘉靖戊戌，投果禱祀，布巾裹飯，以答互見。

王公井

（嘉慶）《蘭溪縣志》卷一八 王公井，王肇坤官刑部時，書鍥曰：頭上戴天，能活幾重；地獄筆端，有鬼常存。一點佛心，哀矜寓於此矣。獄中無井，公爲鑿之，因得甘泉。因號爲王公井。

明 王大用《文井記》（乾隆）《新興縣志》卷二九　新興城西北隅，故有井泉，甘而冽，時上溢流潤，兆科目得人，因以文名。天順間盗起，井湮與田平，行者心惻。嘉靖癸未仲冬，余命縣丞張組復而大之，移旁近廢祠，四楹亭其上，渫甃奏功，遂爲完井。新多山恒，陰落之辰，天日開霽，遥岑叠巘，争獻奇秀，有文明之象，晦於昔而發于今，信非偶然者。人才鍾光，岳之淑出，攄所學著，中和位育之化，則地道效靈，其見於井也固宜。夫有開必先者天也，有感斯應者人也，人事之弗力，而顓天之幸會，惑矣。新士其力，人事而務學也哉。學之道，非有以異於井也，故知井則知學矣。夫撓之不濁者，氣質之美也。澄而後清者，變化之功也。泥而弗食者，拘蔽之累也。去其累，變不美以至於美，然後淵源時出，勿幕有孚井，道其至矣。孟子曰：有爲者，辟若掘井，九軔而不及泉，猶爲棄井。夫井之棄物焉耳，若家修而廷廢，壯行而老衰，竊科目爲榮利，不尤甚矣乎。是後世詞章之文非古，所謂文也。諸士務學，而必要其極，井將重於天下，而不徒爲新之觀也已。張組偕邑博士張鶚、陳朝器、陳欽，鄉進士李珠、劉信，貢士汪震、黎朝元梁貴等請予記，俾後修葺勿壞，因申掘井之説，爲諸士勗，且以自儆云。時嘉靖二年歲次癸未，十一月吉日。

（隆慶）《儀真縣志》卷二　儒林井，在儒學内，一曰文井。

文君井

論説

清 王培荀《聽雨樓隨筆》卷五　蜀有薛濤井、文君井。薛濤井水製箋鮮艷，文君井在臨邛，惟文君汲之則甘香，沐浴則滑澤，他人則否。豈天生尤物，水亦爲之效靈乎。咏薛濤井者甚多，文君則咏其井者少矣。陸放翁曾游作詩，第大方家數，不屑如後人描畫，故詩不盛傳。余作絶句云：當壚微倦晝長閒，暫沐冰肌掠翠鬟。不待蛾眉臨鏡好，還憑秋水寫春山。汲罷銅瓶碧甃寒，琴臺日暮倚朱欄。市人都醉壚閒酒，誰識清泉淡愈甘。

綜述

（天順）《明一統志》卷七二　文君井，在邛縣南二里。即卓文君當壚，司馬相如滌器處。

明 陸應陽《廣輿記》卷一七　文君井，州城南，即長卿滌器處。

明 何宇度《益部談資》卷上　文君井在邛州。采蘭雜志載：文君閨中一井，文君手汲則甘香，沐浴則滑澤鮮好，他人汲之，與常井等。今白鶴驛中之井是也。水尚清澈，州人釀酒必取之。

清 陳祥裔《蜀都碎事》卷一　文君井，在邛州治南半里。水有酒味，相傳是文君所鑿者。

藝文

宋 陸游《劍南詩稿》卷八《文君井》　落魄西州泥酒盃，酒酣幾度上琴臺。青鞋自笑無羈束，又向文君酒畔來。相如琴臺，在成都城中。文君井，在邛州。相傳爲卓氏故宅。

明 曹學佺《石倉詩稿》卷二〇《送范宣卿歸四明》　同事天涯弟與兄，可堪離别在春明。文君井上花徒發，望帝祠前鳥欲鳴。邛竹携歸都九節，蜀江吟處是雙清。應知世上風波險，三峽瞿唐浪得名。

明 范汝梓《文君井》（《補續全蜀藝文志》卷一八）　小檀霞暈艷燒春，一曲求凰泥殺人。今日臨邛孤驛畔，寒泉古甃覆蒼筠。

又　緑楊翠篠畫陰陰，古驛荒亭露井深曉。汲銀瓶紅袖去，幾番愁聽白頭吟。

明 劉儲秀《劉西陂集》卷二《文君井》　佳人何處所，留井故居前。滌罍猶疑肆，當鑪不計年。銀床銷野火，翠黛斂山烟。惟有臺中月，還似照嬋娟。

清 顧光旭《響泉集》卷九《文君井》　郎彈緑綺琴，妾唱白頭吟。轆轤井上轉，妾淚及泉深。

清 郭尚先《增默庵詩遺集》卷二《邛州畫蘭》 水沉香氣透窗紗，興到神怡寄墨花。研墨只須花上露，文君井水只煎茶。

清 任端書《南屏山人集》卷一《文君井》 試引鳳皇琴，當壚值晚春。空臨擣衣石，初比織縑人。舊井銀瓶没，芳譚錦字新。遥憐持素綆，曾照遠山顰。

清 孫士毅《百一山房詩集》卷九《文君井》 酒舍今何在，銀牀舊井深。遠山窺黛影，止水入琴心。釵墮盤龍怨，絲牽玉虎沈。無端感魚尾，惆悵白頭吟。

清 熊文舉《雪堂先生文集》卷一《文君井》 蕭瑟天涯嘆倦游，銀床誰復認風流。金莖不解文園渴，忍聽淒淒怨白頭。

清 吴省欽《白華詩鈔·劍外卷一·文君井》 臨邛亦都會，街南競施綆。銀床幹未摧，碧甃石猶炯。不土并不甎，輪囷□諸嶺。自非損嫁錢，安能辦斯井。獨疑壁立人，典裘走如鋌。兆異嬴瓶凶，用宜滌器洞。綺琴對緑鬢，鑒此春風影。一從餘潤分，買宅謝公等。如何白頭吟，無波心耿耿。覆水恨難收，高山賞誰省。將母消渴時，祇酌金莖冷。古來辱井多，汙比塗泥濘。名士悦傾城，遺區劇凄哽。略存放誕名，未搆清華境。陵谷幾遷移，門楣尚儌倖。回睇遠山横，眉痕學妍靚。

雜録

（天順）《明一統志》卷七二 琴臺，在邛縣南文君井之側。相傳漢司馬相如撫琴於上。

吴山井

綜述

（咸淳）《臨安志》卷三七《吴山井》 吳山井，在吳山之北，錢氏時有韶國師者，始開此井，品其水味，爲錢塘第一。蓋山脉融液，獨源所鍾，不雜江湖之味，故泓深瑩潔，異於衆泉。淳祐丁未大旱，城中諸井皆涸，獨此日下萬綆如常，時都人神之，趙安撫與篔奏立祠以旌異焉。又爲亭覆井上。

（天順）《明一統志》卷三八 吴山井，在吴山北，迸溢清甘，汲之不竭。

藝文

宋 樓鑰《攻媿集》卷五《吴山井》 寒泉堂道流王德正，屢求吳山井記，而臨安圖經所載甚略，無可攷證，賦長句以遺之。

錢塘東南一都會，西湖宛在高城外。鑿爲六井引入城，唐相鄴侯功尚在。吴山横亘城中央，左右江湖盡襟帶。寒泉迸溢清且甘，發自靈源匪分派。天目兩乳龍鳳來，秀氣所鍾此其最。海濵斥鹵潤作醎，安得一泉獨滂沛。四朝駐蹕八十年，民聚五方真衆大。抱甕桔槔萬夫汲，飛泉仰流筒吸快。大旱不乾潦不溢，數里頳肩競分賣。人言神龍宅其下，濟物陰功至今在。川澤固多資灌溉，此井猶能濟闤闠。皇家德澤如此泉，福祚與之俱不改。

西井

綜述

（景定）《嚴州續志》卷六 西井，在縣西。護以鐵欄圍一丈五尺，政和七年鑄。

（咸淳）《臨安志》卷三三 西井，一名化成井。在李相國祠前。

（咸淳）《重修毗陵志》卷一五 西井，在縣西南八十里，泉湧則溢。

（嘉靖）《仁和縣志》卷二 西井，在舊安國羅漢寺，以在相國井西，故名。

清 朱斐然《西井碑記》（光緒）《巫山縣志》卷七 書云：德惟善，政在養民。又曰：水火金，木土穀，惟修是養民者。六府之内，獨水居首。誠恐生民日用所需，而朝夕之不可缺者也。巫邑雖濱大江而高踞上阜，民之取汲，悉資山泉。舊兩井，一在城外東郭，曰東井；一在城内陽臺之麓，曰西井。皆引衆鑿流，以資民用。西井，泉出北城外里許牛蹄窩，其源實出三十里外之鴉鵲山，甃石砌梘，暗流直達城中，民皆賴焉。近修築城垣，四門啓閉有時，而民間朝夕取汲，莫便於西井。第舊制，水道淺浮，或陡雨冲激，牲畜踐踏，是以屢修屢廢，以致附近居民，臨流澣濯，污穢不堪。余於監督城工之便，往來目擊惻然，感傷而思，所謂井泥不食者，其可令民式飲乎。因集諸紳士父老，謀議重修，計必新鑿石梘，深浚溝渠，務使污穢不致滲入，庶幾源遠流清。井渫用汲，王明并受其福也乎。然而工費約需五百餘金，於是倡捐清俸，并令紳耆張子美、楊緑美等董其事，士庶亦各量己資，踴躍樂助。是役也，經始於戊子秋，閱己丑夏而功竣。自是一勞永逸，井井弗窮。余不敢謂善政足以養民，而深喜士民之能成余志也。因序始末，勒堅珉，以志重修歲月云爾。邑令荔江朱斐然，識典史王思槐，乾隆三十四年乙丑孟冬月。

藝文

明 邵經濟《泉厓詩集》卷八《江平石索題西井》 有美城西井，泉分自鄰疾。一泓迸寒玉，九仞及玄流。短綆將安汲，長繘任所求。渴人須爾濟，辨義足身謀。

紀事

明 譚啓《重修西井記》（光緒）《巫山縣志》卷七 縣治乾隅有岡，阜挺秀峻，崇泉出於下，原脈混混，四時不竭，清甘可鑒絲髮，足濟飢渴。以釋鬱懷，誠夔東一方之盛澤，生民取用，特爲生活者也。且蜀之郡邑，多吸江河，民艱於取，唯巫有此山下之泉，旋還通邑，上下資濡，無弗足者。派分遶而東注郛郭者，名曰東井；派分遶而西注縣内者，名曰西井。故流有東西之分，静深時出，實統於一源。自聖王開疆設都以來，巫爲名郡，建置茲邑，實因此水，以爲上下利需也。民生其間，豔麗柔純，得非井脈濡濯之所鍾歟。井居久，就頹且汙，滷塡沮洳，泉流混淆，民多就東井，甚弗便焉。及皇上御極之禩，賢侯出宰我邑，軫念民隱，以井之於邑，爲尤不可改也。東井告完，次及西井，顧西視東，厥功尤大。侯躬履險阻，三臨發源之所，遡流審視，廢址俱存。經始於隆慶五年七月吉日，乃捐俸，託士夫琢齋黄佩，董其工役，司其出納，遂順故道，修砌引流於城隍祠之右。然趨運磚石，動以萬計，期在永逸，雖供費繁劇，亦所不恤。揆二井之緩急，而先後舉之，井井往來，以易道據恆理，侯其知所急哉。又建龍神祠於井泉之上，建忠烈祠於泉西之麓，無非爲民禦灾患，而祈福澤也。迄今井績就完，邑人金漁涯向萬書等，感侯恩於民，不但修井利民一事，且至於江南横賊黄河四等，久爲南土巨患，今悉就擒勦，南土之民皆安堵，以就生業。他如學校、賦役、政關、教養者，皆次第補興，侯之功豈小補哉。欲勒侯之德勳於堅珉，昭告成功，以垂永久，俾一邑之民，吸淵泉當思饑渴之濟有自矣。侯之淵淵宏澤，及於蒼生，殆將與井泉并，流於世而同芳無窮也。所謂有功德於民，自有不容泯者，僅筆序始末，以備繼作者之考。葉侯名文炳，號乾庵，楚襄南漳人也，因敬書之。主簿易廷昆，教諭阮宗孔，訓導楊進之、卜馬僑，典史周宗恭、黄世龍，於隆慶六年六月同立。

仙妃井

清 蔡衍鎤《操齋集》卷九《仙妃井記》 仙妃者誰，池亭之上，有麗人焉。冰肌玉骨，紵衣羅裳，頭上桃花數朵，鮮紅特甚，每持銀瓶，汲水于此，余友許壯觀及園丁林老輩往往見之，予亦恍惚一遇，蓋洛神漢女儔也。傳聞順治初，有弁家婦居此，婦美姿容，幽閒貞静，家僕欲烝之不可，遂刺殺之，烈婦精靈不沒，或者其人與。又閩志載：婦人能詩者，在宋則有漳浦李氏。嘗作汲水歌云：汲水佳人立曉風，青絲轆盡轆轤空。銀瓶觸破殘粧影，零亂桃花滿井紅。按：李家雲霄，遺迹尚存，意者生于邑，嬪於雲，其魂魄尚戀戀于斯與。不然，胡所謂桃花、銀瓶者之，宛若斯人邪。然不可考，姑紀其事，以續齊諧之志。有此仙妃，不可無此名記，當與洛神賦并傳。

又卷一四《祭仙妃井文》 恭惟尊神，窈窕賢姬。桃花春水，轆轤青絲。徘徊井畔，或其故居。惟洛有女，惟江有妃。明珠玉佩，渺渺愁予。井故無恙，泉更爽冽。神兮來歆，漫天霜雪。

仙井

元 柴登《仙井記》（乾隆）《南和縣志》卷一〇 井以仙名，記異也。何異爾，與衆不同也。南和城北有古臺，臺上有井，深不可測，井北有神祠，未詳其所始。按蔡氏補正水經云，澧水東過南和，城北有井，水與地平，歲旱禱之輒應，俗目爲仙井，即北地也。余家是邑，日常游覽，具得其實。至正甲午，自秋八月不雨，至於夏六月大，無麥與苗，人憂其失業，官懼其政隳，邑令尹泰昌，僚吏父老輩涓潔走群，望禱於是祠，是月丙午，果雨，民大悅。越三日己酉，令乃諭於衆曰：今旱而祈，禱而雨，是使饑者得食，寒者得衣，官政修，而民事舉也。盍備牲酒，具威儀，謝於祠下。又命台之缺者補築之，廟之壞者增治之，像設之剝落者修飾之。既告完矣，儒士韓融、張道貞等相謂曰：非令之誠，無以格神之賜，非神之賜，無以表令之誠。矧茲井與廟之迹，古雖之紀載，然今不可不永其傳，以照示於後來，俾知所謂誠之至與不至，神之享與不享，在乎其人也。故刻以識之。

明 陳獻章《白沙子》卷七《與友約游仙井》 仙井會容雙眼到，病軀須著一筇扶。春風有客來相問，何曰扁舟進所如。世道難交終索寞，幽居擬卜只虛無。憑君寄語山靈道，欲傍啼猖借一區。

清 薛敬孟《擊鐵集》卷二《別仙井作》 看女未得飽，茲又八塵來。市上語方沸，山中花正開。清景非不耐，貧窶寔艱哉。策蹇出門行，看山首重回。嵐翠遞林光，一抹青莫裁。山鳥歸磵飛，鳥外無纖埃。寄囑岩頭雲，封我聚仙臺。莫令雜客履，踏亂石上苔。我歸應不遠，時節正熟梅。開樽對山飲，先酌女一杯。

清 姚燮《復莊詩問》卷三《煉丹峰下仙井》 神淵不宅龍，積蓄萬年雨。醞作醍醐香，與僧養清苦。落葉秋不乾，雲漿滴丹乳。一淬冰鏡光，山鬟静相嫵。石罌懸到根，大星浴如炬。但照鸞鳳游，不照蟪蛄語。

仙泉井

（天順）《明一統志》卷六三 仙泉井，在府治東。相傳昔有曹嫗賣酒，嘗有道人來索飲，嫗飲之不厭，道人與藥一丸，云投井中則作酒。嫗如其言，井水皆香美成酒。後道人復來，嫗言無糟飼豕，復與一丸投之，則皆水矣。以嫗不知足故也。

（弘治）《八閩通志》卷五 仙泉井，在縣西北佑聖宫之右，刻仙泉二字于石。舊傳，凡鄉民有暴疾者，焚符調此水，飲之立愈。成化十一年，知縣施弘募衆重浚。

（乾隆）《仙游縣志》卷四 仙泉井，在何嶺之側，泉出石罅，琢石爲樽，置飲器以濟行者。宋主簿林正夫篆以仙泉井三字。

（道光）《瓊州府志》卷四 仙泉井，在仙坡村前。深二尺許，泉甘，與郡浮粟泉無異，溢流灌田數十畝。

清 謝文炳《仙泉井銘》井在潔秀坡邨前（光緒）《定安縣志》卷八 仙坡有井，厥源潔，厥流清。往來井井以辨義，亦以聯情。多取不竭，少取常盈。冽寒泉而勿幕，并受福乎王明。玉井有玉龍之吐，金井由金人所成。井之號爲仙泉也，應表異乎斯銘。

（光緒）《定安縣志》卷一 仙泉井，在東一潔秀坡村前。深二尺許，泉從下瀝瀝湧起，如噴玉珠。渾同浮粟泉，溢流入池，復出可灌田數十畝，鄉人教諭謝文炳有銘。

清 鄧顯鶴《沅湘耆舊集》卷四〇《王稚潛嗣乾八首**・仙泉井》** 窮巷隔輪蹏，山川頓幽異。雲泉何所分，竹木森位置。爲園臨江干，取徑繞僧地。反似兼有之，隨意過香積。涓涓月明中，清夜迴聽視。一盞入肺腸，微風泠然至。至今不辨處，彷佛猶堪記。汲者日幾人，誰知詢往事。

小龍湫井

清 胡鳳丹《退補齋詩文存二編・文存》卷五《小龍湫井銘》

光緒己卯春，僑寓婺郡，購地一區，在井龍殿建屋四十餘楹。池西有隙地，爲逸園，園中有古井，甃之浚之，約深五十餘尺，水清而腴，命工鑿石爲井欄，爰作銘以泐之：園有古井深不流，退翁錫名小龍湫，勉哉力學汲綆修，士食舊德農服疇，風雲變化吾何求。

小石庄古井

（嘉慶）《邢臺縣志》卷一　小石庄古井，縣城西，山高石厚，乏井，民甚苦之。萬曆十八年，知縣朱誥相地掘井，七丈下，更得古井，民異之。

清 潘相應《小石庄古井記》（嘉慶）《邢臺縣志》卷一〇　嘗聞帝者，因天地以致化，兆民承上教以成俗，亶其然哉。葢風俗美惡之故，沿於習而轉移化導之機操于上，靡資于富則不能訓，靡有以興起感發之，欲其翕然嚮風，莫由也。邢襄古燕趙地，其民固多慷慨，伏義者流，亦有僻居山谷，嗇吝相沿，而近日始脱其故態者，葢可紀焉。邑令朱公爲政之二年，勸課農桑，導利布下，若井侯、蘭岡、西沙窩等處，耕者灌，汲者負，行者免。逐日之病，蒸蒸化洽矣。邑有庄二：一曰大石，一曰小石。相距不二里許，其以大名者，舊有井，深可三十仞，下窺隱隱，至日之中，始見井庄，庄之汲之者，相次以户，相繼以繩，相多寡以口，視如瓊漿玉液，不以予人。小石庄求之，靳弗與也。吁嗟乎哉，偷亦甚矣。傳云：民非水火不生活。昏夜叩人之門户求水火，無弗與者。乃今有是哉。一日小石之民奔告于縣，曰：吾民苦積習久矣，飲污泥僨矣，今幸有令尹仁，盍以井侯蘭、沙窩等者，并我屬乎。朱公聞之，以聞于府守張公，公意嘉與焉。于是募公相位掘土七仞，而得古井焉，其遺幹宛如也。又石數仞而泉及，汪然渫井矣。不知創自何代，更迭兵火，流離湮没，淤塞以至于今。始固若石岡聖井者流，而地閟其靈，今有待而開闢乎，良足異矣。且其源清，其味甘，視大石之井更佳。大石之人，利而取之，忘其昔日之吝也。于兹之民，始亦弗與，卿其昔日之憤也。久之不盡用，任其取焉，恍然公共物矣。夫天地之間，取之不窮，用之不竭，莫若斯水。厥民若是，亦可矜矣。第斯二庄，一則始有，而靳人取，既因人之有而取之。一則先求于人而弗得，後爲人求而與之，其事雖省，堪以喻大。太守張公聞笑曰：此一可爲吝戒，一可爲仁風也。迺約同僚往觀焉。且相與諗于衆曰：瘠土之民，嚮義爾二庄之民，一也。何公私頓，異若此乎。子輿所云，無弗與者，至足也。今大石之井，僅可以供大石人之用，我知爾民之吝，生于不足故也。然不有絶少，分甘周恤，保愛之意乎。攷古藍田鄉約法令，民出入相友，守望相助，疾病相扶，持即八家同井，誼也。爾民未服，習此訓乎。蠻貊之人，望烟聚食，爾民弗若乎。凡我黎庶，其共勗之哉。因命朱公記其事，朱公走使，屬不佞爲文，不佞私竊勸。曰：大石之民，吝是溺于陋習，而闇于大道也。小石之民，始吝而終不吝，是導其源而裕其流也。近者嘉禾産邢襄，在在不可勝數，會見菽粟如水火，民相率于仁義，則又靳磨乎大石，而消融乎小石矣，故不佞。不能文以侈其盛，故述其顛末并訓辭，以仰承化民勸俗之美意云。

小寨鋪神井

清 趙璿《小寨鋪神井記》（光緒）《新樂縣志》卷五　新樂縣南十五里，名曰小寨鋪。北接本縣，南達郡城，西走古燕州蒲邑，東通古鉅鹿極無，蓋亦往來四衝之路云。路之東，舊有玉帝廟，土人仍建施茶庵數間，余每以吏事趨恆陽，憩此庵中。僧出謁，余見而異之曰：若非我秦産也，何其相貌語音之，皆似我秦也。僧曰：然，我誠關西隴州人也。奉衣鉢游食到斯，土人留之，施茶迄今，五年於兹矣。余曰：安給。僧曰：此土往來如織，每汲水於寨之内不便，因謀諸士之善人義官馬逢倉、練官何蘭，齋潔而虔禱於神，萬曆十九年春三月下浣暮，行祠旁有若蠕蠕於土者，徐以導之，則土裂而泉起，慫涌觱發，混混不已，觀者如市，僧喜不自已，同村衆善人羅拜，嗣是水便而其濟益溥矣。余曰：然有是乎哉。更心異之，及詢之父老，僉曰：亶其然哉。余曰：神之感人，捷於影響，僧一念之誠，衆人感動奮興，思以利人濟物爲心，果能獲佑於神，而得井，夫亦新樂之一奇也哉。命之曰：神固宜喜。而告之趙尹，尹曰：我亦嘗憩此井，此理固然，昔楊雍藍田産玉，至今爲美談。易之九三曰，井渫不食，爲我心惻。玆者需此以濟往來，則四方之食者夥矣，於我心獨無樂乎。許子曰：此僧名維寶，吾陜之隴人，獲此神井，勝於五百阿羅漢。於是許子、趙子相傳而喟然。阜平王尹偶以公謁道，經於斯，亦咤此井之神。夫不謀而集事之奇，遇之奇，蓋亦莫不致，嘆於神之相爲感通也，遂記之。

孝娥井

明 劉瑞《五清集》卷一五《孝娥井銘》 浙江按察司址，宋武穆岳王之故宅也。東南有井，王之女痛父冤，抱銀瓶而死焉者。按察使梁公大用亭覆之，榜曰孝娥井。于時，西蜀劉瑞作之銘曰：天柱虧，日爲月，禍忠烈，奸檜孽。娥叫父冤冤莫雪，赴井抱瓶泉化血。血如霓涅憤如鐵，曹江之娥符爾節。噫嘻，井作竭，名不可滅。

清 汪价《中州雜俎》卷一一《孝娥井》 岳孝娥，湯陰忠武王女也。幼有至性，通書史，知大義，痛父兄死於非命，抱銀瓶投井而死。今浙江按察司北忠武王故宅東南有井，名曰孝娥井。蜀人尚書劉瑞爲之銘，曰：天柱虧，日爲月，禍忠烈，奸檜孽，叫父冤，冤莫雪，赴井抱瓶身化血。血如電，情如鐵，曹江之娥符爾節。噫嘻，井可竭，名不可滅。又作詞曰：碧梧月落烏啼霜，寒泉出凝金井牀。綺疏光流大星白，夢驚萬里長城亡。女郎報父收囹圄，匍匐將身贖無所。官家聖明如漢主，妾心愧死緹縈女。井臨交衢下交海，海枯衢遷井不改。銀瓶同沉意有在，萬歲千秋露神采。魂兮歸兮風泠然，思陵無樹容啼鵑。

清 梁允植《藤塢詩集・孝娥井岳武穆女死節處》 井水澄澄蔭緑莎，當年國是嘆如何。建炎泥馬沉秋草，猶向寒泉吊孝娥。

清 彭孫貽《茗齋集》卷八《吊武穆故宅今爲臬司有忠佑祠後有孝娥井》 萬古傳遺宅，文昌隕將星。西曹騰殺氣，北寺想精靈。野戰空無敵，風波别有亭。斯人長不死，廟貌儼儀形。軒冕泥塗損，弓刀户牖銘。寸心留汗血，涅背自雕青。天地悲何極，河山淚再零。中原淪鐵馬，露井吊銀瓶。往事羞臣□，遺忠見史桯。朱仙塵黯黯，白虎宿冥冥。嗟我來三月，棲霞僅一經。題詩拜廡下，欲酹之青萍。

孝感縣井

宋 蔡襄《端明集》卷二〇《安州孝感縣井記》 歐陽君宗顔始作安州雲夢尉，自以事事辨治如何，豈下官不足以爲哉，乃厲精舉職。慶曆元年，今資政殿大學士、尚書右丞范公時將其州，表君才能，移孝感。孝感之民負飲旁瀆，若歲雨潦溢，汲者罌缶顛道，寒而冰，旱而淤，取遠難致。君至，則令其民曰：吾將井以飲汝，孰與者。百姓奔譁，皆曰：能是瘉我病矣。相與出雇錢，陶塼冶傭以須，君爲之相所宜地，發之，得泉甘美。其年夏秋不雨，土膏乾燥，他水日索，而井出愈甘，源來無窮，民益異之。又相與礱石乞文，以識其始。古有厮陂渠，教農種，殖貨財，或功利饒於人，而資於國者，前史書志皆特載而詳言之，以法于後。以君之智力，使有能知而用之者，盡所謀爲，則功利可量哉。名氏宜得附書志以顯，況復井上銘耶。然尉之官微，莫得自效，因井之利而紀之，以永其人之思，且君後果用是以驗云。二年十一月十六日記。

孝子井

綜述

（雍正）《浙江通志》卷一七 孝子井，金華府志在烏傷墓旁。

（乾隆）《平陸縣志》卷九 姜澤父母歿，俱廬墓三年，墓旁有井，人呼曰孝子井。

（乾隆）《荆門州志》卷三三 辛公義泉在沙洋北里許，相傳有司馬辛公者，山西人，官荆門，母不習水土，公拜禱出泉，味同故鄉，母服之無恙，俗名孝子井，今淤。

（同治）《武寧縣志》卷四 孝子井，縣治右，今儒學門内。明教諭朱璣鑿以養親，名孝子井。泉水清潔，道光癸未，監生盛學烹重修。

（光緒）《慈溪縣志》卷九 董孝子井，縣東南一里，在慈溪巷林家橋西。相傳孝子鑿井，甃尚存。有漢篆孝子董黯之井六字。

（光緒）《鄆城縣志》卷一 孝子井，在城東萬花村。明孝子張彦龍廬墓時穿井。口下三尺許，塼皆瑩如琉璃，泉涌不竭，人以爲純孝所致。

傳記

（乾隆）《武鄉縣志》卷三 趙廷舉，崇仁坊人，字汝欽，邑生克寬之仲子也。家故貧，年十三，值歲祲負米邯鄲，奉養二親。母卒，廬墓三年，未嘗見齒。父鰥，食息與俱，不安私寢。崇正五年冬，流寇蜂擁至城下，居民争逃匿，父已八旬餘，率家衆巷戰，爲賊所執，以刀築其頸，脅之降，父抗詈不屈，賊怒將殺之，廷舉冒刃至賊前，哀號求免，願以身代，賊不聽，覓殺之。廷舉私念父死，我亦死，徒死耳，父仇不得報，雖死何益，曷若生我，身以報父仇，乃故爲甘言以慰賊。賊悦縱廷舉歸，廷舉默識其中曲拆，及殺父者狀貌衣服。夜半，挾利斧潛往斫之，賊應手斃，因大呼己姓名，與所以殺賊故，群賊大驚，圍廷舉，廷舉度不能脱，睨其旁有井，踴身入其中死。海陵許光震爲作孝子，傳名其里，曰孝子里，井曰孝子井。

（嘉慶）《蘭溪縣志》卷一三《唐宗愈》 唐宗愈，龍之曾孫。親歿，廬墓於山，山有泉，大旱不竭，人呼爲孝子井。

（光緒）《重修安徽通志》卷二四一《葉陰》 葉陰，貴池人，幼失怙，母病，思醴泉，哭禱於田，泉湧出，母飲而愈，人名爲孝子井。弟節亨亦有至性，母病，嘗溺冬月，得鮮桃以愈母疾，人以爲孝感。池州府志。

紀事

清 項珊《重修孝子井記》（同治）《武寧縣志》卷三二 武寧縣學櫺星門東有井，曰孝子井。明嘉靖間，教諭仁和朱璣所鑿也。世傳璣母有潔癖，不飲汙濁，璣遂於高阜掘地及泉以養。其水甘冽，異於他井，邑中醞醢，酒漿皆取資焉。自嘉靖至今三百餘年，遂至廢習，取汲者咨嗟莫措。道光三年，盛教諭熙堂先生之季子監生學烹出金重修，深三丈六尺，甃以石底，甃以石面，圍以石欄，底旁叠石五層，中碱以甓，邑人喜井之新也，嘖嘖不置。而井與予學署相近，常辛得沾芳澤焉。然是井之始建與得其名也，予竊不能無疑焉。按武邑諸井，皆與溪流相近，溪穿城中，兩岸皆便於取汲，胡又另爲此穿鑿也。嘗考形勢，溪水自官塘源來，其故道由西門入修江，今城中所謂腰帶水者。或謂宏治間，龍水入縣治，道遂塞，故道成支流。嘉靖間，唐公障之，至國朝順治任公復開。然則近溪諸井，皆唐公障溪時所鑿，未可知也。而是井適開於嘉靖，或朱璣素有孝行，因以得名，必謂鑿以養親，子則孝矣，而母則傷慈，其説不免附會。然井既甘冽，又人以地傳，烏可聽其廢習也。盛君烹生也晚，不得承熙堂先生歡，其於孝思，常有歉於懷者，顧念先人恒多義舉，董成丈廟，手澤猶存，乃慨然興修廢之思。顧名思義，後先媲美，不愧熙堂先生令嗣矣。况五飲六和，尤溥美於無窮者乎，是爲記。

藝文

（同治）《武寧縣志》卷四〇《孝子井》　菽水承歡信古今，娱親詎必自臨深。朱公孝行留兹井，傳會無端指鑿尋。

雜録

（乾隆）《沁州志》卷八　孝子里，在西關橋坡，以孝子趙廷舉得名。里中有井，即廷舉殉父難處也。其孫生員趙簡建亭於上，顔曰孝子井。

（同治）《武寧縣志》卷一六　學署頭門内石板路，道光三年，年豐，鄉鄒登潮捐修頭門内左右坪、彝倫堂前左坪。監生李蕃碩條石修城。學署頭門外孝子井，道光三年坊市監生盛學烹重修。

星泉井

宋　王象之《輿地紀勝》卷八九　星泉井，在金肅門外直街，時有光若星，故名。

（嘉靖）《廣東通志初稿》卷一　星泉井，在府城西六里古今肅門外之繡衣坊。始鑿，見星于井。

（光緒）《廣州府志》卷一三　星井，亦名星泉井，在城西六里古金肅門外繡衣坊。始鑿，見星於井，故名。今在文瀾書院後，時有光若星。

清　李元度《天岳山館文鈔》卷三七《星泉井銘》　維北有斗，爛然七星。山澤通氣，川瀆效靈。上應乾象，岳峙淵渟。翼軫之野，麓山張屏。睗間湖曲，有泉泠泠。鑿井而飲，甘醴清涇。卦應先後，七竅瓏玲。乃審厥象，上證星經。飲兹水者，蠲疴延齡。主人師竹，覆井以亭。以配白沙，如尹與邢。後有千古，來眎斯銘。

徐公井

明　張秉直《徐公井記》（乾隆）《澄城縣志》卷一八　明嘉靖丙午，故邑侯徐公擇城内隙地，開鑿四井，以利民用。民取汲稱便，命其名曰徐公井，葢二百餘載於今矣。歲癸酉，邑侯關公署任之初，檢察舊志，追念前勲，曰：是不可無記。命紳士能文者記之。按志，縣舊無井，遠汲三里澗中。弘治間，邑侯徐公諱政者，創鑿一井，扁曰芳泉，澄開井始此。然居民衆多，一井不足於用。嘉靖乙丙間，賊寇猖獗，邑侯江津徐公復鑿四井，以戒不虞。於是邑民復自開鑿，城内轆轤相聞，至今永賴焉。徐公繇舉人知縣事，言成物範，清畏人知，有古循良風。時有今鄭宛如古鄭，後徐又似前徐之謡。歷官四年，不幸卒於任，士民哀號，請立追思祠，今其遺石猶在也。嗚乎，士君子汲古勵行，讀詩至甘棠，未嘗不慨慕興嘆。及遭适世，會運與時，皆或不痡。時人之望，即蕞爾提封，有不愜民情者矣。乃徐公有井，民歌思之，至數百年不能忘，非善政入人者，深能若是乎。夫峴山之碑，見者墮淚，士生三代下，流芳千載，亦易易也。然惠鮮終寡者，何哉。若徐公，可謂有遺愛矣。不然，澄之鑿井者，前後猶不乏人，何嘗掛我侯齒頰也哉。徐諱效賢，字宗義，四川江津人。關諱某某，字某某，浙江錢塘人。例得附書，因并及之。

軒井

明　陳璲《軒井記》（康熙）《臨海縣志》卷一二　台郡東去二舍許，有驛曰朱家嶴，在桐巖山之巔，地少居人，無井泉，而日用水則汲于山之麓。下上危峻，跋履維艱，以故往來其間者，無所取水。而夏暑，人多病暍然。有一源出于其上，則污穢而不可食。今鎮守浙江右副都御史軒公輗按節至台，道經其地，乃曰：驛舍，使客所必由，而水，則人不可無。

驛置山巔，而取水于山麓，何不便如之。遂命以其源之所污者，渫而去之。有頃，水輒泚然以清，掬而飲之，厥味甘美。公曰：是不可以爲井耶。由是，驛丞劉滔白于臨海令李文序，掌郡事浙藩右布政周旭鑒。于是，各捐俸鳩材，命工其旁，甃之以石，其上搆之以亭，過者莫不稱公之德，不釋諸口。御史星源程昊希聞而韙之，謂不可無以示久遠，既爲大書軒井二字，以揭于亭之楣，乃屬予識其事，將鑱諸貞珉，以垂不朽。

予惟公昔由進士授行人司副，用薦，拜監察御史，常奉命清理戎籍于浙江，持之以清嚴，而行之以寬恕，迄今人德之不已。及超擢按察使，又克以激揚爲已任，而貪墨者不敢肆其奸。今升秩憲臺，鎮守浙江，適盜起金處，勢甚猖獗，而列郡兵民，咸有所賴而不恐。先後蒞浙，亡慮十餘年，而其清介絶倫，始終如一日，則其德澤之感于人者，奚翅一井而已哉。昔召伯循行南國，以布文王之政，或舍甘棠之下，後人懷其德而不忘，至覩甘棠，而戒以勿剪勿伐。然則台人覩井而感念于公者，豈非猶南人之于甘棠矣乎。故吾爲之説曰：南國之人，非愛甘棠也，恩召伯之德也。吾台之人，亦非感乎井也，感軒公之德也。德之在人心者，不可忘。故人之思而感之者，隨所見而不能忘耳。因并書之，使知台人之所以感懷于公者，不徒在乎此也。是爲記。

（康熙）《臨海縣志》卷一　軒井，在縣東六十里桐巖山之巔。山舊無井，人皆汲水山下，跋履爲難。夏暑，人多病渴，撫軍軒公輗按台經其地，乃相而鑿焉。土人賴之，因名。

（同治）《監利縣志》卷一　軒井，在白螺磯獅山中，其井正方，約三分餘地，中有渾水，長年不涸，隱隱帶赤色。相傳井底有霞石，軒轅煉丹處也。

薛公井

（嘉定）《赤城志》卷二五　薛公井，在縣東北九十步廣度坊側。隆興二年，令薛抗重建，且亭其上。按此至東驛凡八井，位按比辰之次，特廣且深。自薛闓端餘次第甃治，邑人蒙賴，故以其姓名之。其後井堙亭廢，嘉定十六年，齊守碩浚井復亭，且爲之記云。

宋　齊碩《薛公井記》《赤城集》卷一四　薛公井者，故寧海知縣毗陵薛公抗之所鑿也。隆興甲申，公來長斯邑，利興害除，衆以便安。初，市去水遠，汲者頗艱於挈攜。公浚大井，於縣治之東北廣度坊，泉源寒冽，惠利博甚。厥後渫治弗以時，殆泥不可食。嘉定癸未，郡守齊碩訪得其處，而溝渠湮塞，甃甓傾圮，非復舊規。乃捐緡錢，命縣丞張修董其事，既加浚治，復作亭覆之，庶無負前人開創之意，且丐名翰墨手大書其扁，揭之亭上，并銘而列之石，於以永邑人甘棠無窮之思云。其源也深，其澤也永，流祉不窮，如酌此井。

（崇禎）《寧海縣志》卷二　薛公井，東九十步，宋隆興二年令薛抗鑿。

（雍正）《浙江通志》卷一五四《薛抗》　薛抗，嘉靖浙江通志常州武進人，隆興初，令寧海，清介絶俗，甚有政聲。邑濱海，水鹵，民甚苦之。抗於邑東北廣度坊側鑿井，得泉甚甘，爲亭於其上，以便民汲，自後次第凡開八井，邑人利賴，名曰薛公井。

（道光）《徽州府志》卷二一　薛公井，唐令薛少保稷鑿，在城内，有九。

薛濤井

綜述

（萬曆）《四川總志》卷五　薛濤井，在錦江之南濱。女校書薛濤以水製箋，故名。

明　曹學佺《蜀中廣記》卷二　薛濤井，舊名玉女津，在錦江南岸，水極清冽。濤詩序云：濤字洪度，本長安良家女。父鄖，因官寓蜀而卒，母孀居。濤及笄，以詩聞外，又能掃眉塗粉，與士族不侔，客有竊與之燕語。時韋中令皐鎮蜀，召令侍酒賦詩，僚佐多士爲之改觀。朞歲中，令議以校書郎，奏請之。護軍曰：不可。遂止。濤出入幕府，自皐至李德裕，凡曆事十一鎮，皆以詩受知。其間與濤倡和者，元稹、白居易、牛僧孺、令狐楚、裴度、嚴綬、張籍、杜牧、劉禹錫、吳武陵、張祐，餘皆名士，記載凡二十人，競有酬和。濤僑止百花潭，躬撰深紅小彩牋，裁書供吟，獻酬賢傑，時謂之薛濤牋。晚歲居碧雞坊，剏吟詩樓，偃息于上。後段文昌再鎮成都，太和歲，濤卒，年七十五，文昌爲撰墓志，題曰西川校書薛洪度之墓。按，濤錦江春望詞云：花開不同賞，花落不同悲。欲問相思處，花開花落時。其二：攬草結同心，將以遺知音。春愁正斷絶，春鳥復哀吟。其三：風花日將老，佳期猶渺渺。不結同心人，空結同心草。其四：那堪花滿枝，翻作兩相思。玉箸垂朝鏡，春風知不知。王建寄之詩云：萬里橋邊女校書，枇杷花裏閉門居。掃眉才子知多少，管領春風總不如。

紀事

清 俞樾《茶香室叢鈔》卷一〇《薛濤井》 明包汝楫《南中紀聞》云：薛濤井在成都府，每年三月初三日，井水浮溢，郡人携佳紙向水面拂過，輒作嬌紅色，鮮灼可愛。但止得十二紙，遇歲閏則十三紙，此後遂絶無顏色矣。是紙用以奉貢，歲止獻六張，餘爲蜀府所留。按此亦奇迹，未知今尚然否。

藝文

明 楊慎《升庵集》卷三七《别周昌言黄孟至》 長年三老試登艫，雙鬟小妓唱巴歈。重露桃花薛濤井，輕風楊柳文君壚。可憐鴻鷺橫四海，未許鴟夷浮五湖。銷魂從此渺然去，回首峨眉山月孤。

明 王士性《五岳游草》卷一〇《薛濤井》 爲染薛濤箋，來看薛濤井。新函楮葉精，古甃寒泉冷。轆轤架銀床，百尺垂素綆。鮫綃出纖手，美人落清影。拂拭試冰紈，琅玕秀可餐。揮麈人如玉，徵歆氣若蘭。月明關塞曲，羌笛竹郎冠。萬里女校書，迷離顧所歡。嬋娟今寂寞，淚落滿欄干。

明 曹學佺《石倉詩稿》卷二〇《薛濤井》 七八百年間，陳事已俄頃。西川錦江畔，猶有薛濤井。朝發春花艷，夕沉秋月冷。所以可傳故，問人人不省。但云造彩箋，直貢君王前。

明 杜應芳《補續全蜀藝文志》卷一八《薛濤井》 古井臨江思有餘，荒亭寂寂傍樵漁。當年兔潁題都尉，此日鸞箋惜校書。總有黄鸝空自語，須教芳草亦憐渠。靈心黛色成幽賞，天外峨眉似不如。

明 費元禄《甲秀園集》卷一二《薛濤井》 萬里橋邊薛媛居，浣花溪上井紋疎。裁將小幅春詞麗，染就新箋蜀錦如。秋水猶憐窺霧髩，芳蘭那復襲羅裾。峨眉秀出文君後，一種風流女校書。

清 林良銓《林睡廬詩選》卷上《薛濤井》 芙蓉城畔錦江東，薄命蛾眉恨不窮。人面舊來香杏比，井泉原是浣花通。七旬冠戴菖蒲緑，十樣箋成芍藥紅。黄鳥自鳴梆自舞，青樓無復古時風。

清 楊鸞《邈雲樓集六種·薛濤井》 扁舟漾晚烟，新月光耿耿。繞岸花竹幽，中有薛濤井。彩牋留綺思，細膩心獨領。南鳥一聲啼，客心清夜永。

清 吳省欽《白華詩鈔》卷一《薛濤井》 曹郎推校書，乃有良家女。塗粉兼掃眉，芳名動軍府。錦江春色多，閉門枕江滸。長波染短牋，紅采映霞縷。裁書固慇懃，得句亦姌嫵。英英枇杷花，眤眤鸚鵡語。志墓得鉅公，豈直爲歌舞。人去井到今，井存人益古。湛然林竹邊，汲綆禁攜取。載訊碧雞坊，吟樓鮮遺礎。

清 張問陶《船山詩草》卷七《九月一日迴瀾寺塔晚眺遂訪薛濤井》 秋水華陽國，江流一綫通。鐘鳴僧飯白，人語市橋紅。臺笠迎寒雨，檣烏信好風。誰家容貫廡，携酒住城東。風竹緑江冷，殘碑卧晚晴。秋花才女淚，春夢錦官城。古井澄千尺，名箋豔一生。烹茶談軼事，宛轉轆轤聲。

清 陶澍《陶文毅公全集》卷五七《曉發成都，胡竹塘、賀霖圃、司樂齋、卓海帆諸君追送江干，過薛濤井，復泊舟人竹籬中，酌泉把酒，賦詩一章爲别》 乍解東門纜，仍停江上槎。竹邊通蠟屐，花裏問枇杷。對景投詩筆，唐人贈薛濤詩：紛紛詞客皆投筆。穿籬得酒家。都將離别意，深淺認紅霞。

清 王培荀《寓蜀草》卷二《薛濤井》 一曲江流濯錦紅，萬樹芙蓉裊香風。美人化作彩雲影，雲飛縹緲留空井。節帥當年酷變才，華堂歌舞綺筵開。特地眼明賞傾國，回眸一笑花無色。雅調翩翩更軼群，傳來佳句妙香薰。縹緗佳句流傳遍，絶世丰神誰得見。緑竹蕭疏空掩門，江干渾似苧蘿村。石欄雕刻花紋古，碧甃苔侵鄰廢圃。清波如鏡曉光新，曾照蛾眉翠黛顰。胭脂洗盡餘殘水，染出花箋豔莫比。銅瓶一墜悔難收，汚泥埋沒曆千秋。雲髩玉顔杳烟霧，香銷蘭麝歸何處。蝴蝶飛來疑舊魂，枇杷花落月黄昏。年年抬翠腸空斷，杜鵑聲裏春光換。錦江花發似昔時，管領春風屬阿誰。

清 吴振棫《無腔村笛》卷下《六么令・春日游薛濤井作》 絮交飛處，春與緑陰遠。嫩烟做晴纔穩，趁拍鶯聲短。來拭銀牀碧繡，乍冷尋春眼。春無人管。枇杷花裏，漫問詩家舊庭院。 幾許清歌嬌語，笑侍華燈宴。硯北小字空留，一霎芳雲散。賸有香渟碧注，留住情波淺。短牋紅膩，露桃偷染，憑認東風那人面。濤字慶宏，見硯北雜志，蜀中製薛濤箋，色甚豔。

又《花宜館詩鈔》卷一四《薛濤井》 三十年前竹徑斜，後來修築競繁華。舊時惟叢竹中一井，嘉慶末年，始建亭館。如何亭館參差處，不種枇杷一樹花。

又 一番新雨洗新泉，碧甃苔深不記年。解染桃花好顔色，家家争寫美人牋。蜀中鬻薛濤牋，爲時所尚。

清 張澍《養素堂詩集》卷一三《薛濤井》 胭脂井上笞裴裒，門外枇杷今又來。掬飲幾回心自熱，當年節度總塵埃。

又 海棠花破竹霏烟，正是春寒欲雨天。不見盤靈篇響宗，銀牀醉卧鳥呼眠。

又《同賀仲選登舉判官游薛濤井》 阿誰不欲夢三刀，只爲花溪閟薛濤。空費銅瓶縈百丈，瀟瀟風雨滿江皋。

又 枇杷滿樹菖蒲開，我亦追尋薛秀才。錦水桃花好顔色，何如眉黛遠山夾。

雜録

清 王士禎《池北偶談》卷一五《蜀産》 明時蜀王府，例以三月三日取薛濤井水，製箋二十四幅，以十六幅貢京師。近督撫監司稍募工仿製，殊不能佳。予使蜀時，訪之井傍，石臼尚存，雕鎸精麗。井在錦江東，亦名玉女津也。按續博物志云：蜀松花紙雜色，流沙紙彩霞，金粉龍鳳紙近年皆廢，惟十色綾紋紙尚在，今絶響矣。

儀真井

明 莊𣅳《莊定山集》卷九《儀真井記》 易曰：井渫不食，爲我心惻。可用汲，王明并受其福。何也。井之道，以及王明，豈易汲哉。上焉者，如皋夔稷契之汲堯舜，伯益之汲禹，仲虺傅説之汲殷湯，周召榮畢之汲文武；下焉者，如諸葛孔明之汲先主，韓范歐富司馬光之汲宋仁宗是也。諸聖賢之臣，何以有是王明之汲哉？蓋其抱經濟之學，負裁成輔相之能，退而隱處岩穴，豈欲獨善其身而已？必將得大有爲之君，後車之載，三聘之勤，而其心亦未始不欲汲汲以行其道於天下，上以致其君，下以福其民，以成一代之盛治。然世豈無大有爲之君哉？其或不幸有所沮而不遇，有所遇而不合，則寧甘心隱處耕釣雲月，以汲周孔，以汲顔孟，以汲周程張朱，不苟焉。以出而使敝其甕而羸其瓶也，何哉？有非常之才者，必有非常之抱，有非常之抱者，必有非常之施。其所存者大，故其所汲者亦大也。

儀真縣甃井於儀門，非徒爲其寒冽可食而已，蓋亦有汲王明之道焉。夫十室之邑，必有忠信，武城雖小，且有滅明。然以京師喉舌之大，天下輳輻之廣，山川氣化之神，豈無經邦濟世之才，以皋夔稷契自許者哉？如其有也，退處岩壑而不自售，則凡寄命兹土，則必明告於上曰，吾邑某才，非常之才也。吾邑某德，非常之德也，其可使之久處於野而不偶乎？今明天子在上，以堯舜禹湯文武自負，而其求賢之心，又常若有所不及，則於是也，必將竦然而思有以處矣。儀真之賢，必將彈冠振衣，皤然自慶，而思有以汲矣。苟或不然，素飡尸位，而惟寒洌可食之，汲而又蔽焉，不以上告。則是井也，其與所謂榆之玉兔，辨才之龍井，奸以辱之，夷以法之者一矣。嗚呼，井何負於彼哉。而使人咳唾於百千萬古之下，不得以伸一氣者，何不幸也。或謂井爲家至人有之物，汲王明者恐非其所及也。夫天下莫大乎道，易謂改邑不改井，邑不大於井乎？邑之道可改，而井之道不可改也。古之人又謂，道在糞土，道在瓦礫，井不大於瓦礫糞土乎？瓦礫糞土，道無往而不在也，汲王明者，不可以爲井哉？井既成式，尹張君請於予曰，儀真之井，東坡所謂以沮洳斥鹵，化爲城邑聚落之區，而得美泉蓋亦難者。又其與事於知縣陳某，而助其役於主簿某典史某，不獨成於予也。至凡歲月始末，甃治無咎，皆不可無記，願有以記之何如？予以井之汲王明出于《易》。出於《易》者，出於伏羲周孔也。予於是井又安敢自棄於伏羲周孔之大乎，因其伻來，遂不腆而書以爲記。

遺愛井

（道光）《濟南府志》卷一二　遺愛井，縣志云即七十二井之一也。康熙二十三年，知縣余爲霖重浚，得泉而美，士民感之，相與立石曰遺愛井，有記。

清 楊篤生《遺愛井記》（康熙）《齊東縣志》卷七　歸蘇鎮，舊傳唐魏王李密花園處有七十二井，旋浚旋塞，皆鹵故也。鎮之東南有新鑿者可飲，而距鎮二里許，民之艱於汲也，非一日矣。邑侯余公，來牧茲土，周急濟危，無事不以愛養百姓爲心。偶因公至鎮，而知其汲之艱，不勝嘆息曰：是安得夫井之近且甘者，以蘇吾民乎。甲子歲孟秋，以內簾赴省，至鎮而雨。雨止，得井痕於鎮之南，父老子弟往觀焉，且以告公，公命里人浚之，得泉而美，民咸稱便。曰：是非公德澤所感，而何以得泉若此也。遂相與立石以記之，曰：余侯遺愛井，異日膺卓異之選，民遮道不能留。庶幾見此井，如見我侯也，其亦甘棠之遺乎。

遺澤井

明 林瓊《遺澤井記》（乾隆）《臨清直隸州志》卷一　井，臨清學正周先生鑿之也。正德甲戌，先生來典教自臨武，未朞，士習正士行敦，罔不惟教之勤，克官裕如也。乃謀諸僚若生曰：丁祀神有厨，吾屬饌有堂，咸資水以利用，弗井，將安及。且爾學宮者，多以鹵惡病，宜□以濟。僉曰：俞先生相吉地，□宮之西北隅，環築以堵中爲井，而磚而石而工匠，取不于官，捐束修以營，躬董其沸冽，而寒外內皆井其井焉。越二年丁丑，先生晉擢國子助教，治任北上，士子滋漬良深，皇皇焉，咸動□思，託井以紀遺澤，遂因以名井，示不諼也。記屬□□瓊，惟先生以教人爲職，井以養人，爲用孔子翼易。某曰：君子以教思無窮。又曰：井養而不窮也。教與養皆有，無窮之義焉。先生之教而養者無窮，則夫士子之思其教養者，寧有既耶。先生行矣，見泉之靜以瑩思其心，見泉之淵以邃思其學。見取之者充器，飲之者滿量，思其教潔本源。思崇德行者，以之去停污；思黜浮誕者，以之居其所，而遷思不大聲色，而被士類者以之。

噫嘻，先生澤之、遺之者無窮，惟井爲易見，故有思則觀井，見井則起思，一井繫百士子之心，井之義大矣哉。繼此作霖雨福天下，臨清亦囿大造中，不但一井之澤，一方之思而已爾。先生名禧，字原德，江西崇信人，尚書郎蓋翁之子，受經於文莊邱公，蓋父師淵源者，漸其澤有自哉。瓊洽澤最深，均之重其思也。是故記之曰：洙泗淵源泉以上七泉，俱在新城，各甃甓爲井。

義井

論說

清 張法孔《義井記》（同治）《醴陵縣志》卷一二　井以義名，或曰取井以辨義也。蓋其體雖静，而用則動。處經事，而知宜之義也。今考志載，斯井水性重，譙樓銅壺，用此爲準，推用此爲準之義，非即經事，知宜之義乎。或又曰，取於井養之義也。是君子體此勞民，體此勸相，井養而不窮也。舊志云，斯井當街衢，暑月，過客便於汲飲，推汲飲之義，非即往來井井之義乎。從用準之義，則如彼從汲飲之義，則如此，井之有滋於醴也大矣。建自至治，修自至正，曆年久遠，利賴良多。控扼治西之衝塗，鎖鑰一方之靈氣。導民之澤而無窮，聽民之取而不靳。是利及於物，寒泉素裕之井，而非功不上行，旁注射鮒之井也。是坎口不掩，轆轤勿幕之井，而非泥棄不食，禽鳥莫顧之井也。不意兵燹變遷之後，而堙之塿之。有邑人卜居其上，莫知其下原爲井也。昔日汔□於通衢者，一旦而闕，堙於居室之閒，不但官醴者興不食之嗟，而行道者有同心之惻。於是率坊里居民，踏勘故迹，仍其韓焉，修其□焉。而修之之義，蓋取諸渫於内，以致其潔，必甃於外，以防其污。然甃非無自而甃，必修之而後甃，甃之而後渫也。余乃以修井之義，通於治醴之義，亦必修之以防污，防污以致潔也，明矣。又仍之之義，蓋取於止所不遷，有常不變也。亦猶治醴者事勢有時，而變更成憲，無之而可易也，又明矣。然則井之以義名也，亦無往而不可充，夫義之説也。豈獨如前説，銅壺用準之爲義，過客汲飲之爲義也哉。因重爲開建而并記，其取義之遠也。

綜述

唐　邵真《義井記》《文苑英華》卷八一二　義以發衷形外，昭施物也。井以下汲上導，彰濟人也。河間公鑿井於城垣之次，陽門通莊之右偏，署曰義，正哉。導之深源，經以一作之善利，庇彼邃宇，達于交衢。鐵其瓶以永不羸，石其甃以給無泥。飛輪周散，泄竇前注，淬一作泙而平之，隨用不私。主發生以流潤，當赫曦以伏炎，在摇落而激清，抵凝沍而不閉，環四序以一其惠，俾憧憧者知飲濯所嚮焉。蔑燠暘之虞，濟煩乏之艱，昏懵者得以淘盪，瘵痗者由之蠲愈。滌汰氛坌，沃洒蒸灼，澹然不改，與地配久。化囂闠爲閒敞，隣梵宫以一作之清净。修廊對開，連樓鬱峙。嘯真侣以宴息，速嘉客以盥漱一作溉。指心而授，應日而就，彼豐福吉禄，繁榮重一作祉崇慶，欲不萃於河間之門得乎。故北寺司刑上卿也，南一作西臺專席中丞也，戎府佐政司馬也。參貳外閫，顯榮當朝，騫翥青冥，前視萬里。是鑿井爲濟川之漸，斵輪爲秉軸之兆，可轉盼而待矣。公才蔚量碩，質貞氣淳，名膺王府，心拂塵累，制一作料物以經遠，恤人以遂誠，回俸節財，蕆事彰義，將獻祉于大君，貢休于元戎，歸壽于高堂，三事體大公之弘誓，乃戒司翰者書實刊記，揭于井外。時大曆六年春三月記。

（天順）《重刊襄陽郡志》卷三　義井，在縣北七十里，近井環數里民居，皆飲其水，故名。

（成化）《寧波郡志》卷三　義井，縣治前絃歌市。一口縣東毛家巷，一口縣西南。

（弘治）《興化府志》卷七　義井，在永福寺之左通衢之南。圖經謂僧泥槃所鑿。廣幾及大，大旱不竭。左廂居民，通取汲焉。又市頭有井，在右塔前後街，有井石欄，上刻福泉井三字。

又卷八《義井》　縣中義井有四，東街二，西街一，南門街一，鄉人共飲。

（弘治）《易州志》卷一　義井，在州治東門外。天順初，州人李用賓輩所鑿，構亭其傍。

（嘉靖）《湖廣圖經志書》卷二　義井，在縣東二十五里。昔邑民吴述道七代同居，共飲此水，故名。今卿人羅勝所居，即此處也。

又　義井，在縣東。元延祐間，里人萬叔度捐貲甃砌，故名。

又卷三　義井，在鳳山門内。方圓二丈，宋人所鑿。

又卷六　義井，在縣東南五十里寶敬寺旁。昔僧人悟貞淘浚，以濟徃來之人。至太平興國八年，梁景延重修，井水愈澄澈，盛夏不竭，人咸德之。

（嘉靖）《福清縣志續略》卷一　義井，城外各里，於要衝開井，以利往來。

（萬曆）《新修南昌府志》卷三　義井，在州治東三百步。其泉歲旱不竭，宋時陳氏八百餘口，同爨共汲此水，故名。

（萬曆）《山西通志》卷五　義井，在陵川縣西二十里義井村。其地少水，惟此一井，其味甚甘，里人以次而汲，無敢紊者，故名。

（萬曆）《重修崑山縣志》卷一《義井》　蔣志云，縣城内外，有井二十四處，入角石闌上，刻義井二字。若今之廣齊橋下、萬壽橋東、太原橋北、景德寺内，猶有存者。故老相傳，光朝冨翁鑿之，以利一方之民，惜其姓氏不傳耳。

（康熙）《鎮江府志》卷二　義井，在府治南。其水甚甘，郡有疾者，禱飲即愈。

（康熙）《杭州府志》卷四　義井，在鳳嶺東一里。宋慶元中，令周堪鑿。

（乾隆）《江夏縣志》卷一　義井，在長街，以鐵爲範，有義井二字。

（乾隆）《銅山所志・方域志》　義井，在石鼓街烈女碑邊。嘉靖三十七年，銅善士林國春鑿井以濟人，婦人早晚汲水，亦有感于義泉，甘遜古蓮池。

（乾隆）《桂陽縣志》卷二　義井，在城南南街坊。孝女余周姑携幼弟手掘成井，不涸不溢，今族人用清明日祭井，踰時則水□。

（乾隆）《淳安縣志》卷三　義井，在縣治東城隍廟下，時湧清泉，以給衆取。

（乾隆）《興寧縣志》卷一　義井，在城内西偏唐家巷，近壅塞。

（乾隆）《淮安府志》卷五　義井凡五，其一在淮柳闕廂，一在清江浦，一在來遠坊，一在杜康橋，一在夾城堤。

紀事

清 余世堂《義井記》（雍正）《平陽府志》卷三六　宋女交歲，山左聊攝人也。年十五，父天才誤許聘於洪邑某子。幼，尚未成配。女往甫數日，察得其實，即以貞白。白矢製與艷服，悉屏絶弗視。獨居後樓，以避嫌疑，其家屢迫責之，終不屈。又時加惡詈，女逆料勿能脱擬，投井自盡。有同村鄭生翔晨汲水，力救獲免。詢其由，女以實告鄭生，隨聞之縣。問之誠然，斷令别擇良配，邑紳士咸聞而義之。有劉生繼采、李生培元、石生曰珵，爲邑人王之相作合相，年少誠樸，家稍有生計，洵嘉耦也。余獎其節，列特許當，堂行合巹禮，并盛其儀物以遺之。時觀者如堵，莫不嘆爲僅事。噫，交歲一弱齡女子也，乃能舍生取義，不磷不緇，不特巾□□□□□然。丈夫甘心污辱，以取容於世者，視朱女□□也，顧使宋女不遇鄭生，竟投井以死，芳名烈迹，固足以永千古。然而玉碎珠沉，終留遺恨。余職叨長吏，有維持風□，扶掖淳龐之責，既嘉宋女之義不辱身，又多鄭生之義形於邑，故表之，以志不朽。

藝文

唐 高適《高常侍集》卷七《同朱五題盧使君義井》　高義唯良牧，深仁自下車。寧知鑿井處，還是飲冰餘。地即泉源久，人當汲引初。體清能鑒物，色洞每含虚。上善滋來往，中和浹里閭。濟時應未竭，懷惠復何如。

宋 楊萬里《誠齋集》卷三二《明發金陵晨炊義井》　薄薄雲收日，霏霏雨散池。平波光去遠，踈點暈來遲。所部餘千里，初程第一詩。先驅問行李，双堠且晨炊。

元 蒲道源《閑居叢稿》卷一《題林氏義井詩卷》　寒泉天一生，苦惡其性死。譬諸人之身，涕汗棄物耳。惟餘玉池液，漱嚥内充美。海濱斥鹵田，鹺司所經紀。民聚井味惡，遠汲汗流泚。林君丞於斯，人渴視猶已。精誠致懇祈，浚地泉湧起。冽寒異尋常，烹飪倍甘旨。捐金具塼甓，砌甃護崩圮。綆罌四騈集，老稚悉驚喜。滿慰塵土心，挹彼仍注此。昔君曰歲荒，施粟救鄉里。乃今興惠利，陰德重積累。既收勿羃功，名記千百祀。

明 吳節《吳竹坡先生詩集》卷二三《題劉氏義井》　一線起沙痕，沿流合又分。泫泫穿石罅，脉脉動雲根。自昔存仁里，于今顯義門。同宗今百室，于此給晨昏。

明 鄭文康《平橋稿》卷二《義井》　鑿地得清泉，泉香甘若醴。

入口齒牙寒，煩蒸浄如洗。百轉轆轤聲，主恩深到底。

明 楊慎《升庵集》卷一六《辯義井》 息壤海脉通，幽窔泉華注。浚發百尺靈，沛澤千人聚。光爛九霞蒸，美吸三危露。朝綆環村氓，夕杓喧隣孺。碧甃自葳蕤，銀床謝雕鑄。南中饒炎燠，北陸無凝沍。漱盥冰齒寒，存想玄髪駐。蒙莊笑埳蛙，羲象占谷鮒。甘芳本易竭，澄渫良難遇。且從投轄飲，休傷輴鷺賦。

清 施閏章《學餘堂集》卷二五《隱龍方氏義井》 山潤長疑雨，千家舊井存。疏泉通地肺，倒海瀉雲根。飲酌人皆壽，冰霜氣益温。灌園逢野老，嘯傲倚柴門。

銀井

綜述

清 徐節溥《德興銀井記》（同治）《德興縣志》卷九 從來天地之造化，山川之藴蓄，其機甚元，而其旨甚隱，人鍾之則秀，物鍾之則靈，然有不鍾於人而鍾於物者，則又比比然也。

饒之德興有銀井，邑未建而先有是井也，其由來遠矣。予嘗觀天下之井不一，或以地名，或以味名，或以物名。有名以鹽井者，其味鹹，可以調鼎鼐，裕國計，而利甚普。有名以阿井者，其色黑，可以投藥餌，救蒼生，而功甚大。至金山之有井也，又清且洌，王公巨卿，騷人墨客，往往游覽其所，可以佐佳茗而滌詩腸，顔之曰金山第一泉，非濯纓濯足者等也。他如葛仙翁之以井煉丹，許真君之以井除邪，此又因物制宜，取用不同耳，要未有如銀井者源遠流長，有所自始也已。

德之界於東也，與徽衢諸邦接壤，其發迹自少華玉京峰。由華玉至大茅，一路龍旋鳳舞，起伏百有餘里，乃於崇峰峻嶺深谷寒溪中而潛伏一山，呼寫鄧公山，又呼爲銀山，一如閨中之美女，花蒂之蓮房也。山之下有城，城之下有井。在昔有井而無城也。其山多銀礦，隋張蒙知饒州，遂識之，即從此而獲銀筍，以爲筍乃銀之苗即，銀之母也，於是取者衆焉。□之唐刺史竇儼，奏立銀冶，建場於片之東，□銀山之石剖而爲砂，汲銀井之水煎而爲銀，蓋取便於井也。井濶不滿三尺，深不過二尋，其色則白，其氣則清，掬之則香侵指掌，飲之則味沁心脾。水似有銀，而用之者實無已時矣。逮至宋而銀乃竭，而山乃崩而官與民乃多賠累。吾鄉范仲淹來守是邦，始奏罷之，至今頌文正之德不衰，第當是時也。造化藴蓄，既不產於物矣，而於人，則多鍾其靈焉。理學名賢，忠孝節義，交相迭出，不亦如銀井之源遠流長，滔滔之無盡也哉。彼井之以地名，以味名，以物名者，皆不足以媲之也。以是知天地山川之靈秀，始則鍾於物也，繼則鍾於人矣。始則鍾於物，而物竭也。繼則鍾於人，而人少藉於物矣。何也，物之如井者，蓋以人非水火不生活也。況德興之有銀井，尤令我溯洄流連弗置云。是爲記。

藝文

宋 李嶠《三月奉教作》《歲時雜咏》卷四三 銀井梧桐發，金堂草色齊。韵光愛日宇，淑氣滿風蹊。蝶影將花亂，虹文向水低。芳春隨意晚，佳賞日無睽。

明 唐錦《龍江集》卷一《題聽琴圖》 紙牕露濕金徽冷，何處轆轤響銀井。須臾松風拂座來，夜烏啼碎梅花影。柴扉寂寂春自遲，流水高山入夢思。賞音無地尋知己，欲買黄金鑄子期。

明 周用《周恭肅公集》卷九《萱草圖》 新蟬破午夢，華泉漱銀井。亭亭萱草花，當階拂清影。

明 袁表《閩中十子詩》卷二〇《古意》 洞房掩秋碧，落葉銀井闌。美人芙蓉服，繡作三青鸞。鏡眉怨深黛，妝淚悽餘斑。惟將明月影，雙繫南金環。

清 黄釗《讀白華草堂詩初集》卷四《冬夜即景》 冷氣逼銀井，天光閃一庭。怪禽磔枯樹，野犬吠寒星。境寂詩難索，宵長夢易醒。霜風鳴四壁，蕭瑟共誰聽。

銀瓶井

論説

（同治）《江夏縣志》卷二　銀瓶井，在靈山寺大士座下。雨輒泉湧，傳寺爲岳少保書院，岳娥聞父變，抱銀瓶投此。按：杭州臬署，乃少保舊宅，左有岳祠，銀瓶井在其內。靈山寺乃元公主捨身爲尼處，俗以寺曾爲少保書院，遂誤呼井爲銀瓶井耳。

綜述

明 張尚德《銀瓶井記》（乾隆）《江夏縣志》卷一二　靈泉書院之旁，有井焉，曰銀瓶，余不知井之奚自而名也。明兵部公劉仲庸先生家世居此，少時讀書於院中，余揖見公，公游銀瓶。予問其名，公曰：昔岳武穆有女曰銀瓶，曾投井於是。予甚愕然，公指岳碑以示余，余摹其碑以讀其文，曰：飛以湯陰民籍，不幸遭世變亂，與老母徙居鄂城，無日不與慈幃相依也，念飛少失怙天，母時勤織，以教兒書。飛不自暇逸，攻肄經史，頗曉意義。適金師犯順，侵我大宋疆宇。母命飛曰：方今朝廷招募奇才勇力，汝盍出力報効，以紓國難。飛奉母命，投軍於大將張所帳下，授以武功。所至輒效，宗公澤謬許爲大將之材。飛於此時，志期除賊，以安社稷，數年以來，馬到成功，王室初安。不意重譴，以致敗公事，伊誰之咎。班師南旋，拜見慈顏，不勝感愴。乃復修我墻屋，構書齋於清風園中，讀書養親，以終天年，何庸更擔古今之愁哉。余讀此間，又恨回禄焚裂，有碑無文，予撫其碑，幾爲之太息淚下。劉公細閱其中，有誓不同天，死不忘君之句，依稀有無，體認弗真矣。及與之吊銀瓶井，磚石層封，似墓似塔，苦痕侵緑，蘞蔓於域矣。予感此心傷，因嘆銀瓶之有所以亡者也，有所以亡者，檜也。

（乾隆）《杭州府志》卷一三《銀瓶井》　浙江按察司署，乃岳鄂王故第，至今祠王爲土神。庭前有井，相傳王遇禍時，其少女抱銀瓶墜此井死。正德中，梁公材表，其井曰孝娥。

紀事

清 陸次雲《湖壖雜紀・銀瓶井》　銀瓶小姊者，武穆王季女也。武穆被難，女欲叩闕上書，邏卒攔止，遂抱銀瓶墜井而死。宋帝悟士之寃，就其第立廟以祀。井在廟中，範銀瓶像於廡右。廟在按察司廳事之左，凡廉憲莅任，必祀岳祠。明時，有宋觀察者祀岳王，謂武穆精忠固當拜，銀瓶女流耳，非所宜，障之以屏，於禮便。後升公座，覩一玉貌錦衣神女，持弓矢，當簷而立。僚寀具見，觀察驚顧，矢發中背，成疽而死。後之祀鄂王者，舉無敢忽銀瓶。

藝文

明 高出《鏡山庵集》卷一二《冬夕對月》　冬月千家滿，寒光四照同，姮娥宵淚濕，烏鵲夜棲空。露泣銀瓶井，霜飛玉杵宫。遥憐獨宿妾，華首定如蓬。

明 鄭鄤《峚陽草堂詩文集・詩集》卷一二《銀瓶井》　岳武穆王季女，年十三歲，聞變，抱銀瓶自投井死。

列烈虎父生虎女，冰玉寒泉對如許。千年白氣亘長虹，月明星落寒江渚。

清 屈復《弱水集》卷五《銀瓶井》　金牌摧天，銀瓶墮水。北風吹海海枯矣，幾回海枯潮再來。腥於流血人甘醴，白頭老烏渴欲死。梧桐葉落天雨霜，轆轤無聲井泥香。過客盡吊西湖墳，羅刹江濤哭鄂王，獨持素綆汲寒漿。

清 丁丙《松夢寮詩稿》卷一《銀瓶井》　天水一滴枯，改邑不改井。流傳鄂王女，殉父此滅頂。誰鑒緹縈書，不挾趙娥刃。甘效守口瓶，心已如斷綆。君王井底蛙，窺天不見影。視此一泓潔，俯照毛骨冷。夜深懷環娘，靈風同耿耿。會當從耿恭，載拜冠服整。

清 李慈銘《白華絳柎閣詩集》卷乙《銀瓶井》 巢覆無完卵，家亡國倖存。祇今千尺井，遺恨比厓門。

清 吴珩《銀瓶井歌》《兩浙輶軒續録》卷三四　陰陰森森貞柏柯，凜凜冽冽古井波。我來霜署吊遺烈，繡旗髣髴翩神娥。神娥者誰鄂王女，玉貌冰心十三許。嬋娟至孝自天生，幼習父書知有父。王時誓復中原讎，朱仙一哭燕雲愁。蛾眉若令作男子，請纓知必援戈矛。嗚呼天意鋤忠烈，十二金牌召王急。天昏地慘悲覆巢，七日冤雛淚唬血。欲上緹縈書，君門壅蔽徒欷歔。欲挾趙娥匕，檜頭肯污纖纖指。國恥家難兩不伸，慟哭地下從吾親。銀瓶一墜三十丈，玉骨拌洗泉粼粼。寒泉從此閟千載，石甃銅幹宛然在。褒忠就第立專祠，呵護時聞響環佩。我撫苔闌感孝思，沈吟重嘆劃淮時。兩宫未返甘和議，一代君王媿女兒。

雜録

（嘉慶）《清一統志》卷二八四　岳飛故宅在府治。北宋紹興中改爲太學。元改建爲肅政廉訪司，即今按察司治。相傳飛被害時，有幼女挾銀瓶投井死，今有銀瓶井，在司左側。

玉壺井

（雍正）《四川通志》卷二四　玉壺井，井側有石，攢起如蓮花。

（嘉慶）《清一統志》卷四二六　聖水寺，在羅源縣蓮花山下，宋紹興中建有仙源泉、玉壺井、棲雲洞諸勝。

（道光）《新修羅源縣志》卷三　玉壺井，亦稱玉泉井，舊爲石壇三，列大士聖僧像。

郁井

清 陶文彬《祀郁井記》（康熙）《彭水縣志》卷四　余祀飛井告虔，將修祀於郁井，吏民環繞而請曰：岩谷聳峻，山行無蹊徑，溪流巨石横錯，舟不可達，遥設位於飛井，而望祀焉，其行已久。余曰：今非以循故事，念爾民之衣食於井者，唯藉神佑焉。余不親供事，神不顧享，非致崇祀之意也。乃登小舟，緣溪紆轉，岩壁尤聳，蘿葩蒙密，天光穿映。有數堂子携酒榼，攀藤行石齒間，凜乎有欲墮之狀。溪石激怒，澎湃之聲，發於水上，而遥山空谷，遠響傳應，其噌吰鏜鞳之音，如鐘鼓交作，以視石鐘山之風水吞吐，而相應如樂者與此無異，惜不得蘓子之游，息以記其事，徒湮没於荒陬窮谷，而世莫得以傳世。於是徘徊石上久之。易舟至石塘岩，山峰回合如環，草木泉石尤幽邃，碧潭演漾，淵然可鑒。崖下楠木井，可供一户之汲，思有贊而隐者，時放意而偃息焉。水可釣，山可采，泉可煑，以與塵世相冥絶，當不復念桃花源裏也。維舟崖左，有蹊介然，扶携而上，山行數百步，復登舟以達郁井。井臨於溪側，欄石堅固，素無冲塌之患，以修竣失傳，苦於没水沁焉。上浮者味鹹，汲深則淡，民居茆屋數十椽，依崖谷以搆舍。山頂有僧寺，曰壽井，相傳自唐時與井同創始云。由飛井激流而上，不過三四里，幽溪仄逕，凡三易舟而始達。故前之修祀事者，皆臨時觀顧，常惴慄不肯前。余不敢怠於險遠以媟，乃祀事而幸披歷之餘，得專夫山水之奇而樂之，乃以笑前人之固而窮，自慰夫余之遭也。

浴賢井

清 龔澤《浴賢井記》（康熙）《五河縣志》卷三　浴賢井者，學宫之内井也。宫爲新徙之宫，井爲新鑿之井。水獨甘而飴，信乎周原之膴膴也。夫百千年蓁莽之區，一旦開闢風氣，攸萃人文聿新，謂之偶然成乎。井既成，蕭侯命余志之，且以告多士。余聞之，掘井不及泉，雖九仞亦棄井也。泉蒙之初濁者，在上清者，在下汲之而已。汲之以漸，則其清亦以漸，從容滌浚，俟其自化焉，可也。迨夫泉源澄定，淵涵有本，溷之不濁，蓄之不溢，取之不竭。雖非江河舟楫之利，川澤灌溉之功，而諸士賴之，以澡身浴，德將忘其所以爲潤矣。夫水一也，隨其所在，爲江河可也，爲川澤可也，爲井泉之利亦可也，吾何擇哉。或謂其不能納汙處穢，以是爲少容。然視之澹如，澄如明鏡之無波也。不激不騰，清者之量歟。苟有取焉，洗垢濯污，日新又新之玅，蓋未有涯也。是故澤萬物而不自居，新萬物而不自有，可以喻君子之道焉。觸類而求之，存乎其人。嗚呼，觀川可以知不息，觀瀾可以見有本，非不息止于川，有本止于瀾也，顧觀之者何如耳。余以是復于侯，侯作而嘆，曰：旨哉，二三子聞斯言也，宜必有灑然以求更新者矣。遂名之爲浴賢，時歲丁未一陽之月朔也。鑿是井者，克齊蕭君。名之者，署教事福清龔澤也。

（康熙）《五河縣志》卷一　浴賢井，在儒學内，今涸。

岳廟古井

明　李欽《重修岳廟古井記》《岱史》卷九　欽垂老林泉，自愧無益於世，每月一集鄉民老幼百餘於岳廟，宣揚聖諭，僭爲講解，期以化民成俗，挽回魯道之舊。民有李進、盧士卿者，再拜告余曰：廟有古井，水甚清冽，祀事之濯溉，餴饎咸賴焉。曩以日久灘淤，盡爲泥土，洞取廟外之水以奉祀，恐涉不潔，吾輩出貲，掘而甃之，重加淘汰，水復清冽如故，請翁識其歲月於石。余曰：是可以觀今日鄉約之意矣。善者，人心之固有，非假於外也，私欲蔽之，則失其初。譬之井焉，壅於泥土，則泉不能達，然清冽之源固在也。一淘汰之，遂復其舊，然則吾民之蔽於私欲，而喪失其本心者，可無以導之乎。鄉約之設，固所以去吾民之泥土，而達其固有之良以也。況泰山五岳之宗，此水得山下正脉，將享神明，其用貴且重矣。吾民生於魯域，自古爲聖賢鄉人，人人誠知所以自新，一變可至道也。若其溺於私欲，而自棄其貴且重焉，其無靦顔矣乎。是用記之，以儆於有衆。

岳王井

明　洪志吉《岳王井記》（同治）《祁門縣志》卷一一　宋紹興改元，少保岳公領江陰軍討李成。過境，飲馬於此。維時吾族尚居婺源。隸是地者，聞有七姓。明洪武間，吾族來遷，七姓漸即式微。迄今歷五百載，當日居民厥姓，益莫可考，而少保暫憩之所，里人猶共呼曰岳王井。夫明近於宋，近而聚族者，業莫知爲誰，何其行踪偶過，閲代已久者，乃爲之嘖嘖不衰，是則地以人傳。而没世無稱，君子深疾，良有以也。爰集衆鳩工，搆亭井上，俾前賢遺迹，不使就湮，且示我族人，當知所觀感焉。

（同治）《祁門縣志》卷一一　岳王井，在五都櫸墅。宋紹興改元，岳武穆討李成軍過，飲馬於此。

越井

唐　賈至《南州有贈》（康熙）《岳州府志》卷二七　越井人南去，湘川水北流。江邊數盃酒，海内一孤舟。嶺蕎同仙客，京華即舊游。春心將别恨，萬里共悠悠。

唐　韋昌明《越井記》（乾隆）《龍川縣志》卷一〇　南越王趙佗氏，昔令龍川時，建治於嶅湖之東，阻山帶河，四面平曠，登山景望，惟此爲中，厥土沃壤，草木漸包，鑿闢定規制。北距嶅十里，東距五馬峰五里，南距河里許，相對即海珠山也，鑿井於治之東偏，曰越井。春秋時爲南越，戰國屬楚，爲百粵，秦首置南海，即以龍川隸焉。則越之封，肇於春秋，而龍之壤，則啓自越王佗也。井周圍爲二丈許，深五丈，雖當亢旱，萬人汲之不竭，其源出嶅山，泉極清冽，味甘而香，自秦距今八百七十餘年，其迹如新。稽史記列傳稱：漢既平中國，而佗能集揚越，以保南藩，稱職貢，則佗之績，良足爲多。又秦徙中縣之民，於南方三郡，使與百越雜處，而龍有中縣之民四家，昌明祖以陝中人來此，已幾三十五代矣。實與越井相終始，故記之如此，乾符五年十月。

清 王永熙《重浚越王井記》（乾隆）《龍川縣志》卷一一 光孝寺者，秦趙陀令龍川故署地也。寺門内遺井在焉，唐乾符間學士章昌明爲之記，稱其源出鼇山，泉極清冽，味甘而香，暍者飲之無不愈。厥后壅塞幾數百年。國朝盛公熙祚令茲土，復浚之，以便民汲，不二十年而湮塞如舊。嗚呼，井養不窮，其興廢亦有數耶。詢之居民，僉謂此泉井實佳，因深且濶，昔有赤子入之，遂廢焉。夫以赤子之無知，而廢其便民之舉，其舉保民保赤之義，均無當也。且事之足爲赤子患者，豈獨此井也歟哉，而胡以不盡塞也。不求所以保赤之道，而徒塞之，以杜其便民之舉，致古人之遺迹，忍於終湮，是猶惡噎而廢食也，弗思耳矣。予因復浚之，庇以小亭，護以甃石，庶幾垂之永久。嗚呼，古人之事，賴后人以傳，而思所以去其患，而收其利者，又豈獨一井也歟哉。乾隆二十三年戊寅夏，知縣王永熙撰。

皁袍井

清 唐范瑛《皁袍井記》（康熙）《咸寧縣志》卷一二 皁袍井者，西城横街東井也。去黄家巷井可十二四丈許，去西河亦不過三十丈。雨晴潮汐，氣相達也。河水清漣，巷水甘洌，以炊以飲，以浣以浴，無朝暮不鱗次者。獨此井介兩水之中，汲而炊，則白者以赤，人愈不敢飲焉。汲而浣，則素者以蒼，人愈不敢浴焉。故老傳聞，或謂頗宜染色，而咸俗樸陋，無黼黻之華，無繪繡之餙。染坊畫肆皆愚人，又不解辨其色。察其性，宜何所施，宜何如配制，而奇士之能監别此水者。既無所事於咸，亦不得過而存之，是以此水頗反辱於閭里販竪傭丐之手。噫，掘井九仞而不及泉，洵爲棄井，今掘及泉矣，而性不諧於俗，又不忍作風波以動人。易曰：井渫不食，爲我心惻。可嘆也。夫假使遇良工，宿之丹秫，以眎其所漬，合之藍蒨，以觀其所就，吾見其耀山龍而映火藻也。金瓶素綆，轆轤銀之側者，豈不并受福哉。抑又聞，古服餌家，以丹砂布井底，後人飲之，率多壽者。時有仙去者，夫安見此水，不即丹砂之所融液，飲之而久，又安知其不壽且仙也。悠悠千年，必有能品此者。舊志且逸其名，吾是以既悲此井之不遇，而猶懼來者之無聞也。作小記以傳之。

（光緒）《咸寧縣志》卷一 皁袍井，在横街西。此水獨宜染色，白衣滓之則淄，白米煮之則赤。

張公井

综述

宋 居簡《北磵文集》卷六《張公井銘》 由彰教而東一百三十九弓，曰張公井。公不知何代人，當時奚爲者。缺甃瓴甋不古，疑其去今未甚遠。深不及丈，冽而甘，宿不滓，宜茶宜墨宜釀。歲大旱，十里仰給。病者投一錢，責藥輒痛。舊有亭，樵牧躪蹂，既弊不復理。丙戌仲夏望，住山人北磵淘井勺泉而銘之。銘曰：泉痛疢，人以泉信。信必孚，相與爲命。余病愚，泉不痛。曰余弗信，泉弗余予。漱而瀹，以樂其樂。

（嘉靖）《湖廣圖經志書》卷六 張公井，舊名獨清泉，冬夏不竭，清潔甘美，故名。然水出無貯，人皆争取于源頭，至有相告詰者。正德中，僉事張□按部知其故，命工伐石甃一大池貯之，隨取皆足，民稱其便，改今名。

（嘉靖）《歸州全志》卷一 張公井，在修文門外，即獨清泉，冬夏不竭。先是，居民取水不便，分巡張公命工運石甃一大池，州人甚便之，故名。學正陳獻詩：山下靈泉徹底清，源頭活水自天成。州人獨把清名道，此水原木不爲名。

（萬曆）《四川總志》卷九 張公井，壁山縣北二百餘步。初，治中夏旱缺水，知縣張本尋井，見此土潤濕，命工掘之三尺餘，石掩一古井，深四丈有奇，居民晝夜汲之不竭。

又卷一四 張公井，府治後。知府張足□引水入城，以資□□。

（康熙）《平樂縣志》卷三 張公井，在兵備道正堂。右副使張吉所鑿，府泉第一。

（乾隆）《夔州縣志》卷二　張公井，府治後。知府張廷栢引水入城，以資灌汲。

（嘉慶）《松江府志》卷七四　古張公井，在學宮大成殿，泉味甘冽，大旱不枯。

（嘉慶）《太平縣志》卷二　張公井，縣治西張公祠内。

（同治）《貴溪縣志》卷一　張公井，周山下。四圍皆沃壤，中有泉，味清冽汲，以烹茗，經宿色味不變。鄭氏家乘相傳，陸羽品爲第五泉，名以張公，亦未審何義。舊志。

雜録

（正德）《松江府志》卷三二　亭場，斥鹵之地，海潮漸漬，水泉鹹苦。至正中，兩浙鹽運司知事張允分務青村，擇地穿井，水特演而甘，一時亭民，博被其利，呼爲張公井云。允廉政具見袁浦場石刻，進士昂吉所爲文。

（雍正）《四川通志》卷二四　惠民井，在府治後。城内原無井，諸葛武侯嘗以竹筒引山水入城，後人或用木溜。宋紹興中，郡守張柷改用瓦筒，甃三井以潴水，曰惠民。乾道中，王十明以國有榷水錢，遂罷之。嘉靖中，郡守張廷相尋瓦筒舊迹，西北自尖山子，西南自三岔溪，經十餘里，引水入城，注以十池，曰利民。文德武功，化龍漾翠，通濟注香，揚清太平，留潤民受其利，名爲張公井。未幾廢。後守許宗鎏浚舊池七處，自翟家坪侯家灣引水，會於張公井。今按城外山腰，石筧猶存。從正西以竹筧引入府治，爲化龍舊池。分引城西北隅，爲注香舊池。從正北引入協鎮衙内，爲武功舊池，餘俱淤塞，居人多從大江取水。

（嘉慶）《太平縣志》卷四　張公祠，縣治西名公祠東。祀知縣張廷榜，祠圮址存，有張公井，遺澤未泯也。

杖井

明 李太原《松湖杖井記》《逍遥山萬壽宫志》卷一八　吾家有杖井者，九曲朝宗，長溪環繞，泉甚甘，且清芬如蘭，蓋旌陽遺蹤也。初，許君南游覓飛茅時，道經此，適渴甚，思飲爰，以杖揷地，醴泉湧出，後人以其仙迹，輒累石爲井，因以杖名志，手澤也。予家世居此，沐旌陽遺澤甚久，每當仙駕南謁，諶母即掬井泉薦之，亦不忘所自云。今仙仗不數出，然懷其德如山之高，慕其風如水之長，勺水之獻，會有期也已。雖予今徙居櫪山，距井稍遠，恐世異事殊，未必不失所傳，因記。

清 金桂馨《逍遥山萬壽宫志》卷八　杖井，在宫南松湖上市大同橋之南。世傳眞君南覓飛茅，至此渴甚，乃以所携杖插地，香泉沸出，大旱不涸。

又卷一九《杖井》　化仙人去竟如何，歲久無人唱踏莎。杖井有泉難種秫，香醪端的是清波。

（同治）《豐城縣志》卷三　三渡祠，在松湖旌陽三渡處。其地有杖井，仙亭晋楓諸迹。

支祁井

清 郭起元《介石堂集》卷七《支祁井記》　水神之名，海曰若，河曰馮夸，淮曰巫。支祁，相傳禹導淮自桐柏，淮渦之中有物焉，形猶獼猴，力踰九象，人不可視。禹命庚辰鎖之龜山之下，即所謂支祁是也。盱邑有上、下兩龜山，下龜山離邑治三十里，山有神宫，宫前有井，大石覆之。叩之硿硿然，人謂禹鎖支祁處也。神宫謂淮瀆神之宫，或曰即庚辰神也。夫庚辰爲干支之名，意禹於庚辰日鎖支祁邪，抑庚辰旨有其神邪，不可得而知也。或又謂宫爲支祁之宫，藕子瞻詩曰：清淮濁河争强健，龜山下瞰支祁宫。夫曰，下瞰則支祁，以湯湯横流爲宫，而非山巔之宫明矣。莊生曰，秋水時至，河伯海若更相笑也。夫淮弱而河强，徙決爲患更劇，神禹曷不并馮夸而鎖之？顧寬於河而苛於淮，疑不足以服。支祁之心，是皆不可知也。方今河淮合流，泗屬爲壑，邑人患苦支祁，而歸其咎於庚辰之神，或欲祠而禱之，是知其所不可知者，惑也。或曰，禱諸淮瀆之神也，則某之禱久矣。

（光緒）《重修安徽通志》卷三三　支祁井，盱眙縣東北下龜山寺後，即大禹鎖水神處，有亭覆其上，縣志一名聖母井。

清 陶澍《陶文毅公全集》卷五六《龜山覽古》　蘆灰塡盡溺莫拯，羽淵空戮黄能竫。貙拆爰鍾薏苡人，收攝神奸歸九鼎。從來地氣山澤通，淮源出山行地中。南江北河兩澎湃，水母獨鎖支祁宮。支祁有力逾九象，金爪雪牙身五丈。帝命庚辰鎖此山，然後淮流平似掌。歲歲烏龍望母回，盱俗謂五月十三日，烏龍至支祁井望母，風雨晦冥，歲不愆期。無復青猿驚鐵網。此事流傳未或非，要知神力非人爲。妖孽往往護巢穴，深山大澤生龍蛇。君不見，窫窳號，刑天舞，窮奇嗥，長蛇鼓。黄牛白狗峽色多，伯益夷堅筆難數。一從烈火付朱熊，長使夔罔慴雷雨。鴟脾桓胡曷足云，遠矣臨流嘆微禹。元圭告功四千年，誰知此地成變遷。深谷爲陵岸爲谷，虹堤一亘眞茫然。墨波沄沄雲欲壓，勢捲荆塗控巫峽。廢阯難尋南五臺，山舊有五峰，名爲南五臺。洪濤亂落東三牐。沿淮自此化滄波，無麥無禾野空呷。可憐五百鐵頭僧，欲渡無梁同入劫。山爲五百梵行僧道場，有鐵鑄羅漢千五百區，金臂禪師建無梁殿以覆之，今俱欹沈水中。嗟哉禹法在厮渠，載高能使東歸墟。宋蔣之奇嘗穿龜山左肘以通漕。即論轉運追晷刻，旁泄何如穿左肋。恩恩我是問津來，却聽木魚正呼客。水底支祁冷笑人，此過非吾復誰責。

清 張鵬翮《治河全書》卷一二　龜山有二處，一在盱眙縣西南一里，一在盱眙縣東北三十里。山麓臨淮河，岳瀆經云禹治水，三至桐柏山，獲淮渦水神巫支祁，形猶獼猴，力踰九象，人不可視。命庚辰制之，鎖於龜山之足，淮水乃安。今存古寺，寺後有井名支祁井，俗傳鎖支祁於井中。

朱公井

（萬曆）《襄陽府志》卷六　朱公井，舊在縣西倉邊，其水常竭。知縣朱崇學鑿於治東倉後，水味甘美，人甚便之。

（乾隆）《福寧府志》卷四　朱公井，在文公祠右，窟泉清洌，印書甚明。乾隆元年，縣令冷岐暉鑿井于窟泉，遂涸。

（光緒）《南陽縣志》卷一一　朱誥，字巽甫，號清泠，萬曆丙戌一作癸丑進士，知東明縣治最，調邢臺。邢臺在太行之麓治西三十里，瀕山多石，侯蘭、賈鄉等處，連數十村無井，孤山前有窊可停蓄，然障捍未築，每雨，集水至率奔湧四放，嚙田塍，蕩禾稼，順流而去，勢莫能遏，由是民多棄田廬，轉而之他者。誥下車，訪民疾苦，先試修城東南流珠等堤，民便之。乃請於知府，築孤山窊火石岡諸堰潴水代井，募近山民壯而貧者任工作，計日給粟，又貸以粟，使安其家，而不責其息。舊蓄有熱乾柿葉千餘石，并給之人，人踴躍趨事，不日而堰成。又周圍樹以柳榆，以待耕汲及他。凡艱於井者，皆堰鑿之。用是，前之棄田逃者率來歸。嘗鑿侯蘭岡西村，其鑿深七丈，石據土中，阻不得出，匠者難之。誥爲文禱山靈，令復鑿，頃石穿，一孔泉湧如射，須臾沒腰股，觀者蘿拜，咸稱神。時五月，旱禾賴以澆，迨秋，一本四五穗，民益神之。知府張廷廷因取誥别號名其泉，曰清泠。侯蘭鄉民皆名其井曰朱公井。【略】任邢臺五年，邢人有召父杜母之稱，後官至兵部武選司郎中，卒。

清 吴應甲《侯蘭村朱公井記》（嘉慶）《邢臺縣志》卷一〇　夫邢越在太行之麓，距治邪西三十里，而遥盡甄簍沙磧，不獨苦灌溉之資。至于石庄及侯蘭、賈鄉，連數十村日絶井養之利，民間婦子，捆載荷担以汲水於他鄉，日不一二返。夏日暑時，争取溝澮之集以自給，視涓滴之水，不啻仙掌之露，蓋從古而非一日矣。清泠朱公，以進士初宰漆園，治最。越己丑，調繁襄，國適歲穡大虚，民且累累溪壑。公毖于天戒，勸農桑，興教化，纖如鷄豚韮韲鉏鉤溝瀆，靡不注念。脱阽危于陷阱，而慶澤之濡，洗濯生植理道之隟。跋涉山川，諮求民瘼艱水之毗。因以其事，白于車塵之下，公即相厥，方所慨然曰：地中有水，發於山下之蒙，在易記之，可諉於及泉之難，令爾衆澗然涸轍之魚耶。於是爲文禱，遂捐俸命役，殫力疏鑿，一時地效其靈，而石庄諸村爲井凡若干。深皆二三十丈，徹底盡石，爲費不貲，誠曠古之稀有者也。百姓喜得便易，奔告於郡伯張公、分府劉公、通府山公，咸往觀而駭異焉。及取意於公之身，而志之曰：清冷朱公等泉。而所謂等泉者，乃在侯蘭鄉民懇邢慕方，均屬甲記之貞珉，俾公之澤，與此泉而俱永。甲曰：天下非常之事，必待非常之人爲之，亦必待非常之人共成之。何者獲上治民，必無所壅淤，而後闓澤翔治，其窟宅然也。今天下盡如公之洵喆淵懿，以拯斯民於清波，復得凝滀沈净之，長待以提衡共濟，不溺其職，則湛恩汪濊，浸淫衍溢，將毗筮闓洵，流膏逶瀾，而名溢竹貢矣，豈第區區沾漬此邦哉。

（光緒）《巫山縣志》卷六　西井，縣西城内陽臺山麓，源出鵶鵲水。明嘉靖中，名曰利澤泉。本朝乾隆年間，邑令錢基、朱斐然先後重修，更名朱公井。其出流處，舊祇鑿石爲龍口，居民接汲，恆多争競。道光三年冬，邑令楊佩芝稔知未便，爰傍龍口修砌方池，深廣可容數百石，週圜護以石欄，民稱便焉。同治十二年，邑令韓鑒吾易名廉泉，撰立碑記。光緒十九年，邑令連山因梘槽淤塞，民汲不濟，籌款從發源處逐節疏浚至龍口，水仍通行無滯，民以爲利。

下

渠部

概説

論説

《史記》卷二九《河渠書七》 太史公曰：余南登廬山，觀禹疏九江，遂至于會稽太湟，上姑蘇，望五湖；東闚洛汭、大邳，迎河，行淮、泗、濟、漯洛渠；西瞻蜀之岷山及離碓；北自龍門至于朔方。曰：甚哉，水之爲利害也！余從負薪塞宣房，悲《瓠子》之詩而作《河渠書》。

汉 番係《渠田議》《西漢文紀》卷一一　漕從山東西，歲百餘萬石，更底柱之艱，敗亡甚多而煩費。穿渠引汾溉皮氏、汾陰下，引河溉汾陰、蒲坂下，度可得五千頃。故盡河壖棄地，民茭牧其中耳，今溉田之，度可得穀二百萬石以上。穀從渭上，與關中無異，而底柱之東可毋復漕。

宋 胡宿《晋陵浚渠記慶曆二年**》**《吴中水利全書》卷二四　常領四邑，治吴西境。晋陵户二萬，生齒十萬，過江來東，列爲大縣。其土會之法，田第九，賦第七，帛宜絲枲，穀宜秔稻。美川澤，饒魚鼈。太湖底定於其南，大江繞出於其北。間民無事，擅漁采之利，以生其生。有二浸之大，而農不能引以灌，迹其所以，民非棄之，顧上謀之未及，究旅力之不能集爾。天時稍或亢縮，人心乘以焦窘。

慶曆之元，高陽許君恢以大理丞治於斯。既視邑事，精恤民隱，審江湖之利，可以活夫田也，乃嘆曰：『昔西門豹治鄴，漳水在鄴旁，豹不能用，故《史記》譏之，謂其不足以言智。今玆邑南趨湖，北倚江，據是美利，田其舍諸。委而弗謀，大懼後世之嗤予也。』因環按四封，周咨野老，乃得申港、戚墅、黿子三港，皆往時溉田之川，中間廢不復治，緒餘且在。因作圖言狀，列於外計，且曰湖水可以灌戚港，江水可以灌申黿。計司移官，覆視其利，信然。比得符文，報從所請，始籲厥衆，開陳以利。民飴其言，悦以承使，不戒而廪食具，未幾而鼛鼓興。其集如雲，乃畚乃锸。

自二年冬十月浚申港，凡三十八里，引潮水抵城之西北隅，朝夕再至焉。黿子港去申港三十里，自江口浚之，凡四十里，并趣縣之東北，不與申港合。戚墅港東南去縣二十里，自湖口浚之，凡九十里，太湖之舟艑至焉。三港之溉，申港最博。繇大港之側，聽民自射其便，股引支水，分注運瀆、東函等十九小港，以釃其利。長波之所貫，衆渠之所殺，變瘠土成腴壤，稽於大浸，暢於四支。約凡溉田萬頃計工二十六萬，前後凡三月而罷。役不加擾，衆靡告勞，耒耨者賴焉，網罟者依焉。

明年，郡境仍旱，渠田獨稔，冒磧鹵生，粱稻、華穗薿薿，清畎泱泱，牛羊來思，雞豚萃止，野有高廩，神有豐豆。噫，江湖以善利利萬物，不私所利，至矣哉！從於政者，猶夫川也，據能濟之勢，操有爲之資，利足以培害，足以剗棄，而弗營者，力非有之，繇無志於民爾。從是而觀，高陽君之政，其美志所潛惠化，所孚在民博矣。後之長此邑者，尚監前良之勤，恤百姓之欲，嗣而浚之，繩而廣之，使繼繼不絶，則三港之利，衣食玆土，庸可竭乎？

《宋史》卷九一《河渠志一》 著作佐郎李垂上《導河形勝書》三篇并圖，其略曰：

臣請自汲郡東推禹故道，挾御河，較其水勢，出大伾、上陽、太行三山之間，復西河故瀆，北注大名西、館陶南，東北合赤河而至于海。因於魏縣北析一渠，正北稍西逕衡漳直北，下出邢、洺，如《夏書》過洚水，稍東注易水，合百濟，會朝河而至于海。大伾而下，黄、御混流，薄山障堤，勢不能遠。如是則載之高地而北行，百姓獲利，而契丹不能南侵矣。《禹貢》所謂『夾右碣石入于海』，孔安國曰：『河逆上此州界。』

其始作自大伾西八十里，曹公所開運渠東五里，引河水正北稍東十里，破伯禹古堤，逕牧馬陂，從禹故道，又東三十里轉大伾西、通利軍北，挾白溝，復西大河，北逕清豐、大名西，歷洹水、魏縣東，暨館陶南，入屯氏故瀆，合赤河而北至于海。既而自大伾西新發故瀆西岸析一渠，正北稍西五里，廣深與汴等，合御河道，逼大伾北，即堅壤析一渠，東西二十里，廣深與汴等，復東大河。兩渠分流，則三四分水，猶得注澶淵舊渠矣。大都河水從西大河故瀆東北，合赤河而達于海，然後於魏縣北發御河西岸析一渠，正北稍西六十里，廣深與御河等，合衡漳水；又冀州北界、深州西南三十里決衡漳西岸，限水爲門，西北注滹沱，潦則塞之，使東漸渤海，旱則決之，使西灌屯田，此中國禦邊之利也。

兩漢而下，言水利者，屢欲求九河故道而疏之。今考圖志，九河并在平原而北，且河壞澶滑，未至平原而上已決矣，則九河奚利哉。漢武捨大伾之故道，發頓丘之暴衝，則濫兖泛齊，流患中土，使河朔平田，膏腴千里，縱容邊寇劫掠其間。今大河盡東，全燕陷北，而禦邊之計，莫大於河。不然，則趙、魏百城，富庶萬億，所謂誨盜而招寇矣。一日伺我饑饉，乘虚入寇，臨時用計者實難，不如因人足財豐之時，成之爲易。

明 文翔鳳《皇極篇》卷一五《開渠議》 看得汝水自紫邏口而東也，小店據其上游，而馬友舟之永遠渠又在山椒，建瓴而注，地不勝水。車坊當其下流，而潘宗泗之普濟渠又在山足，歷磵而奔，水不勝地，而宗泗欲改穿於兩渠之間，收鄭國之利。一肘之土，其堪此瓠子之決乎？是以踏報再四，各掉其舌，本縣即俾兩鎮，咸受一水，當用水之時，以十日爲計，前七日則上游，後三日則下流。而雨暘，惟所丁在小店爲涓滴之餘，在車坊爲九里之潤，而渠主之功力，即以十五金償其五百四十步之直，遵彼汝濆，望□□之春流，可爲水國一快，各卷頰而惟命。

明 吴道南《吴文恪公文集》卷一一《河渠議》 臣觀天下之水，四瀆爲大，黄河爲宗，江漢深廣，朝宗勢順，固無事于治。淮、濟與河實相表裏，故河治則淮、濟亦治。

黄河自古爲患，南徙以來，湍决尤甚，勢入我朝，潰徙愈不可常矣。故正統、景泰時，有沙灣之役。弘治時，有金龍口黄陵岡張秋之役。正德時，有曹沛之役。嘉靖時，有趙皮寨之役，有朝道口以南之役，已又有李景高口房村南陽之役，大抵主於疏分者多得之。然時勢不同，事從而異，古之治河者順其性，使無爲害而止。今不惟去其害，且資其利，不惟不敢導之北顧，方築堤捲埽捍之，使南歲費以億計，意獨在保運。故渠銅瓦箱尚欲借助於河，而獨以黄陵岡塞杜後患。穀亭流絶，皆有引河之議，乃專以浚閘河底成功房村之決，議開別道，就新衝者紛起矣。而浚匙頭灣築縷堤仍復如故，乃知河所不由斷，不可引之入運河，所必經亦不可遽爾他避。此先臣之石畫也。獨惜夫殺勢功多，導歸策寡耳。

夫水下壅則上決，決在河南、山東，入海尚遠，決徐、沛，去海幾何，乃愈壅愈決，愈決愈堤，曾不一加意於入海之處，是使祖陵懷襄而泗州魚鼈也。寧獨今日哉？且先是河不南堤自渦而入淮者，河身也。自徐而入運者，支流也。河雖與淮會，而實以河會河也。彼其入淮者，河之分數多也。厥後全河入徐，又爲南堤以束，是以壯流直瀉。名雖會淮，而實截淮，故淮不能出河得入焉。河入淮，而淮口愈淤，海口愈高，無怪乎以泗爲壑，已更欲分淮而治，無論芒稻河入江地隘，子嬰溝入海地遠，勢必衝運。且入海一支，適與塩場直淮湖諸水，能必其約束，以入逶邐以避乎？即欲稍紓目前，數年後河身日墊，其轉而從淮甚便，江、淮、河、漢合并入海，端倪已見矣。此不可不重慮也。

明 唐鶴徵《常州府全境河渠説》《吴中水利全書》卷二〇 自古論河渠者，有二利：轉漕，溉田而已。吾郡雖云江湖澤國，安能廢畚鍤程功見稱財賦？奥區悉取辦田農拙業，察其去來之性，時其蓄洩之宜，則兩者俱利；苟爲不然，則兩者俱病矣。江南地勢，雖若平衍，然西北高而東南下，自京口以至武林，其高卑豈止尋丈計？常、鎮居西北上游，灾惟苦旱；蘇、松、嘉等郡處東南下流，灾常苦潦。

昔年，夏忠靖公合四郡之力，以疏吴淞江，取其洩耳。又合四郡之力，以鑿孟瀆河，蓋取其納焉。水勢可槩覩矣。自吾一郡言，則武進、江陰在北，無錫、宜興在南，其旱潦疏浚又可推矣。吾郡之水，其流者，莫長于江，長則源流不竭；其滙者，莫大于震澤，大則儲洩有餘。況惟運道直貫其中，或綂其綱，或職其緯，殺獨盛之勢，集衆趨之流，實利多而害少者也。吾郡所分屬一佰六十餘里，所藉疏浚，其實無幾，倘能一浚而深，可保百年無役，何也？岸堅而水多也。奈何水曹賣富差貧編夫輒至縣，且利在速成，傍岸之泥，必不盡去，河底之淖，何必甚深，則屢疏而數壅，不可知矣。此以運言也。

若灌溉之利，則兩涯得利人夫，足以給之。勤惰不齊，則官司課督之而已。丹陽、吕城而下，張店鋪始入郡界，爲武進治地，十里至奔牛，十五里至連江橋，五里至新閘，十里至郡城西水門。昔年漕河出入東西兩水門，貫城而行，官民之舟，晝夜不息。至嘉靖末倭亂，江南難于防守，始以城南舊濠爲運道，既而又築文成壩，東始入運河故道。去十里至丁堰，十里至戚墅堰，十里至横林，十里至五牧，爲無錫治地，與武進分界，十里而洛社，自郡城而下横林、洛社，民居甚密，河道稍窄，棄灰游泥，足墊塞道。秋冬之間，時有阻滯。十里而潘葑，十里而高橋，十里而無錫。其先，無錫南城圮，舟北貫縣而東行，嘉靖末，亦以備倭築城，運道遂遶城之西而出，其東南二十里而望亭，與蘇之長洲分界矣。此一伯六十里，乃爲運河正道。江南水鄉，故多枝流。張店鋪至郡城，枝流之大者，北出者三枝，南出者二枝。

其北出者，一曰孟瀆河，則自奔牛而分者，北貫孟河城而出江，凡三十里，即孟簡所鑿，夏忠靖合四郡之力而浚之者也。萬曆初，説者以京口漕至儀真，逆流而上者六十里，未爲安流，欲于孟河對泰興而渡，不知至此已濶，即截流而渡，亦六十里矣。風波更險，盗賊出没，無問白日，其議乃絀。然旱歲頗得其利，令人守孟河閘，潮至而啓，潮平輒閉。其流可以六十里至郡兩岸，灌田不計其數。

一曰德勝新河，則自連江橋而分者，繇大河直達于江，又分而爲剩銀河、小河、戲龍河、小龍河、白龍河，昔皆通江，今悉湮閼矣。令其如孟瀆之閘，未必不獲孟瀆之利。無奈其渾濁之易壅也。惟養濟河、花塘港、延壽河、安寧河、太平河，東西如織，皆通德勝新河于孟瀆，或可因孟瀆以收江潮之利耳。

一曰北洞子河，自新閘而分，繇顔塘河北出澡港，以達于江。細流會之者甚多，利大、通濟亦附焉。西河洞以東，冗雜細流，不足紀述。惟自郡北出，以通江陰，與江陰支流相錯，須合江陰言之，俱别見江陰。

其南出者，一曰直瀆，分于奔牛東三里，又東分爲官瀆河，又東分爲南洞子河。蓋與北洞子河相對而分者也。又東分爲海子口河，官瀆先合于南洞子，又合于海子口河。西南行始，與直瀆會于三溪口，入鳴鳳鄉爲鳴鳳河。又南行數十折入欽風鄉爲白鶴溪。始雖分而爲四，終合于一者也。惟洞子河分流一枝，東行至東戴，而横林出孫塘橋，注南運河之徐湖，洊其流雖微，亦運河通南運河之一路也。

郡城西，自古稱西蠡河，即南運河。運河南出之最大且長者。自所橋南出普濟橋十里而至陳渡橋，六里而至游塘，四里而至丫河，十里而至萬塔，十里而至塘洋，十里而至寨橋，十里而至鍾溪西蠡河，至此實爲武進、宜興分界。鍾溪以南十里而柵頭，七里而河橋，三里而塘瀆，十里而計亭，五里而湛瀆，五里而十里牌，十里而宜興縣。此宜興、溧陽之運道也，故曰南運河。南運河至丫河，適與西滆湖相直，故其中一股出入于西滆湖，名蠡瀆港。西股則循湖之西爲孟涇河，西曆懷南、欽風、大名、棲鸞，尚宜五鄉九十里極湖之南，而與金壇、宜興分界，其間枝流如下簏、垂虹、郯邨、下溪、佘澤、平原、孝感、遺柯、市、奔張河，諸河瀆雖長短小大不同，要之皆直入西滆湖者，即白鶴溪亦繇垂虹入湖矣。

然孟涇一河，乃鄉人畏滆湖之風波而鑿之者，與河瀆之入湖無礙也。自蠡瀆港分流遶湖之東南以至宜興，皆南運河也。滆湖之東，運河之西，其間如白魚灣、龍門港、大洪港、龍蕩港、普安港、楊桫港、楝樹港、湖瀆港、唐瀆港、莊瀆港、馬塔港、湛瀆，亦長短小大不同，要之皆直出西滆湖者。

竊嘗聞形家言，始知此有西滆湖之故。蓋以丹陽之水，初不直下武進，繇七里橋入荆城港，至金壇會洮湖，又會武進西鄉入湖之水，不得不注于西滆湖，以入震澤。故不特大勢向東南，其散流曲港非折而東，即折而南，其去郡城，已十六七里，無不自郡城之西，遶郡城之南，而東出者。未至丫湖五里有沙自東來，名曰徐湖尖。蓋徐湖洊中之沙也，分南運河而爲二，一股仍爲南運河，一股繇徐湖橋而東，繇浮蕩降子豐城三橋入采菱港，出安定橋，以合于運河，又繇社橋分一枝達之上店河，曰長溝，此南運河東流之第一枝也。其一青龍河自萬塔河，合三渦溪，至查冠橋，入青龍河，至老鴉浜，亦北合采菱港。其一順龍河，舊名柘塘河，自塘洋港引入，延袤五十里，亦通走馬塘。老鴉浜、走馬塘，皆采菱港之南流也。大抵采菱港爲郡東運河初南出之枝，直南而行，雖其枝流不一，稱名不同，要之直通新塘下埠而入于震澤者。故西來諸水，未有舍之，而取他道以入湖者。

矧自此而東，曰戚墅港，繇虞橋洛陽戴埼，以至華渡節節與采菱港諸河會，再東則繇飲馬河入南北陽湖，節節與戚墅港諸河會，亦至下埠入震澤。再東則爲無錫界矣。南運河未至鍾溪五里曰老鸛嘴，過鍾溪五里曰官才瀆，其入口雖相去十里，均之皆合于曹橋運村而東行，以入華渡百瀆者。過此而塘瀆一枝，則出計山之北，其流甚微，繇官渡橋南入陽山渰湛瀆，一枝則出計山之南，其流甚大，繇下培渰南入陽山渰，并出竹山，以入震澤者也。

蓋宜興兩脇皆水，西曰西氿，東曰東氿，水以氿名，以其長九里也。西氿凡三，合二十七里。東氿凡二，則一十八里。悉從西北趨歸東南入湖。蓋荆溪本係江南最下之地，故銀注未築之先，長江之水不盡趨其下流，而采石引宣歙九陽之水，徑趨宜興。故宜興十年而九潦，浚百瀆以歸震澤，浚三江以瀉百瀆。單鍔之議，所以汲汲也。東壩既築，上流之灌雖少紓，而金壇、溧陽之水猶集，卑窪之形勢則固在也，兩氿之風波則固在也。西氿南北必繇西氿以入，縣多苦覆溺。

成化間，宜興知縣袁道自五洞橋至土圩，鑿河凡五十里，名曰後袁河，蓋對漢之袁圯而并稱之者。西氿以南之民，可無涉氿矣。自萬曆初，水利御史林應訓再開氿北之内河，繇城塘橋以東蕭家浜過鎮塘、南塘二橋，槿村程墅常富，抵張思橋、福德橋，凡三十里入南運河，以便溧陽之運。而氿北之民，可無涉氿矣。東氿之長減西氿三之一，廣減二之一。故嘉靖間，知縣馮惟訥常浚通澤河，西接荆溪，東連震澤，而東氿之險可避，然西鄙之水，必盡入東氿，而後可以出震澤。縣東南五十里有定跨烏溪，蘭後三港，似爲宜興下震澤正路，湖南來之水，與溧陽洮滆西來之水，適于此蓮花蕩之汪洋渟泓，足以容蓄，乃以湖盜之縱横，湖商之逃税，遂從而閉之。北行二十里，東出一枝曰横塘，傍震澤而行，循横塘以東過陳橋、周鐵、下洙至下埠港，相去九十餘里，皆有瀆入震澤。往有百瀆，今僅七十餘瀆。蓋上游之來水既緩，則下流之疏浚自怠，恐將來更多堙塞矣。

然如陳橋、周鐵、下洙一帶，水勢甚大，不易闕耳。竊嘗計之，武進下無錫之水，僅可十三，諸港下震澤之水，當十七，宜興下震澤之水十六，繇武進下震澤之水亦十四。則知宜興之獨爲低下矣。武進與江陰相錯之河，首曰通江河，蓋至通江河，則西河洞臥龍橋所橋諸小水俱會矣。直東而行爲武進入江陰通渠曰綱頭河，《郡志》謂其延袤六十五里，恰盡武進入江陰界矣。乃地圖又稱爲北順塘河，豈一河而後先異名耶？

其南分運河而通綱頭者三，一曰平塘港，自水平橋至倉頭入綱頭河。一曰丁塘港，自丁堰至洋頭橋入綱頭河。一曰戚墅港，自戚墅堰至三山港截綱頭河而入江。三河惟此爲最長，合衆流爲最多者也。綱頭河北出通江者有七，其一自倉頭河分枝，出龍窟港，北流入依仁鄉曰澡港，自蔣林橋分派至錢家橋，仍合本河，曰利大河。自下象橋分派至小劉橋，仍合本河，曰通濟河。其一未至鄭陸橋三里，北出一枝，曰王汀，分而爲二，一出王汀，一出桃花港，通江陰，立埭河五里入江。其一自楊頭鄭陸居涇口直東北行三十里入江，曰利港。其一自鄭陸北出，曰蘆埠港，二十五里入江。其一自後塘橋東北入江，曰申港。流皮港南來，接之東北入江。一自三山石堰東北入江，曰新溝。一自東姑出，一枝北行爲九曲河，又自聖堂橋分一枝，至麻皮橋，與九曲河會而北出江陰大君橋曰舜河，東出則繇孫公橋，會三山港，出江陰虞門橋，曰龍溝河。

其北通綱頭河，分派而南者六，一自白洋橋東，曰百丈河。一自後塘橋東，曰興龍河。一自三河橋東，曰陳湖港，又東曰夾涇。一自周濟橋東，曰王家港。皆不能南通運河也。一曰經河，在繇里山西南自石撞引五瀉堰過青暘，北至山塘河口，接夏港。一曰塌水港，西南自楊淮口而東北出月城北，以達于經河。一曰崇溝，在秦望山陰，又名北山塘。河自三山石堰東行二十里，達夏港。一曰新涇，岑村西南三里，繇崇溝合夏港，以達于江。一曰漕港，自四河口分流而行，折而北二十里，出山塘河西口，達于石堰、武進北界。盡矣，大都諸流皆合之爲江陰運道者也。

江陰運河在縣治，南北引大江入黄田港，横貫縣城，南行截蔡涇畲村青暘七十五里，達五瀉河，出無錫之高橋，與運河合。其南出之枝，一自青暘出武進之横林，一自楊岐河出石撞，通無錫之洛社，皆先與運河合。此地皆昔年之芙蓉湖，今皆成田矣。江陰運河以東之水，莫大于横河。自回塘堰接黄田港出東水關，横亘東北境七十里，入常熟界。次之爲長河，即應天河也，于縣城分横河南流折而東西，北至磨盤墩，通黄田港，東南至北角，接清水塘入常熟界。

其永安河、觀莊河、清溪河，皆東入蠡湖，以備旱澇。又皆自西而東，通長河于横河者也。長壽河在時山東南，分長河之枝，至時山西，復分爲二，北一枝繇涇馬涇入斜涇，以合于九里河。南一枝繇流黄入楊岐河。又飲馬鎮河，繇界涇通高陸堰。倪塘河則繇清塘而東南，至顧山，入無錫界。泰清、直塘、馮塘、湯村，皆長河之分枝也。

無錫于運河之南，則接武進界曰雙牌，東引運河至神護鄉，入陽湖港。于運河北，則接江陰界曰蓋塘港，在縣北興道鄉，自咸塘西爲鄒祁河，至興寧界口名蓋塘尖爲蓋塘港。行二里許，與西瓜瀆，接江陰界雙牌之東，曰直湖港。在青城鄉，東引運河西北入直湖。又東曰雙河，引運河過錢橋，越布政鄉，貫直湖港，南下震澤、無錫，繇郡城至宜興，水道二百餘里。自雙河取道華渡，百四十里可至宜興矣。蓋二縣皆在郡南故也。

自雙牌以下四港，相去不遠，故或會于陽湖，或會于直湖，皆繇慧山之西以入震澤者。慧山之泉，聚爲梁溪，北入運河，繞慧山自開原數里，過仙女墩折而西南行，分而爲二，東曰大渲瀆，西曰小渲瀆，中隔平壤，相去五里許，南行十餘里，會于清祈瀆，稍南爲長廣溪，長三十里。廣里許，受陽明開化諸山之水，北合五里湖，南合洪丘瀆，并清祈瀆，則赤城溪、新安溪、唐于瀆，無不會矣。而後入于震澤蠡湖，凡八十五里，則爲孟瀆，亦謂之蠡瀆。東接運河，西合梁墓，涇南行十餘里至蠡湖，南入赤城溪，自蠡口分流而行，已入唐于瀆矣。

況東葑瀆，在縣西二十里，已引運河西入蠡瀆乎。則是錫邑之水，南下蘇州者，不能三分之一，而西趨震澤者十分之七矣。去城北二里，有閘口河，舊從五瀉口來，宣德間始鑿之，繇顧城南至蔡家渡，分而爲二：其一循城而東，越景雲至梅李鄉而入于百瀆。其一東流越膠山鄉，而與宅仁鄉新河北接江陰，俗謂之南北興塘河。無錫之水，自邑東而延于西南，莫長于此者，幾繞四境而遍之矣。又徐察之宅、仁與張涇一帶，乃無錫所稱高阜，水無逆上之理，北興塘東受江陰之流，而入南興塘者，人自邑出，適據其中，故以分而爲二，不知其高下必有分矣。

其咸塘、嚴埭、張塘，大都在縣東北盤旋，分合于興寧。天授間，而接江陰之流者爲多。鴨城河在縣城東梅李鄉，分自運河，至景雲出江陂橋，越梅李上福，至延祥而止。在景雲者爲王莊橋河、江陂河，在梅李者爲新塘河、爲鴨城，在上福者爲信義瀆，爲杜家河，亦名太平橋河。至延祥鄉，蓄爲謝蕩，引流至甘露，分而爲二，過濠橋，一繇月河，皆東至濠湖，即俗所稱鵝肫蕩也。其破塘、潭塘、斷塘、橫塘，皆在縣之東。破塘則自鴨城分流，越泰伯而入蠡湖，潭塘則自鴨城分流北行爲劉家河，截興塘新河，接斷塘，則太平之別脈，南至延祥入于濠湖，橫塘則信義瀆之旁注於北者，東貫走馬塘爲芙蓉塘河。至懷仁鄉，爲盛塘河，入常熟界。

大都天下之物，恒爭于其所不足，而棄于其所有餘。洛社以北，疏浚竭人力而不敢告勞。洛社以南，則運河未嘗告澀，有餘不足之明驗也。十里之間，水之有餘不足頓異，豈無錫受江陰之流獨多邪？抑無錫之低下，與震澤平耶？不獨橫浦、獨山、豆塘諸門，與湖灌輸，而開原、富安、新安、開化、揚明，歷五鄉九十五里，處處與湖通，而水反有餘，非以其平故耶？昔人以邊江諸閘，爲瀉內地之水。昔姚文灝獨以爲納江洋之流，或未覩潮汐之故，高下之形者也。江南之高下，原不相懸，江潮之來，至以尋丈。數日不雨，深流或至膠舟；浹旬而霖，平原苦于沉竈。則知內地旱、江潮必能遠入；內地潦，則諸港必能速瀉。雖震澤主于滙，亦能內灌以濟旱，況于江乎？西風可以決湖水而東流，東風可以決湖水而西注，況水之有旱潦乎？察此可以知蓄洩矣。乃者南運河之淺議，起武、宜兩縣之夫一十八萬以浚之，具呈撫按，已有定議。人心皇皇，如納穽。知府劉廣生察其故，仍用築壩戽水之法以灌之，夫不千人，役不再旬，運舟宴然，過于枕席之上，而民弗知矣。

又《武進縣河渠說》《吳中水利全書》卷二〇 武進北濒大江，南介滆湖，東偏震澤，而中以漕渠一帶，西受京口、雲陽諸水，遶郡城而東注之，其所蓄洩吐納，不惟國家漕計特重，諸郡旱潦實係之。此各支河之通塞啓閉，不可不講也。

考邑地形西北高、東南下，高田苦無水利，在蓄之使合多爲陂塘，厚儲深蓄，勿使洩而溢之外。低田苦多水利，在導之使分，多爲圩堰，渠穿股引，無使潰而入于內。本縣高鄉陂塘溝渠不下千數，低鄉圩堰數亦相當，誠使陂塘時浚深濶，小旱足供車挽，小有霖潦亦足蓄貯。上水既留，下水自少。故論一邑之水利者，當以治西北爲先，而論東南之水患者，尤當以治西北爲要也。

又《無錫縣河渠說》《吳中水利全書》卷二〇 無錫河以千百數，惟梁溪爲大，梁溪之外爲溪者以十數，惟長廣溪爲大，運河之水自京口建瓴而下，兩溪受之，以注太湖。湖水演漾鐃蒲葦蠃蛤之屬，民茭牧其中以爲利，或築爲田。異時兩陽湖滙爲巨浸，芙蓉五步皆湖也。今湖旁皆有葑田，湖流甚微，而芙蓉則已圍而爲圩矣。

萬曆間，官出水衡錢，募夫築堤，搴茭塞罅，而下竹以爲楗，最爲鞏固。其堤面濶丈有咫基倍之多，置閘堰于上，閘以啓閉，而堰用置車，其車有用牛者、用帆者。牛一日灌百畦，帆則随其風之所向而設機轉之。澇則導圩之水而注之河，旱則引河之水而灌之田，歲即大祲，此地獨熟，畝可入三鍾，厥田上上，而厥賦下下，民所以有攤税之議也。

考邑東南諸鄉最爲汙下，宜略倣芙蓉之法，厚築堤防，而堤之外雜樹□葦蒹葭以爲堤衛。西北諸鄉稍高昂，則多爲渠塘陂池，以厚蓄其水，而備車挽，淤者浚之，淺者深之，有田而無塘者鑿之，通其源于大河，而輸其委于溝洫，湖即在數十里外，而業已浚之使出，亦可引之使入，獨不能藉其升斗之潤，以助雨澤之所不及乎？

至于運河兩岸，南派屈從諸港以注之湖，北派屈從諸港以達之江。而洛社橋跨運河之上，爲漕渠之孔道。其地稍昂，河流易啬，商艘滿載而來者，至此率多起剝。市民習剝淺之利，多置小舠以爲奇貨，或有意擲磚石以阻其流。船或稍壞，小舠蟻附，争爲起剝主者，勢旁午不及周顧，則駕之他竄矣。謂宜乘水涸之月，一大浚治，嚴其磚石之禁，驛路之坍塌者，橋梁之圮壞者，以時增築，使民不患于涉，而田亦藉之爲衛。此職水衡者，所當加意也。

若夫城市之河，市民資以謀生，而鄉民繇之輸税。往時積漸淤塞，箭河凡九業，已湮其八，今所存者，唯弓河之一綫，設今不治，則寘河之碑，將遂爲山巔之石。其無等居民之泥沙，爲精衛之填也，而忽之哉？今冉涇里第三箭河業已開通，乘此將已湮之河盡行浚鑿，俾皆可通舟，亦一便也。但所浚之泥，仍寘之河濱，濶則民占以爲基，狹則土復歸于河。量責得利之户，載土填岸，補其坍塌，則河以浚而通岸得土，而固鄉城兩受其利矣。

又《江陰縣河渠説》《吴中水利全書》卷二〇　江陰則運河自邑南迎無錫五瀉河之水，過青暘鎮畬市，而會于九里河，從九里河屈曲而北抵朝宗門南水關入城北，行過杜橋、聖母橋、周橋堰橋，又從華橋折而西過安利橋、坊橋，而至虹橋，水分二派：一派北經城隍廟之旁。而東遶于廣福寺萬壽山之後。一派西南行，過文亭橋者，遶學之後，過鴻漸橋者，環學之前，而總會于善政橋，折而北通倉河以出北水關，繇黄田港以入江。城外之河，循城東西，互相迴轉，俗謂轉河，即城濠也。轉河之外，邑東之河，縱横旁午，相錯如織，而横河長河，實相經緯。横河從縣市東堰，北貫黄田港，出春暉門東流，令節港而横亘于邑之東北。長河從南門運河支流，繇東望橋屺山橋東南，至北角出清水塘。此兩河者，諸河入江，此爲之輸。諸河出口，此爲之導。蓋所謂河之咽喉也。

自九里河南至蔡涇閘，水分爲三，曰三河口。東派繇蕭其橋、高岸橋，抵常熟界。西派繇秦望山、茶岐山，抵武進綱頭河。中派即前出青暘鎮之運河，其從邑東之港而入江者。黄山港、石牌港、東西雷港、蔡港、范港、令節諸港，其從邑西之港而入江者，夏港、流皮港、申港、蘆埠港、利港、五斗桃花諸港，其南通者。無錫爲轉水河、高六堰、五瀉堰、洛社河，武進爲水礎河、丁堰河、陳墅河、黄汀堰，此數處皆分運河之支流，以入于江陰。而要其所入之路，即爲所出之路也。總之，江陰之水，皆以江爲壑，而江潮之漲，則有時貫入于諸河，姚文灝論之詳矣。故其水有二：北自黄田港流注諸河達于境，謂之江潮。南則太湖梁溪之水，溢于無錫之運河，自五瀉諸堰而來。西則丹陽、練湖、白鶴諸溪之水，溢于武進之運河，自黄汀諸堰而來，達于境，謂之河水。

夫水之來也，有所受而後水能爲利；其溢也有所泄，而後水不爲害。四境之内，其在東也，凡爲溝港涇者十三，曰鰣魚港、趙婆港、白沙港、石牌港、石頭港、西雷溝、東雷溝、蔡港、私港、范港、谷瀆港、令節港、界涇。惟谷瀆港、蔡港、石頭港爲大，其港身袤四十餘里有差，口北通大江腹裏，南通應天等河，跨崇仁、寶池、清化、化城、白鹿五鄉，資溉民田最博，横河貫其中，不治則有旱患。其在西也，爲河港者九，曰夏港、流皮港、新溝河、申港、蘆埠港、利港、立埭港、五斗港、桃花港。惟申港、蘆埠港、利港爲大。其港身袤三十餘里有差，南通武進綱頭河，北口通大江；跨永陵、良信、來春三鄉，民田多賴爲利。中有順塘河横亘其間，梗塞不通，歲旱益甚。其崇溝河長十六里，隸來春，沿秦望山下，通南山塘河，河潤水溢，山水迸發，田没無救。旱時田岸瀉鹵，朝皐暮竭，用力多而見功少，則水旱均足患矣。桃花港近利大河，與武進半之。通則分受其利，塞則均受其害。其在西南，則青暘一鄉，有前渟塘、九頃圩、後渟塘、三尖圩、謝莊村等處最爲窪下，多被水災。其次塌水港，河口淺隘，中流微細，遇旱稍患之。餘壤沃肥，種秔稻，歲入畝可一鍾，旱患不及。其在東南，是爲東順、西順、長壽、鳳戈、金鳳五鄉，田多高昂。湯村、東新、南新、李岸、官禄、倪塘、清溪、太清、長壽、直塘諸河聯絡其中，疏之則治。其馮涇河約袤十里，界蕭岐、花塘、高岸、上廟堂四處。河身狹小，西通經河，東通長壽河，流波俱不能納，此又水旱俱患者也。傍有黃天宕，地形下，土性疏，惡水至瀰漫，其害尤劇。

凡高昂者，利江潮之灌注，凡低窪者，苦湖水之泛溢。江潮繇諸港以入，而衆河爲之接引；湖水繇諸港以出，而衆河爲之受瀉，此其大較也。支分而委治之，則存乎其人。前輩鑿河穿渠，縱横曲直，灌注輻輳，各有條理。故通溝瀆，蓄陂澤，所以備旱也。觀地形，令水工準高下，開大河，泄暴水，築田圍，所以防潦也。江陰河港，潮沙易壅，沿江去處，間嘗設閘，而力不能守，終至于廢。又懼勞民，數年而不一浚，棄河爲榛莽。夫有河而不能浚者，過，不能浚河而并棄其河，抑又過。今宜考潮沙壅積之處，次第疏浚之。如某河某港淺淤，宜五年而一開，某河某港淤稍深，宜三年而一開，計用夫力若干，工食若干，每歲徵収導河夫銀兩，不得別項支用，畫以一定之數，立爲循環之法，而官所不足者，臨時復責之，近便得利人民，利其灌溉，相率開浚，雖勞而不以爲疲矣。

又《宜興縣河渠説》《吳中水利全書》卷二〇 宜興之水，西接溧陽，西北接金壇及洮、滆二湖諸水，繇西溪以入縣境，下注東溪，分流于百瀆，以達具區，而入江入海。愚按水利之在一邑，恆與邑之形勢、時之雨暘相爲倚伏，顧所以經理之者，不必循習舊聞，務爲迂遠，惟在因其原隰之高下，權其事宜之緩急，相時度力而爲之，則民易使而事可舉，功易集而效可臻。

宜興境土，右高而左下，西鄉居其上游，且河之經流不甚浩大，而支流又多淤澀，遇夂旱則山水横流，遲洩而易盈，禾輒渰沒。遇夂旱則河流縮隘，直洩而易涸，禾輒枯槁。東鄉雖居其下，而瀕臨太湖，歲潦則有百瀆以分洩，歲旱則可沿流以車戽爲患，頗殺于西鄉，此特論其常耳。設夏秋淫雨，則諸山洪水驟發，如發于張渚等山，則水患在西，發于湖㳇等山，則水患在東。此又不可以執一論也。茲欲圖夂安計，但當于高阜之所及時，令民疏浚河道，若河道不通，土壤廣博者則穿爲深塘，蓄水備旱。大約每田二十畝内穿塘二畝，其所折田二畝，分派于十八畝之中。每畝各受實田九分，仍令不失二十畝之額。其低下之所，多是圩田，在東鄉，則圩之大者，不過百畝，小者僅數十畝，只須令民歲加修築，塍岸固完，縱暴水浸溢，而禾苗亦可并力戽救。若西鄉圩田，其最廣博者，動經數千畝，縱塍岸延亘堅完，然積漲瀰流，難施車戽，則當令民多穿溝洫，或如高田深塘之制，各從其便，團爲埂塍，任其折田多寡，界作小圩，如東鄉款段，俾民易于分力車戽，其所折田額，亦如前法補之。

凡此之役，鍬鋤畚鍤，丁夫口食，不必仰給于官，而百姓可以出己之力，稔己之田，捐目前之小費，獲永遠之大利。夫誰曰不可，但無以作率之則，終于因循，難于慮始。今若專委良水衡，視民事如己事，每乘農隙，親履其地，召集父老、田工商確利害，經度規畫，一切聽其便宜從事。雖于大家巨室，不得少狥，計畝出力，計程立期，處置公平，將人人樂赴，誠所謂因民利而利之，而上不費，擇可勞而勞之，而下不怨也。審如是，則何功不就，何利不興，即有旱乾水溢，庶可以無患矣。此爲宜興水利之大略云。

明 章潢《圖書編》卷一二五《浚渠》 凡川澤之水，必開渠引用，可及于田。考之古，有溝、洫、畎、澮，以治田水。《書》云：浚畎、澮距川是也。逮夫疏鑿已遠，井田變古，後世則引川水爲渠，以資沃灌。按《史記》：秦鑿涇爲渠，又關西有鄭國、白公、六輔之渠，外有龍首渠，河内有史起十二渠，范陽有督亢渠，河北有廣戾渠，朗州有右史渠，今懷、孟有廣濟渠，俱各溉田千百餘頃，利澤一方，永無旱暵。所謂人能勝天，豈不信哉？後之人有能因其地利水勢繼此而作，益國富民，可見速效，凡長民者，宜審行之。

又《論浚渠築堰》 禹之治水，不過曰『決九州距四海，浚畎澮距川』而已，而天下之言，智者莫踰焉。何哉？《洪範·五行》：『水曰潤下。』知水之性潤下，則知禹之治水矣。是故先決九州以導於海，使水之大者有所歸；次浚畎澮以距於川，使水之小者有所洩，此所以『九州同，四隩宅』，而萬世永利也。商之衰也，五行之官，世失其業。周人始命遂人十夫爲溝，百夫爲洫，千夫爲澮，萬夫爲川，而溝洫之制始立。稻人以潴畜水，以防止水，以溝蕩水，以遂均水，以列舍水，以澮水，而溝洫之制益詳。至於匠人氏又辨其深廣之度，而通其蓄洩之宜，其法可謂盡善矣。然周人豈夷陵谷而爲之哉，亦不過因其自然之利而修伯禹之故而已。周之衰也，遂人、稻人、匠人之官又世失其業，列國之君皆自利以病隣國，暴秦之興又廢溝洫開阡陌而水利廢矣。是故孫叔敖起芍陂，則楚受其恵；文翁穿口，則蜀以富饒；史起鑿漳水於魏，則鄴傍有稻粱之詠；鄭國導涇水於秦，則谷口有禾黍之謡；許景山復蕭何之故堰，則興元之荒瘠復爲膏腴；趙尚寬修召信臣之故渠，則南陽之瀉鹵變爲沃壤。之數君子者，孰非因其自然之利而修其已然之法哉！謂之得周官之遺意亦可也。

伏惟我國家司空有總職，水利有專官，省以督之府，府以督之縣，而縣之陂塘圩堰又莫不有長，重以憲臣之稽察，皆以愍恵元元而興水利也。然遇水旱民輒告病者，是必有其故矣。此無他，陂塘圩堰之長，皆失其業，而郡縣長吏，又莫之省憂故也。欲修《周官》之職，加疏浚之功，通灌溉之利，絶湮没之患，甚盛心也。愚則以爲周官之職，不可卒復，而溝洫之遺意，尚亦可尋。《周官》曰『溝必因水勢，防必因地勢』。蓋溝以導水，不因水勢則其流易壅；防以止水，不因地勢則其土易壞。爲今之計，莫若申飭郡縣長吏，督率陂塘圩堰之長，察水勢之曲直，原地勢之高卑，可堤則堤，可決則決，因陂塘圩堰之舊，加疏浚、築塞之功；而又嚴侵占之禁，明考課之法；則灌溉之利興，漂没之患免矣。雖然，賈讓有言曰：『立國居民，疆理土地，必遺川澤之利，分度水勢所不及。大川無防，小水得入，陂障卑下，以爲圩澤，使秋水多得所休息，左右游波，寬衍而不迫。』此誠萬世水利之上策。

清 王全臣《上巡撫言渠務書》（乾隆）《甘肅通志》卷四八 唐、漢兩渠，寧夏民命攸關。康熙四十八年正月內，蒙飭水利都司王應龍盡力春工，而令職全贊理其事，幸覩成效。兹冢以各渠情形及修浚利弊下詢，謹詳陳之。

寧夏，古朔方也。黄河遶於東，賀蘭峙於西，相距或四五十里，遠者亦不過百餘里。南至唐壩堡之分守嶺，北至威鎮堡之邊墻，僅二百七十五里，延袤不甚寬廣。而所屬寧夏衛，并左右二衛及平羅所共轄五十二堡，約計田地九千八百二十九頃有餘。其正供除麥餜等項，納銀二千六百五十兩有零外，田土之賦計納糧九萬八千三百八十餘石，納七斤穀草并年例秋青草共三十八萬三百餘束零，納壩草六十一萬零，納地畝銀八百六十餘兩，其湖灘又納潮鹻銀一千五百九十兩，賦亦綦重矣。況地大半盡屬沙鹻，必得河水乃潤，必得濁泥乃沃，古人於黄河西岸開浚唐、漢兩渠，誠萬世利也。

四十七年春，職全蒞任之時，值春工方興，隨本道鞠宸咨，親詣各渠細勘。竊查黄河自南而北，其入寧夏之處，兩岸俱係石山，名曰硤口。河初向東北流入硤，微折注於西北不一二里，即仍向東北出硤。硤之盡處有一觀音堂，古人於此傍石山之麓開唐渠一道，渠口寬十八丈，深七尺。至明代，寧夏道汪文輝於右衛之唐壩堡距渠口二十里建石正閘一座，閘之外建石退水閘四座。正閘下入渠之水，以五寸爲一分，止以十分爲率，水小則閉塞退水各閘使水入渠，水大則開退水以洩其勢。其正閘係六空，西四空爲唐渠，東兩空爲貼渠，每空各寬一丈。唐渠自閘以下，西北至玉泉橋，名曰上上段，寬八丈，深三五尺，長五十里。自玉泉橋向東北流，復微轉西至良田渠口，名曰上段，寬七丈，深五六尺，長七十里。自良田渠口西北至西門橋，名曰上中段，寬六丈，深七尺，長四十里。自西門橋西北至站馬橋，名曰下中段，寬六丈，深七尺，長六十里。自站馬橋北至威鎮堡稍止，名曰下段，寬三丈，深三四尺，長一百三里，合計共長三百二十三里。其貼渠一道，寬三丈五尺，深六尺。至郭家寺地方分爲兩稍，一至漢壩堡稍止，長四十里，名曰舊貼渠；一至蔣鼎堡稍止，長五十里，名曰新貼渠。此因唐渠正閘之東岸地土甚高，故引此渠。雖閘分兩派，而實與唐渠同口，蓋唐渠之附庸也。

渠兩岸之堤，及堵水之壩，俱名曰湃。沿湃居民挖小渠以引水入田，名曰枝渠，大者或百餘里，小者或數十里及七八里不一。各於湃上建小木閘，以便蓄洩，名曰陡口。唐渠東西兩岸共陡口四百三十六道，舊例百姓有田一分者，歲出夫一名，計力役三十日；又納草一分，計四十八束，每束重十六斤；又納柳椿十五根，每根長三尺，此輸將定額也。其或需用紅柳、白茨、席萁，則於草內折收，每草一分折紅柳四十八束，或折白茨，或折席萁，亦各四十八束，每束重七斤，總名曰顔料。或石灰亦於草内折銀燒造。每草一束折銀一分，其草曰壩草，以備於險要處和土築湃及啓閉各閘堵叠渠口也。椿曰沙椿，或釘閘底，或釘湃岸，使土堅固也。渠内水衝之處必用土草築一墩以逼水，而外用紅柳、白茨護之，更釘以沙椿，名曰馬頭。席萁則繩纜之具也。或修理閘底，亦必用紅柳、白茨鋪墊，而以沙椿釘之，乃蓋以石條，使無沖動之患也。每歲河凍之時，將渠口用草閉塞，名曰捲埽。至清明日，派撥夫役，赴渠挑浚，各官分段督催，以一月爲期，名曰春工。至立夏日，掣去所捲之埽，放水入渠，名曰開水。開水之後，田地澆灌，其法先委官閉塞上流各陡口，以逼水至稍，其名曰封。封之之際，各陡口仍酌量留水一二分，其名曰俵（俗作表）。迨水已至稍，乃開上流各陡口，任其澆灌，既足，又逼令至稍。封與俵周而復始，上流下稍，皆澆灌及時也。唐渠貼渠，原灌寧左右三衛及平羅所共三十四堡，田地六千二頃有餘，衛所各官分段封俵，一歲須輪灌數次，乃獲豐收。

至於漢渠，在唐渠之下左衛陳俊堡四道河口地方，距唐渠口三十里，地形低窪，直迎河流，水勢易入，其渠口寬三十一丈，深七尺五寸。明汪文輝於漢壩堡距渠口十二里建石正閘一座，計四空，每空寬一丈，閘外建石退水閘三座。自正閘北至唐鐸橋名曰上段，寬五丈，深六七尺，長六十五里。自唐鐸橋西北至張政橋名曰中段，寬四丈五尺，深六七尺，長七十五里。自張政橋北至殷家夾道稍止名曰下段，寬三丈，深五六尺，稍末寬一丈，長九十八里，共長二百三十八里。渠之東、西兩岸共陡口三百六十九道，原灌溉寧左右三衛所屬十八堡，田地共三千八百二十七頃有餘，後因開導西河，水勢變遷，何忠堡竟隔在河中，各自開引小渠，灌田三十餘頃。今漢渠止灌溉十七堡田地共三千七百九十七頃有餘，其挑挖封俵與唐渠一例。此渠得水甚易，而又稍短田少，所以通利如故。比年以來，唯唐渠淤塞過甚，瀕於廢棄，居民雖紛紛借助於漢渠，不過稍分餘瀝，地之高者竟屢年荒蕪，而漢渠亦因以受困。

職全細按唐渠之大病有三：一、苦於渠口之不能受水也。相傳先年唐渠口下河中有一石子沙灘，障水之勢以入渠。厥後灘漸消沒，河流偏注於東，而渠口竟與河相背，其入渠者不過旁溢之水耳。水之入渠也無力，遂往往有澄淤之患。一、苦於地渠之不能通水也。唐壩以下，自杜家嘴至王泉營，盡係淤沙，每大風起，輒行堆積。唐渠經由於此，實爲咽喉，向者以風沙不時，旋去旋積，遂相與名曰地渠，蓋因兩岸無湃與平地等，故名之也。此處自來不在挑浚之列因循既久，竟致渠底與兩岸田地齊平，甚有渠底高於兩岸田地者，較唐壩閘底約高三四尺，河水泛漲時，入渠之水，非不有餘，乃自入閘以來，至此阻梗，由是旁灌月牙、倒沙兩湖。迨兩湖既滿，然後溢於渠内，徐徐前行，不知費幾許水力，經幾許時日，乃得過玉泉橋也。況有此阻梗，水勢紆回，水未前行，而挾入之濁泥已淤積閘底數尺矣。一、苦於渠身之過遠也。水之入口者，原自無多，而又苦於咽喉之不利，以有限之水流三百餘里，供數百陡口之分洩，其勢自難以遍給。若遇河水減落，則束手無策矣。

唐渠有此三大病，而又加以年年挑浚之法，積弊多端。如渠夫渠草，除紳衿優免外，豪衿地棍及奸胥猾吏肆意侵蝕，每將百姓應納草束、沙椿折收銀錢，代爲買備輸納，名曰包納。草則多係朽爛，椿則盡屬短小。又巧立名色，隱射規避，若橋梁，若陡口，倘有損壞，俱屬官修，乃藉稱須人看守，每處免夫草一二分，名曰看丁，又曰坐免。甚至徒杠亦有坐免，有力盡爲看丁，即曰陡口須人啓閉，未聞天下橋梁俱須人看守也。是渠夫渠草，衹爲奸積之利窟，而渠工已受病實多矣。每年興工之時，并不查明某處淤塞，某處阻梗，量度工程之輕重，酌用夫役之多寡。

唐渠自口至稍，止分三工五段。漢渠自口至稍，止分兩工三段。如某工舊例用夫五百名，年年撥給五百。某段舊例用夫三百名，年年撥給三百。工輕之處，夫多怠玩。工重之處，夫實短少。且催納顔料之役，必故爲遲延，及時至工迫，各段督工者即令挑渠之夫役采取顔料，兩岸園林莊柳任其砍伐，微論止半供渠工，半充私橐，額徵顔料盡被乾沒，而所撥三百五百之夫，亦止虚有其數而已。渠道灣曲之處，東岸高者西必低，西岸厚者東必薄，以高厚者力逼水勢，刷洗對岸也。每年挑浚之法，如夫一百名，止有三四十名在渠内取土，餘五六十名俱排列高厚岸上，遞相轉運，一鍬之土經七八人之手。而對面低薄之岸，必不肯加幫尺寸，謂低薄岸底，必有刷洗深溝，恐因加幫撒土填塞，以致高厚者愈增，低薄者愈減，是以每年有沖崩之虞，或水由湃底鑽（俗作汆）潰，或水由湃上漫（俗作坌）

倒，皆不肯加幇低薄所致也。

至渠夫則止由衛所經承派撥，名曰安渠。賄囑者派之路近而工輕，貧窮者派之路遠而工重，且將一段之夫，雜派數十堡之人，聽其自赴工所，管工者莫知誰何。中有逃者，報官查册拘提，往返動至半月。而一堡之夫，又分派數處，必遠至百里或二百里以外，使之奔走不遑。更將撥夫單内故意填寫錯亂，使之赴各工段自行查問，總欲令民不得不致遲悞，以便定取罰工。又各工段設立委管渠長等役各五六人或七八人，每人免渠一二分，彼俱係用賄鑽營充當者，一到工所，每人包折夫役一二十名不等。更有豪衿、地棍指稱旁枝小渠，請討人夫多至五六十名，少亦二三十名，官必如數撥給，實無一名赴彼所請之處，伊等竟折錢分肥，是以額夫雖一萬一千有零，而在渠挑浚者僅可得半，又率以老弱充數。官司查渠，止走大路，沿途問夫在何處，就彼查點委管渠長人等探知，即雇附近莊農應名，點後即散。甚且預知官司到來，令人夫於渠内挖土堆積如墥形，以堆土之高，詐爲挑挖之深，使高低莫辨，官司一見，便誇稱工好，并不問及上段如何下段如何。官司去後，夫役仍將所堆之土攤平渠内，其運上高岸者不過數十鍬。八段之内官司必由之處，或挑挖數里，其僻遠不到之處，亦夫役足迹之所不到也。總因兩渠分爲八段，每段必遠至數十里，無一定之責成，無一定之程式，而奸棍折去夫役，因循延至一月，遂相率而㸃。其未經挑挖者，雖有十之六七，祇謂工多夫少，付之無可如何，渠道之淤塞，實由於此。

職全於莅任之初，巡視渠工，見漢渠口之上有一小渠，名曰貨蘭渠，寛數尺，長十餘里，乃前任寧夏道管竭忠據居民所請開浚者，别引黄河之水灌田數頃。職全上下相度，見河水直沖渠口，而第苦於口低身小，導引不得其方，莫能遠達，乃謀諸司水。王應龍請於本道，欲借此渠形勢另開一渠，以助漢、唐水力之所不逮。本道謂此渠曾奉前撫憲據士民呈請，飭委惠安堡鹽捕通判王惠民勘驗形勢，甚有裨益，後以工程浩大，約計用夫萬餘，一月尚不能竣，又慮修理閘壩需費不貲，遂爾中止。吾有志久矣，汝第力行之。職全謂用夫不得其法，雖數里亦覺艱鉅，若量土以計工，量工以計夫，此數十里之渠計日可成。渠若告成，閘壩自易易也。

本道乃令職全與都司役用額夫，距舊賀蘭渠口之上三里許直迎水勢，另開一口至馬家莊地方，引入舊渠而擴之，使寛行三四里，至陳俊、漢壩兩堡之交，即棄舊渠，而西引水，由高處行以達於唐渠，雖遠至數十里，而莊園、墳墓皆繞以避之，毫無所傷。其所損田畝，盡爲除厥差徭，居民莫不懽忻樂役。於四十七年九月初七日興工，至十三日渠成，十五日本道親詣，渠口開水不崇朝而遍注田間。自來高亢之地一旦水盈阡陌，婦女、孩童咸出聚觀，驚喜之狀，若有意外之獲。其渠口上距唐渠口二十五里，下距漢渠口五里，乃右衛唐壩堡所屬。剛家嘴地方口寛八丈，深五尺，渠身長七十五里二分。上三十里寛四丈，深六七尺。下三十里寛三丈五尺，深五六尺。稍末十五里二分寛一丈六尺，深五尺。東西共陡口一百六十七道，灌溉陳俊、蔣鼎、漢壩、林臯、瞿靖、邵剛、玉泉、李俊、宋澄九堡田地共一千二百二十三頃有餘。至宋澄堡地方，仍滙入唐渠。本道以此渠閲十數年聚議止爲道旁之築者，今告成於七日，且相度形勢，較王惠民向所勘驗引水更易，不覺喜形於色，謂移此用夫之法以修唐漢兩渠，不難坐令各渠疏通也。於是於四十八年，竟以此渠聞之憲臺。當蒙倡捐俸資於陳俊堡地方建石正閘一座，計兩空，每空寛一丈。閘外建石退水閘三座，工既成，蒙命其閘曰大清閘，曰大清渠。職全復於閘上建橋房五間，左側建游亭一所，其規模竟與漢、唐兩壩鼎峙矣。此建閘之處，乃舊貼渠經由之地，貼渠較清渠高六尺有餘，竟爲清渠截斷，職全乃造木筧置諸閘後兩旁石墻之上，中更用大木架之傍橋房之欄，以渡貼渠之水。自西而東，筧寛四尺，長三丈，名曰過水，此不特貼渠無傷而閘上閘下水流交錯波聲互應風景殊有可觀也。彼陳俊等九堡田地乃素用唐渠之水者，清渠既成，則不須唐渠灌溉。其入唐渠之水，可使之直趨而下，而所省灌溉九堡之水，實足以補唐渠水利之不足，不患渠身之過遠矣。況清渠餘水滙入唐渠者，又能大助其勢耶。唐渠之病去其一。至於唐渠口，則於黄河内築迎水湃一道，用柳囤數千内貯石子排列兩行，中間用石塊柴草填塞，上復用石草加叠，過於水面更用大石塊襯其根基。其湃寛一二丈，高一丈六七尺不等。自觀音堂起，至石灰窑止，共長四百五十餘丈，逆流而上，直入硤内。中劈黄河五分之一以爲渠口，口寛至二十餘丈，較舊渠口約高數尺，挽河流東注之勢，逼令西折入渠，是迎水湃之力，已能逆水使之高，束水使之急，吞噬洪流，勢若建瓴，不患澄淤矣。而口又加寬，受水實多，渠内之水賴以倍增。唐渠之病又去其一。歷年不挑之地渠，則多用夫役挑浚，使之低於閘底，以通水路，兩旁復立高厚湃岸，使渠流至此，得以疾趨，不致繞道於湖，水行既疾，則沙隨水走，莫能淤積。唐渠之病又去其一。由是口内洋溢，咽喉無阻，向之唐渠以有限之水灌溉三十四堡田地常慮不足者，今以有餘之水，又省九堡之分洩，止灌溉二十五堡，自無不充裕矣。不須借助於漢渠，而漢渠亦并受其益矣。

至若奉委協助都司挑浚各渠，則革盡從前積弊，唯以新渠用夫之法爲例，於清明興工前一月，將漢唐各渠自口至稍逐細查丈，更用水平量其高低。如某處渠道淤塞，應挖深若干寬若干。某處湃岸低薄，應築高若干厚若干。某處工重應用夫若干，某處工輕應用夫若干，預造一工程册，乃以額夫合算，除修理閘壩迎水及各大枝渠用夫若干外，計挑挖唐、漢、大清各渠，實止夫若干，於是量土派夫，每夫一日以挖方一丈，深三尺爲率。夫數既定，乃自下而上，挨堡順序，如威鎮堡在唐渠之稍，該堡額夫若干名，以土合算，應挖若干里，即定以里數，分立界限，開明寬深丈尺，令從稍末挖起，至分界處接連，即用平羅堡之夫。又接連即用周澄堡之夫，餘俱逐堡順派，以近就近，各照分定界限挑挖。其夫即用本堡堡長督率，每工開一丈尺細單，務令挑挖如式，挑挖之土，俱令加疊。低薄湃岸高厚之處不許妄排多人，致妨正工。其枝渠之大者，俱度量工程撥給夫役，但往歲於各堡中混派，今則止令受水之民自行挑挖，夫數或稍減於舊額，而用工則不啻數倍。至十餘里及三五里之小枝渠，即算入正渠工程之内，一併挑挖，不另撥夫役，以杜隱射包折之弊。職全復每日於渠身内往返巡查，如某堡分工幾里，其挑挖不合單開丈尺致渠底不平，或低薄之岸叠築不堅，即責究堡長。工程無包折之弊，夫役無遠涉之勞，而逐段皆有責成，皆有程式，自相率盡力，不敢怠玩。

況興工之後，復蒙憲臺遣標下守戎王捷督查其工，又蒙廉察壩草六十一萬，不無侵漁，特對半減免三十萬有餘。民間有田一分，舊例納草四十八束者，今止納二十四束，以是寧民踴躍趨事，爭先恐後，各渠疏通無阻，湃岸又極堅固，所以立夏開水之日，黄河水不加增，而每年開水月餘水不能到稍者，今不過四五日稍末即澆灌遍足矣。鎮城以北，往年不沾涓滴者，今且遍種稻稗矣。寧鎮各渠之情形及修浚之利弊如此，此皆差員王捷所目擊者也。獨是職全革弊太盡，立法太嚴，委管渠長盡遭革除，豪衿、地棍勢難包折隱射之弊，俱爲清出。枝渠之夫不能分肥，而奸胥猾吏歲歲恃渠工以填溪壑者，今且無所施其巧，是數萬生靈雖云受利，而積年奸宄未免側目矣。竊思古人之於渠務，額設有夫，力役有期，物料有備，分五工八段，使各盡其力，立法何嘗不善。迄於今非徒無益，而又害之。總皆趨利之輩，作弊於所忽，壞法於不覺，竟使利民者反以累民，古人立法之美意泯沒殆盡。職全亦何人斯，安保其所立之法不即壞於旋踵耶。伏乞嚴飭司水利者每年以去歲春工爲例，而再爲神明變通於其間，不使已效之法復致更張，已通之渠復致淤塞，憲恩直與河流并永矣。

清 喬光烈《同州府荒地渠泉議》《清經世文編》卷三八 夫闢土地以廣農功，任流泉以資灌溉，使野無不墾，歲無旱乾，所謂因地用天，利民無窮者也。然土不可曠而有不可耕，非徒草宅之患也。潤澤有宜而亦有不可致，則視形便之殊也。土不可耕必强田之，潤不可致必强取之。費徒多而見功少，於事無所益，於人寡所便。唯斟酌其宜施行之，庶幾力省而效多。

同州府所領自潼關外州縣凡九：曰華州，曰大荔，曰朝邑，曰澄城，曰蒲城，曰華陰，曰白水，曰郃陽，曰韓城。計其地盡爲田，耕穫歲播無所荒廢者，惟潼關、郃陽、韓城耳。外此華州、大荔、朝邑、澄城、蒲城、華陰、白水，舊地荒不治者共九千二百三頃四十有九畝。其後累經墾復而今現田於民者，合計凡三千七百九十頃七十畝有餘。又華州、大荔、蒲城、華陰皆有屯地，明時軍衛屯種者也。其地以頃計者共一百八十二。是已久荒，後乃漸墾之，得六十一頃四十八畝。其未復地尚一百二十頃餘六十二畝。

而諸州縣泉源所出，若昔時引爲渠者，於潼關有潼河、張公堰、禁峪河及麻峪三渠。於華州有喬峪渠、階峪水渠、赤堤峪渠，共五堰，石堤峪渠、西溪渠、小敷渠、黄家河渠、黄家峪渠、構峪河、羅紋渠、太平渠、孝感泉。於大荔有龍首渠、北莊泉、蘇村泉。於朝邑有雙泉、蔡莊、象底、大奇、西莊五泉。於郃陽有大峪河、洽水、橋頭河、宮城河、王村瀵、莘里瀵、運斗瀵，引之爲三十二渠。於韓城有澽河、芝河、潦河、澉河、澗水、文水、盤水，引之爲五十八渠。於澄城有玉泉、大谷河、縣西河、八渠十分。於蒲城有漫原、半坡寨、常樂三郎諸渠及鄭渠。於華陰有磨渠、靈應泉渠、醴泉渠、甕峪渠，凡合計泉渠一百六十有三。今并疏通其流，皆可引灌。

若潼關之周公渠、漕渠，華州之漕渠、利俗渠及天鵝池、東西南三溪，大荔之馮村、坡底、洪善三泉，朝邑之通靈陂，韓城之澽水土門七堰，蒲城之白馬泉、山陽堰，華陰之敷水蒲谷峪、段明葱峪、黄神長澗漕渠與白水之武子渠。或開自唐、宋時，并久堙廢。

自論者謂西北少水利，故田無霑溉，常以旱歲爲虞。又其地廣人少，或棄地不耕。爲民計者務使尺寸之壤無遺種，涓滴之澗無遺利。以今日之同州而言，其未墾復者爲地尚五千數百頃。其廢不治者泉渠且二十餘。似宜急導之農耕而悉修其水利，不可須臾緩。然以民之取利，甚於官之教民，苟利所在，必争先往騖，忘其勞力，孰甘棄可耕之土而任爲閒田？誰不樂溉浸之有資，而聽其爲槁壤哉？唯見其無所利而爲之，徒費其勤，是以土未墾復者，渠泉堙莫疏者，歲月久之，任廢不治，非無故也。

且夫地利不可不盡，而所爲盡地利者，亦非必盡於稼穡。古善爲民計者，原隰腴沃，可田者田之，其地瘠确與五種不宜者則樹之果蓏材木，故樹桑足以供蠶絲，樹之棗、栗、芋、魁，足以供貨鬻備凶荒，不必爲田而利。且饒於菽粟，則度地任土當各視其宜焉。今同州所屬民稠地狹，凡平衍可墾之地皆墾闢無遺。其不能墾復之民屯荒地五千五百三十三頃三十四畝，非磽确不毛，即瀕河漫決，難施人力，是外山坡嶺側不成坵段者，如華州之構峪、金堆城，郃陽之梁山，蒲城之北山，大荔之爐地，前已督所屬州縣官以次勸民栽植果木，務使野無曠土，以盡地利。

至所有渠泉引溉者每逢灌溉之期，民間俱立有水排，依其序次，放水不紊。若所灌地畝，各就渠水大小分派支流，難以續開。至堙廢渠泉，唯潼關周公渠尚可修復，餘或源流微細，或水性苦澀，或地高水遠，或乾涸堙塞。常因行縣之便再四講求，揆視情勢，雖欲復之，措施無方。蓋今昔既殊，而形便亦異也。今唯先於平衍之區勸民多鑿井泉，且於渭、洛兩河製造水車、桔槔等，令民觀法以收水利，於事爲便，謹議。

『盡地利者非必盡於稼穡』一語，扼西北水利得失之鍵。

清　許承宣《浚渠塘以備旱潦疏》康熙十九年《清經世文编》卷一一一

竊惟一方有一方之利，一方有一方之害，善爲治者，收其利而遂絶其害，害莫甚於水旱，利莫大於陂池渠塘。今置陂池渠塘之利不講，而欲禦水旱，是猶不耕而思穫，不蠶而思衣，不可得之數也。

江南去年之旱，則數十年來未有之旱也；江南今年之水，亦數年來未有之水也。方其旱，則運河之水，恐不足以濟漕，而涓滴不能放之使出；及其水，則滔天巨浸，潰堤四出，而汗漫不知所歸。揆其所由，河臣只以治河爲急，而不及各府州縣陂池渠塘之利，各府州縣亦以治水諉之河臣，舉其地所有陂池渠塘廢之爲荒墟，而無所經畫，固宜遇旱則水泉之道盡塞，遇水則疏導之力難施也。

前撫臣慕天顔有《敬陳足國久遠》一疏，其意在於大興水利，以爲劉河、吴淞二江，經前撫臣馬祐挑浚，其後近二江郡縣頗受其利。他若常熟之白茆港、福山港、三丈浦，江陰之黄田港、申港，武進之孟瀆河、包港，丹徒之安港、西港，至若無錫、宜興，可連太湖之河瀆甚多，金壇、丹陽，可接練湖之水澤不少，今諸處皆淤塞不治。若興工開浚，建立石閘，以時啓閉，旱則納來潮以蓄去水，潦則洩内漲以遏外潮。此江以南之水利，見於撫臣之奏請者，誠不可不議舉行也。

至若江北之揚州，爲國家漕運之大道，其所係尤重。而水利之大者莫過於五塘。五塘者何？上下雷塘、小新塘、句城塘、陳公塘是也。嘗考明永樂二年，平江伯陳瑄總漕，全資塘水。宣德八年大旱，四塘乾枯，運舟阻滯，知府李貞奏專修五塘濟運。成化四年，侍郎王恕奏發帑銀三千，於上下雷塘、句城塘、陳公塘，各築石閘水以瀦水，旱則由烏塔溝放水入河，接濟運舟。繼此開浚五塘，灌注長河者，不可殫述。厥後湮廢不治，而塘之利遂絶。然其舊址、閘石、橋梁，猶存一二。若能急爲修復，潦則有瀦蓄之地，而不至於泛堤；旱則有灌溉之資，而兼可以濟運。此江以北之水利，撫臣所未及奏請者，尤不可不議舉行也。雖然，蘇、松、常、鎮之水易於入江，淮、揚、徐、泗之水難於入海，使五塘之水利興，而不爲求其所歸，猶非策之全也。

臣聞近海三十六鹽場，尚有涵洞故迹，今可修葺以洩水。舊制，洞門自外拴，海潮至，則海水内衝，洞門自閉；海潮退，則河流直走，而洞門自開。門閉則海不得入，而無鹹水以害田；門開則河無所阻，而有支港以達水。如是則水咸趨海，而永無淹没之慮矣。

方今公帑不充，開浚之資，舍捐輸無所出。臣聞去年河漕臣靳輔在淮賑濟，令紳衿士民，願納封誥及序班等職，與納俊秀貢監，皆先署名造册，即借支庫銀，令其漸次補完，年終彙題，一時咸以爲便。夫與其捐輸於已饑已溺之後，孰若捐輸於未饑未溺之先？與其爲一時補救之事，何如立百年長久之計？則即以賑濟捐輸之例，爲渠塘捐輸之利，究之渠塘修而民無旱潦之患，是修渠塘正所以爲賑也。伏乞皇上責令各督撫轉飭各府州縣，及今冬涸，速行挑浚，漸次告成，漕田均收其利，旱潦不足爲災。有備無患，一勞永逸之良法，莫過於此者矣。

清 周錫溥《上汪稼門方伯論渠上書》《清經世文編》卷一一四 寧夏水利同知一缺，奉檄委錫溥兼署，并札詢渠工利病各事宜。錫溥在職年久，頗能悉其本末，請得以書陳之。

寧夏古朔方地，漢武逐白羊、樓煩，創置此郡，開渠灌田，以至於今，所仰者河流一綫耳。有河然後有渠，有渠然後有田，有田然後民得以生，官吏得以治。向無河渠之利，則沙磧耳，鹻澤耳，民逐飛走而役屬賢屠耳，與郡西北之阿蘭鄯、東南之鄂爾多斯，何以異哉？中外藩籬，相距無幾，而此一州四縣，獨比於内地者，恃有此利也。郡屬皆有渠，而同知所轄，惟夏、朔、平三邑。所以然者，靈中民自爲渠，其利私。夏、朔、平三邑，同渠而灌，其利公。辨之自民，則民私其田，辨之自令，則令私其民。故巡道總理，而同知專辦，其利病亦往往由此。

請言其制：河水自青銅峽入寧朔縣界，釃爲四大渠，曰唐來，曰漢延，曰大清，曰惠農。唐渠長徑三百餘里，漢、惠次之，清渠又次之。河水始入之地曰渠口，口隨河勢以爲翕張，宜寬深，使迎而不礙，吞而不噎，猶食自口入，而後傳於胃臀脊尻也。水入既暢而設閘壩，即古所謂水門，而旁設退水閘，以殺其始入之暴，水小則閉。自是始入正閘，閘六空或三四空，水小全啓，水大不全啓，猶門堂設扉，而時其左右開闔也。渠口之下，正閘以上，置防以約水之入，曰迎水坪，亦曰内坪。其逼近迎水之處，而湍怒難制者，則築壘以抗之，曰外坪。《左氏傳》云：『我若受秦，秦則賓也；不受，寇也。』故内坪之肅水若賓，而外坪之扞水若寇，受與不受之異也。石工惟閘壩數處，渠口至正閘，疏浚工也，内外坪，築作工也，此近河要害之處，工大而重。正閘以下至梢，渠之經流，鏟岱淤滯皆疏浚工，補綴坪身皆築作工，地勢至衍，工小而輕，雖輕而多。外此支渠數百，經緯繡錯，皆有旁閘，有坪，則其地受水之民自爲，不在官修之數。

雖然，有厄於天，有厄於地，有厄於政。何謂厄於天？河流泛泆無常，有時水涸，入閘僅若綆縻，不足以資灌溉而民病；夏秋暴漲，漫口潰坪，以及民田，公私勞敝，而民又病，是之謂厄於天。何謂厄於地？涇水一石，其泥數斗，以溉爲糞也。郡河衝沙而行，隨挑隨壅，久即爲患。又古有竹楗、石窶、木龍、水匱等法，所以固堤。寧夏沙塞無土，根空不可著，其築坪也，束藁累萬，寸寸結之，臿土其中，水濁沙浮，以浮裹浮，如綿然，水盛侵囓如[齒+立]，不固則漂去，此之謂厄於地。

若夫厄於政者又有三焉：查唐、漢渠，徵草皆十二萬以上，惠渠八萬七十餘束，清渠二萬五千餘束，椿稱是，皆計畝起科。同知十月開徵後，花户赴渠運送，轆轤不絕，而監兑之書役，浮收折收，盡操其手。外此有本官供億費，巡道同知家丁行查費，巡道渠書差查費，皆出於草束，名曰收草，實縱之賣草。明春堵築，草力大屈，民不敢言，坪之不固，抑有由矣。厄一。歲清明日修築起，至立夏日止，工一月竣。四渠幾二萬人，同知主修，監督官十餘人，排列各渠閘前後，正閘下則分段疏浚，工重者，簡習事生監督之，曰工員，輕者，以其地渠長督之。而官亦有分段者，夏朔二令，則視上官所至，供張行廚，廩其傔人；同知自食其所徵折色錢，仍分賚委員，非不瞻也。常例官與民均勞，單騎減從，視工段夫役多寡勤怠，以定工員渠長賞罰。而比來官之行查，喜怒皆家丁主之，牽率若傀儡，名曰查夫，實縱之賣夫。官查一度，則夫減一分，刳浮鏺淺，隨力苟完。厄二。春修既畢，擇日開水，於是有封水之例。大渠梢遠，而支渠梢亦有絶遠者，不封則爲口民所遏，梢不得至。每大渠同知差役十數人，支渠一二人，或三四人，若輩得票，視猶己物，羊很狼饕，恣其咀吐，名曰封水，實縱之賣水。錫溥嘗因稍民嗽訴，行水至豐登、豐盈等堡，則應封之口，皆已大開，上潦而下渴。偵其蹤迹，方嘯聚富室，飲啖淋漓，乃縶而搒之，如此非一。然其爪距四布，究何所補？厄三。嗟乎！渠之有政，非以節宣天地之過不及哉！藉是三者，不受厄於吏廝之手，草足於膾，以之築作必固；夫足於馨，以之疏浚必深；水之於灌，以之樹藝必博。厄於天、厄於地者，政足以濟之；厄於政者，天地無如何也。

錫溥治朔五載，竊見每年春修後，一轉瞥間，渠警譍至，徵夫調草，電掣飆馳，老壯疲於邪許，芻糧盡於板幹，即其幸而得水，幸而有年，完破補敝，得不償失，况不得水之民邪！然自渠干多故，爲邑令者果能出其身以扞百姓，猶可隨宜補苴，不然，一役興，又皆挾官爲買賣具矣。故政雖有專管，非令所當謝也。寍夏農田磽瘠，春初鹻發，皺面如霜，開渠水澆一過，名曰淌田。淌，猶盪也，謂滌其鹹潮也。又風沙起，則壓隴成渾。歲收，鹻氣薄而沙少者，畝可一石；鹻重沙積，苗稚而夭，豆釜不登。而額賦以畝斗二升爲率，耗羨如例，銀有地丁，草有額征采買，此外則皆渠賦。百畝之家，口食常乏，下户春耕，即貸糞種，腰鐮甫畢，瓶無斗儲，是以家有逃丁，國懸逋賦。

前史言水利者，如鄭白二渠、芍陂、鴻隙、離堆、六輔之利，頌美前古。然皆土膏厚，堤閼堅，難創易因，有成無毀。寍郡則阸天於荒，爭地於險，瀹泲於鹹，撇波於磧，用力多而成功少。重以渠政不節，日朘月削，一勺之水，歲抵銷金之鍋，是以他郡之渠，害不敵利，寍郡之渠，利不敵害。然自漢以來，民生於此，官治於此，而俗又有小江南之目，謂渠非利，必且目瞋色變，以爲妄言。豈知空名爲累，役煩賦重，有甚於甕敝而瓦裂者哉！

又 乾隆四十五、九等年，大修渠工，借動帑項九萬餘兩，攤渠户還款，展限至今，三停徵一。查此項實修之費，不及三萬，餘皆前官瓜分冒銷。今事在十年前，無憑爬剔，徵比累民，考成累官，此尤政之大蠹，足動仁人君子惻然之感。錫溥一介末吏，材駑質下，素無所以噢咻於民，惟是數年來疏浚築作，封俵事宜，既嘗親與其勞，而於家丁書役弊端，亦間有糾正。竊謂同知一官，獨有水利，所隸書役之多，亦專爲渠而設。如前所陳三弊之顯然者，非盡不知，民怨所叢，亦非盡無發覺，但吏廝皆城舍依倚，而官或無廉明素望，足以鎮壓其邪心，遂至上下相蒙，以成百年不可治之痼疾。主是事者，獨有自清其心耳。心清則有以格於上下之交而堅明約束，雖未即廓清，一旦其弊當爲之衰止。惟進而教之，幸甚！

清 陳宏謀《飭修渠道以廣水利檄乾隆二十年》《清經世文編》卷一一四

河西之凉、甘、肅等處，歷來夏間少雨，全仗南山積雪，入夏融化，流至山下，分渠導引，自南而北，由高而下，溉田之外，節節水磨，處處獲利。凡渠水所到，樹木翳，烟村臚列，否則一望沙磧，四無人烟。此乃天造地設，年年積雪，永供灌汲，資萬民之生計，普美利於不言，較之他省浚泉開井，有時而涸者，其利更溥，其法更便也。

本部院往還經過，熟視相度，既爲此地民人慶渠利之自然，而渠身未盡通順，堤岸多所坍卸，渠水泛溢道路，不但有用難得之水漫流可惜，而道路阻滯亦有礙於行人。此由民情勤惰不一，心力不齊，止圖目前，不爲遠計，官司又以向係民修，漫無督率，以致遇缺水之歲，則各爭截灌；遇水旺之年，則隨意挖洩，何無長計遠慮如此邪！况此一帶渠流，或歸於鎮番之柳林湖，或歸於口外之毛目城，現在屯田皆望渠水灌溉，多多益善。上游引灌已足，正可留灌下游，斷不應聽其到處沖漫，散流於荒郊斷港之區者也。

查甘省寧夏府渠利甚大，每年修葺，專官督率，合力公修，通郡利賴，號稱殷富。河西各屬有渠者，似可照行。仰即查明境内所有大小水渠名目、里數，造册通報，向後責成該州縣農隙時督率近渠得利之民，分段計里，合力公修，或築渠堤，或浚渠身，或開支渠，或增木石木槽，或築壩蓄洩，務使水歸渠中，順流分灌。水少之年涓滴俱歸農田，水旺之年下游均得其利，不可再聽散漫荒郊，沖陷道路。而水深之渠，則架橋以便行人。其平時如何分力合作，及至需水，如何按日分灌，或設水老、渠長專司其事之處，務令公同定議，永遠遵行。該府每年於雪水將化之前，親往查勘，通報查考，即以修渠之勤惰，定州縣之功過。遇有保舉，將如何修渠，造入事實册内，以表實在政績，不可視爲無關緊要之末務。試思各處舊渠，創自前人，將雪水引載高地，綿亘環繞，深心大力，利賴至今。今日就勢修理，另開支渠，其勢較順，其力較省。况河西在在皆可墾之田，因渠水不到，廢棄不耕者不少。多修尺寸之渠，多灌數畝之地，即可養活數户農民。地方官以牧民爲職，此而不爲經理，所司何事？毋再視爲民閒自修之渠於官無涉也。河東各屬有渠者，皆照此辦理。

清 朱雲錦《田渠説》《清經世文编》卷一一五　《農桑要訣》有曰：『陸田者命懸於天，人力雖修，水旱不時，則一年功廢；水田制之由人，人力苟盡，則地利可興。』旨哉！其言也。然江淮之間，孰於水利，官陂、官塘，處處有之。民間所自爲溪、堰、水、蕩，大可灌田數百頃，小可灌田數十畝，至民間買賣田地，先問塘之有無、大小。且歲時修葺，固之使無滲，鑿之使有歸，田間似有棄地，而實地無餘利矣。惟西北高亢之地，多置水利於不講，雨潦之年，但受水害而已。其實如關西之鄭國、白公、六輔關外之嚴熊、龍首諸渠，何嘗不以灌溉稱沃壤。況豫州河内有史起十二渠，南陽有召信臣鉗盧陂，潁川有鴻隙陂，陳、蔡之間有鄧艾、棗祗等屯田，遏潁水所作諸陂，俱可化平疇爲陸海，生稻粱於斥鹵。然凡民可與樂成，難與圖始。昔西門豹鑿漳渠，邑民苦之。豹曰：當令百歲後，父老子孫思我耳。然又苦經畫者之泥古而强爲，而不知順水之性。夫苟通其性而熟其法，則山泉可用，平地之泉亦可用，大川可用，積潦亦可用。明徐伯繼《西北水議》云：制水之法，高則開渠，卑則築圍，急則激取，緩則疏引。此即《周禮·稻人》『蓄水』、『止水』、『蕩水』、『均水』、『舍水』、『瀉水』之遺意也。

中州水利，如賈待詔所謂：即河水穿渠灌田，以殺水勢。史公、西門，堰漳流而富鄴下。今河則重堤矗立，尚虞其衝決，漳流悍疾，且時有遷徙，此萬無可議者。開封、歸德、陳州，數爲河決沙淤，故渠堙没，故但有洩水溝渠，以求水不爲害而已。西南一帶，山溪下注，勢如建瓴，閒有平衍渟蓄之處，引水灌田，爲數甚寡。其以水利著者，西北則懷慶各屬，東南則光、固等州縣。光、固之間與吴、楚近，其民既習於陂、堰、塘、濼等務，而史、曲諸河交貫其中，秔稻之利，通省仰給。河内、濟源等處，則分濟瀆、丹、沁之餘潤，而勝國河内令袁公應泰所建之廣濟渠爲著。渠即古枋口，晋司馬孚易以石，晋之沁水，至是入豫境，古址久堙。袁公令河内，相度水勢，鑿石山爲洞，置閘司啓閉，引水出洞口東南流，歷濟、河、温、武四縣界，又數分支流以資傍潤。其自著《廣濟渠申詳條款碑記》，詳著其用水護堰諸法甚晰。見《省志·藝文類》。然其創始之艱，用力之勤，亦可概見。百泉之水，亦可廣溉灌之利。特衛水用以濟運，設立斗門石堰，定例自三月朔至五月中旬，三日濟運，一日塞口灌田，其餘日但資竹絡壩涓涓之流，雖無妨於農業，而亢旱之時不無暵暵，此亦不能兩顧之勢也。

當事者如慨然以斯事爲己任，無難檄下郡邑，飭將境内有無川澤，及建渠引灌係用何水，與某郡縣連接，某渠灌田若干頃畝，壩長閘頭若何分日用水，并治内有無古堰堪以興復，有無源泉可以挹注，繪圖詳説，使觀者於宜修宜創之故瞭如指掌，則全局在握，遇疏浚之工，指據有方；或以争渠致訟，亦可按圖立斷，洵不無小補也。兹將《通志》所載灌田之渠，列之别方，其有古渠今湮者，亦間著之，以待留心者之咨訪云。

清 趙希璜《漳河天平閘故渠圖説》《清經世文编》卷一一五　案西門豹、史起導漳水治渠，實得《職方》之遺，其後率循者皆食其力。《後漢書·安帝紀》：元初二年春正月，修理西門豹所分漳水爲支渠，以溉民田。注：《史記》曰：西門豹令鄴，發人鑿十二渠，引水灌田。所鑿之渠，在今相州鄴縣西也。曹魏時有天井堰，故《魏都賦》云：『墱流十二，同源異口也。』元魏時有萬金渠，東魏時築漳濱堰，北齊時有河清渠，至唐至德時皆廢。惟汴宋時欲復之而未果。《宋史·王沿傳》：天聖四年二月，沿言史起爲鄴令鑿十二渠，引漳水以溉斥鹵之田，而河内饒足。唐至德後渠廢，而相、魏、洺、磁之地，濱漳水者累遭決溢，今皆斥鹵不可耕。夫漳水一石，其泥數斗。古人以爲利，今人以爲害，繫乎用與不用者耳。請募民復十二渠，渠復則水分，水分則無奔決之患，可使數郡瘠鹵之田，變爲膏腴。詔河北漕司規度，而洺州倅王軫言漳河岸高水下，未易疏導，又其流濁，不可溉田。八月，沿又奏：渠田起於魏襄王時，但紀灌溉之饒，不言疏導之法。惟《相州圖經》載：天平堰，魏武帝所作，凡二十里，分十二墱，相距二百步，互相灌注，一源分爲一流，皆懸水門，所溉處名晏澤陂。然則爲渠之法，必就高阜，鑿岸爲渠，截流爲堰，然後水行數里，方至平田。若渠開二丈四尺，則作堰之功，可損其半，日役萬人，五十日而罷。扼中流以作堰，下流大渠，分置水門，東入於衛河。或水盛溢，則下版閉渠，以防奔注。復三百年之舊迹，溉數萬頃之良田，雖役百萬，數載而畢，未足爲勞，況此五旬之力哉。奏寢不行。

康熙時，彰德同知李光型《天平閘説》：魏鄴令西門豹，引漳水溉田，以富魏之河内。史載是事，爲水利之權輿，然其迹久湮。

余巡歷河干，訪得天平閘舊址，在西高穴村濱河高阜間，屬今安陽縣地，非臨漳也。其閘石，前後上下左右，至今完具。閘設兩門，各闊八尺五寸，自頂至底，高一丈五尺，長四丈七尺，河發水漲，流可至閘門，退則不及。土人云：古於閘外開引渠一道，由漁洋渡口河身高處引水入閘，長二百六十丈。今以水平測量，水頭高閘門底二丈，其閘門内正渠，經東百餘丈轉南，舊有子閘一座，基石尚存。復轉東，至東高穴村界，又有小閘一座，年久被土壅塞。蓋自西高穴村至東高穴村，正渠長六百餘丈，兩岸高三四丈，寬二三丈至四五丈，内有支渠一道，係張胡頂洩水之處。自東高穴村至邵家屯，正渠長三百餘丈，兩岸高三丈餘，寬二丈餘，内有支渠一道，在張顯屯後。自邵家屯，由郭家屯、小洪河村，至李家屯止，正渠長一千四百餘丈，兩岸高二三尺至七八尺，内有支渠六七道，經張家莊、劉家屯、後蔡村，東自李家莊、崔家莊至後静曲村，長八百餘丈。此二莊有渠形，無渠道，渠道已爲民所耕種。自後静曲至三十里鋪止，渠長二千四百餘丈，兩岸高二三尺，寬七八尺至一二丈，内有支渠一道，經華村店。自三十里鋪大路東，由華村街往東南，至小華村，正渠長五百餘丈，兩岸高二三尺至七八尺，寬七八尺至丈餘；内有支渠一道，經臨漳界，自少華村至郝家小莊，入大青龍渠，長三百餘丈，有渠形，無渠道，渠道亦爲民所耕種。自大青龍渠，達青龍河入洹河，長四十餘里，現在疏通。自西高穴村至大青龍渠，入洹河，共長七十餘里，匯歸衛河。

大抵古人設立水利，必先明其水土之性。漳河水性悍急，而自漁洋以下，濱河之土極疏，所以設有子閘以護大閘，復設有小閘以防岡水，其措置之周密如是。至設大閘在山岡高阜之上，因水勢之高如建瓴，開鑿小渠引入山岡石骨之内，託基始固，而引渠分流，勢復紆徐，此尤其用意之精微，且有合於納水用山之説也。嘉慶五年庚申三月初三日，余至西高穴村，裵裏竟日，歸作斯圖，并纂説以詔來者。

清 方觀承《覆奏興浚溝渠疏》《清經世文編》卷一〇六 爲欽遵諭旨事。查河南巡撫胡寶瑔奏辦豫省溝渠一摺，奉旨：『國家雖久停力役之征，而開挑溝洫，實爲農田之利，通力合作，亦小民所宜自爲謀也。今豫省每一州縣所開溝，自十數道至一百數十道不等，田溝固有業户，路溝亦傍民田，民間業佃，就地施工。若工多地少之區，民力難以全任，則於各該州縣額設公費内酌助口食，用力甚便，而其事易集，行之已有成效。直、豫地屬接壤，乃近年以來，偶值雨水稍多，遂至積潦瀰漫，皆由各該地方官平日不能留心講求，至被水成災。又不亟籌疏洩，殊不思溝洫深通，不特有水之年可資宣導，即雨澤匀調之歲，更可資灌溉之益。著將此摺寄方觀承，令其閲看，董率所屬倣而行之，實因利利民之道也。』欽此。

臣查直隸各府州屬，地勢雖有卑亢陿衍之不齊，而田間多設溝渠，并開道溝，一律深通，支湊聯絡，蓄洩均宜，實爲地方要務。即如宣化府屬，地多高阜，雨過不留，而有洋河、渾河各長渠，支分派衍，瀝水并皆蓄注，足資灌溉之益。最窪如天津、寶坻、文安等處，一經漲汛，輒致瀰漫。然當河淀安流之年，平田雨集，亦藉溝渠之宣導。至於平衍之區，尤關切要。臣嘗見民間阡陌縱横，皆有細路交錯，其中年久踐踏平槽，雨後順其地防，即係天然之溝洫。但由此下注之水，如古河舊渠，每多淤墊，浚渠并須開溝，始能引入。又或窪地仰阻鄰田，非官爲督辦，難容越界分疏。臣於此等情形，每歲通飭地方官，隨宜籌度，并派河員協勘。惟正定、順德、廣平、大名、趙州、定州等處，民力易集，出夫甚便，即工多地遠，亦皆如期赴役。如遇需用物料，例動州縣辦公。儻難獨任，則上下游并皆協助，各守成規，略與豫省情形相仿。即如近年漳、治故道，滏、洺殘渠，隨時修浚，在在通疏。是以連年雨潦，惟附近河流間有漫及，未至積潦爲患，田禾均屬有收，是其明驗也。

近年河間府屬，河港已多開通，瀝水稍退，較前爲速。保定四境，開渠種樹，亦已定有章程。其餘各屬，則民力嘗不能齊，而工作亦有非民力所能全任者，向來辦理，俱係核定土方，按名按日，酌借倉穀一升，準其免息還官。茲值歉收之後，仰蒙聖恩，興工代賑，臣遵即通行勘辦。所有開溝疊道等工作，正定以南，仍循舊例，不入代賑，其餘各處，俱已先後開工，比因凍後暫停。

至於田間溝洫，與大道或分或合，要使水有歸宿，除祇就舊迹加修者，即飭興工趕辦。其或有關上下游機宜，或此損彼益，易啓爭執，須權其輕重者，更有窪坎實無去路，惟分疏水勢，俾其易涸，爲一禾一麥之地者，俱飭令各州縣詳細講求，繪圖貼說。臣逐加覆核，復委道廳勘議，分飭辦理。向後正當青黄不接之時，貧民咸資力食，經臣行令地方官遍爲曉諭，靡不感頌皇仁，踴躍趨事矣。

至此次開浚之後，應請責成渠長、圩頭，按年勸用民力，隨時經理，官爲稽查。如或民力不給，即當酌助口食，時當春月，即以例借之穀爲董率之資，乘便集事，更易爲功，總期事不勞而民無擾耳。

清 胡蛟齡《籌淮北溝渠事宜疏乾隆十五年**》**《皇清奏議》卷四六 浙江道監察御史臣胡蛟齡謹奏：爲敬籌疆理淮北事，宜以甦民困事。竊江南徐州府屬之邳、宿諸州縣，海州并所屬之贛、沭諸縣，皆係河、淮下流，而海州上承東省來源，下游逼隣海浦，每春夏之交，栽植甫畢，横流随至，渺瀰一片，不見阡陌。窮民有種無收，應輸正賦，不能常年請豁，歲歲停緩，終須帶徵，積欠在身，譬則負戴千觔，不得伸眉仰首，民困盖已極矣。

近者屢蒙思旨，叠次蠲除，并令督撫河臣，會同查勘，設法疏通，而水患終不能免。竊思淮、徐土著之民，既不可遷徙遠適，又不能力與水争，田廬室宇，動遭淹没，勢將何所底止？謹按明人治河之議有云：宜於濱河之處，倣江南圩田之法，多爲溝渠，使足容水。臣愚以爲此議或難驟行之於北，而似可通用之於南。今臣訪聞徽州人民寄居海州者，每置買田畝，周圍築堤捍水，堤内多爲溝洫，堤間安設斗門，相時蓄洩，一如圩田之制，無論旱澇，歲獲有收，此則成效已經顯著。又查乾隆十一年八月内，原任吏部尚書高斌會同原任督臣尹繼善等，於欽奉上諭事案，議將海州一屬，令地方有司勸諭居民修築圩岸，其隣接海屬之宿遷、桃源、清河、安東、阜寧等縣，亦一例辦理，以期共收實效。

今數年以來，該處作何辦理，其實在情形，無從委悉。伏祈敕下督撫諸臣，查照前議，嚴飭地方有司，勿以粉飾邀名，勿以畏難中止，勿以未經查核恐干失察，通同隱匿，致隳已就之緒。仍遴委大員，帶領諳練農民，親身經理，并將作何督率推行，堪於數年内續成大功之處，確切定議，恭候明歲聖駕南巡，於相視河、淮之暇，臨期奏請裁決，庶淮北百萬窮黎，幸護更生，而皇仁萬世永賴矣。

清 富明安《請挑浚東省河渠疏乾隆三十五年**》**《皇清奏議》卷五八 山東巡撫臣富明安謹奏：爲奏明挑浚河渠，以弭水患事。竊照地利農田，皆關民生本計，理宜加意講求，隨時修舉，以冀仰副皇上子惠元元之至意。

臣於去冬查勘運河之便，見嘉祥縣之趙王河、澮臺河、蔡河鄒，縣之白馬河俱逐段淤淺，各河皆關運道民田，隨經飭令，各該縣插立標志，勸民逐加挑挖，據報完工，委驗如式。又查濟南府屬之章邱、鄒平、長山、新城等縣，青州府屬之高苑、博興、樂安等三縣，向有水患。臣於上年九月内，巡查所至，留心體察，因章邱等七縣六百餘里，中有小清河一道，爲各山泉衆湖泊之滙歸，該河一幹兩支久經淤塞，歷任撫臣屢飭籌辦，河身横跨數縣，分隸兩府，動多掣肘，未及舉行。

臣於十一月間，飭委候補知縣陳鶚等，會同各地方官，逐加履勘，緣小清河自章邱長白山發源起，東至新城、高苑兩縣交界，分北條爲支脈溝，又東至博興縣分南條爲預備河，其中條則仍爲小清河，河溝俱分宣入樂安之溜河歸海。今中條之小清河，消納七縣小河湖泊之水，中多灘嘴淤腹，阻滯河流，其北條之支脈溝分小清上流水勢，而尾閭八十餘里淤塞不通，下壅必至上潰，七縣民地，在在堪虞。其南條之預備河防小清下截頂衝，于康熙年間開而未成，有名無實，後雖于乾隆五年，在預備河之南接挑福民河，而地勢高亢，年久漸淤，不能分洩，以致湖泊諸水散漫東趨。樂安之草橋、八窪一帶，糧田數千餘頃，常被水淹，或已經豁免，或僅收蒲葦之利，此兩府七縣之受病情形也。欲弭七縣之患，應從下游之樂安始。

臣現擬於樂境之小清河，挑挖灘嘴淤腹，培高堤堰，以防泛溢，并將預備河舊形五十四里，及支脈溝之對門圈左右八十餘里，大加挑挖，務使一幹兩支建瓴而下，分洩入溜河歸海。仍飭上游各縣，將支脈溝及小清河上截一體挑通淤淺，不特博興之夾河、樂安之八窪等處數千頃可腹膏腴，即章邱、鄒平、長山、新城、高苑等縣附近湖泊之地潤出必多，與民生大有裨益。

各縣民居咸知利病切己，俱願出力興挑，無須動帑。但樂安工程較大，應令上游各縣帮辦，庶幾衆擎易舉。臣與藩司尹嘉銓商酌，轉飭各縣體詢輿情，實俱踴躍，請於春融即興工辦理。再，各地方官俱有刑錢職守，恐未能專司其事。查有原任澤縣知縣許承蒼，原任益都縣知縣趙三槐，均緣事革職，交代已清，例應回籍。臣查該二員在東年久年力俱壯，歷辦水利工程，向有成效，因委令協同候補知縣陳鶚查勘。各河道俱有條理，合無仰懇聖恩，俯準將許承蒼、趙三槐留於東省，令其自備資斧，帮同各地方官辦理小清河支幹各河事務，俾贖前愆，如果實心出力，容臣於事竣，另行奏聞請旨，理合一并陳明。臣謹恭摺具奏。

清 嚴如熤《漢中修渠說》《清經世文编》卷一一四　西北渠利，其爲水田種稻，惟寧夏、漢中，若秦之鄭白渠，灌麥粟而已，今亦無存者。寧夏地極高寒，漢、唐兩渠所藝稻，灑種以利速成，收穀甚薄。漢中之渠，創之蕭、曹兩相國，諸葛武侯、宋吴武安王兄弟先後修治，法極精詳。漢川周遭三百餘里，渠田僅居其半。大渠三道，中渠十數道，小渠百餘道，歲收稻常五六百萬石，旱潦無所憂。古之有事中原者，常倚此爲根本，屯數十萬衆，不事外求糧，其治渠之善，東南弗過也。

蓋嘗講求其故：一則在擇水。稻田水宜清宜煖，濁不宜秋苗，冷則苗不長發而遲熟。漢中水，漢江爲大，然用之溉田者，則湑水、灙水、濂水、烏龍江數水，皆注漢支河。漢流大而難用，支河小而易於堤防也。畿輔大河，桑乾、滹沱、漳、衛，發源山西塞外，至畿輔流已大。然各小河之委輸大河者，支派繁多。凡山向陽者，水性不甚寒，泉脈從石隙出，其流必清。畿輔大山，陰面在山西塞外，本境爲東南面，山皆迎日出。擇其源旺脈清，得十數處，作渠數十道，可溉田數千畝頃。又沙河爲沙中浸出之水，性亦不甚寒，淘出作渠，溉田甚可耐旱。漢中有南沙河，響水子各渠，歲收稻不下十萬石，其明驗也。

其一在擇土。五方之土，黄壤、白壤、青黎、黑墳、赤埴，色各不同，性亦互異，種殖各有所宜。種稻則宜塗泥，沿海沮洳，固多塗泥，順、津、保、河之間，地多泉脈，塗泥亦自不少。大約種稻之土，泥壤爲上，泥多帶沙者次之，泥沙相半者次之，黄壤帶沙、沙細雜少泥亦可用，若純是黄壤、白壤、青壤、亮沙，則決不可。用宜稻之地，沃野畝六七石，次畝四五石。不宜稻之土，歲豐不過一二石。渠修而土不宜稻，徒費工本，不可不慎也。

其一在修渠身。墾田之地低，作渠之地高，高則可由上灌下。渠身擇土性稍堅者治之。渠身一道，盤紆常百里、數十里。擇引水之地，尤必求洩水之地，引水之地得而渠有頭，洩水之地得而渠有尾。所引之水，或即還本河，或徑歸大河，在相地勢，通盤預爲籌定，而後可興工；如漢中湑、濂各渠之水，有仍歸湑、濂，有徑放漢江。要之所引之水，不可大迫。渠身往行數里、十數里方始灌田，則可免灌沙衝筒之患。渠身宜廣宜深，如溉田至五六萬畝，則渠身須廣三四丈，深一丈四五尺，進渠之水，常有二三尺，方可敷用。渠堤即用挖出土築之，必須堅築。其堤當在溉田一面，分水筒口，就渠底穴堤砌之，無田一面，空之以收野潦助溉。築時遇對面有潦溝，尤須加功。

一在分筒口。渠所灌溉，有近渠身之田，有隔渠身半里數里之田。凡大渠一道，必分堰口數十道，灌田數百畝、千畝、數千畝不等。堰渠一道，又必分筒口十數道，灌田十數畝、數十畝、百畝不等。堰口寬長各有尺寸，啓閉各有日期，計所進之水，足灌其田，不至乾涸而止。灌田足用，餘水瀲之下游，下游又作水田，雨多之歲，亦可有收。故凡瀲水田，於大渠工作，不派夫費，不入常額。堰筒分水，有《周官》川澮溝洫遺意，但彼以溝洫之細，洩之川澮以爲蓄，此則以正渠之大，洩之堰筒而蓄之田。額田有餘，瀲之餘田，而仍歸之河，井然不可亂。孟子所謂經界之必先正者此也。

一在修龍門。渠與溪河相接，引水進渠處爲龍門，乃一渠之咽喉。不能迎水，則水不入渠，迎水而太當溜，則漲發時有決衝之患。故作龍門，必得借小阜石确硬土爲要，旁吸河流以辟正溜。門須狹於渠，譬之門爲口，渠爲頬，口之所入，頬大始能容之。門兩駁岸，用灰土堅築，鍊成一氣，各包十丈爲上，用窑甎砌四五進亦可，砌石爲下，石縫過大，剥落易於浸水。如河流過大，龍門下數十丈、百餘丈作減水壩，則堤身不至沖塌。龍門得法，爲旱爲潦，有水之利，無水之害矣。

一在作攔河。龍門既用旁吸，則水非直入，必於正河截之，水方能以進渠，則攔河爲要。南中攔壩，往往用石，石砌斷河中流。而蕭、曹遺制不然，用木樁長四五丈，縱横植水中，磊以亂石，似近乎疏。不知南中土薄，挖數尺即見根，連根砌灰石可堅。西北土厚，挖至數丈不見根，砌以灰石，水過不得過，搜根沖湍石下，則空而必傾。不如磊以亂石，截其流之大者入渠，而仍聽石隙之水下流，則勢不急而無搜根之患，此似疏而實密，常法之可久也。至水涸之時，需水孔亟，則用板用席，令其點水不滴可也。或作攔河之處，而有湍激之勢，則必用木圈竹籠盛石，椗以巨樁，工費所不可惜者。

凡此六事，皆漢中作渠溉田，行之數千年而有利無害者。西北可以相通，倣而行之，利濟無窮矣。

綜述

唐 佚名《濟源枋口開渠修蘭若記》元和六年十一月 《平津讀碑記·三續》卷下 右《濟源枋口開渠修蘭若記》在濟源縣，碑首行已摩滅，記每段有注，曰枋口記，曰開渠記，曰蘭若記。其稱沁水出沁州沁□山，初出泉涌□堪賞翫，届茲枋□實曰巨河水，像枋形，俗謂之枋口。《水經》沁水注：沁水又南出山過沁水縣北南出石門，世謂之沁口。石門是魏野王典農中郎將司馬孚之所造，夾岸累石，結以爲門，用代木門，枋故石門，舊有枋口之稱，所言皆與記合。

又 稱有釋子堅公者，懷濟物之心，有開河之志，分流一派，溉數百万頃之田。荷锸興雲，鈌渠成雨，黄埿五斗，秔稻一石。由是河内之人，無饑年之慮。《新唐書·地理志》：濟源縣有枋口堰。大和五年，節度使温造浚古渠，溉濟源、河内、温、武陟田五千頃。在此修渠之後蘭若在枋口内灣天成山。末云：元和四年赤奮歲朔□□年單閼歲冬十一月記。是元和六年也。下有濟源縣令李朝陽等銜名。

宋 胡宿《文恭集》卷三五《常州晉陵縣開渠港記》 常領四邑，治呉西境。晉陵户二萬，丁十萬，過江來東，列爲大縣。其土會之法，田第九，賦第七，帛宜絲枲，穀宜秔稻。美川澤，饒魚鱉。太湖厎定其南，大江繞出其北。閒民無事，擅魚采之利，以生其生。有二浸之大，而農不能引以灌，迹其所以，民非棄之，顧上謀之未及，究旅力之不能集爾。天時稍或亢縮，人心乘以焦窘。

慶歷辛巳，高陽許君恢以大理丞治于斯。既視邑事，審江湖之利，可以活夫田也，迺嘆曰：『昔西門豹治鄴，漳水在鄴旁，豹不能用，故史起譏之，謂其不足以言智。今茲邑南趣湖，北倚江，據是美利，田其舍諸，委而弗謀，大懼後世之嗤予也。』因環按四封，周咨野老，迺得申港、戚墅、竈子三港，皆往時溉田之川，所溉萬餘頃。中間廢不復治，緒餘且在。因伻圖言狀，列于外計，且曰湖水可以灌戚港，江水可以灌申竈。計司移官，覆視其利，信然。比得符文，報從所請，始籲厥衆，開陳以利。民飴其言，説以承使，不戒而廪食具，未幾而鼛鼓興。其集如雲，朝迺畚迺锸。自二年冬十月浚申港，凡三十八里，引潮水抵城之西北隅，朝夕再至焉。竈子港去申港三十里，自江口浚之，凡四十里，斜趣縣之東北，不與申港合。戚墅港東南去縣二十里，自湖口浚之，凡九十里，太湖之舟牖至焉。三港之溉，申港爲最博。繇三大港之側，聽民自射其便，復引支水，分注運瀆、東函等十九小港，以釃其利。長波之所貫，衆渠之所殺，變埆土成腴壤，稽于大浸，暢于四肢。最凡計工二十六萬，前後凡三月而罷。

歲在鶉首，秋夏仍旱，他田不粒。港旁獨稔。華黍薿薿，清渠泱泱，耒耨者賴焉，網罟者依焉。爾牛爾羊，來群來思。噫，江湖以善利利萬物，不私所利，至矣哉！從于政者，猶夫川也，據能濟之勢，操有爲之資，胡利不可興，曷害不可去？棄而弗營者，非力不足，由無志于民耳。從是而觀，高陽之政，其惠之所字于民至矣。後之長此邑者，當監前人之休，恤百姓之欲，嗣而浚之，繩而廣之，使繼繼不絶，則三港之利，庸可竭乎？慶歷四年正月二十八日記。

宋 宋祁《景文集》卷三五《尉氏縣吕明府創修洩水渠頌》 神州之地，積高于西北，而庳下于東南。尉氏直其坤隅，故上薄周疆，側負鄭鄙。汙瀆所蕩，行潦所趣，注我西偏，匯爲大浸。異時縣官往往募民開田渠，入之惠民河，今自江以北溝漕總目爲河，因灌淮、楚。人雖在勤，水不爲害。

太平興國初，或建言惠民河瀕尉氏，折東而北，地泐墊漏，水多壞決。迺西并崇岡，更開新道。長堤右移，衆渠咸塞，于是水無所洩，則沮洳淵淪，鍾爲回淵。每水潦不時，必壞官亭，漂室廬，害膏腴之田千百八頃。其大者則韓溝、護軍二陂，以名自達，輪廣三十里，他脈連股引，延緣葦間。溝遂之小小者，尚數十百所，匯民厥壤。邑吏選耎，蔽不敢聞，歲趣其租，人用重困。葢水留四十年，狎爲常玩。事窮而復，理固然也。聖上初元之年，大理丞吕君長吉始爲政于茲邑。既視事，即按行堤閼，周知其要，乃嘆曰：河漕中都，堤不得弛；陂盤善地，水不容止。潰陂注河則舟廢，繕河限陂則農奪。長吏不謀，土其魚乎！于是度楊橋之北，累石編木，以爲竇口，規引積水，潛出河下，東因廢洫，行七十里，與惠民下復合。水有所放，漕亦無停。君即伻圖上言，于計便甚。事下丞相府，復詔中貴人段微明與寰內察按使者李識、張君平等，興作水工，核實程員，無慮用材五百章，甓甃數萬，膏堊稱是。工四千人，度三十日罷。條陳中覆，悉蒙可報。明年正月，遣内侍臣譚好古領徒護作，君參掌焉。衆以子來，匠以心競。任器成雲，環材若林。不急不徐，如期而畢，以佚道使人故也。二月，渠成水下，瀺灂轉騰，曼羨紆餘。灑其沈灾，導其流惡。數旬而牛馬辨，經時而桑田復。是歲，耒耨所刺，排水澤而居者，蓋以大半。三年，水涸地沃，畝率收一鍾。流庸還占，參倍于舊。過是而獲者，則不書矣。

于時和氣絪縕，闔邦如春，繞爲景風，結爲油雲。終古沈斥，一朝茂殖，昔之勞人，今焉樂國。夫善防者水廞之，善溝者水漱之。因地則氣不壅，達變故民不倦。惟吕君畢給政術，舉無後艱。肆水之走下而奠其歸，乘人之曹好而興其利。縣令之任，今所輕已，君而重之；敝政之改，重所難已，君而易之。探古舊章，圖我新政，復地力，阜財用，民餧不慭，神稰可懷。禦菑鍵蠹，莫非嘉績。朝旌厥能，秩君宫坊大夫，佐郡二千石。民去思者八歲矣，穀益以殖，年益以豐，億萬之口，并蒙厥福。既而邑之耆耋，雜然共計曰：『吕君功緒，章章在人，其可歌也。盍琢金石以鋪其馨香？』予從事于斯文，宜倫次輿誦而存其梗概。頌曰：

天畿之南兮下田良，壅流弗洩兮漂我疆。地環萬井兮原其谷，歲踰三紀兮祖弗屬。我有賢君兮來何遲，累甓疏竇兮河之麋。注潢引汙兮涣東湊，鮮原旻旻兮農其耦。水反歲定兮黍稷華，稇載斯箱兮紛滿家。去我茲久兮田益膴，手之足之兮聲在路。何以報君福穰穰，明神所勞邦之光。樹樂石兮渠之旁，攄德音兮永不忘。

宋　曾鞏《襄州宜城縣長渠記》《續文章正宗》卷一四　荆及康狼，楚之西山也。水出三山之間，東南而流，春秋之世曰鄢水，左丘明傳：魯桓公十有三年，楚屈瑕伐羅，『及鄢，亂次以濟』是也。其後曰夷水，《水經》所謂『漢水又南過宜城縣東，夷水注之』是也。又其後曰蠻水，酈道元所謂『夷水避桓温父名，改曰蠻水』是也。

秦昭王三一作二十八年，使白起將，攻楚，去鄢百里，立堨，壅是水爲渠以灌鄢。鄢，楚都也，遂拔之。秦既得鄢，以爲縣。漢惠帝三年，改曰宜城。宋孝武帝永初元年，築宜城之大堤爲城，今縣治是也。而更謂鄢曰故城。鄢入秦，而白起所爲渠因不廢。引鄢水以灌田，田皆爲沃壤，今長渠是也。

長渠至宋至和二年，久隳不治，而田數苦旱，州飲者無所取。令孫永曼叔率民田渠下者，理渠之壞一作壤塞，而去其淺隘，遂完故堨，使水還渠中。自二月丙午始作，至三月癸未而畢，田之受渠水者，皆復其舊。曼叔又與民爲約束，時其蓄泄，而止其侵爭，民皆以爲宜也。

蓋鄢水之出西山，初棄於無用，及白起資以禍楚，而後世顧賴其利。酈道元以謂溉田三千餘頃，至今千有餘年。而曼叔又舉衆力而復之，使并渠之民，足食而甘飲，其餘粟散於四方。蓋水出於西山諸谷者其源廣，而流於東南者其勢下，至今千有餘年，而山川高下之形勢無改，故曼叔得因其故迹，興於既廢。使之源流，與地之高下，一有易於古，則曼叔雖力，亦莫能復也。

夫水莫大於四瀆，而河蓋數徙，失禹之故道，至於濟水，又王莽時而絶，况於衆流之細，其通塞豈得而常？而後世欲行水溉田者，往往務躡古人之遺迹，不考夫山川形勢古今之同異，故用力多而收功少，是亦其不思也歟？

初，曼叔之復此渠，白其事於知襄州事張瓌唐公。唐公聽之不疑，沮止者不用，故曼叔能以有成。則渠之復，自夫二人者也。方二人者之有爲，蓋將任其職，非有求於世也。及其後言渠堨者蠭出，然其心蓋或有求，故多詭而少實，獨長渠之利較然，而二人者之志愈明也。

熙寧六年，余爲襄州，過京師。曼叔時爲開封，訪余於東門，爲余道長渠之事，而諉余以考其約束之廢舉。余至而問焉，民皆以謂賢君之約乎？』往刻諸石，使來者讀而味之。而要其歸，則吾之言猶爾之渠，蓋相與流通而不窮矣。

金 元好問《遺山集》卷三三《創開滹水渠堰記》 州倅定襄李侯介于教官劉浚明之深，以《滹水新渠記》爲請，曰：『滹水之源，出于雁門東山之三泉，過繁畤，遂爲大川。放而出忻口，并北山而東，去僕所居横山爲不遠。上世以來，知水利可興，故嘗興之，由宋爾朱氏而下，凡三人焉。爾朱，丘村人，家有賜田百頃，因以雄吾鄉。役家之僮奴，欲從忻口分支流爲渠。鄉之人以是家公爲較固之計，莫有助之者，且姗笑之，因自沮而罷。

大定戊子，無畏莊信武喬公號稱「十萬喬氏」者，度其財力易于與造，復以渠爲事。開及日陽里，農民以盗水致訟，有避罪而就死者。事出于曖昧，甲乙鈎連，無從開釋，役夫散歸，至以水田爲諱。承安中，吾里齊全羨率鄉曲大家，按喬公故迹，欲終成之，而竟亦不成。僕不自度量，以先廣威嘗與齊共事，思卒前業。賴縣豪傑、鄉父兄子弟佽助之，歷二年之久，僅有所立。蓋經始於壬寅之八月，起湯頭嶺西之白村，上下逾六十里，經建安口，乃合流。

又 明年之三月既望，合鄉人預議，洎執役者置酒張樂以落之。老幼欣快，驩呼動地，出平昔所望之外。宜有文辭以垂示永久，幸吾子留意焉。』余以謂立功立事，必天時人事合而後可，然繫于人事者爲尤多。曩余官西南鄧之屬邑，多水田，業户餘三萬家。長溝大堰，率因故迹而增築之，而其用力有不可勝言者。試一二考之：夫水在天壤間爲至平，且善利萬物而不争。有餘者損之，不足者補之，時乃天之道。兼并之家，力足以制卑貧，而賄足以侮文法。身私九里之潤，人無一溉之益者多矣。以至平爲不平，不争爲必争，補有餘，損不足，傷水之性，逆天之道，覆車之轍，前後相接，田野細民，有敢復與大豪共公者乎？矧夫非大變之後，無不争之田；非婁豐之年，無供役之食。事艱於慮始，人習於惡勞。賢否異情，理難脗合。彼己分利，孰爲綱維？故雖有萬折必東之心，而終屈於七遇皆北之勢。使臨之以公上之命，且無望于必成，况創始于鄉社二三之議乎？有其時而乏其人，有其人而無其志，力不前勝，事必後艱。大哉，志乎！唯强也，故能立天下之懦；唯堅也，故能易天下之

束，相與守之，傳數十年如其初也。余爲之定著令，上司農。八年，曼叔去開封，爲汝陰，始以書告之。而是秋大旱，獨長渠之田無害也。夫宜知其山川與民之利害者，皆爲州者之任，故余不得不書以告後之人，而又使之知夫作之所以始也。

宋 胡寅《斐然集》卷二〇《衡岳寺新開石渠記》 物無不可用，用之盡其理，可謂道矣乎？非邪？言道而弃物，體妙而用粗，或以爲精，吾見其二於物也。五穀飽人者也，今有人不種不穫，廪庾無積，釜甑無爨，持其枵腹而語於衆曰：『吾飫於食，吾之腹果然。』汝奚不作稻粱黍稷之想而自肥乎？又奚不忘稻粱黍稷之念而已飽乎？衆美其詞，相與贊之曰：『先生不忍獨飽，又憂弟子之飢。』吾一聞之，了達無疑，咀嚼至教，而厭足甘味，雖六瑚八簋，豐盛乎前，皆幻物也。

吾見天下之人皆口充乎此而中餒者也。迭唱更和，以爲至矣。居無何，不免於爲若敖氏之鬼。謂道不在物，至妙非事爲之用者，不類此歟？今夫人不可一日而無食，田不可過旬而暴之。有沃壤腴地而無溝洫畎澮以資不雨之急，則大聖智亦不能拔苗擢穗，使發秀而穎栗也。而好誕者顧曰『是粗之爲用矣』。吾有道於此，説雨露之功，談江河之德，發揮涵濡滋養之利，而指示灌溉收濟之效，顧盼作用，倏忽俄傾。則生物之衆既已被潤澤而大豐美，豈獨爾之長畝爲多稼哉？雖火雲焚空，金石融泮，萬類焦灼，固不能爲吾田之病也。

嗟夫！此與向之爲若敖氏鬼者，固歸於無智而不仁，三尺童子猶將笑之，而又可以欺夫通天人合外内之君子乎？衡岳寺長老純粹領寺之三年，數罹暵乾，顧田旁有溪流，不可激而使也，乃泝源上絶壁，相可引之道，躬率其徒，以鑱鑿從事，勞而益勤，未幾石渠告成。疏分巨派，飛練挂壑，流虹帶山，滂傾演迤，隨意停决。餘潤所覃，隣壤作乂。是歲秋大穰，齋庖恬愉，鼓鐘其鏜。粹來請記之，使後有考焉。予曰：『天地之内，事物衆矣。其所以成者，誠也。實有是理，故實有是心；實有是心，故實有是事；實有是事，故實有是物；實有是物，故實有是用。今以手舉物，而曰必未嘗舉，亦初無物也。以口對客，而曰心未嘗對，亦初無客也。斯亦妄人而已矣。何以明之？爾不能耕不土之田，居無地之室，衣不蔽之服，而食無米之飯，是則誠之不可掩也。而獨外此以爲道，可

難。由是而克之，關輔之三白、襄樊之黔蘆，皆此物也。故嘗謂江鄉澤國，巧於用水，凡可以取利者無不盡。舉鍤投袂，隨爲豐年。今河朔州郡非無川澤，而人不知有川澤。捐可居之貨，失當乘之機，如愚賈操金，昧于貿遷之術。旱暵爲虐，乃無以療之。求象龍，候商羊，坐爲焚尪、暴巫、禳禬家之所悮。搏手困窮，咎將誰執？方新渠之成也，余往觀焉。流波泫泫，凈滉盈溝，若大有力者擁之而前。農事奮興，坐享豐潤，禾麻菽麥，鬱鬱彌望。計所收拾，如有以相之。夫孤倡而合衆力，一善而兼萬夫，蹔勞而有亡窮之利，若李侯者，其可謂有志之士矣！

雖然，水利之在吾州者，非特滹河而已也。出東門一舍，少折而南，由三霍而東，盡南邢之西，其間無井邑，無聚落，無丘壟，特沮洳之爍而已。誠能引牧馬之水，以合三會于蒙山之麓，堤障有所，出内有限，纔費數千人之功，平湖渺然，當倍晉溪之十。惜無大農尺一之版，使扁舟落吾手中耳。因記侯興建始末，慨然有感于中，故兼及之。侯名子成，先廣威用承直郎，當補官，州牒已上吏曹矣，而新令限至朝請大夫者，乃係班。廣威詣登聞皷院自陳，道陵從之。預供奉者四百二十人。仕至蠡州酒務使。李侯所謂是以似之者歟？年月日記。

元 蘇天爵《滋溪文稿》卷三《江浙行省浚治杭州河渠記》　至正六年十月，江浙行中書省始命浚治杭州郡城河渠。明年二月，卒事。宰臣慎于出令，僚吏勤于督工，庶民樂于趨役，於是河流環合，舟航經行，商旅由遠而至，食貨之價不翔，稚髦莫不皆喜，公私咸以爲利矣。

又　明年冬，天爵承命，參預省政，幕府奧林請紀其事于石。古者立國居民，則恃山川以爲固。大江之南，其城郭往往依乎川澤，又爲溝渠以達于市井，民欲引重致遠，必賴舟檝之用。歲月既久，寧無湮涸，則加浚治之功焉。然勞民傷財，昔人所重。居藩省者必得清慎之人，知愛民爲本，則能倡其衆。官郡縣者必得廉能之臣，知奉公爲職，則能集其事，否則克有成功者鮮矣。杭州爲東南一大都會，山川之盛跨呉越閩浙之遠，土貢之富兼荆廣川蜀之饒。郡西爲湖，昔人釃渠引水入城，聯絡巷陌，凡民之居，前通闤闠，後達河渠，舟航之往來，有無之貿易，皆以河爲利。或時填淤，居者、行者胥以爲病，在上者日理政務，有不屑爲，長民者壓于大府，不敢擅爲，觀望因循，天下之事日漸廢壞，有志于當世者，可不爲之長慮乎！

歲在乙酉，天子念東南貢賦之煩勞，閔民生之彫弊，詔命國王丞相江浙省事。王威儀有度，中外具瞻。又命翰林學士承旨達實特穆爾爲平章政事。公讀書守法，不矜不揚，曾未數月，百度修舉，乃詢民之利病，衆以河渠不治爲言。丞相咨于官僚而允合，謀於憲府而僉同。平章公總其事于上，檢校官李益、杭州路總管趙璉董其役於下。又以掾曹十餘人分治其工。南起龍山，北至猪圈坝，延袤三十餘里。尋以冬寒止役，春復役之。郡中郭外支流二十餘里，共深三尺，廣仍其舊，悉導湖水注之。爲役四萬二千五百工，用鈔八萬五千貫。復慮上出塗泥值雨入河，命諸寺載而積之江滸。又新木閘者四，石梁者一。其經營謀畫，皆出平章公心計指授。鈔則鹽漕備風濤所儲，工則僦諸庸保。恐民之不知，申以永久之利。防吏之爲奸，嚴以煩擾之禁。公治事少暇，親行河上，以撫慰之。以故人忘其勞，事克以集。

嘗聞自昔有天下者，皆立法制以維持之，又選材能以奉行之下，至封疆、城郭、河渠、津梁，各有官守，掌其厲禁，是以修治有方，啓閉有時，小大得職，民物安堵。况治水者，當行其所無事，則績用有成，而鹵莽滅裂之徒，或者力欲僥倖，覬一時之功，未有不爲民患者也。觀夫杭州浚治河渠之事，宰輔謀猷之賢，任人嚴謹，作事周密，誠足以爲後世之法哉！故備述之，俾來者尚弗廢前人之功，永爲一方之利也歟！

明 商輅《濮州新開河渠記》《明經世文編》卷三八　濮地曠衍，民以農爲業，州之南四百里黄河也。正統戊辰秋，河徙滎澤，浸流州境。自臨濮迤北至港上，地可萬餘頃，悉爲巨浸，民以失業。迨景泰丙子，河復故道，漫流稍息，臨濮地間出，然無以洩其流，乾溢靡常，農業久廢，民多轉徙失所者。

成化丁亥春，巡撫山東右副都御史原公傑，行郡至濮，因民之艱，召官屬謂曰：『土地以養民，河渠以洩水，即如此地，農業所資，非有河渠，其浸淫之患，寧有極乎？况因民之利而利之，擇可勞而勞之，先王美政也。與其因循歲月以坐受其害，孰若一勞永逸之，足以徼後功乎？』衆皆曰然，于是都憲躬爲相度地執，指以開浚疏導之方，命東昌同知陳僑董其役，肇工於是歲二月，未逾月而告完。河長七十里，深皆及泉，以防壅塞，兩岸築堤，廣二丈，高半之，長與河等，以防泛溢。復令范縣遞相浚築二十里許，下接故渠以達張秋運河。

是歲水不爲患，農業驟興，獲利者數千家。是役也，判官徐伯良、齊諒典、科辛寬撫綏有道，民不知勞。明年春，都憲復按濮，以水患雖息，河堤未固，又命新任知州張雲益工浚築，高深視舊倍之，兩堤各植楊柳培護，以圖堅久。州民相與語曰：『自今以始，吾儕得享粒食之樂，以免于墊溺流離之苦者，都憲之功，與二三大夫之力也，安可以無述？』乃群請於州守，守不能抑，因述始末，走書求記，將刻石樹之河堤之旁，而水患遂息，蓋以人力勝之也。

今茲河流既順，而濮之爲患特餘浸耳。然河渠一開，而水勢有歸，地利可興，民生以遂，謂非人力成之而何？矧今朝旨丁寧，未始不以水利爲急，若都憲可謂能奉宣德意，而濮有司可謂能舉其職業者矣。漢穿白渠，民歌之曰：『田於何所，池陽谷口，鄭國在前，白公起後，且溉且灌，長我禾黍。』雖彼以渚水，此以洩水，爲用不同，而爲利一也。濮之民寧無繼是而歌者乎？用書此爲記，以復守之請云。

明 張四維《條麓堂集》卷二四《懷慶府修建河内縣河渠記》

河内在中州稱沃壤，故賦入倍它邑，其地饒水泉浸灌之利。蓋沁水自太行南出，由枋口而東，會堯王泉水，又東，丹水注之。丹沁之名，古今甚著。堯王泉不見于傳記，徵之《水經注》，五行之阜，丹、沁之間，有邗水出焉。在野玉西北，疑即此水，云沁水之溉田蓋久，其易枋口以石門。則自魏典農中郎將司馬孚始，其表云，雲雨由人，熯潦不困，民到于今賴矣。其後一見于唐河陽節度使溫造，嘗奏開懷州古秦渠枋口堰，溉濟源、河內、溫、武陟四縣田五千餘頃，再見于元懷孟路揔管譚澄，令民鑿唐溫渠溉田然，皆沁水也。

其鑿丹河以利民，不知始于何代。考郡志所載，沁水凡引爲支河者五，丹水凡引爲支河者十有八，獨堯王泉先未有引以溉者。然丹、沁諸支河，特其名稱，存郡志耳。其渠堰湮廢，水脉閼塞者，且過半。故今河内民力稱凋，斁于曩時。隆慶丁卯文安紀大夫来視郡事，毅然以興廢、起疲爲任，繕城隍，均田賦，節財用，肅綱紀，百度駸駸舉矣，踰年值歲祲，大夫多方注措，謀所以佐百姓急者，或以水利告。大夫韙之，即躬率僚屬，升丘降隰，遍搜陳迹，質諸野老之識故實者，因得夫疏導興建之宜。精心内畫，具有成筭，乃白之分守陳公，委郡倅臨汾喬君某司其事。徵丁夫于居民之瀕河者，分其役。捐俸金百，佐其費。儲賑濟穀四百餘石，給其食。錨畚既備，百里具作，工殫吏勤，晨昏有課，甫閲月而功告竣矣。

蓋凡大夫所開創河渠六，在沁水有曰通濟河，曰廣惠北河，曰廣惠南河。在丹水有曰康濟河，曰普濟河。又引堯王泉爲惠民河。通濟即郡志所稱廣濟，《水經》所謂沁水南出爲朱溝水者，歷濟源、河内、溫、武陟四縣入黄河，延一百五十餘里。意古秦渠、唐温渠大較此耳，夷塞積久漫爲平野，于是浚而廓之。岸口以丈計者六底半之深十丈。其派引而旁出者十有四焉，中爲石閘二。廣惠南北河俱自濟源縣東石梯取水，岸口視通濟得三之一，底視岸口得四之三，深一丈。北河長四十二里，派河十，中爲陰洞二，大小閘九。南河長三十三里，派河十有三，中爲陰洞一、橋二、閘如派河之數，二河俱復入沁。廣濟自趙家庄取水，闊一丈五尺，深半之。派可十有一，中爲石閘三、橋四。普濟自翠筠觀東取水，闊二丈，深得其十七，派河十，中爲石閘二、石橋五、陰洞三。二河俱長三十餘里，次第入于沁。惠民自泉源取水，闊七尺，深倍之，派河六，中爲大小閘五，長一十五里，亦附廣惠北河入沁。其舊丹沁支河之可葺理者，悉爲之，啓其塞，暢其流焉。由是四境之田，無不受水利者。

河内喬尹翔鳳謂，大夫是舉且貽懷民百世利，欲勒諸堅珉，以垂示久遠。乃纂述顛末，屬史維記之。夫河内自秦漢来，民擅河渠之利，其疏浚築捍，防害永利，當必代有作焉。乃今上下數千載間，温節度譚總管之外無聞焉。二公固表樹閎鉅餘，豈繄無人，特以紀述不存故耳。且元史載揔管功，猶唯曰沁則丹水溉田，不越勝國國初時耳。今其作者，名氏已遺佚，不可覩。矧遠而千載下哉。大夫并浚三河，其興建視温、譚尤偉。不慮後無聞，第以作法貽遠，欲使來祀可述，儀鑒不昧，當必於斯文考焉。大夫名誠，字勉夫，由工部郎出守懷慶起家，己未進士云。

清　胡天游《石笥山房集·文集》卷三《蒲州府復涑姚二渠記》

蒲晉之坤，河帶如玦，川以州域，北汾南涑。涑自唐都言薛萬徹導水夏縣至臨晉西，委張澤入于河。解之平陸，泉出横嶺，潤合溪赴，會流以盛，隋都水姚暹渠引焉，至蒲虞鄉縣，澤首受，亦西入于河。然暹所引本北魏永豐舊渠，而酈善長謂涑水西逕郇、瑕，又西南逕張揚城，屬于陂，則非萬徹、暹所始營。維二渠源濆山谷，悍挾沙泥，時時遇不循其理，久益爲變。暹、徹所以絛其攸歸，必使之復，去害取利，以予其民。宜著史書，稱名勿絶至今。

渠自兩人後，開塞幾變，近廢不治痡甚。而張澤者，即善長書涑所屬陂，今以爲湖，變其名五姓湖。故瀦渠郵以輸河，涸三數十載，鯁前時入河道。凡二渠積閼，流當就湖者，或不能至。若夏炑會，甚風淮雨，嘘漲鼓怒，涑衝暹渠，力并壯决，败解鹽池，蕩廬稼，駭撼郭邑，因飆注湖，莫有洩容，游波踔騰，四齧原陸，蒲、解之人用爲困。河東兵備道喬公涖甫三年，政理孔成，风俗大和。前寧武太守周侯用循賢移知蒲府，事相與謀。吾民幸保生聚，樂安業。今數縣氓庶，釋咨畢恬，猶若未者。且解池繫國賦鉅，維水是病。却畜底輯，使無濫沈，川瀆順性，歲穜時慶，經務之要，莫急且先。乃召父老，告以渠河興罷孰利。咸曰：苟導復之，利世世。于是計涑與暹渠左右夫家，其田溉潤得及者，率户役焉。其非蒲所治，而統于河東爲解州，以畀其守。其在蒲縣西：曰猗氏、臨晉、虞鄉、永濟。周侯董其令分主之。以爲禹治水施先下流，湖渠同時，乃畚乃钁，乃疏乃穿。乾隆甲戌年正月，水功是興，逮四月成。自解安邑屬蒲永濟，三百餘里，循渠樹防，翼翼傑傑，式砥式遏。而邸家營者，介虞鄉、猗氏，勢尤難庳，異時涑横擣入里爲巨浸，狂溜勇淘，地益底深，岸高下絶懸五六丈，崩口不可塞合。周侯謂此涑要害，如重城攻守，必争險勝。出俸錢買其傍田，盡土實之，奪其凶門，卒杜服。上爲其堤，崇築加仞，厚固彌鞏，責官吏以時衞。于是憤帖鬱宣，潦縮其暴乎野者，壤出其淪于墊者，昔若食得饐，玆委壑如紡，土燥厥榤，復于田耕。塗懽里歌，忘其恐懾。

方役之興，公及周侯躬巡渠所，勞其人勿怠，日夕既訖，遍酒肉賚賜慰遺焉。今夫去疾病而復于壯者之謂復，國地失而復克取有之之謂復，城郭道路陂澤堤渠，其既廢而治興焉之謂復。修其圮，攘其患，用其利，猶起膏肓，奮武烈，均乎大庸。子諺斯謀，美河東公功、太守侯之勞烈，同德協慮，康亭斯民，視暹、萬徹所爲九有尚。思揚其光，嘉照無休，且告繼爲政者師循之，亦克保奠以終，永厥績，毋隳。

明　汪道昆《太函集》卷六九《淳安縣治陂渠碑記》　淳安，故始新縣也。漢建安中，吴遣中郎將賀齊以狥地至，乃割歙東境而縣始新，列邑既平，則析丹陽置新都郡。齊拜新都太守治始新，吾宗江南始祖龍驤將軍文和自會稽遷始新令，并以經始得境内守迄今廟食，令兩世封樹在焉。

守習形家言，引郭西水渠而東流，遶郭若鞶帶，廣尋有二，深浚而潢，語具守碑中，盖其隍也。唐仍其舊，吴侍郎融嘗歌之。迄宋元豐、熙寧之間，故令何友直、陳曄迺浚如故，頃罹寇虐，城壞隍淤，及城拓，而南壁渠。而縣志稱，人文代起，率以治渠徵焉。明興，則商文毅公起淳安三都上第而秉國，即内列邑千計，宜無如淳安，曠日陵夷，置渠勿詰，睨者不餍蠶食，割紛紛，廬者廬，圃者圃，或夏或蔀，或樹華，或樹果，或樹蔬。於是湮者什三，没者什七。

天子紀元癸未，蕭令君始下車，令君嘗再令東粤樹保障功。上賜金進秩，既至則恢恢游刃，無却不批，百廢具興，較若畫一，諸父老舉手加額，籍籍多令君良，建安以來千古一遇也。遂介諸孝諸文學上渠便宜，令君曰：嘻！因地利以利民，則有司事。元岡不敏，願肩任之。乃操簡記，按輿圖遺，迹宛然在目。於是召諸矚渠者坐之廷，宣言都人士賴渠久矣，爾曹廬于斯，圃于斯，是皆在辟獨念孽，非自作孼，而祖而父之由第伐，而廬瀦，而圃歸，而利與，有衆共之，吾不而坐。聞者幸得及于寛政，業已革心，會比廬焚，咸謂：天贊令君，威德較著。民大悦服，争自舍業，以奉公家。令君復酌時宜，與之更始，渠廣僅當疇昔之半，堤廣當渠之半，堤窮則梁之，則又以西郭諸山谷水東注如建瓴，其盈涸可立待也。

藉令渠復而水不繼，將焉用渠。乃闢雉潭爲西陂，諸山谷水皆來，即龍山之麓，闢東陂約下流而捍之，蓄洩如水庸，轉輸如乘六，就西陂築堤一、東陂二，修廣皆倍西，乃籍浮橋田若干畝，壇場地若干畝，易民田爲陂，少不足則捐禄入。而予之賈鳩工伐石則市閑田以供渠，修三百尋有奇，爲石防者三，梁者五。冬十月農隙首事，明年春正月告成。要以勿亟而捷有神，則說使之效也。

于時諸孝，則方世德、方學龍布狀，諸文學則汪士慧、周宗文入新都紹介，歙處士籍淳安者鮑子良，抵余碑之以紀成績。余先世幸而在事在昔夏后氏，以溝洫而底平成。漢太史以河渠而埒禮樂。語其功用，要以導水利修田功，令君之渠邑中視稻人之利遠矣。都人士應若桴鼓，則何以故哉？古者度地，居民建都立邑，審局面勢，必恊地冝，自三五以及于今，皆是物也。其言演於管郭，布於大江以西令。君起家太和，旁綜俯察，心思耳目嫺矣。乃今有土孳，率以地得民恢復以循其故潤澤以舉其全。雖有國工，無能爲役，至若不費而惠，不勞而成，不令而共，不疾而速，則諸孝、諸文學述之爲詳，非令君冝不及此。雖然，此其緒餘也。

是役也，非直襄水土而浚嘉祥，在地成形，莫非至教。《記》曰：善溝者水漱之，善防者水淫之。職在《匠人》，通于政矣。在《禮》上有大澤，則夫人待于下流。何所取之，取諸漱也。在《易》地中有水，師；君子以容民畜衆。何所取之，取諸淫也。漱之則川，淫之則澤，漱之則渠爲政，淫之則陂爲政。流行坎止，因厥有常，政之象也。奉此而南面，吏治其有興乎？且也漱之，則從善如流，淫之則成章後達。漱之則爲之者疾，淫之則用之者舒。士興文，民興業，胥此塗出，令君是之取爾。寧規規然徒爲一澮絜長短邪？彼或操拘說而詘堪輿一曲之士也溺堪輿而闇大體一隅之觀也。

令君知大體矣，賢乎哉！處士謂，令君具文武才，資深矣，顧司馬亟從事吾黨猶及令君親見之。兩生又言：天幸淳而賚令君期月而可如將終惠百里，雖加一日爲猶賢。余囅然笑曰：處士渠，令君惟其遠，兩生陂，令君惟其留。夫陂不耐不渠，渠不耐不陂，由是而達新安江，由是而放東海。上善若水，則惟令君。余將以是爲宜僚，并勒之石。

明 王圻《王侍御類稿》卷三《贈鹾大使山西堯化張君疏渠榮奬序》 漢時循吏，多以穿渠溉田致民户祝，如鄭國、白渠，往往形於歌頌，至因以名渠。而上之人，頗亦重其事，疏瀹有殊效者，嘗賜爵及金，金多至百斤，豈非泉流灌浸，所以育五穀乎？海上素稱澤國，東南又阻海。然或去海達者不苦汗而苦萊水。旱稍不時，高卬之田，立見龜拆。往時觀察豫章許公初令上海，適旱魃爲虐，嘗野服親履其地，集畚臿治之，所浚支川無筭，是歲旱不爲灾。今去許公厘一紀，而遥昔所清净灌溉者，幾揚東海之塵。邑侯李公聞之，於夕軫念，安得白公其人一二輩，無慮東南塵矣。因訐鹾大使張君敏且才，檄君領東南畚臿，如觀察公故事。君曰：不穀塩官也其令徒衆無恣睢於牢盆之詡則惟職無貶額無詘課以復治鹾使者之命則惟職此固有都水在也。不腆塩官，不嫌於越尸祝，而代之疱乎？雖然，則固有使君命在，即如檄受任。往時受任者於水工輩，不無苞苴之嫌，則惟稍鋤其故土，聚如蝗壤，錯落兩涯間，而其中不啻坳堂之上，不容芥舟。

君集其衆，誓曰：倘以杯水累若者有如日且損貲雇募鍬钁雲集。兩年間，南北所浚八十里，東西二十餘里，皆河水清漣，足資禾黍。夏秋適又亢旱，并海百里，幾於不毛，惟君所浚，東西南北，頗皆稱稔。東人上其事於侯，侯因旌之以額，君之功固不減鄭白渠，而侯之旌，倘亦賜爵賜金遺意乎？

君廉爲政，不事催科，而鹾課大辦。聞主爵者欲移君一尉，余謂：以君之才，即畀之數里民社不足難君而何以尉爲君徐之主爵者，必爲君剖河陽之符矣。君先後所事上官，如喬中丞、錢太僕、許光禄、柳直指諸公，皆見推奬，乃知君左右無所不宜，而侯於君非獨私也。孝廉來陽王君、太初陳君皆家東南，以稻田受君溉，而余姻中翰敏齋喬公伯仲，亦君所波及者也。爲余縷陳君事甚悉，因銓次其語，爲之序。聞大中丞周公欲疏治吳淞，君即未行，復以水衡相煩，余當繼班史，爲君裁《溝洫志》矣。

清 馮譽驥《修復渠工請照舊開支歲修銀兩疏光緒八年**》**《清經世文編》卷九九 竊查陝省水利，以涇縣属之龍洞渠爲最，即古之鄭白渠遺址。考之志乘，舊說謂係引涇入渠。其後因涇水力大沙多，將渠道衝坍淤塞，遂改爲築堤拒涇，而專引龍山泉水入渠，即係現在辦法。向灌浸陽、高陵、三原、醴泉四縣。沿渠民田，其利甚溥。每年於司庫動支存公銀兩，以資歲修。溯自陝省軍興，渠道報淤，民田致失灌溉，曾經前署撫臣劉典，於同治八年籌款修理，迄今已十餘年未動庫款歲修，渠身上段滲漏入河，下段全行淤墊。下游三原、高陵兩縣無由得水，恆苦旱乾。是水利之興復，斯時尤亟。上年經臣飭行藩司、糧道、會委西安清軍水利同知王諏馳往查勘確估，督同涇陽等四縣一律興修。

惟查此渠袤延數十里，有石工土工之煩，并有官修民修之異，穿山鑿道更有明渠暗渠之分。嗣據委員王諏稟報，此次興作，首重疏通，并補隙漏，因將官修石工阻滯渠道者，鑿令通暢，幫砌漏水者，補砌嚴密。并將上游暗渠羊圈哨眼折開，始知四龍眼之泉，本向南流。現因篩珠、瓊珠二大泉倒流北注，以致數泉匯聚，各水半經三龍眼漏去。昔人治渠，於三龍眼之南，四龍眼之北，橫砌石墻，遏水南流。查因墻壞不能遏水，諸泉倒流赴漏，後人不知病在暗渠石墻，祇以木板堨工順閉，三龍眼暫時塞漏，轉瞬土鬆板裂，大漏如故。今若補修石墻，工費太鉅。現於兩邊渠石列槽下閘兩道，中實以土，高出舊日水痕數尺，力堵各泉南流，不容點滴北注。并將幫砌石渠，漏水五處，砌補堅固，淤墊泥沙，挑挖盡淨。官修土渠十餘里，一律疏浚寬深。督同該四縣，催沿渠各户，將民渠分段挑修，務使適下底，不任高仰阻滯。

該同知王諏駐工督催，於光緒七年十月初八日興工，至十二月初七日，官工民工，概行完竣。當即按期放水，各該縣俱已受水。計實用工料庫平銀二千一百三十七兩四釐，開具清摺，由藩司糧道查明，請動支歲修銀兩，會詳前來。臣查該渠工竣後，本年已歷九個月，據涇陽等四縣按月具報，渠水已照舊日水程，依期入境灌溉民田，實已著有成效。察核所用工料銀兩，亦尚核實無浮。

經臣率同在省司道，如數捐廉，隨時飭發王諏承領支用，請免造册報消。除飭涇、高、三、醴四縣，督飭沿渠水夫，於每月水後隨時踏勘，遇有草土淤墊及有滲漏之處，即刻挑修補砌，并飭涇陽、三原二縣之水利縣丞，各於所管境內常川查看催修，以專責成外。查承平時官渠向有歲修經費銀二百九十六兩零。咸豐八年新章減半支給，并扣六分減平外，實支庫平銀一百三十兩零。軍興後未能籌撥，遂致失修。今已將渠浚復，每年挑淤補漏及閘板等項需費無措，自應請復歲修舊制以重要工，相應據實陳明。籲懇天恩飭部立案，準自光緒九年起，將龍洞渠工程應支歲修銀兩，照例按年開支造銷，俾資津貼修理，以垂久遠而免廢弛。

清 嵇曾筠《防河奏議》卷七《恭賀臨晉卿雲麗日文水河渠自成》

題爲卿雲麗彩頻昭汾水神功丕應聖治光昌普天同慶事。雍正八年二月十二日，准禮部咨開，七年十二月二十一日奉旨：昨據山西巡撫奏報，本年十一月初二日保德州慶雲呈瑞，今又奏報十二月初一日臨晉縣卿雲麗日歷午、未、申、酉四時，五色繽紛，霞光萬道。又據布政使蔣泂摺奏，從前汾河形勢，惟文水縣地勢低窪，河身淤淺，是以議開引渠二道，正河一道。今年六月內，汾河水發，河道改流，文水縣自青高村至尹家社，各開引渠二道，舊時漫流，已爲沃壤。而東城村欲開之河，現今寬濶十餘丈，或數十丈，衆水會同，河身長二十五里，直達歸漕。經年累月人力不能成之，功天然疏浚等語。朕思晉省民風，由來醇樸，是以感召天和，屢歲皆登豐稔，即如近日預備軍需，民情踴躍，爭先恐後，悉出至誠。觀此尊君親上之念，則其孝親敬長克敦行誼可知。而地方官員平日訓導有方，亦即此可見。是以仰蒙上天，昭示瑞應，以獎官民之善。朕心深爲慰悅。着照河南例通行所屬府州縣，將人材品行可備任使者，不拘人數資格，秉公舉出，該撫再加遴選，具題奏聞，送部引見，并令各州縣於常例，歲舉老農外，再各舉一人，給以八品頂帶，以示朕褒嘉善俗廣沛恩膏之至意。該部知道，欽此。

清 沈維材《樗莊詩文稿》卷九《原武明府吴曉村開渠碑記》

天下無難舉之功，存乎其人而已。謂後人之事必不能過前人者，誣也。孫叔敖決期思之水，溉雩婁之野；而史起爲鄴令，引漳水溉鄴，以富魏之河內。《唐書》稱：同州刺史姜師度既好溝洫，所在必發衆穿鑿。雖時有不利，而成功亦多。當時詔書褒美，謂其識洞於微，智形未兆。讀史至此，亦可見率作興事之勤，而授方任能之略焉。懷慶所屬七邑，原武最小。其地瘠而民貧，自武陟之馬營口決，而鄰邦胥受其害。原武無溝洫以洩水，尤苦昏墊。婺源吴侯來爲茂宰，整綱肅紀，百廢具興。相地勢之所宜，順民情之所急。循行阡陌，審度源流，南北溝渠，後先疏浚。不妨民事，不費民財，惟侯之役民，即所以利民。而民之趨事，自無不終事，下令如流水，而舉臿且成雲。此工一成，水不爲害。沮洳之地可以耕耘，瀉鹵之區，亦堪旌植；田租易辦，則民不困於催呼；水潦無聞，則民胥登於康保。其利澤之溥又何可量哉！然而善作者，必待善成。偶淤而即疏，方不致于湮没，此亦任事者與記事者之意也。漢杜詩修召信臣舊渠以溉民田，當時百姓歌之曰『前有召父，後有杜母』，史册書之，以爲美談。侯之政成，第一無慚召父。而吾尤願後之宰是邑者有如杜母，則原武之民其永無昏墊之憂矣。是爲記。

明 婁樞《重開丹沁河渠記》（道光）《河内縣志》卷二三　懷慶地狹民稠，役繁賦重古稱富庶者，以有溝渠利而雲雨由人也。丹、沁二河，皆自北而南下穿大行，以達河内之境。丹東沁西，相距五十里。沁出山處枕濟源、河内之交，東南至郡城，又東南至武陟，逶迤百五十里入於河。丹水歷長平之南，萬善驛之東，出山僅三十里，會於沁，以達於河。丹分十八支派。沁分五渠，俗稱五龍口，曰利人，曰豐稔，曰廣濟，曰温潤，曰減水。而五渠又東有支派，引水灌田。

三代以前無所考，志稱秦渠。至漢劉頌爲河内太守，表罷三公水碓，而民獲其利，則秦漢間已有之。流久善泛，岸久善崩，變溉爲淤，利爲病者，勢也。淘淤止突，若隋盧賁，唐温造、崔宏禮、元譚澄，代不乏賢。我朝宏治以前，屢有浚塞，張寅碑可考。七十年來，利人、豐稔通行，而廣濟諸渠久塞。

隆慶丁卯，文安紀公自冬官郎來守是邦。明年戊辰，自夏四月至秋七月不雨。公詢諸故老，諭諸鄉民，凡陳興利以祛旱灾者，不臨以勢，不限以時。於是四境之民或告開廣濟河，或告新開廣惠南河、廣惠北河，或告開高橋河、普濟河、青衿王三汲輩，請於堯王泉開惠民河。公慨然曰：前人開河以爲民，後人乃不能因勢而利導之，是所謂弗肯堂於底法，弗肯播於既蓄也。

乃遍履其處，窮廣濟分派之源，於五龍口間有存遺址者，面濶四丈。因浚之深二丈，底半之。建橋閘四十四，長一百五十餘里，可灌田五千餘頃。廣惠南北二河，亦播流於沁之出山地，名石梯者。俱濶一丈五尺，深稱之，底得三之一，南建橋閘一十七，異流三十五里入沁，可灌田二百五十餘頃。高橋河易名康濟河，下流雖存，而上流久淤，乃疏浚三十餘里，濶一丈，深八尺，底稱之，建橋閘九，可灌田一百餘頃。普濟河，濶一丈五尺，深一丈，底稱之，建橋閘九，長三十里，可灌田一百餘頃。康濟河，播流於趙家莊。普濟河，播流於翠筠觀。俱出於丹，而入於沁。惠民河則引堯王泉，以過五花泉，濶一丈，深稱之，底半之，建橋閘七，行十五里，附廣惠北河入沁，可灌田五十頃。六河共修橋閘九十九，用夫五千名。公又措穀五百餘石以食之，亦古人興作救荒之意也。

朔六河。作始於隆慶二年七月，落成於明年二月。以數萬家千百年之利，而成於五千人，數月之間。巡撫李公擊節嘆賞，以爲河渠成效甚速，爲利甚溥，惠澤及民，當與河水共長者也。

夫旱潦者，天時也。溝洫者，地利也。引而導之者，人力也。督人力，盡地利，以相天時之不及者，善政也。前輩穆文簡公有言：江北之待天時，不如江南之盡人力，盡江南之人力，不如修三代之善政。公可謂修三代之善政者歟！政成將遷，而河内之不能久留也。宜勒之石，以示後世，同德之君子，得有所考，無俾世迷。

清 賀濤《賀先生文集》卷二《冀州開渠記》　滏水自西南來，至州北境折而東，横亘衡水界中，縣城俯其南，并岸而西，四五里，左轉至州城東，地汙下，廣五里，狹亦不減三里；北二十餘里，隸於縣者，名衡水窪；南十餘里，隸於州者，名海子，州東北之水潦匯焉。城西十餘里，少北，有泊名尉遲潭，水之來自西南者委之，不能容，則溢而旁趨，與東北之水會；而城南之九龍口，亦受州南之水，挾以東注：衆水所瀦，遂爲巨浸。乾隆間，方敏恪公道使入滏，立閘以爲閉縱。嘉慶、道光間猶稍疏瀹，後棄不修，閘亦圮壞，水遂奠而不行；而冀東衡南之地，無阡壟疃畛，而爲耒鎛所不加者，蓋十餘萬畝也。

桐城吴摯甫先生既知州事，欲開渠通滏，復方敏恪公舊迹，亦未嘗不慮民力之彫敝，官帑之匱竭，而懼功之未易就也。後行部按巡其地，水方盛，縱横演迤於數十里中，念疲氓久罹重灾，怛焉閔傷，不能自已。光緒十年二月興工，經始於下流，遞進而南，抱城右旋，過九龍口北，迤西達尉遲潭，六十餘里，十月工畢。明年復深之，又明年廣之，廣七丈餘，底殺三之二，深丈餘，堤高五尺，厚倍之，或三之，置橋八於舊閘處，設閘高二丈四尺，六分去一以爲廣，費白金十萬兩。司其事者，州人張君廷湘、張君增豔，縣人馬君景麟、劉君玉山，深張君廷楨，武强賀君嘉栩，先生之甥蘇君必壽。諸君皆佔畢之士，性樸而力勤，賦丈受役，縮盈汰冗，人毋刻休，材不寸棄。既訖功，有久治河者見之，嘆曰：此役屬他人者，非三十萬金不能卒事也。渠善淤，歲請白金二千兩於鹽運使爲修浚之費；後又置白金萬兩，取息助工，仍屬其事於州人與斯役者，使賀君定章約，以爲經法。水既有歸，田皆沃饒，今七八年，所獲倍蓰所費；而夏秋水盛，舟楫往來，商旅稱便，州境遂富於初。

工之初興，人苦煩擾；或妨其私，怨讟并作，至是皆歌頌之。時國用空乏，行省鮮徉餘，大灾要工，猶不能贍。冀以辟左之地，故無河害，事非所急，而遽思興作，仰給於官，議者頗疑事之不集。先生躬謁大府，退而上書執格，則更端以進，違覆十反。制軍合肥相國李公故重先生，而先生仁民恤患廹於誠心者，尤足感人。故終聽先生所爲，人不得而閒之，而其功遂成。

吏治積壞久矣！其號稱良能，率如職而止；或擇事有美名，易見功，絶無怨咎者，張皇之動人耳目，而實無裨於民。至於利害所在，元元託命，而爲之甚難；且易得過，不爲亦不虧所職，則漠然不以厝意。官勤而事愈廢，政美而民愈困，豈非俗吏拘文法，而循吏多僞飾，爲埶所必至者哉！先生獨行志學，無所趨畏，苟利於民，雖簿書所不責，計課不以此殿最，無速功近效而不悦於人，甚或忤上官之恉，亦必毅然爲之，以要其成。故所措施於州者，恒有百年之利。若責以吏事，參之時論，則較號稱良能，舉高第而得顯名者，或不逮也。濤懼先生所爲，或不見諒於時，故推言之，以明先生之志。至於新渠之利效已驗白，無煩深論。謹述顛末，使後人毋忘其始，善持其終而已。而州人士心先生之心，造福鄉里，其功勤不可沒，亦備列焉。

傳記

（嘉慶）《清一統志》卷五《直隸統部》　劉靖，沛國相人。嘉平中，遷鎮北將軍，假節都督河北諸軍事。靖以爲經常之大法，莫善於守防，使民夷有別。遂開拓邊守，屯擧險要。又修廣戾陵渠大竭，水溉灌薊南北田稻，邊民利之。

又　王沿，館陶人。天聖中，體量河朔饑民，所至不俟詔，發官廩濟之。就除轉運副使，上言：請教河北强壯，以代就糧禁卒之闕，罷招厢軍，以其冗者隸作屯田。後又爲河北轉運使，奏罷二牧監，以地賦民，導相、衛、邢、趙之水下天平、景祐諸渠，溉田數萬頃。

又卷一〇《順天府五》　李景略，良鄉人。李懷光爲朔方節度，辟署巡官，遷大理司直。【略】爲河東行軍司馬，復拜豐州刺史，天德軍西受降城都防禦使。窮塞苦寒，地瘠鹵，邊户勞悴。景略至，與士同甘苦，鑿咸應、永清二渠，溉田數百頃，聲雄北疆，回紇畏之。卒，贈工部尚書。

又卷一五《保定府四》　楊一桂，安邑人。萬歷時知唐縣，開渠七十里，導唐水以灌田，歷村落三十八，建閘二十五，以時蓄洩，所溉田無算，民立祠渠上祀之。

又卷二一《順德府二》　張繼，鳳翔人。成化間，知順德府。境内河渠地高水下，灌溉不及，繼爲製水車運水，日溉田數百頃，比穫常數倍。

又　尹泰，唐山人。至正中，爲南和縣尹。涖政公勤，大興水利，建閘浚渠，溉田數百頃。民感其惠，立石頌之。

又　郭守敬，邢臺人。大父榮通五經，精於算數水利，使守敬從劉秉忠學。中統初，張文謙薦之世祖，面陳水利六事，授銀符副河渠使，興復西夏、唐來、漢延諸渠，灌田九萬餘頃。至元十二年，造授時歷，使掌測驗推步，首言：歷本在於測驗，而測驗莫先儀表。乃盡考舊儀之失，創作簡儀、候極儀、玲瓏儀、仰儀諸式。拜太史令，比次歷書數百卷，表上之。尋遣相度灤河，又陳水利十一事，渠成漕極，便賜名通惠河。再遷至昭文館大學士，卒，年八十有六。仁宗嘗謂宰相曰：郭太史，神人也。

又　孔璠，聖裔父，天祐遷唐山爲唐山人。璠識度不凡，至元中，授陝西規措河渠副使。鑿鄭國渠，溉田四千五百頃。遷徽州路總管府判官，讞獄平恕，民自不冤。

又卷三三《廣平府二》　李進，曲沃人。成化中，知廣平府，遇歲旱，修理民閒，灌田數千頃，疏渠引流，皆有成法，民受其賜。

又　高汝行，太原人。嘉靖初，知廣平府，有豪猾爲民害，前守不能禁。汝行至，即按以法。郡城西南有隙地，蕪穢不治，汝行鑿渠修堰，引溢水灌之，悉成良田，民建祠渠側祀焉。

又 瞿晟，黄梅人。嘉靖中，知廣平府，鑿長渠三百里，引水爲四閘，灌田數千頃。有盜掠富人貲，晟禱於神，從衆中呼盜名誅之，一郡皆伏。

又 沈志禮，漢軍鑲黄旗人，磁州知州。歲旱開渠，引澤水溉田，秋禾乃□。徵收賦稅，不差一役，而賦亦無虧，民德之。

又 卷四一《宣化府四》 譚澄，懷來人。襲父職爲交城令，時年十九，有惠政。世祖即位，擢懷孟路總管。歲旱，令民鑿唐渠，引沁水以溉田，咸爲永利。歷陝西、四川提刑按察使，代四川僉省嚴忠範守成都。

又 李衍，隆慶州人，景泰進士。成化初，歷官參議，督四川松潘粮儲，行部至彭索河，知生蠻擾邊，民不得耕，衍以計誅其渠帥，乃視要害築亭障，墾荒田千餘頃。灌縣江都堰壞，衍修之，三遷以户部侍郎，權尚書事。河北連歲饑，郡縣當輸粟塞下者，索銀就糴，穀騰貴。衍請輸銀京師，以太倉米給邊，軍民便之。二十年，總督關陝，引渭水爲渠溉民田，召爲户部尚書，以老告歸。

又 卷五二《趙州直隸州二》 程處默，上元中爲寧晋令。時地旱鹵，西南有新渠，處默引洨水入城以溉田，經十餘里，地用豐潤，民食乃甘。

又 李元，儀鳳三年爲昭慶令。開澧水渠，以溉田、通漕。

又 卷七二《江蘇省》 杜亞，京兆人。興元初，拜淮西節度使，治漕渠，引湖陂，築防庸，入之渠中，以通大舟。夾堤高卬，田因得灌溉，疏啓道衢，徹壅通堙，人皆悦賴。

又 李吉甫，贊皇人。元和中，爲淮南節度使。奏蠲逋賦數百萬，築富人、固本二塘，溉田萬頃。漕渠不能居水，乃築堤蓄洩。

又 趙賀，封邱人。眞宗時，爲江淮制置發運使，籍諸州物産厚薄，分劇易爲三等，視其功過自裁定，吏巧不得施。蘇州太湖塘岸壞，及并海支渠多湮廢，水浸民田，賀伐石築堤，浚積潦，自吴江東赴海流。民歸者二萬六千户，歲出苗租三十萬。

又 卷八七《常州府二》 李栖筠，趙人。肅宗時，出爲常州刺史。歲旱，死徙踵路。栖筠爲浚渠通江流灌田，遂大稔。

又 陳襄，侯官人。英宗時，知常州。運渠横遏震澤，積水不得北入江，爲常、蘇二州病。襄度渠之丈尺與民田步畝，定其數，授以浚法。未幾，遂削望亭古堰，水不復積。

又 卷九八《揚州府三》 張綱，徙爲武陽人。漢安元年，爲廣陵太守。時廣陵賊張嬰等寇亂揚、徐間，綱單車造嬰，壘申示爾恩，嬰面縛歸降，南州晏然。於東陵村開渠，引大石湖水灌利農田。綱在郡一年，卒。百姓老幼相携詣府，赴哀者不可勝數。

又 卷一一三《徽州府二》 蔡美，廬州人。洪武初，知績溪縣。城南有田千畝，旱則無獲。美於上三里乳溪口，築堨鑿渠，引水灌田，遂得常稔。

又 卷一二九《潁州府二》 何敞，平陵人。永元中，爲汝南太守。以寛和爲政，遣儒術大吏案行屬縣，顯孝弟有義行者，及舉冤獄以春秋義斷之。修浚鮦陽舊渠，墾田增三萬餘頃。

又 卷一三一《和州直隸州》 黄潤玉，鄞縣人。景泰初，知舍山縣，鑿渠塘，築堤堰，歷湖邑田，無虞水旱。

又 卷一三五《山西省》 程師孟，吴人，提點河東路刑獄。晋多土山，旁接川谷，春夏大雨，水濁如黄河，可溉灌。師孟開渠築堰，淤良田萬八千頃，裒其事爲《水利圖經》，頒之州縣。

又 卷一三七《太原府二》 戴謙，開元二年爲文水令。於縣東北鑿甘泉、蕩沙、靈長、千畝等渠，俱引文谷水傳溉田數千頃，民用富饒。

又 卷一四一《蒲州府》 薛顔，字彦回，萬泉人。舉三禮，中第爲嘉州司户參軍。累遷金部員外郎，改河東轉運使。眞宗祀汾陰，徙陝西，河中浮橋歲敗，顔即北岸釃上流爲文渠，以殺水怒。因取渠水，溉其旁田，民利之。官至光禄卿，分司西京，卒。

又 卷一四九《平定州》 武全文，字藏夫，本州人。順治四年，以進士知崇信縣。度汭水疏渠溉田，民甚賴之。遷衡、永、郴守道，亦有惠政。

又卷一五〇《忻州》 楊維岳，餘姚人。萬歷中，知忻州。政尚廉平，聽訟立斷，撫流亡八百餘家，開水渠三十五道，墾荒田五十餘頃。

又卷一五一《代州》 茹汝升，代州人。長安間，爲僕射。時本郡西峨谷水溢，汝升理泉脈，穿渠灌田，里人安業。即峪口立廟祀之。

又卷一五三《霍州》 董厥修，長清人。萬歷中，知趙城縣。居官廉潔，始終如一。開城北董家渠，引汾水溉田，民賴之。

又卷一五六《绛州》 韋世康，杜陵人。高祖時，授絳州刺史。以雅望鎮之，闔境清肅，視事數年，有惠政，奏課屢爲諸州最。

又 梁軌，開皇中爲臨汾令。縣西鼓堆有二泉合流東下，溝深而岸高，軌乃相地之宜，開十二渠，建閘激水，灌田甚多。

又 長孫恕，貞觀十年龍門令，鑿十石壚渠，溉田良沃，畝收十石。又鑿馬鞍隖渠，民永賴之。

又 李榮祖，雲中人。至正初，知絳州。修學校，興壇祀。復隋令梁軌所開鼓堆泉十二渠故道，溉田五百餘頃。聽訟明敏，滯案數十事立決。民愛戴之如父母。

又 高文學，寶坻人。嘉靖中，知河津縣。縣有瓜峪泉，自唐長孫恕鑿渠爲山水衝壞。文學興工修之，三月告成，高一百尺，厚六丈，上爲橋，疏支渠溉田，甚名。

又 雷復豫，高陵人。萬歷中，知聞喜縣，引白土溝溉姚村等田，民德之，號雷公渠。

又 白鯤，南和人。萬歷中，知河津縣。修遮馬峪故渠，引灌民田，至今賴之。

又卷一五七《隰州》 韓超然，臨淄人。隆慶中，知蒲縣。剛方清介，民不忍欺。開通會渠，以溉民田，至今尚賴其利。

又卷一六三《濟南府二》 高伯温，上都人。至元中，爲長清尹。教民植桑一十七萬株，立義倉百，所招撫流民五百餘户，境内潴水浸田，乃開渠洩水，民樂其業，立石頌之。

又卷一七五《萊州府二》 竇楸，中宗時北海令，甚有治聲。穿渠引白狼水，曲折三十里以溉田，時號竇公渠。

又卷一八〇《泰安府二》 貝秉彝，上虞人。永樂中，知東阿縣。邑東北地旱，下乃開渠注大清河涸之，得腴田千餘頃。

又卷一八二《曹州府二》 王珣，曹縣人。成化中進士，授太康知縣。以治行擢御史，行部蘇松，例獲盗三百，升四品俸。時以盗詿誤者至數十人，珣按非實，多所平反，曰：吾不能殺人以進階也。後至副都御史，巡撫寧夏，議浚賀蘭山渠，以廣屯田。子崇文、崇獻，皆至巡撫。

又卷一九七《彰德府二》 李景，咸亨三年爲相州刺史。開高平、金鳳、萬金諸渠，引洹水溉田，民獲其利。

又 李仁綽，咸亨四年爲臨漳令。開菊花、利物二渠，引天平渠水以溉田，民甚德之。

又卷二〇七《西寧府二》 王俊，邠州人。洪武末，知嵩縣。屏貪史，恤貧之，浚順陽、濟民二渠溉田，民賴其利。

又卷二一二《南陽府二》 趙尚寬，河南人。嘉祐中，知唐州。唐經五代亂，土曠民稀，尚寬乃按視圖記，得漢召信臣陂渠故迹，益發卒復疏三陂一渠，溉田萬餘頃。又教民自爲支渠，轉相浸灌，四方之民來者，請以荒田計口授之。又貸民官錢買耕牛，比三年，榛莽復爲膏腴，增户萬餘。三司使包拯上其事，進秩賜金，民圖像以祠。王安石、蘇軾作新田新渠詩以美之。

又卷二三〇《西安府四》 强循，鳳州人，仕累雍州司士參軍。華原無泉，人畜多暍死，循教人導渠水以浸田，一方利之。

又 劉仁師，彭城人。長慶中，爲高陵令。初涇水東行注渠，居上游者，壅衆而專其腴。仁師請更水道，使無棄流，無越制。新渠成，民名渠曰劉公堰。彭城仍歲旱沴，而渠下田獨有秋邑，人享其長利。

又卷二三一《西安府五》 李元紘，萬年人。父道廣，武后時，同鳳閣鸞臺平章事，封金城侯。元紘早修謹，初爲雍州司户參軍。太平公主嘗與民競碾磑，元紘還之民。長史竇懷貞趣改之，元紘大署判後曰：南山可移，判不可摇也。開元初，爲萬年令。賦役稱平，擢京兆少尹。詔決三輔渠，時王主權家皆傍渠，立磑瀦堨爭利。元紘敕吏盡毁之，分溉渠下田，民賴其恩。

又卷二四四《同州府二》 何祥，内江人。嘉靖中，知華陰縣。時華山諸峪水暴溢，祥疏渠築堰，踰年工竣，引水溉田，遂成沃壤。

又卷二四五《同州府三》 嚴郢，華陰人。大歷末年，官拜京兆尹，嚴明持法，盗賊一喪。減隸官工匠數百人，號稱職宰相。楊炎請屯田豐州，發關輔民，鑿陵陽渠。郢奏浚渠營田，擾而無利。炎惡之，諷御史劾郢，繫金吾。長安中，日數千人遮建福門訟冤，帝出爲費州刺史。

又卷二五〇《綏德直隸州》 霍文玉，武岡人。萬歷初，知清澗縣。縣素不通水利，文玉携一僕荷鍤巡行郊陌間，相其可田者經畫之，開西南二渠，引灌數千頃，浚其餘流爲蔬圃。又于高田可汲者，制轉輪汲之，歲益粟十數萬石，民以富饒。

又 白補宸，清澗人。康熙中，舉於鄉官三原縣教諭。關凉弗靖，督騾運甚亟，三原令佐俱赴軍補，宸代行邑事，設法飛輓，擢寧夏衛教授。督浚秦、漢舊渠，開水田數百頃，民德之。

又卷二五一《甘肅統部》 李聽，晟之子，爲靈鹽節度使。部有光禄渠，久廢，聽始復屯田，以省轉餉。即引渠溉塞下地千頃，復賴其利。

又 金濂，山陰人。正統三年，擢僉都御史，參贊寧夏軍務。寧夏舊有五渠，而鳴沙州七星、漢伯、石灰三渠淤。濂請浚之，溉蕪田一千三百餘頃。時詔富民輸米助賑，千石以上，褒以璽書。濂言邊地粟貴，請并旌不及千石者，儲由此充。

又 楊博，蒲州人。嘉靖二十五年，以右僉都御史巡撫甘肅，劾仇鸞欺罔貪黷。大興屯田，修築肅州榆樹泉及甘州平川境外大蘆泉，諸處墩臺聲勢聯接，又築金塔白城七堡以居，罕東屬番徙去七百餘帳，大患頓除。部内饑，奏行救荒四事，鑿龍首諸渠，募民懇田萬餘頃，累以破賊功，進右副都御史。

又 黄廷桂，漢軍鑲紅旗人。乾隆十六年，由提督授甘肅巡撫，疏奏恤孤貧瘞枯骨，勸輸社倉，清查監獄，開渠灌田，及教民種樹、紡織各事，均得旨嘉奬。

又卷二五四《蘭州府三》 何灌，祥符人。徽宗時，提舉熙河蘭湟，弓箭手入言：漢金城湟中穀斛八錢，今西寧湟廓即其地，漢唐故渠尚可考，若葺渠引水，使田不病旱，則人樂應募，而射士之額足矣。從之。甫半載得善田二萬六千頃，募士七千四百人，改知蘭州。攻仁多泉城，砲傷足不顧，卒拔之。

又卷二六五《寧夏府二》 刁靡，饒安人。真君五年，爲薄骨律鎮將。以西土乏雨，表求鑿渠溉公私田。

又 張文謙，邢州沙河人。至元元年，詔文謙以中書左丞行省西夏中興等路。羌俗素鄙野，事無統紀。文謙得蜀士陷於俘虜者五六人，理而出之，使習吏事，旬日開簿，書有品式，子弟亦知讀書，俗爲一變。浚唐來、漢延二渠，溉田十數萬頃，人蒙其利。

又 董文用，真定槀城人。至元改元，爲西夏中興等路行省郎中。中興自琿塔罕之亂，民間相恐，動竄匿山谷。文用至，鎮之以静，民乃安始。開唐來、漢延泰家等渠，墾中興西凉等州之土爲水田若干。於是民之歸者户四五萬，悉授田種，頒農其時。諸王徹伯爾特穆爾鎮西方，其下縱横需索。文用輒面折以法，中興遂定，徹伯爾特穆爾舊作只必鐵木兒，今改。

又 寧正，壽州人。洪武中，以河州衛指揮使兼領寧夏衛事。以河水利溉田，修築漢唐舊渠，開屯數萬頃，兵食饒足。

又卷二七九《安西直隸州》 張守珪，河北人。開元中，爲爪州刺史、墨離軍使。時王君暴死，河西震懼。守珪督餘衆完故城，版築方立，虜奄至，衆失色。守珪置酒城上，會諸將作樂，虜疑有備，引去。於是修復位署，招流冗，使復業。詔以瓜州爲都督府中，珪爲都督。州地沙瘠不可藝，常潴雪水溉田。是時渠堨毁，材木無所出，守珪密禱於神，一夕水暴至，大木數千章塞流下，因取之。修復堰坊，耕者如舊，州人神之，刻石紀事。

又卷二八五《杭州府三》 杜泳，貞元中爲於潛令。開紫溪水溉田，又鑿渠三十餘里，以通舟楫。

又卷二九三《寧波府三》 馬思聰，莆田人。宏治末，知象山縣。復二十六渠，溉田萬頃。

又 宋繼祖，濮州人。嘉靖中，知定海縣。縣境崇邱，鄉田引鄞東錢湖以資灌溉。舊有蛇堰逼小浹江，一決則盡注江，河渠易涸。繼祖於東岡山下，去舊堰二十餘里，築堰以蓄水。又築碶以洩之，溉田數萬畝。

又 何愈，富川人。嘉靖中，知定海縣。修築千丈塘及五碶，浚諸渠，引以溉田。復修靈緒、舟山、平水諸閘，水利悉舉。

又 陳瓚，漳浦人。天啓時，知慈溪縣。海寇劉香騷擾瀕海郡縣，瓚備禦有方，寇不犯境。斷獄數言立辨。浚河渠以溉民田，民蒙其利。後歷湖廣參議，死獻賊之難。

又 卷三一一《建昌府二》 游茂洪，崇仁人。開元中，令南豐，恩威并行。截溪水爲五陂，灌田四千餘頃。又鑿石渠，以灌枯田，迄今民祠祀之。

又 梅遇，南城人。順治中，爲奉新教諭。土寇攻城，令皇遽失措，遇代督民，斥登陴，固守飛礮及左右，傷數人不爲懼。寇退城全，擢知陝西郿縣。縣經兵燹後，田季荒蕪，遇力請上官奏減逋賦，開古橫渠四十里溉田，皆成沃壤。終叙永同知。

又 卷三一三《撫州府二》 周法猛，武德中撫州刺史。建述陂，引渠溉田二百餘頃。

又 卷三二四《臨江府》 彭綱，清江人，咸化進士，授武選司主事，遷員外郎。上封事，劾妖僧繼曉，出知汝州。鑿渠引水灌田數千畝，世爲民利。擢僉事，遷雲南提學副使，以明公稱，著有《雲田集》。

又 卷三二八《吉安府二》 何澄，四川人。正統中，知安福縣。嘗築寅陂，浚渠道，復密湖，以溉民田。秩滿，民乞留詔還任。

又 卷三三六《武昌府二》 張咏，甄城人。太平興國中，知崇陽縣。爲陂渠溉田。

又 卷三四五《荊州府二》 趙賢，汝陽人。嘉靖末，知荊州府。大水民饑，遍行村落，計口給賑。已而築堤捍水，疏渠溉田，民深德之。

又 卷三四八《襄陽府三》 陳表臣，爲宜城令，愛民如子，持己不汙。修水渠以廣溉田，起水門四十六，民享其利。

又 卷三六五《常德府二》 李璡，宋王成器子。開元二十七年，朗州刺史嘗修北塔堰，接古尊陂，由黃土堰注白馬湖，分入城隍及故永泰渠，溉田千餘頃。

又 溫造，并州祁人。穆宗時，以起居舍人出爲朗州刺史。開鄉渠百里，溉田二千頃，號右史渠，并修津石陂，民獲其利。

又 郝敬，沅江人。永樂舉人，知永寧縣。浚萬箱等渠，溉田千餘畝，民賴其利。

又 卷三八六《成都府三》 張南瑛，姚安人。乾隆十二年，知金堂縣。初大河灣有地十里許，平衍無灌溉利，居民僅種菽麥。南瑛親爲履度，遂繞冠紫山南鑿渠接繡川河，溉民田數千畝。民呼爲普利堰，堰旁悉成膏腴。

又 趙廷鼎，新繁人。乾隆己卯舉人，任廣西羅城知縣。邑多曠土，民未知水利。廷鼎度原隰，浚渠築堰，廣爲引注，溉田數萬頃，民德之，爲立祠，名其堰曰趙公堰。歷官泗城知府，所至有聲。

又 卷四一〇《眉州直隸州》 余子俊，青神人。歷户部員外郎，在部十年，以廉幹稱。出爲西安知府，區畫賑恤，官不損而民濟。歷副都御史，巡撫延綏。初延綏鎮治綏德州屬縣米脂吴堡悉在其外，寇每輕騎入掠，鎮兵覺而追之已不及，往往得利去。子俊徙鎮榆林，增衛益兵，拓城置戍，攻守器畢具，遂爲重鎮，寇擾漸稀，軍民得安。移撫陝於城西北，開渠洩水，使經漢故城達渭，公私便益，號余公渠。又於涇陽鑿山引水，溉田千餘頃。

又 卷四一一《邛州直隸州》 李德耀，奉天人，隸旗籍。康熙四年，知大邑縣。開渠導水，俾民田資灌溉之利。尤加意先賢祠墓，使古迹不湮。

又 李紳文，潁州人。康熙三十三年，知蒲江縣。建義學，置田以資膏火。開渠引水灌溉民田，以廉幹稱。

又 卷四二九《漳州府》 曾球，海陽人。隆慶間，知南靖縣。邑西橋南有田數千畝，恒苦旱。球鑿渠通海子潭，達銅山草湖，以資灌溉。又開浚城濠，接引溪流而東之，墨場等二十四鄉均賴焉。

又 卷四三〇《延平府》 張緡，澤州人。洪武初，知順昌縣。公平廉恕，開渠引龍興巖水以灌民田，民名爲張公渠。

又　卷四三八《永春直隸州》　田琯，字希玉，大田人。隆慶辛未進士，爲新昌令。俗以人命相誣，動輒破産，琯痛懲其弊，行野舍郊外，督民浚渠履畝，均放之，附郭田三千畝，悉成沃壤。

又　卷四四四《韶州府》　鄒非熊，宜黄人。淳熙間，授樂昌尉。修渠溉田，民獲其利。遷令曲江，多理冤獄，累擢廣東提刑。

又　卷四五一《雷州府》　何公渠，在海康。縣西有三渠，皆宋紹興二十八年郡守何庾鑿，一自西湖西閘引水，由西山南流灌白沙田。一自西湖東閘直下南亭橫逕通濟橋而注之東。一自特侶塘建閘，南流與湖水合灌縣東萬頃洋田。歲久湮廢，惟西山活水如故。

又　戴公渠，在海康。縣境有二渠，皆宋乾道五年郡守戴之邵鑿，一以特侶渠近山易湮，於渠東四百二十步別開一渠導流，而南會張熟塘，水至東橋與西湖渠水合，長二千七百六十丈。沿渠築堤潴水，堤置八橋，以通往來。開八渠以分灌溉，各長一千八百丈。東建萬頃閘以拒水，南啓南亭閘以洩水。增堤，建六閘，開二十四渠，以沃東北。上游之田，各長一千二百丈。凡渠首尾悉爲閘以出納，一以南亭渠湮廢於西湖，東鑿渠引水入城，與東渠水合，灌附郭高壤田，委流灌東洋田，長四百二十丈，俱砌以石。明天順、正德、萬歷間，皆相繼修。

又　何庾，春陵人。紹興中，知雷州。下車即講求民隱，北潴特侶塘水使之南下，導西湖水使東注，開渠疏流，灌東洋田萬頃。民名其渠爲何公渠。

紀事

《史記》卷二九《河渠書七》　於是禹以爲河所從來者高，水湍悍，難以行平地，數爲敗，乃厮二渠以引其河。北載之高地，過降水，至于大陸，播爲九河，同爲逆河，入于勃海。九川既疏，九澤既灑，諸夏艾安，功施于三代。

又　自是之後，滎陽下引河東南爲鴻溝，以通宋、鄭、陳、蔡、曹、衛，與濟、汝、淮、泗會。于楚，西方則通渠漢水、雲夢之野，東方則通鴻溝、江淮之間。於吳，則通渠三江、五湖。

又　於蜀，蜀守冰鑿離碓，辟沫水之害，穿二江成都之中。此渠皆可行舟，有餘則用溉浸，百姓饗其利。

又　是時鄭當時爲大農，言曰：『異時關東漕粟從渭中上，度六月而罷，而漕水道九百餘里，時有難處。引渭穿渠起長安，并南山下，至河三百餘里，徑易漕，度可令三月罷；而渠下民田萬餘頃，又可得以溉田：此損漕省卒，而益肥關中之地，得穀。』天子以爲然，令齊人水工徐伯表悉發卒數萬人穿漕渠，三歲而通。通以漕，大便利。其後漕稍多，而渠下之民頗得以溉田矣。

又　其後河東守番係言：『漕從山東西，歲百餘萬石，更砥柱之限，敗亡甚多，而亦煩費。穿渠引汾溉皮氏、汾陰下，引河溉汾陰、蒲坂下，度可得五千頃。五千頃故盡河壖棄地，民茭牧其中耳，今溉田之，度可得穀二百萬石以上。穀從渭上，與關中無異，而砥柱之東可無復漕。』天子以爲然，發卒數萬人作渠田。數歲，河移徙，渠不利，則田者不能償種。久之，河東渠田廢，予越人，令少府以爲稍入。

又　於是卒塞瓠子，築宫其上，名曰宣房宫。而道河北行二渠，復禹舊迹，而梁、楚之地復寧，無水災。

又　自是之後，用事者争言水利。朔方、西河、河西、酒泉皆引河及川谷以溉田；而關中輔渠、靈軹引堵水；汝南、九江引淮；東海引鉅定；泰山下引汶水：皆穿渠爲溉田，各萬餘頃。佗小渠披山通道者，不可勝言。

《宋史》卷九一《河渠志一》　淳化二年三月，詔：『長吏以下及巡河主埽使臣，經度行視河堤，勿致壞隳，違者當寘于法。』四年十月，河決澶州，陷北城，壞廬舍七千餘區，詔發卒代民治之。是歲，巡河供奉官梁睿上言：『滑州土脈疏，岸善隤，每歲河決南岸，害民田。請於迎陽鑿渠引水，凡四十里，至黎陽合大河，以防暴漲。』帝許之。五年正月，滑州言新渠成，帝又案圖，命昭宣使羅州刺史杜彦鈞率兵夫，計功十七萬，鑿河開渠，自韓村埽至州西鐵狗廟，凡十五餘里，復合于河，以分水勢。

又 卷九五《河渠志五》 四年五月，知雄州李允則決渠爲水田，帝以渠接界河，罷之。因下詔曰：『頃修國好，聽其盟約，不欲生事，姑務息民，自今邊城止可修葺城壕，其餘河道，不得輒有浚治。』

又 時人人争言水利。提舉京西常平陳世修乞於唐州引淮水入東西邵渠，灌注九子等十五陂，溉田二百里。

又 十一月，陝西提舉常平楊蟠議修鄭、白渠，詔都水丞周良孺相視。乃自石門堰涇水開新渠，至三限口以合白渠。

又 閏四月丁未，提點秦鳳等路刑獄鄭民憲，請於熙州南關以南開渠堰，堪引洮水并東山直北通下至北關，并自通遠軍熟羊砦導渭河至軍溉田。詔民憲經度，如可作陂，即募京西、江南陂匠以往。

又 九年八月，程師孟言：『河東多土山高下，旁有川谷，每春夏大雨，衆水合流，濁如黄河礬山水，俗謂之天河水，可以淤田。絳州正平縣南董村旁有馬壁谷水，嘗誘民置地開渠，淤瘠田五百餘頃。其餘州縣有天河水及泉源處，亦開渠築堰。凡九州二十六縣，新舊之田，皆爲沃壤。嘉祐五年畢功，纘成《水利圖經》二卷，迨今十七年矣。聞南董村田畝舊直三兩千，收穀五七斗。自灌淤後，其直三倍，所收至三兩石。今臣權領都水淤田，竊見累歲淤京東、西鹹鹵之地盡成膏腴，爲利極大。尚慮河東猶有荒瘠之田，可引天河淤溉者。於是遣都水監丞耿琬淤河東路田。』

又 興元府山河堰灌溉甚廣，世傳爲漢蕭何所作。嘉祐中，提舉常平史炤奏上堰法，獲降敕書，刻石堰上。中興以來，户口凋疏，堰事荒廢，累曾修葺，旋即決壞。乾道七年，遂委御前諸軍統制吴拱經理，發卒萬人助役，盡修六堰，浚大小渠六十五，復見古迹，并用水工準法修定。凡溉南鄭、褒城田二十三萬餘畝，昔之瘠薄，今爲膏腴。四川宣撫王炎表稱拱宣力最多，詔書褒美焉。

又 卷九六《河渠志六》 八年，知瓊州李易上言：『州南五里有度靈塘，開修渠堰，溉水田三百餘頃，居民賴之。』

明 李濂《汴京遺迹志》卷七《京畿溝洫》 汴都地勢廣平，賴溝渠以行水潦。眞宗景德二年五月，詔開京城濠以通舟檝，毁官水磑三所。三年，分遣入内内侍八人，督京城内外坊里，開浚溝渠。先是，京都每歲春疏浚溝瀆，而勢家豪族有不即施工者，帝聞之，遣使分視，自是不復有稽遲者，以至雨潦暴集，無所壅遏，都人賴之。

大中祥符三年，遣供備庫使謝德權治溝洫，導太一宫積水抵陳留界，入亳州渦河。五年三月，帝宣視宰臣曰：京師所開溝渠雖屢鈐轄，仍令内侍分察吏擾。仁宗天聖元年八月，東西八作司與内殿承制閤門祗候劉永崇等言：内外八廂，剏置八字，水口通流，兩水入渠，甚利。慮所置處豪富及勢要阻抑，乞下令巡察，從之。

《明史》卷八八《河渠六》 七年修眉州新津通濟堰。堰水出彭山，分十六渠，溉田二萬五千餘畝。

又 三年疏泰興順德鄉三渠，引湖溉田；潞州永禄等溝渠二十八道，通於漳河。

又 四年修容城杜村口堤。設正陽門外減水河，并疏城内溝渠。荆州民言：『城西江水高城十餘丈，霖潦壞堤，水即灌城。請先事修治。』寧夏巡撫都御史金濂言：『鎮有五渠，資以行溉，今明沙州七星、漢伯、石灰三渠久塞。請用夫四萬疏浚，溉蕪田千三百餘頃。』并從之。

又 都御史陳鎰言：『朝邑多沙鹻，難耕。縣治洛河，與渭水通，請穿渠灌之。』

又 五年，疏靈寶黎園莊渠，通鴻臚澗，溉田萬頃。

又 五年，僉事李觀言：『涇水出涇陽仲山谷，道高陵，至櫟陽入渭，袤二百里。漢開渠溉田，宋、元俱設官主之。今雖有瓠口鄭、白二渠，而堤堰摧決，溝洫壅潴，民弗蒙利。』乃命有司浚之。

又 巡撫都御史王珣言：『寧夏古渠三道，東漢、中唐并通。惟西一渠傍山，長三百餘里，廣二十餘丈，兩岸危峻，漢、唐舊迹俱堙。宜發卒浚鑿，引水下流。即以土築東岸，建營堡屯兵以遏寇衝。請帑銀三萬兩，并靈州六年鹽課，以給其費。』又請於靈州金積山河口，開渠灌田，給軍民佃種。并從之。

又 三十年，保定巡撫都御史汪應蛟言：『易水可溉金臺，滹水可溉恒山，溏水可溉中山，滏水可溉襄國，漳水可溉鄴下，而瀛海當衆河下流，故號河中，視江南澤國不異。至於山下之泉，地中之水，所在皆有，宜各設壩建閘，通渠築堤，高者自灌，下則車汲。用南方水田法，六郡之內，得水田數萬頃，畿民從此饒，永無旱澇之患。不幸濱河有梗，亦可改折於南，取糴於北，此國家無窮利也。報可。』

又 崇禎二年，兵部侍郎申用懋言：『永平灤河諸水，逶迤寬衍，可疏渠以防旱潦。山坡隙地，便栽種。宜令有司相地察源，爲民興利。』從之。

（嘉慶）《清一統志》卷一三《保定府二》 本朝雍正四年，疏渠洩水，營田數千頃，爲膏腴之地。

《清史稿》卷一二《高宗本紀三》 庚午，允墾肅州隣邊荒地，開渠溉田。

又 卷一三三《河渠二》 三年，河督白鍾山言：『衛河水勢，惟在相機啓閉。殿最前奏設館陶、臨清二水閘，可不必立。嗣雨水調匀，百泉各渠閘照舊官民分用。儻值水淺澀，即暫閉民渠民閘以利漕運。或河水充暢，漕艘早過，官渠官閘亦酌量下板以灌民田。』

又 卷一三四《河渠三》 三十四年，江督端方會勘淮河故道，力陳導淮四難，因於清江浦設局，遴紳籌議。久之無端緒，乃撤局。宣統元年，江蘇諮議局開，總督張人駿以導淮事列案交議，決定設江淮水利公司，先行測量，務使導淮復故，專趨入海。二年，侍讀學士惲毓鼎以濱淮水患日深，上言：『自魏、晉以降，瀕淮田畝，類皆引水開渠，灌溉悉成膏腴。』

又 卷一三五《河渠四》 八年，伊犁將軍松筠言：『伊犁土田肥潤，可耕之地甚多，向因乏水，今擬設法疏渠引泉，以資汲灌。應請廣益耕屯，以裕滿兵生計，并借官款備辦耕種器物。』如所請行。

又 二十五年，修都江堰。御史陳鴻條陳興修水利營田事宜，命直隸、山東、山西、河南各督撫一體籌畫興舉。修襄陽老龍石堤。庫車辦事大臣嵩安疏報別什托固喇克等處挑渠引水，墾田五萬三千餘畝。有詔褒勉。

又 二十七年，扎薩克郡王伯錫爾呈獻私墾地畝，內有生地四千八百三十餘畝，接浚新渠二，添開支渠二，以資分灌。

又 十年，河南巡撫鹿傳霖言：『豫省地勢平衍，衛、淇、沁、潭襟帶西北，淮、汝、渦、潁交匯東南，如果一律疏通，加以溝渠引灌，農田大可受益。今河道半皆壅滯，溝渠亦多荒廢，擬借人力以補天災，派員分赴各州縣履勘籌畫，或疏或浚，志在必成，使民間曉然於有利農田，自能踴躍用命。』詔如所請行。

又 巡撫鹿傳霖請由吴家橋北大荔之胡村，開渠引水注渭，則其流舒暢，被淹民田即可涸復耕作，從之。

又 給事中洪良品以直隸頻年水灾，請籌疏浚以興水利。事下總督籌議。鴻章言：『原奏大致以開溝渠、營稻田爲急，大都沿襲舊聞，信爲確論，而於古今地勢之異致，南北天時之異宜，尚未深考。夫以太行左轉，西北萬峰矗天，伏秋大雨，口外數千里千溪萬派之水，奔騰而下，畿南一帶地平土疏，頃刻輒漲數尺或一二丈，衝蕩泛溢，勢所必然。聖祖慮清濁河流之不可制也，乃築千里堤、格淀堤，使淀與子牙河各行一路。世宗慮永定河南行之淤淀也，令引渾河別由一道，改移下口。其餘官陽民堤，今昔增築，綜計不下三四千里，沙土雜半，險工林立，每當伏秋盛漲，兵民日夜防守，甚於防寇，豈有放水灌入平地之理？今若語沿河居民開渠引水，鮮不錯愕駭怪者。且水田之利，不獨地勢難行，即天時亦南北迥異。春夏之交，布秧宜雨，而直隸彼時則苦雨少泉涸。今釜陽各河出山處，土人頗如鑿渠藝稻。節屆芒種，上游水入渠，則下游舟行苦淺，屢起訟端。東西淀左近窪地，鄉民亦散布稻種，私冀旱年一穫，每當伏秋漲發，輒遭漂沒。此實限於天時，斷非人力所能補救者也。』

藝文

宋 曾鞏《閱武堂下新渠》《兩宋名賢小集》卷六五 方渠新鑿北林開，流水遥經畫閣來。洗耳厭聞誇勢利，濯纓羞去傍塵埃。不憂待月供詩筆，已欲看花泛酒杯。却憶虎溪橋上過，夜涼臨砌尚徘徊。

宋 劉敞《公是集》卷一二《治渠》 旱久溝畎廢，忽雨浸我廬。晨興不及屨，出門自手鋤。一直復一曲，水流若江湖。蚯蚓爲蛟龍，蟻封即邱墟。生理避燥濕，一室足有餘。人事戒偷安，未能輕須臾。豈恨規摹小，所傷筋力劬。衰疾實使然，不勝一匹雛。伊昔論五帝，每嫌盡信書。及兹始欲嘆，微禹吾其魚。

宋 呂南公《灌園集》卷一《渠中水》 咨爾渠中水，源流本何許。特無停滀分，得此奔逝苦。過村穢濯溉，合澗渾沙土。還當歸海日，亦助雲濤巨。

宋 彭汝礪《鄱陽集》卷三《賦朱令水渠》 宣城貌古心亦老，自誇渠成非草草。始挈孤忠犯衆仇，此身棄絶甘夷島。異言塞盡流始通，大功成就民斯保。天子虚心問民利，利如此渠亦須寶。

宋 蘇軾《蘇文忠公全集》卷一九《新渠詩一首并叙》 庚子正月，予過唐州。太守趙侯始復三陂疏召渠，招懷遠人，散耕于唐。予方爲旅人，不得親執壺漿簞食，以與侯勸逆四方之來者，獨爲《新渠詩》五章，以告于道路，致侯之意。其詞曰：

新渠之水，其來舒舒。溢流于野，至于通衢。渠成如神，民始不知。問誰爲之，邦君趙侯。

新渠之田，在渠左右。渠來奕奕，如赴如湊。如雲斯積，如屋斯溜。嗟唐之人，始識秔稌。

新渠之民，自淮及潭。挈其婦姑，或走而顛。王命趙侯，宥我新民。無與王事，以訖七年。

侯調新民，爾既來止。其歸爾邑，告爾隣里。良田千萬，爾擇爾取。爾耕爾食，遂爲爾有。

築室于唐，孔碩且堅。生爲唐民，飽粥與饘。死葬于唐，祭有雉豚。天子有命，我惟爾安。

宋 文彦博《潞公集》卷七《次韻留守相公以羅門新渠并成喜而成詠》 萬艘潭滙嘉猷里，分洛疏伊盡北馳。遠引駛風通越貨，肇營勝迹在唐詩。通渠中梗年滋久，美利重興勢亦遲。漕口羅門今并復，相君一一授成規。

宋 鄭清之《安晚堂集·補遺·可齋陳大卿政成之暇蒐討河渠爲鄉國長久慮開萬世利非君侯其誰屬因效一得以廣盛心焉》 四明瀛海壖，大田沃多稼。三江納行潦，九穀偏畏夏。治水宜講行，時哉及閒暇。方當暑如惔，孰謂晴可乍。十雨非所憂，一暴良已怕。東有錢湖浸，寒玉渺無價。西有它山源，盈科通晝夜。維此兩支邑，厥田俱下下。問之何因爾，水道無所舍。河伯空望洋，旱魃巧乘罅。緬思井田規，畎澮分溆汊。培浚儻高深，怒潮敢雄跨。官但督賦輿，誰肯趨田駕。六輔能即功，百泉豈難壩。願言均此施，利澤侔造化。盡復淮南陂，端可儕杜亞。

宋 沈説《渠流》《江湖小集》卷二六 岸石濕黏萍，一渠流水清。每來疑雨過，少立見魚行。樹隔炎歊遠，橋分午影平。主人契幽事，客到出相迎。

元 周霆震《石初集》卷五《劉氏二生從吾兒學赤日中分渠溉枯其意甚善遂成一絶示之》 渠成不使利專秦，救旱分流惠及貧。一飯秋來應憶汝，艱難相顧幾何人。

明 高啓《高太史大全集》卷二《鑿渠謡》 鑿渠深，一十尋；鑿渠廣，八十丈。鑿渠未苦莫嗟吁，黄河曾開千丈餘。君不見，賈尚書。

又卷一五《寄永寧丁期府兼簡先生永寧屬洛陽丁近布平盜浚渠之功達君前進士寓其邑》 政成百里自材優，莫厭青袍映白頭。盜散山棚城少閉，渠通田澮水多流。陸渾莊上鷄鳴午，緱嶺祠前鶴去秋。沽酒更須煩縣令，洛中時伴玉川游。

明 費宏《費文憲公摘稿》卷一《新渠歌壽表叔祖陳二十丈》

丈人本是經綸手，避俗逃名不輕售。龐老躬畊隴上禾，陶潛膝種南山豆。閑來愛讀古人書，説義談仁常在口。獨將勤儉貽孫謀，前輩風流真篤厚。猫兒潭決鄉人憂，相率以狀聞於守。長材自合應時須，受符督役經時久。心知忠愛忘疲勞，出以黎明入恒酉。公勤端可一衆志，荷鍤成雲誰敢後。築堤種柳緑成陰，引水灌田餘萬畝。田家嬉笑了耕耘，壁間龍骨生塵垢。丈人漸老堤漸堅，里閈年年歌大有。壽筵高映弧南開，歡極如兒得慈母。争持渠水當卮酒，上祝皇天下神后。吾儕何以報深恩，但願遐齡等山阜。我歌此曲代民謡，濃墨生香筆知箒。秦時鄭國漢白公，此譽古今同不朽。丈人聽此應開顔，一飲須傾三百斗。

明 劉儲秀《劉西陂集》卷一《龍渠四章章八句》 渠之壖兮，

可以溉田。我黍我稷，實栗實堅。既宜卒歲，且足延年。匪仰帝力，安得樂天。

渠之源兮，可以灌園。凡百有種，孔碩且蕃。采采朝夕，爰侑饔餐。豈鄙肉食，慣咬菜根。

渠之清兮，可以濯纓。投簪聿來，業已塵生。薄言藏之，非敢忘情。著我野服，庶稱躬耕。

渠之濱兮，可以垂綸。宴坐磐石，清風拂巾。志豈在魚，式見天真。濠梁伊邇，願言懷人。

清 顧宗泰《月滿樓詩文集·詩集》卷八《新渠詩》 舟泊夏鎮登岸，過安瀾門，有亭翼然，紀治渠功也。明隆慶間，大河東決，徐被其害，滕沛百里，胥爲巨浸。使者朱衡暨孫慎、潘季馴治之，開新渠，復疏舊渠，自南陽至留城一百四十里爲新渠，自留城至境山四十三里爲舊渠。由是河水無患，田廬獲利，而漕運以通，至今殆猶賴之，作《新渠詩》。

河自華山決，迅出飛雲橋。橫流截沛水，勢挾昭陽驕。孟陽至谷亭，百里吞雲濤。河伯何不仁，弗鬱侵城壕。不有浚治者，安得歸滔滔。熙哉使者功，釃渠一何勞。舊渠五十里，新渠百里遥。留城及境山，一一疏秋潮。草木反其澤，湖田沃其膏。挽粟既通道，連雲飛萬艘。厥利神哉沛，安阜乘民謠。謁來安瀾門，舊績亦孔昭。至今滕與沛，誰不懷樂郊。

清 喬光烈《最樂堂文集》卷六《於寶雞鑿石穿汧水渠成郡守羅公名之惠民并以二章爲贈依韻奉酬》 岡環村路石盤紆，遮斷長流北望餘。萬頃每愁甘澤少，大田誰慰稔年虚。遠思鑿空去聲分遥潤，恰喜通津引碧渠。京兆何心擬樊惠，但教雲雨遍犁鋤。後漢京兆樊府君開渠溉田，人名樊惠，蔡中郎作頌。

穿山消息報三年，汧水南歸縣北田。長畝即今禾黍易，旱塵休畏歲時偏。勞歌幾日聽鼛鼓，拙政何心計俸錢。慚愧佳名更相錫，南金價重咏來篇。

又《寶雞縣復王渠引汧水溉田》 清渠何日廢，疏瀹及今朝。畚鍤里人聚，弦蒲流水遥汧水出弦蒲之藪。更應傳一縣杜詩『清渠一縣傳』，還喜潤良苗。滮滮連村遠周溉五十一村，生漪雪正消。

清 曾畹《曾庭聞詩》卷三《渠》 捲埽工初罷，城渠水一灣。不能映蓬户，亦可沃春山。土爛耕桑誤，家貧婢僕頑。何時餘禄米，販糴兩河間。

又卷六《看渠水》 黄河是處與天通，此地偏饒溉灌功。統萬城中三萬户，夏來都在水渠中。

清 曾王孫《清風堂文集》卷二《同年潘子雲從治葉首復昆水故渠導民稼穡邑人大悦因推其意作歌》 有洌昆水，自彼西唐。言臻於汝，其流孔長。洋洋者渠，翼翼者防。溉此甫田，惠我無疆。中遭多故，邑有流亡。廢而不治，墜緒茫茫。我公涖止，不敢怠遑。遠稽召杜，近考劉楊。維防翼翼，維渠洋洋。曾未期月，遂復其常。公顧而樂，民喜而狂。何以報之，躋堂稱觴。其物維何，朋酒羔羊。自今以始，俾壽而昌。

清 孫爾準《泰雲堂集·詩集》卷二《題王用康種樹開渠圖》

昔聞管仲父，樹木喻樹人。計穫雖有殊，溉植理則均。謝家誇寶樹，庭階羅衆珍。此何預人事，愛護如蘭蓀。君族過江秀，群從翔鳳麟。世澤記喬木，百年按芳鄰。種禾自得粟，種棘豈乏薪。蘭槐漸之滫，常恐移其根。三復勸學篇，勿愧蘭陵荀。

勤學如浚渠，九仞不厭深。一朝逢其原，方至無涯潯。天光任游泳，雲影憑涵沈。静契濠濮想，遠愜滄浪吟。川上悟微嘆，清暉澹盈襟。澡水能潔身，澡學乃沃心。千載得修綆，百文資斢斟。豈如絶潢港，灌河藉秋霖。無本一朝涸，貽笑牛蹄涔。

佚名《三月三日渠上修禊》(乾隆)《寧夏府志》卷二一 殊方逢景麗，老眼逐人舒。日永沙團暖，風和水縠疏。新堤回籠陌，畫檻雜村居。游話永和會，農歌鄭國渠。天涯牢落客，勝事讌歡餘。回首故鄉在，狂歌興更蹰。

清 曹學詩《香雪文鈔》卷九《擬發帑修河渠築海堤置塩義倉謝表》 臣等誠惶誠恐，稽首頓首，上言：竊惟周官經野，田利與水利交修，王制保邦，足國與足民并重。故滌源刊旅，垂於禹貢之篇。而取陳食農，載在大田之誦。商周以上，歷有成規。秦漢而還，亦師遺意。李冰治蜀道神犀，鎮三峽之濤。鄭國鑿涇渠汧瀧，溉百鍾之利。瓠子紀宣房之績，竹箭勤勞。芍陂歌召父之勳，稻粱殷富。史起引漳，白公通渭。近河之規畫既詳，築堤通泰，設鍤長淮，瀕海之波濤亦息。

然水歸其宅，雖欣旱澇之無虞，而人阻於飢，尤賴歉豊之有備。社倉義倉之設，既酌盈而濟虛。平糴和糴之宜，亦裒多而益寡。自禹功既遠橫流，生川后之嗟。洎周禮已遥委積，失遺人之制。雖治河盡利，徒陳三策之便宜，即矯詔開倉，僅出一時之濟變。天吴鼓浪，每憂人化沙蟲。地寶登場，猶自饑餐蜃蛤。未有民安樂土，世享予耕予鑿之休。念厪如傷，猶懷已溺已饑之慮，如今日者也。

兹蓋伏遇皇帝陛下道重懷柔，德隆胞與。河清海晏，榮光浮五老之祥。物阜民安，烟火見萬家之盛。固已具區震澤，群沾浩蕩恩波，淮海維揚，其慶盈寧高廩矣。猶以浚川距海，東南之遺利尚多，補歛助耕，覆載之推無盡。特命巡行水道，相地勢以經營，兼之建制倉儲，效常平之蓄積。或防或浚，發水衡外府之錢，爲歛爲施，遍斥鹵海濱之地。風多潮落，柳陰之荷鍤如雲。霜降稻登，桑野之蓋藏若雪。不假黿鼉之力，已成到處津梁。未聞鴻之鳴，自可隨時賑貸。三江既入，婁淞快覩安流。四瀆無虞，淮運寧憂湮塞。

而且堤成百里，海不揚波，水灌萬川，河無泛決。況復罽帆來往，欣瞻積貯多饒，縱令蛋户流離，不待繪圖入告洵矣。平成永賴，誠哉樂利無涯。臣等才慕濟川，志存推食，設經齋於胡瑗，粗知治水之書。師良法於考亭，略識貯倉之義。豈止文瀾學海，徒誇鐵網珊瑚。非徒硯種筆耕，僅守石倉灎飽。幸相期於利涉，尤反勵於素餐。伏願道岸彌登，仁恩益廣。細流必納江湖，爲百谷之王。旰食不遑耕歛，有九年之積。則調燮勤，而五行效順，府事修和。恩膏溥，而八蜡咸通，農桑樂業。珠宫貝闕，馮夷擊鼓於中流。玉燭金甌，田祖吹豳於里社矣。臣等無任云云。

清 張澍《養素堂文集》卷二三《重立平番令牛侯開新渠碑銘有序》 昔高密釁河，釃渠親虆，箠以身禱，姬公猪畜，防止置匠，遂爲官司。灑沈澹菑，安甿任土，載興水利，伊古重焉。蓋種美豐物，是爲民功。徹壅通堙，不同鄰壑。此涇陽三白，肇遠利於仁師。鱳得千金，洎餘波於樂涫。黎儀流誦，詎不偉哉？

平番允吾舊壤，岡阜阻深；養女山前，湛流久斷；鄭伯津畔，澗水已枯。候天馬兮何之？攬泉龍而不見。旱魃無備，奥草未除，深識之儒，每用感喟。自我明府之莅斯邑也，深知地防，首講水庸，申畫徑術，善相丘陵，冒土陳氾勝之書，瑪流倣河渠之志，固已田正封洫，人歌國僑矣。而鹹水河舊有蒹柴井，距野狐城二十餘里，爰浚疏之，名曰新渠。謀及乃心，捐斯清俸，無王叕之助臂，詎閒左之施金？京兆之惠渠氏樊，豫州之長陂姓賈。竇公引白浪，曲折何妨？强君通華原，人畜以濟。光禄特進，世載其勳。右史考功，民享其利。以今揆古，殆有同符。

今夫醇醨者，時也。肥磽者，地也。興廢者，運也。利鈍者，才也。世趨委蛇，吏務奔競，校案牘爲精能，勤催科而上考。逋蕩放手，號曰嚴明。翔實首公，斥其庸妄。誰則如何敞之修鮦陽，嫉彼文俗；鮑昱之作石洫，臻之富饒乎？即或不安諈諉，庶覬猷爲，既櫛沐於雨風，復披戴夫星月。溝洫未達，怪泉水之不肥。灌溉不時，慮石田之難秇。誰則理商顔之積岸，通井而穿龍？處豐州之窮邊，決渠以降雨乎？又或民瘼關心，幹翮無力，狐疑寡斷，築室同謀。未審利害，旋棄陵陽。徒飾聲名，冀開谷口。誰則導鑾水於木里，利食灌田？立鉗盧之石門，約遵均水乎？明府處掣肘之時，管舄鹵之地，卒竣乃揆程之事，展其弘濟之才，凡屬有司，可以興矣！

吾觀叔敖灌雩婁，川谷導宣。李仌鑿離峰，彊里綺繡。史起決漳而魏富，堤固千年。鄭國引涇而秦彊，鐘收一畝。自時厥後，音塵缺然。明府勤恤民隱，培植堉原，步學二亥，早熟《山經》；鑿似五丁，直窮水脈。今也彌望遼田，連屬畎澮，繇來榛荆之所，咸爲膏腴之鄉，誰之澤歟？舊有碑，其詞浮俚，不足以詡揚盛德，鄉人士丐，余文以述之。

明府牛姓，名運震，字階平，山東兖州府滋陽縣人，雍正癸丑進士，尹此邑二年，以疾去。嗟乎！姚武功宰相之才，乃任庫劇。仇季智鄉里所仰，辱在簿書。然孔門諸生，以蒲莒、單父箸娥。東漢循吏，以交阯、九眞報功。某豚流牽絲，未立水約。蘭峰主講，輒泝典型侯罷官掌教蘭山。。用感南陽思召父之謡，元康樹劉靖之碣，追攄實政，傳示方來，系以銘曰：

陂官湖官久不設，西北荒田堅如鐵。不苦水澇苦旱熱，侯與古賢同一轍。壤沃稼茂民驩悦，我之思之中心噎。

雜録

唐 薛䨇《清白二渠判》《文章辨體彙選》卷五〇 得清、白二渠交口不著斗門堰，府司科高陵令罪。云：是二月一日以前。

導水東流，百川歸海；甘泉北對，二渠交錯。灌注不息，黔黎資上善之功，奔瀉無窮，生靈得下潤之廣。鄭國創業，白公繼焉。秦兼十倍之資，韓得數年之力。決渠降雨，不待商羊之歌。荷鍤成雲，寧假飛龍之氣。理合克奉時令，謹塞堤防。水潦盛昌，懼有奔突，桃花泛溢，增修及二月之前。瓠子無疑作興謡，流潤安四民之業，遵乎令典，誠未失時，見彼章程，不罹其咎，有詞難罰，無濫斯人。

宋 程大昌《雍録》卷九《飛渠》 本朝都汴城内有大水二：其一自北趨南，直貫都城者，汴渠也；其一自西而東，横亘都城者，京水也名金河水。太祖欲通京水，使東下以達五丈河。而中間有所謂汴渠者焉，實與京水交午，而京水高於汴渠，若決京注汴，則必隨汴南流，不能東出。故遂於金水會汴之地，架空設槽，横跨汴面，其制如橋，而金水河之水乃自西横絶，以東注乎五丈河也，本朝名惠民河者是也。

予意，《水經》之謂飛渠者，如架汴橋渠而遂名之爲飛也。飛者，底不附土，而沿空以行，如禽之不以足履，而以翼飛也。蓋未央殿址，據山爲高，而明渠之欲入城也，必有窪下之地，中斷不接，故架空爲渠，使得超窪下而注滄池也。飛渠之制，恐必爾也。

明 李開先《李中麓閑居集》卷一二《浚渠私説》 章城西北，有湖一區，名白雲湖。東接淯河諸山七十二峪，西灌鵜女溝七十二渠。溪谷縷注，衆水豬而爲湖，白雲英英出其中，湖因以名。重青淺碧，拖練揉藍，春艷秋輝，朝濃暮淡，一日之間，雖云異態，一歲之間，俱是奇觀。向嘗拉伴嬉遊，至於湖心，舟中仰面，人烟了不可見，惟水與山連，山與天接，山如錦屏，天如華盖，俯仰天地，表裏湖山，信爲一方之浩壤，而三齊之水府也。自水澤漸消，舊去城近，今則微遠，周回原四十里，今亦減削多矣。退田可種大、小二麥，湖中有蒲葦菱芡魚鰷之利。古云『天地之氣，融而爲川』，又云『形止氣蓄，化生萬物』。此湖不惟可放酒盃，助吟筆，而形勝利用，亦侈於他所。但逢夏秋之際，山水泛漲，湖不能容，北流里許，至水寨鎮西，徑入小清河去矣。河之北岸，有古閘一處，借蔣家口北通塩河古道，轉而之東，民資灌溉甚便，自古閘損壞，西衝一口，其水盡入蔣溝。灌溉失望，居民曾有上控，撫臺批行屯田道轉行本縣，帖差與官督同夫役，將古閘之西，開挑月渠，以洩湖水惡勢，高下均得其利。不意水復爲災，屢修屢壞，以致小清乾涸，大衆憂虞。此必置閘下樁，破財殫力，方爲經久之計，且免偷決之患。然尤有大可慮者，若有如正德十三年大水，雲雷掠地，風雨摧山，蛟龍震怒，牛馬不分，萬姓將與魚鱉同居，僵尸順流而下，此閘雖可不傷，而修復城南古堤，堅築四壁城隍，以殺水勢，以保市廛，且未及詳陳，惟浚渠乃一小小節目，可刻日成功，然民不可與圖始，官惟欲其省事，所以置之度外，日惟了却目前而已。因私説於此，以俟有公舉者，特拉朽摧枯，發蒙振落之易耳。杜預開六石，樂天穿六井。今豈多讓乎古之人哉？

明 劉鴻訓《四素山房集》卷一《孫公洩水渠》 古稱循吏者，往往不擇地，其地爲墝埆，沃之作佳植，其地爲汙萊，治之罔弗易。余讀恩邑志，痛彼河渠崇卓哉。

（乾隆）《崞縣志》卷一《山川》 上封渠，引滹沱水，灌溉河灘稻田。大莫張家庄渠，引滹沱水，灌溉河灘稻田。亭子頭村渠，引滹沱水，灌溉河灘稻田。峙峪村渠，引滹沱水，灌溉河灘稻田。營裡渠，引本處泉水并沱水，灌溉河灘稻田。嶺渠，引本處泉水與滹沱水，灌溉河灘稻田。庫狄渠，引滹沱河水，灌溉河灘稻田。桃園渠，引滹沱水，灌溉河灘稻田。

（乾隆）《甘肅通志》卷一五《水利・鞏昌府》 寧遠縣東路紅峪溝舊水渠，灌田二里。廟峪溝水渠，灌田三里。野南溝舊水渠，灌田三里。新渠一道，灌田三里。樂善河渠，灌田十五里。龍泉堡水泉渠，灌田三里。渭水舊渠，灌田五里。石川大佛峽舊渠，灌田三里。石川新渠，灌田二十里。屈家橋渭水新渠，灌田五里。木林峽新山水渠，灌田二里。高橋鋪渭水新渠，灌田二十里。蓼川鋪河新水渠，灌田五里

又 寧遠縣西路脱篆川渠，灌田五里。大人溝渠，灌田五里。遮陽口渠，灌田五里。魯寺觀渠，灌田六里。湫子坪泉渠、磨渠，灌田五里。

盤谷川渠，灌田五里。硤龍坪山水渠，灌田五里。納泥古迹山水小渠，灌田五里。磨石峪古迹山水小渠，灌田五里。鴛鴦鋪舊唐渠，灌田五里。廣吴鋪渠，灌田三里。山丹鋪渠，灌田十里。坡崙溝山渠，灌田二里。杜家馬鬃河新水渠，灌田五十里。右寧遠縣西路十四渠。按《縣志》，明萬曆間知縣鄒浩東路開五渠，西路開二渠，餘失考。

又 興隴渠在静寧州西。明成化間，知州祝祥于東郊引上硤水渠爲水輪，以資利用。萬曆間，州判楊守約又分開數渠州郊水輪凡十許，餘流灌溉蔬圃，自城東遶城西入河長堤一帶，後故道久湮。康熙五十四年，知州黄廷鈺於仁當垂家二川各開渠築壩，盡引河水入渠，蓄洩浚，由城西遶南，又十里許達于河，名曰興隴渠，灌田數百頃。

又《水利·甘州府》 紅沙渠灌田一十三頃，仁壽渠灌田一十七頃，回回壩渠灌田一十七頃，老人渠灌田二十五頃，以上諸渠俱引泉水。義德渠灌田三十八頃，無虞渠灌田一十三頃，童子寺渠東渠灌田四十八頃，西渠灌田三十四頃，黑城東渠灌田八十一頃，西山渠灌田二十六頃，獨泉渠灌田六十九頃，紅崖壩上壩灌田五十二頃，下壩灌田三十四頃，東泉渠灌田三十餘頃，以上俱在張掖縣東。

又 陽化西渠灌田四十三頃，陽化東渠灌田三十餘頃，宣政渠灌田二百三十頃，大慕化西渠灌田六十頃，大慕化東渠灌田八十頃，小慕化上壩灌田二十頃，小慕化下壩灌田二十七頃，馬蹄渠灌田四十頃，虎剌孩西渠灌田二百四十畝，虎剌孩東渠灌田一百頃，以上諸渠俱引山水。洞子渠灌田二十三頃，鹿溝渠灌田一十四頃，以上二渠俱洪水河流。卓家渠灌田一百五頃，古浪渠灌田三百九十二頃，小滿渠灌田三百五十餘頃，大滿渠灌田八百五十頃，馬子渠灌田二百十餘頃，洞子渠灌田五百餘頃，以上俱黑河水。洪水頭渠灌田一百七十五頃，一渠灌田八十二頃，三渠灌田一百三十頃，四渠灌田一百二十頃，五渠灌田六十三頃，六渠灌田一百六十頃，梁園堡新渠灌田一十八頃，以上俱在張掖縣南。

官渠灌田二百二十八頃，沙子渠灌田五百八十二頃，小沙子渠灌田三百九十頃，龍首渠灌田四百餘頃，二壩河西渠灌田八十頃，三壩屯田渠灌田六十頃，四壩舊站渠灌田四十五頃，迓剌渠灌田五十畝，西洞渠灌田二十五頃，磁窑渠灌田七頃，小彩竹渠灌田一十三頃，白集渠灌田三十頃，巴乞兒祁渠灌田八十頃，宿嵬渠灌田二十頃，永濟渠灌田一百一十一頃，鋪家渠灌田三十二頃，大葫蘆灣渠灌田三十二頃，小葫蘆灣渠灌田一十頃，塔兒渠灌田一十三頃，德安渠灌田一十五頃，旱兀剌渠灌田三十九頃，五眼泉渠灌田二十頃，九眼泉渠灌田一十七頃，鴨子渠灌田七十六頃，委的渠灌田七十頃，野猪渠灌田一十六頃，撫彝渠灌田一百頃，寧西渠灌田二十六頃，滅烈渠灌田一百二十五頃，下漚波渠灌田六十七頃，名麥渠灌田八十一頃，倪家渠灌田三十頃，上漚波渠灌田二百二十六頃，以上俱在張掖縣西。

又 城北渠灌田一百七十三頃，阿薛古渠灌田一百五十頃，昔剌壩上壩灌田五十七頃，下壩灌田四十頃，板橋渠灌田四十六頃，七十二户渠灌田五十頃，以上俱在張掖縣北。

又 草湖泉在張掖縣西南，張掖河兩岸，多生蘆葦，每年收草百餘萬束，可以飼馬。南草湖渠在山丹縣南一里，周九里，灌田四百餘頃。西草湖在山丹縣西十里，周七里，中皆蘆葦，分灌民田。暖泉渠在山丹縣東南四十五里，平地湧泉，二穴沍寒不凍，溉田百七十頃。洪水河壩渠灌田七十六頃，二壩渠灌田一十六頃，三壩渠灌田一十八頃，四壩渠灌田七頃，無虞山口渠灌田一十九頃，紅崖子渠灌田十頃，寺溝渠灌田三十七頃，童子寺東渠灌田三十四頃，童子寺西壩灌田九十五頃，大黄山壩灌田九十頃，獨泉渠灌田二十七頃，木溝渠灌田五十七頃，白石崖渠灌田三十九頃。以上俱在山丹縣南。

又《水利·凉州府》 大七渠在縣南，與雜木渠同口，共十七溝，二寨，一壩，分引灌田。

又 懷安渠在武威縣西，與永昌渠同口，共四堡，一寨，五壩，分引灌田。河南壩沙河堡水，源出永昌山，分使永昌縣蹇占口山水。

又 黄羊川壩渠在武威縣東南一百七十里，由黄羊山張義堡口流出，入於黄羊川延流大河驛東，凡四十五里。分七壩，分引灌田四百八十餘頃。沙溝水源出黑水腦，引以灌田。塔所下五壩水，源出古浪山，分使古浪縣山水灌田。

又 蹇占口渠，在永昌縣東三十里，亦名澗水，源出雪山東北，流經蹇占山口，共分九壩，三溝，流灌民田。

又　水磨川渠，在永昌縣西南二十里，發源鸞鳥山之平羌腦兒都山口，考來河暖泉，東北流入水磨川東，共分六壩，冬夏不竭，轉磨溉田，其利甚溥。暖泉壩城西三十里，獨爲一渠。

又　牧羊川渠在永昌縣北三十里，自金川發源，入水磨川，遶流城北，共分四壩，流灌民田。

又　大河口渠在永昌縣西南，水源甚遠，共灌五壩，必賴冬月雪盛，至夏凍消水盈旱，則勢弱流竭，土人謂西五壩，爲山水田。

又　五顆樹渠在永昌縣東北，計灌十堡四壩，與武威接壤，舊爲沃土。

又　莊浪河在平番縣西門外，發源於烏稍嶺，由鎮羌河腦流入。河西渠八：一渠流二里，溉田四頃。二渠流十二里，溉田四十一頃。三渠流十二里，溉田二十五頃。四渠流十里，溉田三十五頃。五渠流八里，溉田二十二頃。六渠流七里，溉田三十二頃。七渠流十五里，溉田十七頃。八渠流十里，溉田六十七頃。河東渠九：一渠流五里，溉田十一頃。二渠流二十里，溉田四十三頃。三渠流十五里，溉田二十二頃。四渠流十五里，溉田二十三頃。五渠流十五里，溉田四十頃。六渠流二十里，溉田三十頃。七渠流二十里，溉田五十二頃。八渠流十里，溉田十二頃。九渠流十里，溉田二頃。

又　大通渠在縣西一百二十里，大通堡引大通河水，河西一渠行二十五里，溉田三十五頃。河東一渠行七里，溉田七十七頃。二渠行三十里，溉田二十頃。三渠行五十里，溉田十一頃。岔口渠在縣西北七十里，岔口堡引莊浪河水。西山二渠：一渠行十里，溉田四頃。一渠行三里，溉田一頃。東山三渠：一渠行九里，溉田八頃。一渠行七里，溉田七頃。一渠行五里，溉田五頃。

又　武勝堡渠在縣西北三十里，一渠自西石嘴大河引水，行五里，溉田五頃。二渠自小川兒河源内引水，溉田七頃。苦水堡河東渠引莊河水城北渠三道，城南渠二道，共溉田七十七頃。

又《水利・寧夏府》　河忠堡渠在寧夏縣東南，去靈州五里，渠受漢延渠之水。順治初，因黄河衝囓靈州，乃於西岸挑溝以洩其勢，後竟成河，而河忠堡遂在河中矣。有小渠二，沿長十餘里，溉田三十餘頃。係堡民所自開，每歲春工官爲董率之。

又　北渠在中衛縣鎮靖堡，沿長五十里，溉田一百四十餘頃。

又　新北渠在中衛縣鎮羅堡，舊皆荒灘。土人穿渠引黄河水，自堡東北至勝金關，沿長三十里，溉田一百頃。

又　勝水渠在中衛縣勝金關下，沿長五十里，溉石空寺堡，中分支渠，溉永興堡。又張義堡舊渠坍壞，亦接用此渠之水，三堡共溉田三百餘頃。

又　順水渠在中衛縣棗園堡，沿長七十里，溉田二百六十頃。常永渠在中衛縣鐵筒堡，沿長三十里，溉田四十九頃。

又　石灰渠在中衛縣廣武堡，自鐵甬碾盤灘起至五塘溝止，長五十七里，溉田一百二十七頃，以上七渠俱在河北。

又　柳青渠在中衛縣舊寧安堡，地宜枸杞，資渠灌溉。

又　羚羊夾渠在中衛縣宣和堡，長四十餘里，溉田二百餘頃。康熙十五年創開。

又　羚羊店渠在中衛縣永康堡，渠逼山趾，常有山水衝决之患。康熙四十七年，同知高士鐸設暗洞一道，渠始不淤。

又　羚羊角渠在中衛縣常羅堡，渠舊溉田七十三頃。

又　通嶓渠在中衛縣張恩堡，渠長三十里，溉田七十八頃。

又《水利・西寧府》　伯顔川渠在西寧縣西六十里，即西川河，分渠有九，共灌田五百四十七頃餘。

又　車卜魯川渠在西寧縣西北九十里，即北川河，分渠有十，共灌田五百七十七頃餘。

又　那孩川渠在西寧縣南，即南川河，分渠有五，共灌田二百八十四頃餘。

又　廣牧川渠在西寧縣北八十里，一名沙塘川，一名東川，分渠有四，共灌田一百五十頃餘。

又　乞荅真渠在西寧縣東南二十里，灌田四十五頃餘。

又　哈剌只溝渠在西寧縣東五十里，灌田六十二頃餘。

又 大河渠在西寧縣東北九十里，灌田一十二頃餘。

又 季彥才溝渠在西寧縣東南五十里，灌田五十四頃餘。

又 觀音堂溝渠在西寧縣東北十里，分渠有二，共灌田一百三十八頃餘。

又 紅崖子溝渠在西寧縣東七十里，灌田七十二頃餘。

又 把藏溝渠在西寧縣東八十里，灌田六十九頃。

又 壤吃塔溝渠在西寧縣東南一百里，灌田五十二頃。

又 西蕃溝渠在西寧縣東一百三十里，灌田五十三頃。

又 撒都兒溝渠在西寧縣東北一百二十里，灌田五十九頃。

又 河北渠在碾伯縣北，西寧河自硤口流入縣境，東至下川口，開渠灌田共一十六道：上水磨溝渠一道，灌硤口堡及硤灣田畝。棵兒溝渠一道，灌旱庄羊圈上溝田畝。大河渠二道，灌旱庄羊圈杏園兒下溝田畝。西弩木溝渠一道，灌本溝及達子灣田畝。勝番溝河西渠二道，灌本溝及大小古城在城田畝。大河渠一道，灌大小古城河灣田畝。勝番溝東渠二道，灌本溝及水磨營田畝。土官溝渠一道，灌本溝田畝。羊官溝渠一道，灌本溝及羊官石嘴二堡上溝田畝。大河渠一道，灌羊官石嘴段鋪司下溝田畝。東弩木溝渠一道，灌本溝及高廟長樂二堡田畝。下水磨溝渠一道，灌本溝及旱地灣老鴉堡上溝田畝。大河渠一道，灌老鴉及硤波灣田畝。

又 河南渠在碾伯縣南，開渠灌田共一十四道：高店溝渠一道，灌本溝及高店堡上溝田畝。大河渠一道，灌高店下溝田畝。硤闕大河渠一道，灌瑪哈喇鋪深溝河灣田畝。馬哈剌溝渠一道，灌瑪哈喇鋪深溝堡上溝田畝。峰堆溝渠一道，灌本溝及七里堡田畝。大河渠三道，灌七里小店二堡田畝。都溝西渠一道，灌本溝崗子營及小店堡番糧田畝。都溝東渠一道，灌本溝及湯官營田畝。塔溝渠一道，灌本溝及塔營一帶田畝。大河渠一道，灌塔營下溝河灣田畝。虎狼溝渠一道，灌本溝及洪水店田畝。大河渠一道，灌阿巒堡上下溝田畝。

又 山南堡渠在碾伯縣東南古鄯城一帶，共渠八道：米列溝渠一道，灌路家堡李二堡及本溝田畝。巴州溝渠一道，灌本溝上川口下川口等堡田畝。柴溝河渠一道，灌本溝及古鄯原田畝。暖川上渠一道，灌本溝田畝。暖川下渠一道，灌本溝及下川口田畝。三川渠一道，灌本溝田畝。鈕爾都溝渠一道，灌本溝田畝。

又 東硤川渠在大通衛城南，灌阿李二堡田畝。

又 硤門堡渠在大通衛城南，灌硤門、新張等堡田畝。

（嘉慶）《清一統志》卷七《順天府二》 實帶渠，在懷柔縣城外。《縣志》：白河直流南下。本朝初，縣人鍾其滐鑿渠引水，繞城盤旋如帶，縣境鹹土自後遂成水田。

又 卷一五《保定府四》 怡賢親王祠在府治東北。本朝雍正九年，建王奉詔營田浚渠，竭忠盡瘁，惠浹畿甸，民感其德，請立祠祀焉。

又 卷三三《廣平府二》 惠民閘在永年縣西南十二里閻村。明嘉靖八年，知府高汝行倣古井田法，計工授地，開渠建閘，引滏水灌田，自是稻田盛興。又，阜民閘在縣南十里，廣濟閘、潤民閘皆在縣南十三里，益民閘在縣西南十四里，便民閘、普惠閘皆在縣西南十五里，廣仁閘在縣西南二十里，皆明時建。

又 西閘在磁州西十二里。明萬歷十五年，知縣孫健築石爲堰，建閘疏渠二道引滏水溉田。本朝康熙二十一年修。

又 卷四九《冀州直隸州》 小河渠在南宮縣，東有二處皆濁漳之分流，河旁地極膏腴，舊時民引渠灌田。

又 卷一三六《太原府》 上戈渠在榆次縣東十八里，又南要雙村牛耕王都諸渠，皆引洞渦水。永春中，郝小東闞王村楊村萬春偃武懷仁王郝張慶永康陳胡諸渠皆引大涂水，胡喬渠、西河堡渠皆引小涂水，要村渠、德音渠、沙渠皆引金水河水，長壽渠引生坑水，西榮使張使□楊盤鳴李洪水諸渠皆引潤河水，甄井沙河小谷口諸渠皆引山水，秋村渠引寺峪河水，沙溝村渠引沙河水，皆滋灌溉之。

又 沙渠在祁縣東，又有小沙、大東、胡帳、范公諸渠俱在縣東，子洪、魯村、龍濟諸渠俱在縣東南，官梁、斜渠、賈令渠俱在縣東北，皆引昌源河水以溉田。又南梁渠在縣東南，引通光水以溉田。

又 灌稼渠在徐溝縣西舊清源縣東門外，洩城內東湖水以達於汾。又廣濟渠在縣西二十七里，永濟渠在縣西十八里，皆引汾水溉田。

又　栅城渠在文水縣西北。《唐書・地理志》：文水縣西北二十里有栅城渠，貞觀三年民相率引文谷水溉田數百頃。西十里有長渠，武德三年汾州刺史蕭顗引文水南流入汾州。東北五十里有甘泉渠二十五里，有蕩沙渠二十里，有靈長渠、千畝渠俱引文谷水溉田數千頃，皆開元二年令戴謙所鑿。《縣志》：今引汾水溉田之渠五，曰廣濟，曰永濟，曰永會，曰原開，曰烏麻，皆在縣東南。引文水溉田之渠七，曰常稔，曰廣濟，曰甘泉，曰洪橋，曰清水，曰崇通，曰青龍，皆在縣東北。又有永賴渠，自文谷口南崖下鑿石穿澗，并西山引文水入城。

又卷一三八《平陽府》　黄蘆泉，在臨汾縣東二十五里卧虎山下。澐泉在臨汾縣東南二十里，相傳與濟源相通，舊名深泉，金改曰亢泉，元改今名，有渠引水溉田，上有澐泉神祠。

又　潤源渠，在洪洞縣東三十里。宋天聖四年，置堰導赤沙河水灌田。明嘉靖三年重浚，又衆議渠、陳珍渠、長潤渠、沃陽渠、先濟渠，皆在縣東。廣利渠、小渠、園渠、要截渠、流澤渠、晋源渠，皆在縣南。諸渠俱引潤水溉田。

又　新浚河渠，在鄉寧。縣《通志》：明萬歷間，知縣彭萬里浚河渠十三道，溉田三百三十五畝。

又卷一四四《汾州府》　石甕渠，在孝義縣東，鑿土岡爲渠，迤邐流東北溉田。

又　介休三渠，在介休縣界，東曰東渠，西曰西渠，中曰中渠，引石桐水溉田。舊有木平槩水。本朝康熙八年，易以鐵。洪山分水處，舊有石平，康熙二十二年，易以鐵。

又卷一五一《代州》　小營河渠，在五臺縣南，源出縣西泉巖村，引渠六道，溉東冶鎮及五級等村田。

又卷一五三《霍州》　大澤渠，在趙城縣東北二十里。元中統四年，引北霍水溉田，西流入汾。又清水渠，在縣東三十里，亦引北霍水溉田，與大澤并爲一渠。

又卷一五五《绛州》　羅公渠，在聞喜縣東，引洮水溉田。其堰有五，開於宋熙寧中者三，開於明洪武中者二，中第二堰，正德中知縣王琳修浚，名王公渠。餘四堰，嘉靖中知縣羅田爲置渠長，禁盗決渠水，民感之故名。

又　董村渠在聞喜縣東南秦王澗下，又西張渠在縣南蘇村，皆明萬歷初知縣王象乾修，名新城王公渠。又有蘇村南陽陽社坡神下莊南姚小市頭等渠，皆在縣南，引山水溉田。

又　十石壚渠在河津縣東南。《唐書・地理志》：龍門東南二十三里有十石壚渠，貞觀二十三年縣令長孫恕鑿，溉田良沃，畝收十石。西二十一里有馬鞍塢渠，亦恕所鑿。《縣志》：高鞍塢渠，即今爪峪。

又卷一九六《彰德府》　高平渠，《唐書・地理志》：安陽西二十里有高平渠，咸亨三年刺史李景引安陽水東流溉田，入廣潤陂。《舊志》：渠起縣西高平村，故名。宋至和中，韓琦判相州，瀹渠入城，又於城西北隅傍濠置二水磑，明宏治後漸淤。又有濁渠，在縣西南北流入高平渠，歲久淤塞。正德中重開，今皆廢。

又　天平渠，在安陽臨漳二縣界。《魏書・地形志》：天平中決漳水爲萬金渠，世號天平渠。《唐書・地理志》：堯城北四十五里有萬金渠，引漳水入故齊都領渠，以溉田，咸亨三年開。《府志》：渠在縣西北二十里。又有清河渠，在安陽縣北三十里，北齊河清二年，於野馬岡南堰水爲渠，東流入鄴，今廢。又有濁渠，在縣西南二十里水。冶渠、廣遂渠皆在縣西四十里。

又　菊花渠，在臨漳縣東南四十里。《唐書・地理志》：臨漳南有菊花渠，自鄴引天平渠水溉田，屈曲經三十里。咸亨四年，令李仁綽開。《府志》：菊花渠在臨漳縣東南，久廢。又有伯陽渠，在縣西南四十五里，亦自天平渠引漳水南入安陽縣界，亦曰安陽渠。又金鳳渠，引天平渠下流溉田。《府志》：在臨漳縣西南，自天平渠引漳水東注，經金鳳側，故名。

又　西門渠，在臨漳縣西南，今廢。《後漢書・安帝紀》：元初二年，修理西門豹所分漳水爲支渠，以溉民田。《寰宇記》：一名安澤陂，齊天保五年僕射魏收遺碑存焉。

又　城西渠，在涉縣西一里，金承安三年，縣尹李通所開，溉田千畝，引入城中，以資民用。久廢，明嘉靖末疏浚。

又 卷二〇二《懷慶府》 安阜渠，在河内縣北，源出堯池，自太行之麓邐迤至清河。明萬曆中，開東西長十五里，引以溉田。

又 卷二〇五《河南府》 伊渠在洛陽縣南二十五里，自伊闕北分伊水北行，至午橋莊與洛渠交而出，其上亦爲三支，名莽渠、清渠、單渠，但以東別之，俱入洛。又有永濟渠，明萬曆三十三年鑿，亦引伊水灌田。又有新興渠，在縣西南四十里，引甘水灌田，明宏治中張蕭建。

又 宣德渠，在宊陽縣西六十里，士人引以溉田。又有官莊渠、老老灣渠、鎖家營渠、安業渠，皆本朝康熙三十九年開浚。

又 宣利渠，在永寧縣南三里。《明統志》：又有新興渠、萬箱渠，皆分洛水以溉田者。《舊志》：縣界又有龍頭、福興等渠。明洪武、永樂間，再經疏浚，尋堙塞。萬曆三十九年，又重開福興渠，東西長二十五里，南北闊二里餘，溉田千二百畝有奇。本朝順治九年重修。

又 永定渠，在嵩縣南二里。又有伊陽、永順、濟民、鳴臯、永昌、順陽、永通諸渠，皆古渠也。又，永泉、永豐、橋北、永定，新，永順，永清，永濟，新，正中、安安，新，諸渠皆新渠也，并引伊水溉田。

又 卷二一〇《南陽府》 召渠，在唐縣西，亦名召堰。漢召信臣守南陽，障水溉田，氏賴其利。唐盧庠爲刺史，使郡從事李允之修復，一歲增良田萬頃。宋嘉祐二年，唐州守趙尚寬修召信臣故迹，浚渠溉田，人亦謂之趙渠。

又 永國渠，在鄧州。北宋熙寧五年，御史張商英言，聞獻議者請開穰縣永國渠，引湍水灌溉民，田失召信臣故址，所鑿焦家莊地勢偏卬，水不通流。詔宦者程昉疏治。

又 卷二二〇《陝州直隸州》 宏農渠，在靈寶縣南。唐志，宏農縣南七里有渠，貞觀元年，令元伯武開引水北流入城。縣志，又，函谷、豐盛等五十渠，歷代修浚，皆引山水溉田。

又 卷二二九《西安府三》 漕渠，在長安、咸寧二縣，南自昆明池，東傍南山，東至河。漢所穿，隋唐復開之。《史記·河渠書》：元光中，鄭當時爲大農，言：異時關東漕粟從渭中上，度六月而罷，而漕水道九百餘里，時有難處。引渭穿渠起長安，并南山下，至河三百餘里，徑，易漕，度可令三月罷；而渠下民田萬餘頃，又可得以溉。天子以爲然，令齊人水工徐白，悉發卒數萬人穿漕渠，三歲而通以漕，大便利，其後漕稍多，而渠下之民頗得以溉田。《水經注》：昆明故渠上承昆明池東口，東逕河池陂北，又東合沈水，亦曰漕渠。又東逕長安縣南，東徑明堂南，又東而北屈逕青門外與沈水支渠，會分爲二渠，一水逕楊橋下北注渭，其一渠東逕奉明縣廣成鄉之廣明苑南。又北分爲二渠，東逕虎圈南而東入霸，又漕渠絕霸右出東逕霸城北，又東逕于楚陵北，又東逕新豐縣右會故渠，上承霸水，東北逕霸縣故城南，又東北逕劉更始冢西，又東北逕新豐縣，又合漕渠。漢大司農鄭當時所開也。今源自昆明池，南傍山原，東至於河，且田且漕，大以爲便。《隋書·食貨志》：開皇四年，命宇文愷率水工鑿渠，引渭水自大興城東至潼關三百餘里，名曰廣通渠。《唐書·地理志》：天寶二年，尹韓朝宗引渭水入金光門，置潭於西市，以貯材木。大歷元年，尹黎幹自南山開漕渠抵景風延喜門入苑，以漕炭薪。又，《食貨志》：開元中，長安令韋堅兼水陸運使，治漢隋運渠，起關門抵長安通山東，租賦乃絶，灞滻并渭而東，至永豐倉，與渭合。又於長樂坡瀕苑墻鑿潭於望春樓下，以聚漕舟，賜其潭名廣運潭。《長安志》：漕河在長安縣南十五里，自萬年縣界來，逕縣界五里入渭，漢武元光六年穿。又黎幹所鑿渠，逕京兆府直東至薦福寺東街，北至國子監，正東至子城東街，并逾景風延喜門入苑，又漕渠在渭南縣北一里，自臨潼縣來入鄭縣界。

又 黄渠在咸寧縣南。《長安志》：在萬年縣南通善坊，自義谷口分水入此渠，北流十里，分爲兩渠，一東北流入庫谷水，一西流入樊川，灌溉稻田，西流入坑河。《縣志》：黄渠在龍首渠南。

又 昇原渠，在興平縣南。《長安志》：在縣南十五里，西自武功縣流入縣界，凡六十里，溉田七十餘頃，東流入咸陽，唐垂拱初，運岐隴米，今涸。

又 冶清渠，在涇陽縣西北鄭白渠北，其地高卬，涇水不及，故引清、冶二水爲渠，冶谷水渠十二，始於冶谷内二里許，傍北山鑿一渠出口，曰上王公渠，稍下曰磨渠，磨渠東六七里曰下王公渠，又東三里曰上北泗渠，又東五里曰下北泗渠，又東四里曰仙里渠，皆溉河北之田。下王公渠對岸稍東曰天津渠，東六七里曰高門渠，又東六里曰廣利渠，又東四里曰海西渠，又東四里曰海河渠，皆溉河南之田。明宏治初，知縣暢亨又於上王公渠上流分一渠曰暢公渠。清谷水爲渠五，自耀州流入三原縣界毛坊里，始於北岸堰水曰毛坊渠，析南流出谷口，於西岸旁清凉原開一渠曰原成渠，自原成而下三里許東岸曰公進渠，又下十丈許曰下五渠，又十丈許曰水漲渠。此五渠，惟毛坊專溉三原，原成專溉涇陽，其三渠上流在涇陽下，流入三原，共溉田七萬餘畝，而下五渠斗門凡二十三，所溉尤多。

又 讓泉渠，在盩厔縣東二十五里，引葦源泉水溉田二千餘畝。其北有龍灣渠，又赤谷渠在縣東南四十五里，引赤谷水溉田。東磨渠、西磨渠皆在縣東南五十里，引耿谷水溉田。興隆渠在縣西南三十五里，即廣濟渠支流也。

又 直城渠，在富平縣西十五里。《長安志》：在縣西南三十里引漆沮河水溉田二十里。《新志》：直城渠引温泉水東抵縣西北城濠，又南爲懷德渠，支分爲順城渠，又東爲圖田渠，皆引温泉澤多二水。又有順陽渠，在縣北頻山下，本無水，每天雨，山水必暴至，引以灌田，又玉帶渠、倒迴渠，在縣北，灌田百餘里。

又 偃武渠，在富平縣西北。《長安志》：在縣西北四十五里，溉田八里。又，白馬渠在縣西北四十里，長澤渠在縣西北三十里，皆溉田十五里。高望渠在縣西北二十五里，溉田三里。相近有石水渠，溉田十里。永濟渠溉田十二里。文昌渠在縣西北十七里，溉田十里。陽渠在縣西南二十八里，溉田十五里。皆引漆沮河水。《新志》：富平之水灌田最多者，漆沮也。東岸自北而南首曰官渠，一名判官渠，次曰文昌渠，又南爲通鎮渠，又南爲永濟渠，又南爲實惠渠、自在渠、永興渠、新渠、順陽渠，又南爲石水渠，又南爲永順渠、廣濟渠、永豐渠、溢水渠、遺愛渠、千年渠，水至此自南而東流爲陽九渠，即長安志之陽渠也。在西岸者最北曰偃武渠，又南爲中渠，皆兼引梁家泉水。又南爲小白馬渠，又南爲大白馬渠，又南爲永興渠、洞子渠，又南爲河西廣濟渠，本朝雍正三年開。又南爲永壽渠，又南爲長澤渠，并在漆沮左右。按，《長安志》有高望渠，今無此。又《長安圖說》載石川河東岸渠七，曰判官、楊家、文相、永濟、石水、閣渠、陽九，西岸渠六，曰偃武、白馬、長澤、西長澤、東高望、陽陵，保今惟判官、永濟、石水、楊家、偃武、白馬、長澤仍舊名，餘皆異。

又 强公渠，在耀州西南。《唐書》：華原無泉，雍州司士參軍强循教民鑿渠以浸田，號强公渠，今廢。

又卷二三八《漢中府二》 薛公橋在城固縣西北二十五里，宋紹興初，縣令薛可光開渠溉田，民謂之薛公渠，橋亦因之而名。

又卷二四四《同州府二》 靈應泉渠，在華陰縣東二十里，引泉水溉田，分三十六渠，凡三十六日一周。又，磨渠在縣東二十五里，自潼關南之磨谷引流，分四十一渠，凡四十一日而周，潦則歸於清河。又段明渠，亦在縣東，引潼谷上流之水衝山麓，而西北分爲二渠，今廢。

又 醴泉渠，在華陰縣東南，其水清甘，經華岳觀潴岳廟魚池與小澗之水，俱灌民田。

又卷二五二《蘭州府》 古迹渠，在河州南。《舊志》：自老鵶山口引水至九眼泉。明成化十九年，守備康永開壩一百五十里，灌田千頃，年久湮廢。萬歷三十年，知州陳文焯復開新渠，自焦家壩北折至九眼泉，長三十里。

又卷二六四《寧夏府》 漢延渠，在寧夏縣東南，即古漢渠也。《元和志》：漢渠在靈武縣南五十里，從漢渠北流四十餘里，始爲千金大陂，其左右又有胡渠、御史、百家等八渠，溉田五百餘頃。《朔方志》：漢延渠，在寧夏衛東南，自峽口東鑿河引流數里許，有閘以洩水，渠流遶衛東逶迤而北，溉田萬頃，支流陡口三百六十有九。《通志》：渠自寧夏東南，引黄河遶城自東而北流十二里，至漢壩堡設正閘一，外設退水閘三，水小則閉各閘，使水皆入渠。水大則開閘以洩之。又設暗洞四，以瀉渠西積水。渠長二百三十里，經寧朔寧夏東界而北合惠農渠，溉田三千八百九十餘頃，東西兩岸支渠各十有四，本朝順治十五年、康熙四十年俱修，雍正九年重修。

又 清塞渠在平羅縣五墩左右，受唐來渠水，長六十七里，溉田一千八百餘畝，兩岸支渠陡口二十二。本朝康熙五十三年，同知王全臣開。

又 秦家渠在靈州東，亦曰秦渠，古渠也。黄河經州西由秦壩堡北分枝遶州之東，復歸於河，長一百二十里。《元史》：至元改元，董文用爲中興行省郎中，始開秦家等渠。《朔方志》：渠長七十五里，灌田九百餘頃，里仁、李羅、大中皆其支渠。《通志》：今長一百五十里，溉田一千三百頃，渠口有閘曰秦閘渠，尾有洩水閘曰黑渠閘，舊用木爲之，康熙中易以石。

又 光禄渠在靈州東。《唐書》：靈州有光禄渠，久廢，節度使李聽引渠溉塞下地千頃，後賴其饒。《舊志》：在靈州所東，本漢時導河溉田處，今廢。

又 薄骨律渠，在靈州南。《元和志》：在迴禦縣南六十里，溉田一千餘頃。又《唐書·地理志》：迴樂有特進渠，溉田六百頃，長慶四年開。

又 艾山渠，在靈州西南。《魏書》：太平眞君五年，刁雍爲薄骨律鎮將，表曰：富平西南三十里有艾山，南北二十六里，東西四十五里，鑿以通河，似禹舊迹。其兩岸作溉田大渠，廣十餘步，今渠高於河水，不得上，求於河西高渠之北八里分河之下五里平地鑿渠，築其兩岸，令高一丈，北行四十里，還入古高渠，即循高渠而北復八十里，合一百二十里。渠成，可溉官私田四萬餘頃。按此渠當在青龍峽口，去唐渠不遠。《舊志》謂即寧夏城西之靖虜廢渠，誤。

又 漢伯渠在靈州西，亦曰漢渠，相傳漢時所開。《朔方志》：渠長九十餘里，明洪武初浚之，灌田七百三十餘頃。《通志》：渠口在秦渠上流青銅峽之麓，長八十里，溉田千三百頃。渠口有閘曰漢閘，舊時秦、漢二渠以河勢日下，常苦無水，本朝康熙四十五年，同知祖良正重浚二渠，改建石閘，增長迎水湃，水始足用。又漢伯渠下流水無所洩，每浸民田。明河東道張九德挪開蘆洞，自秦渠北岸，疏溝三十里，洩水入河，歲久淤塞。秦渠東岸二十餘里，每受山水之害，康熙五十二年重修。

又 石空渠，在中衛縣東七十里，長七十三里，溉田六十餘頃。

又 順水渠，在中衛縣東九十里。舊曰棗□渠，袤三十五里，溉田九十五頃，今改名，長七十里，溉田三十七頃。又棗園堡有新順水渠，溉田二百二十六頃，又東鐵筒堡有常永渠，長三十里，溉田四十九頃。又東廣武堡有石灰渠，長五十七里，溉田一百二十頃。以上諸渠皆在河北。

又 柳青渠，在中衛縣東南一百里溉田一百六十八頃。

又 羚羊渠，在中衛縣南四十里，長四十餘里，溉田二百餘頃。又，羚羊店渠在縣永康堡，舊溉田二百二十餘頃，今溉田一百二十九頃。羚羊角渠在縣常羅堡，舊溉田七十餘頃，今溉田十八頃。又有通濟渠，在縣長恩堡，長三十里，溉田四十有九頃。

又 卷二六六《甘州府》 宣政渠在張掖縣南一百里，分壩四，溉田一百一十八頃。又虎喇海西渠，在縣南一百二十里，分壩二，溉田二百四十餘頃。虎喇海東渠，在縣南一百三十里，分壩三，溉田一百餘頃。阿薛古渠在縣城北五里，分閘六，溉田一百五十九頃。回回渠在縣城東五十五里，分支渠三，溉田一百二十頃。河東渠，溉田二十三頃。東泉渠在縣城東郭内，分閘四，溉田一百二十七頃。江淮渠溉田二十七頃。遝剌渠在縣西四十里，溉田八十五頃。小泉渠溉田六十七頃。黑水溝渠溉田一十四頃。陽化渠在縣城南七十里，溉田一百二頃，有本渠，分閘三，溉田五十五頃，皆引山水。

又 洪水渠在張掖縣南，自縣東南一百六十里，起至縣南一百里，分爲六渠，其溉田七百二十餘頃。又山丹縣亦有洪水渠，自縣南一百二十里，起至縣西南七十里，分爲四壩，共溉田一百一十餘頃。

又 城北渠在張掖縣西北十三里，分閘九，溉田一百七十一頃。又城北新渠，分閘三，溉田七十頃。官渠在縣西南十四里，分閘十八，溉田三百六十八頃。加官渠分閘九，溉田一百四十九頃。沙子渠在縣西十九里，分閘三十六，溉田五百八十二頃。卓家渠在縣南十六里，分閘九，溉田一百五頃。大古浪渠在縣南二十里，分閘十五，溉田五百四十一頃。小古浪渠分閘七，溉田一百九十九頃。小滿渠在縣南三十里，分閘十六，溉田四百七十二頃。大滿渠在縣西南四十五里，分閘二十五，溉田五百九十七頃。大滿新渠分閘七，溉田一百八十一頃。小滿新渠分閘六，溉田一百八十一頃。焉子渠在縣南五十里，分閘二十一，溉田三百二十餘頃。洞子渠在縣南五十五里，分閘十二，溉田一百五十一頃。西洞渠在縣西四十里，溉田一百一十一頃。龍首渠在縣西南八十里，黑河首派也，舊名木龍壩，分閘五，溉田二十二頃。又永利渠分閘九，溉田二百二十八頃。盈科渠分閘三十六，溉田一千一百三十一頃。四海渠分閘五，溉田六十八頃。下漚波渠在縣西二十里，溉田一百五十一頃。上漚波渠在縣西三十五里，溉田六百四十四頃。新豐渠溉田六十七頃。平順渠分閘四，溉田一百六十一頃。巴吉渠溉田二百九頃。河西渠在縣西北一百二十里，分丈渠三道，溉田三十八頃。接濟渠分二溝，溉田八頃。新塔兒渠溉田五十四頃。灌源渠溉田二十五頃。敬依渠溉田一十七頃。舊塔兒渠引墨河尾水，分閘四，溉田一百三十二頃。以上俱引黑河水。

又 白石崖渠在山丹縣東南二百里，源自大通河分派而來，溉田三十九頃。又有東中渠就地出泉，分爲九壩，溉田五百八十四頃。童子渠在縣南七十里，義得渠、無虞山口渠在縣南一百三十五里，三渠共溉田五百七十四頃。木花渠分爲支渠四，溉田四百八十四頃，俱引祁連山冬雪消融之水。又邊山小溝渠在縣城南一百二十里。鐘山寺溝渠在縣城東南九十里。衛亭本溝渠在縣城東南一百里。馬連壩渠在縣城東南一百二十里。東山壩渠在縣城南一百二十里。西山壩渠在縣城南一百里。紅崖頭渠二道，在縣城西南一百里。大黄頭渠二道，在縣城南一百二十里。獨崖泉渠在縣城南一百里，獨泉渠在縣南一百里。

又 卷二六七《凉州府》 永昌渠在武威縣西南五十里，引土彌于川，分六壩，溉田一千四百餘頃。又金塔寺渠在縣南五十里，分十五壩，延六十餘里，溉田八百餘頃。雜木口渠在縣南七十里，分十五壩，延七十里，溉田一千五百餘頃。黄羊川渠在縣東五十里，分七壩，溉田四百八十餘頃。按縣志縣南五十里有雜木渠，分六壩，又有大七渠與永昌金塔等共爲六渠，溉田一萬一千五百一十八頃。

又 占河渠在永昌縣東南二十里，分十二壩，延五十里，溉田一千六百六十餘頃。又五顆樹渠、烏牛壩渠，皆在縣東北，溉田三百四十餘頃。又縣南有北城渠，溉田五十六頃。又大壩渠溉田二百餘頃。又南十五里有者，來壩西南二十五里，有亂泉渠，溉田二百餘頃。又縣北有東泉渠，溉田二百六十餘頃。又縣東有中暖泉渠、下清河渠，溉田七十餘頃。又縣西南九十里有大河口渠，溉田一千二百九十頃。

又 古浪渠在古浪縣北五里，分置長流等土壩，又縣東北六十里有土門渠，又城北五里有大靖山渠，分置大河等三壩，大靖泉渠。又縣南有暖泉壩，共溉田二千二百餘頃。

又 莊浪渠在平番縣南河西之渠八，河東之渠九，皆引莊浪河水溉田三百七十六頃。又有苦水堡河東渠六，引莊浪河水分五道，溉田七十七頃。又鎮羌堡河渠二，石灰溝渠一，南路野狐城新開渠一，□水河新開渠一。

又 大通渠在平番縣西，大通堡河東之渠三，河西之渠一，皆引大通河水，溉田一百三十餘頃。

又 懷安渠長七十里，灌田二千餘頃。永渠長八十里，灌田三千餘頃。黄羊渠河長一百餘里，灌田二千餘頃。

又 卷二六九《西寧府》 車卜魯川渠在西寧縣西北九十里，即北川水分渠三十八，溉田七百七十八頃。又伯顔川渠在縣西六十里，即西川水分渠八十四，溉田一千二十八頃。那孩川渠在縣西南五十里，即南川水分渠四十八，溉田九百三十八頃。廣牧川渠在縣北八十里，分渠三十八，溉田四百四十一頃。觀音堂溝在縣東七十里，分渠有二，溉田一百三十八頃。又有哈剌只溝、把藏溝、西番溝三渠，皆在縣東。乞荅其渠、李彦才溝渠、壤喫塔渠皆在縣東，南古河渠、撒都兒溝渠皆在縣東北，共溉田四百七十餘頃，又紅哈溝在縣東北一百里，分渠七十八，溉田四百八十一頃。

又 周屯渠在西寧縣貴德廳城東五十里，分支渠十四，溉田九百八十二段。又，四十八户渠在貴德城東南四里，分支渠十二，溉田二千一百八十一段。河東渠在貴德城東五里，分支渠八，溉田七百一十段。劉屯渠在貴德城西南三十里，分支渠六，溉田四百二十段。本朝乾隆六年開築。

又 水磨渠在碾伯縣東三里，分支三，共溉田二百五十餘段。又縣東十里有羊官渠，十五里有石嘴渠，三十里有高廟渠，三十五里有長里渠，四十里有旱地灣渠，五十里有老鴉渠。又縣西二里有大古城渠、小古城渠，二十里有旱莊渠，四十里有硤口渠。又縣南五里有岡子堡渠，十里有岡子溝渠、湯官渠，二十里有姜家灣渠。又縣北八里有八里堡渠，四十里有勝番溝渠。又縣東南三十里有紅水渠，五十里有阿鸞渠。又縣西南七里有七里堡渠，二十里有深溝渠，三十里有馬哈喇渠、峰堆渠，四十里有高店堡渠，六十里有高店溝。又縣西北二十里有拏木只溝渠，三十里有迭爾溝渠，共溉田二萬四千餘段。

又 巴燕戎格渠在碾伯縣擺羊戎廳境內，發源克見山，流一百三十里入黃河，溉田一千三百九十段。又青庫爾渠發源車盆山，溉田九百五十四段。又上多巴渠溉田四百二十三段，下流俱入黃河，俱在擺羊戎廳境內。大河渠在碾伯縣北西，寧河自峽口流入縣境，東至下川口河之北岸，分渠十有六，河之南岸分渠十有四。又有山南堡等渠，在縣東南古鄯城一帶，分渠有八，共溉田數千餘段。

又 東峽川渠在大通縣南，又河東渠在縣東十里。祁家渠在縣東北九里，峽門堡渠在縣南，分溉縣境之田。又縣西有多洛、遜讓、陽化、百勝四堡渠，極樂、雪溝、良教三堡渠，樵漁堡渠，縣東有濫泥多隆河家三堡渠，元墩李家二堡渠，縣南有廟溝渠、東流堡渠、黃家寨渠、楊家寨渠、毛賀堡渠、新莊堡渠、永安平路二堡渠，均分灌民田。

又 卷二七二《涇州直隸州》 汭水渠在崇信縣北一里。唐李元諒疏渠引汭水蒔荷畜魚，民享其利，今渠尚存。又新柳灘在縣西北一里，本朝順治中知縣武全文鑿，渠植柳以灌田。

又 卷二七六《階州直隸州》 西園渠在文縣南，溉田百餘頃。又有雪夜、碧雲、復古、清波、三關等渠，并在縣南，有灌溉之利。又有東峪鄉等山澗六道，溉田一頃，臨江鄉等九渠，溉田十五頃。

又 甘棠渠在文縣西三十里，引水入城，溉田千頃。相近有東谷渠，又縣西有流春渠，溉田百頃。

又 卷二七八《肅州直隸州》 黃草壩渠，在州西南十五里，自西南至東北長六十餘里。又沙子壩在黃草南，去州西南三十餘里，長七十里。兔兒壩在州西南文殊山口，長二十餘里，俱引討來河水溉田。

按肅州引討來河爲渠十四，共溉田五百餘頃。又紅水壩在州南二十五里，長一里，其北有花兒壩，長十五里，洞子壩長十里，俱引紅水。又王子莊大河引討來河、紅水壩河、臨水河，各處尾水分渠十一，溉田六百二十三頃。乾隆三十二年，增渠十三。五十年，又增渠一。按紅水共引渠十二，溉田四百餘頃。又豐樂川壩在州東南其下，又分爲河東、河西等十壩，共支渠十四，溉田二百二十餘頃。皆引豐樂川水，溉清水、金佛寺、河清等堡田。又暖泉壩在州東三十里，乃亂石堆北湖中有滾鍋泉水流成渠，溉小泉兒暖泉堡田，又鉢和寺壩在州西北四十里，溉新城堡田。

又 納凌渠，在高臺縣東南二十里，分渠十，溉田一百九十頃。又有站家、豐稔、永興、黑泉等五渠，俱在縣東南。五壩至十壩五渠在縣之東北，西北紅崖橙槽河東河西上中下三壩，暖泉、古城、毛家等十渠，俱在縣西南，皆分引黑河及山泉水，共溉田八百餘。頃按本朝乾隆十八年，甘州府設撫夷廳，以肅州之八壩、九壩二渠及橙槽渠下壩渠、暖泉渠俱因就近歸撫夷廳管理。

又 千人壩渠，在高臺縣鎮夷所城南二百八十里，引山水溉田一百二十七頃。按高臺縣新舊渠道俱引黑河擺浪等水，源出祁連山東，共三十八渠，溉田一千六百四十二頃。

又 卷二七九《安西直隸州》 屯田渠在州東自州東北至州西，長九十里。又回民渠自東至西南，長六十里，餘丁渠東西長三十五里，皆引蘇賴河水以溉田。

又 通裕渠在敦煌縣，分黨河水溉田，長二十里。又普利渠長二十三里，永豐渠長三十二里，慶裕渠長十七里，大有渠長四十二里。又窰溝渠、伏充新渠、伏羌舊渠、莊浪渠，皆分黨河水以溉田。

又 卷三〇五《處州府》 雲水渠在龍泉縣北應奎坊。宋靖康初，令姚轂分蔣溪以下之水鑿爲渠，以播北流轉月泓畋溉田數十頃。

又 卷三一五《廣信府二》 汪村陂在玉山縣北。明宣德間知縣林岱鑿山通水約十里，導水入渠，蕪田盡成沃壤。

又 卷三二三《撫州府二》 博陂廟在府城西南五十里。《明統志》：昔游茂洪仕唐爲南豐令，道經其地，教民鑿渠引水以灌田，鄉人德之，遂祀焉。

又 卷三三二《南安府》 新陂在大庾縣。明正統間，知府郭誠開荒原鑿渠引水溉田，民享其利。

又卷三四六《襄陽府》 長渠在宜城縣西南四十里，一名白起渠。《水經注》：夷水舊堨去城百里許，水捉城西灌城東入注爲洲，今熨年陂是也。後人因其渠流以給陂田，城西陂謂之新陂，覆地數十頃。西北又爲土門陂，從平路渠以北木蘭橋以南，西極土門山，東跨大道水流周通自新陂東，入城逕漢南陽太守秦頡墓北，又逕金城前，又東出城東注臭池，又入朱湖陂亦下灌諸田，又入木里溝。又白起渠溉三千頃，膏良肥美，更爲沃壤。《元和志》：長渠在義清縣東南二十六里，派引蠻水。昔秦將白起攻楚，引西山長谷水兩道，争灌鄢城，一道使沔北入，一道使沔東入，遂拔之。曾鞏《長渠記》：宋至和二年，縣令孫永理渠之堙塞而去，其淺隘遂完故堨。《府志》：宋紹興三十二年，王徹言襄陽故有二渠，長渠溉田七千頃，木渠溉田三千頃，今廢堙，請以時修復。

又卷四一〇《眉州直隸州》 青神渠在青神縣東。《唐書·地理志》：太和中，榮夷人張式等百餘家請田於青神，鑿山釃渠，溉田二百餘頃。

又卷四一四《綿州直隸州》 廣濟陂在州南。《唐書·地理志》：巴西縣南六里有廣濟陂，引渠溉田百餘頃。垂拱四年，長史樊思孝令夏侯奭因故渠開。

又卷四三〇《延平府》 張公渠在順昌縣北，一名西渠。《明統志》：洪武初，知縣張縉開鑿引龍興巖水，經十里分注縣治，灌溉田畝，官民利之。

又卷四六二《桂林府二》 東石渠在陽朔縣東獅子山下石崖，天成有兩甕，深數丈，積水澄泓。靈陂有二，一在臨桂縣東北二十里，唐景隆中，桂州都督王晙堰灕水溉田處，宋乾道中，經略李浩開營田再築，淳熙中，經略詹儀之重修，久廢；一在陽朔縣西北七十里，雷雨所成，涌水成江，潴以溉田。

又卷四七八《大理府》 羅甸渠在鄧川州境，源出東山，居民引水爲渠，墾田自給。

又 三江口渠在浪穹縣東南九里，有三水，一自安河，一自三營，一自鳳羽。惟鳳羽水勢駛疾横射，二水不得順行，常致壅淤。

又 山根渠在浪穹縣南七里，灌田三千餘畝，每歲三四月疏浚。又紅山渠在縣東北十二里，一名三營川。

又卷四九六《蒙化直隸廳》 東溪渠，渠十有六，曰龍土廟，曰五道，曰白塔，曰教場，曰繫馬樁，灌負郭之田曰馬廣，曰南莊，曰橋頭，曰盟石，曰鋪邊，曰雙橋，灌山中之田曰甸中，曰捉馬郎，曰白地場，曰甸頭，曰土主廟，灌甸中及甸頭之田。

又 西溪渠，渠十有二，曰三古盤，曰挖鐘衝，曰小衝，曰大衝，曰烏保郎，曰貝忙，曰賴郎，曰西蔡，曰天摩牙，曰天耳山，曰龍護寺，曰麻姑衝諸水，灌西山麓附近田地。

《清史稿》卷一二九《河渠四》 寧夏滿營開墾馬廠荒地，先治唐渠，以裕潴停之地。挑浚百二十餘里，曰正渠；自靖益堡開支口，引水西北行四十餘里而入之溝，曰新渠；沿渠列小口四十，挾水以歸諸田，曰支渠。唐渠以西，淪爲澤國，非溝以宣之不爲功。自杏子湖起，穿溝二百八十餘里，建大小石閘、木閘四十二，石橋、木橋三十三，經始上年九月，至本年八月告成，名曰湛恩渠，約成腴田二十萬畝。

白渠

論説

《晉書》卷五六《江統傳》 夫關中土沃物豐，厥田上上，加以涇渭之流溉其舄鹵，鄭國、白渠灌浸相通，黍稷之饒，畝號一鍾，百姓謡咏其殷實，帝王之都每以爲居，未聞戎狄宜在此土也。

《新唐書》卷二一五《突厥傳》 又秦、漢鄭渠溉田四萬頃，白渠溉田四千五百頃，永徽中，兩渠灌寖不過萬頃，大曆初，減至六千畝。畝朘一斛，歲少四五百萬斛。地利耗，人力散，欲求彊富，不可得也。漢時，長安北七百里即匈奴之地，侵掠未嘗暫息。計其舉國之衆，不過漢一大郡，鼂錯請備障塞，故北邊妥安。今潼關之西，隴山之東，鄜坊之南，終南之北，十餘州之地，已數十萬家。吐蕃縣力薄材，食鮮藝拙，不及中國遠甚，誠能復兩渠之饒，誘農夫趣耕，擇險要，繕城壘，屯田蓄力，河、隴可復，豈唯自守而已。

宋 秦觀《淮海集》卷一五《財用下》 秦漢開鄭、白渠，溉田四萬四千餘頃。至唐大曆初，兩渠所溉纔六千三百頃耳。以代田、鄭、白渠事言之，則治田之勤不勤，何止晦有三升之損益也。

宋 程顥《二程文集》卷一〇《代人上宰相論鄭白渠書》 某聞：天下之事，有甚難而易者，有甚易而難者，獨繫在上之人，爲與不爲而已。昔韓欲罷秦兵，使鄭國説以鑿涇水溉田，注填閼之水，溉瀉鹵之地四萬頃，畝收常一鍾，關中遂爲沃壤，無凶年，秦以富强。至漢，白公復引涇水以溉田，民得其饒。歌之曰：『田於何所？池陽谷口。鄭國在前，白渠起後。衣食關中，億萬之口。』此兩渠之功也。秦、漢而下，皆獲其利。熙寧中，神宗皇帝講求治功，興葺遺利。時先祖殿丞，建明鄭、白之利，神宗皇帝賜對便殿，大稱聖心，付以其事，興役踰年，功已有叙，而害能者巧爲沮止，不終厥功。陝右之人，至今爲恨。某每思神宗皇帝知其利而欲興之意，與先祖盡其力而被沮之恨，某未嘗不憤嘆至於流涕也。閣下嘗尹長安矣，必聞其事。

今則又非昔年之比也。涇水低下，渠口高仰，灌溉之功，幾盡廢矣。民用困乏，物斛湧貴，職此之由。今方外有不順之羌，師旅之興，儲偫爲急。誠使秦中歲增穀數百千萬斛，所濟豈不甚大？某，關西陋儒也，自幼小稔知其事，人微處遠，無由自伸其憤鬱。幸遇僕射相公，以經緯之才，逢時得君，以天下事爲己任。某是以敢不避狂妄之誅，塵瀆鈞聽。倘蒙采録，或致成功，不使先祖抱恨泉下，則某平生志願足矣。

《續資治通鑒長編》卷一〇四 天聖四年八月庚辰 臣按鄭、白渠之引涇水也，在耀州之雲陽、三原、富平及京兆府之涇陽、高陵、櫟陽六縣，沿渠皆立斗門，多者置四十餘所，以分水勢，其下別開細渠，則水有所分，民無奔注之患。且涇水一石，其泥數斗，故能溉糞禾黍，今言水濁不堪以溉，斯豈軫之不知而自爲知邪？又其作堰之法，皆用大石方四五尺者，錮之以鐵，積於中流，擁爲雙派，其南流爲涇水，其東流爲二渠，故雖駭浪不能壞。若不如此，則是歲輒修治，豈有利哉？故漳水之岸若復渠田，請訪諸雲陽，擇水工十數，就摹古人作堰決渠之法，及觀今人置斗門溉田之方。或雲陽民犯罪當配者，令皆徙相州，教百姓水種陸蒔之利，則謀易成矣。至如北邊本無水田，後徙江南罪人，轉相教語，皆知水利。臣嘗建請命水工詣鄭、白渠觀疏導之制，亦慮磁、相民不知作渠法爾。

宋 陸游《老學庵筆記》卷五 秦所作鄭、白二渠，在今京兆府之涇陽，皆以涇水爲源。白渠灌涇陽高陵、櫟陽及耀州、雲陽、三原、富平，凡六縣。斗門百七十餘所，今尚存，然多廢不治。鄭渠所灌尤廣袤，數倍於白渠，涇水乃絶深，不能復入渠口，渠岸又多摧圮填淤，比之白渠尤不可措手矣。

《宋史》卷九四《河渠志四》 選等使還，言：『周覽鄭渠之制，用功最大。并仲山而東，鑿斷岡阜，首尾三百餘里，連亙山足，岸壁頹壞，陻廢已久。度其制置之始，涇河平淺，直入渠口。暨年代浸遠，涇河陡深，水勢漸下，與渠口相懸，水不能至。峻崖之處，渠岸摧毁，荒廢歲久，實難致力。其三白渠溉涇陽、櫟陽、高陵、雲陽、三原、富平六縣田三千八百五十餘頃，此渠衣食之源也，望令增築堤堰，以固護之。』

清 康基田《河渠紀聞》卷三 太始二年秋，穿白渠。按：宣房既塞，希進用事之人争言水利。白渠者，趙中大夫白公奏穿之渠也，引涇水，首起谷口，尾入櫟陽，注渭中袤二百里，溉田數千頃，民以爲饒。前此嘗穿渭渠矣，用鄭當時言，穿渭爲渠，下至河漕山東粟徑易溉渠下民田萬餘頃，利同白渠。然利在田，而河則病矣，錐指云穿渠引水非古也。自溝洫之制廢，灌溉之事興，渠分大河之水行遲貯淤河身日高水暴至不能容，漢人知此者鮮。是時，涇河經渠水，淘刷日久，河底低深，水不能入渠。白公於上流較高之處，別開渠口，自上而下接引灌注功成。人樂其利，而爲之歌曰：『田于何所？池陽、谷口。鄭國在前，白渠起後。舉臿成雲，決渠爲雨。涇水一石，其泥數斗。且溉且糞，長我禾黍。衣食京師，億萬之口。』白渠之歌起，後有作者皆遵用其法，惟有移高渠口以濟一時者矣。

清 沈欽韓《漢書疏證》卷二二《地理志》 因名曰白渠。《元和志》：大白渠在涇陽縣東北十里，中白渠首受大白渠東流入高陵縣界，南白渠首受中白渠水東南流亦入高陵縣界。《長安志》：在縣西北六十里。《隋志》

有茂農渠，疑是。此三限口，在縣東北爲南北分渠處。唐寶曆元年，高陵令劉仁師請更水道，名劉公渠。大唐永徽六年，雍州長史長孫祥奏言：『往日，鄭白渠溉田四萬餘頃，今爲富僧大賈競造碾磑，止溉一萬許頃。』於是，高宗令分檢渠上碾磑，皆毀撤之。未幾，所毀皆復。』廣德二年，臣吉甫先臣文獻公李栖筠也。爲工部侍郎復陳其弊，代宗亦命折去私碾磑七十餘所。歲餘，私置如初。至大曆中，利所及纔六千二百餘頃。

綜述

漢 應劭《風俗通義》卷一〇《山澤·渠》 謹按：《傳曰》：『渠者，水所居也。』秦時，韓人鄭國穿渠。孝武帝時，趙中大夫白公復穿渠。故其語曰：『田於何所？池陽、谷口。鄭國在前，白渠起後。舉鍤爲雲，決渠爲雨。涇水一石，其泥數斗。且溉且糞，長我稷黍。衣食京師，數百萬口。』又鄭當時穿渠以利漕道，若此非一官，民俱賴其饒焉。

明 項忠《涇陽縣廣惠渠記》《雍大記》卷三四 《書》載六府，而以水爲先，渠堰之修，所以興夫水府之利，以足夫民食也。自古爲治，率用心於此焉。如有虞溝澮開導、瀦蓄井汲，以致夫水府之修者是已。然前人已成之績，年久而壞，故予於鄭、白渠不得不因其壞而謀衆重修，加意而開廣之也。按《志》：鄭白渠在涇陽縣西北七十里山仲下，原有古迹洪堰一所，分閘涇水以溉田畝。自秦而下，歷代鑿之者不一，故渠亦因之而變名有六，惟鄭白渠獨加顯焉。其曰鄭國渠者，蓋六國時韓苦秦害，乃使水工鄭國説秦，鑿涇水溉田以爲間，故名也。曰白公渠者，蓋漢涇河底被水衝低，水不能入渠。太始二年，召中大夫白公於上流接開石渠，引使通流，故名也。謂之六輔渠者，漢倪寬爲左内史，請鑿六輔渠以溉田，遂名焉。謂之豐利渠者，宋大中，召開石渠，疏涇水入渠者五尺，下與白公渠相會，工畢而賜名焉。

又 自秦而下，歷代鑿之者不一，故渠亦因之而變名有六。惟鄭白渠，獨加顯焉。其曰鄭國渠者，蓋六國時，韓苦秦害，乃使水工鄭國説秦鑿涇水溉田，以爲間故名也。曰白公渠者，蓋漢涇河底被水衝低，水不能入渠。太始二年，召中大夫白公於上流接開石渠，引使通流故名也。

明 段循《涇陽縣重修鄭白渠記》《雍大記》卷三三 戰國之時，惟秦爲盛，南北五國均被侵削，西顧而不敵其鋭者也。韓欲疲秦，使無東征，遣水工鄭國爲間於秦，鑿涇水，自仲山爲渠，并北山東注洛。中作而欲殺之，國曰：『臣爲韓延數年之命，然渠成，秦萬世之利也。』乃使卒爲之，注填閼之水，溉舃鹵之地四萬頃，由是秦益富饒，號渠曰鄭。至漢武中，大夫白公奏復三限名爲白渠，迄今幾二千年，雖世代變更，其利未嘗輟也。至元二十八年，立屯田府，官階三品兼司其事。近年，董政者吐剛茹柔，加以苟且，遇有工役，使貧者勞而富者逸，以致堤堰摧潰，溝洫壅瀦，使不能盡其地利也。

別帖木兒，京師巨族，賦性聰慧，治政果斷，以扈從鑾輿之勤，擢供衛直都指揮使。佩玉珠虎符，授官嘉議，未及期，遴選宣差屯田府事，時至治壬戌六月也。

泰定初，元夏暑雨，涇水泛溢，浪淩峭壁，洪梁囤磧悉漂没，不遺泛梗，惕然隱憂，以爲己任。率屬吏躬詣其處，計日度工，人分隊伍，匠石伐材，朝集暮散，未有一日之廢弛。不旬月，而厥功告成，流水倍常，人皆異之，即鄭渠之陽，架屋三楹，户牖堦砌，小大稱宜，榜以善政，爲督工之所，其用心如是也。

漢召信臣治南陽，開溝瀆，起堤閼，民獲其利。後杜詩至，復而修之，渠人歌曰：前有召父，後有杜母。今以鄭、白故迹增而葺之，使荒瘠變爲沃壤，想民之披戴，寧肯後於杜母乎？余忝府幕賓，以交承之分，義不可辭，謹摭其實而書之。

清 陳宏謀《修理鄭白渠石堤檄》《清經世文编》卷一一四 涇陽之龍洞渠，即秦時之鄭渠，漢時之白渠也。當日原係將涇河渾流引入渠内，由高而下，灌田甚多。迨後涇水激湍，河流日下。漢、唐、宋以及元、明，遞於上流鑿石引灌，明初渠口屢改，涇水不能仰注，水利漸微。

成化間，始於王御史渠之上，從山根鑿成一渠，深者百餘尺，淺者五六十尺，歷十有七年乃成。全仗沿山大小泉眼數十，從石縫噴湧而出，下注渠中。本朝於龍洞之後，築堤截水，乃名曰龍洞渠。自此以後，不但田不能藉資涇水，并須處處防護涇水，不使入渠，方免沖塞。

雍正、乾隆年間，請動帑修築石堤，挑浚渠身，無非防涇水入渠爲患之計。自築石堤以後，涇河水漲，仍有沖堤塞渠之患，危險堪虞。

本部院親臨查勘，現在渠身，已非復鄭、白之舊，渠中一泓清水，與涇河渾流僅隔一線，渾水一入渠中，清濁不敵，立見淤塞。爲今之計，涇水不能引灌，毋庸計議；石岸之易於沖陷，首宜嚴防。現在石岸僅堪容足，有如築墻堵水，高亦難免水漫，不但渾水有時内沖，渠中清水，尚且外滲入河，危險之形，宛然在目。儻此一綫石堤，稍有疏失，源頭阻塞，全渠既歸無用。趙家橋之沖成深坑，亦將阻塞渠流。數千年之水利，相傳至今，四州縣之民田，久資灌溉，歷年修築，已費多金，前功盡棄，可惜可慮。

查現在石岸外，尚有灣曲坦坡，又係亂石，形非陡立，勢非頂衝，就勢加築，便可堅固。渠中泉眼，加以疏浚，渠身淺處，加以挑挖，則渠水尚可比前旺盛，點滴皆爲民利。事關經久水利，難任因循坐廢。仰司官吏，遴委熟練之員，會同西安府暨水利廳，逐節查勘，細加相度。將石岸單薄之處，加幫寬厚；卑矮之處，加高數層；渠水滲漏之處，細加堵塞；泉眼所在，加以疏通；渠身淤淺之處，再加挑浚；幫築之處，或用石條，或用碎石，或加土築；挑浚之處，或用民力，或動歲修；趙家橋作何鑲護。逐一估計，繪圖貼説，確切定議通詳，以憑核奪請修。此時估定請項，秋冬之間，正可興修。庶免臨汛危險，四州縣民田，又得早資灌溉。均毋忽視。

清 張鼎望《白渠記》（乾隆）《涇陽縣志》卷九　白渠者，漢太始三年趙中大夫白公所治之渠也。前有創始，後有繼修，至今多言白渠者，蓋就其績大名著者而稱之也。爰稽典籍，韓欲疲秦，命水工説秦開渠興利，曰鄭國渠。漢倪寬奏請鑿渠溉高仰之田，曰六輔渠。白公復奏穿渠，曰白渠。隋有茂農渠，唐屢詔毀渠，旁碾磑又開劉公渠。宋鑿石渠，曰豐利渠。元於豐利之上更開石渠，曰王御史渠。明巡撫項忠等修廣惠渠，巡撫蕭翀復修通濟渠，大抵決渠之口，雖時有遷改，下流仍歸故道。自唐以來，渠行雖釃而爲三，曰：大白、中白、南白，其實一渠，此白渠之因革也。渠昔溉八縣之地，今止溉五縣之地，鄭國溉田四萬餘頃，白公溉田四千五百餘頃。唐永徽中溉田萬頃，宋大觀中溉田三萬五千九十餘頃，元至正中溉田四萬五千餘頃，明成化中僅溉田八千三百一十餘頃。此白渠之盛衰也。始則涇與岸平，水易入渠，繼則涇低岸高，渠難分水。始則驅石附以爲堰，故堰頻壞而水涸，繼則穿石洞以尋泉，故泉不竭而水優，則白渠之廢興可考也。

渠之流也，自高而卑；水之用也，由下而上。溉當下交於上，時刻不容紊亂，水有數準，論徼尺寸，不得減增。彼邑之水，禁遏諸此邑；此斗之水，戒取諸彼斗，則白渠之制度可循也。方導白渠出谷也，溶漾東臯，潺湲南畝，雨舉風生，溝通雨降，休歌雲漢，免禱桑林，土膏滋潤，草木夭喬，是白渠之力可以回天運之偶愆矣。迨引白渠至田也，貫隴而流，盈科而進，田畯解顔，農夫濡足，或澆菽麥，亦灌禾麻，争先易耨，不負深耕，是白渠之霑可以助人工之不及矣。

若夫白渠之經城郭也，遠照戟門，近縈歌館，青梟忽下市廛，白鷺時飛闤闠，秋漂紅葉，春漲桃花，千門濯錦，萬户浣紗，其餘波漸被也如此。且白渠之入園亭也，映竹爲溪，浸蓮成沼，洗硯則墨流，烹茶則餅挹，妝臺開鏡，舞砌濺衣，泛騷人之觴斝，調素女之粉脂，其旁溢繁華也又如此。

抑按白渠首起於涇尾，注於渭涇。發於安定郡之岍頭山，是岍頭山乃渠之大源，亦猶黄河之有星宿海也。又聞前人鑿石渠，深入數丈，忽得泉，瀵湧而出，涓涓滔滔，正循鄭白故道，所謂灑珠洞，是灑珠洞乃渠之小源，亦猶黄河之有崑崙山也。然歷歲既久，難免崩漏之患。雍正四年，經制憲厘疏蒙皇上發帑金鉅萬，命有司極力督修，浚其源而大其流，溉田益廣，受惠益深，直使鄭國三千年水利至此更新，而聖天子平成之沛澤，賢公輔開濟之嘉猷，關中億兆之民皆感戴歌頌，與山水同悠遠矣。

傳記

《新唐書》卷八一《李知柔傳》　曾孫知柔，嗣王，再爲宗正卿。久之，擢京兆尹。始，鄭、白渠梗壅，民不得歲。知柔調三輔，治復舊道，灌浸如約，遂無旱虞，民詣闕請立石紀功，知柔固讓得止。加累檢校司徒、同中書門下平章事。

《宋史》卷二八四《陳堯佐傳》　陳堯佐，字希元，其先河朔人。

高祖翔，爲蜀新井令，因家焉，遂爲閬州閬中人。父省華字善則，事孟昶爲西水尉。蜀平，授隴城主簿，累遷櫟陽令。縣之鄭白渠爲鄰邑强族所據，省華盡去壅遏，水利均及，民皆賴之，徙樓煩令。

又 卷四五六《侯可傳》 侯可，字無可，華州華陰人。少倜儻，不羈以氣節自許。【略】

韓琦鎮長安，薦知涇陽縣。說渭源羌酋輸地八千頃，因城熟羊以撫之。琦上其功。又議復鄭白渠，得召對，旋以微罪罷。官至殿中丞，卒于家，年七十二。

《明史》卷一七八《項忠傳》 項忠，字藎臣，嘉興人。正統七年進士。授刑部主事，進員外郎。【略】

七年以大理卿召，民乞留如前，遂改右副都御史，巡撫其地。洮、岷羌叛，忠言：『羌志在刦掠而已，盡誅則傷仁，遽撫則不威，請聽臣便宜從事。』報可。乃發兵據險，揚聲進討，衆盡降。西安水泉鹵不可飲，爲開龍首渠及皁河，引水入城。又疏鄭、白二渠，溉涇陽、三原、醴泉、高陵、臨潼五縣田七萬餘頃，民祠祀之。

紀事

《漢書》卷二九《溝洫志》 後十六年，太始二年，趙中大夫白公復奏穿渠。引涇水，首起谷口，尾入櫟陽，注渭中，袤二百里，溉田四千五百餘頃，因名曰白渠。

《北史》卷五《魏本紀第五》 十三年春正月，開白渠以溉田。

《舊唐書》卷一一《代宗紀》 十三年春正月戊申朔。辛酉，壞白渠碾磑八十餘所，以奪農溉田也。

又 卷一七《敬宗紀》 閏三月丙戌朔，内出水車樣，令京兆府造水車，散給緣鄭、白渠百姓，以溉水田。

又 卷一二〇《郭曖傳》 大曆十三年，有詔毀除白渠水支流碾磑，以妨民溉田。昇平有脂粉磑兩輪，郭子儀私磑兩輪，所司未敢毀徹。

唐 杜佑《通典》卷二《食貨二》 永徽六年，雍州長史長孫祥奏言：『往日鄭、白渠溉田四萬餘頃，今爲富商大賈競造碾磑，堰遏費水，渠流梗澀，止溉一萬許頃。請修營此渠，以便百姓。至於鹹鹵，亦堪爲水田。』高宗曰：『疏導渠流，使通溉灌，濟泼炎旱，應大利益。』太尉無忌對曰：『白渠水帶泥淤，灌田益其肥美。又渠水發源本高，向下枝分極衆。若使流至同州，則水饒足。比爲碾磑用水，洩渠水隨入滑，加以壅遏耗竭，所以得利遂少。』於是遣祥等分檢渠上碾磑，皆毀之。至大曆中，水田纔得六千二百餘頃。

《宋史》卷九四《河渠志四》 三白渠在京兆涇陽縣。淳化二年秋，縣民杜思淵上書言：『涇河内舊有石翣以堰水入白渠，溉雍、耀田，歲收三萬斛。其後多歷年所，石翣壞，三白渠水少，溉田不足，民頗艱食。乾德中，節度判官施繼業率民用梢穰、笆籬、棧木，截河爲堰，壅水入渠。緣渠之民，頗獲其利。然凡遇暑雨，山水暴至，則堰輒壞。至秋治堰，所用復取於民，民煩數役，終不能固。乞依古制，調丁夫修疊石翣，可得數十年不撓。所謂暫勞永逸矣。』詔從之，遣將作監丞周約已等董其役，以用功尤大，不能就而止。

又 至道元年正月，度支判官梁鼎、陳堯叟上《鄭白渠利害》：『按舊史，鄭渠元引涇水，自仲山西抵瓠口，并北山東注洛，三百餘里，溉田四萬頃，畝收一鍾。白渠亦引涇水，起谷口，入櫟陽，注渭水，長二百餘里，溉田四千五百頃。兩渠溉田凡四萬四千五百頃，今所存者不及二千頃，皆近代改修渠堰，浸隳舊防，繇是灌溉之利，絕少於古矣。鄭渠難爲興工，今請遣使先詣三白渠行視，復修舊迹。』於是詔大理寺丞皇甫選、光禄寺丞何亮乘傳經度。

又 景德三年，鹽鐵副使林特、度支副使馬景盛陳關中河渠之利，請遣官行鄭、白渠，興修古制。乃詔太常博士尚賓乘傳經度，率丁夫治之。賓言：『鄭渠久廢不可復，今自介公廟迴白渠洪口直東南，合舊渠以畎涇河，灌富平、櫟陽、高陵等縣，經久可以不竭。』工既畢而水利饒足，民獲數倍。

又 卷九五《河渠志》 十一月，陝西提舉常平楊蟠議修鄭、白渠，詔都水丞周良孺相視。乃自石門堰涇水開新渠，至三限口以合白渠。王安石請捐常平息錢助民興作，帝曰：『縱用内帑錢，亦何惜也。』

又　五月，詔：『諸創置水磑碾碓妨灌溉民田者，以違制論。』命贊善大夫蔡朦修永興軍白渠。八月，程昉欲引水淤漳旁地，王安石以爲長利，須及冬乃可經畫。

明　何景明《雍大記》卷一一《考迹》　白渠在高陵縣，自涇陽縣界三限，下中限爲一渠，流至縣界彭城兩下分爲四渠，并溉民田。唐寶曆元年，縣令劉仁師請更水道，渠成，名劉公渠、彭成堰。

明　戚元左《兵部尚書項襄毅公忠傳》《國朝獻徵録》卷三八　又明年，毛里孩舉國犯邊，督彰武伯楊信破之於小龍州，虜大創，去。陝土亢且鹵苦乏水。公尋故龍首渠浚三十里，又疏鑿涇陽鄭白渠，灌田七萬頃。

（雍正）《陝西通志》卷三九《水利一》　京兆雲陽縣有鄭渠，鄭渠起於瓠口，今駱駝灣西北是也。上至白公渠口二千七百餘步。

《清史稿》卷四七九《涂官俊傳》　龍洞渠，故白渠也，官俊倡言開浚，衆議以工鉅爲難，獨毅然爲之。由梯子關而下，水量增三分之一，復於清治河畔修復廢渠二，水所不至者，勸民鑿井以濟之。先後增井五百有餘，無旱憂。

藝文

《漢書》卷二九《溝洫志》　民得其饒，歌之曰：『田於何所？池陽、谷口。鄭國在前，白渠起後。舉臿爲雲，決渠爲雨。涇水一石，其泥數斗。且溉且糞，長我禾黍。衣食京師，億萬之口。』言此兩渠饒也。

《文選》卷一〇《西征賦》　浸決鄭白之渠。

南朝宋　謝靈運《謝康樂集》卷三《樂府雜詩》　雖非鄭白渠，每歲望東京。

佚名《鄭白渠》（雍正）《陝西通志》卷九五　韓欲罷秦使鑿渠，渠成斥鹵皆膏腴。遂令富饒甲天下，數傳霸業開雄圖。乃知灌溉民所利，亦有白公踵其事。衣食關中億萬象，池陽谷口歡聲沸。高岸爲谷谷爲陵，兩渠中更幾廢興。熙寧成功未克告，遺愛人傳耿右丞。

清　趙賓《學易庵詩集》卷三《白渠》　曲折緣渠徑，田畦段段稠。露珠明壠麥，旭日散層樓。青淺石橋柳，緑沉芳草洲，輕鷗群泛泛，吾欲買漁舟。

雜録

《新唐書》卷四八《百官志》　河堤謁者六人，正八品下。掌完堤堰、利溝瀆、漁捕之事。涇、渭、白渠，以京兆少尹一人督視。

宋　陸游《老學庵筆記》卷五　秦所作鄭、白二渠，在今京兆府之涇陽，皆以涇水爲源。白渠灌涇陽、高陵、櫟陽及耀州、雲陽、三原、富平，凡六縣。斗門百七十餘所，今尚存，然多廢不治。鄭渠所灌尤廣袤，數倍于白渠，涇水乃絶深，不能復入渠口，渠岸又多摧圮填淤，比之白渠尤不可措手矣。

元　李好文《長安志圖》卷下　今將貼説圖本具呈，憲臺照詳施行。一相視得鄭渠起于瓠口，今駱駝彎西北是也，上至白公渠口二千七百餘步，白公渠口即今小龍潭下是也，上至宋豐利渠五十六步，豐利渠又上至王御史新開石渠五十六步，已上三堰，西北高而東南低。涇水自仲山出，由高而下，河岸去水漸高。今量得鄭公渠口至水面計高五十餘尺，白公渠口至水面計高一丈三尺。相懸如此，雖欲不改不可得也。

《元史》卷六六《河渠三》　漢時有白公者，奏穿渠引涇水，起谷口，入櫟陽，注渭中，袤二百里，溉田四千五百餘頃，因名曰白渠。歷代因之，皆享其利。至宋時，水衝囓，失其故迹。熙寧間，詔賜常平息錢，助民興作，自仲山旁開鑿石渠，從高瀉水，名豐利渠。

明　徐光啓《農政全書》卷三《農本・國朝重農考》　關中引涇通渭，故有鄭國渠、白渠諸迹可尋。

（雍正）《陝西通志》卷三九《水利一》　白渠，自漢至五代皆因之。

板閘渠

清 康基淵《板閘渠記》（乾隆）《嵩縣志》卷一四　閘之用於嵩渠尤宜，以制湍暴闖入之患，以均卑仰引灌之程，時啓閉，謹蓄泄，至便也。嵩民渠引伊水，率用堰，至山澗，泉流半歸，廢棄。吴村河距龍駒七里，其下可灌田百餘頃，因循及今，無議興渠利者。

余既開龍駒，鄉民稱便，因民情之可用也。鼓勵興事，旬日而工竣，渠口當土阜凹曲之處，退水即納入龍駒，計長八里。又爲相視高卑，於渠首尾中建三閘，水發闢首閘以拒之，旱封尾閘以蓄之，中閘節宣高下，使得均濟。

茲渠之利，雖百年百世可也。渠成，命名曰板閘。所以别於吾嵩有堰之渠，且以防將來漸至築堰之害，俾吾民曉然，於堰之鈍置不靈不必聚上壘石，而未嘗無法積水使高也。至於開引山水，而入水之口不據險，無制禦，譬則開門揖盗，欲享利而避永害，尤無具之甚者矣。

（乾隆）《嵩縣志》卷一四《河渠》　板閘渠引吴村河水，灌吴村、板閘、橋北三村田。乾隆二十九年，知縣康基淵創開，有記。

（乾隆）《續河南通志》卷二五《河渠志》　板閘渠在嵩縣，引吴村河水，灌吴村、板閘、喬北三村旱田。

備水渠

明 任儀《重修備水渠記》（正德）《汝州志》卷八　前户部員外郎、今德安别駕姚公嗣道，于弘治丙辰春因入覲事竣，便道於汝，以省其母。將旋旆赴任，覩郡侯善政之緒，會郡中士大夫來謂予曰：汝爲河南名郡，城有門三，東曰仰京，西曰瞻洛，北曰望嵩，俱有関以附之。居民萃焉。西北二關，事産差少，而東關自仰京門抵迎恩楼，幾三里許，人物聚集，店舍鱗次，商賈貨於斯，行旅止於斯，士夫廬於斯，誠一州冠冕也。州有是関，猶人之有肩背，肩背受患，當知調理。官之於民，亦猶是也。州之北皆重山，山之下多溝澗，其勢直趋於南，而是関實當其衝。每夏秋淫雨，山水泛濫，居民湮圮者十常五六，民甚病之。時雖知有古渠堰以防其患，每聞於守間有知之而弗爲，爲之而弗力焉者，以是因循，弗就者累歲。

又　今我侯来知州事，不逾年，以興利除弊爲心，以捍灾禦患爲事，凡有益於民者，悉次第舉行之，略無靳意。乙卯秋，大雨，水一夕暴至，関民頹屋壞垣者將幾百家，居而困庚，商而貨賄，多被渰没，至若几榻食飲之器，亦皆漂流十餘里。嗷嗷之聲，接於道路，侯聞之，惻然於中，若已推而納之也。

當是時，即欲相勢以預防之，適朝覲不遑。今春歸，首訪舊渠得實而開拓之，遂募樂于趋事者，得五百餘人，畚鍾悉具，擇勤幹吏老三人董其事，自州治北八治廟迤東開渠起至東城隅止，計深八尺，廣一丈，長五里許，衆水自北来者，皆自北渠入於東北城壕，徑東南城壕入于南渠，而泄於汝矣。

又　南渠實當東西通衢，又架石梁以便輿徒之往来，渠傍植榆柳千餘株，用防日後之侵者。是舉也，凡木石之儲，需工役之廪餼，皆侯自區畫，不煩公私，而自是於用，經始于季春三日，落成于孟夏四日。彼渠開得前渠舊迹者，大率八九人，又以此異之。

吾知今而後，雖暴雨如傾盆翻瓢，而居民安堵向之所謂漂没之患可保其必無矣。將来植木之成緑陰，滿岸翠色，沿堤行者、負者又得以憩息焉。夫水患息而民居安，民居安而生業遂，正猶人之肩背無恙，而可以運用天下事矣。我侯貽民之福，其有既乎。吾愛其始，而恐泯其末。子操一州文學之柄，當撰其事以志於石。余噱曰：公之言即記矣，復何容喙於其間哉。余惟有愛民之心者，斯有愛民之政，有大抱負者，豈無大施爲耶！茲雖一事之小，而他日建大功、立大業亦朕兆於斯矣。侯姓趙氏，諱永禎，字中吉，家錦川，由名進士授今職，敢筆公所示而爲記。

汳渠

論説

清 雷學淇《介庵經説》卷六《三代皆有河患》　《史記》包舉三代之事括而言之，非專言夏也。蓋曹衛之通河由于濟濮，宋鄭之通河由于汳渠，陳蔡之通河由于汝㶏鴻溝也。

清 汪价《中州雜俎》卷四《汳渠》　古汳渠在虞城舊縣北一十里西，自宋城中單之碭山。按《水經》云：汳水又東經虞縣故城北，是也。又有周塢，《水經》云：汳水東經周塢側。晉義熙中，劉公遣周超之自彭城緣汳故溝，斬林穿道七百餘里，以開水路，塢名自此稱。《説文》云：汳音汴。按：卞、汳、汴三字通。卞古，汳正，汴俗。

綜述

宋 陳師道《後山集》卷一二《汳水新渠記》　汳句於蕭，其闕如玦。《水經》謂：河至滎陽，莨蕩渠出焉，渠至陽武，其下爲沙，蔡水是也。其出爲陰溝，儀至浚，其下爲渦，别爲汳，汳至蒙，别爲獲，餘波池於進陽，東歷蕭彭城入於泗，注謂鴻溝官度，淄、獲、丹、浚，與渠一也。禹塞滎澤而通渠於甫田，其後河絶，旃然入焉，即索水也。《漢書·地理志》：滎陽既有卞水，又有莨湯，而受沛、梁，蒙有獲水，首受淄，獲至彭城入泗。

以余考之，《河渠書》云：自禹之後，滎陽引河爲鴻溝，以通宋、鄭、陳、蔡、曹、衛，與濟、汝、淮、泗會於楚。而《竹書紀年》梁惠成王入河於甫田，又引而東，明非禹之舊也。《書》曰：濟入於河，東出於陶丘北者，入而復出也。溢爲滎者，濟之别也，滎波既猪，障而東之也。《周官》又謂豫之川滎、洛，幽、兖之川河、沛，則河南無濟矣。其謂莨蕩受濟、禹塞滎澤而用河者，皆失之《漢志》。莨蕩無出，淄、獲無始，蓋略之也。余謂與《經》合，而滎水諸書皆不載，又疑渠、汳爲二，而滎有一焉。杜佑以《經》作於順帝之後，詭誕無據，而注叙渠源或河或沛，或河、沛合，其説不一。次其所引《經》紛錯悖戾，而《志》亦闊略不具辨始末，蓋皆不可考也。自漢末河入於汳，灌注兖、豫，永平中，導汳自滎陽别而東北，至千乘入於海，而河復。於是故瀆在新渠之南。《注》所謂絶河而受索，自此始。隋開皇中，因漢之舊，導河入汳。大業初，合河、索爲通濟渠，别而東南入於淮。而故道竭。令始東都受退水爲臭河，於畿爲白溝，於宋爲沙，於單爲石梁，於徐爲汳，而入於南清，南清故泗也。蓋自王都而東畿，宋、亳、宿、單、濟之間，千里四來，而故道淺狹，春夏不勝舟，秋水大至，亦不能受也。蕭，故附庸之國，城小不足居民，又列肆於河外，每水至，南里之民皆徙避之，廬舍没焉。率數歲一逢，民以爲病。

紹聖三年，縣令朝奉郎張惇始自西河因故作新支爲大渠，合於東河，以導滯而援溺。於是富者出財，壯者出力，日勤旬勞，既月而成。邑人相與語曰：『渠議舊矣，更數令不决，而卒成於吾侯，孰有惠而不報者乎？』於是不謀而同，欲紀於石，以屬余。余謂：『張侯其居善守行峻，而言直以成其名，以仕善義不畏不侮，以登於治，其可紀者多矣。而諸父兄弟獨有見於末者，何也？夫善爲治者，人知其善而已；至其所善，蓋莫得而言也。』渠之興作有迹，其效在今，此邑人之所欲書也。遂爲之書。

紀事

（乾隆）《徐州府志》卷一六　張惇，紹聖三年知蕭縣，鑿汳水新渠，民免水患。

藝文

宋 劉攽《彭城集》卷四《汴上二首》　行行汳渠上，牽挽意不適。

雜録

宋 程大昌《禹貢論·禹貢後論·四汴》 其曰汳渠者，本在梁下，以受莨蕩渠爲名。自東漢以來，多傍其名，以目諸水。隋人又益疏鑿，自河以達於淮，故萬世通名此水曰汴。隋之通濟渠，唐之廣濟渠，皆是也。

清 顧炎武《肇域志》卷三〇 虞城縣古汳渠在舊縣北一十里西，自宋城入單之碭山。按，《水經》云：汳水又東經虞縣故城北，是也。黄河在縣北十五里。萬歷二十六年，遣尚書楊一魁塞虞城黄堌口。

（乾隆）《江南通志》卷六二《河渠志》 汳水新渠在蕭縣，宋紹興中疏鑿以洩汴水。

汴渠

論説

宋 王曾《王文正筆録》 汴渠派分洪河，自唐迄今，皆以爲莫大之利。然迹其事，實抑有深害。何哉？凡梁、宋之地，畎澮之利，湊流此渠以成其大。至隋煬將幸江都，遂析黄河之流，築左右堤三百餘里，舊所湊水，悉爲横絶，散漫無所，故宋、亳之地遂成萑茹卑濕。且昔之安流，今乃湍悍，覆舟之患，十有二三。昔之漕運，冬夏無限，今則春開秋閉，歲中漕運，止得半載。昔之泝沿，兩無艱阻。今則逆流而上，乃重載而行，其爲難也甚矣；沿流而下，即虚舟而往，其爲利也背矣。矧自天子建都，而汴水貫都東下，每歲霖澍，決溢爲慮。由斯觀之，其利安在？然曆世浸遠，詎可卒圖，異日明哲之士，開悟積惑，言復曩迹，始信兹言之不謬。

宋 歐陽修《歐陽文忠公集》卷四五《通進司上書》 今兵之食汴漕者出戍甚衆，有司不惜百萬之粟分而及之，其患者，三門阻其中尔。今宜浚治汴渠，使歲運不阻，然後按求耀卿之迹，不憚十許里陸運之勞，則河漕通而物可致，且紓關西之困。使古無法，今有可爲，尚當爲之，况昔人行之而未遠，今人行之，而豈難哉？耀卿與晏初理漕時，其得尚少，至其末年，所入十倍，是可久行之法明矣。此水運之利也。

宋 沈括《夢溪筆談》卷二五《雜志二》 國朝汴渠，發京畿輔郡三十餘縣夫歲一浚。祥符中，閤門祗候使臣謝德權領治京畿溝洫，權借浚汴夫。自爾後三歲一浚，始令京畿民官皆兼溝洫河道以爲常職。久之，治溝洫之工漸弛，邑官徒帶空名，而汴渠有二十年不浚，歲歲堙澱，異時京師溝渠之水皆入汴，舊尚書省都堂壁記云『疎治八渠，南入汴水』是也。自汴流堙澱，京城東水門下至雍丘、襄邑，河底皆高出堤外平地一丈二尺餘，自汴堤下瞰民居如在深谷。熙寧中，議改疏洛水入汴。予嘗因出使，按行汴渠，自京師上善門量至泗州淮口，凡八百四十里一百三十步。地勢：京師之地比泗州凡高十九丈四尺八寸六分。於京城東數里白渠中穿井至三丈，方見舊底。驗量地勢，用水平望尺幹尺量之，不能無小差。汴渠堤外皆是出土故溝，水令相通，時爲一堰節其水。候水平，其上漸淺涸，則又爲一堰，相齒如階陛，乃量堰之上下水面相高下之數會之，乃得地勢高下之實。

宋 蘇頌《蘇魏公集》卷二〇《論屯兵漕河大要》 我太祖皇帝嘗愛洛陽山川之勝，始有建都之意。用軍校李懷忠陳汴渠運漕之利，遂東還京師。此實聖斷睿謀，因時適變，貽萬世之長策。今京師有汴蔡廣濟，轉輸之饒，沿邊有塘濼營屯之固。鎮壓夷夏，踰於金湯。非三代、漢、唐之可擬倫也。臣頃在先朝，竊聞今太子太保致仕張方平，嘗蒙神宗顧問汴渠興置利害。方平奏曰：『古者建國必依山川，今國家都汴，實據平夷之地，所以爲形勢者，禁旅也。資禁旅者，粟帛也。所以富粟帛者，汴渠也。望戒有司以時開塞，毋輒輕議，天下幸甚！』神宗深以爲然。審此言亦可見屯兵漕河之大要也。臣愚僭易開陳，庶幾上裨聖政之萬一。

宋 陳亮《龍川集》卷一一《江河淮汴》 及永平之間，河流既塞，始築汴渠，而又修浚儀渠焉。其後隋大業中，大開通濟之渠，而河汴達於淮，泗者始安流而無礙。是以東南轉輸相繼而上。本朝都陳留，而宿重兵以爲固，其資東南之粟者不知其幾千萬石，故置發運使以漕之，而浚渠之功爲不細矣。故本朝受河之患，無以異於漢；而受汴渠之利，則自漢以來未之有也。豈水無常勢，而亦因時以爲利害乎！今汴渠已塞矣，異時版圖之復，其言河者豈可復以往事論，其亦以公天下之心而觀天下之大勢，合天下之水以相其所趨，則必有以處之矣。

宋 趙彦衛《雲麓漫鈔》卷一 春秋晋楚戰於邲，『邲』又音汳，即汴河，或惡有『反』，文改從『汴』。漢樂浪人王景、謁者王吴始作浚儀渠，浚儀即今開封也。永平十二年夏四月，遣將作謁者王吴修汴渠，自滎陽至於千乘海口。晋太和中，桓温北伐前燕，將通之，不果。義熙十三年，劉裕西征姚秦，復浚汴渠，始有湍流奔注，而岸善潰，裕更疏鑿而漕運焉。大業二年，詔尚書左丞皇甫誼發河南男子百萬開汴河水，起滎澤入淮，千餘里，仍目渠河爲通濟渠；又發淮南兵夫十餘萬開邗溝，自山陽至於揚子江，三百餘里，自是南北水始通。世言大業鑿汴，以此攷之，漢晋已有渠，煬帝特開耳。

宋 胡寅《致堂讀史管見》卷四 世言隋煬帝開汴渠以幸楊州，文士考《禹貢》言，堯都冀州，居河下流，而八州貢賦，重於用民力，故每州必記入河之水，獨淮與河無相通之道，求之故迹而不得，乃疑汴水自禹以來有之，不起於隋，世既夂遠，或名鴻溝，或名官渡，或名汴渠，大槩皆自河入淮，故淮可引江湖之舟，以達于冀也。今據《後漢書》，則平帝時已有汴渠。曰河、汴決壞，則謂輸受之所也。至是發卒數十萬修渠堤，則平地起兩岸，而汴水行其中也。十里立一水門，更相洄注，則以節制上流，恐河溢爲患也。是正與今之汴渠制度無異，特未有導洛之事耳。史曰渠堤自滎陽而東，則上疑其爲鴻溝，下疑其爲官渡者，恐未得其要。官渡直黄河也，故袁、曹相距，沮授曰：『悠悠黄河，吾其濟乎？』汴渠自西而東，鴻溝乃横亘南北，故曰未得其要也。獨所謂自禹以來有汴者，此則不易之論也。

宋 黄震《黄氏日鈔》卷六一《讀文集》 《通進司上書》言治西賊三事，其一曰通漕運，乞浚治汴渠，求裴耀卿所開陸運十八里，泝河而入渭，以通水運；又自武昌、漢陽、襄、郢沿漢十一二州漕物，頓之南陽，爲輕車，置十五六鋪以入關，以通陸運。其二曰盡地利，乞驅游手及鄉兵以耕閒田。其三曰權商賈，謂大商不妬販夫之分其利。今國家反妬大商之分其利，欲專而反損。

傳記

《後漢書》卷七六《王景傳》 王景字仲通，樂浪詽邯人也。【略】景少學易，遂廣闚衆書，又好天文術數之事，沈深多伎藝。辟司空伏恭府。時有薦景能理水者，顯宗詔與將作謁者王吴共修作浚儀渠。吴用景墕流法，水乃不復爲害。【略】

後汴渠東侵，日月弥廣，而水門故處，皆在河中，兖、豫百姓怨嘆，以爲縣官恒興佗役，不先民急。永平十二年，議修汴渠，乃引見景，問以理水形便。景陳其利害，應對敏給，帝善之。又以嘗修浚儀，功業有成，乃賜景《山海經》、《河渠書》、《禹貢圖》，及錢帛衣物。夏，遂發卒數十萬，遣景與王吴修渠築堤，自滎陽東至千乘海口千餘里。景乃商度地埶，鑿山阜，破砥績，直截溝澗，防遏衝要，疏决壅積，十里立一水門，令更相洄注，無復潰漏之患。景雖簡省役費，然猶以百億計。明年夏，渠成。帝親自巡行，詔濱河郡國置河堤員吏，如西京舊制。景由是知名。王吴及諸從事掾史皆增秩一等。景三遷爲侍御史。十五年，從駕東巡狩，至無鹽，帝美其功績，拜河堤謁者，賜車馬縑錢。【略】

明年，遷廬江太守。先是百姓不知牛耕，致地力有餘而食常不足。郡界有楚相孫叔敖所起芍陂稻田。景乃驅率吏民，修起蕪廢，教用犂耕，由是墾闢倍多，境内豐給。遂銘石刻誓，令民知常禁。又訓令蠶織，爲作法制，皆著于鄉亭，廬江傳其文辭。卒於官。

《宋史》卷三三三《余良肱傳》 余良肱字康臣，洪州分寧人。第進士，調荆南司理參軍。屬縣捕得殺人者，既自誣服，良肱視驗屍與刃，疑之曰：『豈有刃盈尺而傷不及寸乎？』白府請自捕逮，未幾，果獲眞殺人者。民有失財物逾十萬，逮平民數十人，方暑，搒掠號呼聞于外；或有附吏耳語，良肱陰知其爲盜，亟捕詰之，臟盡得。【略】

改知明州。朝廷方治汴渠，留提舉汴河司。汴水澱淤，流且緩，執政主狹河議。良肱謂：『善治水者不與水争地。方冬水涸，宜自京左浚治，以及畿右，三年，可使水復行地中。』弗聽。又議伐汴堤木以資狹河。良肱言：『自泗至京千餘里，江、淮漕卒接踵，暑行多病暍，藉蔭以休。又其根盤錯，與堤爲固，伐之不便。』屢争不能得，迺請不與其事。執政雖怒，竟不爲屈。改太常少卿、知潤州，遷光禄卿，知宣州，治爲江東最。請老，提舉洪州玉隆觀，卒，年八十一。

紀事

《後漢書》卷二《顯宗孝明帝紀》 夏四月，遣將作謁者王吳修汴渠，自滎陽至于千乘海口。

又 夏四月，汴渠成。辛巳，行幸滎陽，巡行河渠。乙酉，詔曰：『自汴渠決敗，六十餘歲，加頃年以來，雨水不時，汴流東侵，日月益甚，水門故處，皆在河中，漭瀁廣溢，莫測圻岸，蕩蕩極望，不知綱紀。今兗、豫之人，多被水患，乃云縣官不先人急，好興它役。又或以爲河流入汴，幽、冀蒙利，故曰左堤彊則右堤傷，左右俱彊則下方傷，宜任水埶所之，使人隨高而處，公家息壅塞之費，百姓無陷溺之患。議者不同，南北異論，朕不知所從，久而不决。今既築堤理渠，絶水立門，河、汴分流，復其舊迹，陶丘之北，漸就壤墳，故薦嘉玉絜牲，以禮河神。東過洛汭，歎禹之績。今五土之宜，反其正色，濱渠下田，賦與貧人，無令豪右得固其利，庶繼世宗瓠子之作。』

《宋書》卷二《武帝中》 十一月，前將軍劉穆之卒，以左司馬徐羨之代掌留任。大事昔所決於穆之者，皆悉以諮。公欲息駕長安，經略趙、魏，會穆之卒，乃歸。十二月庚子，發自長安，以桂陽公義眞爲安西將軍、雍州刺史，留腹心將佐以輔之。閏月，公自洛入河，開汴渠以歸。

《資治通鑑·漢明帝十二年》 初，平帝時，河、汴決壞，久而不修。建武十年，光武欲修之；浚儀令樂俊上言，民新被兵革，未宜興役，乃止。其後汴渠東侵，日月彌廣，兗、豫百姓怨歎，以爲縣官恒興他役，不先民急。會有薦樂浪王景能治水者，夏，四月，詔發卒數十萬，遣景與將作謁者王吳修汴渠堤，自滎陽東至千乘海口千餘里，十里立一水門，令更相洄注，無復潰漏之患。景雖簡省役費，然猶以百億計焉。

又 十三年夏，四月，汴渠成；河、汴分流，復其舊迹。辛巳，帝行幸滎陽，巡行河渠，遂渡河，登太行，幸上黨；壬寅，還宫。

宋 王應麟《困學紀聞》卷一六《考史·漢河渠考》 明帝永平十三年，王景修汴渠成。

詔曰：『自汴渠決敗，六十餘歲。原注：平帝時。今既築堤理渠，絶水立門，河、汴分流，復其舊迹。』《郡縣志》：汴渠在河南府河陰縣原注：漢滎陽縣，唐属孟州。南二百五十步，亦名莨蕩渠。禹塞滎澤，開渠以通淮、泗。漢命王景修渠。』原注：《漢書》有滎陽漕渠，如淳曰：『砱礫溪口是也。』《水經注》：『王景即滎水故瀆東注浚儀，謂之浚儀渠。』

《宋史》卷八《真宗紀三》 九月癸卯，以參知政事王曾爲禮部侍郎，李迪爲參知政事，馬知節知樞密院事，曹利用、任中正、周起并同知樞密院事。丙午，幸王旦第視疾。戊申，以蝗罷秋宴。己酉，王旦薨。甲寅，詔能拯救汴渠覆溺者給賞，或溺者貧者以官錢給之。

又 卷六一《五行志一上》 宣和元年五月，大雨，水驟高十餘丈，犯都城，自西北牟駝岡連萬勝門外馬監，居民盡沒。前數日，城中井皆渾，宣和殿後井水溢，蓋水信也。至是，詔都水使者決西城索河堤殺其勢，城南居民冢墓俱被浸，遂壞藉田親耕之稼。水至溢猛，直冒安上、南薰門，城守凡半月。已而入汴，汴渠將溢，於是募人決下流，由城北入五丈河，下通梁山濼，乃平。十一月，東南州縣水災。四年十二月戊戌，詔：『訪聞德州有京東、西來流民不少，本州振濟有方，令保奏推恩。餘路遇有流移，不即存恤，按劾以聞。』六年秋，京畿恒雨。河北、京東、兩浙水災，民多流移。

又 卷九一《河渠志一》 天禧三年六月乙未夜，滑州河溢城西北天臺山旁，俄復潰于城西南，岸摧七百步，漫溢州城，歷澶、濮、曹、鄆，注梁山泊；又合清水、古汴渠東入于淮，州邑罹患者三十二。即遣使賦諸州薪石、楗橛、芟竹之數千六百萬，發兵夫九萬人治之。四年二月，河塞，群臣入賀，上親爲文，刻石紀功。

又 卷九三《河渠志三》 唯汴渠首受旃然水，謂之鴻渠。東晉太和中，桓温北伐前燕，將通之，不果。義熙十三年，劉裕西征姚秦，復浚此渠，始有湍流奔注，而岸善潰塞，裕更疏鑿而漕運焉。隋煬帝大業三年，詔尚書左丞相皇甫誼發河南男女百萬開汴水，起滎澤入淮千餘里，乃爲通濟渠。又發淮南兵夫十餘萬開邗溝，自山陽淮至于揚子江三百餘里，水面闊四十步，而後行幸焉。自後天下利於轉輸。昔孝文時，賈誼言『漢以江、淮爲奉地』，謂魚、鹽、穀、帛，多出東南。至五鳳中，耿壽昌奏：『故事，歲增關東穀四百萬斛以給京師。』亦多自此渠漕運。

又 卷九四《河渠志四》 元豐元年五月，西頭供奉官張從惠復言：『汴口歲開閉，修堤防，通漕纔二百餘日。往時數有建議引洛水入汴，患黄河嚙廣武山，須鑿山嶺十數丈，以通汴渠，功大不可爲。去年七月，黄河暴漲，水落而稍北，距廣武山麓七里，退灘高闊，可鑿爲渠，引洛入汴。』范子淵知都水監丞，畫十利以獻。又言：『汜水出玉仙山，索水出嵩渚山，合洛水，積其廣深，得二千一百三十六尺，視今汴流尚贏九百七十四尺。以河、洛湍緩不同，得其贏餘，可以相補。猶慮不足，則旁堤爲塘，滲取河水，每百里置水牐一，以限水勢。兩旁溝、湖、陂、濼，皆可引以爲助，禁伊、洛上源私引水者。大約汴舟重載，入水不過四尺，今深五尺，可濟漕運。起鞏縣神尾山，至士家堤，築大堤四十七里，以捍大河。起沙谷至河陰縣十里店，穿渠五十二里，引洛水屬于汴渠。』疏奏，上重其事，遣使行視。

又 卷四八四《韓通傳》 六年春，詔通河北按行河堤，因發徐、宿、宋、單等州民浚汴渠數百里。

藝文

宋 金君卿《金氏文集》卷上《汴渠》 洪河貫中州，隨汴鑿支流。滔滔萬里來，禹浪東南浮。糧道所由齊，日逝千斯舟。嗟哉隋皇帝，禍起江都游。先身不先民，及樂不及憂。遠棄宗室重，死作社稷羞。胡爲得民力，舉鍤成巨溝。後來蒙其利，厥功固難酬。願思所以失，宴安仍仇讎。

宋 李廌《濟南集》卷二《元祐六年夏自陽翟之睢陽迓翰林蘇公自杞放舟至宋》 放舟杞國岸，汴渠正東注。湯湯舟下水，適與舟相遇。泛泛水上舟，與水共東去。舟水詎相離，曾不遷故處。世人迷動靜，順流疑若遡。不然逐流浪，泊没爲所誤。吾作放舟詩，明此流水住。老矣耄何爲，聊用持世故。

宋 劉攽《彭城集》卷五《五言古詩・汴渠挂帆》 翩翩河中舟，一一西上水。彼船力有餘，我船力無幾。力薄日一舍，力壯日百里。遲速詎幾何，推分故爾耳。今晨東南風，帆席頻輕駛。舳艫密相銜，前後略相似。如將平不平，頗復令人喜。因之念時事，冥寞付天理。

宋 陸佃《陶山集》卷一《七言律詩・送能協》 寄字好憑魚上下，汴渠流水洛新通。

宋 梅堯臣《宛陵集》卷三五《吴仲庶殿院寄示與吕冲之馬仲涂唱和詩六篇邀予次韻焉・汴渠》 我實山野人，不識經濟宜，聞歌汴渠勞，謾綴汴渠詩。汴水源本清，隨分黄河枝，濁流方已盛，清派不可推。天王居大梁，龍舉雲必隨，設無通舟航，百貨當陸馳，人間牛騾驢，定應無完皮。苟欲東南蘇，要省聚斂爲，兵衛詎能削，乃須雄京師。今來雖太平，盡罷未是時，願循祖宗規，勿益群息之。譬竭兩川賦，豈由此水施，縱有三峽下，率皆贏冗資。慎莫尤汴渠，非渠取膏脂。

有 卷三八《送王正仲長官》 汴渠泝復沿，自可見遲速，來時遲有糧，去恨速無穀。有糧安計程，無穀不遑宿。

宋 歐陽修《集古録》卷一〇《周伯著碑》 右《周伯著碑》者，在今宿州，出於近歲。蓋官部春夫開汴渠，於泥沙中掘得之。其文字古怪，而磨滅無首尾，了不可讀。伯著不知爲何人，其僅可見者云『渤海君玄孫，季景長子也』。其事迹不可考，文辭莫曉，而字書不工，徒以其古怪而録之。此誠好古之弊也。治平元年七月三十日書。

宋 石介《徂徠石先生全集》卷二《古詩・汴渠》 隋帝荒宴遊，厚地剗爲溝。萬舸東南行，四海困横流。義旗舉晉陽，錦帆入揚州。揚州竟不返，京邑爲墟丘。吁哉汴渠水，至今病不瘳。世言汴水利，我爲汴水憂。利害吾豈知，吾試言其由。汴水浚且長，汴流湍且遒。千里泄地氣，萬世勞人謀。舳艫相屬進，餽運曾無休。一人奉口腹，百姓竭膏油。民力輸公家，斗粟不敢收。州侯共王都，尺租不敢留。太倉粟峨峨，冗兵食無羞。上林錢朽貫，樂官求要優。吾欲塞汴水，吾欲壞官舟。請君簡賜予，請君節財求。王畿方千里，邦國足用周。盡省轉運使，重封富人侯。天下無移粟，一州食一州。

宋 宋庠《元憲集》卷一五《汴渠春望漕舟數十里》 虎眼春波溢宕溝，萬艘銜尾餉中州。控淮引海無窮利，枉是滔滔本濁流。

宋 蘇頌《蘇魏公集》卷九《次韻劉莘老學士惜別言懷兼呈次中察院二首》 況是汴渠今不涸，留連猶得奉音徽。

宋 王安石《臨川集》卷五《和吴御史汴渠》 鄭國欲弊秦，渠成秦富彊。本始意已陋，末流功更長。維汴亦如此，浚源在涇荒。歸作萬世利，誰能弛其防。夷門築天都，横帶國之陽。漕引天下半，豈云獨荆揚。貨入空外府，租輸陳太倉。東南一百年，寡老無殘粻。自宜富京師，乃亦窘蓋藏。征求過夙昔，機巧到莛芒。御史閔其然，志欲窮舟航。此言信有激，此水存何傷？救世詎無術，習傳自先王。念非老經綸，豈易識其方。我懶不足數，君材仍自强。他日聽施設，無乃棄篇章。

又卷一〇《示平甫弟》 汴渠西受昆侖水，五月奔湍射黄矢。

宋 鄭獬《鄖溪集》卷二七《次韻元肅兄三題汴渠夜泛》 汴渠夜泛亦快意，月射長波如斷冰。不見湘靈揮寶瑟，空教水怪避犀燈。烟雲叠影相虧蔽，星斗飄芒互降升。好蓄金錢多買酒，滿船載去覓嚴陵。

明 歐大任《歐虞部集十五種》歷游集卷上《尋迷樓遂登平山堂》 隋家東引汴渠流，錦纜牙檣向此游。

清 張九鉞《紫峴山人全集》卷二五《吴檢堂劉蛙園追送汴渠舟中》 愁臺無那草萋萋，送我津頭手重携。不記夜來同被酒，夢回錯聽汝南雞。

汴溝春水縠紋生，月落紅橋放棹行。自作詩人離別地，幾行新柳漸多情。

清 沈學淵《桂留山房詩集》卷四《吾鄉寓居彭城者張丈肅堂山長欣告姚丈屺田秀才汪莪亭學博顯第金芝生同年及余凡五人數月間莪亭之桐城屺田之兖州芝生旋里肅堂亦南歸有日矣聚散之感不勝悵悵繫之以詩》 河聲吼汴渠，雲氣蔽芒碭。

清 譚瑩《樂志堂詩集》卷四《咏史樂府・汴渠成》 右堤傷，左堤彊，左右俱彊下益傷。縣官豈不先人急？培薄增卑事難集。汴渠開，王吴來，汴渠成，王景名。下民昏墊不堪命，此時安能待平静？吁嗟乎！世間不乏浚儀令，誰憶上書陽武令。

雜録

唐 李吉甫《元和郡縣志》卷六《河南道一》 汴渠，在縣南二百五十步，亦名莨蕩渠。禹塞滎澤，開渠以通淮、泗。後漢初，汴河決壞，明帝永平中命王景修渠築堤，十里立一水門，令更相注，洄無復潰漏之患。自宋武北征之後，復皆堙塞。隋煬帝大業元年更令開導，名通濟渠，自洛陽西苑引穀、洛水達於河，自板渚引河入汴口，又從大梁之東引汴水入於泗，達於淮，自江都宫入於海。亦謂之御河，河畔築御道，樹之以柳，煬帝巡幸，乘龍舟而往江都。自揚、益、湘南至交、廣、閩中等州，公家運漕，私行商旅，舳艫相繼。隋氏作之雖勞，後代實受其利焉。

又卷八《河南道四》 汴渠，一名莨宕渠，今名通濟渠，西南自滎澤、管城二縣界流入。

宋 張方平《樂全集》卷一九《備奸》 臣聞用兵之術，多方誤之。伏以東南糧運，在於汴渠。比來重惜民力，乆不開浚。每歲霜寒水落，沉沙填淤，遂至渠底高於堤下民屋。至於黄河奔流湍瀉，亦全藉堤防之固，所謂築垣行水，今黄、汴是也。自戎人即叙，通其行商，憧憧往來，布于都市，其所通結，素無禁限。唐憲宗初討淮西，而奸臣王承宗、李師道輩，潛遣刺客，暴害大臣，斷陵廟之戟，焚芻廪之聚，此亦慮外之事也。今黄河横腹心之内，汴渠爲輸委之本，若奸人窺視，潛有决鑿，汙瀦我良田，損墊我邑屋，阻絶我運路，則是肘腋之下更生一役。其汴渠、黄河堤障，益望擇勤幹吏，密爲分地巡邏，以譏察奸人。《書》曰：『惟事事乃其有備。』有備無患，其此之謂也。

又卷二三《論京師軍儲事》 按汴渠本禹迹也，春秋時已名見諸經，歷代嘗浚之。隋大發民開鑿通濟渠，其去古汴依約不遠。自漢至唐雖都雍、洛，九諸水運，咸資此渠漕引江湖，利盡南海。

宋 蘇軾《蘇文忠公全集・後集》卷一七《張文定公墓志銘一

首》　公在朝，雖不任職，然多建明。上數欲廢易汴渠。公曰：「此祖宗建國之本，不可輕議。餉道一梗，兵安所仰食？則朝廷無置足之地矣。非老臣，誰敢言此。」

宋　程大昌《雍録》卷九《飛渠》　本朝都汴。城内有大水二，其一自北趨南，直貫都城者，汴渠也。其一自西而東，横亘都城者，京水也。名金河水。太祖欲通京水使東下，以達五丈河。而中間有所謂汴渠者焉，實與京水交午，而京水高於汴渠，若决京注汴，則必隨汴南流，不能東出。故遂於金水會汴之地，架空設槽，横跨汴面，其制如橋，而金水河之水乃自西横絶，以東注乎五丈河也，本朝名惠民河者是也。

宋　江少虞《新雕皇朝類苑》卷六四《談諧戲謔》　汴渠舊例：十月閉口，則舟檝不行。王荆公當國，欲通冬運，遂不令閉口。水既淺澀，舟不可行，而流冰頗損舟檝。於是以脚舡數十，前設巨碓，以搗流冰；而役夫苦寒，死者甚衆。京師有諺語曰：「昔有磨去磨平漿水，今見碓搗冬冰。」

宋　佚名《宋朝大詔令集》卷二二二《政事七十五・令拯救汴河溺水人詔天禧元年九月甲寅**》**　乃睠汴渠，貫于京輦，注九曲奔衝之勢，有四民覆溺之憂，俾設巡防，用申極救。顧兹湍悍，深用惘傷，期洽好生，用神明勸。自今應有誤溺之人，令本界巡檢及習水者，即時拯救，許收其賞物，如溺者貧乏，即官以錢給之。

宋　王應麟《困學紀聞》卷一六《考史・歷代漕運考》　通濟渠，穀、洛水，板渚，邗溝。

《通典》：汴渠在河南府河陰縣南二百五十步，今名通濟渠。隋煬帝開導，西通河、洛，南達江、淮。河陰後屬孟州。汴州有通濟渠，隋煬帝開引黄河水以通江、淮漕運，兼引汴水，即浪宕與「莨蕩」同。渠也。《隋志》在浚儀縣。《九域志》：汴水，古通濟渠也，在開封縣。

宋　周密《齊東野語》卷一七《景定行公田》　昔隋鑿汴渠以召民怨，乃爲宋漕運之利。今宋奪民田以失人心，乃爲大元餉軍之利。古今害民興利之事於此亦可鑒矣。於戲，悲哉！

《宋史》卷二六〇《李懷忠傳》　上幸西京，愛其地形勢得天下中正，有留都之意。懷忠乘間進曰：「東京有汴渠之漕，歲致江、淮米數百萬斛，禁衛數十萬人仰給於此，帑藏重兵皆在焉。根本安固已久，一旦遽欲遷徙，臣實未見其利。」上嘉納之。

《金史》卷二五《地理志中》　碭山　興定元年以限河不便，改隸歸德府。有芒碭山、古汴渠、午溝。

又　蕭　有綏輿山、丁公山、古汴渠。鎮二白土、安民。舊有晋城、雙溝二鎮。

明　陳頎《閑中今古》卷上　宋都大梁汴渠，發京畿輔郡三十餘縣夫，歲一浚。祥符中，閤門祇候使臣謝德權領治京畿溝洫，權借浚汴夫。自後三歲一浚，始如京畿官氏皆兼溝洫河道以爲常戝。久之，治溝洫之工漸弛，邑官徒帶空名，汴渠二十年下浚，歲歲堙澱，其後京城東水門下至雍丘、襄邑，河底皆高出堤外平地一丈二尺餘，自汴堤下瞰民居如在深谷。我國朝建都北方，而轉輸粮税全仰江南。北河猶宋之汴渠也。【略】予謂以汴渠較之，其泥沙多寡、用力難易亦略可知。汴渠每年一浚，此河三年或五年一浚可也。或又言堤岸歲歲修補，隨即崩壞，予曰：「古人有言成大事不計小費，今欲以區區之蘆葦板木，而禦夫洪波衝激，能無圮乎？姑記此使有意於斯民者，再問之，予請畢其説。」

明　馮琦《宗伯集》卷三九　按汴渠之役，要在分河、汴之流，而復其故道。可見治水之策，惟當疏下流，以導其歸，分支流以殺其勢，而後世不務疏浚，但築堤防，以致河身日高，河流日壅。川壅而潰，則爲患大矣。其本惟在擇人，而任責以成功。若計費惜勢，議論掣肘，則雖得人如王景輩，亦何以盡其才乎？

明　彭大翼《山堂肆考》卷二一《地理・王景賜書》　《水經注》：漢明帝永平中，議治汴渠，上引樂浪人王景問水形便，因賜景《山海經》、《河渠書》、《禹貢圖》，發卒數十萬，詔景與將作謁者治渠防，起自滎陽，至於乘海口千餘里。景商度地勢，鑿山開澗，堤遏衝要，疏決壅積，十里一門水，更相迴注，無復潰漏之患。明年渠成，詔濱河郡國，置河堤員吏如西京舊制。

清　康基田《河渠紀聞》卷一　元至元中徙出陽武縣南，奪過入淮，而新鄉之流絶。泰定初改從汴渠至徐城東北合泗入淮。

又卷二　自漢末河入於汳，灌注兗豫，永平中導汳，自滎陽河別由東北至千乘而河復，於是汴渠出新渠之南，所謂絶河而受索自此始。

又　按：王仲通以堨流法作浚儀渠成，仍用其法治汴渠，十里立一水門，更相洄注，無復潰漏之患。帝美其功成，拜河堤謁者。

又　按：自是河與汴不相值，河雖時有盈溢，而滎陽以東至千乘海口安流如故。汴渠成後，河不屢告灾，經流不外洩，而通漕利運石門爲之限也。

又　汝潁之粟，軍國之饒，始於屯田，成於轉運。得汴渠之利，尤在不通黄流濁水挾泥沙而入，益汴之利，少淤汴之害。

又　自漢晋以來，汴渠爲轉運之通津，至徐滙泗交流，裕用之以利軍行，兼資軍食，兩利并進，魏不得而擾之，由汴不爲河侵，而得爲我用也。

又　按：是時，周疏汴渠，導河流達於淮，通江淮舟楫，又疏汴入五丈河，通濮濟青淄。汴濟交通回注，利盡南北，至是更導汴水入蔡，通陳潁之漕。蔡即汴之下流，汴水至浚儀分爲二：南流曰沙河，東注曰汴河。

不忍渠

綜述

清　韓錫胙《禹城縣不忍渠碑記》（光緒）《青田縣志》卷一四　禹城縣東南七里，有積水之區曰土窪。土窪者，土皆黑壤，土之最窪下者也。環土窪方四里許，左右僅五六村，村僅各僅十餘户，統名曰不忍莊，不知其所自始。夏秋之交，偶得雨即有積水，水積即不能涸，至冬月乃涸，出則冰雪繼之，種藝穀菜，十年無一收。鄉人語曰：『土窪熟四鄉食無粥，土窪荒四鄉穀上倉。』蓋其地易積水，雖風雨調和，亦必饑。若不饑，則他鄉旱乾荒歉矣。土窪男婦老幼，終歲奔走，傭值於人。其舍宇傾攲，垢污如雞豕栅，見之者皆惻然不忍，故呼爲不忍云。

辛未春，聖駕南巡江浙，經禹城，御道由其北。因掘小渠，深五尺，面廣八尺，底廣四尺，長二千三百餘尺，從任家道口達於趙牛河防。回鑾時，道路泥淖也。是歲，禹城多雨，四鄉俱熟，土窪亦熟，越明年，又熟。

先是，土窪下游曰任家道口。任家道口民懼其決窪水而下也，於雨後集丁壯，晝夜巡禦，適有决水者，即毆擊之，以是不忍莊民多避匿不敢與争。至是，而任家道口民復屢躋縣庭，求塞前渠。縣令詰之曰：『是土窪之渠也哉？天子巡狩省方之輦路也，誰能塞之？且爾屢請塞渠者，慮窪水洋溢，於汝稼穡有害也。曩者之歲，溝渠通矣，年穀豐矣，於汝有害歟無害歟？汝居趙牛河西側，趙牛河下游在禹城縣境者十里，在齊河縣境者四十里，若趙牛土壅，水泛濫逆流而上，乃真害耳。吾方攝齊河篆，方將令禹城、齊河兩邑民，分疏趙牛河上下游，深通出三岔口，歸於古徒駭河，使速入海，無渟滯蕩析汝田廬，其視塞茲渠也，孰勝歟？』衆喜曰：『果若是，請無塞不忍莊渠矣。』遂書之，以爲不忍渠記。

雜録

（道光）《濟南府志》卷七《山水三》　不忍渠，《縣志》云起土窪至任家道口，入於趙牛河。右五渠皆知縣韓錫胙浚洩，徒駭以南積水者也。

蔡渠

綜述

明　李景萃《任縣重浚城中蔡渠記》（康熙）《任縣志》卷九　在古大陸，地曼衍平曠，九水交流，其改經城中者，惟蔡水云。蔡水發源達活泉，稍東與紫金泉合，蜿蜒紆譎，踰三千餘里，爲縣西郭。昔人於此釃爲二支：

一南向環城爲濠；一北向東折穿城爲渠，渠流九百武爲倉厫，又七十武爲縣治，又四十武爲部使者行臺，又六十武爲泮宫，由泮宫折而北，又折而西抉環縣治後。舊有後樂亭，其臺畔及亭皆流水通焉。復折而北，始穿城而出，與濠水合，東走二十里許，乃瀦爲湖。此祭水經流之大都也。初穿城爲渠，歲月、姓氏無復可考；聞諸耆老言，當渠未及壞時，居民灌濯治絣皆取給於此，且足爲倉厫火備中，惑於堪輿家言，罷浚功，下流遂壅，河形雖存，祇爲積穢矣。

然渠壅則濠溢，濠溢則城易崩，版築之役，歲或爲任民苦。是渠成，則有利而無害，渠廢則有害而無利，其得失之故，較然引覩也。自余拔足隴畝，客游江海間，見蕞爾邑聚多引水穿渠入城，大者容舠，小者利汲，心竊羡之。歸視吾邑，則湮塞如故，未嘗不喟然嘆也。

夫引水穿渠南，此豈異宜哉。人事之不齊時，固有待耳。嘉靖巳未余自越中袛役入都，事竣，取道梓里，適汾澳孫侯奉憲使，見吾縣公檄集丁夫治之。無何，余將適越，見清流如駛，有海濵江堧之觀矣。乃孫侯復將陳公命問記於余。夫力役古人所重，故畚鍤之興必因民所徵，不以佚道，雖信不使也。今幾輔之民財力并詘矣，辟之征夫未弛，負擔方切，息肩之思，苟不憫其勞，而益以銖兩，則必艴然怒矧責以鈞石乎。兹于未浹旬之間，而復數十年已廢之。

渠非金簡玉書之術陽侯河伯之靈相之成也。皸手跰足，固勤吾民矣。乃子來奏功，咄嗟而辦，此其故謂非勞，而能擇使之既信也邪。彼苟憚勞費狃便就安固，號稱不擾矣。揆以導利興壞可乎哉！

陳公之布令，孫侯之宜勞，德將與斯流并長矣。時余行李匆匆，無能執筆札之役。兹以移守關西族次稍暇，乃申前諾而爲之記云。

渠庚三丈深十五尺自分，而合几三里始，事於九月壬辰訖工，於是月丁酉計役丁夫三百人。陳公名大賓，楚人，起家甲辰進士，以名御史守河間遷兵憲飭戎於此，修舉鄉約，教弟子員以絃誦，講明韜略，爲畿輔建不世公。孫公榮先，晋人，展體率職他所興舉甚衆，人謂健令，諸與是役者附之碑陰。嘉靖三十九年十月。

紀事

宋 蘇頌《蘇魏公集》卷五三《資政殿學士通議大夫孫公神道碑銘》 踰年，起知陳州。蔡渠水溢，將冒城郭，居民驚擾遷徙，避溺者不可遏。公躬自臨視，先嚴禁盗之令，訖水退復，故安居如昔，雖匕筯亦無失者。

（光緒）《重修安徽通志》卷六四《河渠志》 宋建隆二年正月，浚蔡渠，命右領軍上將軍陳承昭督其役，導閔水自新鄭與蔡水合，貫京師，歷陳潁達壽春以通淮右之漕，舟楫畢至，都人利之。

雜録

《魏書》卷一〇六《地形二中》 浚儀州、郡治。二漢、晋屬，復罷，孝昌二年復。有信陵君冢、張耳冢、董仲舒冢、樊於期冢、邊讓冢、倉垣城。渠水在大梁城東分爲蔡渠、聖女淵、雉臺。

宋 晁載之《續談助》卷二《北道刊誤志》 又，蔡渠在縣東南二十里，《水經》云：蔡水東流至於潁。案《六典》、桑欽《水經》所引天下之水百三十七。酈善長注水經，引其枝流千二百五十二。桑欽見《前漢志》。酈道元，字善長，後魏人。又據《後魏書》，道元酈範子撰注水經四十卷。源出濟腹，自尉氏縣界入縣境，今涸。

昌潤渠

論説

清 黄廷桂《重修昌潤渠碑記》（乾隆）《寧夏府志》卷二〇 《書》載：禹别九州，随山浚川，任土作貢。《詩》亦云：信彼南山，維禹甸之。畇畇原隰，曾孫田之。是體國經野，莫重于導川澤，浚畎澮，别疆埸，正貢賦也。

我國家重熙累洽，相承以恬以養，訖日出日，入之鄉罔，弗登於衽席，而宵旰憂勤，尤惓惓於溝洫稼穡間。南北水利，皆以時次第修舉，有禹功之所不到者。甘肅地多砂磧，半屬不毛，有水泉可引亦不遺。疏鑿安西之導蘇賴河等水鎮番之屯柳材湖其地俱隣外部，漢唐来有郡縣之名，而無開闢之實。今一望盡膏盡矣。更著者寧夏恵農、昌潤二渠，暨查漢托護地數百里，立二縣新渠、寶豊，闢田萬頃，安户萬餘家，費金錢數十萬計，聖朝之爱民深，而水利溥有如是。

綜述

清 通智《欽定昌潤渠碑記》（乾隆）《甘肅通志》卷四七　雍正四年，歲次丙午，皇帝命侍郎臣通智、單疇書，會督臣岳鍾琪，經營查漢托護地方，開大渠以資灌溉，築長堤以障狂瀾，易畜牧爲桑麻者三百餘里。但大渠之東北隅，灘形廣闊，水難遍及。有黄河之支流名六羊河者，口形如列指，泝游數里復合爲一。迤邐而北，經大、小方墩，越葫蘆細，歷省嵬城，而仍歸於大河。沃野腴壤，綿亘百餘里。因迤黑龍溝而西，故水勢順下，漫無停蓄，不能引之灘中，河之下流遂淤。率諸執事循其已然之迹，順其勢而利導之。凡湃岸之傾圮者，培之使平；河流之淤塞者，浚之使通。爰於渠口建正閘一，曰『昌潤閘』。外設退水閘，曰『清安』，使水有所瀉，以備歲修堵口也；内設退水閘，曰『清暢』，使水有所分，以殺湍流漲溢也。相地制宜，分列支渠二十餘道。中多高壤，不能盡達，復設逼水閘三，曰『永惠』、『永潤』、『永屏』，束之使其勢昂，而盈科而進，仍由故道以入于河。諸閘既建，俱跨橋以通耕牧往來。正閘之上，覆以橋房，其旁則立有龍王廟、碑記亭。渠兩旁俱挿柳秧，資其根力，以固湃岸。自此啓閉以時，蓄洩有方，而大渠以東，遂無不溉之田矣。欽定名曰『昌潤渠』，以昭示來兹，垂之永久。是役也，用以仰副我皇上仁育萬物，無遠弗届之至意。渠之兩旁良田萬頃，比户千家。白叟黄童，均沾聖德。青山緑水，悉載皇仁。誠盛世之弘模，而萬年之樂利云。

清 黄廷桂《重修昌潤渠碑記》（乾隆）《寧夏府志》卷二〇　昌潤渠本因黄河之支流，六羊河舊口迫近河直其衝，易潰壞難復。其下游，尚間有故道可循。今察地利揆土宜借六墩廢渠口，鑿惠農渠東岸，建分水閘，引注昌潤渠故道，溉横堤外田甚便。而惠農渠兩岸卑薄者倍高厚之，使能多容水無潰，更于其上游建滚水壩，以暢水勢，水當無不敷，而乃可以議開墾。大都始開墾患無力，既墾，患賦重田無餘。今來墾之民，力能自給者，聽察其務，本自勤貧而無籍，爲之計居室牛耕農器量給以口食，使得安心耕作，寬其成賦之年，則從中下并爲留廬舍場圃，地無尺寸以繩之，願出其野者必益衆云。

余壯其説，爰躬親按視，知其必可起，而行與阿方伯今山右中丞謀以二千金爲權輿，條其概。上聞，奉硃批：開渠闢墾皆務農之本，實慰朕懷，欽此！檄楊灝如議舉行。未幾而堤功告竣矣。

新渠堤凡長二十五里，高厚而堅，在四堆子民堤内距河一十五里許，且因民堤引長之與横堤之脊相属計七里，由四堆子北至石嘴子沿河長堤七十餘里，由四堆子南至通澄堡沿河長堤五十餘里。各補其殘缺，以防患於未然。未幾而渠工告竣矣。自六墩廢渠口，鑿恵農渠東岸，建分水閘，甃以石，引注昌潤渠故道，至尾閘凡長一百六里。修恵農渠岸自楊和堡河西寨，歷五香六中渠口，各堡各易沙以土，實土以薪，無慮百有餘里。惠農渠之上游水，旁泄於俞家河，伐石，建滚水壩六十丈，以蓄泄之。且旁曰昌潤渠之下，疏仁義官四交濟等渠各分引恵農渠水，以益昌潤渠之勢。又於横渠外，展修恵農渠尾四十餘里，多開支渠，以助昌潤渠所不及高下田無在不得水。未幾，而墾田有成數矣。後先招徠凡三千五百餘户，墾熟日凡三千一百六十七頃，内貧無籍者七百餘户，皆居之食之畀之，牛種農具俱，無失所輿。力能自給者，同徂隰徂畛歌盈寧矣。

余聞之，喜而不寐，乃往觀厥成。渠流活活，數年前之斷溝湮瀆也，重堤翼翼，數年前之决瓠浮桑也。周原膴膴，數年前之苞杞叢榛也。室家溱溱，數年前之敗垣頹壁也。聖天子勞心邊塞，弗忍一夫一婦不被其澤，而今乃可稍寬宵旰於萬一也。因臚列入告，特敕部臣以中下定則，六年後入籍。余旋節制兩江，去十六年，復還視陜甘。再閲，即成賦之期，寓書甘中丞楊公察其渠之疏滯，堤之圮修，田之蕪治，户之耗庶，以仰體皇仁藏富于民至意，得復視舊安阜有加，所謂民留有餘弗尺寸以繩之者，咸有同心歟。先是臺臣中有復修昌潤渠之議，咸以爲徒勞民傷財，功難成是，故視其見之定與弗定，心之堅與弗堅耳。

抑嘗讀史，賢牧守所至，率以導水泉，制田里爲亟亟。如漢之虞詡、郭璜，唐宋之李聽、楊瓊功，尤多見於朔方，皆遭逢聖主，得從容展布以有成。今我皇上爲民計衣食之源，惓惓於溝洫稼疆如是，雲從龍風從虎，小大臣工各承宣而導川澤，浚畎澮，別疆埸，正貢賦，俾蒸黎，共慶有年熙熙于出作入息。蓋有莫知其然而然者，修復昌潤渠其一端也。敢謹志之，以告後來。

傳記

（乾隆）《寧夏府志》卷一二《宦績》　通智，滿洲人，兵部侍郎。雍正年，奉旨開惠農、昌潤二渠，有善政。又奏修唐、漢二渠，親身督率，備極勞瘁。前此浚渠者，取土率以鍬，一鍬之土，非數人轉之不能達于岸。今之背斗，以一人背負而上，工省而取土多，蓋公之遺製也。

紀事

《清會典則例》卷一三四《工部·水利》　雍正七年，題報寧夏察漢托輝地方，開鑿大渠二百七十餘里，建進水大石牐一座，退水大石牐三座，尾牐一座，大支渠百餘道，又開小陡口百餘道。各牐旁，共置水手房四十四間，設水手以司啓閉。又建大石圈洞四座，以通唐渠、漢渠之出水。建石橋、木橋二十三，以便往來，沿大渠之東，障黃河之溢。築長堤三百十有餘里，渠堤兩岸種柳六萬餘株，盤固□岸，沿大渠之西，疏浚西河三百五十餘里，以洩唐、漢二渠，并大渠餘水，以及諸湖灕水。架橋梁十有六，灌溉新渠、寶豐、寧夏、平羅四縣民田。又六羊渠一百十有餘里，建進水大石牐一座，退水大石牐二座，鼓水大石牐三座，共置水手房二十間，大支渠二十餘道，又各開小陡口百餘道，於雍正六年五月工竣，大渠賜名惠農渠，六羊渠改名昌潤渠。

又　十一年，議準惠農渠暗洞上下交流滲漏處，所照漢、唐渠例，遞年修補，惠農渠中段、漢渠尾梢各增建退水小石牐一座。昌潤渠建大飛槽四座，惠農渠尾建大飛槽一座，昌潤渠永屏牐開大渠一道，於每歲春工，分年陸續修理。

清　袁枚《小倉山房文集》卷三《武英殿大學士忠勤伯太保黃公神道碑》　其時邊省倉空，地屢震，新渠、寶豐幾不毛矣。公符縣買耔種耕牛，招民授田，浚昌潤渠灌之。行二年，兩邑富如初。

清　黃廷桂《重修昌潤渠碑記》（乾隆）《寧夏府志》卷二〇　夫皇上御極之六年，余奉命撫甘，敕以設法疏通水利，資灌溉爲先。既披圖籍，寧夏之昌潤渠已廢。蓋乾隆三年，坤維弗靜新渠寶豐城俱陷，奉裁渠亦以坍塌。四五年間修復惠農渠，就濱河長堤內加築新堤以障之。無何水決，四堆子瀰漫，無能爲力，姑於四堆上橫築堤，而西屬賀蘭山之阪。

于是惠農渠止引灌堤以內，堤以外原隸寶豐二十四堡田，皆棄爲汙萊，無復言及昌潤渠者矣。歲時諮度，訪求議者，率築室道旁，莫得其要領。八年，寧夏太守揚灝至任力言：堤外田必不可棄，昌潤渠必可修。往復竟其説晝沙觀火原委較如其大指曰：寶豐田視新渠肥美，棄於橫堤外，無敢議，復者怵於河決爲患也。夫河不當與争向，築堤去河甚近，故一決不可復支，自築橫堤後□遺黎民，愛其土，任耕弗忍去，於四堆子決處，草草築月堤自衛，究亦近河難恃。今度歷年遷徙之形，遠爲之堤，使水得瀠洄，而下其新舊堤之間，斷而弗屬，殘缺而易陵者，各相險夷，以補葺之。總之，無與河争，河漲旁岸，而止不激之使橫流泛濫，而乃可以議浚渠。

藝文

清　通智《昌潤渠工竣恭紀》（乾隆）《甘肅通志》卷四九　黃河別派六羊通，石閘巍然跨彩虹。激起衆流增浪力，引開曲水灌田功。川輝原潤千村聚，野緑禾青一望同。從此遐荒歡鼓腹，群歌大有慰宸衷。作甘稼穡軫黎民，西陝年來奉使頻。力竭駑駘酬主德，普沾雨露戴皇仁。昭回人物山川舊，吐納洪波氣象新。共慶恩膏貽樂利，銀疆北鄙萬年春。

清　單疇書《昌潤渠工竣恭紀》（乾隆）《甘肅通志》卷四九　水利勞宸

衷，恩膏洽朔方。九重親指授，群力共勖勸。疏浚因川澤，經營駕漢唐。碧雲輝半月，綠柳卧橫塘。星宿來千里，陰精劈六羊。支條各滚滚，挹注盡洋洋。原隰初成界，南東細畫疆。篝車盈畎畝，士女樂倉箱。睿慮周荒服，斯民迪永康。敢言如史白，豐豫賴天王。

清 費楷《昌潤渠工竣恭紀》（乾隆）《寧夏府志》卷二一　聖朝川瀆孕靈暉，支引河流石啓扉。三峽連穿驚浪吼，雙龍起控怒濤飛。町畦繡錯烟雲潤，原野膏深草木肥。一道六羊綿澤遠，賀蘭環匝有光輝。

清 陳世琦《昌潤渠工竣恭紀》（光緒）《甘肅新通志》卷九三　盛世嘉猷因亦創，旁分九曲河流暢。白石層層千尺浪，相摩盪，門如箭括波濤壯。兩岸膏腴新水漲，農耕婦饁還携盎。村落參差相倚傍，堪眺望，新禾嫩綠平原曠。

清 閔廷樞《昌潤渠工竣恭紀》（光緒）《甘肅新通志》卷九三　兩岸綠楊齊，渠水瀰瀰。薰風吹徹泛漣漪。流到石橋聲更急，似吸虹霓。浸潤及田畦，曲港回溪。西成指日早耕犁，歲歲逢年人意樂，世享雍熙。

雜録

（乾隆）《甘肅通志》卷一五　昌潤渠，在新渠縣東四十里。雍正四年，欽命侍郎通智、單疇書，經營查漢托護地方，開大渠以資灌溉，築長堤以障狂瀾。引黃河支流六羊河水入渠，培湃岸之傾圮，浚河流之淤塞。渠口建正閘，一曰昌潤。閘外設退水閘，曰清安，以瀉水。內設退水閘，曰清暢，以分水，使不至於漲溢。分列支渠二十餘道，復設逼水閘三，曰永惠、永潤、永屏，以束水，使其仍由故道以入於河。設橋於渠上，以通耕牧往來。栽柳於渠旁，資其根力，以固湃岸大渠，以東易畜牧，爲桑麻者三百餘里。欽定名曰昌潤渠，渠之兩旁良田萬頃，比户千家，爲萬年之樂利云。

（嘉慶）《清一統志》卷二六四《寧夏府》　昌潤渠，在平羅縣東，舊有六羊河，即黃河分流，東北流百餘里，仍入黃河。本朝雍正六年，既開惠農渠，復即舊河疏其淤塞，重築湃岸於渠口，建進水閘一，退水閘二，中爲東水閘三。兩旁分支渠數十道，溉田萬餘頃，賜名昌潤渠。按：黃河常爲中國患，而寧夏獨受其利，引渠灌溉，凡數萬頃，無旱潦之災。《史記・河渠書》：自武帝塞宣房後，朔方西河，河西酒泉，皆因河及川谷水以溉田。後漢《西羌傳》：順帝從虞詡言，復朔方西河上郡，使激河浚渠，爲屯田，省内郡費歲一億計。府境有漢唐諸渠，拓拔氏據西夏，資以灌溉。元至元初，董文用、郭守敬復開之，至今蒙其利。而寧夏以北查漢托護之地，黃河所經，沃野尤廣。《元和志》所謂賀蘭之東，河之西，有平田數千頃，可引水灌溉是也。自明中葉套患日亟，棄在境外，國家威德遺波，河套内外，悉隸於版圖。河西一帶，向以水利未興，猶爲牧場。世宗憲皇帝軫念邊儲，不惜重費特，發帑金數十萬兩，遣大臣經理，剏開惠農、昌潤二渠，兼浚舊渠。招徠耕墾，增設二縣，闢地三百餘里，廣膏腴數萬頃。深仁普澤，利賴萬世，更勝漢唐等渠矣。

《清史稿》卷六四《地理十一》　宁夏衛，繁，疲，難。倚。治府東偏。本前、左二衛地。雍正四年置縣。黃河，西南自靈州入，東北至昌潤渠口入平羅。

又　昌潤渠，雍正六年浚，即故六羊河故瀆，疏流建閘；起縣東南，北流逕寶豐故縣東，復入於河。

長豐渠

紀事

宋 樂史《太平寰宇記》卷六六《河北道十五》　至唐開元十年，於文安縣南三十里復立利豐縣，又以縣北有長豐渠，遂改名曰長豐，仍析文安、任丘之鄉以實之，今理所是也。

（嘉靖）《河間府志》卷三《建置志》　長豐渠在武垣縣東北百里武德五年置二十一年刺史朱潭開又此渠西南五里有長豐渠二十五年刺史盧暉自東城平舒引滹沱入其通漕溉田五百餘頃盖二長豐渠也爲縣復廢。

雜録

《新唐書》卷三九《地理志三》 河間，望。武德五年置武垣縣，貞觀元年省入焉。西北百里有長豐渠，二十一年，刺史朱潭開。又西南五里有長豐渠，開元二十五年，刺史盧暉自東城、平舒引滹沱東入淇通漕，溉田五百餘頃。

宋 樂史《太平寰宇記》卷六六《河北道十五》 長豐縣，東六十里。舊十鄉，今四鄉。本秦、漢之利豐縣也，高齊天保中遂廢。

又 長豐渠，自縣西南從瀛州束城縣界入城西北，與古漕河合。

（嘉靖）《河間府志》卷一《地理志》 長豐渠。《一統志》在縣西北，自河間舊東城引滹水東流通漕溉田。開元刺史盧暉開。縣東長豐北亦有之，并淤。子貢陂在縣境，唐王遵浚。遵字子貢，故名之。魚君陂縣南五里，亦名通利渠。唐令魚思賢開以洩淀水，得地二百餘頃。

（天順）《明一統志》卷二《河間府》 長豐渠，在任丘縣西北，自河間府舊東城縣引滹沱水東流通漕溉田，唐開元中刺史盧暉開。

清 顧祖禹《讀史方輿紀要》卷一三《直隸四》 長豐渠，在縣西北二十里，即唐貞觀中刺史朱潭所浚。其西南五里亦曰長豐渠，開元中刺史盧暉自東城引滹沱東入淇水通漕，溉田五百餘頃是也。淇水，即今衛河。

清 王履泰《畿輔安瀾志》卷二 長豐渠，在任邱縣西北二十里，即唐貞觀中，刺史朱潭所浚。其西南五里亦曰長豐渠，開元中刺史盧暉自東城引滹沱東入淇水通漕，溉田五百餘頃是也。淇水即今衛河。

暢公渠

綜述

明 李錦《暢公渠記》（雍正）《涇陽縣志》卷八 余家自先世居六輔王公渠下，暨余生長其地，當壯年即知渠外有遺利。三千餘年，未有能舉之者，因私窮有志焉。既而名厠仕籍，宦南北幾三十年，勢雖不暇及此，而心則未嘗一日忘也。

成化甲辰乙巳，關中連歲大旱，黎民阻饑且相食，惟被水利者獨免於難。仍責令出得利之租，供秦府諸王殿下禄食用，是益知水利之重。而朝廷特遣在廷與方面諸大臣，亦皆切切以水利爲念，各詣部屬相度可興水利者，督勸指授，鑿渠引水以溉民田，爲救荒備荒之急務。一時民賴全活者甚衆。

時余適在外，而前所謂輔渠之外遺利可興者，獨不興焉。今上改元之初，余歸自京師，鄉人以往事見白余，不勝慨嘆。越二年已酉秋，山右暢亨文通以進士知涇陽縣事，既視篆郎，有志於民首，以利病詢余。余乃以渠事告焉。又明年庚戌二月，余遺兄子崇偕同利者三百餘家，連名具狀，以其情陳於縣。暢公欣然納之，爲達於巡撫蕭公貞驗其狀而悦之，署其答云：據民訴而順其情，用民力以興其利。真所謂以佚道使民，良有司之先務也。

檄下府縣，委官責成，期於民得實惠。暢公既得請奉行，惟謹郎移牒縣幕俾董其役，是歲四月四日興工，據圖披驗，就易避難，量日程功，以雲集之衆，竭利己之勞，將謂不日成之矣。奈何工未及半，暢公俄以丁外艱去任，遲遲四月，功雖始克就緒，邑之豪猾乘隙計賂貪官，欲沮壞變亂於其間，幸遇今宋公鑾以鄉進士來宰斯邑，不狥於利，不懾於勢，執其中正，斷以至公，驗邱履畝分日定時編排規畫成造水册，地以頃計者五十有奇，水以日計者十又二外餘若干時，因題其名曰暢公渠。

乃具由以報於都憲及合千諸司府而事遂告終焉。於時上下交歡，咸謂事底於有成，上有所據，得以施督治之法，下有所守，不敢肆越厥之志。水利之被於生民，始永久而不替矣。

余嘗謂鄭國引涇水以利民，秦稱富饒。越一百三十又六年，見寬復奏開六輔渠以溉鄭渠傍高仰之田，素不得鄭渠之利者，是乃耳目之所沿襲，時近而易舉也。寥寥二千餘年，暢宋諸公復察六輔之遺利，而再與之世異而聞見且異，蓋時遠而難舉者也。諸公爲之復易易若是，其有功於生民，識見度越常人萬萬矣。豈非所謂家傑也哉？居民行將建祠祀之以報其功，信非過情之舉也。渠既成，衆謂余里人能悉事之始末，用摭其實，勒於貞珉，以昭示人遠焉。

傳記

（道光）《重修涇陽縣志》卷一九《名宦傳》 暢亨，山西河津人，進士。宏治初，以監察御史左遷涇陽知縣，剛方明決，民心悅服。未及期邑，以大治開冶谷水新渠，以利民。民爲立祠，并名其渠，曰『暢公渠』。

紀事

（嘉慶）《清一統志》卷二二九《西安府》 明弘治初，知縣暢亨又於上王公渠上流分一渠，曰暢公渠。

雜録

（康熙）《陝西通志》卷一一《水利》 暢公渠在縣西北，明弘治初知縣暢亨開，故名以上，引冶谷水。

（乾隆）《西安府志》卷七《大川志》 《通志》：在縣北四十五里，於冶谷内二里許傍北鑿引一水，出口以溉河北之田，稍下曰磨渠，東下六七里曰下王公渠，又東三里曰上北泗渠，又東五里曰下北泗渠，又東四里曰仙里渠，後於上王公渠上流分開一渠，曰暢公渠。按：以上七渠皆在冶谷河東北岸，又冶谷河出峪南流，復折而東，故上流爲東岸，下流爲南岸。

朝宗渠

宋 方信孺《修朝宗渠記》《粤西詩文載・文載》卷一九 嘉定闕年闕月，提舉河渠公務方信孺修復古渠，築渠閘二、石堰一。靈溪之水大至，略城而西，達於陽江。董事者昭州立山縣尉丁似、雄邊軍統轄孫恢。迄工六旬，縻費萬錢。因采范石湖詩，以朝宗名，且志於石。嘉平月日。

明 張鳴鳳《桂勝》卷一六 宋人於城北當道穿渠，使其流東接灕江，西入西湖，達於陽江。用補形勝之所不及。張仲宇《盛事記》云：王公祖道洫子癸之流，以注辛戌。環城有水，如血脈之縈一身。遂聞之朝。故大觀二年准敕，著令壅隔新洫者，以盗决黄汴二河堤防法坐之。其年，桂士得舉者衆。范公成大，又復修之，具《勸駕詩序》中。方公信孺至，又爲繕築。然今湮塞已盡，土人至以朦朧橋呼之。

（雍正）《廣西通志》卷一三《山川》 朝宗渠，在安定門外，宋王祖道於城北當道穿渠爲長池，引潭灌注，東接灕江，西入西湖，達於陽江。大觀二年，桂士得舉者衆。范成大又復修之，方信孺更加繕築，閘二，石堰一，今堙塞殆盡，半爲廛廬。回濤堤在府城東南，桂江西岸，唐貞元中刺史王拱築堤，長五百五十四步，以捍水勢。

成國渠

《漢書》卷二八《地理志上》 郿，成國渠首受渭，東北至上林入蒙籠渠。

《晋書》卷二六《食貨志》 青龍元年，開成國渠自陳倉至槐里；築臨晋陂，引汧洛溉舄鹵之地三千餘頃，國以充實焉。

唐 李吉甫《元和郡縣志》卷二《關内道》 成國渠在縣東北九里，受渭水以溉田。

宋 宋敏求《長安志》卷一四《縣四》 成國渠在縣北一里西，自武功縣界流入縣界凡六十里，溉田二百四十餘頃。東流入咸陽縣界，即古白渠也。《水經》注曰：成國故渠，故魏尚書右僕射衛臻征蜀所開也。上承汧水於陳倉東，東過郿及武功槐里縣。

元 駱天驤《類編長安志》卷六 唐李石記，咸通十三年夏四月戊子，京兆奏六門堰畢，其渠合韋川、莫谷、香谷、武安四水溉武功、興平、咸陽、高陵等縣田四萬餘頃，俗號爲白渠，其利與涇白相上下。又曰，成國渠見《漢書・地理志》。元魏時僕射衛臻征蜀復開以溉田。大統十三年，魏始築堰，置六斗門以節水。貞觀中，役九州夫匠沉鐵牛鐵劍以禦魑魅，始就其功。永徽四年，右僕射于志寧治之，尋決。聖曆中，敕稷州刺史張知謇修焉，始引安武水。久視元年，副西京留守、雍州長史薛季昶得許公雅法，縛土牛以殺水勢，春官郎中薛稷刻石叙之。咸通十一年七月，咸陽縣民薄逵等上言，六門淤塞緣渠之地，二十年不得水耕耨，而其官歲以水籍爲税，請假錢二萬八千九百八十貫，爲修堰工作之費，候水通流，追利户錢以還。京兆府爲之奏，乃詔借内藏錢以充，命中使董其役事，又令本縣官專之。既訖，役凡用錢萬七千緡，今涸。

清 顧祖禹《讀史方輿紀要》卷五三《陝西二・興平縣》 成國渠，縣北一里。《志》云，魏司馬懿所開，初自陳倉至槐里，達於臨晋，引汧洛溉舄鹵之地三千餘頃。故址漸堙，近時復浚之。上承汧水，合韋川、莫谷、香谷諸水溉武功、興平、咸陽、高陵等田萬餘頃，今漸廢。

（嘉慶）《清一統志》卷二二九《西安府》 成國故渠東逕郿及武功槐里縣北，又東逕茂陵縣故城南，又東逕龍泉北，又東逕姜原北，又東逕平陵縣故城南，又東逕竇嬰冢南，又東逕延陵、渭陵、義陵、安陵南，又東逕渭城北，又東逕長陵南，又東逕周勃冢南，又東逕漢景帝陵南，又東南注渭，今無水。

大明渠（大明支渠）

綜述

清 伍青蓮《修大明渠碑記》（乾隆）《洛陽縣志》卷一五 豫中水利，自成周陽渠始。陽渠者，周公之所爲作也。迄漢以還，千金、九龍諸渠閘寔因之，今皆杳不可識。可識者，前明伊、洛二渠耳，伊渠十存一二，洛渠則廢圮，近百年而復興。蓋自乙卯歲春，蓮數過洛之南涯，訪詢耆民，循稽故道，因請於長吏捐月俸貳百金倡之，刻期舉事，力爲興復，凡兩閱月而成。自渠口迄渠尾凡三十里，歷青陽屯至城角村，溉田近百頃。又於西午橋建龍王廟一座，以保護渠道，爲鄉民期會之所。撥灘地壹頃，以共香火，又設渠夫四名，以司啓閉。撥灘地玖拾叁畝，使專任其勞。其支渠梁閘一一具如法式。

夫洛渠之埋久矣，無論張純、陳協諸人所陳請，不識曾及此渠否。即前明劉文靖公所紀，載在邑乘者，亦復不獲悉。按其故洛之水利，視北之鄴，南之宛，皆弗如遠甚。邇者洛渠粗復，後來者沿而擴之，如鄴之西史，宛之召杜，安在不與古人争烈耶！

顧嘗考之漢史信臣，既起水門提閼凡數十處以廣溉灌，又爲民作均水約束，刻石立於田畔。杜詩既修信臣遺迹，激湍水以浸原田，亦分疆刻石，公私同利。曩時，出入阡陌，止舍鄉亭，講求水利。既已，略似召公而修復文靖遺迹，與杜公修復召父遺迹，則亦大略相髣髴。故復手定約束，伐石刻志，樹大渠之龍王廟，是亦上仿工公均水同利之遺意云。所定條約期限若干，事詳列碑陰爾。民其謹識之，毋忽是記。時乾隆三年五月日。

清 龔崧林《新開大明支渠記》（乾隆）《洛陽縣志》卷一五 邑爲伊、洛二水所經流，故各有渠爲溉田之利，農氓之食其利者已久。前時劉文靖公記中言之詳矣。最後副使張公鼐於洛渠之南别一渠，以渠在縣西南大明寺後，即以大明名之。繼亦寖廢。

雍正十三年，東粤伍君青蓮來令斯邑，尋故道，浚而復焉，利賴者又迄于今。余之蒞洛也，周視郊原高下，以暨川流漩洑往來之形，大約邑非潦之患，而多有旱之患，則以水利之不廣之故也。

乾隆癸亥之春，適邑之豆腐店村民張璐等以渠道來請，其地故與大明渠爲近，而璐等臨渠之田，向不在引水之列，將别謀，所以挹注者，隨爲度其地，宜無攘益以私己無旁溢以病隣，事可享其利而不滋其害，隨仿副使之成，則爲之指授，其畚插力食之費，則其地之民自營之。工始于春仲，竣于春季，不二十日而告成。蓋民人之踴躍以起，冀得享永永之利于將來者，如一心也。地之户凡一十有九，所溉田一頃五十畝有零，爲名之曰大明支渠，蓋不欲以流而忘其源之意云。

爾其渠之啓閉，分水之時刻，大約與前伍令重浚大明之規制略同。事有渠長司之，備載于册，用以均利，而杜争者，殊詳以善，茲則僅志其月日云。

清　王士俊《洛陽縣重浚大明渠碑記》（乾隆）《河南府志》卷八六　九水北曰陽，洛陽縣者，洛水繞其南也。洛水由陝西雒南縣經流至此，又有伊水從盧氏縣繞洛陽縣治之南，而會於洛，同入於河。故縣治之西南三十里，界於洛與伊之間。

有所謂大明渠者，前明河南按察司副使張君鼒開之，灌田萬畝，而其後日積日淤，頓成荒陸，遺澤幾不可問矣。夫富民之舉首在水利，君子治是邦，即前無所因，猶力修周禮稻人之職，以平其傑僞，而續其呱離，況乎二三百年之際，參諸方志，稽諸故道，華顛町庶，如視指螺，掌鑿當下，可信若之何，其委諸荒烟蔓草間也。

河南守以文來告余曰：『是宜修復，不可以進退不果。』遂召傭民具聚傻邪許之聲星而聞星而止，閲三月而告竣。西由洛河青陽屯引水入渠，東由伊河王家村洩水出。渠以洛爲頂，以伊爲趾，渠長四千四百二十五丈，深或至十尺，濶或至二十尺，灌田不減前明張君之數。噫！豈不勤哉？又慮夫水勢之高下相懸也，建瓴之勢，水漲則挾沙而入水，涸則一勺不留。於是乎建閘以節宣之，閘凡五，曰青陽屯、曰夜又磨、曰豆腐店、曰東午橋、曰王家村，胥中節也。又慮夫行人之不能飛越也，盈盈一水，深者既無方舟，淺者亦難游泳。於是乎，建橋以引通之。

橋凡九視，閘稍密焉，曰范家灘、曰楊家屯、曰夜又磨、曰王家圪壋、曰曹家屯、曰二郎廟、曰豆腐店、曰中午橋、曰東午橋，悉利涉也。民曰備矣，守曰猶未也。堤各開陡門，穴水而入，又疏子渠旁渠，導水而周。核塍畝之多寡，别陡門之寛狹，按田分給，計户輸轉，民乃不争。盍全倣周禮遺制，而前明張君亦厘厘爲我嚆矢矣。歲事告余，余深爲嘆美也。

且夫洛陽爲漢之東都，其時南陽太守杜詩修築陂池，復西漢召信臣水門提閼之利，故民歌之曰：『前有召父，後有杜母。』而洛陽不聞。夫洛陽距南陽咫尺，何南陽前輝後光，而洛陽之民張口欱欱不能略辨也。豈周公伊洛澗瀍經營相度之地，而後人默聽置之耶！則夫今日之興浚渠道，不失舊澤。其近比南陽之召杜，斯可矣。天子重農貴粟，令直省各修水利，守能汲汲務此，良二千石之事也。是不可不伐石以志之。守劉君兆幾，正紅旗人。倅謝瑋，江南甘泉人，洛陽令。伍青蓮，廣東興寧人，監工，官經歷。章化龍，順天大興人，税課司。任承聖，順天昌平人，典史嚴。維寅，浙江烏程人。例得備書。時雍正十三年乙卯四月中浣。

雜録

（乾隆）《洛陽縣志》卷三《山川》　大明渠，即前明張鼒所建，青陽屯天明寺後，廢渠。雍正十三年，知府劉兆幾、通判謝瑋、知縣伍青蓮各捐俸重浚，旨青陽屯至王家村，計長二十五里。始建五閘，繼建七閘。灌田七十九頃一十七畝，民咸賴之。有二碑：一在縣署儀門外，一在午橋庄龍王廟。

又　大明支渠在縣西南十五里豆腐店村。　大明渠已經重浚，而臨渠地畝有未得引水灌溉者。乾隆八年，知縣龔崧材相度地宜，諭令村民張璐等，開建支渠，設立閘口，并將分水時刻議定成規，免致争端。計灌田一頃五十二畝，分水六時二刻，有碑記載藝文。

（乾隆）《續河南通志》卷二五《河渠志》　大明支渠，在洛陽縣西南十五里豆腐店，乾隆八年浚。

大寧渠

明　胡思伸《大寧渠記》（嘉慶）《績溪縣志》卷一一　環績皆山也，而溪界其間，其東偏之山曰大屏，巑峞特起于邑，爲離於五德爲大績之文筆峰也。稍折而北，有龍從山，則楊水之源發焉，縈流紆回，泝屏山而南，與乳水交滙，湧裔郭外，周旋六七里，而城故無渠，靡所注也。

自元尹張公恬因澮爲渠導水，繇北之屏鎮門，循堞而東竇于今清河門之下，與屏山相射市中盡穿地爲渠，貫于華陽門而出焉。門外故有隙地一隅，號曰倒地文筆，而渠之流分遶而護之，則是水也。一以制火德，一以潤文筆。此關乎風氣，非淺眇也。

迨我國家經劃疆土，亦因之不變。亡何城廢，而渠漸埋，然宏正以來，人文之盛與民碞之樂猶甲。新安自嘉靖丙寅，邑再城，重役之後，或未暇修渠。民又不帷永利，而各争其便。城以外，則水碓壅具流。城以內，則樹築塞其道。於是渠盡爲閭，而水脉遂久閼不通。故民多欝攸之。炎士遭亢九之危，而議論紛紛矣。當事者，即欲嘉與更始，而便於私者，且旋撓之，彼亦曰毋動爲大耳。

惟我胡侯下車輒訊里中所疾苦，謂莫急于穿渠，侯乃瞿然曰：此誠治績首務哉。遂手自削牘上諸，當路既報，可。一日，忽赴郊外，指命左右，曰：與我毀若碓。咄嗟而辦，謀撓者卒不及措，隨下令邑中，其令與民曰：吾爲民杜火患非厲，若可亟疏之，毋殫其勞。其令於士曰：吾爲若挽文運，非擾，若可亟之，毋殫費。由是邑父老子弟聞之，更相勉曰：鄙人何知，向其利者爲有德，上實利我，何忍倍之，且自褐也。疏者、鑿者、穴而築者，罔遺餘力，浹月而水之，故道悉復。水汩汩，晝夜無已，時回禄潛驅安其居，而百姓寧。間有發者，不旋踵而救之熄矣。

由此推之，人文宜亦有興者，可跂足而俟也。故歡誦之声，與水声相應。噫！侯亦神矣哉！然猶憲渠市相錯，或佹通佹淤也，則設南北堨首各數人，定界勤石，互相巡視，令民有遵毋壞，否者以問。又憲民情，無所賴則不可計久長，乃割俸一十五金，建官碓於水之下流，令民得自舂，以庶幾無忘其原碓即堨首管之。俾稍沾其利，則人樂爲守，而疏通自力。於是諸父老及子弟德侯之深也，翕然稱爲大寧，大寧蓋侯里；識不忘也。夫亦鄭渠、蘇堤之意云。

邑既德侯，而又恐後人不能守侯法也，乃徵余記，以貞之珉。余愧不能文，姑述其本末付之鑱石氏。余惟侯之惠爰多可書，茲以記渠故不及。侯諱民仰，別號震，宇卒卯進士，家世固陵之大寧。是役也，簿惠以仁尉洪錫朋，皆分董其成，而與有勞倒淂書。

（乾隆）《績溪縣志》卷一《方域志》 大寧渠在縣北上三里。萬歷辛亥知縣胡民仰捐俸開通，士民德之，勒碑於事友堂。邑中丞胡思仲記。

（嘉慶）《績溪縣志》卷二《建置志》 隆堨即大寧渠，在城北乳溪橋下。萬歷間，知縣胡民仰捐俸開渠，自北而南，由清河門下水竇入城，以制火星，兼便居民汲引。由華陽門而出，水復縈繞，而北仍從北流。南渠中有倒地文筆，水達隆干，澆灌田畝，時或衝潰，則請于官修築，爲邑要堨。中丞胡思仲有記。

大清渠

論説

清 楊應琚《浚渠條款》 我朝制度維新，百廢俱舉，於是復有大清渠肇修於前，而惠農、昌潤二渠繼之由是。寧夏、寧朔、平羅等縣，無不灌溉之田畝，而水澤周遍矣。

综述

清 鈕廷彩《大修大清渠碑記》（乾隆）《寧夏府志》卷二〇 昉稽寧夏，乃古朔方地。賀蘭環其西，黄河亘於東，誠爲邊徼雄勝之區，其中膏腴沃壤，不一而足，凡民間樹藝稼穡，惟引黄水以資灌溉。

考自昔日開有漢、唐二渠，此水利之繇以興也。伏自我朝定鼎以來，生聚日蕃，開闢益廣，漢、唐二渠之水，支分遠注，疏引漸多，而水勢因浸乎微矣。恭蒙聖祖仁皇帝遠籌民計於漢、唐二渠之中，復開大清渠一道，袤延百餘里，引黄入唐，聯貫而下，水源充暢，歲事豐登，天時地利人和，三者咸備，是皆聖帝仁君湛恩汪濊之所及也。

乃歷今數十餘年，雖歲修不旹，而工作頗鉅，沮浩污壅，日積月盈，向之所謂廣者狹矣，深者淺矣，通納流行者傾圮浥漏矣。恭逢我皇上繼統紹述，時以重農敦本爲念，大修之舉，已廑聖懷。時因查漢托護地方招徠屯墾，欽差部院大臣司帑建興新開惠農、昌潤二渠，斯時匠作夫役咸集，工所以臻其要，繼以用武西塞，飛芻輓粟均資民力，此又當舒徐從事也。及插漢拖護工成，而漢、唐二渠已歷千百餘年之久，（葺）［葺］廢崇新，俱宜循次而舉。欽奉諭旨，頒發帑金，令將漢、唐、大清三渠，加意修整當，即先修唐渠，旋即告竣。

臣廷彩繼任監司，有統轄水利之責，踵修漢渠，亦復慶成，由此而大清渠之大修，不可以稍緩。子爰於雍正十一年冬，鳩集工匠煉灰采石，辦料庀材，先期預備。擇吉於雍正十三年上巳之辰，興工建修，恢宏舊制，畚鍤咸施，淤者浚之，窒者疏之，堅其湃岸，固其閘座，龍神廟貌，巍然燦然。

不一月而諸事畢舉，凡向之所謂狹者、淺者、傾圮、浥漏者，莫不整然改觀矣。且其源洋洋，其流湯湯，詢諸父老，僉稱：水利之盛，未有如斯者也。今而後，平疇緑野，何須望杏。瞻蒲阡陌，青蕪不必。鋤雲犁雨，盈寧叶慶何？莫非聖天子溥博宏仁，垂樂利於億萬斯年也哉。是役也，司其事者水利同知石禮圖，公其事者寧夏府知府顧爾昌，趨其事者寧夏縣知縣武梓、寧朔縣知縣李鉉臣。廷彩欣覩其盛，敬拜手賡揚以頌。

清 涂觀顔《修大清渠碑文》（乾隆）《寧夏府志》卷二〇　漢延、唐來兩渠之間，新開渠一道，濶五六丈，延袤七十餘里，東引黄流，奔騰西下，其勢洶湧奮迅，可與唐、漢鼎立而爲三者，我司馬王公所創大清渠也。

公歷任始于戊子之春，而兹渠即創開于是年之秋。當其開渠時，請命於觀察使鞠公，鞠公深悉公才，即委公往營之，并令水利都閫王公共襄厥事。公規模素定，一若行所無事者，安閒指授，七日而渠成。水利不崇朝而遍注萬頃，於戲！盛矣！夫自河勢東徙以後，唐口壅遏，距今已數十年，其職守兹土暨專司水利者不知凡幾也，豈遂無殫心民事，而久於此者，然俱不克營此。公受事甫數月，即洞悉其情形而力爲之，於以知非常之舉，必待非常之人，公之大有造於寧也，豈偶然哉！

稽之於志，明大中丞焦公之改修七星渠也，三月而始畢，河東觀察使張公之築河堤也，二年而始竣，沿而上之，如漢、唐諸渠，其創作雖不可考，然決非旦夕而成者。即我公初發議時，衆口紛若，咸謂費不數千金，功不二三年，當無以底厥績也。公乃不及旬日，開渠數十里，非常之舉，其速如此。此誠絶代才人之所爲，非拘牽庸算者之所可到也。兹渠一開，而九堡之荒田俱成沃壤，其食公之利澤者不知幾萬家。且九堡不借潤于漢，而兹渠復大有助於唐，是食公之利澤者，又不知幾千萬家矣。

渠成於今已七年矣，吾寧人左飧右粥，亦習以爲常耳。去秋西鄙旱荒，所在流離饑餓，試思今日之飽食嬉游，得享昇平而歌樂土者，其誰賜焉？而顧可忘耶？寧人咸謀勒諸石以記其事，而屬文於余，余不文，愧無以揚厲公德。然緣此得掛名石上自托不腐，是則余之大幸也，其又奚辭！至若倣漢、唐之制，建立閘壩與夫造過水覓，築迎水堤，一切良法美意，悉載公上舒撫軍書中，寧人已刊刻成帙，家傳而户誦矣，兹不具載，是爲記。

傳記

（乾隆）《寧夏府志》卷一二《宦績》　王全臣，字仲山，湖北鍾祥人，任寧夏監收同知。時渠工久廢，官吏習爲侵，漁民田半爲汙萊。全臣力除積弊，躬親督浚，任怨任勞，築唐渠，迎水湃八百餘丈，挽東逝之水，以西注於渠。又循賀蘭渠舊址，開大清渠，澆陳後等九堡民田，以助唐渠之不給。各暗洞之正久木植朽壞者，盡易以石，水流之蓄洩有方，寧民至今賴之。今府署東有王公祠，蓋震後重建祀公者。

（嘉慶）《大埔縣志》卷一七《人物志》　啓虬，字雲源，年十七登康熙丙午科武鄉榜，謁選得陝西寧夏衛千總，歷署本衛守備，以督浚大清渠，有功，實授寧夏掌印守備。

清 周錫溥《安愚齋集》卷四《五賢祠記代》　次即王公，諱全臣，楚之鍾祥進士。以康熙四十七年肇建大清渠，袤七十餘里，溉九堡民田一千餘頃，民至今思之。

《清史稿》卷四七七《周克開傳》　周克開，字乾三，湖南長沙人。乾隆十二年舉人。十九年，以明通榜授甘肅隴西知縣。調寧朔，縣屬寧夏府，并河有三渠，曰漢來、唐延、大清，皆引河入渠灌田。唐延渠所經地多沙易漫，克開治之使深狹，又頗改其水道，渠行得安。渠有石竇，洩水於河，以備旱澇，民謂之暗洞。時暗洞崩塞，渠水不行，上官欲填暗洞而竭唐延入漢，來以便寧夏縣之引河，寧夏利而寧朔必病。克開恐夏、秋水盛無所宣洩，時新水將至，不可待。克開請五日爲期，取故渠及廢閘之石，晝夜督工，五日而暗洞復，兩縣皆利。大清渠長三十餘里，鑿自康熙間，久而石門首尾壞，民失其利，克開亦修之，皆費省而工速。再以卓異薦，擢固原知州，父憂去。服闋，補洮州。

紀事

（乾隆）《寧夏府志》卷八《水利》　國朝康熙四十七年，水利同知王全臣開大清渠。雍正四年，又欽命侍郎通智、單疇書等開恵農渠，與漢唐并列，河渠之利益廣。

《清史稿》卷六四《地理十一》　大清渠，康熙四十九年浚，於漢渠南承河流，北過雙塔湖合唐渠。

藝文

清　蔡升元《題大清渠二首》（乾隆）《甘肅通志》卷四九　爲憐膏壤棄邊荒，七日功成百里塘。引入河流沙磧裏，鑿開夾口賀蘭旁。支分九堡通溝澮，鼎峙三渠并漢唐。作吏盡如君任事，不難到處樂豐穰。

兩渠中劃大清渠，畚築無勞民力紓。心畫萬家溝洫志，胸藏一卷水經書。嵐光樹色晴川外，鴻影鷗波夕照餘。渾似江南好風景，豈惟灌溉遍村墟。

清　王全臣《題大清渠落成二首》（乾隆）《甘肅通志》卷四九　規模直與漢唐同，甃石浮杠落彩虹。遠近縈紆分上下，縱横挹注任西東。惟知順水行無事，敢謂開渠輒有功。最是亭成臨孔道，喜聞過客話年豐。

順導洪河入地中，漢唐得助益沖瀜。群氓久失千秋利，此日新添一溉功。沙際堤環春草緑，橋頭額映晚霞紅。閒來徙倚虚亭下，翻愛旁流筧向東。

清　周克開《大清渠滚水堤紀事》（乾隆）《寧夏府志》卷二二　庚申夜卧支祈遯，崩奔百里壽春堰。西河自昔羨安瀾，性不愿諠恣薄噴。二三四月春夏交，周回巡省遍塵坌。半夜歸來治簿書，急卒呶呶不暇飯。大清渠溢老蛟怒，堤潰飛沙魚徙頓。蟻穴初穿百丈旋，號呼爬搔脚手鈍。天明戾止瞠目嘆，安得淇園助下揵。土不屬兮薪不繼，那惜赤仄盈萬萬。須臾赤仄積河壖，新樵舊櫙麕至獻。萬夫畚揭救仍仍，揮戈揞日百神困。登登月下歌耶噓，漸遠漸近合膚寸。堤下黍稻何油油，對此神蒽氣不恨。歸來却笑荷蕢樂，深厲淺揭那敢溷。

雜録

清　儲大文《存硯樓二集》卷一四《分巡寧夏按察司副使陳公德政去思碑代》　寧夏濱黄河渠堰之利甲天下，渠尤著者，曰大清渠，曰漢延渠，曰唐來渠，曰美利渠，曰缸子渠，曰棗園渠。

清《文獻通考》卷六《田賦考》　寧夏爲甘省要地，渠工乃水利攸關萬姓資生之策，莫先於此，是以朕特遣大臣督率官員等開浚惠農、昌潤二渠，又命修理大清漢、唐三渠，以溥萬民之利。年來昌惠二渠及唐渠工程漸次告竣，於民田大有禆益。其大清渠、漢渠雖未竣工，然聞連年加謹堵疊，極力挑浚，已足以資灌溉。不過汫岸閘座有應行修補之處，可以從容經理，非比唐渠之必應速成也。

（嘉慶）《清一統志》卷二六四《寧夏府》　大清渠在府南漢、唐二渠之間，距漢渠口五里，引黄河水北流七里至陳俊堡，設正閘一，退水閘三。又引流而北，凡七十五里，經寧朔寧夏二縣界，合唐來渠，東岸支渠九，西岸支渠六，共溉田一千一百二十餘頃。本朝康熙四十八年，同知王全臣刱開，雍正九年重修。

（光緒）《靈寶縣志》卷二《建置志》　大清渠自虢略鎮東起，經南北田村牛庄至墻底村止，灌田陸頃零。

董公渠

清　魯聖學《董公石渠記》（光緒）《垣曲縣志》卷一二　邑郭外東北隅有龍泉焉，曰滴水泉。其水懸崖而出，上有神祠，下有池塘，每遇禱雨，恒至其地。池東有清波一泒，爲沇水支流，自北而南，奔入大河。聽其直瀉，則川流耳。曲而引之，可爲吾民利賴。自有邑及今，不知幾歷年所未聞有引之灌田者。有之，自我邑侯董公始。

侯，古豫洛陽世家也，與垣畝壤相接。順治己亥來尹兹土，即矢心爲民，一時興利除害，美政良法，木易枚舉。越明年，歲大旱，侯步禱龍泉祠禱畢，周旋徘徊，謂士民曰：此之行爲禱雨耳。五日不雨則無麥，十日不雨則無禾。民之望雨急哉。顧有不需雨，而可滋田者，非此清波乎，盍引之？衆曰：水勢就下，如此山高何？侯相水勢，指授方略，遂出俸金若干，命子衿郭踵章等督工集事，鑿山引水。不越月，而渠工告竣矣。噫！昔禹治水，隨山刊木，今侯治水，開山闢石，事巨細不侔而經畫則一，咸稱爲神禹後一人。迨今，歲淫雨連朝，河水漲溢，渠衝斷中截。侯往視之厥渠，上下皆山，惟中截爲土，今土去石出，闢石爲之，則萬世無恐矣。經理如前，缺者旋補乃成，不拔利賴，猗歟休哉。

凡事可乘久則名之，志不忘也。漢魯宗道爲鹽海，令導海水利民，而民名爲魯公浦。我侯創建新渠，不當名爲董公渠耶。僉謀立石，屬余爲文。余惟天下非常之事，必建自非常之人。永貞之利，必成於永貞之志。茲者，鑿山引水，創從來未有之渠，非侯之卓識不及此也。且自創始以迄落成，閱三載如一日，非侯之貞志不及此也。所以猶是川流，向也泛逝，今也利澤矣。猶是原田，向也黄埃，今也沃壤矣。矧侯恩波及民，事事有如斯渠，可弗紀歟。爰付瑱珉，俾後之觀斯渠者，識侯之功，佩侯之德，永懷侯於靡替云。侯諱爾性，字聖功，河南洛陽人。

（嘉慶）《清一統志》卷一五六《絳州》 董爾性，洛陽人，順治十六年知垣曲縣，明決果斷，志在利民，嘗鑿城東渠引水溉田，民號『董公渠』，其餘興復甚多。

（光緒）《垣曲縣志》卷七 董爾性字聖功，河南洛陽貢生，順治十六年任縣令。剔奸蠹弊，凡利民者，知無不爲。城東北龍祠下有滴水泉，歲時禱雨所也。爾性相地勢，捐俸開渠引水溉田，士人名曰董公渠。又於舜井傍甃池猪水，以時蓄洩，旁地遂成沃壤，民感之，肖像祀焉。

樊惠渠

漢 蔡邕《蔡中郎集》文集卷九《京兆樊惠渠頌》 《洪範》八政，一曰食，《周禮》九職，一曰農，有生之本，於是乎出，貨植財用，於是乎在。九土上沃爲大田多稔，然而地有埇埒，川有墊下，溉灌之便，刑趍不至。明哲君子，刱業農事，因高卑之宜，驅自行之勢，以盡水利，而富國饒人，自古有焉。若夫起鄴，鄭國行秦，信臣殷南陽，鄧臣汝南，皆此道也。陽陵縣東，其地衍隩，土氣辛螫，嘉穀不植，草萊焦枯。而涇水長流，溉其維首，編户齊萌，庸力不供，牧人之吏，謀不暇給，蓋常興，猶不克成。光和五年，京兆尹樊君諱陵，字德雲，勤恤人隱，悉心政事，苟有可以惠斯人者，無聞而不行焉。遂咨之郡吏，申於故左，僉以爲因其所利之事者，不可已者也。乃命方略大吏麴遂令伍瓊，揣度屯慮，揆程經用，以事上聞，副在三府。農○司後取於豪富，借力立於黎元，樹柱累石，委薪積土。基跂功堅，體力强壯，折湍流，款曠陂，惠之於薪渠；流水門，通窬瀆，洒之於畎畝。清流浸潤，泥填浮游，晨之鹵田，化爲甘壤。粳黍稼穡之狀入，不可勝景。熙怡悦豫，與相謳談壃畔，斐然成章，謂之樊惠渠云。爾其歌曰：

我有長流，莫或遏之。我有溝澮，莫或達之。田疇斥鹵，莫修莫釐。飢饉困悴，莫恤莫思。乃有惠君。作人父母，立我東畝。黄潦膏凝，多稼茂止。惠乃無彊，如何勿喜！我壤既營，我彊斯成。泯泯我人，既富且盈。爲酒爲醴，蒸俾祖靈。貽福惠君，壽考且寧。

（道光）《陝西志輯要·卷首》 樊陵，字德雲爲京兆尹，勤恤人隱，悉心政事，導隆水灌於畎，畝鹵田化爲甘壤，農民悦豫，謂之樊惠渠。

福惠渠

清 陳大玠《福惠渠記》（光緒）《臨漳縣志》卷一二 邑城自舊縣移建於茲，幾四百年矣。漳水忽北忽南遶四圍，退則泥淤，積歲月而成膏壤。郭外地高半於城，城之形若釜若甌，若出水荷。

余甫治茲邑，即培築護城堤逾門，額寬稱是。今歲夏秋之交，雨積水漲，臨堤者屢仰賴神庥慶安瀾，是堤之大有造於城也。惟城無出水處，久雨則室惟水宅窪者，蛙産竈居，民患之。余勞心思爲民謀安衽席計，訪有舊水閘在城南西偏，因外濠高倍内濠，久已塞，復再四籌，北門差可出水，倣吾閩置水車五，募夫數十，俾更翻晝夜，作將水俥外濠，乃堤爲之障。潛滋暗潤，水山地中復湧内濠，遍度地勢，於東南堤角暫開一水道，自堤至于河鑿一渠，計長可四里，深廣各七尺，而後乃今得暢流。

又　又慮途徑紆於堤外，元帝廟前駕一梁，俾車馬得通。及乎水出地乾，即以内濠土培城而城益厚，即以外濠土培堤而堤益豊。自是居民有寢處之安矣，農夫獲灌溉之利矣，行旅免跋涉之艱矣。漳民賦烈文之章曰：錫兹祉福，惠我無疆，子孫保之。

余更望後之君子，踵事增華，使斯民永歌樂土焉，則幸甚矣。

（光緒）《臨漳縣志》卷一《疆域》　福惠渠在縣城外東南角。雍正八年知縣陳大玠新開，自堤至河計長四里許，有禆記，今無考。

福興渠

明　張論《賈侯重開福興渠記》（乾隆）《永寧縣志》卷二　或曰，福興美其既塞而復通也。里故老鮮悉其始，河徙無常，渠隨淤塌，蓋百有餘年於兹矣。賈侯任永既久，凡域中諸渠如萬箱、沙渠等，則既疏通利導焉。因巡歷雒表，遍撈舊迹，曰：兹莫非遺黎，何獨不分潤於宓妃之靈也？乃因醫官李逢節言，輸粟四十石，捐俸三十餘金，分命渠長韋可太、雷國治、常九齡等，刻日督浚，二閱歲而工畢。督水之丞實惟徐君守敬。渠經陳宋村之北，介大溝，每苦爲潦水所没。侯設法用石甃砌，令水潛出其下，潦水凌駕其土，若複道然，兩水安流毋相侵也。石渠之長二十尋，其鑿石凡百尋焉。大原村南有地三百七十餘畝，勢稍高，渠身稍下，又爲開支渠分注，使無遺利。計用石可三十尋。旹萬歷三十九年四月也。

又　乃徐君竟以督課癯瘵，奄然長殁，惜矣！迺以董其任者爲今丞薛君。街坡頭之陰，渠所經亦有溝水之患，亦爲架大石橋，空其中受水以達。凡用石七十尋。以今四十年閏十一月而渠底績。自始事至功成，侯越度勞來，月必數四。迨水瀉渠平，禾黍布野，而後喜可知也。按渠起於陳宋保王李村北，止於王召保寨子村東，東西長二十五里，南北濶二里。零閱保凡二，陳宋、王趙。閱里凡三，陳宋一、陳宋二、王趙一。灌地凡一千二百九十八畝五分。户凡三百五十家。不佞竊惟今之傳舍其官者，第知爲身家營耳。侯不自爲身，而以永之含齒爲身；不自爲家，而以永之比屋爲家。故顛頷焦勞，功成而民安，有足述也。繇今以往，千百人利之，千萬世永利之，苟此渠長存，則侯之明德亦應與不朽，豈不休哉。古有芍陂，今有福興，緊我賈績，并趾禹功矣。

又　永治之前，實俯洛水，西抵長淵，東達宜陽，皆平川大陸，可引洛水灌注，蒔藝不苦旱暵者，迤南有渠曰福興，謂福利所自興也。

（嘉慶）《清一統志》卷二〇五《汝寧府》　萬歷三十九年又重開福興渠，東西長二十五里，南北闊二里餘，溉田千二百畝有奇。

副霍渠

論説

清　康基田《河渠紀聞》卷一三　按：霍泉出霍山南麓廣勝寺，設渠引溉，分爲二名：北霍、南霍。北霍溉趙城柴村等二十村田，南霍溉趙城道覺等四村田，下接洪洞縣境。洪洞南霍渠，即霍水析支出禁口南流者也，設渠口，引溉馮堡等九村地。副霍渠，源亦出廣勝寺，流至縣城北官莊，設渠口，引水入渠溉西關社等五社地。

綜述

（雍正）《平陽府志》卷一三《水利》　副霍渠，《通志》：源出趙城廣勝寺，泉透迤三十里有奇，遞至縣城北三里官莊村，南設渠口引水入渠，流至西門外院頭村，流入汾河，共既西關社等五社地。《舊府志》：即通霍下流，俗名南堰，縣北三里。明建文四年，羅漢寺僧李妙智疏導通霍支派，上開母渠一，下開支渠二，溉灣裏後坡前坡北關城西羅漢寺前城鄉地十五頃五十畝有奇。後堰毀渠湮，水壅地旱，民甚苦之。正德年，舉義官張滿重修，伐石運灰，易土堰以石，加以栢棹鐵錠，堅固倍昔。渠浚深廣，水復通流，田成沃壤，人食其利。

傳記

（雍正）《平陽府志》卷二三《人物》 張滿，洪洞人，天性孝，友事親，撫姪人無間言，築城外□浚副霍渠，至今人食其利。

紀事

（成化）《山西通志》卷二《山川》 三十五年，羅漢等寺僧李妙智分小霍支流至縣北南洞里，名副霍渠，溉田二十餘頃。

藝文

明 邢大道《白雲巢集》卷六《答客》 副霍渠南十畝田，犂鋤生計自年年。貧家八口饒饑粥，不藉人間賣賦錢。

雜録

（嘉慶）《清一統志》卷一三八《平阳府》 南霍渠，在洪洞縣北，即霍水下流，唐貞元間開。又副霍渠，俗名南堰，在縣北三里，明建文四年開。通霍渠，一名小霍，俗名北堰，在縣北五里，宋慶曆六年間。

官莊渠

（雍正）《河南通志》卷一八《水利中》 官莊渠在縣西三十五里，上自官家莊起，下至青石橋，止寬七尺，深五尺，雍正五年浚。

（雍正）《定襄縣志》卷一《地理志》 官庄渠起吕布池照，五分水灌本村，有碑記。

（嘉慶）《清一統志》卷二〇五《河南府》 宣德渠在宍陽縣西六十里，土人引以溉田。又有官莊渠、老老灣渠、鎖家營渠、安業渠，皆本朝康熙三十九年開浚。

廣利渠

綜述

明 楊一桂《廣利渠記》（光绪）《保定府志》卷二一 唐縣爲查議唐河水利事，自萬曆二十九年十月十五日，蒙前撫院汪撫臨本縣面諭前事，蒙此，本縣遵依，隨遍歷境内唐河二百里，查勘水田，備具圖説，申送本院，蒙批。圖内有稍浚築可成田者，聽該縣速設法勸諭，行之力不足者，或借給倉穀可也。

西城子地方，鑿通五百步，便可爲唐民百世利。該縣查勘既眞，即當速具仰，一面估計工程約費銀若干，以憑借發，田成後，每畝歲還穀數升，完過官銀則止。此於官不費，而於民不勞也，限半月内議報。查估得，分導唐河，應用石堤百餘丈，各匠工價，并石灰價銀百餘兩，查本職自到任五年未經税契，今因是役合用銀兩，已經出示印契，照例徵税，或得五六十兩即可供費。倘有不足，設處接濟，庶免借發追償之煩。其修堤約用雜作夫役五千名，城子村地勢高者一千三百步，約用鑿渠夫役一萬餘名，共用夫萬五千名，每名議給米倉升二升，總計約用米三百餘石。查有倉貯賑剩米，請于内借動三百餘石，募夫壘堤鑿渠，渠成之日，即攤派于水地，秋收徵還。估計已定于萬曆三十年二月十三日祭河破土，合無俯將倉米批示借動以憑支用，庶七十里水利可興。

此渠經過本境入完縣曲逆河，即完民亦有賴焉。再加開廣，從滿城縣方順橋西不放水之東南挽令之東北，經大道接保定府河，可直達天津，足備一日兵荒轉輸之用。此其便大而功亦不勞。逐一估議，備由具申，蒙批倉米准照數動借，候田成，攤派還倉，基改河與該府渠合，聽該縣另勘，酌詳報蒙。

此本縣遵依，隨率典史王仰、工房吏邸雲霄、陰陽生李廷芳及各管工員役夫匠人等詣唐河東岸古木廠處，乘其上游，因勢分導，視河之底，游沙溜徙，投石忽没，安堤不固，乃布以木丁壘石其上，遂爲堤六十丈。中流水深，功力難施，乃插木爲欄，編以柳梢，填之土石，爲壩三十丈于堤之内。又建閘丈許，以時閉洩，轉而東爲南雹水村水溝横來溝下，于渠三尺許因之，則渠水跌落，不能東行，填之則壅阻，客水淹害，村民乃以木爲橋，使河水騰于上，山水穿其下，上下并行而不相害。橋欄爲閘，可以啓閉，啓則水洩注溝，復入于河，過此爲城子村。疏岡千餘步，用夫萬計，借米三百餘石，皆費于此。過此以往，直至完縣常豐河計七十里，皆因古道疏之，不復勞費，而渠成矣。

蓋自本年四月，水已流通，申報去後，但河中之壩皆土騰橋，止三丈耳。加以往秋大水，壩與槽一衝如掃，又至九月，農功既畢，接理前功，又爲石閘一丈七尺，石堤一十七丈，堤已半入，中流湍急，無所措手矣。延至于冬，河冰已堅，做沉船意，堆土冰上者十丈許，其形如圈，迨今年春冰消，土落中流，壩定，乃以手車十餘輛掣圈中水，于外一面督催匠役，并力圈内，鋪石基十五丈，砌臺九座于上，分爲九閘，每閘丈許，九閘已定，水盡歸閘，蓄洩多寡，惟吾所主矣。

乃重修騰橋，加長至五丈，加寬至一丈五尺，即秋水暴漲，無害也。總計前功，浚導河渠七十里，經歷村落三十八，分析閘渠二十五，澆灌田地一百九十餘頃，沿河植柳一萬二千九百餘株，用過米五百餘石，物料工價錢七萬二千文。其椿木、地丁、荆囤、荆筐數，且不貲。

是役也，回驚累歲，旱魃之虐烈，仰奉廣興水利之德意，爲民永圖，敢惜頂踵，但工屬乍創事，無前式，水勢無常，呼吸變易，小民難與慮始，吏胥難與務實。經營拮据，惟職一身，七十里水平，無一步不由推筭，一百丈堤閘（三十二年秋大水，堤閘衝損殆盡，此後浚渠加深，河水徑注渠，不復用堤矣），無一石不經措置，五丈騰橋，無一機不由安排。數萬夫役，無一時不由調度。牌票簿册，無一字不屬硃批。工事方殷，本縣咯血者六日，暴露風日之中，奔馳星月之下，食飲道路塵埃之間，先後共事，惟前任典史王仰、今典史張大綱，常見二官面目黧黑，經年不改，勞悴可知已。今已告成，民不徒勞，財不枉費，可幸無罪。但成之甚艱，敗之亦易。溜沙難堅，秋水時泛，百丈之堤，蟻穴可潰。苟無後慮，前功盡隳。爲此備具前由，并河渠圖説，一以報水利之成，一以圖善後之策。謹列議六款，乞賜批示，用垂碣石。異日者遵而行之，罔墮厥緒，則七十里水利，將爲唐民百世之永賴矣。

傳記

宋 王稱《東都事略》卷一〇七《何灌傳》 何灌，字仲源，開封祥符人也。由武舉爲府州黄河東岸巡檢。【略】時城東决達，原有閑田近千頃，灌命架邈川水溉之，悉爲沃壤，号廣利渠。

（道光）《重修涇陽縣志》卷二六《義行傳》 王遜，雲陽鎮監生。乾隆二十五年，廣利渠議復浚，爲有地者阻。遜合渠民白邑令議准，水利大行，隨率衆改渠築堤，至今人食其利。

（光緒）《保定府志》卷二一《輿地略五》 廣利河，本廣利渠，自唐縣西三十里雹水村引唐河水，東流至縣南，復折而東北入完縣界，會於曲逆河。

雜録

（雍正）《畿輔通志》卷二二《山川》 廣利渠在唐縣西南，金太和六年所開，引唐水灌田數千畝。又導而東，以溉隣邑。明萬歷中，知縣楊一桂復浚之，建九閘，以時蓄洩。又於雹水村架木爲槽，以過水，號爲騰橋，凡浚渠七十里，歷村落三十有八，分析閘渠二十有五，溉田無算。

（乾隆）《府廳州縣圖志》卷二 廣利渠在縣西南，金太和六年，縣令劉弁開渠風山下，引唐河水灌田數千畝，并灌鄰縣，後廢。明萬歷二十七年，知縣楊一桂復浚，溉田無算。

清 林則徐《畿輔水利議》 又明萬曆二十七年，知縣楊一桂浚渠，引唐河，溉田一千餘畝。明年復大開浚，引唐河東注，曆唐縣三十五，邨完縣、三邨溉田二百餘頃，名廣利渠。

清 王履泰《畿輔安瀾志・唐河》卷下《堤防》 廣利渠閘在唐縣西三十三里，唐河東岸風山下河神祠之東，高一丈二尺，長三丈，當渠之首。金泰和中建，明萬曆中知縣楊一桂浚渠重修，并建涵洞，以時洩水，本朝乾隆十年重修。

廣惠渠

論說

明 項忠《廣惠渠記》（乾隆）《涇陽縣志》卷九

《書》載六府，而以水爲先。渠堰之修，所以興水府之利，以足民食也。如有虞溝澮開導、潴蓄井汲，以致夫水府之修者是已。然前人已成之績，年久而壞，故予於鄭、白渠不得不因其壞而謀衆重修，加意開廣之也。

又然此六渠也，歷代澆灌醴泉、涇陽、三原、高陵、臨潼、櫟陽、雲陽、富平八邑田土，多寡不一。鄭國四萬餘頃，每畝收一鍾；漢白二千七百餘頃，宋則二萬五千七百有三頃；至新渠莫詳其數。而世以爲利者若此。元後至於今，河底低深，渠道高仰，水不通流，廢弛湮塞幾百年矣。

又 嘗聞前人相視斯渠，其說有三：一曰盡修渠堰之利；二曰復置板閘之防；三曰開通出土之便。今渠堰盡修矣，出土開通矣；但板閘之防不可不加意焉。蓋駱駝彎西百餘步，渠身兩壁開鑿切口二道，當時設此恐遇涇水暴漲及洪堰倒塌之時，即下此閘以備濁水淤澱渠道；平流一閘在退水槽近下十步，渠身兩壁亦有切口四道，蓋住罷澆田之後，水既無用，遂開此閘乃退此水，由槽還河。又當河漲之時，或洶湧之浪不能猝下，或已下而散漫，用防不虞，此皆古人良法，不可廢而不行。今二司諸公又將各閘移修，以時開閉，則濁泥不得入渠，疏導之功可以減半。溉厥田，灌厥園，澤彼桑麻，潤彼禾黍，歲獲豐登，年無荒歉，而畎畝獲收加於常年之倍蓰，則吾軍民之仰賴，何可既耶！故取渠名曰『廣惠』，僉以爲然。

清 康基田《河渠紀聞》卷一八 按志稱，廣惠渠即洪武時所修之洪堰也。上承涇水，中受諸泉，由高趨下，勢若建瓴，秦民衣食之源，關中膏腴之最也。

渠穿大小龍山，役者篝燈以入，石剛頑，火焚水淬，功初就，灌田無多。順治九年重修，就谷口上流，分涇入渠，涇水奔瀉，石堰遏之，水怒激，土石承委，不得不朒。渠高水低，勢不能引。鑿渠深入數丈，泉始湧出。康熙八年，王際有復修，後以水急壅潰，渠日就淤塞，至是大加修浚，渠始流通，灌涇陽、醴泉、三原、高陵田七萬四千餘畝，設通判專董歲修。王際有《修渠記》云：予經營渠務，塞其壅潰，最要者，則如腰堰，非設約截水不能下流也。石隔子龍洞，非身入其內，搜淘積石，水將中阻也，小退水槽爲上流咽喉，必防其泄。王御史口尤扼險，石堤一圮，水將立竭。天澇池多磽确，須煅煉以鑿之。臥牛石以上堤岸，滲漏渠水入河者大半，米汁油灰灌其石縫，方能久固。大退水之補滲，亦如之。其退水槽宜重截鐵練，以資啓閉。火燒橋，沙石填積中流，巨石盡起，水斯能行至旁岡渠。

趙家橋土與橋平，故道不通，下此則爲土渠，條析中多淺溢，躬率興作，石堅者舉火煆開，洞幽者引繩深入，漏者，補淤者，疏以迄於成。沈青崖引際有之記。又爲之說，云：鄭國開渠之始，渠與河平，涇水順流而下，又東令、冶陵、清濁三峪，及薄臺、石川諸河北注洛，故能溉田四萬餘頃。自鄭渠廢而白渠興，循涇而流東南注渭，其所灌者才及鄭渠十一耳。厥後河流日下，渠身益高，宋之豐利，元之王御史，明之廣惠、通濟等渠，大抵皆刊山鑿石，力爭上流，其始未嘗不灌溉優渥，而後率不繼者，總由涇水在山勢甚洶湧，木石囤堰，旋設旋衝。兼之石渠狹隘，涇水泥多，一入之後，遂至中滿。

我皇上軫念民依，興復古制，特發庫帑以疏通，又設專官以董理，其爲秦民謀樂利者至矣。司其事者，須酌古準今，相時度地，勤修渠堰，盡收兩岸泉，漸次鑿山，再引上流之水，則浸灌之利，必有超軼宋元，方駕秦漢者。茲故備載歷代修浚之方，并前賢利弊之議，俾留心溝洫，有所考證焉。觀此則涇渠之源流本末，奏功之艱難勞費，具列於篇。蓋由涇源勢高水急，挾泥沙入渠，下流壅，與地平，難成易壞，惟有移口就高，隨時補救之一法。然非大有力者，始終其事，未易行之久而不敝也。

綜述

明 彭華《重修廣惠渠記》（乾隆）《涇陽縣志》卷九　關中古稱形勝，富饒甲天下，形勝出於天造，富饒則亦有人力與焉。自秦得韓人鄭國鑿引涇水爲渠，溉田四萬餘頃，關中遂爲沃野，無凶年。及漢白公，復奏穿渠，引涇水起谷口入櫟陽，注渭中，溉田四千五百餘頃，民因歌咏兩渠之饒。至有宋時，梁鼎陳堯叟言：『今涇水溉田不及二千頃，皆因近代改修渠堰，浸廢舊防，鄭渠難爲興作，請復修白渠。』既修復之，民獲數倍。歷金及元，渠堰缺壞，御史王承德請於涇陽洪口展修石渠，卒以成功，載諸史可考也。我明撫有四海，視關中爲重鎮，每廷命大臣撫巡之，往者數於王御史渠口修堰行水，歲久漸圮壞，弗治。

今上紀元成化之初，副都御史項公忠，請自舊渠上并石山開鑿一里餘，就谷口上流引入渠，集涇陽、醴泉、三原、高陵、臨潼五縣民就役，穿小龍山、大龍山，役者咸篝燈以入，遇石剛頑，輒以火焚水淬，或泉滴瀝下，則戴笠披簑焉。功未就，項召還朝。戊子項復西征過陝，命有司促功責成，及奏凱還，亟以成功紀於石，名其渠曰『廣惠』，而渠實未通也。丙申右都御史余子俊又經略之，於大龍山鑿竅五以取明，疏其渠曲折淺狹者。踰年，余以兵部尚書召，又弗克就，訖其功者，副都御史阮公勤也。

公下車即詢民所利病，圖興革之，唯恐弗及。於是三司諸君牽連一口，以渠爲言，且曰：『曩者之費，率徵於利及之民，今民未獲利，而復徵之恐，不堪命。』阮公曰：『然盍以帑藏金粟，募工市材食役者，功成，然後責償於民，可也。』衆議僉同，乃檄布政魯君能、參政鄧君山督其役，而朝夕躬任，程課勞徠者西安府同知劉端也。用匠幾四百人，五縣之民更番供役，役以辛丑二月興，渠口有石臥水中鉅甚，乃堰水以西，鑿石四尺，水得深入，又竅水龍山，架板槽閣泉溜，且鑿疏，深者至五尺，淺者至二三尺，廣可八尺，六月大雨，河溢壞堤，湧沙石壅渠，俟少間即築堤堰水，疏渠鑿石，工愈勤，至十月水冰，輟工。明年正月復作，治決去淤塞，遂引涇入渠，合渠中泉水深八尺餘，下流入土渠，汪洋如河。下流至古所謂三限渠，曰中限、南限、北限者，中限下至彭城閘，又分四渠，溉五縣田八千餘頃。初秦漢時，涇河平淺，計古溝澮猶有存者，故引河作渠，直易易耳。年久河益深，水勢與渠口相懸，益就上流，然後能引水，而疏鑿非故渠，且多石，故用其力尤難，而功成尤可喜。

渠成，遠近之民懽呼扶携，争先快覩，以爲前此所未見，咸舉手加額曰：『上之人所賜也。』而諸方岳咸歸功於都憲公，推布政余君洵、按察使左君鈺，請於公，曰：『盍勒碑紀其成功。』曰：賴聖明在上，邊境無虞，凡來涖兹土者，皆究心民事，逾十七八年乃克成，兹澤耳。若備紀之，俾後之人知其難，勿褻廢焉。庶其爲澤，無窮期也。因鄧君來京，遂以請於華，竊惟古先聖王，裁成天地之道，輔相天地之宜，以左右民若井田之制，有溝，有洫，有澮，有川，豈惟以經界乎哉？其所以爲利民計至深遠也。自井田壞，水利浸廢，裁成輔相之大端缺矣。凡歷二千年以至於，今廢隳，益甚國家仰給，全在於東南，中原之利，蓋十不及古二三。一遇旱澇，往往塡溝壑，散四方者，無恠乎其然也。於戲！安得吏於中原者，皆宅心仁愛，汲汲興利，澤以濟民，如公等乎，若然則不獨關中之富饒，可漸復如古昔也。阮公，字必成，勤其名也。華同年友，歷官三十載，所至皆可紀云。

傳記

明 雷禮《國朝列卿紀》卷四七《兵部尚書行實》　項忠字蓋臣，浙江嘉興府嘉善縣人，正統壬戌進士，授刑部雲南司主事。【略】

關中水泉斥鹵，宋有龍首渠，歲久湮廢，居民病之。忠奏開一渠餘三十里，涇陽鄭白渠亦久廢，奏募工疏通，於平地則度勢高卑而穿渠，過巖則聚火鎔鑠而穿竇，不二年而成名，曰廣惠渠。凡灌田七萬頃，人懷其惠，立生祠祀之。

紀事

明 項忠《廣惠渠記》（乾隆）《涇陽縣志》卷九 按志書：鄭、白渠在今涇陽縣西北七十里仲山下，原有古迹洪堰一所，分閘涇水以溉田畝，是其所由來而利民者遠。自秦而下，歷代鑿之者不一，故渠亦因之而變名有六，惟鄭白名渠獨加顯焉。其曰『鄭國渠』者，蓋六國時韓苦秦害，乃使水工鄭國説秦鑿涇水溉田以爲間，故名也。曰『白公渠』者，蓋漢涇河底被水衝底水不能入渠，大始二年趙中大夫白公於上流接開石渠，引使通流，故名也。謂之『六輔渠』者，漢兒寬爲左内史，請鑿六輔渠以溉田，故遂名焉。謂之『豐利渠』者，宋大觀中詔開石渠，疏涇水入渠者五尺，下與白公渠相會，工畢而賜名焉。迨元至大元年，涇河又低，水不能入渠。陝西諸道行御史臺監察御史王琚，又於上流接開石渠，故今名爲『王御史渠』，又曰『新渠』焉。

又 予昔忝臬司之長，今叨巡撫之寄，歷官久此，竊思兹渠，能仍舊迹而疏通之，則前人之功，庶保其復續，而今之爲利得不同於昔耶？遂詢謀僉同而具實以聞，上可其奏。命下之日，予檄醴泉、涇陽、三原、高陵、臨潼、富平六邑蒙水利人户，於彼就役之。前所謂櫟陽、雲陽者，今已革去，先以布政司右布政使楊公璿董其事，未克成就，而升任去。復以右布政使妻公良、右參政張公用瀚，余公子俊，按察司副使郭公紀，左參議李公奎繼之，務畢其工，有底於成。其各受委也，晝夜不遑，恪恭乃事，大播民和，分工命役。於平土也，則度勢高卑而通渠；於山石也，則聚火鎔鑠而穿竇。又必期之以歲月，緩其力而不急其功。然後渠成水行，厥功始克就緒矣。考地之疆界，不異於昔，計今溉田，有司則八千二十二頃八十餘畝。西安左前後三衛屯田則二百八十九頃五十餘畝，每畝收穀三四鍾。比舊田畝，蓋減其數，穀視昔有加者，得非民有欺隱，畝有濶狹，抑古今水有消長，或因兵燹坑阜之不齊歟？今渠成，二司諸公，屬予取名爲文以記其實。予亦嘉二司諸公之殫厥一心，以成斯渠，故喜而言曰：『民以食爲天，水者食之原也。然所以爲利，亦所以爲害，在善導之而已。』

清 畢沅《關中勝迹圖志》卷三《大川》 本朝順治九年，邑令金漢鼎重修廣惠渠，就谷口上流分水入渠，後涇水奔瀉，石堰遏之，其怒逾甚，土石承委，不得不朒，渠高水低，勢不能引，後鑿石渠，深入數丈，得泉源瀵涌而出，四時不竭，涓涓滔滔，經絡諸邑，其利倍於涇水。

藝文

明 項忠《廣惠渠記》（乾隆）《涇陽縣志》卷九 辭曰：俛懷鄭白兮古之人，創修涇渠兮水勢分；灌溉畎畝兮民欣欣，歷漢涉宋兮繼厥勛。粤勝國兮侍御史，疏上流兮民仰止；幾百年兮水弗流，民不獲兮勞厥耜。今鳩工兮民孔勞，予勞民兮民心焦；豈予欲兮咈民性，汝詎知兮爲汝曹。工既畢兮民安佚，田土沃兮國之實；名廣惠兮利無極，惟帝力兮臣之職。

雜録

明 項忠《廣惠渠記》（乾隆）《涇陽縣志》卷九 再嘗聞元之王御史建修此渠三十餘年，而功尚未克成，備載涇志。今渠不二年而成者，蓋百工之咸集，資給之不吝，又委任之得人故也。若後之繼政者，時加修葺，可保悠久，否則予不敢知也。然今之渠道有仍舊而增者，有脱離而創者，以及夫功用之費，助成人之姓氏，并歷代因革畫圖悉刻諸碑陰，用示後之人云。

（嘉慶）《赤城志》卷二三《山水門五》 若廣惠渠，故迹既泯，而元守鑿以通舟之處，亦以居人櫛比，鬩而小之，今不惟舟不得通，而車馬之路亦轉側無所容矣。又按唐許渾有《陪鄭使君泛舟晚歸》詩云：『南郭望歸處，郡樓高捲簾。平橋低皂盖，曲岸轉丹襜。』如此，則郡通舟楫，唐時已然，元公增鑿之爾。

廣濟渠

論説

清 康基田《河渠紀聞》卷一三 按自明以來，議引沁者紛如聚訟矣。引沁而不得其利，害即隨之，至有大利而無小害者，無如河内之廣濟渠。渠始於前明袁應泰，穴太行山洞吸沁水由洞入開渠導引灌河濟温孟之田數千頃。外有山洞爲節制不虞衝決，内隨地疏流曲直輪注，有水到渠成之樂，懷民安享其利。黄河自西而來，沁與之合，河沁力猛，沿河居民未敢輕開引灌，懼湍流衝決。惟寧夏漢唐諸渠鑿山根爲漕，引灌黄流，有利無害，制稱極善。然其形勢顯露鑿治可施，猶不若廣濟渠之穴山通水，奇巧天成也。

惟水入刷沙而行通流，日久渠底停沙壅滯，必藉當事之力集衆共挑此，李觀察之所以因時舉事也。乾隆癸卯甲辰間，渠内停沙，日積水灌，無幾乃鳩工疏理舊渠，通力合作，五閲月功成。何撫軍裕成上其事，廣濟渠通行如故，繼事而不廢，是有望於後來者矣。

綜述

唐 佚名《沁河枋口廣濟渠天城山蘭若等記》《唐文續拾》卷一〇 二儀始分，山河已顯。豈伊造化，實曰自然。此沁水者，出自沁州沁土山，初出泉涌，已堪賞翫。數里之外，便作洪流。屏万仞之山，闢千重之嶺。虵盤龍勢，虎臥鳳翔。或東澍而跳波，或西傾而箭激，或南流而繩縵，或北瀉而若飛。屈曲縈迴，七百餘里。奇峰恠石，匪可名言。有若佛形，或如仙狀，翔鸞蹲鳳，異獸神人，邐迤相望。至于谷口中開，潭洞清瀨，亦數百餘。黿鼉蛟螭，莫知其數。峭壁万仞，聳出深潭。人□無由，鳥飛方度。危險崖隥，匪可書窮。浩浩雄流，輒不可犯。届茲枋口，實曰巨河。以下《枋口記》水像枋形出山，俗謂之枋口。以下《開渠記》有釋子堅公者，禀天地之氣，承造化之英，懷濟物之心，有開河之志。承恩銜命，敕使監臨，觀天下地形，可開處便闢。飛輪至此，巨致殊功，招樊噲之徒，召五丁之類。駈崆峴之石，立拂雲之梢。堰洪口巨流，缺東南之岸，分流一派，溉數百万頃之田。荷鍤興雲，鈌渠降雨。黄泥五斗，秔稻一石。每畝一鍾，實爲廣濟。由是河内之人，無飢年之慮。鶗堰殘水，尚爲大河。千里澄澄，東流入海。以下《蘭若記》此枋口内灣環緑水，狀若盤龍，周迴翠屏，削成万仞，中開有地數頃，夷若平川。金門雄山，引頭直入。數峰，勢若聯珠。余因游焉，結茅禪室，目之四面，号曰天城。時人因稱天城山聯珠峰蘭若，既居勝境，安敢匿詞。智短山長，略述其狀。

元和四年赤奮歲春三月，刱此蘭若。六年單閼歲冬十一月，刻此記焉。濟源縣令李朝陽、烝□宏、簿李勛、尉王士端同立。

明 何瑭《柏齋集》卷七《重浚廣濟渠記》 沁水自山西來，至懷慶府濟源縣王寨里出山，地名枋口。嬴秦時，於上流鑿爲五渠，分引其水，以灌民田，歲久湮塞。

弘治六年，河内縣崇下鄉民張志奏開廣濟渠以灌濟源、河内、温、孟、武陟民田。正德七年，利上鄉民馬榮復奏開利人渠以灌其鄉之田。利人渠口地勢平坦，水流順利，故一向疏通。廣濟渠口地勢高仰，水流艱澁，故累致湮塞，雖歲加疏浚而終不流通，一遇亢旱，則名爲水田者悉成焦壤，百姓皇皇無所控訴。正德十五年冬，洪洞韓公來守懷慶，振肅紀綱，百廢皆舉。河内縣崇下鄉民曹剛等乃告乞疏浚河渠，公慨然曰：『郡守爲一方民物之主，凡百利病皆當興革，况開渠灌田乃吾民衣食之所自，非一事之利病可比，豈可坐視而不加之意乎？』顧時方寒沍，未可有爲。

明年正月三日，即率同寅貳守張公、通府黄公、劉公，推府張公及河内知縣王侯濟民等，躬往渠口相地勢之所宜，將大起夫役，別議疏浚。既至，上下山原，往來審度，見利人渠去廣濟渠不及一里，而渠水浩浩有餘，乃議斜鑿一渠，分利人渠水入廣濟渠，則兩渠民田灌溉皆足，其力省而功倍。利上鄉民懼其減己之利也，爭論不已。公乃徐諭之曰：『渠水有餘，雖分其半入廣濟渠，其半尚足灌溉，無損於此而有益於彼，何憚不爲？况民皆吾民也，使有所病，吾亦何忍奪此而與彼哉？』民既帖服，乃令河内縣量起夫役，委管河老人韓彦、段廣督工疏浚，越月工完。兩渠通流，灌溉皆足。是歲大稔，百姓感公之德，踴躍歡呼，遠近如一。

老人韓彦、段廣、張洗、楊緯，義官茹經，及堰長高松、李鎧等，乃來徵言於瑭，將勒諸石，以示久遠，以無忘公德。瑭切惟，賢人君子所以能成一時之功者，固本乎有忠愛之志，亦在乎有明斷之才。近來士大夫類多從事於簿書期會之間，於爲民興利除害之政，鮮復留意。或有其志矣，而明不能察事幾，斷不能決疑二，往往中輟，不能成功。廣濟渠之始開也，上司以勞民費財甚難之，時則有通守施公贊其成。利人渠之始開也，濟源之民懼損其膏腴之地，極言不便，至奏聞朝廷，連歲不已，時則賴郡守藏公、節府潘公致其決。然則成一時之功，固未易也。今茲河渠之疏鑿，非公明斷於上，又安能以就緒也哉？

昔漢杜詩修召信臣舊渠，以灌民田，當時百姓歌之曰：『前有召父，後有杜母。』史册書之，以爲美談，公亦何讓於古哉？柳公尊甫大司徒質庵先生，往嘗巡撫河南，地方利病蓋無所不用其情矣。公之來守也，庭訓之間計無所不及，疏浚河渠以爲民利，蓋其尤彰明者耳。瑭恐百姓之未必知也，故終言焉。

明 佚名《平舊都廣濟渠碑記》（光緒）《文水縣志》卷一二　竊謂興利莫先舉廢，通變乃以宜民。自國朝先輩縣侯戴公謙者，鑿泉引水溉田數千頃，志有明徵，厥後漂沫湮没無存。嘉靖七年，王公子雄目擊往事，慨荒歉之無備，思成憲之當遵，於是糾合邑民挑洗廣濟古渠。起水上至文峪河，退水下至汾河，輪流灌田，週而復始。即豪强者無得專其利，良弱者不得靳其恩。内有南武成公汝金，舊縣趙公鼎，二都亦各有分，上水俱讓西平使焉。貽迄至今，王公諱賢等亦思先代流傳良法可守，仍集合都之民，大興開渠之利。且又疏通紅橋渠一道，本都二村溉田約十五頃，賢等上分使水焉。允若此，則豐凶有賴，亢旱有資，西平眞爲文邑之利藪矣！斯民之迪德而善良者肇自此哉！勒文於碑，以爲千百禩法繩之不朽云。正德十一年歲次丙子六月十有九日遺留。

明 王宏《孝義縣重修廣濟渠記》（乾隆）《汾州府志》卷三〇　高唐之山有孝子河，源出孝義縣西北山，駢於白壁之左右，旁分二水，合流一派。開渠東注，環流城郭。朝廷賜額曰：『廣濟渠潤物惠民，誠有利於百世也。』邇年以來，世與事殊，物因時變，或秋水泛流，洪波橫逆，久而淤澱，俾高者傾，平者漫，且荒且涸，耕穫之地，咸爲榛莽。值兵革煩興，民物凋敝，不復知有廣濟渠矣。洪武庚戌春三月，天久炎旱，瘠瘵之民，弗克更生。新授判簿成公器之濠梁人也，才兼通敏，素以民事爲心。訪於耆宿成執中，於是驗地之形勢、水之故道，率衆興工，雲集而至，不旬月而渠復成。知物之情，興民之利，亦由漳水灌鄴，涇水注渭。克紹前賢之嘉績者，傳之百世，庶幾其不朽乎。

明 佚名《重浚廣濟渠碑記》（乾隆）《西安府志》卷八　南山西駱谷水引入縣治循郭而東入渭，元末堙塞。正統癸亥，鄭公達來宰是邑。明年歲旱，井泉俱涸，汲者行六七里始得水。公訪求故道，親爲區畫，軍民爭操畚鍤，恐後渠道大闢奔注于壕，乃復岐之爲二郭東西，民利賴焉。

明 袁應泰《廣濟渠申詳條款記》（乾隆）《重修懷慶府志》卷七　河内地方，歲苦亢旱，幸遇院司道府嘉惠窮民，興利明文，不啻三令而五申之。本縣仰體至意，申蒙詳允，開鑿廣濟渠一道，業已竣事告成矣。但規畫久而易湮，人情習而滋玩，欲圖永遠之利，宜詳經制之力。二載以來，熟觀水勢，深維弊源，條列事宜如左，詳允勒石，永爲遵守。

一明河基，以防侵占。本河自太行山鑿洞引水，經濟源、孟縣、河内、温縣、武陟，達於黄河，延袤一百五十里，濶八丈，俱係除糧官地。又價買濟源民田，開減水河一道，以防泛溢衝決之患。長一百零九十丈，濶四丈，亦係移關該縣除糧，永爲官地。如隣河居民侵種，兩岸湮没，舊制以盗決堤防治罪。

一定渠堰，以均利澤。本河一渠，共分二十四堰。第一永益堰，由官莊至休昌，長三里。第二永利堰，第三常豐堰，俱并入永益堰。第四天富堰，由許村，長二里。第五永福堰，順入利人河。第六廣福堰，由許村、官莊入豐稔河，歸黄河，長一百二十里。第七和豐堰，由辛村、高村，長五里。第八廣豐堰，由東許村、金塚至小管入黄河，長一百二十里。第九大豐堰，由南尋、西李家橋、曲溝、柿園、上坯、賈村至黄閎所減水入黄河，長一百三十里。第十大有堰，由南尋、北董至沙岡，長三十里。沙岡有鄭府寄莊地七頃五十畝，除本堰三分水一日。第十一太平堰，由武家作、張家作至劉家莊，長一十里。第十二廣有堰，由七里橋、故事、馬鋪至古澗，入沁河，長二十五里。第十三永濟堰，由護城、祝策、彭城、祝香鎮至蘇王東宏福堰，長七十里。尚香西，砌欄水閘，減水入沁河。第十四廣阜堰，由南屯、沙岡至辛王，長一十里。第十五新興堰，由里村、泠家莊、賈村至北正，長一十八里。第十六廣隆堰，由五王，長二里。第十七萬盈堰，由分水石、七里屯、衛村至彭城，長三十里。第十八常濟堰，由住村、珍珠莊、高照至耿家莊，入澇河，歸黄河，長六十九里。第十九興隆堰，由郭村、王里、李家莊至北張，長一十八里。第二十興福堰，由彭城、尚香鎮至劉家莊，長一十里。第二十一宏福堰，由蘇王、南徐澗至南張，長一十五里。第二十二萬億堰，由西泠至東周，長十里。第二十三大濟堰，由北泠至杜家莊，長八里。第二十四永通堰，由保封、董宋、趙家莊至唐郭，入黄河，長四十里。中間支渠之在各堰者，遍滿原隰，不妨隨便開導。惟此二十四大堰，較其遠近，酌其盈縮，民以稱均平矣。此中如强有力者擅開一堰，計日分水，即減别堰之利，若係上流，尤宜嚴禁。

一泄餘水，以免泛溢。本河水勢頗迅，兼以秋雨驟集，溝澮之水皆入於河，不無嚙堤之慮。前於本河要害處，所開減水河一道，以泄之，仍動本縣積剩公費銀，建立石閘一座，但水勢疾於建瓴，兩岸易於衝塌，宜用石砌兩旁，以垂永久。見有設立修理本河公田，租穀每年一百二十石。動支一年，以供其費。庶石堤完固，蓄泄備而水利益永矣。

一設閘夫，以便防守。本河洞口及減水河口與分水去處所，俱有設立石閘，以時啓閉。惟閘夫是賴，相應於石洞設二名；減水河、分水閘各一名。每名工食銀七兩二錢，查有本縣冗役吹手，可裁三名，青夫洎鋪陳庫夫，可各裁一名，改給閘夫工食，庶無加派之擾，而興事用人，兩爲便益。

一分水次，以禁攙越。大旱之時，民以水利爲命。乃强梁者，肆爲兼并，而小民捐滴無望焉。於是相率而告高阜，或疾視吞聲，莫敢誰何。應編定水分，自下而上，挨次引灌。除大月浸河水一日，各堰不敢呈討引灌外，每月以二十九日爲率，每日百刻，共計二千九百刻，共夫四百六十二名，每名分全河水六刻二分七釐七毫。自第二十四堰而上，至第八堰，共夫四百六十名半，分全河水，二十五日六時。每月兩輪，每輪一十二日九時。上輪自初一日子時起，至十三日申時止；下輪自十五日午時起，至二十八日寅時止。以十分計之，萬盈等十一堰，四分二釐；廣有等二堰，二分八釐；太平等四堰，三分，爲一號。自第七堰而上至第一堰，共夫五十五名半，分全河水，三日六時。每月兩輪，每輪一日九時。上輪自十三日酉時起，至十五日巳時止；下輪自二十八日卯時起，至二十九日亥時止。以十分計之，天富等三堰，四分四釐；永益等三堰，五分六釐，爲一號。各堰通融，照夫輪灌。仍令二十四堰各建一閘，一閘之中計百步，總砌一陰洞，引水入於渠灌田。俱各用鎖，總管司之。凡遇用水之時，發鑰開閘及陰洞，依次放水，攙越之弊，不禁而自無矣。如仍前恃强攙越，計畝罰穀，俱入廣濟倉，同公田穀，備修河之用。

一栽樹木，以固堤岸。各處河堤，多植柳樹，以其根株盤結，可以固堤而障水也。相應於春初之時，着令各鄰本河居民，遍栽柳株，數年之後，即可成林。不惟堤岸堅固，而材木不可勝用矣。

明　袁應泰《廣濟河渠水利碑記》（乾隆）《重修懷慶府志》卷七

廣濟洞渠，石閘一座，兩空，每空流水，高四尺，闊五尺六寸。閘北面寬三丈二尺，高三丈。望水門二座，東西角門二座，上欄杆十，空閘板、鐵索、滑車俱全，閘夫看守。石洞長二十一丈，底闊一丈二尺，高一丈；石洞長二十三丈，底闊一丈二尺，深七丈九尺。山神廟迤南，上接入廣濟河身，買濟源縣官莊里民蓋汝器地五畝，價銀五兩，并兩岸壓佔山坡地一十五畝，俱該縣除糧，永不起科。其地二十畝，地名郭登閘。修建豐稔河架橋一座，陰洞四空，每空中高五尺一寸，濶四尺三寸，兩頭各高七尺五寸，長二丈五尺。許村開減水河一道，長一里零九十丈，濶四丈。用價買濟源縣許村民段廷檜等地一十七畝二分三釐九毫，共用價錢二十九千五十七文，移關該縣除糧。大河欄水閘一座，兩空。減水閘一空，北官路橋一座，利仁河架橋一座。閘夫工食，用價買沈良貴地一十八畝，價銀一十八兩，閘夫耕種看守。本閘納糧租課，准作工食。大豐堰減水欄水閘一座，兩空，每空濶四尺四寸。分水閘一空，下高二尺，濶一尺八寸，上濶四尺六寸。減水置買本縣利上四圖九甲吴宗孝等中、下地二十畝，價銀八兩，閘夫承糧耕種，看守本閘，永遠遵守。太平堰夫十五名，各處疏挑，河工免調，經年補修看守大河。張村至分水石堤岸并千倉渠，架橋以防不虞。

西七里屯分水石處，河南萬盈等十一堰，口潤七尺三寸。北河永濟等四堰，口潤五尺七寸，底、帮各長十一丈八尺，深四尺五寸。西官路大磚石橋一座，兩空。南七里大磚石橋一架，俱本縣俸贖官銀修建。初鑿太行山，穿洞并修建大石閘、架橋及減水河閘、橋，分水石等處，委官公直、甄周南、王尚智、蕭守祖、侯應時、趙陽、趙九所、張思聰、張思周、黄延壽、李應光、閻思化、成齊、李太運、李應守、段國玉、李邦寧、郝有義、荔汝能、馬九叙、張守志等。本縣知縣袁，申請准給冠帶、牌匾、獎賞。又申請免其夫役一名，子孫同衆，永遠用水。如本身地少，不足夫一名者，免盡本身，不得冒免他人。各給帖文，永久遵守。第一永益堰，第二永利堰，第三常豐堰，俱順入第一堰，共夫三十一名半，老人荔汝能。第四廣豐堰，順入豐稔堰。第五永福堰，順入利仁河。第六天福堰，夫二名。第七廣福堰，夫十四名。第八和豐堰，夫八名。三堰共夫二十四名，老人李士楚。第九大豐堰，減水，夫六十二名半。又新興堰，夫十八名，順入一堰，共夫八十名半，老人盧三顧。第十大有堰，夫四十六名，老人王行外。鄭府三分水一日。第十一太平堰，夫十五名，老人楊文清。第十二廣有堰，夫十一名半外，公田二名，老人周天琴。第十三永濟上、中、下三堰，夫一百二名，老人朱冠、張烱、王九星。第十四廣阜堰，夫八名，老人宰光賢。第十五新興堰，夫十九名，半順入大豐堰，夫十八名，止存夫一名半，老人李進禄。第十六廣隆堰，夫四名半。第十七萬盈堰，夫四十三名，老人王應舉。第十八常濟堰，夫十五名半，老人劉夏正。第十九興隆堰，夫九名半，老人嚴光明。第二十典福堰，夫十四名，老人劉福增。第二十一宏福堰，夫二十七名半，老人梁谷完。第二十二萬億堰，夫八名半，老人梁誦。第二十三大濟堰，夫十名。第二十四永通堰，夫七名，老人李尚梧。廣濟洞自洞至河内縣界，濟源縣地河長六千九百六十四步；河内縣地方至分水石，河長八千二百步；大豐堰、減水河，河内縣長四十五里，温縣七十五里，投入黄河。永濟堰北河投入宏福堰，長一萬五千四十步。尚香西減水河，長五百四十步，投入沁河。廣有堰投入沁河，長六千二百五十步。萬盈等堰南河，河内縣河長一千一十七步，温縣河長一千二百步，武陟縣河長一萬二千八十步，投入黄河。河内縣頂濟源縣界，利上三圖八甲，歲字一號，中心區頭狄虎，内除廣濟河身，潤六步。利上四圖五甲，潤字一號，中心楊希泉，西北角橛頭史應禄，内除廣濟河身，潤六步。寬平五圖八甲，日字一號，中心杜臣，内除廣濟河身，潤六步。寬平五圖八甲，東北角橛頭楊宗禮，内除廣濟河身，潤六步。崇上六圖十甲，温金字五回四號，中心司道，内除廣濟河身，潤五步四尺四寸。崇上六圖十甲，東南角橛頭李住，内除廣濟河身，潤八步。崇上六圖二甲，西南角橛頭梁田，内除廣濟河身，潤八步。崇上二圖十甲，西北角橛頭王魁，内除廣濟河身，潤八步。温水字四回六號，刷邊中心馬守安，東北角橛頭魏崇湯，内除廣濟河身，潤六步。崇下五圖三甲，温水字一回六號，中心崔敖，東北角橛頭魏來、李思聰，内除廣濟河七里南堰河身，潤五步。西北角橛頭李翏，内除七里南堰河身，潤四步。温縣太平鄉四圖八甲，天字十一號，十四區中心趙來朝，内除廣濟河身，潤六步。武陟縣天字十五號，第十二區外刷邊，九區區頭秦漢，西北角橛頭張朋，内除河身地二十二畝五釐四毫。

清 周全功《重修廣濟渠記》（光緒）《陝州直隸州志》卷一四

夫爲民上者，盡知興利爲首務，而不知興利之未易言也。昔人云：民非水火不生活。故水之爲利，滋灌溉給日用無時而缺者，利用之溥更有過於是哉！按州乘云，陝治龜形也，得水則吉，此雖涉讖而不可信，然陝之爲勢因高建城，城之中鑿井每深數仞而不及泉，雖或得之，卒多苦鹵，居民皆遠汲于郭外，方州之内而無涓滴之泉可乎。

廣濟渠自唐長孫公創建，由州東南三十里引槖水入城，民咸賴之。迨後，遞廢遞興。至明末叠罹寇燹，此渠復壞，迄今六十年矣。癸未冬，皇帝西巡過陝省，方觀民以致上廑宸衷，有殘敝不堪之嘆。予時宰大同方九月，謬膺特簡來典是州，自愧疏庸，何克勝起衰振敝之重任，蒞治以來，夙夜不遑自逸，以求民瘼，念利之當興者是渠爲先。然詢之父老，僉云舊迹傾圮不可復識，今欲修之，則棧山堙谷，費且不支，咸結舌而不敢議。於是嘆前刺史之因循良有以也。

予既知其難，而又不能恝置之，每公暇出郊，相其斷續崩頹之處，默識其高下闊狹需費幾何，久之稍有成算，而猶不敢遽發也。閲二年丙戌，年穀順成，四民樂業，爰集紳民公議之，咸踴躍樂輸，衆口如一，予知其時之可舉矣。然猶念厥士燥剛，洒築維艱，而未敢驟下鳩工之令也。幸而天相厥成，六、七兩月大雨滂沱，土膏潤足。於是乘時興作，一聞鼛鼓，畚鍤如雲，登登之聲徹於遠邇。

經始於是年七月，而成於丁亥之二月。董其役者則判官州掾焉，襄其事助其工者則州之紳耆士庶焉。予亦何勞之有，而志其成哉！第念未修之前，恆慮其不克修；既修之，始恆慮其不克成。積三載之籌思，賴衆擎而易舉，其爲慶幸，何可言喻昔賢興利之迹？廢之之易，如彼今也；作之之難，又如此。竊願後之君子皆存始作之心，後之士庶常懷將廢之慮，時預防而補葺之，庶幾永享其利矣。此予之所以不敢不記也。

清 高積厚《重修廣濟渠記》（光緒）《陝州直隸州志》卷一四

陝治踞山爲城，民艱於汲。唐長孫操築渠引橐水入城，始獲其利。迄我朝康熙初千餘年間，凡六疏築矣。

乾隆癸未季春，余涖茲土，渠堰滲卸，不能長流，詢之居民，水不達街市者，蓋已二十餘年。余遂窮源至交口，審度崩圮淤塞之由，其弊有三：橐水入渠口至野鹿傍崖而流，土崩渠塞，一也；野鹿邐迤而西，橫澗十三道，或土堰承流，或木槽接引，水朽易洩，土溼易崩，二也；地形卑處，築上堰磚渠，低者數尺，高則五丈有奇，磚縫易裂，水流必穿，三也。所以二十年來，朝修暮圮，勤勞百姓而無功者，其病在治末不治本。

因與僚友議固本計，欲易以石，則費大而功難成；若仍以磚，則土撐而工易毀。於此而思便民計遠，莫若用灰土如法夯杵，完者仍之，壞者新之，缺者補之，積實計封渠堰一千五百一十一丈，灰土實其中，糯䃄密其理，上覆土渠防其凍裂，展寬頂底，大其載承，栽草衛溝，植柳護堰。設井五，便人民之取汲；設閘七，隨盈縮而節宣；杜匪僻之潛行，則置水門以禦之；虞瀰水之下注，則置簸箕以縮之。開水眼以輸溉，達泮地以分流。跨渠架石不碍行人，易槽成梁庶幾可久。凡此利益，一時并興，肇工於癸秋九月，告竣於甲春三月。動公費銀七百四十五兩，不足，捐俸成之。功畢之日，水流暢達，遍於城市，民飲且溉，晝夜不舍。勞民利民，何弗爲也。惜值農事，興費不給，城內尚無蓄水之池；野鹿未浚來源之脈，暴下諸溝不能更新而改築之，實余之責。後之君子惠愛吾民，以補其不逮，其功績應歸來者。乾隆二十九年八月朔日記。

清 張二酉《廣濟渠碑記》（雍正）《定襄縣志》卷八

環襄皆山，有滹沱水自西北來迤西東，橫流若帶。其沿河田肥美，民殷富，獨山鳳等都居山之陽，去河遠甚，地形高厥土燥，一遇旱暵，君民如寄，縱極撫綏，不可留。噫！亦造化之無可如何也。然有以人事補天時之憾，濟地脉之窮者，莫水利若也。

舊渠起自州鎮忻口蝦蟇石，經灰嶺四家莊白村十里許入縣界，灌溉不啻萬畝，利誠溥哉。溯原乃宋爾朱氏始開，後喬十萬齊全美繼之，而成於州倅李子成。邑志元好問《渠堰記》具載至明洪武年間始廢，越二百年餘。二酉。曾大父諱梧擁貲巨富，憫閭里凋敝，具呈本縣劉申撫院曹復準買州地置石洞，估工折用約費千金，渠遂大行。不三年，與州民小忿，甲乙勾連成大怨，兼際天雨連綿，渠幾湮沒。論者謂氣數使然，不知實其人之有待也。

康熙二十一年荒疫之後，又值亢暘，人心惶怖。邑候趙公甫下車，他務未遑，即以水利下詢。生員李鼎臣、鄉民李業等以此渠備陳其狀，公毅然曰：『爾朱氏創於前，余獨不能繼於後乎？』爰據呈詳報各上臺批允，會同州牧柯踏勘審理，心力幾瘁，渠路始通，州縣各具印結，士民俱輸服供，狀立有成。案顧愚民，狃目前之便安，不思計久遠富者，以費重爲辭，貧者又諉於枵腹之難勝。二酉等遍歷諸疃，勸得夫名一百八十，刻日興工。公隨捐百金爲畚鍤力役之費，經始於涖政之十月朔，落成於明年九月，終計工三萬七千有零，折銀一千一百餘兩。

豈期大利將興，忽遭異常地震，兩載之勞，隳於瞬息，人心鮮有不懈者，而公志益堅，復集衆申諭，謂：天之所以壞此渠者，正天之所以永此渠也。於是簡爾徭，緩爾征，再捐俸如前，且親行勸課。縣尉胡公亦時爲督責，開導四十餘里，其間穿山逾嶺，架壑通流，合前工共五萬七千餘名，折銀幾費二千兩。而萬年美利肇基於此。行見北山陽一帶，磽瘠變爲膏腴，向之流離者，悉操耒耜，率妻子而歸。我樂土非公之力，誰與歸？公諱繼普，字天衢，古三韓人也。二酉等世食其德，無由報，稱特敘其始末，以志公之澤於不衰。

清 佚名《重修廣濟利豐河渠碑記》（道光）《河内縣志》卷一三

沁水，自晉境折入濟源之枋口，昔人引以灌田，其來舊矣。顧渠口初未審形勢之便，易湮淤，遂通塞，不常時，有興廢。明萬歷庚子間，大司馬鳳翔袁公應泰令河内，相度水勢，鑿山爲洞，置閘司啓閉，引水出洞口，滔滔汩汩，東南流歷濟、河、温、武四縣界，又數分支流，以資遍溉，名曰廣濟洞渠。其役甚衆，其慮始甚周，其落成甚艱，而其永濟乃甚溥。其下又有利仁豐稔渠，用濟廣濟之不及，而膏腴沃壤，幾盡境内，越數十載，渠潮淤塞，僅存涓涓細流，而澤不下究，邑侯孫公，目擊心傷，謀爲疏浚之舉，初有慮鳩工之難者，侯曰：否，因民之所利而利之，其强者，吾以公服之；其奸者，吾以明察之；其愚而弱者，吾以均恤之。苟有利於斯人，勞怨其奚辭。既肇，庶民子來踴躍趨事，猾者無所施其巧，樸者，無所愛其力。自廣濟正渠以暨，各支渠并利仁豐稔諸渠咸浚，深廣如舊式，未三月而告成事，浸灌之利大饒，而用不争。余嘗稽晋安平獻王司馬孚，爲魏野王典農，將具表言，枋口木門朽敗，易以方石，溉田滋廣。唐貞元二年，隴西公李元淳刺懷州，開渠七十餘里。史又称温造爲河陽節度使，太和五年，浚古秦渠枋口堰，役工四萬，溉濟源、河内、温、修武四縣，田數千頃。可見枋口渠，自秦有之，當時以木爲渠口，司馬獻王乃易之以石，猶易湮淤。至袁公鑿爲洞，功乃益大，利乃益溥爾。

天下事往往振迅于創始，而後乃因循凌替，故繼起之功貴焉。今鑿山開洞，前有袁公，不有公之力任疏浚，則袁之澤漸至湮没，故兹役也，公於河内永利濟，實有大功于袁公也。

工始于順治十五年十月初二日，訖於本年十二月二十日，役夫三萬人。侯名灝，字湛一，己丑進士，順天之大興人。

傳記

《宋史》卷二六五《孫昭遘傳》 昭遘字逢吉，宗諤從子也，以蔭爲將作監主簿。

幼時，楊億嘗過其家，出拜，億命爲賦，既成，億曰：『桂林之下無雜木，非虚言也。』其後薦之，召試，授館閣校勘，改集賢院校理。坐失誤落秩。未幾，復爲鹽鐵判官。【略】

後復直史館、知陝州。城中舊無井，唐武德中，刺史長孫操始疏廣濟渠水入城，衆賴其利。昭遘至，立廟祠之。歸爲三司户部判官，糾察在京刑獄，進直龍圖閣，改集賢殿修撰，累遷尚書工部郎中。歷知鳳翔河中府、晋州，遷管勾登聞檢院。擢天章閣待制、知滄州，用諫官吴及言，復改知陝州，徙鄭州卒。昭遘性和易，不忤物，能守家法。

紀事

宋 夏竦《文莊集》卷二九《故保平軍節度使同中書門下平章事駙馬都尉贈中書令魏公墓志銘》 先是廣濟渠兩岸積水，居田千頃，民用匱乏，莫輸其租。公乃度其地宜，置水門導之入河，人獲其利。

宋 曾鞏《隆平集》卷三《河渠》 唐初改通濟渠爲廣濟渠。開元中，裴耀卿上言：江南租船，自長淮西北泝鴻溝，轉相輸納於河陰、獲嘉、太原等倉。凡三年，運米七百萬石，實利涉於此。開元末，汴州刺史齊澣，以江、淮漕運經淮水波濤有沉損，遂開廣濟渠下流，自泗州虹縣至楚州淮陰縣北八十里合於淮，踰時畢功。既而水流迅急，行旅艱險，尋乃停廢，復由舊河。

《元史》卷六五《河渠志二》 廣濟渠在懷孟路，引沁水以達于河。

世祖中統二年，提舉王允中、大使楊端仁奉詔開河渠，凡募夫千六百五十一人，内有相合爲夫者，通計使水之家六千七百餘户，一百三十餘日工畢。所修石堰，長一百餘步，闊三十餘步，高一丈三尺。石斗門橋，高二丈，長十步，闊六步。渠四道，長闊不一，計六百七十七里，經濟源、河内、河陽、温、武陟五縣，村坊計四百六十三處。渠成甚益於民，名曰廣濟。三年八月，中書省臣忽魯不花等奏：『廣濟渠司言，沁水渠成，今已驗工分水，恐久遠權豪侵奪。』乃下詔依本司所定水分，已後諸人毋得侵奪。

至文宗天曆三年三月，懷慶路同知阿合馬言：『天久亢旱，夏麥枯槁，秋穀種不入土，民匱於食。近因訪問耆老，咸稱舟丹水澆溉近山田土，居民深得其利，有沁水亦可溉田，中統間王學士亦爲天旱，奏詔開此渠，募自願人户，於太行山下沁口古迹，置分水渠口，開浚大河四道，歷温、陟入黄河，約五百餘里，渠成名曰廣濟。設官提調，遇旱則官爲斟酌，驗工多寡，分水澆溉，濟源、河内、河陽、温、武陟五縣民田三千餘頃咸受其賜。二十餘年後，因豪家截河起堰，立碾磨，壅遏水勢。又經霖雨，渠口淤塞，堤堰頹圮。河渠司尋亦革罷，有司不爲整治，因致廢壞。今五十餘年，分水渠口及舊渠迹，俱有可考，若蒙依前浚治，引水溉田，於民大便。可令河陽、河内、濟源、温、武陟五縣使水人户，自備工力，疏通分水渠口，立牐起堰，仍委諳知水利之人，多方區畫。遇旱，視水緩急，撤牐通流，驗工分水以灌溉；若霖雨泛漲，閉牐退還正流。禁治不得截水置碾磨，栽種稻田。如此，則澇旱有備，民樂趨利。請移文孟州、河内、武陟縣委官講議。』

尋據孟州等處申，親詣沁口，諮詢耆老，言舊日沁水正河内築土堰，遮水入廣濟渠，岸北雖有減水河道，不能吞伏，後值霖雨，蕩没田禾，以此堵閉。今若枋口上連土岸，及於浸水正河置立石堰，與枋口相平，如遇水溢，閉塞牐口，使水漫流石堰，復還本河，又從減水河分殺其勢，如此庶不爲害。約會河陽、武陟縣尹與耆老等議，若將舊廣濟渠依前開浚，減水河亦增開深闊，禁安磨碾，設立牐堰，自下使水，遇旱放牐澆田，值澇閉牐退水，公私便益。懷慶路備申工部牒，都水監回文本路，委官相視施行。

明 何瑭《柏齋集》卷一〇《憲副吴公墓志銘》 弘治初年，河内民奏開廣濟渠，不果行。是時，公巡鹽河東，適勘鹽引十萬應否充給河南官軍俸糧。公曰：俸糧吾省利，廣濟渠吾府利，均爲國家利，吾兩成之。達諸河南撫按，後渠成，溉民田甚溥。

明 吴道南《吴文恪公文集》卷一〇《郡國水利》 六年十月戊辰，巡撫河南都御史徐恪奏境内水利，言：伊、洛二渠屬河南，高平、萬全二渠屬彰德，廣濟渠及方口堰屬懷慶，棗祇河渠屬許州，召公等渠屬南陽，桃陂等堰屬汝寧，諸水皆用溉浸，百姓藉其利。

雜録

唐 李吉甫《元和郡縣志》卷九《河南道五》 廣濟渠，按開元二十七年，河南采訪使齊澣，以江、淮運漕經淮水波濤，有沈溺之憂，遂開廣濟渠下流，自虹縣至楚州淮陰縣北十八里合於淮。踰時畢功。後以水流峻急，行旅艱阻，旋又停廢，却由舊河。

《新唐書》卷三八《地理志二》 陝，望。有大陽故關，即茅津，一曰陝津，貞觀十一年造浮梁。有南、北利人渠。南渠，貞觀十一年太宗東幸，使武候將軍丘行恭開。有陝城宫。有廣濟渠，武德元年，陝東道大行臺金部郎中長孫操所開，引水入城，以代井汲。有太原倉。有峴山。

《金史》卷二五《地理中》 虹有朱山、汴河、淮水、廣濟渠。

元 王禎《農書》卷三《農桑通訣三》 又如近年懷孟路開浚廣濟渠，廣陵復引雷陂，廬江重修芍陂，似此等處，略見舉行。其餘各處，陂渠川澤，廢而不治，不爲不多。儻能循按故迹，或創地利，通溝瀆，蓄陂澤，以備水旱，使斥鹵化而爲膏腴，汙藪變而爲沃壤，國有餘糧，民有餘利。

又卷一九《農器圖譜十三》 按：《史記》秦鑿涇爲渠，又關西有鄭國、白公、六輔之渠，外有龍首渠，河内有史起十二渠，范陽有督亢渠，河北有廣戾渠，朗州有右史渠，今懷孟有廣濟渠，俱各溉田千百餘頃，利澤一方，永無旱暵。所謂人能勝天，豈不信哉！

《明史》卷八八《河渠志六》 永樂元年修安陸京山漢水榻岸，章丘漯河東堤，高密、濰決岸，安陽河堤，福山護城決堤，浙江赭山江塘，餘干龍窟壩塘岸，臨潁褚河决口，濰縣白浪河堤，潛山、懷寧陂堰，高要青岐、羅婆圩，通州徐竈、食利等港，平遥廣濟渠，句容楊家港、王旱圩等堤，肇慶、鳳翔遙頭岡決岸，南陽高家、屯頭二堰及沙、澧等河堤，夏縣古河決口三十餘里。修築和州保大等圩百二十餘里，蓄水陡門九。浚昌邑河渠五所，鑿嘉定小横瀝以通秦、趙二涇，浚崑山葫蘆等河。

（雍正）《陝西通志》卷三九《水利一》 廣濟渠　在縣西南三十里，引西駱峪水北流經雷神寨、南神寨、商家磨、小麥屯、新市頭，供民汲飲，并灌田二百畝。至西關入城壕，又北流入渭。《縣册》南山西駱谷水者，嘗引入縣治，循郭而東，直入於渭。逮於元末，水遂堙塞，耕者夷之，漫爲陸壤。正統癸亥，賢令鄭公達來宰是邑，越明年，歲旱，井泉俱涸，汲者行六七里始得水，民甚病之。公乃詢諸耆老，僉曰：『西駱谷之水，常注於此，兹根絶久矣，雖欲復之，故迹已不可識。』公曰：『民利也，盍興之？』即相地勢高下，親爲區畫。軍民聞之，爭操畚鍤，恐後，不浹旬，渠道大闢，水勢奔注於壕。公乃岐之爲二，郭之東西，灌民田者不可勝計。《廣濟渠碑記》後，日久淤塞，知縣駱鍾麟重疏浚之。《縣志》

(雍正)《河南通志》卷一七《水利上·河内縣》 廣濟渠在縣北，即古枋口。秦渠晉司馬孚壘石爲門，由五龍口以引沁水，酈道元所謂朱溝水是也。唐崔洪禮、李元淳相繼修浚，温造又復修之。元世祖時始名廣濟渠，明因之萬曆十四年河内令黄中色重浚。二十八年，河内令袁應泰鑿山穿洞，懸閘兩崖之間，受水則啓，障水則閉，永無崩塞之患。

又 通濟渠分廣濟渠水至尚香鎮入于沁。

又《水利上·濟源縣》 廣濟渠在縣東北，自五龍口起至河内縣交界止，長二十里，寬四丈，深一丈灌。

又卷一九《水利上·陝州》 廣濟渠自州東南交口村堰水越澗入城，唐長孫操刱，宋、金、元、明屢加修浚。

清 張鵬翮《治河全書》卷四 廣濟渠在張秋城南，運河西岸，明景泰四年徐有貞治沙湾河決時，先爲疏水之渠，起張秋金堤，通壽張之沙河，西南至抡竹口，又西南至大渚潭乃踰范暨泊而上，又西北接河沁之水，命曰廣濟渠。渠口爲通源閘，有石堤二道，自大感應廟起至沙湾，長一百六十丈，運堤自沙湾起至荆門驛，長一千九百三丈。有五空橋在張秋城南，與沙湾相對，即爲減水石堤，廣袤各十五丈。又於上甃石爲五竇，以漕渠餘水入之小塩河。順治七年，黄河決荆搖衝張秋，南北堤岸俱潰，惟此石堤巍然獨存。復行修整，以便縴輓，實爲利漕。淺八：曰掛劍，曰新添，曰沙湾，曰北湾，曰安家口，曰仲渡口，曰南浮橋，曰北浮橋。東岸戴家閘東有三空橋，大河神祠北有五空橋，俱洩水入塩河。西岸南自老黄河口，次即沙湾，又次坎河，斜對東岸之五空橋，而西岸沙河由夹河出，減水埧乃在。至空橋之北至荆門上，閘東岸稍遠，又有黑龍潭亦洩水入塩河。此處遏汶西北與故道清河東北之處，呼吸関通旱不令運河枯澀潦，不致運河漲溢茚，宣家宜慎云。

《續文獻通考》卷三《田賦考》 懷慶路同知阿哈瑪特言：『天久亢旱，夏麥枯槁，秋穀種不入土，民匱於食。』中統間嘗開廣濟渠，置河渠司。遇旱，則官爲驗工多寡，分水灌濟源、河内、河陽、温、武陟五縣民田三千餘頃。後因豪家截河起堰，立碾磨，壅遏水勢，又經霖雨壞渠，河渠司尋亦革罷，今五十餘年，舊迹可考。若將舊渠開浚，禁安磨碾，設立牐堰，旱則放牐澆田，澇則閉牐退水，公私俱利從之。

清 魏源《元史新編》卷七七《河渠志》 廣濟渠在懷孟路，引沁水以達於河。世祖中統二年爲天旱，故詔提舉王允中、大使楊端仁於大行山沁口故迹，置分水渠口遮沁入渠，浚爲四道，經濟源河、内河、陽温、武陟入黄河，約六百餘里，通計使水之家六千七百餘户，四月而工畢。所修石堰長百餘步，闊三十餘步，高丈三尺。石斗門橋高二丈，長十步，闊六步，溉田三千餘頃，名曰廣濟渠。設官提調，遇旱則官爲酌量驗田多寡分水灌溉，權豪毋得侵奪。至文宗天曆三年，懷慶路同知阿合馬言：天久亢旱，夏麥枯槁，秋穀種不入土，民匱於食，耆老咸稱丹水澆溉近山田土，居民深得其利，沁水亦可溉田。中統間爲天旱，奉詔開浚五邑，咸受其賜二十餘年。後因豪家截河起堰，立碾磨，壅遏水勢。又經霖雨渠口淤塞，堤堰頽圮，河渠司尋亦革罷，有司不爲整治，廢壞近五十年。請考其舊迹，令五縣使水人户自備工力疏通，立牐堰，申禁約，視水緩急爲啓閉，則澇旱有備於民大利。尋據孟州等處，申舊渠岸北有減水河道，以洩霖潦。後值久雨漲沒田禾，以此堵閉，今若置立石堰，與枋口相平，如遇水溢，閉塞牐口，使水漫流石堰，復還沁水，本河又從減水河分殺其勢，庶不爲害公私便益從之。

和润渠

清 章廷珪《和潤渠記》（雍正）《平陽府志》卷三六 昔遂人治野之法，制其地域，而溝封之。夫間有遂，十夫有溝，百夫有洫，千夫有澮，萬夫有川。蓄洩以時，故旱澇無患。今汾之爲利甚溥，引以溉田至渥也。臨邑、韓村、盧曲等社累年爲汾衝决，而良田半成鹻燥，民甚苦之。鄉耆之有志者，以浚渠之事請于縣，縣令姚聞於余，余嘉其裨益民田，且爲之勸。于是相地度勢，指揮開掘，不彌月而其渠已成，名之曰和潤。長約六七里許，地灌十有餘頃，而且盧曲、西社地勢較卑，自開浚之後，不僅瀆河一面可成膏腴，而既易之田，其所利賴亦復不少。則疏鑿之功，豈淺鮮哉？夫力必相恊，而後萃功必待人，而後成爲民司牧者，因天地旨然之利，而濟之以人事之，乃其去推解之惠，相懸萬萬也。是爲記。

（雍正）《平陽府志》卷一三《水利》 和潤渠，城北一十八里，引汾河水灌韓村、北高鋪、□盧曲村、西社等村地十頃有奇。雍正十三年，計民席珍等具呈本府飭知縣姚興滇度地開浚，一月告竣，民沾其利。

洪口渠

宋 蔡鴻《洪口石渠記略》（乾隆）《西安府志》卷七 大觀元年，以穆京言開修洪口渠之利，凡石土渠千一百十餘尺。又涇水漲溢不常，乃燒嶺北及嶺下爲回瀾澄波二洞，又南爲静浪、平流二閘，渠東岸有三溝，曰大王、小王、透槽，雨集，與石俱下，壅遏渠水，乃樹木爲柱，横當溝衝。雨至，則大石盡格透槽之口。又東十里曰樊坑，當白渠南岸，其北直大溝，溝水暴則岸壞與渠流，俱潰，乃叠石爲渠岸，東西四十尺，其南石尾相銜，溝水至，則渠之所受，滿其堤而止，泄餘水注坑中，與涇合。於是平導涇水，下瀉三白，故渠增溉七縣田，歲三萬頃。

《元史》卷六五《河渠志二·洪口渠》 洪口渠在奉元路。

英宗至治元年十月，陝西屯田府言：

自秦、漢至唐、宋，年例八月差使水户，自涇陽縣西仲山下截河築洪隁，改涇水入白渠，下至涇陽縣北白公斗，分爲三限，并平石限，蓋五縣分水之要所。北限入三原、櫟陽、雲陽，中限入高陵，南限入涇陽，澆溉官民田七萬餘畝。近至大三年，陝西行臺御史王承德言，涇陽洪口展修石渠，爲萬世之利。由是會集奉元路三原、涇陽、臨潼、高陵諸縣，洎涇陽、渭南、櫟陽諸屯官及耆老議，如準所言，展修石渠八十五步，計四百二十五尺，深二丈，廣一大五尺。計用石十二萬七千五百尺，人日采石積方一尺，工價二兩五錢，石工二百，丁夫三百，金火匠二，用火焚水淬，日可鑿石五百尺，二百五十五日工畢。宜給其糧食用具，丁夫就役使水之家，顧匠傭直使水户均出。

陝西省議，計所用錢糧，不及二年之，費養可謂一勞永逸，準所言便。都省準委屯田府達魯花赤只里赤督工，自延祐元年二月十日發夫匠入役，至六月十九日委官言，石性堅厚，鑿僅一丈，水泉湧出，近前續展一十七步，石積二萬五千五百尺，添夫匠百人，日鑿六百尺，二百四十二日可畢。

文宗天曆二年三月，屯田總管兼管河渠司事郭嘉議言：『去歲六月三日驟雨，涇水泛漲，元修洪隁及小龍口盡圮。水歸涇，白渠内水淺。爲此計用十四萬九千五百十一工，役丁夫一千六百，度九十三日畢。於使水户内差撥，每夫就持麻一斤，鐵一斤，繫囤取泥索各一，長四十尺，草苫一，長七尺，厚二寸。』

陝西省準屯田府照，洪口自秦至宋一百二十激，經由三限，自涇陽下至臨潼五縣，分流澆溉民田七萬餘頃，驗田出夫千六百人，自八月一日修隁，至十月放水溉田，以爲年例。近因奉元亢旱，五載失稔，人皆相食，流移疫死者十七八。今差夫又令就出用物，實不能辦集。竊詳涇陽水利，雖分三限引水溉田，緣三原等縣地理遙遠，不能依時周遍，涇陽北近俱在上限，并南限中限用水最便。今次修隁，除見在户依例差役，其逃亡之家合出夫數，宜令涇陽縣近限水利户添差一人，官日給米一升，并工修治。省準出鈔八百錠，委耀州同知李承事，洎本府總管郭嘉議及各處正官，計工役，照時直糴米給散。李承事督夫修築，至十一月十六日畢。

（乾隆）《西安府志》卷二三《職官志》 《耀州志》：俱州同知李承事於延祐初曾督修洪口渠有功。

《續文獻通考》卷三《田賦考》 文宗天曆二年三月，修洪口渠。洪口渠引涇水入白渠，自涇陽至臨潼五縣，分流灌田七萬餘頃，驗田出夫。自唐宋以來，每年八月一日修堰，至十月放水溉田，分三限，以爲年例。北限入三原、櫟陽、雲陽，中限入高陵，南限入涇陽。武宗至大三年，從陝西行臺御史王承德請展修石渠，至是以奉元歲旱，河渠司郭嘉議請令涇陽近限水利户，添差修築，命行之。

《續通典》卷四《食貨》 英宗至治元年，陝西屯田府言：洪口渠自秦、漢至唐、宋，年例八月差使水户，自涇陽縣西仲山下截河作洪堰，改涇水入白渠，下至涇陽縣北白公斗，分爲三限：北限入三原、櫟陽、雲陽；中限入高陵；南限入涇陽。澆灌官民田約七萬餘畝。三年省臣奏委官體究吳江、松江，還言宜開浚者常熟七處、上海十四處，其通海，大江舊有河港聯絡官民田土藉以灌溉者，亦須疏通以利耕種。至泰定帝元年，乃浚滌之，并立牐以節水勢。三年立都水庸田使司於松江掌江南河渠水利。文宗大曆二年，因屯田總管兼管河渠司事郭嘉議言奉元洪口渠應令涇陽近限水利户，添差修築。

洪露渠

明 佚名《洪露渠碑》（乾隆）《孝義縣志·藝文參考》卷二 爲請開義渠以興水利事，據本縣大孝里大孝堡生員霍崇高、霍毓秀，鄉民張大登、霍尚貴、李天巍等呈稱，本堡南有勝水河，自洪武初年開渠，城西四里九村輪流灌溉，其下流本堡原有舊渠日久荒廢，民夏阻饑者已有年矣，今地別開新渠救濟一方，誠恐偷惰者㵒功，豪强者專利，懇乞均定程限，庶無偏苦等情，擬合出示，每地二十畒派夫一名，其開渠道更同立私約，循序灌溉，永爲遵守，違者法究。不越月間功已告成，民無異議矣。但民情於始事容有仗義而行者，久則見利而争，奸僞滋出，不爲久遠之計，徒勞經始之謀，故勒之於石，以垂永久。

萬曆十二年買地開渠姓氏列後：李補、張子壽、霍天綱、李輦。

萬曆三十二年開渠八甲渠長姓氏：霍崇雅、李天巍、李天思、張大愛、王思仁、李希曾、張遇吉、李希松、李希槐。

（乾隆）《汾州府志》卷四《山川下》 明萬曆三十七年，開洪露渠。

（乾隆）《孝義縣志·山川渠堰》卷二 洪露渠，舊渠，明洪武初年開，不知何時廢，别開今渠，在仁義下，灌大村之地。

（光緒）《孝義縣續志·人物事迹》 李清榮，字光世，號向齋，增貢生，大孝堡人。生有至性，見義勇爲，撫弟曲盡友愛，待姪輩如己出，教養備至，咸致成名。本村田畝舊資洪露渠灌溉，而渠身逼近村東，居人屢遭其患。咸豐七年，公於村西半里許，量買地段，新開一渠，以疏水道，始不受患。

（光緒）《孝義縣續志》卷上《河道渠堰志》 洪露渠，獨灌大村之地，洪武年開，在縣東迂迴八九里之遥，其灌地向來從河築堰决北岸而上地水至洪露渠則一直東注城闕不受其患。

惠農渠

綜述

清 胡季堂《培蔭軒詩文集·文集》卷二《書鞠未峰編修重修寧夏惠農渠碑記并題跋後》 黄河之水自入中原，奔騰洶湧，莫之能禦。其患在江南、河南爲獨甚。惟寧夏一郡引之灌田，資以爲利。余曩在甘肅駐蘭州，每於守令及曾履其地者訊之，得悉其地有漢、唐、大清、惠農四渠爲之幹，又有支渠數百道分其流，其制於渠口各建閘，每歲清明後，集工挑其淤。立夏日，開閘導水，以次溉田。工則計畝出夫，水則按日輪灌，設水利同知一人，專司其事。而守令尉佐等官皆有分理之責，又有寧夏道爲之統率，修理依制，啓閉以時，灌溉以均，而强梁有禁，法至善也。

甘肅地處西北，山高土瘠，他郡歲苦，旱多儉年，獨寧夏一郡稱爲沃壤，頻書大有，實賴此河渠之利。余在甘前後五載，深爲其民喜，而嘆前人之爲是渠者利濟真無窮也。惜未得親至其地一觀，支分派别之井然耳。今讀是記，綱舉目張，條分理晰，如引我於寧夏之區，而河渠宛然在目矣。大經濟、大文章當與賈生治安之策并讀，不僅在文字之富麗而已，然文之氣勢雄渾，實有不可掩者。蓋先生家傳《史記》，受之庭訓，故其得力也多，至題後勤勤懇懇以託空言，紹先之爲虛，又慮氣衰年老，恐第空言，亦萬不能紹先也。其孝思爲何如，而其志爲何如邪？

清 通智《惠農渠碑記》（乾隆）《甘肅通志》卷四七 黄河發源於崑崙，歷積石，經銀川，由石觜而北，繞鄂爾多斯六部落，入黄甫川，逾潼關、會泗、沂，合淮歸海，源遠流長。而朔方一帶，導引灌溉，厚享其利焉。獨查漢托地方，沃野膏壤，因漢、唐二渠餘波所不及，遂曠爲牧野。

我皇上軫念寧夏爲邊陲重鎮，建新城，設將軍領兵駐防。特命侍郎臣通智、會同督臣岳鍾琪詳細踏勘，嗣命臣通智偕侍郎臣單疇書專董是役。復揀選在部道、府、州、縣十五員，命赴工所分司其事。又奏請調取守備官弁武舉等十有二人，共勷厥工。乃相土宜，度形勢，以陶家觜南花家灣爲進水口，近在葉昇堡之東南也。黄流自青銅硤口而下，支派分流，至此而滔滔汩汩，順流遠引，足溉數萬頃之田。其渠口，石子層累，底岸維堅，由此而東北，遍歷大灘。擇地脈崇阜處，開大渠三百里，口寬十三丈，至尾收爲四五丈，底深丈一二尺以至五六尺不等。高者窪之，卑者培之，引入西河尾，并歸于黄。建進水正閘一，曰惠農閘。建退水閘三，曰永護，曰恒通，曰萬全。節宣吐納，進退無虞。設永泓、永固暗洞二，以通上下之交流。設彙暗洞一，以接漢渠之餘水。正口加幫石囤，頭閘竪造石橋，則渠源不患沖決，特建尾閘以蓄洩之。外累石節以鞏固之，則渠稍可以永賴。大渠口以東，俱引灌大渠水，其田勢高處，刳木鑿石爲槽，以飛渡漢枝渠之水而東之，仍不失其已然之迹。西坂渠尾以南，直抵渠口，其西岸不能歸暗洞之小退水，特留獾洞放之。大渠一帶，出之亦絶無漲漫之患，任春、葉昇二堡爲往來孔道，於正閘覆造橋房，旁列數楹，可爲守者居兼爲行者憩。建龍王廟，立碑亭，以記工程并壯觀瞻。沿渠之橋二十有二，西河之橋十六，行旅往來，賴以普濟。其枝渠四達，長七八里以至三四十里者百餘道，均作陡口飛槽，而户口人民，沿渠又各制小陡口、小獾洞千餘道，以相引灌。

自此，溝塍繡錯，二萬餘頃良田無不霑足。于渠之東，循大河涯築長堤三百二十餘里，以障黄流泛溢。於渠之西，疏通西河舊淤三百五十餘里，以瀉漢、唐兩渠諸湖鹹水。各閘旁建水手房四十二所，以司啓閉。遍置塘房三十七處，稽察邊汛。而大渠長堤以至西河，兼恃防渠堤兩岸俱夾植垂楊十萬餘本，其盤根可以固湃岸，其取材亦可以供歲修。至於東北隅一帶，其地尤廣，其土尤沃。改六羊河爲渠，一百一十餘里，以佐大渠所不及。奏請建縣城二：其一在田州塔南爲新渠縣，其一在省嵬城西爲寶豐縣。立縣令以膺民社，設通判以司水利，建學校以育人材，置營弁以備防汛。移市口于石觜，漢夷皆便。建城堡於山後，守禦相資。

兹役也，蒙皇上特頒帑銀十六萬兩，以爲工匠、車船一切物料之用，纖微不累於民。肇始於丙午之孟秋，工竣於己酉之仲夏。向之曠土，今爲樂郊。復蒙皇恩廣被，又頒帑銀十五萬兩，以爲招徠户口，恒産耕種之資，由是億兆歡呼，争先趨附。闢田園，葺廬舍，犁雲遍野，麥浪盈疇。勤耕鑿者歌帝力，安隴畝者頌高深。奏之九重，錫以嘉名，曰『惠農渠』。遐陬赤子，盡戴光天；邊塞黎民，欣逢化日。誠國家萬年之基，而民生世享之業也。爰立石而爲之記。

傳記

（乾隆）《寧夏府志》卷一二《宦績》 通智，滿洲人，兵部侍郎。雍正年奉旨開惠農、昌潤二渠，有善政。又奏修唐、漢二渠，親身督率，備極勞瘁，前此浚渠者，取土率以鍬，一鍬之土，非數人轉之，不能達于岸。今之背斗以一人背負，而上工省而取土多，蓋公之遺製也。

紀事

《清會典則例》卷一三四《工部・水利》 雍正七年，題報寧夏察漢托輝地方開鑿大渠二百七十餘里，建進水大石牐一座，退水大石牐三座，尾牐一座，大支渠百餘道。又開小陡口百餘道，各牐旁共置水手房四十四間，設水手以司啓閉。又建大石闇洞四座，以通唐渠、漢渠之出水。建石橋、木橋二十三，以便往來。沿大渠之東，障黄河之溢，築長堤三百十有餘里。渠堤兩岸種柳六萬餘株，盤固□岸，沿大渠之西，疏浚西河三百五十餘里，以洩唐、漢二渠，并大渠餘水，以及諸湖鹻水。架橋梁十有六，灌溉新渠、寶豐、寧夏、平羅四縣民田。又六羊渠一百十有餘里，建進水大石牐一座，退水大石牐二座，鼓水大石牐三座，共置水手房二十間，大支渠二十餘道。又各開小陡口百餘道，於雍正六年五月工竣，大渠賜名惠農渠，六羊渠改名昌潤渠。

又 十一年，議準惠農渠暗洞上下交流滲漏處，所照漢、唐渠例，遞年修補。惠農渠中段，漢渠尾梢，各增建退水小石牐一座，昌潤渠建大飛槽四座，惠農渠尾建大飛槽一座，昌潤渠永屏牐開大渠一道，於每歲春工分年陸續修理。

又　又覆準新渠縣惠農渠交濟堡造閘洞一座，引水出，瀉西河，東西兩面各造小橋，以利攸往。

又　七年，議準前年六七月間，黄河叠次泛漲，惠農渠堤衝決，修浚堤埂渠□。又從四堆子起，至通順橋以下，直抵西山脚，截築横埂一道以障狂瀾。

又　十年，議準寧夏四堆子地方，起馮家廟，至五堆子，築遥堤一道，加培。六堆子以下，殘闕舊堤。惠農渠尾梢，展開深濶，以資引灌，永保汕刷。

藝文

清 通智《惠農渠工竣恭頌四首》（乾隆）《甘肅通志》卷四九　竭盡駑駘力，爲臣分所宜。自從膺使命，惟欲答昌期。渠水非容易，民生實在兹。規模初就緒，聖主是明師。

疏浚路三百，蟠延波浪高。渠心分暗洞，龍尾架飛槽。閘水開來湧，餘波退去豪。自然灌溉利，翻覺桔槔勞。

邊庭諸父老，常幸戴堯天。豐熟年年慶，恩波世世傳。一方成樂土，二萬是良田。無限風光好，都由鳳詔宣。

四十幾回役，勞勞踏塞塵。燉煌會計遍，恒水繪圖頻。疏鑿蘭峰下，經營黄水濱。借兹工告竣，稍致事君身。

清 佚名《惠農渠工竣恭紀長歌》（乾隆）《甘肅通志》卷四九　黄河之水來星宿，江永漢廣共湯湯。達乎秦晋豫兖之境，奔放直抵夫淮與揚。夏伏而秋汛，處處固堤防。安其就下性，獨利在銀疆。昔人相勢而利導，兩渠并浚漢與唐。用以資灌溉，歲歲志農祥。水澤不到處，沃土膏壤棄爲牧畜場。

我朝幅員廣，睿慮更周詳。欽承天子命，經營此一方。率彼群工力，竭力共勖勤。洪流劈一泒，灌注萬頃荒。爰采石以爲閘兮，更架木以爲梁。往來通乎行旅兮，其蓄洩則有良。方棟宇凌霄，漢廟貌更堂皇。渠堤三百里，沿湃植垂楊。緑樹陰濃處，渠水恣汪洋。昔也荆榛之地，今也樂利之鄉。兩城建百雉章設，邑宰遴賢良。招徠幾萬户，恩膏發國帑。涣汗來北闕，天語更煌煌。紳士首倡率子孫，世業常翳彼南畝。鬱鬱蒼蒼西成，東作千倉萬箱。士女樂乃積之，殷阜軍國溢，歲取於紅倉。兹惟聖天子在上，邇不泄而遠不忘。創此城郭田墅，貽萬年有道之長。

雜録

（乾隆）《甘肅通志》卷一五《水利》　惠農渠在寧夏縣葉昇堡東南。雍正四年，皇上軫念寧夏邊陲，查漢托護地方，漢、唐二渠餘波所不及，遂爲荒野。特命侍郎通智、單疇書相度土宜形勢，以黄流自青銅硤口而下，分流至此，足溉數萬頃之田。於陶家嘴南花家灣爲進水口，開大渠三百里，建進水正閘一，曰惠農閘。建退水閘三，曰永護、曰恒通、曰萬全，設永泓、永固暗洞二，以通上下交流。設彙歸暗洞一，以接漢渠餘水，正口加幫石囤頭閘暨造石橋。建尾閘以蓄洩之，累石節以鞏固之。大渠口以東俱引灌大渠水，其西岸不能歸暗洞之小，退水特留雚洞，放之大渠，絶無漲漫之患。任春、葉昇二堡爲往來孔道，於正閘覆造橋房，沿渠之橋二十有二，西河之橋十六，行旅往來，賴以普濟。

其枝渠四達，長七八里以至三四十里者，百餘道均作陡口飛槽，二萬餘頃良田，無不霑足。於渠之東築長堤三百二十餘里，以障黄流泛溢。於渠之西疏通西河舊淤三百五十餘里，以瀉漢、唐兩渠諸湖減水各閘。渠堤兩岸夾植垂楊，盤根可固，湃岸取材，可供歲修。至於東北隅一帶，地廣土沃，改六羊河爲渠百餘里，以佐大渠所不及。建縣城二，一在田州塔南爲新渠縣，一在省嵬城西爲寶豐縣。

設官吏，建學校，置營汛。移市口於石嘴，以便漢夷。建城堡於山後，以資守禦。蒙皇上特頒帑金數十萬兩，爲物料工匠之用，招徠耕種之資。向之曠土，今爲樂郊，億兆歡呼，趨附闢田。園葺廬舍，勤耕鑿欽。錫嘉名曰惠農渠，誠萬民世享之業也。

（乾隆）《寧夏府志》卷三《山川》　西河在縣東五里，北流入黄河，即惠農渠并唐漢支渠剩水泄焉。

又 卷八《水利》 乾隆四十二年，寧夏道王廷贊奏請借帑大修惠農渠并昌潤渠，皆侍郎通智、寧夏道單疇書等奉旨肇開。惠農渠口初在寧夏縣葉昇堡俞家嘴，并漢渠而北至平羅縣西河堡，歸入西河，長二百里。

清 葉昌熾《緣督廬日記抄》卷一〇 初八日卯刻，北行過惠農渠，七里鍼札橋，又八里任春堡，又五里王洪堡，有惠農渠。公所即設稅局於此。一路曲折，沿渠烟柳沙堤，頗有水鄉風景。至此，導者云，過渠有捷徑，折而東堡，後一大陂塘，長堤一綫，界乎中流。

《清史稿》卷六四《地理十一》 惠農渠，雍正四年浚。漢延渠，雍正九年重修。皆南自寧朔入。唐渠，雍正九年重修，西自寧朔入。

又 惠農渠於縣南上馬家灘，承黄河支流，東北入寧夏。

又 唐渠、惠農渠西南自寧朔入，東北至石嘴子，復入於河。

惠氏渠

清 喬光烈《惠氏渠記》（乾隆）《寶鷄縣志》卷九 功莫便於因利，事莫患於畏難。不知其利而不能用，是謂棄利；然知其利而不能用，則畏事之難而因以墮其功，非令長所以爲民計也。

又 先是，功且半，鑿石將盡，有石如夏屋高，出而狀圓，號龍一頭，蓋土俗所名。李村傍居人謂其里風水所屬，争前相撓，予不欲與强，假言龍得水則活，於汝尤益，且鑿之，而汧流南迅，汝得置水磨其間，因以致利，不益善乎。其人皆喜，諾曰：惟邑大夫命。乃鑿其左方，中空空然，更右鑿之，試灌以水，水盈而溢如瀑布下垂，聲潺潺响山谷，觀者以爲奇。既而功大竣，以告於府，太守羅公錫其名曰惠氏。李村人與邑縉紳父老咸謂不可以無記。夫是渠之穿，議始前世，然以其難而卒罷，而幸成於今，予豈敢因是自以爲功，顧惟决於始，而勿怠於終，不以勞自惜，而忘其艱且煩，以致民利。使歲不能灾而耕者樂飽，則庶幾予之所以爲心。是役也，歷時月凡三歲，任傭幾數萬人，而予之所捐俸金積算亦甚鉅。其受事而往來董役者，益門司巡檢徐廷杰與有績焉，因并書於石。

又 予初宰寶雞至邑之李村，見其中民田數百頃皆平壤，然傍無水澤，惟資雨於天。設歲旱乾，即盡爲赤土，種無獲者。私計縣北隣汧陽，汧水自北而南行六十餘里，東流入渭，汧性甘而肥，農人引以溉田，利尤溥，思渠引以澤李村之人。顧濱汧西岸皆崇岡峭壁，土石雜襲，若障若扞，勢不可得渠。

又 予以爲鑿石穿土溝而深焉，水當遂可引。因集掾吏父老計其事，咸曰：是誠甚善，然明時鳳翔守常議請爲渠矣，終以費煩輒止。今誠欲爲之，恐從事甚艱，而效且難必。予告之曰：計者，事之本也；需者，事之賊也，故爲者常成，行者常至。且吾所以不憚勤勤而規此者，誠見役雖煩而利實多，苟必以難爲畏，是議阻於明時者，功復廢於今，將聽此數百頃而長爲稿壤，豈子所以爲民計哉！

乃召工徒期日勇穿之日任工六十人，顧費無所出，則取俸錢給其傭值。李村人聞之，亦大喜曰：縣大夫爲我如是，相率供其飲食焉。始乾隆庚申仲春，訖壬戌之冬，凡三年而渠竟成。其所開石渠高五尺，廣三尺，石既盡屬於土渠，計石渠爲丈八百，土渠高五尺，廣六尺，計土渠爲丈一千三百餘合，凡二千一百餘丈。汧水之流大入焉，以達乎李村，所爲數百頃者既悉溉，且潤其傍田，雖甚旱無恐。

濟民渠

論説

金 張元話《開廣濟民渠記》（乾隆）《汾州府志》卷二八 國之本在農，農之資在水。水之爲利，廣矣大矣。原其性之潤下，功之濟物，而注瀉無窮，周流不息，淪浹之道，詎非溥哉。

又 夫先王之治天下也，始於一夫之遂，成於萬夫之川，有潴以聚之，有防以泄之。史起導漳水以灌鄴，白公引涇水以注渭，民自今歌之。今二子建一時之功，垂萬世之利，寧讓前賢之嘉績也哉？同時導河者五，仇家里、王家里、仙開觀龍渠皆不就，獨此渠成焉，則二子之功，尤有不朽者，爰是紀其始末，俾後世知創始固難，而成之非易易也。

綜述

明 張日升《孝義縣重修南曹村普濟民渠記》（乾隆）《汾州府志》卷三

○聖朝大政畢舉，其於水利一事，特注意焉。既設郡縣以分領之，又命重臣以總督之，無非欲其水之大小，凡可以利民者，悉令築堰鑿渠，以備旱潦而灌民田，尤慮其職之舉廢，無以勸懲，故於律戒其官失時不修堤防懲，其民則曰盗決河防，俾人人趨所以利民，而避所以病民者，孝義古名邑也。境內山川環繞水泉灌溉之利亦多，西有勝水河，舊疏潤民渠、廣濟渠，新開上原村渠、賈家莊盧家莊渠，北有行春河舊開虢城渠、柳波渠，東有汾水河舊疏王政村渠、文峪河渠，歷歲茲久，率多淤塞。

宏治改元仲冬，予來知是邑，明年春，民有以故事陳者，悉與鄉人疏通之。維五里許，有渠曰普濟民者，其源出自西南七十里玉泉山下，經流南曹村入勝水河。東道於汾，其勢湍急，堤防每爲所壞，水利弗興，況此村四顧桑田千頃，非資此水，曷克有濟？先時永樂間知縣劉祥創修之，未幾患大水，堤堰坍塌，遇歲旱，民多病之。

越數十年，更代無常，未暇有舉之者。予於三年春詢其故事，急欲復舉，親督工役，不踰月而成。纔經二載，患大水，河防復崩。六年秋二尹葉公、蓮幕黄公鄉耆張能等詢謀僉同，先期黄公督工，事將竣，公出，葉公代焉。尋舊迹而增築堤堰，高厚倍於昔，傍栽柳樹百餘以附之，仍立分水日期，於是渠道通流，歷數載，無崩決之患。鄉民僉謂宜立碑以紀歲月。予因民之自記者，并及渠之兩岸民置田畮四至認糧石斗升合，水程次第，澆田頃畮，村落散處贅陳於末，圖以示將來云。宏治十一年秋九月日記。

紀事

金 張元詰《開廣濟民渠記》（乾隆）《汾州府志》卷二八　自正隆二載，雨不時降，邑民蘇仲禮，世習儒業；宋淇精通算術，以積水窺管，知地形高下。二公慨然相謂曰：『今之大旱，編户愁嘆，孝子河岸高百丈，開崖穿動，流渠行水，糾多工成之，可以救旱。今雖不及興，嗣歲不亦可乎？』聞者忻從，集功七十五，公以己錢代買渠地十餘里，費千餘貫。就藥家里河口三處，卜七月十九日啓土，率衆渠長監部人役，莫不相勵而樂爲之導。及邑之東北司馬里，上下二十里中間，地之突者削而平，坎者積而坦，堆阜者鑿而深之，缺窪者補而完之，斷岸則刳木爲槽以通焉。積工至次年四月二十五日落成，三年月日也。牛車并人力，總二萬二千，衆工孫奇等推舉二公作都副水頭，立券分水酧之。沿渠枯骨，以瓦棺葬於寺之陰。會朝廷賜廣濟院，二公及衆工相謂：『南北地八晦，施院下，所葬枯骨，利及幽冥，名渠以廣濟，不亦宜乎？且田之瘠者，一溉之效，稼穡如雲，變磽确爲膏腴，轉貧窶爲康阜，此濟之廣，又可知矣。』

明 吴道南《吴文恪公文集》卷一〇《郡國水利》　己巳，河南磁州知州安理請修城西滏陽河，五爪濟民渠，俱從之。

雜録

金 張元詰《開廣濟民渠記》（乾隆）《汾州府志》卷二八　孝子河者，發源孝義之西山百餘里，一水自高唐之西北會於白壁之左，次南二水合流，四派縈紆，遶郭東注入於汾。其於常也，救旱之功爲最。郊之西南，層巔崇邱，屬溪駢壑，經積雨支流吞併，洶湧之勢，洪波怒濤，不下三二丈。邑東卑下之田，舄鹵之地，變爲膏腴，民寔賴之。

（雍正）《河南通志》卷一七《水利上·嵩縣》　濟民渠在縣南，自發帖河引水起至龍王廟入伊河，長七里，寬一丈，深一丈二尺。

井田渠

清 張焜《井田渠碑記》（宣統）《鄠縣志·地録第一之下》 余先人子厚先生，仕宋神宗朝，慨然欲復井田，行三代之制，爲執事新法所礙，退而買田分井，疏東西二渠，期驗試於一鄉。歷數朝來，山水衝决，鄠之司牧與鄠之薦紳，修復無時。余同年友梅侯，以康熙三年來治鄠，興廢舉墜。八年春三月，率弟子員柳勝任、陳所藴、張元祥、魏井汲、李煒等，踰山谷，冒荆棘，相度形勢，指畫曰：此水，某地可以循舊，某地可以引新，某山可以開峽，某溝可以渡橋。親操畚鍤，爲民役先，月餘工竣，二水洋洋，灌田可數百頃。

（嘉慶）《清一統志》卷二三六《鳳翔府》 井田渠在鄠縣東，有東西二渠：東渠導源大振谷筩瓦溝，凡四水合流；西與導源湯谷華巖泉，亦四水合流。北遷村呰各十里，交匯横渠祠後，又北流王里入渭，家張純所開，今堙。

（雍正）《敕修陝西通志》卷四〇《水利二》 井田渠，在縣東。宋儒張横渠開渠，凡二：東渠發源大振谷筒瓦溝，經流萬家源、董家村、謝家村、汶家村、營上堡至横渠鎮止；西渠發源湯谷華岩泉，經流潼闕寨、馬超寨、紙溝嘴、曹家村、于豆堡、齊家堡、梁家灣、嚴家莊至横渠鎮。合東渠交滙祠後，又北三里入渭。《縣册》康熙八年，知縣梅遇率同里士民遡流窮源，尋其故道，廣爲溝洫，遂復東西二渠，約可溉地數百頃。《縣志》今復壅塞。《縣册》

孔公渠

金 强造《孔公渠水利記》《金文最》卷一三 事附嫗以爲恩，務姑息而爲惠，區區然將欲仁民者，可以爲德乎？曰：是德而已，非實德也。求耳目之近功，取膚寸之薄效，孑孑然將一利民者，可以爲政乎？曰：是政而已，非恆政也。蓋區區之仁，可以周于寡，而不可被於衆；孑孑之利，可以行於近，而不可及於遠。豈若人間有大丈夫，天下有奇男子，規模宏遠，氣岸超騰，立一事，則傳於無窮，建一功，則垂於不朽。大而於郡，小而於邑，衆耳驚聽，群目駭矚，交口稱嘆，而復商較曰：『自非負不世之才，抱非常之器，能如是乎？』乃如是人，吾於孔公見之矣。

鄠塢舊引斜谷水通流縣城，曆皇統饑饉，人烟凋敝，村落邱墟，縣隔六十餘載。宰是邑者，不爲不多，例於爲政，貴於因循，故此水之利，不惟不知，雖知之，亦不爲慮。明昌七年，邑宰孔公涖事之暇，以鄠城古之名邑，至於山川勝概，古迹人物，土貢風俗，無不畢覽，采其宜於時政者，首議行之，於是詢之鄉老曰：『以是邑山水明秀，土地肥腴，一非窮髮不毛之比，而何至枯槁，雖園中溪毛，皆仰足於旁境乎？』鄉老咸曰：『明公之鑒何神耶，縣衢舊實有水通流，自皇統癸亥，於今六十餘年，源流堙塞。鄠人有幸，實賴明公規畫，萬一復古，豈特吾生受賜，雖百世之下，子孫亦若是矣。』公乃詢諸耆老，無可與議者。越翼日，謁道士楊洞清，從容論及水利。楊揣知公意，忻然敬諾曰：『不勞明公餘力，借明公之德，誠指日可畢其事。』於是公暨楊偕至谷口，剜苔剔蘚，披尋故道，計度貲力，大具工役。名實楊也，其經營之力，皆出於公。將垂成，俄以公被命赴省，爲奸人所阻，幾敗乃事。憲司張公子明巡行過鳳翔，潜知其由，張公覬有攸濟，於是按攝奸黨，仍召楊與之爲約。楊曰：『三日可濟矣。』遂呼縣胥，責如楊約。楊到縣三日，功已告成。俄而元雲四作，雨若瓢注，水亦通流，似有靈物護持者矣。順流而下，通衢廣陌，黄童欣躍，白叟歡呼。公堂賴之，芻粟無憂；私門仰之，游覽有勝。至於汲引灌溉，塗塈洗濯，無復曩時之艱虞。

未期，緑槐夾路，細柳交岸。龍鬚蘸碧，給萬宇之焚膏；鷃粒翻紅，被千門之饊篹。鬱薁益渭南之珍味，桑麻增陝右之上腴。碾磑區計，僅有數千；園田畦計，不啻幾萬。有粟者，易爲之粒；有麥者，易爲之屑；有食者，易爲之蔬。其利益不足縷白，此特舉其岸略。憲司録其事白臺，臺具奏，尋騰美除。與夫魏之西門豹，知漳水之利，而不爲之興；漢之許商，梗屯民之塞，而不爲之浚，才識過於十倍遠矣。昔史起引水溉鄴，以富魏之河南；鄭國白公俱能鑿涇爲渠，注塡閼之水，溉舄鹵之地，而民并歌之。迨夫孔公，鑿南山之水，延袤五十餘里，通於邑衢，以富鄠民。郿民六十載之間，猶處陸之魚，方且相呴以濕，相濡以沫，賴一水之利，遽若相忘於江湖之中。復若車轍之鮒，丐升斗之水，活絲毫之命，一旦遠於枯魚之肆，而不待徼西江之水。顧惟若此，回視三子之事業，夫何歉焉？竊嘗論之，君子不得志則已，得志則澤加於民；不居位則已，居位則思利於人。彼黄文疆守田令，而不分郡人之穀；公儀休拔園葵，而不奪農夫之利。即諸用意，良亦嘉矣。

方我孔公，德之有實，政之有恆，水利一興，官民兩利，無乃勿乎？如孔公之功，利無不被，福無不斂，豈特躬享其榮，其餘膏剩馥沾丐子孫者，亦多矣。余在二曲，熟知其事，欲爲之記，而未暇也。泰和戊辰夏蕤賓後旬，邑人趙璧君瑞惠然見訪，具道始末，求余作記。余喜而爲之書。泰和八年，進士鳳泉强造記。

（康熙）《陝西通志》卷一一《水利》 孔公渠在縣西南三十里，金明昌八年，郿令孔天監導斜谷口水，經縣城東以資一邑汲溉，年久渠淤。明景泰二年，典史高瑄復開，至今通流，甚利于民。

（乾隆）《鳳翔府志》卷一《輿地》 孔公渠，金縣令孔天鑒引斜谷水，自縣西南遶城至東郭，北流入渭。

（嘉慶）《清一統志》卷二三五《鳳翔府》 金明昌八年，郿令孔天監鑿南山，開渠五一里，導斜水自斜谷北流，遶縣城東，以資汲溉，謂之孔公渠歲，久渠淤。

（宣統）《郿縣志》卷二 孔公渠。《鳳翔府志》：孔公渠，金縣令孔天監引斜谷，水自縣西南遶城至東郭，北流入渭。案：泰和八年，强造有碑記，詳《金石録》。張志此渠在谷口開堰處較入岐境者不過十一。康熙六年，知縣梅遇上沿故道至南河溝復創渠，引入城及泮壁，今渠雖存，水微斷續無常。

李渠

綜述

（康熙）《宜春縣志》卷一三《陂渠・李渠志》 李渠爲一郡大利，即以利宜也。溉郭田以長地利，護比廬而踈曲徙，疏積穢以滌癘氣。歲久渠堙，宋志修復於寶慶丁亥之春。今載其詳，以詔來者。

水源。李渠之源出於官陂在縣西南十里，今福昌里新田橋下十數步，即陂口也，其水自清瀝江來在縣西南六十里，清瀝江其源又出老山在清瀝南十里，地名仰下仰山周回千餘里，仰下在其西，山頂有瀑瀉，山下爲此江，過了山在縣西十五里至渠口分爲二派，正派爲沙陂，支派爲官陂。

事始。按《唐書・地理志》云，袁州西南十里有李渠，引仰山水入城，刺史李將順鑿，蓋將順以憲宗元和四年守袁州，時州多火灾，且民居負江汲溉艱甚，將順以州城地勢高，而秀江低城數丈，不可堰使入城。一日與僚屬出西郭門，知南山水可堰，乃鑿渠引水溉田貳萬。又決而入城，繚遶閭巷，其深潤使可通舟，邦人利之，曰李渠。仍於城外西北築塘，名曰益州，中留二島曰卧龍，作亭其上曰仁智、曰義政。自塘穿渠遶州治，與李渠接，東流直出宜春縣，南至赤板橋，入於石潭今益州塘已爲阜陸，間有水濼，居民占以種藝，所請亭島悉廢，不可尋究，而渠水自城東北隅入秀江，亦無復過縣落石潭矣。

清 李芳春《重修李渠記》（康熙）《宜春縣志》卷一六 按郡志，袁之有渠，起自唐憲宗元和四年。刺史李公將順，以袁多火灾，且居民負江汲溉維艱，乃堰南山水，鑿渠通流，抵郡幾十里，溉田至二萬；決而入城，繚繞閭巷，深廣可容小舟，迄東城隅北，折合秀江，邦人利之，名曰李渠。其始爲禦灾，而惠且無筭，故袁民到今户祝焉。

宋太宗至道三年，距元和百八十九載矣，渠壅盡，州頻火，太守王公懿大治故道而新之，灾頓息，歌頌興焉。自至道至天禧三年，爲時廿有三載，袁公延度通判是州，浚之。歷徽宗宣和六年，又百有六載，通判孫公琪因民灾，力贊太守林公徽之復浚之。

後五十四載，爲淳熙四年，太守張公杓浚之，并治郡中諸井。又七年，太守曹公訓再浚之。迄宋理宗寶慶二年丁亥，太守曹公叔遠宦來，距元和逾四百載矣，渠歷久塞益甚，民用告病。公亟議修復，閲一月而渠成，諸灾不作，袁人稱慶。刻有《李渠志》，凡地形水勢高庳、廣狹、險易，并與江遠近，迤邐曲折，纖微畢具。其治渠如某處用疏，某處用鑿，某處用堵築，某爲斗若于以貯水，某爲橋若干以便往來，某爲減水溝若干處，接水溝若干處，與夫坊市地名，役夫條目及銓次、渠長、陂户、甲户等，悉有老謀遠慮，無不修舉。

蓋自元和至寶慶四百年間，浚渠名氏僅得五人，此爲修復第一大功，載在郡乘，班班可考也。由宋歷元至明洪武初又百十餘載，太守劉公伯起浚之。弘治十三年，太守朱公華浚之。正德癸酉，徐公璉因郡多火大浚之，刻有《浚渠亭記》。萬歷三年，鄭公惇典浚之。又四十七年，黄公鳴喬浚之。自明之季至國朝有待焉。上遡宋寶慶丁亥，曹公治渠到今，又逾四百載，而屈指修有實迹者，亦僅得五人。嗚呼！何前後時與人之相倂一至此也。

余自蒞袁來，諮訪紳士父老，討論掌故，無日不有一李渠在意中，旦日思得一當疏瀹，學步前賢，然未敢率意輕舉。曾因郡治多故，查復唐袁天罡先生所開五井，大加浚治，民不苦汲，地方稱便。會重修《郡乘》，至宋曹公修復《渠志》一帙，披閱久之，恍然指掌，若躬履其地也。先委照磨吴兆慶巡檢魏映奎前往察閱，具覆訖。乃於康熙己酉仲冬朔，大會文武僚屬，暨鄉先生父老、士民及其地之所稱渠長陂户猶有存者，親行按驗，不憚涉水草中，且往來殘堰之上，週遭殆遍，詳討寶慶原志而講求之，見其水勢日趨而東。蓋緣春夏之交，山漲暴發，堰既廢壞，水隨所潰而去，決民田居，散溢阡陌間，漸與江會。既横不可制，而渠源以積壅反塞，所經故道，或淤爲洲，或高爲阜，即其存者，茫茫平砂中，僅若一綫，殆不可識。其所潰之水，亦或亂流莫定，并壞民田。

余語諸公曰：『此渠廢之由也。不治其本，渠未可復。』乃議大修故堰，諏吉祭告，循其舊址而加增廓焉，以防水之横決壞民田居者。其法：夾堰内外，俱植松爲樁，期堅期密，每於其底選松之最大者，截爲枕木，伏壓其旁，作樁外護。取固取穩，然後兩面依樁叠石，覆土加砂積薪，層次修築，務俾牢實。其東西偏各廣至數尋，而高與濶眡故堰倍之。又於其上設牽木，隨樁首筍接安放，施以維繫，不使稍有所摇動而後止。蓋自始事以來，遴匠選材，鳩工給值，雖委有專官，而予必躬必親，間日單騎按視，料既精良，工無冒破，亦閱一月而渠成始。自陂頭至西城下計十里，按古渠力行疏鑿，必復其舊。由西城渠口入城，至報恩寺東轉而北，會於秀江，凡幾十折，雖坊巷異名，盡改其故，猶可得之想像髣髴。間皆務徹底開浚，而後乃今水循故道，清流汩汩，如縈如繞，郊外之原隰圻畦，郭内之井塘池圃，既霑既足，而居民飲食滌濯，無弗取給焉。屬比歲夏初，雨稍愆期，賴此渠水，自我西郊，田用優渥，邦人聚觀，莫不踴躍相慶。即予亦自賀素志之獲遂也。

惟是樂成，雖易慮始，實難歲月漸遠，典制就湮，使非考驗有據，規畫粗定，其能長有此今日乎？爰謀之紳士父老，銓次善後，每月以一耆民、六堰長專理其事，週而復始。凡以時加減，堰口并偶有殘缺壅淤，即時修補疏瀹，毋俾蔓延大有損失，則此渠之利賴，可以傳之世世不朽矣。總計用過松樁若干，枕木牽木各若干，及總管分管之耆民與正充朋充之堰長其數目姓名，悉另有册存。南昌太史鄒公聞其事，於其同門胡學博文衡爲予作記以誦，予愧未敢當，謹摭其實以告來者，竊附於曹公《李渠志》之後云爾。

清　鄒度珙《修復李渠記》（康熙）《宜春縣志》卷一六　聞之一年之計樹穀，十年之計樹木，百年樹人，千年樹德，皆不欲爲其僅也，僅則爲目前所謂筐篋之智，一世而止是也。不僅，則不爲目前所謂難與圖始，易於樂成是也。

今我李公之復修李渠，誠樹德務滋者哉！郡之有渠起於唐憲宗之元和四年，刺史李公將順以員外郎守袁時，袁多火灾，公乃堰南山水入城，繚繞閭巷，深濶使可通舟，此渠之始事也。至宋太宗之至道三年，州守王公懿以秘書丞任袁因渠梗州頻困於火，乃理舊渠而新之，民是有『李渠塞，王君開，四城惠利絶火灾』之謡。後後有疏瀹，堙塞相仍，亦未有經久之。

理宗寶慶丁亥，直華文閣曹侯叔遠寔來，下車之初，訪民利病，亟議修復。而渠成孅繼，諸如溝之減水接水斗之在内在外，橋數之大小，渠長所率之陂户甲户，《李渠志》詳哉言之，遂爲兹事底績焉。此渠之繼事也，明郡侯徐公璉修之，則有《浚泉亭記》。而鄭公惇典黄公鳴喬，皆赫赫有治聲者，靡不究心於此。爲地方求，莫計至國初而渠猶名具湆郡者，非不志修，而格於久廢，狃於動衆者有之，即今日修矣，而無當前此之修，抑今年修矣，而無當後此之不修。噫，又曷能爲！兹事底績，是則渠之待人，而舉於我公，信然矣。

一日幾務之餘，何協鎮許公壯猷、邑侯陸公柄謙、鄉先生袁公繼梓，及文武屬往視渠源於陂口，載四審量，不憚紆步，相水勢，度地宜，謂某處當堵，某處當浚，不屑爲從前增庳培薄之智，凡所規劃，一出中裁，而復僉稽之。此治其源者善一也。自陂口至西城約十里，必親歷其沿務，所疏浚皆得其舊，自西城渠口至報恩寺入江處，而北而東，凡數十折，其深廣皆務徹底。此清其流者善二也。經始於臘之初，吉告成於月之念五，不費民間一絲一粟，唯倣古至冬乃役，公旬三日之力，每越日單騎出郭，且慰且勉，爲時無幾，而遠近内外一如子之趨父事，而渠乃集大成焉。此節其力者善三也。一舉而三善，得謂非事之待人而興有若此哉。至若水利之溉田二萬，地脉之流通滋遠，與夫汲引之甚便，疾疫之不作，又皆良法之種種相連者，而謂我公之德不慶遠流長哉！

雖然公之造袁，匪僅一渠，其多所修葺，爲侖爲奂者，載在口碑，未易悉數。然即渠以論，其入人深又何如也。昔狄梁公爲魏州刺史，民祀之生祠。及徵入朝，民猶於祠，月朔舉酒灌奠，而梁公在朝有醉色。今者渠成，而使後之君子臨流而觴咏，小人擊壤而謳謌，知我公之在朝端，亦必有洋洋盈耳之聲，則袁與魏人之思，將無同時。

余以同門胡諱文衡授郡士，具以巔末請余記。余誼不敢辭，得總其要略，而爲之言，且以志私竊嚮往云。公諱芳春，號焕章，三韓人，登順治甲午鄉進士，歷宰沈丘，刺岢嵐俱，有循卓聲。

清 鄭心一《重修古李渠記》（同治）《袁州府志》卷九　蓋聞民計在農，農力資水，水利不興旱澇，皆足爲農病。

袁居豫章上游，水勢易漲易瀉無渟潴，導宣之法往往傷於旱，復傷於澇。唐州刺史李公將順乃堰南山水，鑿渠通流，溉田二萬，决而入城，至東城隅北折入秀江，邦入利之，名曰李渠。自後修於宋者六，修於明者五，修於國朝者二，期疏浚之功，相距或百數十年，或五六十年，或三四十年，或七八十年，尅期有久暫，用力有多寡，皆因歲久游塞，水泉不通，民甚苦之。是以曆經疏瀹，惟自雍正戊申以後，閱今九十五載，渠遂堙廢如故。

余涖袁之明年，適程大中丞來撫江右，首以興修水利督率僚屬，宜邑令程君國觀始倡議開浚焉。選擇邑貢生蕭元善、劉樹芸二人實董其事，其自官陂口分清瀝江水入渠，依山曲折，循畝穿林，自北折東達於城西萍實橋下，入城至府學齋者，前鑿以方池，約寬三畝，爲渠水停蓄之處。圍以石欄，中甃百橋，其明溝暗渠凡數十折，水循故道，清流汩汩，如縈如繞，以資灌溉，以便民汲，總計凡一千九百餘丈，興工於本年九月，至明年十月告竣，經曆一年聿觀厥成焉。

夫功必待人而興，而功始成事必擇人而異，而事始善。是役也，程君經營規畫，不辭勞瘁，絕無畏難退阻之心，是能興廢舉墜，勤求民瘼者。而得蕭、劉二子矢公矢慎，襄厥勞勩，相與有成，謂非蠲潔自好，而能事者與。此邦之人驩欣踴躍，無不樂其樂，而利其利矣。子守茲土，於民生國計，固宜因勢而利導之，而兼表率之責。茲幸千有餘年之故迹，中間興復不一人，疏浚亦不一時，屢修屢廢，而於近百年之後，一旦窮源竟委，泉流不竭，俾民間灌溉，有資汲取甚便，此何如功利及民，又非大得民心，允洽輿情，烏能底績哉。尤當斟酌籌畫，銓次善後，俾渠身無殘缺，無壅淤，傳之世世，咸資利賴，又予之厚望也乎。

紀事

宋 王象之《輿地紀勝》卷二八《袁州》　李將順元和中爲袁州刺史，次水入城，以通舟楫，郡人利之，目曰李渠。

（天順）《明一統志》卷五七《袁州府》　宋王懿至道間知袁州。時州多火災，懿疏唐李渠以備之。民歌之曰：李渠塞，王君開，四民惠利絕火灾。

又　曹叔遠寶慶間知袁州。減秋苗斛面米七千四百餘斛，浚李渠，興學校，懲嚚訟，郡稱大治。

（康熙）《宜春縣志》卷一三《陂渠·李渠志》　曹訓，淳熙十年距梅七年守袁州，以李渠廢而不治，命工疏導水，遂復通。又刊圖經，所記李渠事龕于疏泉亭壁間，以告後人。

清 程國觀《寶慶丁亥修復始末》（康熙）《宜春縣志》卷一三　唐元和四年距今，踰四百載矣。自刺史李將順而後，所傳浚渠名氏僅五人，而函於成者，至不浹日奏功堙塞於積久之餘，而浚治於旬日之頃，欲其勿壞，不可得也。閱歷益久，堙塞益甚，其在城外者，僅如一線，而在城内者，民居之所覆壓糞除之，所填淤窒不復通，以故倉卒之際，求水甚艱。且春夏之交，疫癘間作，郡之士民每以爲病，而鄉大夫序圖志，亦於此致不滿之意。

寶慶丁亥，直文華閣曹侯叔遠實來，下車之初，訪民利病，亟議修復。然堙塞歲久，或者難之。侯曰：興利除害，郡守責也。一郡之利，孰有大於是渠者。其可以堙塞之久，工役之殷，而遂已乎！乃春正月之四日，單車出郭，相水源，觀地勢，規撫經畫，一出於親授，而官吏聽焉。甫閱月，渠成，邦人莫不鼓舞相慶，今以其浚治次第，條具于後。

藝文

宋 李石《方舟集》卷五《扇子詩》 種桃自是非君子，指李渠能著老仙。

明 陳伯憲《李渠》（康熙）《宜春縣志》卷一七 渠水何年塞且竭，縈紆今復見潺潺。江雲帶雨寒添溜，野竹迎潮暗入山。曉汲萬家瓶綆鬧，春耕千頃桔槔閒。使君經濟豐碑在，召杜聲華伯仲間。

清 曾燠《江西詩徵》卷九四《袁州歌》 宋至道三年，王懿守袁州。州人頻困於火，懿曰：『郡之火無水備耳。』命衆分治舊渠，與李渠接。民歌之，《歌》：『李渠塞，王君開，四城惠利絶火災。』

雜録

《新唐書》卷四一《地理志五》 宜春上有宜春泉，醖酒入貢。西南十里有李渠，引仰山水入城，刺史李將順鑿。有鐵。

宋 王象之《輿地紀勝》卷二八《袁州》 西陂在州西南十里，唐元和中刺史李將順決陂水入城，以通航船，時人謂之李渠。

又 李渠。《唐志》：云州西南十里有李渠，引仰山水，八城刺史李將順鑿。

（正德）《袁州府志》卷一《山川》 李渠府城西，唐刺史李將順曰州多火災，決陂水入城，其深廣可通舟。郡人利之目，曰李渠。後淤塞，本朝重疏如舊。弘治庚申，知府朱華嘗一浚。正德八年，知府徐璉重浚。

又 寶慶間，郡守曹叔遠既復李渠，并浚是井。

（嘉靖）《江西通志》卷三二《袁州府》 李渠在府西，唐刺史李將順因州多火災，決陂水入城，其深廣可通舟，郡人利之目，曰李渠，後淤塞。本朝重疏如舊，弘治庚申，知府朱筆嘗一浚。正德八年，知府徐璉重浚之。

清 顧祖禹《讀史方輿紀要》卷八七《江西五》 李渠在府城西，源出官陂口，《唐書》：袁州西南十里，有李渠，引仰山水入城。元和四年，李將順守袁州時，州多火災，居民負江汲溉甚艱。將順以州城地勢高，而秀江低城數丈，不可堰使入城，惟南山水可堰，乃鑿渠引水，溉田二萬。又決而入城，繚繞閭巷，其深闊使可通舟，經城東北而入秀江。邦人利之目，曰李渠。自唐以後，守士者相繼修浚，渠屢廢而復。治明初亦常浚，復謂之西陂。又有益州塘在城西北，亦唐元和中李將順所築，廣三十畝，形家以爲塘於州利益，故名中有二島，曰臥龍洲。自塘穿渠遶州治與李渠接，又東流經縣南赤板橋入石塘，今堙。又雷塘在府東北七里方三頃或云即雷潭也。秀江所滙而成，《郡志》：潭在府東北七里，今皆湮廢。

（乾隆）《府廳州縣圖志》卷三〇 李渠在縣西，元和四年，李將順守袁州時，州多火災，居民負江汲溉甚艱，將順以州城地高，惟南山水可堰，乃鑿渠引官陂水，溉田二萬。又決使入城，繚繞閭巷，其深闊可通舟。邦人自曰李渠。宋淳熙、寶慶中復加修浚，本朝康熙八年又修。

利導渠

清 李國祉《邑侯方公重開利導渠碑記》（乾隆）《汾州府志》卷三一

嘗思古聖王盡力於溝洫，無日不以民生爲念，必使斯民享粒食而後安。由此觀之，水之係於民也，豈淺鮮哉？然天時之不齊，地勢之各異，有汜濫於畎澮，橫流於村落中者，不能順其性而導之。而民之受其害者，往往而有。

兹李家莊數村逼處汾河，康熙六十一年，山水漲漫，渠道壅塞，凡此數村憫於昏墊者，歷今三載，莫可如何。雍正元年十二月，邑侯方公蒞任兹邑，利無不興，弊無不革，念數村之水害，尤切於民。二年春，率同官廣文胡公梁公、少尹江公、縣尉朱公、嵩司劉公，親履其地，以豕一羊一，禱於河伯。祭畢餕餘，召父老而飲食之。開導勸諭，至再至三，相度形勢，申請於上。李家莊村西，開東西渠一道，自秦廷璠西畔起，東至李保瑞西畔止；復開南北渠一道，自李保瑞地內起，北至長畛東西大道止。二渠各闊三丈八尺，共計地二十八畮二分五釐。所挑之渠道，係衆姓之地，多寡不均，已經公議，每畮價值四兩。各照地畮之多寡收價，有情願不受者，另行鐫名開後。其挑渠之夫役，亦各照地畮均派，至渠道錢糧，公令地主開除，糧數共計銀二兩四錢有奇。捐俸完納，永爲定例於，是渠道乃成。天潦則洩水歸河，以免昏墊之憂。旱則引水灌地，不受旱魃之虐。水患既除，農業可興，一舉兩得，孰非萬世之利乎？而今而後，數村之民，世世子孫亨其利於無窮，即沭公之德於無盡也。事當告竣，僉謀勒石，用志不朽。公諱士模，字文治，號樵舟，江南歙縣人，辛卯科孝廉。

清 翁心存《知止齋詩集》卷七《洪州雜詩三十首》 江水肥仁利導渠，奴耕婢織足安居。雞鳴布白霞相似，鸓啄秈紅玉不如。

（嘉慶）《清一統志》卷一四四《汾州府》 利導渠在孝義縣東十五里，本朝雍正三年開，引汾水溉田。

利民渠

論說

清 康基田《河渠紀聞》卷八 是年議疏平涼利民渠。按：陝之平涼郡治壤接涇州土地，平衍廣袤數百里，涇水經流其間，引以灌田，易荒瘠爲膏沃，以利民裕國，有實心而復有實政。

婁謙《平涼利民渠説》云：《圖志》所載平涼故無渠堘，居民習以成俗，舉目前塡淤之水，任其奔流，置爲棄物。成化甲辰，屬歲大祲，嫣川李公衍鎮撫關中，周諏民隱，創堰以佐耕，疏決河渠，弭變興利，蓐食平涼，率屬荒度土功，郡之豪右强梁出而齟齬，毅然不恤，躬親調度，始自府城治北滄暖泉以灌蔬圃，繼分別涇水聯絡成渠，南引金龍池、白水驛河，合流花莊，開一大渠，又疏百泉、王村、金池、瓦窑等溝，西引汭水，分流灌注。城東地高，河下難築堰，堘股引木家、路家等溝之水，接濟計渠六十有二，爲里二百，溉田三千頃有奇。渠之制，深十五六尺，廣六七尺，上爲梁通行，旅建石刊、木架、水槽以接不通，壘堰堨以固河防，工於是成。此於《圖志》所無之渠堘，獨闢利源，渠水衍溢，土脈漸清，爲利普而費則省，宜民之善政也。

綜述

明 婁謙《平涼利民渠記》（乾隆）《甘肅通志》卷四七 陝之平涼郡治東，抵涇州有平衍壤地，廣袤數百里，而涇河之水實徑流其間，引以津灌則土田膏液，年穀可擬豐登，尚何熯旱之足恤乎？特《圖志》所載故無渠堘，而居人習以成俗，舉目前湞閼之水，則信其奔流，置爲棄物。凡有播種，歲率仰給於天，天雨及時，則坐享有年；一遇魃虐流行，則計無所施。不但距河入深之地不霑其利，雖夾河兩岸之間，亦不蒙餘波之潤。局蹙告灾之外，惟束手待斃而已，歷千百載間，竟無興念於此而倡之者。

成化甲辰歲，夏秋不雨，屬歲大祲，侍御史、中丞南舒鄭公時實受簡命重託，鎮撫関中。嘗符移六道，周諏民隱，興堰減以佐耕。至冬，會邛棘有警，告變日急，上命版曹亞卿、嫣川李公衍，畀以節鉞之寄。越今年乙巳春，推轂入境內，即檄鬮守臣疏決河渠以勸農事。其弭灾興利之心，蓋與中丞公不謀而自同也。僉憲陽城李君經分道關西，首以所部平涼之地論列，請命二公曰：『急圖之，勿後也。』憲使延平，羅君明而與聞之，亦力贊興事。維時李君續食平涼，敦琢官屬荒度土功，適郡之豪右强梁齟齬百出，君則不暇顧恤，毅然調役屬工，始自府治城北滄暖泉以灌蔬圃，而官民賴之。繼分引涇水，五里鋪至東二十里鋪爲一渠，楊家磨抵四十里鋪爲四渠，袁家庄至七十里鋪爲二渠。迤東至九十里鋪北引涇水一渠，南引金龍池、白水驛河二渠，合流花家庄，東行三十里，逾平凉境，連亘開一大渠，又流四十里抵涇州城西，會汭入涇。官路之南渠不可通，乃疏百泉、王村等溝，析爲七渠。涇河之北，河岸漸高，又疏金池、瓦窑等溝，析爲六渠。州城西引汭水幇城北，析東山下，蔭注附郭田園，獨令成渠，汭迤西至崇信縣界，散引河子楮家等溝别爲一十一渠。州城之東地高，河下難於築堰，隸南山者引木家溝至范家溝作一十五渠，隸北山者引路家溝至白水溝作爲一十一渠。合而計之，以渠則六十有二，以道里幾二百里許，以溉田則三千頃有奇也。渠之制，深十五六尺，淺者亦居其五之四，廣六七尺，窄者亦居其三之二，長短大率不齊，惟視水力所至，故不限於丈尺也。渠當路衝，則就渠身培土，剜通爲梁，以便行旅。又揵石刋、木架、水槽以接不通，壘堰斸以固河防。

始事於是歲三月之朔，民歡趨之，百日而告成。部吏、工匠皆無所預，惟拱手以受李君成算而已。未幾，亞卿公按節平凉，因命之曰『利民渠』。於是渠水衍溢，土脈漸漬，來年獲收成之望，秋田遂長養之天。其功甚大而費則省，使非亞卿中丞發端開示於前，憲使君慫慂於成，則李君規撫綜理之密，亦將遏佚而弗章矣。又况穹壤間利民盛事秘久不發，必有神物以撝護之者，失此機會，抑不知當幾何出，以建萬年無窮之澤也。有司礱石請記其事，予惟此渠之功，州郡利户與凡往來目擊之人固已頌而歌之，宜不待記而顯。且二公當此兵殲之日，分閫鎮静，決策如流，非獨烽堠烟消，邊徼安堵，而八郡垂亡所賴以全活者，動以萬衆水利之興，又特其一事也。姑以志其本末，以告後之長民者，使知成之不易，如此相與維持，而增葺之，是固二公之心，抑亦羅君、李君之志也。遂書爲記。

清　張鍾英《邑令周開修利民渠記》（乾隆）《寶鷄縣志》卷九　邑治正東三十里許，越汧河，東南廣表數十餘里，地燥剛，田無中上。其邐迤五里，居民連連，村落無流泉溪澗之利，蓋三農缺而九穀其未全也，相傳明初沈明府太尊權輿開渠，股引汧水，嘗便民溉田云。年遠渠堤坍塌，水利不行，再經錢明府而隨修隨廢，亦越本朝。雍正十二年，邑令錢鋭志勤民，開渠巡歷，弊孔胥除，遂積年興行，而未幾又廢。所以然者，良由河水高於平地，自上治下，如漢時穿冀溉田，堅堤漕渠，悉易爲力。惟地高水下，激而行者，脱措置一，未當斷難，經久不敝。去年夏，恭逢我周邑侯涖任之初，即留心民瘼，凡利之所在，僉與興行。巡知遵義善慶武安底磴凉樓五里，有舊開渠利，以治法未良，屢興屢廢，相度之下，勵精圖治，浚源廣流，謀可大而可久遠。爰鑿渠深三尺，濶六尺，堤道逶迤三十餘里，道經二十三村，村地灌溉三十餘頃，截一渠作二十四分，分立之長如遵儀里長。高金明等二十四人挨次鳩工修治，則人衆力齊，灌溉則同仁一視，上流痛戒壅泉，遠地均沾實惠。設造木牌，臚清渠灌之田畝若里該若干數，各處各執一牌，各處渠長率人輪流巡察，補殘序次，比歲一新，總使遠近久暫，彼此不得相奸。法成山立，其諸參酌權衡前事之利弊得失，而區處之盡善者，即使賈讓復出，所爲渠成水門民利灌溉相率治作，雖勞不罷，富國安民，興利除害，支數百歲之良策，無以易此。依此銘鏤，以志食行，久而不忘。異日，峴山石下，當更有讀韲臼而莫禁其欷歔者。

清　强望泰《重修懋功屯利民渠記》《清經世文續編》卷三六　曩讀《永壽縣志》，知城在山巔，居民悉以弗能鑿井爲苦。宋嘉祐中，吕公大防爲令，於城北八里分水嶺鑿山爲渠，引水入城。百姓德之，名渠曰吕公，泉曰惠民。厥後，金太和元年，至大間主簿邢珣，邑人甚器之，先後疏浚，其利至今不息。余心識之，惜未親其道以爲憾。

道光己丑春三月，余由成都水利同知奉憲檄量移懋功，入其境，見重山複嶺，無半里平坦可劃水田，心已憂吾民之食。比至署，見城距山腰，竊以爲與永壽縣無以異，即詢民取水遠近。民曰：地高難掘，雖百仞不及泉。城内外千餘家，率下山汲水，人荷馬儽也甚矣！余聞之，又復憂吾民之飲，即欲師吕公故智，以甫抵任，公務蝟集，未遑也。

踰歲，庚寅春三月，以清釐之暇，訟簡民和，乃聚農商謀之，曰：父老苦遠汲久矣！愚履勘城南三十餘里山之陰有泉一泓，水勢滃然，前人引之以供汲。今雖渠壞溝淤，盍衆疏之，以繼前軌。衆曰：奈山勢紆折，民力瘠苦何？余曰：聞堪輿家言，凡龍轉處必有泉，此紆折者即龍轉也，若令決渠，必滲清液，况明明源頭，沽水是焉，可舍其易而難是圖？爰首捐銀二十五兩，懋功屯務鄭捐銀十兩，益以農商所醵銀四十兩，付公正著聞之約民董其事，而教之曰：爾尚仍舊，貫順其旁而流通之。其或厓壁斷絶，則架木槽而聯屬之，使之陽達。城内暨城外新街場，俾各砌兩池，以時蓄洩。上池便人汲，下池便畜飲。始於三月二十日，至五月竣事，則見數十年苦無涓滴者，今則浥注遍城郭矣。

諸父老請爲記以勒貞珉，俾後之人悉顛末。余曰：否否。昔呂公永壽縣渠以瓦筒聯屬八九里，上覆以土，俾水潛行入城内，當日之費鉅，故後日之流長。今日論重修，比之呂公，則不可比之。邢公或庶幾矣，亦如蹄涔於河海之必記。若夫擴而大之，使如呂公之再三疏浚，則不能不望後之守此土與生此鄉之賢者，此又不可無説以豫屬之。是則余樂爲記之之意也夫。

傳記

《隋書》卷三八《盧賁傳》 盧賁字子徵，涿郡范陽人也。**【略】**後遷懷州刺史，決沁水東注，名曰利民渠，又派入温縣，名曰温潤渠，以溉舄鹵，民賴其利。

明 過庭訓《本朝分省人物考》卷三四《鄭時》 鄭時字宗良，舒城縣人，景泰辛未進士，授監察御史。**【略】**疏平涼利民渠，民多感之。

（嘉靖）《四川總志》卷五《成都府》 趙永禎，成都護衛人，字終吉，登毛澄榜，知汝州，平易近民。時豪强奪利民渠，永禎疏浚復舊，民賴之。官至南京刑部員外，遺稿曰《竹窓小草》。

（道光）《浮梁縣志》卷一三《人物》 鄧夢琴字虞揮，少負異姿，觀書目十行下，爲文操筆立就。乾隆壬申進士。**【略】**後甘肅逆回不靖，大兵過縣，人不知擾。浚縣東利民渠，引汧入渭，溉田五十頃有奇。其南北注渭，諸渠以次疏浚，民用富饒。

雜録

（康熙）《陝西通志》卷一一《水利》 利民渠在府城東五里，連亘二百里，至涇州東分渠六十二，灌田三十餘頃。

（乾隆）《甘肅通志》卷五《山川》 清水河，在縣東五里，成化末疏爲利民渠，凡南來水咸滙之，以溉民田。

又 利民渠，在平涼縣城東五里，即清水河。明成化末疏爲利民渠，東達十里鋪，越大岔河至白水，凡南來水咸滙之，以溉民田。又東入涇州，《界志》云：利民渠引涇水連亘二百里，至涇州東分渠六十二道，灌田三千餘頃。

（乾隆）《鳳翔府志》卷一《輿地》 利民渠，縣東三十五里石鼻寨，明時開，後廢。雍正十二年，邑令錢界復開，引汧水，自高嘴頭至魏家崖南，經馮家嘴，折而東至虢縣鎮，南入渭，灌溉四十餘里。但土人曲防滂則徒浸，下流旱則上流獨利。乾隆二十九年，邑令許起鳳督令開浚，立法垂後，有碑記。

《清史稿》卷六三《地理十》 寶雞衝、繁、難。**【略】**東北：利民渠。

又 卷六四《地理十一》 平涼衝、疲、難。**【略】**東：利民渠，明浚，縣南諸水匯焉。

利人渠

綜述

明 何瑭《柏齋集》卷七《重浚廣濟渠記》 正德七年，利上鄉民馬榮復奏開利人渠以灌其鄉之田。利人渠口地勢平坦，水流順利，故一向疏通。廣濟渠口地勢高仰，水流艱澁，故累致湮塞，雖歲加疏浚而終不流通，一遇亢旱，則名爲水田者悉成焦壤，百姓皇皇無所控訴。正德十五年冬，洪洞韓公來守懷慶，振肅紀綱，百廢皆舉。河内縣崇下鄉民曹剛等乃告乞疏浚河渠，公慨然曰：『郡守爲一方民物之主，凡百利病皆當興革，況開渠灌田乃吾民衣食之所自，非一事之利病可比，豈可坐視而不加之意乎？』顧時方寒沍，未可有爲。明年正月三日，即率同寅貳守張公，通府黄公、劉公，推府張公及河内知縣王侯濟民等，躬往渠口相地勢之所宜，將大起夫役，別議疏浚。既至，上下山原，往來審度，見利人渠去廣濟渠不及一里，而渠水浩浩有餘，乃議斜鑿一渠，分利人渠水入廣濟渠，則兩渠民田灌溉皆足，其力省而功倍。利上鄉民懼其減己之利也，爭論不已。

傳記

《北史》卷三〇《盧賁》　賁字子徵。略涉書記，頗解鍾律。【略】未幾，歷郢、虢、懷三州刺史。在懷州決沁水東注，名曰利人渠。又派入温縣，名曰温潤渠。以溉舄鹹，人賴其利。

紀事

清　顧祖禹《讀史方輿紀要》卷七三《四川八》　利人渠，在廢陰平縣西北二里，引馬閣山水入縣溉田。唐龍朔二年，縣令劉鳳儀開，寶應中廢，後復開，景福二年又廢。

雜録

唐　李吉甫《元和郡縣志》卷六《河南道二·陝縣》　北利人渠，隋開皇六年，文帝遣邳國公蘇威引橐水西北入城，百姓賴其利，故以爲名。南利人渠，東南自硤石界流入，與北渠同時疏導。

《新唐書》卷三八《地理志二》　陝望有大陽故關，即茅津，一曰陝津，貞觀十一年造浮梁。有南、北利人渠。南渠，貞觀十一年太宗東幸，使武候將軍丘行恭開。有陝城宮。有廣濟渠，武德元年，陝東道大行臺金部郎中長孫操所開，引水入城，以代井汲。有太原倉。有峴山。

又　卷四二《地理志六》　陰平中西北二里有利人渠，引馬閣水入縣溉田，龍朔三年，令劉鳳儀開。寶應中廢，後復開。景福二年又廢。有浮滄山。

宋　樂史《太平寰宇記》卷六《河南道六》　隋文帝遣蘇威引橐水西北入城，百姓至今賴之，呼爲利人渠。

清　顧祖禹《讀史方輿紀要》卷四八《河南三》　利人渠，有南北二渠：北渠在州北，隋開皇六年蘇成引橐水西北入城，民賴其利；南渠在州東南，自硤石界流入，與北渠同時疏導。唐貞觀十一年命邱行恭開南渠是也。又有廣濟渠，唐武德元年陝東道行臺長孫操所開，引水入城，以代井汲。傅暢《晉書》云：『武帝泰始五年，鑿陝南山，決河東注洛，以通漕。』此即利人等渠之創始矣。

又　利人渠，在府城東。隋開皇中盧賁爲懷州刺史，決沁水東注，名之曰利人渠。又順利渠，即府城之濠塹。元至元中總管石抹引濟水穿城而入，作二橋，曰利津，曰覽勝。

（乾隆）《府廳州縣圖志》卷二〇　利人渠有二，一在州城南，一在城北，今并廢。

利泽渠

論説

清　康基田《河渠紀聞》卷一六　曩時，李太守作利澤渠，趙城、臨汾、洪洞賴焉。他日，兩河之民亦視平水如貽溪利澤矣。嘗云，禮讓之興在閭里桑麻之間，繼事者以時修舉，毋墜古風，其利益豈止一世已哉。

綜述

明　李東陽《懷麓堂集》卷三三《平陽府新修利澤渠記》　平陽府城北，舊有利澤渠。渠云者，漢儒以爲水所居也。蓋自元中統間，始引汾水，由趙城縣衛店材堰，而東流與霍、澗二水合，爲是渠，以溉趙城、洪洞、臨汾三縣田爲畝餘四萬，南北計爲里百二十有五。大德七年，地震，渠壞。至順元年，晉寧路達嚕噶齊多爾濟遣翼城知縣張証浚之，爲汧口五十有二，爲小夾口十有九，爲桔槔三，爲井一。編置夫伍，以專守護。每歲孟春，則浚渠增堰，教農興事，引溉有法，盜次有禁，而總其稅于官。

國初天造時，渠壞水壅。有司久弗議治，民失故利，而顧償空税；或躬挽水，出家貲鑿井以自給。歲旱水鹹，則苗弗獲濟，以爲恒患。成化甲辰以來，屢歲大旱，人相食，盜稍稍起山谷間。維時刑部侍郎何公喬新奉敕往視，會巡撫都御史葉公洪分遣郡縣大加撫貸，事既定，詢可以佐荒政者，於是知平陽府李君琮，暨平陽衛指揮楊輔等請復故渠，以通水利。二公以爲然，乃委同知沈志、通判王旻、推官楊杲，令輔督縣丞葉全、百户袁剛募丁壯，給日餼，出公帑，以集材木、瓦甓百凡之具。引汾於洪洞之西北，築堨以斷其流。復取霍、澗之合流，於羊獬嶺鑿地四區，窪而級之，以爲濤洩之地。又於高河築堨二丈，窪十有四，節啓閉而時溉灌之。田既受沃，又引其餘入于城，城中人藉以爲飲者萬餘室，民皆稱利。田久蕪不藝者，價增至數十倍。經始於乙巳四月十有八日，訖於六月十有八日，月再閲而成。府學教授某某等，謂此事重大，不可無紀，走書京師，請予記。

蓋自溝澮不行於天下，言水利者不得已於陂堰渠井之間，雖非古法，亦不失其遺意。東南多江湖，水易爲利，故雖旱歲，田不甚槁。西北多平原高陵，雨則易洩，旱則無所救，渠堰之制，尤不可不加之意也。汾之爲利，自漢畨孫已引以溉皮氏、汾陰諸縣。底柱以東，遂不復漕。唐韋武鑿渠灌田，至萬畝餘。今沿汾而下，渠堰相接，其迹蓋未泯也。《宋史》亦稱晋地多土山，旁接川谷，雨後水濁，宜灌溉。如程師孟所制，皆是物也。利澤之設，其此類也乎！且豐凶固有天數，然亦視人事以爲重輕。《春秋·襄公二十四年》秋書大水、冬書大饑者，戒不備也，故救於倉卒，不若豫於平素。使平陽之渠不塞，則灌溉所及，猶能十一。旱暵之害，豈若是慘哉！然則求三年之艾於七年之病，固君子所當深慮也。李君之功，其亦思所以勿替之哉！君括蒼世家，予同年進士，廉慎子諒，得牧民體，此特其一事耳。按《山西志》：正統間知洪洞縣王彧以此渠久塞，嘗引二霍合大澗水爲渠，亦名利澤。今故渠既浚，名當歸其舊，而民多稱麗澤渠者，并當以利澤爲正云。

紀事

清 康基田《晋乘搜略》卷二八 正統間，汾水漲急，趙城利澤渠障水堰衝圮。《通志》：利澤渠在趙城縣西南，元時自衛店村引汾水灌洪洞、臨汾二縣地，後地震河圮，復自屈頃村導流灌田如故。至是復圮，後修復。

又 正統間，改引洪洞縣利澤渠。渠在縣北汾水東，元時管军萬户鄭鼎自趙城衛店村西置堰開渠，導汾水溉洪洞、臨汾二縣地三百頃有奇。後地震，河淤。至是，改自縣北賈村引霍水渠經城南合澗水，溉營裏、西池等村田。又通利渠在縣西北三十里汾水西，金興定二年，自趙城縣開渠导汾水，溉趙城縣二村及本縣七村、臨汾縣九村田二百二十六頃有奇。

雜録

清 顧炎武《肇域志》卷二四 副霍渠在縣北三里南洞村，利澤渠在縣北，通利渠在縣西北三十里。

（雍正）《平陽府志》之一三《水利》 利澤渠，元平陽、太原兩路管軍萬户侯鄭鼎，在趙城衛店村西置堰開渠，導汾水溉洪洞、臨汾二縣地三百頃有奇。至焦堡村入汾。後地震河圮。民上奏，遣秘書官檢，核復於趙城屈頃村導汾溉地如故。明正統間，渠復圮，故道無存。後兩縣民議，各隨便三節導水，上節導洞河，中節導小河，下節導高河，照畝起夫，隨時置堰。後時多旱，澗水不足，洪洞知縣王彧以通霍、副霍二渠餘流入汾，可惜令民易地閘渠，自縣北賈村導二渠餘派經城南合澗水，亦名利澤渠，溉營裡、西池、王村、安樂村、張村、上下橋、皐陶、陽曲等村，與舊利澤渠名同實異。後續開渠，亦廢。嘉靖二十七年，臨汾民争水，知縣趙宸考遺事如右，因書之，俾後争水者有考焉。

（乾隆）《臨汾縣志》卷三《田賦志》 利澤渠，城北。元中統間，民叚佑栁引汾河水溉田。大德間，臨汾尹石林給不花疏通，自趙城衛店將汾河水東分一派，歷洪洞、皐陶等村，流至臨汾韓村等四村，溉田三十頃。

（嘉慶）《清一統志》卷一三八《平陽府》　利澤渠，在洪洞縣北，元中統間，自趙城縣衛店村置堰開渠，導汾水溉洪洞、臨汾二縣田，後渠壞。明正統間復改引霍渠，經城南合澗水溉田。又通利渠在縣西北三十里汾水西，金興定二年，自趙城縣開渠導汾，溉趙城及本縣臨汾田。又興利渠在縣北半里，引汾水溉田。

（道光）《直隸霍州志》卷九《水利》　利澤渠。明正統間，知縣王彧以汾河利澤渠堙圮，令民由北二里賈村引南北二霍渠，經城南合大澗河，亦名利澤渠，溉田千頃有奇。

靈渠

論説

清　康基田《河渠紀聞》卷一八　按：渠水發興安縣南九十里之海陽山，湘、灕二水皆出於此。山下泉不盈尺，深叵測，秦史禄始築石爲堤，以堵禦湍流，鑿山通水，一注於北曰湘江，一注於南曰灕江，有七十二灣、三十六陡，因名曰陡河，溉田萬餘頃。漢馬伏波復葺之。至唐李渤加修，後皆循其故迹。洪武初，遣官修葺爲陡渠者三十六，至其末年復圮，命嚴正直燒鑿陡澗之石以通餉道，旋即崩壞。成化間增修，更置水函十以洩潦，靈渠水不復嚙堤。

綜述

唐　魚孟威《桂州重修靈渠記》《粵西詩文載·文載》卷一九　靈渠，乃海陽山水一派也，謂之灕水焉。舊説秦命史禄吞越嶠而首鑿之，漢命馬援征徵側而繼疏之。乃用導三江，貫五嶺，濟師徒，引饋運，推俎豆以化猿飲，演墳典以移鴃舌，蕃禹貢、盪堯化也。則所繫實大矣。年代寖遠，堤防盡壞，江流沮潰，渠道遂淺。潺潺然不絶如帶，以至舳艫經過，皆同羃盪，雖篙工檝師，駢臂束立，瞪眺而已，何能爲焉？惟仰索挽肩排，以圖寸進。或王命急宣，軍儲速赴，必徵十數户，乃能濟一艘。因使樵蘇不暇采，農圃不暇耰，靡間晝夜，必遭羅捕，鮮不籲天胥怨，冒險遁索矣。是則古因斯渠以安蠻夷，今因斯渠翻勞華夏，識者莫不痛之。

寶曆初，給事中李公渤廉車至此，備知宿弊，重爲疏引，仍增舊迹，以利舟行。遂鏵其堤以扼旁流，陡其門以級直注，且使泝沿，不復稽澁，李公眞謂有親規養民也。然當時主役吏不能協公心，尚或雜束篠爲偃，間散木爲門，不歷多年，又聞湮圮，於今亦二紀餘焉。桂人復苦，已恨終無可柰何矣。況近歲以來，蠻寇猶梗，王師未罷，或宣諭旁午，晦暝不輟；或屯戍交還，星火爲期。役夫牽制之勞，行者稽留之困，又積倍於李公前時。轉使桂人膚革羸腊，指足胼胝，且逃且死，無所訴怨，殆十七八矣。

咸通九年，余自黔南移鎮於此，艤棹渠首，備覩其事，試詢左右曰：『向時何不疏鑿版築，而使艱阻如是邪？』則有末校劉君素前曰：『遠事固不可指明，近事又非不知。修渠必去民病，然其柰邇來屢以迎送輶軒，供億師旅，召募捕卒，犒賚征夫，帑藏且殫，閭井亦蠹，故無以興疏鑿版築也。』余因謂：『父慈於子，孰有子病而爲家貧不求醫救乎？是知長吏所當子民也。今民塗炭若是，又何緣帑藏且殫而無暇救之？固須約公費，日積刀布，召丁壯，導壅塞，以平民病也。』因召君素曰：『若能主張乎？』君素唯唯，遂領其事。凡用五萬餘工，費錢五百三十餘萬，固不敢侵正賦，必竭其府庫也，不敢役窮人，必傷和氣也，皆拓求羨財，標求善價，以傭願者。自九年興工，至十年十月告畢。其鏵堤悉用巨石堆積，延至四十里，竊禁其雜束篠也。其斗門悉用堅木排豎，增至十八重，竊禁其間散材也。浚決磧礫，控引汪洋，防阨既定，渠遂洶湧，雖百斛大舸，一夫可涉。由是科徭頓息，來往無滯，不使復有胥怨者。噫！草木無情也，榮落限於春秋；然猶春則華，秋則實，以利於人焉。而人稱萬物之靈，擅百歲之壽，安可不利於人哉？況予無大勳業，而且據寵禄，尤宜孜孜力補尸素，豈令草木反鄙於予哉。是以聞害必削，見善必樹，蓋爲此耳。

時上聞其役，遠降詔書，猥賜嘉獎。蓋人臣受國恩，爲惡則罪耳，爲善乃常事，亦猶子孝於親，詎可誇乎？況余所爲，未增加丘山一塊矣，又何敢當詔書之美也。余所自記重修，非爲名也，且要叙民之艱苦實由斯渠，冀後之居者不闕其修，行者不毁其修。長利民而已矣。

宋 李師中《重修靈渠記》《粵西詩文載·文載》卷一九　嘉祐三年，詔置都水監。明年以諸道提點刑獄兼領河渠事。既被命，圖所以稱明詔。按廣西、湖南，舊阻嶺弗接。秦史禄導海陽山水，逆爲石磯以激水，分嶺而下，會湘、桂二水，合爲一。北通京師，南入於海。厥功弗究，石亘數十里不絶。自秦迄今千餘年，强民力爲堤，爲陡門，以制水於石上，水漸而至，號曰渠。

是渠也，寖以堙廢，公私患之。至是，定計以聞。遂發遺縣夫千四百人，授張競日往營之。動而免險，功斯濟矣。競與石懷玉、孫約等親率其徒，燎石以攻。既導，既闢，作三十四日，乃成。廢陡門三十六，舟楫以通。李師中、馬仲芳實領其事。

於乎！唯至誠能通萬物之阻。古之君子，德行常簡易，行有尚，往有功者，其心亨。興渠之利，不足云。朝廷稽古建官，爲萬萬世計。推此以觀天下，六府三事，庶乎可治也已。故敢書以告來者。

明 張智《跋重修興安靈渠記後》《粵西詩文載·文載》卷五九　右，重修桂林之興安湙潭靈渠功績記，并詩賦題志一帙。乃今工部尚書吴興嚴公爲監察御史時，奉命修築，而郡儒從而紀載之，稱揚諷誦，欲其傳於永遠也。迨予以非才承乏史氏，公持其帙過史館，請識其後。

予謂士之遇時而有所作爲，其功績之巨細，自有史官書之，藏之金匱，以示悠久。是以世之仕者，惟患道之不行，不患名之不彰，惟患利澤之不施，不患功績之不著。今尚書公之修是渠也，上奉天子之明詔，下興一方之水利，其所係誠非細。故今之職紀載者，宜特爲公書之名，當與國家之史并傳於無窮，尚焉用郡儒之紀述，又焉用蕪謭之辭乎？然公之名固見於實録矣，殊不知實録秘藏石室，非千百年之久弗傳於世。公有此匡世之良策，利民之德政，而使數千百年以前之人不預聞之，豈非士君子之缺典乎？故弗辭，而書其左方以歸之。若夫渠之始末，已見郡儒記志，茲不復云。

明 孔鏞《重修靈渠記》《粵西詩文載·文載》卷二〇　成化丁未歲夏，廣西桂林府興安縣重修靈渠，成。知府羅珦、守備興安行、都指揮事楊觀、全州知州單渭請記於予。予按《舊志》：靈渠自海陽山出，下流直注湘源，行西北至興安縣東南五里所。薄嶺址，磯逆爲塘，渠引其水爲二，北會於湘，南會於灕。湘達洞庭江漢，灕通兩廣南海。史禄肇鑿於秦，馬援繼疏於漢。作鏵堤，創陡門，踵前武，增舊迹。唐之李渤、魚孟威，宋之邊詡、李師中，相繼修葺，事具載孟威、師中記。厥後五嶺朱晞顔，提刑胡長卿，以次加葺，至國朝千有餘年。歲久渠壞。

洪武二十八年秋，奉議南丹向武諸州土人謀叛，朝廷命將征之。時致政太子少保兵部尚書唐公鐸來議軍事，道經興安，覩渠廢弛，聞上。敕監察御史嚴震直來董厥事。嚴公恪遵上命，躬督修築，不兩踰月而告成。上嘉其功，歷官至工部尚書。

成化乙巳，洪水薦至，渠堤大壞，官民病焉。郡吏考諸故府，比舊以請藩臬，議宜修建，以復舊規。時欽差總鎮兩廣司禮監太監劉公倜、鎮守廣西御馬監太監劉公袒、總督軍務兼理巡撫都察院右都御史宋公旻、總兵官安遠侯柳公景、副總兵都督王公受、巡按監察御史程公春震、余公鐩，咸曰：『是渠當南服往來喉舌之地，田疇之灌溉、舟楫之通塞繫焉。今已湮廢，公私患之，烏可已哉！』遂允其議，發公帑市材采石。宋公復下令曰：『財不可妄費，民不可數勞，必究其所以長久者。』工曰：『堤不以石，則無以禦横流。木不以堅，則無以支永久。往昔雖屢葺屢壞，皆踵舊迹，弗克遠圖，所以徒取其易成，而不計其易壞也。』於是更相告飭，務圖經久。命知州單渭相度湮圮，示要害，庀材物，集工力。乃先紓溝漠畎故迹，以通乎塘，横岸鏵觜北壤以抵乎溝。溝會北渠通穴之處，以暫泄水。於中岸塞中江并走之流，以便施工於下。次用巨石以甃鏵觜，措魚鱗，繕渠岸，搆陡門，然後闢横岸以復北渠之口，塞紓溝以絶漠畎之流。三十六陡延袤五十里，凡有缺壞，葺理無遺。爰得兩渠舟舸交通，田疇均溉，復舊爲新。較之舊規，相去萬萬。始於成化二十一年冬，畢於成化二十三年秋。

夫靈渠之役，有人民土地之常事，今諸公同心協謀，視民事之急，乃力爲之。況役之以時，而民不告勞；用之有度，而財不妄費，無一不合於理者。揆之春秋之法，常事不可書也，此何以書之哉？噫！善爲政者，當爲其所不可不爲，而不擅爲其所不得爲，輕其所不必爲。則渠作於一日，斯持久於方來，不以速成爲能，而以他日易壞爲慮。蓋仁者之事，而斯民之所共賴也。書之者，豈記其功之敏哉！謹具以告來者，俾有所考，以圖其無斁耳。若夫綜理其事者，則有左布政使今升右副都御史廣東何經、鄱陽劉城、右布政桂陽周瑛、右參政今升江西按察使上海王浚、前户部侍郎今任右參政東魯秦紘、左參政浮梁戴琥、右參政豐城傅實、副使姑蘇林符、内江吴玉、參議南海唐盛、陽城潘洪、僉事泰和蕭蒼、香山黄錀、瓊臺李珊、巴渝陳嘉謨與鏞。垂成時，又得尚書嚴公震直外孫吴興閔珪以都察院右僉都御史改廣西按察使相與嚴公後先督修。是渠之成，則是渠之遭遇也，豈偶然哉！是爲記。前洪武間重修，陳璉有記。不録。

清 陳元龍《重建靈渠石堤陡門記》（雍正）《廣西通志》卷一一六 粵自隋開皇時廢始安郡，改置桂州，是爲今之桂林府。地勢最高，據南北之上游，從荆湖逆泝湘流，如登峻坂；東去下灕江以達廣州，又若建瓴直下矣。所屬興安縣，唐名臨源，有臨源嶺，以地臨湘、灕二水之源也。距縣治九十里有海陽山，爲湘、灕二水所自出，至臨源嶺而始分，其北下湘江者，乃水性之固然；而東注灕江，則以人力激而行之；是曰靈渠，又曰秦鑿渠。始皇命屠睢伐南越，史禄鑿石開渠以轉餉。漢戈船將軍出零陵、下灕水，取道經此。渠内置陡門三十六，每陡門閘之，以俟水積漸進，故能循崖而上，行六十里，至大融江，與黄柏、六峒、川江三水融合而成灕江之浩瀚也。

靈渠今俗名陡河，漢伏波將軍馬援因秦故道開治之。至唐寶曆間，舊渠決壞，觀察使李渤乃叠石造堤如鏵嘴狀，劈分二水，即今所呼天平石者，又作分水渠。其後，咸通中魚孟威、宋慶曆中李師中相繼修築，以迄於今。前賢之遺澤遠矣！

夫陡河雖小，實三楚兩廣之咽喉，行師餽糧，以及商賈百貨之流通，唯此一水是賴。且有大石堤束水歸渠，不使漫溢，小民廬舍田畝，藉以保全，所關非淺鮮也。自明以来，有司不時補葺，然歷歲久遠，根基搖動，遇大水便不可爲。癸巳之春，霖雨不止，水勢日湧，百姓日夜環籲。予遴委郡丞黄之孝督邑令百計培堤，苟免於患，然憂之甚。甲午三月，詣湘山祝萬壽歸，偕藩伯黄君國材、憲長年君希堯、參議張君維遠，親履相度。見所謂天平石、飛来石諸險工，傾決殆盡；舊設三十六陡，存其迹者僅十四陡，餘皆蕩然。若及今不大修築，行將斷楚粵之舟楫，而淹通邑之田廬矣。然工費浩大，與諸君籌度，咨嗟無所措手。乃復令參議張君偕黄郡丞窮源泝委，丈量而估計之。歸而告曰：『非數十萬金錢不可，如點金乏術何？』藩伯黄君進曰：『民有大害，官斯土者畏難不救，不且大負職守乎？』予遂毅然入告，請捐一載俸工以繕治之。既得旨，擇能勝此任者，僉舉郡丞以對，黄君以弗能任固辭。予勉而遣之，且語之曰：『殫厥心力，擇其危急險要者速治之，以保障此方。』不敢剋期望底績也。

黄君奉命往，詢故老，采輿論，審察舊堤，皆尋丈巨石灌鐵甃成，今巨石年久斷折，隨波衝没，入山開采，陸路運致，爲費無算，且不可以歲月計，復以無善策爲請。予曰：『爲民請命，事不可已。寧有移山之智乎？惟心誠志堅，當有濟，毋畏難也。』黄君乃齋虔立誓，禱於渠上先賢之祠，及水府三官、龍王諸神廟。是夜，即夢身墮水中，有黑衣援之起。晨興步岸側，訪黑衣神廟，不可得，徬徨土阜間，見一平石，趺坐其上。土人聚觀，訝曰：『吾儕耕牧，數經於此，未覩斯石，斯石何来也？』黄君心動，命除土，得大石如砥。乃鳩工掘之，則左右四旁皆巨石，如鑿成而就磨礲者。閱數旬，得巨石以數千計，喜而来告曰：『此工必成矣！』予又語之曰：『巨石既得，人工可施，當用力於根本，勿飾耳目，徒爲驗估地也。』黄君乃徵集老成諳練之士，各司其事，盟之於神，共矢無欺。躬自督率稽察，一簣之土，一夫之力，一簞之食，無虚冒，無掊剋，勤者賞之，惰者懲之，勞且瘁者厚恤之。日集匠卒數千人，歡呼子来，冒風露，經暑雨，終是役不損一卒。行旅往来，見者無不感悦。

肇始於甲午冬初，告成於乙未之中冬。噫，神矣哉，又何易也！夫建數十萬金難竣之大役，而僅費一歲之俸錢，保數千百年無窮之大利，而僅閱一周之寒暑，遂使秦漢以来前賢之遺烈常存，而楚粵之運道與黎庶之田廬永保無虞，黄丞之功不可泯！然若有神助，則皆聖天子至德感孚，百靈効順之所致也，臣何力之有焉！

考陡河工之最大者，曰大小南北天平石。天平石横亘洪波中，分一水而爲二，上鎮巨石，兩旁以亂石夾之，名魚鱗石。舊制，巨石平鋪，而魚鱗如累卵，水嚙易損。今巨石作龜背形，而魚鱗用長石直樹，其下不可動搖，則天平亦如磐石矣。次之，則各處堤岸以及陡門，舊以叢石累成，今掘地七八尺，用大木排樁，上以大石合縫砌之，灌以灰漿，堤更固矣。舊存陡門十四，皆修整；其已廢二十二陡，酌復其八，曰青石陡、黄泥陡、灣陡、晒禾陡、何家陡、大陡、小陡、北陡，悉與重建。又自全州、興安、靈川至桂林，灕河多惡石，每損行舟，因令黄君偕興安令任天宿巡閲而鑿去之。於是水之害盡除，而水之利垂諸奕世矣。分水塘有靈濟廟，祀龍王及伏波將軍者，今頹廢，重建，即於其旁爲黑衣神立廟，以毋忘黙祐之德也。工既竣，黄君復出其節省所餘，買渠田二十餘畝，爲渠目、渠長工食；買田七畝有奇，供祠廟香火；以二百金存興安鹽埠，官歲收其息，以備不時小修；添設陡夫十二名，於興安縣民壯項下撥給工食。區畫得宜，可以善後矣。

予迂拙不自量，輒思興此大工，深以工弗獲竣爲懼，幸而樂觀其成，爰濡毫記之，以告後之來者。

清 查禮《銅鼓書堂遺稿》卷二九《修復靈渠記》 湘、灕水源出海陽山，東北流九十里至興安縣，分水爲二。興安城在始安嶠上，地故高峻。酈道元《水經注》云『湘、灕之間，陸地廣百餘步，謂之始安嶠』者是也。嶠北爲湘川，南則灕水。靈渠，即灕水也，爲秦郡監史禄始鑿以通糧運。自分水處平壍淺流，西南注六十里，匯大融水。再下則鴻濤驚浪，天然爲江，不曰渠矣。是靈渠所成，盡人力也。迨漢之馬援，唐之李渤、魚孟威，宋之李師中，元之也兒吉尼，明之嚴震直，疏導防禦，復而增之者代不乏人。及我朝陳文簡公元龍大整之後，時移歲遷，江流洶湧，以致分水之鏵嘴，束水之陡門，防水洩水之堤壩，率多圮廢，靈渠水道遂壅噎，不利楚粵舟楫往來，吁嗟在道者非一日矣！

甲戌秋，制府楊公應琚聞之，急圖修治。九月，方伯檄禮先期來此，窮江之源委，勘工之殘缺，且計需用之數。十月，制軍躬歷靈渠，相度籌畫，乃以禮入告，董其役，請帑錢五百六十八萬營作之。於是鳩工伐石，禮日執鼙鼓，趨事其間，戴雪披風，無晷刻之寧。經始於甲戌之十一月，斷手於乙亥之三月，不半載，而淤者浚之，缺者補之，毁敗者重新之。舊日百夫牽挽一舟，月餘而不得過者，今千航萬艘，輕篙柔櫓出靈渠矣。將見楚粵之士庶商農，誦天子之恩波，歌制府之德澤者，沿渠堤而遍江干也。

先是，雍正辛亥、壬子間，禮侍先大夫時，過文簡公宣南坊寓。公歸沐之暇，留飲於愛日堂中，每言粵中氣候之殊，風土之異，猺獞狑狼之蠢悍，山川草木鳥獸魚蟲之不同，與夫公之教養蠻氓，保障疆圉，設講讀之堂，立煢孤之院，及經營靈渠之事，先大夫曰：『兒謹聽之！夫士君子出膺民社，政績得彰彰如是，庶稱不愧。異日汝或治其地，當效則前人，以繼其業、崇其功也。』禮敬諾。不意禮今果官於粵，且身遇靈渠復修之時。回憶公言，歷歷在耳。嗟夫！歲月侵尋，老成凋謝，文簡之墓木已拱，先大夫下世亦十五年矣！思之潸然淚落。

案：文簡之築靈渠，在康熙乙未，禮之生也，亦在乙未。何禮甫生之歲，即定再修之人耶？且靈渠右岸飛來石上，磨崖一則，記前明洪武末侍御嚴震直奉敕來興安通築渠陡，廣右方伯遣協辦之官，乃慶遠郡丞皮南玉也。今禮亦以慶遠丞司其事。噫！異哉！何此渠之功，必此郡之丞來修之耶？其數也耶？因詳記之。

傳記

《宋史》卷三三二《李師中傳》 李師中字誠之，楚丘人。年十五，上封事言時政。【略】提點廣西刑獄。桂州靈渠故通漕，歲久石窒舟滯，師中即焚石，鑿而通之。

又 卷三八八《李浩傳》 李浩字德遠，其先居建昌，遷臨川。浩早有文稱。紹興十二年，擢進士第。【略】浩至郡，舊有靈渠通漕運及灌溉，歲久不治，命疏而通之，民賴其利。

明 歐大任《百越先賢志》卷一《史禄》 史禄，其先越人，贅壻咸陽。禄仕秦，以史監郡。時始皇帝伐百越，使尉屠睢發卒五十萬，爲五軍。遣禄轉餉，鑿渠而通糧道。

禄乃自陽山，道水源以湘水，北流入於楚灕江，爲牂牁下流，南入于海。轉餉爲勞，乃量爲磯，以激水於沙磕中；叠石作鏵，派湘之流，而注之灕。激行六十里，置陡然三十有六。舟入一陡，則閘一陡，使水積漸進，故能循崖而上。建瓴而下，通舟楫，又利灌田，號爲靈渠。

于是殺西甌君譯吁宋，越人皆入叢薄中，與禽獸處，莫肯爲秦；夜攻殺睢，秦乃發適戍以備之。

禄留揭嶺，長子孫，揭陽令定其後也。

紀事

《明史》卷一五一《嚴震直傳》 嚴震直，字子敏，烏程人。洪武時以富民擇糧長，歲部糧萬石至京師，無後期，帝才之。【略】二十八年討龍州。使震直偕尚書任亨泰諭安南。還。條奏利病，稱旨。尋命修廣西興安縣靈渠。審度地勢，導湘、灕二江，浚渠五千餘丈，築渼潭及龍母祠土堤百五十餘丈，又增高中江右堤，建陡閘三十有六，鑿去灕石之礙舟者，漕運悉通。歸奏，帝稱善。

《明史》卷八八《河渠志六》 洪武元年修和州銅城堰閘，周迴二百餘里。四年修興安靈渠，爲陡渠者三十六。渠水發海陽山，秦時鑿，溉田萬頃。馬援葺之，後圮。至是始復。【省】復興安靈渠。時尚書唐鐸以軍興至其地，圖渠狀以聞。請浚深廣，通官舟以餉軍。命御史嚴震直燒鑿陡澗之石，餉道果通。

藝文

宋 程洵《尊德性齋小集》卷一《贈寫真方處士》 靈渠當自致此，胡爲老沈冥。

宋 劉克莊《後村集》卷六《鏵觜史禄渠至此分水》 世傳靈渠自始皇，南引灕江會湘楚。

明 曹學佺《石倉詩稿》卷二九《桂林集·桂州風謡十首》 穿山爲孔道，放陡下靈渠。

又《桂林集·興安道中仝孟麐登署後臺》 越嶠浮雲起，靈渠遶郭回。

又《桂林集·興安仝孟麐泛舟靈渠觀湘灕分流處》 數里舟中路，浮湘更涉灕。稍看渟蓄處，纔得并流時。代已更秦漢，民猶重報施。屠睢今已矣，祗拜伏波祠。

明 顔皞《重修靈渠賦并序**》**《粵西詩文載·文載》卷一 桂林之興安有靈渠，秦史禄之所治也，漢時馬援修之。有明麗天天子修水利以便民，於是尚書嚴公奉命復修之，至數月而功成焉。天子嘉之，士大夫皆爲文以紀其事。子遂爲之賦曰：

鴻濛浩兮初分，山川阻兮崑崙。哀炎荒之萬里兮，矗海山之雲屯。千嵒萬壑之奔流兮，會渼潭而爲湫。神人決靈渠而東之兮，入三湘而下流。何天荒而地老兮，殆不免於陵谷。

當我明之疆理兮，靡一事而弗勗。惟使相之任重兮，奉明詔而東行。置予馬兮江皋，揚吾舟兮洞庭。集萬夫於農暇兮，爰浚治而得經。方驚濤之洶湧兮，浩湯湯而不息。於是叠雲根於萬鈞，立陡門之三十。束微波之盈盈，瀉寒流於一碧。挂長虹於九天，横銀河於東壁。遂舟航之往來，使公私而便益。餘波流潤兮，溉萬頃之芝田。横梁架道兮，曆千古而弗顛。追史禄之功，既有傳於往日。載伏波之力，亦何愧於當年。偉使相之成績，展宏才之經綸。弗怠於事，不勞其民。宜有光於史册，表丹心之忠勤。復爲之歌曰：

『興安之山兮蒼蒼，靈渠之水兮洋洋。此邦之民兮，樂且康；頌公之德兮，山高水長。』

明 方昇《靈渠賦并序**》**《粵西詩文載·文載》卷一 廣西古百粵地，舊無河道，舟楫不通。秦時史禄始鑿山導水，名曰『靈渠』，地屬興安。至唐李渤，復立陡門三十有六，視水之消長而開閉焉。自是人無負戴之苦，而得灌溉之利矣。臨川方生爲之賦曰：

繄百粵之故地，聳千仞之層巒。犬牙交廣之域，襟帶湖湘之間。右走甌駱，左控荆蠻。入嶺首邑，曰惟興安。氓雖雜於猺獠，士則習於衣冠。井畫區分，膏腴千頃。星羅棊布，村落幾團。商賈嘆羊腸之曲屈，衆人憂旱魃之雕鑽。田疇龜坼而莫救，道途蛆蝦之惟囏。賴嬴秦之史禄，鑿碣石之巑岏。爰闢靈渠，乃轉漕運。至唐李渤，益加疏浚。陡三十六，開閉同闡河之規模。堤百千尋，延袤恍長城之步仞。舟楫既通，貨物交進。遂使天下之旅，重可輕而遠可近。水利既周，稼穡膏潤。但見一邑之民，旱不乾而貧不困。熱者濯之，若愈疾疢；渴者飲之，若戀良醞。是以亘古至今，取之不窮，而用之不盡。其利也博，其源也長。

濫觴於海陽之麓，潴滙於分水之塘。泓澄涵瀅，浩淼汪洋。春風蘋藻之緑，夏日芰荷之香。金波漾月，素練凝霜。漁歌款乃，帆影飄颺。宜乎騷人墨客之題咏，而達官君子之徜徉也。其來也有自，其去也有方。南則達於兩廣，北則會於三湘。由是雕題文身之國，鴃舌螺髻之鄉，畢獻琛而奉贄，見重譯而來王。羽毛、鱗介、珠璣、犀象，海錯、山珍，千形萬狀，皆得乘長風，破巨浪，登金門，而進皇上也。

若乃衆流之會，千流萬派，縈迴百折，如環如帶，漾波灔之參差，響秋聲之澎湃。司之者有武弁之士，役之者有戍卒之輩。兩岸之山，岧岧嶢嶢。巨石峙千秋之峽，長虹駕萬里之橋。聖殿高於白雪之峰，寶塔沖乎碧落之霄。舟車輻輳，闤闠喧囂。邑治斯建，政令出焉。學校斯設，教化施焉。處士之巖，窈窱而隱其後。狀元之峰，奇崋而卓其前。宜其成萬寶而聚百貨，鍾英傑而産才賢。若宋之唐則、唐介、丘養浩、唐彪功名烜赫，圭組蟬聯。迨及我朝，治教休明，人文宣朗，曰趙、曰秦、若唐、若蔣，科名烜赫，圭組相望。是皆沐聖化之涵濡，而當時之所尚也。

思昔李冰堰江，注水於蜀郡；蘇軾築堤，灌田於浙東。蓋其所爲之善，雖滋一時之利，豈若兹渠之建，克成萬世之功。顧愚生之慶幸，逢昭代之時雍。覩靈渠之潤澤，喜民物之雍容，灑長箋之翰墨，陋小技之雕蟲。奠皇圖於鞏固，濡聖澤於無窮。

亂曰：『渠之水兮波湯湯，溉稼穡兮通舟航。獻琛贄兮進明王，産賢才兮佐廟廊。沾聖澤兮及八荒，繇國祚兮天地長。』

明 吴勤《題重修靈渠》《粤西詩文載·詩載》卷七 湀潭之流抵靈川，秦人鑿渠通水利。累石爲堤列陡門，中江一水分爲二。北曰湘流達洞庭，南下蒼梧歸海澨。秦漢而後至於今，千百餘年幾興廢。我朝洪武丙子冬，繡衣御史遠乘驄，奉命重修董斯役，規畫晨夜勤丹衷。萬夫雲會争趨事，咄嗟指掌收成功。甃就陡門三十六，長堤屹立如崇墉。青山環繞湘江曲，龍母祠前春水緑。舟航來往是通津，灌溉良田萬頃足。白雲攀桂架輿梁，千秋峽路無傾覆。朝廷興利實爲民，嚴公執法惟忠勤。豈但寬仁稱使者，疏通練達真良臣。歸來奏節承殊渥，晋秩尚書縻好爵。縉紳滿卷贈雄文，予筆高歌寫新作。

清 屈大均《翁山文外》卷一二《靈渠銘有序》 興安縣東南五里有渠，廣二丈，秦時史禄所穿。渠之水曰嶠水，亦曰始安水。嶠者，始安嶠也。水自始安嶠出，注於湀潭，分流南北，南爲灕，北爲湘，相背而馳，其疾若箭。禄爲磯以激水，又壘石爲鏵，提派湘之流而注之灕，使逆行六十餘里，以通餽，號曰靈渠。唐李渤又作陡門三十六所，以蓄洩之。今渠分爲二，南渠會于灕，北渠會于湘，兩岸皆砐硪巨石，中開一罅，舟從石上行，若魚貫。舟人輒於陡口以三木爲乂，横菅席其中障水，水滿則去菅席，是曰開陡。一陡開則一陡闔也。舟上下者必争焉。銘曰：

灕出海陽，其源同湘。湍急而散，流離四行。不導而潴，曷利舟航？功惟禄、渤，陡門是築。爲渠以贏，爲鏵以縮。水可利民，不辭拘束。北未至湘，南未至灕。優游石罅，洩以其時。其本既疾，其末貴遲。一開一闔，奔濤蹴踏。舊流是吐，新流是納。諸門不分，一門乃合。門門相須，勢苦縈紆。石礎所夾，舟子踟躕。盈科而進，吾道之如。

清 屈大均《翁山詩外》卷六《靈渠》 開陡船争上，靈渠水滿時。穿來自秦漢，流出注湘灕。片雨添三尺，千峰繞一絲。相思如此水，南北不相知。

清 李紱《穆堂類稿·初稿》卷一六《興安諸山積雪尤盛叠用前韻》 靈渠再泛能無戀，郢曲重歌恐未工。

清 查禮《銅鼓書堂遺稿》卷一二《靈渠役有序》 秦郡監史禄鑿渠以通糧餽，名曰靈渠。厥後修築，代有其人。我朝自陳文簡公巡撫粤西，重新之。迄今四十年，而鑿處復淤，修者更圮，水源既塞，舟楫不通。乾隆甲戌秋，兩廣制軍楊公佩之議行疏導水源，修復陡門。廣右方伯檄禮董是役，行將探源興安，勘工估費，作詩以示同人：

大禹不疏鑿，何因稽古初。遐方稱桂海，于役浚靈渠。水涸無舟楫，秋高奉簡書。來朝騎款段，高下趁山墟。

又《大融江口望靈渠水口》 靈渠水六十里，北起興安城，紆回乃至此。大融水匯渠水寬，始曰灕江波瀰瀰。今夕江口望渠流，渠流清徹無塵滓。渠中陡壩問何如？容待來朝驗傾圮。

又《經海陽山下惠濟侯靈澤廟遺址》　濟時不獨靈渠惠，好雨常興一片雲。

又《萬里橋送李兹文秀才之都門》　秋風黄葉靈渠水，萬里橋邊獨送君。

又《晚步靈渠堤上》　磊磊始安山，鬱鬱靈渠樹。悠悠歲云晚，忽忽天欲暮。沿緣策杖來，踟躕堤上步。悲風振陰岡，叢竹凝烟霧。豈無棲息心，殷勤奈時務。築土隱金椎，恨難鎔鐵鑄。安得杜宇工，鑿如三峽固。奉檄敢辭勞，能事何能具。倍薄與增卑，下策資調度。雖非治洪河，江源亦要路。竊恐踰寒冬，翻爲霖雨誤。

又《靈渠工所聞女殤哭之以詩時眷屬寓居桂林》　膝下忻多男，有女方四齡。氣清姿亦秀，聰慧學娉婷。朝傳以毛詩，夕教以孝經。章章各成誦，每每憐其靈。飲膳與之共，坐卧影隨形。生無二千日，恍然一夢醒。

汝生我作客，辛未夏，余有事，桂林女生潯州。汝死我出門。何堪生死際，天涯異寒温。感深眼目倦，痛極心神昏。桂林與靈渠，日落望汝魂。丈夫志雖壯，難斷骨月恩。夭殤數亦奇，欲哭聲還吞。憶昨來興安，我女牽我衣。笑云欲偕往，復問何時歸。殷勤呈天性，動静露天機。詎知兩旬内，與汝竟永違。幽蘭摧弱梗，纖月墮寒輝。此生不可見，顔色遠庭幃。

館舍燈初上，北風悲且狂。未飲心若醉，黯然獨神傷。遥知生汝母，日夕更斷腸。我腸亦已斷，不得共彷徨。顧影長嘆息，鬢髮影蒼蒼。嗟哉歲晏晚，寂寞湘灕旁。

又《别靈渠工所寓館》　秋冬兩鬢怯風尖，又是南天夏日炎。工急却教詩興減，渠成漸見客帆添。昨經移檄權邊郡今春，膺太平郡守之薦檄往權理，我本浮查此久淹。欲去臨江將酒酹，湘灕靈澤慶同霑。

又 卷二八《灕水異源辯》　甲戌秋，制府聞靈渠水道壅塞，鏵堤陡門多傾敗，行將疏山采石，急籌修復。方伯檄禮往勘之，於九月來興安，深入海陽山，探湘灕之源，及沿江之支渠别港，斷塹長巃，無不親歷。察其水之去來，審其源之大小，固知《水經》之不誣，與酈《注》之初非臆説也。蓋海陽發源本屬一水，東北注即湘川。自秦史禄昉鑿靈渠，分引而南，而灕水名焉。靈渠之鑿，由渼潭導水，開全義山足，過縣西南，盤迂六十里，更受大融水，匯而南下。要知溯秦以上，無所爲靈渠，即無所謂灕水，又安得雙女井爲之源哉？且雙女井一水，乃山磵細流，源出縣南七里，逕北流至縣，入靈渠。方靈渠未鑿時，其水由渠之東岸穿渠而西，出今之洩水馬氏橋口，下流成小溪，二里許徑海陽神廟之北，又二里至高塘村，仍入湘水。迄今故道猶存，何得謂之灕水之源耶？

清 查慎行《敬業堂詩集》卷四八《靈渠行》　驚瀧下走三百灘，上流何至一掬慳。灕源濫觴乃在此，七十二重灣復灣。此渠鑿自秦史禄，初僅能通不能蓄。迨唐觀察李浚之，添設陡門三十六。石槽石斛升斗儲，一門典守用兩夫。鏵堤前啓後下板，修綆汲船如轆轤。雷轟電掣飛一綫，盈縮直從呼噏變。官船銜尾客船停，那得人人與方便。勸君小泊底須愁，不過多爲半日留。平生恥共人争路，况有林巒慰勝游陡中岩岫絶佳。

清 李文藻《嶺南詩集·桂林集》卷三《靈渠》　湘灕分流處，始鑿自史禄。秦皇暴無道，多爲後人福。伏波引餽運，用疏不用築。至唐屢堙圮，循良妙洩蓄。直注斗門障，旁溢鏵堤縮。上下利沿泝，南北遞湍洑。先李後有魚，俎豆照荒服。源源陽海山，尊崇并四瀆。我有八口船，裝輕無百斛。昨自全州别，囊罄不由陸。何日至靈渠？願天錫飛瀑。乃值冬水淺，預愁竹篙秃。道逢興安宰，催放許能速。官船每競先，民船恐遭扑。婉言謝興安，勿煩遣隸僕。桂人方菜色，待販給糜粥。家累何妨遲，亟轉湖南穀。

清 錢楷《緑天書舍存草》卷五《抵全州作》　靈渠知我戀山情，故遣枯流滯客程。

清 阮元《淮海英靈集·丙集》卷一《靈渠》　史禄穿渠後，經過利涉輕。舟行秦嶺隘，水入桂江平。象峒澄潭黑，龍湫毒霧腥。如何憂越嶠，不念隴頭耕。

清 葉觀國《緑筠書屋詩鈔》卷五《嶺右集·靈渠有引》　湘灕二水源出興安縣海陽山，其北行者曰湘，東南行者曰灕，發源之處，纍石爲堤以蓄水，是曰靈渠。蓋鑿於秦史禄，重浚於唐李渤。宋《范石湖集》有《鏵觜詩》，即此地也。乙酉九月，余去桂林，自灕江登舟泝流而上，歷陡門十六級，始達其處，渠大僅一頃許，水源如瀑布，滾滾從山巔落。膏渟黛蓄一平若鏡，下瞰興安城市如居井底，蓋客舟直在山上行矣。

臨源鏵嘴舊知名，一櫂秋深弄乳泓。縹緲船真天上坐，空明人在鏡中行。厓巔練挂窺泉派，舄下雲開見縣城。不是今朝犯牛斗，歸來何物詫君平。

清 張九鉞《紫峴山人全集·詩集》卷一一《靈渠篇》 蒙恬起長城，史禄鑿靈渠。當時但笑秦人愚，利在後世孰可誣。不然蠻陀絶道橫五嶺，戈船何以直掃炎山隅？湘灕從此相灌注，鏵嘴銜尾行舳艫。粤艖楚稻若綰轂，豈獨珊瑚犀象與明珠。當時揮斧轟烝徒，叱龍龍渴目不盱。銀河掛壁怒傾瀉，巨靈半掌來撐扶。長堤蜿蜒鐵不如，包絡坤軸懸星衢。斗門穿天三十六，天以梯使帆奔趨。牽緣分寸忽一落，光怪閃赫猿啼呼。茫茫大野俯何極，微烟或是巴陵湖。海鼉至今眠不起，貪享酒醴驕村巫。渠流碧玉漢將廟，舵樓紅艷彈箏姝。乾坤轉徙在指握，桑麻美利誰膏腴？石不可以鞭，鐸不可以驅。老謀籌國斯獨殊，屠睢周竈胡爲乎？吁嗟郡監眞丈夫。海鼉石最鉅，今在渠堤神廟側。

雜録

唐 莫休符《桂林風土記·靈渠》 全義縣灕、湘二水分流處。相傳曰後漢伏波將軍馬援開川浚濟，水急曲折四牙，用遏其節，節斗門以駐其勢。有伏波廟在縣側。又按後漢鄭宏，奏交趾七郡貢錢，從東泛海，多沒溺，請開桂嶺靈渠，後御史史禄重開鬬。又按前漢武帝元鼎五年，命伏波將軍路博德、樓船將軍楊僕、戈船將軍嚴助擊南越吕嘉。戈船出零陵，下漓水。此則前漢嶺首，已通舟檝明矣。焉得至後漢馬援、鄭宏開靈渠，於理未盡。言馬、鄭重修則可，云創鬬則於義有乖。休符駁。

《新唐書》卷四三《地理志》 理定，中。本興安，武德四年置宣風縣，貞觀十二年省入焉。至德二載更名。西十里有靈渠，引灕水，故秦史禄所鑿，後廢。寶曆初，觀察使李渤立斗門十八以通漕，俄又廢。咸通九年，刺史魚孟威以石爲鏵堤。亙四十里，植大木爲斗門，至十八重，乃通巨舟。

宋 王珪《華陽集》卷二五《賜權提點廣南西路刑獄公事李師中等興水利奬諭敕書》 敕師中等，昔秦命御史監郡史禄鑿柱之靈渠，漢益浚之，以通漕嶺西。然其道狹而流壅，其後卒以堙廢。爾奉職于外，究興利源，鑴石疏流，役不留月，舟航之濟，自公及私都水上功，不忘嘉嘆。

宋 黄裳《靈濟廟碑》（雍正）《廣西通志》卷一〇八 興安靈渠，自史禄始作以通漕。既而漢伏波將軍馬援繼疏之。唐觀察使李渤始爲鏵堤以固渠，作陡門以蓄水。而防禦使魚孟威復增修之。更四賢之勤，歷秦、漢暨唐，而後其制大備，以迄於今，公私蒙其利。蓋千五百有餘歲，其致之者漸也。皇元至正十三年之夏，山水暴至，一旦而堤者圮，陡者隤，渠以大涸，壅漕絶溉。而向者四賢之勤，千五百餘歲之大利，蕩然矣。有或興役而塞，踰二年輒復壞。於是嶺南廣西道肅政廉訪副使唐兀公，悼功之不成，憫民之重困，悉發近歲給禄秩錢五千緡，付有司具木竹金石土縠，募工傭力。而命静江路判官王君惟讓涖其役；憲使張君文顯專督之。群材委積，庶民子來。時維秋冬之間，積雨滯溢，畚鍤難施。二君承命督涖，懼弗克稱，周詢有衆，得四賢舊祠於西山地，側相與匳薌篚幣而請禱焉。皤裸未終，而雲日開朗，役者、築者、斲者、礲者、甃者，手足便利，無有所苦，并力丕作。於是鏵陡之制加於初，漕溉之利咸復其舊矣。比竣事，二君圖所以荅靈貺者。顧廟貌窳陋，不稱神棲。既歸復命，具以故告。公曰：『神昔勤渠利，茲復相予克纘舊績，休嘉駢應，宜有隆報。二君請惟增餙祠像，肇置土田，庶幾神民永久有賴，惟二人其卒圖事。』即經營，撤敝爲新，易卑以崇。廡陛有嚴，門堂有秩。像設如在，精靈炳然。民吏具瞻，罔不祗肅。命之曰靈濟之廟。乃計財用，得羡錢二百七十五緡，買民田十有八圻，歲収米若干石，舉祝史粟康叔掌之，以奉晨夕膏薌之費。府僚合議，辱徵裳文，將刻石廟門，以著不朽。竊惟嶺南之民，好祥瑞，侈祠宇，其俗固矣。惟茲四賢，其生也，於靈渠之興，能合智以創物；其没也，於靈渠之壞，能攘患以庇民，是在祭法所當祀者，豈與他祀比哉！廟作於至正十五年正月甲子，成於六月甲子。公之爵里名氏，已見《修渠記》。其供億受事之人，與夫食貨財力田畝之數，則記於碑之陰云。

宋 劉摯《忠肅集》卷一二《東上閤門使康州團練使陶公墓志銘》 桂之靈渠水，自秦開導，下達江湘，歲久堙廢不通，公因攝興安，抵書安撫使蕭固，請加浚治，轉給邊食，可無勞民。固不省，後轉運使李師中用其言，果大利。熙寧安南之役，移粟百萬，實由此渠。

又《右司郎中李公墓志銘》 興安有靈渠，自秦以來通漕，歲久石積淺隘，設斗門，十八里至三十六所，命焚石鑿之，才留十門，舟檝以通。

宋 沈遼《雲巢編》卷八《東上閤門使康州刺使陶公傳》 弼嘗攝興安令，以靈渠爲夊敝，乃條其利病，以書屬太守蕭固，請治之曰：『日者廣源蠻爲害，夊不制，且煩天誅，其出必資是爲塗。方無事時，公私力完易就，它時即公之功也。』固不聽。後交趾反，上出武庫兵以賜將士，奉使者漕安南，兵費数百萬計，卒用之。秩滿，遷大理寺丞、監潭州粮科院。李中師奉使嶠西，薦其才，遂知賓州，因使浚靈渠。上已知弼能矣，目欲属南方事，即擢拜崇儀付使、知容州。

又卷九《賀州推官知陽朔縣李君墓碣銘》 桂林北出興安爲靈渠，自秦時疏鑿以饟嶠南。而前爲令者皆武人，夊無政，堤防鎼漏，漕舟数不通。復以君假令，至則鋤其奸敝，民訟一清，乃大完築，盡復其故迹，益漑其旁田疇甚多。

宋 黄震《黄氏日鈔》卷六七《讀文集》 靈渠，在桂州興安縣。湘水北下湖南，又融江牂牁下流也，南下廣西，二水遠不相謀。史禄於沙磕中壘石，作鏵觜，派湘之流而注之，融激行六十里，置斗門，三十六舟入一斗，則復閘一斗，使水積漸進，故能循崖而上，建瓴而下。治水巧妙，無如靈渠者。

宋 周去非《嶺外代答》卷一《靈渠》 湘水之源，本北出湖南，融江本南入廣西，其間地勢最高者，静江府之興安縣也。昔始皇帝南戍五嶺，史禄於湘源上流，灕水一派，鑿渠踰興安而南注于融，以便於運餉。蓋北水南流，北舟踰嶺，可以爲難矣。禄之鑿渠也，於上流砂磧中，疊石作鏵觜，鋭其前，逆分湘水爲兩，依山築堤爲溜渠，巧激十里而至平陸，遂鑿渠遶山曲，凡行六十里，乃至融江而俱南。今桂水名灕者，言離湘之一派而来也。曰湘曰灕，往往行人於此銷魂。自鏵觜分水入渠，循堤而行二里許，有洩水灘。苟無此灘，則春水怒生，勢能害堤，而水不南。以有灘殺水猛勢，故堤不壞，而渠得以溜湘餘水緩達于融，可以爲巧矣。渠水遶迤興安縣，民田賴之。深不數尺，廣可二丈，足泛千斛之舟。渠内置斗門三十有六，每舟入一斗門，則復閘之，俟水積而舟以漸進，故能循崖而上，建瓴而下，以通南北之舟楫。嘗觀禄之遺迹，竊嘆始皇之猜忍，其餘威能罔水行舟，萬世之下乃賴之，豈唯始皇，禄亦人傑矣，因名曰靈渠。

《宋史》卷九七《河渠志七》 廣西水：靈渠源即離水，在桂州興安縣之北，經縣郭而南。其初乃秦史禄所鑿，以下兵於南越者，至漢，歸義侯嚴出零陵離水，即此渠也；馬伏波南征之師，饟道亦出於此。唐寶曆初，觀察使李渤立斗門以通漕舟。宋初，計使邊詡始修之。嘉祐四年，提刑李師中領河渠事重闢，發近縣夫千四百人，作三十四日，乃成。

紹興二十九年，臣僚言：『廣西舊有靈渠，抵接全州大江，其渠近百餘里，自静江府經靈川、興安兩縣。昔年并令兩知縣繫銜「兼管靈渠」，遇堙塞以時疏導，秩滿無闕，例減舉員。兵興以來，縣道苟且，不加之意；吏部差注，亦不復繫銜，渠日淺澀，不勝重載。乞令廣西轉運司措置修復，俾通漕運，仍俾兩邑令繫銜兼管，務要修治。』從之。

明 柯維騏《宋史新編》卷二五《河渠志下》 廣西水：靈渠源即離水，其初乃秦史禄所鑿，以下兵於南越者，馬伏波南征，饟道亦出於此。唐寶曆初，李渤立斗門以通漕舟。宋初，計使邊詡始修之。嘉祐中，提刑李師中領河渠事，復重闢之。其後，命有司以時疏導。凡州縣疏導河渠及修治堰牐，多以本縣知佐，以主管繫銜，秩滿稽有無績效爲殿最云。

明 鄺露《赤雅》卷中《靈渠》 靈渠，自北而南三十二陡。由灕通鏡鼓，水自東徂西，入永福六陡，六陡冬月涸絶不行。予過陡時，水長月明，如層臺叠壁，從天而下。

清 顧祖禹《讀史方輿紀要》卷一〇七《廣西二》 靈渠，在縣北五里，即道灕水處。南經靈川縣入臨桂縣界，亦謂之澪渠。《水經注》：『湘水自零陵西南謂之澪渠』是也。唐咸通五年安南爲南詔所陷，嶺南用兵諸道，餽運皆泝湘江入澪渠。宋《溝洫志》：『靈渠以引灕水，故秦史禄所鑿，或謂之秦鑿渠。』後廢。唐寶歷初觀察李渤設斗門十八以通漕，俄又廢。咸通九年刺史魚孟威以石爲鏵堤，亘四十里，植大木爲斗門，至十八重，乃通舟楫。宋慶曆中提刑李師中修浚，後守臣邊詡等復累加修葺。紹興二十九年臣僚言：『廣西靈渠接全州大江，其渠僅百餘里，自静江府經靈川、興安兩縣，宜令兩邑令兼管修治。』詔漕臣修復，以通漕運。范成大曰：『靈渠在桂之興安縣，秦始戍嶺時，史禄鑿此以通運之遺迹。湘水源於海陽山，在此下融江。融江爲牂牁下流，本南下，興安地勢最高，二水遠不相謀。禄始作此渠，派湘之流而注之融，使北水南合，北舟逾嶺。其作渠之法，於湘流砂磧中壘石作鏵觜，鋭其前，逆分湘流爲兩，激之六十里，立渠中以入融江與俱南。渠繞興安界，深不數丈，廣丈餘。六十里間置斗門三十六，土人但謂之斗。舟入一斗，則復閘斗，俟水積漸進，故能循巖而上。建瓴而下，千斛之舟，亦可往來。治水巧妙，無如靈渠者。』志曰：渠既通舟楫，亦利灌溉。一名中江。自李渤置斗門，開灘水則入於桂江，壅桂江則歸之湘水。又鑿分水渠三十五步，闊僅五六尺，以便行舟。其後修築皆因渤之故迹。明朝洪武末渠道湮壞，遣御史嚴震直修浚。郡志：震直修靈渠欲廣河流，撤去魚鱗石，增高石埭，遇水泛勢無所洩，衝塘決岸，奔趣北渠，而南渠淺澀，行舟不通，田失灌溉，連年修築，百姓苦之。永樂二年改作如舊制，水患始息。成化間復壞，郡守羅珦修復。今縣東有水函十。靈渠之水徑此，每遇霖潦，往往齧堤爲患，因置石函以洩之，灌田數千畝。每至決壞，有司相視，以時興修焉。

（雍正）《廣西通志》卷一三《山川》 靈渠在縣西十里，秦将戍五嶺，命史禄鑿之。漢馬援討徵側，復治以通餉。唐寶曆初，觀察使李渤浚斗門十八。咸通九年，刺史魚孟威以石爲鏵堤，亘四十里。宋初漕臣邊翊、嘉祐憲臣李師中、乾道帥臣李浩相繼修浚。紹熙甲寅，帥朱晞顔等重修。紹興二十九年，臣僚言：『廣西靈渠接全州大江，其渠僅百餘里，詔漕臣修復，以通漕運。』

六輔渠

題解

《漢書》卷二九《溝洫志》 自鄭國渠起，至元鼎六年，百三十六歲，而兒寬爲左内史，奏請穿鑿六輔渠，以益溉鄭國傍高卬之田。上曰：『農，天下之本也。泉流灌寖，所以育五穀也。左、右内史地，名山川原甚衆，細民未知其利，故爲通溝瀆，畜陂澤，所以備旱也。今内史稻田租挈重，不與郡同，其議減。令吏民勉農，盡地利，平繇行水，勿使失時。』

又 卷五八《倪寬傳》 『寬表奏開六輔渠』 韋昭注：『六輔爲京兆、馮翊、扶風、河東、河南、河内也。』

又 『寬表奏開六輔渠』 劉德注：『於六輔界中爲渠也。』

又 『寬表奏開六輔渠』 顔師古注：『二説皆非也。《溝洫志》云「兒寬爲左内史，奏請穿六輔渠以益溉鄭國旁高卬之田」，此則於鄭國渠上流南岸更開六道小渠以輔助溉灌耳。今雍州雲陽、三原兩縣界此渠尚存，鄉人名曰六渠，亦號輔渠。故《河渠書》云「關内則輔渠、靈軹」是也，焉説三河之地哉！』

論説

清 康基田《河渠紀聞》卷三 漢武帝元鼎六年，内史兒寬奏穿六輔渠，平繇行水，以盡地利。按：《史記·河渠書》：宣房後言水利者，朔方、西河、河西、酒泉，皆引河及川谷之水；汝南、九江引淮；東海引鉅定；泰山下引汶水；關中穿六輔渠，猶是也。川氣之導，澤水之鍾，疏導以通川澤之水入於畎，遂溝洫氣不沉滯，而民用饒，所爲盡力也。

自秦開鄭國渠注填閼之水，溉舄鹵之田，關中爲沃野。後有作者，猶用此法。内史兒寬請鑿六輔渠，以益溉鄭國傍高仰之田，渠在鄭國上流南岸，開六渠以輔灌溉。今雲陽、三原兩縣界中之渠，鄉人名曰六渠，亦曰輔渠。如《河渠書》所云，關内輔渠靈軹是也。武帝大興水利，以左、右内史川原甚廣，細民未知其利，兒寬仰承風旨，爲通溝瀆，蓄陂澤，以備旱。乾帝謂曰：『農，天下之本也。泉流灌浸，所以育五穀也。』定用水之次立法令，以廣溉田，蓋使地無遺利，人無遺力，因以爲利如此。然其時瓠子猶未塞也，六輔渠一隅之利也。瓠子決河南北，五郡十郡之害也。治小而遺大，習近而忘遠。好大喜功，而不恤民艱。瓠子之歌曰：『不封禪兮安知外。』豈眞不知哉！

（雍正）《陝西通志》卷三九《水利一》 初，鄭國分涇水，置鄭渠。後兒寬又穿六輔渠。今此縣與三原界六道小渠猶有存者。六輔渠，今白渠北限所經，即其地也。但顔所謂南岸者，恐當作北岸。《長安圖經》：六輔渠開後旋廢。

綜述

宋 宋敏求《長安志》卷二〇《縣十》 六輔渠。《漢書》：元鼎六年，倪寬爲左内史，奏請穿六輔渠，以益溉鄭國旁高卬之田。《圖經》曰：此則於鄭國渠上流南岸，更開六道小渠以輔助溉灌耳。今雲陽、三原兩縣界，此渠尚存，鄉人名六渠亦號輔渠。

傳記

《漢書》卷五八《倪寬傳》 寬既治民，勸農業，緩刑罰，理獄訟，卑體下士，務在於得人心；擇用仁厚士，推情與下，不求聲名，吏民大信愛之。寬表奏開六輔渠，定水令以廣溉田。

紀事

明 項忠《涇陽縣廣惠渠記》（《雍大記》卷三三） 謂之六輔渠者，漢倪寬爲左内史，請鑿六輔渠以溉田，遂名焉。謂之豊利渠者，宋大中召開石渠，涇水入渠者五尺，下與白公渠相會，工畢而賜名焉。

明 何景明《雍大記》卷一一《考迹》 六輔渠在涇陽縣，漢武元鼎六年，倪寬爲左内使，奏請作六輔渠溉田。今水不通，惟清、冶二水灌其高田。

雜録

唐 李吉甫《元和郡縣志》卷一《關内道一》 涇水，在縣西南二十五里。初，鄭國分涇水置鄭渠，後倪寬又穿六輔渠，今此縣與三原界六道小渠，猶有存者。

六脉渠

論説

（道光）《南海縣志》卷九《建置略一》 案：六脉渠，郭志、張府志未詳。郝通志詳其名，未定其次。黄通志次第名目，自第一脉至第五脉，今屬南；第六脉，今屬番禺，至譚清海建議西及正北，小北三脉屬南海東及正南，小南三脉南海、番禺兩縣所屬，前後多少雖殊，六脉名實固未泯也。

乾隆間，飭勘疏浚，自蓮塘街至南首華光廟等處，及九曜坊至三聖宫二脉屬南海，餘三脉屬番禺，則六脉僅存其五。嘉慶間，飭勘重疏，一自衛邊街起，一自桂香街起，一自旗屬西華巷起，一自周家巷起，一自杏花巷起屬南海，餘自蓮塘街起者二，自菜園石橋，自司後街譚家祠，自正東門東華里口起者各一，屬番禺，則析六脉而成十。所以然者，内城居民稠聚，前明不如今日之盛，又其時民心湻古，憚於架佔渠道，故疏以六脉，而水患已除，近代人稠而心巧僞，居邇渠道者，竪樁結石，日肆侵佔，地方有司忽不及察覺，至積重難返，故乾隆時，雖嚴申疏渠之令，第就現存五脉浚之。嘉慶中，葉渠道益淤，水患益劇，六脉原址不可復，遂即現存五脉析而爲十，以多其宣洩復於渠口，出水之區立碑，永禁不得搭蓋房屋，當事之思，患預防至矣。

陳坤《六脈渠圖説》（宣統）《番禺縣續志》卷三 謹按：六脈渠在廣東省老城内。始自何時，從何取義，固無可考。即渠之所在，稽之《廣東通志》、《粤東省例》、《南海縣志》、《羊城古鈔》、《續南海百咏》諸書，記載俱未詳明。大抵以地面之有瀘渠，猶人身之有脈絡，必須流通，乃少疾病，渠有六，故謂之『六脈渠』耳。第滄桑變易，名與時遷，渠之支幹，錯雜其間，曲折縈洄，頗難辨别。且水性趨下，東南西北，因勢利導，順軌分流，或以幹而爲支，或以支而爲幹。故有六渠已湮其一，僅存五脈之説；亦有於五脈之外，加浚五脈，作十脈之説。似皆未明其底蘊也。

坤兩奉浚渠之役，親歷其境，審察再三，并與劉巡檢裕庸互相諮詢商推，時日既深，端倪略悉。應以粵秀峰作主山，登高一望，六渠燦若列眉，左三右三，天然配合。蓋粵秀山後積雨下注，湍流甚急，故近山麓一帶，於三元宫下西栅分東西流，而城隍廟、將軍署皆係小埠隆起，又分南北流，北流復與東西流滙合。分注若長虹之雙互，左右各一脈也。再於此兩脈之左右各另具左右兩脈，并嚮南流，合而爲六脈矣。諸書所載，各有異同。夫千聞不如一見，既明造化之妙施，自不待語言文字以爲之辨也，猶恐述之不詳，驗之無據，特將省城街道與六脈渠合繪一圖，并六渠所經之處，臚列如左，以備采擇。

左第一脈正渠，自督院署前起，南流歷古藥洲、華寧里、衛邊街、七塊石即寶石橋、清風橋、南朝街，貫學院署九曜池，至書芳街、仙湖街，滙城南各街支渠，由仙童橋古廟渠口穿城，出南勝里入玉帶河，爲城之離方，即樊氏昆吾《續南海百咏》所謂出仙童橋下之渠也。右第一脈正渠，自撫院署右起，南流歷雨帽街、桂香街，滙城南各街支渠，由孚通街三聖宫前渠口穿城，出南勝里入玉帶河，亦城之離方，此樊氏之所未及知者也。左第二脈正渠，自三元宫前起，東流歷龍王廟、菊坡精舍、將軍大魚塘、高社，横貫史家園，至三多里、九如坊、獅子橋、豐橋、丹桂里、天官里、五桂廟，滙粵秀山麓東畔各街支渠，由銅關穿城，出東濠，爲城之艮方，即樊氏所謂隨龍大水之渠也。又於城隍廟後舊倉巷登雲里分南北流諸書所載皆未知此：其北流，歷司後街、高街口、豪賢街、萬安里、萬福里，與東流之渠相接，滙老城東北隅各街支渠，亦由銅關穿城，出東濠；其南流，歷舊倉巷、毓秀街、惠愛八約、明月橋即文溪橋、人和里、和安里、李家巷、長禄巷、大塘街、仰賢里、長塘街、仁厚里，滙城南各街支渠，由賢思街福德祠下渠口穿城，出文德里四巷入玉帶河，亦爲城之離方，即樊氏所謂復古廟下出暗竇口之渠也，第以一脈作兩脈，是其小誤。

右第二脈正渠，自三元宫西栅起，西流歷清泉街、西華一巷、桂子營即回子營，滙粵秀山麓西畔旗街支渠，由北水關穿城，出西濠，爲城之乾方，即樊氏所謂出水關橋之渠也。又於將軍署前元妙觀左亦分南北流，諸書所載亦未知此：其北流，歷豆腐巷、官塘街，與西流之渠相接，滙老城西北隅旗街支渠，亦由北水關穿城，出西濠；其南流，歷擢甲里、杏花巷、麻行街，滙城南旗街支渠，由大水關穿城，出王婆欄入玉帶河，係古南濠，亦爲城之離方，即樊氏所謂出南濠街果橋下之渠也，第亦誤以一派作兩派耳。左第三脈正渠，自東華里起，南流直貫先鋒廟，至貢院後，滙老城東南隅各街支渠，由貢院東渠口穿城，出東濠，爲城之巽方，此樊氏所未及知者。右第三脈正渠，自光孝寺前起，南流歷紙行街、詩書街、大利庵，滙老城西南隅旗街支渠，由小水關穿城，出西濠，爲城之坤方，即樊氏所謂出上古橋之渠也。

綜述

清 王凱泰《重浚六脉渠記》（同治）《番禺縣志》卷一四　粵東省城有六脉渠，其迹古矣。至我朝乾隆間，六脉僅存其五。嘉慶時，再勘修五渠亦不盡合，乃析爲十。蓋居民稠聚日盛，居邇渠道者，或填塞侵踞，或淤積弗除，日斷月徙，而原渠遂不可復。咸豐七年，省垣被兵，墻屋燬塌者半。城之東北，瓦礫山積，下流更爲遏絶。春夏雨集，渟滀浹旬，行者没髁，居者病腿，民之苦此又十有餘年。某承乏旬宣，爰圖疏瀹，上陳大府，下率僚屬，經營相度，決其壅塞，拓其迫狹，或循故道，或闢新溝。若干，開通暢達，更成大渠者六。既蒇事，時雨適降，宣洩迅駛，更淫霖而衢街無留潦，是雖未盡復舊觀，而城中水患庶幾免矣！夫渠之湮滅，固廬室壓跨所致，而官司不以時浚，咎亦半焉。用書其事，紀其歲月，復繪圖綴說，并鐫於石，使有所考，求以時加修治，俾永勿塞，此固與來者共之也。《圖説》：

一督署前渠。北流者，由落城街至蓮塘街，合撫標箭道横渠，東流入五福巷出銅關；其南流者，行華寧里衛邊街民房中過七魂石，下抵清風橋，逕流水井至南朝街，由義隱書院中入學署後園，貫九曜池，出九曜廟橋，直至仙湖街仙童橋下，出城入玉帶河。

一撫署右渠。北流者，從連新街逕蓮花井街，至九眼井轉西，西流九龍街過大北直街、西華一巷，過財神廟出北水關外濠；其南流者，由雨帽街下桂香街、賢藏街，至孚通街三聖宫下，出城入玉帶河。

一百靈街尾明渠。西北流由城根出北水關入濠，其南流者陰渠，由官塘街寶富巷擢甲里、杏花巷、西濠街過石橋，出大水關入玉帶河。已上渠南海縣屬。

一舊倉巷渠。北流者，由梯雲里北行至司後街，入譚家祠轉高家口東流，入豪賢街天官里民屋後，合萬安里明渠出銅關入濠；其南流者，從惠竺寺旁過倉邊街，南流行黄家巷毓秀坊，出文溪橋下徑長塘街，至賢思街土地廟下，出城入玉帶河。

一觀音山下渠。由龍王廟左東流過菊坡精舍前入將軍魚塘，由塘東出貫容家園中，合高社十八洞南流之渠，又合十九洞南流之渠，同出釁橋下，東流過劉家園，又過小北直街，至飛來寺合狀元橋下之渠，出銅關入濠。

一龍王廟右渠。南人粤秀街穿東墻入和康里，出撫標箭道，東過連塘街中約，滙督署前北流之渠，東入五福巷雙槐洞、崔家巷理事照墻、獅子橋、三多里、九如坊、丹桂里，抵狀元橋下，出銅關入濠。已上渠番禺縣屬。

右通共大渠六。其餘小渠：西門内紙行街明渠，直流詩書街龍王廟前，出西水關；東門内東華里明渠，過福德祠南流，循貢院東圍墻外，東出城根入濠。此外子渠尚多，不復記。

清 覺羅成允《重浚廣東省城六脈渠碑記》（宣統）《番禺縣續志》卷三

六脈渠者，廣東省城所以宣洩行潦者也。

同治九年，王文勤公開藩於粤，政理人和，百廢俱舉，顧念斯渠故迹已湮，乃率僚屬重浚渠道，繪圖綴説，俾垂於後。今二十餘年矣，疏治者奉行故事。而渠之爲廬室所跨壓者，日就湮滅，淫雨時至，積水載途，行者苦之。且渠既壅塞，汙濁之水旁溢於井，居民汲食多致疾病，去年春夏之間，邪疫大作，十室而九，余竊憫之。是以上陳大府，札委前定安縣李令家焯，會同南海縣楊令蔭廷、番禺縣杜令友白，再圖疏瀹。循六渠之故道，狹者廣之，淺者深之，甃甎以支其旁，叠石以蓋其上。而民間之支渠，亦勸諭挑浚，其貧困者給金錢以助之。凡四閲月而工畢，都人士咸稱頌不置，余承乏其間，得以樂觀厥成焉。然則天下事，苟能以實心行實政，雖艱鉅煩苦，人所難能之任，無不立奏膚功，蓋渠特其小焉者耳。夫文勤既建其勳於前，而余復理其役於後，故爲之述其原委，并圖其渠，以勒於石，使後之官斯土者，得以循涂沂軌而遵守勿失。則後之視今，亦猶今之視昔，是則余之所厚望也！

夫《圖説》云：左一脈正渠，自督院署前起，分南北流，其北流，由洛城街、吉祥街至蓮塘街，滙東流横渠，出潼關；其南流，歷古藥洲、華寧里、衛邊街民房中七塊石、清風橋、南朝街，貫學院署九曜橋、書芳街、仙湖街，仙童橋古廟渠口穿城，出南勝里入玉帶河。左二脈正渠，自舊倉巷梯雲里起，分南北流，其北流，歷司後街、高街口、豪賢街、天官里、萬安里，三聖宫前滙東流之渠，出潼關；其南流，歷舊倉巷、毓秀街、明月橋、人和里、和安里、李家巷、長禄巷、大塘街、仰賢里、長塘街、仁厚里、賢思街，福德祠下渠口穿城，出文德里四巷入玉帶河。又南流，自撻子魚塘遷善所、仁壽街，滙小石街渠，出潼關。又東流，自觀音山八旗藥局起，歷山水井、康公廟道，貫史家花園。又自龍王廟前起，歷菊坡精舍，入將軍大魚塘，貫史家花園、釁桂坊，過釁橋、北帝廟側、小石街，穿飛來寺，督標營盤，出潼關。又東流，自粤秀街起，歷和康里，入箭道。又三元宫西栅起，歷功德林、石榴園塘、入箭道，穿蓮塘街、雙槐洞、理事同知署獅子橋、三多里、九如坊、丹桂里，過狀元橋、丁貴巷，出潼關。左三脈正渠，自東華里起，南流貫先鋒廟，至貢院後墻東渠口穿城，入東濠。右一脈正渠，自撫署右邊起，分南北流，其北流，由連新街，逕蓮花井街，至九眼井，滙九龍街，過大北直街、西華一巷西流横渠，貫財神廟，出北水關；其南流，歷連新街、雨帽街、桂香街、孚通街、三聖宫前渠口穿城，出南勝里入玉帶河。右二脈正渠，自元妙觀左邊起，分南北流，其北流，歷豆腐巷、官塘街，滙西流之渠，出北水關；其南流，歷擢甲里、杏花巷、麻行街，出大水關入玉帶河。又西流自三元宫西栅起，歷清泉街、西華一巷，出北水關入西濠。

右三脈正渠，自光孝寺前南流，歷紙行街、詩書街、大利庵，出小水關入西濠。濠右係六脈正渠通流之處。其各街民修支渠，以及民修改爲官修支渠，名甚紛繁，兹不記勒。此次修渠所用新石丈尺，除零星補換不計外，共用新石壹千零叁拾叁丈陸尺。以明渠改爲暗渠，計長貳百陸拾肆丈伍尺，附記備考。

傳記

（道光）《濟南府志》卷三七《國朝宦迹五》 康基田，字仲耕，號茂園，山西太原府興縣人，由拔貢生，乾隆十八年舉人二十一年進士。**【略】**擢廣東布政使，疏玉帶河，開六脈渠。

《清史稿》卷四二六《王凱泰傳》 王凱泰，初名敦敏，字補帆，江蘇寶應人。道光三十年進士，選庶吉士，授編修。**【略】**六年，遷廣東布政使，裁陋規，省差徭，核釐捐，丈沙田，浚城中六脈渠，增建應元書院。

紀事

清 曾燠《疏浚西關濠水記》（同治）《南海縣志》卷一二 庚午歲，予奉命旬宣來粵任事之初，訪求民瘼，謂斯爲最。因請諸大府先開六脈渠、玉帶河一道，人皆稱便。西關士民遂相率以是濠請，乃躬相地勢，博采輿論。東南起濠口，西南盡柳波涌，塞者通之，斷者續之，涸者浚之，弇者廓之，室之據其中者移之，橋之庳而舟航難達者高之，濠之廣以丈六尺爲率，橋之高以水平爲準。民不知勞，吏不相擾，數月之內，波澄堤固，委輸演漾，頓還其舊觀。士民等復慮歲久而湮也，僉議儲財爲經遠計。於是諸洋商等請以西關外公産房宇一區，輸爲公所資，其僦息以供歲疏决之費，又以其餘室創立書院，爲多士課文地焉。昔王景修芍陂，李冰鑿離堆，鄭、白兩渠，其利皆數百世；子瞻守杭州，開茅山、鹽橋二河，自是杭無水患。予寡劣不足擬古人，而大府之惠愛，有司之勤劬，與吾士民樂善急公之誼，皆不容以湮泯。既畢工，謹書於石，以告後之涖兹土者。大清嘉慶十七年，歲次壬申三月既望上石。

清 陳璞《尺岡草堂遺集》卷四《擬廣東文苑傳》 粵中大吏，皆禮重之。地方事之有利於民者，彬華以爲言輒聽。六脈渠爲城中水道，一遇淫潦不疏通，則街衢淹浸。而有司率奉行故事，往往淤塞。彬華請於大吏爲籌畫，力浚之。又議設恤嫠局，以惠貞節。此外，會修《通志》，修貢院諸舉，皆彬華贊成之。

（道光）《廣東通志》卷二五六《宦績録二十六》 去粵二十餘年，復官廣東布政使。省城有渠六道，宣洩潦水，以達于江，曰『六脈渠』。歲久淤塞，每積雨，城北山漲陡發，輒漫民居基田。周視渠之故道，親督工疏浚之。既而，淫雨不止，閭閻無潦患。又修葺穗城、羊石、西湖、禺山、珠江諸鄉校，擇師講授，以作士風。宦迹所臨，士民咸深思慕。

（宣統）《番禺縣續志》卷三《建置志一》 六脈渠，同治九年，布政使王凱泰大加修治，已詳李志，其所爲記及圖説，并鎸石於藩署照壁西。光緒元年石刻頓仆，署布政使國英鳩工重勒，自時厥後，地方有司知浚渠爲粵垣要務，每三年清修一次，需銀壹萬餘兩，由善後局董其事。光緒十四年，布政使龔易圖委候補知府陳坤蒞修渠之役，工既竣，陳坤作《六脈圖説》以明之。

雜録

（嘉靖）《廣東通志初稿》卷四《形勝》 廣州古渠。渠有六脉渠通於濠，濠達于海。自草行頭至大市，通大古渠，水出南濠，一也。净慧寺至觀堂巷、擢甲巷、新店街、合同場、番塔街，通大古渠，水出南濠，二也。光孝街至詩書街，通仁王寺前大古渠，水出南濠，三也。大鈞市至塩倉街及小市至塩步門，通大渠，四也。按察司至春風橋，水出橋下，五也。子城城內出府學前，六也。自六脉通，城中無水患焉。

（康熙）《南海縣志》卷一《輿地志》 六脉渠。古有六渠通濠，濠通于海。所謂六脉者，草行頭至大市，通大古渠，水出南濠，一。净慧寺街至觀堂巷、擢甲里、新店街、合同場、畨塔街，通大古渠，水出南濠，二。光孝寺街至詩書街，通仁王寺前大古渠，水出南濠，三。大鈞市至鹽倉街及小市至鹽步門，通大古渠，四。按察司至清風橋，水出橋下，五。子城城內出自亭前泮池，六。六脉通而城中無水患。年未包塞壅淤，春夏南集，則滿城巨浸，官民不便，亟宜疏浚之。

清 康基田《河渠紀聞》卷九 城中舊有六脈渠，回繞貫通，自明季失浚淤塞，每遇霖雨，沿街水深三四五尺不等，有長無消，往來病涉，浸淫日久，廛舍廬室相繼倒坍，居民甚以爲苦，屢議疏浚，而溝上皆民屋壓占，烟火萬家，積重難返。又塞閉至二百餘年，沉埋日久，不能得原渠出入道口，是以議舉輒止。

余因浚玉帶河工竣，乘舟行河驗收，見河北崖遠近有六口，詢之土人，云此即六脈渠口也。尋求累年不得，乃今知之。余輾然而喜，即由洞口委官向北開浚，尋其脈絡，鋤去泥沙，溝深丈餘，寬六七八尺不等，皆大石方砌，細密無縫，服古人辦事密緻，又不敢即諭居民自辦，恐生疑，畏書役乘機索詐，反致騷擾爲害。

因籌款，分道進開，十日後，大得要領。近溝居民争請開浚，始通，諭居民屋下有溝者開通水道，便水出入，上蓋木板，聽其自便，不煩書吏傳喚，亦不令差役督辦。

經五閲月，三十餘里，回繞貫通之，溝道皆通。粤民歡聲載道，稱便無已。甲子，粤東霪雨經時，自正月至十月，大雨不止，東西兩江水盛漲出岸，而六脈渠水出口如飛瀑懸流，湧雪轟雷，城中滴水不留，溝内未盡沉泥衝洗殆盡。子闌曉揭南番，獲雋者三十餘人，亦可見天時人事之相因會逢，其適不偶然也。

詳舉六渠脈絡所經分晰開示，使後有考六脈者，草行頭至大市，通大古渠，水出南濠，一；净慧寺街至觀堂巷、擢甲里、新店街、合同場、番塔街，通大古渠，水出南濠，二；光孝寺街至詩書街，通仁王寺前大古渠，水出南濠，三；大鈎市至鹽倉街，及小市至鹽步門，通大古渠，四；按察司至清風橋，水出橋下，五；子城城内出府學前泮池，六。六脈古渠通濠，濠通於海。夫水道者，地之血脈也。古人安城立邑，必有河以緯之。山川孕育陰陽之所，會城河尤起居飲食之所，不可離者也。

余曩浚潮州城内溝道，原溝方石細砌，寬深如省城。年遠，沙土淤，與地平，久，雨水壅，不下行者，背負而趨，因隨地疏導，亦如治六脈之法。兩閲月工竣，然其急應疏治之處，不過數里，中有隙地，尚易爲力，未若廣州省城之地既廣濶，民居比屋相連，猝難就理。嘗試爲之，難者不難，實出天幸，不敢援以爲功也。

（道光）《廣東通志》卷一二五《建置略一》 六脈渠，廣州城内古渠，有六脈，渠通於濠，濠通於海。六脈通而城中無水患，守此土者常疏浚之。水閘，明洪武時展築城池，改甃濠南舊水關，廣僅六尺。下鐵柱兩重，以嚴防禦。

又 嘉慶七年，布政使康基田委員疏浚城南門外玉帶河及疏挑城内六脈渠。十五年，布政使曾燠詳浚西關官濠。二十一年，巡撫董教增飭議疏浚玉帶河、六脈渠。

（光緒）《廣州府志》卷六四《建置略一》 六脈渠在老城内，古渠有六：自草行頭至大市，通大古渠，水出南濠，一也。自净慧寺街至觀音巷、擢甲里、新店街、合同場、番塔街，通大古渠，水出南濠，二也。自光孝寺街至詩書街，通仁王寺前大古渠，水出南濠，三也。自大鈎市至鹽倉街，及小市至鹽步門，通大古渠，四也。自按察司至清風橋，水出橋下，五也。自子城城内出府學前泮池，六也。六脈通而内城無水患，此古渠之説也。明東莞譚清海建議，謂西一脈水遶坡山，由南濠尾穿西關而出；東一脈水遶軍局萬里橋，合貢院前水（明貢院在粤秀山東麓），由天關而出；小南一脈水，遶荷塘背，由文溪橋至府學前渠而出；正北一脈水，遶蘭湖由賢關里穿城脚而出；正南一脈水，遶清風橋、龍藏寺、仙湖街而出；小北一脈水，自白雲來，由小北門合萬里橋水，循天關而出。此明六渠之説也。日久淤塞，故道不可求至。

圖表

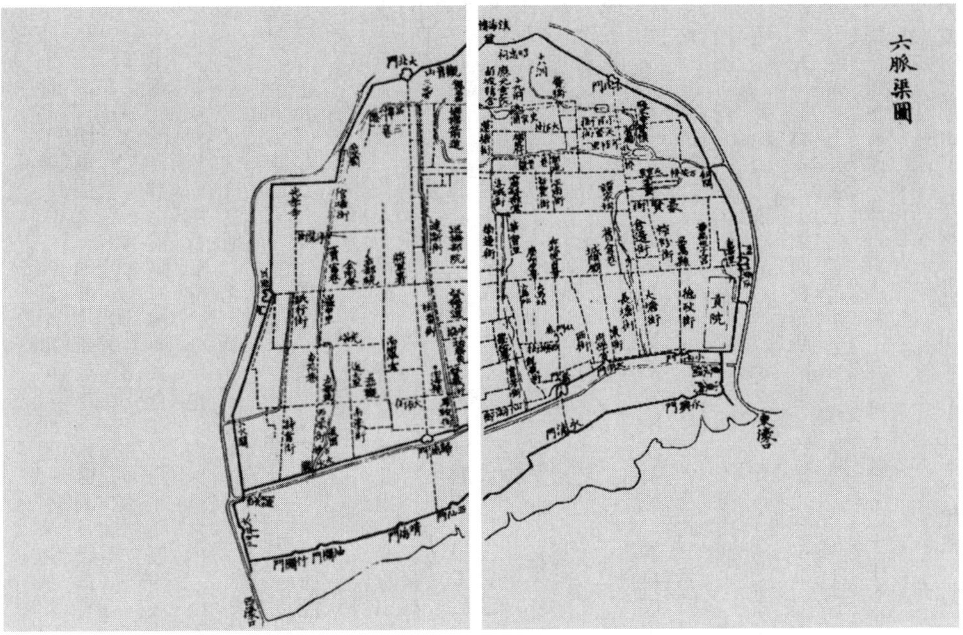

（光緒）《廣州府志》卷八《六脈渠圖》

龍駒渠

清 康基淵《龍駒渠記》（乾隆）《嵩縣志》卷一四 龍駒，小澗水耳，其下橋北村列田八十頃畝，居民五百家。余涖事之五月，往來兹地，見其水可資引灌也。召父老謀之，不以爲謬，遂闢盈尺之渠十餘丈，夏適乾熯，競引溉田。

是秋大熟，乃於農隙更廣其規，爲渠寬深各四尺，上自橋北，下抵南屯，計長七里許。禁築堨堰，高下均利，不日而工竣。余於嵩邑水利，伊汝而外，若馬回、順陽及新古各渠，莫不相度□營發議籌辦矣。惟斯民也，深信不疑，首先趨事，而亦當年即享其利。余既樂觀兹事之成，而又以爲繼此者，□□，是爲記。

（乾隆）《嵩縣志》卷八《山川》 龍駒水出黄松嶺下，爲龍駒渠。

又 卷一四《河渠》 龍駒渠引龍駒河水灌橋北、南屯二村田，乾隆二十九年，知縣康基淵創開有記。

龍門渠

綜述

清 趙吉士《開鑿龍門渠碑記》（光緒）《交城縣志》卷九下 萬物産於土而資於水，故天下無水之地必瘠。山右爲境，恒山、太行亘其左，五臺、霍鎮峙其右，最艱於水，故瘠莫如晋而交其尤也。然晋之水可得而名者十數，獨汾爲大，汾出於静樂之管涔山南入交境，厯河北都盧川古交舊治，轉入陽太清三邑，復至交南境折而西南去，厯交境殆將百里，又西有文峪河，勢亞汾，源發於交山之西，峪、渾峪二水厯中西中東水東米東西南諸都東南行百里，踰文水之開柵界，復東入交境二十餘里而注汾，以蕞爾邑，兩大水，三面環遶，當稱樂土，乃交之苦無水滋甚何也？平原、山谷異其勢也。

平原則地高下無大殊，雖百十里可引而潤，水遠猶利。山谷水往往無源，旱則涸，澇則滔天，而襄陵雖近水而未必利且虞爲害。縱遇有源之川，然峰□峽束之内，即尋丈間，有不可得而蒙其澤者。交邑平原獨南境二十里爾，餘皆群山盤礴，汾與文谷之出西北而東西入他境也，皆山爲之也。其東西流而兩會於交之南境也，則地爲之也，山不可爲，而地可爲。然當二水交會之地，北亢南下，縱浚溝開洫，終不能驅逆流而使之常也。然則果無如之何耶？僉曰：山可鑿而通也。

夫鑿山通水，古之人有行之者。雖非常之舉，黎民所懼。然不一勞者，不永逸。吾嘗四入交山，躡吕梁，遍察兩河形勢，汾河中貫最遠，且巨然嵐嶂重叠無算，非人力可爲。文谷河自西北出，亦重山障之。予登高離山西望，自武元城水泉灘至文水峪口開□入邑之廣興村，縈洄曲折，若衣帶之在右腋，可曲肱而挈，測其高下，則廣興以東卑於武元城之水泉灘者數十丈，勢若彎弓，若穴地，弦直不過六七里，誠能鑿山引水而東之，循卦峰踰北郭暨王山之陽而止，復身分股，股分指，條引而南，順流以達於汾，則郭南田千百餘頃。桔槔可廢，水稻可興，有時山水暴溢，溝洫多而害亦可平。

吾知交之利，不僅等於晋祠，宛然江浙水鄉也。吾自戊申涖任，即署分流峪口之句於縣門，迄今五年，蓋無日不念及此。第城以内之憝不除，則役不可得，而興山中之憝不除，則深谷不可得而入。山民亦不樂爲之。用今二憝除矣，事適可爲。然交之紳士下及兒童婦女曆世相傳，無不欲爲究不能爲者，工大而費無所措也。給諫武公首主鑿山之議，諸紳士無不贊成，予適逢先妣淑人訃至，五内摧裂，一身且不自有，遑及其他。獨是難會者機，難合者人心。闔邑紳士圖之數十年，予謀之數年，顧乃坐失之一旦，豈不惜哉！

夫城内七豪山中，積寇爲害，亦僅在十百年。此利一開，且及百世。予不於此時肩其任，誰肩其任者。予上其事於大中丞達公，以事屬。因民之利，得允所請，復同邑紳先生及劉孝廉爾鼎、申貢生鉉，量山測水，指畫浹旬，議始定。所隔四梁，則萬佛崖、閻王台、土地巖、高離山梁下各有溝曰托鉢，曰碟子，曰桑條，曰虎喊，邑人入交山，向從峪口開栅紆行四十餘里，以山梁高入雲表，無路可攀，久爲緑林門徑。

予新闢一徑，曆山腰竟過，不復取道文水矣。由萬佛崖起水開山三十四丈至托钵溝，由托鉢溝底通至碟子溝，則鑿閻王台山根四百一十三丈，由碟子溝底通至桑條溝，則鑿土地巖山根二百九十一丈五尺。由桑條溝底通至虎喊溝出水，則鑿高離山山根三百六丈，水出半崖龍口，因名龍門渠。凡有田之家按畝出力，恐後其工資，則武給諫攀龍、故侍御李之奇子貢生若泌、丁仁和世醕，吕參戎成名、龍龍巖之麟、張贛榆奇英、孫善化浩、常州佐大孝、李邑佐若湛、國學生常大臣、武舉田志德及予十二家塾應者也。總理渠工者，封君張純也。司錢穀者，進士張冲光、貢生李□嶸也。掌出納而應用不窮者，國學生李若沆也。分其事不辭勞貴者，邑子衿、燕國輔、李光斗、王雲拱、胡好古也。支銷不苟者，鄉耆韓守禮、游士純、申維弟、褚俊也。察工之勤隋以行勸懲者，邑丞汪潤斯、尉郭景明也。善陰陽家言定山水之方向者，中州劉山人碩勛也。主疏鑿以調度衆工者，鄉民郝進旺也。

自七月初一日破土，十三日興工，迄今一月，漸有成迹可循。吾固必渠工之不及期而成也。昔李鄴侯牧杭始浚二河，後樂天繼之復浚六井，樂天浚二井而東坡復繼之以浚西湖。予才不逮李、白二公，而具二公之志。殷陽孫公繼予爲政，能如樂天東坡，豈獨交邑之幸，予且籍以無憾也夫。爲之記。

傳記

清 朱彝尊《曝書亭集》卷七七《朝議大夫户科給事中降補國子監學正趙君墓志銘》 君諱吉士，字天羽，一字恒夫，姓趙氏，世居徽州之休寧。【略】君治交五載餘，修圖經，新横舍，立倉厫，定軍營，折疑獄，罰贖鍰，使種柳，鑿山通龍門渠，溉田十万四千頃。

紀事

清 姜宸英《湛園集》卷一《萬青閣全集序》 復欲爲民開高離

山，鑿巖石一千餘丈，通水道出之龍門渠，溉田十萬四千餘頃，功未及成而去，而生祠遍邑，中猶尸祝之不絕也。

雜録

《新唐書》卷三七《地理志一》　韓城，上。武德八年徙置西韓州，貞觀八年州廢，以韓城、河西、郃陽來屬，天祐二年更名韓原。有鐵。有梁山。有龍門山，有關。武德七年，治中雲得臣自龍門引河溉田六千餘頃。郃陽，望。有陽班湫，貞元四年堰洿谷水成。

龍洞渠

論説

清　康基田《河渠紀聞》卷一八　按：龍洞渠在涇陽西北六十里，即秦之鄭國渠也。鑿仲山龍洞泉，引水會篩珠、瓊珠、天澇、碧玉、噴玉、暗流、鳴玉、調琴諸泉，過分水嶺，會分水倒流泉，經趙家橋至馬道橋。始出山，就平陸開渠，灌田首王屋，折而東爲張房、雙槐、小留寧村，斗過石橋鎮，爲店西威勝何氏七劫石劫斗。東過甘皇廟，爲智先聖女駙馬東西成村白公斗。又東爲三限牐，牐分上中下三限，即三渠口也。北限爲北白渠，中限爲中白渠，下限爲下白渠。東南流過漢堤，盡入民田。袁化中《涇渠議》云涇渠立石囷壅水，每行用百餘囷，凡一百二十行，借天生衆石之力以爲堰骨，又恃衆石之多以爲堰勢，涇流於此不甚激，亦不甚濁。堰高地下一瀉百里，東收洛水，達於同州，灌田四萬餘頃，猶土渠也，非穿山也，猶順水性也，非與水争也。第涇流怒激衝突漱滌日下，河中石漸吹落，故石囷無着，不能引涇入渠，至是奉命築浚，自龍洞以下淤塞盡去。涇陽、醴泉、三原、高陵、臨潼五縣皆饒，灌溉普利澤於無窮矣。

清　王昶《春融堂集》卷六三《國子監司業王公行狀》　謹按秦鄭國、漢白公、宋豐利，及元之御史新渠、明之廣惠與今龍洞渠，涇陽新舊志皆云名殊而實一，其説非也。鄭渠東北行，合冶谷、清谷、濁谷及薄臺、石川諸水，逕富平、蒲城，以達同州、朝邑，《史記》所謂并北山東注洛。而徐廣謂：出馮翊懷德縣者是；白渠東南行，循涇水，逕高陵、臨潼以注於渭，故《漢書》云尾入櫟陽，是此兩渠所逕本不同矣。鄭渠在唐時僅有故道可攷，而宋代遂云不可復，今更無遺迹矣。白渠雖至今不廢，然自宋熙寧大觀間，鑿中山引涇水東南與小鄭渠會，下流二十餘里，乃與白渠合，則是古今所通。號爲白渠者，乃在三限口以下，而其引水出中山口者，了非當時故迹，則白渠亦廢久矣。宋渠北移白渠口上五十餘步，元渠又移上豐利渠北二百餘步，明渠又上御史渠北里餘，皆承前代廢迹而更張焉，非因之也。今之龍洞雖仍廣惠之舊，然昔本引涇入渠，今乃即山瀹泉，昔以引涇爲利，今更拒涇，使不爲害，制置既别，功用亦殊，安可混而同之。世之論者，不惟其是非利病是辨，而欲驅今就古，以相傅會，太史公所謂無異以耳食者也。

（乾隆）《西安府志》卷七《大川志》　又按，古來言水利者，首稱三輔，而龍洞一渠尤關内膏腴之最，秦民衣食之源，其在秦時號鄭國渠，漢名六輔。太始二年，白公開鑿，因名白渠。後漢遷都雒陽，兩渠之利漸廢。晉建興四年，劉聰使劉曜寇長安，曜陷馮翊，進至涇陽。渭北諸城悉潰，遂逼長安。義熙十三年，劉裕伐秦，王鎮惡自河入渭，秦主泓遣其將姚彊等，合兵屯涇上拒之，爲鎮惡所敗，其時，涇水左右皆戰地矣。宇文周以後，渠堰之利復起。唐永徽六年，長孫無忌奏開白渠。天寶以後，涇、渭之間屢遭寇亂。廣德四年，回紇、吐蕃逼奉天，還攻涇州，而是時勢豪之家多引涇水營私利，民田益困。大歷十三年，敕毀白渠支流碾磑，以溉民田。杜佑曰：秦漢時，鄭渠溉田四萬頃，白渠溉田四千五百頃。唐永徽中，兩渠灌浸不過萬頃。大歷初，減至六千頃。畝朘一斛，歲少四五百萬斛。復兩渠之饒，誘農夫趣耕，屯田蓄力，河隴可復也，豈徒自守而已哉？劉禹錫曰：涇水東行注白渠，釃而爲三，以沃關中。按水部式決洩，有時畎澮有度少。尹一人行視之，白渠之利不廢，關中可無磽憂也。宋史淳化二年，涇陽民杜思淵請修石翣堰水。乾德至大觀間，屢加修復。惟大觀中，溉田三萬五千餘頃，差與秦等。元大統八年，復導之。至大初，御史王琚請於豐利渠上更開石渠。

明洪武中修復，永樂以還，項忠、余子俊、阮勤等并鑿石通水，引涇入渠，水分三限，皆立斗門，以均其利。本朝順治九年，邑令金漢鼎重修廣惠，就谷口上流分涇入渠，後涇水奔瀉，石堰遏之，其怒愈甚，土石承委不得不朒，渠高水低，勢不能引。後鑿石渠深入數丈，泉源瀵湧而出，四時不竭，涓涓滔滔，經絡諸邑，其利倍於涇水。康熙八年，邑令王際有修之，厥後淤塞。雍正五年一月十六日，奉上諭：『朕聞得陝西鄭渠、白渠、龍洞渠向來引涇河之水，溉田甚廣，因歷年既久，疏浚失宜，龍洞與鄭渠漸致淤塞，堤堰大半坍圮，醴泉、涇陽等縣，水田僅存其名，深爲可惜。朕特令該督岳鍾琪，詳酌興修，今據該督親勘，奏稱龍洞急宜挑挖。鄭白渠務當疏浚，更須修築堤堰，建設閘口，以俾堅久。已於西安布政司庫貯公用羨餘銀，先動一千兩，委員將龍洞、鄭白渠，及時挑浚，其建閘工料，約估銀七千兩，請亦於司庫存貯羨餘銀内動用等語。朕惟興修堤堰，乃於民生大有裨益之事，着動用正項錢糧，俟一切工程告竣，造報工部查核，務期渠道深通，堤堰堅固，俾農田得以永賴，以副朕保惠元元之至意。』欽此。督臣岳鍾琪遵旨築浚，自龍洞渠以下淤塞盡去，計增高水堤四百三十五丈餘，石堤一百三十七丈餘，土堤一千八百丈，費帑五千三百六十餘兩。涇陽、醴泉、三原、高陵、臨潼五縣皆饒灌溉。七年，總督查郎阿以渠工需員專理，題請西安管粮通判改董水利駐札王橋鎮，俾得隨時修葺，無廢厥工。

清 佚名《龍洞渠不能更引涇河議》（乾隆）《醴泉縣續志》卷下 余觀高岸爲谷，深谷爲陵，自古云然，勢所常有，况水性衝決，地若建瓴下阪，挾其雄流，助以險勢，有不日遷月異失其舊址者哉？立事功者權實際，煩興作者念民勞。若以古人擅兹鴻號，余何不然。遂罔計利害之相埒，而且利無一成，害先百出，猶謂古且方駕于兹濟美，此好大喜功者之所以爲禍烈也。

龍洞渠即秦鄭國之遺庥也，始皇及于萬曆中更數千載，皆藉手涇河，疊乘利病，獨我朝未汲河流，專資泉水，然而自萬曆迄今，猶有創問吊兒嘴之議者。志謂引涇穿穴，本末滋大，此震于鄭國之名，而未考其實也。余乃備列古今，詳言利害，識其不可焉。昔韓以敝秦，而命鄭國。鄭渠之穿，原以秦敝，雖灌田四萬號稱沃野，然其利一百五十年而止耳。使其長此暢流，惠延無極，何以一百五年後，白公于其渠口二千七百餘步之上，別鑿引涇水，其下流又別開三白也。《史記》曰：并北山，東注洛三百餘里，鄭渠之娄流也。《漢書》曰：穿涇水，注渭中，袤二百里。自渠元委流也，新不襲舊，可見逸不侔勞，難不捨易矣。

下流渠開三白，到今不改。然其上則屢徙屢高，功益難施，涇益易削，集數載之經營，費縻億萬，不能收數十年之利益，常恐不償。唐以前未有顯據，言之自宋始。宋之開豐利渠也，出白渠之上，土石參半。然大觀間，猶自元年至四年乃克成功。其時以爲灌田三萬五千餘頃，實無確據。

袁化中曰：不數年，渠又高堰口壞矣。至元，渠高于涇七尺有餘，水不能入。元之開王御史渠也。出宋渠之上，穿石腹五十一丈。閲二十八年，乃見成功。民至不願收此水利，然在元，度之渠底，已高于河水三尺，鮮有利益。明之開廣惠渠也，出元渠之上，穿石腹一里三分，閲十有七年，號曰成功，而實未也。民篝燈而鑿之，石堅如鐵，炭炙醋淬，乃可施功。遇水泉滴瀝，特戴笠披蓑焉。試夫民之才力幾何，而堪償此十有七年之苦也。功成，灌田八百餘頃。我朝渠高于涇四五尺，水不能入。夫以事歷數千年，功經十餘代，且其中名臣傑士，與有謨謨，而以爲易敗難成，罔可倣效，不亦謬乎？

成功名于天下者，必有因勢利導之機，天然湊合，故鄭國雖以敝秦爲心，而其渠口在今之趙家橋，舊説期涇河高下相等，故開渠注水易暢難擁。然而水性日刷日深，河身自下。自元度之，渠口高于涇五丈餘矣。白公渠猶土多石少，功匪艱蹇，然而自元度之，渠口高于涇一丈餘矣。自宋以來，愈止愈難，靡可究極。蓋山形水勢如輖軒輊，水愈逆則愈陡，怒濤巨浪，衝擊石塊，更易刷洗，河身迅就低下，勢不能于渠成之後，常與渠岸相并。山愈高，則層巒疊嶂，全石無土，堅硬難鑿，且形勢愈窄，施功大難，勢不能宏。開渠口，濁水易淤，前明開廣惠渠已有顯效，况吊兒嘴又出于其上乎？今欲于涇水未出峽之上，鑿開山背一里有餘，達于廣惠，兾其引涇灌溉，土田肥美。

嗟呼！百姓與我，均此血氣耳。氣盡血枯，水成涓滴，轉眼又被擁遏，此余所以斷其有，百害而無一利也。不知買却幾州鐵，乃鑄此大錯焉。今之龍洞渠即明之廣惠渠，口因其專資泉水，改名龍洞泉，水何自而來乎？元明兩代漸鑿及泉。我朝初年開鑿愈廣，由醴及涇以下，溉田不及千頃，利與廣惠相敵。袁化中言之于前，金漢鼎效之于後。此天地自然之凑合也。余故偹列之，願持議者長收泉水之益，毋鶩于鄭國之名，忘豐利、王御史、廣惠之失，致貽譏于吊兒嘴也。醴邑渠田纔三十四頃耳，收利甚微，而開鑿力役，例須派及。余故因醴志之，續爲吾民告焉，尤懼其以微利，而蒙甚害也。

清 劉蓉《勸諭涇陽諸縣士民條約》《清經世文續编》卷九三　照得農田爲民食所關，而水利尤地方急務。查龍洞渠即古鄭白渠故址，原屬涇陽、三原、高陵、醴泉四縣農田灌溉之資。比值逆回構禍，渠堤壞决，遂致混混源泉，潰流入涇，而四縣民生之仰資於此渠者，頓失利賴，挹注頗微。查高陵、醴泉兩縣向不專持此渠，而民勤稼穡，墾闢漸多，民食尚足自給。惟涇陽、三原地既磽瘠，人事復多曠廢，比遭歉歲，粒食尤艱。若不急修水利，何以贍給遺黎？

又　一龍洞一渠，既屬涇陽、三原、高陵、醴泉四縣公共之利，若論一視同人之道，即應將四縣水田畝數多寡通同計算，以渠水盈絀按數均匀分攤，乃爲平均公溥之良法。今既經昔人定有規額，載自志書，自未便驟議更張。惟涇陽一邑受水較多，三原一邑受水太少，彼此相去懸殊，不得不量爲斟酌。查涇陽當日所以得水較多之由，大都亦因當時修渠經費捐派較重之故。積時累日，遂成定規，初亦非有弱肉强食兼取吞并之事也。今當渠堤潰决，督工修葺之始，惟勸諭三原富紳多捐經費，以圖渠功經久鞏固之規；勸諭涇陽士民酌减水程，俾復舊章每月六日之額。庶期裒多益寡，稱物平施之意。至涇陽上限白公斗之東，另有鐵眼，成村每月自初二日起至十九日寅時四刻止，灌地二十一頃六百畝有奇。此斗即不在各斗輪流分灌之列，獨常川受水十八日之多。查其地在高陵、三原兩邑上游，舊志未載起自何時，又不載十九日寅時以後如何封閉。萬一該處居民截渠上流，暗施詭計，其高原有分灌之虛名，無受水之實際，尤非公允平恕之道。似因將此鐵眼酌量更置，以絶弊竇，而示大公。夫善莫大於同人，利莫大於和衆。所冀我士民共體此心，偕之大道。至於陰謀暗計，利己損人之舉，徒以啓争端而肇禍機，尤非存心積善之君子所忍出者。本部院曠覽古今，深察事物之變，惟此種陰機詭計，實爲損心害理之尤，其得禍最速，獲報最重，尤不願我士民之萬一或出於此。此區區私衷所爲勸諭反復不能自已者也。

清 馮譽驥《修復渠工請照舊開支歲修銀兩疏》《清經世文續编》卷九九　竊查陝省水利，以涇縣屬之龍洞渠爲最，即古之鄭白渠遺址。考之志乘，舊説謂係引涇入渠。其後因涇水力大沙多，將渠道衝坍淤塞，遂改爲築堤拒涇，而專引龍山泉水入渠，即係現在辦法。向灌浸陽、高陵、三原、醴泉四縣。沿渠民田，其利甚溥。每年於司庫動支存公銀兩，以資歲修。溯自陝省軍興，渠道報湮，民田致失灌溉，曾經前署撫臣劉典於同治八年籌款修理，迄今已十餘年未動庫款歲修，渠身上段滲漏入河，下段全行淤墊。下游三原、高陵兩縣無由得水，恆苦旱乾。是水利之興復，斯時尤亟。上年經臣飭行藩司、糧道會委西安清軍水利同知王諏馳往查勘確估，督同涇陽等四縣一律興修。

惟查此渠袤延數十里，有石工、土工之煩，并有官修、民修之異，穿山鑿道更有明渠、暗渠之分。嗣據委員王諏稟報，此次興作，首重疏通，并補隙漏，因將官修石工阻滯渠道者，鑿令通暢，幫砌漏水者，補砌嚴密。并將上游暗渠羊圈哨眼折開，始知四龍眼之泉，本向南流。現因篩珠、瓊珠二大泉倒流北注，以致數泉匯聚，各水半經三龍眼漏去。昔人治渠，於三龍眼之南，四龍眼之北，横砌石墻，遏水南流。查因墻壞不能遏水，諸泉倒流赴漏，後人不知病在暗渠石墻，祇以木板壩工順閉，三龍眼暫時塞漏，轉瞬土鬆板裂，大漏如故。今若補修石墻，工費太鉅。現於兩邊渠石列槽下閘兩道，中實以土，高出舊日水痕數尺，力堵各泉南流，不容點滴北注。并將幫砌石渠，漏水五處，砌補堅固，淤墊泥沙，挑挖盡净。官修土渠十餘里，一律疏浚寬深。督同該四縣，催沿渠各户，將民渠分段挑修，務使適下底，不任高仰阻滯。該同知王諏駐工督催，於光緒七年十月初八日興工，至十二月初七日，官工、民工概行完竣。當即按期放水，各該縣俱已受水。計實用工料庫平銀二千一百三十七兩四釐，開具清摺，由藩司、糧道查明，請動支歲修銀兩，會詳前來。

臣查該渠工竣後，本年已歷九個月，據涇陽等四縣按月具報，渠水已照舊日水程，依期入境灌溉民田，實已著有成效。察核所用工料銀兩，亦尚核實無浮。經臣率同在省司道，如數捐廉，隨時飭發王諏承領支用，請免造册報消。除飭涇、高、三、醴四縣，督飭沿渠水夫，於每月水後隨時踏勘，遇有草土淤墊及有滲漏之處，即刻挑修補砌，并飭涇陽、三原二縣之水利縣丞，各於所管境内常川查看催修，以專責成外，查承平時官渠向有歲修經費銀二百九十六兩零。咸豐八年新章減半支給，并扣六分減平外，實支庫平銀一百三十兩零。軍興後未能籌撥，遂致失修。今已將渠浚復，每年挑淤補漏及閘板等項需費無措，自應請復歲修舊制以重要工，相應據實陳明。籲懇天恩飭部立案，准自光緒九年起，將龍洞渠工程應支歲修銀兩，照例按年開支造銷，俾資津貼修理，以垂久遠而免廢弛。

綜述

清　唐秉剛《龍洞渠水利議》（乾隆）《西安府志》卷七　關中水利，涇渠爲首，鄭國創始，遺迹無考。由漢以來，俱循白公三限口故道，歷朝各異其名，而行水溝瀆則一。

今龍洞渠即明廣惠渠所鑿小龍山之石洞，下由廣惠之鐵洞、王御史及豐利之石渠白公石土相兼之渠，然後出山落平地，越趙家橋，經王橋鎮北峪里石橋鎮，又經縣北至漢堤洞西，分大白、中白、南自三閘布水，以匀各縣。乃自有明以來，已有開鑿吊兒嘴之説，然非常之原，黎民懼焉，作事謀始，有不得不爲之熟計者，一水利宜實核其多寡也。夫上糜國帑，下役大衆，以利言耳，利必百倍所費，而後可興。昔秦時溉四萬頃，宋溉三萬餘頃，元溉四萬五千餘頃，爲利溥矣。白渠僅溉四千七百餘頃，不及什一，乃至於今不廢者。宋陳堯叟云：鄭渠循仲山之足，即《水經注》所謂鄭渠逕宜秋城，北白渠逕宜秋城南者，是居高灌下，首尾三百餘里，行地又遠灌田四萬頃，理或然也。白渠地形較卑，注渭經二百里，行道又近渠口改上，又不如鄭國之平流通暢，灌田四千餘頃，自屬實數。

若宋之豐利，在白渠之上，元之王御史渠，又在豐利之上，渠口愈高，石溝愈狹，引水愈少，而行水仍接三白舊道。白公不能比迹鄭渠，宋元由其故道，何以所灌得至三四萬頃，必不然也。且明鑿廣惠與宋元之鑿豐利新渠等碑，載廣惠灌田八百頃，同一由白渠也，而廣惠何以不及宋元之什一，由此而推，即復鑿廣惠上流，諒亦不能加於廣惠，故曰費浮於利，勿作可也。

再渠口不可不察其形勢也。據傳記，鄭渠起瓠口，在今駱駝灣原，屬平壤。白渠又上鄭渠二千七百餘尺，在今小龍潭下，豊利又於小龍潭上開石土渠數里，王御史又於豊利北鑿石渠五十一步，廣惠又於王御史口北鑿石洞一里餘，計自鄭渠層累而上，其高不啻數里，又量得鄭渠口至水面高五十餘尺，白渠口至水面高一丈一尺，豐利渠口至水面高七尺餘，王御史渠底亦高河水三尺餘，廣惠渠口又高河水三四尺，各朝所記云爾。

自明正德迄今，河身愈低下，視王御史口緊傍河流，而廣惠渠洞懸行半山。夫渠起瓠口，流緩波澄，不過泥沙滲入，故秦漢爲利最久，地平故也。宋元以後，鑿山穿洞，渠腹逼狹，行道又長，寧容石砂填塞，夫廣惠已極高處，所以不久便廢。設於廣惠北山再高二三里，仍由從前故道而出，其淤潰必更加速矣。又工程可不稽期限也。鄭渠謀本疲秦，渠成之難可知。白公於鄭渠上鑿石渠五十一丈，又别開水道達於渭，要亦歷久而就。至宋開豊利，始於大觀元年九月，成於四年九月。元鑿王御史渠，始於至大元年，成於至正二十年。明鑿廣惠渠，始於成化元年，經理十七年而後有成。豈不以鑿石渠難於鑿土渠，鑿山上頑堅之石渠倍難於鑿山麓土石相兼之渠歟。

若於廣惠上游再開渠口，須於龍山後背穿穴，而後可以透引河流。夫廣惠鑿石一里，爲期十七八年，況再鑿上游二三里之石洞，年限尤難數計。而且開造渠道，水不得行，修渠一年，則一年利廢，廢目前之現利，以儌倖於將來，竊恐班倕不敢任責，又興作不可不恤民力也。

夫朝廷念切民依，出内庫金錢，爲民興利，而傍渠利户，亦應助役。古者不可詳考。元王御史渠尚未成功，已積十五萬三千餘工。明洪武八年，起軍夫十萬餘。永樂三年，起軍民夫二萬九千餘。成化元年，合五縣夫匠三千人。十二年，用匠四百人，五縣之民，更番供役。夫小民可與樂成，難於謀始。當其徵發繁興，不免咨寒怨暑，況自谷口入山，懸巖峭壁，寄頓無所，每夫分領一工，身入洞底，掇石爬泥，且五縣相離或數十里、百餘里，往返疲勞，其苦可知。

每歲八月治堰，九月畢工，截石伐木，掘砂懸土，入水置囷，下臨不測。十月引水，以嗣來歲，入秋始罷，又復興役。若再開鑿山石，勢必徵調夫匠，積以歲年。費既不貲，勞亦堪憫。又水性不可不辨所宜也，向來之渠，專用河水，目今但資山泉，論滂沛汪洋，滿坑滿谷，泉自不如河流。若清和滋潤，漸漬浸灌，泉勢雖弱，其利則長。古歌云：涇水一石，其泥數斗，以糞以溉，長我禾黍。涇不但灌，且能肥苗，乃今訪之山農野老，自行履視，凡涇水所過，禾苗倒壓，凝結痞塊，日曬焦裂，立見枯萎，何今昔之磽沃頓異耶？

意者流平行緩，水與土和，粗糲下沉，漿汁上浮，且糞且溉，或由乎此。迨渠口徙入山谷，性則苦寒，質尤粗重，惟有砂礫騰沸，全無土氣以滋之，自然枯瘠，不與苗宜。目今山間諸泉，清微洞澈，且其氣温暖甘涼，與稼相宜，涉冬不凍，濡手不皸，隨時淘浚，人不知苦，此計水性所宜，而知鑿山之宜審者。

又　水溝不可不量其深廣也。萬斛之濤，其力崩山，兩巖夾束，謂之洪口，當其激怒，非石莫敵，非山莫制，尋丈之堤岸，不能鈐轄也。察豐利、王御史舊迹，傍山者僅剩石壁，傍河者石墚百不存一。水勢高疾，鋭不可當。所幇石塊，遭其決壞耳。明鑿廣惠，袁化中議項公於龍山後崖所開石頑如鐵，工作甚難，渠成寬僅四尺。夫以四尺偪窄之溝，當百尺懸瀑之流，一遇洪潦，石塊并下，立即填塞。水不前往，勢必旁激，又爲深溝所束，怒不得泄，挾鬱忿之力，以潰幇修之堤，勢如拉朽。

然則廣惠之旋修旋廢，非盡關河低難引，亦由溝狹流急，堤易損壞故耳。設鑿龍山以後，其下流仍由廣惠以出，而廣惠舊溝狹隘，安能再承吊兒嘴數里之石砂衝塞耶？若再展廣惠數尺，石壁愈厚，更加十七載，未敢必其有成也。又渠制之因革，不可不知也。秦之鄭國爲平壤土渠，漢之白公爲山麓土石相兼之渠，宋豐利以後爲山足石渠，下自駱駝灣，上至小龍山，歷代接開，實則一渠，此當因者也。而歷代渠口低在河邊，今皆無用，此從變者也。

有渠以來，或因石植樁，或編木置囷作堰，堵水入渠，然堰截河心，水流迅疾，衝射河底，往往成潭河身，所以低下堰激之也。平處作堰，流緩則河低猶遲，故鄭渠行之百有餘年後，於山内作堰，流急則河低愈速，故宋元後，皆不數年而廢，積漸沖洗，河盡石槽，若再移上流，急湍懸磯，不能置囷立堰，即開鑿亦復何用，此不變而自變者也。

有渠溝而無渠口，則與無渠同。無渠口而有渠，水仍與有渠同。循修故道之渠，現有可行之水，此不求因而自因者也。諸渠從變，廣惠從因諸渠，在衆泉之下，但引河水，河低則廢。廣惠透過大小龍山，雖引河流，兼收泉水，迨河低難引，而衆泉猶足資，用此廣惠之所以變而可因也。至於善後之計，惟有斷去鑿山引涇之議，盡收現行之泉流而已。泉水之利，不亞河流，龍洞泉以下，諸泉時有常川，三尺之水若無滲湧，更應加深。元人所謂五尺自然之水，灌田三萬餘頃者，不更實而有據乎！更有議者，龍洞高於北面渠口數尺，已不能引涇入渠，猶慮漲水衝突，淤泥填塞，因於洞裏築壩，外防河潦，勿使闌入，内堵山泉，不令北泄。而洞穴近北有大龍眼、二龍眼數泉，湧吐甚旺，但低於渠底一二尺不等，堵在堤壩以外，向北流入涇河，甚爲可惜。若立意不鑿河渠，專收泉流，將龍洞北口并阮公所竅龍山五穴，今所謂龍眼者，俱行堵塞，撤去洞裏所築堤壩，令其積氣生液，使洞北低下之泉，積實充滿，自然從龍洞南口仰溢而出。既收泉渠之美利，惟虞山水之旁侵，計須修整，溜水橋梁，俾山上横落之水石，從渠上架空而過，又治退水槽口，俾暴雨壅積之洶流，從渠邊旁泄而出，於是渠北之泉源蓄極而通渠西之堤岸，永保無患。

玆逢皇上發帑修浚，特設水利廳以專董之。縣之令丞又相協辦，利户用水，而免於逐歲修渠。永遠遵循，福庇無疆，似此外，不必更置一議矣。

佚名《龍洞渠圖説》（乾隆）《西安府志》卷七　龍洞者，項公所鑿。小龍山石腹幽深若洞，今渠從此發源而得名也。曰龍眼者，於龍洞鑿石透明如眼也。曰鐵洞者，自龍洞至梯子崖，暗穿石骨，上則逐段開窗，石堅如鐵，内暗如洞也。曰閘口者，於渠起處鑿口，以引河流也。曰截板者，於閘口置板，需水則啓，板放入，暴漲則下板截住也。曰退水槽者，於渠岸開槽，酌與水平，漲滿則泄渠於河也。曰石堋者，暗橋也。又曰橋者，跨渠爲橋，邊高中凹，狀如石槽，遇暴雨，上承山溝，急溜從渠上架空入河，山水砂石不得落渠填塞也。曰堰，亦曰翆者，於閘口上流堰河堵水，古則因石作堰，後則豎樁編囷，逼水入渠也。曰限者，分大白、中白、南白，匀灌各縣邑，放彼則閉此也。曰斗者，各水户開小溝引渠入田也。曰鹿巷者，淘渠泥土，堆積岸上，開通巷道，以便工作巡視也。以上諸類，或存或廢，彙識之，以備考。

清 唐仲冕《陶山文録》卷七《重修龍洞渠碑》 道光紀元歲辛巳秋九月，大中丞靖江朱公以涇陽龍洞渠爲涇陽、高陵、三原、醴泉水利，歲久堤壞，涇入沙，壅閼無以溉田，請借帑修治，選能者洛川令田鈞爲植，涇陽令恒亮司財用，鄜州牧鄂山董其役。奏奉俞旨，即於是月興工。明年閏三月竣事，開牐試水，流大暢，行當書庸入告矣。余職甸宣，爰泐石以紀成績，其詞曰：

在昔鄭國鑿涇水，自中山西邸瓠口爲渠，并北山東注洛；白公於其上游引渠，東南行入渭，溉民田者皆數千萬頃，厥利溥哉！唐世除碾磑，決支渠，開六門堰，歲收秔稌三百萬石。宋時自中山鑿高處瀉水，修三白渠，横木格石，爲豐利渠。元鑿山爲新渠，今稱王御史口，龍山之泉出焉。明項忠穿山爲鐵洞，曰廣惠渠；蕭翀復鑿山爲直渠，接王御史口下，爲通濟渠。蓋自宋以來，涇下渠昂，鄭迹久湮；泥壅流塞，白工亦廢；涇之利轉爲害矣。元明疏泉以行淤，如篩珠、碧玉、鳴琴諸泉，滙爲天澇池。迨余子浚鑿龍眼泉，其顛浚巨井，龍洞之名昉焉。

我朝雍正初年，總制岳公爲官，高水堤、石堤、土堤各數千丈。故相查公，以涇夏漲，敗渠害苗，就退水槽建牐啓閉，置通判山南司其事。蓋自龍洞渠興，令人不復思鄭、白也。乾隆二年，以學士世臣言，增堤作壩，屏龍洞北口，遏涇，毋令壅渠，疏渠二千五百六十丈有奇，溉四縣田七萬四千餘畝。豫籌歲修之貲，設水夫三十人，給廩食，於每歲秋杪修之補之，俾勿壞。於是人知涇泥濁易壅，非惟弗引，且嚴捍之。泉性煖宜稼，非惟勿漏，且博撈之。

近歲値涇暴漲，兩山夾峙，水高數丈，往往漫渠漲，挾沙石衝激，堤堰亦頽然。吏民輒率錢補苴，不煩公帑，至是連山石岸傾入涇流，渠泉横洩而不下注，淤澱爲陸。凡石堤壞者七十餘丈，土堤二千二百餘丈，慮功計値，當二萬一千兩有奇，民力未能辦，憖置之矣。鄜州牧今遷西安守鄂君山，親履阡陌，謂渠何可廢？勸民籲借帑金二萬兩，分五年均於受水之田徵償。及工興而夫徒趨赴，尅期集事。西安守遷安肅道劉君斯嵋，周覽具報。自三龍眼以下，石條排比，以鐵餅嵌合，條以鐵柱，貫之土堤，如式不愆於素。惟天澇池石性易裂難固，乃依山鑿偃月新渠，深四丈，長五之上，横石梁，兩旁迤邐壘石，闌水入渠。又獲二新泉，瀵湧與篩珠泉埒。又於故堤未壞者，距新堤二丈許以土石闐平，爲保障。自是捍涇極堅，撈泉彌廣，實田大令本謀也。

當始事時，渠幾廢，經鄂太守諄諭而後從。及鑿新渠，沮者同聲，田大令毅然行之，迨臻厥成，翕然稱善。儻所謂可與樂成，難與慮始者耶！先是，通判改設縣丞，今即付以善後所宜，考其殿最。是役也，田大令專之，恒大令往來左右之，劉觀察、鄂大守鼓舞而成之，故能歲數月之功，而垂百年之利。君子是以知中丞公舉人之周也，與人之壹也。余樂得詳記之，以詒後之人。

紀事

清 愛新覺羅·胤禛《雍正上諭内閣》卷五五 二十二日奉上諭，法敏素善沽名邀譽，以取悦於人。朕屢加訓諭，尚不悛改。即如陝西修浚龍洞渠一事，原係岳鍾琪密摺奏聞者，岳鍾琪不敢自居奏請之功，求朕特降諭旨，且欲自行捐助，以辦公事。其公忠體國如此，法敏不過遵朕諭旨，而於岳鍾琪酌定規模，委員辦理之時，即欣欣得意，以爲己功。奏摺内稱『岳鍾琪甫議興工，即赴川省，臣到任後，及時興修，小民均霑水利』等語，其掠美市恩之意可見。至於臨潼舊渠一段，浚流建閘，乃因龍洞渠之功程而潤色之，初非法敏創此利民之舉也。法敏既欲增修，亦當奏聞請旨，或移咨岳鍾琪商酌定議，始得大臣之體，而盡朋友之道。今乃擅自舉行，且有矜誇之意，無非歸功於己，以博愚人之感頌。以岳鍾琪、法敏二人之居心行事觀之，其務實務名之分，相去霄壤矣。

朕降此旨，并非與臣下較論功績也。朕所辦理，皆天下國家之公事實，朕分所當爲，但論當與不當耳，有何功之可居？諸臣所辦理，皆朕之公事，亦諸臣職分中事，并無功之可居。若少涉於私，則作威作福，乃古聖之所深戒，況諸臣皆朕簡任之人，若奉行，皆是諸臣之功，即朕之功也。朕有德意，乃賴諸臣匡勷入告之力，朕之功即諸臣之功也。自古帝王天下一家，君臣一體，理當歸之於公。若云臣下當歸功於上，是又存偏私狹小之見，更不知一德一心之義者也。若如法敏此等存心，凡遇薦舉人員、加恩地方之事則争競歸功於己，而遇參劾懲治之處，則推卸於同官，藉口於君上，然則公忠體國者顧如是乎？其增添臨邑工程，動用銀兩，著法敏自行捐修，以爲人臣奪主之權，欺世務名，居心無恥者之戒。

《清史稿》卷三〇九《崔紀傳》 崔紀，初名珺，字南有，山西永濟人。年幼喪母，哀毁如成人。事父及後母孝。【略】紀疏言：『陝西水利，莫如龍洞渠，上承涇水，中受諸泉。自雍正間總督岳鍾琪發帑修浚，涇陽、醴泉、三原、高陵諸縣資以灌溉。惟未定歲修法，涇漲入渠，泥沙淤閼，泉泛出渠，石罅滲漏。擬於龍洞高築石堤，以納衆泉，不使入涇。水磨橋、大王橋諸泉亦築壩其旁，收入渠内。并額定水工，司啓閉。』均從之。

又卷三三二《畢沅傳》 畢沅，字纕蘅，江南鎮洋人。乾隆十八年舉人，授内閣中書，充軍機處章京。二十五年一甲一名進士，授修撰。【略】募民墾興平、盩厔、扶風、武功荒地，得田八十餘頃。浚涇陽龍洞渠，溉民田。

又卷四七九《涂官俊傳》 涂官俊，字劭卿，江西東鄉人。光緒二年進士，截取知縣，發陝西，署富平、涇陽、長安諸縣。【略】龍洞渠，故白渠也，官俊倡言開浚，衆議以工鉅爲難，獨毅然爲之。由梯子關而下，水量增三分之一，復於清冶河畔修復廢渠二，水所不至者，勸民鑿井以濟之。

雜録

（雍正）《陝西通志》卷三九《水利一》 龍洞渠。在縣西北六十里，雍正五年奉上諭，將鄭白、龍洞挑浚，務期渠道深通，堤堰堅固。督臣岳鍾琪遵旨，築浚自龍洞以下，淤塞盡去，涇陽、醴泉、三原、高陵、臨潼五縣皆饒灌溉。七年，總督查郎阿以渠工需員專理，題請西安管糧通判改董水利，得隨時修葺，無廢厥工，渠鑿仲山龍洞，引龍洞泉，又東會篩珠洞泉，又東會瓊珠洞泉。

清 陳宏謀《修理鄭白渠石堤檄》《清經世文編》卷一一四 涇陽之龍洞渠，即秦時之鄭渠，漢時之白渠也。當日原係將涇河渾流引入渠内，由高而下，灌田甚多。迨後涇水激湍，河流日下。漢、唐、宋以及元、明，遞於上流鑿石引灌，明初渠口屢改，涇水不能仰注，水利漸微。成化間，始於王御史渠之上，從山根鑿成一渠，深者百餘尺，淺者五六十尺，歷十有七年乃成。全仗沿山大小泉眼數十，從石縫噴湧而出，下注渠中。本朝於龍洞之後，築堤截水，乃名曰龍洞渠。自此以後，不但田不能藉資涇水，并須處處防護涇水，不使入渠，方免沖塞。雍正、乾隆年間，請動帑修築石堤。挑浚渠身，無非防涇水入渠爲患之計。自築石堤以後，涇河水漲，仍有沖堤塞渠之患，危險堪虞。本部院親臨查勘，現在渠身，已非復鄭白之舊渠，中一泓清水，與涇河渾流僅隔一線，渾水一入渠中，清濁不敵，立見淤塞。爲今之計，涇水不能引灌，毋庸計議；石岸之易於沖陷，首宜嚴防。現在石岸僅堪容足，有如築墻堵水，高亦難免水漫，不但渾水有時内沖，渠中清水尚且外滲入河，危險之形，宛然在目。儻此一綫石堤，稍有疏失，源頭阻塞，全渠既歸無用。趙家橋之沖成深坑，亦將阻塞渠流。數千年之水利，相傳至今，四州縣之民田，久資灌溉，歷年修築，已費多金，前功盡棄，可惜可慮。

查現在石岸外，尚有灣曲坦坡，又係亂石，形非陡立，勢非頂衝，就勢加築，便可堅固。渠中泉眼，加以疏浚，渠身淺處，加以挑挖，則渠水尚可比前旺盛，點滴皆爲民利。事關經久水利，難任因循坐廢。仰司官吏，遴委熟練之員，會同西安府暨水利廳，逐節查勘，細加相度。將石岸單薄之處，加幫寬厚；卑矮之處，加高數層；渠水滲漏之處，細加堵塞；泉眼所在，加以疏通；渠身淤淺之處，再加挑浚；幫築之處，或用石條，或用碎石，或加土築；挑浚之處，或用民力，或動歲修，趙家橋作何鑲護。逐一估計，繪圖貼説，確切定議通詳，以憑核奪請修。此時估定請項，秋冬之間，正可興修。庶免臨汛危險，四州縣民田，又得早資灌溉。均毋忽視。

清 畢沅《關中勝迹圖志》卷三《大川》 龍洞渠在涇陽縣西北六十里，鑿仲山龍洞，引龍洞泉，東會篩珠洞泉，西會倒流泉，又東會瓊珠洞泉，又東過水磨橋，水磨橋之西有大小梯子崖，崖下有中渠井，又東至水磨橋、大旺橋，會倒流泉，水又東會噴玉、暗流、鳴玉、調琴四泉，過倚虹橋，又東爲退水槽，又東爲涵碧池，又東爲野狐橋，又東過趙家橋，又東南爲樊坑渠，過馬道橋渠，至此始出山，就平陸開渠灌田。首爲王屋一斗至四斗，與醴泉分灌田畝，自張房一斗，至白公斗凡二十六斗，東爲上中下三限閘，其北限爲北白渠，從閘口分水，東北流，南北兩岸凡六斗，入三原界。中限爲中白渠，渠係龍洞渠正身，南北兩岸凡七斗，又東爲高陵之彭城閘。下限爲下白渠，從南岸開斗凡五，皆溉涇陽田畝者。

又 龍洞渠在醴泉縣東北六十里。涇陽縣志，醴泉在渠上游，所溉之田甚少，今分王屋一二三四斗内與涇陽共灌，計田三千三百餘畝。

《清會典則例》卷一三四《工部》 又議準龍洞渠内築石壩一座，以納衆泉。加高龍洞南畔等處石堤，以防水漲。水磨橋、大王橋上下各處泉旁築壩，收入渠内，以資灌溉。又大王廟以前築壩開溝，以防衝淤，復設水夫三十名，啓閉牐版。嗣後，每年應需歲修銀於公項内動用，年終據實報銷。

又 七年覆準涇陽縣龍洞渠工因六年六月内，涇水泛漲，衝開龍洞哨眼，應疏浚，以資灌溉。

又 八年覆準本年六月，涇水暴發，衝坍龍洞渠一帶石堤，令修砌完固。

又 十六年，覆準涇陽縣龍洞渠工因本年閏五月涇水暴漲，致有衝決石堤渠身，應及時修浚。

（嘉慶）《清一統志》卷二二九《西安府三》 龍洞渠，在涇陽縣西北六十里，明成化初，巡撫項忠於元時王御史石渠之北，鑿小龍山、大龍山腹里許爲洞，下屬白渠，名曰廣惠渠。功鉅費廣，歷余子俊阮勤，幾二十年，始踵成之。正德中，巡撫蕭翀又鑿石四十二丈，名通濟渠。本朝順治九年、康熙八年，凡兩修。雍正五年，奉旨發帑興修，自上流開鑿龍洞，中浚三白渠，下至臨潼築堤堰，改設斗門。七年，又移西安通判駐王家鎮專董其事，由是水利盡復，灌溉饒足。渠自仲山鑿龍洞，引泉東流，會篩珠洞泉，又東會瓊珠洞泉，又東會倒流泉，又東歷大小梯子崖、天元渠，又東至王御史口，又東會大小諸泉，過馬道橋，出山。就平陸，開渠灌田，首爲王屋四斗，此四斗與醴泉縣分灌。下則專灌涇陽。又東爲張房雙槐等斗門二十三。又東爲三限閘，俗名三渠口，北限爲北白渠，從閘分水東北流，北岸斗門三，南岸斗門二，又東北流入三原縣界，中限爲中白渠，乃龍洞正支。東流，南北岸斗門六，又東爲高陵縣之彭城閘，下限爲下白渠東南流，南岸斗門五，皆在涇陽界，其北白渠入三原界者。東流，經縣南入東關，又出城，東北逕馬家、高家等堡，至大召村而止，在高陵界者，彭城閘北爲中白渠，斗門二十二。閘南曰中南渠，斗門十四。南流五里，又分二渠，東南曰高望渠，斗門十二，西南曰禑南渠，斗門五，中南渠又南至張市里，復分二渠，北曰析波渠，今廢，南曰昌運渠，斗門三。流至縣東五里墨張村而止，凡灌涇陽、醴泉、三原、高陵四縣田七萬四千三十餘畝。六輔渠，在涇陽縣西北，及三原縣北界《漢書・溝洫志》：元鼎六年，兒寬爲左内史，奏請穿鑿六輔渠，以益溉鄭國旁高卬之田，注：師古曰：此於鄭國渠上流南岸，更開六道小渠，輔助灌溉耳。《元和志》：初鄭國分涇水置渠，後兒寬又穿六輔渠，今雲陽與三原界，水道小渠，猶有存者。《縣志》即今清治二水所分之渠。

又 卷四八四《山川》 螳螂河，在尋甸州北五里，源出白龍□廉□水流合焉，亦名龍洞渠，俗語兔兒河。

《清史稿》卷六三《地理十》 涇陽衝，繁，難。府西北七十里。北：嵯峨山。西北：甘泉、仲山。涇水自醴泉緣界入，逕城南，東南入高陵。北：冶谷水自淳化入，會清水，入三原。西北：龍洞渠，逕縣北，歧爲三：曰北白渠，入三原；中白渠，入高陵，下白渠，流數里伏。又有治清渠。

又 卷一二九《河渠四》 道光元年，修湖州黑窑廠江堤，浚涇陽龍洞渠、鳳陽新橋河。

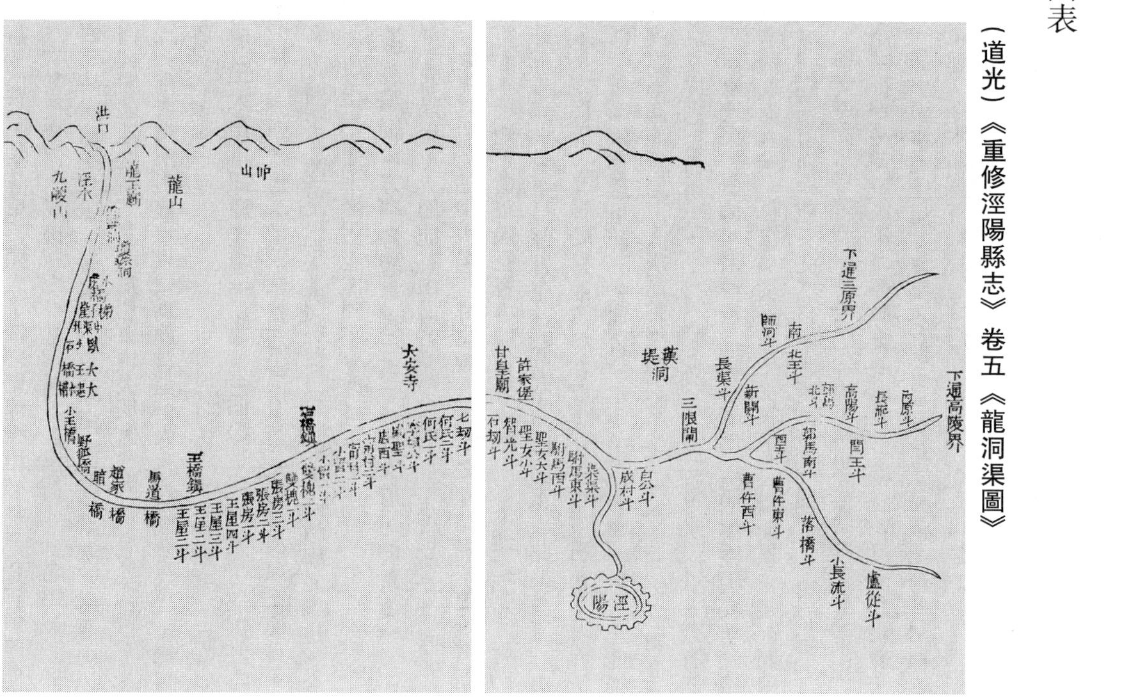

（道光）《重修涇陽縣志》卷五《龍洞渠圖》

龍首渠

論説

宋 程大昌《雍録》卷六《龍首渠》 《長安志》於萬年縣，既著龍首渠，曰一名滻水渠矣，因引《漢書》曰：『穿渠得龍首，故名龍首渠。』唐引滻水，由都城東入長安界。予按《志》此語，凡渠勢曲折，固皆得之，而謂滻渠名龍首渠者，誤也。龍首渠者，漢武帝所穿，在同州商顔山下，因穿地得龍骨，乃立名以識，而曰龍首渠也。雍州居渭南，同州居渭北，無由可合爲一。而滻之一水，《史》《漢》皆嘗志之，但云有渠，不云嘗得龍骨也，則龍首名渠，果何自也？《兩京道里記》曰：『龍首渠，開皇三年開鑿，引滻北流入苑，在長樂坡上。堰近龍首，即大明宮所據龍首原也，故以名之。』此其説是也。《六典》：隋大興城，西據龍首原，宇文愷營都之，初謂横坡六條，可象乾爻者，正龍首山之支脉也。詳在龍首山下。若夫此渠分滻爲堰，則在萬年縣龍首鄉馬頭堰，而龍首鄉者，在縣東十五里，自此引滻從長樂坡入，而分爲兩枝，西北以注入于苑也。見《長安志》，其渠之分滻入城，行朱雀街東，永嘉坊著之甚詳。大明宮東苑有龍首殿，皆受此水，而承此名也。故予得以主《兩京道里》所記也。

（乾隆）《西安府志》卷五《大川志》 按《長安志》云：『萬年龍首渠。』《史記》曰：『穿渠得龍骨，故名。』今考《河渠書》莊熊羆言，臨晋民願穿洛以溉，自徵引洛水至商顔穿渠得龍骨，此渠在今同州府西三十里。《元和志》其地有龍坑，龍首渠之尾也。又《通志》同州鐮山燕脂寨下有溝，相傳爲古引洛處，敏求之説蓋誤。又按此渠自明成化間修，後至本朝康熙初，賈中丞漢復復加疏浚，未幾，而入城舊道堙塞。今中丞畢公與通濟渠并加修浚，水勢疏通，既濟田功，更資汲取，民間實利賴焉。

清 王昶《金石萃編》卷一三〇《賜陳堯咨敕》 按：龍首渠因龍首山得名，在西安府城山在城北十里。《水經注》：『蕭何因龍首山營未央宮。山長六十餘里，頭入于渭，尾達樊川。云：昔有黑龍從南山出，飲渭水，其行道因山成迹，山即基，闕不假築高。』《名山記》云：『龍首山西北高處爲秦長樂、漢未央，稍東南六坡爲隋城、唐西内，其東爲唐南内興慶龍池之所，其北爲唐東内大明宮含元、宣政、紫宸、蓬萊、金鑾諸殿。南内東南引滻水入城爲龍首渠，入東苑爲龍首池。』龍首殿皆以山得名。

清 王太岳《四庫全書考證》卷四〇 河決考：故因其自然不塞堤也。注：禹厮二渠以引河，原本禹上衍『二渠河東渠龍首渠也』九字。案：河東、龍首二渠，乃漢時所鑿，非大禹所厮之渠也。今刪。又一則漯川是也，原本漯川訛漯州，今改。

清 許鳴磐《方輿考證》卷三三《西安府·龍首渠》 龍首渠，此隋渠，非漢渠也。因龍首山而名。〇《唐書·朱泚傳》：官軍壞龍首、香積，以決其流。城中水竭，泚役數百人治之。〇《宋史·河渠志》大中祥符七年，知永興軍陳堯咨導龍首渠入城，民庶便之。〇《長安志》：龍首渠一名滻水渠，自縣界龍首鄉馬頭控堰滻水入此渠西流，由府城東過，入長安縣界。又長安縣龍首渠在縣東北五里，自萬年縣界流入，而注于渭。按《兩京道里記》，隋開皇二年，引水北流入苑，正此渠也。而敏求誤以爲漢龍首渠，夫漢龍首渠乃引洛水，在今同州府，與此渠無涉，故引《長安志》而節去之。〇《玉海》：唐時導水入城之渠有三，曰龍首渠，曰永安渠，曰清明渠。按《寰宇記》，清明渠在大安坊，隋開皇初引沉水西北流入城。再按《長安志·永安渠》，隋開皇三年，開引交水西北入城，經西市而入苑。沈水自南入焉。〇《明史·河渠志》：洪武十二年，李文忠言：『陝西病鹹鹵，請渠城中，遥引龍首渠東注。』從其請，甃以石。又天順八年，都御史項忠言：『西安以南井泉鹹苦，飲者輒病。龍水引水七十里，修築不易，且利止及城東。西南皂河去城一舍許，可鑿，令水與龍首渠會，則居民盡利。』〇《一統志》：本朝康熙六年復浚龍首渠。

清 沈欽韓《漢書疏證》卷二二《地理志·名曰龍首渠》 《史記正義·括地志》云：『伏龍祠在同州馮翊縣西北四十里。』故志云：疑此故志爲顧野王《輿地志》。漢時自徵穿渠引洛得龍骨，其後立祠，因以伏龍爲名。《元和志》：通靈陂在朝邑縣北四里二百三十步，唐開元初，姜師度爲刺史，引洛水及堰黄河以灌之，種稻田二千餘頃。《宋志》：知永興軍陳堯咨道龍首渠入城，民庶便之。《明志》：洪武十二年，李文忠言：『陝西病鹹鹵，請穿渠城中，遥引龍首渠東注。』從其請，甃以石。正統九年，都御史陳鎰言朝邑多沙鹻，難耕，縣治洛河與渭水通，請穿渠灌之。

綜述

宋 王應麟《玉海》卷二一《地理·漢龍首渠·井渠》 《溝洫志》：武帝時嚴熊《河渠書》莊熊言『臨晉民願穿洛以溉重泉以東萬餘頃故惡地。臨晉重泉皆馮翊縣 得水可令畝十石，于是發卒萬人穿渠，自徵引洛水至商顔下徵即所謂澄城也，商顔商山之類，岸善傾，乃鑿井深者四十餘丈，往往爲井，井下相通行水，水隤以絶商顔，東至山領十餘里間，井渠之生自此始。穿渠得龍骨，故名曰龍首渠。作之十餘歲，渠頗通，猶未得其饒。志不言年月。《括地志》：伏龍祠在同州馮翊縣西北四十里，故老云，漢穿渠得龍骨，其後立祠，因以伏龍爲名。《長安志》：龍首渠在長安縣東北五里，自萬年縣界流入注于渭。一名滻水渠，自萬年縣界龍首鄉馬頭控堰滻水入此渠，西流由府城東過入長安縣界。《西京道里記》曰：隋開皇三年，引滻水北流入苑，渠在長樂坡上，斅近龍首即大明宮所據龍首原也。漢武所穿在同州商顔山下，謂滻渠，名龍首渠者，誤也。後周武帝保定二年正月壬寅初，於蒲州開河渠，同州開龍首渠，以廣灌溉。唐見後。

又 卷二二《地理·唐龍首渠·交渠》 唐以渠導水入城者有三：一曰龍首渠，自城東南導滻至長樂坡，釃爲二渠，其一北流入苑，一經通化門、興慶宮自皇城入太極宮。貞元十三年五月，引龍首渠水自通化門入至太清宮前。二曰永安渠開皇三年開，導交水自大安坊西街入城，北流入苑，注渭。三曰清明渠，導水自大安坊東街入城，由皇城入太極宮。《括地志》：按《王商傳》，穿城引豐水入第，至貞觀間，又堰豐鎬以入昆明，而二水於是斷流。會要元和八年四月以神策軍士修城南交渠。

元 駱天驤《類編長安志》卷六《泉渠》 龍首渠，一名滻水渠。

《漢書》曰：『穿渠得龍骨，故名龍首。』隋開皇三年，自府城東南三十里馬頭埪堰滻水西北流，至陳秋橋，枝分爲二渠，一北流，經長樂坡西北，灌凝碧、積翠，西北入大明宮後，灌太液池。五季後渠涸。宋大中祥符七年九月九日，龍圖直學士尚書工部郎中知永興府陳堯咨奏引龍首渠入城。敕堯咨：『省所奏「永興軍城井泉大半鹹苦，居民不堪食，州臣親相度城東二里有水渠曰龍首，其水清泠甘冽，可五六十人，開渠引注入城，散流廛閈，出納城濠，闔城盡食甘水，皆感聖恩」事，具悉。卿幹用適時，精心率職，方類于藩之任，尤賢治劇之才。而能相厥土之高，畢究斯民利病，靡煩庶役，潛導迅流，直貫城闉，俯因廛閈，既蕩邪而難老，亦播以無窮，矧龍首之清渠，實唐京兆之舊迹，克修廢墜，深副倚毗。閱乃奏章，遽兹推美，其於難尚，不捨寤興，故兹獎諭，想宜知悉。夏熱，卿比平安好，遣書指不多及。十五日。』至元甲子，賽平章復引水入城中。至元十年，復開五季後涸渠，自長樂坡西北流入王城，一渠西流，灌興慶池，經勝業坊西京城，經少府、錢監、都水監、青蓮堂，西入熙熙臺，西入城濠。今渠廢，水不復入京城。

明 王恕《王端毅公文集》卷一《增修龍首通濟二渠記》

陝西城中水苦鹹不可用，故昔人鑿龍首、通濟二渠，引城外河水入城。由是城中王侯官寮以及軍民百萬餘家，皆得甜水，以造飲食，厥功懋哉。龍首渠始鑿於隋初，引滻河水經倪家村、龍王廟、滴水崖、老虎窯、九龍池，至長樂門入城，分作三渠：一從玄真觀南流，轉羊市，過咸寧縣總府，西流轉北過馬巷口；一從真武庵北流；一從羊市分流，過書院坊西入秦府，始作之人無考。

自隋唐至本朝成化間，雖嘗有人修浚，惟總府前二十丈有磚甃砌，餘皆土渠，用板木棚蓋，以土覆之，常有損壞。通濟渠乃太子太保兵部尚書青神余公子俊爲西安知府時，於成化初因龍首渠水不足軍民用，訪得義峪等河水，經杜曲御宿川等處至丈八頭入皂河，乃於丈八頭造一石閘，穿渠引水西流至郭村轉東，築堤爲渠至安定門入城，分作三渠：一從祠堂經長安縣東流，過大菜市、真武庵流出城，注于池；一從廣濟街北流過鐘樓轉西，過永豐倉流入貢院；一從永豐倉東街口北流。其渠自西關廂入城，俱用磚甃砌一千四百五十丈，甃砌未周處，亦有損壞。咸長二縣小民王恭等以告欽差巡撫陝西右副都御史江右周公季麟，以爲此利濟軍民之渠，既有損壞，不可不修，慨然以增修爲己任。乃檄西安知府西蜀馬公炳然相度議處，知府公奉命，惟謹晝詢夜思，以圖堅久，區畫停當，以白巡撫公乃會同鎮守太監劉公雲武、安侯鄭公英巡、按御史石公玠、王公紹議，委右布政使陳公孜、提督專委知府公總理知。府公於是差人陶甓聾石，市材燒灰，度量工程，起倩夫匠，卜日興工。西安左右前後四衛及儀衛司咸、長二縣，各照地方委官監工。左布政使文公貴、按察使張公泰、右參政才公寬、右參議李公思明、僉事任公鑾協贊其事。修理龍首渠，東關廂及城中三渠俱用磚甃砌，其城外申家溝等處，渠道原係循岸隨灣穿鑿，每遇山水泛漲，被其衝激輒壞，水不入城。今於兩涯直處造橋架槽，引水入渠，遂免衝激之患。又將城外土渠六十里，亦疏浚深闊，築岸高厚以防走泄。又於通濟渠，余公甃砌未周處，以磚甃砌七百二十丈，城外土渠亦疏浚修築二十五里，視昔尤加深厚。

昔二渠每十家作一井口汲水，因無遮攔，未免爲塵垢所污，今則以磚爲井欄，以磁爲井口，以板爲蓋，啓閉以時，則塵垢不潔之物無隙而入，湛然通流無阻。昔之未開通濟渠也，汲之不足，城池惟西北一隅有水，自有通濟渠之後，汲之不乏，城池四面舉皆充溢周流。是役也，經始於弘治十五年七月，落成於是年之九月，凡用磚以塊計者九十七萬三千有零，石以片計者一千有零，大小松木以根計者三百有零，板以片計者三千有零，用銀二千九十五兩。於乎巡撫公主張是役也，詢謀僉同，委任得人，民不乆勞，財不妄費，成功甚速，實堅實好，增前人之未有，免後人之頻勞，不惟可以濟人之饑渴，亦可以保障乎城池，可謂經畫周密，有益乆遠者矣，是宜記之以告來者。

清 賈漢復《修龍首渠碑記》（康熙）《陝西通志》卷三二

三秦形勢素甲天下，乃神京之右臂也。關中省會襟帶河岳，爲全陝之腹心也，省會龍首舊渠，繞流城市，又腹心中之經絡也。經絡通而後腹心壯，則是渠之有關於風氣，不僅潤色秦疆，而實以鞏固神京也。考渠所自始，以此地初苦水鹹，民飲輒病，隋開皇三年引滻水入苑，後廢。至宋大中祥符七年，知永興軍陳堯咨復修。

迄元明以來，北流城中，周匝市巷以會歸於蓮花池。因是群享甘泉之利垂數百年，民康以樂，然寧僅便民之汲飲乎？識者美其有開風氣之功。迨逆闖作難，竊據秦川，居民廬室半付頹垣，土塞渠壅，民艱汲飲，迄今越二十餘年。譬如人之一身經絡閉塞，則血脉凝滯。血脉疑滯，則發於中生痿癖之患，而形於外致枯槁之容。風氣既阻，省會日見凋殘，意者其在斯乎。余塡撫茲土，拮据六載，凡遇有利當興，有害當除，不憚盡力爲之，若舊渠不浚，不惟省地之汲飲失利，抑且全陜之風氣不開，余懷滋戚也。爰是捐貲修葺，循故渠而疏浚之。乃命屬員都閫張夢椒、咸寧令黄家鼎、長安令梁禹甸，分董厥工，尺磚斗灰，公平易買，一夫一匠，按日給食，不忍累吾民也。民間需水灌田，則從其便，如天雨時作田不需水，則水可入城，不忍悮農事也。和以使民率皆子來，不兩月而渠功告成矣，將見經絡，疏通腹心，滋潤風氣開而民物阜，其爲利不幾溥哉，而猶謂秦省不日見起色也，未之前聞。余今奉者還闕，戒裝在即，獨惓惓於斯地斯民，務使故渠疏通，風氣日盛，以了六年未竟之心，則上爲國家建鞏固之業，而下爲小民開永遠之利，其亦可以自信矣。故鐫諸貞珉，用垂不朽云。

（雍正）《陜西通志》卷三九《水利一》 龍首渠。在府城東南。賈志，永嘉坊有龍首渠，一名滻水渠。隋開皇初，自東南龍首堰下支分滻水，北流至長樂坡，西北分爲二渠：東渠北流入苑西，渠屈而西南流經通化門南；西流入城逕此坊即永嘉坊，又西南流逕興慶宮，又西流經勝業坊、崇仁坊景龍觀，又西入皇城，經少府監、太僕寺。内坊之西，又北流出城。

又 萬年龍首渠。《史記》曰：『穿渠得龍骨，故名。』自萬年縣界龍首鄉馬頭埪堰，滻水入此渠，又西入長安縣界。宋敏求《長安志》《長安志》：於萬年縣，既注龍首渠，曰一名滻水渠，因引《史記》曰『穿渠得龍骨』，誤也。龍首渠，漢武帝所穿在同州，因穿地得龍骨，故名。雍居渭南，同居渭北，無由合爲一。而滻之一水，史漢皆嘗志之，不云得龍骨也。

又 《兩京道里記》云：『龍首渠，開皇三年開，引滻水北流入苑，在長樂坡上。堰近龍首，即大明宮所據龍首原也，故以名之。』此説是也。王應麟曰：『唐時導水入城有三：一曰龍首渠，二曰永安渠，三曰清明渠。』按：清明、永安二渠别見長安縣。龍首渠自城東南導滻至長樂坡分爲二渠：一北流入苑，一經通化門、興慶宮，自皇城入太極宮，及至大明宮則在龍首山，水不可導矣。大明宮之東，有東苑，即在龍首山盡處，地既低下，故東苑中有龍首池，言其資龍首渠水以灌溉也。《雍録》龍首渠隋開皇初堰滻水西北至大興城，東南入城唐，因隋渠導滻水分爲二渠：一西入通化門，西南入南内興慶宮、景龍池，又西入西内太極宮；一北入東苑至龍首殿，爲龍首池，又注凝碧、積翠二池，又西北入大明宮，後灌太液池，五季後渠涸。《縣志》大中祥符七年，陳堯咨知府事，以城内井泉大半鹹苦，乃相度城東二里之龍首渠，其水清泠甘冽，可五六十丈開引入城，散流廛閈，民咸賴之。《宋史·河渠志》○按：隋唐分東西二渠，宋止修西渠，故道東渠堙廢。陜西龍首渠始鑿於隋初，引滻河水經倪家村、龍王廟、滴水崖、老虎窑、九龍池，至長樂門入城，分作三渠：一從元眞觀南流，轉羊市，過咸寧縣總府，西流轉北過馬巷口；一從眞武庵北流；一從羊市分流，過書院坊西入秦府。成化間雖有人修浚，惟總府前二十丈有磚甃砌，餘皆土渠，用板木棚蓋，以土覆之，常有損壞。

清 徐松《唐兩京城坊考》卷四《西京·龍首渠》 龍首渠一名滻水渠，隋開皇三年開。自東南龍首堰下，支分滻水，北流至長樂坡坡在通化門東七里，臨滻水，自坡之北可望漢長樂宮，故名長樂坡。西北，分爲二渠，東渠北流，經通化門外至京城東北隅，折而西流，入東内苑爲龍首池，餘水經大明宮前下馬橋下。西渠曲而西南流，經通化門南，西流入城，經永嘉坊南，又西南入興慶宮垣，注龍池，又出而西流，經勝業坊、崇仁坊、景龍觀，又西入皇城，經少府監南，屈而北流，又經都水監、東宮僕寺《長安志》作太僕寺，誤、内坊之西，又北流入宮城長樂門，又北注爲山水池，又北注爲東海。貞元十三年，又自永嘉之西北，分支至大寧坊太清宮前。

傳記

《金史》卷一二八《傅慎微傳》 傅慎微字幾先。其先秦州沙溪人，後徙建昌。慎微遷居長安。宋末登進士，累官河東路經制使。【略】明年，陜西大旱，饑死者十七八，以慎微爲京兆、鄜延、環慶三路經濟使，許以便宜。慎微募民入粟，得二十餘萬石，立養濟院飼餓者，全活甚衆。改同知京兆尹，權陝西諸路轉運使。復修三白、龍首等渠以溉田，募民屯種，貸牛及種子以濟之，民賴其利。

《明史》卷一二六《李文忠傳》　十年命與韓國公李善長議軍國重事。十二年，洮州十八番族叛，與西平侯沐英合兵討平之，築城東籠山南川，置洮州衞。還言西安城中水鹹鹵不可飲，請鑿地引龍首渠入城以便汲，從之。還掌大都督府兼領國子監事。

又卷二二九《項忠傳》　七年以大理卿召，民乞留如前，遂改右副都御史，巡撫其地。洮、岷羌叛，忠言：『羌志在劫掠而已，盡誅則傷仁，遽撫則不威，請聽臣便宜從事。』報可。乃發兵據險，揚聲進討，率降其衆。而還西安水泉鹵不可飲，爲開龍首渠三十里。又疏鄭、白二渠，以溉涇陽、三原、醴泉、高陵、臨潼五縣，田民祠祀之。

紀事

《周書》卷五《武帝上》　二年春正月壬寅，初於蒲州開河渠，同州開龍首渠，以廣灌溉。

《隋書》卷二四《食貨志》　武帝保定二年正月，初於蒲州開河渠，同州開龍首渠，以廣溉灌。

《舊唐書》卷一三《德宗下》　六月己卯朔，以衡州刺史陳雲爲邕管經略使。辛巳，引龍首渠水自通化門入，至太清宫前。

又卷一七〇《裴度傳》　憲宗以淮西賊平，因功臣李光顔等來朝，欲開内宴，詔六軍使修麟德殿之東廊。軍使張奉國以公費不足，出私財以助用，訴於執政。度從容啓曰：『陛下營造，有將作監等司局，豈可使功臣破産營繕？』上怒奉國泄漏，乃令致仕。其浚龍首渠，起凝暉殿，雕飾綺焕，徙佛寺花木以植于庭。

《宋史》卷九五《河渠志五》　大中祥符七年四月，涇原都鈐轄曹瑋言：『渭北有古池，連帶山麓，今浚爲渠，令民導以溉田。』六月，知永興軍陳堯咨導龍首渠入城，民庶便之。并詔嘉獎。天禧末，諸州屯田總四千二百餘頃，而河北屯田歲收二萬九千四百餘石，保州最多，逾其半焉。江、淮、兩浙承僞制，皆有屯田，克復後，多賦與民輸租，第存其名。在河北者雖有其實，而歲入無幾，利在畜水以限遼騎而已。

又卷二八四《陳堯咨傳》　堯咨字嘉謨，舉進士第一，授將作監丞、通判濟州，召爲祕書省著作郎、直史館、判三司度支句院，始合三部句院兼總之。【略】長安地斥鹵，無甘泉，堯咨疏龍首渠注城中，民利之。

《明史》卷八八《河渠六》　洪武元年修和州銅城堰閘，周迴二百餘里。四年修興安靈渠，爲陡渠者三十六。渠水發海陽山，秦時鑿，溉田萬頃。馬援葺之，後圮。至是始復。六年發松江、嘉興民夫二萬開上海胡家港，自海口至漕涇千二百餘丈，以通海船。且浚海鹽澉浦。八年開登州蓬萊閣河。命耿炳文浚涇陽洪渠堰，溉涇陽、三原、醴泉、高陵、臨潼田二百餘里。九年修彭州都江堰。十二年，李文忠言：『陝西病鹹鹵，請穿渠城中，遙引龍首渠東注。』從其請，甃以石。

又　都御史項忠言：『涇陽之瓠口鄭、白二渠，引涇水溉田數萬頃，至元猶溉八千頃。其後，渠日淺，利因以廢。宣德初，遣官修鑿，畝收四三石。無何復塞，渠旁之田，遇旱爲赤地。涇陽、醴泉、三原、高陵皆患苦之。昨請於涇水上源龍潭左側疏浚，訖舊渠口，尋以詔例停止。今宜畢其役。西安城西井泉鹹苦，飲者輒病。龍首渠引水七十里，修築不易，且利止及城東。西南皂河去城一舍許，可鑿，令引水與龍首渠會，則居民盡利。』邳州知州孟琳言：『榆行諸社俱臨沂河，久雨岸崩二十八處，低田盡淹。乞與修築。』并從之。

《清史稿》卷一三五《河渠四》　五年，陝西巡撫盧坤疏報咸寧之龍首渠，長安之蒼龍河，涇陽之清、冶二河，盩厔之澇、峪等河，郿縣之井田等渠，岐山之石頭河，寶雞之利民等渠，華州之方山等河，榆林之榆溪河、芹河，均挑浚工竣，開復水田百餘頃至數百頃不等。修監利江堤，襄陽老龍石堤。已革御史蔣時進《畿輔水利志》百卷。直隸總督蔣攸銛疏陳防守千里長堤善後事宜，報聞。安陽、湯陰廣潤陂，屢因漳河決口淤墊，命巡撫程祖洛委員確勘挑渠，將積水引入衞河，使及早涸復。築荊州得勝臺民堤。

藝文

元 楊維楨《鐵崖賦稿》卷下《龍首渠賦》 商顏蒼蒼，洛水泱泱。夫何走深源之幾千里，馳汗漫之流長。散波濤於雲雨，若神物之所藏。豈非所謂龍首之渠，灌重泉於東方者乎？想夫漢武臨軒，皇風穆清。鑿渠灌溉，民利大興。偉嚴氏之陳詞，曰：『臨晉之齊民，將引流而西注，當首超於洛濱。』何數言亹亹，切中其喜功之心。於是萬卒東來，畚鍤如雲。趨事雜還，鼛鼓弗勝。乃自徵而首功，越商嶺之遥岑。豁磅礴以澒洞，浚淵泉而瀹淪。兩崖如壁，一帶河横。引清流之浩渺，湛灝影之泓澄。微風颺而成漪，甘雨挹而無聲。澶漫潺湲，衍迤紆縈。長川遠瀉，逝水如傾。何高岸之善崩，獨用力之難成。乃鑿井而下通，貫泉竇之泠泠。蘚甃連浤，千環抱月。龍蛇捲窟，萬穴生雲。注伏泉于地脉，分河潤于泉扃。溉原田之萬頃，易高畝而豐登。成生民之大利，流炎漢之至仁。方其健夫奏功，異物效靈。神芒欻其陸離，厚土爛其稜層。得蜿蜒之蜕骨，崩頭角之崢嶸。土花蝕頷珠之碧，海月射斷甲之腥。厚土纏綿，尚有雲雷之氣；餘波噴薄，尤聞風雨之聲。舉手傳觀，萬目皆驚。覩兹靈異，互相揣稱。此龍首之渠所以爲千載之利賴，而史册尤著其佳名也。嗟夫，河渠之作，生民之利。勞費之惠，濫觴有自。鄭白起涇水之歌，當時陳渭渠之計。汾陰褒斜，擾擾相繼。是皆西門史起有以啓其源，而滋茂陵多欲之弊也。吾于是有感矣。老龍泥蟠，閉骨泉底。適有遭于一時，尚流聲于千祀。矧我聖元，撫有疆理。黄河湛而自清，海波帖而不起。黍稌雲興，倉庾山峙。三農樂耕鑿之天，康衢歌太平之美。文昌之祥，四靈萃祉。爲士者固將攀龍鱗之變化，乘風雲于萬里。横滄海而快飛騰，奚暇雕蟲於河渠一杯水哉？

元 袁桷《清容居士集》卷一三《離宫圖》 龍首渠開王氣埋，淺沙殘草認天街。當年金屋寒鴉聚，時有耕人拾寶釵。

雜録

《史記》卷二九《河渠書七》 其後莊熊羆言：『臨晉民願穿洛以溉重泉以東萬餘頃故鹵地。誠得水，可令畝十石。』於是爲發卒萬餘人穿渠，自徵引洛水至商顏山下。岸善崩，乃鑿井，深者四十餘丈。往往爲井，井下相通行水。水頽以絶商顏，東至山嶺十餘里閒。井渠之生自此始。穿渠得龍骨，故名曰龍首渠。作之十餘歲，渠頗通，猶未得其饒。

唐 李吉甫《元和郡縣志》卷二《關内道》 乾坑，《漢書·溝洫志》云武帝時嚴熊上言，『願穿洛以溉重泉以東萬餘頃。』于是發卒穿渠，自徵引洛水至商顔下商顔，今在馮翊縣界，名曰龍首渠。按州西三十里有乾坑，即龍首之尾也。

宋 宋敏求《長安志》卷一一《縣一》 龍首渠一名産水渠。《漢書》曰：『穿渠得龍骨，故名龍首渠。自縣界龍首鄉馬頭埪堰滻水入此渠西流，由府城東過，入長安縣界。』《兩京道里記》曰：『隋開皇二年，引水北流入苑，渠在長樂坡上。』

元 李好文《長安志圖》卷上 渠水：一曰龍首渠，自城東南導滻至長樂坡，釃爲二渠，一北流入苑，一經通化門、興慶宫由皇城入太極宫。二曰永安渠，導交水自大安坊西街入城，北流入苑，注渭。三曰清明渠，導坑水自大安坊東街入城，由皇城入太極宫。

元 駱天驤《類編長安志》卷三 興慶池。《新説》曰：『興慶宫，經巢寇、五代，至宋湮滅盡浄，唯有一池。至金國，張金紫於池北修衆樂堂、流杯亭，以爲賓客游宴之所，刻畫樓船，上巳、重九，京城仕女，修禊宴燕，歲以爲常。正大辛卯東遷後，遂爲陸田。兵後，爲瓜區、蔬圃。庚子歲，復以龍首渠水灌之，鯽魚復生。舊説有千歲魚子，信不誣矣。』

又 卷八 雁塔影。《新説》曰：『龍池，兵後水涸，爲民田、瓜區、蔬圃十餘年。庚子、辛丑歲，始引龍首渠水灌地，許人占修酒館。至壬寅，池水泓澄，四無映帶，唯見雁塔影倒於池中，游觀者無數，酒爐爲之一空。』

又 卷九 龍首堰。在灞川馬頭埪。堰滻水入龍首渠，二十里至長樂坡上，分爲二渠，一渠北流至望春宮西北入新城，一渠西流入興慶池，又西流入城壕。

又 興慶夜月。《松牕録》：『九龍池，垂拱中，秋雨流潦成小池。景龍中，引龍首渠水灌，瀰漫數頃，呼爲景龍池，語訛爲九龍池。近興慶宮，開元間改爲興慶池。南有花萼樓、勤政樓。』巢寇燒毀。喬扆詩曰：『花萼樓傾有故基，行人空讀火餘碑。可憐興慶池邊月，曾伴寧王玉笛吹。』

元 任仁發《水利集》卷九 自漢以來講明尤備。內而京師，外而列郡，又遠而邊地，源流派分，原隰棊布，歷歷可見矣。嚴熊穿龍首渠於馮翊之地漢武帝時，嚴熊言：『臨晋民欲穿洛以溉重泉。』於是發萬人穿渠，穿得龍骨，故曰龍首泉渠。兒寬穿六輔渠，於左内史之治。武帝元鼎間，兒寬爲左内史，奏請穿六輔渠。白公引泾水於池陽之見上。決渠降雨，荷鍤成雲，衣食京師，億万之口，豈非京師之利乎？《西都賦》

清 顧炎武《肇域志》卷三四 龍首渠，一名滻水渠。《漢書》曰：穿渠得龍骨，故名龍首渠。自縣界龍首鄉馬頭埪堰滻水入此渠，西流由府城東過入長安縣界。《兩京道里記》曰：隋開皇三年，引水北流入苑渠，在長樂坡上。《宋史·陳堯咨傳》：知永興軍長安地斥鹵無甘泉，堯咨疏龍首渠注城中，民利之。黄渠自義谷口澗分水入此渠，北流一十里，分兩渠，一東北流入庫谷，一西流入樊川溉田，西流入坑河。在龍首渠南，自南山東義谷堰水至杜陵南，分爲二渠。

又 《漢書》：武帝元光六年春，穿漕渠通渭。龍首渠，在縣東北五里，自萬年縣界流入注於渭。明渠，漢時渠也。《水經注》曰：在長樂宮、桂宮之閒。

清 畢沅《關中勝迹圖志》卷三《大川》 龍首渠，在西安府城東南咸寧縣界。《咸寧縣志》：『龍首渠，一名清水渠。隋開皇初，堰滻水至大興城東南入城，唐分爲二渠：一西入通北門至興慶宮、景龍池，又西入西內太極宮；一北入東苑至龍首殿，爲龍首池，又注凝碧、積翠二池，又西北入大明宮後灌太液池。五季後涸。《宋史·河渠志》：『大中祥符七年，陳堯咨知府事，以城内井泉鹹苦，乃相度城東二里之龍首渠，其水清甘，可五六十丈，開引入城，散流廛閈，民咸賴之。』謹按：隋唐分東、西二渠，宋止修西渠故道，東渠填廢。已上咸寧。臣謹按：龍首渠與永濟渠同發源於大義谷第一派之水，東過真武原至引駕迴鎮，又東北至鳴犢鎮入滻河，復引水入渠口西北行，經留空村，至田家灣諸處，詳見圖内經流漸細。明成化間曾經疏浚，我朝康熙三年撫臣賈漢復復加修浚，今惟上流甫高村、江村等處灌田四百餘畝，其入城故道，尚俟集議修復焉。

清 畢沅《關中金石記》卷五《宋·賜陳堯咨疏龍首渠敕》 大中祥符七年九月立，堯咨行書，在西安布政司。

堯咨自署龍圖閣直學士、尚書工部郎中、知永興軍府，與史本傳合。傳云：『長安地斥鹵，無甘泉。』堯咨疏龍首渠注城中，民利之，即指其事，堯咨字嘉謨，堯叟之弟。

清 端方《陶齋臧石記》卷二〇《大周故處士程先生墓志銘并序》 龍首渠在長安縣東北五里，萬年縣界流入而注于渭，盖鄉以是得名。《志》云：『龍首原猶言龍首鄉之原也。』《長安志》又云：『群賢坊在皇城西第三街。』此云群賢里盖即群賢坊也。瞿中溶《古泉山館金石文編》

又 卷三四《唐秘書省秘書郎李君夫人宇文氏墓志銘并序》 又龍首渠在長安縣東北五里，俱以龍首山得名。唐許洛仁妻墓志銘、程玄景墓志銘皆言葬於龍首，原瞿理問中溶言龍首原猶言龍首鄉之原，惟劉村則不可考矣。

洛渠

明 劉健《重浚伊洛二渠記》（乾隆）《洛陽縣志》卷一五 余自童丱時，隨父兄經行伊、洛間。溝渠堤岸，即知爲昔年水利之迹，且聞當時水之盛行，溉田甚廣，惠民甚衆，今但廢塞不行耳。成化乙巳丙午之際，官京師聞吾鄉歲連旱，鄉民之以飢死者，枕籍于路。因扼腕嘆息，誠使水利之行如昔年，則民之飢而死者寧至是耶？自是與吏吾鄉者輒言及之，然未有能加之意者。

又 余聞其言，于是吾鄉水利之念愈切焉。盖吾鄉伊、洛二水，其鑿渠以溉田，肇自唐時。洛渠起郡治西南東侯保，分洛水而東，曰萘渠。

莽渠之北又分三支曰清渠，曰單渠，曰太陽渠，凡四渠末流仍入洛及伊。伊渠起郡南伊門口之北，分伊水北行，至午橋莊與洛渠交而出其上，并二支亦曰莽渠、清渠、單渠，但以東別之，凡三渠俱入洛，二水之大可勝舟，冬夏不涸。故渠道行近水之田將百里，皆仰溉焉。前代以來，興廢不可考，國朝宣德初，始湮塞不行，今七十餘年矣。

又　丁未夏，奉命祀西岳，道經新安之王喬洞，見溝水引行岸上。時縣境俱旱，而禾苗于此獨盛。過潼関，又見其地昔之水縱横于道者，皆成渠而行，稻畦彌望相屬。問其人，謂得良有司，如他郡水利之治治之，故能至此。

又　宏治癸丑，都憲海虞徐公恪巡撫河南，以民屢困於旱，訪求水利。凡古迹之可復者，悉疏以請。朝廷特降璽書，命大參四明朱公瑄總其事，而伊、洛二渠分委河南府知府劉公瓛、同知董公琇及洛陽縣知縣楊君滋，尋又委河南衛指揮張公傑督工浚治。先洛渠，次伊渠，凡用夫匠二千七百有奇，不數月而工完。但閘壩之制，分溉之法未備，而徐公調湖廣，朱公遷撫南畿，劉公去爲陝西大參。又未幾，汴省分治決河黄陵剛，董及張亦被檄去。僅踰年，而二渠復湮塞如故。

又　歲丙辰，河南按察司副使濟南張公鼒，以治河有績，被命專領其事，按行二渠，遂復委同知董公等督夫匠如前浚之。而新任太守陳公宣繼至，乃相與協謀即事，於是渠水復通。副使心切爲民，又雅知水事，仍斟酌古法爲之制，使可經久。每渠障水之入，各有壩；防水之暴，各有閘。而渠之每深下之處，又各有小閘。閘内之兩傍各有子堰，子堰之中，各有游渠以均水利於遠近。又於洛渠之南大明寺後創鑿一渠，東行出午橋之上。洛渠蓋并前爲五矣。

又　水利既行，慮民之不能無分争，及渠之易於壞也，各爲條約，示以護渠分水之法。又慮民獲水之利，歲豐祈報，及治水之官行視督責，宜有所止。復以治渠餘材，於洛水南宋邵子安樂窩之右作龍王廟。廟之後作廳事，以楹計凡二十有一。副使爲民之心至是可謂無遺策矣。

又　是役之繼興也，始于丙辰冬十一月，終于次年秋七月。雖不能不用民之力，而民皆懽然赴之，無或後者。既訖工，請余爲記。余惟朝廷之設官置吏，凡以爲民而已。民事莫大於農，而水利又農之大者。伊、洛二渠，利民甚大，湮塞不行者已七十餘年。兹之役，都憲徐公實創其始，大參朱公繼之，憲副張公又繼之，爲民之心進進而無已，而一時郡邑諸公爲之委任，又躬親督勵，克底于成。賢勞固深足嘉，况歷五寒暑，動民數千餘而工始訖，其費亦大，豈可泯然無述于後哉！遂不自量，爲著始末，并余之所嘗切于念慮者，刻之龍王廟石。凡一時有劳諸執事，仍俱列于碑陰。庶吾鄉之後人有考焉，不忘兹惠於永久也。

清　顧炎武《肇域志》卷二九　《崤山府志》載伊、雒二渠之利甚博，其在永寍縣名永寍川，東西長六十里，在雒陽南一里，名雒水川。

（乾隆）《洛陽縣志》卷三《山川》　伊渠由縣南伊闕山北，此水北行至午橋莊，與洛渠交而出，其上并二渠，亦名莽渠、清渠、單渠，但以東別之。伊、洛二渠大可勝舟，冬夏不涸，灌田幾延百里。

洛莽渠

論説

清　戚學標《鶴泉文鈔續選》卷五《重浚古洛莽渠記代》　洛水出上洛讙舉山，委折而南，伊、瀍、澗三水皆會，而達於河，《周禮·職方》所謂『豫州其川滎、雒』，是也。周時卜邑于此，水泉便美，號天下沃壤。劉澄之《永初記》言城西面有陽渠，周公創之，蓋有聖賢之遺迹。至讀《國策》『東周欲爲田，西周不下水』之言，又嘆井法壞，人至以水爲争，匠人遺制蕩然矣。漢魏來言洛中水利者，有張純堰洛以通漕，公私交利；都水使者陳協開五龍渠，在洛穀之交，名千金堨；而洛陽東二十里鴻池陂，陽渠水所注，亦見李九《銘》；信洛之爲利溥，而勤民事者，無不於水利加之意也。

綜述

清　温承惠《重浚古洛莽渠碑記》（道光）《寶慶府志》卷一〇一　洛陽天

下之中，原隰高燥，而伊、洛二水環繞其間。唐時鑿多渠引二水以溉民田，民實賴之。自郡西南分洛水而東曰莽渠，蓋渠之最大而利最溥者，有明宣德成化間屢經修浚，載於《縣志》。

會歲久湮塞，甲子夏予因公駐洛縣，民以重浚請勘之，舊渠形勢宛然，間有稍近塋墓者捐俸購他地以代之。通判楊世福暢曉水利，因專委董其成，聽民自辦，不閱月而工竣。渠自郡西北家村歷四十一村莊至李家樓仍入於洛，計長五十里，寬深丈尺，較舊制有加。安閘十六座，又於渠口設總閘以防暴漲。築草堰以資蓄洩。開子渠十四道灌田可千頃，其分水灌溉之方，令民仿照古法，自議條約呈官泐石以杜爭端而垂久遠。渠既成，彌望衍沃，而大靖、新興、通津等渠亦相繼重浚，咸服舊觀。後之人果能時其疏導，其利何啻萬禩？孔子曰：因民之所利而利之，斯役庶其遺意歟。是爲記。

傳記

（道光）《寶慶府志》卷一〇一《藝文略二》 世福，字禄田，嘉慶初爲河南府水利通判，奉檄開古洛莽渠等新舊二十一道，引伊、洛二水灌地二十一萬四千八百九十二畝。此其先後履勘禀覆告示文檄也，有河南巡撫馬慧裕、布政使温承惠碑記。

紀事

清 戚學標《鶴泉文鈔續選》卷五《重浚古洛莽渠記代》 莽渠之開，由郡西南引洛而東，以溉民田，肇自唐人，明宣德、成化間累修浚，《縣志》具言之。歲久湮塞，向之泉流泌泌者，積生蘆葦，或稍侵爲田廬塋墓。伏秋暴漲，水失所歸，漫溢爲害。遇亢暘則田盡龜坼，村氓寶勺水，致爭鬭。父老欲重浚此渠，格于浮議，兼不得要領，久不決。

會今夏余以事赴洛，下車詢民疾苦，乃公以浚莽渠請。余周覽形勢，以爲洛陽天下之中，原隰高燥，伊、洛二水環繞其間，此自然之利，不待引西江之水，決東海之波也。舊渠形迹宛然，循之頗易，非若鄭國之開涇，蜀守之鑿離隼，必費歲月也。其田廬塋墓所在，市他地易之，或稍紆道避，即於民無不利。促令浚，并以明習水利通判楊世福董其事，萬衆歡躍，畚鍤之具不移而集，疏閼道滯，人百其勇。所穿渠身丈尺，視前加深廣，凡安閘十六，總閘一，草堰子渠，悉倣舊制修舉，不閱歲而工竣。自郡西白水村，歷四十一村，至李家寨，計長五十里。泉流一帶，湛然澄碧，左右田疇，彌望沃衍，令人想卜洛盛時，山川秀美，風雨和會，景物之饒，依然在目，洵足樂也。

雜録

清 戚學標《鶴泉文鈔續選》卷五《重浚古洛莽渠記代》 是役也，有地之利，兼古之迹，而又因民之所欲從之。余非敢自謂能繼張、陳諸賢之績，有勞於斯土，而父老言非余來，將數百年廢墜無由而舉。又余亦私喜洛中此行不虚，爲之記示後，俾時疏浚，毋令滋壅，且分番灌溉，蓄洩以時，守成規而杜爭競，斯民享澤，將與洛水而俱長矣。

馬公渠（山東魚臺）

清 王謙志《書馬邑侯開河記後》（光緒）《魚臺縣志》 魚邑水患，歷世堪悲，書史所傳，十一而已。幸自黄河南徙，濟、泗不交，民稍安土。但勢處下流，潦水滙浸，聽所自至，已屬難堪，況開渠導引，俾數千里之瀰，十餘州縣之波，不崇朝而畢萃乎？危矣哉！疏河之及魚也。不有築堤，何以防害？

雖然，非常之舉，黎民懼焉。從前守土，或昧而不能知，知而不及謀，謀而不斷，斷而民弗從者，有之矣。山右馬侯甫下車，即約士民，巡歷相度，築堤禦灾。繼奉憲檄，益申前議，遂成堤河一百有六里。蓋當皇恩蠲賦之歲，兼值周召共事之年，上而謀無不從，下而民無不悦。公於是事有數善焉，單騎巡閲，不避寒暑，是其勤也；按畝派夫，士民一體，是其公也；仰體上憲，事無煩擾，是其謹也；初聞浚河，舉國皇皇，謂必無幸，公以築堤爲之開導，民情貼然，是其勇也；諸邑浚河，意惟洩水於魚臺，謂魚爲湖，公不與辨，但授民策，請開沛口，輸之巨浸，以達長、淮，是其略也。夫以一事而備數善如此，又安有措施之不善者哉？工成，民欲歸德於公，稱河曰『馬公渠』。公聞之凜然，亟宣天子聖惠，推德上臺，易名『新開河』，則又虛衷若谷，淵涵萬頃者矣。且誡民曰：『築堤非難，保堤爲難。歲增高厚，或可永恃。如其懈怠，一二年間便廢弛矣。又其甚者，黄河湍性無常，倏南倏北，漕運所患，無事之防，爾等當熟計之。』凡其深識遠慮，何啻爲國民萬世謀乎？

余每與諸生講論及此，輒有感念泣下者，故附書之。俾後之君子見侯之自記，知其事迹有如此；及見余之言，則又可以如或遇公而共得其心云。

（道光）《濟寧直隸州志》卷六　馬得禎，字仲霄，山西介休人，康熙二十七年知魚臺縣，有經濟才，詢知上游州縣泊水，歲爲魚患，請挑新河，民德之，曰馬公渠。築堰堤以順西北之水，數十年民享其福。南陽鎮爲漕運要津，行人素苦之，捐俸修石橋數里，曰馬公橋。在任十年，寬征逋賦，興舉廢墜，政理刑清，葺黌宮，建義學，修邑志，升桂楊知州，祀名宦邑人劉芳聲爲作《馬公書院記》。

（道光）《濟寧直隸州志》卷二　初聞浚河，舉國皇皇，公以築堤爲之開導，民情貼然，是其勇也；諸邑浚河，意惟洩水於魚臺，公不與辨，但開沛口，輸之巨浸，以達長、淮，是其略也。工成，民欲歸德于公，稱河曰『馬公渠』。公聞之凜然，推德上臺，易名『新開河』，則又虛衷若谷，淵涵萬頃者矣。余每與諸生講論及此，輒有感念泣下者，故附書之。俾後之君子見侯之自記，知其事迹有如此者。

馬公渠（陝西韓城）

明　梁元《馬公渠記》（乾隆）《韓城縣志》卷一〇　渠去縣憑六里，六里之山曰土門，爲渠基，兩山盤脚如鐵軸，爲渠阪。西上噴風直注，爲渠源。源東延山二百五十丈爲渠道。其間或斧鑿，或錘鍛，或宜洞，或宜枋，玉甃，金函，與山同固，爲渠制關節。豹踞迤邐，龍飛深廠，可以卧吴牛，爲渠形。潺潺漾漾，宛若白練之沓來，爲渠水。宗分而派析焉，爲渠枝。一輪百斗，呷呷而轉，可使在山，爲渠車。架一木於壘石上，以渡溝瀆，爲渠橋。上坪下隰旱不能灾者，週迴數十餘頃，爲渠利。人文風會於斯，爲渠靈。商者、役者，旬宣疆場者，靡不指顧而歸美之，爲渠譽。築亭林皋，引水爲曲澗浮觴之制，以節省溉，爲渠樂。政必欲惠民，惠必欲持久，任費任勞，破心力而創建者，爲渠上馬公。

明　薛亨《省溉效禊二亭記》（乾隆）《韓城縣志》卷一〇　邑侯馬公，川東之豪英也。夙諳水勢，刻意疏浚，於嶺前諸堰，各先給石米爲之倡，之湮塞者，咸秩然通焉。猶念土門、薛曲諸村，地多平壙，不沾餘潤，乃招工匠數十，自領北限鑿石渠數里。民初難之，公捐數十金佐工費，又作水車挽之，汲以助水力不及處。渠成值旱，利賴甚。衆翕然頌公德，豎石道左，曰『馬公渠』，仍肖公像，以便瞻禮。語云：『斯民難與慮始，可與樂成。』非此謂耶？

美利渠

明　王業《中衛美利渠記》（乾隆）《寧夏府志》卷一九　寧夏鎮之西南三百里，建置中衛。黄河自蘭靖來，過中衛，直流而北。昔夏人鑿渠引河水灌田，世享其利，人言黄河獨利于夏，職此之由也。中衛有蜘蛛渠，即今美利渠，長亘百里，經始開鑿，志遺莫考。

按鎮之唐來、漢延等渠志載，拓跋氏據夏已有之矣。元世祖至元元年，藁城人董文用，爲西夏中興等路行省，即始復開浚。邢臺人郭守敬爲河渠提舉，更立牐堰，今兩壩皆其遺製，工作甚精，則蜘蛛等渠之開，或皆董、郭二公爲之也。邇年河流背北趨南，渠口高淤，水莫能上，衛人蹙額相泣曰：以足公私。中衛屯田幾二千頃，歲徵公稅三萬有奇，實藉水利『有渠而不得灌溉之利，與無渠同也。』屢嘗告請改浚，前巡撫無慮數公咸恫民隱，集議區畫，俱以工役重大，惜費中止，但令因仍挑浚，無繫緩急。衛人蹙額又相泣曰：『徒浚而不爲改易之舉，與不浚同也。』

嘉靖壬戌夏中丞毛公，奉簡命撫夏，籌决通明，應變如響。法重大體，政先急務。衛人以前事告請，公愕然曰：『民賴稼穡以生，而水利者稼穡之源也，水利弗通，民何以生？夫因勢而導治水之法也。所欲與聚體民之情也。是誠在我。』即行兵粮道臬僉謝公，移檄改浚。委參將傳良材防衛綜理。屯田都指揮張麟圖職提調。寧夏前衛指揮王範職管工。本衛指揮何天衢、馮世勳職贊襄。命丁夫三千人以赴工，申令笠吉，尅期會集。省試有方，勸懲有法，趨事者有懽聲無怨色也。甫月餘而渠成。渠口作于舊口之西六里許，肇工于壬戌歲九月七日，竣事于十月十有六日。渠濶六丈，深二丈，延袤七里，復入故渠。口設閉水閘一道，六空，傍鑿減水閘一道，五空，報完，毛公忻然喜曰：『吾民其永賴以生矣。』遂易名曰『美利』，盖取乾始美利之義。斯渠一通，不獨可以足食，而沮虜之勢亦有籍焉，力少功多，暫勞永逸，基雖因舊，制實增新，改浚之功，加于創建。

是役也，上不妨政，下不病農，財無糜費，民無苦勞。凡毛公之所規定，而謝公能恪承之者也。衛之父老士夫，懽忻舞蹈，具書不敢忘，欲紀厥事，爲不朽計，介生員芮景陽來屬記於致仕知縣王業，業不敢辭，拜手颺言曰：大臣有功德于民，爲民所歌頌，勒之貞石，爲後世法，禮固宜也。書有之，民罔常懷，懷于有仁。夫爲民興利，謂其仁人非邪，紀其事而弗忘，謂其爲常懷非耶！小民難保若此者，匪偶然也。

惟我毛公，撫夏未及期年，百廢具舉，夏人歌頌不忘，豈爲水利一節已哉，邊載妥寧，入賛皇猷，斟酌元氣，治將以美利利天下矣！紀之太常，載之國史，可跂而待，而謝公亦必踵芳濟美，俾天下後世，并揚休聞。是又業小子所深望也。毛公名鵬，號雙渠，直隸棗强人，丁未進士。謝公名莆，號南川，山西代州人，庚戌進士，敢并記之。

（乾隆）《府廳州縣圖志》卷二五　美利渠在縣西二十里，自石龍口引黃河水東北達勝金關，長五十八里。明嘉靖間重浚，長百二十里，溉田七百三十頃。又，白渠、勝水、石空、順水、羚羊、柳青、七星等渠并在縣境漢朐卷故城，隋明沙故城，并在縣東，又西夏定州故城，在故新渠縣北。

（乾隆）《甘肅通志》卷一五《水利》　美利渠，在中衛縣引黃河水入渠，舊自石龍口尾達勝金關，曰蜘蛛渠。明嘉靖間，改浚易名沿長一百二十里，溉田七百三十頃。康熙四十年，副將袁鈐開壩叠埂。四十五年，西路同知高士鐸鳩工加鑿渠口，砌石成湃水，乃通利。

（乾隆）《寧夏府志》卷八《水利》　美利渠，自元以來名蜘蛛渠。舊由石龍口，尾達勝金關。嗣因岸徙，渠淤口窒，不能受水。嘉靖于戌撫軍毛中丞始命道、參文武督本衛丁夫，改濬於舊口之西六里。甫月餘而渠成，易今名。至國朝康熙中，渠岸漸高，不能引水。三十年，乃於舊口上流，議開石渠，勞費工料，數載弗成。至四十年，副總兵袁公鈐開石壩叠埂，水復通流。第渠口稍狹，山岸石根雄勁，南岸口埂低缺，渠口受水不多。四十五年，西路廳高士鐸鳩工開鑿，比舊加深三尺，廣濶一丈，南岸亦砌石爲埂，從斯水利溥焉。前此荒廢地，墾復五百餘頃，皆成稻田。且不辭心勞，清核包隱夫役，省察勤惰；向之計期五旬，且撥門夫助役者，今按田分出夫，率一月工竣矣。自沙坡下開口，延繞東北至馬槽湖、八塘灣，共澆地四萬六千五百畝。渠口下至迎水橋十五里許，設閉水閘一道，計六空。旁鑿減水閘一道，凡五空。其下有趙通閘、頭閘、營兒閘、王家閘、汪家閘、李家閘、官閘爲堵水，分入支渠，歲通力合作焉。渠尾出油梁溝勝金關西入河。渠身濶三丈五尺，深一丈，沿長二百里。

清　張澍《養素堂文集》卷一五《與程鶴樵方伯書》　中衛縣則有美利渠、貼渠、北渠、新北渠、勝水渠、順水渠、常永渠、石灰渠、七星柳青渠、羚羊夾渠、通畸渠。

（嘉慶）《清一統志》卷二六四《宁夏府》　美利渠，在中衛縣西二十里，舊名蜘蛛渠，自石龍口引黃河東北達勝金關，長五十八里。明嘉靖間重浚，長一百二十里，溉田七百三十頃。本朝康熙中重修，復溉田五百六十五頃。又有貼渠，在美利渠東，舊名中渠，長三十六里，溉田一百二十餘頃，今重浚長七十里，溉田二百六十九頃。

《清史稿》卷六四《地理十一》　中衛衝，繁，疲。府西南三百六十里。故中衛地。雍正三年置縣。黃河，西自靖遠入，逕城西南，支渠左釃爲美利渠、太平渠，右釃爲羚羊角渠。

木渠

論説

宋 蔡勘《請浚木渠奏疏》（同治）《宜城縣志》卷九　略曰：江漢之間，荆襄之地，自古建立事功者，惟羊祜、杜預。稽之往牒，羊祜減戍邏之卒，墾田八百餘頃，大獲其利。祜之始至也，軍無百日之糧，及其季年，乃有十年之積。杜預修召信臣渠，激用滍淯諸水，浸原田萬餘頃，分疆立石，俾有定分，公私同利，衆庶賴之。以是知古人經理其地，不過廣屯田、修水利二者最爲急務，不特爲固圉之計，所以成闢國之功。南北既分，襄陽號爲重鎮，朝廷謀帥選將，殆今五六十年間，然而曠土未盡闢，水利未盡修，其故何也？

襄陽之宜城，有曰木渠，後漢王寵所鑿，溉田六千餘頃。至曹魏時，夷人聚萬家，據其地而食之，謂之柤中，當時號爲天下膏腴。吳將朱然爭取之不克，自是渠廢。更八百八十餘年，本朝治平中縣令朱紘按故地而鑿之，三月而成，溉田如古，鄭獬記其事甚詳。靖康之亂，渠始湮塞，逮今方五六十年。是渠也，延袤三百里，故迹宛然，所湮塞者，木眼山之旁二三里而已。渠中之水猶涓涓不絶。惟是山林蔽翳，人迹罕到，居民無力開鑿，官吏無意興修，是渠所以殆廢也。夫廢於八百餘年，而朱紘能鑿之，不三月而成；湮於五十餘年，歲月未久，浚導必易，工費必省。倘有人焉，出力任之，可不勞而辦矣！

綜述

宋 鄭獬《鄖溪集》卷一五《襄州宜城縣木渠記》　木渠，《襄沔舊記》所謂木里溝者也。出於廬之西山，擁鄢水走東南四十五里，徑宜城之東北，而入于沔。後漢王寵守南郡，復鑿蠻水與之合，於是溉田六千餘頃，遂無饑歲。至曹魏時，夷王梅敷弟兄於其地聚民萬餘家。據而食之，謂之柤中。故當時號柤中爲天下膏腴。吳將朱然嘗兩提精兵爭其地，不得。其後，渠益廢，老農輟耒而不得耕。

治平二年，漉川朱君爲宜城令。治邑之明年，按渠之故道，欲再鑿之，曰：『此令事也，安敢不力？』即募民治之，凡渠之漸及之家，悉出以授功，投鍤奮杵，呼躍而從之，惟恐不及，公家無束薪斗粟之費。不三月，而數百歲已壞之迹，俄而復完矣。其功蓋起於靈堤之北築巨堰，鄣渠而東行，蠻、鄢二水循循而并來，南貫于長渠，東徹清泥間。附渠之兩涘，通舊陂四十九，渺然相屬，如聯鑒，高畜下池。其所治田，與王寵時數相若也。餘澤之所及，浸淫中廬、南漳二邑之遠。異時之耕者，窮力而耨之，不得槁苗則得稗穗，今見其芃然嶷然，皆秀而并實也。至於歲大旱，赤地焚裂而如赬，則木渠之田，猶豐年也。於是民始知朱君之惠爲深也，穫而食之曰：『此吾朱令之食我也。』以其餘發之於他邑，亦曰：『此吾朱令之食汝也。』然而朱君之爲是邑，纔踰歲而去。經始之作，其美利未盡發，如其來者繼緝之，則地力可無遺，而襄、沔之間厭食香稻矣。則將委藉而有不及斂者矣，則將腐朽而燔燒之矣。夫如是，木渠之利詎可較邪？

予既爲之作記，且將鑱之於石，則又欲條其事附於圖志，王寵之下庶乎其後世復有修木渠之利者，於此又可考也已。朱君名紘，字某嘉，祐中登進士第。

紀事

《宋史》卷三五《宋孝宗三》　辛卯，詔疏襄陽木渠，以渠傍地爲屯田，尋詔民間侵耕者就給之。

又　十一月戊午，詔四川制置司通知馬政，量收木渠民包占荒田租。

又　乙丑，罷增收木渠民田租。

又 卷九五《河渠志五》　二年十月，權三司使吳充言：『前宜城令朱紘，治平間修復木渠，不費公家束薪斗粟，而民樂趨之。渠成，溉田六千餘頃，數邑蒙其利。』詔遷紘大理寺丞，知比陽縣。或云紘之木渠，繞山度溪以行水，數勤民而終無功。

又卷九七《河渠志七》　淳熙八年，襄陽府守臣郭杲言：『本府有木渠，在中廬縣界，擁滆水東流四十五里，入宜城縣。後漢南郡太守王寵，嘗鑿之以引蠻水，謂之木里溝，可溉田六千餘頃。歲久堙塞，乞行修治。』既而杲又修護城堤以捍江流，繼築救生堤爲二牐，一通于江，一達于濠。當水涸時，導之入濠；水漲時，放之于江。自是水雖至堤，無湍悍泛濫之患焉。十年五月，詔疏木渠，以渠傍地爲屯田。尋詔民間侵耕者就給之，毋復取。

又卷一七三《食貨志上一》　神宗熙寧元年，襄州宜城令朱紘復修木渠，溉田六千頃，詔遷一官。權京西轉運使謝景温言：『在法，請田户五年内科役皆免。今汝州四縣客户，不一二年便爲舊户糾抉，與之同役，因此即又逃竄，田土荒萊。欲乞置墾田務，差官專領，籍四縣荒田，召人請射。更不以其人隸屬諸縣版籍，須五年乃撥附，則五年内自無差科。如招及千户以上者，優奬。』詔不置務，餘從所請。

又卷一七六《食貨志上四》　三十二年，督視湖北、京西軍馬汪澈言：『荆、鄂兩軍屯守襄、漢，糧餉浩瀚。襄陽古有二渠，長渠溉田七千頃，木渠溉田三千頃，兵後堙廢。今先築堰開渠，募邊民或兵之老弱耕之，其耕牛、耒耜、種糧，令湖北、京西轉運司措置，既省餽運，又可安集流亡。』從之。

藝文

宋　鄭獬《鄖溪集》卷二六《木渠》　木渠遠自西山來，下溉萬頃民間田。誰謂一石泥數斗，直是萬頃黄金錢。去年出穀借牛耕，今年買牛車連連。湏知人力奪造化，膏雨不如山下泉。雷公不用苦震怒，且放乖龍閒處眠。安得木渠通萬里，坐令四海成豐年。

宋　歐陽修《歐陽文忠公集·外集》卷三《書宜城修木渠記後奉呈朱寺丞》　因民之利無難爲，使民以説民忘疲。樂哉朱君鄭靈堤，導鄢及蠻興衆陂。古渠廢久人莫知，朱君三月而復之。沃土如膏瘠土肥，百里歲歲無凶菑一作災。鄢蠻之水流不止，襄人思君無時已。

雜録

清　顧祖禹《讀史方輿紀要》卷七九《湖廣五》　木里溝在縣東，水經沔水又南，得木里水是也。楚時于宜城東穿渠上口，去城三里，漢南郡太守王寵又鑿之，引蠻水灌田，謂之木里溝。逕宜城東而東北入沔，謂之木里水口，灌田七百頃。宋時陳表臣復修之，起水門四十六通，舊陂四十有九，治平中縣令朱紘修復木渠，溉田至六千餘頃。淳熙八年，襄陽守臣郭杲言：木渠在中廬縣界，擁滆水東流四十五里入宜城縣，歲久湮塞，乞行修治。十年詔疏襄陽木渠，以渠旁地爲屯田，給民耕種。宋鄭獬《木渠記》：木渠出中廬西山擁滆水走東南四十五里，經宜城東北入沔。後漢王寵守南郡復鑿，蠻水與之合，于是溉田六千餘頃。至曹魏時彝王梅敷兄弟于其中，聚民萬餘家，據而食之，謂之柤中。當時號柤中爲天下膏腴，以此也。

潘公渠

清　楊雲翼《潘公渠記》（光緒）《平陸縣續志》卷下　天地有美利而載成輔相之能起焉，自非心誠子民者，不克建從前未有之功，而貽嗣世無疆之利也。平陸縣東十里有盤南澗，可資灌溉。而隔於山，從東菑斯土者不知其幾，過而不問者比比也。聞有留心者，或以功難猝就而輒止，或謀鑿山疲極民力而迄於無成。

我公以山左名宿，照臨兹土，一見即異之。既協二三僚屬，沿山溯流，相其形勢，或援己事爲辭。公曰：『是不難，但鑿山非策也，不如繞山紆曲而行。』而攝衣徒步，跋磽确，躐崎嶇，陡峻嶺，瞰絶壁，授以疏導之方略，衆心難之而勉從其令。爰卜吉鳩工，乘農隙，而間作，號令風馳，畚鍤雲集，簡其獨從，而時巡之，始之勉從者繼則樂趨矣。且物料取諸官府，稿償捐其俸金，勤於省課，而究未嘗嚴以督工，遂期月而告竣。渠底三灣，功高九仞，水來山上，農作畝中，十餘頃胥沐甘霖，人人歌呼，咸頌公之德，而祝公之壽也。所謂民艱與慮始，而可與樂成者作耶？噫！自有此水以來，議開渠者屢矣，而終不見成，而成於今日，豈利興會有期以待乎？公耶！抑天欲惠我民，而俾公筮仕於兹耶！以是知天下事凡畏難而不爲，有初而鮮終者，非功成之難，而無誠心以貫乎其中也。

我公以愛民之實心，行利民之實政，往來之頻，不輟寒暑；區畫之周，不遺纖悉。肫懇爲民之一念，已足令斥鹵遍桑麻，而況計畝起夫，計夫分工，計工播水，其立法之善，又有以作其勤而息其争端乎！衆皆踴躍奮興，鼓舞不倦，以成前人難成之功，而貽萬世無疆之利也。歲成報社，優勞衆役，人歡神喜，寒谷生暄。繼自今此水長流，我公之德與俱長矣！時康熙五十四年，歲次乙未孟夏，潘公諱鉞，字清聞，山東濟寧人。

（道光）《濟寧直隸州志》卷八《人物志》 潘英，字萬千，號搗庵，歲貢生，福建建安縣知縣，政清刑簡，又任直隸平山縣知縣，邑多山盗倚爲窟，數擾民，英嚴緝曉諭，盗盡改行，民德之。弟鉞，字清，聞貢生，任山西平陸縣知縣。平陸地高亢，民苦雨澤不時。鉞浚渠資灌溉，民號爲『潘公渠』。鉞負奇氣，凡利弊所關動與長官争，以是被劾去職。後補授平陽府清軍同知，候選浙江副使道，卒年三十六。

（光緒）《平陸縣續志》卷上 李公渠即潘公渠也，後因澗水傾圮，開復維艱，渠道遽廢。道光八年，山水漲發，澗東徙知縣李澍生令民務築渠道，分爲上中下三部，增生楊允超勒石記之。

潘郝公渠

清 王楨《潘郝公渠碑記》（光緒）《增續汧陽縣志》卷一四 汧西暉川河灌田者，村庄不一，要皆各以本村地畝築堰、築渠，渠無專名，亦絕無争端。

又 噫！我村蒙此恩惠，當何如刻骨銘心耶。夫陝省渠堰之修，載在史册，更僕難數，而惟鄭、白二渠爲最鉅，我村是渠灌田不及鄭、白萬分之一。然鄭、白渠統而論之灌田有百千萬頃之多，析而論之，一村只受一村之利。我村利雖小，而受益綿長，何不可與鄭、白渠一例，溯其所自乎？

兹於渠旁竪石，大書曰潘、郝公渠，以體仁明縣臺讓善於學之意。我村老幼飲水思源，志之於心，則存之於目，有之於目，則其志之於心也。益固凡後之士，夫覽斯碑，而當喟然有感曰：古今德政碑、去思碑、利民渠碑所在多有，惟係以儒學寥寥，罕覯修志者采訪及之，可爲史册中增一創見之美迹，惡得以小邑水渠而忽之。

又 潘公印龍標，嘉慶丙子科副車，咸寧人，署訓導。郝公印鳳池，附貢生，綏德州人。至李姓與學署立契，志之於左。

又 我村觀音殿舊渠，不知修自何年。嘉慶十二三年，河水倒西堰口，遂廢，水道淤塞。道光年間，河水倒東舊渠之地，漸次淤高。咸豐六年七月，大旱，即於此處興工修復，頗費財力，而上游李家庄謂築堰處係李姓舊田，多年賠粮，我村以爲舊渠石灘，實非地畝。兩家各執各説，始而鳴縣，繼而鳴府。府憲王委縣會同儒學查勘，緣我縣臺蕭公，素稔我村入學者多，學師人品才識素服士心，故禀府委共會驗，府憲即準所請也。會勘時，縣臺云：此處河灘挨李姓地畝，不若價買入官，可免後來滋訟。我學師潘、郝二公慨然捐俸，願歸入學中，俾門先王姓合庄永遠引水灌田，絕無葛滕，李姓怡然遵依，即時文量南北長八十七槎，東西潤三槎，議價若干，以作後日納賦之資。李姓立契，學署收存。從兹風平浪静，立息鼠牙雀角之風矣。

普濟渠

綜述

明 張日升《孝義縣重修南曹村普濟民渠記》（乾隆）《汾州府志》卷三〇 聖朝大政畢舉，其於水利一事，特注意焉。既設郡縣以分領之，又命重臣以總督之，無非欲其水之大小，凡可以利民者悉令築堰鑿渠，以備旱潦而灌民田，尤慮其職之舉廢，無以勸懲。故於律戒其官失時不修堤防，懲其民則曰盜決河防，俾人人趨所以利民，而避所以病民者，孝義古名邑也。境內山川環繞，水泉灌溉之利亦多。西有勝水河，舊疏潤民渠、廣濟渠，新開上原村渠、賈家莊、盧家莊渠，北有行春河舊開虢城渠、柳波渠，東有汾水河舊疏王政村渠、文峪河渠，歷歲茲久，率多淤塞。

宏治改元仲冬，予來知是邑。明年春，民有以故事陳者，悉與鄉人疏通之。維五里許，有渠曰普濟民者，其源出自西南七十里玉泉山下，經流南曹村入勝水河。東道於汾，其勢湍急，堤防每爲所壞，水利弗興，況此村四顧桑田千頃，非資此水，曷克有濟？先時永樂間知縣劉祥創修之。未幾患大水，堤堰坍塌，遇歲旱，民多病之。越數十年，更代無常，未暇有舉之者。予於三年春詢其故事，急欲復舉，親督工役，不踰月而成。纔經二載，患大水，河防復崩。六年秋二尹葉公、蓮幕黃公、鄉耆張能等詢謀僉同，先期黃公督工，事將竣，公出，葉公代焉。尋舊迹而增築堤堰，高厚倍於昔，傍栽柳樹百餘以附之，仍立分水日期。於是渠道通流，歷數載，無崩決之患。鄉民僉謂宜立碑以紀歲月。予因民之自記者，并及渠之兩岸民置田畮四至認糧石斗升合，水程次第，澆田頃畮，村落散處贅陳於末，圖以示將來云。宏治十一年秋九月日記。

藝文

明 趙訥《普濟渠》（乾隆）《汾州府志》卷三三　城居厭煩燠，偶到南山陲。屋舍溪流處，田園雨後時。野花鋪作繡，嘉樹列成帷。霧隱無如此，慚非玄豹姿。

雜録

《隋書》卷二九《地理上》　武功後周置武功郡，建德中郡廢。有永豐渠、普濟渠。

《新唐書》卷三八《地理志二》　萊蕪。中。本隸淄州，武德六年省入博城。長安四年以廢嬴縣復置，元和十五年省入乾封，大和元年復置。有鐵冶十三，有銅冶十八，銅坑四。有錫。西北十五里有普濟渠，開元六年，令趙建盛開。

宋 宋敏求《長安志》卷一四《縣四》　普濟渠，在縣南一十里，自武功縣流入縣界，凡六十里，溉田七十餘頃，東流入咸陽，今涸。

（天順）《明一統志》卷二二《濟南府》　普濟渠在萊蕪縣西北一十五里，唐開元中，縣令趙建盛開。

（萬曆）《山西通志》卷五《山川下》　普濟渠在孝義縣南一十五里，引玉泉山之水，自道相村入南曹村，吴屯村、五樓等村灌民田。

（萬曆）《富平縣志》卷一〇《溝洫志》　普濟渠，董其事者縣丞志道佐執拗，不水平，先嘗試，遂冒爲之，坐南地高，水竟不出，張即病去。堪輿家云西山爲縣來龍，不可損，損必禍縣。理或然，與此不必問者。

（嘉慶）《清一統志》卷二四六《商州直隸州》　普濟渠在州北大雲山麓，有二泉，東曰少峪，西曰西平，舊合二泉。及黄沙嶺水爲甎渠，名曰普濟，通入城市，以供飲汲，歲久湮没。明正德中復浚，後廢。又山泉渠在州城東北七十里，舊引泉水灌田，後亦廢。

溥惠渠

明 彭澤《溥惠渠記》（道光）《蘭州府志》卷二　蘭即古金城，爲關西名郡，然土脉高亢，雨澤愆期，每恒暘至夏半，民甚苦焉。北濱大河，自昔無興灌溉之利。於東西川者，惟有五泉、筍籮溝、黄峪諸水，然爲利甚少。獨城西南爲阿干河，發源自天都山者，爲利頗廣，環郡城之東西南北，爲圃者什九，爲田者什一，幾百頃之灌溉，附郭之居民饔飧飲食，咸仰給焉。然茲水去城西數里間，繞龍屋山之麓爲渠而東者，東南北田圃資之，依華林峰之麓爲渠者，迤西田圃資之；東渠多沙礫，西渠多冢穴，水少湧激，遂崩壞而咸洩於河，每歲旱至，有經年不沾勺水之患者。

正德己卯秋，慈利丁侯瓚知蘭州，下車即均民瘼，知此水之利可興也。乃節公費，措材木，爲槽五十餘，將布之東西二渠，以溥其惠。越明年庚辰秋八月，適巡撫陝西右副都御史安肅鄭公陽撫莅茲土，聞之曰：『是州民少而務繁，恐力弗支而工未易就也。』乃屬隴右道，督文武諸官協力處置工料，爲槽凡百四十有四。肅王世子聞之，令奉承亦給材木以助之。乃以是年九月望日，諸公咸集臨視，置槽於東西兩渠者九十有二，餘五十有二儲以備用。時旱久，渠洩踰兩月，俄水大至如故，規以次灌溉，群情大慰，咸踴躍騰忭，額手吁天以謝，有焚香酌酒拜跪於渠側者。工既訖，鄭公復檄督之，至今水益充溢，利益廣遠，公家賦税及一方蔬果所需，仰給茲水以爲生者，不啻萬口。自國初至今百五十餘年矣，接水而引，出於一二之私家，鑿山以通，不過尋文之小惠，安能遍及無偏，如此渠之速成而久賴也耶？若夫導大河之水如寧、靈溉東西二川，以續此渠於永久，尚有待云僉屬。余爲記，并請名，澤曰：『即謂之溥惠，可乎？』遂爲之記。

（**嘉靖**）《**陝西通志**》卷三八《**政事二**》　溥惠渠，州西三里，引阿干河水灌溉，軍民園地九十餘頃。

（**萬曆**）《**山西通志**》卷四《**山川上**》　溥惠渠，在蒲州北復安里古城下，廣一丈，西通壕隍。

清 顧祖禹《**讀史方輿紀要**》卷四一《**陝西三**》　《志》云：州城北有溥惠渠，又有永濟渠。

（**康熙**）《**平陽府志**》卷一三《**水利**》　溥惠渠，州北復安里古城下，以上二渠俱知州許鵬因州城東原溝阪深浚，每大雨輒壞田，稼兼積水，通衢行旅艱涉，故開二渠，今俱湮。

（**康熙**）《**陝西通志**》卷一一《**水利**》　溥惠渠，在州西五里，引阿干河水灌畦田九十餘頃。

（**乾隆**）《**府廳州縣圖志**》卷二四　溥惠渠，在縣西五里，亦引阿干水溉田。

七星渠

論説

清 龔景瀚《**澹静齋詩文鈔・文鈔外篇**》卷二《**中衛縣七星渠春工善後事宜稟**》　某日前隨侍轅下查勘七星渠工程面奉明諭，今將明歲春工應辦事宜開摺稟賫。

竊照中衛河南北諸堡渠凡一十八道，惟七星渠爲大灌溉。新寧、安恩和鳴沙三堡及白馬通灘之田，延長一百三十餘里，地廣人多，心力既不能齊，而距縣治窵遠，官又不能常爲經理，故自西路同知裁後三十餘年，漸次廢弛，渠道淤塞，閘洞毀壞，三堡素偁膏腴之田，歲歲苦旱，收成歉薄。而白馬灘，自乾隆二十八年紅栁溝環洞大壞之後，得水尤難。築壩壓湃所濟，不及十之二三，二十餘年稍段未見滴水，户口逃亡，田畮荒廢。

某自去歲履任，力爲清釐積弊之區，一時未能遽復。今歲幸逢憲臺，借給渠夫口糧一千三百餘石。某親身督率，加夫加工，改口浚渠，竭四十五日之力，渠身始能通暢。又以普借籽口民力甚舒，勉爲勸捐，凡諸久廢閘洞，俱各修建完固。渠水暢流，田疇澆足，今歲秋收，最爲豐稔。現在冬水遍澆，明年夏禾亦大有望，數堡之民無不感激憲恩，歡欣鼓舞。惟是已成之功，保守爲難，百姓狃於一時，不計長久，既恐始勤而終怠，新任之官情形不熟，一年失計，轉瞬即復荒廢。

伏惟憲臺愛民如子，未及回任，即親至寧安鳴沙踏勘情形。某仰體憲仁，不敢以卸事在邇，諉爲後圖。謹將七星渠善後事宜，擇其大端，詳開清摺呈覽。伏祈俯賜采納，勒爲章程，垂諸永久。使歲歲有所遵循，則數堡之民永戴鴻慈於不朽矣。

今將中衛縣七星渠實在情形及明歲春工善後事宜開摺呈核。

計開：

一曰修口。查七星渠口舊在泉眼山之麓，與舊寧安之栁青渠、貼渠三口相并。康熙四十七年，前任西路同知高士鐸改砌以石，歷年俱倆得水，即今歲所改之口也。至乾隆年間，渠不挑挖，漸次淤塞，後來委管憚於浚渠，惟知改口，漸引而上逼近山河之尾，沿河傍山，俱壓石湃，沿長六七里。民間歲出石料，費既不貲，而渠口緊對山河。每歲六七月，山河泛漲，泥沙混濁，全冲入渠，一歲之浚不敵一歲之淤，以故渠身益高，水不能入。

某訪諸故老，聞離口數百步有栽椿石，高出渠底五六尺，往年挑浚以此爲準，而遍求不得其處。至高同知舊口砌石之處，三十餘年亦無有人知者。今歲二月，大加挑浚，掘深三尺，始見栽椿石之頂，以水平測量，彼時春水尚細，河水低於渠身二尺有餘。若挖深八尺，使栽椿石出渠口五六尺，則得五六尺之水，已自足用。入夏河漲，更復不可勝用。因力排衆議，復開舊口，挑浚四五尺，始見當年所砌石底，未免高亢，蓋相隔六七十年，河水日益刷深，漸就低落，徒循舊址，水仍不足。因令掘去石底，再浚二尺有餘，與原議八尺之數相符，放水之日，適當四月初旬，河水方漲，渠身得七尺有餘之水，現在冬水低落，渠水尚四五尺，較之歷年所改之口，既免沿河築湃之費，而距山河尚遠，又不受泥沙冲突之淤，有利無害。

自今以後，所當力爲保守，不宜惑於異議，復有遷移者也。惟是有口，不可無唇，今歲于口之下面，築迎水湃丈餘，漸就冲坍。明歲春工當多備石料，斜築五六丈，但不可過爲長大，有妨栁青渠、貼渠二口，則受水更爲有力，永久無患矣。

一曰浚渠。查七星渠三十年來淤塞已極，每歲春工奉行故事，雖有挑浚，有名無實。白馬灘因環洞壞後，歲不出夫，僅藉新寧、安恩和鳴沙三舊堡之夫六百餘名，而當差破除已去十分之一。劣生頑户，把持抗阻，又居其半，委管之不肖者通同舞弊包折夫料，庸懦者則因循不敢過問，稍有清正自守，群謀陷害，使不得久，以故年甚一年，渠高八尺有餘，安能得水？

某于去春履任，親加勘，稔知其弊。委管悉行革退，不由地面，公舉密訪二人，專其責成，清查夫役，力加督率，雖久廢之工，一時未能悉復，而白馬灘夏水亦饒十之八九，秋收頗豐，成效已可概見。今歲仰蒙憲恩，借給渠夫口糧，加夫加工，某親自督浚通渠，用水平測量，竭四十五日之力，自新開口至吴石閘長五里，渠身寬七丈，挖深八尺，其栽椿石高出渠底五尺有餘。自石閘至正閘長三里，渠身寬六丈五尺，挖深八尺，正閘至三空閘長八里，渠身寬六丈，挖深六尺三，空閘至宜民閘渠長五里，寬五丈，挖深六尺。宜民閘至利民閘長七里，寬五丈，挖深六尺，利民閘至鹽池閘渠長十二里，寬四丈，挖深七八尺至三四尺不等，鹽池閘至恩和堡大渠橋長十四里，寬三丈五尺，挖深三四尺不等，橋係舊造橋柱疊三石墩石盤作底，以石盤全露爲準，大渠橋至小徑溝石洞長八里，寬三丈五尺，挖深三四尺不等，小徑溝至馮城溝長十里，寬三丈，挖深三四尺不等，馮城溝至白馬灘新渠口長二里，寬二丈七尺，挖深六七尺不等，新渠口至白馬灘、紅栁溝、暗洞至四段渠接入舊渠長六里，寬二丈，挖深四五尺，四段渠至渠稍四十六里，寬一丈四五尺，挖深三四尺至二三尺不等，渠流始能通暢。故老皆云，三十年來未見此水。然夏秋冬水澆灌之後，必停泥沙，且兩岸新湃亦多坍塌，渠身不無淤塞。明歲春工又當挑浚，方資永久，但爲力較省，不比今歲之難。正閘以上以栽椿石爲準，使高出渠底五六尺，以水平測量，極深者不過挖至四尺，淺者三尺足矣。

自正閘至鹽池閘近閘之處，放水扯泥，深通更易，其距閘遠者，間段略爲挑浚，不過二三尺，鹽池閘以下，以大渠橋石墩爲準，使石盤底見，然後以水平測量，極深者不過三尺，淺者一二尺足矣。自此至白馬灘稍段渠身愈窄，更易爲力。白馬灘今歲既獲收成，逃亡悉復，自當出夫，以三百餘名加之三舊堡，共一千有餘，官爲董率，不使生監抗悞，委管包折。遵照往例，以一月之力挑浚，自足敷用，歲歲守爲常規，三堡及白馬通灘必無亢旱之虞矣。

一曰修閘。閘道之設，最有益于渠工。當渠水盛漲無事之時，非獨可以減水免冲潰之虞，亦且資以扯泥，省挑浚之力。故各渠閘多者必少淤，塞閘少者多致壅阻。七星渠至紅栁溝以上，向有七閘，每歲春工用力少，而成功多，素倆得水。自三十年來，不加修治，漸次廢壞，後之委管憚于興修，每一閘壞則築土壩代之，水無所洩，泥沙沈積，渠益高阜，以延長一百三十餘里之渠，額夫僅一千零，即使功歸實用，一月之力亦難必其挑浚如式，况又有包折脱逃之弊乎？

某去春按行諸閘，惟吴石閘正閘略存舊址，然已損壞不可開放，其三空宜民利民。鹽池諸閘則已基址無存，因令委管以春工餘料，先行修建，鹽池閘扯水已有成效。今歲復力加勸諭，户民各願捐輸，新寧安委民王慎德素僻諳練閘工，專令修建諸閘，四五月間，次第完竣。補修吴石閘一座，長六丈六尺，寬一丈二尺，高八尺。補修正閘一座，二空，每空寬一丈二尺，長十一丈，高一丈三尺。重建三空閘一座，長十五丈，寬一丈四尺，高一丈。重建宜民閘一座，長二十丈，寬一丈四尺，高一丈。補修鹽池閘一座，長十六丈，寬一丈二尺，高一丈二尺。補修拖尾閘一座，長五丈，寬八丈，高五尺。俱各完固堅穩，放水扯泥大有成效。但經年放水，椿石不無衝損，每歲補修，方可無虞。若挨延大壞，興復之費又復不貲。今歲十一二月，當令委管。按行諸閘及湃岸要工，如王家墳圈等處，會同士民，估計補修石料樁木應需若干，先照田畝豫行派辦。明歲正月，勒其完交，春工一動，即行修治，則一年之内可保無虞。歲歲如是，永永堅固。

惟利民閘，即蕭家閘，地形陡削，工費浩大，今歲以民力已竭，留爲後圖。明歲春工再能勸民捐輸，統爲興建，更爲完善。至鹽池閘以下渠長閘，少當於小徑溝，添建一閘，則恩和至鳴沙更無冲決淤塞之虞。白馬灘、紅栭溝、明洞之下渠岸高深，人力難施，能于里許添建一閘，扯泥於水，既利渠身，亦大有益于暗洞。而沙土性鬆，工程亦大。又白馬灘之盈寧閘基址雖存，亦多損壞，皆當以次修建，一時難于并舉，所當需之以漸免爲施功者也。

一曰修洞。七星渠自恩和堡以下，南面山水所從出處，凡有三四大溝，横過渠身，渠水斷流，又性挾泥沙，所過輒淤渠身四五尺，挑浚不易。夏秋之間，田禾需水最急，山水多于此時暴漲，故暗洞、環洞之設必不可已也。其一爲小徑溝環洞，千四十八年，冲壞，四十九年，户民自行建修。上架石槽接引渠流，下行山水，洞寬一丈三尺，長十一丈，高一丈五尺；其一爲馮城溝暗洞，前次係環洞，上度渠流，下行山水。四十八年，爲山水冲壞，因循未修，于溝中築高大土壩以過渠水，山水無處宣洩，每遇大雨，時行冲壞，上下湃岸，處處潰缺，雖隨時補修，而民不堪其苦。若大壩一壞，則渠水斷流，修復之功非一月不可，田苗更無所濟。

今歲某履勘情形，會同士民，商酌欲復建石環洞，須二千餘金，費無所出。而沿溝上下三四里之渠，歲爲山水所冲，湃岸單薄，處處可虞，亦不足恃。因于溝之上游地形高阜之處，另挖生渠一道，灣長四里，寬三丈，挖深二丈至一丈不等。溝之適中，新建石暗洞一座，上下俱用石砌，長十丈，寬一丈五尺，高五尺。上行山水，下接渠流，于五月末報竣。工程堅固，可以數十年無虞。惟新開之渠湃岸鬆泛，初過渠水或有崩塌，淤塞渠身，故今歲舊渠仍復放水，以防不虞。明歲大壩灣開，以洩山水，則舊渠不可復用。新渠淤塞之處，當于春工起夫再爲挑浚，深通則永永暢流矣。

其一爲紅栭溝，暗洞以西爲鳴沙田地，溝以東爲白馬灘田地。自明季歷國初百餘年，七星渠稍至溝而止，白馬灘俱爲荒地。乾隆元年，前任道憲鈕于溝中建環洞五空，上度渠流，下行山水。七星渠接長四十餘里，至張恩堡止，開墾白馬灘地三萬餘畝。招集居人另立新户，分爲十一段，民受其利。乾隆十六年，洞工始有損壞，接次補修。至二十八年而大壞，白馬灘民屢被亢旱，户多逃亡，田漸荒廢。四十二年大修渠工，借帑銀七千餘兩興修，以環洞工大，乃劈山改渠，另開新渠十里于溝之上游，唐馬窰改建石暗洞，五月完工，六月即被山水冲壞。通灘仍不得水，而借項歲歲徵收，灘民愈困。自是以後，無敢復議興修。惟在溝中築壩攔水，暫資澆灌。而五六月，田苗急需灌溉之時，山水每至暴發，冲決土壩，則渠水立斷，即起夫旋即修築，而山水冲入渠身，泥沙壅積，渠仍不通，挑浚之力非旬餘不可，田苗豈能立待。幸而稍通，山水復至，仍復冲淤，以故白馬灘上四段，幸澆一水，終難接續，歲歲歉收。其中四段稍三段，則二十餘年未見滴水矣。

某于去春竭力壓渠口之湃，白馬通灘始得澆灌八九。而六月後，復至斷流，歲歲補苴，終非長久之策。前以通渠高阜三舊堡尚不得水，則此洞自屬緩圖。今歲幸借渠糧，挑挖深通，建洞必不可已，而時日已迫，工費復大，乃會集士民商酌。沿四十二年舊址，建木暗洞一座，采辦既速，工費亦省，其海墁及東西攔水墻馬頭，仍用石砌，以資永固。木洞中用大柱排列，間有損壞，歲爲抽换，洞底低于前次舊址五尺，使海墁與溝一律平坦，山水所過，無可冲激，自不至毁壞。洞長十丈，寬一丈，高五尺。今歲夏秋，渠水暢流，白馬灘秋收更屬豐稔。

現在冬水亦已澆灌遍足，爲數十年所未有。六七月間，山水大發數次，俱保固無虞，從此灘民可以永享樂利之休矣。惟是海堰及東西石墻，歲須修葺，膠泥灰料所費，亦微當于春工，豫爲料理，不可略有疏忽，以致損壞。此當責成委管官，亦時爲省視，方保無虞。此外如通濟洞，亦洩山水，尚屬堅固，又有乾河溝在稍段，向不建洞築壩，過水旋冲旋築，不勞大力，灘民自能以時整理。大抵各溝之水，皆源自本山，其勢尚弱，惟紅栁溝源自羅山，流百餘里，最爲猛，暴時虞冲決，所當密爲防範者也。

綜述

明 譚性教《改修七星渠碑記》（乾隆）《寧夏府志》卷一九　寧鎮迤西三百六十餘里爲中衛西路。東控銀干，北制邊夷，西南隣松山青海。諸虜支蔓根連，此款彼犯，實逼處我墻下，遞起爲難，非若他路專意一面比也。頃因遼左告棘，大司農全餉專注于山海軍士，守此者既難望關中輸轉，而商人實粟塞上，又以鎮城分給百中之一，率下户不贍，則惟賴有黄河南威寧諸堡屯田租耳。自非屯政修舉，憂不在虜，且在軍矣。威寧舊有七星渠，荒淤歲久，塍溝圮塞，加以山水自固原奔馳而下，洶湧澎湃，歲爲渠患。膏沃之壤，化爲蓁蕪，徙丁逋賦，頓減屯籍之半。

大中丞焦公天啓丁卯秉鉞兹土，慨然曰：『有能任此者，吾且顯著其績，以酬厥勞。』檄下，道府遴委將弁，議經費，商工役，度地形，乃據西路同知韓洪眞、屯田守備王光先所條上諸款，衷議以聞。以百户李國柱、劉宰分督之，而專任韓郡丞綜其事。謂舊渠口上石剛且頑，奈何强之以水，于是移鑿近三里許。河益尊善下，岸益謙善受。濶凡四丈五尺，深八尺。河行淤鑿口三里許，地勢復高，舊三空閘旁，浚隙地十五里，深濶如前，入寧安故道中。散者聚，迅者析，亢者夷，豬者泄，中間爲宜民閘、五空閘、銅錢湃、鹽池湖，凡四道。站馬橋、貼渠横河湃，凡二道。委曲輸瀉，自口至威武一百里，至鳴沙又七十里，灝灝湯湯，以次下於田。支分脉析，注玉濺珠，浮塍貫畮。其山水爲患者，遡渠上五十里，古有北水口，淤塞，故徙而東注。北口近河，石梁爲埂，故逆而上壅。則鑿中石梁四十七丈，深九尺，濶一丈六尺；下石梁五十三丈，深二丈，濶倍之。水引入黄河。東壩壑口，叠築崇堤，底濶十丈，頂濶三丈五尺，高十一丈，縱横百步，障濤底瀾，不使患渠。

是役也，自三月上浣迄五月，凡三閲月而竣。用軍民工役凡三千二百五十人。若匠若漆取諸官，若柴若水供諸堡。軍夫，適今上登極賞至，軍咸忱使。民夫，則出於本堡者，民自供給；借於外堡者，計日給廪。凡用官帑二百餘金。較始議省夫役三千餘，省金錢一千餘。闢荒粳萬餘頃，咸得耕穫。西路父老懽呼稽顙，曰：『今乃得免于死徙，以食土之毛也。吾儕小人，爲山河所虐，不享渠之利者，十數年矣！』囂囂訾訾，咸以功非二三年莫成，費不數千金莫成，工役非萬餘莫成，今事半而功倍，且速若此。雖有暴浪驚濤，尭年之水，不能越峻堤而衝渠腹；雖有火雲旱魃，湯年之暵，吾且沐浴膏澤霑餘潤焉。

昔史公决漳灌鄴，斥鹵生稻，梁人頌德稱聖，與西門并傳。中丞治渠，豈止利民足國，且以禦虜南牧，功奚啻倍蓰也。焦公行矣，願即公在，賜言以勒不朽。不佞性教承乏司餉，疏鑿之役，愧無能效胼胝爲父老先，幸藉告成事以道于皐戾。甘棠之蔭，與夏人同庇焉。我輩懷德矢報，尚勤其築浚，歲歲無怠，庶焦公之汪濊與黄流俱永乎！公諱馨，號蘅芷，山東章邱人，辛丑進士，撫夏甫及一載，所興釐皆百年大計，如止遼戍，賞戰功，疏水利，繕防邊，程材官，功德難更僕數，此特其惠西路之一事云。

清 鄭元吉《續修七星渠碑記》（乾隆）《中衛縣志・藝文编》卷九　中邑之寧安堡西三十里，有七星渠。引水灌田，其利溥哉。

吉宰邑甫數月，奈何有議於宰者曰：『渠淤塞而荒疏浚也。』有訴於宰者曰：『渠疏浚而多觀望也。』有争於宰者曰：『渠爲地居上游得防堵而水不暢流也。』嗚呼，吾其何以盡心於渠哉！因進各堡老農數十人詢利弊，僉曰：『水道綿長，渠分三段，利於耕丁者廣。新寧安堡，地居上游，以田近渠口，水灌其地者足，故每年挑浚工費，輒諉諸他堡，人以爲坐亨其利，致起争端，故不得不訟於官也。』余悚然曰：『責不在□耳，責之是誠在我。』於是輕騎減從，出之郊，步行数十畆□地，計畆派工，計工料費。水之散者聚之流之，潴者洩之𡊨之，傾覆者砌築而堅固之。

始猶於勸之外寓以懲也，繼則民樂利而忘其勞耳，甫閱月而工已成。渠水洋洋，其流活活。計其沾溉之澤，可利四萬餘頃。迴憶耕丁之涉訟病農，今不已各竭爾力，各佃爾田哉。夫渠之所達，曰新寧安堡，曰恩和堡，曰鳴沙州堡，曰白馬通灘。前明天啓丁卯，改修於大中丞焦公。我朝雍正十二年，疏浚於觀察鈕公，然其脉絡之窒塞不常，在居民及時引導，勿至觀望推諉，積久而污穢之爲患。今雖支派已通，堤𡊨不塌，豈得曰防護之力可弛於一日耶！然或用獨力而能效，或藉衆力而始能效。是在守吾教而勿廢吾法，則惰者不惰，勤者愈勤。今而後無水澇，無污萊，田益充，水益足，又當和鄉黨以鮮争，睦隣里以息訟，勿入公門，各安爾業，庶我四萬餘畝之户，以蕃其樹藝，以長其子孫。《詩》曰：『我田既臧，農夫之慶。』村則比諸徐州之朱陳村可也，田則北郢州之新學田亦可也。實於四堡有厚望焉。

傳記

（乾隆）《甘肅通志》卷三二《名宦》　韓洪珍，四川人，天啓七年任西路同知。威寧舊有七星渠，歲久荒淤，洪珍與屯田守備王光先，條列疏築之法，上諸巡撫焦馨，以百户李國柱、劉宰分督之，而專任洪珍綜其事。

《清史稿》卷四四八《黎崧蕃傳》　崧蕃，字錫侯，崧駿弟也。咸豐五年舉人，初入貲爲吏部郎中。【略】二十六年，奏請陛見，值拳匪肇亂，命留京會辦城防事。旋扈駕至太原，飭還本任。行次，調陝甘總督。於城南建立大學堂，分兩齋，東齋考文，西齋講武。而修浚寧夏七星渠，尤爲民所利賴。寧郡堤工，創自乾隆時，魚鹽之利甲通省，後漸湮廢。中衛縣令王樹枏素講求水利，崧蕃檄令勘工，自七星渠上接白馬通灘，流浚通深百八十餘里，灌田六萬餘畝，磽确變爲沃壤，逃亡復業。又以渠水分自黄河，勢洶湧，春夏山水驟發，與黄流渾合，泥沙雜下，旋浚旋塞。乃倣古人暗洞激水法，凡傍山之渠，架油松成洞，覆以石板，山水流石上，而渠水潛行洞中。又度地勢築高堤，導山水使入黄河，并於渠口築進水、退水兩壩，使黄流曲折入渠，不致沖漫。工竣，數經暴水，卒不圮。

又卷四七八《龔景瀚傳》　龔景瀚，字海峰，福建閩縣人。【略】乾隆三十六年成進士，歸班銓選。四十九年，授甘肅靖遠知縣，未到官。總督福康安知其能，檄署中衛縣，判牘如流，見者不知爲初仕也。七星渠久淤，常苦旱，景瀚築石壩，遏水入渠，始通流。又浚常樂、鎮静諸渠，重修紅柳溝、環洞及減水各牐，溉出共三十萬畝，民享其利。

紀事

清　彭洵《彝軍紀略》　六月，率諸軍由中路進攻金積，抵張恩堡，賊目袁希孟踞堡死抗。公知旦夕難下，不能以全力争此，因暫緩其攻，而以鄧鎮軍林楓所部淮軍二營扼滚泉大道駐何家堡，復以陳鎮軍廣發、馮鎮軍南斌兩營渡河駐廣武，以通河西，并派員分道廣籌糧儲，以資進剿。軍興以來，會安堡鹽池久廢，至是開之，減價濟民。四百户土地膏腴，渠塞罷耕，請以千金開七星渠，潴冬水以備春耕，全活頗衆。

又　二月，寧屬五邑，利在黄河中衛，軍興以來，渠政既弛，樹藝亦廢，公憫之，給銀重修羚羊壽渠、羚羊夾渠、七星渠、柳青渠、貽渠、李家灘、孔家灘、田家灘、康家灘、通濟渠、黄宰灘、柳茂灘各渠，民便之。鳴沙、曹莊居民不自存活，按名給糧并修渠堤，以工代賑。

藝文

清　羅元琦《星渠柳翠》（乾隆）《寧夏府志》卷二一　垂楊垂柳倚平渚，拂水拖烟翠浥裾。梅雨乍添新漲滿，踏青人上七星渠。

又　七星渠水正漫漫，孤鳥横飛返照寬。三月好風吹柳緑，千條低拂一川寒。

（嘉靖）《寧夏新志》卷三　七星渠，黄河東長四十三里，溉田二百一十餘頃，與鳴沙州共之。

（天順）《明一統志》卷三七《寧夏中衛》　七星渠，在衛城東南一百二十里，溉田二百二十餘頃。

《續文獻通考》卷一二《田賦考》　中渠，衛城南五里，溉田百餘頃。西二十里爲蜘蛛渠，東二十里爲白渠，南四十里爲羚羊渠，東三十里爲石空渠，東九十里爲棗園渠，東南一百二十里爲七星渠，俱溉田甚衆。

（乾隆）《甘肅通志》卷一五《水利》　七星渠在中衛縣黄河南沿，長百餘里，溉新寧、安威、武鳴沙三堡田五百餘頃。中衛諸渠，美利之外，惟此最大。由來久遠，工費視他渠亦倍。同知高士鐸添石渠口，創流恩、鹽池二閘，蕭家溝、馮春溝暗洞二道，渠始流通，不受山水衝淤。

（乾隆）《寧夏府志》卷三《山川》　泉眼山。在寧安堡西三十里，爲七星渠口。相傳山下有泉七眼，若列星，故以名渠云。

又《名勝》　星橋柳翠七星渠，自馮城環洞以下，觀察鈕公於雍正十二年，請項剏修紅柳溝、環洞、飛槽渠，姑下繞白馬灘。沿岸植青楊垂柳，春夏之交，渠流新漲，千株挂緑，翠色涵波，足供人游賞不置云。

又卷八《水利》　七星渠自泉眼山寬口，引河水東南流。歷有明經撫軍焦馨，委韓洪珍改修，澆屯田，由新寧安恩和至鳴沙。詳譚性教《記》。斯渠灌田既多，工費視他渠數倍。康熙間，復經西路同知高士鐸，倡捐募匠，督修石口，創流恩閘，修鹽池閘，挑浚蕭家、馮城兩陰洞，渠乃通暢，無山水之患。至雍正十二年，寧夏道鈕廷彩于紅柳溝創議，詳請動帑，建環洞五空，上爲石槽，引水下行。墾白馬灘至張恩堡地三萬八百五十六畝零，費帑銀一萬四百四十兩一分零，至今資其利。詳《鈕公生祠記》。越乾隆十六年，紅柳環洞下，山水冲崩八十九丈。經知縣金兆琦詳請修補，費帑銀一千八十九兩零。至二十一年夏，山水復冲崩環洞上三十七丈，而馮城陰溝石洞盡爲山水冲去無存。經西路同知伊星阿詳請，奉檄飭知縣黃恩錫估計修補。兵馮城陰洞，舊例皆民力修建。錫奉府勘估，于時，陰洞石料胥随沙水冲没，渠身中斷，乃議改于舊洞之上新建環洞，上爲石槽。民刀方北夫浚修口閘，而紅柳溝辦運石料，實屬艱鉅，乃捐俸采石，令堡民出辦夫料。自丁丑三月興工，迄於四月，與補修環洞，先後告竣，費帑銀一千五百八十五兩零。至乾隆四十一年，陝甘總督勒題請大修唐漢等渠，補修環洞，後因環洞當紅柳溝山水之冲，集年損壞，屢修屢廢。本地士民公議經府道，勘明詳請于塘馬窑。地方因其地勢高阜，改建新暗洞于溝身，導水下流，上改渠道，灌溉民田。沿山根另開新渠，計長二千二十餘丈，引水入七星渠之下，改費帑銀七千兩。按：渠自泉眼山至白馬張恩段，延長一百四十里，去口五里，有正閘一道，洩水閘二道，石橋一道，舊有橋房，今圮。渠流二十里下至寧安茶房，建有宜民蕭家閘，再流二十里至恩和堡，有鹽池閘，閘下有蕭家滿陰洞、馮城環洞、紅柳環洞，洞下十里許，舊有乾河溝木槽，以避山水，後爲瀑水冲廢。每歲山水過，築土埂以障水，接渠而下行。渠稍至張恩堡入河，共澆田七萬九千一百六十畝。

《清史稿》卷六四《地理十一》　中衛衝，繁，疲。府西南三百六十里。故中衛地。雍正三年置縣。黄河，西自靖遠入，逕城西南，支渠左釃爲美利渠、太平渠，右釃爲羚羊角渠，過城東南，右釃爲羚羊店渠，又東，左釃爲永興渠、勝水渠，右釃爲羚羊峽渠。清水河，東南自平遠來，北流注之。黄河又東，迤北，右釃爲七星渠，左釃爲順水渠、豐樂渠。諸渠皆東北復入於河。黄河又東北入寧靈。邊墻，旁黄河南岸，逾河東入寧靈。驛三：中衛、渠口、長流水。巡司駐渠。寧縣北阿拉善旗界有漢、蒙分界碑。

仁義渠（河南汝州）

綜述

明 白鉞《汝州新開仁義渠記》（正德）《汝州志》卷八　弘治己酉，清江彭君性仁來知汝州，始君以武選員外郎調貴州永寧州。今上即位，以詔例得移近地。君既至，慨然有志於民事，奸巢蠹穴，抉剔殆盡，顧利有未興者，政暇行四野，見汝河經州城南，岐而二注，東南者爲大河，其支流東北行，民田鱗次水際，可引而灌也。君嘆曰：是遺利矣。進父老告之，故率多未諭。乃躬循水上下，相原隰，審面勢，度近遠，明約束，均工役，自東十里鋪開渠，築堰引水北行，畚鍤既訖工，清流滿滿，約十八里，至黄澗河，又十里，復入汝河。規圖矩畫，支分條析，或經或緯，溝洫畢達，輪廣数十餘里，盡爲良田，畝收秔稻数斛，傍近有仁義里，因以名渠。

無何，君擢僉河南憲事，丁外艱去任。時同知東萊官君汝俊，適承大府檄，主水利，益勞其事，渠益治。始藩邸有田在下流，至是謀專利，上疏爭阻符責部使者甚峻。官君與後，太守西蜀趙君中吉據君文移辯對，卒歸諸民，或曰：渠成固善矣。繼是守者，如無彭君之心之材，殆將廢乎。是不然，汝之土瘠而入薄，野多惰農，一遇歉歲，流離顛踣，不能聯生。仁者雖爲之隱心，然無策以蘇其困。彭君不廢官家斗粟緡金，變墝埆爲膏腴。一方之民坐享厚利，長子抱孫，無復昔時轉徙寒飢之憂。利之所在，人爭趨之，田將日闢，利將日厚矣。何可廢哉！過計者又曰：田日闢矣，利日厚矣，履畝加賦之政，恐將不免，是益民者反病民矣。嗚呼！使彼非人無責焉耳矣。果亦人也，人與之，而我奪之，人興之，而我毁之，人利之，而我害之，寧有盗臣繼戴面目不愧于人，不愧于心，不愧于天乎！苟愧之，雖富國如桑孔，理財如楊裴，猷將不食其餘，他尚何是議耶！

今太守金鄉高君弘善，益勤君之迹，以君去任既久，而民感之愈深，請書其事於石，以貽後範。因爲著其始末，并論其必不可廢，如此，若高君者，可謂思齊尚德士矣。

明 趙永禎《仁義渠始末記》（正德）《汝州志》卷八　汝水出天息山，東趨汝州，汝州西北諸水皆匯，其勢漸大，又東行至州城南，乃岐而爲二，東南行者爲大河，東北行者爲支流，散漫溢於無用。

弘治辛亥，清江彭公以兵部員外郎謫守本州，嘗因公務臨河堧，度其水勢高於州東各保地方，乃教民鑿渠築堰引水北注以藝秔稻。其爲法，因地施功，不重勞費，渠道所占地，驗畝所值，以官錢易於民。工力取之應受水利之家，堰以水入渠爲止，近河一里間，地頗高仰，渠闊一丈，深八尺，一里之外地漸平，渠闊亦一丈深，不過数尺，或不及二三尺，水便通行。又行数里許，水從地上流，有地之家各有決渠，渠益分約，行十五里，瀉於黄澗河。又行十餘里，復入汝河，驗民已獲利，乃請於大府，殫智經理，務底成效，其詳具在公案。

明年，治陸地爲水田者，爭先恐後，不俟督責。又明年，治至倍蓰，千百渠之利益廣，民因其地舊名仁義店，遂名曰仁義渠。未幾，公有外臺之陟，二守官君賢復加浚利，其所浸灌，東西約二十有五里，南北幾十里，民遂倍其入，以自給而以其什之一佐公家，賦稅裕如也。渠南三十里，舊有聚寶堰，伊府於其地置庄田，分校兵主之。初與民均堰利，久之，强弱漸判，府莊得什七，民得什三。又久之，民得益少。河南地方少稅稻，隣州縣郵驛所需皆仰貿於府莊。府莊兵高其價以待之，数十年来，專厥利，仁義渠既成，秔稻益多，價益低，來貿糴者之民不之莊兵。莊兵，銜焉，相與糾衆塞渠，謀必敗之，民方以爲戚。

一夕，天大雨，水暴至，渠乃自開，水由故道遂不可遏，莊兵無如之何。膚愬于王疏于朝，天子下其議符行外臺，時都察院右副都御史太原韓公、盱眙陳公實，相繼奉敕巡撫河南，咸以水利関民食，謀於大方伯維揚高公憲使，弋陽李公僉謂不可有所頗，乃屬永禎與本府長史湯君淵勘處，永禎曰：莊兵佃藩府之田，民佃天子之田，有利當均之，議不合而去。大府再檄南陽倅林君恂、河南倅董君琇，或主分水，或主塞渠，議不合，又去。既而再檄鄢陵令王君時中来適亞參陳公憲僉，陳公皆以是役臨本州，相與調停斟酌，兩順其情。於是喧息爭止，水分渠定，遂屬判官李君唐率夫数百人下浚上堰，治波流，而南而北，大率莊兵得河之南而專其下流，民得河之北而支引其上。軍民之志遂定，自始勘迄訖事凡十閱月，委官几三更，至是水順其性，而人安其業，遠近見聞，莫不慰愜，以爲美利之難成，而幸成焉耳。

嗚呼！井田廢，溝洫亂，河渠之利，不得不興。以河南言之，老鄭之史公渠，南陽之召公渠，其利澤至於今不廢。仁義渠之成，殆與二渠相古今，不雲而雨，值歉而豐，豈非吾民之大益哉！雖然，水之始引也，固出於智者之不鑿，而其成亦有其數，方其阨於有力者，民有吞聲而已，非見助於陽侯其塞也。果然惟天無私，導渠而復之，惟天子無私，付公論於輿情而定之。此渠之所以成也，永禎承乏公後實終渠事，用書其顛末，以告後之牧兹土者。

藝文

明 佚名《重過仁義渠》（正德）《汝州志》卷七

井田制隳溝洫亂，河渠利作人争羡。叔敖史起奪天施，白公召公膏歲旱。後来規畫意各新，李唐趙宋多賢人。堰雲渠雨生手底，海若陽侯都受馴。史褒守宰傳循吏，才仁不負稱師帥。朝施異政暮及民，應爲邦家助元氣。我兮得罪蒙聖恩，謫居還復罹家艱。艱中欲便結鄉社，天上符来畀汝濆。凶年租逋無計策，疲癃嗷嗷還待食。却看天息寒源閑，決向民田添潤澤。渠成適得解郡章，人情翻覆多倘張。每愁作事不終始，頻向行人問否臧。觀風重履喜無恙，爲逐州人到渠上。西風秔稻已滿家，中土原田誇改樣。當年栽柳咸長林，此日波流清更深。名稱仁義非强號，土俗從古傳至今。嗟余不逐官或高，優游未必関而曹。却從枳棘效寸補，始知州縣非徒勞。州人向我齊拜手，使君惠我真不朽。流移老弱競来歸，子孫衣食應長厚。我告州人非我功，皇仁所被年皆豐。便須早去了租賦，歲時杯酒飲而翁。

雜録

（雍正）《河南通志》卷一九《水利下》 仁義渠在州東十五里，引汝水灌田，寬六尺，深五尺，下流仍入汝河。

（嘉慶）《清一統志》卷二二四《汝州直隸州》 嚴陵渠在伊陽縣東七里，又有永昌渠、仁義渠、沮洳渠、聖王渠、永惠渠、永平渠、永定渠、永泉渠、惠民渠、泉水渠、永遠渠、小渠、摘口渠，皆在縣界。

仁義渠（山西太原府）

（康熙）《徐溝縣志·水利》 仁義渠引洞渦水，灌武家庄、大寨村等地。

（光緒）《補修徐溝縣志·河渠》 董家營有仁義渠，開於嘉慶五六年間，與劉村同在洞渦河，築堤引水灌地。道光元年，大渠廢。後又開新仁義渠，買接劉村同戈緑樹村嘉平渠水，灌地二十餘頃。

又 劉村莊有仁義渠，引洞渦河水灌地。南尹村村東有仁義渠，引嵰峪金河之水，灌地數十頃。村北有仁濟渠，引洞渦河水，灌地數十頃。村西有古宦官渠，係由省西門外接汾河之渠，今廢。村東有盤龍橋，村西有起鳳橋村，南有柳青橋，村北有金水橋。

又 西懷遠村村南北各有送水渠，南渠灌地八頃，北渠灌地七頃。又有砂梁一道，接清德鋪取水灌地，北豐潤村村南有廣潤渠，村北有仁義渠，接南關水灌地。

又 武家莊村外有南北兩渠，俱接嘉平渠之尾，另有仁義渠一道，在村西，共灌地二十餘頃。

又 劉村村北臨洞渦河，有渠引水灌地，名仁義渠，有護村堰，以防水患。

又 仁義渠引洞渦水灌武家莊、大寨村等地。

（光緒）《壽陽縣志》卷一〇《風土志》 又北東村西落鎮南東村，亦有水田十數頃，乃自韓村西接水灌注者名仁義渠，邑之水利盡於是矣。

任公渠

明 李熠《任公渠碑記》（康熙）《涉縣志》卷一二《藝文》　談者恆以水利覘有司經濟，然當事者類泄泄委之民間，而齊民亦泄泄視之。噫！是何異決東海之波，引西江之水也，鮮克濟已。

萬曆癸丑，關中任侯分符涖涉，踰年，風清庭閒，覽城郭幅員之勝，謂邑縉紳曰：沙陽四面聳翠，開門可以見山，顧安所得水乎？諸縉紳曰：漳從涉西北來，距城五里許，盈盈一水，咫尺不通，是在一疏瀹之間耳。侯欣然諾曰：『善。』遂泝漳流，登圩岸，察源委，鳩工治粟而從事焉。礱石堅砌開其源，因勢利導浚其流。不匝月，渠成，而黔首呼爲鬼工。清波一派，流衍村居，淮禾凡三十頃，漫漬盎萃，又自北關瀉城中，達泮橋，穿衙舍而入，遶縣治而出，環注城濠起脈回風臨斯渠也。

耳聽潺湲之聲，目擊活潑之趣，頓令人心曠神怡，灑灑乎若有所得也。山嵐水光兩相帶，映清冷之氣，沁脾徹骨，習習兩腋生清風也，自是另一奇觀哉。噫！侯胸中有涇渭，源頭有活水，故一指顧而釐然就理如斯乎？尼父云：『仁者樂山，智者樂水。』則侯之所鍾情可知已。侯之清操善政，難以縷悉，即此渠而知。經費爲廉，剏始爲勇，遠慮爲智，其或繼侯者通流窮源，無令淤塞，渠將長續而弗斷，是勒片石，用告來牧。敬系之歌，歌曰：決漳水兮來悠悠，潤九里兮侯嘉謀。挹長流兮徘徊，羨隴陌兮栽培。達泮宮兮育豐才，流閫澤兮無窮哉。

侯諱澄清，字純夫，陝西盩厔縣人。謹記。

清 戚學標《鶴泉文鈔》卷上《重浚任公渠記》　涉西故有渠一道，曰任公渠，明萬歷間邑令任公澄清所鑿也。先是附郭之田常苦旱，及任公爲此渠，起七原山下，引漳水入渠，屈曲流經城北。由是清泉灌注，雖遇亢暵，他田龜坼，而此環城十餘里，黍苗芃芃如故。邑人食其德，至今思之。

余讀《史記·河渠書》及《漢書·溝洫志》記西門豹、史起引漳溉鄴事，并言河内爲富。今任所溉，僅在一隅，計田不過三十頃，其爲利甚微，然均爲用漳溉田，爲後世所利賴。且特其所治小耳，設處其大，亦必能爲西門豹、史起之事也。是渠雍正五年嘗疏浚，迄今七十餘年，渠道漸淤。且或侵爲民田，村人更從他道挑治，淺流涓滴，若續若斷，則所謂任公渠者，已名在而實失矣。今年夏，北關紳耆以白於余。余因周視故道，俾從舊開浚。凡半月而渠復，更以其力之餘，引水自北闗入城，穿泮池，入衙舍。蓋皆任公之遺迹，而非余之敢於創也。嘉慶三年戊午七月記。

（康熙）《涉縣志》卷三《建制》　任公渠，萬曆癸丑年邑令任澄清築，灌田三十頃。按：此渠在七原村，引漳水入渠灌田，民蒙其惠。我國朝歷任諸公踵事導引灌溉，至今水利十倍，明季仍食德於任公也。其餘派引至北關入城，穿泮水衙舍從南門而出，今故道尚存，亦遺愛也。澤承乏茲土，不敢泄視，多方勸諭，開墾引灌，數年來恭遇聖人在御河，河伯效靈，漳水安瀾，故自任公渠外沿河一帶砂礫之區歲漸墾治成田，均沾水利，旱年亦頗有收，民可安堵，嗟嗟，此濱河數十里，居民遭逢盛世，幸享此利耳，非有司之功也。

（雍正）《河南通志》卷七《山川上》　任公渠在涉縣七源村引漳水入渠，灌田三十頃，其餘派引至北關入城，穿泮水衙舍從南門出，明萬曆間邑令任澄清築，今屢次開浚渠外，砂礫之區漸成沃壤。

又卷一七《水利上》　任公渠在縣西，由七里村山前引漳水，灌田三十餘頃，係萬歷間知縣任澄清□鑿，故名，雍正五年疏浚。

（嘉慶）《涉縣志》卷二《建制類》　任公渠，明萬歷癸丑知縣任澄潛開，由七原山前引漳水入渠，山前地頗高，疏鑿深廣，漸至平疇，凡灌田三十餘頃，至今賴之，其餘派引至北闗入城，穿泮池入縣衙，從南門而出，故道尚存。

又　柴公渠在漳河南岸，知縣柴公開。利與任公渠略相等，所謂南北二渠也，王可大有記。

茹公渠

清 梁份《茹公渠記》（光緒）《甘肅新通志》卷一〇　秦塞之遠出三千里

爲河西。極西地環毳幕，東通僅一綫者，惟肅爲然。關則嘉峪，通西域貢道，順則以賓來庭，逆則以絶交關路，用捍全秦而釋西顧憂者，亦惟肅州爲然。肅之爲肅，既孤懸天末，而又繫中外之安危。則爲之計者，必地加闢，粟加多，而民加衆。河西五郡，使之爲樂土，以固苞桑而後可。余嘗讀《禹貢》至聲教被流沙，『西戎即叙』，嘆唐虞治化之遠，乃在弱水既西，厥土黄壤，田上上之後。今流沙在哈密地，而合黎、弱水在肅東境土，然則肅當唐虞之世，固已奏成平，不自漢武開五郡置酒泉始矣。

國家撫馭萬方，而肅則自哈喇灰之禍，雖休養生聚，於今六十年，邇來增置大鎮，而民生起色，猶且遠遜甘、凉。兵備茹公來肅，兼理屯田水利，甫臨即下教條，勸課開墾。夫肅當祁連弱水間，廣二百七十里，袤不及百里，山澤居其半，地狹民希，而塞雲荒草，彌望蕭條者。火耕水種，擐甲荷戈，一民而百役也。豈非屯田水利之不講，則民物不殷阜之過與？余嘗問於肅州辛成用曰：『今之肅，何不古若？』辛生曰：『祁連雪溶，則討來河水可灌。廢久迹湮，今因故渠而疏鑿之，自臨水至雙井，東西六十里，南北二十里，墾田五千畝，增國賦，利民生，闢荒蕪，而田上上矣。先是吾儕六十四家，分地八區，倣八卦也。八家任一區，倣一卦爲八，又八家同井也。輿論同而合力爲，此吾儕六十四家之幸，尤吾肅百年之利也，然井渠之先疏不至此。而留心民事，相原隰，授方略，非茹公其誰實爲之！於見命是渠曰茹公渠，志不忘也。

不寧惟是，今紅水灞闕洞子渠二十里，溉田千畝計，皆公躬督率成之。以次而及，將肅無不治之水，則無不耕之地，必無不庶之民。若夫漢之屯湟中，歸美趙充國；唐凉州粟麥，一縑數十斛，史稱郭元振之功。以視公今日，又何不古若之有？』余曰：『有是哉！用是策於塞上，則中外治平可立效。區區秦中，兵農兼事，務一而兩得者，又何足云。』用次生言以爲之記。公諱翼鳳，字子庭，宛平人。

（光緒）《甘肅新通志》卷一〇《水利》　按：討來河水舊引爲茹公渠，今采訪不言其詳，姑以茹公渠記，附此以見其概。

潤民渠

明 武德新《孝義縣重開潤民渠記》（乾隆）《汾州府志》卷三〇　孝義縣之西南隅有河名曰孝子，源出縣西百里之薛頡山，有渠曰潤民，通孝子河引水溉田，其來已久。歷元辛卯，民以避兵爲急，不暇於農。

至我明洪武三年，命亞尹成公器之，來治是邑。下車之始，惟以招集流亡，勸課農桑，爲守土安民之要，攢合户籍，均平地畮，示寬征薄斂之由。柰殘毁之餘，民猶有未獲來蘇者，繼至去秋及今春不雨，乃呼里民喻之曰：『方當東作，雨澤愆期，歲功一失，饑饉臻矣。兹有潤民渠廢未久，若輩當汲汲起壩導水，庶可利農事而禦荒旱矣。』衆皆鼓舞從命。即糾合鄉村之被利者，得工八十有五。

始自二月之辛未，卜於高崖底，壅築堤堰，疏通水道，成於三月之丙申。由縣南廂，達於縣之東北隅，次則文瑞、中義等鄉，首未輪流，循環不已。俾境埆之地，變爲膏腴；舄鹵之田，轉爲肥澤。二麥蕃然而秀，五穀莑然而茂，籬落園圃間，一望如雲。耕者悦，耘者喜，荒者闢閑者作，回凶儉之萌爲饒給之兆。是以田夫野老馬走牛童皆知水之利無窮，公之德實溥矣。衆乞予爲文，以紀諸石，欲使後之人被其澤而思慕不忘也。并録工程人姓氏於碑陰，以共傳不泯。

（乾隆）《孝義縣志·山川渠堰》卷二　潤民渠不知所始，明洪武九年，亞尹成公重浚，有碑渠在城西南隅二里許。於孝河北岸浚渠，引水過護城堤下，經城南堡墻内繞城而東，注於地内。與興隆以下諸渠分半使水，潤民渠使水半年，十月初一日起三月盡止，餘月興隆以下諸渠共使潤民渠，半年之内十一村按日分使，兩月一週，每一週初一日城東起使，十六日次大村，五日次長興村，五日次小村，五日次長黄村，四日次馬庄屯，四日次青義村，四日次仁智村，四日次南辛安村，四日次東盤粮村，四日次盧家庄村。

又　潤民渠灌城東、大村、小村、長興、長黄、馬庄屯、青義、仁智、南辛安、盧家庄、東盤粮十一村之地。

又潤民渠雖爲期半年，實止四月，其十二月、正月每不敢閉堰，恐冰解激沖廬舍，餘水興隆渠獨沾。至渾水之利，又因城南地低，每四月後必堵塞渠口，不令水入，水發愈驟。堵塞愈堅。下渠雖漫堰而過，上渠或反不得多沾，即清水分使之，十一村內長興、盧家庄、東盤粮已去渠較遠，而所開下流之仁和、中南、長興、盤粮等渠更地勢灘高。南辛安一村尤處北面，渠尾數村之堵堰浚渠似不能不藉人事之維持。

（光緒）《孝義縣續志·河道渠堰志》卷上　潤民渠至城西南決，北岸引水灌地，今則地高於渠，其不能灌地已數十年矣。

三白渠

論說

明 何景明《雍大記》卷一一《考迹》　三白渠在涇陽縣西北六十里，堰涇水入焉，西自雲陽縣界來，東入高陵縣界。《十道志》曰：『太白、中白、南白，謂之三白渠也。渠上斗門四十八。』三限口，在縣東北，分南、北三渠處。《元和郡縣圖志》、《隋志》有茂農渠，疑是此渠。限止十巡，管斗門十一；限下八巡，管斗門八。南限管斗門五。

《長安志》云：『在富平縣南二十里。』《漢書》：武帝太始二年，趙中大夫白公奏復穿渠，引涇水，首起谷口，尾入櫟陽，注渭中，袤二百餘里，溉田四千五百餘頃，又名口。民得其饒，歌之。按，白渠西自三原縣界，流經此縣，溉脾陽、大澤、豊潤三鄉民田四十餘里，有斗門一十五所。其水東入漆沮河。唐永徽六年，雍州孫祥奏言：『往日鄭白溉田四萬餘頃，今爲富僧大賈競造碾磑，上溉一萬餘頃。』於是高宗令分撿渠上碾磑，皆毀撤之。未幾，所毀皆復。廣德二年，尚書工部侍郎李栖筠復陳其弊，代宗亦命圻去私碾磑七十餘所。歲餘栖筠出常州，私制如初。至太曆中，水利所及，纔六千二百餘頃。有元至元二十八年重修是渠，屯田府知事段循撰記。

綜述

宋 蔡溥《引涇水會鄭白渠記》（康熙）《陝西通志》卷三二　永興軍耀州六縣民田，舊資白渠灌溉之利，歷時已久。涇流寖低，渠勢高仰不能取水。迺歲八月，六縣令率夫數千，集良材，起巨堰，水入渠。至明年四月，去堰，所溉田才二千頃，然堰成輒壞，或數月壞，故興修之功要爲文具，而民無實利。大觀元年，今秦鳳路經略使穆公侍郎京以大府少卿出使陝西，宣德郎范鎬、承直郎穆卞因言開修洪口石渠之利，穆公具聞于朝，提舉永興軍等路常平等事，趙公佺被旨相視，具陳可成之策，朝廷從之，遂命趙公總提渠事。

初議鑿石與涇水適平，然後立堰以取水。趙公謂：『立堰當爲遠計。迺使渠深下水面五尺，則無修堰之弊，而利博且久。』既終功，凡石土渠共七千一百一十九尺，石渠北自涇水上流鑿山尾，南與土渠接。初計一千四百二十五尺，其後土石積處，發土見石，迺展一千七百一十六尺，通計二千一百四十一尺；上廣十有四尺，下廣十有二尺。淺深隨山勢，其最深者三十八尺。分隸六縣，會工四十六萬二千九百一十三，料工之始視石之堅柔，定以尺寸爲工。其下石頑攻不可穿，乃增工二萬七千九百五十三。凡石渠之工，總四十九萬八百六十六。元年九月工興，四年九月畢。

土渠北自石渠口東南與故渠接，初計六千四百五十九尺，而所展石渠既已省一千七百一十六尺，其後接故渠處，土裸沙石，隨治隨壞，度不可持久。迺即其石，開橫渠二百尺，與古渠合。地脉堅實，功簡而徑，又省舊所治渠九百六十五尺，實計土渠三千九百七十八尺；上廣五十尺，下廣十有八尺，淺深隨地形，其最深者六十五尺，分隸六縣，會工二十一萬一千八百一十六。內涇陽、高陵、三原所隸有石棚隱土，下原或一丈，或七尺、八尺，迺損土工一萬一千八百一十一，而增鑿之工四萬七千九百七十九。凡土渠之工總二十六萬七千九百八十四。二年九月工興，四年五月畢，渠成。

惟石渠依涇之東岸，不常水衝，迺即渠口而工，入水鑿二渠，各開一丈。南渠百尺，北渠百五十尺，使水勢順流而下。又涇水漲溢不常，乃即火燒嶺之北及嶺下，因石爲二閘，曰迴瀾，曰澄波，限以七尺。又其南爲二閘，曰静浪，曰平流，限以六尺，以捍湍激。渠之東岸有三溝，曰大王渠，曰小王渠，又其南曰透槽溝。夏雨溪水集，每與大石俱下，壅遏渠水，迺各即其處鑿地陷水爲柱，密布如櫺，貫大木於其上，横當溝之口，與石棚接，如此已無患。餘二渠則鑿，渠兩岸比大木，覆溝水入于涇。又其東且十里曰樊坑，當白渠之南岸，其北直大溝。溝水暴則岸壞，與渠流俱潰壅之。則渠不能容而下流，爲田患。迺叠石爲渠岸，東西四十尺，北高八尺，上闊十有七尺，其南石尾相銜而下四十尺。溝水至則渠之所受滿其堤而止，其下泄餘水以注坑中，與涇合。

土石之工畢，於是平導涇水深五尺，下瀉三白，故渠增溉七縣之田，一日一夜所溉田六十頃，周一歲可溉二萬頃。

清 金漢鼎《重修三白渠碑記》（乾隆）《涇陽縣志》卷九 天地有自然之利焉，昧者罔覺，同於蚩氓，有智者起而因導之，而一方之利源首闢。迨行之既久，不能無敝，有大力者屢以人事勝天工，而開闢之故道不湮。迨行之既久，又不能無敝，所貴守土者恪遵前人之令緒，用食膏澤於維均。斯閲三千年如一日也。秦不師古，廢井田，開阡陌，而溝澮之制大壞。後之循吏，遂因勢川澤，引水溉田。如魏史起，蜀李冰，漢召信臣、杜詩之流，民歌陸海，炳映史册。尚矣。

關中故有涇水，自平凉界來千有餘里，皆走高原。東低中山、峻山，萬嶺環複，兩崖劃斷，河流湧出，勢若建瓴。落平壤而東南趨，秦時韓遺水工鄭國説秦令鑿涇水，自中山西邸瓠口爲渠。并北山東注洛三百餘里，斥鹵磽确，胥成神皋秀野，資給都會，益用富强，卒并諸侯。徒疲秦一時之力，竟造秦萬世之利哉！雖然，利之所在，害即隨之。當渠初鑿時，河與渠平，勢無齟齬。歲月衝擊，河身日洼，渠口日昂。迺起五縣繇役，伐石截木，入水置囤，十月引水，以嗣來歲入秋始罷。已復就役，寒暑晝夜，督責不休。民至有上訴，愿弛其利，以免劬累者。嗟乎！夫韓本欲疲秦於一時，不知後世疲更甚耶！抑踵事增華，一勞永逸之道，未之講耶？於是漢兒寬於鄭渠上流，開六輔渠；趙白公又於鄭渠上流，徙開渠口，尾入櫟陽注渭，名曰白渠；宋大觀中，又於白渠北鑿石渠，引涇水下與白渠會，名豐利渠。元至大間，王琚更於其上開石，下入故道，名王御史新渠。明時渠又艱澁。巡撫襄毅項公，又於其北鑿新石渠，以通白渠故道，曰廣惠渠。

當廣惠渠之成也，就谷口上流，分涇入渠，合渠水深八尺餘，汪洋如河。後涇水從上奔瀉，石堰遏之，其怒逾甚，土石承委，不得不肭新。石渠已迫山足，又高四五尺矣。涇不引，爲之柰何？嗣後鑿石渠深入數丈，得泉源焉，瀵湧而出，四時不竭，如銀漢之落九天，而星海之泛重淵也。異哉！初本爲溯涇，至此匪意竟另闢一涇了。不假夫涇，天造與？地設與？人力與？異哉。但見涓涓滔滔，正循鄭白故道，經絡諸邑之壤，殆無異乎涇焉者。

原夫此泉，從萬山滲漉而出，未經開鑿并歸乎涇，既經開鑿，单行夫渠，即謂之引涇水焉可也。由是流衍三十餘里，至成村斗下釃渠爲三：曰大白，曰中白，曰南白。大白折而東注三原，中白折而南注高陵，而南白則利惟涇獨，此謂三渠口也。渠口分三限，限各立斗門，總爲斗一百三十有五。凡水之行也，自上而下；水之用也，自下而上。溉下交上，庸次遁寢，歲有月，月有日，日有時，頃刻不容紊亂。水論度，度論準，準論繳，尺寸不得減增。彼邑之水，禁壅諸此邑；彼斗之水，禁取諸此斗。即斗内之地，禁畝寡之水，佔畝多之水。遇霖潦則立退漕而注諸涇，遇旱乾則合三邑而潤厥澤。

余蒞討古論今，溯源尋委，徘徊川上，而見古人心利賴一方之明德遠矣。顧良法美意，不得後起者恪守而整頓之，則利之滋弊也又劇。邇來實繁豪横，肥己敚人，往往鬪諸原而譁諸庭，甚有争桑釁鄰、厘三邦會勘者，豈相友相睦之道耶？壬辰仲春，高陵三原兩李公，與余爰有同心。蒞止水濱，鳩僝而揆度之，縮盈伸乏，縝理無罅。凡斗堰廣狹，放水刻期，各邑人夫多寡，一如舊制。行見決溜成雨，荷鍤如雲，詬誶不形，恰然各得，百穀用登，公私不詘，池陽谷口之謡，復興今日。所稱萬世之利者，非耶！咸謀爲石言垂之永久。會二侯俱以内擢去，余猶受事涇干，雖於本邑鳩鴻輂蕪，頗著成績，約計三百餘頃。而於三邑規畫，未之申飭，於有分土無分民之義謂何？是留守者之責也。遂紀其顛末梗槩如此，俾後來知所考鏡而遵守焉。其禁約條項，則列諸碑陰。

《舊五代史》卷九〇《張籛傳》 籛，字慕彭，少嗜酒無節，爲鄉里所鄙。唐天復中，兄筠爲大梁四鎮客將，籛自海州省兄，兄薦於兗州連帥王瓚，用爲裨校。籛性桀黠，善事人，累遷軍職。後唐莊宗都洛，筠鎮長安，自衙內指揮使授檢校司空、右千牛衛將軍同正、領饒州刺史、西京管內三白渠營田制置使。

《新五代史》卷四七《張筠傳》 張筠，海州人也，世以貲爲商賈。【略】當筠爲京兆尹時，以爲牙內指揮使、三白渠營田制置使。筠西伐蜀，留籛守京兆。蜀平，魏王繼岌班師，至興平，而明宗自魏起，京師大亂，籛乃斷咸陽浮橋以拒繼岌，繼岌乃自殺。

初，筠代康懷英爲永平軍節度使，而懷英死，筠即掠其家貲。

《宋史》卷二七八《孫簡夫傳》 簡夫字太簡，隱居不仕。康定中，樞密使杜衍薦之，召見，以秘書省校書郎簽書秦州觀察判官。公事既罷，居長安，自以處士起，不復肯隨衆調官，多爲岐路求辟薦。時三白渠久廢，京兆府遂薦簡夫治渠事。先時，治渠歲役六縣民四十日，用梢木數百萬，而水不足。簡夫用三十日，梢木比舊三之一，而水有餘。知坊州，徙閬州，用張方平薦，知雅州。

又卷二九五《葉清臣傳》 葉清臣，字道卿，蘇州長洲人。父參，終光禄卿。清臣幼敏異，好學善屬文。天聖二年，舉進士，知舉劉筠奇所對策，擢第二。宋進士以策擢高第，自清臣始。【略】

時西師未解，急於經費，中書進擬三司使，清臣初不在選中。帝曰：『葉清臣才可用。』擢爲起居舍人、龍圖閣學士、權三司使公事。始奏編前後詔敕，使吏不能欺，簿帳之叢冗者，一切删去。內東門、御廚皆內侍領之，凡所呼索，有司不敢問，乃爲合同以檢其出入。清臣與宋庠、鄭戩雅相善，爲吕夷簡所惡，出知江寧府。踰年，入翰林爲學士，知通進銀臺司、勾當三班院。丁父憂，言者以清臣爲知兵，請起守邊。及服除，宰相陳執中素不悦之，即除翰林侍讀學士、知邠州。道由京師，因請對，改澶州，進尚書户部郎中、知青州。徙知永興軍，浚三白渠，溉田踰六千頃。

又卷三〇四《梁鼎傳》 梁鼎字凝正，益州華陽人。祖鉞，仕蜀爲劍門關使。父文獻，乘氏令。鼎，太平興國八年進士甲科，解褐大理評事、知秭歸縣，再遷著作佐郎。【略】

俄爲開封府判官，遷太常博士、三司右計判官，又爲總計判官，會復三部，换度支判官。至道初，鼎洎陳堯叟建議興三白渠，及陳、許、鄧、潁、蔡、宿、亳數州用水利墾田，事具《食貨志》。

又卷三〇八《張佶傳》 張佶字仲雅，本燕人，後徙華州渭南。初名志言，後改焉。父昉，殿中少監。佶少有志節，始用蔭補殿前承旨，以習儒業，獻文求試，换國子監丞。遷著作佐郎、監三白渠、知涇陽縣。端拱初，爲太子右贊善大夫。曹州民有被誣殺人者，詔往按之，發擿奸伏，寃人得雪。尋通判忻州，遷殿中丞，兼御河督運。

又卷四三三《邵伯温傳》 邵伯温，字子文，洛陽人，康節處士雍之子也。【略】

出監華州西岳廟，久之，知陝州靈寶縣，徙芮城縣。丁母憂，服除，主管永興軍耀州三白渠公事。童貫爲宣撫使，士大夫爭出其門，伯温聞其來，出他州避之。除知果州，請罷歲輸瀘南諸州綾絹、絲綿數十萬以寬民力。除知興元府、遂寧府、邠州，皆不赴。擢提點成都路刑獄，賊史斌破武休，入漢、利，窺劍門，伯温與成都帥臣盧法原合謀守劍門，賊竟不能入，蜀人德之。除利路轉運副使、提舉太平觀。紹興四年，卒，年七十八。

《金史》卷一二八《傅慎微傳》 傅慎微字幾先。其先秦州沙溪人，後徙建昌。慎微遷居長安。宋末登進士，累官河東路經制使。【略】

明年，陝西大旱，饑死者十七八，以慎微爲京兆、鄜延、環慶三路經濟使，許以便宜。慎微募民入粟，得二十餘萬石，立養濟院飼餓者，全活甚衆。改同知京兆尹，權陝西諸路轉運使。復修三白、龍首等渠以溉田，募民屯種，貸牛及種子以濟之，民賴其利。

紀事

宋 王欽若《册府元龜》卷四九七《河渠第二》 三月己亥，西京奏制置三白渠，起置營田，務一十一。壬寅，符習奏修堯堤水口畢。

又 卷五〇三《屯田》 後唐莊宗同光三年三月，西京奏：制置三白渠，起置營田，務一十一。

宋 王溥《唐會要》卷八九《疏鑿利人》 貞元四年六月二十六日，涇陽縣三白渠限口，京兆尹鄭叔則奏六縣分水之處，實爲要害，請準諸堰例，置監及丁夫守當。敕旨依。

又 大歷二年二月，以詔應令劉仁師充修渠堰副使。初，仁師爲高陵令，上言：『三白渠可利者遠，而涇陽獨有之。』條理上聞，其弊遂革，關中大賴焉。

又《磑碾》 大歷十三年正月四日奏三白渠下碾有妨，合廢拆總四十四所。自今以後，如更置，即宜録奏。

《續資治通鑒長編》卷一〇六 天聖六年春正月 甲戌，詔永興軍涇陽知縣兼管勾三白渠。先是，都官員外郎、監正陽鎮酒税李同，言三白渠宜立約以限水。因擢同知縣，而有是命。

《宋史》卷一〇《仁宗紀二》 二月丙辰，命官較太常鐘律。壬戌，詔兩制、禮官詳定京師士民服用、居室之制。甲子，以廣南兵民苦瘴毒，爲置醫藥。丁卯，修陝西三白渠。

又 卷九四《河渠志四》 三白渠在京兆涇陽縣。淳化二年秋，縣民杜思淵上書言：『涇河内舊有石翣以堰水入白渠，溉雍、耀田，歲收三萬斛。其後多歷年所，石翣壞，三白渠水少，溉田不足，民頗艱食。乾德中，節度判官施繼業率民用梢穰、笆籬、棧木，截河爲堰，壅水入渠。緣渠之民，頗獲其利。然凡遇暑雨，山水暴至，則堰輒壞。至秋治堰，所用復取於民，民煩數役，終不能固。乞依古制，調丁夫修疊石翣，可得數十年不撓，所謂暫勞永逸矣。』詔從之，遣將作監丞周約己等董其役，以用功尤大，不能就而止。

又 至道元年正月，度支判官梁鼎、陳堯叟上《鄭白渠利害》：『按舊史，鄭渠元引涇水，自仲山西抵瓠口，并北山東注洛，三百餘里，溉田四萬頃，畝收一鍾。白渠亦引涇水，起谷口，入櫟陽，注渭水，長二百餘里，溉田四千五百頃。兩渠溉田凡四萬四千五百頃，今所存者不及二千頃，皆近代改修渠堰，浸隳舊防，繇是灌溉之利，絶少於古矣。鄭渠難爲興工，今請遣使先詣三白渠行視，復修舊迹。』於是詔大理寺丞皇甫選、光禄寺丞何亮乘傳經度。

又 選等使還，言：『周覽鄭渠之制，用功最大。并仲山而東，鑿斷岡阜，首尾三百餘里，連亙山足，岸壁頹壞，堙廢已久。度其制置之始，涇河平淺，直入渠口。暨年代浸遠，涇河陡深，水勢漸下，與渠口相懸，水不能至。峻崖之處，渠岸摧毁，荒廢歲久，實難致力。其三白渠溉涇陽、櫟陽、高陵、雲陽、三原、富平六縣田三千八百五十餘頃，此渠衣食之源也，望令增築堤堰，以固護之。』

又 時著作佐郎孫冕總監三白渠，詔冕依選等奏行之。後自仲山之南，移治涇陽縣。其七州之田，令選於鄧州募民耕墾，皆免賦入。復令選等舉一人，與鄧州通判同掌其事。選與亮分路按察，未幾而罷。

《金史》卷五〇《食貨志五》 十一月，議興水田，省奏：『漢召信臣於南陽灌溉三萬頃。魏賈逵堰汝水爲新陂，通運二百餘里，人謂之賈侯渠。鄧艾修淮陽、百尺二渠，通淮、潁，大治諸陂於潁之南，穿渠三百餘里，溉田二萬頃。今河南郡縣多古所開水田之地，收穫多於陸地數倍。』敕令分治户部按行州郡，有可開者誘民赴功，其租止依陸田，不復添徵，仍以官賞激之。陝西除三白渠設官外，亦宜視例施行。

元光元年正月，遣户部郎中楊大有等詣京東、西、南三路開水田。

《元史》卷六四《河渠志一》 元有天下，内立都水監，外設各處河渠司，以興舉水利、修理河堤爲務。決雙塔、白浮諸水爲通惠河，以濟漕運，而京師無轉餉之勞。導渾河，疏灤水，而武清、平灤無墊溺之虞。浚治河，障滹沱，而眞定免決嚙之患。開會通河於臨清，以通南北之貨。疏陝西之三白，以溉關中之田。泄江湖之淫潦，立捍海之横塘，而浙右之民得免於水患。

又《河渠志二·三白渠》 京兆舊有三白渠，自元伐金以來，渠堰缺壞，土地荒蕪。陝西之人雖欲種蒔，不獲水利，賦稅不足，軍興乏用。太宗之十二年，梁泰奏：『請差撥人户牛具一切種蒔等物，修成渠堰，比之旱地，其收數倍，所得糧米，可以供軍。』太宗準奏，就令梁泰佩元降金牌，充宣差規措三白渠使，郭時中副之，直隸朝廷，置司於雲陽縣。所用種田户及牛畜，别降旨，付塔海紺不於軍前應副。是月，敕喻塔海紺不：『近梁泰奏修三白渠事，可於汝軍前所獲有妻少壯新民，量撥二千户，及木工二十人，官中内選肥腯齒小者一千頭，内乳牛三百，以畀梁泰等。如不敷，於各千户、百户内貼補，限令歲十一月内交付數足，趁十二月入工。其耕種之人，所收之米，正爲接濟軍糧。如發遣人户之時，或闕少衣裝，於各千户、百户内約量支給，差軍護送出境，沿途經過之處，亦爲防送，毋致在逃走逸。驗路程給以行糧，大口一升，小者半之。』

雜録

《金史》卷五七《百官志三》 規措京兆府耀州三白渠公事 規措官，正七品，掌灌溉民田。點檢渠堰官一員，掌點檢啓閉涇陽等縣渠堰。司吏二人。

《宋史》卷一六七《職官志七》 提舉三白渠公事 掌潴泄三白渠，以給關中灌溉之利。

明 柯維騏《宋史新編》卷二五《河渠志下》 三白渠在京兆涇陽縣。景德三年，鹽鐵副使林特、度支副使馬景盛陳關中河渠之利，請遣官行鄭、白渠，興修古制。乃詔太常博士尚賓治之。賓言：『鄭渠久廢不可復，今自介公廟回白渠洪口直東南，合舊渠以畎涇河，灌富平、櫟陽、高陵等縣，經久可以不竭。』工既畢而水利饒足，民獲數倍。

明 王圻《續文獻通考》卷五《田賦考》 京兆舊有三白渠，自元伐金以來，渠堰缺壞，土地荒蕪。陝之人雖欲種蒔，不獲水利，賦稅不足，軍興乏用。太宗之十二年，梁泰奏：『請差撥人户牛具一切種蒔等物，修成渠堰，比之旱地，其收數倍，所得糧米，可以供軍。』太宗準奏，就令梁泰佩元降金牌，充宣差規措三白渠使，郭時中副之，直隸朝廷，置司於雲陽縣。

善利渠

（萬曆）《山西通志》卷五《山川下》 善利渠，在汾陽縣西南境，西跨諸山，北爲湖谷泉，稍南爲澗河，古堤迹尚存。又稍南一支自薛頡山，其源初出日出谷泉，後更曰善利渠，東西首尾百餘里。

清 馬迪《善利渠碑記》（道光）《趙城縣志》卷三七 善利渠者，金太和初，北石明村人姜善信，令汾西師家庄、本邑南北石明三村，各設渠長，聚夫開淘。太和三年渠成，澆灌三村地土。貞祐之亂廢。大元中統間，村人郭元長集三村人復議開渠，依前例使水。師家庄夫十八名，使水三日；北石明夫三十六名，使水六日；南石明夫二十四名，使水四日。各驗日期，週而復始。惟地形高下不一，自汾西小河村北，過干河村南，有石坂數十丈，水流窒礙，覓接爲勞，乃募工鑿石成渠，以通引灌。有前任太原鹽使司徐公德舉，獨備工資，鑿石渠八十餘尺。公議免夫二名，其餘石坂以次開鑿，水得順流。

（順治）《趙城縣志》卷一《輿地志》 元中統二年，渠長郭元長等浚渠，接引汾水，灌溉本縣石明等里田地，至今如之名，曰善利渠。

（順治）《汾陽縣志》卷一 善利渠城西南境，西跨諸山，北爲葫谷泉，稍南爲澗河古堤，迹存。又稍南一支自薛頡山，其源初出日谷泉，後更今名。首尾百里有奇，今見喜等村甚賴其利，有明洪武八年碑記。

清 顧祖禹《讀史方輿紀要》卷四二《山西四》 善利渠，在府西南，西山諸泉源會流爲渠，東西首尾凡百餘里，有灌溉之利。又靈浮泉在府西南四十里，亦東流合諸山泉，引流溉田。

（道光）《趙城縣志》卷一一《水利》 善利渠，繇汾西縣東南三夾村本縣西北三十餘里引汾水南流，歷小河干河莊裏三村俱汾西縣地，至本縣境溉南北石明二村共地玖百餘畝。

（道光）《直隸霍州志》卷九《水利》　善利渠，在城西北十里，元中統二年，渠長郭元長等浚渠，引汾水溉石明等里地，至今賴之。

沈公渠

明　傅鋋《斜谷水沈公渠記》（光緒）《岐山縣志》卷八　岐南有斜谷，夾道巉然，水聲如鳴珮環。秋雨淜湃，波濤無際，兩岸禾稼多爲漂没，抱民隱者患之。太守沈公，治郡三載，問飢寒、察疾苦，拊循而休養之。遵汧水而南，逾磻溪，曆馬磧，至斜谷口。駐節而叩之，憮然曰：『三農必資水利，水自利人，而人自失利也。』督民具畚鍤，築長堤，疏兩渠。因地勢之高者，左闢之爲上渠；因地勢之卑者，右闢之爲下渠。灌溉落星、諸葛田千頃。疆里旬宣，棠蔭接茂也，良民感上之德，而公水之利者固多。容有桀驁者，獨逞溪壑，罔恤防人；俾懦怯之夫，不得沾潤，深可慮也。於是定爲日程，自下而上，灌通周浴。落星爲上，分水五日；諸葛爲下，分水四日。共快太守之戾止，共慶河伯之錫休無疆也，鎸石以垂不朽云。

（乾隆）《鳳翔府志》卷一《輿地》　沈公渠明崇正間郡守沈繙始開，引周原下各泉水成渠，自虢縣鋪東寺崖等村經鳳翔窖底各處至陽平鎮菊村，由岐郿入渭，灌溉五十餘里，爲利甚溥。

石犀渠

北魏　酈道元《水经注》卷三三《江水》　西南石牛門曰市橋。吴漢入蜀。至廣都，令輕騎先往焚之。橋下謂之石犀淵。李冰昔作石犀五頭以厭水精，穿石犀，渠於南江，命之曰犀牛里。

宋　歐陽忞《輿地廣記》卷二九《成都府路上》　犀浦鎮，本成都縣地。唐垂拱二年，析置犀浦縣，屬益州。秦時李冰作石犀五，以厭水精，穿石犀渠於南江，命之曰犀牛里，縣取此以爲名耳，不在其地也。皇朝熙寧五年，省爲鎮，入郫縣。

宋　王應麟《玉海》卷二一《地理》　《輿地廣記》：秦時李冰作石犀五，以厭水精，穿石犀渠南江，命之曰犀牛里。《蜀都賦》：演以潛沫，浸以緜雒。溝洫脈散，疆里綺錯。黍稷油油，粳稻莫莫。指渠口以爲雲門，灑滮池而爲陸澤。雖星畢之滂沱，尚未齊其膏液。注：李冰於湔山下造大堋，以壅江水，分散其流，溉灌平地，故曰渠口。

（嘉慶）《漢州志》卷九《津梁志》　按：石犀五頭，在灌縣之玉女房，郫縣之犀浦，成都之市橋，及大江中華陽之大慈寺。李冰作之以壓水怪，穿石犀渠於南江，命曰犀牛里。

《明史》卷四三《地理志四》　華陽倚。北有武擔山。又有外江，自灌縣分流經城北，遶城而南，一名清遠江。又有内江，亦自灌縣分流經城南，遶城而東，亦名石犀渠。

順濟渠

清　龔崧林《新開順濟渠記》（乾隆）《洛陽縣志》卷一五　邑之渠有二：曰伊渠，曰洛渠。二渠溉田之利，見于前人之記，述者綦詳。若余初蒞洛時，所疏大明支渠，亦其踵行而有效者也。顧余念之，邑之田不皆傍伊沿洛，而高原燥烈之區，雨澤或未以時，輒束手無策以救，毋亦水利之不廣，其人狃于成迹，司土者貿貿懵懵，而未嘗一加之意與。

歲之甲子，余官洛且三載矣。先是，癸亥夏秋間，洛中大旱，有地坼之患。余尤爲洛民念，庶幾廣闢水利，或可以人事之修補救萬一。爲親歷川原相度之，見邑之正南路白沙鎮後有河，曰江左，西流逕白沙，尋北流逕胡家寨之南，復西流吉磨村，而入于伊。其水葢出嵩山，不與伊洛同源。顧英經流境内一也，試導其流以資溉灌，誰謂功在伊洛二渠之下哉。

隨集其地之士民胡一鴻等周行巡眂核之，可得渠五里許，不病隣，不妨業，僉曰：有利無害，吾儕小人實世世賴之。考於前明副使張公甯開大明渠之規制，爲之指授，其地之踊躍起者，實繁有徒，鳩工集事，閱十三日而渠成，時甲子之春仲月也。

渠由江左河之鄭家口引水而入，至王家寨西乃析爲兩支：一由樊家村，一由胡家集，南俱入老婆潭，而順流以歸於伊，爰名渠曰順濟，凡灌田四頃四十六畝有奇。立渠長司之啓閉，分水以時，無壅無攘，均其利者，凡四十七户。由是順濟之名，乃與伊、洛二渠爲埒。

嗚呼！天地之利我民者無窮，因民之利在一加之意耳。兹役也，雖不足與前人所記述者較能而比烈，而尺寸之利，事可垂遠，有其舉之，莫或廢也。渠之成，且將并伊、洛之水而長矣。渠云乎哉，抑余尤願後之人周覽高下，相地制宜，可疏者疏之，可闢者闢之，不憚經營爲吾民謀永永之利，或者天行之窮，不無補救于萬一乎。洛民之食其利者，行以兹渠，爲之嚆矢矣。乾隆十年五月日蘭陵龔崧林記。

（乾隆）《續河南通志》卷二五《河渠志》 順濟渠，在洛陽縣南六十里龍門山東南胡家寨村，長五里，乾隆九年浚。

（乾隆）《洛陽縣志》卷三《山川》 順濟渠，在縣南六十里龍門山東南胡家寨村。

太白渠

《漢書》卷二八《地理志上》 斯洨水首受太白渠，東至鄡入河。

唐 李吉甫《元和郡縣志》卷二《關内道·涇陽縣》 太白渠，在縣東北十里；中白渠，首受太白渠，東流入高陵縣界；南白渠，首受中白渠水，東南流，亦入高陵界。

《新唐書》卷三九《地理志》 獲鹿，中，本鹿泉。天寶十五載更名。有故井陘關，一名土門關。東北十里有大唐渠，自平山至石邑，引太白渠溉田。有禮教渠，總章二年，自石邑西北引太白渠東流入眞定界以溉田。天寶二年，又自石邑引大唐渠東南流四十三里入太白渠。

宋 王存《元豐九域志》卷三《陝西路》 望，下邽州，西北六十五里，七鄉，新市、來化二鎮有渭水、太白渠。

清 畢沅《關中勝迹圖志》卷三《大川》 太白渠即北白渠，自涇陽三限閘北限，水分東入三原西閥，内支分南流者爲石囤斗，又東經縣城至東關外，支分南流者爲平臯小斗，平臯大斗又東至曲，曲灌湘二斗凡四斗，又縣有中白、毛坊、原成、二進、下五、木張諸渠已上三原。

清 康基田《河渠紀聞》卷四 太白渠至晋以後遂廢。

清 沈聯芳《邦畿水利集説》卷一 古太白渠，源出山西平定州松嶺，由娘子闗入直經井陘平山欒城合洨，此其故道也。

譚公北渠

明 張寧《譚公北渠記》（乾隆）《續河南通志》卷七九 吾襄之租賦，甲於鄰邑。而强半仰給東南，乃其地土濶而處卑，勢若仰釡。西南壓於栢寧，其西又爲藹嶺所逼。每遇秋霪，雨岡之水，凴高而下。又西仰大河汝水，泛決衝突其中，中不能受，四溢而爲民害。則曠土盡爲浩渺，三五村落，幾爲潴矣。是以居是土者，每苦其瀉，鹵難耕田。既無所獲，而逋賦年積，遂荷担而去者，歲無虚月。

我邑侯譚公，褰帷之初，即詢民之疾苦。而被水害者，如李士論、黄書、崔竹等，又爲之言。公乃據騎往閲之。乃曰：水之所以不能流毒者，唯其吐納，兩無礙也。兹誠甌窶地仰受既多，而不能疏一竅以歸其餘，即大海無尾閭則中國爲壑矣。矧兹地形環而濶，色澤而膏，易于飭力，以長地材。奈何令食土之毛者，竟不得秉耜以殖，甘作他鄉之旅魂耶。而督逋者，又先後不少假是速之去矣。吾其有以圖之。

於是委鄉耆方汝文暨義官劉尚禮，以任是役。汝文曩嘗輸積鑿渠，以洩蓄潦，試有往效。尚禮敏給多幹材，且居隣此土；又俾李士論等五十餘家，以分其事爲之。面形勢之迂紆，酌道里之遠邇，計徒傭之多寡；量時日之久近，勾役於濱渠之民，計工於殷積之家。以牛課工，每牛二則工一日；每工一，則給以官糈升之半。工不濫逮，民不輸貲。乃自兩岡之東，折爲二渠。其南渠，則蜿蜒十九里，厥工早竣；兹北渠，緣有馬濫、柳溝二渠久開漫不可沿，乃摹想其勢而疏之。又鑿小渠二以納支流，俾并歸而東，入於臨潁之渚水。總計縱長萬一千三百四十丈，衡濶丈之三尺，深較衡減三之一，擬南渠工倍差焉。

渠成，而行旅者幾成斷塹。又廣制橋梁，修圮者九，創甃者三，今迄就緒。時僅閲月，需不踰三百緡，費少功多，時促效遠。豈地之升沉有時，而袪弊鉏菑之績，良有待歟？即今夏旱甚，甫入秋，淫雨浹旬。兹地兹渠，波流而逝者如駛，即濡髪塗體之民，若就埠土而壖堧之隅，隨獲布種，此非其明效歟？則鄰水萬金，信非異人任也。自是，則逃移者復，蕪穢者墾。公家之租稅，亦易易舉，其流澤固可量哉。然人心多旦夕偷安之念，原隰無百年不廢之功，且陵谷易於變遷，何言溝洫哉？此善作善成，兩相資借，倘旋淤旋疏，則事半功倍，而此績當久，久不堙此，蓋任事者與紀事者意也。不然，邑侯之治行高等未易述，則亦安用此一片石爲哉？公山東萊蕪人，舉庚戌進士，號笠石，諱性教。

（康熙）《襄城縣志》卷一　大鴻口陂，在霍堰東北，屬劉度，約七十餘頃。以上三陂係柳溝、馬瀘二河，經地年久淤塞溢水，積歲爲害，明知縣譚公性教捐俸募夫，挑浚各三十餘里，水歸于渚，土出可畊，土人更名爲譚公南渠、譚公北渠，詳見碑記。

（嘉慶）《清一統志》卷二一八《許州直隸州》　明萬歷中，縣令譚性教挑浚各二十餘里，水歸於潁，民更名譚公南渠、譚公北渠。

譚公南渠

明　劉諭《譚公南渠記》（康熙）《襄城縣志》卷八　襄城幅員東南最廣，其蕪田逋賦，亦東南最多。

先是，分巡曹公嘉惠元元，檄道屬州縣核開荒實政以聞。我侯親履阡陌，察民疾苦，至栢寧蕎嶺以東，地窪勢下，受諸岡之水，而下無所洩，沮洳蒿萊蕭然盈望，間有開墾播種者，一遇霪霖，成稼悉没，陽侯未耜巢懸無所用，民之棄竈畝而逃者墟相望也。侯惻然傷之，遍問父老若何而罹此患。僉云：惟無渠故，城舊有柳溝、馬濫二河，以歲久淤，夷幾不可復尋。侯曰：渠之父老。又僉云：里民方汝文，曾倡義疏渠六里矣。所費金百，今南、北二渠紆縈六十餘里。鉩鍤之費，民不能辦，而官無出，柰何？侯曰：渠之遂。于是日舉公直度地利，衡丈尺，籌工費，鳩夫傭，繪圖開款，請之曹公。

公亟嘉其議，報可。乃于公直中遴勤慎幹練者分董其事，曰：爾方汝文汝舊捐金鑿河，業有成畫，爾其代予以襄厥工，其財費一取于官，不以累汝。

曰：爾劉尚禮汝巡東路，凡兹民情民力爾知之，悉工春役，視所畜牸，有牛啼角六，派夫半名，每夫日鑿地五尺，授米一升三合，汝其公核無漏無苛，余且陰以察汝。

曰：爾李士論、崔竹、張貞教等四十五人入予爾以夫二十名，爲我鑿渠二百五十丈，爾其視爾分地，各督爾夫，以暨厥事。

曰：蓮幕馮君爾爲予左右，凡北河工爾兼總其成。以勸課其勤，竄勞勉而賞罰之。予將上爾庸于當道以奬擢。爾曰河竣之後，凡往來路口，舊有橋梁者緝其圮敝，原無者創之，其費出自本縣，而其監督營建仍借爾力。于是蓮幕馮君率汝文等受命惟謹，凡淺深廣袟工程，其限一循侯所指示同時并舉，而侯時時躬自勞之，却蓋曝背，竟日不倦，故萬年之功成于不日。除北渠丈里，别有記之者。南渠自方守庄至郾城王家庄入渚，凡十九里，又于來家庄后新開二渠，渠各六里，導集水以達于總渠，而河梁之繕仍舊者五，緝敝者四，創建者三，總計費共二百七十餘金，皆由侯捐俸，設處絲毫不累于民。自二月二十一日起，至四月初三日而事竣，凡有事于河者，咸以次旌賞，而饑食之賑貸牛種之給賜，視他處爲獨先。東南之民莫不式歌式舞，曰：吾民之廢耒耜于此也久矣。自吾侯爲此，吾民其有起色乎。百畝齊作，黍稷用勤，灌莽之區，變爲膏腴，今而後居此土，乾其樂于奉公可知也。

是渠也，堵塞過百餘年，彼岸盡夷，事雖名爲疏，而功實倍于刱。且人無曠工，工無吝糈，浚河六七十里，而計費不及三百，計名不足千名，卒能鼛鼓不勝三旬竟績，即鄰封不得撓我之成且效順焉。向非侯愛民之心，孚之有素行，見民不可與慮始也，而能望除大害以開大利耶！侯爲政持大體，莊涖若神，聽斷之際，人不敢欺以私。豪强股慄，夙蠹不剔，而净尤加意。興學緇衣起頌，至甲里之節省，荒政之經理，皆從來諸縣譜之所未嘗聞者。明德之聲，已徹帝座，一時當道，無不推轂，而分巡曹公，尤特達相知云論。不佞庇佞宇下，躬逢其盛，故爲百姓詳記顛末。

（康熙）《襄城縣志》卷一　大鴻口陂在霍堰東北，屬劉度，约七十餘頃。以上三陂係柳溝、馬瀘二河，經地年久淤塞溢水，積歲爲害，明知縣譚公性教捐俸募夫，挑浚各三十餘里，水歸于渚，土出可畊，土人更名爲譚公南渠、譚公北渠，詳見碑記。

（嘉慶）《清一統志》卷二一八《許州直隸州》　明萬歷中，縣令譚性教挑浚各二十餘里，水歸於潁，民更名譚公南渠、譚公北渠。

唐來渠

清 通智《修唐來渠碑記》（乾隆）《寧夏府志》卷二〇　我皇上御極以來，宵衣旰食，軫恤民隱，以萬民衣食之源在於水利，於雍正四年六月間，特命侍郎臣通智與原任侍郎臣單疇書在寧夏查漢托護地方開惠農、昌潤二渠，築新渠，寶豐二縣，招徠户口，安插墾種。大工將竣，於雍正八年五月間，荷蒙聖恩，復念唐来、漢延等渠灌溉地畝，寧郡民食攸關，其閘道洴岸，廢弛損壞，若不補修，將來難以經理。以臣通智在寧開浚渠道，自然明悉，着會同臣史在甲，即行查議。

臣等欽奉上諭，詳勘確估，三渠工程難以并舉，奏請先修唐渠。奉旨『依議』，欽此欽遵。伏查唐渠自始，莫可考究。覩其形勢，自青銅峽百八塔寺下，分河流爲進水口，由大壩繞寧城，踰平羅入於西河，綿亘三百零八里，沿賀蘭山一帶田地均資灌溉。遍稽志乘，名曰唐來渠。元時，行省郎中董文用、河渠提舉郭守敬曾加疏導，而閘座猶係木植。至明隆慶間，督儲河西道汪文輝始易木爲石。後一百六十餘年，雖例設歲修，而司其事者，多因循苟且，遂至閘座傾壞，渠身淤澄。

臣等遵旨浚修，爰於雍正九年二月二十日，率領效力文武官弁等四十員，并協辦寧夏道、府、廳、縣，分布興工。起自進水口，其迎水洴甚低，且多冲壞。舡運峽口石塊，雜以麥草，直分河流帮砌石洴，兼内外馬頭，共長三里零十丈。倒流河決，口寬百餘丈，每年用草滾埽，一遇大水，仍行冲決，水勢既下，難以挽之使上，且安瀾閘底高水背，又被冲刷傾壞。仍循舊迹，自上流另開渠身一百八十餘丈，順引而下；扼頂冲處，造滾水石壩三十丈，水小則束之入渠，水大則從壩出，以殺急湍。又將安瀾閘移下迎溜。展造四墩五空石閘一座，以退餘水。其大、小雙閘，底高空窄，出水不暢，乃稍移而南，合造五墩四空石閘一座，易名『滙暢』。寧安閘底既高，而南馬頭又突，乃落底展修三墩四空石閘一座。闘邊閘雖出水甚利，并正閘貼渠底塘，梭墩、石墻俱多損壞，皆添石重修，并展造橋房十三間，以及碑亭、廊房數楹。正閘之北爲龍王廟，因舊制而恢廣之。凡退水尾俱短，水出即折，激湍之勢，淘坑冲刷，以致閘座不堅，因勢疏浚，順引歸河，且退水歸入倒流河，反與大流河漾水會射刷洴，不但大洴日險薄，而田地時遭淹泡。因於來水口厚加修築，使水順流而下，洴岸既堅，旁地俱可耕種。

自進水口抵正閘前，計九里三分零八丈，皆沙石淤塞，分爲一工；自正閘後抵月牙湖腦三十二里八分，抵玉泉橋又二十二里一分，抵寧化橋又二十三里二分零十一丈，抵大渡口又二十一里七分零十七丈，抵和碩墩又二十一里八分零二丈，渠西浮沙瀰漫，渠内淤澄甚厚，洴岸低薄，分爲五工。自和碩墩抵三渠灣二十四里三分，抵保安橋又二十一里七分，抵滿達喇橋又二十三里一分零一十一丈，抵站馬橋又二十五里六分，雖有洴岸，而偏坡、轉嘴甚多，分爲四工。自站馬橋抵張明橋二十六里一分零八丈，抵張貴橋又二十四里一分，抵李市橋又三十八里七分，渠身太窄，污嘴亦多，分爲三工。

渠尾淤塞，餘水即泄入諸素湖，一遇水大，則漾漫田畝。因循舊迹，越廢邊十二里九分分爲一工。俱派撥文武員弁，督夫浚修。不但淤者去之使平，薄者加之使厚，低者培之使高，窄者展之使寬，即渠内大坡約下三四尺以至丈許，且將尾稍引入西河。水有攸歸，地亦可墾。凡渠内水緩沙壅，則多淤澄。因對偏坡、轉嘴相度斜射冲刷之勢，布設馬頭，使沙不停留，則水自無阻滯。又一切受水險洴，加帮柴柳土垡梳背，長洴馬頭，背土培厚，内外相兼，可免冲決。橋座一十有七，皆添木補修，新開渠尾，架橋二座，以通往來。於正閘梭墩尾及西門橋柱刻劃分數、形勢，兼察淤澄，渠底布埋準底石十二塊，使後來疏浚知所則傚。於四月十四日工竣放水。

是役也，皆仰體皇上愛養斯民之至意，而竭蹶從事，不遺餘力，即在工文武員弁，協辦寧夏道、府、廳、縣，亦莫不歡忻鼓舞，不遑寧處，計其添運物料，僱覓夫匠，總需一萬八千餘金。自興工以至放水，爲時五十三日，民不覺勞，而大工以濟。落成之後，規模一新，渠流充暢，高下地畝，優渥沾足，萬姓歡騰，群歌帝德，惟願後之司其事者，毋怠忽以從事，勿肥己以病民，則渠水無匱乏之虞，而億萬斯年，寧民得享盈寧之慶矣！是爲記。

清 周錫溥《安愚齋集》卷四《五賢祠記代》 雍正八年，奉命同侍郎通公重修唐來渠，改建口道及閘壩橋亭數十處。

清 顧炎武《肇域志》卷四二 唐來渠在衛城西南，亦引黄河水，遶城西，溉田萬餘頃。新渠在衛城南，分唐來渠水，溉田數百頃。紅水渠在衛城南五里，分唐來渠水，東流溉田七百餘頃，又引入城中，民汲甚便。

清 儲大文《存硯樓二集》卷一四《分巡寧夏按察司副使陳公德政去思碑代》 寧夏濱黄河渠堰之利甲天下，渠尤著者，曰大清渠，曰漢延渠，曰唐來渠，曰美利渠，曰紅子渠，曰棗園渠。

《續文獻通考》卷一二《田賦考》 唐來渠衛城西南，亦引黄河水，遶城西，溉田萬餘頃。又南有新渠、紅花渠，俱溉數百餘頃。又東南爲秦家渠，西南爲漢伯渠。

（嘉慶）《清一統志》卷二六四《宁夏府》 唐來渠，在寧朔縣西南，亦名唐渠。《宋史·夏國傳》：興靈有古渠，曰唐渠，曰漢源，皆支引黄河，故灌溉之利，歲無旱潦之虞。《元史·郭守敬傳》：至元二年，從張文謙行省西夏，先是古渠在中興者，一名唐來，其長四百里；一名漢延，長二百五十里。宅州正渠十，皆長二百里。支渠大小六十八，灌田九萬餘頃。兵亂以來，廢壞淤淺，守敬更立牐堰，皆復其舊。《通志》：唐來渠，在寧朔縣西，據漢延渠之上三十里，黄河出青銅峽，東北流，渠口即於峽之盡處開鑿，引水遶城。自西而北，行二十里至唐壩堡，設閘爲六空，西四空爲唐渠，東二空爲貼渠。外亦設退水閘三，渠長三百二十里，經寧朔、寧夏、平羅縣界，東岸支渠十五，西岸支渠十七，陡口四百三十六，共溉田四千八百餘頃。明萬歷中，僉事汪文輝改建閘口。本朝康熙四十八年，同知王全臣於倒流河增建暹水閘。雍正九年重修。又有貼渠與唐渠同口異閘，溉唐渠東岸地之最高者，中分爲二，一長四十里，一長五十里，其渠口舊爲河水浸齧，築張貴湃護之。康熙四十七年，都司王應龍改築湃曰馬關嵯，遂省歲修之費。

清 佚名《秦邊紀略》卷三 唐來渠，黄河之水也，流至大垻，淺者及腰，深者不可測。若毁垻縱水，隨所欲灌，築堤向之無不淹没，蓋寧夏皆在下流也。分防五口，曰雙山北，曰雙山南，曰靈武口，曰林泉口，曰哈喇水，皆大山口，小者不與焉。靈武，口名，非肅宗即位之靈武。肅宗即位之靈武，在今慶陽府環縣，亦非寧夏之靈州也。此小口有沙羅模山，多水，可屯兵。有明沐英于此擒夷人鬉阻脱大赤處也。大路北二十里至小垻，又四十里至葉昇堡，又三十里至王洪堡，又六十里至寧夏焉。堡有守脩。

天一渠

清 韋衮《創開天一渠碑記》（乾隆）《永寧縣志》卷二 我永萬山斗邑中夾一帶洛水，洛之南北涯鑿渠引流一灌，而旱魃不能爲灾，創始於有明之于公，復興于前任之佟公。嗣是來牧者，踵而修之，或稍稍增加，邑人賴之。

所謂渠成，萬世之利也。獨長水而東，馬店而西二十里許，不能沾涓滴。我則翁高老父母來蒞，目覩心惻，喟然曰：『均吾民也，均吾土也，胡苑枯異乎？』適庚子辛丑間，連歲亢旱，召父老而謀之，僉曰：『聞之前明，竭民力以開鑿，而未覩成效。迨我佟父母三載，勤劬心力云瘁，而復壞于垂成，此吾儕小人所親見，盍必不可成之功也。』公曰：『天下事特患不得其人，不得其法耳，寧有不可成之功哉？』命駕而往，周爰巡視，嘻曰：『源不高而欲流之，遠無怪前功之不成也。』於是溯洛流而上，入山五里許，測其高下，曰：『此建瓴之勢也。』擇士民之才幹者，授以經畫，俾董其役，八閲月而績用，成浩乎沛然，日灌數百畆，延袤二十里，竹樹之茂，禾黍之美，陡而改觀向之，畏難者莫不躍喜，以手加額，曰：『此神君之賜也。』公亦樂之。仍以公之舊名曰天一，蓋取『天一生水』之義。且斯渠獨居上流，爲諸渠首，若干之有甲支之有子，而永之水利無遺憾矣。

嗚呼！凡民可與樂成，難與慮始，公獨出己見，成前人難成之功，雖其才有過人乎？抑亦精誠之所致也。宜勒石以垂永久。公諱式青，字則原，浙江錢唐人，丙子科舉人，名儒經濟，玆役特其一斑云。若夫灌地之數目，沓次之先後，及勸事者之姓名，皆宜書悉以載諸碑陰。

（乾隆）《續河南通志》卷五〇《職官志》 高式青，字則原，浙江錢塘人，康熙丙子舉人，除永寧令。永寧故山邑多旱暵，其田仰溉十一渠，大者曰萬厢，曰宣利。式青深廣之令瀦洛水，又開龍頭山舊渠，名天一渠，邑尤賴焉。以捕鄰境鹽梟，致疾涖，任九載，去官之日，百姓感其恩德，攀臥不絶於道，且有泣送千里者。

（乾隆）《永寧縣志》卷二《土地部》 天一渠，自東仇東南疏引洛水，灌北張村，渠尾至沙河止，長四里，中分二支渠，一東南，一東北，共灌地六頃餘。水歸張村峪沙河。

又 天一渠渠口，自馬營村東南起，灌馬營村竹地四十餘畝，長四里餘，水歸山河。

通城渠

綜述

明 佚名《通城渠記》（嘉靖）《雍大記》卷三四 通城渠者，古嘗有也，然無文可攷。詢之，故老咸云：渠自城西北隅穴地而通流，達於州署之側以爲池，種竹植花，惟爲當時之觀美焉，而於民則無所利也。

及元鎮兵分據其地，以城闊兵寡，不便所守，於是平基毀城，棄城爲荒城，荒而渠廢，迄今湮塞泯迹者已八十餘年。

洪武三十年，國朝以徐州碭山縣華公子範佐判是州，公之因時制宜，興利除害者，蓋亦多矣。越八載，歲在永樂四年春，公乃乘時之隙，逆沮水而上，行五里許，乃觀視其水，慨然嘆曰：『有利而不興，是謂姑息。吾豈可徒食其祿，而不與民建恒久之利乎？』

於是歸而告諸太守郭州守敬、吏目王公禮、同寅協恭用襄其事，相地便宜，倡工鳩民，築堰穿渠以先之。民知將有利己也，莫不鼓舞趨事，不盈旬日，其水達於市巷，溉田不下百餘頃。雖農、工、商、賈之異業者，莫不保尺土如寸金焉。其視昔之故渠無利於民而爲觀美者，大不同矣。居民感惠之深，既無以報其德，又不忍晦其事，於是協力勒石以志其公之嘉績云。賛曰：

賢侯佐州，賛政優游。相地穿渠，引沮通流。溉田百頃，功邁前修。聲名已振，事業還休。云後遺澤，萬載千秋。

傳記

（乾隆）《西安府志》卷二四《職官志》 鄧眞（賈志）息縣人，成化七年知耀州，開漆水、退灘二渠，修故通城渠，人咸利焉。所修廟學，規制尤宏。九年，百姓奏留，詔加四品服俸。又三年致仕，去時預備倉米穀積至十餘萬石。

雜録

（嘉靖）《雍大記》卷一一《考迹》 通城渠在耀州西北三里，引沮水澆灌田園，舊壅塞不流。國朝永樂四年修通澆灌，附郭分其流於城中。

（嘉靖）《耀州志》卷上《地理志第一》 通城渠引沮水灌州城內外田。永樂四年，判官華子範修之，民賴其利。

（康熙）《陝西通志》卷一一《水利》 通城渠在州西北三十里，明永樂四年修，通澆灌，附郭分其流于城中。

通濟渠

論説

宋 陳亮《龍川集》卷一一《江河淮汴》 其後隋大業中，大開通濟之渠，而河汴達於淮、泗者始安流而無礙。是以東南轉輸相繼而上。本朝都陳留，而宿重兵以爲固，其資東南之粟者不知其幾千萬石，故置發運使以漕之，而浚渠之功爲不細矣。故本朝受河之患，無以異於漢；而受汴渠之利，則自漢以来未之有也。豈水無常勢，而亦因時以爲利害乎！今汴渠已塞矣，異時版圖之復，其言河者豈可復以往事論，其亦以公天下之心而觀天下之大勢，合天下之水以相其所趨，則必有以處之矣。

宋 趙彦衛《雲麓漫鈔》卷一 春秋晉楚戰於邲，邲又音汳，即汴河，或惡有反文，改從汴。漢樂浪人王景、謁者王吴始作浚儀渠。浚儀即今開封也。永平十二年夏四月，遣將作謁者王吴修汴渠，自滎陽至於千乘海口。晉太和中，桓温北伐前燕，將通之，不果。義熙十三年，劉裕西征姚秦，復浚汴渠，始有湍流奔注，而岸善潰，裕更疏鑿而漕運焉。大業二年，詔尚書左丞皇甫誼發河南男子百萬開汴河水，起滎澤入淮，千餘里，仍目渠河爲通濟渠；又發淮南兵夫十餘萬開邗溝，自山陽至於揚子江，三百餘里，自是南北水始通。世言大業鑿汴，以此攷之，漢晉已有渠，煬帝特開耳。

清 顧炎武《天下郡國利病書·山東上》 隋煬帝開通濟渠，自宋都西苑引穀、洛之水達於河，又自板渚引河水達於汴，又自大梁東引汴水入泗，達於淮，又自山陽至揚子達於江，於是江、淮、河、汴之水相属而爲一矣。

清 康基田《河渠紀聞》卷一四 是年重修長安之龍首、通濟二渠，以疏地脈，利民用。按此陝撫賈漢修復通城之渠也。西安爲西北雄藩，龍首渠一名滻水渠，自東南龍首堰下支分滻水東入於城，通濟渠引潏、皂二河之水通渭水，由丈八溝西入於城，環城交流爲永利。日久，更加修治。溯昔，陳堯咨知永興軍，以城内井泉大半鹹苦，相度城東二里之龍首渠，其水清冷甘冽，自城東開引入城，散流廛閈，以便民用。渠初引滻水，經九龍池至長樂門入城，分作三渠，東折向南，西流轉北，入蓮花池，俱用磚砌，城外造橋梁架槽，引水入渠。土渠加浚深濶，築岸高厚，以防走泄。

通濟渠，水出咸寧之大義峪，正派合小義峪。炭峪之水爲潏河，即交河支派，第一派東北流爲龍首渠，第二派無名，第三派爲胡公堰，水流經義峪與阿峪泉合流爲皂河，經流韋兆等里，至丈八頭作牐入府城西壕。自西關入城，初因龍首渠水不足用，義峪等水經杜曲御宿川等處至丈八頭入皂河，乃於丈八頭造牐穿渠引水西流轉東，築堤爲渠，其渠引入城，用磚甃砌千五百餘丈，城外土渠，亦疏修二十五里，兹復增修。地之高者掘而成渠，地之卑者築而成堰，磚石之缺壞者補之，土渠之堙塞者疏之，渠水流通利益無方矣。

綜述

宋 王之道《相山集》卷二三《通濟渠記》 唐有天下，因隋之舊都長安，以關中地狹，所出不足以給京師、備水旱，故常轉漕東南之粟。然自江淮距汴洛以達于關中，除其間陸運，略計水行無慮數千里，動有風濤覆溺之患。自李傑、裴耀卿、常堅相繼領漕事，當時稱其舉職，後不復有繼者。盗起天寳，陵夷至于代宗，漕路幾絶不通，京師米斗千錢，天子爲之宵旰。

於是元載當國，而劉晏實主東都、河、淮西、江南東西租庸鹽鐵轉輸，有意事功，乃抵書元載，條具運之四利四病。載乃盡以漕事委晏，故晏得竭其才。因自淮、泗、泝、汴入河，究觀三門遺迹，至河陰、鞏、洛，見宇文愷梁公堰，厮河爲通濟渠，且隨江、汴、河、渭所宜。江船不入渭，而江南之運積於揚州；汴船不入河，而汴河之運積於河陰；河船不入渭，而河陰之運積於渭口。自渭口而易船，然後達於太倉，而漕以無壅，歲致四十萬斛。由是關中雖水旱，物不翔貴矣。初，渠成時，禁膳無兼時之儲，甸農方挼穗以供，而歲輸適至。天子大悦，特遣衛士以鼓吹迓東渭橋，馳使勞曰：『卿，朕之鄭侯也。』若晏者，可謂有功於國者歟。

觀夫陳諫推爲管、蕭之亞，而當時不以爲過，有能循其法者，往往至於富國而以才聞於世。其規模宏遠，是可書也，故略其興建日月，而記其事之本末云。

明 項忠《通濟渠記略》（乾隆）《西安府志》卷五　陝西爲西北巨藩，西安府即宋永興軍。大中祥符間，知軍事陳堯咨嘗引龍首渠水，自城東入，以便人用。堤倚高原，日見削損，城中軍民爭汲汱清，然後可用。

成化改元，予忝巡撫，父老言：『去城西南十五里，地名丈八溝，俗名交、皂二河。按，丈八溝乃皂水立閘處，今并言交河者，緣碌軸堰，堰潏水入皂潏水下流，一名交河也。若能疏導自西入城，人用之餘可泄之池，以環厥城，再餘泄九龍池入於滻。』予聞而相視原隰，具實疏聞上，可其奏用。是工役，雲興地之高者掘而成渠，卑者築而起堰，不三旬，水遽入城，命名曰通濟渠。

明 王恕《王端毅公文集》卷一《增修龍首通濟二渠記》　陝西城中水苦鹹不可用，故昔人鑿龍首、通濟二渠，引城外河水入城。由是城中王侯官寮以及軍民百萬餘家皆得甜水，以造飲食，厥功懋哉。龍首渠始鑿於隋初，引滻河水經倪家村、龍王廟、滴水崖、老虎窯、九龍池，至長樂門入城，分作三渠：一從玄真觀南流，轉羊市，過咸寧縣總府，西流轉北過馬巷口；一從真武庵北流；一從羊市分流，過書院坊西入秦府，始作之人無考。

自隋唐至本朝成化間，雖嘗有人修浚，惟總府前二十丈有磚甃砌，餘皆土渠，用板木棚蓋，以土覆之，常有損壞。通濟渠乃太子太保兵部尚書青神余公子俊爲西安知府時，於成化初因龍首渠水不足軍民用，訪得義峪等河水，經杜曲御宿川等處至丈八頭入皂河，乃於丈八頭造一石閘，穿渠引水西流至郭村轉東，築堤爲渠至安定門入城，分作三渠：一從祠堂經長安縣東流，過大菜市、真武庵流出城，注于池；一從廣濟街北流過鐘樓轉西，過永豐倉流入貢院；一從永豐倉東街口北流。

其渠自西關廂入城，俱用磚甃砌一千四百五十丈，甃砌未周處，亦有損壞。咸長二縣小民王恭等以告欽差巡撫陝西右副都御史江右周公季麟，以爲此利濟軍民之渠，既有損壞不可不修，慨然以增修爲己任。乃檄西安知府西蜀馬公炳然相度議處，知府公奉命惟謹，晝詢夜思，以圖堅久，區畫停當，以白巡撫公，乃會同鎮守太監劉公雲武、安侯鄭公英巡、按御史石公玠、王公紹議，允委右布政使陳公孜、提督專委知府公總理知府公，於是差人陶甓輂石，市材燒灰，度量工程，起倩夫匠，卜日興工。西安左右前後四衛及儀衛司咸、長二縣，各照地方委官監工，左布政使文公貴、按察使張公泰、右參政才公寬、右參議李公思、明僉事任公鑾協贊其事。修理龍首渠，東關廂及城中三渠俱用磚甃砌，其城外申家溝等處，渠道原係循岸隨灣穿鑿，每遇山水泛漲，被其衝激輒壞，水不入城。今於兩涯直處造橋架槽，引水入渠，遂免衝激之患。

又　將城外土渠六十里，亦疏浚深闊，築岸高厚以防走泄。又於通濟渠余公甃砌未周處，以磚甃砌七百二十丈，城外土渠亦疏浚修築二十五里，視昔尤加深厚。昔二渠每十家作一井口汲水，因無遮欄，未免爲塵垢所污，今則以磚爲井欄，以磁爲井口，以板爲蓋，啓閉以時，則塵垢不潔之物無隙而入，湛然通流無阻。昔之未開通濟渠也，汲之不足，城池惟西北一隅有水，自有通濟渠之後，汲之不乏，城池四面舉皆充溢周流。是役也，經始於弘治十五年七月，落成於是年之九月，凡用磚以塊計者九十七萬三千有零，石以片計者一千有零，大小松木以根計者三百有零，板以片計者三千有零，用銀二千九十五兩。於乎巡撫公主張是役也，詢謀僉同，委任得人，民不久勞，財不妄費，成功甚速，實堅實好，增前人之未有，免後人之頻勞，不惟可以濟人之饑渴，亦可以保障乎城池，可謂經畫周密，有益久遠者矣，是宜記之以告來者。

紀事

《北史》卷一二《隋本紀上》　壬子，開通濟渠，自渭達河，以通運漕。

又 卷一二《隋本紀下》　辛亥，發河南諸郡男女七百萬開通濟渠，自西苑引穀、洛水達于河，自板渚引河通于淮。

《舊唐書》卷九《玄宗下》　九月，魏州刺史盧暉開通濟渠，自石灰窠引流至州城而西，却注魏橋。

《唐會要·開元二十八年》 二十八年九月，魏州刺史盧暉，開通濟渠，自石灰窠引流至州城西，都注魏橋，夾州製樓百餘間，以貯江淮之貨。

《册府元龜》卷一一七《親征第二》 隋煬帝大業七年二月，帝自江都御龍舟入通濟渠，遂幸涿郡。

又 卷四九七《河渠第二》 大業元年三月，發河南諸郡男女百餘萬開通濟渠。自西苑引谷雒水達於河，自板渚引河達於淮。

又 二十八年九月，魏刺史盧暉開通濟渠，自石灰窠引流至州城而西，却注魏橋。

又 六年九月，前鄴都皇城使張延美進表陳利便，請開淘相州界天平渠通濟運，從之，仍委自往計度。

《明史》卷八八《河渠志五》 麗水民言：『縣有通濟渠，截松陽、遂昌諸溪水入焉。上、中、下三源，流四十八派，溉田二千餘頃。上源民洩水自利，下源流絶，沙壅渠塞。請修堤堰如舊。』部議從之。齊東知縣張昇言：『小清河洪水衝決，淹沒諸鹽場及青州田。請浚上流，修長堤，使水行故道。』皇太子遣官經理之。鄜州民言：『洛水横決而西，衝塌州城東北隅。請浚故道，循州東山麓南流。』從之。

藝文

唐 羅隱《席上歌水調》《全唐詩》卷六六五 餘聲宛宛拂庭梅，通濟渠邊去又回。若使煬皇魂魄在，爲君應合過江來。

元 馬祖常《重修通濟渠龍祠碑銘》《中州名賢文表》卷一八 延祐六年閏八月二十有六日，皇帝御便殿詔大司農臣晏若曰：昔我世祖夜夢龍見于掖庭外垣之水中，因命祠而神之，書其事於碑矣。粤在朕躬，纂紹繼述，今兹龍神之祠，弗治將庳，已詔少府相宜度工。其始列之碑，文略事隱，汝晏可同禮部尚書養浩重譔碑銘以進，朕將俾勒於石焉。

臣晏等承詔，惶恐謝罪，退而爲辭曰：謹按：龍見之水，始爲淵泉。涵澤滋滌，物潤不燥，中居京邑，爲利最大。及至元二十年，乃導泄漕引，東導沽潞，於是名曰『通濟渠』，即其南堧爲龍之祠。表位顯岩，象設肖似，周宫翼室，旁臨夾峙。煌煌乎，岌岌乎，已莫可尚矣。而聖上孝德純一，必欲深體先志，示教萬世，故葺刓補弊，塗塈再新，埏埴黝堊，髹漆鋈錮之制，不侈而文。

祠旁又爲觀音大士堂二楹，齊庖房宇，曲對列居。環以天潢，浮光上下，黿魚泳游，日星景采，誠可妥神棲而宅龍靈也。某年月，上以大比丘尼某主領衆比丘尼，率奉祠事，歲時祝香有使，嘉應旋臻。今年夏，天不雨，有司告狀，上屬巡幸北都，遣官來祠。行事之夕，澍雨大注，逮車駕還御光天宫，明日又雨。臣衞胥悦，幾甸大穰，自兹上益神之。臣晏等伏惟世祖聖德神功，文武皇帝繼天撫運，乾奮飛御，感召陽類，夢孚神龍，所謂變化不測，雷雨下方者也。

迨皇上登極，文治聿興，至誠格天，深仁被物。嘉禾駢植乎壠畝，瑞芝聯莖乎廟學。百神述職，三辰順軌，諸福彙集，有禱斯應。况龍者天神之精，靈明所鍾，固能陰助施他，贊相元氣於冥漠之中者也。嗚呼！歷觀隆古哲王清心無爲，然後可以對上帝洽人神，而納一世於大和至壽之域也。今我聖天子宵旰圖治，光大祖訓，所以寵綏煦濡。鰥寡惸獨者，靡不悉所以祈天永命；斂福錫民者，亦靡不虔斯其祠龍之神，而資我生齒年穀之事也歟！猗歟盛哉！臣晏等謹百拜稽顙而獻銘曰：

於穆聖祖，天聲震發。陽德正中，監觀景鑠。有龍孔靈，協夢之徵。下見池籞，侑帝歲登。帝曰祠之，罔神之媚。訊占習古，考祥天類。亦既在庭，厥德嗣興。墻屋雅雅，靈棲是承。惟延祐天子，凡生資始。敷文周雍，祈年漢畤。皇武繹思，兹宫重新。工徒獻功，丹漆矢陳。榱題完好，不礱以斲。神具厎寧，相我銚鎛。惠布甘澍，勿需禜雩。神嘘爲雲，出入罔以輿。帝伻來臨，薌藉式忱。祝辭不誣，神其時歆。神其時歆，皇永有報。億萬之年，用祠昭孝。

清 張祥河《小重山房詩詞全集·關中集·通濟渠工成登龍首原觀放水有作即贈南陔方伯》 赤手山南闢溝澮，一綫飛流到城外。渠高濠下若建瓴，使水環城如玉帶。龍首原承滈水多，乾爻六畫爲横坡。排鱗畇畇得大潤，垂領汩汩皆盈科。十餘年來任波委，丈八溝形迷尺咫。迎鋤蛇蚓百道通，到耳琴箏萬人喜。宮殿隋唐彼一時，宜春曲江諸苑池。芙蓉開落閲世代，交皂縱横判正支。長安井泉半鹹苦，汲引泉甘被三輔。豈止農田菽麥宜，且教山市魚鰕補。平生吴楚各扁舟，二曲明漪好洗眸。東望嶺雲生狗脊，南移酒榼過牛頭。嗟哉華嚴剩涓滴，將軍山林何寂寂。啜茗平臺讀杜詩，看花大道摩銅狄。玆渠修浚孰鳩工，前有賈公後畢公。君眞興利追鄭白，我樂觀成在鎬豐。

清 樊增祥《樊山續集》卷二〇《兩艖齋集·十月初十日引通濟渠水入行宫池五首》

豐京從古水朝東，十月流澌暖易融。剛是慈寧天慶節，玉波新滿鳳池中。

花水溶溶入苑墻，倚欄雲影蕩天光。九龍呵護蓮房玉，不落華清第二湯。

二聖徘徊行在日，臣冠獬豸侍宫簾。如今池苑皆依舊，惟有恩波歲歲添。

荷鋤揮汗已經年，纔見芳池一勺泉。人世定無速成事，學堂休倚後生賢。

活水源頭要識眞，藻香波翠躍修鱗。西京亦有滄浪叟，笑指金魚是故人。

雜録

唐 李吉甫《元和郡縣志》卷五《河南道一·河陰縣》 隋煬帝大業元年更令開導，名通濟渠，自洛陽西苑引穀、洛水達於河，自板渚引河入汴口，又從大梁之東引汴水入於泗，達於淮，自江都宫入於海。亦謂之御河，河畔築御道，樹之以柳，煬帝巡幸，乘龍舟而往江都。自揚、益、湘南至交、廣、閩中等州，公家運漕，私行商旅，舳艫相斷。隋氏作之雖勞，後代實受其利焉。

又 卷七《河南道三·浚儀縣》 琵琶溝水，西自中牟縣界流入通濟渠。隋煬帝欲幸江都，自大梁城西南鑿渠，引汴水，即莨宕渠也。

又 卷八《河南道四·陽武縣》 汴渠，一名莨宕渠，今名通濟渠，西南自滎澤、管城二縣界流入。

《舊唐書》卷一二三《劉晏傳》 驅馬陝郊，見三門渠津遺迹。到河陰、鞏、洛，見宇文愷置梁公堰，分黄河水入通濟渠；大夫李傑新堤故事，飾像河廟，凛然如生。

宋 晁補之《鷄肋集》卷二六《河議》 大業中，復開通濟渠、永濟渠，以引穀、洛、沁水。開元中，避三門之峻，亦北鑿石渠至它川谷，頗引以溉漕。而亂水之理，助河爲敗者往往而有。

宋 晁載之《續談助》卷四《大業雜記》 梁都有清冷泉水，周闊二里許，即衛平所得大龜之處，清冷水南有横瀆，東南至碭山縣，西北入通濟渠。忽有大魚，似鯉有角，從清冷水入通濟渠，亦唐興之兆。

宋 王讜《唐語林》卷八《補遺》 凡東南郡邑，無不通水，故天下貨利，舟楫居多。轉運使歲運米二百萬石以輸關中，皆自通濟渠入河也。

宋 王應麟《困學紀聞》卷一六《歷代漕運考》 通濟渠，穀、洛水，板渚，邗溝。

《宋史》卷九三《河渠志三》 汴河，自隋大業初，疏通濟渠，引黄河通淮，至唐，改名廣濟。

明 何景明《雍大記》卷一一《考迹》 通濟渠，自宋陳堯咨爲陝西京兆尹作龍首渠，引滻水入城，惠澤人彌久，迄今數百年來水道湮塞，其民甚苦之。國朝天順中，西安知府余子俊相城西南三十里許，有交、潏二水，自終南山流出，其源不竭，而地勢高下相宜，可疏渠而引水入城，以便日汲。乃白都御項忠具章以聞，命下子俊躬督工役，疏浚城市，渠水流通，其水清冽甘美，蠲疾資生，人溥其利。

明 李濂《汴京遺迹志》卷六《河渠二·汴河》 汴河在今縣治南三十五步，即浚儀渠也。源出滎陽縣大周山，合京、索、須、鄭四水，東經京城内，合蔡河，名莨蕩渠，又名通濟渠。自隋大業初，疏通濟渠，引黄河通淮，至唐改名廣濟渠。宋都大梁，諸水莫此爲重，其淺深有度，置官以司之，都水監總察之。

清 葉澐《綱鑒會編》卷四七《煬帝》 《綱》：開通濟渠即汴河

故道，引汴水，開邗溝，置離宮，造龍舟。

《目》：詔將巡歷淮海，觀省風俗。命尚書右丞皇甫議發丁百萬，開通濟渠，自西苑引穀、洛水，達於河。復自板渚在虎牢東引河入汴，引汴入泗，以達於淮。又發民十萬開邗溝在今江都縣境，入江，溝廣四十步。傍築御道，樹以柳，自長安至江都置離宮四十餘所，遣黄門侍郎王弘等往江南造龍舟及雜船數萬艘。官吏督役嚴急，役丁死者什四五。

（雍正）《陝西通志》卷三九　通濟渠，正德間巡撫陝西都御史蕭翀鑿石四十二丈，名通濟渠。萬歷間邠乾兵巡道沈子章親歷渠口督工，疏補壅漏，渠水廣深倍昔。

又卷四〇《水利二・同官縣》　通濟渠，在縣南明參政謝綬開渠，首自寶雞起，經流岐山、郿縣扶風至縣境三江口止，今并廢。

（雍正）《河南通志》卷一二《河防一・開封府》　通濟渠在開封府西南二里，隋煬帝所鑿，以引汴水從城西中牟縣鑿琵琶溝而入，本秦漢運路也。後廢。

又卷一七《水利中・内黄縣》　通濟渠在縣南關，起至姜村止，長三十里，寬四尺，深五尺，雍正五年浚。

又《水利中・河内縣》　通濟渠分廣濟渠，水至尚香鎮，入于沁。

清 畢沅《關中勝迹圖志》卷三《大川》　永濟渠，本名通濟渠，源出南山大義谷，西行過杜、韋二曲，至咸、長交界，經沈家橋漸轉而北，過丈八頭閘，由長安西門入城。

（乾隆）《甘肅通志》卷一五《水利・直隸肅州》　通濟渠。在肅州東南，接沙子第三垻、四垻地界，地盡水尾，其流常竭。明嘉靖三十五年，另開山水垻一道，以濟二垻水利之不及，近城之田得復成沃壤，故名曰通濟渠。

（乾隆）《西安府志》卷五《大川志》　通濟渠，《通志》：自縣西南十五里丈八溝閘北，西北流過丈八頭至南窑頭皆係地渠。又北過甘家寨，至外城郭。俱係土堤高一丈二三尺，濶倍之。又東至安定門橋，凡二十六里，由洞口入甕城内，南流由水門出甕城外，沿城而南過一敵樓，復入城，至牌樓南。又正東流入地下磚渠。舊分三派：一從廣濟街北流，過鐘樓折而西，過永豐倉前，入貢院，現今流通；一從縣東流過廣濟街，又東過大菜市、眞武庵流出城，注於東城濠；一從廣濟街直北過麻家十字街口，滙入蓮花池，今并淤塞。

清 徐松《唐兩京城坊考》卷五《東京・通濟渠》　通濟渠，自苑内支分穀、雒水，流經都城通濟坊之南，故以名渠焉。過通濟坊，又東北流經西市，東折而東流至河南縣之西，又北流至寬政坊之西北隅，東流過天門街，經宜人、正平坊，北流至崇政坊西，過河南府、宣範、恭安坊西北，又東北抵擇善坊西北，東流經道德、惠和、通利按渠至通利、慈惠之北，有浮橋。《通鑒》云：洛水逕端門、左右掖門前，有天津、永濟、中橋三橋。按橋無名永濟者，疑即通濟之浮橋，『通』誤作『永』耳。富教、睦仁、静仁六坊之南，屈而北流，過官藥園、延慶坊之東，入雒水。天寶中，壅蔽不通，渠遂涸絶。

通利渠

綜述

元 張惟善《重修通利渠記》（雍正）《定襄縣志》　《洪範》五行一曰水，八政二曰食。蓋水生于天而成於地，善于利物；食生于地而用諸天，切于養民。民食足而後禮讓興，禮讓興然後品物遂而天性全，此聖人所以庶富且教修六府、和三事而爲叙九疇之始也。

我皇元大造區宇，建官分職，爲民立極，爰開利坊之源，以浚養民之本。凡機要之列，置之以大司農之職，屬之以都水監之任，因天因地，務本救荒，使率土之民生養於皞皞耕耘之地，含鼓於熙熙樂利之天，日遷于善而不知其爲之所以然而然者，盖有季於兹矣。河東冀寧之九原，古襄五仙之砂里，地脉膏腴，民俗淳厚。爰自宋、金，里西舊有通利之渠，既湮没矣。

中統、至元之初，里人州將樊侯率本里同利之人，選才者甲之，尋其故迹，自縣城北决引滹水，注東北，經神山東南，起土築堰，横截牧馬，河流灌溉本里及隣境農田，遂成富饒。是後浸爲洪水，侵噬渠道，阻隔民用，功多而效益少，土益淤而水益縮，加以旱暵相仍，實與磽埆無異，又二十餘年矣。至正壬午，輝州申侯愿處恭爲之部落，王鳳作其尉，雲中陳居實寘其幕。

又　明年癸未，秀容部落李傑漢卿主其簿，共憫是渠之隳廢，爲之惻然合謀，公選砂里幹人前務副武從隆爲之長右，前長率舊甲者復通故迹，相舊堰東將里西地形高阜，跨石崗，刱開巨渠一節，深以丈，底廣如之，面廣加底廣之倍。上疏其源，下浚其流，并如深廣之度，接連村落，首尾五十餘里，支渠小堰，經緯分明，溉民田無慮若干萬畝。由是阻者通，滯者行，凸者夷，凹者平，無侵噬隔礙之患，而有灌溉周流之利矣。若夫力役之多寡，用水之時刻，人心之曲直，別有增損舊約，并牓示存焉，兹不復録。

今季秋從隆欲文石，求懇予。既答之，復考程子之説而告之曰：一命之士，苟存心于愛物，於人必有所濟。今令簿之職，邑撫千家，地專百里，豈特一命而已也？整六案之綱，實五事之目，廣學校，恤飢寒，治梁道，興水利，致一心之中和，位一方之天地，所謂存心愛物，于人必有所濟者，爲如何哉！若然，是上不負我國家勸農之令典，下不廢師帥承宣之重寄，有以流潤澤于無窮也。里人共識之。是爲記。

傳記

（嘉靖）《彰德府志》卷五《官师志》　奈永昂，字民望，香河人。舉人成化二十年任，政尚嚴整，廉明有威，開通利渠，作倉積粟至萬斛，後宦者皆遵其所規制毋能改餘具建置中今任者。

紀事

清　嚴虞惇《嚴太僕先生集》卷一一《山西平陽府知府劉君墓表代》　臨汾舊有通利渠，引汾水溉田，歲久湮塞，君浚之，復其故，所溉之田以畝計者，三萬六千三百有奇。墾闢荒地得畝一萬六千三百八十。每歲兵餉之起存者銀以兩計之，得一百二十七萬八千，皆前所未有也。

雜録

《新唐書》卷三九《地理志三》　南宫，望。西五十九里有濁漳堤，顯慶元年築。有通利渠，延載元年開。

又　任丘，上。武德五年分鄚置。有通利渠，開元四年，令魚思賢開，以洩陂淀，自縣南五里至城西北入滱，得地二百餘頃。

（嘉靖）《河間府志》卷一《地理志》　魚君陂，縣南五里，亦名通利渠，唐令魚思賢開，以泄淀水，得地二百餘頃。

清　顧祖禹《讀史方輿紀要》卷五〇《河南五・涉縣》　通利渠，在縣西一里。下流入於涉河，居民資以灌溉。

清　康基田《河渠紀聞》卷一六　康熙三十四年重修臨汾通利渠，引汾水溉趙城、臨汾、洪洞三縣之田。按：通利渠繇趙城西門外截汾河水建壩引入，渠溉趙城、洪洞、臨汾田，又自趙城衛店東分一派歷洪洞臯陶等村至臨汾、韓莊、上賈等村，沿渠分溉三縣之田。歲久堰傾，渠壞，水不通流，至是重修渠堰，以復其利。

（乾隆）《臨汾縣志》卷三《田赋志》　通利渠。城西北金興定間開自汾西縣師家注，將汾河水西分一派，歷趙城石明等村經洪洞社成等村，流至臨汾羊黄等村，溉田一百六頃餘。康熙年，地震，渠傾。知府秦棠捐俸修之，三縣之民均沾利焉。

桐渠

明　焦竑《玉堂叢語》卷二《政事》　胡若思宰桐城，以愛民爲本，民間積年逋負，悉與奏免。邑中虎爲害，乃齋沐告於神，虎遂滅迹。嘗捕蝗，塗中見臥病者，悉命里胥扶掖就民舍給以醫藥。是夜大風雨，得免暴露，存活數十萬人。議賦役必驗丁産，勾攝公事止遺信牌，行移公文必於日中，決之暇日，輒詣學宮勸督儒生，故桐城人才獨盛。皆公教也。

又鑿渠引桐溪水溉西郊民田數十頃，民至今利之，名曰桐渠。後公卒，邑人思之，配食朱司農祠。

清 潘江《木厓集》卷一《桐渠賦》 桐渠者，蓋邑居之縈帶而坤維之經液也。自胡祭酒引溪水由北郊入邑治，周匝郛郭，環繞而西，溉田百餘頃。寇亂以來，泥石填淤，田園之不獲其利者廿年于兹矣。於越葉侯來宰茲邑，毅然以興復爲任，旬日之間，工用告成。邑父老子弟咸喜，余亦樂得而觀之。夫古人作賦，頌其所見，故聽鄭白之歌，則知渠之利民，采鴻隙之謡，則知陂之當復。取而賦之以順輿情，亦將有望于來者焉。其詞曰：

維桐城之作邑，肇錫名于有唐。順陰陽以開闔，據寶勢于中央。山岝崿而布濩，水泫沄以流潢。溪谷紆以交錯，溝塍鬱其相望。暨曲周之卜築，賴前哲之劻勷。循祭酒之遺則，導溪水乎汪洋。於是大河活活，環城繞郛，疆畝碁置，源泉委輸。滙邑中之水利，亶莫善于桐渠。由北郭而貫城隍，穿官署以達通衢。或濆沫而奔瀉，或詰曲而縈紆。疏地肺之屯鬱，流坤德之膏腴。彼西疇之沃壤，咸浮洝而沾濡，慨戎馬之紛拏，乃田里之蟊賊。吏因循而弗謀，民憔悴以行國。泥沙填委而不流，石留槃洿以中塞。溏洋洋兮靡之，泉迸集而映咽。緊田租之是徵，羌不恤其稼穡。

天祚烝黎，賚我良牧。葉公飛舄，海邦佩犢。甫戾止而哀我，人矢見利而必復爾。乃披輿圖，咨人吏，矚郊原，弭車轡。視往昔之良規，興農桑之溥利。嘉唐州之三陂，偉西門之十二。于是回旋詳觀，自周意決。載色載笑，家喻户説。躬先勞以悦使，競荷鋤而竭蹷。法不貰于鼎貴之家，令必行于環堵之室。然後陰渠洞出，陽澮宏開。徑無隱而不闢，竇靡隘而弗摧。始涓涓以出澗，漸洴洴而瀠回。冀大澤之將流，忽時雨之方至。濤聲磕磕以周城，清流亹亹而過肆。肇假于顛厓之隈徐，取徑于滁岑之砌。透邐乎司寇之遺阡，瀰渚乎光禄之别第。旦吾見夫源于觀音之崖，夕灌溉乎西郊之遂。爾乃湧湍叠躍，迅濅增澆，奔揚滯沛，越壑踰橋。決渟洿之汙濊，塞井甃之淪坳。麥遂遂而垂穗，禾厭厭以抽苗。紛廣原與大隰，胥飫醇而飲醪。至於青□騁節，凍解冰澌。清風徐來，緑水漣漪。慕莊周之濠上，引素練于芳池。植桃李以成列，插垂柳之參差。凭軒檻以觀流，飛羽觴而賦詩。家修逸少之禊，户著山簡之。若乃朱明司辰，芒熛燿赤。狂雹驚雷，飛飈四集。涷雨猋馳，漫溝衝洫。澮雲散而乍晴，瞻天宇之澄碧。乃有牧童樵豎，結伴來游。蛆蟥爲餌，細鍼爲鈎。垂修綸于城曲，出潋潋之纖鯈。臨中流而濯足，歌滄浪以悠悠。於是我侯來止，式燕以懌。烝我勞人，藝我黍稷。謂三農其有秋，匪娱目以取適。居心與水而并清，頌聲載路以洋溢。非夫敏幹之鴻才，烏能克成乎此績？

然而我侯猶不敢暇豫，日咨利弊于閭閻。其守己之貞也，濯乎澄至。潔以爲泉，其及人之周也，汪汪乎蓄慈惠以爲淵。覩新猷之煒曄，知末路之彌堅。恐隸首之不勝紀，奚獨此渠之足傳。

亂曰：溪流漾漾振洿涂兮，翼兹巖邑稱上腴兮。譬人周身泰以舒兮，無有不菀無或枯兮。愚氓何知利是圖兮，樂彼之田闢榛蕪兮。緬惟古人流令譽兮，陂曰鄭陂堤曰蘇兮。而今而後號葉渠兮，澤我桐人永不淤兮。

又 卷一九《奉和葉紫賓明府桐渠新浚紀勝》 山郭溪流惜久停，于今可得似西泠。泉聲忽向車前瀉，麥穗因從雨後青。到處荷鋤喧蔀屋，誰家甃石彷蘭亭。夜來試上樓頭望，漁唱纓歌月滿汀。

憶昔芳郊夾柳堤，一泓清淺到城西。廿年空被榛蕪塞，萬井誰將畚鍤携。鼙鼓恰逢春晝永，石橋平壓暮潮低。何須更看如雲稼，緑滿千疇望已迷。

郭北巉巖倚石開，春流一線繞河隈。褰帷不憚身先往，駐馬欣看水乍洄。野老披蓑應更喜，兒童把釣實無猜。可知萬壑千溝滿，盡向清平橋下來。

琴堂夙駕欲何求，不是貪看緑水洲。流向花村宵析静，聲來廛市曉烟浮。桔槔預省千夫力，雨露能生萬頃秋。何必春潮乘晚急，儘容西澗一孤舟。

茂宰修隍復浚川，滿渠花雨碧涓涓。沿邨户釀宜春酒，負郭僧烹活水泉。河潤永留青瓿澤，棠陰長繞緑堤烟。遥知訟閣鳴絃暇，穩聽潺湲伴鶴眠。

（嘉慶）《清一統志》卷一〇九《安慶府》 桐溪在桐城縣北門外，源出龍眠、華崖諸山，南匯練潭入江。明永樂中，知縣胡□沿山分支流溉西南田百餘頃，名曰桐渠，一名桐陂。本朝順治康熙間重浚。

萬金渠

綜述

明 郭璞《郭文簡公文集》卷一《修萬金渠記》 按《郡志》，洹水發源上黨，逕林慮入安陽境高平村，萬金、高平二渠同出洹水而流別。始，魏武起石堰，引洹入鄴，逕臨漳東達洹水縣，溉田有萬金利，故名。古迹久湮已。唐刺史李公景自高平堰水置渠，東流溉村二十，至郡西郭，南流越官道，東入廣潤陂。後人以舊稱萬金名美，大書刻石，置官道上，然實高平渠也。

萬曆乙酉、丙戌兩歲，雨暘愆期，河北大歉，禾麥罕成，流移載道。彰德府知府漳平陳侯，夙夜殫心，拯救若恫瘝。厥躬慱采群策，謂洹水歷代治渠溉田，厥利甚溥。高平古渠湮圮歲久，宜尋舊迹修浚，興利賑荒，二政兼濟。郡侯閩産，習知水利，協議于同知清苑王侯、通判垣曲趙侯、推官內江張侯，行田相度，經畫規制，鳩材選工，因勢順導，以安陽知縣興安劉侯董其事。

維時，上簡命都御史洪都衷公來撫兩河，入境，深憫時艱，大修荒政，班教郡邑，發倉廪，興工役，修城池，浚川渠，豫防微而興利。因散粟以寓賑。郡侯業治渠事，即以上請，報可。繼請允于監史吳郡徐公、廣平王公，上下鋭志竭思，分任率作，程勞授粟，厚直寬庸，群力競勸，羸瘠雲聚，賴以全活者甚衆。

功將半，劉以憂行，郡倅張侯攝邑篆四閱月，綜理周密，拊循備至。新城劉侯嗣來，和衆飭功，克襄厥成。渠堰砌以巨石，空洞長五尋有奇，闊四之一。前牐啓閉以時，四隅石作雁翅，內制奔湍，外導溢流。中河石埭，横遏奔悍，堰上疊石爲基，廟祀眞武，重軒前覆，石檻外環。渠左創築巨堤里許，下石上土，防秋泛漲。堰口兩傍石岸，長濶有差。迤東間置小牐七，以便蓄泄，且分支渠数十，循渠浚築，逶迤抵廣潤陂幾百里。官道東置堰障水逆入城壕，周衛崇墉，北置小牐，泄歸大河。後倣古制，造龍骨水車、桔槔諸器授民。經始丙戌夏六月，至丁亥訖工。最傭夫匠十三萬有餘，費穀八千石，溉田頃畝不可勝計，收穫視他處獨饒。

夫用天之道，因地之利，民事之要也。難與慮始，可與樂成，民俗之恒也。水之性，道之則順而利興，壅之則逆而貽害。所貴仁人在上，倡率之有道爾。蓋俗多安于故常，而事每憚于興作，即茲渠之廢興可徵已。

今際兩臺衷公、徐公、王公教詔于上，且行部臨視，守巡藩參，晋陽戴公、任丘徐公、憲副桐鄉馮公、東萊齊公，按郡督成；郡侯始终盡力渠事，加惠惸黎，暨諸僚寀咸著勤勩。茲渠一開，郡蒙永利，歌頌諸公之仁政，未可以世数計也。

善乎，崔文敏公之論曰：渠之利不其大哉！凡渠皆引名川，石水得泥數斗，且溉且糞，長我黍稷，春夏不雨，汲溉園蔬，足裕乏絶，西門史公之績遠矣。自魏暨唐李仁緯以來，所開諸渠湮廢已久，予少時猶見高平之利。夫水徙無恒，暴長則塞，相地因勢，彼塞此開，存乎人焉耳。真名言也。郡守勒石，紀績垂後，朴爲載筆，且有感于文敏公之論，故附載云。

清 王伯勉《大中丞佟公復修萬金渠碑記》《碑傳集》卷六三 昔宋孝皇之讀蘇文忠，曰：手扶雲漢，幹造化機，氣高天下，乃克爲之。此語不獨爲文人黼黻，即事功亦不外焉。

從來名臣用世，以氣爲主，韞於莫窺，動于莫禦，如泉珠之拆地而出，其始泡涓耳，及其渟，泓奫浩浴，日稽天觀，灌飲濯者席其澤，罔識具功，若固有焉者。泉之莫窺莫禦者，澮如也。今觀于大中丞佟公，益信矣。

彰德之有萬金渠，相傳爲西史遺績，至唐刺史李公景復開之，宋忠獻韓公琦廣淪之，前明萬曆丙戌、壬辰之閒，郡守常公存仁、邑令劉公字、劉公道亨、李公蒼門、朱公冠先後疏泠之，渠遂大通。郡人安侍御故碑可攷。然皆爲灌溉計，地方之風氣灾害，不與焉。迨天啓丙寅，大雨，水幾入城，亦二百餘年所僅見。今康熙七八年閒，水害遂三至堤岸，皆没樹，僅見杪，怒濤挾雨撼風，排西北二城之趾，甓半圮，水突入城，閭者丈餘，居人之不爲魚者幸爾！究厥禍本，由於渠道淤塞，輸瀉無歸故也。漂溺甫定，乃圖疏浚。會當事者遷陟，不常持議，築舍渠，且日隳。

壬子之歲，撫軍佟公開府中土，詰戎考牧，填惠兩河，凡境内之利弊，廉問而力行之，懃懃劬劬，如治其家事然者。于是紳民合辭，以修復控陳，公隨渡大河，弭節洹滸，履溝塍，察形勢，謂此渠不修，地方之巨害不已。況一綫之水，旋分旋合，於漕流何損乎？亟繕疏入告事下，司空詳覆之，而行河使者亦以漕無害如公言，遂奉命旨焉。疏詳渠志不贅也。于時郡守邱公祇奉憲檄，馳詣渠源，相其分殺，堅厥堰埭，煉鐵冶石，計里鳩工，部署僚屬，各敬其事。起于季春，迄于初夏，工告竣矣。渠水東流，滔汨如奔，抱城環流，氣賑拱衛。耄稚豫悦，游深鼓歌，相與加額曰：微撫軍之賜，不及此，宜勒豐珉，以志弗諼。嗟夫！造物之大，施而不德，民之恆性，感而弗忘，斯何可以無紀乎？公曩督豫儲駐節千彰渠之利害，悉之已久，今恭讀大疏，懇摯之氣溢於言外，上可格於一人，下不怵於浮議，蓋淵然而浩然者，更知公之善用其氣也。公方以五兵六纛，暢揚威靈，三立四維，表率群吏。望在廊廟，譽擅人宗，行且曳履，泰階施潤。四海莫窺、莫禦之用，自當銘諸五熟釜，與嵩雒同其高深。茲役也，蓋其餘緒云。公諱鳳彩，字高岡，三韓名世也。

清 雅爾圖《重修萬金渠記》（雍正）《河南通志》卷七九　在昔，禹平水土，大者九川，而小亦不遺乎畎澮。誠以灌溉者，田功之本也。耕稼者，生民之天也。謀民者，必急其天。治田者，先端其本。水利之重，厥惟舊哉。後世興水利者，西門豹、鄭國而後，代不乏人。而其事恒難，大約議開浚難，謀蓄洩尤難，開浚有道，蓄洩有方矣。求與爲維持保護，俾其利可以永永弗替者，則更有所大難。

今聖天子在上，軫恤民依，重農貴粟，凡爲民興利除弊者，一一周詳懇摯，凡百守土，亦無不仰承聖意，念切民生者。彰郡李守重修萬金渠之請，所由迫也。嘗思夫萬金一渠，創自魏武，後於郡西開高平渠，而尋復舊名者，唐刺史李景也。分設流寺蓋村二閘，及沿渠下復開支渠者，明知縣李應朱冠也。分城東爲二渠，以舊渠爲南萬金渠，而接挑北闕清流口東北至永和爲北萬金渠者，我朝知府邱宗文、知縣高啓元也。

開渠以來，不惟灌田有益，而淪水入濠，置磑紓民，韓魏公而後，自宋迄明，不一而足，其利溥哉！然而千餘年間，大率開者在前，湮即在後，浚者愈急，淤者愈多，何哉？渠之利，閘利之，渠之害，亦閘害之也。蓋進水以閘，出水以閘，水小則閉閘以灌田，水大則開閘以放水，故曰渠之利，閘利之也。閘口之進水者低，而出水者高，則下水甚難。渠水之所入者多，而所出者少，則沙淤極易。壞成例而建新閘，則利雖大而難。周據上游而高閘門，則渠雖存而漸涸。故曰渠之害，亦閘害之也。

余知萬金渠之漸至廢棄，垂四十年於兹者，職是故也。隨飭李守率其屬安陽令左修品、湯陰丞祖世昌、府訓導劉文擢、安陽教諭史特傳、訓導朱乾，實心任事，協力督工，自曲溝至高平，以次挑挖，而高平石橋以南，則加挑進水渠二道焉。橋北則用荆絡壩五十餘丈，束水進渠焉，猶以渠之利雖復，渠之害未除。務使渠之害盡絶，而後渠之利自宏。於是曲溝則添設耳閘一，以導渠之來，北渠剌頭村則增修鎖尾閘一，南渠小官庄則增修鎖尾閘二，以舒渠之流，曲溝、流寺、蓋村三閘，則作透底活閘，以通渠之氣。西北兩闕石墻石堰，則圮者修，缺者補，以固渠之防。勸挑支渠，則曲溝七道，流寺三道，蓋村二道，南萬金五道，北萬金四道，以均渠之利。清流抛洩，則創開中渠一道。私閘劚毁，則量留孫平一閘，以廣渠之惠，開浚有道，蓄洩有方，此殆庶幾矣。

至於每月使水日期，永和中大渠初一日至初六日止，十六日至二十一日止。蓋村渠，初七日至初九日止，二十二日至二十四日止。流寺渠，初十日至十二日止，二十五日至二十七日止。曲溝渠十三日至十五日止，二十八日至三十日止。則一遵前院王、閻二公會勘定期，無使佔越焉。工興於乾隆六年春，通計浚舊渠四，開大小支渠二十有四，建閘三，設荆絡壩一，增分水石墻修滚水石堰各一，甫匝歲而功竣，計灌田一千六百餘頃，分潤蓋村瓦亭等二十餘村，并及湯陰縣報德、將台、尊貴等庄約五十餘里云。

夫興水利，灌田疇，彰郡之福也。因前規謀久遠，今日之功也，而無忘生民之福，無隳今日之功，於開浚有道，蓄洩有方者。維持而保護之，俾其利永永弗替者，則後之守是土者之責也。余盖樂觀其成，而尤不能不重望於後也。是爲記。

傳記

明 葉向高《蒼霞續草》卷一五《朱元甫傳》 朱元甫者，清豐人也，名冠，元甫其字，別號佩黼。【略】時旱甚未已，元甫督民鑿井溉田，人共迂之。元甫不爲輟，闔邑得井數千，所溉無筭。漳、洹之沮，故西門豹鑿十二渠處也久廢，莫有知者。元甫太息曰：地利若此乃棄之，而困天行哉？遍訪遺迹，得萬金渠、珍珠泉二區，因廣故渠爲四，自四而十，自十而百，以至數百，而于洹河上流築石堰三，錮以金液，旁通斗門，導水入渠，盡鄴臆皆水鄉矣。

清 張穆《殷齋詩文集》卷五《誥授光禄大夫河南山東河道總督贈太子太保渾源栗恭勤公墓志銘》 公諱毓美，字舍輝，別署樸園，渾源州人。【略】七年，朝考二等，改知縣，分發河南，曆署温、孟、安陽、河內、西華諸縣事。几案明允，所至有績，重浚安陽萬金渠，民尤利之。

《清史稿》卷二七三《佟鳳彩傳》 佟鳳彩，字高岡，漢軍正藍旗人，養性從孫也。【略】十一年，起河南巡撫。彰德舊有萬金渠，康熙七、八年水患三至，鳳彩奏請修浚，以弭民害。尋疏言：『豫省歲修黄河，用夫多或至萬餘，俱按畝起派，雇直年需三四十萬，小民重困。請改爲官雇，按通省地畝等則派銀，刊明繇單。若遇意外大工，再具題請旨。』上以派銀雇夫仍屬累民，命并免之。

又 卷四七七《李渭傳》 李渭，字菉涯，直隸高邑人。【略】後補河南彰德，萬金渠源出善應山，環府城，入洹河，灌田千數百頃，山水暴發易淤。渭履勘浚治，增開支河，建閘啓閉，定各村分日用水，歲以有秋。漳河當孔道，舊設草橋於臨漳，道迴遠，移於豐樂鎮，行旅便之。

紀事

《清通典》卷五《食貨》 十二年，修河南安陽縣之萬金渠，引坦水以溉民田。

藝文

明 謝榛《四溟集·詩集》卷四《夏日同武元康劉復之杜約夫萬金渠流觴》 城西六月暮，笛裏萬山秋。野水天光净，沙汀日色浮。清觴聊泛泛，白鳥任悠悠。逸少今千載，何人復勝游。

清 胡煦《葆璞堂集·詩集》卷二《彰德太守郭公重修萬金渠書於碑陰》 洹水分流繞郡城，夜春都向桔槔生。只須太守如椽筆，洒作黄金次第行。

聖澤原來在此中，阿誰穿徑許流通。情知萬載歌神牧，戽引瓢傾入化工。

又《萬金渠》 未遣黄熊入羽淵，劈分河水潤原田。平鋪月鑒無遺照，遍灑商霖紀有年。勝算已知侔鄭國，素心端不負廉泉。汪洋千頃知誰是，雅量春收小百川。

又《重修萬金渠爲郡伯郭公頌》 洹水出行山，洹流赴東極。誰肇遏其流，而以便種植。魏渠創厥始，萬金續前德。畎畝屈曲通，漸與城隍逼。轆轤夕不閒，盆盂數環息。揭來郭細侯，疏浚邁恒識。牐石開水關，引流注溝洫。資其浥注功，遂兹灌溉力。未須綆汲勞，馮夷殫厥職。庶幾億萬載，利濟垂典則。

清 趙希璜《四百三十二峰草堂詩鈔》卷二六《漁莊》 小記漁莊松雪書，雲卿別墅萬金渠。門前亦有桃千樹，不是秦時避難餘。

雜録

《魏書》卷一〇六《地形二上》 鄴二漢，晋屬，天平初并蕩陰、安陽，屬之蕩陰。太和中置關，今罷。有西門豹祠、武城、牖里城、蕩城、石竇堰。有南部、右部、西部尉。天平中，決漳水爲萬金渠，今世號天平渠。

唐 李吉甫《元和郡縣志》卷一六《河北道一·臨漳縣》 東山

池，在縣西南十五里。東魏相高澄所築，引萬金渠水爲池，作游賞處。

《新唐書》卷三九《地理志三》 堯城，上。天祐三年更曰永定。北四十五里有萬金渠，引漳水入故齊都領渠以溉田，咸亨三年開。

（嘉靖）《彰德府志》卷一《地理志之一》 萬金渠，在縣西北二十里，深一丈五尺，闊八尺。《鄴都故事》曰：魏都鄴，後起石塞堰，自安陽南引洹水入鄴，自鄴入臨漳，東至洹水縣，當時溉田有萬金利。宋元祐中，安陽自堰口至草橋十五里，水幾廢不流，自鄴縣東至臨漳西十五里，唯有小水涓涓入毛象陂，今廢。

又 卷八《鄴都宮室志》 石橋。《鄴中記》曰：王城東五里，南北長一百尺，東西闊二丈九尺，高一丈九尺。元象二年，僕射高隆之造，當時以橋北爲東市，即古萬金渠也。

（天順）《明一統志》卷二八《彰德府》 萬金渠源出寶山，經府城西，分注東南溉田，其利可抵萬金。

（雍正）《河南通志》卷一七《水利上》 萬金渠，在縣西三十里，即高平渠也。唐李景自高平作堰，引洹水入渠東流，溉村二十，至郡西南流越官道，入廣潤渠。又東與衛水合，元高文忠復浚之，灌田千頃。明萬曆時，建石閘，傍修石堰，溉田不可勝計。萬曆壬辰重修，又分二支渠，至丙申再分支渠四，灌溉視昔加倍。康熙壬午，總河巡撫題定放水規則，每年于三月初一日起，至五月十五日止，以竹絡裝石堵塞渠口，使大流濟運，餘水灌田，過此悉聽民便。至于民間放水，且爲分派日期，其永和中大渠溉田，以每月初一日起，至初六日止；十六日起，至二十一日止。其蓋村渠溉田，以每月初七日起，至初九日止；二十二日起，至二十四日止。其南流寺溉田，以每月初十日起，至十二日止；二十五日起，至二十七日止。其北渠溝灌田，以每月十三日起，至十五日止；二十八日起，至三十日止。不得紊亂。雍正五年浚，寬一丈三四尺，深一丈一二尺。

又 蜀渠在縣西二十里，源出蜀村，至西關北石橋入萬金渠。明正德間重修，溉田百餘里。

又 廣潤陂在縣東南四十里，與湯陰縣交界，湯河及萬金渠水注之，盈則入洹，以達于衛河。後漳水南下，淤其故道，陂水不能入。洹洹水反，注于陂遂，没田千畝。萬曆庚辰，知縣常存仁由葛莊穿渠導湯水入衛，又自戴家溝疏浚淤塞，導陂水入洹，由是二水有歸，不爲民患。

清 畢沅《中州金石記》卷五《漁莊記》 碑云：吾雲卿，總管韓侯之別墅也。去太行東麓三舍，洹水界其下，號萬金渠。折北而東，抵相十里，而近切東涘百許步，即其地也。云云洹水，今名安陽河萬金渠，在安陽西北二十里，源出寶山，經府城西，分注東南溉田，世傳魏武所開。又云其利可抵萬金，故以名也。予按鄴故多水利，自西門豹始，隋、唐、宋、元、明因之，其在安陽、内黄、湯陰、臨漳、武安、林縣、涉縣者，至今往往而有守土官，其如何疏浚，裨益于民，則考古之學通于政事矣。

《清史稿》卷六二《地理九》 安陽衝，繁，疲，倚。西南：蒙賫山。西北：銅山、藍嵯、魯山、清凉山。漳水自涉入，逕邯鄲故城，緣直隸磁州界，又東逕豐樂鎮入臨漳。東南：湯水自湯陰緣界合羑水，及萬金渠、防水，又東逕伏恩村。西有洹水自林伏入，至善應山北復出，其西龍山，合虎澗水，右歧爲南、北、中三萬金渠，又北逕河亶申城，左合珍珠泉，折東逕殷墟，韓陵山故瀆右出焉，又東南先後來會，又東入内黄。

萬厢渠

清 佟賦偉《重修萬厢渠碑記》（乾隆）《永寧縣志》卷二 養民莫先於興利，化俗莫善乎持平。爲利之道如是，而教民亦不越此也。我皇上代天理物，教養兼隆，特蠲千萬之正供，復興畿甸之水利，舉凡所以懷保小民者，無一不至焉。故一時大憲，靡不以興利化民爲首務，膺民社者，詎敢忽諸？

吾永當金門鳳翼之麓，地勢平衍，幾二十里，洛水貫焉。古人引洛爲渠，故永之稱膏腴享地利者，必數洛渠南北爲首。渠之在南岸者，曰雲捶、盡力、復興、民樂、安業共五，北岸則永利、萬厢、小石、永昌、宣利，亦五。每渠溉田自數頃十餘頃至三數十頃不等，永利一渠最居上游，惟萬厢渠緊接其下，環縣治而東綿亘三十餘里，溉田七十三頃有奇，享其利者凡一十八村，故十渠之中，萬厢之利爲尤夥焉。自乾隆八年以來，洛徙而北斷渠之腰，父老賈沿渠地以續之。九年復毀者再，渠民費白金千金，卒不能治。因而相顧束手，遂任其廢焉。

余以九年冬承乏茲土，勸民興復者屢次，父老堅以無益爲請，蓋以河水數刷渠身，已爲巨浸，冲斷一百餘丈，而且斷渠之首擁土丈餘，高於故渠且三數丈，誠爲力無可施者，余心憫焉，未嘗一日忘也。今年春，始得度地過水諸法，余甫自會城歸，遂不遑寧處，即日親至渠所，度量高下，因改萬箱渠身斜繞北原，迤邐而南，復接斷渠之首，水得通行無碍，且去洛遠，亦再無冲刷患矣。

萬厢父老咸色喜曰：『此向所至，願而不可得者，以北原有永利支渠二股，自北而南，渠民資以爲利。今改渠道，即須横截枝渠，則利於我者，恐害且移於人也。』於是永利衆庶果呶呶而前，余笑而婉諭之，曰：『若曹均赤子耳，余豈爲是不平之舉哉？曩余不能决者，正爲是而止；懼導争也。今詳度地勢高下，渠必深八九尺，始能行水。吾今爲若架飛槽過支渠水，則渠流於下，水行於上，若地溉自若也，并當爲若叠石橋，便耕作，立碑垂久遠。俾余去之後，設有廢壞，令萬厢渠長爲若修之，不以累永利也。不特是也，今河日北徙，則爾地且不保，余當爲女作月堤，障水南注以保地畝，又安肯但爲萬厢籌樂利而不爲永利計久遠乎？』語甫畢，二渠之民，觀者數千人，咸額手曰：『若然，吾儕且禱祀不能得，敢不如使君命耶？』

爰命擇日興工，計用北原地七畝有奇，萬厢渠民計畝出資力，每畝照時值償十五金。計開新渠二百二十餘丈，用工千開去地糧撥入渠身完納。余另爲之作飛槽二，石橋二，又臨河築挑水月堤一。以三月上旬謀始作，半月次第告成。二渠之民咸喜，請余立石記之。余嘉二渠之能讓也，且甚願吾永之民同敦婣睦，比户可封，以享聖天子浩蕩之恩，沐賢大憲噢咻之澤也。故詳述其興復之由，於石而樹之橋滸以垂永久焉。

（雍正）《河南通志》卷一七《水利上》 萬厢渠在縣西二十四里，自東仇村起，至吴村止，長二十四里，寬五尺，深五尺，灌田。

萬公渠

清 陳大玠《萬公渠記》（光緒）《臨漳縣志》卷一二 渠自義城、彭城、樂安等村，經邢固村前青龍渠匯百陽渠入洹河、通衛河而達海。曩旋開旋淤，而石橋岸柳陶令碑迹皆昭著。茲蒙郡憲萬公親勘舊址，飭令疏浚深廣，刊示永禁淤塞，百姓均沾惠澤，群稱爲萬公渠，因銘石以垂悠久云。

（同治）《南城縣志》卷八《名儒》 萬國宏，字廷傑，號西庚。由貢生議叙河南開封府通判，署宜陽縣。時河水衝决，城市幾没，倉庫莫保，宏率吏卒疏浚，水勢漸平。既而亢旱，步禱膝行，甘霖大沛。調祥符縣知縣，祥符地廣民瘠，正供十餘萬，逋欠帶征又不啻倍之，前令每以爲苦。宏賑恤窮民，爲設法緩征，人始得漸次輸納。升彰德府知府，彰郡屬邑舊有灌溉河渠，久淤，開鑿維艱，宏集紳士慨捐三千金爲倡渠，始復舊，臨彰之田無旱潦焉，民建祠奉祀顔曰萬公渠。郡有宽獄，已擬極刑，後經宏審，立雪前枉。吏有置金於蔬菜中以進者，宏覺之，怒擲其金。下至鹽當，陋規革除殆盡，歲荒散賑，單騎前往，荒陬僻壤，均沾實惠，以勞瘁卒。民哭之，如哭私親云。

（光緒）《臨漳縣志》卷一《疆域》 萬公渠在縣西南，地勢窪下，水淹田禾。康熙三十六年知縣陶潁發查，有入河舊溝形迹，循舊開浚，年久淤塞。雍正七年知縣陳大玠勘詳，本府萬國宏查看，飭令疏浚。有石碑二道，自義成村至邢固村入安陽縣小青龍渠，計長二千一百三十五丈。

魏十二渠

論説

宋 王安石《臨川集》卷六七《三不欺》 豹治十二渠以利民，至乎漢，吏不能廢，民以爲西門君所爲，不從吏以廢也，則豹之德亦足以感於民心矣。然則尚刑，故曰任刑焉耳。使無以懷之而惟刑之見，則民豈得或不能欺之哉？

宋 吕頤浩《忠穆集》卷八《燕魏雜記》 相州北三十五里梨園鎮，有西門豹祠堂。《史記》載西門豹嘗爲鄴令，叙河伯娶婦事甚詳。豹發民引漳河水，鑿十二渠，引河水灌民田。當時民治渠，老少皆煩苦之，豹曰：『民可與樂成，不可與慮始。今父老子弟雖患苦我，然百歲後期令父老子孫思我言。』其後民果得其利，家以富足。至漢時，鄴之長吏以十二渠橋相比近經絶馳道，欲合三渠爲一橋。鄴民父老皆不從，曰：『此西門君所爲，不可更也。』長吏終不能易，故西門豹祠至今祭祀不絶。

清 顧炎武《天下郡國利病書·田賦書》 昔人有言：不一勞者不永逸，不暫費者不久安。西門豹爲十二渠，民頗煩苦之。豹曰：『民可以樂成，不可與慮始。今父老子弟雖患苦我，然百歲後期令父老子弟思我言也。』其後渠成，民卒利之百歲，後猶頌其功不衰。

清 康基田《河渠纪闻》卷二 魏文侯時，西門豹爲鄴令，發民鑿十二渠，引河水灌民田。按：《括地志》：横渠首接漳水，西門豹所鑿之渠也。豹堰漳水以溉民田，使瘠者成腴，利溥而澤長。鑿十二渠，分引支流，田皆得溉，遠近同沾。所謂行而宜之，與民宜之也。【略】前時議者以西門豹至鄴，人不敢欺，引魏文帝三不欺之論，謂豹以威化御俗，然至民享其利功，施於後世不能忘，亦非獨以威化也。後史起爲鄴令，亦引漳水富鄴。左思所謂『西門溉其前，史起灌其後』者，利適相同。惟有豹與起之力，而後得有渠之用。後世各私世業，人異其心，力不能齊，而堰牐不守矣。漳水溢入，衝蕩無時，膏腴變爲沙磧，豈古人立法之不善哉？行法無人，而咎法無是理也。

清 沈欽韓《漢書疏證》卷九《古今人表四》 按：此爲《溝洫志》所本，然《史記·河渠書》云：西門豹引漳水溉鄴，以富河内。《滑稽傳》又云：鑿十二渠至漢末更。則史起又何所爲耶。

清 李笠《史記訂補》卷三《河渠書》 西門豹引漳木溉鄴，以富魏之河内。《考異》：《漢志》，史起言鄴田惡，漳水在其傍，而西門豹不知用，是不知也。乃以史起爲鄴令，遂引漳水溉鄴，民歌之。《史記》以引漳水溉鄴爲西門豹事，誤。《志疑》引漳水溉鄴，《溝洫志》據《吕氏春秋·樂成篇》以爲史起，有史起譏豹，不知漳水溉田語續《滑稽傳》，謂豹引河水溉鄴也。然考《後漢書·安帝紀》，初元二年正月，修理西門豹所分漳水爲支渠，以溉民田，《水經注》十云魏文侯以西門豹爲鄴令，引漳以溉鄴，民賴其用，其後至魏襄王，以史起爲鄴令，又堰漳以溉鄴田，與此書相合。吕子恐不足據。蓋二人皆爲鄴令，皆引漳水。左太沖《魏都賦》所謂『西門溉其前，史起灌其後』也。案：梁氏所證甚是。今廣之陸翽《鄴中記》云：當魏文侯時，西門豹爲鄴令，堰引漳水溉鄴，以富魏之河内。後史起爲鄴令，引漳水十二渠灌溉魏田數百頃，魏益豐實據武英殿聚珍本。翽，晋人，所記正與酈道元、左思合，必有依據。錢氏專信《漢志》，竟忘旁徵，疏矣。

紀事

《史記》卷一二六《滑稽列傳》 西門豹即發民鑿十二渠，引河水灌民田，田皆溉。當其時，民治渠少煩苦，不欲也。豹曰：『民可以樂成，不可與慮始。今父老子弟雖患苦我，然百歲後期令父老子孫思我言。』至今皆得水利，民人以給足富。十二渠經絶馳道，到漢之立，而長吏以爲十二渠橋絶馳道，相比近，不可。欲合渠水，且至馳道合三渠爲一橋。鄴民人父老不肯聽長吏，以爲西門君所爲也，賢君之法式不可更也。長吏終聽置之。故西門豹爲鄴令，名聞天下，澤流後世，無絶已時，幾可謂非賢大夫哉！

晋 陸翽《鄴中記》 當魏文侯時，西門豹爲鄴令，堰引漳水溉鄴，以富魏之河内。後史起爲鄴令，引漳水十二渠灌溉魏田數百頃，魏益豐實。後廢堰田荒，更修天井堰，引鄴城西面漳水十八里中，細流東注鄴城南二十里中，作二十堰。《續資治通鑒長編·天聖四年》魏史起鑿十二渠，引漳水溉斥鹵之田，而河内饒足。唐至德後，渠廢，而相、魏、磁、洺之地并漳水者，屢遭决溢，今皆斥鹵不可耕。【略】願募民復十二渠，渠復則水分，水分則無奔决之患，以之灘溉，可使數郡瘠鹵之田變爲膏腴，如是，則民富十倍，而帑廩有餘矣。以此馭敵，何求而不可？」

明 董説《七國考》卷二《魏食貨》 於是，西門豹曰：『害不去，利不興，非國也。吾爲魏興利，鑿渠十二，父老子弟雖煩苦，然百歲後期令父老子弟思吾言。』即發民鑿十二渠，引河水灌民田，魏由是得水利。

五丈渠

《續資治通鑒長編》卷二 建隆二年二月 壬申，命給事中范陽劉載往定陶督曹單丁夫三萬浚五丈渠按《宋史》作五丈河，自都城北歷曹、濟及鄆，以通東方之漕。上因謂侍臣曰：『煩民奉己之事，朕必不爲也。開導溝洫以濟京邑，蓋不獲已耳。』

宋 晁補之《鷄肋集》卷一〇《五丈渠》 五丈渠，河水齧堤三里餘。懸流下噴水渤潏，訛言相驚有怪物。濼東漁子浮兩舠，清晨徑流雙鬣搖。驚人跳起横觸島，大鱘十尺長夭矯。殺之信宿不敢言，并村稍稍聞者諠。伐鱗封肉擔揭去，兩日一村猫犬飫。夜來水泛州西原，青青百頃白波翻。里巫推變咎漁子，豫且賊神實爲此。此邦一年不穀食，賣魚取錢當常職。聞道相家口，津人無敢憑。大魚死，小魚靈。

宋 陳均《宋九朝編年備要·建隆二年》 浚五丈渠通東北之漕也，亦命陳承昭督之，夾汴河，造斗門，上曰：『河渠之役，非獲已，煩民奉己之事，朕不爲也。』後改蔡渠爲惠民河，五丈渠爲廣濟河。

五爪渠

綜述

明 徐忠《五爪渠記》（嘉靖）《磁州志》卷三 覆載之間，萬物遂其生者，莫不得雨露之滋潤，水利之灌溉而然耳。水之爲利固大，其性順下，自不能周旋，其用如天地能生物，而物之各遂其性者，向必賴夫人焉是。故磁地廣潤，原壤高燥。聖朝開国初，知州事包侯覩産物缺泉灌溉，民受飢饉，設法扵州西滏陽之濱開渠引水，支分五派，灌溉隴畝。由是郊原所産，上足以供輸，下足以養贍，城池所畜，非爲供邊，實亦必資民用。

是時官尚無缺賦之累，黎庶無飢餒之憂。至永樂乙未，洪水泛濫，斯渠遂湮塞不通迨今。安侯名理，字守正，乃関西慶陽弘化巨族也。早游庠序，博覽經史，捷鄉舉，登名成均，練達治體。擢任郡守，下車以来，事辦民安，覽州志，披地圖，舉廢典。緣比元年旱，欲疏通斯渠，乃謀州佐同知巢陵徐君、清陽鄧君、判官楚萍、許君吏目、獻陵李君僉叶，陳情聞上可其情。

時諸君各治事扵外，惟安侯獨掌州事，恬不以紛擾爲意，復令得利户用功不斁，捐己俸，募外邑人恊力。是歲三月初旬興工，民樂趋事，不終月遂通，若神靈助然。俾水利得力，周旋灌溉，其築堤會水之備，木石應用之物，募力爲之，不費公帑一錢一粟，但聞安侯片言半句，不待刑驅勢迫，倏然而就。美哉！安侯知为政之急務也。民安扵政平，政平扵官，得其人如是，則其利勝既耶！予故重是耆民之請，遂直書以爲後官者勸。

（光緒）《廣平府志》卷一九《水利略上》 五爪渠一名中渠，在州西十里許，支分五派。一北流十里折而東北流，又二十里徑州城東北十二里之高臾村入滏河。一東流十里徑州城西南隅，入於城濠，由東北隅入滏河。一東流十二里，徑州北之永濟橋，又東四里入滏河。一東流八里，與前一支會，達永濟。一東流八里徑御射亭，又東八里仍入滏河。明洪武間知州包宗達於響水梁村，引滏水開渠溉田種稻。宣德間知州安理重修。隆慶間內修石橋，復開前渠導水北流，橋成塞之不固。每秋山水泛漲，州北田禾淹没，官途淖滯。萬曆六年，知州趙範於州北二十里梁王橋，疏渠一道，長千三百餘丈，東通滏河用洩其勢，農旅便之。

國朝康熙三十六年，知州蔣擢重浚，三十九年奉巡撫都憲李國亮，飭興水利。蔣擢復於五爪渠南北中三渠，鼓舞農民大加疏浚。復審視地形於杏園等四村，新開渠二道，又改修橙槽，築堤以護杜村等四村泛溢，從此西北一帶樂利無窮。

傳記

（順治）《彰德府續志》卷五《官師志》 包宗達，金華人，洪武十三年任開五爪渠，後有安化楊玉、澄城張夢輔、定遼顧正皆有治績。

（光緒）《廣平府志》卷四四《宦績録中》 章啓，字文亨，武功衛，進士。宏治中，知磁州，嚴明果斷，綽有治才。黄龍白道十餘里地多沙壓，上疏除其糧，修五爪渠以興水利。立車騎關以守險要，創城樓增重關爲防守計。正德間，流賊之變，賴以保全。《舊志》

紀事

（雍正）《畿輔通志》卷二三《山川》 五爪渠。在磁州西十里，明洪武中知州包宗達引滏水分爲五渠，溉田千頃，後漸淤塞。萬歷十一年，知州張夢麟復因故道開浚，民甚利之。

藝文

唐 張籛《渠上竹枝詞二十首·其一》（同治）《磁州續志》卷六 渠分五爪自誰開？包父前頭蔣後來。響水梁和槐樹里，恩波瀠折幾千回。按《州志》，五爪渠，明州牧包公始開，至蔣公修之，而《水大備》響水梁村爲修渠之始，槐樹里爲建閘之始。

雜録

（康熙）《河南通志》卷六《山川》 五爪渠在磁州西十里，引滏水入焉，溉田千頃。

（同治）《磁州續志》卷二《水利·河渠》 滏河發源州西之神麕山，邐迤東流。前明洪武年間，知州包宗達於州西五里响水梁村開渠引水灌田，支分五派，名五爪渠。萬曆十五年，知州孫健於槐樹屯地方建閘蓄水，以時啓閉，并創開北渠一道。後二十餘年，知州牛維赤又開南渠，其五爪渠道謂之中渠。三渠引水灌溉曲溝、永旺、槐樹等五十餘村地畝，營治稻田二百餘頃。

崇正年間，知州李爲珩復於州東之琉璃鎮開東西二渠，灌溉二十餘村地畝。

國朝康熙年間，知州蔣擢又於各渠接開小渠，增築堤堰，營治稻田二百餘頃。由是變瘠土爲膏腴，乾旱無虞，民生饒裕，蓋水之爲利廣矣。按北渠開於前明，孫任府志亦載之。而州之舊志顧以北渠專隸於曲溝、黄鼠、大小光禄四村同治。

謝公渠

清 胡處鈞《謝公渠記》（光緒）《鹿邑縣志》卷四 鹿邑爲豫省邊鄙，其地無名山大川關隘津梁之衝，民俗樸拙，不習工商，懋遷有無之業，一切輸將之奉，俯餌之需，胥取賴於耕農。厥田中下，沮洳斥鹵者居三之二，上而睢柘、太康諸邑皆高原曠衷，稍遇霪潦，如建瓴下注，而境內河渠通下流，瀉水者又率多淤閼不能達，故歲逢水，毁闔邑，萬頃之田半爲滙澤，用是財匱，號爲瘠貧。蓋前此司牧者，俱未遑置念也。

今上御極四十年，我福山謝公始蒞茲邑，甫下車，詢民疾苦，即思有以富而教之。未期月，弊漸除，利漸興矣。越明歲，值有水潦之灾，高原下隰，彌望皆巨浸。公具以情請于上臺，特具疏入告，獲俞允蠲免田租三之一，復發倉平糶，飢民賴以全活者蓋數萬家焉。

公徽是，因遍曆郊坰，周行循視，而又聰敏强記，一經涉曆，無不瞭然於心。于是慨然曰：『天行之爲災，亦有備則無患也。』遂出教於民曰，某舊渠起某地，入某河，宜疏。某陂澤起某地，入某渠，宜浚。而通流河道，則排決兼施，令其深廣，受水倍於他時焉。

其工即起于被灾次年之春，民力乏食，公自爲捐穀千石，有能開渠若干者給穀若干。於是民皆鼓舞競奮，次第告成，間有未竟厥功者，嚴督之，不以初終異也。凡爲新舊河渠共若干道，水潦行以無患。向所謂沮洳斥鹵之地，望其黍稷，既與與而翼翼矣。於是闔境之民，競爲名曰謝公渠云。

於戲懿哉！觀所以名渠之意，則民之不能忘也固矣。以鈞所知，四野之民皆將次第而獻頌焉。而是渠也落成，獨先濱渠之人，果先爲伐石紀美，而命鈞爲之記矣。鈞亦有數百畝，向爲汙澤，不足以養，今且拜公之賜矣。雖不文能無志乎。

嘗讀召康公之詩曰：蔽芾甘棠，勿剪勿伐，召伯所茇。又曰：勿剪勿拜，召伯所説。』夫甘棠非召伯所自植也，非有滋溉樹藝疏浚培葉之勞也。而甘棠又非流衍汪濊之澤也，愛其人，思其所説，猶曰召伯召伯焉。而况於經營敷引心力周咨之所建者乎。惠流者，思功遠者，世渠稱鄭國，澤美西門，秦漢以來未之有改也，後之言謝公渠者，則自今始矣。重休襲美，播之無疆，其亦將有徵於斯文。

（康熙）《鹿邑縣志》卷六《名宦略》 謝乃果，字松麓，山東福山縣人。與兄實同登康熙戊辰進士。來令鹿，愛育士，政簡刑清，甫下車視學，見黌宫湫隘，墻宇半就傾圮，即謀所以新之。經營七年，工竣，廟貌巍焕，春秋上丁，足肅觀瞻。

公至次年，適有水患，力爲窮奢，請命得豁租十之三，開倉平糶，賫糜賑飢，賴以全活者數千家。復天灾不時，相地勢，開溝渠，手指口畫，條理詳明，故蓄洩有賴，而沮洳者咸變膏壤，至今名謝公渠云。

（光緒）《鹿邑縣志》卷一三《宦績》 知縣謝乃果，字松麓，山東福山縣人。由進士任，下車親學，覩黌宫傾圮，首謀所以新之，經營七年，制崇於舊，試儒童文，病其無法，建義塾延宿儒教之。政事之暇，進生徒與論學，質疑問難，應對無倦，爲政尤有實心。

到官之明年，適有水患，力請於上官，豁田租十之三，開倉平糶，煮糜賑飢，朝以全活者數千家。境内溝渠最多，通則利，塞則病，乃果履相地勢，殫心疏浚，蓄洩有賴，沮洳咸變腴壤。縣人樹石頌德，名之曰謝公渠。在官八年，以績最，升吏部主事。

興隆渠

紀事

（乾隆）《孝義縣志·山川渠堰》卷二 興隆渠，康熙十三年新開，在潤民渠下，於城東南二里許，孝河北岸浚渠引水，東北注於地内，每年同仁義以下八渠與潤民渠各分半年，每一月又與八渠分使，八渠得十六日，興隆得十四日。十四日之内又七村分，使橋子上水利一分半四月初一日起初三日止；城東水利一分初四日起初五日止；長黄村水利一分初六日起初七日止；馬庄屯水利一分初八日起初九日止；青義村水利一分初十日起十一日止；藴家營水利一分十二日起十三日止；仁智村水利半分十四日即止，週而復始。

（光緒）《孝義縣續志》卷上 北堰。北堰者，北關之堰也。前止有北邊老堰，自西至東長一里許，以防義河。道光九年，興隆渠水至北關。二十年更甚，并漫社稷壇。因令其築堰，其堰從北門東邊城根築起，駕城濠，而北又東繞北關東門，往北過北岳廟，至東西之老堰而止，有碑存北岳廟中。然創始爲興隆渠，以後加高培厚，則仍北關之事也。斯堰雖護北關，其實仍護城耳。

雜録

（乾隆）《汾州府志》卷四《山川下》 又東五里，北岸引渠曰興隆渠。又十里許，納漕溪。又七里許，而與文水會。潤民渠在城西南二里許，引過護城堤下，經城南堡墻內，繞城而東。興隆渠在潤民渠之下，其下，勝水北岸則有仁義、洪露、馬道、長興、仁和、中南六渠，南岸則有馬任、盤粮二渠。潤民渠，明洪武九年重浚，溉城東大村、小村、長興、長黄、馬莊屯、清義、仁智、南辛安、盧家莊、東盤粮十一村地。興隆渠，溉城東、橋子上、長黄、馬莊屯、清義、仁智、蘇家營七村地，因興隆渠東注，而蘇家營、仁智、清義諸村地在渠北。

（乾隆）《富平縣志》卷四《水利志》 興隆渠，自朱黄灘起，歷别家堡、上官村，西至官莊、裏統、楊家，南至鐵佛寺止，十五里，灌田一千畝。

（乾隆）《孝義縣志・山川渠堰》卷二 興隆渠係孝河上游，多獲清水、渾水兩利。至八渠之清水，雖在期内，然源小流長，以次遞灌，其獲利特減。

（嘉慶）《清一統志》卷一四四《汾州府》 興隆渠在孝義縣東南，本朝康熙十三年開，引汾水、孝水溉田。

（光緒）《富平縣志稿》卷四《經政志》 興隆渠，自縣西鄉朱黄灘引灌起，至鐵佛寺止，長一十五里，灌田一十頃。

興文渠

明 曹于汴《仰節堂集》卷四《平陸縣創鑿興文渠碑記》 參知政事詹公巡方，河東植綱振紀，飭吏庇民，靡不具舉，其大者，揚勵風教，興起髻髦，更用綣綣，按部虞城，登高遙覽，挹傳説諸賢聖之高蹤，神與遊焉。已而慨前修之不作，顧多士之彙征，徘徊瞻顧，意者山河淑氣，聚散不恒歟。抑何今昔人不相及也。乃命邑令魏君引澗析渠，環遶城邑，暢厥地靈。

魏君良尹，明作於治者，遂廣謀詳度，庀材鳩工，鑿渠導澗，高者穿洞，卑者築堤，由城北流入縣治，遍及公署泮宫通衢委巷，疏通足以破窒聯絡，蔚乎有章，旋出城外，灌田三百畆許。復於邑之艮方，甃磚石爲崇臺，上竪樓閣，嚴祀漢關將軍，有鎮定之象，聳拔之義，其資民耕飲，愜人遊眺，固無俟論。

經始於萬曆甲辰七月之望，越月工竣。夫取河役之餘，基取古道之隙，費不靡，民無擾，頓成勝迹。魏君以興文命渠，而屬余爲記。

夫豪傑之興，天所篤哉，地所鍾哉，人所奮哉。天道，萬古不變者也。人心，三代永直者也。或陵谷不能無遷，則地氣有時而乖乎？

公率作僚吏，牖士之天，樹人之軌，而猶不忘懷於風氣。蓋亦嘉惠文教罔所弗用焉耳。然天如是，其不變也。人如是，其常直也。而地復如是，其稱勝也。虞之人士，有不媿休先哲，道崇業茂，其曷以對此德意。夫傅説負上聖之質，不難版築，以約其躬，草野之中，何與天下事，而舟楫鹽梅，輒復儲諸豫，誰能恬之於守，不以米鹽脂潤撼其膺，誰能身任天下，不以參兩位育遺之遠。斯傅説，比肩矣。善乎關將軍之言，曰：心在人，日在天，誰能俾吾之心如天之日，昭朗精融，不雜微滓，洋溢貫徹，不間一髮，斯恬於守矣，斯不忘天下矣。斯動天遇主，助猷彪炳，光被山川矣。請因令尹以質諸公而爲，虞之人士效區區焉。詹公名思虞，庚辰進士，常山人。魏君名學徵，乙酉鄉進士，咸陽人。

（乾隆）《平陸縣志》卷二《山川》 興文渠 萬曆二十三年，知縣魏學徵引水入城，疏通文脉，自縣署遶學宫之左，注於泮池，名曰興文渠。曹予汴有記，今北門外有魏公渠碑。

（嘉慶）《清一統志》卷一五四《解州》 興文渠在平陸縣北二里，由北關入城，民資灌溉。

又 魏學徵咸陽人，萬歷中知平陸縣，扶弱抑强，嘗開興文渠以資灌溉，人懷其德。

（光緒）《平陸縣續志》卷上《輿地類》 興文渠即魏公渠，近因天旱水涸，半就傾圮。光緒六年，浙紳金觀察福曾撥賑錢二百緡，知縣劉鴻逵督工築之，有碑記。

伊渠

明 劉健《重浚伊洛二渠記》（乾隆）《洛陽縣志》卷一五 余自童丱時，

隨父兄經行伊、洛間。溝渠堤岸，即知爲昔年水利之迹，且聞當時水之盛行，溉田甚廣，惠民甚衆，今但廢塞不行耳。成化乙巳丙午之際，官京師聞吾鄉歲連旱，鄉民之以飢死者，枕籍于路。因扼腕嘆息，誠使水利之行如昔年，則民之飢而死者寧至是耶？自是與吏吾鄉者輒言及之，然未有能加之意者。

又 余聞其言，于是吾鄉水利之念愈切焉。蓋吾鄉伊、洛二水，其鑿渠以溉田，肇自唐時。洛渠起郡治西南東侯保，分洛水而東，曰莽渠。莽渠之北又分三支曰清渠，曰單渠，曰太陽渠，凡四渠末流仍入洛及伊。伊渠起郡南伊門口之北，分伊水北行，至午橋莊與洛渠交而出其上，并二支亦曰莽渠、清渠、單渠，但以東別之，凡三渠俱入洛，二水之大可勝舟，冬夏不涸。故渠道行近水之田將百里，皆仰溉焉。前代以來，興廢不可考，國朝宣德初，始湮塞不行，今七十餘年矣。

又 丁未夏，奉命祀西岳，道經新安之王喬洞，見溝水引行岸上。時縣境俱旱，而禾苗于此獨盛。過潼関，又見其地昔之水縱横于道者，皆成渠而行，稻畦彌望相屬。問其人，謂得良有司，如他郡水利之治治之，故能至此。

又 宏治癸丑，都憲海虞徐公恪巡撫河南，以民屢困於旱，訪求水利。凡古迹之可復者，悉疏以請。朝廷特降璽書，命大參四明朱公瑄總其事，而伊、洛二渠分委河南府知府劉公瓛、同知董公琇及洛陽縣知縣楊君滋，尋又委河南衛指揮張公傑督工浚治。先洛渠，次伊渠，凡用夫匠二千七百有奇，不數月而工完。但閘壩之制，分溉之法未備，而徐公調湖廣，朱公遷撫南畿，劉公去爲陝西大參。又未幾，汴省分治決河黄陵剛，董及張亦被檄去。僅踰年，而二渠復湮塞如故。

又 歲丙辰，河南按察司副使濟南張公鼒，以治河有績，被命專領其事，按行二渠，遂復委同知董公等督夫匠如前浚之。而新任太守陳公宣繼至，乃相與協謀即事，於是渠水復通。副使心切爲民，又雅知水事，仍斟酌古法爲之制，使可經久。每渠障水之入，各有壩；防水之暴，各有閘。而渠之每深下之處，又各有小閘。閘内之兩傍各有子堰，子堰之中，各有游渠以均水利於遠近。又於洛渠之南大明寺後創鑿一渠，東行出午橋之上。洛渠蓋并前爲五矣。

又 水利既行，慮民之不能無分争，及渠之易於壞也，各爲條約，示以護渠分水之法。又慮民獲水之利，歲豐祈報，及治水之官行視督責，宜有所止。復以治渠餘材，於洛水南宋邵子安樂窩之右作龍王廟。廟之後作廳事，以楹計凡二十有一。副使爲民之心至是可謂無遺策矣。

又 是役之繼興也，始于丙辰冬十一月，終于次年秋七月。雖不能不用民之力，而民皆懽然赴之，無或後者。既訖工，請余爲記。余惟朝廷之設官置吏，凡以爲民而已。民事莫大於農，而水利又農之大者。伊洛二渠，利民甚大，湮塞不行者已七十餘年。兹之役，都憲徐公實創其始，大參朱公繼之，憲副張公又繼之，爲民之心進進而無已，而一時郡邑諸公爲之委任，又躬親督勵，克底于成。賢勞固深足嘉，況歷五寒暑，動民數千餘而工始訖，其費亦大，豈可泯然無述于後哉！遂不自量，爲著始末，并余之所嘗切于念慮者，刻之龍王廟石。凡一時有劳諸執事，仍俱列于碑陰。庶吾鄉之後人有考焉，不忘兹惠於永久也。

清 顧炎武《肇域志》卷二九 《嵴山府志》載伊、雒二渠之利甚博，其在永寍縣名永寍川，東西長六十里，在雒陽南一里，名雒水川。

（乾隆）《洛陽縣志》卷三《山川》 伊渠由縣南伊闕山北，此水北行至午橋莊，與洛渠交而出，其上并二渠，亦名莽渠、清渠、單渠，但以東別之。伊、洛二渠大可勝丹，冬夏不涸，灌田幾延百里。

永豐渠

綜述

王榮誥《開永豐渠記》（乾隆）《臨汾縣志》卷一二 永豐渠者，乃新開大明村渠道，以瀉通利渠之暴發淤没大害也。夫曲防病隣，伯者不爲，載胥及溺，仁者不忍。乃者，通利渠之下流，逼近大明村一帶，每遇雨霖，暴流泛漲，不惟禾稼之灾，抑亦民居之害。灌浸蕩址，沉竈産蛙，民無所定。村耆老鄧伯富數十輩，習見我邑侯澤宇邢夫子以名進士治邑五年於兹矣。比歲禳蝗禱雨，賑饑瘞骸，興學育才，恤孤理寃，種種善政，澤在口碑。近復開澇河渠，溉田數千畝成沃饒，民登殷富，以故相率，投情乞開，所洩水患。

渠誠謂夫澇河之開以興利，而茲渠之開以除害也，厥告牘行，邑丞胡君勘焉，胡君亦軫民瘼者，昕夕不憚煩勞，察見其下衝之害不爽，所告順所入水及出水處約三里遂開渠。且也庶民子來，亟爲輸力輸資，不戒而成。則是渠之開也，固順民情而爲之者也。

工始於庚寅年九月，落成於今年二月。自時厥後，居常則水流通利渠而下以溉田故者無失其故，瀑漲則就此新渠而汪之。汾民無水患，悉欣欣然安居樂業焉。邢夫子汪濊之澤，胡君蓋揚其波而衍其流矣。渠民輩相率來匄余記且名。余故記歲月，命名曰永豐渠。名永豐者，志邢夫子暨胡君之豐澤，永永無斁云。

紀事

《宋史》卷九《仁宗紀一》 辛亥，復陝西永豐渠，以通解鹽。

又 卷九五《河渠志五》 仁宗天聖四年閏五月，陝西轉運使王博文等言：『準敕相度開治解州安邑縣至白家場永豐渠，行舟運鹽經久，不至勞民。按此渠自後魏正始二年，都水校尉元清引平坑水西入黄河以運鹽，故號永豐渠。周、齊之間，渠遂廢絶。隋大業中，都水監姚暹決堪浚渠，自陝郊西入解縣，民賴其利。及唐末至五代亂離，迄今湮沒，水甚淺涸，舟檝不行。』詔三司相度以聞。

《清史稿》卷四三一《錢鼎銘傳》 錢鼎銘，字調甫，江蘇太倉人。父寶琛，湖北巡撫。鼎銘，道光二十六年舉人，從寶琛治團練。

【略】

修水利，鑿賈魯河故道，南自周家口，北至朱仙鎮，又西北至鄭州京水寨，疏積沙，補殘堤，俾上游無水澇，下游通舟楫。復浚勺金河，丈八溝、餘濟河、永豐渠，以資灌溉。

雜録

《隋書》卷二九《地理志上》 武功後周置武功郡，建德中郡廢。有永豐渠、普濟渠。

《續資治通鑑長編》卷一〇四 宋仁宗天聖四年閏五月 己酉，詔初補太廟齋郎，自今并赴宗正寺公參。

初，解州之永豐渠，始後魏正始二年，都水校尉元清引平坑水西入黄河以運鹽，而周、齊之間廢絶。隋大業中，都水監姚暹決堰浚渠，由陝入解縣。唐末至五代不復治。至本朝，湮淺，舟不通，鹽運大艱，主運者耗家產幾盡。州校麻處厚詣闕訴，而右班殿直劉達因請治渠，起安邑至白家場，轉運使王博文亦言其便，復詔三司度利害。是歲，卒成之，公私果利。

（雍正）《陝西通志》卷三九《水利一》 永豐渠，起許家河至賈家堡，灌田三百畝。

（乾隆）《臨汾縣志》卷三《田賦志》 永豐渠，城西北三十里。萬歷十八年，知縣邢雲路同縣丞胡宗明修浚，洩吴村水患。

永濟渠

論説

清 康基田《河渠紀聞》卷五 按《通鑒》，隋引沁水，南達於北河通涿郡。是時，大河由曹濮入千乘，不與涿通。沁水由武陟縣東南入大河，未嘗獨行。蓋引沁入河，而疏淇、洹諸水入衛，即曹操枋頭引淇之故道。由是而上爲故屯氏河，合漳入海，亦未至涿郡也。

《筆塵》言，煬帝開永濟渠，引沁水北通涿郡，滹沱、豫章皆其遺也。是不盡然。滹沱、豫章本天成，自古通行，無假開浚之力，引沁入河則可，引沁入衛則不可。沁地高水奪下流難受，引沁入衛，則魚衛勢有必至。煬帝所浚者，今之衛河也。自河南輝縣東北，流至臨清合屯氏河，煬帝用以通舟北巡，呼爲御河。引淇入衛，達涿郡，即曹孟德所浚之白河，更加修治耳。《一統志》云，永濟渠在東昌府館陶縣西二里，漢之屯氏河。隋疏爲永濟渠，與會通河合流入海。元郭守敬欲引沁餘水合流入於御河，即是道也。

清 王履泰《畿輔安瀾志·衛河卷一》 《大業雜記》：開永濟渠，引汾水入河，誤沁爲汾。其曰：入河，亦非也。蓋是時沁水自武陟至汲，合清、淇之水入白溝，《隋書》專舉沁爲言，猶《魏志》專言淇耳。其曰：南達於河，則白溝故道也。《元和志》於永濟縣云：大曆七年，田承嗣奏於張橋行市置西并永濟渠，故以爲初名。永濟渠在縣西郭內南，自汲郡引清、淇二水入白溝，穿此渠入臨清。由是言之，白溝首起宿胥口尾歸。漢時清河永濟渠，則上承白溝導而北，開鑿更遠，自隋至元，通稱御河，考其實，白溝、永濟渠、御河之名，皆不可。上被之清、淇，且以南達於河爲渠首，與今之潮源衛地，遂以衛河表自有別。

此水勢流移，前後不盡同之大致也。又《隋書》，大業七年，自江都御龍舟入通濟渠，遂幸於涿郡。開通濟渠在河之南，開於大業元年，自西苑引穀洛水達於河，自板渚引河通於淮。永濟渠在河之北，由通濟入河，由河入永濟，乃得至涿。而杜佑《通典》於魏縣云：有白溝水，煬帝引通濟渠，亦名御河。唐去隋不遠，疑必有據。然通濟、永濟自是二渠。《文獻通考》、《方輿紀要》、《明史藁》皆仍襲之，以永濟爲通濟渠，非也。

綜述

明 楊恩《鞏昌新開永濟渠碑記》《古今圖書集成·方輿彙編·職方典》卷五六五 隴西在輿地西南，崑崙之麓，圖稱土厚水深。鞏當上游，土厚則鮮泉，水深故難井。自有郡以來，惟引西南河水，由乾坤兩隅入城，匯爲數池，郡民取給。顧二河，灘水耳。源近流微，雨輒泛波嚙郛，旱即烈日乾沙，杯池星竈，民輒苦之，從古然矣。

其大者地鄰羌氏，竊發不時，如一旦有意外之警，水不及引，池不及潴，可立而槁。異時海氛南牧，烽火達於近郊，民若釜魚群沸，以憂守者。守道洛陽楊公歸儒，計無所出，至欲割北郭餌敵，幸其飽去，民滋用譁，幾成激變，獨以無水故耳。時過事去，即若幕燕然，豈獨其計畫無復用之，所爲民慮者未至也。

天不棄西人，畀我副憲岳公分守隴右。始至郡，即講求民瘼之急者，咸以慳水首對，公駭之。或云城西二十里南山谷中，荊水出焉，俗名科羊河，北流入渭，源遠流長，水旱如一，引而入城，其利長遠。先是亦常議及之類，以勞費中輟，今其故迹猶有可尋者，是在上耳。公慨然曰：『玆係於民生利害何如者，吾尚可以勞費爲解？』即偕郡伯劉公、隴西令張君星駕往視，相原度隰，往返數四。喜曰：『吾得之矣，是誠可引。第絶流而堤，與水争利，不能分山而渠，與民鬪力，不可前舉不終，無惑也。今惟循南麓而導，堤捍其外，勢便工省，爲費亦廉，漲則大勢入渭，渠不與聞，歉則全河可引，水不患乏。城中益廣陂池，常注令滿，繚垣樹門，以備緩急，復何不給之患。又資二十里灌溉之利，是烏可不急舉？』指畫既定，自出俸若干餘金，付令君庀材鳩工，任其事。郡公雅與公同志，時時省督勸課。經於乙巳六月，越三月而渠成。導入水城，洋洋安流，源源常繼，民皆手額呼祝，歡聲載道矣。

是役也，流井而行，既恆既盈，渟渟泓泓，民用樂生，利一。餘流注隍，四周泱泱，消彼陸梁，壯我金湯，利二。利用播植，時萬時億，以溝以洫，蓄我黍稷，利三。其小者無論也。今君以自古艱虞，一旦永賴，公德之及民者匪細，不可無言以紀其事。過余徵文，余郡人也，目擊其盛，鼓舞慶幸，尤倍群情，故采輿人之頌，書之若此。後有仁人覩碑而紹烈焉，雖萬世可也。因以吉夫來者，公諱萬階，朝城人，癸未進士。

清 張應辰《永濟渠記》《古今圖書集成·方輿彙編·職方典》卷四四三 伊山自熊耳山發源，流衍四百餘里，入嵩從瀰□灘南北，引水灌田，世享其利。乃諺云：伊水不灌洛。是以周南從無有操畚鍤從事者。

闗山之陽村名槐樹頭，去伊僅二里許，灌溉之利，獨靳焉。當神宗乙巳，啓寰王公行取過里，以此舉大有造也。謀之小翕何公，往相高下數日，始得疏導方。具呈守道，議於郡邑，僉報曰：可。令吾邑者，永年杜公擇才幹司其事，徵瀕水居民，分任之。公又捐俸索三十金，諏曰：

興工民有賴而不勞事，衆擎而易舉。甫一年，告竣，登隴而望，稻香襲人。周南亦有膏腴，諺何大迂哉？

天下事委，靡固難於刱始因循，亦易於毀成。是役也，非公慧識，無以倡其議，非公厚力，勿以終其舉。士民輩頌公不置口，乞記於予。

予惟，公固當世仁人君子也。凡所施爲，可倣可傚。開渠特其一事耳。後之觀是記，知公用意之厚、立法之遠，相與疏壅道滯祖其法，而行之無弊汪濊，其永永矣。公諱之鑰，字維北，號啓寰，登萬曆戊戌進士，歷任登萊海防道。

傳記

《舊唐書》卷六四《李智雲傳》 楚王智雲，高祖第五子也。母曰萬貴妃，性恭順，特蒙高祖親禮。宮中之事皆諮稟之，諸王妃主，莫不推敬。後授楚國太妃，薨，陪葬獻陵。

智雲本名稚詮，大業末，從高祖於河東。及義師將起，隱太子建成潛歸太原，以智雲年小，委之而去。因爲吏所捕，送于長安，爲陰世師所害，年十四。義寧元年，贈尚書左僕射、楚國公。武德元年，追封楚王，謚曰哀。無子，三年，以太宗子寬爲嗣。寬薨，貞觀二年，復以濟南公世都子靈龜嗣焉。

靈龜，永徽中歷魏州刺史，政尚清嚴，奸盜異迹。又開永濟渠入于新市，以控引商旅，百姓利之。卒官。

《新唐書》卷七九《李智雲傳》 楚哀王智雲初名稚詮。善射，工書、弈。隋大業末，從建成寓河東。高祖初，建成走太原，吏捕智雲，送長安，爲陰世師所害，年十四。【略】

三年，以太宗子寬爲嗣，又贈凉州總管、司徒。寬早薨，國除。貞觀二年，復以濟南公世都子靈龜嗣，歷魏州刺史，爲政威嚴，盜賊不發；鑿永濟渠，通新市，百姓利之。薨，子福嗣，降爲公。卒，子承況嗣，神龍中爲右羽林將軍，同節愍太子死于難。

紀事

《北史》卷一二《隋本紀下》 四年春正月乙巳，詔發河北諸郡男女百餘萬開永濟渠，引沁水南達于河，北通涿郡。

雜録

唐 李吉甫《元和郡縣志》卷一六《河北道・内黄縣》 永濟渠，本名白渠，隋煬帝導爲永濟渠，一名御河，北去縣二百步。

又《河北道・洹水縣》 永濟渠，西去縣二里。

又《河北道・清河縣》 永濟渠，東南去縣十里。

又《河北道・漳南縣》 永濟渠，在縣東五十里。

又《河北道・臨清縣》 永濟渠，在縣城西門外。

又《河北道・永濟縣》 本漢貝丘縣地，臨清縣之南偏，大曆七年，田承嗣奏于張橋行市置西井，永濟渠故以爲名。

永濟渠，在縣西郭内。闊一百七十尺，深二丈四尺。南自汲郡引清、淇二水東北入白溝，穿此縣入臨清。按漢武時，河决館陶，分爲屯氏河，東北經貝州、冀州而入渤海，此渠蓋屯氏古瀆，隋氏修之，因名永濟。

又卷二〇《河北道・長河縣》 永濟渠，縣西十里。

《新唐書》卷三九《地理志三》 縣十四。貴鄉望。有西渠，開元二十八年，刺史盧暉徙永濟渠，自石灰窠引流至城西，注魏橋，以通江、淮之貨。

《宋史》卷九一《河渠志一》 皇祐元年三月，河合永濟渠注乾寧軍。

又卷九五《河渠志五》 塘濼，緣邊諸水所聚，因以限遼。河北屯田司、緣邊安撫司皆掌之，而以河北轉運使兼都大制置。凡水之淺深，屯由司季申工部。其水東起滄州界，拒海岸黑龍港，西至乾寧軍，沿永濟河合破船淀、灰淀、方淀爲一水，衡廣一百二十里，縱九十里至一百三十里，其深五尺。東起乾寧軍、西信安軍永濟渠爲一水，西合鵝巢淀陳人淀、燕丹淀、大光淀、孟宗淀爲一水，衡廣一百二十里，縱三十里或五十里，其深丈餘或六尺。東起信安軍永濟渠，西至霸州莫金口，合水汶淀、得勝淀、下光淀、小蘭淀、李子淀、大蘭淀爲一水，衡廣七十里，或十五里或六里，其深六尺或七尺。東北起霸州莫金口，西南保定軍父母砦，合糧料淀、迴淀爲一水，衡廣二十七里，縱八里，其深六尺。霸州至保定軍并塘岸水最淺，故咸平、景德中，契丹南牧，以霸州、信安軍爲歸路。東南起保安軍，西北雄州，合百世淀、黑羊淀、小蓮花淀爲一水，衡廣六十里，縱二十五里或十里，其深八尺或九尺。東起雄州，西至順安軍，合大蓮花淀、洛陽淀、牛横淀、康池淀、疇淀、白羊淀爲一水，衡廣七十里，縱三十里或四十五里，其深一丈或六尺或七尺。

《金史》卷二五《地理中》 南皮置河倉。有大小台山、永濟渠、潔河。鎮一馬明。

又 東光倚。置河倉。有永濟渠、漳河。鎮一建橋。

又 將陵置河倉。有永濟渠、鉤盤河。

又 吴橋有永濟渠。

又卷二六《地理下》 歷亭倚。有永濟渠。置河倉。鎮四漳南、新安樂、舊安樂、王杲。

又 武城有永濟渠、沙河。鎮一武城。

又 清河有永濟渠、漳渠。

元 駱天驤《類編長安志》卷六《泉渠》 永濟渠。在縣西北二十五里，引漆沮河水溉民田二十里。

《明史》卷四〇《地理一》 元城倚。故城在東，洪武三十一年圮。於衛河徙此。東有沙麓山，西有漳河，北有衛河，即永濟渠也。自河南汲縣流入，下流合漳河。東北有小灘鎮巡檢司。

清 田雯《古歡堂集》卷四一《長河志籍考》 永濟渠者，《隋書》：大業四年，詔發河北諸郡男女百餘萬，開永濟渠。引沁水，南達于河，北通涿郡。七年，帝自江都行幸涿州，渡河入永濟渠。又開元二十八年，刺史盧暉徙永濟渠，注魏橋，通江、淮之貨。逕惠州境。又滄州有永濟堤。《金史》將陵縣有永濟渠，即今州西衛河是。又按永濟渠本決衛水，而《隋書》云沁水者，沁水源出沁州，穿太行達濟源，逕武陟，入黄河。元郭守敬猶言沁河東流，至武陟北，合入御河，故永濟渠總有御河之目。煬帝故事，自蕪城北至涿鹿，皆牙檣錦纜之所經矣。

（雍正）《河南通志》卷一七《水利上·滑縣》 永濟渠在縣西北三十里，自浚入東北達内黄，每逢霖潦，藉以泄水。

又《水利上·洛陽縣》 永濟渠自瑶底村起，至魏樹頭村止，長十里，寬七尺，深八尺，灌田。雍正五年浚。以上五渠，俱在縣正南。

清 畢沅《關中勝迹圖志》卷三《大川》 永濟渠本名通濟渠，源出南山大義谷，西行過杜、韋二曲至咸、長交界，經沈家橋，漸轉而北過丈八頭閘，由長安西門入城。項忠《通濟渠記》：『宋大中祥符間，知永興軍事陳堯咨嘗引龍首渠水自城東入，以便人用。成化改元，予巡撫陝西，民言：去城西南十五里地名丈八溝，若能西導入城，人用之餘可泄之池，以環厥城，再餘洩經九龍池入于滻。從之。功成，命名「通濟」。』余子俊《通濟渠記》：『通濟渠水出咸寧大義谷正派，合小義谷、炭谷之水爲潏河，即交河支派。第一派爲龍首渠此派東北流，第二派無名，第三派爲胡公堰，引水經流咸寧義峪里，與阿姑泉合流爲皂河，經流諸處至丈八頭，作閘引水，入西安府西城壕，爲通濟渠。已上長安。』

《清史稿》卷六八《地理志八》 館陶簡。府西北百二十里。南：館陶鎮。有廢巡司。陶山，西南四十里。衛河，隋永濟渠，自直隸元城入，左合漳水，逕喬亭城東北，右會古黄河，入臨清。

又卷六九《地理志九》 内黄繁，難。府東百十里。明屬大名。雍正二年來隸。東：博望岡。河水故瀆在焉，有金堤。西南：衛河，自安陽緣界逕牽城入，左合湯水、洹水，逕繁陽城，折東楚王鎮，右合柯河，入直隸清豐衛。實淇水，《水經注》『過内黄縣南爲白溝，逕并陽城爲黄澤，逕戲陽城東』。《地理志》清河水。隋，永濟渠。高堤一鎮。縣驛一。

永賴渠

綜述

明 王在臺《永賴渠碑記》（光緒）《文水縣志》卷一二　永賴渠者，米公初浚文峪河水而引之入城也。夫今日何動爲大？以開渠，渠開於二十里之遙，不知費幾許周折，亦惡在其永賴！爲按文峪河出峽瀠迴，其勢騰湧莫禦，其流遷徙靡常。春夏可資灌漑，而秋水澎湃滂没恒多，蓋利害參焉者，公蚤已悉其情形矣。重以旱魃爲灾，比歲不登。

公目擊心恫，思浚一渠爲救荒計。會直指使興除之檄下，於是相形度勢，鑿石構虹，起峪口而歷龍泉，并西山以漸北郭，躬督荷鍤之民刻日省工。人既可以勝天，山自得與澤平。所過峻嶺孤峰，沛若建瓴而下，北郊近渠者灌田得若干頃，而日引日長，經城達泮環内外成活潑潑！地形家曰：『文運自此興矣。』夫地無肥瘠，得水則腴；斯文興廢，機由人轉，士若民歡呼忭舞，謂此舉議且百年，瞠瞠縮縮，微公不克，就相與走白上台，以彰其盛事。諸上台驩然命勒石，毋亦爲人情易玩，法久必弊。

今渠工竣矣，保無沙磧之壅淤乎；渠利普矣，保無毫强之侵漁乎？上怵慮彌殷，公憂心轉切。問誰繼疏浚有申明憲册在；問誰戢豪奸有分派印籍在。更於固堤之處多其植，仍於受挑之地蠲其租，而拮据不遺餘力。有是哉公之苦心，抉水之潤以成利，即分水之勢以遠害，姑不問風氣頓改，人文於焉蔚起，群而食地，德飽天和，歌河伯之躍靈者，誦公之義不衰！斯渠之所爲永賴乎？是役也，經始於朱明四月，落城於蓐收九月。上不動官帑，下不損民財，大約出公之設處者什九，而士紳微佐不及時余，涵濡田疇之植，瞻依衆人之母，覩逝者之如斯，羡澤長之文水，故記之以告後之樂樂利利者，知功之有所歸耳。

傳記

清 錢儀吉《衎石齋記事稿·續稿》卷四《居官内省録序》　歸安沈省堂先生，乾隆十年進士，宰文水，洊陟牧，守觀察，所莅多惠政，尤以農田水利爲急務。文水縣以水名，明時有永賴渠，湮塞久，先生開浚之，引文漑田，籌費不及民，巡功不委吏，躬出入泥土中，三年而後成。及去縣久之，民有於渠中得鯉，走獻先生者。

（光緒）《歸安縣志》卷三八《人物傳六》　沈榮昌，字永之，號省堂，歸安人，乾隆十年進士。父柱臣因爲縣粤東以事被逮，榮昌走京師，積賣文貲，贖父於罪，時有孝子之目。初任山西文水縣，縣有永賴渠堙塞久，開浚之，引水以灌田，三年而後成，費不及民。

紀事

（光緒）《文水縣志》卷二《地利志》　永賴渠，天啓五年，知縣米世發采衆議，度地形，於縣西北二十里，開永賴渠一道，起文谷口南崖下，鑿石穿澗，并西山引文峪水入城，中紆折幾三十里，隨廢。

藝文

清 查慎行《敬業堂詩集》卷三四《奉謁座主少宗伯許公于大城官署敬呈二律》　永賴渠成傳万世，暫勞公出已三年。

雜録

（嘉慶）《清一統志》卷一三六《太原府》　又有永賴渠，自文谷口南崖下，鑿石穿澗，并西山引文水入城。

永利渠

綜述

明 馬卿《浚復永利渠記》（康熙）《林縣志》卷一〇 太行爲天下名山，而隆慮當其最勝。層崖連巒，倚疊霄漢，錯若烟霞，山多懸泉，灑落雲際，而黄華、桃源爲最勝。黄華水出磐峰之巔，瀑下西崖，拄流千仞，若引睛虹、鳴急雨噴射石潭，入於乘龍溝，谽谺漱瀄，逶洄折隱見咫尺異狀，不暇接覽。桃源出天平山之龍洞，峰崖奔峽，峭壁忽斷，石門如闢，淙瀉淵溢，入于落瀑渠。奇峰回合，石梁天成，下溉山田。然二水并至麓而洑，豈出高注下，勢固然耶，抑造物者靈秀藴秘，而輔相之待人耶？邑城西距二十餘里，周池燥涸，風氣散越，而西南諸鄉尤艱于水，民患遠汲。宋元江淮等路安撫李公漢卿來治是州，嘗浚桃源之水及城，已復湮。

弘治甲子，提學副使、歷城王公敕渠浚二水，匯于城西北隅入于池，名渠曰永利，既桃源奪于民溉，而黄華爲涸溪中斷。嘉靖春，予以浙江右布政使，謫雲南鶴慶知府。過鄉見縣尹漢陰王侯綸，語及浚復之利。慨然曰：『是有司之任也，敢不竭力從事！』翼日，乃偕彰德衛指揮僉事丁始然、主簿曲陽崔壠、典史鄠縣王相、教諭壽陽張彦、訓導唐山羅紋，曁予，觀二水之源，相勢度工，議既恊，乃擇委耆民彭紀浚黄華之渠曰：『築石堰于上流，架木留于横溪。』郭某浚桃源之渠曰：『其省吾民，我不禁溉爾，毋絶流。』各競厥事，未及旬而渠成，復王公之績。既郡貳萊陽王侯某行縣觀於渠曰：『美哉！信永和矣。其猶有遺乎？』予曰：『木溜易漂朽，其爲石梁以度，斯固爲可久，南渠之水微，泉出截於巨石，半入絶澗，鑿石水倍。』侯曰：『是則吾之任也。』遂大爲經理，加工勞役，官民競勸。邑人某某等各輸費以贍石梁之工，某月某日梁成，架流于陸，黄華之流，通流無滯。

月日，桃源之石刋，民溉有餘，渠猶湧溢。二水之導也，皆鑿山椒，下翠微，經平野，遍遶鄉落，取汲漭蒼，引溉町畽，好事者爲亭榭臨之。及城則周池瀦環，輸漣映帶，會盛挹秀，至者改觀。池東北隅爲石堨以蓄，洩入於陵陽河。於是邑之父老相率詣于予曰：『維二守王侯，廉肅明惠，蠲逋戎，罷濫賦，以康我人。吾邑侯輕刑溥斂，于今六年，兹復浚二渠，以利無窮，胡可無紀？以昭今示後，敢即圖之！』予：『二侯任立功，予亦任立言。』既叙其績，復系之以詩曰：

瞻彼西山，極天矗矗。有泉自巔，坎沛而洑。是鑿是導，溪滙於城。伊誰之功，二侯是成。乃作石梁，庶民來攻。架於横溪，黄華是通。梁成屹屹，水流激激。環此邑居，有永其績。南有桃源，東流湇湇。闕石既鏟，泌泌其川。川流泌泌，民之攸溉。布我西郊，湯池是衛。孰其孰廢，載復而治。匪棘匪疚，維民之利。二侯而遷，孰其來繼。無圮無湮，尚覿於志。

明 王輿齡《永利渠記》（乾隆）《臨汾縣志》卷一二 余嘗謂：興利於國家閑暇之時，易爲力；而興利於國家多事之日，難爲功。若外有夷狄之擾，內有盜賊之憂，加之以灾沴，因之以饑饉，爲人上者，拯溺救焚且不暇，奚暇興利以爲永久圖耶？當斯時也，不惟彌天下之大患，又能興天下之大利，非負天下之大才識者，其孰能之？

嘉靖乙卯歲，北虜跳梁，南倭猖獗，羽書交馳，誅求百出。其冬，河東地復大震，民物凋殘，城市邱墟。聚衆倡亂，遠邇驚駭。是時，郡守及各屬令長先期入覲，郡倅司錢敷刑名者，又復代去。獨洛陽劉公，以郡貳視篆，遺大投艱，萃於一身。夙夜憂勤，不遑寧處。開誠布公，明法飭令。散利薄征，緩刑弛役。儲乃糗糧，峙乃楨幹。修築城隍，慎固封守。上承監司之令，下兼僚屬之務，凡所以恤灾救患，安內攘外，無不竭力爲之，已而禍亂潛消，遠邇寧謐，公乃役萬人，開樊家河爲永利渠，作石堰障水其鍾，洩溉郡田數十頃。

以丙辰三月甲申興工，四月丁酉告成。經旬日之勞，享百世之利。當倥偬之時，爲優游之舉。大患方彌，大利復興。信非公之才識，鮮克濟也。郡之士大夫及父老，建公生祠於渠上，來乞余言以爲記。余曰：『天下之大，猶人一身也。爲治之道，猶醫者之用藥也。夫外有北虜南倭之擾，內有灾沴饑饉之虞，譬之人身內外交病，非盧扁不能治。劉公非今之盧扁耶？不惟愈瘻痺之疾，抑且能扶期頤之壽，郡之士民何幸而際斯耶？然則公之澤遠矣，繼此者尚無廢厥功哉。』

清 秦武域《永利渠記》（道光）《兩當縣志》卷一　兩當城北里許，有泉曰香泉。泉之西南，兩山相讓，中爲溝曰窨溝。袤可二三里，流水直東下，與香泉合。當夏秋際，猛雨時行，水輒肆犇，爲田廬害。乾隆乙酉爲甚。余於丙戌來攝是邦，職當除害興利。因步履其地，集二三父老而語之曰：此方山圍水澄，木欣花娟，若廬於斯、田於斯、聚族於斯。既安太平之福，復享林泉之美，樂可知已。且平疇雲連，實嘉苗良。以視樹藝於木石之泐，收穫於虎豹之口者歲獨豊，若亦幾忘帝力矣。民之寧、吏之願也。茲胡爲甲第而傾仄勿壯耶？胡爲繡壤而犖确不治耶？若獨安乎？不安而胡爲竟安之耶？今與約，明年其理之。越丁亥春二月，歡欣子來，畚鍤麟集，遂開渠以達於河，事蕆復進父老而勞之曰：一泓瀠洄，掩暎於垂楊、垂柳間，景既佳，水宅其壑，無任橫流。園舍不灾，利斯溥諸父老，其有力與庶寧居矣。可名曰永利渠，猶願父老之利其利耳。若諸父老其志之。

清 董文偉《疏永利渠記》（同治）《南康府志》卷六　蓼花池縱橫五十餘里，中衍九十九灣。環池民田萬餘，高下不一。池水舊由北沙口入於蠡湖，無何飛沙久淤，低田淹没，民嗟昏墊。星子前任毛令，用民力，舍故道而闢高岡，水患稍殺。然工長費短，沙口淺狹，春夏水漲，仍苦淹没。余治南康之明年夏，因民之請，告於巡撫劉，極蒙許可。因公赴省，備陳於方伯李、撫軍謝，許以入告，請帑千餘，加意開廣。檄委饒州太守青會勘兩次。庚戌孟冬興工，辛亥仲春告竣，寬廣數倍於昔，并建造石梁以通往來。從此，水洩田現，民得耕耘，上供朝廷之賦税，下紓黎庶之虛賠，利國利民，均有攸賴，渠名永利，橋亦同之。噫，滄桑之變，古今不同，補救之功，守士之責。後之君子，歲督民力，因其勢而利導之，使渠道歷久而彌深，庶不負聖天子勞民勸相之至意，是爲記。雍正九年二月。

傳記

（淳熙）《三山志》卷九《公廨類三》　偁，延平人，開渠以膏民田，人號永利渠。

（弘治）《八閩通志》卷二二《食貨》　羅源縣永利渠，宋慶曆間縣令陳偁疏鑿以溉民田，民蒙其恵，因號曰永利，仍建亭渠，傍名曰陳公亭。

紀事

明 趙南星《趙忠毅公詩文集》卷九《送州大夫紹翁范老公祖入覲序》　余聞其宰伊陽開荒田千頃極有法，鑿永利渠便民，民祠祀之。

（嘉慶）《清一統志》卷一九四《歸德府》　劉作民，東明人，萬歷中知柘城，縣邑西地窪下，鑿渠以洩之，名永利渠，民賴其利。

雜録

（雍正）《河南通志》卷一七《水利上》　永利渠在縣西十四里，自王家村起至張村止，長十四里，寬四尺，深五尺，灌田。

（乾隆）《甘肅通志》卷一五《水利》　永利渠在縣西三十里，明萬歷間開，引科羊河水入府城，以資汲取，爲民永利。

（嘉慶）《清一統志》卷一三八《平陽府》　明嘉靖三十五年，築樊家莊石堰引澇水，穿永利渠溉田，三十餘年渠壞。萬歷十八年復築石堰，疏流膏洞，受水洞旁鑿月池以潴蓄水，開渠十三里，引水溉田，仍引入城内外蓮池，便民汲飲。

又卷一九四《歸德府》　永利渠，在濟源縣東北，明萬歷中間置天平閘。

《清史稿》卷六二《地理九》　在永利堰者永利渠，又歧爲二，一南注泲爲泲支，一東南爲餘泲，入。

永通渠（河南嵩縣）

明 楊慎《升庵集》卷七《向秉誠墓志銘》　秉誠諱信，四岳池縣人。父諱時，德安知府，母雷氏。秉誠生少而穎異，既長就學，聲名赫奕，出流輩上。庚午舉鄉試，辛未舉于禮部，賜進士第，選爲河南府推官。法比吏事如素練然，僚屬羨服之。尤留心民務。嵩縣有永通渠，久涸不潤，君爲浚之。

（雍正）《河南通志》卷一七《水利上》 永通渠自古城寨起至府店村家東止，長九里，寬一丈，深一丈，灌田，雍正五年浚。

（乾隆）《洛陽縣志》卷三《山川》 永通渠，在縣南六十五里窰灣村由嵩縣古城寨東南引伊水北流，計長五里，灌田四頃餘，末流至府店村入於伊。

永通渠（江蘇吴縣）

明 陳琦《永通渠記略》（同治）《蘇州府志》卷三三　弘治十二年己未，今地官員外郎賴公奉命以來，凡百究心一以寬仁爲本，如商之竹木，過此者則曰此工曹已稅矣，不可爲之重征也，聽其徑行，仍謂往來小航，且與商舟鱗次，故行能不苦於稽滯乎？爰謀爰度乃即關轄之旁，命工鑿小渠，以石固壘，其修若干尺，廣六尺，餘僅容刀舟之度。一時之農工、漁樵、婚喪之人，行旅裹糧之輩，晨夕往來，無復艱阻，是可以觀政矣。

又　吴郡去城西北一舍許，有名鎮曰滸墅，濱臨漕河，舟航所聚，商賈所通，驛使交馳，紛紜填溢，殆無虛時。自永樂間通漕以來，朝廷設關津以征商税，每歲必命地官之廉勤幹濟者蒞焉。於是乎操掏縱之柄而時其啓閉，遇夜則鑰之，以防私渡。其法視舟之廣狹，徵賦之多寡，按季而輸之，民部其資國用也廣矣。然皆視公署猶傳舍以積斂爲功績，事裁損於利者，咸莫之爲。

永通渠（陝西西安府）

清 許鳴磐《方輿考證》卷三三《西安府》 按，《括地志》云：今案鎬池水，又北流入永通渠，不至慈石門，亦不復入渭矣。又《圖經》：滈水在長安縣西四十里，其水自鄠縣界入本縣界十里，入清渠。按永通渠，即隋之富人渠。清渠在長安縣西，自鄠縣來，北入渭。此則鎬水今古屢易之情形也。

（熙寧）《長安縣志》卷一二《縣二》 永通渠，隋開皇四年開，起縣西北渭水興城，堰初名富民渠，仁壽四年改。

永興渠

（道光）《河内縣志》卷九《山川志》 又東經郭巨寺村，又東經北金村永興渠入之渠，承九道堰水至白龍廟後雞心石分爲二，東南行爲中泗渠，至沙灘園村復合焉。永興渠屈曲南行約三十里，入於沁。

又 卷一三《水利志》 中泗渠自堰下西岸西分入渠，至沙灘園入永興渠，長二十里。永興渠自龍王廟中泗渠西分入渠，至北金村入沁，長三十里。

（道光）《伊陽縣志》卷二《田賦志》 庄坡水自村西高皇廟起，引打磨溝之水，北流入永興渠，長一里，無堤。

又　又小北西渠，宣洩小北西村。庄坡水引打磨溝之水歸永興渠，雨過即涸，長二里半，有堤。

又　南庄渠宣洩南庄坡。水起大風山下，歸永興渠，雨過即涸，長三里，無堤。

又　陶營西渠宣洩陶營村。西坡水起南八盤山，歷村西石橋，北流入永興渠。雨過即涸，長五里，無堤。

又　又東沙溝渠宣洩陶營村。東坡水起南八盤山，歷村東石橋，引紅土坡之水歸永興渠，雨過即涸，長四里，無堤。

又　鐵爐東渠宣洩鐵爐村。東坡水起香爐石山，北入永興渠，雨過即涸，長七里，有堤。

又　西渠宣洩鐵爐村。西坡水起村西石橋，引香爐石山西溝之水歸永興渠，雨過即涸，長三里，無堤。

又 崇興渠宣洩崇興村。坡水自南香燃石山起，歷楊樹溝，歸永興渠，雨過即涸，長四里，無堤。

又 柿園渠宣洩柿園村，坡水南起小馬山口，北流入永興渠，雨過即涸，長四里，無堤

又 范灘渠宣洩范灘鎮，坡水南起大馬山口，北流入永興渠，雨過即涸，長四長，無堤。

又 金庄渠宣洩金庄，坡水起南坡村南坡下，歸永興渠，雨過即涸，長三里，無堤。

又 雙泉渠宣洩雙泉村，坡水起馬坡，歸永興渠，雨過即涸，長一里，無堤。

又 馬營渠宣洩馬營村，坡水起牛王廟，歸永興渠，雨過即涸，長五里，無堤。

又 内埠渠宣洩内埠鎮，坡水起内埠鎮陳家堂，南入永興渠，雨過即涸，長四里半，無堤。

又 永興渠在夾河，引伊水灌地十餘頃。

又 永興渠在小寺村南，道光四年，賁奏聽張毓相浚。

又 永興渠在復興渠南，引汝水灌田種稻。

張公渠

綜述

明 黄善《張公渠記》（嘉慶）《順昌縣志》卷七　張侯宰順昌，未三年而政成。今年七月四日，與幕賓大名孫公睿之，行縣北蒼莽中，度幽谷至龍興巖山腰之西，得美泉出石間。行視其流，于西南得古渠二里許，心樂之。乃曰：『是可引以益學宫之秀矣。』

明日謀于鄉校，咨于士庶，知其可成。侯乃下上山麓，經度卑高，自龍興巖山脇，過赤嶺至縣九里許有奇，注入泮池。餘瀝東流，入雙峰驛，分注民間，官民利之。

役不煩費，人不告勞，皆知侯措置。頒白野夫，童冠群伍，往來携扶，笑語渠上，侯則大喜。于是董役者耆黎之英陳士賢、歐静軒等相與言曰：『斯渠昔無今有，侯之名不朽。渠水龍巖泉脉，汲之引之，飲侯之德。』又曰：『漢渠引涇，號以白公。今侯作渠，遺利無窮。宜扁而書，號以張公。』既而又曰：『願侯勲閥，如渠之達。願侯昌後，與渠水同久。斯渠也，蓋仁者之澤，苟不磨礲巖石以紀歲月，是貽雙峰人士羞。』咸謂善。嘗承乏侯津來徵記文，將大書深刻，以著懋績。

夫渠水之浚，興學益民，不可無傳。故敢執筆，僭爲之記。而辭無濫美，所以紀實焉。

其碑陰列典守姓名，告來者，庶斯渠不廢而永存也。

紀事

（弘治）《八閩通志》卷二三《食貨》　張公渠在縣治北。洪武七年知縣張縉開，源出龍興巖。居民舊於山之腰決小渠，引水溉田，僅載苗米五斗而已。西南有古渠，堙塞已久，縉迹其地經度卑高，以廢田易民田，鑿山通渠，爰目龍興巖山脇過赤嶺，行九里有奇抵縣治。官民利之，因效白公渠故事，命以今名。

（崇禎）《閩書》卷二〇《方域志》　皇朝洪武巾令張縉行視，其流於西南得古渠一里許，遂鑿山通渠，自龍興山脇過赤嶺至縣九里，有奇注入泮池，餘水環縣治，官民便之名張公渠，亦曰西渠。巖後爲居民所侵，水日壅涸，弘治中令李震開復之。

雜録

（正德）《順昌邑志》卷一《山川志》　張公渠在縣治北，一名西渠。洪武七年知縣張縉闢鑿，源出龍興巖。初縉至龍興巖，得美泉出石間，行視其流於西南得古渠二里許，遂鑿山通渠。爰自龍典巖山脇，過赤嶺至縣，九里有奇，注入泮池。餘水環縣治，官民便之，因倣白公渠故事，命以今名。

公去後，有居民私於巖之東開荒地爲田，於山腰偷決小渠以灌之，爲苗五斗，水道隨塞。弘治十四年，知縣李震見泮池水洞，因訪西渠舊有活水，爲居民所侵，遂開鑿以復之，乃建亭於□一日是龍□浮溢清□可□適□□一□□□□□□□□□□□□□□□□□□□□□□□□□水注之泮池一年。庠生廖元領鄉薦人皆以渠水之驗，繼後不時爲居民侵塞。十四年夏，知縣馬性魯亟圖修復，乃命典史社洪親詣源頭通導引，已注泮池東流入一鑒池，益爲順昌之勝槩。

（乾隆）《宣化府志》卷六《水利志》 張公渠。《州志》，自雞鳴驛起，下分爲二渠，一至兎兒口止，一至東八里止，計二十餘里。明萬歷三十八年，懷隆兵備道張經世捐俸開，名張公渠。康熙十三年，圈後遂爲上流西八里旗庄所阻，至四十八年重開。

張良渠

北魏 酈道元《水經注》卷二七《沔水》 水北有七女池，池東有明月池，狀如偃月，皆相通注，謂之張良渠，蓋良所開也。

（康熙）《洋縣志》卷一《輿地志》 明月池。縣西北隅，内有臺。相傳漢高祖所築，張良曾疏之，以資灌溉，一名張良渠。

（雍正）《陝西通志》卷四〇《水利二》 張良渠，在縣東南二里。

漳渠

《漢書》卷二九《溝洫志》 魏文侯時，西門豹爲鄴令，有令名。至文侯曾孫襄王時，與群臣飲酒，王爲群臣祝曰：『令吾臣皆如西門豹之爲人臣也！』史起進曰：『魏氏之行田也以百畒，鄴獨二百畒，是田惡也。漳水在其旁，西門豹不知用，是不智也。知而不興，是不仁也。仁智豹未之盡，何足法也！』於是以史起爲鄴令，遂引漳水溉鄴，以富魏之河内。民歌之曰：『鄴有賢令兮爲史公，決漳水兮灌鄴旁，終古舄鹵兮生稻粱。』

又 民歌之曰：『鄴有賢令兮爲史公，決漳水兮灌鄴旁，終古舄鹵兮生稻粱。』

明 董説《七國考》卷二《魏食貨》 《史·河渠書曰》：西門豹引漳水溉鄴，以富魏之河内。與《漢書》異。《一統志》亦云：河南彰德府有西門渠，云西門豹所鑿，引漳水以溉田。杜氏《通典》云：漳渠，史起所鑿，《史記》誤，不知當據何説也。

鄭渠（鄭國渠）

論説

《晋書》卷五六《江統傳》 夫關中土沃物豐，厥田上上，加以涇、渭之流溉其舄鹵，鄭國、白渠灌浸相通，黍稷之饒，畒號一鍾，百姓謡咏其殷實，帝王之都每以爲居，未聞戎狄宜在此土也。

《新唐書》卷二一五《突厥傳》 又秦、漢鄭渠溉田四萬頃，白渠溉田四千五百頃，永徽中，兩渠灌寖不過萬頃，大曆初，減至六千畒。畒朘一斛，歲少四五百萬斛。地利耗，人力散，欲求彊富，不可得也。漢時，長安北七百里即匈奴之地，侵掠未嘗暫息。計其舉國之衆，不過漢一大郡，鼂錯請備障塞，故北邊妥安。今潼關之西，隴山之東，鄜坊之南，終南之北，十餘州之地，已數十萬家。吐蕃縣力薄材，食鮮藝拙，不及中國遠甚，誠能復兩渠之饒，誘農夫趣耕，擇險要，繕城壘，屯田蓄力，河、隴可復，豈唯自守而已。

宋 秦觀《淮海集》卷一五《財用下》 秦漢開鄭、白渠，溉田四萬四千餘頃。至唐大曆初，兩渠所溉纔六千三百頃耳。以代田、鄭、白渠事言之，則治田之勤不勤，何止畮有三升之損益也。

宋 程顥《二程文集》卷一〇《代人上宰相論鄭白渠書》 某聞：天下之事，有甚難而易者，有甚易而難者，獨繫在上之人，爲與不爲而已。昔韓欲罷秦兵，使鄭國説以鑿涇水溉田，注填閼之水，溉瀉鹵之地四萬頃，畒收常一鍾，關中遂爲沃壤，無凶年，秦以富强。至漢，白公復引涇水以溉田，民得其饒。歌之曰：『田於何所？池陽谷口。鄭國在前，白渠起後。衣食關中，億萬之口。』此兩渠之功也。秦、漢而下，皆獲其利。熙寧中，神宗皇帝講求治功，興葺遺利。時先祖殿丞，建明鄭、白之利，神宗皇帝賜對便殿，大稱聖心，付以其事，興役踰年，功已有叙，而害能者巧爲沮止，不終厥功。陝右之人，至今爲恨。某每思神宗皇帝知其利而欲興之意，與先祖盡其力而被沮之恨，某未嘗不憤嘆至於流涕也。閣下嘗尹長安矣，必聞其事。

今則又非昔年之比也。涇水低下，渠口高仰，灌溉之功，幾盡廢矣。民用困乏，物斛湧貴，職此之由。今方外有不順之羌，師旅之興，儲偫爲急。誠使秦中歲增穀數百千萬斛，所濟豈不甚大？某，關西陋儒也，自幼小稔知其事，人微處遠，無由自伸其憤鬱。幸遇僕射相公，以經緯之才，逢時得君，以天下事爲己任。某是以敢不避狂妄之誅，塵瀆鈞聽。倘蒙采録，或致成功，不使先祖抱恨泉下，則某平生志願足矣。

《續資治通鑒長編》卷一〇四 天聖四年八月 臣按鄭、白渠之引涇水也，在耀州之雲陽、三原、富平及京兆府之涇陽、高陵、櫟陽六縣，沿渠皆立斗門，多者置四十餘所，以分水勢，其下別開細渠，則水有所分，民無奔注之患。且涇水一石，其泥數斗，故能溉糞禾黍，今言水濁不堪以溉，斯豈軫之不知而自爲知邪？又其作堰之法，皆用大石方四五尺者，錮之以鐵，積於中流，擁爲雙派，其南流爲涇水，其東流爲二渠，故雖駭浪不能壞。若不如此，則是歲輒修治，豈有利哉？故漳水之岸若復渠田，請訪諸雲陽，擇水工十數，就摹古人作堰决渠之法，及觀今人置斗門溉田之方。或雲陽民犯罪當配者，令皆徙相州，教百姓水種陸蒔之利，則謀易成矣。至如北邊本無水田，後徙江南罪人，轉相教語，皆知水利。臣嘗建請命水工詣鄭、白渠觀疏導之制，亦慮磁、相民不知作渠法爾。

宋 陸游《老學庵筆記》卷五 秦所作鄭、白二渠，在今京兆府之涇陽，皆以涇水爲源。白渠灌涇陽高陵、櫟陽及耀州、雲陽、三原、富平，凡六縣。斗門百七十餘所，今尚存，然多廢不治。鄭渠所灌尤廣袤，數倍於白渠，涇水乃絶深，不能復入渠口，渠岸又多摧圮填淤，比之白渠尤不可措手矣。

《宋史》卷九四《河渠志四》 選等使還，言：『周覽鄭渠之制，用功最大。并仲山而東，鑿斷岡阜，首尾三百餘里，連亙山足，岸壁頹壞，湮廢已久。度其制置之始，涇河平淺，直入渠口。暨年代浸遠，涇河陡深，水勢漸下，與渠口相懸，水不能至。峻崖之處，渠岸摧毀，荒廢歲久，實難致力。其三白渠溉涇陽、櫟陽、高陵、雲陽、三原、富平六縣田三千八百五十餘頃，此渠衣食之源也，望令增築堤堰，以固護之。』

元 宋秉亮《涇渠條陳》（雍正）《陝西通志》卷三九 韓惡秦之强，陰使水工鄭國入秦興水利以疲之。國至秦北山下視，涇河巨石磷磷，約三四里許，而涇水流於其下，堪以作堰。於是立石囷以壅水，每行用一百餘囷，凡一百二十行。借天生衆石之力以爲堰骨，又恃三四里衆石之多以爲堰勢。涇流於此，不甚激，亦不甚濁。且堰高地下，一百里，東收洛水，達於同州，灌田四萬餘頃，利何溥也。夫名爲水利，而謀本疲秦，則渠成之難可知矣！時猶土渠也，非穿山也；時猶順水性也，非與水争也。第涇流怒激衝突，漱滌日下，河中石漸吹落，故石囷無著，漢已不能引涇入渠矣。

清 康基田《河渠纪闻》卷二 秦作鄭國渠。按自魏史，引漳水灌鄴其後，通渠溝、言水利者後先相望。韓人懼秦之出關也，思以事罷役，無令東伐，乃使水工鄭國間説秦，令鑿涇水，自中山以西抵瓠口爲渠，并北山，東注洛，三百餘里，欲以溉田。瓠口，即池陽谷口。洛水，即沮水也。工作而覺其謀，惡鄭國，欲殺之。鄭國曰：『始臣爲間，然渠成亦秦之利也。臣爲韓延數世之命，而爲秦建萬世之功。』秦以爲然，卒使就渠。渠成而用溉注填閼之水，溉舄鹵之地四萬餘頃，收皆畝一鍾。於是關中爲沃野，無凶年，秦以富强，卒并諸侯，名其渠曰鄭國渠，在雲陽縣地。始皇之初，鄭國穿渠引涇水溉田。《水經注》：沮水東注鄭渠，并東南入渭，涇渭合流入渠。杜佑謂：自秦迄漢，鄭渠尚溉田四萬，民用饒。其後，秦李冰造大堋壅江水，作石犀五，穿渠於南江，指渠口爲雲門，灑滮池爲陸澤，分散膏液，如離畢之滂沱，名其所穿之石犀渠曰犀牛里，又不獨鄭國之渠矣。

綜述

明 段循《涇陽縣重修鄭白渠記》《雍大記》卷三三 戰國之時，惟秦爲盛，南北五國均被侵削，西顧而不敵其鋭者也。韓欲疲秦，使無東征，遣水工鄭國爲間於秦，鑿涇水，自仲山爲渠，并北山東注洛。中作而欲殺之，國曰：『臣爲韓延數年之命，然渠成，秦萬世之利也。』乃使卒爲之，注填閼之水，溉舄鹵之地四萬頃，由是秦益富饒，號渠曰鄭。至漢武中，大夫白公奏復三限名爲白渠，迄今幾二千年，雖世代變更，其利未嘗輟也。至元二十八年，立屯田府，官階三品兼司其事。近年，董政者吐剛茹柔，加以苟且，遇有工役，使貧者勞而富者逸，以致堤堰摧潰，溝洫壅潴，使不能盡其地利也。

別帖木兒，京師巨族，賦性聰慧，治政果斷，以扈從鑾輿之勤，擢供衛直都指揮使。佩玉珠虎符，授官嘉議，未及期，遴選宣差屯田府事，時至治壬戌六月也。

泰定初，元夏暑雨，涇水泛溢，浪淩峭壁，洪梁囤磧悉漂没，不遺泛梗，惕然隱憂，以爲己任。率屬吏躬詣其處，計日度工，人分隊伍，匠石伐材，朝集暮散，未有一日之廢弛。不旬月，而厥功告成，流水倍常，人皆異之，即鄭渠之陽，架屋三楹，户牖堦砌，小大稱宜，榜以善政，爲督工之所，其用心如是也。

漢召信臣治南陽，開溝瀆，起堤閼，民獲其利。後杜詩至，復而修之，渠人歌曰：前有召父，後有杜母。今以鄭、白故迹增而葺之，使荒瘠變爲沃壤，想民之披戴，寧肯後於杜母乎？余忝府幕賓，以交承之分，義不可辭，謹摭其實而書之。

明 項忠《涇陽縣廣惠渠記》《雍大記》卷三三 自秦而下，歷代鑿之者不一，故渠亦因之而變名有六。惟鄭白渠，獨加顯焉。其曰鄭國渠者，蓋六國時，韓苦秦害，乃使水工鄭國説秦鑿涇水溉田，以爲間故名也。曰白公渠者，蓋漢涇河底被水衝低，水不能入渠。太始二年，召中大夫白公於上流接開石渠，引使通流故名也。

清 陳宏謀《修理鄭白渠石堤檄》《清經世文編》卷一一四 涇陽之龍洞渠，即秦時之鄭渠，漢時之白渠也。當日原係將涇河渾流引入渠内，由高而下，灌田甚多。迨後涇水激湍，河流日下。漢、唐、宋以及元、明，遞於上流鑿石引灌，明初渠口屢改，涇水不能仰注，水利漸微。

成化間，始於王御史渠之上，從山根鑿成一渠，深者百餘尺，淺者五六十尺，歷十有七年乃成。全仗沿山大小泉眼數十，從石縫噴湧而出，下注渠中。本朝於龍洞之後，築堤截水，乃名曰龍洞渠。自此以後，不但田不能藉資涇水，并須處處防護涇水，不使入渠，方免沖塞。

雍正、乾隆年間，請動帑修築石堤，挑浚渠身，無非防涇水入渠爲患之計。自築石堤以後，涇河水漲，仍有沖堤塞渠之患，危險堪虞。

本部院親臨查勘，現在渠身，已非復鄭、白之舊，渠中一泓清水，與涇河渾流僅隔一線，渾水一入渠中，清濁不敵，立見淤塞。爲今之計，涇水不能引灌，毋庸計議；石岸之易於沖陷，首宜嚴防。現在石岸僅堪容足，有如築墻堵水，高亦難免水漫，不但渾水有時内沖，渠中清水，尚且外滲入河，危險之形，宛然在目。儻此一綫石堤，稍有疏失，源頭阻塞，全渠既歸無用。趙家橋之沖成深坑，亦將阻塞渠流。數千年之水利，相傳至今，四州縣之民田，久資灌溉，歷年修築，已費多金，前功盡棄，可惜可慮。

查現在石岸外，尚有灣曲坦坡，又係亂石，形非陡立，勢非頂衝，就勢加築，便可堅固。渠中泉眼，加以疏浚，渠身淺處，加以挑挖，則渠水尚可比前旺盛，點滴皆爲民利。事關經久水利，難任因循坐廢。仰司官吏，遴委熟練之員，會同西安府暨水利廳，逐節查勘，細加相度。將石岸單薄之處，加幫寬厚；卑矮之處，加高數層；渠水滲漏之處，細加堵塞；泉眼所在，加以疏通；渠身淤淺之處，再加挑浚；幫築之處，或用石條，或用碎石，或加土築；挑浚之處，或用民力，或動歲修；趙家橋作何鑲護。逐一估計，繪圖貼説，確切定議通詳，以憑核奪請修。此時估定請項，秋冬之間，正可興修。庶免臨汛危險，四州縣民田，又得早資灌溉。均毋忽視。

傳記

《新唐書》卷八一《李知柔傳》 曾孫知柔，嗣王，再爲宗正卿。久之，擢京兆尹。始，鄭、白渠梗壅，民不得歲。知柔調三輔，治復舊道，灌浸如約，遂無旱虞，民詣闕請立石紀功，知柔固讓得止。加累檢校司徒、同中書門下平章事。

《宋史》卷二八四《陳堯佐傳》 陳堯佐，字希元，其先河朔人。高祖翔，爲蜀新井令，因家焉，遂爲閬州閬中人。父省華字善則，事孟昶爲西水尉。蜀平，授隴城主簿，累遷櫟陽令。縣之鄭白渠爲鄰邑强族所據，省華盡去壅遏，水利均及，民皆賴之，徙樓煩令。

又卷四五六《侯可傳》 侯可，字無可，華州華陰人。少倜儻，不羈以氣節自許。【略】

韓琦鎮長安，薦知涇陽縣。説渭源羌酋輸地八千頃，因城熟羊以撫之。琦上其功。又議復鄭、白渠，得召對，旋以微罪罷。官至殿中丞，卒于家，年七十二。

《明史》卷一七八《項忠傳》 項忠，字藎臣，嘉興人。正統七年進士。授刑部主事，進員外郎。【略】

七年以大理卿召，民乞留如前，遂改右副都御史，巡撫其地。洮、岷羌叛，忠言：『羌志在劫掠而已，盡誅則傷仁，遽撫則不威，請聽臣便宜從事。』報可。乃發兵據險，揚聲進討，衆盡降。西安水泉鹵不可飲，爲開龍首渠及皁河，引水入城。又疏鄭、白二渠，溉涇陽、三原、醴泉、高陵、臨潼五縣田七萬餘頃，民祠祀之。

紀事

《史記》卷二九《河渠書》 而韓聞秦之好興事，欲罷之，毋令東伐，乃使水工鄭國間説秦，令鑿涇水自中山西邸瓠口爲渠，并北山東注洛三百餘里，欲以溉田。中作而覺，秦欲殺鄭國。鄭國曰：『始臣爲間，然渠成亦秦之利也。』秦以爲然，卒使就渠。渠就，用注填閼之水，溉澤鹵之地四萬餘頃，收皆畝一鍾。於是關中爲沃野，無凶年，秦以富彊，卒并諸侯，因命曰鄭國渠。

《漢書》卷二九《溝洫志》 其後韓聞秦之好興事，欲罷之，無令東伐。乃使水工鄭國間説秦，令鑿涇水，自中山西邸瓠口爲渠，并北山，東注洛，三百餘里，欲以溉田。中作而覺，秦欲殺鄭國。鄭國曰：『始臣爲間，然渠成亦秦之利也。臣爲韓延數歲之命，而爲秦建萬世之功。』秦以爲然，卒使就渠。渠成而用溉注填閼之水，溉舄鹵之地四萬餘頃，收皆畝一鍾。於是關中爲沃野，無凶年，秦以富彊，卒并諸侯，因名曰鄭國渠。

又卷四五《息夫躬傳》 躬又言：『秦鄭國渠以富國彊兵，今爲京師，土地肥饒，可度地埶水泉，廣溉灌之利。』天子使躬持節領三輔都水。躬立表，欲穿長安城，引漕注太倉下以省轉輸。議不可成，乃止。

《陳書》卷二《高祖下》 夏閏四月庚寅，詔曰：『開廩賑絶，育民之大惠，巡方恤患，前王之令典。朕當斯季俗，膺此樂推，君德未孚，民瘼猶甚，重茲多壘，彌疚納隍。良由四聰弗達，千里勿應。博施之仁，何其或爽？殘弊之軌，致此未康。吴州、縉州，去歲蝗旱，郢田雖兕，鄭渠終涸，室靡盈積之望，家有填壑之嗟。百姓不足，兆民何賴。近已遣中書舍人江德藻銜命東陽，與令長二千石問民疾苦，仍以人臺倉見米分恤。雖德非既飽，庶微慰阻飢。』

《舊唐書》卷一七《敬宗紀》 閏三月丙戌朔，内出水車樣，令京兆府造水車，散給緣鄭、白渠百姓，以溉水田。

唐 杜佑《通典》卷二《食貨二》 永徽六年，雍州長史長孫祥奏言：『往日鄭、白渠溉田四萬餘頃，今爲富商大賈競造碾磑，堰遏費水，渠流梗澀，止溉一萬許頃。請修營此渠，以便百姓。至於鹹鹵，亦堪爲水田。』高宗曰：『疏導渠流，使通溉灌，濟汝炎旱，應大利益。』太尉無忌對曰：『白渠水帶泥淤，灌田益其肥美。又渠水發源本高，向下枝分極衆。若使流至同州，則水饒足。比爲碾磑用水，洩渠水隨入滑；加以壅遏耗竭，所以得利遂少。』於是遣祥等分檢渠上碾磑，皆毁之。至大曆中，水田纔得六千二百餘頃。

《宋史》卷九四《河渠志四》 至道元年正月，度支判官梁鼎、陳堯叟上《鄭白渠利害》：『按舊史，鄭渠元引涇水，自仲山西抵瓠口，并北山東注洛，三百餘里，溉田四萬頃，畝收一鍾。白渠亦引涇水，起谷口，入櫟陽，注渭水，長二百餘里，溉田四千五百頃。兩渠溉田凡四萬四千五百頃，今所存者不及二千頃，皆近代改修渠堰，浸壞舊防，繇是灌溉之利，絶少於古矣。鄭渠難爲興工，今請遣使先詣三白渠行視，復修舊迹。』於是詔大理寺丞皇甫選、光禄寺丞何亮乘傳經度。

又 景德三年，鹽鐵副使林特、度支副使馬景盛陳關中河渠之利，請遣官行鄭、白渠，興修古制。乃詔太常博士尚賓乘傳經度，率丁夫治之。賓言：『鄭渠久廢不可復，今自介公廟迴白渠洪口直東南，合舊渠以畎涇河，灌富平、櫟陽、高陵等縣，經久可以不竭。』工既畢而水利饒足，民獲數倍。

又 卷九五《河渠志》 十一月，陝西提舉常平楊蟠議修鄭白渠，詔都水丞周良孺相視，乃自石門堰涇水開新渠，至三限口，以合白渠。王安石請捐常平息錢助民興作，帝曰：縱用内帑錢，亦何惜也。

明 項忠《涇陽縣廣惠渠記》（雍大記）卷三四　《書》載六府，而以水爲先，渠堰之修，所以興夫水府之利，以足夫民食也。自古爲治，率用心於此焉。如有虞溝澮開導、潴蓄井汲，以致夫水府之修者是已。然前人已成之績，年久而壞，故予於鄭、白渠不得不因其壞而謀衆重修，加意而開廣之也。按《志》：鄭白渠在涇陽縣西北七十里山仲下，原有古迹洪堰一所，分閘涇水以溉田畝。自秦而下，歷代鑿之者不一，故渠亦因之而變名有六，惟鄭白渠獨加顯焉。其曰鄭國渠者，蓋六國時韓苦秦害，乃使水工鄭國説秦，鑿涇水溉田以爲間，故名也。曰白公渠者，蓋漢涇河底被水衝低，水不能入渠。太始二年，召中大夫白公於上流接開石渠，引使通流，故名也。謂之六輔渠者，漢倪寬爲左内史，請鑿六輔渠以溉田，遂名焉。謂之豐利渠者，宋大中，召開石渠，疏涇水入渠者五尺，下與白公渠相會，工畢而賜名焉。

明 戚元左《兵部尚書項襄毅公忠傳》（國朝獻徵録）卷三八　又明年，毛里孩舉國犯邊，督彰武伯楊信破之於小龍州，虜大創，去。陝土亢且鹵苦乏水。公尋故龍首渠浚三十里，又疏鑿涇陽鄭、白渠，灌田七萬頃。

《明史》卷四二《地理志三》 富平府東北。元屬耀州。萬曆三十六年改屬府。西南有荆山。西北有漆沮水，舊經白水縣南入洛，自鄭渠堙廢，不復東入洛矣。東北有美原巡檢司，尋廢。

藝文

《漢書》卷二九《溝洫志》 民得其饒，歌之曰：『田於何所？池陽、谷口。鄭國在前，白渠起後。舉臿爲雲，決渠爲雨。涇水一石，其泥數斗。且溉且糞，長我禾黍。衣食京師，億萬之口。』言此兩渠饒也。

《文選》卷一〇《西征賦》 浸決鄭白之渠。

南朝宋 謝靈運《謝康樂集》卷三《樂府雜詩》 雖非鄭白渠，每歲望東京。

佚名《鄭白渠》（雍正）《陝西通志》卷九五　韓欲罷秦使鑿渠，渠成斥鹵皆膏腴。遂令富饒甲天下，數傳霸業開雄圖。乃知灌溉民所利，亦有白公踵其事。衣食關中億萬象，池陽谷口歡聲沸。高岸爲谷谷爲陵，兩渠中更幾廢興。熙寧成功未克告，遺愛人傳耿右丞。

雜録

（熙寧）《長安縣志》卷一九《縣九》 鄭國渠在縣南二十里。

元 駱天驤《類編長安志》卷六《川谷》 鄭國渠在富平縣南二十里。

元 李好文《長安志圖》卷下 今將貼説圖本具呈憲臺照詳施行，一相視得鄭渠起于瓠口，今駱駝彎西北是也。上至白公渠口二千七百餘步，白公渠口即今小龍潭下是也。上至宋豐利渠五十六步，豐利渠又上至王御史新開石渠五十六步。已上三堰，西北高而東南低，涇水自仲山出，由高而下，河岸去水漸高。今量得鄭公渠口至水面計高五十餘尺。白公渠口至水面計高一丈三尺，相懸如此，雖欲不改，不可得也。

明 徐光啓《農政全書》卷三《農本》 關中引涇通渭，故有鄭國渠、白渠諸迹可尋。

清 顧祖禹《讀史方輿紀要》卷五三《陝西二》 鄭國渠在縣西北六十里洪口。《唐志》：雲陽縣有古鄭國渠。

泉部

概説

綜述

唐 杜佑《杜城郊居王處士鑿山引泉記》《文苑英華》卷八二八

佑此莊，貞元中置，杜曲之右，朱陂之陽，路無崎嶇，地復密邇，開池水，積川流，其草樹蒙茸，岡阜擁抱，在形勝信美，而躋攀莫由。爰有處士，琅邪王易簡，一作居易。字高德，經術探於壺祕，文章擅於風雅。精識窮於治理，奥學究於天人。棲遲衡茅，粃糠爵禄。旁洽他藝，尤精術數。短褐或弊，簞笥屢空。守道安貧，不求不競。素多山水，乘興遊衍。踰月方歸，誠士林之逸人，衣冠之良士。佑景行仰止，邀屈再三。惠然肯來，披榛周覽。因發嘆曰：懿兹佳景，未成具美。蒙泉可導，絶頂宜臨。而面勢小差，朝晡難審。庸費不廣，日月非延。輿識無不爲疑，佑獨固請執事。於是薙叢莽，呈修篁，級詰屈，步邐迤。竹逕窈窕，藤陰玲瓏。勝槩益佳，應接不暇。登陟遺倦，達於高隅。若處烟霄，頓覺神完。終南之峻嶺，青翠可掬。樊川之清流，逶迤如帶。藏役春仲，成功秋暮。其煩匪病，不愆於素。開雙洞於巖腹，當鬱燠於生寒。交清泉於巘上，遭旱暵而淙注。止則澄澈，動則潺湲。宛如天然，莫辨所洩。懸布垂練，摇曳晴空。定東西之方隅，正子午之晷度。境象一變，賔侶咸驚。矧其流觸彎環，曲池奫淪。美景良辰，賢英迭臻。泛方舟而騁懷，聽清商而怡神。寧知景之將曛，勝事嘉趣，諒難備陳。

遠祖西漢建平侯，家於杜陵。綿歷千祀。佑實虚薄，謬竊公台，作相兩朝。空尸高秩，初過從心之歲，即陳歸老之誠。渥澤猥流，皇慈未替。特優筋力之禮，俯念朝謁之勤。仕適田廬，恣尋山水。荷天地之大德，蒙亭育之厚恩。上荅何階，兢慙是積。而枌榆之敬，恭肅敢虧。每出國門，未嘗公服。導從輩悉令簡省，芻蕘者莫止唐突。及栖弊陋，時會親賔。野老衰宗，嗇夫游徼，亦同列坐。或與銜盃，由是盡得歡心。庶將協比鄉黨，其城曲墟落。緇黄童艾，杜名杜氏，遍周川原。群情既用光榮，老夫唯增祗懼。或曰：兹地頗堪遊翫，深慮勢家凌奪。佑以爲不然，聖主明君，固當制抑。神龍中故中書令韋公嗣立驪山，幽栖谷莊，實爲勝絶。中宗愛女安樂公主，恃寵懇求，竟不之許。曰：『大臣産業，宜傳後代，不可奪也。』恭惟聖德，載在史策。貞元中，族叔司空相國黄裳，時任太子賔客，韋曲莊亦謂佳麗。中貴人復以公主賞愛，請買賜與，德宗不許。曰：『城南是杜家鄉里，終不得取。』仰奉聖言，布於人聽。則二后皆切禁止，所冀常以保安。在子孫但履孝資忠，謹身奉法，無疑欽達節，克守素風，復何虞也。司徒平章事岐國公京兆杜佑記。

宋 宋祁《景文集》卷四六《衡山福嚴禪院二泉記》

陳有大士曰慧思，得佛法要，始倡而南，乃舍峋嶁之墟，圖揆厥居。黑白其徒，褰裳景從。山阿土厚，汲以勤苦。師曰：『吾當食此，神必我相。』引仗刺地，靈液仰流。渟瀯滲漉，更奭競注。憔焉熱惱，盪爲清凉。久之，大比丘衆陰計曰：有生濯澣，庸可以已。俄有猛獸，導師踰嶺。攫厓哮闞，檻泉隨之。由是華清交蟠，内周外給，禪和便安，道風流行，乃宇爲大蘭若。師已寂滅，其徒神之，因名二泉，曰『卓錫』，曰『虎跑』，所以震顯冥符，牧攝信源者。惟卓錫距堂下，深之十扶，其廣八之五，渟而不流，凡瀹者烹者飪者茗者取焉，香以甘故也。虎跑直寺西，廣之五咫，其深四之三。浚而爲沱，刳木函溜，行二千尺，股分脈散。環像館，曆齋房，經厨軒，并中園，繚浴廡，逗厮舍，然後淙而出之，注乎下田，凡湔者漱者浸者取焉，寒以潔故也。若乃溯陽弗泮，值陰弗涸，旱焉益深，潦焉益澄。十缶繘之不加餘，千罍挹之不加耗，奫淪澹淡，盖源而不委者耶。嗚呼！斯人斯泉，寧蠲煩流，惡而止矣，亦將昭含天解，覺痦斯人歟。吾聞法有譬喻，請借泉爲喻。夫不鑿而浪似頓，澄焉自如似定，受垢弗辭似廣，兼利不言似慈。接物以廣，畜衆以定，息照以頓。即心推而衍之，使自求之彼挈然而來者，洒然而反，則師之志庶乎幾矣。今大長老省賢，後師四百載，又嗣其位。荷擔恵命，光照前人。周案顯迹，欽如神對。丐文紀實，與此泉偕。余不敏，姑捃前載，以寘今事，款之兹山。時慶曆紀元之初年月日記。

宋 蔡襄《端明集》卷二〇《新泉記》 功不益於世，望不悚於物，抱美而淵潛者，蓋徯昌于時，期大于人而已。徯得乎昌，期得乎大，則益世之功，悚物之望固不加少。若新泉者，斯之謂耶。予頃年求薦天都，道武陽之西鄙，暮邸籧廬。時適新夏，思以綆泉煑茗，招神宅府。而所居之民啜漿熟饍，日汲溪隅之水，帚遺而溝洩者有之，足滌而面沫者有之，則鄙之綆泉之發，莫有所愿焉。

循溪而下，巨石盤互，有罅然中斷者。平沙之間，泉竇如縷，流潤數咫，若披而決焉，若掊而浚焉，激乎渾然，止乎窪然，甘出天味，清鑒人骨，粉葭植鼎，且償苦意。既而莫知其爲瓦礫之遂堙乎，爲罌缶之給用乎？五年于今矣。不意解官就道，迹追舊賞。所謂新泉者，甃石以環，植宇以覆，居者行者，且引且酌。德哉泉乎，獨曰惟其時乎，則日遷稔革，孰泉之顧。獨曰惟其人乎，則冰瑩玉徹，孰泉之有。泉莫克明，予得肆辯。間使弗披而決，弗掊而浚，誠有甘出天味，鑒人骨，兹焉之美，適以下滋蟄蚓之壤，上沃棲凫之莽，豈復居者行者，且引且酌之爲利哉。且夫崪天之幹，惟工之斧，剸玉之鋒，惟工之砥。物莫不然，斯亦固然。予倡厥初，是爲新泉記云。

宋 李知微《縣學新泉記》《赤城集》卷一四 土之有泉，如人之有血脉，自非磽硧斥鹵不毛之地，則凡都居邑宅，雖百人之聚，亦未有不依泉而立者。甚至權其輕重以驗其氣之粹駁，俗之薄厚，好事者或又從而品其味之高下以別之。廬山之簾泉，惠山之梁源，至瓶榼走萬里相餉，其爲世所重蓋如此。寧川海邦也，瞰臨渤澥，鹹氣所鍾，宜不知以泉爲貴。乃歲甲寅，有泉溢於縣學講堂之左，不假疏浚，自然清甘。凡學之用，汲盥灑濯，以烹以飪，取給而有餘。識者以爲是學校之祥焉，世方隆儒重道，闢館以延英俊，則論秀當自兹始，其謂之祥也固宜。然解散於數十載之餘，收拾一二年之頃，累功未深，美意易虧，則陰相默祐，俾之持久而不廢者，匪兹泉孰聚之，乃歌曰：『挹泉之清兮，澡我煩襟。雋永芳旨兮，憩息書林。自今而往兮，無有遐心。』再歌曰：『人莫監於流水，而監於止水。積善於躬兮，其觀在此。自今兮欽於世世。』歌闋而去。

紀事

明 邵寶《容春堂集·续集》卷一〇《泉記》 臺之始卜也，邵子作詩志焉，有安得泉分一道來之句。既而臺之右，石壁下，忽傳有泉出焉。始涓涓流，繼鑿渠而引之，則源源如注，淵然成池。邵子喜名之曰滴露。

明 郎瑛《七修續稿·游閱古泉記》 少嘗借人《癸辛雜識》、《齊東野語》二書，見其彼此出入，莫知孰先箸也。第以《野語》大事多於雜識，而《雜識》卷帙又繁，因止録其《野語》。今見《雜識》，比舊四分之一，若似道喪師江上等事皆缺之，且無刻板，懊恨未録。兹以原録《閱古泉》一記，附入《七修》，他日得梓，使人知宋末元初，吾杭紫陽重陽，皆韓侂胄之園。而侂胄之宅，正今太廟巷地。而韓之園宅，自南而北沿西繞於二庵觀。今文内古迹，歷歷可考焉。文曰：『丁亥九月，余偕錢菊泉至天聖觀訪褚伯秀，遂同道士王磐隱游寶蓮山韓平原故園。山環皆秀石，絶類香林、冷泉等處。石多穿透，山斬絶，互相附麗。其石有如玉色者，聞匠者取爲環珥之類。中有石谼，杳而深，泉涓涓自内流出，疑此即爲閱古泉也。谼旁有開成元年六月南岳道士邢令開，錢塘令錢華題名，道士諸葛鑒元書，鐫之石上。又南石壁上，鐫佛像及大字心經，甚奇古，不知何時爲火所燬，佛多残缺。又一洞甚奇。山頂一大石墜下，旁一石承之如飣餖然。又前一巨石，不通路，鑿一門，門上横石梁。又有一枯池，石壁間皆細波紋，不知何年水直至此處。然則今之城市，皆當深在水底數十丈矣。深谷爲陵，非寓言也。其餘磴道、石池、亭館遺迹，歷歷皆在。雖草木殘毁殆尽，而山秀潤可愛，大江横於前，正見潮上如練然，其下俯視太廟及执政府在焉。山頂更竟奇峭，必有可喜可噩者，以足憊不往。且聞近多虎，往往白晝山沒不常，遂不能尽討此山之勝，故書之以諗好遊者。』右記乃周密公謹所撰，周爲宋末元人，閱古泉即今青衣泉也。記云丁亥，至元廿四年也。云下視太廟執政府，此宋官舍，見前祀典官署考。想初元元君既北，宋之官舍遺趾尚在耳。

明 黃景夔《城東新泉記》《全蜀藝文志》卷三三 城東新泉，故泉也。

故泉曷曰新？曰：以其故之辱也。始浚之，若新焉。曷曰故之辱？出城東百餘步，大涂之旁，維泉之源，脈長而甘。城中井鹵，人莫汲，汲城之外。東門之人資斯泉，顧獨出石間，僅勺挹，不受巨器。浸漬溪流，泛淖沮洳。牛馬之過，飲之且溲焉。汲者守泉不得，則於溪匪注盈，汰澄不可汲，踵踵競次。旱則復於泉沍。冬尤艱，剖冰取甕，人息爨俟水之至不及，則于北泉又遠難致，論者咸病東泉云。予郊行過泉而喟曰：『泉哉泉哉，曷居於此。爾資之深，而功不溥，質甚美而蒙不潔，斯非爾泉辱哉。』乃心惻而新斯泉。曷曰新？役夫雲集，下具如雨，巉穿嵯斵，深入齒齒，泓然成池。汲者如携，不次不勞，不獨利東門，城之中咸汲焉。崇之方臺，庇之峩亭，曲闌四周𣥺，如閑如幽蔭，寒冽炙燠之所不及，牛馬之迹無緣而來。觀者顧嗟，不識其故，故曰新。既成，飲亭下，顧泉而賀曰：『噫，泉哉。自有天地，即有爾泉，豈無主翁，咸莫爾顧。兹維新，在我慶爾泉之遭繆。予理守罔敢苟安，浚清濯污，託風在泉，竊志焉。抑謂我留情事外，不急簿領迹，亦似之知我乎將由爾泉乎，罪我乎將由爾泉乎。』爾乃扁亭曰『城東新泉』，而刻語於石樹亭中。

白鶴泉

綜述

宋 李昭玘《樂静集》卷五《記白鶴泉》 臨角門外折行而西二十步，有石井曰白鶴泉。野老云：昔有兩白鶴翔唳而下，因以名焉。泉舊在老子祠，咸平中，侍御史趙及築新城，限於其外，自是泉與祠異處，人或不知也。眘陽蘇公来守此邦，治公之餘，抉奇摘古，以寓吟嘯。初得泉焉，味甘色白，於茶尤宜，以謂雖不及惠山，而不失爲第三水，人始稱之。世傳陸羽、張又新《水記》，次第二十種，多出東南，北州之水，棄而不載。一旦蘇公獨爲詮賞，而北人不甚喜茶，雖知之弗貴也。惠山當二浙之衝，士大夫往来者，貯以罌瓶，以籜封竹絡，漬小石其中，犯重江涉千里而達京師，公侯之家，華堂錦案，招一二貴人，出龍團鳳餅，次第而烹之。雖醴泉甘露不足比名。斯泉也，棄於路隅，人足罕至，雨潦浸灌，牧兒餉婦驅牛馬，負罋盎，飲濯其旁。七月八月之間，草深苔滑，蝸螺鰌鮒，曳泅自得，道上行旅，渴不得嘗。歲時遊人過者，既乏瓶綆，一照眘髮而去。蒙烟墜露，涵沙浮梗，以寒冽自持，而不能争名於甌鼎之間，良可悲也。天下之物，貴於近人而賤於遠，俗人之常，情多隨少，執競於群衆之所，趨而不察，君子之獨好此，幸不幸所從来，而其致不能一也。嗚呼！物固無求於世，爲士則有義命者也。

（至順）《鎮江志》卷七 白鶴泉，出繡毬山，東行二十里入九曲河。

（嘉靖）《山東通志》卷五 白鶴泉，在泰山昇元觀後。水冽而甘，一曰白鶴池。

明 曹學佺《廣西名勝志》卷五 白鶴泉，在州南三十里。源出南山，至瑯琊鄉通鶯寨泉，俱合李依。

（道光）《長清縣志》卷一 白鶴泉，亦名雙鶴泉，二泉相并在卓錫之泉東十餘步，左旁有雙鶴泉碑。

（光緒）《湖南通志》卷一三 白鶴泉，在清風峽上。泉出嵒石中，僅一勺許，最甘冽，冬夏不竭，當有白鶴飛止其上，故名。

藝文

宋 趙抃《清獻集》卷三《麓山十咏·白鶴泉》 靈派本無源，因禽漱玉泉。自非流異禀，誰識洞中仙。

宋 李綱《梁溪集》卷二九《宿岳麓寺》 岳麓久不到，兵戈浩聯綿。及兹再來游，蓮宇猶依然。隔江望城郭，瓦礫稀人烟。十里無草木，髡盡群山顛。老僧舊相識，爲語當時緣。寇騎中宵來，烈火光照天。殺人知據何，浮屍蔽長川。巨盗繼憑據，奸貪争弄權。誅求到骨髓，荆棘生荒田。兹山二三刹，危甚偶得全。至今齋厨室，不給粥與饘。步上法華堂，試酌白鶴泉。泉味儼如昔，松竹自碧鮮。端如君子操，不爲治亂遷。□□永空堂，慷慨不成眠。安得有志士，王道還平平。太平復舊觀，山林寄餘年。

宋 釋惠洪《石門文字禪》卷一四《陳瑩中居合浦余在湘山三首寄之》 心在青牛城下，身行白鶴泉西。何日相逢一笑，看君飽食蛤蜊。

宋 張栻《南軒集》卷四《和石通判酌白鶴泉》 談天終日口瀾翻，來乞清甘醒舌根。滿座松聲聞金石，微瀾鶴影漾瑶琨。淡中知味誰三嘸，妙處相期豈一樽。有本自應來不竭，濫觴端可驗龍門。

清 桑調元《弢甫集・泰山集》卷上《白隺泉》 岳麓寒瀦雪色泉，羽衣曾此照褊襹。丹光夜出巖邊日，卵色秋涵水底天。白鶴不乘明月下，驪龍如抱寶珠眠。青桐芽自春前采，惟岳中岩谷有此茶。試汲銅瓶活火煎。

清 張開東《白蒓詩集》卷一《白鶴泉》 天漢清華水，雲亭下石峰。尋常飛白鶴，一半逐蒼龍。露重流芳草，風高落古松。道人烹茗處，午後有鳴鐘。

清 顧宗泰《月滿樓詩文集・詩集》卷二五《泰安次白鶴泉》 一角分崖處，琤琮瀉碧泉。白雲流不極，飛鶴是何年。林際星旄入，雲中玉帳懸。體元欽聖德，行宫有體元堂。不息是天淵。

清 錢大昕《潛研堂集》卷八《程蘊山明府招飲白鶴泉上》 晨游東岱上層巔，歸路重尋白鶴泉。山水夙饒狂士癖，淹留爲有主人賢。蒼茫擘絮雲初合，瀲灔浮波月正懸。酩酊今宵判盡興，詰朝南去又揮鞭。

清 覃光瑶《玉芳詩草》卷下《宿泰山白鶴泉和韻》 名泉高湧出塵寰，暫駐征車宿此間。隔院清風生樹樹，開窗明月滿山山。瑤琴一曲彈流水，花雨千重映碧灣。勝地烟雲撩逸興，箇中詩思亦清閒。

清 張九鉞《紫峴山人全集・詩集》卷一《白鶴泉》 吟殘午夜正悠然，岳茗聊烹岳澗泉。白鶴似通詩客意，雙雙飛破小爐烟。

清 張五典《荷塘詩集》卷一一《六朝松歌》 蘢山盤磴穿杉楓，層層竹木圍花宮。白鶴泉邊老松樹，中天拖尾垂蒼龍。鬣髯森張勢掀舞，鱗甲攢簇文玲瓏。珠顆粲粲抱晴旭，濤音颯颯含江風。老僧拄杖爲指畫，古時雙幹離兩弓。元冬驚飈逐雪霰，盪摩角鬭爭長雄。顛仆流響徹幽壑，嶙嶸獨立排高空。我聞莊嚴有二寺，游屐歷數唐人踪。虛殿巋然并可料，劫塵變幻誰能窮。試看櫨龕積苔蘚，佛身蝸涎蛛網封。僧乎有心復舊觀，檀越奔赴湘西東。此松曾見全盛日，會教重占金碧叢。飛乩作碑招北海，橫根巨石供磨礲。

又《白鶴泉》 碧湘門外白沙水，負擔入城宴人子。汲江往往亂僞真，土俗狡獪祗如此。流泉接竹曲通厨，盞飯淘沙充一盂。欲語僧雛日往遺，多防不置南山符。

清 許瑶光《雪門詩草》卷六《憚暑》 欲招東山雲，爲我張大幔。欲呼西山風，爲我摇大扇。頃刻洗炎歊，清凉滿赤縣。一身固瀟洒，萬彙亦安晏。蒼天那可期，獨樂且謀戀。湘江雲麓中，一峽青楓遍。潺潺白鶴泉，晴天洒珠霰。赤日照不到，長年秋一片。去去結茆屋，悠悠謝時彥。

清 梁焕奎《青郊詩存》卷二《九月三日同周君印昆、唐君明皆、張君潤龍游麓山，憇白鶴泉，嘆逝傷離，悽然有作》 舊日清歌不再聞，屐痕帬影認難分。山泉寂寂幽花澀，巖樹蒼蒼落日曛。宿草數叢隨故土，征鴻幾點入青雲。心魂到此都飄蕩，送酒移船且一群。

雜録

（乾隆）《江南通志》卷一三 繡毬山在丹陽縣東北三十六里，三山相連，如繡毬，上有白鶴泉。

白泉

綜述

（道光）《漳平縣志》卷一 白泉，在和睦里。山泉湧出，遂成溪澗，鄉人賴之。

（光緒）《永嘉縣志》卷二 白泉，在城南十里，水甘洌。府志。詳叙山西山下。

（光緒）《永嘉縣志》卷三　白泉，百十四里，由韓埠踰崑陽嶺止，百五里。

紀事

宋　范浚《香溪集》卷六《白泉記》　距吾廬南不能五十步，有泉激激出石竇間，色乳味飴，與他泉不類。因坎竇下鍾其源，以供家奴旦暮𢯱挹。且醲溢流而渠之，與里人同其甘。鄰曲來汲，日數百器，泉之儲洩常自如，雖歲甚旱，焦川枯壑，而泉不知也。渠之泛灎而走音奏下者，與南澗合流，以西亂于香溪，汩汩窮晝夜，吾知其不至海不已也。夫泉之甘而利人也，類有德。其不涸也，類有本。其趍澗溪，而期于海也，類有志。人之育德有本，能日進而期于道，則其淵深閎大也必矣。吾於泉有感，於是乎記。

藝文

宋　趙蕃《淳熙稿》卷一五《十二月一日同陳明叔修絶江游古城白泉》　快閣呼舟渡碧江，舉篙驚破白鷗雙。謾云擇勝心如渴，不待窮幽意已降。試遣折梅巡野圃，少須酌茗坐僧牕。欲將韻語題今日，筆力輸君九鼎扛。

元　王沂《伊濱集》卷三《白泉歌》　白泉之流白如雪，白雪連峰幻銀闕。浮邱仙子太華来，頭戴星冠手持節。一過西岩數百年，靈芝五色何鮮鮮。山中閲世已陳迹，世上聞名不識仙。浮雲虊秀常五彩，碧落空歌久相待。幾欲緣崖采茯苓，長嘯臨風望滄海。海中遥挹安期生，六鰲戴山休遠行。風塵十載散空濶，宇宙再新開太平。太平人物世希有，我欲看山待重九。諸子重携緑綺琴，三仙共酌黄花酒。漁樵徑路草荒荒，回首烟霞接混茫。交游欻散塵緣重，節序空酬興味長。因招白泉雪，更望白泉嶺。別日吹簫駕鶴軿，知是王喬到仙境。

明　沈德符《清權堂集》卷一六《葉司成劚地得泉，味甘色白，取古人飲白泉能壽語，作亭覆之，顔曰白泉，因以目號徵諸社同賦》

似挹坤元潤，重開太古函。生初天一得，流久地中涵。白水仍佳讖，紅泉總浪談。投鹽求固拙，刳竹取猶憨。出穴宜呼氿，營宫取字甘。跑非神虎迹，脉豈槖酡諳。石髓珠争逆，雲腴液可泔。漉砂方入餌，瀹茗癖同耽。畫本添生碧，天容謝蔚藍。鑱疏供藥竈，綆汲近花龕。洌想藏虬甲，清宜淬劍鐔。聽來濤避響，嘗處湩方含。帶酒曾名郡，爲條欲眄嵐。雖温何忍浴，匪醴亦能酣。水遁真應罷，山珍好并擔。洗心通佛觀，撫掌付僧參。浄合銀泓貯，和還玉屑堪。奔池憑客報，分派遣僮探。樂飲齊蔬水，長生配菊潭。一泓千里潤，萬斛四方覃。振卓曾煩錫，窺臨好結庵。蘇門虚號百，瞿硤枉驚三。頻渫寧虞濁，惟廉乃療貪。因咀大明寺，庾語贊多慙。

清　汪仲洋《心知堂詩稿》卷七《將之白泉口占》　梅花預放隔年春，匹馬還衝陌路塵。客裏出門殊磊落，不須回首別家人。

又《白泉即事》　僧起客初睡，客醒僧不知。一聲鐘起處，千里夢還時。

雜録

（弘治）《八閩通志》卷四　甘泉山中有白泉，湧出不竭，其味甘。舊有甘泉寺，上二山，在開化里。已上四十二山，俱府城東。

（弘治）《八閩通志》卷二四　白泉井，溉田九畝。

（弘治）《句容縣志》卷四　玉液泉舊記云：有二泉，一在茅山崇壽觀後，山堽上路西畔，仙人捧石北。泉若乳色，甘而香，能去腹中諸疾，俗呼爲白泉。一在三角山玉液庵。

百門泉

綜述

（天順）《明一統志》卷二八　百門泉在蘇門山，泉通百道，故名。衛風泉源在左，淇水在右，泉上有威惠王祠，禱雨有應，殿名清輝，金宣宗因改州曰輝。元吳安持詩：『地本居幽僻，天教慰寂寥。池無千畝廣，泉有萬珠跳。坐覺清心骨，行思厭市朝。從今頻往返，歸路不辭遥。孫之傑詩：百丈原泉湧，千尋翠壁寒。武陵城郭静，盤谷水雲閒。康節行窩古，孫登長嘯闌。逍遥隨杖履，老我畫圖間。』

清　劉榛《虚直堂文集》卷八《百門泉記》　順治丁酉，予游衛之蘇門山，百門泉則湧於其山之陽，在詩所謂『毖彼泉水』是也。流連樂之，歸而愈久不能忘。時與田子簣山回憶舊游，蓋已三十年矣，而猶津津乎，予日也，渺渺乎予懷也。簣山曰：『子嘗南浮汝漢，東臨汶泗之津，遵會通而北渡易、涉滹沱，又東而南泛揚子、泝魯明陵，長蕩震澤之險，帆錢唐泳蘭溪，洄游白蝦風渚之間，極於甌海，所閲名川巨浸多矣，何獨繫情於斯不已也，意者其有所取爾乎！』

予曰：然。天下之景物，天下之人各有分以相承也。夫四瀆五湖之汪洋，龍怪出没，非天下之至雄者乎。是乘運際時，道隆化行者之觀也。洶瀨險壑，雷鬬而雪驚，非天下之至奇者乎。是俠客勇士之觀也。净匹練於萬里，飽正風於一帆，非天下之至逸者乎。是席寵履順而優游任運者之觀也。予皆非其人也，是故分之，所承意惟此泉焉。泉之湛澈，不能涵一物而藏之，蟹爪横來，歷歷可數，不類予衷之徑激以淺敷？性沈寒而洌清，又類予煦之不可熱，汨之不能濁者也。而溯厥發則不知其所自觀，予闕譜可慨焉。以予所見，天下之泉莫雄於趵突，莫幽於百門，予固幽者之同氣相求也。泉之岸森森多翠竹，倘所謂淇澳之遺乎。予慕有斐矣。泉之亭曰宛在，能不興我遡洄耶？渟潴之可見者無多，則挹注而灌溉者，澤其田數百頃，予雖爲時舍，然寒泉之食，竊有志焉。其尤異者，纍纍珠貫而上，無窮期無間斷，隨地欶薄，化爲浮漚而散，其諸所謂逢原者乎，其諸所謂無息者乎，其諸所謂生生而變化者乎！予愧不能體之於身，而聲聞每至，愈令人惕然念也。憩蘇門之麓者，咸疑鸞鳳之嘯在耳，隱士孤蹤，猶令人百世向往之拜。邵先生之祠，則肅然於道，氣之遺又當何如者。予故挹高風，而希潛德，將與泉源俱無盡矣。此所謂吾分之宜，承愈久而不能忘者也。而又能移志於他乎哉。簣山曰：『善。子分之所，宜亦吾兮之所宜也。』因同追憶，而各著於篇。

二十年前，山蔚曾作百泉記，點綴風雅可愛，其稿逸矣。今復追憶，爲之歷落崛奇，又别闢一洞天，殊非思議，能到簣山。

清　田蘭芳《逸德軒詩文集・文集》卷中《百門泉記》　百泉，在輝縣城西北五里許，衛水所發源也，余乙酉、辛卯、甲午、丁酉凡四至。出城西門直行數十步，折而北，姚文獻公祠當其衝，遂西復北，居人漸盡，太行蜿蜒，露左掖朝暾射之，紫翠萬狀，其巖壑隆坳，遥望如旋渦雲撓，溜沙袱注。迤邐而北，有白楊數株，其高彗天。曰梅溪。人家籬落間，隱隱漸聞水聲。折而西，則馬家橋、平塘一帶，青秧白鷺，渺然無際，水碓所激，薄噴雪轟雷人，語不復得聞。由溪北上二里許，則爲貢院，院西壁外則爲池，池正方，泉水之所滙也。院中樓閣弘麗，引水汩汩流閣前，修竹如椽，羅落蔭水，上遵墻而北藕門山，俯瞰之，横亘與韭山接，包院東走盡城而勢未止。山之坡，陀依泉處，爲宣聖廟，配以宋儒，貌皆清古。盤級而上，漸高回視，泉上千章夏木，欝然深秀。出廟後，直達嘯臺，荒棘叢榛，不可逕。臺周以白石短垣，岑寂蕭闃，鸞鳳之音邈矣。向西隔澗有閣曠聳，扁曰『悟道』，則邵子安樂窩也。一二士人讀書其處，風來翛翛然。登而北眺，土人指之曰此走侯兆川路也，追想武穆血戰時，爲之慨嘆。沿山麓而南，復至孔廟前，稍西有亭，翼泉其出如噴珠，散落池中。池沈寒鏡，净其清可鑒底，平如砌緑玉，荇藻交流，小鯽出入石罅間，爪眼歷歷。亭西爲壬癸廟，祀泉神也。傍池而南爲康節先生桃竹園，至今尚爲邵氏所有。又南則勺園張司馬之别墅也，園盡横一彴，略濤喧聒耳，蓋池水流注于稻田使然。渡而東爲宛在朱樓，再重峙乎。水面自此以南爲園數區，雖亭榭傾圮，而老桂殘荷，風過香齊，令人鼻觀無盡。更南則與馬橋之平湖通矣。每來，愛玩忘反，依依然當去而不忍歸也。夫此山童而不秀，水淺而少曲，然能使人狎而不厭，去之既久，猶不能忘。宜乎古今有道者，接踵于斯土也。斯游生平所最樂，獨未得許文正公遺迹而憑吊之，過夏峰謁孫鍾元先生爲二恨事焉。康熙丙寅，與劉子山蔚共述舊游，因追憶而記之，距游時蓋三十年云。

紀事

明 袁宏道《袁中郎全集》卷一〇《游蘇門山百泉記》　舉世皆以爲無益，而吾惑之，至捐性命以殉，是之謂溺。溺者，通人所戒，然亦通人所蔽也。溺于酒者，至于荷鍤；溺于書者，至于伐冢；溺于禪者，至于斷臂；溺山水者亦然。蘇門之登，至于廢起居言笑，以常情律之，則爲至恠。以通人觀之，則亦人情也。夫此以無妻子爲恠，彼亦以遠山水爲恠。各據其有，則遞爲富。彼此易位，抑更相苦矣。嗣宗語意，微涉牽率，棲神導氣，在山水間爲俗談，置之勿答是已。及劃然長嘯，林谷傳響，真意所到先，生曷嘗廢酬應哉。唯世無發其籟者，故不鳴也。曰：子何以知其溺。曰，以百泉知之。

百泉，蓋水之尤物也。吾照其幽緑，目奪焉。日晃晃而爍也，雨霏霏而細也，草搖搖而碧也，吾神酣焉。吾于聲色，非能忘情者，當其與泉相值，吾嗜好忽盡，人間妖韶，不能易吾一盻也。嗜酒者不可與見桑落也，嗜色者不可與見嬙、施也，嗜山水者不可與見神區奧宅也。宋之康節，蓋異世而同感者，雖風規稍異，其于棄人間事以山水爲殉，一也。或曰：投之水不怒，出而更笑，母乃非情。曰：有大溺者，必有大忍。今之溺富貴者，汩没塵沙，受人間摧折，有甚于水者也。抑之而更拜，唾之而更諛，其逆情反性，有甚于笑者也。故曰忍者，所以全其溺也。曰：子之于山水也，何以不溺。曰：余所謂知之而不能嗜，嗜之而不能極者也，余庸人也。

清 劉大櫆《海峰文集》卷五《游百門泉記》　輝縣之西北七里許，有山曰蘇門山，蓋即太行之支麓。而山之西南，有泉百道，自平地石竇中涌而上出，纍纍若珠然，衛風所謂泉源者也。滙爲巨浸，方廣殆數十百畝。其東北岸上有佛寺，甚宏麗。寺西有衛泉神祠，祠西有百泉書院。明萬歷時，縣令紀雲鶴築亭於水之中央。其亭三室，室重屋，可遠眺望。亭外，廊四周。廊之内，老柏十數株，蔽日，長夏坐其内，不知有暑也。其水清澈，見其下藻荇交横蒙密，而水上無之。小魚鰕蟹無數，游泳於其中，狎鷗馴鷺，好音之鳥，翔集於其上。有舟艤其旁，可棹。亭前爲石橋，過而東南，爲屋三間者二，皆夾窻瓏瓏。石户障其南，水自户下出，其流乃駛，溉民田數百頃，世俗謂之衛河。自此而南，經新鄉，東逕衛輝之城，北合淇水，歷浚縣、館陶、臨清入漕河，以達於海。

昔孫登嘗隱此山，阮藉詣之，不言而嘯。嗚呼，使余不幸而生於登之時，其踐履，亦將與登同邪。登謂嵇康曰：子才多識寡，而其後康果見殺。雖然，使登不幸而與余同，欲買山而無其力，孰使之長居此土邪。然則隱者之生於世，其又有幸不幸邪。余自幼讀詩，知衛有泉源，稍長，又知泉上有蘇門山，思一見之無由。今老矣，乃得終日憩息於此，是則余之幸也已。

藝文

明 李濂《嵩渚文集》卷一二《共城雜歌三首》　百門泉水天下無，平地涌出千斛珠。源泉在左信斯咏，清輝搖影涵蓬壺。君不見，古來名士邵與許，卜居傍泉此寧處。考槃求志心所安，落日懷賢重延佇。

又卷三四《百門山水清曠，去山陽之竹林僅咫尺耳，七賢胡棄此而樂彼也，漫賦是篇以表厥勝》　涌金噴玉兩亭連，畫裏青山鏡裏天。當日七賢曾到否，竹林爭似百門泉。

明 謝榛《四溟集》卷五《湧金亭晚酌亭在百門泉上**》**　山亭下瞰碧潭空，天際雲霞落鏡中。千古神蛟吞夜月，九皋靈鶴振秋風。許由潁水心何逸，莊叟濠梁意自同。寄迹乾坤須縱酒，不妨醉卧荻花叢。

明 王元翰《王諫議全集·詣陸州哭雷何思館兄》　我昔遭讒去國年，君來灑涙百門泉。豈知患難肝腸友，倏作雲霄變滅烟。身後無兒一親老，案頭有草萬人傳。鹿門卜築成虚約，目斷襄江啼杜鵑。

清 賀振能《窺園稿·百門泉》　幾酌蘓泉水，今來漸白頭。風塵銷歲月，魂夢㥦林丘。山色初憐霽，濤聲晚覺秋。濯纓聊有意，非獨事清流。

清 李明嶅《樂志堂詩集》卷四《蕉門山》 結想蕉門嘯，登臺一惘然。下山看不厭，惟有百門泉。

清 陳萇《雪川詩稿》卷五《百門泉》 蘇門山下嘯臺前，疑是蓬壺小有天。百道泉聲千點雪，四圍山色一溪烟。波心飛鳥和雲落，樹影游魚帶荇牽。咫尺塵凡橫隔斷，水亭風榭著神仙。

清 田雯《古歡堂集》卷六《百門泉上聽雨作歌》 我家住在衛泉尾，乘興來訪衛水源。輝縣城北六七里，十畝一沼如缾盆。其土肥厚水清泚，中有百竇穿石根。大珠小珠盤渦走，粘天拔地流奔渾。直向東北入海去，遠從碣石通析津。撰杖到此夏五月，祖龍不動炎雲屯。振衣千仞清暉閣，納凉河朔傾窪樽。蒼松古槐立斜岸，禿柳叢竹排當門。須臾天漏大雨注，空濛澒洞山無痕。四面風來葛衣冷，簷前蝙蝠飛黃昏。鹿角闕連讀書宅，此水亦到山薑村。今日徙倚山水窟，新詩美酒安足論。更下太行問濟瀆，還探黃河窮崑崙。

又 卷一三《王氏園亭在百門泉南岸》 茶鐺藥竈讀書堂，上下林巒曲抱塘。倘許平分三畝宅，多栽竹子種垂楊。

雜録

（天順）《明一統志》卷二八 百泉亭，在百門泉上。金明昌間建，元儒許衡嘗與門生游咏於此。

百丈泉

綜述

明 姚廣孝《逃虚子集・類藁》卷三《獨庵藁・百丈泉銘并序》 衍未學佛時，往來西山，則知有海雲院廸公禪師，孤剛秀傑，卓然特出，其言與行一弗妄，荐紳大夫多願交於公。而公於荐紳大夫士亦無拒。時衍方童丱，雖敬而慕之，不敢超而見。後年歲冠始學佛，厠僧倫四方雲水之士，凡評論人物，無不以公爲稱道。故衍益加敬而慕之，偶直世失寧，流離散處而弗克見也。又十年，公之孫愚庵主徑山録衍掌記，而公已化去久矣。於戲，衍三十年之間，慕公之名弗獲公之面而見奬于公也，其可嗟矣。公嘗卓錫于穹窿山之上，荒茆蘩櫨間，有泉從而出焉。汪演深湫，汩汩似有不可止者。公以筧引，至於庖湢之所，殆不可以丈尺計，故約而目之曰百丈泉。潩潫如一，雅俗逮今，神異之。至正甲辰秋，衍歸自徑山，海雲拜公之像，方登山而尋所謂百丈泉，俯而眎之，其色白而潔，掬而飲之，其味甘而香，雖他泉名於天下者，其寔亦弗過也。乃爲銘曰：泉之出于石也，感公之道，行汪濊演漾，引而流之，詎有止乎。百丈因而名之，是以傳惟以公子孫之多賢，欲知其家聲，德澤之不墜，而永永無窮者，庶有見乎斯泉也。

紀事

明 王行《半軒集》卷一二《百丈泉記》 吴城之西，有山聳拔深秀，群山迴環，勢若拱向者，曰穹窿。山之半，有泉泓净明潔，餘流下注者，曰百丈泉。泉不知發於何時，其名則浮屠梵廸所制也。初，廸相地搆居于山之北麓，今海雲庵是已。搆成，門廡殿堂，庖湢悉具，洎土壤高亢，艱於井飲。廸曰：烏可使後人有勞汲之艱。於是披榛扶棘，得是泉於蘙翳間，即疏甓而引之，比屬于庖，累百尋焉，此名之所由立也，蓋六十年於兹矣。

至正二十五年春，廸之孫智及，介予友道衍，要予觀是泉，請爲之記。予謂之『泉之出久矣而弗記，今欲記之，何也？』及曰：『始，吾祖之成是居，其營謀經度，已艱且勞矣，洎求是泉，勞又加焉。吾徒乃泰然享其休養之安，於此寧不思所自，有以自修，而爲之效乎。故集於泉也，見其非渟之能清，非汩之能濁，則思學不待勸而勤，亦必不沮而惰也。見其一脉之微，能及千仞之遠，則思善必由積，而成惡必自隱而著也。見其源源之流，晝夜靡間，則思惕勵修省，無一息之可懈也。見其潦不爲之濫，暵不爲之涸，則思毋富驕以滋欲，毋患難而忘道也。今吾則省矣，吾子孫去吾祖日遠，苟無以示諸後，則創始之艱，其弗能知，而益以怠矣。兹欲使知祖宗之念，其後者之不敢忘如此，庶或有所警也。故不可以不記，幸子無難焉。』

予聞而嘆曰：『及亦賢也，浮屠以空寂爲宗，扵事少能計慮，而猶圖及扵是也。夫貴家大族，憑藉世資，惟事荒佚，至不克負荷，則甘自零落委頓者，寧不少知愧哉。今以及之賢，使不溺其法而齒扵冠帶，則其所爲必又有可觀者矣。惜其老也，故不辭而爲之記。』迪字允元，嘗主義興之善壽寺。及字以申，今主徑山。五月十六日記。

藝文

元 張昱《張光弼詩集》卷七《百丈泉爲及以中長老賦》 道人手挽銀河水，瀉作空山百丈餘。當晝大聲喧醉枕，長年倒影浸禅居。玉虹掛石看不滅，紅葉乘流畫却如。陸羽茶經知此味，可能日給到吾廬。

明 韓奕《韓山人詩集·百丈泉》 幾折懸巖下，源清流更清。錫探穿嶺脉，筧引到池聲。庖遠從分注，經存擬續評。後來稱百丈，不獨是僧名。

明 史鑒《西村集》卷四《觀海雲院百丈泉》 接竹分來知幾年，雲房長得潤枯禪。一從學士題詩後，吳下纔聞有此泉。

明 吳寬《家藏集》卷六《飲海雲院百丈泉》 白雲翻海濤，行人渺無蹤。蘭若曰以名，秀倚青芙蓉。兹山非百丈，泉名與山重。問泉所發源，寺僧偶相逢。涓涓出亂石，虢虢循長松。山中不鑿井，飲足忘深冬。始知白雲多，護此蜿蜒龍。品評藉道園，遺墨無塵容。所恨生也晚，操杖何由從。步來當長夏，坐挹清心胸。紀事强追和，豈圖碧紗籠。謫仙咏瀑布，莫訪香爐峰。

明 謝榛《四溟集》卷四《宿黄花寺》 横野千重壁，飛空百丈泉。松門臨巨壑，石閣架長烟。月下惟清梵，林中有静緑。此心元不染，秋水照青蓮。

明 周天佐《周忠愍先生文集》卷上《招鶴圖》 幽巘百丈泉，絶澗千尺松。耿耿懸明月，時時生好風。飛来雙白鶴，和鳴碧天空。饑食松花落，渴飲泉水東。羽翼莫輕舉，去此皆樊籠。

明 吴國倫《甔甀洞稿》卷三三《百丈泉》 回山山半蘂宫懸，樹杪飛流百丈牽。怪是仙源神瀵出，居人匏飲亦長年。

明 袁宗道《白蘇齋類集》卷三《游百丈泉》 青嶂岧嶢赴郢東，寒泉飛處鬱崧巃。諸天晴灑千林雨，六月凉生萬壑風。小入傍崖驚浴鷺，斜穿曲澗掛飛虹。片時徙倚翻成惜，只合移家老此中。

清 釋等安《偶存軒稿》卷二《讀孟郊峽哀》 竟將舊日中腸劍，散作凌空百丈泉。和雨和風直下落，沉憂溺怨一時蠲。

清 查嗣瑮《查浦詩鈔》卷一《磁州道中雨後口占》 夾岸平添百丈泉，馬頭驚見緑秧田。江南梅雨知多否，又是收蠶飏麥天。

清 陳正璆《五峰集·七言古詩》卷一《廬山行》 荒林日薄廬山陰，虎溪三笑亭幽深。滄江波撼廬山陽，牛谷五老峰顛狂。匡君兄弟不可見，層巒疊嶂開生面。百丈泉飛一杵鐘，白雲走出歸宗殿。

清 林直《壯懷堂詩·三集》卷四《飛水潭觀瀑》 危崖立巀嵲，高掛百丈泉。非關過狂雨，晴雪飛濺濺。如觀雙玉龍，紛拏舞秋天。又疑翻銀河，灑落太古前。頹流震繁響，中含萬佛圓。坐石洗鬢眉，濯足行亦便。覩兹湛然色，欲絶萬類緣。何當披天風，一鼓塵外紘。

雜録

（弘治）《八閩通志》卷四 烏石岩，在縣東南欽平下。里上有百丈泉，飛泉直下，流通財溪，俗呼百丈漈。

筆泉

清 蔡衍鎤《操齋集》卷九《筆泉記》 井，吾鑿也，甫二仞，而神泉湧出。跳沫騰于井面，雨後淙淙有聲，叶宫中商。夏日坐其上，凉氣上升，霍仙鳴龍門，所鑿雕鏤盤七，予得其一矣。泉甚清洌，可茗可釀，沈李浮瓜，爽人肺腑。嘗汲置瓶中，經時不變，坊市中以此爲最。邑志十景之一曰龍井甘泉，先輩詩云：『甘泉一掬碧澄澄，神物何年蟄不驚。』近歲淤塞不知所在。神龍變化無常，或者移蟄于此，與恨不使東園先生嘗之。一經品題，便與中泠惠山齊名千古也。井鑿于說詩堂背，滌研濡毫皆取資焉。有此神妙，庶幾沁我詩脾乎。雅稱『筆泉』以表之。

碧泉

綜述

（嘉靖）《長沙府志》卷三　碧泉，在縣西南七十里。唐天寶間，石岩中泉忽沸出，色如拖藍，投物水中皆碧。

清　郭金臺《石村詩文集·文集》卷上《碧泉記》　距潭西七十里，有泉曰碧，予幼耳其名，奇之。乙酉麥秋之望，吾友唐魏子訂予游紀事。謹按：唐天寶間，泉自石竇出，瑩徹一泓，氣蒸而銳，搏沙璇波，上滾螺髻，泉底饒柔條紛葉，小蝦乳蟖紛詭迭出，雜錯采采。四時有金色小蓮，碧光浸映，不實而妍。游人乍觀，駭碭如小屏列錦，如春苑初開，如瀉瑠璃水晶盆于地，而光燁燁，如列大寶鏡于日，而青黄赤白諸色變現實際也。

藝文

宋　胡寅《斐然集》卷四《和堅伯碧泉留題》　欲濯冠纓塵垢侵，梁亭横占一源深。碧紗演漾蒼魚色，黛白因依翠木陰。疏沼豈惟三鳳飲，買山初聽一龍吟。請君莫惜來游屢，耆舊風流尚可尋。

宋　胡宏《五峰集》卷一《碧泉興作即事有感因續魏武之詩》　對酒當歌，人生幾何。往者如江，來者如河。往來無盡，弗移弗那。奉身理物，何少何多。天長地久，我生靡它。樂此泉兮，于山之阿。

又《和韓叔夏碧泉》　靈源一派似河傾，隱映長天萬古情。林影淡摇秋月冷，澗翻先凝玉壺清。舊栽沿岸柳陰合，新種數株梅子成。誰引人來問消息，只緣山外有流聲。

又《碧泉九日有感》　祝融地勢東南俯，西北星辰拱漢闕。冷落山河凴玉几，凋殘名物損朱顔。西風凛凛鵬空搏，朔雪飄飄雁亦寒。正恐中原消息斷，問誰曾到五陵間。

雲日韜光山水幽，亭亭風送雁來秋。當時祓禊千華好，今日登臨萬葉愁。刻蠟桂香環遠路，縷金蓮色亂方舟。丹青妙處身知在，不作浮鷗信浪流。

又《碧泉獨步》　淅淅秋風動，前橋晚步還。小魚銜岸側，白鳥立溪灣。明月照秋水，淡烟籠遠山。此時知造物，憐我一身閒。

明　方鳳《改亭存稿》卷一〇《碧泉》　小澗寒泉碧似苔，數椽茆屋枕泉開。幽棲不用高軒過，只許莊生日日來。

玻璃泉

綜述

（成化）《中都志》卷四　玻璃泉，在第一山下，清瑩澄潔，光似玻璃。張文潛詩云：玻璃美酒舊知名。崇寧中，劉晦叔因以爲名。舊有亭覆其上，後廢。宣德間，知縣朱鏞重建，楊廷秀有詩。

（萬曆）《滁陽志》卷三　玻璃泉，舊志以爲即釀泉。歐陽公謂釀泉瀉出兩峰間，疑此非是。按章衡元豐七年重建醉翁亭記云，傍有石泓，泉涌而流，甘如醍醐，瑩如玻璃，詢於滁人，皆莫知其所。嘉泰甲子，縣令魏峴，從事范革、法曹龔維蕃往遊泉上，見一石浸沼中，隱隱有文，曳而上，乃玻璃沼三字，因知六一泉即玻璃泉也。石以沉没，得全字畫頗古，今置于沼上。

清　郭起元《介石堂集·古文》卷七《玻璃泉記》　山下出泉，

或石或土，所在有之，未足爲異也。此地河淮交滙，數百里間混茫一氣，所少者非水，又何取於勺泉而稱之。淮北無山，渡泗至盱始見山，又有泉，物以罕而見珍者此矣。且四瀆行於地中，而是泉之所出獨高，衆流不免湮濁。而泉出石穴，湛然以清，瑩然以明，味甘且冽，邑人資飲汲焉。唐以前未著名，自宋襄陽米老標而咏之，司馬、歐陽、蘓、梅諸公，皆繼韻刻之岩石。其地鑄鐵龍首，出水注之石盆，在瑞岩下，前後俱有堂榭。余更於泉上作一亭，正昔人所謂簷牙倒影浸琉璃者。仲尼曰：人莫鑒於流水，而鑒於止水。蓋惟静則虛，虛則明，而萬事萬物之理，渾涵於此矣。若其細瀑琮琤，琴筑合籟，松竹蕭疎，摇漾湖光，一片空明，邈然無際，則古鑒之明水，金莖之沆瀣，差足以方其鮮潔者。世無酈元、陸羽，其人采之，以補山經水志所未備，其名僅見於邑乘之爲可嘆也。故記之。

（乾隆）《江南通志》卷一八　玻璃泉，在盱眙縣瑞巖之下。泉水清冽，瑩徹如玻璃。米芾詩『鑿破玻璃引碧泉』。

紀事

明 胡應麟《重築玻璃泉記》（光緒）《盱眙縣志稿》卷一一　昌黎序云，古今人不相及誠哉，是言也。每覽載籍，凡古之吏，隱於其地者，莫不誅茆翦徑，結搆臺榭，以志名山勝概，未遑僕數，若永叔豐樂、坡公喜雨，其著焉者也。余非其人，顧有此志焉。敢自創一蒞茲土，輒眺覽諸勝，窮搜邑中十景，有玻璃一泉，泉水迂迴髣髴，清流激湍，映帶左右。惜其亭臺不稱，位置未宜，登眺闌珊，欲補前人缺陷，六七年來非王事靡盬，即簿書紛拏，惆悵蹉跎。迨甲子歲，鄰氛埽熄，哀鴻撫集，心勞政拙之外，正可與父老子弟量晴較雨，問桑麻、説秔稻。爰捐薄俸，用材鳩工，於舊亭之側，擴充數楹，不取丹雘彤彩，一味瀟灑自然，點綴湖光山色而已。枕平皋俯，巨浸規制，大約如山莊而宏敞過之。落成之後，嵐氣青空，放眼於鷗沙鷺渚之際，水碓舂雲，烟灘吼雪，儼然碩人之考槃也。前人缺陷，收拾殆盡，因名其園曰『拙補』，顔其堂曰『以成』。蓋以取乎因人成事之義，非敢自居於創也。古今人同不同，又無論矣。

清 張佩芳《玻璃泉記》（光緒）《盱眙縣志稿》卷一三　直隸泗州知州平安張佩芳撰，巴東縣知縣這亳州梁𪪺書。泉在盱眙第一山之麓。第一山者，山以數爲名，有二山、三山、四山之號，此爲其一。山多巨石，宋元以來，鐫刻題名幾遍。前臨長淮，左瞰洪湖，有亭榭竹木之勝。泉清澈，殊他泉，故名。舊泗在淮西岸，去盱眙僅二里，相傳盛時，居民數千家。有浮圖高十餘丈，與泉遥對，淮流其中，若畵畵然。蓋盱非泗無以爲固，泗非盱亦無以爲險，南北恒恃爲要津，一時騷人墨客，尋奇探勝，泉名大著淮泗間。自泗圮於水，一望瀰漫，荒墟廢址，若沈若浮，泉雖猶昔，而登臨極目，已非復曩時之勝矣。嗚呼，自河南趨，湖日益漲，淮壅遏不流，則倒漾四出，以至敗壞城郭，淹没田廬，固其勢也。此皆關天下之利害，不專爲一隅之盛衰。辟之人血氣，敗逆失行，則支體爲之不適，而有臃腫潰爛之處。況乃一隅之大，而獨當天下之害，其爲變遷可勝言哉。今裁虹爲泗，泗之圮也，遷治此山之顛，泉在治西偏，故得以時游覽。今裁虹爲泗，去此且百八十里。余去歲七月涖泗，及今五月乃得一至。至不數日即去，雖幸攬其勝，求其暢然志得，固不能矣。然藉是得覩泗之遺迹，與其所以遷徙，而淮湖之大之爲民害者，竟無如何也。方用是愧，懼茲泉不已一賞而足哉。大清乾隆四十六年，歲次辛丑，七月初十日立。江寍王聲遠鎸。

藝文

宋 米芾《都梁十景・玻瓈泉浸月》（成化）《中都志》卷八　半山亭下老苔錢，鑿破玻瓈引碧泉。一片玉蟾留不住，夜深飛落鏡中天。

宋 曾幾《茶山集》卷八《食淮白魚二首》　十年不踏盱眙路，想見長淮屬玉飛。安得玻瓈泉上酒，藉糟空有白魚肥。

宋 曹勛《松隱集》卷一七《書玻瓈泉壁》　秋夕淮天不宵明，壯懷衝斗若爲情。卧聞隔水吹三弄，又喜孤城報五更。

宋 楊萬里《誠齋集》卷二七《題盱眙軍玻瓈泉》　清如淮水未爲佳，泉迸淮山好煮茶。鎔出玻瓈開海眼，更和月露瀹春芽。仰看絶壁一千丈，削下青瓊無點瑕。從事不澆愁肺渴，臨泓帶雪吸冰花。

又《淮河舟中曉起看雪》　三日顛風刮地來，不成一雪肯空回。何曾半點漏春信，只怪千花連夜開。頃刻裝嚴銀世界，中間遍滿玉樓臺。瓊舩撑入玻瓈國，琪樹瑶林不用栽。泊船正在玻瓈泉下。

宋 趙公豫《燕堂詩稿·玻瓈泉》 都梁環繞盡高山，山下幽泉沁齒甘。一作瀉水干。入境頓忘人事擾，臨流能潤舌喉乾。孤亭掩映風雲幻，曲檻迷離烟雨寒。泗地年來成澤國，奠安常作救時看。

元 夏拜不花《玻璃泉詩》（光緒）《盱眙縣志稿》卷一一 欲過淮流此待期，玻璃亭下漫題詩。歸程恰值東風暖，正是輕紅半吐時。

元 余闕《第一山東納文粲》（成化）《中都志》卷八 第一山頭雲淡淡，玻瓈泉上日輝輝。太平官府原風景，又向松間喝道歸。

明 鄭二陽《鄭中丞公益樓集》卷三《同周敏山游玻璃泉》 不意風塵吏，相逢山水間。披蓁訪古迹，俯檻看烟鬟。峰峭連天碧，波澄帶石灣。茗酣深夜語，抱膝故閒閒。

明 高名衡《玻璃泉詩并序》（光緒）《盱眙縣志稿》卷一三 丙子三月，余以報績過泗上，昭陽學博談又明先生，泗人也。相從歸里，邀游盱眙山之玻璃泉。山逕坳折，亭在山半，淮水繞城，近在几席。園陵佳氣鬱葱，望之慨然太息。日暮促歸，游情未盡，賦以紀事。

山回兼阪折，坳曲見孤亭。循磴攀危砌，摩崖認舊銘。水滿光浮郭，霞殘色入冥。焉能同枕石，盡日聽泠泠。憑眺佳哉氣，龍興識此邦。山名屬第一，泉品定無雙。酒力談能勝，雄心老未降。長淮看不極，聊以漱淙淙。泉列清同酒，玻璃名亦佳。近林通遠市，短檻倚長淮。滿月凉宜夜，噴珠泠漸階。茶鐺還自汲，儘足暢游懷。同君困津國，久絶碧山游。我到還新客，君來訪舊丘。似成鄉國夢，笑指洞巖幽。日暮催歸屐，徘徊去欲留。暮春既望，昭陽令高名衡書。

清 梁雲構《豹陵集》卷五《十月朔日漕撫朱未孩招飲玻璃泉》

萬軍擁纛上高丘，林木凝丹尚帶秋。幾泒水光開鏡遠，千艘漁火落星稠。玻璃寒逼泉聲急，莓蘚深蒙古篆幽。天半朱霞人坐久，前旌又指鳳麟洲。

清 張英《文端集》卷三六《宿盱眙玻瓈泉》 山椒聚奇石，崖畔出名泉。泗水懸孤塔，淮流漲百川。烟波迷雉堞，鐙火數漁船。轉徙殊堪憫，應邀聖主憐。

清 沙琛《點蒼山人詩鈔》卷二《游第一山玻璃泉觀宋遼人題名感賦》 長淮浩無際，連山相斡旋。兹山實第一，嘉錫由米顛。宋人汴口來，罕見固宜然。塵沙眯通衢，豁眼驚澄鮮。磊磊山上石，噴灑玻璃泉。竹木蓊修崖，縹緲生雲烟。臺榭列參差，繞榻浮漪漣。酌泉清肺肝，頃刻俗慮蠲。我游半天下，山水窮精研。筮仕困塗泥，得此忽欲仙。以我今日心，忖伊游者賢。何能吝褒獎，歌咏酬清妍。南宋昔頹靡，割地此疆邊。金帛買和議，列庫青山巔。輸納渡淮水，苛核惟所便。行人忍饑待，風雨愁遷延。山下一水隔，苦樂天壤懸。信使數來往，車馬紛聯翩。上客愛清景，山半開瓊筵。悉索供煩費，民力爲痛肩。歌笑快豪興，風流誇後先。一一崖壁上，比例姓名鐫。美惡雜薰蕕，短語兼長篇。但恐刻未工，久久泯弗傳。翻使名賢迹，鏟刮無由全。莓苔爲剥落，松桂爲棄捐。山靈坐浩嘆，雲鶴愁喧闐。應罪米老輩，多事開其前。至今辨遺字，强半紹熙年。謀國無善策，灾及山石堅。盱眙今小邑，僻陋阻重淵。靈塔已淪没，長橋亦改遷。游客不嘗至，磴道羅芳荃。以兹念世事，盈虚誠往還。清净萬物性，善者全其天。我性苦多感，憂樂迭相纏。徘徊坐巖石，僕夫饑腸煎。安得故山歸，采藥弄潺湲。

清 朱蘭《玻璃泉詩》（光緒）《盱眙縣志稿》卷一三 我到盱眙第二回，登臺始見活泉來。憑誰引脈都歸泮，留得玻璃不染埃。同治丙寅秋，督學使者朱蘭題。

清 陳作霖《可園詩存》卷四《玻瓈泉》 流泉汩汩出山遲，最好風來月到時。照我須眉清似鏡，不知是水是玻瓈。

雜録

（乾隆）《江南通志》卷三六 玻璃泉亭，在盱眙縣治東第一山下。有亭覆焉，爲十景之一。

（乾隆）《盱眙縣志》卷一二 翠屏堂，在玻璃泉上，起秀亭前。宋陸游記云，方國家承平時，邊郡游觀，有雅歌之堂，萬柳之亭，而翠屏之盛，非雅歌、萬柳之可及也。廢址今爲敬一書院。

丹泉

綜述

宋 鄧牧《洞霄圖志》卷二《丹泉一名天柱泉**》** 是泉發源最高，歷天柱山半。初，但聞有聲，殷殷若雷，至大滌洞西百餘步，始出地上。既清且甘，大旱不竭，有方池瀦焉。天宇清明，則有赤光，四旁苔蘚，時作紫暈。東坡居士詩云『一庵閒寄洞霄宫』。井有丹砂，水常赤，故扁『丹泉』。池上亭曰『清音』，取左太冲『山水有清音』之句。除引供厨堂及十八齋之外，一境田疇，咸仰灌溉云。

（嘉靖）《廣東通志初稿》卷一 丹泉，在縣城南四十里雲谷中，一名葛仙井。其水甘洌，秋冬不竭。

（嘉靖）《江西通志》卷一五 丹泉，在南豐縣西迎盱門外，三仙祠下。

（康熙）《隴州志》卷一 丹泉，州北二十里谷神觀東。

（康熙）《内鄉縣志》卷一 丹泉，在縣西北五十里丹水保。世傳昔有人夜過之，見水中有丹魚，其色如火。

（道光）《廣東通志》卷一〇一 丹泉，在城南八十五里，味最香洌。

又 丹泉，府縣志名雲谷泉，在城南四十里，一名葛仙井。

紀事

明 屠隆《考槃餘事》卷四《丹泉》 名山大川，仙翁修煉之處。水中有丹，其味異常，能延年却病，尤不易得。凡不净之器，切不可汲。如新安黄山東峰下有硃砂泉，可點茗，春色微紅，此自然之丹液也。臨沅廖氏家世壽，後掘井左右，得丹砂數十斛。西湖葛洪井中有石瓮，陶出丹數枚如芡實，啖之無味，棄之。有施漁翁者，拾一粒食之，壽一百六歲。

清 李驎《虬峰文集》卷一八《丹泉記》 武進孫端陽先生，檢討風山父也。爲園得泉而喜焉，名之曰『丹』。檢討過邗上，命予記之，予謝不敏，且以未獲游先生之園，酌先生之泉，無從記之爲辭。檢討曰：『予其爲君述之。吾父於歲之卯，粥王氏廢圃，搆亭藝竹以爲游息之所，亭之下，引水爲池，池之陽，叠石爲山，山轉徑闢，復臺其側。越辰之春，疏土爲防，忽獲泉於其地，深廣三尺許，色清而味甘，汲之晝夜不竭。吾父素有訪道丹丘之志，喜水之可煉藥以駐顔也，因名之曰「丹」。此丹泉所由名也，君其爲我記之。』又曰：『考之郡志，晉陵之泉蓋有二，歷久皆湮没不彰，無辭人之作以記之也！兹泉將藉君以名遠，君其無辭。』檢討之言如此，予聞之歐陽子矣。自古有道無仙，智者養之於内，屏思慮澹，嗜好吐納，引氣而神爲之全，則疾可以却，此得其道者也。貪者求之於外，煉鉛永服金石，煩燥内熱，而毒發一朝，則生反以戕，此昧其道者也。至若蒐外户，購女鼎，借養生以肆欲，斯又道之賊矣。先生之欲煉藥以駐顔也，將養之於内乎，抑求之於外乎，吾知其必養之於内也。使不養之於内，則泉者天作之、地生之，非如山池亭臺，可以人力爲之。苟於道無所得，而天其以予先生哉即此，則泉自得以名遠矣，豈待予言彰之乎。且予於此，更有感矣。予少檢討八歲，而檢討抗疏言事，自罷而歸，營園沼以娱親，予顧坎壈不偶，菽水艱難，此予所日夜惡顔疚志者也。羨檢討之能養，而媿予之不能養，敢因檢討以自勵，於是乎書。

藝文

宋 林景熙《霽山集》卷二《過石壁丹泉二亭》 華表鶴歸處，林深別有天。雲陰生石壁，杉影落丹泉。宇宙名山在，神仙古洞懸。歸來凡骨换，寂照起三田。楞嚴經云，净極光通達，寂照含虚空修眞書上田神舍中田氣府下田精區。

元 孟宗寶《洞霄詩集》卷九《丹泉》 照徹凡心水一泓，我來不敢濯塵纓。千年汞老神龍護，半夜光流野鶴驚。秫甕釀成霞瀲灔，茗甌泛起雪輕盈。懸知清换詩人骨，試掬漣漪句已成。

元 仇遠《金淵集》卷二《德興葉志道字士心葬母于銀山丹井之上作丹泉吟》 葛公學仙丹有泉，葉公藏母丹泉邊。泉流滮滮亂石底，丹光炯炯長松巔。陟彼屺兮瞻望母，麻衣土枕常廬墓。難將寸草報春暉，秖覺焄蒿泣秋露。男兒眼中非無淚，有淚徹泉無厚地。泉聲如咽淚如丹，何待洩融歌大隧。幽花淡月耿墓門，不招仙魄招母魂。子規一聲蒼石裂，白雪渺渺山昏昏。

元 吴景奎《葯房樵唱》卷一《和洞霄宫丹泉酒韻》 戔戔碧竇出平岡，冷漱雲根貯玉漿。擲米化丹淪石髓，釀泉爲酒沁霞光。銅盤清露承天迥，金勺黄流灌地香。得似仙家風月好，手分麟脯引杯長。

元 陳鈞《題冲寂觀》（萬曆）《常州府志》卷一六 琴聲邀我鶴壇游，瘦馬遥途得暫休。黄葉兩溪山徑晚，白雲一枕石牀秋。丹泉月静曾飛兔，怪樹年深欲化牛。忽憶波心長嘯客，凌波不假碧蓮舟。

明 王寵《雅宜山人集》卷八《贈丹泉子二首》 丹泉上與銀河通，百道飛流元氣中。複洞懸崖雷隱隱，玉叢瑶草雨濛濛。

清 許震《元丹泉詩》（嘉慶）《餘杭縣志》卷一〇 方塘半畝水瀠洄，空谷聲傳響似雷。洗石看碑摹古篆，汲泉煮茗溼蒼苔。雲根浄拂千巖見，石罅斜穿一線來。夙昔仙蹤何處問，洞霄宫闕擬天台。

雜録

（嘉靖）《江西通志》卷二四 陽山，在永豐縣西北一十里。仙人葛玄嘗於此煉丹，有水流出，謂之丹泉。

（嘉靖）《寧波府志》卷六 丹泉，在丹山下。世傳陶弘景投丹于井，泉味甘冽，以缾注之，水珠透缾而出，又名透缻泉。

滴乳泉

綜述

宋 黄庭堅《豫章黄先生文集》卷一八《瀘州大雲寺滴乳泉記》 瀘州大雲寺西偏崖石上，有甘泉滴瀝，一州泉味皆不及也，余名曰滴乳泉。然寺僧宗惠埋其上，泉滴來不汲汲，似爲死骨所觸。余聞葬書，死而葬泉源者，其子孫皆當病水瘇而死，其毒數世不已。惠若有子孫，何忠告之，遷以避數世之禍。

宋 祝穆《方輿勝覽》卷六二 滴乳泉，在城西真如寺。自崖石中流出，味甚甘，魯直經行大書此三字。

明 徐應秋《玉芝堂談薈》卷二四《滴乳泉》 順慶府城西有滴乳泉，道士何志全飲此泉，年八十，面如桃花。

（嘉慶）《清一統志》卷三九四 滴乳泉，在南充縣西二十里。府志昔有道士何志泉飲此泉，年八十，面如桃花。宋樊汝賢詩：『雲液落山腹，脈與崐崙通。云何山下叟，八十桃顔紅。』

（光緒）《慈溪縣志》卷九 滴乳泉，縣西南單于山下。左右夾寺，泉竅通山腹水，飲數百人，旱則水洪。泉有元蚌，幽閟罕見。國朝乾隆十四年四月，忽見蚌於泬門，即潛不見，至五月發洪。

藝文

宋 韓淲《澗泉集》卷五《次韻吴推官獨游南巖寺》 叢深集幽鳥，荒翳無來人。崖上滴乳泉，崖外棲緇塵。在此本如舊，相彼徒爭新。應當學金仙，永斷貪癡嗔。

雜録

（嘉慶）《清一統志》卷三三五　九龍洞，在咸寧縣南三十五里常輪山下。舊名寓仙洞，有滴乳泉。下有石盤承之，寒氣襲人，盛暑如冬，旱禱有應。

又 卷三九三　大方山，在南充縣西。《輿地紀勝》大方山距城十五里，又有小方山，距城十二里。千峰萬嶺，周回繚繞，疑若洞天，有滴乳泉。

第三泉

綜述

（光緒）《黃州府志》卷三　天下第三泉，在蘭溪驛東數里南岳廟後。唐陸羽茶經品爲天下第三泉。明萬曆閒，知縣游王廷刻石記之。

紀事

明 王鏊《震澤集》卷一七《虎丘復第三泉記》　虎丘第三泉，其始蓋出於陸鴻漸品定。或云張又新，或云劉伯芻，所傳不一，而其來則遠矣。今中泠、惠山名天下，虎丘之泉無聞焉。顧閉於頽垣荒翳之間，雖吳人鮮或至焉。長洲尹左縣高君行縣，至其地曰：『可使至美，蔽而弗彰。』乃命撤墻屋，夷荆棘，疏沮洳。荒翳既除，厥美斯露。爰有巨石，巍峙横陳可數十丈，泉觱沸漱其根而出。曰：『兹所謂山下出泉，蒙。』宜其甘寒清洌，非他泉比也。遂作亭其上，且表之曰『第三泉』。吳中士夫多爲賦詩，而予紀其事，所以賀兹泉之遭也。

雖然，天下之美蔽而不彰者，獨兹泉也乎哉。因書其後以識。詩曰：　巖巖虎丘，巉巉絶壁。步光湛盧，厥侵斯蝕。有支別流，實洌且甘。昔人第之，其品維三。歲久而蕪，射鮒且泯。其誰發之，左縣高尹。寒流涓涓，漱於石根。中泠惠山，異美同論。百年之蔽，一朝而褫。伐石高崖，以記其始。

藝文

明 郭浚《虹暎堂詩集》卷一三《第三泉》　名泉何清泠，空翠落巖谷。無煩石鼎烹，臨流漱寒玉。

明 丘雲霄《北觀集》卷一《莫春虎丘第三泉亭子呈同游諸公》　新試單衣逈自宜，幽探況是踏青時。長堤烟暖莎初密，碧水晴嬌柳欲垂。人去雲深聽法座，客來風滿舞雩枝。山泉休許同清洌，題品無心託世知。

明 譚元春《岳歸堂合集》卷五《舟出南溪尋鴻漸第三泉留別美中卜公綏之》　河流明一縣，斜港屢通村。不厭故人送，能將往迹言。暗泉新月事，遙火野舟魂。陸子吾鄉里，茶心終古存。

明 鄭以偉《靈山藏·笨庵吟》卷五《第三泉以罌載之舟即雲巖古泉**》**　到處名泉緘茗甞，忽看石罅湧甘香。長疑虎氣生丘劍，始信龍泉號步光。雪乳一甌隨短綆，雲巖數寸入輕艪。錯交劉陸輕題品，不分盧楊是定量。從來水格因人舌，故國臙脂恐雁行。陸鴻漸、劉伯芻品爲第三。王文恪詩『品題誰許慧山先』，則又若進之者。然吾鄉臙脂井，號四泉，品不亞此，并爲解嘲。

清 顧景星《白茅堂集》卷二五《尋第三泉》　分茶陸處士，戴笠老坡仙。荒草迷前路，名山仗後賢。莭蘭空磧裏，烟雨大江邊。誰道寒甃，失廉泉在目前。欲仙求之，五年不得其處。

清 錢大昕《潛研堂集·詩集》卷九《第三泉《吳郡志》：唐張又新品第東南烹茶之水爲七等，以虎丘石井爲第三，松江爲第六**》**　虎丘泉第三，又新品久傳。陸羽品虎丘泉第五。人心有愛憎，泉德無差殊。夫阿誰屈次五，後來强争先。惟不争名，是以長不枯。

清 錢載《蘀石齋詩集》卷五《陸羽石井是天下第三泉》　山高十三丈，泉名十一處。脈流薜壁陰，甘冷此云庶。紹興淘復出，見底清無淤。倘來繡領人，照影不能去。

清 畢沅《靈巖山人詩集》卷一《虎邱步月坐千人石試第三泉》

石盤陀寫一天秋，山冷泉香帶月浮。松韻長風喧蟹眼，雲腴小璧煮龍頭。元豐搽向新芽揀，陸羽名從舊譜搜。皓魄未沈花未落，題詩重上仰蘇樓。

清 許兆椿《秋水閣詩文集》卷二《虎邱尋鐵華巖第三泉》 白黿踏江風浪惡，倒捲寒雲雲欲落。我浮輕舸望中泠，泉脈神封萬古竅。常聞九龍山水遞奉黄閣，復聞第三泉虎阜昔疏鑿。生屐齒未得遍。乘興凌晨尋舊約，溪光樹色媚清曉。油然滴翠擁北郭，講臺石立人語稀。危塔烟開天影拓，路迴徑古逼深巖。一水澄澄養沖漠，光寒波净山骨平。鬚眉暈碧心靈瀹，驚雷荚老桑苧亡。小鼎細烟徒約略，可惜清姿九百年。于今抱獨藏幽薄，山靈大笑固如此。不爾飄零獨吾子，山中之人閲多矣。

洞泉

綜述

（景定）《嚴州續志》志七 龍潭，在金牛鄉，距縣十五里。潭在山谷間，相傳有龍宅焉。淳熙壬寅，邑令邵普迎水禱旱有應，因作送龍祠。其一曰：『四山迴環兮古龍湫，山木陰翳兮枝相樛，轟雷掣電兮耀靈虬，膏澤霶霈兮歲有秋。』其二曰：『奠桂酒兮椒漿，雜肴蔬兮薦堂，皇願龍垂休兮時厥雨暘，豐年之報兮不敢忘。』山下有洞泉，溉田數百畝。

（弘治）《句容縣志》卷四 洞泉，在茅山通仙橋邊，一池是也。

明 方以智《浮山集·此藏軒别集》卷一《石門洞泉》 青田石門洞，非洞也。舟入峽口，兩崖菁暗，潭渚深碧，篙刺里許，北面如闕，全河下傾，對岸沙擁。作亭觀之，瀑未有大于此者。壁上刻『天下第一泉』，謝靈運書。陳謙咲其咫尺而矢雁蕩，何用伐山開道，爲古人亦從其興之所至而已。少從老父出長溪遊此，聊記彷彿。

（道光）《繁昌縣志》卷一 洞泉，在金峨洞石壁下卓錫泉。

又 洞泉，水流潺潺，嘗有蘆根浮出，人疑其通江。一村之田，藉以灌溉。歲旱，鄉農定時刻、分班車救，否即争訟。

（道光）《歙縣志》卷一 萬羅山曰洞泉，溉田二頃。

（光緒）《汾西縣志》卷七 洞泉，縣理十五里李安庄。懸崖之内，有石洞一，深五丈餘，中有清泉丈許。崖上建觀音閣子孫堂，六月十九日，四方男婦焚祈嗣，禱無不應。

紀事

明 王慎中《遵巖集》卷八《洞泉記》 尚書户部郎中鎮遠錢君，圖其所居之山，條爲六景，表以嘉號，而約之曰洞泉。蓋鎮遠之山最多，兹爲最勝，君愛其勝，擇而居之。泌泉峙石，嵌巖裂磵，立壁谺谷，懸瀑滮池，紛形異趣，各極其美。靈草奇木，佳卉繁葩，散被巔崖林麓之上下。山下之田，鱗塍綺阡，善播而多穫，宜居與游。君之攬挹吸咀，於是山之勝皆盡其所有，而尤有取於齒洞之泉，故析其景，而總之以斯名。君既仕，行游四方，耳目日廣，其攬挹吸咀乎，天下之勝又多矣，顧未嘗忘洞泉，圖以爲册，挾與偕行。一日，出以示予曰：『始吾藏修於洞泉之居，自顧其荒遐深阻，無以冀上國之盛明，所謂嵩華岱恒衡、霍河濟江漢淮海，名山大川，雄據華夏，岳宗鎮止，而經流宇宙，爲源爲委，南紀北戎，此焉稱義，每側身思望，意未嘗一日不在中土。今耳目之所及，幸遍於四方，昔日之所竦企而心勞者，奄得於睹聞。博觀而約取之，則吾洞泉之遠且小，其與岳鎮之巍巍，源委之浩浩，度高絜深，未始有讓焉，蓋形勢氣象之不可强齊者，誠大有别。至其真粹神情獨立而常行，遇於耳目，超乎睹聞，則吾未别其爲此爲彼也。故洞泉之樂，無以復踰，異日休於四方之事，將終老於斯，無所羨乎。彼而斯名，且不易焉。』甚哉，錢君之賢也。夫守乎故而不能即乎新，斯挾陋者之卒以自蔽，駭於新而奪其故，又夸毗者之無以爲本。故嵁巖之下，寂寞之濱，出而用之有不可，而廟廊之崇嚴，都邑之鉅麗，卷而懷之，亦非其所能。丘壑泉石之載形於天地，非獨舍而去之者之不有其樂，而終身棲息，徘徊戀顧而不忍釋者，猶爲不知其趣也。君之所得如此，胡必異日歸休，老於其中，始爲有得於洞泉。方綰章紱，從經營之務，而縻禄爵之榮，固灑然其常在，齒洞之曲，寒泉之涘也。於是予每呼錢君『洞泉山人』君輒應曰諾。

藝文

明 羅洪先《念庵文集》卷二二《洞泉戲吟二首》 微涓出谷是何年，行止隨時豈自憐。欲接衆流將助海，倘容尺地即瞻天。納污不畏迷空鑒，枉道還聞作怨絃。此去桃花休帶取，漁人曾未識溪前。右洞贈泉。

滴瀝寒厓不記年，下流何意動人憐。甘從辟地能隨物，得遣歸田敢怨天。洗耳自疑難飲犢，知音誰許似鳴絃。料君堅白應難轉，留取無心對影前。右泉答洞。

明 鍾惺《隱秀軒集·再憩朝陽洞泉上》 吾觀岱前後，泉石相循環。聲情蓄幽阻，人所不往還。茲得再眺聽，以處岳路間。昨登後石屋，視此邃而寬。低佪欲居之，惜茲衆妙殘。其實不甚隔，揆勢皆半山。水木風同響，孰先發其端。

雜録

（萬曆）《續修嚴州府志》卷二 鍾山，在縣西三十里洞泉下注。陳鈇詩云：千層鍾阜卓奇峰，怪木欹崖卧老龍。夜半鶴陪仙客去，洞門分付白雲封。

芳泉

明 李充茂《芳泉記》《丹霞山志》卷八 先文定長兄買丹霞後，始欲卜大明巖而居焉。但霞關丹梯崚嶒，壁立千仞，雖少壯莫不褁足，況老母衰年，艱于步履，焉能附石而上，援竹而登乎，故不得不奉老母居中山。中山固平臯，泉水不給，惟六祖堂後一泉，進而簞竹巖上，亦有一泉。當雩霤時，七流并下，小者清如疋練，大者如萬斛明珠，一時倒注，千樹瓊瑤，半空飛灑，可喜可愕。但春夏頗足，秋冬告竭，乃齋戒沐浴，虔禱山靈。越數日，有泉自石而出，瀏瀏有聲，若琴若笙，流爲小霔，細如毫髮，時人莫測也。兄一日復游至此，忽聞空中有聲笑語，咫尺人不能辯，駐足傾聽，聲自崖竅來。乃手拔荆榛，遍覓其處，見纖流縷縷不絶，命匠鑿而視之，泛涌溢决，味甚甘冽。因取升勺較量，賦量泉七言，排以紀其事。昔隗叔通孝感天日，江石爲之出水；姜詩誠通神鬼，舍側忽而涌泉。兄之量泉，雖不敢比擬古賢，其于二公，亦庶幾其少似乎。先兄欲築砌城池，後以粤西之行而未果。今先兄長逝，余何敢泯其事？用金十鍰，以成二池。上池濶四丈，深五尺，而下池之寛深倍之。因憶朱子《不自棄文》有曰飲芳泉而不知其源，還味是語，故題其泉曰『芳泉』，并使後之子孫飲水思源，知祖父憂勞肇謀之苦心，即不能久于斯土，而沼沚具在，人人任斟酌焉。且爲之銘。銘曰：『漪漪流泉，如漿如醴。孝德斯感，澤祚靡已。登山作歌，采薇自矢。胡爲命終，天不降祉。爾子爾孫，言念其始。酌彼蒸人，其此沼沚。飲水思源，千秋恒紀。』

明 朱長春《朱太復文集》卷九《題芳泉小隱》 湫隘雖城市，幽棲可歲年。家開種花圃，手自沼芳泉。方有長生秘，囊無貴藥錢。數杯丹竈底，企脚北窻前。

清 陳世英《丹霞山志》卷九《芳泉》 石上空明鏡影涵，爲人流出淡中甘。碾茶未欲成龍鳳，第水休教落二三。力盡鑱邊餘百醉，梦回枕上益清酣。錦溪千里朝宗勢，一滴俱無不用探。

甘露泉

論説

宋 王遽《清江三孔集》卷一九《祭甘露泉龍神文》 惟神蘊靈德之無方，超萬里而一息。上下天地，無有隔閡。而蟠于一水之間，豈非待其時而後發歟。今亢陽爲害，自秋至春，原野焦涸，首種未布。此神施澤濟物之時也。蓋齊之有司，奔走群望，經歲曆時，而嘉應寂蔑。咸以謂變化出沒，號召風雲者，莫如神之敏也。是用有請焉。刺史無狀，其誠意不足以感動，然齊人之望，其亦至矣。惟神閔之。謹告。

综述

（天順）《明一統志》卷三四　甘露泉，在隴州西北五十里。

明 徐獻忠《水品全秩》卷下《偃師甘露泉》　甘泉，在偃師東南。瑩澈如練，飲之若飴。又緱山浮丘塚，建祠于庭，下出一泉，澄澈甘美，病者飲之即愈，名浮丘靈泉。

（嘉靖）《山東通志》卷五　甘露泉，在長清縣靈巖東北。泉至甘洌，其旁又有石龜，平岸獨孤諸泉。

明 顧元鏡《九華志》卷一《甘露泉》　甘露泉，在中峰上。泉味甘美，如飲沆瀣。舊有禪師，取以療人之疾。

清 張鵬翮《治河全書》卷七　甘露泉，出沙中。西北流五步，入甘露新泉。

（雍正）《廣西通志》卷一四　甘露泉，在州北七十里大路旁。炎暑掬飲，味甘洌，兼可驅疫。

（雍正）《河南通志》卷八　甘露泉，在密縣北龍巖寺。味如甘露，故名。

（乾隆）《歷城縣志》卷九　佛慧山甘露泉水，經文昌閣，與歷山山水合，北經乍忽泉、天生橋，至添福莊合八灣橋水，經洪濟橋、廣濟橋、通便橋，東北會於柳陰橋。又東南狼毛頂山水經萊家莊橋，至添福莊，北經通濟橋，合老龍灣水，西北會於柳陰橋，同流入雙橋陂，故常苦潦。乾隆十九年，本縣吴公開成稻田，疏二溝北流，入小清河以瀉水。又議自西開一溝，通小清河引水灌溉。未幾，吴公去，而溝未成。此處雖獲稻田之利，春間栽稻時，艱於得水，不無束手之嘆。

（嘉慶）《清一統志》卷二三五　甘露泉，在隴州西北五十里景福山下。以味甘而名。

清 王履泰《畿輔安瀾志》卷下　甘露泉，在蔚州東南小五臺山西臺上。

（道光）《鳳凰廳志》卷三　甘露泉，廳東二里。泉從石罅中流出，承以石盤，味甘洌，隨人飲之不竭。

（道光）《會寧縣志》卷二　甘露泉，在桃華山靈泉洞。兩邊相去數武，左泉水苦，右泉水甘，不涸不溢，堪療百病。

又卷六　甘露泉，在大佛寺內。舊志去其水，涓涓而下，匯爲一池，味甚甘洌，有石鐫天生自來泉五字。

又卷七　甘露泉，縣志云在靈巖東北，泉至甘洌，其泉水自石龍口吐出，環繞各僧廚舍，由大門西溝出。靈巖志云，在寺東北里許，源發大士座下，伏流穿垣而出，繞甘泉亭下石池，委蛇而出，旁有靈山第一泉碑。

又卷一二　甘露泉，縣志云在內城外西南隅。水清而甘，爲邑泉第一。

（光緒）《湖南通志》卷一九　甘露泉，在州北麻灘西五里官道旁。出石罅中，涓涓一綫極清。

清 佚名《清涼山志》卷九　甘露泉，在翠巖峰右，亦曰甘露池。

紀事

元 任士林《松鄉集》卷二《頭陀福地甘露泉記》　昭文館大學士雪庵李公溥光，以翰墨之遇，行釋氏之學。儒名而墨行者乎？大德二年，有旨來南，闡揚教事，椎輪湖山葛嶺之西，大興棟宇，以聚其徒。既而正智通辨禪師空庵焦公溥照，實來都提點江南諸路，築室佛殿之右。鑿山泉出，色白味甘，飲者神醒，如獲醍醐。於是雪庵李公大書曰甘露泉。余觀天目之山，東南行爲錢唐勝狀，其浸西湖水流入城郭，爲井爲渠，脂澤漬之，黑潦纏之，千綆提携，萬竈焮煮，能使飲者內熱。歌舞之童，乾沒之兒，幻美一世，雖達者有不得而却飲冰焉。惟泉水之行地中，時出磵巖之穴，其涵者爲冷泉，湧者爲玉泉，裂石而發者爲六一泉，甃石而㪺者爲參寥泉，皆清涼甘美，爲高人釋子之所飲汲，況此泉之發於卓錫者乎？夫天降甘露，地出醴泉，爲治世有道之瑞。漢晋以來，猶屢言之。自太和磔裂，神液不行，使斯民不復夢唐虞之化，則醴泉甘露，何自而出哉？方今淳風流布，朔南暨，漸灌沐之民，淪浹至化，溢爲和氣，散爲豐年。則此泉之發，宜不知天之所降，地之所出也。是宜書。

藝文

宋 陳巖《九華詩集・甘露泉》原注：中峰上泉，味甘美如飲沆瀣，舊有禪師取以療人疾，或曰在雲門寺北。 山接靈河兩派長，松間石上瀉天漿。幾思吸取清泠味，洗我一生烟火腸。

明 王世貞《弇州四部稿》卷四五《甘露泉》 曾聞尼連河，世尊舊浴處。一灑青楊枝，人間盡甘露。

明 史鑒《西村集》卷四《甘露泉》 映竹借幽色，浮華流妙香。春游多熱惱，暮飲得清凉。

明 釋真可《紫栢老人集》卷一三《甘露泉》 寒流我慣枕，消渴非口飲。雖弗憂長生，心地清凉甚。

清 孫治《孫宇台集》卷三九《甘露泉》 教義比醍醐，金牀玉作綆。不須陸羽題，已勝葛洪井。

清 王昶《春融堂集》卷二一《甘露泉》 一滴能知味，方諸已可參。況逢春雪盡，更覺露華甘。

雜録

（嘉靖）《山東通志》卷六 乳泉，在平度州大澤山石壁中流出，其旁又有甘露泉。

明 田汝成《西湖游覽志》卷五 自南屏山而南，過錢糧司嶺，折而西爲廣澤禪寺甘露泉。

（道光）《濟南府志》卷五 目塵洞，在甘露泉西歷下。諸生張得宿等數人山游於此，因得廢洞修之，有箕仙書目塵洞引。

（嘉慶）《清一統志》卷一六二 卓錫泉，在長清縣東南靈巖山，又有黃龍泉、雙鶴泉、甘露泉，俱在靈巖寺旁。

又 卷二三五 景福山，在隴州西北，接甘肅平凉府華亭縣界，一名龍門山。上有鳳爪、朝元、定心三峰，下有甘露泉。

又 卷四六七 古碧泉，在永安州南十里。又有甘露泉，在州北七十里官道旁。行人掬飲，云可避疫。

又 卷一三八 清泉，在洪洞縣東十里，一名尚家泉。宋慶曆中，鄉人開渠導流，溉城東南地。西流爲副，清渠溉城西南地。又華池泉亦在縣東十里，一名甘露泉，一名五龍池，西入清泉。

清 佚名《清凉山志》卷五《甘露泉》 一滴之露通蒼天，一滴之水通黃泉。徹上徹下本如是，何獨稱甘此渫然。

韓泉

清 高熊徵《韓泉記》（雍正）《廣西通志》卷一一七 文公書舍成，將秋，嘗夕而散步，明月在天，山空樹静，四望如畫，水聲虢虢然，而獨峻嶺懸崖，無從取汲。久而樂之，已而嘆曰：『清溪在望，而取汲無從，豈非憾乎。』翼日，乃與門人羅印義、黃瓊、楊楚生、楊爾恒，斬刈蓬蒿，將取於前溪，狹徑陡削，及溪而已倦倦。少憩，始旋步於書舍之左，得小溪。荆棘蕪翳，莫見其源。予曰闢之。爾恒披而取道，芟草至泉。少焉，荆棘開而嘉禾植，蕪翳去而細流響，滌之漉如，視之漣如，聽之潺如，濯之清如，掬而烹之，香如甘如。而去書舍無遠也，不逮息而及明日，遂取以嘗。僉曰：『是泉之在此邇矣。昔人之處此衆且久矣，無有得之者，今一旦而得之以祭，雖無奇，然非文公之賜不及此。』請名之曰『韓泉』。乃爲頌曰：『文公書舍，負園面溪，水聲潺潺，取汲惟遲。匪伊遲之，山陡而峻，路絶而崎。溪雖在前，至水已疲，有溪難得，猶之無溪。以茲慨嘆，胡然圖之。書舍之左，細流似瑳，荆蓁叢穢，莫得其所。予曰闢之，衆皆云可。蔦蘿惡木，蟻穴蜾蠃，刈之修之，拔之抽之，既滌流之，又潔澄之。叢穢既盡，逝者如斯，微公之錫，何以獲茲。清泉洌兮，北流括兮，嗟前之人，胡弗得兮。淪漪漣漪，美且甘兮，當其未治，鬱然荒兮。今惟治之，抑若芳兮，濯兮湘兮，以秋嘗兮。或烹或煮，莫不臧兮，頌以紀之，俾無疆兮。』

（光緒）《廣西通志輯要》卷一〇　韓泉在大洞，取水煮茗，以祀韓昌黎。邑人高熊徵有記。

寒泉

綜述

明 貝瓊《清江文集》卷六《古澗寒泉記》　泉出於山，正出曰濫泉，縣出曰沃泉，穴出曰氿泉，同出異歸曰肥泉，異出同流曰瀵泉，此泉之大槩也。而天下之泉，其名亦不一。香鑪之瀑布，與天台石門所出者，尤其崩騰而雄悍者也。余在錢唐時，嘗遊西山之靈鷲，有泉流幽澗中，或隐或見者如綫、如蛇，曲折而下赴，其激石有聲，鏘鏘如琴筑之交奏，珩璜之相觸。及憩春淙亭，其東西合流，注大壑，浪然如驟雨之至，雷震之薄，如決銀河，自天而落也。雖未及觀瀑布之崩騰雄悍，是亦西山之一奇矣。方五六月，赤日正中，人皆坐火屋下，行道者多暍死，而泉之旁飛珠濺衣，蕭然如清秋。松風謖謖相和，肌肉爲戰而栗，不知大暑之欝蒸也。與客俯而掬，卧而聽，日入忘返。翌日至南山白蓮峰觀水簾而寺僧病遊客之數，塞以巨石而泉散落崖間，無復所謂鸞鶴唳，而蛟龍涎者，盖不幸也。後歸黄灣并海之山，皆無泉，惟東山有烏龍泉，北山有靈泉，泉小不足觀。及來雲間九山之麓，亦不知有泉，而沙門澤公楚蘭者所居之室，在釣灘之上，泉虢虢出叢篁亂石中，循除而流，尤甚清冽，可以析酲滌煩，與春淙一矣。因題曰『古澗寒泉』，求予爲之記，遂舉昔遊之所見如此。大衆蓄之有本，則其流也，必遠其及物也，必廣君子之務實者似之。《傳》曰：『原泉混混，不含晝夜。盈科而後進，放乎四海。』楚蘭之於學，必能法之而不息，其不至扵極不止也。余他日，尚當一寄幽賞於泉上，爲楚蘭援筆賦之。

藝文

唐 元結《元次山集》卷六《寒泉銘并序**》**　湘江西峰，直平陽江口，有寒泉出扵石穴。峰上有老木壽藤，垂陰泉上。近泉堪戫徒弄反維大舟，惜其蒙蔽，不可得見。踟蹰行修，其水木泉無名稱也。爲其當暑大寒，故命曰寒泉。銘曰：『扵戲寒泉，瀛瀛江渚。堪救渴暍，人不之知。時當大暑，江流若湯。寒泉一掬，能清心腸。誰謂仁惠，不在兹水。舟檝尚存，爲利未已。』

宋 洪朋《洪龜父集》卷上《寒泉》　山下出寒泉，千載神所祕。故老空傳名，四面但蕪穢。觀音欻見夢，咄嗟辨亭砌。道人頃杖錫，示現祖師意。汲引貫四時，香美可一切。遂令雲水僧，悉飲解脱味。病夫方中來，酌彼盪塵滓。屬詩長松根，北風助奇思。

宋 董嗣杲《西湖百咏》卷上《寒泉》　與水仙廟相對，東坡詩云：不然配食水仙王，一盞寒泉薦秋菊。謂和靖也。舊名薦菊井，上有亭，咸淳中增建，重揭寒泉二字。

照膽寒泓覆有亭，此泉曾入老坡評。八詩最得吟梅苦，一盞能消薦菊清。不拜韶光徵士詔，却傳配食水仙名。銀床響絶無人汲，墓在孤山木自榮。

宋 阮閲《郴江百咏·寒泉》　春欲爲霜夏欲冰，一山寒氣逼人清。應知炎冷難同處，甘與湯泉各自生。

宋 釋居簡《北磵詩集》卷六《寄寒泉趙太□迕**》**　貪則安之豈病焉，乘桴未暇况箋天。翰林足避將軍汚，内史厌從廷尉然。口伐固應無大敵，筆耕兄自有豐年。講明人爵君何欠，只欠蘇司業酒錢。

元 王惲《秋澗集》卷二六《松蔭寒泉》　坐蔭髯龍夢已醒，更堪幽谷亂泉声。遥知緑綺相逢夜，幽思中含太古情。

明 于立《寒泉盤松》《玉山紀游》　侵晨出龍門，翠竹雙肩輿。雲磴險犖确，石徑盤縈紆。瀑山萬松樹，翠氣涵碧虛。查牙抱石古，夭矯凌烟孤。頎然衆長身，一如秦大夫。就中偃蹇者，獨有支離疏。修枝傍壑走，百折半欲枯。俯身實傴僂，昂首仍蘧篨。呀然怒獸攫，忽若群龍趨。輪囷水犀甲，奮迅蒼龍須。不爲世所用，適與静者娱。嗟予濩落人，比爾良不如。何時能復來，便結山中廬。蒼凉白日暮，欲去仍躊躕。

明 高啓《高太史大全集》卷五《寒泉》 遠絡蕺峰間，平流盤石上。月照欲成潭，風吹不生浪。聲兼寒葉下，色映秋苔漲。野客照羸顔，曾来倚筇杖。

明 高棅《賦得落木寒泉送陳京進士之京》《閩中十子詩》卷一一 谷口飛雨散，微霜天地寒。寒泉與落木，一夜滿空山。山前驪駒歌未已，落木寒泉一夜起。萬壑長風吹出來，愁聲并入行人耳。一路行人聽不窮，閩山浙水秣陵東。飛流琤琮雜空籟，亂葉颯沓兼寒蛩。長松高月古溪映，靈境真機更清浄。野客琴中趣轉深，孤僧定裏心偏静。六屏山下憶幽尋，褰裳一步一清心。白雲對酒看懸瀑，落日披書坐遠林。於今桂枝在君手，笑我支離去時久。況是臨岐落葉分，相思不奈怨離群。山中泉木轉蕭索，夜夜寒聲誰共聞。

明 王偁《虚舟集》卷二《龍寺寒泉》 靈源沁寒泉，仍在翠微頂。中有修鱗蟠，白日烟雨暝。山仙習止觀，水客照孤影。予亦洗心人，坐來白雲冷。

明 王越《黎陽王太傅詩文集》卷上《東寺寒泉》 一曲清泉遶寺流，老懷應共此泉幽。吟乘雨氣清詩骨，醉汲冰花滌酒愁。天巧鑿成雲窟冷，地靈分出海門秋。飲牛洗耳渾閑事，留与征人照白頭。

明 石珤《熊峰集》卷七《寒泉濯足》 翩翩黄髪翁，濯足巖下水。吾志在清波，世事如脱屣。青山長悠悠，白石亦齒齒。千古孺子歌，誰能契斯理。

明 吕希周《九日，廣右張總兵邀登四仙洞，列炬深入，探寒泉，沿江而上，遂登龍隱嵓，百戲具陳，落英滿盞，即席再次李頻》《粤西詩文載·詩載》卷一八 山城亭午罩輕烟，滿地茱萸媚遠天。仙洞寒泉通古穴，灕江歌吹振樓船。龍嵓閴寂垂蘿繞，石齒參差細浪連。采采金英駐仙鼎，流傳冉冉漫催年。

明 李瀚《石井寒泉》《粤西詩文載·詩載》卷二四 何年神斧斲青冥，石骨流来一派清。不爲行人濟炎渴，千秋巢許亦虚名。

明 林春茂《石井寒泉》《粤西詩文載·詩載》卷二四 清洌泉源一線通，不須甃砌自神功。懷川只在堯封裏，作息應多擊壤風。

明 周用《周恭肅公集》卷一《寒泉》 寒泉復湜湜，井洌尚可食。執熱豈不願，終當戒爽德。驪山永翠華，千載鑒人國。

清 謝良琦《盤石寒泉》（雍正）《廣西通志》卷一二五 去郭五里耳，烟霞自此深。石勢何突兀，巖嵓何幽嶔。下有寒泉流，上有丹桂林。桂香澹秋色，泉泠清人心。朝暮看雲霧，往来愁登臨。傳聞古桃源，雞犬猶至今。余生負邱壑，相望獨長吟。何時卧山樊，解衣彈鳴琴。

清 盧紘《四照堂詩集》卷九《全州道中盤石寒泉》 朝乘濛雪發湘山，擔簦攀蘿渡水灣。巒氣暗飛寒徹骨，纔知聲出碧巖間。

清 屈大均《屈翁山詩集》卷一《酌寒泉作和人》 朝飲貪泉水，暮逐貪泉流。廉夫不可爲，仁義皆竊鈇。天方授盗跖，吾介徒罹憂。合浦多明珠，朔漠多黎裘。仲尼思執鞭，況我斗筲儔。

清 邵長蘅《邵子湘全集》卷二《登支硎中峰下尋寒泉石門諸勝》 捨舟牽輕輿，晨深支硎徑。精藍杳靄閒，中峰下清磬。巋澗漱寒齒，搴蘿凌仄磴。谷鳥歡異音，風泉屢移聽。喧闐游徒迹，閑寂幽人性。披榛步山椒，孤邁窮幽敻。荒塗疑忽閉，千尺面翠屏。呀然石門開，一線通螘徑。支公此買山，石室棲禪定。寂寞千餘年，馬迹石逾瑩。有馬迹石，相傳支遁遺迹。流坎悟達生，恬頤驗戰勝。信躭丘壑美，言旋轉餘興。

清 阮葵生《七録齋詩鈔》卷三《寒泉》 寒泉一片石，清流帶山脊。透迤灌岩根，入耳聲虢虢。我來匪入山，偶爾携遊屐。睹茲清人心，臨池支短策。似有遺世意，凉風滿蘿薜。

清 吴俊《榮性堂集》卷四《蔣香涇倩人作照科頭解帶旁若無人，頗有天地空闊之想，二癡王子爲補枯木寒泉映帶左右，因共賦詩》 家居屋蓋頭，出門篷壓背。入市怕湫囂，作官厭塵蓋。人生祇一身，處處遭拘械。安得一搔首，昂然弄清快。擺脱行坐卧，逍遥冠履帶。閉眼百萬年，開眼億千界。世人何能爾，吾友蔣侯邁。輕身跳樊籠，能事倩描繪。老驥立秋風，舉頭想天外。猶惜畫師癡，點染冗可汰。瑣細棄兩叢，欹倒石一塊。不如并去之，勿贅寰宇大。白日懸銅鉦，浮雲卷長旆。何用尻輪馳，轉覺飈車隘。斯言然不然，相與証狂怪。

鶴泉

明 薛甲《藝文類稿》卷五《鶴泉記》 壁山之崖有石室，深廣逾仞，中含流泉，洞口舊刻石鶴，莫究所妙。幽麗清絶，可玩可娱，給舍彭君汝寔，未第時居之。既仕而歸，築室其旁，讀書著文，陶然自樂，因自號爲『鶴泉主人』。薛子聞而笑曰：『君殆所謂避日疾走，走愈疾，迹愈著者也。』人材之居世也，如貨之居肆，然苟有其物，則求者從之。是故賢者□□□□，能者以材知市。上自堯舜，下至周孔，皆市於人看□□□□。縱乃有憤世長往之徒，飄然目放於江海山谷之間，以與人群屏迹，自謂逃名，而不知其瀟灑絶塵之風，高蹈者已從而襲取其後，則亦愈見其彰彰矣，安所逃乎。鑪錘具而胎質成，員者器於員，方者器於方，小大不齊，均爲世用道德材知，亦天所以器乎人之具也。今君躬潁異之資，試於南宮而文範，俗仕於朝，而直聲動天子聞。當時退居田野，而當道之人交章論薦，惟恐其不起。其文學行誼，已皦皦乎暴人耳目矣。顧欲混逆岩間，以與茲鶴茲泉相爲儔伍，豈其情哉，豈其清哉！或以謂君，君欣然曰：『吾惟不有於時，以有茲鶴與泉也。薛子欲使吾并鶴與泉，不得有乎。雖然天地之間，物各有主，既號於吾，即吾其主矣，誰得而有之，爲我謂薛子爲之記。』

惠泉

論說

清 吴省欽《白華前稿》卷一六《荆門蒙泉即惠泉考》 今荆門州西象山，故蒙山也。有泉四，北曰『順』，南半里曰『蒙』，其源大如甕口，至冬則温，又南曰『龍』，又稍南曰『惠』，源甚微，較蒙甚寒。順泉距城遠，龍泉邃於乾隆甲戌，故游者止言蒙泉、惠泉，碑題甚夥。按李德裕有惠泉詩，葛立方據沈傳師『蒙泉聊息駕，可以洗君心』之句，謂本名蒙泉，而李乃直曰『惠泉』。又二蘇有惠泉詩，復有《次韻答荆門張都官維見和惠泉》詩。詩作於嘉祐四年，無一語及蒙泉者。自魯直擘窠作蒙泉字，紹興壬子，鄱陽張垓復大書立碑，葺噴玉亭於其上。長林令汪振記云，『蒙泉極湖陰之勝，自李德裕以下，前題後咏，實在厓壁』，則蒙泉固即惠泉。《明統志》峽山麓有泉二，北曰蒙，常寒。南曰惠，常温。宋知州彭乘爲三沼，延其流至竹坡河入漢。曹學佺《名勝志》從之。查氏《蘇詩補注》引曹《志》，以正葛混而爲一之非。然象山惟順、蒙二泉爲大，順固不顯，蒙後改惠，至魯直始書舊名。垓字伯信，父曰吴囦，壬子八月，垓以憲官按部，時秋雨妨農，禱於蒙泉、玉泉即霽。汪記甚詳，特記謂張與郡守陸九淵夜坐亭上。陸乾道八年進士，不應於紹興二年知軍。今張碑右有陸題名，謂陸所立字迹，與張所題如一手，府志秩官表係陸于崇寧初，謬不待言，而係汪於紹興三年，豈記亦僞託耶。坡詩『初開不容椀，漸去已如帛』，以狀今之蒙泉最肖，不知何人以蒙泉之後名惠泉者，移爲今惠泉。蒙温惠寒，予所見若是，問之居人，而無不若，是乃改題。今惠泉曰新惠泉，而考其始，以待表諸石。

综述

宋 周紫芝《太倉稊米集》卷四二《惠泉銘并叙》 宣爲郡，邈在大江之南，雖古名邦，而其民大率皆附山以居。地勢既高，井泉稀少，異時巨盗臨城，衆無所得飲，固患之，而未有以爲之計也。太守李公既因舊壘而新之，凡可以備攻守者，皆咄嗟而辦。乃即城之東南隅，鑿地爲池，將導溪流而豬之，使民汲而飲焉。畚鍤方興，未及尋尺，而泉湧於地，清澈可愛，議者咸謂公之精誠感格，非人力所能爲者。昔貳師刺山，而飛泉自湧，伯夷整衣，而井爲之溢，皆足以濟一時之惠。公之所感，何以異此。知録事沈侯肇爲榜以惠泉，且作記叙其本末，而公復欲某爲之銘，以廣其意，雖辭旨蕪，陋不足傳遠，庶幾記異事以播之衆，使知公之所以惠此一方者，其利無窮也。銘曰：『大江之南，畫疆千里。有美斯邦，因山爲壘。宅高以居，萬室巋巋。有井在民，不百而止。夕烽東侵，巨盜四起。既堅我壁，既發我矢。震鼓雷動，蟻附山峙。繘綆以汲，筦冀而滓。燥物呼號，士氣披靡。嗷嗷群蒼，縮手相視。公之來思，乃經其始。百雉一新，巨塹成理。念我窮黎，實艱於水。相城之隅，欲穴其址。鑿地爲池，潛流透迤。溜以石渠，灌此瀰瀰。畚鍤方興，鼓鼛未啓。出此檻泉，如鼎之沸。湛然澄清，既洌且美。雲湧雪翻，激石齒齒。酌言嘗之，有來且喜。咸曰斯流，天藏地祕。淵泉可格，不約而至。公擁熊轓，與民樂只。咸曰休哉，萬世之利。我作銘詩，以記其異。』

（弘治）《貴州圖經新志》卷一六　惠泉，在衛城東五里，烹灌之惠甚廣。故名貴州布政司黎政胡拱辰詩：『天一生來地六城，人萊美利得佳名。石中湧出源廳達，階不流過色愈濟。茶□生更酣煑月，稻田六月不妨晴。服前道體無窮妙，逝者如斯理自明。』

（嘉靖）《池州府志》卷一　惠泉，在縣北富覽亭側。宋嘉定乙亥大旱，邑民皆汲飲之，以惠澤於人者衆，故名。

清 何梨《晴江閣集》卷二五《惠泉記》　泉舊名曰慧，陸子鴻漸評曰第二泉，嗣又名曰惠。邑數千人市水給生，業名惠，于實爲副然。唯慧也，斯足惠。《易·井》之三曰：『王明并受其福。』惟王明，故士得受福。此言甚大，亦可小喻。陸子顧第二之何耶。然泉以得陸子評，名益著，不然，雖渫且洌，慧亦不彰，安知其惠。故泉自陸子後，又名曰陸子泉。

紀事

明 羅英《游惠泉記》（道光）《大定府志》卷一六　往余讀邑乘，有曰惠泉者，聲其名莫審其地。自感人生寄形宇內，不能遍岳瀆而搜奇，廣吾浩然之氣，發爲文章，徵爲事業，恥矣。乃維桑一勺水，弗克討恥孰甚。歲己巳初秋，王子館㽔以郭外田供館穀，乃父元調拉余正經界，酌酒爲余壽，苦無勝地，或曰東去三百步，有惠泉可賞也。余曰，此余素所願見不可得者，速撒樽往。至其地，一石穴高三尺，廣半之，顔曰惠泉，旁勒『三槐拙叟仲讓書』，書下爲章草鎸『武略將軍』。泉左高臺一，梨棘雜藤芒繞覆之，隱隱斷石殘碑也。泉右石刻二，右上石刻横可二尺，縱一尺，薄視之，僅留趺石。下石刻横尺有八，縱一尺，年深石泐繡蔽碑也，而没字矣。往尋左之斷碣，右上之石刻皆無，在余徘徊上下，二石安歸乎。必沈泉底，假人力可得也。薄暮莫遑，瘀明日率從學諸子，操畚鍤、執斧斤，復至其地。初命諸子芟叢莽，割去藤芒，殘碑出焉。讀之，獲叙説三句，曰『予旬宣之暇，偶得一覩，賦二律歸』。獲詩三句，曰『石中湧出泉應遠，稻穀六月不防晴』，曰『城市山林三畝宅』。復獲數字，曰『日有丹青』，曰『池草』，曰『石層』，曰『庠生孫』。餘皆漫滅。其右下石瀝繡蔽之石刻，命諸子力刻之、磨之、洗之，瀝三時，光瑩滑澤，没字碑，雲漢爲章矣。讀之乃惠泉亭記，正統己巳二月，學博孫隱先生之所撰，墨莊道於林晟之所書，三槐布玄于仲讓之所建，而金陵劉禎之所勒也。復命諸子賈餘勇討泉左高臺之繼碣，與石上剥落之石刻，除亂石，蕩泉淤，直窮到底，力最勞，竟不可得，悼歎久之。諸子乃濯足振纓，環泉而坐，觀泉之清，石之潔，起而言曰：『無平不陂，無往不復，信哉。當正統至天啓二百數十年，亭高而爽，泉清而洌，石燥而明，忽來安氏變，亭毁泉塞，是平之入於陂也。自天啓壬戌，距今六十八年，得吾子，泉通古顯，是無往不復也。而四先達之名，因獲傳於世，是又吾子發潛德之幽光也。且北石己巳立，今己巳開，以有數存乎其間焉。明而晦，晦而明，明而復晦，此理勢之必然。繼吾子而使晦復明，伊何人乎。』余曰：『發潛德之幽光，吾則豈敢。余嘗欲遍岳瀆，而搜奇發爲文章，著爲事業，今已矣。乃獲覩維桑一勺水，恥稍釋焉。若夫往過來續，有如斯泉，何憂後起之無人也。』已而夕陽在山，牛羊下來，諸子味斷碣之詩，雜樵歌牧唱而歸。

明 孫隱《惠泉記》（道光）《大定府志》卷一六　東去城三里，巨山之麓，有宅一區，乃武略將軍林侯憩息之所。後有山竇，水常湧出，因甃引爲日食之用。侯見其清涼甘美，源源而來，仰天告曰：『果有源委，當遠引與一鄉之人同受息賜。』遂鳩工接之，愈出不已，冬夏不涸，竟爲通溝以溉田。侯乃置亭於側，遇退食之暇，具酒饌，拉僚友文士，游歌於上，祈余名之。余曰：『是匪人爲，殆天澤也，宜名曰惠泉。』復屬記之。予惟茲泉之泄，彼蒼恩侯也，侯不敢私而與衆同其賜，是分惠也。惠必分賜，而不私爲己有，視隔墻垣而彼我者，霄壤懸絶矣。夫侯以世禄之家，俸之不竭，猶泉之不竭也。侯之分惠，猶侯之恩衆也。殆天之招示乎侯者，烏可輕而視之耶。余且喜且愕，遂書此以復，用表其亭云云。

藝文

唐 李德裕《李文饒集》卷四《惠泉》 茲泉由太潔，終不畜纖鱗。到底清何益，含虚勢自貧。明璣難秘彩，美玉詎潛珍。未及黄陂量，滔滔豈有津。

宋 宋祁《景文集》卷八《惠泉》 遥源辭叠嶂，澄派鑒情虚。流迅無汾惡，波長盡楚餘。隱之徒酌水，鄭伯謾名渠。不必西江去，憑君起鮒魚。

宋 宋庠《元憲集》卷四《惠泉》 濟物功偏厚，朝宗勢不迷。一航容宋葦，六斗異涇泥。潤溢呼魚轍，光分抱甕畦。寧同南國咏，酌飲變夷齊。

宋 蘇軾《蘇文忠公全集·續集》卷一《荊門惠泉》 泉源從高來，走下隨石脈。紛紛白沫亂，隱隱蒼崖坼。縈回成曲沼，清澈見肝膈。衆瀉爲長溪，奔駛蕩蛙蟈。初開不容椀，漸去已如帛。傳聞此山中，神物懶一作頻遺謫。不能致雷雨，灩灩吐寒碧。遂令山前人，千古灌稻麥。

又《次韻答荊門張都官維見和惠泉詩》 楚人少井飲，地氣常不洩。蓄之爲惠泉，坌若有所拆。泉源本無情，豈問濁與澈。貪愚彼二水，終古恥莫雪。只應所處然，遂使語異别。泉旁地平衍，泉上山嵽嵲。君子慎所居，此義安可闕。古人貴言贈，敢用况高節。不爲冬霜乾，肯畏夏日烈。泠泠但不已，海遠要當徹。

宋 劉摯《忠肅集》卷一五《荊門軍惠泉呈李使君舜卿》 蒼山抱西城，蒙泉發山麓。一泓養虚净，大石圻巖澳。源脈潗潗來，星珠沸相續。何人瀦方池，不使聲瀑瀑。四圍叠琳琅，百丈蔭雲木。波底金蓮花，萬葉緑綺縟。畏清無魚蝦，因亦遠鷗鵠。俯視洞五臟，安敢濯兩足。循池隅西南，漸見泄泉滀。怒聲始可聽，勢如脱桎梏。涎沫卷飛練，濮鳴射碎玉。曲折溪路長，幽響遠連屬。安得朱絲絃，爲寫滄浪曲。派澤山下田，歲常稔䆉穀。憧憧負缾盎，清入郡人腹。惠名由此歟，圖牒曾不録。崔碣鑱文章，無數不暇讀。亦欲有佳句，恐爲惠泉辱。使君心自清，館宫泉上宿。一勺蜕塵軒，豈比樽酒渌。磅礴壯士氣，常爲山水伏。天下幾林泉，無金買卜築。空茲嚼屠門，野人真碌碌。

宋 洪适《盤洲集》卷四《次韻向憲留題荊門惠泉卒章見及》 對泉一洗心如水，誦詩三嘆顙有泚。字比渴驥駸駸來，文如翠歘鱗鱗起。皇華轍迹環諸道，濟物良籌載雙抱。雙泉復見等故人，竹馬兒童半羸老。吾君豐澤要下流，慚愧長瀾力不侔。一方始此一滴潤，千畝長有千鍾收。去瘼未盡惠未施，可使剜肉生新瘼。塵埃滿面語甚惡，虚辱逢人説項斯。

又《獨步惠泉用石刻中韻》 拂崖看古字，倚策仰前英。雕章細細讀，清思源源生。文傳峴山石，句敵渼陂行。一字或華衮，五言有長城。林蟬衆作噪，下里羞混并。坐令蕞爾國，宇内渾知名。茲泉發地脉，有玉潛山庭。神龍職何護，老蚌呈煌熒。楚人力水耨，倚沼仍畦瀛。觱沸晝復夜，輸出無窮聲。演迤清漢接，旋折數日程。膏潤亘原陌，穀價年年平。非才忝敷惠，下考乃爲榮。疲民未擊壤，循吏難聯横。獨行挹清泚，誰與論丹誠。銷憂賴季雅，遺興煩客卿。信美非吾土，千古仲宣情。

宋 楊萬里《誠齋集》卷一一《惠泉酒熟》 敲冰汲山泉，炊玉釀霜醅。忽然油成泓，失却瓊作堆。抱甕輸竹渠，挈瓶注銀盃。銀盃不解飲，傾瀉入我懷。酒聖丸五傳，道統到吾儕。誰云孟氏醇，軻死不傳來。醉鄉天張幕，糟丘麴爲臺。吾欲往相宅，今夕未擬回。

又卷二九《惠泉分茶示正孚長老》 寒泓不到十餘年，老眼重看意惘然。漱裂蒼崖王龍口，墮成清鏡雪花天。須煩佛界三昧手，拈出茶經第二泉。珍重賛公鷩久别，且談詩句未談禪。

宋 陳文蔚《克齋集》卷一六《上巳游惠泉和趙國興韻》 閒倚欄杆覓句時，此身如在浣花溪。草迷芳徑王孫醉，花滿春山杜宇啼。酒罷啜茶留石井，興餘隨月步江堤。清泉白石平生約，未有工夫爲品題。

明 邵寶《容春堂集·後集》卷一二《次侯明府九日游惠泉》

病不登高數負秋，却憐令尹此閒游。清知流水山中出，遠見雲飛海上浮。僧具袈裟惟茗供，客過方丈有詩留。秪應稼穡關心在，莫話忘機欲對鷗。

明 杭淮《雙溪集》卷六《王用昭第見吾弟道卿飲惠泉詩感而用韻》 我昔嘗飲惠山泉，手持大斗酌寒潏。今宵坐我水石居，聽雨烹茶想春月。掛壁出我道卿詩，猶似當時歌白雪。酒酣慷慨增悲歌，溪水浮鐺自清洌。一飲七椀魂神飛，未許惠泉風獨攝。挑燈一放老夫狂，夜深斗轉黄金闕。

明 邵經邦《弘藝録》卷七《惠泉》 爲愛心如水，持盃意故妍。千秋人共品，一滴我隨緣。不雨龍鱗出，無風水鑒懸。清甘惟自得，莫向外人傳。

明 李培《水西全集》卷四《江陵柄改吴郡進池茗惠泉有感作》 丞相長思煮茗時，郡侯催發只憂遲。吴闗去國三千里，莫笑楊妃愛荔枝。

明 程嘉燧《松圓浪淘集》卷八《惠泉上見惟康聞士徵已過余客舍》 春還江上少郵筒，此地逢君是夢中。別路寒飛千嶺葉，客帆朝落二泉風。足音豈意來空谷，身世惟應問斷蓬。預想到家歡不足，一樽仍與故人同。

明 貢修齡《斗酒堂集》卷七《九月初五張世臣孝廉以南園桂菊見招，座中郁元積佐以惠泉錫酒》 采菊叢桂裏，滿園秋色鮮。三人如粲者，四座自嫣□。屢倒新添釀，頻煎遠餉泉。莫胐行樂事，談虎白鷗前。

明 胡維霖《胡維霖集》卷二《吴和受中翰使閩過浙見賜惠山泉作惠泉歌謝》 錫谷寒泉勝醍醐，金莖玉露出中書。呼童烹鼎供茗事，松風蟹眼看跳珠。清韻冰壺能舞鶴，令人獨醒夢蘧蘧。冷然栢署聽鳴鳥，欣對儀鳳高吟梧。試將海錯滌羶腴，暫與羹蓴酌西湖。

明 譚元春《岳歸堂合集》卷三《答尤時純貽惠泉并聞其冉涇河成》 客自惠山來，遺我惠泉水。冽彼錢不投，寒光澄甕底。静嘿啜清芬，宛如對之子。之子歷落人，三年在兩耳。屬有河渠役，轉眄聞起止。樂成本人情，難哉子慮始。籲懷從衆志，厚道先桑梓。日過風過損，波紋蹙瀰瀰。胡不汲新流，洗我狹與鄙。

又《夜由蒙泉過惠泉作》 懷挾蒙泉情，安坐惠泉裏。二泉自相友，合流爲澗水。天風語蛟虬，詭激竦心耳。秋踏暮山空，竒響纏踵趾。泉亦茫昧然，聽命於元始。物各以所感，相近爲悲喜。聰明而静篤，肅肅發妙理。還寢告衾枕，清夢當如此。

明 袁宗道《白蘇齋類集》卷六《飲小修所携惠泉》 昔逢惠山人，曾説惠山好。季子千里來，同飲惠山水。

明 張鳳翼《處實堂集·後集》卷三《月夜烹惠泉》 步入招提夜未闌，竹爐應許寄清歡。山靈知有品泉客，先挂林端小月團。

明 卓發之《漉籬集》卷三《惠泉有序》 惠泉，未必盡勝他泉，而一經品題，聲滿天下。余擬以岩穴知名之士雪公，言山水無情，豈作名想。余謂華嚴雲綱，皆出頌言，西土行樹，咸能説法，此土山川亦應具有名根耳。

寒泉若文士，自詡有姱顔。熏灼憑誰起，輪蹄郵得閒。天空如可匊，世味豈能删。高逸他山瀨，逃名荒篠間。

明 葛麟《葛中翰遺集》卷八《咏錫山惠泉》 中泠深隱龍礴窟，贏得人間稱第一。惠山品作第二泉，轂運舟輸逐郵馹。高人介士常苦饑，安能越地移甖瓷。荆溪貧兒擔水鬻，江心城下時相詒。金璫玉盌權貴人，都門餽水如餽銀。鳳團新碾澆渴吻，夜永不寐生寒津。馬糞車塵淘不净，蠅臭蟻羶心更競。偃月堂中陷阱深，含香舌上風波勁。別有驕奢喜事兒，充腸酒肉精神癡。舉甌連啜亦何益，淄澠莫辨空啞啞。冰倚不收兩液汗，漫道清風追七碗。煎自妖童膩未除，擎來嬌婢脂難澣。如此涴泉亦可譏，山斧鑿石慚崟崎。寒塘野澗皆可吸，主人沖澹沆瀣霏。吁嗟此泉真不幸，何似危崖冰雪静。虎林安隱慚不安，爲謝銀瓶兼素綆。

清 李天植《李介節先生全集》卷五《題惠泉》 誰劚雲根出杳冥，憑僧指點説山靈。倦游不作還家夢，爲愛泉聲石畔聽。

清 梁雲構《豹陵集》卷五下《啜惠泉游鄒氏故園》 言酌名泉試鬪茶，池塹館仄問誰家。古藤却戀西隣樹，曲磴偷窺別院花。割據翻嫌雲壑淺，興亡仍起電漚嗟。郵如泉水汲無盡，不改琮琤洗落霞。

清 陸世儀《桴亭先生詩文集・詩集》卷五《惠泉》 潭石何清幽，勺水不及䤈。萬古無盈涸，千秋供給取。頗疑蛟龍宅，似有神靈聚。咫尺具深源，時哉德施普。

又 卷六《惠泉》 不盈不竭幾千年，一掬渟泓海内傳。恰是至人方寸地，涵濡萬古只淵然。

清 陳瑚《確庵文稿》卷五上《咏惠泉二絶句》 陸羽曾題第二泉，寒流如玉夜涓涓。誰知暗度前峰去，能溉人間萬頃田。

清 法若真《黄山詩留》卷三《再過惠泉二首》 繞坐山腰第二泉，游人下馬影娟娟。願封無錫稱廉吏，贈水千船不計錢。

又《過惠泉吊督憲趙公君山四首》 江上從君一夜歸，仙舟傍水近秋暉。於今不識中書令，淚湧泉聲百道飛。

清 高士奇《高士奇集・苑西集》卷一〇《惠泉》 泉流雜佩響珊珊，盥洗山僧取碧湍。却笑瓶罍勞水遞，輕開泥印瀹龍團。

清 高士奇《高士奇集・歸田集》卷三《平湖居人皆飲河水友人屢寄惠泉書以紀事》 名泉第二世所稱，石根寒碧流泓澄。兩回崑蹕過亭下，一杯獻自山中僧。入口冷然足餘味，甘洌快嚼瑶池冰。近來王濛有癖嗜，終宵思此忘寢興。梁溪故人意良厚，題書珍重如貝朋。念我腸枯詩吻燥，大瓢小盎來相仍。是時江南逢早夏，麥雨流潤梅風蒸。江邨掃迹鍵門牡，科頭散髮眠烏藤。蕭齋忽此享清供，坐使肌骨寒凌兢。那暇呼童驗活火，椀而已覺霜華凝。憶昨扁舟泊瓜渚，江心冒險嘗中泠。輕清要是惠山亞，低昂未足分淄澠。可憐陸生强解事，浪標甲乙曾何憑。月團雲脚幸已辦，石鼎臥聽喧蒼蠅。

清 全祖望《續耆舊》卷三二《月下惠泉觀水》 寒月正高迥，寒泉静如月。得天之精妙，夜氣滋不歇。是時息人事，聲响適清越。酌之不盈瓶，泠然見心骨。

清 胡鳳丹《退補齋詩文存・詩存》卷一〇《惠泉山下停泊》 九龍招我飲，玉局見留題。曲港通幽徑，雙峰夾小溪。惠泉山由小金山西入小港。酒沽紅杏隝，舟泊緑楊堤。未盡尋芳興，歸來夕照西。

清 曹仁虎《宛委山房集》卷一《惠泉》 蒼蒼西神山，龍角瀉泉脈。澄泓識坎止，寂静涵兑澤。空林微雨餘，古澗暎寒碧。誰攜團月來，孤踪思曩昔。

清 胡敬《崇雅堂詩鈔》卷四《惠泉》 中泠甲天下，名在實則違。儲泉大江底，繘綆無所施。陸羽不可作，辨者知爲誰。我昔廣陵游，櫂向金山維。山僧汲井華，盛以玉色巵。云是中泠泉，一笑心自知。從來盛名下，僞託多如斯。徑思移第一，於此泉名之。此泉眼親見，高下分三池。下池方半畝，甃石形權奇。龍脣水噴薄，怒作鳞之而。中池小於井，了了鑒鬢眉。上池乃其源，相較尤清漪。譬如施與嬙，百妍無一媸。又如瓊與玖，温粹無瑕疵。惟静自生明，惟清自無私。終朝任挹注，千載何成虧。爻占井九六，爲惠良不貲。豈無廉與讓，潔己與世遺。何如此山泉，沾溉無窮時。

清 樊增祥《樊山集》卷一〇《春暮携客訪聖惠泉試茶》 呵殿游春亦偶然，解鞍松下午陰圓。竭來喜見琉璃聖，欲去欣逢橄欖仙。石上棋枰銷永日，風中鈴語散諸天。坡公故事君知否，判牘朝朝就冷泉。

清 張秉彝《南垞詩鈔・飲惠泉》 携將蒙頂茶，來試山泉味。如讀佳士文，高名豈無謂。

雜録

清 張貞《杞田集》卷五《惠泉題名》 劉伯芻論水之宜茶者七，自一至五，予皆得而酌之。澂泓甘冷，未有如惠山石泉者，乃强抑之第二，不知何意。然世之妄庸巨子，謬秉衡鑒，既經品第，遂莫敢異議，亦與此同嘆矣。康熙二十四年春三月望日，牟山張貞題。

劍泉

宋 王象之《輿地紀勝》卷一八六 劍泉，在梓潼縣北一十二里。昔蜀五丁至此，見大蛇入穴，兄弟忿而拔之，山摧，五丁斃焉，餘劍隱於路隅，化爲一泉。每庚申甲子日，其劍一現。

宋 阮閱《郴江百詠·劍泉》 太阿氣在斗牛邊，報惠論讐世有仙。黥賊東來攜敗鐵，地靈安肯爲生泉。

明 胡應麟《少室山房集》卷三六《劍泉》 當年歐冶鑄，蓮鍔夜生花。赤電飛延浦，青虹照若耶。風期紘上得，意氣筑傍賒。會挈樓蘭首，銘功瀚海涯。

明 方豪《棠陵文集》卷四《劍泉記》 江山吴明府亞夫，請予記所號劍泉者三年矣。江山之政且成，既報于朝，而還以待徵也。聞已至姑蘇，欲會不果，雖使事之廹，實亦以此記未應，是懼盍屢約屢失，近又約于杭之臨，别而復失之耳。

昨予至毗陵，詢所謂劍泉者，毗陵之人言曰，郡東南二十里有小井者，傳爲葛仙翁駐馬處，甞投劍于井中，郡將有拜相或及第者，輒先有瑞氣氤氳累日。事見前宰陸元屯碑記。吴君所居，相去甚邇，故以之自號，人咸稱爲『劍泉子』云。又言曰，劍泉子之生也，井中之氣實先騰焉。近日復然，劍泉子其顯乎？予乃從而斷之曰，豐城之獄，何與于天，而寶劍之精，徹於斗牛，青龍黃蛇二事，流傳人間，劍固有靈氣，以靈發氤氳之説，可信矣。山枯蘇顯，川涸文生，豪傑世出，關係山川，騰騰之説可信矣。是固可信也，爾曷知其大可信者乎？夫劍，利器也，出于仙，則益利矣。泉，清物也，庇于井，則益清矣。劍泉子，明敏絶人，剖繁鋤惡，舉手無遺，其劍之利乎。劍泉子之考績歸省也，子值于杭而送之詩云『一笑薰風拜家慶，行囊秪有去時袍』，江山之人以爲實録。其泉之清乎，是眞劍泉也，則大可信也。夫越中之令多矣，予每見監司之薦，揚士夫之頌，稱必首劍泉子。是劍泉子雖弗及第，實爲縣之倫魁矣。徵書在朝暮，他日斬佞臣，澄清天下，駸馴柄用，以實拜相之徵，予安不於劍泉子乎望邪？夫天下一大縣也，縣一小天下也，故令者，相之規也；相者，令之極也。劍泉子夫既宜于江山矣，有弗宜于相者乎，在廣之而已矣。

清 金桂馨《逍遥山萬壽宫志》卷八 劍泉，在宫北落瓦。旌陽過此，馬渴，以劍刺石，出泉飲之，今劍迹尚在。

金粟泉

综述

明 釋德清《憨山老人夢游集》卷二二《瓊州金粟泉記并銘》 瓊郡距瀕可十里，城東北隅，岡足水趺，有泉涌粟，粒粒燦肰如珠泛瀬眼。人取而試之，去殼出精，宛如北方之布穀。至冬日，氣斂泉温，其粟出芽，如秧鍼刺水，是則實，非幻出也。時人怪而异之，不知所從來，槪呼爲粟泉。萬曆乙巳春三月，予自雷陽渡瀕，訪太宗伯王公，給諫許公，且探瓊瀕之奇。陳生亐宸，博雅士也，謁余亐明昌墖院，邀宗伯公同過天寧方丈，茶話及此，因杖策而觀之。令僕探取沙泥，中果得粟數粒，揪皮出米如新穫者。余甚奇之，因命名金粟泉，意取維摩金粟如來。李白自稱爲後身，今亐宗伯學士，若有當也。汲水烹茶，味甚洌，啜之毛骨清凉，如在毗耶。方丈吃香積飯也，陳生畜疑，避席而問曰：『粟産于北土，泉涌于南天，相懸萬里，且隔瀕津，胡爲乎來哉。此智者所必疑，常情所未測也，敢問其故。』余曰：『噫嘻，此盍難與俗言也，請試論之。大地浮水上，如一葉耳。水之潛流四天下地，如人血脈之注周身，由生于心而養五臟，外達四肢徹于皮膚，下至涌泉，上極泥洹，髪毛叉齒，靡不充足，不充則不仁矣。由是觀之，天地一指也，萬物一體也。水火相射，山澤通氣，風雲呼吸，潮汐吞吐，乾坤闢闔，晝夜往來，無一息之停機，如人日用食息起居耳，復何怪哉。昔有神僧從卤域來，飲曹溪水，香美而甘，驚曰：「此吾卤天寨林水也。」中山大悲閣，閣高百尺，像高八丈，有唐异僧遍化金錢銅木，在在納于井中。及歸而取之，盡從井出，以足其用，至今尚有一木存焉。由此觀之，大地之水未甞不通，物未甞不達，斯實吏也。昔蘇長公居儋耳，甞品三山泉，謂與惠山相通，因名惠通泉。是則太虚寥廓，萬象融通，人特有心限礙耳。竊觀瓊海，地發于卤北，氣結于東南，如人一指之甲耳。甲乃筋之餘也，血以養筋，筋固則甲厚。凡人甲厚者必多壽，故地土厚者必多材，說者咸謂中原土厚，故將相多出于其間，余則謂不肰。瓊居南離，離，乾體也。以吸一衾，外剛而內柔，虛而麗炤，文明之象也。地浮瀣中，火金生水，故晝炎而夜寒。以乾坤之真氣樞于斯，而鍾于斯，故山川之金銀，明珠，文禽名香，珍奇異獸，寚藏興焉，百物備焉，人則仙靈文名忠臣義士，迬迬出焉。此天地之一隅，如太虛之一塵，造化密迻，昧者不覺，聊通一粟以示之，如從一葉以辨春秋耳。復何怪哉。』宗伯聋說，躍肰歡喜，再嘆曰：『奇哉。』時在座有沈生成惪等，相率再拜稽首，請銘之，以曉未聋。乃爲之銘曰：『大地一塵，滄海一粟。充遍十方，何所不足。似毛在體，如血周身。觸處即見，于何不真。坎離水火，乾坤在我。交姤發生，有何不可。地氣自北，而鍾于南。物亦隨之，涌現其間。人疑此粟，不知所從。來處不知，何以明宗。造化密迻，不屬聋見。聊借一粒，以觀其變。苟知一粒，芥子含空。水火週遍，何不相容。血脈周身，自頂至趾。上下周流，終而復始。大道循環，無迬不復。道脈潛通，若此一粟。困泉混混，而時出之。道脈南來，可卜亏斯。』

明 黃士俊《金粟泉記》（康熙）《瓊山縣志》卷一〇　瓊郡城外北隅有雙泉焉，蓋神奇古迹也。雙泉者何？宋學士蘇長公所鑿也。公以謫儋，寓居於瓊，鑿泉飲息，兩泉相去咫尺，味甚異。嗣後郡守陸公建洞酌亭於上，石刻『東坡雙泉』四字。又李光謫居九年，有『曾是雙泉舊主人』之句在。元嘉泰二年，郡守萬公重修，教授蔣畹作記，然填廢已久，即吾鄉文莊丘公亦有雙泉湮沒不可見之嘆。僅述之，父老指言，東邊一泉，時浮粟粒，即今之金粟泉是也。噫嘻！由宋迄明，歷幾百餘年，斯泉或興或廢，亦幾百餘年，第其一種神奇之脉，不可磨滅。嗣前守翁公掘地應讖，欲興繕而未完。山靈原有待也，待者俟誰？豫章謝公也。公乘折衝樽俎之暇，爲舍郊訪道之游，臨泉之境，覩泉之瀾，開泉之奇，傳泉之神，飲泉之醇，玩泉之味，豁目盪胸，賞心不已。特鳩工聚材，置庵增亭，買田開塘，設院養士，題聯勒石於其間。而別駕潘公，司理傅公相與贊成。壯山之麗，萃人之文，共圖垂不朽勝槩。夫危巖飛棟，洒青翠以延海霞者，泉之空中樓閣也；穿亭上下，臨二曜而來入風者，泉之洞裏乾坤也；十畝銀塘，湛天光而倒雲影者，泉之文瀾錦漪也；齋廊星燦，集絃誦以振騷雅者，泉之洋洋金石聲也。若夫棲大士之神以傳吾神，鼓諸靈之化以過吾化。鑿石龍瀉瓊漿，所以活游龍之氣也。叠銀床擁金粟，所以儲出粟之源也。泉至此，不益神奇乎哉。使泉而非神奇也，何以待太守而點綴完滿也。昔人謂東山之墩，以有前謝公而增重。予亦曰，南國之泉，以有後謝公而效靈。蓋昔之視今，猶今之視昔，其神奇不在山水，而在心精，心心各具一如來，則人人自是一。東坡矧瓊，舊稱奇甸，海南文學，素號鄒魯，故吏斯土者多神君，毓斯上者多奇士，乃今得太守之修培，當若斯泉之流金湧玉，滾滾不竭然。因續蔣公記，以俟筆之史端。

（道光）《廣東通志》卷一一八　金粟泉，一名浮粟井。明萬曆四十二年，知府謝繼科琢雙龍頭于井中，泉從龍口湧出，灌注于田。

藝文

明 釋德清《憨山老人夢游集》卷三六《金粟泉》　粟泛黃金屑，泉流白玉漿。我來持一鉢，足可獻空王。

雜録

（嘉慶）《清一統志》卷四五二　雙泉，在瓊山縣東北。《輿地紀勝》：昔東坡寓此，鑿兩井，相去咫尺而異味，號雙泉。後紹興間，李光安置瓊州，復居此。舊志一在北街田墩邊，一即金粟泉，又名浮粟井。在縣東北里許。府志又有清惠泉，在縣北五里，明萬歷間鑿。

（道光）《廣東通志》卷一五一　龍王廟，在金粟泉上，即二蘇祠。乾隆十七年，巡道德明暨府縣改建。

（道光）《廣東通志》卷二三〇　金粟庵，在金粟泉上。明萬曆四十三年，知府謝繼科建。

菊泉

宋 釋寶曇《橘洲文集》卷五《菊泉記》　在《禮》：『季秋之

月，菊有黄花。』在《易》：『井，九五，井洌，寒泉食。』此天地草木之有恒德，君子以壽其親也。菊泉居士藝德於窨，如古良將，無智名，無勇功，一子擢巍科，一子方興而未艾，殆天相之也。居士如原憲之貧，蕣藿窮閻，處之若廣宫大厦，性與泉石會，雖在郛郭，必鑿井而居。四明土無三尺餘，泉輒觱沸而出。二子遶泉莳菊數百本，以供燕游。居士飲泉而餐菊英，齒髮堅好。家有書千卷，手自翻覆，已爲殘編斷簡矣。而精神華滋，沉浸涵育，淵然有光。居士不以治世，而以治身，不以正人，而以正心也。心術之妙，古人論之甚至。心至虚也，何術生焉。自吾有以蔽之，而後天隱而人顯，所謂邪正真僞之辨，是非賢否之别，從此分矣。是故君子任道而不任術，恐其爲小人之歸，王公何苦爲之。居士乃自信若此，必有能辨之者。余嘗考神農氏之説，見南陽酈縣有泉而甘，泉上皆生菊花，花墮水中，多歷年所，故泉味爲變。居民飲此，無不壽。考菊泉，殆類是歟。居士姓某名某，二子某。爲此説者，蜀僧某。

（嘉定）《赤城志》卷二三　菊泉，在縣南二里。

宋 程俱《北山小集》卷六《菊泉》　一泓貯清泉，百本蓊佳菊。長年汲芳甘，霜鬢儻重緑。

宋 蒲壽宬《心泉學詩稿》卷六《菊泉詩》　疏泉得古髓，種菊蒙秋潭。願與村中人，一瓢共清甘。

元 謝應芳《龜巢稿》卷二《菊泉詩爲孫嘉賦七韵》　循彼南山，言采其菊。爰有寒泉，在彼空谷。挹彼注兹，有芬其馥。既澄爾心，亦瑩爾目。所謂伊人，温其如玉。宜爾眉壽，荷天百禄。賜之南陽，爲爾湯沐。

明 張適《張子宜詩文集·詩集》卷五《賦得菊泉贈黄中》　幽徑遠喧雜，結廬在東偏。編籬樹佳菊，開渠引清泉。㪺泉滋菊本，枝葉争幽妍。花開何采采，水流亦涓涓。美人能謝俗，時來坐其邊。或携酒一榼，或挾書一編。笑傲每永日，而無塵慮牽。舉頭見南山，胸次自悠然。汲清漱餘酣，餐落延暮年。何當遂閒情，共讀書歸來篇。

明 殷奎《强齋集》卷五《菊泉辭并序》　四明俞勉中氏，世家象山之下，其先君子南屏先生，當公卿争下士之日，獨抱良材，謝絶薦辟，間獨以詩鳴其不平，識者惜之。勉中既以謂彦出應世用，而瀟澹雅潔，每有遐心焉。菊泉以爲命，其志可想見矣。癸丑之春，使過咸陽，爲予傾倒，因爲作辭二解，俾登高望遠之頃歌之，以相其志云。

象之山兮，其石鑿鑿。山之人兮，誰與爲樂。朝吾山揖兮，莫山與酢。有菊我餐兮，有泉我瀹。昔之隱兮，誰者則招。今之思兮，其歸其遙。歸兮歸兮，彼象之麓，可以保族。彼菊之泉，可以引年。其一

蓬之水兮，載淺載清。象之雲兮，其出蒸蒸。其出其歸，我奚容心。我心悠悠，我思愔愔。我思愔愔，我心悠悠。我菊尚存，我泉尚流。歸來歸來，無使菊荒兮，無爲泉羞。其二

明 邊貢《華泉集》卷七《飲菊泉二首》　雨色巖花入牖斜，城中風景似山家。横琴不奏朱絃調，對菊惟看白玉花。

十月霜庭菊正肥，亭亭寒影照山扉。野夫本是淵明侶，可怪淹留夜不歸。

明 申時行《賜閑堂集》卷二《游一雲寺寺在晨臺山下，其地有菊泉》　散步出平林，窮攀度高嶺。遥聞梵唄音，遂入招提境。晨臺聳翠屏，菊泉注金井。丈室禪燈明，祇園佛日永。青浮雲一丘，碧破天萬頃。古檜結重陰，疏篁散清影。寺深山更幽，雨至風忽猛。繞徑莓苔生，憑軒衣袂冷。坐久不知還，盤桓弄餘景。勝游俱幻迹，悠然動深省。

澗泉

宋 周文璞《方泉小集·和澗泉賦山楹》《江湖小集》卷五八　共惟古至人，用意事物表。一丘謾摧殘，八極自圍繞。不勞日月運，坐見歲時了。魯夢久不作，楚賦郙遽曉。既煩匠氏來，誰謂此山小。雲衣方紛敷，雪幹復夭矯。沐浴抱歸藏，樂甚憂悄悄。

宋 葛天民《葛天民小集·澗泉招飲次日乃生朝》《江湖小集》卷六七　平生南磵古遺民，初度招呼我輩人。每聽詼談須絶倒，極知老氣政輪囷。盃盤滿坐添燈火，兒女成行勸主賓。但願吾儕似梅柳，年年相見一回新。

元 李祁《雲陽集》卷七《澗泉記》　余嘗愛太白仙人之詞曰『拂

彼白石，彈吾素琴』，又曰『幽澗泉，鳴深林』。每誦至此，未嘗不延頸跂踵，發孤嘯而起遐思也。想其以天潢之英，金閨之彦，負逸群之才，挾超世之氣，飄飄乎若將揮斥乎八極，凌厲乎九霄，駕麒麟而驂鳳凰，吸朝霞而飡沆瀣。當是時也，且將與羡門浮丘之徒頡頏上下，以入乎無窮之門而游乎廣漠之野。夫豈塵世之士，所可幸覬哉。至其尋幽絶壑，引睇丹崖，拂白石而彈素琴，奏流水之潺湲，聽長松之蕭瑟。當是時也，宜其與人世不甚相遠也。夫何世代寥邈，山川寂寥，去之五六百年，而遺音杳然。此余之長想，遠慕而不能自已也。

及避地來禾川，乃聞宜陽某，好學積文，篤志高雅，而性尤嗜琴，且以澗泉自號。予於是欣然攝衣而從之，至則相與夷猶倘徉，緣澗而嬉，取琴而彈。天風徐來，林木颯爽。予肅襟而聽之，琮琮琤琤，金石皆鳴，諧暢，一至於此。予於是作而言曰，太白遠矣，不可得而及矣。今乃獨得瀏兮其若清，澹兮其無營，蕩兮其無垠，盖泉聲與琴聲相和，故其音韻聞君之琴，以剔吾之聾，以闢吾之胸，以振蕩洗滌吾之昏蒙，豈非幸歟，豈非幸歟。予誓將與君盡取太白諸詩而誦之，以想見其爲人，蟬蜕汚濁之中，浮遊塵埃之外，窺鴻蒙，穿溟涬，以閲夫風雲之變態，蛟蚋之起滅，而君方以才器爲世用，故且爲君記之。他日或欲聞君之琴，叩君之門而請焉，幸毋謂予方有功名事，子姑去。

元 朱思本《貞一稿》卷二《澗泉》 群玉峰前水一灣，濺濺流出白雲間。神仙宴罷歸來晚，卧聽空堦響珮環。

明 張溥《七録齋詩文合集·詩稿》卷二《同孟樸孟宏君偉弄澗泉》 岸幘長林去，逢溪清且巉。樹多應有露，澗小不容帆。浴手紅皆片，濺衣緑一函。幸無嘲熱客，共坐此流巖。

清 張永銓《閑存堂集·詩集》卷八《澗泉》 山之泉，其名不可枚舉，當積雨既晴，群山之水，噴薄于溪澗間，或聲若怒雷，或狀若瀑布，徹晝夜無停息。其流也，達于洲渚者半，溉于畎畘者半，人汲之挹之，烹以爲飲，甚至以供浣濯之需者半。昔人咏兮泉詩云，『流出西湖載影舞，回頭不似在山時』。泉乎泉乎，其盍慎所之乎。

泉到兩峰陰，無處不澄徹。高者落巉巗，卑者走丘壑。激石響潺淙，衝沙鳴嗚咽。一派直千行，一行經百折。滚滚晝夜馳，萬古無窮竭。日受不加盈，日出不見絶。豈將逝者流，還爲來者接。夫子在川上，如斯示人切。子輿明有本，奥義承前哲。我欲學者心，鳶魚同活潑。長日對泉流，一洗塵襟結。

覺喜泉

元 方回《桐江集》卷二《覺喜泉記》 九成宫醴泉銘，歐陽率更書，而醴泉之名千百世不朽，以其字也。靈隱冷泉亭，得駱賓王、宋之問之句，而冷泉之名千百世不朽，以其詩也。歐陽公爲孤山僧惠厪賦山中樂，蘇長公名其泉曰六一泉，而六一泉之名，亦千百世不朽，以歐蘇文章甲天下也。泉不能自重，賴人以爲重。吴隱之所酌，貪泉不貪。柳子厚所穴，愚泉不愚。人重則泉重，明矣。天目山之東峰，呉門天紀行恢長老居之，回之詩友也。一入山，數載不出，隻身之外無侍者，年三十六，力修苦行，時以佳句見寄。隣僧智俊、大用、祖意、大喜、崇清五上人，俾回記其所居之泉，曰覺喜。回粗讀佛書，通曉覺喜之意，然不敢捨本來面目，出□譏言。又自知無妙畫佳吟大手筆詞藻，足爲斯泉之重。虚翁拈醉翁之調，而歌曰：山行六七里，漸聞水聲，潺潺然瀉出于兩峰之間者，覺喜泉也。有庵巋然，臨于泉上。結庵者誰，山之僧曰行恢也。虚翁爲誰，紫陽方回也。

（乾隆）《杭州府志》卷二〇 覺喜泉，天目山之東峰，吴門行恢長老居之。命其所居之泉曰覺喜。自謂無妙畫佳吟，大手筆詞藻，足爲斯泉之重。俾虚翁方回記之。

橘泉

明 顧潛《静觀堂集》卷一二《橘泉記》 今夫水之出於山者曰泉，掘地爲井，而出水亦曰泉。其爲餅饎灌溉，澣濯漚湅之用，均也。顧彼山出者，或經沙礫，或着草木滓穢之所汩，毒蠚之所及，人飲之多病，或瘦或瘠，爲狀不一，蓋其用有宜有不宜焉，不若井之可以常也。故庖犧氏以井名卦，而周公係繇至五，曰井冽，寒泉食。夫井不泥不谷，既渫既甃，其泉冽而寒焉。斯養人之用，美矣大矣。吾崐魏翁仲文植橘百本於園，園故有井，其泉甘潔，因名其亭曰橘泉，屬予記之。予惟翁天性仁恕，志在養人，固於泉有契矣。而復兼取夫橘者，則其早歲業醫，嘗施藥以已人之疾，故猶有慕於蘇耽之所爲乎。夫橘，嘉樹也。歲寒之姿，同於松柏，錫貢之品，貴於篠簜。味踰淮而枳，秉坤德之方，實得霜而頳著，金色之粹，故讀靈均置像之頌。可以勸忠談公，紀遺母之事，可以勸孝而入藥，已疾特其功之一耳。君子之有取於斯也，奚惑焉。或曰，翁田盧之廣，幾甲吾崐，錢谷之出入，朝夕旁午，應接不暇，其舍醫而弗爲也久矣，又何耽之效乎。予曰不然，翁之於醫也雖廢，而其志在養人，未嘗廢也。吾聞翁之多田也，積於儉勤，而未始有豪奪巧取之圖。其田之入也，供賦資用外，輒以貸夫鄉氓佃徒，與夫士人之不給者，歲歉則不計其息，貧不能償，而焚券者有之，或背德至行反噬，亦恬不與較。惟呼天自明而已，其區之賦以萬，計縣大夫委翁掌之十歲，閒居七八，故鄉之中産者，皆得以息肩自營，不俱困弊，此其惠之及人，豈特如耽之術愈疾於一時者哉。今翁壽逾六十，康寧無恙，其子光禄君公幹過家，適遇生辰，奉觴稱慶，諸孫皆翹然俊爽，福善之徵有在矣。昔蜀有黄兼濟者，每歲禾麥熟時，以三萬緡收糴，民或艱食，即以元價糶之，仁兼濟無損，而於小民有補，後張忠定公鎮蜀，夢謁紫府神人揖，忠定位兼濟之下，明日訪求其人，拜之。蘇老泉祖杲，輕財好施，歲凶鬻田振濟，秋熟人争償之，復憐其窶不受，久致破業，厄於飢寒，而亦終不悔也。後生三蘇，以文章節行名天下。予謂二事，在翁所優爲者，故因記斯亭，而并舉以告焉。

宋 阮閱《詩話總龜》卷一六 郴州城東，有山高秀，神仙蘇耽修真之所，唐封爲蘇仙山觀，有泉名曰橘泉。

明 秦夔《五峰遺稿》卷三《橘泉爲郁景章賦》 辰陽東下山人宅，宅畔寒泉深百尺。湛湛清涵一鏡光，涓涓暗接三江脉。山人種橘凡幾樹，橘花覆井秋扶疎。鄉人飲水勝飲藥，恐是異代仙人蘇。沅湘東下三千里，映日浮空亦徒爾。豈如此泉能利人，往往收功惟一七。山人古貌還古心，平生重義輕黄金。懸知橘井源頭水，應比他年陰德深。

康濟泉

宋 顔度《康濟泉記》《赤城集》卷一四 臨海令顔度，乾道三年五月二十四日，祈請白鶴山靈康祠，見寢殿右階下水津津溢地面，穴之得泉。自殿址出，與左靈濟泉適相直無分寸差，因名曰康濟。以廟名，且取人兼濟也。築亭泉上，如其左。八月二十六日亭成，書是爲記。

宋 李流謙《澹齋集》卷三《寄題天台臨海白鶴廟康濟泉爲顔魯子少卿作》 將軍射虎不射石，石作於菟能没鏃。翻然再控弓不力，後鶻豪鷹眼前失。兩泉後先令抗行，何物使之令人驚。泉出在山流在地，却似只從方寸生。沉沉玉甃碧雙峙，早爲甘霖渴爲醴。白鶴千年歸不歸，半夜空山泣神鬼。令君爲政無近名，天以斯泉印其清。泉邊有樹仍蔽芾，他日思君於此地。

（嘉定）《赤城志》卷二三 康濟泉，在靈康廟後之西。乾道三年，令顔度禱晴於廟，見寢殿前堦水津津溢地，穴之得泉，故名。度有詩云：三年官事渾無補，一片深心徹底真。惟有靈康是知己，新泉爲我現津津。

（雍正）《浙江通志》卷一六 康濟泉，嘉靖《浙江通志》在縣東南二十五里靈康廟後。宋乾道三年，令顔度禱雨於廟見，堦前水津津迸溢，遂穴地得泉。楊萬里康濟泉詩：東泉千年流不休，西泉千年亦不涸。臨海使君一念作，猿鳥未知泉已覺。殿角西頭枯石根，向來原無泉眼痕。一朝劈崖迸膏乳，却與東泉作賓主。令君已昇金掌中，白鶴古祠烟雨濛。父老思君難再得，登亭飲水三嘆息，祝君令台壽千百。

（雍正）《廣西通志》卷一五 康濟泉，在城西門外思靈山洗石庵。有銘云：泠泠聖泉，渟滀迆瀰。温潔如玉，芳甘如醴。鮒涸可蘇，疾病可洗。

（雍正）《浙江通志》卷一五一 顔度，臨海縣志字魯子，乾道元年知臨海，有異政，嘗祈晴於靈康廟，見寢殿右階下水津津溢地面，穴之得泉，命曰康濟泉。後改長興令，聽訟哀矜得情，人稱神明云。

醴泉

論説

清 陳維崧《陳迦陵文集》卷六《醴泉記》 余自某年某月，建節天雄，厥地潟鹵，井泉多不可食，往往待汲於郛外，頗苦之。適署北隅有隙地，蒙叢灌翳，隆窪磽确，彌望不可以蒯。夏閏四月間，余偶至其地，披荆刈棘，命隸人腰鎌而鉏，掘地甫踰咫，水滮滮然佩環鳴衆，曰泉也。掬而漱之甘，僉大異之，遂甃以爲井，築亭於其上，而復建龍王廟若干楹，修祀事焉，昭神澤也。先是，在京邸時，夢至一署，窐皇堂，廡庖湢，欄楯隱隱，與今署舍相類。夢中復有告我者曰，此中有井，味殊惡，吾爲公改疏於北乃可食，至是始悉驗。噫，異哉，功既成，與諸椽屬酌水於兹亭而樂之。諸椽屬旅進言曰：『美哉，泉乎。昔歐陽文忠得紫微泉，因名豐樂。又范文正有惠政，溪側忽湧醴泉。兹泉也，其爲公出乎，公先世，白樂天尚書築堤錢塘，至今呼爲白公堤。然則兹泉也，其爲白公泉也歟。』余曰：『是不然。傳曰，人君行政和平，則豐泉瀌。今國家以水德王，我皇上復涵濡萬彙，滋液百物，民和俗阜，協氣應之。然則泉之出也，神之賜，實君之賜也。夫頌揚主德，而不敢以自私，臣之職也。』退而記之，使後之飲斯泉者有所考。

紀事

清 劉大紳《寄庵詩文鈔·文鈔》卷一《游長白醴泉記後》 是游也，余騎馬，王子子文與余兒家賢騎驢，驢駸駸前，馬不及者半里。僕夫數迷路，忽見高阜林木間，隱隱有坐且立者，則子文與賢待余也。復前行，將及山寺，紅柿綴百十，樹若木難火珠，赤光灼人。旁有石苔蘚斑剥，余欲下馬少憩，而山僧已出迎矣。既導至醴泉飲啜，王子興發，欲登東山巔，余力疲，不能往，命賢從與僧藉草坐。忽訝西澗有泉，車轉雷輥聲殷殷然者，今何不聞也。聞迅風疾雨，出叢莽間，仰視天氣晴朗，無片雲翳異，而問僧。僧笑應余，乃知即西澗泉響也。續聞伐木丁丁然，則山巔石子落也。殿角疏磬，復來坐隅，爲色喜久之。返西齋，取子文所選名家詩鈔讀數卷，牕雞山鳥互相酧答，而日已西薄矣。子文及賢乃返，飯後，同至西澗，列坐磐石間。子文爲游記，余復取詩鈔，爲賢讀之。日將入南峰，缺處匹錦光爛，倏忽已卷。泉聲大作，隔澗不聞吟哦，風泠泠侵肌膚。思歸休，而王子記以成。余於是山，凡三至矣。其始至也，日已暝，山色留人，意不欲去，去則月出，西嶺如乘船行空明水中。再至則積雨初晴，霜林始然，山蟲淒清，代人歌嘯，然皆不及信宿，倉卒游覽而已。偶爲五七言，皆不佳，又無能記者。乃今得王子以其逸興豪情，解衣據石於夕陽之下，風馳雨驟而成斯記焉，可不謂幸歟。然余初再至，皆一馬一僕，蕭然來往，不留姓氏，山僧亦無將迎。余以爲適今其有不幸者在耶，余未之知也。是夜山月未出，巖雲欲上，乃就寢。明日將乞僧導游黄花山寺，歸待余弟熙敬。

藝文

宋 王禹偁《小畜集》卷二《醴泉無源賦王者之瑞何有本原**》** 泉本靈長，皆從濫觴。何無源而自湧，應有德以呈祥。厥味孔甘，可飲九苞之鳳，其波不濁，寧朝百谷之王。豈不以地乃至柔，水帷善下，不愛其寶，于以光乎聖人。感而遂通，于以歸乎王者，但沸渭以出焉，奚䟽鑿之謂也。神化難知，汪洋在兹。視之者孰分似帶，挹之者咸謂如飴。匪自高山，非貳師之刺矣，不居絶塞，豈耿恭而拜之。有以見德及于地，不期而至。其潤也，齊乎聖澤，其湧也，偕乎睿知。浪井不鑿，我則同出而異名，靈芝無根，我則重祥而疊瑞。稽夫是泉也，其源不見，于義則那，其味且旨，在理云何。得非源之隱也，與凡流而有異，味之美也，表聖德而靡他，不然，又安得匪因掘地，而自可蠲痾者哉。出鳥鼠者非吾之耦，産蛟龍者亦孔之醜。鄙河水之九曲，笑涇泥之一斗，自然而然，非有而有。考乎枝派，應居水府之先，効彼休禎，合列祥經之首。是何不在高原，波騰浪翻。孰知乎桐柏，孰謂乎崑崙，任大禹之功深，寧歸畎澮，縱張騫之力，盡竭識根源。士有自立身謀，非因世卒。桴學海以斯久，導言泉而漸遠。期作瑞于昌朝，免常流之一混。

宋 郭祥正《青山集》卷三〇《醴泉（大歷中出）**》**　不爲太平出，胡爲名醴泉。兵戈方蒲眼，聊以慰凶年。

宋 馮山《安岳集》卷九《和眉守周尹正孺端公春游醴泉》　捧擁行飛蓋，嬉遊立避驄。風烟寒食近，笑語故人同。樂轉諸天外，川平一掌中。回頭相與愧，容易出塵籠。

清 王士禎《帶經堂集》卷一《由柳庵踰西山最高頂至醴泉溪上拜范祠》　清境難久留，申旦戒徒御。引領睎前峰，抗策辭東路。數武即嶇嶔，危蹊少安步。顧盼見百里，雲日媚烟樹。憑高俯澄湖，風帆競孤鶩。晴旭移峰巔，明晦變已屢。褰衣入空翠，溪流渺南注。槮疏曠游眺，蒼茫失昏曙。東山清風來，西澗涼雨度。澄潭益蕭瑟，游鱗紛散聚。前賢迹已遠，山川緬猶故。夙昔思古人，三嘆讀書處。

清 桑調元《弢甫集》卷中《醴泉》　醴泉隨地涌，觱沸本無源。但得真心奉，何妨拜手言。天書良煥爛，御帳劇翩翻。齒冷王欽若，輿夫酌瓦樽。

又《弢甫集·續集》卷二《醴泉》　泫然玉井碧，涌此金漿甘。無源出醴美，有德成淵涵。弗辱愚溪愚，詎污貪泉貪。諂口靳沾杓，吟吻恣汲甌。吸清比廉讓，漱冷消餘酣。瓦鐺蟹眼沸，冰甆雀舌含。神龍化蜥蜴，幽窟居潭潭。

清 楊鸞《邈雲樓集六種·過醴泉有懷王季翁先生奉寄家叔》
河汾遺澤久荒涼，誰識春風袒腹牀。記得故園同載酒，海棠花發午橋莊。

廉泉

綜述

元 李庭《寓庵集》卷五《廉泉記》　廉泉者，陝西大行臺平章政事廉公樊川別墅所有之泉也。曷爲名之，惟公有卓然異績於民，去已久而民猶思之，遂取公之姓以名其泉，示不忘也。

初，中統改元之歲，今天子新即大位，命公鎮撫關中。視事未幾，遂有西北之警，中外恟懼，擾擾不安。公於是博參謀佐，選將練兵，授以方略，曾不逾月，而千里帖然，遂以無事。當是時，列城父老與夫田野之民懽呼忭躍，以手加額，僉曰：『今日更生之日，非卓然異績歟。』又期年而政成。俄有旨召公復位，自軺轅北邁，倏忽十稔，秦民戴公如一日也。

夫君子之爲政，悦民之心易，感民之心難，感之深，使之久而不忘又難。必有深仁厚澤，浹於骨髓，然後去滋，久而思益深也，至於過其所居，見其所樂，起敬起愛，鬱陶咏嘆而不能已者。召伯教明於南國，詩人發《甘棠》之咏，廉范化行於蜀郡，百姓興《五袴》之歌，江左之人慕謝安而名其子，皆所以示不忘之意。非有至誠惻怛，爲民之心，何以致此。而況脱百城之民於干戈必死之地，則民之於公宜何如哉。以此名泉，其誰曰不然。每歲花時，城中士民相與壺游於泉上，酒酣，引領北望而歌曰：『瞻彼流泉，廉公所營。公去積年，依然玉聲。酌泉而飲，懷公之清。俯泉而鑒，想公之明。公有厚德，實全我身。何以識之，視此泉名。公在朝廷，秉國鈞衡，何時復來，慰我輿情。』其去思之心，從可知已。

至元辛未，公門下士中山寇君長卿來判京兆總府事，暇日，將遍求文士作爲歌詩，以發揚公之遺愛，而屬僕爲之記。僕固非其人也，既聞命矣，安敢不諾，然竊有感焉。自乾坤奠位，既有此山，便有此泉，滔滔汩汩，不知其幾世幾年矣。昔焉湮没於黄茅赤棘之下，寂爾無聞，今一經公之顧盼，而聲光赫然，震耀當世，將見千載之後，與公之名俱不朽矣。嘻，是泉也，何其幸歟。至元八年春正月日。

（嘉靖）《廣東通志初稿》卷一　廉泉，在黄嶺之麓。泉出石罅，闊二尺餘，深尺許，味甘美。宋紹熙間，邑宰張勳築亭甃石，扁曰廉泉。

（嘉靖）《江西通志》卷三四　廉泉，在府治東南四里。劉宋元嘉中，一夕霹靂，忽泉湧出，時郡守以廉名，故曰廉泉。蘇軾詩：水性故自清，不清或撓之。廉者爲我廉，何以此名爲。

（崇禎）《廉州府志》卷三　廉泉，在府治儀門前樵樓下。天順七年，知府饒秉鑒記。

紀事

清 許瑤《廉泉禱雨記》（道光）《鄜州志》卷五　庚子夏，余備兵上郡，鄜爲駐節地也。分巢公署，移在西山。山出靈泉二竅，一在道左，日供萬家炊。一在署中，余字曰廉泉。一以官得名，一以箴官守也。清香和厚，無西北剛寒之氣。故事入署祭儀門，贊拜九，祭竈殺，而四泉無祭焉。余嘆曰：户何幸，禮絶尋常。且泉胎液上靈，活活不停，宏功顯濟，豈他署恒有之神所得并哉。

今歲赤地千里，鄜亢陽更久，經年無滴。余至甫浹，日同州守嘉禾顧君出示，省愆降服，輟騶步禱皇祠。歸獨叩首禱泉，時方烈日張示，而黑雲興，發牒而微雨下，再步禱返，未及署，點大如拳，余衣沾秀，竟夕滂沱，九屬悉沾洪潤矣。嗟乎！以旱之廣，廣且久，若彼以沛之捷，捷且遍若此，是豈一眚辭之引，責輿服之貶損，遂足感動昊蒼，應若桴鼓哉。唯靈德源西灝，澤衍天潢，繫一方之命久矣。州民穴出而處磴級參差，千門高下，如澗草依巖，桃花鋪洞。不知爲編民廛市，設不有靈泉供無盡藏，遠而待命於黑洛諸源，何以濟櫛比鱗集之衆用。能興雲致雨，應禱救民哉。余恐此中之民，以典禮未及習而不知敬，乃表而出之。

藝文

宋 趙抃《清獻集》卷五《廉泉二首》　歲旱江潢萬井污，此泉深静肯清渝。伯夷死後泉流在，能使貪人一飲無。

庾嶺中分泉兩派，美名人愛惡聲嫌。誰云酌後能移性，南有貪兮北有廉。

宋 蘇軾《蘇文忠公全集·東坡後集》卷四《廉泉》　水性故自清，不清或撓之。君看此廉泉，五色爛摩尼。廉者爲我廉，我以此名爲。有廉則有貪，有慧則有癡。誰爲柳宗元，孰是吴隱之。漁父足豈潔，許由耳何淄。紛然立名字，此水了不知。毁譽有時盡，不知無盡時。朅來廉泉上，捋鬚看鬢眉。好在水中人，到處相娛嬉。

宋 黄大受《露香拾藁·廉泉》《江湖小集》卷六四　一泓落古寺，三尺開方池。懷山决瀆後，爍石流金時。君看此廉泉，不增亦不虧。炯炯玉色透，燦燦金沙輝。朅來臨古亭，石銚行相隨。呼童試春芽，活水烹新奇。一咽利喉吻，再啜心神怡。泠然清風來，玉液通華池。憶我心地初，與水同一幾。心泉本無事，何必希夷齊。曰泉已强名，况復有是非。一笑付自然，貪廉吾不知。

宋 姚勉《雪坡舍人集》卷一七《題廉泉》　凜凜清獻公，盛德世所儀。當年章貢治，去止琴鶴隨。於水取廉泉，於人識濂溪。廉泉水之清，濂溪道之師。斯濂願力學，彼廉猶可爲。

元 魏初《青崖集》卷二《廉泉》　廉泉喬木出氛埃，聞道平章手自栽。一衖緑衣人不見，依依如待相公來。

明 葛一龍《葛震甫詩集·廉泉》　一泓吐幽罅，冷冽而香碧。不逢渡海人，獨載壓船石。

裂石泉

明 汪道昆《太函集》卷七二《裂石泉記》　海陽邵正寧工治墨，余始以墨知正寧。頃之，治繪事。又工，余復知正寧。既又治黄老，往往從異人游。雖正寧自負所長，顧余知不及此。正寧葬父母東郭外，築祠南山，乃刻木爲父母祠，事之視生事等。里人故病遠汲，正寧不以爲勞。嘗止異人宿祠中，乃歸市，異人指祠東不五步可得水，何遠汲爲？里人夜望祠東，隱隱有火光，謂祠且火，赴之，則異人高卧，乃大驚。旦日入市告正寧，異人逝矣。于是正寧操畚鍤，疏尺土，泉涓涓出石罅間。下流爲坎，日受水二升，僅足朝夕供耳。里人謂正寧孝，呼孝感泉。夫孝取數爲多，非可一端盡也。乃若取諸左右，裂石而泉出焉。此亦有所結於心，夫然後石可裂耳。正寧方以未仗著，得當學士大夫。余獨以裂石多正寧，遂易其名爲之記。乃若築祠顛末，具在何御史記中。

（乾隆）《西寧府新志》卷四　裂石泉，縣北八十里，在五峰山寺門外十數武。自山崖流出，石破一線，涓涓不竭，汩汩有聲。余名爲裂石，以見工夫積久，可以至柔而克至剛也。

林泉

唐 王勃《王子安集》卷三《林泉獨飲》 丘壑經塗賞，花柳遇時春。相逢今不醉，物色自輕人。

唐 張九齡《曲江集》卷三《始興南山下有林泉常卜居焉荆州卧病有懷此地》 出處各有在，何者爲陸沉。幸無迫賤事，聊可祛迷襟。世路少夷坦，孟門未嶇嶔。多慙入火術，常惕履冰心。一跌不自保，萬全焉可尋。行行念歸路，渺渺惜光陰。浮生如過隙，先達已吾箴。敢忘丘山施，亦云年病侵。力衰在所養，時謝良不任。但憶舊棲息，願言遂窺臨。雲間日孤秀，山下面清深。蘿蔦自爲幄，風泉何必琴。歸此老吾老，過當日千金。

宋 韓琦《安陽集》卷一八《次韻答陳龍圖述北第林泉之勝》 老顧莬裘欲退藏，一區營宅已過楊。林泉不較爲生厚，名節猶希到死香。粗葺蕭居忘湫隘，喜歸陶徑任荒凉。賴逢素舊時相樂，同入無何嘯傲鄉。

宋 真德秀《文章正宗》卷二二下《訓暉上人夏日林泉》 聞道白雲居，窈窕青蓮宇。巖泉流雜樹，石室千年古。林卧對軒窻，山陰滿庭户。方釋塵勞事，從君襲蘭杜。

元 吴師道《敬鄉録》卷一四《顯慶寺林泉記》 旌德顯慶寺，嵌大小陵嶺間。面二高峰，而龍井之水横貫以入於湖，信吉壤也。寺後大石贔屭，蓊然雲逗，粲然星離，筋脉奇瘐，如覯夔源，竅穴玲瓏如鑿，混沌環行，卒愕疑，欲搏噬。其勝絶尤在右腋。方池湛湛，舊有亭翼然，主僧智印以其與薌林冷泉鼎峙，更扁曰林泉，蓋合二者而言之也。講課餘閒，拄頤眺望，意造物之無盡藏，必有如隋珠和璧之不露者。集數客，佩䆉鋤，決疏沮洳，剔决嵁巖，澗谷逶邃，俄若異境。蔽虧往復，疑於無窮，意甚樂之。筧竹引泉，激流過顙，又數十舉武，亭於岩上，取無心出岫之義，名以静雲。稍東，漫瓏坡陀，龍鼻注水，歕亂幽竇，上蔭老木，小徑斗折，西向著亭，取烟光凝而暮山紫之句，名以凝紫。群岡擁護萬松干霄，而層巒叠巘，無不合奇轉勢，自獻於几席之下矣。靈苗異卉，莫可名狀。禽聲上下，與鐘梵答，大非人間世也。一日，印以書緘圖示予，請記其勝。予曰：『師主於教者也，教主於學者也。山之登峰造極，非師之講貫乎，泉之窮源究本，非師之探索乎。升高而明敞，望遠而通達，非師之屏除障閡乎。信如是，則可游乎物之表矣。』師曰：『然。』乃筆授刋之岩上。

元 王逢《梧溪集》卷四《礜石二曰豐鍾曰泗磬各刻之辭分置林泉》 豐鍾曰德瑀璜音，琳瑯應素商天迨。霜歌豳章慶金穰，泗磬曰山儲英水。凝晶戛球鳴激以，清文運明諧大成。

明 茅大方《希董集》卷下《五月廿二日白海行營溽暑如内地悠然起林泉之思》 石田茅屋瀼西庄，修竹高梧六月涼。翠簟風漪清入夢，碧桐秋露冷生香。飲牛不識堯年樂，扣角猶歌子夜長。今日驅馳歸未得，却從塞外憶江鄉。

明 薛論道《林石逸興》卷七《林泉》 烟村樹村，烟樹都遮盡。山門水門，山水都相近。坐賞行吟，身安夢穩，受用些花營柳陣。黍社雞豚，詩朋酒朋日日親。歲月暗消魂，春烌搬弄人。光陰最狠，過一朝一朝無分。

清 黄圖珌《看山閣集》卷一《過王亦庵此木軒領略林泉之勝因賦》 楊柳生風淡，桃花着雨紅。草亭都别致，因在畫圖中。

靈泉

綜述

（寶慶）《四明志》卷一四 靈泉，縣西二十里日嶺下寶林院。泉源一穴，不以大旱而枯，不以大浸而溢，下蔭萬家，其深無底，俗傳謂之海眼。

(嘉定)《鎮江志》卷六　長山在城南二十里，山有靈泉，舊傳其流與練湖通，注溉民田萬頃。

(嘉泰)《會稽志》卷一〇　靈泉溪，在縣西二十五里。源出范蠡潭山，共流溉民田甚廣，他鄉多求穀種於此，俗呼稻種泉。

(成化)《中都志》卷四　靈泉，在府西南六十里清隱院内。識者謂惠山谷簾，幾何無愧，唐元桓作靈泉贊。

(弘治)《黄州府志》卷二　石洞靈泉，在縣治南六十里石山中，有岩穴廣三尺餘，中有七洞，深二十里。洞口有靈泉，鄉人祈禱齋沐至第二洞，否則變百蟲，跬步莫前。

(嘉靖)《貴州通志》卷二　靈泉，在大興寺内。泉極澄徹，凡月出没，雖偏在東南，而泉中皆見影，今多不映景云。靈泉印月即此。

(嘉靖)《建陽縣志》卷三　靈泉，在均亭里獅子巖。石罅有泉一穴甚微，大旱不涸，大雨不盈，能愈疾病。又有井在峰巔，非捫石攀蘿不能達，鄉人截竹引之以代汲。

(嘉靖)《江西通志》卷三四　靈泉，在興國縣西十五里，玉山龍華寺側。水清潔，雖旱不涸。

(嘉靖)《寧波府志》卷四　靈泉，縣西三十五里，林村下寮山□□地中出。相傳僧智回卓錫取水，水應錫□□必然也。雖旱甚不竭，故名靈泉，又曰湧泉。

(嘉靖)《山東通志》卷五　靈泉，在鄒平縣西南二十里。其水甘潔，冬夏不涸。

(嘉靖)《山東通志》卷六　靈泉，在博平縣西三十里梭堤北。一名涵管洞，大石甃成六管三竅，以泄潦水。永樂九年，疏會通河，遂塞，遺址尚存。

明 項廷吉《靈泉記》(嘉靖)《安吉州志》卷八　泉出玉磬山，山距州治西可三里許，下有唐李衛公祠，舊圮於火。嘉靖壬辰，姑蘇伍公由武部郎來判州事，力謀新之，既成，復即山腰爲亭，題曰觀風。□餘登眺，其意猶有所未足者，忽嘆曰：『山以亭崇，亭以泉勝，蒙泉去此不數武，安得移之，以慰我心哉。』已而公復登其上，其草茸茸，其樹葱葱，忽聞有潺湲聲自西南來者。公又嘆曰：『怪哉！是何聲也，無乃玉磬之遺音乎。』呼吏探得之有泉焉，蔭以草樹，雜以沙石，尋之不見其源，推之不見其際，將棄之，其聲益激烈。又復芟其草，伐其樹，去其石，滌其沙，始見。其泠泠淙淙，出自石竇者，不知誰爲之也。豈公之精誠，有感召於山靈者歟，抑亦衛公洩其靈，以報之也。説者謂，衛公乘龍行雨，古有靈迹，乃今又出泉利物，以昭其神於一方。飲者何限，皆莫之爲，而爲之者，因名曰靈泉，蓋山人意也。嗚呼，昔晦而今顯，小屈而大伸，公之事業，亦若兹泉也哉。予將記其事而碑之，因質諸公。公曰，泉哉靈哉，吾何與。

紀事

宋 張挺《浮丘公廟灵泉記政和四年五月**》**(弘治)《偃師縣志》卷三　崧高之下，曰緱氏山，昔周灵王太子子晋吹笙之地也。子晋授道於浮丘公，公接仙去，距山不遠，遺塚具存。民俗傳爲浮丘公藏劍之所，即其巔，構祠以祀焉。俯瞰道周，更爲别廟，里民歲時祈報建。至正和三年夏六月，泉出庭下。澄澈象鑒，醴甘過飴，肤帶清流。人初易之，俄鷗鳬泳者輒死，衆乃驚悟始識景貺。病者諸禱，飲之即愈。於是相爲謀，甃以塼，疏爲方沼，澡飾丹雘，祈嚮雲耒。洪惟永安授邑，肇自大宋，聖祖神宗，弓劍所閟。而崧高之岳，作鎮中土，介邑之間，真仙所宅，靈顕輩出。宜有福澤，惠施於民。稽考傳記，寔表国之祥。比年而來，朝廷清明，百度修舉。綜名核實，礼制樂成。河清海宴，芝禾并秀。木石薦祉，元善奇功。珍符嘉瑞，史不絶書。盖由皇天眷祐，上德昭明，格致休美，以懋大業。顧不偉歟！則儒學之士，兢爲詞章。喻揚盛事，俻諸声詩，以薦郊廟，實惟詩也。今灵泉出於福地，神異卓然，莫之彈載。挺雖不才，承之州縣。歌咏聖德，矧臣子之職，敢以斐陋而辞。謹著大略，以告來者。其辞曰：

崧山之陽，複岫重岡。山維緱氏，作鎮其榜。蒸爲卿云，舒成景光。仙聖之宅，其神無方。在昔帝子，宗自周王。浮丘挹袖，降闕扶將。夜月吹笙，乘云帝鄉。鶴馭莫返，風吟松篁。遺宮廟食，宝劍珎藏。後千餘年，醴流其唐。蠲疴療病，起痼愈尫。惟神之惠，表國之祥。帝德廣運，修明馨香。地不愛宝，天錫會昌。年谷順成，降福穰穰。本支百世，萬壽無疆。如山之崇，如泉之長。小臣作詩，德音不忘。

藝文

宋 韓琦《安陽集》卷一二《靈泉覽古》 靈館驪山下，開元迹尚遺。蓮穿噴玉溜，字缺照人碑。古殿天姿晦，真工石像竒。羽衣沉舊曲，錦雁失前池。不見長生鹿，猶看連理枝。辭雄小杜句，意盡老陳詩。治亂由斯監，賢愚共一悲。時君自奢儉，繡嶺此何知。

宋 劉跂《學易集》卷二《夢與舍弟登靈泉，步趨如無疾，既覺，感而賦詩，用王介甫韻》 老夫東歸喜，豈復念西悲。心安體當佳，抱病如何其。欲成塞士賦，應作半人詩。丘園窺不得，溘死恐無時。誰令北山夢，彊健變衰遲。陟巘石岌岌，班荆草離離。季也遮我留，更與道人期。夢中差獨樂，不類覺時爲。晝夕代乘除，勞逸更共之。我豈不有瘳，陰若相扶持。福雖未盈背，自怪盛如茨。從今愛吾生，糜粥養蕃滋。

宋 釋惠洪《石門文字禪》卷九《游靈泉贈正悟大師》 支徑入山寺，雲林如見招。小軒臨絶壑，危閣凝層霄。瓶泣地罏暖，屋晴巖雪消。大師京國舊，放意話州橋。

宋 王灼《頤堂先生文集》卷三《次馮申之游靈泉韻》 名山起高興，不惜馬首東。沙邊一着眼，翠光已浮空。踏遍桑柘村，所向漸不同。溪細山疑合，谷轉路始窮。瑩净白玉界，芬馥青蓮宮。元知境過清，乘春乃昭融。尚餘半殘花，伴我酒頰紅。拂石愛少蘚，披林怯多風。安得身無事，來對禪寂翁。慮沉燈影外，慧發鳥聲中。庶遂老巖壑，此行太忽忽。

又《游靈泉呈性老》 曉發雲靈山，午憩靈泉山。兩山信有靈，相對各開顏。阿師達麽孫，文字昔所刪。戲出香積供，憐我半生孱。時維春物老，餘花見班班。杜宇鬧蒙密，胡蝶舞清閑。大似師説法，奥路闢重關。市區巧攘奪，日中誰先還。請以一枝筇，從師兩山間。

又 卷五《游靈泉次性老韻》 醆裏濁醪無宿釀，缾中脱粟有孤炊。忍貧不徹來投佛，坐聽松風無限時。

宋 周紫芝《太倉稊米集》卷一九《次韻羅仲共靈泉夏夜二首》

靈泉無暑竹連山，絶似秋霜五月寒。我欲訪君安得往，江湖滿地一漁竿。

泉聲落枕喚詩成，傑句中含萬壑聲。起看四更山吐月，又扶藜杖到天明。

宋 畢仲游《西臺集》卷一八《自靈泉晚過崇因寺口占》 前峰竦而嵬，後峰屹且峨。冷月射溪水，緊風平野火。同游獨無語，此意誰知我。虎避無情人，出門不須鎖。

又 卷二〇《和僧圓益先到靈泉》 無烟遠數三千嶂，有馬同驅十二蹄。却喜山前堪洗耳，水聲激激聽寒溪。

宋 韓元吉《南澗甲乙稿》卷一《避暑靈泉分韻得水字》 閒居亦無營，歲月駛流水。適聞新蟬鳴，袢暑遽如此。佳哉二三友，久要復鄰里。憐我疾病除，慰我懷抱喜。居然肯見顧，岑寂聊啓齒。空山百無有，翠阜映清泚。幽泉俯伴月，盎盎眞石髓。坐久得清凉，山缾還屢耻。一杯樂所遇，静勝有眞理。誰能走懸箔，赭門趁朝市。炎歊不可觸，暑雨欣漸止。幸有故人風，相過時洗耳。

宋 陳文蔚《克齋集》卷一七《與周希顔游靈泉歸途偶作》 花日遲遲暖似烘，杖藜飛舞趁東風。野橋傍水柳先緑，山寺留春桃正紅。信步哦詩忘日晚，因言契理覺春融。莆田遠在千山外，長使靈泉信息通。希顔將有莆中之游。

又《重九後一日同公美游靈泉，公美舉示蓮塘納凉之句後公美和予浮橋觀月之韻紀靈泉之游，予以老人不快不暇即賦老人既安用渠納凉韻爲謝》 寺訪靈泉山路長，賦詩因得話蓮塘。林間度竹風無暑，澗裏流花水帶香。静勝攜筇終日款，閑來坐石滿襟凉。紀游未暇牽人事，題品輸君第一章。

元 王旭《蘭軒集》卷九《九日游靈泉》 一山紅葉四山秋，落日青山水急流。記得僧窗舊詩句，看題已是五年游。

又 真樂何妨竹與絲，緑苔石上兩三巵。松風一曲無宫徵，别是山靈勸酒詞。

明 蔣主忠《愼齋集》卷二《牛首建寺獲靈泉》 名僧開寶刹，靈液啓瑤岑。净色含虚象，寒聲帶遠林。流通歸佛化，静止契禪心。恬淡應無染，涓涓自古今。

明 郭汝霖《石泉山房文集》卷五《鼓山靈泉》 禪迹久磨滅，靈泉獨瑩然。玉虹時下飲，珠灑海雲邊。

明 田藝蘅《香宇集·續集》卷一五《錫山謁張中丞顯忠祠飲靈泉感時有作》 白日青天獨有公，千秋猶自仰孤忠。亂離幾見江淮地，慷慨重思保障功。祠壓錫山來寵命，我朝有御祭碑。氣吞笠澤起英風。靈泉共説能捐疾，願濟蒼生苦海中。

明 揭重熙《揭蒿庵先生集·遺詩》卷三《憶靈泉》 大布魋顔老仲連，高風東海表横阡。故人脱粟羞齋閣，疋馬西來就汝眠。

清 魏憲《枕江堂集》卷五《靈泉有引》 棠邑有靈岩無靈泉，余編水經，欲補之。搜諸邑乘，無有也。庚戌春仲，寓卧佛古刹，見一井澄泓可掬。吴星若曰，此泉曩濁且涸，自旅山掛錫，兹地泉復湧，日資雲水百數人，余神其事，題曰靈泉，特志以詩，補邑乘之缺。

尋源如可挹，別有井中天。清漱千峰月，虚涵萬里烟。石幢還借潤，花雨亦同鮮。卓錫眞多事，徒勞今古傳。

清 方中發《白鹿山房詩集》卷九《春分後一日偕雁湖留庵家叔子成西郊尋梅坐古靈泉作》 晴郊踏遍古招提，茶話忘機且放眉。蜀日正同吾輩恠，夏雲那及世情奇。栟因寒重開猶澀，梅到春分落已遲。頻悮佳期莫惆悵，老來何事不過時。

又《春分日偕雁湖留庵家叔子成信步西郊共飯僧舍，因憶辛未春亦以是日與三君子爲靈泉之游，轉盼歲首兩易，不覺惘然，感而有作》 商山舊侣偶招呼，又向城西步緑蕪。來記春分如社燕，齋隨午供似巢烏。園林雨過花深淺，池栟烟迷屋有無。風景不殊人漸老，夕陽分手幾踟躕。

清 陳正璆《五峰集》卷一《靈泉歌并序》 名勝之失實者多矣，偶坐息園試泉，泉扗竹林後，沿溪凡數見，詢之老翁曰，此古靈泉也。因作靈泉歌。

城西山下古靈泉，泉水自古名相傳。城南亦有靈泉水，傳之無名希挂齒。居人飲水不思源，泉縱有靈難自言。我今品較兩泉水，西泉寒洌南泉温。南泉温多且旨□，鼓沙激石生香芷。百竅孔靈潰珠璣，露滋雪液瑩肌髓。旱虐不能枯，洪流不能徙。前年溪涸涓滴無，西山之人吸就此。靈泉靈泉垂嘉名，或當扗此不扗彼。

雜録

（成化）《中都志》卷四 乳泉，在府西二十五里棲岩寺。味清美，爲靈泉之亞。

龍鼻泉

綜述

明 朱諫《雁山志》卷一《龍鼻泉》 龍鼻泉，一名龍鼻水。在東谷靈岩寺後大石龕内。從寺後上石磴，盤數十折至龕口，口高數十丈，深十餘丈，四圍皆石壁。龕脊石色皆紫黑色，中嵌横石作鱗甲狀，陷入石中，從下視之，獨見其脊，隆然外露，宛若龍形。繞下數十丈，勢盡乃垂入龕底，作懸鼻，如小瓠壺而稍長，石色紺碧而膩滑。鼻端有小孔出泉水，時時一下滴，僧人以小盂盛之，云洗眼可以祛翳疾。客至此，皆脇息脳燥，取以潤渴，則清寒不可着齒，雖暑月如飲冰。客或坐龕下小酌，歌笑絃管之聲，繞壁間不即出，悠揚石罅，最爲可聽。

明 沈懋孝《長水先生文鈔·靈巖記》 雁蕩之勝，萃在靈巖。靈巖諸峰，平霞尤奇絶。所謂望之如丹樓神光，半天末者也。前有天柱，高千仞，其前又有雙鸞、展旗，皆嵬拔。其中裂丈許者曰天聰洞，洞險隘濘，滑不可駐足。其下無底，其外則有土田林木，疑是別開靈境。其旁有龍鼻泉，山半鱗甲，稜然其脊，從西南石峽中繞出數千步，垂入谷中，如綴懸焉。其中水下滴不絶。

（康熙）《臨安縣志》卷九　龍鼻泉，徑山南塔下，從五峰中龍洞山。大旱不涸，崖巖崘巇，湍水瀑歕，若龍鼻中出。

（嘉慶）《寧國府志》卷一三　井山龍鼻泉，通近潭。奇石聳秀，向有樓閣，明時里人湯帝臣有題閣詩。

紀事

清　戴名世《南山集》卷一一《龍鼻泉記》　雁蕩諸寺之最勝者，稱靈巖。障曰屏霞。谷曰安禪，曰會賢。湫曰小龍湫。峰曰天柱，曰展旗，曰雙鸞，曰卓筆，曰玉蟾蜍。洞曰天聰。石曰僧抱石、石屏風。泉曰劍峰，曰温泉，曰龍鼻泉，而龍鼻泉尤奇。

從寺後上石磴，盤旋數十折，至大石龕。龕高數十丈，深數十丈，石壁皆奇削。龕脊嵌一石，若龍陷入石中，從下視之，見其脊隆然外露，繞下數十丈，勢盡，乃垂入龕底，作懸鼻，色紺碧而膩滑。鼻端有小孔出泉，水時時下滴，飲之清寒，雖盛暑如冰。鼻上下皆有石若爪，爲攫拏之勢，半露半入石中。游者或歌或笑，或奏管絃，聲輒繞石罅中悠揚不即出。下有吕祖廟，墻陰有碑，鎸絶句一章，末署回道人題。名區絶境，宜爲仙靈之所往來。而余好山水，多搜剔奇異，遇異人而授吾書，換吾胎骨者，倘有日也耶。

藝文

宋　包恢《敝帚稿略》卷八《雁蕩靈巖》　展旗天柱立，寶印伏獅雄。瀑噴千珠碎，窓開四牖空。争奇排怪石，獨秀出孤峰。龍鼻泉流出，如何造物工。

明　夏鍭《龍鼻泉歌》《雁山志》卷四　巨靈何年一血指，擘開百丈蒼色石。驅龍出山不出山，至今尚有蜿蜒迹。雲斷天乾石自潤，龍息深深泉一滴。世間萬事見者眞，病眼摩挲尚青壁。

清　潘耒《遂初堂集》卷九《雁山百咏・龍鼻泉》　畫龍畫盡蟠拏勢，不及天然石骨奇。尾卓雲中垂一爪，儼如潭底攫珠時。

又　石能透孔龍方活，孔解懸泉鼻始靈。迸出蒼龍眞玉髓，九霄仙露共清泠。

又　玉骨青涵碧蘚滋，日移松影滴遲遲。故將一顆懸珠貴，鬭取千尋裂帛奇。

又　龍蟄深山不記年，尚能噓氣作靈泉。風雷有日冲霄去，一滴還堪潤八埏。

清　桑調元《弢甫集》卷四《龍鼻泉》　神龍蜿蜒歸洞窟，尺木衝山勢超忽。蒼鱗照日開金光，恐復騰空去溟渤。屏霞幛上胡髯然，鼻中冷滴珍珠泉。傳聞湔此眼如鏡，好燭細字消殘年。

麓泉

元　吴澄《吴文正集》卷三九《麓泉記》　麓者，山之足。泉者，水之原。盱之山自西來，包山以爲城。城内有井，甘洌而寒，名曰西麓泉。醫士余明可家其側，翰林學士程公爲書麓泉二字，扁其藥室。吾聞醫家以水喻人身之脉穴，所注之海爲合，所流之川爲經。竇者爲俞，溢者爲滎，而初出之泉爲井。《易》於《井》乃不以其泉之初出者，而以其汲而上達者，故取木上有水之象。《坎》不言水，而言泉，惟《蒙》爲然。坎水在艮山之下，其《象》曰山下出泉。麓泉者，其蒙之象乎？明可初工小兒醫，其後偏通諸科。人之童蒙，猶山麓初出之泉，混混乎欲盈而未盈也，涓涓乎欲流而未流也。汩之則清者渾，閼之則通者塞，養之導之，有其方而後可。君子觀之，以果行育德。育德者，養之之方與？果行者，導之之方與？坎之中，蒙之泉也。繇易者遂以坎中爻爲治蒙之主。何哉？中以上則過，中以下則不及。彼童稚之質，精神未完，血氣未定，易虚而易實，易熱而易寒。治之稍過、稍不及，俱失其宜。善乎，周子説蒙之義曰：慎哉，惟時中。此論學也，而可以喻醫。醫之道，祖三皇。三皇，三《易》之所從始也。醫家《素問》、《難經》，往往與易冥契。明可之醫無不精，而童蒙未能言其病，治之爲尤難。吾將進之於易，詳於蒙而略於井者，欲其於蒙之醫也致謹焉。明可名澄孫，今爲建昌路醫學正。

（天順）《明一統志》卷五六　東麓泉，在安福縣北六十里智溪山下。味甚甘美，雖不盈尺，而大旱不涸。

清 孫廷銓《顔山雜記》卷一　麓泉，出黑石灣下河東岸側。

元 程鉅夫《雪樓集》卷二四《跋麓泉記後》　盱余明可工小兒醫，求余書麓泉二字，扁其所居之室。吾友吳幼清爲講麓泉之義而記之，無餘藴矣，復求余言。今之術者，曰醫也，星命也，地理也，談相也。星命、地理與夫談相者，口舌爲大耳。精不精，未害也。惟醫不可以不精，而其計效目前，亦豈能如星命、地理與夫談相者之迂且誕乎哉。古者醫師之職，歲會其成，十全爲上，十失三、失四，斯下矣。漢詔問太倉公方伎所長，及所能治病者，有其書無有，皆安受學，受學幾何，幾嘗有所驗，何縣里人也，何病醫藥已，其病之狀皆何如。誠以醫者，人命死生之所係，要非可以虚譽求也。幼清記麓泉之義，而不記其驗。吾家孫子三歲而病，謁諸醫，或曰驚，或曰風，明可一見曰，此傷暑也。飲以一齊而愈。吾弟女子昉，一歲而病瘍，既苦河魚三日，諸醫却立，明可飲以三齊，精神如常時。他小兒賴明可而活者復多。計明可出入城市，其所療所全，當不可僂數，惜未有記之者。自今以往，某病某證，以某藥已，録而記之。他日詔問，執此以往，而不在余區區者之一言也。

元 吳澄《吳文正集》卷六一《跋麓泉記後》　予昔爲醫學，余明可教授作《麓泉記》，今二十五年矣。程承旨、胡司丞有跋語，共作一卷，後被好事者持去。程、胡已亡，不可復得其文。明可以告程之孫、胡之子，就其家集中傳録二跋語。獨予尚偷生世間，矜是托樂安邑教來言，蘄爲再書舊記。予因老病，久不秉筆，勉强書之，以答所請。因思程之生月、胡之生年俱後於予，而各先逝，令人感慨云。

廟泉

綜述

明 朱國禎《湧幢小品》卷一五《周公廟泉》　岐山縣有周公廟，廟有潤德泉，在東北隅，世亂則涸，治則出。其出必有數日烈風雷雨。弘治十五年九月甲子，雷風交作，山澤震裂，泉乃復出，蓋不知涸已若干年矣。

清 嚴如熤《苗防備覽·險要考》　廟泉，城北七十里，秀山小河與酉陽正河相會之處，二水夾流，群山拱峙，山水明秀，設有汛防。

紀事

明 康海《對山集》卷二五《岐山縣周太師廟泉記》　弘治某年，岐山縣周太師旦廟，故有潤德泉，涸若干年復出。岐山鄉大夫士與耆民故老，趨以告余曰，太師廟故有泉，且涸，今且復出，其天下之嘉瑞乎。父老欲有紀述，願子以爲之。據《志》，泉自某年月日出公廟東北隅。先是，若有鬼物爲者，烈風雷雨，既數日乃出。説者曰，世治則出，世亂則涸。然自某代之後，往往有合焉，豈固有數焉之，不可誣與。先皇帝即位之十有五年，壬戌秋九月甲子，雷風交作，山澤震烈，泉乃復出。蓋自某代某年之涸，已若干年也。嗟乎，水之爲澤，苟不能遍及之物，則出雨雪霜露之外，皆但以稍補其急而已。而斯泉之出，鄉大夫士與耆民故老，駭喜奔走乃如此，亦豈以是爲雨雪霜露之可以遍天下後世而不可窮也。神物之來，必有所爲主者，功德高厚，則天應於上，地應於下，靈貺畢臻。先皇帝所以致天下者，至精至備，浩然而天淵。然而淵天下之人，蓋身被而莫之知且識者，故是泉雖不可具足一邑一里之望，由時論之，固亦天地萬物位育之微意，奚必其所及，如雨雪霜露者而後可也。又曰，縣令由今江氏以前，或良或否。惟江氏能不失天子命官之意，利之所在，一是爲民致之，民能養其長老，育及其下，又能不相詐，不僞不敖，不爲多事，以犯天子之辟。故事出之曰，亦有吏能其職，消其異物，如渡虎事者，若泉之出地周公聖人之廟，而時則先帝聖人之時，良有司能將布其德，以不失其意，則召南之騶虞，亦豈曰，但以爲召伯出也。江氏名玠，已未進士，蜀之巴人，某年月日記。

清 孫應機《天妃廟泉記》（乾隆）《新興縣志》卷二九　坡西三里，而近山麓天妃廟下有泉，穴石爲欄，欄略缺一隅，滿而溢，可灌田數十畝。中貯水可五斛，挹之不損。澄徹見底，小魚潛躍，如游空際，造酒之家，以漬米泛釀，湛冽耐窨。書齋煽爐燒鐺，汲以瀹茗，城市諸井殊不相及。聞茶者舌根品次，淄澠迥別。昔蘇子瞻謂南康之水，勝於江流，清遠之江，又覺清泚。至游羅浮，啜景泰錫杖泉，得未曾有。嶺外之名山潔泉，其堪與金焦、龍井較量者何限。即新邑之龍山，天露中有龍潭，卓錫温涼，諸泉皆距城三五十里，去人大遠，不適於用。而文井附郭，水時渾時清，但以雙鯉躍出，應乎文運，得名惟此。湧當郭門之西，其發源迢遞，伏流未知幾極，往往有飯甑子流出。此種木實，惟深崖邃壑産之，安知其不與天露之龍潭，龍山之卓錫，絡繹交通乎。余昔詰戎嶺右，值開平有社仔之寇，與新興雲河土賊之擾，行師由邑治取道，邑令鄧爾纘汲此山泉，瀹茗餉余，余渴求遡源未遑也。及平寇振旅，隨即解組。越數載，作方外游寓涉園，乃携筒子兆元、潘子毓珩而飲其泉，念此泡珠鬵沸，允可汲用，而未有以浚發之，因爲之記。

南泉

綜述

明 陸深《儼山集》卷五四《南泉記》 南泉，古靈江也，在今台之臨海。越西南諸山，起爲天台、赤城之勝，含蓄靈秀，東盡於海，故曰臨海之域。有二水焉，溪清而江濁，其在城南流者，曰靈江，或曰澄江云。上接三江，下引海門，晚潮初上，若拖白練於紫翠之間，諸峰環列，俯視之曆曆可數也。王先生敬忱，家于其上，顧而樂焉，遂自號曰南泉子。

南泉子少有大志，不屑屑事家人生産，又不喜爲舉子業，孤岸樸静，淡如也。年六十不識官府，人稱之曰南泉翁云。翁平生與人交，不爲款曲罩籠之態，遇有過，必面折之。人有陰事，獨不肯談，有談人陰事者必趨而避之，人故以是德之，稱長者云。胷次夷曠，若澄陂渟淵，涇渭甚辨。尤不喜人穢濁之迹，每聞官府貪墨，輒拍几大嘯怒，隱隱不能休，獨之泉上，睨而嘆曰，何以異於是。清者，水之本也；濁者，水之蔽也。已乃掬而揚之曰，何以異於是。定者，清之路也；雜者，濁之門也。既而仰天祝曰，有不返於本，而祛之蔽者，非夫也。暇日，或從諸父泛舟泉上，徜徉容與，出没於鷗波蜃樓之間，以滌塵坌，而游高明，甚適也。興酣耳熱，則又從而歌之。歌曰，泉之清兮，俟正命兮，泉之濁兮，德斯病兮。由是聲出金石，振盪於兩涯，風波爲湧，人望之以爲神仙云，莫測也。

嘉靖甲申歲，翁就養于松，初翁别族於范氏，凡數世矣，始復王姓，是爲車溪之王。王、范俱宋宰執裔，至今爲台名家云。翁有子度，字律生，舉進士，在第二甲，格當有官於京朝，以獨子請便禄，遂得教授松郡。教授君恭行孝敬，敦本復古之訓，諸生化焉。相率候翁起居於歲時，更相謂曰，先生之教我至矣，固翁之道也，其何可忘，乃撮其事以告。深聞台據山海之壞，瑋志稱人神壯麗意者，必有異人出於其間，今世台士大夫，尤以氣節廉介聞天下，至有委身贊國，忠烈貫世者，顧其涵濡觀乎之久，又不有超出而獨詣者乎。其南泉翁之謂，與夫名山大川爲國鎮藪，非徒以其崢嶸浩渺之觀已也。蓋曰，輔陽相陰，産材育物，與道爲體功在萬世。其降爲偉人鉅公，經綸天地之宜，修明禮樂之道，與國咸休，功在本朝，有若人焉。不在其身，則在其子孫，其南泉翁之謂。與諸生張其性輩，合數百人請書，爲南泉記，因以爲翁壽。

藝文

宋 趙鼎《忠正德文集》卷五《南泉》 陰液淪山顛，天匠鑿其腹。噴薄湧飛泉，散落珠百斛。幽人時一來，但愛消煩溽。何當作膏雨，萬里蒙霢霂。

宋 韓淲《澗泉集》卷一九《南泉》 白雲洞邊流水聲，春風桃李鳥和鳴。客來掃塔無餘事，一宿僧房詩思生。

元 盧琦《圭峰集》卷上《送劉友峰再游南泉》 手携數尺緑玉杖，口誦青囊一卷經。莫向北山尋舊隱，夜深猿鶴不堪聽。

立馬卧龍山下路，白雲東去是吾家。煩君爲寄西風信，直到疏籬問菊花。

清 紀邁宜《儉重堂詩》卷四《岱麓山房續稿・南泉》 共說春游盛，尚餘花惹襟。蘿陰垂作屋，泉響激鳴琴。偶爾坐盤石，洽然清道心。誰懸輞川畫，一效輞川吟。

平泉

綜述

清 施男《邛竹杖》卷一《平泉記》 李崖州《平泉記》，余鄉永叔嘗見而姍之，葉夢得因實以五代張全義，爲其孫延古爭醒酒石，笞殺監軍。孅延古爲克家子，而笑文饒之惑，爲後人累也。余竊謂文饒達人，不宜溺志若此，比讀其記曰：『吾隨侍先太師忠公在外十四年，上會稽探禹穴，歷楚澤登巫山，游沅湘望衡嶠，先公每維舟清眺，意有所感，必凄然遐想，屬目伊川。常賦曰：「龍門南去盡伊源，草樹人烟目所存。正是北州梨棗熟，夢魂秋日到郊園。」余心感是詩，有退居伊雒之志。』所謂經始平泉，追先志也。詩曰：『維桑與梓，必恭敬止。』文饒豈拂經而行者？又曰：『鬻平泉者，非吾子孫也。以平泉一樹一石與人者，非嘉子弟也。吾百歲後，爲權勢所奪，則以先人所命，泣而告之。』嗚呼！世祿膴，仕偉績，鴻名李唐三百年，孰有如文饒者乎？而猶懼百年後，當路覬覦，少年不叜事，子弟蕩覆，彼萬不如文饒者，而欲得其一樹一石，玩目娱志，當不終朝，爲殘炤凄風。味斯言，棘針芒刺，汗浹背如炙矣。潁川元姚尚書神道，穹窿博厚，豪家冀割三之一以表墓，州牧屬其割三之二，曰：『吾欲使後人復割者，得中分而各材，是固文饒言外意也。曰：「唯岸爲谷，谷爲陵然後已，文饒蔽或在此。元凱好身後名，礲石銘功，一豎峴首，一沈漢淵，遠希異日變遷不可知之。」』陵谷不更，荒唐滋甚耶。釀泉志亭，菱溪記石，畫舫名齋，永叔風流，文藻後先。文饒獨其言約旨醇，感慨開發，不牽情而玩物，斯爲尚耳。文人相輕，自古而然，子桓蓋有味乎其言之哉。十七日丁亥。

藝文

唐 白居易《白氏長慶集》卷五二《秋游平泉贈韋處士閑禪師》

秋景引閑步，山游不知疲。杖藜捨輿馬，十里與僧期。昔嘗憂六十，四體不支持。今來已及此，猶未苦衰羸。心興遇境發，身力因行知。尋雲到起處，愛泉聽滴時。南村韋處士，西寺閑禪師。山頭與澗底，聞健且相隨。

又 卷五七《游平泉贈晦叔》 照水容雖老，登山力未衰。欲眠先命酒，暫歇亦吟詩。且喜身無縛，終慙鬢有絲。迴頭語閑伴，閑校十年遲。

又 卷六〇《醉游平泉》 狂歌箕踞酒樽前，眼不看人面向天。洛客最閑唯有我，一年四度到平泉。

又 卷六九《游平泉宴浥澗宿香山石樓贈座客》 逸少集蘭亭，季倫宴金谷。金谷太繁華，蘭亭闕絲竹。何如今日會，浥澗平泉曲。盃酒與管絃，貧中隨分足。紫鮮林笋嫩，紅潤園桃熟。采摘助盤筵，芳滋盈口腹。閑吟暮雲碧，醉舞春草緑。舞妙艷流風，歌清叩寒玉。古詩惜晝短，勸我令秉燭。是夜勿言歸，相攜石樓宿。

宋 文彦博《潞公集》卷四《游平泉作》 一崦抱溪斜，前朝輔相家。遺基皆瓦礫，古木尚烟霞。夙昔東山墅，留連上殿車。雖云營退隱，未免逐豪誇。事往如飛鳥，林空噪暮鴉。池平無舊鳳，堤壞有殘沙。野叟猶能說，樵夫亦共嗟。至今巖石下，多長紫微花。平泉花木無孑遺，然巖谷間猶多紫微花，是其遺種乎。

清 陳夔龍《松壽堂詩鈔》卷七《鶴樓集・游小平泉登南樓》

平泉草木尚依然，春意遲遲冷倍妍。豐歲兆將殘雪裏，夕陽斜到小樓前。重來舊雨孤帆遠，一樣東風御柳偏。到此更窮千里目，詩情江上寄纏緜。

青龍泉

综述

宋 王象之《輿地紀勝》卷一六四《青龍泉》 青龍泉，在金堂縣三學山石間。有龍隱現其間。

明 高宗本《天寧寺青龍泉記》（光緒）《增修甘泉縣志》卷二 天寧之爲寺，肇於晉，歷千有餘年。屢厄兵燹，陵谷變遷，不無興廢。故正殿之前甬道，則崩頹圻裂，没入荒草。山門外路，直長不下二百步，中則積土高壅，欺寺門矣。成化十四年戊戌，太守三山楊公成正視篆之初，祝禧此寺，慨然興嘆，以爲甬道廢圮，山門外積土壅塞，更張除苐，非主僧之責歟。時主僧惠寧乃與道人俞普瓏身親畚鍤，增高甬道，與露臺平。山門外路剗除積土，更以磚石甃之，太守給俸餘以資其食。又撥人夫以助其工，垂成之際，寺門右偏深土中掘出古井，井中得一古龍背鏡，人猶未以爲異也。越十有七年辛丑，夏大旱，太守率僚屬祈雨至寺，所忽有青蛇從井中出，太守遣人供以大甕，昇寘壇上，是日大雨，四境霑足，蛇竟不知所之，人大以爲異。太守詢之故老，曰：『此寺伽藍神青龍將軍也。』今禱雨而青蛇出，豈青龍之神歟。不然，何以得甘雨之速也。太守乃合衆議，名其井曰青龍泉，博施。井在府城内開明橋南大街中。

（成化）《山西通志》卷二 青龍泉，在石州西六十里。青龍東都，有温泉湧出，旱則水色愈青，入黄河。

（嘉靖）《山東通志》卷六 青龍泉，在府城東門外，與濠塹相連，水極清冽。

（萬曆）《開封府志》卷四 青龍泉，在洧川縣西北，流經東南二十里，入雙洎河。

清 顧炎武《肇域志》卷二二 青龍泉，又曰玉斗泉。西流合三泉水，又西至下滙邨，潛行地中。又西出于西河邨，又西合華嚴水，又西納峩河水。至代州，溉稻田甚多。

（雍正）《陝西通志》卷一三 青龍泉，在縣南五十里。

（雍正）《河南通志》卷七 青龍泉，在孟縣西二十五里。

（雍正）《河南通志》卷七 青龍泉，在鎮平縣竹園保，灌溉田數百畝。

（乾隆）《汾州府志》卷四 鋤溝鎮，引青龍泉溉地一頃有奇。

（嘉慶）《清一統志》卷一四四 青龍泉，在永寧州西六十里青龍鎮，出山石間入河。

（嘉慶）《揚州府志》卷八 青龍泉，《江都志》云舊屬天寧寺，自築新城後，泉界在天寧門内。相傳泉有青龍，能興雲雨，凡守令禱雨，屢著靈異。泉上有亭，久廢，泉基亦偪於民居。雍正七年，寺僧理宗募金買其地，周以墻垣，即以青龍舊名，勒石其上。

（道光）《大同縣志》卷四 青龍泉，出陽和坡青龍洞。緑陰一徑，芳派涓流，渠潭滴處，瑽琤然作琴筑聲。汲以烹茗，色清而味甘，流里許伏於沙，土人謂復出於柳泉灣，想當然耳。

紀事

清 方浚頤《二知軒文存》卷二一《重浚青龍泉記》 光緒元年三月初三日，揚州左衛街火。五月十四日，又火，延燒二十餘廛，幸而救護得熄，居民市賈，咸廩廩焉。醵錢涓吉，設醮於炎帝宫以禳之。欻見一人，瞠目上視，若有憑之者。而言曰：『公等之祈禱，不可謂不虔，已顧安所，得水乎。欲取水，則非青龍泉不可。』言畢卧地，俄頃便甦。人争問之，曰：『恍惚間遇丫髻而青衣者，教之言，故不知泉在何許也。』則有譁於衆者曰：『異哉，昨有謝太傅之裔孫奎，欲浚兹泉。以費無出，工未集，盍往覘之。』井在天寧門，智廢久，因擔水瀉於井漉，出之以供神，而謀浚井，卞頌臣中丞向予述之，予詫爲靈奇，而鄭芝巖太史復過，予持雍正七年黄山慈光寺釋菌人所作之記見示，曰：『此碑藏天寧寺。』予讀之，所謂西僧佛馱跋陀羅尊者，譯《方廣華嚴經》，爰有青衣童子，日來注水於硯，灑掃坐具，化青蛇入井，遂以名泉，後人祀爲伽藍，呼曰青龍將軍。其説近誕，姑第勿深考，然而興雲致雨，利濟一方。明成化、崇禎兩朝，見而禱之輒應。我朝順治中，亦有郡丞謝祖悌禱雨之徵，則泉之被福於揚之人者，豈淺鮮哉。自明嘉靖間，築新城而寺廛一隅，泉遂界在城内。時夷時甃，一浚於太守楊蓋，再浚於僧繼清，官爲築亭井上，旌曰民之霖雨也。我朝没入民間，架屋其上。康熙己未，火焚其屋，而四鄰無所損，人以爲青龍之異也。於是邑令熊開楚三浚之，而棲顯僧又四浚之。作記者，爲年七十有八之老頭陀，紀其顛末既詳且盡，予乃嘆天心仁愛，無所不至，龍主四瀆，而俾其族類，分布於江河潭澗，以保衛黔黎，即一井一泉，亦可以屈而蟆焉。禦灾捍患，固宜登諸祀典，馨薦俎豆，以酓靈貺，以迓神庥也。斯役也，禳火已旱，二善兼備。予故樂爲書之，以補志乘之闕，以告凡爲民牧者。

又卷二三《青龍泉禱雨續記》　光緒丙子閏五月二十四日，揚州苦旱。先是，太守英傑與江都令譚祖慶、署甘泉令李德溥，設壇於贊化宫城隍廟禱雨。令僧道虔諷木郎咒，既三日，雨未降。浚頤乃率守令致祭青龍之泉，取水供壇三日，陰雲密布，即降微雨。復遣甘泉，李令往禱於甘泉山靈雨臺故址，浚頤率守令又步禱三日，至二十九日雨。六月初二、初三日皆雨，初四日夜，大雨達旦，滂沱霑足，轉歉爲豐。當祭泉取水時，予與式梁太守約，得雨築亭，太守慨然任其事。今仰荷神庥，旬日之間，醲膏普被，渥澤覃敷，龍之爲靈，昭昭若此。夫豈獨伽藍尊者，見重於浮屠氏耶。官斯土者，固宜築亭設幕，歲時享祀，以昭誠敬，并禁民間毋得出汲，俾神安其宅，而民受其福，乃爲之銘。曰：『有泉近郭，有臺在山。蘇枯潤槁，奚旱之患。蜀井黨通，尺木斯妥。飛騰九霄，雨我粒我。玉虎表異，銀牀降靈。布澤行惠，走雲驅霆。』

藝文

清 閔華《澄秋閣集・三集》卷一《天寧寺舊有青龍泉，湮塞已久，今復闢出，因紀以詩》　古寺重開舊井澄，幾回荒徑翦榛艿。聽經已去青龍子，汲水還來白足僧。自昔有泉隨地出，即今將雨見雲興。何人得似無波起，驗取心源一鑒冰。

清 彭孫貽《茗齋集》卷六《雲栖六咏・青龍泉》　龍卧泉泓澄，龍起泉滔澒。莫問青龍蹤，你且喫茶去。

雜録

（成化）《山西通志》卷二　青龍洞，在芮城縣北三十五里。洞有泉，名青龍泉。旱禱雨應。

（乾隆）《解州芮城縣志》卷二　青龍洞，在縣北三十里歷山東北三十里。洞内有青龍泉，遇旱禱雨處。

（道光）《重修平度州志》卷八　黑虎泉，舊志州城東北角。一泓澄碧，可鑒鬚眉，知州傅霖所甃。李志道光八年知州方熙築石堰，更名青龍泉。府志稱其咫尺州城，旋繞四面，蓋以通於城隍言之。今未能然也，積潦或有之。

清白泉

綜述

宋 王象之《輿地紀勝》卷八　清白泉，《圖經》云在建德县衙後。

又卷二二　清白泉，在建德县治山後。特冷清徹，雖大旱不涸。

（嘉泰）《會稽志》卷一一　清白泉，在府西清白堂側。范文正記云：西巖下獲廢井，泉甘色白，淵然丈餘，引不可竭。王十朋賦云：啜茗於清白之堂，漱齒於清白之泉。

（萬曆）《杭州府志》卷二五　清白泉一名乳泉，在縣西峕亭山下。宋縣令邵文炳□□于上，取泉釀酒，色味俱美，名清白酒。

（嘉慶）《常德府志》卷六　清白泉，在府堂西北。國朝乾隆三十九年，郡守葉馨重甃，建清泉廳臨之，作記鐫石。曰，舊井有泉，何以重修。爲在堂右，溜水入焉。日久苦鹹，人且咎井。井實無咎也，乃加淘汰，爰祀井神。

紀事

明 魏驥《南齋先生魏文靖公摘稿》卷六《清白泉記》 清白泉者，在紹興卧龍山下郡治内之西隅。其初一廢井也，景泰某年，今郡守句公以公暇散步，得之於灌莽之中，用工浚滌而成之者。夷究其自實宋寶元二年范文正公守郡時，於政通人和之日，亦以廢井而得。公擇高年故吏，詢其建置之由，皆荅曰不知。既浚滌之，越三日而後汲，視其泉清而且白，試嘗之其味，殊甘冽可愛，遂引嘉賓，汲泉以烹日注之茶，啜于泉上。啜既，衆賓咸嘉之，公遂名其泉曰清白。以昔泉之傍有堂，曰涼堂，易其堂曰清白。仍□亭其上，亦曰清白。爲文以記之，冀登斯亭，汲斯泉者，無媿斯名也。後東嘉王十朋來簽郡幕，作《會稽賦》，有『飲清白以自娱』之句，豈不由飲是泉而發歟。自文正公之去，其泉之廢不見知於人，蓋不知其幾百年，而今守白公乃又得之於既廢之餘，夫豈偶然者哉。予惟物之在天地間，有顯有晦，有通有塞，然其顯其晦，其通其塞，固祐之於數，要不可不知，實係於人也。若白公之涖兹郡，自通判而升今守，已幾二十年。其飡冰嚙檗之操，終始由一日，且於去奸剔蠹，興利除害，以朝廷之心爲心，於民之要，無一息不在于懷，致一郡八縣之民，靡不仰之如神明，戴之如父母。今公之得是泉，抑非造物者將以彰公之操履而然也耶。不然，是泉何其文正公既以善政得之於前，而公復善政，而又得之於後？前後相望，異世同符，有如是邪。雖然，君子於物貴比其德焉，如是泉之清白，白公足以儗之矣。尚冀後之來者，飲斯泉之清白，可不起其仰止之心，以繼公之清白，溥惠一郡之民哉。公名玉，字某，漢中人，由太學生入仕云。

藝文

宋 王十朋《梅溪集·後集》卷四《清白泉》 聖人達節猶憎盜，志士清心肯飲貪。試向卧龍山下酌，世間無似此泉甘。

雀泉

明 游潜《夢蕉存稿》卷四《雀泉記》 □□多名山，而桃江之谷爲最勝，如龍而騰，如鯨而躍，□□而蹲，如封豕徤隼軒躍翀突。雲□霧詭，青紫千尺，若將上薄霄漢，嶄萃不可盡狀。邑之□爲觀也，谷之□中廓，而外曉窈静，砑裂泌流。□□□以濯宜爾，纓戒于儀也。可以溉宜爾，籥利有成也。習以瀹可以饎，茗冽而醴甘，謹諸味也。疏深引長，不舍晝夜，行於地，放諸海。漱風浴雲，一泒而千里焉，非有本不然也。噫嘻，泉哉！或曰，『谷』《志》作『穀』，禄也。取諸殖爲能富。又曰『善』也，取諸才爲能賢。

瑞泉

綜述

（弘治）《八閩通志》卷七 瑞泉。在翔風里十六都。海岸有石如臼。宋隆興中，泉始湧出，適有久病者，飲之即愈。邑士陳彦先，因屋而覆之名，曰瑞泉。上二泉俱縣東南。

明 張所望《瑞泉記》《粵西詩文載·文載》卷二一 粵之西，瘴鄉也，溪水多毒，吏兹土者，尤戒心於此。余受命備兵鬱林，既至，首詢其水之宜人者。州守李君華父進曰：『不腆下國，越在遐鄙，惟是南流之濱，有紫泉焉，可當潢潦之獻，幸無虞。』余乃稍稍心慰，已，循故事，周視城垣，守向西指，謂余其下即紫泉也。然憑高一望，了無所見。余曰：『盍往觀乎。』守唯唯，遂命駕出西郭，不里許至江岸，相去數十武，得一盤石，狀若蹲獸，色清潤圓，徑可二丈許。石有二穴，中濆湧而上，涓涓不絶，流入於江，所謂南流江也。挹而注之，色瑩潔如玉，氣温而味甘，風韻絶勝。考舊志，宋以前無聞，淳熙間，郡守黄齡名之曰濯纓泉。

至嘉定中，水忽湧紫色，因更今名。自是每紫水出，州人士獲儁必多，驗之往往不爽，故又稱瑞泉云。土人取以釀酒，既清且旨，亦謂之紫酒，今作子，誤也。余生平好游，所遇佳山水多矣，如茲泉者，殆未易匹。又泉穴多出山間，蓋山氣融液而成，而此獨得之乎。原出於石罅，尤爲可異，若乃易色徵瑞，豫啓人文，比諸河清，斯可作輔，則又異之，異者是不可以不紀。因書以遺李守，俾刻之於石，倘後世復有鴻漸，試品之以爲何如也。

清 鄭孝德《瑞泉記》《琉球入學見聞録》卷四　王城之中，有泉曰瑞泉。巖嵌鐵龍於泉眼，水從龍口噴出，故一名龍泉。泉側有石巖，峭屹丈餘，巖上多鐵樹，鬱葱而叢茂。其勢彷彿蒼龍隱於青雲之中，蚴蟉而欲騰。是泉也，碧澄而甘醴，雖旱弗竭，烹茗而茗清香，釀酒而酒清冽。宗廟朝廷，莫不需焉。前後册封天使，飲而嘉之，勒碣二，一曰中山第一，一曰雲根石髓，志瑞也。凡官吏登朝道，必由乎斯泉之旁，遠而聞之，其聲琤琮然，如鼓瑟弄絃，聞於城郭之外。近而觀之，其脉瀺灂然，若跳珠飛雪，灌於金溝之中，誠足以清塵耳，沁詩脾也。若乃徑圓覺寺，觀蓮橋，直滙於龍潭，民間賴以灌田圃，屢享歲豐之樂，其又瑞之所由溥歟。是維我王德隆道茂，政通人誠，措國家於辨岳之寧。邇自三山，遐及三十六洲，靡不沐浴鴻澤，敬宣盛化，繇是其泉滃然而清，永表瑞於億千萬葉耳。微臣欣覩斯泉之溥博無窮，而竊嘆乎至誠之不息也，爰綴文以記之。

（嘉慶）《清一統志》卷二二七　瑞泉，在渭南縣南五里。縣志龍尾坡之半，有泉湧出，懸流如練，曰瑞泉。每旱取水禱雨多應。又有龍泉，在縣西南粘瓶坡東麓。居民資以灌溉，其西南有靈源泉，其地即西魏置靈源縣處。

藝文

宋 朱熹《晦庵集》卷八《次瑞泉詩韻》　興懷來賞趣，對景却忘言。偶與同游客，行逢幽澗原。淺泓排積腐，暗竇溢流渾。終待寒泉食，無憂水鏡昏。

宋 陳宓《龍圖陳公文集》卷三《游瑞泉》　久作灵巖想，重來一洒然。山排几上石，海挹研中泉。句出青雲外，禽歸夕照邊。去城曾幾遠，能不日盤旋。

三疊泉

紀事

清 劉開《劉孟塗集・文集》卷九《游三疊泉記》　匡廬之奇秀聞天下，而三疊泉之奇，以後出而獨擅其勝往者。余游此山，探幽索深，經十日乃去，自以爲崖洞溪壑之瑰異莫名者，皆已得之也，而猶以未至三疊泉爲憾。

今年夏，坐筍輿入山，先取道鹿洞，行十里許，覺無以異，至山下，正當五老峰背，飛嵐濕翠，遠撲襟袖。含輿徒行數折而上，水草蒙密，亂泉行石罅間。更行數里許，境已偪迫，峽勢束水甚急，怪石錯出，怒相争鳴。右轉而上，將抵谷口，忽有一石屹立崖側，驟聞泉聲洶沸，如千軍萬馬。并至者則已見玉川門，而猶未能至其下也。由石旁緣崖而入，寬可容二三人，出石數武，地勢忽敞，徑抵玉山門，觀所謂殊態異狀者。水自高浸淫，而下勢不可遏，石壁徑當其前，豁然中開，屹立如門，高且百仞，水出其中，奔流下注於石，激而噴薄，皎若雪霜，故其地名爲玉川門。云其下石益參差奇譎，或偃或仰，或正或欹，或平如壇、如案，水從石縫寫出，以趨於澗。蓋自石門以下，其流已迅，而又前遏大石，不能遽行，故盤旋而作異聲。余坐石上，良久乃行，從石門右攀蘿涉險，山形壁立，覺無去徑，更上隱隱見有石隙，至則狹如曲洞，宛轉可通人路，而泉流不經其際，俗以此爲玉川門，非也。過此，則與外隔絶，別有異境矣。其中開朗洞達，若不在人世，向左數轉，草深不能辨路，余奮力以登，循澗而上，其對山則屏風九疊，丹崖萬仞連亘，天半不斷，余嘆爲鉅觀。又行二三里，路窮履石，崎嶇不一，方以爲峻絶，不可復前，而三疊泉已至吾面，而未之覺也。

蓋泉之下爲潭，潭之四圍皆紺壁擁蔽，周如石城。其前石壁之下，有小石門，非至其門，望之雖覺有異，而泉尚不得見。至則忻喜快目，而水簾之勝，忽露於頃刻，此其所以異也。石門之下皆潭水，瀠注其内，有巨石盤踞水上，狀如龍蹲。其外巨石遏潭水，使不下溢，皆可坐以望瀑。余俯身，緣石門蛇行，至潭内石上坐而迫視，去泉不過二丈，而飛瀑幾濺於衣矣。泉之變態不一，初若素練之垂，至觸於石，則巨者立碎，如玉屑之飛，如唾珠之落，如細雨之絲紛飛直下，而一一可辨。及其更觸於石，則細泉交迸，爲一鼍鳴雷振。下流争注於潭，其聲若洪鐘之撞，而戰鼓之發也。三叠之狀若此，而其旁亦有細流，一縷直達夫潭，而不盡三叠者，此非深入其際，久察其變，不能知也。余既取潭水煮茶飲之，坐久，覺石氣逼人，陰寒竦入毛髮，從者趣歸。既出小石門，以門内皆水，命從者各持石以置門左，庶幾一攝可入，使後之游者，得以盡覽焉。時日已暮，余倉皇下嶺，出玉川門，猶徘徊不忍去，而九叠屏風，皆有雲擁其巔，不可復辨如來時道中所見云。從者謂余，上至三叠泉，其時陰雲忽開，無微不出，殆有天幸。而余以爲向者未盡其奇，今或匡君，以崖洞溪壑之詭異莫名者，盡使余得之，而不爲隱蔽也，倘亦有意然耶。因爲歎息者久之，行十餘里，復抵白鹿洞宿。

清 歐陽鶴齡《游三叠泉記》（同治）《彭澤縣志》卷一五 廬山高盤數千仞，周匝六七百里，其飛泉立泉以萬數，而大小疾徐，聚散疏密高下，皆可以言狀。甚矣，天下奇勝，未有不可言狀，有之白三叠。始辛未春中，偕諸同好游三叠，緩行八九里，至相辭澗少焉，香風徐來，暖撲人鼻，環大石列坐稍憩息。仰而觀之，則有大鵬、獅子、靈龜、虎嘯、麻姑諸峰，巉嶮若創，亭亭岧岧，谽谺吐秀，山下流泉，炪泏沖瀜，鏗然有聲，或曰此三叠支流也。旋步石而上，有玉川門，覆巨石，四壁若墻，行者傴僂。旁水竹居靈雲舍，當徑而上，崊[山取][山前]岃峽，一仄道可容人行，或曰此三叠鎖鑰也。其右亂石成堆，殘碑卧澗，有遺址，則鐵壁精舍是。由是過澗，浮石大如桴，其横怒衝塞，若牛馬飲溪。頃間越石垠，淼水行難甚，節節峩急，汗流赭泳沾衣。逾澗，由南而北，山行二三里，險極，多春草惡木尖石，是時，尚未底三叠也。又行數百步，漸聽泉聲浪浪，而後得唐宋所謂新泉眞源。其初，叠發源大月山，經九叠屏下也，經日背暎，金烏浴波，非大非小，若從天來，而黄河之水不可狀。其由初叠，瀉於大盤石也，震明霧横，層巒飛白，不疾不徐，不散不聚，而蛟龍閃電，噴玉跳珠，灑雪撒鹽，不可狀。其壁立直下，約數百丈，碎於中之大盤石也，爲碎泉。濃濃濛濛，乍疏乍密，忽高忽下，而暴布澄練，秋雲密雨，水紋繭絲，不可狀。其歷三叠，散行如玉龍走潭，聲清揚而遠，聞不似雷行虎吼，而玉淵金井，不可狀。眞天下奇觀也。既而神倦，與秋竹紫礬，火城苹香，仰而卧石泉之南。一峰甚尖，斜覆若鶯嘴，二三小松，倒掛石壁，上有洞天，中嵌白雲，萬籟俱寂，不聞禽鳥人聲。須臾，冷氣逼人，微雨上衣，凜乎不可久留。攝衣而下，列坐烹茶，諸同好屬余作記。余烏乎記之，昔紫陽以不到此爲恨，曰：庶幾夢寐遇之。余既幸得紫陽所未見，又恨前人無以曲繪其妙，爰作是記，以爲過來者道云。

藝文

宋 劉過《龍洲集》卷二《觀三叠泉》 五老峰北峩峩巔，龍泉三叠來自天。只因開闢便有此，山雲蔽護經歲年。一朝何事失扃鐍，樵者得之人共傳。欲往從之人憚遠，險溪絶壑窮攀緣。初疑霜崩漏天谷，翻若雲奔下巖宿。散爲風飛颺輕烟，垂似銀絲貫珠玉。隨風變態難盡名，洞駭游者心與目。清寒侵袂心益爽，清甘熨齒手屢掬。我欲攬之作玉虹，開似九丈錦屏風。有若插碧金芙蓉，笑騎揮斥凌太空，窮源直到天河東。

宋 陳宓《龍圖陳公文集》卷五《嘉定戊寅秋，同蔡念成諸人游三叠泉，泉舊名三級，改今名。巖間莓苔，隱然有字，如玉色，衆皆曰古人留題也。即而視之，其末有密官二字，餘皆似字，而不可曉。他日復往，則不復有覩，因作詩以紀之》 去城三十躡雲端，特地山灵縱我觀。白玉岩邊數行字，秖知末後密并官。

宋 洪咨夔《平齋文集》卷二《三叠泉》 捉月仙人不到處，騎鵠凌風高着步。龍嵸翠壁挿天開，天上飛來素濤怒。玻瓈琢出蓮花漏，激電吸蜍高下注。布帆危掛八節灘，飽風吹上龍門路。冰絲細織無幅綃，雪花亂卷有聲絮。蔚然而龍鏘然韶，大者如珠小者霧。解衣盤薄踞虎豹，遥送空濛濕巾屨。金鋪玉户蔡家姝，拍手招人笑相顧。麻姑老矣不解事，指點

清 陳廷敬《午亭文編》卷七《朱悔人游廬山觀三疊泉圖歌》

五老峰邊三疊泉，飛流三疊落九天。誰其觀者前謫仙，後有坡老差并肩。邇來千載風流歇，空使江山坐超忽。建安已來蓬萊姿，矯矯才名又清發。見君朗如行玉山，萬里卷入胷懷間。手持觀泉圖颯颯，天風還燕山雲動。海月出照此，令我開心顔，欲騎白黿去，銀河相躋攀。倒身笑殺五湖水，平流淺碧徒潺潺。

清 方文《嵞山集》卷三《三疊泉歌》 玉川門内看三疊，飛泉噴薄由層巒。九雲屏前看三疊，急流奔瀉在深湍。乃知世間本一物，隨人上下殊所觀。我今更躡五峰頂，從此眼界何如寬。

清 潘耒《遂初堂集·詩集》卷一一《三疊泉》 瀑布如游龍，空懸乃靈快。雁山大龍湫，奇絶天下最。廬瀑久得名，布水曾静對。雖傾銀濤雄，終倚鐵壁隘。佳哉三疊泉，深隱巖脅内。高攀層峰巔，逈出飛鳥背。忽見九天帛，飄空無根蔕。盤旋烟霧霏，撲落珠璣碎。流蘇灑千條，纓珞垂百派。斗折作三層，層層出奇態。風中舞鮫綃，月下鏘環珮。亭亭姑射仙，獨立埃𡋯外。龍湫爲瀑王，兹泉乃其配。玉峽與石梁，組豪等一概。彼皆享盛名，何如此韜晦。物以後出奇，坡白嗟不逮。晦翁慕新泉，萬里求圖繪。奈何今游蹤，來者無一再。已矣勿復言，知希我乃貴。

清 彭士望《耻躬堂詩文鈔·詩鈔》卷六《三疊泉》 三截玉簾泉，約略似三疊。遇澗仍平流，懸崖始飄忽。曲直亦何心，動静如有即。我來時大風，卷舒更搖曳。振鷺幾千群，向人擲拳雪。高致考亭翁，守郡泉未出。後聞三致書，圖觀坐恰悦。翁也無乃煩，樂此何屑屑。兹意語濂溪，一笑心先獲。

清 錢澄之《田間詩文集·詩集》卷一一《玉川門裏有山徑絶險可達萬松坪，是無可師手開看三疊泉，孫魯山再爲剪刈，詩以志之》

玉川竟達五峰巔，鐵壁千層一徑懸。繞石陰森寒白晝，隨泉宛轉上青天。新修隘路椒園叟，舊闢荒途藥地禪。要自此中親到過，些些丘壑笑龍眠。

又 卷一一《三疊泉》 靈奥不易探，興會詎可誤。石出漲以消，鳥鳴雨初住。杖策沿溪流，曲折經屢渡。玉川徒有門，鐵壁絶無路。雷霆五雲推使去。

宋 蒲壽宬《心泉學詩稿》卷四《三疊泉廬山簡寂觀十五里一名擷泉》 此豈凡間物，神人疑屬饜。踏翻雲母碓，放出水精簾。娥女愁遺珮，冰虬或弄髯。鮫綃一百丈，織出浪紋纖。

明 余曰德《余德甫先生集》卷一二《讀敬美三疊泉游記》 頫眺懸泉興不孤，還扶雙管鬬文殊。盤空色映毫端彩，刺眼光含字裏珠。響憶春聲迴下里，望疑練影接東吳。使君故有相如渴，賦就應同露掌呼。

明 鄭鄤《峚陽草堂詩文集·詩集》卷五《游九疊屏看三疊泉作》 志稱泉底絶壑，即道書北山咏眞第八洞天處，昔有劉德本過，鹿裘道者引入洞中，夐異人境，其門榜曰紫元景曜之門。唐女仙蔡尋真、李騰空皆得道于此，今李青蓮集有送内尋騰空詩，是也。

九疊屏風三疊泉，驚雷噴雪萬峰懸。白毫時出屏風巔，皎若匹練浮素烟。泉底絶壑龍潛淵，光香五色常如鮮。中有咏眞之洞天，風雷環繞衛靈詮。人廬今古何來去，貯氣含霞不記年。横分小徑青冥路，竹林鐘磬聲相連。我來徙倚洞門立，寒光一點明大千。琅琅似有黄庭句，滴滴如將玉漏傳。紫元景曜門無鑰，瓊宇金房豈偶然。鹿裘道者人何處，我欲留耕三秀川。蒼蒼如駕玉龍駢，彩雲飛馭石梁邊。尋真仙子步虚唱，騰空碓水招青蓮。須臾已隨雲影去，恍若乘鸞着玉鞭。昔人浪笑游仙誤，安得人間常夢仙。竭求不恨仙凡隔，妙指琴心第一玄。氤氳空水天開境，終許他年渡鐵船。

清 陳大章《玉照亭詩鈔》卷一〇《三疊泉》 是誰横截銀河界，劈空直掛九雲峰。青天倒捲流三峽，滄海拉襍飲白虹。蒼茫水府開硿礲，潭潭下有鮫人宫。合沓萬水翔神龍，雷奔電掣投潭中。浪花旋轉洪濤風，澒洞一氣浮溟濛。劃然長嘯超樊籠，足踏琴鯉隨赤松。忽疑神山浮海至，（漢書三神山。）霓旍羽葆飛氅氄。又疑三天啓閶闔，珠簾玉斧交曈曨。陽侯簸蕩吴回亢，湘妃微步素女從。於時秋高日下春，嵐光波影相磨礱。彯空異采排青紅，晃漾萬縷穿錦幪。微陽抱景心忡忡，天地閉絶風雲通。傳聞此泉出近代，畫圖始自紫陽翁。靈迹隱見誰典守，混沌鑿破愁天公。乘飈手把金芙容，出入造化游無窮。九閽上訴籲帝聽，急招氣母謹函封，挈回太始還鴻蒙。

山泉

綜述

元 吴師道《禮部集》卷一二《山泉記》 王君某名，其居山泉。君北士而寓宛陵，非鄉也。其居在闤闠中，前直官寺，左右雜民伍間，山與泉無有也。抑山泉者，荒遐寂寞之觀，幽人隱士之所樂，而君方將應公府辟，佐部使者奉條察廉，服簿書，贊畫之勞，雖有山泉，亦不能從容盤桓也。然則何取乎爾也。人謂君衿韻高勝，雖嬰以世故，而蕭然自適，不異林壑間，是亦美矣，而未也。在《易》有之，山下出泉，蒙。君子以果行育德。艮上坎下，蒙爲山泉，不待夫嵬然而高，蒙然而深，固無往而不在也。致吾果育之功，使行完而德充，不在夫隱而爲高，仕而爲通，將無適而不宜也。君之取義，其必出於此也，其必求無媿於是名也。

藝文

唐 儲光羲《儲光羲詩集》卷五《咏山泉》 山中有流水，借問不知名。映地爲天色，飛空作雨聲。轉來深澗滿，分出小池平。恬澹無人見，年年長自清。

唐 白居易《白氏長慶集》卷五三《途中題山泉》 決決涌巖穴，濺濺出洞門。向東應入海，從此不歸源。似葉飄辭樹，如雲斷別根。吾身亦如此，何日返鄉園。

唐 陸龜蒙《甫里集》卷一二《憶山泉》 一夜寒聲來夢裏，平明着屐到聲邊。心期盛夏重過此，脱却荷衣石上眠。

唐 鄭谷《鄭守愚文集》卷三《石門山泉》 一脉清冷何所之，縈莎漱蘚入僧池。雲邊野客窮來處，石上寒猿見落時。聚沫繞槎殘雪在，迸流穿樹墮花隨。烟春雨晚閑吟去，不復遠尋皇子陂。

宋 陳藻《樂軒集》卷一《山泉》 山山迸出細泉流，更瀉高峰瀑互喧豗，雪浪莽奔赴。側身窺洞口，有物向空吐。大聲恫心魂，焉得不速去。踰險恃輕身，乘危戒反顧。雖極攀涉勞，頗盡林壑趣。稍見三叠泉，遥遥千丈素。恐是鮫人機，毋乃天漢注。一叠鬼神驚，再叠蛟龍怒。三叠江河翻，傾倒誰能禦。餘勇噴珠璣，猛氣生烟霧。青天雨霏霏，白晝森然懼。下有緑水潭，聞爲神物護。停泓似不流，奔注忽以聚。銀花攪四圍，動定各回互。莫測澒洞端，焉知瀠洄故。至人法坎止，此理應可悟。坐久毛髮竦，寒色滿衣履。山空無日光，焉辨朝與暮。僮僕或先行，導師亦回步。匡廬洵多奇，兹觀亦已巨。如何山下泉，居然稱瀑布。

清 屈大均《翁山詩外》卷五《五老峰背觀三叠泉》 我愛匡廬瀑，無如三疊泉。高高從五老，飛落蠡湖邊。石上洒明月，日中含緑煙。海風吹忽斷，一半入空天。

又卷一三《三疊泉》 廬山瀑布皆千尺，三叠飛泉勢更長。三石梁邊人不見，天風吹作滿天霜。

清 屈大均《屈翁山詩集》卷三《五老峰背觀三叠泉》 面面峰巒絶，横天鐵壁青。飛泉若烟霧，白晝走雷霆。激石成三叠，穿雲出九屏。無人知此勝，來往木精靈。

清 施閏章《學餘堂集·詩集》卷二四《雨宿三叠泉下凌雲舍》 竹屋住雲根，蒼巖帶雨痕。燎衣當茗竈，移石楗柴門。泉響千林動，峰開五老尊。来朝攀絶頂，俯仰盡乾坤。

清 李紱《穆堂類稿·初稿》卷七《右三叠泉》 綴翎落菰蒲，時出溪頭立。本無稻粱心，溪魚莫深入。

清 胡承珙《求是堂詩集》卷七《三叠泉》 巨瀑如枯松，往往爲直幹。天公偏好奇，故欲翻成案。濯錦天孫機，剪截爲數段。蜿蜒來上層，玉虹掛天半。裊裊與雲浮，亭亭逐風斷。萬斛牟尼珠，一一冰絲貫。盤空横巨鼉，觸之忽迸散。樓高雪成毬，臺迥銀作彈。百步濺人衣，回光倏陵亂。跳空勢不衰，屢折氣益悍。直下趨龍潭，洪流信浩汧。俄貪偃師戲，旋駭昆陽戰。坐久思貂裘，赫暑不能汗。初入玉川門，清泉已渺漫。參差走亂石，瀠洄循曲岸。巴水與之江，無此好波瀾。良由折叠餘，水流成習慣。百鍊繞指柔，本性幾改换。逝矣聖者懷，雄哉達人觀。到海應獨紆，登山此爲冠。

布幽。盡入大溪灘石裏，古今翻覆幾人舟。

明 陳獻章《白沙子》卷六《題山泉爲林節推》 高厓百丈到滄溟，咫尺寒泉萬里清。若道眼中惟見水，老狂何意向詩傾。

明 邵捷春《山泉》（乾隆）《雅州府志》卷一六 山高難得合流泉，此際泉流繞座涓。入夏儘堪供浴佛，凭虛先聽似鳴弦。坎盈直下千仞坎，天一生來尺五天。我欲試茶僧抱甕，廣長舌底溢清涎。

清 王鑨《大愚集》卷一八《山泉傍僧舍》 水聚極幽處，石岈不可名。嵐暉空寺損，茶影古潭清。果落從人食，僧歸傍虎行。休心禪室內，兀兀自無情。

石泉

綜述

清 魯之裕《式馨堂詩文集·文集》卷七《石泉記》 太湖之爲邑也，水盞而山戹，然佳者往往不傳，傳者未盡佳也。或曰山水之傳以人，夫山水閲人多矣，宜其傳之世也久矣，而胡至今寂寂也。歲庚午九月，予偶步出城西，約三四里，髡松數株，怪老入畫。携童徘徊，漸逼山谷，側聞泉聲涓涓，静響動聽，尾而迹之。石澗峪岈，次第錯列，細流灌乎其竅，始而滃然，頃乃噴噀，怒突絲縷，以墜扵潭。其石大如伏犀，細如鹿豕，豺豸或立或眠，或散或聚，或欹以仄，或平而砥，可跨可坐，可蹲而漱，可箕踞而憩，可曲肱偃仰而聽悠悠乎。意與之宜，淵淵乎神與之契，而曾不知二氣之中，更何物焉，足以繫余情也。噫，兹泉也，兹石也，骨稜稜聲鏗鏗，而相激焉，而善鳴，造物之生之，豈其無意者哉。乃以委淪，僻谷歷年萬千，無或表而傳之者，地局之也。然則世之生而據獲其地，不必佳而亦傳者，可不謂天幸乎哉。

藝文

宋 文同《丹淵集》卷一二《石泉》 儼儼聳石壁，拆穴中流泉。斷崖散激激，曲竇藏涓涓。蓄潤活古蘚，烝虛發晴烟。時懷一勺惠，使我心泠然。

宋 陳文蔚《克齋集》卷一七《崧嶺石泉》 高城石井下成池，對自初分混沌時。雖小古今無涸溢，却憐江海有盈虧。

明 吴與弼《康齋文集》卷二《石泉》 石泉千古名，悠悠四時緑。清潔乃素心，白雲一茅屋。

又 卷三《石泉開田》 風雨瀟瀟小滿天，四山蓑笠事新田。箇中會得艱難意，細和豳風七月篇。

又 卷四《題石泉》 莫訝涓涓勢在蒙，陰崖應與八溟通。試看萬折趨東處，何險能紓遠到功。

明 王廷陳《夢澤集》卷七《賦石泉贈施子》 施生美少年，結廬依石泉。掬泉淬寶劍，坐石鳴朱絃。自子表孤泒，從兹赴百川。臨流時洗幘，勺水漾青天。

清 杭世駿《道古堂全集》詩集卷一二《咏江太守源齋前石泉》 乳泓太古色，湛然充前庭。倒寫樹身溼，冷逼石氣青。朝見池上魚，夜見池中星。秋雨洗巖壁，鐫我仙篆銘。

雙泉

綜述

宋 李光《莊簡集》卷一六《瓊州雙泉記》 《洪範》論五行，一曰水，曰：潤下作鹹。山者水所出，海者水所鍾，莫崇於山，莫卑於海，故海中之水無不鹹者。自雷渡海而南曰瓊，瓊本海中山耳，而雙泉之井獨冠於二廣，豈其源淵所稟，得天地粹靈之氣，而不資於海邪。陸羽《茶經·論水》云：『山水上，江水次，井水下。』又云：『山水，乳泉漫流者上，江水取去人遠者，井取汲多者。』雙泉，在郡之東北隅，岡巒回抱，泉谽竇間。其發源甚微，初爲小池，泓澄清澈，瑩若冰鑒，不見其流動之形，蓋所謂乳泉漫流者也。郡人初不知貴，蘇公端明南遷過瓊，酌水而異之，徃告其人，而郡守求亭名與詩，遂名其亭曰洞酌，且留詩其上。紹興乙丑，予自藤江再貶海外，以三月望至瓊，衆指雙泉之勝，乃葺居。

一日，盡出積水，因得詳究二泉所從來。蓋一井而有兩脉，其一自西南，其一自正北，皆濆湧而出水。既渴，泉益湍駛。因各盛以器皿，色味初若不可辨，夂之，衆皆謂西南來者尤清甘，然後知只尺而異味者非虛語也。泉自小溝南走，十餘步溢爲方池，又自两龍口入下池，則泉之噴發者益衆，水益深廣。每當暴雨漲溢，衆流散漫，灌注於外，四方之民，無男女少長，挈缾罌就浣濯者無晝夜常滿。雙泉之名聞於遠近，實自蘇公發之。舊傳有白龍嘗露脊尾，氣浮水面，詢之故老，以爲信然。蘇公既不載，然亦莫有見者，獨惠洪記注間一詩，其略云：『異哉寸波中，露此橫海脊。舉首玉箸插，忽去銀丁擲。大身何時見，夭矯翔霹靂。誰言鵬背大，更覺宇宙窄。』語雖不凡，然决非蘇公詩。龍之有無，固不係水之美惡。今所在潭洞池，井以龍得名者，其神靈或能興雲雨，而未必皆甘泉也。蓋水之有源，其畜必深，畜之深則其發必遠，其爲龍神所宅焉，無有疑者。

《易》言：『山下出泉蒙。』《禹貢》載禹之治水之迹，亦詳其所出。蓋水之發源，不過桮勺間，及爲江沱潛漢，爲渭水，爲洛水，則貫穿中華，橫絶𡵉、楚，非有本者能如是乎？世所稱甘泉，多出於深山亂石中，好奇之士，至窮探遠討，不憚巖壑之險，攀緣上下，然後得之。今乃不出户庭，几席之上，清流滉漾，影摇牕扉，潺湲之聲，夜到枕上。風月之下，每與客把酒徘徊，酌泉而歌之曰：『泉之泠泠兮，以濯予纓，泉之湛湛音沈兮，以洗予心。朝資予之食飲兮，暮伴予之孤吟。或泛流桮，或橫素琴。予既寓居之夂矣，日涉淺而汲深，嗽漱元和，滌除煩襟。玉池生肥兮，沙礫變金。凜冰雪之遶齒兮，何瘴烟毒霧之能侵邪。』歌罷輒欣然自得，忘其身之在萬里外也。獨恨海外險遠，不得與惠山虎丘、南零諸水同列於圖經。非蘇公一顧之重，則斯泉也，委於荒榛蔓草間，飲牛羊而産鼃鮒矣。流俗所傳既多怪妄，因志其本末，使後來者有考焉。四月七日，上虞李某記。

藝文

宋 彭汝礪《鄱陽集》卷一二《和游雙泉》 投明一雨見年豐，此樂知君與我同。左右水聲長不絶，却疑身在釣船中。

宋 釋惠洪《石門文字禪》卷七《寄題雙泉》 閤公立朝時，凜然古遺直。孤忠捍世波，砥柱屹挺特。一旦成千古，埋玉秀山側。至今山中泉，實以配公德。欲知其源深，下漲千頃澤。沙渠走清快，石井湛紺碧。譬如澠與淄，相去無尋尺。日光每下徹，山影必倒植。倚欄應忻然，游鱗見尾脊。知誰念純孝，滿掬種白石。粲然生玉英，冥感吁莫測。泉旁有精舍，聞多登覽適。何時同二老，追逐扶瘦策。詩成坐假寐，夢歷秋山赤。想見環珮清，繞除餘響滴。

宋 李光《莊簡集》卷一《九月二日自公館遷居雙泉，風物幽勝，作雙泉詩二十韻》 山腰祕靈源，初出纔一線。方池湛空碧，奔馳忽縈轉。皎皎涵青蘋，纍纍湧珠串。夜深耿落月，澄澈静如練。呀然舊穴深，神物或時現。邦人儻知敬，早歲起雷電。瓊山瀕巨海，鹵水充煎煉。凜然居其間，正味獨不變。我來卜幽居，蕭灑得奇觀。挹彼注兩泉，澠淄忘分辨。陶公豈虛言，掬飲逃禍難。激齒冰雪寒，晨起頻嗽嚥。入腹清而冽，丹田賴澆灌。甘寒勝鍾乳，精潔可羞薦。静無蛙蜩喧，不受泥滓濺。惠泉入權門，疲人走郵傳。貪泉亦强名，聞者自鄙賤。瓶罌日夜汲，閭里悉周遍。數椽如可老，一壑吾欲擅。時時俯清泠，照見本來面。

又《雙泉詩有序》 自然使君屢督雙泉詩，顧東坡絶唱在前，何敢輕作。今晨又辱佳章，因次韻爲謝。

作詩媿才慳，徒勤再三請。一聆咸池奏，頓覺哇淫静。惡句如惡人，浪出必遭屏。君詩似澄江，萬里無滓濘。我詩昧格律，聒耳類鼃黽。蘇公經行地，亭宇稍葺整。方池湛寒碧，曾照東坡影。新詩與妙畫，千載未爲永。不聞宗廟器，傍欲問瓦皿。吾徒且加餐，今古屈伸頃。何如棄寸繩，要出千尺井。蓬萊隔弱水，未易凌倒景。時能訪幽獨，論文具醪茗。

宋 李光《莊簡集》卷五《題將領占勝亭，亭據雙泉之上，盡見城東南風物之勝，落成之初屢來乞詩，爲賦長句云》 結茅坡頂俯平川，占得城東勝槩全。衮衮長江通瀚海，森森喬木帶雲烟。月當庭户初圓夜，霧隱樓臺欲雨天。玉帳今聞罷刁斗，却來閒處翫林泉。柯君近提兵撫過，黎人歸葺此亭。

宋 陳巖《九華詩集・雙泉》 檻泉湧出不多深，兌澤相資互有心。水净苦嫌塵土污，底須吾欲濯吾襟。

明 周用《周恭肅公集》卷一《雙泉》 爲河亦爲海，源委將無同。易象地上水，偕行期有終。天潢發其祥，沉沉雙白虹。元精有至理，江漢待朝宗。

明 朱豹《朱福州集》卷一《雙泉》 雙泉汩汩下靈湫，臥聽寒聲檻外流。風静并張青玉案。月明同浸水晶鈎，春分灌藥垂絲綆。晚汲烹茶泛碧甌。笑比蘇家眞不忝，滿庭香橘護清秋。

明 朱載璞《紹易詩集》卷二《過雙泉別業漫賦》 選勝成佳第，探幽始一臨。逶迤松徑曲，窈窕竹扉深。黄菊明寒沼，丹楓出遠岑。憑高有眞契，相對豁塵襟。

松泉

明 徐階《世經堂集》卷一四《松泉記》 松泉夏公厥初卜別墅於黑潭，地故多松，撫而悦之。後十年，作室城西山麓，發石得泉，始流涓涓，已乃成瀑，又悦之。引之爲渠，瀦之爲池，移松於黑潭，環而植之，而時觀游焉。水鳴相宣，松翠交映，烟霏夕留，涼飔晝動，集鳥跳魚，舉在庭户，合而名其室，曰『松泉書屋』，而因自稱曰『松泉』。於是客過公者，望閭而佳樹，見及門而清泉聞。揖讓言笑於城郭之間，而湖山之勝，具得相顧言曰：『自昔賢人君子，雖身在廟堂，計安海宇，日無暇時，而莫不有游息之物，以寄其意然。率苦心竭力，蒐抉遐隱，及一泉一木，得之稍異，則又輒刻畫金石，自詭爲天作地藏，以誇於人，玆地之勝，前未有也。至公始發，而公於所謂心力者，實無勞焉。豈非造物者秘以遺公耶，宜公之托，稱於斯也。』公在正德間，爲吏部郎，不合於俗，出佐揚州鹽運，歷七遷積，二十五年始來作伯江右。其爲人博學，有器量，徙義若飢渴，容善若不足。久於外，不求進，然而天下皆曰公賢者也，有長人之望焉。夫松百木之長也，後凋之操，孔子稱之。而《易》於《蒙》之象曰：『山下出泉，君子以果行育德。』《井》之九五曰：『井冽，寒泉食。』考公之德，與其所託稱，可謂協矣。他日有頌，公棟梁舟楫之功，與其及物之澤者，尚當於是徵之。階不敏，雅辱公知，亦僭自謂知公。謹記屋壁，以廣客之論公者。

明 顧璘《顧璘詩文全集・息園存稿詩》卷一〇《松泉》 空林急雨暗蒼烟，松下寒泉落澗泉。滿耳塵埃湔洗盡，道人中夜不知眠。

明 張邦奇《張邦奇集・四友集》卷一〇《松泉爲朱錦衣賦二首》 風標渾似謫仙人，夙與松泉是主賓。京館對談凝澗壑，不知人世有黄塵。

五湖烟景幾時歸，松影泉聲遶翠微。城闕夢回鄉縣隔，倍憐風月正依依。

又卷一三《松泉次約庵宫保韻》 墨潭新水映澄空，上有徂徠□翠叢。六月清陰不受暑，半山寒影漫流虹。夢回江漢心神別，老去乾坤節槩同。巢木轉疑廬岳影，草玄時動墨池風。

明 趙漢《漸齋詩草》卷下《松泉》 松泉雲際來，百折下崔嵬。山人無俗韻，耳畔只風雷。

湯泉

論説

明 郎瑛《七修類稿》卷一九《湯泉》 湯泉在處有之，惟温熱不同。皆有硫黄之氣，書載驪山黄山者無腥焉。人皆祖《博物志》：『凡水出石硫黄者温。』予考《本草》，石硫黄出東海牧羊山谷中，及太山、河西山，礬石液也。然則于地之泉何所系耶。而湯泉之地，又出於三山之外也。就而言之，予又親見巢縣湯泉，與河流止隔尺許，豈石黄所流之水氣不通於彼歟？唐子西以謂自是水性一種，如人吹氣則寒，呵氣則熱。予意人氣之有温凉，如人之氣然也，豈人之津液亦有寒熱者耶？不可概論明矣。昨讀耿南仲《黟山即黄山香溪泉記》有曰：『泉蓋朱砂所發，好事者汲，以澄砂入藥。』苕溪漁隱亦曰：『黄山是朱砂泉，春時色紅。』以此複思《本草》有土硫黄出溪澗中，多腥臭，在處有之。然則泉既有腥，安知澄之無黄也。隔咫尺而寒熱所分者，此地脈所來之源不同，其温熱相去者，黄之於地有多寡，而源之來也有遠近耳。以此論之，蘇子詩謂：『自憐耳目隘，未測陰陽故。』豈非因一石字及，有無腥者惑之歟。若驪山之無腥者，李賀詩云：『華清宫中礜石湯，徘徊百鳳隨君王。』此又源之出於礜也。又聞出硫黄之地，泉反不熱，此則氣既泄之於外，而地脈又或不通於泉也。若謂諸泉可以洗人瘡疥，益人顔色，以昔人詩有『誰知馬上腰金客，洗去塵顔换玉顔』之説。又謂始皇被神女唾生瘡，入湯立愈，殊不知詩乃好事者之爲，而始皇事實妄誕，而《本草》温湯之下又不收也。吾嘗親浴温泉，翼日瘡發於背，故《本草》以諸瘋疾，在皮膚者可浴，浴乾當大虚憊，宜即補養，餘則不可輕入，諸瘡非瘋也。近時燕泉何先生反以神女之事出於《本草》，今并書之。

綜述

明 戚繼光《止止堂集·横槊稿》中《薊門湯泉記》 遵化古屬范陽鎮，池北一舍而遥，山麓有湯泉，甃爲方池久矣。旁寺乃因茲而賜名福泉焉。余弱冠時部戍過之，環堵所刻如林。迨總鎮之初再至，求其片石不得，或以授梓亡有也。蓋竊傷之，而徘徊不能去。且泉淤過半，亭館多簡陋，何以清游目而壯山川之奇勝哉。

隆慶辛未春，命越卒修爲休沐地，皆踊躍用命。因各賭射爲觴亭，并治旁之石洞，督學御史閩中陳公記之矣。然地當邊垣土中，而前原之廣可容數十萬衆，就以便休沐。壬申之冬大閲，少司馬新安汪公視師，制府而下，葺席以處，促膝以觴，不足以示威重。

萬曆甲戌有秋，士豫乃闢亭館，以待後之視師者至，而丙子仲夏告成。嚮者之治此也，夏五泉烈，畚鍤靡施，將浚而胥難之矣。乃命工下稻田，鑿渠百餘武，以遡其阯，折甃二尺，深二丈三尺，而出泥丈餘，有萬户印一，白金五兩，簪珥之屬，黄金一，銅三十五觔，錢六石七斗，鏡一百五十七枚，皆蝕，以佐渠費。泥盡，粼粼其泉檻出，仍甃之而竇，其底塞以方寸之石，於渠道樹揵，以便重浚通竇，則毋勞折甃爲也。加高三尺，出地爲防，可以俛飲而立匊之矣。其周七丈，衡二丈二尺，防面爲石渠，可以浮太白。竇其南北，中衡而對出。北出承以文石，磨磨如雨建瓴下，而窒其南，則爲水簾。臨池有亭，如八卦，及虚霤數九，顔曰九新，有題語焉。當霤爲坎，前竇承泉，左右竇以分之。北得寒泉爲池，如半月。有橋，上爲敕建觀音殿，前施檻垣如雉堞狀。南出石龍口如沫，北窒則如瀑布，伏流而西，釃爲石渠，經序室左轉而環石盤以觴，滿壁勾折，復入於室。匏尊藏於室，人因臯應機而緩急之，不待入又隨流而給矣。觴亭下方，步檻三面，以列石碣，皆吟咏也。稍次第之，以俟續而梓焉。自殿抵櫚，周以列垣。

循室南出而爲接水池、洗馬池，其與衆池、女清池，各列之室，以遠別也。自坎左竇者過近泉館，又過聽泉館，二館并列寢堂之前，皆因寒泉爲池，有橋。循垣而西爲福泉公館，泉因敕賜曰福，故以沐恩名堂，寢堂曰蒸雲。其前左爲無垢室，坎以文石六方爲浴盤，因地稍高，自石渠右角分筩伏流而逆出之。凡沸泉有氣如雲，是堂最麗，亦如之矣。西南爲寺，於其法堂加南榮，及堂左右爲館。凡館、浴室、箱舍、庖湢咸具。又西南隅有銀杏樹鼎立，皆十四五圍。美蔭侯洵，乃爲四時館。其户内而環樹，居一闔三則如一，居四則各爲邸矣。樹下當中置石案，八足而内虚，爲筩者二，其相去寸餘。泉自坎右竇過寺之三館，伏而上左足，循案以觴入於右足，若不知其所去也。凡池竇，高承清而庳出濁，九新之坎三，其出入皆温，館之浴室濁一而清二者，一寒一温也。近泉或和以寒，稍遠即可浴，故至稻田而苗以長矣。

僧舍四五區，雜於諸館閒。山之西椒，有浮屠以爲表。自西徂東爲長垣，以接古臺。稗官氏言遼蕭后粧樓址也。建亭其顛，仰若麗譙，環以嘉樹，若出半空。里許而爲塞垣，樓櫓刁斗，隱若雲際。南阜萬石，鬱然崔嵬。從寺西步北折如砥，至麓而延袤百武左右，眾石離立，夾道而爲門。循蹊以西，有石如山、如獅、如鼓。相屬而徑東碉，片石跨之，中裂爲試劍橋。度之，有普陀巖、經石龜。稍北而峻，爲出岫巖，爲仙掌峰。循脊下蹬不數武，有石獨立，猶將軍振纓北瞰幕南，而請纓者勃然。右轉，石洞口僅三尺，傴僂而入，中窾如舫，爲萬石最奇處，名之曰仙舟洞云。

余按，温源多硫磺襲人。惟山多石曰礐，而其所出獨清，驪山華清是也。邇之志者，又以南中安寧爲最，而評不及茲，茲山不其然乎。故其觱沸爲珠，瑩若琉璃，投錢至底可數。中有雕鐫，其文宛然。歆如醍醐，釀之芳烈尤甚，寔爲醴泉神瀵而清，尤爲獨全，何也。華清自太眞召禄山於范陽，以獻玉石雕鐫爲勝，遂動鼙皷而没殃。茲當范陽之陘，幸不爲之污。雖尋割於契丹，或有蕭后遺迹，然曆金元未著，豈非地靈之所祕者與。至我大明，乃歸中國。章帝征虜，凱旋駐蹕，武宗雖游獵，未嘗興驪山之役。而賢嬪有咏，爲茲泉所藉重。則聖朝之德，其過前代遠矣。

余幸士有暇力繕館以備冬狩，萬軍若挾纊，免於皸瘃之苦，馬患霜雪而疽，洗之可以騰驤，將帥幸就以休沐，非苟太平，有茲哉。故拜諸大夫命，敢暇日而爲之。諸大夫者，制府北海劉公、關中陽公，撫臺武安王公、監兵齊丘辛公與諸邑令之所佐金，余將園圃禾稼易貲幷贖鍰諸費而成之。督工則馬蘭踞副總兵曰福，領班都司鄧都，中軍諸材官沈秉懿等，而白余復爲之記，蓋詳哉。其知之也。

紀事

宋 秦觀《淮海集》卷三八《游湯泉記》 漳南道人昭慶隱湯泉山之八月，集賢孫公謂其游曰：『漳南去幾時，已甚久，且聞其所寓富山水，盍往訪焉。』於是，余與道人參寥請從之。具鞍馬，戒徒御，翼日出高郵西郭門。馳六十里，宿神居山之悟空寺。神居高不踰三四引，而股趾盤薄甚大，旁占數墟，俗呼土山。或曰昔老姥煉丹於此，功成仙去，今寺有石藥臼者，乃其遺物也。又馳四十里，宿黄公店，從者以雨告止焉。又馳六十里，次六合，館壽聖寺之香積院，院有庬眉老僧主之，應客淡然，若無意於世者，與之言，心如其貌，蓋有道者也。又馳七十里，次真相院。明日漳南來逆，相勞苦如平生歡，遂與俱行。馳二十五里，至湯泉館惠濟院，院則漳南之所寓也。景申，遂浴於湯泉之墟。西惠濟二百步，周袤不踰一成，有泉五：一曰太子湯，舊傳梁昭明所游，今廢於野。一在居民朱氏家。其三則隸于惠濟。而惠濟三泉旁，皆甃石爲八方斛，竅其兩崖，一以受虛，一以泄滿。泉輸其中，晨夜不絕。其色深碧沸白，香氣襲人。爬搔委頓之病，浴之輒愈。嬴粮自遠而至者，無虛時。劉夢得《和州記》云『地有沸井』，即此泉也。噫！泉之爲湯者衆矣。彼汝水、驪山，嘗爲乘輿後宮之所臨幸。方其盛時，綺疏璇題，魚龍飛動，眩人目睛。勢徂事變，鹿豕得而辱焉。其僻昧不聞於世者，又皆蔽於叢薄，堙於土塗，抱清懷潔，歷千百年，莫或稍試於用。二者皆有恨焉。獨是泉出無亢滿之累，其仁足以及物。豈所謂『無出而陽，無入而藏，柴立乎其中央』者歟。余三人者，既嘉泉之近於道，又貪其有功於塵垢疾病也，日不一至，再日必至焉，率以爲常。越三日，烏江令閭求仁來。求仁，余鄉友也，遂與俱行。東南馳八里，至龍洞山下。棄馬而徒步，山形斗起，蒙籠曲道尤難登，捫蘿進者五里，然後至其山椒。是日風曀，望建業江山，蟠龍踞虎之狀，皆依約而得之。自山椒轉而西南，盤紆徑復，又二里，而至龍洞。其上巃嵸崟岑，不可窮竟。門則大穴也，漸下十數丈，窅然深黑，日光所不及，揭炬然後可行。腹中空豁，可儲粟數萬斛。屏以青壁，而泉嚙其趾，蓋以乳石，而□家其竇。仰而視之，或突然傲岸而出，若有恃者，或侵尋而却，若有畏者。雲撓而鳥企，鼻口呀而齗齶，露其颬牙，横遻卒愕之變，疑生於鬼神，雖智者造謀，而巧者述之，未必能爾也。惜乎閟於龕巖敻絕，人迹罕至之地，世莫得而窺焉。夫豈負天下之奇勝者，固不欲售其伎，必待夫至誠篤好之士，然後與之接耶？或曰洞有小蛇，青色而赤章。旱歲，禱雨多應云。景夕還惠濟。惠濟有庵二，一在太子泉南百步崦中，隱者陳生居之。一未構基，在院西六十步大丘之原，丘勢坡陁，前有小澗，涓涓而流，藩以齊篠，閡以雙松，每泠風自遠而至，泛篠薄，激松梢，度流水，其音嘈然，如奏笙籟。巽嚮而望，自定山轉而西，服光景，薄星辰，亘二百里，迅馳而矗立，妬危而恬壯，分秀而取奇，各挾其伎，以効履舄之下。孫公愛其地勝，欲寄以老焉。因請名曰寄老庵。

相率作詩以約之。明年庵成，發二奇石於雙松之下，形勢益振。於是環山數百里，訾以游觀名者，遷延辭避，推奇老焉。西庵之成亾矣，其地迫遽無流水，非枯槁自謀之士，莫能居之，故蔑有聞者。是庵始基也，爲賢士大夫所矚。及成，遂以眺望浮游之勝，甲於一方，物之興固自有時也哉。湯泉之事既窮，余又獨從參寥西馳七十里，入烏江邀求仁，謁項羽祠，飲繫馬松下，憑大江以望三山，憩于虚樂亭。復還惠濟，翌日乃歸。蓋自高郵距烏江三百二十五里，凡經佛寺四，神祠一，山水之勝者二。得詩三十首，賦一篇。至於山林雲物之變，溪瀨潺湲之音，故墟荒落，晨汲暝舂之狀，悠然與耳目謀，而適然與心遇者，蓋不可勝計。嗚戲！玆游之所得，可謂富矣。明年，漳南自湯泉來，會于高郵，追叙去年登臨之美，且嘆日月之速，盛游之難再也。因撰次之，以備湯泉故事，時與同好者覽之以自擇焉。熙寧十年九月記。

宋 唐庚《唐先生集》卷八《游湯泉記》 渦水北十餘里，得白水山，山行一里，所得佛迹院。院中湧二泉，其東所謂湯泉，其西雪如也。二泉相去步武間，而東泉热甚，殆不可觸指。以西泉觧之，然後調適可浴。意山之出二泉，專爲浴者計哉！或説炎州地性酷烈，故山谷多湯泉，或説水出硫黄，地中即温。初不問南北，今臨潼湯泉乃在正西，而炎州餘水，未必皆热，則地性之説，固已失之。然以硫黄置水中，水不能温，則硫黄之論，亦未爲得。吾意湯泉在天地間，自爲一類，受性本然，不必有待然後温也。凡物各求其類，而水性尤耿介。得其類，則雖數千萬里而伏流相通。非其類，則横絶徑过十字旁午而不相入。故二泉之間，不能容尋常，而炎凉特異，如此盖亦無足怪者。吹氣爲寒，呵氣爲温，而同出于一口，此其証也。臨潼之水，在開元天宝最爲知名，恩幸寵遇，震動一時。然自是以來，是非口語亦紛紛矣。此泉出東南萬里外，非山僧野叟之所遊嬉，則騷人迁客之所嘯咏，而徘徊也，寵辱何自而至哉。爲泉計者，其肯以此而易彼乎。同遊者三人。

明 唐時升《三易集》卷一一《游湯泉記》 自盤山四十里至石門，又二十里至湯泉。泉在官舍中，有堂曰九新。堂之前甃石爲方池，水在地上可三尺，在地中可十尺，東西三丈，南北二丈，平立而凭石闌，可激可濯，清澈若空，熱如初沸。東注別室，有銅龍噴泉入浴池，池熱不可入。其旁有寒泉，可汲以適浴者之温凉。聞天下温泉，下皆硫黄灼石，故多有硫臭，此獨不然，葢丹砂也。抱關老卒言：甃池時，石工鞾韈而登，猶患薰炙，不能久立。然相去不五步，而寒洌自如，則其熱者，所自出不遠矣。何無好事者，窮其源，以發千古之閟，將勢有所不能耶。或有説也，壁間有正德間宫人詩，讀之悽然。余與同游數人浴罷，皆得甘寢。明問老卒，言堂室池沼，皆少保戚公繼光所搆也。公善撫士，士皆飽煖而嬉，但恐驕惰不可用，故好興工役，因石于山，因木於林，刀鋸錐鑿，各因于士卒，不獨功成而不費，且一墩一堡，必當要害，後人不能易。又置旗以當烽燧，旗若何狀，則知虜在何處。數百里内，一食頃無不遍者，然虜畏少保麾下南兵，不敢大入，少保偶失禮於要人，爲所劾去，去九年而後卒。若令此九年者，爲地方，綢繆牖户計不獨一鎮，如是其法，當通行于九邊矣。余素聞其事，辰玉尤詳其人，相顧憤然，不荅而罷。

藝文

唐 白居易《白氏長慶集》卷一六《題廬山山下湯泉》 一眼湯泉流向東，浸泥澆草煖無功。驪山温水因何事，流入金鋪玉甃中。

宋 王安石《臨川集》卷一五《題湯泉壁示諸子有欲閑之意》

吟哦一水上，披寫衆峰間。偶運非彭澤，留名比峴山。君才今卨稷，家行古原顔。平世雖多士，安能易地閑。

又《湯泉》 寒泉詩所咏，獨此沸如烝。一氣無冬夏，諸陽自廢興。人游不附火，蟲出亦疑冰。更憶驪山下，歊然雪滿塍。

宋 蘇軾《蘇文忠公全集・東坡後集》卷四《咏湯泉一首在白水山》

積火焚大槐，蓄油災武庫。驚然丞相井，疑浣將軍布。自憐耳目隘，未測陰陽故。鬱攸火山烈，觱沸湯泉注。豈惟渴獸駭，坐使癡兒怖。安能長魚鼈，僅可燖狐兎。山中惟木客，户外時芒屨。雖無傾城浴，幸免亡國汙。

宋 李之儀《姑溪居士集・前集》卷八《自大乘將游湯泉道中》

迢迢山路永，漠漠曉風昏。雨歇鳩呼婦，年豐稻有孫。旅懷悲暮齒，野飯寄前村。只恐今宵夢，憑誰續斷魂。

又《姑溪居士集・文集》卷一〇《真師自湯泉相送至石磧遂歸索詩爲別》　流落不我棄，如君能幾人。寧辭迂驛路，且喜慰情親。蹭蹬還逢雨，因循懶問津。尤慙遠相送，誰謂白頭新。

宋 秦觀《淮海集》卷七《次韻莘老初至湯泉二首》　夾路山重複，參天樹老蒼。一區成小市，數埒引温湯。洗沐同幽客，餔飧就梵坊。未輸朝市子，斗酒得西涼。

又卷七《題湯泉二首》　滿斛泠泠注不窮，幻塵乾慧洗皆空。法流水接諸天上，神瀵香聞一國中。金粟示爲除病惱，跋陀仍已獲圓通。馬蹄又入風埃去，回首吴吟謝迮翁。湯泉有迮翁。

宋 謝邁《謝幼槃文集》卷六《湯泉在法水寺後》　亂泉如沸出灣環，餘燠猶霑野寺間。但與山僧洗塵垢，還勝漲膩在驪山。

宋 蘇籀《雙溪集》卷六《湯泉賦》　陝西南坤，泉滃山澗。崖谷焦烈，衮沸奔猛。湯池烝霧，騰寫浩汗。客曰，異哉。水在萬物，其性必寒。胡然鬱攸，無事燒燔。草木爍爛，鳧鴨煨燖。匯爲澄泓，而後可探。詰其從來，莫克考原。余蓋知之，易有太極。是生兩儀，風金火輪。世界執持，火光生於。巨海波濤，湧于汀岸。鎔石成水，敲石成焰。三伏炎曦，温暾河漢。百井隆冬，其氣自煖。吾儕習俗，淪溺情見。炱鼎負薪，而後晨爨。欲窮理而盡性，至中和以推原。徇耳目之尋常，昧造化之機闗。是猶火鼠不信冰蠶也。石中之火。火中之泉。坎離相濟，爲湯固然。此山岳之仁氣，愍寒士之枯朽。假温慈而恵和，以洗浣其塵垢。使於斯而産金玉，終何益於野叟。惟荒山與亂石，無華堂與瓊甃。免汙亡國，華清貴妃。嬿婉之求，無取於斯。予槁項黄馘，短髮威蕤。青鞋直趨，老櫛自隨。頭輕目明，彈冠振衣。咏而風乎，配魯之沂。

宋 王十朋《梅溪集・後集》卷一〇《湯泉》　占得乹坤造化炉，地中沸出巧工夫。泉猶自作炎凉態，休説衆生垢有无。

宋 楊萬里《誠齋集》卷一七《觀湯田鋪溪邊湯泉》　下泓堪浴上堪煎，陰火熬成未必然。海底日昇波自沸，偶分一眼作湯泉。

宋 陳宓《龍圖陳公文集》卷五《湯泉》　洗垢清塵一泒湯，淪蔬溉稻却甘凉。难將人力营爲勝，須信天工造化長。井小常時供鼎沸，澤多終歲遍山陽。我生幾度經行此，可笑區區有底忙。

宋 洪咨夔《平齋文集》卷二《湯泉》　水府燃犀處，扶桑浴日時。能觀雷復地，始信坎生離。净垢元無着，温凉祇自知。驪山殷鑒在，莫受阿環緇。

元 何中《知非堂稿》卷二《浴侯官湯泉》　天氣稍清穆，槳聲泊荒津。湯泉洌山半，取徑娱幽淪。解帶散疏髮，掊漪澡閒身。暢然肢體舒，洒若襟懷新。其下多嘉樹，細花落繽紛。和風來樹間，芳氣通微辛。繁陰屢移席，俄令鳴鳥親。無爲急行返，殷勤謝舟人。

明 姚廣孝《逃虚子集・詩集》卷六《湯泉》　源流常滚滚，何代藴炎精。氣聚成霧彩，波沸襍松聲。浴令羸女徤，飲使渴麋驚。不同傾国汚，蓮花漫有名。

明 葉盛《菉竹堂稿》卷四《湯泉曲》　巨靈裂石金虬沈，元氣不消炎液深。百斛明珠自吞吐，暖香作霧重重陰。龍宫鮫室三千輩，夜語丁東漢皋珮。温雲晴雪两相高，十里光摇绿萍碎。宝刀斫破蒼崖痕，一泓皺玉秋温温。倒捲黄河海波热，寒冰掬出玻璃盆。仙臺無塵白鳶下，露華月色空中瀉。綉羅春服踏青泥，馬頭一碧山如画。

明 程敏政《篁墩集》卷六七《和州香淋寺浴湯泉》　山根流出暖湯湯，暗處斜分到石堂。千里風塵消半霎，一團和氣靄中央。何年混沌初開竅，此地温柔别是鄉。浴罷不知將夜半，老僧頻换佛前香。

又卷九二《黄山觀湯泉及龍池小憩祥符寺》　天教微雨净纖埃，重我登臨一度來。山姓尚隨軒帝號，詩龕誰繼謫仙才。雲扶绛節中天起，地拔青蓮四面開。鰲禁半生真浪迹，不知鄉國是蓬萊。

明 祝允明《懷星堂集》卷四《吉湖口湯泉》　慕詭適修禊，嘯侶閲靈淵。機權知匪測，橐籥詎云偏。鬻沸連波起，鴻罏不斷燃。蓋石愈怪傑，襟湖何渺綿。蕭丘有寒燄，化理同一玄。燧人與堯井，無爲帝力全。

明 康海《對山集》卷六《湯泉道中二首》　客欲趍湯泉，東過横渠里。嘉樹□碧流，山色欝蒼綺。昔賢桑梓區，靈異故如此。循原陟西南，地脉益豐美。瑰岩與天接，風庭湔鳴水。始誇渡渭懽，詎當覽山喜。烟雲迷太白，奇奥若天秘。行行發浩歌，山靈定頃耳。

又《其二》　吕君遺我書，今日定晨發。直趁槐芽渡，乃至湯池樾。當行復西望，轚輿過倉卒。策馬恨不前，人影更出没。尋芳酬素志，登山試仙骨。相期載酒游，可令後至汨。覽勝襟自開，源窮意未歇。共君吹鳳笙，山頭弄明月。

明 康海《對山集》卷一一《三月四日自家抵湯泉宿山亭》　夜鑿奏奇響，客居非寂寥。曉窗浮曙色，淑氣映春朝。放志非巢許，安居托舜堯。西崦望樵采，彷彿在雲霄。

明 馮惟訥《古詩紀》卷一二〇《浴温湯泉聲偶作劉邈詩，非也**》**　驪岫猶懷土，新豐尚有家。神井堪消疹，温泉足蕩邪。紫苔生石岸，黄沫擁金沙。振衣殊未已，翻能停使車。

明 邵經邦《弘藝録》卷一四《湯泉》　氣機原白遍乾坤，何物爐錘向此敦。秦火已收原上燄，華清常帶席間温。暮春不斷童冠樂，沂水無邊咏嘆言。此況便應天下共，恩波沐浴莫須屯。

明 唐順之《荆川集文集·文集》卷四《游遵化湯泉》　絶塞逢秋已覺凉，此中氣候訝非常。流金每似臨三伏，晞髮真成向九陽。山烟靉靉分朝潤，草色青青敵夜霜。我亦臨流堪一笑，稽生盥浴久相忘。余有稽康之癖，不沐者矣廿年。

明 汪道昆《太函集》卷一一三《湯泉》　上都湯沐傍龍宫，内苑温泉徑自通。雲近樓臺疑結蜃，氣蒸冰雪儼如虹。靈源半落雙林外，寒谷先回六管中。冠蓋謾憐行役久，風塵又向塞門東。

又卷一一四《重過湯泉》　過雨沙場盡耦耕，垂楊野寺到新鶯。池頭似識重游客，垓下曾看一洗兵。滿甕雲蒸春酒熟，當杯月抱夜珠明。何來席畔鍾聲早，惆悵風塵未濯纓。

明 王世貞《弇州四部稿》卷五一《阜平湯泉》　玉乳潺湲蘭杜芳，温柔枉自别名鄉。春雲若傍驪山足，肯作蓮花第二湯。

明 于若瀛《弗告堂集》卷九《王改予守戎邀游湯泉，不克赴，詩以謝之》　嚴冬落木赭，匹馬王田畈。曉霧將垂雪，寒冰已結流。湯泉空負約，朔吹迴生愁。豈少山陰興，能孤訪戴游。

明 袁宏道《袁中郎全集》卷三七《過華清官浴湯泉》　鏡澈古苔光，溪風湛碧香。花猶知世代，水不解興亡。粉黛山川俗，烟泉歲月長。而今正好景，石骨照蒼凉。

明 鄭汝璧《由庚堂集》卷九《咏赤城湯泉》　望望霞城生紫烟，千峰回合湧温泉。初疑玉液空中吐，忽訝丹砂井底傳。浴日煖將回上谷，洗兵春已遍祈連。振衣愛聽銅鞮曲，把酒臨風一灑然。

明 高出《鏡山庵集》卷二〇《艾山湯泉》　雨餘山如滌，幽澗流活活。丹果垂密林，繁露亦可掇。洄洄巖際溜，蒸蒸百竅發。緑波汛無聲，宛轉經階闥。雖熱猶可觸，虗寂近清越。耻與溷濁伍，創穢動汩没。香氣净薇蘭，方池留深月。我來屬崇朝，濯纓一晞髮。長松根雲雨，巨石立巃嵸。處炎頗成聚，憑高又多窟。吁嗟潤溉功，未辭涓滴竭。五月衆草蔚，即事去倉卒。前登益於邑，兹理慎勿忽。

明 焦源溥《逆旅集》卷五《湯泉》　誰煬池底竈，煎沸迸珠來。夜煑高星落，晨炊大冶開。八風隨浪熱，一氣帶春回。桃李應先發，何須羯鼓催。

清 李重華《貞一齋集》卷二《驪山湯泉》　驪山若盤螭，土厚苞石脉。仲冬鬱青蒼，巔壑饒秀柏。湯谷沸其底，蓬浡氣旁射。群山來蜿蟺，潛陽此凝積。坎離日交媾，烹煉恣涌溢。罔測水火争，徒覺鴻濛闢。或云孕丹砂，礦硝與礬石。凡皆屬火薪，寒冱性不易。我至試磅礴，煖户暢以適。揮濯神洋洋，如挾鸞鳳翮。秦墳閟焦土，漢殿落荒陌。華清最繁麗，遺構了莫覿。真妃敕浴場，衲子供面壁。兼惠輿皁徒，喧雜滌塵役。時衰美游幸，世盛歸屏擲。區區拳勺間，屢卜隆替迹。

清 馬世俊《馬太史匡庵集·前集》卷三《湯泉》　前峰方巃嵸，後峰復屼崿。寒來慘無色，泉氣何其熱。神力鼓洪罏，流汞瀉丹穴。野田如沸鼎，良禾不畏爇。造化信靈異，炎威伏霜雪。濠梁勢若傾，浚谷聲欲咽。今古浣客塵，客行終未輟。嵇石悟天意，游原感物節。看余獨振衣，顧僕停車轍。

清 潘耒《遂初堂集》卷一一《湯泉》　天都峻極標青冥，上帝高居朝百靈。顧視凡骨哀伶仃，載肉之軀饒穢腥。賜以湯沐登福庭，潛驅神工鑿翠屏。石髓迸出金膏零，煑以陰火嘘赤霆。融蒸丹砂漱空青，澄然一泓碧玉渟。不寒不熱長清泠，春陽温和蘭澤馨。浴之五内祛煩酲，疏導百脉通諸經。如病得甦醉得醒，三尸遁逃神清寧。身輕直欲乘雲軿，氣爽兼可役六丁。上眞遺言更細聆，先當洗心後鍊形。身本無垢玻瓈瓶，垢從何來盍惺惺。解汝帝懸除天刑，勿以清渭淆濁涇。濯魄冰壺澡中灜，纖塵微滓不遺停。何難高翔騎鳳翎，天門蕩蕩晝不扃，瓊漿一吸三千齡。

清 杜溎《湄湖吟》卷三《游平山湯泉即事》 輕筆策馬睬晴色，撲而寒颸客袂知。靈運好游屐須着，嵇康有懶酒能醫。入山略彴四五水，離郭新豐三兩旗。馬首欲東無意緒，華清遺事不勝悲。

清 紀邁宜《儉重堂詩》卷一《贈羅漢殘稿・湯泉歌》 風吹十里繚垣長，草木蓊蔚泉源香。繡栱雕甍圍四畔，玉梟金雁泛中央。太平無逸稀游衍，金鋪苔澁重門遠。回首華清賜浴時，霓裳一曲斜陽晚。斜陽不盡古今愁，陰火噴煮無停流。安得丹砂盈萬斛，濯我毛骨百疾瘳。却望直廬相向列，餘波潜遶宮墻泄。天上瑤池夜氣涼，一泓蕩碎溶溶月。

又 卷五《赤城集・湯泉三首》 我愛湯泉好，曾隣天壽山。今朝逢絶徼，回首隔雄關。碧玉膏差冷，丹砂色太殷。陰陽費鑪冶，溶漾白雲間。

清 孔貞瑄《聊園詩略・詩後集》卷一二《安寧湯泉》 天下温泉首擅名，坎離消息一元生。不知勾漏丹砂液，何似金盤玉露清。

清 陳大章《玉照亭詩鈔》卷一一《湯泉在栗里傍》 蓮花峰下湯泉口，沐浴曾聞愈積痾。試濯仙源如灌頂，也勝晞髮到陽阿。

清 尹繼善《尹文端公詩集》卷一《湯泉》 百道泉從石罅生，大池流灌小池平。憑人祓濯無渣滓，一片玻璃徹底清。

清 成書《多歲堂詩集・詩集》卷二《湯泉》 松柏漫山曲徑長，華清宮址帶斜陽。玉蓮花折龍香渺，密石猶存太子湯。

清 程之鵕《練江詩鈔》卷四《湯泉》 靈液濺濺湧未休，坎離相濟待人遊。肺心二石傳千古，衣帶孤亭聳一樓。源自砂香温若火，流經峰罅暖非秋。我來擬把塵纓濯，不遺微污玷雪漚。

清 法式善《存素堂詩初集録存》卷二二《八月初九掃墓諸同人約游湯泉明陵一帶，期而不至，惟定軒給諫偕往》 掃墓擬獨行，同人約共往。古語無宿諾，此期竟可爽。獨有定軒老，時作出塵想。花竹愛蕭疏，山水情悒怏。隔夜整驢鞍，呼童攜鶴氅。亦有斜川兒，令子隨往奉以紅藤杖。敝廬久傾圮。野寺尚莽蒼。乃藉清泠泉。滌去生平坱。三杯酒氣豪。萬古詩懷蕩。可惜謝薌泉與吳蘭雪，平日誇骯髒。浪費買醉錢，不辨尋山緉。

又《湯泉》 坋垢幾無垠，到此滌欲盡。秋陰散土花，細路吐石菌。老松乾曬脯，新竹亂抽笋。聞説五六月，荷氣山雲引。疑入江南村，詩才我亦窘。枕頭明月高，流水聲凄緊。

清 李調元《童山集・詩集》卷九《湯泉》 湯泉非眞湯，乃是造化鑪。北冥苦沉寒，膏沃陰爲儲。爇取明河水，倒瀉仙人壺。五行秘不得，蒸氣上縈紆。深深自無底，一竇見澄湖。濯浴喜自便，炊爨捐樵蘇。扃户不肯放，白玉嵌盆盂。瀏瀏鳴渠聲，似轉井轆轤。解衣沐磅礴，有如鷗與鳧。一洗百垢身，現出雪色膚。風痹入骨疚，忽如帚掃除。安得千疲癃，坐此姿自如。博施兼濟衆，温暖遍窮廬。

清 孫士毅《百一山房詩集》卷九《湯泉》 不數華清水，言從小拂廬。洗兵猶有待，暖老竟何如。小駐還塵土，遄征爲簡書。爐城一回首，鳴玦響清渠。

清 潘奕雋《三松堂集・詩集》卷三《湯泉》 陰陽體相抱，離坎氣互通。陰火煽寒泉，清泠變沖融。誰從深山中，洪鑪運神功。我來解衣浴，時候交初冬。金沙耀的皪，石壁流琤淙。觱沸試濯足，霑灑還沃躬。外焉除垢穢，内焉祛昏蒙。身輕心以浄，庶躡佺喬蹤。

清 宋翔鳳《憶山堂詩録》卷七《驪山湯泉懷古》 秦闕百二暮烟昏，且取開天舊事論。鶉首度中人小刼，驪山宮下水長温。涓流侶寫當年淚，殘甃難尋舊日痕。寂寞方池晚來浴，一甌新茗坐雲根。

清 陳瑚《確庵文稿》卷一〇《浴湯泉》 第四峰根水，千秋永似湯。靈能仙俗骨，潔可浣詩腸。衣後瀜瀜汗，風時細細香。自從沂浴罷，重見老夫狂。

萬宗泉

宋 王安石《臨川集》卷八三《萬宗泉記》 僧道光得泉之三年，直歲善端治屋龍井之西北，發土得汍泉二，萬宗命溝井而合焉。東爲二池，池各有溝，注于南池，而東南其餘水以溉山麓之田。既甃，善端請名，余爲名其泉曰『萬宗』云。熙寧十年十二月日，臨川王安石記。

勿幕泉

明 耿定向《耿天臺先生文集》卷一一《勿幕泉記》 余邑新造，城中井少，民病汲，余舍前鑿井三十尺許，繼日夜，漸積水，止可十數斛，而居隣争汲者如堵，至不能朝夕。家人不得已，設幕以防私竊。余視之恚曰：『孟子云「昏夜叩門户求火水，無弗與者」，柰何若此隘耶。』余視維是，厚直鳩工重浚之，又十五尺許，忽土變而沙，沙盡水湧，頃之，水集二十尺又五，盖始及泉云。爰命工繕甃，甃成，戒勿設幕，令同巷人人得取焉。第與約曰：日之朝，男子汲。日之夕，婦女汲。不如約者罰，示別也。而金陵楊生道南，適觀其成，請名曰勿幕泉。余曰善。盖余於鑿井而益悟於《易》矣。余玩《易》之井，而益有悟於學矣。無地無泉，井不及泉，浚未力也。無學無得，學鮮自得，造未深也。斯旨也，《易》之井備矣。初，井泥，志襍也，故不食。二，井谷雖得，微矣，故止射鮒。三，渫矣，可用汲矣。弗甃，猶弗固也，得無咎耶。四，甃矣。五，烈且寒矣。上六，始可勿幕，通之人人也。子曰：『井，德之地也。』深哉深哉！銘曰：畜之淵淵，出之涓涓。爾視爾泉，忘言韋編。

西泉

綜述

元 袁桷《清容居士集》卷二〇《西泉記》 高君舜臣，通敏才智之士也。治其齋心之居，表其顔曰西泉。爲予言曰：『太行之山，合于恒山，隱伏聯亘北東，以入于海。肅慎朝鮮，屹然表于其地者，皆支絡也。泉生於西，歸於東，陰陽之常性也。周人有言曰：「肅慎燕亳，吾北土也。」昔之疆理，吾於是乎考。則凡北紀之山水，繇西徂東，所繇來審矣。爲我記之。』舜臣於金爲大姓，官簿歷歷可紀。居京師數世，遡其泉源，知其晝夜之不止，必達于其里。禮不忘其本，其高君之謂與？予官京師踰十餘年，望所謂西山者，蒼拔翠峭，實太行之苗裔。水流無窮，演迤洋溢，導之爲漕渠，止之爲陂塘，資國用以爲民食者，泉之利也。其次達官貴人，因之以丘壟，浚其冽清，挹其回環，蔭藉蕃廡，將利其子孫，以求全乎兹山之下，不知其幾。至於淡泊空曠之士，則又抉尋幽深，渟膏匯甘，使夫絶塵稅駕者，止焉以嗟，啜焉以留，無有窮已。噫！西泉之效，誠博矣哉。在《易》之《象》曰：『山下出泉，蒙。』其險釋矣。謹其所之，君子之用也。高君致用以推本，厥旨明矣。究反復之道，益驗於身，將見某百折而不撓，獨行而不懼，非兹泉也與？念其祖德繄命名之意與？其兄堯臣，閉門窮經，沉思篤行。予得與之交，將并游夫西山。感夫昔之廢興，不在於險，則泉之東，其寧有已邪。

藝文

唐 韓愈《昌黎先生文集》卷九《峽石西泉》 居然鱗介不能容，石眼環環水一鍾。聞説旱時求得雨，秖疑科斗是蛟龍。

相泉

元 吴澄《吴文正集》卷四五《相泉記》 吾鄉吏部侍郎李公家，在巴山之陰。山下有源泉，自南而北可十里許，達于宅西，乃自西而東，遶宅之南合于大溪，而復北流。侍郎之從子陽春令濤工于詩，扁吟屋曰蒙泉，以其泉自山下出也。陽春之孫允思追念祖先，扁所居曰相泉。蓋鄉人敬漢尚書欒叔元，山巔祠之爲仙，山麓祠之爲神。叔元諱巴，嘗爲沛國相，避神之諱，故謂巴山曰相山，而巴山下之泉謂之相泉焉。昔陽春以卦名名泉者，疑取果行育德之象。今其孫以山名名泉者，不忘繼志述事之孝也。夫不舍晝夜，盈科而後進，孟子稱泉之德行如此，固陽春之所願果育者也。允思持己温謙，應務通洽，所繼所述無忝于祖，吾將見其如泉源之有常，吾將見其如泉流之有漸。斯泉也，蒙卦所象也，亞聖所稱也，孫之所名，即祖之所名也。其源混混，其流涓涓，世世不竭，是爲李氏之相泉乎？允思，字汝德云。

（正德）《瓊臺志》卷二五 明秀亭，在相泉上。宋知軍方汝運以地山明水秀，創亭於上，因名。爲出郊祈雨憇息之所，久廢。

（道光）《廣東通志》卷一一二 相泉，在城西十五里。宋丞相趙鼎謫儋州過此，盛暑渴甚，鑿井得泉。《輿地紀勝》『瀕海潮長則鹹，退則清甘』，後知軍方汝運作亭於上，曰明秀。戴志。

孝感泉

宋 王象之《輿地紀勝》卷二六 孝感泉，在豐城西南八十里圣乘院。紹興初，少卿曹戬尝寓居于此。戬之母喜茗飲，寺初无井，戬乃斋戒虔祝，即寺之坐下，斸地爲井，纔尺餘，泉忽湧。

元 吴師道《禮部集》卷一三《孝感泉記》 章貢蕭弼漢臣，事親至孝，從事四方，輒迎以俱，守禄而貧，養志而樂，人以爲難。其在南康府史也，父卒，不遠千六百里，歸葬贛縣金湖之岡。爲廣帥閫掾也，母卒，又不遠千八百里，歸祔父側，負土以坟，邇墓爲廬，動据禮法，尤人所難也。其營母葬時，嚴冬沍寒，身先役夫，取水數里外。一夕，去墓二十步後，嶺上裂泉流，郡人走觀驚異，總管游溪李侯某爲書孝感之泉以表之，蓋天歷元年也。漢臣來婺幕府，師道獲聞其事，因爲之言曰：天人感應之機，誠而已。誠則神，神則變化無方，况一念之孝，出於誠者乎？泉者，流通之物也，吾之精神，實與之爲流通，此理之至微而甚著者。彼刺山而飛，卓錫而湧，匹夫異教專一不貳猶得致之，况於人子之爲其親者乎。是故味出如江，姜詩之感也。寒流於庭，宋思禮之禱也。乃若安金藏葬親南闕，燥地忽溢，劉筆老父子營冢大谷山，飛流再涌。此皆古之純孝，事應章灼，所謂誠之不可掩者，乃今於漢臣見之，而與之齊美於百世之上，豈不偉哉。愚觀今之以孝受旌賞者，其稱述必有異，漢臣之事異矣，使因李侯之舉張而大之可也。距今十有三年而甘自湮晦，若未嘗有，非出於爲善之誠，而能若是乎。故愚竊爲之記如此，然亦知其事之不終晦也。

明 吴本泰《吴吏部集》卷下《沈墳山觀孝感泉 一泓□中不甚清冽**》** 泉名嘉孝感，披莽愜幽尋。石碣誰題記，巢松自落陰。偶招山鹿飲，時答谷樵吟。不必清泠甚，能消熱客心。

清 顧祖禹《讀史方輿紀要》卷三三 孝感泉，在州北二十五里王祥墓側。志云沂水入州境，逕諸葛城，又南逕王祥墓西，孝感水入之是也。

心泉

綜述

宋 劉克莊《後村集》卷一一二《心泉》 初，君行山間，得泉一泓，愛之，有會於心，即其所結庵，扁曰心泉。曰：『渴飲泉，飢讀書，終吾身於此矣。』余久絶還往，斷知聞未知有君，君顧知有余，數寄聲求余語題泉上。余笑曰：『甚哉！君之緩而不切也。』君復貽書陳詩，介徐友懋功以請益勤。余非君，安知君之心？然即泉名以求，其義蓋有可得而言者。

夫泉至清，撓之則濁。心至虛至明，汩之則昏。善疏泉者必澄其源，否則，末流之弊，河汙濟矣。善治心者，必端其本，否則，毫釐之差，舜爲跖矣。以此復君可乎？君請其序。余曰：《蒙》之《象》曰『山中出泉』，蒙謂存養此心也。《孟子》曰：『泉之始達，謂充廣此心也。』《中庸》曰：『溥博淵泉而時出之』，存養充廣者然也。此其序也。君既厭銅臭而慕瓢飲，捨塵居而即巖棲，以心體泉，以泉洗心，於游息之間備仁智之事，雖聖賢復起，必不麾之門牆之外矣。因次其語爲君勉。

紀事

元 周霆震《石初集》卷七《心泉記》 去郡三十里，有泉泓澄，回抱林麓，乃王步秀氣所鍾。居是間者，存心蕭氏。蕭氏爲里著姓，存心雅好文，家庭雍睦。二兒英英，長宗禮，次宗玄，幹蠱用譽。迺翁俯仰世變，標致自如，晚益和易，心之所玩，無適而非泉，遂以心泉扁燕休之所，屬予記之。予笑曰：『心出入無時，泉在山則清，出山則濁。金玉綺繡，可玩者衆矣，而獨有取於泉，此何心哉？』曰：噫！吾宗盛時，東西花竹連陰，亭館清邃，觴詠無虛日，玩好之物，不一而足。亂來人物俱盡，僅留斯泉，與童子無異，白髮照影，悠然今昔之思。於是泊與澹相遭，脗合無間，此心泠然，泉之清也；此心湛然，泉之鑒也。泉之洌，吾心之潔；泉之幽，吾心之休。感於心者，與泉流通；遇於泉者，與心融貫。心即泉也，泉即心也，夫何出入清濁之有。予聞而善之，請推本以申其說。粵自鴻濛肇判，高下散殊，人身雖微，然心之虛靈，有以通千載之前，攝三才之蘊。水性本下，然泉之爲物，湧出懸崖峭壁，而瀉於千仞之巔。蓋人爲萬物之靈，而心者其主，乃天理所會；水居五行之首，而泉者其本，乃天一之初。由是言之，心者，人之天也；泉者，水之天也。得於心寓之於泉，殆人而天矣。《易·蒙卦·象傳》云：『山下出泉，君子以果行育德。』徐子曰：仲尼亟稱於水。孟子以源泉有本啓之。夫所謂果行育德，所謂有本，皆指心而言，聖賢豈欺我哉。則存心之義，有取於泉也尚矣。誠能於此既有本以涵養，馴致於果行育德，使方寸充滿，浩乎日夜之所息，旦晝不得以梏亡，猶泉之本源瑩徹，畜而陂池，注而江海，泥沙不得以相混也。彼形勢聲色斃而後已，譬諸坎井汚瀆，甘心没溺，惡足以窺涯涘哉【略】文忠天慶觀乳泉賦：至汲者未動，夜氣方歸，愛其深達華池妙理，默探造化之端倪。此心泉之説也，知之者蓋鮮矣。邂逅出此得全於天，清風自來，明月時至，煑茶留客，歌濯纓其上，予雖老，尚能聽之。

許泉

明 許相卿《雲村集》卷八《許泉記》 許泉，故郭公泉也。石門山人更爲之名。浙山水勝天下，泉值江迴谷邃處，涓涓出傾厓嵌竇中，俗遠境絶爲尤勝。山人過而樂之，亭其右，卓錫焉。已而喟然嘆曰：『有天地，則有兹山；有兹山，則有兹泉，臨兹泉，挹且玩者，前公而往，後公而來，可十伯數耶。公專而名之者何？尚其志，不二於物而托之泉，泉由以傳。然則非公名泉，泉以公名爾。』夫天下之物，名可以榮，利可以富。珍麗之物把玩之，可以怡情交乎。吾前日紛如也，世固嘗畢力營之，忘死趨之。志溺分渝，造物者莫之許而有也。或有之弗久，或久之得咎，猶無許耳，況名以傳耶。秀自分槁寂淪放世，無可撓吾志者。兹泉洌寒孤迴，委藏於奧阻荒閒之區，用可資於世，莫便於用也，秀適遭之。泠然而藇，沸然而瀹，暢然而飲。嗒焉樂以終老，人莫吾競，造物者莫吾禁也。公去我來，泉將不許我乎？故更之曰許泉，持以告予。予憮然莞爾曰：有是哉。山人以正德十有四年八月九日亭。予以嘉靖元年月正三日記。

清 李雯《蓼齋集》卷一四《觀許泉》 兹泉徑百步，汜濫流清英。潛波起圓沙，洞文如列星。云自梟嵂山，發榮此渟渟。女蘿覆深陰，苹藾浮淺清。下流回澗曲，上壑終窈冥。我來憇嘉樹，飲馬兼濯纓。桑柘高下居，黄鳥枝間鳴。寫影碧潭净，隨波雜花輕。翛然惠風至，懷此滄浪情。

顏泉

宋 董逌《廣川書跋》卷一〇《顏泉記》 余見李勝作《顏泉記》，昔文姜事姑則異。一日，泉發其居，遂廟食於此。或曰昔李陽冰嘗尉淄川，刻碑廟中，今所書蓋據李監説。余往來求陽冰記不得，其後得破石僅尺，蓋爲礎，或視之，書字可讀。按其説，文姜姓顏，餘與今廟中刻石所記無異。嘗見唐李冘作《集異記》，書文姜事姑以孝謹，樵采之外，汲山泉以供飲。一旦，緝籠之下湧泉，清泠可愛，時謂顏娘泉。李冘所記，後世据之。按，顧野王《輿地志》謂：顏文妻也，事姑感得靈泉生於室内，常以緝籠蓋之，姑出籠，即泉涌居宅，時號籠□水。野王所記，自是當時所傳，李冘以爲顏文姜，誤也。今考地記，淄川爲齊邑，唐武德分於齊郡，而爲州治。當唐陽冰爲尉於郡邑，其事不妄，而謂顏氏文姜，則不得其實。按此水本號萌水，出甲山東北，逕萌山，西注般陽，入于隴下，與齊水合者，萌水口也。不知冘、陽冰在唐世猶不得其水名，而《輿地志》固已辨其出，可無信耶？余修官書，見熙寧中封顏文姜爲順德夫人，當時不知詳考，但据李冘所記，此其失也。

纓泉

明 李濂《嵩渚文集》卷五〇《纓泉記》 滇南之永昌郡，即古哀牢國也，其地蓋有九隆山云。九隆之山麓有池焉，圓若明鏡，瑩若碧玉，空靚渟涵，吐納光景，陰晴變候，態狀倏殊然。其源泉則有九，涌出如珠，匯爲一池。物無遁形，可鑒毛髮，生雲起霏，四時靡涸。相傳以爲有龍居之，故名曰龍池。池之上有臺，臺有亭，昔人扁曰『濯纓』，昭其清也。大行人邵君希舜家世永昌，習觀厥勝，因自號曰『纓泉』。詩曰：『泌之洋洋，可以樂飢。』比者君奉使周藩，乃屬余記之，顧余衰病，愧無以應也。逾月，使事竣，過余言別，且申前請。余乃復之曰：『清之時義大矣哉，宜君之有取之也。』孺子之歌曰：『滄浪之水清兮，可以濯我纓。滄浪之水濁兮，可以濯我足。』孔子曰：『小子聽之，清斯濯纓，濁斯濯足矣。自取之也。』蓋物有貴賤，水有清濁，因水而濯，無紊施焉。寔水之自致耳。《詩》曰：『永言配命，自求多福。』今夫士君子之生斯世也，方其幼而學也，則思潔其志；及壯而仕也，則思潔其官，既老而倦也，則思潔其名。是故終身弗敢一置躬於汙辱之地，惴惴然惟恐浼焉者，亦惟求潔其身而已矣。《詩》曰：『淑人君子，其儀一兮。』君博南名士也，近取諸泉，勵志清苦，茲持節大梁，自廪餼外一蔬弗苟受，王國贐餞悉峻卻之。嗟嗟使君，可謂清也已矣。昔宋趙清獻公閱道，國朝薛文清公德温，并以實行應謚法，士林賢之。君青年登甲科，德業日新，名位日起，行當媲美二公，而永垂清譽於無窮，其有得於斯泉之助，不既多乎。《詩》曰：『伐柯伐柯，其則不遠。』漫書以爲記。

應心泉

宋 賀允中《應心泉記》《赤城集》卷一四 居士賀子忱編茅爲屋，與其孥寓居於天台山萬年禅院之西。地勢爽塏，土脉深厚，植花種竹，日以成趣。惟是水之去人稍遠，而饋餾滌濯之用不足。上有小澗，走以竹渠，則寒月常冰。下有廢井，汲以桔槔，則人力深勤。一日居士齋心炷香，仰首穹靈而祝之曰：『聚族百指，結草而居。上下蔬食，甘苦一律。所需於世者甚薄，而瓢飲之樂，未適其願。昔耿恭拜井而泉溢，王霸濟渡而冰合。雖今昔異時，閒劇殊事，而約已爲衆，有求斯應，誠苟至焉，理則均也，神其吐之乎？』既祝之十日，旱陽驕亢，氣蒸如焚。舍之東北，相去十步，不加穿治，天冽之泉，既潔且豐。其甘如醴，其寒如冰，其澤如玉，其清如鑒。由是，一家之用，不煩人力，而遂給足。衡茅之勝，寖以膏潤矣。山中父老，明日舉相謂曰：『此地無泉，何慮數千百年。君居未久，而浹旬之間，忽於平地湧激靈源，若出造化。如是之敏，是何祥也？豈天啬其實，將有待而出耶？抑時至事契，而適相濟遇也？將以化尼父之雨，以資之後學耶？將以興傳說之霖，而被蒼生耶？不然，則泉源混混，不舍晝夜，胡爲一日而驟至也？』居士曰：『汝無佞予，予將告汝。夫通天下者一氣，備萬物者一誠。我之禱也以衆，泉之應也以心。天地鬼神昭昭然，常在人上，若將閔予而告之曰：「爾家何貧，爾志何清。棄官何勇，樂閒何真。人棄爾取，人疏爾親。處荒山以自適，邈四顧而無鄰。地若有泉而不畀，天下其孰與爲仁。」以吾心如陶潛，故得泉涓涓而始流，以吾心如李愿，故得濯清泉以自潔。吾方將拜天之遺落泉之成，借此之居，以爲斜川、盤谷，求諸文人作賦序以侈其貺，而流其聲，不亦可乎。』父老曰：『唯唯。』居士乃命工甃焉。

雩泉

宋 蘇軾《蘇文忠公全集·東坡集》卷三二《雩泉記一首》 常山在東武郡治之南二十里，不甚高大，而下臨城中，如在山下，雉堞樓觀，髣髴可數。自城中望之，如在城上，起居寢食，無往而不見山者。其神食於斯民，固宜也。東武濵海多風，而溝瀆不留，故率常苦旱。禱於兹山，未嘗不應。民以其可信而恃，蓋有常德者，故謂之常山。熙寧八年春夏旱，軾再禱焉，皆應如響，乃新其廟。廟門之西南十五步，有泉汪洋折旋如車輪，清涼滑甘，冬夏若一，餘流溢去，達于山下。兹山之所以能常其德，出雲爲雨，以信於斯民者，意其在此。而號稱不立，除治不嚴，農民易之。乃琢石爲井，其深七尺，廣三之二。作亭於其上，而名之曰雩泉。

古者謂吁嗟，而求雨曰雩。今民吁嗟其所不獲，而呻吟其所疾痛，亦多矣。吏有能聞而哀之，荅其所求，如常山雩泉之可信而恃者乎。軾以是愧於神，乃作吁嗟之詩，以遺東武之民，使歌以祀神而勉吏云。

吁嗟常山，東武之望。匪石巖巖，惟德之常。吁嗟雩泉，維山之滋。維水作聰，我民所噫。我歌雲漢，于泉之側。誰其尸之，涌溢赴節。堂堂在位，有號不聞。我愧于中，何以籲神。神尸其昧，我職其著。各率爾職，神不汝棄。酌山之泉，言采其蔬。跪以薦神，神其吐之。

又卷八《留別雩泉》 舉酒屬雩泉，白髮日夜新。何時泉中天，復照泉上人。二年飲泉水，魚鳥亦相親。還將弄泉手，遮日向西秦。

清 莽鵠立《山東鹽法志》卷一二 雩泉，在諸城縣常山上。蘇軾知密州，禱雨於此，有應，因名之。近信陽場。

玉簾泉

紀事

清 黄永年《南庄類稿文録》卷二《游玉簾泉記》《国朝文録》 自歸宗寺折而北百四十五步，望玉簾泉隱隱數峰間如帶。逕石磴梯轉，下臨絶壑，左倚峭壁縮行，將至半里許，聞澎湃聲與松濤相亂，逕益嶮仄，壁凌起若將排人前後，屏息下至石橋，即泉經流處。再上經廢石閣折而出，二巨石相持塞谷口，游者傴僂出其竇。谷崖削起千仞，瀑從崖頂騰空奔注，白氣倚天立，山腹石突起，衝擊之，大聲轟撼，凹者箭溜，凸者激涌，跳沫噴雪，翻落於盤石，數跌始注爲池，渟泓湛碧，溢別澗，嘈嘈下山而去。餘閃電者，蚯蚓結者，屋霤者，着藤蘿上滴滴掛珠者，同游大叫奇絶。高子上則即池石上磨墨爲詩云云。余賞其語，坐池石再歌之。吾廬陶先生笑曰：『昔東坡以黄巖瀑、三峽澗爲匡南二絶，惜未見此，今乃眞三絶矣。』僧魯庵言，此經秋勢殺已半，若春時，河懸渤立，風雷曉夕震陵谷，雖好奇之士莫能即。日脚倒射，瀑氣垂虹，色五采奪目，是日晦，無有。潭右有石穹覆下，視疑將壓，上廣平可坐百許人。望泉益暢，乃汲潭煮茗飲之，泉味甘冽，坐久寒氣襲人，各增衣而下。

余披匡廬圖志，見昔游者無不競羡谷簾，好事者或載其泉以往，毋亦陸羽品題之故。以兹泉之勝，没於荒崖僻嶮，近六七十年，始有聞於世，而亦無爲刻肖其奇者，益以見兹山之博且奥。經千百年尋幽探勝，屐履之所經，尚有所不能盡。

是游，吾廬先生從游，陶大兄勤三同上，則俱有詩，而余記之如此。同游僧魯庵并童僕五人。泉源發金輪峰頂，下澗爲鸞溪，遶寺側。鸞溪

玉泉

綜述

明 陸深《儼山集》卷五四《玉泉記》 歙之潛川，玉泉在焉。潛川之汪，歙著姓也，而舊一樂翁者，汪之彦也。翁故有行誼，嘗思以利澤其一鄉人。歙據江南上游，黄山其鎮也。潛川依山，厥維高亢，齒聚繁衍，每秋夏之交，民實病汲。翁所居之左，泉發地中，涓涓不絶。翁顧而樂焉，曰：『兹鄉之利澤，庶其在是。』乃疏導之，匯而爲泉，往來井井，厥有利哉。歲既久，漸就堙圮，翁之澤幾微矣。翁之孫維翰鍾情其地，喟然嘆曰：『兹惟一鄉之利哉，兹惟我祖之志哉。夫利有弗廣，非仁也；志有弗承，非孝也。汪之宗又安用維翰爲？惟仁惟孝，實維翰之責也。』於是募工伐石，深鑿而堅甃之，視昔有加，而泉遂澄泓淵澈，厥維永永，潛川其利哉。泉色潔白，味清冽甚，淙淙然有聲若鳴珮環，甚可樂也。維翰遂以玉泉聞，人稱之曰玉泉子。問來請記，余告之曰：玉，天下之至白也。泉，天下之至清也。記曰：君子比德於玉。孟子曰：源泉混混，不舍晝夜。復以比德焉。汪君其尚有取於是哉？雖然，玉，天下之至貴也。泉，天下之至多也。人之情得無惑於難，得而忽於近且易哉。然玉之用，虚而泉之，用實以其至貴，麗於至多，合而一之，則天下之利澤其有窮哉，何特一鄉井而已，此汪君之志也。惟仁人惟孝子，汪君其尚勗哉。乃斂衽起謝，曰：玉泉之義大矣，維翰不敏，敢敬承君子之教，請書爲記。維翰，字宗臣。倜儻好禮，越國之後，蓋故家文獻云。

紀事

明 劉球《兩溪文集》卷四《游玉泉記》 玉泉之游，非佚游也，詞林諸寮，欲爲編修蕭君孟勤盡一日之觀，以壯其榮歸之行也。適上巳之辰，編修與儉安簡主静邀孟勤會，予與修撰中規、檢討廷器偕行，以編

者，佛印於此以擬虎溪云。

（光緒）《江西通志》卷六〇 玉簾泉，在星子縣石鏡峰下。相傳迷失草間，闢之者歸宗寺僧蠡雲也。旁建小閣，曰觀泉。由歸宗寺至玉簾石路甚滑。

藝文

元 趙孟頫《松雪齋集》卷五《玉簾泉》 飛泉如玉簾，直下數千尺。新月横簾鉤，遥遥掛空碧。

元 袁桷《清容居士集》卷一三《玉簾泉》 截玉作明簾，不知簾外事。應有碧眼仙，隔簾見人至。

清 彭士望《耻躬堂詩文鈔·詩鈔》卷六《玉簾泉》 平波水最文，胡然此直下。風霆散烟霜，懸空遍飛灑。小墜疑噴沫，大鳴輒震瓦。掩映蒼崖間，蜿蜿白龍下。牙爪勢翻騰，鱗甲光閃射。中更裊游絲，石隙數行瀉。玉簾古所名，杼軸何人者。我來六月時，尚覺毛孔乍。獨與宋子觀，低徊不能捨。坐石頗宜人，亭臺費丹赭。山僧飯雕胡，茶亦松蘿亞。匡游始歸宗，不嘆久停駕。意與高寒親，宜乎好者寡。

清 方文《嵞山集》卷五《玉簾泉》 古寺雖云麗，微嫌宦者風。我趨山澗外，人語水煙中。絶壁分青靄，飛泉宛白虹。老僧差不俗，結搆在巖東。

清 陳大章《玉照亭詩鈔》卷一一《巢雲集下·玉簾泉》 懸巖倒瀉三千尺，噴沫飄絲聚一門。玉女窗中飛有影，水精宫外落無痕。日酣石氣千林赤，風勒潮音萬馬奔。携得茶鐺閒試水，經時兀坐冷吟魂。

清 胡承珙《求是堂詩集》卷七《結秀集·玉簾泉》 古洞春深瑶草熟，鏤玉成絲織寒緑。曉雲漠漠張素空，片瓊碎戛聲丁冬。銀灣畫隔紅塵斷，洞天福地無人管。青鸞縛尾掃落花，燕子歸來簾不捲。

修元玉未至，候久之，意其必有所妨，遂發騎從西城出，行六七里，猶皆以缺元玉爲念。俄於廣源閘見二騎立水北，乃元玉。得武臣導，從別徑至，爲之大喜。

沿流行十數里，抵西湖，湖中蒲荇，郁郁皆春，禽鳥蝦魚，飛潛自得。湖上草木方萌拆，而奇峰秀嶂，蔚然翠黛，交輝水疇，亦有耕者。且行且觀，盡湖東涯，至昭應廟下馬，憩松栢下，出茶餅啖之。北行渡青龍橋，有老人年八十餘，家橋西，迎入，奉蜜湯，因即其地，置酒各盡数酌。西折而達大功德寺，寺前有古臺三，久不屋矣，而廉隅尚整。相傳爲金元主幸故所，謂護聖寺，時更衣處也。寺門内有碑穹然，乃宣宗皇帝御製始建今寺文，衆聚觀之。僧右覺義雪峰率徒來候，且導入殿，閣門廡皆極壯麗，肅至方丈具素膳，爲禮甚恭。既別之，玉泉泉湧出池中，而注之湖，其清可掬，其温可濯，其甘可飲。其上有亭可風，乃環池取水以自潔，升坐亭上，柔風四來，餘垢盡滌。僧復携茗來獻，茗畢張具，余七人以次酌孟勤，孟勤酬亦如之，衆復相酬，因取詩來遊來歌，以矢其音八字爲韻，分以賦詩。雖無流觴曲水，然臨清序坐，以觴以咏懷，亦甚暢。自玉泉遵湖西涯行一里餘，將折而南歸，遥望靈應觀，棟宇隱隱出樹林中，皆欲造焉。獨孟勤引騎行不顧，衆皆挽之。辭曰：『吾醉矣，姑留此再遊，以相樂也。』即爲之罷歸。途過普光寺，僧群然出迎，亦不能爲之留。至城門已闔半扉，抵家夕矣。因坐而思，京畿之盛在西湖，西湖之盛在玉泉。湖之作，本于泉，而爲利于畿内也，有自來矣。自唐失馭是方，遂爲戰鬥之場，五代以後，中更遼金，南北隔絶者，將百年矣，孰敢一投足其間以覽其勝耶？元雖一天下，而士大夫得爲玉泉遊者，猶未幾人。今其山川景物，乃得數蒙衣冠駢集而寵臨者，不偶然也，聖朝之賜也。雖然，予前六年嘗爲是遊，當時館閣同行者十人，今爲孟勤往，則向十人中獨予一人與焉，餘皆不在職矣。豈惟予哉，諸君遊亦出於再，而亦多非故侶，則吾儕之足迹，得再及於玉泉之境者，亦不偶也。斯文之幸也，合二不偶而揆之，其大小雖異，其有感于予心一爾已。而諸君録所賦詩，且囑予記，因述其實，而附以所感期，與諸君無忘是遊焉。

明 袁中道《珂雪齋集·前集》卷一四《游玉泉記》 出當陽城西，跡重阜，見諸山矗負象峙。而其中一峰尊特竦秀，氣宇如王，妍美如冠者，即玉泉山也。其上時有異氣，非烟非霧，如兆羅縣，與諸山特異。山以泉得名，故二十里外即得泉，爲入沮道，皆莽莽修澗。至已公嶺下，西泉之水繞度門而出，會于玉泉。其水較洪，岸畔多石，水始汩汩有聲。從此兩掖多坦迤之山，泉出其左，游人不復與泉相捨，時見磚埒，皆先朝所修馳道。近寺得嶺，如龜背起，村市駢列，逾此如一寶，諸山左右障，泉聲始厲，嚙右壁半落，如赤霞。左爲諸山窮處，得圓阜，以積鏐冶窣坡其上。中如永巷，是謂寺門。入門，泉自東來，帶寺有危橋，正殿依山如屏，兩峰袖遶，上有智者道場四字，黄太史筆。昔智者從天台歸荆州，登紀山，望當陽山色如藍，上有紫雲，輪囷如蓋，遂杖策孤征，過玉泉，至青溪，欲建道場。意嫌迫隘，遂還玉泉，止金龍池，趺坐枯樹中，致關公皈依，冥建福庭，湫潭千丈，化爲平址，棟宇焕麗，巧奪人目。昔王遵立水，匏子堤完，眞主應運，滹沱冰合，世法猶然，况人天眼目百靈護持者乎。當時尺一有事出神心，理應望表語，而畫家亦傳關將軍起玉泉圖，良亦有以。其後北秀復居此地，天后作檀越，金榱玉題，侔於鬼工，是固一時也。宋明肅劉后蜀人，少隨其父入都，過此僧，慕容禪師見而異之，爲之禮。及撫育仁宗，正位長秋，大加護持，重爲嚴飾，是又一時也。浸至近代，僅存一殿，欹側欲顛。迹公居度門，傷其荒蕪，有志繕修，北走神京，大開講肆。時黄平倩及予兄弟三人過之，迹公言及此寺，幾欲墮淚。於是平倩、中郎各草一疏，不盈一朞，宫府朝野，金錢麕集。其始終營綜，中郎極爲苦心，今遂焕然復還舊觀。雖不同當時之靈秘，亦大有異緣。山後一壁，舊多喬木，作殿時伐以資用，正如剪髮纫衣，甚可悼惜。近禁采厘年，穉松嬌姹，能增黛色。寺址固龍湫也，雖累土爲基，今尚如珠在函。拾級登後山，始可瞰遠，尚存大士閣基。夫殿不毗陽，以含冲氣，閣不毗陰，以矚原隰，闕一不可，姑待來者。殿左有吳道子畫大士碑，作天男像，衣褶最古。殿右爲藏經閣，尚方新頒，金叠爛然。左右各一池，清泉從殿後出，匯爲池，注于玉泉，或云那伽之宫在焉。故一山皆泉，甃之以種芙蓉最佳，相傳即金龍池。出護世殿，得前橋，復與泉遇。東行二百餘步，爲乳窟，窟中石作珂色，懸乳如蠟淚。前一壁如幻霞，玉泉之水，嚙其根而復出，時作壯籟。其絶壁有坎相當，云前人穴以架閣，下隱隱有字盡駁，予謂是張孟及元微之所書，自可惜。若是俗筆，能疥烟霞冰霜苔蘚，亦大解意。憶元微之游此山詩云：松門接官路，則當時官路原在門外。曰泉脉過僧房，則當時僧房正對清泉，流水周于户下，光景可想。今重墻圍褁，惟恐見泉，乃知塡蟬翼帖覞方竹杖者，何代箴有。過洞兩崕多石骨，較狹，屢以石丸，渡至響水潭，有巨石亘溪中，去地丈餘。泉從石墜，忽作大聲，墜而復躍，激爲浪花，濤雪沾濡衣屨。山行稍倦，童子以蒲團，從坐泉上。稍瞑目，疾雷破山，急雨隨之，大似振秦皇帝驅山鐸也。過此兩崕愈狹，雷泉以出，石骨爲泉所蝕，作篆籀文。乃捨溪復上山徑，至關侯廟前，水始寂，是謂泉源。過橋撫掌，皆如珠串上沸。侯所封當爲漢壽之亭侯，而宋紹興中，洞庭漁人網得一印，文爲壽亭侯印，不知何故，豈唐宋間不識字人作贋物，以入神廟者耶。廟外列名人詩碑，依稀見張孟等字，不暇讀。去廟數十步，泉聲甫寂，而石浪逼人矣。道有二：其左即走蠶叢道也，其右往智者洞，諸嶂圍之，從一罅入，如花源道旁，怪石磊磊，色或如墨如烟，可坐可卧，其立而欹者，下可逃雨。右嶺上爲宋修傳燈録院，今廢。又里許，至智者庵，旁爲智者洞，石理甚堅，若夏屋。洞下有井，與大江爲盛衰，春水漲，通於玉泉爲洪流。緣洞後登山，石欹不受足，屢跲，至一處稍夷，即朝曦閣舊基。萬山層叠中，忽見山口，近林遠水甚暢。迹公以予議復之，以祠中郎。覺孤危難住，下至智者洞，右得少平地，乃喜曰：蘭若在是矣。相與少坐洞中。予謂迹公曰：此地似于吾邑人有緣。蓋智者亦公安人也。智者俗姓陳，父名起，祖梁封益陽侯，居公安，以公安即舊華容地，故亦曰華容人。有二子：長曰鍼，次曰道光。道光即智者。其母夫人釜鬵在公安牛頭里，今猶稱聖母塔，旁有智者所建報恩寺。其爲邑人無疑。若祠中郎于此，則信乎與邑人大有緣矣。尋舊路歸，復於乳窟看月泉，得月如一溪濃雪，晚宿於講經臺。

明 袁中道《珂雪齋集・前集》卷二〇《書游玉泉記後》 萬曆乙卯夏，同數僧游玉泉，沮、漳水暴至，舍舟而陸，住紫蓋一宿。走山上，雷雨大作，溪水暴漲，不得，過宿一民家。猪狗牛驢，臭穢之氣莫當，一夜捉鼻而坐。明日走泥塗中，從行人皆跌地欲哭。午，始至度門。此地去郡兩日程耳，游者艱辛萬狀，乃知游山亦非易事。王逸少戀岷嶺而竟不得往，有以也。

藝文

宋 董弅《嚴陵集》卷四《玉泉祈雨》 南州富瀍射，萬壑縱奔瀨。茲泉一何高，敻與寥廓對。邈非猿鳥到，迅恐巖磡碎。霜落天地清，玉立江海外。人區未蒙澤，蛟龍茲有待。淺石諒難渟，當與雲漲會。

又《同孝叔游玉泉》 石磴松陰一化城，泉源疑透古瑶京。僧知到耳此根静，客來洗心諸慮清。星紀祥光重壁合，星紀：呉分辰緯所聚，太初曆起此。藍田霽色暮烟生。小説玉烟最直李義山，藍田日煖玉生烟。呉子華亦曰，玉烟絶此根滅。潺湲似識君將去，相送出山多別情。

宋 施樞《芸隱倦游稿・玉泉》《江湖小集》卷二三 水迹無增減，從知地有靈。群魚潛異窟，一芥納滄溟。濟隱新留咏，超師舊講經。聖時調玉燭，龍睡不須醒。

元 張之翰《西巖集》卷六《上巳日游玉泉呈劉侍御》 十五年來走鳳城，玉泉今日一經行。湖光與世淡無味，山色向人濃有情。物外是非元自少，眼前寵辱不須驚。詩成莫訝怱怱去，恐被山僧問姓名。

明 楊士奇《東里集・續集》卷五九《時彦行儉習禮入山觀玉泉想見佳致故作詩奉寄》 萬頃西湖一鑒澄，玉泉淠沸瀉泠泠。昔年兩度游曾遍，此日三賢興共乘。石畔漱流仍命酒，山中瀹茗定逢僧。從知登歷多高咏，還對蒼崖第幾層。

明 邵經邦《弘藝録》卷八《玉泉》 泉源無盡日，宇宙未閑身。共識天根碧，誰觀海島塵。雲披波底石，風静月中巾。自結宜僧社，千篇各異人。

明 袁中道《珂雪齋集・前集》卷八《初至玉泉晤無迹》 盡謝紅塵事，來尋白社盟。區中潛寶契，人外有交情。水月非凢色，松風豈俗聲。法門最小弟，不用過溪迎。

清 施閏章《學餘堂集・詩集》卷三三《偶得玉泉水試敬亭緑雪茶》 渴比玉川子，茶思桑苧煎。今朝烹緑雪，山客餉清泉。甘露初嘗日，秋蘭未放前。官閒饒勝事，心賞向誰傳。

清 田雯《古歡堂集》卷一一《玉泉》 玉泉蠟屐遠相尋，谷口漸聞流水音。雲起直籠山四面，瀑飛倒瀉樹中心。稻畦甲坼春前雨，菱沼聲浮水面禽。高唱滄浪一搔首，諸峰縹緲碧烟侵。

玉髓泉

宋 林岊《玉髓泉記》（雍正）《廣西通志》卷一〇九 磐石之石，湘之奇石也。磐石之泉，湘之奇泉也。由東西徃來者，水浮湘江，陸逕磐石。而磐石之下，亦有江流，則螺江也。螺江之岸，修平如帶，湘山右據，峥嵘超突，十步一巖，五步一竇，層見覦棄者，磐石之石也。生於洞穴，覆以嵚嵌，色青味甘，響摇江潭者，磐石之泉也。

余比政暇，嘗游斯境，喜而徘徊。瀹流尋源，循涯導津。有溜而潤，有溢而盂，有澄而泓。覺粹精之混融，飲一瓢以自適。因舊址爲亭，據衝要，領晴暉，坐挹江光。石乳留照，徜徉左右。拾騷吟於林壑，訪釣隱於烟波。超然忘歸，葢逸興之四集也。

客有踞泉上問：余家閩會，巨濤沃日之紅，澄瀾際天之碧，既倚巖而熟睨。歷江淮，抵燕趙，太行之峻特，黄流之奔猛，抑又接於心目。乃愛是焉，何也。

余曰：泉亦多愛矣，有海泉，有淵泉，有山之泉，有井之泉，有谷之泉，有石之泉。原泉混混，不舍晝夜，盈科而後進，放乎四海。海也溥博，淵泉而時出之淵也。險止亭行，山也。洌食寒泉，井也。谷之泉，唐人所謂振鷺之瀑。石之泉，漢人所謂太山之雷，晋人所謂涓涓始流是也。今斯泉生斯石，無一點塵雜氣。又當楚粤之通衢，瀑容井德，毓山之趾，出知所適，三江會同，淼然湖海，湘中號之第一。此固余之所甚愛，而思與往來者數也。

再來泉

元 貢師泰《玩齋集》卷七《再來泉記》 杭州三天竺名天下，而下竺尤奇勝。晋慧理法師所謂靈鷲小朶峰飛來者，即茲山也。山之西崦有泉，側出巖竇間。下被草石，纍纍如貫珠，故名纓絡泉。亭其旁曰香林，久癈不治。至正四年，行之安法師來主寺，乃復葺之，具甃方池，接竹引泉，以供食飲，甘美殊絶，用之瀹茗，味不在無錫恵山泉下。後十年，行之退居草堂，泉亦隨涸。又三年，丞相康里公選於衆，起季蘅若法師於越之雲門。既至三日，與其徒方舟登斯亭，扣巖而祝曰：『泉得再來，庶徵吾緣乎。』越五日，方舟過焉，泉果涌出。因走告其師，率諸僧往視之，罔不驚駭贊嘆，以爲山川之靈，而季蘅虔篤之報也。

明年冬，予以休沐入山中，有僧照庵邀坐亭上，具白其故。照庵苦行超卓，知其言之不妄矣。顧惟茲山近接人境，非若窮巖邃谷，幽絶險阻，可以詫神變滋幻化也。然自慧理一呼，白猿躍出。其後若三生之石，静覺之梅，重榮之檜，靈異迭見。而泉今再來，亦何奇也。或曰寺之興廢，於泉盈縮驗之。予曰不然。聖王之世，山不童，澤不涸，甘露醴泉，莫不畢至。茲泉將爲國家休禎之符，豈徒係一寺興癈而已哉。時雖樂記之，而寺僧固未之見，及予以使事留海昌，方舟始來徵予文，遂書以歸之。

趙公泉

綜述

元 魏初《青崖集》卷三《趙公泉記》 趙公家世將種，在金朝，父、祖、昆季咸有戰功，死王事者數人。公幼業儒學，不窘侷章句，卓然以遠大自期。上在潛邸，公與廉、趙、姚、張諸人偕入扈從。主上龍飛，詔公宣撫陝西、四川等路。朝廷草創，百度未偹，况西南，國都之門，所以蓄内釁而啓外侮者，人莫不以爲懼。公至，具言天子聖明，宣布渥澤，以恩以威。雖以杞子、逢孫之黠，悉縮脰於彀，而莫我敢發，卒致内外帖然，使主上無西顧之憂者，公之力也。由是，公之名重天下，將謂謨謀廟堂，佐天子，出號令，旦夕可冀矣。公乃中流勇退，買田，以泉石自娱。得古夏侯氏之地，在長安韋杜之間，負少陵而揖終南。雲烟竹樹，錦綺錯綉。四時朝暮，光景萬狀。昔人所謂輞川之鄉社，桃源氏之别墅者，正在此也。初，公既得卜，乃引東澗之泉，以溉蔬藥，以供庖丁之用。又鑿池，植菱、荷，養魚數百尾。每四五月之間旱，輒細流淙淙，僅濡石齒而已，則所謂小有江湖之興，爲之索然。用是，瀕北崖以鑿之，有泉湧出，如隙光，如匣劍，砉然清泠。曆引而南，由書院，由蔬圃，由堂，由池，隨所用而之焉。當暑潦方漲，亦奔湧湍漣有聲，舞盤渦而蹙輕浪，甚可愛也。及其風定烟收，澹如醁醽，雖云智者之樂，而禪僧野客亦有所慕焉。公時屐履其間，居人望之若神仙焉，因以趙公名之。初謂古人以人取名者多矣。如柳子厚之袁家渴，蘇潁濱之君子泉，皆是物也。夫其以袁家名渴者，必袁氏之有主乎渴也。以君子名泉者，必其神之有類乎君子也。今士大夫以公名是泉，公亦以泉受是名，其必有説也。士大夫之説，余能知之。謂公嘗少攄底蘊，而秦中百姓至今歌舞之。使其執大柄，輔大政，其潤澤天下也必矣。庶幾公之後出得若是泉，以平天下之欹坎，以潤天下之枯槁，以流天下之穢惡，以鑒天下之妍醜，此其所以望於公也。然公得是名而不辭，不能無疑，因以詰之。公曰：『余以丁内艱，廬丘隴，朝夕哭踊。比得痺疾，自分閑退久矣。然所以自治自勵者，奚可少息。余觀夫泉之就下不争則似謙，不幾於顔子之不伐乎？盈科而進則似約，不幾於曾子之養氣乎？蹈險不疑則似勇，不幾於季路之有爲乎？源泉混混，不舍晝夜則似道，不幾於君子之自强不息乎？古人盤盂有銘，几杖有銘，若韋若弦，皆所以自厲也。余之得是泉而喜之者，亦將以是自銘也。不然，則役於物而急於名，是以巧智自私，余不敢爲也。』初謂，泉，一也。士君子得之，而所以期公者如此，公得之而所自守者如此。然則君子之所以必觀，與夫觀之之有術者於是爲益信。公諱良弼，字輔之。本恤品人，家贊皇者四世矣，今占籍於兹焉。

藝文

元 胡祗遹《紫山大全集》卷六《趙公泉》 泠泠清瑩細涓涓，灌徹園蔬到藥田。抱甕澆畦慚我拙，發源成委羡君賢。静留明月浮丹桂，深鑿方池養碧蓮。石爛海枯千萬祀，佳名才喚趙公泉。

趙侯智士喜流水，自親畚鍤開雲根。源高潤下恩波遠，勢阻宅憂地脉尊。不用桔槔忙俯仰，肯隨杯勺便清渾。等閒只放潜蛟勢，只恐雲雷半夜翻。

元 王惲《秋澗集》卷一六《趙公泉》 故侯植杖得新泉，寛鑿方池漲碧瀾。恐泛落花歸别澗，要傳清響入幽弹。竹根漱泠縈林曲，蔬圃澆餘到藥欄。已與山中留故事，一泓難着老螭蟠。

元 魏初《青崖集》卷一《趙公泉》 趙公智者流，樂水性其天。居人慕公義，以公名公泉。巉巉石齒作細穿，引渠厨屋清涓涓，西鋆東鍤各有用。門前半溉桑麻田。微雨乍添春蕩漾，輕風細蹙秋淪漣。行潦之水無根源，豈能逝者如斯川。泉石之娱君實賢，我意愛君或不然。東甫妖氛今未已，要君倒卷黄河湔。

竹泉

明 顧清《東江家藏集》卷二一《竹泉記》 杜君以芳，家城市而志在山林，於聲利泊如也，而尤愛清泉與修竹。境與心會，輒流連徘徊，移日不能去。顧世業軒岐，以活人爲事，老癃羸瘠，候其門者無虚日。高門貴家，長舟巨榜，越江湖而迎致者，迹相接于途。日出而應之，至暮不得息。一出，或逾旬乃還，雖欲流連徘徊一日於其間，不可得也。有好事者知其然，爲鑿地以潴水，舁美箭以遺之，植之其傍，累石以暎之，指而謂君曰：『此亦竹泉也，而奚山林爲。』君顧而樂之，舉酒屬客，撫楹而歌曰：『緑竹之猗猗，蔭彼清渠。昔不可望兮，今在吾廬。吾與爾好兮，終吾生以無渝。』於是衆起而謹曰：『竹與泉，既君有矣，宜呼爲竹泉君。』君亦受之不辭，以稱于縉紳。縉紳咸樂而詩之，則以告于予，俾爲之記。吾觀天下之物，無小大皆必當其分，而後乃得而有之。丹崖翠壁之間，清流曲澗之側，樵童野夫荷擔操斤，終日游而不知其趣。岩廊通顯之士，乃或望終南而悵，人事之違，何者非其分也。是故角而馳者齒無，上翼而飛者兩其足，食有熊掌者不可以兼魚，士之出而縻于時，則山林之樂，有不得而專之矣。有如以芳，韜光潛馨，遠迹朝著，韓伯休、陶弘景之徒也。徒以術在生人酬對靡間，則雖其所甚樂，若樵童野夫日游而不知者，亦不能以自遂焉。至假人力經營，以移易其耳目，陶冶其性靈，以慰其所不能忘者，而士大夫且侈而歌之，于此見古之至人爲不可及。而嬰情軒冕往不知歸者，其視此又何如哉。予也山林之士也，知物之不可兼而且出焉，未有裨于人而凛乎，其有之失也。故於以芳事，深有感焉。遂書以復之，而并以自勵。

卓錫泉

綜述

宋 唐庚《唐先生集》卷八《卓錫泉記》 人之精神，亦何所不至哉。揮戈可以退日，搏膺可以隕霜，悲泣可以頹城，浩嘆可以决石，而況於淂道者乎？諸妄既除，表裏皆空，一真之外，無復餘物，則其精神之運，又何如哉。吾遊羅浮至寶積寺，飲泉而甘。寺僧曰此卓錫泉也。昔梁景泰禪師始居此山，其徒以無水難之，師笑而不荅。已而庵成，師卓錫於地，泉湧數尺，自是得井山中，迄今賴之。知水者以爲甲於嶠南，而自梁以來，未有記其事者。夫師之爲人，誠不可得知。然吾聞世間萬有，皆心想所生。古之孝道，未有不用定慧得者。定則深全，慧則流通。以深全流通之精神，而致吾心想中物，如父之使子，君之使臣，有必得之勢，其見於此者，特未足多也。或曰：前世之士，如李廣利、耿恭之徒，皆功名進取之人，以成敗得喪爲心，其精神之富，不踰常人，而喑啞叱吒，飛泉爲之湧溢，與師無異，此何理也。曰：二人者，皆一時貴臣，左氏所謂用物精多，至於神明。方其困於絶域之，感奮激發於萬死一生之時，其用意至到，與精進一體。唯其出於一切之誠，而無定慧之素，以故得之艱勤，非若師之頤指目使，既捷而且逸也。嗟乎，事之不立也，我知之矣。志意耗於思慮，聰明流於視聽，則精神所感，不行於父子兄弟之間，而尚何有於物。苟能全吾之神，則雖山石之堅，水泉之柔，雍容談笑之間，堅者可使闢，柔者可使激而躍也，而獨不得之於人乎。吾是以知天下之事，凡物盡有然者矣，而亦無不可立也。年月日記。

藝文

宋 朱翌《灊山集》卷二《南華卓錫泉復出》 竹龍銜尾轉山房，飲足寒清滴夜長。曾問鞠窮目眢井，爲焚安息坐胡床。千山從此俱蒙潤，一綫纔通未可量。六月炎方了無暑，誰知世上有清涼。

明 李培《水西全集》卷五《卓錫泉》 争端在衣鉢，早已付南能。卓錫泉奔杖，神通駴衆僧。

明 鄧渼《留夷館集》卷二《卓錫泉流觴》 觱沸珠徐湧，瀏亮玉方絃。枕流非藉石，拍浮寧待船。緩觴有急溜，飛觥無停漩。眩轉疑若注，沿泛夂方前。已歡泉似酒，遮莫酒如泉。

明 曹溶《静惕堂詩集》卷一八《卓錫泉》 萬仞雲林道，窊中見碧流。罅寒分瀑細，影静照禪秋。暑熾清難减，沙澄味獨優。南天兵躪後，勝迹許僧留。

紫泉

綜述

明 烏斯道《春草齋集》卷六《紫泉記》 鬱林西南，去郡治一里所有一石，高不踰丈，狀若於菟，瓌奇清怪，青質白理，旁有二竅，上下遠近，相去僅十寸，上者廣一尺有咫，修倍之。巵匜其形，缺一隅，水瀉缺閈，琤琤然。下者陰黝如圓井，圍四五尺，宛轉斜下，有梁可數寸，泉自井中横出，觱沸不已。逾梁下，盤旋泓澄，清而甘，衍於中而汰於外。二竅皆淵深靡測，夏冽而冬温，雖旱暵不竭。其源出自郡北三十里之寒山，溉田餘萬頃，郡人謂昔有以白金之杯取水寒山，杯湛而失之，後於此竅浮出。又好事者植一小碑石上，泉立止。去是碑，泉出如故，意者神靈所窟宅也。趙宋時，有太守善於政，泉爲之紫者數日，尤怪矣。太守之名失其傳焉，爲可恨耳。且有大江横於前，層巒邃壑，邈乎森列，尤增觀是泉。同知州事仲威倪侯愛之樂之，視故有亭址泉上，爲復構一亭，暇則携父老往焉。顧瞻徘徊，滌煩就清，而不能去也。舊雖有名未稱，因更名曰紫泉，志其實也。一日侯徵記於余。余曰：三才一氣也，爲政之善否，山川之氣，亦隨而變焉。鬱林雖居南僻，苟爲善政，泉流且變，民俗其有不變者乎。侯命名若此，既不没善於前，又以垂戒於後，用心淵矣。余記之宜也。

藝文

清 朱灝《畫亭詩草》卷六《緇塵集二·紫泉曉發》 夜雨浥輕塵，春原洗芳樹。今朝紫泉水，添得三尺注。候風烏争鳴，識道馬暗度。赫然太陽升，萬物出霾霧。

清 顧宗泰《月滿樓詩文集·詩集》卷二五《紫泉在新城縣東北，明胡廣詩「南接雄州北涿州，紫泉出郭向東流」，是也**》** 仙宫高傍碧宵天，此夕龍旗駐紫泉。舫室屏山春水上，椶亭竹埭曉霞邊。皆行宫各景名。溟濛黛影林中岫，平遠青痕花外田。知是皇情欣茂對，盡教妍景入瑶篇。御製有紫泉十咏。

清 謝元淮《養默山房詩稿》卷一七《東山集·紫泉微香閣**》** 一泓涵静碧，何處流聲喧。潺潺伏地底，潛通别有源。下出匯井渫，泠泠不可渾。即兹堪悟道，折擔已鈍根。下流爲翠峰悟道泉，天衣禪師汲泉供衆，折擔悟道於此。掬泉濯我手，星斗看醉捫。

塘部

概説

題解

元王禎《農書》卷一九《農器圖譜・水塘》 水塘即洿池也，因地形坳下，用之潴蓄水潦，或修築畛堰以備灌溉田畝，兼可畜育魚鼈，栽種蓮芡，俱各獲利累倍。大凡陸地平田，別無溪澗井泉以溉田畝者，救旱之法非塘不可。夫江淮之間，在在有之，然官民異屬，各爲永業，歲收産利，誠用水之多便者。詩云：『自是江淮地利同，預潴塘水助吾農。一泓積潦能施潤，數頃良疇儘可供。頓使稻禾無旱涸，更教魚鼈足涵容。年來無闕重修築，都水田官不爾慵。』

明徐光啓《農政全書》卷一七《灌溉圖譜・陂塘》 陂塘，《説文》曰：陂野池也，塘猶堰也。陂必有塘，故曰陂塘。《周禮》以潴蓄水，以防止水。説者謂潴者蓄流水之陂也，防者潴旁之堤也。今之陂塘既與上同，考之《書》《傳》，廬江有芍陂，潁川有鴻隙陂，廣陵有雷陂、愛敬陂，陽平沛郡有鉗廬陂，其各溉田大則數千頃，後世故迹猶存，因以爲利。今人有能別度地形，亦效此制，足溉田畝千萬，比作田圍，特省工費，又可畜育魚鱉，栽種菱藕之類，其利可勝言哉！

又 水塘即洿池，因地形坳下，用之潴蓄水潦，或修築圳堰以備灌溉田畝，兼可畜育魚鱉，栽種蓮芡，俱各獲利累倍。大凡陸地平田，別無溪澗井泉以溉田畝者，救旱之法，非塘不可。夫江淮之間，在在有之，然官民異屬，各爲永業，歲收産利，誠用水之多便者。

清 張宗法《三農紀》卷九《堤塘》 周公之治水也，築堤以防水患，鑿塘以收水利。

論説

宋 李綱《梁溪集》卷五三《乞修復塘濼舊制札子》 臣契勘塘濼深不可舟，淺不可涉，限隔戎馬，實爲國家永遠之利。緣塘濼有蒲、魚、稻田，自來係屯田司勾，管以修治堤防爲名，其實以充私用，往往放洩塘水，營利自豐，漸令塘濼湮廢，不足限隔，深失祖宗之意。今來新開塘濼，皆係民田。伏望聖慈特降睿旨，下河北路轉運司相度會計，一歲所修堤防之費，量自轉運司及朝廷應副，不許種植稻田，其蒲、魚之利，許小民采取。庶幾塘濼漸復舊制，而沿邊貧民蒙被陛下德澤，實爲大惠。取進止。

元 陳櫟《定宇集》卷一一《修築貯水塘疏》 伏以復鴻潦之波，兆朕應繇黃鵠。灌鱗圖之畝，修築須頒青蚨。惟茲延充塘，素爲亢歲備。中因廢弛，久莫支吾。是以當炎官火傘之張，欲救禾苗焦卷。此乃類海洋尾閭之泄，惟見泉脉乾枯。枉怨天時，坐失地利。今將效璧浮圖之起廢，其可令巧媳婦之擎空。期協衆心，會增舊製，加塍圍白虹之隱隱，儲水灔綠鴨之粼粼。弗爲胡成，有備無患，凢今番出費之户，即他時承溉之田。詳具于前，幸題于左，畚若雲，杵若雨，興工行見一新，稼如茨，庾如京，獲利定應十倍。

明 徐光啓《農政全書》卷三《農本·國朝重農考》 先是臺臣周用，因河數衝淤，議及東省水利，以爲治河墾田，事相表裏。田不治，則水不可治。運河以東，濟南、東昌、兖州三府州縣，雖有汶沂洸泗等河，與民間田地曾不相貫注。每年泰山徂徠，山水驟發，則漫爲巨浸，潰决城郭，漂没廬舍，與河無異。一値旱暵，則又故無陂塘渠堰蓄水以待急，遂致齊魯之間，方四五千里之地，一望赤地，蝗蝻四起，草穀俱盡，此皆溝洫不修之故。今欲修溝洫，非謂一一如古也。古人原是如此。但各因水勢地勢之宜，縱横曲直，隨其所向。自高而下，自小而大，自近而遠，盈科而進，委之於海，莫若正疆里以稽工程，集人力以助夫役，蠲荒糧以復流移，專委任以責成功，持定論以察群議。毋以欲速而輒更張，毋以小利而生沮撓，則治河裕民之計也。事需後，張瀚之請墾鳳淮田也。疏稱：兩府地廣人稀，一望黃茅紅蓼，多不耕之地。間有耕者，又苦旱。澇雨多則横潦瀰漫，無處歸束，無雨則任其焦萎，救濟無資。是以飢饉窘迫，烟稀土曠。此地界連蕭碭汝潁，逋逃之藪，積久不無隱憂。宜得專官，教民稼穡。夫水土不平，耕作無以施方。必先度量地勢高下，跟尋水所歸宿，浚河以受溝之水，開溝渠以受横潦之水，官道之衝，設大堤以通行。偏小之村，亦增卑以成徑。惟欲於道傍多開溝洫，使接續通流，水由地中行，不占平地。又度低窪處所，多開塘堰以瀦蓄之。夏潦之時，水歸溝塘，亢旱之日，可資引溉。高者麥，低者稻，平衍地多，則木棉桑枲，皆得隨宜樹藝。土本膏腴，地無遺利，遍野皆衣食之資矣。次則招撫流移，寬慰安插，量撥地土，處給牛種，蠲逋負，緩起科。又或招致江南客户，或勸諭本土地鄰，或審擬徒夫無力者，令供役開浚，有力者出資給食。皆僉事可得專行。議既允，惜其時不講于任官之道，而猥以委之貪穢之吏臬僉，竟令以人廢盛舉也。

又 若東南水利，吕光洵條議特詳，謂：三吴古稱澤國，其西南翕受太湖、陽城諸水，形勢尤卑，而東北際海岡隴之地，視西南特高。高者田常苦旱，卑者田常苦澇。昔人治之，高下曲盡其制。既於下流之疏爲塘浦，導諸湖之水，由北以入於江，由東以入於海，而又畎引江潮，流行於岡隴之外。岡隴，海涘也。岡隴之外則海矣。是以潴泄有法，而水旱皆不爲患。近來縱浦横，塘多湮塞不治，惟二江頗通，曰黄浦，曰劉家河。然太湖諸水，源多而勢盛，二江不足以洩，而岡隴諸支河此處實非岡隴，蓋近海之地，比下鄉稍高耳。如吾松之稱沙岡、竹岡者皆是也。又多壅絶，無以資灌漑。於是上下俱病，而歲常告灾。治之之法，當自要害始。先治澱山等處一帶茭蘆之地，導引太湖之水，散入陽城、昆承、三泖等湖，又開吴淞江，并太盈趙屯等浦，洩澱山之水，以達於海，浚白茆港并鮎魚口等處，泄昆承之水，以注於江，開七浦鹽鐵等塘，洩陽城之水，以達於江，又導田間之水，悉入於小浦，小浦之水，悉入於大浦。使流者皆有所歸，而潴皆有所洩，則下流之地治，而澇無所憂矣。凡岡隴支河，湮塞不治者，皆浚之深廣，使復如舊，則上流之地亦治，而旱無所憂矣。此三吴水利之大經也。

又卷一二《水利·西北水利》 徐貞明《請亟修水利以預儲蓄疏》曰：【略】臣又嘗考《元史》，學士虞集建議，欲於京東瀕海地，方如浙人築塘，捍水成田。惜其議中格。及末年，海運不繼，始有海口萬户之設，已無救於元事矣。臣嘗臨文嘆惋，恨集言不蚤售于當時。今自永平灤州，以抵滄州慶雲之境，地皆萑葦，土實膏腴，集議斷然可行。當全盛之時，河漕歲通，而思患預防，紛然獻議，獨于集議尚廢焉未講。若倣其意，招撫南人，築塘捍水，雖北起遼海，南濱青齊，皆可成田，有不煩轉漕于江南而自足者。其思患預防之深意，又不止於開河通漕而已。此瀕海之水利所宜修也。議者或以水利久廢，驟而行之，必役重而民擾，勢逆而功難。臣以爲不然。蓋施爲緩急，在當時酌而行之耳。民所素業者，姑置勿問，而荒蕪不治，人所共棄者，從而經略其端則不棄者，群起以效力矣。功力難施者，姑置勿問，而勢順費省，功力易成者，從而經略其端，則難成者，以漸而就緒矣。順民之情，因地之勢，亦何憚而不爲哉。伏乞敕下工部，酌議覆請，特命憲臣實心爲國爲民者，假以事權，不沮浮議，需以歲月，不求近功。將畿輔諸郡，及京東瀕海水利，相度土宜，率先修舉。或撫窮民，而給其牛種，或任富室，而緩其科税，或選健卒，而分建屯營，或招南人，而許其占籍。諸凡招徠勸相，俱許便宜行事。俟行之稍有成績，次及山東河南陝西等處地方。將江南歲運酌量改折，助其費而究其功。東南之歲運漸減，西北之儲畜常裕，不惟民力可紓，而國計永保于無虞矣。

又卷一四《水利·東南水利中》 吕光洵《修水利以保財賦重地疏》曰：嘉靖二十年。臣聞善治病者，必攻其本。善救患者，必探其源。水利之興廢，乃吴民利病之源也。臣嘗巡歷各該地方，相視高下，詢問父老，頗得其説。輒敢條爲五事，仰俟聖明裁擇：一曰廣疏浚以備潴泄，二曰修圩岸以固横流，三曰復板閘以防淤澱，四曰量緩急以處工費，五曰專委任以責成功。何謂廣疏浚以備潴泄？蓋三吴之地，古稱澤國。其西南翕受太湖、陽城諸水，形勢尤卑，而東北際海岡隴之地，視西南特高。大抵高者其田常苦旱，卑者其田常苦澇。昔人治之，高下曲盡其制。既於下流之地，疏爲塘浦，導諸河之水，由北以入於江，由東以入於海，而又畎引江潮，流行於岡隴之外。是以潴泄有法，而水旱皆不爲患。近年以來，縱浦横塘，多湮塞不治。惟二江頗通：一曰黄浦，二曰劉家河。然太湖諸水，源多而勢盛，二江不足以泄之，而岡隴支河，又多壅絶，無以資灌漑。於是上下俱病，而歲常告灾。臣據各府所報河浦湮塞之處，在下流者以百計，而其大者十餘所。在上流者亦以百計，而其大者六七所。治之之法，當自要害者始。宜先治澱山等處一帶茭蘆之地，導引太湖之水散入陽城、昆承、三泖等湖。又開吴淞江并大石、趙屯等浦，泄澱山之水以達於海。浚白茆港并鮎魚口等處，泄昆承之水以注於江。開七浦、鹽鐵等塘，泄陽城之水以達於江。又導田間之水，悉入於小浦，小浦之水，悉入於大浦。使流者皆有所歸，而潴皆有所泄，則下流之地治，而澇無所憂矣。乃浚臧村等港，以漑金壇。浚澡港等河，以漑武進。浚艾祁、通波，以漑青浦。浚顧浦、吴塘，以漑嘉定。浚大瓦等浦，以漑崑山之東。浚許浦等塘，以漑常熟之北。凡岡隴支河湮塞不治者，皆浚之深廣，以復其舊。則上流之地亦治，而旱無所憂矣。此三吴水利之大經也。

明 温純《温恭毅集》卷四《海潮突變衝坍石塘懇乞及時修築以保安生靈疏》 據浙江按察司水利道僉事楊寅秋呈，奉臣批發紹興府申據蕭山縣，申開西興鎮，坐臨海口，潮汐異常，風浪滔天，一日兩至，聲震如雷，沙地洗蕩千餘丈，房屋衝壞數百間，悲號滿前流移載道，人民十室九空，岸地三不存一，聞之寒心。且去運河止隔丈餘，萬一湧進，爲害叵測，值候冬月，風潮稍緩，趁時修築。等因，又據該鎮居民張本滔等呈，同前事俱奉批，仰水利道勘報，依奉行據該府知府蕭良幹申稱，親詣該地方，沿江踏勘，即今西興堰口平地坍於滄海，民居衝爲汚池，被坍者，已無餘迹，坍近者，勢在傾危，興工填築，勢不容緩，第思動費錢糧重大難處，相應量度事勢，便宜勘估。行據該縣知縣劉會申稱，躬往西興鎮公同耆老糧里人等，登舟於江中，依舊塘基，自潮神廟起至倉衕止一帶以竹排插，用繩丈量，計長四百一十丈，復登附岸陸路，仍照起止去處，用弓丈量計算，三百三十丈。比外量少八十丈，并開三項修築，估計工料文册，到府查得册開工料數目，如依舊基築砌，該銀五萬九千七百四十一兩一錢，依附岸築砌石塘，該銀一萬六千一百六十八兩二分，再依附岸止用樁笣修築，該銀九百三十六兩六錢，據查前塘舊基，盡已坍深海底，且隔内岸計有四十餘丈，内外空虚，不惟費石爲多，抑且填土無計，費鉅何出，豈能有成，若依附岸止用樁笣修築，工費亦近千金徒支。目前無能耐久，是又爲虚費也。惟是依附岸土新築石塘，費用雖多，較之舊塘，已省數萬，且土石填築爲力尚易，爲利可久，本職熟計，惟此爲宜，但查堪動官銀，該縣止有三百餘兩，及查本府庫貯，止有稅契等銀共七百餘兩，其餘各縣共計不滿百金，不敷應用，其預備倉穀，本府并八縣查共八萬一千石零，此中地濕，積久多至腐爛，議將蕭山縣穀四千五百一十石六斗一合，全借本府，各縣量借一半合之，可得穀四萬三千一百五十四石四斗四升，往時納穀價銀二錢五分，今歲豐穀賤，每石僅可二錢，本府八縣共得穀價八千六百三十兩八錢八分八釐四毫，總計該縣與本府堪動，前銀并各穀價約計銀九千七百二十兩零，尚欠銀六千四百四十八兩零，再行酌處，協濟借用，倉穀候陸續處補備賑。伏乞轉呈允行，庶全大工等因到道，該本道照得西興鎮爲浙東咽喉，枕臨錢塘巨浸潮汛，衝擊異常，一二年來東岸水沙漲滿，潮勢愈轉而西，西興受害爲甚，塘圮則鹹潮内淹，即山會等縣内地均屬可虞，若不及時填築，將來爲費愈鉅，爲功愈難，而爲害愈甚，催據該府勘報，分別三議，前來其一爲照依舊基砌築，經費且幾六萬石，既難采功，不易成。其一僅用樁笣修築，工費不及千金，雖云有限之費，終填不測之壑，暫支目前，殊非久圖，惟是依附土岸新築石塘外，可以遠潮勢衝激，内可以傍土岸，堅固審度形勢，計無出此，第計塘三百三十餘丈，工費一萬六千兩零。該府別難措處，止存備賑倉穀堪以挪借糶用，據報府縣堪動官銀并倉穀量借一半可得銀九千七百二十兩，尚欠銀六千四百四十八兩零，行府再加酌議，協濟合候呈允，動支委官采料興工務期，捍禦永久，等因，到臣據此，該臣會同巡按浙江監察御史傅好禮看得蕭山縣西興鎮坐枕錢塘大江，去海僅數里，係浙東咽喉之地，先年築有石塘捍禦，年來潮汛異常，日夕衝撼震盪，致塘基陷没，民居漂沉，該鎮受害爲甚。今不治則石塘盡圮，鹹潮内侵，將貽山會等縣内地之禍，非止一鎮生靈流移失所已也，關係國課民命，誠難坐視，所呈三議惟依附土岸新築石塘下有塘脚之固，内有岸土之倚，築砌之功易施，般運之力少省，外悍潮勢，内衛民居，誠一勞久逸，百年永賴之利，但估計工料，該銀一萬六千一百兩有奇，據議動支該府縣無礙銀一千兩有奇，不敷欲於倉穀、蕭山縣全借，該府各縣量借一半，穀價銀八千六百三十兩有奇，共銀九千七百二十兩有奇，餘欠行府再酌議，協濟一節查得該郡號爲澤國，非大水旱可以無賑，而下濕之地，貯蓄年久，未免腐爛，若通融變用，誠爲兩得，況嗣後陸續處補，各倉自漸充實，別無他慮，相應准從，除批行一面動支議委廉幹官二員管理，刻期興工，務要堅固永久。工完之日，該道親詣塘所，一一勘驗，明白將各委官匠作職名刻石立案，如十年以裏坍損者，官匠通行提究，賠築以懲奸欺，仍將用過工料銀兩行道并吊各項卷簿查盤，有無奸弊造册，送臣稽核。

明 王恕《王端毅公奏議》卷二《言開河事宜并乞先修舊塘水閘奏狀》

臣看得揚州一帶河道，南臨大江，北抵長淮，別無泉源，止藉高郵、邵伯等湖，所積雨水接濟湖面，雖與河面相等，而河身比之湖身頗高，每遇乾旱，湖水消耗，則河水輒爲之淺澁，不能行舟。若將河身浚深三尺，則湖水自來，河水自深，雖遇乾旱，亦不阻船，前向河道，自南至北四百五十餘里，中間除深闊不用挑浚外，其淺窄可挑浚去處，尚有二百餘里，約用九萬餘人，六十工可完，每人日給口糧二升，該用糧米一十萬八千餘石。捲埽打壩共用椿木一萬六千餘根，草二十餘萬束，及看得高郵湖，自杭家嘴至張家溝南北三十餘里，俱係磚砌堤岸，每遇西風大作，波濤洶湧，損壞船隻，失落錢糧人命不可勝計。況前項堤岸之外，地勢頗低，若再浚深三尺，闊一十二丈，起土以爲外堤，就將内堤原有減水閘三座改作通水橋洞，接引湖水，於内行舟，仍於外堤造減水閘三座，以節水利，雖遇風濤，亦無前患。若興此役，約用一萬三千餘人六十工可完，每人日給口糧二升，該用糧米一萬五千六百餘石。合用築堤椿木五萬四千餘根，草二十七萬餘束。造減水閘，并改造通水橋洞，約用椿木、磚石等料，并工價銀二百餘兩。又看得揚州灣頭鎮迤東河道内通通泰等五州縣二千户所，富安等二十四鹽場，其間有魚鹽柴草之利，在前河道疏通之時，二千户所運糧船隻俱在本所艌修，客商引鹽裝至儀真，每引船錢不過用銀四五分，揚州柴草每束止賣銅錢二三文，近年以來河道淤淺，不曾挑撈，加以天旱雨少，河水乾斷，舟楫不通，魚鹽柴米等項俱用旱車裝載，二所運糧船隻不得回還本所，牛車脚貴，柴米價高，以致客商失陷本錢，軍民不得聊生。前項河道自灣頭起至通州白浦止，三百四十餘里，俱用挑闊八丈深三尺，約用八萬五千六百餘人六十工可完，每人日給口糧二升，該用糧米十萬二千七百九十餘石。再看得雷公上下塘，勾城塘，陳公塘俱係漢唐以來古迹，各有放水減水閘座，年久坍塌，遺址見在，近年以來，止是打造土壩攔水，隨修隨坍，不能蓄積水利，若每塘修造板閘一座，減水閘二座，潦則減水不致衝决塘岸，旱則放水得以接濟運河。以上四塘共造放水板閘四座，減水閘八座，除舊有磚石外，約用磚石、椿木等料價值并匠作工價銀二千餘兩。臣雖無識，詢之于衆，咸以謂若將以上三件河道依前整理，庶幾舟楫疏通，永無淺阻風濤之患，而爲往來軍民無窮之便也。但係前項工程浩大，合用人力錢糧數多，況揚州府地方連年灾傷，人民窮困已極，倉庫錢糧不敷，兼且邇來玄象示警，邊境不寧，人心驚疑，如斯之役未易輕舉，須候時和歲豐人力寬舒方可爲之。惟修理陳公等塘閘座一事，既不起倩人夫止，用前項工價爲之頗易，如蒙乞敕該部計議，合無於本府收貯解京船料銅錢，内委官支給收買物料修造閘座，亦可以蓄積水利，接濟運河，爲此。成化八年三月二十二日具題。

明 楊子器《常熟縣水利議·開决塘浦》《吴中水利全書》卷二二 今按縣治，低田甚多，水聚不能以時入海，故設塘者，防水不得入民田。浦者，導水以入江海。本治塘有三十四處，浦有四十二處，塘岸之高率一二丈，浦之闊大三五十丈，要使浦高于江，江高于海，水行高處，而吴中可無水患矣。

清 尹繼善《石塘添用筍簾疏》《清經世文編》卷一一〇 松江石塘工程，其先築之一千八百七十餘丈，已經完工。臣等赴塘查勘，逐工細驗，俱能修築如式。總理塘工太僕寺卿俞兆岳，所築樣塘，較别工尤堅穩，非僅由於灰漿充足，蓋因工内俱用鐵筍、鐵簾。臣等細心講究，海水吞吐，爲力甚大，儻一石移動欹斜，則全身動摇。惟於兩石層累之處，各鑿一孔，用鐵筍穿合，則上下連結。於横石排結之處，各於頭尾鑿孔，用鐵簾關住，則左右貫穿。通身之石，聯絡一片，雖有風浪衝激，不能撼動，較之用鐵錠，搭釘浮面易脱落者，相去懸殊。今除已築塘一千八百七十餘丈外，尚有未築塘工二千七百五十餘丈，請將此未築塘工外層縱横鋪砌之石，俱添用鐵筍、鐵簾，每丈需用鐵筍、鐵簾三十三枚，每枚重二斤，每斤價銀一分五釐，每件鑿孔銀一分，共需筍、簾十五萬七千六百五十六枚，約需筍、簾連工銀五千九百餘兩。所費無多，塘工大爲得力。但石有長短，筍、簾或有增減，工竣核實報銷。又土塘爲石塘外護，關係最要。内有潫缺等處，離水甚近，爲最險之工，常年於土塘外身，密釘排椿保護，而潮水衝刷，難以抵禦，不時坍卸。臣等查土塘之外，有廢石塘數百丈，久經坍入水中。原題請將坍卸水中之石撈取，配爲新塘之用。今查看石料短小，不能配新工。請將此廢石移爲幫護土塘砌築，所有撈築等項工費，即在歲修土塘損項内動用，實買省而工倍也

清 趙宏恩《請石塘外增築土塘疏》《清經世文編》卷一一〇 竊臣親勘松江一帶海塘，外護土塘，俱屬完固。又金山嘴一段土工，地基原低，前估一丈二尺，與各土塘面高低不一，已飭加築平齊。其餘已修石塘，如式堅固。至添貼石内土塘，現在夯硪，務期堅穩。再查石塘長至七千餘丈，面寬五尺，底寬一丈，以臣愚見，尚覺單薄。其外護土塘，相離石塘有十餘丈及數十丈之遠，新築貼石内土塘，係緊貼石塘裏面，而石塘外面慮少幫扶，誠恐日久潮浸雨淋，剥落擦損。似應倣照貼石内土塘之法，緊貼

石塘之外，再築土塘一層，上寬五尺，下寬二丈，高一丈餘，庶内外俱有包裹扶襯，愈可經久。其潆缺爲第一險工，石塘係首先修築，不及續修之工程堅穩，則外築貼石土塘更宜加倍寬厚，方爲周密。又查石塘以外，厚築之外護土塘，其内隙地原廣，兩水頗多積注。寺臣俞兆岳欲於石塘開三四洞以稍積水，前督臣范時繹、尹繼善俱以恐傷塘根阻止。然現據百姓群籲疏洩，臣愚以爲積水不消，浸泡塘根亦有干係，若開挖數洞，實恐有傷塘身。細詢工員匠民，欲於隙地中間，酌開小河一道，圍繞石塘之外，仍不致逼近塘根。於石塘與土塘交接之處，開一石洞，引水以入石塘内之新河，於塘工民田俱有裨益，而開河之土，即可以築貼石之外土塘。約計共費二萬之内，暫動司庫耗羡料理，俟塘工捐錢充足之時歸補。又外護土塘以内隙地，開河之外，猶多空閒，宜酌種蘆葦柳株，日久根深盤結，既可以固塘基，而枝葉暢發，又可以資民用，合并陳明。

清 吴文鎔《吴文節公遺集》卷三一《建復石塘情形摺》 再西防廳屬十四堡，律、吕、調、陽、雲、騰等號石塘，前於本年五月暨八月間先後被潮汐山水沖擊坍卸，均經臣督率工員將坍卸口門隨時搶做子塘柴壩堵合保護。節次奏聞在案，現届冬令，潮汛較平，所有坍倒石塘，急須乘時建復。臣即親赴工次，與道廳等員相度察看，探量該塘舊址業已刷成深潭，石料均坍沈海底無從撈摝，若仍照舊於石塘東西兩頭取直接築，非但外無攔護，每日潮汐湧漲難以施工，且底深石硫，釘樁亦不能牢，必得移向裏面緊靠新築埽托後身，稍作彎環弓背形式，兩頭仍與舊石塘鬭筍釘鋦，方爲妥善，將來止須於石塘後填築戧土一道，即無庸另做外埽，工費亦可節省。統計建復石塘連增築東西兩雁翅，共工長一百二十丈，因該管西防同知馬椿齡應辦新舊柴埽，要工尚多未竣，勢難駐工，專辦石塘，查有署東防同知唐光照辦事敏練，該同知本任所轄東塘，現在并無緊要工程，堪以委令辦理，除檄飭遵照趕辦并將工程丈尺估計銀數，循例另行開單具奏外，所有前項坍卸石塘，現在建復情形及委員趕辦，緣由謹先附片奏聞，伏乞聖鑒，謹奏。道光三十年十月二十日奏，奉硃批，知道了，欽此。

清 韓文綺《韓大中丞奏議》卷七《請修築華亭縣土塘疏》 奏爲華亭縣上年風損土塘，循例懇恩借帑修築，奏請聖鑒，事竊據署蘇州布政使誠端詳稱，案據署華亭縣知縣王青蓮詳報，上年七月初一等日，風潮刷損，縣境戚家墩等處土塘二千七百四十八丈八尺，此項土塘向例民修，上年風損工段，較長民力難勝，應請循例借帑修築，仍於道光五年分按田攤徵，歸款等情，當經前署藩司林則徐飭委署，蘇州管糧通判劉文澈會同該縣親詣勘明，共損土塘量計工，長二千七百四十八丈八尺，估需工價銀四千一十五兩二錢五分二釐。由府道核明轉移到司，查與例案相符，應請循例准於司庫存公銀内照數借給等情詳請具奏，前來臣等查動支司庫存公銀款例，應具奏，今華亭縣境内戚家墩等處土塘遇有刷損，向例民修，上年風損工段較長民力難勝，係實在情形所有，估需土方夫工銀四千一十五兩零，理合循例具奏，仰懇皇上天恩准於司庫存公銀内借給趕修，以資捍禦，所借銀兩，請於道光五年分按田攤徵，解司歸款，以衛農田而紓民力，除飭取册結圖説，另行咨部外，謹合詞恭摺具奏，伏乞皇上聖鑒，訓示。

清 張大受《上蔣相國常昭不宜築塘書》《清經世文編》卷一二〇 從參動大衆、興大役者，思貽百世之利，不惜一時之勞，雖使群疑朋興，毅然行之不顧者，惟其利重而害輕也。豈有謀始不慎，冒焉從事，未睹其利，而有無窮之害，猶欲咈民情以爲之乎。若今者常、昭海塘之築，實民力所不能堪，民情所大不便，致爲閣下一一陳之。按沿海築塘，始於浙之海寧，以及於松江之境。乾隆初年，河臣摺奏，始及太、鎮、常、昭亦經奉旨批交，督撫議奏，當時委員查勘，除鎮洋、寶山應築土塘之外，常、昭之境，用水平量勘，外高内低，毋庸築塘，核奏遵行，此則定案之可考者也。近國臺中建白，致有興築之議，某等初爲昭邑之六河南與鎮俾犬牙相錯，地勢稍下，所宜接築。不意盡昭、常之境，自當腳浦以北，福山港以西，直抵江陰之界，長亘一百二十餘里，俱在應築。民心惶惶，無所控訴。何者？築塘捍潮，本以衛民居而護民産也。所定塘基，尚在海濱三五里之内，塘外之田，皆歲收輸賦之産，塘外之民，皆力耕奉上之民，同爲王土王民，而棄爲甌脱，翦爲波臣，其不可者一也。塘基在内，則所佔者皆膏腴之産，而非萑葦之場，其開廬舍當徙，墳墓當遷，又不知凡幾。若謂稍爲迂曲，以保世業，苟非重賄胥役，必致觸怒官長。近緣定界，值鄉民之曰宅，稍有違言，幾至杖斃，聞者寒心。行見安居佃農，必多喪其本業，流離失所，其不可者二也。築塘之土，必取諸近塘之地，大都鑿濠，始得成堤，深闊準其高厚。合計塘基及起土之處，非十餘丈之地不能供，以十餘丈之廣，一百二十里之長，佔田殆將萬畝。國家會計久定，未嘗輕改，雖坍沙懸課，往往以漲補坍，未獲遽行豁免。此之所佔，無漲可補，既不可使原户賠糧，勢將加派於通邑之田。而科則紛錯奇零，驗算莫可究詰，里胥從而飛灑者，又不止此數也。吾民何辜，忽遭加賦之累，其不可者三也。抑又有大不可者焉，沿海之地，每當秋月，或遇風猛潮生，不無漲溢之虞，所幸旋進旋退，不爲大害。即如雍正十年異常之變，亦因水退尚速，遺黎獲全殘喘，今懲前事，而爲思患預防之舉，意非不善也。然使不幸而復值百年僅見之奇灾，則爾時水挾風飛，濤如山湧，横衝直入，斷非尋丈之塘所能捍禦。欲退之水，反爲長堤所遏，則淹留稍久，漂没之民，必致靡有孑遺，而内地禾苗，更爲鹹潮浸漬，同歸糜爛。乃經費已估七萬，還帑不遇三年，此外私貼之費，募夫之煩，無不敢辦里排。議者但欲因民之資，爲保民之計而不知既竭其力，復貽之害，有不可勝言者矣。某等伏處田間，目擊利病，誼當代民請命。而大吏奉行方鋭，守令承望爲先，恐蹈出位之愆，復慮阻撓之咎，不得不以私憂過計者，進瀆於左右。伏惟閣下體國贊元，桑梓之區，尤深軫念，望於題覆發議之時，或值論思獻納之際，仰恃鼎吕之言，獲停畚鍤之役，所爲德於鄉邦者，寧可涯量哉。

綜述

宋 蔡襄《端明集》卷一〇《乞復五塘札子》 臣昨至興化軍，訪聞得莆田縣有陂塘五所：勝壽、西衡、太和、屯前、東塘，目來積水灌注塘下沿海鹹地一千餘頃爲田，約八千餘家耕種爲業。太中祥符年中，有百姓陳清等陳狀，於秋蘆陂開渠引水灌注塘下民田，却決去五所陂塘，以地爲田。官司妨礙，不與檢給。天聖年中，陳潭知軍日，其陳清却與官户形勢計會，同共請上件塘内地土。州縣徇私曲理，先次給却屯前、大和、東塘陂塘三所，去水爲田。舊日仰塘水灌注之地盡皆焦旱。百姓爭訟，州縣一向抑迫，不與申理。至李餘慶知軍日，陳清又請勝壽、西衡二塘爲田，其時不與檢給。寶元年中，汪隨政内，徇私顔情，一向檢給，科率産錢，供輸稅賦。臣體問得自決去五所陂塘已來，沿海鹹地只仰天雨，有種無收，州縣多是不與放免稅賦，是致人户逃移，見居者只括土煎鹽，枉陷刑獄。慶曆二年秋旱，官司檢放産稅，例及九分。切緣舊作陂塘，灌田一千餘頃，濟活八千餘家。及決塘爲田已來，收得塘内田一百餘頃，豐贍得官勢户三十餘家。又年年雨水不充，放却稅賦至多。前後百姓論訟不絶，官司爲見已出却産錢，經屬省帳，難爲除落，不與受理。若以民間利害，即貧困却八千餘家，只豐贍得官户三十餘家。若以官中租賦，即每年蠲放千頃租賦，只得百頃租賦，其爲利害，公私灼然。所有上件田土，雖是臣鄉里，即本家及親戚無有一畝相連。臣欲乞下本路轉運司，選清强官，一員取索應是干連案卷看詳，親詣五所陂塘處定奪聞奏。如與臣所陳利害稍同，乞賜除落塘内新定産錢，依舊積水爲塘，利濟民户。取進止。

宋 劉克莊《後村集》卷九三《新築石塘》 水竹穹壤間，如天有雨露，無則乾，如地有井泉，無則渴，如人有血脉，無則夭。閩下四郡負山而瀕海，高者山至崔巍，力耕未止，卑者彌望斥鹵，不可種藝。智者相地，形爲陂塘，使水有所蓄洩，以補造化不及之功。玉融爲邑，惟石塘地號上腴，然原田棋布，棟宇櫛比，有塘之名，無塘之實，往往涔蹄一泓，僅可供桔槔耳。塘大姓曰林氏，自龍學公與西塘鄭公齊名，四傳至觀字子光、同字子眞、合字子常，并修家政，培世德，凡寶章公厚倫贍族之，事緒成之寒翁寄傲舒嘯之所莊嚴之，垣屋亭榭，完矣美矣，所欠者濠濮間趣。視四傍多茀地，乃因農隙叶力浚之，周圍千二百尺，環甃以石種荷、柳焉。竹溪中書林公大書石塘二字，徑四尺，刻堤上。亭其東西，臨流者曰清淺，在水中央者曰葉藏海。東岸則精舍、草庵、秋風亭、小孤山、村珠，西岸則寶章公居宅，直北則芙蓉亭、春草亭，遂爲一邑偉觀。都人士驚喜曰：昔沮洳磽确，今渺瀰沃衍，昔蓁跳雀躍，今鷺翹鶴下。花朝月夕，雩舞櫂歌，如浴沂而涉湘也。不但耕夫芸叟賴以沾膏潤，騷人墨客資以發才藻，亦山經地理家以爲合於陰陽向背也。昔李贊皇謂鬻平泉非吾子孫，以平泉一草一木遺人非佳子孫，柳子厚謂上世藏書三千卷，在善和宅。然贊皇自不能一夕安平泉，善和宅及子厚在已三易主。今林氏之尊老遠矣，而代有象賢，愈蕃而大，樵牧愛護其松楸，郡邑表章其宅里。予嘗訪其屋壁舊藏，則手澤如新，曾玄論著篇帙多于祖禰。是豈非盛德之後，積善之家乎？觀，養直子也。同、合，寒翁子也。觀清白吏，既通朝籍，不忍去親而仕，同、合皆布衣，隱約志氣修而道義尊，大節可書，築塘特其細爾。

元 魯明善《農桑衣食撮要》卷下《修池塘》 宜於農隙之時，塡補埂岸令高，中間要挑掘令深，則聚水寬廣，可以防備乾旱，澆灌田禾。

明 陳子龍《安雅堂稿》卷五《湶缺捍海石塘紀事序》 海之在中國，自遼左以至嶺表，且萬餘里。大都濵海之區，多山岡沙石以爲障蔽，故不大苦決溢。然考之圖經，秦漢之間海多大風，碣石淪陷者數十里，即其他可知已。甚矣，海之能爲利害也。若夫外當衝擊，而內勢平衍，爲患最棘，莫甚於浙之鹽官，以至吾郡。按唐時築塘，起鹽官，抵吳淞江，袤百五十里，則今之所謂湶缺者，政在唐時築塘之內，其重蓋與鹽官等矣。特鹽官自國初已改石堤，其後屢決屢築，則歲糜縣官帑，至於加賦，比之正供，以幸弗圮，而吾郡則土堤如故也。崇禎六七年間多大風雨，海波不靖，岸以數潰，鹵潮傷稼，黎民懼焉。屬我師郡伯方公，偕邑侯張公，建議必易以石，一如鹽官。然計其費，且十倍於土，請之於朝不可，責之富民又不可。無已，則請於臺使者之贖鍰，又不足。則均派薦紳士民之有田者，得萬餘金。已又念版築之役，向多屬之丞幕委吏，計無不侵漁者，與夫武吏皆世職寠人，莫不望塘之歲圮以爲已資，是皆不可。屬郡有大賢，日繩如吳先生，方公强起之董其役，而吳先生亦慨然自任，如治家事。居海濵者一年不歸，而塘以成，凡二百九十餘丈，屹屹然，民始賴是以獲有寧宇，厥功鉅哉。夫方公、張公愛民之切，知人之明，貽謀之遠，與夫吳先生律身之廉潔，運思之精詳，任事之勞勩，海濵之民既以尸祝而廟食之，垂示來禩矣。而吳先生又作紀事之書，設甲乙之難，叙其始議，訖於奏功，而尤勤勤於後人之守其成績者。此何故哉？蓋深有見於創始之難，而善後之不易也。夫豪傑之士，欲興大功，成大事，必爲之計深遠，而效非旦夕之可覩。其初若有不便於人情者，庸人之見，既狃於苟且，而又往往厭人之成功，故必多方以尼之，使任事者稍不自克，而示之以隙，則必蠭起而咎首議之人。幸而功已成矣，事已立矣，方欣然以爲數世之業而後之人不能守其成法，以至於墮壞。於是天下不責守者之不戒，而追咎作者之未工。以此二者，豪傑之士所以踟躕而不敢輕任天下事也。當石塘始議時，止數人主是説耳。或以爲宜仍土塘之舊，或以爲宜内遷以避之，或以爲石塘必不可成，費且數十萬。豈好排群議而必行已意哉，勢固有不可也。今事幸有成，而懼則彌甚。夫成毁之數，雖歸自然，而興廢之端，多繇人事。用民之力可謂大矣，而不使民有數世之安。仁人之所深憂也，况乎異議之徒方幸其有一日之變，而使我言之信哉。是以吳先生詳駁群言，垂戒後哲，以比於桓氏鹽鐵之論有以也。夫子龍居平嘗念國家工役之大者，外莫甚於邊墻，内莫甚於黄河。歲無慮費金錢數十百萬，而畀之貪庸不忠之臣以爲谿壑，前者委於後，後者推於前，至於莫可究詰。嗟乎，此尚方之所爲旰食也。今觀方公、張公與吳先生，以一區之力，興萬人之工，役不再稽，而民不重困。推而廣之，安在受降之不可築，而瓠子之不可塞耶。今方公、張公政績顯著，不日且入拜九卿侍從矣。而天子又熟聞吳先生名，命有司禮致之，行且大用。則是編也，其亦明試之已驗者乎。

明 倪元璐《倪文貞集》卷一五《郡侯王公築塘通江生祠碑記》 上虞之爲國，以江海爲外懼，而内親湖，湖曰夏蓋。方廣百里，溉田一十四萬有奇，挹拍溪江而歸墟于海，往江繇白堰屈曲二十五里，弭節塘角自狩其郊，未嘗過湖而問，自頃居民規便抗弓取絃，使水奔怒激射，捷走而嚙上陳之。塘上陳塘者，湖江之所表限也。時則名田千計奄化爲江，自是以來，塘歲一決，至崇禎九年秋九月，潮乘颶威吼決葉家埭，塘以尺計三百有六十，沸洲連山逆行群飛，海湖疑戰溝岸移奪，廬墓徙宫於馮夷，桑田歸魂於滄海，自虞注姚，至於甬東凡淹沒成禾千萬。邑人大號其時，上下眙無能治之者，治之則益甚。於是毗陵王公以南祠部郎來守越州，余季父封侍御，晉源公仲兄侍御，三蘭方與，衆跽閭闠咨聞之大喜，至足躍几上曰：虞不沼矣。吾聞王公節警而思深，節警則能決，謀思深則無墜計，乃率七區之衆跣籲王公，王公應聲顔變，投袂起曰：事有大於此者乎？下令亟築塘，既循衆願計區徵輸，又請之臺使者，發鄉社穀如干濟之資，用無絀，遂以其年十一月築新塘，明年正月築備塘。塘成，邑人皆賀王公曰：不然夫以禦寇治垣，而宿寇垣外垣之命猶寄於寇也。

不如逐寇使無睨吾垣者，而垣安，今江不歸而睨湖，其勢不吞湖不止也。乃又下令求江故道，所謂塘角者，躬乘樏橇，履波蹴濤審端究歸盡得要領，而慮餱糒之不供，爲出歲俸什五，曰：倡輸者，於是乎致材石簡斤鍤，募丁徒，立長督治金鼓飭條，貫信罰賞，十千維耦如雲如風，心串力屯爭水，猶鹿排壅决塞，循滕趨肯，神人靈恊灘然應謀，自四月甲寅至於五月壬午，江通萬情奔悦敬告，厥成王公意，未慊顧命更築上陳，衆罔測亦勿敢違益功致堅，謹治如教，又相湖要害，江海咽喉，如干所疏者，益磧靡者，益栈視蔭之輩，譏爲葸謀。居亡何龍躩於江，大風揭石，高岸四隤木圍五尺以上者悉拔，而塘無恙，衆乃愈神王公，當此之時，疆隧阡塍可得而辨耒耜，穀芨可得而求農謳於野，婦笑於室蹙者，踊病者起。於是其父老以爲宜如制，稱有功德於民則祀之，其地而其士之髦者，乞余爲之記。余於是作而嘆曰：嗟乎！天下事曷有任之不成者哉？以其誠則必得之，以其計數則必得之，誠者天人所際計數者，神明之歸也。雖以申韓挾術計桑挾權，自其爲之，必有其誠，雖以姬公持禮，孔子持道，苟無其計與數，亦何繇治天下乎。昔者禹受命治水，不敢曰有知，三過不入，子呱不字，面目股脛著其勤愿，不敢曰有不知，順用疏瀹，逆用排决，淮渦桐柏，致其神靈，禹以聖人之才而不貴無勞之功，以聖人之德而不貴無術之道，是故禹者萬世之水師也。西門豹則之以治鄴河，李冰則之以治岷江，王公則之以治娥蓋之水。夫水浮天而載地，守地之貞行天之化，故其人知貞知化則皆知治之也。當王公之始事告之棘，則棘告之憂，則憂告之發號，則發號告之出粟，則出粟跦跦粥粥惟狥衆欲，及其終事，准權握機占，微察遠流，思周變神明無端，人謀鬼謀咸有所不逮矣。故曰：懼以終始其要無咎，西門豹之治鄴河也，始于投巫終於鑿十二渠。李冰之治岷江也，始於立三石人、三石牛，終于分三十六江。王公之治娥蓋也，始於爲德于湖，終於爲德於江。投巫者使民不怒，河鑿十二渠者，使河不自怒，立三石人、三石牛者，欲以力制江。分三十六江者，使江自制。力爲德于湖者，使湖不畏江，爲德於江者，使江不夷，而爲湖莫不本諸至誠，益以計數，近取諸心，遠師神禹，故夫西門豹、李冰、王公此三君者，天下之治才也。繇王公之道，以治兵用衆，不出一年中原之寇可蕩然，而人有不能者，悲夫巧者，貫楊拙者，失墻洪水之難，謀宜必甚於盗賊。王公爲其難，而天下不能爲其易，豈不痛哉。王公名期昇，毗陵之義興人，舉崇禎辛未進士，美姿容鬚眉華悦，其爲人無欲有氣，治其民慈健并行民受牒入對者，無問絀信皆翔舞而出，潁川南陽之流歟，雖微茲功，亦當祀也。祠枕上陳，而望塘角東去虞城三十里，西距會稽境二十里，先是，富順湯公紹恩守越，建三江閘，利越百世，越人祠之，三江其祠，翼然孤跱百餘年，至今而偶云。

明 徐光啓《農政全書》卷八《農事・開墾上》 汪應蛟《海濱屯田疏》曰：海濱屯田，試有成效，酌議留軍并墾，召民兼種，以資兵餉，以永固重地。臣竊見天津葛沽一帶，咸謂此地從來斥鹵不耕種，間有近河滋，潤種藝豆者，每畝收不過二斗。臣竊以謂此地無水則鹻，得水則潤。若以閩浙濒海治地之法行之，穿渠灌水，未必不可爲稻田。而一時文武將吏諸人，無肯應命者。至今春始買牛制器，開渠築堤，一時并舉。計葛沽白塘二處，耕種共五千餘畝，内稻二千畝。其糞多力勤者畝收四五石。餘三千畝，或種葛豆，或旱稻。葛豆得水灌溉，糞多者，亦畝收一二石。惟旱稻竟以鹻立槁，臣近巡歷天津，親詣查勘，據副總兵陳燮稟稱：水稻，約可收六千餘石。葛豆，可收四五千石。于是地方軍民，始信閩浙治地之法，可行于北海，而臣與各官，益信斥鹵可盡變爲膏腴也。夫天津當河海咽喉，爲神京牖户。自倭警震隣，開府設鎮，署將增兵，而其地益重。今鯨波雖息，内備未忘。矧中原多事之秋，尤未雨徹桑之日。見在水陸兩營兵，尚存四千人，歲費餉六萬餘兩，原無請給内帑，俱加派民間，欲留兵，不免於病民，欲恤民，無以給兵。臣嘗早夜熟思，惟有屯田可成，斯得足食長策。然召募之兵，非有室家婦子之助，計一夫不過耕種四五畝，即畝收三石，不過六萬石，而可墾荒田，連壤接畛，奚啻六七千頃，若盡依今法，爲之開渠，以通蓄泄，爲之築堤，以防水潦。每千頃各致穀三十萬石，以七千頃計之，可得穀二百萬餘石。非獨天津六萬金之餉，可以取給，即以充近鎮之年例，省司農之轉饋，無不可者。且地在三岔河外，海潮上溢，取以灌溉，于河無妨。白塘以下多地，原無糧差。白塘以上，爲静海縣，民或五畝十畝而折一畝，糧差不過一分八釐。民願賣，則給價，不願則田仍給種，于民情無拂。就中經理得宜，行之久遠，可不謂國家萬世之利哉。惟是地廣則墾治之難，田多則耕種之難。又招徠數千家，而後能任數千頃之地，必群聚數萬之人，而後能供數十萬畝之耕。如地方十里，爲田五百四十頃。一面濱河，三面開渠，與河水通，深廣各一丈五尺。四面築堤以防水澇，高厚各七尺。又中間溝渠之制，條分縷析，大約用夫六十萬人，而後可以成功。河中起土築堤之餘四倍于堤，又四十九分堤之五不知安在何處。無論北人慵惰，憚于力作，即有南方善耕之人，誰能集衆裹糧，百十爲群，越數千里，以從難成之役。其富商大賈，衣輕乘肥，操奇贏，坐收三倍，又誰肯捐數萬金之資以勞形哉？此闢地生財之説，雖屢塵廟議，而未睹成績也。臣今爲計，惟有用軍墾田，以田分民。軍能墾而不能盡種，民能種而不必自墾。軍有月糧，而無傭值之費。民無勞役，而有可耕之田。然後趨之若流水，應之如赴聲。策無便於此者，然非見在水陸兩營之兵所能獨成也。彼以四千之衆，勤力于二萬畝之耕，又三農之餘，無廢其坐作擊刺之條，其操畚鍤而從事于浚築，所就能幾何哉？

又卷一六《水利·浙江水利》 平地仰泉，盛則疏引而用之，微則爲池塘于其側積而用之。爲池塘而復易竭者，築土椎泥以實，甚則爲水庫而畜之。平地仰泉，泉之瀵湧上出者也。築土者，杵築其底。椎泥者，以椎椎底，作孔膠泥實之，皆令勿漏也。水庫者，以石砂瓦屑和石灰爲劑，塗池塘之底及四旁而築之，平之如是者三，令涓滴不漏也。此畜水之第一法也。

又 用水之流，流者，水之枝也，川也。川之別，大者爲江爲河，小者爲塘浦涇浜港汊沽瀝之屬也。用法有七：

其一、江河傍田，則車升之，遠則疏導而車升之，疏導者江南之法。十里一縱浦，五里一横塘，縱横脈散，勤勤疏浚，無地無水。此井田之遺，意宋人有言，塘浦欲深闊，謂此也。

其二、江河之流，自非盈涸無常者，爲之牐與壩，釃而分之爲渠，疏而引之以入于田。田高，則車升之。其下流，復爲之牐壩，以合於江河。欲盈，則上開下閉而受之。欲減，則上閉下開而洩之。職所見寧夏之南，靈州之北，因黄河之水，鑿爲唐來漢延諸渠，依此法用之。數百里間，灌溉之利，瀸潤無方。寧城絶塞，城中之人，家臨流水，前賢之遺可驗矣。因此推之，海内大川，倣此爲之，當享其利濟，亦孔多也。

其三、塘浦涇浜之屬，近則車升之，遠則疏導而車升之。

其四、江河塘浦之水，溢入于田，則堤岸以衛之。堤岸之田，而積水其中，則車升出之。堤岸者，以禦水使不入也。大則爲黄河之埽，小則爲江南之圩。宋人有言，堤岸欲高厚，謂此也。車升出之者，去水而蓺稻，或已蓺而去其水，使不没也。

其五、江河塘浦，源高而流卑，易涸也，則于下流之處，多爲牐以節宣之。旱則盡閉以留之，潦則盡開以洩之，小旱潦則斟酌開闔之，爲水則以準之。水則者，爲水平之碑，置之水中，刻識其上，知田間深淺之數，因知牐門啓閉之宜也。浙之寧波紹興，此法爲詳，他山鄉所宜則倣也。

又 用水之委。委者，水之末也，海也。海之用，爲潮汐，爲島嶼，爲沙洲也。用法有四：

其一、海潮之淡可灌者，迎而車升之，易涸，則池塘以畜之。【略】

其三、島嶼而可田，有泉者，疏引之，無泉者，爲池塘井庫之屬以灌之。

其四、海中之洲渚多可田，又多近于江河而迎得淡水也，則爲渠以引之，爲池塘以畜之。

又 作原作瀦以用水。作原者，井也。作瀦者，池塘水庫也。高山平原，與水違行，澤所不至，開浚無施其力，故以人力作之。鑿井及泉，猶夫泉也。爲池塘水庫，受雨雪之水而瀦焉，猶夫瀦也。高山平原，水利之所窮也，惟井可以救之。池塘水庫，皆井之屬。故易井之彖，稱井養而不窮也，作之之法有五：

其一、實地高，無水，掘深數尺而得水者，爲池塘以畜雨雪之水而車升之，此山原所通用。江南海壖，數十畝一環池。深丈以上，圩小而水多者，良田也。

其二、池塘無水脈而易乾者，築底椎泥以實之。【略】

其四、井深數丈以上，難汲而易竭者，爲水庫以畜雨雪之水。他方之井，深不過一二丈。秦晉厥田上，上則有深數十丈者，亦有掘深而得鹹水者。其爲池塘，爲淺井，亦築土椎泥，而水留不久，不若水庫之涓滴不漏，千百年不漏也。

清 查祥《兩浙海塘通志》卷一八《江塘》 江水從西南來，過仁和而入海，海潮從東北至趁錢塘而滙江海，面廣濶，江岸狹仄，沖激之虞，時所不免。又近在省城西南，消有潰決，則浸入內河，所繫之重，與海塘等。

清 陶澍《陶雲汀先生奏疏》卷一二《請緩攤徵華亭民修土塘原借帑銀摺子》 奏爲華亭縣民修土塘原借帑銀，請緩攤徵，奏祈聖鑒事。據蘇州布政使賀長齡詳：稱松江府屬之華亭縣，道光三年風潮刷損戚家墩等處土塘二千七百四十八丈八尺，估計工方夫工銀四千一十五兩零。此項土塘，向例民修。因工段較長，民力難勝。詳經前撫臣韓文綺會同前督臣孫玉庭奏奉諭旨：准其於司庫存公銀內借給趕修，於道光五年按田攤徵，解司歸款。等因。欽此。當經轉飭欽遵去後。嗣因司庫存公銀兩不敷支發，且值汛期，難以施工。於道光五年四月，據該縣赴司具領工料銀兩，散給興修完竣，呈蒙驗收在案。今據該縣詳：稱此項土塘借領銀兩原應本年攤徵還款，惟領銀興辦時已在本年上忙停徵之候，且縣境居民自道光三年被灾之後至今元氣未復，兼肯带徵二三兩年銀米，若將土塘銀兩統歸本年一并攤徵，民力實有未逮，詳請緩至道光六年攤徵還款，以紓民力，等情。由司查明，詳請具奏前來。臣查華亭縣借修土塘工料銀兩，原應於道光五年分攤徵還款。惟本年甫經領銀興辦，其時上忙錢糧業已停徵。且該縣已有帶徵錢糧，若將此項歸於本年一并帶徵，民力實有未逮，合無仰懇皇上天恩，將華亭縣借修土塘銀四千一十五兩零，俯准緩至道光六年攤徵歸款，以紓民力，臣等謹合詞恭摺具奏，伏乞皇上聖鑒訓示，謹奏。

道光五年十二月二十一日具奏，六年正月二十二日奉到硃批，另有旨，欽此。

又 同日奉到道光六年正月初七日內閣奉上諭：琦善等奏華亭縣民修土塘原借帑銀請緩攤徵一摺。江蘇華亭縣民修土塘工料銀兩，前於司庫存公銀內借給興修。茲據該督等稱，此項銀兩應於道光五年攤徵還款，惟上年甫經領銀興辦，其時上忙錢糧業已停徵，且該縣尚有帶徵道光二、三兩年銀米，若將此項一并帶徵，民力實有未逮。著照所請，所有華亭縣借修土塘銀四千一十五兩零，准其緩至道光六年攤徵歸款，以紓民力，該部知道。欽此。

清 陳美訓《餘慶堂詩文集》卷九《重修塘工序》 余承乏嘉禾，即聞善知識巨章卓錫三塘有密行，且留心象教葺治梵宮，日不暇給，心實儀之。會庚子秋秀邑塘工圮，亟謀興築，而難其董事者，欲委之庶人，在官恐浮冒多而工不堅緻，必得不憚勞之，行僧始可肩厥鉅任，乃進巨章而詢之，則揣度地宜，指畫廢缺大槩，娓娓切當，正如馬伏波征隗囂，聚米爲山，分析昭然可曉知，其鳩工集事，大克有濟也。因倡捐薄俸，復募諸有力者，而濮鎮之，行商坐賈亦各踴躍助貲，朞年而塘成，凡木椿料石既廉其價，匠作力役之徒又按期程督，無惰工而能省工，故費半功倍。自王江涇抵金橋綿，亘十八里，南北往來者，皆履坦道，罔顛蹶失墜憂，巨章復告，余曰：塘工以利通衢，乃郡之公事，寺宇以棲群衲，實僧之私舉，更勸輸善士，且將大悲殿香資向爲房寮私踞者，嗚諸官署文案歸之方丈，以每歲所入銖積寸累落成殿宇，僧寮棟楹榱角丹艧塈塗焕然聿新，夫世家大族闢土開基，不憚經營而成廣厦者，將以詒孫燕子也。巨章産于楚而憩于寺，一瓢一衲之外，了無長物可以退處，可以雲游，所在皆安樂，行願能拮据操作以告成功，俾參學于斯者，皆得寧居僧之私，舉即僧之公事，其于擔任塘工無二心亦無二道也。殆所謂度脱無量之佛心，而非聲聞辟支安于小乘之道也。余故嘉其志，而爲之記，微但三塘賴以久垂，亦可使後之增葺塘工者，以不忘前事爲師，而觀其成效也。

清 顧汧《鳳池園詩文集·文集》卷七《齊關東滙募修塘路疏引》 天下事無大小，莫不以艱鉅之任視之。則事不至鮮終而克有濟，齊關爲吾郡北門，東滙則水道所從，迤東以趨婁入海之境，爲三江之一。則其通川之當浚而深經塗之，當築而固，不可以漠然坐視玩時愒日，任其興廢也，審矣。然地方利病，守土者司之，亦吾鄉士大夫之憂也。吾黨不及謀，而方外士代謀之，其亦難矣。今道存師不畏其難，而欲銖積寸累，以幾於成，毋乃有勤於始，而倦於終者乎。吾願吾郡之有志利濟者，皆毋靳其力，以襄厥成，尤願始事者，既不畏其難，而終不忽其易，爲利益生民之經久計，此固余之所厚期也。若夫浮飾琳宮爲將來，軒車往來者之觀美，則非余之所及計矣。聊爲說以引之。

清 陳恢吾《農學纂要》卷一《水利》 高田十畝，宜以二三畝作塘，旁樹桑柘，低田澤藪，用葑田法，以木簰浮水，附土於上，而種之。

塘貴深固，江南塘不及半畝，深至二丈，可灌數十畝。

清 何剛德《撫郡農產考略》 凡高田無水者，宜開塘，塘淺者，宜深之，取其泥以培厚田土，兩得之道也。村中池塘，居民日日浣衣滌器，其泥尤肥，鄉農又於穫稻種豆之後，相約開山鋤草，種田多者，需草尤多，堆積山場隙地，其高如屋，徐取以墊猪、牛圈，牢養猪牛多者，一月需草數十百擔，取出散於田内，畝田有塘泥，猪牛藉十車其禾必倍收。故鄉農最珍惜之。

紀事

明 徐光啓《農政全書》卷三《農本·國朝重農考》 洪武【略】二十七年，【略】遣監生人材詣天下，督吏民修農田水利，而具敕天下諸陂、塘、湖、堰可潴畜旱暵、宜泄瀉、防霖潦者，各因地修治毋怠，亦毋得妄興工役疲吾民。

又 楊士奇等上言，太祖篤意養民，備荒有制，又開浚陂塘，修築圩壩，以備水旱，歲久弊滋，水利多湮，請遣京廉幹者，往督有司，平糴備荒，修復陂塘圩壩，即用以殿最，有司得旨，令亟行之。

明 陳仁錫《無夢園遺集》卷四《榷關許公重修石塘記》 聖祖威靈震疊，厥惟艱哉，在安民，洪宣以來，百餘年主計皆賢士大夫，然詔下蠲賑，令閣臣即日撰草，不使户曹知，蓋憂國者，司庾有專責，歟亡何憂國也。轉而憂官憂官也。專而憂家，是又出争時鬥智下矣。于忠肅之扞大敵也。大司農金公部署兵馬中道阨塞要害，以便轉餉備非常。則遣世皆功忠肅，而金公罔聞，知嘆大臣之用心遠也。夫人主憂民，真不欲令司農知，司農憂國，真不欲令郡國知，庸非治象歟，上神武四征，弗庭將大鎮，撫其民生，以弘纘執競此平遠。許公督吴關賢而熟於計也。先是粟貴，廿年公至，首磔馬五湘江舳艫如雨，擔石減百錢，楓江萬户尸而祝之，時維九月，訪友出關，公大興塘事，余爲賦大石次，同年石齋之什焉。當是時，公於額盈絀課，益損不暇，計乃立文社，公固鉅手格法，雄渾立剗浮綺還之，沉鬱奇秀蒸瀹吴下，襞積之體，一變十家爲甲，甲一人佐官，兵法簡而必行，猶將不忘百姓之急也。蓋予登三江閘，云閘建自紹興湯侯昔也。湯公錢塘深處，上帝爲緩數日之潮，今也許公流水聲中單車聽三更之漏，然湯公守也。嘉靖季年，外吏文法寬，猶勤，三載累萬金錢，苦心勞思，擲之波濤，最後誓手江神。三江其父，今公屈部大夫之尊，憂先民事，三月僝功，若曰不瞻四方，瞻一室，有仰屋□官，曰民部泥塗，風雨能無恤乎？予乃進耆老□害之，曰自予弱冠以來，所睹記如銓，部常公貳守許公署關務，鐫綱目一畫，頒義田千畆尚矣。近如武程張公，浚河興學，及其去也，遺鏹七千以膳九庠，衆咸誼之，亦有買山一區，俾館娃不殘，或曰全靈巖不若全黄山之大也。黄山郡象形也，或曰學田甚善惜也，不及貧士至塘與梁具作，而董塘則稱之某梁，則非之梁與梁具作，而新城王公之役，則又與之關市之口洶可畏夫。今許公之築塘也，義自關門，遡射瀆下寒山二十里，長虹如帶，是大司馮之績也。因董其離，離劍立于塘之面，中丞念劬公之石也。因劉捐金盈百稍平治之，因孫、因戚、因李宵征夜行孤燈下，上惟力是視，因已義從之，商取其約少裁百錢，而止因人，秋高氣爽，水落石出，易其敝惡，因時方春之和次第埏埴，土田濃其塘之陰，將樹木焉，不亦善乎？父老曰諾。又進多士而語之，曰：少算不如多算，吏也，兵也，文章也，一也。咸懷一切，莫之省憂，計瓶罍與計江海孰大，許公興利除害，此卿大夫之行也。曩聞加額之令有長者，益務寬大商人感之戴星竭蹷，賴無減額，公饒爲之贊，贊襄哉。噫許部盡若公也。閣部一心，廟堂德意，何必不使司農知，司農亦顧利民生安社稷耳。何必使郡國知繇斯，以談公廉勤博大所至陰行善事未可量也。既從士民請兼勒予詩以告采風，藏其副於陽山俾，龍子、龍孫歲時覲母聚而觀之，公諱豸，號平遠，福建侯官人，辛未進士。

明 焦竑《焦氏澹園續集》卷四《揚州修復三塘碑記》 維揚當南北舟航之湊，歲漕粟以四百萬計，而商賈藉餘瀝，通鹽艘，取贏不貲。顧漕繇揚子津入淮，而鹽又自高泰抵揚，方冬水涸舟膠，漕病而商亦困。國初在所設爲水櫃，雨水猥，積潴以待乏。旱乾則轉轉灌輸於河，若揚之三塘是也。雷塘上塘、在城西北，廣六里，下塘廣七里。上塘，東北曰小新塘，廣二里，炎漢間謂之雷陂，其來久矣。王端毅恕，郭郎中昇，成化中造石閘水𥕢，其設甚備。嗣後督視不時，奸民乘之，決塘爲田，久不能正。頃郡守吳公秀、郭公光復，鋭意興復，侵者以輸税爲解。當事又或左右之，隨以報罷。歲戊申，侍御康公以鹺使至，貞紀維風，百廢咸舉。一日得三塘興壞之繇，嘆曰：奈何以秋毫之稅而隳大計，况茲塘頽堤斷洫，肇自昔人，即舊以謀，顧其可後。謂别駕毛君九苞能以贖鍰六百金，俾治其事。毛君擇民之有知計、人信服者，使督役，而自主之。於是買石僦工，因其故閘絫石爲兩涯，中置木楗，視水之高下而閉縱之。外、内之水，禁障宣通，皆得其節。而又有虞風水相激爲堤害者，君又於下岸置樁若版若干，實土以護之，如高寶湖故事。役將竣，侍御下令繕公館，增寓鋪，令塘長、閘夫居焉，給廩稍司啓閉，廉盗决者而寘之法。某年某月肇工，某年某月卒事，用人之力幾千幾百幾十，工績成而人不擾。自是漕艘鹽艦咸以不病，而往來之人謳吟載道矣。邦人謂侍御之有功此方甚巨，而且冀後人之毋廢之也。介毛君謁余爲記。余考本朝漕渠，無藉於河，僅僅淮泗汶洸沂衛諸泉而足者，以水櫃爲之備也。嘉靖初，總河王襄敏公累奪水櫃之侵於民者還之官。自後不復有知其事者，而惟河是力，故費多而愈以不治。蓋出於吏之因循而墮其職以至。此即揚之三塘以數百年危於廢者屢矣，得侍御而修復之若易易然，藉令移之齊魯燕趙間，何憂漕哉。以此知人存政舉，其繫於國者非細。故爲之書，俾來者毋替前功，而且推其意爲漕渠資焉。康公名丕揚，字士遇，山東陵縣人，壬辰進士，毛君江西安仁縣人，起賢科以才，爲公所任使，是役其勞爲尤著云。

明 王僎《西華石塘記》《吳中金石新編》卷三　具區之水浸五湖，際四郡，夫自禹功底定，而歷代因之以爲利。川分派别，潴滀溉灌爲郡邑者，苟知導民使服田力穡則決。渠爲雨荷鍤成雲，長我禾黍以衣食，茲土者常源源而不竭矣。抑或昧焉，浚之無其方，防之失其備，則亢或致焦窘，庳或成汙澤，向所謂利乃反爲害，此西華石塘之所爲作也。西華在吳邑西南兩舍許，其地瀕湖環五千畝皆沃壤，獨以無防止水。驚風駭浪日，三面至漱腴成瘠，民罔攸濟，則相率以告於邑，時京兆雍君爲令，特軫念焉。重以成化壬辰之秋，霪雨彌旬，吳越諸州多被菑，而所謂西華者特甚，君乃惻然躬履其地，審視咨度，揆日庀徒役工，於水利所及之民，采石於湖中旁近之山，他凡廪食之費，皆取諸公帑羨錢，而毫末不以事規求，以癸巳二月肇工，蓋閱月而成，凡爲塘三千一百丈有奇，博其址廣十尺，而殺其上得廣八尺，高如其上之數，自其東褚山望之，圜環綿亘以屬於其西淋峰之麓，所謂五千畝者，皆在所畢護，以保其故壤，尤加闢湖壖之地得二百畝，以斥爲新畬，塘成而是夏復潦，而西華之民芟耨自如，雨蓑風笠歌呼隴畝間，以爲吾農之所以得遂西成之望者，皆君之恵也。盍紀之邑，校生吳鳴翰氏，遂疏其事，來請記，予聞之，善爲政者，惟在因民之所利而利之也。蓋水土本天地自然之利，以養人者也。然常待人而其利始博，不然則求利未得而害已，爲民病矣。此白渠之興利，偃虹堤之捍患之所以有聞於後世也。然此猶二事也，君一舉而兼得之，不惟無患而且獲利，不惟爲備於一時而且乘惠於悠久，使此石不泐，則魏史起所謂仁智之可法者，豈獨河内之民之有賴哉。君名泰，字世隆，其治邑多著勞績，如鑿穹窿山渠以溉上田，置三牐以滀洩水，皆利民事也。宜牽聯得書，遂爲之書。

明 陳懿典《陳學士先生初集》卷九《嘉興新築運河石塘碑記》

我郡地界吳越，古稱就李。在宋爲秀州路，洪武初定爲嘉興府，則浙藩之門户也。北接蘇之吳江，西折抵杭驛，路幾二百里而遥，號稱孔道。蓋自國家建都北平，水程由會通而達潞河者，自江漢外，惟是武林。遡江淮，涉黄河之一脉。而我郡實爲發端。江浙閩粤，楚蜀滇黔，縴挽無不由茲途者，而漕艘尤爲喫緊，則運河之重可知矣。重運故，因以重運道。重運道，不得不重運塘。舊者多係土塘，間有石塘，歲久漸圮。加以淫潦時作，往往崩壞。風雨晦冥，不獨望洋。無畔抑亦，胥溺接踵。然人情苟幸無事，每置不問，即議修築。徒責小民，補苴支吾而已。此無他，非常之原，慮始爲難。一遇興作，動憂費鉅，苟信必然之畫，則又不恤民力騷。然督索以取快，孰有眞心擔荷，細心區畫，如理家事，力省事集，不數月而建百世之利者乎？郡守吳公來蒞我郡，往來瞻顧，慨然以築塘爲已任，周咨握算，不遺餘力。然後請於中丞水大夫，聚材鳩工，始於壬子七月，迄於十月告竣。如砥如帶，見者無不驚異嘆息，以爲百年之功，成於閱月，相與歌咏之。然人但見公成之之易，而抑知公所以成之之難乎？夫舉大役者，有三難，曰議費，曰議材，曰議人。初，塘之估也，擬八千金有奇，而僅止秀水北塘。其秀水之西塘及桐鄉、崇德不與焉。今公親相度其緩急，可仍可補者，與必新建者古減其半，而塘加倍，此即主人自程量其百堵之興不啻也。故取足修河，歲額不復，別措毫釐，加以商民樂輸，一一節省，其間故大工興而民不知也。此其所難者一。築塘必用木、用石。故事，用木多而小，今議減什之三而增壯焉。又檄淮解之官，即領鏹買木於瓜儀，材皆中程而直甚平。往者石工與藏吏相表裏，價入手而石不時至。稍急之，聊以細石點綴數丈塞責，今命官親詣石山頒式定值，先給半價，令其方舟而來，驗收如式。即全給石户，無不欣欣樂赴，更番如織。石至不勝收，因利乘便此，其所難者二。佐領幕僚，幹局不同，用非其任，與用違其才，皆足敗事。公於諸屬吏衡藻有素，檄某某主某區，檄某某分某區，甚至曳裾朱門者留之，以竟其用，人各樂於用，用各當其才，此其所難者三。公兼此三者，而又蚤夜調度，角巾小舠，躬自程督。又置飛騎，持幟分道馳驗，有怠緩、不事事者法無貸。總作以督分作，分作以督夫匠。功過明於前，賞罰信於後，天下事盡如公運籌，一指麾則定矣，況運塘哉？凡天下事，讓者難於任，任者難於眞，眞心所萃，顛末鉅細，皆井井胸中，故雖犯天下之難，而及臻厥成，晏如也。公眞心治郡，宏猷大伐，未易更僕，一再持漕議抗言，以免民運，東南賴之。重建學宮，廣厲作人。士瞿然顧化，得雋獨盛，條規凛凛，贋冶盜鑄，咸伏其辜。靡麗輕俠之薄俗，爲之丕變，田賦之定，苦心均調，士民并受其福，至於往歲憂旱步禱，甘澍立應，至誠格天，何難平地哉。諸不具論，論塘之功，跨省直歷三邑。秀水北塘一千四百八十八丈五尺，西塘九百五十一丈六尺，桐鄉塘二百一十五丈四尺，洩水洞五座，崇德塘三百六十一丈二尺。三縣共計修築新舊塘三千二十七丈七尺。吴公名國仕，甲辰進士，直隸之歙縣人。

明 沈一貫《喙鳴詩文集·文集》卷五《重修石塘大小二碶碑記》 方國生民藉衛于土，厥土用水説，在岐伯氏之養榮也。吾鄞由甬江而西，沃野二百餘里，它山據江之上游，以注于會城靈源大啓，故西南諸鄉亡不藉榮于它山者，顧泰雨横決泰旱焦，洩決不甚虞，而洩乃助割，於是有保豐諸喫以司蓄瀉。石塘介在西隅，眡他碶稍隘而爲利滋鉅，折而東有小碶，循碶而下爲九里浦，以注于江高下斗懸，皆鄞土也。小碶之内支流蜿蜒，有逮于慈者，然而碶非慈有矣。碶固有限不以石以木。蓋創始者酌啓閉之宜，而定規與碶，終始夫寧不知石之貞遠也，爲蓄易而瀉難，利于下流。不利于高壤，乃處下流者邀我之啓以爲蓄，而踞高壤者因彼之蓄以妨瀉，倖得利而漫有害，石之不宜于碶也明甚。萬曆乙未，小碶崩圮，司碶之吏，議緪初繇，而慈民以其私憶，謂不利于己。至嗚于上官，前令常熟翁公誠嘅斯事，率諸父老繞碶而揆追維往迹曰：吾爲疆吏，我民之弗奠惶恤其隣，遂報中丞御史臺暨巡海使者，仍用木於是鄞民雷然頌德趨事若子，浹二旬而大小二碶畢事。既畢事，而鄞之民謂自兹以往水藏安平，雖有旱潦無損于秎穫，永有石塘之利矣，夫莫非王土，何別于慈顧爲慈，訿不過數頃，爲鄞不獨五隅遍于七鄉，鄞之藉以朝夕者大半，夫斷指以存頸仁者不爲，況斷頸以存指乎？宜公之力，捍吾圉蓋公爲政敦敏，肅給其爲民，驅除若疚，于厥躬必驛而躋之，康阜乃慊兹特其一事，事在丙申之秋，明年奉詔充法，從諸父老謀鑱諸碣以詔，後来徵石言于余時，余方待罪，綸扉不果，歲丙午予告歸里，里人相率而前誦公，顯伐遂不辭而爲記，諸大夫及鄉之慕義率賁来埤者，其氏與名具書於爲。

清 張泰交《受祜堂集》卷一一《續修江塘記》 杭州，東南大都會也。而錢塘一江世爲之患，葢其流勢迅疾，異於他水。而海水上潮，經龕、赭二山，自廣入狹，逆江而西，與江水相激射。江不勝海，爲湖所却，怒號搏擊，山摧地坼，聲息燀爀。而仁、錢適當其衝，雖有神禹疏瀹，無所施，故修治以捍之。按《武林志》王莽時，郡功曹華信議立此塘以防海水，始開募有能致土石一斛子錢一千。人貪厚傎，皆擔負而至，來者雲集。比至江上，詭云已不復用，皆棄土石江濵而去，塘以之成。至梁開平間再修于錢氏。宋大中祥符間，錢氏塘壞，轉運使陳堯佐築之。然自武肅以來率用薪土，屢築屢圮，民苦于役。景祐三年，俞獻卿知杭州始鑿西山石，作堤十二里。因置捍江兵士五指揮采石修塘，隨損隨治，杭人德之，作廟堤上，此石塘之所由始也。然山元而明，捍江兵士不復設，事無專責，往往因循推諉，至于坍塌而莫之惜。不得已而修之，大都苟且報完而已。故甞有公私費財不止千萬，而潮患如故者。康熙三十八年，仁、錢二縣修塘六百九十七丈，未逾年而潰，前撫趙公申喬時爲藩伯，請于前撫張公志棟，集浙之僚屬，謀所以治之者。温州郡丞甘國奎議曰：

自宋景祐間治石塘，今將七百年，雖幾經斷續，而終賴石工之足恃。但石薄小不耐衝突，且砌法亦未盡善，今欲圖久遠，必購巨石、選良工。每塘一丈，用石一縱一横，嵌以油灰，鎔以鉄錠，深根堅杵，加築子塘以爲重障，俟其沙漲可恃水久。因繪圖以進，張公與前制府郭公世隆合疏上聞，部覆如議奉俞旨下其式即以甘丞領之。未幾張公調江右，命趙公撫浙，而郎方伯廷極適來，相與益勵其事，倡義首捐，士商繼之。期年而工已半時，子方視學江左，其明年上命趙公移撫南楚，而以予承浙乏。恭遇聖駕南巡，命内大臣及吏工二部官勘閲，塘工以堅好奏，天顔甚喜，回鑾後予亟至江上觀所經營，則自六和塔迤西工程尚鉅，於是努力捐貲，期有成功。復自六和塔修至善龍嶺，開山砌路三百餘丈，又自嶺脚砌塘六十二丈，至華光樓止。又善利院龍潭上有各郡山溪之水，奔滙於江掃望江門一帶而入海。海潮怒激挾，江流而上，卷刷徽塘，素稱險要。特築石磯，狀若偃月，使海濤噴薄而來者與磯相觸，不得直逼徽塘。即上流山溪之瀑急瀉而下，遇磯漩澴勢遂涣散，無復疾驅席卷之力。徽塘及望江門沿江一帶，烟火萬家，雉堞千尋，恃爲磐石砥柱矣。工既竣，有謂予者曰：自明府下車以來，潮勢日減，此政尚寬和之所致也。使如曩者驚濤拍天，晝夜再至，雖欲此塘觀成，豈可得乎？府之德與此塘俱長矣。予曰：是何言哉？云中國有聖人則海不揚波。我皇上神聖文武，幽明咸格，百靈効順，蒼茫浩瀚之間必有陰相其成者焉。可誣也，乃作廟江干以祀潮神，使凡司職水府及生而有功江塘，没著靈異者，俱得憑爽于斯，享血食以捍民社，爲萬世無疆之休，是則予之志也。是役也，始于康熙辛巳初秋，竣于乙酉三月。共築石塘六百六十七丈，子塘八百九十五丈，計費銀五萬二千六百三十八兩有奇。皆山官斯土者及士商之所捐，未嘗派民間一錢一夫。故勒之石使後之君子得以考其始，終有所踵事焉。

藝文

宋 蘇頌《蘇魏公集》卷八《行次塘堤》 淼淼寒流千里餘，帶城襟壘似江湖。侯王設險古未有，夷狄窺邊今遂無。數郡營屯歸耒耨，萬家生聚利菰蒲。長堤不絶才如綫，南北衝衝是坦途。

明 魏驥《南齋先生魏文靖公摘稿》卷八《坐雨聞江塘將塌》

雨聲不輟帶轟雷，汹湧河流已到階。二麥將成淹没盡，江塘若倒又潮來。

江塘若倒又潮來，民物彫傷實可哀。願扣天門放羲馭，閒居容我老懷開。

閒居容我老懷開，非爲區區一已灾。萬個生靈萬條命，忍令漂没等蒿萊。

清 張文虎《舒藝室詩存》卷一《築塘行》 怒潮倒蹴金山根，塘前鬔鬔增沙痕。長官催呼役夫急，萬指齊集如雲屯。分班起號作邪許，千槌雷動聲崩奔。手胼足胝汗流血，長官督責還相嗔。爾曹里居悉瀕海，扞築慎勿辭艱辛。年年畚挶訖無補，此過自要官民分。下塘搿土上塘築。雖有禁令誰能遵，剜肉醫創暫收效，一旦泛溢愁湮淪。方今制府重籌海，飭下各屬母因循。爾曹受賞宜努力，上累官長非良民。民拜稽首敢勿勤，民官赤子官民親。忩頑不僅累官長，鞭撻亦自歸民身。君不聞昔年俞太僕，君不聞昔年尹相公，築塘不惜殫心力。屹然搘柱如崇墉三千八百五十丈，潮頭雖獗無由攻，此邦戴德今百載。父老稱説猶忡忡，頻年海上多大風。塘傾復築築復圮，奉行故事難爲功，烏乎！君不見廟中龍神享血食，低首無言待竣工。

又《後築塘行》 前年築塘海潮大，十丈潮頭决塘過。去年築塘多海風，風沙捲地潮連空。民財已竭工猶蕩，督部陳情聖恩廣。白提粲粲黄紙封，今歲修塘是官帑。監司來，太守來，七邑聚議塘工開。塘工開，插旗打鼓船巍巍。郡符辨料如霆雷，高飛精衛何爲哉？西山木石空成堆，將雛秋燕渡海去。曷不海外銜泥回，内塘泥盡塘工促。却向灘前取泥築，三百青銅五斗泥。不耐潮魚一翻覆，督工大令慘不肥。肩輿傔從行如飛，槌聲丁丁起塘下。萬夫并力妃呼豨，妃呼豨，聲不住，輿中大令顔色豫，里胥乾没役除頭。日借塘工樂且醵，昨夜迴瀾到半塘。勢挾金山向西去，君不見年年扞海愈狂。官司蹙頞丁夫忙，安得一勞永逸無彷徨，恨天不生俞海防。明年八月秋潮漲，更斂民捐募築塘。

清 施封宗《築塘謡》《詩鐸》卷四 築海塘，築天寒，土塘易築，石塘難。不見帑金三十萬，西山木石連河干。雪飈如拳墮築指，築遲背怕牛皮鞭。怕鞭還怕築不堅，官貽家産工貽錢。

築海塘，築赤日，早凉登築暮不息。最苦金烏爍背時，汗流滴石石嘖嘖。豈不患令如焚，豈不恤工如炙。一寸疏虞蟻縫留，百萬生民化魚鼈。

築海塘，築春潮，春潮初來浪不高。縱然到岸僅沒骭，不浸石縫工堅牢。官賞酒，稽首到地稱上壽，但願功成官職超，遠通職貢近通漕。

築海塘，築秋風，秋風蕭蕭吹鬢蓬。朝築暮築丈尺咫，秋潮一洗還成空。幸存白石齒齒，罅隙滿堤如漏蟻。再塗石髓與粘膠，舊岸何如不洗牢。

清 朱炎《築塘謡》《詩鐸》卷四　登登聞築塘，築塘衛廬舍。伐石南山巔，伐木南山下。木截訂梅花，石琢排魚鱗。鐵錠筋絡骨，土備齒附齦。截木作樁。五五相比曰梅花樁。築石上狹下濶。縱横間之，曰魚鱗塘。鐵錠以聯石交處，積土護石，曰土備塘。海門兩山夾，怒濤一箭射。吐納海與江，來往潮又汐。天子時下詔，陽侯近有靈。磊磊海上石，曆曆天上星。沓潮最足虞，颶風秋作汛。防秋如防邊，避風如避刃。風來胡可避，築塘計已周。塘石小齟齬，官府議歲修。歲修誠難爲，倉卒慎次第。有石不能言，毋使失連理。談山通鹽官，驅馬看塘來。莫謂踏石面，安步過平臺。

清 鈕琇《臨野堂詩文集·詩集》卷三《前修塘謡》　朝聞官兵至，暮下修塘檄。官塘不修墮軍機，官塘修時民孔戚。泥一斗，甎一箕，負之擔之向水涯，盡是塘夫膏與脂。皇天不識塘夫苦，淫雨增波齧塘土，大官督修急如火。杵聲薨薨築且堅，復索私例血流鞭。泣言大官幸勿喧，囊中尚有賣兒錢。

又《後修塘謡》　官塘修，平如砥，馬蹄趵趵行不休，官塘蹋入瀕湖水。大官親勘怒何赫，口道塘夫用無益。派稅民田須滿額，錢歸石工去采石。石工徵錢態復驕，椎牛釃酒日逍遥。塘邊零落貧家子，稅重田荒饑欲死，哀聲不入石工耳。

清 唐仲冕《陶山詩録》卷五《奉檄勘常熟江塘三首》　記里人傳鼓，量江樹引繩。泅童探水則，浴鷺見橋棱。斜日千畦稻，輕烟一鑒菱。菰蘆聞好語，携挈繞溝塍。

雨殘鷗外路，舟入蓼花汀。一夜波痕長，隔溪帆影經。草飛黃蚱蜢，雲點黑蜻蜓。欲向前邨泊，空濛有釣亭。

殘暑故作勢，新凉時起波。晚籬疏有竹，秋渚静無荷。剪荻通行屧，騎牛倩荷蓑。縣公憐市遠，肴酒載相過。

雜録

明 胡士容《興築婁江石塘申》《吴中水利全書》卷一六　直隸蘇州府長洲縣爲興築石塘裕國便民以垂永利事。准本縣知縣胡士容關開竊照：三吴向爲澤國，而長洲益復低窪，所倚爲障水、蓄水者，獨有修築塘岸一節耳。其在鄉各圖疆塍壋岸聽民自築外，查得婁門外之東接崑山，齊門外之北接常熟，葑門外之南接吴江，此又當湖水之衝，而爲水陸通途之地則尤其最緊者也。然查照婁塘較之葑、齊，又自不同。葢其地如釜底，東通大海，南達沙湖，北連陽城、巴城諸湖，名曰至和塘，而婁江故道爲東南諸水入海之尾閭，又係軍民二運糧艘出入，各上司飛報鋪兵傳遞公文，縴夫商賈徃來絡繹飛輓必繇之要道，則修築更宜先耳。乃每每修築，皆不過編籬爲捷，插木爲樁，所以一遇霪霖，洪水泛漲，風浪衝決，灌田没路，民稻病困徒費徒勞，其亦何濟於事乎？職葢反覆躊躕，以爲此非若常、崑之石砌，决不可耳。已經該職督同水利主簿張稜臨塘勘量，自婁門外下縴埠頭起，至崑山縣界止一帶，官塘共計長六千六百四十五丈一尺，內除前任知縣韓原善詳支官銀築過陸涇壩、西張涇等處樣塘一百五丈，其未築一面單岸石塘六千五百四十丈一尺，合用海塘青石每一丈計，一層用價三錢七分八釐，四層該銀一兩五錢一分二釐，每丈樁木大小十根不等，價銀三錢七分，每丈用灰三十七斤八兩，該銀三分，石匠鏨鑿做光，築砌打樁，每丈工食銀四錢一分，斷樁削尖，每丈工食銀八釐，計一丈共銀二兩三錢三分，總計該銀一萬五千二百三十八兩四錢三分三釐。又夾水內塘八百八十丈三尺，議用黃砂亂石築砌，每丈料工銀一兩二分，計該銀八百九十七兩九錢六釐。又查東西龍漊、唯亭涇、戚家涇等處，水勢極深，應添大塘石一層，共用石一百三十丈，每丈價銀四錢二分算，該銀五十四兩六錢。及查坍壞朱涇、憲濟、周涇、新橋四座，共估料工銀三十六兩三錢四分，四項通共該銀一萬六千二百五十七兩二錢七分九釐。

查得本縣四十一、二兩年分原編導河夫銀六百兩，屬可支用并查東庫見貯各院道府項下入官還官變易盜贓失風無主堪動無礙銀九百六十六兩七錢四分六釐五毫，餘及本縣項下贖罪人犯銀兩已收者并將支用辦料鳩工。趁時興舉餘少銀兩，俟職再行陸續議處，申請濟用，庶蓄水障水有備無患，而澤國下田少有所瘳，不但便民之涉而已矣！

又《興築石塘工完申》　直隸蘇州府長洲縣爲興築石塘裕國便民以垂永利事。奉本府帖文，該蒙欽差整飭蘇松兵備兼理糧儲水利，湖廣提刑按察司按察使俞憲牌備，蒙撫按漕鹽四院批該本縣申詳築造塘工繇前事。仰府官吏，即查築造婁門官塘工式所估料價是否實數，所議動導河夫銀及見貯各院道府各項官銀中間，恐有不應動支，設或吊取，作何抵補，其估用工料，餘少之數，作何設處，一一酌議妥當，申報等因，備帖到縣。今該本縣知縣胡士容看得前項塘工浩大，搜查帑金僅得十分之一，巧婦不能爲無米之炊，況當此公私交困之時，興是鉅萬非常之舉，又不得不多方設處，萃衆毛以成裘，蓋既圖興利，賴於斯民，自不敢恤一身之勞瘁。是以殫精畢慮，蒿目嘔心，而不遑寧處也。及照原詳各院道入官等項錢糧，切思邊海之邦，宜備不虞，仍聽貯庫俱不動支外，先將導河夫銀與職所捐俸薪贖鍰共銀八百六十一兩給發辦料，行委主簿張稜選擇誠謹耆民鄒廉、鄭大淳、俞櫟等董督，於四十二年三月十九日一面興工築造，一面勸諭闔郡士民義助。繇是鄉紳先達大學士申時行等，欣工樂助，舉人徐洌等，監生翁正學等，生員盛際等，本縣縣丞汪其俊等，商民汪芳、張邦篔等，一倡百從，共捐助銀三千六百八十四兩九錢七分。耆民鄒廉、許策、夏奉石等，奉公好義願捐己資，共助築過青石塘一千七百九十四丈五尺，監生顧緒餘等，助築過青石塘六十丈五尺，生員顧維禎等，助築過青石塘八十九丈。及蒙撫按兩院并本縣詳罰李廷言等，築過青石塘七百二十二丈，橋二座，又蒙院道府詳允發下變易通倭贓貨銀二千兩、監生王騰宇銀一千五百一十兩五錢八分，本縣項下罰追胡試等銀一千二百四十三兩三分三釐，通共銀九千二百九十九兩五錢八分三釐。又該本職親詣塘所，備細查核覆估，無容冒破其海青石外塘，原估照崑山事例，今每丈減去工料銀三錢三分，實該銀二兩，共給發銀七千七百四十八兩一錢七分。築完青石外塘三千八百七十四丈一尺，又給發銀八百三十二兩六錢九分七釐。共築完黃石內塘二百一十七丈八尺，修造朱涇、憲濟、周涇、新橋四座，楊涇、蕭涇、陸市、司馬、吳涇等橋六座，洩水平橋二十六條，并東西龍漊、戚家涇等處，水勢極深處，所增添大户木料等項，於本年十二月二十八日完工。訖取有耆民嚴籲顧彩等及宕户石匠俞朱芳等領狀包固甘結在卷申報外，又用過興工破土三牲祭禮等項銀三兩六錢七分，豎立過界址石牌、城磚砌灰椿木等項工料銀一十一兩三錢三分，俱有付案領狀在卷。又查得前項塘工大舉，仰藉諸臺寵靈得以竣事尤宜慎始圖終，恐日後不無水衝坍塌，則所宜預爲防備者也。今查除通完訖存銀七百三兩七錢一分六釐，內聽會同吳縣、吳江見行修築寶帶橋工二百兩外，相應於內動支銀三百兩，選委端謹耆碩，擇買膏腴常稔之田，召佃管種，另立印簿，歲收花利積貯，專抵修塘之用。日後設或衝頹，務令估勘，明確動支修築，不得別項挪放，以滋侵没。伏候詳允日一并勒石，永垂不朽。餘銀二百三兩七錢一分六釐，聽抵刊刻碑石與夫刷印書册，及備木扁、花紅、給賞塘工事内効勞員役等項，另文申報。

又《置修塘義田申》　直隸蘇州府長洲縣爲興築石塘裕國便民以垂永利事，案奉各院道批詳前事，該本縣知縣胡士容將塘工省存銀七百三兩七錢一分六釐。內除聽修築，寶帶橋二百兩，又聽勒碑刻册給扁等項銀二百三兩七錢一分六釐，計遵經動支銀三百兩，喚令原委督工誠謹殷實，耆民鄒廉、鄭大淳、俞櫟各領銀一百兩，選買沃腴常稔園字等圩上則田共計一百五十畝，每歲收租除辦稅糧外，每五十畝應收納租米三十五石，計准銀一十七兩五錢，但照官田與民田不同，官佃亦與民佃少異，宜較民間稍示寬恤，每五十畝再減租銀二兩五錢，止令納租銀一十五兩，計一百五十畝，共應取納租銀四十五兩。豐年不增，凶年不減，歲以爲常，無容更變，庶幾樂佃樂輸，而民無逋稅，官有實用矣。再照義田一節，田既屬之官田，則租亦屬之官租，其非民間之所得侵逋明矣。所慮者在官府之那借掾胥之乾沒耳，抑或度支不足，遂旁啓別門，而歲月延淹，秖視爲故事，每見吏弊移人，即賢者不免，是不可不爲之圖永久之策也。蓋職向者，區區之意，自婁塘之外尚欲南築葑塘，以接松陵，北築齊塘，以接海虞，而屬以民窮財盡大工不可以一時并舉，故任勞任怨止勉而築此四十五里，即復以其餘銀置田若干，歲積錢四十五緡，葢謂日引而月長，銖積而寸絫，度十年便足爲葑塘之用度，二三十年便足爲齊塘之用，後有賢者，家視其事，可不必再借力於民間矣。若夫今日之妻塘，賴諸臺之靈，百姓之力，亦既堅厚，且十年之内自有匠工包修，其認狀具在，而何所用官帑爲？即用之或取之一二年足矣。豈必歲歲而用之政。惟歲歲不用，則租可貯而息亦可長，神而明之，存乎其人，豈非賢智者他日之事乎哉。伏望詳批嚴諭，檄下本縣遵令，勒石仍立爲册，自今伊始，田畒分圩開注於前，租數逐年登記於後，凡出納之數一一必書，其非塘工以内，即一毫不許動支，每遇歲終，驗數貯入并送查盤銀及百兩以上即仍令買田，歲收花利如初，倘有奸胥冒破及指稱動支於塘外別用，或虚立修塘名色付取充爲公費，必吏引侵欺之律，官嚴簠簋之條，庶田租水利還相爲濟，而台恩憲法永施不窮職，今日之任勞任怨任謗猶或可諒，於數十世之後也。今將田畒圩號坵段及佃户姓名一并開報擬合申詳。

清 李世禄《修防瑣志》卷五《土塘宜慎》 取土定例，在二十丈之外，工完方能離堤十餘丈，否則逼近堤根，必須安插土塘。先遠後近，多留走路，以防陰雨，若做黄河之堤，必取近河外灘之土。多留横界，如格子形，黄河水發，一淤便平，若起土成河形，恐大溜一歸，遂汕成險工，盖内面成河形，則引盗入室，外面成河形，則開門放賊也，切宜慎之。

又《土塘之弊》 驗收土塘，四角套方，則用灰印留蹬，以便計算查考。而挑土猾夫最爲可惡，洗刷舊方棄土，就近窪内一路零星撒土，或加於方塘四面高心斜墻，或就窪地取土，通連界子套方留蹬，偷起印號，另做假墩，種種弊端，切須加意查看。

又《安插土塘》 修築加帮堤工，先立取土方塘，宜離堤十五丈以外，照井字樣安揷。使横竪有路，不傷將来做工地步，方無後累，法於堤工正對十五丈之外，以堤工每丈土方数歸各塘夫數，土方得該塘應築工長丈尺，其塘長應連本塘所攤上下馬路界墻尺寸。并算以土塘長寬各一丈計土，將塘寬幾尺歸所分工長土方，得塘深一尺之長。如地勢可深二尺，以二歸深一尺塘長，得塘深二尺之長，或能深三尺四尺五尺，照此歸算。至十夫之塘，每塘上下各留丈寬馬路一條，以便往来。其七八夫之塘，每兩塘上下各留丈寬馬路一條，再於兩塘之中，留尺寬界墻一道，以分彼此，其馬路界墻所佔尺寸，即將從中均分，歸入隣塘带築，務令塘完工竣，譬如創築之堤，每丈佔土六十方，今酌定每夫派土三十方，其地可挖深三尺，十夫之塘，該出土三百方，以每丈用土六十方，歸夫土三百方，得應築工長五丈，除上下馬路，佔碍塘寬一丈，止安塘寬四丈，以四丈之寬，築堤工五丈之長，應以塘寬四丈，歸工長五丈之共土三百方，得空深一尺之塘，該長七十五丈，又以深三尺歸之，得所該塘長二十五丈，自塘尾空深一尺，起所至塘頭止。於塘頭中間留寬三尺長二丈馬路一條，照此空深三層，工完將馬路挑去，塘完工亦完也。至七夫之塘，該築工長三丈五尺，内除應分上馬路五尺，中界五寸，止安塘寬二丈九尺五寸，以塘寬二丈九尺五寸歸工長三丈五尺之共土二百一十方，得土塘空深一尺，該長七十一丈二尺，再以土塘可空深三尺，歸共長七十一丈二尺，得所該塘長二十三丈七尺，八夫之塘該築工長四丈，内除應分下馬路五尺，中界五寸，止安塘寬三丈四尺五寸，以塘寬三丈四尺五寸，歸工長四丈之共土二百四十方，得土塘空深一尺，該長七十丈，再以土塘可空深三尺，歸共長七十丈，得所該塘長二十三丈三尺，大抵不足十夫之塘，止除去應攤馬路界墻尺寸，定方塘之寬，其長照十夫之塘，前後相齊爲是。僱夫挑行方，要照地勢可深幾尺，每寬長一丈，出土幾方，算定每丈所用土方該土塘長若干，以塘完工竣爲度，限定離堤十五丈以外，照井字樣安塘，每塘寬一丈，中留尺寬界墻一道，每六塘留丈寬馬路一條，使横竪有路，立規不許亂空再三，塘分築所臨馬路五尺，折半各攤界墻二尺五寸，計每寬一丈之塘，連所攤一半界墻，該築工長一丈二尺五寸，其法將工長一丈二尺五寸之共土，用塘寬歸之得每塘寬一丈，應該出土方数再以塘内深幾尺，即是出土幾方歸塘，寬出土数得實該塘長丈尺，照所該長寬封立標記，令其自遠而近分層，挑空俾所挑土，塘前後相齊深淺，一律自工頭挨塘，編所將一所某人二所某人通長登記賬簿，每所多留餘紙以爲收方，地步收某所之方即將本所之下注明某日收某處某層，長若干寬若干深若干計，土若干又次收方，又將本日所收某處某層尺寸土方填記，如另換新人，即於本所下注明某人，頂替收方則注某日收新人某名某處某層，長寬高尺寸并方数以備對証，若外来之人無塘可頂，離前塘一丈之外另安後塘一行，以離前塘一丈，爲横路接前塘，馬路留豎路使前後通行，横豎無阻，亦照規編所不許亂乞再方塘，斜角中墩用灰印三個，使其不得接墩墊涯，收方時用細绳一條拉於兩岸，照平處量高，則套塘賴土之術難行矣。

又《算斜方土塘法》

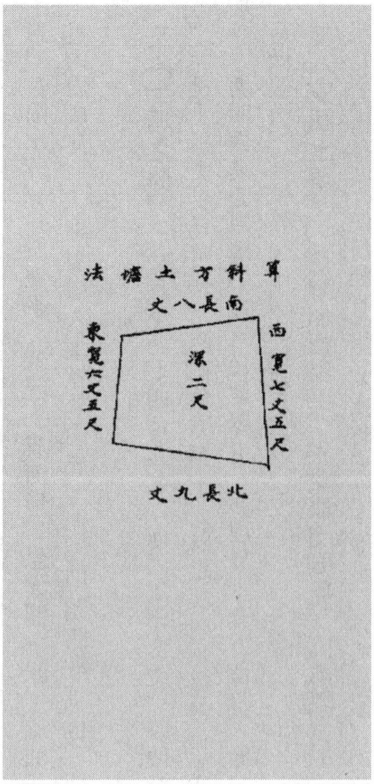

東西并折半，如東廣六丈五尺，西廣七丈五尺，相并折半，得牽寬七丈置爲實。南北亦如斯。另將南長八丈，北長九丈，相并折半，得牽長八丈五尺爲法。互乘爲實位，以法八丈五尺，乘實七丈，得五十九丈五尺又爲實。深数再乘之。再將深二尺爲法。乘實得積土一百一十九方。

又《算直長土塘法》

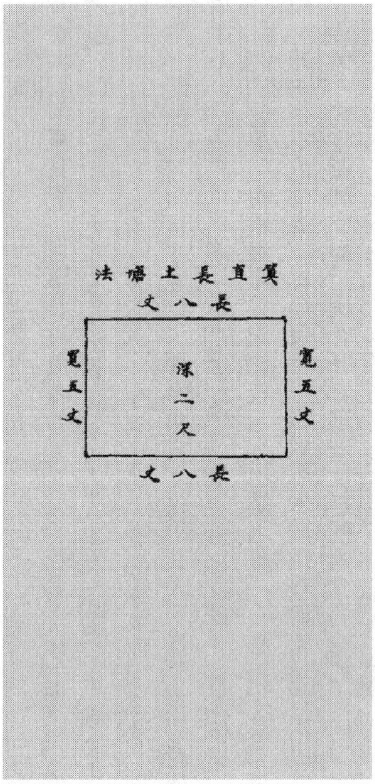

直塘只以長乘濶，如兩長数相同，寬数亦同，俱毋庸牽折，但以長八丈，乘寬五丈，得四十丈置爲實。深再乘之方数詳，以深二尺，乘實四十丈，即得積土八十方。方塘法同。

又《算半月土塘法》

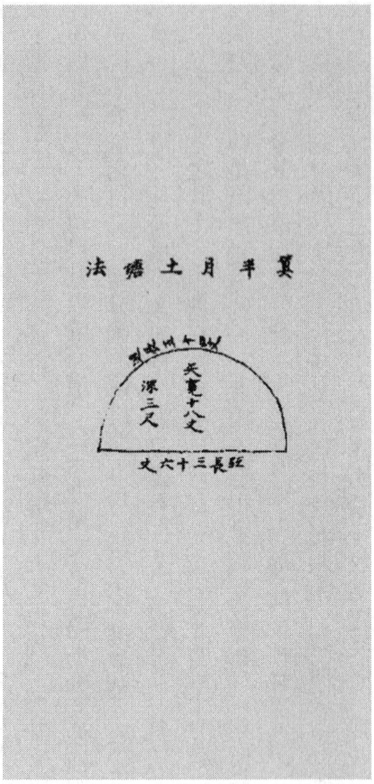

半月先將長濶乘，另將寬数自乘明，并来折半爲之實，再用深乘方数成。先以矢寬十八丈，乘弦長三十六丈，得六百四十八丈。另將寬十八丈，自乘得三百二十四丈。二数并之折半，共四百八十六丈置爲實。再以深三尺，乘之得積土一千四百五十八方，又法寬長相并折半，再以寬乘，然後用深乘之亦得。又法以週長五十四丈，自乘得二千九百一十六丈，再用六歸得積，再用深乘得方，又法週長乘弦長，再用四歸得積，再用深乘得方。

又《算圓土塘法》

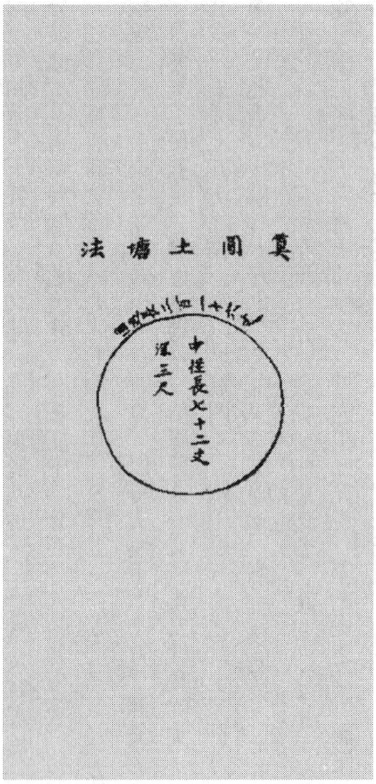

圓塘徑自乘，以徑長七十二丈自乘得五千一百八十四丈 七五折分明。却用七五折折之爲實，再乘深数畢，再用深三尺乘之 方数不差零。得土一萬一千六百六十四方，又法徑長乘週長，再用四歸得積，又以深乘得方，又法週長自乘，後用圓率十二除之，再乘深得方。

又《算圭形土塘法》

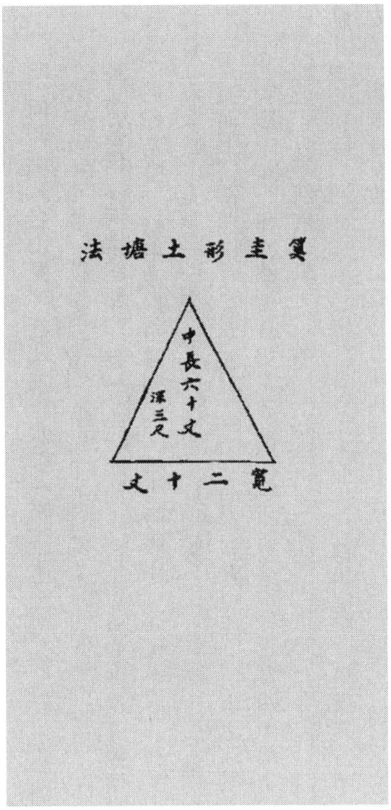

尖塘先用長乘濶，先將中長六十丈，用寬二十丈乘之，得一千二百丈。折半乘深便見方。折半得六百丈爲實，再以深三尺因之得土一千八百方，或用半寬乘長，或半長乘寬，然後乘深俱可。

又《算梭形土塘法》

梭形半濶乘長数，將寬二十丈折半得一十丈，乘長六十丈得六百丈再用深乘即見方。再用深三尺乘六百丈，得土一千八百方与圭形塘同法。

清 徐端《回瀾紀要》卷上《管理土塘官》 專司挑土人，夫令其先儘遠處挑挖，留近土以備搶工之用，九不許挑斷土路，以致人夫擁擠争吵，應派武泛司之。

安豐塘

論説

宋 陳師道《後山談叢》卷二 壽之安豐塘，楚相孫叔敖之所築也，至今賴之。塘西有廟焉，塘上之木花皆西向，子皆東向。

（天順）《明一統志》卷七 安豐塘在壽州南安豐廢縣，即芍陂也，楚相孫叔敖所築，與陽泉陂、大業陂并灌田可萬頃，漢王景、魏鄧艾、宋長沙王義欣皆嘗修之。

（乾隆）《江南通志》卷六六 國朝順治十二年壽州知州李大升重修安豐塘

清 張鵬翮《治河全書》卷一二 安豐塘在州南六十里廢安豐縣，即芍陂也，楚令尹孫叔敖作以溉田萬頃。元立芍陂屯田，明永樂中修治，開三十六門，并四閘。

清 李大升《重修安豐塘記》（乾隆）《江南通志》卷六六 安豐塘者，楚令尹孫叔敖所作之芍陂也。塘周數百里，受泄、淠、沘三水之支流而下，蓄洩以時，可灌田萬頃。自明季以來，新倉之口決，引水之河淤，民不獲其利者已三十餘年。余自癸巳夏來守壽郡，詢諸利弊，紳衿士庶皆言此塘乃壽土第一利，余欲舉行而未之逮焉。至乙未春乃得親歷其處，相視廢壞之所，量工程捐俸，入選夫千餘，先疏河道之壅塞者一百四十餘丈，浚水通流，方築新倉、棗子門二決口，高厚約十數丈有餘，長俱不下百尺許。又爲之理其門牐，補其塘岸，不月餘大略粗具。余始具文報於兵憲沈公，公喜甚，亦捐俸飭修，意在利求萬全，績垂可久，必不爲目前苟且計也。余隨與州佐議再加巡葺，會值大雨，水勢突至，功難驟竟。然塘水已盈，環塘之民皆負耒而耕，秧田遍野。是歲夏苦旱，惟安豐一帶全獲有收，至八月中仍即其功之未完者，更爲整頓，疏近塘之河土，高者十里有餘，其減水大牐、中心兩溝胥一一浚治，保其久而弗替，不能不有望於後之君子。

傳記

（光緒）《重修安徽通志》卷一四七 鄭基，廣東香山廩貢，乾隆二十二年任鳳臺知縣。浚濕泥、黑濠、裔溝三河，築長湖、大山等壩，建魯村灣石牐。三十五年，任壽州知州，修安豐塘、鳳皇阜口牐及衆興集蓄水壩，蓄洩以時，民食其利。

紀事

明 何喬遠《名山藏》卷四九 永樂【略】十二年，修壽州安豐塘水門十六座及牛角壩，抵新俞鋪堤，萬三千五百餘丈。

清 康基田《河渠紀聞》卷一三 順治十二年，重修壽州安豐塘。按楚令尹作芍陂，修屯政以裕國利民，越千有餘年，而民不忘其利者，澤普而利大也。安豐塘即楚令尹之芍陂也，塘周數百里，受洙、淠、沘三水之支流而下，蓄洩以時，灌田萬有餘頃。明季新倉口決，引水之河淤，民不利者數十年。州牧李大升鳩工興復，疏河道之壅塞者百四十餘丈，浚水通流，方築新倉、棗子二決口，高厚十丈有餘，長百尺。又理其門牐，補其塘岸，閱月功成，環塘之民負耒而耕，秧田遍野。是歲夏苦旱，安豐一帶獨獲有收，猶以其餘力即其功之未竟者，更加整頓，事詳在李大升《重修安豐塘記》中。考周定王時楚令尹孫叔敖作勺陂，溉田萬頃，芍陂在壽州安豐城南，以水逕芍渟，積而爲湖，故謂之芍陂，又謂之期思陂。與楊泉、大業諸陂并楚相孫叔敖所作，其水即六安龍穴山，東自濠州横石東南，至龍池山胥注於陂。陂原五門，後更改三十六門，又作減水壩四，水漲則開門以疏之，水消則閉門以蓄之，三百餘里支流分注，溉田萬餘頃。唐顯慶、乾封、廣德中，屢有修治。宋熙寧中，劉瑾言壽州安豐塘可興置，令轉運司選官覆按。至明永樂間，鄺埜督夫二萬浚之，依古以來不廢修築，蓋其地大而利廣，水盛則易決，補苴滲漏，疏其壅滯，而後蓄洩得宜。壽州李牧之繼起，有事功，而不可没也。是時所在，皆以水利爲事。池州守梁應元因前明秦懋義、馮叔吉先後加築之，翠微、千柳二堤故迹重加修治。宿松令孫繼文督修潛山、蓮花、荆橋、羅隱諸塘，淤淺者浚之，曲防者撤之，溝引爲民，利擘脈分支，回波曲注，或遇火雲爇天，順勢導流，貫畦浮塍，沾溉萬頃，留心民事，始終不弛。其力斯可謂崇尚實政者矣。

雜録

南朝梁 徐陵《徐孝穆集箋注》卷四 芍陂在鳳陽府，即安豐塘也，乃楚相孫叔敖所築。

明 陳霆《兩山墨談》卷一 壽州有安豐縣，廢址尚存。廢縣之東積水數千頃，今名安豐塘，即古芍陂塘也。春秋時楚相孫叔敖所開，灌溉數州，自昔及今，亨利莫殫。我朝於塘岸刱四十八閘，時其鍾泄，中復多菰薺藕芡之類。正德丁卯，淮西旱，民取飼於塘，所活幾萬人。予嘗經行其處，私獨不滿，謂人知亨利而莫知報本，所謂叔敖者遺祠三間，瀕側塘岸。村民既乏香火鷄豚之奉，而有司守土者亦不聞歲一修祀，蓋甚欽典也。附塘一沼，清泠可鑒，且淵深叵測，土人謂有巨蛟蟄其内，每天雨即吟吼水面，聲振原隰，呵氣成黑雲。予嘗欲俟以驗，竟不值便而止。或又云塘心平阜處，古安豐府也。歲久沉陷入塘中，今霧雨浹旬，或見城郭人馬現其處，若登州海市然者。考之史傳，安豐初不聞建府，縣廢之後，元雖有安豐路，然即今壽州是也。或者所云蓋未足信，然城郭人馬之狀，疑塘水浩漫，時爲陽焰，與地氣蒸欝，偶爾變幻而見者，寡知識遂妄云已耳。

白茆塘

論説

明 林應訓《題浚白茆港疏》《三吴水考》卷一二

巡按直隸監察御史臣林謹題，爲遵敕開浚水利，請給錢糧，以便稽查，責成事。臣於萬歷六年十月，内據整飭蘇松常鎮兵備。湖廣按察司按察使馮叔吉呈，稱本年六月初九日，該臣牌開照得常熟縣白茆塘久已湮塞，急行開浚行道，親詣該縣相度工程，如或工費浩繁，并行會議、錢糧作速覆計，轉報以憑題請施行。此係敕書坐名開浚事理，毋得遲悮。等因。隨經遵行蘇州府水利，同知王事聖前去常熟督，同知縣留震臣親詣白茆塘相度工程，酌議錢糧。去後催據本官呈，稱遵依親詣該縣公同知縣留震臣、水利主簿秦湯，相喚集耆民陳如鑒，并算手人等逐一覆勘，得白茆塘淤淺去處。自歸家橋、小石橋起，至横塘止，計四十五里，量長八千七十九丈，每長一丈，面闊十二丈，底闊八丈，深一丈二尺，淺深不等，積算土方七萬七千四百三十方二分一釐九毫，每方工食銀二錢八分，共銀二萬一千六百八十兩四錢六分一釐四毫六絲。分列十二段，每段應搭廠一所，除沿途有庵院不必搭，蓋實搭廠十所，每所工料銀一兩五錢，該銀一十五兩。築壩三條，應用竹木工料銀二百四兩七錢六分五釐。又勘横塘口應建石閘一座，合用木石灰、鐵夫工等項，該銀三千二百六十九兩五錢一分一釐。以上共該用銀二萬五千一百六十九兩七錢三分七釐四毫六絲。其戽水人夫、工食侯，築壩興工，量水淺深，用夫之多寡，另行呈奪。至於設處錢糧一節，據該縣申報，應支白茆高明沙耿，涇福山，并各開地價、淘河夫銀共有二千七百二十四兩六錢八分四釐二毫。又查得崑山縣，開江支存河夫銀一萬三千五十七兩五分七釐二毫六絲四忽三微四纖一沙一塵一埃，二項共銀一萬五千七百八十一兩七錢四分一釐四毫六絲四忽二微四纖一沙一塵一埃，尚少銀九千三百八十七兩九錢九分五釐九毫九絲五忽六微五纖八沙八塵九埃，或支各屬灘占地價、導河夫銀，或堪動别項錢糧輳用，并將勘定應浚丈尺土方夫工，廠壩造閘工費，錢糧實用的數文册呈乞，覆議轉詳等因前來隨該本道。於九月十六日，親往本塘，帶同該縣掌印水利官，逐段測水相度，看驗得頭段，東自海口起，抵閘至横塘口止，係海潮急駛衝擊闊深；及勘尾段，自歸家石橋起，往西至縣通河橋止，原係潮水微小，上年已浚，見今深通不浚，外應浚淤淺。中段，東自横塘口起，往西歴芝塘，直至歸家石橋止，計長四十五里許。核量丈尺，較算土方工費，查與各官勘報數目相同，無容别議，爲照白茆大塘，係入海正幹，三吴水利之最。巨者近經海都御史勘議。修浚止踰十年，而中間淤塞高者成地，低者成田，何其易易如此蓋？由每年導河之夫積而不用，而本塘東受大海渾潮，西受尚湖昆承湖水，每遇潮漲，清濁相壅，渾泥遂淀，日漸淤塞。而兩旁業户積尺得尺，治爲田疇，失今不浚，不出十年，塘可陸矣。今兹大舉委不可緩，所據估實，夫工廠壩等項工費，該銀二萬五千一百餘兩。查有該縣見在各沙并各門地價等銀二千七百二十四兩六錢八分四釐二毫，崑山縣見貯支存河工銀一萬三千五十七兩五分七釐零，尚少銀九千三百餘兩，應將近該撫院奏留宗人府派剩米折銀八千兩，徵價支用，餘少查將長吴崑山等縣續完灘占地價，并該府導河夫銀通融設處，俱解發常熟縣，收候聽用，待十二月興工。至於該縣派編耆役，分管監督、打壩、搭廠、戽水、挑淺散給錢糧等項，俱候臨期另議呈奪等因。到臣看得白茆一塘，自常熟縣治，直通長江，乃太湖東北洩水要道，非特一邑之利也，故敕書内開與劉家河等，尤當分疏臣欽此欽遵。即於去年親行相度，見在淤塞不通，隨議開浚時因錢糧缺乏，姑待開江事竣，另舉今催，據兵備道按察使馮叔吉等丈過工程，議過錢糧，俱頗停妥，亦無容贅矣。但臣查得本塘先經都御史海瑞開浚，費至四萬有餘，抵今未及十年而淤塞如故，雖由導河夫銀積而不用，或者當時督工員役罔肯實心用事，中間不無虚冒故也。今據議用錢糧二萬五千有奇，亦不爲不多矣，若不題，請給發嚴行稽查責成之。誠恐官仍故習工罔如式非一勞永逸之道也，臣爲此懼用，是不憚煩瑣以瀆宸聽，伏乞敕下工部再加酌議。如果本塘應該開浚，准將見在銀兩給發剋日興工，其宗人府派剩米折銀兩行，令撫臣徵解輳給完工。容臣會同撫按官稽核奏報，至於勤勞官員并怠玩悮事者，容臣比例據實舉劾，則人心知警，而事工競勸，其餘開浚工費，庶幾可無虞，冒而利垂永久矣，謹題請旨。

清 王應奎《開白茆議》《清經世文编》卷一一三　辛未之夏，里人有奏記當事，請浚白茆者。澤農聞之咸蹙額相告曰：果爾，則水患將至，吾儕其不粒矣。余訝而詰之曰：浚白茆正防水患也，奈何爲是言？一叟出而告曰：君未覩浚白茆之害耳，浚白茆之害有三：請一一陳之，夏淫雨，田雖下未遽没也，若浚白茆，則海潮内入。一遇淫雨，勢亦洶湧，來迅去遲，停蓄内港，助雨之力，嚙堤衝岸，遂成巨浸，厥害一。高鄉瀕海，田多斥鹵，物不忌鹹，故海潮灌稻，轉滋生發，而低鄉習於清水，稻沾鹹味，苗輒損傷，白粃青腰，受病坐此，而浮沙滲入禾心，甚且有因而致華者，若浚白茆，則海潮大上，直注低鄉，違其土性，物必受損，如上所云，厥害二。瀕海之處，介蟲族生，螃蜞類蠏，兩螯銛利，遇稻輒傷，若浚白茆，此物即隨潮而上，延及水鄉，千百爲群，恣其□賊，厥害三也。余曰是則然矣，但東南之水，由白茆洩，埒於劉河吴淞，自宋以來，歷經開浚，爲吴中一大役，迨入本朝，大浚者三，小浚者四五，果盡有害而無利乎？曰此河於東南水利，前此未必無關也。今則浮沙日積，竟以丈計，即使開浚，依然昂於低處之田，巴志所謂内低外高，形如釜底者，洵不誣也。然則水縱泛溢，豈能洩瀉？況白茆外，不特浮沙爲患也，并因近年有昭慶沙崩塌，横互海中，高於内河數尺，口内可開，口外難浚。縱遇神禹，豈能爲力。古今形勢，迥然不同，若必膠柱鼓瑟，則不知變通之甚矣。況大浚白茆，必協同長洲、元和、無錫、金匱、江陰五縣之民，如雍正五年舊例，今既外高於内，洩瀉無由，即在本邑，亦且有害無利。彼五縣之民，果何罪而裹糧提襆，露處霄征，赴此毫無干涉之大役哉？且夫大浚白茆，必動國帑。先是雍正五年之後，計發帑銀六萬一千餘兩，載在邑志。今則淤塞更甚，發帑亦必更多，國家府庫縱及充盈，奈何委此數萬金錢於無用之地哉？然則上耗國帑，下費民力，究歸有害無利者。殆莫甚於此一役矣。余曰：以叟言之，則此河竟可不浚乎？曰：是亦何可不浚也。若竟不浚，則轉瞬遂成平陸，河旁二十里居民，舟楫無由通，田疇無由溉，是又不可無道以處之。夫白茆故道，在前明正嘉以前，闊至三十三丈，深至一丈五尺，亦以闊且深，則洩瀉易也。今既不能洩瀉，雖闊且深何益？莫若於白茆傍塘之田，按畝起夫，照陳確庵開江議，佃户出力，業户出工食，其闊以二丈至丈五尺而止，其深以四五尺至六七尺而止。但期可通舟楫，可資灌溉，則其工易集，而爲費無多，至既浚之後，又當築壩海口。外以捍濁潮，内以蓄清水，則三害可免。而淤泥不積，法孰有善於此者？余曰：然則入海之道，竟可廢歟？曰：邑中之水，在五十年前，所謂尾閭洩之者，全在白茆一河。自田家壩開後，入海之道，又有徐六涇矣。今則徐六涇日塞，潮汐幾阻，而海水轉入滸浦，其流漸深，按滸浦之在吾邑也。本爲四大浦之一，與白茆等，今白茆既塞，即大開滸浦以當尾閭之洩，而并浚梅李以通入浦之道，是亦因時制宜之一法也。況今日之白茆，自岳廟以北，僅存小溝一綫，開浚殊爲不易，而滸浦則海潮衝突，已有日廣日深之勢，其需人力也無多。至梅李一塘，自小虹橋至滸浦口，計程不及二十里，河流雖淺，開浚猶不甚難，但得分雍正五年帑銀之一二以爲工費，則兩河便可俱通，而邑中之水亦從是得厥所歸矣。又何必舍易就難，而泥前此之成説哉？余又曰：假如滸浦通後，則海潮内入，與白茆正同，三害寧必有異乎？曰：鹹水介蟲之害，誠不能免，而入而不出，反致水鄉淹没之患，則可無慮也。權於兩河之間，則利害固有輕重矣，余乃起而謝曰：有是哉，吾未之前聞也，請筆之於編，以備當事采擇云。

清 陶貞一《開白茆記》《清經世文编》卷一一三　伏奉明旨，以江南財賦之區，欲大興水利，爲久遠計，吾吴億萬生靈之幸。不佞雖生長兹土，實才能知其深，謹摭舊聞，參以輿人之誦，舉其大要，以備采擇。明萬歷中邑令耿侯橘談水利最詳，而首注意於白茆，其説謂東吴之水，莫大於太湖，嘉湖杭蘇松常鎮七府之水，咸以太湖爲壑。太湖又以海爲壑，而以三江爲門户，書稱三江即入，震澤底定是也。三江之迹既湮，耿侯直以白茆當其一，而謂太湖之定否，由白茆之通塞，固未爲至論。要之東吴水區，則衆水所由以入海之道，不可不講也。統吴中言之，則如吴淞江劉河是已；若以敝邑言之，則吴淞江劉河等雖通利，猶爲無補，何以言之，邑居蘇常諸府下流，水自長洲無錫而下者。若蠡湖若官塘若陽城傀儡巴城等湖，皆會於本縣之華蕩及昆湖尚湖。而由白茆以入海，白茆塞，遇旱如涸轍，無所望救。其害猶止一隅，遇澇則東洩之路既絶，西來之水日潴，如去歲秋冬，闔邑之氓，拱手而無如何矣。則白茆所關，誠非細也。

顧白茆自縣東南門起至於海，長八十里而遥，原形闊狹不等，闊者至四十丈。自明以來，開浚數次，工費浩繁，或四府協開，或一府七州縣協開。既開矣，遠者十餘年，近者三四年，漸以淤塞。然則是終歸無益也，閒與熟於水利者披圖指畫，而得其變通之術。白茆之北，有通海之口，曰徐六涇。前此與内水不通，有田家壩以東拒潮，故其西支河，皆水深土沃，號爲膏腴。康熙三十年間，田家壩決，渾潮闌入，河以是日淤，田以是日瘠，然而壩久不築者，則以白茆既塞，東鄉宣洩之路，轉藉此也。而徐六涇之河日益大，今若浚白茆裏河至北港口而止，導之北轉，使同歸於徐六涇以入海，其便利有三：白茆自北港口而下，已成石田，平地疏鑿，費且數萬，徐六涇現在通利，惟開北轉一段，所費有限，一也。白茆紆回，渾潮停而淤，徐六涇異是，則功成而可久，二也。有如仍開白茆，須復築壩，以蔽徐六涇之口，勞費更鉅，今塞彼就此，而建巨閘以扼之，使渾潮不進，而以次疏浚内河，則復成沃產，永無旱澇之虞，三也。夫前之人所以經營白茆者，舍是水無所歸也，苟得其所歸，則雖大禹之迹，有不必循其舊者，順水之性，因時制宜而已。此愚所謂變通之術也。至若越新縣而西，則福山塘爲大，南引衆流，北通江海，此要津也。近亦且淤矣，其狹處曾不容舠，及其未塞也而治之，猶易爲力，非舊縣之急務乎？他如三丈浦奚浦等，皆民所資以灌溉者，昔耿侯以民力治之而有餘，其成書具在，可仿而行之，不必以詔書從事也，故不議，議其大且急者。

綜述

（萬曆）《常熟縣私志》卷二　白茆塘，自小東門抵海口，綿亘九十里，按禹貢三江既入震泽底定，今三江已難考訂。而白茆一港，吴中諸水由之入海，可當一江，顧潮汐往来，難開易塞。宋時言水利者多及之，元末爲蘆茅之地，張士誠有吴使其僞左丞吕珍者，發民兵十萬，鑿爲新渠，入我朝，已經五舉。永樂元年，大司農夏原吉導江南諸水，因疏白茆。正統間，周文襄忱景泰中李侍郎敏两番小浚。宏治七年，徐司空貫大加疏瀹。嘉靖初，大司空李充嗣始用郡守徐讃議再塹爲渠時，勞事者工郎中閩林文沛也，費江南数郡官帑二十餘萬，夫殺数郡人。隆慶初，都御史海瑞費四萬有奇，浚不三年而旋淤。萬歷七年，巡江御史林文距復大浚之，費不過二萬五千，而能垂二十餘年之久，不苦旱潦，咸頌林功，至于今鞠茂草矣，惜耿令橘欲浚而未遑也。

明 張内藴《三吴水考》卷三　白茆塘，在縣治小東門外歷伍瞿塘官莊。東入大海，長七十餘里，吴中北境諸河莫大於此。洩瀉湖水，瀉爲徑捷顧土踈而善潰，屢浚屢淤，以其徒決下流而未及疏湖口上源以助其冲滌之故，今於萬曆八年，大加浚，治深濶倍常責令運土於百步之外，不使土壓河堤而致潰，又於湖口疏鑿，陸涇港白魚浜等處，復高築濵湖圩，岸水不散，溢盡得歸，宿於白茆塘，以冲滌淤泥，近雖兩遭水年，低田頗稜，吴民指賴此塘云。

明 嚴訥《浚白茆塘記》《明經世文編》卷二七九　江南之水，雜滙具區，其入於海也。由吴淞江諸川，而吾邑常熟有塘曰白茆者，亦其一云是塘也。嘉靖間嘗一大浚之，歲久漸堙而田收不饒，頃歲稍稍疏之，閘於海壖，中丞海公撫吴，忽操艇臨視，鋭意仍大浚中作而會公遷，其志未畢，今天子踐祚，方與宰相協籌所以利天下者，會中丞凌公疏請興江南水利，謂必以憲臣領治水事，而顓其任。乃可以行便宜，計久遠，而責其成功。閩省雲源林公，時在南臺，敏練毅直輿望咸屬，遂簡在帝心，爰有特命，公既弭節境上，則延見諸縉紳父老，講水源委，一一中窾，則念以爲興事役衆，必資於財。夫所謂治水者，本以利民也。民未蒙利，而顧先索財於民乎？况民瘵已極，即索之必無有，則與撫院胡公按院胡公計之，先是正供之賦，有所謂宗人府禄糧者，民見謂可緩，而歲逋以爲常，緊法宜追徵，可得金三百四十有奇。民居并塘牟，蝕水道，而租匿不入，緊法宜追奪，可得金二萬一千有奇。夫其追奪者，民甘之矣，而其追徵者，則以歲比大侵，民逋如故，而金數不贏，公則又與兵道按察使徐公詳計之，適有江上練兵羨金，貯之潤州，遂携取八百有奇，而輻輳焉。財用既庀公則倣周禮救荒之意，募厥無饘者，即以工直給而賑之，菜色樂趨，畚臿雲舉，公躬率其屬，蚤夜董督，殫神劬形，即胼胝不辭，即奸黠不憚，有舟車橇梮之遺風焉。凡再閲月而工遂告成，袤凡四十里有奇，爲丈八千有奇，廣凡十二丈，深凡丈有二尺，而塘則大通，復嘉靖之舊矣，嚴子曰：夫天下之事，圖之貴豫，爲之貴力，守之貴恒，全此三者。則事蔑不濟，夫江南厥田惟下下，而厥賦則上上者，利於水也。誠利於水，則惟是爲務可矣。而司牧者率弁髦視之，阡陌之間蹤且絶焉，而遑理溝洫乎？職水利者朝非不除，而徒寄空名。不核事實，即陂澤細流。且莫知股引釃灌，而況其鉅者乎？間有奮而任者，時迫於官守之數易，而念懔於怨謗之叢興。僅粉餙而可觀，多呰窳而不確，亦其勢然也。異時役既就緒，猶謂河海之交。水什泥伍，易以淤積，嘗置導河之艘。導河之夫，使歲導之，其後有司迂之，而夫也艘也。誰何之者鮮矣。今欲圖於豫，力於爲，恒於守，自非設顓使也得乎，塘之方浚也。會連歲連雨亘數百里，水猥溢溢，賴是塘漸泄之。如不然者，垌野田廬，汨漂無論，即闤闠官亭，當亦在浸中，自是以後水苟不甚濫，其泄滋易，歲即旱亦有海水由塘而入，可桔槔挹也。舄鹵之原，獲溉以腴，沮洳之隰，免於墊溺，將歲之所收，畝可數鍾，正賦足供。而農粟尚餘，公私藉之，水誠利哉。夫觀於一塘而他川可知，觀於吾一邑而他州郡可知。公又議復異時導河之制，檄有司每歲於冬春農隙之時，役夫乘艘導之必勤，毋得苟應故事，即泥水相溷，衝激不填，而塘得永通，公之功何其久也。

清 蔣伊《浚白茆記》（同治）《蘇州府志》卷一一　江南之水，以海爲歸。我虞山舊有二十四浦，皆注江入海。以宣洩爲功，若白茆塘，則江海交匯處也。自宋以前，二十四浦皆通。利害不繫於一塘，故言水利家不聞有及白茆者，迨諸浦并塞，而白茆與福山、黄泗、許浦稱四大浦。考之前志，自宋景祐二年知蘇州范仲淹始，淳熙二年轉運副使姜詵再疏之，及元之季，張士誠據吴，起兵民十萬，命吕珍浚治。長九十餘里，廣三十餘丈，此白茆之一大浚也。明世役凡五舉。永樂二年，則有夏尚書原吉；弘治七年，則有徐侍郎貫；嘉靖元年，則有李巡撫充嗣；隆慶三年，則有海巡撫瑞；萬曆六年，則有林御史應訓。成績彰彰足紀，而李充嗣以雙廟至海口，勢趨東北，江沙易壅，從主簿俞浪請，移就東南。鑿新河三千五百餘丈，入海較便，此白茆之一改浚也。然白茆之易淤，視吴淞劉河爲尤甚，其故安在。或曰白茆高仰，導之使北，水反南下，宋臣郟亶之論則然。蓋虞山以北，江多漲沙，慮潮汐泥沙之日侵於外也。或曰傍河之民，利河之淤，口爲農業，改明臣汪滸嘗浚之。耋倪涇臥堤上，向滸永免，僅鑿三堰，去叢葦而止，慮告佃升科之日侵於内也。或曰塘口爲橫沙所梗，塘内爲新田所礙，塘之左右，爲橫瀝鹽鐵諸流所分，故明臣俞諫始議開之。終更難之，慮支河既多，水分力弱，不足以刷沙也。即建閘海壖，時其啓閉，而海水嚙之，閘亦盡廢，此明臣張博已事，不可不鑒也。開白茆者不甚難乎，雖然，白茆一塘，受蘇常二郡之水，其自北而南也。由梁溪之謝蕩華蕩，達於昆尚兩湖，其自西而東也，由長洲之陽城相城，亦連於昆尚兩湖，而郡城之元和塘，水皆北下，崑邑之巴城傀儡諸湖。水并東趨，非有幹河爲之宣洩，安有不泛濫者？凡錫虞長崑四邑交會地，如潭塘唐墅諸鄉鎮，水泛即滂，百里皆成巨浸。或田閒積潦，經冬不枯，此白茆之不可不開，不待再計而可決矣。況支塘東北，爲婁虞之界，地皆高亢，白茆塞而水脈既絶，茅葦膠固，長爲石田，其爲患也有不獨在於水田者乎？康熙辛酉，巡撫慕公天顔，先於敬陳足國疏内，首論白茆之當浚，復於再陳水利疏内，將白茆孟河，詳具道里。及土方工費，以請，於是特旨褒嘉，僉謀允協，而百年廢墜，舉於一日矣。今總其成而計之，自支塘管家涇，歷閘口龍王廟，至海口大馬橋，共長四十三里，得七千八百五十六丈，分爲十段，常熟任其四，太倉任其二，無錫、江陰、長洲、崑山各任其一。酌遠近，分難易，而總其土方之多寡爲率，此其分段之均平也。積土七萬一千方，用夫九十九萬四千工，又築壩戽水二萬工，支給正帑四萬餘兩，每工四分，五二一給，而剋扣侵欺之弊以清。又立聽夫認方法，一夫以三十工爲率，實用夫三萬四千人，統攝易，稽察亦易。而擁擠曠惰之弊亦清，此其馭夫之盡善也。自二月初二日興工，以四月二十九日竣事。其赴工者，率皆飢寒待賑之民，農事未興，藉以餬口，東作將至，役夫并休，其寓賑於工，而工不妨農者，用意特至，此其程限之得宜也。至於勘丈畫方，募工辦料，量淺深，稽勤惰，察奸弊，恤役夫，自始迄終，皆糧守道劉少參鼎悉心經理，加意拊循，故赴役者踴躍恐後，此其任人之至當也。聞之吴中父老言水利者，迄今頌夏尚書海巡撫之功不衰。然夏公之績，特著於吴淞、劉河兩江，最後乃及白茆，故浚之不久即淤。海公之浚兩江，其功更高於夏，獨白茆一役，用法甚峻，其工中輟，豈若今日之十年以内。吴淞劉河白茆孟河四大役，相繼并舉，而工費給自公帑，民間不聞有庸調之煩。公帑多由措置，國家不致虧正供之額，其經畫之詳慎，裨益之弘多，正未可以歲月計哉。至於海口石閘，未竟厥功，濁潮漸積，捍之無具，此澱淤之端也。淘河刷沙之策，宜定於今，加修歲浚之方，有藉於後，昔有決陂塘以宣霖潦激。濁水以浸原田者，民歌之曰：前有召父，後有杜母，美相成之有其人也。念宋明以來，從事白茆者，大役八舉，而淤塞時聞，安可不爲之早慮乎？所望於仁人君子，長計而善成之矣。

傳記

明 張内藴《三吴水考》卷七 周環大理丞，紹興二十四年，開福山港白茆塘。

又 夏原吉，永樂二年，江南大水，命户部尚書夏原吉疏治浚崑山夏、駕新洋二浦。嘉定之顧浦引吴淞江水，由劉家河入海，浚常熟白茆塘，引東北諸水八楊子江，浚上海之范家浜，南接黄浦，北合吴淞江，亦入於海。

又 汪滸，景泰五年，知蘇州府浚白茆塘。

又 林文沛，工部郎中，正德十六年，從尚書李充嗣治水，開白茆塘及昆城陽城尚湖諸口，皆白茆之上源也。

又 林潤巡撫都御史，隆慶二年，浚白茆塘，題請丈均松江府，田糧民免，虚賠之害。

又 海瑞巡撫都御史，隆慶三年，再浚白茆塘，置閘。浚吴淞江東段八十餘里，欲并浚吴淞江中段及吴江太湖諸口，功未畢，代去時論惜之。

又 李充實，萬曆五年知蘇州府協同同知王事聖劉琨，浚吴淞江長橋南北灘、吴塘、顧浦七浦塘、楊林塘、湖川塘、白茆塘、許浦、三丈浦、福山塘等處。

又 李三省，萬曆六年爲吴江尉督，浚長橋灘白茆塘。

又 留震臣知常熟縣，萬曆間浚白茆塘、福山塘、梅李塘、許浦、三丈浦等處。

明 過庭訓《本朝分省人物考》卷四 李敏，字好學，新安縣人，永樂丁酉舉人，宣德四年，除鳳陽府同知有恵政，正統三年，升汝寧知府，十年，以善狀著聞，特升應天府尹。寬嚴相濟，士民敬愛，景泰二年，升户部左侍郎總督，蘇松糧儲兼撫應天等府。景泰五年，夏大水，渰浸田禾，經久不退，敏與知府汪滸議，當開浚白茆等塘，以洩之滸，躬往常熟縣，相視時久，不疏浚，壅成堤堰，近民耄倪皆臥泣堤上，以求免言一開，浚則堰下之田亦就浸矣。於是，挑浚青墩浦横瀝塘共五十六里，以通白茆塘，鑿開三堰，約三里餘，引水通鮎魚口，其海口淤塞，漫以叢葦，仍挑去約千餘畝，於是水得歸海，敏在江南救灾恤患，撫恤軍民，彌盜督餉，事克有濟。

（萬曆）《泉州府志》卷二一 吴從憲，字維時，晋江人，爲諸生讀書開元寺，見婦人遺雙釵，呼而還之，登嘉靖壬戌進士，授行人擢監察御史巡鹽浙江，奏築白茆塘，開田數萬畝，後復巡按值浙西風潮之灾奏爲蠲免存畨田租，仍竪築海岸，以防後患，浙人甚德之。

（康熙）《常熟縣志》卷一九 嚴恪，字心萱，少嘗投牒，爲郡椽旋棄去力田，遂掌賦。於鄉邑有白茆塘，江南諸水注海道也歲久。壅閼則下流無從疏洩，以故江南多水患，恪爲掌賦輸運，至都適鄉民陳宗祥叩闕上疏，請浚白茆，恪遂與同事因得大浚，自是言水利者，咸祖其説。

紀事

明 張國維《吴中水利全書》卷一〇 紹興【略】二十四年，大理丞周環開福山港、白茆塘，二十八年，詔開白茆塘，以御前激賞酒庫錢，平江府如數給辦工役。時值大水，特下此詔，廷議并開黄泗浦、許浦，不果。兩浙轉運使趙子潚，知平江府蔣燦計料開江，復招補開江兵卒。

又 至正【略】二十四年，張士誠命左丞吕珍督浚白茆塘，時塘爲蘆茅所塞，涓流不通，張士誠起兵，民夫十萬，以芝塘爲行府，時駐節于山涇口，命吕珍督浚，塹其地爲港，長亘九十里，爲法甚厲民愁怨之。時有華亭縣丞盛彦忠，奉檄趨事撫民，獨至輿誦諠傳。

又　弘治【略】九年【略】，浚白茆塘，姚文灝命蘇州府通判張旻調旁郡人夫二萬餘人，即舊河故迹，興工僅閞二載，仍廢不治。

又　正德【略】十六年，巡撫應天等府兼提督水利，太子少保工部尚書李充嗣分督水利，工部郎中林文沛開白茆塘，李充嗣發民夫，起常熟縣東倉，至雙廟，浚白茆故道一萬三千八百二十餘丈，又親至支塘，駐節公咨詢士民，開出水海口，議論不一，充嗣與蘇州府知府徐讃擬循故河疏治。常熟縣主簿俞浪獨主鑿新河，不敢發言，適巡按御史馬録来會議浪于道中，陳白録具告，充嗣相度形勢，以簿議爲是，意遂决鑿新河三千五百五十餘丈，又浚尚湖、昆承、陽城等湖支河一十九道，凡四閱月功成，農田得稔時，林文沛身親董率，暴露風日中，不言勞憊，役夫不敢苟且塞責。

（萬曆）《常熟縣私志》卷二　隆慶四年，撫臣海瑞，疏今飢民，動以千百告求賑濟，請重浚吴淞江白茆塘。是興工之中，兼行賑濟千萬飢民，或得安戢，因請量留各處，贓罰并漕粮二十萬石，折銀濟工有旨動支蘇松常嘉湖杭贓罪銀，然費四萬有奇，而海以遷去當事者不無苟且，浚三年而旋淤。

（同治）《蘇州府志》卷一一　乾隆【略】十九年，開浚白茆塘。兩江總督鄂奏準小浚，自支塘舊壩基起，至海口大壩止，共八十八段，計長八千七百四十六丈四尺，内除文塘，起第一段，查係深通但宜撩淺。毋庸估計，外實共八十七段，計長八千六百四十六丈四尺，面寬六丈，底寬三丈，深八尺，計土三十一萬一千二百七十方。又築壩，夫工樁木等費，共核實需銀二萬一千三百八十二兩一錢三分八釐八毫，是年十二月初三日，興工開挑，次年三月初一日竣工，所需工費，借帑動用分年帶徵歸款。

又　三十五年浚白茆塘。巡撫部院薩載奏稱，勘得白茆一河。小東門、至支塘鎮長橋。河面現寬十三丈至十七八丈。水深八九尺至一丈一二尺不等，深通無淤。無庸挑深，自長橋至岳廟，漸次淤塞，以達白茆老閘基。雖有河形，幾成平陸，又自老閘基至滚水壩，僅存中洪一綫。夏秋霖潦，一時匯集，上游之來水涌聚下游之去路壅阻，不獨常昭本境泛濫。堪虞即鄰邑均受其害，臣等細看河源形勢，并考雍正五年大挑舊案，河面原寬十二丈，底寬六丈，深八尺，迨乾隆十九年，復行小浚，較從前丈尺酌減，口寬六丈，底寬三丈，其未浚之。舊河形六丈，伏秋水長，則積潦成渠，一經水退，沿河嗜利民居。漸次，種植禾綿多所侵占，請照雍正五年舊規，一律開通其兩岸舊淤地畝，如在十二丈河形之内者，概令清出復還舊基。估挑面寬十二丈，底寬六丈，并測量地勢之高低，淤沙之厚薄，逐漸加深，直達海口，并於近海處所挑砌灘嘴，以順其勢。而徐六涇，現多淤阻，雖不似白茆河之甚，但同係分洩，入海之要路將來壅塞，日深必致大費工力，應請一律辦理。至白茆、徐六涇二河，俱由土塘出口入海，舊俱設有滚水壩，今兩處悉已坍，卸其石深陷泥中，潮帶泥沙，一涌而入壩，根阻滯，又無内水沖刷，以致停淤，必須連底拆除，方無滯礙。其壩基拆下石塊，即可將土塘缺口兩旁修砌裹頭，以免油刷中，留口門寬十二丈，爲收束潮水之關鍵，兹據該道朱奎揚會同藩司李湖臬司吴壇將應挑段落，分别估計白茆河自支塘鎮起，至滚水壩止，計長六千五百三十三丈，一律挑浚，口寬十二丈，底寬六丈，估需土方築堤及修砌土塘裹頭等項，共銀六萬五千九百四十餘兩。徐六涇河，自陳蕩橋起，至田家壩迤下工尾止，計長五千九百九十一丈，開挑口寬六丈，底寬三丈，估需土方築壩及條砌土塘裹頭等項，銀一萬九千二百五十九兩，二共估需銀八萬五千二百餘兩。責令糧道朱奎揚就近駐工督辦，所有借動庫項仍照例，分年按畝計數，徵還并於蘇常兩郡得資。宣洩之縣，分按其受益之多寡、遠近酌定，差等分别均攤，則民力既紓，大工可期速竣。東南億兆群黎，莫不共載聖恩於無既矣，是役也。江陰無錫金匱長洲元和任其半，常昭任其半而一半之中，常熟任其四，昭文任其六，九月初八日興工，十月初一日集工興挑，四十日竣工。統計常昭兩縣，核驗每土一方，該田二畝四分八釐七毫五絲零，挑辦每田一畝，挑土四分二釐，其開灣作直拆去舊閘，糧道實主其議，并載入志乘。【碑記】嘗細審天下，沿江沿海無不沿邊高，而腹裏低，江海潮汐一日兩泛，挾泥夾沙能入而不能出，所以白茆河道，向本紆回曲折，則泥沙不能一直奔赴海口，築閘隨時宣洩，則水勢不能沖高，湧進條議所載前人白茆水利各説可案也。自三十五年，挑浚白茆，舊壩之有礙潮汐者，則拆除之灣漲之被民侵占，堵則取直之不久，淤塞二三年，白茆幾成平陸，留心水利者，宜博訪輿論詳察地形湯相；吳江縣主簿李三省；吳縣主簿任可賢，督工總工則同知王事聖、知縣留震臣。定有身家耆民五百名，分段募夫開挑，又議以二百丈立一耆民，爲分管；每千丈立一陰醫省祭等官，爲總工；又議本塘照原議開，面闊一十二丈，底闊八丈，深一丈二尺，但河形水勢不同，必於取數非便且開河，要在深不在闊。如兩岸估勘，不足十二丈者，聽總管官勘實。順勢開導，其堆土務，運至十五丈之外。本塘四十五里，每十里該用戽水車二百輛，計水車九百輛。令塘長圖長出辦，大約用車夫二千七百人，每人給米二升，限六日車乾，計米三百二十四石。又每五里造官廠一座，管工官住札，每一里搭草廠二座，每座可容五十人，爲食宿避雨之所。興工破土之日，每耆一名給花紅一分，以爲優勸。又議橫塘口建石閘一座，照原估料銀三千二百六十九兩五錢一分一釐，行縣委官先行量給官銀采辦石料完備，候開浚河工畢日，興工砌築等因，具繇呈報間。又據蘇州府知府李充實查議處置工費錢糧數目繇到道，查得白茆塘工費原估該用銀二萬五千一百六十九兩七錢三分七釐四毫六絲，除查有常熟縣見徵沙租地價導河銀，崑山縣庫貯開江支剩銀，蘇州府及長吳二縣報完宗人府米折導河夫灘地價銀，見在共有二萬一千二十三兩八錢二分三釐三毫，尚欠銀四千一百四十五兩九錢一分四釐一毫六絲，應于見徵存留宗人府米銀內徵給查該縣數，有大户吳潔淳名下欠者止有四百七十四兩，令照銀數認方開河外，實少銀三千六百七十一兩九錢一分四釐一毫六絲，應將民欠宗人府米銀六千餘兩內徵給以該縣之欠米開該縣之河工官民，無詞。再照白茆塘爲出海巨流，海潮與湖水晝夜必兩會，當其會處，則清濁相值，其流稍停，渾泥遂積，日復一日，故易淤塞。今惟於初開之時，務深而不務闊，既開之後，每年以導河銀僱夫撈洗，然後可圖永利，具詳允示。本道遵行間催據常熟、崑山長洲、吳縣并蘇州府徵完各門地價、灘稅、導河夫銀宗人府米銀開江支，剩銀共二萬一千四百八十一兩四錢一分八釐四忽三微四纖一沙一塵一埃。俱發常熟縣收貯先行動支募夫搭廠之用，餘少銀兩嚴徵民欠宗人府米銀接濟去後，據常熟縣知縣留震臣申稱，本塘原勘長八千七十九丈，該夫銀二萬一千六百八十兩四錢六分一釐四毫六絲。今該本縣又續議，增開歸家橋宕六十七丈，約該夫工銀一百八十七兩零。連築壩戽水建閘，共該用銀二萬五千餘兩，除各處解到本縣

云。

雜録

明 林應訓《開浚白茆塘工完疏》《吳中水利全書》卷一四 欽差巡按直隸巡視下江，兼督水利監察御史臣林應訓謹題，爲遵敕開浚水利，請給錢糧，以便稽查責成事。據整飭蘇松常鎮兵備，湖廣按察司按察使徐節呈，蒙本院案驗，奉南京都察院勘札，准工部咨備。奉欽依開浚白茆塘，事理移咨，前來備札，到院案行本道內，開白茆塘，先經海撫院開浚，何以未及十年淤塞，如故該道即親詣塘所督同府縣掌印水利官沿行相度，窮究源委。即今再浚，作何方法可永遠不淤？并查應否添築壩閘，作速勘估確報等。因蒙此遵依督同蘇州府同知王事聖、常熟縣知縣留震臣會勘去後，隨據同知王事聖呈稱，勘得白茆塘，淤淺去處，自歸家莊小石橋起，至橫塘止，計四十五里，量長八千七十九丈，每長一丈，面闊十二丈，底闊八丈，深一丈二尺，淺深不等，積算土方七萬七千四百三十方二分一釐九毫，每方工食銀二錢八分，共銀二萬一千六百八十兩四錢六分一釐四毫六絲。分列十二段，每段應搭廠一所，除沿途庵院不必搭，蓋外實搭廠十所，每所工料銀一兩五錢，該銀一十五兩。築壩三條，應用竹木工料銀二百四兩七錢六分五釐。又勘橫塘口應建石閘一座，合用木石灰鐵夫工等項，該銀三千二百六十九兩五錢一分一釐，以上共該用銀二萬五千一百六十九兩七錢三分七釐四毫六絲。其戽水、人夫、工食候築壩興工，量水淺深，用夫之多寡，另議詳奪。至於設處錢糧一節，據該縣申報，應支白茆高明沙耿，涇福山，并各開地價淘河夫銀，共有二千七百二十四兩六錢八分四釐二毫；又查得崑山縣開江支存夫銀一萬三千五十七兩五分七釐二毫六絲四忽三微四纖一沙一塵一埃，二項共銀一萬五千七百八十一兩七錢四分一釐四毫六絲四忽二微四纖一沙一塵一埃，尚少銀九千三百八十七兩九錢九分五釐九毫九絲五忽六微五纖八沙八塵九埃，或支各屬灘占地價導河夫銀，或堪動別項錢糧輳用等，因呈道又該本道覆行會議，得開浚本塘。自歸家莊起，至橫塘止，計長八千七十九丈，約四十五里，每十一里分爲一段，定委常熟縣，縣丞王儼，主簿秦

徵完銀支給外，見今河工完及八分，尚有募夫工食犒賞供給等用約少銀二千餘兩，并建閘料銀三千二百餘兩。本縣欲追原議民欠宗人府米銀，支給一時徵并不前申乞區處等因，到道酌議借支鎮江府。嘉靖四十五年，分支剩練兵銀二千三百一十兩五錢九分七釐九絲五忽六微八。纖解：猝常熟縣接濟完工再有不敷及建閘料銀嚴行府縣追并存留宗人府米銀，湊用補還，借支鎮江府銀，兩具詳，允借支前銀解。猝常熟縣收用外，今該按察使徐節到任接管，覆行本府同知施之，藩推官赫瀛會同勘驗隨據呈稱會同管浚，總工同知王事聖親詣白茆塘，自横塘口起，至歸家橋止，浚過工程，共長八千七十九丈。又續議，增開歸家橋宕六十七丈，每丈俱照原議開，面闊一十二丈，底闊八丈，中深一丈二尺，旁深一丈，逐一查勘，浚工丈尺俱已。如式，又將王同知闗送用過一應募夫、廠壩供給犒賞等費，及常熟縣收放過河工錢糧各數目，前來覆核，得常熟縣官庫收，過蘇鎮二府，并昆山長洲吴縣解到及本縣徵完河工銀，共二萬三千七百九十二兩一分五釐一毫三纖一塵一埃。數内放過廠壩竹木物料，除變易還官外，實用過銀一百一十六兩六錢九分三釐，又放戽水、人夫食米三百六十二石一斗二升，内除本縣罰犯范璧米三十八石，實該米三百二十四石一斗二升，每石價銀四錢五分，該銀一百四十五兩八錢五分四釐。又該開挑人夫工食，二萬一千八百四十二兩三錢一分九釐九毫四絲，内扣河深易開減銀二十六兩二錢一釐五毫六絲，外實給銀二萬一千八百一十六兩一錢一分八釐三毫八絲。又放管工員役廪給口糧銀四十六兩七錢五分，又給犒賞効勞員役，花紅銀牌與祭江開壩等用銀一百三十五兩五錢三分五釐，通共放過銀二萬二千二百六十兩九錢五分三毫八絲，逐項細核，明白應准支銷，仍有支存官庫原借鎮江府練兵銀一千五百三十一兩六分四釐七毫二絲三纖一塵一埃，覆査相同，備造文册報道，該本道覆核相同，應准支銷。造册完，繳其横塘口建閘，候水退興工不敷料銀嚴行府縣將原題宗人府米銀八千兩除徵完，放過本塘河工外，尚欠五千一十四兩一錢七分七釐五毫，追完栈，給前項閘料并補還原借鎮江府銀，共該四千四十九兩零，之外仍餘九百六十五兩一錢三分七釐五毫，與常熟縣原報應徵各沙租各門地價導河銀尚欠一千五百二十八兩九錢六釐四毫六絲，俱聽項河工支用。再照白茆塘，東出大海，西連昆承湖，海潮湖流日必兩會，清濁相値，停積渾泥淤塞。自後於農隙水涸，該縣量動導河，夫銀撈洗，庶可永久。今將造完，核過工費錢糧，文册呈報到臣，該臣看得白茆塘原議，建閘蓋慮渾湖入淀，而設此以防之。及臣督同道府廳縣親詣其地，據耆老居民衆議，本塘今歲開浚，不爲不深，而浄水爲灾未能盡洩者，蓋因海口舊閘稍礙之故。今若再建横塘新閘，恐於内水有礙相應停寢，其原估建閘銀兩仍貯該縣聽候，别項河工支用，除將開浚工程用過錢糧，逐一覆査明，實見今造册奏繳外，伏乞敕下工部將前項用過銀數覆請開銷。

明 林應訓《白茆塘工完疏》《三吴水考》卷一二

巡按直隸監察御史臣林謹題，爲遵敕開浚水利，請給錢糧，以便稽查責成事。據整飭蘇松常鎮兵備，湖廣按察司按察使徐節呈，萬歷七年正月初七日，奉本院案驗并奉撫按二院案驗俱爲前事，該本院具題開浚常熟縣白茆塘一帶，淤淺估計夫工廠壩等項工費，該銀二萬五千一百六十九兩七錢三分七釐四毫六絲，除將見在各沙各門地價并支存河工銀一萬五千七百八十一兩七錢四分一釐零，動支外尚少銀九千三百八十七兩九錢九分零，乞敕該部查將撫院奏留宗人府派剩米，折銀八千兩，徵解支用，餘少將長、吴、崑等縣續完灘占地價，并導河夫銀，通融設處，一節該工部議覆爲照。三吴之水莫大於太湖，太湖南自吴淞江入海，北自白茆塘入海，故白茆爲水利緊要，與吴淞江同今吴淞江之開，既已報完，則白茆塘之工委，應議舉共合用錢糧，則宗人府米折銀原經奏留爲疏浚之費，而地價與支剩銀亦係收貯爲河工之需，俱應依擬動支。但本塘先經都御史海瑞開浚，費至四萬有餘，未及十年而淤塞如故，蓋由始開之時，未盡如法。既開之後，不復查理，每年導河之銀，徵而不用，兩旁得業之户利其速淤，是以旋開旋塞，徒費錢糧，而未克永賴也。據御史林題，請前來今議一勞永逸之計，恭候命下本部備咨南京都察院、轉行御史林督同府州縣掌印水利各官，查照原勘過工程，議過工費，尅日興工。所請各沙各門地價，并支存河工銀共一萬五千七百八十一兩七錢四分一釐零，宗人府派剩米折銀八千兩，長、吴、崑等縣續完灘占地價及導河夫銀，俱准動支濟用，仍查議本塘何故旋開旋塞，開浚後作何設法方可經久，開浚後作何區處方可不淤，務要一勞永逸，東南始終利賴。其在管工官員勤勞幹事及怠玩悞事者，俱據實舉劾以示激勸，庶事可底績，功可垂久，而錢糧不致徒費。等因聖旨依擬行，欽此欽遵。移咨南京都察院備札，本院案行本道查照該部覆奉欽依內事，理即將所請白茆塘工費，通行查解常熟縣收貯，明立文案，聽候興工。委官放用未完者，嚴行徵解，務足原估銀數。其覓派人夫及委官督役，通議確詳，款報施行。仍行府縣掌印水利官，親詣本塘，沿行相度，窮究知因，爲何開浚未及十年而淤塞如故。即今開浚，設何方法方可不淤，務要一勞永逸。如應行加開，應行阻壩，及建修橋閘等項，增省錢糧，毋拘原議，踏勘估議停妥，并詳報奪。一面通呈撫按詳行，等因蒙此遵行間，又奉撫院案驗，准工部咨，亦同前事備案行道，即便照依咨案備，奉欽依內事理，轉行該府縣并水利等官一體，欽遵查照施行。又蒙按院案驗，奉都察院勘札准工部咨，亦同前事備案行道，查照原行勘過，開浚白茆塘工程。議過工費及應動銀兩，遵奉欽，依事理，一體欽遵動支給發。仍須查議本塘何故旋開旋塞，開浚時作何設法方可經久，開浚後作何區處方可不淤，務期一勞永逸。始終利賴，通候事完之日，將各細數造册，送院以憑，覆核施行，等因通奉到道，隨該前任兵備按察使馮叔吉遵行蘇州府，并該府水利同知王事聖、常熟縣知縣留震臣會議，得開浚本塘，自歸家莊起，至横塘止，計長八千七十九丈，約四十五里，每十一里分爲一段，定委常熟縣縣丞王儼、主簿秦湯相、吳江縣主簿李三省、縣主簿任可賢督工，總工則同知王事聖、知縣留震臣，定有身家耆民五百名，分段募夫開挑。又議以二百丈立一耆民，爲分管。每千丈立一陰醫省祭等官，爲總工。又議本塘照原議，開面闊一十二丈，底闊八丈，深一丈二尺，但河形水勢不同，必於取數恐多非便。且開河，要在深，不在闊，如兩岸估勘不足十二丈者，聽總管官勘，實順勢開導，其堆土務，運至十五丈之外。本塘四十五里，每十里該用戽水車二百輛，計水車九百輛，令塘長、圖長出辦，大約用車夫二千七百人，每人給米二升，限六日，車乾計米三百二十四石。又每五里造官廠一座，管工官住札，每一里搭草廠二座，每座可容五十人，爲食宿避雨之所。興工破土之日，每耆一名給花紅一分，以爲優勸。又議横塘口建石閘一座，照原估料銀三千二百六十九兩五錢一分一釐，行縣委官先行量給官銀，采辦石料完備，候開浚河，工畢，日興工砌築等因具由列款。於萬歷七年正月十三日通行呈詳。蒙本院并撫按二院俱批准議，行完日册報備，行各官遵照間。又據蘇州府知府李充實查議，處置工費錢糧數目緣由到道查得白茆塘工費，題開該用銀二萬五千一百六十九兩七錢三分七釐四毫六絲，除查有常熟縣見徵沙租地價、導河銀崑山縣庫貯開江支剩銀蘇州府，及長吳二縣報完宗人府米折導河夫灘地價銀，見在共有二萬一千二十三兩八錢二分三釐三毫，尚欠銀四千一百四十五兩九錢一分四釐一毫六絲。應於見徵奏留宗人府米銀內徵給查該縣，數有大户吳潔淳，名下欠者止有四百七十四兩，令照銀數認方開河外，實少銀三千六百七十一兩九錢一分四釐一毫六絲，應將民欠宗人府米銀六千餘兩，內徵給以該縣之欠米。開該縣之河工官民無詞再照，白茆塘爲出海巨流，海潮與湖水晝夜必兩會，當其會處，則清濁相值，其流稍停，渾泥遂積，日復一日，故易淤塞。今惟於初開之時，務深而不務闊，既開之後，每年以導河銀雇夫撈洗，然後可圖永利，具由呈蒙本院批開，白茆塘工費，俱如議處，行工完册報繳。其善後之策，似亦在年年撈洗耳。仍候面酌題覆，又奉撫院批開白茆塘，常熟縣應興水利，宗人府欠銀，常熟縣應納錢糧動支，興工夫復何說，仰行掌印官速追，見在銀兩。先行王同知募夫開浚，賞罰撈洗，事宜俱照行繳。又蒙按院批開該道，即行王同知留知縣將在庫銀，給發興工務浚深，以免淤塞，可期永利。完日查開，應賞罰員役報奪。又經遵行間催據常熟、崑山、長洲、吳縣并蘇州府，徵完各門地價灘税導河夫銀宗人府米銀開江支剩銀共二萬一千四百八十一兩四錢一分八釐四忽三微四纖一沙一塵一埃。俱發常熟縣收貯先行，動支募夫廠壩之用，餘少銀兩。嚴徵民欠宗人府米銀接濟，去後本年三月二十四日，又蒙本院憲牌案，照先該本道議，將撫院奏留宗人府米銀八千兩徵用。今照本塘工程將完，前銀解到未及三分之一，衆夫枵然。待食該道將前未解銀速解，常熟縣收給工費支用，如前銀徵解不前，該道急行區處務足原數以便完工等因行。據常熟縣知縣留震臣申稱，本塘原勘長八千七十九丈，該夫銀二萬一千六百八十兩四錢六分一釐四毫六絲，今該本縣又續議，增開歸家橋宕六十七丈，約該夫工銀一百八十七兩零，連築壩戽水建閘，共該用銀二萬五千餘兩，除各處解到本縣徵完銀支給外見今河工完及八分，尚有募夫工食犒賞供給等用，約少銀二千餘兩，并建閘料銀三千二百餘兩，本縣欲追原議，民欠宗人府米銀支給，一時徵并不前，申乞區處等因到道，酌議借支鎮江府。嘉靖四十五年，分支剩練兵銀二千三百一十兩五錢九分七釐九絲五忽六微八纖，解發常熟縣，接濟完工。再有不敷及建閘料銀，嚴行府縣追并奏留宗人府米銀，湊用補還借支鎮江府銀兩，具由呈蒙各院批允遵行。鎮江府借支前銀解發常熟縣收用外，今該按察使徐節到任接管，督催各官上緊完工。間又蒙本院憲牌，據蘇州府水利王同知呈報，開浚白茆塘工完，緣由到院，已經批行。本府同知施之藩、推官赫瀛會同勘驗呈道詳報，劾勞員役及怠悮者并報，去後合催本道即將開浚過工程，錢糧逐一覆核，確册呈報，以憑奏繳。其督工劾勞員役及怠悮者，分別詳奪，薦奬懲治施行，蒙經督催同知施之藩等著實查核册報。間又蒙憲牌行催，催據同知施之藩、推官赫瀛呈稱遵依，會同管浚總工同知王事聖親詣白茆塘，自横塘口起，至歸家橋止，浚過工程，共長八千七十九丈。又續議，增開歸家橋宕六十七丈，每丈俱照原議，開面濶一十二丈，底濶八丈，中深一丈二尺，旁深一丈，逐一查勘，浚工丈尺俱已如式。又將王同知關送用過一應募夫，廠壩供給犒賞等費，及常熟縣收放過河工錢糧各數目前來覆核，得常熟縣官庫收過蘇鎮二府，并崑山、長洲、吴縣解到及本縣徵完河工銀共二萬三千七百九十二兩一分五釐一毫三纖一塵一埃。數内放過廠壩竹木物料除變易還官外，實用過銀一百一十六兩六錢九分三釐。又放戽水、人夫、食米三百六十二石一斗二升，内除本縣罰犯范璧米三十八石，實該米三百二十四石一斗二升，每石價銀四錢五分該銀一百四十五兩八錢五分四釐。又該開挑人夫工食二萬一千八百四十二兩三錢一分九釐九毫四絲，内扣河深易開減銀二十六兩二錢一釐五毫六絲外，實給銀二萬一千八百一十六兩一錢一分八釐三毫八絲。又放管工員役廩給口糧銀六十六兩七錢五分，又給犒賞劾勞員役、花紅銀牌與祭江開壩等用銀一百三十五兩五錢三分五釐，通共放過銀二萬二千二百六十兩九錢五分三毫八絲，逐項細核，明白似無虚冒。應准支銷仍有支存官庫原借鎮江府練兵銀一千五百三十一兩六分四釐七毫二絲三纖一塵一埃，覆查相同，備造文册，及查督工劾勞并怠悮員役，分別勤惰填注實迹。另揭開報到道，據此看得白茆塘工，原題浚長八千七十九丈，議開面濶一十二丈，底濶八丈，中深一丈二尺，旁深一丈，估該夫工造閘費銀二萬五千一百六十九兩有奇。續據知縣留震臣議，增開挑歸家橋宕工六十七丈，工費覆核，減河深易，開與罰犯給夫食米之外，實該用開浚并建閘工銀共二萬五千五百三十兩四錢六分一釐三毫八絲。今查浚過河工，用過募夫廠壩犒賞供給等銀二萬二千二百六十兩九錢五分三毫八絲，及查常熟縣庫收過各府縣解到并本縣徵完河工銀共計二萬三千七百九十二兩一分五釐一毫三纖一塵一埃，除放給前項開河募夫等項支用外，尚存庫貯支剩原借鎮江府練兵銀一千五百三十一兩六分四釐七毫二絲三纖一塵一埃。既經同知施之藩推官赫瀛公同查核開過河段丈尺濶深悉已如式，該縣收支工費錢糧俱已明白委無虚冒。又該本道覆核相同，應准支銷，造册完繳。其横塘口建閘原議，俟河工完畢，興事查處，工費相應，請詳合候，通詳示日。備行常熟縣，將應建石閘照依原估料銀三千二百六十九兩五錢一分一釐，即委能幹官一員，選有身家耆民四名，管造先將，該縣河工支存在庫銀一千五百三十一兩六分零，給發采辦灰石等料完備，俟水稍退，限於九月中旬興工，不敷料銀嚴行府縣，將原奏留宗人府米銀八千兩除徵完，放過本塘河工外，尚欠五千一十四兩一錢七分七釐五毫。追完找給前項閘料并補還原借鎮江府銀，共該四千四十九兩零之外，仍餘九百六十五兩一錢三分七釐五毫。與常熟縣原報應徵各沙租、各門地價導河銀尚欠一千五百二十八兩九錢六釐四毫六絲，俱聽別項河工支用，再照白茆塘爲出海巨流，東接大海，西連昆承湖，海潮與湖流晝夜必兩會，會處則清濁相值，其流稍停，渾泥頓積易爲淤塞。今河工甫完，而淫潦隨至，若非白茆塘通洩，則該縣水患又不知作何狀矣。其善後之計，惟在年年於臘底春初，水涸農隙之時，令常熟縣掌印水利官查勘淤處，量動導河夫、銀募夫撈洗一次著爲定規，庶地方之水利可永矣。今將造完核過工費錢糧文册并河工劾勞員役，另開揭帖，等因呈報到臣。該臣看得白茆塘原議建閘，蓋慮渾潮入淀而設此以防之，今照浲水爲灾，法宜疏洩，加此一閘，恐致妨礙，又經行道查議去後。今據該道呈稱，行據蘇州府水利同知王事聖呈據，常熟縣知縣留震臣呈，遵依公同耆民居民衆議，本塘今歲開浚，不爲不深而浲水爲灾，未能盡洩者，蓋因海口舊閘稍礙之故。今若再建横塘新閘，恐於内水有礙等因，到道覆加詳議，前閘相應停寢，其原估建閘銀兩，仍貯該縣聽俟別項河工支用等因，具呈到臣，據此除將開浚工程用過錢糧，逐一覆查明實，見今造册奏報外，該臣會同巡撫應天、右副都御史胡執禮、巡按直隸監察御史田樂看得三吴之水皆滙於太湖。由吴淞江、婁江、黄浦、白茆塘等處入海，而白茆塘入海之勢尤近，且㨗故今年霪雨爲灾，而水有所洩者，此塘之利居多也。用過夫工等項銀兩，俱已行道覆查，委無虚冒。但原議於横塘建閘一座，爲拒渾潮，今此塘利於疏洩，則閘可不建。既經該道勘議詢謀僉同前閘委爲可已及查本塘旋開旋塞之故，僉謂：始開失於挑深，既開憚於撈洗邇者，仰仗皇上軫念東南水利責成，臣等經理，自道府以下，各官罔不仰遵德意，畢力以圖之。始浚，亦既深矣。兹欲善其後，則在府縣官年年查勘，隨淤隨撈，則工省而利永耳。伏乞敕下該部覆議查議，將用過銀兩，准其支銷未建石閘，准其停止其建閘，在庫銀一千五百三十一兩六分四釐七毫二絲三纖一塵一埃。及原奏留宗人府米銀，尚欠五千一十四兩一錢七分七釐五毫，并各沙各門地價導河夫銀，尚欠一千五百二十八兩九錢六釐四毫六絲。嚴行府縣徵完收貯縣庫專候別項河工支用，其原借鎮江府支剩練兵銀兩俟徵完，前項拖欠銀内補還仍著爲定規。每年於臘底春初之時，令蘇州府水利官督同常熟縣掌印水利官查勘淤處，量動導河夫、銀募夫撈洗一次，并行撫按官及臣欽遵查照施行庶已成之，功不廢，而東南之民永賴矣。再照原奉欽依咨札，内開其在管工官員勤勞幹事及怠玩悮事者，俱據實舉劾以示激勸。臣復會同查得本塘開浚，分管則有常熟縣縣官王儼、主簿秦湯相、吴江縣主簿李三省、吴縣主簿任可賢，各官俱能奉法効勞。臣已另行分別獎賞，不敢煩瀆，外總管則有蘇州府水利同知王事聖，任久而識見愈精，才優而經畫悉當，萬衆輸心，用命鉅工，刻日告成。常熟縣知縣留震臣廉自生威，寬能得衆募夫而子來，恐後給直而綜核有方。此二臣者謀，始竭其心思工興，殫其胼胝，所謂勤勞幹事，相應優叙者也。仍乞敕下該部議覆，如果臣言不謬，將王事聖留震臣均行紀録，則所以激勸於將來者，益遠矣。緣係遵敕開浚水利，請給錢糧，以便稽查責成事理，未敢擅便，爲此具本謹題請旨。

（同治）《蘇州府志》卷三八　張太尉廟在白茆，明洪武四年建。相傳，張士誠浚白茆塘，有功，民祀之。

寶山塘

综述

清　林則徐《林文忠公政書·江蘇奏稿》卷五《勘估寶山塘工摺》　奏爲寶山縣海塘工程籌議捐修，規模已具，應即興工，隨捐隨辦，謹將勘估情形奏祈聖鑒事，竊照太倉州屬之寶山縣，三面環海，境内土塘一萬五千餘丈，石塘一千三百丈。石塘之内仍加土戧，其沿塘迎險處所，外釘排椿，填砌塊石，自靠塘一層至二三四五層不等，曆年久遠，潮汐激盪，椿石損缺之處，風浪遂及塘身。嘉慶四年、十年，兩次遭被風潮，叠經奏准，動帑興修。迄今又閲卅餘年，每遇伏秋大汛，土石各工被潮潑損，責令該縣隨時擇險搶修，權爲保護。本年六月十四日，陡遇異常，風潮水勢飛騰，高起數丈，沿海塘堤率多沖塌。經臣陶澍先將大概情形奏奉硃批查明，據實核辦，欽此。臣林則徐接據沿海各屬禀報，當查風潮沖壞塘工，以寶山爲最甚。除飭先行擇要搶護外，復委藩司陳鑾親赴寶邑，會同蘇松太道陽金城逐加查勘，該縣江西各段土塘穿缺一千七十餘丈，殘損二千一百八十餘丈，江東各段土塘穿缺一千一百餘丈，殘損四百四十餘丈，石塘沖裂六丈，其餘亦多殘損。雖經該道陽金城督縣捐廉，趕做土戧，暫爲擁護，而急須大加修築方足以資抵禦。臣等往返札商，以此項工程浩大，保障攸關，斷不可遷延貽誤。而國家經費有常，又值浙省大修海塘之際，不敢復以江蘇塘工請動帑項。因思該縣士民素尚好義急公，上年賑案勸捐，已各勉力輸助。今海塘爲地方保障，尤期衆力同擎，當飭該司道體訪輿情，妥爲勸諭。一面由臣林則徐先行附片陳明，欽奉硃批所辦妥。等因欽此，臣等即率同司道州縣捐廉爲倡，并勸諭城鄉紳庶，陸續書捐，至七月初間已得十萬有零之數，正飭印委各員會同估辦。閒復據蘇松太道陽金城等禀報，七月初二日未刻又有颶風突起，雨驟潮喧，徹夜震撼，至初三日未刻始經漸息。寶山江西各段塘面所築土戧均被風潮漫溢，全行穿缺，江東各段新築小圩沖缺五百餘丈，舊堤亦處處增坍等情，臣等仍飭該縣俟潮勢稍落，先行設法堵禦。一面飭據太倉州知州李正鼎督同寶山縣知縣毛正坦暨委員候補知縣龔潤森、鎮洋縣知縣孔昭顯、坐補崇明縣知縣徐家槐等趕緊逐一履勘估計。茲據稟覆，舊塘本嫌陡直，收分過少，不足以柔潮勢。今加築新塘，擬用外面三，收裏面二，收底寬八丈，頂寬二丈，高至一丈二尺，普律齊平。所有舊塘業已殘損過半，若即以新土鑲築，恐新舊不相膠黏，應將舊土一律剷平，將凸補凹，鋪作塘底，潑水行硪，再以新土層層加築套硪飽錐以期堅固。塘外簽釘排樁，塡砌塊石，層數不等。其小沙背、談家濱一帶形勢尤爲頂沖，除外面多加樁石俾資保護外，并於裏面加築新塘，以爲重門保障。又該處舊有挑水壩二道，久經殘廢，今一并修復。仍於壩外雙樁夾石，以資挑溜。至石塘沖裂殘損各段，普律添購新石，砌築完整。其石塘尾段與土塘交接之處，加土裏護。并加石壩三層，合計江西江東應估硪築土方約共三十五萬六千四百餘方，石塘添辦青條石一百九十餘丈，通工樁木約須六萬一百餘根，碎石二萬一千三百餘方，統計銀數須得二十萬兩有零，方能料足工堅，永資鞏固。并據司道核覆所估，并無浮捏等情，臣等伏查寶山縣境江東、江西所轄土塘，本年兩遇風潮，穿缺殘損只有五千餘丈。其石塘亦多沖裂脫卸，既經該州縣等確加履勘，逐段修復，并將石塘添砌新石，土塘加幫高寬，且於頂沖處所裏面添築新塘。外建挑水壩二道，以復舊制。沿塘簽釘排樁，塡砌塊石。再於石塘工尾土石交接之處築土裏護。外加石壩三層，俾工段益增鞏固，實可爲一勞永逸之計。所估土方樁石覆核，尚無浮多，惟統計銀數須得二十萬兩有零，方敷辦理，而捐項甫經及半。若必俟全數捐足始行興工，則今冬已恐無及，明歲春潮驟長，抵禦無資，人心惶惶，深爲可慮。臣等復經采訪，衆論公同商榷，事關生民，保障不獨寶山一縣。紳庶自衛身家，捐輸已形踴躍，即貼近之嘉定、上海二邑，亦皆唇齒相依，尚可互勸集捐，以期衆擎易舉。因令先將已捐之項、采購料物趕運赴工，并於寶山紳耆中公舉總董數人、散董數十人，分司其事。現在將届立冬，水勢消落，應即擇吉開工，派令印委各員分頭催辦。并飭蘇松太道陽金城率同太倉州知州李正鼎時刻來往稽查，不任稍有草率，一面續勸協捐，以資辦理。察看該處民情，因見各官捐廉倡辦，係爲保衛民生起見，無不心懷感奮。雖需款繁鉅，而妥爲勸導，稍寬時日，自可有成。統於竣工之後查明捐户銀數，照例奏咨鼓勵，如有格外多捐者，容臣等酌量懇恩加獎，仍嚴札州縣，毋許抑勒科派。并飭杜絶虛糜，不准有絲毫浮費，如能格外撙節，即可稍減捐數，總期認眞核實，以蕆鉅役而奠海疆。一俟通工完竣，臣等酌往驗收，另行具奏。再該工既係捐辦，應請照案免，其造册報銷，據該司道會詳請奏前來。臣等謹將勘估籌辦情形，合詞恭摺，具奏伏乞皇上聖鑒訓示，謹奏。

又　卷六《親勘海塘各工片》　再太倉州屬之寶山縣捐修海塘工程，經臣會同督臣陶澍奏奉上諭，陶澍等奏籌議捐修海塘工程，估需銀二十萬兩有零。據稱業經率屬倡捐，該縣紳士踴躍輸將，捐項已經及半。其附近之嘉定、上海二縣皆唇齒相依，尚可互勸集捐，以期蕆事。著即責成蘇松太道陽金城太倉州知州李正鼎督令各該縣隨捐隨辦，并往稽查，無任草率。等因欽此，當經恭録轉行，欽遵辦理。旋據蘇松太道陽金城太倉州知州李正鼎等以該處塘工有迫近海濱，外無護灘之處，應否繞越挽築，稟請臣臨工勘辦。又嘉定、上海二縣雖已分勸盡捐，尚未集有成數，亦須臣親往督勸。臣隨於十月二十八日自省起程，前赴寶山，工次親加履勘，除縣城迤西之小沙背、迤北之談家浜二處，雖皆臨水頂衝而迫近城垣，市鎮未便過於縮進，仍照原估，於舊塘裏面加築新塘，以資重門保障。外其江西之衣周塘及江東之八房宅、唐家宅、長浜、周家宅各處，均係頂對大洋形勢，挺出外灘，已塌塘腳漸卸入海。若仍於原處修築，現在礙難施工，且恐不能經久，自應繞越另集，庶臻鞏固。又江西、江東兩礮臺挺峙海口，雖潮大之時不免漫及根腳，而形勝所在，未便改移。惟於臨水之一面加築圈堰，多護樁石，以憑扞衛。又施港迤南，塘身留有石洞一座，因係農民灌溉取需不便，令其堵塞，但恐大汛潮猛，易被沖決，亦須略爲挽越以避激蕩。均經臣逐加履勘，與該道縣并紳董人等酌商定見，即飭該縣等妥爲照辦，毋許稍有草率。至嘉定、上海二縣協捐一節，并經臣親督道、府、州、縣傳令各該紳士詳加開導，互勸輸將。僉稱各官尚且捐廉，爲民保障，該紳等住居切近，自當勉力輸助，以濟要工。察其詞，尚屬踴躍，可期源源捐濟無誤工。需臣仍諄飭撙節動用，務使料實工堅，以爲一勞永逸之計。又查今歲夏秋之間，沿海屢被風潮，本不止寶山一處，如華亭縣之海塘亦據該縣稟報，外塘樁石多被沖損，内塘腳土間被汕刷等情，經臣彙入風潮案内附片，奏蒙聖鑒在案。茲臣於寶山勘畢之後，并到華亭海塘逐段查勘，該塘内面砌條石十五層，外面包土，其迎潮處所又加樁木碎石，層層攔禦，潮至雖被漱齧，仍從空隙處退回。故相沿謂之玲瓏埧，實爲全郡保障。前於道光十一年遭被風潮損壞，曾經請帑承修，計今已逾保固例限。本年六月十四、五及七月初二、三等日，颶風大作，致將玲瓏埧土石樁木各工先後沖壞，潮汐直到塘根，刷去面土，激動條石。當經署松江府周岱齡督同該縣張慶瑗趕緊搶堵，一面按段查勘，估計詳辦。即據該府縣以工段綿長，一時無款可籌，而該處民力拮据，即勸捐亦恐無濟，祇得由松江府屬各員捐廉酌辦。議請先行擇要，將珠稱等號有土無石之單塘一百二十餘丈再加木樁一層，樁内填石，石後添土，鋪築行硪，務令堅實。又將最險之金山嘴地方鳥官以下等號，擇要修築四百四十餘丈，均於石塘包土之外量至六丈地位排釘木，樁内填碎石，加築尾土，悉照玲瓏埧做法修成護塘灘坡，俾險要之處捍衛有資。再將金塘外埧徐圖修復等情臣此次親詣覆勘，所估各段皆係刻不容緩之工，應如該府縣所議，先行興辦。已令即速施工，所需經費據該府正署各員督率該屬之。

又 卷七《驗收寶山縣海塘工程摺》 奏爲捐修寶山縣海塘，先將已完土石各要工驗明如式，仍飭妥速集捐，趕添樁石，永資鞏固。并將四千兩以上至萬餘兩之捐户先行懇恩奬勵，以昭激勸，仰祈聖鑒事。竊照太倉州屬之寶山縣海塘於七年六七月間連遇風潮，異常猛烈，沖坍至五千餘丈，經臣與督臣陶澍函商，以海濱保障攸關，斷不可遷延貽悞。而工程浩大，國家經費有常，又値浙省大修海塘之時，不敢復以江蘇塘工請動帑項，當飭升任藩司陳鑾親赴寶山，會同蘇松太道陽金城體訪輿情，妥爲勸諭，捐輸辦理。由臣附片具奏，欽遵硃批所辦妥等因，欽此。隨即率同司道州縣捐廉爲倡，勸諭城鄉，紳庶陸續出捐十萬有零，因估需工費在二十萬兩以外，復於附近之嘉定、上海二縣互勸集捐，以襄鉅役。一面督飭印委各員選舉董事，乘時興工，會同督臣陶澍奏奉諭旨，責成蘇松太道陽金城太倉州知州李正鼎督同各該縣隨捐隨辦等因，欽此。當即恭録轉行，欽遵辦理。旋據該州縣等以該塘有逼近海濱，外無護灘之處，應否繞越挽築，稟請臣臨工勘辦。又嘉定、上海二縣協捐，亦須臣親往督勸。臣當於上年十月内赴工親勘定議，并將勸捐踴躍情形續經附片陳明在案。伏查該塘舊工因收分過少，形勢近於陡直，恐不足以柔潮勢。是以現築新塘概係底寬八丈，頂寬二丈，高一丈二尺，外面臨水之處均用三收做法，裏面亦用二收，并恐舊土與新土不相膠黏，所有沖壞之處悉將舊土剷平鋪底，重新硪築。每鬆土一尺，行硪三遍，打成實土六寸。責令各段委員逐層面驗，驗實一層方許加築一層。又石塘鋪砌條石一百九十餘丈，皆令選擇堅結石料，鑿鑿平整，其土石交接之處，加築石埧三層，以資裹護。并於小沙背、談家浜二處收復挑水埧兩道，埧外雙樁夾石，以資挑溜。又沿塘簽釘排樁，填砌塊石，凡迎潮頂沖之處，皆用雙層，其次要之處酌用單層。又施港迤南，舊有石洞一座，係農民灌溉所需，不宜堵塞，而大汛潮猛易被沖決，原估挽越砌築，嗣察看形勢，竟須改建石閘一座，始足吐納潮汐。農田既資霑潤，而閘身寬厚亦無激蕩之虞。又塘後舊有隨塘河一道，工長五千二百餘丈，歲久湮塞，幾成平陸。該河本關水利，且沿塘樁石得由内河運送，可免海運風濤之險。自宜乘此興舉鉅工之時，一律開浚。以上各工有原估所未備及者，節據太倉州知州李正鼎統辦，委員候補知縣龔潤森總催，委員坐補崇明縣知縣徐家槐、鎮洋縣知縣孔昭顯暨寶山縣知縣毛正坦等稟由司道核明詳請添辦，當經批飭督率紳董，核實經理。計自上年九月二十一日開工起，截至本年五月内。除石塘先經補砌完竣外，所有新築土塘工長五千二百餘丈，均已告竣。其石塘南北兩頭與土塘交接之處三層，盤頭石埧一律砌就挑浚，隨塘河亦已完竣通工。樁石先將頂沖之處，擇要釘砌，其餘尚須集捐購料，陸續接辦。據各該員將已竣各工稟請，先行驗收。臣於五月十九日出蘇州，前赴寶山，周曆查驗，所有江西、江東各土塘量明高寬丈尺，較原估格外敷餘，逐段錐試，均屬十分飽滿，硪築實爲認眞，補砌石塘，面面方整。并用鐵鋦、鐵錠逐層句貫，新舊相合，灰漿堅結。盤頭石埧三層，排樁緊密，填砌塊石，高與土石塘相平。塘外單雙各石埧擇險釘砌之處，樁密石厚，足資護塘挑溜，其隨塘河道挑深九尺至一丈不等。正届插秧之際，塘内數萬農田咸資灌溉，施港口石閘業經砌至十三層，工已及半，砌法與石埧塘相同，甚爲堅整。臣連日查看工段，紳士耆民扶老携幼，香花載道，無不歡忻鼓舞，感頌皇仁。就中有年近百歲及九十歲之耆民王七大、陸孔彰、楊世奇等僉稱：曾經四見大修海塘，未有如此次之層土層硪，高寬堅固者。臣驗工之時，適見伏汛潮汐，正屬盛旺，塘工大局告竣，已覺捍禦堪資。再得通工椿石全完，定足以垂久遠。惟應行續購各料，尚屬不少。而江西海口礮臺攸關，設險亦須拆修。尚有天后宫及海神廟，年久坍損，并應改建。所需經費本係奏奉諭旨，隨捐隨辦。除官捐項下，升任藩司陳鑾捐銀三千兩，解任蘇松太道陽金城捐銀三千兩，護理蘇松太道蘇州府知府汪忠增捐銀三千兩，太倉州知州李正鼎捐銀三千兩，寶山縣知縣王錫九捐銀一千五百兩，均已交齊支用外，捐銀三千兩，署嘉定縣知縣毛正坦捐銀六千兩，署上海縣事元和縣知縣黄冕其紳庶各捐户内有捐數在四千兩以上至萬餘兩者，似應先懇恩獎，俾共聞風鼓舞，互相激勸。已捐者趕緊凑繳，未捐者倍加輸將，庶大工剋期告成，以仰副我皇上保衛海疆、登民衽席至意。據署蘇州藩司裕謙具詳前來，謹另繕清單，恭呈御覽，伏候欽定。至印委各員辦事日久，冒暑衝寒，皆能實力實心，不辭勞瘁。應俟大工全竣，歷過秋汛風潮，再行奏懇恩施，以昭核實。所有現在驗收已完塘工，并籌畫趕辦情形。臣謹會同兩江總督臣陶澍恭摺具奏，伏乞皇上聖鑒訓示，謹奏。

（同治）《新喻縣志》卷六　寶山塘，上至界首塘三十里，下至覽秀塘三十里。

藝文

清　汪學金《静厓詩稿·後稿》卷四《澤國謡修浚及時也》　全婁臨江偪江潮，全婁瀕海激海濤。今年七月排獰飈，海鳥夜嘯江豚高。寶山塘工被衝擊，嘉定支流愁阻塞。縣官火急告刺史，治水眞難遲頃刻。公言曾讀河渠書，治法宜障兼宜疏。不障何以束毚口，不疏何以洩尾閭。修海塘恤工作練，川新涇親相度僚。屬趨承受公約惠，此灾黎不爲虐君。不見白公堤，堤邊楊柳春萋萋。又不見宋公塘，沿塘稻熟秋收糧。我公繼之澤更長，與此澤國之澤同無疆。

北海塘

論説

明　任三宅《修蕭山縣北海塘議》《兩浙海塘通志》卷一九　我蕭捍海土堤，近十年來費緡錢不啻千百，曾兩派山、會協濟銀四百餘兩。二縣或以害不及己，求助無名。由今思之，未盡然也。常爲臚陳其害：在我蕭什之三，在山陰什之七；在會稽什之四，在餘、上、新、嵊及寧、台、温什之六。何言之？我蕭疆域共止二十四都，自五都至十五都，縣西南境也，有浦陽、富春二江限隔於外海，患絶不相及。自二都至四都、十六都至二十都，亦縣西南境，雖無一江限隔，而去海尚遥，亦無潮患。獨縣東境廿二都新林諸村落，正當潮水之衝耳，即旁溢，不過一都内之一二圖、廿一都内之一二圖、廿三都内之一二圖耳。而廿四都更在鳳凰山，迤北海與山隔，潮不能入，其無害明甚。且水性東流，勢必不能折而西，此所謂害在蕭什之三也。邑東小江南岸，非山陰十餘都所横亘耶？潮自新林衝入小江，自小江衝入十餘都，則十餘都桑田淪而爲滄海者，殆不知幾萬頃也。十餘都居民斥鹵不可饔飧，殆不知幾萬家也。吾蕭有若是甚乎？此所謂害在山陰什之七也。會稽又居山陰東界，離海頗遠，然由山陰達會稽，共一水道，潮勢東奔，不極不止，亦必有斥鹵苦鹹之患，此所謂害在會稽什之四也。海塘内即運河，浙東四府之人往來會城，及兩京各省孔道，舳艫相望。近年因運河爲潮所齧，假途西江，水徑紆回，絶無縴路，操楫之勞，幾倍疇昔。客商以僱值頻增，行程復緩，彼此稱苦，然猶曰小江可行也。使後海沙日壅，洪流漸成涸轍，則陸行甚艱，剝淺不易，道路爲梗，行旅增憂。此所謂害在四府之人什之六也。前賢莅蕭者，灼見斯塘之害不啻一方，爲力疏於朝而均其役，非僅派山、會而已，何近年吾蕭耑受此役之苦也？萬歷十四年，齧西興舊堤，請派山、會協築。三院俞請奏聞，更發司道贖鍰，及郡邑倉粟之半，事乃克濟。此耳目所覩記，未聞吾邑專任其費也。今者浙東郡邑晏然，而山、會僅輸協濟尚謂無名。猝遇興作，蕭獨受殃？當事者能勿憬然動念乎？

綜述

（萬曆）《紹興府志》卷一七　蕭山北海塘，在縣東北新林、白鶴兩鋪之間，長二十里。西自長山之尾，東接龕山之首，爲海水出没之衝，邑之汚鄉屢被患焉。宋咸淳中，塘爲風潮所嚙，盡圮于海，越帥劉良貴移入田内築之，植柳萬餘株。

明 王三才《與楊令論蕭山縣北海塘書》《兩浙海塘通志》卷二〇　敝邑三面距江，潮水湍激，北海一塘最爲民害。塘壞水溢，蕭之受害者僅鳳、儀等兩都，而其水直注於山、會等處，與蕭之上都毫無干涉。蓋水雖湍甚，未有逆流而上者。倘恐内河滲泄，則於新林地方築一土埂，不過彈丸可塞，而内者不泄，外者不入，蕭之安堵如故，夫何以塘爲焉？特以地在我蕭，勢難坐視，故山、會往往推委攀扯。顧煢煢蕭民自救不暇，安能竭自己之脂膏爲他人堪巨浪乎？即仁者亦不應如此之愚矣。累歲小小土築，費已不貲，隨築隨塌，民窮財盡，則工築之無益，明甚；民力之不堪再舉，亦明甚。惟望主議題請創建石塘，悉發公帑，不煩民力，是爲上策。若欲計畝而派，萬惟相地形之高下，酌被害之輕重而大爲低昂。其間山陰作一股，而會稽與蕭山作一股，庶人情兩平，其所造福無涯矣。况北海之患原無涉于蕭，而派修之費不獨重于山、會，誰則甘之？敢僭陳其概，若此其中曲折自有通國之公論在。惟照察，幸甚。

明 任三宅《覆耆民汪源論設塘長書》《兩浙海塘通志》卷二〇　連年修西、北二塘，責重塘長而空名應役，漫不經心，以致漸成大患，愈難捍禦。呈院乞將附塘殷實户丁，報充塘長十二名，每名於帶征七分之内，取給工食七兩二錢，量分塘岸，着令巡管，遇坍便修，如遇風潮叵測，縣照例分築，而宅以爲未盡善也。夫北塘之所禦者，海也。海沙旋漲，輒十餘里，潮遠不及，而塘自不坍，往歷數十年可以無議修築。迨海潮對塘一衝則沙泥蕩漾，而塘即潰壞，延袤幾千餘丈，邇來頻年修築，官費其一，民費其十，度支奚下萬金？即今名曰告成，方且役民增補，嗣今而後不知作何底止。倘海沙仍漲而塘果不坍，天之賜、民之福也。雖不設塘長，不給工食，無害也。倘潮又對衝而塘又決，天之灾、民之禍也。必非十二名之塘長所能支吾以捍禦也。爲今之計，廿二都、廿三都附塘居民似不當概責以西塘之役。以待殷實，遠年令其專力分管北塘，遇有綫隙隨即修葺。猝遇風潮大患，自當通力合築，并移山、會協濟，不可專責管塘人户也。

清 查祥《兩浙海塘通志》卷三　按蕭山縣有西江、北海二塘。其西江塘修築事詳江塘門，北海塘在治東北二十里許，西自長山之尾，東接龕山之首，跨由化、由夏、里仁諸鄉，横亘四十里。自翕山至新竈河塘，三百八十丈。新竈河至丁村塘，二百八十五丈。丁村至陳家塘，三百丈。巨塘至三神廟塘，三百八十丈。三神廟至横塘，三百三十丈。横塘至唐家埠塘，一百九十丈。唐家埠至莫家港塘，二百八十九丈。莫家港至金家埠塘，二百十四丈。金家埠至蔣家埠塘，二百十四丈。蔣家埠至横塘，二百四十丈。

傳記

明 雷禮《國朝列卿紀》卷六三　張嵿，字時峻，號楓丘，浙江紹興府蕭山縣人。成化丁未登進士第，【略】北海塘毛山閘久圮，山陰、會、蕭三縣歲罹水灾，慫恿修之，民藉其利。

清 毛奇齡《西河集》卷九三《台州教授何公墓志銘》　崇禎元年秋，北海塘圮，浸城及雉而汨，夫城之室廬溺以萬計。其明年西江塘又圮，幸預備，不爲患，然已漂矣。公請邑大夫力任經度，修翰兩塘間，甚至鎡肩畚手，日出笥中金，破産復半而其役始竣。

紀事

清 查祥《兩浙海塘通志》卷三　隆慶四年，蕭山縣令許承周刱築北海塘以遏潮齧，鳳儀諸鄉賴之。

又　二十四年，蕭山縣北海塘圮，協同山、會二邑修築。邑人周國城捐資助築，府、縣旌其義。

又　四十一年，復修蕭山縣北海塘。

長豐塘

（道光）《直隸南雄州志》卷一〇　長豐塘在城南十里。嘉慶丙子，民人陳咸章買田開築，灌田七十餘畝。

清　羅含章《開長豐塘記》（道光）《直隸南雄州志》卷二二　長豐塘者，嘉慶丙子冬陳咸章買某某二姓之田之所作，請余命名而爲之記。他人不得而争者也。雖然塘在今日爲一家則不争，數十百年後安知其不分耶？浸假而分之數家焉則争，浸假而分之十數家焉則又争，浸假而分之數十家焉則又争，其子孫能長守此塘而不争，則余之記爲有功矣。余嘗願没而爲龍，誠得家各有塘而不争，則一家之食足而人心定，推之一鄉一都之食足而人心亦定，更推之四十四都之食足而人心亦定，則余且囅然笑欣然幸不自知，其足之蹈之手之舞之也，何必爲龍？

長虹堤南塘

清　王源《居業堂文集》卷一九《重修長虹堤南塘記》　法苟不善，即創自前賢，吾必不可踵行以滋弊。苟善當百世，遵之而不易，又何必論創始之何人。若必以創自己者，爲功而因人之後，爲恥是祇見其私，而不廣非君子，爲國爲民，大公無我之心也。明初設榷關，潯陽，其後增設湖口者，廢置不常。以湖口山邑上下兩鍾，厓絶壁峭，舉數百尺。城外臨江岸皆石，維舟甚險。萬歷時，税監李道因上鍾厓畔迆城岸灣環，築堤直截其外，所謂長虹堤也。堤内爲塘，廣約五六百畝，始有棲泊所焉。壬申夏六月，陳慎庵農部督關湖口。冬十有二月，捐貲修浚長虹堤、南塘，越歲二月五日告成完舊也。蓋湖關之廢已久，潯關移此十年，堤就圮而塘日淤，稍涸即爲陸。舟悉緣洲以處，無倚棹爲蔽，固風作驚濤簸盪，舟人甚危。道雖奄寺，而堤塘利甚溥慎庵。方期冬涸圖更治，而馬大中丞來撫江西，一見慎庵，握手推誠，惓惓以此爲恵，商恤行旅，首務於是，共襄其事，鳩工募役。堤石之缺者、頽者、隙而離者補之、培之、塘沙之，壅者抉之、深之，障於外者疏而達之。工方訖功，水即大入，而舟泊輒數十百艘焉。於戲良法創之甚難，廢之甚易，使其法相傳久遠而不廢，端有賴於繼之之人。且天下事原非一人所能爲，一時所能就力以相繼，始大功以積累始深。儻後之君子履斯任者，各宏濟物之仁，使堤日增而堅，塘日增而深以廣，即水落江空，亦得以藏舟而免驚湍之患，則其功曷有窮乎？慎庵樹石堤上，特詳其始末，屬余爲之記，以示來茲云。

陳公塘（陳登塘）

綜述

（隆慶）《儀真縣志》卷七　陳公塘，塘在縣北東三十里，漢廣陵太守陳登鑿以資灌溉，周紆九十余里，散爲三十六汊，汊名具圖考。其塘西北依山，東南面漢魏間已設堤障，唐宋轉運時嘗修築八百九十余丈，置斗門石磋各一，塘溢則引之以濟運河。宋聞禧丙寅北虜將犯，儀真總轄唐璟决塘水，被眞之東北境，莽爲巨浸。金虜登焦家山望之，知不可越，遂退。眞民頼免焚蕩。嘉定間運判方信孺爲璟建祠于塘側。國朝正德、嘉靖間，漕臣各有建白，請修復陂障，廣潴蓄以備漕河。然塘久爲軍民占佃一萬餘畝，而前代石磋悉爲民家砧礙砌甃之具，凡諸建白悉成罷議矣。

（道光）《重修儀徵縣志》卷一〇　陳公塘，其塘西北依山，東南面漢魏間已設堤障，唐宋轉運時常修築八百九十餘丈，置斗門、石磋各一，塘溢則引之以濟運河。宋開禧丙寅，金人將犯，儀眞總轄唐璟决塘水，被眞之東北境，莽爲巨浸。金人登焦家山望之，知不可越，遂退，眞民頼免焚蕩。嘉定間運判方信孺爲璟建祠於塘側，明正德、嘉靖間漕臣各有建白，請修復陂障，廣儲蓄以備漕河。然塘久爲軍民占佃一萬餘畝，而前代石磋悉爲民家砧礎砌甃之具，凡諸建白悉成罷議矣。【略】按《唐書》號敬愛陂，杜亞自江都西循蜀岡之左，引陂通漕，溉夾漕田。而王播亦自七里港引渠東注官河，以便漕運。故舊援《元和郡縣志》謂：百姓受此塘之利，愛而敬之，因以爲名，云有陳公廟號恭愛。

又　宋袁申儒《兩塘水櫃議》曰：寇兵之來，其路有五。一自胥浦橋，一自銅山港，一自茆家山，一自北山，一自焦家山。平原廣闊，四通八達，難以兵截。開禧丙寅，庸將徒以兵截胥浦橋一路，寇乃分兵，自銅山港茆家山後擣我師之背，今惟當以水限之。若焦家山一路有陳公塘，水可以流浸，其北山塘水可以浸過北山一路及茆家山前。若茆家山後銅山港胥浦三路，則水流有所不及矣。遂於茆家山兩對峙處，因其有三汊一澗橫截，築塘岸九十五丈，以爲水櫃，可以接北塘之水流灌，浸斷銅山港、茆家山、胥浦橋三路，就地面置放水石門閘，却於高處，置減水石閘。閘身并用石版、石條、石柱，鋪砌塘岸，高二丈，腳闊四丈，而闊二丈。向裏排列椿木、橫板及搭頭木椿，內有竹篠爲束，以捍波流之激蕩。兩役成則塘水浸於外，翼城衛於內，居民可安憑，藉以爲守矣。

又　錢冲之修塘奏曰：眞州之東二十里有陳公塘，乃後漢陳登浚源爲塘，用救旱饑。大中祥符間，江淮發運置司，眞州歲藉此塘灌注長河，流通漕運。其塘四周百里，東西北倚山爲岸，其南帶東，則係前人築壘成堤，以受啓閉。廢壞歲久，見有古來基址可以修築爲旱乾溉田之備，凡諸場鹽綱、糧食漕運，使命往還，舟艦皆仰之以通濟，其利甚博。本司自發卒修築，周回塘岸，建置斗門、石䃮各一所，乞於揚子縣尉階銜內帶兼主管陳公塘六字。或有損壞，隨時修築，庶幾久遠，責有所歸。

又　王恕修塘奏略曰：雷公上下塘、句城塘、陳公塘，俱係漢唐以來古迹，各有放水、減水牐座，年久坍塌，遺址見存。近年以來，止是打造板牐一座，減水牐二座，潦則減水，不致衝決塘岸，旱則放水，得以接濟運河。以上四塘共造放水板牐四座，減水牐八座，除舊有瓴石外，約用瓴石椿木等料，價值并匠作工價銀二千餘兩，止用各塘見在人夫，不必勞民動衆。臣雖嘗詢之於衆，咸謂若將此三件河道依舊整理，庶幾舟楫疏通，水無淺阻風濤之患，而爲往來軍民無窮之便。但緣前項工程浩大，合用人力錢糧數多，況揚州府地方連年災傷，人民困窮，倉庫空虛。兼且邇來天象示警，人心驚疑，如斯之役，未易輕舉，須候時和歲豐，人力寬紓，方可爲之修理。陳公等塘牐座一事既不可起，倩人夫止用前項工價，爲之頗易，合無於本府收貯解京船料銅錢內委官支給，修造牐座，亦可以蓄積水利，接濟運河。又按塘佃爲田，民得自有之，而公賣之，謂之塘田，舊志不載其所始。明嘉靖中鄭曉有《議變塘田湊築瓜城疏》，其即始於是時乎？疏云：該揚州府知府吴桂芳查得本塘築自前代，蓋因地有蜀岡、金匱等山環拱其北，每遇大雨，淋漓細流，會集其中，得以灌溉沿岸諸田，此蓋前人築塘之本意也。國初改運裏河議，以前塘蓄水專防，河道淺涸則放洩塘水，繇烏塔溝入河，接濟運船。然塘築於諸山之麓，遇霖雨則暴流易集，遇亢旱則塘水易涸。蓋漕河居府城之東，地勢頗下，而與寶應、高郵、邵伯、白馬、黄子、赤岸諸湖相爲流通，水源頗遠。前塘居府城之西，地形高阜，且水出無源，一遇亢旱，比諸運河輒先乾竭，況淤泥久積，塘腹漲平，縱或聚水，不盈數尺，而實無益於漕河矣。故近塘之民，每每盜開成田，勢豪之家往往夤緣討佃，文移日積，訐訟日繁，遂使奸詭生覬覦之心，興并吞之計。今幸追奪還官，但此田俱屬膏腴，人所共慕，一聞仇鸞事敗，各興苟得之心。故田數甫及萬畝，明文未至，而赴府告佃者已紛紛矣。竊惟方今國計空虛，江北災眚重大，開河施賑費無所出，若將前田定價，召人承買，似於目今國計未必無少補於萬一。蓋前此塘田，不過召民佃種，每畝納銀二分五釐，歲入無幾。若照依時值變賣官資，其利面民樂於趨此，亦乘時拯災之一權也。到臣案照議，照得瓜洲築城原議該用物料工食共銀三萬九千有零。今據揚州府知府吴桂芳開議，一要將逆犯仇鸞原投獻今沒官塘田，照依時價，召人承買，可得銀一萬五千兩。再照前項沒官塘田，雖預備接濟漕運，然高郵、寶應諸湖瀰漫有水之時，此塘高者皆爲稼穡之場，低者不過茭蒲之壑。若遇乾旱，諸湖水猶未竭，而此塘已爲陸地矣。以故奸民獲利，即遇清查，輒便投獻，及至沒官改正之後，該府擬欲召佃起租，未見允行。殆亦有爲，但與其聽奸雄違例，受獻附益私家，孰若許官司履畝佃耕，裨補公帑之爲愈也。況取昔年備漕廢棄陂塘之田而濟今日防漕緊急工程之費，是捐虛名而圖實用，揆諸事體，似亦相應。夫隨時濟務，難泥故常，衆難群疑必資權變。伏望皇上軫念地方師旅饑饉，適遇時艱，錢穀甲兵會逢財縮，亟敕户工部再加詳議，俯從所擬施行地方。幸甚！

傳記

（隆慶）《儀真縣志》卷五　李道傳，字貫之，井研人，進士。少莊重，長讀程氏書，至忘寢食榻間，大書喚起截斷四字，用功於慎獨。嘉定間，任嘗甓圯城，築兩石壩以護并江居民。益浚二濠，又堤陳公塘，有警則決之以爲阻，人心始固。

（萬曆）《揚州府志》卷九　陳登字元龍，建安中爲廣陵太守。沉謀有威，所治當東南之湊，時皇綱弛維，亂臣紛擾，登鎮是邦，挺然自固，武力既宣，文教亦浹。又以休暇行城之西二十里，浚源爲塘，溉浸田疇，用獲豐稔，民咸愛而敬焉。遂以名其陂曰愛敬陂，即今陳公塘。

又卷一〇　侯秩，字季常，長垣人。嘉靖壬辰知府，事性凝重，不苟言笑，以勤儉率下節夫，傳禁侈靡，逐俳優，罪諸佚游者，浚陳公塘以資灌溉。

（萬曆）《淮安府志》卷一一　李孟傳，楚州司户參軍，單車赴官，公退閉户讀《易》，郡守部使者不待以屬吏加葺境内徐積墓修復陳公塘有灌溉之利

紀事

宋 李道傳《運判錢沖之修塘記》（康熙）《揚州府志》卷三八　淳熙九年八月丁未，重修陳公塘成，復古惟國朝置江淮制置發運使，以眞州爲治所，實總六路轉輸之任，歲漕東南粟趨汴者凡六百萬，繇江入河，小遇淺涸，漕以苦病，時賴堰潴之水以濟不及，故自昔陂塘之利在淮南爲尤重。今行都駐錢塘，淮東西諸郡皆宿兵，歲供軍儲，由上流浮江而至，稍愆期會，則餽運以稽。又自眞揚以北河勢勁直支浪別派，比江南纔什一。故灌溉之利□常病狹，歲值乾旱，則坐視損瘠。來庭之使持節取道館，候有常留則乏事。盛冬水縮，十夫挽淺，有司岌岌，惟日是懼，唯是三務在淮東爲最急。今敷文錢公既以郡最褒擢督漕，於此適當連歲旱歉之餘，以謂眞之爲郡處，得地所枕江帶河，東而會之，以達於淮，意其間殆有遺利而未復者。先是距眞州楊子縣廿里有塘曰陳公，漢建安中廣陵太守陳登之所鑿，周廣九十餘里，西南所至全隸揚子，唯東北接揚之江都者僅十之二。塘倚山爲形，獨一而爲堤，以受啓閉，凡八百九十餘丈，岡勢峻昂，環汊三十有六，畢滙於此，故渟滀涵蓄，爲利不貲。異時公私取給，纔下其尺，則已贍足，淮人恃之用備不虞，恭愛之祠，廟食弗替。但中更搶攘，久廢弗理，芻茭障堙，歲益淺淤，頹堤斷洫，漫不可考。公既躬至其所，周視形便，規尋利源。顧謂僚佐曰：今仍歲旱暵。苟有毫髮便於民者，雖使規創，猶不當避其勞，況於茲塘，隱若天造，豐功厚利，肇自昔人，即舊以謀，顧曷可後？乃具其修復利害疏言於朝，且謂漕運所資，故凡沿塘之費，一不敢以干大農。奏聞即日詔可。公即俾屬吏米任舊僚劉煒規圖其事，量功命日，度厚薄分畚築，計徒庸慮材用，以授有司，募流徙之民，厚其直勉使赴功，而實以惠之。衆皆樂趨，弗俟程督。自春三月，迄秋八月而告成，總工徒凡三萬三千一百一十有二。舊有斗門石礎各一，歲久缺敗，不可復據，則遷其礎少西二十丈，而更新之，浚東西兩湫以謹蓄洩，與斗門之建，皆仍舊址。飾龍祠以還舊觀，作新亭以待臨察，委官以專護守，列卒以供徼巡，而爲塘之謀益備。初公始來，顧念洊饑，之後思欲爲公家長利，乃始議興築，而煒以從游之久，能識公意，相其成規，弗愆於素，一舉而三務畢，協佽助茲役，煒勞居多。夫事之利害隱於疑，似能曉然。知之者固鮮知，而能決斷之者益加鮮。是役也，公獨權其利害，而灼知之議者，或慮其勞且費也。公乃奮而決，謂利不可以弗究，役固不可憚，而功固不可不濟，獨超拘攣之見，而卒成之，非明且決弗能也。體勢惠物，緊公是賴。昔信臣浚溝瀆，杜母修南陽，楚相起芍陂，文公穿腴口，古之致本利者，未始不賴。後之人修其廢，而後乃益彰恭愛之績。自建安至今，垂千三十餘年，乃始因公而復興，是豈偶然哉？塘之成日，老稚懽趨，竭蹶争覩，相與誦之曰：新塘千步，膏流澤注。長我禾黍，公爲召父。恭愛無偏，公後陳先。甘棠之蔭，共垂億年。於是州部之民暨僚吏咸願紀公之成績，皆以屬道傳曰，子於公門下士記事之成，唯子爲宜宜書，遂不辭避而書。

宋 李孟傳《重修陳公塘記》（道光）《重修儀徵縣志》卷一〇　眞州揚子縣有塘曰陳公，漢建安中廣陵太守陳登之所鑿。周廣九十餘里，西南所

至全隸揚子，惟東北接揚之江都者，僅十之二。倚山爲形，獨一面爲堤，以受啓閉，凡入百九十餘丈，岡勢峻昂，環汉三十有六，畢匯於此。故停漫涵蓄，爲利不貲。異時公私取給，纔下其尺寸，則已贍足淮南。人恃之用備不虞，恭愛之祠廟食弗替。中更搶攘，久廢弗理，芻交障湮，歲益淺淤，頹堤斷洫，漫不可考。今敷文錢公以郡最褒擢漕於此，適當連歲旱歉之餘，以爲眞之爲郡，枕江帶河，束而匯之，以達於淮。其間殆有遺利而未復者，於是躬至其所，周視形便，規尋利源。顧課僚佐曰：今仍歲旱暵，苟有毫髪便於民者，雖使規刱，猶不當避其勞。況於茲塘，隱若天造，豐功厚利，肇自昔人。即舊以謀，顧曷可後？乃具以修復利害疏言於朝，且謂漕運所資，故凡沿塘之費，一不敢以干於大司農。奏聞詔可，公即俾屬吏米，恁舊僚劉煒規圖其事，量功命日，度厚薄分畚築，計徒庸慮財用以授有司。募流徙之民，厚其直，勉使赴功，而實以惠之。衆皆樂趨，弗事程督。自春三月，迄秋八月而告成。總工役凡二萬三千一百一十有二，舊有斗門石礎各一，歲久缺敗，不可復據。則遷其礎稍西二十丈，而更新之，浚東西兩湫以謹蓄泄，與斗門之建，皆仍舊址。飭龍祠以還舊觀，作新亭以待臨察，委官以專護守，列卒以供儆巡，而爲塘之謀益備。初公始來，顧念荐饑，之後思欲爲公家長利，乃始議興築，而煒以從游之久，能識公意，相其成規，弗愆於素誠，一舉而三務畢協。佽助茲役，煒勞居多，夫事之利害隱於疑似，能曉然知之者固鮮，知而能決斷之者益加鮮。是役也，公獨權其利害，而灼知之，或慮其勞且費也。公乃奮然而決，謂利不可以弗究，役固不可殫，而功固不可不濟。獨超拘攣之，見而卒成之，非明且決，弗能也。休勞惠物，緊公是賴。昔信臣浚溝瀆，杜母修南陽，楚相起芍陂，文翁穿腴口，古之致大力者，亦未始不賴後之人修其廢，而後乃益彰恭愛之績。自建安至今垂千三十餘年，乃始因公而復興，是豈偶然哉？治成之日，老稚歡趨，接迹爭視，相與誦之，曰：新塘千步，膏流澤注。長我禾黍，公爲召父。恭愛無偏，公後陳先。甘棠之蔭，共垂億年。於是州部之氓暨僚吏咸願紀公之成績，皆以屬孟傳。曰：子於公門下士記事之成，惟子宜書。遂不辭避而書。

（乾隆）《江南通志》卷六五　紹熙中，淮東提舉陳損之言楚州高郵間陂湖渺漫宜刱堤堰以爲瀦洩，乃築堰自江都經高郵、楚州、寶應，北至淮，陰達於淮鑿新河自高郵入興化東至鹽城極於海，又於揚州墟鎮刱斗門引水由泰州海陵南至泰興徹於江，所經畫甚具，溉澤鹵田百萬頃，兩淮之民賴焉。嘉定中修陳公塘。

雜録

宋 樂史《太平寰宇記》卷一二三　愛敬陂在縣西十五里，魏陳登爲廣陵太守，初開此。百姓愛而敬之，因以爲名，亦號陳登塘。

宋 孫倖《恭愛王廟記》（隆慶）《儀真縣志》卷一四　漢建安中廣陵太守陳侯登字元龍，居郡有異政，沈勇内決，總衆多威。略侯所治，當東南之湊，土俗勁剽，物産蕃夥。方是時，皇綱弛絶，亂臣相與犯上，天下紛擾，雄豪并起，袁曹虎眎許鄴，昭烈拔迹，小沛吕布暴桀下邳，桓王經略江表。侯鎮是邦，挺然自固，武力既宣，疆埸不驚，法修教浹，人趨厥務，稚老鰥寡，愉愉嬉嬉。侯以休暇行城之西二十餘里，浚源爲塘，用救旱饑，有萑有葦，黿浮魚游，民資以饒，溉浸田疇，稻杭豊衍，勤本足食，廬井恭而愛焉。名傳于今，以褒厥廟，寅寅虔事，四時報饗，殆將千載而莫敢忘。古之所謂有功者，得其所以濟民，則懷悦當時，遺後世無窮之澤，此爲政者所勸勉也。宋興大中祥符六年，始析唐之白沙鎮，附以二縣置眞州爲江淮制置發運治所，而塘實在其地。歲用灌注長河，增淺宣淤，渟然流通，漕轉弗乏，其利彌廣矣。於是官輸民賈，物貨粟帛，四方使客，千艘萬舳，雷動而雲集，故於淮之南爲州最劇。熙寧五年，太常少卿陳留羅道濟拯、尚書度支郎中河南皮憲臣公弼爲之使，慨然追侯之功，治愈久而利視祠宇之不嚴，命加完飾，使里俗益知。侯之德遠不可忘，而顯章之，以信于後。且請余文而紀焉。

（隆慶）《儀真縣志》卷二　陳公塘石磨鐵碾，志云後漢廣陵太守陳登築塘所遺物，宋元時猶存。

又 卷一二　恭愛王廟在陳公塘上，漢廣陵太守陳登祠也。宋熙寧五年冬建，紹興中重修，處士孫倖撰記。今遺祠猶存，然廢祀不舉，蓋與塘同弛久矣。

青塘

（光緒）《淳安縣志》卷三　青塘在縣東三十里雲村。

清　吴延棐《青塘記》（光緒）《淳安縣志》卷三　易云山下出泉，蒙君子象之以果行，有德蒙者養也，吾於青塘得井養之義焉。我祖廉憲公始浚此塘爲三叠，水潺潺西流數十里，禄源文浪，俱繫於此，爲後裔至深且遠。嗣是稍有缺陷，必修堤，使益固。癸卯秋，開渠决水，失弭其隙，遂至防維盡潰淤廢者久之。季父夢彩欲倡修治，不果而歿。壬申春，族中僉謀，屬予勸叔母獨輸其費，予謂母孀子幼，非慷慨好義時也。乃叔母聞之，欣然許可，曰：汝叔病且篤，嘗以不及成此績爲恨，汝其代吾鳩工董治之，毋替厥命。因出篋中貲五十金，伐木鑿石，兩越月而工竣。族中能詩各撰五七言頌之，叔母謝曰：完夫願耳，氏有何功？族益欽叔母之好義不伐，爲勒石以垂永久，而命予志其顛末，使後人知豐阜慶於斯，文明兆於斯，皆叔母力也。叔母邵氏，塔航彦葵公之女。

大豐塘

（道光）《廣東通志》卷一一九　大豐塘在城北二十五里，長逕橋舊有荒壩，知州羅含章督民開築，溉田九十餘畝。

清　羅含章《開大豐塘記》（道光）《直隸南雄州志》卷二二　古者則壤成賦，以勸其民，必視土地之肥磽，是故上地任農，其次任圃，其次任樹。牧非是不在貢賦之列，名曰廢地，即力役之征，亦不及焉。州屬長逕橋側有磽田一段，不知荒棄幾何年矣。居民以其不可以農，不可以圃，并不可以樹牧也，皆名之曰大荒田。余曰惜哉。兹田不可以農，不可以圃，不可以樹牧者，獨不可以爲塘乎？於是士民鄧成勳等咸喜，呈請丈量，得七則地十九畝六分，公議築塘蓄水，計可灌田九十餘畝。畝出錢千五百，以爲工費，而分塘糧於所灌之田。余曰可哉，捐錢五千以助之，取名大豐。再閱月而塘成，士民請余爲記。余曰勤惰之於豐歉，豈不遠哉？昔也平沙瑩瑩，春草不生，今則闊而空廓，其有容高，而固可藝可樹，當夫靈雨，既零山泉灌注，日而積焉，月而盈焉，塘下之田尚何旱槁之足懼哉？是故天下無不可用之地，惟善用者乃能化無用爲有用。吾用其所可用，而地利盡，亦用其所不可用，而地利愈盡。由此推之，州屬之田何在？不可作如是觀哉。昔也大荒，今也大豐，易荒而豐，惟勤之功。余猶願汝士民既成斯塘，於始而善保其所終。僉曰敢不惟使君之命是從，遂書以與之。

大嵩塘

綜述

（雍正）《浙江通志》卷五六　大嵩塘　在縣東南八十里大嵩所，舊未有塘，國朝雍正九年建。

（乾隆）《鄞縣志》卷四　大嵩塘在縣東南七十里，國朝雍正五年知縣楊懿詳明督院，具題發帑，新築一開梅樹灣，至大碶頭止。河道一千四百六十九丈七尺，俱面闊三丈，深一丈。一開大蟛浦，由横山港至大小礁閘止，支河六百九十丈，俱面闊四丈，深六尺。一開小蟛浦，至球琳南閘止，支河二百六十丈，俱面闊四丈，深六尺。一開了义港，至球琳北閘止，支河二十七丈，深闊同前。一建横山閘碶一座，計五洞。一建大小礁二，碶閘兩座，每座計三洞。一建舵艟閘一座，計五洞。一建球琳南閘一座，計四洞。一建球琳北閘一座，計三洞。一蔡墩，起至横山大湖港，至舵艟止。打築土塘二千七百四十五丈五尺，共計工料銀六千四百八十一兩零。自六年九月起工，七年十一月告成。又金雞橋内新建滾水壩一座，長一十七丈，高五尺。南岸山根之下鑿渠三十丈，建石閘一座，計三洞，閘下新開河一千二百丈。投漫小河，出管山之潘家碶，下又開河四百五十丈至獨山碶，又於獨山碶下開河三百五十五丈，至梅樹灣投前已開成之新河，聯絡貫通，每丈河面俱闊一丈五尺，自大嵩港口起，至金雞橋止。南北兩岸建築土塘九千九百九十九丈，俱自雍正八年九月興工，約估工料銀一萬二千三百四十六兩零，雍正九年告成。曹志塘成後，置存公田一百二十畝，舊設塘河總理四名，五年更換，司其租入以資修浚之用，不敷仍派沾利田畝公辦。

案大嵩三面環山，東南際海，向無河渠，未立碶牐，無以禦鹹蓄淡，自楊令規度形勢，詳請建築。時總督李公衛具疏准行，因墾升塗田三千餘畝，至今濱海居民被其利澤，思創始之功，群請廟食焉。唯置存一百二十畝之田，徒設總理，歷久虛縻，亟宜清釐以資實用也。

（嘉慶）《清一統志》卷二九二　大嵩塘在鄞縣東南大嵩所，本朝雍正九年建溉田甚溥。

傳記

（乾隆）《鄞縣志》卷二〇　大觀字物初，姓陸氏，鄞之横溪人也。主大慈、育王兩寺，説法之暇，嘗命工築大嵩塘田供禪士至今育王、大慈二塘，皆初之遺澤也。

紀事

清　李衛《大嵩塘工碑文》（雍正）《寧波府志》卷三五　我皇上御極以來，海宴河清，雨暘時若薄海内，外含哺鼓腹，玉帛來朝，同風一道，猗歟庥哉。雖三代郅隆之治，未有過於今日之盛者也。余奉命節制江浙，聖恩優渥，夙夜冰兢，勉圖報稱，雖幅員遼濶，耳目難周。然閭閻利弊，民生休戚，時爲諮訪以冀措施之咸宜惟是。寧波一郡實爲浙東藩籬，其地濱海，彌望斥鹵。而鄞屬大嵩，距郡八十餘里，向嘗設所屯守，承平既久，田野日益墾闢，顧水利未修，偶遇旱澇輒嗟艱食，農氓病之。是非疏浚河渠、修建碶閘爲禦鹹蓄淡之計，何以轉瘠土爲膏腴乎？但工鉅費繁，興舉匪易。余仰體聖天子愛養元元之意，陳請敕發帑金，疏入報可。於是相度地勢之高下，計定丈尺之淺深，鳩集物料人夫，爲一勞永逸之計。按大嵩形勢東南際海，三面環山，中有熟田，暨塗田若干頃。初議於大嵩港下建築巨壩，使滷水不入。然後疏諸山之水，以資灌溉。而建舵艟、球琳、南北大小礁、横山六閘，以蓄洩之。迨六閘已漸告竣，而港口濶深，潮湧沙浮，工費既浩大不支，且慮難於持久。因復酌量形勢，改議於大嵩内港，接連横堤之處，夾河築堤，退西四十餘里，擇其潮水稍緩、山根堅固之金溪橋内，設立滚水壩一座，以阻鹹潮，以洩山漲。而又於橋之西岸鑿山通渠，建設閘口，導泉水東流以溉田，而分注於横山等閘以洩之。當雨水和調之日，滷水無憂侵浸，遇溪流一線之時，亦易潴蓄，而足供車戽，綢繆未雨，莫善於此。委員分理而畚锸隨之，經始己酉之四月，迄工辛亥之十月，凡閱三載，而大工告成。余更念大嵩僻在郡東，爲海口要區，今兹水利既修，則田疇口闢户日日殷，凡熬波漁販之徒，出没海嶼中，譏察恭繁，必得親民。文吏始克勝彈壓之任，用疏陳於上，請移郡同知一員，駐札其地，俾之戢奸，究督勸課。且河渠堤閘之浚築亦得以時，相視葺治，無俾廢墮，以綿諸久遠。幸復蒙恩俞允，自是而嵩之斥鹵盡爲沃壤。嵩之士女歲歌大有户沐樂利之澤，而世享昇平之福，莫不感戴皇仁，祝聖壽於億萬斯年也。已因勒諸貞珉，以紀其盛時。董理其事者，太常寺卿署浙江承宣布政使司布政使孫國璽、分巡寧紹台副使孫詔、寧波府知府曹秉仁、提標前營游擊袁有明、鄞縣知縣鄭大德，例得并書，是爲記。

道豐塘

（道光）《直隸南雄州志》卷一〇　道豐塘在金崗村斜嶺背，嘉慶丁丑知州羅含章督同民人陳國英等買田開築，灌田五十餘畝。

清　羅含章《新開道豐塘記》（道光）《直隸南雄州志》卷二二　往余允金岡村士民陳仰文、賴作聖等開塘之請，以仁豐、義豐名之，灌蔭多田，漸成沃土矣。特其地廣闊，猶有火田五十畝，未能引溉，于是賴國英等復買斜嶺背穀田五畝，仿照前日事，按畝出錢，通力合作，美哉斯民。何其勤於畝，感于仁義，如此之速，而風同道一哉？當兩塘并開時，余爲占易麗澤之兑，兹殆井養而不窮乎？其在《象》曰：木上有水，井君子以勞民，勸相勞民之事，余不敢爲。勸相又烏容緩，剋期建工，捐廉復如前數，并加塘以道豐之名。夫親親敬長之説，仁義盡之，斯道也。何道也，即仁義之道也？願民漸摩之，以豐爾田。

德豐塘

（道光）《直隸南雄州志》卷一〇　德豐塘在金崗村琢樹坑。嘉慶丁丑，知州羅含章督同民人吴朝錫等買田開築，灌田百餘畝。

清　羅含章《德豐塘記》（道光）《直隸南雄州志》卷二二　昌黎《原道》云：『足乎己無待於外之謂德。』夫事至而無待，未有不沛然有餘，取携甚便者。若農塘之備旱，先事儲蓄，引灌各田，足而已矣，何煩於待？其在《詩》曰：『既優既渥。』既霑既足，義亦如之。使田疇憂旱之區，舉皆買田力作，永爲潤澤之需，則火耕水耨大有頻書，豈但爲茲塘慶哉！况金岡村近所建者曰義豐、曰仁豐、曰道豐，此通彼達，浸潤衍溢，於其工成助廉記事。余固大書特書，不一書矣。茲復深嘉屢嘆爲足乎？已無待於外者占豐象焉。願耆民吴朝錫等顧名思義，用訓爾世世子孫，咸克食德服疇也。則幸甚！

定海石塘

元　程端學《積齋集》卷四《定海石塘記》　四明郡東北六十里有邑，曰定海邑，治東北可三里即際大海，颶風怒濤，奔駛衝突，或破民廬官舍。宋淳熙四年，江海爲一，幾不可邑。先是防以土木，歲輒潰決，護以版石，與潮俱去。淳熙十六年，明守岳甫言於朝，出官緡，命通判林栴統制，王彥舉統領，董珍築石塘六百有五丈，高十有一層。下廣上斂，石厚一尺，敷平倍之。從横布置如畫棊局，奠其址以巨木，實其背以厚土，殺其勢以萬椿，設常法以時修繕，俾勿壞。水患既平，邑以敉寧厥，後有司失於修，舉塘漸圮不支。至大三年，完顔公某來守是邦，乃大修之，財出於民，而不告勞，備禦堅緻，視舊有加，民咸德之。後十有八年，公復帥浙閫，鎮四明，巡行疆土，覽舊迹之具存，懼前功之莫續，慨然增感。塘舊有碑，宋太守林栗撰，載其本末頗悉，歲久而仆慮莫考所元。乃來請文，將刻石示後。余聞故老言有塘以扞其衝，斯可以邑，有邑以翰，其外斯可以郡。然則茲塘非直一邑之衞，實一郡之藩，其績爲大。然智者防其未然，常人救於既著，岳守創之公復葺之，使繼繼承承，少罅必補，雖微顯功可底永久。苟患至而圖，將何及焉？此公之所以拳拳於茲久而不忘者也。吁天下之事皆然，豈惟茲塘也哉？是爲記。至順元年九月望日記。

明　徐光啓《農政全書》卷一六　《定海石塘記》曰：淳祐十六年，定海縣新築石塘，成其高十有一層，側厚數尺，敷平倍之，袤六千五十尺有贏，基廣九尺，斂其上半之，贏又十之五，高下若一，從横布之如棋局。仆巨木以奠其地，培厚土以實其背，植萬椿以殺其衝。役夫匠軍民積土至三千餘萬，而人不告勞。閲春夏二時，舍田趨役，而農不告病。伐石於山石，顔而役者，不傷運之。于海波平，而舟楫無恐。以己酉春正月己未初基，越六月甲寅，凡十有七旬，又五日而訖事。先是定海塘以土木從事，歲有決溢之虞。丁酉之秋，江海爲一，民廬官寺，營壘師屯，被害尤酷。知縣事陳公亮剙用石板以護其外，僅支數年大水，至則與之俱去，蔑有存者。歲在戊申，風濤屢驚，九月守臣岳甫始合軍丁之辭以告于上，命部使者與守行視，核其費以聞。詔賜緡錢六萬五千有奇，聖訓丁寧，毋得苟簡。及是告成，不愆於素。

東蕩塘

清　李富孫《校經廎文稿》卷一六《游東蕩塘記》　金華自梁置郡，在唐宋爲婺州道，書以金華山爲弟三十六洞天。上接縉雲、栝蒼，重山複嶺，疑是神仙窟宅，登眺者輒作棲隱想。然地埶高峻多山，無大陂邑豬水，欲求如錢唐湖一角，罕有得焉。去城東十五里有塘曰東蕩，周回六十餘畮，環之邑堤，襍植槐栁，陂中蒔芙蕖，萬柄翠蓋，亭亭緑雲，斠布比華。時紅白相閒，一望黏天無際。清漪瀲灩，搖颺葳蕤。每風來，蘋末掩冉，紛披香氣，馝馞襲人。稔㝗白鷺數百群，翩翾上下，俱影落鏡中。遥望北山芙蓉諸峰，羅列顯豁，雲鬟烟黛，迤邐倒映於淛渺之間。其地清曠幽遠，舉近麗郡亭足㠯怡情憩息者，無㠯過茲函陂，則爲元金仁山先生祠，即故讀書處。坡陀而上，别構宇祀，仁山先生㠯下支裔，延袤甚寬廣。中爲庭爲堂，爲龕，爲室子姓聚而方居者二十餘所。後有奎光閣，奉文昌星，頫臨陂塘，環樹杉柏，邇瞰瀲碧，遠挹爽翠，有闌可凭，有檻可坐，清氣回合，風晨月夕，與時變幻。凡林巒雲霞，烟波之狀，可一寓目而得之。予客婺郡二載未得往，幕中羅君星寰、吴君篛邨挈酒榼携饌具相邀爲河朔歈，策杖偕游，沿塘迆行，登閣㠯眺，嵐光波影，縈繚滉瀁，隱見几席，荷風颯然，芬香郁烈，不覺溽暑之頓釋，分瞀引酌恍，占西子湖一隅勝槩咸暘，歈極歡而罷。噫！仁山先生迄今四五百載，而後人猶世守弗替於此，嘆君子之流澤孔長，不獨一時游覽之有快於心也。同游者十有五人，時嘉慶十季六月六日。

杜湖塘

綜述

（光緒）《慈溪縣志》卷一〇 杜湖塘 縣西北四十里，自石湫廟減水壩至西碶閘，長二千七百一十五弓，舊屬泥塘。國朝康熙二十七年，宓鼎奇出貲，築以石，躬自督率，歲久漸壞。嘉慶三年，里人按畝捐錢重修。初議條石七層實叠需費三萬金，按畝捐錢四百文，計田八萬畝，合三萬二千緡，有梗議者，事遂中止，故修後而塘不固惜哉。 腰塘自白塔嘴至黄泥隩，長二百三十五弓，創始於宋寶祐間，歲久廢圮。國朝嘉慶十九年，王名揚出貲修築，并建閘壩。案：腰塘之設，爲蓄水，不至下瀉中流一束游波不興，而外堤亦藉㠯少固耳。

清 陳寶楠《杜白二湖石塘記》（光緒）《慈溪縣志》卷一〇 吾慈一邑，凡五鄉，德門、西嶼、石臺、金川。其水發源於四明，入於蛟川。潮汛往來，無憂旱潦，而惟我鳴鶴一鄉，海濱廣斥，不通江潮。漢光武興開杜、白二湖，以潴蓄之，灌溉禾苗，民得粒食，號爲二天。唐刺史任公侗、宋置使吴公潛、暨鄉先生童公金，復置堰壩。自石湫以至大茗，十里長堤，横如虹貫。而又設三閘以節之，曰東門，曰西溪，曰張郎，以時啓閉。又設閘於鎮之靈緒，則爲黄泥姚之上林，則爲洋浦，以分其疆界。而其北一帶，則猶有松浦古窰諸閘，以截其下流。此吾鄉之水利，實屬萬世永賴之先務也。慨自晚近以來，刁惡侵佔，堤防不修，一經陰雨連綿，不特漏洩過甚，而且至於泛溢無歸，將使五千四百畝之湖，不足以救十萬八千畝之田，以致先哲救民利世之婆心消歸烏有，則吾鄉千萬户口之衣食無依，即吾鄉千萬户口之性命焉託。嘉慶辛酉，王公名揚諱相能旋自京都，慨然有志復古，爰邀闔鄉紳耆，咸會於崇壽道院，按圖分甲計畝，斂貲築腰塘，用泥以殺其勢，復築舊塘，用石以鞏其基，幸而天誘其衷，從公踴躍，願量力以相輸，無吝情。而或尼即時諏吉，鳩工庀材、伐石，不數年而落成。總其數，約費白金十萬有奇，除公斂外，尚有不敷者，皆藉公佽助之。而公又於腰塘之閘，名白塔嘴者，肩任獨建。此乃吾鄉五都水利所關，而非可與。尋常除道成梁者，同日語也。抑吾又聞之，當明季時，瀕湖居民覇墾蠭起，爾時訟於大憲勒石永禁，成案如山，讀湖志一書，明載僉憲葉公應乾、都諫阮公震亨、太僕沈公履祥諸記，以見二湖爲生民生活之源，不禁爲之流涕。後數百年，而有王公其人，克於吾鄉自古未竟之業。一旦改砌石塘，以藏其事，此古戴禮所謂有功德於民而祀之者？非耶。桐捷南宫，由徽省子告歸慈，竊喜吾二湖公事之有成，而實出於公一人締造之力也，爲志其事於左。

清 鍾德溥《重築杜湖堤閘記》（光緒）《慈溪縣志》卷一〇 慈邑三鄉，以江爲灌溉，而北鄉仰給於杜、白二湖，廣五千四百餘畝。創之自漢，而唐宋以來，因而葺之。至明而大壞矣。當是時，其鄉之僉憲葉公應乾著培堤之議，若干丈以田畝計，每若干畝築一丈，每丈基廣六丈，頂收四丈。中丞潘公汝楨莅慈，踵而行之，列八款以杜其弊，而堤閘嶄焉一新。湖之得以延至於今者，繫二公之力也。國家承平日久，雨暘時若，百姓因循玩愒，而當事者又莫肯加之意。於是堤閘日就傾頹，其近堤者憚於力挽，多穿堤以挹注；近閘者貪饒魚利，復穴閘以網羅。余雖厲設之禁，督以及時修整，而旋修而旋廢，溢雨涸晴，慨其嘆矣。當明嘉隆之際，湖之不廢也，蓋無幾。余觀其下之所訟，與上之所禁者，亦綦詳矣。而受病之原，卒莫之及。一勞永逸之謀，自僉憲而始發，至中丞而始定，豈非民之不可與慮始，而可與圖終哉？功不什者利不百，由今之勢，以治今之湖非曠。然一大變不爲功，而耆紳葉坦園慨然以閘壩爲己任。與其鄉人沈成蛟、葉永昌、王名揚等謀曰：侯屢以堤閘爲言，我與爾居此湖者也，其可不事事閘壩？吾勉爲之堤，按圖以築可乎？即日集議於邑之金仙寺，議成走告余。余曰：此守土者之責也，皆曰民之所利也，其敢以勞侯？余無以奪，而移鳴鶴，蕭大使共督之。堤亙十一里有奇，高廣若干。堤上以溝過水，俾不得復穿也。閘三，曰東門、張郎、西碶，高廣若干。板三道，俾不得復穴也。壩二，高廣若干，一建於舊，一新增焉。嘉慶三年十月始，至明年三月而落成，事莫難於創，而不可以無因也。今之築者因乎僉憲與中丞也。雖然僉憲以故堤或高或低，則尚有高者可因也，今則低者且坍矣。中丞革閘夫之款，曰有閘而無板，有板而無土，則閘固可因也。今則并閘之材，而或毀矣，且僉憲以畝計築，而中丞於工費派之沾利之田，其或不能無擾歟？豈若今之分甲以立界，民不譁而事易集，而甃石椿木之材一不以煩民。余欲捐俸以倡，而亦無從也。是則昔之創也，乃其天也，而今之因也，蓋其創也，可不謂之難哉？嗟乎！僉憲之立議也，名曰永久，其固有望於後之續而終之乎？葉君不惜一己之利，以利一鄉，其於象賢，洵無負矣。而成蛟永昌，名揚諸君，矢一心以共襄其事，不彬彬皆有鄉先生之風哉？獨余令慈且十年，視中丞之涖治，四月即按治兩湖，勒豐碑而謳道路，愧其多矣。雖然余愧而民利焉，余之愧也乎，余之願也夫時。嘉慶三年戊午春三月記。

紀事

清 周曾發《創築杜湖石堤記》（光緒）《慈溪縣志》卷一〇　邑之北鄙曰鳴鶴鄉，當句餘之交，阻山濱海，潮汎不通，霖雨浹旬，陷陸爲壑，稍亢陽則赤土矣。其所恃以茹，納衆山之水，在杜、白二湖。杜湖廣凡三千七百餘畝，白洋湖廣一千七百餘畝，肇自漢時，唐刺史任侗、宋制史吴潛嘗浚治之。沿山濱海之田資其灌溉，而瘠土化爲沃壤，湖之爲利溥哉。特白洋湖夾在兩山，不假堤防。杜湖自石湫之麓直抵陡塘，環距西碶閘，周袤十餘里，無巖崖以纏護，塘易圮壞，雖有司歲令修築，第一坏之土而已。太學生宓君鼎奇倜儻好施，本先賢單父宰之裔，世居湖右，目擊其弊。舊堤無石，夏秋水溢，狂瀾屢倒而石之，工費浩繁。其里人曰：嘻！非貯千金，閱數載，勿易言也。宓君慨然曰：生無濟於人，歿無聞於世，碌碌自守，奚裨哉，且是固予先人之志也。罄其歲之所入，西成而舉事，東作而中輟，每歲如之，必告成乃已。就里儻中，擇其强幹者，月給以粟，斵木爲車，駕車以牛，運巨石於南岡。自朝至暮，躬自督率，營築既固，若百雉之堞，而衝突無虞，滲溢無患，汪洋容蓄，頓異舊觀，於乎偉哉。今天下擁貲巨萬，守楊朱之教，不肯以一毫利物，居鄉如是，立朝可知。即捐金植果，畀秃奴於一鄉利害，不啻秦越人之相視。昔范文正公常先憂後樂爲念，若宓君者，可謂先一鄉之憂而憂，後一鄉之樂而樂矣。抑又聞周恤宗族，置義田二十餘畝，仿龍圖遺意，又其難矣。以余從太史後職司，記載其鄉人，以創築石堤屬余記之。余曰：湖固舊有堤耳，君特因而捍以石，曷云創乎？抑思舊堤，無石易壞，壞則有堤如無堤，且有湖如無湖。自君捍以石，而斯湖乃能溥美利於無窮則因也，而實創也。語云：莫爲之前，雖美弗彰。莫爲之後，雖盛弗傳。君之功殆與任、吴兩公，并垂不朽矣。烏可以不志？時康熙二十七年戊辰之七月也。

清 葉燕《重修杜湖堤閘記》（光緒）《慈溪縣志》卷一〇　我鄉之有杜、白二湖也，或曰漢有之，或曰在齊梁之閒。以余論之，其在漢無疑也。鄉縣治之北，包以重山，江流之所不到外際，大海土斥鹵，溢雨涸晴，患不移時。非是湖也，鄉不可得置，漢之句章即今之慈溪，豈能待齊梁哉？是故前世號湖爲第二重天，其浚治之功，與堤防之力，由唐而宋，而明詳矣。顧其屢築屢壞，以至於今者，豈可不原其故哉？其故有二，并湖而田者，率穴堤以溉流，泛積日夜，鄉之人忿争而議塞矣，旋塞而旋穴，而近閘之民利捕魚，私竊甃石，甚或傾閘底以網之，以故堤壞閘亦壞，夏秋之交，河未竭而湖已涸，由其涸也，旁南一帶沙漲日高，垤者爲邱，窪者爲池，而湖幾於廢矣。家君惻然憂之，謀於族祖永昌，曰湖不一大興，築鄉其曷濟？雖然築堤，人力可齊也。堰與閘難以畝斂金難者，吾任之可齊者，曷糾而謀諸。即日會於鄉之金仙寺，議成以上之邑侯鍾公。鍾公移鳴鶴場，蕭大使其督之。堤高一丈，面廣三丈六尺，底廣六丈，舊穴盡廢，而禁堤上，不得過水，懼其寖成穴也。閘三，曰東門、張郎、西碶，高丈四，廣丈一，懼其泛也。底椿石叠，以瓦搗灰，以彌其縫，懼其私啓也。板子母相銜，以鎖聯之。堰二，廣丈四，高八尺，水盛即洩也。經始於嘉慶二年十月，落成於三年三月。栽以蘆柳以表，畷基舊拓新既完。而固嘗讀郡乘及兩湖全書，穴堤之患始於明之中葉，今而甚焉，夫其穴之也以利已也。穴以竭湖，湖竭而田亦槁矣。湖溉田萬頃，近湖之田以千計，穴之而畝收其益矣。遠於湖之不得收者，安往哉？彼捕魚者，湖水常盈，利豈有盡耶？果其旱澇之無憂也，舍網罟而趨南畝，得喪相除，亦何彼負之有？人有言曰：天下之寶當爲天下惜之，湖爲鄉之天何如？其爲寶也，居是鄉者可不思所以寶之乎？寶之之道去，是二患而已，此家君之意也。余故詳著之，俾來者有考焉。家君字天麟，號坦園，同事者某某□，皆宜書。

風堋廟塘

明 徐時進《啜墨亭集》卷七《重修風堋廟塘記》 郡跨甬水據其勝，地原隰陵，阜錯高下。河渠之有碶閘塘堰伺蓄泄，蓋因勢爲用。云郡東屆大江，西南二鄉之水自大雷它山合流以東，源甚遠延，流所注各有碶，恒雨湍暴，碶之泄不二三，水乘瑕而潰，攻莫可抵。雨止不及旬，河輒涸，待命於天稍愆，以無年告矣。風堋去郡三十里，舊有碶，自宋大觀更築爲塘，起眺江橋，地漸下，及南望積瀆，又漸昂。風堋以塘亘居中如帶，勢獨下水，或横出上，又趾薄江塘，寖受嚙，歲有圮，陷以一切彌縫之。今上乙卯秋七月，雨浹旬，塘中斷駢流，赴如奔馬。守堤吏率農人集諸具爲堤防，莫知措。公聞而憮然曰：是以雨病，不雨又病，患所從來矣。及冬借得公署邑事，詢民急，首此役。下椿渠底與土平，采巨石層壘其上，擇耆民之樸謹八人，計丈分工。凡再越日，公一詣塘衡物料程工，拙無少倦，欲自工興盡。冬月霽人，春天雨雪，時工就已六七，甿從雪中遥見旌羽，知公觸雪來，皆感泣疇，復忍惰窳負乃公者。役始乙卯十一月十二日，竣於丙辰春王二十二日，計長一百三丈，闊一丈二尺，高九尺，費金五百七十四兩，事半工倍，則身董之効也。諸父老聚閭而謀曰：風堋自虞公有塘，其廟至今在，五百有四年矣。吾儕不敢廢俎豆，顧其築以土，歲補罅爲苟延，何知今日之纍石，速而堅碻無却。顧如此計，今當與河山不磨，疇則貽之，請以名曰魏公塘，虞公不得專美於前。吾且尸而祝焉，徵余文紀其事，公又選閭及陸家堰、銅盆浦堰、大石堰，皆以不日成云。余惟水利繫民生最鉅，方在事率苦渴日，以赴眉睫急，若驅而事有迫需之一朝，而若爲闊遠情寔者。又公見而公置之，曾不計中河之失舟也，一壺而千金。金非所靳矣，壺焉。從市有如公之預爲備而身先事者幾。公丰儀整偉，喜怒不見色，爲政務持大體，簡聽詞肅，庭宇無良者自惴惴，毋敢以諼進。嘗受牒簿，録諸夙負者，家公争之强，以得無覆按。公爲一加餐，其他絶暖羡厲風猷，平寃抑恤，顛連其惠，用慈明，事事有意，不能以一二，詳第爲慰。諸父老請爲塘，事載諸道，周只此尋咫之砥，乃甿所慕用與公，異日所被於天下詎此砥已哉。公名復琦，別號獻五，汝寧之固始人，萬曆癸丑進士。

浮湖塘

綜述

明 姚一理《浮湖塘記》（康熙）《建平縣志》卷二四 嘗謂長字之要，在開民麗芒，芒原隰黎元寄命焉，今昔通患卒歸旱溢矣。渠無鄭白，關中不稱沃野，則虞亢涸。李陽冰，冶鐵分水，而蜀數邑始不汙萊，則虞霪澇，是各有所急也。而建平兼之，在浮湖塘爲甚。塘廣一千三百七十畝，灌田一萬二千四百餘畝。乃其要則在丁公一池，池處塘上，流當廣德，萬山之水奔注而下，惟是堤岸足爲捍防。奈歲久漸圮，且豪民竊利漁水，開穴壞植，水暴至輒衝激莫遏，堤傾而塘圩，因之故諸田没爲巨浸。縣北居民悉苦，沈竈有由來矣。邇邑大夫巨川朱公以楚材牧建柔，惠鎮定，化條具興，周咨民瘼，躬履厥地，盡得前利弊狀。其言曰：水之道一耳，上不能禦，下自不能受，不能禦則反壅填淀淤，不能受則瀦積難而又病涸旱潦，且相左也。欲求兩利，計在池堤矣。顧安所措貲力乎？視其旁有高阜，廢壤約三百餘畆，則召民自行闢墾，取其土以築上流之堤，補塘圩周遭之罅。闢田成則給與爲業，以三歲之獲償其費，後每畆歲輸穀三斗八，預備倉待賑，而仍貸其徭役，于是皆踴躍趨事。以己亥正月興役，抵六月役竣。力假於民而公不費，民治已產而私，不勞捍之池岸，不虞潦蓄之塘圩，不虞亢下享田疇之利，而稱胥慶。上受歲供之粟而足，備祲長世字氓之政。孰加于此？即鄭、白、賈、李遜烈矣。佩德之衆欲永大夫之賜於不窮，因名其圩曰朱公圩。志所自也，屬余爲之記。大夫諱之楫，字斯濟，楚通山人，以乙未夏至歷今六稔，用識之右，并墾田輸穀民數列之左方。

（乾隆）《府廳州縣圖志》卷九　浮湖塘在縣東五里，周一百三十七頃，灌田一萬二千餘畝。

（嘉慶）《清一統志》卷一三二　浮湖塘在建平縣東五里，周一百三十七頃，灌田一萬二千四百餘畝。又有柘林塘在縣東北十里，周一百八十四頃，灌田四千七百餘畝，縣境之塘，凡五十有五。

紀事

（乾隆）《江南通志》卷六六　萬曆二十七年，建平縣令朱之楫築浮湖塘。國朝康熙十一年，建平知縣高自遠修築東門堤。

（乾隆）《廣德直隸州志》卷四　浮湖塘，縣東五里，灌田一萬二千四百一十五畝，廣一千三百七十畝，灌田一萬二千四百餘畝。萬曆二十七年，知縣朱之楫修築圩埂，墾田三百三十五畝，給民佃種，每畝歲納穀三斗，入預備倉，邑人姚一理爲記。

福山塘

論説

宋 趙子潚《開浚塘浦狀》《吴中水利全書》卷一三　兩浙轉運副使趙子潚言：被旨開浚平江府常熟縣東柵至雉浦，入丁涇，徹福山塘，已於正月初五日興工。據常熟縣父老稱：福山塘與丁涇地勢相等，今開丁涇，更深三尺，若不浚福山塘，則水必致倒注於涇。今與平江府縣官同往相視，宜依父老陳乞開浚。又見開東柵至雉浦口，河面并合闊八丈，并雉浦港底四丈二尺，皆得泄水通快。

綜述

（寶祐）《重修琴川志》卷六　福山塘，政和間趙霖奏自沿江下，北繞崑山、常熟，皆五里，有縱浦在常熟塘，則爲福山東横塘、福山西横塘。

（弘治）《常熟縣志》卷一　福山塘出邑城，通江門四十里，入揚子江。政和間，趙霖奏自沿江下，北遶崑山、常熟，皆五里。有浦在常熟者，有福山東横塘、西横塘。永樂間湖水泛漲，不能通洩，差工部尚書夏原吉、工科都給事中姚伯善等疏浚，再通。歲久復塞，弘治九年開浚，復通。

明 管一德《常熟縣重浚福山塘記》《吴中水利全書》卷二五　常熟故瀕海而居，蓋東南沮洳之鄉，而昔人稱爲澤國。南受太湖以下諸水而蓄聚于昆、尚兩湖。其東、西、北有二十四浦，分流入海，而海水之溢縮，亦各施受于諸浦之最者，曰白茆，而次則福山塘。塘雖次于白茆，而北枕大江，凡通、泰兩州與吾邑相貿易，其販舶必道經于此，而南貫邑城通江門，其所灌泄田數千頃，大都白茆以下，田多瘠鹵，而福山以下田多沃美。巡撫侍郎周文襄公忱嘗三等其賦，則斯塘要害實不下于白茆治水。

户部尚書夏忠靖公原吉暨給事中姚公善、僉事伍公性嘗三四浚之，然潮汐去來，浮沙積聚，蓋旋浚而旋塞者數矣。天包水水承地，而一元之氣升降浮沉于地中，人力安能圉其去來所恃者，有司之經理，與農氓之畚鍤耳。邇者二十四浦，多就淤塞，而福山塘爲甚，有識者日抱旱澇之憂。萬曆甲辰，北地耿公橘以進士來宰是邦，首除錢糧侵牟隱匿之弊，著爲令，稱碩畫矣。而旋問河渠之政，利所當興者，則里胥三老首以福山塘對。公行河盱視迺下，令大疏浚之。嚴于程限，而寬于均調。設置百夫、千夫之長，而以司徒相地度水之法，一稟于準繩。夫無惰工，户無隱口，經始于本年嘉平月，而告竣于次年春王正月，費官帑一千二百金有奇。而縉紳士庶計田出夫，自給口食之費，不與焉。是舉也，民不告勞，官不告竭。嘗試登虞山之巔而眺望焉，福山如礪斯塘，如帶商艘，賈舶銜尾，而上下南北，一水乘候而盈虚，而吾民稻粱成慶，鄭白興歌，不永永弗替哉？第公問河渠，疾徐輕重，必次第布之。福山通道且漸及白茆，白茆利而所謂二十四浦者，迎刃而解矣。昔者僞吴張士誠偏霸耳，人民幾何，糧儲幾何，尚能疏浚諸浦，使吴民享百餘年之利。矧今天子英武神聖，而公又精心念民瘼，彼瀕海而居者，皆曰奚爲後我，公所穿引，寧止是哉？

明 沈應科《福山塘碑》（萬曆）《常熟縣私志》卷二 虞邑枕江，而治水之從北閘而奔注于楊子者，爲福山塘。自東江湮塞淅江，婁江漸緩，而震澤之濤往往挾崑承湖，而□折茂苑、晋陵，諸逰波得雨輒溢溢，而此塘捴當其下流。邑東西縱而爲浦，横而爲涇，滙而爲蕩，飛流巨浸，往往而時其蓄洩，環塘之壤地，南畝櫛比，舉鍤成雲，荷鋤減雨，溉浸之利以億萬計，而江北以鬻販之旅，操千檣萬楫，近走吴，遠走越，舳艫相望而争魚塩蜃蛤之利于此者，又江東一都會也。先代設司置堠，今石閘遺址存焉。國朝水利使者累支公帑疏治。隆萬以來，潮沙浮沉，時浚時淤，幾成澤鹵。雨暘少愆，其候忽已滔陸滌川，而商人經涉者十九，掣肘咽喉之疾也。萬歷甲辰，瀛海耿公辱宰余邑，公渾博如渤海，而兼以穎川之精敏，時時問民間利病，爬搔瘳剔良咄寤嗟，居数月政聲流通，民皆以釃渠事請。于是公躍然命駕陟覆釜之山，降覲于江汜，曰水利盡在目中矣，無如此塘急者，爰條列便宜，人事上之，當事者拊几稱善。遂以乙巳正月二十八日，經始閲月，而底績長四千四百八十丈，濶面五丈，腹四丈有奇，底視面三之二，滚取舊水爲準，浚五尺，計工一十一萬九千一百七十有奇，半需業户，而酌發帑金佐其半。當畚鍤之初，兆庶子來，恐後公又時時輕輿，率谘問且進役長而勞之。以歌曰：勞而民開河，河開民利多。官夲無恩怨，東流任滅磨。誦畢則勒諸立信程工之木，用以示勸董者忩勞。役人忩倦不旬日，而郊藪改觀矣。工既竣，則鄉三老、博士、弟子洎縉紳先生相与伐石建碑，徵余言以示永永。應科曰：政莫難于任，任莫先于忠，忠莫于才，才貴于序。四者爲政之善經也，兹役兼之矣。夫田疇毁僑，麑裘請孔，大禹行河，民聚瓦礫，慮始之艱，自古患之。今天下大都模稜首鼠，名憂火而寔厝薪，公不憚以身倡率而决策觀成，使百年之利奏于一旦，于以信其任，舉世所稱。興作者下慢，下漁費倍效寡，率以文移相塗餙。又土木之工隳圮，易而苞窖，難公獨寔意經久，高虞其崩淺虞。其窒除圭虞，其覆復已久，遡委而得五十八派，悉爲導瀹。俾支分股引，皆得潴水以溉田事，必期于無斃。于以考其忠，學士從帖括起家，華則鞶帨，寔則撲滿，當局任事百不得一。余所覩公之經費節力，勾稽有籍，懲勵有方，坐使官靡告匱，民靡告疲，雖古循良曷以加焉？于以覘其才，吴水趨余邑如壑，從昔建議者或鑿浦，以殺其奔騰之勢，或設閘以防其渾沙之積，或築堰以遏其衝嚙之漸比者，歲久自隳并舉。患在時詘失次，患在逆施，戛戛乎其難之矣。公結髮矢志，當世施于邑，政匪棘舒業，已綜核河渠而阨要。于兹役則百廢之興，故由此遞進耳。于以徵其序，一事而四善具者，是耿公之治也。明興如夏忠靖原吉、周文襄忱、李康和充嗣数君子，非譚水利之山斗耶，彼数君子者有能舍公之所善以成厥功者欤。即三吴之憂旱澇，婁江、練川諸處夫寧，下常熟長民者，倘能倣之成勞以儲，胥其民而母魚鱉，吴幾其瘳哉。

明 張國維《吴中水利全書》卷七 福山塘自北水門外起，至福山虹橋，長四千二百二十二丈。

又卷一六 福山塘一道，長四千二百二十二丈，底濶二丈，加深二尺八寸。

清 莊有恭《浚福山塘記》（光緒）《常昭合志稿》卷九 治全吴之水，莫鉅於吴淞江。治蘇郡之水，莫鉅於太倉之瀏河、昭文之白茆。而常熟之水莫鉅於福山塘，蓋震澤繞郡，圯以趨昆、尚二湖，分注於二十四浦以入海，而福山塘爲尤㨗。自城北綿亘三十餘里，東聯耿涇，西接九瀏，滙支河七十有二，北達於江，夾塘而田者，不下數百萬畝。悉資灌溉，而賈帆商船往來於通、泰諸州邑，實爲孔道。但潮汐衝漂，泥沙日移，歲久易堙。自明迄今，旋浚旋堙，遽者二十四浦，多就淤塞，白茆已夷爲平陸矣，福山塘亦淺涸淤澱，旱澇無備，舟楫不通，農商交病，邑人之望浚如望歲也。然費廣而工鉅，莫敢當其責者。乾隆十六年春，分巡蘇松太道申君夢璽、知蘇州府事劉慥籌浚之，議未定而余適來，復以告余曰：常邑之水利實蘇郡之水利，亦全吴之水利也。夏忠靖、周文襄之古迹存焉，苟利於民，濟以權，何害？遂詢於藩臬，囑邑令李永書肩其任，迺開示章程，絀私剔弊，而紳士商民咸踴躍以愿捐。請亟批准飭行，於是按圖計畝，分段程工，擇廉且能者董其役，荷鍤者雲集。經始於辛未十二月下旬，越壬申二月而工竣，計土方十有一萬三千七百八十有奇，糜白金一萬八百二十七兩有奇，築壩、開壩糜白金二百一十八兩有奇。是役，司出納於紳士，而吏胥無侵牟，興畚挶於農隙，而下民無怨咨以沿塘之夫，運沿塘之土，而役之也。不勞以各圖所出之資，散爲各圖貧民之用而給之也。不濫植柳樹以固堤，而岸不崩，禁斷流以取魚，而沙不滯。復爲善後之計畫，公積之，規定歲修之利，彙成一書，以遺後人，令可謂能於其職者矣。抑余尤樂吾民之好義而急公也。

傳記

《宋史》卷二四七《趙子潚傳》 子潚字清卿，秦康惠王後，孝靖公令奥之子也。七歲而孤，家貧力學，登宣和中進士第。【略】太湖者被水患，宜分道諸浦注之江。詔子潚往案視還，言太湖當數州巨浸，豈松江一川所能獨泄？昔人於常熟北開浦二十四以達大江，又開浦十於崑山東南以入海，今皆湮塞，宜加疏浚，從之。遂浚常熟東栅至雉浦入于涇谷，又疏鑿福山塘，至尚市橋北注大江，分殺其勢，水患用息。

（正德）《姑蘇志》卷四一 王文雍，寶祐中尹常熟，重修城闉，及譙樓置刻漏，創兩務官廳，浚市河、福山塘，築新堤，葺亭甃衢，飭整版籍，蓋使民有義者也。

明 張內蘊《三吴水考》卷七 留震臣知常熟縣，萬曆間浚白茆塘、福山塘、梅李塘、許浦、三丈浦等處。

（同治）《蘇州府志》卷七〇 李永書字綏遠，河間人，由拔貢生知常熟縣。調元和，累遷知州、蘇州知府、蘇松巡道、江蘇按察使。因公鐫級，以病歸。【略】永書尤長水利，葺常熟、福山塘，民利賴之。

又 卷七二 敬華南字蓮峰，四川華陽人，進士官檢討改知縣，由溧水調繁常熟。常、昭漕米向例案場分收，華南詳準八場通收，民便之，著爲令。兩浚福山塘河，悉心經理，捐修護城堤岸，自南門至西門。戊子分校南闈，稱得士。

（光緒）《常昭合志稿》卷二一 陳儼，字仲莊，建陽人，大中祥符間以學究出身，攝常熟令。興利除害，嘗浚福山塘以溉田，民賴之。朝臣累以才行薦，未報，卒。

又 耿橘，字蘭陽，獻縣進士。萬曆三十二年以調繁任常熟，至即講求水利，東浚横浦、横涇、李墓、鹽鐵塘，北浚福山塘、西浚、奚浦、三丈浦，几土田高低，宜蓄宜洩，尺寸不遺，而其開浚之法區畫周至，約束嚴明。

紀事

《宋史》卷一七三《食貨志》 紹興【略】二十九年，子潚又言：父老稱福山塘與丁涇地勢等，若不浚福山塘，則水必倒注于丁涇。乃命并浚之。

明 沈岱《吴江水考增輯》卷二 寶祐四年，開福山塘，知常熟縣王文雍兼浚城河。

又 乾隆【略】十六年，浚福山塘，知常熟縣李永書奉檄浚。

又 道光六年，常昭浚福山塘，常熟令張敦道、昭文令李廷議浚勸捐，未集邑，八黄泰出貲助工，并始終其事。

又 十六年，常熟浚福山塘，知縣練廷璜按啚派費，分段挑浚。以沿河田沾灌水之利者爲專浚，每畝捐錢四十。近河上浜田，沾傳水之利者爲協浚，減半。其傳水不及之田，雖或資以宣洩，而沾利亦微，故不及。

清 王鳴盛《西莊始存稿》卷二七《重浚常熟縣福山塘記》 常熟爲縣，舊號澤國。南則震澤之水，以縣爲委輸，而西北枕大江，東接滄溟，江海吞吐。有二十四浦，引其流以備旱澇，其最大者爲白茆浦，次則福山塘。塘起邑城鎮海門，四十里抵江門，溉兩岸田數千頃，抑江海之蓄泄，皆資塘。塘塞闔邑俱病，則仰是塘者，幾數萬頃。明永樂間，夏司農原吉、姚黄門伯善、伍僉憲福先後疏瀹，久而復堙。萬歷中，耿侯橘始大浚之，侯篹有《水利書》，顧亭林先生嘆爲精心農政者也。國朝康熙十九年、雍正五年，出帑金重浚者再工，小未復其故，且塘納海水，潮汐往來，一石而泥數斗，較他水尤易淤。迄今復二十餘載，遂爲沮洳。蓋其害有三焉，無蓄泄之利，隔并洊臻，田以不治，害之最大者一。行旅不達江北通、泰二州，估舶貿易者皆裹足，其害二。福山、白茆諸鄉距城遠，民納穗秸者，舟楫不得通襁負輸，將因重困，其害三。辛未之歲，郡守劉公廉得其狀，乃躬歷邑境，同邑令李君相視情形，士民咸踴躍，願計畝出貲以襄事。遂請於憲司，酌定章程，以法懲奸宄之撓阻者。經始於乾隆十六年十二月二十三日，以十七年二月二十七日竣工。從城北門福履橋至福山，南門柵口凡四千四百八丈，深六尺，面廣五丈，底廣二丈五尺，縻白金一萬三千一百五兩有奇。是役也，僉謂劉公實終始厥事，以嘉惠兆。庶厥功不訾，公蹙然不敢當，既又念兹事不可以無傳，俾予爲文記之。予惟農田者民食之本也，水利者農田之本也。言水利自秦漢以來，如鄭白之渠、樊惠之渠，咸傳爲歌謡，足垂百世之利。宋元後，水利尤重於東南，築圩開浦之法，前人言之詳矣。惟海虞之水，前人皆首重白茆，而管氏之記謂福山要害不在白茆下，蓋白茆者承震澤以入海，福山者引海以溉田，勢有并重不可偏廢也。然則復夏耿諸公之成績，俾斥鹵化爲膏腴，劉公之盡心於民者如是，可謂知本計也。已公諱某雲南永北人，乾隆丁巳進士，由翰林院編修歷知四川順慶、重慶、山東曹州三郡，遷蘇州，今擢常、鎮、揚通道按察使司副使。

清 傅澤洪《行水金鑑》卷一〇六 明太宗永樂四年【略】十月己亥，浚蘇州府常熟縣福山塘，計三十六里。

（同治）《蘇州府志》卷一〇 萬曆【略】三十二年，常熟縣知縣耿橘浚福山塘。

又卷一一 十六年浚福山塘。奏準於藩庫借動公帑，分作兩年帶徵歸款。是年十二月興工，十七年二月竣工，計挑土方十一萬三千七百八十有奇，用銀二萬八百二十七兩有奇，築壩開壩用銀二百二十八兩有奇。松蘇太道申夢璽、知府劉慥勘估，知縣李永書承辦，畫公積之規，定歲修之例，五年一浚。巡撫莊有恭撰碑，其商捐歲修，設立董事，收支於本港，每載捐輸，交典一分起息，遞年結存本息，於乾隆二十五年動支五百餘兩撩浚。

又 二十六年，浚福山塘，奏準借動藩庫公帑八千九百餘兩挑浚，分作兩年帶徵歸款。是年停捐。

又 三十二年【略】，再浚福山塘，奏準於藩庫借動帑項九千兩，分作兩年帶徵歸款。是年開挑，先領公帑，分別專浚，啚分每畝捐銀二分六釐零，協浚各啚，除去另有專浚河道、各啚及書院堂局義冢公田、并先賢忠臣僧道學齋等田免派外，其餘每畝減半，驗徵銀一分三釐零，作二年扣清。

又 四十年浚福山塘，詳準動用公積，商捐本息銀九千二百餘兩，估計工料銀八千六百十三兩九錢四分。常邑沿塘四十五啚專浚，其餘通縣各啚俱係協浚減半。領銀挑辦，共挑土方八萬二千一百五方，每方連戽水夫工銀九分五釐，共用銀七千七百九十九兩九錢零。昭邑專浚，九啚協浚，八十一啚共挑土方七千五百八十三方，共用銀七百二十二兩四錢。計河寬五丈，底寬二丈五尺，自水面挑深一丈。是年閏十月興工，月底竣工。至五十七年冬，塘河復堙塞。案《道光志》云：福山塘綿亘三十六里，西常熟，東昭文，南達縣城，北通江口。旱則海潮直上，旁及支港七十有二，潦則湖流奔注，瀉入江海，附近田疇藉以灌溉，通邑水道賴以宣洩。江口與狼山相望，爲江南之交，狼福對渡，商賈駢集，滸海兩門徵收稅課。又爲通商要津，舊例五年一浚，至今已踰三次，紳民呈請，照例修浚，奉批勘議在案。

又 道光【略】十六年浚福山塘，按順莊啚派費專浚田一畝，捐錢四十，協浚改半，分段挑辦。知縣練廷璜《記》：案鄧琳《虞鄉志》略云本邑順莊之法以便催科，不可據以派浚河費也。順莊辦糧，往往有田在高鄉，而糧在低鄉；田在低鄉，而糧在高鄉者。出費者不沾利，沾利者不出費，其不平允何如哉？然既歸版啚之後，亦有當詳核者，如吾鄉十八四上啚爲福山塘專浚，十六三啚、十六四啚爲西陽塘專浚，實則此一半啚、兩全啚皆沾。廬浦塘水利與福山西陽隔絶不通，不當派使出費也。琳謂開浚河道，當以沿河田沾灌水之利者爲專浚，近河上浜田沾傳水之利者爲協浚，其傳水不及之田，雖或資以宣洩，而沾利亦微。至云通舟，亦爲水利，則百川同源，何處不可通舟耶？後之君子尚其熟思而審處之。

雜録

清 顧祖禹《讀史方輿紀要》卷二四　福山港，縣北四十里，自城北水門二十里經斜橋，又二十里經福山入大江，亦曰福山塘，亦曰福山浦。宋紹興中屢經浚治，與白茅、許浦并爲要害，明宣德及宏治中，屢經修浚。嘉靖三十四年，倭賊自福山港突犯郡城，婁門尋自太湖突犯楓橋，又經婁門還福山。是時江潮深闊，今日就淺澀矣。又港東北曰崔浦，曰丁涇，亦舊時通江之口。宋紹興二十九年，議浚崔浦、丁涇，轉運使趙子潚言福山塘與丁涇地勢等，若不浚福山塘，則水必倒注於丁涇，乃并浚之，今丁涇亦堙廢。舊志：縣北五十里有崔浦橋，即崔浦入江處也。

《清文獻通考》卷九　浚常熟縣之福山塘河，陳弘謀言：常熟縣福山塘河潦則積，水由此河歸海。旱則引海水入河，分資灌溉千萬頃，農田水利所關。又爲商賈入口之要道，祇因海潮帶沙，常有淤積，應及時挑浚，得旨允行。至三十一年十月，巡撫明德言福山塘河自開浚後，農田大有裨益，迄今五載。海潮冲擊河身，復淤，宜乘時再行挑浚，從之。

（同治）《蘇州府志》卷八　福山塘自北水門外起至福山虹橋，長四千二百二十二丈。第一段長五百二十二丈，第二段長五百五十丈，第三、第四、第五、第六、第七段俱長五百五十丈，第八段長四百丈以上，底俱闊三丈。支河十八，曹張一浜長四百五十丈，底闊一丈五尺；哮塘涇長四百二十丈，底闊一丈五尺；烏鯉浜長四百八十丈五尺，底闊一丈五尺；白龍港長九百三十五丈，底闊二丈；竺塘涇長六百五十五丈，底闊一丈五尺；火燉浜長七百十一丈，底闊二丈；朱涇長七百九十九丈，底闊一丈七尺；新涇長四百八十二丈二尺，底闊一丈八尺；黄土涇長二百十丈，底闊一丈五尺；嚴涇長七百五十丈，底闊一丈五尺；庵前涇長二百十丈，底闊一丈五尺；方浜長三百六十丈，闊二丈；李王浜長四百三丈，闊五丈；虎游浜長六百五十丈，闊五丈九尺；姚涇長三百二十丈，闊二丈六尺；黄鱔涇長五百丈，闊九尺；花板涇長三百五十丈，闊八尺；洞涇長二百八十丈，闊五丈。

撫安塘

（弘治）《温州府志》卷五　撫安塘在瑞應鄉，弘治庚申，張副使鸞、鄧守淮，何椎官鼎重築苔固得田七百，私徙侮島苔山之民居之，詳見編修王瓚記。

明 王瓚《撫安塘記》（光緒）《樂清縣志》卷二　温瀕海而郡，而苔山之民，則島處鉅海中，倭夷時覬登掠，且有海盗自他至者，其民以有司遐阻，或縱於繩法之外，往往迄遭咎有事邑里，輒泛蛟虬，濤波不測之險，匪惟官病之，而其民亦且自病，故常議徙内地。洪武庚戌安樂侯奏徙於萬安寺前，沿海築塘田其塗以食其衆。未幾，風潮奔齧，田復爲海，民無恒業，潛還島處。永樂甲子，倭夷肆毒，官兵難於赴救，以罪戮巡撫官。繼是而後守土重臣雖强起遣之，已至復去，殆不知其爲幾役矣。夫徙民而無恒業，以維其心，誰肯捐其稍可資之故所，而自蹈食衣難必之野。宏治己未春，吉水、鄧君、安濟知郡事，政通民康，蠹剔利起，合五邑而膏施之間，念苔山之民，獨遠煦育以爲欲徙民以安全其生，必治田以足其食，惟經理營置之咸淑，然後塘可固，田可成，而民可徙也。海道副使張君應祥，尤以澄清海徼爲事，力主其議，於是請于巡按鄧君履方、兵備林君，舜舉議，以悉協然役巨費，繁難于損下，乃借官銀八百兩，以具木石灰鐵之材及徒庸。畚揭餱糧之需期於塘成以所餘田易銀補焉。節推何君重器實承督理之寄，爰相度地形、區畫、群務，聯木爲楗，纍石爲防，先塞浦石四處，塡蓧加土杵而實之，并甃以石，外内同制，廣與崇方，縱横深淺，因勢施工，纖悉完善，屹爲經久之規，首事於庚申七月，竣事於九月二十四日。於是集僚吏祀海神以落之，凡爲塘，七百七十丈有奇。塘内爲鹹河五百丈，以防鹹；潮之内軼，又其内爲淡河七百丈，以儲水溉田，且有魚鼈以濟民，用倚枕山趾爲二斗門，以時蓄洩，凡得田七百五十餘畝，所徙苔山一千三十四人，悉計口授田，總爲三百五十畝，猶有餘者。擇山水環抱之地，創構屋廬，參列街市，而畫其隙壤，析爲蔬圃，中其市爲榜亭，揭示諭戒之詞，於是老幼慰愜，歡呼溢道，始以是徙爲永安矣。夫均是民也，非昔畏徙，而今載樂也，業定斯有可安之資，否則峻法以驅弗率也。嗚呼！孰謂百年難集之事而大集於今日也哉？塘埭極鞏堅之巧，風潮免衝突之危，捍瀉鹵荒棄之場，而變爲沃壤，援島寄洲息之民而納之寧宇。葢雖一事，而衆善萃焉。泯寇慝之釁，而疆域以寧，不防之防也；因天造地遺之曠塗，而恒業以足不利之利也；民可知安無庸迫促而自樂於徙，不威之威也；鬻餘田以償帑庾，而官田仍舊，不費之費也；撫海洲之民而安之，則塘曰撫安，誠亦彰闡惠民之宿志，與昔鉗盧、鴻隙、芍陂、黿塘類，奏功於内。地惟范文正築捍海，而堤遂姓之，執此程彼果孰多孰寡哉？民茹恩懷仁罔攸自見求予録，顛末以文，諸石予方嘉諸大夫竭誠殫慮，樹爲長利以休吾邦民安，敢不備書以詔來者，他日河渠之書，溝洫之志，亦宜有取焉。

（光緒）《樂清縣志》卷二　撫安塘　明朱宗益奏請築樂清蒲岐塘、萬安寺前沿海之塘。洪武三年，安禄侯奏請苔山之民，島處鉅海中，屢遭倭患，請築此塘，徙民内地，給以塘内之田，俾得安業。未幾，風濤奔囓，田復爲海。宏治十三年，郡守鄧安濟等修之，重徙苔山之民於内地，塘成，名曰撫安。

清　查祥《兩浙海塘通志》卷三　宏治【略】十三年，温州郡守鄧安濟推官何重器重修樂清縣萬安寺前沿海塘堤重徙苔山之民於内地，塘成，凡七百七十丈有奇，曰撫安塘。

富豐塘

（道光）《直隸南雄州志》卷一〇　榮豐塘、華豐塘、富豐塘俱在城西二十里修仁村。嘉慶丁丑，知州羅含章督同民人陳卓興等買田開築，灌田三百餘畝。

清　羅含章《開富豐塘記》（道光）《直隸南雄州志》卷二二　《洪範》之衍五福不曰貴而曰富。説者謂三代盛時，貴者富，賤者不富也。《周禮》八柄馭臣：禄以馭其富。《孟子》言：班禄之制極之，耕者所獲以爲差，田禄所入，非從農夫倉庾中分餉者哉。且夫珠玉象犀，珍寶之屬，玩焉而已。黄金爲上幣，如後世行用白銀，與錢布埒，幾爲民間日用所不可離。自宋以前，取餙物采交易以菽粟，爲重菽粟者，富之本也。余爲民祈年，以富豐名其塘，猶是曩者榮華之義，陳卓興等續購曾姓田，浚鑿於其中，左宜右有水源足而稽事登，富家大吉，將有素封之象矣。至一切顛末，具詳前記，特闡發本富大旨，用告世之爲田舍翁者。

古塘

元　劉將孫《養吾齋集》卷二一《古塘記》　浮光楊侯平仲以其母方夫人古杭新阡之地名曰古塘，俾知友詩之、叙之，如自號。然暇日謁文學廬陵劉將孫曰：子爲我言吾志，嗟乎！侯之志可謂古矣。凱風寒泉之思，反本之悲也。栝圈遺澤之感，終天之懷也。夫皆托於物者也。古之君子無所徃而不孝，孝無所往而不通，雖一草一木之愛，孝之道在焉。况吾身者親之身也。天地間所以相通者氣而已，人之一身，呼吸運動，猶可以變陰陽合神明而况于母子乎？吾身在此，即親在此，吾志在此，即親之志亦在此。四方上下，而不可忘者，志也。去之千里萬里之遠，以及百年之久，數世之長，而如將見之，如聞其聲，如在其上，如在其左右者，志也。吾親之體魄托於是，聞其名，如見其處而睠然，如其平生，思其笑語，思其起處，不知膝下之遠，而及泉之隔也。夫亦惟其心之所在而已矣，故一膜之爾，汝有痛痒之不知，而至誠之流通，雖異域而心動，地下之望有切於地上者矣。士大夫未有不離其親戚墳墓者也。望雲而思親，有觸於目者也。嘗羹而念，毋有動於中者也。夫人之情少，則戀父母。從仕則志於功名，雖罔極之哀，終身之憂，既久則如常矣，既遠則忘之矣。若侯之茲，志無日而不如在望也，無往而不在念也。斯塘也，在湖山佳處，僅一嶺隔，演迤百頃，渟深涵蓄。赤壁踞其東方，山屹其西，高亭峙其北，高峰望其南。穹林茂壑，清溪盤澗，四山回環，一水之玄，草堤柳岸，依約隱映。昔者不爲園囿之盛，麗若天留，以慰孝子，慈孫之心者。此時之不忘親，惟一心焉耳。今日耆年，終養擇勝，卜阡三釜之祿，既及於親。五馬之貴，復輝於後。是母是子，斯名斯志，亦可以無憾矣，亦豈不可美傳矣。夫侯篤實忠厚，其發于天性每如此，今爲宣武將軍，繇福建銀司提舉授同知汀州府事，名和喜讀法華，能以爲躬行者，福壽盖未艾云。

圭塘

綜述

元 歐陽原功《圭塘記》《文章辨體》卷三一　圭塘者，中丞許公別墅之所營也。塘之上有亭、有堂、有臺，而總曰圭塘者，斯塘之景可以都別墅之勝也。曰圭塘，何塘之形本豐而末橢象圭之終葵者，因命之曰圭也。塘舊爲庸氏業，在鄴城西，距許公有壬居可二里許。公間居出舊所，賜金買之塘，可五畝强，餘地通二十畝，而廣取道，將至別墅，夾道植柳，名曰巷。巷磬折而至門，門扁曰圭塘，入有叠石假山，假山之後有菊壇，古有盟誓者爲壇藝菊，而壇盟晚節也。壇之北有堂三間，東西舍各一，中堂扁曰景延，慕延篤之賢也。延傳在范史，人品與徐孺子、郭林宗相亞，而能研窮諸經，雅奥又似過之。景本訓大，近世好稱推慕，猶他經傳曰善，曰多，曰嘉，三字皆静修，辭者作動字用，盖善即獎，多即善，嘉即嘆咏也。堂之前稍東有安石榴一株，因之爲安石院。其西南隅爲臺，其顛畣石爲楯，名之曰泠然。漢人言神君至則泠然，以風登者，憑高而望。近則趙魏平陸千里，遠則西北太行諸山，令人泠然有御風往還之意也。然後菊壇之東別闢一逕，稍北別爲衡門，入門循逕而西，至圭塘，水深可舟，滿塘皆蓮。作亭于中，絶流爲甬道，達亭上。亭成有蓮，一蔕兩花生之，因名曰嘉蓮塘。四圍樹以梅竹松菊桃李，爲三逕而重行，四時香色相禪，人行蔽虧間，波無樹陰，人影間錯，如游罨畫溪也。亭之西爲雙洲，洲對峙中，有通道自亭至洲爲納橋，晝納而夜撤也。舟穩若畫舫，或篙或棹，性來塘間，惟意所適。公昆弟翁季，賓客留連觴咏，竟日忘歸，城中之人見公出，必之圭塘，往往載酒携樂而從，酒酣賦詩度曲，頃刻成什。已而倡和盈卷，傳之四方，於是唐王氏輞川、宋洪氏盤洲不是過也。歲庚寅冬，附書江右，賈客劉敬忠不遠數千里至清瀏山中，屬余記之。書至，日適有召命，迫促就道，諾之而未暇作也。壬辰秋，叔子可行來京師，奉圖及書徵賁，而余已被旨賜歸矣。將行，乃記之：昔魏君立沼上顧，鴻雁麋鹿，謂孟子曰：賢者亦樂此乎？對曰：賢者而後樂此，不賢者雖有此不樂也。孟子斯言雖以發其陳善之端，而理實然也。賢者心不役物，故觸目之勝，能會以心。不賢者違知所謂領悟哉？抑君子有九能，謂之德音，然後可爲大夫，建邦能命龜作器能銘，升高能賦，皆是也。公於是役也，位置之巧，營繕之工，使司卜築於有邦，神必恊之繇矣。觀其華扁叠見，佳篇立成，作器而銘，升高而賦，孰能加焉？世之豪有力者，僦公爲園池無禁也。公之賢之能，不易致乎？余之記斯塘，獨美公有大夫之能，以濟賢者之樂，雖盛於一時，而事有傳之百世者。雖然賢能之於斯世，不克盡力乎？竹帛而致美乎？林塘愚不識司造之生賢能，使之用而使之止是歟。故願陳君子出處之大義，以告圭塘之主人云。

（乾隆）《安陽縣志》卷一　圭塘在縣西孫平村，元中書左丞許有壬別墅。

元 許有壬《至正集》卷一四《圭塘獨坐二首》 我屋來西圃，輪蹄二里遥。晚風收菡萏，秋雨長芭蕉。有酒容開口，無官免折腰。柴門莫堅閉，恐負野人招。

地僻心逾静，詩多意轉長。陰森穿竹逕，甘脆剥蓮房。魚長已堪釣，醅香先自嘗。敢言誇晝錦，聊復此圭塘。

又 卷二二《七月二十二日與明初教授同車游圭塘》 一别音容歲兩除，圭塘今日遂同車。竹生晚筍方無盡，荷送秋香尚有餘。清景迫人宜杖屨，嫩凉隨雨入郊墟。朝游夕話君休倦，明日湘江託鯉魚。

元 許有孚《圭塘十二咏》（乾隆）《安陽縣志》卷一

景延堂

我兄壯歲辭寵榮，投問願與叔堅友。異世懷抱若合符，研窮經奧蒙發蔀。勳業寧庸校短長，肝膽相照無前後。堂前種竹堂後桑，桃李蹊中間官柳。太行千仞列崇臺，洹水一支來小溇。烟霞從此聚軒扉，松相自然生培塿。雲霓坊斂且歸休，天教景物娱耆耈。魚躍鳶飛觀化機，高下洪纖俱不偶。尋春信步過西蹊，小憇徐徐開北牖。無人鼓枻自孥舟，有客問奇從載酒。神仙何用叩荒唐，天地應須究高厚。四時佳興借親朋，一飽安能忘畎畝。醉吟自是慕香山，人亦有言似迂叟。我兄不荅但掀髯，風月無邊共長久。

泠然臺

有客有客衣褊襬，游不乘輿坐不船。屏翳爲駕霆爲鞭，巽二除道飛廉先。廣漠之外無物前，飄飄歷覽俯大千。何物九點齊州烟，蓬萊塊視呼群仙。天根月窟互回旋，孰其主之孰其傳。漆園持論元復元，機鋒一發驚四筵。扶摇九萬遑息肩，夫何旬五遄言旋。我方實土臺泠然，斥鷃乃與鵾鵬聯。有時大醉登其巔，羲和叱馭仍留連。從容靡地更幕天，御氣無待知何年，我臺回首眞蹄筌。

嘉蓮亭

池亭兹落成問客，何以爲亭名嘉蓮。適産池亭下客笑，請以名池亭軒窗。面面開新旭并蒂，作花映波緑允懷。春陵翁胸襟澹冰，玉從知嗜好有人。同因其净植淤泥，不能辱澹然。君子心可與共幽，獨騈頭妖嬈麗。穠粧二喬亭午睡，初中名亭取義殊，聊以自娱目。

安石院

景延堂東閒隙地，方平幽潔墻四周。等閒草木盡屏斥，巋然中植安石榴。花殷猩紅照朱夏，實作玳瑁懸清秋。風吹絳英任顛倒，千葉齊緑中夷猶。圭塘闢院寄游息，對此終日疲應酬。偶然不悟命名意，競説億萬蒼生愁。酒酣舉手謝衆客，願效瘖瘂爲身謀。區區若用究根柢，諭詩當取王荆州。明朝有意載酒至，携節又效東山游。

松竹逕

瑟瑟君子竹，亭亭大夫松。有策可醫俗，無蔓思封公。主人不夢更不俗，二友相從出幽谷。枝筇緉屐日往還，飯飽茶餘笑捫腹。尋詩肅客不憚煩，邅廻恐踐苔痕緑。風來聲自奏笙簧，日轉陰森覆醽醁。豈無蒼葢凌烟霞，愛兹翠葆光交加。有時展席俯秋水，亦復信步觀春花。最憐盛夏不知暑，披氅仍宜雪花舞。泣岐誰更念楊朱，開逕吾方希蔣詡。歲寒節操堅自持，心事諒非庸人知。柴門反關無俗駕，麴生時共相娱嬉。抵途憶昔備艱阻，鳥道羊腸何足數。歸來纔是履康衢，泉石多應聞此語。坐要明月與清風，彩雲縹緲香溟濛。吾山不比終南峰，吾徑直與桃源通。

桃李蹊

昔人種桃李，往往自成蹊。今我就蹊上，栽樹隨高低。槖駝獻藝精，髡削如條梜。根舒深布土，滃溢旋封泥。滋榮藉圭塘，分流始洹溪。春風倏潛達，枯枿呈端倪。風日激怒長，及辰花已齊。緬懷謫仙人，美酒口幾榫。不比黄娘家，江畔勞攀躋。静觀悟物理，乘興壺亦提。永言念疇昔，栽培數難稽。榮枯固有時，零落何棲棲。豈如來山中，相從養交梨。使我顔色好，用詑舉案妻。桃李雖不言，吾蹊勝沙堤。夢斷玉珂月，鞋襪扶青藜。

雙洲

吾聞東海之上有十洲，群仙出入洲上頭。瑶花琪樹聚麟鳳，不與麏世同春秋。吾池不啻蹄涔水，孰謂蓬瀛敢相擬。獨憐亦復擠雙洲，雲霞嵘岈烟波裏。飛橋子午凌空虚，朱蘭緑柳陰扶疎。亭臺倒影山色好，四顧彌望皆英渠。清風爲賓月爲友，但恨不將池變酒。恍入乘槎泛天河，又疑身在無何有。從知雲海空復空，仙月一笑將無同。浪游不必訪弱水，人間亦有蓬萊宮。吾儕小人可惜無仙骨，由來二洲不是池中物。

孤嶼

半生樂山性，不爲仕止移。更愛山在水，從人笑吾癡。簣土仍累石，鑿泉或開池。揭來桑梓間，擇勝林塘宜。一沼五畝濶，孤嶼方丈危。圓嶠宛成島，神仙俄就規。舭船時獨泛，絃管環相隨。突兀螺髻鬟，燦爛盤玻瓈。天心秒月朗，水面春風吹。蓮開水香日，鶴唳霜晴時。撫景根遲暮，觀物知盛衰。永作窮日樂，孰識租年悲。憶昔洞庭野，順流彭蠡湄。快哉金焦游，寄與蓬瀛期。念彼波浪惡，理此舟楫欹。豈如還鄉榮，聊復觀兒嬉。求仙付公等，濟險眞吾師。幽栖謝羈絆，淹留惜盈虧。鵾鵬自高舉，燕雀安能知。勿誚池嶼小，芥子藏須彌。

柳巷

種柳圭塘路，行行便向榮。雨晴羞眼澁，烟煖細眉横。色比金猶嫩，枝看翠易盈。林疎無繫馬，葉密有啼鶯。線亂柔條裊，氊鋪落絮平。尋詩常獨往，送客或同行。歸院塵難到，還家月每明。止通陶令宅，不接亞夫營。京兆時非昔，平康夢自驚。陽關休疊曲，司馬易傷情。但恐春回馭，仍將酒解酲。託根因勝境，由徑得佳名。莫訝公休吏，詩成句未精。

菊壇

平生惜花心，秋香菊偏好。西風催作花，晚節霜可傲。緑葉芘長身，青幢擎大纛。區區盆檻間，何足相慰勞。簣土築高壇，三級磚以墩。維英鎮中央，紅紫間白縞。綿繡燦天成，栽培盡人巧。處士晉風流，將軍漢嫖姚。茲焉遂盍簪，宛若相聘覜。譬彼野遺賢，登崇至廊廟。期以治而安，希而壽而耄。佇令隱逸歌，俱是昇平調。抱甕學圃人，奮勵堅厥操。朋游託奇觀，風露難徑造。就之酌美酒，杯行再申約。號令素嚴明，違者大白釂。孰欲啜其英，陋彼東山嘯。肅肅景高寒，顒顒肯傾倒。儼如虎帳中，何緣落烏帽。

藥畦

皇元四海同壽域，蹇予生年值大德。養生治病更茫然，弗曉良醫解醫國。揭來鄉里營園池，園平知砥池如圭。栽花種竹植桃李，餘地畝許畍爲畦。于時風日正清美，歲事豐穰足生理。林慮山人偶相謔，此土此畦宜種藥。便令健僕入西山，計品尋苗恣移掇。黄精地黄遠志同，歸木蒼白芍藥紅。參苓芝芎及杞菊，挹露披霞毋損叢。區分類别密培本，開渠引水恒憧憧。東君忽爾傳春信，生意津津看滿徑。眼前有效未能施，地下名公誰與問。但存方寸濟生心，更别君臣明至論。

蔬圃

有池可汲園可劚，拂補歸來心願足。自甘學圃爲小人，愛此菜茹兼苜蓿。元修雨後脆且腴，諸葛敷榮矗濃緑。蘿蔔生兒芥有孫，芋魁出水瓠澆沃。罷鋤時或釣池魚，隱几何曾夢蕉鹿。既無抱甕老翁勞，亦免趨炎脅肩辱。吾嘗寓甲第，紛紛厭粱肉。吾今且烹葵，食鬱雜野蔌。彼紫駝峰出翠釜，爭如菘韭侑炊粟。五侯之鯖世所貴，五辛之盤吾亦欲。庸人皆被富貴熏，或羡吾饕是清福。但令此色每駐顔，雋味醤根充我腹。三年不窺慚仲舒，吾儕何可輕樊須。九月築場十月滌，連年藉此輸官租。

貴涇塘

（光緒）《常昭合志稿》卷三　貴涇塘起鹽鐵塘西，與長亳塘東口遥接，東北逕老徐市，貫李墓塘，逕南港、北港抵老吴市，由高浦口上有高浦橋入海。貴涇塘長二千四百八十丈。

又 卷九　乾隆【略】五十年，浚貴涇塘。貴涇隸昭文境。二十六年，昭令康基田開貴涇、雙浜塘，自董浜新市至老徐市、老吴市，旁及歸家市、東周市，凡蓄清拒渾之河，皆因舊疏浚，不與海潮相通。是役也，康公不通稟，不發票，不傳催，以免追呼累擾，惟躬親至鄉，履勘情勢，咨訪鄉老，聽其自認，分挑駐鄉。三月而工成，田疇舟楫均沾其利，民心大悦。維時陳公宏謀撫吴聞之，臨邑閲視，深爲嘉嘆。康任後曆久，各河仍復淤塞。四十九年，大旱，照令黄元燮、王錦節次，詳准照業食佃，力按河出費，距河稍遠，圖分以不沾水利，藉口紳士呈明當道，以灌溉、宣洩、通舟三項俱爲水利。白茆開浚，派蘇、常兩郡七邑，并不專責，常昭可證。議定方得竣工，同時常邑西鄉之三丈浦、奚浦、山東塘、西洋塘、新莊塘、竺塘涇六河，知縣李程蓮詳准照貴涇塘，順莊出費，同時并浚。六河董事集議，允協維時，春麥在地，秋冬水發未舉。至六十年，竺塘涇民力自浚，自西高神廟浜口起至東蕭家橋塘口止，長一千八百四十丈，闊二丈五尺，深五尺。

國清塘

綜述

《新唐書》卷四一　莆田縣【略】東南二十里有國清塘，溉田總千二百頃，并貞觀中置。

（弘治）《八閩通志》卷二四　國清塘在縣東南景得里，唐貞觀元年置。塘有三十六股，周廻三十里，溉田五百頃。□時闊五十丈，爲斗門一，水瓣槁一，溝一，溉田七十頃五十五畝。郡人林大鼐撰《李長者傳》云：木蘭陂成廢塘五所，惟留國清塘以備大旱，陂力所不及者。

明 宋景濂《林氏先祠記》（崇禎）《閩書》卷二三　莆田縣東二十里有山曰穀城岡，岳秀拔林樾，蒼潤其下，滙爲巨浸，號國清塘。一望無際，波濤吞吐於風日雲月間，眞絶勝之境也。

清 顧祖禹《讀史方輿紀要》卷九六　國清塘，府東南二十里，其水與木蘭陂相灌注，澄碧千頃。壺公穀城，倒影其中。唐貞觀中置，灌田甚多。《新唐書》：莆田西一里有諸泉塘，南五里有瀝潯塘四，南二里有永豐塘，二十里有横塘，東北四十里有頡洋塘與國清塘，爲六塘，其溉田千二百頃。宋熙寧中，木蘭陂成，遂廢五塘爲民田，惟留國清以備大旱。

（乾隆）《福建通志》卷七　國清塘，唐貞觀元年置。李宏作陂時廢塘五所，惟留此塘以備大旱陂力所不及者。按縣志元總管郭朶兒時并廢爲田。

傳記

（弘治）《興化府志》卷五　國清塘，唐貞觀中置，周廻三十里，溉田五百頃。自木蘭陂成，諸塘皆廢，唯留此塘以濟大旱陂力所不及者。汝賢以其歲久堙塞，乃盡力修治，于是塘復舊額，民蒙利焉。

藝文

宋 鄭耕老《游國清塘詩》（弘治）《八閩通志》卷二四　湧金門外盡菰蒲，四月行人客上都。六月國清塘上望，依稀身更在西湖。

宋 林光朝《城山國清塘》《莆陽文獻列傳》卷三　燭龍醉倒木開眼，遮空萬里雲張繖。小舟塘外日溶溶，漁歌忽斷荷花風。倚巖僧舍扃深户，我來跋涉拳肩股。喘停更促短笻上，恠石周遭臥萬鼓。况是秋風到此山，惟有孤鴻時往還。勞勞百年共纒縛，不似青山長自閒。古人古人嗟已遠，長歌商頌歸來晚。

宋 鄭伯玉《和王太傅游國清塘》卷四　寒日一觀眺，四天雲色稀。水風迎棹起，沙鷺背人飛。玉縷鱸新膾，金膏蟹正肥。斜陽促歸旆，那得戀漁磯。

宋 余謙一《城山國清塘》《閩詩録・丙集》卷五　湖光山色酒杯中，此會那知一笑同。風暖空巖落松子，雨晴新漲没鳧翁。隔林村落微茫見，一逕禪房曲折通。老艾當年題品處，斜陽無語想高風。

宋 陳士楚《城山國靖塘》《宋詩紀事補遺》卷五三　山光一洗紅塵眼，長松夾道搖青繖。回頭下瞰百川融，亭皐小立凌剛風。傑閣玲瓏朱緑户，何年蓬萊移左股。山僧見客不斂眉，梵唄琅琅應魚鼓。欲攜三尺彈龜山，浮風一去不復還。仞墻草長章逢少，幾百年來風月閑。嗟哉賢聖遠復遠，天高地下日易晚。

宋 李丑父《城山國清塘》《宋詩紀事補遺》卷六八　平田一水自縈迴，喜見兹塘亦壯哉。夏潦久收猶浩渺，壺山近看更崔巍。刺船葑蓼中邊去，喚月烟嵐外面來。見説艾軒詩句好，不逢墨迹重徘徊。

宋 鄭伯玉《和夏日國清塘泛舟》《閩詩録》丙集卷二　三篙摇漾彩帆輕，勝賞寧辭遠郡城。水滿人如天上坐，波澄舟在鏡中行。都無暑氣侵衣袖，時有荷香入酒觥。野老岸前争擁看，知公威霽不喧驚。

雜録

（弘治）《興化府志》卷五三　縣東南國清里塘一，國清塘一名姑青塘。唐書云：貞觀中置，周回三十里，灌田五百頃。宋志云：塘有三十六股，今深六丈，濶五十丈。陡門一，水辦橋一，溝一，灌田一十頃五十畝。【略】自李長者成陂後，惟留國清塘以備大旱彼力所不及者，其餘皆廢爲田。至元總管郭朵兒，并將國清塘亦廢爲田矣。

（嘉慶）《清一統志》卷四二七　城山在莆田縣東南二十里，與壺公山對峙，黄石鎮主山也，前臨國清塘。一名穀城山，舊有竹隱、梅隱、松隱三巖。

又　國清塘在莆田縣東南二十里，唐貞觀中置。宋鄭耕老有詩：府志水與木蘭陂，相灌注澄碧萬頃。元廢，今濯纓池是也。

海塘

論説

明 李邦華《李忠肅先生集》卷二《恭報海塘工竣疏》　臣看得蕭山之有海塘也，其來舊矣。不惟該邑與山、會二縣邊海之田無慮，萬頃藉此塘以障鹹鹵，其逼塘而處者，不知指若干。無塘則廬舍不可託，婦子無寧止，流離播遷，勢有必至。甚者委之海，若此其關係地方，非細故也。自萬曆三十六年以來，塘被潮衝，日甚一日，人心之憂危已極，議論之紛紜亦起。故前此地方當事諸臣，非不日夕廑念，然既苦于錢糧之無措，又虞夫成績之難底，悠悠居諸，迄乏定畫。臣未入浙時，輒耳稔之謬，意舉事之難，亦何至是？及昨歲三月，臣方入境，該道臣果以修塘具呈，而邸報中即見有監生王應遴一疏矣。六月，臣出按紹興，即又見赴臣衙門而告者紛如矣。臣因是而知其事之決不容已也，乃與道府諸臣數數計畫，謂興此大役，古所稱非常之原也。若令民間未享有塘之利而先蒙築塘之苦，則幸而成，已非德施之寔；苟不幸而敗，祇叢群口之怨。惟是一夫一石一節一椿盡從有司設處，毋加派田畝，毋虚望協濟，毋諉之惰窳不克勝任之人，毋持以觀望不務厚終之意。庶幾上下同心，可希成功。該道毅然任之，誓無却顧，而府正官悉心周畫，一切木石之役，費省而用饒，臣因是而知其事之決可有爲也。時撫臣新任，臣輒走書商，訂督令舉行。隨據該道勘議查，有各犯贓銀可以給費，各該有司可以分委。臣一面會疏奏聞，一面行令興工，彼夫習見往事之無究竟者，豈少從傍之揶揄。故嗣得部覆，猶若不勝遠慮，而不知疏中之所條例。正臣等先事之所屬，計而預圖者也。自九月興工，而後天相之時，三冬不逢雨雪，人助其順，宵旦不憚勤苦，而各官有跋居塘上百日不離工所者，有往來督核一錢不妄虚糜者，椿之入土必十尺，石之直長必丈許，人夫之用必顧募，而民間止有懽呼贊佐之聲。臣因是而又知其事之決能有成也。果至今歲正月，終告完矣。總計石塘之修長九十五丈，土塘之修長一千三百餘丈，運河之浚長九百九十餘丈，工可不謂巨乎？然築石塘纔計五十日耳，築土塘纔計五十餘日耳，浚運河亦不滿六十日耳，期可不謂速乎？至于工料所需，則石塘僅以二千三十九兩，土塘僅以一千三百三十八兩，運河僅以一百七十七兩，費又可不謂廉乎？蓋當部覆奉旨之日，此地已晏如，觀厥成矣。頃撫臣東巡海上，即由新浚之河沿塘而行者，竟日所在，問民疾苦，凡塘之堅脆，河之深淺，一切椿石夫役之故，無不嚴核第見。昔時肝腦塗地之衆，今爲稽首祝天之語。鴻雁有中澤之集，黄鳥無他邦之嗟。追憶監生王應遴疏内所稱：築塘費踰十萬，浚河費踰四千，曰加派，曰協濟。臣等身在事中，當時亦惴惴然，恐以無功爲憂。今而後始稍釋，慮庶幾有以謝該部，而報成于皇上，舉事之難，豈不誠然乎哉？念惟是役也，仰藉皇上如天之福，重勤該部顧慮之周，而非在事諸臣之拮据經營，恐欲如是之事半功倍，未可萬一。或幾則諸臣之勞績，雖其勤職之固，然而一叙録以爲後來之勸，似不可已。如分守寧紹台道副使兼右參議楊一葵深已饑已溺之思，矢必爲心成之勇，一方再造，千禩垂休。紹興府知府熊鳴岐節愛出于精誠，先勞殫其經略，功高東海，名滿稽山。同知袁劉芳櫛風沐雨之勤渠，宵興夜寐之率作，人頌生佛，途歌福星。山陰縣知縣張捷矢圖不朽，畢力咸勤，坐起百姓胥溺之灾，遍遺萬户有土之慶。會稽縣知縣夬垂則殷念昏墊，雅志平成，勞來不辭，多方底定，克念共濟。蕭山縣知縣楊惟喬憂民如有病，拯溺欲無身，水土既奏成功，疏築用著永賴。以上諸臣勞應優敍。又原任紹興府通判，今升山東東平州知州曾彦擧，勤敏有素，區畫常周，睹幹止之如初，追相度之多力。本府推官張鳳圖，識洞民隱，慮周事先，劈畫井井，良猷贊决，隆隆偉績。以上二臣相應并叙者，伏乞敕下工部查照萬曆二十年修築海寧塘工録賚事例覆請，將一葵等酌議優賚，仍行吏部紀録擢用，其于國計民生咸有攸賴矣。

又《謝海塘欽賞疏》

奏爲恭謝天恩事，頃者蕭山海塘工役生成，臣以所事先經具題，宜爲道府有司各官叙録以勸來者，故會同撫塩二臣再疏題叙，嗣接邸報，見部覆叙。及臣等即于閏八月初一日奉聖旨，海塘工成，地方永賴。撫按三臣功宜首叙。劉一焜賞銀十五兩，李邦華、崔爾進各賞銀十兩，其效勞各官楊一葵賞銀十兩，熊鳴岐、袁劉芳各賞銀八兩，張捷等五員各賞銀五兩，楊一葵等都着吏部紀録叙用，欽此。臣聞命自天措躬無地，伏念此塘関三邑之利害，係萬姓之安危，築舍有年，鳩工無日。幸以道府之并力，兼之官民之同心，措經費于搜括之餘，不煩加派，奏成工于月日之近，無煩優游。此皆仰徼皇靈，乃爾俯奠民居，督勸稽惰。固臣等率屬之常，因功蒙旌，豈臣等應預之列，乃荷鴻慈之鄭重祇勤虎拜，以愓虔誦永頼之。明綸鯨鯢，亦爲之息浪，聆首叙之温諭，冠裳皆因而生輝。況夫賜出尚方精鏐，驚天降之異恩。傳海國寵錫，詫人生之榮，臣敢不勉竭愚忠，益策後効？從此汐潮波静，力殫禦灾捍患之能，尤願聖德光昭，坐致海晏河清之盛。則一方之祝頌，傳之無窮，而萬年之丕基固于有永。

明 趙維寰《海寧縣海塘議》

《兩浙海塘通志》卷一九 鹽東面距海塘，自北而南，潮則自東而西，濤頭直衝塘肋，故塘易圮而爲害劇。若寧則南面距海塘，自東而西，潮亦自東而西，濤頭直衝龕赭、海門，寧特其經行處耳。當經過時，未免隙竇之引潮以入，此寧患之似小於鹽，而其爲力又易於鹽者也，乃當事者重憂金錢不繼。夫寧自嚴尹寛建議，後額設海塘夫一百五十名，年儲役銀三百兩爲修築費，亦既著爲令矣。倘能以此三百金隨時補葺，小有潰决即圖堵塞，亦何至一潰不可支乎？乃今一議工役，非請給上司，則加派編户。葢塘不修而民以海病，塘修而民又以塘病，此其故難言之矣。

明 張次仲《議修築海寧縣海塘書》

《兩浙海塘通志》卷二〇 衆水皆滙而歸於海，海不見其盈，海一衝決，則大地皆被其害。如吾寧邑之海，不過大海之一支流耳，而潮崩沙齧，人民田廬立見湮没者，葢右承宣歙以下衆流之水，左納蘇松外洋諸海之流。西則龕赭二山，南北對峙夾，爲海門，爲海入江之口，東又有石墩大小尖山，遝立海隅，爲海入寧之口。潮自東起，歷乍澉二浦而來，阨於近洋八山之内。江自浦陽西瀉，歷嚴灘至錢江而出，巖亹阨於龕赭海門之際，其進甚狹，勢迫束而相擊，其來既遠，勢洶涌而必怒。夫是以湍激洄湃，而有衝決之患也。邑治瀕海，適當交衝之會，城南百武即界爲海塘。塘起仁和至海鹽，相距百里，其近城數十里之間，以尖山東鎖赭山，西鍵拱抱，而突出於外。邑城在兩山中之北，三隅鼎立，邪衝注射，而城外爲海之隩隈。且潮奔入巖亹，扼於江流之溁注，則激而復北，不可遏禦。此數十里者，三面受敵，故塘之潰壞，恒見於此也。予幼嘗閲邑乘，宋寧宗嘉定十二年，潮衝平野二十餘里，蜀山淪於海。十五年又城南陷地四十餘里，元仁宗延祐元年海溢陷地三十餘里。明成祖永樂六年海決，至成化十三年海決，前後陷地六七十里。心竊異之，幅員雖廣，而可屢蹙於洪濤之滔割乎？及年逾弱冠，南望漲沙三十餘里，桑麻成林，去海遠甚。越十年，臨海僅百步矣。嗣是或漲或決，屢屢改觀，始嘆桑滄遞變，亦勢之無可如何者。吾謂天下大患有莫可如何者三，如邊患、河患、海患是也。自古治之無有上策，葢勢處於不可測，而患生於不及料，惟有來則禦之，去則備之，先事而堤防者，計畫之周耳。其計畫之最要者，莫先於儲餉，餉不預儲，一旦變生，東支西應，補苴無策。欲待給於朝廷，則緩不濟事。欲派費於編氓，則散而難紀。遂欲借支庫銀以濟急需，徐用派徵田畝，以償那移，而朝三暮四，中多乾沒，而民受其病矣。海寧地形踞嘉、湖、蘇、松、常、鎮六郡之上流，寧受海患，六郡亦不得安枕無憂也。故各郡皆有協濟之銀，輸以儲用。昔嘉靖時，邑尹嚴寬建議歲儲傜役銀以備修築，額設捍海塘夫百五十名，歲編儲役銀三百兩，以此二者，存貯不爲他用。幸邀天祐，十年無患，可積金萬有數千。一旦患作，不爲無備，當平居無患。時每遇潮汛，遣廉幹吏民巡視，遇有沙瀨洊浸小隙，即領銀窒補以杜其隙，千丈之堤敗於蟻穴，若九河盈溢，非一凷所防，宜早爲之慮也。其次則在制度，昔之善於爲備者，慮海濤之衝激爲盪，浪木樁以砥之，慮潮勢之剝蝕爲壘，石斜階以順之。故所取之石不必盡大，塹木爲櫃，廣長尋丈，納石其中，則小石可以爲大，織竹爲筏，環筏爲囤，聯絡牽制，少亦可仍爲多，此漢武帝伐竹爲楗塡實土石，以塞瓠子河之遺意也。繚絙以投海中，斥鹵浸漬，糾交不解，外箝以盪浪，木樁而上鎮以博厚之石，如廉司楊瑄之制，崇厚以捍其勢，斜坡以順其流。近視之横亘如虹，遠望之，崇峙若墉，庶可弭灾而捍患乎？至於酌用民力，照十家牌，循環更代，必人與薪米節其勤苦，而恤其寒暑，民亦樂爲効力矣。所慮任事之人，惜功愛財，苟且而不爲長久計。故弭患而患日生，必殫心萃力，使吏不作奸，民不偏苛，期於實濟，而後已如是，稍有潰決，隨時塗叙，亦易事也。夫海之决也，有内河可開以殺之，庶不氾濫而多虞。今近北邑，城無内河可開，而備水土塘，可堅築培高以護其内地。疏通七里，三里陳文馬牧達下河諸支港，置閘遞減，以殺其横流，此亦因地制宜之法也。聞建議者有欲以新樁易舊樁，舊樁深固，不拔易之則撥其基矣。有欲以土石改修舊塘者，新加土石不若舊之堅固，改則有間可乘矣，此説之斷不可行者也。築塘以石，自吴越王始，石必培之以土，人貪近便，每剝附塘之土，加之使高，是猶剜肉醫瘡，瘡究無補，徒增潰爛耳。深浚運鹽河，亦可殺潮勢，然河址與塘址相比深浚，則海鹵滲入而易潰，此皆治塘者所當戒也。至於財用多寡，視主治之人。當巡撫徐栻時，海決塘傾，始議費三十萬行海，料度約十六萬，衆議駭譁。新尹蘇湖初至，廉敏有材，四閲月功成，止用十萬有奇。由是觀之，財用多寡，豈有定乎？視善爲謀者酌用之耳。大海患雖多不測，人事修足以勝之。昔吴越王錢鏐率衆董治，潮怒急湍，版築不就，采山陽之竹以爲箭，煉剛火之鐵以爲鏃，命强弩五百人射潮，潮乃退。雖其德不及成康，治不若文景，而割據自雄。帝制數郡，要非高義，足以服人，何克致此？若耑恃其强武，即用五千人，海若其畏之哉？此事在省會，近而可徵者也。若夫神道之説，昔人不廢，惟在立誠以動之，無感不應。奉訓大夫杭州路判官張仲儀，海寧潮溢，田畝廬舍多遭陷沒，仲儀憂之，以特牲禱於海神曰：民非田不食，非廬無以居，神忍化民爲魚鼈宫邪？即爲魚鼈宫，神將何依？吾恐神不自寧也。禱畢親沉石水中，健卒繼之，未幾海復爲地。張眞人裔孫與材朝覲歸，至寧，適潮患大作，沙岸百里蝕齧殆盡，延及城下。與材投鐵符於海中，踊躍而出者三，雷電晦冥殲一，魚首黿身長丈餘者，於水面岸復故常。浙省右丞相脱驩因海岸崩決，民心甚恐，躬詣上天，竺祈禜於大士，仍請普福法師宏濟建水陸冥陽大會七日夜，宏濟冥心觀想，取海沙詛祝之率徒衆，遍擲其處，足迹所及，岸不爲崩，此皆寧之已事也。要由精誠所格，神亦感通，理之固然，無足異者。蓋前事爲後事之師，弭患當預防其備，誠得明敏，無私之人，實心經理，而廸德省愆，以格天心，亦何海患之足慮哉？

明 鄭若曾《鄭開陽雜著》卷二《論海塘之設》 海塘之制本爲捍禦鹹潮害稼而設。自春秋時范蠡築圩田之後，東南田利漸興，財賦漸盛。至唐開元間，於此築捍海塘，其長起於嘉定之老鸛嘴以南，迄於海寧之澉浦以西，高如城垣，内外皆有，塘溝相夾。自設此塘之後，而松、嘉、杭無入海水口。《禹貢》曰：三江既入。今三江之中，東江獨湮漫無可考，職此之由也。是塘也，本爲田利而設。我朝信國公經略海防，借以設險備倭，愚於《蘇松海防論》中詳言之矣。因塘舊迹有湮有存，故表而出之。國初原設塘濠，及時修築，庶於防禦有裨云。

明 許應逵《議築海塘呈》《吴中水利全書》卷一六 專督江南水利湖廣提刑按察司副使許應逵爲海水日漸衝刷地方，大可憂虞，乞賜采末，議築海塘以防内徙，以保民生事。照得三吴水利，吴淞爲中江所繇入海之路，而江身則崑山、青浦、嘉定、上海四縣共之。若闗橋迤東至蹌口，則專屬之上海。蹌口之外，是爲黄浦。黄浦之外，是爲大海。且黄浦一帶地土西北，名老鸛嘴。稍東南則爲李家洪，相距八九十里，其形如帶，固天所以限江海也。伏查老鸛嘴與吴淞所城相對，而老鸛嘴稍東舊有墩鋪，凡二十里，直接寶山所。先年抵寶山者，陸而行，無俟舟楫。是此墩鋪亦當捍海之堤，以故海水不能直射，每折而之西，反繇老鸛嘴以裏吴淞所城下，迤邐而入黃浦，迂迴九十里。水緩沙停，而蹌口日就淤塞，夫何邇年修守之策，置而不講，使海水日徙而南向？所接寶山墩鋪，固已蕩爲巨浸，使寶山孤懸海中，而李家洪一線之路不三四年衝開十餘里，即今黃浦之水，險迅異常，往來苦之，而後來之衝刷者，猶未已也。今李家洪以東尚存六十餘里，老鸛嘴以西亦餘二三十里，若不再加堤防，使黃浦與海合而一也。將上海縣治悉付東流，而居民且爲魚鼈。又其大者，詢之居民，每云近者海水頗鹹，大異往時。蓋往時海水迂迴而入黃浦，其來遠，其味淡。乃今漸逼蹌口，夫安得不鹹，然猶未也。李家洪距蹌口尚四十里，而遥鹹猶未甚。設使李家洪以東六十里蕩然無餘，是使大海長驅深入，而苦鹹之水所在殺稼，民何以幸其生？矧李家洪一線之路不三四年而衝十餘里，乃今以十里之勢而衝六十里，是旦暮遇之也。豈不殆哉？奈之何？官司憚勞而希速化也。乃浮惰而乏遠圖，如此禍機，曾不慮及，真猶寢處積薪火種之上，及其未燃而安之，言之痛心，不寒而慄。今該本職親詣彼中，駕扁舟歷海畔，逐一查勘，李家洪及老鸛嘴各濶三四里，今議各包石三面，李家洪計包十里，老鸛嘴計包八里，每一百八十丈爲一里，共該包石三千二百四十丈。石堤之内仍築誰堤土塘，底濶三丈，頂濶二丈，高一丈六尺，與石堤平。每丈石塊樁木、糯米、石灰料價工食共該二十六兩三錢一分，通共土石工料及委官口糧犒賞等項共該銀八萬五千七百三十八兩四錢。但係千錢糧，必須責成正官管理支放，庶無侵冒。如李家洪逼近上海，老鸛嘴原屬嘉定，應令該縣掌印官各將前銀照數扣貯該庫，每十日親齎赴工，唱名給散。然職又有説焉，好逸惡勞，人之常情，見利而趨，又中人所不免。不爵賞則士不能矢心，不優恤則夫不能效力，况李家洪、老鸛嘴海中一沙堵耳，數十里無人烟，驟而望之，凄凉萬狀。乃令委官率夫，乘危蹈險，苦心力作，爲地方計久遠畫長利也。此固人情所難，工完必當破格優處，庶以作士氣而勵人心耳。以上數者，皆繇本職逐一勘明磨算，似於事體不甚相遠。伏乞本院軫念地方民生重計，俯采末議，覆加查勘，如果職言不謬，亟賜題請施行。

清 訥親《勘視浙江海塘疏》《皇清奏議》卷四〇 太子太保、議政大臣、領侍衛内大臣、吏部尚書、協辦户部、兼管三庫事、果毅公臣訥親謹奏：爲遵旨勘視浙江海塘情形等事，乾隆九年正月二十二日奉上諭，海塘情形亦著，訥親就近由江南前往勘視，欽此。臣於四月十三日自浙江省城先至海塘，眺看潮勢，次看各處塘工，自章家庵以西至杭城之南，係土塘二十餘里，塘外老沙綿亘，久經民灶種植，現在阡陌彌望。其章家庵以東一帶柴塘，自華家衖西與土塘相連二千四百餘丈，塘外老沙寬自四百餘丈至三千餘丈，高處與塘平，甚屬穩固。華家衖東與老鹽倉石塘相連一千八百餘丈，上年因湖水臨塘間段建築竹簍，壩高五尺，以護塘根，今亦漲有高沙五六七尺不等，埋簍不見高沙，寬三四百丈，并外漲新沙，共一千餘丈。海寧城外遶塘高沙有生草者，自盜邑西至老鹽倉，東至尖山東西兩塘，新舊石工，櫛比鱗次，塘外高沙寬自百餘丈至八百餘丈，高沙之外新沙寬自四五十丈至四百餘丈。通勘全塘，自尖山以西直至杭城，一律沙護塘根，溜遠沙外。現在各工實屬安穩，至老鹽倉迤西柴塘現經議準，改建石塘，每年以三百丈爲度，分年分限漸次辦理，等因在案。臣細閲塘工情形，惟視海沙坍漲，以爲平險。老鹽倉一帶柴塘向因江海迴流，乘潮沖刷，遂成險工。初非正溜移注，故一經漲灘，即得化險爲平。但潮患常在北岸，漲沙每被衝齧，未可盡恃。臣細加查詢，浙省江海水潮向由蜀山之南中小亹山出入，其近海寧之北，大亹近蕭山之南，大亹悉皆漲沙寬濶，是以杭紹二郡共慶安瀾。迨後中小亹漸就湮塞，江海大溜悉由蜀山之北，一日之間，潮汐再至，江流逆遏其上，受阻之廻溜與洶湧之潮勢兩相激盪，兼以潮至多挾風雨，東南風猛，則水勢全趨北岸，故衝激漫溢，種種爲患。若將中小亹故道開浚深通，俾潮水江流循軌出入，分減北大亹之溜勢，則上下塘悉可安堵無虞，多費工築實，爲經久之圖。即中小亹有不能遽行開通之勢，查潮汐情形與湖河等水迥異，其日月衰旺，既有期信，且隨長隨落，爲時非久。當其暴至，固費防護，及乎甫退，便可施工。若將險要處所酌量機宜，多建坦坡，木石戧壩，俾其挑水掛淤，實爲捷要之法。如盤頭稍越塘外，竹簍列置塘根，即可擋浪掛沙，乃其明效。蓋有高沙則塘根即資鞏固，有新沙則高沙不能坍塌，柴塘一帶若辦理，宜使沙益堅，積水不通流，不但不必改建石工，向後并可免搶險之勞費。是惟在該管員弁，平日隨時相機，善爲經理，以期有備無患，不可盡恃沙漲以爲安，亦不可妄矜潮汐以爲險也。至鹽、平二邑，東接江南之金山縣界，舊有石塘，俱經隨時修補，足資捍備。蓋因該處係暗湖增高，不比仁寧，有江寧相激之猛，故塘工歷久，不致大有坍塌。再紹興府屬之山陰、會稽、蕭山、餘姚、上虞五縣，沿江沿海塘工，節年修搶，支銷有案。詢之撫臣，據云現在并無坍缺，總因江海大勢，下趨南岸，故各處堤工易於培補也。至於新築魚鱗大塘石工六千九百餘丈，内附土塘，兼以外擁漲沙，將及塘身之半，與舊有石塘一律綿亘，尚屬完整。現據該撫報部查銷在案，所有臣勘視浙江塘工情形，理合恭摺奏聞，伏乞皇上聖鑒。

清 范驤《海寧縣海塘議》《兩浙海塘通志》卷一九　寧邑海患，每東北風漲，怒濤乘之，大概與海鹽同。而鹽塘止一面受敵，寧則三面受衝，其患與海鹽異，其潮患之在東南者，潮水朝夕至，怒如震雷，瀉若建瓴。木華所云：天輪膠戾而激轉，地軸挺迴而争回者也。水患之在西南者，江水出三天子，都東北，經建德，又北至新城，又東北至富陽，過錢塘，反濤奔軼水勢折歸，故云浙江也。龕赭巖門而外，江水與東南之水合，寧邑獨受其衝，枚乘所云似神而非者三，疾雷聞百里，江水逆流，海水上潮，日夜不止是也。故寧邑海塘受衝其害倍急於鹽，不寧惟是。鹽塘堤岸去城根半里，而遠隨決隨築，譬如衣敗壞，一以相補。寧故堤去城根五六十里，而遠當其無事，亭竈熬沙漉白，視爲沃壤。樵者芟芻彌望，漁者鯊鱨蠃蛤，人人得其所欲，如燕巢幕，如厝火坐積薪。平時築塘工費，積之五年十年者，那爲他費，一旦颶風激射，木石茫無所措。不浹旬而五六十里浮沙潰決，驚濤直薄城下，浙西之田漸鹵，而東吴之地幾壑。乃始倉皇議采石蘇湖，議發里夫郡丁，議徵歲額，議加派田賦，議藩餉郵傳贏金，議七郡贖穀，議監築官，議倣瓠子□房下淇園竹楗，倣王荆公鄞塘陂陀，倣黄僉事幞頭品字，勢如救焚，議同築舍，計已晚矣。故鹽塘之患在眉睫，寧塘之患在五年十年，或二三十年所謂無形之痛，一發不相補救，當事者必未雨綢繆。徵塘工歲額於無事之時，貯木石銀糧爲緩急之用。海口大決則用黄公縱横之法，不可惜小費而妨大工，小決則用楊公陂陀之法，下石櫃以堤水勢，此全浙咽喉，東南門户無漫視，爲一方之利害。金錢畚鍤，徒苦我父老爲也。

清 許三禮《海寧縣築塘議》《兩浙海塘通志》卷一九　築塘之法有一世利之，或十世利之，百世利之，如石囤木櫃，隨坍修築，取石有術，用民不勤，此利在一世者也。其慎選幹吏如徐撫臣栻者，塘式隨宜如楊副使瑄、黄僉事光昇者，治連平江、嘉湖。議先修鹹塘、淡塘、袁花塘，以防盤越北向，如劉提舉垕者。作副堤十里，采石備用，斂不及民，如錢僉事山者。此十世之利也。夫先事之圖，如額設捍海塘夫，歲編銀三百兩若，嚴令寬者，城南抽分竹木存留銀七分充工料者，徵九郡力役、三府工徒，如保定侯孟瑛者。豈非百世之利乎？與驅一方之民，爲不終日之計，以邀一時之功，相去蓋有間矣。

清 陳訏《寧鹽二邑修塘議》《兩浙海塘通志》卷一九　竊惟杭屬之海寧，嘉屬之海鹽，兩邑地俱瀕海，縣治去海不及半里，又當蘇松上流，一有衝決，患誠非細。然寧鹽兩邑雖均以海爲患，而潮有横衝直衝之異，地有輭沙硬沙之别。其横衝而沙輭者，患在根脚搜空，雖有極堅極固之塘，不能存立，法宜加意塘根之外，堅固牢密，使沙土不虚，即塘身或少單薄，可以無慮其直衝。而沙硬者，塘根之沙不患其坍，止患直衝勢大，非極堅極厚之塘，不能抵禦，法宜精講修砌塘身之法，而塘根以外加功稍次。則是潮患兩海雖同，而所以捍潮之法不同也。今以海寧言之，海寧之潮與杭城江干之潮無異，俱起有潮頭，俱横衝而過，其實皆爲浙江入海之尾閭。然而海寧之海沙又與江干微别，江干地皆近山，其沙性硬，故江塘之沙坦而不陡，即有衝刷捍禦，猶易爲力。海寧近城無山，遠者江干之山相去百里，近者袁花之山亦五六十里，故沙土率皆性輭，且海塘以外之沙從來此坍彼漲，其所漲之沙又皆潮頭去遠，急水已過，而長水停蓄，日漸淤積，性浮體輕，衝刷甚易。故當平常沙漲之時，塘外不下三四十里之遠，及至沙坍，三數月即可到塘，蓋其積之也。由於潮過之長水，性平氣緩，浮沙沉積，故所長之沙低於海塘者不過三四尺，其坍之也，由於潮頭與急水之横刷，潮當初至之時，水尚未長，恒低舊沙丈許有餘，灌漱衝激，皆在沙底搜進，故不但沙岸陡峻，而沙面反凌空，蓋出其外，俄頃之間，縫如毛髮，轉瞬而拆裂，傾頽如山之崩，蕩爲濁流，杳無踪影矣。漸至塘脚，日搜日進，雖使鞭石爲塘，豈能憑空穩立？故海寧之塘必於塘脚之外、沙土之中砌出十有餘丈，以固其根。舊法用木柵爲櫃，中積小石，層層排置，塘外蓋用木櫃，則化小石爲大石，而排置塘外土中，則可預防衝刷，立法誠善。但其置櫃也，宜深而不宜淺，蓋沙漲之後，潮來之所衝刷，必在舊沙根脚之下。置櫃若淺，則衝刷所及，反在櫃下之沙，而櫃之根脚亦虛，豈能自固？惟置櫃必深，或三櫃、四櫃層疊而起，則衝刷之勢，櫃能抵之，而沙無崩塌之患。其排櫃也宜遠而不宜近，蓋水之漱灌，無隙不入，若自塘根排出，有十餘丈之遠。則水即善刷，不能浸灌以至塘根，而塘根之土常得乾堅牢固，不至根脚虛鬆，而塘身因之而傾至。於櫃外則用長木樁，密釘入地，鉗束其櫃。櫃外有樁，樁外復有櫃，層層密釘，即使潮衝，無一櫃隨流，他櫃因以欹倒之患，而櫃之自下疊上，自近及遠，俱用品字排置，兼如陂陀之坦。近塘稍高，漸遠漸深，既禦潮來之所衝刷，并護塘根，可堅久矣。塘外之沙既不坍及塘根，則潮頭既仍之後，急水既緩之餘，即有長水浸及塘身，而勢緩力舒，無慮衝齧，不必如海鹽之鉅。石鱗疊屹然如山，而後無患。故海寧之塘，功力全在塘根，以外人但知塘之裂缺，而不知根脚鬆而裂缺也。至於海鹽之海，則與海寧又異。南有秦駐山，北有乍浦山，相去止三十餘里，南北山趾角張，而海鹽邑治居中，獨以東面受大海潮汐之對衝，與海寧橫過不同。而海中之沙又近山，多硬不坍不漲，故從來洋舶不便，泊塘亦由潮來，則水溢而潮退，則爲砂攔故也。故塘外不患坍沙，惟是全海所衝，勢雄力猛，而潮汐之來，一衝一吸。其衝也，固有排山之勢，而其吸也，亦有拔山之力。故必極大極厚之石，縱橫鱗疊，內復幫以土塘，而後可以捍禦。若使疊砌之石稍不極其厚重，則水力排擊，輕如弄丸。且古云：石之附土，如人骨之附肉，海水之來不但畏衝，實尤畏吸。蓋水既無隙不入，其吸而拔之也。塘土俱出，若土塘空洞，即石亦頑滑不固。故古人于海鹽之塘，講之甚精，既須極大之厚石。而其取材也，不可頭大頭小。其疊砌也，不用石塊墊襯。其程式也，必方方相合，面面相同。白洋河向多棄石，皆昔之不合式者。其驗工也，不於已砌而於擡砌之時，先置平地驗視。其層疊也，頭頭向外，以攖潮之衝吸，而復制之以縱横之法，聯之以品字之形，務使潮水之來。其入也由石縫，而曲折以進。其吸也亦由石縫，而曲折以出。則潮之呼吸，其力漸殺，而後石塘有磐石之安，土塘罕搜空之患。且頂石之樁必長、必多、必掘深，生土二尺，而後釘入，而塘外亦排置木櫃，以護其樁。略如海寧之法，不使樁根宣露易朽。頂衝之地不遺餘力，次衝之地工力少減，然亦百倍海寧，皆由海鹽之海，直當大洋之衝。且沙又鐵板，潮從沙上，奔騰而至，并無海鹽之輭沙，少爲抵當，惟恃塘身直抵潮之正衝，非屹然如山，必不能禦。昔時用王荆公寧波陂陀塘法，元末明初猶衝决，屢告至，後有疊砌之法，而後數百年無患，良不得已也。即今二十年前，上憲因塘石碎泐，委員修理，而承辦之員不能仰體德意，反取塘身完整之石，加於塘面，而以塘面碎泐之石委之塘中，如築墻之用，墊堵一時，雖飾美觀，其實速之圮矣。若慮塘身延袤，不能一式，則原有頂衝、次衝之别，約共止十餘里。況今之坍側，傾卸止敕海廟數十丈之頂衝，豈可惜一時之小費，而遺不數年後之大患乎？故海鹽之塘全在塘身，捍禦異於海寧也。至於兩海之塘，雖極修砌得法，而大潮大汛，狂風駕浪，不能保無扇溢淹没横流，則兩海又天生有近塘之河，消納海水，而不使淹入内地。蓋海水性鹹，若淹及腹内之田，則田秧浥爛，非兩三年雨水浸潤不能復其淡性，以便耕種。惟河身之水日夜流動，數番大雨，即鹹性盡減，故可使之消納，以不波及於腹内之田。在海寧則爲六十里塘河，在海鹽則爲白洋河，皆天造地設，古之所謂備塘河是也。寧邑之六十里塘河，即杭城之上河，發源於江干諸山，與北關下河之發源天目者，兩水各自分消。下河由苕溪入于太湖，上河由海寧黄灣出閘，達於嘉興松江。今黄灣閘久廢，薛家壩久阻，臨平市河久淺，下流不通，而上河之水俱從半山之金家堰離杭城三十里入於下河。不但天旱之年海寧沿海涓滴不來，如火益热、水澇之年，上河諸水涓滴不去，盡出金家堰，而塘棲德清，上下河兩水齊到，昏墊愈甚。如水益深，即今海塘潰決，潮水直入内地，而六十里塘河毫無分泄之處。至於鹽邑之白洋河，起於秦駐山，由藍田廟而達於平潮河，外近海之地，類多斥鹵，河内皆禾稻之鄉。今雖不甚全淤，然淺阻日久，河身已高，潮水屢溢，河不能容，便恐淹入田畝。及今開此二河，流通深廣，則即海塘修築，運輸木石，無虞艱阻，而日後大風駕浪泛濫之患，藉以分泄。但此二河勢居其僻，非仕宦商旅之所經，由地居其瘠，無富貴膏腴之所，置産膜視者多，然於堤防海溢，亦切要之務也。

清 柴紹炳《與巡撫范承謨論修塘書》《兩浙海塘通志》卷二〇 愚聞天下有三塘，河南有防河之塘，湖廣有防江之塘，浙江兼有防江海之塘，此皆大利大害所在也。而在浙言浙，又於今日之事，則海塘爲切。塘之遠者勿論，若圮而重修，則唐之開元，宋之淳熙，元之泰定，致和其事，徵諸郡乘，至明初及季，海變凡六。永樂辛巳、成化甲午、弘治壬子、嘉靖戊子、萬歷乙亥、崇禎己巳。或溢或決，屢費修築，可得而紀者，乙亥之役爲詳焉。顧塘在沿海，唯鹽官賴之，而識者以塘大決裂，即嘉湖而下，不免波及者何與？按志稱：海寧於吴爲陲，於越爲首，地形最高，故境內麻涇、落塘、長水塘諸水，皆從北流。一從東北由浙泖趨滬瀆江入海，一從正北過吴江趨白茅港入江。俗因指吴江塔巔，與長安壩址相并，則海寧之地高於他郡邑甚明。故海寧之塘一決，不止水注彼諸處如建瓴，連數晝夜，海波由是怒生，堤塘横決，沿海土田廬舍沒爲巨浸，人民失業，誠斯土之一阸會也。執事憫然念之，亟圖修繕，以寧寰宇，而因詢及芻蕘，集思廣益。愚本杜門寡聞，且未嘗親履其地，不能指畫形便，聊據往牒，揣近事粗陳末議，以資博采之萬一，可乎？一曰集貲，方今公帑不敷，民力更竭，故工役估費不可浮縮太過。過於浮則爲胥吏冒破，過於縮則其事難辦，苟且完工，未幾輒壞，必有任其咎者，至酌定所須若干，奏支官銀外，不無量派民間，宜倣舊例，協濟勸輸。蘇松隔屬，姑置之嘉湖諸邑，於此塘利害相關，自當檄令捐貲助役。大率海寧任十之七，諸邑共任十之三，可耳。二曰聚財，葢修築之用，木石爲先，泥土可隨地而綫，木石必預購轉運，不能猝備也。如慮海濤湍激，必須盪浪，木樁以砥之。其樁宜松不宜杉，惟松入水經久也。故事采石一塊，長五尺二寸，高闊各一尺八寸者，其工價水脚，應照時估給發使，匠役樂趨。石采於近山，木購於上江，他物料俱應時取齊，則興工無乏矣。三曰任人，此一大役，雖執事躬督其上，猶藉廉幹有司相與協理，并就佐貳胥吏，及邑之耆老解事者，選擇委之，俱以禮敦遣。厚畀廩糈，其夫匠使什伍相司，按藉有考，計工給值，勿容侵剋。總理者約塘若干里，每人各認丈尺，以難易爲多寡，查照字號給銀。董役刻期，齊作以其勤怠堅瑕，分別賞罰，庶事有責成，無築舍道旁之弊也。四曰鳩工，工有難易不等，如水勢方横，決口難塞，委以草土，辟諸精衛填東海，直無何有耳。舊用漢楗絙法不就，乃斷木爲大櫃，編竹爲長絡。中實以石，引而下之，泛濫有定。築塘之法外，當先植木樁，其壘石下則五縱六横，上則一縱二横，石齒鉤連若絙，貫然即百計，撼之不摇也。又恐潮之直薄堤岸，則爲斜階以順其流，而於內復堅築土塘以爲護，如此則海波雖壯，且惡有泛濫，而無衝決，比於金城之固矣。雖然此特遙度言之耳，若土著耆舊，當有灼知事勢，詳悉便利者，執事能下車咨訪得其説，擇而行之，如宋尚書禮采老人之畫，徐武功有正依道者之規。是役也，可以萬全，豈不一勞永逸爲吾浙世世賴哉？

清 毛一駿《海鹽縣修塘議》《兩浙海塘通志》卷一九　鹽邑公事，累官不一，海塘爲甚。葢以二十里人，力敵億萬頃，颶風少不堅緻。近而本境皆魚，遠則隣國爲壑，考之邑志，每塘一丈，計費三百餘兩，經始之人，至今俎豆不替，誠重之也。職到任以來，波濤近在枕席，何日敢忘？徹桑查歷年請修舊案，約耗費數千餘兩，無案不借，修化被草木塘號爲名，偏不及致雨等，號心竊怪之。及視閱塘勢致雨逼處門庭，按費計功在人耳目，無術躲閃，化被草木，帶山披沙，潄齧難及，距城稍遠，急修之無利，緩築之亦無害。蠹胥奸匠便於侵牟，所以曠日遲久，糜費金錢，仍留未竟之功，爲請益之地。一經查勘，不過聚數游民點綴畚鍤，事過復停，嚴究所冒工銀，不由縣給領。石匠之死者，死經承之逃者，逃止拘責。現在承役空勸，限狀申報憲臺，何益成毀之數哉？此職撫膺浩嘆，請修之文日，上不敢輕。請各邑協濟父老之議，日集不敢，輕徵本縣塘夫，葢不欲以身合汙貽笑海若耳。今欲爲國家財賦計，爲萬民身家計，先端發銀之本，使分毫畢歸海塘。次重專官之托，使出入賴有成算。次嚴經承之選，使積滑不敢再生覬覦。次嚴募匠之令，使老弱不得濫冒廪餼。次減承催之差，使工匠不苦無名需索。次審險夷之勢，使緩急不仍紊其次第。如此興工，縣官不經手錢糧，立破從前染指之嫌，自可督率佐貳，日省月試，告厥成功，雖鼛鼓時搥，當工匠騰飽，亦動子來之義，而不怨其勞也。

綜述

宋 趙孟堅《彝齋文編》卷三《海鹽縣重築海塘記》　邑在郡東

偏，最爲瀕海，市洋相距纔二里。而近潮汐侵尋，瘠疆妨稼，在所必葺。前兹土築雖頻，若夫圖功永存，大施規畫，其屬吾史令君乎？君名亞卿，字景聖，太師越王曾孫也。勁敏爽特，遇事鋭心。庚子歲同入西憲幕，癸卯又聯臚班，見知君最深。甲辰冬，兩易此來，每遇邑人胥慶，得賢令也。天基節，諸邑篚祝聖班粤，翌日鄉校職長常賢孫等過。余言曰：海塘爲吾邑至急務，惟工力弗固，則隳圮隨之。去歲風號扇威，推卷斥鹵，大害穡事，人幾爲魚。今史君下車，亟是營度，以修以創，知先務也。邑人德之，學校士議政善否，刻記以聲，令能宜先齊民慄承，不一敢懈偃。然虹垂成於不日，工役有經一可紀。日役于丁，旬幾再浹靡粟給券，一辦公家，不配於下，不請於上，隨用以給，罔見乏使。當帑庫赤立之餘，旬月乍至之始，咄嗟以定見，謂如神築地，所經或當民産，倍直給酬，了無怨咨。又捐圭粟，歲儲千石，掌存邑寓以備修防措，晝有方二可紀。有二可紀，子尚奚辭，乃即而比次其委。因諗言曰：威名方略，非可强選人才，如弈棊舉手，可知優劣。斯言惟允夫弈以取先爲勝，著子邊隅，誰非計勝當先，而後事斯左矣。今君未遑有他，節損浮費，汲汲務兹，既堅既固，又圖永存。斥鹵以防穡事，用乂豐穰，洊卜域内。咸熙而後，治吾教條，沛吾膏澤，學道愛人，斯爲有本。孟堅亦行，令邑雖秦越不倖，政之後先則莫敢易。謹頌君績，以示永傳。景行行止，抑以自礪。若夫鋪張歌頌，里有文人，比方聲揚，繼兹藹若鄗，又何敢曰盡能事？

明 屠勳《重修海塘記》《明經世文編》卷九〇　東南惟海事爲重，海塩、海塘之設，所以禦潮汐之往來，捍波濤之齧蝕。斯塘一圮，民爲墊溺，所係甚大也。海塘舊名太平塘，在縣東一里，今僅半里。洪武年間潮汐泛圮故岸，朝家屢命臣工修築石塘，計二千三百七十丈餘。永樂三年，仍爲風潮圮毀，命通政等官按治，動調蘇、松等九府修築堅完，歲久復頹。宣德年間巡撫侍郎周忱命工增培土石，其患稍息。正統九年，秋潮大作，圮甚乃于裏岸，重築新塘。景泰五年，因舊址廣狹，鳩工役夫，撤舊更新，外砌大石，内實瓦礫，其工爲省，建立眞武龍王祠于塘上。成化八年，風潮大作，所築石塘悉皆傾圮，二祠亦不存，數年之功爲之埽地。相視修理，仍用舊石壘砌粗完而已。至成化十三四年，風潮連作，塘復傾圮。時有提刑副使楊瑄者，修築照鄞縣荆公塘式，幇材疊砌，内用碎石土瓦填實，頗能殺勢。歲久，風潮塘之存者十無一三。弘治年間，予爲大理少卿，不忍民之墊溺，官之匪人，事之無法，爲費不貲，出民膏血，顧不逞之徒攬替誤事。今年運石，明年運石，人無休息。今日修塘，明日修塘，迄無成功。是修一海塘，而二三海塘也。上疏極言海塘之弊，孝宗皇帝可之，特下工部議行修築，募工督理。下施木樁，上加巨石，縱横交疊，内外收縮，厚築土防，通計重築塘南自藍田，塘北至丫义塘，以丈計者凡九百餘，居民可賴矣。朝廷注意東南水利，簡任河東韓君士賢通判吾郡，專司水利。而海塘其大患也，韓君殫厥心力，講求沿海利病，詢察舊制得失，上考數千年海塘衝突之所，下究數百里海塘建置之形，歷歷如指諸掌，躬循周覽。説者謂惟所修臥羊坡者爲得法，即鄞縣荆公塘之制也。閲三十年而始衝圮，視諸作爲堅久。後有爲壘砌者，舉不能及，周悉處置，大率一如荆公塘之式，因海之勢，順地之宜。經始于正德八年癸酉，落成于九年甲戌，不閲朞而工訖，賛之者今海塩令朱君寔昌也。爲費四千有奇，石六萬四千，椿木二萬六千，石匠一萬二千，夫三萬九百，視昔之費十省八九。自教場塘迤邐而周一百四十丈，翁家塘土塘皆六百五十丈，丫义塘二千三百餘丈，澉浦塘一千三百餘丈，他如龍王塘、談家塘又數千丈。塘高二丈八尺，叠石一十八層，視昔之工十加六七。無侈觀，無浪費，民不告勞，財歸實用，厥功既成，海爲安流矣。

明 胡纘宗《鳥鼠山人小集》卷一三《新築嘉興海塘記》　浙西之地，指潮捍海之利以千計，海塘爲急。樹石培土，在在爲力，其工以萬計。海塘爲大風猛潮，峻不勝衝齧，近海之濱，難築而善崩者以百計，海塘爲切。塘無壞，浙以西無海患，塘不葺，江以南且患海，況浙哉？夫是塘其創也，自顧尹泳始，其工頗力其修也，或十載或五載，民至于今，獨稱楊郡丞冠，其工頗固。嗣是而修築者，不惟不固且不力，有司病焉。是歲七八月之間，風潮倍于昔，塘之决亦倍于昔，郡大夫蕭君有憂焉。於是其狀以上于大司空宫保李公，李公曰：盍亟圖之。於是具狀以上于司空大夫林公，林公曰：吾事也。既而李公下其狀於林君，林君移其狀於蕭君，蕭君又下其狀朳諸縣令。諸縣令曰：是惟在我蕭君。蕭君曰：是惟在我，李公、林君三公議合而几築之難易，工之多寡，力之重輕，咸如度圦是。林公館于其地，蕭公往來于其途，取財於郡帑，鳩卒於邑里，伐石於太湖，負土於草蕩。散工而甃之，列卒而築之，分官而涖之。塘高若干丈，自下以土，尺無弗堅者。塘長若干丈，自東以西，丈無弗實者。塘濶若干丈，自內以小，寸無弗密者。一木一石，其度其畫，其堅其實，其密無弗經林公者。一工一卒，其趨其赴，其甃其築，其涖無弗出蕭公者。經始於九月之初，落成於十有一月之既，而塘告完。夫皆勞瘁於塘也，而司空大夫之功爲專，皆經畫於塘也，而郡大夫之功爲衆。於是，塘之民遠者、近者、老者、少者咸曰：築塘屢矣，是舉也，不廹不遽，其固哉。築塘久矣，是舉也，不既不殿，其速哉。築塘僊矣，是舉也，不輟不複，其逸哉。築塘靡矣，是舉也，不煩不累，其約哉。塘以外屹如巍，如風潮之激雖巨，而塘足以任之矣。塘以內曠，如奧如高者、畦低者、田近者、竈遠者、樹耕者、不溺沃者不沮於乎其利，不既愽哉？故塘之父老咸曰：水土告平，民用又安，盍紀以昭我李公。民力不竭，民財不耗，而塘獲成，盍紀以昭我林公。人人而籌之，工工而權之，而塘賴以不朽，盍紀以昭我蕭公。於是學官輊學生棟堂，走告于纘宗。纘宗爲撮其要，以託之石，而慰夫諸父老。李公曰充嗣，內江人。林公曰文沛，長樂人。蕭公曰世賢，泰和人。皆進士。

明　張煌言《張忠烈公集》卷三《山頭重建海塘碑記》　台之緱城枕山負海，其東鄙即尾閭也。其鄉名長亭，吞吐潮汐，民居日與魚鼈爲鄰，而地脈湧出，贅附一沙，與龍山相峙對，地號山頭，實沮洳場也。後以馮、袁二姓來卜築於此，爲澮以潴山泉爲塘，以捍海潮，而其族始盛。其俗樹藝之外，皆魚鹽爲業，久之亦遂殷阜。當我國家盛時，海波不揚，邑多賢長吏，而濱海丸封又鮮，戎馬騷驛，故上農亦已力田，舉科蜚户亦各以網罟。牢盆著姓氏，且家禮樂而户詩書，或冠進賢或補博士弟子員，蓋彬彬乎。盛哉！但海介山海間，田阻山則多磽，恆苦暵。田阻海則多鹽，恆苦潮。于是鄉之人聚族而謀，伐木畚土，隆其地，複其障微。但滄海變爲桑田，即瀉滷胥化爲膏腴矣。迨國變頻仍鱗介，易我冠裳。十餘年來，義旌遍海外，戎服繁興，海濱遺黎，朝秦暮楚，供億竭于兩國，民力用是益殫。而保據茲邑者，文則猴冠，武則虎翼。民尚家室不保，遑問封表哉？由是沈潦內潰，洪濤外嚙，向之膏腴者，仍歸瀉滷矣。桑田亦幾變爲滄海矣。余自乙酉倡義，漂泊海曲有年，近復鞠旅於猴城外島，聞之悵然，曰：國事滄桑矣，而民事豈可緩乎？且山頭地勢污下，一遇洪濤噴薄，無論阡陌巨浸，即廬舍亦蕩漾波濤中。倘不急爲修繕，民爲魚鼈乎。迺出金五十爲倡，鳩工伊始，而義士馮某等爲醵金錢，聚土木以虔其事。大抵富者輸財，貧者輸力，靡不奔走，恐後因就其故址，增以新防。凡卑者崇之，圮者累之，闕者修之，薄者豐之。自冬徂春，蓋三閱月而工始竣，猶慮人情之易偷也。申以今時捐財之多寡，爲他日受田之廣狹焉，亦可謂計及久遠者矣。義士馮某等以功，由余始思勒諸石，且徵文於余。余曰：天下事變孰有甚於滄桑者乎？今乾坤陸沈，余不能塵滄海而挽皇輿，而獨能使一方桑田不波乎？凡爾之得以踐土食毛者，父老子弟之力耳。余何知遂詮次顛末以應其請，若夫董其役者，則有參軍某，執金吾某，例得并著。

明　温純《温恭毅集》卷九《海塘記》　在越紹興郡蕭山縣西十里許爲西興鎮，鎮被錢塘江，江被海而起鎮，以達於郡者，運河也。錢武肅王鏐故建塘，其鎮海潮日再至，歲久寖決寖修。丙戌大決，民居漂數百家，江且及河，害且及郡，郡蕭守良幹，若邑劉令會上狀。余下藩參朱君、臯副令狐君議，僉謂更爲塘以障之，便議大略。言：越蓋東南一都會也，西興實其門户，故名固陵，以可守故。越生聚教訓，廿年竟以沼吳，以此鎮也。漢買臣稱一夫守險，千人不得上。晉元帝稱浙今之關中，亦以此鎮也。無塘無鎮，無鎮無越，爲塘而庶幾其有越乎？利一。江入河即蕭山、西興，以水不可居，山陰、會稽以滷，不可田爲塘，而蕭山、西興安於居，山陰、會稽安於田。利二。余於是同直指使者傅君、李君請于上，而各以贖鍰佐之，發郡若邑倉粟，半不足取于山陰、會稽、蕭山田畝，不滿升量，工授食以卜，判鎧總領。郡幕陳策、縣丞王箕分任其事，六閱月而工竣，又復故鎮海樓。余渡江中流而觀塘，壁立樓峰，峙而榜人，則指中流謂余，此錢氏故塘所也。余悵然低佪，嘆而不忍去者久之。既登岸還武林署，會有客過，余言：塘自武肅歷宋，守吳芾氏而來畚鍤之役，略可得而言。洪武中高皇帝遣尚書郎暨藩大夫治之，而周文襄公功最著。于宣德間沿至於今，波流極矣。石非因於故也，而下木以爲楗，朝下則潮夕推之，夕下則潮朝推之。雖鞭之長不及馬腹，毋論武肅，舉一國力捐數百萬緡，集强弩射潮。即洪武之役，取材他郡，藉力他邑，而文襄用便，宜括贖鍰，數莫可詰難矣。主上神靈岳瀆，挾盻蠁而左右相之守祭潮。潮退，判令幕丞身橇梴經營，費不盈二萬，工不及三時，人力不至於此，豈禹陵廟苗裔在越，而陰以浚川，刋木之烈導之耶，何成之易也？越自是有裨而公，中流嘆者，何余應之曰：若謂越而有此塘乎，胡不求錢氏塘以觀之也？今天下大患，在失時，在諉事。孔子曰：使民以時，其以農隙解者，語時一端耳。及時則事半功倍，踰時則事倍功半。不待知者，而後知也。而事半功倍，或不以功名，事倍功半，則以其勞苦費多，而功之矣。漢曲突爛額之喻可鑒已。今之守令，無能名一錢，費以萬計，不效則有文法，效則亦有唇吻。以故事即不可已，苟可緩目前，即遺大費於後。曰：後之人之責也，文法唇吻我，無與今日之役。蓋迫於江，且及河害，且及郡而爲之也。亦會今之守，若令皆任事人也。藉令江不及河，害不及郡，而守若令，亦以狀上，而身任之矣。語曰：蟻穴不塞，將成江河。夫人而不蟻穴忽也，費或無事於萬，而錢氏塘與西興數百家居在。今以往有不蟻穴忽者，而越庶幾其有此塘乎？不然，余恐後之視此塘，亦猶今之視錢氏塘也。而越奚裨余，故不能不臨流而嘆。客曰善。會守索余言爲記，余故記此以告後之守令，而因以自警事固有類此者。其味孔子時，使之言鑒失時諉事之弊，察蟻穴江河之戒，毋若此役之迫，於江且及河，害且及郡，而爲之也。塘爲丈三百三十有奇，所費金爲兩萬七千有奇。工興于十四年十月，成于明年三月。傅君名好禮，固安人，以按浙至。李君名天麟，武定人，以按浙直至。而藩參朱君名文科，則分部其地。臬副令狐君名一槐，則以清戎攝水利者也。效勞諸執事書碑陰。

明 魏驥《南齋先生魏文靖公摘稿》卷六《嘉興府海鹽縣重修捍海塘記》 浙江按察司按察使鳳陽陳公某具其海塩縣重修捍海塘興作之始末，而以書遺予，願有以紀之。蓋大海去海塩縣城東一里許，而洪濤巨浪，晝夜撞舂，非有塘以捍之，則泛濫決溢，其爲患殆不止海塩一邑，而浙西諸郡縣皆被之，則其爲害豈淺淺哉？永樂初，塘壞，有司具其事。上聞，遣通政使溧水趙公居任，統理其事，修築僅完。宣德中，巡撫浙西工部侍郎周公忱，復於塘裏增土築厚五丈，仍令嘉興等七縣每縣倩夫一百人，共夫七百人，在塘分方守候。遇有坍損，隨爲修補。正統九年七月，以風潮大作，塘被衝決，水溢四境，傷民禾稼及郡縣倉粮。知府王懋復以其事上聞，命工部令浙江布政司按察司勘實重築新塘子。時公屬僉事泰和陳公永領其事，而繼至者布政司右布政使南宮白公圭、左參政樂安謝公輔、左參議文江周公紀、按察司僉事臨武鄺公彦譽咸秉至公，曲盡良畫，不期年而績用聿成。是役也，肇工於景泰五年之四月，訖工於景泰六年之二月。其木石等費計銀三十九萬八千餘兩，其銀不需公帑，則悉出於官。民有犯而贖其罪者，民力則唯取諸粮里長之家，細民無預焉。塘長一十八里，高一丈八尺，廣十又二丈，視昔堅固百陪，其功誠足以障洪濤遏巨浪，殆時萬時億，福利浙西，庸有紀極者哉？予惟凡賢智之士，爲其民捍灾興利之作，不患其難成，唯患其易壞。而患其易壞者，患繼之者無其人，則已成之功，其有不至於隨廢者，幾希此憲使。公欲紀斯塘興作之詳，以示諸後無他，其慮唯在是而已。幸繼自今凡爲藩臬、爲郡縣者，臨蒞兹土，能存心不負朝廷。今日惓惓爲民之心與諸公勤其事之心。憲使公紀其事以示後之心，嗣而葺之，則浙西一方豈有遺利之患哉？若夫相是役，始終不懈於用力者，則有指揮徐鑒、劉清、經歷姚瀚、鎮撫張翱、夏宗、陰陽正術姜雍、典史李貴，其人故不得不并書，以告後之人云。

明 徐階《世經堂集》卷一四《海鹽縣重修捍海塘記》 海鹽縣捍海塘東直秦駐、白塔兩山之間，歲怒潮挾風至山下，東不得肆則益怒，西注而塘實當其衝，故其勢特易圮。嘉靖乙未冬十月，侍御汝陽張公按行海上，顧視塘石岌焉。下瞰大駭曰：此塘不修且盡壞，壞則民其魚乎？遂以役謀諸分巡僉事宛陵焦君，會有以費言者，公曰：有帑藏之積存焉。夫成大事者不計費，況取諸其贏乎？又有以勞言者，公曰：有生之道存焉。夫以生道殺民，死猶不怨，況役諸農之隙乎？於是公主其議，焦君贊其決，伐石于山，取材於林，擇吏之良與民之好義者，因能以授之事。分地以程其工，崇卑實虚，葺故益新，疏爲陡門，傅爲三堰。凡用白金二千四百，用民之力，前後六閱旬，而修石塘二百餘丈，土塘二千七百餘丈。邑父老以爲神，相率抱孫携子往觀之，歸則具酒食召賓客，晝夜劇飲相賀。曰：今而後無憂於墊溺矣。其明年秋，公既得代，又相率肖公像爲生祠，而介鄉縉紳方伯吴公昂輩，謁階記塘之成績，碑諸廡下。蓋嘗稽諸往牒，自洪武迄弘治之初，百二十年間，塘凡八修築。景泰甲戌之役，爲金至三萬九千有奇，爲工至再閱歲，亦甚勞費矣，然而不可以已者，何也？其利害輕重之實，固有在也。自弘治迄于今，幾五十年，地勢民隱，非有異於昔，而保障之謀，塘弗及焉。此又何也？古之君子以天下爲一身，惻怛慈愛，根於中而不能已。是故憂未至則預爲之備，患已迫則亟爲之坊，其又甚也，排群議冒怨謗，毅然必爲之，而後世卒蒙其利。今之君子，以官爲傳，舍憂民體國之志，不能勝其自爲之私。是故苟可無事，則自託於不擾，以幸旦夕之安。而訏謨至計動，以爲迂且拙。維侍御公明敏英斷，有高世之才，而其心又不安於自爲。蓋兹役也，任事之決，可以謂勇，計慮之遠，區畫之詳，費薄力省，而功鉅且速，可以謂智。若乃赴民之急，如謀其身，惻怛慈愛，根於中而不能已，則爲仁至矣。宜海鹽人之惓惓於公也。公名景，字光啓。焦君名煜，字伯升。其以吏之良獲授事者，嘉興知府鄭綱、海鹽知縣董玲、平湖知縣黎循典。嗚呼！後世頌公之績，而欲效諸政者，其尚求公之心哉？

明 黄洪憲《碧山學士集》卷四《重修捍海塘碑銘》 鹽官故襟海而治，距東門不數百武。石塘橫亘壁立，盤旋蜿蟺。而秦白、九王門諸山贔屓束隘，衝激飛沫，每疾風怒濤，欲野歕山，震撼飈蕩，塘不克而善崩。蓋自唐開元迄明興，遞築遞圮，費縣官緡錢，如塞漏巵而沃焦釜。萬曆四年，大司馬徐公修築頗堅。越十二年，丁亥秋，颶風駕海潮而上，塘之衝圮者什四五，漂没田廬，人畜無算。撫臣滕公亟上狀請修築，惟時郡國倉廥咸困於三服官，而又大青大疫，旱澇頻仍，即欲加賦簡役，其道何繇？故有謂姑理砌以須，後舉者滕公獵纓，語曰：吾聞饕食者不肥體，惜費者無遠計。矧海塘係三吴屏蔽，蟻穴不完，千里膏腴盡爲舄鹵，吾何計目前而重後費，不使一勞永佚哉？於是偕水使者暨藩臬諸大夫蚤夜會計，復條十事，以請簡材。官計錢穀，定塘式，采石料，益揵木，築土犨，分訾程，謹斂散，恤官役，核功迹，議咸報可。中丞公乃以身總其凡，而水利夏公出舍海壖，經營盡瘁，少府曾君專司督理，部署諸役。若丞若尉，若幕若椽，矢力錯事，無不人人自奮者。僉議既同，百堵皆作，而滕公忽捐館舍。今中丞傅公來繼之，躬閱申飭，以董成事。蓋刱於戊子之二月，越庚寅二月告成。原估七萬餘緡，其後續議增築，費僅六萬八千七百奇，而嬴千有餘金。總之，全築而爲丈者五百有七十，半築而爲丈者百，稍築而爲丈者五百有三十。陡門二，偹塘丈十有七，土塘丈一千三百有七十，延袤幾二十里。塘基必去沙，見土乃下，楗木甃石，必取其堅厚光平者，式依監典。兩塘縱橫，上下如魚鱗綺錯，勢相聯繫。俾潮無直射，石無旁泐，有金墉砥柱之固焉。天子嘉諸大夫勞勛，賜金晋秩有差，而滕公以首功恤廕尤異。數云余嘗考按顛末，兹一役也，其多於前功，而可爲後法者，便宜有五。往歲海溢，守土者憚於上聞，至令士庶叩闕，乃得報可，而又部覆移咨，動淹時月，甚或有司，齮齕言者不爲亟治，此何異假越人以救溺哉？今使者蒿目憂民，朝聞夕奏，而又以便宜從事，役不逾時，財不侈費，便一。往歲鳩工多履畝益税，事罷輒著爲率，民甚患之。今時詘舉嬴而賦不加額，惟括諸郡儲傅塘夫之羨者，約四萬有奇，而又出備賑倉穀，令當稟鬻者赴工取庸，抵原估二萬嬴。拯溺賑饑，一舉兩得，便二。往歲塘石取之洞庭，武康比年饑疫，宕户丘墟，采辦甚艱。兹復於海鹽南境顧嶺、葛山開鑿岑麓，得石磊砢，而又爬剔其沉且棄者，石料四集，工役易興，便三。往歲董役者咸宿官邸，譏察罔恒，故工多呰窳，甄訾程而糜廩餼。兹分官董視，人給一舟，令芟舍海上，朝夕行畚挶間程，能計日勞其勤。而扶其惰者，又道旁蓋廠，俾得量時休息而免風霜屢厲之侵，便四。往歲海塘夫銀率輸府庫，以待堤繇。其後島夷内訌，有司徵調那移，不復爲備。中丞傅公暨直指蔡公，先後疏請，專敕水利駕駐海上，其原額夫銀，令貯邑庫，以備歲修，而又禁民之灌田者、竊石者、陰利灾而覬乾没者。自是隨决隨築，歲以爲常，毋臨渴而井，便五。之數者經營大備，於前良法，可垂於後。役鉅而賦，不增時艱，而民不憊。令國家根本之地，百年安於覆盂，非諸大夫明智體國，極心不貳，何能建必然之畫，而成累世之功也哉？先後董斯役者云云。其餘諸執事，爵里名姓，具載碑陰。銘曰：皇帝御極，十有六載。山梯海航，浲水儆堯。天吴遘迍，浩浩湯湯。惟是鹽官，綰轂海口。三吴蔽障，兩山束隘。挾風鼓濤，磐石崩塘。中丞上變，經營弗亟。閔殫爲洋，嗟我東人。官無盈帑，民鮮蓋藏。矧天不惠，瘨我饑疫。阽於危亡，中丞拊心。民亦勞止，誰與溝防。藩臬大夫，矢心協謀。舍短集長，乃蒐驛傳。乃括塘儲，峙乃糗糧。亦有倉粟，即工稟餼。以濟饑荒，問誰董成。尊者提衡，卑者褰裳。問誰板築，取材於林。伐石於岡，豈不費財。于羨于積，會計有方。豈不勞民，其究安宅。惠我無疆，率作有程。勾稽有簿，若網在綱。約之閣閣，椓之丁丁。夙夜靡遑，官無染指。工不呰窳，萬姓踉蹌。石堤延袤，幾二十里。鞏於金湯，玄圭入告。賜金晋秩，績用孔彰。中丞御史，爲國遠猷。慮事周詳，請徵歲額。請隸專官，永奠包桑。從此三吴，有幹有止。受福瀼瀼，以斯之功。陋彼鄣澤，奚論宣房。士民誦烈，請勒穹碑，以識不忘。

明 陳祖訓《重修海塘記》《海塘録》卷二二 寧邑歲不稔三年矣。今年有秋，士民相與誦，乃粒功，則海波不揚，捍禦惟力，聖天子之軫恤，三臺之謀猷，少府之拮据，俱不朽也。僉謀立石海上，以示永久。督撫陸公別有記，直指劉公屬訓記其事。邑城逼海，衝决不時，爲東南大患。宋元來，本朝築圮九七，見其最大者，永樂中役軍民夫十萬，騷動三年，費帑金十餘萬，兩遣保定侯孟、禮部侍郎易本省南北參副各二員董成之。神廟甲午，復大潰，直指彭公、邑令王公，費金錢巨萬，兩閲歲乃罷役。按邑西南龕赭夾峙，南闕僅三里，北闕十有八里，潮從東方來，北闕直上，折入錢塘江，邇年沙漲，以千頃之濤，束而内之三里之口，扼咽不達，轉而噴薄。戊辰秋，狂颶乘之，怒波撼天，瀰城籠屋，濱海億萬姓從樹杪浮木覓生活，此宋元以來未經見之變。向來堤防多滅没矣，當事者目擊心傷，屢經題請，特遴少府劉公涖其事。夫東南歲苦，邊儲公庾鮮贏羨，傾一邑之物力，百計捍之，隨成隨圮。蓋此塘東接海鹽，而鹽以石，此以土；鹽以四十里，此以百里；鹽以鹽場加額，資用不匱，而此爲無米之炊。用是元圭難錫，誠有如督撫公奏議者。己巳秋，直指劉公夙駕臨之，檄下郡邑，額設協濟塘費銀七萬，歲得七百金。三十年中乾没者，凡幾一旦聚而注之，吾寧且檄嘉、湖兩府，輔其不足，更不足則捐鍰金副之，寧邑億萬生命衽席安之矣。公復輾然曰：蠹不剔則用不省，任不專則事不立，更殫心汰冗漁，而專倚任。時宣明旨，以示策勵。云季春載功，役不及期，費不滿萬，而窩填庳峻，窄廣脆堅。一望百里之堤，坦蕩如砥，而胥溺之氓，咸登場圃，而服菑畲清晏之功，伊誰之力？是役也，計時則八閲月，計費則七千餘金。總理則劉少府元澣，協贊則蔣邑令之焕，分任則蔡把總國延、倪主簿維寬，工費自司道府協詳撫鹽按三臺主之。是以民不勞而海患以息，訓不文因桑梓之情，而具述之云爾。

明 沈懋孝《海塘工竣序》《兩浙海塘通志》卷二〇 浙西屬邑在海壖者二十餘城，獨鹽官之城去海甚近。海外秦駐諸山箕列囊束，吞納巨洋之水，地勢窄而湍回急，潮汐遂上，其勢獨險，異於他處。夏秋間，時有颶風，先數十夜有聲，潮乘風沸蕩崩擊，不一瞬間，室廬物産，人畜立盡，此捍海石塘所由設。而塘在鹽官，屢築屢潰，溢六爲東南患所從來矣。萬歷三年五月晦，鹽官海溢中夜，風雨挾潮以上，勢高於城。幸而迈風乃定，於是捍海之塘盡破，塘石漂入海者無算。始議修築，謂歷十餘稔，費數百萬緡，未有已也。會中丞徐公始至，經度工事，藩伯舒公素以才望，視河徐沛間，膺簡任守浙之西，遂相中丞。經兹大役，凡石塘之創建修築，幾三千丈。内爲土塘，以附石塘。又疏内河，以防衝決。始於萬歷四年七月，至五年九月訖工，其費僅踰十萬。於是嘉興太守黄君率其僚與其屬，紀公之功，屬言於余。予惟天下有三大防。疆圉之吏，守在邊防；轉漕之吏，守在河防；東南守土之吏，守在海防。此三防者，天子之守也。河之防疏塞，非若海之不可以負薪，捧土而下之楗也。邊陲飄忽，震撼鋒鋭，固甚然。其來有候，其去有形，乃海之患，豈人力禁禦之者哉？故塘之捍海，其備甚於邊墻，急於河堤。萬一塘未及成，成不若是速，東南數十郡漂没湣蕪之患，豈可勝道？故稱禹之明德遠矣。吾與爾正冠整衽弁，而哦日夕者誰之賜哉？嘗推公之功不在防河、防邊，下者非諛也。公敏達精練，年力方剛，剔歷内外，久嘗一爲典，屬國具知。邊瑣再爲治河，使者有績。河漕今又施之捍海，天下有三大防，公策之審矣。日者登樞鉉參大政，亦以治河、治海之道，施之籌邊，何異？垣之於牛，臯之於馬也。不佞揚吐而樂言之。

明 魏驥《重修捍海塘記略》《皇明經濟文録》卷一九 浙江按察使陳公璇述其同寅僉憲陳公永重修捍海塘之槩，以書來屬予記之。蓋大海去海塩城東一里許，如洪濤巨浪，晝夜衝撞。古有塘岸，專以捍禦潮汐，其保障軍民之功，不止海塩一邑，而浙西諸郡皆賴之。其利豈淺淺哉？永樂初，塘壞，有司以聞。上遣通政使趙公居住董，蘇、松、嘉、湖數郡軍民修築僅完。宣德中，巡撫侍郎周公忱俾民，於塘裏增土五尺，仍令嘉興府差夫七百人分守。候遇坍即修，歲以爲常。正統九年秋，風潮大作，塘復衝決，水溢四境，傷民禾稼及郡縣倉粮。知府黄恩復請于朝，下布政司相勘於塘裏，重築新塘，用銀且四十萬。因令所屬，有罪人納贖以充費。景泰五年夏四月，僉憲公實領其事。乃因塘故址，外砌大石，內實瓦礫，勞來工役，曲盡恩意。於是人争効力，費省而工倍。塘之廣十有二丈八尺，真足以障怒濤而捍居民。後之爲藩臬、爲郡縣者，嗣其功而時葺之，則海隅蒼生，豈復有墊溺之憂乎？是爲記。

清 朱定元《海塘節略總序》

《兩浙海塘通志》卷二〇　郭璞所注《山海經》云：水出歙縣玉山，過建德，合婺溪，至富春爲浙江，入於海。盧肇曰：浙者，折也。潮出海，屈折而倒流也。總之，四海皆有潮，獨浙江潮與江水鬥激，即亘若山岳，奮如雷霆，雪浪橫飛，銀濤旁射，縱無風雨，潮頭震撼，塘多潰卸。再加海風助虐，時雨添威，人其爲魚，田將爲壑。宋唐迄今，代厪宸慮。然浙江潮患又以海寧爲最，蓋以寧城南門不數武即濵大海，全頼塘堤保障，而寧塘又居抗嘉、湖、蘇、常等府。上游測水平者謂長安壩，底與吴江塔頂相平。保海寧即所以保嘉、湖七府，此所以浙省以海塘爲首務也。塘長百餘里，皆係活土浮沙，東自尖山，西至仁和，界翁家埠，綿聯曲折。塘之外爲北大亹，約濶三十餘里，有河庄山爲界。河庄之南爲中小亹，約濶八里，有赭山爲界。赭山之南爲南大亹，約濶三十餘里，有紹郡之龕山爲界。水若由中小亹出入，當適中之地，杭紹兩府皆慶安瀾。第中亹地面窄小，難以容納江潮，且山根餘氣，似隱相聯絡，偶通旋塞。所以不徙而南，即徙而北。徙南尚有龕、常等山捍衛，爲患猶輕。徙北僅借塘堤一綫，倘有潰溢，爲害甚鉅。康熙三十六年以前，水出中小亹，杭紹相安無事。迨至康熙四十二年，水勢北趨寧城，迤南之桑田漸成滄海。康熙五十四年，潮汐直逼塘根，寧邑南門之外最爲受險，遂依舊式，捐措添修塊雜石塘三千丈。此本朝興工修築之始也。康熙五十七八兩年，以後寧城迤西之秧田廟、普兒兜及迤東之陳文港、念里亭，在在坍塌報險。時巡撫朱軾相度老鹽倉一帶，建築大石塘五百丈，過此迤西，土性虚浮，不能安石。又築草塘一千餘丈，此建築石草塘之原委也。嗣後設立海防同知，歲加修治，殆無虚日。雍正六年，塘脚護沙，冲刷殆盡。移至海中，堆起沙洲，挑溜直注寧塘，爲害愈烈。經督臣李衛題明，將已坍之工，改建條石塘，坦復於險要處，圈築草盤頭，以殺潮勢。此建築條石塘坦及草盤頭之原委也。雍正十年五月內，上游水發，又將西塘觀音堂、翁家埠等處老沙洗盡，潮勢直逼內地。署撫臣王國棟題明接築草塘二千餘丈，其地半屬海寧，半屬仁和，此又沿及仁邑修築工程之原委也。江潮日湧，工程愈急。雍正十一年，世宗憲皇帝特命内大臣海望同直督李衛赴浙相度機宜，添設海防兵備道，增置官兵，築土備塘一萬四千二百二十餘丈，加培附石土塘一萬餘丈。又因舊塘易於坍塌，年年修補，終非長策。議於尖山起至萬家閘，止改建大石塘一萬丈，永垂利賴，誠爲保固海疆至計。適值當事者專事開浚，引河堵塞尖山，遂將議建大工，因循怠忽。并將舊有工程不加修理，以致雍正十三年六月初三日，猝遇風潮，全塘潰决殆盡。經督撫大臣親率文武壘石鑲柴，暫爲粘補，而塘身之單薄如故，坦水之潑卸如故，塘之裏身又係坑溇一線殘堤，内外受險。是年九月二十三日，大學士嵇曾筠到浙總理塘工，凛遵守憲皇帝聖諭，循照歲修之例，先保舊塘，以禦大汛。後修鉅工，以垂永久。如幫築通塘土戧，擇險修砌塘身，以及修補坦水，加鑲草塘，并建遶城石塘等工，於本年十月内奏陳。奉旨允行，即鳩工集料，分段興修，將舊存塊石危塘改建，修砌塘一千一十餘丈，修整坦水八千四百四十餘丈，幫築土戧一萬三千九百餘丈。塘内坑溇酌量填補，俱於雍正十三年冬開工，乾隆元年五月告竣。伏秋大汛，賴此無虞。元年冬，又將仁邑境内李家村、沈家盤頭、寧邑境内九里橋等處未幫土塘四千三百三十餘丈再行加築，俱於乾隆二年六月内完工。其海寧遶城石工五百五丈，亦于元年八月内分委承築，於乾隆二年季夏報竣。至續估魚鱗石塘，嵇曾筠抵工之始，見江海全勢直逼北岸，實難臨水興工，議於舊塘後另度基址建築，業經奏允。惟是舊塘之後，綿亘一萬四千餘丈，需帑浩繁，爲日遲久。自上年春夏以來，仰賴我皇上福德隆盛，江海形勢漸向南趨，自李家村至尖山中沙突起，聯成外障。至乾隆二年五六月間，東西兩塘日夕漲沙，較比昔年，形勢不啻逕庭。嵇曾筠審度水勢，因時制宜，議將舊塘基址圈築越壩，開槽釘樁，改建大工。謹遵世宗憲皇帝不可那移寸步之勢，竟以成一勞永逸之鉅工。元自元年八月初一日奉命由分巡淮揚調補海防兵備道，不辭勞瘁，奔走襄事。親受督臣指示石土工程并坦水作法，表裏完固，高堅足恃。外以障滄海之狂瀾，内以保桑田之物産。近以拯一邑之墊危，遠以捍三吴之沮洳。上以裕國家之經賦，下以蕃生民之稼穡。塘工一成，朝野交賴，元雖衰經奔喪失旋里，亦與吴越人民共慶平成也矣。

清 舒化民《修防酌寬固限》《清經世文續編》卷一〇〇 浙江仁和海寧塘工爲杭、嘉、湖、蘇、松、常、鎮七郡民生保障，最關緊要。遇有坍損，其已逾保固例限者，隨時詳奏，動項修築，未滿固限，各工責成原辦之員賠修。若遇異常潮汐，非人力可施者，查明工程，原係堅固，錢糧實用準作保。銷其保固例限，初辦僅保三月，乾隆年間加至半年，四十三年改爲經歷三汛，迨道光六年奏改保限兩年。伏查工程之平險，全視沙水爲變遷。從前貼塘漲有護沙，潮勢較爲平緩，是以隨時酌增固限，俾免濫靡經費。近年南岸漲沙日寬，海道日窄，而北岸之護沙洗刷殆盡。兼以兩年來風潮異常猛烈，每遇山水驟發之時，與潮滙勢撲面，山水搜根，底面受擊。柴埽各工動，多牽連坍卸，固限既長，正難緩待，甚有一年賠修數次者，此西塘險工林立之實情也。兹據各工員等以兩年固限賠修，實不能支稟，請將西塘固限酌減一年，仰蒙憲台批發，司道會同，通盤酌核，妥議詳覆察奪等因。伏查海塘要工，近以西塘爲最險，而估修例價，則西塘最輕。該工員等領項承修，事前既難苟簡，事後又須賠貼。卒至賠補不貲，遷延貽誤，致成鉅工，堵禦艱難，益資糜費矣。第二段綿長，而經費有限，兩年保固似不得不量爲變通。若遽減一年，又恐啓工程草率之弊，事關酌更舊例，必須籌畫周詳。請於工竣驗收之日起，經一年三大汛後，再歷半年，是較兩年爲稍減，而工經四汛、五汛，亦非堅固，不克完全。如限内有一月之未滿，工程有一分之稍短，即查明勒令賠修。如此量爲變通，於慎重之中，仍寓撙節之道，則於修防核實有裨益矣。

清 劉汝璆《塘工及長安河事宜》《清經世文續編》卷一〇〇 今日海塘之壞，以海寧、紹興爲鉅工。三江閘不修，則將有倒灌之患，海寧石塘不修，浙西將歲受其害，蕭山等處亦然，此亦不可不急籌也。爲今計之，惟有趕築石塘之外，每年仍籌撥歲修銀一百萬兩，三江閘亦須銀萬兩，既以壘石堅築成塘，即不當顧惜工料，徒爲蒿目之憂也。塘以内即長安壩，上達杭州，下通海寧，河道淺塞，非僅運鹽糧不便。且兩岸桑田無水挹注，況長安鎮爲浙西屯米之區，富商大賈從皖鄂運米而來，遇灾歉足以備全浙緩急，關係至重。約須銀八九十萬兩，即能開復，此等巨款宜籌之於捐釐項下，則易爲力。否則年復一年，上河將成陸海，下河亦勢如平地，而海寧之水利不可言矣。議者謂沙河泥湧，日以洪湖蕩潏，恐開而復塞。故屢議中止，不知地方陷賊數年，塘工無人過問，任其坍廢，致成棄地。熙寧中，自蘇學士大爲開浚，數百年民蒙其利，至今嘉湖道督辦塘工，并委道府州縣分段守護，偶有衝塌，立時搶築，何患後之足慮？此等固爲鉅工，而亦不能竟發，與其之數年之後，爲費更多，而貽後人之追咎，不如及早施工之爲得也。先賢論政，所謂體國經野者，亦惟盡力於溝洫河渠而已。目前以釐金舉辦民事，朝廷有賦税之征，民間無科派之累，至今不免煩費，亦其勢使然耳。與其束手坐視，何如力爲區畫，終受其利哉？浙中歲入正項，尚有鹽政，論者皆謂宜復舊制，出入乃有常經。往時商人之虧，由於上臺之供應。今既革除陋規，視人自願凶經制，一定歲入又得百萬，則釐金可漸次裁抑也。

清 梅啓照《續修海塘酌擬變通辦理疏》《清經世文續編》卷一〇〇 竊浙省仁和海寧所屬海塘工程緊要，前撫臣奏估銀數八百餘萬兩。十餘年來修築，撙節動用，計銀六百餘萬兩。尚有未辦之工，二限、三限魚鱗石塘一千二百四十丈，已在前數之内，必須接續辦理，以竟全功。查核段東防所屬，距尖山漸近，海面更濶，地形更低，潮勢極猛。向遇颶風，大汛迭去，險工每在該處。臣於五月十四日、六月初八日、七月十七日三次赴工，詳細查勘，二限難於初限，三限更難於二限，做法工料必須堅益求堅，始足抵禦。稍涉大意，必有衝決之虞。《海塘志》載：雍正十二年，颶風壞塘數千丈，惟老鹽塘五百丈完好如故，係康熙五十四年原任浙江巡撫朱軾所築，其法用長五尺、厚二尺、濶一尺大條石，縱横側立，交接處上下鑿成笱槽，厚二十層，高三十尺。近今工料昂貴異常，欲覓厚二尺、濶一尺、長五尺大條石，縱不惜重價，亦不可多得。現在海鹽縣修築講求大石，時日甚長，而該處估價每丈七百九十兩，較之仁和海寧石塘每丈四百八十兩，須加三百一十兩之多，刻下經費支絀之。時臣亦未敢輕議，伏查江南松江海塘，乾隆年間原任兩江總督尹繼善等所築，倶用鐵簫、鐵筍，至今鞏固。其奏疏内稱海水吞吐，爲力甚大，一石移動，全身動揺。惟於兩石層累之處各鑿一孔，用鐵筍穿合，則上下連結，於横石排結之處，各於頭尾鑿孔，用鐵簫關住，則左右貫穿，較之用鐵錠搭釘浮面易脱者，相去懸殊等語，誠爲篤論。臣再四思維，并與司道等悉心參酌。所有未修石塘一千二百四十丈，内二限六百二十丈，即須接續修築。擬仍照前建復魚鱗石，以資鞏固，惟該處地勢愈低，喫潮更重，若仍照從前十八層之數，必有漫塘之患，關繫匪輕。議者或謂升高椿木，以免加費。然根脚不穩，更恐難於經久。臣復與督辦工員候補道惲祖貽相度形勢，再四斟酌，非量加層數，斷不足以資抵禦。兹擬於原定十八層外加高二層，計二十層，共得高二十尺，每石寬一尺二寸，厚一尺，長至五尺至三四尺不等。一切辦用，均照舊式，惟將塘身丁頭鋪砌之墻石外層仿照松江石塘添用鐵簫、鐵筍，聯爲一氣。其鐵簫、鐵筍尺寸，一律用長四寸，徑一寸，圜圓三寸一分有奇，重約一斤，之外皆取平正勻圓熟鐵。再石質鑿孔太多，恐致損傷，省中舊有機器局修造槍礮等件，應著委員弁及熟習機器匠目參用鋼鑽車孔，使石質毫不受傷。又條石須加工塹鑿，六面見方，表裏平正，方可合用。近時諳熟石匠頗少，工資亦昂，約計每丈四百八十兩，外須加石鐵工料銀五十四兩。二限工程六百二十丈，原估銀二十九萬七千六百兩，共須增銀三萬三千四百兩，即可敷用。臣亦知經費艱難，用款宜求撙節，無如地勢。加此工關緊要，不敢率意於目前，致貽後來之大患。除督飭在工各員，實心經理，不準稍有偷減，以期實濟。一面選購工料，定期開辦外，所有海塘工程，酌擬稍爲變通辦理緣由，理合專摺陳明。

清 陸奎勳《海塘策》《清經世文编》卷一二〇　我浙東瀕大海，其民世食魚鹽之利，不啻青、齊、淮、揚，近因中小亹漲沙，漸成平陸。海潮衝射，塘堨崩頹。海鹽、海寧兩邑人民岌岌乎有蕩析離居之患。宜乎督撫大臣相度形勢，具疏而入告，有築塘挑淤之舉也。夫海潮之大小，應乎月而生乎日，其日必再至也，是天下之大信也，非猶淮、黄之水因風以爲動静者也。若其至秋始大，則亦猶之黄河二汛，可以先期剋定者也。開淤挑淺，儲器以備用，分部而督工其事，與治河等特於海築塘，較之淮黄形勢，大不相侔。蓋清淮之弱，不敵濁河之强固也，而河水猶可下埽以禦，則葦藁有助也。石工未固，猶可假木櫃以護堤也。試觀海門之潮，勢若奔馬，波如連山，逞其怒而東西盪激，元泰定間用木櫃竹絡無功，改用石囤，其明徵也。今則江海二流不循故道，夏蓋山以西、老鹽倉而北均屬最衝，即使排樁加石，猶難保其鞏固矣。請因執事之問而臆對之，竊以爲塘基之式，陡塘不及坡陀塘也，是以柔勝剛之道也。而塘身之設，直塘不及凹凸塘也，是急脈緩受之道也。即河身之九曲，其理勢何嘗有異揆哉？然而咨之近今者，不如稽之在昔。觀趙維寰之《寍志》備考，而知前明海鹽築塘之難較甚寍邑。蓋鹽邑之潮直射，塘助寍邑之潮，順塘經行也。叠石有縱横之式，下闊上縮，内齊外陂，而鎔鐵錠以貫之。又有附石之土塘，備内之複塘，則胡孝轅所撰《海鹽圖經》最爲詳善。監修者熟覽而參酌之，是亦芻蕘之一得乎。夫木石之費既已不貲，烏可容侵漁之胥吏，險要之工既已難固，豈可用積疲之丁夫？今遇大吏之賢者，率作於上，則夫勸功程課，直如臂之運指已耳，何慮焉？

清 海望《會籌海塘情形疏》《清經世文编》卷一二〇　臣等欽遵諭旨，馳驛赴浙，所有到浙日期，及海鹽、乍浦，先行興工修築，接濟民食。海寍尖山一帶，俟臣等查看明悉，再行確議。具奏之處，業繕摺奏聞外，今臣等渡江，由紹興府所屬之蕭山縣，并河莊山等處，將浙省江海情形詳加查閲。江海之門户不同，水性各異，水道之遷徙靡常。其中有人力所能爲者，有人力所不能爲者，凡人力所能爲者，自宜分别緩急，次第興工。今將臣等管見，敬爲我皇上陳之。伏查江海之門户有三，省城東南龕、赭兩山之閒名曰南大亹，禪機、河莊兩山之閒名曰中小亹，河莊之北，寍邑、海塘之南名曰北大亹。此三亹形勢横江截海，實爲浙省之關闌也。再查江海水性，凡海皆有潮，潮皆暗長。惟浙省之潮與他處不同，蓋緣海潮自東而西，江水自西而東，每遇春秋朔望，潮汐盈滿，江流陡發之時，互相搏擊，突起潮頭，勢甚雄悍。若再遇颶風，勢必洶湧，故歷來爲患者雖在於潮，而所以助潮爲患者，則又在於江與風也。再查江海水道，雖中小亹適當南北兩岸之中，江水海潮若由此出入，則兩岸無虞。但中小亹地面不及南北兩大亹之半，且山根餘氣，似若綿聯。潮過沙淤，偶通旋塞。所以不徙而南，即徙而北。徙而南，則南岸尚有龕、常等山，連絡捍衛蕭山等縣，雖有沖刷之處，爲患猶輕。若徙北，則北岸僅有塘工，藉資備禦，儻有潰溢，關係甚鉅。今查南大亹早已淤成平陸，數十年前尚由中小亹出入，嗣後逐漸徙至北大亹。故年來北大亹之桑田、廬舍已成滄海。若欲遏抑江海之狂瀾，使其仍歸中道，恐非人力所能爲者。臣等懍遵聖訓，細加詳勘，凡於海塘有益，而人力可施者，靡不悉心籌畫，以仰副聖懷。今公同看得，海寧之東南有尖山聳峙，鎮鎖海口。其西有一小山，俗名塔山，相去百有餘丈，水底根脚相聯。尖、塔兩山之閒相傳向有石壩堵截水道，有此壩石，北岸護沙，時塌時漲，後被修塘人役誤取其石，修補塘工，北岸之沙至今有坍無漲。臣等相度情形，現今江水大溜，緊貼北塘，直取尖山、塔山之閒而出引入海，潮衝激塘身，護沙日卸。伏思水來沙去，水去沙來，理固有之。若於尖、塔兩山之閒照舊堵塞，使江水海潮仍向外行，則北岸護沙可望復漲。果能北漲，自必南坍，水道亦可望其南徙。但春夏之交，潮汛正大，難以興工。俟冬初水落，擬用石塊設法填塞，似猶人力之所能爲者。至於仁、寧二邑海塘，所有應修、應築工程甚多，一時難以并舉。自應分別先後，逐漸興修。其自華家衖以東、尖山以西一帶塘工，有草塘幷條石塊石塘不等。內有大學士朱軾於巡撫任內修築之石塘五百丈，完固無損，又新建之條石、塘石塊雖小，尚屬整齊，均無庸修補，其餘塊石、柴草各塘，以及翁家埠萬家閘去年衝塌之處，有已經粘補者有，現在動工修築，加謹保護者。但草塘易於朽爛，塊石舊塘亦易坍塌，若使僅僅粘補，年年搶修，歲需錢糧盈千累萬，積至數年，不可勝算。而塘工之單薄，危險如故，非經久奠安之計。似應改建大石塘，庶可垂諸久遠，所需工料約銀一百八十餘萬兩。所用夫役、木石及運送船隻等項甚多，即使用力趲修，非歷數年之久，不能告竣。伏查總督臣程元章業經奏準開捐，以資經費。若儘其所收銀兩，按年動支，修築塘工，漸次可以告竣，而國帑亦不致於糜費。且臣等現議堵塞尖山水口，若既堵之後，果能沙漲護塘，則石塘可以不必改建。儻尖山既堵，仍無漲沙，再行改建，似亦未遲。惟是翁家埠一段草塘，其地脚係活土浮沙，恐難釘樁、砌石。或仍用草土堵禦，雖須時加粘補，而地面不過十餘里，每年所需無多，至塘內地勢低窪，及塘背附土單薄之處，現今即應培補。所需培補之土，沿塘或無官地挖取，應照河工之例，交與地方官逐段確查，酌量購買民田。應用仍將所買民田額徵錢糧，查明題豁。又查雍正二年，風潮偶大，海水漫溢塘面，損傷民田廬舍等。竊思驟雨狂風，不能預測，若僅此一層堤岸，未爲萬全。且現在石草各舊塘一時未能改築，應請於海塘之後，添築土備塘一道，比舊塘再高五六尺，務令於今年秋汛以前，上緊趲築完工。萬一風潮泛溢，有此備塘抵禦，可以護衛。再查仁和至乍浦一帶海塘，不下三百里，若無專管人員，將來不無廢弛之患。查河工定例，專設文武官弁，董其責成。今浙省海塘亦甚緊要，前經題委杭嘉湖道一員帶管工程，非其專責，所設杭嘉海防同知二員、千把總各一員、兵二百名，亦恐照料難周。應請專設道員一員，添設同知一員，守備二員、千總三員、把總七員、兵八百名，所設官兵不無歲需俸餉之費。但查塘工歲修錢糧，現今每年不下數萬兩，此後如有粘補工程，即以兵丁充夫工築，則歲修錢糧，可以少減。且設有官兵巡查照看，隨時修補，既可保固塘工，而於工築之暇，令其勤加操演，則海疆亦得藉資防禦矣。

清 曾鏞《擬海塘疏》《清經世文編》卷一二〇 臣聞水性善下，激之則強，洪流雖横，順之斯靡。故防水之道有二，有以剛殺之者，石塘是也；有以柔殺之者，柴塘是也。殺之者柔，則水之擊也亦柔，近乎順也。殺之者剛，則水之敵也亦剛，嫌於激也。今浙郡瀕海者六，列朝修築獨勤勤於海寧一隅者，蓋他郡潮勢猶夷，漸長漸退，獨錢江海口、秦駐諸山，一束再束，以激其怒。故其來獨湍湍，洶暴而難禦。海寧瀕江，海之北踞嘉、湖、蘇、松等郡之上游，三面受敵。每逢海潮從中小亹，雷轟電掣，岳鼓岑飛而入，一遇沙淤偏堵，颶風負之而趨。趨而南猶賴龕、常諸山，以爲之敵。趨而北則敵之者，僅海塘一綫。其所犯者危，其所扼者要也。本朝康熙雍正閒建石壩，築柴塘，更作土備塘，緜互百餘里，前後數十年，成勞著矣。我皇上復擬建不拔之基，伏覩指授訏謨，誠一勞永逸之巨功，而萬全無弊之良策也。豈臣蠡測可備芻蕘，臣愚竊以爲防海以塘，塘之成必視乎樁，樁之固必因乎土，土實則樁固，樁可固則席其剛，而以剛敵之，譬之强敵壓境，而吾之形勢勝城郭完。因負險以犯敵，敵雖强可持久也。如是者利用，石土虛則樁易拔，則因其柔而以柔牽也。譬之地陷敵境，而吾且恃已之堅，激敵之怒，勢不至舉全城而拔之。而敵不快善禦敝者，惟是順適其性，平其氣，陽曲予以能受之情，而陰厚自爲固結之術，力雖罷，不可亡也。如是者，利用柴。利用柴者，莫如淫之使厚。蓋斥鹵之土，雖浮必膩。今立樁架柴，積薪蓋土，土不足以磐固，而鎮浮泛之薪。則外蕩薪，不足以蝟聚，而收浮輭之淤，則内疏計，必使沙淤薪主，互相牽澀。久之，使漸聚漸疑，以相助爲厚。古所謂善防水淫之，即此意也。而塘之外，或加以坦水塘之内，更培以土堰，如是則堅忍。而柔者可久利用，石者莫如受之，以漸嘗見習，坎之下必有深潭，今以潮之迅，遇石之堅，其性既以不相入而愈激，加塘之高，其勢又以有所束而益狂，則盤湓泊柏，適聚其力，而引之下行，使竟其石，以搜其土。土虚則根摇，根摇則身塌。欲塘之完也得乎計，惟於塘外一二十武閒，立以短樁，砌以碎石，使漸高而及塘之半，斯禦潮以漸，不至以拒之太驟，而窮上反下，如是則根固而剛者不蹶，而其布置尤莫急於近，不與水争尺寸之利，而遠有以控馭夫奔放之程。今夫善弈者，見危知棄，而全局之氣注。善陣者偏師應敵，而首尾之勢遠，何則泥守於近？或完此而失彼，取勢於遠，則互應而易制也。沿海亦然，凡潮汐往來，壅於左必注力於右，折於前，必盤迴於後。彼中小亹一遇偏堵，而潮遂徙而近北大亹者，其明徵矣。今將爲萬世奠厥基，則經始之下，計必於數里、數十里之閒，相其曲折。予以凹凸務使狂瀾往來，遠與近有以相制相讓，分殺其怒，而紆緩其勢，不至吼發，而偏注一隅，如是則潮之爲力也。緩塘之用力也輕，而護塘之沙并可因之而不去，臣故以爲尤急也。臣聞凡防必因地勢，然亦必因水勢，參其勢而經營之。一成不變，不誠足與龜、常諸山横互千古哉？不然，臣恐仍未足爲長久計也。至於衛民而不病，民均土方，計徒庸，慮材用，一一有以仰副我皇上勤恤下民之心，是又董其事者之責矣。臣謹奏。

清 陳宏謀《通飭海塘禦浪檄》《清經世文編》卷一二〇　沿海所築各塘，專防潮水爲患，每遇潮來之期，又值東北之風，則海水風浪，拍岸漫塘，柳枝不能堵禦，蘆葦亦席捲而去。本部院連日經見，有海灘所生之草，土名甘柯，草根盤結，枝葉叢生，且柔弱綿軟，可以隨波上下。若於土塘坦坡，遍種甘柯，護衛塘身，再於塘外三丈餘地，遍種甘柯，則潮水至此，不能起浪飛花。現在自寶山之川沙，以及太倉、昭文境内塘身有此草者，上年水到，無浪不能傷塘，已有明驗。又有一種枝楊，又名白楊，種地即生柔條長藤，用繩紮結，儼如竹籬。隨長隨遍，數年之間，儼如墻壁，而又稀疏柔軟，可以隨波起立，不致激水生怒，均屬以柔治剛之一策。此二物者，當此春融，正宜種植。仰該官吏，立即飭行，管塘印官佐雜督，率塘長遍種此物，塘身則多種甘柯，塘外皆有除糧，餘地三丈，皆可遍植甘柯，其枝楊不宜種於塘身，止宜種於塘根，編籬衛護。塘外餘地亦可兼種枝楊，總以塘身、塘外數丈，皆有此二物，以作衛護。俾潮水至此，不能鼓浪興波，塘身自然受益。如塘外餘地原止減則未曾除糧者，今既種草，即爲除糧。或宜甘柯，或宜枝楊，隨地酌種，應變通者亦即變通，總期可以禦浪衛塘。至於塘長，原無工食，不能枵腹辦，地方官每丈給銀，以資種力。已種未足者補之，務令如法種植，小心照管，期於成長刈割，賣用以作工食，不妨使之便宜，踴躍從事。有能設法變通漸致廣活，不得虚應草率，有種無成。所需種力縣佐等官，酌定數目，不拘何項發給事竣，詳候一面撥給，一面委驗。甘柯成叢之後，潮汛已過，仍準塘盛者，另行給賞，急宜及時種植，以待潮汛，不可因循遲誤。柳株不能禦浪，有傷塘根，不必種植。

（光緒）《重修奉賢縣志》卷四　捍海塘起浙江海寧，東曆海鹽、平湖、金山、華亭、奉賢，南滙至上海吴淞江入海處而止，延袤三百三十餘里。其在奉賢境者，東曆五墩涵水廟，至南滙縣土塘而止。西曆華家角，與華邑丫义護塘之西土石兩塘而止，綿亘五十五里。内華邑劃分接築土塘二百丈，以乾隆元年頒行部尺計之，共八千四百三十三丈六尺四寸。凡築土塘，式由下至上，以次而狹，面寬二丈五尺，基寬五丈，高一丈二尺。雍正十一年，巡撫喬世臣奏立歲修之期，飭縣令於每年十一月查勘損壞宜修處，確估報司核定。於明年正月興工，三月竣事。仍令海防道察其勘修遲速及塘身高卑厚薄，以定殿最。又奏請修防土塘，飭令縣佐各照本邑地界專理，所設塘長均聽稽查約束，仍令同知州，同不時督察調度。又請每塘五里設塘長一名，給工食銀七兩二錢，各建堡房一間，督令朝夕在塘，隨時培護。遇歲修，仍督率人夫挑築。乾隆元年，巡撫顧琮奏請海塘内外各留隙地，以備歲修取土。塘外留地三丈，塘内留地二十丈，其地錢糧概行豁免。奉邑塘内外共留田□□□□□□□，嗣後修築，不許旁及民田。舊每方工食銀六分六釐，喬公奏請加給夯築銀六釐，務令一尺一礎，俾土性膠固，可以經久。明時畾有該年區有塘長，該年督率一畾之人夫，塘長督率一區之該年，大小相維，專供開浚挑築。既而知府方岳貢以費無定額，每至累民，因令每該年輸免役銀十八兩貯庫，名曰納贖。遇有工作，估價發銀，國朝行均田均役法，盡除塘長，該年名色，令民按畝捐錢，以資公費。雍正十一年，巡撫喬世臣奏請舊例，每畝捐錢五文，令糧户於完納條銀時，交足貯庫。凡歲修時一切公費，并於内酌用。乾隆八年，巡撫陳大受咨部覆准，令塘長每年自收塘身塘面葦草，抵給工食。至歲修及建蓋堡房，動支司庫存公銀兩，永以爲例。其奉邑塘務，則專責縣丞司之，而同知州同兼轄焉。

清 阮元《揅經室集・二集》卷八《海塘擥要序》 浙江海塘爲杭、嘉、湖、蘇、松、常六郡民田廬舍所關，國計至重。晉唐以後，南江道塞。南宋嘉定以前，潮由中亹出入，南北兩岸俱無所害。自嘉定十二年，潮失故道，水力直趨於北海、寧州南四十餘里，淪入海水，而禪機、河莊兩山間中小亹旋刷旋淤，不能不藉塔山石壩以殺其北衝之勢。且使大潮不得闌入，以爲沺刷之資，斯萬世不易之良法也。乾隆二十七年，翠華南幸軫，惜民瘼親臨閱視，見其橫截海中，直偪大溜，因斷自宸聰，添設坦水竹簍、木櫃，隨時鑲築，遂爲東南永奠之基。夫海猶河也，治海而不安其性，猶弗治也。恭讀聖製，閱《海塘記》，視塔山志事諸碑文，知西南六郡數十年安恬之福，非大聖人不能總其樞要者，可耕鑿而罔知帝力乎？元自庚申撫浙捍禦多年，今聖天子廑念要工，月披圖奏，繼先志也。元嘗虞治河有書，而治海無書。治河如潘靳諸書，雖用力不必盡同皆能發明，水理確然，措諸施行。而治海自翟均廉海塘，録一書之外，新志缺而未備，是亦未窺。今廟謨之所在矣，爰于嘉慶六七年間，屬門生陳編修壽祺，纂成全志三十卷，繼因奉諱去官。未及梓行，東防同知合州楊君溎任後，究心斯事，請其稿于元，而加以刪葺，別爲《海塘擥要》一書，以續長白琅公所輯新志。歲戊辰，元復來撫浙，又期年而此書刊適成，來請序其書，以修築工程爲要，而考古次之。浙之官士，可仰識聖澤之高深，且知坍漲之形勢、工用之準則矣。

清 石韞玉《獨學廬稿・三稿》卷二《海塘擥要後序》 權温州太守楊公鑅輯《海塘擥要》一書，既成，寄杭州視余，而徵一言爲序。余曰：公分守杭州西路，官以海防爲名，公能究心於防海之術，可謂能舉其職矣。爰攬其書，凡潮汐沙水之説無不詳，曆代修築之事無不紀，列聖經畫之功無不載，工程官制建置改革之迹無不脩，學士文人論説諷咏之詞無不録。一圖一説，挈領提綱。凡爲書十二卷，簡而賅，博而精，觀此而海防之能事盡矣。吾聞海之環中國者半天下，上起遼東，下極越南，凡瀕海州縣，在在有潮，而浙之潮特著於今古。其始見於《吴越春秋》，及枚乘《七發》，繼此而著論者，不可悉數。蓋浙水出自三天子，都會衢婺二州之水以入錢塘江，其源盛，其流長，而海水自海門而来，束於龕山、赭山兩崖之間，奔騰洶湃，與江流相激。其經過海、寧州也，則又有大小尖山斗入海水中，回流噴薄，雲飛山立，雖成宇宙之奇觀，而其堤防也尤要矣。自唐開元中，即有鹽官海塘之築，至吴越錢氏建國，臨安修築益固。兩宋元明相因，勿替我朝，聖聖相承，籌度于九重宵旰之中，指示于六飛臨幸之際。所以保障而奠安之者，無所不至。當斯任者，上籌國計，下念民依，一得一失，所關者鉅不有圖，籍何所式循？自有此書，而南亹、北亹之坍漲，石塘、柴塘之加減，量沙測水者，知地勢之變遷，鳩工庀材者，識經費之盈絀。披圖展卷，瞭如指掌，豈非籌海之金繩，安瀾之寶鑒哉？

清 吴文鎔《吴文節公遺集》卷二三《海塘石工被衝趕緊拆建摺》 奏爲海塘石工被潮沖塌數丈，經臣親詣查勘，將塘後附土設法搶護保全，并未掣通進水。擬即趕緊拆建緣由恭摺奏祈聖鑒事，竊照浙省本年夏間雨多，江水盛漲，伏汛海潮亦旺，兩相沖擊，沿塘柴埽各工均多潑損。自七月來，秋汛潮汐，尤較往年爲大。塘工處處喫重，經臣嚴飭該管同知等隨時搶護，加意慎防。嗣於八月初九日，據署西防同知李枝青等禀報，西塘所轄翁汛，境内露結爲霜，金生、麗玉等八號柴工及行路溝槽一百四十餘丈。因自初六、七、八等日，潮勢洶湧，且早潮甫經退平，晚潮即跟接復至，致將塘外柴薪附土，盡行沖去，刷成深潭，内露字號，石塘根腳業已搜罄空虛，塘身自面至底均有裂縫，後附戧土，亦經矬陷，勢甚危險等情。臣因其時，距八月望汛之期爲日已迫急，須先將石塘設法保護，當飭杭嘉湖道舒化民携帶銀錢，親駐工次，督率該丞備等，趕緊購備麻袋，裝貯泥土，并多采碎石，層疊抛積，以期擁護塘根，無如潮勢日漸加旺。十八九等日，又值大汛之期，兼之東南風較大，以致所抛土袋碎石，經旋流洄漩，隨抛隨即汕去。查此段石塘本係乾隆年間修建，底樁糟朽，致於十九日亥刻，將露字接連，結字號之工，被冲倒塌七丈有餘。臣聞報之下，飛即親詣該處查勘，石塘已倒七丈有餘，而兩頭亦形蹲矬，勢甚危險。臣目擊情形，萬分焦灼，幸塘後附土，雖已陷裂，尚未掣通進水，當飭星夜集夫，將附土加培堅築。一面分投，多購竹簍麻袋，裝載瓦礫泥土并碎石等，漏夜不停，先將倒塌處所及附近各號塘根，抛護完固。所抛土石、簍袋，均須層層積壓，高出水而爲度。其距塘三四丈之外，水勢更深，亦須用土石抛填平淺，以便趕築。外護攔壩，將倒卸之石塘，澈底拆建，方期完固。除飭該道舒化民督，同該向知等，確切估計工料，核實詳辦。俟詳到，另行奏辦外，所有石塘被潮冲塌，現已設法搶護，并擬請拆建緣由，理合恭摺奏聞。伏乞皇上聖鑒，訓示，謹奏！道光二十九年八月二十七日奏，奉硃批覽，欽此！

又卷二八《海塘冲缺摺》 奏爲恭報海塘石工，冲成缺口一段，潮水湧注，現在趕緊設法搶護，并請旨將臣交部治罪，恭摺奏祈聖鑒事。竊照浙省海塘，爲本省杭、嘉、湖及蘇省之蘇、松、常、鎮七郡田廬保障，攸關緊要。年來因南岸漲沙，日漲日寬，海面逼窄，潮勢趨撲北岸，塘工處處喫重。每當山水下注，與潮相激，上下漩溜，直刷塘根，力量尤爲猛烈。本年五月十六、七及二十、二十一二等日，晝夜大雨如注，上游山水大發，西防廳屬律以調陽四字號勢坐微灣，江流逼近。於二十四日申刻將律以字號柴土刷空，并將相連之調陽雲騰致雨字號柴土一并帶去該道廳等，正在設法搶護。詎石塘樁木，年久霉朽，即於戌刻坍去呂字號石塘十一丈，又於二十五日巳刻以後陸續坍去五十餘丈。臣聞報即親赴工次，督飭該道廳等，將已倒之石塘趕做子塘，後身原有之附土，本屬單薄，亦晝夜加柴、加土、加樁爲擁護之計。詎六月朔，汛較大。初一、二日，子塘間有過水處，隨時鑲護，尚未掣動。初三日午，潮尤大於未刻，忽將所築呂字號子塘衝開一段，并後身樁柴附土沖去，潮勢洶湧，下注口門，坍寬十餘丈，人力無從著手。臣正駐工次，目擊情形，心膽俱碎。即委員分投各處，購覓船隻，滿裝塊石，俟潮平時，於口門鑿沉。一面嚴飭該廳備等多備柴土，一俟稍可著手，即趕做柴壩，以冀潮水不致內灌。至臣未能先事豫防，致石塘有倒塌之處，又未能搶護平穩，致衝缺過水，下游各處田廬恐不免受害，實屬咎無可辭，應請旨將臣交部治罪。再臣於決口進水時，親履塘上往來督飭。正值風雨交加，塘邊泥滑草鬆，臣失足落水，幸救得生。惟浸受寒溼，精神恍惚，腰腿酸痛，不能親自駐工督辦，焦急萬分。除杭嘉湖道，常川在工搶辦，外臣復飭藩臬兩司輪替到工，稽查照料。臣稍可支持，立即馳赴工次，督率辦理。合并陳明，所有海塘石工倒坍缺口進水緣由，事關七郡田廬，理合恭摺馳奏。伏乞皇上聖鑒，訓示，謹奏！道光三十年六月初四日奏，奉硃批另有旨，欽此！

又《搶築海塘片》 再西防廳屬律、呂、調、陽字號塘工，於上月二十四五日，因山水與潮汛衝擊，將石塘坍卸數十丈，趕即搶做柴埽土塘，業已完整。旋於本月初三日朔汛，大潮將呂字號土塘衝開缺口十餘丈，過水。當經臣恭摺馳奏在案，一面與司道等督飭工員趕做柴壩，設法搶護。初四、初五兩日，潮勢正大，人力無從著手，以致口門又陸續刷寬十餘丈，當即多備柴埽，廣集人夫，晝夜搶築。冀乘初十後，朔汛潮小，期內趕緊堵合無如時。屆伏汛晝夜，兩潮勢仍洶湧，將缺口處跌成深潭，探量三丈有餘。臣督令該工員等，於東西兩頭分起挂纜，下埽進占，現已於東西兩頭各做成柴壩四五丈、六七丈不等，而中間尚有十餘丈口門未能堵合。緣潮來時人夫不能立足，無從措手。早潮一退，即趕緊施功。不過兩三時許，晚潮即來，勢須歇手，夜間晚潮退後，亦復如是。現在又值望汛大潮，潮來較猛，潮退較遲。下埽加樁，稍有不及穩固之處，旋被刷去。臣心急如焚，力疾親赴工次，嚴督在工員弁、人夫等，多用麻袋裝土，抛填深處。一面多備柴埽，乘空搶做，得寸則寸，得尺則尺，并將兩頭已做之工加緊保護，務期於二十日外，望汛潮小期內一律堵合，以資抵禦。其毗聯之雲、騰、致、雨、四號柴埽附土，前經大溜，刷帶一空。石塘因年久樁朽縚裂，情形亦重。現仍外護內托，不遺餘力，漏夜搶做埽壩，冀保無虞。至此次缺口進水，飭據地方官查探，惟附近之仁和、海寧二州縣沿河地方，間有低窪村莊數處，因潮漲河溢，田廬被淹，已飭該州縣妥爲安撫。下游各遠處，因缺口尚不甚寬，進水無多，未致漫溢爲害。除俟趕緊堵合，另行馳奏外，所有現在辦理情形，謹先附片奏聞。伏乞聖鑒，謹奏！道光三十年六月十四日奏，奉硃批另有旨，欽此！

又《堵合海塘缺口摺》　奏爲海塘缺口，現已堵合，并下游州縣，尚無因潮内灌被淹受害之處，恭摺馳奏，仰祈聖鑒！事竊照杭州西防廳屬律、吕、調、陽等字號塘工，前於五月二十四五等日，因山水與潮汛衝擊，致將石塘坍卸六十餘丈，赶即搶做柴埽土塘擁護。嗣於六月初三日朔汛，大潮又將所做吕字號土塘十餘丈冲缺過水。當經臣恭摺馳奏，一面與司道等督飭工員，赶緊搶堵。詎正值大汛期内，潮勢猛烈，人力無從著手，以致口門續又刷寬。缺口處復跌成深潭，周圍約寬百丈，均深至三丈有奇，下埽施工實多棘手。經臣力疾親赴工次，嚴督工員、兵夫等設法分頭進占，復飭工員，多備柴料，購地取土，廣雇人夫，并令藩司汪本銓、臬司黄宗漢輪替赴工，暨添委糧道胡元博常駐工次，幫同杭嘉湖道舒化民分駐東西兩頭督辦，又札調署東防同知唐光照來工，率同在工員、弁兵，夫乘此二十日以後，望汛潮小期内，漏夜搶築。臣仍不時親駐工次，嚴行督催，每早晚潮一過，即晝夜施功，不遺餘力。兹於二十四五兩日，幸將沖缺土塘口門一律堵合，密釘長大排樁，并於外面加抛塊石，以禦潮勢，内做托壩以資擁護，正在繕摺奏報。間於本月二十六日奉到，道光三十年六月十六日奉上諭吴文鎔奏海塘石工被水沖缺一摺，著該撫督同藩臬嚴飭道廳等員，趕緊設法搶護，毋得再有疏虞，以致潮水内灌。一面查明下游州縣有無被淹處所，迅即據實由驛具奏。吴文鎔於轄境要工未能先事豫防，著先行交部嚴加議處等因，欽此！臣跪讀之下，不勝悚感。伏查此次缺口進水，臣前經飭據地方官查探，惟附近之仁和、海寧二州縣沿河地方，間有低窪村莊數處，因潮漲河溢，田廬被淹，已飭該州縣妥爲安撫。下游各遠處，因缺口進水無多，未致漫溢爲害。臣前奏塘工趕辦情形片内，業已陳明聖鑒。兹欽奉前，因臣復加確查，其附近之仁和、海寧二州縣前因潮水驟注，沿河低窪田廬，間有被淹，現已消退。至下游各州縣，并無因潮水内灌被淹受害之處，現仍嚴飭各工員加緊保護，毋致再有疏虞。并一面采購白石大料，俟八月大汛後，即趕緊建復石塘，以資保衛。至杭嘉湖道舒化民暨該廳備馬椿齡、夏德風等，先事疏防，均有應得之咎。當經臣責令，將決口工程趕緊搶堵，再行察核功過能否相抵。該道暨該廳備等亦自知愧懼，一月以來，奔馳於烈日泥淖中，一息不敢稍懈。兹幸仰賴皇上福庇，決口業已堵合，可否將該道及該廳備等免其開參之處，出自皇上逾格鴻施。再此次搶堵險工，一切購料、購土、添雇民夫及委員分投采辦麻袋、裝土抛填價、買民船鑿沈，購運上游塊石，均須迅速凑手，與尋常估辦工程有間。需費稍多，臣不敢拘泥遲誤，即經飭司於塘工生息項下，隨時籌借給發。現在尚未據該廳備開報實在用數，除俟核明確數，另行具奏辦理外，所有吕字號土塘衝開缺口，現已堵合，并下游各州縣未經被淹緣由，謹繕摺馳奏，仰慰宸廑。伏乞皇上聖鑒訓示，謹奏！道光三十年六月二十八日奏，奉硃批另有旨，欽此！

又《塘工大概情形片》　再浙省仁和、海寧二州縣境内塘工緜長，幾及二百里，分隸東西。兩防同知巡視修防，查東防石塘於道光十四年間曾經大修一次，西防石塘悉係雍正、乾隆年間修建，歷年既久，樁木多已糟朽，全恃埽工戧土，内外夾持。近因南岸漲沙，日漲日寬，海面逼窄，潮勢趨撲北岸，上游山水亦池向北岸，刷汕塘根，以致塘工處處喫重。在東塘有坦水，工段尚可抵禦，其柴埽工段，暨西塘通塘，均係柴埽。埽根一經搜蟄，則全埽傾卸，所有行路溝槽附土，亦隨之而去，以致顯露石塘，塘底樁木又年久易折，此年來險工叠出之實情也。從前埽根賴有護沙，凡限外之工，上面潑損，趕緊加鑲，便可保住。即限内之工，工員稍加賠補，亦易爲力。年來先從埽根受傷，一經沖刷，即深至一二丈不等。凡限外之工，不獨不能僅辦加鑲，即照拆建、新建之工價辦理。先須建一二丈深之水底，施功糜費已多，工竣後，外無護沙，仍時虞傾卸，而限内之工亦往往賠不勝。賠至石塘以内，積年取土填工，現在近塘數十丈，悉成深坎。塘身益形孤立，而取土愈遠，功費愈多，此又年來工程棘手之實情也。且歲修經費有常，勢難一律興辦，不能不將險中尤險之工，間段擇修。其實次險之工，未及轉瞬，已成尤險。而間段修理，左右兩頭，往往不能聯屬一氣。每以忽險之舊工，累及甫修之新工。臣屢次往來塘上，與道廳等察驗情形，實係如此。即詢之士民、老兵，所言亦均相同。現在除決口處所業經堵合外，其餘限内險工，嚴責承辦之員，趕緊賠補。限外，刻不可緩之險工，正復不少瞬。届八月大汛，臣目擊情形，實爲膽寒心悸。現與司道等熟商，先擇其尤險者約千餘丈，加派委員，分段認辦，以期急資抵禦。惟通塘八九千丈之埽，工若非通盤籌計，大加修葺，則尤險者尚未辦竣，次險者又成尤險，顧此失彼，終非長策。且其坐灣當衝之處，必須多做盤頭數座，多購塊石拋填，護住塘根，庶可穩固。雖目前費用較多，而通工聯絡，根脚保固，工程自可持久。此後數年間之歲修，轉可節省，以將來可省之歲修，提作目前之工用，於帑項尚無所損，惟庫款支絀籌墊，亦非易。易辦理尤須得人，其應如何籌款，作何估辦之處，容臣與司道等悉心籌商，俟商酌定議，另行奏請，訓示遵行。所有現籌塘工大概情形，謹先附片奏聞，伏乞聖鑒訓示，謹奏！道光三十年六月二十八日奏，奉硃批另有旨，欽此。

又《搶護塘工摺》 奏爲西防廳屬調字號土塘，池東埽工，復於本月朔汛大潮被沖塌開，現在趕緊設法搶護，恭摺奏祈聖鑒事。竊照杭州西防廳屬律、吕、調、陽等字號石塘，前因被潮沖坍六十餘丈，當即搶做柴埽土塘擁護，嗣因所做吕字號土塘決缺十餘丈，經臣恭摺馳奏，一面與司道等督飭搶堵，至六月二十四五兩日，將沖缺土塘口門一律堵合。二十六七等日早晚兩潮，暨二十八日早潮，察看所堵口門，并無損動，堪資抵禦。經臣於六月二十八日恭摺奏覆，仍親駐工次，督飭各工員，加緊培護，并於口門池東調、陽字號，已做埽工之外，一律加拋塊石，已出水面。後面接築柴土，托壩正在趕辦，間適二十八日亥刻，潮來較大，二十九日寅刻，西南風大作，風力挾潮沖擊塘身，所有新堵口門完整無損，惟池東埽工被沖蟄陷，間有透水之處。經該工員等趕緊搶鑲，至二十九日巳刻，潮來已將該處埽工并力鑲高，不致漫蓋。復飭將通工一律加高加厚，三十日午，潮勢極洶湧，幸各段土塘仍無潑損，潮平後，連夜搶做，計又加高至四五尺，釘立排樁，詎至子刻，排樁甫經釘完，潮汛即至，較前更形浩大，潮頭一過，浪湧如山，池東埽面始則過水，繼復掀翻，頃刻之間，奔騰漫溢，人力難施，將調字號已成埽工塌開十丈有奇，潮勢下注。臣目擊情形，心膽俱碎，現在嚴飭該工員等，將兩頭工程加緊鑲護，一面多備柴埽料物，一俟潮平，稍可著手，立即并力施工，設法堵合，俾潮水不致内灌。惟此數日内，正值秋朔大汛，潮勢猛烈，能否不致刷寬，尚不可必。臣惟有督率各工員竭盡人力，設法保護，至前次堵合之缺口，現在并無蟄損，其下游地方，臣於決口後即委員前往查探。仍止仁和、海寧境内附近之低窪村莊間有□淹，下游遠處并無漫溢。合并陳明所有調字號土塘埽工復被沖塌，現在設法搶護緣由，謹恭摺馳奏，伏乞皇上聖鑒訓示，謹奏！道光三十年七月初二日奏，奉硃批另有旨，欽此！

又《堵合續塌塘工摺》 奏爲海塘續塌，埽工業已堵合，并將新做托壩，趕緊鑲護情形，恭摺奏祈聖鑒事。竊照杭州西防廳屬所做調字號已成埽工，前於本月朔汛大潮，復被沖塌十丈有奇。當經臣恭摺馳奏，一面親駐工次，督飭各工員購備料物，督率兵夫，漏夜施工，分頭搶築，業於初十日晚潮以前，將沖塌口門堵合。籤釘長大排樁潮來時，已一律加高，并未漫蓋。仍於外面加拋塊石，後面趕做托壩，藉資擁護。是晚，風勢大作，塘上柴棚席廠多被捲拔，兵夫間有壓傷。十一日，風雨交加，潮勢愈旺，潮退後察看新堵口門，幸皆完固無損。至十二日亥刻，晚潮勢更洶湧，口門池東埽工間有斜陷透水之處，後身新做托壩，亦有矬陷。臣即嚴飭趕緊加鑲柴土，加釘樁木，立時搶護完整。惟現值秋汛，以後潮勢日大，該處新做柴埽土塘，緜長六十餘丈，外面石工業已坍卸，全賴一綫土塘，資爲捍衛。前次缺口未合，潮來時得於缺處灌洩，分勢堵合，以後潮勢無可分洩，搏擊塘身，未免處處喫重，時覺可虞。臣惟有督飭各工員，不遺餘力，將前塘後托，晝夜加功，務期一律高寬，足資抵禦。一面采購石料，俟八月大汛以後趕緊建復石塘，俾資鞏固。所有調字號沖塌埽工，業已堵合，并新做托壩，加鑲保護緣由，理合恭摺具奏，伏乞皇上聖鑒。再臣前因海塘缺口，事關七郡田廬，深恐下游受害。是以由驛馳奏，今兩次缺口，查明下游邊處并無漫溢，前已據實奏聞，故此次堵合及搶鑲情形，未由驛遞合并陳明。謹奏！道光三十年七月十三日奏，奉硃批知道了。仍應妥慎防護，毋稍疏懈。欽此！

又 卷二九《通籌修建塘工摺》 奏爲遵旨通籌海塘大局，議請擇要修建埽工，盤頭加拋塊石，俾資聯絡，恭摺覆奏，并懇恩借款，動支以濟工需，仰祈聖鑒事。竊照浙省海塘爲本省杭、嘉、湖及蘇省之蘇、松、常、鎮七郡田廬保障，最關緊要。本年夏間，西防廳屬十四堡吕、調等號海塘決口，臣在工督率搶堵，往來塘工，目擊各段情形，危險居多。非將通塘工程大加興辦，不能鞏固。當與司道等籌議商辦，并將籌辦大概情形附片奏聞。欽奉上諭：吳文鎔另片奏現籌塘工大概情形，其應如何遴委賢能，籌款估辦之處，著該撫等迅即通盤籌畫，悉心妥議，具奏等因，欽此！仰見聖主慎重海防，保衛民生，無微不至。臣跪讀之下，欽感難名。伏查東西兩防塘工，縣長約二百里。東防石塘，塘根有坦水者居多，其無坦水工段，及西防通工石塘，均係於外面鑲做柴埽，以資擁護。而西防石塘建修年久，塘底樁木率多軟朽，全恃外面埽工裏面戧土，內外夾持。近因南岸漲沙日寬，潮勢被束北趨，加以山水下注埽根，節被搜刷，多已受傷。塘裏戧土又因年深月久，日漸單薄，若籌久遠長策，似須將年久石塘分別拆建。塘後戧土，統行培厚，塘外柴埽，普律新修，庶可堅固永久。惟工程浩大，費用綦繁，當此庫項支絀之際，勢不能籌此鉅款，興此大工。然目覩工多危險，不能不權其緩急，於節省之中求保全之策。當與司道等欽遵籌畫，并前詣各段，周歷察看，計惟有將通塘柴埽，於歲修額款外，擇要多修，使新舊各工，得資聯絡。再於頂沖處所修建盤頭，以挑潮勢，加拋塊石，以禦山水。查通塘柴埽計一萬丈有奇，限內之工，計有三千餘丈。其限外尤險要工一千七百餘丈，已於六月《分沙水情形摺》內奏明動額設歲修經費及石塘生息，湊濟估辦，并添派委員杭捕同知張玉藻、紹興府同知沈維鈺、候補運副祝維則、候補知縣袁惠疇、龔振麟等，會同該廳備，分段興修外，現查限外險要，急須興辦柴埽，仍約有一千餘丈，必須同時趕修，俾大局得以藉資聯絡，撙節核計，約需例加工料銀八萬餘兩。又擇要修建盤頭，加拋塊石，約需銀二三萬兩。再六月間，十四堡吕字號塘工缺口搶辦鑲堵一切工費，經臣飭司於石塘生息項下籌借給發，曾於前摺陳明。嗣因先後趕築子塘，添做護埽托壩，加拋塊石，并調字號土塘，續被沖塌搶築堵合，工鉅費繁，石塘生息項下已動支三萬餘兩湊濟。另案埽工歲額不敷之用，僅存銀二萬一千餘兩，全行撥用外，計尚不敷銀六萬餘兩。又八月間，雲、騰二號塘工續又沖缺，現在購料添夫，連日搶堵，所費尚雖定數，約計亦需銀四萬餘兩。其先後坍卸之律、吕、調、陽、騰、六號石塘，共計已及百餘丈，連兩頭欹斜綹裂，應行拆去重修石工，統共約長一百二三十丈。照例價核估，需銀五萬餘兩。以上各項，大共約需銀二十六七萬兩，均應籌款支給。第國家經費有常，際此庫款未充，何敢率行請撥？而工關緊要，支發又不能刻延，臣與該司道再四籌商，惟有先行借款修辦，仍就塘工應動款內通融歸補。溯查道光十四年，欽差臨浙查辦塘工，添備東塘修費案內，曾經奏奉諭旨，準於本省捐監項下每年提銀五萬兩存貯藩庫，備添東塘歲修之用。嗣於十九年間，奏明提撥一次。自二十年以後，東塘修費均就歲額支動，并未續提其原提監餉尚有支剩銀六千餘兩。現在西塘工用緊迫，應請即就東塘添備之項，爲西塘協濟之需。惟司庫捐監銀兩，歷係遵奉部文撥解，現在僅收存正銀三萬一千餘兩，連前提支剩之六千餘兩，儘數支用外，其餘均應籌款暫借。據藩司查有東塘改復坦水備用款內，原存銀七萬餘兩，又塘工本案扣存減平銀二萬九千餘兩，又現辦柴埽各工扣收錢本銀二萬餘兩，應請一并借撥。此外不敷之款，藩庫實已無可動借，應請在於運庫本年鹽課項下借撥銀十二萬兩，以濟工需，俟監餉續有收存，即自本年爲始，照每年提銀五萬兩之數撥補，原借各款儻經此次籌辦以後，將來歲修能有節省，亦即儘先歸補，庶要工得以趕辦，而帑項不至虛縻。據該司道等核議，具詳請奏前來，臣覆加體核委，俱實在情形，竊思先後沖塌缺口，既須急切搶堵其坍卸之律、吕、調、陽、雲、騰等號石塘，地處頂衝，亦必乘冬汛期內趕緊建復。而現在籌修之柴埽、盤頭等項新工，又必須及時辦理，免致多閱一汛，多被續坍，益形喫重。是以節經臣隨時檄飭，將籌借藩庫各款陸續動支。現復遴委候補道趙連標、臨海縣知縣仲孫樊暨該廳備等將擬辦新工及建復石塘事宜，分段認辦，籌動運庫銀兩，督令趕緊領項購料興工。理合據實具奏，仰懇皇上天恩，俯念海塘工程險要，準將各款借撥動用，按年歸補，俾要工得以及時無誤，以重海防而衛民生。至動用銀兩，如建復石塘，修建埽工、盤頭，購拋塊石，將來均按例加工料銀數，循例題銷。其節次搶辦險工用過銀兩，均經杭嘉湖道舒化民駐工親身經理，將來仍由臣按照實用確數核實報銷，不使稍有浮冒。請借之銀，如有多餘，另行報撥。除飭該司道迅將應辦各工段落、丈尺、銀數照例開具清單，另請具奏外，所有臣遵旨通籌海塘大局，并懇恩借款修辦要工緣由，理合恭摺具奏，伏乞皇上聖鑒、訓示，謹奏！

道光三十年六月初三日奏，奉硃批該部議奏。欽此！

紀事

宋 王安石《臨川集》卷八二《餘姚縣海塘記》　自雲柯而南至于某，有堤若干尺截然令海水之潮汐不得冒其旁田者，知縣事謝君爲之也。始堤之成，謝君以書屬予，記其成之始。曰：使來者有考焉，得卒任完之以不隳。謝君者，陽夏人也，字師厚，景初其名也。其先以文學稱天下，而連世爲貴人，至君遂以文學世其家。其爲縣不以材自負而忽其民之急，方作堤，時歲丁亥十一月也。能親以身當風霜氛霧之毒，以勉民作，而除其菑又能令其民翕然皆勸，趨之而忘其役之勞，遂不踰時，以有成功。其仁民之心，效見於事，如此亦可以已而猶自以爲未也。又思有以告後之人，令嗣續而完之，以永其存善。夫仁人長慮，却顧圖民之灾，如此其至，其不可以無傳。而後之君子考其傳，得其所以爲，其亦不可以無思而異。時予嘗以事至餘姚，而君過予，與予從容言天下之事。君曰：道以閎大隱密，聖人之所獨鼓萬物以然，而皆莫知其所以然者，蓋有所難知也。其治政教，令施爲之詳。凡與人共，而尤丁寧以急者，其易知較然者也。通塗川，治田桑，爲之堤防、溝澮、渠川，以禦水旱之灾。而興學校，屬其民人，相與習禮樂，其中以化服之，此其尤丁寧以急而較然易知者也。今世吏者其愚也，固不知所爲，而其所謂能者，務出奇爲聲威，以驚世震俗，至或盡其力以事刀筆簿書之間而已，而反以謂古所爲尤丁寧以急者，吾不暇以爲吾曾爲之，而曾不足以爲之，萬有一人爲之，且不足以名於世，而見謂材。嘻！其可嘆也夫。爲天下國家且百年，而勝殘去殺之效，則猶未也。其不出於當時，予良以其言爲然，既而聞君之爲其縣，至則爲橋於江，治學者以教養縣人之子弟，既而又有堤之役。於是又信其言之行，而不予欺也。已爲之書其堤事，因并書其言，終始而存之，以告後之人。慶曆八年七月日記。

明 張寧《重築障海塘記》《海塘録》卷二二　海寧，古鹽官，瀕海南上可百里，有山名赭，赭南有遠山，對峙如門，是爲浙江受潮之口。歲久泝洄，渟滀赭涘，出潭若陼，則口隘潮束，仄擊于鹽官隈岸。宋嘉定中，潮汐衝鹽官平野二十餘里，史謂海失故道，有由也。成化十三年二月，海寧縣潮水横濫，衝圮堤塘，逼盪城邑，轉盼曳趾。頃一決數仞，祠廟、廬舍、器物，淪陷略盡，邪不及者半里，軍民翹惴奔籲，皆重足以待。縣上其事于府，府守陳讓上其事於欽差鎮守太監李義、巡按監察御史侶鐘二公，以所上事詢諸三司布政使杜謙、按察使楊瑄。又以二公命各詢其佐參政李嗣、副使端宏、參議盧雍、僉事梁昉，咸集厥地，周視翕謀，區畫會計，相與祭於神，具以成業。託分巡僉事錢山曰君宜，任重有所給乏從革，惟君自處。公乃躬履原隰，量材度宜，命杭、嘉、湖、興官屬，因地順民，采石于臨平、安吉諸山，物用林積，舟楫轉挽，蔽河而至。分命把總指揮李昭、通判何某兼總工役。初用漢楗絙法不就，乃斲木爲大櫃，編竹爲長絡，引而下之，泛濫稍定，人知有成，勢皆奮力趨事。又作副堤十里，衛灌河以防泄鹵之害，義聲倡道，富人争自賑施。歲八月，塘成。適沙塗壅漲其外，公因增高培厚，覆實擣虚，使腹抗背，負屹成巨防，而海復故道矣。邑父老徵予文刻石，予念風濤漲溢，凡際海之區，無不間遇，至於衝决激射，惟浙江地勢爲常。自延祐及今，才百五十年，海已三變。雖曰氣數消長，未嘗不以人力定勝。但恐赭山之潭，復出沙塗之壅，再去後之繼任非人，文獻無攷，則父老前日之憂，將或在其子孫也。文章非紀實不足以傳信，請詳述本末，凡有事者，皆刻之碑陰。

明 鄭曉《端簡鄭公文集》卷四《叙海塘事略》　嘉靖乙未冬十月，侍御西墅張君巡海上。觀海曰：此剝床之灾也。波亢于陸，垠閡薄卑，苟吝堤工，閭殫爲海。乃屬憲伯黄山焦君，黄山亟發帑興人徒，運土捷石，且修且築。閱兩月，費僅二千金，厚址峻防，平齊固密。於是郡邑大夫、士庶頌之，文章不謀同詞。當是時，余謂吏于民上者，爲民造福，乃其當職。雖弗頌可也？已而聞之，乃有大異不然者，余于是深嘆。夫任事之難矣，西墅省方勤民，風裁堅肅；黄山瘁力肩心，辰出酉入，并食露蓋，以身先民；縣令晴溪董君又能經理凋狹，贍給百費，下上相應，共濟兹役，可不爲難乎？今觀兹録，雖壺漿簞食，纖瑣必載，稼穡維寶，代食維好，豈虚語哉？方今海内之事大于此者多矣，抑孰有任其責者，事成則謗興不幸，而不成則群嚚閧詆，必欲中以危法，如田寧徭寨、雲中之役，余未嘗不三嘆息也。夫君子之仕與居，各求無愧而已。仕者乾没居者，請寄交隱曲舉，以罔輿情，淆清議，是衣冠之盜，駔儈之流也，余實恥之。嗟乎！吾徒所恃以無恐者，惟青天白日耳。非卓然特立獨行自信之君子，烏足以語此哉。

明 錢薇《修捍海塘記》《明經世文編》卷二一五　嘉靖庚戌春，浙西海鹽捍海塘以颶風崩圮，維時督水使者蜀胡公以職事來巡，郡丞任君、吾鹽令張君胥會，相與咨嗟，曰：涓涓不塞，將爲江河，況海百川之匯，滔天之洪濤者哉？且茲塘高，實與邑城等。無塘是無邑，自邑而往，而嘉、而蘇常，皆汗下受浸，塘不亟築，患獨在鹽乎哉？乃得請於先巡按王公、今林公兩柱史，皆急民之患，率作惟殷，而監視則郡倅鄧君、節推殷君，其百費於張令取辨焉。外壘石塘，以障怒濤之衝，內填土塘，以防漱齒之釁。由是鹵不及田，田可望稼矣。或曰：茲役蓋有五善焉。先年聚役夫於塘，率群猾影射，今分官視工，所轄者少，易察難匿祛弊也。先一石擎六樁，爲大疏，今益其二樁，以尺度之圍，一衺八壯基也。石犬牙相躭跨縫乎鎼理密而堅，潮不得滲固表也。民每歲塘夫課銀，儲之于庫，鳩役閭左，量數分給如顧募。然受直停勻，民相勸趨，得人也。每節推殷君，其百費於張令取辨焉。外壘石塘，以障怒濤之衝。內填土塘，以防漱齒之釁。由是鹵不及田，田可望稼矣。或曰：茲役蓋有五善焉。先年聚役夫於塘，率群猾影射。今分官視工，所轄者少，易察難匿祛弊也。先一石擎六樁，爲大疏。今益其二樁，以尺度之圍，一衺八壯基也。石犬牙相躭跨縫乎鎼理密而堅，潮不得滲固表也。民每歲塘夫課銀，儲之于庫，鳩役閭左，量數分給如顧募。然受直停勻，民相勸趨，得人也。每八月潮汛特盛，怒湧兼天，適茲興作，潮縮而殺，得天也。是皆胡公措置者密，感通者神，而郡伯劉公暨張令君寔相之也。嘗攷吾鹽自十八圖淪沒，唐開元中始築塘捍潮。宋嘉定中，史言潮衝鹽官，平野二十餘里。元大德中，潮嚙海鹽沙岸，敕異人張與材投鐵符鎮治。入國朝洪武中，海嘯淪田一千九百餘頃，鹽民潘允濟走闕下請築，始用石矣。永樂三年，通政趙居任築。九年，保定侯孟瑛築。宣德四年，侍郎周忱築。皆敕使也。役民槩及蘇、常等七郡，正統以來或郡守、或臬憲、或藩參，官無定員，則守土臣也。其役民亦祗用我嘉七邑之力。正德中，易以水部郎。今皇上乃專設僉憲職水利，則勢親易運，職專思確。況銓部重東南海患，擇宿望如胡公，而又率以廉勤，佐以諸材，謂乎令，且議開裏河，取土可以實塘，因河可以運石。又命石户歲采，而時輸之以備緩急，皆利民防患嘉猷也。當書之以爲後則。

明 俞汝爲《荒政要覽》卷四《修築海塘》　永樂間，平江伯陳瑄奉命以四十萬卒修海岸八百里。浙西、江南之地抑潮捍海之利以千計，是塘爲急。樹石培土，在在爲力，其工以萬計，是塘爲大。風猛潮峻，不勝衝嚙，近海之濱難築而善崩者以百計，是塘爲切。塘無壞，浙以西無海患，塘不葺，江以南且患海。況浙哉？夫是塘，其創也，自顧尹泳始其工，頗力其修也。或十載，或五載，民至於今，獨稱楊郡丞冠，其工頗固，嗣是而修築者，不惟不固，且不力有司病焉。是歲七八月之間，風潮倍于昔，而塘之決亦倍于昔，郡大夫蕭公有憂焉。於是具狀以上于大司空李公，李公曰盍亟圖之。於是具狀以上于司空大夫林公，林公曰吾事也。於是林公館于其地，蕭公往來于其塗，取財于郡帑，鳩卒于邑里，伐石于太湖，負土于草蕩。散公而甃之，列卒而築之，分官而涖之。塘高若干丈，自下以上，尺無弗堅者。塘長若干丈，自北以南，丈無弗實者。塘闊若干丈，自內以外，寸無弗密者。一木一石，其度其畫，其堅其實，其密無弗經林公者。經始于九月之初，落成于十有一月之既望。而塘告成，夫皆勞瘁于塘也，而司空大夫之功爲大。皆經畫於塘也，而郡大夫之功爲專。於是塘之民遠者、近者、老者、少者咸曰：築塘屢矣，是舉也，不迫不遽，其固哉。築塘久矣，是舉也，不既不殿，其速哉。築塘僊矣，是舉也，不輟不複，其逸哉。築塘靡矣，是舉也，不煩不累，其約哉。塘以外屹如巍、如風，潮之激雖巨，而塘足以任之矣。塘以內曠如奧、如高者、畦低者、田近者、竈遠者、樹耕者、不溺沃者，不沮於乎其利，不既博哉。

明 趙維寰《雪廬焚餘稿》卷一〇《修海塘》　寧邑自海嘯後，當道大議修塘費錢糧不貲。余謂：不然。塘有宜大修者，有不必大修者。如海鹽縣東面距海塘，自北而南，潮則自東而西，濤頭直衝塘肋，故塘不得不大修。若寧則于是矣，寧南面距海塘，自東而西，潮亦自東而西，濤頭奔激，直衝鱉子門。寧特其經行處耳，當經過時，遇旁有隙竇，自然不免滲入。蓋隙竇引潮以入，非潮決塘以入也。第觀無隙竇處，潮水滔滔，順流而西，絕無嚙決之患，則大致瞭然矣。且竇亦有限，而寧邑每年儲有修塘銀三百兩，若賢有司加意民瘼，計每竇最大者若干丈，最小者若干丈，大小半者若干丈，每丈計用亂石若干，載募工集石，石不必斲整，但取重百觔以外水不能漂者，石既集，候潮平時聚衆投石，石既塞竇。隨督地方夫以土實其內，如舊止一丈濶者，今拓至四五丈許。土得石爲外護，石得土爲內幇。既無隙可入，潮水安得乘之？計亂石一載，官價不過一二錢，土不用價，隨地可取。約費二百金，便可得亂石千載，而數千金何爲者。若今年七月之變，自是天意，雖塘高數仞，其孰能禦？而乃借此爲名，虛費物力，可惜也！

明 徐階《華亭縣修築捍海塘記》《吳中水利全書》卷二五　華亭縣故有捍海塘，按《志》：塘築于開元元年，縣創于天寶十年，則塘固先縣而築矣。豈塘成之後，海水既不闌入，而江湖之水又藉以停蓄，故耕者獲其利，日富日蕃，而縣因以建歟。萬歷三年夏五月晦，海大風，鼓濤山立，怒號而西，注敗塘于崇闕，於白沙漂没廬舍百十區。潮乘其闕，日再入，流溢四境。潮味鹹，所過禾麥豆蔬立槁，適歲旱，民不得灌溉。太守西蜀王侯以修，瞿然曰：灾若此，吾曷敢寧居？亟檄知縣事南海楊君瑞雲往視。楊君冒盛暑循海行二百里，具得其狀，以白王侯。侯首議修築，費巨無所給。或謂民可役也，巡按御史姚江邵公陛曰：吁！華亭人瘦矣。吾奚忍益之？亟出贖金五百兩，俾侯經始。巡撫中丞永豐宋公儀望聞之，曰：俞吾保釐茲土，固惟奠乂之求，出贖金三百。督鹺侍御真定王公藻曰：使者巡行，問民利害，矧吾煎海之民環塘而居者千萬，計其可無時。舉出贖金百。侯亦出贖金二百，及河夫之值二百六十，召徒役，具器用，囊糗船粟，率楊君齋禱而從事。于是整飭兵備，東甌王公叔杲爲設禁令，陳賞罰，擇典史林國惠、千户李國美、百户濮文卿使董厥工，畚築日奮，塘亟告成。長八百五十丈有畸，高厚各一丈五尺，址加厚二丈。川原底寧，行其上者若坦途，耕于其內者若倚平岡，不復虞鹽潮之入也。胥拜且言曰：非諸君子之力，其曷能有此？請予記成事，予嘗論古君子閫民之灾，必相與動色怛中，舉力而爲之救。後之爲政者，勢率避而不肯爲功率倡，而莫之和。今觀于諸君子，信可謂協于爲民矣。遂諸而記諸石。

清 沈珩《重築捍海塘碑記》《海塘録》卷二二　今天子康熙甲辰秋八月，海寧捍海塘潰，勢浸淫無所砥，下流迄嘉、湖、常、蘇咸震危。總督趙公、巡撫朱公惻然爲民命國計憂，親巡閲坐鄉之士大夫於堂，進其耆老於庭，諮詢周密，畫籌乃定。爰簡備兵熊公來督修，十一月堤垂成。是時，巡撫蔣公甫涖浙，輒復重軫厥灾，降檄敦勵，方略載新。於是植頹築虛，增卑補狹，堅者矻矻，隆者翼翼，度越於舊觀，備兵公之始來眂海也。民老幼數萬，環車泣且曰：是役也，費難工鉅，任勞可奈何？公則慷慨誓曰：吾奉天子命，堅茲土民，溺則誰溺也。況督撫兩臺，至仁極德，廑爾民憂，設吾弛然畏難，辭鉅避勞，上貽兩臺之勤閔，而下諉咎於僚吏，縱得以具文報塞，詎吾志哉？爰駐節躬晝，率興敏築，沈筭潛計，殫精焦髮，始治役覩，浩浩湯湯。曰：匪神曷佑？且必陳牲醴，禱郭門而南，且呼且恫，果遏怒泛，乃利版築。僉曰：神鑒格矣。曰：匪人曷集功，即決口判列爲號，若散屬，若庶耆，分曹置監，靡長勿褒其材，若石櫝囤櫃，榑櫨竹落，其工若礪鍜畚鍤，防丁椿户各懋。乃司戊夜猶手降教，相諭答問，日命厨傳慰勞，罔弗激弗勵。僉曰：人功修矣。曰：民勞勿恤，曷勸哉？諸卒夫乏者、賙寒者、絮孱者、餔麋療疾者急鍼餌，人人忘勞死。僉曰：民氣優且勸矣。而公每念必惕然勿忍，潰民力捐橐金，萬司計必親蠡蝕盡絶，故鳩庀罔漏，堤廣厚什半加舊。按寧塘歷唐宋元明，一罹厥灾，至乃淪山陷城，决地數十里，漂禾稼數郡。今當宁徬徨，公卿胼胝，費金錢幾百萬，徭役連十餘郡，歷歲時且十年或二十年，猶未盡底績，甚不得已。而或徙民居以避之，或令方士用秘法鑄深沙鐵神，造浮圖，實以七寶珠玉，爲厭勝之具。然訖不効，不亦計窮而術踈哉？所謂難與鉅與勞。今且什九倍昔，而上不靡帑，下無困氓。千載之功，不日告成。然則常變會乎勢，安危係乎人，彼難與鉅與勞之倍昔，勢也。其事半功倍，則人也。是魚腹之遺黎，得安堵而康食，俾之生全者，誰德也。陸沈之疆，土得井耕，而土貢予之奠麗者，誰力也。邑之人曰：勿可患其數郡之命，係乎塘者，皆曰勿可忘士民，乃請記之，以勒諸石。茲塘長鞏，功且不朽云。

清 保培基《西垣次集》卷八《浙海塘工碑記》　浙省江海水道派歷三亹，分遷無定，惟中小亹當流直徑數十年，前江海由此也。入則南北兩亹，沙高且廣。杭、紹二郡，共慶安瀾，第中亹地勢不及南北亹之

《清通志》卷九六《海塘》 順治元年，禮科給事中張惟赤疏請歲修海塘，以防潮患。於是修錢塘縣石塘二十一丈，二年增修六十丈。按：海塘自前明崇禎二年，同知劉元瀚建修海寧捍海塘，後不復修。

又 康熙三年，海決，修海寧縣塘，築石堤，并築尖山石堤五千餘丈。九年，設浙江海防同知二人，專司塘務。三十八年，修錢塘江塘，四十年修錢塘江岸，築石塘，每塘一丈用石一縱一橫，固以油灰鎔鐵錠鑲嵌石縫，深根堅杵，加築子塘，以爲重障。共建石塘六百六十七丈，子塘八百九十五丈。四十一年，江塘圮，布政使郎廷極築之，建潮神祠於上。五十年，重築江塘，布政使殷志熙董築。其法用石一縱一橫，每層鑿孔，以巨木貫之，每五六石聯爲一石。又於橫直合縫處，用鐵錠鑲嵌成塘二十丈。五十七年，修築海寧石塘，浚備塘河。巡撫朱軾建築其法，每塘丈用木櫃二，每櫃貯石塊五十斤爲塘基，外築坦水。復開備塘河，建牐一座。五十九年，從巡撫朱軾請，於老鹽倉築魚鱗石塘，開浚中小亹淤沙，令海防同知專督歲修。是年，分修海寧塘。六十一年，改築草塘。

又 雍正元年，以赭山海口壅塞，逼近塘口，諭該督撫即行疏通，毋使潮汛留沙漫壅，以固海寧塘根。二年，命吏部尚書朱軾會同江浙督撫，議興海塘事宜。尋議浙江海塘自餘姚縣之滸山鎮至臨山衛土塘，三道内有一道爲老塘，年久沙淤，百姓佔耕。築土塘二道，形勢卑弱，應加高厚。自上虞縣之烏盆村，至會稽縣瀝海所石塘，暨兩頭土塘，漸致坍塌，應於塘底填築亂石，上鋪大石，貼石築土，以資培護。自海寧縣之陳文港，至尖山，亂石砌邊土塘，加築高厚，其塘如式，改修塘外亂石子塘，重修完固。其原無子塘者，如式添建。海鹽縣自秦駐山三澗寨至演武場石塘，衝塌百五十餘丈，應如式修築。議得松江海塘自金山衛城北至華家角，漴闕墩至東灣，金山墩至西墩，兵廠至張家舍，倪家路至三岔墩，周公墩至華家角各土塘，計二百五十餘里。内有最險工一段，次險工二段，俱應改土爲石。其餘水勢稍緩之處，宜堅築土塘。自華家角至上海之頭墩塘外淤沙之處，與頭墩至嘉定縣界，内外土塘二道，俱令逕直加築。塘外密釘排樁，以防衝潰。俱從之。三年，命於塘内一概增建複塘，以禦海嘯。五年，巡撫李衛請增築浦兒兜草壩，并改建姚家堰草塘，從之。姚家堰舊建土堤。是年復修。海寧縣錢家坂馬牧港等處塘工又修江塘。

半，且山根餘氣，蜿蜒蓄積，潮過沙淤，偶通旋塞。是以不徙而南，即徙而北。然徙南尚有龕、赭等山聯絡捍衛，蕭山一帶間有衝擊爲患。猶輕徙北，則北岸僅藉寧邑塘堤爲之抵敵。迨康熙三十六年，水漸北趨，蠶食灘脚。沿至五十四年，經秋汛，發風浪，兼天潮來，則勢欲撼城，潮退則帶沙中埂，乘流逐北，以致東西蔓延。五十七八年間，寧城以西曰秧田，廟曰普兒兜，以及城東之陳墳港、念里亭一帶，沙基坍塌殆盡，海昌孤注，大可虞也。維時高安朱公撫浙，相度情形於□鹽倉地方創建大石塘五百丈，塘以西創築柴塘千丈餘。繼撫王公又築柴塘二千丈，要皆草草護禦，聊救一時。自雍正六年以來，每逢秋至，波臣陸梁，民無安堵。十一年春，特命中使暨浙統軍，勘形勢，考機宜，增設備兵觀察防官，共勷厥事，議築備塘一萬四千餘丈。明年四月，於中亹開浚引河二千七十餘丈。九月，復於尖山挑築石壩，分上游以柔水性。種種方略，訖無成功。十三年六月三日，颶風夜作，狂瀾怒號，席捲通塘，頃刻滄桑混一，生靈百萬，幾化爲魚矣。是年秋九月，錫山相國嵇公奉命總理浙塘，遠近歷覽，首尾經營，先修舊塘以禦大汛，後建鉅工以計久遠。草奏上聞，制曰可。於是鳩集工料，指揮文武，改築條石塘一千餘丈，坦水八千餘丈，前後帮築附石土塘一萬八千七百餘丈。乾隆元年□秋，大汛，始獲保全。先是，嵇公之來浙也，選帶河工幹員十數人，親駕小舟，田［沿］錢塘江而下，經大尖山直溯海門，覘南岸。沙灘雖濶，尚在浮動，可以智取。因授河員以切沙法，謂南沙坍，則北沙自漲，即日下令造器具，發兵夫數百人，且切且疏，視潮之□落爲作息。未幾而北岸臨塘所謂占鼇塔前水深四五丈者，引繩試之，僅八九尺，俄而四五尺，俄而尺許。積漸沙高，綿亘百里，較之昔日，淼茫無際，不啻天淵。似此固本廟謨神運，然亦與有人力焉。按仁寧二邑塘工，計長一萬四千二百餘丈，内翁家埠柴塘四千二百餘丈，尖山埽工四百餘丈，毋庸改建。再老鹽倉大石塘五百丈，并舊存整齊石塘一千六百餘丈，擇險修砌石塘一千餘丈，亦屬完好。實建魚鱗大石塘六千四百三十餘丈，次第興工，現在接踵告竣，將來金湯鞏固，萬世承平。浙西父老咸稱：自有海患以來，此誠創見之功烈云。乾隆三年，歲次戊午，七月既望，少中大夫管理浙江杭嘉海防工務軍司馬加五級，紀録七次，保培基譔。

六年修海寧縣老鹽倉、西塘縣南門外海塘、錢塘江塘。七年，命建海神廟於海寧縣東門，內又改建。海寧縣荆煦廟等處石塘，向係草塘，後改土塘，今建石塘。築陳文港等處草壩。八年，築寧西塘大壩，設海防兵弁，鑄鎮海鐵牛五座。又修仁和縣塘。九年，續修海寧、錢塘塘工。十年，築仁和沈家埠、海寧華家衖草塘。十一年，命內大臣海望查勘浙江海塘，於海寧之尖山、塌山中間建石壩一道，以堵截江溜。又諭於中小亹，開浚引河，以分水勢。增設道員一，同知一，守備二，千總三，把總七，兵八百，專司隨時修補。又修仁和、錢塘、平湖諸邑塘岸。十二年，浚南港河，築尖山西浮壩。十三年，總督程元章疏定海塘事宜四：一、錢糧宜分案具領，一、分別保固年限，一、令承修官會同估造，一、於緊要工所豫貯物料。從之。增築魚鱗石塘，葺浦兒兜舊塘，加築海寧南門外魚鱗石塘。又定攻沙法。大學士嵇曾筠疏言：寧邑塘工之患，皆由南岸沙灘、沙觜挑溜，致水勢全向北趨，請於南岸沙洲用鐵具梳挖陡岸，俾河岸根脚空虛，海潮來往自爲衝刷坍卸，以洩水勢。從之。

又　乾隆元年，建築仁和、海寧魚鱗石塘六千餘丈，并海寧南門石塘，設運石海船五十隻。二年，編石塘、草塘字號，向例，各塘坍矬，率以某家東西起止開報，易於朦混。雍正年間，監督汪㴶、張坦麟等議將各塘編立字號，至是大學士嵇曾筠咨部，將各塘照千文編號，以二十丈爲一號，建竪界碑。仁和計編七十二號，海寧編六百四十號，其餘海鹽等塘均照此例。改建海寧遶城坦水。四年停草塘歲修，改建浦兒兜等處石工，續築尖山未竣壩工。前大學士嵇曾筠因水勢險急，灘以堵塞，疏請暫停。茲撫臣盧焯以水勢已平，合龍甚易，疏請補築。復浚備塘河。興築仁和、錢塘、江海塘埭。五年，續建東塘石工。是年，尖山水口成。鑄鎮海鐵牛四座。六年，總督德沛復請老鹽倉迤西至仁和縣之章家庵柴塘，改建石工，從之。命左都御史劉統勳查勘浙江海塘。先是，五年十一月，德沛曾有是請，部議准行，以劉統勳言改建，不必過急，乃緩興築。至是復請，故遣統勳會勘。七年，總督那蘇圖疏言：海寧縣之華家衖柴塘外沙綿漲數里，無須改建石塘，惟老鹽倉汛至東石塘界，地俱頂衝，請擇其最險之觀音堂汛坐字號，老鹽倉汛伏字、蓋字等號，建築竹簍石壩。是年，左都御史劉統勳疏言：親履南北兩岸柴塘，改建石塘，誠經久之圖。請俟水緩沙停，乘機興築，每年以三百丈爲率。督臣那蘇圖復疏言：老鹽倉汛至，東石塘界最險，請先間段排築石簍，俟石簍根脚堅實，再照原議改建石塘。均從之。九年，命吏部尚書公訥親勘修浙江塘工，尋疏稱仁寧二縣柴塘，外護沙寬廣，不必改建石塘。從之。是年，海寧魚鱗、大石塘工成乾隆二年經始。十二年浚中小亹工成。十三年，增築護塘土堰，又議增滾壩及塘汛弁兵。十五年，海潮平。謹按海水自乙丑歲以來，大溜直趨中亹，至是年海波不揚，臣民慶幸。冬十二月，撫臣永貴以秋汛安瀾，塘工穩固疏聞。十六年，上巡幸江浙，莅錢塘江，幸六和塔，敬念世宗憲皇帝奠安之德，勒石紀事，永示無極。十八年，海潮平。十九年，督臣喀爾吉善請裁改海塘營官弁。江海塘工向設兵備道一員，統率守備二員、千總四員、把總八員、外委十六員馬步兵千，分守防護。至是以尖山石壩告成，中小亹引河暢流，塘工穩固，裁汰道員塘工，歸杭嘉湖道專管。其守備以下等官兵弁均裁，改留堡夫四百名。三百名守北岸，一百名守南岸，餘兵改歸杭乍二營。二十二年，上巡閱海塘，幸觀潮樓，命建海神廟於城南。明年廟成，御製碑文勒石。二十四年，酌復海塘營弁兵，復千總一、把總二、外委三、馬兵二十、步戰兵六十、守兵三百名。海寧分設二汛，舊設堡夫悉行裁汰，統歸兵額。加築護塘土堰，時撫臣莊有恭言：海寧石塘近城一帶，護沙沖塌，故有是築。增築層石坦水，修海寧條石坦水。時江流海潮，復改由北大亹出入。二十五年，修東西塘坦水及韓家池柴塘，復修築海寧南門外堵坦水。時海寧南門外及石門遶城塘外二層坦水，爲五月望汛潮損，故復修。二十六年，修胡家兜坦水，時潮水逼塘，護沙全刷，地當頂衝，故建之。修魚鱗石塘坦水，自雍正八年建後，已歷年久，今外無護沙，故改建。修馬牧港塘工坦水，築秧田廟坦水，修韓家池柴塘。均以潮汛沖塌護沙，故修。二十七年，上巡幸浙江，躬閱海塘，咨度經久之計，將老鹽倉柴塘改建爲石，因下木樁試之，奈沙質浮鬆，所下之樁不能牢固。其柴塘向內數十丈，雖可下樁，又皆田廬溝塍。上命仍築柴塘，定歲修坦水，以資擁護。又改築四里橋魚鱗石塘，并華岳廟等處石塘盤頭坦水。二十八年，改建念里亭諸處魚鱗石塘。二十九年，置老鹽倉護塘竹簍，增築念里亭坦水。三十年，命於海寧全城環遶石塘，普築三層坦石，并隨時修整，以資防護。四十五年，上五次南巡，親視海寧塘工，以柴塘究不如石塘鞏固，因命該督撫督率所屬，自海寧陳文港石塘，迤上至老鹽倉柴塘四千餘丈，通建魚鱗石工。旋遣大學士阿桂往來勘視工程。四十七年，據總督陳輝祖奏，西塘頭圍爲江海交接之處，漲沙十餘里，橫江截海，阻隔水道，致范公堤以東漸致搜刷，章家庵迤西沖擊灘勘。因於頭圍沙灘開引河一道，待春夏山水暴注時，開放引河，借山水奔騰之勢，順流攻沙。會春雨漲發，大溜直趨，引河范公堤正溜，開向南行，漸有南坍北漲之勢。四十八年，原辦、續辦魚鱗工竣。又奉上諭，浙江范公塘一帶看來，竟須一律改建石塘，以資捍衛。昨已諭知富勒渾等矣。明春南巡時，朕親臨閱視，指示機宜，降旨後，即可興工辦理。至富勒渾有老土塘，根脚同係淤沙，土性浮鬆之語，從前老鹽倉一帶亦稱淤性浮鬆，難以開槽打樁，乃自建石工，一律穩固堅實，可見事在人爲。該金，捍衛民生，使閭閻永臻，樂利亦所不靳也。四十九年，上親視海塘工程，諭浙海建築石塘，所以保障民生。自應於石塘既建後，砌築坦水，保處改建石工，所費不過較前三分之一，方今府藏充盈，即多費數十萬帑護塘根。乃督撫惟云柴塘必不可廢，此受工員慫恿，爲後日歲修冒銷地步。況添建石塘，原欲留柴塘爲重門保障，并未令其拆去。若如該督撫言，復加歲修，安用費此數百萬帑金爲耶？又石塘之前，柴塘之後，見有溝槽一道。槽內積水，并無去路，將來日積日甚，石塘根脚勢必淹浸滲漏，該督撫亦并未慮及。又石塘上堆積土牛，甚屬無謂，設遇異漲，又豈幾尺浮土所能抵禦？所有塘上土牛，即著填入積水溝槽之內，仍將柴塘後之土順坡斜，做祇露出石塘三四層爲度。并於其上栽種柳樹，俾根株蟠結，塘工益資鞏固，如此則石柴連爲一勢，即以柴塘爲石塘之坦水。至范公塘一帶，亦需一律接建石工，方於省城，永資鞏護。著自新築石塘，工止處之，現做柴塘及挑水段落，起至硃筆圈記處，止再接築，至烏龍廟止。一體添築石塘，予限五年分段，從東而西，陸續修築，以期海疆永慶安瀾。

藝文

明 余有丁《海塘成功頌》《明經世文编》卷三九一

萬曆三年夏五月，海潮上齕海鹽堤。堤大壞，亘二十里餘。民無所底定，朝議司馬徐公明石晝能商工用，上遣公行視，圖方略。公至，合陳臬郡邑丞諸吏按海上，議以增埤捍水，力度道里便宜，凋無大害者。公曰：是役也，在并海一邑，費浩穰，勢不得不求助他郡，豈猶不堅，而與海爭咫尺地。其又令疾風駭浪，攻數郡邑，費堤非不倍於海，一簣不覆寸葦，莫支費將立盡。謂：石堤何則飭諸執事，悉計作治，公晝夜頒庀材命。工凡三越歲，發卒若干人，費若干緡，堤廣丈，高倍若干。堤成，公復按堤上，曰：是地庳下海所從來者，高水涌悍，易以行庳。地即有堤，恐難恃。去石堤尋丈，當更築土堤，防其敗。又甚者，萬一海羨溢，填淤反壤，當釃內河股引取之，水猥盛則放少，稍自索不至迫阨，爲內外塘憂。則浚內河若干里，鑿若干里，使大水得過，小水得瀦，陂障縈折，以爲污澤。然後鹵瀉可得，煮海堧棄，地民茭牧其中可得以溉，爲田益肥，濵海之民得穀，此一役也，不獨驅水害，所興利十倍矣。公利社稷，豈不弘多？此特道其利吴者一二，若此吴與越壤相接也，海潤千里，所波及越者又沃矣。於是越守某人等思所以頌德，謂予職史也，宜有言。予何知饗其利者有爲德，雖不敏，敢不唯唯。頌曰：肇維吴越，北望窮髮。環以天池，湯湯濆渤。厥有陂堤，以防滑汩。萬曆之禩，仲夏五月。川后失職，天吴猋發。黃星夜騁，褻我倏忽。陽侯晝奮，燋山齕齕。滇㴔懸飛，鴻溶相湱。浮天無岸，吐吞蕩潏。皓皓旰旰，冬日可拍。延道盡弛，廬殫爲澤。坌走斥鹵，田失阡陌。莫辯牛馬，郊坰蕩析。下民嗷嗷，岌矣朝夕。天子曰咨，疇茲與治。爰簡群工，爰甄輿議。僉曰徐公，民之攸塈。竭公無二，身兼數器。爰賜璽書，敕使直事。曰某往哉，予其汝試。川流滓灑，惟爾之勩。公受命來，夙夜惕厲。徵幣封牲，望於海帝。率屬飭材，身履心計。脂車載舟，乘樏蹈橇。埤之崇之，必增其溢。浚之澄之，必防其泄。力役玄夷，誠同精衛。毖茲哲謀，期無再復。欲固其表，當衷其腹。內土或疏，外距焉築。譬諸漏巵，不盈千斛。廟涇之濱，秦山之麓。中泊白洋，石橋橫矗。有離長流，有湮故瀆。乃理乃宣，乃參以五。轉石度山，刊木僦土。闕者使通，闕者以補。烝徒唱和，工師率舞。雷騰雲奔，一瞬百堵。屹屹河塍，若墉若嶁。外鞏中堅，云何不怙。迄茲孟秋，有霾嘯浪。瀛堧晏如，億土不障。匪伊則庸，曰惟神相。峩峩異人，曳而履杖。錫告有蚤，毋畏爾恙。海若見靈，皇矣肸蠁。匪公精禋，曷貽明貺。公蓋大儒，克舉輶德。所至極思，以匡邦國。有截新堤，品庶阜殖。吴越底平，伊疇之力。白渠無當，金堤難塞。庶幾纘服，邁往靡忒。史臣作頌，代志溝洫。

明 董裕《董司寇文集》卷一八《初抵留勳得別駕魯恒遜詩，時恒遜有嘉興海塘之役，因復訊之》 鳳臺花發語鶯時，艤棹誰傳伐木詩。江上霞標移越嶠，天涯草色動春池。積薪自識留勳苦，鞭石應嫌障海遲。爲問玄圭告成日，銀山應讓奏功奇。

明 貢修齡《斗酒堂集》卷七《海塘》 走馬長堤杆作塘，水波不惡勝王祥。無庸犀手三千力，已見人呼海若藏。

明 王鏊《震澤集》卷五《海塘謡》 田於何所，靳公之塘。公今何在，我田我耕。昔公未來，潮齧我堤。浩浩洪流，浸我稻畦。公之來兮，志何壯稽。天之浸身，以障楗，以木填，以壤隱。然長虹橫海，上潮安流。田有秋，温人飽飯，臥且收靳公。靳公胡不留稽山？摧潮水歇，靳公之名乃可滅。

明 張鼐《寶日堂初集》卷三一《海塘觀海歌》 大地濛濛一勺水，虚恢曼衍何乃爾。怒濤噴薄連天來，恍惚白晝聞驚雷。遥看島嶼浄欲没，青螺數點烟一抹。白龍吞吐鬥鯨鯢，巨靈隻手撐不得。依稀影絶南天際，半是水光半蜃氣。蓬萊不見樓臺空，須臾浴出青芙蓉。雪山萬丈凌霄漢，長鯨奔驅駕水面。劃然一吼天地裂，化作驚濤拍海岸。風雷翻覆弄神通，日月漂渺行乎中。怪靈百變渾元氣，海若全無造化功。我來撫掌笑河伯，齷齪争誇秋水溢。欲憑八月槎問津，浩歌萬里長空碧。

明 張寧《方洲集》卷四《楊廷憲修障海塘妙得古法，但百世之工非朝夕可致，所冀增高倍厚堅表實裏，遲之以歲月，庶可持久，詩以寄之》 吾聞浙江潮，涌撼世莫比。迴流趣鹽官，一射數百里。海鹽當其衝，適際東北趾。何年作長防，去郭數丈許。叠石類懸崖，壁立瞰其涘。刳中實外障，高岸湮入水。表裏河海間，相隔纔一指。譬如潰瓜形，皮好肉已毁。潮來石奮角，潮縮石拔齒。時平漸離缺，風迅遽披靡。工役歲無涯，漂蕩日常耳。皇皇魚鱉民，藐藐軒裳子。剥牀不及膚，解牛未得理。豈無達務才，遺我徒好語。使君人中英，萬物備一己。詢咨度豁如，瞻顧心隱只。秦鞭竟空談，漢絙無用此。軒然巨鰲側，坦若長坡迤，罅漏互蔽虧。力勢相并倚，盈不與潮鬥，縮不隨浪委。肉厚骨不疏，腹飽背復僂。何期既倒闊，忽見急流砥。但恐述者能，不類創智美，速成功易隳，舉重力易弛。安得百使君，曆歲如大禹。

明 趙彦復《梁園風雅》卷二〇《徐司馬撫浙鳩工揵石海塘功成作詩寄之》 河渠太史謾勞裁，精衛千秋枉自哀。日上扶桑開島嶼，地臨檇李出蓬萊。鰲簪忽送三山石，蜃口遥分萬里臺。不獨揚波清海怪，會看重譯越裳來。

明 趙伊《序芳園稿》卷下《觀海塘》 侵僥肩輿入浦烟，鹽官城外石塘邊。秪餘尺寸東南土，不辨微茫上下天。泊岸漁舟依古廟，背人烏鳥下桑田。早知千里環州郡，保障江南此地偏。

明 祝以豳《詒美堂集》卷一《羅明府海塘工成因諸生之請漫采里謡爲賦》 玄造鬱殆舒，坤維涬乘坼。睠此東南氓，長悲少歡懌。欃槍當晝明，芻秣旋鹽脈。蠢彼疇其咨，而乃迕川伯。溟穴翻陰風，赭礁兩搏擗。倏噬千仞趾，遂撼百雉脊。規帑無棲糧，呼閶尠腴藉。郵傳將日疲，冠蓋亦屢赫。桑麻尋洼窞，脂髓塗塴涛，胼胝須循良，赤素皇穹格。湖平磧頟罅，颶歛砂𣅀白。沫鬣今鬚眉，畚臿反襏襫。父老前致語，欲吐更完嗌。撫往報曷圖，虞來憂轉積。安得秘景符？永以代沈璧。明府饒遠猷，徐起爲民筞。

清 保培基《西垣次集》卷三《張觀察西錦薦隨閣部嵇公總理浙海塘務》 雞鳴承草檄，馬嘯促征途。蠻語初諳楚，羈愁又動吴。夢中功業富，影畔友朋孤。努力酬知遇，斯心遂得無。

清 查揆《篔穀詩文鈔·詩鈔》卷一《海塘卒二首》 海塘卒舄鹵不可田，一丁領官糧，全家遇豐年。虚名上軍帖，百可以當千。營中鼓角聲和平，蹴踘呼，盧外人羨。揚鞭不敢走官塘，恐被海風吹馬面。

海塘卒 運石纍纍朝至夕。朝崩一丈，夕築一尺。玉環嵯峨，海門開闢。天地異視，寒心爲鐵。吁嗟齷齪民，老爲營中役。田荒米貴作雇夫，妻孥飢寒上商舶。

清 李因培《聖主親閱海塘賦》《皇清文穎續編》卷四一 赫矣，我皇之時邁也。踰岱巖而觀乎泰河、嘉河。公之蹈仁兮，燭榮光於靈波。緬明德於神禹兮，陋宣房之載歌。上迺穆然儲思，俙然博睎。循季春時雨之令，繹先河後海之義。逾吴抵浙，將相度夫，捍海之堤，俾萬禩享其利焉。懿夫渹之治武林也，絡東溟以奠疆。溯靈越而論都兮，信旁魄而難詳。偉射潮之霸略兮，呀龍淵而屹金湯。西則婺女所矚，姑蔑所康，膠葛結湊，遠控乎白岳之鄣。千溪萬瀨，礚石夷岡。淋淋汩汩，截富春之渚，而注乎錢唐。南則夏蓋之山，鮚埼之亭，金鼇之島，木榴之城，華離牢落，布棊羅星，延屬二千餘里。控制乎東鯷，杳莫知其所經。若夫柴辟以東，由拳故墟，稽吴越之分土，覕瓜疇與芋區。緜野瀰迆，織路縈紆，五湖之滙，三江所瀦，承下流而勢如覆盂。惟大海之蕩蕩兮，吞數州而不芥蔕也。何茲邦之保障兮，時反壤而憂獨大也。斯其爲險也，其爲怪也。鼓以驚濤之力，扼以群山之隘。羌一怒而當之者，輒壞緊海昌之彈丸兮，囬天池爲險。介遠則秦駐譚仙尌，若而嚶嗔兮，近則大尖、小尖，犄角而峍屼。故夫潮之來也，灝漾泱漫，洶涌澎湃，偪側盤盓呀。呷砰凝騰，裴霧散轉，轂雷礚雲，日蕩濡天，水破碎震。鴟夷之餘威兮，迴大地於一噫。其或凛秋迅商，漸柏冬日，陽景乍頽，陰霞屢没。闌風浹旬，伏雨淹節，倏盤旋以衝飈，或紛糅而飛雪。天吴偃蹇，以弄波海。童眇瞷以吹颸，覩其所淨捎者，所陵軼者，所揚簸者，所滌汔者，沈沙坐飛客，土四溢衝曲岸之句，廉劌藺石之彪。列黎陽無遮害之亭，勾吴失堨流之術。此議曹作堤之績，所以稱韙乎漢帙。而李唐初載，猶歲修而罔敢失也。夫事以踵，而善物以積，而抗貪天者不足語，未雨之誡。見小者難與圖，非常之原。彼宋元之中造，亦綢繆之孔殷。沈金符之秘篆，聳□堵之飛輪。即石囤木櫃之坊禦，世咸得而云云。然而息壤，孰竊底柱。難鎸搴長茭兮，不屬湛美玉兮，何年徐伯空留夫水表，越人徒習於水田，時復捽屮把土，足胝手胼，而皇波離虖，尚弛正道而乖舊川也。天佑下民，乃大啓我聖人，荃宰萬有，穆穆旼旼。厪警予於巨唐，切如傷於姬文。振前代之惰窳，繼列祖之其勤。展寀錯事而用集夫，大勳詔水衡以發粟兮，使司空而考績。髠脣山以取材兮，運霿臕而伐石。舉臿雲興，相杵震激。隤竹校聯，負薪絡繹。滉柱列兮如藩，金椎隱兮如織。錯魚鱗而成文，捫馬齒而無迹。遠望之而輤輤，延延兮密諟之。而磑磑即即，蓋自演成之年，以上遡乎發策，積雨朝之宵旰，而數百里之虹堤，乃鞏峙於靡極爾。迺既宴既清，經畬列燧，原隰鏤鱗郛郭，排雉士女，鮮扁商旅，溦萃聖湖，流衍武原。虧蔽充華實之上，腴擅魚蛤之美利，維綃燕支之涇，捶馬袁花之市。他若溢目震耳之貨，壓不空積，占風測海之人，來無虚歲。戢朱垠而南湌，睎幽墟而北曁。經塗萬萬有餘，駕山泛濤，若堂户之可。一晌而至嶶哉。樂郊斯已，極藏富之隱賑，可紓南顧之勤勤矣。於是上方垂舜裳，握軒符奏下武之詩，陳無逸之圖。念茲鹽官波臣，與居爾邦伯，庶士得毋登衽席，而弛戒於衣袽乎。且龕、赭并峙，鷩濤轟起，白馬星馳，一門萬軌，此天下之至詭也。文堂南瞰，河莊北𨾏，竹箭順流，纖塵不飛，此水道之至夷也。高岸爲谷，城於隍復，緬今昔之異，宜問借箸兮誰屬。非聰明睿知之聖，其能量海以籌，秉月而燭儈，如密如灑，沈澹菑而來萬福乎。遂撰靈辰，備法駕，勾芒服，衡招摇衛舍，水若夔踢岳，祗呼嗝紛，總總而撙撙。循曲江而東下，既至，而陳帝儀奏王夏飛聲，震靈直，將芥視乎之罘，之射也。爰有奉誠之園，幔城是圍，禽翔鱗泳，風恬日遲，引藻舫以芳茝，藉瑤席以柔荑，鹿苹之惠，既洽魚藻之義，在斯大駕，於以少憩焉。而亟遵海之涯秩，時周之祀，修帝軒之齋，抾爥龍以馳曜，剩紫澥以作罍。游乎廣樂之野，攬乎顥天之臺。紆天步啓睿，懷目下九地，掌羅八垓，眺沉斥之夷衍，嘉盤石之裖崖。指撝則海運山立，肄畫則淵沉日開。規漢柱而猶隘，唫秦橋之空隤。稽夏載而或未厝兮，仰天顔而頌。聲若雷至，如玉珧應月而散彩石。鮭滋雨而揚葩，紫莖依波而蕩漾，翠綸扇風而鬖髿。或耀翔陽，或冠飛椵，浮沉異色，朱碧相華。飛妍貢麗，縟林鏡沙，效媚茲於萬一，不能盡名而殫誇。於是靈鼉架梁，黄龍夾輈，淵客出珠，昆吾獻鏐，冰夷起舞，女媧發謳。招玉舄於阜鄉，授金丹於浮邱。集青鸞翠鳳以按節，羅紫椹碧柰以進羞。指三山而非遠覿，芙蓉之重樓然，而聖人弗俞於心。曰茲非以爲游也，方且抱和，秉粹澹華，黜浮納賈於肆，劭農於疇。優庶老以大帛，登善俗於朱輴。揄騶田之群雅，羅兔罝之好仇。會列辟而肆覲，遍群望而懷柔。靡績弗凝，何惠不周。廣孝禧於海澗，祝慈壽於天悠。遂旋蹕武林，而布皇猷焉。若夫瀕海淳鹵，萬竈雲布，漉沙掬雪，噓出素民，共府海之利，商忘算緡之苦，被帝澤之如春紛來。迎兮士女，又若沿堤列戍，什什伍伍，水無游氛，林無伏莽，傳候火而平安，分月給而鼓舞。承挾纊之恩言，震嵩呼兮佖路。當斯時也，雲紅縵兮雨霈清，寧虆兮車書會，方獻輿兮圓錫。蓋揚天聲兮薄海外，蓋戴巍巍履栗栗者，積三十七年之久，而曾莫能名聖德之大。臣用殫精竭思，樵陳邱之講德，慕卷阿之矢詞。徒游原而泳沫，莫贊農而頌義。洵乎若大瀛之不可測以一蠡也。

清 李因培《恭和御製觀海塘志事示總督楊廷璋巡撫莊有恭元韻》《皇清文穎續編》卷六七 東溟斷鼇立，一氣包坤寧。之江自西注，奔騰擬龍形。海濤逆流上，交擊勝負更。雄雌當未決，三亹屹然興。水勢受拘迫，拗怒殊不平。南距古會稽，阻山猶可恒。盤官據北岸，井邑鴻毛輕。鯨波萬里來，胡以資障屏。長堤一縷亘，本護三農耕。堤成沙漸漲，稍用慰生靈。云何桑田改，雪浪緣堤行。邑東石塘固，不畏狂濤經。其西積薪作，久或蟻穴生。庶幾概甃石，石壘衆□□。或云沙性活，金椎築未能。否則柴石兼，稍卻工足憑。聖主勤民切，慮非口舌爭。鑾旂一親屆，勞心與力并。試築果未安，量移復溝阬。田廬況綺錯，厥策俱未應。不如堅柴塘，向若庶無驚。內築倘外棄，百室愁淪傾。權衡既精審，睿慮周大瀛。乃敕益柴值，采山得專營。竹絡亘其外，無殊累甓成。期令濵海邑，千秋常孤撐。大吏稟聖算，犁然得章程。豈伊憂民憂，用以答精誠。

清 戴衢亨《恭和御製浙閩總督陳輝祖奏海塘開浚引河工成詩以志慰元韻》《皇清文穎續編》卷六七 錢塘鎮東南，茲地實雄緊。潮來萬弩強，沙束雙堤近。漲坍仰睿謨，仁政施不忍。爲籌盤石堅，豈惜帑金損。潰防螻蟻缺，險壓蛟鼉蠢。頭圍昨穿渠，一綫看溜引。沿流勢彎環，安軌象平準。工就驛章聞，帝曰俞惟允。浙西號水鄉，疏浚繫民隱。嘉茲大吏誠，逮爾庶司敏。翹首翠華來，南風奏徽軫。

清 黃圖珌《看山閣集》卷一六《家中丞公崑圃督修海塘》 凜霜抱赤舊天官，禹績重攀才氣寬。霄漢恩深依日月，詩書世美振衣冠。寰中雅望推王粲，天下蒼生屬謝安。廉介已經明主察，丹書旦晚下林端。

清 景星杓《山齋客譚》卷八《海塘民謠》 始，海寧沿海塘壞，民謠云：若要海塘成，除非賠斷觔。既而浙藩段公、鹽驛道憲裴公、杭司馬金公，受委督理其事，而謠應。

清 潘耒《遂初堂集·詩集》卷一六《捍海塘》 築塘誰？湯信國，開國元戎。秉成畫約，東海若麾天。吳長堤如城，捍潮汐。修塘誰？趙中丞，經天緯地帝股肱。頹防扇岸悉築塞，不許蛟鱷橫憑陵。越民食海亦苦海，寇賊風濤時一駭。只今萬里不揚波，障田況有茲塘在。我耕我耘，我稼我禾。鳴雞吹狗，烟火桑麻。無風魚災，不見兵戈。綢繆桑杜功如何？海如杯山如螺，中丞烈不可磨。

清 欽璉《虛白齋詩集》上《重築捍海塘紀事》 雲間東環瀛海碧，洪波淼淼蛟蜃窟。開元天子厘東南，塘築扞海知山屹。遂令滄海變桑田，夏麥秋禾民樂業。迄今千載塘浸圮，齧足衝腰一線窄。中間修葺亦時聞，東苴西補究何益。余昔剖符新造邦，目覩殘堤心凜慄。上書反覆數百言，雍正丙午，余宰上海新分之南滙，屢請修築。書載南滙縣志。當路悠悠置不答。未幾余亦解官去，荏苒星霜又四易。吁嗟大幸不可常，奇灾一旦生倉卒。壬子七月十五夜，鯨噓鼉噫龍戰血。移山撼岳聲震驚，倒峽滔天勢奔突。頃刻橫溢穿城闉，縱欲竄匿已無及。可憐海濱千萬戶，夢中齊赴龍君宅。大吏驚聞奏九重，分遣僚屬遍存恤。余亦奉使南邑來，城郭人民感疇昔。遺民痛哭爲余言，吾儕生本傍海穴。田廬歲歲怕秋潮，堤防全仗一塘力。如何束手任廢壞，致使吾民遭異厄。微軀如拾暫偷生，茲塘不築終魚鱉。余聆此言一長嘆，上聞不壅輿情述。輿情聽得復何疑，集議盈庭徒饒舌。漢陽徐君蘇州守，侃侃力贊數語決。前蘇州太守徐君，名永祐，漢陽人也。飛章上達帝曰俞。金錢十萬何曾惜，正月始和鼛鼓鳴。丁夫雲集不須檄，乃知舉事從民欲。筋骨雖勞意歡悅，祇恐斯事民未諳。先期告誡頗歷歷，厥址惟寬厥巔銳。坡須走馬背須鯽，老木爲杵堅築基。巨石如盤空際擲，層層椎擊土膏凝。注以清泉闕不泄，更栽嫩草護新壤。盡塞古峒彌舊隙，塘舊有峒洞數處，今俱築塞，海潮涓滴，不得入內。吾民奉令踴躍趨。奮力爭先如赴敵，汗日蒸雲肯少休。群工次第胥底績，工始于癸丑春正月，竣于本年夏六月。蜿蜒長堤三萬丈。塘自奉賢縣柘林城北，起至寶山縣吳淞江口，止長二萬九千八百五十餘丈。百尺巍峨聳天闕，馮夷有怒不敢逞。海底怪物惴屏息，起看灾黎喜色孜。從茲寤寐獲安帖，爾宅爾居長子孫。億萬斯年沐帝德，余忝董率日驅馳。是役也，承築者五十人，總理者則余與漢陽徐君也。幸藉諸公免隕越，作書紀事代貞珉。增修勿墜望來哲。

清 釋元尹《博齋集》卷上《贈亦庵賈觀察督理海塘》 德被江南半壁天，肯分餘惠浙西偏。功留吳越金堤遠，澤及山林玉帶懸。海晏河清堪待日，財豐物阜可期年。將應共賀甘棠政，萬姓謳歌奏管弦。

又《松亭徐司馬督理海塘寓北山清桂堂有詩見貽原韻奉答》 飄

然雅度有蘇公，方外慚無佛印風。把茗敲詩煩慮盡，挑燈論道俗塵空。名題表疏聞天北，功立堤塘障海東。奉使匆嗟行役苦，德將千載澤吳中。

清 汪仲洋《心知堂詩稿》卷一七《與王竹嶼別駕名鳳生安徽婺源人**陪撫軍帥仙舟夫子**名承瀛湖北黄梅人**履勘海鹽縣海塘作》** 往者南塘役，共問西興渡。今爲北塘來，同向鹽官路。兩浙濱海區，風潮苦奔赴。倚公爲長城，障海使東去。試從海塘上，高誦元虛賦。天風翻紫瀾，大氣暗吞吐。但驗潮來時，不知水盡處。回環含九州，雲夢吞無數。倘燃牛渚犀，百怪悉呈露。蛟龍黿鼉外，堪補水族注。祖龍巡會稽，馳道連秦駐。鞭山徒妄傳，捍海在工作。坡陀變叠石，縱横任指顧。累累十入層，一氣如鐵鑄。上殺而下寬，不撓潮頭怒。別有土備塘，腹背相迴互。昔譬肉傅骨，氣脈兩親附。我謂人披甲，戰陣足抵禦。潮漲排石來，土塘内撐拄。潮退吸土去，石塘外遮布。尤在椿木深，不使崇墉仆。左右兩山扼，中讓全海注。賴此一綫堤，九郡得生聚。念自前明來，畚鍤歷朝屢。石既苦奔脱，土亦遭盪濾。大府重海防，險地親舉步。情形辨緩急，料物思備具。上爲帑項籌，下爲工員慮。忠正兼慈惠，神靈爲感悟。長風卷海飛，現出沙塗護。父老欣拜賀，佳兆此足據。豈知眞識人，不喜亦不懼。至誠自昭格，全局在施措。所恃衆志同，金石輸堅固。爭先捐廉俸，不必請帑庫。九月海水落，十月鼛鼓趣。煩公督部僚，役徒廣招募。我雖不諳工，竊幸得參□。屹苦金堤成，潮平海濱淤。鹹航接貢使，不用防倭戍。

清 翟灝《無不宜齋未定稿》卷一《海塘鐵牛》 大禹鎮洪水，鐵鑄觳觫牛。跨身河南北，遺廟祀陝州。咄哉東海濱，覩此神物留。誰爲舉鞭箠，千里遥奔投。要知捍護策，取法貴千秋。作聖述者明，先後同謨謀。五行具生尅，斯理若可求。土牲氣臨壓，制水成安流。蛟龍仗尺木，金旺勢自收。狀獰威力逞，質重光氣浮。辛壬識年月，乳篆匀雕鎪。文犀覺形猥，掉尾隨潛虯。絶岸起如郭，耕作盈田疇。假兹一牛力，坐抵千鋤耰。旄旟牧人夢，衽席登優游。宴波永不溢，圭臬通荒陬。萬里黄支國，納賮朝珠旒。

雜録

明 朱國禎《湧幢小品》卷二六《海塘》 范希文爲興化令，修捍海塘數百里，宋末詹士龍復修之。初發地得希文石記云，遇詹而修，此事古往往有之。然係希文所留，不獨名臣，且擅康節之數學矣。賢者固不可測如此。

明 吴鼎《海塘事略序》《兩浙海塘通志》卷二〇 余讀《河渠》諸書而三嘆治水之難也。炎閭寖爲海，諉諸天數，民則謂司我者，何不仁起而塞之類？林竹楗石，菑與於負薪之役者，又微文刺譏當世，多言亦可畏哉。鄙語云，溺則丐命，出則索錢。甚哉！黎民不可爲深長計也。悲夫，余嘗東望海濤，北俯三吴，循行錢塘石防天塹。父老曰：微武肅，兹其湯乎。彼錢鏐亦丈夫也，眞能射潮東邪，顧撫駕方略，何如爾？他日遺民，過其墓垂涕，尸祝祠之，孰與當時任怨之多哉？余於是又嘆其有立功者終不昧。夫海鹽視錢塘爲下流，海益善決，駸駸及郛，時非無武肅之智也。而拘文牽俗之人媮安不事猥曰：毋動爲擾，譬之敗垣。居水寖處其下，土未及崩，固謂之安。海鹽之塘，何以異此往聞？長老言：永樂中，海溢，漂溺人民，壞良田廬舍以萬計，官民遷徙，崎嶇救患。累歲言之於邑，有足傷心者。嗟乎！向使早爲之，所捐數萬金，竭三吴力，猶將爲之涓涓，弗塞竟成滔天，悔可及邪？竊嘗籌之，濱海郡縣，數數捍患無已。如出數年修築之費，一大治之塹山堙壑，起三江之口，南屬海鹽，西南至於海寧，接於錢塘，延袤數百里。石堤鱗比，自非懷山襄陵之勢，未易敗也。是雖勞費不貲，而晏然百世之利，誠爲上計。不然，及患未深，繕完要害，故堤而穿渠疏鹵，海塘既堅，民食亦便，去害興利，而費約日寡，若焦廉訪之，爲海鹽計者，亦可以百年安哉。苟俟氾濫，既甚猝發閭左之繇，搏沙聚灰，欲遏洪流，此與以手障何異？可謂無策。嗚呼難言哉！余曩辱焦公同官推知，其大非常之功，而不惑人言者，海塘方略，具如左云。後有君子欲推而行之，得覽觀焉。

明 馮皐謨《海鹽縣全修海塘録序》《兩浙海塘通志》卷二〇 邑長老云：鹽有塘以來，不知修築凡幾。先朝有發帑金百萬少五十萬者，有特敕京朝官趙通政、林郎中者，有伐石寧紹并力蘇常諸郡者，蓋亦重其事矣。夫非以事關切全吴五六郡氓命，而又國家六軍，萬馬委輸根底於斯塘，失時久玩，愒不至大敗極壞，卒然不能出力肩任其事者。萬歷乙亥，潮大溢，吴幾魚。侍郎徐公興土石工歉力築者什之三爾。丁亥，颶風，其七盡復壞，於是有今築。築成，邑令謝君百需攸責始末，獨詳輯其言，屬余序。余不佞土人無能敉功，竊能言工之自矣。夫興建大事，非成功之難，能得人而任之難也。非任事之難，能實心而效之難也。當議起時，督院甌寧公篤中愷切敕誡廩廩，謀全築。今觀察龔公守釆久於郡，按故實條上，咸中。寢一時在事，群公議僉，合重得人，爲請於朝，得水衡夏公，又擇屬以曾公權知水府事。諸執事分曹而任，咸愼使亡。何中丞傅公起家，來公汪度恢廓，不設町崖，群策畢效。值歲灾旱異常，公甚急塘，尤重念時艱。夏公宏宣德意，慰勞有加，其視塘圮若墊溺之切，於己其𩜹，算食緡不漏察於纖微，其貶損服用，躬約爲屬牧。先邑中若不知其建節者，旦莫行視工，觸目灾危，藥者藥，楷者楷，督促程課，不篤於招呼，懷來無奢，費不僅縮費，諸執事役作之人争矢力，無敢不力，較往稱功。審時度事，其時難倍，其勢勞倍，其築堅倍，上與下皆實之效也。實心者不速成，見功而以允功爲實。頌禹功者，曰成允成功，八年不爲久。胼手胝足，不言勞公，即功幾兩越載，櫛甚風，沐甚雨。夏公面貌黧黑，皸裂公目，爲監察兩臺，三稱君勞。夏公不有拜手言：微督院發謀出畫，何以有此成事？公讓不居適本事，始具言甌寧勞最，不敢蔽覃及藩臬諸大夫。郡守王公而下，贊一謀領一事，并荷升賞有差。大臣謀國，開誠心，布公道，集衆思，廣忠益，其道固如此矣。上悼念甌寧，蔭録後裔，至恤厚。夫非以能蔽全三吴氓命，且力裨輸委六軍萬馬，有大功於國家哉？奈何目爲一郡一縣之塘，而以吾一郡一縣力當之也？余敢略稽事牘，爰告來兹。

明 曹胤儒《海塘考》《吴中水利全書》卷一九 竊聞海塘之制，本爲捍禦鹹潮，以便耕稼。自春秋時范蠡築圩田之後，疑即有之唐開元初，乃名之曰捍塘。起杭之鹽官，迄吴淞江，長一百五十里。宋乾道中、元至正初皆修焉。起嘉定之老鸛嘴以南，抵海寧之澉浦以西，高于城垣，內外皆有塘溝相夾。自設此塘之後，而松、嘉、杭無入海水口。《禹貢》之東江遂湮，無考矣。國初，信國公湯和經略海防，倚以爲重。至成化中頽廢，巡撫畢亨益增其舊，及裏護塘兵農兩濟。夫松以海塘防鹹潮，而蘇之渾潮淤淀爲害不小，若沿海設塘，而于港汊之口置減水閘，以司啓閉，則潮沙所塞，不過港口數里，易于挑浚。更藉土著之民，沿塘以居，寬其他役，計免田税，即作兵餉，俾之守塘，則不獨險要可固，而水利無窮矣。

明 濮陽傅《上虞縣海塘湖塘要害議》《兩浙海塘通志》卷一九 縣治西北三十里之外有曹娥江，江東一帶南自十都起，至九都、八都、七都、六都、五都，北抵餘姚縣界，約地一百餘里。其沿泊江岸，海潮泛漲，則有漂没之患。內有上妃、白馬、夏蓋等湖，堤防廢弛，則有旱乾之憂。故沿江之岸，當築埂以防潮汐，田上之湖，當蓄水以防旱乾。但海塘、湖塘，年久低塌，及至修理，圩長閘鄰堰鄰皆係無産棍徒，嗜酒貪利，不能號召服衆，以至富豪有田者倚强高卧，貧困無田者楞腹虚應，公差紛爾催勾完狀，徒爲虚紙。或湖塘遭旱，或海塘被衝，不唯害稼，且致溺民，公私俱困。今當勘得各該堰間壩埂等處，如西踏浦、荷花池、思湖、前庄鵲子查浦、番花廟、董家灣、張家埠、大河口、花宫、王家潭、潭村、賀家埠、趙村、河口、葉家埭備塘者，隨即酌處。照産田丁，派工修築，著令居民種插細柳桑柘等樹，毋得將瀝水草絆，剗削糞田，抵浪蘆荻。竊挑供釁等因，又勘得原有會稽縣三十三都，犬牙相參，本縣七都之間最爲崩損低薄者，自章家墓起至西滙嘴灣底，瀝海所北門馬路頭、纂風寺五里墩邊，止約計一十餘里。雖係會稽，實與上虞同。此一岸海塘，相應協力修築，此會稽三十三都有關於六都之緊要者，合無申請。著會稽水利官知會，照例修築，并行瀝海所重禁剗蘆之條，方可無碍。今後照該田丁，每田三十畝派夫一名，無田寡丁，十丁攢夫一名，士宦不得優免。其圩長閘堰等隣各要田産，居上公道能幹者爲之，則庶乎役均而任當矣。

明 何喬遠《名山藏》卷四九《沿海塘》 沿海之塘，海鹽爲大。海鹽縣勢濱海，延袤一十八里。北有乍浦山，遠峙三十里外。南則秦駐、白塔二山夾峙，一嵎與乍浦相望，勢若拱抱，而海鹽居其西南之一灣。潮水自東北來，趨潴洩無歸，一遇東北風起，怒湖奔騰摧擊，勢不可當。所恃爲捍蔽者，惟土石二塘。洪武二年，肇建石塘焉。

明 黄洪憲《碧山學士集》卷二一《賀兵憲張澄齊海塘底績序》

令甲憲臣、分按行部、兵大夫、統材官，蹶張備陀塞，寬則建威，銷萌衣繡斧，刺舉不法，急則被魚，服嬰城而捍非常。水大夫時溝防備旱澇，令民雲臿雨渠，以興地利，兩者有專轄矣。然吾聞之賢者，每急病而讓夷忠者，不便文而選事，苟利社稷，何分彼我？故惟兼才鉅噐，視國如家，愛民如子，乃能分，但念而協心共濟焉。余觀張公奉璽書備兵西浙，一切政事大都犖犖可紀，乃其海塘功狀。蓋又有足多者，嘉自倭亂，始設兵備職主兵，而海塘自國初以來，專責水利，有大患遣重臣設防，至合七郡財力以佐之。誠以三吴財賦重地，而我嘉綰轂其口，厥係匪輕。頃自乙亥之變天，吴爲逆，海塘盡崩，民葬魚腹者，以澤量全吴，慮且爲沼。縉紳、文學大夫亟亟焉，議金議石，議工更幾前箸，皆言工必數年，財必鉅萬，十數乃克有濟，塘何容易？越明年丙子，今大司馬徐公奉上命至圖方略，而張公在事久，孰計其便？于是建石䇞築土塘，疏内河以防衝决，斗昏正而經始駟，再見而畢省原估累鉅萬。公之功居多，鄉先生類能詳其事，不具論苐，論所以成功者，蓋敝邑介在東表，患海與寇，往倭夷訌内，海上枹鼓不絶，而閭閻亡命探丸，穴阬急則闌，出海爲鄉道主兵者，擐甲登，陴日持㡀竹徵發公私耗于軍興，又安所倚辦，以助堤繇也。今籍天子寵靈，明公威德，海氛不作。公下車以來，惟貞憲肅度刑清訟簡，日緩帶而治，夜厲干掫之禁，以戒不虞，民用帖席徵發之事益鮮。郡國倉廥，不盡耗于軍興。故庀材鳩工，庶幾取辦，以能速有成功。君子曰：吾不獲公也，保障海陬，吾郡邑焉。所儲徛今日之役，何能計？時以成功，小人曰：吾儕用命，不憚胼胝以供役也。微公董成，竊未知所稅駕矣。以斯之功，奚啻經營畚挶間哉？矧今大役告成，内河外楗，匪直可殺潮勢，即倭夷桀黠，舟不得薄，陸不得騁，屹然固于金湯，是捍海，亦以備兵，實一舉而兩得者。蓋不佞嘗習公爲人，其愛民憂國，極身無二慮，其譚確時務，口陳手畫若灸輠，其裁决案牘亭法，處議若批窾中綮，迎刃而解。儻所稱兼才鉅器者，非耶，故治兵而兵，治水而水，乃能共濟成功。若此，上方重憲臣，屏書職名置座右，閲大司空奏狀。若曰：吾敕張大夫備兵，又能治水，其令天官進秩尚方錫金，以章大夫兼才。今且旦夕柄用凡大，而河漕重務遠，而西北鎖鑰，將惟公是賴。獨吾浙也乎哉？于是郡大夫黃公率僚屬徵余言賀公，余言：畢復莊語曰：大夫不聞乎防川？頃者有星孛于斗牛，占在吴越，或曰兵象，或曰水，小民恐惧，訛言上㕓宵旰。余願公無忘捍海，時願諸大夫無忘同事，玆役也。

又《賀僉憲陳紫台海塘底績晋秩序》

皇帝御曆之二年，浙撫臣上《變奏海患略》曰：國家財賦倚辦江南諸郡，而嘉實濱海，頃海溢崩，䇞壞人畜田廬，無筭不築閭，殫爲沼國，賦奚賴？亟修便事下部議，時縣官方有事加河，而縉紳大夫瞋目，扼腕剌剌，譚漕河事海，則泄然緩頰。余私憂過計，以爲今天下大要害有二，北曰河東，南曰海。國家奠晰金臺，歲轉漕數百萬，以給中都，官饟九邊，舳艫魚麗。而上率從漕河入，而江南負海諸郡，沃野而饒，其民火耕水耨，財賦當天下十九，督儲使者，冠蓋相望。歲一不登，京師慮且枵腹，籍第令海菑衍，溢桑田而斥鹵之，又安所用漕爲也？然河之决也，當南北要津，郵使絡繹，往往目擊其害。故其議嘗亟海，不歲决地踔遠，士大夫罕有至者。故其議嘗緩，不知天下猶一身河吭咽也。江南負海諸郡，則腹心也。河患則滯漕江南，患則無以漕，夫腹心之疾豈特搤吭之害哉？而議者乃先河後海，此與以耳食何異？紫台陳公先以水部使南河，有功復移檄，視浙江水政，而大司馬徐公亦從新河來。兩先生左提右挈，董工海上，于是建石䇞，築土塘，疏内河，鑄金楗木，以防衝齧。踰年功成，上賜秩錫金有差，而陳公加秩一等。鄉大夫頌公明德，而謂不佞有年誼，屬爲文賀焉：余惟捍海之功與治河異，海勢横决，而秦白諸山贔屓郃吐，風濤怒而蛟龍騁，非若河之可以搴茭而下楗也，海水瀉鹵潮，所至田禾立槁，非若河之可以股引而渠分也。東南物力坐詘，堤繇難辦，而呰窳之工多佻，期日以靡縣官，急則以海風波爲觧，非若河工仰給，司農專督，易成也。陳公往來河海間，豈不亦辨此哉？而爲人精敏，有大略，其愛民憂國，極身無二慮。故常出舍海壖，躬傶胼胝，量徑輪考，廣袤訖然于橇檋畚牐之間，雖堤徭之卒不㕓于此矣。董視有程，勾稽有度，令吏不得侵漁，工不得靡餼，雖委吏之事不靳于此矣。用是財不侈費，役不後時，脱鯨鯢而登衽席。三吴之民雲臿雨渠，篝車載道，歲轉漕京師者，繦至而輻輳，是公有大造于國家也。僉謂：司勲議功，當擢以不次，而乃僅僅加秩，仍煩公水政無異。故云：昔禹平水土，錫圭告成，而猶以司空兼百揆，何則謂其周知險易體，悉民情所爲亮采易也。公雖職在承宣，未參大政，儻亦有兼揆之意乎？不寧惟是，間者彗星示異，司天謂占在吴越。上方側身修懼，軫念東南故留公善後撫摩，噢休以備不虞不時之患，而淮徐歲憂河决，會且璽書徵公，建中丞之纛，居南北咽喉。俾河海清寧，蒸黎粲宴，異日宅揆秉政，勒勳斷彝，公固饒爲之哉。余雖不佞，願持橐簪，筆從諸大夫後紀盛烈，以浹來茲也。

又《賀郡侯黄毅庵海塘奏功寵錫序》 今皇帝五年，天下吏當朝。正月，浙按臣奏嘉郡海塘工鉅，請留李太守董成，卒報聞罷，而李公因中蜚語徙守梧。鄉大夫集都下者，相視而嘻曰：縣官不念海菑耶，何爲徙李公？李公去，而天官推擇可者，以毅所黄公名上，制曰可。鄉大夫拊髀爵躍，慶太守得人，復相與諗公曰：敝郡介在東表，往遭兵燹，仍以水旱，物力詘而民阽于危亡，賴聖朝德澤，賢有司先後噢咻之，郡稍安堵。今不幸罹海菑，蕭然煩費，士民思見明府，如百穀之仰膏雨焉。願明府自愛黄公，獵纓而語曰：唯唯否否，竊聞之灾由人，興人之所忌其氣燄以取之。故《五行志》曰：奢侈逆祀厥灾水。又曰：政令失時，誅罰絶理，厥水流入國邑，夫政之溺民甚于海。吾聞嘉俗好紛華，雕文刻鏤，綺繡纂組，士大夫羅珍羞列昇食，俳優雜劇兢進，溺于奢也。冶游少年鬪雞走狗，蒲博蹴踘，擁長姣美妓，彈弦跕躧，窮日夜不休，溺于侈也。吏士舞文弄法，俗相告訐，甚則藏命作奸，白晝剽吏而奪之金，溺于利也。夫俗之趨也，猶水之走下，不以教化堤防之不止也。故曰：防民甚于防川，吾不及。目擊海患，願圖所以固吾防者。鄉大夫稽首曰：幸甚！于是明府涖嘉，約己裕民，敦道範俗。其爲政要在禁煩文、省浮費、崇教化之實。每月朔，群子弟讀法曉諭，教馴之俗用少變。蓋自吾奉使而歸也，見鄉士大夫宴有常品，少年多逡逡，禮讓銚鎒，利而倡優拙，嗚桴稀于道。蓋不一稔間，而嘉禾人士庶幾稟稟嚮化矣。人謂公下車以來，天無颶風，海無怒濤，公亦時調錢穀，嚴勾稽以助堤，繇故不踰時，而塘工告成，東南永賴。督撫奏功狀，上晉秩賜金有差，而公首膺寵錫諸屬邑。令長徵余言爲賀，余故述其治行所爲弭患防灾者，當不在經營畚臿之科也。昔成周盛時，道隆化洽，越裳氏重譯而至。曰：中國有聖人，海不揚波。今天子冲聖方隆，成周之業得長厚如公者，破觚斲雕，順流與民更始，將風移俗易，海宴河清，兆民亟蒙祉福，何論嘉郡？頃天曹業已奏，最有如一日降璽書，召公入朝，問何以治海。邦公惟曰：聖德日隆，海波永且不揚，臣何功之有？願母效渤海大守，曰此下里黄生言也。

又《賀别駕張華山海塘奏功寵錫序》 華山張公新從京師來，余往迎勞公。因謂曰：公操黼黻文章，進御天子，供皇后褘衣六服，以助大婚懿典，甚盛勩也。夫孰使我纅績而筐貢者，非三吴之民乎？當海患時，民皇皇慮不膢臘，安有今日？幸賴天子神靈，群公畢力，東南不至墊潰。故男子畝，婦人桑，上供服御，幸有所出。今天子又以捍海功加秩錫金有差，其軫念東南若此。張公曰：唯唯而七邑長令喜，公歸自帝都膺寵錫也。屬余文爲賀，余嘗讀太史《河渠書》言：漢歲憂河决用事者，乃諉之天，數至勞天子沉璧，從官負薪。余未嘗不廢書而嘆也。夫漢勤遠略，作業劇而財匱，徵發之士固鮮。然當時所稱堤繇百萬，豈不能隤林楗石，塞宣防哉？乃至萬乘，親臨悼河，功不成，此何以？故國家有大興作，山林木石，物且騰踊，而有司侵漁，爲市多楝椽其間恣溪壑。故百工呰窳，將作濫楛，坐費縣官緡錢。絙歲月而功罔奏，古與今猶一丘之貉，此其故余難言之矣。張君節廉自喜，精敏有心計，每亭法處議郡，中翕然稱平。大司馬徐公深韶之，令鳩工采石，公夙夜拮据，躬歷太湖武康、梅溪、瓶窑諸山，部署群力鑿山，闢阯山石如市，弗加于山林木薪，草弗加于林，使物不得騰踊，而吏不得侵牟。凡建石塘幾三千丈，内河運石，啇尾而進，率倚辦公。先是議者謂：工必數年，金必十五鉅萬，乃克有濟。今計工甫閲歲，省原估四萬羸，而巨防屹成，東南永賴。微公采辦節省，曷克臻此？上方廉公才略，旦夕柄用，即賜金足酬公哉。今國家急漕計，實用漢河平故事，不吝黄金功爵，以報未有窺左足而先應者。公歸自京師，當且泝黄河，歷下邳，經高寶之墟，顧瞻河流，視海勢孰大小，閲諸堤防厝置，視東南孰難易，運奇設策，令漕渠永利，河海宴清，内帑之需，上供之服，歲歲輸綴，不絶用舒。宵旰憂公，實饒爲之哉。不佞當操觚而俟矣。

清　陳之遇《海寧縣築塘考》《兩浙海塘通志》卷二〇　凡海之臨大洋者，潮汐皆以漸長，鮮爲民害。惟海寧之海南有上虞，餘姚逼處於前，東膺大尖、鳳凰諸山，角張於左。海身既隘，海口復窄，乃潮由海鹽，大洋騰涌而入，無異於帶水而納彌天之浸，此怒濤横奔，高逾數十丈所由來也。乃西去不五十里，又有鼈子門，爲錢塘江流入海之口，廣僅七八里。夫以數百里之海面，復納於七八里之口中，而江流又逆遏於上，則受阻之回溜，其湍激更雄於潮矣。故陽侯稍不戒，洪潮即薄塘下，塘之土石，朝夕供其盪漱，未有不傾覆相繼者。爰考唐宋元明，海患相循不已，其鳩庀之費，動盈萬億，計其籌畫堵塞之方，皆當事爲之徬徨，而籌度者載在史策，班班可考也。請得而臚陳之，一曰海塘潰決之烈。宋史嘉定十一年，海失故道，潮衝平野二十餘里，侵入鹵地，鹽課不登，蘆洲港瀆蕩爲巨壑。十二年，遂侵縣治，上下管、黄灣岡等鹽場皆圮，蜀山淪入海中，聚落田疇失其半，而禾稼之壞者凡四郡焉。十五年，縣南四十餘里盡淪爲海，其捍海古塘東西壘石，并就淪毁。海水侵入縣之兩旁各三四里，止存中面古塘十餘里。當時議者以爲水勢衝激不已，不惟本縣不可復存，而向北地勢卑下，且慮鹹流入蘇、秀、湖三州，田畝不可復種。又縣西有二十五里塘，上徹臨平，若海水入塘，兩岸田畝必致決壞，并裏河堤岸亦有横裂之憂矣。十七年，海潮復壞縣地數十里，計六年而始平。《元史》：大德三年，塘岸崩潰，虚沙復漲，不可修築。延祐六年、七年，海汛失度，屢壞民居，陷地三十餘里。泰定元年二月，海水大溢壞堤，塹侵城郭。三年八月，大風，海溢捍海堤，崩廣三十餘里，袤二十里，至徙居民千二百五十家以避之。四年正月，潮水大溢，捍海塘崩二千餘步。二月，風潮復大作，衝捍海小塘，壞郭外地四里。四月，捍海塘復崩十九里。又縣志載：縣西南舊有鹹塘，元泰定間海坍不存。先是嘗築備塘以防衝激，塘之外有沙場二十餘里，塘内陸地草蕩及桑棗園一百六十餘頃，至泰定四年悉崩。於是建天妃大廟，命僧用秘法鑄深沙鐵神以厭勝之。致和元年三月，海堤復崩，元主遣使禱祀，更命西僧造浮圖二百一十有六，實以七寶珠工，半置海畔，半置水中，以鎮海災，終不能止。又志載寓公貢師泰《詩序》稱：當時潮決南岸，州治將盡入於海，城隍漫無存者，迨至正十九年而始克築城，則知元時吾邑之海患更酷於宋矣。故明洪武初，海潮衝毁赭山巡司及宋置漏澤園，至二十三年衝毁石墩巡司。永樂九年，海潮復決，有司不時治民流移者六千七百餘户，淪田一千九百餘頃，毁許村鹽場。成化十年，海決至城下。十三年二月，潮水横溢，衝圮堤塘，逼蕩城邑，轉盼曳趾，一決數仞，祠廟、廬舍淪陷略盡，復治新堤。至宏治五年，新堤漸坍。嘉靖七年，新堤大坍，復至城下。九年，海復決逼城，自是以來屢有海患。崇正元年七月，其禍更甚，天下瀕海之地晏然安堵者不乏，未有如吾寧之獨當險阸者，五代以前無可考據。故斷自宋以來，海塘潰決之烈如此。一曰歷代工費之繁。《唐書》：開元元年，重築捍海塘一百二十四里。夫曰：重築則修築有前乎此者矣？其後先工役雖逸而不傳，但延袤如許，則勤民畚鍤，浩費當不下數十萬。當時司國計者，亦孔瘁矣。考之於宋，潮水横決，終宋世凡四罹其災，不特縣治遍地傷殘，至并四郡之田，并遭淹毁，而山淪於海，抑更異矣。當時下浙西諸司條具築捺之策，亦逸而不傳，懸計拮据，鉅費何可量哉？元《河渠志》：泰定四年，風潮爲患，都水庸田司奏請速差丁夫，當水衝堵閉，其不敷工役，差倩於附近州縣。當時朝議擬比浙江立石塘爲久遠計，興役者數月發丁夫二萬餘人，用鈔七十九萬四千餘錠，糧四萬六千三百餘石。致和元年，省臣奏修築海塘，合用軍夫除戍守州縣關津外，酌量差撥，從便添支口糧。又志載貢師泰所爲序云：潮決南岸，民吏驚懼，捍以數郡之力，而決猶不止。觀此，則元季之頻舉大役，其費更不訾矣。明禮垣張寧著《障海塘記》云：永樂中，海決，供力役者蘇湖等九郡，貲累鉅萬，積十有三載，始弭其患。成化中，以舊塘衝圮，分巡錢公修築障海塘，其役徒以三府萬二千人，七越月而告成。又載：嘉靖中，邑令嚴寬撰《水利圖志序》云：考石塘之築，自唐宋以來，皆舉數郡財力，始克有濟。蓋以地據蘇常之上流，爲嘉湖之鎖鑰，各與有責，故均任其勞，若驅一方之民以治之。則東興西廢，財竭力疲矣。其自嘉靖以後修築頻仍，工費無算。兹以邑乘闕如，未敢傳疑，而前此之九郡力役、三府工徒，十三載之奏功，七閲月之報竣，其所糜公帑，并彰彰可據也。合唐宋元明，而計之金錢等河沙矣。歷代工費之繁如此。一曰命官經理之重。宋嘉定十二年，臣僚言鹽官潮勢深入，萬一春水驟漲，海風佐之，則百里之民俱葬魚腹。遂下浙西諸司，條具捍堤堅壯之策。十五年，都省以海塘衝決，上聞命浙西提舉劉垕專任其事。垕言：縣治境連平江、嘉興、湖州，大爲利害，議修縣東六十里鹹塘、縣西淡塘及袁花塘以防大潮盤越流注北向之患。從之。元大德三年，塘岸崩，都省委禮部郎中游中順泊本省官相視焉。泰定四年二月，風潮大作，衝塘壞郭外地，杭州路言與都水庸田司，議於北境築塘，莫若先修鹹塘。江浙省準下本路修治，工部議海岸崩摧，重事也，宜移文江浙行省督催庸田使司、鹽運司及有司，發丁夫治之。五月，平章禿滿迭兒等奏江浙省四月內潮水衝破鹽官州海岸，令庸田司徵夫修堵。遂命都水少監張仲仁往治其役，本省左丞相脱歡等議置石囤以抵禦之。致和元年三月，省臣奏江浙省并庸田司官修築海塘，倘得堅久之策，移文具報。臣等集議，本年差户部尚書李家那、工部尚書李嘉賓、樞密院屬衛指揮青山副使洪灝、宣政僉院南哥班與行省左丞相脱歡及行臺行宣政院庸田使司諸臣會議修治之方，合行事務提調官移文稟奏施行。縣志故明永樂九年海決事，聞遣保定侯孟瑛往治。十六年十一月，明主親製祭文，遣禮部侍郎易英同保定侯孟瑛致祭海神力役十三載始告成事。成化十年，大潮衝決堤岸，用崇德即今石門縣沈丞惜逸其名築法，堤始成。十三年十二月，潮勢益横，縣上其事於府，府守陳讓上其事於巡按御史，隨檄布政使杜謙、按察使楊瑄、參政李嗣、副使端宏、參議盧雍、僉事梁昉，咸集寧邑，周視協謀，區畫會計，悉以託分巡僉事錢山嵩董其役。乃命杭嘉湖三府官屬轉輓木石，物用舟楫，蔽河而至。分命指揮李昭、通判何某兼總其工，自是以後每遇興築，必上勤憲府，下萃群司，衹以載籍無聞未容臆贅，而自南宋迄于明初，炳著汗册者，或以牧伯涖事，或以公輔宣猷，或聚藩臬而僉謀，或簡通侯而底績，慰其咨而安昏墊。即下吏在所必甄，凡以重民命也。命官經理之重如此。一曰采辦修築之宜。宋《志》：嘉定十五年，浙西提舉劉垕耑任修築海塘，首以鹹潮泛溢有盤越流注之患，建議袁花塘及淡塘基趾近裏，未至與潮爲敵，施功較易，宜先就二塘修築，以禦縣東鹹潮。其縣東近南六十里鹹塘，亦應取次修築，萬一又爲海潮衝損，則當用椿木修築袁花塘以捍之。其縣南去海一里餘，幸存古塘，縣治民居盡在其中，未可棄之。度外合將見管椿石就古塘加工疊砌里許，爲防護縣治之計，報曰可。元《志》：鹽官州去海岸三十里，舊有捍海塘二，後又添築鹹塘。仁宗延祐間，潮壞民居，陷地三十里。其時省憲官共議，宜於州後北門添築土塘，然後築石塘，東西長四十三里，後以沙漲而止。泰定元年二月，海水大溢，有司以石囤木櫃捍之，不止。四年二月，風潮衝捍海小塘，壞州郭四里，杭州路言與都水庸田司，議欲於北地築塘四十餘里，而工費浩大，莫若先修鹹塘，增其高闊，填塞溝港，浚深近北備塘濠塹，用椿密釘，庶可護禦。至八月，水勢愈大，本省左丞相脱歡等議安置石囤四千九百六十，抵禦鋄齧，以救其急。於是，簡用都水少監張仲仁總理工役，於沿海三十餘里復下石囤四十四萬三千三百有奇，木櫃四百七十餘。致和元年三月，省臣奏江浙省并重刑司官修築海塘，作竹籧篨，內實以石，鱗次翼到，以禦潮勢淪陷入海。四月，奏委户部尚書李家那等，洎行省臺院及庸田司等官議，大德、延祐間欲建石塘未就。泰定四年春，潮水異常，增築土塘，不能抵禦。議置板塘，以水涌難以施工，遂作竹籧篨木櫃，間有漂沉，欲踵前議置石塘，以圖久遠，爲地脉虚浮，比定海浙江海鹽地形水勢不同，由是造石囤於其壞處，壘之以救目前之急。所置石囤二十九里，餘不曾崩陷，略見成效。庸田司與各路官同議，東西更壘石囤十里，其六十里塘下舊河就之取土築塘，鑿東山之石以備崩損。至明年爲文宗天歷元年，水勢漸平。二年，海患息於是，改鹽官州爲海寧州。縣志：故明成化十二年二月，僉事錢山重築障海塘，公策騎行邑，斂不及民，量材度宜，因時立法。采石於臨平、安吉諸山，備物用於浙西三府，舟楫輸輓，銜尾相屬。乃斷木爲大櫃，編竹爲長絡，引而下之，中實以石，此化小石爲大石法也。泛濫稍定，時盛暑，公念邑民蕩析未寧，農稼方急饑勞，野聚必有疾疫。由是作治，雖嚴間輒拊，循勞來失，次者徙寓空舍，惠以薪米，大集醫藥以療病者，復作副堤十里以防泄鹵之害。至八月塘成，此後修築都無所考，得於父老傳聞，及覩坍出椿櫃，宛然石囤舊制，果良法不可更歟？抑區畫猶有未盡也。至宋元治塘，雖有效有不效，而其法屢變，亦既殫厥心而弭厥患矣。采辦修築之宜如此。

清 戴槃《建復東中兩防石塘記》《清經世文續編》卷一〇〇 海塘之築堤也，始於唐開元九年。前此已有築者，無可稽考。大抵所築皆土塘、草塘，以後造木櫃石囤，塞其要處。所謂石囤者，皆以碎石爲之，非疊石爲堤也。海寧之有石塘，自我朝始。創始於康熙，改建於雍正，告成於乾隆，而魚鱗塘之名遂爲一定不易之制。前代修築必俟海嘯潮溢衝潰塘堤，始行補救。我朝軫念生民，鉅工屢舉，一切制度，積久大備，并定歲修章程，以爲一勞永逸之計。考之志書：海塘自仁和望江門外，至海寧尖山，前只東西兩防，後添設中防，移台州通判，改爲同知，駐於翁汛，遂有三防。共建有石塘一萬九千餘丈。海寧地居濱海，潮汐往來，惟恃一帶石塘堤防捍禦，誠百世之利也。道光年間，因修築工程浩大，特命廷臣駐工督辦，閱兩載而工竣，建修石塘一千七百餘丈。自此以後，隨損隨修，遂得晏然無事。迨咸豐三年軍興以來，歲修銀移作軍需之用，不遑兼顧塘工，而海塘遂失修焉。庚申，遭兵燹，至甲子收復，而石塘之倒塌者多至數千百丈。大府憂之，慮海水之泛濫而旁溢也。奏請興辦，先築海寧之繞城石塘三百餘丈，以衛城中居民。疏入朝廷，命督臣吴公來浙，會同撫臣馬公勘明，三防石塘缺口四千五百餘丈，應行建復以外，坼裂石塘二千二百餘丈，亦須折修。皇上允疆吏之請，遂於同治五年開工，次第興辦，始辦西防石塘，繼辦中防石塘，共一千六百六十丈有奇。然此皆塘後之工，而非臨水之工也。塘後之工用力易，而成功速，臨水之工用力難，而成功遲。歷來辦工築堤，皆於塘身後開槽施工，今因缺口，處處均須聯絡，不得不辦。臨水之工開槽，須先築子塘，塘成戽水，事半功倍，此一難也。沙隨湖至，潮退沙淤，挑净方能動工，此一難也。每年春夏秋有三大汛，時逢潮水旺盛，難以施工，每月亦有兩汛，小汛日工作向有三四時，大汛日工作止有一兩時，釘樁安砌，俱有定價，匠役人夫，因工價所得者少，退縮不前，此又一難也。余常督辦翁戴鎮念尖五汛工程，皆東中防臨水之工，翁戴二汛爲尤難，翁汛塘身低而蓄水不能露底，戴汛沙性堅而釘樁不能如式，則又於三難之外有此二難，此人所共知其難，畏其難，而不願趨事赴功者也。余自十年秋七月來海寧，駐工督辦戴鎮二汛石塘，以爲必遲之久而後成，遲之又久而後成，乃時歷二載，竟能告竣。余之始願實不及此，迨辦翁尖二汛，并續辦念汛東西兩段石塘，各夫役均能踴躍急公。余奔馳塘堤，無間始，終夏不得避暑熱，冬不得避風寒，督率在工，各黽勉從事，不敢告勞。俾臨水石塘要工二千六百餘丈，一律完竣，計自興工，以迄於成。甫經五載，不可謂不速矣。此皆仰賴大海之神靈，大府之洪福，故能相與有成。余何敢居成功焉？夫工程之遲速，視乎天時、地利、人工，非三者俱備不可。天時宜多晴而少陰也，地利宜落水而見底也，人工宜克勤而無怠也。化難爲易，轉遲爲速，天爲之，地爲之，人亦爲之，余則因時制宜焉耳。是爲記。

清　劉秉璋《勘明海鹽縣坍塌石塘擇要估修疏》《清經世文續編》卷一〇

○臣蒙恩簡授是缺，莅任之初，諮訪重要事件，即據紳士僉言海塘等工，年久失修，勢甚岌岌，必得趕籌修復，以免後患。維時即擬設法辦理，乃值海防吃緊，費無可出，不得不暫置緩圖。兩年以來，潮汐衝刷，坍塌愈甚。日前海防事宜，正在籌議，間即據該縣紳民呈請，建修石塘，以資捍衛。情詞甚爲廹切，當飭塘工總局行知會辦局務杭州府知府吴世榮提調，候補知府童光澤等確切查勘。去後，茲據覆稱，向繞城裳字號十八丈起，至羌字號十五丈止。魚鱗大石塘六百十三丈及迤北之添字號二十丈起，至翔字號五丈止，中條石塘一千三百六十五丈，現均完整。其魚鱗塘之北裳字號二丈起，至中條石塘之南翔字號十五丈止，原建大石塘三百七十丈，率多潑損，完整者不過十分之一。自繞城之南羌字號五丈起，至空字號五丈止，原建大石塘一千八百七十丈，間段撥損，完整者不過十分之二。自空字號十五丈起，至傳字號五丈止，原建新條石塘四十丈，亦多坍損，完整者不及十分之一。自傳字號十五丈起，至習字號十五丈止，原建高矮石塘七十丈，均已坍卸至底。又自習字號五丈起，至秦駐山脚璧字號十五丈止，原建低矮石塘一百八十丈，均已坍卸無存。其秦駐山迤南，自青山脚非字號二十丈起，至長墻山脚曰字號十八丈五尺止，原建小塊石塘二百十八丈五尺，亦皆坍卸至底。總計應行建修石塘二千餘丈，若一律興辦，二千丈費鉅，勢難舉行，自應擇要估辦，以抒財力，悉心籌度審察情形。内自短字號二十丈起，至傳字號五丈止，大石塘七百二十五丈，新添條石塘四十丈，潑損數層，或坍卸至底。該處地勢灣環，秦駐山當其右，承受西北風頂衝，外偪大海，内靠洋河，僅倚一綫土堤爲固。每届秋潮盛漲，風大浪高，居民異常驚恐，係屬刻不可緩，亟應修復之工。按號勘估，其僅潑損散裂而樁脚未動者五百丈，擬請仍用原石埋砌完整。内有低矮段落，請分別酌量，加高一二層，以資抵禦。其坍卸至底樁朽不堪受承者二百六十五丈，擬請一律補樁，添用新木折底，修砌完固。惟有原建大石塘，舊石寬一尺六寸，厚一尺五寸，今若照樣采買興辦，工本既重，運脚亦鉅。擬請仿照三防魚鱗石塘樣，寬一尺二寸，厚一尺者，采購添用，以節經費。其傳字號十五丈起，至習字號十五丈止，坍卸高矮石塘七十丈，現存舊石約有二成可以抵用。又習字號五丈起，至善字號二十丈止，坍沒低矮石塘二百二十五丈，舊石無存，僅有基址。據工人云：當時建築，因節省工料，堅固不如大石塘，以致不能經久。今若照舊做法，需費未免過鉅，擬請將前兩段石塘一百九十五丈仿照三防十八層魚鱗石塘辦法一律改建，以期鞏固。以上共請修建石塘九百六十丈，并將塘後附工一律挑築培護，統計約估工料銀十九萬九千九百餘兩，并據聲明。此次所估工段做法銀數，均就現在情形，撙節核實，確估將來或有審時度勢，酌量增減之處，隨時另行核辦等情，由總局司道核明轉詳請奏。前來臣查勘海鹽縣濱臨大海，全仗石塘保衛，原建四千六百餘丈，節年坍損過半，經前撫臣陸續修建魚鱗大石塘二百餘丈，中條石塘二百四十餘丈，其餘應修各工奏明，俟續籌有款，再行勘辦。近年秋潮旺甚，奇險迭生，僅存一綫土塘，萬不足恃，脫有不虞，何堪設想？下游嘉湖蘇松各郡，皆農桑財賦之區，尤關緊要，不僅海鹽一邑然也。現雖財力不支，而事不能已，惟有擇要興辦，以重要工。此次估修之工埋砌者五百丈，建復者四百六十丈，共計九百六十丈，需銀十九萬九千九百餘兩，尚屬核實。臣以經費艱難，節益求節，準以約略八折，發銀十六萬餘兩，工程定以程式，不準偷減。一面擇日開上，剋期竣事以省浮費，此次并無專款，釐金收不敷支，無可指撥。惟有前因籌辦海防，兩浙商人自願按行捐輸以備急需，截至上年年底，隨繳存銀八萬兩，此係零星凑集，并不讀奬，似可以公濟公，移作此項工程之用。其餘不敷銀十萬兩，擬請藩庫提銀二萬五千兩，運庫提銀二萬五千兩，糧道庫提銀三萬兩，釐捐局提銀二萬兩，分作兩年，陸續解塘工局支發應用，庶幾衆擎易舉，以成厥事。

清 林則徐《林文忠公政書》卷六《親勘海塘各工片》 再太倉州屬之寶山縣捐修海塘工程，經臣會同督臣陶澍奏奉上諭，陶澍等奏籌議捐修海塘工程，估需銀二十萬兩有零。據稱業經率屬倡捐，該縣紳士踴躍輸將，捐項已經及半，其附近之嘉定、上海二縣皆脣齒相依，尚可互勸集捐，以期蕆事著。即責成蘇松太道陽金城太倉州知州李正鼎督令各該縣隨捐隨辦，并往稽查，無任草率等因，欽此！當經恭録，轉行欽遵辦理。旋據蘇松太道陽金城太倉州知州李正鼎等以該處塘工有迫近海濱，外無護灘之處，應否繞越挽築，稟請臣臨工勘辦。又嘉定、上海二縣雖已分勸盡捐，尚未集有成數，亦須臣親往督勸。臣隨於十月二十八日自省起程，前赴寶山工次，親加履勘。除縣城迤西之小沙背，迤北之談家浜二處，雖皆臨水頂衝而迫近城垣，市鎮未便，過於縮進，仍照原估，於舊塘裏面加築新塘以資重門保障外，其江西之衣周塘及江東之八房宅、唐家宅、長浜、周家宅各處，均係頂對大洋，形勢挺出，外灘已塌，塘腳漸卸入海。若仍於原處修築，現在礙難施工，且恐不能經久。自應繞越另集，庶臻鞏固。又江西、江東兩礮臺挺峙海口，雖潮大之時不免漫及根腳，而形勝所在，未便改移。惟於臨水之一面加築圈堰，多護樁石，以憑扞衛。又施港迤南塘身，留有石洞一座，因係農民灌溉取需，不便令其堵塞。但恐大汛潮猛，易被沖決，亦須略爲挽越，以避激蕩。均經臣逐加履勘，與該道縣并紳董人等酌商定見，即飭該縣等妥爲照辦，毋許稍有草率。至嘉定、上海二縣協捐一節，并經臣親督道府州縣，傳令各該紳士詳加開導互勸輸將，僉稱各官尚且捐廉爲民保障。該紳等住居切近，自當勉力輸助，以濟要工。察其情詞尚屬踴躍可期，源源捐濟，無誤工需。臣仍諄飭，撙節動用，務使料實工堅，以爲一勞永逸之計。又查今歲夏秋之間，沿海屢被風潮，本不止寶山一處，如華亭縣之海塘，亦據該縣稟報，外塘樁石多被沖損，內塘腳土間被汕刷等情，經臣彙入風潮案內附片奏，蒙聖鑒在案。茲臣於寶山勘畢之後，并到華亭海塘逐段查勘，該塘內面砌條石十五層，外面包土，其迎潮處所，又加樁木碎石，層層攔禦。潮至雖被漱齧，仍從空隙處退回。故相沿謂之玲瓏垻，實爲全郡保障。前於道光十一年遭被風潮損壞，曾經請帑承修，計今已逾保固例限。本年六月十四五及七月初二、三等日，颶風大作，致將玲瓏垻土石樁木各工先後沖壞，潮汐直到塘根，刷去面土，激動條石，當經署松江府周岱齡督同該縣張慶瑗趕緊搶堵，一面按段查勘，估計詳辦。即據該府縣以工段綿長，一時無款可籌，而該處民力拮据，即勸捐亦恐無濟，祇得由松江府屬各員捐廉酌辦，議請先行擇要，將珠稱等號有土無石之單塘一百二十餘丈再加木樁一層，樁內填石，石後添土，鋪築行硪，務令堅實。又將最險之金山嘴地方鳥官以下等號，擇要修築四百四十餘丈，均於石塘包土之外，量至六丈。地位排釘，木樁内填碎石，加築尾土，悉照玲瓏坝做法修成護塘灘坡。俾險要之處捍衛有資，再將金塘外坝徐圖修復等情。臣此次親詣覆勘，所估各段皆係刻不容緩之工，應如該府縣所議，先行興辦，已令即速施工，所需經費據該府正署各員，督率該屬之華亭、奉賢、上海、南匯、青浦等縣，分别捐廉，通力合作。除俟工竣，驗收查明，實用確數，再行專摺具奏。外所有臣出省親勘海塘，分别飭辦緣由，謹會同督臣陶澍附片陳明，伏祈聖鑒，謹奏！

又《驗收寶山縣海塘工程摺》 奏爲捐修寶山縣海塘，先將已完土石各要工驗明如式，仍飭妥速集捐，趕添樁石，永資鞏固。并將四千兩以上至萬餘兩之捐户，先行懇恩獎勵，以昭激勸，仰祈聖鑒。事竊照太倉州屬之寶山縣海塘，於七年六七月閒連遇風潮，異常猛烈，沖坍至五千餘丈。經臣與督臣陶澍函商，以海濱保障攸關，斷不可遷延貽悮。而工程浩大，國家經費有常，又值浙省大修海塘之時，不敢復以江蘇塘工請動帑項，當飭升任藩司陳鑾親赴寶山，會同蘇松太道陽金城體訪輿情，妥爲勸諭，捐輸辦理。由臣附片，具奏欽遵，硃批所辦妥等因，欽此！隨即率同司道州縣捐廉爲倡，勸諭城鄉紳庶，陸續出捐十萬有零，因估需工費在二十萬兩以外。復於附近之嘉定、上海二縣互勸集捐，以襄鉅役。一面督飭印委各員選舉董事，乘時興工，會同督臣陶澍奏奉諭旨，責成蘇松太道陽金城太倉州知州李正鼎督同各該縣隨捐隨辦等因，欽此。當即恭録轉行，欽遵辦理。旋據該州縣等以該塘有逼近海濱，外無護灘之處，應否繞越挽築稟請臣臨工勘辦。又嘉定、上海二縣協捐，亦須臣親往督勸，臣當於上年十月内赴工親勘定議，并將勸捐踴躍情形，續經附片陳明在案。伏查該塘舊工，因收分過少，形勢近於陡直，恐不足以柔潮勢。是以現築新塘，概係底寬八丈，頂寬二丈，高一丈二尺，外面臨水之處均用三收做法，裏面亦用二收。并恐舊土與新土不相膠黏，所有沖壞之處，悉將舊土剷平鋪底，重新硪築。每鬆土一尺，行硪三遍，打成實土六寸，責令各段委員逐層面驗，驗實一層，方許加築一層。又石塘鋪砌條石一百九十餘丈，皆令選擇堅結石料，鏨鑿平整。其土石交接之處，加築石坝三層，以資裹護。并於小沙背、談家浜二處收復挑水坝兩道，坝外雙樁夾石，以資挑溜。又沿塘簽釘排樁，填砌塊石，凡迎潮頂沖之處，皆用雙層，其次要之處，酌用單層。又施港迤南，舊有石洞一座，係農民灌溉所需，不宜堵塞，而大汛潮猛，易被沖決。原估挽越砌築，嗣察看形勢，竟須改建石閘一座，始足吐納潮汐。農田既資霑潤，而閘身寬厚亦無激蕩之虞。又塘後舊有隨塘河一道，工長五千二百餘丈，歲久湮塞，幾成平陸。該河本關水利，且沿塘樁石得由内河運送，可免海運風濤之險，自宜乘此興舉鉅工之時，一律開浚。以上各工，有原估所未備及者，節據太倉州知州李正鼎統辦，委員候補知縣龔潤森總催，委員坐補崇明縣知縣徐家槐、鎮洋縣知縣孔昭顯暨寶山縣知縣毛正坦等，稟由司道核明，詳請添辦，當經批飭督率紳董核實經理。計自上年九月二十一日開工起，截至本年五月内，除石塘先經補砌完竣外，所有新築土塘工長五千二百餘丈，均已告竣。其石塘南北兩頭與土塘交接之處三層盤頭石坝，一律砌就。挑浚隨塘河，亦已完竣通工。樁石先將頂沖之處擇要釘砌，其餘尚須集捐購料，陸續接辦。據各該員將已竣各工稟請，先行驗收。臣於五月十九日出蘇州，前赴寶山，周曆查驗。所有江西、江東各土塘，量明高寬丈尺，較原估格外敷餘，逐段錐試，均屬十分飽滿，硪築實爲認眞，補砌石塘面面方整，并用鐵鋦鐵錠逐層句貫，新舊相合，灰漿堅結。盤頭石坝三層，排樁緊密，填砌塊石，高與土石塘相平。塘外單雙各石坝，擇險釘砌之處，樁密石厚，足資護塘挑溜。其隨塘河道，挑深九尺至一丈不等，正屆插秧之際，塘内數萬農田，咸資灌溉。施港口石閘業經砌至十三層，工已及半，砌法與石坝塘相同，甚爲堅整。臣連日查看工段，紳士耆民，扶老携幼，香花載道，無不歡忻鼓舞，感頌皇仁。就中有年近百歲及九十歲之耆民王七大、陸孔彰、楊世奇等僉稱：曾經四見大修海塘，未有如此次之層土層硪、高寬堅固者。臣驗工之時，適見伏汛，潮汐正屬盛旺，塘工大局告竣，已覺捍禦堪資。再得通工樁石全完，定足以垂久遠。惟應行續購各料，尚屬不少，而江西海口礮臺攸關，設險亦須拆修。尚有天后宫及海神廟，年久坍損，并應改建。所需經費，本係奏奉諭旨，隨捐隨辦。除官捐項下，升任藩司陳鑾捐銀三千兩，解任蘇松太道陽金城捐銀三千兩，護理蘇松太道蘇州府知府汪忠增捐銀三千兩，太倉州知州李正鼎捐銀三千兩，寶山縣知縣毛正坦捐銀六千兩，署上海縣事元和縣知縣黄冕捐銀三千兩，署嘉定縣知縣王錫九捐銀一千五百兩，均已交齊支用外，其紳庶各捐户内有捐數在四千兩以上至萬餘兩者，似應先懇恩獎，俾共聞風鼓舞，互相激勸。已捐者趕緊湊繳，未捐者倍加輸將，庶大工剋期告成，以仰副我皇上保衛海疆、登民衽席至意。據署蘇州藩司裕謙具詳前來，謹另繕清單，恭呈御覽，伏候欽定。至印委各員辦事日久，冒暑衝寒，皆能實力實心，不辭勞瘁。應俟大工全竣，曆過秋汛風潮，再行奏懇恩施，以昭核實。所有現在驗收已完塘工，并籌畫趕辦情形，臣謹會同兩江總督臣陶澍恭摺具奏，伏乞皇上聖鑒、訓示，謹奏！

鴻塘

清　紀大奎《雙桂堂稿·續稿》卷一〇《徐氏修鴻塘記》　邑中言水利，自大小河、陂、堰外，其次莫如湖，湖之次曰塘，皆以瀦蓄水也。最著者曰戴湖，唐戴叔倫所築，教民以均水利之法，民習知其利，環湖而耕者若七都六都之地。塘最多而鴻塘爲最大，以方計之，蓋百畝焉。受靈谷諸山田源之水，雖甚旱而塘之水不竭，潦則洩之以匯於戴湖，其地世爲徐氏業，面塘而居者皆徐氏也，故徐氏耕者多上農。然嘗考湖與塘之大者，或久而就湮。蓋小則沙泥之壅塞易見，及時浚之，其爲力易；大而深，則始之壅積者往往不之覺，歲月漸多則沙泥漸積，及旱且涸而後圖之，而其爲力難其不憚焉者寡矣。徐氏語余曰：予族有好義者二人，曰渭溪，曰拙夫，皆哲庵君之子也。二人曰：塘之未浚，蓋自康熙初，至今百數十年，及今不治，後將不可爲，方亟謀所以浚之，未及而相繼殁。今渭溪之子拂亭與其猶子翠屏於嘉慶庚辰之秋，捐貲挑浚，費錢千餘緡，至冬事竣。塘之深倍於昔，吾徐氏將世世受其利，而以其歲收魚租數十石供祠祀。于是族之人奉哲庵父子三人之主於始祖之祠，歲時祭享，咸祔焉。爲其勇也，所以報也，乞記之。余曰：能復水利以濟其族，是其報之之禮爲宜矣。且戴公之遺法，至今存焉。此事之可書者也，遂爲之記。

（同治）《臨川縣志》卷六　鴻塘日久漸塞，誥贈儒林郎徐文新子監生夢熊、理問宗鳴立意開疏，未就而殁。夢熊子來松、宗鳴子映奎等承父遺命，於嘉慶庚辰挑浚，費錢千餘緡，族咸利之。其祠勒石，邑人紀大奎記。

後海塘

綜述

（萬曆）《紹興府志》卷一七　後海塘在府城東北八十里，周延德鄉纂風鎮，凡三千七百一十一丈。舊時發該縣丁夫修築，近年以來止令本鄉居民照丁派修，以抵一應差役。

（道光）《會稽縣志稿》卷六　後海塘在稱浦江之北，與上虞聯界，去縣東北八十里，周延德鄉纂風鎮，凡三千七百一十一丈，用以捍禦風濤，一鄉之田廬藉此得免於漂溺。緣舊時發槩縣丁夫修築，近年以來止令本鄉居民照丁派修，以抵一應差徭。海塘成，案乾隆二十九年，知縣彭元瑋詳請，將瀝海所石塘面加高四尺，并帮寬工程二千四百五十六丈，領塘工經費銀三千二百兩零，興工修築。三十五年七月，爲風潮冲損，自上邑張家埠交界起，至霸字號石塘止，間段損壞，知縣沈堅詳請修築加高。土面三尺，底寬二丈四尺，面寬一丈六尺。四十六年，知縣李孝洋修築瀝水一帶舊石土塘七百六十九丈，動支塘捐銀一千四百九十餘兩，又加帮塘角地方唱字號起，至氣字號止土塘四百九十八丈，動支塘工引費銀九百九十兩零。四十七年，又因瀝海所姚家埠千字號起，至武字號止，一千一百二十文塘身低薄，加帮面土，動支塘捐銀一千三百有奇。

（光緒）《鎮海縣志》卷八　後海塘縣西北二里，起巾子山麓，止東管二都。海環縣之東南，北山勢盤旋，潮泥積淤，善經理之皆可爲田，稍失堤防，風潮衝擊，則平地高岸，悉爲水鄉。淳熙十年，令唐叔翰與水軍統制王彥舉統領董珍，申府聞於朝，支降錢米，倣錢塘江例，叠石甃塘岸六百二十丈五尺。

又　嘉定十五年，接連增甃五百二十丈。蓋府薦有請，朝廷續賜費也。其工役縣尹施廷臣、水軍統制陳文分董之。塘有峻坡，捍禦甚固，本縣又準行下。於石塘盡處，再築土塘三百六十丈以續之。有永賴、海晏二亭，臨石塘之上，經始之難，後來者不可忽。元末塘崩圮，亭亦廢。明洪武五年，邑丞許伯原即舊亭故址重建永賴亭，塘下舊有破浪樁，年遠朽腐，風濤撼觸，石塘塌裂。十二年，父老范仲宏等請於府，委令何公肅率鄞、慈、奉、定四縣民夫修築，運石伐材，修補復密，用破浪樁以障於堤之外。成化時，海道副使楊瑄又增築之。正德七年，海溢漂溺民居，水利僉事胡觀增高土塘五尺，并加立破浪樁。隆慶三年，海嘯吞嚙，塘石無存，巡撫谷中虛復加增葺。　太僕寺卿楊美益有記，見《城池》。嗣因沙塗遠漲，縣亘一二十里，至國朝康熙年間，地猶耕牧，堤防無患。自雍正二年海嘯後，沙漸洗没，潮警不時，歲費工需，隨修隨壞。乾隆三年、四年，兩經沖塌，邑令楊玉生虞有倉猝以改建請，因格於委勘，仍議就損，葺治汕刷。未久旋致空虛，於乾隆十二年七月十四日，颶風大作，城塘并潰，乃於頂衝改建夾層石塘五百七十六丈五尺，餘審緩急，區别堵禦。

又　王夢弼《記》：邑治北負溟渤，濁浪無際，東西屏山，翼張而後海石塘受潮之衝，若盪胸然。過東北，巨颶逼於潮後，以萬里奔騰之勢，加漲不已。金堤亦虞潰敗，單石薄土，奚能永固？此前代陷漲頻仍，有足徵也。自隆萬沙漲，後幾二百年，水不侵逼，邑以獲寧。雍正初，陡經海嘯，沙塗洗没，水薄塘堤，歲議紛紜，徒事黏補，而潮汐沖汕，日漸空虛。致於乾隆丁卯秋，怒颶鼓浪，城塘悉潰，水灌田廬。余身際險危，中宵惴惴，詳考今昔利病，陳於大中丞常公，安檄分司，曾曰理會勘，博綜群議，有外築護堤之説，不知沙沈巨浸，非可懸水施功，有移塘避衝之説，不知舍舊更新，莫禁狂瀾日逼。至若議建複塘，工鉅而勢非堅□，□改直塘費重而制亦失宜。夫他處石塘，叠砌壁立，取衝爲劇。斯塘頂尖腳闊，如勾股狀，直高二丈，築出斜高三丈六七八九尺不等，法用條石埋砌七道，名龍骨。中鋪大石六路，名幔板，以横貫縱，幔土爲塘。潮來搶坦，上下敵浪之勢較輕且緩，形式殊非可議。惟琢石不細，歲久稜酥，而縫隨以闊，且石係單層，水由縫刷，而土隨以消。加之龍骨幔板，各無槽榫，不相維繫。洪濤激浪，沖進掣出，石隨涣散，又安得不决土堤而没田園也耶？爰議改建夾層，堵縫鑲榫塘，製其法以七道龍骨，概换厚石兩，而上留一寸，即斜剷六寸成槽。舊石横砌，今易一横一豎，得以深埋入土。舊無聯屬，今於横豎兩廉各鑿方漕石榫，貫成始帶通塘，勾排七帶，鑲入六路幔板。板之兩頭削如馬蹄，嵌入龍骨槽内，其石錐琢，六面平光。俾得實栟緊，縫下加襯板一層，騎縫貼砌底夯塊石，兼釘頂樁。凡石四合，膠以稠灰塘，外束以關石，排樁塘口，扣住迴浪，立石上下，嵌成一片，并不使縫水抽土，不違舊製，而法已加詳，似可收因時補救之益。舊塘一千一百餘丈，先就頂衝之五百七十六丈五尺一律改建，其在城下者三百三十六丈五尺，於迴浪石後嵌砌路石一道，與護城石槽口相扣，即爲塘面。至城角迤西二百四十丈，無城可依，於迴浪石上加叠三尺，收分至頂，鋪寬路石九尺後，築土戧五尺，較舊高厚有加，差堪抵禦險汛。城東石塘起處七十三丈，尚有沙積，仍以單層重修，其西舊塘不及五百丈，内僅補葺塘面一百四十丈，塘身二丈。亦以沙未全没，權於緩急先後耳。議上本道鄭公，遠請於大中丞顧公琮白於朝，發海塘經費帑金，伐木於閩海，煉灰於富春，鑿山運石於鄞、慈、定縣，募匠於寧、紹兩郡。自乾隆十三年二月二十一日經始，三歷秋汛，藉有柴掃搶堵，得至十五年十一月二十七日次第落成。上蒙宮保制府喀公爾吉善、大中丞方公觀承、永公貴親巡，訓示方伯唐公綏祖、鄂公樂舜、王公師、葉公存仁後先綜核，本道侯公嗣達不時按驗，本府魏公嶟、杜公甲、項公喻勘覆於初，繼皆胡公邦祐駐工調度，以迄厎績也。至若稽工選材，則縣丞柴理益士傑、巡檢毛玉樞、雷振先、耿昭孫，翼新典史陳宗洛分革之力爲多，惟是施工有序，規畫難周。當此水逼塘身，亟宜有備無患，歲修之請，得本道同公德嘉與議轉詳。此歲定工需緩急培土，首從西段舊塘一律加高改建，繼將塘後上戧通幔，石甃修復，破浪樁製經營，餘力没於各鄉，堤防不特，後海石塘聿垂永固。城頭民生胥有永賴之慶矣。

又　胡邦祐《記》：寧波，古明州，因邑有定海，海定則波寧，故更今名。鎮海即舊定海也。屹峙於蛟門，候濤之間，與瀛海相際，爲全浙咽喉。城始唐乾寧四年，塘始宋淳熙十年。昔人謂天設之險，又謂稍失堤防，平疇高岸，皆成水鄉，其所係豈尠鮮哉？歲丁卯秋，颶風陡發，濤湧决堤，堤潰而城之傍堤者隨之，吏民震恐。邑令長商邱王君上其狀，論歷懇至，大憲曰：禦災捍患，爲民切莫於此。迺遴員驗估，又復遠臨以相度形勢，蓋誠不欲爲一時權宜補苴之術，而固以纏縣，計以永久，使海隅蒼生，長安衽席。勘估既定，乃陳請，唯天子惠愛有加，令發公帑，尅期以戒事。余時奉簡命來守是郡，郡所屬事無大小，皆守分内，而鎮海以萬頃奔湧之縣，建萬年鞏固之圉。甫下車，即偕令君虔肅鼓，役施畚鍤，雖以帶水之隔月，必數視海濱風雨，寒暑不敢避。蓋取鹽於宋元明相繼修築，不能垂世永奠之根原，惟恐工人一時一事之疏，貽後日生民之累。余於茲實切冰淵之懼焉。若乃規制師古變化生心，先衆力而申之，以式趨事者，日以千計，身與之習教誨，而噢咻之尤賴。令君憂深慮遠，精勤練達，實任賢勞也。凡修頂沖塘五百七十六丈有奇，次沖塘三百九十六丈有奇，新建塘五十一丈有奇，修北面濱海坍城表裏凡八百一十丈有奇。城以回浪塘以護城，其中纍石排樁，築基深固，倍於前者十之九。乃於其鋭者圓之，昂者坦之，單者複之，低者崇之，薄者、狹者厚而廣之。木石之需，采諸他郡，鑿山浮海，選材惟謹，鳩工惟良。其間牝牡相啣，唇齒相依，經緯相錯，鈎貫膠結，使離合之介胥鎔。若所謂銀城鐵甕者，而後即安。先是，己巳秋，塘工甫半，僉懼長鯨逞故技，實有戒心。偕令君齋宿具牲醴祈波臣效忠，仰體懷柔至意，安瀾無妨，公事無何。中元後旬，颶風猛烈，若海立山奔，百里内官帑民居爲之震撼。及濤平，余亟視新塘，屹然完固，一似颶之狂暴，不能與人之巧力爭。夫亦波臣顯示，以前定之式，當始之終之，而莫之或改也，乃循是以迄於成。經始乾隆之十三年春，告成於乾隆之十六年冬，工閲四載，爲費八萬餘緡。宏規式廓結，體獨堅正不止，摹方者折巧中矩，摹圓者周巧中規矣。工竣，令君請余紀其事。余惟此一役也，皆賴各大憲之籌畫精詳，頻臨策勵，而令與丞率巡典共矢勞瘁。余於其間，不過上丞訏謨，以下喻群工，篤綢繆永久之圖於射之震，念切饑溺。而幸以告厥成功者，於余何有哉？令君曰：百姓之志也，曷可以辭？爰記此，俾鎮邑百姓世以不忘聖恩憲德，而樂土康阜，將所謂門户安，則堂奥亦安者，日胡以慶海定波寧矣。余於令君有厚望矣。

（光緒）《鎮海縣志》卷一九　羅以智，字鏡泉，錢塘人，拔貢生，博學嗜古，才譽著一時。道光二十五年，攝邑教諭，至即謁文廟，視兩廡粟主無陸贄名，訝曰：宣公久已奉旨從祀，而鎮海學宫尚缺如前，此教官毋乃憒憒乎？趣吏立主，照欽定位次供奉之。已復躬祭，忠義節孝，祠以勵風化，集諸生課其文，嚴定甲乙，人人喜得師也。

紀事

宋　林栗《海塘記》（光緒）《鎮海縣志》卷八　淳熙十六年夏六月，明州定海縣新築石塘成，其高十有一層，側厚數尺，敷平倍之，袤六千五十尺有羸，基廣九尺，斂其上半之，厥羸又十之五，高下若一，從横布之如棋局，仆巨木以奠其地，培厚土以實其背，植萬樁以殺其衝。役夫匠軍民，積工至三十餘萬，而人不告勞。閲春夏二時，舍田趨役，而農不告病。伐石於山，石頽而役者不傷，運之於海波，平而舟楫無恐，以己酉春正月己未初基，越六月甲寅，凡十有七旬。又五日而訖事，畚鍤纔改，波神眩巧，乘大潮汐，挾西北風，震怒號呼，攻突甚急。蓋乙卯丙辰，以夜繼日，盡其力而止，波澄雨霽，環而視之巨防，屹然罅隙不動。於是萬衆感激茲役之興，信有天助，乃能底績，以迄於成，一方可以永賴矣。先是，定海塘以一木從事，歲有决溢之虞。丁酉之秋，江海爲一，民廬、官寺、營壘、師屯，被害尤酷，知縣事陳公亮栩用石板以護其外，僅支數年。水大至，則與之俱去，蔑有存者。歲在戊申，風濤屢驚。九月，守臣岳甫始合軍丁之辭，以告於上。是時，至尊臨御倦勤，而憂民之念愈切，聖衷乃命部使者與守行視，核其費以聞。詔賜緡錢六萬五千有奇，聖訓叮嚀，毋得苟簡。今上嗣登大寶，勵精帝載，山川受職，罔敢不虔。及是告成，不衍於素精誠之感，自有來矣。臣以暮春承乏郡守，職當紀實以紀無窮，言之不足，形於咏歌，謹拜手稽首爲之辭。曰：定海之濱，屹然巨防，開天攸設緊軍民，是襄軍民。曰：嘻！我盡其力，惟公上是資，惟文武是師，官不我役，衆奚所爲？官吏竦聞，惶怖疾走，粒散太倉，泉流内府，不曰兩宫於我，奚取兩言煌煌？紹虞踵唐，四海永賴，豈惟一方守臣稽首頌聲載揚？是誠贊乾坤之大，而譽重離之光，勒之貞珉，萬世不忘。

清　周正祥《修後海塘記》（光緒）《鎮海縣志》卷一九　鎮城北濱海，其南面臨大江，背則僅倚所謂後海塘者，以界之險矣。塘自城東北隅巾子山麓，延袤至蠏浦三十里石塘，盡七里及沙頭而止，夾層石塘則不及千丈。昔者塘之外尚有沙塗相抵護，今沙盡洗沒，不復漲矣。潮直齧乎塘之根，石罅齧久，漸漸渙散，更漸漸欹傾，勢所必然。或言：舊塘頗堅固，日修而日壞，其弊有不勝言者，此亦惑人之説也。夫修利堤防，季春有令，自古未有不壞之堤防，而無事後人之修之者也。既渙散矣，且欹傾矣，猶而待其潰決耶？縱不爲身，奈廬墓何獨不爲子子孫孫計耶？或言：塘工前則請發帑役，鉅費繁民，力恐不給。夫當夷擾之後，生計固蹙，然合人人之力而濟之庸遂破一人之産乎哉？兵可避盗賊，可擒塘，一潰而不可禦矣。人人之身家性命所關，繫區區財乎哉？顧瞻推委，忍不能予斷，斷愚不至此，蓋未有不共衛其鄉里，而能獨保夫身家性命者也？或言：有治人，然後有治法，必也。果足以取僧於鄉里者而董治之，庶幾不虛耗財力而能捍此大患歟？是又不然。十室之邑，必有忠信，而慮一邑中竟無老成廉謹之人足任事者，未之信也。其他善事義舉，利及人而無所爲害，斯則一或不慎，害且大不可言，已斷難逃其咎，有不盡心力，而爲之者哉？況上有大府賢令尹身親指畫，恫瘝在抱，邑之父老子弟，未有不踴躍争先，而恥讓善於人者也。余居是邦，將一月矣，風雨連作，潮聲殷殷若雷，晝夜不絶於耳，全恃一綫險塘，生靈聽命，是尚可生浮言而不樂輸以急成此舉乎？其後塘工竟成，而以智早已去任，士民多傳誦之。咸豐十年，省城陷，以智殉難同時。鄒志初字粟園，杭州人，工詩古文詞，由舉人攝邑教諭，風雅愛才，亦稱賢廣文云。

（光緒）《鎮海縣志》卷八　塘自邑令王夢弼改築後，越十餘年，令馬文炳修之。道光十一年，令郭淳章又修之，時捐資於城中及東西管二鄉，監生王懷茂倡捐二千金，督率工人，不避風雨，郭令嘉其勤勞焉。道光十七年七月，颶風大作，土石兩塘潰決數百丈，漂溺田廬無數。逮二十三年秋，颶風巨浪，沖坍益廣，監生周正祥憂之築，紳士數十人具呈邑令及府道藩撫，請發帑改建，以請帑之難而中止。正祥因捐於殷富，及以己資修之工，不及十分之三，以資斧不繼，不得已而停工焉。

又　至二十八年春，大憲題奏奉旨，準予帑銀。正祥始得大興工役，工未半而浮言起。正祥卒，工復停止。已而大憲委道憲偕邑令畢承昭詣塘拆驗，始知正祥所修，別出心裁，完固精詳，可垂永久。乃照限減丈段給帑改建，而城鄉紳富亦各自分段興築。曰海晏局正祥領帑修東管鄉，紳富捐并入焉。曰慎泰局貢生鄭熙、生員王咸章捐資修。曰永安局城中紳富捐資修。曰西成局西管鄉紳富捐資修。是役也，統計夾層舊石塘修補者八百餘丈，單層改夾層石塘二百三十丈，近范家村一帶改建夾層石塘一百六十三丈，近萬壽庵一帶土塘改單層石塘一百六十三丈。前後議修建邑，令爲葉堃賴，晋及畢承昭。而督理塘工無間寒暑不辭勤勞者，爲舉人陳懿行、謝錚賢、貢生林浩、生員周恆、陳修和、監生胡長洲、金子寧、陳定敏、傅謨、劉朝斌。

湖川塘

綜述

明　祝允明《懷星堂集》卷二二《重浚湖川塘記》　水生於天，行乎地，而假人以治。治無所用於私，私則鑿物，失其理而亂，吾更以鑿加之，是益其亂也。惟知及之，而以勇成之，則雖不必創作，其績有以相時，聖后配古聖臣，以康黎民。何也？得其理故也。孔子稱：舜禹之有天下也，不與而無爲，觀舜命禹，禹盡溝洫，力至胼胝八年，若是謂無爲不與者邪？爲不爲，咸以理，理爲而爲，雖甚勞煩焉，猶無爲也。天下之水十五在江南，去禹踰三千年，而三江失入，震澤不定。昔之議治者棼若聚訟，繇范文正、蘇文忠迨二郟單任等言，人人殊至。就其理而理之，狹者廣之，高者下之，塞者通之，乃不能異也。則今日循故理成新功，不以鉅微，古今而間然爲之者，其舜禹事歟？太倉州北數里有塘曰湖川，延袤九萬七千一百尺有奇，西分源於太湖，歷婁江而下，由巴城湖新塘以來，滙東連小塘子，貫石婆港以達劉家河。海潮西突，巴城東注，清濁交嚙。又劉家潮之緯州而西出者，由鹽鐵塘到湖川而定，東北自七丫港，而花浦，而楊林塘。潮之來者亦及湖川而尼，當地與時之會，故渾沙迎合，淀壅，瀫湾可立而待，傍田藉沃，泄者頻病之。天順間，民沈定奏可，下郡縣浚治。時治塘面廣二百四十尺，底半之，堤深丈有二尺。輔堤之廣殺二尺，潮歸枝川，傍田以利。迄今久且復淤，東至堈身十里，餘塘成夷壤。草茭糺盤，小泛絶滴，西至金雞河口，亦僅沮洳。民吴紀復奏可，下郡縣浚治，郡縣以役寡工薄，稍疏陿，中纔如溝無幾何，輒已漲平，佃涉兼病。歲庚申，民吴賢等牒陳於今巡撫南畿都察院左副都御史彭公禮，提督浙西水利工部郎中傅公潮乞裁治活赤民。二公曰：俞屬之治農官，蘇州府通判陳君暐率太倉州判官黄君譜往，相度得其理，乃鳩州萬有五千夫，崑山千二百夫，挑抉塗泥，導誘線路，畚鍤任扉，雲集蟻運。二公躬臨視之，初塘身既闢，而兩岸夾立，相去直與下等。彭公曰：是不然，岸稍遇潦當即潰，塘立塞耳。乃命削其廉隅，俾夷而固。啓役於冬十二月上旬，訖事於明年春三月十三日。凡浚自徐昌橋至于金雞之口八萬五千一百尺，入崑山西段又六千尺廣一百尺，底廣四十四尺，深九尺，尤以民造新州積勞，日給導河夫官銀縻三千二百五十兩有奇。於是水道流利，而田野辟舟楫，便租賦，復上下賴焉。彭公命允明記其事，允明民於郡，郡大利病，固無越水事。竊嘗究研，今昔諸賢緒論，每病其異同，然以爲水之綱要，不過宣防二道，至於理之一言貫萬物，亘宇宙，弗可易者，有物於此，失其理而亂。無事更張復之，則還於治兹塘是也，復之者宜之也。假令舜禹復起，其於是能舍浚瀹而他爲乎？大哉！二公知及而勇成之，五行既陳，六府迺修，有以相后皇，補天地，蓋其根柢所在，獨操一理以宰割百度，故不以鉅微循而不鑿。有爲而若無爲，若禹之於虞也。烏乎！勸今規來，永古作者之澤，以申吾民之剞鏤。固小子幸願且承命也，不敢辭謹用，鋪勒成烈，俾職於後者，時消息以斯理將萬世是賴。是役也，承引而挈提者知府曹公鳳、知太倉州李侯端，董莅于成者陳君專職之力，及黄君也外參事於是者，系聯以書。

紀事

明 桑悅《重浚湖川塘題名記》《吴中金石新編》卷三　湖川塘横亘於州，其尾少接崑山縣瀧，潤數十里。歲久滯壅，窪者沮洳，萃沙平原，有司被旨欲浚，因循功鉅弗果。提督浙西水利工部郎中傅公按視之，召所屬諭之曰：水利，民之命脉，昔西門豹爲鄴令，鑿十二陂以利民，時稱賢大夫，司馬遷紀之以傳不朽。全州之力津以大邑，顧歉鄴邪。棘鑿允宜，令下荷鍤如雲，庶民子來，工興之中。巡撫南畿都察院右副都御史彭公親履眺，相示以勸懲，工訖已命鄉進士祝君允明記其顛末矣。公軫成功，孔艱書告。予曰：《禮》云后稷之爲烈也，豈一手一足之力哉？塘浚功何所歸，凡百執事劾勞已久，先生當爲之暴白以勸來者。予聞老子云數其車無全車，以車分數之曰輻，曰輪，曰軫，曰盖之屬，不可枚舉。合而言之曰車，而已總名彰，則諸名隱理之必然者也。今公總名已獲，乃不自居，而欲分數輻，等其德之厚，爲何如耶？是役之興，知府曹公綱維有度，翼以竟事；治農通判陳侯暐身致於河，疲病忘息，櫛沐風雨，膚功告成，州判黄君譜、崑山縣丞楊君孟奇分董工役，勤勩惟均。知州李侯端暨崑山知縣徐君聰繫念籌畫，筭金廩夫。州判龔君詔吏目施泰給散，以公巡檢孫雄奔走阡陌弗懈，皆可數之，以詔無極。其參事義官、粮塘、耆老不能悉數，宜拔其尤者，書其名姓於碑陰。衆議河所由浚，公實不得辭其總名。

明 楊循吉《浚湖川塘志》《吴中水利全書》卷一八　湖川塘在太倉州城北數里，其塘東受海水，而尾洩於金雞諸河。傍田藉沃泄者，延袤幾百里，當未建州塘，屬崑山縣。用邑民吴起具奏，議嘗事開浚，中纔如溝無幾何，輒已漲平。弘治十年，民吴賢等復言之官，撫臣彭禮及郎中傅潮偕委有司發州夫一萬五千人，崑山縣夫一千六百人，浚凡八千五百丈，入崑山西鄙，又六百丈，費官銀三千二百五十兩有奇。

明 沈岱《吴江水考增輯》卷二　英宗天順三年，浚太倉湖川塘。

明 張國維《吴中水利全書》卷一〇　天順【略】三年【略】，浚湖川塘。長九萬七千一百尺，面廣二百四十尺，底半之，堤深十有二尺，輔堤之廣殺二尺。

又　弘治【略】十二年，巡撫應天等府都察院右副都御史彭禮同傅潮浚湖川塘，太倉州民吴賢見塘水淤塞，田失灌溉，其奏奉旨，命彭禮傅潮浚治。因委通判陳暐率太倉州判官黄漕浚自徐昌橋至金鷄口，凡八千五百千丈，入崑山。西段又六百丈，其廣十丈，深九尺。發本州夫一萬五千人，崑山縣夫一千二百人，費官銀三千二百五十兩有奇。

又　萬曆【略】二十七年，丁永祚浚湖川塘。

雜録

明 張國維《吴中水利全書》卷七 湖川塘自小塘子起，至崑山縣界止，長五千九百七十三丈七尺，底闊三丈【略】。小湖川塘長六百二十丈，底闊一丈八尺。

又卷一六 湖川塘一道，長五千九百七十三丈七尺，底濶三丈，加深四尺、五尺不等。附近小塘子等支河二十一道，共長一萬零九百四十八丈，底濶三丈不等。今浚深四尺三尺不等。

滸墅塘

明 陳仁錫《無夢園初集》駐集三《通巽溝以竟前功，修滸墅塘至和塘以便濟渡，築寶帶塘接松陵，築齊門塘，接海虞，以垂永利論》 赤門火方東南城下有大溝，外濠水從此入祝橋，以出燕家橋，即赤門水道也。故盤葑二門，間有赤門灣，府圖指蛇爲赤，誤矣。蛇門在巳方，吴辰位象龍，故子城南門反羽爲兩鯢，繞以象龍角，越在巳象蛇，故置木蛇。南門北首向内，句踐作雷門勝之。吴欲絶越，遂不開東南門，亦以塞絶生氣，終滅于越。紹興中，胡舜申作《吴門忠告論》：郡無三世能保安居，而建炎之禍，舉城無一區宅，其言絶痛。十年前吴紳翕言之中丞御史檄下所司相度鳩工，時太守陳兩邑侯葉萬爲政，水自滅，渡橋入逶迤。郡學經中丞府縣公署，一城中皆活水將，僝工倏罷，甃石皆具，僅一溝耳，此壬戌年事。是冬，丁内艱，詢當事曰：已奉憲允，何故中止。曰：水徑不遠，費僅逾百，逢一縣兩鼎甲之報，何改作爲。予對曰：公祖父母爲一時科第，縉紳人民爲百年身家。忽憶錢功甫先生年已八十矣，嘗手持忠告論，一句一讀，一讀一淚，語某曰：弟恐吴人無此福。今不出老成人所料，懷欲陳之久矣。脱以壬戌之役，遲回勝舉，終已不言，以倖取科名之故，獲僭桑梓，能無汗顔，則繼舜申而忠告者，宜莫若余儕也。吴主乾亥陽山當用金局，水勢自東南貪狼，西南及正西武曲，以至西北。原太湖入于江，而歸之海，亦合金局。云胥塘自正西武曲，水繇胥門入運河；自吴江東南貪狼，水繇蛇門入及塞、胥蛇二門，生旺之水，不至舜申悵焉。然又慮胥門新館，勢不可動，武曲主財，不比貪狼，則蛇門尤急。正以長生水環城而來，徑過葑門之外，于城中絶不相關，甚可惜也。范文正闢葑門，浚東南，虚秀之氣沈，度守郡與舜申善，即命官吏行視其處，部置已定。嗟乎！昔以屬邑異議而止，今以壬戌科甲而止，不更異耶？又況浚導郡學，漸近赤門，以及蛇門既有成迹，費省功半，開一巽水之溝，何關大役？舜申年八十五，聞止役而嘆，謂天時人事，艱合如此，得無忠告矣，未善道耶？予爲補論如左。

滸墅塘自關至楓橋二十里，董主政漢儒築，劉主政應遇鋪石面便涉者，數年間土疏椿爛，距田咫而狹，累石傾削，挽者夜行，多湛溺。余倡助修杜庄橋，次築近橋一帶，屬主政戚公伸聞，而義之損金別修丈尺碑，諸石倘賢者相踵，數年之内有成績乎。至和塘，前長洲令胡公士容所築，未識有歲修田否，或在畾里，宜一查。及其漸圮，圖之尤易。

又駐集一《司農劉公重修滸墅塘記》 念劬劉公令兩邑敉亂倉猝，興利除害，中州像而祝之，晋秩司徒，涖吴關遼餉一萬七千有奇。水涸五閲月，公所免貲籌，舳艫各盈尺，小者減榷半，卒用節縮，度支無缺額。自滸墅涉楓江，土堤亙二千餘丈，董公甃石。又二十四年，波翻獸蹲，疏理而柔，徒苦足繭，乘苦蹄刓。公遡其本，始椿浸於奔流也，錢糜於石賈也。職金市之厚，下宅之吐水，疾之臥大石。覆之樹林，石纜之册，號段紀名姓以經久之駛行者、吉行者、孥行者、負行者，二十里之内，翠瀲澄瀾，雲烟未睍，山銜半邊之日，濤白競渡之帆。是役也，創利建庸，傳信無媿詞。公德宇寬裕，心動以誠，支節必力。父老言日放三關，無闌出入，榜人前歌後舞，如入故鄉見其父兄。有客過之，倚水一聽如喧廣陵之潮，公之令永寧也。分藩析桐，棚殿供億，畫龍鳳而不彫幾木，於孟津役，於洛陽準官斗，於潞藩裁誅求，絶盜獻大璫，斂手而永邑罔聞。知靈寶張國安反號萬人，城閉半月，公以他邑長令罩車馳諭，洞開四門，始叓甲繼佯，款三縱而期之日，果從間道，降公永寧。礦賊屯難子山，方宴客，遽選將給蓐食，夜行矯發，倉計散之。薙其魁於陝，公聞變疾趨，不憗不竦，邑不被兵。忽捧調檄，皆就道持義，聲爲軍器。是以有靈寶之擢，初夷大難，訛言劫獄，賴公底定，禁斷邪教，東省之妖不蔓。公爲令酌開支緩急，參伍鉤探，飛詭自獻，獲囚簿忽，自袖張炬焚之，賊以不恐，徐按治無脱者。爲政弛刑薄，征河灘免丈，三村减額。故矢石之下願爲盡力，大都柔惠小民，而鎮定大事。故事鋪户侈賓，筵不給取諸耗什而二之，且三之。他若沈石於竹青，張熠於彩絢，恣所求索，公自庀具給顧直費汰役勿事。以公廪佐部贖故庭，無片牘關天下。事成於恢宏，敗於寒儉。公大度，運以深計，長材應以急智，惟賢且能，緩急可恃。嗟乎！吏習之囂也，闤市尤甚，群不逞之徒，追趨逐嗜如入百戲之場，亂其紀綱。卒然有急，藉手加賦，私相攫拏苛，以繁刑峻罰至亡紀也。予自入朝以來，所覩記旌廉能之計，吏賜宴加秩，天子廷見褒美而公平，寇亂於靈寶，頃詔書特高農部之選，視春夏曹，非公其誰哉？

滙豐塘

（道光）《廣東通志》卷一一九　滙豐塘，城南十里老虎塘，伐石爲堤，溉田五百餘畝，俱嘉慶丁丑知州羅含章督民開築。

清 羅含章《新開滙豐塘記》（道光）《直隸南雄州志》卷二二　余再莅南雄，兩年之間，清丈田畝，周曆山溪，慨然百餘年來田之苦旱，積欠之多，由於水利不興，灌溉無術。既爲之捐廉，倡築新舊陂塘四十六處，已獲享其利矣。比三年，五渡村耆民黄拔林等與小水村民胡正發等復合詞，以開鑿灌塘請，予乃嘆目力、足力之所至，多所未周，兩年經畫，多所未備，而兩村之人聞諸陂塘之修築開鑿，欣然不憚勞瘁，勤勤懇懇乃如此。予爲親勘其地，東西南三面環山，山水并發，則其中汗邪之田皆爲澤國，而兩村二千餘石之田在其下者苦旱無以灌。乃令兩村民盡買凹内低田，廣爲開鑿，於北口高築石堤以爲蓄洩，則合三面山水宛轉而滙於塘，然後由塘以灌諸田，潦不患淹而旱有以濟。嘉其成功，爲捐萬錢而名之曰滙豐塘。攷《禹貢》，彭蠡之滙凡三百餘里，茲塘其小焉者也。然引無源之水而聚之，合四出之水而蓄之，其爲滙一也。抑予更有感焉，使兩村之人心思意計，如向者山水各自東西南北流，則不能開是塘。乃有如一家之人聚而謀焉，則其氣和所召事理會通，何所不成？苟由是而深之，不壞其防而固其基，將見澄泓汪濊，取不盡而用不竭，豈獨爲豐年操左券也哉？

匯頭石塘

（光緒）《鎮海縣志》卷八　在南薰門外，石江塘止處接而東，以迄稅關，計長一十五丈，乾隆十五年邑令王夢弼捐築。胡圻《記》：鎮邑東門舊有護城塘，袤亘三里許，其正南一大埠，則潮汐所不到，舫艘蟻附，士民環居，蓋世世保無恙也。近年地勢變遷，江以南漸長，以北漸圮。每當潮汛往來，直射至塘腳，加以秋初東北風迅發，洪波巨浪，自蛟門虎蹲衝激而入，賴舊塘高固，足保城池。然其從塘腳數里抵擊而來者直洗南岸，其外則長江之水驟湧數尺，相薄而不得去，因之碎船破屋，老弱漂流，幸保全者蓋什不能一二家，而遭鹽水浸淫，室宇、器皿亦都漫漶，不可收拾。邑侯睢陽王公下車伊始，目覩心傷，凡有利益於民者，相其大小緩急，次第舉行。若後海塘，若城工，亦計酌量周密，修築完固，使闔邑共慶安瀾。嗣復於本年十月，公乃加意茲土，揀石料，庀工人，倣舊塘式，加築南岸塘凡十五丈，廣一丈五尺，閱四十餘日而成，皆自捐俸薪，不取民間絲粟。夫實心爲民者，一夫不獲，引爲己憂。此雖偏隅，然隸其宇者不下數百家，而且稅房之所出入，關口之所稽查，四方官吏、商賈之所賓館而旅居，殆無虚日。以此盛事傳之無窮，銘感者又獨在區區江滸之生聚乎哉！南關士民陳志典、金星六等即是説以勒諸石。

績溪新開塘

宋 葉適《水心文集》卷九《績溪縣新開塘記》　田於山谷，踰高逗深燒變，築疊而竭，引其泉流以潤澤之，有所不及，益鑿爲塘，儲雨以待。昔之聚民於此者，擇其水土之利，固已詳矣。若夫計田而堀，量畝而浚，必使水無不足，而不以雨暘之節聽於天，時有水旱而田無高下，皆欲爲樂歲。人之願雖然，而人之事不能盡然也。民嗇税輸，而與官較尺寸之旱，常以報聞，則訟牒煩而詐僞起，績溪之民無善俗矣。王君木叔宰是縣之始，行視民田，驗其水利之近遠，塘堨之有無，而知所以豐荒之故。曰：『凡不得水者，當别開塘注田爾。』農不可，曰：『田狹，吾安能壞見田，又刻財與力創爲之耶！』教之再三，猶不聽。木叔曰：『是不足告語。』其治縣節縮，稍得餘錢，遂請於監司，買民田使爲之，古迹之廢并修之，塘之所湏揵椿木石皆買與之，工食之不足者頗助之。畢二年，爲新塘六十八，堨六，買田有自畝三十至六十步，出錢有自緡二百三十以上至千文，飲田有自畝二千至三千，然後績溪之田無不得水。紹熙五年，縣民始不以旱報官而歲全熟美矣。木叔之治民，又詳矣哉！古之長民者示之以意，其次爲條教，其次號令之，最下者撻罰驅脅之，意之難從久矣。若木叔知計田堀塘爲民利，以條教告之，以號令使之而已：民有不聽，撻罰之爾。夫將以利之而已，雖或撻罰之，未過也。今木叔以條教號令爲不能，撻罰之又不可，故爲之買田堀之，又爲之買揵椿木石與之，工食助之，如父母待驕子然。或曰：『非常道，木叔委曲以就其民爾。』夫委曲以就其民而可以利之，雖非常道，斯謂之仁矣。績溪之民忘之可乎？不忘，未之計，廢墜之，可乎？木叔名枏，永嘉人也。慶元元年五月二十日。

漸豐塘育豐塘濟豐塘

（道光）《廣東通志》卷一一九　漸豐、育豐、濟豐三塘俱在城南二十里，歲戊寅，知州羅含章將官荒督開漸、育二塘，買田開濟豐一塘，溉田數百畝。

清　羅含章《新開漸豐育豐濟豐三塘記》（道光）《直隸南雄州志》卷二三

州田皆山田也，有近河者，有去河遠者，隨其地勢高下，或陂或塘，具詳予記。茲大水洞村民馬西石等請鑿山塘凡三處，予勘其地，東、南、北皆河也，西則崇山峻嶺，而田繞抱山足，星羅碁布。馬氏田多近西南隅，不可以陂，引河水又非鑿一塘而可以足水也，三塘之開宜也。第一塘在金竹窩，本屬官荒廢地，其背新口塘，則爲第二塘，又由新口繞而西，地名蓮口，買田爲之，則第三塘也。村民不憚勞，不惜費，亟亟請開，真可嘉也，爲捐錢五千焉。於時各工次第舉行，爲名其第一塘曰漸豐，久旱之田，初得灌溉，未可遽望大有也。作事以漸，食報亦以漸也。第二塘曰育豐，灌溉既足，長汝黍苗，仰事俯育，可以無憂矣。第三塘曰濟豐，田既良矣，豈無儉歲，浥彼注茲可以相濟也。工既竣，咸請記諸石。夫而後大水村民咸有蓋藏，由升斗而至百石千石，由蒼箱而至萬億及秭可知也。其民皆仁壽長養，子孫盈止寧止可知也。其族姓之相親相愛，相勸以善，相勵以勤，至於緩急有無，無不可以相通又可知也。爾民勉之，跂予望之。

椒湖塘

宋　錢遹《椒湖塘記》（乾隆）《浦江縣志》卷一五　余家之東，有山渾然而中峙者，曰觀巖。巖之頂，有泓沛然而不竭者，曰椒泉。二者獨鍾一方地氣之秀，故山色長青，而泉味尤甘。嘉祐中，吾祖與先考大夫嘗議建堤瀦水，以待歲旱，中間更事齟齬，未能也。大觀戊子，適自視無用於時，乃上書告老於朝，天子從其請。退而經理生事，以爲終焉之計，然後修灌溉之利，以追成吾祖考之志，亦未逮焉。越四年，蒙恩起自田野，進直禁嚴，又命領宫祠於亳社。雖備從官，食厚禄，而猶竊里居。因得以閒暇閲月之良，涓日之吉，發積粟，捐餘俸，鳩材募工，鑿石積土，築爲長堤，瀦爲巨浸。而名曰椒湖，蓋取《爾雅》『山頂曰椒』之義也。是役也，始於辛卯孟冬初五日甲子，成於壬戌季春十五日壬申。工徒勸事，土功堅密，夐無前比。堤繚焉而崇厚，木瀰然而廣深，天青風止，虚明下徹，可鑒毛髮。遇歲大旱則可大決之，小旱則可小決之，其勢無異居高而建水也。余家農畝日被潤澤，而餘波浸浸旁及者未易以一二數也。於斯泉未始有加損焉，亦奚愧於井德之地也歟。環湖益植以杉木、佳竹，蔥蒨蓊鬱，掩映兩山之間。萬籟作止，鳴禽上下，四時殊景，物態無窮。樵蘇耕牧，提負往來，前者歌，後者和，各隨其適。余每杖藜堤上，周覽旁聽，以窮山林之趣，而萬慮銷隕，飄然若游方之外。行者有過其下，莫不駐足仰視，恍如虬龍之横空，蝃蝀之下飲，皆喜慕而稱嘆。大暑流金，暍者造焉，不待解襟揮箑，自生清凉之思，而忘疲苶之煩矣，況於均被灌溉之利者哉，此區區又樂與鄰里鄉黨共之也。平居窮伏，自念材智朽薄，分遠迹以自匿，老死於寬閒之野矣，而皇情下燭，國恩横被，進有以榮其衰，退有以成其私，何其幸哉！陂既成矣，旁郡比邑或苦旱暵，而吾里并山之田，歲獨大穰，鄉人咸以德予。於乎！非聖天子加惠小臣而便其私，豈能及於是哉？爲吾鄉人，宜其息争訟，時貢輸，無犯於有司，庶幾圖報聖天子之萬一。顧欲以虚名自委於不肖，豈所望也哉！政和五年乙未正月十五日記。

（雍正）《浙江通志》卷五九　椒湖塘，宋政和元年尚書錢遹築堤，潴爲巨浸，與東、西湖并稱爲三湖，凡溉田十五里。

（光緒）《浦江縣志》卷二　椒泉，縣南三十五里，在觀巖之頂，取《爾雅》『山頂曰椒』之義，謂之椒泉。宋錢遹築堤潴之，名椒湖塘。

晉豐塘

（道光）《直隸南雄州志》卷一〇　晉豐塘在城西十五里大嶺村。嘉慶丁丑，知州羅含章督同民人葉大經等開築，灌田二十餘畝。

清　羅含章《開晉豐塘記》（道光）《直隸南雄州志》卷二二　卦於大壯後受之以晉，晉者進也。《易》無達占，蕃庶之象，即農家中崇墉比櫛可取似焉。其在六二之爻曰：受兹介福于其王母，王母，指六五也。地道屬陰，所以扶持生殖者，决之於其事之中正，敦本力穡，非事之中正者乎？丁丑十二月，大嶺村民葉大經等以大嶺門口赤水塘二處天水田二百餘石，每當耕耘之際，三日不雨，輒稱旱暵，因思田旁有隙地數百餘丈，可就葉姓舊有小塘而廣闢之，挹彼注兹沾溉，合村同聲稱便，夫化無用爲有用，事之中正無踰於此。余亟如其請，倡捐廉錢五千，就此時各按受灌田畝派錢出工，剋期蕆事，是欲同民以受兹介福也。名其塘曰晉豐。今兹美禾，來兹美麥，民自是其進而益上乎，大有頻書。余將舉雄州而拭目竢之。

驚秋塘

宋　樓炤《驚秋塘記》（光緒）《永康縣志》卷一五　余嘗典樞務，入揆庶政，出綜戎行。今上駐蹕臨安，登吴山，覽西湖，輒動北顧之思，二聖未還，境土未復。昔人中流擊楫，聞雞起舞，豈漫然哉？蓋以國步多艱，四郊多壘，志士所以觸物而感激於中，而不可遏也。余適在衰絰，哀痛之際，益深懷國之憂。偶自南府往觀故居，見池水清漣，天光雲影，某童子時所釣游處也。正金風蕭瑟，梧葉飄颻，游魚出没，芰荷萎芷，殊香異馥。四顧雲山，萬木蒼蒼，胥商意也。物遭之而色變，木遇之而葉脱。徘徊斯塘之上，而惕然若有所驚，因名曰驚秋。何也？四時之行，百物之生，時至於秋，凡物之生長，於是乎收焉。觸目激中，寧無故宫禾黍之思乎？二聖之在朔漠，寧無宴饗北面之情乎？王業偏安，寧無拓清圖大之志乎？夫尺土皆王土也。開府南郊，君之賜也。故居之適，亦君之遺也。余有焉，余自安焉。君之故都何在也，臨斯塘覩斯景，戚焉而驚動於心，擊楫起舞，誠有異代而同情者。余願因秋風之驚，凡荷戈執戟者，同此心焉。百揆庶司，同此心焉。文吏思死其職，武吏思死其兵，追奔逐北，蕩平中原，以雪祖宗數百年之恥，而大我輿圖。則今日驚秋之塘，亦激發忠憤之一機，其有關於社稷爲不少也。因記之。

景豐塘

（道光）《直隸南雄州志》卷一〇　景豐塘在城東十里拱橋村，嘉慶戊寅，知州羅含章督同民人朱良萬等修復，灌田百餘畝。

清　羅含章《重開景豐塘記》（道光）《直隸南雄州志》卷二二　予捐廉倡築新陂，又修築舊陂，其無水可陂者，乃開爲塘，亦有聞風而起修復其舊者，亟嘉許之，且記以告後人。夫作事難於謀，始開新塘，或苦無其地，或有地而有所阻，或工費大而不能舉行。若舊有塘而聽其淤塞，則耕斯土者之惰，而官斯土者亦不能履勘而督率之過也。拱橋村後土名大窩，舊有塘，爲挖土嶺脚者沙礫壅積，久而廢爲荒地，遂使附近百餘畝田無可引灌。村民朱良萬等呈請開鑿修復，噫！是舉也，何遲之，又久至於今而始謀之耶？向使歲一修之，塘且浚而愈深，何患於淤。蓋隨時修之則用力易而工費亦省，日計不足，月計有餘，愚公之力，足以移山，而況一塘所淤之土哉！今按田派錢，興工重開，可謂勤且勞矣。然不鑒前之失，而歲修之雖無挖土者，亦必至於淤也。工既竣，名之曰景豐塘，景者大也。修復之後，田有灌溉，田祖有神，介汝景福，歲其大稔，以報汝之勤勞乎。於是捐錢倡之，既嘉許之，又告誡之如此。

泮江塘

明 祝以豳《詒美堂集》卷一五《泮江塘記》 浙以西，凡水皆出天目，而滙於具區。其洪流既由苕霅北走，而其支東北走，檇李又其支，東走海寧，則泮江全受之。蓋海寧南控大海，海上諸山自天目飛舞而來，森峙海磧，獨泮江逶迤，環邑之北，負陰抱陽，而山海蟠鬱浩漾之勢，咸藉此一衣帶水，束而扃之而且也。邑之漕粟數萬石，歲輸官庾所必由道，而士民工賈上溯錢塘沿洄，下吴淞檇李，舳艫舴艋，絡繹奔會，風檣雨篙，咿啞款乃之聲，與岸芷汀蘋相暎，發而無間。宵旦顧水之嚙堤膠舟，與舟行之淹速，勞逸皆係於塘。衆人狃故，常謂塘之治與不治於河流固無恙，不知舟之所藉以牽挽者，止此一綫之途耳。牽挽之途梗，將千斛之裝，千指之載，皆僅僅取進止於鳴榔柔櫓之力。而當其水暴激，或挾以石，尤長年三老，即竭蹶其手足，而無所用，此塘之所關於江者大也。成化間，當事者常僝工輦石，一大飭治，而歲久潰泐，數治亦數圮，此非獨水勢蝕也，亦由瀕塘居民護其籬落若膚髮。虞塘且闢，將不利我垂陰之樫榆，遂寘公家利害秦越耳。乃里民蔣坡等勇於義慨，橋梁堤岸之日就傾圮，遍白臺使者，若監司、郡長，願一切以身任。而邑侯郭公更勸勞，而子來之不費官帑一鐶，而塘以闢治，其故所建置三十六橋如虹、如蜺，綿亘起伏，而泮江之流若增而長，若浚而深矣。是役也，赴之自民，營之亦自民，業不自愛其籬落樫榆以急，公家而成之易且速，如此抑可以卜異日者，民之愛其塘若自愛其籬落樫榆，而不復爲沮洳，蓁莽審矣。乃鄉三老更相率，而造不佞，謂前此塘之數圮而數治也，而無以記之，則何以勸後而永垂也？倘徼惠一言載之貞珉，庶幾哉塘永永，且藉以無泐乎？不佞則謂若輩勇於義，能闢百餘年未竟之緒，又不自愛其籬落樫榆，以公諸四方往來所不知之人。此解亥決藩之風，吾觀於鄉，而知王道之易易也。又何患兹塘之不與天壤俱敝哉？不腆之辭，且藉兹塘而無泐矣。

（乾隆）《杭州府志》卷四一 新江塘在縣東北十里，縣志作泮江塘。

又 萬歷三十五年，縣民蔣坡等呈請修泮江塘，縣令郭一輪主其役。

清 吴騫《拜經樓詩集・續編》卷四《十五夜泮江舟中觀月蝕作歌》 泮江塘口泛輕艫，清光頓失孤嶼孤。漁翁敲火燃楚竹，沙鴇唼啑驚群呼。西家不見摩泥珠，象罔索遍東海枯。云有娭蟇竊相賊，手無蕭斧孰爾屠。金波下上競一綫，欲吐不吐何爲乎。誰邀列缺追亡逋，萬象顛倒山與湖。天孫冷落雲錦片，女媧亟煉青珊瑚。素娥逝魄亮未遠，珠淚乍迸方諸甗。徒聞鼉鼓驟震耳，譬彼蜋臂横當車。地下小臣蟣蝨賤，命懸磨蝎身泥途。叩頭不惜天柱觸，金鎞請刮青瞳膜。不然即遣燭龍下，照灼十萬塵中區。母使窺燈更鑿壁，青盾有婦嗁其夫。玉川笑勸君且無，天經歷緯元非疏。更也有時人共仰，曷不小弭楫依蒲。茅柴正熟誇當罏，斫鱠恰得松江鱸。烏飛兔蹶任變幻，叩舷聊復歌烏烏。醒看依舊一輪滿，秋雪疊浪銀花鋪。

樂平官塘

（咸淳）《臨安志》卷三八 樂平官塘在長安鄉元豐塘西，令邵中書文炳築治。

宋 邵文炳《重築樂平官塘記》（萬曆）《杭州府志》卷九二　去元豐而西里許，地曰樂平畈，受閻湖之源而屬于大溪，最爲斗峻。舊有官埭，埭溉并溪之田僅千畝，與所謂元豐塘者，蓋相爲表裏也。山溜旁衝注埭澳，奔洪暴漲，壅沙以遏其上流，溪源亦激射，而埭乃隨壞。民力不能致經久之利，迭視而莫之救，溪涸立待，安於旱乾，以幸蠲租而已。求之十年之近，蓋未聞以下熟告也，民何樂而爲此哉。以武斷者，或利其私，貧弱之害固不遑恤，指其埭而名之以官，無肯出力以倡義。雖然，亦可卜知居是鄉者情之不淑，而俗之趣薄也。往歲官一用其力，志於苟全，而謀或未盡，既成數月，隨即廢壞，禾稼就槁，特甚他所。今耆老咨嗟，求以新之。於是相與講成敗之故，得利害之實，乃伐石作址，累石爲高，橫絶溪流，厚丈有六尺，長十有二丈，高與溪岸等。列木作梘，以護其旁，使奔流不得齧而震撼，滿其上則平漫而駛之。導渠自埭口，南東而下。渠之兩旁，又釃爲輔渠六，分注均及，繇近而遠，渠之所屬，無不霑概。百須取具于官，而民不爲病，貧弱喜于一遇，而役不以爲難。今雖幸成，視昔爲固，然决防之患始於蟻穴，責之長以謹視，歲補而加勤，豈惟樂平之田恃此以無憂，上下用勸，百四十七堰之規相爲不朽，則異時爲政者之所當念也。

樂清縣趙公塘

綜述

宋 王賔《趙公塘記》（永樂）《樂清縣志》卷六　紹興十五年，四明趙侯敦臨来令樂清。當政事委靡之後，倉庫窘匱之餘，悉以嚴治，民始憚之。於是躬曉夕之勤而獄訟無滯，革奸蠹之弊而財賦有羨。未幾，民翕然稱焉。侯寔志於民而喜勤事者也。兹邑素陋，市井蕭條，官寺頽圮，左顧右盼，戚戚不自安，乃盡心其間。一舉而獄訟新，再而學校新，三而館舍新，以至橋梁道路無不繕治。意其事鋭民勞，嘗以言抵之，且詢諸来者，則曰一錢不以取民，而皆出於公帑，財市於山澤，售傭於游惰，不日而成，民無謗讟。旋開縣界兩溪，群山環繞，雨暴至則水無所泄，溢流於市廛，公私患之。熙寧庚辰，令管君滂始於東溪爲石塘以障之，導水自塘南入于海。越十有八年，民無水患。逮元祐丁卯，塘壞，令湯君又因舊葺之。越二十年又壞，及今不葺者四十年矣。顧兹事未易辦，異時霖雨，一邑盡洿池，上下相視而莫克有爲。侯来之明年六月，乃修築之。凡長一百五十丈，廣一丈五尺，高稱之，爲工五千，費財百萬，益壯固於舊。耆老或以言，舊塘當縣左臂，所捍才三之一，若東自溪橋而上至望来橋，西循溪曲而南至迎恩橋，剪棘除穢，增庳培薄，俾皆爲塘，則闔境均無患矣。侯曰：『唯』遂因餘力亟成之。合東西四百丈，規模而工倍，且爲通衢其上，以便往来。塘之將成也，偶風雨連日不休，俗謂之風癡，有以制水，故得不泛溢。民皆嘆息嘖嘖，德侯之惠，因榜其新曰趙公塘云。夫利害近在目前，歷許久而不治，伊誰之咎？嗚呼！縣令寄百里休戚，其責寔重，正當興利除害，寧忍坐視邪？然貪墨者勢有所不敢，巽懦者材有所不至。間有屬意於其間者，或日力不暇給。盖按察之熕絡繹於道路，文移之峻急速於星火，方且拱手下氣，奉承惟謹，甚至下吏走卒，持半紙檄直前，亦頡頏作氣，勢不可禦。以故爲令者率皆梏构無憀，其於革弊起廢，立事建功，豈不戛戛乎難哉！侯能自立，賢矣。昔子賤在單父，上或不察，至亂其政而數責其善，於是請二史與俱，使書而掣其肘，因以動悟之。子産爲鄭，與忠儉而斃泰侈，一年民欲殺之，三年民欲其不死，今古雖殊，人情大不相遠。信夫，爲善者人未必知，而愛惡反覆，尤世途之常也，要當自信而力行之。孟子曰『强爲善而已矣』，趙侯有焉。賔昔與侯同舍且同年也，敢書而不辭。

（永樂）《樂清縣志》卷六　趙公塘，在縣治東西兩溪上。舊志云：縣有兩溪，自宋熙寧庚辰，令管君滂始於東溪爲石塘以障水，元祐丁卯，大水塘壞，令湯乂因舊葺之。紹興乙丑，令趙敦臨仍舊塘抵七聖廟後，當縣左臂，所捍纔三之一爾。於是東自溪橋下至望来橋，西循溪曲下至迎恩橋，剪棘除穢，增庳培薄，開爲兩塘，合東西長四百丈，廣一丈五尺，且爲通衢其上，以便往来，民皆德之，命曰趙公塘。

（光緒）《樂清縣志》卷二　趙公塘在縣治東西兩溪上，《隆慶志》：宋令管滂始築東塘，令湯乂繼之，有記。至令趙敦臨始合東西築之，詳宋教諭王賓《記》。今東塘之下率爲民舍垣墻，西塘上下皆築城，其外悉高岸，蓋舊塘所謂通衢也。

傳記

（永樂）《樂清縣志》卷七　趙敦臨，字庇民，四明人，紹興乙卯進士。十五年知縣事，清案牘，剔奸弊，治尚嚴肅，吏民畏而愛之。嘗修邑庠，置田五頃以養士，又築東西溪塘以捍水患，民稱趙公塘。

雷塘

清　倪啓祚《新修上下雷塘記》（康熙）《江都縣志》卷一四　侍御房公弭節維揚首俞士民之請，檄修上下雷塘，按《河渠志》：揚之塘有五，曰陳公塘，曰句城塘，曰小新塘，曰上雷塘，曰下雷塘。句城塘爲良長史李襲譽築，而餘四塘則皆漢太守陳登築也。揚故以高阜多陵，名曰廣陵，西自盱泗壽春諸磵泉潦之水，越十四塘，注於高寶之三十六湖，二塘蓋滙諸塘以導於湖者也。揚當南北咽喉，江南數千粮艘，皆從此飛輓而北偶。當滭澨全堤一線之水，勢必借塘之時啓以濟漕運。歷考前志，四月漕粟渡淮入汴，則唐書紀之。宋都汴梁盖東南漕粟六百萬斛，率由斯路矣。知漕之利國，而塘之爲利亦遠矣。明成祖定北平，罷海運於是，跨江絶淮，經河越濟，兼四瀆之水爲漕用，而是塘於分黄導淮之策均有賴焉。嘉靖中，逆惡仇鸞，首倡起租之例，没塘爲田。嗣是馮夷爲沴，淮水湯湯而南，山水由天長、六合而東，下卒然遇。合淮不得，遂其就下之性，輒逆走高寶，邵伯諸湖，每代秋水發，西風駕浪，砰訇若雷上河，先没運堤之績，繼之而下河，千里沃壤，盡化爲魚鼈之區。嘉隆而來，有言之令人心惻者。萬曆二十年間，備兵使者吴公秀、御史中丞郭公光復先後守揚，力主復塘之議。會工部題奏得旨，遂先後小新上下雷三塘，塘租一時報罷，自是湖水安瀾，河堤不復告潰。即五塘未盡復，而塘之興廢關國家大利大害也明矣。乃牟利塘民誤以除租之官塘認爲子孫之世守，垂修垂決，迄無已時，雖經前御史康公邳揚、二千石朱公錦暨鄭公之琮多方繕葺，亦僅保小新塘如舊而已。彼上下雷塘延袤既廣，竇穴滋多，即有官私料理，但借費用不貲之説，以成築舍甚者，多更易名姓。名爲營壘，假甲乙互持之名，爲唇齒陰結之地。佃塘不已，則請積租修閘，使年復一年，後人河清，難俟塘興，何時蓋以興爲廢，而廢乃不可語矣，闔郡有憂之。歲在辛酉，鄉紳弟子員及父老等人公呈郡邑，請遵旨修復已事。爾時郡二千石楊公、邑侯余公已慨然仔肩，設處工費伍百金，諏吉興事，然嚚嚚之口猶未厭也。幸侍御房公奉敕按揚，下車之始，諸如課院，以興文學。學修深仁閣，以彰遺愛，剏雙忠祠以風節義者，風力擔當，鑿鑿在人耳目。又值萑儆艎呼競爲驛騷，公嘉與撫綏，俱精勤爲人，一時人心，不啻雲日依之，泰山鎮之。故修塘之議累數年未定者，時甫匐請之公，乃公不惟俞其請，且亟出俸鏹二百金，以期告成事。請以客歲之冬，抄今年二月初，吉即鳩工築堤，約上塘補築者，縱計百伍十丈有奇，横凡三十丈有奇。查舊閘衝突久，椿木不堪再附，因稍移於舊址，上流築之登登，百圮具興。下塘築土，縱約百四十丈有奇，横凡二十丈有奇，二閘各加闊丈餘，以殺水勢。又照舊底各加高一尺，而閘板則可以徐議，蓋前此水或夜發，起閉不時，以防細人得爲崇其間。今水可内注而蓄洩，一任其性，所謂以水治水，而不與之争也。未幾何兩塘蒙茸之地，不覺汪洋千頃，而侍御公之瀛澤既著矣。日者春夏之間，零雨其濛，連月不開，使在未修塘之時，必且兩河嗸嗸，載胥及溺而竟多，黍多稌。上有百室之慶，下無三罶之嗟者，非公之賜，而詮爲賜也。徃者揚名紳蔚起，民庶而穀，郡邑大夫又多以異功異擢，塘之一廢種種。而反説者謂：揚之水，一江一淮聚散無情，則五塘爲揚入水於形家所云風氣，理或有之，然侍御公㬜弗知也。知其利吾民，關社稷而已。方仗鐘鼓之靈，用戒不虞，自不必爲揚喋喋。但深山大澤，自古稱險，余嘗循覽塘形，岡阜蜿蜒，高高下下，起伏無端，望而知爲險也。是以謝太傅敗苻堅，而草木皆兵。趙葵破李全高，駢禦黄巢，而東南制勝。倘登高憑水，伏可應變。萬一係之乎此，而修塘之役安在？非綢繆之第一義也。况倏修倏圮，稽之徃轍，凡以無長策，故而今則定知其永賴。何也？椿石爲塘大命，徃年一有修築，動付之一吏之手，彼胥吏者流既不能無乾没，而爲其乾没者，必效暮四朝三之術，以取稱塞成，無何而毁，因之亦何，今怪也。是役也，郡邑大夫仰奉公至意，不以責營辦於胥吏，而以重考成於師儒。師儒者，何劉司訓世埜也。余嘗聞其操茹，蘖才發硎，事半功倍之頌。青青子衿，嘗見一斑於修學。夫是以修塘之役，問錢粮於義民，問率作於鄉耆，而心裁指畫，則勉於司訓焉。屬也有司訓之經濟，而可以報郡邑大夫，有郡邑大夫之奉行，而可以報侍御公造福地方，仰籌君國，其在斯舉矣。然總以侍御公，登高而呼，故身臂使指無乏。吾事落成之日，固千載歌明德之一助也。敢不颺言以紀其迹？侍御公名可壯，字誾師，山東益都縣人，萬曆甲辰進士。襄事者郡伯楊公嘉祚、邑令余公文縉、司訓劉公世禁，例得備書。時天啓二年，歲次壬戌，冬長至之吉。

李墓塘

（正德）《姑蘇志》卷一〇　李墓塘之源西自周涇而來，轉入白茆塘，遂入於海。又有蕭涇、蔡涇、胡澄涇、鳳凰涇、東山涇、蓮涇、東婁涇、站浜、沈浜、嚴洞、官浜、黄浜、雙浜、黄姑浜、石墩塘、支塘、三丫港、黄沙港、南港、北港，俱流白茆塘。

明　桑孝光《浚李墓塘記》（萬曆）《常熟縣私志》卷二一　國家財賦取給東南，吾蘇歲輸京師者数百萬，舳艫相啣，虹亘櫛比，常熟寔居其什二。自昔地稱澤國，絶絡江海，瀕海之浦三十有六，今未湮者惟茜涇七鴉、白茆、楊林、福山、許浦而已。然三隸常熟，蓄泄堤防，旱潦有備，俾民不疲于賦計，莫亟于此矣。邑之東距城三十餘里，爲李墓塘，遥接許浦，近環白茆、金涇、貴涇之流，胥藉以入海，盖二浦支川也。夫水有經、有支、有川，《水經》所載：貴涇水而支与川未嘗盡略者，凡以導水所由入耳。李墓厥土扎燥，先是漲則夷陵，涸則龜拆，賦率不登，田者苦之。會觀風吾蘇者，議疏白茆于李墓未遑，徐司空世寅慨然曰：奈何治其經而略其支川，首捐紫貲千緍，挑浚聿興，畚插并舉。經始于萬歷庚辰正月，閲三朔底績。塘延袤数十里，金貴、瀠漩二浦汪濊，夷陵有捍龜拆，有瀦赤地稻粱者萬頃。時邑方丁浩淼，而李墓稔獨倍，民有羡粟，國無逋賦，司空所貽也。昔秦鄭國開涇水注填閼之流以溉舄鹵，関中遂爲沃野。李冰穿蜀江，通舟楫，因灌溉諸郡，時稱陸海，詎非引支川通經水，而民用利乎？吾聞之論治水者釃其流而導之謂之疏，去其淤而深之謂之浚，抑其暴而扼之謂之塞。費罔公出，力匪民妨，而以流浚與塞之異。用成，今日沃野，陵海民之利，可涯畔哉？嗟乎！楊州之水莫大于震澤，頃奉詔築海塘，横流用息，吴越永賴。比今霪霔三江未入汙菜，蔽野所在陸存沉，一旦有詔膺其任，當必導諸浦，由三江注五湖，入東海而疏之、浚之、塞之，亦自支川，以及經所稱有羡粟無逋賦，詎上李墓哉？然非司空不可，是則司空所建，竪障狂瀾，柱中□澄，清四海，潤澤元元者，銘之大常勒之彝鼎矣。于余言何有？雖然君子利濟拯溺之心，由鄉以及天下，異日有誦司空之功于不衰者，必自李墓始。記李墓之言可少哉？于是李墓之民相与伐石，登斯言。李墓故李將軍開山氏所葬，塘寔襟帶，故名云。

（同治）《蘇州府志》卷八　李墓塘在縣東南，自白茆岳廟起，北至周涇口入江，長二千九百丈，亦名里睦塘。

禮豐塘　智豐塘　信豐塘

（道光）《廣東通志》卷一一九　禮豐、智豐、信豐三塘，俱在金岡村，州人陳景亨等買田開築，溉田二百餘畝。

清　羅含章《開禮豐智豐信豐三塘記》（道光）《直隸南雄州志》卷二三　天定者勝乎？人定者勝乎？曰：人勝。人者天之心也。天視自我民視，天聽自我民聽，天爲萬物父母無異，父母之欲圖豐於其子也，恩有所未遍，養有所未周。厥子肯穫，能效兄若弟之所爲，殖仁義之本，培道德之根，厥父母有不欣喜歡愛，慶衍舄奕於無窮哉！且夫食爲民天，尤煦嫗顧復之所不容已也。天之降澤，孔溥而水所鍾者，亦謂之澤，其陂塘所由昉乎？余在雄州，爲民講求水利，浚治者共四十餘處。金岡村疏鑿之塘凡四，既以仁義道德名之矣。陳景亨等復虞灌蔭未足，請闢三塘，一切買田鳩力，均照前事，余亦倡捐有差，求所以圖豐者而爲之記。嘉其開先者之雁行於前也，踵增者之肩隨於後也。名裏邊塘曰禮豐、白毛坑曰智豐、板坑曰信豐，得禮、智、信而仁義之本立，道德之根深，流行布濩。自是禦旱有資，豐年普慶，所謂人定勝天，深樂吾民之能自立心也。夫利器以盤錯而見嘉謨以幹濟，而彰天耶？人耶？獨斯塘也乎哉。

龍塘

清 張穎《龍塘記》（道光）《新化縣志》卷三一　龍塘者，別乎龍溪、龍潭、龍池、龍洞而爲名者也。龍何以名塘，訪諸故老，有白馬出食田禾，衆逐之，躍入塘中，久之不見其出，因名焉。吾聞龍馬一類，故乾爲龍，又爲馬而負圖之，再則馬而龍矣。說者謂牝馬，常近水濱，必生龍駒，此其徵。與塘之左有山，山深而水碧，山之麓有林，多柘木蔽暑雨，木之下有石數莖，可以盤桓趺坐。塘三面爲人行石路，上通寶慶，下達益陽。塘中有茭，其葉紛披可愛，藻蘋四布，隨波下上，其產有鯉、有鯊、有鼉、有鼈、有赤魚、有七星魚，均不畜自生。又有鷗、有翡翠，時去時來。水之左右有二石堆，小二三尺許，可盤坐而綸釣，大者丈餘，可建水亭。有柳、有棡、有小橋，四環週水，駕木而通。其水甘而温，故初名之曰温塘，灌溉數十餘畝，雖旱不竭。左有石溝，與小石堆近，不鑿而水自來，去右趦小井一，不轆轤而晨昏可汲，其味甘而色白，各自爲源，不因塘有加減。又丈餘鑿一小池，蓮可種、鱗可畜，借塘水以通焉。且夫塘以龍名，其龍或潛而未用耶？抑將躍而仍見於田耶？將擴斯塘而爲百里之潤、千里之潤耶？抑學斯龍游於江湖、騰於雲漢，而爲膏澤之施耶？然而四時各有其適矣，時而春耶？徜徉乎垂膩其間，魚之巨者取爲御盃，樂聖之資，其細者放而蓄之。至於五六月間，風乎林石之際，或流觴焉；而游魚爲之唼盃，或手譚焉；而鳥聲爲之荅話，風鳴水湧，飄飄有羽化之思焉。迨至秋深，水益清而魚益肥，其光浸天，吾之心與水印，水之心與月印。時與二三朋好分韻賦詩，而蟬聲又與吟聲相和矣。既而歲寒風冷，氤氳氣蒸，琪花滿林，玉堆兩石，則又若龍目睜眴於外而塘則其所張巨口者也。於是振衣起舞，曰塘之名爲龍也。何天地造化妙於點睛至此哉！後必將有徵也，余因即其大略而記之。

宋 蔡襄《端明集》卷二《龍塘》　泉水循除明，中坻龍矯首。振足化仙陂，回睛窺畫牖。應當歲時旱，噓吸雲雷走。

清 張澤《龍塘詩》《寶慶府志》卷六六　岱雲觸石普矢遍，溟翼乘嵐萬里摶。多少蒼生望霖雨，其教神物老泥蟠。

梅墟塘

明 范欽《重修梅墟塘記》（乾隆）《鄞縣志》卷四　環鄞東三十里而遥有塘墟焉，漢南昌尉梅福所棲遲也，因名梅墟。江闊灘横，急流奔湧，又名曰茅洋。天順間先正方伯錢公琎捐資，刱議築塘，歲久而圮。萬歷九年，憲副馮公時雨、大尹楊公芳委邑簿孫公春芳任其事，於是乎稱畚築、程土物、略基址，量日命工，不愆於素，凡閲月而告成矣。

（雍正）《寧波府志·序》　海濱惟淡水是利，漢梅公福於郡東設塘以蓄水，因號梅墟塘。鄞常沾利，而左較用，右剡用，具利賴之。迄明成化間改石塘，又三百載矣，頹敗實甚。

（乾隆）《鄞縣志》卷四　梅墟石塘長二百八十丈，闊一丈二尺四，都一、三、四、五啚合管，乾隆二年重修，五年工成。案《浙江通志》：鄞邑江塘一，在老界鄉甬東隅，名梅墟塘。考聞《志》載石塘在老界鄉，引明洪常《記》云：由桃花渡緣江東北行，與定海今鎮海界接，爲驛路孔道，其爲梅墟塘無疑。今甬東隅僅有土塘，而梅墟在四啚，亦隷老界鄉。聞《志》云石塘正以別於甬東隅之土塘，《通志》蓋誤指也。《記》稱按察副使朱公咨諏鄉老，因而籌建，工始成化五年，成於七年。塘高五丈，長二千一百餘丈，廣倍其高，加三之二。今塘丈尺視《記》僅十之一二，或歷久傾圮所致耳。考朱公名紳，字公垂，河州人。以天順中巡督海道。意其時所諮鄉老即錢方伯琎。《通志》稱其興學校、築海堤、立義塚、賑貧施藥，名譽卓然，明州循績所宜補紀也。

南橋塘

綜述

清 黄之雋《浚南橋塘記》（光緒）《重修奉賢縣志》卷四　天子方興水利以利民，守令之賢者各疏淤浚，流於其所治，而吾邑南橋塘之功遂成。松郡承西南諸水，由黄浦入於海，浦支流而南曰葉謝塘，又南而東曰南橋塘，達於青村港，亘東西四十里，溉田十萬餘畝，西浙鹽艘所便也。其間支渠曲咸道於塘以注之，譬咽喉然，喉通而臟腑飽，血脈行，塞則病願。視潮汐之進退爲贏縮焉，當潮之從浦來也甚勇，則洶洶挾泥沙而入，去則洮洮而衰，不能蕩泥沙以出，故塘易淤，而港之潮汐不通，灌畦則農病，運鹺則商病。康熙三十一年，里人宋際莊徵麒曾倡，疏之至於今，又漸塞而淺矣。前郡守周侯既下車相松屬邑之水，而次第之。於是諸生宋文園等以南橋塘請侯曰，善下其牘於前華亭邑令今郡守周侯，侯曰善度其經費之所出，而速興之。凡一百八十丈爲一里，一丈之直錢一緡，直出於田。凡十有八晦而浚一丈，旁莊行若干里，丞謝鋳、里人韓珩司之旁南橋若干里，丞靳夢熊、里人鄒維宣、何孟春司之旁青村高橋若干里，巡檢張從訓里人宋俶業司之，時雍正二年三月也。期月而工竣。四年秋，文園來京乞予文紀其事，且曰：是役也，兩周侯令於上而後興，丞、巡司、里長者奉於下而後成，廢餐寢、奔走風日於四十里之内者，文園不敏，幸始之，幸終之，以告成事於兩周侯，不志於石是隱。兩周侯之功，無以示後之涖，斯士居是鄉者之雋里人也。塘之利固已稔之矣，盍浚是塘之。明年而天子析華亭之東爲奉賢縣，塘於奉賢城郭，邑聚由之以達漕，饟魚鹽，行旅倍昔矣，塘既浚加便焉，功一。浚是塘之明年，天子命沿海護塘，改石焉以築之，塘既浚，栢林之石由是而運，功又一。浚是塘之又二年，天子詔江南督撫臣治蘇州諸水，興東南之水利，兹塘既浚，無費於庫帑，功又一。則其利非但田可溉，鹽可運而已，前周侯既殁爲神於我郡，而今周侯以邑令超擢我郡，守政行於七邑有功者，必食報；利物者，必受福予於兩周侯益信。故志其大者而疏浚事宜，則列於碑之陰。

清 夏璇源《南橋塘碑記》（光緒）《重修奉賢縣志》卷四　坤輿形勢，統天下而言則西北高而東南下；就松郡而言，則西北下而東南高。而東南之高，又莫如奉邑，奉之爲邑不與浦連，邑城距浦百里而遥，凡近城諸河潮汐不能遍應，苟雨澤愆期易成槁壤，是故西北之境多苦潦，東南之境多苦旱。邑城之北有幹河曰頭二三橋港，自城濠而北二十餘里始，與南邑界接，其中支流數十條，其上腴田數萬頃，其旁居民數千家以及商舶之通，往來之便胥於是河有賴也。然曆年以來，失於疏浚，至乾隆己酉，旱甚水涸，年不順成。於是，傍塘士民咸相聚而謀，謂是河所係匪淺鮮也，乃共具呈當事願，循金滙塘張澤港成例，業食佃力頂浚，是河三年一撈，五年一浚，俾無旱熯之虞，并請通詳勒石垂諸久遠，以杜後人翻案之口，批奉委員勘驗得實。至庚戌春，先行撈淺加深，民皆踴躍赴功以頂之爲樂也。原是河前，明以來，本係傍塘一十五啚，頂浚自混協南橋塘望河涇等處，或隔七八十里，或隔百有餘里，相去窵遠，不沾水利，舍己芸人，從事於客啚之河，反致多年於塞。倘欲主客兩盡則力有所弗勝，然則與其調派遠方，顧彼失此，曷若自浚自河之爲切已也？且遠協者工役相蒙，俞爲一切，又曷若自浚自河之不敢貽誤也？兹請將頭二三橋港一河與金滙塘張澤港一例，頂浚不協，他谣始蒙曹貳尹請詳徐譚二廉詳惟各憲，今又蒙王廉會同南邑胡廉親勘無異，出具切結，申送各憲，如詳在案。從此東南高仰之地，水利周詳，潦固無憂，而旱亦無患，匪直一邑之慶，亦一郡之慶也；匪直一郡之慶，亦國家之慶也，天下可一視也，又何別於西北東南之高下哉，將立頁珉邑之諸同事，請記於余，余故樂書其事。賜進士出身工部虞衡司員外郎夏璇源撰。

（光緒）《重修奉賢縣志》卷四　南橋塘爲本邑第一幹河，東西長亘，自望河涇折而東迤邐至屠家灣，名南橋塘，自屠家灣東至城濠，名青村港，此河爲鹽艘往來所必經。

傳記

（光緒）《重修奉賢縣志》卷一二　鞠秋華諸生天才豪邁，學使沈初許爲偉器，後以家事廢舉業，里中有不平事，輒爲排解。道光三年，水災，與陳廷溥、莊曾培等勸捐賑濟，全活甚衆。浚南橋塘横涇河，不避勞怨，得暢流者，垂二十年生平，實心任事，和衷接物，没，後人猶稱之。

紀事

（崇禎）《松江府志》卷一八　嘉靖【略】二年，郎中林文沛督率華亭縣，開南橋塘、金滙塘、官路港、站船浜、北蟠龍塘、南嵩塘、官莊涇、青村港、黄泥漕、尹山涇、米市塘，共長一萬九千四百九十五丈。

（光緒）《松江府續志》卷七　道光【略】十三年，奉賢知縣楊本初，浚南橋塘、横瀝塘。

又　咸豐【略】三年，奉賢知縣王嘉穀，浚南橋塘、竹岡塘

又　同治【略】十三年，奉賢知縣王起仁，浚南橋塘西段。西至鹽□塘，至沙岡塘口，計長十二里。

又　光緒【略】二年，奉賢知縣方浚益浚南橋塘東段，自沙岡塘口至益村壩，計長十二里，并帶浚横瀝塘二里。

（光緒）《重修奉賢縣志》卷四　康熙三十一年，里人宋際莊徵麒具呈縣府，開浚南橋塘。雍正二年，松江知府周鐔元檄華亭知縣周中鋐浚南橋塘。

又　乾隆十九年，知縣李治灝浚南橋塘。

又　乾隆二十七年，知縣劉伯壎開浚南橋塘。乾隆四十一年，知縣黄元燮浚南橋塘、横瀝塘。乾隆四十六年，知縣王夢文浚南橋塘。

又　乾隆五十四年，知縣張永和浚南橋塘。

又　乾隆五十七年，知縣王桂懷浚南橋塘、望河涇，并諭董金成珩等浚頭二三橋港，以傍塘一十五啚，頂浚兼浚本城支流河，詳憲立案，勒石永遵。

又　嘉慶二年，知縣王桂懷浚南橋塘。

又　嘉慶五年，知縣趙堂檄委南橋巡司孫明和協同士民浚南橋塘。嘉慶六年，知府康基田浚南橋塘塘西口建閘，因千步涇潮水衝激，不數年僅存片石。嘉慶十四年，知縣張敏求、縣丞向文璜督浚南橋塘自竹岡口東至塘灣數里横瀝塘，自何家庫南至接龍橋數里共三千餘丈，從士辰宋玉韶等請。嘉慶十九年，知縣陳文述捐廉築壩，開南橋塘。

又　同治二年，知縣韓佩金因兵燹，初經南橋塘，頗形湮塞，商民交困，諭董唐邦利、陳泰彬等以工代賑開浚是塘。

又　同治十一年，春正月，里人稟請府縣開浚横瀝塘、并南橋塘。市河暨南竹岡局分南北，南工汪淇、陳泰彬等司之，北工范迪光等司之，查横瀝當程何浜東大灣迂回泥沙易淀，謀於衆，將是灣開直，藉旺水勢以民田中阻難之商，諸田主王啓曾、劉瑞芳等皆慨然，願捐共田六畝有奇，俾得徑鑿通流，農商并賴是役也。横瀝南北計程十有七里，南橋塘東西市河計程六里，南竹岡二里，一律深通，共計開河五千餘丈，工鉅費繁，曆四月始竣，并諭董周尚義等浚小閘港，又諭董莊德均等浚杏涇。

雜録

明 張國維《吴中水利全書》卷七　南橋塘長六千二百十四丈，新開南橋塘長六百八十二丈。

（崇禎）《松江府志》卷五　南橋塘在淺沙塘北，東流過沙竹岡，横瀝從令涇金滙塘，東通青村港，自沙岡西北流爲盧涇、爲洮涇，遂爲巨漕，絶黄浦而北至六磊塘，止萬曆八年浚。

（嘉慶）《清一統志》卷八二　南橋塘在奉賢縣東南，淺沙塘北，東流過沙竹岡，貫横濼從令涇入金匯塘，東通青村港，又自沙竹岡別一支西北流爲蘆涇、爲姚涇，折而北流爲巨漕，入黄浦。

寧海縣南塘

宋 胡融《南塘記》《赤城集》卷一四　有宋南渡之明年，吾大父自峽溪翦棘荆蓬藋，始居此。斗指兩辰，越今二十有四閏矣。蓋吾邑之山發源自鳥石，隆隆隱隱，東行三四里，始折旋而南，故凡邑之公廨與民之屋廬皆在爽塏。環邑内外爲陂池爲沼沚者，蓋寡也。胡子之居，適當卧龍之脅。其地形稍正，其土之支派稍分，其坳塹處稍有泉。升高而望，其坡陁之形或如瓜蔓，如博局，如釵之折股。度其勢可遏，可截，可潴，可滀，顧吾力未能也。丁未之秋，始群役人𨌺壤而築之，不踰月而堤成。一夕大雷雨，里巷之水争相灌注。詰朝，門墻之外高下皆水，揚瀾起波，匯爲藪澤，氣象如在明、越、苕、霅間也。一年而荷生，二年而魚肥，三年而桺成，四年而鷗鳥馴，五年而堤上之竹秀。既而游者來，漁者入，滌者至，汲者集。胡子與客常㳂堤而行，折荷弄流，渺然起江海之想。夫一水之縱廣不能十數丈，視三江五湖財一席爾，而胡子侈然自大，詎不陋哉！蓋天下之理巨細廣狹皆生乎人之心，達乎此者，閬崑近在於蓬室一閾室，小而八方存焉，事固未易以形論也。苟不以形論則洞庭、彭蠡不翅乎曇孔，而蚋翼蚊睫亦可以覩嵩華矣。今吾之水两涘渚涯之間雖可以辨牛馬，烏知其不如扶桑之東，渤海之尾，彼又烏知其一滴一勺不可以浴日月而涵魚龍也？胡子方將築亭其上，投幘解屨以洗去其平生功名之念，具釣車、舴艋、笭箵、罩罟以窮烟波之樂。願從吾游者，當艤舟以待之。

（光緒）《寧海縣志》卷二二　南塘在桃源橋東，宋隱士胡融游息處，舊有亭記。

平陽萬全塘

明 童器《平陽萬全塘記》（弘治）《温州府志》卷一九　平陽縣北，在昔運河有塘，直抵瑞安飛雲渡，遇支河則橋其上以通之。國朝洪武乙卯，取其石增築平陽城，流水斷橋爲行者病，且破壞傾圮，水不久儲，農者亦不利焉。有司牽滯架漏，蓋十紀于兹矣。弘治己酉，臨川王侯資博知是邑，圖復厥舊，募義士依河涯先建橋一十八所，適以遷擢去任，塘路尚未砌。繼者雖每注意於是，率不能以斷成也。是歲春，閩中何侯重器以郡節推掌邑事，躬督文量，計徒庸，出餘糧以令役於民，視前議縮半，民欣然從之。甃塘路凡若干千丈，以里計者舍餘，財出於閭右而官不費，力傭於賈旅而民不勞，閱三月告成。乃省練川、黄洋二鋪爲一。改名迎恩，每歲征力役省師共五人，蓋以是路之直而捷也。是歲夏，方君純吉來尹之初，視橋道之成而樂夫民之利之也，屬余紀成績。余按《春秋》：凡宫室臺觀之作，事在得已者則書之以著其病民。若夫道路橋梁，可以爲民便者則不書。蓋王政之一，亦有司職分所當爲也。況萬全塘爲必由之路，邑民舊於是資其河之水以灌溉者亦甚多，夫豈可以止者乎！昔韓文公作《路應碑》，謂其守温日，作堤横陽界中，則此塘其來也遠自唐，至于今不知凡幾世。事在有司欲興而莫就者不知凡幾，舉闕荒補弊、主張維持，文不知凡幾人。此謂賢者之興而愚者之廢有以哉！當是塘之未成也，行病涉而農病稼，水陸不利也久矣。今塘之已成也，護田有防，無復洩漏，周道如砥。南北可通，耕者歌，行者謡，水陸之俱利，果誰之力與？厭暫勞而棄久逸，惜小費而忘大利，雖今之所謂良有司者亦然也。孰知百年之已廢者而有待於二公者與！故特書之，使後人知有甘棠之思，是爲記。

（弘治）《温州府志》卷五　萬全塘自縣北至瑞安飛雲渡三十五里，舊破河爲土塘，歲又頽圮。宋紹興中，里人徐幾爲倡，鋪石其上，功未成而卒。淳熙間，世充之孫左司誼與知閤蔡必勝合誠以石更造，爲貫二十餘萬緡，乃約里居稅户，隨其厚薄，分力辦事。會母喪，得賻贈，悉以佐役。因即鳴山保安院爲修塘司，其出納有籍。元初，修塘司沒入官，塘遂闕陷。大德九年，滕天驥督民修完。元末，縣禁城，塘石拆毀。國朝洪武八年，增筑平陽城，塘石盡毀。弘治己酉，王令博園復厥舊功，未成而去。後十三年壬戌，何齒推鼎修築完固。

（康熙）《平陽縣志》卷一〇　葉溥，字舜周，縣尹，葉衡世孫。父鉉以尚義補郎鎮承先志，好善樂施，父嘗造舟象口，渡以濟人。溥更爲葺治，數十年不替。弘治丁巳，築萬全塘爲橋，以便行旅。

蒲匯塘

綜述

（萬曆）《青浦縣志》卷五　蒲滙塘，長四百五十丈，闊三丈，深九尺五寸，東通黄浦，西通泖涇。

明 錢溥《浚松江蒲匯塘記》《浙西水利書》卷三　《書》云：三江既入震澤底，定然水至吾松，則又分二道而入海。蓋西北窪下，則自太湖入澱山湖。經吴松江以入海，東北高仰，則受杭禾之水。達黄浦以入海，高下既殊，旱澇交病。然旱，惟東北受病，其患小，水則西北列郡無所歸泄。其患大，吴松江自勝國末湮塞，迨今逾百年。輿言：修浚，非無其人。然或沮於浮議，或怵於鉅費，因循歲月，卒莫能舉，稍遇淫雨即成一壑，國賦虧而民艱食矣。天順二年，都憲崔公奉敕巡撫東南，首詢水患，以松爲尤甚，乃舉府判洪侯、景德暨二縣尹楊昕、李紋治之。侯等相視，以爲江之故道雖浚，必合。莫若從新地鑿之，力易爲而功不壞。起自大盈浦東至吴松江巡司，計二萬二千丈。又自新涇西南至蒲匯塘入江，計四千丈，濶皆一十四丈，深皆二丈，而低鄉之潦可泄東北。則自曹家河、平地鑿及新場，計三萬餘丈，深濶皆與江同。又自華涇塘、六磊塘、嬰竇湖、烏泥涇入浦而高鄉之旱亦免。大小聯絡，無不通貫，噫，亦勤矣哉！用工總三萬五千餘。沿江耆耄相與鼓舞而言曰：兹江之湮，爲吾民病久矣。曩時字人者，雖廉得利害而訖無成功。寧知物有通否，必待其人耶？是舉也。程工而授，計口而食，民雖勞而不怨，則圖本垂永之計，熟愈於此哉？溥松人也。且職史事，故請書之。

清 陶澍《陶雲汀先生奏疏》卷一八《挑辦蒲滙塘動用銀兩摺子》　奏爲挑辦，松江府屬蒲滙塘河道工程，動用存公閒款銀兩，恭摺具奏：仰祈聖鑒事，據蘇州布政使賀長齡詳稱，竊照松江府屬蒲滙塘河道，坐落華亭、婁縣、上海、青浦四縣境内。該河係爲早年引水，潦年洩水。要津向來循照業食佃力章程辦理，前於道光三年間，前任蘇松太道襲麗正因是河淤塞，積水不消，勘明必須疏浚，俾可宣洩，以時種麥。是年被灾較廣，民力未逮，而該河又係刻不可緩之工，約估銀一萬兩。當經借動海關積餘平色曹紋銀五千兩，又續動銀三千兩，并由該道捐銀一千兩，共銀九千兩。給發上海縣銀三千五百兩，青浦縣銀一千五百兩，華亭縣銀一千兩，婁縣銀二千八百兩，扣存道庫銀二百兩。續據華亭縣繳回餘剩銀二百三十七兩零，婁縣繳回餘剩銀二百一十八兩零，統計共用銀八千三百四十四兩零。内除由道捐銀一千兩，實應開銷銀七千三百四十四兩零。准蘇松太道移請比照道光三年太倉州拯辦水灾，議請抽挑劉河、七浦等處工程，將劉河工費節省項下本息銀兩，動撥挑辦，咨部成案，均於海關庫内積餘平色項下，動支辦理。即經由司將動用銀數詳請咨部立案，節奉部覆，凡工程銀兩自道光四年奏定，無論動用何款，數在五百兩以上者，應專案奏明辦理等因。相應遵照部行，具文詳請核奏，等情前來。臣伏查道光三年分松江府屬挑浚蒲滙塘河道工程，係爲宣洩積水，急圖種麥救灾起見，核與太倉州抽挑劉河七浦等處情事相同。惟所辦工程，既無本款可支，兼係積歉之區，無力賠繳。惟有海關積餘平色銀兩，本係解司存公之款，以之辦理地方緊要事件，洵堪動用，相應請旨，准其照數開銷，以清積款。所有挑辦松江府屬蒲滙塘河道工程動用銀款開銷，緣由謹循例奏明，伏乞皇上聖鑒謹奏。道光七年正月二十四日具奏，二月二十三日奉到硃批，另有旨，欽此。又同日，奉到道光七年二月初八日内閣奉上諭，陶澍《奏挑辦松江府屬蒲滙塘河道工程動用存公閒款銀兩》一摺，江蘇松江府屬蒲滙河道，坐落華亭、婁縣、上海、青浦四縣境内。前因日久淤塞，積水不消，道光三年，經該道勘明，必須疏浚，借動海關積餘平色銀應開銷七千三百四十四兩零，兹據該撫查明此項工程，既無本款可支，兼係積歉之區，無力賠繳，著照所請准。其援照成案於海關積餘平色銀，内照數開銷以清積款，該部知道，欽此。

清 魏永安《荒鄙免派浚蒲匯塘碑略》（嘉慶）《松江府志》卷一一　查雍正元年，前府周將水利當圖事通詳各前憲批飭。在城市河，令居民各照門面開挑。在鄉各河，照傍河各啚業佃開挑，田主給食，佃户出力。蒲匯塘河著令傍塘區啚田畝，每歲農隙撈浚，毋致淤淺，詳請勒石。嗣後開浚蒲匯塘，勿得借端派擾。當經前縣查明，應浚蒲匯塘之三十五保一區三十四圖，二區三、四、五、六、七啚田畝，飭令勒石，永遵在案。續於乾隆元年，開浚蒲匯塘，有該河人民趙慷等朦混開派四十九保三區等啚協浚，復經士民陳待等將向有憲例等詞控。憲奉批飭嚴查自浚支河，毋得撥往蒲匯塘，并令呈謂鼓盆浦等河勒石，兹緣未經刊碑，復行混派，以致陳瑾等呈控藩轅，批府查案飭遵等因到府行縣，奉此合行，刊碑永遵。乾隆二十年五月，士民陳瑾等勒石。

傳記

（正德）《松江府志》卷二四 甯祥山，東章丘人。景泰中，以鄉貢進士授同知府事。莅職清謹愛民惜物，當重浚蒲匯塘。

（光緒）《川沙廳志》卷一〇 顧汝經，字洪初，顧家路人，邑有大役，率先赴義。嘉靖間，倭冦甫平，歲屢告祲，汝經助賑兩次。時築寶山城爲捍蔽，兵荒之後，國帑難支。汝經與弟監生，汝綸各助築十五丈，蒲滙塘議建閘，汝綸獨力成之。

紀事

（光緒）《青浦縣志》卷五 乾隆九年，巡撫陳大受浚蒲滙塘。乾隆二十二年，知縣魏永安詳浚蒲滙塘三十餘里。奉憲與華、婁、上三縣分段築壩，循例業食佃力，一體僨開。

又 乾隆四十二年，巡撫楊魁疏浚蟠龍、蒲滙二塘。

又 嘉慶六年，署松江知府康基田浚華、婁、上、青聯界之泗涇、蒲滙塘。嘉慶十五年，華亭知縣李紹洛、婁縣知縣蘇獻琛、青浦知縣李廷芊會勘詳浚蒲滙塘。先是，士民夏炳等于嘉慶十二年具呈巡道，以泗涇至七寶東虹橋止，計長二十餘里，淤塞尤甚，舟楫往來，篙艣莫展。請分檄華、婁、青各縣，仍循業食佃力，成例計田，募夫興挑。至是，華、婁、青三邑會詳開浚。同時，青邑舉人趙文桂等復呈請兼浚蟠龍塘，并飭照例將蒲滙塘附近之橫塘一律疏浚深通。

（光緒）《婁縣續志》卷五 道光十六年五月，開浚蒲滙塘。華、婁、青紳士請留蒲滙塘壩，其詞曰：具稟華、婁、青職舉生監駱芬、何朝紳、馬逢伯、楊國瑞、唐嘉賓、劉錫棠爲環求留壩，并懇立碑以杜旁議而垂永久。事切，蒲滙塘向例五年一浚，旋開旋塞，其故皆由挑浚。以後，即將塘口攔潮大壩開去，渾水內灌日積泥沙。不一二年，仍如平陸。今蒙大憲大人念切民瘼，興修水利，奏請開挑。派委上邑黄廉總理其事，并將華、婁、青河叚勸，令上海紳富一力捐挑。更蒙上廉日逐查，工不辭勞瘁，所舉董事亦屬勤能，得以全河一律深通。較之曆届工程，殊爲暢達，此皆大憲大人委任得宜。俾我子民不勞不費，獲利靡窮。愛戴愚忱惟有額手臚歡，望光頂頌。竊查塘口大壩，現未開啓，芬等前經詣赴。上邑衙門環請求詳在案，猶恐大壩存留之後，或有好事之徒以爲洩水難通，行舟有礙之處，瀆陳憲聽。蓋蒲滙塘久已，淤如平陸，如必藉以分洩，則未開以前，水從何洩？此其無礙一也。南有黄浦可洩西南諸水，北有吴淞江可洩西北諸水，此其無礙二也。而其間有疏，八十餘年壅塞之肇嘉浜，又復疏，新涇及李從涇等河，相爲流通，則蒲滙西來之水仍可由肇浜等迤東而達黄浦。此其無礙三也。至往來舟楫，凡洩水可通之處，即行舟可達之區，其爲無礙，更不待言。總之，前次興挑不敢議及留壩者，誠以肇浜諸河未浚未便，率請今肇浜等河均各通深水有去路。此壩一留則通塞，皆宜輿情悉洽，無五年一浚之勞，有百年永久之賴。是誠因時制宜，地方盡善之舉，爲亟環求大憲大人俯准下情，恩賜飭縣立碑永杜旁，議利垂久遠，萬民銜感上呈。

又 卷六 同治九年，重浚蒲滙塘。東出申浦，西接泗涇，以達於泖，計河身長或九百四十一丈，挑土九千二百八十方，用錢二千三百八十八千文。

藝文

清 王慶勛《詒安堂詩稿》卷四《蒲滙塘舟次》 舊港經重浚，舟行曲折通。櫓搖山郭外，人卧水雲中。窗瀉晴嵐碧，橋分夕照紅。芳菲眞得意，誰更及東風？

雜録

明 林應訓《秀州蒲滙等塘工完疏》《三吴水考》卷一一

巡按直隸監察御史臣林謹題：爲蘇松水利急應開浚，懇恩處給錢糧，并陳末議清查灘占田地以資工費事。據整飭蘇松常鎮兵備、湖廣按察司按察使徐節呈：萬曆五年閏八月初十日，蒙本院案驗，并蒙撫按二院案驗，俱爲前事。該本院具題款，開一議浚山、涇港諸瀆以導達浦之流，一議請給錢糧，以便興事之用。一清查灘占，以廣經費之助。該工部議覆：大黄浦乃諸水之總會，而秀州、塘山、涇港諸處漸已淤淺，加開浚則入浦之路益廣，黄浦之流益盛。相應依擬又議，開浚之工所賴財力，今户部既稱并無堪動錢糧，而本部料價專備上用供用之需，見今庫貯匱乏，尤難那借。相應就彼酌處，或動衙門之贓罰，或追淘河夫銀之侵欠，或借派剩之餘米，或取倉庫之餘積，或派得業人户富者出財，貧者出力，多方措處無礙者，徑自支用，應奏請者奏請施行。又議水利之廢，由於灘占據法俱當查復原額，但中間亦有無礙水利者，若一槩入官，不無徒費。既稱隨宜徵價可備開浚工費，相應依擬將灘占田地逐一丈勘，若干畝中間有礙水利者，作速盡數開挑拆卸。自首者，改正免罪，其餘果於水利無礙，姑可容留者，即當酌其年之遠近利之厚薄，責令徵價貯庫以備工費，明立文案以備查考。有隱瞞及豪强抗違阻撓者，即便遵奉敕諭内事，理應挐問者。挐問應參奏者，參奏仍查照《大明律》并《會典事例》著實舉行等因。覆奉欽依移咨南京都察院，備札本院案行，本道速行，該府掌印水利官即將所屬灘占田地查照，題覆清查丈勘，毋容欺隱。凡有應行開挑，拆卸改正，即便定立界址，分别丈尺。其存留徵價者，作速估定，通詳徵收。務在今秋處畢，冬初興工，仍明立簿籍文案，以便收支查考等因。蒙此遵行。閏九月二十六日，又奉撫院案，驗准工部咨前事，備仰本道照依咨案，備奉欽依内事理轉行，該府縣掌印官將後開條款逐一查照遵行，作速查議，堪動錢糧，呈詳定奪施行。又蒙按院案驗奉都察院勘札，准工部咨前事案行，該道會同各該掌印官從長酌，議停妥，具由通詳各院以憑會議施行等因。奉此卷查，先該前任兵備參政王叔杲遵依帶同松江府帶管水利同知鄭復亨自黄浦横潦，諸涇泝秀州塘入南泖，至山涇港，共量過應開浚者，二萬八千七百五十六步，折官丈該一萬四千三百七十八丈，以土方計之約七萬六千五百二十九方有奇，每方計銀四錢，共該銀三萬六百一十一兩六錢。所需工費不貲，搜括庫藏，既無錙銖之餘加派，民間又苦供輸之困，措處財用誠爲至難。又經備行，該府掌印水利官及原委同知鄭復亨查照欽遵，覆題事理，酌處工費。將所屬華亭等縣灘占田蕩及侵占傍郭河渠逐一清查，丈勘明白。凡有應行開挑拆卸，即便改正定立界址，分定丈尺。其存留徵價者，分别等第徵銀。在官聽開浚支用仍一面，將應開處所勘實的確分段計筭實用工費，委官募夫計處停當以便興事。萬曆五年十月二十三日，蒙本院批據松江府經歷司呈文，准本府水利通判蔣守成查勘，應追華、上、青三縣絶田價銀一萬一百七十八兩八錢八分三釐六毫。侵占官河、不妨水利，免拆，并寺院空地，價銀一千二百五十兩。府縣官庫見貯民，欠各年導河夫銀一千三百一十七兩八分。充工費用緣由蒙批，據該府呈稱：所屬各縣絶田并地價已經勘，有銀兩的數，該道即須督行。該府掌印官作速追價興工，毋違其灘漲，田蕩仍行。府責限各屬速報，又蒙憲牌行催，依蒙并行。該府正官督徵備用，隨該兵備。按察使馮叔吉到任，接管督催間，又蒙本院憲牌行道，即將應浚山涇港等處，工費及募夫開浚一應事宜酌議停妥，呈奪興工等因。催據該府呈議，將華亭縣秀州塘、上海縣蒲滙塘、青浦縣山涇港皆照田編夫，不用民財，見行起工。華亭縣蒲滙塘，該用工銀二千五百五十八兩四錢，委大使徐應元督工，見完。四分金山衛，四城濠，三义，張涇河，該工銀八百四十兩五錢四分，委衛經歷盧大業同縣水利等官督浚。各於原議，絶田河夫等銀内徵給。又查兵道行追罰犯姚體元等河工銀六百六十兩，原聽秀州蒲、滙二塘工用及查山涇港該工銀一千一百九十八兩三錢四分四釐，係屬青浦縣。今議本縣里分既少，塘長已赴吳淞江開浚，若本港再令編夫，恐民力難堪。查有原奉兵道行府問詳强犯李濡等入官，無主人臧田産，約可變銀千兩。原議聽河工支用合行，該縣估價易銀接濟等因。行據水利通判蔣守成呈報：各塘已未完河段，緣由呈道，隨行該府正官覆核督催工，完由册呈奪間。六年十月二十九日，又蒙本院批擬，該府經歷司呈准通判蔣守成牒開青浦縣大小山涇港，先議照田編夫，續蒙馮兵備看得青浦新建之邑，民力不堪。議將强盜李檽贜産，實估銀七百五十八兩七錢五分助用，及勘大小山涇，原非運道。止洩澱山河水入浦注海，以通民船，及資灌溉。且新辟兩旁，數有第二段，原長四百丈，不礙於民，見今開浚。其三段、四段新辟兩旁，俱成田地，民種禾豆升科輸稅。若欲槩開，徒費工力，改動糧額。今照原舊河形開挑，計減省土七百九十六方，夫一萬二千七百三十六，工該銀三百一十八兩四錢，實開土二千一百九十九方八尺五寸，每方十六工，合用夫三萬五千一百九十七，工七分六釐，該銀八百七十九兩九錢四分四釐。又驗得小山涇楊樹界起迤西未入，原議一段量長一百丈淤淺，應浚，接通該縣西城濠河，計土一百八方，每方十六工，該夫一千七百二十八工，該銀四十三兩二錢，合於減省新辟銀内支給。通共實用工費銀九百二十三兩一錢四分四釐，實減省銀二百七十五兩二錢釐，行該縣追并李檽産銀并絶田銀候冬興工等因。批道覆議，奉經并行，據該府查將，各塘已未完河段工次分别官修民浚，册報前來。隨該兵備馮叔吉查，該府諸塘原估約用銀三萬六百一十餘兩，遵奉欽依，設處錢糧開浚。續據該府縣正查，有絶田導河灘占地價罰犯、河工銀共一萬四千二百餘兩，數亦不敷。尚多民欠，别無措處，欲加派於民，又難違例。議將華亭縣秀州塘、上海縣蒲滙塘二工頗巨，皆照槩縣田地。編夫修浚，民樂從舉行。除浚完蒲滙塘第一段，長二千四百五十丈，役過田夫一十五萬六千八百工。第二段長二千六百一十三丈，役過田夫九萬四千一百六十九工。六分秀州塘，該開長三千八百五十七丈，内先開完六段，河長二千八百五十二丈，草塗五百四十七丈八尺，役過田夫五十五萬一千四百一工。二分尚有未開河，原長一千五丈，内有南北草塗二段，共長五百三十二丈二尺，三項共該用夫一十五萬四千一百五十五工。六分續議：因河面廣闊，改開草塗三分之一止，該實用夫五萬一千三百八十五工，二分減省存夫一十萬二千七百七十工，四分移撥官紹塘工用，其秀州塘截壩竹木料價該銀五百一十九兩二錢九分一釐，華亭縣蒲滙塘原估銀二千五百五十八兩四錢。今覆勘，長照原議，止有河底官尺量虧一尺，中有三百五十七丈，照官尺深虧五寸，共積少土二百三十一方三尺，該減銀九十二兩五錢二分，實該銀二千四百六十五兩八錢八分。青浦縣大小山涇港原估銀一千一百九十八兩三錢四分四釐，續議大山涇原非運道，且三段四段兩旁俱已成田，升科不礙，應止今議止。將原舊河形開挑，及小山涇未入。原議楊樹起長一百丈委淤應浚，又議所開河段兩旁皆稱民田土湏遠頡，原議每方一十六工，今議量減二工實筭十四工。除減外實該工銀八百七兩七錢五分一釐，及查金山衛、三义西木橋工原勘長二千六百六丈二尺，估該工銀六百一十一兩三錢五分六釐。今稱平湖縣河該開八百七十丈，因彼縣士民咸稱不便，相應停止。今應浚張涇一段，長二千五十丈，計土一千一百三十九方五寸，每方十六工，該銀四百五十五兩六錢二分。又三义至西木橋止一段，長五百五十六丈二尺，計土五百五十六方二尺，每方十四工，該銀一百五十五兩七錢三分六釐，已經府縣掌印水利官覆行勘，議停妥。且查各河工有次第，無容别議。及照華亭縣秀州塘、上海縣蒲滙塘改議，民力開浚，諸費比原題共計減銀二萬六千二百餘兩。實該官浚華亭縣蒲滙塘工銀二千四百六十五兩八錢八分，青浦縣山涇港工銀八百七兩七錢五分一釐，秀州塘打壩竹木料銀五百一十九兩二錢九分一釐，金山衛三义西木橋工銀六百一十一兩三錢五分六釐，通共銀四千四百四兩二錢七分八釐之數。該府查將華、上、青三縣絶田灘占地價導河罰犯河工變産等銀，通共一萬四千二百三十五兩四錢九分五釐一毫六絲，數内已完支給過工費并截壩竹木料價，共該銀二千七百七十四兩三錢一分一釐，見貯府庫銀二千七百一十二兩九分。見在足彀官浚河工支用候詳允日備行，該府縣掌印水利官督夫上緊挑浚務，在三月内通完，仍將應給工銀，准於庫貯銀内照數，查給通候河工完日，聽本道調委别府能幹官員覆核事畢，通行造册詳報。仍有華亭等縣未完絶田，地價灘價導河夫侵占河岸變産等銀共八千七百四十九兩九分四釐一毫六絲，嚴行府縣查照追徵，務在通完并支存庫銀俱聽别項河工支用等因。造册具，由呈蒙本院并撫院詳批准照議行。七年三月二十一日，蒙本院批據松江府經歷司呈文准水利通判蔣守成呈稱：公同本府并華、上、青三縣掌印水利官查議，得原奉題請開浚諸公費因錢糧匱乏，慮難周給。將華亭縣秀州塘、上海縣蒲滙塘照田派夫開浚，省用官銀二萬六千二百五兩有零。實該官浚華亭縣蒲滙塘，青浦縣山涇港，金山衛張涇、三义河并秀州塘截壩竹木料價，通共該銀四千四百兩二錢七分八釐，陸續動支庫貯絶田灘地價導河罰犯河工等銀，給委官主簿王廸、丁思謙，經歷盧大業、大使徐應元、王金鐸，巡檢陳宗器等募夫開浚。本職往來，駐札監督，完工訖除將用過官修民力工程錢糧，另册呈繳等因。蒙批兵備道，即委官查驗，果否如式。浚完并查劾勞員役及怠玩。不如式者，報奪依蒙隨委該府推官范守已覆勘。已完河段督催未完河工核實，的確由册呈報去，後隨該兵備。按察使徐節接管、督催間。四月二十七日，又蒙本院憲牌行催工完核實册報等因。催據推官范守已呈稱：遵依會同府縣掌印水利官親詣華亭縣、秀州蒲滙二塘及金山港、上海縣蒲滙塘、青浦縣山涇港五處河道，逐一查照，近浚形迹丈尺覆勘。得民浚秀州塘，除先開完六段，河工如式外，其續開河段原長一千五丈，內有草塗二段，該用夫三千八百五十三名八分九釐。續議本河寥闊，改開草塗三分之一，實用過人夫一千二百八十四名六分三釐，役工四十日，該工五萬一千三百八十五工。二分工一十萬二千七百七十工四。分數撥開官紹塘夫一千九百九十三名七分開完，如式比原議省夫二千五百六十九名二分六釐，計役工四十日，該五釐外，實剩夫五百七十五名五分一釐，聽別項河工之用。及查華亭縣蒲滙塘原估議該銀二千五百五十八兩四錢，募夫開完覆驗內有一段濶少一尺，積筭土方計工扣減銀九十二兩五錢二分。除減外，實給銀二千四百六十五兩八錢八分。又查上海縣蒲滙塘督集民夫開浚，已完驗俱如式，開壩通行。又查清浦縣大小山涇一道，原議用銀一千一百九十八兩三錢四分四釐。該縣無處亦議照田編夫續，因民力不堪，議將强盜李檽等入官田產變易助工。此外，不敷動支，本府絶田地價凑用，查小山涇量長一百九十二丈，面濶三丈，底濶二丈四尺，浚深四尺。查得第三、第四段新辟兩旁，該通判蔣守成覆估免開。又小山涇迤西未入，原議楊樹界起量長一百丈淤淺，應開面濶三丈，底濶二丈四尺，深四尺。及將原議土方每方十六工改用十四工，計省銀三百九十兩五錢九分三釐，實用銀八百七兩七錢五分一釐。其間開浚段數闊狹雖有改移，稽其夫工銀兩仍與原議相合。近蒙本院親驗，本港二段尚欠二丈，工程三段、四段河身窄狹，行府查照，原議丈數必當開辟，合用工銀（二）二百九十兩八錢四分七釐二毫，應於所省銀內給領已行。該縣築壩興工及勘金山衛港，實開張涇河，該工銀三百八十九兩六錢二分八釐，又三义至西水橋，該工銀一百三十四兩四錢二分八釐，共給銀五百二十四兩五分六釐。開浚工完，驗俱如式。其西木橋至平湖縣界一段，彼處士民不從，工當停止，通計浚過五塘。除華亭縣秀州塘、上海縣蒲滙塘俱係民力開浚，其華亭縣蒲滙塘、金山二河、青浦縣大小山涇港共用銀三千七百九十七兩六錢八分七釐，又加秀州塘築壩用過竹木價銀五百一十九兩二錢九分一釐，通共該銀四千三百一十六兩九錢七分八釐。及查秀州塘草塗二段量開三分之一，減省民夫二千五百六十九名，二分六釐於內，已撥官紹塘開浚，用過人夫一千九百九十三名七分五釐，餘剩人夫五百七十五名五分一釐。聽候改撥別用其築壩竹木行，據縣丞陳墨開報，起取過木樁四千七百三根，內築南門。官紹塘、張涇等處河壩用過四百五十五根，黃橋腰壩用過九十根見存四千一百五十八根，頓貯公所著令地方人等看守聽文作正支銷仍有樁木一千九百一十三根，尚在各壩見行起取，今將覆核過各塘河段丈尺。夫工并用過民力，官修數目造册見在，及將各河督工劾勞員役，另揭開報牒府轉申到道，據此爲照松江府疏。治五塘既經推官范守已查核，各河段丈尺俱已如式，給過錢糧并無虚冒。除查相同外，再照原勘。報絶田灘地價導河罰犯河工等銀一萬四千二百三十五兩四錢九分五釐一毫六絲，除給過夫工料價銀四千三百一十六兩九錢七分八釐之外，尚存庫銀一千一百六十九兩四錢二分三釐，仍有應徵未完銀八千七百四十九兩九分四釐一毫六絲。嚴行府縣查照追徵，至於見在并未起樁木，相應委官估價易銀貯庫，及餘剩華亭縣人夫五百七十五名五分一釐，每夫役工四十日，俱聽別項河工支用，今將本道覆核。過前項各河工程丈尺土方，民力夫工官浚錢糧等項，確數造册并開具在河劾勞官員職名，分别等第薦奨，緣由揭帖，擬合通行，請詳等因具呈到臣，除先開完上海縣蒲滙塘第一段，自華亭縣界小石橋起至新港口止，長二千四百五十丈。舊額面闊六丈，今開八丈，底闊四丈，浚深一丈，役過田夫一十五萬六千八百工。第二段自新港口起至上海縣西門止，長二千六百一十三丈，分爲五段開挑闊深不等，役過田夫九萬四千一百六十九工，六分共用過夫二十五萬九百六十九工。六分并華亭縣秀州塘如黃橋向南一段，長八百丈，面闊二十丈，底闊一十八丈，浚深四尺，役過田夫一十一萬五千二百工。黃橋草塗長五百二丈八尺，面闊不等，均闊二十六丈四尺，浚深五尺，役過田夫一十三萬二千七百三十九工，二分前舊河底共長六百六十丈，面闊二十丈，底闊一十八丈，浚深四尺，役過田夫九萬五千四十工。斜塘草塗長四十五丈，均闊一十七丈七尺三寸，浚深五尺，役過田夫七千九百七十四工。禮塔滙起至斜塘橋止舊河底，共長七百二十丈，面闊二十丈，底闊一十八丈，浚深四尺，役過田夫一十萬一千八十八工。石湖橋起至禮塔滙止長六百九十丈，面闊二十丈，底闊一十八丈，浚深四尺，役過田夫九萬九千三百六十工，共用過夫五十五萬一千四百零一工。二分先於萬曆六年三等月內工完，今據所報續完各塘工程，通行覆查明白。其効勞各官先後，經議不一，乆近委管不同，臣另行奬賞，兹不敢輕易舉薦外該。臣會同巡撫應天右副都御史胡執禮，巡按直隸監察御史田樂看得松江府五塘原估議開浚，約用夫工銀三萬六百餘兩，遵奉欽依，備行該道轉行。府縣掌印水利等官多方設處，止據報有絶田灘占地價罰犯河工等銀共一萬四千二百餘兩，數既不敷，尚多民欠，别無措處。議將華亭縣秀州塘、上海縣蒲滙塘各照槩縣田地編夫開浚，以利民之事，而用民之力亦佚道使民之義。其華亭縣蒲滙塘、青浦縣山涇港、金山衛三义張涇并秀州塘截壩竹木料價共用官銀四千三百一十六兩九錢七分八釐，及查山涇港應行補浚據議該找給銀二百九十兩八錢四分七釐二毫，通共用官銀四千六百七兩八錢二分五釐二毫，實剩存庫銀八百七十八兩五錢七分五釐八毫，見今造册奏報，伏乞敕下。該部查議前項工費如無虚冒，准其支銷，再照松江各邑水利，幸今修復善後之計尤當預處，伏望皇上軫念財賦重地，准將餘剩存庫銀八百七十八兩五錢七分五釐八毫，應徵未完銀八千七百四十九兩九分四釐一毫六絲，并應變椿木價銀，嚴行該府縣上緊查照追徵變賣明立文案，另項收貯松江府官庫并餘剩華亭縣人夫五百七十五名五分一釐，每夫役工四十日，俱聽河工支用。以後每年各該掌印水利官務要留心經理，遇有淤淺，即便呈詳動支河工銀兩，募夫疏浚，勿致淤淺，仍行撫按官并臣欽遵查照施行。庶前功不棄，善後有備矣。緣係蘇松水利急應開浚，懇恩處給錢糧并陳末議清查灘占田地以資工費事理，未敢擅便爲此。具本專差舍人王崇德賫捧謹題請旨。

浦岐海塘

明 朱諫《重修蒲岐海塘記》（萬曆）《温州府志》卷一六　樂清邑在山海間，重二嶺而東三十里抵蒲岐所城，東面巨海不有防岸，潮汐且至城下，乃依下保山築塘作陡門，捍海以蓄泄水，城扼縣東鄉喉鍵間，禦海上寇盜。塘抱一面，圜四之一，塘非專爲城利也。自城西北皆平衍沃壤，廣二十里，延袤可四十里，爲田可十萬餘畝。東西二大河經其中，小河方午，緯絡者數十支。水自白龍山諸溪潭出，會于竹嶼、萬橋、黄灰埭諸陡門，而蒲岐半之。故蒲岐所潴之水可溉十萬畝，而利居多，塘之宜謹重民也。夏秋間，雨溢水暴漲，陡門不足以泄，潮怒且不已，楗石不固，塘必潰决。率一二十年一大築，補漏塞罅，時月有之。肇自洪武三十五年，用邑人朱宗邑奏，差官下其事于有司，築塘約千丈，宣德間郡守何公文淵修其圮壞，繼後民之執塘役者或病焉。天順間，憲副朱公杞用里民侯英告，計工以十爲率，軍三而民七之，定爲永規。成化間，又後築之，不至大崩壞。至弘治戊午，秋潮溢，楗石漂去無幾存者，民未及聞于有司。是冬，推官何公重器承府檄涖邑，於所見潮水浸淫，郛郭外田，鞠爲淖塗，大懼來歲民弗有秋，且場壘見傷，萬一城址浮動，所費又不貲矣。亟歸白諸郡守，文公宗儒文曰：吾土吾責也，偕往視之，量度既定，謂何曰均？吾職民者事也，累公就其緒，何曰諾？遂檄所千户何彪、魏成縣主簿李瑜循軍民三七舊約，俾分其功，外柱以巨木，上加栿桅，内横木水，下土石實之，背施大石以通行也。次年春始訖役，塘完門固，潮雖怒而害止矣。雄城屹屹，平疇畇畇，河水環帶，斥鹵有秋，連數年瀕海穀價不至騰湧者，非塘之力歟？嗚呼！斥鹵之不宜田，疎土之不宜城也，久矣。使彼屯此，農大享其利者，非良有司歟？屯者曰記于城，農者曰記于鄉。諫曰：春秋弗地，則不志記于塘，以俟郡乘者采焉。

（乾隆）《温州府志》卷一二　蒲岐海塘在縣東三十五里，起十四都下堡，至十五都二里。凡七百八十二丈。

清 查祥《兩浙海塘通志》卷三　洪武【略】三十五年，樂清縣人朱宗邑奏請築樂清縣蒲岐海塘，下其事於有司，築塘約千餘丈。按樂清縣蒲岐海塘自縣東三十五里起十四都下堡，至十五都二里，凡七百八十二丈。又有海口塘，自縣東五十六里起十七都海口殿。前至官路邊，凡一百五丈。

又 天順間副使朱杞重修築樂清縣蒲岐海塘。塘自洪武以來屢有修築，民以執役爲病。至是用里民侯英議，計工以十爲率，軍三民七，永爲成規。

又 宏治十二年，推官何重器修築樂清縣蒲岐海塘。

浦江縣東湖塘

宋 錢遹《東湖塘記》（康熙）《浦江縣志》卷一〇 東湖在天聖初吾曾祖經始，立爲堤以潴水，嘗命吾祖董是役，三年乃就緒，其艱棘可知矣。吾族人環湖皆有田，賴以灌溉，而無旱歲。其餘波且浸及比鄰，則吾曾祖所以惠貽後世子孫與夫鄉里者，豈不厚哉！屢年於兹，風雨漂泊，鼯鼠穴蠹，而吾家族大累重，人力時有不給，澱淤頹圮，所謂舊堤防所餘無幾。遹一日試徃觀焉，躊躕四顧，追念吾曾祖當年經畫具在，於是捐餘俸以旁市濵湖之地而增益之。閱月之良，涓日之吉，鳩工備材，發廩粟，具畚鍤，一旦闢而新之，以後吾曾祖之惠。其堤防薄者埤之，卑者高之，其地勢狹者斥之，迂者直之，恢恢乎其廣矣。當是時也，氣序清和，人樂輸力，幹築完密，敻絶前比。其所潴水，汪洋歙灔，未易以量數計，而浸灌蒲魚之利，又且十百於時也。是役也，肇自大觀二年正月己亥，工告畢功，首尾涉兩月，而人不告病。鄉人親舊長老無不至觀焉，其勸相劳來，往往喜見於言色，退曰：『二公規畫之於前，曾孫侈大之於後，實吾鄉所未有也。』

（天順）《明一統志》卷四二 東湖塘在浦江縣西南三十五里，舊名東湖。宋天聖初邑人錢侃所築，大觀間侃之孫工部尚書遹重修，復作記焉。

浦江縣西湖塘

明 倪尚忠《西湖塘記》（康熙）《浦江縣志》卷一〇 去予家二里許，折而南爲西湖，《志》稱宋尚書錢公遹父子築三大湖以利鄉民，一椒湖、一東湖。椒、東各有《記》，而西獨闕焉，豈有待耶。椒湖近且湮塞，僅一山限耳，東湖寬其下，上而中二阜束之，特隘，若葫蘆，今爲蔣氏世業。西湖一山中峙，左右環抱，坦夷深廣，恍若大鏡之開匣。三湖各爲畝凡五六十有奇，歲各溉田數百畝，所稱利鄉民者以此。錢氏子孫不能守，迺興迺廢。國初湖屬鄭氏，弘、正間稍稍属予家，伯祖父孟重公闢精舍其中，與義門外弟鄭宗灟、宗岱、餘姚王琥先生時相徃還吟咏。暨伯祖父子仲寧公時，半爲湖邊黠丐所據，迨予筮仕，而湖始全屬於予。蓋杖履之地化爲甌脫，而舊日之風流文雅亦在荒烟蔓草間矣。嗟嗟可勝嘆哉！予每冀修復，未遑也。甲辰再覲便省太孺人於家，始搆樓三楹，旁各五，於湖之西偏以居守者，築垣百餘丈，規爲園藝，雜果木各千餘株，竹數百个，園曰經組，門曰湖西小隱。蓋自是身羈宦邸，而念無日不在池園矣。丁未罷歸，復闢故址，據并德之地也歟。環湖益植以杉水佳竹，葱蒨蓊欝，掩映兩山之間。萬籟作止，鳴禽上下，四時殊景，物態無窮。樵夫耕牧，提負往來，前者歌，後者和，各適其適。余每杖藜止堤上，閒覽旁聽，以窮山林之趣，而萬慮消隕，欻然若行方外。行者有過其下，莫不駐足仰視，恍然如虹龍之横空。蝃蝀之下飲，皆喜慕而稱嘆。大暑流金，渴者造焉，不待解襟，揮箑自生，清涼之思而忘疲茶之煩矣。况於均灌溉之利者哉！此區區又樂與鄰里鄉黨之共也。平居竊伏自念，材智朽薄，分遠迹以自匿，老死於寬閒之野矣。而皇明下燭，國恩横被，進有以榮，其衰，退有以成其利，何其幸哉！役既成矣，旁郡比邑咸苦旱暵，而吾里并堤之田獨大穰，鄉人咸以德余。嗚呼！非聖天子加惠小臣而便其私，豈能及於是哉！於吾鄉人者，宜其息爭訟，時貢輸，無犯於有司，以庶幾圖報聖天子之萬一，顧欲以虛名自委於不肖，豈所望也哉。

七浦塘、楊林塘

綜述

明 王世貞《弇州山人四部續稿》卷六五《太倉州浚七浦楊林二塘記》 大江以南皆號爲澤國，五湖之所匯浸。而太倉之州與嘉定之邑，最爲其門户。水則瀉湖以之海，旱則資海以通潤。然其地頗高阜，其水不虞溢而虞涸，而其害亦不在水而在旱。太倉之幹河三，劉家港其最大者，自海口而抵崑山可百里，浸潤而流，迅不受潤無所事浚。其次曰七浦，廣殺其十之八，修得十之六。又其次曰：楊林廣得七浦之半，修如之所，灌溉田爲頃以數千計。然其浸稍陋，而流緩，潮所往返，澗泥從之，僅十年而一浚，後之浚者，以苟且報成事而已。而工直之資，大吏多侵漁其間，農不得食，計不暇爲久遠。掘土三尺，不至岸而委之，其傍岸日侵，水益陋潮，挾澗泥以來，兩涯之土即蘇，蘇落蓋不三年，而輒當浚，一綫之水不能入支河以供桔槔，何論舟楫？日者天子采臺臣言，發留都帑，大興水利，而以故太僕河堤使者許公持按察，節來董之。許公迺首治嘉定之吴淞江，甫竣而即馳吾州，謂州大夫韓侯才，而悉屬以七浦楊林之役。侯乃大集三老吏民，覼求夙之所以失，身親行河，浹旬不歸。示之以恩信，曰：食不汝楞，扶不汝假，以人計工，以日計人，夙而興晦而息，入鍤必深，遷土必遠。犯者雖貴勢亡貸，以復於許公。是之公時駐節吾州，爲時時行役，所分別勤惰，鼓以賞罰。蓋功起二月之朔，至四月之朔。僅六十日，而二河皆告成。侯又采三老吏民議從埧於海口，於潮汐，寬然無害，以復許公。復報可，蓋河成而傍畝而農者咸欣然自幸。其耕耔之得，所楫而往來者，則快然釋其步擔之勞，而又怳然。若驟得其所未覩之二河也。三老之祭酒，有錢天福者，倡於衆，謂韓侯之覆露，吾民甚博，其爲吾民乳哺甚久。吾儕食其德，不能有所咏述。今幸覩一斑於治水之績，而不求宇下之士能文章者，伐之石以示永永，吾儕小人哉？不食其餘，於是趣而赴，留都者數十輩，咸具狀以請。余曰不可，子不覩甲令乎？且韓侯有禮，而謹讓人也。其必不若之狥。天福曰：吾安知甲令，即不敢記諛侯，它德第欲使十載之後，浚河者籍是以知侯功之所以能永，與夙之所以失。上可省縣官帑，而下可蘇民數歲之力，則維子之言是賴。余乃曰：可請爲重浚七浦、楊林二塘記。侯名策，字獻之，真定之南宫人，萬曆之丙戌進士。許公名應逵，其荒度遍江南，當必有紀之者。

明 王世貞《太倉州重浚七浦、楊林、鹽鐵三塘記》《吴中水利全書》卷二五 先皇帝之四十五年，前參政臣凌雲翼言：臣吴人，頗習知吴事，吴地固不能當天下五十之一，而歲賦十之二，漕粟給大司農，遂當天下半。其農自壯，比老死不能得一佚食，日夜從事桔槔於水，以田而間者，水故道多閼，無所灌洩，請一切治水委之御史。詔下大司空議，督鹺故嘗任治水，其屬之鹺御史。詔可，其下鹺御史。于是侍御孝義蔚公元康議治水，而侍御洛陽董公堯封以按來曰：是小借民力，而大禅之于永永。余敢以自諉，乃會蔚公及撫中丞巴陵謝公登之，下按察使者湯公賓、按察使者下郡守蔡君國熙、丞金君柱龍、君慶雲，吴君宗吉議曰：水數治不能周，南訌以憂吴父老，至煩參政言。然曩者尚書李公用大興法辟召官屬，遍四郡，甚屈縣官帑，不二十餘年，而塞不腆。丁未之役，臺使者以名任一倅，倅以丈報，至委數萬緡水土間，不二年而塞。即計之，今未有能用大興者也。然使縣官不愛食，民不愛力，而司役者不愛耳目，則固未有不辦治者也。夫計之力取民，近利者田二十而夫一，遠者三十而夫一，計之工夫三而丈一，難者四而丈一，計之食夫一而緡半。計之耳目則丞等，請以不肖軀任。三公曰善其申議，議四郡則先蘇，議蘇先常熟、太倉，次嘉定，議太倉先七浦，次楊林、鹽鐵則爲議七浦。曰：夫七浦綰轂，常熟之口貫太倉，而東注海者也。利最先于是。即以今皇帝之元年春，金君任治七浦，其役夫合諸七浦之傍田者，而佐以楊林、鹽鐵之民。凡十八日而竣，爲丈七千二百有奇，工六十一萬一千五百十九，食若金者六千一百五十有奇，外創壩以距海潮，費若金一百二十八。閘一，以備止泄，費若金三百五十七。又拓月河以輔之，工萬一千六百五十二，食若金者百三十七。既報，而謝公以遷去，今中丞莆田林公潤來，曰：嗚呼！是余所理，賦乃以勤，以二三子亡何。侍御慶陽麻公永吉以瓜代蔚公，曰：惟余所奉璽書以嗣事，余敢辭，則會林公、董公，再下金君、吴君，及倅吴君維京，則復爲議楊林、鹽鐵。曰：夫楊林者，横州之北，其右多阜易涸，而鹽鐵故漕河也，是二河者，太倉幹也，丈各八千有奇。青魚涇至吴塘、顧浦、嘉定幹也，丈各三千有奇。出七浦壩而外者，海沙所沮洳，不浚之即揚塵也，爲丈三千八百五十。計之工四萬五千，食若金者五千四百有奇，俱報可。則又以戊辰春，倅吴君與金君畫地而治之，其規摹大抵眎七浦，其役夫合諸河之傍田者，而佐以七浦之民。凡三十日而竣，既報不佞，貞以燕請。林公、董公則相謂曰：日大司農困匈奴使者，十輩相望，而天子即位。予民租不能半，然陽予之陰，蝟取之矣。吾儕憂皇之度無所出，今而知所以策矣，貞謝不敏。乃曰：昔在永宣，民困犁庭，忠靖敷刋，壤沃流安。文襄核均，伏揫困蘇，其季年公私陳因筴，殆謂是乎？二公曰然，豈維子之州，是利將四郡蚕莫焉。退而蔡君以書請，曰：子爲銘之，非以耀成事也，以示後之志水者有考也。其無難興也，無避口也，無何。而州父老數十百人復來請，曰：嚮者諸公雖屬我畚鍤，而厚食我，今旱二月矣，而環河之民有生色焉。殆諸公之貺乎，與造物者均哉。貞乃不辭，而爲之銘曰：震澤沮洳，惟天所滙以爲帝藏日夜，北首銜雲屑霜，既艫而厢，原之不探，陸塵其波，河以溝防，譬彼峻冬，敗厥貉狐，而嘆無裳。維先未禩，臣翼有言。逮帝初載大臣細旃，强本節用覯求利害，中丞煌煌手抶，天翳百吏，伏駭惟麻與董，左冠右斧，日畏日愛。監司承之提衡，守令以盡成事。曰：維諸河襟帶太倉，黔首所恃，官無私帑，民無私力，務一其志。庶幾子來，立表刻漏，以聽戒備。男跣而擺女，執箽筐遵彼河，旁猗皴金吴，立畚鍤間與細分。功民亦有言：不日成之，毋夂勤公。清流泱泱，樹之梓楊，以爲河封，歲不念恤。魃佐其武，千里若赭，環河四周，膏澤所浸，悉爲沃野。桔槔之聲，比阡相響，以代澍雨。無靳于夫，蘄我大吏，是浚是撫，爰在永宣忠靖司平七澤。節宣文襄繼績籌析秋毫，爲民請蠲。上錯涂泥，外庾于田，外府于廛姒績棄，仁群公勉旃斯千百年。

（同治）《蘇州府志》卷八　七浦在縣西北三十里，一名七浦塘，亦曰七鴉浦。自常熟縣界來，北通白茆港，西通陽城諸湖，東南出石橋圩，又東經太倉之直塘沙頭入海，謂之七鴉口。自宋以來，爲常熟崑山五大浦之一。浦旁舊有支渠四十六，溉田可萬頃餘。其西有謝堰，東南去縣三十四里，與常熟分境。舊設此以防常熟、昆承諸湖及江海衝決之水。明弘治十年，工部主事姚文灝疏七浦亘五十里。嘉靖二十五年，巡撫歐陽必進易堰爲石閘，自白茆塞，而西北之潮不至，堰址僅存，無復初制。

清 王鐸《擬山園選集》卷四七《文峰苗公傳》　苗公諱焕，字爾章，號文峰，予同季湖廣巡撫都御史晉侯公之父。世爲賁皇，裔居澤州大陽里。曾祖銑，八祖時雍，旵明經爲嘗熟丞，通七浦塘，費千金。

紀事

明 張洪《常熟縣重浚七浦塘記》《吴中水利全書》卷二五　嘗見古之言水利者，或鑿渠以灌溉，或破堰以宣泄，用雖不同，各隨其地。地之高者，非渠不可爲田，其下者則無用其潴水，破堰宣洩，乃其宜也。江南之蘇松，東瀕大海，猶中原之兖州也。禹之治水，先於冀州，君親所在，不得不致其急。其次遂及於兖，九河既道，然後及于諸州。以地勢東南下，西北高也。蘇松當東南之衝，衆流争入於海，必有所停蓄。故潴水之澤甚衆，大者爲震澤，次者爲陽城、巴城、雉城。諸湖下流壅塞，水不宣泄，無以灌溉。雨甚則有漂没之患，民甚苦之。縣令郭公南察知其然，躬履其地，窮其源委，以七浦塘可泄，陽城湖之餘波尤涇，可導巴城之水。至于七浦，同入于海，歲旱則分其支流以灌崑山、常熟二縣之田，澇則逕入于海。民無墊溺，咸懷其惠。謁文以紀其績。予聞當官任事，惟公無私者，克濟厥功。公則民服，無私則不牽制於物，何往非善，何爲不成？郭公窮究事理，不惑人言。政予所謂公無私者，故其浚尤涇七浦，有合於穿渠灌溉之利，導陽城、巴城之水，有加於破堰宣泄之功。然皆誠心愛民，非如昔人爲功利而爲之者，論者不可不知也。

（乾隆）《江南通志》卷六一　楊林塘在太倉州西北二十里，其上流承七浦塘及巴城湖之流，東經新塘，而東至州東北八十里花浦口入海。

又卷六五　隆慶二年，巡鹽御史蔚元康等重浚七浦、楊林塘、鹽鐵塘。

（光緒）《常昭合志稿》卷九　萬曆【略】三十四年，耿橘浚塘浦、三丈浦、鹽鐵塘、湖漕、横瀝、李墓塘、貴涇、横涇等枝幹各河，處處通流。又築岸八十一圩，并設法省存充費，官民兩稱便益。

藝文

明 皇甫汸《皇甫少玄集》卷一〇《七浦塘歌二首贈張隱居》 水盡三江棹，花緑七浦堤。自堪江路永，不比武陵迷。長揖滄洲興，高人谷口依。思君未即見，春草日萋萋。

勝甸新州沃，春臯故里暉。繫舟川影直，倚杖海天微。平子賦今就，龐公隱不違。雙扉有時啓，駟馬或來歸。

雜録

明 文徵明《甫田集》卷三五《太倉州重浚七浦塘碑》 吴號澤國，故多水患。太倉在郡東鄙，地瀕大海，乃多高仰之田，非資海潮，莫適溉灌。海日再潮，淀沙易淤。在昔田各成圩，圩必有長，歲率其徒修築浚治之，堤防垣固，浦港通流，高下之田咸濟弗病。夾亹氏謂：廣深其源，非直用以決低田之水，亦使堈臯之地皆可耕而食也。州既瀕海，浦港爲多，而七浦塘最鉅。塘在州之東北，横亘五十里，西受陽城諸湖之委，以入於海。海潮去來有時，而湖不息。駛迅激射，淤沙不能爲患，斯固東人之恒利也。歲久厄塞，民病不耕。弘治初，都水姚公文灝嘗一浚之，賴以處業。比歲陽城之民并湖爲斜堰，堰湖水而分之，其西流北折，而入於白茅。東流自尤涇，南出巴城，迂回而屬於七浦，其勢漸緩，而其流益微，不能當海潮之衝。日積日淤，至於不通，而高仰之田獨受其敝。嘉靖丙午，有詔興修三吴水利，于時都御史歐陽公必進御史王公言，秪詔維謹，謀於副使敖公璠、郡守范公慶，議既克協，乃糾民集財。以是歲十月之隙，咸事即工，而州同知周某實董其役。於是躬履其地，分程受事。時其食作，而公其勸懲民勸趨之。秉鍤操畚，偕手并作，始浚自石橋圩東行若干里，至於直塘延袤千八十丈有奇；自直塘東行若干里，至於沙頭延袤二千四百二十丈；又自直塘東行，歷塗松抵横涇若干里，延袤一千六十有一丈，總爲丈四千五百六十有奇。其深自一丈至八丈，廣自八丈至十丈，極於十有五丈，始殺而漸拓之，以極其勢也。於是輸瀉有委，飛流迅疾，淤沙滌不復留，田之出於磽确，而資以灌溉者，頃畝以萬計，而東民有粒食之望矣。是役也，凡用民夫萬八千四百，靡銀爲兩者七千八百二十有三。自經始迄於告成，僅九十有七日，都御史、御史寔肇之，監司郡守主之，今御史陳公九德終之。至於區畫之周，督率之勤，周君與其僚之在事者，與有勞焉。昉役之興也，屬歲不登，民饑而虚議者，謂事大而役繁，更費無堤，驅饑虚之民，而責以重大之役，更無堤之費，不病亦瘠矣。曾不知事有緩急，勞逸相倚，不一勞之逸終無日。茲役雖鉅，實所以逸之也。故曰：以逸道使民，雖勞不怨，雖然不小任怨，則將因循自恕，莫克肇端，而持之不固，行之不力，亦終於無成而已矣。故事尤貴於有終也。穀梁氏有言：智者廉，勇者行，仁者守，惟諸公有焉，斯不可以無紀也。系之詩曰：粤吴奥區，澤維其蔽。乃睠在東，曰堈維臯。堈臯嶐嶐，海波瀜瀜。孰溉以庸，陽湖維衝。歲攸有窒，磽确以瘠。民乃不粒，爲我心惻。維皇明聖，克念下民。維諸公仁，克艱厥臣。明詔是承，弗違有斁。周覽川澤，爰通斯塞。川源既通，川流既從。有來弗窮，沃衍以豐。歲豐穰穰，民懽懌懌。豈不我勞，以永有逸。人亦有言，利之弗庸。尚千百禩，毋忘厥功。

明 張國維《吴中水利全書》卷七 七浦塘自太倉州界東壖起，至崑山縣界西壖止，共長二千五百五十丈。第一段長九十丈，底濶三丈七尺。第二段長八十丈，底闊三丈七尺。第三段長一百二十丈，底濶三丈五尺。第四段長一百八十五丈，底闊三丈三尺。第五段長一百八十五丈，底闊三丈六尺。第六段長一百二十丈，底濶三丈八尺。第七段長八十丈，底濶四丈。第八段長三百丈，底闊三丈八尺。第九段長二百二十五丈，底濶三丈七尺。第十段長一百九十丈，底闊三丈五尺。第十一段長一百六十五丈，底闊四丈。第十二段長一百五十丈，底濶四丈。第十三段長八十丈，底濶四丈。第十四段長一百五十丈，底濶四丈。第十五段長一百五十五丈，底濶四丈。第十六段長一百五十五丈，底濶四丈。第十七段長一百二十丈，底闊四丈。

清 張梈《七浦塘》《詩鐸》卷五 七鴉東西浦，延袤百里長。西浦五十里，東浦四十彊。瀦洩兩郡水，利在東南鄉。西受巴城湖，北連白茆塘。貫輸具區委，崑新及昭常。不浚十餘年，淤沙高於岡。或旱而乾暵，或潦而汪洋。所以沿塘民，久不藝稻粱。昨日撫檄下，東浦尅期浚。縣官大歡喜，吾民得沾潤。興利守土責，大要在廉慎。吏胥大歡喜，吾家得沾潤。亟召圩保來，亟把册籍進。圩保大勸喜，吾身得沾潤。估土晰分毫，驅丁及髫齔。吏胥及圩保，聯屬如介擯。一日估土方，二日計工段。三日分田畝，舊籍任點竄。兩手持繩竿，上下任轉換。一一爲關説，絲絲盡榷算。圩保白吏胥，今日須開工。舟輿及廬舍，一一皆預供。帷帳及飲食，種種皆豐隆。吏胥白縣官，今日須開工。上官限頗迫，不爾恐悞公。縣官令出票，票下急如火。須臾萬鍤興，千百無一惰。汙泥没至骭，短衣不蔽裸。近者饁送忙，遠者餱糧裹。近者暮歸還，遠者棲蓬顆。圩保乃吏胥，各各張繖坐。一日浚五寸，兩日浚一尺。十日五尺强，蟬聯互鳩核。竣工四十日，不則不汝釋。五日縣官來，圩保大扑責。圩保利扑責，醵錢有常格。十日縣官來，吏胥大扑責。吏胥利扑責，醵錢有常格。逡巡一月餘，數萬付一擲。民橐早已空，民力亦已竭。其實計通河，高卑甚凹凸。有錢尺當丈，無錢丈當尺。圩保及吏胥，對面慣乾沒。況復通海沙，潮汐易淤積。淤積轉眼間，農商雨無益。圩保白吏胥，今日須收工。舟輿乃酒食，一一皆預供。吏胥白縣官，今日須收工。上官限已迫，不爾恐悞公。縣官出片紙，萬衆讙歸農。歸農競相語，爽若開樊籠。我力雖已竭，我橐雖已空。來牟方應候，歸猶及田功。不出三四年，還當此相逢。圩保謂吏胥，遠當送乃公。腹心久相託，他事仍求通。吏胥謂圩保，何用太匆匆。不出三四年，還當此相逢。七鴉衺百里，東浦四十强。瀦洩兩郡水，利在東南鄉。不浚一隅病，浚之闔邑創。不旱而乾暵，不潦而汪洋。十年一再浚，所費誰其償。況有他幹河，畚鍤以爲常。古人用民力，時刻殷如傷。興利豈弗善，立法恐未臧。作詩諗來者，隱憂在維桑。

清 徐崧《百城烟水》卷八　七鴉浦西承巴城湖之水，東入海，其盤曲處有曰木樨灣，曰糜長灣。東名七丫港，沙頭鎮以西皆稱爲七浦塘。

芹塘

元 陸文圭《牆東類稿》卷八《芹塘記》　國朝仁育含生，周恤民瘼，命京師郡國皆立醫學，置博士弟子員，以季春、季秋之三月、九月，釋奠于三皇，儀視孔廟，前代所無創見也。暨祠在子城東南隅，地迫民居，涉堦而北不百武，有兵馬司舊址。前列諸峰，後帶江水，面勢寬敞，廟食爲宜。延祐初，守喬侯遷而築之，正寢巍然，廟貌甚古，餘弗稱是，歲久且圮。天曆己巳，某始至，伏謁祠下。顧瞻楹桷，心惕不寧，退與同列謀之。同知州事劉君信甫慨然任責，各捐己奉，率屬鳩功，傭匠僦夫，民不知役。寫放鄰郡之制，繪塑善濟公岐伯、神應王扁鵲以下十人，侑享從祀如十哲。門廡講室，下至庖湢，位置得所。又以餘力甃砌苦墻，通渠引流，百廢具興，落成有日，囑記於某。竊惟古人所居之館，一日必葺，況古聖人之居，朝廷之所嚴事者哉！某與劉侯則既免於戾，嗣而葺之，豈無望於後之人哉！或謂鴻荒之説聖人惡之者，揚雄氏之駕説也。

清漣上塘

（咸淳）《臨安志》卷三八　清漣上塘去元豐塘五六里，令邵中書文炳復興。

宋 邵文炳《清漣上塘記》（萬曆）《杭州府志》卷九二　度上豪溪而南，爲范家塢，層山之麓，細流所瀦，曰清漣塘，取其淵渟而凝碧也。轉而名清漣，又止名爲蓮，傳久而失之也。塘之深丈餘，東狹而西長，南相去略等，周廣九十有一丈，田塍而四圍之，堅高可以衛山水徑，奔流亦不得而衝嚙也。塘之下鑿渠而深之，東流爲澳，又北東而接于欒延。欒延之地，聚落延袤，别爲東、西村，其東專漣塘之利，其西又有上塘，亦名之以清漣，周廣視清漣塘而有加焉。水自地中泉自發越，與元豐塘亦略相似。别爲二渠，其一自塘之東至北而下，其一自塘之西循村巷宛轉而北，又轉而復西。水之所及，視東渠爲頗遠。二塘與元豐塘相望，隔遠五六里許，皆日就壅，不足爲旱乾之備，而民亦無有告其主者，人情可與樂成而怠於興作，固應爾也。夫不見其害，莫知其利，長安之人困於存饑，號啼流徙，復除厥恤，公與私兩不振，宜知溪塘之利也。然視之邈然□而弗省，今雖盡力以次興復，而雨暘時叙，歲適登稔，竊懼夫民猶以爲徒設而後日之不加修也，則終廢而無以獲其利，故復申其説以備告之。慶元某年，於潛縣令邵文炳記。

（乾隆）《杭州府志》卷四三　紹興間，令邵文炳大興水利，紫溪下燕尾灘最爲險惡，操舟者病焉。文炳鑿去銛利之石，其害遂息。元豐、樂平、清漣等塘漸就廢壞，悉爲浚治修築。

仁豐塘

（道光）《廣東通志》卷一一九　義豐塘、仁豐塘俱在城南二十里金岡村，知州羅含章倡捐，買田開築，溉田數十畝。

清　羅含章《開仁豐塘記》（道光）《直隸南雄州志》卷二二　在《易》，兑之象曰：麗澤，兑，言兩澤相益，互有功也。夫一鄉一里之中，得一澤焉已足有濟，況更益以一澤哉！日者金岡村民賴作聖等復以買田開塘請，余曰：是非曾開義豐塘者乎？何爾村民如斯之勤也。爰開其塘，名曰仁豐，而捐廉錢如義豐之數云。余聞之久病之夫，非一藥所能愈；久旱之地，非一雨所能蘇。今也義豐之後，繼以仁豐，兩塘之水，若璧合焉，若珠聯焉。行見芃芃黍苗，有義豐塘水之所不能及者，仁豐得而濟之，不且相得愈彰乎。夫同塘即同井也，有親睦之道焉，人各親其親，然後不獨親其親，親親仁也，敬長義也。尚其顧名思義哉。

榮豐塘、華豐塘

（道光）《直隸南雄州志》卷一〇　榮豐塘、華豐、塘富豐塘俱在城西二十里修仁村，嘉慶丁丑，知州羅含章督同民人陳卓興等買田開築，灌田三百餘畝。

清　羅含章《新開榮豐華豐二塘記》（道光）《直隸南雄州志》卷二二

《易》於坎獨重言習其在象，曰水流而不盈稫之者，謂足此通彼，水不泛溢也。然則水能足此通彼，其利甚溥，於農田爲尤宜。往者上坪村民以開塘請，余躬行閲視官山上，有先開灌塘者，令補還工本，合用歸公，而名兩塘曰怡豐，取兄弟怡怡之義，沾溉從同，互相夾輔也。丁丑冬，修仁村民陳卓興等縷陳耕田旱歉，離河窵遠，議開二塘，余捐廉俸，始親往勘焉。爰名在馬坑者曰榮豐，在穀樹坑者曰華豐，客曰榮者軒冕尊貴之人據之，華者珍奇璀燦之物。擅之茅蒲襏襫，無與於軒冕也；錢鎛銍刈，無與於珍奇也。烏乎！名之今，夫《詩》載《豳風》，書陳無逸稼穡艱難之事于耜，舉趾周公，變月言日，鄭重言之，至小人之依王敬作，所兢兢於乃逸乃諺者，復丁寧誥誡焉。《周禮》獻穀數于王，王拜受之，與玉鎮大寶器并登天府，榮爲何如，華爲何如哉！若嘉禾之名，其瑞元豐之名，其年尤大，彰明較著者也。茲爲民名塘，特約舉其義耳。既已按畝買田開鑿，合村均霑利澤，是足此通彼水，不泛溢，與習坎之象合，吾民自此無憂旱暵，豐穰頻登矣。即狥俗説爲同享榮華也，亦無不可。客退，援筆而成斯記。

沙湖塘

綜述

（光緒）《上虞縣志》卷二二　沙湖塘在外梁湖，距縣西三十二里，宋邑人張達創置，以禦娥江潮水。自西山至蘭芎山麓，築塘長三里，塘盡處築垾塘數十丈，建石閘一座，遇潮水汛濫，則堅閉其閘。厥後增築，年湮莫考。國朝乾隆二十年，潮水横溢，塘潰。董事王全珍、劉度、龔惠卿、朱勤玉、徐蘧然等白令黄福申請各憲府，委山陰丞陳宗功、幕長胡某督理其事，捐梁湖至通明各紳士殷户銀七千一百兩零，修築增廣之。塘址闊四丈五尺，面闊一丈五尺，高如之。閘旁設望堤所三間，案即無量殿。熊中丞學鵬兩次詣塘履勘，深爲嘉嘆。厥後屢潰，邑人倪士元、徐嘉言、朱文紹等相繼募捐修葺。嘉慶六年，潮水大作，塘閘大潰，歲歉收，令崔鳴玉、張德標相繼。令邑民派捐得利田畝修築，并議遇大潮水派十都附近村莊民夫持簟片耒耜等物守望捍禦，殷户二人董其事，第乏歲修，塘長工食、民夫守望等項田畝，雖經附近士民置買，姜字一千十七號，田一畝一分二釐；又一千二十四號，田五分七釐；芥字六十九號，田三分五釐；朱文郁捐重字六百號，田九分六釐一毫五絲；又六百二號，田一畝一分九毫。曹錫安捐姜字一千十七號田一畝一分，潮神會平字六百八十八號田三畝三分，又六百八十九號池一分五釐，重字一百九十二號田一畝，咸字一千二十五號田二畝二釐，海字二千六百四十八號田二畝一分六釐七毫五絲。除敬神飲福支銷錢八千外，餘錢劃歸是塘，需用而所入無幾。《嘉慶志》：嘉慶二十五年，大水塘決，民田淹没無算。令李忠傳令邑人王望霖等自梁湖至通明各都，按田畝捐築。道光二十三年，霪雨潮漲，塘復潰，署令戴堅令陳廷楷、王燕藻等派捐重修。三十年八月，洪水泛濫，塘岸坍崩，無量橋閘俱圮，淹没民禾廬舍，民益困苦。令張致高甫下車，謀諸邑紳，倪暄、王振綱、夏廷俊等議照舊章，按田派捐，貧富慨吝，民情不一，僅收得捐錢四千餘百緡。夏廷俊增築石垈塘一帶，倪暄等培築舊土塘，而橋閘以經費不敷，延擱未成。咸豐三年六月，復遭大水，禾稼盡壞，張令捐俸四百緡後，署令林鈞又捐殷户錢一千二百緡，委夏廷俊、陳晋、王兆申董其役，自秋迄冬橋閘告竣，較舊址高且固。次年五月，潮水復至，勢及塘面，塘以外廬舍俱毁，塘内賴橋閘堵禦，雖窪田亦無損害。

又　咸豐六年，令劉書田以塘址損壞，首捐廉俸，并集各堡耆舊，派費興築。劉自爲《記》。《記》曰：余於咸豐五年冬捧檄來虞，過曹江八虞界，見兩山之間横亘土塘一道，破壞不堪。余問役人，役人曰：沙湖塘也，失修久矣。余謹志之，任事之後，取邑乘閲，看知此塘五百六十餘丈。上禦曹江之水，爲東西四十里田廬保障，每一沖決，不獨田禾淹没，城内亦積水數尺，其工最爲緊要。細詢其朱修之故，知積弊使然也。蓋此塘非官工，向有十八堡，集民夫修築，而玩惰者每以老弱充數，是以集夫愈多，而課功愈少。兼有業户慳吝，拖欠塘費效尤者，亦漸成風氣。更加紳耆不能和衷共濟，南轅北轍，每以口角細故，輒行停止，有此數弊，是以屢築無成。余慨然曰：民間一利一弊，皆有司責耳。若諉爲民間之事，而漠不相關，地方安用有司爲余折柬？邀向之董事者而問之，咸謂此塘向有紳董王望霖等賠墊修築，今則任事之人難得，而且民夫難集，地費難收。余曰：以諸君之言，其弊若在民，而以余觀之，其過實在官。若官視閭閻身家之事爲一己分内之事，不計勞怨，而毅然任之，雖有百弊，不難立革，諸君其能從我乎？僉曰：公若任之，固虞民之福，所禱祀以求之也。官塘董事訓導連仲愚，通達人也，深曉塘工利弊，急往請令踏勘丈尺，估其工而計其費焉。余首捐廉俸百金，復親至梁湖工所，集各堡耆舊，均其費務，使之平。留吏一人，以收之招官塘工夫，擇日興修，余時乘小舟往來督催於其間。五月二十三日，工將成，而曹江之水忽大漲，與無量橋齊，幸塘加高三尺，面寬二丈，底三倍之，得屹然不動，否則田禾又付洪流矣。嗣是而所派之費不日皆完，無一户忍欠者，工亦不日而告成。塘之南有垈塘三十餘丈，前派十都修築，因費涉訟，訓導夏廷俊代築之。余仍邀夏君任其事，其高厚與横塘同，亦先後完工。余於完工之日設酒醴於公所，令各堡散董勾稽出入，酒罷歡欣，而散是工也。紳董舉人倪暄、候選同知王淦、職員沈占奎與垈塘紳董夏廷俊不避風雨，在工經理最爲勤勞，而工之堅固完整尤得力於官塘，董事連仲愚鳩工之力居多。嗟乎！天下事特患無任之者耳，能任之而又知其弊之所在，剔而去之，事未有不濟者，豈獨沙湖塘也哉？

又　同治四年夏多雨，江潮陡漲，塘閘均被衝坍。邑紳王淦等議將附近受益田畝收捐興修，用有餘存，發典生息。光緒十五年，邑紳王耀綋修葺橋閘，并橋邊坍損之路，撥用義賑款洋二百元。

傳記

（光緒）《上虞縣志》卷一二　王望霖，字濟蒼，號石友，由太學生入貲，授中書。少聰慧，先達茹三橋，見而器之。長博涉群籍，尤好吟咏。家故饒，千金一舉，施濟不吝。嘗董築沙湖塘無量閘，爲一邑保障。

又卷一五 趙氏，陳奎光妻，年二十二而寡，事翁姑孝，撫繼子慈孫，經元捐置沙湖塘，守望田畝。嘉慶十四年，又鬻産以賑饑餓，巡撫阮元以義行旌其門。

藝文

清 王振綱《贈夏霈亭倪春臺築塘詩》（光緒）《上虞縣志》卷三三 漢王善將將，淮陰善將兵。衆夫力齊努，厥塘洵有成。虞風本古樸，積慮皆和平。謠詠亂眞宰，愚者更性情。一旦豁然悟，心地原光明。夏君長才幹，調劑持權衡。倪翁亦老健，鉅功隻手擎。兩堤雖決頽，不日成經營。況有東門錢，慨助將囊傾。購田鋤沙土，畚挶勞編氓。我望梁成得普濟，毋令來客臨河驚。鐵門一閘巨浪鎖，金湯萬古成長城。庶可高卧，堤上不知曉，但聽秋風颯沓黄葉聲。

上源塘

明 王直《抑庵文後集》卷五《上源塘記》 上源塘在泰和縣東北十五里，楊孟辯之所居也。永樂壬寅十二月，孟辯修治此塘，以磚石甃之，而予適至其家，則邀予周覽而相告曰：此初吾家之别業也。吾世居泰和城中，五世祖應真登宋端平二年進士，爲理定縣簿，既貴顯矣。至吾祖與吾先人，始樂山水之勝，而於是居焉，至於今五世矣。登高而遠望之，其鬱然深秀者則吾先人所植之山也。其附於山沃，然而可稼者，則吾先人常稔之田也。其窪然以深而黛，蓄於遠近者，則吾先人所蓄之池也。至吾兄弟又充廣而增益之，然豈以是而臨一鄉哉？吾又築室於故居之西，亦將退然以自休矣。兹所以修治此塘者，蓋以其源之深静有本也。餘流溢去，達於山下，又益以衆泉清涼滑甘，冬夏如一。其上跨以石橋，凡吾之出入與賓客之徃來吾家者，皆由於此。今將廣其址爲大橋，上覆以亭，左右爲欄檻，置座焉，使行者有所憩息，惟吾楊氏之所見稱於鄉邑者，人必以其地表之而稱之。曰上源塘，楊氏不修之，亦何以稱名哉？願先生爲之記，以示後人，俾勿壞。予謂古今山水得名者，非可一二數也。潭州之東池得戴簡而後彰，真州之園池得許子春而後顯，其他因人而著者蓋多而泯，然無聞者亦不少也。吾邑之名源塘有二，而以上下别之，此則著聞如是，則彼之所以不聞者，豈非無其人哉？雖然孟辯於此不以修治，而後重也。其美有足稱者，蓋孟辯有母，年七十餘，尚康强無恙，孟辯特爲一堂以居之，衣服飲食，寒暖疏數之節，必親調侍，不忍去左右，而其親安焉。其兄弟三人最相愛，兄孟遠、弟孟恒皆早卒，孟辯撫其諸子如己子，而其諸子事孟辯一如所生，一門之内穆如也。其孝友之道如此，則上源塘安得不著聞也哉？使楊氏益修，孝友之道愈久，而不替則和氣之所感召，將見魚鳥之翔泳於其中，草木之生植於其左右者，亦皆順適其自然之性，而無喧競夭折之虞，豈獨見重於人已哉？故爲記之，以示來者，亦因以俟其成焉。

明 陳循《芳洲詩集》卷三《題楊孟辨南軒卷》 卜居喜占上源塘，況是開軒更面陽。門外溪山千里秀，庭前花萼四時芳。琴書暇日頻觀稼，賓客過時共舉觴。何處欲塵能遠到，清幽長似水雲鄉。

明 徐有貞《武功集》卷五《寄題泰和楊孟辯南軒》 君家久住上源塘，新構華軒喜面陽。一派溪泉常繞練，四時花木自生香。當窗覓句青山近，閉户觀書白日長。想得學成經濟術，將應獻策入明光。

沈窖湖塘

（光緒）《鎮海縣志》卷八 沈窖湖塘，四都嘉靖丙辰縣令宋繼祖築，嘉靖志周圍二十八里。乾隆志

宋繼祖《記略》：定海靈緒四都有湖，名曰沈窖，創自先代，周圍一十八里。衆流壑焉，灌田千餘頃，蓋一方之民倚爲命者也。但形勢攲側，水多注於下半，旱則田之近於上半者往往患之。間有民居旁高原者，利其涸而侵取湖魚，居下流者幸其瀉而私竊水道，弊也久矣。鮮有察其故而興革之者。予涖兹土二載，未嘗不念切民依，特往觀之，憂誠難釋，乃盡集一方之民，相與計處，蓋求其所以利與害者，而圖爲久長之計。竊

思湖水不平，中無横塘故也，有則水蓄於上而流餘於下，胥不病矣。因即商度工程，東自蒙古石起，一直而西至朱家嶺爲止，築塘一帶。高一丈四尺，腳闊三丈，面闊二丈，長八百餘丈，裏外相沿，植柳數千餘株，間之蘆葦，以破風浪。又於塘之折半處建閘一所，以時蓄洩，塘外兩旁與下塘相界處又置小閘二所，以通水道。計處周詳，頗無遺策，斯民之處事赴功者躍如也。月餘復往觀之，工皆就，緒諒無疇昔之患。又慮夫守之無人也，僉巨族塘長一名，以司其事。民復相謂曰：塘之所係甚大，四望民居甚遠，一長恐不足以周之。畔有故庵一所，名曰眞如，爰擴新焉，主以僧衆，量撥湖田五十餘畝以供朝夕，命世守其塘，則可保無虞。予意其言之近情也，特從其請，名之曰守塘庵云。

書院林塘

清 田蘭芳《書院林塘記》（光緒）《續修睢州志》卷九　李君元長承其先志，割今是園，西偏築書舍數十間，欲聚州之才雋講習其中，太守樂與同善聿來，尸事以書幣招余，備他山焉，余因得坐其中之三楹。是堂也，一步之外即距方塘，塘圍僅二畝許。然當皓魄澄鮮，則水天一色，樹影參差落波，間或時霧雨涵灑，鴻濛一氣，水鳥聒聒。縱目極望，若游於江湖，數千里之遥，而身在風帆浪泊之間者，隔岸密林黝静，蟬聲斷續，引人疑若杳入無際，恐足疲力稀，屢憩而終難窮而至之也。雖在城市，風物如江村焉，州人言游觀之美，咸推爲第一。今歲自二月不雨，至五月塘水欲涸，中露一洲，近岸砂礫如聚螺殻，一望鋪雪，樹亦焦枯無鬱，然葱蒨容將從前數十年之經營浚治，悉委虚勞。余於是悚然有懼於中，私念□□□而天降以甘雨，洲岸林觀，盡還其舊，固爲厚幸。□□□已燕其有美之弗續矣。使自此以往，并走無□□益太甚，恐泉竭木槁，牛羊躑躅，而牧夫樵子販豎庸孺逕踐其中，而糞穢之也。豈不重可惜哉？然則貴賤美惡，轉移在呼吸間耳，感其可以喻學，故書以自警。

蜀墅塘

綜述

明 宋濂《蜀墅塘記》（雍正）《浙江通志》卷二六〇　義烏縣南四十里有塘曰蜀墅，周圍三千六百步。東西北皆岸山，山水合七十二派入於塘而南出。南有蜀山，突然中起，因據山作堤，障水以溉田。山之東堤修七百尺有奇，廣殺修五之四，深殺廣三之二，西堤修如廣之數而稍加强焉。堤之中刳木爲三竇以洩水，溉田至六千畝而羸至。四年夏，暴水壞堤，田遂不稔。丹溪朱君震亨憫農之告病也，白於縣，縣尹周侯自强命雙林巡檢張某來視役，震亨盡召有田之民，履畝而輸其力，薦貨有差，復出役夫之工一千以爲衆倡。衆悦，一聽震亨經畫，補其缺遺，增以崇高，築址加潤，而漸殺其上。堤之西陲鑿石爲斗門，視水溢乾而時蓄洩之，門之上架徒杠，以便行者，易木竇以堅石，且定爲高下之穴，使欲水者先後有程而不紊，恐歲久而弗固也。請於掌堂事者，中折鬻魚之利，而葺之。用錢四千緡，夫一萬，工經始於五年八月庚申，踰三月而告成。里耆朱仁傑等來謂濂曰：震亨之興，是役也，初無一弓之田以徼利，其夙夜盡瘁，而不舍者欲利吾農也。我不敢忘，願吾子記之。濂聞海陵胡公瑗之在湖學也，置經義治事之齋，教授諸生，至水利之屬，無不習而通之，故其門人皆適於大用。今震亨之學出於金華許先生謙，先生六世祖實從海陵游，其家學相傳，至先生爲尤盛，宜吾震亨見諸行事，有可觀哉。世之人方高談性命以聾瞽俗聽之若有爲，一遇小利害，輒顛倒不知所措，視震亨無所爲，而利民何如也？震亨字彦修，有長才，縣嘗下括田之令，惟震亨行之無擾云。

（康熙）《義烏縣志》卷二　蜀墅塘，蜀山側周圍四頃五十三畝，灌田數千畝。

又 卷三　蜀墅塘在二十五都，周圍十里，以户蜀山之側，故名。灌田數千餘畝。

又 卷八 蜀墅塘二十五都，一名蜀水塘，邑之大巨浸。東至蜀山，西至飛來山，南至小山，北至塘下洋，週圍十里，以在蜀山側，故名。其塘小澗數條，流注其中，東南及西皆高阜，惟北面一堤障水。有飛來山阜堤邊，實要其道。春水漲溢，須大開兩旁牐洩之，水勢稍平即閉。元至正四年，堤壞，朱公震亨倡修。歲六月朔，具牲告水神，開瀛放水。

又 國朝康熙四年，縣學生王希武具呈稱，始祖宋學士王槐遺下蜀墅祭塘一口，周圍三千六百步，計四頃五十三畝零，合七十二流入塘，注田一千六百餘石。裔孫積水承獲塘溪，額有三梘等潭，遞收獲注水利，輪糧祭祀。日久木竇朽壞，至正四年間邑侯周召獲注居民，履畝輸力。弘治十一年，横塘頭梘頹，鳴撫院批邑侯鄭，令糧長馮惟道等、塘鄰金怡八一等督砌分水，藏石長二丈四尺，東石塔空宕二尺，西宕離坳一丈八尺，分水注田額，獲田禾時稔，已勢豪强放正，緊關岢塘水缺注。今值清查，四月初旬洪水壞堤，請委官吏督理，俾獲利人役，公砌塘堤，横塘頭梘不水，藏石查照三處等梘，承獲田畝，均分水利，立碑爲規，不得强放。遞免争論，通行示禁。十月二十四日給印帖付本生，督令居民人等，各照獲水田畝，會衆用工，立碑永禁。

又《蜀墅塘説》 先翰林公諱槐，淳熙甲辰致仕歸里，見夫四山環繞，諸水所滙，乃開阡捍水爲塘，廣修凡八十畝，灌溉將千畝。奈塘下原田甚廣，多不承注於塘，歲内午田虐於魃不稔，居民苦饑。公出貯以賑，仍病不支，於是幡然曰：是塘不特能潴，且有建瓴，勢廣而深之利孰溥焉？因倡民之有力者捐貲襄役，有老人道永康來自稱康侯，與公作竟日游，相度地勢，築堤設竇，鑿門駕梁，説靡不當。公傾心信之，旁有一山，侯曰：此蜀地山也，堤得此而堅，因名山曰飛來，塘曰蜀墅。侯去莫知所之。自是築堤，如侯説，周圍凡三千六百步，四山七十二澗，水咸潴焉。溉田三萬餘畝，澤被十餘里，卒爲塘神，祭於里配，以康侯相傳爲蜀墅云。

傳記

（康熙）《義烏縣志》卷一三 朱震亨字彦修，鄉貢環孫，縣之赤岸人。【略】縣鄉有蜀墅塘，周三千六百步，溉田六千頃。而羸堤壞而水竭，數以旱告，震亨倡民興築置坊，唐鑿爲三竇岜，其淺深舒洩之。後十年，堤又壞，命再從子漳嗣其成。

（嘉慶）《義烏縣志》卷一六 王應滿字仲盈，正德間築蜀墅塘，堤費鉅甚，莫敢先舉。與兄捐金，爲族人創，人賴其利。

藝文

清 金涓《蜀墅頭詩》（嘉慶）《義烏縣志》卷二 溪頭自舒散，天淡夕陽微。拂石松邊坐，看雲水上飛。舊磯雙鷺下，小棹一漁歸。不覺吟成久，苔痕濕上衣。

雜録

（康熙）《義烏縣志》卷八 夫蜀墅塘亦邑之一巨浸也。旁數澗注其中，而來山寔要其道。至正四年，堤壞，田遂不稔。丹溪朱氏倡修之，而民復獲全濟。每六月朔，則具牲以告水神，志啓瀛也。

（雍正）《浙江通志》卷五九 蜀墅塘在二十五都，邑之巨浸也。元至正四年，堤壞，田遂不稔。朱丹溪倡修，之民獲全濟。

（嘉慶）《義烏縣志》卷七 王進士祠，祀宋進士王槐，在蜀墅塘。

清 許鳴磐《方輿考證》卷七七 蜀墅塘。《一統志》：在義烏縣南蜀山下，周四十里，溉田千餘畝。又鶴塘在浦江縣東十五里，廣袤數畝，灌田二千餘畝。又富民堰在東陽堰上，言溪水長七里，溉田數十萬畝。又社陂堰在東陽縣東南乘驄鄉，又名都督堰，長七百餘丈，灌田百餘頃。又長安堰在武義縣西二里，湖山潭上，其下分爲三：曰上堰、中堰、曹堰。唐光宅初邑人任留築，溉田萬餘畝。又白沙堰在湯溪東三十里，相傳漢盧文臺所開，首銜輔倉，尾跨古城，共三十六堰，灌田千萬畝，其第十九堰，闊一百餘丈，水分六帶，灌田尤多，因名之曰第一堰。

祀先塘

明 黎淳《黎文僖公集》卷九《袁氏復祀先塘記》 人道以親親爲本，孝子慈孫，欲壽家慶於無窮，則凡祖宗舊物，皆當敬守而保全之，此親親之大者也。豐城荷溪袁氏，自宋崇寧中有袁二府君者爲始遷祖，族鉅以蕃，迄今不衰。袁二偕厥配熊既歿，遂分葬坑口東西，而新塘實介其中。厥子蘊王，經營墓田，愛其蜜邇，先營利足以供歲時祀事也。於是決壅，蔽補缺漏，增修浚導，積柴養魚，以貽後昆，而塘亦以袁姓焉。世變以來，物在人亡，塘之主屢更，而袁氏子孫猶綿瓜瓞，其世澤本厚。故耳仰惟國家安養生息，胤嗣益昌，袁二十二世孫秉常掇高科爲校官，擢名御史，升知太原府。間奉命歸省，一新家廟，而塘未暇復，此亦地因人勝，物之往而復還，固有時乎？秉常從子，今武平令勗仁袁之善繼述者，天順初嘗省祭家居，每睹斯塘，輒一興感於是圖爲葺，理倣舊制而完之。又恭作盟書，戒飭族人，著爲儀式，昭格祖禰。於戊寅歲，首率宗人少長醵飲家廟之偏，相與定謀，協志永示成規。誓約既成，乃取塘之魚詣祠堂，修祀禮以祭始遷之祖，粢盛既備，爲文祝之。而以六世祖省一慶，七八世祖順一、順二、順三、回四配食，以大宗適子主祀，以各支小宗子分獻焉。退而享餕事燕，毛序齒昭穆，秩然於斯時也。祖考之靈，洋洋鑒格，子姓具在，敬恭奉承。報本之義明，愛親之仁篤。惇宗睦族之道，著皆斯塘之復，預有功也。薦紳士間，播諸詩歌，而勗仁屬予。記之古者，卿以下必有圭田，圭田五十畝以奉祭也。而猗與漆沮，周頌歌之。季冬薦廟，月令謹焉。此皆取魚以致其孝者。古之人所以達孝於天，而俾人臣，各行其志，願者如是。漢唐以來，此禮廢矣。士君子欲遂其尊祖敬宗之私，則不待上人錫予而自爲之制，若陳居仁之義庄，范仲淹之義田，蓋存什一於千百，亦可見親親之道無時暫息也。夫禮固可以義起，袁之家慶由秉常而興，由勗仁而益閎以遠，且復斯塘，蒸嘗取給義例，嚴規模，遠誠意懇惻爾。袁子孫富强者，烏得并吞貧弱者？烏得質鬻可不知所世守哉？昔韓宣子、宴子、季氏有嘉樹而譽之，季武子曰敢不封植，夫樹非塘比也。古人猶胥保護，况取時物以奉先之地乎？爾子孫尚克重之，繼述不忘，則親親恩篤，而孝子錫類之慶，尚於将來有徵焉。逐書爲記。

（嘉靖）《淳安縣志》卷三 祀先塘在縣東。

天寧塘（善塘）

宋 陳居仁《待制仇公善塘記》（雍正）《浙江通志》卷二二〇 公字泰然，青州益都人，紹興初知明州。雅愛奉化山水之秀，因寓居長汀之曲。長汀東堤數里之間，流多曲折，霪雨潦漲，故堤不足以捍横流。公修築堤塘約七百餘丈，又於堤塘北伐石爲一碶，名曰沙堰碶，以通田澗故溝，澇則殺其水勢之奔突，旱則資其清流之灌注，於是宅土者得其安，耕田者得其利。紹興十六年公沒，越明年，父老士民於塘之曲立祠繪像以奉，名曰善塘祠，以其能禦捍横流爲善流，又嘉其善作而善成也。

（嘉靖）《寧波府志》卷六 天寧塘在長汀塘對，長五千丈，高三丈，屢爲霖潦所敗。宋待制仇悆率鄉民自岳林至金鐘墩鋪築七百餘丈。國朝成化間，洪水衝决，知縣曹瀾命沾利者築之。嘉靖八年，復決，知縣陳縞復築之。

（雍正）《浙江通志》卷五六 天寧塘一作善塘，在長汀塘對岸，宋待制仇悆率鄉民自岳林至金鐘墩築七百餘丈。明成化間，洪水衝決，知縣曹瀾築之。嘉靖八年決，知縣陳縞復築。隆慶三年，知縣高應暘修，今主簿羅良儕補砌。

又 卷二二〇 善塘廟，在縣東北五里，祀宋左朝議大夫仇悆。

瓦窑塘

明 陳禹謨《瓦窑塘碑記》（嘉慶）《餘杭縣志》卷一一 今上三十七年，冬蒙城戴侯來令兹邑。咨訪民瘼，惟是水患爲最劇云，蓋苕溪之有南湖，創自漢令陳公，謂溪直而小無支港，別派天目、萬山水陡發，溪不能容，往往泛濫，以故鑿溪南田爲湖，以暫囊而分殺之。唐歸公、宋楊公俱湖之功臣，煌煌三賢，迄今祠祀崇美，報也。嗣來豪右睨爲沃壤，爭割據佔業之，值三十六年，上天降割，洪水横流，錢塘民執咎於湖。大中丞直指交章，題請浚治，大役繁興，侯悉殫力督率，踰年功始成，天子下璽書、賜帑金，以褒勞賢侯矣。侯尤深心念水患，洵在湖第，湖主蓄洩分殺耳。至于溪水約束，全賴塘以堤防。堤防不固，患仍決裂，即浚湖何益哉？上年新灣塘決矣，未幾月灣塘又決矣。桑田爲海，下民其魚，廬舍蕩析，杭、嘉、湖三郡，幾於陸沈。由是重用民力，計畝加賦，畚鍤數閱月，稍得底定，此往事之明鑒也。況瓦窰塘勢居上流，天目直瀉之水正當注射，塘勢單弱，不支冲齧，岌岌乎殆哉。旦暮疏虞，怒濤激湍，建瓴水而下其害，可爲寒心矣。於是用居民呈修治者，上其檄於當道，僉報曰可，遂偕邑丞衛君，曁耆民數輩，計塘之最險者三百九十丈，次險五百一十丈。議當下用椿石，以固其基，上培泥土以厚其勢。侯即捐俸六十金，餘照新月二塘例行，委任於衛君。君固楚人，瀕於江，素習治水法，而浚深運河八里，便民通省，且才識精敏，幹力强毅，慨然以堅築自任。於是擇老成諳練之人以分佐之，如督工則有金標，采椿則有鄔羔，蕭橋土工則有曹賢、蔡應文、喻森等，鏨石則有周安、聞植、潘相等，至於錢糧收給，則有部棠，各殫心力，以供趨赴。而侯則日往一視，精心以總，核而責成之。起於萬歷三十九年之七月至，次年十一月始得落成。勤劬勞瘁，可謂不遺餘力矣。侯始拱手告天，謂今而後，民不爲井，鮒家不至産竈司土之責，庶幾藉手。雖南塘既固，北塘可虞，然自可次第踵行矣。嗚呼！侯保障之功鉅矣，而猶抱無窮，計慮若此，其與鄭渠、邵埭不千載爭烈哉？若民欲四，三賢而并尸祝，固其宜矣。耆民等問記於余，余聞侯爲邑四載，美政未易，更僕數士服，教民懷惠，吏胥不敢爲奸，百廢犂然，具舉德化。翔洽自鄉紳孝廉文學而下，以至黄童白叟，罔不誦戴侯仁政。且侯業已礪石，以志所思，茲不暇具述。其治塘則政之大體亦概露其斑矣。

（雍正）《浙江通志》卷五三　廟灣瓦窰塘，在縣西二里苕溪南岸。自石門塘至通濟橋以上，俱明永樂二年户部尚書夏原吉、大理少卿袁復增築，以防水患，每年加修。

（嘉慶）《餘杭縣志》卷一一　廟灣瓦窰塘，在縣西二里苕溪南岸，自石門塘至通濟橋。石門塘坐在城隅，并名瓦窰塘，上接廟山塘，下接通濟橋，計五里，極爲險阻。

又　永樂二年，户部尚書夏元吉、大理少卿袁復增築南湖塘，使闊厚，創築廟灣瓦窰塘，以防水患。

（光緒）《海鹽縣志》卷一六　任昌運，字香杜，乾隆丁酉舉人，官餘杭教諭。壬子，餘杭瓦窰塘決，天目山泉奔騰而下，昌運建議以米囊數千實土，交投柴草，以彌其隙，不日而塞。後築烏龍瀽，仍用是法，餘民至今感之。

萬柳塘

綜述

宋　黄震《黄氏日鈔》卷八七《紹興府萬柳塘記》　錢塘江濤之壯名天下，其東自海門，分而入長山、龕山兩崖之間者，實趍越之新林。其地窊以曲，長風巨浪，日夕舂撞。其下豈惟居民，凜凜動與天，吴海若爭疆界，越東南大都，會爲畿内輔藩。今又爲帝鄉，往來行都者總總，無不由此途出，其所關係又豈偏州下邑利害止於一方者比哉？咸淳六年庚午秋，海溢浙東新林，被雪爲甚，岸址蕩無存矣。太守劉公具以其狀聞，朝廷亟爲遣吏經度，議改築新塘，計費用石當緡錢三百萬，用土費十之一。公以力未及石，請用土，而故地莽爲一壑。潮汛翕忽，土立輒端去，公親臨按視，禱之神曰：此朝廷所加念者，願有以相之。未幾，沙果驟漲，始得立巨松數萬如櫛爲外捍。吏民驩噪，畚鍤雲盰，四閱月而工役就。其高踰丈，其廣六丈，其長千九十丈，横亘弥望，屹若天成。公率僚吏行塘上，釃酒相賀曰：非朝廷之賜不及此，而川后效靈，其忠亦不可忘也。命立之祠，且植柳萬株，大書其扁曰：萬柳塘。以冀歲久根蟠，塘以益固，既而念不可忘日葺也。復請之朝，籍新林寨兵屬之西興都巡檢使任責焉。蓋公雖力未及石，而塘之堅緻，殆不減石矣。然聞自昔帝王之建都定邑，未有不因長江大河之勝，而自昔水勢之衝横侵軼，反多見於盛帝興王之時，是豈有他哉？水之東西靡定，本其常性，世治日久，則濵涯皆生聚故水，至輒易爲患，如河決不聞於他時而獨聞於商、周、西漢？及我朝之隆，是其證已。我朝自駐蹕錢塘，距水彌切，樓臺百萬多疇，昔海變桑田之地，凡可爲堤障者，蓋無所不用其極。越去行都只尺，實共此江濤洶湧之險，水性匪西即東，利害每相關，又宜何如其爲堤障哉？頃歲庚子，潮齧錢塘葦石，而後奏全功。今歲在庚午，適三十年，是爲天道一小變，今日之東齧新林，即前日之西齧錢塘者也。雖賴餘福之所覃，魚龍百怪已帖息，必欲爲久安計。尚惟後之人，因公之志，續公之功，葦石如錢塘爾。公名良貴，東嘉人，時以太府卿直華文閣出守。董其役者參議官金華鞏公名桂，明年辛未二月十日記。

（萬曆）《紹興府志》卷一七　海塘最長而工力大。起蕭山之長山，抵餘姚之上林，接慈溪，至定海，逶迤五百餘里。中更七縣，而五爲紹興境。蕭山北海塘在縣東北新林、白鶴兩鋪之間，長二十里，西自長山之尾，東接龕山之首，爲海水出没之衝，邑之汚鄉屢被患焉。宋咸淳中，塘爲風潮所囓，盡圮于海。越帥劉良貴移入田内，築之植柳萬餘株，名萬柳塘。明洪武初，又傾干風潮，知縣王國器疏聞，命下合鄰府諸縣夫力築之，於切患處易土以石。三十二年復壞，主簿師整增築四千餘丈。弘治八年，潮又囓堤幾圮，太守游興以聞。事下參政韓鎬議，屬同知羅璞督工，築爲石堤，今其石已蕩然漂没無復存矣。而洪武所築塘水落時，猶或見其樁石之迹焉。萬曆十四年，海潮大作，漸洗入西興，進舊址數十丈，漂民居數百家，民爭毁屋以避。知府蕭良幹大發樁石築之，通判十鐙董其役。長三百餘丈，高一丈六尺二寸，用石枚十八層，每層石高九寸。其費請於朝，取諸倉穀及庫羡，并派蕭山田畝八釐，山會田畝三釐，兩院復捐贖金數百助之，總約費二萬金云。

紀事

清　查祥《兩浙海塘通志》卷三　咸淳六年，蕭山縣捍海塘爲風潮所齧，盡圮於海。越帥劉良貴移入内田，築之植柳萬餘株，名曰萬柳塘。宋通判黄震記。

又　洪武【略】二十二年，蕭山縣捍海塘壞，命工部主事張傑同司道督修。

藝文

明　陸深《儼山集》卷六《萬柳塘》　千條萬條黄，垂柳復垂楊。連雲難辨色，蔭月不留光。幸不當岐路，别離那復傷。

清　高其倬《味和堂詩集》卷一《游萬柳塘留贈天倪上人》　佳境天教與老倪，無邊光景到招提。白蘋風細魚苗長，紅杏花深燕子低。朦日正當春社後，好山都在曲闌西。他時講席容聽法，萬柳塘南即虎溪。

清　詹賢《詹鐵牛詩文集·續集》卷一〇《不廢吟詩·和劉伊源游萬柳塘韻》　未踏章臺路，青青已過時。舞腰凭小砌，望眼隔長籬。自覓忘憂酒，誰憐絶妙詞。遥知幽賞處，山水遇鍾期。

又《第二日同陳文昭鄔聖什游萬柳塘過拈花寺隨謁御書樓》　分得靈和緑萬枝，凉陰節遍日遲遲。雙橋野色連難斷，孤□雲光淡忽奇。探取佛燈金磊磊，讀來宸翰玉離離。攢眉一望伊人杳，漫聽新蟬咽遠颸。

烏金廟後塘

明　徐時進《啜墨亭集》卷七《烏金廟後塘改築石塘記》　郡南三十里而遥爲烏金碶，唐太和七年，鄞令王侯元暐築堰它山，而又於其下流設爲碶以疏分之者也。郡《河渠書》云：王侯已堰它山，用三木鵝乘暴流浮之，視鵝所檥處，築碶門泄水。今之烏金，積瀆行春是也。自太和至今，七百八十五年無毁，碶左右亘爲塘界，江河如帶，碶纍石不可泐，一時用民，不能并塘皆爲石。歲暑雨，受湍攻，土力不敵，塘中斷，水趨之如奔馬，迫圖障塞而莫有爲狂瀾挽者矣。雨止輒涸，爲障易，而民方嗷嗷，争升斗自活，又不暇爲，公衆後矣。其地爲句章之鎮，都舊編止七里，事迫告病，簿尉趨董工，誰當褁餱從事，功又率率，罔旦夕効，不獨民病，司事亦交病矣。歲丙辰，雨浹旬，諸窪陷，道相望，耆父老鰓鰓，願殫其頂踵，愬於觀察蔡公，下郡議，守楊尊、郡司馬商尊僉曰：更石便何憚此一勞？不以狥民。於是商尊行度地力，主之曰：是不可已。考量工費，二百五十兩，諸在沾利畝税九毫。亡何，河渠使梁君來，終厥役，後先程工則邑曾尉守約也。塘長百丈，工始丙辰冬十一月，竣事丁巳四月，而里排王大和等請得余記其事，且曰：幸佩闔休識，不忘唯一言之托，貞珉不朽耳。余問何以名烏金廟後塘？曰：廟在水中央，塘在東，則廟之後也。廟爲何神？即堰它山之王侯，它山已有廟，此爲侯行祠也，民之不能忘侯如此。余謂諸父老，塘以石愈於土，即碶與塘之有崩不崩可前睹矣。久則雖石不保，無少圮，聽之而小者巨矣。覩今創事，以較補罅，其難易奚相倍之，莅侯後君子何日不有佚道，使竭其有感於斯興起云。

吴江石塘（至正石塘）

論説

元 任仁發《講究平江等路水利狀》《吴中水利全書》卷一三　按吴江石塘，障遏東流之勢，致潮沙日漲，半爲平地，此乃太湖洩水下吴淞江第一要處。古來於堤間多置木橋，與甃水洞，上則通行，下則洩水，蓋欲仗其急流衝滌潮泥，免致水患。人不知此，或便於行路則塞壩河口，或惰於巡防則密置樁橛，刴以茭蘆魚簖等物，障遏必得。官司於此處，榜示告戒使之咸知利害可也。

元 吴執中《言順導水勢略》《吴中水利全書》卷一五　都水書吏吴執中上狀：　繇漢而唐以迄於宋，堤防之具代不廢弛，如曰閘、曰壩、曰堰、曰塘、曰修圍、曰浚河，以故千有餘年間，獲水之利多，被水之害少。考今三江所決之水，其源甚大。繇江東宣徽而來加以天目大山險潭并西南諸山東注之水鍾於震澤即今太湖也，其湖綿亘三州六縣，周圍六百餘里，面闊三萬六千餘頃，導其水而入海止三江爾，三江已不得見汪洋浩蕩之勢，止洩於吴淞之一江吴淞江。舊云可敵千浦，今則東自河沙滙，西至道褐浦六七十里之間，兩岸漲沙，將與岸平，其中僅存江洪，闊不過二三十步，深亦不過二三尺。湖水所至，比之舊時，萬不及一。雖汪洋之勢見於上海、新涇、太倉、劉家港，通達入海，豈能盡洩浙江諸郡之水？略舉其繇，今吴江塘岸乃太湖咽喉之地，昔人曾以挽路不便，有宜建千橋之説，今積石壅土數十餘里，雖下有水洞百餘能洩幾，何况又有東長橋、西長橋、寶帶等橋植數千柱於水中，及岸之東向，於江口則有富豪之侵占，於江尾則有茭蘆之閉塞。周圍幾二百里，其源亦自吴江分派，積淤成塗，漸爲富豪圍占，致使二百餘里湖面大半爲田，澱山之圍田愈廣，太湖之流勢愈遲。每五六月之間水湧之時，吴江石塘東向之水每低於塘西之水數寸，無怪乎東西之潮沙日盛於一日，平江、松江之圍田常困於渰没者，患蓋繇乎此。爲今之計，若欲浙西水勢通流，少遇水患，必開吴淞之故道，復澱山之舊規，庶乎可以有濟。然吴淞古江已被潮沙堙漲，役重工多，是非人力可及。澱山舊河多爲豪户圍裹成田，恐亦未易除毁。合無於上海、太倉等處相視可開河港，挑浚通流，仍踏視吴淞古江應有舊來出水，支港可以容易出海去處盡行疏浚，務使支脉貫通，出洩順便。開挑之際，就令有司於已開河港之上訪求古迹，安置閘座，依時啓閉，以抑潮沙，或乞設立撩淺人夫，專一看守修理，以防向後復淤之患。

清 徐大業《條陳修塘事宜略》（乾隆）《吴江縣志》卷四三　吴江塘路自觀瀾鋪至徹浦鋪，凡十二里，曰石塘；自徹浦至平望鎮，凡三十五里，曰官塘；自平望西行至烏程縣南潯鎮，凡七十里，曰荻塘；自平望南行至秀水縣王江涇，凡三十里，曰土塘；自縣治北至長洲縣七里橋，凡七里，曰占塘。謹按舊圖，觀闌鋪至徹浦鋪，塘之西即太湖，塘之東爲葉澤、龎山等。湖表裏并無尺土可依，故塘石最大。徹浦至平望三十里，塘之西有牛毛墩、翁涇漾、唐家湖諸水，東有尚湖、殷家蕩、張王蕩、勝墩湖諸水，而塘横截於中西，受太湖衝激，東拒諸蕩迅駛，故唐之不得不以石者勢也。今則九里石塘向之爲太湖者變爲平田，離太湖且二十餘里，其一百三十六竇，大牛竇以土而不可考。葉澤、龎山等湖亦隔高田一兩圩，若翁涇等漾尚接塘岸，亦不及里許。惟唐家湖尚有二三里，西風驟起，水激塘岸，斯爲最險。平望以南，惟鶯脰湖最爲塘患。自此以南至王江涇，除黄家溪一湖，近塘餘俱有高田圍繞，雖塘内尚有夾河二十餘里，水勢迅急，亦并無沖突之虞。但當江浙交界之地，從來俱苟且就工，故塘身極低，水漲即沒，此修塘者之過也。若平望以西，則皆桑麻之地，與塘相接，南至杭州亦然。使古之水勢亦同今日，而以如舟大石，不計功，不惜費，置之以捍土田，雖愚，決不出此故，爲今修葺之計，立法有四：一曰因，二曰補，三曰移，四曰增。因者向時之石塘，今未甚傾壞，又當兩岸皆水，則從而修葺之，欹者正之，陷者平之，墜者起之，其或不甚壞者，萬勿摇動，語云：老岸難傾，以其根本堅固也，是曰因。補者，水勢中突，其塘易壞，而故址雖存，石已沉毁，又適當水衝土塘，斷不可用，必需買石添補，務期堅固，或止補一面，或兼補兩面，惟在相度形勢，方不枉費，是曰補。移者，占時石塘，當太湖下流之處，其石有長丈餘而厚三四尺者。今適當膏腴之地，沒入土中，塘已距湖數里，必無再變，滄海之虞，此石終於無用，則以其坍入土中，廢石移置唐家鶯脰等湖水勢汪洋之處，以無用爲有用，既省工價，又成百世之利，此兩得也，是曰移。增者，增闊增高也。石塘之勢嶄故，上下相等，土塘必下闊而上狹，則上勢方固於闊處，須增於塘之内，不可增於塘之外，蓋塘外通漕通商不可令狹，而塘内爲民戽水之溝能行舟足矣。若塘内爲田，則并不必濶，惟宜立石爲界，使農人不侵官道，行路不害稼穡而已。其必增高者何也？塘之毁不毁於旱，而毁於水。蓋水淺時，塘未嘗不半在水中，然而無虞者，以出水者多則土力堅厚，雖兩面受水而上有燥，土水力不能攻也。若水漲則塘與水平，無纖毫乾土，則四面皆水，土力衰而隨水去矣，故田中之小岸，必每年一築，大岸則數百年如故，此其一徵也。然高亦有等考，塘之歷經大水而不遭侵者，即以之爲準。但方築之時，則宜略高，新土未實故也，如此，則將來雖有傾圮之處，而土基已厚，修補亦易，況正當開河之後，河旁土積如山，尤屬最便，是曰增。至於有關水利，則惟多增水竇爲最要急，此非但東南利害所關，亦此塘安危之所係也。夫太湖之水，北受荆溪、宣歙、蕪湖、溧陽、溧水數郡之水，南受天目、富陽、杭州諸山諸溪之水，其東注之道，自平望以北，寶帶橋以南，皆其下流也。石塘横絶於中惟大港，數處爲橋以通之，當時洩水之竇，連比相接，今皆廢没。夫以四州之水，東西千里，南北五百餘里，奔騰東注，而洩水之橋，不過數十處，能勿阻水勢乎？所以塘之左右，水勢高下懸殊，加以西風鼓盪，水有來而無去，不但没田，塘亦衝壞，理必然也。若平望以南之水則從臨安、湖州而來，皆發源於天目，由苕溪、爛溪、霅溪而下，積雨之後，山水驟發，其水阻於塘之西，高於塘河一二尺，橋褀出水之處，雖小舟亦不能上。水勢愈積，必過出塘岸，水從塘上流，其勢方退，而田已遭浸矣，此少洩水竇之故也，故宋元祐初蘇文忠公上單子《發吴中水利書》，以塘爲扼塞江路，欲盡徹塘而改爲千橋，雖不果行而識者韙之愚，謂去塘爲橋，則費不貲，莫若多增洩水之竇，則有千橋之利而無千橋之費，又變通之良策也。水性既順，則衝激無力，塘得永固，此不待智者而知也。惟鶯脰等湖雖易大石開通，淺竇而水勢湍激，猶未能永久，必有副石焉。副石者，於塘岸之外又加石一層，不必與塘平，止及塘之半，則根基益堅厚。前明周文襄公築圩之法所謂擋浪者也。然惟當大湖之衝水激之處，用之多不過十里，亦易爲力，惟改用土塘之説。上臺未悉其故，以爲原估請帑俱用石塘，今乃半用土塘，或以改易舊迹爲非者，此則當細審地勢，斟酌盡善，繪圖詳悉，冀得允行，則既省國帑又能歷久而易於修築，庶於國計、民力兩有所益矣。先是督修官以水竇本涸不通，欲盡行填塞，以省工費，知縣陳兆翱閲條陳以爲然，力持其説，水竇得俱修不廢。

綜述

元 張天英《至正石塘記》《吴中水利全書》卷二四

吴江居具區上游，昔吴郡也，其地濵太湖，故築堤塘以爲保障。唐穆宗朝刺史王仲舒爲橋，以達其道路；宋紹定間提刑吴淵命知縣李椿重修之。自版圖入國朝，以民衆升州，又五十餘年矣。州長諸海公至州之明年，乃謀諸僚友曰：爲政莫大於安民，安民莫急於水患。繇長橋而南至於平望延袤四五十里，風濤衝激，日夜無休，時置郵慮危，官具修以數，則民多蒙其害，予甚欲然，將築以厚，完之必鎮之巨石，然後可。對曰：斯塘之爲民害也久矣，或巨浸颶風，小石皆爲之漂蕩。官曰修治，因循塞責，朝壘夕傾，皆虚其費。自省郡及州之官屬往往有志於斯，卒無成議，今賢侯爲吾父母，有子民心以化其下下之人，曷敢不竭忠以報？方今朝廷弛佛者力役，使出財以助，里胥衆皆義公之爲願盡輸其財，以樂成公家事，使我子孫將爲無恐矣。公大喜，知州孫公嗣遠聞之，亦喜而贊。相曰嘗聞佛者以善誘人而信從者衆，以官府使民，民勞而功半，公然之，遂招致空山、小山、清溪、獨芳四僧至堂上，議皆稱善，命胥三人曰謝珍、俞立、陸文彪掌其財用之出入；吏二人曰何宗善、劉景泰掌其工事，材器之名物而書其數，凡日成月要及執事者以聽於四大士焉。明日祭白龍祠下，卜人占之曰吉，即經始，實至正六年四月也。昔公治湖州事，知彼官有餘石，乃聞於省府，命給與之凡三千餘版，於時天無淫雨，水不揚波，五穀亦大熟，況吏廉而司會計者公無私，四人又篤行其道，不避寒暑，與百工分其勞，市價傭值均給，無少損，是以群公無不盡其心力者，總其費爲鈔八千餘錠，石之工五萬四千，佐其役者倍之，塘基崇丈其廣丈四尺有奇，其修一千八十丈，相其地勢輒堿水竇，以疏横流，凡爲竇一百三十有六，衆皆維然曰：誠亘古未之見也。既訖工，復搆室道，周曰丁亥安居有道，行者以守置田若干畝，歲積其入以爲後人營繕計，令不費官、不役民、農不違時、有司不煩其政、田里人不知有隸卒，而大事克成，以爲長久之利。使人人履坦道而躋春臺，微明公善政，何能致若是哉？七年春二月落成，立石門於南浦亭之南鄉，表之曰至正石塘，所以識年號，從民望也。是日，公大宴賓客、官屬與百執事，百工賞與有差，文武賓士咸歌詩獻酒，以爲公壽，且曰天將成一代之偉績，必生一代之偉人，吴江公，偉人也。上世高昌氏，父祖皆社稷臣，公自中書舍人提點資乘庫，出治中興郡，今爲是州。烏乎！石塘萬古當與吾侯之名同萬古也！咸願刻石以彰厥美，而系之以歌曰：震澤之陽兮，吴江之州；雍熙之世兮，逢此賢侯；受天之禄兮，憂民之憂；視民如子兮，爰始爰謀；易險以正固兮，周道孔修；行道之人兮，罔弗悦懌；民今無患兮，緊吾侯之力；蛟龍在淵兮，毋嚙我石；垂千萬歲兮，纘禹之績。至正七年開城州判官張天英記。

（洪武）《蘇州府志》卷三　吴江石塘凡九里，皆累石瀉之，上有橋九，三江、觀瀾、惠政、仙槎、萬頃、王山、定海、甘泉、通津，寔江湖交激之會也。築堤爲路，此唐王仲舒爲庾節日繼後守令多有修築者。而王文乃云：李雲慶爲秀州通判，自平望至吴江爲石堤五十里，以除水患，至今賴之。按此則徐鑄，後來所築是續前人之功，或作文者失於審而然耶。宋大中祥符轉運使徐奭，聞奏置開江營兵一千二百人，專修塘岸，南至嘉興一百餘里，後開江營兵廢罷。宋慶曆八年，縣宰李明等始大築塘路，建造長橋。紹定五年，郡守吴淵添石重修，江湖風水衝激，不免有朝修暮圯之患。元監州郡海捐俸募則廣市巨石甃疊爲塘，庶水無衝激之患，人無厲揭之尤，固而能久廢功懋哉。

明 周道登《吴江縣新築石塘碑記》《吴中水利全書》卷二五　今皇帝之三十有三禩，五月朔，邑侯劉公新築石塘成塘，修九萬九千八百一十四尺，爲橋十有三，爲竇三十有七，南連橋李，北接茂苑，并葺舊者爲里八十有三，其石約二而成丈，博一尺有八寸九分，其博網一以爲厚，四壘其厚以爲塘之崇，倍其崇以爲基，和之用灰，支之用木，每尺而支者三，以石之厚爲木之圍，三倍其圍以爲修，水遞深而遞加，率一木而爲五支，薪其本末以當庸直計木五爲九千八百八十六，三分之加一以爲石之數，二分其石加一以爲石之工，佐者居三之一，灰三千有四百石、鐵炭索綯直二百五十餘，凡費二萬七千金有奇，役始于癸卯正月十七日，主其議而捐俸以倡者曹中丞也。邑二尹西蜀李宗、程則督視邑人王郡倅、忠則、勖勸、沈方伯、季文則，協議沈寺丞璟、沈僉憲瓚、沈孝廉令名與不佞登則出納父老，屠大化等十人則宣力凡再閲歲而效其成於公，公率千尺而眡其三仞之以眡其崇也析之，以眡其砥也，度之以眡，其修也數之，以眡其木之稠也；揠之以眡其水之中。程也滿志，始告竣事，於是億兆驩呼得，未曾有而薦紳先生搆亭鶯湖屬，不佞記其事，夫以塘之積圮，歲歲修而圮日甚空爲縣官費何益。公新以巨石爲邑永利是，大有造於我也，日天子嘗出内帑贍修築矣，卒未睹片石寸土之績。公不煩官、不强民、百計拮据、杯酒諷勸，而事忽大集我享其利，而卒不聞其擾也，方事之始有諷以佛誘者，公掀髯笑曰謂乃公饒鬚髮耶？議竟不行美哉？公之績也，其舉事也能持正也，其勸相也能設誠也，其垂謀也能永賴也。一舉而三善備美矣，公之績也，可以頌矣！公，名時俊，字恒甫，别號勿所，蜀富順人，戊戌進士，歷廬江桐城，再調吾邑，治行皆第一，不佞職得，論次循吏中，茲不具書中丞，名時聘，獲鹿人，辛未進士，吾邑之得有劉公中丞力也。頌曰：繄我笠澤，實維龍宫，震澤騰西，吴淞薄東，砐硪雷激，滃浡烟訌，憯兹行旅，誰呼鞠躬？適有石堤，隱隱隆隆，如櫛斯比，如墉斯崇，金湯綿亘，坦道遐通，遇風不波，未霽而虹，爰戢馮夷，式濟艨艟，其來熙熙，其樂融融，云誰之賜，曰我劉公，於億斯年，纘禹之功。

傳記

（同治）《蘇州府志》卷七二　那海高昌氏，至正五年，由中書舍人爲吴江州，達魯花赤有惠政，廣修水利，今至正石塘其所築也。

紀事

元　佚名《宋史全文》卷三一　辛亥，臣寮奏浙西漕運惟恃吴江石塘以堤水，近年修塘塞兵，盡爲他役，堤岸頽毁，乞下漕司抽回以時補葺，委平江府通判主管不得輒有抽差，違許奏劾，從之。

（正德）《姑蘇志》卷一二　紹定五年，知府吴淵以吴江石塘橋梁摧圮，給錢三十萬、米一千二百石，命邑令李桃、巡塘官綦紐修葺，又植蒲葦、楊柳以爲捍。

明　張國維《吴中水利全書》卷一〇　至正【略】七年，吴江州達嚕噶齊諾海大修石塘。壘石厚砌高一丈，廣一丈四尺，長一千八十丈爲環洞一百三十有六，立石亭于南浦亭之南，表之曰至正石塘。建丁亥庵爲居守，置常稔田以嗣修葺。

（乾隆）《吴江縣志》卷四三　至正六年，達魯花赤那海與知州孫嗣遠議以石塘，自南津口至甘泉橋界，江、湖中旁無寸土，風水交激，日夜無休。前政雖固以巨石，其數尚寡，必厚集之，乃能當其勢，遂俾僧以福利之説，勸民市巨石累之，至七年落成，長一千八十丈，高一丈，廣一丈四尺，又益水竇三，共竇一百三十六，立石門於南浦亭之南，表曰至正石塘，鎮以四大石獅，凡費鈔八千錠，石工五萬四千，佐其役者倍之。復建丁亥庵以栖守僧，置常稔田以嗣修葺，其甘泉以南、州治以北，益之以土，而本州土少，申平江路集三州一縣之民輸土十六萬九千石。嘉定州七萬，崑山州五萬，常熟州二萬九千，吴縣二萬。按：石塘長一千八十丈，即今之九里石塘也，今巨石尚在，蓋當時此地正當吴淞之始，太湖之終，至險易敗，故必用巨石築之。自此，塘阻其水勢，塘西遂積土爲平陸矣。又按徐志於土塘下注云：元至元六年，省發嘉定、崑山、常熟三州及吴縣運土十六萬九千挑，增築而官塘、古塘下，無文不若史志之明備，其以至正作至元，當是傳寫之誤。

又　正統十年，巡撫侍郎周忱議修石塘，其土塘三十里，間亦以石固之，費出於官，但曰役千夫而已。成化二年，知府邢宥再修之，委任非人，剋料賣夫，以白土雜石灰中，橋與竇塌，即取其石版甃塘，而松木爲梁，不久輒腐，又隨以土塞之，由是水道多廢，塘不能如舊日之固矣。按今水竇甚少，想即是時塞之也，任非其人，其害如此。

又　萬曆三十三年，知縣劉時俊修築石塘，自秀水縣界起，至長洲縣界止，共塘八十八里，内除土塘堅固不用石者十里，又除舊有石塘，年久崩壞，量行扶砌者九里，實修築塘六十九里，長一萬二千丈府志作九千九百八十一丈四尺，皆用巨石，長、闊四面如一，每塘萬丈，用石八萬塊，石皆四層，高六尺五寸。又修橋九座府志作十三，水竇二十八處府志作三十七，裏塘八千三百九十八丈，閲二歲而竣，凡費銀二萬七千三百四十兩有奇，捐俸及羨餘三千餘金；勸富民、宦室輸助曰義助者，三千四百餘金；免役而助曰役助者，一千五百餘金；其質訟在宫而輸曰事助者，六千二百餘金；别設處若干金皆樂輸，無强民者本時俊居官水境。翰林院編修周道登記。按是役司出納者，專任鄉紳沈璟、沈瓚、周道登、沈令名而管工，鄉正皆擇殷實老成端謹之人，故身不勞而弊絶。時俊嘗言吴江弊孔倖竇，吾盡得其要領，實見萬餘金布地，皆民所願輸。因分欽設處。就此大工。使當時計畫有一毫順擾，即斷斷不之爲矣，此言尤足，爲輕舉擾民者之鑒，并記之。

又　崇禎八年，巡撫都御史張國維同巡按御史王一鶚，檄知縣章白炌勘核石塘全坍應修一千五百五十五丈，半坍應修二千八十六丈，平望西諸家鋪水缺，應修築内外塘七百六十丈，并修長橋、三江橋、翁涇橋，紳、士、商、民助銀竣工。

又 大清康熙十三年，巡撫馬祐布政使慕天顏、分守道方國棟、知縣金國柱捐俸倡修土塘，里民輸銀六千兩增益以石，因水勢衝激，究不能固。

又 雍正中，準督理江南水利郎中鄂禮條奏修築蘇常府，屬塘路巡撫尹繼善委官督修，知縣陳兆翱支庫銀修所轄塘路北。自元和縣界起至大浦橋、震澤縣界止，南自平望鎮、安德橋起，至秀水縣王江涇界止，共長七千七百四十一丈，濶一丈二尺，高六七尺不等。又與震澤縣合修大浦橋一座，共費銀二萬五千三百三兩有奇，工始於八年九月，至九年六月而竣。又因南塘一帶三十里，兩面臨河，從水中築起，泥深水急，易於欹側，并議每年重運過竣勘估歲修，以保經久，亦奉部覆準。

（同治）《蘇州府志》卷一〇 正統【略】十年，郭南重浚七浦塘，周忱修吴江石塘，土塘三十里，閒亦以石固之，費出於官，但日役千夫而已。成化二年，知府邢宥再修，委任非人，尅料賣夫，以自土雜石灰中，橋與竇埸，即取其石版甃塘，而松木爲梁，不久輒腐，又隨以土塞之，由是水道多廢，塘不能如舊日之固矣。

雜録

清 康基田《河渠紀聞》卷七 元順帝至正七年，大修吴江石塘，名曰至正石塘。按吴江自唐王仲舒堤松江爲路抵郡，始有陸道，常熟、崑山唐宋時皆建塘通道，而吴江尚未有石塘也。大德初立，都水監庸田使司於平江路專一修築田圍，疏浚河道。天歷初，吴江知州孫伯恭修長塘，仿常崑之制，皆易以石。至是，那海復鳩工大修壘，石厚砌高一丈，廣四丈四尺，長千八十丈，爲環洞一百三十有六，立石亭於南浦，建坊於上，而表之曰至正石塘，蓋襲元和、至和之意，而與唐宋争美也。又建庵爲居守，置常稔田，備修葺。元時，重農田水利。至元中，詔平江松江等路府修治湖泖河港，以爲民利，而於沿河堤岸復加意修築爲環洞，通水引灌田疇，不使唐宋獨隆於前，宜民之實政也。嘉靖中，吴江令劉時俊復踵其事，築石塘十萬餘丈，爲橋十有三，爲竇三十有七，南連檇李，北接茂苑，石博尺有九加二以爲厚，四壘其厚以爲崇，倍其崇以爲基，和之用灰，支之用木，以爲一勞永逸之道。事載《周道登記》內，亦善繼事矣。

清 傅澤洪《行水金鑒》卷一五四 崇禎【略】八年，巡撫張國維修吴江石塘，時塘圮石墮，哽噎洪竇，兼阻漕運，繂挽檄，知縣章日炌勘核，自平望至長橋、三江橋等處，并修葺之。

西江塘

論説

清 來鴻雯《急築西江塘患缺議》（乾隆）《紹興府志》卷一五 國策云：亡羊而補牢，未爲晚也。夫羊已亡矣，補牢何益？然已亡之羊雖不可復追，而未亡之羊，不至于再失，則補牢非過計也。本邑西江塘圮，平地成江湖，漂没田園、廬舍，淹死瓜蔬、粟荳，民之辛苦墊隘，何可殫述？既已無可如何，然拯救之術不可不急，田禾猶可補種，秧少猶可采買，春種雖已後期，秋收半可冀望。所憂者柱礎更加濕潤，風色不像晴明，潮信一月再起再落，萬一大水再入，則又需半月之期。雖水退土見，而一歲之生理已去，老弱必轉死，少壯必流亡矣。故合以補塞坍缺爲最急，傳聞之言未知所坍的有幾處。大約計之，塘自西北半爿山起，東南至臨浦止，與山陰接境，長四十里。其間如潭頭、聞家堰、漁浦、倪家壩、義橋、臨浦，沿塘俱有民居，俱有內河抵塘下，俱有竹木磚瓦，商鹽客貨搬運出入，俱有拖船盤塘之患。平時塘土日漸低陷，一旦洪水平塘，則于低處而決，此必然之勢也。外江內河，無復限隔，衝決既久，日漸深濶，愈難施功。及今塞之尚易爲力，竊意此等數處，居民千百家，既食其利，而啓其患，自應任其事而供其役，固有所不得辭也。况專責則無可他諉，而功易成，衆擎則合力爲之，而事易舉。一鎮之中，破船故車，爛草敗薦，竹頭木屑，廢瓦頹垣，隨其所有，均可權爲填垜堵塞之用。計亦不須大費，所少者人工耳。庀材鳩工，自可不日而就。若非此等去處，無人烟地方，其有塘土抵薄簖小椿稀以致坍決者，則係包頭刻減，虚應故事之弊。其有暗開窑洞，蟻穴蜞行，以致坍決者，則係奸民違制，利己妨人之弊。察出果係是實，則嚴督其修補，即破家有不足惜，蓋一家哭，何如一路哭？古之人有行之者，以所忍者小，而所全者大也。若欲通派之于一邑，分派之于三縣，此則大修之事，不可以救。目前蓋通縣二十四鄉六都至十四都，隔在江南廿二、廿三、廿四三都，專任北海塘例，于西江塘無涉。應派修者止一都，至廿一都十二鄉耳。諸鄉已有值過，現年亦例難通派，即山會亦自救不暇，何暇及人？或二縣不秦越視，亦必遲之。又久而後應，如此則越日踰時，比及塘成，而蕭邑十五鄉已黿鼉之與游，而竈鼃之與處矣，寧有濟哉？比年已數邀免糧之惠，今雖遘此偏灾，督撫必不能爲一邑破例題報，以妄邀格外之殊恩。唯望當事存飢溺由己之心，姑停數日之征，俾民得專力，一意乎農事，則古人所云，必須救得一半者，實厚幸矣。芻蕘之言，聖人擇焉，不知有當否也？

又《大修西江塘説》　鴻雯，迂愚人也。一生足迹不出百里外，雖于天下水利亦常留心，然古今異勢，南北異宜，所曉不過紙上陳言，亦且不能盡曉，其于本縣亦然。今承親友不察其愚，訪及塘事，無以塞責。姑就所聞，稍條列之以備采擇，不敢自以爲是也。蘇子曰：先定其規模，而後從事，規模既定，後之所成與前之所期若合符節，此古人之善處事也。若毫無定見，妄有作爲，其始不立，其卒不成，成而不久輒壞，虚費工力，不如勿爲而已矣。然亦非有他謬巧衹，以實心行實政，天下事無不可爲也。一、丈地西江塘，長四十里，自漁浦起西北一帶，兩江所會，滙爲巨漾，一望汪洋，至四都一十五里，最爲危險，漁浦東南至臨浦，江狹水小，塘又高厚，不爲大患。往年有坍者，皆自建閘開窖所致耳。今欲大修，須得幹才强力之人，逐段踏看打量，某處當修，某處不必修，某處小修，某處必大修。畫一江塘圖節次開載地名，兼人烟稀密、外江遠近、內河深淺、丈尺多寡，然後可以估計工費，即不能不少有參差，必不致大段懸絶矣。一、核田從來派修，止責得利田畝。塘何利于田？凡內之不受水患者，即爲得利田矣。但其多寡之數，人不盡知。前周文伯先生云：不知何以缺額萬餘畝，夫缺額豈有不可清查之理？殆亦沿習因循之弊，不去徹底澄清耳。工房必有一縣總數，亦有各鄉細數，應著總書推算。如缺，于額之內則有隱漏矣。如溢，于額之外則有增加矣。增加則有不當派而派者，令本户得以呈明。隱漏則有當派而不派者，使旁人得以糾舉。庶幾夙弊可清，吏胥不得上下其手，而按畝派徵，無不均之患矣。一、定式。按黄竹山先生云，西江塘自古有之，自四都至漁浦古塘也。高三丈，基濶五丈，而濶二丈五尺。漁浦至臨浦麻溪壩二十五里，戴浮梁公築新塘也，高濶之數如古焉。至嘉靖十八年間，周通判督修，基濶七丈，面濶三丈，高亦三丈。今即不能如後修丈尺之數，然非高三丈不足以當漲溢，非厚五丈不足以備浸滛。蓋古人必驗歷年漲痕、高低塘土堅瑕而爲之，非泛然也。今既爲一勞永逸之計，不得爲苟且欲速之圖，宜一依古式，其內外有溝港抵塘，亦宜甃以巨石，輔之木椿，庶垂永久。否則增卑培薄，勞費無已，蹈漢賈讓之譏矣。一、派費。江南九鄉例，于塘事無涉，然新義十五都跨江南北，則田在江北者不得與江南同矣。至于塘內諸鄉，又有分認各處塘者，不得混派重出，而使其有後言也。可知者如廿二都里仁鄉、廿三都鳳儀鄉、廿四都鳳儀鄉，認北海塘苧蘿十七都一、二、三圖，認臨浦麻溪壩。故明時已派定，由夏二都四圖、五圖認蘆康河塘。又有認湘湖塘者，認長河至西興一帶塘者，此等數處，緣在塘內。十餘年前，做潭頭石塘，强派出費，以官府之勢臨之，不得不應，然非心服也。以後彼處或有不虞，勢必攀扯，告訐紛紜，非公平之道，無寧告乞于山會之協濟，猶有成例可援也。一、辦料。塘之所需，竹木土石而已。竹簖所以護塘也，松椿所以固簖也。相傳簖用純青猫竹，去皮留筠，厚篾編成，不得用黄。重廿五觔能勝，人立松椿，徑七寸，長九尺，打没八尺，每丈九箇。石則取之嚴灘，令江船順帶若千觔，到埠卸下堆垛任用，并不得抬塘下舊石充數。土則取之塘內，外隔一二十步，不得貼塘近取，以致內外兩虚。沿塘居民耆老必有知舊法之詳者，可訪而知也。興工大約須霜降水涸之候，物料必先期預備也。一、任人。塘役必藉人分段督理，此第一義。付之積年，包頭斷乎不可矣。單寒之士自救不暇，即仗義疏財，亦難獨任，可用唯富民耳。但亦有分別，家雖饒富，有不識不知全不更事者，有畏首畏尾凡事退縮者，有起家刻薄算及錙銖者，有居尊處檯厚自奉養者，均難倚以成事。然十步之內，必有芳草，十室之邑，必有忠信。附塘温飽之家，苟誠實不欺，年力精强者，令近地居民推舉，擇而使之，授之法式，委之金錢、物料，令其自辦，夫役令其自募。日後稽考其成，奬其賢而酬其勞，諒不至有負任使也。一、厲禁。黄竹山先生所云塘之三蠹，上都偷掘，近年未聞，而削塘通貨，私窞穴窟二蠹依然仍舊。康熙二十年二十一年之禍，均出于此人，多委之天灾，而不咎人事，蓋亦恕辭耳。蓋臨浦、義橋、倪家墥則有木排，引鹽之出入。楊家濱、汪家堰，則有柴薪磚瓦之山。入聞家堰潭頭，則有客商貨物之出入，類皆削去塘土，以便搬運。朝夕拖拽，漸以低薄，洪水平堤，必于低處先決波，豈欲貽之患哉？亦日習焉，而不爲之遠慮耳。但彼既受其利，亦宜任其害，台宜于築起之後，令本處自鋪石版十餘丈，凡過塘必由之，不許就兩旁低處。即有不測，亦令本處自任修築，遞年分叚派修，亦除出此數處，自然用心照顧，不致疏虞矣。至于私窞爲害，尤酷私開竇穴，汲引細流，本家狃爲無妨，行人過而不覺，豈知一線之隙，洪水乘之，所謂涓涓不絶，流爲江河，千丈之堤，潰于蟻穴者也。本妨人利，已之陰謀，成挖肉醫瘡之愚計，利歸一室，禍及千家，此可與城門失火、楚國亡猿比。而論罪宜乎麻溪壩之坍爲十七都一、二、三圖士民所切齒也，以後如有犯者，必照舊例，責其修築如舊。仍加罪責，殺一警百，此正其宜不必爲之姑息。右七條固老生之常談，亦人所共知者。所謂救荒無奇策也，惟任事諸君子告之當事，以實心行之，未必無小補，余實望之耳。

清 張文瑞《西江塘窞洞議》（乾隆）《紹興府志》卷一五 西江塘防三縣之水患，自來有修塘之事，無拆塘之理。今欲開窞，是拆塘也。塘主闌水，不主洩水，若許開窞，是主洩也。蓋窞洞有不可開者七，請略言之。前進士黄竹山上巡按書論西江塘有三蠹，而私窞爲第一蠹，載在府縣志，可考，此一不可也。康熙十八年，附塘居民韓姓等私造楊家濱閘，引水溉辛十六都之田，至二十年，閘壞塘傾，經里遞告縣詳，憲司禁止，縣有舊案可查，此二不可也。先因汪家堰至朱前墩一帶，舊塘危險，諸生來竹等，呈于督院，請築備塘，蒙本府親看築新塘，兼修舊塘。今新塘雖已造就，而舊塘猶當歲修，譬如人家墻壁多一重，有一重之遮拉，未有才築内墻，便于外墻自開一竇引賊入來者，此三不可也。前歲撫院朱公初下車，汪賢等呈請開霪行縣查議，經前縣趙公請覆不許。今汪君德等又仍前説無已，試問其開窞將在舊塘乎？抑新塘乎？若于舊塘則累卵之危不穴且潰，在汪君德等宜亦知其不可，若新塘則奉督院憲檄，建造本府親定規模，又奉撫院鈞批在案，此四不可也。夫人情何厭之有，春雨連綿則思開窞以洩内水，夏日旱乾，能勿開窞以引外水乎？千丈之堤，壞于蟻穴，不可不慎。假如前已有窞，爲今之計，尚欲填塞以保塘身，何況無而爲有乎？此五不可也。西江橋地勢本高，舊塘河亦甚深濶，縱有連雨，不致淹没民居，況塘基地。糧已經攤派通縣，從來塘下田地，聽其拋荒，若私窞一開，他日秋水高漲，先于窞處決裂，必致餘塘俱倒，三縣遭殃，誰任其咎？此六不可也。且康熙三十一年，前任劉公于楊樹灣築備塘，與此正同，而當時未有開窞之事，若今日此處破例，他處效尤，則營私苟利之徒比肩而起，開窞洩水之狀便蕃而至，何所底止？此七不可也。惟望縣父母察先輩黄竹山之名言，遵本朝楊家濱與楊樹灣之成例，體各憲之同仁，仍前尹之舊政，爲三邑作法，于嚴勿開窞洞，念灾黎一路之哭，勿恤數家。則蕭邑幸甚，山會亦幸甚。

綜述

（嘉靖）《蕭山縣志》卷二 堤堰塘凡十有八，治西南三十里，曰西江塘。跨苧羅、新義、安養、長興諸鄉，横亘五十里。

明 吴鼎《重建西江塘記》（嘉靖）《蕭山縣志》卷二 會稽郡，寔大禹治水功成會計之地。當時乘舟蹈撬，滌源陂澤之迹，邈不可想見，蓋已數千年矣。唯故穴窆石，巋然猶存，越民至于今仰之。曰：微神吾其魚乎。凡端冕薦紳，而臨民於是者，或望洋顧嘆，思繼禹績，又安烝民？云：郡今爲紹興府，而蕭山邑于西鄙，北濱鉅海，南當大末，東陽當春諸川下流，西漸錢塘江，水波尤惡。前代三面環設長堤以防患，雖非聖人法固，亦隨時救弊策也。然堤外諸暨之民利于堤壞，則彼無壅，閼田多收，往往竊來毁堤。堤故卑薄，又苦商旅負載躪蹂不戒，爲日久矣。嘉靖十八年夏五月，天連雨，至于六月，上游諸群水大至，咸滙于下流，江海盆溢，決壞西江塘四十餘里。水高于防三陪，湛溺官寺、人民廬舍出稼畜，感无慮數千萬百姓嗷嗷流散，浩然懷襄之勢未止。時部使者應山傳公按越聞之，瞿然失席曰：水菑殷于卑下之地，猶日月變現於朔望也。天實以敬，我二主有位，何敢不傾府庫？平繇作堙，塞洪流以紓元元之命乎。顧茲役甚大，惟通判周表職司治水，宜益奮真亮秉節，爲民禦患，大禹神靈亦當相之，而況於民乎？而況於肉食諸人乎？毋崇空文以避法，毋諉諸下吏，他綱紀節制，其聽諸廉訪，若郡守毋忽。是時，水利監司真定張公如京師，而山陽盧公攝其事，南平游公分巡東道，咸下教郡縣申飭經營。於是周君日夜圖上方略，慎簡諸執事，而傳公博謀于鄉士大夫，使同守孫君仝來會周君，集諸長吏丞、簿尉、邑中父老深論便宜，分别利害，擇善而從，蓋其慎也。衆獻議曰：計築西江塘，萬有百餘丈，程之合役六千。人人三十，日日受平價，不過費白金百二十鎰，亦可以事。諸失業浮民，衣食縣官而爲作，治乃兩便。五堰通商，尤爲要害，計作石堤，勢必完安。發邑中諸豪坐法者，代買薪石，贖罪夫喜免刑辱，而自爲除疾，亦人情也。其董役六官，經歷歐陽昊、項惠、主簿王良弼、典史陳舉、盧昆、林希俊，各有分地，庶可考驗成功。議上報，曰善，亟行之。乃閏柒月朔，周君如策，率吏民事事凡八旬，西江塘成崇，於故防四之三，基廣於舊十之四，其綢二丈，屹如崇墉，限隔江海，越民知免於昏墊矣。於是傅公勞列諸執事，而疏周君治狀于朝，請增秩褒異之。周君暨諸吏民來言曰：此實明使君捍禦之功，諸大夫贊襄之力也。盍紀諸余，聞使若言水之方割也，吾爲民咎焉，復閔焉，已而深思焉。向使鄰邑不以防爲壑也，通商之家毋見小利也，則堤豈易敗哉？斯有任其咎者，蕩析奔播之餘，饑渴風雨，胼胝手足，三月底績，亦已病矣。可不大哀邪？雖然敬天之命，惟是幾安，而股肱不良，萬事墮壞，安不忘危，逸能思始，彼何人哉？嗚呼！何念之深也。大禹不云乎勸之，以九歌俾勿壞，是宜紀功叙，遺厥嗣守之人。是年冬，張公至自京師，而漳浦進士林策，新爲人，上下相冀，慎固封守，遂立石焉。

（萬曆）《紹興府志》卷一七　蕭山西江塘在縣西南三十里，邑之盡處也。塘外爲富陽江，受金、衢、嚴、徽四府之水，其上源高，勢若建瓴。蕭山在其下流，獨賴此一帶之塘捍之。

清　毛奇齡《西河集》卷六七《兩浙巡撫金公重修西江塘碑記》

浙江爲三江之一，自姑蔑導坎，厯婺州、睦州以迄章安，而陡作一折，謂之浙江。蕭山西南偏，則折流之衝也。其水北注澥浰，抵所衝而詘而之西。於是築塘以捍之，以其地之在縣西也，名西江塘。明正統間，魏公文靖躬修之，厯百餘年。逮天啓改元，秋潦，水暴漲決塘，而奔民之骴衣漂漂者，相望千里，顧隨決隨築，不致大壞。今則五年之間且兩決矣。先是二十一年決二百餘丈，山、會、蕭三縣盡成澤國，鄉官姚總制捐貲修之。至二十六年，決二十餘丈，急畚擁間復決三十餘丈，非前此堷堅，而今堷疏也，又非堷之者不力也。前此北注浩浩，以漸而殺其折也，勾而不矩。勾而不矩，則水少力，水少力則增防易。固今則折流之西抱者，有沙生脇間，水之循沙而折者，沙轉出，則水轉猛，水轉猛則向之挽彊以西者，今徑矢而東，而於是承之者，以横亘尺土，當長江徑矢之衝。初如撞闉，繼如擣匿，下穴而上頽，欲其堷之久難矣。大中丞開府金公，視猶己溺，一日檄三，下舉三縣民生嘻嘻處堂者，而公悉驚爲灼體剖膚之痛，先審料形勢，若潭頭、若張家堰、若上落埠、若諸暨瀆、若於池、若大小門，臼歷求其受患之故，且務極根柢，必以築老塘，勿僅築備塘。爲斷曰：不見夫塞河者乎？河之患未有減于江，然而先之以石畚。石畚者，石畚也，繼以楗楗杙也，下淇園之竹以爲楗是也。而後加之以籥，籥者牆木而横之者也，而後填之以竹落。竹落者，河堤使者刳大竹爲落，實以石夾船，而沈之是也。夫如是而工亦幾矣，徒以老塘柢深，虛擲民間金，僅築備塘，此黄葉止啼耳。且棄民田，棄廬舍何益？自今伊始，毋怙舊，毋憚煩，毋補苴目前，而隳棄永久。牘十上十反，甚至集官民里老共議可否，必各使心伏，令畫押。上乃衆議，嚐然反謂築備塘便何也，以爲河堤無正衝者。旁決易補，而正衝難塞，一也。且河身高於堤，其決也堤耳，此則江深而堤高，堤亘于地，抵衝者以地不以堤，故當其衝。時先齧其堤築堤之地。所謂不與水爭地，其説二也。且水能決堤，不能決地，地藉堤地，而後堤隨之以傾。方春水發，堤地如蜾潭，不特捧土難塞，即填以巨舟，投以箭石，隨濤而捲，等于飄蓬。故畚楗之設，但施于堤，而不施于以禦漲水耳，能遜地于水，地不即渫，則堤不即壞，其説三。夫江流有定，而沙之遷徙有定乎？沙徙西則西衝，徙東則東衝，築一定之塘，不能抵數徙之衝，保無東向之沙，不仍徙而之西乎？其説四。要之，皆非公意也，是何也？則以公意在久遠，而順民之情，則仍近于補苴也。乃塘工所需，有云得利民田者民利之。民自築之蕭山，得利田計十六萬畝，而山、會二縣計一百萬畝有奇，則其利六倍于蕭。然且蕭山地高，而山、會地下，傾溢之害，亦復不啻數倍。天下未有利多而功慳，禍重而救反輕者。考之，嘉靖間三縣通修，曾無氐邛，今則山、會合金，僅足抵蕭山之一，似乎畸重，乃公復如傷爲念，惟恐民力之或不足。既已議輸四千金，蕭、山半之，山、會二縣共半之，而公特倡率司道捐金二千，却三縣之半，計程立簿，猶恐董之非人，則其工不固，且或來中飽之患，復簡屬吏之廉能而勤慎者，共推郡司馬馮君。會馮君以清軍兼攝水利，遂董其事。塘距水五丈，底七丈，頷二丈，高一丈五尺，長二百一十丈有奇。餘悉增庳培薄，内桓而外殺，礱之椓之，諒工役勤惰而親爲之犒。計楗若干，土若干，篰與石若干。自二十五年十月，至二十六年三月，凡六閱月工成。夫方州大臣興利除害，固屬本分，然往往視爲故事，遇修翰所關，一委之都水，聽其便宜，從未有己溺己飢如公者。且民利民築，嚮有成例，而公以冰清之操，却苞絶匭，然且惟恐民力之或竭，爲之割朏而剖腊，以資于成。繼此者可風。己公諱鋐，字治，公別字悚存，壬辰進士，由内翰林起家，改祭酒，歷按察、布政二司使，進兵部侍郎，巡撫福建，調繁爲今官。頌曰：於越同利，有如三江。北流而折，在餘暨傍。馮修匒匌，江姚洄湟。縵地逆防，民爲鯉魴。我公仁愛，宛如身創。負土作埭，捐金捍防。前者策堰，黿山仲房。我公嗣興，以頡以頏。公之功德，煌煌版章。祗此澤閿，一何汪洋。沙漫可泐，江積可當。公恩蕩蕩，千秋勿忘。

清 張文瑞《西江備塘記》（乾隆）《紹興府志》卷一五　黄河之防，水之所及而爲之限者，謂之縷堤。水之所未及，而預爲之限者，謂之遥堤。蓋河之決溢不常，縷堤或潰，猶有遥堤以制之，則不至于泛溢。四出而爲室廬田園之患，然非工力有餘，則不暇。以爲江之有備塘，猶河之有遥堤也。吾邑西江，向無備塘，康熙三十一年，楊樹灣、於家池、項家缺塘陷，縣令劉公始築備塘三百餘文，既修補缺陷處而別築新塘于内，亦預防之計，而民力已勞矣。今五十六年之築，則繼此而起，不得已而爲之者也。先是五十五年九月，總督滿公保按臨浙江，本縣諸生來竹吴道、魏憲尹、蔡森、張應甲、王腤智等請築西江備塘。呈稱自五十三年西江塘決，半爿山、楊家濱今年五月又決，麻溪壩、臨浦塘修築甫竣，而八月大潮又以塘坍。見告查自大門臼至小門臼一帶，塘身衝壞，塘脚搜空。又張家觜至朱家墩一帶，情形不減，大小門臼但欲帮潤，則外苦江深不測，無從措手，内苦塘河填塞維艱，欲增高則又苦于塘身無脚，如飄葉浮萍，徒勞無益。請照舊例于患缺腹裏，預築新塘，以備後患。總督批本府親勘，十一月，水府俞公卿踏勘定議，自汪家堰至朱前墩一帶地方，應築備塘四百六十五丈，基濶七丈，收頂三丈，高一丈六尺。又塘内取泥，僉地七丈，于本縣得利田一十三萬八千八百一十六畝，每畝出錢一十八文，共該額徵錢二千四百九十八貫有奇。外山、會協濟銀一千二百兩，據縣令趙公善昌會紳士公議，王君綏祖、來君珏、蔡君文謨、單君徐周、蔡君達、趙君邦鎮、吴君業、孫君曰發、及文瑞等董其事，預借庫帑，僱夫挑築。于五十六年正月經始，三月落成，計每丈工銀五兩，填河每丈量增工食，共用銀二千九百六十七兩，毁田一百二十三畝，地十四畝四分七釐，池一畝八分七。釐額糧照例攤入得利田，均輸差亦免。值遷民房若干間，遷墳二六，并給遷費。其六十兩係趙公捐俸，非舊例也。是舉也，名雖曰備塘，而去江無多丈尺，他日洪水衝激，惟有藉此爲捍禦，則實新塘也。與劉公之有外塘，復有内塘者，名同而實異矣。本縣尚有未徵錢若干，當爲修理舊塘之用，其事則俟後之當事者。

清 查祥《兩浙海塘通志》卷一　蕭山之西江塘，東南自桃源十四都臨浦，而至四都褚家墳。南北四十里，以其在縣之西，故謂之西江。

傳記

清 毛奇齡《西河集》卷九三《台州教授何公墓志銘》　台州府儒學教授何公，既死之四十二年，孝子之裕、之祚始以庚申之中春卜葬城南蜀山坂。時予居京師，孝子馳使賫書狀，請予志石。予與孝子交三十年，孝子每述其先人遺事流涕，雖遲久猶能記憶其百一。【略】崇禎元年秋，北海塘圮，浸城及雉而汨夫城之室廬，溺以萬計。其明年，西江塘又圮，幸預備不爲患，然已漂矣。公請邑大夫力任經度修翰兩塘間，甚至鎡肩畚手，日出笥中金，破産復半，而其役始竣。

清 李元度《國朝先正事略》卷五三《汪龍莊大令事略》　汪君，

名輝祖，字焕，曾號龍莊，浙江蕭山人。【略】乾隆三十一年，成進士，授湖南寧遠知縣。【略】未及四年，以足疾請告。【略】君歸里，值西江塘圮，關數邑水利，巡撫長麟公先後遣官勸君董其事，不獲辭。初估工費錢二萬八千九百緡，用君議，增工倍而省錢六千三百緡，工用堅實，爲永利。

清 邵晉涵《南江詩文鈔·文鈔》卷一一《户部湖廣司主事來君墓志銘》 君諱起峻，字魯登，江臯其號也。世居蕭山之長河。【略】乾隆二十四年舉於鄉，三十七年成進士，授户部湖廣司主事。【略】君又議繕西江塘，由蕭山以及山陰、會稽，爲江海保障，量廣袤倨句之數計役，授功庀材未蕆。會夏霖雨大至，君冒雨循塘行號，近甿具苦，蓋畚臿以保塘，而塘内積水已盛漲，田疇彌望成巨浸。則亟走三江閘，洩水以救田疇，雨甚舟幾覆，跣足行十餘里，閘啓水降，田疇得無恙。君以此得病，病遂不起，是則君於鄉里庶幾所謂以死勤事者。

清 陶元藻《泊鷗山房集》卷四《蔡三樂傳》 明處士蔡公，諱三樂，字菊泉，蕭山人。【略】西江塘當富春江下流之衝，每陰雨連綿，金、衢、徽、婺四郡之水建瓴而下鱉門，海潮又駕風而上，交會於彎環轉捩之處，洪波陡立，擊撞喧豗，此一綫危堤不足挈狂瀾之倒，而千重磊石難以保螘穴之踈也明甚。雖每歲費千有餘金補苴增葺，完固無期。天啓七年，邑令余敬中憂之，謂歲修之無功，由於督修之不善，必得不私其橐，不逸其躬者一人，指揮而約束之，庶克有濟。吾訪求二十四鄉，人莫賢三樂，能與之俱足矣。遂造其廬白事，一見語輒合，三樂即佽數百金爲捐輸倡導，命駕赴江干，權度高卑，審量厚薄，率夫役以興。三閱月工竣，堅好殊舊，常令嘉嘆，里閭歌舞之。僉曰：微斯人力，吾其魚久矣。

（康熙）《蕭山縣志》卷一七 黄懌字德和，由舉人知安溪，有惠政。民立石頌德祀之。名宦知常州，益著聲績，家居禮讓，非公事不見。邑令質行，可表鄉閭。子九臯，舉進士，居鄉嘗上書築西江塘，至今賴之。

紀事

清 查祥《兩浙海塘通志》卷一八 正德十四年六月，蕭山西江水溢塘傾，邑市浸者數日。司府以鄉官錢鉉議發倉粟，募民築之。

又 嘉靖十八年六月，江水决，蕭山塘壞，山、會俱爲巨浸。邑進士黄九臯以書上巡按傅鳳翔，傅爲感動，大興塘工，檄通判周表督其事。築成，基闊七丈，收頂三丈，身高三丈有奇。南起傅家山嘴，北盡四都半爿山，横亘二十餘里。

又 黄九臯書：竊觀蕭山地方，紹興府之西北隅，錢塘江之東南濱也。傍海爲縣，堤東南自桃源十四都臨浦，而至四都褚家墳。南北四十里，所以防上江之水，在縣之西，謂之西江塘。江至四都，則折而東矣。故自四都而至龕山，東西六十餘里，所以禦大江之潮，在縣之北謂之北海塘，皆沿浙江爲之也。浙江上流，蓋自三衢之水，東流龍游，經蘭溪、嚴州、桐廬、富陽，直抵蕭之地，名漁浦，而滙於錢塘，此上江之經流也。其所受支流尤多，金華温處之水自蘭溪入，徽州之水自嚴州入，新城分水之水自桐廬入，皆東注之漁浦之南。則概浦江也，受諸暨、浦江、義烏之水，經臨浦、磧堰，而北注之漁浦。又合諸府山水，曲折而北，經四都西北十餘里，則又自北而東滙于錢塘，是謂浙江，蕭人呼爲大江。蕭山正在其東南，轉屈之間，此江流之曲逆水勢所必衝，其害一也。大江兩涯相去一十八里，江面汪洋，水有休息，故左右游波，寬緩而不迫。上江之面不盈一里，則窄隘而不容，泛濫而難泄，此上江之不寬，水勢所以必溢，其害二也。蕭山在江東南，地頗低窪，杭、嚴、徽、信、金、衢、温處八府在江之西，崇山峻嶺，凡遇霪雨，山水奔騰而東。俯視蕭山，若建瓴。然此地形之高卑，水勢所必趨，其害三也。方山水之初漲也，西江塘面去水無幾，杌棿之勢，惟恐不支。然山水自上而下，海潮自下而上，朝潮夕汐，應時而至，勢如排山，逸於奔駟。東風駕濤，一息千里。時方小信，猶有落水之候，若遇大信，潮水有升而無降，山水有加而無已。上下衝激，彼此怒號，頃刻之間沸涌尋丈，塘土幾何而能當此？此際既無洞庭、彭蠡之滙，則必有衝潰泛溢之勢，此潮信之加漲，江塘之反卑，其害四也。國初，上江洪流在漁浦西北十餘里，東北入大江，若夫槩浦江之水，經臨浦麻溪，是謂小江。東至三江入海，大江在縣西北，小江在縣東南，縣以一江爲界，素不相涉。成化間，浮梁戴公琥來守紹興，見山、會、蕭山三縣之田，歲被小江之害，且小江兩涯皆斥鹵之地，萑葦之場，可以田而耕也。相度臨浦之北、漁浦之南，各有小港，小舟可通其中，惟有磧堰小山爲限。因鑿通磧堰之山，引槩浦江而北，使自漁浦而入大江。由是槩浦江與大江合而爲一，乃大築臨浦之麻溪壩，使槩浦江之水不得由小江而下，以爲山、會西北、蕭山東南之害。又於濱海之地修築三江，柘林夾篷，徧拖四所陡門，節潮水之上下，由是附近小江之民反藉小江爲利，而兩涯之斥鹵者，今民居矣，萑葦者今桑田矣。戴公之功也，小江居民實受其福，而西江水患從此滋甚。《考功記》曰：善溝者水齧之，善防者水淫之，蓋謂上水湍流峻急，則自然下水，沙泥齧去矣。戴公之初心，惟恐漁浦磧堰之砂不能一朝齧去，以通槩浦江之水，而浚滌之尤拳拳焉。豈知數十年來，日漸月洗，決齧流移，漁浦江塘屢被衝壞，日徙而東，曠爲巨浸。里冊之坍江，不知凡幾。貧民之賠米，了無紀極，戴公豈知有今日哉？漁浦受累，蓋亦久矣。是以上江洪流亦徙而南，混爲一區，以漁浦爲滙。國初洪流之在北者，漲爲高沙，乃在錢塘縣境。今之所謂新江嘴，俗呼爲米貴沙，即此地也。自磧堰既開，江流日剝而東南，其害五也。受此五害，蕭民日以西江爲患，蓋嘗訪之江濱，西江之塘從古有之，不知其始自四都，至漁浦十五里古塘也。古塘之式崇高三丈，基濶五丈，其面半之，間有内外溝港抵塘之處，甃以巨石，朝之木樁，樹之榆柳，聯之民居，歷代雖久，尚有存者。若漁浦而至臨浦、麻溪壩二十五里，則磧堰既開，之後江水泛溢，所以戴公彷古式而爲塘，崇廣之數，一如古焉。是皆謂之西江塘也。夫何時平法玩，歲久不修，而塘之三蠹生焉。一則蠹於私窪之穴窟也，二則蠹於削塘以通貨也，三則蠹於上都之偷掘也。蓋近塘高田，凡遇旱乾則掘塘甃霪以通車戽，汲引江水以灌田禾，苟辦目前之急，不虞身後之患。江流漲時，霪穴通水，涓涓之泉，勢將滔天。禾固無收，而家亦蕩廢矣。此爲塘之蠹者一也。在臨浦、義橋、倪家壩則有水簰引鹽之出入，在汪家堰、楊家浜、聞家堰則有薪柴磚瓦之出入，射利商人削去塘土以便搬運，凡此之地不知幾所。客貨既過，而塘土不增，但知用時而不顧後患矣。此爲塘之蠹者二也。大雨之後，西江水漲大信之後，江濤沸涌，時有桃源鄉田在西江之西，爲水注溺，計出無奈，則百十爲群，黄夜偷掘江塘，使水從内而灌，桃源始得蘇息。不知一鄉之害雖去，而三縣之害無紀極矣，此爲塘之蠹者三也。凡此三蠹，塘長知而不敢言，告諸官而不加禁，一經霪雨，三蠹畢生，即出不意，踰塘而入。自正德己卯大水入，嘉靖元年水再入，六年丁亥水又入，十二年癸巳水又入，今年六月大水又入。凡江漲也，必以梅雨水之入也，多以六月。自己卯至己亥，首尾剛二十年，而爲大水漂流者五度矣，是豈水之罪哉？地勢卑而不振，堤防決而不修，三蠹集而不知，人心懈而不守，遂使滔天之勢排空而入，不惟巨浸蕭山，而且流毒山會，茫無垠岸，連爲一壑，流徙我桑田，漂泊我廬舍，汩溺我士女，損蝕我農工。斯民之不爲魚鼈者，能幾何哉？惟時蕭山、山、會三縣洩水之處，惟三江陡門而已。連年陡門久閉，海道堙塞，我府尊篤齋湯公，移置三江城，外建應宿閘，多張水門二十八洞，賴此而水有所歸，始易疏泄。然是閘也，本以疏内河之水，當洪水大發之時，猶懼患難盡，尖計出無奈，則決北海塘，許家缺二都，蘆康河三都、股堰、大堰等處，分殺水勢。徐俟旬月，然後水落土見，降邱宅土，而一年之生理去矣。交秋之候，買苗插田，而播種失時，必無西成之望。卑濕沮洳，疫疾繼發，而無和藥之需。待哺嗷嗷，群聚爲盗，而無垣墉之蔽。家無儲石，野無青草。服食之物腐爛一空，啼哭之聲達於四境，目擊其害，誰不痛心？然則西江無塘，蕭民難保，其生塘弗崇廣，猶無塘也。十年之前，憲副丁公沂、僉憲蔡公乾相繼來督水利，慨然動慮，加意窮民，乃準近年之水痕，尋先朝之故迹。謂塘非高三丈，不足以當江漲也。謂基非濶五丈，不足以爲巨防也。乃出舍於江皋，責山陰之助役。又作樣塘十餘所，制準架一座，預期塘成之後，使人挽曳而前。有不如式即治其罪，甚盛心也。民方樂於赴功，擬覩厥成，不意二公升秩繼去，執事之人不皆二公之心，竟托空言，良可嘆也。嗣後張侯選、王侯聘相繼來尹蕭山，愷悌之心，民豈可忘？而工役浩煩，非一邑可辦，措置艱難，而銀錢有限，督理心勞，而民力易竭。是以塘之高廣，不如古式，而補塞罅漏，終非永圖。故曰：不一勞者不永佚，不暫費者不大蠲。然則大興工役，必何如而可？蓋西江之害，小江之害移之也。然西江塘必朝浸蕭山，而夕達山、會，脣亡齒寒，裘破而毛無所傅。害每相因，竟未嘗免。蕭山既爲山、會而受害，則山會當助蕭山而築塘。近聞小江新漲之田，年來三縣從輕科糧漁浦之民，欲將此糧凑抵西江之坍江，今非所及也，亦且未暇以小江之利爲辨。近年湯侯之築三江塘閘也，本在山、會之地，而蕭山水利亦賴疏洩，是以民皆樂從而助費、助工，未嘗有失。今西江之塘雖在蕭山而山會之民同其休戚。然則築西江塘之費，應倣三江閘之故事而行之。夫豈不可，葢三江閘三縣之下流也，水患所由洩；西江塘，三縣之上游也，水患所由來。水脉流通，本同一地利害相因，事同一體。防江捍海，罔非民功，我往彼來，罔非己事。請以蕭山、山陰、會稽三縣連年庫存修塘銀兩催倩築塘丁夫，并力合心，共興大役，分授地里，各效其能。在山、會所不能辭，在蕭山亦不爲泰，理所相因，情所必至也。恭惟明公在上，俯念斯民之窮，彌縫天地之缺，尋按舊迹，講自古今利害之原，相度原隰，務爲萬世永賴之利。以三縣之田丁興四十年之工役，秉獨斷以致決，而百堵皆興。禁三蠹於將萌而五害屏息。是謂佚道，使民雖勞不怨，慎終如始，不惡而嚴其間，經畫區處之方，明公自有成算。奚俟於贅詞哉？吴鼎《重建西江塘記略》：蕭山邑於紹興府之西鄙，北濵鉅海，南當太末、東陽、富春諸川之水，西漸錢塘江，水波尤惡。前代三面環設長堤以防患，亦隨時救弊策也。然堤外諸暨之民，利于堤壞，則彼無壅遏，田多收，往往竊來毁堤。堤故卑薄，又苦商旅蹂躪不戒，爲日久矣。嘉靖十八年夏五月，天連雨至，於六月上游諸郡水大至，咸滙於下流，江海溢溢，决壞西江塘四十餘里。水高於防三倍，湛溺官寺、人民廬舍、田稼、畜藏，無慮數千萬百姓嗷嗷流散，懷襄之勢未止。時部使者應山傅公按越聞之，瞿然失席，曰：天實以儆我二三有位，何敢不傾府庫，平繇作堙塞洪流，以紓元元之命乎？顧兹役甚大，惟通判周表職司治水，宜益奮貞亮秉節爲民禦患。於是周君日夜圖上方略，愼簡諸執事，而博謀於鄉士大夫，深論便宜，分別利害，擇善而從。衆獻議曰：計築西江塘萬有百餘丈，程之合役六千，人人三十，日日受平，價不過費白金百二十鎰，亦可以事諸失業浮民衣食，縣官而爲作治，兩便，五堰通商，尤爲要害計。作石堤勢必完安，發邑中諸豪坐法者，代買薪石贖罪。夫喜免刑辱，而自爲除疾，亦人情也。其董役官各有分地，庶可考驗成功。議上報曰：善亟行之，乃閏七月朔，周君如策，率吏民事。事凡八旬，西江塘成。崇於故防四之三，基廣於舊十之四，其網二丈，屹如崇墉，限隔江海，越民知免於昏墊矣。

又　萬曆十四年七月十八日，江潮大作，洗入沙地千餘丈，室廬衝壞者數百間。蕭山縣知縣劉會力請改築石塘，其制先溝三尺，每丈以松樁徑七寸、長九尺者五十根，花釘沒土。尋以羊山等宕石長一丈、厚八寸兩塊連接，丈有六尺，鱗次直壓樁上爲脚石，叠至十六層，高一丈二尺九寸，每二層縮尺許，至塘面廣一丈，用統石葢。下每層止用兩塊，直接自官巷至永興閘，用此制。自閘南至官埠俱因舊塘基增築，不用樁石。用八尺者直疊十六層，自官埠至股堰，北偏仍用樁疊石，一如官巷制。特每層縮八寸，作階級以便上下。官巷中衕口塘外釘盪浪樁二，共長六十餘步，計塘延袤三百三十二丈，工費一萬六千一百六十八兩。

又　劉會《築塘議略》：蕭山爲塘者二，分捍江海，向并時修葺彼北海塘，無論已若西江者。時值安波，吏民恬習，如慮近塘惰夫，濫冒築費，修築科價徒，叢奸弊。一旦難作，悔何及哉？竊謂此役終不可已，在矯其弊而救之耳。莫若派該圖得利田户，身操版鍤，守其所分。遇大造而更，則事有專任，如慮丁夫，削舊塘冒新功，莫若分都挨里，修葺工竣。輒以石表識其處，責有所歸，如慮樁篰，洗出居民，拾之爲薪。莫若僉近塘殷户爲長，察之某工，洗出即責某工復之，不唯斷拾取之弊，而塘日益堅矣。如是則里長各保門户，知利害且葺塘，即自葺稼也。設有不虞，一呼即至，孰有惰窳敗事者哉？温純《西江塘記略》：在越紹興郡蕭山縣西十里許爲西興鎮，鎮被錢塘江，江被海起鎮，以達郡者，運河也。錢武肅王鏐故建塘以鎮海潮，日再至，歲久寖决寖修。至丙戌，大決，民居漂數百家，江且及河，害且及郡。郡守蕭良幹、邑令劉會上狀，余因同直指使者，傅公好禮、李公天麟請於朝，而各以贖鍰佐之發郡。若邑倉粟半不足，取於山、會、蕭三縣田畆，量工授食。以通判卜鎧總領，郡幕陳策、縣丞王箕、典史徐閩分任其事。六閱月而工竣。又復故鎮海樓，余渡江中流，觀塘壁立，樓峰峙榜。人則指中流，謂余曰：此錢氏故塘所也。余悵然太息者久之，既還武林，署會有客過。余言：塘自武肅，歷守吴芾氏而來，畚鍤之役略可得而言。洪武中遣尚書郎暨藩大夫治，而周文襄公功最著。于宣德間至于今，波流極矣。石非因于故也，而下木以爲楗，朝下則潮夕推之，夕下則朝潮推之，雖鞭之長不及馬腹，毋論武肅舉一國之力，損數百萬緡，集强弩射潮。即洪武之役，取材他，郡藉力他邑，而文襄周公便宜括贖鍰數，莫可詰難矣。今上神靈岳瀆，挾肹蠁而左右相之，守祭潮。潮退，判令、幕丞身撬樺經營費不盈二萬，工不及三時，人力不至於此。豈禹廟在越，而陰以浚川，刊木之烈導耶？何成之易也。越自是有裨益，而公之中流興嘆者何也？余曰：今天下大患在失時，在諉事。及時則事半功倍，踰時則事倍功半，不待智者而後知也。今之守令無能名一錢，費以萬計，不效則有文法，效則亦有唇吻。以故事即不可已，苟可緩目前，即遺大費于後。曰：後人之責也，文法唇吻我無與耳。今日之役，盍迫于江，且及河害，且及郡而爲之也。語曰：議穴不塞，將成江河。余故臨流而嘆。客曰：善因記之，以告後之守令，毋若此役之迫于江，且及河害，且及郡而爲之也。

又 按《蕭山縣志》：西江塘在縣治西南三十里，跨苧蘿、新義、安養諸鄉，横亘五十餘里，計十有六處。曰諸暨墳，曰潭頭，曰上塘嘴，曰聞家堰，曰項家缺，曰于家池，曰張家堰，曰上落埠，曰汪家堰，曰大門柏，曰吴家堰，曰方家堰，曰周老堰，曰傅家山，曰義橋，曰新壩。各設塘長看守，但不言設于何時。查此條萬歷十四年知縣事劉會有僉，近塘殷户爲長之議，則設於是時，無疑也。

又 崇禎十五年五月，梅雨，江水泛溢，壞蕭山縣西江塘，田禾盡淹。六月，復溢道府及山、會兩縣，親勘塘缺督修。皇朝順治十一年，蕭山縣令韓昌先集議，分段修築汪家堰、大門柏、丁家庄、于家池、楊樹灣、聞家堰、潭頭、諸暨墳等處江塘。

又 十七年，修築蕭山縣西江塘。自大門柏上落埠起，至于家池止。

又 康熙四年，蕭山縣江水泛溢，大修江塘。

又 周之冕《西江塘議》：西江塘爲金、衢、徽、婺、暨、陽諸水所經，易於衝決。前人言之詳耳，而獨惜其無永久之策，何哉？邑之捍海塘最爲要害，然潮水平漲，雖澎湃而不傷其根，故易土以石，可一勞而永逸矣。西江之水，發若建瓴，每遇屈曲，則回湍激射，旁搜下注，輒成潭穴，深至數十尋，亘數十尋。雖上有堅砌之石，僅等飄萍敗葉耳。故即易土以石，難言底績也。然今日之患更不在湍急之難防，而在修築之無實。往例，西塘派各都里長分段修築，俱苟且塞責，無實心實力之人以任之，值全坍者，費百餘金，不能成功，徒相爲欺。隱值稍坍者，僅賄差役以免苛責。所以小民歲有修塘之費，而無修塘之功，僉謀有識，謂莫若于得利。田畝派出樁節，人工之費，公舉誠實耆民專任修理，不用催督，則人有專責而無差役之需索。里長金錢一分，有一分之實濟，一歲省數歲之虚糜，塘政莫善於此。然而此法多不行者，則以縣間恐受加派之名，里長率多頑抗之輩，輸將不前，任事者不能爲無米之炊耳。夫修築江塘，費無額設，不過以蕭山之民力，禦蕭山之水灾，原非加派，亦何嫌何忌也？試使縣父母加意嚴徵，孰敢怠抗？但可異者，蕭山得利田原有定額，而數年之間缺額至萬餘畝，豈曰悉變滄海邪？猶當嚴諭總書，確合其實，毋使規避，斯爲盡善耳。

又 十三年蕭山縣項家缺圮，邑人周之冕躬任督修，舊時殘缺悉完固。

又 二十五年，上江洪水泛漲，蕭山縣西江塘坍毁百有餘丈。邑令劉儼捐貲修築。時巡撫檄紹興，并山、會、蕭三縣會議修築，於蕭山縣得利田輸銀二千兩，山、會輸銀二千兩，巡撫以下各輸銀若干。二十六年正月興工，三月工竣。

又 三十一年，蕭山縣西江塘、楊樹灣、于家池、項家缺等處塘陷三百二十八丈，邑令劉儼捐貲預築小塘。時督撫檄紹興山、會、蕭三縣會議修築，閱兩月報竣。塘脚潤七丈，塘面潤二丈，塘身高一丈五尺。

又 乾隆【略】六年，閩浙總督署巡撫宗室德沛題修蕭山縣西江塘、潭頭、聞家堰等處石塘一百六十二丈二尺，用過銀二千三百七十五兩零。

又 七年四月，巡撫常安咨請加培蕭山縣孔家埠土塘九十丈，用過銀三百六十四兩零。八月，巡撫常安又咨請修築蕭山縣荷花池、洪家莊等處柴土各塘，改建石簍壩，以資捍禦，用過銀四百三兩零。

又 九年，巡撫常安題修錢塘縣雞鵝場等處江塘二百一十六丈，共用工料銀一千六百六十五兩零。五月，又咨請修築蕭山縣西江塘、聞家堰石塘一十三丈，用過銀三百八十八兩零。題修蕭山縣河南坂鄉塘，係南江桃源二鄉沿江土堤，共長二千五百五十七丈，用過銀一千六百二兩

零。【略】

又 十一年七月，巡撫常安咨請修築蕭山縣西江塘、洪家莊石塘三十五丈，又修築洗牛池、桃樹灣、漁浦街土塘一百三十丈，用過銀一千八百七十三兩零。

又 十三年八月，巡撫方觀承咨請修築蕭山縣西江塘、洪家莊舊石塘一十三丈六尺，又搶築孔家埠、漁浦、街柴塘六十七丈，共用銀一千二百五十四兩零。

雜録

清 李慈銘《越縵堂文集》卷八 李慈銘曰：事非知之難，行之難，士夫平居議論，視天下事無不可爲，及當之，鮮有不撓者。歲乙丑，越中大水，西江塘大決。余時里居，郡守高君强之治塘，余始視地形，籌土石薪木之費，以爲事可立辦。既而吏之老而悍者，掣其權民之獷者，梗其議冒利者，競進嫉忌者，力構衆口嚣騰，危欲敗而僅免。始嘆任事之才不易，而鄉里爲尤難也。比十餘年，浙吏大治仁和、海寧兩境海塘，歷巡撫已四政，縻帑金至七百餘萬，而事猶不集。海寧、尖山之塘，浙西稱最險，與浙東之查浦比者也。官吏道謀，未知所措，安得起君而詢之哉？

清 王端履《重論文齋筆録》卷二 嘉慶戊辰，富春江水泛溢，吾邑西江塘潰決數處。時阮雲臺師重撫浙江，亟籌捐貲修築，仍延先君董其事。越二年功竣，鄉人感戴公德，創建阮懷亭，以志勿諼之意。中竪重修《西江碑記》，先君即以『漁浦浪花搖素壁，西陵樹色入秋窗』句鎸作柱聯。今歲久亭圮，碑石無存，故址已不可問。故余有詩云：漁浦浪花搖素壁，西陵樹色入秋窗。白頭野老談遺事，猶説碑亭向大江。

又 卷七 吾邑三面瀕江，全賴西江塘爲之保障。而南鄉臨浦，據闔邑上游，又爲諸暨江頂衝，尤爲險要。外爲山陰天樂鄉地，有田千餘畝，居民環築一塘，名石堡阪，塘包西江塘之外。道光辛丑五月，江水驟發，石堡阪塘圮，幸鄉民救護得力，西江塘得保無虞。蓋石堡阪塘向任之阪內孫姓，今孫姓日就陵替，無暇顧及塘工，故潰決屢見。因讀先君孫思贊家傳叙述情形，瞭如指掌，謹録之於左，俾後承辦江塘有所取法焉。

清 吴熊光《伊江筆録》下編 傅平令朱坤先秉鐸蕭山。戊寅夏，兩縣大水。朱上書太守，請將西江塘改築石塘，修復龕山、長山、龍口諸閘。縣令茹其言，格不行。秋大雨，没禾，府始開長山閘洩水，縣僅以安。庚寅秋，大風潮，蕭山塘壞，死者二萬餘人。邑人嘆息，朱言未早用。朱後官山左，亦得民情。

西界塘

（光緒）《慈溪縣志》卷一〇 西界塘，縣西北六十五里鄭家浦西，自南而北，以障姚邑之水。

清 牟温典《諭禁碑》（光緒）《慈溪縣志》卷一〇 爲示禁事。據生員胡承先等呈，稱竊生等北鄉浪港山後沿海沙塗地畝，半係書院公彦，半係水鄉糧地，向歸就近農民種植春麥秋棉，其地西靠界塘以禦西流，北靠鄭家浦以放積水，是塘是浦，爲各塗地之保障，歷久相安無異。近因年久，屢被西水衝溢，塘堤坍塌，浦口淤淺，地遭湮没。於咸豐八年二月閒彙衆邀集各業户妥議章程，按畝捐費，將西界塘添買地畝，加築高闊，鄭家浦加工疏浚，照舊流通，并建新壩一座，以備宣洩。至西界塘，即西龍山之尾，其山前屬民，山後屬灶，向有普濟、聚金兩閘，歲久漸漏。另在普濟閘下新造一壩一閘，以絶湖水入灶，海水入民之患。當經議立章程，按畝捐費，呈蒙前主給示，曉諭興工在案。今已工竣，共用工料錢一千八百八十餘千，捐補清楚。誠恐新築塘堤泥土未堅，且有無恥之徒掏掘墾削，私設陰洞，於塘堤大有窒礙，公叩給示永禁，俾便勒石遵守等情到縣。據此，除批示外，合行出示例禁爲此示。仰該處附近居民及地保人等知悉。爾等須知該紳董等修築浦塘，保衛塗地，現在公叩稟，請示禁以爲永保水利起見。自示之後，如有不法之徒掏掘墾削，私設陰洞，許該紳董等投明地保，指名稟縣，以憑提案究懲，決不寛貸，各宜懔遵，無違特示：一、塘路底闊兩弓，面闊一弓，塘高三尺，禁墾削掏掘，私設陰洞。一、塘柴不準私割，以抵管塘、管閘工食。咸豐十一年七月日給。

清 賀瑗《諭禁碑》（光緒）《慈溪縣志》卷一〇 爲給示永禁事。據三十都四、五、六啚舉人洪禹鈞等呈，稱職等世居北鄉，沿海灶課塗地一萬數千畝，東至觀海衛牛路，南至浪港山後，西至界塘，北至海塗，向有西界塘阻禦西水，鄭家浦以洩積水，所有農民種植木棉，相安已久。詎上年夏季久雨，水患大作，其泥牛塘、下西界塘坍塌，兼之浦泥淤塞，以致西水泛溢，浸壞花息。職等邀集各業户妥議，按畝派費，先行浚浦洩水，又將泥牛塘、上界塘修補增高。塘下界塘低狹，公買得韓姓晝錦堂路地，自泥牛塘下至備潮塘，靠路地東邊做塘，備潮塘至晏海塘，靠路地西邊做塘。照老塘路加高三尺，塡底九尺，面闊六尺，可以禦西水之衝溢。至於觀海、衛牛路東首蛟門浦，同時浚掘，均已告竣，則灶地有益。恐有不法之徒在浦塘内掏掘墾削，私開陰洞，并據晝錦堂議，據公叩給示勒禁等情。據此，除批示外，合行出示勒禁爲此示。仰該處居民知悉，爾等須知塘堤圮壞，浦河淤塞，既妨水利，有礙民生，該職等事先集於同人，功已奏於既濟，罔俾侵削，冀永固於苞桑，勒禁碑摩以長保茲畎畝。自示之後，倘有不法之徒仍敢在浦塘内掏掘墾削，許就地紳民指名稟縣，以憑提究，各宜懔遵，特示。同治五年五月十三日給。

峴山通塘

明 朱長春《朱太復乙集》卷二三《太守陳志行公建築城南峴山通塘記》 信夫甚哉！水之爲利害也，天地有偏，聖人不能違。能唯因用而通塞相之，不得人，天地亦幾無能其利。萬物給而於地，員重其害，墊枯敗廬稼而於稼重，其治殺盈濟虛引利制害，而害爲利重。水地曰，地之血氣如筋脉之通流，亢害承制，要于粒民。則浚畎距川，始禹功明德遠矣。嗣後西門、鄭、白、樊惠之渠興，沃田富國食民，爰歌咏之，主以起利天地之所無，不關去害，水之害，故亟于利大矣。治二，曰障，曰疏，鄣于黄河金堤重，而兼兩惠永，其七門堰稱著，盖伊耆之坊庸事，抑合禹迹疏瀹水之道乎。太上貴因，因利而利之，法曰去其害馬，故渠利于無水之區，而堰塘利于多水。天下多水之地，江南爲盛，江南之浸，其大三江五湖震澤爲盛。震，蕩也，怒也。一曰太湖，緣湖三吴，吴興爲盛，宅湖之陽上流，兩苕水發天目來，瀦於澤，近當其匯，而西廹洪湍，往往不及灑驟沸，溢一日夜齊于舍，民田可知也。故江南三湖之間歲多潦，吴興常最。西南萬山百餘里，黄梅霪，諸溪谷水壯，并三道下會于城南峴山，山以内郭西灣别一道，深者三二十里，其陸進五六十里，巖環矗，諸渠隨山來，往往被水患又最。其田賦居烏程六之一，其山兩南北條，南盡峴道場，北盡康山，由剎關分兩馳，迤二十餘里赴城。遠山衆陡，泉澍山中，田居水中，山圍水外。渟爲漾三，曰廟前，曰草蕩，曰夾山，夾兩山也。西環峴最大，納諸流波蕩而出一渠，曰沈店橋。橋夷岸，口財容刀。南二橋，曰壇前，曰百明。内渠泣隘，外堤薄半陁，前臨南湖，曰碧浪湖，古曰峴山溪。水壯，則決堤倒溢入，并爲害，其來如彼，其洩如此，宜乎其患也久矣，十年而五。小浸，即田連湖，一望淼白，廬屋浮，浮水沙中若舟，民流食于他，止者菰蔆漁采廑給，輒疾河魚死，盖萬曆十五六年大殺，死飢疫垂半，骸塞野，而夾山以西存無什三，如此而賦又可知矣。其民驟告當事，蒿目不得莱，則望洋嘆。今三十三年，太守陳公來，長者，一意勤民，日夜搰搰，爲求患害捍除以歸于利。民又告之，公行峴山，望其流，登降周度，凡三登，召父老謂曰：吾知患所出矣，損有餘，益不足，天道也。合則盈，分則損，乃度唐自山川壇北盡民舍，南至百明橋、古橋二，益設新平橋三，凡五。内疏支渠，廣深之，建夾山，引漾水瀹分出於五橋，外塘辟古之半，累高甃石爲堤，以捍湖溢，緣树以木，蔥蔥映湖山。又南接古峴山，橋廢，按《志》疏復之，迤盤山又西，至峴山寺門止。塘凡修二百五十丈有奇，廣二丈六尺，堤高七尺五寸，役五閱月，不賦里，不庸夫，民晏然而功竣。塘内凡鄉區四，田畆四萬七千有奇，圩圍四百九十有奇，居人户數萬，欣欣平成，庶幾夏甸中可得而食也。三老、里正施成等赴直指御史，請刻石爲碑，記事額以杜侵，□□修便，嗣功德永久矣。衆以道民不阿，徵爲記。請曰：通塘志本利也，諸水皆導峴山後通湖，故從峴山云。太守公，名幼學，字志行，别號筠塘，無錫人，中萬曆己丑進士。

外史道民曰，吏道多端，歸以循民利之爲久。府君治三年，初剪豪則猾，理沉逋，詰盜，申保，親按行鄉約，問孝弟，廣學宫，集生徒弘文斌斌。已繕津梁，治道築塘，飭然新也。一府君之利，未若天地之利，南塘爲最。塘自城達峴山，其南連蘇湾，文忠蘇公治故堤在焉。兩堤於兩太守不朽，然而食民利縣矣。錢唐西湖古葑區，澱，白蘇兩公先後浚，起堤蓄成湖，建閘灑溉田，萬世粒食之。今于湖爲勝，六橋西陵士女車馬樂盤游，甲天下，幾不知田之沃利。吴興之勝，峴山帶道場，浮玉立湖中，南湖於西湖亞。塘成，数萬口農謡鼓腹於中：一郡行春山水間，衢尊歌舞于外。夫政猛則民騷，和則民樂，侈不急則騷，利則樂。《語》曰：難與慮始，可與樂成。《詩》云：無德與女，式歌且舞。至於歌舞，而樂幾於忘，忘乃大，大乃久。

許浦塘

綜述

明 楊循吉《弘治浚許浦梅李塘志》《吴中水利全書》卷一八　許浦塘，在常熟縣治東北，爲諸湖所輸入海之川水口。舊設巡檢司，因海潮内蝕，已三易地矣。浦亦壅塞，鮮通。弘治十二年，知縣楊子器興工開浚，凡長四千三百二十丈。復浚上流梅李，六千一百三十丈，爲工總三萬三千，木石工食之費僅二千緡。

明 倪岳《浚許浦塘記》（萬曆）《常熟縣私志》卷二二　四明楊君子器，以名進士來知縣事，孳孳治理。事有病民者，次第罷去，惟是縣治。濵海，其東北有許浦塘，上接梅李塘，會昆承諸湖水，以達于海。在宋元時嘗立水軍寨，建爲鉅鎮。我朝更置巡檢司，以事防守。歷歲滋久，海水衝坍，至今海口已三十六里。巡司三易其地，浦爲潮沙所壅，堙塞亦久。旱則潮汐弗通，澇則沮洳弗泄，民兩病之。君軫于中，思力浚治，以工鉅未易，適水部郎中、新喻傅君奉命來司水政。遂命治農丞趙祥者董其役，民用胥勸，役者子來。于是浚許浦之壅者，闊十二丈，深八尺，長四千三百二十丈有奇，分占工作，稍食稱事。爲力易者，人三尺；爲力難者，人一尺有奇。工畢，即釋，不計早暮，不踰月告成。凡役二萬二千人有奇，鑿地之紆者十有二。所除兩崖積土，以爲坦道，植柳于兩崖之上，俾土不善崩以蔭行者。得舊石閘于雙墩，移置海口，俾啓閉以時蓄泄有節，旱澇無虞。易置巡司于閘上，用便巡邏，復謂梅李。寔居上流水，比不通舟，行用阻，仍以萬二千餘人浚之。長六千一百三十丈有奇，深濶減許浦十之二。始浚許浦，繼浚梅李。蓋自城東門抵海口七十里有奇，凡爲工三萬三千有奇，木食工之費僅二千緡有奇。始工于宏治己未十一月，訖工于庚申正月。爲費省而成功，速有如是哉！邑人咸謂：是浦之爲民病者，幾五十年矣。一旦賴賢令尹之力，民享其利者，將無窮。乃建亭鑿石置諸閘上。介邑庠生朱紳來請記。余惟朝廷張官置吏，惟以爲民。故閭閻之下，呻吟病苦，三年親民者，是賴而世之。鋭者樂于速化，既無意于爲民；鈍者安于無爲，又無力於爲民。是以民病日深，莫可告語。若今許浦之役，其事最重大，其費最浩。穰使非楊君篤于爲民，傳君樂于從善。欲求是浦底，績不亦難乎？孔子論政曰：因民所利而利之，擇可勞而勞之。楊君其庶幾焉？是用具書以告來者。

傳記

明 邵寶《容春堂集·後集》卷四《河南左布政使楊公子器墓志》　君諱子器【略】。成化丙午經魁，明年丁未成進士。除知崑山縣，以石田憂去。弘治甲寅，起復知山西之高平。二年，調常熟【略】。東南諸水，由常熟白塘入海。工侍淳安徐公，嘗合四郡疏利之。會有漲沙，當海口潮汐，增淤水患如故。君相許浦塘，便率民開之，比歲，衝流日深水，不爲患。

（光緒）《平湖縣志》卷一五　孫成泰，字允交，號景蜃，簡肅植季子，萬歷丁丑進士。【略】量移南直蘇州府同知，浚治許浦塘。楊林河奚浦水利攸賴？

紀事

明 張内藴《三吴水考》卷一五　弘治十二年，【略】浚許浦塘，知常熟縣。楊子器以塘壅塞，浚之。廣十二丈，深八尺，長四千三百二十丈。得舊石閘於雙墩，移置海口，謂梅李。居於上流，復浚之，長六千一百三十丈，深廣減許浦十之二。

（同治）《蘇州府志》卷一〇 弘治【略】十一年，提督水利工部郎中傅潮浚常熟許浦、梅李二塘。從知縣楊子器、議委縣丞趙祥董役，三閱月訖工。案沈啓《水考》作十二年。

（光緒）《常昭合志稿》卷九 光緒【略】十七年春開梅、許塘河道。是項工費先於十四年九月起，在梅李、許浦兩鎮預抽貨捐。至是年正月二十日開工，自張家橋起，至江夏橋東大壩止。中橫東北鹽鐵塘，南至界圩廟橋，北至陶公橋止，統共長二千八百五十二丈。兼挑許浦塘、運石河，即東李墓塘止，長九百七十二丈，計用錢一萬五千六百餘串。三月十四日竣工。

藝文

明 周霞賓《許浦》（康熙）《常熟縣志》卷二 形勢東南地，兵戈阻隔時。樓船張水障，幕府壯雲麾。江口衝寒急，潮頭應月遲。空存舊營樹，夜夜海風吹。

雜録

明 張國維《吴中水利全書》卷一六 許浦塘一道，長二千二百九十丈，底濶三丈，加深四尺二寸。附近横塘等支河，共三道，共長三千六百五十丈五尺，底濶一丈五尺，今浚深三尺。

（康熙）《常熟縣志》卷二 許浦，在縣北七十里，西接梅李塘，北入揚子江。宋設水軍寨二以都統制領之，平江守臣以節制許浦水軍入衛。苗劉之亂，韓世忠提軍勤王，李寶奏膠西之捷，皆由此入。設巡檢司巡防焉。弘治乙未，令揚子器浚□□浚梅李。浚之後，不虞水旱者數十載。

（同治）《蘇州府志》卷八 許浦塘，自海口謝家灣起，至賀勝橋，長二千二百九十丈，底闊三丈。支河二，中沙塘長一千五百丈，底闊一丈四尺。溢上塘，長一千五百七十丈，底闊一丈五尺。

鹽鐵塘（塩銕塘）

綜述

（紹熙）《雲間志》卷中 鹽鐵塘在縣東南，長三十里，世傳吴越王於此運鹽鐵，因以爲名。

（寶祐）《重修琴川志》卷六 鹽鐵塘亦名内河，其口始自黄窑，繚繞數百里，南接崑山，西連江陰，不知何代所開，所以泄吴松江之水也。今不詳其處郟亶，稱縣西北六十里有塘，唐文宗太和中再開，疑此即是。

（弘治）《太倉州志》卷一 鹽鐵塘繚繞數百里，經今州城中，其南入嘉定界，出吴淞江，其北入常熟界，至江陰入揚子江分支，入海之處不一。舊傳朱清盛時，其子顯祖塞塘建宅，塞塘之在市者，築爲衢路，人無敢言者，朱氏廢。泰定三年五月，都水監僉事李居仁始拆毁太倉塘，北分鎮萬户李八撒兒所建鼓樓，鑿茲塘通於大塘。天曆元年十月，始尋舊迹，太倉塘之南北并行疏導，始脈絡貫通，各從江入海，滔滔無壅矣。自僞吴張士誠填塞築城其上，凡塘在城者，化爲市廛已久。惟學宫之西名鹽鐵港者，猶有數十丈，塘形可見。弘治十三年三月，專管江南水利工部郎中傅公潮又命工開鑿，塘復故地，城中舟楫可以往來矣。其塘之在州境者，南接古塘，北接七浦塘，凡五十里。

明 沈應科《塩銕塘記》（萬曆）《常熟縣私志》卷二一 萬歷丙午春，邑父母瀛海公咨求民瘼，議浚塩銕塘，僉謀畢諧，爰鳩群工。于是以正月二十八日經始，其法計畝抽丁，費均力恊，不匝月告竣。凡爲丈一千八百七十有奇，濶四丈，深視冰爲準，加浚五尺。填淤既疏，澤鹵既溉，舟楫既利，環河之父老相率謁不佞。應科而請曰：侯寔生我民，民德之且不朽，執事里人也，盍糾群情碑之。先是侯首浚福山塘，予業撰次梗概，勒石昭來矣。惟不善頌，而父老意堅不可辭，按吴爲澤國，譚水利者輒首三江，夫三江綰轂震澤之口，而東注于海者也。塩鉄在漕河，獨南北亘于吴松白茆、七浦之間，爲諸港之咽喉。宋臣郟僑謂松江北岸三十里，餘浦惟塩鉄直瀉，即其要害可覩矣。楊州之域厥土，塗泥易于停積，而玆塘爲尤甚。盖塘首尾皆吞逆海潮，湍悍而流曲，力不足于衝滌，遂致灩沙壅閼，迩歲逦浚遞塞，不勝淺澱，旱潦并受其菑。故是役之興民罔懟，懷功成不日，一勞永佚，暫費永寧，天所以哀遐，方而賜之仁侯也，豈惟一方將三吴且奉爲功？今大抵水停則爲害，洩則爲利，涇水鑿而秦以饒，龍首通而漢以利，此其説疇不能道之。然而任讓之際，難言哉！難言哉！每上下千載，語人人殊，于古得賈公讓，于今得吕公光洵。賈所剖利害，侃侃而要其歸，曰：善爲川者決之使道。吕疏稱：五事三慮，予反覆讀之，未嘗不咨嗟嘆息也。縣官財賦仰給東南，而東南土壤揔資蓄洩，高皇帝當草昧之初，留心稼穡，首創營田司，專職水利尔。時口詔康茂才，廟謨宏遠，列聖惠顧重地，簡賢督理，至隆且慎。迄于今，而當局者稍稍齟齬，豈非以事多旁撓而功難獨荷，寧無任耶？侯奉上命宰虞，刷弊釐奸，恒引盤錯爲己任。尤以爲水利一端上関國計，下切民生。故自分符以來，載車蹈橇，周行原隰，不旬而灑澤通渠，百廢具舉。方其慮始，人未嘗不刮目，迢于奏績，則又更自慶幸，以爲非侯莫任也。籍使吕公之世，當事者盡如我侯，向所謂三慮者何有乎？侯以真學輔宏材，將國家莫大之任勝焉，矧區區河務也，而塩鉄者固金鼎之一臠耳。侯名橘，號别藍陽，諸履歷章程具前碑中。

（同治）《蘇州府志》卷八　鹽鐵塘在縣東北五十里，横絡白茆、許浦、福山諸港，之内亦名内河。西連江陰，入常熟界，自耿涇、海陽塘、大垈塘折而南，過梅李塘、長亳塘、支塘。又度白茆，經賀舍、蔡涇、赤沙、陳涇、斷港入崑山太倉界。舊志云：唐大和中，疏此繚繞數百里。元泰定初，郡人周文英言水利，請浚崑山、嘉定之鹽鐵塘，以通各邑塘浦，達大海之水。至正中，張氏因舊議浚之。明宣德、景泰、弘治、萬曆間皆疏浚，猶長七十餘里，今湮没過半。又横瀝塘在縣東界西，自鹽鐵塘分流，經何家市入太倉界，郟亶云，堈身東一塘，徹松江，過常熟是也。又赤沙塘西北自横塘起，經鹽鐵塘，葑張南港入太倉界。

傳記

宋 樓鑰《攻媿集》卷八六《皇伯祖太師崇憲靖王行状》　有鹽鐵塘，自金山海口，屬郡城二百里，而近歲久淤塞，鹽運不通，王建議疏鑿，卒賴其利。

明 張内藴《三吴水考》卷七　元禿魯，工部尚書。至正元年浚松江南北俞塘、盤龍塘、鹽鐵塘。二年修捍海塘。

又　徐貫，工部侍郎，弘治八年浚吴淞江白茆港、斜堰、七浦塘、鹽鐵塘及吴江長橋、水竇，以洩太湖之水。

又　賈待問萬曆五年知松江府，協同通判蔣守成、推官范守己浚吴淞江、秀州塘、官紹塘、鹽鐵塘、蒲匯塘、都臺浦、山涇港等處。

又　王事聖，蘇州府同知，萬曆五年任專督水利，浚吴淞江四十餘里，及吴江之吴家港、長橋灘、麗山口，常熟之白茆港、三丈浦，太倉之七浦塘、楊林塘、鹽鐵塘、吴塘、顧浦，崑山之大瓦浦、赤涇、夏駕浦，嘉定之張家浜、南翔河、湄浦等河，隨事區畫各中機宜。故蘇之河工雖甚多，而應之裕如，各底於績。

明 張昶《吴中人物志》卷三　龍晋，字遵叙，吉水人，知嘉定縣。甫下車，辯累年不決之冤獄，寛各驛科擾之馬役，民甚德之。吴淞江及鹽鐵塘淤塞，躬督夫役，浚而通之。

（光緒）《常昭合志稿》卷二一　康基田，字仲耕，興縣進士，性英敏，勤求吏治，尤加意士習。初宰新陽，稱循良第一，調任昭文，剏設六書院以課士，修築元和塘，浚鹽鐵塘，民賴其利。擢任去，士民攀轅卧轍，相屬於道。

紀事

明 張國維《吴中水利全書》卷一〇　宣德九年，常熟縣知縣郭南浚鹽鐵塘。巡撫應天等府工部右侍郎周忱建孟河閘，命常州府知府莫愚、武進縣知縣朱恕董役。

又 卷一九 紹興【略】十五年，通判曹泳開顧會浦，又浚鹽鐵塘，更名下沙浦以入江。

明 沈岱《吴江水考增輯》卷二 弘治【略】二年，疏鹽鐵塘。蘇州通判張旻計畝澮役民夫。

又 萬曆【略】十七年，太倉浚塘涇知州韓策以歲饑，賑役浚七浦塘、顧門涇、鹽鐵塘、楊林塘。

又 萬曆【略】三十三年，浚鹽鐵塘。太倉州判官李枝秀自州西門外起，北至常熟白茅塘，界上四十餘里共浚。用鶴膝樁準，以水平釘入河底，俟開出方計尺寸，雖堅勇不能絞拔。其挑土堆積，勘定低缺，可加之處，標樹旗號，派定泥夫，毫忽不紊。浚河實效，世稱頌焉。

(乾隆)《江南通志》卷六五 泰定三年五月，都水監僉事李居仁疏鹽鐵塘之在城中者。十月，浚鹽鐵塘，南北并疏導。

又 弘治四年，浚鹽鐵塘。八年，嘉定浚鹽鐵塘至婁江。【略】十一年八月，通判陳暐浚鹽鐵塘，自北門至七浦。嘉靖二年，工部郎中林文沛檄太倉州崑山縣，開楊林河，洩陽城湖水入於海；開南大虞浦，洩陽城湖水入於婁江。

(光緒)《常昭合志稿》卷九 乾隆【略】三十一年浚鹽鐵塘。知縣康基田《記》曰：論吴中之水利者，自三江故迹就湮，吴松一江不能獨洩太湖之水。於是求之東北之港浦，注海入江以導之。然縱之以爲浦，必横之以爲塘，浦爲幹，而塘爲支。幹河深廣，而支河淤淺。雖有宣洩之利，而無灌溉之益。故白茆、梅李諸大浦而外，鹽鐵一塘尤宜急治者也。按前《志》：此塘南北相貫，跨涉崑山、嘉定之境。其在昭邑，則東連耿涇，西接支塘，遠承諸湖瀼之水，由福山港而達之江。而邑境沿江濱海之區，地勢特高，號爲崗身，每苦乾旱。昔人鑿塘横貫其湖西，以喻引潮汐，蓄聚兩澤，俾水道流通，支河小港脉絡灌注，沾溉高仰，厥惟要哉，不獨鹽鐵出入田來之便。余讀宋人郟氏書及元人周氏議頗悉，其原委既用諸浦，亟從事於斯焉。其費則出之旁塘之田，業以資佃，以力□□芝橋起，至梅李北口止，淤塞淺阻，則通率以均之，深七尺，廣三丈，長二千六百五十八丈，閲四月而工竣。噫！水利爲下田設也，洩而無以蓄之，則病移於高開。浦爲出口計也，止而無以納之，則患在於腹。此治幹而不知治支，昔人所以諄諄垂戒也。塘既竣，因識其大略於石，以俟來哲。旁塘鄉鎮有善士王朝肅、陳霖、潘超然、朱正巳、潘恕、方瑚、王漣、吴駿業、王春、吕椿學，其襄疏鑿以助，余之未逮者也。董浜新市有石梁跨鹽鐵塘曰迎芝橋者，歲久將圮，朝肅王生同王漣、吴駿業、王春出資重建。塘東竣而橋成，民尤便之。

藝文

元 顧瑛《草堂雅集》卷一三《贈能拙翁》 鹽鐵塘邊草色齊，我居塘東子塘西。興來相過不相問，自把新詩竹上題。

明 程嘉燧《松圓浪淘集》卷一六《二月廿九日風雨出鹽鐵塘過曹稺弜宅觀仲山父鼎及古畫張燈至夜分即事》 朝雨生烟桃欲爇，江風鼜花柳絲折。輕帆抹郭潮未來，短笠到門聲不絶。主人置酒陳尊彝，香霧霏霏荼郁烈。正襟古鼎忽神竦，眩目華鐙愁眼纈。走趨平頭出絹素，指點纖毫數衣折。興酣放盞且落筆，醉聽新詞催擊節。恨無清歌堪裂石，聊發狂言如出屑。却憶雲巖看畫時，稠緑鳴蟬初咽咽。歲晏尋君興盡歸，客館風寒疑急雪。褰裳何辭蹔沾濕，把袂應憐太飄瞥。燈火還付兒童劇，風景休嫌老顛裂。細思主人亦太奇，夜半留賓看燭滅。

清 陳瑚《確庵文稿》卷一《命大兒操舟過鹽鐵塘》 曾向湖干學弄船，水嬉嗔汝五年前。而今孑孑孤篷裏，翻喜臨風摇曳使。

又 卷二 《鹽鐵塘别石隱寒溪桴亭默庵》 回首愁雲思惘然，舟分南北淚如泉。十年兄弟空雙髩，四海功名剩一毡。看世有心留白眼，埋憂無地問青天。何時合買深山住，欲借襄陽百萬錢。

雜録

(弘治)《上海志》卷二 下砂浦在十九保，舊名塩鐵塘，宋通判曹泳重浚。塩商舟楫往来交通，改名曰浦。

（正德）《松江府志》卷二　下沙浦舊亦名鹽鐵塘，世傳吴越王爲此以運鹽鐵，因名。宋紹興乙丑，通判曹泳開港浦一十八處，鹽商舟楫往來交通，改名曰浦。自浦北流爲鹹塘，鹹塘之東爲都臺浦，又其東即運鹽河。

（正德）《姑蘇志》卷一〇　白茆塘之南，一水東南流，曰鹽鐵塘，亦名内河。橫亘七十餘里，西接江陰，東入崑山界。

（萬曆）《常熟縣私志》卷二　塩銕塘去縣七十里，傍江海，古名内河。南越崑山，西逾江陰，繞数百里。唐太和中疏之，宣德、景泰間两浚，弘治間通判張旻、萬歷間令耿橘浚之。

明　張國維《吴中水利全書》卷一《太倉州城内水道圖説》　太倉城即元崑山州城也。環城有濠，城内納水，自西而東曰太倉塘，自西南而東迤北會於三尖口者曰陳門塘。亘南北而中稍逶，西曰鹽鐵塘，舊通南北水門，其流直駛。僞吳竊據時掩塞二門，止東一西二之三水闗爲納洩焉，而鹽鐵塘遂分流南北城下矣。

又　鹽鐵塘自吕塘廟南入黄浦，絶浦而南，過蕭塘港、望湖涇、南橋、淺沙塘、上下横涇，至捍海塘，其止處爲漕涇。

洋磡塘

劉澤《洋磡塘記》（光緒）《遂寧縣志》卷四　距慕溪場里許有磡塘焉，場外深溪環繞，闊十餘丈。每當春夏之交，溪流泛漲，東注於磡塘。塘水出鐔鐼竇，入涪江，故數百年來闤闠恃以無恐焉。則斯塘非斯地之大闗鍵哉？塘寬數畝，泉清而味甘，深不見底，四面巉巖，樹木葱蔚，雨後瀑布千尺，天際飛來，有萬馬奔騰之勢。巖下道路紆折，荇藻交横，偶爾經過，雲氣侵衣，泉聲刷耳，不覺塵氛之盡滌也。舊傳塘月神魚出則大雨，士人以占天時，曆驗不爽，近塘一帶民田資其灌溉，屢慶豐穰，塘之有益於斯民，豈淺鮮歟？夫吾八邑中如梓州流杯池、普州洗墨池，皆昔賢遺迹，多名流題咏，兹塘僻處一隅，訪古之士搜羅不及，洋恐近塘居民習而忘之，竟不解其利民之功如是溥也，故記。

怡豐塘

（道光）《直隸南雄州志》卷一〇　怡豐塘在東南三十里上坪村。嘉慶丁丑，知州羅含章督同士民吴家騶買田開築，一連兩口，灌田二百餘畝。

清　羅含章《怡豐塘記》（道光）《直隸南雄州志》卷二二　考古井田之制，一井之地畫爲允區。故宋蘇洵謂：萬夫所授三十二里有半，其間爲川者，一爲澮者，九爲洫者，百爲溝者，千爲遂者，萬未嘗不汲汲於水利也。秦廢井田開阡陌二千餘年以來，能行授田、均田之法者，惟元魏孝文、唐太宗兩人耳。奉行未久，其制盡隳，要之井田遺意，雖至今猶有約略可知者，前漢《食貨志》曰：出入相友，守望相助，疾病相救，民是以和睦，而教化齊。同今之比廬錯處者，不猶是先疇之民乎？今之荷鋤偕作者，不猶是先民之農乎？以至養生喪死，洽比婚姻，與夫一切往來酬酢，不猶是相友、相助、相救之流風乎？和親康樂藹然，兄弟怡怡之義，此余深嘉。上坪村開塘之舉，捐廉倡首，而以怡豐名者，職是故也。按上坪一帶火田向無陂水引流，每遇旱暵，人力難施，收成屢歉。丁丑之秋八月，職員吴家騶等呈請開塘，親勘山塘坑田疇一區，可資合村瀦畜之用，惟嶺上官山先經生員吴登瀛，用本開鑿引灌己田，遂爲議買各户穀田五十石，每石公捐給價五千，吴生所開之塘，疆畎相連，勢難獨自灌蔭，并令議還工本，合用歸公，議既定，衆心悦服，越月工成。夫兩塘并浚，天光水影瀠洄，上下之間歲當東作，方興溝塍刻鏤，原隰龍鱗決，渠降雨荷鍤成雲，將見雙岐之麥絪緼而秀也。同潁之禾，紛鋪而産也。和氣致祥，事有必至，理有固然，怡怡如是，真可謂暢然意满矣。抑余更有進者，古昔井田法，行俗尚和睦孝弟之風，遍蒸海内紳士爲齊民表率，務於三時農隙講明法律，飭紀敦倫，使各父詔其子，兄勉其弟，教化齊同，上承聖世，養恬之福，雖謂井田至今存可也。余日望之矣。

義豐塘

（道光）《直隸南雄州志》卷一〇　義豐塘在城南二十里金岡村，嘉慶丙子，知州羅含章督同士民陳仰文等買田開築，灌田數十畝。

清　羅含章《開義豐塘記》（道光）《直隸南雄州志》卷二二　天地之道，窮則變，變則通。故有必不可以爲陂之處，不得不藉爲塘以補溝洫之窮。夫人亦誰不願常有豐年者？苟可以陂孰弗陂之？苟可以塘，孰弗塘之？至於無水可陂，無隙可塘之地，則余之心亦已耳，即人之心亦已耳。初不料能買民田十餘畝以爲塘，如金岡村士民陳仰文等之工於自謀也。設以孝弟力田取士，陳生其首選乎。因捐廉錢以助之，而以義豐名其塘。

盈豐塘

（道光）《直隸南雄州志》卷一〇　盈豐塘在黃藤石村，小土名曆頭嶺。嘉慶戊寅，知州羅含章督同民人鍾榮光等開築，灌田五十餘畝。

清　羅含章《盈豐塘記》（道光）《直隸南雄州志》卷二二　嘉慶二十有三年四月初吉，黃籐石村民鍾榮光等呈請開塘，予亟允其請，復捐錢三千爲之倡，而名之曰盈豐。時予以再莅雄州以來，清丈田畝、清積欠、興水利諸微勞，蒙大府保奏，將次北上，而州民僻處一隅者亦相繼以開塘請，鍾氏其最後也。鍾氏村東南皆山，西北皆田，鍾氏宅據東北山奧，宅前至西南山下則所請開塘處也。塘深一丈，長二十餘丈，濶南北五倍、四倍於深不等，由西北出水，先下段，次上段，次苐井，井不紊。噫！州境未興水利以前，問其田則曰田不良也，催積欠則曰民不良也。今兩年中陂塘灌溉而田良矣，積欠清而民良矣。如鍾氏以二百餘石之田，皆汲汲開塘，不甘爲惰農而思上裕國賦，安在瘠土不可化爲膏腴，民不順從長吏之教也哉！於是進黃藤石村民而告之曰：自予倡築陂塘，無不以豐祈之而冠以恒同、永泰諸字，則或因其事，或因其地，與前始事之意，獨冠汝塘以盈者，豈僅爲鍾氏一村耶？將舉四十四都之田無不豐稔，乃所謂盈也。其告汝比鄰，鄉里轉相傳語，水利興者修之，可興者謂之盈滿之象，予更有厚望於將來也。

永和塘

（咸淳）《臨安志》卷三八　永和塘在仁和縣永和鄉，地接古鼎湖、白龍潭，俗謂之三里險，水勢漲溢，一遇卯風震蕩，則數百頃中瞬息湮沒，鄉民患之。紹定己丑，邑士范武倡爲義役，捐財以助修築，塘成，歲無水患。邑宰范光名命曰永和堤。

宋　許應和《永和塘記》（萬曆）《杭州府志》卷九二　運河有塘，衣帶浙水。自帝都東北橋鎮，溥吴頭楚尾，綿亘千餘里。關提封者六州，帶主莞者十縣，仁和首當其冲，郵遞輦運，憧憧旁午，惟永和堤阻龍湖。自龍潭之險。卯風湍流，寅夕鼓蕩，一自線溜，則膏腴數百頃瞬刻就浸，緊欲經久不拔，是豈一日一人之力哉？邑有范、任二君倡爲義役，乃悉心計究，謂工力屢潰，難成也。於是帥衆僦工，築以木石，成二百五十丈，爲錢數千緡。范君爲費獨當什五，董視犒賚尤詳焉。傍築道民庵，給伏順俾，早晏巡徼，事無遺慮，整如也。肇始於紹定己丑之春，告成於是歲良月之望。民間曾無勞動之苦，公家坐收興築之利，談何易哉？堤成請記顛末，余嘉其賢勞，且諗之曰：自令之尹吾邑也，無横歛暴賦以蠹民，繇是吏日貧而民日富，既有餘財矣。無深刑酷罰以罰民，繇是役益簡而生益蕃，既有餘力矣。及今閒暇，率就斯役，用答令德，故輸財而不知費，盡瘁而不憚勞，令不吾强也。余亦欣然而思，以謂總總，而群雖各有心，其干于望，望未嘗不基於寬虐之政、廉汙之操。雖令不從，與不賞而勸者，抑豈無其政哉？今范令尹光世濟其美，連躋科級，以儒道字民，課最再矣。始終不擾，與民相安。宜其一鄉之善，如范君學諭武、任君學録安世，毅然以身其責也。吁伕道使民，雖勞而不怨，凡領民任，寄者何獨不然？豈直仁和之長，獨擅其美，永和之士，勇於爲義耶。庚寅陽月吉記。

永嘉南塘

論說

（光緒）《永嘉縣志》卷二　永嘉水利大概有三：在城内者以蕩淤塹通舟楫爲利；在河江各鄉者以護塘埭，復陡閘爲利；在海濱者以固斥鹵，愼堤防爲利。前人成法如韋公之築堤、沈守之修南塘、韓湯二公之開城河、董譚二公之築沙城，皆躬親督役，卒底於成。千百年來，至今利賴，使旱澇無患，蓄洩有資。伊誰之力歟？若夫因循苟簡，壞者不復修，廢者不暇舉，舊志所已載者，今昔殊形。其間名存實亡，相望於册，聽民之自爲修舉，而董勸無聞，其何以爲一勞永逸之計哉？長民者果能相其輕重，而加之意，則仁人之利溥矣。

綜述

宋　陳傅良《止齋文集》卷三九《温州重修南塘記》　自中興，永嘉爲次輔郡，其選守盖多名卿大夫矣。然境内有宜治者三，間歲貢士群試，且萬人於浮屠宫中草舍託處：一、宜治兵與民，雜居頡頑，市人間要束不行而鬬訟多。二、宜治州城外。南達瑞安，有石塘百里，所不知起何時，而歲積壞傾者爲嵌，陷者爲匯，遇時潦咫尺不得進，往往溺死。自閩山至于吴會，去来者病之。三、冝治而歷年乆更太守，幾人皆畏其役，不敢議。議輒弗就，雖僅就亦苟簡，復廢者何哉？吳興沈公治郡之明年，謂賔佐曰：上方朝德壽宫，爲壽加惠寓内，詔減筭錢之半，吾属備數奉詔，何以仰稱而適，無一事可以宣勞効能廣上意者，唯是郡之百廢終將累民。吾幸逢年帑有幣餘而嗇，其葴失，今弗圖以煩，後来將安取此也？於是作貢院，於是作五營。盖晚而有以塘事告者，公與通判率兩邑大夫即里居謀曰，役復有大於此者乎？柰何使吾民錙聚銖斂。竊自支補甲前而乙卻也，苟無愆時工，勿問庸幾，何苟無乏事？石勿問價幾何，輿匠肯来，市無强買。自冬十月至今三月而塘成。凡是役，邦人亟請於州、於部使者，前太守李公以錢三百萬提舉，勾公、岳公繼以米四百斛倡民興之，民亦輸錢案至四百三十二萬。起淳熙十有一年，而事不集，今縻錢一千一百萬，而弛民錢六百五十餘萬，不取邦人。以是役爲冝書，而属予焉，以予所聞於公者如此，况州縣官數易，事彌廢。熈寧考課又削橋道弗擬，世相蒙習，以偷爲得，間有興作，則議者顧曰是希進務以出名迹，則又曰是一切厲民爲美觀爾，則又曰彼將以爲利長吏，雖欲自信而不得騁公以法從舊人，起家爲郡，且復用矣。向使過計，收聲養尊，安用事事而獨意鄉不撓愈勇，以今較昔，難易淹速，是皆宜書。然公他所爲便民者雖多，而其大者在石塘，水行御艫，陸行躡踵，更相和歌，不争以賀夾河。老翁有年七八十者，携持小兒，嬉戲於其上，不謂繼今民免於死，或爲詩謡，或香火以祝。公且乞田二頃，嗣歲積之。盖欲公德與是塘爲無窮云。公名樞，字持要，前爲太子詹事兼吏部侍郎。淳熙十四年三月記。

（光緒）《永嘉縣志》卷二　南塘在大南門外，直通瑞安東門，舊稱八十里荷花，即此塘也。宋淯熙十四年，郡守沈樞修，元末拆毁，近修復塘鋪大路。國朝嘉慶二十五年，塘路大修，紳士葉際運、葉仙桂、戴景勳、陳廷溥、葉應宿、應涵、諸景川、葉信鍾、葉調賓等捐築。同治十二年，又修，紳士葉文淦率子葉浚及葉錫金、葉國欽、葉芬、葉芝壽、葉培德堂、葉裕德堂共捐四千多金修復，有碑。

傳記

清　陸心源《儀顧堂集》卷一二《沈樞傳》　沈樞，字持要一作持正，安吉人。紹興十五年進士。【略】十二年起知温州，州有三宜治，歲試士且萬人，託處浮屠宫中，兵與民雜居，多鬬訟，城南達瑞安有石塘，積歲傾陷，遇潦往往溺死。前太守畏其役，不敢議樞治郡。之明年，先斥帑餘，作貢院及五營。又縻錢千一百萬修南塘，民或爲歌謡，或香火以祝。

紀事

明 周大章《重築南塘記》（雍正）《浙江通志》卷六一 甌城南達瑞安八十里，故有塘，即郡志所載南塘驛路。陳止齋所謂石塘百里，巨石縱横鱗萃。是已塘屬永嘉者三之一，屬瑞安者三之二，實閩越孔道。元季修築城垣，悉毁之，陸舟胥病。今督府大司馬劉公先令瑞安，下車值倭寇之變，時有以復驛築塘爲請者，公曰：二事誠不可慢視，較莫急於築塘，然權不專在余，而費實滋大。丙辰夏，公赴召内拜，後十載，歷大中丞、司馬開府，兩浙父老復以塘爲請，公遂屬郡伯豐城李公廷觀綜其事，檄兩邑令方經始。而瑞令吾鄉朱君雲擢恵郡判，公特留之，俾殫厥役。朱君乃率幕尉莆陽鄭君瑜義、士邵元性度境内橋若干所、塘若干丈，傭值石價若干緡，屬橋於耆民，屬塘於圩里，計其費以請於永嘉，亦如之。公捐俸金出公帑若干以倡，時郡伯以時行縣考成焉。自冬十月迨春三月，而工告竣，於是居者、行者莫不稱便，爰識其槩於石。

藝文

宋 沈樞《視備南塘成回同陳君舉諸賢游梅兩潭上系之以詩》（嘉靖）《瑞安縣志》卷九 莫訝多幽勝，仙巖舊得名。五潭俱卓絶，二井更澄清。領客欣同八，磨崖記此行。登臨有餘興，恍若在蓬瀛。

宋 楊蟠《南塘詩》（光緒）《永嘉縣志》卷二 出門日已晚，棹短路何長。賴有風相送，荷花十里香。

宋 陳傅良《止齋文集》卷二《作南塘記郡守沈持要以詩来謝次韻奉酬》 周公作雅頌，退然在豳風。功成貴無迹，名大謗亦叢。彼人自標置，刻畫豈不工。君看榛莽間，斷碑卧頹墉。想當在世時，拳拳効深衷。胡然今弗省，身後議論公。達人悟物情，玄覽昭有融。區區强名我，咨爾来何從。沈公天下士，於今萬夫雄。邦人見未嘗，譬之口不容。請將氏南樓，語盡意未窮。公詩陳誼高。耻與好事同，年登百廢興，解后吾何功。勇去學休影，倦游謝遺蹤。吾方笑征南，雙雙勒堅玒。一以棲山顛，一以没水中。

又 卷六《觀南塘四首呈沈守》 曾不容舠咫尺間，誰知救溺合纓冠。今從枕席人行過用趙充国語，最好翻盆雨後看。

夾道歡呼百里間，不論扶杖與勝冠。公年幾許顔何似，遲放牙檣待我看。

樂在宜休水竹間，十年黄帕褁朝冠。却乘五箇花文馬，来與江村婦子看。

別乘潘郎伯仲間，竭来公適去彈冠。更將未盡公碑意，收入新詩爲并看。

宋 翁卷《南塘即事》（光緒）《永嘉縣志》卷二 半川寒日満村烟，紅樹青林古岸邊。漁子不知何處去，渚禽飛落拗罾船。

宋 葉茵《順適堂吟稿・南塘偶成》《江湖小集》卷四〇《》 静向南塘驗物情，東風又緑柳邊汀。梅花窖點殘棊局，蝸篆斜題小硯屏。浮世虚無春後雪，故人零落曉來星。逢時且進杯中醁，休學懷沙賦獨醒。

宋 范成大《石湖詩集》卷五《南塘寒食書事》 埂外新陂緑，岡頭宿燒紅裏魚。蒸菜把饋鴨鎖筠，籠酒侶晨相命歌。場夜不空土風并，節物不與故鄉同。

元 鄭昂《舟至南塘》（光緒）《永嘉縣志》卷二 纔過南塘驛，湖光便可憐。漁翁低撒網，溪女笑撑船。仙館孤蓬頂，譙樓五里前。兼旬不相見，稚子定忻然。

元 陳高《不繫舟漁集》卷七《客南塘作四首》 亂離作客最間關，目送歸鴻老淚潸。咫尺家鄉成異域，朝昏烽火映前山。學仙無路游三島，避地何時到百蠻。獨立風前梳短髪，懶將明鏡照衰顔。

春來日日起西風，吹送浮雲過海東。花落名園芳草滿，燕歸華屋故巢空。陶潛解印閒居久，王粲登樓作賦工。舊日交游多白首，時時相見慰途窮。

雨霽南塘春水多，日光浮動緑生波。風前無數蜻蜓舞，柳底成群白鷺過。垂釣老翁真可畫，盪舟女子最能歌。眼看景物渾依舊，飄泊風塵奈老何。

江頭無計問歸舟，抱病羈棲古寺幽。風雨鶯花成寂寞，干戈詩酒廢賡酬。衰年白日愁邊度，故國青山夢裏游。見説王師向淮甸，早須傳檄定南州。

清 王夢篆《南塘詩》（光緒）《永嘉縣志》卷二　甌郡南通海，游踪此暫停。船多紛蠔旋，市早集魚腥。估客占潮信，居人乞廟靈。日中齊覓醉，一笑獨予醒。

又《自南塘泛舟至茆竹》　嶺永嘉山水，都出門遠近。好不須扶杖，行便買一舸。小逢人交臂，閒相失疾於鳥。咿軋過南塘，漸覺市聲少。依微見遠村，屋脊露竹杪。泛宅各到門，屏藩編叢篠。誰家木芙蓉，清霜拒獨早。再過狀元橋，青山復迴抱。夙昔禦海氛，於茲建旆旐。時清靖烽烟，荒凉但空堡。舍舟戒僕夫，擔囊陟嶺表。烟波忽改觀，幾家瀕海島。

語兒土塘

明 趙文華《修運河塘記》（光緒）《嘉興府志》卷二九　嘉興爲東南水陸之衝，運河經其城，漫延袤百餘里，貢賦、漕輓、輶使，皆出焉。南極語兒境，爲土塘，北入聞川，爲石塘，皆障水便陸。自聞川以南，處杭嘉下流，其水特大，時水泛溢，輒奔駛橫決，傷沿河諸塘，而田者又依塘浚河，行水溉田，故塘益受傷，其勢易敗。則石淪于河，椿木戟立，往往觸舟破之，石去而土潰塘斷如櫛，途而經者危怖不能度，度則時有墊溺，風雨冰雪之候，其患尤甚。使有司者，時省而謹修之。其敗雖易，可以即完無患也。顧今吏多視時令所須急堂陛跬步間，忽漫不省誰復介意，水陸之行旅耶夏令曰，九月除道辰角見而雨畢也。十月成梁天根見而水涸也。其時儆曰，火之初覿期于司里，司空視塗陂澤梁川，此先王之政，所以廣施德于天下者也。左山趙公守郡率用古道，不隨時好爲上下人急或舒之，弛或張之，惟民利所在是力，既浚城隍正經界易原隰塞圩導渠，以即田功乃，丁未九月令屬邑司水者，各修其塗而繕運河之塘。石塘起杉青，迄聞川，袤凡二十七里，廣凡若千尺，石之淪于河者，皆起而復之。稍不足俾塘長出石官給其需工，皆堅完可久。土塘起語兒，迄西水，凡百又十里，亦殘缺不治久矣，并令新之，凡再閱月而二塘告成，皆坦然如砥，患去而利存，途者歌、舟者和、田者歲登嬉游以舞，嗚呼！觀今曰之所喜，則前此之患苦，益又可知矣。而世方忽民患而不省其知所省，而急于興利，己害者又輒來讒訾之口，公獨信不疑，挽今師古而事，皆用濟，使世之守令皆如公尚復遺利，遺患有哉？而於國家授時立政，柔遠能邇之，澤顧不旬，宜傍達而益有光也哉。公名瀛字文海，關中三原人，登己丑進士，與予爲同年，佐是役者，德化陳節判守，義贛榆閻節判大祥，玉山姜節推文序，董役者，嘉興則丁丞盛時，秀水則蔡丞玉成，諸君咸屬予言樹石津上，以紀仁政示來者，使修其迹勿壞。

（光緒）《嘉興府志》卷二九　嘉靖二十六年，知府趙瀛浚治運河，築語兒土塘。

鯍秀塘

明 何紹正《鯍秀塘記》（嘉靖）《池州府志》卷九　正德甲戌，予以夏官尚書郎出守茲土，拜謁文廟之餘，見其傾頹零落，喟然興嗟。既乃請諸當道，遂興工修造。閱二年乙亥告成，顧學之前，西北高阜，東南傾下，春水泛流，衝射于前，甚非所以妥學宫也。於是因西北之有餘，補東南之不足，量工命日崇土築堤，深内之低窪以爲池塘，植外之楊柳以爲藩蔽。塘下出泉，四時不竭。周圍一百五十餘尋，廣闊一十三畝。經始于乙亥冬十月，訖工于十一月，二閱月而功成。夫斯塘之設，爲學校而設也。爲學校而設，故以鯍秀名塘也。何以言之有士？有士濟濟，樂育養之於學也有鯉。有鯉洋洋，於牣養之於塘也。風恬日熙，水波不生，士之私欲凈盡也。天光雲影，相與徘徊，士之心地光明也。際會風雲，變化頭角，士之奮時登庸，觀光上國也。噓氣爲雲，霖雨枯槁，士之建功立業膏澤天下也。夫是謂之鯍秀也固宜，則爲士者可不知所自重，與苟徒以娱耳目，如于棠觀魚者，又非予之所知也。雖然，斯塘也，豈能久而不遷哉？使後之人繼此，時時培植之，振作之，則茲鯍秀也。殆與日月争光，悠久無疆矣。又有望于後之君子，是爲記。

（嘉慶）《清一統志》卷一一八　毓秀塘在貴池縣北祝聖寺前。

（光緒）《貴池縣志》卷五　毓秀塘舊志在祝聖寺前，明知府何紹正築，魚利屬學，有碑。

豫豐塘

（道光）《直隸南雄州志》卷一〇　豫豐塘在城東北四十里石坑村。嘉慶丁丑，知州羅含章督同民人陳元發等開築，灌田十餘畝。

清 羅含章《開豫豐塘記》（道光）《直隸南雄州志》卷二二　宋樓迂齋謂：伏羲未作易以前，天下之人心無非易；既作易以後，天下之萬事無非易。予於石坑村新鑿水塘，取豫豐爲名，雖止一鄉一邑一身一家之計，而豫順以動，所占皆和，實有可以象告者。今夫宇宙之廣，古今之遠，其間盈虚消長，剥復乘除，大之極於函蓋而無窮，細之入於須彌而無間。若農田水利，古人所爲，前民之用，具有良法美意，尤萬事中綱領也。丁丑冬，村民陳元發因大河坑田十餘畝，遇旱則涓滴難期，大雨時，行嶺水挾沙下注，田禾盡被壅遏，請於就近官荒地段開塘灌蔭，兼通道，使嶺水分注兩旁。於工竣後，勘丈塘基，承納賦税，是一舉而民生國計俱繫於此，所關匪細矣。且天下一鄉邑所積而成，身家所計而就也。泰山不讓，土壤故能成其高；河海不擇，細流故能就其深。由斯塘推廣言之，使耰鋤襏襫之民盡能水旱無憂，洊登豐稔，豈非有父母斯民之責者所深快哉！然則余以豫豐名塘，名塘乎占易也，其亦迂齋之遺意也夫。

元豐塘

（咸淳）《臨安志》卷三八　元豐塘在長安二十二都鄉，承接仱嶺，并青塘水流，接陰田一百畝，三角令邵中書文炳重浚。

宋 邵文炳《重開元豐塘記》（萬曆）《杭州府志》卷九二　長安之鄉，小嶺之下，有塘曰元豐。謀始於治平之元，久弗克就。元豐三年，歲在庚申，令有崔其姓者，乃力興之，塘成而獲其利，歲月寖遠，稱就廢弛。愚民徇日，前而不違恤，於是盗塘而田，經界既正，不可復奪，而塘之所存，隱然成陸矣。咨訪耆老，求其故而疏闢之，取田户百二十家之夫以用其力，給其食用，凡三十有四日而罷。其廣百有四丈，其深丈有五尺，水由地中出，翕然泌涌，如井之有源，混混乎弗竭也。於是別爲三渠，其東之深與塘底，直覆以大石，鑿方竇，廣八寸許。塘水自石竇旋轉而下，入于渠。其西高可五尺餘，爲第二渠。如前之制，又高五尺，累石爲門，於二渠之中斸石爲板，横亘其下。又積石於水門之外，釃三流以注之田，植板榦以謹其閉縱。小旱則啓其中之水門而縱之；中旱則慎其西，大旱則慎其東。已泄而復閉，逾三日則塘水復盈，宛轉無窮，視他塘爲最。其水自地發，非山源之所注，老農日之以旋水，既從其實也。旁行曲折，於三流之分，又不止今所灌之田而已也。夫天造地設，待人而成，方其謀之十有五年之久，而後克逮。今百十有一年之間，興廢者再事之，難成而易毁，類如此爾。不及今求以復之，則他日又將不可考矣。然猶以并塘之民，私以爲業，勢不可奪，而塘不能悉如其舊，慮其未幾而復壞也。乃申以董齊之約，擇其里之善事而可長者凡八人，歲一更之，周而復始，疏鑿之以時，閉縱之以後先，善補之有備，固毁之有防，條畫具在，使其守而弗失，則塘之利庶乎其無窮也。

（雍正）《浙江通志》卷五三　元豐塘在長安鄉。宋元豐三年。於潛令崔邁開爲邑人利。至今呼之爲崔長官塘，慶元間令邵文炳重浚。

元和塘（常熟塘 德遠塘 雲和塘）

綜述

唐 劉允文《元和塘記》《吴中水利全書》卷二四　吴之藪曰具區，郡之大惟蘇州，商爲貨居，農實邦本，錫貢多品，厥田上中，土宜在民，地利乎水。常熟塘按《圖經》云：南北之路，自城而遥百有餘里，旁引湖水，下通江潮，支連派分，近委遐輸，左右惟强家大族疇接壤制，動涉千頃，年登萬箱，豈伊沿泝之功，實繇灌溉之利，故名常熟歲無旹焉。洎貞元以來，時屬大旱，繇是塡淤，薦爲塗泥，而淪胥怨咨，殖物痡矣。郡守隴西李素，字人原，始覩弊，則曰在穿導之。遂聞於本道廉使吏部尚書韓公秉文，惟謹施德惠人，發令爲適。觀風悦隨，人無間言，言我得從政，攝令吴縣，主簿李仲芳稟其成規，請事疏鑿。於是參井邑之役，則經費其力，而長洲當三之一焉。縣宰李暵復善供命，乃計工量日，候隟庀徒爲利涉之宜，蔽反壤之害，詢蓄洩之勢，增遠近之防，人不告勞，事爲永逸。先期而望表繩直，不日而終。朝子來塘開地中，工畢泉出，山澤作氣，江湖發源積爲長流實自新。浙舟楫鱗集，農商景從，春秋有施，水旱斯備。嗟乎！塘之堙鬱也久矣，何壅之無慮而啓之有時，非體仁宏多應，用高朗曷以越前所未暇，逮今而行其志哉？則史之决渠書之滌源，以流其惡，潤彼稻田，况山川襟帶之廣，林鹽沃饒之資，規同九州，殷列七縣。其提刑底績，固良二千石之能，惟李公敏於直，方精在損益爲信。安未半歲而吴郡餘一年焉？政猶風行，惠與時。至文學備全，清慎寡欲，通貨豐財，五行因之，順下致理之，實不其偉歟？去歲諸方搆患，而郡邑連陷，公敺白徒以捍狂寇，挺拔凶黨，修浚城池。皇帝聞而嘉之，俾金章與紫綬給誥垂美，必將大闡。王度紹休，朝廷豈惟與民分憂。是塘之爲政也，使人士以允文，在公之宇，備詳其事，請刻於石。庶詞之可復銘曰：瞻彼塘矣，昔之所闢。物利乘舟，土膏其澤。歲有堙塞，時罔疏滌。誰爲澄流，變爲廣潟。降是良牧，猗歟隴西。揆日爰鑿，經旬洞開。湖水南迤，江源北來。旁分溝洫，潛蓄風雷。政可施利，役無勞止。力均二邑，功逾百里。舟楫攸往，田疇所視。義實通方，智侔經始。浚自高岸，豈云隨山。人歡在路，魚樂于泉。伊此化遠，矧夫事宣。立石川上，維無窮焉。自唐迄今，通流如故。

（萬曆）《常熟縣私志》卷二 常熟塘一名元和塘，訛爲雲和。唐元和中，韓皋爲浙西觀察使，命郡守李素、長洲令李暵、常熟令李仲方浚之，至今通流。萬歷間，楊令漣伐石築埭五十里，樹桃李其上，呼楊公德遠塘。

明 張國維《吴中水利全書》卷四 元和塘即常熟北来運河，俗訛雲和塘。南屬長洲縣，北入常熟縣，界西爲尚湖。

（道光）《蘇州府志》卷五 元和塘亦曰雲和塘，自府城齊門外北至常熟縣九十里內，五十四里屬長洲縣。《姑蘇志》：出齊門塘爲楊涇蠡口、五瀆涇、施澤湖，施澤湖之西爲尚澤蕩、漕湖，漕湖之東爲永昌涇、黄埭塘、東錢涇、西錢涇，其北爲冶長涇、鵝肫蕩。諸水并流入雲和塘，餘詳見常熟縣及水利。

傳記

明 張内蘊《三吴水考》卷七 李素，元和初刺蘇州，開常熟塘，因名元和塘。

（萬曆）《常熟縣私志》卷七 楊漣號大洪，湖廣應山人，丁未進士。三十六年蒞縣。【略】至郡百里，屬吾界者五十里，公悉堰之，堅爲石埭，樹以桃柳，春三月依依灼灼，何如芾棠。民爲祠尸祝公，因呼楊公德遠塘。

（光緒）《常昭合志稿》卷二一 康基田，字仲耕，興縣進士。性英敏，勤求吏治，尤加意士習。初宰新陽，稱循良第一，調任昭文，剏設六書院以課士。修築元和塘，浚鹽鐵塘，民賴其利。擢任去，士民攀轅卧轍，相屬於道。

紀事

（寶祐）《重修琴川志》卷五 政和間，提舉官趙霖又開三十餘浦。【略】宣和元年正月，霖修築常熟塘岸，隨岸開塘，又開修崔浦，自陳家莊至雉浦塘口，出梅里塘，長二十三里有畸。黄泗浦連小山浦，至湖口長七十里有畸。又築常熟塘，岸長六十里有畸，界岸長四千七百三十一丈。

明 翁憲祥《楊侯德遠塘記》（萬曆）《常熟縣私志》卷二四 縣令之設最爲親民，親之則思利之矣。顧利一人易，利千萬人難。利一時易，利千百世難。盖費不十者利不百，不暫勞者不永逸。民不可慮始，而可樂成，故曰非常之原，黎民懼焉，及臻厥成，天下晏如也，自古任臣類若此。漢東陽侯來董吾邑，歲一旱一潦，侯徒步禱禱輒應，然一意補救，弗遑籌遠，閲再歲稔穀登，乃進父老而咨之曰：邑田受水孰甚？厥患曷由？衆曰：田數孽水，無甚潭塘任陽，而其病源由雲和塘久圮。塘界長洲五十里，震澤、梁溪、百瀆諸水悉灌邑之白茆，而塘其委，且西連華蕩，旁接兩湖，驟雨衝擊，塘岸善崩，濱塘之田一望巨浸，民奈何不爲魚也。侯日夜蒿目搜積年漏，隐核上供羡餘，財出公帑，力兮巨室民勞擔負，急苦累賠。其間游惰，或憚跋涉，或較延袤，或逡巡不敢發軔，或遷脫希其中廢。侯毅然曰：是役也，蕲于必成，有撓若程者付之法。由是蹶者、起仆者興，父老率先，縉紳協贊，童劉屠諸佐後先董作，畚插如雲，版築如市。合抱之木，尋丈之石，陸輦舟運，鱗次輻輳，不三月奏績，直如都衢，堅若峻垣。樹桃柳若揚旆，而後喜可知也。又慮石縱而不横，非持久計，復横四尺，高一尺，壓其口，所謂周道如砥矣。塘工竣界，淫病涉復，甃石橋以跨之，曾不踰時。霖血溢不數武爲隣境，皆用沮洳，而我田急恙。民乃權呼頌：楊父生我，夫侯以天地之心，奮風雷之斷，爲一方開百世利。而目前驩虞昌，足爲侯道哉。粤稽前哲，如程百湻簿上。元盛夏塘潰，少遅則害稼，調役塞塘以濟，乃白監司。范仲淹治泰州，築海堰，衆始譁。范力主持，堰卒成。蘇子瞻知杭州，造堰限湖水，復堤六橋，通南北，號曰蘇堤。侯之棘于衛田也，則塞潰弭患之遺意也。排衆議而刻期，底績利賴無疆，幾与捍海障湖之功埒。程之塘、范之堰、蘇之堤与侯而四矣。邑士民呼塘爲德遠塘，橋爲德遠橋，竪碑界首，具述以告不佞。不佞僭志之，以識河洛思功之意云。

（道光）《蘇州府志》卷六 嘉定【略】七年，知常熟縣惠疇築元和塘，甃石爲路，以達府。

又 卷七 萬曆【略】三十七年，常熟縣知縣楊漣築元和塘。壘石築堤，自縣南門外起，至長洲縣界止，延袤三十六里。

又 乾隆【略】二年，重築元和塘。塘自明楊漣築後，久廢不修，至是巡撫邵基奏請重築石塘。季通判王延熙等督理長洲縣，自府城北齊門起，至常熟縣交界止，長五十里，用帑銀二萬四千六百九十九兩四錢零。常熟縣自南門外長生橋起，至吴塔界牌止，長三十六里，用帑銀二萬三千八百一十六兩六錢零。

（光緒）《常昭合志稿》卷九 乾隆【略】二十九年，修築元和塘。昭文縣知縣康基田承辦第五段至第十二段。第五段頭涇橋北堍起，至張港涇橋。第六段張港涇橋起，至小潭蕩橋。第七段小潭蕩橋起，至耘田橋。第八段耘田橋起，至大潭蕩橋。第九段大潭蕩橋起，至螄螺涇橋。第十段螄螺涇橋起，至廟橋。第十一段廟橋起，至泥涇橋，共長二千一百三十丈，橋八座，共料工土方銀四千五百兩有零。常熟縣敬華南承辦第十三段至二十段。第十三段泥涇橋起，至大蕩橋。第十四段大蕩橋起，至周家橋。第十五段周家橋起，至洋蕩橋。第十六段洋蕩橋起，至晏涇口。第十七段晏涇口起，至斜橋。第十八段斜橋起，至馬涇橋。第九段馬涇橋起，至莫門塘橋。第二十段莫門塘橋起，至永濟橋，共長二千五百六十三丈三尺。橋九座，共料工土方銀四千六百七十五兩有零。三月初二日開工，五月二十七日竣工，借帑辦理，分年帶徵。

（康熙）《常熟縣志》卷二 常熟塘自郡齊門北抵常熟，翼京門，長九十里。唐元和中，韓皐爲淛西観察使，命郡守李素、長洲令李暵、常熟攝令李仲方浚之，故名元和塘。後譌元爲雲，稱雲和塘。

著録

宋 陳思《寶刻叢編》卷一四 唐新開常熟塘記，唐劉允文撰，劉苑正書，元和四年二月立。

雜録

明 張内藴《三吴水考》卷三 元和塘運河即常熟塘，南起郡城齊門，至船場浦入縣境，長九十餘里。去城十餘里，地名華蕩湖，形極低窪，塘貫湖中，水激多圮，於萬曆七年壘石修葺，行者稱便。

（萬曆）《常熟縣私志》卷六 楊邑侯生祠，祠在南門外三里橋左，按楊漣號大洪，應山人，萬曆三十六年任築德遠塘。

（道光）《蘇州府志》卷五 運河在縣城南，又南十五里曆華蕩，又南二十五里爲吴塔，與長洲接界，又南爲永倉敵樓，經蠡口陸墓抵郡城齊門，凡九十里，折而西合於楓橋。運河舊名元和塘，唐元和三年郡守李素所開，後訛爲雲和，今呼爲常熟塘。明萬曆中，知縣楊漣壘石爲堤，從城南至吴塔，後圮。

（光緒）《常昭合志稿》卷三 元和塘爲唐元和三年郡守李素所開，故曰元和。明萬曆中，楊忠烈漣爲邑令，從城南至吴塔，壘石爲堤，以禦西水，兼通郡城，驛騎公私利賴之。後屢圮屢修，經粤寇亂堤，石之存者寡矣。每常盛潦，西水下注，拍岸盈堤，於時來往行舟不得揚帆迅駛。若衝波激浪，決壞田塍，鄉民必糾，衆攔截取，其蓬苫以塞潰口。至有攘及艙板者，蓋恃禾稻爲性命，久成夙習，非可勢禁，遠方旅客所宜審慎焉。凡舟自郡城來者，遇日斜風勁，每泊吴塔度夜，以避華蕩之險。

岳頭塘

綜述

明 黄隆凌《築岳頭塘記》（嘉靖）《象山縣志》卷一四 寧波屬邑五，惟象山極濵海。海邊之田匪衛以塘，則斥滷不可稼。距南十五里許有塘，曰岳頭塘者，傳謂晋人陶凱所築，計田貳萬叁百貳拾二畝。塘未百年，爲海潮所齧，田始賠税，民甚病焉。迨今千餘載，未聞一人如陶，俾民病痼久弗瘳，爲可嘆耳。成化壬寅，凌侯來爲邑，首詢民隱，有以陳兆岳頭告者。侯愀然曰：民事莫重於此，吾寧容緩耶？即日躬請二塘而經度之，以陳兆工材廉省，於是歲冬之初遂興役，踰月而工訖。尋及岳頭，則計工度材，視陳兆十倍有奇。尤擇耆老之勤能者數人董其役，而凡經畫處置，則侯尸之用，是民不擾。而趋役者惟恐後邑之北高山層叠，而其下流萬派俱從邑南三河流入于海。派分有支流者，則由岳頭西流，衝成海港，湍悍難爲功。侯命匠焚石鑿河，引水别流，始得於海港口立巨椿如櫛爲外捍。然後萬夫讙噪，畚鍤雲集，不數月而塘成。其高二丈，其廣六丈，其長二千五百三十五丈，東西瀰望，屹若天成。塘之内鑿河三道，各濶六丈，各深丈餘，惟中河作三十六曲，蓋河深而曲，方緩流潴水，可以利灌漑。河設碶三所，各甃以石，而閘以水，西曰岳頭，中曰慶豐，東曰高平。與上河三舊碶列而爲六，視水大小時啓閉，以防旱溢。又於堤上砌官衢一十餘里，衢之兩旁外植以柳，以冀歲久根蟠，塘以益固，而又庇行者之憩息也。塘既成，而田不病於滷，田有收而民不病於税。父老忻忭釃酒，私相賀曰：惟我凌侯，乃築岳頭。乃惠我良疇，俾我子孫兮，庶獲有秋，不諜諸紀載，恐侯德有沉於後矣。乃邀武寧教諭邑人應元徵致書於予，曰：凌侯築陳兆，庠士朱鑾輩已祈夏官郎中洪君紀其事矣。兹築岳頭，願有所紀。昔范仲淹築捍海堤於通、泰、海三州之境，以衛民田。劉良貴築萬柳塘於會稽之新林以捍民患，其功烈在天壤間，亘古弗泯。凌侯築岳頭，其功澤固不在二公之下，且俾碌碌尸素者，寧不赧然增媿哉？此古今有志士所以不貴，夫爵禄之崇厚而惟利，澤及生民，功名光汗，簡之爲貴也。予觀凌侯之有心，制行如此益可見矣。夫侯築塘，力未及石，而其堅緻，殆不減於石。然使繼之者知侯之心，恒葺之而不至於廢，則利澤及於象人也。庸有既乎！歐陽父作《偃虹堤記》有曰：使其繼之者知作者之心，民到于今受其賜，天下豈有遺利乎？《春秋》凡用民力必書，所以重民事也。凌侯之舉，民事之至重者，惡可弗書，乃爲之書。侯諱傳，字汝弼，句容人。

清 查祥《兩浙海塘通志》卷一 在縣東北三十五里者，名陳兆塘，在縣南十五里者名岳頭塘，二塘皆明成化間邑令凌傅修築，而岳頭之工倍於陳兆云。

紀事

（嘉靖）《寧波府志》卷六 岳頭塘在五都，洪武初築，後坍。成化間，知縣凌傅修築，弘治間復坍。

清 查祥《兩浙海塘通志》卷三 洪武【略】十八年【略】，縣令凌傳重築象山縣岳頭塘。按象山縣岳頭塘在縣南十五里五都，相傳晋人陶凱所築。洪武初曾修築，尋圮，至是復修。弘治間仍圮，云十九年象山縣令凌傳築岳頭塘成。

栢林塘

明 韋傑《栢林塘記》（雍正）《建平縣志》卷二二　去縣北十里許，有荒塘焉，名栢林。廣一百八十三頃有奇，永樂初，巨浸淼茫民賴其利，田之濱於塘者，未聞以久旱爲病也。正統以後，禁令曰：弛堤廢不修，民有利塘之涸，而私墾其涯者，歲久此塘遂爲荒陂，云傑有别業在塘之北，悵望廢址，每思修築，去年二月，蘭溪趙公來令茲邑，志在觀民政尚明作，時出郊外，問所疾苦，民有以築栢林請者，公説馬其側，縱觀久之，嘆曰：塘廢久矣，雖然其量弘，其流遠，恢而復之，其利溥。遂捐俸十金，召鄉民任彩二等，畀之曰茲塘也，天闢之以灌溉，茲方者也，其爲我募民修築之，其願出貲助役者，聽毋畏難毋過斂民聞而悦焉。趨事恐後，畚者、鍤者、板者、杵者、車者、牛者，群集焉。公命辟其侵占，正其疆境，塘之下流舊防以土，今易以石，廣四丈高一丈，長五丈，始於乙丑年八月五越月而工完。其開墾於塘之涯，而利其廢者，杖之仍爲厲禁焉。以爲永久計，百年廢地一旦改觀，民咸欣欣焉。食塘之利，以泳游於德澤中矣。邑人潘轂來請曰：栢林舊堰淤廢已久，有之自今日始，願名之曰趙公塘。且記以言，傑惟政在利民，古訓可徵，因民所利而利之，尤王道所先也。公宰斯邑，以利民爲心，於民苟利不問其他，爲之不遺餘力，其大者，邑居舊無城，公始作樓以鎮之，四門闢矣，西鄉恒没於水，公始堰之，年大有秋矣。他若建學宮，造津梁，興廢墜，日夕規畫，斯觀厥成，三年之後，其大有可觀矣乎。固不但築栢林之堤已也，公名祐卿，字汝伸，號東華，嘗從荆川念庵心齋，諸公游講孔孟之學久矣。故其施諸官政，鑿鑿可紀，如此云。

（雍正）《建平縣志》卷九　栢林塘，縣東北一十里，計一千八百二十七畝，溉田四千七百五十七畝。明嘉靖末年，知縣趙佑卿重築，邑人推官韋傑有記。

（乾隆）《廣德州志》卷二七　趙佑卿，字汝仲，號東莘蘭溪人。嘉靖末建平令，才能任事，不顧私情，築城樓，建學宮，築栢林塘及山陽、楊學、潘城等圩。

鎮江塘

（光緒）《鎮海縣志》卷八　鎮江塘一都，乾隆十六年建，道光二十四年重修。

又　陳之驤《記》：東海縣治西南六七里，有瀕江石塘三，東曰黄家塘，西曰渡頭塘，又西曰大浹塘。統謂之鎮江塘，建自乾隆十六年修志之後，故志乘無可考，亦無碑碣案牘可徵，其地在崇邱鄉之一二兩莊，實爲八莊，禦鹹蓄淡之保障，沿江之莊四，依山之莊三，惟崇二一止一隅，崇一二亦灌得半焉。塘之始建也，相傳黄家塘爲崇一一莊所築，渡頭塘爲崇一二莊所築，大浹塘爲崇二二莊所築，歲久傾圮。道光甲午秋，颶風大作，江潮直入八莊，膏腴盡爲斥鹵，於是俞生泉邀同名紳耆請修於縣令李，李勇於任事，剋日興功，而依山之三莊，執相傳之説而諉焉。既又得大浹塘舊牘於郡吏，遂疊控大府，大府屢檄郡縣履勘，歷五年不能決，最後鄞令舒奉檄，會縣令黄覆勘諭，令沿江四莊築十之六，依山三莊築十之四，衆始悦服。時未及崇二一之隅也。事甫定而英夷入，比其退也，瘡痍未復，颶風大作，塘復大壞，田禾無收，行路嗟嘆。時予同歲生張君錫路奉諱旋里，以大兵大灾之後，未敢舉也。踰年歲大稔，乃於乙巳之春，邀集前之互訟者，而勸之依舒黄二令所定之數爲之分段立號，俾各莊各自興修，惟崇二一之一隅附於崇一二之半莊，又於有橋堰築石碶以資蓄洩，衆皆樂從，白於縣令，賴捐資輸力，購材鳩工，經始於是年四月，落成於次年五月。工既成，余適卸篆，縣令畢具文繪圖，詳請立案，且乞余爲之記。余惟浙中瀕海各邑多捍海之塘，大者請帑，小者捐資，莫不各有歲修經費，故能歷久而不壞，斯塘之建不及百年而頹廢，莫可考證，豈非創始者不爲經久之計哉？今既允畢令之請，凡某莊所築者，即令某莊永爲承修，立爲定案，余用是記，其顛末并各莊分段之圖，勒諸貞珉具列禁約於其後，俾八莊之人守此成規，永年勿替，庶幾利賴無窮也已。李令名超咸，山東單縣人，舒令名恭壽，江西靖安人，黄令名維同，湖南善化人，賴令名晋，四川温江人，畢令名承昭，山東文登人，在事諸紳耆，例得書名於後。

又《禁約》　塘外灘塗，毋許掘泓修船，并埋藏桅柁等物，致蕩塘腳。塘面、塘邊毋許薙草燒灰，以致土塘低薄，其近田土塘種户，不得劈削渡頭塘盤，運租穀貨物，毋許索取過塘費，惟給腳夫力錢，渡頭塘毋許拔船進出，致壞塘身。石橋堰、渡頭塘兩處，不許射利之徒開壩及車船。沿河之田，毋許阻出費，各田水路出入各莊董事，崇一一莊張錫路等六人，崇一二莊郭孔嘉等五人，崇二二莊俞泉等六人，崇二三莊夏廷熙等六人，崇二四莊徐俊龍等五人，崇四一莊丁元吉等六人，崇四二莊邵維琅等五人。

又卷二四　张【略】錫路字載常，道光六年進士，知洪雅縣。民苦徭役，充胥隸者以千計，錫路懲其弊，爲豁免雜役，裁去衆隸，賢譽翕然，兼攝夾江，篆前令某死虧折公帑千餘金，妻孥因是被羈，錫路爲代償，之其家始得回籍，旋丁艱歸。偕耆老修築鎮江塘。

又卷二五　張錫冕字軼士，校均子諸生，博雅有高才，通經義，精於句股之學，并工書法篆刻，名重一時，尤篤内行，兄錫路嘗以家難遠，遁錫冕束裝遍訪，後知兄避地在羅浮，親往粤東迎歸，【略】性最慷慨，好施戚友有貧乏者，每以買文所得錢給之，復偕耆老修鎮江塘。

支塘

論説

明　楊循吉《支塘疏渠吴縣義官題名記》《吴中水利全書》卷二五　江之南比歲大水，稼用弗登，民飢穀翔，公私告竭。有獻謀于朝者曰：三吴之饒，其惟外府，而以鉅海爲壑，水不克下，乃灾于農，請決之便。語聞，皇帝以爲然。於是以工部侍郎徐公貫兼都御史治其事，既至，籍丁壯十二萬人，將盡導具區之流，注諸東。儲糧授界，經始有期，圖用古役法，以伍什百千長其人。顧吏少不可以，署無所屬。僉曰：民有以義顯而仕服者，亦吏也。凡其人多，故家子有恒心，用之庶其濟乎？從之郡以下邑，徵用厥良惟時。吾呉實將發萬五千人以往，長之者當用二十八人。縣大夫酈侯璠乃汰衰升壯，斥愚進敏，簡拔登數，俾行視役分地，得常熟之芝塘，用能協力，諧志無懈，晨夕督促，提調咸中程度，以弘治八年二月功成。侯乃建彩旆列金鼓，躬迓於郭外，宴享有序，百瘁咸澤。初役之興，憚往者衆，既而多以疾祈中輟，侯一折以大誼，不聽且約列名于石，以爲旌。至是惟言之圖踐，請於都臺許焉，而予受命當書。夫是役也，除沴召豐光復禹績，功利博大，實聖朝之盛事，天下莫不手額爲生人慶。顧得預力其間，而獨非榮歟？雖然匪載，則後罔聞是，猶無遭也。而侯於此，乃能敦信崇讓，以彰下之勞，遂使一時駿奔之士得以垂聲邑中，永永無極，蓋一舉而三美咸具。其樹立宏遠，抑可因是而知其大略焉。侯，癸丑進士，任丘人，至之半載，威惠大行，誠賢牧也。

綜述

宋　程公許《重開支塘記》（嘉靖）《常熟縣志》卷一一　天地間物之利乎人者，水爲大。浚畎距川，治遂達澮，等級繩繩，聖人爲利，民計其詳。如此後代因之民，河渠有書，溝洫有志，咸以利舟楫，沃膏腴，有不可一日廢者。瀕居東南，隘水踰于地，引以爲田，厥土沃衍，姑蘇産甲兩浙，枝邑、常熟復甲姑蘇，即名可知。已有湖、昆承江浦發源也，分爲支川，横貫于中，挾以東鶩、周涇、團塘、白茆浦、李王涇咸匯焉。南渡前，居甿占冒，脈絡弗宣，乾弗克潴，溢弗克泄，爲畎畝大棘。百數十年間，鄉耆豪右咸思開治，竟怵異議。淳祐癸卯，陶唐侯升班過里，慨然嘆曰：是川與諸涇交會，爲湖海喉襟，田里命脈湮淤硋絶，乃爾詎可因循，顧忌憚於疏鑿，俾穡夫束手無計乎？爰咨于衆，耄倪貴賤聞言曲踊，謂非侯不可。於是揆延袤，視窊隆，準事物。經始于甲辰仲春之七日，弗抑弗强，群農坌至，因地順勢，塹高堤下一指，顧頃荷鍤，雲如鼓袂風動，侯表衆勞來飲饁，腆嘉咸勇于力，甫一月竣事。長四千尋，廣一丈，深倍廣之數。凡用工六千，麇泉粟若干。侯以爲己任，而營綜之。曩据川之址，靳弗退聽者，侯一不校割己産遷道，代之由是，釃引泉流，灌輸千頃，堰岸雄固，遠邇混融，遂爲海邑永永利。自非侯材幹，公敏襟宇恢拓，疇克有成。矧此川西北有鳳凰涇者，侯之高祖名節朝請府君故廬也。二子擴振聦危，科躋膴仕，蟬嫣弗絶。淳熙間，其孫天台史君之嫌，以祖母言宜人丘隴在焉，念河道壅淤，欲浚不果，逮公三世始克成其志。先是學竺乾氏者，將浚長涇，有老人力止曰時法未可。三十年後自有地位中人來辨，君子謂兹舉，嗣先志侈，後基孚衆，願三者備矣。是役也，樂於佽助者，玉蘭若明，因褒親永福，是皆可書以詔，于後庶千載間弗至陵塞。侯名榕，字任道，府君五代孫也。今爲通直郎，舒城邑大夫。淳祐己酉孟春，滄州程公許記。

（弘治）《常熟縣志》卷一　支塘在四十一都，南通塩鉄塘，北通白茆港。

清 鄭光祖《一斑録》雜述一　支塘因白茆至此，分其支曰湖漕，故名。元末張士誠築城據守，以應白茆出入。明修太倉州城，令居民將此城磚石，蟻運以去。

紀事

明 張國維《吴中水利全書》卷一〇　淳祐【略】三年，知常熟縣張從龍開支塘，長四千尋，廣一丈，深倍之，用夫工六千。

藝文

明 張泰《滄洲詩集》卷四《與支塘沈同年同舟往虞山》　短槳輕篙移畫船，野塘波緑正春天。白日閑身緑酒病，碧山幽興爲花牽。一程梅柳供吟望，幾處笙歌候別筵。不是同年值仙侶，臨文那得思如泉。

清 汪由敦《松泉集》詩集卷二五　謖謖松風滿耳聽，一編鎮自讀黄庭。謾疑句曲山中客，手輯陶家本草經。中旨傳呼御藥房，辭榮雅意慕韓康。留將肘後書千卷，更檢龍宮古禁方。

至和塘　崑山塘

論説

宋 郟亶《書二篇》（《三吴水利録》卷一）　至和塘自崑山西至蘇州，計六十餘里。今其南北兩岸各有大浦十二條，是五里而爲一縱浦之迹也。其横塘南六七里，而有浪市塘是也。其北皆爲風濤洗刷，不見其迹。臣前所謂至和塘，徒有通往來禦風濤之小功，而無衛民田去水患之大利者，謂至和塘南北縱浦、横塘皆廢故也。謹具下項，至和塘南，大浦十二條，小虞浦、大虞浦、尤涇浦、新瀆浦、平樂浦、戴墟浦、眞義浦、朱塘浦、界浦鳳、皇涇、任浦、蠡塘。至和塘北大浦十二條，小虞浦、大慮浦、尤涇浦、高墟浦、雍里浦、諸昌涇、界涇、任浦、上雉瀆、下雉瀆、蠡塘、官瀆、横塘。在南者曰浪市塘，已具松江項内，更不再出。在北者皆廢，已上至和塘兩岸塘浦二十四條，在塘北者今猶有其名，而或無其迹。在塘南者雖存其迹，而并皆狹小，斷續不能固田其間。南岸又有朱涇、王村涇，北岸又有司馬涇、季涇、周涇、小蕭涇、大蕭涇、歸涇、吴涇、清涇、譚涇、褚涇、楊涇之類，皆是民間自開私浜，即臣向所謂某家涇、某家浜之類是也。今并乞廢罷，止擇其浦之大者，闊開其塘，高築其岸。南修起浪市横塘，北則或五里、十里爲一横，塘以固田，自近以及遠，則良田漸多，白水漸狹，風濤漸小矣。

明 陳仁錫《無夢園初集》駐集三《通巽溝以竟前功修滸墅塘至和塘以便濟渡築寶帶塘接松陵築齊門塘接海虞以垂永利論》　赤門火方東南，城下有大溝，外濠水從此入祝橋，以出燕家橋，即赤門水道也。故盤葑二門，間有赤門彎府圖，指蛇爲赤，誤矣。蛇門在巳方吴，辰位象龍。故子城南門反羽爲兩鯢，繞以象龍角，越在巳象蛇，故置木蛇。南門北首，向内句踐作雷門勝之。吴欲絶越，遂不開東南門，亦以塞絶生氣，終滅于越。紹興中，胡舜申作《吴門忠告論》：郡無三世能保安居，而建炎之禍，舉城無一區宅，其言絶痛。十年前，吳紳翕言之中丞御史，檄下所司相度鳩工。時太守陳兩邑侯葉萬爲政，水自滅渡橋入，逶迤郡學，經中丞府縣公署，一城中皆活水。將僝工倏罷甃石，皆具僅一溝耳，此壬戌年事。是冬，丁内艱，詢當事曰：已奉憲允，何故中止？曰：水徑不遠，費僅逾百，逢一縣兩鼎甲之報，何改作爲？予對曰：公祖父母爲一時科第，縉紳人民爲百年身家。忽憶錢功甫先生年已八十矣，嘗手持忠告論，一句一讀，一讀一淚。語某曰：第恐吴人無此福。今不出取科名之故。獲聲桑梓，能無汗顔，則繼舜申而忠告者，宜莫若余儕也。老成人所料，懷欲陳之久矣。脱以壬戌之役，遲迴勝舉，終已不言，以倖吴主乾亥陽山當用金局，水勢自東南貪狼，西南及正西武曲，以至西北。原太湖入于江，而歸之海，亦合金局。云胥塘自正西武曲，水繇胥門入運河，自吴江東南貪狼水繇蛇門入，及塞胥蛇二門，生旺之水，不至舜申悵焉。然又慮胥門新館，勢不可動。武曲主財，不比貪狼，則蛇門尤急。正以長生水環城而來，徑過葑門之外，于城中絶不相關，甚可惜也。范文正闢葑門，浚東南虚秀之氣。沈度守郡，與舜申善。即命官吏行視其處，部置已定。嗟乎！昔以屬邑異議而止，今以壬戌科甲而止，不更異耶？又况浚導郡學，漸近赤門，以及蛇門，既有成迹，費省功半，開一巽水之溝，何關大役？舜申年八十五，聞止役而嘆，謂天時人事艱合，如此得無忠告矣。未善道耶。

綜述

宋 鄭霖《重修崑山塘記》《吴中水利全書》卷二四　至和塘自郡城東，屬於崑山，亘七十里，北納陽湖，南吐淞江。舊名崑山塘，至和中調民興役，始成，故以年名。詳見丘與權所記，淳祐中魏峻復修之。以下闕十六字天一生水，水行乎地，中治之存乎人。自排決疏瀹，載於書。於是五行以陳，六府以修，厥後河渠溝洫皆有志，所以著因革，明利害，非徒紀述而已。吴爲澤國，三江所滙，脈絡貫通，爲湖爲浦，爲堰爲梁，皆順水性之宜，以便人之居者、行者。自郡婁門至崑山七十二里，塘曰至和，南吐新洋江，北納陽城湖。又有沙湖、鰻鱺湖，介乎東西之間，唯亭之東二十五里隸崑山，四十七里隸長洲。支泒連亘澱山湖、吴淞江，接顧涇、黄泗浦，以達於海。自駟馬橋至金潼橋，乃新洋江、陽城湖兩水交擊之會。自黄墓頭至夾潮塘凡七里，民并河而居，潮水往來，淤泥易塞，考之圖志，厥初水勢澎湃瀰漫，茫無畔岸，行旅病涉，田夫病耕。自唐歷本朝至和三百年間，接續用力經營，始就水有所歸。瀦者瀦之，淺者浚之。岸以通乎衢，堤以捍其衝，橋以續其斷。塘成，名至和，紀以年也。然自至和以迄於今，又一百三十年，雖舊迹尚存，奈何修治之功不加。故狐鼠憑恃，乘其乾涸，攔絶作壩。遇有負載邀阻，四出憧憧，往來非復由行之舊，則不從新洋江出吴淞江斜塘，以至葑門，必自明水港鰻鱺、陽城二湖，取蠡塘港，以達婁門。嗚呼艱矣哉。颶風急濤，不惟有葬魚腹之憂，陰霾蓄盗，又有罹紅巾之懼。方泉魏公峻以發運節領，郡披閲獄訟，莫此爲甚。開藩半載，周詢民隱，審所欲惡，知其尤無良害民者，乃遣官吏相度，便宜復至和舊矩。自界牌東至崑山駟馬橋，凡二十七里，計三千四百二十一丈三尺。西至戴墟浦，計九百五十四丈。又自黄墓頭至夾潮塘七里，計九百三十八丈五尺。鑿淺通窒，障狂植潰，潮入於眞義、曹涇兩浦，則捍之斷港無壅。始於季春，而成於孟夏。富民爭出財以助工，官無重費，不越四旬而竣事。公又慮港汊紛錯，盗夫潛影，鹽賈借逕以萃淵藪，又於修葺之暇，自涇橋至於陸涇港，凡三十二處，立柵三層，防築堅固，禁不踰越。共闊一百六十丈六尺，用椿木長短一萬一千七百四十根，横攔柵木五百八十八丈四尺。是役也，約前後工費出於民者不計，出於官者錢二萬二千二百緡，米一百二石有奇，是皆增至和塘之未有。興於農時，人不爲病，助以衆力，人不爲擾。可以想輿情之所共趨，不以役我勞我也。昔霖作邑嘉定，詣府白事，經從數矣。目擊其害，慨然欲爲，厄於位卑，而不能爲逮。今將常平指職所當爲，又奪於所急而未暇爲。偉公之敏於有爲而功成，若無所爲，尤人之所難能者。昔主簿丘君與權之記此塘有五利：便舟楫，闢田野，復租賦，止盗賊，禁奸商，非虚語也。自非有賢侯相望後先，果孰任其責邪？以時計之，前乎有唐，以至至和，後乎至和以至於今。人免乎登涉之險，其間皆可考而知也。夫因利致利者不可無，憂民之憂者未嘗乏，豈其歷年之久，曾不見邪？庸詎知智及之仁，不能守之，勇不足以行之，天下事功之不立，豈但一塘之利而已哉？愧予之未能，幸有如吾志，故書之以示來者云。

（紹定）《吳郡志》卷一九　至和塘舊名崑山塘，從古爲湖，瀼多風濤。本朝至道、皇祐中，嘗議興修不果。至和二年，修治成塘，遂以年號名。塘有崑山主簿丘與權之記甚備。

（嘉靖）《崑山縣志》卷三　至和塘即婁江故道，又名崑山塘，古連湖瀼，無陸途，甚爲民患。宋至道中，議欲修治不果，皇祐中發運使復申前議，命王安石相視，又不果。至和二年，主簿丘與權始陳五利，知縣錢公紀復言之。於是興役，始克成塘，名至和塘。嘉祐四年，轉運使王純臣議作田塍以開江，兵士撥隸蘇州開江指揮，於崑山置營，興修塘岸。六年，轉運使李復圭、知崑山韓正彦大修治之，益加完厚，民得立塍堨以免水患。重和中知崑山吳昉、淳祐中發運使魏峻皆嘗修之。國朝弘治中，工部郎中傅潮、主事姚文灝、通判陳暐相繼修鑿，民受其利。

明　吳瑞《重浚至和塘記》《吳中金石新编》卷三　崑之至和塘，肇自宋至和年間，郡守呂公爲之，在當時有五利之説，歷年彌久，而利物之功益倍。近歲潮汐壅淤，輕舟輒膠，邑城東西數十里爲尤甚。嘗考《禹貢》稱：三江既入，震澤底定。今三江故迹，大非昔比，不藉故川舊瀆分殺其勢，則震澤東傾，潰決四出，吳民受患，烏有已時。況其道由郡城南下，折入東北，東北故瀆惟白茅、七浦與茲至和，分爲三支，名入海要道。白茅徃歲不通，朝廷嘗遣大臣爲疏浚之説者，謂其功用與三江等，而至和淺涸如故。江右姚公秀夫以工部主事奉敕治水吳中，顧茲當浚，遂命蘇州府通判陳侯暐、崑山縣知縣張侯鼒即日召工計度東堰。新洋江口西至九里橋爲丈凡若干，爲工凡若干，深一丈，闊比於深十倍，中作水線，制其高。皁工則計日受直，費錢凡若干，悉出公奏請民徭餘儲。自弘治十年十二月三日興役，至廿又六日而畢。先是陰雨彌月，衆以凍沍爲憂，及即事，晴暖倍常，風雪不作，畚鍤克施，群情勸洽。張侯以公成績徵予記，示久遠。昔眉山蘇氏論吳中水患，不咎諸天，而惟咎人事之不修。蓋天時之變，雖若有數，賴人謀而勝之，十常七八。彼有不參以人，一惟委之於天，是不究本之論也。古之聖人贊化育，參天地，未有不本於人事者，若唐虞置虞官，益掌山澤，周禮以中士爲川，師我國家川澤之任，則領於冬官大司空。今聖天子尤拳拳，東南水利乃者，從臣下之請，特遣郎官徃治其任。公由慎選而來，至則延訪鴻碩，講求源委，荒陬僻藪，躬自涉歷，未嘗以耳目寄人。謹其封防，俾不得以妨農稼，決其壅蔽，而不逆其所取。由是迂談鑿論，舉不足以奪，其所見之真矣。茲於至和一支，關係重大，雖勞衆費財，有所不計，其知要哉？而陳張二侯復能一心同德，竭力從事，鳩工散財，杜絶侵蠹，實惠及民。民忘其勞，故能化梗爲通，去害爲利。不出旬月而事功成集，皆可書也，後之繼公者，當時加浚治。紹公休迹，豈惟茲水永有賴，因亦得以仰窺皇上參贊之化益宏遠而無窮焉。公又近治七浦，功亦就緒，以其事聯三支，并書之。公名文灝，字秀夫，江右人，由甲科進士。陳侯名暐，字耀卿，河南人，由鄉進士。張侯名鼒，字宗獻，其地同於陳侯，而甲科則與公同也。

（洪武）《蘇州府志》卷一六　丘與權至和中爲崐山主簿，時議修崐山塘，與權陳五利，且言事或不成，請以身塞責。郡列其議以聞，塘成，至今爲利。

紀事

宋　丘與權《至和塘記》《吳都文粹》卷五　吳城東闉，距崑山縣七十里，俗謂之崑山塘。北納陽城湖，南吐松江，由堤防之不立，故風波相憑以馳突，廢民田以豬魚鱉。其民病賦入之侵蝨，相從以逋徙，奸人緣之以邀刦，行旅通鹽賈以自利，吏莫能禁。父老相傳，自唐至今三百餘年，欲有所營作，而弗克也。有宋至道二年，陳令公之守蘇，嘗與中貴人按行之。邑人朱珏父子相繼論其事，爲州縣者亦繼經度之，皆以横絶巨浸，費用十數萬緡，中議而沮。皇祐中，發運使許公建言：蘇之田膏腴而地下，嘗苦水患，乞置官司，以畎洩之請。令舒州通判殿中丞王安石先相視焉。朝廷從之。王君既至，從縣吏挐荒梗，浮傾沮訕，其鄉人盡得其利害。度長繩短，順其故道，施之圖繪。疏曰：請議如許公，朝廷未之行也。至和初，今太守呂公既下車，問民所疾苦，蓋有意于疏導矣。明年與權爲崑山主簿，始陳五利。一曰便舟楫，二曰闢田疇，三曰復租税，四曰止盗賊，五曰禁奸商。其餘所濟，非可以勝擬，其約古制役民以興作，經費寡而售效速，若其不成，請以身塞責。既而令錢君復言之，太守嘗念所以興利之計，喜其謀之協從，于是列而上聞其副，以決于監司，乃誠庸力，經遠邇興。屯舍宿餱，薪既成以授有司，郡相元君實揔之粤。十月甲午，治役先設其外防，以遏其上流，立横埭以限之，乃自下流浚而決焉。畚鍤所至，皆于平陸，其始戒也。猖風號霾，迅雷驟雨，乃用牲于神。至癸已，夜半雨息，迨明休霽，以卒其役，人皆以爲有相之者。始計月餘，蓋旬有九日，而成深五尺，廣六十尺，用民力才一十五萬六千工，費民財若干貫，米才四千六百八十石。爲橋梁五十二，蒔榆柳五萬七千八百，其貳河植茭蒲芙渠，稱是計，其入以爲修完。料民之餘，治小虞自嚴村至于鰻鱺瀼。治新洋江，自朱歷至于清港。治山塘，自山南至于東。浚諸涇六十四，浦四十四，塘六。于是陽城諸湖瀼皆通而及江，田無洿潴，民不病涉矣。初治河至唯亭，得古閘，用柏合抱以爲楹。蓋古渠況今深數尺，設牐者以限松江之潮勢耳。耆舊莫能詳之，乃知昔無水患，由堤防之廢則有之。嗚呼！爲民牧者因循而至此乎？是役也，自城東走二十里，曰任浦。崑山治其東，長洲治其西，以俗名非便，于是論請更之曰至和，識年號也。建亭曰乙未，紀歲功也。太守嘉其有成，謂與權實區區于其間，其言必詳，命之爲記。嘉祐六年十二月，立于乙未亭。

（正德）《姑蘇志》卷一二　重和四年十二月，知崐山吴昉浚至和塘。

又　淳祐六年，發運使魏峻疏至和塘，東自夾潮塘，西至戴墟浦，亘四十餘里。又立柵三十二，以爲禁防。官出錢二萬三千二百緡，米二百一十石有奇。

（乾隆）《江南通志》卷六三　弘治【略】十年，姚文灝浚至和塘，委蘇州府通判、崑山知縣募工開浚，東自新洋江口起，西至九里橋，凡長四千九百六十五丈，用人夫九萬六千五百工，計工授直，用錢一百三十五萬。

又　崇禎【略】十年，張國維同巡按御史路振飛重修至和塘，兵備馮元颸與知府陳洪謐、推官署縣事劉鳴謙各捐助有差，屬里民馬負圖營辦董成，僅四閱月異工。

（同治）《蘇州府志》卷九　至和二年，崑山主簿邱與權築崑山塘，更名至和塘。

又 卷一一　二十五年，浚至和塘，自留暉門水關起，至賓曦門水關止，長六百九十丈。又浚山塘涇長三百九十丈四尺，皆紳民捐浚。

藝文

清 查慎行《敬業堂詩集》卷三四《自葑門至崑山舟中作》　鯉魚橋外彩旗斜，乙未亭邊皷笛譁。六十四涇烟水色，半隨鳳艒泛桃花。鯉魚橋、乙未亭皆在葑門外，見丘與權《築塘記》。六十四涇，詳《吴郡志》中。

雜録

宋 沈括《至和塘考》《吴中水利全書》卷一九　至和塘自崑山縣達于婁門，凡七十里，自古皆積水，無陸途，民頗病涉，久欲爲長堤，抵郡城。澤國無處求土，嘉祐中人有獻計，就水中以籧篨爲墻，栽兩行，相去三尺。去墻六丈，又爲一墻，亦如此漉水中淤泥實籧篨中。候乾則以水車畎去兩墻間，舊水墻間六丈，皆留半以爲堤脚，掘其半爲渠，取土以爲堤。每三四里則爲一橋，以通南北之水，不日堤成，至今爲利。

王執禮曰：至和塘既成，于至和二年立石，其開浚水道已成塘，陸塗尚未備。至是始備，岸未及成。後郟亶所謂至和塘，所以不踰一二年而壞也。

宋 范成大《崑山縣新開塘浦記》（道光）《蘇州府志》卷一三三　隆興二年，浙河以西郡國七大水，吴之屬縣五，崑山爲甚，長老之記以爲三江具區，占揚州地勢最下，是爲東南水之所都，其東地益下爲崑山，又東愈益下海也。故崑山常受三江具區之委，以入於海，其野甚平而善淤。霖潦時至，則水多高居，必以衡塘從浦疏瀹四出，然後民得汙邪而稼之。今歲久弗浚，塗泥滿溝。夫地愈益下，而脉絡壅底，則其沈濇獨甚於他邑固宜。明年春二月，民大飢且疫，皆仰哺於官，河陽李結次山適爲其邑長，私念水利未修，則水害亡終窮也。按農田令甲荒歲得殺工直以募役，乃飾供上之羡，若勸分所得，爲之糗糧，扉履畚鍤號，召前仰哺者，一昔麕至浚浦五，曰新洋江，曰小虞，曰茜涇，曰下張，曰顧浦。浚塘三，曰郭澤，曰七了，曰至和。五旬而告休用民之力役，凡十有三萬四千六百有奇，靡緡錢萬一千二百有奇，稻麥以鍾計七各七百有奇，而官儲不知公，徒無所與焉？余時備史官，次以使來，句書以爲記。余聞其土水患舊矣，閒者朝議，屢欲遣使發縣官錢，用諸費以從事。論議藏有司充屋，卒以事大，重無敢承命者，次山獨能群餓羸之餘，嘗試之其績，已不可揜。後有來者，逢年而有餘力，必且思前人之意，彷彿其緒而緝之，隨水之變而爲之。救將終古，無後艱此。余之所以欲書者，飢疫之烈也。延緣數十縣，見大夫錯立其閒，左奉食，右執飲。嗟餓者於路窮，日力且弗給。方是時，人其敢以從容修廢，望其長哉？有能賈瀕死者之餘力，以舉是役。君子謂之賢勞，而黯然無傳，僅與不爲者相絶如毛毳耳。事固有屈於一時，而伸眉於後，此又余之所以欲書者。所謂至和塘者，是姑蘇道也。異時舟行財，一長亭輒膠，則折入其旁湖泖，以達於郡。盜區荒寒亡以衛，不然遇禍不可勝計。今雖暮夜，猶肆行塘中，如過舟枕席之上，憧憧者身親蒙，其利不可誣。餘雖在絶遠僻陋之濱，以一至和之親，見足以信其餘之可傳，此又余之所以遂書而不辭者，是爲記。乾道元年十二月一日，范成大記。

明 徐樹丕《識小録》卷一《崑山塘碑》 碑高丈餘，作四面，面各有字。一云修圩歌，前修圩莫修，外留得草根，在草積土自堅，不怕風浪。喧修圩只修内，培得脚根，大脚大岸，自高不怕東風潮。一云修圩歌，後教尔築岸塍，築得堅如城，莫作浮土堆，轉眼都傾頹，教尔分小圩。圩小水易除，廢田苦不多。救得千家禾，一云吴農開。河謡遠堆新，土纔稀罕盡。露黄泥始罷，休兩岸馬槽。斜見底中有水線，直通頭。一云相視吟三江、七澤，使舟輕看盡長堤及短塍，雞犬不驚。行李處魚龍，應識棹歌聲。澤邊圩梗年年壞，江上潮沙日日凝。一築一疏無別事，但教東作自西成。其言俱古雅，故備録之修圩者，乃弘治年間工部主事姚瀚。

（正德）《姑蘇志》卷一〇 至和塘至和塘一名崑山塘，成於宋至和間，故名。互見水利其西自郡城婁門，東行經沙湖，又東入夷亭諸水，或南或北，并東入吴淞江。

（同治）《蘇州府志》卷八 至和塘在城南，即運河也，舊名崑山塘，北納陽城湖，南吐松江，風濤馳突，爲舟楫田廬患。宋至和二年，縣主簿邱與權修築堤防，横絶巨浸，積土爲塘，因以紀元爲名，自是相繼修浚。明萬曆中，甃石爲堤，後漸圮。國朝雍正九年，復修。今自府城婁門而東北二十里，經沙湖又東經唯亭，及眞義浦至縣治，一南繞城爲濠。東行轉北，一北行而東，横貫城中。又東入太倉州界，自分縣後，僅二十一里屬新陽縣界，浦以西俱屬元和縣境。

朱孝塘

明 趙清《朱孝塘記》（康熙）《齊河縣志》卷八 予拜官斯邑，下車初見北路傍樹下一塘，圍四丈許，深七尺餘。鍾潦水清且漣兮，過者以爲美觀。予問諸左右，皆曰邑之朱公廬墓浚此塘也。詢其故，又皆曰彼斯人者不忍親殁，每旦夕問載筐及筥肩擔背，負取此塘土積於親之墓上，日積月累，終三年若丘陵之高。又築垣於界，種樹爲林，草木茂焉，宿鳥棲焉，寒鴉噪焉，非直爲親美也，蓋欲親之骸與天地相爲悠久焉。予聞之感而嘆曰：天之所生，地之所養，惟人爲大，人之所以爲人，大率與造化類焉。且如天缺西北，女媧氏以天爲不足，鍊五色石補之，地不滿東南，大禹氏以地爲不足，決江漢水補之，人親殁於地，下子之心以閉，藏爲不足，積舉壠補之。鍊石補天，故天成。決水補地，故地平。人子積土補親，故骸存。地平天成，萬世永賴，聖賢之心頗足。親死地下，骸櫬不泯，人子之心始遂。噫！若公者觀其心，彷彿乎聖賢之心，論其績，比擬乎地平天成之績，盡天地間第一等事，爲天地間第一等人，可謂能厚其親者矣。生事盡思死事，盡哀者矣。公諱鋭，字文威，中成化癸卯鄉進士第，先知南和縣。民安物阜，今知五臺縣事，吏畏民懷，其文章政事又吾道中之出類者，遂不揣其陋，而勒諸石，名之曰朱孝塘。嗚呼！塘不泯朱公之思，亦不泯塘之深，朱公之思愈深，覩其塘而思其親，思其親而同其久。時有限而意無窮，人子之心其庶幾乎？朱公之心其無愧乎？噫！觀此塘者寧不感於中，而興起其愛親之心乎？故記。

（康熙）《齊河縣志》卷七 朱鋭，中成化癸卯鄉試，任知州。母早卒，父玉任曲陽知縣，成化年致仕，卒於家。鋭哀毁骨立，葬祭一依古禮。廬于墓側，朝夕哭奠，日負土於墳，三年坑深丈餘。知縣趙清爲之立石，題曰朱孝塘。

竹塘

明 汪舜民《静軒先生文集》卷一一《竹塘記》 竹與塘，江南無處無之，然有其一而樂之者，鮮矣！矧兼有而樂之者乎，矧又樂之而取以爲號者乎。蓋塘以潴水，而竹扵水特宜，此淇澳菉竹所以起詩人之興也。吾宗歙西信行里有叔美者，居之南有塘半畝餘，塘之前有墩横如琴，墩上有竹可數千本，平時水天照映，俯仰休休，勁節清風，怡然自伍，因自號曰竹塘居士。南臺御史趙君俊書竹塘二字以畀之，其冢嗣繼田繪圖裝潢成卷，請余爲之記。余聞處士性儉朴鯁直，少有志操，甘清苦，應事接物能和而節。孝父母，友兄弟，睦鄉族，皆無失道。嘗挾重貲，商游四方，歷荆、襄、甌、閩、吴、越、梁、宋以及齊、魯、燕、冀而扵清源獨久，雖事貨殖，然一介非道義不輕取。子客邸事，唯持公論，不隨勢低昂，朋儕胥服。老倦于勤，即言歸而家甚裕，訓繼及其季曰綬甚嚴，以繼天資不凡，命治《春秋》，充郡庠弟子員，凡斯文士相過從，必盡誠留款。與人論治家居鄉，唯敬信勤儉。是先或鎮曰面竹塘，斂容端坐不少倦。郡鄉飲，每延置賔，列竹請之，號盛稱縉紳間，良有以也，是宜記。塘深不計尋丈，固澄不清而撓不濁。竹則六十年一開花，結實必有鳳棲焉。又六年則易根而出，若老人兒齒者，故曰箹，以六十篙亦六年，以人徵之。繼其九苞之鳳，與居士其兒齒之復出，與竹塘之瑞可必矣，是又宜記。繼扵是再拜曰：先生之望過厚生，安敢當然，而家君之情未必不如是也，請筆之以俟。正德丁卯上元日記。

鄒公塘

明 李元陽《鄒公塘記》（雍正）《賓川州志》卷一二 萬曆元年冬，兵部侍郎巡撫雲南都御史關西蘭谷鄒公平定鐵索洲赤石崖諸夷寇，暫駐賓川州，行且凱旋，輕裘緩帶，與監司陟降山。原以觀形勢，州西二十里，見土地膴美，而不加耒耜，問共人則曰無水。公復前數百步，指泉曰此非水乎？曰建瓴而下於農無賴，公復周覽，見地有廢埭，問故，衆曰此地所以障水，壞於孽龍久矣。公曰：可塘矣，東岸山，西岸埭，補築南北二面引泉注之，潴四山之潦以益之，龍性畏浮屠，建塔以厭之，塘其可水乎？監司以下皆曰然。於是下其事於州，州守胡君崧受命，惟寅召公計度，堤塔俱興。塔則舉高五丈。堤之在南面者修八十丈，深八尺；在北者修九十尺，深一丈。內外土趾廣二丈，結脊丈許。塘周圍二百五十丈，堤之中鑿石爲斗門，視水溢乾而時畜洩之。門之上架徒扛以便行者，堤既堅厚，復以百夫杵築其底，以防滲漏。於是引大王廟龍泉合諸渠流，并注其中，而塘遂成水之所。溉官屯軍民田至千畝，而羸塘中舊有田百五十六畝六分，糧十四石有奇。以其糧灑泒於塘外，得利之户又勘故絶田土，量其虧損而補給之。軍民衆口，懽聲如雷，無水而有水，失田而得田，斥滷之地行且變爲沃壤矣。凡用銀四百九十五兩有奇，皆取諸大羅衛公租、馬料及無碍官銀，役夫三千，工皆召諸得田利之户。經始於萬歷二年春二月，是年十二月乃告成。州人呼其塘曰鄒公塘，而作生祠三楹於塘之上，貌孔明與公二像奉安於祠中，將以歲時伏臘，嚴香火以祀之，且曰武侯之像南中，在在有之，今人因覩像而思其功。此時人得見我公儀容，後人不復見矣。故存像者所以慰，後人之願覩者亦如今之覩武侯焉。州中率父老請陽作文以記之，陽曰有功於民則祀，然有國祀，有民祀。公之功大矣，美矣，民之祀之乃至情也。庸何傷又聞公於龜山建玄天廟，俾其人捨弓弩而持香火，去毒害而爲良善，其惓惓於教化養育，無所不用其心，如此殺代，豈得已哉？公名應龍，字雲卿，長安人，嘉靖丙辰進士，嘗爲御史，請誅佞臣，葢有直聲於天下云。

（雍正）《賓川州志》卷一一 鄒公塘在賓居白塔下。鄒公征鋉索，凱旋駐此，見土地膴美而無田畝，公問其故，衆曰無水，公乃命築堤以資灌溉，令州守董其役，周圍約二百餘丈許，名曰鄒公塘。塘上建祠，郡人李元陽記之。

堰部

概説

題解

明 楊慎《秇林伐山》卷四《堰埭》 檢江蓄水曰堰，壅水爲堰曰埭。江南謂之埭，巴蜀謂之堰。

（乾隆）《遂寧縣志》卷三《堰垻志》 堰有堤，有塘。塘以蓄水，堤以堵水。欲浚塘以蓄水，須先築堤以堵水，而後田以得灌。

清 張定鋆《三餘雜志》卷二《堰猪》 《丹鉛總録》：《周禮》爲其井匽。注：井，漏井；匽，堰猪。按漏井，今之滲坑；堰猪，今之陰溝也。

清 張英《淵鑒類函》卷三五《堰埭一》 《增韻》曰：壅水曰堰。

論説

宋 單鍔《吴中水利書·伍堰水利》 昔錢舍人公輔爲守金陵，嘗究伍堰之利，雖知伍堰之利，而不知伍堰以東三州之利害。鍔知三州之水利，而未知伍堰以西之利害。一日，錢公輔以世所論伍堰之利害，與鍔參究，方知始末利害之議完也。公輔以爲伍堰者，自春秋時，吴王闔閭用伍子胥之謀伐楚，始創此河以爲漕運。春冬載二百石舟，而東則通太湖，西則入長江。自後相傳，未始有廢。至李氏時，亦常通運，而置牛于堰，上挽洩船筏于固城湖之側。又尝設監官，置廨宇以收往來之税。自是河道澱塞堰埭低狹，虚務添置者十有一堰，往來舟筏莫能通行，而水勢遂不復西。及遇春夏大水，江湖泛漲，則園頭、王母、龍潭三澗合爲一道，而奔衝東來。河之不治，愈可見也。今若開通故道，而存留銀林、分水二堰，則諸堰盡可去矣。所欲存二堰者，蓋本處地勢，自銀林堰以西，地形從東迤邐西下，自分水堰以東，地形從西迤邐東下，而其河自西壩至東壩，十六里有餘，開淘之際，須隨逐處地形之高下以浚之，然後江東、兩浙可以無大水之患。然銀林堰南則通建平、廣德，北則通溧水、江寧，又當增修高廣，以俟商旅舟船往還之多，可以置官收税，如前之利。此伍堰之所以不可不復也。今莫若治伍堰，使上之水不入于荆溪，而由分水、銀林二堰直趨太平之蕪湖；下治吴江之岸爲千橋，使太湖之水東入于海；中治百瀆之故道，與夫蘇、常、湖三州之有故道旁穿于太湖者，雖不可縷舉而槩可以迹究也。難者曰：『雖復伍堰，奈何伍堰之側山水東下乎？復堰無益也。』鍔答曰：『由伍堰而東注太湖，則有宣、歙、池、廣、溧水之水。苟復堰，使上之水不入于荆溪，其餘山澗之水，寧有幾耶？比之未復，十須殺其五六耳。』難者乃服。

宋 蘇轍《欒城集·後集》卷一六《論黄河軟堰札子》申三省狀附

臣今月八日，以式假不預進呈公事。竊見三省同奉聖旨：比流軟堰，依都水監所奏，候下手日，先將檢計到功料奏取指揮。竊緣臣從來都堂聚議，常以謂軟堰不可施於北流，利害甚明。蓋東流本人力所開，闊止百餘步，冬月河流斷絶，故軟堰可爲。今北流既是大河正溜，比之東流，何止數倍？見今河水行流不絶，軟堰何由能立？蓋水官之意，欲以軟堰爲名，實作硬堰，陰爲回河之計耳。朝廷既已覺其意，則軟堰之請不宜復從。昨已於正月二十八日面奏大略，以謂昔先帝因河决導之北流已得水性，惟堤防未立，每歲不免决溢之患。蓋小小决溢，是黄河常事，本不爲大害，而數年前，朝廷議欲回河，王孝先、吴安持等因此横生河事。昔北京以南，黄河西岸，有闞村等三河門，遇河水决溢，即開此三門，放水西行空地，至北京之北，却合入大河，故北京坐聚無大危急。只自建議回河，先塞此三門，又於西堤作鋸牙馬頭，約水東流，直過北京之上，故北京連年告急。緣此水勢卧東，故去年東流遂多於昔，由此言之，分流之説，非徒無利，實亦有害也。何者？每年秋水泛漲，分入兩流，一時之間，稍免决溢，此分水之利也。河水重濁，緩即生淤，既分爲二，不得不緩，故今日北流已見淤塞，此分水之害也。然將來漲水之後，河流東、北蓋未可知。臣等昨問吴安持，安持亦言：『去年河水自東，安知今年河水不自北？』太皇太后宣諭曰：『水官尚如此言，餘人更安敢保？』臣又奏曰：『昨來安持等因河流稍東，乞於東流添埽五七縴，稱此機會不可少緩。臣等恐安持意欲因此指揮，多添埽縴，壅遏北流，不爲穩便，即乞指揮所增埽不得過元乞數。然時方河冰，埽縴皆不到地，所稱機會，悉是妄言。安持等既未得如意，即又奏乞此流河門只留一百五十步。蓋北流河門本闊三百餘步，今若塞其太半，河流既未可保其不北，若使所塞堅壯，不可動搖，則漲水咽怒，必爲上流之患，京師以來，皆未免憂也。若所塞浮虛，漲水一至，隨流蕩去，人工物料，無慮數百萬，頃刻而盡，民之膏血，深可痛惜。然臣愚意亦非敢便謂河水必北而不東也，但欲候今年夏秋漲水之來，徐觀河勢所向。水若全東，則北流不塞，自當淤斷；水若復北，則北河如舊，自可容納。朝廷作事務在萬全，若行險徼倖萬一成功，此則水官之意，臣不敢從也。安持等既見前計不行，則又要横截北流，以爲軟堰。見今北流稍緩，安持等矣恐因此生淤，故立此堰。然却因作堰，欲盡留使臣、人工、物料，積漸增卑撩淺，即是用河上諸埽人力般土填河，數月之後，積土成山，不與知見今河淤孰爲多少？名欲分水，實是回河，决不可許。臣欲乞先令安持等結罪保明河流所向，及土堰若成有無填塞河道致將來之患，然後遣使按行，具可否利害。』太皇太后曰：『水官猶不能保河之東北，時暫遣使，又安能知？且可重別商量。』臣奏曰：『臣迫於異同之論，故乞遣官。若出自聖斷，只朝廷商量，亦無不可。』太皇太后又曰：『縱令水官結罪，待其敗事然後施行，於事何補？』臣奏曰：『誠如聖旨。昔修六塔河，先責李仲昌狀，其功不成，隨即責降。此是富弼等當時謬政，不足復用。今來聖旨極爲允當。』臣退復思之，嘗聞頃歲北流河門闊十餘里，水面闊七八里，今來河門止闊三百餘步。蓋水官數年以來堙塞大河，一至於此，使洪流不安，誰任其咎？又東流河門止闊百餘步，每年漲水東行，已有滿溢之懼，今復欲并入北注，理難包畜。遂指揮中書工房令作畫一，問都水監，至今未有回報。朝廷欲作軟堰，當候問得此二事，委無妨礙有實，及臣等看詳，實有利無害，乃可施行。若不待報，遽降依奏指揮，必恐有悮國事。雖云先具功料，奏取指揮，然已令依奏下手，則是邪説已行，必致驚動參聽，且貽後患。伏乞聖慈，特賜詳察，降此議付三省，所有八日指揮乞未行下，俟臣參假商量取旨。河事至重，措置不當，一方生靈，被害非細。臣時暫在告，心有所見，不敢默已，干冒天威，甘俟誅譴。取進止。

工房畫

一、勘會北流元祐二年河門元闊幾里？水面闊幾里？逐年開排，直至去年，只闊三百二十步，有何緣故？

一、勘會東流河門見今闊幾步？每年漲水東出，水面南北闊幾里？南面有無堤岸？北京順水堤不没者幾尺？今來北流若果淤斷，將來漲水東行，係并合北流多少分數？有無包畜不盡？

貼黄：看詳軟堰之義，吴安持等本只是奏乞令外丞司相度北流水勢，如更有減落，即令用軟堰權閉，原未敢便乞下手。今朝廷指揮，更不相度，便令下手。即依奏之言，深爲未當。兼將來敗事，安持等得以歸過朝廷，尤爲不便。臣忝預執政，只合每事反覆商量，不當獨入文字。只爲此命一行，臣自度參假之後，必不敢不争，若大臣争已行之命，顯異同之迹，非所以示天下。故須至密入此疏，仍已一面密申三省，乞未施行。

又《論軟堰申三省狀》 右，轍今月八日以式假不預進呈公事，竊見中書省録黄北流軟堰事，三省同奉聖旨，依都水監、北外都水丞司所奏，候下手日，先將檢計到功料奏取指揮。竊緣轍從來於都堂商量，以謂軟堰不可施於北流，利害甚明，兼曾於正月二十八日面奏，蒙聖旨令别其商議聞奏。今來八日指揮，愚意實未以爲然，况轍時暫在告，心知不便，難以緘默，已別具論奏。謹具申三省，所有八日指揮，乞未行下工部，俟參假日更別商量取旨。謹狀。

宋 陳次升《讜論集》卷二《上徽宗乞爲河西軟堰狀》 臣竊聞大名府黄河西岸有金堤一道，固護府城，其東岸地面與水面相平，常爲浸水，一槩淹浸，民頗失業。自紹聖二年，人户自備糧功梢草，寬留河身於東岸，上自南樂元城界，下接冠氏縣兼助埽，築軟堰一道，高闊三二尺以來，若非河水暴漲之時，亦可遮攔水勢，一方之地，數百里之民，粗得爲生矣。近聞都水北監丞司行下毁折，民不遑寧。切慮水官不以民事爲意，公人緣此起動騷擾。欲乞指揮下本路轉運司及本府縣官吏，同北監丞司相度，如是河西軟堰委實低小，水若暴漲，自然抹過，別無壅滯，於金堤不能爲害，即與存留，庶使一方之民，不至失所。取進止。

元 馬榮祖《江浙行省督開堰河》《吴中水利全書》卷一五　太湖周回八百餘里，吞吐諸山百川之水，連接澱山湖，長泖俱谿，六閘而出。每閘止濶二丈，總計一十二尺，欲洩浩蕩無窮之水，豈無滯乎？兼以隨潮啓閉，一日之間，不過數時。去歲至順元年，天雨連綿，湖泖水漲，其常、湖、平江、嘉興、杭州諸處之水積於下爲，縁諸港閉塞，閘内不能急洩，致將田禾一槩渰没，城郭居民房屋皆成巨浸。今歲八月間，又值雨水霖霪，復行盈溢，推原其繇，蓋因石閘啓閉有時，水勢不能直達下流故也。其烏泥涇閘内舊有河，身涇直下流入浦，擬合趁此農隙，差倩人夫，權將舊河直道從宜開挑，以導宿水歸海。否則来春雨水不常，官糧田禾必復被渰，小民愈遭疲困，深係利害。未報間，臯司按部下議，從之。府復而始報，可。起工於次年春二月之十六日，開浚河長五百一十步，濶五丈深一丈五尺。凡旬有三浹，計庸三萬一千九百六十有奇。二三年間，水勢流通，厥患胥弭。既嬰閘吏愋尸曠積，以權開陳乞於府，從，堰如初仍改。至元之四年，水復爲患，華亭尹郭額森布哈承議，又克鑿之。六年，知府楊巴延台復決潘家浜閘内舊堰直河，迄今爲利。時府人劉廷玉請於張涇、盤車二堰置閘，深浚外河，導水歸海，巴延台復從之。發民疏浚，置斗門焉。

元 王惲《秋澗集》卷八九《論渾河泛溢請修治堤堰事狀》　伏自今月内，武清縣北鄉按部回至洪濟鎮，值渾河泛漲，其瀕水民家已爲淹没，若湯湯不已，大有可慮者。因行視堤堰水勢，東南至孫家務，西北至本鎮南，東西横亘約十五餘里，其堤堰低狹，高闊不過丈餘，又年深頹剥衝渲，一土埨而已。河水伏槽時，視堤南平地尚下數尺，兼土脉踈弱，水性善崩，黄猫野鼠穿穴又多，固不足以禦大患，捍水衝。萬一泛決，沛然莫禦，而堤南二十餘村人畜田廬，盡爲漂没，其害又非虫蝗之可比也。就問得孫家務一帶，去年秋已被灾傷，但不致太甚耳。外據瀰陰縣東北沙渦口等處，略與武清縣北鄉事勢相同。即目縣西北近河堤南田禾已在水中，及有淹死頭畜。合無專令各縣正官一員，晝夜巡防堤備破決，俚望不致踈虞。才候農隙，令都水監官相視堤岸踈惡去處，如法修築，使一方永逸，以絶水患，寔畿内兩縣之大利也。某職當司察，親覩利害，不敢緘默，自取言責。據此合行具陳。

明 徐光啓《農政全書》卷一五《水利·東南水利下》　宋臣范仲淹有言：『修圍浚河置閘，三者如鼎足，缺一不可。』郟僑亦云：『漢唐遺法，自松江而東至於海，遵海而北至于揚子江，沿江而西至於江陰界，一浦一港，大者皆有閘，小者皆有堰，以外控江海，而内防旱澇也。』夫所謂遵海沿江，而至於江陰界者，半係常熟地方。自今考之，惟白茆港口、福山港口、七浦之斜堰，僅有閘迹，其他更不多見，何也？蓋有閘必有守閘者。寇盗豪强，不利於大閘者十九，而江海口，地多曠廓，守之爲難。況波濤衝蝕，水道又有遷徙之患，勢必難存者。此等閘，工費動逾千金，銷毁不逾數月。置而不論可也。至於圍田之上流，涇浜之要口，小閘小堰，外抵横流，内泄漲溢，關係旱澇不小，且工費亦不多，如之何其不爲之。所用工費，驗田均派，如某區某圖，應建閘若干座，合用物料銀若干兩，得利某圩某字號田若干畝。驗法：每畝該銀五釐以下者，民力自爲之；一分者，官助二釐。

又卷一六《浙江水利》　東錢湖浚議曰：東錢湖，一名萬金湖，以其爲利重也。在唐曰西湖，蓋鄮縣未徙時，湖在縣治之西也。天寶三年，縣令陸南金開廣之。宋屢浚治，周回八十里，受七十二溪之流，四岸凡七堰：曰錢堰，曰大堰，曰莫枝堰，曰高湫堰，曰栗木堰，曰平湖堰，曰梅湖堰。水入則蓄，雨不時則啓閘而放之，鄞、定、海七鄉之田，資其灌溉。

明 袁黄《勸農書·灌溉第六》　江南之田，全資灌溉。蘇、松、嘉、湖，純用水車。旱則車水而入，潦則車水而出。鎮江、常州有轉水于數十丈之上者。其爲力甚劳，而非大水大旱，人力皆可支持。故《禹貢》揚州之田爲下下，而今賦甲于天下者，豈非人功勝而地力不能限歟？《周禮》稻人掌稼下地，以水澤之地種穀也，以潴蓄水，以防止水，以遂均水，以列會水，以澮瀉水，下地水田之法，莫詳于此。予嘗西遊秦中，見鄭國、白公、三輔之渠，沿流而考其遺迹，蓋阻涇水而引之灌田也。厥後堤防日損，水勢日下，而治秦者不知以堤止，水但見水勢既下，則舍其故道而從上引之，展徙数番，上路遂窮，而涇不復能引矣。今所引者山泉耳，然猶能爲涇陽、三原、高陵数縣之利，設使修堤築防，復其故道，則灌千里爲沃壤，豈虚語哉？考之前史，燕有督亢渠，及漁陽有故戾諸堰，蓄水灌田爲利甚鉅，日久廢弛。後魏裴延儁爲幽州刺史，考督亢、戾堰之廢址修营之，溉田萬餘頃，欣然慕之。又元虞集郭守敬所談京東水利，其言鑿鑿，而脫脫丞相循而興之，果獲厚利。今實祗尚有元時遺堤，昔何以興，今何以廢，是在人耳。因檢農書所載灌溉之法，備示我民，相與循而用之。予且先習其制，以爲爾民之倡。

明 章潢《圖書編》卷一二五《論浚渠築堰》

禹之治水，不過曰決九州距四海，浚畎澮距川而已，而天下之言智者莫踰焉。何哉？《洪範·五行》：水曰潤下。知水之性潤下，則知禹之治水矣。是故先決九州以導於海，使水之大者有所歸；次浚畎澮以距於川，使水之小者有所洩，此所以九州同，四隩宅，而萬世永利也。商之衰也，五行之官世失其業。周人始命遂人十夫爲溝，百夫爲洫，千夫爲澮，萬夫爲川，而溝洫之制始立。稻人以瀦畜水，以防止水，以溝蕩水，以遂均水，以列舍水，以澮瀉水，而溝洫之制益詳。至於匠人氏又辨其深廣之度，而通其蓄洩之宜，其法可謂盡善矣。然周人豈夷陵谷而爲之哉，亦不過因其自然之利，而修伯禹之故而已。周之衰也，遂人、稻人、匠人之官又世失其業。列國之君，皆自利以病隣國。暴秦之興，又廢溝洫，開阡陌，而水利廢矣。是故孫叔敖起芍陂，則楚受其惠；文翁穿湔口，則蜀以富饒；史起鑿漳水於魏，則鄴傍有稻粱之咏；鄭國導涇水於秦，則谷口有禾黍之謡；許景山復蕭何之故堰，則興元之荒瘠復爲膏腴；趙尚寬修召信臣之故渠，則南陽之瀉鹵變爲沃壤。之數君子者，孰非因其自然之利，而修其已然之法哉！謂之得周官之遺意亦可也。伏惟我國家司空有總職，水利有專官，省以督之府，府以督之縣，而縣之陂塘圩堰又莫不有長。重以憲臣之稽察，皆以恖恵元元，而興水利也。然遇水旱民輒告病者，是必有其故矣。此無他，陂塘圩堰之長，皆失其業，而郡縣長吏，又莫之省憂故也。欲修周官之職，加疏浚之功，通灌溉之利，絶湮没之患，甚盛心也。愚則以爲周官之職，不可卒復，而溝洫之遺意，尚亦可尋。周官曰：溝必因水勢，防必因地勢。蓋溝以導水，不因水勢則其流易壅；防以止水，不因地勢則其土易壞。爲今之計，莫若申飭郡縣長吏，督率陂塘圩堰之長，察水勢之曲直，原地勢之高卑，可堤則堤，可決則決，因陂塘圩堰之舊，加疏浚、築塞之功；而又嚴侵占之禁，明考課之法；則灌溉之利興，漂没之患免矣。雖然，賈讓有言曰：立國居民，疆理土地，必遺川澤之利，分度水勢所不及。大川無防，小水得入；陂障卑下，以爲圩澤。使秋水多得所休息，左右游波，寬衍而不迫，此誠萬世水利之上策。

明 張瀚《臺省疏稿》卷三《議包甎城以重省會復洪堰以興水利疏》

陝西布政司呈繳，造完修過陝西會省城垣一座，除敵臺、瓮城、女墻原係甎包外，今用甎包完，周圍四面，共長三千八百四十六丈三尺，高三丈四尺，并用石條修砌完。涇陽縣洪堰、大龍口、大王橋、天澇池、白公渠、王御史南口、北口、西岸篩子洞、水磨溝橋工程九處，及將龍洞西岸等處量加整理，仍添修龍王廟、功臣祠、察院府廳各一座，及支用過錢糧、甎灰、石條數目文册，并總理管工效勞官員職名，分別等第緣由，通行呈報到。臣卷查，先准兵部咨，該總督、撫按等官王崇古等題稱陝西省城，乃三邊八府總會之地，而涇水又四縣生民粒食之源，議包甎城，修浚洪堰，委於地方軍民有益。合照前議，將會省城垣并涇陽等四縣洪堰，作速興工修築，合用錢糧夫役等項，悉照所議，處辦應用，通候工完之日，備將修過工程丈尺，用過錢糧數目，并將效勞官員，分別應奬應賞等第，一并造册奏繳，青册送部查考等。因覆題奉欽依備咨，前來已經備行布政司并守巡關内清軍三道，通行西安府并咸、長等州縣，動支錢糧，買辦柴炭燒甎，并易石條灰鐵等項，起撥夫匠，委官修理。間該總督王戴、巡撫張楊、巡按王君賞、楊相、郭庭梧相繼督催，及或設處犒賞，或處發甎灰，或稽查驗視，各司、道、府、州、縣等官交相贊助，共翊完工，用垂永久。續據該司并守巡道左參議李江、副使陳善道各呈稱，已將城垣、洪堰并添修龍王廟、功臣祠、察院府廳，俱已修完。城垣足堪保障，堰水疏通，四縣居民見今澆灌田地，及稱二項工程因蒙撫、按各院，拜布、按二司及各道、府、州、縣等官設處銀糧、甎灰、柴炭等項湊濟應用，及各委官臨時樽節，共支剩銀六千二百四十二兩三錢零，糧三十一石零，柴二十五萬四千九百餘斤，石灰一十一萬三千三百七十餘斤，甎一十二萬四千餘箇，斗灰一千八十二石零斤，灰一十一萬七千八百三十餘斤，石條三千五百丈一尺零，鐵銀錠二百五十六箇，藍灰八百六十餘斤。緣由前來，除將修過城堰工程用過錢糧數目，備造文册，另行奏繳，青册咨送兵部查考。支剩銀糧發還庫倉，料物仍備修理城樓并衝決洪堰應用，及效勞指揮千、百户田雨等，縣丞、典史等官張舜民等，徑行該司，動支官銀，分别等第賞勞，不敢瑣瀆聖聽外，臣會同總督、右都御史戴，巡按御史郭庭梧、褚鈇議照，陝西省城乃關中重地，自古名都，内衛宗藩，外控夷虜，土城傾頽不常，本非保障永計。而涇陽洪堰，關係一方利源，生民粒食是賴，湮塞既久，灌溉無資，維時總督、巡按諸臣共議興築，委爲重計，幸蒙皇上俞允，各官同心協力，以致城垣、渠堰先後告完。二百年未砌之城，事如有待；歷千載積弊之堰，利乃復興。所摅宣力效勞官員，應照部議，録叙以示激勸。如陝西布政司先、今左布政使栗永禄、曹金、李敏德，原任守巡道左參政温如春，副使張一霽，今任陳善道，此六臣者，所當重加叙賚。西安府知府安嘉善，今、先同知蘇璜、朱之韓，原任通判謝鋭，原任推官劉世賞，知縣賈待問、薛綸，此七臣者，所當并加叙賚者也。及照先、今總督戴才，原任巡撫張祉、張師載、楊思忠，巡按御史王君賞、李良臣、楊相、郭庭梧、褚鈇、蕭廪，或建議於前，或區畫於後，或催督於鳩工之日，或措料於不給之時，又或綜理查核，共襄浩大工程，使屹然金城之固，壯觀三秦沛乎！洪澤之流，灌溉四縣。此十二臣者，似應特加優異者也。伏乞敕下兵部議擬，上請施行，以爲人臣任事任勞之勸，實亦鼓舞政治之一機也。

明 伍餘福《三吴水利論·論五堰》 古者宣、歙、金陵、九陽江之水，皆入蕪湖。以五堰爲之障也，其地在今溧陽縣界。自唐昭宗景福二年，有楊行密者作此以爲拖舸饋糧之計。而蘇軾奏議，稱五堰所以節前項諸水，其後販賣簰水以入東西二浙者，又以五堰爲阻，遂廢去，而東西二壩列焉。於是前項諸水多入荆溪，間有入蕪湖者，亦西北之源而非東南之勢也，其故道尚在，去溧陽八十里。而宋進士單鍔亦嘗言之，雖蘇軾尚有不能必行於仁宗之朝者，其他可知也。

清 黄輔辰《營田輯要》外篇附考《堤堰》 築堤作堰之法，以松板鋪腳。松性得水而耐久，以巨石壓板，則水頭著板而不衝，以硬石作水門，水大則放之，小則瀹之以灌田，若止截河安樁，壅築浮土，豈能牢固？

（乾隆）《遂寧縣志》卷三《堰垻志》 昔秦以李冰爲蜀郡太守，造百丈堰，灌田萬頃，蜀以富饒。宋劉秀之爲襄陽令，襄陽有六門堰，良田數千頃，堰久決壞，秀之親臨相度，力爲修復，雍部大豐。所謂築堤閼以防不足，洩有餘，則庸水不能暴，旱澇皆有資，利莫大焉。《周禮》曰：地官遂人掌邦之野，稻人掌稼下地，以豬蓄水，以防止水，以溝蕩水，以遂均水，以列舍水，以澮寫水。蓋地形有逆順，水勢有遲速，必一日先深之以爲式，然後可以傳衆力，資灌溉。古昔之名雖不同，蓋即今堰垻之制也。夫樹藝五穀，人民乃育，豐植財用，於是乎出。古來善策必先備預不虞，隨事興理，使人以時不奪農。務苟利於人，當盡其力，則下田亦可成上賦，瘠地盡易爲沃土。故《漢書》以溝洫興謡，《史記》乃河渠發咏。疏導得理，編甿以寧也。邑境堰垻獨多於他邑，而丁糧亦甲於全省，旱地少而水田多，皆賴收蓄充足，節宣有度，千倉萬箱，刈穫豐盈。堰之大小不一，堰之名目各殊，其克濟乎？農功永享其利澤則一也。次第列之，作堰垻志。

清 左宗棠《左文襄公奏疏》三編卷四《查明上游民堰各工分别興修以工代賑摺》 奏爲查明上游民堰各工，分别興修，以工代賑，恭摺具陳，仰祈聖鑒事。竊上年八月内，東省山水驟發，邳、宿堤工民堰均被傷損，所有徐屬官堤，由臣昌浚勘明興辦，其各處民堰，由臣宗棠籌款飭修，均經奏明在案。查山水下注，先入邳境，武、沂兩河交流該處，王家口、草橋圩缺口二道，尤爲緊要。已於上年十月内，經徐州道程國熙先行墊款堵塞，俾涸出民田，補種二麥。一面督飭印委各員，將各處民堰分别勘估。計自山東交界之黄林莊起，至邳汛猫兒窩止，運河兩岸民堰缺口、水溝及殘缺卑薄之處共四十段，城鄉民堰及武河、沂河缺口共十七段，皆係保護城郭、田廬要工，其中并有應行補還舊石帮岸，及迎溜厢帶之處。又有艾山河一道，在運河東岸，承受東省來源，積淤甚寛，必須大加展挑。現將該河之朱龍口、祁家口二處，築做草土壩，截住來源，以便勘辦。其城内文曲溝、城外玉帶河，亦須逐一清釐，以通脉絡。此邳境民堰工程情形也。宿遷六塘河民堰周長八十餘里，積年淤墊，河身已高，長堤坍塌幾盡。往時水勢稍緩，民築子堰猶可支持；上年大水驟至，防不及防，遂至漫溢愈廣。若議規復舊制，一勞永逸，則挑河築堤，非十數萬金不辦。當經費支絀，無從籌措，兹按上年水志，擇其最者其二十五段，先爲堵築，以衛田疇。此宿遷六塘河工程情形也。以上各工，官督民辦，於正月初十日分別興修，俾附近灾民得以自食其力。悉按河工成法，層坯層硪，以期堅實耐久。徐州道程國熙因隨勘導淮事宜來浦，臣宗棠飭令事竣速歸，認眞督率。臣昌浚駐札清江，相離不遠，并當隨時稽察。務使工歸實際，款不虛糜，窮民獲傭趁之資，田地受堤防之益。事竣之後，查照歷年另案辦工章程，由徐州道核實造册，詳送兩江總督衙門覆核報銷。所有查明上游民堰各工，分別興修，以工代賑緣由，謹會同江蘇巡撫臣衛榮光合詞恭摺具陳，伏乞皇太后、皇上聖鑒訓示。謹奏。光緒十年二月十二日，軍機大臣奉旨：『知道了』。欽此。

清 丁寶楨《丁文誠公奏稿》卷九《侯工民堰酌給津貼摺》 同治十一年七月三十日

奏爲鄆城侯家林大工上、下游一帶民堰，一律增培高厚，修整完工。遵旨酌給津貼，核計用過銀數，據實陳明，恭摺仰祈聖鑒事。竊臣前將驗收鄆城各州縣新修民堰工程，一律完固，情形業經具奏在案。伏查侯家林大工地屬鄆城，沮河東岸，本無堤身，近年民閒雖造有土堰一道，未能高厚，故上年致有疏虞，前者定計堵口，即須先議培堤。臣原擬自沮河頭至楊家營六十餘里，爲切近口門最要之工。係僅就沮河而言，其沮河以上爲濟河，《傳》所謂『濟出爲沮者』是也，地居上游。其西北一帶，數年以來，漸爲黃流盛漲之所，及居民於距水較近之處亦築有土堰，稍資攔護，第猶形卑薄，自應并議修培計。自鄆城之沮河頭起，至菏、鉅交界之龍鳳集止，計五十餘里。臣於駐工督辦之際，即飭將此段堰工與下游分投趕辦，以期一氣呵成，此前奏所稱共長一百一十三里業經一律完固者也。嗣復查得龍鳳集地勢雖已較高，然堰形猶順東南，若再多修四里餘，至菏澤之泰山廟止，則轉向西北，益臻完密。當復委員會同該地方官勸諭趕築，亦於六月初一并告竣，連前共計一百一十七里餘。上游之南路各工，除鄆城本境承修外，復酌派濟寧、嘉祥、鉅野、城武、定陶、菏澤、汶上各州縣分段協修，而鉅野、菏澤又各有本境承修之工。下游之北路各工，自鄆城七里堡至楊家營，略南之王家垓止，計三十餘里，均屬貼溜頂衝，情形最爲險要，而鄆城被灾，彫敝民力，實有不逮。當堵築大工之際，竊計合龍，伊邇深恐此段趕辦不及，當經調雇觀城、濮州、鉅野、菏澤、汶上民夫幫築，以期迅速統計各段工程。每日工作民夫約不下二三萬人，故能於兩月有餘將百餘里之長堤剋期蕆事，所有調發之牧令，既須先事籌畫，又須隨時督催，其監工之委員梭織彈壓，昕夕嚴催，更屬不遺餘力。即各州縣紳民，遠道裹糧，共趨畚築，固以顧全大局，即可自保身家，實緣感戴皇仁軫念灾區，既不惜費鉅帑以堵決口，復准予給津貼以培民堤，故富者各能好義捐資，貧者得以食力趨事，合數州縣之民，心志莫不如一，使百餘里卑薄不堪之舊堰，遂成一律高整之新堤，且不料程功如是之速。綜計發給各州縣承修、協修堰工津貼及調雇幫築民夫工價，實共動用司庫銀九萬一千一百八兩八錢一分九釐。就前定堰身，底寬五丈，頂寬一丈五尺，高一丈二尺，核計土方價值，每里約需銀二千數百兩，新堰共長一百一十七里餘，計需銀二十四萬餘兩。今用銀九萬一千餘兩，不過十分之四，其餘則全藉資民力，計節省公項十五萬餘兩，而其高整堅實，與官工正復無異。惟是道里綿長，所有防汛事宜，極關緊要，臣現仍飭各監工委員，就原派段落會同辦理，善後之員加意防守。并因大工以北之三十餘里，情形尤險，復將原駐張秋各勇營調紮近堰一帶，分段巡查，暇時照舊訓練，仍責成本境附近各村莊，於大汛時一體巡防，遇險搶護，以期周帀。俟經曆伏、秋兩汛，如能一律鞏固，防範無虞。容臣將監修防守之官弁、紳董查明，奏懇恩施，以昭激勸。至此項用過銀數，係酌量情形，計里發給各州縣，與民閒自捐之數均匀。津貼支用不能按款核計，應請天恩，敕部立案，免其造册報銷。所有修築民堰，一律完固，并遵旨動用津貼銀數，核實奏報緣由。謹繕摺具奏，伏乞皇太后、皇上聖鑒訓示。謹奏。

綜述

宋 李燾《六朝通鑒博議》卷九《作淮堰》 武帝天監【略】十三年二月，魏降人王足陳計，求堰淮水以灌壽陽，上以爲然，使水工陳承伯、材官將軍祖晅視地形，咸謂淮內沙土漂輕，不堅實，功不可就。上弗聽，發徐、揚民，率二十户取五丁以築之。假太子右衛率康絢都督淮上諸軍事，并護堰，作於鍾離，役人及戰士合二十萬。南起浮山，北抵巉石，依岸築土，合脊於中流。十四年夏四月，浮山堰成而復潰，或言蛟龍能乘風破堰，其性惡鐵，乃運東西冶鐵數千萬斤沈之，亦不能合。乃伐木爲井幹，填以巨石，加土其上。緣淮百里内木無巨細，皆盡。負擔者肩上皆穿，夏日疾疫死者相枕，蠅蟲晝夜聲合。十五年四月，堰成。九月，堰壞。其聲如雷，聞三百里。

臣燾曰：天下有大利，聖人不輕爲，非惡利也，以其所害有大於所利爾。河之勢天造地設，自神禹不能回特，因其勢以導之，況下於禹者乎？故孝武之時，嘗事匈奴，而齊人之計欲回河水注北中，可使終漢之世無北顧之憂，非利不大也，而武帝不受，以爲區區之力，豈能與天地争？未必有功，徒自耗爾。南北之時，魏梁相持，壽春在魏，梁人欲之，不患無隙，而輕信弗詢之謀，重營難成之事，求堰淮水以灌壽春，立計新奇，造端宏大，恃其區區之衆，欲與淮争勢，與天地争力，自勞其民，決無所就，不待智者而後知。借使梁人用堰淮之衆以戰，何戰不勝？用堰淮之財以食，何食不足？養財蓄力，以乘敵釁，壽春固在其掌股中矣。不知何苦而爲此計也？

（紹熙）《雲間志》卷中《堰閘》 華亭東、南并鉅海，自柘湖陻塞，置閘十八所，以禦鹹潮往來。政和中，提舉常平官興修水利，欲涸亭林湖爲田，盡決堤堰以泄湖水。華亭地勢，東南益高，西北益卑，大抵自三泖、五浦下注松江，以入於海。雖決去諸堰湖，水不可泄，鹹水竟入爲害，於是東南四鄉爲斥鹵之地。民流徙他郡，中間州縣雖知其害，復故堤堰，獨留新涇塘以通鹽運。海潮朝夕衝突塘口，至闊三十餘丈，鹹水延入蘇、湖境上。乾道七年八月，右正言許公克昌請於朝，時太博邱公密除秀州，陛辭之日，面奉至尊，壽皇聖訓，亟來相視。與令堵觀議，以新涇塘潮勢湍急，運港距新涇二十里，水勢稍緩，不若移堰入運港爲便。於是募四縣夫，經始於九月廿六日，畢工於十二月廿七日。堰成，并築堰外港十六所，港之兩旁塘岸四十七里百八十五丈有奇。明年正月廿二日，上遣監察御史蕭之敏相視，又捐四鄉民租九年以招復流民。又明年正月，遣中使宣諭守臣張元成增築。二月，特置監堰官一員，招土軍五十人，置司顧亭林，巡邏以防鹽運私發諸堰。今堰外隨潮沙漲，牢不可壞，三州之田，得免鹹潮浸灌之患，此聖天子德惠而二三臣之力也。堰成無記，恐將來無所稽考，故迹其本始而詳著之焉。

明 鄭若曾《江南經略》卷二下《斜堰險要圖》

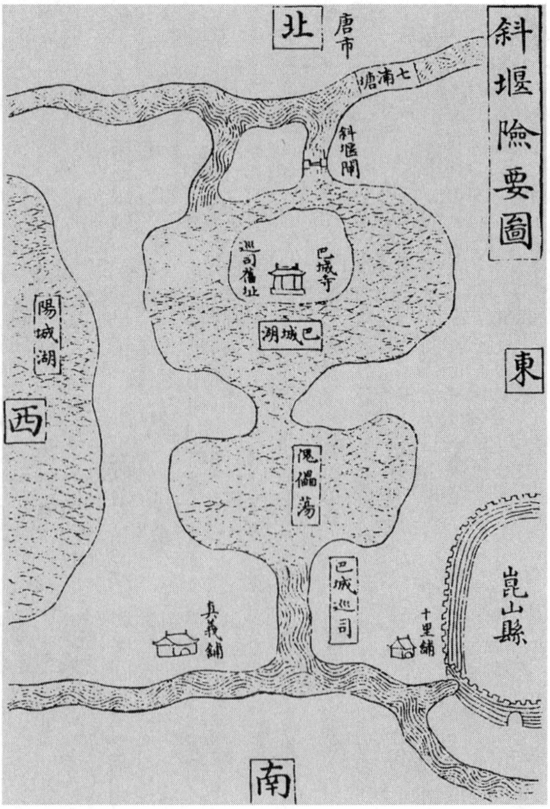

又《斜堰險要説》 斜堰在縣治西北四十五里，臨七浦塘。七浦塘自白茆塘西至陽城湖，合昆、承諸湖之水，泛濫不常，故築堰以拒之。賊若自常熟南行，必由此犯縣境，過此則水陸路雜，無險可據矣。故必設兵一枝於此，與常熟之兵互爲聲援，庶賊可拒也。或謂宜設險於巴城，夫斜堰譬則門户也，巴城譬則堂室也。賊已入門，而與之戰於堂室之中，使賊得以内攻。孰若守門户，使不得入之，爲愈助設兵之法，與他地異特。宜奏添一巡司於此，而以諸湖打牲手隸之，有警則召集，與弓兵協禦而取餉於官，此則水戰之絶技也。弓兵之額，亦須滿百，如寨兵之制而後可。

清 陳廷敬《午亭文編》卷三七《海會寺石堰募疏》 余每歲冬春之交，煮粥於海會之東偏玉鵲庵者三月，以食原野道途之人。時至其處，身自經紀其事。自玉鵲迤邐而西，平沙曠土，度可百畝，杖藜獨步，遥陟寺門。流泉滸滸，適出百畝之上。若疏瀹而挹注之，資其灌溉，皆可爲沮澤沃壤也。而乃皆在荒沙蔓草、斷溪亂石中。詰其所以若此者，蓋傍皆臨河，方冬水涸，見爲空野，夏秋水至，故爲河道。失流激急，沙草漂流，茫洋漫澶，其勢可以盡百畝而吞之，是以耕者謹避焉。且夫將以廣田，先須培土，一難也。田成河衝，與無田同，二難也。不有堤防，其曷克田？三難也。以此三難，是以鬱爲平沙，閒爲曠土，廢置於溪流石磧之間者，今且將千年矣。余低徊彌望，浩然而嘆。於時寺僧言：『昔者故冢宰蘋山張公嘗有意於斯矣，輟而弗興，今公既歲輸金錢，設糜濟衆，曷不捐貲築堰，堰成而田，然後陂山通道，舉鍤引渠，永作耕畬，蔚爲水耨，歲以所贏粟爲粥資，其德不更多與？』余曰唯唯，獨善不若與人，請與衆共之。蓋此邦之民，亦既苦矣。環邑數百里，山多地少，沙多土少，石多水少。今數百里之高山，有數百畝平陸，不可謂非幸矣。而將累土引水築防，以其三少，搆此三難，余何力之與有？與衆共之，亦其勢也。且吾見今留心民事者，往往言西北水利。近吾邑者惟沁水，水既湾下，地皆墝埆仰高，無所得水利。茲寺之流泉，如建瓴寫瓶，泱然出地上，而不能爲地用，則豈盡無水與水下之咎哉？水利之興，肇於魏史起引漳水溉鄴田。起之言曰：『漳水在鄴傍，西門豹不知用，是不智也。』乃吾聞昔者張公所見與今同，非前之人盡知之不及也。或者其力有待於衆與？沿門持鉢，雖釋子之事則然，而將興事以濟人，則余曷忍辭焉。昔起又以漳水不溉鄴田二百畝，當行田百畝，謂之惡田。今儻因衆之力以爲善田，聖朝方以養民墾荒爲政，田既善而賦以正供，民牧人長，舉斯義以行之，爲益溥哉。

清 海寧《晉政輯要》卷八《省城堤堰》動項搶修 山西巡撫喀一謹奏，爲預備汾河歲修工料，以防水患事。竊查晉省太原府爲省會要地，城西汾河一道，發源於寧武縣之管涔山，由静樂、交城二縣出烈石口，迤□而至會城之西北。舊有□城土堰以爲捍衛，蓋因從前水傍西行，離堰尚遠，縱遇泛漲，其勢稍輕，土堰可以抵禦。迨乾隆三年，水勢東遷，衝激堤堰，經前撫臣石麟動帑修築，咨部覆准，報銷銀一千二百餘兩在案。但每年五六月間，山水驟發，大溜直抵土堰，深慮决堤而入城郭堪虞。臣到任後，親詣相度，見河身已逼近城之西北角，勢甚危險，若欲建築石堤，而河旁悉係流沙，衝涮靡定，難安基址。爰與司、道酌議，除每歲水涸時加培堤堰使之堅厚外，其最要者，在水發時視其頂衝之處，稍有衝涮，立即搶修，庶免穿堤潰堰之患。但此等急工，若不預爲辦料，則臨事無濟，如前歲需用千有餘兩，未必非搶修不力，以致衝塌過多所致也。臣查存公耗羨銀兩，原備地方公費之用，請嗣後每年額定歲修銀六百兩，在於耗羨項下，動給責令陽曲縣預爲辦理。先於冬春水涸之際，培築堤堰，其餘物料預貯河岸，一遇水發，緊工以資搶修，工竣據實銷算，多餘則繳還，不足則找補。如此，庶幾緩急有備，費省工多，河流不致爲患，城池得保無虞，官民感沐皇仁於無既矣。謹奏等因。於乾隆六年二月二十七日奉硃批，着照所議行，欽此。

清 李星沅《李文恭公遺集》奏議卷一六《借項修築沛縣民堰埽壩各工摺子》 奏爲沛縣估辦民堰埽壩各工，循案借項修築，分年攤徵還款，緣由恭摺奏祈聖鑒事。竊照徐州府屬沛縣境内夏鎮河河寨子民堰，攸關漕運經由要道。道光二十五年二月内，准山東河臣鍾祥咨會該縣，寨子民堰因二十四年雨水接漲，被冲缺口已成坑塘，即據委員勘籌，責成沛縣趕辦，復經署沛縣知縣李映棻查勘運河，水勢過大，致將運河西岸民堰劉昌莊迤北，并常家口等處漫刷，缺口五處，河灘地面冲刷亦多，均應補築，計工長一百五十三丈五尺。又應辦寨子民堰缺口、夾壩，各工計工長一百六十五丈二，共估需料土、夫工銀四千七百九十六兩一錢三分七釐。又據沛縣知縣雷鴻恩勘得寨子迤北臨河灘面，冲成大缺口二處，應搶築埽壩一道，計長二十五丈，估需夫工、椿料銀一千六百二十七兩九錢三分九釐。又二十六年十月内，據署沛縣知縣馬軼群以寨子一帶堰形卑矮，漲水難資捍禦，稟請自劉昌莊以北，至三孔橋人家頭止，加高工長一千一百二十七丈，其寨子北首冲成缺口處，所應靠河屑圈築與兩頭堰工，接連共長一百五十二丈五尺六寸。又填築常家口一帶缺口二處，共長十八丈，總共工長一千二百九十七丈五尺六寸，估計土方銀四千一百六十五兩七錢一分一釐。又運河東岸有民便閘一座，係洩東坡積水，每值積水入河，勢甚湍激，擬請即在該處創建雙孔減閘滾水石壩一座，洩水入湖。照兩孔估計，每孔寬一丈八尺，實留金門三丈六尺，中砌雞心垜一座，寬六尺，裹頭及雁翅砌石十七層，滾水壩砌石十一層，以長河存水七尺爲度，共估石料、椿木、錠扣、灰米、夫工等項銀二千九百八十二兩五錢八分二釐。以上民堰各工通共估銀一萬三千五百七十二兩三錢六分九釐。據該縣等先後稟請，借項興辦，分年攤徵還款。委據徐州府并銅山縣知縣姚文候、補知縣張志周分别會勘明確，取造估計册結，由委員確核無浮加結，送府覆勘結轉，并據前署徐州道顔以㬮議請，先行籌款發辦，經前督臣壁昌批准，飭司陸續酌放銀一萬四百四十九兩三錢四分二釐，餘銀飭由府縣暫爲借墊，另行找給該縣。李映棻先將寨子民堰及運河民堰缺口修築，未竣卸事，交雷鴻恩接辦，并將續估埽壩一道趕築完工，其署縣馬軼群議請新築之寨子民堰一道，并創建雙孔減閘滚水石壩一座，亦據分别照估辦竣。由道飭委蕭南、同知彭以竺暨徐州府查驗各工，均屬照估築建，并無草率偷減情弊，所用銀兩，議請歸於民田項下攤徵還款，由江寧布政使傅繩勛、署徐州道韓椿核議會詳請奏。前來臣等伏查沛縣境内夏鎮運河寨子民堰，皆洩水濟運要工，既經委員會同勘籌，被水沖刷，殘缺卑矮，必應修築加高，并搶築埽壩，建造雙孔減閘石壩等工，以資宣洩而利漕行。估需土方、夫工銀兩，由該管府、道等遞核無浮，議請籌款給辦，工竣驗收如式，應請准其在於司庫蘆課、雜税、漕價等款内照數借給。所借銀兩即從道光二十八年上忙起，在於該縣民田項下分作八年攤徵還款，除飭取攤徵估計册結照例詳辦外，理合會摺具奏，伏乞皇上聖鑒，謹奏。道光二十七年十二月二十四日具奏，奉硃批，另有旨，欽此。内閣奉上諭，李星沅等奏，循案借項修築民堰埽壩各工，分年攤徵還款一摺，江蘇徐州府屬沛縣境内夏鎮修築運河寨子民堰，并搶築埽壩，建造雙孔減閘石壩，皆係洩水濟運要工，業經確實查估，籌款給辦，所有前後借墊土方、夫工銀一萬三千五百餘兩，著准其在於司庫蘆課、雜税、漕價等款内照數借給，所借銀兩即自道光二十八年上忙起，在於該縣民田項下分作八年攤徵還款，該部知道。欽此。

清　曾王孫《清風堂文集》卷一三《勘定春省堰水口狀》　看得韓一道等永利堰使水人户也。先年堰崩，入漢合壩，驚惶請之，當事買地鑿溝，引羊頭、杜通二堰剩水以資栽插，建堰曰春省，蓋五十年于兹矣。二堰之人，初無間言也。生員張際會，杜通堰之一户耳，居近堰傍，潛掘地而東注，使流水遶門，于張生則得矣。其如九女壩，數百家秋收無望，何此一道等所以有酷殺萬命之控也？蒙憲批發，遵即親詣踏勘，春省堰在羊頭、杜通二堰退水溝上，舊址依然，不可泯滅。雖九女壩田得藉灌溉之利，而于二堰實無纖毫之損。張際會之掘之也，不過感于形家之説，夫石人之田而求富貴，吾恐富貴不可得，而際會之心田已蕪穢不治，是誠可憂也。已令議令韓一道等將春省堰修築堅固，下用石條，上甃以磚，其杜通堰退水土流，不許際會阻塞，仍立石堰上，永息争端。至掘堰之事，張欽原未與聞，特以軍廳書辦，水利在其掌握，不免大言，故爲一道等并控而事從興利起見，相應從寛。免擬。

清　張英《淵鑒類函》卷三五《堰埭二》　《理道要訣》曰：秦以李冰爲蜀郡太守，造百丈堰，灌田數千頃，蜀以富饒。《魏國圖經》曰：偃山古堰也，今謂之偃山，即漢成帝時河決金堤，蓋於此運土以塞河，頗愜當時人心，故謂之爲偃山，今在魏西縣。《晋後略》曰：張方圍京邑，決千金堰水，溝渠枯涸，井多無泉。《吴録》曰：句容縣大皇時使陳勲鑿開水道，立十二埭以通吴會諸郡。《水經注》曰：沙水東南流，注於潁，謂之交口水，次有大堰即古百尺堰也。《魏書》司馬宣王討王淩大軍，至百尺堨，今俗呼爲山陽堰，非也。蓋新水首受潁於百尺溝。《陸抗傳》曰：初江陵平衍，道路通利，抗敕江陵督張，咸作大堰遏水，漸積平中，以絶寇叛。羊祜欲因所遏水爲船運糧，揚聲將破堰以通步軍，抗聞，使咸亟破之，祜至當陽，聞堰敗，乃改船以車運，大費損功力。《孔愉傳》：爲會稽内史，句章縣有漢時舊陂，毁廢數百年，愉自循行，修復故堰，溉田二百餘頃，皆成良業。《宋書》曰：劉秀之爲襄陽令，襄陽有六門堰，良田數千頃。堰久決壞，世祖遣秀之修復，雍部大豐。《通鑒》曰：齊建元二年，魏劉昶冠壽陽，豫州刺史垣崇祖欲治外城，堰淝水以自固。皆曰：自有淝水，未嘗堰也，恐勞而無益。崇祖曰：守郭築堰，是吾不戰之策也。乃於城西北堰淝水，堰北築小城，周爲深塹，使數千人守之。魏人蟻附攻小城，崇祖決堰下水，魏攻城之衆漂墜塹中，魏師退走。《唐書》曰：張守珪爲都督，瓜州地多沙磧，不宜稼穡，每年少雨，以冰雪溉田，至是渠堰盡爲賊所毁。既地少林木，難爲修葺，守珪設祭祈禱，經宿而山水暴至，大漂林木塞澗而流直至城下，守珪使取充堰，於是水道復舊。《食貨志》曰：太和初，歲旱河涸，掊沙而進，米多耗，抵死者甚衆，不待覆奏。秦漢時故漕興成堰，東達永豐倉，咸陽縣令韓遼請疏之。自咸陽抵潼關三百里，可以罷車輓之勞。宰相李固言以爲非時。文宗曰：苟利於人，陰陽拘忌，非所顧也。議遂決，堰成，罷輓車之牛以供農耕，關中賴其利。《會要》曰：開元二年，河南尹李傑奏汴州東有梁公堰，年久堰破，江淮漕梗。傑奏發汴、鄭丁夫浚之，省功速就，公私利之，刻石水濱紀其績。《地理志》曰：海陵郡有古堰，亘百有五十里，久廢不治，秋濤冒民田。監西溪鹽税范仲淹言於發運副使張綸，請修復之，議者謂將有蓄潦之憂。綸曰：濤之患，歲十而九；潦之灾，歲十而一。護九而亡一，不亦可乎？天聖四年，詔修捍海堰，起於天聖三載之秋，成於六載之春，復逋户二千六百。民爲綸立祠，仲淹作頌。《齊東野語》曰：王邨芮祭酒初任仁和尉，長河堰有龍王廟，每祭則有小虵出，往來者謹事之。堰歲數壞，人以爲龍所爲，芮疲於修築，一日焚香設奠，虵果出爐上，芮端笏數之，曰：有功於民者，乃得祀，龍廟食於此而歲數壞堰，勞民之力，爲罪多矣，法當殺，即舉笏擊之，應手碎。是夕，宿於近地，疾風甚雨，大木盡拔，士人大恐，而芮處之自若，後卒爲名臣。《茅亭客話》曰：開寶五年，成都大雨，岷江暴漲，永康軍大堰將壞，水入府江，但見驚波怒濤，聲如雷吼，高十丈已來。中流有一巨材，隨駭浪而下，近而觀之，乃一大虵耳，舉頭横身，截於堰上，至其夜，聞堰上呼噪之聲，列炬縱横，雖大風暴雨，火影不滅。平旦，廣濟王李公祠内旗幟皆濡濕，堰上唯見一面沙堤，堰水入新津江口。時嘉、眉州漂溺至甚，而府江不溢。

（光緒）《永川縣志》卷二《塘堰》　自來天灾流行，莫甚於旱乾水溢，然永邑之患，則不在水溢，而在旱乾，何也？永多山阜，田形高而川勢下，雖氾濫，爲害不過沿溪片壤而已。至於歲遇旱乾，則田形高者土之燥也既易，川勢下者水之引也最難，加以流而不盈，所蓄無幾，兩岸農民不下數十百家，往往桔槔甫施，涸已立見，其何以禦彼灾祲乎？是故謀水利者，必砌百成堰，截流堵水，化小澗爲深潭，然後瀦聚多而灌溉普。查道、光間舊《志》，老堰三十七口，及乾隆十九年，知縣單思邁奉黄制憲檄，親臨四鄉，因地制宜共，修三百餘堰，大者約灌田千餘畝，小者約灌田數百畝，下放之外，沿岸農民上車所救之田，又復無算。若夫溪水所難及者，則令民掘田爲塘，豫積水以備凶札。計舊土塘三百零八口，新土塘三百八十五口，工竣之後，作堰塘記一册詳報。邑人至今日猶頌其德弗衰。且自乾隆以來，民仿效而成者，堰倍於前，不必在灘口，即溪腰亦多。塘數倍於前，有一業而三四塘者今約計之，堰共七百有奇，塘共二千八百有奇，雖逢小旱，頗不爲灾，永民之獲水利，豈淺鮮哉！乃道光二十三年重修府《志》，因本年永邑新《志》未成，舊《志》亦未載此，遂以塘堰無三字了之，是亦命筆者之疏於采訪而果於武斷也。茲因名甚瑣碎，闕而不書，特志其大概如此。

紀事

唐 司空圖《司空表聖文集》卷二《太原王公同州修堰記》　洛自西北趨大河，盖同源於積石，伏而乃發，離而復合耳。故其水皆渾而悍，暴難制。然左輔土田，賴之爲膏壤，堰雖勞，不可廢也。而又振泥加厚，水勢益抑，去故治之，治之勤日倍也。大中末，州南堰壞，久不能復，比歲旱蝗，關畿尤困。咸通五年，太原王公自中書舍人出牧是邦，思所以利人者，亡易於此，乃省公用，節私費，僦徒賦役，躬親率屬，得健吏于班，授以成規。亦既集事，而中作雨甚，川壑會流，雷風蹴雨而鼓之，益肆狂嚙，雖有力者，堅百仞之阜，亘爲其防，亦不能禦，勢明矣。必俟志誠克敷，旁資感効耳。公晨往河壖，跪陳牢醴，既以陰雲潰散，功倍人悦，翌日堰乃成。水折而東，皆若導而徙，令邑里交賀，合樂以迓之，流聞京師，中外以爲國慶。時國家兵役屢興，漕輓已絶，故自淮汴至于河潼之交，百敖皆刳，人無所仰視之者，雖已鼎食，亦若銜餒而返，農飢卒怠，何以振其威力哉。關中不涸之轍，必本是堰，公果成之，以明大計，雖旋亦决敗，而功緒足遺後人矣。七年秋，愚自滿獲展贄見之禮，出次近坰，備得其事，因著于篇，以彰勤濟之志云。

唐 孫樵《孫樵集》卷一《復召堰籍》　會昌元年，漢波逾堤，陸走漂民，襄陽以渚！於是天子曰：『户部侍郎盧某，前爲廣州，治稱廉平，家無餘儲，府有羨財，耕夫無所徭，舶賈無所征，蠢蠢海隅，賴之而安。其以襄陽之殘民屬治之。』盧公既來襄陽，始用李從事胤之畫，能成新堤；即問可以爲治狀？對曰：『天子以襄陽饑甿，寄活於公，宜有以休養之者。襄陽之屬城爲唐州，唐州之支邑爲泌陽，泌之東有二流走出，斷堤嚙道而西，派于二流，南別爲溝，壤高岸頹，水不得行。昔召信臣嘗爲南陽，能爲民障水泉，廣溉灌，世賴其利，俗用蕃富。嘗披地圖，北盡南陽故地，豈古所謂召堰者耶？代邈時移，功不加修。堤割于流，浸洩爲波，自泌陽以南，平民以西，居民甚逋，墾田甚凋。公則能復信臣舊規，眞民十世利者。』盧公立召管田部將，出卒與轂，率以聽命。李從事即爲條分程度，指畫經略；且使迹其故堤以鯁二渠，鑿其枯溝，折爲南流。水門既陳，百瀆脉分，蔓蔓于原，枝枝于屯，數百里間，野無隟田，旱無稿苗。召堰既成，秋田大登。八州之民，咸忘其饑。范陽盧庠能道李從事佐盧公事，且曰：『盧公自南海主襄陽，再以李從事參畫軍事；凡其所居，鏗耀有聞。及爲潞州，聲光削然；發戍兵，甲興而譁。盧公駭咤，謂他從事曰：「使李從事從我，寧及此耶！」是時，李從事胤於讒言，獲譴，當奪權；自盧公黜，留樂陽。如此，則李從事佐前盧公宜如何哉！』李從事去襄陽五年，召堰之利，益大於民；歲增良田，頓至四萬。樵惜李從事之迹，不爲人知，作《復召堰籍》。

宋 樓鑰《攻媿集》卷五九《泰州重築捍海堰記》 東南堤防，莫盛于淮東捍海之堰。堰在泰州海陵縣北一百五十里，起唐大歷中黜陟使李承。自楚之鹽城，南入揚州，綿亘通、泰之境。不惟蔽遮民田，亭竈附依，尤利鹽事。至天聖初，范文正公又宏大之，徙堰少西，以避海濤之衝。發運使張綸、轉運使令狐儀實主張是，亘一百四十三里有奇，甓其外以爲固，置兵五百人，分列五寨，專典繕修。崇、觀之後，始充他役，乃無一人守者。宣和堤決，壞田三百餘頃。紹興七年，又壞堤幾半。越二年始修成，已不如天聖之堅密。厥後，提舉朱冠卿知州事，徐子寅、張子正、魏欽緒皆因壞增修。子寅又請鹽場官分視捍堰，各守其境。淳熙十三年，提舉趙羣相海所衝曰六澤浦，甓而新之，壯于舊三倍。且柵其外十三里，更創夾堤六里于桑子河。其餘增卑培薄，悉還舊觀。慶元二年，二邑之民又以病告，謂晏溪河東有土月堰，下臨海洋，了無塗泥爲之固，地形就下。紹興以來，四經移築，民田之墊于海者十五里，衝損海陵堰身六里餘，如臯亦壞十餘處，近益損甚。提舉王公寧覽之惻然，亟命知海陵縣陳之綱相視利害，請移入二里，重增九尺，基厚二丈九尺，面減五尺。又遣捍堰巡檢劉正志量度會計，創立基址，計三十四里一百九十四步，用工二十八萬。公按圖察之，謂西接范公大堰，若不及今移築，則堰内之田當爲斥鹵，且將浸淫旁及，横流四出，爲害益大，亟以奏聞。且言：『水政，臣職也。敢憚改作？所費雖重，撙節財用，銖積寸累，願就茲役，不敢以煩朝廷。』仍及仲春農事未興之時，亟圖之。正月甲子剡上，凡再旬而得請，遂以某月某日庀役，至某月某日崇成。既訖事，再招海清兵士百人分置五寨，興窑燒磚，以爲後日繕修之備。仍檄之綱偕幹辦公事趙不熄董其役，公亦躬爲一行。凡用若干工，費錢米若干。民大感悅，而王公不自以爲功也。告成于朝，遷一秩以寵之。太守沈公坦走書于鑰曰：『捍海大堰雖跨數州，而泰之利害猶重。今日所修則全在下二邑，賴賢使者一力爲之。民既不知役，凡我同僚亦皆蒙成而無預，請記之。』鑰因爲之攷圖經舊記而得其實，則作而言之曰：美哉，斯役也！范文正興千載之大利，苟非後之賢者相與扶持之，亦安保其不壞？自茲朝廷之上，皆如今天子之垂意，爲部使者，爲郡將皆如王公之用心，雖至于無窮可也。鑰與王公嘗同朝，稔知其文章政事之絶人，試郡永嘉，實繼沈公詹事之後。泰州其子也，治辦有餘，尤爲王公所知。樂其有成，欲以傳于永久。鑰長子淳方以一尉出二公之門，故不復辭而屬筆焉。

明 方岳《江堰記》（萬曆）《重修泰興縣志》卷七 皇朝御天下已百二十餘年，天下貢賦悉出於東南。朝廷恒念無良有司事事，乃選高平李公紱同知於揚，專督所屬三州七邑之賦。公夙承厥考，僉憲延臣先生教，由賢科拜。先世耿光至公，更奕奕不衰，且宅心方嚴，治人以明，水蘗自操，不事表襮，刑德并流，邵民德之。成化壬寅秋，公單車按泰興，召吏屬偕諸黎老於庭，諭之曰：『吾受命牧茲土，欲詢民之利弊而罷行之。』前邑宰蔡侯暹進曰：『邑之郊有良田數萬畝，西抵江都，東比如臯，自鄉之順德廟港，迤運至依仁新河，綿亘八十里，皆瀕揚子江，吞噬江潮，淪爲沮洳，土人廢播種者百餘年，令不安其職，賦不得其平，財愈竭而民愈戚，其不去爲盜也亦幸矣。』公曰：『維帝爲生人所以付任責子者，庶其在茲，予曷敢不力？若當亟白於巡按魏公以經理之，予爲若等贊厥事。』議下，遂僦功役八千餘人，至期畚鍤雲集，乃命判簿陳君寧等分董其事，肇工於是歲之十二月，逾九旬有奇乃施工。由是瀕江八十里之田賴以無虞，民業有恒，公無負租，皆公之賜也。民颺而頌曰：我有田疇，淪江之陬。曆載以來，孰究孰籌。維帝遺公，拓我遠䆜。築堤捍江，田亦有秋。公私其足，克分我憂。天錫純嘏，俾我民長。沐公之鴻，休於戲！昔之爲國者，維疆里爲重，故有障大澤，勤其官而受封國者矣。西門遺利，史起興嘆，商君阡陌，孟氏不與。公克夷險，育物以惠萬世，其功德尤彰彰也。公今滿九載，將獻績於朝，巡撫張公賢其能，用周增秩之典，復請於揚。噫！爲一郡則專而不能咸，若用於朝廷則溥，其惠澤磊磊明明，將與古人伍。吾見天下之竹帛不足以書公之功德，天下之金石不足以頌公之形容矣。豈直如今日而已也哉。邑宰金臺吴侯鍾荷公之功，丐予詞，鐫諸石闕，予又嘉吴侯能不没於公，皆有社有人者所當取範也。用記以憲於後祀。

清 彭仁湛《創修復興堰碑記》（道光）《新津縣志》卷四　夫水利者，萬人之命，萬世之計也。以萬人之命爲命，其功爲可大；以萬世之計爲計，其功爲可久。《易》曰：可久則賢人之德，可大則賢人之業。苟非其人，不能有其事也。故古今來凡能開通堰水，引溉田疇者，莫不臚其功績，載之史册，以垂於不朽。吾鄉胡公，名元輔，字宰一，其先秦之溧陽人也，以隐德君子處於隴畝，而能獨出其力，經營水利，鑿牧馬山脚，引楊柳河水，相度地勢，開疏溝渠，勤苦皆身任之。雖一竹一石，無不殫心竭力，沭雨櫛風，手拮据口卒瘏焉。越二載，始告厥成，爲呈方之利，是其所圖者大且久而不囿於目前者也。方明之季，公祖友冠自秦入蜀，卜築於兹，即有開溝灘溉之意。維時荒烟蔓草，荆棘縱横，兼以人稀土曠，欲興水利而無由。公父斯虞時草萊漸闢，亦欲引水墾田，而夙志未竟。公乃克承先志，以斯堰爲己任，創始於乾隆戊寅之冬，竣事於庚辰之夏。堰長如干丈，溉田七百餘畝，自是一方之中，波流灌溉，無適而非水利之所及矣。考之史，叔敖起芍陂，楚受其惠；文翁穿腴口，蜀以富饒。至唐之李襲、宋之劉彝，及開我新邑通濟堰之章仇兼瓊，類皆功被當時，澤及後世，人享其利於無窮者也。今我胡公雖未敢與先代諸公較，而其事蓋亦遥遥相望而無多讓焉。嗟夫！水利者萬民之命，萬世之計也。公以甚盛德，成兹不朽之業，不有以記之，何以垂諸後？後之君子見公之作，知公之志，所謂可大可久者不且没世不忘哉！公既没，同人請書其事，因記其巔末以遺之，俾泐諸石。

清 劉汝璆《金衢嚴三府疏浚堰壩陂塘并設立筒車記》《清經世文續編》卷三六　治民之道，農事爲先，而治民於大亂之後，尤以養民爲急。官不能養民，要在使民自養，而民之所以能自養者，尤必須督之以官。經界溝渠之互争，耔種牛力之不給，必得官爲經理，而後訟端息、資本充，使地有餘利，民有餘力。倘以地瘠民貧，事難創舉，束手乏策，則國家設官爲民之謂何故？今日孜孜所以爲農民計者，誠以興修水利爲當務之急。寧歙之水，從天目建瓴而下，直注徽河，金、衢、嚴三府以爲經流沿江陂塘，往時亦皆修築。自經兵燹，人民散亡，遂多圮廢，水利既不興修，則水旱不知所備，而農事益荒，設遇歉歲，其將何以爲計？汝璆任金衢嚴道時，曾歷三府，目見所在陂堰尚未全壞，及今補修，較易爲力，如金華永康之長溝六十里，毗連處州，自明壅塞，至今未能開浚，十鄉荒蕪之地田，竟不能墾闢。汝璆乃倡捐廉銀二百兩，紳民踴躍争開，不一月而工成。又衢州西安之桃枝堰，源自福建來陰，注田地不少，堰口上有深溝，爲饅頭山梗阻，山邊有潭，深不可測，溝道既爲山所阻，乃從潭邊以石叠成溝，引水繞溝而過山足懸巖。壘石無根，壓重自坍，屢修屢圮。明初有王君者，本西安典史，督修此堰，三年未成，憤極投潭以殉，馬亦躍水死。馬鞍漂流里許不動，即成馬鞍堰，鄉人德之，立祠以祀。汝璆禀請開山，計寛一丈，高四十八丈，長三十二丈，閲六月而功竣。以開山之石堅築溝源，溝與堰相輔，渟蓄以備旱潦。自此，江西廣信等處來西安開墾者不下數萬人。此外三府應修陂堰，仍復不少，如桐盧之白水湖，建德南湖，淳安高壩，浦江文堰，義烏靈陂，金華東藕塘，凡此均關緊要，刻不可緩者也。金、衢、嚴三府地勢高曠，每多旱灾，江邊之田，有陂塘灌溉所不及者，自常山以至桐盧，官程六站，堰壩既修，更能設立筒車，汲大江之水以注高埠之田，尤爲便利。每造一車，需費三十千文，若以三府分任其事，需費無多，而收效即在目前，無論智愚，皆可曉然知其利害。所貴賢守令寔心董勸，人存政舉，觀我即所以觀民也。

清 李天機《重建石堰均水記》（乾隆）《望都縣新志》卷七　邑殷家營東舊有土築水堰，建自明永樂中，崇正時邑宰段公易之以石，蓄水甚富，上下皆給焉。後因亢旱水涸，鄉人無識，歸咎於堰，決至底，其水一洩無餘蓄，上下皆匱，三百年來水田一旦盡爲陸田矣。修志者痛惜之。不佞來知邑事，簿書之暇，流覽至此，念細民未知川原之利，故爲之通溝瀆，畜陂澤，以備水旱，惟長吏是問。漳水在旁而不知用，史起之所以議西門豹也。爰同司鐸秦公暨邑之薦紳子衿，聯騎詣堰，輯五鄉里老，詢其所以僉云上下不均之所致也。旋情願復舊制，即令諏日興工，荷畚走石，三日告成。又恐受利不均，復許各具情詞到案，虚公酌奪。堰上之田，過必盈科後進，且水勢濡滯，其流紆緩。堰下之田地窪下，勢如龍門，一瀉千里，且石隙蟻穴之浸漬者，涓涓不竭，又少田六十畝。特委殷家營鄉保持正秉公，照依定期，按日挨次開閘放水，先儘上田二日，後放下田一日。開閘時，閘板撤盡，不得存留滋弊。定於日出開閘，日入閉閘，并不許任意遲早，庶上下利均，佇見陸田復爲水田矣。晋羊叔子都督荆州時，軍無百日之糈；其季年，乃有十年之蓄。不佞於慶民不能無厚望云。

藝文

唐 杜光庭《廣成集》卷一一《程德柔醮水府修堰詞》 伏聞大道垂功，裁成品物；眞靈設位，主宰群生。至於水府明神，山林正職；各司罪福，以庇烝黎。當縣地控上游，素名劇邑；賦輿重大，耕稼兹繁。堤堰所防，安危是繫。某所修堰分，當彼浚流，自泛溢以來，累有摧壞。雖俾夜作晝，竭力焦心；旋有葺完，尋聞傾陷。豈水脉所注，不可備防？豈龍神所爲，未容障塞？憂惶迫切，無所告祈！且食乃民天，人爲邦本；或虧秋稔，必致年凶。况天府膏腴，勢連下瀨；少城户口，旁接通波。若爲侵軼之灾，必有泥沙之變。救兹墊溺，須仗玄威。伏惟大道開恩，明神流鑒；愍其農畆，念彼生靈；迴不測之神功，借無私之聖力；特垂濟護，俾獲安全；使黍稷永豐，京坻有望；息襄陵懷山之禍，叶年豐俗富之期。蘋藻効誠，敢負靈貺。不任。

宋 王禹偁《小畜集》卷一一《將巡堤堰先寄高郵蔣知軍》 二十年前在濮陽，賓筵留我共飛觴。當時進士衣如雪，今日郎官鬢有霜。吏役可堪巡堰埭，軍城猶喜接封疆。能來界首相期否，堤上依依柳漸黄。

宋 秦觀《淮海集》卷一《浮山堰賦》 并引 梁武帝天監十三年，用魏降人王足計，欲以淮水灌壽陽，乃假太子右衛康絢節督卒二十萬，作浮山堰於鍾離，而淮流湍駛漂疾，將合復潰。或曰：『淮有蛟龍，喜乘風雨壞岸，其性惡鐵。』絢以爲然，乃引東西冶鐵器數千萬斤，益以薪石沉之，猶踰年乃合。堰袤九里，水逆淮而上，所蒙被甚廣。魏人患之，果徙壽陽戍頓八公山，餘民分就岡壠。未幾淮暴漲，堰壞，奔于海，有聲如雷，水之怪袄蔽流而下，死者數十萬人。初，鎮星犯天江，而堰實退舍而壞。嗚呼，異哉！感而作《浮山堰賦》，其詞曰：

繄四瀆之并麗兮，寔脉絡於坤靈。惟長淮之淼漫兮，自桐栢而發源。貫江河以下騖兮拉泗、沂而左奔。走獰雷以赴海兮，駕扶摇而薄山。固元氣之宣節兮，熄衆兆之灾患。粤蕭梁之服命兮，抗北魏以争衡。信降虜之詭計兮，阻湯湯而倒征。依兩崖以受土兮，羌合脊於中央。揵竹畚石之不足兮，又沈鐵以厭不祥。袤九里以中峙兮，截萬派之奔茫。大堤矻乎如墉兮，杞柳蒨其成行。展源深而支永兮，雖壅否而必通。倏鯨吼以奔潰兮，與蒼蒼而俱東。若燃犀之照渚兮，旅百怪而争遒。□馬怒而嘘蹀兮，虎蛟咆而相糾。哀死者之數萬兮，孤魂逝其焉游？背自然以司鑿兮，固神禹之所惡。世苟近以昧遠兮，或不改其此度。螳螂怒臂以當車兮，精衛銜石而填海。僭梁人之不思兮，卒取非於異代。豈方迫於尋引兮，不遑議夫無窮？將奸臣取容以幸入兮，公相援而欺蒙？抑五材囚壯之有數兮，特假手於憧憧？系曰：敦阜寇冥大川屯，精氣扶輿變乾文。運徒力頓漂無根，潮波復故彌億年。

宋 晁公遡《嵩山集》卷三《師永錫家青神喜紅花堰興作詩因次韻》 終歲辛勤農在野，邊頭亦聞軍芟舍。指揮郡縣摧輪輓，兼伐葦蒲收稾秸。諸將但思弧矢利，教我力耕誰暇議。兵多食少將奈何，請君往問司徒銳。秦人鑿渠開阡陌，坐臨關東常晏然。當時列國豈知此，楚王内府藏三錢。何須藏來黄鵠語，吾已淂於禍之父。紅花堰廢今百年，不復秋成頌多稌。君看初未作此陂，憂無暑雨民怨咨。鍤聲殆合桑林舞，千夫劚荒汗如雨。道旁笑指堰復?，他日飽食勿忘今。

又《勞劉子儀視作紅花堰》 洌洌天北風，仰視寒雲繁。蟄蟲亦坯户，子独在丘原。路人指此堰，嘖嘖相與言。堙廢將百年，故道今豈存。旁有蔣子池，沮洳無根源。耕者病夏畦，擁耒涕潺湲。念子不憚老，塞茅手自掀。忽報故道出，萬鍤如雷喧。堰成争來觀，矗若千丈垣。少壯始從仕，功積已可論。他時當不朽，名配謝公墩。

又《四月堰水甚小一灌田方足》　岷江惟清流，涇水惟濁泥。泥濁禾黍茂，流清粳稻宜。舊傳江發源，瀵涌出沉黎。老農望其來，未至龍尾西。今晨南山雲，蓊然思朝隮。滂沱三尺雨，泛滋千步隄。積潦始北滙，餘波各東疏。茫茫黑壤潤，戢戢翠剡齊。亦復到邑里，溝澮争交馳。往看芙蓉湖，微風緑生漪。似欲娱使君，豈臧習家池。老農喜相語，歲晚可無饑。再稱勾龍社，配我靈星祠。更煩請天公，膏澤在及時。

宋 李石《方舟集》卷五《大雨水憂三堰決壞且念吾挺之在病無與共此憂者因走筆爲問四首》

秋夏之交天雨水，水來不少熱更多。火光焰焰毒人肺，不惜一濕傾天河。

淫雨不止已及月，庋庋供爨無宿烟。池蛙齊聲振鼓吹。苔蘚一色堆金錢。

人道西山有龍穴，雷霆動江二水深。龍仙且莫壞我堰，我堰一決人陸沉。

君今已作十日病，我去頗覺三秋遲。俸錢不來水破竈，君自不飽我忍飢。

宋 吴泳《鶴林集》卷二《堰上行上周憲》　堰上行，桃花灼灼春水生。水䰟一石泥數斗，瀰漫浀池浸渠口。樹以淇園竹，菑以漢堤石。石填竹落知幾丁，駕作青霓千百尺。一夫搴茭前，一夫荷捶去。旋燒香紙祭水庸，更酌村醪賽田祖。鹿頭北，海眼西，綿洛一帶填淤肥。苧麻漚池禾稻長，雖有旱暵無凶饑。今年狼頭窺井絡，羅堰九星幾缺角。匪天十風五日雨，陸海將貧水維濁。上帝憫下民，親遣蒼水使。西門騶前白渠後，指畫田塍若鱗次。新堰舉，舊堰修，野媪含笑溪童謳。自言春種皆茁土，桔槔長閒卧畦圃。明朝百役非所知，且樂豐年踏車舞。燕泥新濕花雨斑，四牡趣嚮東郊還。地平天成九功叙，今秋都築沙堤路。

元 陳高《不繫舟漁集》卷一〇《美陳國英修堰詩序》　温之平陽，濵海爲州。州之南爲長港，港之南有田四萬餘頃，皆膏腴也。當山斷處，津渠通潮汐所往來，并海之鄉田不可稼。宋嘉定中，鄉人林君居雅始爲堰八十丈於津流入海之衝，外障海潮，内蓄清流，數鄉之人，咸賴其利。元至正三年，堰壞，屢修治，弗克完，農民失業，歲以薦饑。越五年，岳侯伯仁來知是州，將居民致其役。州人陳君國英素有孝義名，聞之奮然以爲己任。乃率衆趨事，散財募工，晨夜戮力，勞之逾時，堰成而尋復壞。衆且縮手，君獨勞心殫慮，百計作治，至於不遑寢食，不避風雨，靡怠益勤，竟獲僝功，舊規克復。於是鄉之父老咸曰：『其自今歲且有望，吾無患飢矣。陳君之惠，其可忘哉！』而文士遂相率爲詩，以稱道之。予既美陳君之勞，而嘉吾鄉之蒙其利澤也，故爲序之，而係以歌曰：

悠悠巨海兮，漭漭洪波；山斷水交兮，潮汐奈何。溢於川源兮，甘泉爲鹺；自古有田兮，不可以禾。昔人經始兮，陻以沙土；堰其要衝兮，以防以禦。爰得清流兮，溉吾禾黍；食吾農兮，實吾庾。歲既遠兮，決壞；饑饉薦至兮，爲吾農害。思昔人兮，誰復繼？惟兹有士兮，爲吾農恵。沈土萬簣兮，下石千艘；再毁再成兮，其役孔勞。隱以金椎兮，既完且牢；斷截黿鼉兮，捍遏鯨蛟。誰實爲此兮，利我農畝；前有林公兮，陳君在後。自今以始兮，歲其大有；吁嗟斯人兮，惠我孔厚。

明 胡纘宗《鳥鼠山人小集》卷二《開堰》　舊堰劚雲根，新渠剖霧痕。何當跨龍馬，天上倒崑崙。

清 陶澍《陶文毅公全集》卷五四《庚寅九月二十日自武家墩晨發勘視堰盱堤工周曆洪澤湖往返三日概然有作》　一堡二里半，三堡七里餘。高堰一、二、三堡，爲清江浦最險之區。高堰十八堡，其南即山盱。山盱堡十六，周橋爲之樞。洪湖未堰時，淮水此東趨。至今風雨來，奇險防疏虞。橋南接黄堈，周橋南即八堡，地名黄堈寺，尤險。二壩别以區。二壩曰智信，洩水東歸墟。稍西林家壩，又西稱攔湖蔣家壩即攔湖壩。是爲盱眙境，宅土有市衢。其民數百家，且賈且耕漁。有閘曰卧虎，地與三河俱。三河仁、義、禮，僻處山之隅。是在堡以外，蓄洩全淮於。往來三日間，長堤行紆徐。太息此湖水，混茫涵太虚。作堰始陳登，於傳或有諸。曆代相祖述，畚築盛規模。既使北刷黄，更南通漕儲。虹堤亘一綫，淮乃化爲渠。太息古淮水，一瀆歸尾閭。奈何截其流，南北不得舒。沈浸没日月，崖岸成渚圩。僧伽塔已倒，支祁鎖已淤。蛟龍與鰕鼈，溷雜同一潴。遏阻思鋌險，鬱極氣必嘘。常恐歕薄餘，浩浩民爲魚。性命託老兵，奔走疲吏胥。金錢歲百萬，抛擲沙泥如。事體洵重大，跋疐多攣拘。太息天地間，得失相垂除。七竅鑿混沌，成毁在須臾。盗笑聖人死，智欺河叟愚。誰能縱天弢，相與還其初。凉飈堤上來，颯爽吹衣裾。却望老子山，中有神人居。

雜録

五代 蜀 杜光庭《賀江神移堰牋》《成都文類》卷一八　伏覩導江縣令黄璟奏：六月二十六日江神移堰事。伏以大禹浚江，發洪源於龍冢；李冰創堰，分白浪於龜城。導彼靈津，資乎民用；而涸壢泛肩之誓，表則有常；若懷山沃日之多，崩騰難制。立虞墊溺，必害蒸黎。昨者，夏潦渤興，狂波未息；顧岷江之下瀨，便逼帝都；當灌口之上游，遽彰神力。於是震霆纂地，白雨通宵；驅陰兵而鼓譟連天，簇靈炬而熒煌達曙；回山轉石，巨堰俄成。浸淫頓減於京江，奔蹙盡移於峽路。仰由聖感，仍假英威；見天地之合符，睹神明之致祐。編於簡册，冠彼古今；叨奉奬私，彌增抃躍。謹奉牋陳賀以聞。

宋 樓鑰《攻媿集》卷三九《淮東提舉陳損之創立紹熙堰除直祕閣》　敕具官某：水利本以惠農，常平使者之職也。爾使淮東，善于其職，建議任責，迄觀厥成。伻來以圖，如指諸掌。閉縱隨時，條流有序，綿亘及數百里之遠，灌溉爲千萬頃之利。農商俱濟，旱澇無虞，使客漕運之往來，咸有賴焉。謝安爲埭，人以召伯名之。爾通敏有餘，不擾而辦，名以紹熙，淮民不汝忘也。寓直中祕，以寵爾勤。朕所以待汝者，何止是哉！

清 魯九皋《翠巖雜稿》卷三《勸修堤堰告示》　爲勸修堤堰，豫備不虞，以滋畜洩事。照得夏潦流行，時多泛漲，夏縣城垣，外高内低，附城居民，東則逼近横洛峪河涯，南則逼近白沙河涯。本縣因求雨日，步行禱於巫谷瑶臺山，回環沿白沙河、横洛峪河而行，見其堤堰多半坍損，河身高於堤内平地，倘遇夏潦盛大，洪流泛濫，何以堪之？本縣目擊情形，深爲憂慮，合亟出示曉諭爲此。仰城内外紳衿士庶人等知悉，速即舉出首事，設法勸捐，大興工程，取河内沙石修築堤堰，務期堅厚高大，堤堰益高，河身益深，則水至有所洩而不虞其泛漲。且白沙河、横洛峪河二水，皆繞城西流而南，西流之水最秀且貴，若能於此兩河疏浚極深，多築陂堰，澄爲深潭，長年水流不斷，旱則可資灌溉，潦則可洩洪流，將見此地人文日盛，富貴日隆，科第連綿，鼎甲接踵。本縣爲地方起見，不惜諄切曉諭，爾士民其踴躍勸捐，刻日鳩工，及時大加修築，無緩無怠。特示。

清 錢維城《錢文敏公全集》卷一〇《書唐荊川救荒堰記後》

余讀《荊川救荒堰記》，慨然曰：天道遠而難知，豈難知哉？天生人所以養萬物之命，於人之中，又若有所獨厚者，豈私此一人哉？蓋將以其所餘，以濟夫群不足者也。今人類之不齊，曰富貴貧賤，貴所以治賤，富所以養貧也。《周禮》大司徒以保息六養萬民。一曰：安富將貧之，是恤而保富民者。其時比閭族黨，莫不敦睦婣任。恤之道，富者安則貧者得所養也。後世教化不修，富貧相眩，歲一不登，富民出其資，買賤賣貴，富日益有餘而貧者益困，是天以荒札重困貧民而長富也，天道其然乎哉？今夫以人視人，則有富貴貧賤；以天視人，則皆其所生之人也。譬之家有數子，不能自養，則必望其子之賢有才者，以長養群季而教誨之，而此賢有才者待之乃如路人，視其愚鄙窮餓，漠然無所動，於念且賤棄之，或侵奪其有以速之死，爲之父母者何如耶？吾觀夫今之所謂富者矣，銖銖而累之，寸寸而積之，貫朽粟腐，靳不肯予人。然其子弟大都驕奢淫佚，不數傳而蕩然無有存者。而一二輕財好施、急人患難者，往往多賢子孫，家用饒裕且顯達。然則天道果難知耶！溧陽史氏之盛，天下無不知，亦知其所由來遠乎。觀恭甫先生之所以救荒者，散粟之不已而修堰，全活凡數千人，其利至數世而未艾，則今日子孫之盛，有自來矣。以觀乎史氏，如此其富而不恤民患者，如彼將孰利而孰不利耶。士君子幸得讀書取一第，都顯位，不能有所裨於國家，以逮百姓，徒益驕溢，極物以自奉，觀此可以懼矣。

百仞堰

論説

明 屠赤水《百仞堰記》（光緒）《松陽縣志》卷一一　水利萬物，理得其性則利，理不得其性則時或爲害。明王哲后，獨夏大禹稱曰神。詎非爲其祠，山川；感元渺，出金簡玉書，悟百川之理，四乘所之，役丁甲，走庚辰，波神效靈，岳瀆共命，斯其所繇號曰神禹者哉！然非能逆水性而神也。至堙息壤，營宣防水，又有不得不障者。時而導之，以免水患，則澤疏下流，時而障之，以收水利，則功在砥柱，相幾度勢，何可膠諸。【略】屠子曰：成功難哉，在權利害，利七害三，則興利；利三害七，則避害；利害相半，與其有利，不若無害。今灌田之利十，而漂舍之害又倍十，利必不可不興，而害尤不可不避，將奈之何？周侯一策而兩利俱全，何其計畫善，而功伐盛也。然非諸公特議於上，則群譁易摇，力詘無措，功曷繇成乎？士庶意大，率歸功周侯，不佞爲侯言之。侯愕然曰：某無狀敢貪其功，創議則别駕文公、司李劉公、邑令蕭公，主議則監司曹公，郡侯任公，決徙堰議則郡丞許公，捐資則臺使者，某何秋毫之力之有？不佞謂：數公功故自偉，非侯疇肩其任，又烏能權衡得當而兩利乎？君子于是而益多，周侯之能讓。

綜述

明 屠赤水《百仞堰記》（光緒）《松陽縣志》卷一二　松陽縣南，有山巖然，曰百仞。大溪湯湯東注，舊築堰障水，因山名百仞，長八十丈有奇。堰東南自九芝鄉耆德門，循移風鄉徐川、澄川，迄豐山下，引水灌田萬畝。慶曆間，波衝堰壞，田禾盡槁，一望蕭然，荒榛野蔓，民窮租逋，逃徒爲墟。鄉氓纍告兩臺，蕲修復故堰。先是署縣别駕文公、司李劉公、邑令蕭公上其議，未決。毗陵周公來宰，邑甫下車，父老首以爲請。而公遂力任其事乃白之參知判溪曹公、郡侯皖城任公，持論益堅，僉謂經費無出，則議動臺使者，贖鍰若干。諸當路咸報，可刻期鳩工。故堰旁東北，地形稍卑，堤爲水勢激沏，春夏間，溪流受障，輒漫衍漂没廬舍，爲民大患。至是議修故堰，東北鄉民力争其不可，兩鄉交鬨不已。周侯親往相度形勢，曰：堰壞，則東北廬舍無漂没之患，而南田日槁，堰復，則東南畝畝有灌溉之利，而北舍可虞。較而言之，灌溉利大，漂没之患彌大。吾有一策，令兩鄉民有利而無患可乎？於是，命徙堰基西上數百武，地形稍高，故堤岸崇廣，南可決水灌田，北不漫流漂舍，永垂大利，杜争端矣。侯又白道郡，郡丞宛陵許公親詣相度，曰：韙哉！周君策。收水之利，絶水之患。雖使白公鄭國持籌，無以易也。於是，兩鄉民帖然議，遂共徙堰基上流，興工某月日，至某月日工竣。不佞偶客長松，周侯觴余百仞山下。長堰蜿蟺，中爲巨閘，啓閉以時，洵宏偉之功，千百世之利也。傍堰諸父老相率徵不佞言。勒石以識不朽。

（光緒）《處州府志》卷四　百仞堰，縣南三里，百仞山下，灌田十七頃五十畝。明萬歷間，知府任可容修，知縣林大佳重修。

傳記

（萬曆）《括蒼彙紀》卷一二　劉原熊世爲蛤湖人，父惟賢徙居澄川，捐貲倡築獨山百仞堰，建永安橋，置澄川渡，立祭田以祀，先修德行，誼遐邇具聞。

紀事

明 李鈺《百仞堰記》（光緒）《松陽縣志》卷一一　余棲衡門，松陽包生洪伉者，爲余舊知。不遠二百里而來班荆道故，意甚讙也。因稱邑之南有山巋然干霄，名百仞者。其下有大溪，築堰障水，亦因山而名百仞。自南而東，枕九芝鄉之耆德門，循移風鄉之徐川、澄川，迄豐山下，溉田數十頃。蓋吾邑巨浸也，所從來遠矣。正德間，壞于洪水，溪南一帶，盡爲赤土幾百年。萬歷甲辰，毗陵周侯，首諭父老，請白道郡，出公帑與民力各半，築成古堰，爲一方利賴。迨戊申澍雨暴漲，從中衝決，堰斷爲二。附城者利於下流安碓。故南民告修，城民告阻。然田蕪糧在，徵賦莫支。上控院道，業允給穀重修。城民又謂，公帑不宜爲一鄉費。倡言上流有何家堰可築。維時令尹欲從其議，而故迹蕩没，巨浪難填，竟遷延至今。幸晋興林侯，下車問民所便，留心水利，適南民上控。郡尊吴公，軫恤民隱，下檄勘議。林侯遂毅然不摇群喙。惟較鄉城之利孰多，則從其多。較何家堰與百仞堰之費孰廉，則從其廉。南民願履畝科銀而不費公，則從其便。

又議如裏河閘式，旱則閉，令南東不病田，澇則啓，令西北不病邑。蓋兩利而俱全之。申議報，可刻期鳩工。從此荒原爲沃野，虛糧爲實徵。涸鱗仰沫，千家舉火。是林侯宣郡尊吴公之德意。興周侯之往迹，而德于此方，民甚厚。擬勒碑識感，聞公有一日之長，敢乞一言。余曰：史起灌鄴，崔瑗渠汲，千古有稱。林君水利一方，乃仁牧之大端。雖古循吏，何以遜焉。是當爲記，遂書以貽之。

（雍正）《浙江通志》卷六一　百仞堰，在縣南三里，十九都百仞山下，明萬曆二十六年，知府任可容重修。

百丈堰

論説

明　楊守正《百丈堰乾溝議》（康熙）《城固縣志》卷九　余視堰務至百丈堰，涉於壻水，南行之中流，以木石障水，濶約有百丈，俾水東行，循渠以溉田，其爲力亦勞矣。渠之東北曰駱駝山，遇天雨，其水甚猛，横衝渠道，水洩不得溉田，衝止則復修，一歲之間屢衝屢修，民甚苦之。余循山麓相水勢，議欲以灰石塞山之南口，約十餘丈，自東而西挑渠長二百丈，深三尺，濶二丈，由慶山北歸昇仙口河内，一勞永逸，百世之利也，限於財力，不克易成，余甚惜之。特著於此，以俟後之君子需時豐稔爲之，是爲議。

明　黄九成《重修六堰記》（康熙）《城固縣志》卷九　漢中爲關陝雄郡，城固爲漢中巨邑，縣西北四十里有高堰，西四十里有上官堰，西北三十三里有百丈堰，三十里有五門堰，二十里有石硤堰，縣北十五里有楊填堰，城固堤堰凡十有九，而六堰之利居多，六堰之中五門堰十居其六，工程尤爲浩大，石峽堰在斗山之麓，甚爲緊要，楊填堰，城、洋二邑均被其利，城固用水十之三，洋縣用水十之七，凡此六堰溉田七萬餘畝，誠咽喉之重地，民命所攸關也。

（光緒）《續高平縣志》卷三　昔周公於洛陽爲陽渠，秦李冰於蜀郡造百丈堰，溝洫廢而渠堰之利益重矣。

綜述

《新唐書》卷四二　彭州【略】導江有侍郎堰，其東百丈堰，引江水以溉彭益田，龍塑中築。

明　佚名《百丈堰高公碑記》（康熙）《城固縣志》卷九　城固之北有壻水河經流境内，平陽沃壤。在昔留心民事者，相其高下之勢，障石爲堰，鑿渠引水，灌溉稻田萬餘頃，城民之生養，永頼其利，澤匪淺鮮也。顧堰凡五處，而百丈堰截河横堤，其田糧較他堰獨重，而工力亦既倍矣。至於渠口，尤咽喉緊要之處，且與乾溝爲鄰。歲值用水之時，常有暴水衝淤，隨淘隨，塞不勝疏鑿之苦，所由乾溝之爲渠患無禦也。董是役者，每每稱難。萬曆戊戌歲，邑侯高公循省境内水利，虛心下問，詳察通塞之故，乃得渠口頻淤之説，遂進父老而諭之曰：『暴水之爲害若此，惟無以禦之，則水利弗通，民之憂勞無善。』於是不動民財，自捐俸數十金，易石條數百丈，再易石灰百餘石，命匠鳩工，令堰長率田户，計日刻期，務乘農隙以成厥工。但見一時人心欣然，相謂曰：『水利吾生養係之也，矧不費吾財，吾何憚而不供其役？』乃樂於趨事，赴工運石甃砌，不三月而橋功告成。蓋本以佚道使民，故民忘其勞，而成功之速如此也。橋溝三洞，每洞濶四尺許，仍於兩岸築堤數十丈，遇暴水，則用板閘洞口，庶洪流可禦，而渠道無復衝淤之患。自是西成無失，而民生以遂，其利不亦遠且大哉。於戲！昔者禹抑洪水，萬世永頼公也，建橋捍患，惠養下民，其功當不在大禹下，而民之感德蒙休，又奚啻一時而已哉。故因名其橋曰高公橋，俾後世觀河流而思功，享粒食而誦德者知所自云，公諱登明，號晋台，由鄉進士，山西翼城縣人。

紀事

明　黄九成《重修六堰記》（康熙）《城固縣志》卷九　萬曆三年乙亥夏，安邑喬侯來令城固，曾一修治。與高侯、同侯三晋人傑，循良君子也。涖任以來，孜孜以民事爲急，每歲春夏躬履四郊，見民之勤於耕耘者獎賞之；惰農自佚者懲戒之。及抵高堰、上官堰、百丈堰、五門堰、石峽堰、楊填堰，見其舊工漸弛，洞口剥落，堤埂疏薄，水利愆期也，乃建議重葺修整，區畫精詳，申其議於漢中太守李公、分守張公，咸允其議，於是捐俸金及贖鍰買辦石灰六百餘石，煅治石條八百餘丈，夫役徵諸田畝，官不費而民不擾，檄委李簿、張尉董其役，經始於萬曆二十七年己亥春三月，自高堰而下百丈堰、五門堰、石峽堰，又西上官堰，又東楊填堰，修整嚴密，規制一新，水勢沛注七萬餘畝之田，灌溉無遺利。城固蒸黎悉沐厚生之惠矣。父老人等感侯之德，屬九成爲文，以紀其績，九成媿不能文，然誼安可辭？請敬陳其略焉，嘗讀《書》曰：德惟善政，政在養民。《洪範》八政以食爲先，是食者民生日用之資，而一日不可闕，而務農者食之所由裕也。今聖天子御極，宵旰乾翼，惟以安民爲務，一時内外大小臣工咸竭忠殫力以副聖意，海内熙皡稱盛治矣，若張、李二公者俱以名世之才膺巡守之任，昔南陽守杜詩，政治清平，百姓便之，又修治陂池，廣拓土田，郡内殷足，時以方之召信臣南陽爲之語，曰：前有召父，後有杜母。今我邑喬侯修堰於前，爲城人樹甘棠之澤，高侯繼理於後，爲城人建無窮之基，頌之曰：前有喬父，後有高母，亶其然乎？侯誠心實政，賢能卓異，他日遠大功業可預卜也。請以斯語勒爲貞珉，以垂萬世之久云。

清 顧炎武《天下郡國利病書》 百丈堰，縣西北三十里橫截湑水爲堰，濶百丈，故名高堰。

清 顧祖禹《讀史方輿紀要》卷六七 百丈堰在湔堰之東，亦李冰所造。志云百丈堰，灌田數千頃，蜀以富饒。

（雍正）《陝西通志》卷四〇 百丈堰，灌田三千七百二十一畝。

雜録

（寶慶）《四明志》卷一二 長塘堰，縣南二十五里，江河夾岸爲塘，袤百餘丈，俗呼爲百丈堰。當風潮之衝，禦河流之洄，以故累敗，役户坐是蕩産者什七八，里士董堂相地勢，謂河洄本爲溉塘下之田，然不可與水争地，乃以田易鄧橋廣福院田，鑿爲渠環之，以接舊河之洄，使仍可溉塘下之田，於河洄鄰江之地各捐半里許，於其外爲堰二，以殺水勢，舊塘遂堅壯，民病始蘇，至今賴之。

宋 王應麟《玉海》卷二三《秦百丈堰》 理道要訣，秦以李冰爲蜀郡太守，造百丈堰，灌田數千頃，蜀以富饒。

清 畢沅《關中勝迹圖志》卷二一 引湑水灌田，南流繞慶山而出，於山下築一堰爲百丈堰，堰常有暴水衝淤，明萬曆間，知縣高登明建石橋以閘暴水，仍於兩岸築堤，渠道遂無所患。

清 李元《蜀水經》卷二 崇慶州有七十四堰，其最著者爲百丈堰。

（乾隆）《鄞縣志》卷四 前百丈堰長六丈四尺，闊八尺，在二十七都一啚，與二三四五啚合管。後百丈堰長五丈闊八尺，在二十七都六啚，與七八九啚合管。

（光緒）《增修灌縣志》卷四 都江堰，在縣西南一里，一名都安堰，一名百丈堰，一名湔堰，一名犍尾堰。【略】蜀守李冰鑿離堆，以避沫水之害，作都安堰，穿二江，成都之中，溉田億萬頃，民享其利，作堰之法約以六字：深淘灘，低作堰。《淵鑒類函》以沫水爲暴水，其義甚明。《地里要訣》：秦以李冰爲蜀守，造百丈堰，溉田數萬頃，蜀以富饒。

包角堰

論説

明 陳善復《包角堰記》（光緒）《石門縣志》卷一 役有妨於民者，其利一，其害一，即舊迹所有，吾罷議可也。苟便於民，其害一，其利百，即曠緒邈若舊所無焉。自我創建可也，矧害不及，毛髮而利垂百世，上不糜公帑，下不竭民財，修復故壤，以弭隱憂，是役可已乎。君子持議如握璧，興役如救焚，遄發力舉，不能旦夕，謂害一利百者耳。議定而役竣，而紀成即一堰之細可述已。

明 李養《重修築包角堰記》（光緒）《石門縣志》卷一　崇故有包角堰，堰名包角者，何包固東南一角之風氣也。

綜述

明 陳善復《包角堰記》（光緒）《石門縣志》卷一　崇德縣與海昌接境，海昌地斥鹵，故多鹽盜，剽掠四出，患首及崇。宋時以邑城之南有支河，可達海上，遂築堰塞河以遏盜衝，堰名包角，今縣志可考也。及元兵入寇，決堰直薄城下，崇燬於兵，而堰決不復者，迄今垂三百年。嘉靖乙卯，島夷內訌，突至浙西，咸被其禍，而崇邑尤酷。總督軍門大司馬新安胡公相視地形，於故堰建敵臺二，以相守望，乾然金湯，則是堰不特爲崇邑外護，誠一阨塞也。邇年海上雖幸無事，而饑饉薦臻，鹽盜競起，崇近鹺鄉，士民患苦之。癸酉秋，浚河通漕，築堤障水，堤當堰址，士民望見喜曰：『此天相我也。』益務增築，用圖規復，屬隣邑人有稱運道不便者，陰阻成議，然運道向自章婆堰橋出西安邱高橋至官塘，初不由此，特假此以伸其私耳。於是闔邑士民謀自捐貲，别浚新河，亦可通漕。仍伐石建聚秀橋以便水陸經行者，議已定，乃請於督撫謝公暨守巡諸公，咸報曰：『以一堰而可以弭全邑寇患，亦何愛而不爲？』其如議事下有司，隣邑人百計撼之，郡大夫李公、邑大夫蔡侯皆精練政理，有幹局，堅守成議不爲動，既而守、巡諸公以事過崇邑，親歷其地環視，久之嘆曰：『是固當塞彼紛紛之説，何爲者自今役宜速舉，敢異議者坐之。』已乃檄有司更高廣何家橋，雖巨艘亦可直達無礙，崇民感悦上德，力畚築，不踰時迄工，始事于萬曆二年十月，竣於三年正月。役成鄉大夫運長郭尹輩來徵予言記其事，予惟包角一堰耳，據得形便，能爲輕重，若是即建堡立障可知已。顧其議久不決，非三四鉅公獨斷於上，李公、蔡侯協贊于下，崇民奚享千百年之利哉。夫堰以障木，衆説之侵公議，猶水之侵堰也。能持碩畫以敵群喙，即千仞可立就，《詩》所謂衆心成城是已，奚獨一堰哉？乃斯堰非上德弗成，予故樂爲之記。

傳記

明 黄鳳翔《田亭草》卷一五《嘉議大夫浙江按察使肖兼蔡公墓志銘》　憲使同安蔡公諱貴易，字爾通，又字道生，與余同舉進士。【略】包角堰以捍海潮。

清 盛楓《嘉禾徵獻録》卷三七　曹廣，字遠思，號遥集，祖弘淮本歙縣人，萬曆初賈崇德，家焉。好爲義舉，城南三里有包角堰，爲一邑障去水者，弘淮創龍吟寺於上，歲饑設糜以賑，死者給槥，病者與藥，歙人程道章令崇德，以桑梓重之，弘淮不與昵，曰：『公官暫而我居爲常，不可以彼易此。』會有白糧僉解之役，一一條其可否，民翕然稱允。晚入貲爲鴻臚序班。廣，崇禎己卯舉人，庚辰進士，授汀州府推官，黄道周作文治論以美之，壬午充本省同考，調繁福州，閩破歸年未三十，乃規什一，家益致饒。

紀事

明 李養《重修築包角堰記》（光緒）《石門縣志》卷一　崇故有包角堰，堰名包角者何，包固東南一角之風氣也。按《志》崇平原宜水，水谿天目發源，迤邐達崇者稍折而南瀉海昌，不復迴瀾，匪直縣治民生關興替，而學校人文因之盛衰，蓋甚重哉。先是築堰塞河，垂數百年，閱歲滋深，堰址幾湮。隆慶壬申，固安肖兼蔡公涖崇，鄉縉紳先生、孝廉文學以復堰請，公即決策，請當道鄉，勢室沸騰，陰欲阻公，公不爲阻，堰遂復。事詳《郭學憲碑記》，中既癸酉舉者四人，丙子舉者二人，其一首解額，丁丑舉南宫者一人，乙酉舉者復四人，己卯、戊子、甲午、庚子各舉一人，丁酉舉二人，辛丑舉南宫者二，即舉丁酉者也。誰謂水之應驗不符，而包堰壞上儼埒桐江一絲云。蔡侯簡，擢行鄉縉紳先生孝廉文學，暨新都之商於崇者，即堰上搆四知亭肖象奉公烝嘗旋已豆俎澤宮矣，事載胡柱史碑記中，堰以南浚池一方，曰毓秀池，池以南建寺，曰龍吟寺，寺以南築橋，曰登雲橋，前後左右如帶如礪，巋然大觀，今天子御萬歷之壬寅，余

北澤堰

論説

清 余勉《北澤堰口記》（康熙）《龍游縣志》卷六　天地之利萬物者，莫大于水，雨露之在天，爲膏澤之施，川澤之在地，有灌溉之益，小之則滋液滲漉，大之則霶霈汪濊，其于物無不利也。而惟君子之有功德于民者，亦然古之君子存心利濟，知水之利物也至溥。故以人力補天時地勢之不及，則陂渠池堰之利興焉。觀于白公、賈侯之渠，召父、杜母之稱，以及鄴中稻粱之咏，涇水禾黍之歌，則知昔日之所稱賢司牧，而湛恩在當時，謳思在奕世者，無不以水利爲亟亟也。

綜述

（萬曆）《龍游縣志》卷一　六都有北澤堰、堤藍石，溪水遶縣城，達席村堰以入溪，凡溉田三千畝。嘉靖初，知縣敖鉞修築，后廢。自姜村堰以下，并萬曆四年知縣涂杰屬主簿萬鎰重加修浚。

（康熙）《龍游縣志》卷六　一都有北澤堰，按，北澤堰去城南二里許，堤藍石，溪水作堰入田，緣城而西，灌注凡三千畝，後因洪水衝决。嘉靖中，知縣敖鉞改築堰口于上流，水行堰中，沿城皆爲沃壤。又引餘波入城，以備火患，民咸賴之。久之復廢。萬曆四年，知縣涂杰屬主簿萬鎰重加修浚，久之又廢。於是近城有田之家每遇旱灾，無所得水，咸仰資姜、席二堰以分其餘潤，而地處末流，蔭注爲艱，且涓滴之潤亦不足蘇枯起涸，故比年以來城西之田頓成瘠土，非復向日膏腴矣。聞北澤堰之興，所以補姜、席二堰之不及，初非有因襲之舊，而掘地通道，古人尚不憚力爲經始，况今幸有成緒，奈之何？其廢不講耶？今之言不便者，大約謂舊日堰口岸高水下，難于入田耳，不知今昔異宜，水道可改，向者敖公固已行之矣。至於修築諸費出自田畝，費一而利百，民皆樂從，固可無不穀猥承乏兹土教，事時，有謂堰可市潛蝕四知亭左隅湫之石，彼何人，斯不可長也。會徐侯甫下車風裁振肅，百廢具飭，諸生請侯按視之，侯怒曰：『堰爲風氣設耳，若亦崇産，縱不爲學校人文地？寧忘縣治民生計乎？即可市利窟，而無寧市義乎？此鄉耆縉紳先生孝廉文學之羞也。姑與若自新亟釐正毋緩，由是堰之蝕者復完，侯下令增堤，四知亭監久遠，不日堤成，問厥成堤者誰，曩新都之商於崇者程啓元也。商亦市義哉，余不穀頃被池陽命，馬首東念侯復堰，興文政先造士澤，與河洛俱遠不可無記，并以告後來君子生期上宦斯土者，益重愛惜焉。徐侯，諱穆，字欽之，辛丑進士，貴州銅仁籍，江西撫州之臨川人。堰在邑南門外三里橋南，堍下高一丈四尺，廣七丈，長四十丈有奇，南北俱界官河，東至路，西至敵樓，中分官路爲界，四知亭前兩岸河埠遵奉，本縣正堂與本學給帖徽商，取具歲租，收貯學中供辦，名宦蔡公春秋二祭，責令龍吟寺僧居守，毋令近堰諸人作踐，萬歷癸卯六月，按靳志有車自堰、永新堰皆分入桐鄉縣。

（雍正）《浙江通志》卷五四　包角堰在縣南一里，明萬曆間縣令蔡貴易復建。

雜録

（光緒）《石門縣志》卷一　包角堰，在縣南一里。

（光緒）《嘉興府志》卷一一　蔡侯祠在包角堰，爲蔡令貴易建，萬曆庚戌知縣靳一派增修，其嗣廉訪憲臣置田十六畝，畀守祠者。今毁。

朱侯祠在遺愛祠左，爲朱令維京建。今毁。

周侯祠在包角堰西，爲周令應秋建，萬曆辛亥知縣靳一派增修，仍置祭田。今毁。

孫侯祠在包角堰，爲孫令承謨建，有祭田，今毁。

陳侯祠在包角堰東北，爲陳令允堅建，今毁。

煩措畫也。如失今不治，日復一日，歲月益深，將有欲訪其遺迹而無從者，則沿城水利不其永絶矣乎。仁人君子加意民瘼，必有急爲之計者，斯拱而俟之耳。

清 余勉《北澤堰口記》（康熙）《龍游縣志》卷六　吾邑舊有北澤堰，在邑南五里許，決南源之水以溉負郭之田，凡溉注者三千餘畝。而又因形家言引其支泒從西入城，折而北注，以通利水道，轉移地氣，則一舉而二善備焉。自故明以來屢興屢廢，嘉前萬曆間，邑侯敖公、凃公曾兩經修築，至明季而堰口沙障，久之則漸成平陸，逮及今日，而此堰之廢又三四十年矣。先宮諭林居二十載，搜考故實，講求利弊，凡地方之建置，言之主者無不次第舉行，獨至此堰則戛戛乎難之，蓋在上者忽于遠圖，在下者憚于慮，始而又有一二挾私意以阻撓其事者，夫是故謀如築舍，而功如移山，不得已而筆之，邑乘以待後之君子，蓋舉行若是之難也。而惟吾海城盧侯則毅然行之，方侯之蒞茲土也，靖寇盜，集流亡，請蠲賑，興學校，戢兵養民，移風易俗，其善政難以更僕數。及以詿誤而復賜乘也，益勵精于民事，因采末議，鋭意舉行，復因諸生毛子秉常之言，改築堰口于上流二里許，而又慮斯民之岩絀舉嬴也，復出橐中金若干兩爲修築費，且日駐車于沙磧之上以董其事，而速其成，無論風雨烈日，不爲少懈，于是邑之民無不知侯之爲吾民而勞且費也。相與趨事勸功，子來恐後，荷插者如雲，決渠者如雨，功不匝月而渠成矣。嗚呼！今之爲司牧者有刑名錢穀之責，有簿書期會之煩，況吾邑介水陸之衝，又有厨傳驛騷、軍旅供應之擾，當其地者支左絀右，日不暇給，可幸告無罪已耳。又烏能釋其公務而勤民事有若此乎？此非特其慈惠子諒之心不可及也。即其才之肆應而游刃有餘也。亦烏足以及之哉！堰既成，邑之父老相與更其名曰『百子堰』，蓋志侯之功德于不朽，而祝以螽斯之報，亦猶古之以白公、賈侯名其渠，而戴侯召、杜之德，以歌咏稻粱禾黍于無窮也。是役也，侯上承制府李公、郡守王公之德意，而勸其事者又有寮佐何君應武、李君斌、范君作極、雙君捷、耆老余子悦、余康義、祝雲美、余德生、祝謙禄、葉鱗長、祝魯生、祝闔如、方錫奇、葉盛生等，若以予之固陋乃不辭而承命，以爲之記，則以侯之此舉足以成先宮諭未竟之志，而子之感恩爲尤切也。侯諱燦，號惟庵，遼東海城人。

傳記

（乾隆）《順德縣志》卷一二　吴繼禧，字少華，赤花人，原名玉。萬曆辛卯舉於鄉，壬寅授龍游知縣【略】，治北澤堰，淤成水害，捐俸募民疏瀹，復腴田數百餘頃。是秋大稔，人號爲吴公堰。

紀事

明 方豪《北澤堰記》（萬曆）《龍游縣志》卷九　龍丘琴士祝公望訪予，遂居堂，其言曰：縣南二里許有圳曰北澤，延十五里，溉田三千畝，利至溥也。近者洪水特慘，夷爲平灘，無所蓄，溝洫徒設，苗則槁矣。民失其利者垂三十年，自我敖公下車，鋭情興廢，遍詢民瘼，民以此告，公即其地而相之，集乃夫役，俾改築于上流，授以成笑，民用奮激，刻日而舉。深廣各以丈許，迤邐五千步，始入故圳。水由圳中行，而三千畝無弗沾者。又引其餘入城，以備火患。公之利吾民至矣。徵書既至，戒行有期，猶慮不能經久，命工纍石以衛其涯，堰是用固，民永蒙利。茲特伐石以紀，惟先生之言是賴，予念公之切于爲民，民之切于戴公，不可無言。于是命公望鼓流水之調，且問之曰：『美哉洋洋乎圳之水，其猶是乎？』再命鼓南薰之調，且問之曰：『美哉充充乎財之阜，其猶是乎？』伊昔沉萊之造，至今豫襄永無水患，碑石已湮，而傳祇之名，猶顯要之實心爲民者，天不泯其功，鬼神猶能護其名，何假于碑，又何假於予文？公嘗爲潛江百方疏決以脱民於魚鼈之區，予兩過其地，口碑甚明，所至底績，一圳何足以知公自此而立朝任天下事，除天下患，一水患之除，何足以論公，於是復命鼓高山之調，夜靜聲稀霜月滿地起，而問予曰，美哉峩峩乎公之功，其猶是乎？予應之曰，猶是也。公望喜急以予言復鄉人相與立碑于官道傍，公名鉞，字秉之，江西之高安人，以鄉進士尹是邑，擢侍御史去，嘉靖六年十二月十二日記。

（康熙）《衢州府志》卷一〇　北澤堰在一都，去城南二里許，溉田三千畝。明嘉靖十二年知縣敖鉞改築堰口于上流，沿城遂爲沃壤。又引餘水入城以備火患，方豪有記。萬歷四年知縣余杰屬主簿萬鎰重加修浚，久之復廢。康熙十八年四月邑令盧燦捐資重修，改築堰口。

雜録

清　徐起巖《重浚龍邑城濠記》（康熙）《龍游縣志》卷一一　士君子既受一官一邑而理之，凡土田、方域、城郭、溝渠、關形勢而防水旱者，事無巨細，皆當盡心焉。非好勞也，分也。龍邑負山帶水，其城延袤六里，嚴固完峻爲衢屬之最，域內四隅有濠，志稱蓄水以備火灾，深廣一丈有奇。其在元、明俱引城南北澤堰之餘波以注之，澇不溢，旱不竭，精于形，家言者皆以爲于邑最利，故其時民物殷富，科第舄奕，號稱蕃盛。厥後北澤堰爲洪水所夷，旋修旋廢，而濠亦漸被居民廛舍侵削，瓦礫填塞，日就淤淺，至今名存而實亡矣。余蒞任之三載，諮諸父老，思復其舊，僉曰：北澤堰之已廢者，勢難再舉，惟是姜、席二堰之水繞城而西，導其流以入濠，事省而功倍焉。予遂首捐俸五十金，伐材鳩工，卜吉興役，于渠之淤者浚之，岸之圮者修之，居民皆懽忻踴躍，好義樂輸，其衿士之老成歷練者皆出而分隅督理，約費二百餘金，閱三月而告竣，自是城以內清流活活，周通無滯矣。予因思地之有水，猶人身之有血脉也，人身之血脉通則四肢暢運動靈，否則未有不患拘攣苦蹶蹩躠者，龍邑濠水之塞且百餘年，是地脉之不舒寔甚，今一旦疏之，瀹之中流外達，如醫者之于病察其患之要害而投之針砭，有不霍然起者哉！吾見地脉和而形勢利，自此以往，風會日進，昔日之蕃盛有不期而致者矣。顧斯濠之或修或廢，考自前明已不可悉數，安保數十年後不復見其堙塞哉？惟願後之爲斯邑者，毋忘前賢之成功，與予今日之微勞，時加之意，俾勿壞焉。則庶乎其可也。

濱瀶湖堰

論説

明　蔣以忠《長樂縣重築濱瀶湖堰記》（乾隆）《福建通志》卷七二　濱閩，非湖也。唐大歷五年，南郊沙合，倉曹林公鷗與其配趙夫人舍田爲之者也。田耳，曷以湖也。注上流之水而吐納之灌千頃，澤四里也。田非水弗澤，水非湖弗潴，倉曹夫婦捐業建置，宏哉惠也。湖延袤凡二十餘里，其地勢北上南下，從中爲堰以障之，設閘一，設斗門五，設涵九，立之幹，以司啓閉，立之長，以主督察，以勤巡視。其規畫布置至纖悉，足垂永也，自唐大歷來，而五代，而宋，而元，以反於明，垂千餘祺矣。顧湖壖多沃壤，可稼穡，歲收其入，較恒田凡三倍，官且不税。豪奸睨其旁者群攘而爇之，如陳孝資、林行章輩，旋復旋侵，莫止也。噫嘻，昔賢捨田爲湖，而豪奸乃攘湖爲田，匪以利民，乃以厲民矣，可嘆哉。

綜述

（弘治）《八閩通志》卷二一　濱瀶湖，唐天寶五年，倉曹林鷗於方樂、崇仁、和風三鄉築堤五處，復捨己田鑿此湖，周一千二百丈，竇八、溝八，溝闊一丈二尺，溉四里民田，凡七百餘頃。因復開陳唐港，以泄三鄉及西湖之水而注之江，又奏請立石於爐峰皇恩寺，紀其限界，禁民不得侵傍湖餘地爲田，以妨水利，詳載本湖規簿，今俗呼東湖三山志。又云：舊載上下湖，海風飛沙積而成之。

（崇禎）《長樂縣志》卷四　濱瀶湖在縣治東北，唐天寶五年，南郊沙合。大曆中，里人倉曹林鷗於方樂、崇仁、和風三鄉築堤五處，復捨田鑿爲上、下二湖，周一千三百丈，竇八、溝八、涵八，溉四里民田七百餘頃，奏請立石於皇恩寺，紀其界限，禁民不得侵傍湖餘地爲田，以防水利，後侵復不一。今隆慶四年，知縣蔣以忠始大興復，詳載湖規新簿，後又漸侵爲田。崇禎八年，知縣鄭尚友復清之。

（乾隆）《福州府志》卷七 賓閭湖，周一千二百丈，闊高一丈五尺，上濶二丈，八竇、八溝，溝闊一丈二尺，深七尺，舊載上、下湖，海風飛沙積而成之。

紀事

明 蔣以忠《長樂縣重築濱閭湖堰記》（乾隆）《福建通志》卷七二 忠乙巳夏，覲天曹政，出宰長樂，首至，廉民疾苦及地方利病，進湖之長訪之。乃湖長蔡弘立等率百餘人環拜號呼，具湖圖，陳始末，歷歷指豪猾李昌謀等五十人姓名，且泣曰：往事姑無論，即昌謀等竊據殆三十餘年，今長子孫矣。旱則閉關，壅泉自潤，澇則決堤，激水橫流，是彼五十家恒樂有年，而四里萬户實歲歲戚戚也。忠爲憮然，即命黄丞文弼廉之，乃丞惟公惟勤，悉得古湖狀，圖以歸，立召諸豪猾寘諸理，往相湖形限，得悉入所侵地凡二百六十六畝二分。因思湖弗復，民無田也，復矣，堰弗築，民又無湖也。復湖以溉田，復堰以存湖，然後法可久，利可長也，乃先後上議於代巡侍御蒙公，水利道大參熊公，太府邊公，俱報可。遂召匠伐石，鳩工興，事河泊官程世璉專監督，堰之長凡一百一十五丈八尺，高可一丈有奇，濶稱之。旁砌罣罳，上覆塊石，涵閘斗門，悉行整理，堅固倍昔。其貲追占地之税，不以損上，其力出受水之民，不以煩下，衆志競趨，歡聲載野。經始於十月朔，再越月告成事焉，堰之上復建廟三楹，亭一楹。側祠倉曹夫婦，報恩也，每歲春秋二祭，展思也，祭之日，四里人僉來羅拜，誓戒廟下，申約也。易置湖長二名，涵幹三名，塘之長六十名，示守也，忠嘗慨湖興以來，占者凡幾，復者凡幾，卒不能拔本塞源，而蔓延至於李昌謀等之恣肆，何哉？因縱觀往牒，則以墾開荒地、抵補浮糧二説誤之也。嗟乎，地謂之荒，必不毛而後可也，兹湖積水蔭民，厥功渥矣，烏得以荒訾之。建湖之始，四里民每畝受虚税三分，湖無留税矣，烏用抵補爲也，乃豪猾興詞，每持二説，以惑上聽者，稍弗精究，往往墮其欺而不知。噫弊也久矣，始倉曹捨田時，樹碣於湖旁曰：湖水弗竭，由縣官明，忠慨非明者，而於兹湖利弊，頃嘗究心，頗得其悉，昌謀輩弗能欺也。嗣來者相與守之，弗憚於猾議，弗移於請託，弗惴沮於强梁之家，則此堰與湖并存，此湖與天同久，四里萬户受澤水永永矣，彼蘇堤芍渠奚讓哉。初，忠之建白於院道也，有樹碑之請，既得允，忠逡巡遜不文，乃四里人群來再拜，謂非忠言弗悉，弗悉斯弗永。夫令守土，談土之事，信莫若令，忠乃弗克辭，爲記其顛末如此。是役也，黄丞文弼、程河泊世璉，俱先後効有勞職，而倡民赴工者，里人太學生李紹芳其最云。

漕牐堰

綜述

明 楊慎《秇林伐山》卷一一 漕牐堰在舒城縣，牐閘同，《元史》作牐。

清 陳守仁《復開漕牐堰詳稿》（嘉慶）《廬州府志》二一 爲開復古堰以永水利事，卑職於雍正七年四月奉調舒城縣，赴任之後，詳查邑乘，諮覽民情，復行親歷四鄉，恒以農田水利爲急務，凡圩田之築堤補撥，高田之開塘浚壩，或循照舊例，或參酌時宜，在在經歷，督率毋使廢弛，惟查舒邑有七門、烏羊、漕牐三堰，開創於漢羹頡侯，引大河之水流入堰内，灌田數千餘頃。一修於魏刺史劉馥，再修於明舒邑令劉顯、姚時麟，歷漢至今，民歌水利惠澤無窮，獨城南漕牐一堰名存實廢，詢諸里老士民，僉稱緣因明季被水沖潰，堰口淤泥，日積月累，漸成高阜，地勢變更，厈爲幅輳，民廬勢難浚通，溝路廢墜已久，下阪二千餘石之田，多成旱地，從前士民每籲興復，亦經准行，奈動即折房掘址，以致控司控道批府批縣，徒事繁擾，顧此失彼，終難舉修等語。卑職再四思維因巡河徒步上下數里，往返經營，相度形勢，乃於上流見一隙地，外臨河濱，内近城濠，一經鑿通，引水徑入城濠，分流溝路，由上而下，其勢易行，且水繞城郭，更足護衛，地方培潤文風，各紳士民人聞言，咸豁然稱快，因問其地，乃縣民林姓之業，彼亦慷慨樂傳，以成美舉，遂備價二十餘兩置買其地，以開堰口，該堰田多之，紳士民人各願承頭督工開浚，比於上年二月十一日興工。本應即將開堰，緣由興工日期具文通報，竊恐起工易而落成難，未必遽有成效，故未敢率瀆憲案詎意，居民踊躍不約而同來，不催而自至，衆擎易舉，自堰口開浚引水貫通城濠，下流分灌各壋，約數十里，不數月間，開浚通徹，灌山二千六百七十八石三斗，計弓一百二十四頃六畝九分，共該畝一萬二千四百畝零，盡獲有秋。迨至今春，各業户齊率人工將溝路中卸落浮沙泥土重加疏浚，其水流通用之不竭，已成可久之經常川之利，卑職正在叙文詳報，以仰副憲臺勤求民隱惓，念民食之至，意適據同堰食水人户，舉人曾聞勇等具呈，爲古堰已興，懇乞詳請載志等情，據此除嗣後修浚工資及灌溉層序，卑縣查編細册，設立規條，飭令遵守，毋庸瑣陳，外合將置地開復古堰功程，完全情由詳請憲臺核批，載志以永水利，并請飭示，將首事之李熾然等分別士民從優獎勵，以鼓衆志，伏乞照詳施行。

紀事

清 余汝霖《重開古漕艢堰記》（光緒）《續修廬州府志》卷一三　舒邑水利發源蘄黄，入南溪通江湖，溯漢龔頡侯封舒邑，引流灌田二千餘頃。七門、烏羊、漕艢所謂三堰，從兹始。三國得魏刺史劉公馥，有明得豐城劉公顯，延津姚公時麟相繼修復，迄今七門、烏羊清流雪浪百道瀠洄，食利正溥，惟漕艢與通衢接，房屋鱗如匝堰，而搆水道淤塞變爲市圜。自萬歷間，已如是，食水人民，恒思疏浚，歷任賢大夫亦欲重開，奈地勢岴岴，烟火家家，廬舍遽難折毁，動經雀角，徒事紛糾，已耳計腴田二千六百餘石，半入爲旱地，豈非漕艢堰廢之故歟？雍正七年四月初，石屏陳公自霍邱奉調來舒，留心水利，加意民瘼，稽邑乘詢故老，親歷四鄉，以岡圩田畝爲急務，或循舊例，或酌時宜，補築開導，葢無一不綜理周詳也。一日循漕艢故道上下數里，相度地勢，瞥於上流見隙地，内近城濠外監河畔，詢之爲林某業，林亦樂售勸美舉，遂給價二十兩有奇，諭食水居民遇農隙齊工開鑿。他人毋濫及焉，以雍正八年二月十一日始，公焦勞劬勩，民樂趨之，不數月水自回龍橋經任道入橋，入城濠分灌諸壋，勢若建瓴，遂使百餘年改地之田，計弓百二十四頃六畝九分，爲畝萬二千四百零，客歲盡獲有秋於乎休哉。漕艢之水利已告成矣，公猶以爲未也，查編細册，設立規條，鋟梓以頒農甿，使永相遵守，更詳各憲於董率之才者，分别優獎以鼓厲衆志，公且曰有司之事因循，則無一可爲，奮然爲之，亦未必難，某於漕艢實親試之，竊恐創始艱而廢墜易，是大有望於後之官，斯土者加意飭督，俾水常通，苟非天灾，歲罔不登，公眞可媲美三劉矣。且此堰古名環帶繞郭，文瀾形家，謂舒昔甲第，蟬聯得力於此，水之渟蓄居多，自是以往，學校中人文蔚起，加公之督課，日月切劘，將來擢巍科登仕版者，皆公之恩波也。詎止灌溉田疇已乎，公諱守仁，字近山，已丑科進士，雍正九年後五月記。

閶門堰

明 林文俊《方齋存稿》卷七《祁門縣重修閶門堰記》　予觀世之人率能蓄不能散，間有揮斥金玉而不惜者，則或用之以飾釋老之宫浮屠之像，其意蓋以邀冥福而已。吁亦惑哉！若汪君者捐數千金之費，以爲民建萬世之利，可謂仁人之用心矣。然自路、陳二君後令於此者多矣，至洪侯始復究意，於是侯其豈弟君子民之父母者乎？邑父老汪以深等不忍忘侯與汪君之功，屬庠生胡泟以書幣來京師請記其事，於是乎記。

又　祁門縣西南十三里許有灘曰閶門，其水下流入鄱陽，合於大江。商賈之舟往來相續夾灘，巨石對峙如門，亂石劍立，舟上下從石罅中詰曲行，稍失防禍且叵測。唐元和中，路君旻爲令，即灘上流築堰，别開斗門，引水西注丁家灣，民甚便之，歲久而潰，水由故道。咸通間，令陳君甘節復積木爲横梁，築成之，未幾亦潰，蓋爲患久矣。正德某年，漳州洪侯皙來知邑事，既下車，問興革所宜，父老具圖志上之，侯慨然有志，顧役重費鉅，未欲勞民，居無何。邑人前錦衣汪君瓊歸自京師，侯與語是事，君曰：此吾志也。願私出貲成之，無勤有司。侯義之，以其事聞於郡及撫按，使者咸加賞嘆，遂以屬之君，念前此用木則水嚙易壞輒修，修且勞民，今吾當爲經久計，爰代以石，即故址累爲堰，其崇二丈五尺，廣三十四丈，長視廣殺三之二，堅厚比昔特倍焉。用金凡三千餘兩，費不出於公，斂不及於民，蓋踰年而堰成。既成，水不得南奔，復西入丁家灣以流，風檣浪檝悉從，是往來舟人賈客自幸得以去險即夷，凡過此者，皆灑酒相賀，而江湘川廣之貨日至，境内物價不致翔湧，則君之惠豈不溥哉。

長安堰

論説

明 黄春《長安堰記》（嘉靖）《武義縣志》卷四　因考周禮，先正井牧田野，而有川澮溝洫之制。歷代沿此，而陂塘、池堰所由修築，蓋所以爲旱潦之備不可缺焉者也。今武義有長安一堰，在縣西三里，積始於湖潭，發源於書臺，匯流於熟溪，北穴通衢，東遶法雲，支分派別，岐而三之爲山堰，爲中堰，爲曹堰，統之名長安。蓋取其有備無患，而福斯民於無窮，延袤地里千餘，灌溉稻田百萬，共利亦博矣哉！【略】予因仰而嘆曰：天固以人而勝，事亦以時而舉，皇上式崇顯命，遹纘休圖，乾綱正紐，萬化協極，而泥於水利乎？今長安一堰否塞之久，而開太於今，豈偶爾之故哉！前此諸公製邑矢謨宣力，百度畢舉，而□此獨遺力焉，抑蓋有所待也。區區承□□□□□事幸修舉，雖不敢謂代天之施，而天□□□□□力固不能長，仰□上一變爲豊，植□□□□□□國賦以供下，致進□而斯民水□□□□□□有備無患。朱子所謂賑濟之良□□□□□□□知天固可以人勝，而事幸良於所遭，繼此以往，氣化不省，人事不一，又在後之君子，因廢以修其事，片晝以衰其成，庶幾祚民之生，而壽國之脉也。故敢爲之記。

綜述

宋 姚偲《長安堰記》（嘉靖）《武義縣志》卷四　武義縣之溪名，熟盖取其常豐之義，□□時不能常豐，或可求之地利，而是溪之列而爲畝，爲澮者，四十有二，其發源之地曰熟溪。其末則長安堰也，其利爲最溥，出自書臺山之南，來經其下，北穴通衢，至法雲精舍之東，支分派別，溉我稻田者百萬頃畝，綿延十餘里。而機緘翕張，則係一堤之成虧，或雨驟水溢，屢犇以壞，補治少不及時，則又將暴□之澤，農民歲卒以爲苦者數四，□□□，其堤西□□以人力而鹵莽□裂，胡可經久，謀諸士民，而得高氏世修、葉氏之茂，與之商確，井井悉有條目，慨然自任，謂址不深則易罅漏，石不巨則易頹圮，北防□□□而□無以洩其漲，則又將潰冒衝突。是皆深究於利害而于□適相孚合，一切定其規模而後從事，故號召於衆而畚鍤耰鋤無收後，數豪右亦樂輸材食以爲助。初非履畝而計所出，干自往臨其役，亦爲勞來飲食之，而□以水久計，越二月而堤成。石齒鱗鱗，如墉如櫛，虹臥雲横者幾八十丈，是堰之創，雖自唐之光化，是堰之固，實自今日始。匪今斯令，而長安之民得安然而□永利，詎可不知高氏、葉氏之功？吾將褐起以激勉於諸鄉，姑以叙數語以記其實，而主張綱維之凡例，則列于碑陰。慶元四年二月望日書。

宋 王應麟《玉海》卷二二　熙寧元年九月，提舉兩浙河渠胡淮言：杭州長安堰，秀州杉青堰，常州望亭堰，宜委令佐循視，以時啓閉。

《續資治通鑑長編》卷二四一 熙寧五年十二月壬辰　提舉淮南西路常平司言：『濠州鍾離縣長安堰，定遠縣楚、漢泉二堰，水利至博，積年堙廢，久未完復。乞依宿、亳、泗州例，賜常平錢穀，春初募人興修。』詔轉運副使楊汲覆視，如可興修，即本司官提舉。

清 顧祖禹《讀史方輿紀要》卷九〇　宋熙寧元年，提舉河渠胡淮請修長安堰。紹聖中，轉運使毛漸請起長安堰，至鹽官徹清水浦入海。淳熙二年，漕臣趙磻老言，臨安府長安牐至許村巡司一帶漕河淺澁請開浚。嘉定十二年，臣僚言長安牐上徹臨平，下接崇德漕運，往來商旅絡繹，今海潮衝激兩岸田畝，恐有鹹水淤没之患，而裏河堤岸，亦將有潰裂之憂。乞敕有司及時修治。

（雍正）《浙江通志》卷五九　長安堰在縣西二里湖山潭上，其下分而爲三：山堰、中堰、曹堰。唐光化元年，鄉氏任留創築，溉田萬餘畝。宋慶元四年，邑人高世修、葉之茂重修。

（乾隆）《海寧州志》卷二　長安堰，《許志》一名長河堰，見陸放翁《入蜀記》，在縣西北二十五里長安鎮。

（乾隆）《海寧州志》卷二　長安新堰，《蔡志》：長安乃南北要衝之地，舊有堰，車上下船，船多留滯，元至正七年，松江上海民韓日昇、李尅復捐己財買地置堰於舊堰之西爲壩。車船州判官吕忽都塔兒董役有成，堰旁居民周姓者以附近田三畝拓之，由是堰益增廣，至今兩爲民便。《許志》：舊有官舍立碑於亭，往來商船止收篼纜錢二十文，查浦輯聞，相傳吴江城南方塔，其巔與長安堰相等，窪隆迥别如此，故吴易潦，越易涸。

（嘉慶）《清一統志》卷二四二　長安堰在平利縣東二十五里，相近有石觜、黄沙二堰，俱引界溪水。又石泉縣東五里，漢江南岸亦有長安堰引漢水灌田。

又卷二八四　長安堰在海寧州西北長安鎮，宋時建，至正七年復置，新堰於舊堰之西，今名長安壩旁有三閘。

又卷二九九　長安堰在武義縣西二里湖山潭上，其下分爲三，曰上堰、中堰、曹堰，唐光化初，邑人任留築，溉田萬餘畝。

（嘉慶）《武義縣志》卷二　長安堰縣西二里湖山潭上，其下分而爲三山：上堰、中堰、曹堰。唐光化元年，鄉民任劉釗築，溉田萬餘畝。宋慶元四年，邑人高世修、築之茂重修，姚偲有記見藝文。康熙三十七年，邑人徐孝儒子長生、浩生，將民田一百八十把，并地一塊，計三畝零，坐二都里□。長安堰口爲官堰，歸水之源，聽便一邑，布車灌溉民田數萬餘畝，永爲車水埠頭。

傳記

《宋史》卷三四八《毛漸傳》　毛漸字正仲，衢州江山人，第進士，【略】歷提點江西刑獄，江東兩浙轉運副使，浙部水溢，詔賜緡錢二百萬以振之。漸言，數州被害即捐二百萬，儻仍歲如之，將何以繼。乃案錢氏有國時故事，起長安堰至鹽官，徹清水浦入于海，開無錫蓮蓉河，武進廟堂港，常熟疏涇、梅里入大江，又開崐山七耳、茜涇、下張諸浦，東北道吴江，開大盈、顧匯、柘湖，下金山小官浦以入海，自是水不爲患。

紀事

明　黄春《長安堰記》（嘉靖）《武義縣志》卷四　始於唐之光化，而鄉民任留制之成於宋之慶元。而鄉民高葉修之，夫何歲久而功已隳，俗薄而利争，趨深廣者狹隘，流通者壅塞，爲溝爲洫者，往往爲豪右富室侵并之，爲田而牢不可動，職斯土者每欲修復，而竟此不果。予視篆之三月，有倡爲修復之舉者，予曰：昔英公以此代天之施長地之力。朱子論賑濟云：平居修堰塘，始得到旱了，委無良策。然則水利□民信不可少□也。亢旱不才於此，固不敢望二公之經略，而今日之事□□諉乎，况□下車。亢旱弥月，□□□□坐□□於是謀之僚佐，陽公舜臣偕與親詣其地，而相□□□□以修復爲己任，爰命老人洪忠革董其事，□者相率以效勞，而富者相戒以順令，闢其所未廣，浚其所未通，决其所已塞。昔之溝洫者，今皆以復，而田間水道之故流，泓濘漫衍，縈紆百析，滔滔而逝，雖晝夜不舍。始於癸未之十月，成於甲申之二月也。既而忠告於予，謂祇命修堰事已竣矣，殆足爲旱潦之備，而今而後吾民之安可長保也，乞記之，以垂不朽。

藝文

宋　陳起《江湖小集》卷一一《發長安堰》　夏老蟲聲切，晨興草氣香。買瓜依緑樹，出水刺青秧。船聚知村近，牛閑覺晝長。雙鳧蓮葉蕩，無雨故生凉。

元　方回《桐江續集》卷一四《下長安堰》　已雪又復雨，天寒行路難。船中寒尚可，未若堰頭寒。已雨又欲雪，泥深行路迷。岸邊泥尚可，未若堰頭泥。官船買船逾十丈，終日牽攀僅能上。小船不潤五尺者，大船塞之不容下。堰夫慣見甘途汙，軸膠纜斷相號呼。得錢贍家計未愚，不惜身如牛與猪。人生劣可足衣食，何必來此堰頭立。

元 釋善住《谷響集》卷三《曉行至長安堰往往有力者先過因而濡滯久之》 過壩始知饒有力，居間終是讓無營。縱然夜宿長安鎮，明日扁舟入鳳城。

元 袁易《静春堂詩集》卷一《過長安堰》 霜落天清木葉零，我非王事亦宵征。三更燈火魚龍動，千里星河雁鶩鳴。大舶低昂銜尾進，扁舟來往一身輕。抱關恐有高人隱，野客低頭愧送迎。

元 唐元《筠軒集》卷五《十六夜過長安堰》 下堰舟如箭，行橋馬似龍。已無燈照寐，猶有月流空。菌蠢躭吟頸，迂疏學古胷。殘年少風雪，正爾慰途窮。

雜録

（咸淳）《臨安志》卷五七 長安堰閘，指揮額管一百人。

清 顧祖禹《讀史方輿紀要》卷五六 今縣東五里有長安堰，引漢江溉田處也。

（雍正）《浙江通志》卷五三 長安舊堰在縣西北二十五里長安鎮。宋熙寧元年，詔杭長安堰監護使臣，以管幹河塘繫銜，常同所屬令佐巡視，修固以時啓閉。

又 長安新堰在長安鎮。長安乃舟車往來南北衝要之地，舊有堰，車上下船官使不便，而商民之舟多留者。元至正七年，松江上海縣民韓日升、李克復捐財買地，置堰而於舊堰之西爲壩。車船州判官吕呼圖克岱爾董役有成，堰旁鄰民周姓者亦以附近田三畝拓之，由是堰益增廣，至今兩爲民便。

（乾隆）《杭州府志》卷四一 長官堰在縣西北二十五里，即舊義亭埭。按，此即長安堰也，官或是安字訛，今縣志又訛，作長家堰。

長安新堰即長安壩，元至元七年置，在舊堰之西。

（嘉慶）《武義縣志》卷五 任公廟在縣西一里長安堰上，唐光化元年，邑人任留築，堰引水溉田萬餘畝，歲久堰廢。宋慶元四年，邑人高世修、葉之茂修復，仍立任公祠於上，配以五代周、鮑二使君，蓋亦有功於堰者。

（同治）《蘇州府志》卷一四九 錢氏有國時建治臨安，講悉水利，故數十年無水患，起浙之長安堰至鹽官徹清水浦入海，此即古東江故道。

崇文堰

論説

（康熙）《萬載縣志》卷二 謹按水以導利，況陂渠之設，所關民命國賦者最大，故古制專設農官以時蓄洩。近令甲虛拘，衝壞淤塞，考舊志云府志載：萬陂堰三百四十餘，塘七十餘，邑舊志止存三之一，則前人制作灌溉田疇者，今展轉填委寧棄，穫以免傭，僦弛力以恣侵佔水，不得其利，而土田鞠爲茂草，無怪游惰之日多也。噫！漳河引而鄴旁，有稱梁之咏涇水導而谷口有禾黍之謡，安得設法之良盡，復古制使荒瘠變爲壤沃哉？

明 張璧《復修崇文堰記》（同治）《袁州府志》卷九四 自昔聖人在上，菽粟如水火，而後民興於仁，即《唐虞申命司徒》俾衆著於君臣、父子、夫婦、昆弟、朋友之倫而不胥，與比於禽獸，則治水明農之餘始及焉。彼其化民成俗，若斯之殷也，而出之有緩亟行之，未嘗無次第，已萬學舊有堰，歲久就頽，非所以時游息聳觀瞻而振青衿之氣也。殊爲缺事，忽學博濮君之賓李君盈、陳君之垣以修學、建堰問記於予，曰：此爾張侯嘉惠多士盛心也，可無一言以志歲月，余憮然曰：建學育才，夫非守令事耶？顧今菑沴頻仍，所在見告，吾邑土瘠民蝓，即豐禩僅望半菽以飽，而令營大役佐大費則力不支，若夫以振作文教之事責，阸羸待盡之民竭蹶以趨其將興仁於聖人之所難，而司徒之命不問時之阻饑也，況《周禮》十二荒政弛力居其一，一旦二役并興，厲已之怨其何辭，顧念之侯之奉公約己，其瑾瑜比潔而滄溟比潤也。四三年所孳孳焉。嘘白骨而肉之，雖屬大祲，不重爲菑繫士也。秀出乎？民侯以士之故厲若民乎，其必不忍而以憂民之故遺若士乎？謂師帥何故嘗救僨持傷之不暇，而宮墻有飾俎豆有數先雋崇祀之所泯滅於荒烟榛莽之中而莫可蹤迹者，皆有所刱舉，多士亦忘其畜而敬業其中，相與議，明親義，序別信之理，而必不肯放辟邪侈，近於禽獸，以蹈聖人之所禁。更聚而謀曰：侯誠大有造於士，士則何以不侯負思，昔賢科武接夫非崇文堰之瀦其秀耶？顧今堰善潰而力倍於創，詢之堪輿家，故基爲良，遂毅然修復，鳩工聚材，不越月而堰成，旱則水有所束而不至洩；潦則水有所洩而不至潰。庶幾學宮相與不毁已。余何知堪輿家言然學宮所廟祀者非孔子歟。上之嘆水哉之稱，則此水之關於道機蓋有取爾也，侯方以興仁明倫望，其民而豈徒以弄筆墨徼利達爲士望，必不其然，無論多不待教而興，一旦入其宮，睹腐缺黯黕之易其故乎？何可安乎庳陋？儼棟梁楶桷之美且絢乎？何可不就乎高明？撫川流之浩淼而不息乎？何可不神游洙泗而契孔，思自茲乘昌邁會，出則爲名公卿即，亦不失爲名儒，要之灾沴不常有，而太平有道之日長，雖使易世而後無愧於爲君臣、爲父子、爲夫婦、昆弟、朋友，而成可封之俗，是所爲不負侯矣。是役也，侯取諸俸，餘工計日受直，士有其樂而民不稱厲，經始於庚寅二月之朔，落成於臘月之望，侯名履中，字汝用，出晋陵世科，其諸惠政不備書。

清 張立中《萬載重修崇文堰記》（同治）《袁州府志》卷九五 自古學校之隆替，視人文之盛衰，人文之盛衰，又視學者之所積，所積日深，則山川之所瀦蓄亦將大洩，其奇以助斯文之盛，是故時命聽夫天，形勝因乎地，而轉移則必藉乎人，事持此以徵。

綜述

（康熙）《江西通志》卷一五 崇文堰在萬載縣學宮之東，堰圮水涸，人文不競。明嘉靖三十六年冬，提學江以東議築，於明年夏告成，知縣張文録有《記》。萬曆二年，知縣徐一唯築江堤以護學宮，邑人龍允中作《記》。十八年，知縣張履中復修崇文堰，於明年臘月畢工，邑人張璧爲之《記》。廢弛已久，國朝康熙五年，知縣范庭鳳見舊《志》有『水繞筆架』之讖，因募工修築焉。

（嘉慶）《清一統志》卷三二六 崇文堰在萬載縣學宮東，明嘉靖、萬歷間屢築，本朝康熙五年修。

清 張立中《萬載重修崇文堰記》（同治）《袁州府志》卷九五 邑崇文堰之成，猶信堰創始於前明督學王公，其地承竹山塢溪之委滙，爲文瀾士之決科者時，驗其成毁，以覘文運。近因科名稍替，邑人士改修學宮，復移建書院於龍河門外。余來涖茲土，適董其成，既又徵之《邑乘》，謀復是堰議，甃石爲久計，學博魯公亦以爲言，而汪明經有燦即引爲己任，鳩工伐石，器用具備，始事於戊寅之夏，訖工於己卯之秋，既成，礱石請記其顛末，余方逡巡者久之，適秋闈榜發，李君榮陛以第六人魁其經，同舉龍君鳳祥則明經之女孫夫也。一闈兩雋，蓋自壬午至今凡再見云。既二君來謝汪君，復徵予文，予乃揖而進之曰：於戲！天道無不驗，而乘時者在人，地氣無不鍾，而毓靈者亦在人。斯堰之源，其初亦僅可芥舟而已，及其障爲迴瀾瀦爲大澤，遂足以壯一邑之人文。然使受任者或怠厭事或事成而卒無驗，則恃天命與地靈者，其説將有時而窮事，幸而舉矣，而不如二君之積學敦行，則猶不足以明吾人事之説，使奮進者益鼓其氣，然則非汪君固不能善乘其時，微二君又豈能遂鍾斯地之靈也哉。蓋天地人三者合以增重斯堰也，而吾與學博公乃共觀其成爾，雖然吾聞之水之流也，惟不息故可大，亦惟不息故能久，人事亦然。二君年少而力學，方進未已，而汪君又將終始其事，蓋皆未能量，其所至後之任事者使皆如汪君，其人繼起者又皆得如李君、龍君，其人相與久於道而大其歸，則其所至宜愈無窮也。共益深其遂記其語以復於汪君，俾刻之石爲後之盡人事者勸焉。

（光緒）《江西通志》卷六二 崇文堰在萬載縣學宮東，久圮。明嘉靖三十六年冬，提學王宗沐議築。萬歷二年，知縣徐一唯築江堤以護學宮。十八年，知縣張履中復修崇文堰。旋廢。國朝康熙五年，知縣范廷鳳見《志》有『水繞筆架之讖』，因募工重築，今廢。

傳記

明 姚希孟《棘門集》卷五《江西萬載縣儒學教諭贈文林郎松江

府推官勉吾吴公暨配鄒孺人行狀》　署萬載儒學事鄉袞挽之弗聽也，之萬載見廟貌，摧圮兩廡，自子羽而下多匱，不祀豆籩，登降之節宛如綿蕝，慨然以釐舉爲任，不數月榱題改觀，俎豆莘莘矣。襟學宫而湯湯者，有崇文堰於形家，闗人文廢興，且水属不理，孫謂之不行非教也，捐俸錢新之。

（同治）《崇陽縣志》卷七　劉乾，字子易，嘉靖庚子舉人，尹萬載多惠政，築崇文堰，邑科舉遂盛，解組歸先人，遺産盡以讓弟，性好學，博洽温，雅刻有《聖迹圖》傳世。

紀事

明 張文録《重建崇文堰記》（康熙）《萬載縣志》卷一三　萬載學宫東畔古立崇文堰，秀水瀦蓄，科第蟬聯，前此堰圮水涸，而載之科第，自丁酉迄乙卯不競者二十餘年，士咸病之。應泉江公典文教，慨然有興復之志，謀諸合江徐公、蒙泉張公，歷河而觀，即其故處出貲聚財鳩工，闕塞積導上流列陂而障之。嘉靖丁巳冬經始，戊午夏告成，迨秋試，庠生葉子璽果捷申鄉薦，眞若桴鼓影響之相應焉。則斯堰也信于學校之繫重矣。余莅兹土，樂觀厥成，見其浩淼迂迴，波流萬頃，湖光瀲灔，泮璧若渾然天成。嘆曰：盛哉其舉乎。偉哉其休乎。夫自昔圮以至於今，司教者不知其幾矣，視堰之興廢罔有一注意者，而公之經理若是，是壞之於數十年之間者，而舉之於一旦矣。不賢而能之乎，今而後司是學者享其成，游是庠者際其盛，天運人事交相轉移，輩出眞材，群收高第，載之諸士，不可覩河洛而興，去後之思者哉。不惟是也。甲寅歲，郡判淮陽春谷葛公散俸收置學田，久未聞竟其事者，公推廣其惠，買田二十畝有奇，以成葛公之德，則公作興學校之功不可紀歟？諸士沐滋巨澤，莫馨名言，徵予鏤記以張鴻迹，盍將豎石中流，迹方砥柱，庶其來者有所歆望，而堰可世世不圮也已。

東臺河堰

明 佚名《東臺重修河堰記》（嘉慶）《東臺縣志》卷三六　國家嚴邊制，聚天下財賦歸之以資餽餉，然就其中鹽税爲最。鹽税起自漢，唐界天下産鹽之處有六，然就其中兩淮爲最，是兩淮鹽政之興廢，國家贏縮係焉。兩淮所莅凡三十場，皆有運河輸賦，居民亦賴焉。十場皆邊海，舊海潮漲，溢漫民田，穀不可蓺，甚至有漂没之患，故爲堰衛之。宋天聖三年，發運使張綸及監西溪鹽官范仲淹，築捍海堤。元延祐五年，都水監河南行省淮東宣衛司開修揚州運河，迨我朝尤加意焉。及今河漸淤塞，少不雨即涸，輸賦者苦之，堤日圮壞，民窮而國課益縮。是知河堰之修與否，兩淮鹽政興廢係焉。乃今嘉靖乙巳，袁郡松岡袁用之，判兩淮泰州鹽政，百度聿新。時有以修河堰請者，用之曰：吾事也，上之大侍御雲汀齊公，雲汀可其議，發金若干興役。是役也，用之計工食力，計日程功，每月必親至其地，勸懲勤惰，而趨事惟恪。運河南自海安鎮，北抵草堰場，曁各場出入河道共二百一十九里，深五尺，濶四丈有奇。堰南自草堰北抵伍祐場百二十里，闕者葺之，下者增之，墜者廓之，高五尺，廣視高倍焉，而紓謀惟恒。經始於乙巳，不三月，二役胥畢。上不縻費，下不戕民，而規制維良。先主山東、貴州，試事郡博，今謫監鹽税，大使陶悦、李宏、吴紹曾，副使黄持衡、謝德聰，用之咸與共事，而用人惟哲。昔鹵我田，我民弗堪，奕奕者堤，易危以安。昔我陸輓，終夜不息，爰浚我渠，易勞以逸。我黍蔚蔚，兹亦有秋，運舸弗輟，以泳以游，而澤物之仁溥矣。夫澤物之仁，用人之哲，規制之良，紓謀之恒，趨事之恪，可以觀裕國之忠矣。國賦贏縮係鹽政，鹽政興廢係河堰，修河堰以裕國則用之，是用之亦可以訓後矣，因書之爲記。

都安堰

論説

清 簡朝亮《尚書集注述疏》卷三 蜀自李冰作都安堰，利其蓄洩，時無荒年，迨及唐宋，蜀賦亞於吴越，時諺有揚一益二之稱，蓋賦錯不同若此，則水利之修故也。

清 梁章鉅《文選旁證》卷一 江至都安堰其右，檢其左，其正流遂東，郫江之右也。因山頹水，坐致竹木，以溉諸郡。又穿羊摩江、灌江，西於玉女房下白沙郵，作三石人，立水中。刻要江神，水竭不至足，水盛不没肩。是以蜀人旱則藉以爲溉，雨則不遏其流。故《記》曰：水旱從人，不知饑饉，沃野千里，世號陸海，謂之天府也。

綜述

宋 王象之《輿地紀勝》卷一五一 都安堰在導江縣，一名湔堰，李冰擁江堋，蜀人謂堰爲堋。

（嘉慶）《四川通志》卷二三 都安堰即都江堰，在縣西二十五里，亦曰湔堰，亦曰犍尾堰。

（嘉慶）《清一統志》卷三八五 都安堰在灌縣西二十五里，亦曰湔堰，亦田犍尾堰。《水經注》：江水歷都安縣，李冰作大堰於此，堰於江作堋，堋有左右口，謂之湔堋。江入郫江、撿江以行舟。俗謂之都安堰，亦曰湔堰，又謂金堤。左思賦云西踰金堤是也。諸葛亮北征，以此堤農本，國之所資，以征丁千二百人主護之，有堰官。《元和志》：犍尾堰在導江縣西南二十五里，李冰作之以防江決，破竹爲籠，圓徑三尺長十丈，以石實中累而壅水。《宋史·河渠志》：都江口置大堰，疏北流爲三，曰外應，三石洞，曰馬騎，三流兩下，派別支分，不可悉記。皆以堤攝北流，注之東而防其決。離堆之南，實支流故道，以竹籠石爲大堤，凡七堆，如象鼻狀以捍之。《元史·河渠志》：至元元年，廉訪僉事吉當普，復修都江堰，即禹鑿之處，分水之源也。鹽井關限其西北，水西關據其西南，江南北皆東行。中爲都江堰，少東爲大小釣魚，又東跨二江爲石門，以節北江之水，又東爲利民臺，臺之東南爲侍郎、楊柳二堰。其水自離堆分流，入於南江，北江少東爲門雞臺，又東爲離堆，又東至三石洞釃爲内外二江，三石洞之東，爲外應、顔上、五斗諸堰，諸堰都江及利民台之後最大，而都江又居大江中流，以鐵萬六千觔鑄爲大龜，貫以鐵柱，鎮其源，然後即工。諸堰皆甃以石，工以水固。明洪治、正德間，屢加修築，明末廢壞。本朝順治十六年重修，康熙四十五年爲霪雨所衝，巡撫能泰後加修築，雍正八年，巡撫憲德以舊時力使未均，奏請凡用水灌田之州縣，計畝出夫，隨時修葺，民便利焉。

清 傅澤洪《行水金鑒》卷七四 李冰作大堰於此，堰於江作堋，堋有左右口，謂之湔堋。江入郫江、撿江以行舟，《益州記》曰：江至都安，堰其右，撿其左，流遂東，郫江之右也。因山頹水，坐致竹木，以溉諸郡。蜀人旱則藉以爲溉，雨則不遏其流，故《記》曰：水旱從人，不知饑饉，沃野千里，世號陸海，謂之天府也。諸葛亮北征，以此堰農本，國之所資，以征丁千二百人主護之，有堰官。江水又逕臨邛縣，縣有火井、鹽水，昏夜之時，光興上照。又逕江鄉縣，都江水出焉。又東北逕郫縣，又東逕成都縣，縣有二江雙流郡下，故揚子雲《蜀都賦》曰：兩江珥其前者也。《風俗通》曰：秦昭王使李冰爲蜀守，開成都兩江，溉田萬頃，兩江有七橋直西門，郫江沖里橋，西南石牛門曰市橋，吴漢入蜀，自廣都令輕騎先往焚之。橋下謂之石犀淵。李冰昔作石犀五頭以厭水精，穿石犀渠於南江，命之曰犀牛里，後轉犀牛二頭，在府中一頭，在市橋一頭，沉之於淵也。大城南門曰江橋，橋南曰萬里橋，西上曰夸橋，下曰笮橋。南岸道東有文學，始文翁爲蜀守，立講堂，作石室於南城。後學堂火，後守更增二石室。後州學奪郡學，移夸里道西故錦官也。言錦工織錦，則濯之江流，而錦至鮮明。濯以沱江，則錦色弱矣，遂命之爲錦里也。江北則左對繁田，文翁又穿湔溴以溉灌繁田一千七百頃。又東絶綿洛逕五城界，至廣都北岸，南入於江，謂之五城水口，斯爲北江。水又東至南安，爲碧玉津，故左思云東越玉津也。

雜録

明 曹學佺《蜀中廣記》卷五一 江水堰流以灌平陸，謂之灌口。貞觀曰灌寧，孟蜀曰灌州也。上古爲魚凫氏之國，今有魚凫故城。三國曰都安。《水經注》云：即都安堰也。諸葛亮北伐，以此堰農大國之所資，發征丁千二百人主護之，有堰官。宋敕永康軍兼管堰事，國朝尤慎重焉。冬閉時修，春開時祀，水利道主其事，間行别駕，及灌令代。

清 顧祖禹《讀史方輿紀要》卷六七 湔堰在縣西，即離堆口也，亦曰都安堰，又謂之金堤。左思《賦》西逾金堤謂此。諸葛武侯北征，以農爲國所資，調征丁千二百人主護此堰。《水經注》：都安縣有桃關，李冰作大堰於此，謂之湔堋，亦曰湔堰。今爲犍尾堰，元至元初，因故址興修，分江道水，因勢潴堰，以鐵石爲堤防，然後潴泄盡利，至今猶隨時修治。

清 沈欽韓《范石湖詩集注》卷一八 湔堰在灌縣西，即離堆口也，亦曰都安堰，今爲犍尾堰。

都江堰

論説

元 揭傒斯《文安集》卷一二《大元敕賜修堰碑》 江水出蜀西南徼外，東至于岷山，而禹導之。秦昭王時，蜀太守李冰鑿堆，堆分其江以灌川蜀，川蜀以饒。自秦歷千數百年，所过衝薄蕩嚙，大爲民害。有司歲治堤防百三十三所，役兵民多者萬餘人，少者千人，其下犹數百人，人七十日，不及七十日，雖事治，不得休息。不役者，三日緡。富屈于貲，貧屈于力，上下交病，會其費，歲不下七萬緡，毫髮出于民，十九藏于吏，槩之出入不足以更費。

明 崔旦《海運編》卷上《閘壩考》 予嘗游西蜀，觀都江堰。大江自西域萬里勃甚澎湃，秦昭王時蜀太守李冰鑿離堆，分灌口一堰遏之，江水分擗，溉成都千里之田，號稱陸海。

明 陳文燭《都江堰記》《補續全蜀藝文志》卷二六 灌縣都江堰，盖江之會云。禹湛江自岷山，西入大渡河，南過於汶，歷於灌。堰在江中流爲二：有南河者，會新津，有寶瓶口者流爲三：至于漢，至于崇寧，至于華陽。故稱灌口。堰外低而寬，堰內高而狭，水勢也。【略】燭聞而嘆曰：蜀稱天府，號陸海，豈謂沃野不在人耶。秦法：作渠與井田并，太史公論禹斯二渠以引河，其末舊矣。如西門豹引漳水，鄭當時引渭水，足利于國。中原變遷，閭殚爲河，法多湮滅。惟李公之堰幸存于蜀，乃二三公修之，俾古人遺意千載如斯，尚永賴哉。今天下事，鑿者創新論，怠者失故道，及其不支諉曰天也。沉壁負薪，何益焉，假令人皆師古，則刊山表木之勳，至今存耳，寧獨一堰哉！余益嘆二三公經世之智云。

（雍正）《四川通志》卷一三 按，蜀省水利所在多有，而都江一堰尤爲利溥功鉅，即成都所以稱沃野千里者也。當事於此，再一致意故成屬諸堰志中一一備載，至若眉州之蟇頤堰，彭山之通濟堰，與夫嘉定之楠木、夾江之龍興等堰，利賴雖不及都江之廣，然經章仇兼瓊、魏了翁、張能鱗、劉際亨諸公疏浚修築，仁人之澤歌頌難忘，故亦在所不遺其餘，如重慶、保寧以及各府州縣，或堵溪澗，或壅澤梁，非無塘堰以資灌溉，要皆民間自作刻日可成者，是以略而弗紀。

（乾隆）《安縣志》卷三 水利興於秦之鄭白二渠，然初意非欲利之，而適以利之，其事奇矣。及李冰爲蜀太守，父子作述，鑿離堆於灌口，以避水害，即作都江諸堰以灌田疇，至今全蜀利其利，其功奇矣。大禹岷山導江治其源，李冰治其流，灌江者受江水之灌注也。不鑿離堆，不足以暢其流，不作堰，無論田疇，不治水，無所分其流，必激，流激必爲害，堰之作也。去害即以收利，其功不大奇哉？蜀中凡有水處，無不作堰，水利溥而田疇闢，皆李冰之德也，至今尊而祀之，曰蜀主。宜矣。離堆之旁刻石題箴曰：深淘灘，低作堰，盖謂水有長有落，落時於深處淘去其土與石，使深者益深，而成灘，灘不淘則積石，石積則水之去緩，緩則水長必滋害。灘成則水低，低則水奔注，故作堰於低處以分之，乃能殺其下流，箴所謂低處，即是深處，所謂淘灘處，即是作堰處，故上句不言高，下句不言淺，文義精核若此。宋元間，都江堰壞，當事者未經細會此義，聚鐵石大舉繕治之，尋復敗。至明嘉靖間，鑄両大鐵牛高丈餘，立如人字，以其銳迎水之衝，而堰乃成，然已失其本意矣。是知必淘灘，而後可作堰，全蜀之通效也。因纂堰而表之以灘，附末見於此。

（乾隆）《安岳縣志》卷八　西蜀成都一郡沃野千里，全恃都江堰水灌溉之俾，無水旱之灾，其他層山萬叠滂田溝畛所恃者，天而已矣。

（咸豐）《資陽縣志》卷四　秦李冰鑿離堆，設都江堰，而蜀中水利次第興焉，有功於民祀之宜也。縣山溪四出，源遠流長，因地制宜，藉資灌溉，以人力代天工，罔懹無恐司上者，叠泰憲檄，勸築勸修，俾巖邑山城均享其利，是亦縣中一大政也，九坎通其水，羅堰修其防，何至天田之不獲害哉。

（同治）《直隸綿州志》卷一〇　蜀中水利之興，始於秦蜀守李冰於灌口鑿離堆以避水害，即作都江堰以溉田畝，至今蜀人利其利而師其智，予自刺緜以來，見州境之惠澤，史君李公翥鶴等堰，或官爲經理，或民自開修，因地制宜，靡不區畫，盡善坐收灌溉之利，胥忘耕鑿之勞意，美法良利濟甚溥，兹將東西南北諸堰，依鄉臚列俾，後來司牧者，知緜民所利賴焉。

（同治）《重修成都縣志》卷一　都江堰縣西百二十五里，即人字堤灌縣境，按，縣治灌溉田畝，分引江水俱自灌縣都江堰來，故言水利者，不得不溯其源。

（光緒）《增修灌縣志》卷四　光緒丙戌，成綿道承公□，上總督請復篗堰舊制，稟竊某職任監司兼管水利，凡事有今昔異同，例得隨時更正，如都江堰，要工爲民命所攸關，責任綦重有不得不爲，憲台詳陳者，既不敢故皆新章，亦不敢堅持己見，惟期揆時度勢，宜於俗而便於民，庶不負興利圖治之至意。昨據水利同知報稱，夏間大雨時，行江水漲溢，致將新工魚嘴沖毀，懇請修復，前來某爰考輿圖，載稽志乘，都江大堰創自秦時，水源從岷山而來，至灌口其湍更急，時李太守冰鑿離堆以避沫水，疏二江以溉農田，内而郫、灌、寧、繁、金、都、彭、漢、成、華，外而雙、津、温、慶沃野千里，百派分支，億萬生民咸蒙其利，當二江分流之際，有沙洲土人，以其形尖，呼曰魚嘴。上游奔注此地，正介其衝沙，逐水行易於決陷。漢諸葛亮曾設堰吏，調丁夫三百以護之，元吉當普鑄鋏鼉、鋏柱以鎮之，前明施千祥鑄鋏牛二，立鋏柱於牛之下流，以保固之。正德間，盧翊督理疏浚，見鼉柱震蕩無存，始興篗堰之制，其篗長三丈徑一尺八寸，形扁而面平，椒眼參差，寔以大小圓石壘叠成坡，篗内揵以木樁，篗頭鎖以竹扣，綿亘貫串，以遏狂瀾，盧翊有言，鑄鋏需費萬金，終被漂汶，不如篗石廉省，而人皆稱便焉。我朝熊中丞築人字堤一百餘丈，亦用此法，遺規世守并入歲修，二百年來，安瀾普慶迨。光緒初，丁文誠公因歲修用費不貲，遂有改篗築石之舉，以期一勞永逸，乃工甫告成，旋爲陽侯所敗，若不仍復舊制，何以重水利而濟要工，葢石堤雖堅，能剛而不能柔，水激之其力更猛，竹篗雖陋能洩而不興，敵水遇之其勢可分，石进撼則全局無存竹篗，頽而罅漏，可補況石堤，資於匠作，工既鉅而易傾篗石，取之河灘，民不勞而易就，張紀碑云，彼以石易篗者，可謂智乎，吾懼夫好事者，猶執前説，以勞民傷財，故記之以告來者，可見篗堰之制，勝於石堤。前人已有名言，不待智者而辨笑，昔太史公作《河渠書》曰：甚哉水之爲利害也，顧得其法，則爲利，失其法則爲害，此不易之論。某援古證，今如篗石之法，暦久無弊，洵屬信而有徵，倘蒙俯兄仍復舊制，使沃野千里，無旱潦之虞，右豐稔之樂，則億萬生民同愛其福矣。職道爲興利圖治，起見謹繪圖貼説，縷晰陳明，管見所及是否，有當尚祈衛奪批示，遵行奉批據稟已悉查，該堰石工之作頗費周章，嗣因歲修，轉鉅議者以石條止有障水之力，而竹篗兼有溜水之功，是舊制誠宜復也。該道有志復古，具見闗心民□，惟案闗水利不可輕還，而行任事宜實慮事，宜周仰即親赴履勘，集紳諮訪，如果有利無害，詢謀僉同取具押，結詳細稟，明試辦以昭愼重，而免後累此繳。

論曰：古之障水者，或以土，或以石，未有用竹篗盛圓石者。都江用篗古制也，水急非堰莫能禦水，劣非篗莫能洩，守則成，改則敗，千百年於兹矣。光緒初，丁文誠公易以石堤，費鉅而毀速，觀察承公名厚，滿洲鑲紅旗人，姓諾絡以。光緒丙戌，蒞任究心水利，屢臨相度，灼知堰工，非復古不可，請於大府，劉公秉璋規復舊制，立著成效，連年悉度於平，蜀民之受益爲不淺，爰以公牘刊志乘，匪惟頌公再造之德，抑後之來者，知舊章之不可愆云。

清 郝鄉《都江堰序》（同治）《續漢州志》卷二二　攷蜀堰碑，都江者，禹鑿之以分水源也。一名金堤，一名湔水，鹽井關據其西南，其南北皆東行，北舊無江，蜀守李冰鑿之避沫之害也。《水經注》：沫水，青衣水也，中爲都江堰，堰少東爲大小釣魚磯，又東跨三江爲石門，以節北江之水，又東爲利民臺，臺之東南爲侍郎、楊柳二堰，其水自離堆分流入於南江，南江東至鹿角，又東至金馬口，又東過大安橋入於成都，俗稱大皁江，江之正源也。北江少東爲虎頭山，爲鬬雞臺，臺有水則尺爲之畫，凡有十水及其九，其民喜過則憂，盡没其則民乃困，遂書深淘灘低作堰六字其旁，爲治水之法，皆冰所爲也。又東爲離䧲，又東過凌虛、步雲二橋，又東至三石洞，釃爲二渠，其一自馬騎東流過郫縣入成都，古曰内江，今府江是也。其一自三石洞北過將軍橋，又北過四石洞，折而東流，過新繁入成都，古曰外江，即冰所穿二江也。南江自利民臺有支流，東南出萬工堰，又東爲駱駝，又東爲碓石，繞青城而東，鹿角之北涯渠曰馬埧。東流至成都入於南江，渠東行二十餘里，水決其南涯，乃自其北涯鑿三渠，與楊柳渠合，東行數十里，復與馬埧渠會，而渠始安流。自金馬口之西鑿二渠，合金馬渠，東南入新津，罷藍淀、黄水、千金、白水、新興，至三利十二堰，北江三石洞之東爲外應、顔上、五斗諸堰，外應、顔上之水比流入於外江，五斗之水南入於馬埧渠，皆内江之支流也。外江東至崇寧亦爲萬工堰，堰之支流自北而東爲三十六洞，過清白堰，東入於彭漢之間，而清白堰水潰其南涯，延衺二里餘，嘗因潰爲堰，若成都之九里堤，崇寧之萬工堰，清神之鴻化，彭之堋口，豐潤、千江、石洞、濟民、羅江、馬腳諸堰，以次爲之，惟都江及利民臺之役最大，而都江又居大江中流，故以鐵萬六千斤鑄爲大龜，貫以鐵柱，而鎮其源，以捍其浮槎，又爲象鼻七十丈護堤，百餘丈以固之，此都江堰之利賴無窮也。

清 李元《蒲江水利記》（乾隆）《蒲江縣志》卷三　世言蜀省水利者，侈談都江堰之勝，蓋自李冰守蜀決岷江洪流作堋鎮犀，溉成都數百里之地，千百年來民不憂旱潦而蓄積有餘者，堰之力也。夫山下出泉，何地無之，誠引爲灌溉之用，則在在可堰，即在在皆利，豈獨都江一堰爲然哉。

清 佟鳳彩《題修都江大堰疏》（雍正）《四川通志》卷一三　四川巡撫都察院佟鳳彩題：爲詳興水農之政，爲足民之大本事。案，照順治十八年六月二十三日，據左布政使楊思聖呈稱：奉前巡撫高民瞻案驗，順治十七年八月十七日，准工部咨都水清吏司案，呈奉本部，送工科抄出，該本部覆。工科右給事中薛鼎臣題前事等因，移咨到院，備行到司，奉此，隨經備移水利守巡各道查議，移報去後。今准守西道移稱：據成都府申，據郫、灌二縣回稱：查得當日水利，舊有都江大堰，開鑿於秦時太守李冰，灌溉十一州縣。值張逆變後，所餘人民，止就隅曲之水，以灌偏僻之田，苟且延生，未遑修理。順治十六年，蒙監軍道詳請三院司、道、府遠近文武，捐金二千有奇，雇募淘鑿，即今開墾漸廣，但疏浚之水道，易爲沙石滯塞。欲爲永久計，必行令用水州縣，照糧派夫，每歲淘鑿。庶民不憂旱，而國賦漸增矣等因，移司准此。又准巡北道移，據保、潼二屬州縣回稱：查得各屬州縣所轄百姓，住居高岡四野，且地勢狹隘淺薄，非平川可比，并無新舊水利當興等因到司。又准守巡東南各道，移覆相同各等因，移報到司。准此，相應呈報等因到臣。該臣查看得蜀省川東、川南、川北，皆崇山峻嶺，并無應修、應築之塘堰。惟成都爲省會平川之地，舊有都江大堰在灌縣，灌溉成屬州縣。自遭兵燹之後，堰堤崩頽，通渠壅淤。至十六年間，文武各官捐助修築，疏通水道，目前暫資灌溉。其於農政漸有裨益，已於本年閏七月内，備咨工部。去後至八月初二日，臣復將都江大堰修浚事宜，於條議疏内列款入告。迨九月二十五日，准部咨内稱：此案應當題覆復，行到臣，該臣覆查前情無異，理合具題。

清 憲德《題請李冰李二郎封號疏》（雍正）《四川通志》卷一三　四川巡撫、都察院憲德題：爲聖明在上，川岳效靈，懇請賜封，以光盛典事。雍正五年十一月十一日，准禮部咨祠：祭清吏司案呈，禮科抄出本部題前事内開，該臣等議得四川巡撫憲德疏稱：成都府灌縣都江堰口，廟祀李二郎，自秦以來，尚未受封號。查都江堰水，源發岷山，禹導江後，沫水尚爲民患。秦蜀守李冰，使其子二郎除水怪，鑿離堆，穿内外二江，灌溉成都等州縣稻田，使沃野千里。康熙四十七年，孟洞水決至灌口，忽得木石闗欄，水洩外江，保全成都等縣。近四五年間，江水安瀾，灌口不乾不溢，修堰之需，比前費半功倍。自皇上御極以來，五穀豐登，萬民樂業，捍禦保障，爲功不淺，相應題請敕賜封號，等因前來。查雍正二年，詹事府少詹事錢以塏奏稱江海之神請恩褒爵秩一疏，臣部以沿海地方廟祀諸神，果有捍禦保障之功，應請封爵者，令該督撫查明彙題等因議覆。奉旨依議，欽遵在案。今該撫既稱李二郎鑿山導江，有功蜀地，康熙四十七年，孟洞水決獨至灌口忽洩，外江保全成都等縣。自皇上御極以來，五穀豐登，萬民樂業，江水安瀾，不乾不溢，捍禦保障爲功不淺等語。理合敕賜封號，以昭盛典。但查司馬遷《史記》、班固《漢書》，專載蜀守李冰鑿離堆，穿二江，功績曆曆可考。惟灌縣《志》書内有使其子二郎鑿山穿江之語，是二郎雖能成父之績，李冰實主治水之功。又查王圻《續文獻通考》内，元至順元年，封秦蜀郡太守李冰爲聖德英惠王，二郎神爲英烈昭惠靈顯仁祐王，兹逢聖朝，累洽重熙，屢彰顯應。康熙四十七年，既有保障之功，近四五年間，更覩安瀾之慶，理宜并崇祀典，用答神庥。今該撫祇請封李二郎，而不及李冰，似未妥協。或照該撫所請專封李二郎，或將李冰并給封號之處，恭候欽定。俟命下之日，其封號字樣，交與内閣撰擬，進呈御覽，行令該撫，轉飭該地方官製造神牌，安設致祭。每歲春秋二祭，仍照例致祭可也等因，雍正五年九月初六日題。本月初十奉旨：李冰李二郎俱着給與封號，餘依議，欽此。隨行文内閣去後，今准内閣撰出李冰封號欽定敷澤興濟通祐王，李二郎封號欽定承績廣惠顯英王等因到部，相應移咨該撫，遵照施行可也。

清 憲德《題都江堰酌派夫價疏》（雍正）《四川通志》卷一三 四川巡撫都察院憲德題爲敬陳管見，仰祈睿鑒事成都一郡，地處高，阜所屬田畝，惟藉引水灌溉。查灌縣都江大堰，自秦時蜀守李冰鑿離堆，以導江之支流。當時大書深淘灘低作堰六字，刻於石壁，以爲千古治堰之要訣。後人因之，創爲竹籠作堤之法，以竹編籠納石於内，築人字堤以資捍禦。每歲淘築，遂爲成例，人字堤之下又有太平堰、三泊洞柏橋堰、上下漏礶堰、羊子堰、徐堰、河導江堰、牛子堰等處，分流而郫、灌、温江及崇寧、新繁、新都、金堂、成都、華陽等九縣，俱引水溉田，由來久矣。其歲修之費，從前用水之户照田塊派夫，灌縣出夫六十九名，温江出夫一十名，郫縣與崇寧共出夫四百八名，新繁出夫九十名，新都出夫三十六名，金堂出夫九十名，成都出夫九十名，華陽出夫九十名，以上九縣共出夫八百八十三名。每夫一名折銀壹兩，共折銀八百八十三兩。雍正元年以來，每年修築之費或五六百兩，或七八百兩不等，自雍正五年，因人字堤衝決壅塞，五六兩年費至一千二百餘兩不等。通算每年須派銀一千二三百兩，方可有備無患。但從前照田派夫，因川省田地向來不知畝數，惟有計塊出夫。目今丈量已竣，畝數可稽，若仍以田塊較算，不無大小懸殊之别，實屬不均，臣愚，應請計畝均攤，方無畸輕畸重之弊。查九邑田畝，惟灌、郫、崇三處得水最近，获利最溥，其温江、新繁、新都、金堂、成都、華陽離都江大堰有一百餘里者，其用水之處，不能無遲早多寡之殊，則出銀之處，宜略爲區别。如郫、灌、崇三處，每畝派銀二釐，温江、新繁、新都、金堂、成都、華陽每畝派銀一釐五毫。又華陽縣内有用水略少之田，每畝派銀一釐，庶得均平。今按九邑丈量清册，實在用水田畝灌縣田一十一萬六千一百九十八畝，每畝派銀二釐，該銀二百三十二兩三錢九分六釐。郫、崇兩縣田一十九萬一千六百二十五畝，每畝二釐，該銀三百八十三兩二錢五分。温江縣田一千二百九十四畝，每畝一釐五毫，該銀一兩九錢四分一釐。新繁縣田四萬六千七百五十三畝，每畝一釐五毫，該銀七十兩一錢二分九釐五毫。新都縣田七萬六千九百七十一畝，每畝一釐五毫，該銀一百一十五兩四錢五分六釐。金堂縣田五萬五千三百五十七畝，每畝一釐五毫，該銀八十三兩三分五釐。成都縣田一十九萬二千七百二十六畝，每畝一釐五毫，該銀二百八十九兩八分九釐。華陽縣田五萬四千六百三十九畝，每畝一釐五毫，該銀八十一兩九錢五分八釐。又水不敷用田二萬四千九百七十五畝，每畝一釐，該銀二十四兩九錢七分五釐。以上共田七十六萬五百三十九畝零，通用派銀一千二百八十二兩二錢二分九釐。每年令各縣照數徵收，竟解水利同知衙門，該同知預將估修數目造册、報明。俟修完之日再造册報銷。所有餘剩銀兩，仍貯同知衙門，以備夏秋水發衝塌之費。務令深淘堅築，使各處田畝，俱資灌溉。如有草率從事，即行查。參在從前，民自修堰，其派夫銀兩，俱係里甲經手，不無支少派多，致歸中飽情弊。請嗣後各縣鄉村用水田畝、派銀數目，刊刻木榜，通行曉諭，照依江南河工歲夫折銀之例，官徵官解，給以由票。此項折夫銀兩，不加火耗，永爲定例，庶幾國計民生，大有裨益。再查此項銀兩係雇夫修築之費，零星給發，不若改輸制錢，但每雇夫多係蠻夫，惟知用銀以便携帶，請嗣後應令各該縣銀錢兼收，聽民自便，定爲成例，永遠遵行，實小民萬世之利，理合具題，伏乞皇上敕部議覆施行。雍正八年六月十八日准户部咨，四川清吏司案呈，户科抄出，四川巡撫憲德題：前事雍正八年正月二十一日題，二月二十一日奉旨該部查核議奏，欽此。欽遵於本月二十二日抄出到部，該臣等查得四川巡撫憲德疏稱：郫、灌、温江等九縣田畝地處高阜，惟引灌縣都江大堰之水灌溉，其修淘之費該撫憲德既稱：每年須派銀一千二三百兩方可有備無患，查九邑田畝，離堰有遠近，不同用水有遲早，各殊則出銀之數宜略爲區別，如郫、灌、崇三邑每畝派銀二釐，温江、新繁、新都、金堂、成都、華陽每畝派銀一釐五毫，又華陽縣内有用水略少之田，每畝派銀一釐，共田七十六萬五百三十九畝零，共派銀一千二百八十二兩二錢二分九釐。每年令各縣照數徵收，竟解水利同知衙門，該同知預將估修數目造册報明，俟修完之日造册報銷。餘剩銀兩仍貯同知衙門，以備夏秋水發衝塌之費。如草率從事，即行查參，所派銀數刊刻木榜通行，曉諭官徵官解，給以由票。此項折夫銀兩不加火耗，銀錢兼收著爲定例，永遠遵行，實小民萬世之利，等語均應如該撫所請，將各縣派徵淘塌修堰銀兩解交水利同知衙門，該同知預將估修數目造册報明，俟修完之日造册申送該撫具題查核，餘剩銀兩以備夏秋水發衝塌之費，如該同知草率從事，或朦混冒銷，并各縣額外濫加火耗等弊，該撫即行指名題參可也等因，雍正八年四月二十八日題，五月初一日奉旨依議。

清 傅澤洪《行水金鑒》卷七八 嘉靖十一年，僉事張彦果議築都江堰，石工不果，江漢之水出自岷嶓，其勢建瓴而注全蜀，神禹疏浚之功茲最烈焉。至秦李冰鑿離堆，以疏沬水衆渠順流，沃野千里，號稱陸海。厥後文翁白敏中、張咏咸加修浚，迄今賴焉。嗟夫，郡國之有流渠，猶人身之有脈絡也，一縷不通，合體皆病，按方而治之，則鬱滯決而精神流通矣，守土者，其尚因時修之，以甦蜀哉。

清 何紹基《東洲草堂文鈔》卷二《請旨更正灌縣二郎神廟祀典》 奏爲祀典傳訛，請旨更正事：臣於龍安試竣後，暫回成都省垣，路出灌縣，察看江水分流處，緣江水發源松潘廳邊外番地，會集衆流，漸成巨瀆，至灌縣都江堰口，分爲内外二江。馬、班二史所稱蜀守李冰鑿離堆，避沬水之害，穿二江，成都中百姓饗其利者也。李冰守蜀在秦時，迄今二千餘年，江水既分，灌溉蜀中將二十州縣，産米之豐，爲天下利。有功烈於民則祀，李冰之有廟祀宜也，乃臣至江神廟，官場及土人咸稱爲二郎廟，罕有知爲李冰者。因查《灌縣志》，内載：李冰廟祀，始於唐初，川主二郎神封號，始於宋初，至元初始封李冰及其子二郎皆爲王，國朝雍正五年，世宗允四川巡撫憲德之請，敕封李冰爲敷澤興濟通裕王，子二郎爲承績廣惠顯英王。乾隆三十五年，始定爲春秋二祭，臣謹案李冰之子二郎，於正史無可考，即令有子佐父成功，亦當以李冰之祀爲重，而其子□之。敬繹雍正年間敕封王號，於父曰敷澤興濟，於子曰承績廣惠，章功錫號次第顯然。今廟中前殿祀二郎，規模閎麗，塑像巍峩，後殿祀李冰，塑男女二像，呼爲聖公聖母，固已顛倒失倫，不符禮制。且前殿二郎神像，塑作三目，旁列三叉兩刃刀及梅山七怪之類，臣不勝疑詫，詢之土人，始知爲小説中所載楊二郎故事。荒誕不經，又混楊爲李，而春秋二祭，地方官苟且相沿，行二跪六叩首禮於其前，甚非國家尊崇命祀之意也，應請旨飭下禮臣核議，如何更正之處，交地方官辦理。至成都府水利同知，駐箚灌縣，專管堰工，前任同知强望泰在任十餘年，於淘灘築堰，身親勞苦，蓄洩得宜，至今口碑載道。以後居是任者，多住省垣，别圖差事，以致衙署漸就坍塌，應請旨飭下，嗣後成都府水利同知不得逗遛省垣，以專責成而重職守，合并附陳，伏祈皇上聖鑒，謹奏，咸豐四年五月二十四日奏。七月二十八日，奉到硃批該部議奏，欽此。

清 陳宏謀《灌堰水利考》《清經世文编》卷一一七 按蜀中諸水咸出岷山，江源在羌地之列鵝村，所謂羊膊嶺者，分爲二派：一西南流爲尖囊大渡河，一正南入溢村，至石紐，過汶川，歷今灌縣境，與湔水合焉。灌之上流有水出尤溪口，又有水出白沙口，同會於灌，經灌縣西南流者，即禹所導岷江正流。自秦李冰鑿離堆，引江水循灌城東注北折，於是始以東南正流爲南江，經離堆薄灌城而東北注者爲北江。北江自寶瓶口穿三泊洞而北注者爲外江，自寶瓶口直東入五斗口而東北注者爲内江。蓋北江折爲二江，并南江而三，其北行入五陡口一支，在南北二江之上，故以内江别之。外江北經崇寧、彭縣、新繁漢州界，會綿、雒諸水，出金堂峽。内江東經郫縣、崇寧界，下過府城北，至城東會府城前江，以趨於彭山界。南江經崇慶、新津東流至彭，與府江合爲江口，其出金堂峽者，由簡、資、內江、富順會於瀘州，此都江一堰之源流也。至於大渡、硐、雅諸水會於嘉定，馬、湖諸水會於叙州，嘉陵江經合州，納潼、涪諸水會於重慶，黔、彭諸水會於涪州，大都高山峻嶺，無堰可作。如巡撫佟鳳彩《疏》稱，東南北三道并無新舊大堰是已。獨李冰所鑿離堆山，立都江堰，當岷江中流，歲費工資巨萬。宋元祐間差官修築，凡高下闊狹淺深，以至灌溉頃畝、夫役工料及監臨官吏，皆注於籍。元至元元年，廉訪僉事吉當普建白，用石包砌諸堰爲石門，以時啓閉。用鐵萬六千觔，鑄爲大龜，貫以鐵柱而鎮其源。明初加意水利，州縣與軍衛屯所，共役人夫五千，竹木工料計田均輸修葺，堰得不壞。成化九年，巡撫都御史夏埙以遠人赴役不便，將郫、灌二縣雜派科差，均攤得水州縣，專備工料，以供堰務。弘治九年，添設按察司僉事一員專一提督都江堰各府州水利。於時灌縣知縣胡光，伐石冶金，即舊址甃砌爲防，貫以鐵錠柱三，各長一丈二尺，使當湍勢。石堤中貫鐵處固以油灰，直長一十五丈，高一丈三尺，闊五尺，首闊一丈二尺，用鐵三萬二千二百餘觔，桐油五百觔，麻綫二百觔，木二千五百根，各色工役計二十五萬三千二百有奇。正德間水利僉事盧翊，親詣督理疏浚，直抵鐵板，得秦人所書六字訣曰深淘灘低作堰，大書灌瀾亭上。以昭永鑒。先是，每年修築工役有不均之嘆，翊乃下令以糧三石派夫一名，分八班，每八年一周，而蜀府每年一助青竹數萬竿，委官督織竹籠，裝石資築。明末獻逆之變，都江堰衝決數百丈，沙石填淤，大異於秦碑所云矣。國朝順治十六年，緣李冰舊制，修築淘鑿，以開民利，十八年巡撫佟鳳彩令用水州縣照種派夫，每歲委官督修。康熙四十五年夏淫雨，人字堤、三泊洞、府河口俱衝決，巡撫能泰倡捐修築，稱爲太平堤云。舊例派夫修堰，或照糧，或照田，不無畸輕畸重。至雍正八年，丈田事竣，巡撫憲德題請用水州縣區別遲早多寡，計畝均攤，派銀一千二百八十二兩，每歲徵收完解，以成都府同知爲水利同知管轄其事，民稱便利焉。

綜述

明 陳文燭《都江堰記》《補續全蜀藝文志》卷二六　作堰灌田，始于秦李冰，司馬遷著《河渠書》，瞻蜀之岷山，大李公之功，且云：渠可舟行，民饗其利，蜀人廟祀焉。漢唐以及宋元，堰法漸壞，至元間，僉事吉當普鑄鐵龜，民利之，昭代以來，屢修屢圮，嘉靖間復鑄鐵牛，詳在僉事陳公鎏《記》中。其銘曰：問堰口，準牛首，問堰底，尋牛趾，堰堤廣狹順牛尾。水没角端諸堰豊，涸稱高低修減水，真名言云。萬曆乙亥，江大溢，堰盡壞，成都知府徐元氣、灌縣知縣蕭奇熊列狀修復，巡撫都御史曾公、羅公慨然允行，後先軫念，巡按御史郭公，慮益深長，增以鐵柱，令尋牛趾而浚之。自堰以下，如仙女、三泊洞，寶瓶五陡口、虎頭諸岸間，植三十鐵柱，每柱長丈餘，共用鐵三萬餘斤。又樹柱以石，護岸以堤，水遇重則力分，安流則堰固，大都倣古云。水利僉事杜公詩，悉心區畫。始萬曆三年十一月，越四年三月，工成。費金三百，灌溉千里，民咸歌頌，御史公適還朝，復按兹地。左布政使袁公隨、右布政使潘公允端、按察使劉公庠、參政蔡公汝賢秦公淦、副使王公原相、僉事甄公敬、共觀厥成。

（萬曆）《四川總志》卷二〇　江漢之水出自岷嶓，其勢建瓴而注全蜀，神禹疏浚之功兹最烈焉。至秦李冰鑿離堆，以疏沫水，衆渠順流，沃野千里，號稱陸海。厥後文翁白敏中、張咏咸加修浚，迄今賴焉。嗟夫，郡國之有流渠，猶人身之有脉絡也，一縷不通，全體告病，按方而治之，則爵滯決，而精神流通矣。守土者其尚因時修之，以甦蜀載。

蜀中諸水咸出岷江，江源在羌地之列鵝村，所謂羊膊嶺者，分爲二派：一西南流爲尖囊大渡河，一正南入溢村至石紐過汶川，歷今灌縣境，又有湔水出焉，灌之上流，西北十數里有水出尤溪口，又數十里有水出白沙口，同會於灌。經灌西南流者，今謂之南江，即禹所導岷江正流，自秦李冰鑿離堆，引江水循灌城，東注北折，於是始以東南正流爲南江，經離堆薄灌城而東北注者，爲北江，北江出自寶瓶口，穿三泊洞，而北注者，爲外江，自寶瓶口直東入五斗口而東北注者，爲內江，盖北江折爲二江，并南江而三，其北行入五斗口，一支在南北二江之上，故以內江別之，外江北經崇寧、彭縣、新繁、漢州界，出金堂峽，內江東經郫縣、崇寧界內，下過府城北，南會府城。前江以趨於彭合、彭山、金堂諸水會於瀘州，合綿涪諸水，并嘉陵江，經合州會於重慶，合硐雅諸水，會於嘉定，合松潘之西南入尖囊大渡河者，會於叙州，遠近溉田不可勝計，然各府塘堰，皆民間自修，官課其成而已。獨李冰所鑿離堆山，設立都江堰，在岷江中流，時歲工費鉅萬。元至元元年，廉訪僉事吉當普建白用石包砌諸堰，爲石門以時啓閉。

國初加意永利，每歲冬春之會令得水，州縣與軍衛屯所，共役人夫五千，竹木工料計田均輸修葺，堰得不壞。成化九年，巡撫都御史夏塤，以遠人赴役不便，又將郫、灌二縣雜派科差均敷得水州縣，專備工料，以供堰務。弘治九年，添設按察司僉事一員專一提督都江堰并各府州永利於時，灌縣知縣胡光，伐石治金，即舊趾甃砌爲防，貫以鐵錠柱三，各長一丈二尺，使當湍勢，石堤中貫鐵處，固以油灰，直長一十五丈，高一丈三尺，濶五尺，首闊一丈二尺，用鐵三萬餘，石二千二百，高廣丈餘，長倍之，桐油五百，麻線二百，木二千五百，各邑工役計二十五萬三千二百有奇。正德間，永利僉事盧翊親詣督理疏浚，直抵鐵板，得秦人所書六字訣曰深淘灘淺作堰，大書灌瀾亭上，以昭永鑒，先是，每年起工役有不均之嘆，翊乃下令以糧三石派夫一名，分八班，凡八年一周，仍啓。

蜀府每年助青竹四萬竿，委官督織竹籠裝石爲堰。嘉靖初，僉事劉隅重修都江堰觀瀾亭，十一年，僉事張彦果議築石工，復吉普當、胡光之舊，以工費浩大不果，謹按四瀆惟江最大，蜀水自江之外有七皆注於瞿唐，由荆達揚以入於海，世傳杜宇命其相鱉靈，作三峽以通江水，而李冰離堆之鑿，最有功於蜀，然摠之，則大禹平成功在萬世矣。書曰：岷山導江東別爲沱，盖水出於岷者，皆謂之江，出於江而別流，別而復合皆謂之沱。此禹治功之神，流澤之遠也。思昔若鱉靈、李冰僅因禹迹，效一疏鑿之力耳，謂之有功于蜀，則可謂之配禹則未也，或謂灌縣都江堰乃諸堰綱領，而分江流之第一咽喉，其詳見都江堰考，當事者嗣而修築之，亦一方之利也，謹附著之。

（天啓）《新修成都府志》卷六　灌縣都江堰，縣治西三里岷江之中，自神禹𡼖江，至石紐，出汶川西南，其北無水。秦時蜀守李冰鑿離堆於江中，設象鼻以分岷江之水，北折而東，溉田億萬計，自漢至今歲有修築。

明　陳演《御史劉公大修都江堰碑記》（光緒）《增修灌縣志》卷一三　今金氣爲沴，壘多兵覿，外備内備，寇胥席卷。於巡方使者，各加以監軍之號。巡方使者精神幹理，大半注意吾蜀。邇者劍閣弛險，流氛闌入，繼以民譁，杜鵑之有無幾不可問。廑天子西南顧，特簡劉月持繡斧按部，乃公之精神幹理有異焉，獨注意民。謂民窮，是以軍興，弭軍宜先奠民，凡一切可爲民堤害而幅利者，靡弗殫慮而畢營之，下車即禁金根子弟虎而翼者，乘傳胥役狐而假者，高隅奥窟，每爲破柱，蔀屋荒閭，咸蒙光燭，而於激揚特慎，譽知阿，毁知即墨，無闕抑焉，無假易焉，而其緒，乃畢見於都江堰一役。夫水天下之大利大害也。都江實爲岷源，禹浚涸崖，疏其湍壅之害，是以朝宗於海，秦守李冰鑿離堆，藉爲灌溉之利，是以沃野千里，稱陸海焉。冰之功不在禹下，蜀人尸而祝之有以也。其有堰也，自冰昉也，嗣是陵夷，或修或湮，至於今，湮久矣。灌、郫等七州縣之民，每春初，具畚臿芻茭淪排，無何即漲決矣。未享其澤，旋受其嚻嗷兼苦旱潦焉。公廉知其苦，慨然聚監司守令而謀，或曰：費不貲，惟守西陳公毅然任焉，遂謀定。以壬午年良月之望鳩僝，迄癸未孟陬之杪，即已事而竣。課能授槩，役無厲詘，楛程功器無竄，費不貲，公皆括捐。語云：愚公移山，精衛填海，誠一所致。僅四閲月耳，亟襄久湮之墜緒，豈有神靈呵護耶，抑公誠一所致也。計惟時流輸七州縣，萬畎千澮，汪汪焉不舍晝，夜緣南畝者不抱甕，不祝芻龍，坐受介我黍稷之賜，賜者誰也，謝安石以屣屐得所識阿元，是役也，又不啻屣屐矣。夫水天下之大利大害也，堤其害斯幅其利，惠及七州縣者，公之緒也。民亦天下之大利大害也。苟善幅之，即梗者譎者，且頫首歸功於我，誰敢肆螯焉，凡惠及全蜀，惠及天下，亦若是則已矣。蓋水者金之子也，子乘權則母謝事，從此其不爲沴乎，挽都江堰以洗介兵其亦可也，易曰：地中有水，師，君子以容民畜衆，振水歸地，咸茂桑林甘稼穡焉。則民容而衆畜，師之道莫大乎是，苗民逆命，禹徂征舞干羽于兩階，七旬有苗格夫亦猶以岷山導江之道行之也。公持此道以報當宁，何憂寇乎。天子必曰：俞汝其褒大禹功維時懋哉，昔杜預南征紀功勒二碣，一在禹山上，一在禹山下，夫南征之功，與禹山何與，而幾幸於陵谷乎，若夫功在都江，志碣於都江宜也。不佞受廛武陽。雖距七州縣而遥。然食堤害幅利之。賜一也。舍人郵其事於揆邸怳悟公。焉可無一言以記。其辭曰：滋其潤，險者可祛，藉以斷，廢者可茸，都江堰、鄭白渠。按，公名之勃，陝西鳳翔人，崇禎甲戌進士，任四州巡按御史，後爲張獻忠所執，因同鄉授以冠服，不受罵賊被害。

（嘉慶）《漢州志》卷七　按，西蜀水利，首推都江大堰，用水州縣十餘處，而漢州不與焉。非不與也，蓋境内田畝，資他水以灌溉者，居其强半，資都江者，特十之三四耳。故稽廣漢水利固不可遺，李冰疏導之功亦不得，如别縣專賴都江之利，其他可弗舉也。是以舊志所載旨水道考諸篇，悉係言灌邑堰務，與漢無涉，今概行删削，但都江堰雖非普利，而漢境實亦賴之，其修築舊例，先係用水，州縣照田畝出夫，赴堰修理，嗣改折銀兩僱夫淘築。

雍正八年，前撫憲題請，計畝均攤，因得水之遠近，定出錢之多寡，每年徵解水利廳，聽候動用。雍正十三年，奉旨概行率免，修築俱動正項。自是小民無白鏹之輸，陡海慶金湯之固，湛恩汪濊，眞浹髓淪肌矣。至於雁、洛、沱、綿、石亭、馬牧諸水，俱經州民因勢築立堤堰，以灌田疇。東西南北六村，無慮百餘座，時修時廢，不能備詳，即其可紀者，列於左。更有近山附麓，因高乘下，築爲陂池，以蓄雨水，名曰堰塘。有泉出地，周廣數畝，可以溉田，名曰湧泉，是皆助江河之不逮，興地利於無窮，爰并載以志一州之略云。

（嘉慶）《新繁縣志》卷九　都江堰在灌縣城西，係繁水源每年修築，俱由灌縣詳請用水，州縣派帮，竹價銀四百八十兩，新繁縣派銀三十六兩。至乾隆四十六年堰被水衝，奉札派帮銀一百七十七兩五錢一分二釐。乾隆四十七年，仍照舊例帮銀三十六兩。乾隆五十八年，因竹價昂貴，署水利詳請用水州縣加增竹價，新繁縣除向例帮數外，加銀十八兩，共銀五十四兩，嗣後照例捐帮，其平闖口，分派大河堤埂一百六十餘丈，係崇寧傍河糧民修築，其河口係郫新糧民自行淘浚。

（同治）《重修成都縣志》卷二　邑境西則山少田多，以都江堰水爲灌溉，歲旱則蓄，雨多則洩，自春徂秋青疇緑壤一望皆同，故少饑饉之憂，北則兼有山田，惟恃天雨，有塘蓄水，旱則栽種雜糧，山農喜雨，平地農喜晴，故豐歉常相爲低昂，而農事精能均極，播種之法，多粵東、湖廣兩省入。

（光緒）《增修灌縣志》卷四　蜀守李冰鑿離堆以避沫水之害，作都安堰穿二江，成都之中溉田億萬頃，民享其利，作堰之法，約以六字：深淘灘，低作堰。淵鑒類函以沫水爲暴水，其義甚明，地里要訣，秦以李冰爲蜀守，造百丈堰，溉田數萬頃，蜀以富饒。《華陽國志》：秦孝文王以冰爲蜀守，冰知天文地理，乃壅江作堋，穿郫江、檢江别支流雙過郡下以行舟，溉灌三郡，開稻田。於是蜀沃野千里，號爲陸海。旱則引水浸潤，雨則杜塞水門，故記曰：水旱從人，不知飢饉，時無荒年，天下謂之天府也。

又　人字堤古時爲都江堰下洴缺，康熙間委員於此作堤三十八丈，後毁。今每歲修堰，用竹簍石鱗疊而上，如人字形，故名人字堤。

清　康基田《河渠紀聞》卷一三　順治十八年【略】川撫佟鳳彩議修都江大堰。

按《河渠書》云：蜀守李冰鑿離堆，以避沫水之害，引其水溉田疇以億萬計，自是分江通北道，堰之始也。沫盆江之源，云都江一堰，利溥功鉅，成都稱沃野千里者，此也。漢唐以後及宋元，堰法漸壞，元吉當普鑄龜以固堰，治堰而不疏，灘十餘年淤廢。明弘治、嘉靖、萬歷間，屢事築浚，兵燹後復塞，至是川撫復請修治疏稱：成都府灌縣境内，舊有都江大堰，開鑿於秦守李冰，疏引江水灌溉十一州縣之田。明末毁廢，順治十六年，集金淘鑿，開壅漸廣，水道易爲沙石滯塞，難持永久，蜀省川東、川南、川北皆崇山峻嶺，無應修應築之堰塘，惟成都爲平，平衍大川，都江堰灌溉甚廣，自明以來，堤堰崩頽，通渠壅淤，雖經修築，仍未全復舊制，臣已將修浚事宜，於條議疏内具奏，應請及時興舉，以利農田等語，部覆如議，因故法修復。元揭徯斯《蜀堰碑》云：江水出蜀西南，徼外東至岷山，而禹導之，秦昭王時，蜀太守李冰分其江，以灌川蜀，歷久衝蕩爲害，有司歲治堤防百三十二所，兵民苦役，僉事吉當普巡視得要害之處三十有二，餘悉罷之。又謀甃石以蘇民困，肇事於都江堰，都江即禹鑿之處，分水之源也。江南北皆東行，北舊無江，冰鑿以避沫水之害，中爲都江堰，跨二江爲石門，以節北江之水，又東爲利民臺，臺東南爲侍郎、楊柳二堰，其水自離堆分流，入於南江。南江東至鹿角，又東至金馬口，過大安橋，入於成都大皂江，江之正源也。北江少東爲鬬鷄臺，臺有水則尺爲之畫，水没其則則民困，乃書深淘灘低作堰六字於石壁。其旁爲治水之法，皆冰所爲也。又東爲離堆，又東至三石洞，釃爲二渠，東過郫縣入於成都，古謂之内江，今府江是也。北過四石洞折而東流，過新繁入於成都，古謂之外江。即冰所穿二江也。南北自利民臺支流出萬工堰，東爲駱駝，爲石繞青城，而東鹿角之北涯有渠曰馬壩，東流至成都入於南江，自金馬口之西鑿二渠，合金馬渠東南入新津，北江三石洞之東爲外應、顔上、五斗諸堰，外應、顔上之水流入外江，五斗之水南入馬壩渠，外江東至崇寧，亦爲萬工堰，堰之支流，自北而東，爲三十六洞，過清白堰，東入於彭漢之間，清白堰水潰其南涯，疏其北涯，舊渠流而東。嘉定之青神，有堰曰：鴻化，與成都之九里堤，崇寧之萬工堰，彭之堋口，豐潤干江石洞，濟民、羅江、馬脚諸堰，皆責長吏爲之，諸堰都江及利民臺之役最大，侍郎、楊柳、外應、顔上、五陡次之，鹿角、萬工、駱駝、碓口三利又次之，而都江居大江中流，以鐵萬六千觔鑄爲大龜，貫以鐵柱爲鎮。而後即工諸堰皆甃以山石，範鐵以關其中，取桐油灰實之，油刀麻爲絲，和石之以苴罅漏。禦水潦岸善崩者，密築江石以護之。上植楊柳，旁種蔓荆，櫛比鱗次，以固其防。所至或疏舊渠而導其流，或鑿新渠而殺其勢，遇水之會則爲石洞，以時啓閉，而泄蓄之初，都江水深廣莫測，忽有一大洲湧出，方可數里，人始得用事。五閲月，功成。溉六州十一縣之田，視其水之大小而遍給焉。古人治事之勤如此，而特略於深淘灘之古法，故未能保其終也，堰之壞者補之，而深淘以暢其流，因利之道也。

又卷一七 康熙四十五年【略】川省都江堰人字堤衝决，隨即修復。

按，都江堰分岷江之水，灌溉蜀郡田疇，蜀用富饒，所過設護岸籠石，附岸水不齧土，而渠堅久，人字堰分水當衝，石頹堰壞，水瀉不復入田，初冰爲象鼻數十處以捍水，都江口有石馬埋灘下，凡穿淘必以離堆石記爲準，其下淘深二丈二尺，量水則尺寸灌田。彭州將軍橋，馬騎石趾，東穴投龍鐵溪徙水，各水口横縱如式，淺深有度，過與不足，其害立見，後失其法，堰遂壞石馬并沉，十則亦没沙中，元吉當普復於其地，鑄鐵牛二，首合尾分，如人字狀，以其鋭迎水之衝，高與堰宥等。數十萬重之鐵冶而合并。水遇重不勝則洄，而支支則力分而弱，竹木砂礫可以當之，陳鎏作牛銘云：問堰口準牛首，問堰底尋牛趾，堰堤廣狹順牛尾，水没角端諸堰豐，須稱高低修減水後，皆遵其法。萬歷間，水漲堰壞，重加修復，康熙丙戌夏五月霪雨彌旬，山水泛溢，人字堤、三泊洞、府河口盡被衝决，諸邑沿河之田畝漂没，乃捐俸協力鳩工，自冬至迄明年春仲畢工，九邑復食其利，朱載震修建《太平堤記》云：成都府灌縣之都江堰，其水源來自松潘之上流，成郫九邑咸資灌溉，例入歲修，往往修不如法，丙戌之夏，五江水衝蕩人字堤，水口被衝，沿河水口多有決壞，能撫軍撫恤灾黎，思爲一勞永逸之計，躬行相度週圍三百里，間往復審視，議定修築事宜，率屬捐修及用水九邑皆與焉，揆日施工，自一陽始生，至明年中和節後凡三閲月，築人字堤，長三十八丈，高八尺，又於府河口、三泊洞築新堤，長八十三丈，高八尺，厚五丈，支分條晰，水得復循故道，灌溉無遺，世食其利。云：自漢以來，或因舊葺治，或隨時疏築，龜牛、象鼻、灘馬屢易其法，至門雞水則無考，而地不異其勢，以時循古法修治，旱則藉以資溉，潦則下封其口，使無得漫入爲患，旱潦由人轉移水爲人役，眞陸海也。李膺言玉女房鑿山爲穴，深數十丈，有廊廡堂室，屈曲殆非人力，人字堰艱難勞苦，而成分水江心，當衝而潰，歲修不可疏也。蜀中水利，考江水，經灌縣西南流者，即禹所導岷江正流。自秦李冰鑿離堆，引江水循灌城，東注北折，於是始以東南正流爲南江，薄灌城東，北注者，爲北江，北江自寶瓶口穿三泊洞，北注者，爲外江，自寶瓶口東入五斗口，東北注者爲内江，外江北經崇寧、彭縣、新繁、漢州、界、會、綿、雒、諸水出金堂峽，内江東經郫縣、崇寧、界下過府城北至城東，會府城前江，趨彭山界，南江經崇慶、新津，東流至彭，與府江合，其出金堂峽者，由簡資内江、富順會於瀘州，此都江一堰之源流也。至於大渡、碉雅、諸水會於嘉定，馬湖諸水會於叙州，嘉陵江經合州，納、潼、涪諸水，會於重慶，黔、彭、諸水，會於涪，大都高山峻嶺，如川撫佟鳳彩疏稱：東南北三道無堰，可作者，獨李冰所鑿離堆山立都江堰，當岷江中流，可爲民利，中原變遷，如西門豹引漳。鄭當時引渭，俱殫爲河。惟都江堰幸存，於蜀漢唐以來屢勤修築，吉當普障水用牛者，牛屬丑，土取，土尅水之義，鑄牛用鐵者，龍畏鐵，取金尅木之義，太平堰成，循牛趾而浚之，水遇重則力分，流分則堰固，百世之利也。

又卷一八　雍正五年，川撫題修都江堰，酌派夫價事宜。

按是時議興水利，蜀中水利之大，無如都江堰，眉州之蟇頤，彭山之通濟，以及嘉定夾江之楠木、龍興等堰，利賴皆不及都江之廣，堰鑿於秦時，導江支流分引郫、灌、温江及崇寧、新繁、新都、金堂、成都、華等縣，灌溉民田。後漸堙廢，民人止就隅曲之水，分潤濟涸，至是議修疏稱：蜀省水利川東、川南、川北，皆崇山峻嶺，并無應修應築之塘堰，惟成都地當平川，舊有都江大堰灌十餘縣之田，李冰鑿離堆，導江流，書深淘灘低作堰六字於石壁，爲千古治堰要訣。後人因之創爲竹籠作堤之法，編竹籠納石於内，築人字堰以資捍禦，歲事淘築，人字堰下又有太平堰、三泊洞、栢橋堰、上下漏礶堰、羊子堰、徐堰、河導江堰、牛子堰等處分流，而郫、灌、温江及崇寧、新繁、新都、金堂、成都、華陽等縣，俱引水灌田，由來久矣。其歲修之費，先照用水之户按田派夫，灌、温等出夫折價，無定則，歲以爲常，糜費不支。雍正五年，人字堤衝決壅塞，五六兩年費用更廣，今擬計畝均攤，如灌、郫、崇三邑，得水最近，利最溥，温江、新繁、新都、金堂、成都、華陽，去都江大堰百有餘里，用水之處，不能無遲，早多寡之殊，出費應量爲區别，以出費每畝自二釐至一釐五毫一釐爲差等。令各縣照數徵收。徑解水利。同知收用報銷，并備漲水衝塌之費，仍將派數刊榜曉示，責令該同知深淘堅築，使渠水足資灌溉，於國計民生大有裨益。部覆如議，匀輪齊力，而工易舉矣。堰志云：禹導江正源，至石紐出汶川而南，其北無水，秦李冰鑿離堆，引江水循灌城，折而北，於是始以東南正流爲南江，經離堆北注者爲北江。北江又分流爲内外江，并南江爲三外江，北經崇、彭、新漢、會、綿、雒諸水，出金堂峽，内江經郫、崇，過府城北趨彭山。南江經崇、新東流至彭，與府江合。三江各分水口，以次貫注，視水則爲準，旱潦有備，故記曰：水旱從人，不知饑饉，沃野千里，世號陸海，謂之天府。以時修治，又立法以均其役，則事不擾，而利普久安常治之道也。

《清文獻通考》卷一〇六　雍正【略】五年封四川灌縣都江堰口通佑王、顯英王之神。時以四川巡撫憲德疏言：都江堰口廟祀李二郎有功蜀地，請加封號。下禮部議，言按《史記》《漢書》專載蜀守李冰鑿離堆穿三江功績，歷歷可考，惟《灌縣志》書内有使其子二郎鑿山穿江之語，是二郎雖能成父之績，李冰實主治水之功，又考玉圻《續文獻通考》載，元至順元年，曾并加封號，今既言有功於蜀，屢彰顯應，理宜并崇祀典，該撫祇請封其子而不及李冰似未妥協，詔令并給封號，乃封李冰爲敷澤興濟通佑王，李二郎爲承績廣惠顯英王，令地方官春秋致祭。

《清會典則例》卷一三五　議準，四川成都府同知分駐灌縣，專司都江堰工。【略】覆準都江堰工按照田畝均攤夫，價解交水利同知承修，再修築堰工，用竹編長籠，自一二丈至三四丈不等，中將碎石填實壘築成堤，面蓋押二笆，每塊長二丈，濶一丈五尺，用白夾竹百根，每根銀一釐六毫，編工銀一錢二分，竹籠折長三丈，徑一尺八寸，用白夾竹四十根編裝，工銀一錢二分。【略】二年覆準，歲修都江堰，自人字堤起，至省城西門外金沙新堰，温江縣江安堰，新、彭二縣通濟堰，疏浚省城城河，自乾隆二年爲始，於該省鹽茶項内動支修築。

（道光）《仁懷直隸廳志》卷六　川主廟所奉神像，係屬三眼，怪誕不經，當飭改塑正神，不准復祀川主，惑人視聽，檄府、廳、州境内如有川主廟及各淫祀，概令改祀正神或改爲義學，以資化導。有司奉令，惟謹王安東狄梁公之風復見於今。兹矣二十年，余至仁懷直隸□□□□地界，連川省問所謂川主廟者，神像向係白面金□，皆加鬚於頰上，問以川主之何神，僉稱爲二郎神，亦未知二郎爲何神，至改塑之何神，則未有以應也。夫解惑者，不原其惑之所自始難，欲辨其惑，而其惑滋甚。考蜀之《嘉定志》，隋趙昱青城人，與道士李玨游累辭徵聘，後煬帝徵爲嘉州太守，時州有蛟爲害，昱令民募船數百，率千餘人臨江鼓噪，自被髮伏釖入水，隨之天地晦暝，少頃雲霧斂收，七人不復出，惟趙昱左手持劍，右手提蛟首，奮波而出，河水盡赤，蛟害遂除。開皇間，挈家入山蹤迹不復見，後有運餉者，見昱乘白馬，引白犬，一童子腰弓挾彈以從，騶從如平生焉。唐太宗封爲神勇大將軍，廟祀灌口，明皇幸蜀，進封赤城王，宋張咏治蜀，蜀亂，咏禱祠，乃得神助，蜀平事聞，封川主清源妙道真君，蜀人所祀川主者，趙昱也。於二郎何與，二郎不知何時人，據《蜀志》則泰蜀守李冰之子也。意者冰父子廟，食灌口，趙昱廟，亦在灌口，遂移川主之稱於二郎歟？雍正五年，禮部議四川巡撫憲德疏稱：成都府灌縣都江堰口，廟祀李二郎，自秦以來尚受封號，查都江堰水源發岷山，禹導江後，沫水尚爲民患，秦蜀守李冰使其子二郎除水怪，鑿離堆，穿内外二江，灌溉稻田，使沃野千里。康熙四十七年，孟洞水決至灌口，忽得木石闌欄水瀉外江保全成都等縣。近四五年，江水安瀾，修堰之需，比前費半功倍，捍禦保障爲功不淺，但查《史記》《漢書》專載，蜀守李冰鑿離堆穿二江，功績惟灌縣志書，内有使其子二郎鑿山穿江之語，是二郎雖能成父之績，李冰實主治水之功。又查王圻《續文獻通考》：元至順元年，封秦蜀郡太守李冰爲聖德英惠王，二郎神爲英烈昭惠靈顯神祐王，兹逢聖朝，累洽重熙，屢彰顯應，理宜并崇祀，典用答神庥，今該撫祇請封李二郎而不及李冰，似未妥協，或請專封李二郎，或將李冰并給封號之處，恭候欽定奉聖旨，李冰李二郎俱着給與封號，隨行文内閣，撰出李冰封號。

欽定敷澤興濟通祐王。李二郎封號，欽定承績廣惠顯英王。移咨遵照施行，此我朝秩祀之載在典册者也，夫以二郎捍禦保障之功，如彼而馬、班二史不載，必溯其先而遞及焉□矣。議禮者之慎也，烏有所謂川主哉。灌縣都江堰石壁刻有深淘灘低作堰六字，相傳爲秦時蜀守所書，實爲後人言水利者所不能外秦，至今二千餘年，而遺迹尚在，非神明呵護，何以至此，其漚鬱肸蠁，犇走恐後也，固宜因設，敕封敷澤興濟通祐王牌位，以敕封承績廣惠顯英王，祔焉紀其始末，以語是邦之人，庶幾不爲淫祀所惑云。

清 丁寶楨《丁文誠公奏稿》卷一四《籌款修理都江堰工摺》

光緒三年十二月二十八日　奏爲勘明成都府屬之都江堰，關繫十數州縣水利，頻年江流泛溢，衝毁民田，現擬籌款修理，恭摺仰祈聖鑒事。竊查：江水發源岷山，東南入夷地，曆松潘、理番、茂州、汶川之境，合支流而匯於灌縣。秦時沫水爲患，蜀守李冰於灌縣西南鑿離堆穿爲二江，中築都江堰導水，分流藉溉農田，其利始溥，而水强土弱，曆代均須修葺。國朝雍正年閒定有歲修之例，准其動用公項由官修理，按年題銷。而銀數無多，江流緜長，并分内外二支，上下百餘里，大堰之外，旁築小堰甚多，官工實難遍及，全賴民閒自行捐資，隨時挑築，藉衛田畝，計民工數倍官工。自咸豐年閒軍興以後，糧户於正供之外，加完津貼，繼以連年捐輸，小民竭蹶供億，無力兼顧，專恃官工補苴罅隙，又以經費短絀，顧此失彼。致二十餘年來，江底愈淤愈高，水漲輒多泛溢，衝刷堤堰，沿江田畝時報坍淹，小民失業空賠糧賦，迭經赴省控訴，又每逢雨水稍多之年，省城城内即須行船，雖經前督臣委勘飭修，因軍餉緊急，庫帑空虚，實無鉅款可籌，未能興辦。臣涖任後，復據成屬各士民紛紛呈訴：以現在工程緊要，民力萬分拮据，請將淤墊過甚之江心百餘里，懇求發款挑浚，其餘各岸工程尚多，該紳民等仍願自行集資修理，情詞實爲迫切，臣以耳聞不如目見，灌縣離省僅百餘里，隨於本年九月閒輕騎簡從，率同署成緜龍茂道丁士彬，隨帶熟悉水利之員親詣都江堰，詳細履勘，見内外兩江節節淤墊，較舊時江底高至一二丈及八九尺不等，兩岸沙灘上與田齊，亂石縱横，中流阻塞。灌縣、温江、崇寧、郫縣、崇慶州等處民田衝毁已至六七十萬畝，若不准予挑修，非但已衝之田不能復業，且恐成都十六屬州縣一遇大水，浸成澤國，而省城地處下流，亦恐淹浸，臣查悉工程實有萬不可緩之勢，雖刻下庫款支絀，而賦出於民民出於田，且百姓正賦外加徵津貼已三十餘年，收數不下一千六七百萬兩，又自同治初年辦理捐輸，每年約計八九十萬兩，迄今已十餘年，收數亦不下一千二三百萬，兩此皆出自按糧攤派。兹若省一時之費，拂萬姓之心，使之莫保田廬，恐以後津捐難期踴躍，殊失遠大之計，况該紳民等僅請官爲修理江心，此外兩岸堰工，仍願自行按户捐辦，以後歲修，一切均照舊自爲經理，若竟置之不理，實不足以對百姓。當即督同委員逐段切實估勘，撙節核實，統需經費九萬餘兩，方能將内外兩江一律疏淘，并將坍缺堰堤修砌完好，保衛十餘州縣糧田，爲一勞永逸之舉。值此冬令水涸，亟應及時興工，俾明年春江盛漲不致再行泛濫，衝灌良田，隨飭現署成緜龍茂道丁士彬親往工次，督署水利同知徐傳善、署灌縣知縣陸葆德等，催集人夫，趕緊興工。先浚外江，限日分段疏淘，一面飭令民閒按户集資，趕築堤堰，并分撥駐省之靖武營勇丁，前往工所幫同夫役，并力淘淤，以期速竣要工，臣於興工後，復親詣該堰，指示機宜，察其勤惰，衡定賞罰，各該員役民夫等，均能踴躍從公。惟查司庫空乏異常，此項工需又刻難再緩，臣現商之藩司，以正款無可動撥，惟有於各州縣存寄司庫應領各款内暫行湊銀九萬兩，陸續分解工次應用。將來即由鹽貨各釐金項下撥還，再行設法勸捐，歸還釐金，俾免挪用正款，以期節省庫項，臣當嚴飭各委員等核實撙節，不准稍涉虛浮，統俟工竣，再行由臣查驗、具奏，所有都江堰工緊要、設法籌款興修緣由，理合恭摺具奏，伏乞皇太后、皇上聖鑒訓示，謹奏。

又卷一五《都江堰新工穩固片》 光緒四年七月初八日 再：川省都江堰向分内、外、中三江，分溉成都十六屬民田，爲利甚溥。自咸豐兵燹後，民力不繼，年久失修，每歲盛漲，沙石俱下，江身日益淤高，而離堆一處，爲内外江分水緊要關鍵，復被衝塌一角，江流益形洶湧。臣上年到川，即據各屬紳民以水患日甚，呈懇勘修，臣以江水關繫民田，且鑒於闔省連年水災，隨即督同署成縣道丁士彬帶同委員，兩次親往踏勘，河身淤高屬實，堤岸亦多衝潰，當即籌款修理，均經奏陳在案。查當初估修之時，以此工多年未修，水勢橫決，灌縣一帶淹沒民田已不下十數萬畝，此次必須認眞挑築，期於一勞永逸，計自上年十二月初開工，起至本年三月中旬工竣，均飭丁士彬親駐江干，督同委紳妥辦，工程頗爲堅實。乃自五月十七八日連日大雨，至十九日辰刻，江水陡漲一丈九尺有奇，滿江濁流水黑氣腥，離堆以下聲如牛吼，而惡浪掀騰，漩渦噴起，上流連抱大木，及長可丈餘之巨石，隨波直下，至午刻水力益猛，内外兩江高過堤岸將及尺餘。二十一日巳刻，水復增漲，洪濤澎湃，查看水則，全行淹沒，但聞内外江聲如雷震，頓將人字堤第三道湃缺所築之金剛墻衝塌數丈，幸所築之新工魚觜及人字堤，并以下各堰分水魚觜，尚無損折，惟兩岸堤身，向係碎石堆砌，間有刷動，亦無大損，至灌縣城外護城底石，大半衝去，計自五月十九日起，至六月十六日止，水勢始漸平穩。臣於水勢洶湧時，飭委員嚴加搶護，復飭丁士彬親往監督，并令沿江查看民田，據報均無衝損，查都江堰水發源岷山，來勢極遠，每當立夏以後，西邊各山積雪消融，加以雨水自松潘、理番憑高直下，總匯於灌縣城外，流往下游，勢極奔騰。自秦李冰鑿離堆後，曆代皆隨時修築，我朝定有歲修，并於離堆之寶瓶口建立水則，以視水之漲落，預爲堤防，其水則以一畫爲一尺，自出水面一畫起，定至二十二畫爲止，從來江水盛漲聞未有逾十八九畫者，甲子年水大異常，亦只至十八畫有奇，而下游民田已幾成澤國，省城城内亦可行舟，幸消退迅速未致大害，本年異常泛漲，直將水則全行淹沒，是合之挑深江身及培高堤岸計之，水漲將及五丈有餘，詢之沿江耆民，均稱數十年來從未見此大水，所幸堤防甚早，河身堤岸均各加深培，高水雖極漲，流行通暢，且新工魚觜、人字堤及各堰分水魚觜均形結實，故當巨浪排空，尚能抵禦。月餘以來，不惟下游省城及各屬民田，毫無損壞，即灌縣城垣偪處江濱，亦完善如故，一無損折，此皆仰賴聖主鴻福，得以普庇平安，百姓歡呼，同聲頌禱，臣事後回思，猶爲心悸，現屆七月，水勢之盛漲與否，未能遽必，而經此一番搏激以後，各工段當不致再有他虞，所有本年都江堰江水大發，新工穩固，并未傷損民田，各情形謹附片具陳，上紓宸廑。伏乞聖鑒，謹奏。

又《都江堰水勢實無衝損民田摺》 光緒四年九月初八日 奏爲本年都江堰水勢異常盛漲，沿江民田實無衝損，所築新工，惟兩岸碎石堤身間有衝刷，餘均穩固，恭摺據實覆陳，仰祈聖鑒事。竊臣於光緒四年八月二十八日承准軍機大臣字寄：光緒四年八月十二日奉上諭：前據丁寶楨奏：都江堰頻年泛溢，衝毀民田，現設法籌款修理，旋聞該處，江流盛漲，民間已被水災，正以新築工程能否可靠，地方被災是否深重，廑念方殷，茲覽該督所奏情形，都江堰水泛漲異常，與朝廷所聞無異，惟水勢高過堤身，濁流洶湧，曆時將及一月，沿江田廬必多淹沒，且從前盛漲，下游已成澤國，此次水大於前，所稱沿江民田均無衝損，殊難憑信，至堤身既有缺動，能否搶護，平穩不致大損，所築新工，有無損折，能否一律結實，恐有不實不盡之處，丁寶楨當嚴飭丁士彬認眞履勘，據實稟報，再行詳細奏聞，不准稍有粉飾，并將興築堤工隨時保護完善，被灾地方，加意撫恤，毋令失所，將此由四百里諭令知之，欽此。臣跪讀之，下仰見聖主軫念民依、視遠猶邇之至意，欽感莫名。伏查都江堰水，本年異常泛漲，據本地土民均稱，爲數十年來所未有，當水勢極大時，臣亦慇慮新工難資抵禦，民田必致衝沒，亟於五月底飭丁士彬前往，督同水利同知及灌縣等縣設法搶護，并飭各州縣查明民田有無衝沒，隨時稟報，乃自五月十九日起，至六月十六日止，水勢漸平，所有新築分水各魚觜、人字堤及兩岸堤身，均未損折，惟五月二十一日巳刻，内江離堆以前之水，漲高一丈七八尺有奇，氣色腥黑，屹如山立，不上不下。灌城居民驚心駭目，呼號不絕，但聞離堆脚下，聲如牛吼，滿江洪濤澎湃，有同雷震，曆時許至申正，濤頭忽轉向人字堤，噴擊勢如電掣，立將人字堤後第三道湃缺所築護堤之金剛墻衝塌三丈餘。水勢豁然由此奔赴外江，分流中江，始就平順，查看人字堤毫無損折，惟兩岸堤身向用碎石堆砌，濁流經過，間段均有衝刷，堤岸并無傷損，此外各工，均各完固，民田均一律幸獲保全，臣前奏實係確切情形，并不敢稍有掩飾。第此次水大異常，民田何以不致淹沒，不惟朝廷不能釋疑，即臣當時目擊心維，亦深詫異，兹謹將實在情形敬爲我皇太后、皇上詳陳之。查都江本爲川江正流，導自岷山，來源極遠，自松理各屬入川境，奔騰而下，至成都府屬之灌縣上游十里許，地名白馬堰，爲一總匯，流入腹地。每當夏令，西江外各山積雪消融，加以大雨時行，汛期必有漲發，其向來江水經行之正江，即今之所謂外江也。外江僅一河水勢過大，不能容蓄，每多漫溢，故秦李冰鑿離堆以分江水，始將正江别分一支，今名曰内江，而於外内江下流之十餘里，又分一支，以資宣洩，名曰中江，自後三江并流，水勢既殺，而民田分受灌溉，可免泛溢，爲利甚溥。溯查分江之始，係於江口之白馬堰以下三里許，創建分水魚觜一道，以長數丈之竹編爲竹籠，中載巨石排列江心，深入水底丈餘，復用徑數寸之鐵樁數十根釘入江底，穿繫竹籠，層層堆列，高出江面一丈數尺至二丈數尺不等，其籠石排砌，頭小尾大，形如魚身，分水之處，名曰魚觜，其分水係審定下游地勢之高低，以定水口分水之多寡，原立水志：流入外江者四分，流入内江者六分，不容稍有增減，并著有深淘灘低作堰二語，爲修理江身準則，迄今數千年咸守其法，不敢改易，且自是以後代有歲修，所以防盛漲水落，沙石淤積也，自近數十年來，久失修理，不惟内中分支之，兩江淤成平陸，沙石壅塞高過堤岸，即外江爲江水正支，江身淤墊亦幾與堤岸等，故曆年來一遇水漲，民田率多衝没，即灌縣一屬，查核已至十餘萬畝，不可復識，至甲子年，水勢盛漲，下游幾成澤國，以旋漲旋退，幸無大傷，臣上年到川，即據灌縣各屬紳民呈懇興修，臣詳詢之官紳，均稱江身淤塞情形，萬難展緩。當時猶未遽信，因督同丁士彬暨委員，自灌縣上游之白馬堰起，逐一履勘，詳看水口之分水魚觜，實屬廢壞不堪，外江之水，大半灌入内江。又從灌縣城外查看，至下游之十餘里、地名新都堰，即係中江江身，則見外、中、内三江悉已連成一片，水勢亂流，固無所謂三江之分，且并爲一江，而亦不能順軌，迨由新都堰江身憑高遥望，下游省城及成都十六屬，俱形同釜底。彼時查看，即慮次年若有盛漲，成屬必爲澤國，始決意估勘工料，奏明籌修，飭委丁士彬帶同委員等，親駐江干，趕緊辦理，其時已在冬初，丁士彬以工大費繁爲時較晚，先將江口之分水魚觜，照依古法，加工重修，并飭委員會同灌縣知縣，將内、外、中三江分起，同時并辦。先將三江分出正身，由外江興修至中江，又由中江至内江，每支江身挑深至一丈二三四尺不等，一面將挑出江身之大小碎石，即以培修堤岸，隨地勢江身之高下相度施工，地之低者，增高至一丈六七尺及二丈四五尺，其高者培修至七八尺丈餘不等，合計外、中、内三江挑深培高約計七十里三分有奇，復將三江之各分水魚觜重行修築，其人字堤一段，爲内外江束水最要關鍵，亦從新撤去朽壞籠石，另行添工建修，加寬加厚，并自人字堤第三道起，每道用一魚觜，順水沈入江心，中流高出水面數尺，以禦湍激，而保離堆，至三月十八日始行竣事，臣飭委藩司程豫親曆驗收，工程實爲堅實。臣竊惟此次籌修都江堰，本因江流淤塞，恐害民田，不得不爲此大舉，當建修之初，實已慮及盛漲爲災，故飭丁士彬親住江干監督修理，臣亦於去歲冬、臘兩月，前往查視，不准分毫草率偷漏，以期抵禦洪流，且擬圖數十年之安。幸丁士彬與各委員等，均能實事求是，逐日沿江監督工作，毫無偷惰，故本年水勢甚盛，所築各工段一無損折。至民田之不致淹沒者，實緣三江江身從前淤成平陸，今仍疏復舊制，且益以江身挑深，江岸加高，故水雖極漲，而在江口以下，離堆以上之數里，岸窄水陡，則見其高，一過江口離堆以下，三江分注，水勢自殺，再加以下各堰分段淘浚，愈分愈平，江身既無淤塞，水流自行暢利，故民田只受灌溉之益，而絕無衝没之患也。夫以臣當興工之時，亦自信有此一修，即遇盛漲，必不致有害農田，然初不料水勢之大至於此極，迨後水勢極大，而工程并無損折，民田一無被淹，此實仰賴聖主如天之福，江流順軌，蜀民得普庇平安，實非微臣意料之所敢及也，現在秋收已畢，成屬實計八分有餘，米價自七月中旬至今，較六月以前減落十分之四，至闔省收成均大略相同，民情頗爲安帖，洵足上慰宸廑，凡此皆明明在人耳目，不煩稽查，而知臣斷不敢稍有欺飾，除俟十月水勢大落後，所有兩岸堆砌碎石，堤身間段衝刷各處及人字堤後衝塌之金剛墻三丈餘，謹遵旨飭令丁士彬親往補修齊整，以禦來年盛漲，并將所築各工程，分晰奏咨核銷，外所有本年江水甚大，新工并無損折，民田亦無淹沒，及兩岸碎石堤身閒有衝刷，各緣由謹，繪具圖說，恭摺據實覆奏，伏乞皇太后皇上聖鑒訓示，謹奏。

又卷一六《報銷都江堰工用款摺》光緒五年閏三月十七日　奏爲查明修理都江堰工用款造報核銷，恭摺具陳，仰祈聖鑒。事竊據已革川東道丁士彬轉：據已革前署灌縣知縣陸葆德詳稱：都江堰年久失修，外內各江身淤塞一片，分水各魚觜及人字等堤、并兩岸堤埂橋座，均殘缺朽敗，上年籌款興修。計自光緒三年十月起，至四年四月止，先後兩次共發九七三平銀十二萬九千九百四十五兩六錢零六釐八毫。內有光緒四年分例發歲修銀四千九百二十餘兩，一并在內，現計挑挖外內江工段，牽算共長七十里，共計土方四十萬零六千六百四十四方四分六釐，共實支夫工銀四萬零六百六十四兩四錢四分六釐，修砌外內各江石埂一萬二千七百六十四丈四尺，共實支石價夫工銀二萬四千零四十九兩四錢一分，又外內江各處，用過三丈長竹籠一萬九千零一十七條，連背石、裝籠工價。共實支銀七千三百零五兩五錢一釐，又修理魚觜三道，共實支石、鐵、木各料及工價銀一萬二千四百三十八兩七錢二分一釐七絲六忽，又伏龍觀車水工價銀一百二十一兩八錢六分，又置買石灰四百四十七萬七千八百三十七觔，共實支銀六千二百六十八兩九錢七分一釐八毫，又擡石、運木，實用夫三千七百六十九工，共實支工銀三百三十九兩二錢一分，又修復人字堤身長一百三十丈，連湃水口及飛沙堰湃水口，共實支工料、夫價銀二萬二千三百四十五兩四錢一分三釐五毫四忽，又修理千金堤東西兩岸石埂，共實支銀三百二十九兩四錢，又修復索橋石礅及普濟橋一座，共實支工料夫價銀五千六百二十七兩一錢零一釐四毫二絲四忽，又內外江截水夫工及應用竹、木、石料，共實用銀一千一百一十五兩九錢零二釐，又采辦河工應需雜物器具及種樹護堤等項，共實用銀一千三百六十六兩五錢二分，又辦工委員薪水，書役工食及雇用陝西飢民幫工口食、賞恤，共實支銀七千七百九十五兩四錢四分，又開工完工祭神及油飾河神廟工等項，共實用銀一百七十七兩七錢一分，通計共實用銀十二萬九千九百四十五兩六錢零六釐八毫。均係實支實領，取有各行户、夫工人等收領票據呈驗，并無分毫浮冒，惟查川省向辦堰工，僅土方、竹籠等項有歲修報銷成例可遵，此外石、木、灰、鐵各項，川省向無辦過河工成案，實無一定例價，上年興修堰工，除挑挖河身土方、并竹籠等項遵照歲修成例辦理外，其餘應用木、石、鐵、灰各項無一定例價者，只得照民價核實承買。此次報銷，應將實支實用數目造報，復查定例修造工程，若因物料、運腳價值昂貴，今昔情形不同，准承辦官於請銷時，隨案切實聲明，以憑查核，等語。今修辦都江堰工所有木、石、灰、鐵各項，雖照民價承買，核計仍較例價爲輕，應并聲明，等情，詳請奏咨前來。臣查都江堰工當日履勘情形，其河身淤塞，堤埂殘廢，實屬不堪言狀，民間受害甚深，工難暫緩。當時飭委員再三估計，以外內江均未截水，江底未能現出，深淺實難確估，而數十里內一切堤工，無不殘廢，工費較鉅，其一應工價，又均無成例可循。當經丁士彬等稟商：先擬籌撥銀五六萬兩，撙節興辦，如實有不敷，再行續估籌撥，臣當時詳審全河工段，綿長已至七十里，又加以各魚觜、人字堤等工用款較多，斷不敷用，而四年分應領歲修及向來每年尚有照案加增之款，尚須請領，爲數亦鉅，當即約計一并籌撥銀九萬兩，由司飭發丁士彬等認眞興辦，又以司庫款項難籌，因商之藩司查明各州縣已清交代項下應行領回之雜捐等款，尚寄存司庫，暫可動用。即就此款借撥，暫將土貨釐金撥抵，事後由本省攤捐，歸還釐金，不動正款，均經奏明在案，嗣外江各工完竣後，截水興修內江，查看堤身朽敗益甚，而人字堤三十丈以下之舊堤一百丈，全行蕩廢，僅存痕迹，必須修復以還舊制，其時該處紳民公議：請將人字堤臨水前面，改用石工，以期堅實，工費較煩，而江身淤墊較外江尤高，通計工用實不敷銀三萬九千兩，經陸葆德稟，由丁士彬轉請續行籌撥，以資接濟，臣以初次奏撥銀九萬兩，已經切實聲明，係借用各屬交代應行領回雜捐等款，暫借釐金抵補，事後由本省自行攤捐歸還，不動正款。此次工需緊要，必須續撥，仍應查照前奏，暫行由交代、釐金借撥，事後一并由本省自行攤捐歸還，不得動用正款，并應暫緩瀆奏，致滋煩數，俟辦理奏銷時，再行詳悉聲明，當經飭司，仍由交代、釐金項下，暫行借撥給領，事後一并由外攤捐歸還，以濟急用，現計此項工程，兩次共撥銀十二萬九千九百四十餘兩，其四年分照例應領歲修銀四千九百二十五兩，亦在此內，覆查所辦各工，毫無浮冒，應准核銷。惟人字堤一節，計應銷銀二萬二千三百四十五兩四錢一分三釐五毫四忽，本係實支實用，但既經盛漲衝刷，例應罰賠，復查川省曆辦堰工成案，凡修辦堤工，若水勢在實缾口水則十六畫內衝損者，應惟承辦之官吏、工頭罰賠，若在水則十六畫以上者，准免。此次堤工被衝，實係異常大水，没過水則，照川省向辦成案，應准免賠，惟既被衝刷，究屬修工不堅，臣已將此款全行刪除，仍令丁士彬、陸葆德分賠，飭限兩年交清，不准開銷，以昭核實，計除刪賠外，實只應銷銀十萬二千六百七十五兩一錢九分三釐二毫九絲六忽，臣提驗陸葆德發給各行户、工役一應支領各款，皆有印領票據，呈查均係實用實銷，毫無浮冒，相應據實，奏明并咨部查核。至此次原奏動用工需及續撥之款，均係借支各屬交代存司、應行領回之雜捐各款，暫撥釐金抵補，事後一并由外自行籌捐，歸還本未分釐動用正款，然亦應查照趕緊籌還，以免虛懸，惟查川省修辦堰工，自雍正三年議定，歲修銀一千九百二十餘兩，道光末年又續增銀三千七百二十餘兩，至咸豐十年以後，則每年加增銀四、五、六千兩不等，係由司庫捐輸項下墊支，曆未奏咨有案，三年臣到任後，飭司確查，計自咸豐十年截至光緒二年止，司庫實墊發銀十萬三千九百九十八兩零，至今尚未歸補清楚，溯查當初墊發之時，原議由用水之十數州縣按年分攤彌補，嗣以地段綿長，工難遍及，以歲定四千九百餘兩之工程，每年加增至一萬餘兩，而江身日益淤，堤身日益壞，江水則年年横流衝刷糧田少則數千畝，多則數萬畝，因之民力拮据，應行攤還之款，民間攤派爲難，以致庫款日久未清，臣現在飭司嚴行催追以重款項，至此次奏明借用州縣交代應領存款暫借釐金撥，抵事後，由外攤捐歸補，若仍照前分攤之用水，各州縣則前攤未清，亦恐日久延宕，亟應切實籌畫一定之款，俾資迅速，現與藩司熟商所有此次借撥，交代領款暫借釐金抵補，銀十二萬九千九百四十五兩六錢零，應除去四年分例應請領，歲修銀四千九百二十五兩仍照常年成案辦理，無庸另行籌還，又除刪賠人字堤一款不計外，實只應自行籌還銀十萬二千六百七十五兩一錢九分三釐二毫九絲六忽，茲議定由本省各屬自行酌捐養廉，并於每年通省公捐之緝捕賞需預籌經費兩項，三共勻攤出銀二萬兩，按年歸還借款，即自本年冬季爲始，定限五年至光緒九年還清，不准逾限，其每年歸還二萬兩之數應於年終咨報，以憑查核，如此切實辦理，既於庫款無涉，且亦不致蹈從前有借無還之故轍，至以後歲修款項，臣於此次大修後，已酌定仍按雍正、道光年間所定四千九百餘兩之數支發，其咸豐十年以後，遞年加增之款一律停止，不准再行濫支，如遇工需喫緊，有必應加增之處，應行核實奏明辦理，以杜冒領，此中每年節省實多，至此次報銷工款，現除去光緒四年分應領之歲修一款，暨人字堤工刪賠一款，應毋庸籌還不計外，所有原奏借撥及續行借撥各銀兩，現均係全數由本省自行籌捐歸還，未經動用庫款，與他項河工動支正款請銷者不同，應請敕下部臣查照，分别辦理，除將清册咨送外，所有造報都江堰工實用銀兩各緣由，謹據實陳奏，伏乞皇太后、皇上聖鑒訓示，謹奏。

又《遵旨覆陳都江堰工并無浮冒摺》 光緒五年四月初五日　奏爲遵旨，據實覆奏，恭摺仰祈聖鑒，事竊臣承准軍機大臣字寄：光緒五年閏三月初九日奉上諭：據恩承、童華奏稱：丁士彬承修都江堰工程，此項堤工支發帑項，先據該員等禀謂發銀五六萬兩，丁寶楨即奏請動用銀九萬兩，嗣據禀請續奏籌撥，該督并不奏明，輒批令籌撥銀四萬兩，統計提用銀十三萬兩，等語。工需均關國帑，自應力求核實，此次動用銀兩，何以前後數目懸殊，有無浮冒情弊，即著丁寶楨據實覆奏，不得稍有含混，一面懔遵前旨，將工程銀兩迅速造册報銷，欽此。跪誦之下，仰見聖主實事求是，莫名欽悚，伏查都江堰年久失修，江身淤塞，水勢横流，每至夏令江水稍漲，淹没民田，動即千萬畝，至盛漲則不可思議，臣此次修理，注重在挑挖三江淤塞之河身，修復兩岸殘廢之堤埂，其各分水魚觜、人字堤，并各橋座，乃係修理中之一節，未可爲全河之工程也。至動用工需，前丁士彬禀請籌撥銀五六萬兩，臣即奏撥九萬兩者，實因當日親履查勘，全河情形不堪入目，臣先令委員等沿江丈量，應行挑挖淤塞河身綿長計七十里，而兩岸殘廢應修堤埂亦如之，其各分水魚觜、人字堤、橋座等工爲數亦多，隨飭切實估計工需。該委員等以修辦堰工，必須分先後截水：如先修外江必將外江之水截歸內江，後修內江必將內江之水截過外江，辦理不能同時截水，則工需即不能同時估計，丁士彬等以兩次截水，工難確估，而遲緩又恐貽誤，因擬力求撙節，禀請先行籌撥銀五六萬兩開辦，如後有不敷，再行續請籌撥，臣以目前查看應挑河身，計長已至七十里，此外尚有應修之堤埂、人字堤、魚觜、橋座各工，均應及時興辦，五六萬兩之數斷不敷用。因查明堰工尚有年例歲修應領、及盛漲時搶險續增之款，約銀一萬餘兩，當將此項并計，再爲添撥銀一萬數千兩，共計籌撥銀九萬兩，飭發先行辦理，當經據實具奏，并將此項銀兩，司庫無款可籌，係在各州縣交代存司應領項下借用，暫將釐金抵補，事竣仍由外自行勸捐歸還釐金，不動分釐正款，均於摺内聲明在案，此初次奏報銀九萬兩之實情也。至續撥之款，未及奏明者，係因外江工竣後，截水興修内江，經委員等查看，内江淤墊較甚外江，而人字堤之三十丈，一經水涸現底，查看已全形朽壞，其三十丈以下，尚有舊堤一百丈，亦早全數衝刷，僅存痕迹，必應從新修復，以還舊制，工費已覺有增。而其時灌縣紳民，又公議請，委員陸葆德轉請將人字堤一段改鑲石工，冀資經久，費益加多。丁士彬等見工費實有不敷，乃稟請續行奏撥銀四萬兩以濟急用，臣以前撥工需不敷，早經計及，自應續撥以竟全功，惟查前次奏撥銀九萬兩，係聲明不動正款，借用交代、釐金，事後應自行勸捐歸還，此次續撥，仍應照前辦理，似可暫緩具奏，俟將來奏銷時隨案聲明，以免煩瀆，當批飭照辦，并續行籌發銀三萬九千數百兩飭領應用，此二次續撥銀兩，未及奏明之實情也。查臣此次修辦都江堰工，通計用銀十二萬九千七百餘兩，内除年例應領歲修銀四千九百餘兩係有專款外，其另行籌撥之款，實祇銀十二萬四千八百餘兩，而修復人字堤一段，實祇用過銀二萬二千三百數十兩，此外挑挖河身七十里及修復兩岸堤埂，并各分水魚觜、各橋座工程，多於人字堤數倍，而所用之銀，均祇此數，是前後撥銀十二萬九千數百兩，係辦理都江堰全河工程，非專在人字堤一段也。前恩承、童華所奏，似以此項銀兩專指人字堤一段，而於挑挖河身，修復堤埂、魚觜、橋座各工，均未叙及，遂覺動用銀兩數目前後懸殊，其實工大費煩，紳民共見，實未敢稍涉浮冒，況臣素於庫款尚知慎重，如委員等偶有不實，臣亦必查明嚴參，決不稍爲姑容，至臣續撥款項未及奏明者，實因初次奏撥銀九萬兩，聲明係借用交代、以釐金抵補，事後仍由外自行攤捐歸還，不動正款，則續撥之款自可照前辦理，暫緩具奏，以免煩瀆，且查川省辦理堰工，所有頻年續增之款，均係借動正款，事後由外攤還，向未具奏，有案，此項事同一律，擬爲援照辦理，以致一時冒昧，失於陳奏，實非敢於含混，自干咎戾，欽承垂詢，惶悚至深，現在此項工程銀兩，前因人字堤一段查有衝刷，已將用過之銀二萬二千三百數十兩，全數駁删，飭令丁士彬、陸葆德等分成分限著賠，應毋庸議外，其餘各項已遵前次諭旨造報，於閏三月内，將一切工段用款詳細分晰陳奏，并將清册咨部核辦，所有都江堰工銀兩前後懸殊實係工鉅費多，并無浮冒，各緣由謹據實恭摺覆陳，伏乞皇太后、皇上聖鑒訓示，謹奏。

又卷一七《都江堰人字堤補修完竣摺》 光緒五年六月二十一日

奏爲都江堰補修人字堤工，現經伏汛盛漲，一律堅固，并前修砌之兩岸堤埂，及淘挖江身通暢順流，民田毫無淹刷，謹據實具陳，恭摺仰祈聖鑒。事竊臣上年奏明：修理都江堰工所有人字堤之金剛墻及間段堤身，經是年夏間江水異常漲發，水勢洶湧，該堤屹立水中，致被衝刷，上年十一月水涸堤現，臣委員覆勘丈量，合計衝刷人字堤之金剛墻及各段堤身，共三十七丈有零，當經遵旨飭令丁士彬等仍行補修，即據稟報自行籌款修補，於本年三月初將應行修補堤工，全數修竣，稟經臣督同成綿道崇綱親往驗收，工程十分堅實，即擬於驗收後據實奏報，因前恩承、童華等查奏摺内，有補修堤工能否可靠，尚未可知之語，臣是以擬緩至六月，俟伏汛盛漲經過後，查看該堤身有無衝損，并江流是否暢順，民田有無淹没，再行詳晰陳奏。茲節届立秋，伏汛已過，所有本年都江堰水，自四月二十一日起，至五月十五日止，均漲至十八畫六七寸，較之上年盛漲時淹没水則之水尚小九尺餘寸，而比之前數年大水，則已相等。查看新補堤工，屹立水中，一無衝動，江水雖漲，毫無漫溢，民田均無損傷，其自五月十五日以後，至六月十七日止，水勢均祇漲至十七畫、十六畫五、六、七寸不等，皆緣江身淘挖深通，兩岸堤埂收束得力，是以盛漲時水流極順，不致潰決爲害，現在成屬各民田均皆出穗揚花，極爲芃茂，秋稼日内可收，實堪仰慰聖懷，至江水向於立秋後尚有一二次漲發，然秋汛微弱，不如伏汛之大，當可無慮，臣俟霜降水落後，續查看江水漲發情形，再爲具報，外所有都江堰補修人字堤工，現經大汛一律堅固，并前修砌兩岸堤埂及淘挖江身均極通暢，民田毫無淹刷，各情形謹據實具奏，伏乞皇太后、皇上聖鑒訓示。再：此次補修堤工，所有一切經費，共實用銀三千二百餘兩，係丁士彬等自行捐資修辦，并未分毫動支庫款，自應無庸造報，至本年堰工，丁士彬係於去歲十月早經交卸，例應歸現任成縣道崇綱經管，臣因人字堤有補修之工，是以將本年全河仍責成丁士彬經理，如有堤身衝刷及民田淹没等事，仍惟丁士彬是問，以釋疑慮，現在伏汛正慶安瀾，一俟霜清後各堤完固，丁士彬亦可卸責，即以後承管之員，亦再無可藉口，合并陳明，謹奏。

又《都江堰分水魚觜不能退修摺》　光緒五年七月十三日　奏：

爲查明都江堰之分水大魚觜勢難向後退修，恭摺覆陳，仰祈聖鑒。事竊臣承准軍機大臣字寄：光緒五年二月十二日奉上諭：恩承等奏：履勘都江堰堤工，相度形勢，惟有仍守成法，將分水大魚觜退修原處，再將外江淤沙淘平，內江深漕平墊，準以水則，定以水平，庶內六外四，分水可均等語，着丁寶楨按照該尚書等所陳各節，督同司道等悉心妥議具奏，等因，欽此。遵即檄行司道，會同悉心籌議，并札飭該管廳、縣相度形勢，詳細查覆，兹據布政使程豫、署按察使崇綱、署鹽茶道董潤、署成縣龍茂道徐景軾等詳轉：據署水利同知劉廷恕、灌縣知縣陸惠疇具禀：遵查都江堰之大魚觜，爲成都府屬十四州縣分水緊要關鍵，向有內六外四之説，係專指春水初發、灌溉田畝而言。蓋因外江所溉田畝止及四縣，內江所溉田畝共有十縣，就兩路用水田畝之多寡，以分差等。迨夏汛盛漲，洪濤騰湧，一望汪洋，則但求去路之通暢無阻，不能拘定水則。溯查該堰之分水大魚觜，從前創設原在安瀾索橋之下，嗣因河道遷改靡常，承修之員循流溯源，將分水魚觜節次向前移置，其移自何年，代遠難稽，惟查道光七年，前任水利同知强望泰所記，其時分水大魚觜已在安瀾索橋之上，則移改自在道光以前，并非始於近年，推考向前移置之故，自以上游之江源早分，則下游之水勢可殺，即本秦時李冰鑿分內外兩江、以殺水勢遺意，實非省工包砌所致，且魚觜愈上，則受衝愈甚，非惟工不能省，必須加倍堅固，方足以捍急湍。去年署灌縣知縣陸葆德等承修大工，即就索橋以上舊基，興修大石魚觜，長十六丈，高二丈，底深一丈，是年夏水異常暴漲，僉稱罕見，雖大魚觜以下之人字堤身間有衝刷，而大魚觜仍帖然穩固，今歲夏汛，固較去年略減，而比前數年大水則已相等，江流仍毫無漫決，民田亦毫無損淹，成效昭然，此時若將數十百年已成之舊基全行挖掘，退修四十餘丈，不但工費浩繁，難以籌計，而退修之後，各堤堰之成敗利害，實難逆料。并據灌縣紳耆張映極、余漢章等先後具呈：該紳民等生長江干，五六十年以來，目擊分水魚觜在，索橋之上曆年久遠，現在兩江河身，尚覺內低外高，若將魚觜退修數十丈，則內江愈低，夏水驟漲，勢必專趨內江，沿河十縣糧田將成澤國，是利未形而害已著。且自去年大候之後，已曆兩次夏汛，水勢之大，前所未有，祇因堤岸束水得力，沿江民田廬舍均毫無衝淹，不似從前之年年漫溢，田畝被害，民間共深欣幸，合詞懇免退修，情勢迫切，該司道等查核無異，據情會詳具奏前來。臣查都江堰之大魚觜爲內外兩江分流總口，成都等十數州縣農田、民命皆繫於此。細閱恩承等原奏：議將分水魚觜退修四十餘丈，係恐內外分水不均，期復道光以前舊制，惟查恩承等勘工之時，正在冬令水涸以後，而於前數年江流之漲發漫溢，民間迭遭水患情形，未曾目覩。至臣屢詣江干，多值大水之際，詳查水勢，并詢之三農父老，僉稱分水大魚觜移設索橋之上，已曆五六十年。內外兩江自此劃分，使下流水勢稍殺，如另議退修，則上流之急湍狂瀾，并力直注，恐新工無從下手，而人字堤當衝更甚，尤易潰決，復統觀兩江形勢，當春耕播種之時，利在閘截停蓄，以均輸灌，至夏汛盛漲，利在宣洩疏暢，以保十數州縣田廬。而宣洩要法，不外源流界畫分明，以均水利，而期通暢，且所謂分水者，必須迎上流遍注之水勢，以定界址，斯分多分少，乃有斟酌，若上流之水勢既愈刷愈寬，而下流之分水魚觜復向後縮退，揆諸分水情勢，實覺無此辦法。所有都江堰現在分水，魚觜既爲分別內外兩江水路而設，現在根基又已穩固，該官紳耆民等一聞退修之説，情急勢迫，僉請無庸更議，以免上游之水盡趨內江，漫淹滋懼，係屬實情，臣經曆兩年，實不敢輕議更張，致貽無窮後患，至外江之淤沙宜淘，內江之深漕宜墊，無使內低外高，係爲均平兩江水則起見，乃屬照常辦理之事，須俟冬令水涸，遵旨督屬妥辦，以期有利無害。仰紓宸廑，所有籌議都江堰分水大魚觜勢難向後退修，緣由理合恭摺覆陳，伏乞皇太后、皇上聖鑒訓示，謹奏。

又《都江堰穩固安瀾各州縣涸復田畝片》　光緒五年九月二十三日　再：修補都江堰上年衝刷堤工，臣已於六月內將伏汛已過、堤身一律穩固，據實奏陳，并聲明俟霜降安瀾後，再行察看情形具奏，現在霜降已過，據水利同知暨各屬稟報，堰工各項工程普形堅實，民田收成豐稔。臣覆查屬實，此皆仰賴聖主鴻福，臣等不勝欣幸，惟查農田水利，關係於民生者甚重，現值我皇太后、皇上勤求民瘼，宵旰憂勞之際，有不得不縷悉泝陳者。都江堰失修已百餘年，各州縣被患亦數十年，灌縣、崇寧、崇慶、郫縣、温江、金堂等處，其久經淹没、不能耕種之田，有案可稽約計二十餘萬畝，而完善未淹之地尚時被衝損，民甚病之，灌縣寶瓶口向來立有水則，但就十餘年來考之，水勢極大亦不過十、八、九畫而止，從未没過水則，而查之同治四年灌縣稟：河西衝毀民田四萬餘畝，五年衝毀民房甚多，城垣亦經倒塌，惟義和一鄉薄有收成，其餘被沙石淤塞，顆粒無收，此兩年内，據稟崇慶州一帶亦衝毀糧田六七萬畝。六年、七年、十二年，灌縣均衝毀民地、民房、橋梁、官道甚多，而七年水漲，竟湧入城内，曆經知縣楊若黼、錢璋、柳宗芳等稟報在案，光緒元年水患尤甚，灌縣、崇寧、金堂、新繁、新都均衝毁民田、房屋甚多，淹斃人口二百餘名、數十名不等。二年，灌縣又衝毀糧田，官道并導江橋一座衝刷無存，曆經灌縣知縣胡圻、馬德徵，崇寧縣知縣禄壽，金堂縣知縣王椿等稟報，即近時十年之間，水患頻仍如此，皆緣都江堰失修之故，從前均視爲故常，曆未奏報。又查成屬十數州縣農民，向於三、四、五、六等月，必有數次向督署及成綿道署索水，他署并不過問，其索水情狀，則皆聚衆至千餘人，鬨堂塞署，任意叫囂，官吏出而勸導，輒加毆辱，即總督、道員，亦只忍受，不敢出問。臣於三年三月到任，四月内即聚衆兩次，赴臣署要水，勢甚洶洶，五月復然，臣從未覩此横暴情形，深爲駭異，及詢之地方文武，始悉此風數十年來積慣如此，臣因推求其故，皆以爲都江堰多年不修，江身淤塞過甚，水不順流，故有被淹之處，即有缺水之處，而離堆一處，又經同治二年，前督臣駱秉章發款興修，飭派前成綿道何咸宜督辦，誤從簰夫之請，將擋水三道巖鑿去，以致水勢直衝離堆，全無攔蓄，不數年間，遂將離堆衝缺一角，此處極爲危險，尤須力求保護等語。臣既見百姓要水之凶横，又聞離堆之危險，若再仍前膜視，何堪自問，乃於三年十一月率同已革成綿水利道丁士彬暨各委員親往履勘，目睹江身之淤塞，與各堤工之朽壞，實屬不堪言狀。當以丁士彬職司水利，乃飭令承修堰工，計應挑江身長七十里，淘挖深至一丈七八尺不等，又修砌兩岸殘缺之堤數十里，爲攔束之計，而五月閒水勢暴漲，没過水則十九畫外，又高出八九尺，就水面漲勢與灘底寬深核計，較同治以來水勢極大年分多至二丈以外，實爲數十年來所未有，父老驚爲異事。而漲水從金剛墻衝決而出，晏然順軌，各堰層層消納，但有灌溉之利，絶無泛溢之患，非但各州縣并未報災，即向來久經淹没之二十餘萬畝，并有涸復播種之處，計灌縣涸復田四萬一千九十餘畝，温江涸復三千三百九十餘畝，崇慶州涸復三千二百三十餘畝，郫縣涸復一千五十餘畝，崇寧涸復九百十一畝，均據各該縣會同委員切實勘報在案，此但就業經耕種者言之，而其已涸未種之地，尚不在内。本年九月初旬，臣復委員會同各該州縣親曆查勘，從前淹没之田現又涸復若干，據實稟報。兹據該印委各員會稟：郫縣本年又涸出田一千一百三十八畝，灌縣内江本年又涸復田九百一十餘畝，外江涸復田二萬二千五百餘畝，金堂縣涸復田七千一百三十八畝，崇寧縣又涸復田一百四十六畝，温江縣本年又涸復田四百五十餘畝，崇慶州本年又涸復田一千零二十七畝，通計本年共實涸復田三萬三千三百一十餘畝，合計去今兩年從前被淹之田已涸復八萬二千九百餘畝。其温江、金堂兩縣田畝，涸復已逾十分之九，由此以觀今日堰工，比較前數十年利害懸殊，似有成效。復查都江堰堤工成例，凡堤衝壞，若係水勢至寶瓶口水則十六畫以下，則承辦之員與堰長、工頭，均應著賠，若過水則十六畫以上，則應准免罰，上年水勢没過水則，又高出數尺，以致堤工衝刷，此實川省堰工成例之所不問，又查都江堰工，自雍正初年議定歲修工需，每年銀一千九百餘兩。道光末年，又續增銀三千九百餘兩，工費已加增兩倍，至同治初年以後，則每年遞增五六千兩不等，歲以爲常，去歲臣飭司核計，年來遞增之款，已十一萬餘兩有奇，均未經奏報，有案。查其原議，係由司庫借發，事後攤之用水各州縣彌補，乃年年加增銀兩，年年淹没民地，以致各州縣民力拮据，迄今追繳頗覺爲難，此等浮冒糜費，十數年來，誰復爲國家一計及者，現丁士彬等淘挖江身至七十里，河道一律深通，即堤工被水衝刷，而以上年水勢極大，竟不爲災，本年堤身一切并未似從前格外花費，而水勢之大如故，江流一無壅缺，民田毫未衝損，且兩年之閒，從前淹没田畝已涸復至八萬數千餘畝之多。此後但使承辦各員，能照雍、道年間所定工需實用實支，當可爲川省永遠之利。仰懇特降嚴諭，俾後來任事之人，不致照前泄沓，方能持久無弊。所有本年都江堰水已逾霜降，工程、民田普慶安瀾及備陳此次修理堰工，關係農田、水利各緣由謹附片具奏，伏乞皇太后、皇上聖鑒訓示，謹奏。

又卷一八《都江堰歲修親往查驗片》　光緒五年二月二十日

再：查都江堰自康熙以來，即定有歲修，分内外江先後辦理，每年於十一月水涸時先修外江，即將外江之水全數閘入内江，定期於十二月中修理完竣，又將内江之水全數閘入外江，定期於次年二月清明前後十日内完竣，然後起閘放水，分入内外兩江，其放水分數内江定爲六分，外江定爲四分，係以江中所修分水魚嘴爲權衡，至所謂人字堤者，長僅一百二十丈，其堤身壁立水中，春時則全資以得力，至夏秋間則不甚喫緊，蓋因三四月内江水尚未漲發，内江每患水少，故以此堤攔截内江之水，使不至溢入外江。至五、六、七月江水大漲，内江不能容納，則必須任其漫過堤頂，洩出外江，而後内江不致泛濫，故人字堤一段向來均用竹編成長籠裝石堆砌，其間高低尺寸均有一定。光緒三年，陸葆德等易籠石爲砌石者，殆見此段堤身屹立江中，以籠石堆砌，曆年一經漲發後，竹即朽敗，不堪禦水，冬令必須全行折修，因與該處紳民等商，擬改籠石爲砌石，期於經久可免年年折修，稍節公費。嗣經次年江水大漲，砌石之法不若籠石之宣洩合宜，即於是年冬月，自備經費，仍將所砌石堤全行折盡，照舊改爲籠石堆砌，既改爲籠石堆砌，則此後仍須照前年年折修，方可無誤。而内外江江心於光緒三年大修後，已經兩年盛漲，江水來源甚勇，挾沙而下，不無淤積處所，亦應照前將河底逐段查看辦理，以免愈積愈甚，用資久遠。現在正值歲修外江之時，臣以此兩年内江流極順，若再於歲修時督飭水利同知切實辦理，則即此雍、道年間所定歲修之款，儘足敷用，萬不至如同治二、三年以後辦法，費日加增，江日漫溢，爲害農田。臣因都江堰距省不遠，因於十二月初二日親行前往查看，該水利同知歲修外江之工，將次竣事，辦理尚爲結實。當飭於十五日趕將内江之水放出外江，修理内江，定於明春二月中放水，分入内外兩江，以資農田播種之用，約計内江歲修之工，明春二月初旬即可完竣，届時或由臣親往查驗，或委員前往查驗，再爲陳奏。至内外江分水定制，本係外四内六，而曆來盛漲時，究未能恰如分際，臣年來推求其故，并委員會同水利同知再四詳度地形，始覺江水來源處有白馬槽一道，其地勢甚長，將江流倒阻，致溜勢偏趨右路。復將其形勢與分水魚嘴詳加測量，似亦將魚嘴遮攔過半，以致分水不能適中，故江水下流，内江易致偏重，臣詳審形勢，確切不易，已飭令該同知將白馬槽一處挑去十八丈有零，此次前往查看，甚覺直截得力。復沿河遍詢老農，均稱妥協，且謂此次歲修工程，明年江水即有大漲，儘足以資抵禦，無虞横溢，查江水之利害，農民實所身受，且其居處田畝，多在江干，於水利尤爲關心，儻辦理稍有不合，即相率攔阻，現在都江堰工各屬鄉農尚無異議，臣以此差可自信，其他則非所敢知也。所有都江堰辦理歲修工程，臣出省親往查看各情形謹附片具陳，伏乞聖鑒訓示，謹奏。

又卷一九《遵旨覆奏都江堰工成效顯著摺》　光緒六年四月十六日

奏爲修復都江堰工成效顯著，於民生確有裨益，謹遵旨據實覆陳，恭摺仰祈聖鑒。事竊臣於光緒六年二月二十九日承准軍機大臣字寄：光緒六年二月十二日奉上諭：前因有人奏四川修築都江堰堤工奏報不實等情，當諭令恒訓按照所奏各節，確查具奏。兹據該將軍先後奏稱：勘明都江堰外江淤沙堆塞，地勢高於内江丈餘，丁寶楨復將内江挖深一丈七八尺，水勢全注内江，連年堰工衝塌，實由分水不匀所致，灌縣等處并無涸出農田八萬餘畝之多。又據恒訓奏稱：鹽務辦理官運，實係病商病民，流弊甚大，蓬溪、南部鹽釐局改立新章，釐數加增，鹽價日昂，小民益困各等語。丁寶楨疊次所奏修築堤工、整飭鹽務各情，均稱具有成效，朝廷以該署督辦理地方事宜，尚能破除情面，認眞整頓，故責成始終經理，信任不爲不專。丁寶楨若果事事措置合宜，何至人言嘖嘖，此次恒訓所奏，竟與該署督奏報情形迥不相同，著丁寶楨按照恒訓覆奏各節，據實明白回奏，如敢意存掩飾，貽誤地方，恐該署督不能當此重咎也，恒訓摺片四件，著鈔給閲看，將此由驛四百里諭令知之，欽此。仰見聖主邇言必察，實事求是至意，臣跪讀之下，欽悚莫名，伏查都江堰之壞，非壞自臣，臣之修堰并非將該堰遷移而改置之也，亦就其自來形勢，爲之疏其壅塞，培其堤埂，以順民之情，而救時之弊耳。且堰工關繫十餘屬農田，百姓利害切身，若不應修而妄修，與修之有不如法，民必群起攘臂而爭之，即如上年，恩承、童華擬將分水大魚鮆退修四十丈，甫有是議，而十餘屬之紳民早已譁然，呈稟紛投，經臣多方開導，司道會詳，請據情奏罷而後已，此可概見。今堰工修理已經兩年，堤無衝缺，田無被淹，年豐穀賤，迥異從前，田家者流，毫無異議，而論者乃輒以空言訾詆，臣實不知其何故。茲敬承垂詢，敢就該將軍所奏各節，謹爲皇太后、皇上詳悉陳之。如恆訓奏稱：原修人字堤金剛墻一百三十丈，前經恩承、童華查勘時，已衝刷過半，嗣復衝毁殘缺，現僅存石工三十一丈，又竹籠培修者四十五丈，其餘石子堆叠者五十四丈等語。查人字堤一段，自離堆前面起，至分水魚尾止，原長一百三十丈。臣三年十月經勘時，見堤身石籠完砌者三十餘丈，其餘均零星殘毁，無所謂堤也。當時民間俱稱：曆年歲修工程草率，以致如此，又查向來人字堤皆籠石鋪砌，只能經曆一年，次年非另换籠裝修，則必不可用。因令署灌縣知縣陸葆德會商紳民等，試將籠石改爲石，工以期永久，而省帑項，適逢江水奇漲，致金剛墻突被衝決。至十月水涸，堤身全現，當飭丁士彬等前往確查，衝缺之處連堤身共計長三十七丈有零，隨即欽遵諭旨，飭令補修，今查自人字堤頭段逐一丈，量至第二道湃缺，長二十五丈，石條完整。其第二段二道湃缺金剛墻，四年經水衝刷者約長八丈，係前培修時已改用石籠，其第三段計長三十六丈，原無損傷，因丁士彬等嫌堤身略高，過水不便，遂將下截二十丈面石拆去四層，照舊培修竹籠。其第四段三道湃缺金剛墻長八丈，即係當日衝毁之處，其第五段直接離堆，長五十三丈，石條完整者約三十丈，其堤根、堤面，當日間有衝刷者二十三丈，此段石條五十餘丈，上年已同第四段一律改用石籠補齊，以復舊觀。皆係培修時改石爲籠，始全行拆换，并非五十餘丈當日全被衝刷也。茲恆訓於此僅將大數查量，而於各段落辦理情形，未曾明悉，其所稱石子堆叠者，意必以爲原工如此，不知都江堰所用石籠，連年經水泡日曬，即形曹少朽，每年冬令必須淘沙另换。其有各堤岸石籠朽爛者，均任附近居民取以代薪，仍將石子堆存原處，以備另裝，此二百年來曆辦成法。恆訓於臘月初旬往勘，正六年分歲修辦工之時，舊籠全撤，新籠未安其所，稱爲原修人字堤金剛墻者，既非四年大修時情形，亦并非五年歲修時情形。乃於此并不能分悉，其不明堰工辦理事宜可見，至原奏所稱人字堤金剛墻一百三十丈，前經恩承、童華查勘時已衝刷過半，嗣復衝毁殘缺。查臣修堰在三年十二月起，至四年三月初旬止，人字堤衝缺在四年五月下旬，丁士彬等補修在四年十一月，至五年二月恩承、童華往勘，係在五年正月，是時補修堤工已將及半，二月即行完竣。經丁士彬等稟請驗收，臣於三月初率同成緜水利道崇綱親往收工，驗明一色齊整，兩岸人民觀者如堵，如使當時修理不能堅實，崇綱職司水利，固不肯默無一言，代人認過，而百姓受害切身，豈能一無異議。迨四月下旬水勢大發，適臣正在灌縣，查水則已過十八畫，可謂盛漲，臣終日與水利同知劉廷恕在二王廟查看，極慮波濤洶湧，而人字堤宣洩合宜，全堤晏安，是時川北道董潤因公來灌，與臣同覩情形，此可查而知也。迨至六七月後，民無報災之處，年豐穀賤，昭然耳目，實不知恆訓所謂復衝毁殘缺者果係何時、果係何處也。況恆訓前往查勘時，悉取有水利同知盛時彦、灌縣知縣陸惠疇出具堤工并無衝毁切結，何乃一概抹置，而竟憑空以置詞乎，此所言人字堤工段落之實在情形也。又，所稱分水大魚鮆用石條當頭陡砌，加高一丈，一遇盛水，反致衝激漫溢等語。查索橋上分水魚鮆，曆有歲修，向因工程偷減，裝籠卑薄，不能得分水之用，臣以此處當大江正流之衝，且賴以爲截水關鍵，所繫極重，非堅厚高大，安能抵禦，乃用大石砌高，而於魚鮆之前及兩旁，均加石籠外護數層。自三年十二月工竣後，至四、五兩年迭經大汛衝擊，至今屹立中流，毫不動損，是其得失，不辨自明，乃恆訓反謂加高一丈，盛水反致衝激漫溢，試問加高一丈，盛水猶且衝激漫溢，設再卑薄，則水將駕過魚鮆二丈以上，是一片汪洋，更何從藉以分水，其漫溢又將何如，事非親曆，又不得其肯綮，第懸空妄論，實亦難矣，此所言分水魚鮆之實在情形也。又，如所稱勘得太平橋各處橋梁、旱地、水田，多有衝毁，天齊寺前横衝大河一道，訪詢紳耆，咸稱本年五月二十一日，江水泛溢過人字堤金剛墻，并離堆之腳，均有衝損等語。查堰工專重民田，灌縣、崇、郫各屬田地，當四年奇漲時實未分毫衝淹，前恩承等查勘覆奏，已稱民田并無被淹，至上年水勢較四年稍殺，各屬田地一律豐收，不能掩人耳目。如果多有衝毁，則民間完納丁糧、津捐爲數甚多，何竟無一呈懇求減免，州縣亦無一稟懇求撫恤，設謂州縣盡皆諱灾，則曆查光緒二年以前，各屬凡有被水衝没田畝者，民間無不呈報，州縣無不據禀，皆有舊卷可考。即現在四、五兩年，如江津、綦江、彭山、秀山等處，稍有被風、被雹、被蛟者，該州縣無不禀請撫恤，均經臣籌發、具奏有案。茲灌縣等處衝毁旱地、水田既多，而民間不聞一處言災，不見一户報災，且完納丁糧，異常踴躍，豈成屬百姓獨有私於臣乎？至都江堰向分官工、民工，官工則責之官，民工則歸之民，定制久遵，曆無異議。緣江堰首分内、外、中三江，三江以下則分爲支河十數道，支河以下，又分大小堰三千數百餘道。其各處小堰，原只用以過水，地窄溝淺，易淤易塞，曆係民間自辦，與官工不相牽。涉至川省橋梁甚多，皆係民間自行募造，官不過問，其中有曆百餘年、數十年者，日久失修，不無毁壞。如所稱太平橋各處，内惟玉帶橋係木橋四洞，建造有年，其靠東岸一洞木柱，早經朽壞，民間無力遽修，用木支撑，臣於三年十月查勘河道，兩過此橋，目擊如此。四年盛漲，將中流量水之柱衝側，東岸支撑之木刷動數根，餘未倒壞。此外各橋，均查係光緒二年及同治十二年所衝，嗣後已多修整，内有長寧橋甚大，長約一里，其水係由彭縣小魚洞發源，不與堰水相干。其橋有堤三道，係同治十二年衝開，隨即修復，光緒三年又復衝開，因非堰水所經，至今尚未全修。又三道堰無損，其西名金沙堰，光緒二、三年連次衝開，係屬民工，現復修砌。又天齊寺前衝開横河一道，係光緒二年前所衝，四年經陸葆德修整堅實，田多涸復，何可率意牽混。又人字堤一段，向來江水漲發，過水則十三四畫以外，即須令由湃缺上面漫出，以免内江泛溢，一定之理。今所謂五年五月二十一日江水泛濫，漫過人字堤金剛墻者，實係修理合法，宣洩得宜之效，何得妄以爲非，至離堆之脚均有衝損，此係同治三年之事，與此次堰工更渺不相涉，何能張冠李戴，此則旱地、水田并未衝没之實在情形也。又，所稱外江淤沙，堆塞一丈有奇，上年大修，又將内江挖深一丈七八尺，水發全注内江。連年堰工衝塌，實由内江挖淘過深，分水不匀所致等語。查堰工未經大修以前，内、外、中三江自人字堤以下，率皆沙石堆積，三江已連爲一片。臣督飭委員先將内、外、中三江地形高下用繩牽平測量，以定淘挖深淺之準。故内、外、中三江各有淘深丈餘者，有淘深至七八尺者，皆各憑江形地勢及淤塞高下，酌量淘挖，有報部尺寸清摺可核。且向來歲修定法，係先淘外江，再淘内江，何至有僅淘内江之説，至江水盛漲，力疾勢猛，沙石俱下，每年一遇大汛，内、外、中皆有淤積之所，次年則酌量挑挖，是以定有歲修之例。又内江挑挖古制，向以挖見鐵柱爲準，殆所謂深淘灘也。四年所挖内江，即係遵照辦理，至外江口地段，先經夏漲，水退沙積，至是年冬經承辦五年歲修委員淘挖一次，五年夏汛復有新淤，又經承辦六年歲修委員淘挖一次。此堰工自來辦法，臣無所用其捏飾，恒訓去臘往勘，其所見淤塞情形，乃四、五兩年夏漲後新淤情形，中隔歲修兩次，安得仍混作大修，至所謂外江高於内江丈餘，水即全注内江，堰工易致衝塌，是未知兩江高下。若至相等，則内江受水必不足六成，外江亦必不止四成，更與古人遺制不合，若外江過於挖深，附近田畝固可免潦，而下游分水之處必苦於旱。今乃謂外江農民利於決口，田水始足，臣三年來於河堰尚未體察，實未得其解，此外江口挖深通塞之實在情形也。又，所稱離堆當水之衝，已有塌裂之處，設全行衝塌，省門恐爲澤國等語。查離堆本係開鑿内江時特留山石一角，以資屏蔽，至今呼爲離堆，正當南江口之衝，向恃上游北面山脚石巖三道，將水一擋，折使紆回，免致直射離堆。因同治三年修工時，前署成緜道何咸宜，誤將三道巖全行鑿去，水勢直衝離堆，次年夏閒即將離堆衝塌一隅。經該管丞令禀報補綴有案。嗣該縣士民屢請補砌，各前任因此石本係天生，人功無能爲力，尤恐補砌之後，盛漲衝擊，石必毁墜，填塞堰口，關繫極重，是以未敢辦理。亦經前任道丞確切查明，詳禀在案。臣三年大修時，三次親往查看，亦慮離堆不可久恃，曾與委員等百計籌思，實無善策。因戒委員等：只要每年歲修，將人字堤完密鋪排，使盛漲大水安然由人字堤面湃缺滚出外洋，則水勢雖急，尚有處宣洩，以殺其怒，離堆或不致遽損，而内外江田畝亦皆獲益。緣人字堤之爲用，春令則借以蓄水之不足，夏漲則借以洩水之有餘，與别河堤借以束水攻沙者迥别，其堤係水行外江舊路，并無田畝。若水大不能湃洩，一逾寶瓶口，必將農田全衝，臣前奏稱：水從金剛墻衝缺而去，内江各堰但有灌溉之利，略無泛溢之患者，係屬實在情形，非敢張皇創論也。至謂離堆全衝，省門即爲澤國一層，恒訓所慮誠是，然省門成爲澤國，不必在離堆全衝之時，但使内、外、中三江久任淤積，則江水挾建瓴之勢，阻遏横流，盛漲即爲可慮。臣初次奏請修辦堰工，即引前兩年福建省城被水爲言，實見及此，至此處日後果有衝塌，此則同治三年時承辦堰工之失，意其中或有數定。臣於曆次查勘時深思遠慮，百計籌維，竟苦於天工人力之不可相敵，而無法補救於數十百年之後，此則智絀材短，負疚神明，問心難安者也。竊臣之辦理堰工，惟有於人字堤一段，因泥於經久省費之説，易籠爲石，致盛漲時堰工衝損三十七丈有零，無可辭咎。至於疏瀹壅滯，修固堤埂，兩年以來，各屬農田既無以前淹没之害，且獲以後涸復之利，年穀屢豐，人民和樂，即以歲修而論，較前省費亦多，而民間無復隨時派累之擾，此皆可憑諸天日，詢諸輿論。雖人之多言，臣儘可與共質，不敢有所避也。所有修理都江堰成效，實著各緣由謹遵旨據實回奏，伏乞皇太后、皇上聖鑒訓示，謹奏。

又《都江堰涸出田畝并無虚飾片》　光緒六年四月十六日

再：恆訓片奏：該將軍履勘堤工，沿河逐一查看，仍然支流錯雜，亂石縱横，并無涸復田畝。及抵灌縣，札調六州縣卷宗詳核，半屬子虚，金堂縣於光緒四、五年衝毀民田、旱地七千餘畝，郫縣、崇慶、温江連年被水衝壞糧田，亦各數千畝、數百畝不等。均係丁士彬授意委員，會同地方官捏報虚飾，光緒五年正月恩承等踏勘數目，情形最爲詳確，臣惑於丁士彬之言，含混鋪張，率行具奏，圖爲開復地步，欺罔情形於此可見等語。查修堰一役，臣原爲民生起見，非別有所爲而爲也，當未大修時，各屬士民紛紛以田畝久淹，賦入無出，呈請興修。臣隨檢光緒二年至同治初年各卷查核，灌縣、温江、崇寧、郫縣、崇慶州、金堂各屬，稟報民田被水淹没者，不下二十餘萬畝。後至灌縣查看，江身淤墊太甚，復詳詢知縣陸葆德及各鄉民，均稱該縣逼近江干，連年堰堤潰決，民田淹没實不下十餘萬畝，淚隨言下，臣爲惻然。迨四年三月，堰工修竣，至五月下旬，適逢江水奇漲，没過水則，人字堤金剛墻一段，突被衝决，水勢照常流出外江，内江田畝晏安無事。臣時恐外江各屬或有漫淹，隨委員分投往查，據稟外江亦毫無淹没，至七八月内，農田收穫，普慶豐登，穀價頓賤。是年冬間，糧價較三年前每石減少銀二兩五六錢不等，臣私心竊喜，以爲水灾既免，前被淹民田，必有涸復，其時丁士彬署成縣道，當飭其委員前往各該縣會同地方官，切實查勘有無涸復之田，并實在涸復若干，據實具稟。查考嗣據會同查明各屬涸出之田，核計實共四萬九千六百餘畝，至五年堰工自三月開堰，至八月秋成，江堰順流，年穀大豐，比四年收數有加，而省城委員買穀煮賑，穀價較四年冬間加賤。臣又札派委員分赴灌、崇各屬，仍會同地方官履勘，確切據實稟報，復據該印委員查明將成熟可墾共三萬三千三百一十餘畝，明晰開摺具稟。臣綜核兩年共涸復田八萬二千九百餘畝，當經據實奏報。今恆訓乃謂履勘堤工，沿河查看，仍然支流錯雜，亂石縱横，不知都江堰在離堆之前，共分内、外、中三江，以下則派別支分，散爲堰河十數道，分流各屬，再下則又散爲大小堰三千數百道，分溉各鄉各村田畝，其勢愈遠，分派愈衆，江身本係石河，有河即有石，民間皆以之填砌溝瀆。是所謂支流錯雜者，乃都江堰分堰自然之勢，所謂亂石縱横者，乃都江堰生成自有之形，孰能改易。至於州縣委員查案稟報，查各省辦公，凡關繫錢糧、倉庫以及命盗緊要重大事件，無一不由州縣申詳，以昭實際。或慮州縣不實不盡，則再委員會辦，以爲稽考，成憲昭垂，同此遵守。今恆訓謂臣等委員會同該州縣查明涸復之地畝，調卷詳，核皆屬子虚，夫以州縣委員之印稟清摺，而謂之子虚，則是身任地方之員，印文皆不足憑，國家何須用州縣，且恆訓亦係委查，誠不知其所委者係何等賢員，所查者又何以若此之盡可靠也。至謂金堂縣五年衝毀田七千數百畝，崇慶、温江等處更衝毀數千畝、數百畝不等。眞乃任意妄言，誠不解其何據，又謂年來涸復田畝，州縣爲之申詳，奏請加賜江神封號、匾額又以江流通暢，農田安堵，公懇臣爲之奏請頒發關帝、文昌匾額，是州縣可謂工於迎合，豈百姓公懇，亦謂之工於迎合耶。至謂民田淹没，恩承、童華踏勘數目，情形最爲詳確，查上年恩承、童華查勘堰工，只言人字堤修法不合與衝刷情形，至於地畝。則奏稱尚無被淹之處，亦未奏有勘明實，數恆訓不知何指。至謂丁士彬授意委員，捏報虚飾，臣有惑於丁士彬之言，含混鋪張，率行具奏，圖爲前案開復地步等情，查從前各屬民田淹没，均非臣等任内之事，此時即無一畝涸復，臣等并無責成。且臣前修堰工，其意只求現在之民田可以免害，并未計及從前之民田能以涸復，本無功之可言，亦何功之可冒，至四年丁士彬委員查勘地畝，已否涸復，係地方官分所應爲，况其時并不知有查辦堰工之舉，更不知有因此革職之事，何須授意委員，代爲捏報。且委員與各州縣兩次共二十余員，若使田畝并無涸復，亦安能合二十余員同爲一心，將無作有，甘蹈虚誣之咎？又況丁士彬革職後，成屬紳民因兩年來農田豐收，多有涸復，在臣署紛紛呈懇，代爲奏請開復計者百數十起，臣均諭飭不行。各紳民等又在該將軍處，以民田獲利等情再三公呈，懇爲代奏開復，即該將軍去冬前往灌縣，亦云該紳民等又爲之公懇查明，代請開復。向使大修之後，田地仍復被淹，且無涸復，是丁士彬已革之員，與民無與，該紳民何能至再至三，爲此不情之請。此而謂其授意捏飾，亦誣甚矣，臣前爲丁士彬奏請開復，係按照河工定例請旨辦理，原不與涸復田畝相干。恆訓乃謂爲含混鋪張，圖爲開復地步，何臆度之甚也，夫臣措置未當，怨尤交集，蒙聖主逾格矜全，不加譴逐，咎已寬諸既往，過思補於將來，亦何敢用其鋪張，更何忍肆其欺罔？且國家有欺罔之臣，法令所不容貸。恆訓與臣同官川省，川省從前時事之敗壞若何，與臣現在辦事之難易若何，夫豈不知之，乃不能諒臣辦事之苦衷，原不足計，至并不究事之虚，實殊有難堪！現今聖明在上，臣復何所置辯，惟有仰求俯加查實，俾臣稍解欺罔重咎，不勝悚慄懇款之至。所有都江堰地畝涸復，并無虚飾，各情謹據實覆奏，伏乞聖鑒訓示，謹奏。

傳記

宋 葉適《水心集》卷二六《故昭慶軍承宣使知大宗正事贈開府儀同三司崇国趙公行狀》 公姓趙氏，諱不忌，字仁仲，太宗皇帝六世孫。【略】紹興二十七年進士第。【略】移成都路轉運判官。【略】永康軍都江堰者，彭、漢、永康、成都、蜀郡之田所資以溉也。受水之郡，孟春會灌口神李冰祠下，籠石蛇攔江爲臣堰，吏盜傭而堰不足以待水之暴。乾道壬辰，夏秋大水，堰壞，下田漲，上田涸，歲之所以饑也。公徑趋永康築堰，繩去歲弊吏坐之。然後分三策：民業耕者，田主借貸之；遊手永作，上户糴米賑之；老幼疾患，官爲粥飯養之。雙流米氏吝糴，邑民聚而發其廩，公罪米氏，籍其米，黥盜米者十餘人，他富家、饑民皆震恐不敢違。虞丞相允文別田在二江，亦盡其藏以賑。公號令悬惻严信，州縣惟心奉承，民皆實被惠，存活数百餘萬人。

《宋史》卷二四七《赵不忌傳》 不忌字仁仲，嗣濮王宗暉曾孫也。父士圃，從上皇北遷，遙拜集慶軍節度使。不忌初補保義郎，紹興二十七年登第，【略】改成都路轉運判官。【略】永康軍歲治都江堰，籠石蛇絶江遏水，以灌數郡田。吏盜金，減役夫，堰不固而圮，田失水，故歲屢饑。不忌躬視，操板築，繩吏以法。

《元史》卷一八〇《趙世延》 趙世延字子敬，其先雍古族人，居雲中北邊。【略】世延天資秀發，喜讀書，究心儒者體用之學，弱冠世祖召見，俾入樞密院、御史臺肄習官政。【略】至大元年，除紹興路總管，改四川肅政廉訪使，蒙古軍士科差繁重，而軍士就戍往來者多害人，且軍官或抑良爲奴，世延皆除其弊，而正其罪，又修都江堰，民尤便之。

明 胡廣《胡文穆公文集》卷一四《先考中憲大夫延平府君贈翰林學士奉政大夫墓表》 先公棄諸孤三十有六年，未克以表于阡將，無以昭著先德夙夜，是懼用敢述言行以刻，諸石先公諱壽昌，字子祺。【略】知彭州，初，灌縣都江堰，自秦李冰爲蜀守鑿堆以分江水，灌溉成都田畝，歷代相沿修治，兵亂堰廢，民不得畊，田野荒蕪。先公以修堰興水利爲言，達諸省府，咸不樂，反復詰難，欲沮格不行。先公曰：所利於民，吾何恤乎，乃再三言便，辭剴切轉聞于朝，命始下，省就委先公得命，亟集丁夫，伐木萬五千有奇，竹十九萬八千有奇，縛長木爲三脚架，鋭上而闊下，束短木於其腰，載以竹筏，竪置於江口水中，表裏二重，大小九十餘坐，復架長木於横木之上，壓之以石，制其動摇却立，順水木於三脚架外。又排二水竹於順水木傍，布以竹簟，苴以萑葦，實以砂土，祠斷江流，乃用工淘洗積淤，以竹編籠，狀若長蛇，凡千三百餘，實以砂石，包護堰岸，重叠三層，以分水勢，前高後低，隆然下垂，名曰象鼻。用木三千餘，横從錯綜交串，其面又用木二千餘，削其末自上擊下，貫穿聯繫，使無衝决，修築都江及大小釣魚、石門、侍郎口、寶瓶口、顔上等堰岸，以丈計者，凡二百二十有八。又作護水堤二里，修堰畢，放水循渠下流灌溉成都，田畝充足，公私皆喜，前代修堰鑿石甃城欲其固，練油灰膠其縫，治鐵扃鍵其中，又鑄鐵柱。鐵龜當水之衝，以鐵爲巨笮交系於鐵柱之上，春夏水泛，旋見衝决，然縻費錢粮，動以萬計，先公計於每歲農隙水涸之時，如前脩治，則官不費財，民不費力，而沾水利者，亦樂於趨事，爲文記之，自後一守先公之法。

明 過庭訓《本朝分省人物考》卷六三《胡壽昌》 胡壽昌字子祺，吉水人，生時其夕有大星墜舍，自幼已屹然負巨志。【略】洪武三年舉文學士爲御史。【略】改知彭州，灌縣故有都江堰，秦李冰所鑿渠引江水溉成都諸郡田，兵興堰壞，諸郡田蕪廢，前之繼修堰者，必伐石錮銕費動以萬億計，至是堰壞無敢復言修者，壽昌曰：土木可以固，豈必銕石哉，即爲畫聞於朝，從之。壽昌曰：得二千人足矣，悉疏決淤塞，度所用，伐竹爲籠，實以沙土，又伐木貫籠并緣窒堰岸，江水乃復溉成都諸郡田，民大利之，書其法於牘，以貽後人，又修彭州堋口諸堰，盡溉彭之田，初堰廢，井泉隨之竭，民率苦出負汲十數里，堰復民乃復便井飲。

明 楊士奇《東里文集》卷一三《奉天翊衛推誠宣力武臣特進榮禄大夫柱國追封平江侯謚恭襄陳公神道碑銘》 陳氏家合淝，其先世具余所著其先公墓碑，公字彦純，自少穎敏不凡，好善惡惡，内篤孝行，洪武中，侍父官成都習兵，略精騎射。【略】代父職爲成都右衛指揮同知【略】灌口都江堰壞，民苦水患，公修其堤防，躬督工作爲堅久計，矜恤無告出貲，置義田二百畝於成都，積所入租，凡貧不能衣食，不能婚嫁及死不能斂葬者，皆給之。

明 徐溥《榮禄大夫户部尚書隆慶李公衍神道碑》《國朝獻徵録》卷二八 公諱衍，字文盛，姓李氏，其先山東歷城人，永樂初有諱某者，謫戍南丹，後改編隆慶州民，遂籍隆慶。【略】公自少穎悟，爲州學生有聲場屋，景泰壬申登進士第。【略】四川奉敕提督松藩等處糧儲。【略】灌縣都江堰壞，歲役夫四萬人修之，吏得夤緣爲奸，公去其十九，築不逾歲，而功告成，民永賴焉。

（天順）《明一統志》卷八 盧翊，常熟人，舉進士，曆四川按察僉事，復都江堰以障水，歲連大熟。

（雍正）《四川通志》卷六 吉達布，元統中僉四川廉訪司事，請罷鹽運司，正鹽法，撫流寓，使安耕鑿，時灌州都江堰歷年蕩齧，普鑄鐵龜，以鐵柱貫其中鎮之，諸堰皆如制，功成，招揭徯斯記之，至今灌溉民田，咸感其惠。

又 卷七 王騭，山東福山人，順治乙未進士，康熙十九年分巡松茂道時，蜀中甫定，廣爲招徠，又築都江堰堤，以溥水利，士民頌之。

又 戴弘烈，字山明，江南桐城人，順治辛卯，領鄉薦，康熙八年任成都令，招流亾給牛種，民有疾痛親製藥劑療之，又親督夫役修都江堰以通水利，民至今咸稱頌之。

又 卷九 張吾瑾，字石仙，金堂人。【略】順治甲午科鄉薦第五，乙未成進士。【略】後致仕歸里，非公事不出，因都江堰爲成都七州縣水利，力請當事修三伯洞古埭，里人德焉，著有《鵲符齋集》，邑人公舉崇祀鄉賢。

又 卷一二 趙嘉煒，浙江人，監生，崇禎十七年知郫縣，甫，五月獻賊陷成都，時嘉煒方督修都江堰，賊執之不屈，投江死。

（乾隆）《武進縣志》卷九 謝櫰，字喬南，旻弟，起家刑部員外郎【略】出守成都，成都爲巴蜀要樞，櫰因地制宜，浚灌口都江堰，溉十六屬民田。

（乾隆）《灌縣志》卷七 碩色，滿洲正黄旗人，乾隆六年以巡撫都察院任，請免派捐以蘇民力。初都江大堰一切修淘工費均係用水農民按畝捐派，自乾隆元年，沛降恩綸蠲除徵派發結帑金，而都江堰以上相去二三里之石牛等堰未經聲明，公於乾隆六年一并題奏，永免派捐，民利賴之。

又 王來聘，嘉靖中知縣事，鑄都江堰鐵牛。

（嘉慶）《清一統志》卷三一五 吕翀，永豐人，弘治進士。【略】遷四川副使。修成都江堰以資灌溉，水利大興。

（同治）《豐城縣志》卷一五 毛輝鳳，字梧生，一字覺生，四坊大塘人，由廩生中式道光戊寅恩科鄉試第二名，丙戌，大挑一等。【略】署灌縣，築都江堰，疏九邑水源，民利賴之。

（同治）《重修成都縣志》卷二 强公祠在縣西三里，同治十年縣令吴鼎立詳請前水利，同知强望泰修理都江堰便民，即以西門接官□，改建强公祠，并立案春秋祭祀，撥廉官公所租銀以作經費。

清 儲大文《存硯樓二集》卷一四《贈光禄大夫兵刑兩部尚書署理直隸總督唐公神道碑》 公名執玉，字益功，薊門其號。【略】公少顯異，目五行下祖指示，父曰：大吾宗者是兒也，九歲工文，十三而父歿，十九僑鐵輦補大興博士弟子。【略】康熙三十八年己卯，中府丞試式御試五名，癸未成進士。【略】時川撫請都江堰口二郎神封號，公議并及其父李冰獲允。

清 鄂爾泰《八旗通志》卷二三九 高蔭爵，字澹庵，漢軍廂白旗人，雍正元年改入廂黃旗，初由廕生任直隸正定府蠡縣知縣。【略】康熙四十五年，升四川松茂道僉事，疏浚都江堰水灌田，民食其利。【略】四川人至今思之，崇祀名宦祠。

清 繆荃孫《藝風堂文續集》外集《莊子佩先生七軼壽序》 莊於同州最稱茂族，通經義取科第者，踵接於時，而先生獨以德行著。【略】光緒乙亥，初任理番廳，同知梭磨土司，構釁督練守隘，以震懾之，遂致敉平，丁文誠之修都江堰也，檄先生司其事，迺度形勢，淘淤墊、疏港瀆、培缺漏，使水不爲害，而田受其益，五閱月堰工成，至今爲利。

清 薛福成《庸庵文編》續編卷下《母弟季懷事狀》 丁公總督四川，鋭意興革利弊，裁郡縣夫馬費，改鹽法爲官運商銷，修都江堰水利，奸商墨吏多不便，嗾言官摭款劾之，天子爲發重臣赴勘，又嚴劾之，丁公遂鐫職，暫權總督事，貽書敦請季懷入蜀，季懷爲丁公揣勢揆情，得不逞者誣謗之，萌而逆折之措注輕重，各適其宜，未幾，上下翕然，浮言遽熄。

（光緒）《增修灌縣志》卷五 吴棠，安徽田眙人，任四川總督，因灌縣頻年被水，都江堰歲修銀兩不敷，公每年委員勘估酌，加工銀萬餘兩或數千兩不等，民得陸處，罔有流離。

又 陸葆德關心民瘼强暴潛踪督修都江堰，大工不憚寒暑，不避勞怨，工乃成，且捐建普濟橋，費逾四千金，俾民無病涉。

又 莊裕筠公自光緒丁丑監修都江堰，後業已深悉河工源委，故兩署水利府事，俱徼修淘合度，且每年委勘堰工恒至七八次，私毫無擾，寒暑不辭，十載於兹，俾得其慶安瀾，皆公之力也，今丙戌權縣事，除匪安良，强暴斂迹，并捐俸以成邑乘。

（光緒）《武進陽湖縣志》卷二二 劉鈞貽，字涵志，號蘭谷，道光五年順天舉人，十五年大挑一等。【略】嘗署灌縣修離堆，浚都江堰渠，灑溉膏腴數百萬頃。

紀事

宋 李昉《太平廣記》卷三一三《李冰祠》 天祐七年夏，成都大雨，岷江漲，將壞京口江灌堰上，夜聞呼噪之聲，若千百人，列炬無數，大風暴雨而火影不滅，及明，大堰移數百丈，堰水入新津江。李陽冰祠中所立旗幟皆濕，是時新津、嘉眉水害尤多，而京江不加溢焉。

元 揭傒斯《文安集》卷一二《大元敕賜修堰碑》 至今上皇帝即位之明年，僉四川廉訪司事，吉當普巡行周視得要害之處三十有二，餘悉罷之。且召灌州判官張弘計曰：若甃之石，則役可罷，民可蘇，弊可除，胡憚而莫之爲？弘曰：公慮及此，此生民之福，國家之幸，世之利也。弘請出私錢，試以小堰，堰成，水暴漲，堰不動，乃具文書，會行省及蒙古軍七翼之長，郡縣守宰，鄉遂之老，各陳其便宜，皆曰便。復禱祠，与神約：昔鑿離堆以富川蜀，建萬世之利，神之功也，今水失其道，民失其利，吏乘其弊，若此而神弗之救，是神之惠弗終也，神克相予，予治，神弗予相，請與神從事，卜之吉。于是徵工發徒，以至元改元十有一月朔，肇事于都江堰。都江，即禹鑿之處，分水之源也，塩井関限其西北水，西関據其西南，江南北皆東行，北舊無江，冰鑿以辟沫水之害，中爲都江堰，少東，爲大小釣魚，又東，跨二江爲石門，以節北江之水，又東，爲利民臺，臺之東南，爲侍郎、楊柳二堰，其水自離堆分流，入于南江。南江東至鹿角，又東至金馬口，又東過大安橋，入于成都，俗称大皂江，江之正源也。北江少東爲虎頭山，爲鬪鷄臺，臺有水則尺爲之畫，凡十有一，水及其九，其民喜，過則憂，沒其則，則困，乃書深淘灘低作堰六字其傍，爲治水之法，皆冰所爲也。又東爲離堆，又東過凌虚、步雲二橋，又東至三石洞，釃爲二渠：其一自上馬騎東流過郫，入于成都，古謂之内江，今府江是也。其一自三石洞北流過將軍橋，又北過四石洞，折而東流，過新繁入于成都，古謂之外江，此冰所穿二江也。南江自利民臺，有支流東南出萬工堰，又東爲駱駝，又東爲碓口，繞青城而東，鹿角之北涯，有渠曰馬灞，東流至成都，入于南江。渠東行二十餘里，水決其南涯四十有九，歲疲民力以塞之。乃自北涯鑿二渠，與楊柳渠合，東行數十里，復與馬灞渠會，而渠始安流，自金馬口之西鑿二渠，合金馬渠東南入于新津江，罷藍綻、黄水、千金、白水、新興至三利十二堰。北江三石洞之東爲外應，顔上、五斗、諸堰，外應、顔上之水皆東北流入外江，五斗之水入于馬灞渠，皆内江之支流也，外江東至崇寧，亦爲萬工堰，堰之支流自北而東爲三十六洞，過清白堰，東入彭漢之間，而清白堰水潰其南涯，延袤三里餘，有司因潰以爲堰，堰輒壞，乃疏其北涯舊渠，直流而東，罷其堰及三十六洞之役。嘉定之青神，有堰曰鴻化，則授成其長吏，使底其功，應期而畢，若成都之九里堤，崇寧之萬工堰，彭之堋口、豐潤、千江、石洞、濟民、羅江、馬脚諸堰，工未及施而詔亦責長吏及農隙爲之。諸堰都江及利民臺之役最大，侍郎、楊柳、外應、顔上、五斗次之，鹿角、萬工、駱駝、碓口、三利又次之，而都江又居大江中流，故以鉄萬六千斤鑄爲大龜，貫以鉄柱而鎮其源，以捍其浮槎，然後即工。諸堰皆甃以山石，範鉄以関其中，取桐寔之油刀麻爲絲，和石之灰以苴罅漏，禦水潦，岸善崩者，密築江石以護之，上植楊柳，傍種蔓荆，櫛比鱗次，賴以爲固，蓋以數百萬計。所至或疏舊渠而導其流，以茈民力，或鑿新渠以殺其勢，以益民用，遇水之會，則爲石門，以時啓閉而泄蓄之，凡智力所及，無不爲也。初郡縣及兵家共掌都江之政，延祐七年，其兵官奏請獨任郡縣，乃以其民分治下流諸堰，廣其增修而大其役，民苦之，至是復合焉，常歲獲水之用，僅數月，堰輒壞，今雖緣渠所置碓磑紡績之處以千萬計，四時流轉而無窮。其始至都江，水深廣莫可測，忽有大洲湧出其西南，方可數，里人湯用事其間，入山伐石，崩石已滿，隨取而足，所向皆然，蜀故多雨，自初役至于工畢，無雨雪，故力省而功倍，而民不知劳，若有相之者，亦其忠誠所感如此，致使天子賜酒之使相望于道，省臺功之檄，不絶于吏，所溉六洲十二縣之民，皆歌舞焉。而下至郡縣，上至藩部，惡其害己，且疾且怨，或決三洞之水以灌其次，或毁都江之石以害其成，撓之百端，不拔益固，甫越五月，大功告成，百一恒費，民永休享，古未有也，而吉當普會以監察御史召，省臺上其功，詔臣傒斯記之于碑。臣聞水先五行，食首八政，九疇所序，其次可觀矣，夫水者，衣食之原也，然所以爲利，亦所以爲害，在善導之而已。禹平水土，犹己溺之，后稷播種，犹己飢之，萬世有稱焉，是故爲政不本于農，不先于水，是爲不知務，不知務，是謂冥行之臣，李冰一鑿離堆，民受其賜，吉當普才大而德敏，優深而知遠，不枉其道，不屈其志，臨难忘身，爲國忘家，安于命而勇于義，而知所先務，故事可立而功可建。其在四川，若請罷盐運使司，正盐井之法，以去其奸利，置安撫使撫四方流寓之民，使安其耕鑿，及居臺端，知無不言，言無不合，誠國之宝也，判官張弘，殫智竭慮，終始克相其成，雖百折而不悔，亦今之賢有司乎？是役也，石工、金工皆七百人，木工二百五十人，徒三千九百人，而蒙古軍居其二千，粮爲石千有奇，石之材取于山者百萬有奇，石之灰以斤計六萬有奇，油半之，鉄六萬五千、麻五千。最其工之直，物之賈，以緡計四萬九千有奇，皆出于民之庸積。而在官者餘廿萬一千八百緡，責灌守以貸于民，歲取其息，以倫祭祀，若淘灘修堰之共，仍蠲灌之兵民常所徭役，以専其堰事

明 吴道南《吴文恪公文集》卷一〇 洪武九年六月戊子，四川彭州知州胡子琪修都江堰，堰自秦時鑿江水灌成都田，歷代皆用鐵石，水溢輒復壞，子琪易以竹木，費省而利溥，民甚便之。

明 何喬遠《名山藏》卷四九《川都江堰》 川都江堰，自秦時鑿江水灌成都田，歷代皆用鐵石，水溢輒復壞，洪武九年，彭州知州胡子祺易以竹木，省費利溥，民便之。

明 尹守衡《皇明史竊》卷九九 胡子祺名壽昌，吉水人也，洪武初知彭州。【略】灌縣故有都江堰，秦李水鑿渠引江溉成都諸郡田，兵興堰壞，田蕪廢，前是修堰必伐石錮鐵，費萬億，大亂後人無復敢言修堰事矣。子祺親履行視，白于府曰：土木可以固，奚必鐵石哉？府難之，而以子祺言之易也，白于省，省聞于朝，遂以任之子祺，子祺計之曰：得二千人足吾役矣，身自督率，度用竹木視鐵石百倍，堰成諸郡蕪田復墾。

明 盧翊《灌縣治水記》（雍正）《四川通志》卷一三 蜀守李公冰鑿離堆以利蜀，刻『深淘灘，低作堰』六言於石，立萬世治水者法，所以制水出入，爲旱澇計者至矣。其用功緩急疏密之序，意自較然。漢晋以來，率用是法，永嘉閒，李公嬴深踶之。唐宋相承，世享其利。元始肆力於堰，

無復深淘之意。無乃公言不足法歟？假令沙石湧磧，水不得東潤，則雖鎔金連障，高數百尺，牢不可拔，亦何取於堰哉？矧所謂鐵龜、鐵柱，糜費幾千萬緡者，曾未幾何，輒震蕩湮没，茫無可賴。方諸籠石廉省，古今便焉者，孰得？比來民受其困，宜坐諸此，予竊少之，乃檄有司，置鑱钁鉅臺，役夫三千，從事灘漬，以導其流，堰則仍民之便而已，顧工多力少，群力告瘁，未能勉其所欲爲，究其所當止，如公法云者，恥也。

《明史》卷八八　弘治三年，從巡撫都御史丘鼐言，設官專領灌縣都江堰。

又　卷九三　洪武【略】九年六月，四川彭州後改縣知州胡子琪修都江堰，堰起秦時鑿江水灌成都田，歷代皆用鐵石，水溢輒壞，子琪易以竹木，費省利溥，民甚便之。

又　卷二四四　長洲劉杲，字世熙，由進士累官四川僉事，修都江堰，興水利。

《宋會要輯稿》禮二〇　宋太祖乾德三年平蜀，詔增飾導江縣應聖靈感王李冰廟，開寶五年廟成，七年改號，歲一祀，廟旁有顯靈王廟，蓋舟景山神，詔去其僞號。真宗大中祥符三年，詔本軍判官專掌施物，廟宇隳壞，即以修飾，冰，秦孝文王時爲蜀郡守，自汶山壅江堋穿，郫江下流以行舟船，又灌溉三郡，廣開稻田。作石犀、石人以厭水怪，歷代以來，蜀人德之，饗祀不絕，僞蜀封大安王，孟昶又號應聖靈感王。仁宗嘉祐八年，封靈應侯，神即冰次子，川人號護國靈應王。哲宗元祐二年七月，封應感公，一在隆興府。徽宗崇寧二年，加封昭惠靈顯王。大觀二年，封靈應公。政和元年十月，賜廟額。崇德三年二月，封英惠王，九月封其配爲章淑夫人。政和八年八月，改封昭惠靈顯眞人。宣和三年九月，又封其配爲章順夫人，廟中郭舍人封威濟侯。高宗紹興二十七年九月，英惠王加封廣祐英惠王，一在漢州。孝宗乾道四年五月，加封昭應靈公。

又　永康崇德廟廣祐英惠王次子，仁宗嘉祐八年八月，昭永康軍廣濟王廟郎君神特封靈惠侯，差官祭告。神即李冰次子，川人號護國靈應王。開寶七年命去王號，至是軍民上言，神嘗贊助其父除水患，故有是命。哲宗元祐二年七月，封應感公。徽宗崇寧二年，加封昭惠靈顯王。政和八年八月，改封昭惠靈顯眞人。高宗紹興元年十二月，依舊封昭惠靈顯王，改普德觀爲廟。舊號護國靈應王，徽宗崇寧二年，加封昭惠靈顯王，政和八年八月改封昭惠靈顯眞人，賜普德觀額。至是撫處置使張浚言：眞人之號，惠從仙儀，非威靈護國，血食一方之意。於是有詔改封焉。六年四月，加威濟二字，二十七年九月，加封英烈昭惠靈顯威濟王，王子曰十五郎、十八郎。紹興七年閏十月，并封侯曰通利侯、勇應侯。二十七年九月，加封曰濟美通利侯，昭貺勇應侯廟中，從神郭舍人，威濟侯妻，紹興七年閏十月，封正利夫人。

清　陳鶴《明紀》卷二一　四川都御史邱鼐，請設官專領灌縣都江堰，從之。

《清通典》卷五〇　雍正【略】五年九月，四川撫臣疏稱，都江堰口廟祀李二郎有功蜀地，請加封號，下禮部議，言《史記》《漢書》載蜀守李冰鑿離堆，穿三江，功績可考，灌縣志内有使其子二郎鑿山穿江之語，元至順初，曾加封號，今應并崇祀，典請封李冰爲敷澤興濟通佑王，其子二郎爲承績廣惠顯英王，廟祀灌縣，從之。

清　劉紹攽《于邁草・西征記》　乾隆九年三月十日，制府慶上公偕余赴松潘，出成都西門三十里。【略】將近灌縣，忽青城聳翠灌口流聲不覺，耳目一異，縣城半倚山，不五里二王廟，廟祀秦守李冰子二郎，史稱鑿離堆，辟沬水之害，今爲都江堰，蜀人德之，歲時歆享。

清　傅澤洪《行水金鑒》卷七八　蜀中諸水，咸出岷江。江源在羌地之列鵝村，所謂羊膊嶺者，分爲二派：一西南流，爲尖囊大渡河，一正南，入溢村，至石紐，過汶川，歷今灌縣境，又有湔水出焉。灌之上流西北十數里，有水出尤溪口，又數十里，有水出白沙口，同會于灌。經西南流者，今謂之南江，即禹所導岷江正流。自秦李冰鑿離堆、引江水，循灌城東注北折，于是始以東南正流爲南江，經離堆薄灌城而東北注者爲北江。北江出自寶瓶口穿三泊洞而北注者爲外江。自寶瓶口，直東入五斗口而東北注者爲内江。蓋北江析爲二江，并南江而三。其北行入五斗口，一支在南北二江之上，故以内江別之。外江北經崇寧、彭縣、新繁、漢州界，出金堂峽。内江東經郫縣、崇寧界，東下過府城北，南會府城前江，以趨于彭，合彭山、金堂諸水，會于瀘州，合綿、涪諸水并嘉陵江，經合州，會于重慶。合碉、雅諸水，會于嘉定，合松潘之西南入尖囊大渡河者，會于叙州，遠近溉田，不可勝計。然各府塘堰，皆民間自修，官課其成而已。獨李冰所鑿離堆山，設立都江堰，在岷江中流，時歲工費鉅萬。元至元元年，廉訪僉事吉當普建白，用石包砌諸堰，爲石門以時啓閉。國初加意水利，每歲冬春之會，令得水州縣與軍衛屯，所共役人夫五千，竹木工料，計田均輸修葺堰得不壞。成化九年，巡撫都御史夏塤，以遠人赴役不便，又将郫灌二縣雜科差均敷得水州縣專備工料，以供堰務。弘治四年，添設按察司僉事一員，專一提督都江堰，并各府州水利。于時灌縣知縣胡光伐石冶金，即舊址甃砌爲防。貫以鐵錠、柱三，各長一丈二尺，使當湍勢。石堤中貫鐵處，固以油灰。直長一十五丈，高一丈三尺，濶五尺，首濶一丈二尺，用鐵三萬餘石一千二百，高、廣丈餘，長倍之。桐油五百，麻線二百，木二千五百，各色工役，計二十五萬三千二百有奇。正德間，水利僉事盧翊，親詣督理，疏浚直抵鐵板，得秦人所書六字訣曰深淘灘淺作堰，大書觀瀾亭上，以昭永鑒。先是，每年起工役有不均之嘆。翊乃下令：以糧三石，夫一名，分八班，凡八年一周，仍啓蜀府，每年助青竹四萬竿，委官督織竹籠，裝石爲堰。嘉靖初，僉事劉隅重修都江堰觀瀾亭，十一年，僉事張彦果議築石工，復吉普當、胡光之舊，以工費浩大不果。謹按：四瀆惟江最大，蜀水自江之外有七，皆注于瞿唐，由荆達揚，以入于海。世杜宇命其相鱉靈，作三峽以通江水，而李冰離堆之鑿，最有功于蜀。然總之，則大禹平成，功在萬世矣。《書》曰：岷山導江，東別爲沱，蓋水出于岷者，皆謂之江，出于江而別流，別而復合，皆謂之沱，此禹治功之神，流澤之遠也。或謂灌縣都江堰，乃諸堰綱，領而分江流之第一咽喉，當事者嗣而修築之，亦一方之利也。謹附著之。

清 閻鎮珩《六典通考》卷一九七《溝洫考》 至元元年始作都江堰，即禹所鑿處，分水之源也。堰東跨江爲石門，以節北江之水，東南爲侍郎、楊柳二堰，水自離堆分流，入于南江。又東入成都，俗稱大皀江，北江之源也。北江東爲鬬雞臺，有水則，以尺畫之，凡十有一，冰所爲也。東至三石洞，釃爲二渠：一東流過郫入于成都，古曰内江，一北流過四門洞折而東，過新繁入于成都，古曰外江，此冰所穿二江也。鹿角堰之北涯有渠，曰馬壩。東行二十餘里，水决其南涯四十有九，歲疲民力以塞之，乃自北涯鑿二渠，與楊柳渠會。東行數十里，復與馬壩渠合。自金馬口西鑿二渠，合金馬渠，東南入于新津江北。江之東爲外應、顏上、五斗諸堰，外應、顏之水，東北流入外江，五斗之水，南入馬壩渠，皆内江支流也。外江東至崇寧，爲萬工堰，堰之支流自北而東爲三十六洞，過清白堰，水潰其南涯，延袤三里餘，乃罷其堰及三十六洞之役，諸堰皆甃以石，而都江堰居大江中流，以鐵萬六千斤鑄爲大龜鎮之，役成，詔揭傒斯製文立碑于其所。涇、白二渠興于秦漢，歷代享其利，宋熙寧間，自仲山旁開石渠，名豐利渠，至元時，立屯田，府督治之，大德八年，涇水暴漲，毁堰塞渠，涇陽尹王琚疏導之，水通流如舊。至大元年，王琚爲御史，建言于豐利渠上更開石渠五十一丈，闊丈，深五尺。至正三年，御史朱秉亮相視其堰，謂積年坎取淤土，壘岸極高，力難送土于上，請就岸開通鹿巷，以便夫行，廷議允之。至二十年，遣都事楊欽修治，溉田四萬五千餘頃。金水河舊在都城，北流入郊野，元開新河一道，在都城西南，放西山金口，水東流至高麗莊，合御河引海運入大都城。至正二年，復起閘于金口，水勢湍急，沙泥壅塞，舟不可行，費用不貲，卒以無功。

清 曾廉《元書》卷一八 至元元年，遂修治都江堰，以鐵萬六千斤鑄爲大龜，貫以鐵柱鎮其上，諸石堰皆範鐵關其中，於是蜀堰之固聞天下。

清 張岱《石匱書》卷二九 川都江堰，自秦時鑿江水灌成都田，歷代皆用鐵石，水溢輒復壞，洪武九年，彭州知州胡子祺易以竹木，省費利溥，民便之。

清 朱壽朋《東華續録》（光緒朝） 光緒二三 己丑諭軍機大臣等，前據丁寶楨奏：都江堰頻年泛溢，衝毁民田，現設法籌款修理。旋聞該處江流盛漲，民間已被水灾，正以新築工程能否可靠，地方被灾是否深重，廑念方殷。玆覽該督所奏情形，都江堰水泛溢異常，與朝廷所聞無異。惟水勢高過堤身，濁流洶湧，歷時將及一月，沿江田廬必多淹沒。且從前盛漲，下流已成澤國，此次水大於前，所稱沿江民田均無衝損，殊難憑信。至堤身既有缺動，能否搶護平穩，不致大損，所築新工，有無損折，能否一律結實，恐有不實。不盡之處。丁寶楨當嚴飭丁士彬認眞履勘，據實稟報，再行詳細奏明，不準稍有粉飾，并將興築堤工，隨時保護完善，被灾地方，加意撫恤，毋令失所，將此由四百里諭令知之。

又 光緒二六 丙戌恩承、童華奏，遵旨查明，督臣大修都江堰，新工并未體察水性，率更舊制，以致逼水壅川，將新築石工沖刷大半。各緣由查：都江堰南北二江上游本係一水，發自岷山，自秦李冰鑿離堆，江水遂擘爲二。後人因之作都江大堰。堰之東爲人字堤，東接離堆脚下。西至江心，堰首西向，作分水大魚嘴，正迎江溜。左爲南江，即禹所導岷山正江也，又名外江。右爲北江，即冰鑿離堆所引之支流，名之曰内江。按《四川通志》内載：李冰當日所遺深淘灘低作堰六字刻於石，爲千古治水法則，嗣是編竹爲籠，納石於内，築堤堰以資捍禦，惟元明兩朝間，有廢竹籠，用鐵石者，曾未幾何，輒震蕩湮没，誠不若籠石相聯之力，重罅空不與水敵，且能洩水之爲便也。凡此載在志乘，歷歷可考。國朝四川巡撫憲德題，修都江堰一遵竹籠作堤之法。道光年間，水利同知强望泰最稱盡職，亦以竹籠修堤，是籠石一法，我朝二百餘年從未有更易者，惟此次大修都江堰，卷載係將舊鋪籠堤透底揭去，改用石工，先將河身挖深數尺，加椿填石，貫鐵墁灰。并加寬加厚，堤身寬厚，河身必嘆逼窄。其所修新工石堤，又定爲一丈八尺，亦屬過高。是以去歲水發，河窄則大溜，壅川堤高則越漲難堆，且係石工壁立逼水激冲，遂將新堤一百三十丈冲刷過半，所存石工無幾，現在堤外砂磧中亂石縱横，其冲刷情形宛然在目，核與該督所奏：僅冲刷金剛墻三丈餘，情形迥不相符，上諭前據給事中吴鎮奏，丁寶楨誤聽道員丁士彬之言，將灌縣籠堤拆毁，有礙水利等情，當派恩承、童華前往查辦。兹據奏稱：查明都江堰堤工，原參毁掘石梁及淹没田廬各節，尚無其事，惟該處舊用竹籠作堤，此次全行揭去，改用石工，并加寬厚，致河身逼窄，水勢激衝，將新堤一百三十丈冲刷過半，與丁寶楨所奏僅冲刷金剛墻三丈餘情形迥不相符等語。丁寶楨辦理堤工要務，又值經費支絀之時，宜如何盡心區畫，謹慎興辦，乃憑丁士彬之言，并不詳細考查，率更成法，發帑興工，以致被水冲刷，又不據實奏陳，迨經降旨詢問，仍以人字堤毫無損折等詞粉飾，覆陳實屬辦理乖方。丁寶楨著交部議處，前署成綿龍茂道丁士彬，前署灌縣知縣陸葆德，承修堤工領款甚鉅，現經查明做法，與原稟懸殊，難保無浮冒侵蝕情事，丁士彬、陸葆德均著先行交部議處，仍交恩承、童華確查有無情弊，據實具奏，并著該督將此項工程迅速核實造册，報銷該部知道，尋丁寶楨降爲三品頂戴留任，丁士彬等革職。

又 光緒三一 壬戌 諭：前據恩承、童華奏：四川東鄉縣知縣路朝霖，於札提東鄉縣案：内人證解送遲延，當降旨將該員交部議處，旋經部議降調開缺。兹據都察院奏：路朝霖以本年正月初九日奉。到札文即於十五日，將人證傳齊，起解二月初四日申解到省。奉札日期有達，縣移文可憑，嗣奉續提人證，亦均依限解到，并無遲誤等語，該員呈訴各情是否屬實，著丁寶楨查明具奏。

又 甲子 諭：丁寶楨奏，霜降已過，修補都江堰堤，悉臻堅固，民田已多涸復等語，四川都江堰堤工失修多年，此次丁寶楨督飭承修之員挑挖江身，修砌兩岸。現據奏稱：河道一律深通，連年水勢極大，但有灌溉之利，并無泛溢之患。灌縣、温江、崇慶等州縣，從前淹没田地已涸復八萬二千九百餘畝，江提所以保衛田廬，關係緊要，現既著有成效，尤宜實力修防，永資利賴，嗣後該督仍當嚴飭，該地方官隨時查看情形，認眞辦理，毋得日久生懈，致墮前功。

又 光緒三三 庚戌 諭軍機大臣等，前因有人奏，四川修築都江堰堤工奏報不實等情，當諭令恆訓按照所奏各節確查具奏，兹據該將軍先後奏稱：勘明都江堰外江淤沙堆塞，地勢高於内江丈餘，丁寶楨復將内江挖深一丈七八尺，水勢全注内江，連年堰工冲塌，實由分水不匀所致，灌縣等處并無涸出農田八萬餘畝之多等語。丁寶楨叠次所奏修築堤工，具有成效，朝廷以該署督辦理地方事宜，尚能破除情面，認眞整頓，故責成始終經理，信任不爲不專。丁寶楨若果事事措置合宜，何至人言嘖嘖？此次恆訓所奏，竟與該署督奏報情形迥不相同，著丁寶楨按照恆訓覆奏，各節據實明白回奏，如敢意存掩飾，貽誤地方，恐該署督不能當此重咎也。恆訓摺片四件，著鈔給閲看，將此由驛四百里諭令知之。

（光緒）《重修彭縣志》卷四 二十三年，紳糧蔡、汝霖等按糧勸捐，置買濟田二百零一畝三分八釐，招佃每年收市斗穀二百七十一石八斗六升三合。是年，前督憲蔣因歲修都江堰，工用不敷，乃奏將成都等十四州縣義田租穀變價以作貼補之費。嗣是自嘉慶二十五年起，至道光二十三年止，曆年租穀均經變價，儘數解赴藩庫彈收，撥支都江歲修。二十八年七月前縣陳稟府，請糶數年内積穀，價發商生息，貼補堰工，以後租穀按年收貯義倉，不必出糶，遇有荒歉之年，作爲賑濟之用，蒙轉稟藩憲批准，并飭各州縣一體遵照辨理，是時當縣所價，銀一千三百五十九兩三錢一分五釐，蒙添撥銀四十兩六錢八分五釐，足成千四百兩，發交當商，按月一分起息，每歲於夏冬二季由縣具文徑解藩轅彈收撥用。

（光緒）《增修灌縣志》卷四 諸葛亮北伐，以都江堰爲農本，國之所資，調丁千二百主護之，有堰官。《水經注》：江自綿虒縣來，曆都安縣，李冰作大堰於此，其堰於江作堋，堋有左右口，謂之湔堋。江入郫江、檢江以行舟，俗謂之都安堰，亦曰湔堰，又謂金堤。左思《蜀都賦》西踰金堤是也，淵鑒類函。高士廉進益州長史，秦時李冰導汶江水溉田，濱水者頃千金，民相侵冒，士廉附故渠，斷引旁出以廣溉，人以富饒。

《清史稿》二三《德宗本紀》 二月辛巳朔，修成都都江堰，壬午諭，興北方水利。

又 辛未修四川都江堰。

又一一一《河渠四》 二十五年，修都江堰。

又 光緒【略】五年，修都江堰堤，灌縣、温江、崇慶舊淹田地涸復八萬二千餘畝。

藝文

宋 狄遵度《鑿二江賦》（光緒）《增修灌縣志》卷一三 嗚呼，吾聞魚鳧氏以降，秦太守之前，蜀之爲國，不幾千萬年。方二江之害被兹土，以禹之功不是施兮？嗟後來亦奚言，彼民之昏溺兮，無乃得之於天，不能遷土而改宅兮，其流漂亦誰寃。勁崖挺以中亞兮，激狂瀾而右旋，橫騖折走，莫知其所之兮，吼穹谷而下穿。蛟鼉鼇，蟹呀以相濡兮，何允蠢而緣延。嘬膚吮血，沸以咀嚼兮，咸飲腐而飽膻。萑蒲菱芡，紛以相披兮，汙百頃之良田。土不藝而民無所食兮，孰與奏其艱。鮮民之害固不可終極兮，歷百千萬世，天乃授之以賢。曰：噫，中國之無人兮，遂使民至於此焉。不然水之性固就下善利兮，决之則宣。浚九川而距四海亦奚艱，且九載之孜孜，民不憚苦而訢煩。葢因利而爲利兮，勞之在先，不忍一勤其力兮，乃至騺萬世而害弗捐。胡不浚發其利源，剷削其害根，巨崖剖以罅裂兮，砉頹乾而陷坤。昶石奮以交墜兮，吁雷走而雷，奔蕩重淵以傾覆兮，喪百怪之精魂。雲轉霧溢盤蒲蹙踏兮，注壑於其間，寂寥散漫肆以長往兮，若氣散於坯渾。决其餘以旁溉兮，居其側數百頃皆膏腴之上珍，民降邱而下宅兮，若蟻聚而蜂屯。則幾年幾世之積害一日刷去兮，不啻捐芥而蕩塵。嗚呼，蜀之爲國，非地之中，宜乎夷貊之雜處，魚鼈之與同。有李候者至，然後別類於水物，有仲翁者至，然後同俗於華風。然則今所棟宇而處，衣冠而嬉，皆二公之所翳。若李候者，之事固所莫得而繼，彼仲翁之教亦何憚而弗爲。嗚呼，以禹之功，至大至神，括六合以横被疇，有存而勿論，胡兹爲害，獨不得聞。無乃力所不洎兮，抑亦遺其功於後人，而今而後，乃知民未得所欲，事或有不利，先世所未暇除去，聖人所未及裁制，苟有志於生民，皆吾人之所事，若曰兹事體大，必聖人而後爲，則小子也不敢與知。

宋 范成大《石湖詩集》卷一八《懷古亭》 在永康離堆之上，離堆分岷江水，一派溉彭蜀，而支流道郫縣，以入於府江。

朝來寫得故人書，雙鯉難尋雁亦無。付與離堆江水去，解從郫縣到成都。

又《離堆行》 沿江有兩崖中斷，相傳秦李太守鑿此以分江水，又傳李鎖孽龍於潭中，今有伏龍觀，在潭上。蜀旱，支江水涸，即遣官致祭，壅都江水以自足，謂之擵水，無不應。民祭賽者，率以羊，歲殺四五萬計。

殘山狠石雙虎卧，斧迹鱗皴中鑿破。潭淵油油無敢唾，下有猛龍拴鐵鎖。自從分流注石門，西州秔稻如黄雲。刲羊五萬大作社，春秋伐鼓蒼烟根。我昔官稱勸農使，年年來激西江水。成都火米不論錢，絲管相隨看蠶市。款門得得酹清尊，椒漿桂酒刪羶葷。妄欲一語神豈聞，更願愛羊如愛人。

又《崇德廟》 李太守廟食處也

雪山南風融雪汁，化作岷江江水來。不知新漲高幾畫，離堆石壁舊有水則，記漲痕，占歲事，一畫爲一則。但覺樓前奔萬雷。天教此水入中國，兩山辟易分道開。我家長川到海處，却在發源傳酒杯。人生幾屐辦此役，遠游如許神應咍。東歸短棹昨已具，明日發船撾鼓催。灘平放溜日千里，已蔓鱠鱸如雪堆。丹楓繫纜一回首，玉壘浮雲安在哉？

宋 陸游《劍南詩稿》卷六《離堆伏龍祠觀孫太古畫英惠王像》

岷山導江書《禹貢》，江流蹴山山爲動。嗚呼秦守信豪傑，千年遺迹人猶誦。决江一支溉數州，至今禾黍連雲種。孫翁下筆開生面，岌嶪高冠摩屋棟。徙木遺風雖峭刻，取材尚足當世用。寥寥後世豈乏人，尺寸未施讒已衆。要官無責空賦禄，軒蓋傳呼眞一閧。奇勲偉績曠世無，仁人志士臨風慟。我游故祠九頓首，夜遇神君了非夢。披雲激電從天來，赤手騎鯨不施鞚。

宋 王之望《漢濱集》卷一六《謁崇德廟文》　惟神功利著於古今，英靈震於遐邇。父子兄弟爵號崇極一門，廟食百世。并隆四川之人罔不奔走，祀事某持。節兩蜀于今六載，免抵罪戾實託神。庥敢不拜謁祠下，恭陳薄薦用致微誠。

元 揭傒斯《文安集》卷一二《大元敕賜修堰碑》　嗚呼！後之涖此土者，尚永鑒于兹，勿怠其政，墮其事，以爲民病，以爲國家之憂，臣拜手稽首而作頌曰：鑿離堆兮江勢分，川蜀饒兮民忘爲秦。秦可忘兮國有人，何後世兮忘吾民。歲伐竹兮歷岩巘，載乱石兮堰江涛。堰無功兮民孔劳，民孔劳兮天不吊。龍伯怒兮江妃咲，豈江之爲患兮惟人自。厚龍茆兮繡衣，煒皇皇兮不我遺。召龍工兮汝爲，汝詎知兮予所期。江滔滔兮廣且深，鼋鼍出没兮蛟龍晝吟。下不可以極兮上若有臨，洲澶漫兮江之心。吾伐石兮石自摧，吾召民兮民子來。堰既作兮民無患菑，此豈予之功兮神汝哀。神洋洋兮功既畢，堰永固矣民安佚。川、蜀饒兮國之寔，千萬年兮功不失。惟帝之力兮臣之職。

明 雷叔聞《萬里橋》（天啓）《新修成都府志》卷五〇　蜀客歸吴日，相思萬里遥。至今橋下水，流作廣陵潮。

明 楊慎《升庵集》卷三一《春三月四日仰山余尹招游疏江亭觀新修都江堰》　疏江亭上眺芳春，千古離堆迹未陳。矗矗樓臺籠蜃氣，鬱鬱原隰接龍鱗。井居需養非秦政，則堰淘灘是禹神。《古圖經》深淘灘，淺則堰，今改則爲作，非也。爲喜灌壇河潤遠，恩波德水又更新。

明 游朴《都江堰》《補續全蜀藝文志》卷七　都江堰前江怒流，横蛟摧壓雙鐵牛。牛深入地不可出，百怪低昂隨所求。漲來吞嚙蕩城舍，水徙湮壅傷田疇。神明守令念隱瘼，講究興廢蒐群謀。經營不作朝夕計，要與久遠圖安休。疏淘盡復秦氏迹，鑄冶欲鑒元人籌。萬夫畚鍤集堤上，百職倉皇趨道周。隳厓鑿石泣山鬼，開道犛鐵走數州。二牛欣欣再出土，鐵柱櫛比環城陬。都水憲臣專督閲，往來弭節離堆丘。省方直指厪民事，緣江按績躬諮諏。群公合遝擁江側，冠盖駢雜如雲稠。繡衣下照江水赤，旟旐交舞風飂飂。金牌彩帛賞功役，銀樹遍揷庶吏頭。輓糧載酒剥大豕，徒匠醉飽霑犒優。歡聲動地沸江水，從此稽事安斂收。磨石勒成詔來哲，一時鉅舉垂千秋。我聞此水開明後，李冰父子宣其猷。刻犀厭勝護長岸，泳水不敢衝西樓。三犀磨滅鐵龜出，龜毁牛乃魁然留。後先相望各展力，至今陸海蒙遺庥。古來勞業貴紹繼，嗣者慎勿忘前修。

明 范涞《謁秦蜀守李公祠尋離堆山故迹》（光緒）《增修灌縣志》卷一三

岷江分泒入離堆，誰借神功霹靂開。蜀守自傳丹篆秘，秦人那得赤衣來。千年沃野春長在，萬井康謡日幾回。伏臘試瞻香靄散，紅雲高并禹王臺。

清 陳夔龍《松壽堂詩鈔》卷一《離堆》　片石巍然立，神工鬼斧成，中流資砥柱，陸海得長城。不盡秦時水，争刊太守名。祖龍鞭不得，永鎮蜀江清。

又 卷二《冬夜不寐有懷》丁文誠公適聞慎五觀察甘中政績喜而書此　侯家林與都江堰，先德勳名自不刊。何意韋平延世澤，又從秦隴障狂瀾。河汾舊德林鴻集，鞏右新猷堞雉完。聞説大名題御扆，覲光遲子話桑乾。

清 李調元《童山集》詩集卷二七《離堆》　一自金堤鑿，三都水則分。犀沉秦太守，蛟避趙將軍。萬户饒秔稻，千秋薦苾芬。役夫千二百，誰繼武侯勳。

又《伏龍觀謁范長生祠》　丹闕琳宫壓碧峰，珥貂道士尚遺容。任君萬石施諸李，不及千秋伏毒龍。

清 沈壽榕《玉笙樓詩録》卷四《都江堰歌》　都江堰水利，爲秦蜀守李冰所開，成都農田之利，實永賴之。同治甲子，權成綿道何君咸宜，親往督修。以勞，歿於灌縣，工次，事聞，贈光禄寺卿，廕一子，知縣榕徇彼都人士請作歌以告來者。

稽古李公，始鑿離堆。内外南北，導流分支。溝澮既達，田疇胥治。陸海富利，萬世賴兹。後之君子，如何弗思。

都江水利，隸之監司。猗歟何公，興言修釐。深淘低作，李冰六言碑云：深淘灘，低作堰。古今從宜。心乎瘁矣，逝者如斯。後之君子，如何弗悲。

美善舉矣，惠濟實多。粒食裕矣，民氣以和。祇告我后，良吏曰佗。表動鐵柱，萬年不磨。後之君子，如何弗歌。

清 張問陶《船山詩草》卷一八 朱奕韓先生介圭自叙宦游蜀粤記爲蘭谷題

世廟人才氣象雄，早從蓮幕起孤忠。一誠圖報心眞勇，萬變當前計不窮。百粤重修鹽鐵論，三川親定馬牛風。舊鄉曾過都江堰，聽美朱公接李公。成都大堰，開于秦太守李冰。

清 馮世瀛《離堆》（光緒）《增修灌縣志》卷一三 群峰從西來，一峰勒不住。飛出水當心，蹲貌森愕顧。洪濤一噴薄，石怒水尤怒。雷霆走盤喎，蛟魚莽争路。喧豗裂虚空，沫濺風生樹。迴波偶得勢，驚遁如脱兔。息喘坐亭陰，雲入不知數。剥蘚讀舊題，好手悲難遇。何如聽江聲，隱隱風濤句。

清 竇垿《同治二年二月十三日由成都至灌縣游伏龍寺看離堆謁二王廟觀分水壩度繩橋至長生觀入青城山宿天師洞覽諸勝迹詩以紀之》 生晚去古遠，嗜古讀全書。與古同時者，或多未見乎。千里游名勝，探奇願不虚。生長名山下，以近而忽諸。毋慕古人智，毋笑今人愚。但願名山游，不必名山居。

又《其二》 步出城東門，言尋伏龍寺。寺後即離堆，荒凉無碑記。一山從中分，兩巖成對峙。傍巖瞰深潭，攀樹臨無地。一水碧於油，水則鎸石際。對巖繚城垣，百雉横嵐翠。

又《其三》 出寺歸自東，沿河尋故步。繞城入南門，將出西門路。試登西南城，鬥鷄臺上去。高低循女墻，舉目唯所遇。伏龍寺後堆，面目乃畢具。俗名象鼻巖，不識離堆趣。指顧内外江，茫茫隔烟樹。

又《其三》 下城出西門，山路繚而曲。黑風古洞深，窈然不可入。二王何巍峩，宫殿隱林麓。前殿與後宫，瞻拜敢不肅。客堂亦清幽，假山池水緑。嗟哉功在民，祀典非徇俗。

又《其四》 灌口二郎廟，即此二王宫。廟前俯江水，雙流如交虹。中立分水壩，啓閉司春冬。冬閉便疏浚，工畢待春融。啓壩放水入，離堆當其沖。直穿離堆出，遠濟成都農。千流與萬派，溝洫由此通。滇之松花壩，與此大略同。

又《其五》 二王宫外江，水面幾一里。平江設索橋，原非懸渡比。夭矯若游龍，其背平如砥。履履即動摇，目眩洪濤起。緩步愈傾側，飛行不可止。忍死肩輿中，已過猶披靡。仙人好乘龍，此味殊不美。仁叱王尊馭，莫與琴高匹。

又《其六》 繩橋喜到岸，順江尋道院。四十里程途，已至長生觀。云是范寂居，金丹凡骨换。後院植群芳，留壁詩可玩。未問青城仙，且食胡麻飯。

又《其七》 出院即入山，路平旋復陡。遥望石笋山，冬苞肥未剖。山後建福宫，趙昱居此久。入水能斬蛟，周處功不朽。洞天福地坊，蜿蜒一徑走。雜樹生古香，橋亭横谷口。道人迎山門，天師洞何有。當門銀杏株，形狀何奇醜。懸根垂乳頭，旁枝拱柱斗。身可容十圍，葉可蔭一畝。刳腹乃更生，地靈神物守。洞中開元碑，敕出明皇手。洞旁八卦臺，傳説孽龍吼。洞中試劍石，矗立如三叟。棕樹生兩枒，駢拇世無偶。我欲盡探奇，道人曰否否。詰朝始登山，且賞道院酒。

清 吕元亮《導江鋪》 南條首大江，決排令東注，至今灌口城，猶説導江鋪。

又《蜀守祠》 江源挂巉崖，江流潤原陸。咄哉秦守禮，遺廟枕山麓。

又《離堆》 鑿石虎頭崖，石開出虎趾。沃野天府田，灌溉自兹始。

又《都江堰》 嚙山噴怒雪，壘石卧寒雲。禹績眞堪補，雙流此地分。

又《水則》 李冰所刻 深谷何冥冥，持衡尋片石。瀠洄巨浪間，微暈水花碧。

又《六言箴》 即深淘灘，低作堰。 堰淺渠常滿，灘深水易流。淺深皆合度，此石足千秋。

又《誓水碑》 李冰所作 石人立水中，水來常抵腹。傻指二事年，那能變陵谷。

又《鐵牛》 明嘉靖時鑄 範鐵作烏牛，牛成踞江路。準此慶安瀾，蛟龍不敢怒。

清 徐邦屏《自西徼歸至灌縣作》 不從絶塞來，誰信山川惡。我欲叩青城，洞天行采藥。

又《其二》 灌水岷源口，灘聲激浪花。孤舟如可上，應似泛星槎。

清 金煒《離堆通佑王廟》 人傑山靈啓，犀沉水怪降。名臣秦第一，太守蜀無雙。德遍離隼役，功崇陸海邦。即今宗祀暱，廟貌肅澄江。

清 吴文錫《都江堰》 龍是何年伏，江流滚滚來。神功名永著，山勢釜分開。作堰敢辭瘁，慰農愧少才。眷言秦太守，一步一低徊。

清 朱凌雲《都江堰》 浪架嶺頭濫觴水，訇訇喧豗砯層马拉嶇。裂雲披霧到離隼，分支別派迅如駛。憶昔蜀守勞疏鑿，擬之龍門功相若。治水良法曆代傳，灘須深淘堰低作。祇今聖主重民依，循吏承命繼前徽。歲搴長菱榩石傳，益州胥慶稻粱肥。我本生居導江縣，閒步長堤情不倦。快覩盛世蓄洩宜，千村萬井安耕佃。

清 馬璣《寒潭伏龍》 蜀守奇功著昔年，毒龍受制始潛淵。修鱗直可綿千載，鼓浪寧能溢百川。玉壘不知雲靉靆，都江惟聽水潺湲。丁寧魄類無相擾，卵育涵淹順自然。

又《離堆鎖峽》 神功顯處是離堆，一片鴻蒙爲鑿開。北引支流循峭壁，南消沫水過崇臺。寶瓶坐鎮長雄鍵，堰口牢關聳極隈。一自李公垂績後，千秋誰不動徘徊。

清 黄俞《都江堰》 岷水遥從天際來，神功鑿破古離堆。恩波浩淼連三楚，惠澤膏流潤九垓。劈斧崖前飛瀑雨，伏龍潭底響輕雷。築堤不敢辭勞苦，竹石經營取次裁。

清 查禮《灌口謁李公祠望離堆》 石磴盤盤帶女蘿，靈祠終古妥巖阿。雲旗高壓蛟宮氣，翠阜中分燕尾波。萬派春渠交陸海，一江雪浪蹴三峩。誰知禹績千年後，更挹神功續九歌。

清 何盛斯《都江堰》 鑿斷離堆萬派平，茫茫益部仰開成。老龍叫嘯秋無力，怒馬奔騰夜有聲。治水白圭應愧死，導江神禹竟如生。鬬雞臺畔觀遺迹，喬梓宜留萬古名。

清 楊重雅《都江堰賦》 天開勝景，地湧靈泉。功高疏鑿，食濟艱鮮。本來源出岷嶓，較青黄而判别，從此流通梁益，統蒼赤以生全，上追明德之遺，可符神禹。此亦奇勲之建，合勒燕然。翳夫李子當年成都作守，清名則衜出一條，盛德則碑留萬口，家聲克振，綿堂構以同心，民食攸關，幸斧柯之在手。已奏龔黄之績，宣化承流，更開鄭白之渠。承先啓後，夫以水患之未平也。勢極奔騰，形還偏陂，湍激石而彌高，浪銜山而欲墮，憂深横溢，决諸東而流諸西，望切安瀾，源在右而泉在左，匠心獨運，良工誰是般倕。佛力難施，仙韻空傳島可，况乎溜急非常，潭深莫測。匪霜泛兮江南，非烟波兮趙北。桃花浪起，深山之積雪全消，竹箭流飛，巨峽之奔湍更直。若使平鋪蘆葦，固持久之難言。即令峻立堤防，亦巧思之未得。爾乃勤相度，妙權宜，淘巨浪，障横陂，似雁行兮作字，似麂眼兮編籬。大波爲瀾，動摇金碧，小石曰礐，磊落罘罳。果其束箭堪珍，妙相更超乎不乃；遂使西川永靖，修鱗不作夫之。而羌位置以從心，實剛柔之合德。綱在綱而有條，巵若漏而仍塞。鴨頭波影，兼蓄洩以無虞，鵶嘴鋤痕，識淺深而有則。看到支分派别，潤千里而膏流，宜其崇德報功，享兩川之血食，今日者，夏雨愆期，秋霖遍野，錦幛欹傾，銀濤遠瀉，鳩工畢集，用盡長材，豸節遥臨，功歸大冶，尚賴輿人之力，爰作九歌以勸之，懸知軌物之垂，雖曆百世可知也。

雜録

宋 馮伉《移建離堆山伏龍觀銘并序》《全蜀藝文志》卷四五 《夏書·禹貢》，導江瀆以出岷山；秦史《河渠》，鑿離堆以洩沫水。懷襄昬墊之瀰平之於前，以陂九澤，以通百貢，於是乎錫圭鑄鼎，夏后以膺圖立極；渚洳澒洞之患浚之於後，以疏二江，以灌萬井，於是乎鬥牛沉犀，李公以興利除害。大恵浹於黎獻，豐功遺於億萬其極一也，與夫鄭國分渠於渭上，西門引漳於河朔，思效其博，倍将萬矣。左思曰：指渠口以爲雲門，灑滮池而爲陸澤。不其然乎？非夫有道之士，其孰能勇斯身，仁斯民，輝照竹帛，豐潔祠享，如此其光也！詳夫驅風雲，運神化，剪妖厲謀疏鑿，功廕萬世，壽踰百歲，其在神仙之品，得非漢天師、許旌陽之徒歟？離堆山伏龍觀者，《風俗傳》云誅邪厭怪之所，腴田沃野之會，驚湍湧雷，漱瀨飛雪，洪流滉其淡薄，回波潏乎溶瀜。爾其雲壁高折，霜濤中注，靈阜嶙峋以磅礴，冲淵澎湃而漊㵍，硠硠灘漪，清振林谷，有若長蛟斷於陽羨，支祈鏁於淮泗，勿復害矣。每歲孟春，役徒萬億計，太倉爲之給粟，長吏爲之督工，築之繩之，決之防之，乘時以興，比月而息。枝分派散，環縈糺錯，連州越郡，膏沐千里。雖窖雲靈對，愆陽蘊隆，而田原是濡，倉箱是粒。《書》不云乎，岷嶓既藝，沱潛既導。盖坤維之上游，天府之陸海也。爰建福地，聿崇仙觀，旌哲人之餘烈，慰生民之報德，固其宜矣。伉常覽舊史，燦然神迹，式將王命，躬率僝功，歷載惟三周。視其間堂廡湫隘，命芟草以廣其趾，積石以增其洼，遷舊宇之翳薈，即孤山之顯敞，洪流壁轉，列峰屏合。東臨江口之闕，故靈基立其左，崇功之義也；西瞻寶室之穴，故仙亭峙其右，思玄之旨也。正居太上之殿，中築朝真之壇，喬木蔽乎陽岑，闞激乎陰壑。石頭虎踞之狀，蓬丘鰲冠之奇，吕梁縣仞之險，吴濤逆奔之勢，羅列在目，殆非人世之景與！且猛虎嘯於谷風，玄鶴幽鳴於浦月，白雲生座，上拂仙香，彩霧依巖，下傳天樂。氣象萬千，更僕難盡焉。方今聖上凝命穹昊，躋人福壽。訪道以清中夏，軒轅氏之理也；望秩以遍群神，有虞氏之勤也。兹地也，名山周映，靈迹孤標，僉移集道之宫，尊爲逆鼇之府。事非改作，功無用勞，不革舊名，惟崇新宇，經構輪奐之狀，助揚穆清之化，真風奇迹，等天地久，不亦盛乎！不亦永乎！拂石刻銘於彼山趾。其辭曰：李公英契，日貫其誠。奇功美利，于今有靈。仙巢屹峙，玄都景明。壇殿新製，門闥舊名。江沱泚泚，揚漣玉清。岷山峨峨，回風雪零。桂菌朝蔚，漪瀾夜渟。乘雲嘯歌，浮丘赤城。

宋 祝穆《方輿勝覽》卷五五《永康軍》 《禹貢》：梁州之域，秦地，東井、輿鬼之分野。秦隸蜀郡，太守李冰堰流以灌平陸，因名灌口。漢屬蜀郡郫縣，虒江原三縣蜀置安都縣，屬文陽郡。晉徙安都於灌口，屬汶山郡。後魏置灌口鎮，後因廢郡，以汶山縣屬益州。隋屬蜀郡，唐改汶山縣爲盤龍縣，尋改爲導江，又割屬濛州，太宗於灌口鎮地立爲鎮静軍，唐末易名灌州。國朝改永安軍，治灌口鎮，尋改永康軍，兼渠堰事，又廢爲灌口寨，復即導江縣，置永康軍使兼知縣。

宋 王象之《輿地紀勝》卷一五一 崇德廟、李冰祠在導江縣西三十餘里。《輿地廣記》謂之廣濟王廟。

宋 洪邁《夷堅支志》丁卷六《永康太守》 永康軍崇德廟，乃灌口神祠，爵封至八字王，置監廟官視五岳。蜀人事之甚謹，每時節獻享，及因事有祈者，無論貧富，必宰羊，一歲至烹四萬口。一羊過城，則納稅錢五百，率歲終可得二三萬緡，爲公家無窮利。當神之生日，郡人醵迎盡敬，官僚有位，下逮吏民，無不瞻謁。慶元元年，漢嘉楊光爲軍守，獨不肯出，其人素剛介，不信異端，幕府勸其一行，拒不聽，而置酒宴客。是夜火作於堂，延燒不可救，軍治爲之一空，數日後，其家遺僕來言：所居亦有焚如之厄，正與同時，楊始悔懼，知爲觸神怒譴，然無及矣。

宋 高承《事物紀原》卷七 廣濟王在永康軍導江縣，李冰廟也。秦孝文王時，冰爲蜀郡守，自汶山壅江灌溉二郡，開稻田，歷代以來蜀人德之，饗祀不絶，偽蜀封大安王，孟昶又號應聖靈感王，開寶七年改號廣濟王。

又 靈惠侯元豐時國城之西民立灌口二郎神祠，云神永康導江縣。廣濟王子王，即秦李冰也。《會要》所謂冰次子郎君神也，今上即位敕封靈惠侯。

《文獻通考》卷九〇 廣濟王廟，秦蜀守李冰祠也，僞蜀封大安王，又封應聖靈感王，開寶五年，詔修廟，七年改號廣濟王，歲一祀。

元 揭傒斯《廣祐英惠王父子碑銘》《全蜀藝文志》卷四七 天一浚靈，多原於西。岷山導江，禹績可稽。民生之初，惟水利賴。夫既利之，胡忍貽害。運有推遷，事有因革。保制安危，神實任責。於穆英惠，藩屏坤維。於赫仁祐，駿烈四馳。自秦徂漢，祼以千計。維王父子，蜀境是庇。江源自蜀，王鑿其阻。蜀溉餘波，厥施乃溥。江趨而東，勢通蜀山。春夏暴深，橫潰是閑。既遏其衝，又決其支。以漫以灌，惟堰是資。昔王受命，司我芻牧。爲兹惠利，以阜我蜀。今我蜀民，作堰歲勞。殫智疲力，以扞江濤。僉憲有謀，將息斯患。王實誘之，肯遺以艱。史籥于王，願授指教。王繇之祠，繼導之筊。詢謀允孚，百役以興。厥志無一，惟王之憑。象鼻之漲，茫無津涯。湧爲淺瀨，有礫有沙。匠陟彼巘，言鑿其堅。蜀山夜發洪，穴不待穿。匠取彼石，既磊既砢。撝錐運斤，惟右惟左。蜀山不雲，蜀日且出。涉冬屆春，民就愛日。彼犍彼菑，昔水今石。其崇言言，永固爾墉。民聽鼙鼓，追思往年。富民醵錢，耕者廢田。今茲永逸，孰究我圖。顯允二神，作我蜀邦。聖神在御，懷柔百神。封章來上，亟命詞臣。錫以徽稱，華以書命。以旌王功，以致朕敬。涣號于庭，揭虔于詞。朕命不褻，神惟顯思。登瀛有臣，復請誄賜。俞音自天，寵命荐至。嗟彼嬴民，百郡列署。惟茲蜀守，勳烈昭著。異趨殊歸，惟德與力。王初庇民，顧盡乃職。豈謂異世，猶耀厥靈。俾王初志，炳乎丹青。王不恃力，務德是勤。有偉斯績，益光前聞。詞臣作歌，守吏眡刻。江流沄沄，昭彼無極。

明 陳鎏《鐵牛記》《補續全蜀藝文志》卷二六　粵稽古導江，自岷山掠成都之南而東下，成都之北，水弗及焉。《河渠書》曰：蜀守冰，鑿離堆以避沫水之害，引其水益用，溉田疇之渠以億萬計，蓋至是始分江通北道，堰之始也，沫盖江之源云。冰姓李，仕秦有功于蜀，民德之，所在血食，號曰川主。其作堰之善，遠不可考。崖下有古刻曰：深淘灘，低作堰，盖治法云。至漢唐尚因之，宋以後或失其法，堰遂壞，至元間，有僉事吉當普者，聚鐵石，大舉繕治，民亦利之，然不能如李之舊，不百年復崩。我朝自弘治以來，當事者百計修復，隨築隨圮，有司歲伐竹木，歲役人夫，費不下鉅萬，民甚病焉。嘉靖間，太守蔣居憫其民，思欲修秦守之政，乃具其事以請憲副周君相度地勢，求故址，得堰之最要者九，欲盡甃之石。其都江堰當水之衝，則石之外，再護之鐵，議者偉之，計所費不貲，會君隨牒赴江西參伯，事遂寢。憲副施君繼董其事，曰：事貴有序，功貴因時，鑄鐵之功，易於甃石且要焉，盍先之，徐議其後。乃檄崇慶尹劉守德、灌尹王來聘謀鑄鐵牛，其費則議出，公儲之應修堰者，經畫處置甚悉。蜀王聞而賢之，命所司助鐵萬，金銀百兩，時巡撫李公、巡按鄢公皆急於民，多所因革，執施君議，深以爲然，刻期勛之。成議定，當庚戌二月矣，春水始發，今即不能爲功，衆懼焉。施君曰：今即不及事，不可以爲來歲計乎？毅然爲之。于是劉崇寧以君意，晝夜勤事，絶流浚沙，鑿江底，凡厥所需，不數日咸集。以是月二十四日入冶，一晝夜牛成。牛凡二，各長丈餘，首合尾分，如人字狀，以其鋭迎之衝，高與堰嘴等。坯冶之日，蜀府差長史李鈞賫幣帛羊酒，勞諸從事者，民環而觀之者億萬，歡聲震山谷間。其父老皆合掌曰：此吾子孫百世利也，計鐵柒萬斤，及工費其用銀柒百兩，時各州縣多堰工舊逋，君下令，民樂之，不數日，輸既充，費有嬴。水次居民，鍼急湍爲磨碓，以規水利，君弗以例禁，薄税之，復歲得八百金。故事修堰，需舟車之類，盡取諸民間，至是皆有備，可不勞民力，不費公帑矣。僉事陳鎏以督學入灌口，牛方落成，往觀之。曰：物與水激，其重必克，數十萬之石，可致而不可合，數十萬之鐵，可冶而合也，合則其重并無尚矣。水遇重不勝，則洄而支，支則力分而弱，及其弱也，竹木砂礫或可以當之，故堰莫急於衝，莫要于鐵，嗣世而後，若再甃之石，如周君之所議者，以歲舉焉，其百世利也。李守故智，要不出此，時劉崇寧及通判張仁度尚有事堰上。曰：此正古人用鐵之意，而未之發明也，乃今知之，請紀其事，遂書之牛背，復系之銘。銘曰：岷嶓既藝，民之攸塈。惟蜀之利，岷江之陰。陵谷變易，亦有原隰，惟禹之感，乃啓後賢。曰李冰氏，乃鑿離堆，乃堰江涘，乃拯昏墊，乃沃千里。顧茲積石，月齧歲蝕。代有吏勤，屢興屢踣。蜀民謷謷，劳此洚水。畚鍤靡止，百室罄只。明嘉靖間，守令則賢。亦有憲副，憫此下瘵。謀用大作，維力則艱。施君繼之，相時事事。弗顧弗忌，冰心姒思，乃砥洪流，言鑄之鐵，神人胥悦，二丑峥嶸。天一迸裂，馮夷駭驚。蛟龍怒咽，犇突既定。江沱溉灑，溉此萬畦。豈惟生民，籩豆餴饎。郡邑十二，惟堰之資。匪堰之力，繄人其力。纘禹之迹，爰有同心。視此牛勒，後千百年。其永勿渤。

明 方孝孺《李冰贊》《補續全蜀藝文志》卷三七　處厲民之時，而爲惠民之政，非仁者，不能也。興一方之利，而流萬世之澤，其才智足稱也。幸而治乎，蜀使斯民違乎，難而樂其生也。不幸而仕乎，秦使後人論其世而賤其名也。夫因時而宣之德者，易爲矯，時而反古之道者，難行也。如公者，爲人之所難，而能取信于上下，殆非秦人也，三代之英也。

明 梅鼎祚《皇霸文紀》卷一二《晢江神碑》　江水東別爲沱，又歷都安縣，有桃關，李冰秦昭王時爲蜀守，作大堰于此，堰於江作堋，堋有左右口，謂之湔堋。《益州記》：冰作三石人於白沙郵，郵在堰官上立水中，刻要江神，是以蜀人旱藉爲溉，雨不遏流俗，謂都安之堰，亦曰湔堰，又謂金堤，爲碑，言治水法也。

明 盧翊《灌口江堰記》《清經世文編》卷一一七　灌縣都江堰，蓋江之會云，禹導江自岷山，西入大渡河，南通於汶，歷於灌。堰在江中流爲二：有南河者，會新津，有寶瓶口者，流爲三，至於漢，至於崇寧，至於華陽，故稱灌口。堰外低而寬，堰内高而狹，水勢也。作堰灌田，始於秦李冰，司馬遷著《河渠書》，瞻蜀之岷山，大李公之功，且云：渠可舟行，民饗其利，蜀人廟祀焉。漢唐以及宋元，堰法漸壞，至元間，僉事吉當普鑄鐵龜，民利之，昭代以來，屢修屢圮。嘉靖間，復鑄鐵牛，其銘曰：問堰口，準牛首，問堰底，尋牛趾，堰堤廣狹，順牛尾，水没角端，諸堰豐，須稱高低，修減水。萬曆乙亥江大溢，堰盡壞，先後修復，巡按御史郭公增以鐵柱，令尋牛趾而浚之。自堰以下，沿岸共植三十鐵柱，每柱長丈餘，共用鐵三萬餘斤，又樹柱以石，護岸以堤，説者謂水遇重則力，分安流則堰固云。然愚竊考蜀守李冰之鑿離堆也，曾刻深淘灘低作堰六言於石，立萬世治水者法，所以制水出入爲旱澇計者至矣。其用功緩急疏密之序，意自較然，漢晋以來，率用是法，永嘉間，李公嬴深趯之，唐宋相承，世享其利，元始肆力於堰，無復深淘之意，無乃公言不足法歟？假令沙石湧積，水不得東潤，則雖鎔金連，障高數百尺，牢不可拔，亦何取於堰哉？知所謂鐵龜鐵柱糜費幾千萬緡者，曾未幾何，輒震蕩湮没，茫無可賴，方諸籠石廉省，古今便焉者孰得。比來民受其困，宜坐諸此，予竊少之，乃檄有司置鑱、钁、鉅、蘲，役夫三千，從事灘磧，以導其流，堰則仍民之便而已。顧工多力少，群力告瘁，未能勉其所欲，爲究其所，當止如公法云者，恥也。舊刻相傳在虎頭山門雞臺水側，其旁歲久剥落，索弗獲，慮後之君子無考焉，因磨石重鑴碑側云。

明 楊慎《升庵集》卷七八《離堆》　《全蜀舊志》言：離堆在灌縣謬矣。按《史記》蜀守李冰鑿離碓古堆字，避沫水之害，按沫水出蜀西南徼外，下雅州過嘉定，名三江口，順流而下，叙州重慶，安得逆上數百里而害灌縣哉？按《元和郡國志》，李冰鑿離堆在雅州，離字訛爲雅，此可證矣。千載未有知其誤，蓋李冰穿三江於灌口，廟食于此，後人遂以離堆之名移之灌縣耳。

明 彭大翼《山堂肆考》卷二二《李冰防患》　秦李冰爲蜀守，以岷山通江爲四瀆之首，水或爲患，乃作三石人以止江水，作三石牛以壓水怪，分爲三十六江，以資灌溉，由是人無水旱之患，號爲陸海。蜀人德之，宋子京文翁祠碑，蜀廟食千五百年而不絶者，秦李冰、漢文翁而已。

（萬曆）《四川總志》卷五　鐵龜在灌縣都江堰，元四川廉訪僉事吉當普鑄萬斤大龜，以鎮江濤之險。

（雍正）《四川通志》卷二六　鐵龜在都江堰，元四川廉訪僉事吉當普鑄萬斤大龜以鎮江之險，明嘉靖中，僉事施千祥改鑄鐵牛，有記。

（乾隆）《灌縣志》卷三

象鼻

神禹導江，正源至石紐村汶川而南，其北無水。秦孝文王時，蜀守李冰鑿離堆、虎頭，於江中設象鼻七十餘丈，首潤一丈，中潤一十五丈，後潤一十三丈，指水一十二座，大小釣魚護岸一百八十餘丈，横潴洪流，故曰都江。以分岷江之水，北折而東，灌溉蜀郡田疇以億萬計，蜀用富饒，號陸海。於所過處又設護岸，蓋籠石附岸，水不蝕土，而渠可堅久，指日數十處，如象鼻狀，以扞之，皆冰之所爲也。

鐵龜

元至元元年，廉訪僉事吉當普以都江居大江中流，故以鐵六萬六千觔鑄爲大龜，貫以鐵柱而鎮其源，以捍其浮楂，然後即工。諸堰皆甃以山石，範鐵以關其中，取桐實之油，刀麻爲絲，和石之灰以苴罅漏，禦水潦。岸善崩者，密築江石以護之，上植楊柳，旁種蔓荆，柳比鱗次，賴以爲固，所至或疏舊渠而導其流，或鑿新渠而殺其勢，遇水之會，則爲石門，以時啓閉而泄畜之，凡智力所及，無不爲也。

鐵牛

嘉靖辛亥，僉事施千祥以鐵七萬觔鑄牛二，各長丈餘，首合尾分如人字狀，以其鋭迎水之衝，高與堰嘴等。牛首銘曰：問堰口，準牛首，問堰底，尋牛趾，水没角端諸堰豐，須稱高低修減水，陳鎏爲之記曰：物與水激其重，必克數十萬之石，可致而不可合，數十萬之鐵可冶，而可合也。合則重并無以上矣，水遇重不勝則洄，而支支則力分而弱，及其弱也，竹木、砂石或可以當之，故堰莫急於衝，治堰之衝，莫要於鐵。

鐵牛

高公韶曰：施千祥之鑄鐵牛也，先於堰口上三丈許，掣竹兜、竹笆以認江流，乃淘江及底，密植柏椿三百餘株，實築以土，與椿平，衡鋪柏木於椿，用漫石板，皆長幾丈，厚幾二丈，復鎔鐵爲錠，以鈴聯之，乃鑄鐵板爲底，作牛模其上，施千祥虔告於江瀆之神、李公之祠，命鑄工若干人，分據大爐一十一座，鼓鞴於牛模旁，旋築土臺於上，化鐵而瀉於檀以注於模內，更用大鍋五十餘口，陸續鎔鐵添澆，以滿乎模。二牛成，屹然堰口中流，以當二江洶湧之勢，復立鐵椿於牛之下流，以固魚嘴之石，嘴下照常，仍置竹籠，竹捲獲持之，都江以固冶金貫石。弘治九年添設按察司僉事，專一提督導都江堰，合府州水利於時。灌縣知縣胡光伐石冶金，即舊址甃砌爲防，貫以鐵錠柱三，各長一丈二尺，使當湍勢，石堤中貫鐵處，固以油灰，直長一十五丈，高一丈三尺，濶五尺，首濶一丈二尺，用鐵三萬三千二百餘觔，桐油五百觔，麻線二百觔，木二千五百根，各色工役，計二十五萬三千三百有奇。

鐵柱

萬歷乙亥，江大溢，巡按御史郭命於鐵牛外增鐵柱，尋牛趾而浚之，自堰以下，如寶瓶口、仙女、三泊洞、五陡、虎頭諸岸，間植三十鐵柱，每柱長丈餘，共用鐵三萬餘觔，又樹柱以石，護岸以堤。水利僉事杜詩悉心區畫，始萬歷三年十月，越明年三月工成，費金三百。

竹簍

正德間，水僉事盧翊、督理疏濟直抵鐵板，得秦人所書六字訣，大書觀瀾亭上，以昭永鑒。先是，每年修築工役不均，翊下令以糧三石派夫一名，分八班，每八年一周，而蜀府每年亦助青竹數萬竿，委官督織竹簍，絡石資築。

竹簍

盧翊，鐵龜、鐵柱費金千萬緡，未幾震蕩湮沒，茫無可賴，方諸籠石廉省，古今便焉者孰得。

堰簍

夫浚其灘以導水，勿使不足；低其坊以泄水，勿使有餘。其坊也，基以巨石，其在上在傍簍石，而聯砌之，石取諸灘，歲一修治，民不告勞，而自獲其利，後世有好事者，謂歲修之太煩，始廢竹簍，更砌巨石以爲坊，所費不貲，春夏波濤衝擊，浮木搖撼，輒隳焉。夫巨石不易致也，又不足恃以久遠，惟簍石相聯，多則力生，且能泄水，不與水敵，誠固而可久，彼以石易簍者，智科否乎？

修復都江大堰成，屬兵燹之後，堰渠崩頽壅淤。順治十六年，撫部院高民瞻、監軍道程翼鳳，暨文武官捐助修築，暫資灌溉。十八年，巡撫都御史佟鳳彩，題請用水州縣照糧派夫，每歲淘鑿，庶民不夏旱，而國賦漸增，部議準行，二江之水足用矣。

復浚離崔

康熙辛酉，以前堰水惟從寶瓶口出，巡撫都御史杭愛，請發帑金四百，往來求離崔古迹，而疏浚之，比果於榛莽中得舊渠砂石壅淤久矣，杭公有復浚離堆碑記，修建太平堤。康熙丙戌，山水泛溢，人字堤、三泊洞、府河口盡被衝決，諸邑緑河之城廓、廬館、田畝湮沒者，灾傷見告，巡撫能泰捐貲撫恤，繼又爲一勞永逸之計，首先割俸藩臬道府十一州縣之用，水者皆與焉，乃遴委別駕某標員某築人字堤，長三十八丈，高八尺，又於府河口、三泊洞築堤八十三丈，高八尺，厚五丈，支分備析，水得復循故道，時稱爲太平堤，云酌派夫價。

先是，歲修照田畝派夫，於康熙四十八年，改折每夫一名銀一兩，灌縣出夫六十九名，折銀六十九兩，温江等州縣有差嗣，巡撫都御史憲德於田塊丈量之後，計畝攤銀，且因得水之遠近定出銀之多寡，灌縣田一十一萬六千一百九十八畝，每畝派銀二厘，該銀二百三十二兩三錢九分六厘，郫崇等州縣輕重有差酌定，題請部議允行，每年照畝徵收，解水利廳衙門聽候動用，普免堰工銀兩。

（乾隆）《灌縣志》卷三　都江堰河底有臥鐵一條，以志淘灘之規則，滕、汪二司馬以其安放無一定之處。乙酉歲添丁字鐵椿一鐵柱一，丙戌淘挖，依然不識向址，因復加長鍊縛住鐵椿，使無移動，監石北山鳳棲窩爲標記，按之丈尺，瞭然可免於尋摸之勞焉，沙溝、黑石二堰并歸公項。

都江堰之上流二里許，有石牛堰，引水溉本邑及崇慶州田，因在上游，仍係崇灌糧户捐派修淘，前巡撫部院顧琮，奏請將石牛等堰歲修工程歸入都江堰歲修工程，一并佑支公項，懇免歷年派捐，乾隆六年七月二十二日，奉旨著照所請行。

清 丁寶楨《丁文誠公奏稿》卷一九《覆陳户部籌備餉需摺》

光緒六年四月十六日　從前都江堰失修，成都府屬温江、灌縣、郫縣、金堂、崇慶州等州縣，連年被水淹没之地不下二十餘萬畝，曆未報部豁免錢糧，每年征收仍復照額，至光緒四五年，修理堰工後統計，成屬州縣已陸續涸復地八萬九千餘畝，現查民間隨涸隨種，漸次成熟，亦係復還故業，無科可升。【略】又户部原奏停止不急工程一條，川省一切工程久經停止，間有工作，多係民間捐辦，惟都江堰歲修工程有關十數州縣農田，爲萬不可少之需，現除例定歲修銀兩外，如有隨時搶險應撥之款，均係自行設法籌辦，并不開銷正款。

清 董醇《甘棠小志》卷四《惠政橋東有二郎廟》　雍正、嘉慶兩府志俱言，隋趙昱與兄冕學道青城山，煬帝强徵之，出爲蜀嘉州守，昱於犍爲潭中斬蛟除民害，後隱去，不知所終。唐時嘉陵漲溢，蜀人見昱乘白馬從獵者馳，波面水遂平，事聞太宗，封神勇大將軍，立廟灌江口。昱斬蛟時，年二十六，故以郎稱，後世奉爲神明，遂多廟祀焉。按府志所稱，本《龍城録》，《龍城録》言：趙昱字仲明，與兄冕俱隱青城山，從學道士李珏，隋末煬帝知其賢，徵召不起，督讓益州太守臧賸强起，昱至京師，煬帝縻以上爵不就，獨乞爲蜀太守，帝從之，拜嘉州太守，時犍爲潭中有老蛟爲害日久，截没舟航，蜀江人患之，昱莅政五月，有小吏告昱，□使人往青城山置藥，渡江溺死者，没舟航七百艘，昱大怒，率甲士千人及州屬男子萬人，夾江岸鼓噪，聲振天地，昱乃持刀没水，頃江水盡赤，石崖半崩，吼聲如雷，昱左手執蛟首，右手持刀，奮波而出，州人頂戴事爲神明。隋末大亂，潜以隱去，不知所終，時嘉陵漲溢，水勢洶然，蜀人思昱，頃之見昱青霧中騎白馬從數獵者，見於波面，揚鞭而過，州人争呼之，水遂吞怒，眉山太守列薦章太宗文皇帝，賜封神勇大將軍，廟食灌江口，人呼灌口二郎，歲時民疾病，禱無不應。上皇幸蜀，加封赤城王，又封顯應侯，昱斬蛟時年二十六，珏傳仙去，亦封佑應保慈先生，按趙昱除蜀水患，與《水經注》《寰宇記》所引《風俗通》，李冰事略同。《水經注》言：江水又東逕成都縣，縣有二江雙流郡下，故揚子雲《蜀都賦》曰：兩江珥其前者也。《風俗通》曰：秦昭王使李冰爲蜀守，開成都兩江，溉田萬頃，神歲取童女二人爲婦，冰以其女與神爲婚，徑至神祠勸神酒，酒杯恒澹，冰厲聲以責之，因忽不見良久，有兩牛鬥於江岸，傍有間冰還，流汗謂官屬曰：吾鬥疲極，當相助也。南向腰中正白者，我綬也。主簿刺殺北面者，江神遂死。蜀人慕其氣決，凡壯健者，因名冰兒也。《寰宇記》言：秦李冰穿二江於成都城中，皆可行舟，今謂内江、外江是也。帶二江之雙流，故有雙流縣焉。《風俗通》云：秦昭王遣李冰爲蜀太守，開兩江溉田萬頃，江神每歲須用童女二人，不然爲水灾，冰因自以女與神爲婚，竟至神祠前勸酒，酒杯常竭，冰厲聲責之，因不見良久，有兩蒼牛鬥於江岸，有間冰還汗流謂官屬曰：鬥太極當相助也，若知南向腰間正白者，即我也，頃復鬥，主簿因刺殺北面者，江神從此絶其患矣，後民思其惠，今有祠存。按《水經注》《寰宇記》祇言李冰不及其子二郎，故府縣志於揚城東關，馬草街二郎廟，祇言趙而不及李，陶雲汀澍蜀輶曰：記言嘉定泌水院創，宋時祀李冰與其子二郎。《水經注》云：冰鑿離堆，鬥殺江神，蜀人慕之壯健者，稱冰兒。今什邡縣高境關外，雒水分流處，有大郎廟。又彭縣彭門山下，雁江分流處，有三郎鎮，意冰諸子各分地段治水，而灌口之功，二郎尸之，故其名尤著也。咸豐四年，四川學政何子貞紹基上言：臣於龍安試竣後，暫回成都省，逗路出灌縣察看江水分流處，緣江水發源松潘廳邊外番地，會集衆流，漸成巨浸，至灌縣都江堰口，分爲内外二江。馬、班二史所稱，蜀守李冰鑿離堆，避沫水之害，穿二江，成都百姓饗其利者也。李冰守蜀在秦時，迄今垂二千餘年，江水既分，灌溉蜀中將二十州縣，産米之豐，爲天下最有功德於民，則祀李冰之有廟祀宜也。乃臣至江神廟，官民咸稱爲二郎廟，罕有知爲李冰者，因查灌縣志載，李冰廟祀始於唐初川主，二郎神封號始於宋初，至元初始封李冰及其子二郎皆爲王。迄我國朝雍正五年，敕封李冰爲敷澤興濟通裕王，子二郎爲承績廣惠顯英王。乾隆三十五年，始定爲春秋二祭，謹案，冰之子二郎於正史無可考，即令有子佐父成功，亦當以冰祀爲重，而其子附之敬繹。雍正間，敕封王號於父，曰敷澤興濟，於子曰承績廣惠章功，賜號次第顯然，今廟中前殿祀二郎，規模閎麗，塑像巍峩，後殿祀冰男女二像，呼爲聖公聖母，固已顛倒失倫，不符體制，且前殿二郎神像，塑作三目，旁列三叉兩刃及梅山七怪之類，臣不勝疑詫，詢之士人，始知小説中所載楊二郎故事，荒誕不經，又混楊爲李。春秋二祭，地方官苟且相沿，行二跪六叩首於其前，甚非國家尊崇命祀之意，請飭禮部更正，得旨交部議，按《朱子語類》言，梓潼文昌與灌口二郎，兩箇神幾乎割據了西川，意頗不滿。愚謂冰諸子脱非有功於民，何以廟食，四境陶文毅謂，冰諸子各分地段治水，灌口之功二郎尸之，其名尤著是也。當時褒賞不及，國史無傳，豈盡嬴氏寡恩，蓋亦冰之公忠體國，不敢如後來藉口，祁奚備列牋奏，邀假寵靈。爾《龍城録》載：趙公昱亦稱灌口二郎奇矣，本鎮二郎廟，先在木排港南，東濱運河，湖水漲没，今僦居惠政橋東民房，仍稱二郎廟，或疑神以治水聞，胡不自保其祠宇，醇維邵埭，以危堤一綫屹障全湖，每當西風一起，巨浸滔天，萬聲謳號，呼吸之機間不容髮，卒能化險爲夷，安堵無恙，伊誰之力，民命至重，香火之場自在所輕公爾忘私，幽明一軌，人惜不能如神爾，豈可轉以責神。

清 强望泰《兩修都江堰工程紀略序》《清經世文續編》卷九八 余聞之弗慮胡獲，又聞慮而後能得，此雖在一身一家之事，猶宜厝注周詳，矧都江堰分干支萬派，溉十四州縣之田，活億萬生靈之命，是烏可不熟思審處，蕲盡有司之職也哉？余荷先考忠烈公庇蔭，自甲戌蒙睿皇帝欽賜科第，旋由翰林改授中書，奉職十年，深以析薪，弗克負荷爲懼，矢慎矢勤，公事幸而無督。丁亥仲春，選授成都府水利同知，孟冬莅任，周歷各堰，至索橋上内、外江分水魚嘴處，見河口寬四十餘丈，河身自六年舊河口起，至寶瓶口訖，均僅寬四五丈至十二丈不等，河岸一帶，積沙石踰數丈，河中爲沙石淤塞更甚。各堰籠堤亦衝刷損壞者過半，因延訪紳耆，披閲志乘，細繹深思，求所以治之之法，覺稍有會通於深淘灘，低作堰之本義。考宋《郡縣志》云：秦太守李冰鑿離堆，開工渠，一由永康過新繁入成都，謂之外江，一由永康過郫入成都，謂之内江。按，灌在漢屬緜，虒蜀置都安，宋齊徙汶山郡，始此唐置盤龍縣，尋改名導江，宋太平興國三年，始改永康軍，元改灌州，明始廢州爲縣，則宋之永康即今灌治也。其云：深淘灘者，所以防順流之沙石，不使淤入内江也，低作堰者，所以使有餘之渠水，便於洩入外江也。推明其義，因於是冬興工，即高加河防，廣作埂籠，深去河底之磧沙，低砌籠堤之層數。戊子春夏，察看水勢，六字之法，覺更有驗，旋於各堰，一律如前修治，竊冀如此興修，數年後此堰可復古制，一勞永逸，而不意兩修後，余即有懋功之行。因思天下事，好奇者矜新法，耽逸者隳先型，及事不成，則皆歸之於造化，蓋堰工不遵六字修歷有年所矣。余不敢諉之，於天不得不師之，於古爰將兩修，各工紀略於左，以志千慮之一，得後之君子或能諒此愚誠焉。

一、七年，淘挖内江河口，長八九十丈，寬十五丈，均深五尺餘寸，八年，察看河底，較七年約深二尺餘寸，今河底較上年約深三尺餘寸。

一、挖去古河内沙堆，約深三尺，寬十五丈，長一百餘丈，使水可引入古河，新開河口，可以漸次淤塞。

一、鎮夷關脚下，七年挖深五尺，現一石，與山連，圍圓約一丈許，詢之胥役僉，云每年若見此石，即不淘挖。余諦審具言，不確，乃命石工鑿去一尺餘寸，使與河底平。八年河底較鑿去石又矮一尺，又鑿去二尺五寸，使與新河底平。

一、緊對卧鐵碑下，河底七年掘深二尺，現出木樁與河底平，八年河底較木樁低一尺五寸，余命將木樁鑿去一尺五寸，與河底平，察省志，此處有明時竪立鐵樁數根，余淘覓數十日不見，因亦竪鐵樁一根於河中，南去岸五丈二尺，北去岸四丈六尺，顛乃與淘深之河底平竪處，亦與卧鐵碑相對。

一、鬥雞臺下，向有淤沙一堆，高計丈餘，周圍約六丈許，余命挖與水面平。但其旁係深潭，七年淘挖時，恐人夫將沙石棄潭内，被水衝復起，仍成於集。因逐日親督工，命擔棄遠岸。役夫中有老而黠者，跪余而云：伊在堰淘挖三十餘年，此處沙石歷來盡棄潭中。余知其譎，即昏夜微服諮訪，未聞有云頻棄潭中者。但察實時，已傾潭中大半矣。以致八年，此沙復堆淤寬六丈，高五尺，余仍照七年督挖去盡，不令棄片石於潭中。是年此處河底，較七年挖低二尺餘寸，因於北岸石上深淘灘低作堰六字旁，添刻水則十畫，初畫令與河底平，俾農民便察此處深淺也。

一、寶瓶口河形舊寬十二丈，七年察量，僅寬七丈餘，余於是年展寬一丈，長二十餘丈，深約五六尺，八年又展寬三丈，長四十丈，深五六尺不等。仍復古制，使水出口勢得舒暢，并將所挖沙石，置北案城脚下堆砌成坎。上坎約高一丈餘寸，寬三丈，長約三十餘丈，下坎約高四尺，寬一丈三尺。

一、走馬河龍橋下，本有河工所，聞堰長云：數年來并未淘挖，余於八年仍添挖河方七百餘數，又上漏罐逼水壩南岸，向無挖工，余見此處沙淤甚高，亦添挖河方四百餘數，又下漏罐轉灣處，余見河身淤窄，亦展寬一丈許，以上七則，均遵淘深灘法也。

一、自鎮夷關起，至人字堤止，河身均展寬一丈五尺。

一、飛沙堰係歷來古河，七年，此處横鋪籠裝至十數層，又加裝以筷子籠，因河底高，籠亦作高，夏間水漲，余親往察，見水不能洩入外江，當即割籠二層，使洩其餘水。八年，河底挖深，因將籠亦低作，較上年矮去數層，此遵低作堰法也。

一、人字堤邊漩坑，向來用籠滚填，填齊水面；方用横鋪填心籠二三層裝砌，上又用搭包順籠蓋面。七年，望見此作甚不得法，八年，余令堰長、夫頭，用篾繩繫籠頭、中、尾三處。籠入水時，令人將繩揝緊，使籠至坑内，不致倒卧懸栽，亦不致溜入潭内，籠離面約三尺，即令泅夫下水，用竹篾將籠回環密縫，出水面時，仍照水籠裝鋪順籠六層，又裝鋪横籠一層，上始用搭包順籠蓋面，親督九日，而工始畢，較之上年，似更堅固也。

一、内外江各魚嘴籠，盡以竹篾穿繫，夏水可免衝刷，至内江大小各堰籠工，相勢制宜，俱略有更换處。

一、内外江各堰，沙石淘挖，均係傾棄遠岸，水漲時，均不致衝流仍集河内。

一、内江各小堰，察河身向來寬敞，均與河口等，今河口寬而河身窄，盡係居民侵住所致，滿擬恢復古制，一時勢有不能。

一、太平橋魚嘴上，沙石積高數丈，走馬河南岸，沙石亦淤堆數丈，鎖龍橋上下，沙石亦俱積滿，兩岸盡是居民田舍，察俱是向來河灘也。

一、伏龍觀南岸，察係舊日考武箭道，因乾隆間人字堤開口，此處被水衝刷，箭道遂移東郊，余於其處植柳八十二株，欲爲將辦工界限也。

一、鬥雞臺對岸有大沙堆，余於八年工竣後，捐廉將沙雇夫，挑置人字堤下，與籠基平集。約寬二十丈，長十六丈，深三五尺不等，竊謂沙堆一去，洩水易入外江，堤後身高堤工可以永固也。

一、自鎮夷關對岸沙堆起，至現挖之沙堆止，共約長數百餘丈，盡壅堤後，堰雖低作，恐仍無益。余以有志未逮而去，所望繼余而來之賢執事，將每年新淘沙石盡傾遠岸低處，將舊堆沙石，量力漸挖使低，堰仍低作，方合古低作堰之法。余固知糠粃在前，珠玉在後，毋煩行者之灌灌，而杞人之憂，有屢欲已而不能已者，凡以效矇瞍之誦也。若謂慮遠説長，則吾豈敢，則吾豈敢。

清 彭維銘《新建川主祠碑記》（乾隆）《江津縣志》卷一七　四川諸州邑鄉里，無在不有川主神，廟稽神之姓氏，即今灌縣都江堰口奉敕封建二王廟神也，前廟所祀泰蜀守李公冰之子二郎君後廟所祀乃李公也。考地志，都江堰水源發岷山，禹導江後，沫水尚爲民害。秦蜀守李冰，使其子二郎除水怪，鑿離堆，穿内外二江，灌溉十四州縣田畝，沃野千里，號稱陸海。《益州記》曰：都江堰有三石人五石犀，以壓水，與神誓曰：涸不至足，漲不及肩。所遺深淘灘低作堰六字，垂爲萬世法。相傳皆二郎力也。第查《史記》《漢書》載李公鑿離堆，穿二江功，績歷歷可考，而無二郎除怪事。乃今諸州邑鄉里所塑像廟祀者，悉是二郎君，而未及李公，意其恃恃籌擘畫，名役趋工，主其事者，李公也，陟巘降原，經營勞瘁，成其烈者，二郎君也。史册記父之績，與情戴子之功，兩無負焉。且禹導岷江，抑洪水，功溥天下，爲天下主。李公父子辟沫水，開渠堰，利賴蜀川，宜爲蜀川主。故《通志》二十八卷《祠廟部》載川主祠、二郎廟，皆李公父子事。且曰各州縣多有之，允爲確証，而或以隋唐嘉守趙昱，宋封爲川主清源妙道真君胃當之，則大謬矣。縣治舊廟在城内西南隅，前抵城墻，後偪孤貧院，湫隘穢褻，殊非神靈發越之所。予履任四載矣，番察縣治山水來脉已結聚而無可議，惟左手形勢迤東趋下，無復回顧停蓄情意，雖有文塔廣壽寺，孤弱零落不是以鎮壓。於是相度東郊外文塔之前，廣壽寺後，傍山臨水，提陰携陽之區，新建川主二郎祠一所。左三官殿三間，右龍王宮三間，郊廳如祠式，丹墀戲臺一座，左右上房四間。周圍墻垣，悉用瓦盖，植花木，集禽鳥，軒爽幽秀，不惟妥神靈，挽地脉，且爲縣属增一大氣局也。予又捐俸廉，買土糧五升以作守祠人工食及修補費，是役也，除墻垣係各吏書捐助外，予獨捐五百餘金，未嘗別募絲毫，自今觀之，似亦可云周備而完美矣。予因之而有感焉，津邑東岳廟、廣壽寺，工斵非不鉅麗，租税非不豐饒，無如惡僧地棍相與欺罔侵吞之，至今傾圮荒蕪，目不堪睹。兹廟也，予在任無他虞，予去後，倘惡僧地棍不念前烈，欺罔侵吞如東岳等寺廟，予心能無悲乎？用將買土紅契并印照告示，交梆林垻居民董德常等七十七户齊心經管，招佃收租。廟宇墻壁漏壞者苫蓋之，花果竹木摧殘者培植之，守祠工食不敷協濟之。夫如是，事可垂久，神享妥侑，必能吐納風雨，呵護一邑，水旱亢灾，有求輒應。爾居民耕鑿樸茂，輩輩傳授，毋負予顧，抑予更有顧者，久欲仿灌口廟制，於正廟後另建李公祠，俾神父子相依俎豆，惜今行李蕭然，無力措置，不能無望於後之君子，是爲記。

清 王家駒《修建李公神祠碑記》（乾隆）《江津縣志》卷一七　吾邑前任彭公，諱維銘，楚茶陵人。治津十三年，歷有善政，修廢舉墜，凡所經營悉有法度，足垂于後。嘗于城東郭外建川主神祠一所，左三官殿，右龍王宫，前戲臺一座，土房四間，周圍墻垣無不周備完美，又買土糧五升，以作守祠人工食，及修補費，皆公獨捐清俸五百餘金成之。蓋所以妥神靈，崇祀事，抑亦作鎮地脉，爲縣治增一大氣局也。觀公之自爲記者，既詳且悉矣。公後記去，欲仿灌口廟制于正廟後另建李公祠，俾神父子相依，俎豆惜無力措置，不能無望于後，後公升巴州，改任山東鄒邑，今溯公之去津，又已八年，津人思公之德意而念廟後神祠之不可以無建也。有賀文舉者，首倡其議，專人走灌縣，瞻廟像，兼得灌口備考諸書以歸。爰同衆好善領袖共勸盛舉，于川主神祠。後更建李公神祠，裝塑神像，仿灌口廟制，悉如公志。起工于辛巳年八月，至癸未年四月工竣，屬記于余，余既嘉諸君之樂善，而又幸彭公前志之有成也，余是爲之記。

清 顧祖禹《讀史方輿紀要》卷六七《都江考》：都江口置大堰，疏北流爲三，曰外應，溉永康之導江，成都之新繁，而達於懷安之金堂。東北曰三石洞，溉導江與彭之九隴、崇寧，陽而達於漢之雒。東南曰馬騎，溉導江與彭之崇寧，成都之郫，温江、新都、新繁及成都、華陽。又云：都江口分三流而下，派別支分，不可悉紀。其大者十有四，自外應而分，曰保堂、曰倉門。自三石洞而分，曰將軍橋、曰灌田、曰雒源。自馬騎而分，曰石址、曰豉彘、曰道溪、曰東穴、曰投龍、曰北、曰樽下、曰玉徙，而石渠之水，則自離堆別而東，與上下馬騎乾溪合。凡爲堰九，曰李光、曰膺村、曰百丈、曰石門、曰廣濟、曰顔上、曰弱水、曰濟、曰導，皆以堤擁北流，注之東而防其决。離堆之南，實支流故道，以竹籠石爲大堤，凡七壘。

《古今集記》：李冰鑿離堆山，以避沫水之害，穿三十六江，灌溉川西南十數州縣稻田。《堤堰志》：自神禹導江，正源至石紐，出汶川而南，其北無水。秦昭襄王時，蜀守李冰鑿離堆、虎頭，於江中設象鼻七十餘丈，首闊一丈，中闊十五丈，後闊十三丈，指水十二座，如象鼻狀，大小釣魚護岸一百八十餘丈，横豬洪流，故曰都江。以分岷江之水，北折而東，灌溉田疇，以億萬計。蜀用富饒，離堆之址，舊鏟石爲水則，則盈一尺至十而止，水及六則流，始足用。過則從侍郎堰、减水河泄而歸諸江侍郎堰見灌縣。自北引而南，準水則第四，以爲高下之度。故《益州記》曰：水旱從人，不知饑饉，沃野千裏，世號陸海，謂之天府也。江道既分，水復湍暴，砂石填委，多成灘磧，歲暮水落，築堤壅水上流。春正月役工浚治，凡諸堤堰，歷代皆歲修之，以爲民利，其塘堰多民自修，獨離堆設立都江堰，在岷江中流，官費歲至巨萬，元人用鐵石立堰爲石門，以時啓閉，公私賴之。

《元志》：秦時蜀守李冰鑿離堆，分江以灌川，蜀民用富饒。至元時冲薄蕩嚙，大爲民患，有司以故事，歲治堤防凡百三十有三所，役費無已。元統二年，會四川肅政廉訪司事吉普當巡行周視，得要害之處三十二，餘悉罷之。乃征工發徒，甃之以石。至元元年，肇事於都江堰，堰即分水之源也。鹽井關限其西北，水西關據其西南，江南北皆東行。北舊無江，冰始鑿以避沫水。中爲都江堰，少東爲大小釣魚，又東跨二江爲石門，以節北江之水，又東爲利民臺，臺之東南爲侍郎、楊柳二堰。其水自離堆分流入南江，南江東至鹿角，又東至金馬口，又東過大安橋，入於成都，俗稱大皂江。此江之正源也。北江少東，爲虎頭山，爲門鷄臺，臺有水則并記治之法，皆冰所爲也。又東過凌虚、步雲二橋，又東至三石洞，灑爲二渠，其一自上馬騎東流過郫，入於成都，古謂之内江，今府江是也。其一自三石洞北流過將軍橋，又北過四石洞，折而東流，過新繁，入於成都，古謂之外江。此冰所穿二江也。南江自利民臺，有支流東南出萬工堰，又東爲駱駝口，又東爲碓口，繞青城而東，鹿角之北涯，有渠曰馬壩，東流至成都，入於南江。渠東行二十餘裏，水决其南涯四十有九，每歲役民以塞之，乃自其北涯鑿二渠，與楊柳渠合。東行數十裏，復與馬壩渠會，而渠成安流。自金馬口之西，鑿二渠合金馬渠，東南入於新津江，罷藍灖、黄水、千金、白水、新興至三利十二堰，北江三石洞之東，爲外應、顔上、五門諸堰，外應、顔上之水皆東北流入外江，五門之水，南入馬壩渠，皆内江支流也。外江東至崇寧，亦爲萬工堰。堰之支流，自北而東，爲三十六洞，過清白堰，東入於彭漢之間，而清白堰水潰其南涯，延袤三裏餘。有司因潰爲堰，堰輒壞，乃疏其北涯舊渠，直流而東，罷其堰及三十六洞。至於嘉定之青神有鴻化堰，成都又有九裏堤及崇寧之萬工堰，彭之堋口、豐潤、千江、石洞、濟民、羅江、馬脚諸堰，皆授之長吏，以時奏工。諸堰之役，都江及利民臺最大，侍郎、楊柳、外應、顔上、五門次之，鹿角、萬工、駱駝、碓口、三利又次之，而都江居大江中流，尤難即工。其間或疏舊渠以導流，或鑿新渠以殺勢，遇水之會，則爲石門，以時其啓閉。凡智力所及，無不爲也。凡五越月而告成，所溉十二縣之民，咸歌舞焉。

明復爲之繕理。成化九年、弘治九年，皆以次增修。嘉靖三十年，復鑄鐵牛壅砌都江堰址。萬曆三年，堰壞，復置鐵柱修復。是後，以時浚治。盧翊曰：元人肆力於堰，無復李冰深淘灘之意，假令砂石壅積，水不得東，雖熔金連障無益也。矧所謂鐵龜鐵柱者，曾未幾何，輒震盪堙没，茫無可賴哉。餘謂宜事灘磧，以導其流，堰則一仍民便而已，無踰李冰所題深淘灘，淺作堰兩言而已。

清 李元《蜀水經》卷二 都江大堰，李冰所開也。《水經注》曰：李冰作大堰於此，壅江作堋。堋有左右，謂之湔堋。江入郫江、撿江，以行舟。《益州記》：江至都安，堰其右，撿其左，其正流遂東。郫江之右也。因山頹水坐致竹木以溉諸郡，又穿羊摩江灌江西，於玉女房下白沙郵，作三石人立水中，是以蜀人旱則藉以爲溉，雨則不遏其流，故記曰：水旱從人，不知饑饉，沃野千里，世號陸海。謂之天府，郫在堰上，俗謂之都安大堰，亦謂湔堰，亦謂之金堤。左思《蜀都賦》云：西踰金堤者也，諸葛亮北征，以此堰農本，國之所資，以征丁千二百人主護之，有堰官。《堤堰記》曰：蜀守李冰鑿離堆，横塞流，故曰都。江以分岷江之水，江口舊有石馬埋灘下，凡穿淘必以離堆石爲準，號曰水則，其下淘二丈二尺，而水則亦七八尺。石渠水口横一丈五尺，縱一百二十丈六尺，石洞水分爲三：曰灌田水口，横一丈，縱一百二十丈六尺。曰彭州水口，横三丈，又分爲二：其一縱十五丈五尺，其一縱四十丈三尺。曰將軍橋水口，横二丈三尺，縱四十丈三尺，外應水口，横四丈一百四十丈，而中分之，上流六尺，下流二尺。保堂水口，横一丈五尺，縱一百三十丈四尺，倉門水口，横八尺，縱五十丈二尺。馬騎水口，横六丈，縱二百九十丈二尺，鼓兆石跳水口，横二丈五尺，縱六十丈三尺。東穴水口，横三尺，縱一百五丈五尺。投砌水口，横五尺，縱八十丈三尺。北水口，横四丈，縱一百八十丈三尺。鐵溪水口，横一丈，縱六十丈三尺。樽下水口，横五丈，縱一百二十丈三尺。五斗水口，横三丈，縱六十丈一尺。歲以爲常。《宋史》曰：皂江三流，大者十有四，堰自外應而分，曰保堂，曰會門，自三石洞而分，曰將軍橋，曰灌田，曰洛源。自馬騎而分，曰石跐，曰鼓兆，曰道溪，曰東穴，曰投龍，曰北，曰樽下，曰五陡，而石渠之水則自離堆别而東，與上下馬騎乾溪合。凡爲堰九：曰李光，曰膺村，曰百丈，曰石門，曰廣濟，曰顔上，曰弱水，曰濟，曰導，皆以堤攝北流注之，東而防其決。元揭傒斯《蜀堰碑》曰：四川廉訪僉事吉當普，以至元改元十一月朔，肇事都江堰，以鐵六萬觔鑄爲大龜，貫以鐵柱而鎮其源，以捍浮槎。然後即工諸堰皆甃以山石，範鐵以關其中，取桐油實之，刀麻爲絲，和石之以苴罅漏禦水潦，岸善崩者，密築江石護之，上植楊柳，旁種蔓荆，櫛比鱗次，賴以爲固。明陳鎏《鐵牛記》曰：嘉靖間，按察司僉事施千秋，鑄二鐵牛於都江堰，各長丈餘，首合尾分，如人字状，以其鋭迎水之衝，高與堰嘴等。

高公韶《鐵牛記》曰：堰口上三丈許，制竹兆若笆以欄江流，乃淘江及底窖植栢樁三百餘株，實築以土，與樁平衡，鋪栢木於樁，乃鍰以石，石各長丈，厚二尺，復鎔鐵錠聯，又鑄鐵板爲底，作牛模其上，命鑄工若干人，分據大爐一十一座，鼓鞴模旁徙築土臺上，化鐵而瀉於漕，以注模内。大鍋五十餘口，陸續鎔冶，凡用鐵六萬七千觔，二牛屹然中流，以當二江洶湧之勢，下流復立鐵樁三株，以固魚嘴，仍置竹籠、竹捲護持之，其鐵牛銘云：問堰口，準牛首；問堰底，尋牛趾。堰堤廣狹順牛尾，水没角端諸堰豐。須稱高低修減水。按，都江大堰，溉灌、郫、崇寧、温江、新繁、新都、金堂、成都、華陽九縣，共田七十六萬五百三十九畝。

又 李冰治水之法有八：其一、六言碑。在縣城西鬭雞臺水則之旁，曰：深淘灘，低作堰。明正德間，水利僉事盧翊疏浚得之，磨石重鎸。《水經注》謂深淘潭，淺包偶也。其一、誓水碑。在新繁縣北，李冰與江神誓：淺毋至足，深毋至肩。唐貞元十四年重立，《水經注》謂竭不至足，盛不没腰也。其一、石人。在灌縣西五里、北沙灘岸上，李冰于玉女房下白沙郵作三石人立水中，以鎮江流。玉女房鑿山爲穴，深數十丈，中有廊廡，堂室屈曲。其一、象鼻堰。李冰鑿離堆虎頭。於江中設象鼻七十餘丈。首濶一丈，中濶一十五丈，後濶一十三丈，捐水一十二座，大小釣魚護岸一百八十餘丈。其一、石犀五頭。在灌縣之玉女房，郫縣之犀浦，成都之市橋及大江中、華陽之大慈寺。李冰作之，以厭水精。穿石犀渠於南江。命之曰犀牛里。其一、水則。在灌縣西門雞臺下、寶瓶口側。凡十有一則，以尺畫之，則盈一尺。及六則，流始足，用過則從侍郎堰減水，河泄而歸於江。歲作侍郎堰，必以竹爲繩，自北引而南，準水則第四以爲高下之度。其一、七橋。直成都西門郫江，中曰冲治橋，西南石牛門曰市橋，城南曰江橋，南渡流曰萬里橋，西上曰夷里橋，下曰笮橋，從冲治橋西北折，曰長昇橋。長老傳言：李冰造七橋，上應七星，故世祖謂吴漢曰：安軍宜在七星間，其城北十里之昇仙橋，郫江西上之永平橋，不在七星之數。而李膺《益州記》則謂七星橋者：一長星橋，今名萬里。二員星橋，今名安樂。三璣星橋，今名建昌。四夷星橋，今名笮橋。五尾星橋，今名禪尼。六冲星橋，今名永平。七曲星橋，今名昇仙。其一、九井。在新繁縣南五里，李冰見水勢横決，乃鑿九井，象九宫，以厭之。元末，井湮塞，新建石橋存。又，李冰鑿治之水有六：其一江水，其一沫水，其一汶井江，其一洛水，其一綿水，其一廣都鹽井。《華陽國記》謂其溉灌稻田，膏潤稼穡，是以蜀川人稱郫、繁爲膏腴，綿、洛爲浸沃也。夫冰功理江，可謂鉅矣。灌口廟食，乃祀二郎神，蓋即道書所稱楊戬者，後人不欲没其神，詭稱冰子，儒者見二郎名而信之。宋趙抃《古今集記》、曾達臣《獨醒雜志》并載其事，隋唐以前，殊無此説，未可信也。

清 彭遵泗《蜀故》卷二一 二郎神，李冰之子也。蜀中祀之，謂之川主。按，《名宦志》：上古禹治洪水，西南經界未盡，迨秦昭王時，蜀刺史李冰行至湔山，見水爲民患，乃作三石人以鎮江水，五石牛以壓海眼，十石犀以壓海怪。遣子二郎董治其事，因地勢而利導之，先鑿離堆山，以避沫水之害，三十六江以次而沛其流。由是西南数十州縣，高者可種，低者可耕，沃野千里，號爲陸海。一日，循視水道至廣漢郡，游石亭江而上，故有馬沿河之名。至後城山，遇羽衣，徐謂李公曰：公之德澤入民深矣，公之名注天府久矣。上帝有命來迎。遂昇天而去。今祠嶺之西，即後城。事聞，敕封昭應公。至漢時，加封大安王，以其大安蜀民也。元至順元年，更封聖德寬裕英惠王，其子二郎神，封爲英烈昭惠靈顯仁祐王。而平武縣玉虚觀，有宋御製封二郎神碑，今見存，可考。廣濟王廟，即冰祠也，僞蜀封大安王，又封應聖靈威王。宋開寶五年，詔修廟，七年，改號廣濟王，歲一祀。雍正五年，敕封李冰敷澤興濟通祐王，子二郎神，封承績廣惠英顯王。

清 魏源《元史新編》卷七七《西川水利》 蜀堰 江水貫成都東下，舊有沫水之患。秦昭王時，蜀太守李冰鑿離堆，分其江以灌成都，故分内江、外江，去害就利，歷千數百年。所過衝薄蕩齧，又大爲民患，有司以故事歲治堤防，凡百三十有三，所役兵民多者萬餘，少者千百，歲役凡七十日，不役者日出庸錢三緡，貧富交病，會其費歲不下七萬緡，大抵出於民者，十九藏於吏，而利不足償費矣。元統二年，僉四川肅政廉訪司事吉當普巡行周視得要害之處三十有二餘，悉罷之，與灌州判官張弘議易之以石，爲一勞永逸計，先出私錢試爲小石堰，堰成水暴漲，而堰不動。乃具文書會行省，軍民官長各陳利害，咸以爲便，於是徵工發徒，以後至元元年十有一月朔，肇事於都江堰，即禹鑿之處，分水之源也。鹽井關限其西北水，西關據其西南，江南北皆東行，北舊無江，冰鑿以辟沫水之害，中爲都江堰，少東爲大小釣魚臺，又東跨二江爲石門，以節北江之水，又東爲利民臺，臺之東南爲侍郎、楊柳二堰，其水自離堆分流，入於南江，南江東至鹿角，又東至金馬口，又東過大安橋入於成都，俗稱大皁江，江之正源也。北江少東爲虎頭山，爲鬬雞臺，臺有水則，以尺畫之，凡十有一，水及其九，則歲稔，過則憂，潦没其則則大潦。又書深淘灘，低作堰。《舊志》云：高作堰，今從《一統志》，又《方輿紀要》云：淺作堰，淺即低也。六字於旁，爲治水法，皆冰所爲也。

清 沈欽韓《范石湖詩集注》卷一八 崇德廟《名勝志》：今成都府灌縣西三十里，有李冰祠，即崇德廟也。《獨醒雜志》：蜀永康軍城外崇德廟，乃祠李太守父子，祠祭甚盛，每歲用羊至四萬餘，凡買羊以祭，偶産羔者，亦不敢留，永康藉羊税以充郡計。

（嘉慶）《清一統志》卷三八五 通祐王廟在府城西南，俗名川主廟，祀秦蜀守李冰。本朝雍正五年，敕封敷澤興濟通祐王，與二郎廟俱載祀典。按，冰廟今各處皆有，其見於古者，府境有四：一在成都縣西南三里，《寰宇記》唐李德裕重立。一在灌縣西，《元和志》在導江縣西三十三里，《吴船録》謂之崇德廟。一在崇慶州南一里，舊名廣濟王廟。一在什邡縣。

（道光）《郫水縣志》卷三　川主廟在北街，知縣李時亨建，秦蜀守李冰其子二郎，除水怪，鑿離堆，穿内外二江，灌縣都江堰口廟，祀李二郎。雍正五年，川督題准，封李冰爲敷澤興濟通祐王，李二郎封爲承續廣顯英王，地方官春秋致祭。

按，《嘉定志》：隋趙昱，青城人，爲嘉州太守，有蛟爲害，昱自披髮仗劍入水，天地晦暝，少頃雲霧收斂，昱左手提劍，右手提蛟首，奮波而出，河水盡赤，蛟害遂除。唐太宗封爲神勇大將軍，廟祀灌口。明皇幸蜀，進封赤城王。宋張咏治蜀，蜀亂，咏禱於祠，得神助，蜀平，奏封川主清源妙道真君。今所祀川主者，趙昱也。咸謂川主，祀秦蜀守李冰，而李冰實無川主事焉。

（同治）《續金堂縣志》卷八　四川總督琦，奏停止義田租穀，變價解司，現存銀兩發商生息，帮貼歲修都江等堰，經費一摺。道光二十九年二月二十五日奉硃批，該部議奏片并發繳，欽此。欽遵抄出到部，查四川總督琦原奏内稱：川省歲修都江等堰，每年准銷銀二千五百一十兩零，嗣又咸爲一千九百二十餘兩，曆係在於鹽茶耗羨項下開銷。後因淤塞漸甚，物價日昂，又帮捐竹價銀七百二十兩，復招商采買，餘茶給票行銷，徵收息銀濟堰，工不敷之用，旋以茶商拖欠息銀，停票未行，每歲堰工仍不敷銀二千五百餘兩。嘉慶二十三年，原任督臣蔣攸銛奏明，將成都等十四州縣義田租穀變價解司，作爲歲修都江堰不敷之費，核計曆年所需，除動文鹽茶耗羨銀一千九百二十餘兩外，約用至三千七百二十兩，實因工鉅費繁，未能少減，伏查川民義穀，原以自詶灾荒，雖十四州縣民捐義穀，飭令變價修理，堰工原屬以公濟公，第倉無積貯，水旱不濟，設有偏灾，無項賑恤，不惟開請帑之門，且易滋窮黎口，實亟應另籌良策，庶水利灾荒兩有所恃。現查該十四州縣義穀變賣解司，價銀除歷年堰工支用不計外，尚存銀九千五百一十五兩五錢六分三厘零，又於通省解司穀價内提銀一萬四千四百八十四兩四錢三分六厘零，合計銀二萬四千兩，一并發交成都府屬當。商生息每年可獲息銀二千八百八十兩，并票息銀一千二百二十四兩，共銀四千一百零四兩。除以三千七百二十兩爲貼補歲修堰工之用外，餘銀三百八十餘兩。按年存貯，以備賑濟，嗣後該州縣每年所收義田租穀，即可由百姓實貯義倉，毋庸變價解司，不特堰工經費有資，而義倉亦均歸實貯，此後成都府十四州縣義倉租穀仍歸紳民自行經理，毋庸官吏干預，以符善制。又據另片奏稱：各州縣義倉租，款每年變價解司，共實收銀十六萬八千十六兩三錢六厘，内除賑濟水灾，修理省城倉厫，及培補河堤，帮賠膏火，提撥堰工歸補公費，越巂軍需等項、借動文用外，現存銀五萬四千九十五兩八錢一分四厘零。若仍發還民間，不敷原變之數，現在中瞻對野番，滋事請將此項存銀作爲軍需之用，嗣後義倉、租穀照舊聽民間自行管理，毋庸變價解司，各等因臣等查，川省歲修都江等堰，每年在於鹽茶耗羨銀兩，酌給銀貳千五百一十二兩，該省每年動用一千九百二十餘兩，均屬有減無浮，歷經辦理在案，其義田穀價及餘茶票息，帮貼堰工係該省自行籌辦，向未報部有案，惟民間義倉租穀原所以自備灾荒，變價解司轉致有名無實，應如所奏，嗣後仍聽民間自行經理，毋庸官吏主持。并令該督轉飭各屬，嗣劫曉諭遍示城鄉，務使上下周知，庶州縣無自侵漁，閭閻亦資積貯，至於司庫現存穀價銀二萬四千兩，發商生息，帮貼堰工，每年所獲息銀二千八百八十兩，并餘茶票息銀一千二百二十四兩，共銀四千一百四兩。除以三千七百二十兩津貼堰工外，餘銀三百八十餘兩，積貯備賑之處，應令該督將征收動支及存剩各數，按年詳細聲明，報部立案，以備稽核。又據該督另片奏稱：各州縣義倉租穀，每年變價解司，自道光六年起，截至二十七年止，除各項借動支用，均屬以公濟公，毋庸廣議外，其餘存銀五萬四千九十五兩零，現在中瞻樹野番，滋事請將此項存銀賞作軍需之用，亦應如所奏辦理，仍令該督轉飭撙節籌辦，俟事峻之，曰：將動存數目報部備查，以期帑不虚糜，於軍務亦有實濟，是否有當，伏乞聖鑒訓示，遵行，謹奏。

（光緒）《增修灌縣志》卷四　乾隆十二年，布政使姚令儀修葺都江堰，人多德之。

乾隆二十五年，布政使林儁歲修都江堰，通濟農田或雨澤愆期，躬親步禱灌縣二王廟，輒有應。乾隆乙酉，關左滕兆棨、新安汪松承兩司馬，以離堆水則年深剥落，望之僅有痕迹，其六畫高低難以的認，間遇山水暴漲丈尺，茫然議而新之，另伐石較準鑴爲十畫，立於古水則旁，以便覽者。知水之消長，又以都江堰河底有臥鐵一條，志淘灘之規則，每歲安放無定，添置丁字鐵樁一，鐵柱一。

乾隆丙戌，淘挖依然不識向趾，因復加長練縛住鐵樁，使無移動，豎石北山鳳棲窩爲標記，按之丈尺，瞭然可免尋摸之勞。是歲總督阿爾泰因都江堰每歲淤渟，令豎築石壩於堰底，加深三尺，引流溉田，又令沿山一帶上游築堰，埂蓄水以備春耕，民利賴焉。

嘉慶戊寅，總督蔣攸銛籌支都江堰，加工銀兩。奏將濟田租穀，每年變價解司以資撥支。道光戊申年，總督琦善又以剩積銀兩交商生息，足敷加工之款，奏將濟田租穀仍歸民間管理。同治癸亥，水溢堰壞，觀察何咸宜來縣督修都江堰，誤將三道崖支足鑿去，頻□□承衝没田廬無算，知縣楊若鱗詳以濟田息銀，分三次賑濟，經總督崇實。

（光緒）《增修灌縣志》卷四 都江堰歲修，舊由水利廳領銀一千二百八十二兩二錢二分九釐，嗣因辦工不敷，道光年間詳請加增銀六百四十四兩二錢七分一釐，咸豐年間詳請加增銀二千二百五十兩，用水十四州縣捐幫竹價銀七百二十兩，以作都江大小各堰之用，所有新河口堤埂及對岸護城埂，了與二王廟門口魚嘴，用銀七百五十兩，由灌縣領修。

統計正加共三十九萬三千五百四十二根，每四十根編籠一條，長三丈徑一尺八寸，順篾寬四指，横篾寬三指，每條給銀一錢六分，其截水竹笆等項照籠估計，每條給銀一錢九分二釐，若有外加，每條照民價給銀三錢三分七釐二毫。同治二年後山枯竹小舊例官價折本，大多師策御劉玉鼎等呈懇，督撫吴棠准，歲幫給銀一千兩，照用水川縣攤派。光緒六年，督撫丁寶楨免其攤派，另於官運局票釐生息，項下歲提銀一千兩，毫無減扣幫給，竹園舊例不敷之用，每屆八月由縣備文，交竹首赴成縣道請領，民賴以甦灌，縣歲添換三丈籠一千二百七十八條，每條照舊例給銀一錢九分二釐。

明 高韶《鐵牛記碑》（光緒）《增修灌縣志》卷一三 灌有都江堰，粤自秦蜀守李公諱冰命其子二郎鑿離堆山剏築之以障二江之水，爰作三石人五石犀以鎮江水，以壓水恠，以灌溉川西南十數州邑之田，爲利溥矣。堰下里許有鬬鷄臺，畫石爲水則者十有一尺，及九爲利，過則憂，没則患，復刻深淘灘低作堰六字於傍，以垂法於後。曆漢而唐而宋，相沿修輯，率循其法，久之湮没，至於元，堰乃不治。歲役兵民萬餘，所費鉅萬，民以重困，時四川肅政廉訪司僉事吉公當普，達觀要害，乃召灌州判官張宏，謀鑄鐵龜陸萬觔，貫以鐵柱，壘石其上，鎔鐵汁雜桐實油灰麻以苴其罅，水利復興。詔翰林待制揭公傒斯作記，以表其功，至於我朝，舊功漸就圮毁，有司歲令得水州邑役夫輸費修葺。成化初，巡撫都御史夏公塤，以地遠者疲於奔赴，令專供工料，乃蠲郫灌二縣雜泛科差，專事力役。弘治四年，添設按察司僉事一員，提督都江堰并各府州縣水利，自是職有專，任時輯屢省，堰以不壞。正德間，水利僉事盧公翊督工修浚，深及鐵版，及得李公前所刻六字，置疏江亭，用昭永鑒，計糧派夫分班更役，復啓蜀王，得歲助青竹四萬竿，以給盛石篓籠之用。嘉靖壬寅夏，二江瀑漲，金堂、簡、資、内江一帶水勢瀰漫，駕出舊痕幾十餘丈，浸淫四五日，始漸以落，丁未之夏復然，江兩岸田地沖决，見在民居漂洗，靡遺寸椽，蓋百年來所未見之灾也。適副都御史嚴公時泰重臨巡撫，見之惻然，過内江訪余問故，余答以都江堰久失淘築之宜，公頷之。入省，即檄帶管水利按察司副使周公相，洎成都府知府孫公宗魯，選委成都府通判湯拱，崇寧縣知縣劉守德督理堰工，明年夏江漲及舊痕而止，不復爲患。余乃作書爲鄉人謝大惠，公復云：此有司勤事之力，時泰何與焉？適周副憲遷秩去蜀，每歲修葺類應一時之宜耳，逮今庚戌春，提督水利按察司僉事施公千祥慮公費之徒耗，肆圖經久之計，爰集劉崇寧同灌縣知縣王來聘，議欲復鐵龜之制。因言上年增立鐵樁三株，貫石以砌魚嘴，今水籠損其半，而省費已二千餘金，請制鐵牛以護石嘴，計當益省歲費而工可久也，白之巡撫副都御史李公香、巡按四川監察御史鄢公懋卿，二公撫綏激揚，安養全蜀生靈之澤以溥，而興利遠害，凡可以加惠斯人者尤惓惓焉。乃咸嘉其愛人節用之誼，即日報可，乃於堰口上三丈許，製竹兜竹笆以欄江流，乃淘江及底，密植栢樁三百餘株，實築以土，與樁平衡，鋪柏木於樁，乃漫石板，石皆長幾丈，厚幾二尺，复鎔鐵爲錠，以鈐聯之。乃鑄鐵版爲底，作牛模其上，施公躬率順慶府通判張仁度洎劉守德等，誓告於江瀆之神李公之祠。命鑄工若干，人分據大爐一十一座，鼓鞲於牛模旁，旋築土臺之上，化鐵而瀉於槽，以注於模内，更用大鍋五十餘口，陸續鎔鐵添澆，以滿平模，凡用鐵六萬七千觔而二牛成，屹然堰口中流，以當二江洶湧之勢。復立鐵椿三株於牛之下流，以固魚嘴之石，嘴下照常仍置竹籠竹捲護持之，都江以固，諸堰攸同，初，未即工前三日，大雨不休，鑄之日，天忽開霽，牛成而復，雨時觀者如堵，歡聲如雷，咸謂神之祐之相之也。蜀府遣左長史李公鈞，持彩緞羊酒以勸施公，而張通判、劉知縣以次諸執事若干員，下逮石工金工犒賞有差是役也，鑄工凡百二十人，爐夫凡千二百餘人，鐵爲觔者七萬二千五百有奇，炭爲觔者一十三萬，柏木用價白金爲兩者二十五，柴木用價白金爲兩者一十，約共費金七百二十一兩。唯蜀府助金一百兩，餘悉出布政司原備修堰之物，爲費不甚多，而利可久，堰堆既潴，啓導以時，不旱不澇，非唯遠邑得免憂患，而諸州縣瀕水稻田乃咸獲利，民固樂其成，衆咸嘉其績之偉。施公、蔣公冀後之人有所於考也，復請於兩臺，遣吏揖余記其事，竊唯諸公修堰之舉，凡以利民，遠師李公父子之意，然循吉公舊築之規，石以固土木，鐵以固石，加意益深，而爲謀益遠，所以甦民之頻勞，而將以佚之於悠久也。嗚呼盛哉！抑雖天造地設之隘固，然且有時遷，變剝石可轉而泐，金可蝕而鏤，詎加數百載之不牛能巋然中流而不移乎？無已，則存乎人焉耳。俾自是而後，有事茲土者，果能心諸公愛民之心，切溺飢由己之念，纘斯成績，無忌無荒，雖萬年一日也，其爲水利尚有何終極哉？是固諸公囑記之意也。是爲記。

明 杭受《復浚離堆碑記》 國以民爲本，民以食爲天，古志之矣。故重農乃爲政之首務，力耕寔兆庶之良謀，漢之文景，躋斯民於仁壽，由此道也。但勤惰之事存乎人，豐歉之數繫乎天，或旱亢之靡常，雨暘之弗若，桑林徬徨，大聖且不能與造化爭，衡則水利之以人事奪天工，其術甚神而其德誠厚耳。益州古稱沃野千里，自禹導岷江，人得平土，而塘堰未開，至秦，蜀守李公諱冰者，命其子二郎鑿離堆山，剏渠引水，灌溉十一州縣之田疇，名都江堰，爲萬世之利，厥功不在禹下，是後，則有元至元間廉訪僉事吉當普建白，用石包砌諸堰爲石門，以時啓閉，前明成化間，巡撫都御史夏公諱塤，規畫均役，修堰之法始備。

迄弘治間，灌令胡光，伐石冶金，即舊址甃石砌，貫以鐵柱，克障水決。正德間，水利僉事盧翊，躬督疏浚，直抵鐵板，得秦人所書六字訣曰深淘灘低作堰，大書觀瀾亭，用昭永鑒，載在輿志，班班可考，皆踵事而增功者也。大清康熙二十載，歲辛酉，余欽承簡命，撫綏全蜀，值吴逆變亂之後，大師進勦之時，貔貅數十萬，餱糧於斯取給，經營籌畫，日無寧晷。且伊時伏莽未靖，備禦時嚴，而余念切痌瘝，問民疾苦，采察利弊，首以都江堰爲急務。蓋錦官爲省會之地，商賈輻輳，軍旅交馳，食指浩繁，咸取足於閭閻之腁胝，食重則農重，農重則水利重，水利重則堰重，誠不敢因軍興旁午之際，而緩視根本之圖也。爰檄藩司劉君顯第，臬司胡君昇猷，先是商度，諮諏計慮，俱有同心，聞此堰廢弛已久，往歲修築，僅以草率應事，故有曆三春而水不至田，農人懸耒太息者，遂於是歲孟春發帑金四百，遴委通判劉用瑞，游擊鍾聲，往求離堆古迹而疏浚之。比至，果於榛莽中得離堆舊渠，砂石壅淤久矣，蓋節年堰水，惟從寶瓶口旁出，非離堆故道也。禹之治水，行所無事，李冰豈獨不然，違其道而治之，毋怪乎用力艱而決防屢告耳，今仍循古迹，事半而功倍，仲春之初，水澤盈畦，決裂無聞，民得耕稼以有秋，官吏相與慶於庭，士農相與歌於野。咸曰：一勞永逸，吾人其無阻飢之患矣，而余則藉二三子之力，庶幾俯愜輿情，仰答天眷，盈百室而寧婦子，慰余惓惓重農之意也。稽諸祀典，記曰：法施於民則祀之，能禦大災、捍大患則祀之，李公誠其人，祀不可以不崇，是用遣官致祭，以報功德，仍勒石以記其事，俾後之君子，知民事之不可緩。而此堰之疏浚，在法古而毋忽，斯民其永賴也乎。

清 王祖源《灌縣二王廟上梁祝文》 伏以重光日月，雕鐫侈玳瑁之華，萬色雲霞，飛構裁文杏之飾，豈若犖會昌於江腹，流静濫觴，跨重阻於峨嵋，勢雄建瓴，而有瑞木朋生，應符太平之字，奇材效用，允惟明德之馨者哉。恭維二王神宇，肇自秦漢，亘峙古今，棟宇岷嶓，菽粟梁益，逮相國家，茂降嘉祉，永作鎮於玉壘，用建福於金城。固已惠澤二江，環流如帶，靈祠千古，鼎峙聿新，方之鄭堰，鄰溉蒼黎，深報德於神恩，樊惠渴渠，守府必式，廓其祠宇，乃榱桷之尨，其猶宋廟之難勝。爰於甲申之夏，遂自哨臺之陽，山靈效祉，僉云異材，神木呈祥，衆推誠由節度。正如柱削芳桂，開湯之木，能飛材選海檀，豫章之神，斯拔采景山之松柏，詎比芳馨，盡蜀地之楩枏，莫踰堅澤，尤可異者，引之繩墨，無假工師，呈能度以矩規，不煩公輸獻巧，信天庥而國慶，斯人傑以地靈。謹諏吉辰，鋪張盛美，襲冠帶而要衣裳，愧終軍曰麟奇木之對，雕篆素而鏤出岳，勝蘇軾白鶴上梁之文。東：中流砥柱順朝宗，紺宇瓊宮昭顯敞，扶桑若木映長虹。南：凌雲畫棟啓珠簾窗，瞰雙流阡陌渥，豐年風雨兆和甘。西：翼飛鳥革矗天齊，右挾岷山安涌，一乾坤爽氣挹金陽。北：天柱高維鎮西域，皇圖鞏固咏斯千，功烈巍巍廟翼翼。上：斗極峥嵘天外望，五雲壯觀拱辰樞，彩霞環列青城障。下：井絡星精臨沃野，萬年有道奠金湯，景福肸蠁來車馬。伏願上梁之後，棟隆叶吉，厦庇遐昌，上經神靈，下緯人理，六合混同，八區交會，遠久無風雨之飄，升降安春秋之祀，原隰墳衍以交繡壤，潛沫安伏以固金堤，誠格詳臻，年豐民慶。仰宣國威，永介景運，橫被三巴，廣覆二蜀，尤願澤無不遍，遠莫不柔，幽荒屈膝，戎貊輸誠，德覃域中，守化海外，宜召長卿作頌以駟馬題橋之筆，并呼孟頫紀祥書龍興造寺之碑，昭一代之徵祥，上千秋之善禱，銘載金石，永鎮岷山。

清 崇實《敕封敷澤興濟通佑王秦蜀太守李公廟碑記》 秦蜀太守李公冰與其子二郎，鑿離堆以避沫水之害，又穿内外二江，廝渠引水，灌溉田疇，遂成沃野，既殁，蜀人祀之爲神，至今作堰淘灘，猶師其法。歷代皆有褒贈，然積久失實，民俗沿譌，今都江堰之祠專祀二郎，而祔祀公於後殿，國朝雍正間，四川巡撫西魯特公憲德，疏請加封二郎。部臣曰：二郎雖有佐父之績，李冰實主治水之功，今但封二郎而不及冰，於義未協，奉旨封冰爲敷澤興濟通佑王，封二郎爲承績廣惠顯英王。顧封號雖頒，而祀典訖未釐正且附會小説，并二郎之迹，亦浸失其旨。咸豐間，學使何君紹基疏請更正，格於部議，寢其事。夫子雖齊聖，不先父食，况以公之賢，又有功於蜀，其施力程能，固無待乎其子。今乃數典忘祖，子掩其父，得毋紊歟？小民失而弗察，猶可諉之曰愚，賢士大夫知而不復諟正，是誣也。愛惜經費，憚於更張，是慢也。使神失而倫，序不歆其禮，將何以國而受福乎？余謂雍正間既奉有諭旨，其事昭然，可以無俟再請，爰於乙丑之春，成縣龍茂道鍾君峻將赴灌視堰工，屬令相度形勢，用謀改作，鍾君視伏龍觀前地勢宏敞，遂就原圮山門基阯，起建通祐王冒祠，而以二郎配享其後殿。所祀諸神，則仍其舊，檄灌縣李令天植、楊令若鏞、錢令璋、水利廳吴丞寶林、曾丞寅光，暨縣之紳耆蒲鑫賢、彭洵、戴崗、申于筠、劉璞、張暉、陽張學海等董其事。命工勘估，計費將近萬緡，稟飭成都府屬需水州縣，按照水册，量力捐貲，隨即鳩工庀材，經始於同治五年二月，閲明年三月廟貌告成，蠲吉迎通佑王神，供俸正殿，用以修廢典而答神庥，既將事畢，鍾君請爲之記。予惟《易》言精氣爲物，游魂爲變，是故知鬼神之情狀，夫鬼神豈以情狀示人，特神道依人而立，揆之人心而安，即揆之神心而亦安耳。然則是役也，察倫物、舉廢、墜通幽明、妥享祀，一舉而四善備焉，鍾君之力也，爰爲之記，以告來兹。

清 劉沅《李公父子治水記》 道者，天理而已，天理全備於人，故得道者即與天通，而神化不測，自聖功罕詣，學者不知人之所以合天，又安知神之所以爲神。大禹之治水也，開巫峽，禁支祁，書籍皆傳異迹，而岷山導江不聞，蓋夔峽未通，群壑無歸，江故横溢，去其壅滯，初非有憑以爲殃者耳。岷嶓既藝，沱潛既導，則貢賦已列梁州，又安慮民之困於昏墊，而不然者，周室井田疆索，戎蜀齒於蠻荒，茅髦分踞，安有經猷，故溝洫之制漸頹，而《華陽國志》所以云禹導江之後，沫水尚爲民害也。水由山曲，亦藉山維，二江未分，離堆支於山麓，水繞其東而行，奔流駛瀉，郡蜀俱爲魚鼈，非李公崛興，民安得而耕耨。且夫有非常之患，必生非常之人，彼蒼仁愛斯民，往往而然，亦非獨李公父子也，公釃二渠，斬潛蛟，約水神，瘞石犀，皆合幽顯而特著。功能與大禹治神奸，驅蛇龍，先後一轍。非得道於身，安能有是？且公治水非一處，襄之者亦非一人，若南安、滎經等處皆嘗及之，故離堆之事，譌傳而同，時若竹氏毛郎，亦贊厥勳，二郎其尤著也。二郎固有道者，承公家，學而年正英韶，猶喜馳獵之事，奉父命而斬蛟，其友七人實助之，世傳梅山七聖，謂其有功於民故聖之。惜僅存其名，又亡其一，亦考古者之憾矣，公本猶龍族子，隱居岷峨，與鬼谷交，張儀築城不就，兼苦水灾，乃强薦公於秦而任之，公營郡治，致神龜，立星橋，通地脉，功業非一。因其治蜀治水，益州始爲天府，故世稱曰川主，而世俗不察，第以爲其子二郎之功，夫善則歸親，人子之道，况二郎實佐其父，史傳朗如，安得舍公而專祀之哉？誓水碑在天彭，斬蛟在灌口，石犀石牛不一，則自導江至郡皆有之，舊多朦朧，愚已皆爲詳考，著之於書。今門人王惠榮刊愚《江沱考辨》等於公廟，而賢士大夫又求約公之事於石，亦闡微之盛意也，故不辭而復爲之記。

清 丁寶楨《重修襄護王寢殿記》 會稽禹廟，梅木爲梁，久之化龍，時時能興雲雨，鱗鬣皆飛動，邦人異之。王故秦守，踐禹之迹，鑿離堆，釃雙江，鏤崖誓水，刻犀鎮洑，其子二郎，克篤前烈，後世利賴，并爵爲王。光緒二年丙子冬，奉命督川，越明年丁丑季春之月，視事官廨，詢猷黄髮，咨所疾苦，維江流失修，故道淤塞，水不灌田，厥害滋甚。遂乃躬履灌口，閱視所謂都江堰者，與前觀察使丁君士彬商榷竅要，召工興作，節宣以時，民無旱潦，涸復農田計將千頃。爰據情入奏，推求神貺，天子嘉焉，晉封今號，每至，官司肅拜，重門洞開，簫管備舉，賓僚陪位，雷車風馬，翕合若接，都人士女，奔走偕來，瞻拜殿庭，歡欣舞蹈。然而楹柱朽蠹，墻垣傾圮，丹青石堊，漫漶泯没，非所以儲精翹誠，昭格上祇也，今觀察使王君祖源，復開浚白馬漕，明效大著。顧惟靈佑，思答洪庥，哨臺之陽，適獲文木，程以尺度天然梁製，非夫功德在民，捍灾禦患，烏能珍材潛感，合契神禹乎？前《志》載：王治水時，與江神鬬，其詞近誕，然驅厲衛民，威武不懾，求之正史，蓋亦多有。王經啓水道，澤被梁益，地大物博，雄擅天府，微特白公、鄭國，眇瑑無足稱誦，即循吏若孫叔敖决芍陂、灌雩婁，汝南鴻却，河陰莨蕩，衡論形勢，殆難方軌，宜乎父子血食兹土，錫慶蕃釐，長與岷江奠，麗終古也。王君既成寢殿碑，并請寶楨爲之記云。

清 王祖源《重修襄護王寢殿碑記》 灌縣西之有襄護王廟，由來尚矣。昔漢蔡邕《樊惠渠頌》稱：明哲君子，創業農民，因高卑之宜，驅自行之勢，以盡水利，而富國饒人。若西門起鄴，鄭國行秦，信臣治穰，皆此道也。《史記·河渠書》志王鑿離堆，辟沫水之害，穿二江成都中，以見往倅禹烈，來啓文翁，澤賴生民，功垂史册，廟食西川，無間然矣。顧深淘低作，誓水，立石人、石犀，實聖謨神烈，濟美一時。今廟前楹祀昭福王，後爲襄護王寢殿，盛代尊崇，祀典隆配，於斯爲備。光緒八年，祖源忝膺簡命，洊擢分巡，每歲冬春，于役堰事，必竭誠絜齊，入廟式禮，瞻拜靈，旂於兹四載，深荷神庥。

先是，制府丁公軫念民艱，思維久遠計，堅工修治，金堤大固，諸堰聿完，涸復之田，歲千百頃餘，白馬漕工，擬興不果，適源受任，遂以屬委。爰與權水利莊君裕筠、盛君時彦，親巡履勘，度其高卑，相其利宜，稽詢古迹，反覆指陳。初試浚之，漕寬數丈，深約數尺，内堰之水雖已少減，每交夏秋，雪消雨暴，泛溢漂悍，齧漱魚嘴，激射山麓，勢猶可虞，因思漕當水口，非寬且深，時其蓄洩，堰豈能容，厥宜大浚，誠不可緩。更諮父老，定謀職司，迺復堤岸於故處，等河身與堰埒，由是春足灌溉，夏不衝澀，時和歲稔，大有黍稷。農民熙怡悦豫，相與僉善，以爲余力，余惟沐王靈佑，仗國洪福，承制府指授規略，得莊、盛二君匡襄，遵循水則，相成厥功耳。瞻望殿庭，正深寅感，適廟祝以梁柱蠹蝕告，而甲申之夏，哨臺之陽又得神木，有天然梁材之異，請於制府，蒙首倡捐廉，暨諸當道傾助，源更竭俸繼之，即以莊君董其事。越明年乙酉二月，制軍以例巡閲，道經灌口，時當開堰，源亦例至，迺侍使節，詣廟展禮，敬酬神貺，快睹殿功之成。於是百爾執事，郡屬耆艾，涵濡神惠，軒鬵靈異，僉謂希瑞成功，不可無識，謹記泐石，昭兹來許。銘曰：

岷山導江，神禹始之。作堋都江，維王媲之。顯謨承烈，立石誓水。深淘低作，六字遺矩。作述兼善，并世濟美。除旱滅溢，穀我士女。秦漢迄今，飲水思澤。翼翼寢廟，會昌建福。上棟下宇，舊久傾折。哨臺效靈，神木天錫。烈烈大府，好古維則。既新孔安，憑依馨德。凡我官民，仰承精白。肅肅其敬，神祇歆格。雍雍其和，神人協悦。穰穰其慶，年穀豐殖。盡受嘉祥，報惟萬一。維神之惠，永奠梁益。裕國足民，肸蠁無極。載刻貞珉，傳於萬億。

清 丁士彬《襄護王寢殿落成記》 癸未夏，士彬再權成綿道篆，季秋，偕大府勘堰。瞻謁神宇，見寢殿楹柱蠹朽就圮。道人賈教政，素能事神者也；至是以重建爲請。士彬白之大府，遂率寅僚各出貲財，屬道人肩厥事，鳩工庀材。適大木自哨臺涌出，長短恰合梁製，朞歲而工竣，爰於春仲，復隨大府往視，巍峩伉爽，頓軼舊觀，道人之精心果力，實有足多者。祀畢，水利分守莊君裕筠屬士彬爲之記，殷殷敦促，彬則謂神之功，巍矣焕矣，志籍所載，或實或誕，民所視聽，即天所視聽，此無待於記也，都江堰事歷數朝，或舉或廢，往者弗具論。自咸、同以後，修廢若何，利害若何，未必人人能識之，未嘗不人人樂道之，亦無待於記也。丙子之冬，士彬初攝成綿，究心水利，次年，制府丁公來蜀，畫然修復，以采於衆論者，下詢及彬，彬既親見全堰之敝陋，民田衝刷以萬千計，良不忍以工繁費鉅，違心諫阻。大府特檄陸君葆德權縣事，勸工役，士彬例往督察，次年工畢，適遭異漲，人字堤復決，譏議間興，輙使勘視，彬因坐此失職。惟當初本無見功之心，臨變忍有歸過之意，且仍恪遵先奉補修完固之旨，與莊君及劉君廷恕、盛君時彦，勷懇將事。昨獲深淘，今求低作，諸君尤不以事機中變，稍間初終全工穩固，迄今七閱，泛漲規制未更，衣冠搢紳，或不盡悉，而蚩氓利賴，心口畫一。繄維神之靈爽，實鑒觀焉，又無待於今之記也。比歲以來，田畝涸復，各堰安流，豐穰屢告，國之福也，神之惠也，十四邑農夫之慶也。而微大府之堅定，暨崇公扶三、王公蓮堂之經營，與在事諸君迭相更代，駕輕就熟之力不及此，於彬無與也，彬固無庸僭記也。即今者廟貌重新，文木高拱，遠近肸蠁，莫不詫美而神之，奠安妥侑，愈覺恍兮，若接千載一時之盛，制府與王公蓮堂碑記詳言之，更無俟彬之贅記也，彬何記爲。莊君曰：事有由始，功有由終。人世離合變遷，瞬息即爲陳迹。而都江之役，廟寢之工，先後九年，間若隱與。在事諸人，有相爲終始者，殆非偶然，終不可以不記。兼慮無以答賈道人之誠也，彬不獲固辭，頓忘弇鄙爰泚筆而述之。時乙酉六月望日也。

清 周盛典《都江堰靈異記》 益州古稱天府，所恃者水利耳，然自秦迄今，越二千餘年，其法不敝，賴後人補救之力居多。今上御極之三年，平遠宫保丁公持節督蜀，慨然念河流之變遷，堰工之失修，民田之未復也，請於朝，發巨帑，檄監司。丁公遴牧令中之熟於水利者往治之，閱三年而功始竟，前郡丞盛君，今郡丞莊君尤能實心任事，仰體公意，先後請開白馬漕，長一百一十丈，寬八丈有奇。俾内江水足之後，餘水盡注，外江比年來晏然順軌，雖盛夏太溜，不至爲患，尤異者，堰魚嘴前新安馬叉，表長一百二十洞，其制以榿柳雜木爲之，每歲放閘後逐次撤去，僅留數洞，以殺上流水勢，然遇盛漲，亦即隨波漂没。今則巍然峙立者尚有五洞，於驚濤怒浪之中發生枝葉，鬱勃菁葱，斧斤之痕宛然尚在，豈非公之精誠所結，感通於天，以召此靈異與公之大修都江堰也，凡七至其地，往復履勘，孳孳不倦，民田賴以涸復者甚多，深仁厚澤，入人心者深矣。異日當以此爲召伯之甘，棠武公之菉竹焉。

清 陸法言《丁公祠記》 蜀守文翁，尚有千秋石室，杜陵詩老，猶存百代草堂，何况我宫保丁公之纘緒夏秦盛德在民者乎？公自督蜀以來，周咨得失，備考廢興，二千年賴此離堆，患分沫水，億萬頃皆成沃野，利在都江。雖代遠尚得溯六字之心傳，即法敝而可尋，中流之砥柱，爰乃爲民請命，既利害之異，陳發帑興工，復遵循於舊則，公惟存禹稷之心，願溥全川膏澤，而民遂協風雨之好，思酬一瓣心香，兼謂乃場乃疆，相度不煩民力，顧此樂郊樂土，耕耘共慶秋成，故當户户買絲，家家畫扇者也。於是選勝地，屬羽流，小築樓臺，恰對神仙窟宅，大名宇宙，儼同丞相祠堂，既捐輯葺之資，復豫守祝之費，慶初度於岳降，頌協岡陵，歷不改之歲寒，齡延松柏。以是知立功立德，成當時不朽之基，既溥既長，遺後世無疆之利，若彼叢叢碧雞之祀，事多不經，更未可方駕也已，是爲序。

清 吴省欽《白華前稿》卷一六《離堆考》 蜀之言離堆者三：一在南部，顔魯公所記斗人嘉陵江，上崢嶸而下洄洑，不與衆山聯屬者也。《四川志》既於南部載之，又誤載於蒼溪。《廣輿記》削南部而存蒼溪，尤誤。一在灌縣西南江中，一即嘉定烏尤山。山當岷江水、青衣水、沫水之衝。岷江水自青神縣流入，青衣水出蘆山縣徼外，經雅安、洪雅、夾江，在嘉定府西北十五里與沫水合。沫水亦謂之雅河、銅河、平羌江、大渡河，其源一自越嶲，一自打箭罏徼外。《史記》：秦李冰鑿離碓以避沫水之害。注：碓，古堆字。《漢書》作離隼。《華陽國志》：青衣有沫水出蒙山下，伏行地中，會江南安今嘉定府治。溷厓漂疾，破害舟船，冰發卒，鑿平溷厓，通正水道。《水經注》：蒙山上合下開，沫水經其間，歷代爲患，冰發卒，鑿溷厓，通水路，開處即冰所開也。《四川通志》：沫水今名雅水，自雅州入洪雅，合龍溪、花溪、洞溪、瀘溪，入夾江境，自隱蒙而西而東，灘洞石厓甚多。暴漲則巨浪排空，水涸則故道莫辨，舟覆者十四五。今沫水如此，在冰時更可知也。楊慎曰：蜀舊志以冰離堆在灌。觀《元和郡縣志》，冰鑿離堆在雅州，沫水出西南徼外，下雅州，過嘉定三江口，安得逆上數百里而害灌？然慎知離堆之不在灌，而不知其沿誤所始，且更誤以爲在雅州，後人知烏尤之爲離堆，而無所證據。王安石詩：一江春雪下離堆。蘇軾詩：遠遡江水窮離堆。是宋人已以離堆在灌。至《宋史》言李冰於離堆都江口置大堰，疏北流爲三。《元史》言李冰鑿離堆分江以灌川蜀，民用富饒。二史以冰鑿堆利舟，堋江利田爲一事，其誤遂甚。予按《華陽國志》：南安縣治青衣江會，有灘一曰雷垣，一曰鹽溉，李冰所平也。《水經注》：南安有灘名壘坻，亦曰監溉。《御覽》引《益州記》『青衣神號爲雷塠廟』，即班志之離塠。《寰宇記》：南安江會，有名灘二，曰雷垣曰鹽溉。《集韻》：塠亦作堆，塠誤垣，猶之鹽誤監，至壘、雷、離、坻、堆，又以音近，而誤其云在南安江會，爲李冰所平，則無有異也。冰於灌穿三江，於沫水鑿離堆，於僰道積薪燒蜀王兵闌，故厓皆興利除害之大者。若《御覽》言漢源縣有李冰離堆，漢源隋縣，今爲清溪，秦時未嘗通，何以發卒鑿厓爲此無益之事。至雅州亦無陡立水中數十丈之山，惟烏尤東會江，東南當沫水盡處，然後知此即冰離堆。故揚雄《蜀都賦》以離堆列於南戒而班馬所言避沫水之害者，質且核也。酈氏於江會言壘坻，於沫水言溷厓。《正字通》以溷厓即離堆，然雅州至嘉定，江厓多有溷者，溷厓在上，離堆在下，雖一事而不可合爲一處。又《四川志》長寧城北溪中有石似離堆之象，因名曰小離堆，是又假離堆爲名而不列於三離堆之數者也。

都圳堰

綜述

明　周志偉《都圳堰記》（同治）《安義縣志》卷一三　邑東南地曰中州，籍田三十餘頃，歲輸租三百餘石。先年自桐城港口古堰一所分納上流，下通義城，三江中疏溝圳，縱横導引，頗稱沃壤。成化年間，龍水衝淤，遂成瘠土。嘉靖四年，太守張公愈嚴至安義，躬自閱視，慨然有意修復。無何，解任以去，事仍中止。嘉靖二十三年，毖源李侯涖吾邑，逾月，政修事舉，尤加意民瘼。周生廷鳳以其事白侯，侯乃進父老而咨之。諸父老咸稽首曰：吾民望此久矣！侯顧諸僚佐鑒池樊君鼇、塔山紀君佐、苞川吴君澧曰：是在吾輩，不協心圖之，其諉諸何？遂相率往視之。籌畫既定，以其事屬吴君專理之，又檄邑老周志道分理之，乃侯不時親臨以考其成。自甲辰八月經始，迄乙巳正月告成。爲堰一，爲橋一，爲圳長三千餘丈，諸費皆侯自捐。於是水復故流，民忻忻胥慶，相與歌曰：我溝我洫，我黍我稷，千秋萬秋，我侯之懿。民又歌曰：原隰既同，泉流既通，湖水溶溶，我侯之功。當是時，靜郊馮君一麟以代至，而岐陽周邦畿、一湖黄焕、石崖萬炳，蓋嘗與聞其事，而交贊其成者也。陽山子歸自蜀中，既相與嘉嘆之，遂謹述而并書之。

（嘉慶）《清一統志》卷三一七　都圳堰在安義縣東南，地名中州，有古堰久廢。明嘉靖二十三年，知縣李恒敦於范家灘石洲開小港，灌注陳坊等處，爲堰一、橋一，圳長三千餘丈，本朝康熙十年修。

（同治）《安義縣志》卷一　都圳堰在三里，潤二丈長千餘丈，沃田五百頃，生員周廷鳳呈請知縣李恒敷申允，委典史吴澧專理，于范家攤石洲鑿開小港，至河灌注陳坊等處，約十五里許。作亭于城上，水口豎碑，翃庵齋僧看視，副史周公志偉有記，天啓初年，生員王端臣、吏目陳其謙等具呈本縣知縣王宏道，重修尋復淤塞。康熙十年，生員王邵、陳遴等具呈司府批縣，知縣陳瑋復加修築如故。

（光緒）《江西通志》卷六四　安義縣東南地名中州，有古堰一所。明成化間，爲龍水衝淤。嘉靖四年，太守張愈嚴檄令修復，未果，二十三年，知縣李恒敷委典史吴澧，於范家灘石洲鑿開小港至河，灌注陳坊等處田畝，爲堰一，爲橋一，爲圳長三千餘丈。二十六年，知縣李恒敷又築謀家埠陂，長五十七丈，闊五丈。天啓四年，知縣王宏道重修都圳堰，尋復淤塞，國朝康熙十年，知縣陳瑋復加浚築。

傳記

（同治）《安義縣志》卷一〇　王侍臣安義里人，好直言，急公事，授中洲都圳堰長，以時修築，年八十二。

風峪石堰

明 黃卿《重修風峪石堰記嘉靖七年三月立》（嘉靖）《太原縣志》卷五　余去歲夏以旱往禱太原之晋水祠。聞風谷之靈，亦入告祀。覽廢溝渠，紓深涸阻。考《水經注》所謂智氏決水遺迹。漢元初中，修以灌溉，余與斷之遺民利也。又見故堤纍然蕪斷垂盡斷垂，余曰：是殆尹鐸所增壘培，趙簡子慨於寅吉射者乎！委士之爲鑒也，遠哉！諸生曰：否，今邑治占古墉之南古墉陸，今城近湫濕，西當風峪，或值夏溢霖，諸山壑潦水會出谷口，洶湧如雷皷。東下射城突門而入，蕩壞室廬，民恒爲咨，水渠緣廢，民利弗興。正德初，始築石堰障洪潦，俾東北流注汾河。然堰創立工用草簡，數年頹圮。民欲事有待也。余曰：方旱曷俟秋登，秋乃不登，乃止。今歲三月，余與聞修堰，無何以成來告。予嘆曰：何速也，先是御史穆公奉例遣官，閱視郡邑城邑，將督修治。邑人之縉紳共白縣丞田璋、主簿景昂曰：弗勤民則已，勤則先吾所患，吾患在堰，堰弗先治，城築必損，隍浚必夷。二倅曰：有諸，時少師大司馬王公將督全陝，治裝在里，乃趋請問，公曰：是吾始歸爲鄉父老告者也。今歲且有水悴乃告諸上官，巡丞常公曰：興以義，且農未殷其即興役，役均則逸，車丁二十乃傭其一，去歲不登，民殆苦饉，其捐廪粟以慰以哺。巡按穆公委先視縣篆藩司理問丁君覽度地形，擬授規略，上狀既俞，馳檄景昂董役，嚴程禁擾，毋倦毋刻毋起弊端。藩臬諸公咸諾，且贊上下允協。昂又訪於少保，得邑人倉大史郭希萬，省祭米志義官段禎分理，率黽勉祗奉徒役趋集，夙興晏息。伐石於山，輓運走拽，昨壞於麓，是任是負，柔條髐礫隨宜兼用。築者司載，匠司其準，引勢鎮衝，倍增基址，屹屹憑憑，實堅實崇。南北長五百丈有奇，高三丈五尺，址之厚如高三之二，頂之凋殺址五之二。去城五里許，去谷五百步。三旬奄成，民歸怡怡。士氓聚歡聲相孚，咸曰：駿工總總，劇邑昔危今，寧我不知勞，官罔告費，乃增墉雉，乃鑿我池，經營於縣，垂永莫斁。嗚呼，茲舉義大矣哉！若乃登樓西望，如翼如屏，欝爲壯觀，出谷東矚，丘躋壁削。俯壓晋洫，映嵐受靄，宛如素障，既雄聿秀。登堰北眺，遺墟斷碑，何其多耶。粵稽太原，又曰太鹵，本堯爲諸侯之故都，周成王以封弟叔虞，所謂剪桐封也。春秋爲趙氏宗邑，北朝魏齊營建宮闕，唐爲北京，五代唐、晋、漢于京斯依。今縱觀之，藩以太山，經以汾河，沃以晋水。山西百邑，此宜爲首考。其前諸令多廢不治，方今缺令堰乃修復，匪鄉有元老，匪上有賢保厘監司諸公，詎克成功，以奠庇民。余也淺，薄適會落成，與復爲令者，皆有幸哉。今來思政，無難遠求，究此堰功舉廢任，勞淑約平，役篤斯民，其休丕哉！少保公欲爲文以傳，予亦將爲垂示也，則不可辭，乃磨堅珉勉爲紀焉，常公名道，字文載，南畿滁陽人，乙丑進士。穆公名相，字希尹，陝西三原人，辛巳進士。理問丁公名相，安慶人。縣丞田璋，陝西富平人。相繼令攝，主簿景昂，遼東海州衛人。皆太學生。

（道光）《太原縣志》卷一三　風峪石堰創自前明正德初載，嘉靖七年重修，原邑城郭田廬幸無山水漂沒之患，蓋二百年矣。堰長五百丈有奇，每逢霖潦，山水漲發，諸壑之水滙出谷口，循堰北流，經羅城閣轉由縣東渠至三岔口分注退水正東畊地等渠，以達汾河，此故道也。歷年久遠，時有傾圮，國朝僅存石堰二百餘丈，尚資捍禦。乾隆初年，堰北沖開壑口八十餘丈，峪水東下散漫，橫流沖爲沙河，三道侵及縣城東北二關及古城營地畝，於是河之故道漸爲城北等村居民佔種，至乾隆十七八等年，又於堰南沖開壑四十餘丈，縣城西南關及附近田廬被害更甚，嗣據紳士朱周冕、朱周德、崔大典等呈請修復，而城北等村紛紛告阻，尋以頻年未有大水，因循中止。至乾隆四十一年，任祐、白昇、崔煦、郝聲、孟宗周、劉榮宗等復與張顯等爭控，經攝太原縣事，歸化城蒙古民事府轍審明，詳請修復。蒙院憲委本府周勘明，隨委薄州分府劉知，太谷事單協，同馮邑侯勘辦，得縣東渠故道窄狹，恐大水暴至猝難容受，擬自峪口至大柳樹，沿岸佔種，地畝悉令退出，酌量挑挖寬闊俾其勢，行遠而流緩，自大柳樹下橫穿縣東，渠身直至汾河，挖寬二丈，深一丈，長約七里許，合計需占民田五十八畝八分七釐。按畝給價，則河道疏通，水有歸宿，而城北等村亦無漫溢之患，庶爲一勞永逸之計，隨行院憲巴大中丞假運城查鹽之便，協同藩臬道憲親行勘核，回轅日繪圖奏，聞奉旨俞允。乾隆四十一年七月十九日動工，四十二年七月底告竣。補修南壑長四十五丈，高二丈，趾厚五丈，收頂三丈。北壑長八十五丈，高二丈，趾厚三丈，收頂二丈。堰尾高一丈五尺，趾厚一丈五尺，收頂一丈，長十丈，統計新舊堰共長二百零八丈，計費六千三百金，闔邑士民等公捐是役也。經費銀錢悉屬紳士朱孔陽、崔大觀、王廷珆、郭應奎董率其事，工竣之六年，徵余文以勒諸石，因述其始末如此。

鳳溪石陂堰

清 吴沄《鳳溪石陂堰記》（同治）《武寧縣志》卷三二　石陂堰者，鳳溪西塅之大堰也。《志》載：灌田三千八百畝，其源發於三眷，其委抵於鳳溪，其潭瀦於水口獅崖之麓，其創始則於前明成化八年，其集議建立，則惟宛平令喻彦清之次子璇也。先是鳳溪西塅以筒車爲灌，蔭恃一勺之挹注，資數里之耕耘，溪水泛濫下流，高隴多歸枯槁，井里上下之間，其地其時無不同，而豐歉判如矣。今夫利在一時者，一時戴之，利在一夫者，一夫感之，若利賴在生靈，沾渥在奕世，服疇食德，守之無窮，則盛衰興廢之數有不得而言也。璇之族於鳳溪也，居其下游，念桑梓之難違也，旱潦之不能畫一也，以爲挽之難上者，曷如堵之使流注之無多者，曷如傾之使遍，乃相土宜度水勢，請諸當事商諸上下同人開闢。堰圳由巔及末約七里許，又慮使水之難均也，更立條規，分堰圳爲三塅，遇旱使水計遠近限時日，自下而上以十日爲輪回，是舉也，判之者邑侯王公僑，共議者喻、姚、陳、夏、李、翁、錢、崔、田、徐、黄、余十二姓，迄今圖判具存，碑記昭揭，居其境者，皆知爲喻氏先人之澤，奉喻氏後嗣爲一堰之長，歲時修築，限三十畝一夫，堰長鳴金前導，無或敢不至，何者，七里之内三千畝之廣，數百户之聚族飲食，於斯教誨，於斯皆藉一水之利，故樂然響應，而其功實肇於璇鉅，世遠年湮，賞其澤而忘其人也，耶某年月日記。

（同治）《武寧縣志》卷四四　鳳溪石陂堰，灌田三千餘畝，其堰湍，廣可數畝，每遇旱涸，照下蔭上，法輪流車堰曰：閘車淺，夜半，輒漲，每車至四五。曰：有二大魚出游，必滂沱大沛，屢驗。

堽城堰

明 李惟明《浚洸河記》《北河紀》卷三　近年泰山徂徠等處，故所謂山坡雜木、怪草盤根之固土者，今皆墾爲熟地，由霖雨時降，山水漲逸，衝突沙土，萃貫汶河，年復若是，以致汶沙其浩浩若彼，而洸因以淤澱也。設無堽城堰，洸自爾奚獨尤彼也，閘司不知虞，此直以水之盈縮，民之利害爲節，而開閉之非知所先務矣。

綜述

明 商輅《堽城堰記》《名臣經濟録》卷五〇　汶、泗二水，齊魯名川。汶出濟南萊蕪縣，泗出兖州泗水縣。二水分流，南北不相通。自古舟楫浮于汶者，自兖北而止，浮于泗者，自兖南而止。元時南方貢賦之來，至濟寧舍舟，陸行數百里，由衛水入都。至元二十年，始自濟寧開渠抵安民山，引舟入濟寧，陸行二百里抵臨清入衛。二十六年，復自安民山開渠至臨清，乃於兖東築金口堰，障泗水西南流，由濟河注濟寧；兖北築堽城堰，障汶水南流，由洸河注濟寧。汶下流又築戴村堰，障之西南流，南抵濟寧，北抵臨清。而汶、泗二水悉歸漕渠。於是舟楫往來無阻，因名之曰『會通河』。我太祖高皇帝定鼎金陵，無事漕運，向之河堰廢損殆盡。太宗文皇帝遷都於北，爰命大臣相視舊，築堰疏渠，漕運復通，第堰皆土築，每遇淋潦衝决，水盡洩，漕渠盡涸，隨築隨决，歲以爲常，民甚苦之。

（嘉靖）《山東通志》卷一四　堽城石堰閘，在堰上流，引汶水入洸河。成化十一年工部都水司署員外郎主事張盛造。

明 謝純《漕運通志》卷二　堽城堰，在兖城北，障汶水南由洸河至濟寧，合泗水以濟漕河。建築。

清 顧祖禹《讀史方輿紀要》卷三二　堽城堰，在縣東北三十四里，元置堰。永樂中改爲壩。成化十一年，主事張盛以舊堰水闊河深，相視其西南八里爲堽城新石堰，置閘啓閉，以時蓄洩，在今城西北三十里。又洸河東西閘俱在縣西四里。嘉靖六年，主事吴鵬以洸水久涸，柳泉復爲積沙所壅，乃置閘於此，引柳泉横過洸河，隨時蓄洩，以達其流。又東至城南會蛇眼諸泉，下流入於漕水，并注洸河以濟運。

傳記

（道光）《濟寧直隸州志》卷六 張盛，字克謙，南直宜興人，天順庚辰進士，成化八年以工部員外郎任南旺分司，嘗修金口堰及堽城堰，凡有益漕運者悉殫力爲之。

紀事

明 商輅《堽城堰記》《名臣經濟録》卷五〇 成化庚寅，工部尚書郎張君克謙奉命治河，歷觀舊迹，嘆曰：『浚泉源，疏漕渠，此歲不可廢。至若壩堰，以石易土，可一勞永逸，何乃因循弗爲經久計乎？』於是督夫采石，首修金口堰，不數月告成。凡應用之需，以一歲樁木等費折納，沛然有餘。曰：『斯堰既修，堽城堰亦不可已。』方度材舉事，遽以言者召還。已而巡撫都御史牟公觀其迹，極加嘆賞，騰章奏保用，畢前功。至則以堽城舊址河闊沙深，難於用力，乃相西南八里許，其地兩岸屹立，根連河中，堅石縈絡，比舊址隘三之一，乃謂於此置堰，事半於古，功必倍之。遂擇癸巳九月望日興事，委兖州府同知徐福、陰陽正術楊逵、耆民張倫、許鑾分領其役，儲材聚料，百需咸備。明年春三月，命工淘沙，鑿底石如掌平。底之上甃石七級，每級上縮八寸，高十有一尺，中置巨、細石，煑秫米爲糜，加灰以固之底廣二十五尺，面用石板甃二層，廣一十七尺，袤一千二百尺，開秋口七，各廣十尺，高十一尺，置木板啓閉，遇水泛漲啓板，聽從故道西流，水退閉板，障水南流，以灌運河，兩端爲逆水雁翅二，各長四十二尺，順水雁翅二，各長三十五尺，中爲分水五，各廣二十三尺，袤一百三十尺。兩石際連以鐵錠，石上護以鐵拴。甃口上横巨石，或三或四，各長十餘尺。河舊無渠，民病涉。堰成遂通車輿。有元舊閘引沙水洸，洸淤，汶水不能入。兹堰東至閘，爲二洞，皆廣九尺，高十一尺。中爲分水一，旁爲雁翅二，亦用板啓閉，以候水消漲。漲則閉板，以障黄潦；消則啓板，以注清流。洞上覆以石，石之兩傍仍甃石，高一十有八尺。中實以土，與地平，俾水患不致南侵，洸河免於沙淤。閘之南新開河九里，引汶水通洸。河口逼㟁，自顛至麓皆堅，鑿石兩閱始通。肇工於九年九月，訖工於十年十一月。是役所費，較之金口不啻數倍，而民之勞擾者，似前折納之外所增無幾，蓋處置得宜，區畫有方，所以開漕運無窮之利者，實在於此。都憲嘉其功之成，命兖州郡守錢源徵予以記，往歲克謙還自東魯，語及修堰之役，予心善之，及克謙再行，予實從臾，今績用有成，可斬於石耶？昔白公穿渠，民得其利，歌曰『衣食京師億萬口』。若克謙斯堰之築，漕河允賴，公私兼濟，視白渠之利不亦尤大矣乎？予故備書其事爲記。克謙，名盛，常之宜興人也。天順庚辰進士，都水員外郎，功名、事業此其發軔云。

雜録

明 徐溥《謙齋文録》卷二《重修龍神廟記》 兖州府新作堽城閘，閘之上古有龍神祠，至是并新之，以嚴祀事，以厭水患。粤自前元疏河渠，引清濟汶、泗，立閘節水，以通燕、薊，江淮舟楫萬里，我太宗文皇帝改都於燕，天下朝貢之往來，漕運之絡繹，濟寧之地爲尤要焉。故凡河渠壩閘之政令，歷世謹之，且謂河道非自然長流，而濟南兖東諸泉，上源以時浚導，嚴立閘堰，常輟朝臣以涖之。成化五年，吾義興張君盛以都水主事往治其事，巡行周視，得舊堰二，一曰堽城，一曰金口，金口在兖城東五里，約泗水西流至濟；堽城在兖城之北八十里，分汶水入西南，亦會於濟。二堰與閘其創已久，然金口土築，不時潰溢，役費歲以萬計，吏緣爲奸，民用滋害。堽城雖石堰，歲久弗治，沙土冒其上，弊與金口等。而水利且日縮矣。張君因曰：與其屢費而病，曷若暫勞而久佚，以金口舊堰在沂、泗合流之南，其地窪不可爲，議將徙北若干步。明年遂徵工發役，授規屬吏木石麻鐵灰粟之類，便宜調度，不以煩民甃石爲閘，以防衝决，并疏沂河以就之，惟堽城沙深河闊，未易即工，又屬歲祲姑有待，而張君秩滿還朝矣，後僉都御史陵陽牟公巡撫山東，見金口之績而嘉嘆之，及見堽城堰，則曰：『此獨不可修耶？』所少者張水部耳，言上奏薦，因得張君再至，民乃欣然趨赴堽城，不逾年而堰成，復置閘以殺水勢，前後三載，而大功告成。歷年勞費，厲民者一旦失去，朝廷河渠之利永有，攸賴張君之績偉矣哉。夫廟祀龍神固爲堰閘而設，故廟記於堰閘特詳焉。後人嗣而葺之，張君之澤垂之不朽，而龍神之祀亦與享而無窮矣。是役也，協心贊成者知府錢源，董其事者同知徐福，分理則閘官梁洪也，張君字克謙，庚辰進士，自主事升員外郎，今官山東布政使司左參議。

清 傅恒《通鑑輯覽》卷九六 堽城在兗川府寧陽縣東北，即漢剛縣故城，後訛剛爲堽，元人置斗門於此，曰『堽城堰』，明改爲壩。

（嘉慶）《清一統志》卷一六六 堽城堰在寧陽縣東北三十四里，元至元中置堰，中爲十門，以導汶水入洸，明永樂中，改爲壩，成化十一年，以舊堰水濶河深，于其西南八里爲堽城新堰，置閘啓閉，後廢。《縣志》：『舊石閘在堽城西北隅，新石閘在縣西北三十里，其上流又有堽城石堰閘，引汶水入洸，皆成化中員外郎張盛所建。』

高加堰

論説

明 潘季馴《河防一覽》卷九《高堰請勘疏》 臣潘季馴謹題，爲高堰石工將興，鄉官請毁甚力，乞恩速賜勘議，早定國是事。臣於十月十五日准工部咨，覆奉欽依行，臣等遵奉題准事理，采石甃砌高家堰，臣即分行各司道查照興舉南河，分司郎中張譽見在下椿甃砌間，忽聞泗州鄉官欲毁高堰，投揭撫按衙門，且赴南都矣。隨覔視之，原任湖廣參議常三省者，特具一揭，本官又與原任江西副使李紀、劍州知州韓應聘、濉縣知縣高尚志聯名一揭，危詞悍語，不可殫述。而中間最所聳動人者，云祖陵松柏淹枯護沙洗蕩二句，臣讀之不勝駭汗，先，該臣於九月間督同南河郎中張譽、潁州道副使唐鍊親詣祖陵勘議，初乘坐船，一入陵東沙湖口，則淺涸難進，復易小舟，約行六七里，登岸陸行，至下馬牌邊半里許，又行里許至廷墀，恭謁訖當，同各官并奉祀，朱宗唐周圍閲視，得山基高阜，松栢茂鬱，湖水僅及岡脚，堤根俱露乾地，當詢朱宗唐淮水暴漲之時，水及何處？本官回稱至下馬橋邊，墀水係是驟雨，宣洩不及，隨據各司道議，得爲今之計，惟有量將舊閘加增高闊，便洩雨水。前歲所築東南隅石堤，較之内地反卑，無甚關繫，但已成之業，亦宜修葺，隨將應修堤閘及泗州護堤工程，咨覆工部訖及。又查得陵東嘉靖二十一年所築堤閘堅好如故。而前歲接築石堤圮裂甚多。内無托石。外無釘筲。必係委管堤工員役侵扣錢糧所致。復行該道嚴查何官管理。應參應究，另行呈奪，未報。據其淹枯洗蕩等語，則臣等恭謁之時，豈皆無目者耶？然臣終不自安也。又於十月二十二日臣復往泗州。督同該州知州秘自謙、盱眙縣知縣詹朝等躬閲祖陵。則見河湖之水較前更涸，光景頓殊，松柏鬱然，籠雲蔽日，即地濵所栽旱柳亦皆生意勃然，而塹外護沙高阜如故，臣殊怪士人口吻豈宜如此誑誕，回至該州面詢知州秘自謙，彼云：士夫何常親到陵上閲視，止據小人相搆之語，遂形紙筆耳。竊照臣與前任漕撫都御史江一麟未至之時，稱淮水爲害之大，高堰當復之由者，不知其幾千萬人而形之，撫按之奏牘，臺省之條陳者，又不知其幾千萬言也。然臣亦不敢輕率舉事，到任之後，親詣泗州，會集生員、里老人等備詢，泗州水患在高堰未決之前，抑既決之後也，僉曰，高堰決而泗州水患爲甚也。清口塞於高堰未決之前，抑既决之後也。僉曰，高堰決而清口塞也，臣應之曰，是誠然矣。葢高堰決，則淮水東，黄河隨躡其後，故清口塞而堰内皆住址，陸地其洩不及清口之半，故泗州之水聚，今塞高堰，乃所以通清口，而洩泗州之水也。遂斷然請于皇上而行之。去春，高堰既成，即聞泗水消落，臣未之信也。尋于五月二十二日接到該州鄉宦御史趙卿遺臣與江一麟書云，大工底績數十年沮洳之鄉，一旦膏壤，諸名公必潰之役，倏爾告成，國家幸甚，生民幸甚。古謂地平天成，萬世永賴者，更何狀哉！又遺各寮屬書曰，治河之役，古今稱難，今日之河，緣雲梯闗，塞而不通，高家堰通而不塞，是以桑梓爲巨浸，陵寢亦有小妨。十餘年來，當事者徒爲長嘆，茲幸神謨妙算，倏爾成功。然今論功者，止云兩府貧民得免魚鼈之患，三陵樹木得免渰没之虞而已，而不知淮黄合流，爲祖陵一大合襟，所關尤重，如堰功不成，則淮奔而南矣。即此言之，其功在朝廷，豈特咽喉之樞腹心之病云乎哉？至於吾民之沃壤，極目歡聲盈耳，又有不能盡述者，而臣猶未之信也。九月十八日，又據營田道僉事史邦直揭，稱本月初七日職經越城等處，逵淮泗間，沿途者得高堰以東地方數年間洪波浩蕩，非二三月不見地皮，比及四月復如初矣。而泗城淮河瀰漲漫衍，令人蹙焉，今也皆爲平陸亢爽，無復津涘。但布種者即嘉禾穰穰，而泗州四外俱成乾灘，淮由地中去堤岸十餘丈，黄童白叟共曰十數年來未見。不意今日復睹平地，而職亦待罪地方既已三年，往來此地，歲不下數次，誠未睹有光景如今日也。至於避水，孑遺棄田里廬舍，攜父母妻子遠去，望故土而泫然者數稔矣，今皆即舊基積土爲壁，鋪蘆爲屋，子婦歡呼，雞犬聚棲，職一經行，咸入照覽，有不圖爲樂之至於斯也。泗士若民各亦互相駭愕，自遜見識不到。夫以土之士民，世世其中，歲歲其患，又皆縉紳名流而所識見僅如此，則治河者可膚淺道哉，臣睹此揭，方快然自以爲得矣。夫據二臣書揭，則高堰未築之前與既築之後光景頓異，了然在目矣。陛下與廟堂諸臣焦心勞思者數載，臣等胼手胝足者逾年，方成此工，今陛下且俯納科臣之言，用石甃砌，以爲億萬年無疆之計矣。三省等遽欲毁之，忍乎哉？今歲之水，委果異常，往歲止發一次，今則再發。往歲以數尺計者，今則及丈。然五月末旬暴漲，六月俱消，七月中旬暴漲，九月俱消。即三省揭中亦謂目今淮流少減，遂謂祖陵無恙，誠然矣。然既稱少減則消而復漲，漲而復消，乃水性必然之理，即徐邳間皆然，不獨泗州爲然也。即山陜、河南皆然，不獨徐邳爲然也。有今歲異常之雨，則有今歲異常之水，三省等能使天之不雨乎？南都濱臨大江，蘇浙逼近滄海，五六月間，街市可舟，一望巨浸。又聞承天顯陵水深六七尺，豈亦有高堰阻之乎？臣不敢瑣瑣辯瀆，即以揭中最舛之語爲皇上陳之。案查嘉靖十二年前任河道都御史朱裳請於祖陵東西南三面量築土堤，以障泛溢，該都御史劉天和接管勘得祖陵西北二面土岡聯屬，永奠無虞，其南面山岡之外即俯臨沙湖，西有陡湖之水亦匯於此，淮河自西而來，去祖陵一十三里，但遇夏秋淮水泛漲，與前項湖河諸水通連會合，間或渰及岡足，及下馬橋邊，今據匠役王良等量得，自淮河見流水面至陵地共高二丈三尺一寸，百餘年來，每歲水溢，未聞衝決，事體重大，未敢輕擬等因。又查得『泗州志』載元知州韓居仁所撰《淮水泛漲記》，内稱大德丁未夏五月，淮水泛漲，漂没鄉村廬舍，南門水深七尺，止有二尺二寸未抵圈甎頂，城中居民驚懼。因考宋辛丑之水大此二尺，丙寅小此二尺，今取高低尺寸，刋之於石，以後水漲，官民視此勿驚懼云。又查得盱眙縣石刻載邑人蔣仲益記。内稱正統六年五月連雨，六月水浸泗城，官民咸避盱眙山，泗州衛前水高一丈二尺，漂没廬舍，民大驚駭。按，宋淳祐、咸淳、元大德及我朝洪武乙丑、永樂己丑皆大水焉，不可不紀，以慰後人云。各志石種種在也，漢唐無考矣，我朝正統以後無論矣。即志刻所載自宋之淳祐至我朝正統，泗州每爲水困而揭云，萬曆以前，堰未築，則鮮害，果何説耶？考之郡志，高堰爲漢陳登所築，而我朝平江伯陳瑄復大葺之，相傳千有餘年。乃云原無高堰，萬曆元年刱築如其無也，則隆慶四年以前，高堰未決，淮揚何以無水患乎？塹外護沙，原非人爲，自開闢以來有之者，即志刻所載曆朝大水，較之今歲不啻三倍，護沙固無恙也，乃今遂洗蕩乎？高堰居淮水之東，中間尚隔阜陵、泥墩諸湖，淮水北出清口則直而順，出高堰則逆而難。揭云高堰横攔直，受使淮流至此，紆回曲折而不得直下，是未知高堰安頓何處，可論水乎？又云萬曆以前，河淮於清口會合，通流入海。惟自高堰一築之後，淮益弱，河益强，蕩激泥沙，日累月積，此又不經甚矣。夫高堰通流，則淮分而弱，反爲之强，高堰斷流則淮全而强，反謂之弱，何其舛乎！先任漕撫衙門特因清口沙塞，製混江龍以滚刷之，畢竟無效。臣與江一麟率同司道府州縣官二十餘員親往清口閲視，僅存一線，人皆褰裳而渡，此高堰大潰時也，延至次年二月，高堰築而清口始闢，今反言之舛甚矣，三省又云淮人以此堰爲便，特田土耳，孰愈害及人民，夫高堰決後，淮揚之民流離轉徙，阽於死亡者不知其數，無論已淮水東注黄浦，八淺高寶一帶横潰四決，覆溺船隻，阻梗運道，三省輩獨不聞乎？況雲梯關外海口甚闊，全賴淮黄二河并力衝刷，若決高堰，清口必淤，止餘濁流一股，海口必塞，海口塞則下壅上潰，黄河必決，運道必阻，此前歲之覆轍也。三省輩未之知乎？臣前至泗州，時有以清口淤塞語臣者，臣應之曰，清口既塞，則泗州城外之水從何宣洩？而今乃消落歸漕，若是也。

語者詞少澀然，臣猶不自信。隨率南河郎中張譽、淮安府同知莊桐、清河縣知縣袁世南駕扁舟從諸湖中泛至清口，直抵清河縣南，逐一探試，得河湖相連處所匯爲巨浸，萬頃茫然，中間深淺不等，自一丈五尺以至四五尺，一入清口，淮水方有歸束，以四丈之繩繫石投之，未得其底，蓋水散則淺，水聚則深，其理然也。今三省輩欲加疏浚，不知從河措手，試即令彼爲之，當自見也。又云二者以徹高堰爲要，此時清口水僅三尺，近堰之外深幾二丈，是計其水所從洩清口難，而高堰易也。此又譸張甚矣。夫清口深逾四丈，堰外見有乾灘，水勢迥異，萬目昭彰，誰能掩乎？蓋不言祖陵之傷，無以動人，不言清口之塞，難以毀堰而不自知，其大非士人舉動矣。臣諦思之，三省輩寧無人心者，何其變亂黑白至此哉。且其揭不行於高堰初議之時，而行於高堰久成之後，不行於淮水暴漲之日，而行於淮水消落之餘，何哉？蓋緣泗州巨商私販北自河南，南至瓜、儀，勢必假道清浦運河，而各閘不免稽留，分司不免税，権人甚苦之。數年以來，皆從高堰直達，爲利甚大。先任漕撫都御史王宗沐於萬曆元年築堰斷流，而泗人危言四起，卑薄不加，遂致中圮。侍郎吳桂芳亦知高堰當築，幾欲興工，有泗州棍徒楊明恕者，造爲飛語，多方煽惑，因循墮誤。臣初至之時，亦常以游言力阻，臣堅執不允，繼復請於高堰迤南五十餘里周家橋至古溝一帶鑿渠通湖，而淮安之民又欲比照高堰一體加築，臣行司道查得彼處地形亢於高堰，淮水暴漲則從此漫入白馬湖，浹旬不雨，仍爲陸地，此天然減水壩也。如欲加築，則淮水暴漲，不免增溢。而高堰難守，然留此以洩異常之水則可，如欲開鑿成河，淮水從此長流，則非特淮揚被害，而清口亦必復淤，俱不可也。任之而已，泗人無路中通向抱悒悒，茲當臣將去之日，復襲故智，以申前説，而不知其中更有大不可者，夫祖陵風水全賴淮黃二河會合于後，風氣完固，爲億萬年無疆之基，地方鄉乘載吳桂芳語云，鳳泗皇陵，全以黄淮合流入海爲水會天心，萬水朝宗，真萬世帝王風水，與趙卿前書所云淮黄合流爲祖陵一大合襟，誠知言也。今若於高堰等處從中劈畫一路分之，使抱身之水反挑而去，萬一有誤，誰執其咎？夫三省輩偶見淮水暴漲，則動輒以陵寢爲言，至若分淮黃之流，以壞祖宗萬年根本之地，則又悍然不顧，以全淮之力出清口，則以爲塞中分淮水之力，則清口又以爲通，公乎私乎，臣誠不知其何心也。臣又念之，當兩河泛溢之時，民生昏墊，國計梗阻，則人以朝廷不遣大臣，愛惜財費而嘵嘵矣，今朝廷遣大臣矣，不惜財費矣，一歲之間兩河順軌，往來利涉矣，而泗人又欲毀成業而興新工，忘大體而行私臆，地方之私臆無窮，而朝廷之財力有限，臣不知其所終也。此議不息，則大釁猶存，必須速勘明白，方可杜絶後患，而見奉明旨，采石甃砌，淆言四起，人心惶惑，何以成功？誠不可不速爲之計也，況臣管窺之見，固止於此。犬馬之力亦盡於此，而寧敢遂謂其必無遺策乎？今臣奉旨離任，正地方人情得以攄發之時，勘議諸臣得以虚心之日。伏望敕下該部轉行尚書凌雲翼，毋拘成議，毋靳成功，可改圖者即爲改圖，可增損者即爲增損，荒度諏諮，務求全美，此固國家之幸，地方之幸，而使臣他日無遺議焉，亦臣之大幸也。如三省等之言必不可行，亦望特降明綸著爲令甲，使他日懷私好事之徒不得妄生厲階，以亂國是，則公論早定，而事體畫一矣。再照人情，不免顧忌，讒口尤多推委，臣若仍縻廩禄，則他日勘議者稍拂三省等意，不曰雲翼同官相護，必曰屬寮畏臣徇臣，而不敢持公議矣。伏望將臣放歸田里，使凌雲翼等得以虚心勘議，如臣之所行者是，而三省輩所言者非，即欲用臣未晚也。況臣自治河以來，胼胝之力少，而筆舌之勞多，神銷質耗，心悸魂驚，自知不久於人世矣。前者具疏乞歸，實出懇悃，謬蒙温旨眷留，臣雖殞身圖報，亦所甘心，何忍求去？但揆之人情，似已未厭臣一日不去，人言一日未息，懇乞陛下憐而允之，臣不勝感戴幸望之至，奉聖旨高堰築後，河道安流，績效已著，豈可因一二無稽之言又行勘議，著遵前旨，上緊修築，以終前功，常三省倡言阻壞成議，姑革去原職爲民，其餘且不查究，以後再有這等的，拏來重處工部知道。

明 陳應芳《敬止集》卷一《論高堰利害》 圖所列泰州以北，鹽城以南，西環漕湖，東聯大海而獨不及高堰者，蓋專以地方之被水言於淮無與耳。然而高堰居氾光湖西北，實以屏蔽淮南，淮南之所以不害於水者，獨幸有此堰，不令南徙爲巨浸也。故淮南之有高堰，猶室家之有墻垣也。《傳》曰，人之有墻以蔽惡也。墻之隙壞誰之咎也，執此可以論高堰之利害矣。堰之地去寶應高可一丈八尺，去高郵高可二丈二尺，而高寶堤去興化泰州田有至一丈而高者，有至八九尺而高者，則其去堰愈下不啻三丈而奇矣。參差如是，天建地設，莫之能改也。乃信前人不得已而築堰，使淮不南下而北，非故障而北之也。夫亦因其勢而利導之云爾。不然淮一南下，因三丈之地勢，灌千里之平原，安得有此數郡縣爲淮南儼然一都會哉？禹迹不可考矣，漢陳登爲揚州刺史，大興水利，此堰實其所創築，而堰下所滙湖有名洪澤者，名阜陵者，名沙溝者，仰而受淮泗之水潴於一區，仍復折而北，東入於海，泗州故不爲害。歷唐而宋，則轉運使張綸大修之，歷元而明，平江伯陳瑄重修之。又二百餘歲，而至萬曆七年，總河大臣復因而再修之。夫歷世久遠，非一朝一代之事也。上下千有餘年，非一朝一夕之故也。當事者豈不能別創一畫，又豈不能因勢一決然，而固守成事有其舉之，莫敢廢者，是遵何道哉？毋亦審於南北之大勢有所不可耶？議者不求其故，怵於泗人之譟而專咎堰之爲害也。則漢之登宋之綸皆與有責焉爾矣。泗人之說曰淮之害在陵寢也，則誠是矣。夫自陵寢言之，視淮南百萬生靈，孰爲輕？孰爲重？即損生靈以護陵寢，臣子分義宜然耳，然而運道咽喉係之矣，予謂運道於陵寢亦何可并言，假令運道而梗也，尚可別求以治之，陵寢而震蕩也，安可顧運道而聽陵寢之震蕩哉？權以子貢必不得已，何先之說，則雖別求運道以安陵寢庸何傷，然而高堰之決也，又不足減泗州之水，而盡登之平成也，則嘗以頃年已事徵之矣。萬曆二十一年淮水四溢，漫高堰堤上且數尺，周家橋口原自通行，而又加決也。決高良澗至七十餘丈而多也，南奔之勢洶若倒海，高寶邵伯諸湖堤一日崩者至百十餘處，而泗城之水減不過尺許，則何以故也，蓋泗州之下與淮南五州縣之地形一也，皆所謂釜底也。淮自西來，歷世不爲患者，以下流無壅，得望海而直趨也。故泗州不倒灌，淮南無決堤，因是以得兼有其利爾。乃清口之壅則自近年始，惟清口之壅也，泗州以釜底不得不蒙倒灌之害，淮南以釜底不得不受決堤之害，其地形均也，其爲害亦均也。然則高堰雖決，而泗州之水不甚得減，匪是之故也。而誰實尸之？今也不咎清口之壅，而專咎高堰之塞，是徒揣其末而不齊其本者也。嗟夫，滔滔淮流，萬古一日，何有高堰以來歷漢宋千有餘年泗州無恙，而獨今日始咎有此堰也。徒曰高堰未修，泗州不爲波，高堰既修，泗州日苦水，顧不曰清口沙未塞，淮水通流而不害，清口沙既長，淮水阻抑而不行則甚矣。其惑也，豈清口門限，因有高堰而滋之長耶？知清口之塞不由高堰之修，則知泗水之利害不在高堰之有無矣。故清口而闢也，即不開高堰無損也，清口而未闢也，即大開高堰無益也。大較可覩已。或曰，清口之闢功難而費鉅，高堰之開功易而費省，姑從易且省者爲之，急則治標之畫也，而不知人之有疾，治之急而壞者常十之八九，治之緩而壞者不十之二三。闢清口之沙雖難雖鉅雖緩，而其爲利也兼而博。其究也，又有益而可久。譬之治疾者善切人之脈理，扶其元氣，通其鬲膈，不惟病可去，體而壽且日躋平康者也。決高堰之口雖易雖省雖急，而其爲利也鮮，而偏其究也，又貽害而罔功。譬之治疾者不視人之虛實，剞其腸胃，多其汗下，不惟病未必中而命亦隨以就斃者也。此治病標本之數可坐而策也。或曰淮決而南，由瓜儀入江，能使泗不害，高寶亦不害，豈不兩利而俱存乎？而不知淮南之地由高寶而東則俱下，由邵伯而南則又昂，淮之不得達於江也。地限之也，何以明其然也。漕河高於湖者六尺有餘，鑿之使深，以通湖流達於瓜儀，僅可轉漕耳。今高堰一帶方四十里，兩岸之聳殆如山峙，稍遇旱乾，常苦淺澁。然且儲五塘之水豫接濟之防，今五塘雖壞，故迹猶存，古人建置良有深意，頃年湖水爲患，藉令可直洩於江，則堤不至決，水不盡東，豈不便計？然而不能者，其故可想已。萬曆五年大闢通江諸口矣，湖水減不盈尺，漕河舟楫三十里内幾不爲通。萬曆二十年又開金家灣芒稻河矣，堤決如故，湖水東奔，曾不能少殺其汪洋之百一，此南北低昂之形可坐而照也。由斯以譚其與高堰決而泗州之水不爲減者，理有二致也乎，夫捐民生梗運道而可以安陵寢也，可爲也，然而利不勝害也，捐民生梗運道而未必可以安陵寢也，不可爲也，是一舉而利與害兩失之也。而況陵寢之必不可水也，運道之必不可梗也，民生之必不可梗也，深長之慮兼利之策，宜在彼而不在此矣。若陵寢之高玄宮原未濱水，泗人之譟訛言出自浪傳，則有諫議之疏在，又何敢輕置喙焉。予淮南人也，盛言高堰之不可開，與泗人盛言高堰之必可開也，有如聚訟得無，各爲其鄉也與哉。顧泗人所言者情也，而揆諸理，則非是專利於己，而忘其以隣國爲壑者也。予所言者亦情也，而揆諸理，則是兼利於人而欲其以天下爲公者也。天下事非一家私事，予故直敢謂高堰必不可決，淮水必不可南，惟自信諸理而已矣。而敢求同於俗乎？今總河督臣主分黄謂高堰不可開矣，漕撫督臣主導淮謂高堰難輕廢矣，奉使科臣主勘議謂高堰不得縱淮而下矣，按鹽漕江諸臣主會理僉謂高堰不得棄置而清口急宜疏浚矣，司空之評覆不爽廟堂之主裁甚確，即予安用此喋喋爲哉，第恐水性何常，人言易惑歲修之碩畫不守，危堤之蟻穴難防，有謂任其自削而聽之者，淮南他日之憂正未歇也，雖然國家萬年之鼎業，方崇東南億數之氣運攸繫，豈以區區一堰而有他虞者予之爲此論著也。儻亦曲突徙薪之先圖，而杞人憂天之過計乎？

明 佚名《淮南水利考》卷下　運河雖用湖水，而湖水或多又於淮楊運河東岸爲減水閘，減水洞限則水七尺以下，畜以濟漕。七尺以上減入諸湖，會於射陽湖以入海。用水有節，漕運既便，岸東西之田皆利焉。其法在淮則有高加堰，有西長堤，有五閘，有諸以隔黃淮之水，於外而泛舟其間。

又　國初制置堤堰閘壩抗河淮而之海，今河淮之水由方家壩南奔而東流停緩海口沙之議遂起，今長堤築矣，欲求清晏，惟修高加堰，復五閘之啓閉，抗河淮以入海而已矣。噫，運道廢興自此而分，由民貧富由此而分，悔之已晚，不悔其焉極乎。

明 丁士美《重修高加堰記》《淮南水利考》卷下　愚以爲我朝立法，莫詳於運河一帶，而莫不詳於高堰之間，自高堰而北，由板閘則通淮北諸鹽場。自高堰而東，由涇河黃浦則通淮南北諸鹽場。自堰而西，則通盱眙。自堰而南，則通天長。東西二百餘里，南北四百里，其地至爲要害，中間止設洪澤巡司，豈能兼制。故高堰修，雖馱負之私未能盡絶，而巨艦連檣之大猾可斂也。

堰而無守，猶無堰也。守而非人，猶無守也。守必以夫，而夫則散之。修必以值，而值則削之。督必以人，而人則輕之。無堰無守，詎非人乎？夫私鹽鉅艦所惡，在堰而爲之游説者，多方以誤人，堰之難築，以此豈曰守乎？

或曰平江伯之建新莊、福興閘皆在高地，今高加堰地更高，子以爲不可建閘，何也？曰：非余言也，古無閘也，平江之建閘，違城也。遠其地皆高于是，爲五閘遞互啓閉，以通漕舟，淮處猶有水患，運河淤阻，數苦挑浚，爲漕舟病，今高堰之地極高，余嘗在堰上東望淮城，邈在足下，其内皆重湖疊澗，既不可多爲閘座，又不爲通運，閘之何爲？或又曰：堰外水盛，建閘以泄其怒爾，夫堰外爲阜陵湖，湖外爲淮，湖之北口澗幾里，由八里溝而入淮者什九，其南口至青州高梁二澗而止，水大盛則入衡陽湖者什一，南北分流，何怒之有？其入淮助清湍以入海，猶恐其不怒也。於此建閘，則淮湖合流，或引黃河而入淮，南皆受害，海口益淤，淮北更受害，漕路民生皆受害，此萬萬乎不可以建閘也。爲此議者專爲私鹺漏税料之計，而發不可聽，頃上高堰議時，余與周都督于德周參戎表余叔太守劾謨四人已切言之在郡院，或有底可按云。

人有言高加堰必如高郵寶應，湖堤以揵以石，乃可久。夫堰以揵石須數十萬，是路傍之見也，何日成之？高寶湖堤以運舟牽輓在其上，必陡直乃便，故以揵以石。高加堰無牽輓只兩面平坡，如所謂走馬堤制可也，蓋堰陡直，則水齧其腰，故易敗。若平坡，則水滚其上，何患之有？人有言堰以土，恐不任湖水之勢，夫水之勢莫盛於海，莫甚於海嘯，唐大曆中黜陟使李承爲常豐堰，宋天聖中監西溪范仲淹爲捍海堰，皆以土巨海之勢不能勝，土堰則高堰之用土也，無疑矣。夫議揵石者，阻堰議購揵石者，有所圖與負土之役何關乎。

明 李春芳《貽安堂集》卷三《重築高家堰記》　余嘗觀漢武之世，河決瓠子，以萬乘之力，躬自臨河湛馬璧，令群臣從官皆負薪塞之，不免悼功之不就，乃爲瓠子之歌，千載之下咏之，猶可想見其時之難也。惟是聖天子剛明獨斷，委任得人，兩督府視饑溺由己，協心幹濟，斯功之所由成耳，是安可不紀其事以垂示萬禩？江公名一麟，婺源人，癸丑進士，潘公名季馴，烏程人，庚戌進士，其董衆作治，則郎中張譽，新建人，其與勞堰事者則主事陳瑛，莆田人，參政游季勳，豐城人，副使張純，漳浦人，郡司俞尚志，仁和人，把總諸葛堯賔，丹徒人，宋大斌，德州人，指揮胡一道，山陽人，至於經理一切，則淮守益都宋伯華，而隨事輒辦則前山陽令胡希舜，署山陽安東令象山史遷，今山陽令某地魯錦清，河令興國石子璞若，山陽主簿胡大濟，吴一道亦與效馳驅者也。瀍得備書。

明 陳懿典《陳學士先生初集》卷二八　往者高家堰之役，大司空排衆議，成之堅若宣房，則淮之決口塞，運道倚以無慮，然壽泗水患實自此堰成而益浸淫，今固不可因衆口壞堰以紓陵寢之急，獨奈何一意通漕，而置祖陵於不可問乎？愚嘗渡泗水周遭於祖陵泗州若浮杯然，蓋泗與河淮通前阻於盱眙之山勢，無他途可泄，必浸灌於泗州及祖陵，其爲泗州城郭害猶可言也，爲祖陵害不可言也。爲今之計，宜於祖陵之前及其左方各築長堤遙堤爲之捍衛，其他非州治及陵寢之所則稍爲開浚，以引之旁洩，或任其漫流以殺其怒，如此則高堰可長，無議如此，則祖陵運道有兩利無兩傷，此又治河堤之大關也。若夫遙堤滚水之壩減水斗門閘座及假便宜擇任，使嚴稽核，皆治河之吃緊，以所常聞，不具論其大者如此，至行海運挽河，使入北海，與夫前所云別開河漕，皆非常不可必之畫，愚不敢妄意禹功，輒鄙堤防爲鯀智而卑訾之也。

清 顧炎武《天下郡國利病書》 高堰居淮安城之西，南隅去郡城四十里，而堰内爲山陽，縣之西北鄉地稱膏腴，堰外爲阜陵、洪澤等湖，淮水自鳳、泗来合，諸湖之水出清口，會黄河，經安東縣出雲梯関，以達于海。此自禹迄今故道然也。堰外尚存陸地里許，而淮水盛發則及堰址，秦周以前無考矣，史稱漢陳登築堰防淮，至我朝平江伯陳瑄復大葺之，淮揚恃以爲安者，二百餘年。歲久剥蝕，而私販者利其直達，以免関津盤詰，往往盗决之。至隆慶四年大潰，淮、湖之水洚洞東注，合白馬、汜光諸湖，決黄浦八淺，而山陽。高寶興塩諸邑匯爲巨浸，每歲四五月間，淮陰畚土塞城門，竇穴出入，而城中街衢尚可舟也。淮既東，黄水亦躡其後，濁流西泝，清口逐堙，而决水行地面，宣洩不及，清口之半不免停住，上源而鳳泗間亦成巨浸矣。故此堰爲両河関鍵，不止爲淮河堤防也。

清 陳文述《頤道堂集》卷九《高堰建二堆議》 自黄河南徙，黄奪淮流，而洪澤始潴爲湖，自漢陳登築愛敬塘以障淮流，淮潴爲湖，而塘日加高，於是始有高加堰，自黄流入湖，高堰潰决，靳文襄停運經營數載，築滚水壩以洩之，於是始有五壩。夫以四百里洪湖停潴上游，而淮揚兩郡高寶興泰七邑之民在其下，恃一綫長堤以爲之障，亦甚危矣。高堰石工本堅實，自乾隆中拆卸重築，工程已不如舊，數十年來，湖水東注，隆冬不涸，拆修石工不能圈築，月壩清底修治僅於水中施工，暗中摸索，名曰摸砌，既不加樁，又不用料根，既不固出水之工，雖堅何益？則石工之不足恃也審矣。堰土本堅實，而數十年來石工汕刷，重修多用客土，塡築非原土膠粘者可比，則土工之不足恃也又審矣。夫以七邑之地，田廬墳墓以至瀕海鹽場何止千里，人民户口何止百萬，而託命於不可恃之工，則思患預防之計，其曷可緩。考高堰後身有隨塘河一道，名曰二河，是當日取土築塘所開，而今藉以運料物者也。二河以外有土堆一道，名曰二堆，是積土所遺，亦藉以作重門之固者。然地勢逼近堤身，卑薄不足恃也。欲爲重門之固，必須另建二堆，請於二河以東一百丈外作爲基址，將二河展寬五十丈，以開河之土爲築堆之用，堤身之高、堤面之寛與高堰相同，而堤基必須數倍高，堰兩面作爲坦坡，以游衍水勢，逐層硪築，外面一層用灰糯三和舂築堅實，則不必用石，而有石工之固。堤身之外仍開隨塘河，既便取土，亦便運料也，述前有另建五壩之議，如果議行，則終年蓄洩，既無盛漲，不致潰堤，再得此堤作爲保障，庶可有備無患。迤東一帶隙地尚多，國家經費充足，再於二堆之外遠築三堆，若河工縷堤之外，又有遙堤者，然則上可爲洪湖受分洩之水，下可代下游受横决之水，加以立法周詳，倚任得人，或亦未雨綢繆之一助焉。謹議。

又《高堰另建五壩議》 國家東河南河分設督臣，而形勢亦回不相同。以南河論，入海之道在南河，則通塞所必籌也。漕運之道在南河，則蓄洩所當計也。不知南河之樞機不在河而在淮，頻年河患孔亟，治河者斤斤于疏浚海口，加築堤防，而不先於淮治之，是猶寇在門庭而先清郊野，疾在咽喉而先除壅滯，壅滯雖關膈之疾，郊野亦偪近之區，而以門庭與咽喉較之，勢有緩急，則治有後先矣。淮水者，亦今日之門庭咽喉也，淮水之發源也，自胎簪桐栢兼汝潁淝過濠池，諸水遙遙千餘里，建瓴東下，雲梯關入海之路本淮故道，自河南徙而二瀆争雄矣，然猶并行不悖也。邇年黄强淮弱，清口一隅淮水每有不能宣洩之時，是以全淮之水盡潴于洪澤一湖，高堰者，洪湖屏翰也，故治淮者必於高堰加之意，然頻年輒工改石子堰加高，或請加厚大堤，或主另籌二壩，或主用碎石坦坡以護堤根，或主加修束水壩以防横决，治淮者亦極加意於高堰矣。而淮終不治者，則以高堰之蓄洩在五壩也，高堰者非天生有此堰也，前人即東漢陳登愛敬塘舊基而增高者也。五壩者亦非天生有此五壩也，前人即湖水應蓄之數築爲壩基以相節宣者也，其初湖面之水與壩底平，長一寸則洩一寸，長一尺則洩一尺，水無盛漲之患，人無啓閉之勞，是以謂之滚水壩也，自黄日强淮日弱，以黄濟清之説興，峰山天然，祥符五瑞，諸牐屢開不已，以致湖底日淤，湖底淤而湖水日高，湖水高而堰不能不加高，堰日高而壩猶如故也，是以壩底與堤面相去懸絶也。全湖之水束以堤，而五壩爲漏卮，則倒灌之患生，而下游之灾重，於是五壩不得不議閉，而一綫單堤爲數百萬生靈所託命。一旦淮流盛漲，挾以風勢，此非人力所可施也。一有不虞，則不特增下游之灾，且將亘南北之道，非細故也。是以一遇盛漲，五壩又不得不議開，五壩壩底皆甃以石，其旁亦然，一壩之寬幾及百丈，其深數仞，其封閉也，中實以薪，後戧以土，其開也，一束之薪，去而無不去，故他處之决口寬仄淺深不一，而五壩之開無不其深數仞，其寬百丈。

又卷二《高堰十二議》 高堰爲淮揚保障，是下游七邑之民所托命也，非以全力籌之無以免切近之灾，而收久遠之效，鉅細兼綜，本末并治，約有數端是在當局者兼綜而熟計之：一、大堤後土工宜帮寬也，大堤之工高與寬相權，今之堤高於昔日之堤者十三四，而寬如故，且削焉，何以經久息浪庵，十三堡之决口，固由西風過大，亦値堤身最單薄處也。宜一律加寬十之三，地之衝要者倍焉。一、二河近堤處宜填，毋使水浸堤根也，二河之始因取土築堤而成，所謂隨塘河也，今堤高則坡遠，遂近河河水長必浸坡，坡入水必塌，故舊河必須議填一碎石，坦坡宜相度形勢加抛也。前河帥嚴公請高埝臨湖一面普加碎石，高與堤平，估費六百萬，分期六年，以工過鉅奉駁，然伏秋大汛，湖水盛漲，石工皸裂坍卸，情形緊要，用以救急亦不能廢。故近年仍議行焉。一、二堤宜另建也，舊有二河，本以隨塘開河所起之土堆積而成，地勢逼近，堤身卑矮，且近年取土爲大堤之用，所餘無幾，宜另建於二三百丈以外，愈遠愈好，高寬約高埝之六七，不必用格，堤取土之地即另作二河，詳見拙刻，高堰另建二堆，議一重修石工，宜作坦坡勢也。石工形勢壁立，稍不堅實，風水所激，即行掣卸，此後遇有清底之工，宜作坦坡勢，水遇坦則勢弱，擊撞之力衰，則掣卸之患少，漸漸爲之，全作坦坡可冀一勞永逸。一、拆修石工處，越埽宜留内填土石也，石工拆修到底，必須先築越埽，石工既成之後，越埽不宜拆去，滿填土石於中，以資重門之固。一、攔湖壩宜加石底也，攔湖壩，土壩也，口門祇二十丈，而深二丈，以水方每尺計之，即四百丈矣。堵閉築越壩至百二十丈，蓋若斯之難也。宜作八尺或一丈平，由石底兩岸加石墻以束之，既備緩急，且無使洩水過甚焉。一、十三堡息浪庵兩處，宜改减水壩也，十三堡息浪庵爲前年潰决之地，屢砌屢甃，樁不固也。既須拆卸重築，宜即改建减水壩，作一丈二尺平，由以輔三河兩壩之不足，口門三十丈若智信兩壩之半焉。一、束水堤以内宜添一二壩也，束水堤内舊有五壩，今祇二壩，宜添築滚水壩一二處，平由之高下，口門之廣狹宜與智信兩壩相權。一、武家墩宜添一壩，减水入楊家莊河也，每見黄水倒灌之年，運河自清江浦淤至寶應以下舳艫陷淤泥，閭閻乏汲飲，下游之灌溉無論矣。宜於武家墩建减水壩，减入楊家莊河，遇有捫口放水入運，即不能潤及清江以上，而山陽以下得被沾溉，并可濟行旅焉。大意見拙刻另建五壩議。一、三河一壩之水均歸蔣家壩，河洩水不暢，宜將禮河下注之水歸入金釵河也，三河之水均歸蔣家壩，河則三河祇一河也。禮字河下游高仰，有名無實，宜另疏。河尾接金釵河，頭入高寶湖，與仁義兩河各自行焉。一、築壩宜變計也，凡壩之築，必先清底，始能下樁，地形土性稍有不宜，即難施工，莫若祇用碎石，就勢鋪勻，厚及一尺，即用濃厚灰漿滿灌，於夏令烈日中爲之，候曬晾堅實，再加次層，層石層灰雖碎石也，如整石焉。費省而工堅，可期經久。攔湖壩底宜即以此法行之，凡十二條，似亦略盡之矣。南河樞機在洪湖，洪湖保障在高堰，高堰治而洪湖治，洪湖治而南河治，否則西風司令心膽皆寒，一有疏虞，猝難措手。老幼男婦遍地流亡，墳墓田廬悉成巨浸汪洋，所被延及數州，蠲賑之需，動以萬計，兼之横流則阻滯漕運，下注則淹灌鹽場，利害所關，昭然可覩。徹桑急而綢繆始，固徙薪悞而焦爛無功，則又安可不加之意哉。

清 崔維雅《河防芻議》卷四《條議》 歲防高加堰，以固淮揚也。高堰爲淮南之門户，昔人比之室家之有墻垣，以地勢言之，堰之地高數倍於寶應高郵，而高寶之地又高於興泰，前人於此處築堰障水，而北使淮不南下，亦因勢利導，不得不爾。不然淮一南下，以數丈之地勢，灌千里之平原，則高寶一帶俱成澤國，而淮南盡付波臣矣。按郡志，高堰爲漢陳登所築，明平江伯陳瑄復大葺之，實淮南之屏蔽，防固不可不嚴，但泗州巨商私販北自河南，南至瓜儀，取道清浦運河，有稽留税榷之苦，利於高堰直達，故往往造謗阻撓，謂高堰築則泗州水漲，不知泗州之地與淮南數州縣之地形相同，皆所謂釜底也。惟高堰築而淮出清口，會黃入海，然後泗州不倒灌，淮南無決堤，若高堰一決，則淮趍而東，黃躡其後，故清口塞而泗州水益聚，《河防一覽》言之極詳，昔潘季馴塞高堰而泗水自落，是塞高堰而刷清口，正所以洩泗水也。此高堰歲修，斷不可緩。查康熙九年御史徐越爲高堰關係最重一疏，內稱高堰年深日久，各處俱有朽壞，若不亟議修築，雨水漲發，竊慮此堰難保，堰若失守，淮揚數十州縣城郭、廬舍、百萬生靈俱屬波臣。運道梗廢，京師歲漕數百萬石何道轉輸？誠防患于未然，今總河王光裕亟請估修石工，可以永賴，與末議歲修高堰，斷不可緩之意，俱先後同揆者也。

清 田雯《古歡堂集》卷二二《東壩高堰》 按江南之有東壩，猶江北之有高堰，無高堰是無淮揚也，無東壩是無蘇常也。東壩在高淳縣東南六十里，與溧陽分界，高淳縣父老言湖底與蘇州譙樓頂相平，假如水漲時壩一決，蘇常便爲魚鼈，兩河議曰，高堰去寶應高丈八尺有奇，去高郵高三丈二尺有奇，高寶堤去興化泰州田高丈許，或八九尺有奇，則去堰不啻卑三丈有奇矣。昔人築堰，使淮不東下而北趨，不然淮一東下，安得有淮南數郡縣耶？觀此則壩與堰可廢乎？廢東壩者多出於壩上之人，至追究蘇軾、單鍔之言，廢高堰者出於泗州之人，致潘季馴以毀陵之罪殊可痛恨。

清 張鵬翮《治河全書》卷二四《高堰分修議叙》 兵部尚書兼都察院右都御史總督河道提督軍務臣張鵬翮謹題，爲欽奉上諭事。康熙四十年十月二十六日准工部咨，前事該臣看得高家堰效力大臣官員等議叙一案，准工部咨稱，俟南河工完，總河查明具題到日，再行議叙等因移咨到臣，臣同總漕桑格會勘工程已完另疏具題外，臣查部咨內原任巡撫王起元線一信金鋐衛既濟陳汝器宮夢仁，原任左都御史董訥，原任學士李應廌，永定河捐銀已完，今在南河未捐銀親身效力領帑修工俱已全完，原任尚書王日藻，原任總督朱弘祚，永定河捐銀已完。南河未捐銀領帑修小黃庄堤工一段完竣，原任巡撫江有良，永定河捐銀已完。南河未捐銀係差伊孫江夢筆領帑修小黃庄堤工一段完竣，又查檔案內原任侍郎楊雍建南河，領帑承修小黃庄堤工一段完竣，又捐力銀五千兩全完，准其回籍，原任總漕馬世濟南河未捐銀，親身效力領帑修工，俱已全完。學道王式敹南河捐銀二千兩，學道陸鳴珂南河捐銀四千兩，學道姚淳燾南河捐銀三千兩，學道陸德元南河捐銀二千兩，學道劉謙吉南河捐銀二千兩，俱已全完，俱親身效力，領帑承修高家堰工程全完，江南學院張榕端南河捐銀八千兩，浙江學院張希良南河捐銀三千兩，浙江學院鄭開極南河捐銀一千兩，學道汪薇南河捐銀二千兩，侍讀學士史夔南河捐銀一千兩，俱已全完，俱在高家堰防險效力。原任布政使王毓賢南河捐銀五千兩全完，領銀承挑裴家場引河工程全完，原任少詹事前學道邵遠平南河捐銀三千兩全完，領銀承築挑水壩工程全完，又分挑陶庄引河工完，復淤，應賠銀一千七百三十七兩三錢零亦已交完。學道王琯南河捐銀三千兩全完，分挑陶庄引河工完。學道史陸興南河捐銀二千兩全完，領帑承修高堰工程全完，又分挑陶庄引河工完，復淤，應賠銀四百九十二兩六錢零未完。學道岳宏譽南河捐銀二千兩全完，領帑承修高堰工程全完，又分挑陶庄引河工完，復淤，應賠銀一千七百八十九両四錢零尚未完交。學院朱阜南河捐銀五千両全完，分挑陶庄引河工完，復淤，應賠銀四千八百五兩六錢零未完。學道高爾公南河捐銀二千兩全完，分挑陶庄引河，復淤，應賠銀四千二百兩六錢零。高爾公今已病故，行原籍追銀尚未完交。原任同知連璧在南河捐銀三千両全完，領帑承修車邏滚水大壩工程全完。原任鄖襄道蔣興芑南河捐銀四千兩全完，見在工效力同知蘇稷南河捐銀二千兩全完。見在工效力河南開歸守道周銓元南河捐銀五千兩全完，未到工效力。知府蕭星拱、同知李梅、通判朱廷植、胡琪、邊聲威，原任同知鄧之琮、常維禎、劉光業、羅京，原任通判孫調鼐、縣丞翁煜、守備夏景松各領帑協修高堰等處工程趨事效力俱各全完，員外郎王登魁，通判甯維邦領帑堵塞茆家圍、夏家橋二壩堅固全完，如此險要工程盡心償堵，勞績宜叙，升任淮徐道副使施世綸管理高堰工程，錢糧出納清楚，淮揚道參議王謙保守高堰工程竭蹶趨事，理合一并叙明，聽候部議。解任巡撫高承爵領帑承修高澗工程一段，內有七十丈蟄陷，奉旨着自往河工修理，見在修理尚未完工。再查檔案內雖有捐力學道左峴完銀四千兩，莊朝生完銀三千兩，王郕完銀二千兩，吳自肅、丘園卜、張光豸各完銀一千兩，但久已回籍，并未在工效力，無勞績可叙，原任知縣金玉璧捐銀二千兩未完，咨部移該旗都統行追，尚未完交，相應具題，伏乞皇上睿鑒，敕部議覆施行。

綜述

明 佚名《淮南水利考》卷下　山陽縣高加堰，漢建安中陳登所築，一名捍淮堰，永樂間平江伯陳瑄，嘉靖間都御史連礦，隆慶間都御史王宗沐，知府陳文燭重修，學士丁士美有記甚詳也。

明 丁士美《重修高加堰記》《淮南水利考》卷下　山陽舊有高加堰，違郡城四十里許，而圮廢久矣。其最關水利害者，則大澗口也。先是堰屢决屢築，工皆不鉅，邇者决益甚，工益鉅，當事者始難之矣。按堰迤西當淮泗二水合流之衝，二水東北與黄河會，胥入於海，比歲河流衝决，則淮泗泛濫，瀆必由澗口建瓴下注匯于津湖，甚者穿漕堤入射陽湖，而山陽鹽瀆之間以及於海陵諸地，通爲巨浸，茫無際涯，已間者黄河亦爲牽引，而漕渠日就湮淤，是其害不直在民生，而且移之國計也。爰考郡乘獨不之載，故欲拯民之溺者無徵焉。先後議築者凡逾二紀，而喙喙紛呶，大都唯者十一否者十九，其唯者率如前指，曰築之便否者，輒稱財詘，至有執道傍之見上不便状者，故屢議屢罷不果行，邇者郡守陳公、督撫王公發帑募民成之，予嘗觀宋天聖中海潮漫爲鹽鹵，范文正公時監泰州西溪倉，議築捍海堰，於通、泰、海三州之境長數百里以衞田逾年築成，民享其利，三州之民生祠之。又元祐中，杭之西湖多葑田，六井幾廢，蘇文忠公時守杭，遂浚茅山、鹽橋二河，復完六井，又取葑田積湖中，南北徑三十里，爲長堤以通行者，杭人名蘇公堤，家有畫像飲食必禱於公。今兹堰之舉視文正、文忠又奚異也？淮民之尸祝二公也無疑矣。王公名宗沐，浙之臨海人，嘉靖甲辰進士，□復海運，力振漕規，載在國史甚詳。陳公名文燭，湖之沔陽人，嘉靖乙丑進士，政尚廉平，甚得民和，其有德於淮民甚厚。修堰猶其餘緒，聊紀其成，俾後之人有考焉耳。周君于德都督僉事表、參將胡君效謨徵、江守應恩、合浦令皆勞於堰事者法皆得書。

周于德曰，募夫一事，無里甲之擾，無坊市之擾，無牙夫之擾，以此貽鄉人，庶慰愛助之心云。

周表曰，余田浸若干年矣，白陪稅種今免矣。夫顧窮民何限皆免于此者，堰之功也。

胡效謨曰，請復閘舊制，書已載於前，大意以爲堰閘并設者，爲我朝二百餘年之利故也。

胡應恩曰，堰無壞也，私鹺之家必欲其壞也，閘當啓閉也，而樂商稅船料之漏者惟恐其有閘也。利鉅而説行，何怪哉？昔唐劉晏爲度支使，以爲辦集衆務，當用士類，吏惟書符牒，不得輕出一言，余以爲士類必賢者始可倚賴，否則方且爲彼之義士，方且爲彼之忠臣矣。晏在江淮久其言，必有所試云。

愚爲此言或曰隱矣未詳也，謹詳言之。夫運河爲邗江，自成周以來史傳明白，我朝直名曰清江，又何疑乎？詳在哀公九年，或以爲盱眙曾通運，又以爲洪澤在盱眙，甚至以爲揚城以北非邗江者，何也？高加堰淮揚之第一防也，曰可修者什一，曰不可修者什九，何也？蓋運河至淮城之西屈曲而北，又屈曲而西，又屈曲而西北，以出清江口。中間於南鎖壩設抽分廠，於西門外設浮橋于板閘，分南署於清江，分二署於淮北，立分司於馬頭，設巡司，重関叠防，有人守之。而於鎮城之中開府設帥，分署參藩臬列郡縣衞所，而臺察以時察，殆以漕運爲國家之大計，課額以資京邊，稅料以助漕艘至緊也。今私鹺之家及利稅料之漏者，以此爲大忌，夏秋之間大浸稽天，士君子方以爲戚，而彼風帆便利，自黄浦以北，抽分廠以南，凡欄卒不到之處，任意南北出入堰口，故以爲運河在盱眙，在洪澤，而曰非邗江，曰堰不可修，其旨如此，其心必欲無閘也，無堰也，無官府也而後快。今上司坐牙皆彼所不顧之地，而彼所自縱之地，一切無禁，其詖邪之黨謬言日出，上之人方降顔色以來之，層叠出以詢之。噫！我懷禹稷之虚心，而豈知其爲桀跖之説問也。愚以爲言之不詳，則上之人無由聞知，上不知矣，安能復漕規三百年之舊而救淮揚數千里之溺哉？夫私鹺走漏之利歸豪少而豪奪多，彼豈樂爲之乎？良由田浸而賦急，不忍以肌膚斗伍伯引妻孥，易質緇激而爲此，抑大不得已無聊之計也。使堰閘修而漕運利民沾餘溉有桑田，以育妻子，安佚老死，無挑河築塘之累，彼豈不願但嗷嗷不可得也，吁淮之民苦亦甚矣。

明 李春芳《貽安堂集》卷三《重築高家堰記》　高家堰者，在山陽西北四十里，刜自漢陳登所以障淮也。至我朝黄河由壽歷潁，循淮而會于清河口，繼由孫家渡趙皮寨渦而會于清河口，以故高家堰愈益重。陳恭襄瑄則增築之，乃其後，黄河由飛雲橋出小浮橋循徐邳而下，司水諸臣遂無復事，高家偃以是堰日頽，頻年以來黄河分流入渦，而故所行道若桃源清河口多壅閼，水不得盡歸海，稍溢則滅堰，直入高寶，於是淮南北并蒙河患矣。主上宵旰九重。思得大臣有才略能治水者。乃簡命江公總漕政，潘公任河漕，相與恊理，河道潘公至行河遡小浮橋復浮淮觀于海口，巡覽地宜，采納群議，遂決筴以築高家堰爲首務，江公同心運謀力賛之，於是瓜分其工部署，百執事計帑以請，上賜温旨褒答盡如兩公議，時有司道生異議中朝斥之，潘公乃得展布無中沮。是時恭襄舊堰，若上堰下堰猶參差可指見，若中堰則湯恩口、六羊口、貝滿口、大澗口爲崩浪所湔洗日深。先是，總漕王公者亦嘗修築之，以公帑告匱，卑薄善崩，當事者遂謂堰不可築，又以中堰深，不易築也。潘公則以中堰屬郎中張君譽指揮，俞尚志、諸葛堯賔，宋大斌率鋭士以從，以戊寅五月某日到堰所，是夜，諸口塞且半，明日斷流，又明日堰合葛會，六月霖雨至七月不止，風濤自西來，洶洶如山，而新堰復圮，八月水落，視諸所塞口皆決且深矣。衆謂堰必内徙乃可成，潘公謂中堰深者不過三十丈耳，如内徙則益深且遠至數十里，舍近易役遠，顣非便計也。又外增數十里，風濤撞擊，堰將益危。於是堅持舊堰之議，申命文武之屬分督中堰諸決口，卒之數日，而塞諸決口，惟大澗口谿深。《傳》云，黿窟于時夜風屮果聞黿鳴，塞決以埽，每置一埽，則潘公立埽上，以其故埽堅，鞏無走者，諸決口既塞，而河淮合流趨海，勢雄鉅漂駛，清口之沙積數十年，莫能浚者，盡滌海口之沙，自開衆始，相顧嘖嘖，謂高家堰所宜築，築之晚矣。於是愈益集，繇夫增培之，至冬繇夫手足皸瘃裹創而作，潘公亦衝冒風雪，暴露堰上，與繇夫同辛苦，至春大風，潘公則又與百執事往來泥淖中，飛濤撲面，矻矻不少休，蓋潘公急於王事，不特以身示勸也，乃以己卯某月日落成，堰高一丈五尺，厚五丈，基厚十五丈，大澗口則爲月堰，廣三十丈，堰外有田去湖尚遠，堰形沿湘曲折，水自西而東直衝六羊堰西轉，復東犯貝溝，堰自貝溝而西，湖水浩淼，撞大澗堰特險，其次衝湯恩堰，乃於諸堰畓布樁入地，深浪不能撼樁，內置版，版內置土，土則致自遠，皆堅實者。又創公宇堰上，以弭使節爲大使，廳設大使一員，弓兵百名以守，爲鋪舍若干，老人八名，夫千名以修，又議歲費著爲例，云堰成，兩公以聞，上大悦各賜彩衣二襲，白金三十兩，加賜潘公豸緋，以旌特勤，諸臣賞有差。兩公以堰内田出流民，即歸貧不能耕，於是上請破格優兩淮貧民，又巡漕御史陳公亦具疏以請，上允其請。萬曆六年以前逋盡蠲，七年以後其議免淮人烝烝吐氣矣。余家興化蓋患水尤甚，今得覩平成之績，安於田里，有厚幸焉。淮守宋君伯華、山陽令魯君錦屬余爲記。

明 李春芳《貽安堂集》卷五《高堰定議序》 甚哉！舊貫之當仍，而制之不可輕變也。高堰創自漢之陳登，唐宋以來勿之有改。國朝則平江伯陳瑄經畫尤詳，規制盡善，所恃以障淮泗，而屏翰漕渠者，關係尤重。或以爲無益而廢之，近則黄河南徙，挾淮泗而内灌，無論衝決湖堤，渰没下邑，其勢必至慓悍難制，漕輓艱阻，所憂不獨在百姓也，豈非變法之過哉？高堰築矣，五牐不修，猶無堰也。五牐修矣，長堤不固，猶無牐也。然欲固長堤，必復五塘，蓋西來諸水由天長、六合而下者有五塘以蓄之，陳公舊制之深意也。旱則瀉入漕河以濟運，潦則南注之江，後乃輕廢，西水徑迫三湖，漲湖潰堤，爲運道憂。烏可不復，是堤堰塘牐，皆相濟以成運河之利者。舊法具在，舉而行之，不在人乎？大尹胡君應恩，博學好義，目擊水患，痛切於心，乃裒諸縉紳之言，著爲定議，而系之以圖，余諦觀之黄淮漕河之利害，莫重高堰，故言之詳悉，而處置有方，大抵不越乎漕規之舊，余雖山居，所望海瀆效靈，臣工戮力以禆國計，其民生者切切焉，未嘗一日置念，且吾興水患視他邑尤甚，斯議行，余之憂其少釋矣乎，故樂爲之序。

清 傅澤洪《行水金鑒》卷六二 高家堰，今府志稱高加堰，注云，高加者，爲護運道邑井，宜加高而名之，蓋益加而益高耳。按，高堰去寶應高一丈八尺，去高郵高二丈二尺，高寶堤去興化、泰州田高丈許或八九尺，其去堰不啻高三丈有奇，見潘宫保《兩河議》，自明迄今又不知高幾許，一有叵測，而淮揚兩府之城郭田廬皆在水底，吁可畏哉。

清 田雯《古歡堂集》卷二二《高堰》 山陽縣西南四十里曰高加堰，堰不見史，而僅見郡志，爲漢建安五年廣陵太守陳登所築，余因考三國志注，登曾任典農校尉，乃巡土田之宜，盡鑿溉之利，蓋精於水利者，當時廣陵太守江表傳以爲治射陽，則此堰尤其密邇爲登築，復奚疑獨怪。自建安五年至明永樂平江伯陳瑄修治時，凡一千二百十五六年，中間并無有人云及高堰者，及讀《宋史》楚州司户參軍李孟傳加葺境内徐積墓，修復陳公塘，有灌溉之利，陳公塘即今高堰也，堰固不乏修治，第史文不備耳。同時真州東有陳公塘，一名愛敬陂，漕臣錢沖之修復，門下李道傳爲作記，予於此別自有感矣。史稱陳元龍才兼文武，志在濟民，其時吴寇壓境，蓋岌岌矣，乃能興屯彊兵，保障江淮一南一北，水利永賴。今平江伯既有專祠矣，吾以爲上當冠以元龍，下當嗣以潘季馴，爲三公合祠，蓋皆勤於高堰者。

清 俞正燮《癸巳存稿》卷五《高家堰》 淮舊合泗處曰泗口，後合河處曰清口，清口上流曰洪澤湖。淮不敵河，則上流溢。又開封、歸德、徐州黄河南岸決，入淮歸湖，則漸淤，益溢，多東決。又自淮至楊管家湖、射陽湖、白馬湖、汜光湖、石臼湖、甓社湖、武安湖、邵伯湖，皆在淮水東南，爲湖漕路，皆築堤水中，爲甬道以行舟。淮溢則壞甬堤，堤東爲下河州縣九，田廬皆淹。明永樂八年，陳瑄督湖漕工。初，漢末曹、孫各務屯田，廢郡縣，置典農。建安五年，陳登於淮東岸築堰，瑄因增之以固淮。時謂之高家長堤，以其地舊爲高姓所居。嘉靖時，總河曾鈞奏，猶謂增高家長堤，而於下繕新莊閘。至萬歷時，總河潘季馴《兩河議》引《府志》則謂之：「高加堰，《志》注云：『高加者，爲護運道井邑宜加高而名之。』蓋益加而益高耳。」是萬麻以前土人謬説也。加高非長策，史志、傳止作「高家堰」是也。洪澤湖於古爲淮浦縣，後漸汜爲洪澤鎮，爲淮水所蝕，浸淫成湖，遂合萬家湖、泥墩湖、富陵湖并爲一湖，而昔之淮浦、富陵兩縣，泗州一州，總爲大澤，不得不以堰爲重。堰起東北武家墩，而南經大小澗至阜寧，其時高良澗、大澗口多決。萬曆三年，高家堰決六十里。七年，補築城。十九年。易以石工，滙七十二溪之水，留口門一，僅數丈。二十三年，高家堰又決，兼決高良澗。時張企程請無修高家堰，而於堰南五十里開周家橋，注草子湖。一由金家灣入芒稻河，注江；一由子嬰溝入廣洋湖，注海。於堰北十五里開武家墩，注永濟河；而由窑灣閘出涇河，入射陽湖，注海。議不全行。二十四年，築高家堰成，建武家墩、高良澗、周家橋石閘，泄水入海，其支流入江。國朝康熙十五年，黄河入洪澤湖，而高家堰決三十四處。十六年，以次塞之。二十三年，靳輔以爲河盛則淮漲，因以病運病下河，因請建黄河南岸之碭山毛城鋪、徐州王家山十八里屯、睢寧峰山、龍虎山等處減水閘壩九，其因山根岡址鑿爲天然閘者七，由睢溪口、靈芝、孟山等湖入洪澤湖。蓋以清口淮不敵河，因於上游減河流入淮，以助淮則清口河淮平。又以上游河多決溢，不能制，故爲此權宜之法，而淮之洪澤不能不淤也。二十五年，修築高家堰堤工萬五千六百餘丈，爲淮之東南岸，南起泗州老子山，迆東北百五十餘里至清口，其北岸抵御壩。又於堰立三壩，其周橋高地，就爲天然壩以接堰。堰成，淮出磚工口，口外立轉水墩分水，七分出清口，三分爲回溜，東南入運。外有汰黄堤以禦黄，後又添築順黄堤。乾隆十六年，拆轉水墩，湖北立束清壩，河南添禦黄壩，於堰之三壩增二壩，爲仁義禮智信五壩。立水志八尺五寸爲啓閉，補周橋堰後，水志高一丈八尺八寸，後高二丈。嘉慶九年，移禦黄壩於北，退束清壩於南，修復毛城鋪以下減閘，又開虎山腰，減黄入淮。中閒十年，義壩壞，十一年、十七年，禮壩、智壩壞，仁壩、義壩亦壞，乃改仁義禮三壩於蔣家壩南，以次稍南，皆開引河，入蔣家壩，河出寶應湖。二十三年，束清、禦黄各增一壩，爲重門。道光四年，高家堰決，復修之。十二年，改信壩於九堡下夏家橋。

清 張鵬翮《治河全書》卷一二《高家堰事宜》 高堰者，所以障全淮之水使不得分流旁出，而并力北趨，以與黄敵，乃兩河之關鍵也。《志》稱後漢廣陵太守陳登所築，至明少保潘季馴復大葺之，自河工敝壞，黄河之水逆入清口，清口堙塞，淮水潰六壩而東注，山鹽高寶諸州邑幾爲巨浸，堰雖存與無堰等，幸我皇上南巡親覽形勢，洞燭機宜，命堅閉六壩，廣闢清口，且大舉增築高堰，上自武家墩下至秦家高岡，屹立如山。於是堰以西之水涓滴皆出而會黄，而堰以東之沮洳之地復爲膏壤矣。此皆廟莫精詳，功同造化，以致兩河普利億兆，更生後之防河者奉爲一定之制，守而弗失，即千萬年可長治也。設有高堰，山盱兩通判管理修防，其汛有三：北曰高堰汛，屬高堰通判。南曰徐壩汛，屬山盱通判。中曰高澗汛，則分屬焉。高堰通判所轄北自山清交界武家墩後損堤頭起，南至高良澗禹王廟前止。山盱通判所轄北自高良澗禹王廟前起，南至秦家高岡止。

高堰汛自武家墩西堤歷攔河壩至東堤歷鹽壩，至土地廟前大堤頭攔河壩止，長七百六十六丈七尺。自武家墩土地廟起至高堰大壩北止，大堤長二千四十一丈八尺。自高堰大壩北頭起至小黄莊止，大堤長三千七百二十二丈七尺。

高澗汛自小黄莊起，至高良澗禹王廟山盱交界止，大堤長二千三百七十四丈五尺六寸，以上屬高堰。自高良澗禹王廟起，至周家橋止，大堤長三千二百二十七丈四尺。

徐壩汛自周橋起，歷棠梨樹至秦家高岡止，大堤長四千三百七丈。

高堰大堤於康熙三十八年冬發帑修築，命原任户部尚書王日藻、原任兵部侍郎楊雍建、原任内閣學士李應廌、原任都察院左都御史董訥、原任總漕馬世濟、原任浙閩總督朱弘祚、原任廣西巡撫王起元、原任浙江巡撫金鋐線一信、原任安徽巡撫陳汝器、原任貴州巡撫衛既齊、原任廣東巡撫江有良、高承爵、原任福建巡撫宫夢仁等領帑分修。命兵部尚書范承勳、工部尚書王鴻緒、吏部侍郎王掞、户部侍郎田雯、兵部侍郎布雅努、刑部侍郎喻成龍、工部侍郎顧淙、都察院右副都御史王紳、壽鼐等督催諸臣於康熙三十九年二月到工，題請將工分爲三段：以自武家墩至小黄莊爲一段，小黄莊以南爲中段，自周橋至棠梨樹爲三段。先從中段興修，本年四月臣始履任，見湖堤衝刷，殘缺難禦伏汛，於五月内題准武家墩至小黄莊臨湖釘埽工程，委河員李梅等領大工帑銀先行儧築，以資捍禦。迨七月初七、八等日風雨大作，鑲柴禦浪，堤工賴以無虞。嗣因分修楊雍建、江有良以疾歸，高承爵補授晥撫，王日藻、朱弘祚病故，工程交與効力學道姚淳燾、劉謙吉、陸鳴珂、史陸輿、岳宏譽等接管，至堵閉六壩工程，關係緊要，臣題准委工部員外郎王登魁、原任知縣甯維邦等堵塞茆家圍南壩及夏家橋，責令裏河同知常維禎照例賠修唐埂南壩，山盱通判孫調鼐賠修茆家圍北壩，唐埂中壩及北壩，俱於康熙三十九年八九月堵塞完工，因閉壩水長題留夏家橋口門，以便分修，諸臣臨湖鑲柴於十二月十九日合龍門。是役也，湖溜湍激，堵塞倍極艱難，幸秋令八十餘日，西風不作，洪濤不興，得以儧堵成工，此皆皇上至誠格天之所致也。是年九月奉旨撤四范承勳等九人，臣奉命專督各工於康熙四十年冬告竣，北自武家墩堤頭起，南至棠梨樹止，長一萬四千九百八十一丈二尺三寸，高二丈三四五尺不等。臨湖鑲柴高一丈一二三四尺不等，頂寬八丈四尺，又臨湖鑲柴寬八尺，底寬一十三四丈不等。臣慮柴土不能經久，自武家墩至小黄莊堤底舊石工年久，殘缺淤墊，題請重砌新石岸，自小黄莊以南至古溝前，河臣于成龍委員建砌石岸有未完工者，嚴飭儧完，有被水冲殘者，遴員修補。又自古溝以南至林家西，亦俱創砌石□，又自天然壩南起至秦家高岡止，俱臨湖鑲柴，以資保障，又置鐵犀五座，於高堰大壩、高良澗、龍門大壩、茆家圍、夏家橋諸處以鎮之。

宋　莫瞻菉《固高堰守五壩疏》《清經世文編》卷一〇〇　竊惟南河應辦各事宜，經鐵保、徐端陳奏，敕下大學士九卿會核，并欽派廷臣前往查勘，仰見我皇上慎重河防，念切生民至意。臣查南河現在形勢，海口固宜疏通，而清口尤當首爲籌畫。黄河自入江南界并無清水合流，惟資淮水以爲抵禦。淮水由豫省逾潁、亳之境，萃七十二河之水了匯於洪澤，以堰盱石堤、五壩束之，而令其出於清口，匯黄入海。此即束水攻沙之道。今治南河之要，惟宜先治清口，而治清口之要，則在保守五壩。五壩不輕啓以洩水，則湖水可并力以刷黄，黄水不致倒灌，運河自可疏通。今河臣所稱束水攻沙之計，欲於雲梯關外，接築長堤二百餘里，惟是雲梯關外，悉屬蘆蕩沙灘，潮汐往來，難以施功。前於嘉慶五年，費淳、吴璥議駁民人蔣塗稟詞摺内，敬述乾隆二十九年上諭：雲梯關一帶，爲黄流入海尾閭，平沙漫衍，原不應設立堤岸與水争地。當經奏請停止築堤在案。今若於該處增築長堤，則於坐灣順溜處所必須添建埽段以爲防護。既設修防，則必添建廳營，多設官兵，是徒多糜費之煩，恐未必即獲束刷之效。至所奏修復毛城鋪滚壩，及挑挖洪、濉二河之説，若以爲減黄流異漲，以保徐城則可，若專恃此助清濟運則不可。查黄水由毛城鋪至清口，紆迴六百餘里，挾沙而行，從前自魏、郭工漫口以來，黄水盡入於湖。此後如周工、睢工、王平莊工、邵工、官莊壩、楊莊壩、唐家灣、郭家房，皆係南岸漫工，加以毛城鋪、天然閘、峰山四閘，節年分洩異漲，所過洪湖上游之小五湖，及湖内西北一面，俱已淤墊。今復使黄水暢灌湖中，更滋停淤，而水勢奔注堰盱，將五壩更難防守。且自東南復轉東北，水勢灣環力減，又何能使之暢出清口？是未獲助清之利，先不免停淤之虞。臣故以五壩爲至急之務，當聚精會神，專力於此。上年堰盱僅加高磚工二層，尚不足以資抵禦，似應添砌石工四五層，務使灰漿充足，以臻穩固。於石工後坡土工，亦加高培厚，以資捍衛。至五壩底現俱低窪，則應升高以免洩水過盛，而由湖出清口之引河五道亦須挑浚，一律深通。總期湖水暢出清口，悉力敵黄，黄水不能倒灌，而順流直下，即可洶刷河身以入海。是欲通運疏河，保護淮、揚，其關鍵則總在洪湖，宜節省毛城鋪、海口等工之費，并力而營高堰石工，慎守五壩，不輕易宣洩，實治河急切要務。

海口長堤之工現有成效，其論毛城鋪減黄之害及慎守五壩之要，則皆得之。然河身不低而專事清口，亦未爲治本之策也。

清 吴璥《請辦高堰碎石坦坡疏》 竊照江南洪澤湖，周圍四百餘里，浩瀚汪洋，全賴一線長堤爲淮揚保障，每遇西風大作，浪湧如山，石工動即掣卸，不惟逐年補築，糜費滋多，萬一刷透土堤，淮、揚億萬生靈，將何依賴？關係之大，無有逾於此者，豈可不亟圖捍衛之計？欲圖捍衛之，惟有碎石坦坡，方能經久鞏固。蓋水性至柔，激之則剛，石堤壁立陡峻，怒濤撞擊，傾圮堪虞。若遇碎石坦坡，雖巨浪掀騰，其來也，不過平潑而上，其退也，旋即順勢而下。其怒既平，其力自弱，坦坡不動，石堤自無掣卸之虞。臣向來留心采訪，衆論僉同。淮、揚士民，尤無不稱爲最善之策。并聞近年高堰，曾試築坦坡數段，屢經風暴，總未塌動，即其明驗。若通身皆有坦坡，石工何能衝塌？前河臣靳輔曾云，障淮以匯黄者，功在堤，而保堤以障淮者，功在坦坡。誠至當不易之論也。或云，碎石坦坡需費更大。臣再四思維，堰盱石堤，共長一萬七千餘丈，每年風暴掣塌，少則數百丈，多則一二千丈，積而計之，不出十數年，而舊工皆易新工矣。其補築之需，以一年兩年而論，不覺其多，以十年二十年而計，竟係普易石堤，較之碎石坦坡，所費更大。況新工仍不免續塌，新舊石工，相循補築，迄無已時。浪擲金錢，其數尤不可勝計。且補築之費，尚在其次，而塌卸之險，實屬非常。同一費也，與其多費而擔險，何如多費而求安？惟剋期趕辦勢所難行。若酌量緩急，多分年限，則錢糧既易籌畫，人手亦可從容。查堰盱大堤，凡適當湖心，受風最大，衝塌最多，其餘尚不至過險。應查明着重之處，其長若干丈，先行興辦，每年能辦若干，幾年即可竣事，則至險之處保守無虞，大局已可稍定。再將次險之工，擇其皺裂殘損者先辦，現尚完整者後辦。如此分别緩急，以次舉行，約計險要殘壞之工，三五年内即可先竣，功已過半。此外受風較輕，而堤尚堅整者，即再遲數年辦竣，亦可無礙。總計則費繁，分年則費簡，似此籌措，尚不甚難。雖年分既多，功效亦緩，然辦一丈即有一丈之益，辦一年即有一年之效，得尺得寸，日起有功。一經告成，淮、揚永無大患，而高堰有恃無恐，五壩即可堅守，不特全力蓄清，可免倒灌，而高、寶以下十數州縣，頻年被淹之區，亦得共享豐亨之利。所裨益於民生漕運，實非淺鮮也。至坦坡每年修費，亦不可少。或又有以此爲難者。然石坡與土坡不同，土易汕刷，而石質堅重，又係坦坡，水過無力，間或盪激坍卸，略爲補填即完整如舊，所費無多。即如徐城一帶，臨黄碎石工程，已閲多年，不過間有移卸，無須大修。且石塊即卸入水中，亦不能漂淌遠去，斷無虞其填占湖瀦也。或又以石堤外有碎石堆積，儻若石堤之下，樁朽坍塌，難以折修。此亦所當慮及者。但樁木有碎石攔禦，風浪亦所不及。即使年久朽折，而外有碎石擁護，石工不能坍倒，止於坐蟄鼓斜，不修亦無妨礙，酌修亦易整齊。臣通盤籌畫，似屬經久可行。仰懇敕下江南督河諸臣，再爲博訪熟商，確切估計，究竟需費若干，分限幾年，可以蒇事，以及如何籌畫，如何酌辦，有無窒礙難行之處，悉心妥議具奏。此所謂補救弊之辦法也。

清 徐寅亮《請辦高堰碎石坦坡疏》 伏查江南督臣鐵保等條陳南河修防各工，欽命協辦大學士長齡等履勘籌辦，現在一切工程，俱可於秋汛後節次辦理矣。竊查該督等條奏應修各工築堤修壩等事，俱關緊要，惟於原議高堰碎石坦坡一節，未曾籌及。或因去年甫經奏停，未便再議。然蓄清刷黄，專在固守高堰。高堰不固，一遇盛漲，必開五壩，不但淮、揚被灾，清水出口勢弱，刷黄無力，且爲全河之憂。此理固人所共知也。高堰日見殘損，近年來每遇西風急浪，動輒坍掣，至二三千丈不等。設有一處掣通，淮南民命盡付波浪，運道鹽課亦有梗阻。且恐淮水南流，河壩其後，三瀆混一，爲患更不勝言。此理亦人所共知也。該督等議筆高堰坦坡，實得全河關鍵，以柔制剛，其法最善。近日堰工屢有掣卸，其已做坦坡處所，風浪衝擊，至坡則平，成效顯然，衆目共覩。若全堰俱得坦坡外護，則重門保障，鞏於金湯，五壩可以永閉不開，清水可以全力刷黄，淮、揚可以長登衽席。此誠萬世之永圖，而目前之急務也。惟是前日商捐三百萬，原爲辦理坦坡之用，今已挪用他工，經費別無可出，遂不得不爲停止坦坡之説。或謂新工多由摸砌，易致損壞，恐坦坡外蔽，不能隨時查看。不知工段即有朽□，多得一重保護，自必較爲得力，何致反爲石工之害？況摸砌工程，現經該督等奏令工員賠修完竣，更不必爲此過慮矣。又或謂坦坡竣工，必俟十年，緩不濟急。不知目下高堰情形，毫無把握，刻刻可危，坦坡早辦一日，早得一日之力，多辦一處，多得一處之力，斷不能以事須曠日，遂甘心束手而坐視其敝也。又聞外省議論，始云坦坡分作五六年辦理，繼又云必俟十年之久。可見外省於此項工程，尚未經切實估計，確有成算。展轉遷延，已將三載矣。又聞云石料須在安徽泗溪等山采辦。其實淮屬清河縣界内老子山所産碎石，取之無盡，運工甚近，并無須遠取他省。又此項工程，即估需多費，而分年酌辦，儘可陸續籌撥，不必取足一時，似不致過爲喫力。且坦坡不辦，必議幫寬大堤，所費亦屬不貲。石工擊卸，土戧全不足恃，同一費用，自不若移辦坦坡更爲穩固矣。現當興舉大工，權其緩急。海口尾閭也，清口咽喉也，高堰則腹心也。要害之地，勢宜首先著力，趁此定議興修，洵可一勞永逸。仰懇敕下長齡、戴衢亨等，詳勘情形，確查工段，嚴立年限，通籌經費，俾得要工早竣，庶淮民永登樂土，黄流長獲安瀾，實於國計民生，大有裨益。

清 嵇曾筠《防河奏議》卷四《估計高堰山盱土工》 題爲恭謝天恩事。雍正七年十一月二十四日准工部咨，開都水清吏司案呈雍正七年十一月初五日工科抄出江南總河孔毓珣題恭謝調補江南河道總督一案，奉旨：朕思治河之道，惟有使黄水暢流，無所壅滯，則永慶安瀾。然欲使黄水無所壅滯，必須保固高家堰堤工，使清水力能敵黄，且以助其暢流之勢，則河工永遠無慮。是高堰堤工關係最爲緊要，從前齊蘇勒雖將石工稍加幇修，而朕以爲不若多費帑金於堤工，險要之所及單薄之處俱加修，石工務令堅固高厚，以爲久遠之計，庶於河道民生大有裨益。前孔毓珣在京陛見時，朕以此諭之，伊亦深以爲然。又曾將治河之道降旨詢問田文鏡，而伊之所奏與朕意不謀而合，可見高堰堤工乃必應加增修理者也。着發户部帑銀一百萬兩交與孔毓珣、尹繼善籌畫相度，有應行預備料物之處，即於歲内采買，早爲預備。該部知道。欽此。再着汪瀠對、琳張、坦麟、吴昌祚前往淮上協同河臣等悉心辦理，該部知道。欽此。相應行文江南總河孔毓珣，仍轉行知照蘇撫尹繼善，一體遵照旨内事理遵行可也。爲此合咨前去欽遵施行等因到前河臣，准此當經檄行遵照去後，今據淮揚道僉事白鍾山詳送高堰、山盱幇戧土工估册到臣，據此該臣等看得高堰山盱二廳一帶石土堤工，捍禦洪澤全湖巨浪，保護淮揚二郡民生，蓄清敵黄，利漕濟運，最爲緊要。仰賴我皇上聖神天縱，洞悉全河關鍵，特發百萬帑金，務令加修高厚，以爲久遠之計，此誠千百世未有之功，億萬年無疆之業也。前河臣孔毓珣當即行令淮揚道將石土工程逐細確估，并節次發帑分委承修各員一面幇築土工，一面造船分赴各山采辦石料。臣蒞任之後，復經疊檄嚴催辦石各員，作速運料開工，適值今夏六七月間汛水驟長，是以挽運維艱，除現在委員押催，陸續儹運開工，另取估册核題外，兹據該道詳稱，修砌石工必先於工外建築越壩攔水，然後可以施工。今小黄莊迤南湖面寬濶，水勢浩大，每遇風浪勢若排山，一壩孤懸，安能抵禦，再四思維，惟有借舊石工連土留寬二丈，暫爲外障，以代越壩，即於後身堤面開槽釘樁，砌築石工，俟新工築定根基，再將舊工拆起，選石添建，方資捍禦。但於堤面開槽，則舊堤單薄，應先於堤後幇築裏戧，加培寬厚，以還舊堤。再堤内多有積水坑塘，應塡墊馬路以便取土，今查高堰廳屬自六堡起至小黄莊止，應幇戧堤工長三千四百九十六丈六尺八寸，又自小黄莊起，至高良澗禹王廟前止，應幇戧堤工長二千四百七十四丈九尺八寸，共工長五千九百七十一丈六尺六寸，連塡墊馬路共估用土方料物銀一十萬六千二百五十六兩五錢七分零。山盱廳屬自高良澗禹王廟前起，至古溝東壩北止，應幇戧堤工長三千三百五十六丈七尺四寸，又自古溝東壩南起，至滚水北壩止，應幇戧堤工長五百八十丈八尺九寸，共工長三千九百三十七丈六尺三寸。連塡墊馬路估用土方料物銀七萬九千二百二兩一錢三分零，以上高堰、山盱二廳應幇修堤工共工長九千九百九丈二尺九寸，共估用土方料物銀一十八萬五千四百五十八兩七錢一分零，并無浮冒，所有幇戧土工理合造册先行詳送題估等因前來，臣等親勘復查無異，除原册送部查核外，相應會同蘇州巡撫協理河工事務臣尹繼善，河東總督掌管北河總督印務臣田文鏡，原任内閣學士臣張坦麟，原任户部右侍郎革職臣汪漋，通政司右通政臣吴昌祚，御史管坐糧廳事在任守制臣程仁圻，合詞具題，伏乞皇上睿鑒，敕部議覆施行，雍正八年十一月十八日題。奉旨該部議奏，欽此。部議准行。雍正九年二月十四日奉旨依議欽此。

又《估計高堰山盱石工》 題爲恭謝天恩事，該臣等看得高堰、山盱臨湖一帶石工，蒙我皇上睿謨弘遠，發帑大修，不獨使洪湖之水得以暢出敵黄，而淮揚一帶漕運民生永慶安瀾之福，當經前河臣孔毓珣發帑分委承修各員一面幫築土工，一面造船采辦石料，臣漋任之後，復又叠檄嚴催，除幫戧土工，前據該道造册估用銀一十八萬五千四百五十八兩七錢一分零，臣等業經勘核題估，旋據各員俱已呈報完工，現在飭令查勘另行造册咨部外，兹據淮揚道僉事白鍾山詳稱，堰、盱一帶石工欽奉特旨發帑加修，屢蒙檄飭查勘，相度湖河水勢情形，悉心確估，加培高厚，以垂久遠。今除石工之内，現在完整，止須每年照例於石上鑲柴搶修，足資捍禦，無庸加修外，其有間段底樁腐朽，石塊欹斜，原屬順砌卑矮者，應建築越壩，拆修加高，一律堅實，又有年久風浪撞激，灰縫剝落，底樁腐朽，歪斜脹裂傾圮者，其中雖間有完整，但向係順砌之工，襯裏甎石單薄，若於舊石之上再加新石，上重下虚，勢難撑立，應行通身全拆重修，另换馬牙梅花等樁，丁順間砌始能垂久。至於新砌石工，必先築越壩攔水，然後可以興工，今湖面寬濶，水勢浩大，一遇狂風巨浪力若排山，一壩孤懸，安能抵敵？工段綿長，實難保護。况查舊工根基樁空之内，向經墊满碎石，今則舊樁難起，新樁難下，徒費人力，不能施工，惟有借舊石工，連土留寬二丈暫爲外障，於後身開槽釘樁砌石，俟新工築定根基，再拆舊石，選用其舊工底石，因新工灰汁未老，應留二層以防風浪撞擊，保護新工。再清水潭一壩裏越未建石工，今應一例創建，以期鞏固。所有高堰、山盱二廳屬應行拆修，并創建石工，通共工長六千三百四十二丈九尺四寸，共估用料物夫工銀八十三萬二千三百九十一兩八錢五分零，并無浮冒。再查上石工程二項，共計估銀一百一萬七千八百五十兩五錢六分零，除部撥銀一百萬兩之外，其餘銀一萬七千八百五十兩五錢六分零，應在道庫存庫銀兩内動支給發，理合造册詳送會核題估等情前來，臣等親勘復核無異，除原册送部查核外，相應會同河東總督掌管北河總督印務臣田文鏡，蘇州巡撫協理河工事務臣尹繼善，原任内閣學士臣張坦麟，原任户部右侍郎臣汪漋，御史管坐糧廳事在任守制臣程仁圻，合詞恭疏具題，伏乞皇上睿鑒，敕部議覆施行。雍正八年十二月二十日題。奉旨：該部議奏，欽此。部議准行。雍正九年四月二十二日奉旨依議。欽此。

又 卷六《高堰山盱石工告成》 題爲恭報高堰、山盱石工告成，仰祈睿鑒事。欽惟皇上德溥堯仁，功高禹迹，平成永賴，萬方沐清晏之庥底，定興歌，億兆被盈寧之福，聖謨弘遠，籌一事而必計及萬全，睿算精詳，建一業而定垂諸永久。以高堰爲黄淮之關鍵。甃砌宜崇。大堤乃民社之屏藩，增培須固，特頒諭旨，發百餘萬最多之内帑，擇吉興修，簡命卿僚，舉數千年未備之大工，乘時監築，一夫一料，不動民間寸石寸工，均銷正項，匠役應期而雲集，工員趨事以星馳，惟是購辦紛繁，既轉輸之不易，洪湖浩瀚，亦濟渡之維艱。仰蒙聖主敬誠，兩載西風寧静，因荷神祇默佑，頻年汛水安瀾，是以鼓檝揚帆，載花山吕梁之石，争先飛輓，編簰結筏，下荆湖豫章之木，協運儲需，萃千里百里之良材，備千夫萬夫之工，作陶人塼埴堆垛，崇墉冶氏鑪錘鈎，聯作錠樁，排馬齒，櫛比深根，石甃龍鱗縱横峭壁，金錢給賞夫役，懽騰令甲纂，嚴旦明儹辦，臣等或按時查閲，或常川督修，料物極其精純，筍縫極，其脗合，汁漿極其充足，土戧極其堅凝，曲者環灣肖波流之回轉，直者矢棘循岸勢之斜飛，磚工土工底四十餘仞，面二十餘尋，從未有如此之寬厚，順砌丁砌纍十有五層，高十有八尺，從未有如此之崇隆，高澗以南，周橋以北，迤邐六千餘丈，延袤四十餘里，從未有如此之綿長。經始於庚戌之秋，告成於壬子之夏，四時料物遄行，再歲工程竣事，從未有如此之迅速，皆由我皇上軫念運道民生，體效天地之心，以爲心斯感召山川百神，奉若皇上之事以爲事，會陰陽風雨之協，相成水土金木之功，能由是束洪湖千頃之波，而敵黄有力，濟運愈見其深，通護淮揚萬塍之田，而循軌無虞，居民得安其康阜，共慶皇圖，鞏固兩河，均沭鴻庥，咸賡聖壽無疆，萬世常霑愷澤。兹准欽差原任户部右侍郎臣汪漋等會咨，高堰大工已於雍正十年六月十七日一律告竣等情到臣，并據署淮揚道印務夏建德詳報前來，除移咨督臣尹繼善會勘收工并飭淮揚道將工程丈尺用過銀兩造册另疏具題外，所有大工告竣日期理合會同署理江南江西總督印務蘇州巡撫協理河工事務臣尹繼善、原任户部右侍郎臣汪漋、原任内閣學士臣張坦麟、通政司右通政降三級調用臣宋筠、御史管坐糧廳事在任守制臣程仁圻合詞恭疏題報，伏乞皇上睿鑒施行。雍正十年六月十八日題奉旨，洪澤湖爲東南諸水總滙之區，全賴高堰大堤，以爲保障。朕特發帑金，命河道總督欽差大臣等指示督率建立石工，以爲久遠之計。乃二年以來，風濤恬静，汛水安瀾，工作易施，成功迅速，此皆湖神默佑之力，朕心深爲感慶，理宜虔誠展祀，以申報享之忱。其湖神廟宇或重加修葺，或擇地建造，着總河嵇曾筠等確查定議具奏。此次修築堤工之大臣官員及効力各官，悉心辦理，俱屬可嘉。着分别議叙具奏，該部知道。欽此。

又《恭請御製高堰碑文》　題爲聖主鴻功普慶，瀕湖億兆情殷，恭請頒賜碑文，以垂萬禩事。欽惟我皇上功恢禹迹，德峻堯年，手畫平成子，九州以樂利，心參造化，致萬國之盈寧。既治既安，一勞永逸，或疏或浚，百谷朝宗。固已瑞應河清，福如川至，乃猶念洪湖爲黄運兩河之樞紐，首重宣防。高堰乃淮揚二郡之屏藩，尤須培護，垂諸永久。殊恩出自宸衷，計及萬全，乾斷不由廷議，爲運道謀奠安之計，籌維何啻再三，念民生立永固之基，發帑動盈百萬，庀材悉備，萬役歡呼，趨事維勤，群工踴忭，尤喜天心，感格頻年，日麗風和，加以神力昭靈，再歲波恬浪静，慶奏功之迅速，兩載告成，遵聖訓之勤惓，一夫不擾，從此輓輸攸利，隨時總慶安瀾，因之耕鑿咸寧，是處均沾愷澤，衢歌巷舞，靡不擊壤以騰歡華祝，嵩呼俱切，焚香而頂戴，仰惟皇上爲民創建之鴻烈功奠山川，皇上爲民保護＊聖心光昭日月，恭懇堯章，丕焕以志天庥，羲畫弘開以彰神應，欣睹千尋萬丈之金堤玉堰一律告成，務俾萬載千秋之磐石苞桑遞相保固，謹據輿情籲請，伏祈御賜碑文永飭河工官，守天下臣民瞻睿藻而敬悉，至誠大德之精虔覲宸章，而愈圖鞏固堤防於悠久，將見勒岐陽之石應地無疆峙岣嶁之碑與天同壽，茲據署淮揚道夏建德轉詳前來，相應恭疏具題，伏乞皇上睿鑒施行。雍正十年十月初二日題，奉旨：該部議奏。欽此。部議准行雍正十年十一月二十七日，奉旨：依議。欽此。

又卷九《恭謝高堰山盱石工告成》　題爲高堰石工告成，萬民感戴情殷，懇請代題恭謝天恩事。據署淮揚道夏建德詳據淮安府知府于本宏、揚州府知府尹會一，據山陽江都等縣詳稱，據士民安瀾成永慶祝純嘏樂萬年等呈稱，欽惟我皇上德合清寧，功隆位育，湛恩洋溢，同源水之盈，科渥澤滂流，若江河之行地，慶會同於禹甸，頻年海晏，興歌奏厎績於堯封，比歲河清，獻瑞既世登乎，衽席猶念切乎，痌瘝本宵衣旰食之勤，布激濁揚清之治，茲以河淮二瀆，漕運攸關，堤岸千尋民生重繫欲導河以入海，必束清以刷黄，惟淮泗合注乎，洪流而保障，全憑於高堰，雖歲加增築，豈患鯨波苐，久禦全湖，保無蟻穴，爾乃治益求治，恒饑溺之如傷安，愈思安時綢繆於未雨，務培夫北墩南澗，俾一綫固於金湯，庶垂之萬禩千秋，使億姓安如磐石，用頒巽命。沛百萬之帑金，特簡重臣；策庶僚以襄事，萬夫雷動。尅日功成，千版雲興，指期報竣。崇崗屹峙何憂乎？巨浪長風，玉鑒澄空，止覺其恬波静影，七省之糧艘利涉，三河之澤國生春。是惟聖天子深軫民依，知人善任，遂得諸大憲仰承睿算，竭力抒公，建萬年鞏固之弘圖，創萬派朝宗之大烈。此清黄之分流合注總無强弱之殊，而淮揚之下隰，高原永受平成之福。在兩郡黄童、白叟被恩蒙澤，固無不望，日以懽呼，即四海赤子蒼黎食德飲和亦無不瞻天而慶頌，安瀾等躬逢盛世，感雨露之頻加，居近河濱，識恩膏之普洽，愧涓埃之莫報，群熙皡於沐日浴月之中，抱悃忱以求伸争，鼓舞於華祝衢歌之世，爲此連名具呈，伏祈俯賜轉詳代達，輿情激切上呈等情，由縣詳府，由府詳道，轉詳到臣，據此欽惟我皇上道隆參贊績，著平成昭，瑞應於堯封，河清海晏，慶安流於禹甸，岳峙淵渟，萬方共沐恩波倍切，民依之念億兆咸霑沛澤猶深已溺之懷，顧惟高堰中界淮揚，實兩邦之保障。近連淮泗，乃二瀆之巨津。蓄清以敵黄，各省之糧儲利賴。滙河而注海，衆流之脉絡，攸通運道，所關民生重繫。仰蒙皇上宸衷獨斷，恩命特頒，發百萬鎰之帑金，建億萬年之砥柱，簡大員而監築，欽承聖訓之周詳，集僚寀以鳩工，各殫職司而□勵，庀材既足，力作齊興，帆檣載木石以如飛，畚鍤歷春秋而弗輟，一從經始風浪無驚，迨至成功，平安有慶，仰惟聖主至誠感格，因之默契天心，大德丕昭，是以顯彰神應。增其舊制，百廢重修，幸此大工兩年告竣，洽清黄而交濟，永利輓輸，障淮海以安瀾，咸資耕鑿，民心悦豫，年年可慶西成，清口暢流，處處悉從東注，總由廟謨廣運，俾分流合注以朝宗，更兼國帑豐頒，奠玉堰金堤之鞏固。臣等查閲工次，備悉輿情，多士拜稽，懽聲雷動，群黎額手，喜氣雲興，巷舞衢歌，沐率土咸周之聖澤，嵩呼華祝，頌與天同壽之皇仁，兹據署淮揚道印務夏建德詳據淮揚兩屬士民安瀾等感戴情切籲請代題，恭謝天恩前來，臣不敢壅於上聞，相應會疏恭謝天恩，伏乞皇上睿鑒施行。雍正十年六月十八日題，奉旨：該部知道。欽此。

清 張伯行《居濟一得》卷七《復高堰各閘壩》 一、周橋、翟壩、高良澗，古溝之舊制宜復也。今查周家橋、高良澗舊河現在，聞當日一帶俱係水田。今宜將此二處仍各建閘，復昔日水田之舊，而於高堰一帶，每二十里，建閘一座，開引河一道，兩岸多開溝渠，盡成水田，而其有餘之水，則令其穿運河，由涇河、澗河及子嬰溝，至馬家蕩，入蝦鬚溝河，由射陽湖入海。或曰高堰一帶多開閘座，以洩洪澤湖之水，則清口之水不虞太弱而不足以敵黄乎？予曰：『清口宜收束使小，且有上諸閘黄河之水以助之。借黄以敵黄，又何患其不足乎？』或曰：『高堰一帶及周家橋、高良澗，既多開閘座，以洩湖水，則下河一帶不又苦水乎？』予曰：『下河之所苦者，不獨在水也。今年不嘗苦旱乎？揚州每日禱雨，既苦無水，而盱泗又苦於多水，予王欲損盱泗之有餘，以補揚屬之不足也。且所謂閘者，固可開可閉，操縱在我者也，下河用水則開之，下河苦水則閉之，又何至爲下河之患乎？』或曰：『下河苦水，則閉閘，誠是也。但子言清口收束使小，一洪澤湖之水，豈能驟出乎？』予曰：『昔清口之上，張福口、王簡口黄詔口固嘗建閘矣，今再復此三閘之舊，以備宣洩，未爲不可，而又何患乎清口之小也。去開周橋一帶閘座以灌田，則不特除水之害，而兼以資水之利矣。開峰山歸仁堤諸閘以洩黄水，又開張福、王簡等口以洩清水，則不特用清以敵黄，而兼用黄以敵黄矣。似亦法之可行者也。』

清 張鵬翮《治河全書》卷一五《補修高堰石工》 康熙二十九年二月二十八日准工部咨，爲欽奉上諭事。都水清吏司案呈，奉本部送工科抄出總督河道王新命題前事等因，奉旨工部議奏，欽此欽遵，抄出到部。該臣等查得總河王新命疏稱高郵南北一帶殘缺，磚石工程欽奉上諭著修理，欽此。查高郵州東西堤殘，缺磚石工共該工料銀一萬九千七百四十六兩二錢九分零。應於前河臣靳輔交存大工銀内動用等因前來，查高郵南北一帶磚石堤工俱係舊堤，少爲修葺，并非創造堤工，今估銀一萬九千七百四十六兩有奇。甚屬浮多。理應駁減。具題之日，再行修理。但關係運道，仍令其一面修理，一面將所需錢糧，該督親身踏勘，再行嚴加核減，作速估題。又疏内稱高郵、江都、寶應三州縣臨湖石工均關運道，應否估修，理合題請等語，查河道一切修理工程，俱係總河專任，如果係緊要應修之處，該督理應定議具題。今該督將高郵等三州縣臨湖石工應否修理，并未確查定議具題，不合應將該督所稱應否估修理合題請之處毋容議可也等因。康熙二十九年二月初四日題，本月初九日奉旨依議。

又卷一七《修高堰臨湖埽工》 兵部尚書兼都察院右都御史總督河道提督軍務臣張鵬翮謹題，爲高堰堤工亟宜修築以資捍禦事。臣遵旨看視河工，於五月初五日至高家堰看得自武家墩至小黄莊交界一帶，臨湖石工從前原未加砌，而排樁盡行塌卸，堤身衝刷，危險可虞。雖先經部臣范承勳等題明動搶修錢糧，令河臣修理，俟六壩堵後，一同修築。但目今伏汛屆期，修築宜急，而搶修錢糧不敷，難以坐誤。應即委分修官將臨湖釘埽工程先行價築，以禦伏秋，後再將裏面加幇等因咨商部臣范承勳等。准咨覆内稱速撥賢能河員，著其領帑辦料修築，即作幇築案内大工等語。臣等公議僉同除委員領大工帑銀修築作速完竣以資捍禦外，臣謹會同部臣范承勳等合疏題明，伏乞皇上睿鑒敕部議覆施行等因。康熙三十九年五月初十日題，本月二十八日，奉旨九卿詹事科道會同速議具奏，欽此欽遵。於五月二十八日抄出到部，該臣等會議得河道總督張鵬翮等疏稱，臣看視河工至高家堰，看得自武家墩至小黄莊交界一帶臨湖石工，從前原未加砌排樁，盡行塌卸，堤身衝刷，危險可虞，雖先經部臣范承勳等題明動搶修錢糧，令河官修理，俟六壩堵後一同修築，但目今伏汛屆期，修築宜急，而搶修錢糧不敷，難以坐誤，應即委分修官將臨湖釘埽工程先行價築，以禦伏秋，後再將裏面加幇等因。咨商部臣范承勳等，准咨覆内稱速撥賢能河員著其領帑辦料修築，即作幇築案内大工等語。臣等公議除委員領大工帑銀修築作速完竣以資捍禦外，臣謹合疏題明等因前來，查該督等既稱目今伏汛届期，修築宜急，而搶修錢糧不敷，應將臨湖釘埽工程責令河員動大工錢糧償築等語，應均如所題速行修築可也。康熙三十九年六月初一日題。本月初三日奉旨依議。

又卷一九《修高堰石工》 兵部尚書兼都察院右都御史總督河道提督軍務臣張鵬翮謹題，爲欽奉上諭事。案准工部咨，開本部等衙門會議，河道總督張鵬翮疏稱：武家墩至小黄莊一帶臨湖舊有石工僅出水面二三尺不等，必須加砌，與小黄莊見砌石工一律齊高，正在確估工料興修，應如所奏，令其加砌一面，興工一面將需用銀兩確估具題可也等因。奉旨依議速行。欽此欽遵。抄出到部移咨到臣，准此。當即檄行淮揚道參議王謙，禮部員外郎蔣陳錫，刑部員外郎丁易一體欽遵。去後今據該道等造册估計等因到臣，據此該臣看得武家墩起至小黄莊止一帶臨湖舊有石工僅出水面二三尺不等，臣奏明加砌與小黄莊見修石工一律齊高。行據淮揚道參議王謙等詳稱，舊石工樁朽石欹，勢必另行拆砌，方可堅固經久。今於舊殘石工之上疊柴壓土以爲越壩，於内建砌可以節帑速工創砌石工，共長五千五百二十六丈四尺，連鑲柴越壩等項估用工料銀六十八萬六千二百四十八兩八錢二釐八絲。既據該道核實造册估計前來，臣覆確核無異，隨委承修官原任知府傅澤洪、候補主事程兆彪、候補同知姚震、高堰通判朱廷植、原任守備郝溢、高堰守備夏景松等領帑辦料興修，委原任按察使趙世顯監工督催，除原册送部查核外，相應具疏題估，查此工共估銀六十八萬六千二百四十八兩零，内除於撥發錢糧等事，案内撥過銀五十萬兩外，尚有不足銀一十八萬六千二百四十八兩零。相應請敕該部速行撥給，以濟工用。再查前河臣交代案内共存庫銀四十五萬四千八百七兩零，内除歲修銀七千四百三十餘兩，又運司羨餘銀六萬四千三百九十餘兩，以爲歲修兵餉支用。又謹陳河工幇築等事，案内銀十五萬六千五百五兩零，乃係加幇山安黄河兩岸堤工之項，其餘存庫大工銀二十七萬六千四百七十餘兩，給發鳳凰橋、芒稻河、人字河、高郵護城堤、堵塞夏家橋等處，六壩修建，唐埂等三滚壩挑空大通口，堵塞邵伯、更樓兩壩，馬家港、時家馬頭、挑浚新河等工尚不敷用，容臣按工估計分案題請撥發合并聲明，又原任通判靳治齊於會勘案内領過估修高堰倒卸石工銀四萬七千四百八十五兩零，年久并不修工，今已丁憂回旗，前於估計滚壩案内題請敕部押觧來工將料物運至工所清算在案，俟靳治齊押到，一并清查，如有短少，照數追賠參處，相應一并題明，伏乞皇上睿鑒，敕部議覆施行等因。於康熙三十九年十月二十一日准工部咨，開前事都水清吏司案呈工科抄出河道總督張鵬翮疏，稱武家墩起至小黄莊止一帶臨湖舊石工樁朽石欹，必另行拆砌，方可堅固經久，今於舊殘石工之上疊柴壓土，以爲越壩，於内建砌石工，共長五千五百二十六丈四尺，共估銀六十八萬六千二百四十八兩八錢零，除撥發錢糧等事，案内撥過銀五十萬兩外，尚有不足銀一十八萬六千二百四十八兩零，應請撥給等因。於康熙三十九年十月初九日奉旨，這修築高堰不足銀兩，著照該督所請速行撥給，乘此今冬水涸作速修築完工，勿致遲誤，該部知道。

又卷二三《保守高堰》 兵部尚書兼都察院右都御史、總督河道、提督軍務臣張鵬翮謹題，爲欽奉上諭事。康熙四十年四月初四日，工部郎中王進楫傳奉上諭，對總河張鵬翮説，保守高家堰第一要緊，欽此欽遵。仰見我皇上廑懷國計民生，無時不以河工爲念，佇期平成，奏績萬世永賴之盛心也。今六壩全閉，淮水初復，故道水勢蓄長，止由清口一路會黄入海，一切堤工俱係新築，湖寬水盛，風浪易發，最爲險要，加謹保守，誠如聖諭。臣等公議保守之法：一在分地巡防，自清口歷高家堰至六壩，每五里派官二員，不分風雨晝夜巡防，發帑委能員備料運至工所備用，其臨湖鑲柴預防浪掣武家墩至高家堰，令原修之廳員住工防守，自小黄莊至周家橋，令分修諸臣住工防守。自周橋至六壩，令分修諸臣及接修學道河員住工防守。臣仍不時親往高堰適中之地分頭督催。一在修理險要工程，查龍門大壩。部臣范承勳等原估鑲柴二路，後止鑲一路，將一路節省不鑲，今湖水盛大，止鑲一路，堤身单薄，不足禦浪，應將節省一路仍發帑令分修宫夢仁作速購料加鑲，其高澗大壩，地形低窪，内有積水深潭，係分修撫臣高承爵所修之工，裏戧旋修旋蛰，舊堤頂寬不滿三丈，一遇風浪，甚屬危險。臣相度形勢，應於裏口築越堤一道，以爲重門之障。委効力學道王式穀領帑承築，該汛官協修，其内戧蛰陷之處，仍令高承爵之弟高陰爵照原估下埽鑲填堅實。至於宣洩之方，因三滚水壩尚未修成，從權暫設天然滚壩，遇淮黄并長之時，清水由天然滚壩洩去，黄水由王家營減壩洩入鹽河下海，已經題明奉旨允行在案。如此則巡防嚴密，堤工可免汕刷，宣洩以時，堤工可保無虞，似亦保守之一端也。理合題明，伏乞皇上睿鑒施行等因。康熙四十年四月初七日題，本月二十四日奉旨該部知道。欽此欽遵。於四月二十五日抄出到部，該臣等議得河道總督張鵬翮疏稱工部郎中王進楫傳奉上諭，對總河張鵬翮說，保守高家堰第一要緊，欽此欽遵。臣等公議分地巡防，武家墩至高家堰，令原修廳員住工防守。自小黄莊至周橋，令分修諸臣住工防守。自周橋至六壩，令分修諸臣及學道河員住工防守。臣不時親往高家堰適中之地分頭督催，龍門大壩原估鑲柴二路，後將一路節省不鑲，今湖水盛大，堤身单薄，不足禦浪，應將節省一路發帑令分修宫夢仁購料加鑲。又高澗大壩地形低窪，係高承爵所修之工裡戗，旋修旋蜇，一遇風浪，甚屬危險，應於裹口築越堤以爲重門之障，委學道王式穀領帑承築，該汛官協修。其内戗蜇陷之處，令高承爵之弟高廕照原估下埽鑲填堅實等因前來。查該督既稱龍門大壩堤身单薄，不足禦浪，應加鑲柴一路，高澗大壩地形低窪，一遇風浪，甚屬危險，應於裹口築月堤以爲重門之障等語。應如所題，令宫夢仁、王式穀等領帑作速堅固鑲柴，該汛廳員協修。一面將需用錢糧確估，并協修官開明具題，其高堰大壩裡戗蜇陷之處，應照原估丈尺令高承爵之弟高廳爵速行賠修堅實報部可也。康熙四十年五月十八日題，本月十九日奉旨依議速行，欽此欽遵。抄出到部移咨到臣，准此隨經備行該道遵照。去後先據淮揚道參議王謙、淮徐道副使施世綸造册估計，轉詳等因到臣。據此該臣看得分修原任巡撫宫夢仁、承修高澗龍門大壩，原估鑲柴二路，後將節省一路不鑲，因湖水盛長，堤身单薄，不足捍禦，應將節省一路發帑，令宫夢仁購料加鑲。又高澗大壩地勢低窪，一遇風浪，旋鑲旋蜇，甚屬危險。應於堤口修建越堤以爲重門之障，委學道王式穀領帑承築，經臣具題，部覆作速鑲築。將需用錢糧確估，并協修官開明具題等因，奉旨依議速行欽遵在案。行據淮徐道副使施世綸詳稱，復估加鑲高澗龍門大壩節省柴工一路，用銀一千一百七兩八錢四分四釐四毫。淮揚道參議王謙詳估高澗大壩堤内越堤長二百五丈五尺，并鑲柴挑河共用土方料物銀九千四百四十四兩八分七釐五毫，承修官係學道王式穀，協修官係山盱通判邊聲威，并署主簿許瑜，把總陳得功也。其高承爵之弟高廕爵承修高澗大壩，内戗鑲柴蜇陷之處，已於十月二十二日開工修補等因冊詳前來。臣覆核無異，除原册送部查核外，相應具題，伏乞皇上睿鑒敕部議覆施行等因。康熙四十年十一月十一日題，十二月初二日奉旨該部議奏，欽此欽遵。於十二月初三日抄出到部，該臣等議得先經河道總督張鵬翮以龍門大壩鑲柴二路，一路節省不鑲，今湖水盛長，堤身单薄，應將節省一路發帑令宫夢仁購料加鑲。又高澗大壩地形低窪，高承爵所修之工裹戗旋修旋蜇，應於裹口築越堤以爲重門之障，委學道王式穀領帑承築，該汛官協修。其裹戗蜇陷之處，令高承爵之弟高廕爵下埽鑲填堅實等因具題，經臣部覆准在案。今據該督疏稱，加鑲龍門大壩柴工一路估銀一千一百七兩八錢零，高澗大壩越堤長二百五丈五尺，并鑲柴共用銀九千四百四十四兩零，承修官係學道王式穀，協修官係山盱通判邊聲威等，其高廕爵承修高澗大壩裡戗蜇陷之處，已於十月二十二日開工修補等因前來。查龍門大壩加鑲柴工一路并高澗大壩建築越堤，既經該督估計具題，應令其速行修築工完之日，將用過錢糧核明造冊題銷，其高澗大壩裡戗蜇陷之處，應令高廕爵作速修補完工報部可也。康熙四十年十二月十七日題，本月十九日奉旨依議速行。高澗大壩裡戗蜇陷之處，著高承爵自往河工作速修補。

又《防護高堰》 兵部尚書兼都察院右都御史、總督河道、提督軍務臣張鵬翮謹奏，爲欽奉上諭事。康熙四十年五月二十九日接内閣中書李保柱捧旨到臣，内開康熙四十年五月二十一日大學士伊桑阿、馬奇、王熙、吴琠、熊賜履、張英，學士法良、辛保、傅紳、范承烈、王九齡、曹鑒倫奉旨，高承爵奏報泗州盱眙地方水灾，著總河張鵬翮會同两江總督阿山親行察勘具奏。前高家堰閉塞六壩時，朕謂六壩塞完後，泗州盱眙等處必被水淹，曾向九卿降有諭旨，今六壩方經閉完，洪澤湖水長泛溢，泗州盱眙等處城郭田畝果被水灾，高家堰堤益覺危險，朕爲此時廑於懷，且天灾靡定，萬一有異常風暴及地動雷震之事，亦未可知，倘若高家堰至於危險，則揚州、淮安等處皆被灾矣。朕爲此日夜甚切憂懼，高家堰堤作何保守堅固，或另有修治善策，著張鵬翮陳奏，著差爾衙門中書一員前往，欽此欽遵。臣跪誦之下仰見我皇上軫念民生，注意河工，無時不廑聖懷，凡河工之事洞照於未然之前，應驗於已然之後。此皆我皇上大智如神。臣查泗州水灾自古已然，即六壩全開之時，泗州亦被水淹。臣於四月二十八日前往泗州查勘水勢情形，詢據土人云，明季時有水災，於康熙十九年泗州城被水淹没，官民移徙堤上等語。查康熙三十八年李炳題報水災揭云，泗居山河聚滙之區，連年積水爲殃，灾困頻仍，歷蒙皇恩等語，則是泗州水災不全係六壩之閉也。按《泗州志》載，宋臣歐陽修《泗州先春亭記》云，問民所素病而治其尤暴者莫大於淮，則知淮之爲暴於泗自古而已然矣。臣觀形勢，盱眙在山之腰，泗州在山之下，淮水繞泗州而流三十里，有龜山屹立河中，又十五里流過老子山，出洪澤湖乃汪洋暢沛，一遇水發奔濤，遏欝水流不及，勢必助長。又有歸仁堤，諸湖之水奔泓而下入於泗州，此其所以多水灾也。桃汛水長淹漫職此之故，今四五兩月清口水流甚暢，洪澤湖水漸消，泗州水勢亦漸消，且六壩既閉之後，水不東注，高郵、寶應、興化、泰州、山陽、鹽城、江都等州縣，田地涸出，人居平土，田可耕種，到處感頌皇仁，惟聲如雷，且今歲漕艘運河揚帆遄行，於四月十二日盡數過淮，較往年甚速，此皆由六壩之閉也。其保守高堰之法，派員備料防守，修理高良澗等險要工程，若遇水大，開天然壩宣洩，已經前疏題明，奉旨俞允在案。今捧讀綸音，臣雖卧病，傳集衆河官講求，另有修治善策，咸稱清口暢流，會黄流過惠濟祠，達大莰陵一帶，皆係清水，今五月已過，湖水較桃汛時消落二尺餘，堤岸平穩，此清口引動湖水大溜之所致也。若倣古制，於翟家壩建閘以資宣洩，但石工不能即成，不若馬家港口門仍留不堵，以分洩黄水，辛家蕩修滚水壩以洩黄河異漲之水，下流益暢，則淮水之出清口亦暢。淮水之出清口既暢，則泗州之淮流不壅。况馬家港在雲梯關之下，辛家蕩在大通口之下，皆地處海套，并無民田，不關運道。且欽奉上諭開歸仁堤引河，引水出黄則泗州上源之水又無所入，上無所入，下有所疏，將来泗州水患庶幾可減等語。衆河官之議與臣相同，但係一得之愚，未知當否，伏候聖裁指示。臣觀天意人心可保其成，五月初四、五等日，高堰微雨，下河一帶則大雨，五月两次風暴，片刻轉風，浪不逾堤，河工効力人員踴躍捐貲疏浚湖頭，引水暢流，趨事赴工引領而樂觀河工之成。臣等加意防守，過此六、七、八三個月，水落歸槽，則具疏題報成功，仰慰睿懷。總之黄運中三河俱復故道，東南萬姓咸慶河工之成，皆仰賴我皇上區畫周詳，聖謨獨斷，精誠感孚，天心順應，河伯效靈所致也。再照五月二十四日臣在高堰六壩巡防督催，感冒風寒，於二十七日回清江行署服藥調理，不能即往泗州會勘水灾，隨咨商两江督臣阿山，或俟病愈訂期會勘，抑或督臣先往查勘，准督臣阿山覆稱先往蕪湖、常州秋審等語，今臣病稍愈，移咨督臣阿山，擬於本月十六日前往泗州等處會勘，另疏具題外，所有高堰目前平穩及水勢情形，理合先行奏報。臣謹具摺付中書李保住賫捧謹奏請旨等因。康熙四十年六月初八日奏，本月二十四日奉旨九卿詹事科道會同速議具奏，欽此欽遵於六月二十五日抄出到部，該臣等會議得河道總督張鵬翮疏，稱臣查泗州水灾自古已然，臣觀形勢，盱眙在山之腰，泗州在山之下，淮水繞泗州而流三十里，有龜山屹立河中，又十五里流過老子山，出洪澤湖乃汪洋暢沛，一遇水發，奔濤遏欝，水流不及，勢必助長。又有歸仁堤諸湖之水奔泓而下，入於泗州，此其所以多水灾也。其保守高堰之法，派員備料防守修理高良澗等險要工程，若遇水大，開天然壩宣洩，已經前疏題明在案。今清口暢流，會黄流過惠濟祠達大莰陵一帶皆係清水，今五月已過，湖水較桃汛時消落二尺餘，堤岸平穩，此清口引動湖水大溜之所致也。今不若馬家港口門仍留不堵以分洩黄河之水，辛家蕩修滚水壩以洩黄河異漲之水，下流益暢，則淮水之出清口亦暢。淮水之出清口既暢，則泗州之淮流不壅。且欽奉上諭開歸仁堤引河，引水出黄則泗州上源之水又無所入，上無所入，下有所疏，將来泗州水患庶幾可減。臣感冒風寒，回署服藥調理，今臣病稍愈，移咨督臣阿山，擬於本月十六日前往泗州會勘，另疏具題高堰目前平穩等因前來。臣等伏惟今六壩閉完，洪澤湖水長泛溢，泗州盱眙等處城郭田畝被灾，高家堰堤益覺危險，若高家堰至於危險，則揚州、淮安等處亦皆被灾，聖諭甚是。高堰地方關係甚要，應令該督委道廳官住扎工所，敬謹防守，該督親身不時往来巡查，毋致危險。再該督既稱留馬家港口門以分洩黄河之水，辛家蕩修滚水壩以壩黄河異漲之水，開歸仁堤引河，引水出黄，則泗州上源之水上無所入，下有所疏，泗州水患庶幾可減等語。應令該督將歸仁堤引河作速挑浚，馬家港仍暫留口門辛家蕩滚水壩速行修理，至踏勘泗州水灾，總河既稱移咨督臣阿山擬於本月十六日會勘，另疏具題等語，應令速行會勘具題可也。康熙四十年六月二十八日題，七月初九日奉旨：這堤岸修築防護，著照議行，前總河于成龍具疏欲將高堰六壩堵塞，蓄湖水以敵黄水，疏通清口。九卿覆奏時，朕以爲高堰六壩若行堵塞，湖水泛漲，泗州等州縣必被水淹没，曾諭九卿，迨遣范承勳等堵塞六壩，此非張鵬翮到任之後始行堵塞。頃因巡撫高承爵題報泗州盱眙水災，朕勑張鵬翮會同江南總督阿山踏勘情形，將泗州盱眙泛溢之水設法修治，作何賑濟蠲租，令其奏聞。又以洪澤湖水泛漲，高家堰堤工以致危險，朕於此事時切躊躇，若高家堰至於危險，揚州、淮安等處州縣皆被淹没，朕爲此日夜殊切憂懼，高家堰堤作何保守堅固，更有何修治善策，著張鵬翮陳奏。曾遣人敕諭張鵬翮，稱病未往泗州、盱眙，今具疏稱泗州、盱眙水灾自古已然，即六壩全開，泗州亦被水災。臣往泗州查勘水勢情形，詢據土人，云明季時有水災，則泗州水灾不係六壩之閉。按《泗州志》載，宋臣歐陽修《先春亭記》云，民所素病而治，其尤暴者莫大於淮，則知淮之爲暴於泗自古而已然矣。今清口水流甚暢，洪澤湖水漸消，泗州水勢亦漸消，且六壩既閉之後，水不東注高郵、寶應、興化、泰州、山陽、鹽城、江都等州縣，田地涸出，民得耕種，皆河伯效靈之所致等語。朕著張鵬翮會同阿山將泗州、盱眙泛漲之水作何設法築堤幫修，或賑或蠲俱有益於灾黎，并非欲開高堰六壩救泗州、盱眙之民而令淮揚百姓罹於水灾也。朕念黄河、運河關係國計民生，三次看閲河工，屢行簡任河臣修築堤岸，每歲不惜數百萬帑金解發，夏日雨水時，晝夜憂慮，不時遣人看視。凡被水灾黎，截留漕米，盡出倉糧賑濟者，總爲拯救灾民，并非止救泗州、盱眙百姓之灾，而淮安、揚州等處百姓聽其罹灾之意也？據張鵬翮謂泗州、盱眙水灾自古已然，而淮揚水灾亦素有也。張鵬翮奏稱六壩既閉，淮安、揚州百姓俱免水灾，是但知淮揚地方，豈獨不知有泗州、盱眙，天下之大亦并不知其爲愚昧已至於極。朕念四海一家，凡有來朝見者，必細詢雨澤田禾，見有居住賀蘭山後公允木春來見，問陝省、河西田禾雨澤，黄河水勢。據允木春奏稱，今歲自正月至六月滴雨未降，黄河水消二丈有餘，西地賴黄河水引入田畝耕種，今年因河水小，不但田禾即莖草亦未生發，朕以陝省、河西百姓作何拯救，雖督撫未經具題，已晝夜籌度。張鵬翮與衆河官乃謂清口水出皆賴河伯效靈，伊等効力所致，此實因黄河水小，清口之水倖而得出，并非伊等効力之所致也。統一天下之主坐視灾黎不爲拯救，張鵬翮既係讀書之人，此果載之何記何書耶？至張鵬翮題請議叙河員疏内，明知朕有諭旨，故稱九卿未晰，今覽此奏，又含怒具題，意謂必有人阻撓，果如此懸擬昏憒之極，未有如張鵬翮者，這事情又似鹽犯大賊孔文泰之案，希圖好勝冒昧，不顧將取罪戾，著將朕諭旨及張鵬翮所奏一并刊刻於淮安、揚州、泗州、盱眙等處，徧行張挂，令衆民觀看，天下之人自有公論。

又 卷二四《高堰工竣》 兵部尚書兼都察院右都御史、總督河道、提督軍務臣張鵬翮謹題，爲題報高家堰工程完竣事。康熙四十一年二月十二日准工部咨，開都水清吏司案呈，奉本部送工科抄出該本部覆，河道總督張鵬翮題前事等因，康熙四十年十一月二十五日題，十二月十二日奉旨該部知道，欽此欽遵。于十二月十三日抄出到部，該臣等議得河道總督張鵬翮疏，稱高堰堤工部臣范承勳等分爲三段修築，先築小黄庄至周橋一段，已經部臣奏報在案。迨後奉旨命臣督催，臣逐段督催，目擊分修，臣原任巡撫王起元、綫一信、金鋐、陳汝器、宫夢仁，原任學士李應廌，原任總漕馬世濟等親住工所，盡心修築効力，學道陸鳴珂等協修，廳員李梅等亦皆急公趨事，陸續將周橋至棠梨樹，武家墩至小黄庄臨湖鑲柴加幫裡戧工程各照段俱報完工，又續題准修之秦家高岡新大堤等處堤工，亦俱報全完。查部臣范承□□原題疏，内有工竣，會同總漕交與總河，責令經防官照例保護搶修等語。今工程已完，應會同總漕臣查勘收工，令經防官照例保固。用過錢糧俟核實造册題銷等因前來。查高堰、小黄庄等處臨湖，鑲柴加幫裡戧，并秦家高岡□□堤工既經報完，應令總河會同總漕查勘，如果工程合式堅固，以收工之日起令地方經防官照例保護搶修。高家堰關係緊要，應令該督時時督率道員等官巡查，毋致疎虞。至用過錢糧，該督應作速核明造册具題可也。康熙四十一年正月二十八日題，二月初二日奉旨依議速行。欽此欽遵。抄出到部等因移咨到臣。准此，當經檄行淮揚、淮徐二道參議王謙、署淮徐道事管理河庫兵部員外郎張弼造册，詳送核題等因到臣。據此該臣看得高堰、小黄庄等處臨湖鑲柴加幫裡戧，并秦家高岡等處堤工完竣，經具題報部議，令臣會同總漕查勘收工，照例保護，至用過錢糧，作速核明造册具題等因，奉旨依議速行，欽遵在案。除會同總漕臣桑格查勘已經會疏題報外，所有用過錢糧，行據淮揚道參議王謙署淮徐道事，管理河庫兵部員外郎張弼詳稱，部撥高堰大工銀一百二十八萬五千四百四十九兩，自小黄庄起至周橋止加幫内戧工，長五千六百一丈九尺六寸，共用土方埽料銀一十八萬九千二百六十一兩四，錢四分六釐一毫三絲九忽六微，臨湖鑲柴共用銀三萬七千四百六十九兩三錢九分四釐二毫六絲，又龍門壩工續題鑲柴一路，共用銀一千一百七兩八錢四分四釐四毫，又自武家墩起至小黄庄止加幫内戧工，長六千五百三十五丈二尺，共用土方埽料銀二十萬五千四百六十六兩八錢四分九釐二毫七絲三忽五微一纖，臨湖鑲柴共用銀四萬八千八十五兩四錢九釐，又自周橋起至棠梨樹止加幫内戧工，長二千九百四十一丈六尺七寸，共用土方埽料銀一十一萬六千一百三十四兩七錢六分五釐五毫八絲九忽，臨湖鑲柴共用銀二萬七千三百七十六兩四錢六分六釐三毫六絲八忽，以上三工通共用過銀六十二萬四千九百二兩一錢七分五釐三絲一微一纖，内有高澗大壩戧工七十丈，估銀二千二百二十八兩五錢二分，分修解任巡撫高承爵現在修補尚未完竣，俟工完之日驗明另行題銷，今實銷銀六十二萬二千六百七十三兩六錢五分五釐三絲一微一纖，較比原估節省銀六十六萬五百四十六兩八錢二分四釐九毫六絲九忽八微九纖。又題淮加高柴工，自武家墩至棠梨樹止工長一萬四千九百八十一丈二尺三寸，估用銀二萬九千三百二十一兩一分四釐七毫二絲，内有分修原任總漕馬世濟高堰大壩加鑲柴工，内節省銀四百四十九兩八錢八分，又因林格等石工倒塌，牽卸柴工，應追銀八百四十四兩九錢九分二釐，鄧之琮透領銀一百一十八兩三錢二分，已經繳庫，實用銀二萬七千九百一十七兩八錢二分二釐七毫二絲，又天然壩南起至秦家高岡，止一律鑲柴，工長八百九十四丈，估用土方，柴束銀一萬九百六十三兩五錢五分八釐二毫一絲，内節省銀一千六十八兩五錢七釐二毫二絲，尚未繳庫，實用銀九千八百九十五兩五分九毫九絲。又武家墩山陽交界起至清河運口裴家場口門止，臨湖簽釘排樁并加幫創築堤工，長一千二百七十二丈，估用土方工料銀二萬一千八百一十七兩八錢九分七釐三毫，内節省銀一千一百二十四兩七分七釐五絲，已經繳庫，實用銀二萬六百九十三兩八錢二分二毫五絲。又估築高澗清水潭越堤工，長九十六丈，實用銀九千三百五十八兩七錢二分八釐二毫五絲，應于原任巡撫江有良、衛既齊家属追還。又高澗大壩創築月堤工，長二百五丈五尺，實用銀九千四百四十四兩八分七釐五毫，以上五工實應銷銀七萬七千三百九兩五錢九釐七毫一絲，查無浮冒，相應造册報銷。再查自古溝南起至林家西止創建石工，續經改估止需銀二十萬二千一百八兩七錢二分八釐六毫四絲，前發過銀二十萬七千一百三十九兩三錢三分六釐八毫四絲，計透領銀五千三十兩六錢八釐二毫，現在催繳。又高澗大壩密釘排樁丁下埽箇。原估銀一萬二千五百五十兩三錢六分六釐。發過銀一萬六千二百九十五兩三錢四分。又補修高堰大壩并六安溝倒卸石工，原估銀一萬一千二百四兩七錢一分四釐四毫八絲，發過銀一萬五百兩。又補修高澗汛未完層次石工，原估銀九千二十一兩四錢一分六釐二毫八絲，發過銀八千一百一十二兩一錢七分九釐五毫三絲五忽三微九纖。又加高龍門壩卑矮石工，原估銀五千五百三十九兩六錢六分九釐一毫，發過銀四千九百八十五兩七錢二釐一毫九絲。又修建天妃閘工，允估銀二萬八千二百四十二兩九錢四分九釐二毫四絲，發過銀一萬五千兩。以上各工現在興修，陸續早發銀兩，修完另行報銷。又王家口等處估釘排樁，因臨湖鑲柴并估建石工亦屬堅固，則前估排樁節省停止，已經題報在案。所有員外郎王登魁等領修夏家橋排樁銀一千兩已經繳庫。又修防挑水壩題明借動銀二千兩，應俟追出金玉壓捐銀還項，原任巡撫衛既齊運料河未完，動用銀七百六十二兩，應于衛既齊家屬照追還項，以上共止發過銀二十五萬四千七百六十三兩九錢五分三毫六絲五忽三微九纖，合續題各工通共發過銀三十三萬二千七十三兩四錢六分七絲五忽三微九纖，計應存庫銀三十二萬八千四百七十三兩三錢六分四釐八毫九絲四忽五微。内各分修督撫及學道、廳員透領及未領節省并李雯等透領石工銀兩等項，應繳銀四萬七千五百七十五兩一錢一分二釐四毫六絲六忽八微九纖，内原任總督朱弘祚應繳透領銀二千一百五十八兩六錢五分，原任巡撫江有良應繳透領銀四千五百四十五兩三錢一分五釐二毫二絲四忽，原任總漕馬世濟應繳透領銀八千四百二十七兩九錢五分九毫四絲二忽四微，原任巡撫線一信應繳透領銀七千六百五十七兩一分四釐三毫八絲六忽，原任巡撫宮夢仁應繳透領銀四千六百二十二兩一錢五分六釐五毫七絲六忽，原任巡撫陳汝器應繳透領銀三千五百五十九兩五分九毫五絲，原任巡撫衛既齊應繳透領銀一千二百七十九兩五錢七分九絲，原任學道劉謙吉應繳透領銀三千四百四十五兩四錢四分七釐六毫，原任學道史陸興應繳透領銀一千三百九十三兩六錢三分八釐一毫八絲四忽，原任學道岳宏譽應繳透領銀一千七百三十三兩二錢九釐五毫五絲四忽，原任學道陸鳴珂應繳透領銀二千三百九十七兩一錢二分九釐二毫五絲四微九纖，候補知府李雯等應繳透領石工銀五千三十兩六錢八釐二毫，原任同知劉光業等應繳莭省銀一千六十八兩五錢七釐二毫二絲，原任通判孫調鼐應繳透領銀二百五十六兩八錢六分四釐二毫九絲，實存銀二十八萬八百九十八兩二錢五分二釐四毫二絲七忽六微一纖，又收原任左都御史董訥餘外莭省銀五百一十三兩九錢九分二釐九毫五絲，又收鄧之琮賠還壩工舊土銀一百四十六兩一錢六分，現實存銀二十八萬一千五百五十八兩四錢五釐三毫七絲七忽六微一纖，其透領未繳銀兩，係旗人行該旗都統，係漢人行該省巡撫照追觧還清項等因冊詳前來。臣覆核無異，除原冊送部查核外，相應具疏題銷，伏乞皇上睿鑒敕部核銷施行等因。康熙四十一年六月初二日題，本月十九日奉旨，着察核該部知道。欽此欽遵。于六月二十日抄出到部，該臣等議得河道總督張鵬翮疏稱，高堰等處臨湖鑲柴加幇裡戧堤工完竣，將實用及莭省銀兩造冊奏銷等因前來。查小黄庄等處鑲柴及幇堤工程，先經尚書范承勳等裁減土方埽料等銀四十九萬八百兩零，奏明在案，今通共告竣，共用銀六十二萬二千六百七十三兩六錢五分零，前後通共裁減并莭省銀六十六萬五百四十六兩八錢二分零。該工既經總河張鵬翮、總漕桑格會勘合式完竣，應將用過銀兩准其開銷。至高承爵領築高澗大壩戧工未完，應作速催完造冊題銷。又疏稱莭省銀兩之内武家墩等處加高柴工并創築月堤秦家高岡等五工，共用過銀七萬七千三百九兩五錢零，查無浮冒。林家西等處創建石工并修高堰、高澗、六安溝、龍門壩、天妃閘等石工，發銀二十五萬二千一兩九錢零，工完題銷。又修防挑水壩借動銀二千兩，應侯追出金玉壂捐銀還項，衛既齊及各員未完透領等銀四萬八千三百三十七兩一錢零，應照追還項，實存銀二十八萬八百九十八兩二錢五分零等語。查武家墩等處加高柴工并創築月堤及秦家高岡五工，該督既稱委無浮冒，應准開銷。其林家西等處工程撥發銀兩，應俟工完題銷之日查核。至金玉壂捐銀已經行旗追取衛既齊及各員未完銀兩，應行該督作速追完報部，實存高堰大工莭省銀二十八萬八百九十八兩二錢五分零，又董訥繳還莭省及鄧之琮賠還壩工銀共六百六十兩一錢五分零，俱貯庫爲河工之用可也。康熙四十一年閏六月十一日題，本月十四日奉旨依議。

傳記

明 吕坤《去僞齋文集》卷一〇《明陝西布政司左參政見虞胡公墓志銘》 公名希舜，字用中，見虞其號也【略】。萬曆甲戌與余同登進士，同除日，公令山陽，余令襄垣，以循良相期許。公至山陽，值歲祲以斶賑，請全活萬餘，淮黄之合流也在清河口，黄弱則擕淮與東，黄强則淮退溢黄又以沙障而逐之，山陽有爲沼憂，公上書，議復仁義五壩及築高加堰，事竣，當事者上百執事功最，山陽上賞，山陽金視監司徵命，將及而太孺人卒，公扶櫬歸原武，山陽民德公，肖其貌而祠之。

紀事

明 佚名《淮南水利考》卷下 嘉靖【略】十七年都御史周金奏修實應湖岸，浚山陽運河，自清江至十字亭，長三十里，深一丈，濶二十丈，役夫十三萬。自弘治以來始此大浚，通利者數十年，修山陽運河減水涵洞閘，舊爲石，限七尺以上減入射陽湖，今擬爲九尺。修新莊等五閘，嚴啓閉之節，惟通運船，餘皆由壩車盤運，河無淤淺，漲溢是時，高加堰惟募鄉夫爲之，時時補葺，後省募金歲數百而調牙夫甚衆，堰不時修，于是決甚，而工鉅矣。周公在淮六年。知漕渠水利甚悉。人至今稱之【略】。

三十一年漕撫都御史應檟於三里溝建通濟閘，先是，都御史潘塤著《河防議》，以黄河自徐而來，逼近新莊閘口，黄沙易入，欲於福興閘上下穿渠而南，又折而西，迂回稍遠，開新口以引清淮，多置閘座啓閉，庶隔沙淤。都御史唐龍、都督周于德用水平法準量新口、地勢高于淮城，不可開。都御史王昹亦令山陽知縣莊莅民勘議，莊議如周，且爲宣達録言，將來若開此口，必無淮城矣。參政李元聞而是之曰，此河防正議也，序而梓之。未幾潘撫河南寔督孫家渡之役，親見黄河分流由渦而至清口，遂決意主修高加堰，不使河淮泥滓一毫入運河矣。

又 嘉靖間潘中丞奏，萬曆間雒掌科奏，以爲舟無所維，人力難施，不必枉勞心力，潘又奏以爲淮閘之啓閉一如濟寧之法雒，又奏以爲高加堰當亟築以全運道。

又 隆慶五年都御史王宗沐修高加堰，先是，都御史陳玠委官興工，適水至而止。知府陳文燭議有云若不及今修理，則二十年不决之議，終無可竟之功，億萬姓疲困之民必無可生之路，真仁人之言也。近日淮安募夫之例始此。

又 【萬曆】三年都御史王宗沐從知府邵元哲議，重修高加堰，又開菊花溝以泄三城之水，凡東方之米蒭舟楫皆通，民稱便焉。

藝文

清 陳文述《頤道堂集》詩選卷一八《陳元龍祠》 百尺高樓隔遠林，豪情不共暮雲沉。力支漢室傾危局，氣懾孫郎割據心。銅印祇今珍嶺表阮尚書師藏有漢，銅印篆曰陳登金，堤終古障淮陰今高加堰爲淮揚兩郡保障，即公愛敬塘遺址。我來祠下瞻宗衮，湖海襟期較淺深。

又 卷二二《留別袁浦》 敢言史志熟河渠，略有蒭蕘一得愚。沙不增高但增遠，濔惟宜迅不宜紆。別營五壩高加堰舊有高堰另建五壩議，莫阻雙流碩項湖。碩項湖即碩濩湖，爲蒙沂二水入海經行地，不能築堤，故減壩但可減漲，不能改道。但得虚懷還獨斷，茨防竹楗偲良圖。

又《昭關壩》 高加堰下游，昭關壩前水復後，水年年相續流，兩水不并治，兩患無時休，治堰有十議，莫厭煩且瑣，治壩亦三策，要在行以果，兩患今并集，聞者心徬徨，處變須鎮定，慮事宜周詳，既往幸勿悔，未來當善防，敬以告當事，事過願勿□。

清 張鑒《冬青館集·甲集》卷一《高家堰》 高郵城下水，盡日向東流。清口淤誰刷，淮南事可憂。民居寒伐荻，官驛夜登樓。漕運神倉重，須知更遠謀。

清 百齡《守意龕詩集》卷二八《秋晚行高堰道中》 老子山光照暮霞，沿堤燈火路欹斜，西風不起月東上，睡穩淮南十萬家。

澤鴻聲裏駐肩輿，破屋秋風蕩析餘。忍把蒼黎葬魚腹，我來愁讀治河書。

清 陳文述《頤道堂集·詩選》卷二〇《聞高堰决口淮揚兩郡遍被水患書寄河上諸君并慰問揚州父老》 西北頽雲捲怒風，單堤一綫潰長虹。萬家烟火狂瀾裏，兩郡田廬巨浸中。五壩改修空有議，二堆倘建或程功。余曾議另建五壩，并議另建二堆，皆爲高堰計也，均未議行。徙薪曲突曾何濟，回首袁江夜燭紅。

遠從袁浦下秦郵，并海垺場盡下游。北去可能通驛路，春來兼恐阻糧艘。東南行水方需帑，西北營田正借籌。極目湖天倚高閣，哀鴻聲壓暮雲秋。

又《外集》卷二《高堰雜咏》 一綫走長虹，峨峨石骨雄。立原堅似壁，勢更曲如弓。太守留遺阯高家堰即漢陳登愛敬塘遺阯，尚書剏鉅工。明潘季馴始甃以石，淮揚託民命，切莫作西風。

鑿石誠多費，綢繆計暫完。經年鍜陶旊，終日禦狂瀾。高下森城堞，橫斜叠井榦。曾無花影夢，落日過湖干。

湖波一鏡窺，眉土曲如眉。混沌書堪駭，連蜷態本奇。遠山消半抹，新月上初規。小賦流傳遍，沉吟我所思。

積土堤根起，圍成偃月形。洪波禦衝嚙，殘濼待涵渟。暈看雙重影，弦留一曲經。憶從堤上見，三五浸明星。

建標湖水上，分刌驗河渠。消長居人識，盈虚府史書。土圭分制度，銅箭悟乘除。聞道今年漲，緑竿欲上魚。今年五月湖水長至一丈八尺三寸，爲從來所未有。

無用斯爲用，何嫌積石重。理因平得穩，事以緩能容。水面頻迴浪，堤根遠避衝。生平湖海氣，坦白此心胸。

一陂防潰決，堤上復堤成，爲有因依勢，緣垂弱小名。徑從中道畫，高與屋檐平。有客方行役，能增屺岵情。

按郵編土室，計里置茆檐。窺牖甋爲榻，當門草作簾、雨風勤擊柝，畫夜互傳籤。尚有安瀾字。頹垣墨色黔。

誰將九州鐵，鑄出伏文犀。突兀雄雙角，躨跜屈四蹄。魚龍驚氣象，蛟鰐避端倪。忽憶温忠武，孤亭夕照西。

積土原名埝，譌言誤作牛。稜稜成萬角，戢戢聚千頭。算本因方計，量還畫地收。連雲共畚臿，小物見前籌。

積學三冬早，調羹五味先。因茲群物備，省識鉅工堅。補助商民困，鉤稽簿籍填。漏巵防蟻穴，多少水衡錢。

綽楔麗晴霄，寒鴉響沉寥。龍蛇蟠寶笈，風雨奏靈簫。丁甲春秋護，

黯黯秋猶緑，沿堤驛樹森。晚烟生水面，朝影落湖心。楗竹材堪濟，搴茭用可尋。祗期河漲復，留與路人陰。

終歲泛清淮，湖波自泝洄。帆檣隨浪起，樓艪逐風開。但有牽魚具，頻煩載石來。回思江水上，招月酹深杯。

昔日天然壩，於今勢漸高。因時計宣洩，所恃東波濤。石牐工稱險，茨防楗亦牢。淮揚下游近，籌□莫辭勞。

二河河上路，高岸亦崚嶒。義仿遥堤固，形同外郭增。魚鱗難盡建，雁齒或空乘。空抱綢繆計，關心感杜陵。

清 黄達《一樓集》卷六《高堰》 洪澤滔天勢，堰高障急流。雲邊千樹没，風外一帆收。薄酒荒村味，孤衾旅客愁。濤聲喧夜半，似欲撼牀頭。

清 林旭《晚翠軒集·高堰晚泊》 迎客都君風肅然，楊舟澹淡夕陽天。辨帆日下邊何闊，覓港泥中腹漸堅。换蟹饞思須近市，伐蘆生計羨連船。寒彎水宿懷空渺，豈有高人夜扣舷。

清 孫爾準《泰雲堂集》詩集卷一二《梁茝林章鉅**觀察陳臬吴門茇舍滄浪亭吴中人士繪圖紀事茝林寄書屬題時高堰决口茝林還淮董理其役故末二章及之》** 頫水東頭得地偏，雜花修竹故依然。紅蕖緑浪一千步，明月清風四萬錢。觴咏尚傳長史舊，風流誰繼至和年。莫言勝迹因名迹，直恐前賢畏後賢。

東方千騎帕刀迎，遙指花間識繡旌。吏散江湖方在眼，坐深魚鳥共忘情。西山爽氣朝搘笏，南浦漁歌晚濯纓。從此甘棠無翦伐，清陰人記召公行。

回車初返大淮濵，消息驚傳蟻穴新。羽檄三千催判牘，芻茭百萬待微薪。武鄉揺扇眞名士，文度圍棊信可人。大事由來須整暇，看君隻手障波臣。

吴市簫聲海上琴，相思各有故園心。三春積雨桄榔暗，一夕驚濤瓠子深。砥柱中流期作鎮，雪霜滿鏡欲抽簪。重游定識非生客，畫裏偕君仔細尋。

清 王鴻緒《横雲山人集》卷一九《高堰督工諸大臣九月十八日奉□撤回十月初二日啓行總河遂寧張公驛亭餞别漫賦》 來時楊柳轉春鸝，今見丹楓映古堤。黄瀆幾年能灑淡，清淮何術用排擠。群公蹇决嘗沈璧，獨力歸川佇錫圭。試唱驪歌還祖道，當筵樽酒惜分擕。

雜録

明 佚名《淮南水利考》卷下 山陽縣【略】智劉湖、李皮湖、崔家湖俱在城西，高加堰内入湖以濟漕。

明 王宗沐《淮郡二堤記》《淮南水利考》卷下 郡城專受淮勢自西南歷清河，而東與南湖僅隔拳土，故自高加堰不治，而淮輒灌入湖，幾受其半，淮揚兩郡皆困，終不治，則妨漕。余惕焉，按之信然。乃檄守文燭以餉金六千致鄉先生周君、于德君、表胡君、劾謨君，應恩築焉。又明年癸酉伍月，淮水溢平地高三丈餘，而以堰故不入湖，郡之南鄉與楊皆無恙，然勢掠郡西，合黄河折而經北城下安東，則洶湧幾齧西橋，奪漕河而出，余爲之不寢者三夕，幸而勢稍殺，則又以其汜濫四溢，出禮信壩及盍池，山民在巨浸中，至八月而始涸。余以灾請，幸天子仁聖，捐米數萬石賑之。又允折漕糧，是時，幸淮獨漲，使稍遅半月與黄河并發，則事不可支矣。是年冬余再檄余同知，時保以賑之餘米一萬石，募夫築郡西長堤焉。又云自嘉靖中年以來，無歲不被水，而其最甚，則己巳、癸酉極矣。鞠爲大浸，不見水湍，民之栖樹巢以救旦夕，余疏中所道蓋其什之三四也，而二堤并設，高加堰獨抗淮水於西南，而西長堤又障河於西北，蓋至是而居者田者皆有寧處可望生，全無苦昏墊矣。余不才。旦夕且乞去。然使來

者愼守而時護視之。無至壞以永爲障。使吾民得粒食育子孫。則大幸也。

明 袁黄《高家堰考》《明文海》卷一二一 凡水有源，必有委。白馬圮，光寶應邵伯諸河，吞吐蓄洩，連亘數百里，乃淮之委也。汜漲則有所容，分流則有所洩，如黄河之有九河、逆河，江漢之有彭蠡、具區，其來久矣。自漢陳登爲廣陵太守，惡諸河泛濫，害及於揚，遂於淮安之西南隅去城四十里，正當淮泗合流之衝創築此堰，其地南爲越城，北爲武家墩，勢皆高亢，而中特低窪，故就低處築堰，長不過六七里，蓋以節淮之暴，非以斷淮之流也。我朝陳平江治河以其無關緊要，并不加工，故其功完疏内未嘗言及。隆慶間王公宋沐爲總河都御史時，揚州縉紳欲築此堰，懇求甚切，遂檄淮安知府陳文燭興築之。蓋淮流不入河則湖流淺溢，而高、寶興鹽無水患，猶陳登在廣陵，則欲揚州無水患，而特築此堰，皆爲一方計，未嘗爲全淮慮也。時予會試南還，與王公有故，晋謁之，首談築堰之事，予退考郡乘不載，及讀丁學士碑，謂從前治水諸臣皆不留意於此，其名或曰高家，或曰高加，唁唁未定，乃知陳宋諸公皆未嘗修葺，而今創爲之者也。遂請水工乘小船用水平量度之，自淮河現流水面至岸高七尺，自岸至祖陵南湖水高七尺，自湖南至下馬橋邊地高八尺四寸，橋邊地至陵門高六尺，陵門地至陵地局一尺七寸，共高二丈三尺一寸。予復命曰，斷淮之委非策也。且陵地不甚高，萬一淮流暴漲，不能無虞。時功已就緒，王公不以爲然，及癸酉五月淮水溢平地三丈餘，祖陵受浸，王公貽書偉，予先見。已而淮泗騰溢，灌入下馬橋，浸淫内蝕，諸臣皆得罪，始有分黄代淮之議，而河事益非矣。其議之最失策者，一爲河淮合流至雲梯關入海，自禹時至今未之有，改其築高家堰，專欲淮黄合流，固宜其説如此，然禹時導河北行，未嘗南流，即淮之入海處亦自不同，况河乎？其二，言禹之治水，必九澤既陂，而後四海會同。夫四海會同總上數句而言，非單承九澤句也。况澤係止水，故當陂；川係行水，則當滌其源而不可陂也。止水以止爲體，而以行爲用。故既陂之使蓄。而又欲導之使行，所謂導荷澤、被孟豬之類是也。行水以行爲體，而以止爲用，故既欲滌其源，而又欲安其流，所謂九江孔殷之類是也。今淮爲行水乃欲陂而湮之，不但逆河之性，兼亦逆淮之性矣。其三，謂有高家堰，則祖陵前河淮合襟，無則反跳。夫河自北而南，淮自西而東會於清河縣之南，越五十里一大折而會於淮郡之西橋，又三十餘里一大折而會於徐家堰。初時，維淮水入湖，今并黄水亦相隨而入諸湖乃合，而同行非分而獨往也。况河淮入湖而復出諸海口，是又添一重會合也。何得爲反跳乎？獨欲擁淮之清流，以滌河之濁沙，其意甚美，但惜其見稍偏耳。夫淮河由雲梯關至廟灣入海，而廟灣正在寶應氾光之下，往時諸河各有支河，誠浚其淤滯使五六道分行，滔滔就下，而又合之同會於海口，一分一合之間，其勢轉盛，可以滌河之濁，可以闢海之沙，此至便者。且築堰於諸湖之上，則所壅者止一淮河，而其勢弱，撤堰而使淮入湖，則會數百里之清流以入海，而其勢强，此目前顯而易見者，所當察也。

清 顧炎武《天下郡國利病書·高家堰圖説》 自青墩北至韓信城，南長五里，淮水穿阜陵湖，自此漫入，相應築堰遏之，以護運道及清江浦民居。青墩南至武家墩二十里，地勢雖高，亦近湖水，宜築堰以接之。自武家墩南至管家庄，東有高加堰，長三十里。南北兩頭皆高，水不傷堰，略宜培補兩頭。近中地漸低，工宜漸大。中間大澗口地極低，内外多水，工宜極大。舊時築者謂此段爲大工，亦曰大堰。其北有魏家墩，南有六羊溝，地勢水勢次於大工。堰邊惟大澗口，土遠工難，惟計日給銀，難論包工計方計丈給銀之例。其餘土極堅膩，取爲法土，厚數寸，長丈餘，濶與厚同，乃千百年草根土脉結成，入水不化，以此法土築邊二三層，用鞭棍槌打，相合爲一，勝于木石。法土下有粘土，亦有草土相結，但無硬面耳。以粘土填布堰中，用脚蹉撥無縫方可。有縫無妨，此古來築堰之法，最爲經久。凡用夯杵，必用細碎淳土，築時徒劳，見水則化。凡工人憚于取法土之遠，樂于碎土，苟且成工，切宜戒之。堰南頭地高，去湖遠，不能衝壞，舊堰完存。又南接堰十五里，地又高，水又小，工如南頭可也。接堰南抵官路，在蔡家庄之東、龍王廟之西，則山陽之南鄉，永無水患，運道保無虞矣。官路之南，再接七里至塘埂，地高，水不能過，則高、寶湖堤永無水患，而山陽之東鄉及塩、興、高、寶之田皆出而可畊矣。堰西爲阜陵湖，湖西爲淮，每淮溢入湖。湖東有堰，則從西北馬頭口低處入淮者，其常道也。馬頭口隘，出之不及，從東南青州、高梁二澗而溢，循汊河入洪澤湖、白馬湖、衡陽湖、寶應湖，小小一枝耳。東南地高，二澗在湖邊，其口雖濶，至地上僅有尺寸，非湖流之正道，故無害。

昔人棄於堰外，不爲堤防，豈無意哉！惟淮湖水極大，西風駕濤，堰潰敗，則牽引黃河從澗口之極低處注津湖，絶漕渠，穿漕堤，地皆窪下，建瓴東注，爲國計憂，而所經之鄉邑皆浸矣。然堰之利害與海口相關，嘗觀嘉靖隆慶間，堰每壞，則海口輒淤，徐、邳之河，輒澱輒溢，始知古人之堰淮，不獨爲淮揚之運渠，而於黃河海口亦有利焉。《禹貢》曰：九澤既陂。傳注以爲九州之澤既有陂障，則上流無潰決之虞，而後九州之河始入於海。是禹之功先於陂上流，而世只以爲疏下流也。夫知陂則知堰，知堰則知禹矣。

清 愛新覺羅·胤禛《高家堰碑文》《皇清文穎》卷首八　黃河爲運道，民生所關。而治河以导淮，刷沙爲要。高家堰者，所以束全淮之水，并力北趨以入河。河得清，淮則沙不積而流益暢。故考河道於東南，以高堰爲淮、黃之關鍵。淮自中州挾汝、潁、渦、汴諸水，滙注於洪澤一湖。蕩激瀠洄，浩渺無際，而淮揚兩大郡居其下流，惟恃堰堤以爲障禦，所繫詎不重哉！我皇考聖祖仁皇帝爲億兆蒼生籌萬世永賴之計，屢勤清蹕，指示臣工方略，昭垂神謨卓越。全河形勢，經書周詳，而高堰堤工尤厪睿慮。迄今數十年來，河臣遵守成規，列郡得安衽席者，皇考聖績神功之所賜也。朕紹承鴻緒，注念河防，思高家堰堤工綿遠，保護維艱。惟不惜多費帑金，全建石工，使高厚堅固，久遠可恃，斯於運道民生實有裨益。朕衷默定，詢度僉同。爰特發帑金，庀材鳩役，專命大臣董其事。經始於雍正八年二月，越雍正十年六月，大工告竣。仰藉神庥，風濤恬静，薪石雲集，工作易施，增卑而高，培薄而厚，易圮而新，孔固孔完，其增廣皆有加於舊。凡六千三百四十餘丈，延袤四十餘里，所費帑金一百一萬餘兩。於是高堰之工，屹然爲淮揚巨障。河臣上言：大工之成，不可無紀。用俞所請，摛文勒石，以示朕宵旰疇咨之至意，冀河流濟運，永慶安瀾，保障無虞，民生安業，以無忝皇考底定平成之績云爾。

清 崔維雅《河防芻議》卷六《或問辯惑》　或曰昔高加堰、黃浦口之決，潘季馴但築高堰，塞黃浦口，而淮已會黃，由清口入海，淮揚一帶田廬如故，禾黍盡登。今者既議築翟壩，閉周橋閘，塞清水潭，而又欲盡復涇河子嬰溝、范公堤、石𥓂、白駒諸閘以入海，浚芒稻河以入江，不重費矣乎？應之曰，築高堰塞翟壩者，所以遏淮水之東行，使不中洩。開涇河諸閘，浚芒稻河者，所以防湖水之秋漲，使得下流。昔陳平江伯瑄慮五湖七十二河之水歲爲長堤患，故置數十減水閘於長堤之間，令丁夫時啓閉，湖溢則瀉之以利堤，湖落則閉之以利漕，法至善也。但減水閘止可以洩尋常盈溢之水，至伏秋霪潦，與天長、六合諸山之水陡發入湖，宣洩不及，故後人於興化建白駒、丁溪諸閘入海，江都開金灣、芒稻河入江，節宣有法，旱澇有備，斯漕運無阻，而民田不至渰没。後因鹾司慮私販出入，禁閘勿啓，而隣閘居民不利于開，致各州縣官民人執一見，閘口日堙日塞，河路淤阻不行。一遇秋漲，湖水泛溢，涓滴注之支河，遡其出口，不過一二湖，港上口鯨吸不止，不得不患腹脹之病，潰漕堤而壞田舍，高、寶七邑且爲壑矣。故必考求前人置堤之意，只許浚深，不許增高，復陳恭襄平水閘之制，聽其宣洩，不待其羡溢而又浚海口及支河，使入海達江，此疏湖水之下流與塞淮水之上流并行，而不可緩者也。如謂季馴當日何以不浚海口，考當日季馴議復五塘，謂民間承佃必須償貸，及築堤建閘所費不貲，又慮田高之民欲蓄，田窪之民欲洩，築堤之後盗決必多，添官設夫，種種皆難措辦，故謂可緩，亦非謂可已也。且當日鹽院條議不欲開支河浚海口，乃爲鹽場起見，似有阻格難行者，況其時議浚寶應月河，議守八淺堤，議歲防湖堤，并開芒稻、白塔二河，葢鰓鰓以霪潦彌月山水并發爲慮矣。爲政者苟利漕運、利民生則毅然舉行，豈能每人而悦之哉。今總河業將黃浦等閘責成司道重建寬闊，芒稻河閘亦俱改建通江涇河，現議挑挖，惟邵伯至清江綿長三百餘里，建造石工所費不貲，白駒等場年久淤淺，工須有待。

清 袁枚《新齊諧》卷二三《龍護高家堰》　乾隆二十七年學使李公因培科考淮安，清晨風雨怒號，生徒驚顧不能唱名，正躊躕間，地大震，轅外旗竿被龍攫入雲中，不知所往。河水暴漲與高家堰相齊，河督高公及各廳官面如土色，皆云西風一大，則淮揚休矣。方恐怖間，忽轉東風，天低若蓋將壓人頭，見黑龍在雲中拖尾，取水數卷後，頃刻之間洪澤湖水低三丈，人心大安。龍之鱗甲金光四射，惟頭角則不可見，此石埭縣教官沈公雨潭所目擊。

清 張伯行《居濟一得》卷七《高堰内水利》　高堰之内，有越城，周家橋一帶，地勢稍亢，淮水大漲，從此溢入白馬湖，水消仍爲陸地，蓋藉此以殺黃漲，即黃河之減水壩也。若一槩築堤，非惟高堰難守，即鳳泗不免加漲矣。愚意欲於周家橋一帶，設立閘座，多穿河渠，以溉民田，則高堰之堤可保，鳳泗之水可消，而民間更獲灌溉之利，是一舉而三善備也。又何憚而不爲？或曰：『清口不虞倒灌乎？』曰：『湖水小，則閉閘以敵黃，湖水大，則開閘以溉田，又何慮乎。』

又《高家堰堤內水田》 高家堰內，或相去十里，或相去十五里，或相去二十里，開引河一道，堰上建閘或涵洞，使洩洪澤湖之水，即以灌堰內之田，引河兩邊，盡挖溝渠，使通水道，以灌民田。引河兩岸，即以挖河之土築堤，則高寶萬頃湖波，盡成稻田矣。湖水宜由武家墩入運料小河南行。

清 張鵬翮《治河全書》卷一六《加幫高堰》 康熙三十九年正月初七日准工部咨，爲欽奉上諭事。都水清吏司案呈奉本部送工科抄出，該本部等衙門會覆，侍郎常綬等奏前事等因。康熙三十八年十二月十七日奏，本月十八日奉旨，若將高堰減水壩堵閉，建造滾水壩，土堤加幫高厚，則湖水必高，黃水又大，湖水不出之時，高堰堤工危險，而泗州等處必致水淹。著大學士、九卿、詹事、掌印、不掌印科道會同確議具奏。欽此欽遵。該臣等會議得侍郎常綬等疏稱，武家墩村北元帝廟稍遠之處應行開口，又將高堰加築高厚，減壩盡行堵塞，臨湖汕刷之處亦應修補，不許堤根取土，應添挑引河二道等語。查武家墩開口改移清口甚好，但見今物料未備，恐明年雨水之前不能完工，漕運甚屬緊要，雖改移清口，其高堰亦必須加幫。相應將高堰照侍郎常綬等所奏速行加幫高厚，不致遲誤明年漕運。所需約估銀一百二十八萬五千四百四十九兩零，令户部就近撥給。再，先前各工撥給銀一百八十萬餘兩分給各官，至今工程尚未完竣，此加幫高堰挑穵引河等工，若又交與伊等，必致遲誤。修此工程應差部院堂官一員督催，并簡賢能堂司官員分給段落，令其節省錢糧，堅固作速修造，至邵伯、更樓、高郵、九里等處決口，至今尚未堵塞完工，此亦關係運道，亦應差部院堂官一員督催，作速完工，應差堂官并分段修工，堂司官員恭請欽點。康熙三十八年十二月二十日題，本月二十二日奉旨依議，這督催工程著范承勳、王鴻緒、王掞、田雯、布雅努、喻成龍、顧藻、壽鼐、王紳、高裔去分修、工程著董訥、王樑、朱弘祚、江有良、王起元、宮夢仁、線一信、陳汝器、王日藻、衛既齊、李應廌、馬世濟、高承爵、金鋐楊、雍建去。

又卷一八《頂補高堰修工人員》 兵部尚書兼都察院右都御史總督河道提督軍務臣張鵬翮謹題，爲欽奉上諭事。康熙三十九年正月初七日，准工部咨，開都水清吏司案呈，奉本部送工科抄出該本部等衙門會覆侍郎常綬等奏前事等因，康熙三十八年十二月十七日奏本月十八日奉旨：若將高堰減水壩堵閉，建造滾水壩，土堤加幫高厚，則湖水必高黃水，又大湖水不出之時，高堰堤工危險，而泗州等處必至水淹。著大學士、九卿、詹事、掌印不掌印科道會同確議具奏。欽此欽遵。該臣等會議得侍郎常綬等疏，稱武家墩村北元帝廟稍遠之處應行開口，又將高堰加築高厚減壩盡行堵塞，臨湖汕刷之處亦應修補，不許堤根取土。應添挑引河二道等語，查武家墩改移清口甚好，但見今物料未備，恐明年雨水之前不能完工，漕運甚屬緊要，雖改移清口，其高堰亦必須加幫，相應將高堰照侍郎常綬等所奏速行加幫高厚，不致遲誤。明年漕運所需約估銀一百二十八萬五千四百四十九兩零，令户部就近撥給。再，先前各工撥給銀一百八十萬餘兩分給各官，至今工程尚未完竣，此加幫高堰挑穵引河等工，若又交與伊等必致遲誤，修此工程應差部院堂官一員督催，并簡賢能堂司官員分給段落，令其節省錢糧，堅固作速修造。至邵伯更樓、高郵九里等處決口，至今尚未堵塞完工，此亦關係漕運，亦應差部院堂官一員督催作速完工，應差堂官并分段修工堂司官員恭請欽點，康熙三十八年十二月二十日題，本月二十二日奉旨依議，這督催工程著范承勳、王鴻緒、王掞、田雯、布雅努、喻成龍、顧藻、壽鼐、王紳、高裔去分修工程，著董訥、王樑、朱弘祚、江有良、王起元、宮夢仁、線一信、陳汝器、王日藻、衛既齊、李應廌、馬世濟、高承爵、金鋐、楊雍建去，欽此欽遵。抄出到部，擬合就行，爲此合咨前去。查照本部等衙門會覆奉旨，內事理欽遵施行等因，欽遵在案。今於八月初五日准部臣范承勳等咨送奏稿，內稱爲奏明分工事，臣等看得原任户部尚書王日藻、病故原任兵部侍郎楊雍建，年老不能行走，見任安徽巡撫高承爵已經赴任，所遺未經幫築工程周橋以南、小黃莊以北土工埽工各兩段，又原任巡撫江有良年老不能行走，且夙患痰症，語言不明，龍錘已極見，今小黃莊南一段工程已屬勉强告竣，若復領帑幇築，必致貽誤。雖有良未經具呈告退，然臣等念國帑欽工關係重大，難以委諸病人，應令其回旗。所有小黄莊南見做工程，令其孫候選知縣江夢筆修葺保護，候交伊名下未清錢糧著一并歸結，所遺未經幇築周橋以南以及小黄莊以北土工埽工，并王日藻等工程見在分修諸臣各有分地難以兼顧，臣等初動工時，即移咨前河臣于成龍等撥同知羅京、常維楨通判朱廷植、孫調鼐，守備夏景松等到工，俱經奏明在案。羅京有外河之責，故原議令守備夏景松夥同料理，今四分修所遺工程，原鬮分王日藻者，係孫調鼐協築楊雍建者，係朱廷植高承爵者，係常維楨江有良者，係羅京與夏景松今即著此協築之員領帑幇築，仍令淮徐道施世綸監工催督并查核錢糧，毋令各員冒帑誤工，理合一并奏明等因到臣。准此該臣看得發帑大修高堰工程，特差部臣范承勳等前往督修，部臣將小黄莊至周橋分爲十四段，派與分修官王日藻等加幇，所遺工程部臣范承勳等既不重派，於分修官即當分派，於奉旨發往高堰效力之學道方與工程有裨，乃派之河官常維楨等修理，則與九卿會議差至今八月尚未全完，兹王日藻病故，楊雍建、江有良年老，高承爵赴任官修理高堰之議未符也。查常維楨賠修唐埂南壩尚未興工，孫調鼐係降調之員，賠修茆家園等三壩亦未興工。朱廷植接受靳治齊高堰石工夂未興工，羅京加幇濱海堤工見在興修，且伊等俱係舊河官，前此經手錢糧，徐廷璽至今尚未送到細册，未經清查完欠，今又領部臣大工錢糧，誠恐顧此失彼，不惟工程兩誤，且帑銀不無牽混，應將此工交與效力學道姚淳燾、劉謙吉、史陸興、陸鳴珂修理，彼家有厚貲不敢侵蝕帑銀，且與發往高堰效力之俞旨相符也。臣不避嫌怨，不狥情面，從高堰工程緊要起見，理合具題，伏乞皇上睿鑒施行等因。康熙三十九年八月初八日題，本月二十八日奉旨：九卿、詹事、科道會同速議具奏。欽此欽遵。於八月二十九日抄出到部，該臣等會議得河道總督張鵬翮疏，稱發帑大修高堰工程，特差部臣范承勳等前往督修，部臣將小黄莊至周橋分爲十四段派與分修官王日藻等加幇。兹王日藻病故，楊雍建、江有良年老，高承爵赴任所遺工程，部臣范承勳等派河官常維楨等修理。查常維楨賠修唐埂南壩尚未興工，孫調鼐賠修茆家園等三壩亦未興工，朱廷植接受靳治齊高堰石工夂未興工，羅京加幇濱海堤工見在興修，今又領大工錢糧，誠恐顧此失彼，不惟工程兩誤，且帑銀不無牽混。應將此工交與效力學道姚淳燾、劉謙吉、史陸興、陸鳴珂修理，彼家有厚貲，不敢侵蝕帑銀，且與發往高堰效力之俞旨相符等因前來。查先經尚書范承勳等奏，稱姚淳燾有椿木事未完，係見任岳常道暫令其回任料理，劉謙吉、陸鳴珂俱已年老，不能行走，既已捐力，應令其回籍等因題准。續經尚書范承勳等奏，稱王日藻病故，楊雍建、江有良年老，高承爵已經赴任，伊等所遺工程見在分修諸臣各有分地難以兼顧，原鬮分王日藻者，係孫調鼐；協築楊雍建者係朱廷植，高承爵者係常維楨；江有良者係羅京與夏景松，今即著此協築之員領帑幇築，仍令淮徐道施世綸監工催築并查核錢糧等因，經九卿會議覆准，俱各在案。今總河張鵬翮既稱常維楨等有賠修唐埂南壩等工，恐顧此失彼，不惟工程兩誤，且帑銀不無牽混。將此工交與姚淳燾、劉謙吉、史陸興、陸鳴珂修理，彼家有厚貲，不敢侵蝕帑銀等語，應將王日藻等所遺工程交與姚淳燾等四人，將姚淳燾、劉謙吉、史陸興、陸鳴珂行文尚書范承動等，總河張鵬翮速行調赴工所領帑修築。再，先經尚書范承勳等奏稱，催工辦料，必須地方賢能、道廳一同料理，方得上呼下應，無誤工期等因。奉旨准行在案。常維楨等原係鬮分協築之員，又見住高堰工所，前項幇築工程亦應仍令常維楨等協同料理，至高堰工程，關係緊要，凡在河工大臣理應和衷協同料理，使工程速行告竣。今范承勳等具題王日藻等所遺工程應令常維楨等幇築，而張鵬翮又稱常維楨等有賠修工程，彼此互異具題，俱屬不合，嗣後一應事件務須公同商酌具題，如仍前不行公同商酌彼此互異具題，交與該部察議可也。康熙三十九年九月初二日題，本月初六日奉旨：總河職任宜專這遣往督修高家堰范承勳等九臣俱著撤回，其督修工程著交與總河張鵬翮，餘依議。

又《高堰滚壩》兵部尚書兼都察院右都御史總督河道提督軍務臣張鵬翮謹題，爲欽奉上諭事。康熙三十九年六月二十七日准工部咨前事，内開九卿會議，河道總督張鵬翮疏稱高堰减水壩前河臣于成龍等將六壩改爲四滚水壩，臣覆加相度地勢，相去不遠，并爲三滚水壩，於壩下就原有之草字河、唐曹河開爲引河，并築順水堤等語。應如所奏，一面興工，一面將需用銀兩確估具題可也等因。奉旨：依議速行。欽此欽遵。抄出到部，移咨到臣。准此當經檄行，該道估計催修去後。今據淮揚道參議王謙册詳到臣，據此，該臣看得高堰減水壩原任河臣董安國於會勘案内估計發帑一十一萬五百餘兩，委原任通判靳治齊購料，年久未曾興工，續經前河臣于成龍等題改滚壩四座，臣復加相度地勢，相去不遠并爲三滚水壩，於壩下原有之草字河、唐曹河開爲引河，并築順水堤以資宣洩。經臣具題九卿等議覆應如所題等因。奉旨：依議速行，欽遵在案。臣即行令該道估計，去後今據淮揚道參議王謙詳估，唐埂北壩以北滚水頭壩一座，口寬六十丈，估銀五萬五千六百九十兩二錢零。周家口迤南滚水二壩一座，口寬七十丈，估銀六萬一千七百三十七兩二錢零。林家西迤南滚水三壩一座，口寬七十丈，估銀六萬一千八百九十四兩九錢零。以上三滚水壩共估銀一十七萬九千三百二十二兩三錢零。造册詳估前來，臣親勘覆核無異，隨委監工官淮揚道王謙、承修官河南管河道李言、徐屬同知李梅、黄河同知王靄、原任知州韓文煜、候選知縣趙之溶、王來譽領帑辦料興修，除原册送部查核外，理合具疏題估，其草字河、唐曹河、順水堤工見在水占難以探量，應俟水退之後逐段估計，一面興工，一面具題，再查原任通判靳治齊領帑一十一萬五百餘兩，年久并不修工，今已丁憂回旗，應請敕部將靳治齊押解來工，將所購料物運至工所清算，如有短少，照數追賠參處，相應一并題明。伏乞皇上睿鑒敕部議覆施行等因。康熙三十九年八月初一日題，本月二十二日奉旨該部議奏，欽此欽遵。於八月二十三日抄出到部，該臣等議得，河道總督張鵬翮疏稱，高堰減水壩原任河臣董安國於會勘案内估計，發帑一十一萬五百餘兩，委原任通判靳治齊購料，年久未曾興工，續經前河臣于成龍等題，改滚水壩四座。臣覆加相度地勢，相去不遠并爲三滚水壩，於壩下原有之草字、唐曹河開爲引河，并築順水堤以資宣洩。經臣具題九卿議覆應如所題等因在案。今三滚水壩共估銀一十七萬九千三百二十二兩三錢零，委淮揚道王謙等領帑辦料興修，其草字河、唐曹河、順水堤工，見在水占，難以探量，應俟水退後逐段估計，一面興工，一面具題。再，原任通判靳治齊領帑一十一萬五百餘兩，年久并不修工，今已丁憂回旗，應請敕部押解來工，將所購料物運至工所清算，如有短少，照數追賠參處等因前來。應行該督飭令王謙等將滚水壩速行乘時堅固修砌，其草字河、唐曹河、順水堤既稱見在水占，難以探量等語，應俟水退，即行估計，一面興工，一面具題。至原任通判靳治齊應行該都統速行押解河工，將從前領帑購辦料物速行運至工所，如有短少，查明題參可也。康熙三十九年九月初四日題。本月初九日奉旨依議，欽此欽遵。抄出到部。移咨到臣。又於康熙三十九年十二月初二日准工部咨，爲恭報清水出運河事，都水清吏司案呈奉本部送工科抄出，該本部等衙門會覆，河道總督張鵬翮題前事等因，康熙三十九年十一月初一日奏，本月十四日奉旨：九卿、詹事、科道會同速議具奏，欽此欽遵。於十一月十五日抄出到部，該臣等會議，得河道總督張鵬翮疏稱，臣遵旨督修高堰堤壩，將六壩已閉其五，夏家橋堵閉過半，惟留口門三十丈，待宿州衛糧艘過湖，曾經題報在案。今於十月十九日臣親往高堰六壩一帶催工，見湖水長至三尺，詢之土人，云因閉壩故爾。水長若再加，長堤工單薄可虞。臣一面令夏家橋口門緩緩進埽，以便分修官上緊臨湖鑲柴，仍催尅期竣工，足禦風浪。即合龍門於二十二日馳至清口，見引河水勢加長，臣將張福口等河口之水滙入裴家場引河一處，俟其水聚，力强足以敵黄，於二十四日西南風起，引河水驟長，比黄水高一尺一寸，臣率道廳等官親放引河之水暢流入於運河，但夏家橋口門堵閉後，六壩水勢較今更爲加長，三滚壩尚未修成，設遇西風，鼓浪無處宣洩，何以保固堤岸？公議於翟家壩原有天然滚水壩之處，地亢土堅，仍留天然滚水壩寬百十餘丈，用埽裹住兩頭平漕之水蓄以濟運，溢漕之水聽其滚去出唐曹河入白馬湖，若伏秋水大，再於蔣家壩盡頭處原有之清水溝河以及涵洞酌量開放，若水小，仍然閉塞。再查六壩口寬二百八十丈，今清口引河共寬三十餘丈，不足以暢洩全湖之水，應發帑再開寬潤，使水暢流敵黄。至於運河伏秋水漲，應由涇河、澗河洩出射陽湖，入於海，此二河見在挑浚，應將涇、澗二閘動帑修補以資啓閉等因前來，查該督既稱夏家橋口門堵後水勢較今更爲加長，三滚壩尚未修成，於翟家壩仍留天然滚水壩寬百十餘丈，用埽裹住兩頭，再於蔣家壩原有之清水溝河以及涵洞酌量開放，清口引河再開寬潤涇、澗二閘動帑修補等語，應均如所奏，一面乘時速行挑浚修築，將夏家橋口門作速堵塞，一面將需用錢糧確估具題可也。康熙三十九年十一月十六日題，本月十八日奉旨依議速行，欽此欽遵。抄出到部移咨到臣，准此隨行該道遵照確估，去後今據淮揚道參議王謙造册詳送核題等因到臣，據此該臣看得高堰三滚水壩下開草字河、唐曹河築順水堤，應俟水退估計，經臣具題部覆俟水退即行估計一面興工，一面具題等因。奉旨依議欽遵在案。今六壩閉後河水已退，行據淮揚道參議王謙詳估，草字河築堤長四千八百九十五丈，計土方銀五千六百六十七兩九錢二分零，唐曹河築堤長三千三百一十五丈，計土方銀五千二百九十五兩八錢五分零。又翟家壩留天然滚水壩寬百十餘丈，宣洩洪湖溢漕之水，經臣具奏，九卿議覆，應如所奏。一面乘時速行挑浚修築等因，奉旨依議欽遵，轉行該道遵照估計，去後今據該道王謙詳估，開天然壩二座，各口寬六十丈，共寬一百二十丈，兩頭用柴裹護，并築攔湖越壩二道以便相機開放。又臨湖釘鎖口樁二路，以防壩底刷深，共估工料銀一千四百五十二兩三錢六分。以上三工共估銀一萬二千四百一十六兩一錢三分零。因係緊要工程，臣照部文一面動河庫大工帑銀，委原任同知劉光業等作速修理，原任按察使趙世顯監工，并將估册送部查核外，理合具題，伏乞皇上睿鑒，敕部議覆施行等因。康熙四十年三月二十五日題，四月十二日奉旨：該部議奏，欽此欽遵。於四月十三日抄出到部，該臣等議得河道總督張鵬翮疏，稱草字河築堤長四千八百九十五丈，唐曹河築堤長三千三百一十五丈，又天然壩二座，各口寬六十丈，兩頭用柴裹護并築攔湖越壩二道，以便相機開放。又臨湖釘鎖口樁二路，以防壩底刷深，共估土方工料銀一萬二千四百一十六兩一錢零。因係緊要工程，臣照部文一面動河庫大工帑銀，委原任同知劉光業修理等因前來，查先經該督將高堰滚水壩下就原有之草字河、唐曹河開爲引河，并築順水堤。又翟家壩留天然滚水壩，寬百十餘丈，以洩洪湖溢漕之水等因具題。九卿會議，覆令一面興工，一面將需用銀兩確估具題行文在案。今既經該督估計具題，應令其速行修築完工核減造册題銷可也。康熙四十年四月二十六日題，五月初一日奉旨依議速行，欽此欽遵。抄出到部，移咨到臣，准此當經檄行該道，轉行修築工完核減詳銷，去後今據淮揚道參議王謙覆核，并無浮冒伏，候查核題銷等因册詳到臣。據此該臣看得草字河、唐曹河築順水堤，并開天然閘壩二座，經臣具題估計，部覆令其速行修築完工，核減造册題銷，奉旨依議速行，欽遵在案。今據淮揚道參議王謙詳稱，草字河築堤長四千八百九十五丈，唐曹河築堤長三千三百一十五丈，天然壩二座，以上三工原估銀一萬二千四百一十六兩一錢四分六釐一毫，今工完核減，實用銀一萬九百九十五兩五分二釐五絲，節省銀一千四百二十一兩九分四釐五絲并無浮冒等因造册詳送前来，臣覆核無異，除原册送部查核外，相應具題，伏乞皇上敕部核銷施行等因。康熙四十一年正月二十八日題，二月十八日奉旨：著察核該部知道，欽此欽遵。於二月十九日抄出到部，該臣等議得先經河道總督張鵬翮將草字河、唐曹河築順水堤，并開天然壩二座，需用銀一萬二千四百一十六兩一錢零等因估計具題，臣部覆令速行修築，工完核減造册題銷。去後今據該督疏稱草字河築堤長四千八百九十五丈，唐曹河築堤長三千三百一十五丈，天然壩二座寬一百二十丈，共實用銀一萬九百九十五兩五分零，節省銀一千四百二十一兩九分零。并無浮冒等因前來，查前項築順水堤并天然壩用過銀兩，該督既稱并無浮冒等語，應准開銷。節省銀兩貯庫，爲河工之用可也。康熙四十一年三月初三日題，本月初五日奉旨依議。

又 卷二三《增修高堰等處子堤》 兵部尚書兼都察院右都御史總督河道、又提督軍務臣張鵬翮謹題，爲題明急修緊要工程事。康熙四十年三月初四等日，准分修宫夢仁咨開分修唐埂中壩埽工，照估鑲柴完竣，今水漸長，應再行估計加高等因。又准分修馬世濟咨開湖水日長，唐埂、徐壩汛臨湖鑲柴已完，今相度形勢應再加高等因。又准分修金鋐咨開分修之工恐桃汛夏月水長，应再加高以備不虞等因到臣。維時臣見駐高堰工所見工程緊急，已委効力知縣陳鵬年同該汛通判朱廷植、署事縣丞翁煜、該汛守備夏景松等逐一查丈沿湖鑲柴出水面形勢，高者五六尺不等，卑者二三尺不等，隨於六壩工所傳集，新舊河員趙世顯、李言、王靄等公議通工加鑲柴動工以七尺爲度，如六尺者加一尺，五尺者加二尺，四尺者加三尺，三尺者加四尺，以次第加高，出水面七尺，上壓土三尺，方可捍禦風浪，一面咨商分修，董訥等據回稱，湖水暴長，加鑲柴工以資捍禦，悉聽酌定遵行等因。又據陳鵬年、朱廷植等造具估册前来，該臣看得高堰一帶堤工，前部臣范承勳等估計加幫時，因六壩未閉，未得水勢確實情形，不過約略估計，今六壩已閉，淮水復由故道會黄入海，水勢加長，全湖形勢可得其真，今三月初二初三初四等日桃汛水長，風暴大作，臣見沿湖鑲柴卑者，初浪掣土再浪掣柴，惟高者風浪不能撼越，則是加高工程實有裨益，臣委員丈量，自出水面至頂高者五六尺不等，卑者二三尺不等，桃汛初至，水勢已如此之大，將来伏秋二汛，勢必更長，臣集新舊河官公議修防之法，僉云通工加鑲柴，工以七尺爲度，如六尺者加一尺，五尺者加二尺，以次第加高。出水面七尺庶可捍禦風浪，准分修馬世濟宫夢仁金鉉等咨，稱鑲柴加高前來，復咨商分修董訥、王起元、綫一信、陳汝器、李應薦等衆議相同，隨委効力知縣陳鵬年同該汛通判朱廷植等逐一按工確估，自武家墩起至棠梨樹止，計長一萬四千九百八十一丈二尺三寸，需用工料土方銀二萬九千三百三十一两二分零，隨行淮徐道副使施世綸照數動支，高堰大工銀両交原修官照段作速辦料加鑲，以資捍禦，其六壩與王家口新閉俱係埽工石堤，未能即成公議，於臨湖密釘排樁以抵風浪，而固堤身需銀九千九百九十八両五錢七分零，亦照數動高堰大工銀両交原修官作速辦料，簽釘葢蓄清敵黄，全恃高堰，堤工堅固，關係最爲緊要，刻不容緩。臣照例一面動帑交原修官作速興修估册送部外，理合恭疏題明，伏乞皇上睿鑒敕部議覆施行等因。康熙四十年三月二十二日題，四月初六日奉旨：該部知道。欽此欽遵。於四月初七日抄出到部該臣等議得，河道總督張鵬翮疏稱，六壩已閉，水勢加長，今三月初二等日桃汛水長，風暴大作，臣見沿湖鑲柴，卑者初浪掣土，再浪掣柴，惟高者風浪不能撼越，是加高工程實有裨益。臣集新舊河官公議，通工加鑲柴，工以七尺爲度，如六尺者加一尺，五尺者加二尺，以次第加高出水面七尺，捍禦風浪，自武家墩起至棠梨樹止，長一萬四千九百八十一丈二尺三寸，需用工料土方銀二萬九千三百三十一两二分零。又六壩與王家口新閉俱係埽工，公議簽釘排樁以抵風浪，需銀九千九百九十八兩五錢零。蓄清敵黄，全恃高堰，堤工堅固，關係緊要，臣一面動帑興修等因前來，該督既稱蓄清敵黄全恃高堰，堤工堅固關係緊要，應如所題，速行堅固修築，俟工完之日將用過銀兩核减造册題銷可也。康熙四十年四月二十六日題，五月初一日奉旨依議速行。

高梘堰（高梘官堰、高梘陂）

（嘉慶）《眉州屬志》卷八　高梘堰，治西北三十五里，用木槽架山腰引溪水倒注灌田二百餘畝。

（嘉慶）《峨眉縣志》卷一　高梘堰，縣北十里，引泥溪河水灌溉田約十二頃畝零，每年堰户照畝派錢修理。

（同治）《崇陽縣志》卷二　高梘官堰，邑南九十里，宋張咏命土人剏築，從山麓開甽，架兩梘，渡東港水通西岸，灌田數百畝，地名高梘以此。國初邑大夫立有堰規刊石。

（光緒）《嘉應州志》卷五　高梘陂，溉田租壹拾餘，石黄坭陂，溉田租叁拾餘，石鄉人李正華築。其孫時，敏重修，并撥田爲修陂費，均在雁洋堡。

清　傅源《高梘堰詩》（同治）《崇陽縣志》卷二　怒湍回處石爲堤，雙梘横空澗道低。樹杪行人行不得，飛泉先過板橋西。雲徑彎環泉脈長，潺潺急溜爲誰忙。水聲漸遠聞鼙鼓，沿岸山田唱插秧。

曹學詩《過高梘陂詩》　樹密山無縫，峰回澗自分。哀湍鳴急雨，怒石壓殘雲。馬怯寒蘆響，猨愁苦竹聞。陂頭笑村叟，歲晚話耕耘。

孤山窊堰

明　朱誥《孤山窊堰記》（乾隆）《順德府志》卷一五　孤山在縣西三十里，其高斗絶，多石其畔，雖亦可耕，然石堅水涸，凡數十里無井，居者無所資，地雖窊可停蓄，然障隄未築，每雨集水至率奔湧四放，嚙田膝蕩禾稼，順流而去，勢莫能遏，即窊中水亦不能久蓄，坐是民多棄田廬轉而之他者，屬子檢荒田至其地，詢父老得其所以嘆曰：耕食鑿飲，民生所依，乃石厚不可井，水急不可耕，是殆將爲棄田乎，因憶吾於城東南修流珠等堤，以興水利，東南民賴之，此法獨不可行於西北哉？況山地得堰，瀦水既不嚙田，又代井養視東南，堤尤爲急務，可不急圖之，顧其時歲荒民病不遑爲，越明年春始爲之，以義官三人董其役，募近山民壯而貧者任工作，計口給粟，又貸以粟使安其家，而不責其息。又去年蓄有熟乾柳葉千餘石，以其時草木未萌芽，民方艱食，乃并給之，人人踴躍趨事，不日而工竣。計地四畝，築崖厚二丈，深三丈，使久而不涸，周圍樹榆柳，使盤錯固結，則崖益壯，且繁蔭可憩可息，足以待耕者，水至則滀滀而復流，瀠回曲折，既不嚙田，亦不傷禾，又足以代井養用，是前之棄田逃者，率來歸耕而食，汲而飲，咸取足於堰，無復他憂矣。顧其地亦通逵遠慮行道之病，於渴乃於堰之傍築一庵，扁曰：濟渴募僧守之，令烹茶以待行旅，給官田五十畝捐其賦役，使爲薪水之資，子暇曰：至其地核焉，桑麻蔽野，禾黍連空居者，漸輳集大，非前日：荒凉之境，爲之喜，乃耕者行者，咸相告曰：昔衝田傷禾，今無恙矣，昔無水，今啜茶矣，昔賠糧，今積倉矣，昔流離他鄉，今父子相保矣。予曰：一堰利即若此焉，廣之而諏諸父老，又得火石岡堰，壘頭村堰，樊尚村堰，石頭庄堰，魚池堰，俱闢之使廣浚之，使深築之，使堅。又他地凡艱於井者，皆堰之，堰既成民復請予礱石記之。予曰：此小利耳，烏足記，僉曰：諸堰城民資以養民，有養地以不荒，上不逋國課下可裕民生，所關豈細故哉。今不勒之石，後將奚徵予乃記之，使後之興民利者，有所考，而特加修浚，庶不致於荒圮湮沒，且願推而廣之，俾無曠土，非邢民之永賴哉。

（光緒）《邢臺縣志》卷一 東孤山封山西五里府志作十里，以寒風腦東有孤山，故以東別之絶多石，其旁平坦可以耕，藝明知縣朱誥於此築窊堰，以蓄水灌田。

寡婦堰

（光緒）《四川綦江續志》 寡婦堰 在金蘭垻，明嘉靖間，以秦太恭人得名。

戴氏家譜附庠生戴鼎喆培《修寡婦堰記》：寡婦堰，俗名也。創始先祖母秦太恭人，恭人汴人也。歸中順公諱學爲繼室，前明嘉靖末，護中順公柩自浙江處州府任所歸，卜居此地。舊名輕灘，見宋進士趙之才墓碑，而永興諸碣，乃作金鸞或作輕楠，未免失考。恭人其取家和公金蘭簿之意，而易以今名歟。金蘭舊無堰，恭人以諸田水涸憂。見瀑布下流，亂石横截，岩臨十數仞爲區畫之，鳩工治堰。上堰則飛瀑之下，繼以巉岩、壁嶙嶙、石崢崢，欲墮不墮，水潺潺噴沫，如烟如霧，如風揚塵，著草木爲藪，人迹罕到，堰於岩腹，虹亘窪壁軌流，其缺處架石飛渡，觀者疑鬼斧神工焉。下堰則於下流叠石爲之。二堰邐迤數里間，河西諸田是賴，蓋四百年於茲矣。茲者，歲在甲申夏大旱，禾苗枯槁，邑與鄰邑之挈室走黔者，絡繹載途。而茲境諸田所獲視往歲爲稔，秋間，家君以歲久堰將圮集隣族培修之。余謂四境轉徙頻仍，而吾輩獨慶幸年豐。年豐由於水利，向非恭人，水利何自而始，而顧相忘之乎？嗟乎，古者離堆既鑿，李郎之祀不衰，鄭國穿渠，流輝遷史，此事何寂寂矣。雖然堰名寡婦，其迹不滅，其人終不湮也，受惠雖云百家澤及已非一世，是以記。

廣寒堰

論説

清 李滑《創修廣寒堰碑記》（乾隆）《射洪縣志》卷二 水利之興，由來尚矣。第興於平原曠野之間則易，興於踰山越領之地則難。雖有賢司牧實心興舉，欲爲民依計，苟上無與主持之者，則掣肘却步，而事弗集，亦安能獨剙亘古未有之績，克享萬世之利乎？【略】昔叔敖赴芍陂，而民愛其惠；文翁穿湔洩，則蜀以富饒；歐陽公治滁，與民同其樂；蘇子守扶風，以雨名其亭，後世傳爲盛事，史策稱之。況我儕親沐思膏飲和食德，詎能忘水源木、本無一言以記之乎？是堰也，源遠流長，罔所終極。而兩公之膺福禄享鴻名，當與涪水金華同其久永，使千百載後知斯邑得有召父杜母，而民永被其澤也。

（乾隆）《射洪縣志》卷二 昔李冰鑿離堆，文翁穿湔洩，皆以因地制宜，後世永賴。何令亦欲爲民圖久遠之計，其□也，似難於見功其成也，則長享其利宜乎？甘棠遺愛，至今謳思弗替云。

綜述

（乾隆）《射洪縣志》卷二　其在豐樂鄉，距城四十里者，則曰：廣寒堰。乾隆二十五年，邑令何辰勘地度勢，勸民捐貲，思爲長久之策。於是督工鑿山穿腹，導溪水以注其中。其水源亦自三臺之三渡口，紆折而下，沿射之寶塘溝歸堰。堰東西引水溉田，可共足三千餘畝。先於乾隆庚午、辛未間，有老民楊堯、馮棟等跨岡之西，而東穿一石洞，欲引水灌田，以力匱則止。何令因其迹而鑿之，閱辛巳、壬午始得蒇工，邑之士民思其德而勒以碑。【略】

按，是堰之成，衆捐銀一千三百餘兩，各佃户計畝出銀一千七百餘兩。太和鎮楊家納鎮三壩，改田得二千四百餘畝，分其右支鑿石南引謝家壩，灌田六百餘畝。於堰口山内山外設立分水牙石，上渠水口四尺九寸二分，中渠水口一尺六寸三分，下渠水口一尺三寸，如有私鑿牙底盜水者，查出送官懲處。刻立堰規，永遠遵守，通力合作，計畝均分，其分水尺寸士民詳記有碑，不復贅入云。

清　李湑《創修廣寒堰碑記》（乾隆）《射洪縣志》卷二　射邑距郡六十里，山多田少，初無巨浸大塘足資灌溉至數百千畝者。乾隆己卯冬，恭逢制府奏興川省水利，檄下府縣，因時相度辦理。郡伯劉公行部至射，諮諏詢訪，邑侯何公，乃舉廣寒寺山石洞可鑿以對。隨集紳耆，親臨勘視，慨然謂此工之可成也。擘畫料估，籌費計工，自初迄終，屢次稅駕，詳晰指示。士民中踴躍捐輸者，咸予奬勵，以爲衆勸。夫鑿山開洞，無神工鬼斧，斷難望其奏效。況在山過顙，其勢非順。今試觀堰水所從出，有奔濤噴雪之狀，固暢如也。由堰水所灌注，有禾稼芃芃之盛，則曠如也。用以道滿篝車，倉盈稌黍，社鼓之聲四起，閭閻之氣一新，猗歟休哉！用以奠室家而豐衣食，歌樂利而慶盈寧，群游浩蕩之天，永享昇平之福，皆賢郡伯與邑侯賜也。【略】乾隆二十九年歲次甲申三月邑人李湑撰。

（光緒）《新修潼川府志》卷四　廣寒堰，在縣四十里豐樂鄉。乾隆二十五年知縣何辰督修。東西引水溉田，可三千餘畝。

傳記

（光緒）《新修潼川府志》卷二〇　何辰，順天宛平舉人。乾隆二十一年任射洪，建太鎮廣寒堰，大興水利，溉田三十餘畝，民利賴之。

紀事

（乾隆）《射洪縣志》卷二　廣寒堰，在縣治西南四十里，距舊通泉驛里許。乾隆二十五年，邑令何辰講求水利，勘度地勢，勸民之有力者捐貲醵費，鑿山穿腹，導溪水自三臺山之三溪口，紆迴折注寶塘溝歸堰，東西溉田三千餘畝。因鎮昔名廣寒驛，故即以廣寒堰名之。當五六月間暵旱不雨，禾苗欲槁，榜田山地待澤無由，獨沿溪數千户不需桔槔挽戽之勞，但見懸瀑飛泉，奔騰澎湃，晝夜輸灌，潤澤均沾。

（嘉慶）《清一統志》卷四〇七　廣寒堰在射洪縣南，穴山引水，本朝乾隆中築。

好溪堰

論説

清　崔鳴鷟《重修東鄉好溪堰碑記》（康熙）《處州府志》卷一〇　從來民食所寄，地利先之，水利更先之。是以惟溝惟洫，古先聖王務盡力焉。則誠吾民之首務，而凡有地方之責者，烏可膜外置之乎？府治之東烟村，凡十數處，計土田百餘頃，咸資灌溉于山溪之大壩焉，此則堰之所由來也。聿稽往事，麗令方亨咸於順治四年間捐俸繼築之，至今子來一堤，膾炙人口，以知功在民生者，民不得而忘之也。不謂水能爲利者，亦能爲害。丙寅夏月，洪水爲灾，長堤巨岸蕩然無存，挹彼注茲，忽歸烏有，而堰復圮，凡閱兩載，歲比不登，徵輸不前，民相與病甚。夫東鄉土田高亢與他處異，每聞數日不雨，則禾苗枯槁；彌月不雨，則西成絶望。壩與堰所以補天時之不足，而盡地利之有餘，其攸關於國計民生者實大且遠，是安可缺焉弗修，聽其廢墜而不之問乎？余遂捐俸首倡之，五閱月而功告成，一方之窮黎咸慶有秋，不復憂藴隆之蟲蟲矣。東鄉士民喜其成，而請記于余，余進士，民而告之曰：不有廢也，何以有興，不有作者，將成終廢，天下事大抵皆然。而此堰爲最，余爲爾等計久遠固已。更願自茲以往爾等頻加修補，當圖難于其易，爲大於其細，勿使拮据。況瘁之成勞，復湮沒於洪流淼波中，庶大田多稼，利賴無窮，而余之心亦滋慰矣。

綜述

（雍正）《浙江通志》卷六一　緑苗堰、好溪堰俱在縣東十五里，唐郡守段成式開，國朝順治四年知縣方亨咸繼築，康熙二十五年同知崔鳴鷟修，自爲記。

（嘉慶）《清一統志》卷三〇五　好溪堰，在麗水縣東十五里，唐刺史段成式開築，灌田數萬餘畝。

清　許鳴磐《方輿考證》卷七八　好溪堰，在麗水縣東十五里，好溪本名惡溪，因刺史段成式有善政，民因號爲好溪，已見前所引《唐書》堰，即成式開築，灌田數萬餘畝。

（同治）《麗水縣志》卷三　在縣東二十里靈鷲山下，壘石爲堰，障縉雲溪水入渠。【略】灌田六十餘頃，堰濶六丈，長九十丈，中高一丈二尺，兩端以次殺高六尺，自堰至分水壩一百八十二丈，自分水壩至東渠蜈蚣壩一百二十丈，自分水壩北至渠鞏固橋二百九十丈，東渠灌田四十五頃三十九畝有奇，北渠灌田一十八頃五十六畝有奇，創於唐刺史段成式，後莫考其興廢。明嘉靖元年，山水壞堰渠噎。十五年，知縣孫存令民按畝輸緡，築堰十有六丈，浚渠十有三里，鑿爲新渠者七十有三丈。觀察使高汝行爲文紀其績。國朝順治四年，知縣方亨咸捐金修堰，民歌其功，更堰稱曰『子來堤』。康熙二十五年，大水堰圮，同知崔鳴鷟修復之。乾隆二十一年，知縣陳諟撥寶勝寺田地田一百二十八畝八分八釐二毫，歲收官斛租穀一百七石三斗八升，又地租銀九兩四錢八分一釐。委其丞計歲入解府庫爲歲修費，嘉慶五年大水，堰復圮，十六年，知府涂以輈大修之，核庫貯銀僅給工之半，復捐金爲倡資用贍集，次年訖工。二十五年，知府吳光悦以前此北堰未施工，集資修之。【略】

道光十五年邑人譚鳳岐，十七年署知府于尚齡并隨宜修浚。二十二年，大水，渠堰并壞。次年十月，温處道慶廉檄麗水縣知縣侯圻修之，閲六月告功。咸豐三年，大水，堰復壞，渠亦漸淤，耕者於下種後并力以樹與石障水入渠，隨障隨沖，渠旁田幾成石。同治四年，知府清安適浚通濟渠，因委經歷鄭國士暨邑人潘紹唐、周樑冠等修東北二渠，計畝輸錢，壘大石爲堰，楗以竹木，堰遂固，渠之淤者以次疏之，灌田雖少於西，而功實相埒。

傳記

（同治）《崇陽縣志》卷七　王近思，字子孝，守貞孫，美丰神聲，欬鼓鐘，補諸生名藉，甚衛憲使延傅，其子或行百金於憲使，求居間近，思艴然曰：『吾職吾師乃以不肖待我耶？』嘉靖丁酉省試第二人，屢上春官不第，謁吏部選爲麗水令，邑有羨金，例輸令橐。近思裁之，曰：『吾橐有吾經，無地容若金也。』乃田淤地給學租，浚好溪堰，日求民所患，捐俸濟之。

（光緒）《重修安徽通志》卷一八〇　方亨咸，字吉偶，桐城人，順治丁亥進士，知獲鹿縣，察奸戢盜有聲，調麗水，築好溪堰、通濟堰，田無旱潦，利及鄰邑。

（光緒）《處州府志》卷二〇　潘璋，字良用，麗水人，任蕪湖巡司，爲王遂東先生所重，榷稅秋毫不染，告歸囊槖蕭然，與從弟璠督浚好溪堰，畢盡心力。

又　王正燦，字懋昭，麗水人，嘉慶初以諸生舉孝廉方正，少端謹，力學弟，早世無子，妻以身殉，正燦以已子後之，而撫其二女，比長厚嫁之歲饑，知府涂以輈發常平倉粟糶之不足，欲運於温，而難其人，正燦力任之，佐以私財，泛舟相繼，他日置義倉，復輸穀千斛爲倡修好溪堰，浚東北二水道，皆不辭勞費焉。

清 鄂爾泰《八旗通志》卷二三九 劉廷璣，漢軍鑲紅旗人，任處州府知府，處郡累石爲田，十日不雨則旱，十日不晴則潦，廷璣蒞任，閱府城東有好溪堰，西有通濟堰，舊毀於水，捐俸築之，蓄洩有資，民賴其利。

紀事

清 吴光悦《重修好溪北堰記》（同治）《麗水縣志》卷三 處州府城東北有好溪堰，横截縉雲之水入渠，派分東北二堰，東堰之水自青林關下奚渡出大溪，北堰之水自凉棚峽上河壩、九里畈上下堰、古黑橋河出大溪，計東堰所溉田不及北堰十之一二，《志》稱好溪堰溉田數百餘頃者，蓋兼東北二堰言之也。嘉慶十六年，前守涂公以鞥興修，惟北堰猶未施功。二十一年，余守兹土，值歲大旱，田禾皆槁，城圍以北爲尤甚，以北堰未復而東堰所注者不能逮也。余周行審視，謂宜及時修舉，適董事張麟、王正燦等以有田受溉之家，踴躍捐輸告爰，於十一月肇工，至次年三月工竣，計費緡錢九百餘，而北堰遂以就治。夫渠堰之成爲利大矣。顧往往以争水涉訟，又瀕河者多據以爲碓專利，自私不能無弊，則有南陽均水刻石立約，以及三輔檢校諸渠碾磑盡毁之古法，在隨事治之可已。

藝文

元 陳鎰《午溪集》卷五《好溪堰為吴明府作》 縣公築堰東九里，大堤横截長溪水。引流下注萬頃田，禾稻翻風翠雲起。去年陂堰未曾開，況值亢旱天爲灾。城中亂罷正蕭索，兼無秋實人民哀。今年争看決渠雨，龍骨長閑挂梁梠。老農仰卧歌南風，但知歡樂無所苦。君侯事業如白公，流芳千載無終窮。願公更展作霖手，均此德澤四海同。

横山大堰

論説

清 陳宏謀《横山大堰記》（嘉慶）《臨桂縣志》卷一六 余惟吾鄉素號儉勤，今去家十載，歸見烟火繁庶，風俗和美，倍於往昔，心竊幸之。惟是人多田少，莫能振起。今資水之利，加以人力之勤，田租可望倍收，菽麥可以兼種，庶幾早完國課，餘九餘三。秀者向學以事詩書，樸者安分以力南畝，親親長長，講讓型仁，采風者稱仁里焉。是則余之切望於吾鄉者，亦我先公先母志也。謹識其歲月，而堰之丈尺寬深，勷事者之姓氏，運石者之多寡先後，悉列於石，以垂永久云。

綜述

（嘉慶）《臨桂縣志》卷一六 大堰在城西三十五里，横山村西南。雍正十一年，邑人陳宏謀增益舊址，易土以石。乾隆二十六年，陳宏議倡衆修焉。乾隆五十六年，邑人陳鍾琛重修。

清 陳鍾琛《重修横山大堰記》（嘉慶）《臨桂縣志》卷一六 臨邑每村皆有堰，甃以石而梁其上，以濟行人，四五月之閒，遇天雨稍絀，則村衆舁土塞其下，蓄水以灌田畝。吾横山之堰在村西南，由來舊矣。人迹駢，闐水勢衝激，歷數稔則須修理，方免傾側之虞，歲辛巳，先大夫曾倡衆修焉，工料之費，相國文恭公獨任之，沾利之户咸踴躍以供力役，早有所備，而歲獲屢豐，於今蓋三十年矣。歲月既久，石漸磨蝕，基亦欹斜岌岌乎，衆皆謂重修，殆不可緩，余時守職浙省，已酉兒子策回里應試，目擊其事。與兩弟，善元蔭三走書告，余會、余行年五十，因憶文恭公周花甲之日，昆弟群從，群思開筵上壽。文恭公曰：世俗每遇稱壽，大率高會，演劇徒耗財物，於修德祚年之意殊無所當，何不輟此無益之耗，費量爲可行之義舉，以故家鄉除道成梁，當是之時，無一不廢修墜舉，余竊敬聽弗忘，今幸犬馬，齒已及艾，而是堰適當應修之期，其敢不努力，仔肩以爲紹聞之萬一，復慮運致之力，委之村人，或尚有曠廢已業者。於是覆書兩弟，選擇匠人，凡一切攻工運料之事，皆余捐貲給之，厥基無改於前，高廣悉仍其舊，第商於村衆，岐涵洞而二之，以分水勢，所用石資於舊者十之四，取之新者十之六，經始於辛亥之春，落成於夏，費一百九十餘緡，崇如坦如，蓄水有備，庶不虛力田者之挹注，以植彼嘉禾矣。乎匠既迄工，爰志歲月，以待夫後之及時修舉者。

紀事

清 陳宏謀《橫山大堰記》（嘉慶）《臨桂縣志》卷一六 橫山村西南舊有大堰，束陂角以下之水以資灌溉，池頭、油塘尾、陂角及吾橫山四村之田胥賴焉。自石堰傾圮，將數十年，每歲鳩衆，用土築塞，力費而終不能蓄水，種植之利漸微，行人往來尤多不便，郘人苦之。先公先母常以爲言，繼余忝祿於朝，先公先母命迎養江南官署，不幸相續棄養。易簀之前，諄諄以郘之大堰爲囑，余泣而志之，不敢刻忘。諸父老在家聞先人遺命，未嘗不感嘆泣下也。歲壬子，余奉恩旨給假營葬，孟冬扶櫬抵里，卜兆既定，即商之伯兄季弟，共爲相度，繼乃謀於村之諸父老，其堰之寬深丈尺，衆議僉同，而後定石取諸郘東之石鴿山，運石則用合村之力，其石灰匠工費須百金，則余兄弟獨任之，以成先志也。諸父老子弟，以此工數十年欲營建而不可得，今一旦易土而石，可歷久遠，無不欣喜。故運石之役，先以人計，繼以田計，皆踴躍爭先，惟恐後期。而督工者，視公事如家事，指畫勤勞，無間風雨，百日之內，厥工告成，實雍正癸丑春仲也。諸父老以斯舉之利於郘者大，俾余記之。

虹橋堰

論說

清 吴騫《論平湖虹橋堰書》《清經世文編》卷一一六 當湖自清獻陸公後，壇壝久墟，一旦得大賢爲之鼓唱，學子深幸當何如也。顧某之所以望足下者，更不止此，《記》曰：「有非常之人然後有非常之事」，足下卓傑君子也，斯土有可拯民於塗炭之事，必深所樂聞，敢一爲左右陳之。憶己酉歲，浙西大旱，赤地千里，杭嘉各屬邑之民幾爲涸鮒，當是時竊聞平湖有虹橋堰者，去三泖甚近，決其口則鹽盜諸邑并可霑濡而資灌溉，欲直走平湖告當事以蘇此數萬生靈，息而赤日燔如，憂惶遘疾，跬步不能前，徬徨者彌月，忽見傍近支流稍稍可棹舴艋，天未嘗雨也，詢諸遠邇，始知虹橋堰已啓，爲之狂喜而又恨事之不早也，設先月餘則近邑田塍或尚有薄秋之望，豈又所謂幸中之不幸也。語曰前事之不忘後之事之師，昔足下在敝州，適逢杲旱每日徒步齋壇爲民請命，焦膚繭足所不辭，州人至今尸祝之。今幸司訓茲土，聞虹橋堰去治廑一舍，宜親履其地審度形勢，與當事及邑紳之賢者悉心籌畫，廣庀石材修其閘口，更集曉事父老咨詢，剋水痕石柱以爲準，至第幾痕則水可至某邑，第幾痕可至某邑，即爲一記刊石閘上，使世世遵守，愚民不得藉衝決以阻撓、吏胥不能執奇貨以要索，豈非百世之永賴哉！昔西門豹引漳水十二渠爲堰以灌鄴田，賀蘭祥修造富平堰引水洛中，民享其利，史書其績。今足下仕平湖修海閘以救浙西諸郡，功不在昔賢下矣，他日舉最入都，聖天子問東南水引即以此爲嘉謨嘉猷之首，其誰曰不然？某村識媕鄙偶爾一得，輒思效區區芹曝之獻，惟足下更進而教之幸甚！

綜述

（雍正）《浙江通志》卷五九 虹橋堰，在縣南十五里。

清　吴騫《愚谷文存續編》卷一《重開平湖縣虹橋堰記》　平湖，本海鹽縣東境，明宣德中始析置邑，有當湖在城之南，即古東武湖也，亦曰東湖，周四十里，汪洋浩瀚，流分九派，東西南北無所不達而西南尤盛實，諸邑之襟喉也。原西南地勢海鹽視平湖稍高，迤邐而西至海寧則尤高，直至石門仁和，綿亘五六百里間，其形類鉢盂之頂、棋局之中心，又無深溪大壑之渟蓄，惟仰藉此水以資灌溉。自乾隆元二以來，水勢漸縮，然未經大旱亦未甚告病，至甲辰乙巳間，浙西頻年旱暵，當湖之水自救一邑且不暇，焉能波及他邑，故鹽寧以西諸邑尤困，每遇六七月間，無論支流涇汊，皆化爲斷港絶潢，而田疇數十萬頃彌望悉爲焦原，槁壤小民奔走告灾無虚日，上官惟事仰禱于天，卒莫知俯察于地。予夙聞平湖有虹橋堰者，在當湖東北四十五里，曰後厙港之側，逼近松江府華亭縣界，上承三泖之流，潮汐直貫虹橋，西注當湖，支雖九派而西南與鹽官之谷水合，故宋祥符圖經有谷泖之稱，不知何時虹橋傾圮，村民初設舟爲渡，既而築堰，又且日漸填塞，侵占成平地，幾迷失其故迹，此水不通則自平湖以西諸邑皆不免涸轍之憂，而更不第此也，即三泖潮至此無所消泄，銀山雪浪反逆折，而東衝擊田廬近華亭數十里間亦深受其害，不知三泖本發源于松江，上海江海交流匯入于當湖，故曰當湖實三泖之蓋當湖實泖水之歸宿，不通則彼此交困，嘉興府柳志謂當湖三泖所自出，委輸而諸邑之襟喉也。予既深知虹橋堰之斷不可築，柰所居越在鄙遠又無親民之責，且工興事鉅，徒手奮呼于何能濟，念尚可與圖者，有執友二人：一曰陳君映千、一曰張君川如，二君皆懷經濟才，又與予爲莫逆交。丁未夏，映千適權平湖訓導事，予亟遺書屬轉述于邑宰，遵義王君恒君勘得其實，發丁夫星夜具畚插從事而愚民猶有撓之者，君弗顧，趣決之水果沛然而至，且築橋以通行旅，是歲自平湖以西諸邑雖未即暢渥，幸皆有薄秋，然苦經費未充，僅就平邑士民捐輸三數百金以集事，固未暇爲永久計也。越歲己酉夏旱尤甚，遠近益惶惶，予細訪知虹橋堰雖開，然決口猶淺隘，蓋疏泄浚導之功非有大力者不辦，時川如方在大府琅公幵幕，予復致書俾懇請于琅公，遂發鹽運使帑金，命大員往督其役，于是萬姓踴躍，歡聲動地，鳩工誅石，剋日告成，事橋之規制視舊既加擴幷勘明。民間平日所侵占水道而盡疏浚之，于是水大至川瀆皆盈而朝潮夕汐往來順軌。是秋即告豐稔，迄于今二十餘年，訖無旱潦之患者，賴有此水之濟也。按《尚書》曰：三江既入震澤，底定三泖，本出三江之口，西入虹橋趨當湖一支，西南入海鹽復經海寧石門仁和匯于塘栖，南達省會之北新關，北流入太湖，太湖即震澤也，計程六七百里，雖古今水道，或未必能悉符神禹之故迹。然或可因之，以想見其仿佛。又魯應龍《閑窗括異志》謂：當湖泖港至今直通太湖，斯尤其確證，與橋中高四丈、廣一丈、長四丈八尺、南北二旁衛以石堤各十餘丈，下作三星，可通巨艑，橋東數十武復建石碪二，各高數丈，以禦大汛之潮勢。予以嘉慶戊辰秋躬履其地，目驗之，凡潮長之痕，剋其橋柱約高至五六尺，規製宏壯，允爲東南之鉅防而諸邑之永賴矣。是役也，蓋實費帑金不下鉅萬，爰詳著其顛末，庶後之言浙西水利者，有所考云。映十，名焯，烏程人，鎮海訓導。川如，名增，江南桐城人，烏程主簿。相國文和也。嘉慶己巳秋日。

案，虹橋堰，實東南數邑水道所關，而平湖縣新舊志載多不甚詳，晰故著録于此，後之修志乘者更審察焉。

藝文

清　陳鱣《簡莊詩文鈔·題珠樓遺稿寄慰槎客先生》　打槳虹橋堰下來，延陵相伴讀書臺。如何竟與名花比，開到秋風一夕摧。

清　吴騫《拜經樓詩集》卷六《聞虹橋堰落成喜而有賦寄陳映千學博張川如少府》　堰在平湖縣東厙港，上通三泖，予嘗刱議苟修此堰以通水利，則平湖西南諸邑無旱患，至是平湖令王君恒乃修治之。

巧築長虹傍絶磯，連蜷勢欲走烟霏。發蹤自負吾何敢，曲突先籌或庶幾。尾吸三江終古壯，支聯九派一時飛。當湖有九龍港。桓寬祇解論鹽鐵，豈識西門頌有歸。時有司鹽都尉借之爲目。

清　吴騫《拜經樓詩集》續編卷四《酬屈韜園述舊寄懷之作》

珍重雙魚手自開，金風吹得紫華來。築堤敢擬淮，徐障子舊議開平湖虹橋堰事，來詩謬以梁康絢爲比。摘豔元輪屈宋才。汐浦回橈寒趁雁，珠樓遲友夜停杯。昨秋韜園留飲，遲瘦山不至。由來松竹符深契，莫問同岑與異涪。

雜録

清 吳騫《愚谷文存》卷九《與陳映千廣文書》 始春在陽羨，接客臘手書，并冰壺洞搨本白雲洞詩，花朝旋里，又得上元詩札，始知權校當湖此邦。自清獻陸公，後壇壝久墟，一旦得大賢爲之鼓唱，是皆學子深幸。矧東湖明秀甲于東南，暇日登弄珠之樓，跟雅山之屐，雄文逸藻與溪山相映，發其興會當何如也。顧某之所以望足下者，更不止此，《記》曰：『有非常之人，然後有非常之事。』足下光明俊偉、卓傑君子也，斯土有可拯民于塗炭之事，必深所樂聞，敢一爲左右陳之。憶己酉歲，浙西大旱，赤地千里，杭嘉各屬邑之民幾爲涸鮒，當是時竊聞平湖有虹橋堰者，去三泖甚近，決其口則鹽寧諸邑并可霑濡而資灌溉，欲直走平湖告當事，以蘇此億萬生靈，息而赤日燔如，憂惶遘疾，跬步不能前，徬徨者彌月，忽見傍近支流稍稍可棹舴艋，天未嘗雨也，詢諸遠邇，始知虹橋堰已啓，爲之狂喜而又恨事之不早也，設先月餘，則近邑田塍或尚有薄秋之望，豈又所謂幸中之不幸乎。語曰，『前事之不忘後之事之師』，昔足下在敝州，適逢杲旱，每日徒步齋壇爲民請命，焦膚繭足所不辭，州人至今尸祝之。今幸司訓兹土，聞虹橋堰去治廛一舍，宜親履其地，審度形勢，與當事及邑紳之賢者悉心籌畫，廣庀石材修其牐口，更集曉事父老咨詢，尅水痕石柱以爲準，至第幾痕則水可至某邑，第幾痕可至某邑，即爲一記刊石牐上，使世世遵守，愚民不得藉衝決以阻撓，吏胥不能執奇貨以要索，豈非百世之永賴哉！昔西門豹引漳水十二渠爲堰以灌鄴田，賀蘭祥修造富平堰引水洛中，民享其利，史書其績，今足下仕平湖，修海牐以救浙西諸郡，功不在昔賢下矣。他日舉最入都，聖天子問東南水利，即以此爲嘉謨嘉猷之首，其誰曰不然。某材識孱鄙，偶爾一得輒思效區區芹曝之獻，惟足下更進而教之，幸甚！

鴻化堰

論説

明 余承勛《鴻化堰議呈憲察蔣道林》《補續全蜀藝文志》卷三三 鴻化之欲改作也，初以江落堰高，無假于疏鑿，故有引堤接流之議。今夏旱甚，江流益渴，若鴻化則懸焦俯浸，通塵迹乎渠之中矣。乃憂之抱甕無所，遂率我僕夫群而携戽器，於三十里及大江渴澤以灌乎渠中，浸四五尺，堤幾潰，而水不流，復疏其渠之壅，引之流坎坎焉。盈科復阻于崩岩淤沙之委積矣，齎糧畚役凡三四，爲閘始達升斗之潤於通渠焉。然累閘而計之，則渠可高於江丈許矣。使江且漲，灌渠之口狂而醫焉，亦不能衝蕩崩塞而徑達於溝澮畎畝之間，可盡諉之江徙勢落，鴻化無所於借潤邪？乃今之計，也不過仍渠之故道，督畫疏鑿之有方爾。然先自渠口鑿峽底數尺許，仰程江面，漸入漸深，以水臬從事，其間江流未有不注下而通其澤者也。若必欲圖改作焉，則兹所疏鑿者亦有以助乎，高流注下之勢，其爲工有序，而且豫矣。倘采而行之，則蠶叢之民懷其澤，不忘有如此流。

清 林鴻《修鴻化堰記》（乾隆）《青神縣志》卷一一 庚午夏，余奉命來莅兹土，竊見東南多水耨，西北盡火耕，心竊疑之。爰稽邑乘，而邑乘無傳，及閱《通志》《眉志》因知有鴻化堰者，波堰七十二道，厥利甚溥，創於唐，淤於明，宜其陸海無稱，焦土堪憐也。夫歲月遞更，滄桑代變，古今來事迹之汩没，弗稽者何可勝數，雖有好古之士，亦徒嘆息於荒蓁蔓草中也。豈獨一堰哉！雖然歌臺舞館識其名可也，仙迹佛場，留其勝足矣。若有裨於民生，有關乎國計，有其舉之莫敢廢也。而顧因其久湮，遂漫不經心，既不尋討，不則師心穿鑿，迄於無功，坐令美利不興，善政不復，非民牧之咎而誰咎歟？予繹李冰『深淘灘，低作堰』六字而悟爲堰之道，因率故老爰究爰度，見有傍山而屹然屏立者，寬不數武儼若堤形，予曰：鴻化堰之猶有可稽者，其在斯乎？自是而鋤者、插者、畊畚畚者、手拮据者約數百人，不八日而得石底，不踰日而堰身見，更不踰月而堰口呈，故老曰：此天以故道恩使君，而儕隳於數百年者，興於一旦也。余曰：此國家之福也，爾民之幸也，方今天子抱與爲心，各大憲痌瘝在念兢兢焉，以興修水利爲急務，余亦體此物此志以師古之智，行古之道耳。何能之與有抑猶有説焉，天運有否泰，氣侯有剝復，人事有革鼎，信乎？成敗興廢時也？數也？有莫之爲而爲者，不然鴻余名也。胡爲以鴻名，且曰化，若竢鴻而化也者。是其於創始之日，若預卜鴻之來，必不忘斯堰，而□之必自鴻而化也。即余亦不自知之矣。計【略】美哉汩汩乎其來也，淼淼乎其溢也，泱泱乎變磽瘠爲窪沃，化陵阜爲塗泥也，厥功鉅矣，夫豈一朝一夕之故哉，爰歌以志之曰：年涸龍卧北率，雲霓瞻望空號㖞。我陟岡陵頻首也，苦無志乘心忉忉，八載荒度擘共馨，股無胈兮脛無毛。引得活水湧波濤，習坎菑至堪容艚。底用轆轤斛料槔，蒔秧餘餉汗弁髦。歲歲秋潦勤洗淘，篝車穰穰酌香醪。

清 顔謹《重修鴻化堰記》（光緒）《青神縣志》卷四八　夏王盡力溝洫，周官務詳畎遂，盡王政莫先於養民，而養民首重乎水利，水利之興，當官者不得辭其責也。夫天下之勢，東南水高於田，故築堤以取水，西北田高於水，須作堰以灌田。

綜述

（雍正）《四川通志》卷一三　鴻化堰，在青神縣北一十五里，即唐張武等所開也。舊志青神陂堰五十有一，惟鴻化最大。

清 王承爔《改修鴻化普興兩堰記》（光緒）《青神縣志》卷四八　自天時之不能皆雨澤而無亢旱也，面農田之堰務以興，白農田之不能盡低窊而無高阜也，而水利之裨益，乃大青邑介於嘉、眉，地力瘠淳，田之望水猶農之望歲焉。初唐張武始於邑北興修鴻化堰，沿江開溝，引河水灌溉，直長四十里。大明余承勛相繼補修，民歲獲利。至於我朝日久淤塞，乾隆十九年邑令林鴻奉制軍黄檄，興水利，遂議復修，統計用水，田畝分上中下三等派費。又於邑南蓮花壩議修普興堰，亦計田派費，通詳修築。經營八載，慘淡匠心，緣二堰身太高，堰頭不得地利，農民苦之，歲癸未，余相度地利，籲票制憲檄委本州任牧率同確勘，改修二堰，堰頭洵挖堰溝以寬深爲度，堅砌魚嘴，攔水入堰，鴻化堰計灌田七千六百四十畝，普興堰計灌田六千畝，二堰堰水乃暢流焉，夫深掏灘低鑿堰，修堰之大經也。因地利而變通之，庶幾亢旱無虞，水利普遍乎。

清 李兆洛《養一齋集》卷一二《雙流縣知縣毛君墓志銘》　君諱會掄，字可元，號遴齋，毛氏自元至正間當州路推官祥始著籍武進，【略】戊寅調署青神縣，【略】青神縣有鴻化堰，歲修築，按民田科費，奸民每匿田不科，又蝕其贏，堰益壞，君清出所匿田二百五十餘頃，量水大小爲歲修額，堰民利之。

（嘉慶）《清一統志》卷四一〇　王承爔，番禺人，乾隆二十六年知青神縣，修城池，復浚鴻化堰，鑿松柏灘，水利以興。

（光緒）《浦城縣志》卷二二　林鴻，字汝翀，與兄湛俱有文名，【略】雍正乙卯舉於鄉，乾隆己未成進士，授四川青神縣知縣，地僻且瘠，舊有福濟會，興蓮花等堰，久廢壞，鴻督工修浚，復於中巖下砌堰，引青衣水入渠，溉田千餘頃，民賴其利，因名之曰鴻化堰。

（光緒）《青神縣志》卷九　鴻化堰，唐張武等所開也。舊志青神堰陂五十有一，惟鴻化最大，歲久湮没。明嘉靖間，邑人余承勛與兩道州牧議，謂邑之自北至南皆旱田，無積水，民苦於耕，今欲相水間堰，但邑小民貧恐難成事，諸公樂興作，因起一州兩縣人夫，於治北二十里直抵州界截大江水，開復鴻化堰，直灌田四十□，兵燹復淤塞，□乾隆元年，知縣劉公渭修堰，中九溪得雨，亦可稍資灌溉。十九年，知縣林鴻議請復興，以收水利，緣堰身太高，水難入堰而止。乾隆二十八年，知縣王承爔稟請州牧任履素，相度形勢，别開堰頭，淘挖寬深，水始入堰，灌田七千四百七十畝。但江水太深，堰頭易崩，水小不得上，溝水大又多淤塞，不久尋廢。至嘉慶九年，知縣顔謹復稟州牧梁敦懷，相度形勢，率邑中紳耆孫朝任、羅泰階、鄧起元、嚴玉富、楊顯作等，於舊堰頭上十里買眉地，上用魚嘴斜截大江，引水入周江合侯河於侯河合江處，砌一大湃并截其水，築堤數里，引水入舊堰溝，而堰功遂成。堰水遂活，自九老僑至中興庵四十餘里，灌田一萬四千餘畝，每年歲修約費二千餘金，水户公舉堰□值年，堰長稟官估工間派以爲培修之需，而生遂承賴矣。普興堰，治北三十里，引思濛河水，乾隆十九年，知縣林鴻議修，而堰頭不得地，每誤春耕。乾隆二十八年，知縣王承爔酌議另開堰頭，民乃實受水利，灌田六千畝，每歲修約費二三千金，堰長估工泒收，以爲培修之需。

紀事

清 林鴻《修鴻化堰記》（乾隆）《青神縣志》卷一一 庚午夏，余奉命來蒞茲土，竊見東南多水耨，西北盡火耕，心竊疑之。爰稽《邑乘》，而《邑乘》無傳，及閱《通志》《眉志》，因知有鴻化堰者，波堰七十二道，厥利甚溥。【略】堰週身長若干丈、若干里，溝寬若干尺，堤用石砌者幾多，丈用竹石壘者幾多，丈計畝出資，不支帑，頃共費幾千金，經始於癸酉年之夏，落成於辛巳年之春，傴修者紳士某某，董事者典史某，農民其堰長某，督□者胥役某某，節砌者石匠某也。

清 顔謹《重修鴻化堰記》（光緒）《青神縣志》卷四八 余於嘉慶八年來蒞斯土，竊見青邑遶城四面盡屬賞腴，大江洋洋，即在其東，而每值春耕，往往輟耒懸耜，殊深扼腕。謂其無堰乎？詢之士民，乃知非無堰也，有堰而壅淤未修也。非未修也，堰頭不得地利，故於唐修之，於明修之，於我朝又屢修之，不免於壅淤也。爰稟州牧率邑紳者相度形勢，於舊堰頭上十里買眉州地作堰頭，并截周河、侯河二水邐迤而下，引入舊溝，而水遂暢流焉。是役也，一切費召工、竹工、土工計以萬餘。邑中父老有鋭志興修者，亦有疑功程浩大，難以收効者。余極力勸勉，互相踴躍，事始於嘉慶十年，工完於嘉慶十三年，凡四載而大功告竣，民始資其利矣。按，是堰灌田一萬四千餘畝，約費二萬餘金，堰成之後，計其所獲不下百倍千倍焉。水利之大固如是歟！仰思興修之日有董事者，有墊本包修者，有經費督功者，無不竭盡心力，今而後乃由苦而得甘矣，多利而少害矣。於以見天下無不可爲之事，亦賴人之同心共計耳。余敢以爲功哉。

藝文

清 林鳴《鴻化堰告成口占志喜》（乾隆）《青神縣志》卷一一 十年簿書，八載營堰，可勞，勞之益勸。而巽汨泱泱，潤我畦畛，日占匪奪，用志相勸。

鴻化美名唐肇興，何年淤塞變爲陵，陌阡度越空惆悵，誰築離堆訪李冰。
并泥不食心還惻，况汲巨波受福宏。綱玩勞民勸相業，敢辭汨没已無徵。
曾搜志乘查無憑，識得渠名不識形。剥復循環真鼎草，桑田滄海自分明。
尋源不用道元經，惡鑿敢將禹智營。料得天心多暗獲，故教鴻化應鴻名。
龍門紆折派無窮，濤至吹流繞學宫。記得當年所浚决，天衛雲影路潜通。
不言所利利斯美，以費惠民惠豈盾。安土由來多籲戚，及泉棄井散云休。
八載相覯入載憂，脛毛憔悴爲誰求。於今逝彼百泉注，試問青疇汪濊不。
孰殺興歌幾莫辭，誰將伏道解傳之，侯君十載無遺愛，酒却寒泉處處瀰。

滹水渠堰

金 元好問《遺山集》卷三三《創開滹水渠堰記》 州倅定襄李侯介于教官劉浚明之深，以《滹水新渠記》爲請，曰：『滹水之源，出于雁門東山之三泉，過繁畤，遂爲大川。放而出忻口，并北山而東，去僕所居橫山爲不遠。上世以來，知水利可興，故嘗興之，由宋尓朱氏而下，凡三人焉。尓朱，丘村人，家有賜田百頃，因以雄吾鄉。役家之僮奴，欲從忻口分支流爲渠。鄉之人以是家公爲較固之計，莫有助之者，且姍笑之，因自沮而罷。大定戊子，無畏莊信武喬公號稱「十萬喬氏」者，度其財力易于興造，復以渠爲事。開及日陽里，農民以盗水致訟，有避罪而就死者。事出于暧昧，甲乙鈎連，無從開釋，役夫散歸，至以水田爲諱。承安中，吾里齊全羡率鄉曲大家，按喬公故迹，欲終成之，而竟亦不成。

僕不自度量，以先廣威嘗與齊共事，思卒前業。賴縣豪傑，鄉父兄子弟伙助之，歷二年之久，僅有所立。蓋經始於壬寅之八月，起湯頭嶺西之北村，上下逾六十里，經建安口乃合流。又明年之三月既望，合鄉人預議，洎執役者置酒張樂以落之。老幼欣快，驩呼動地，出平昔所望之外。宜有文辭以垂示永久，幸吾子留意焉。』余以謂立功立事，必天時人事合而後可。然繫于人事者爲尤多。曩余官西南鄧之屬邑，多水田，業户餘三萬家。長溝大堰，率因故迹而增築之，而其用力有不可勝言者。試一二考之：夫水在天壤問爲至平，且善利萬物而不爭。有餘者損之，不足者補之，時乃天之道。兼并之家，力足以制卑貧，而賄足以侮文法。身私九里之潤，人無一溉之益者多矣。以至平爲不平，不爭爲必爭，補有餘，損不足，傷水之性，逆天之道。覆車之轍，前後相接。田野細民，有敢復與大豪共公者乎？矧夫非大變之後，無不爭之田；非婁豐之年，無供役之食。事艱於慮始，人習於惡勞。賢否異情，理難胳合。彼已分利，孰爲綱維？故雖有萬折必東之心，而終屈於七遇皆北之勢。使臨之以公上之命，且無望于必成，況創始于鄉社二三之議乎？有其時而乏其人，有其人而無其志，力不前勝，事必後艱。大哉，志乎！唯強也，故能立天下之懦；唯堅也，故能易天下之難。由是而克之，輔之三白、襄樊之黔蘆，皆此物也。故嘗謂江鄉澤國，巧於用水，凡可以取利者無不盡。舉鍤投袂，隨爲豐年。今河朔州郡非無川澤，而人不知有川澤。捐可居之食，失當乘之機，如愚賈操金，昧于貿遷之術。旱暵爲虐，乃無以療之。求象龍、候商羊，坐爲焚尫，暴巫，禳禬家之所悮。搏手困窮，咎將誰執？方新渠之成也，余往觀焉。流波沄沄，凈澋盈溝，若大有力者擁之而前。農事奮興，坐享豐潤，禾麻菽麥，欝欝彌望，計所收拾，如有以相之。夫孤倡而合衆力，一善而兼萬夫，蹔勞而有亡窮之利，若李侯者，其可謂有志之士矣！雖然，水利之在吾州者，非特滹河而已也，出東門一舍，少折而南，由三霍而東，盡南邢之西，其間無井邑，無聚落，無丘壟，特沮洳之爍而已。誠能引牧馬之水，以合三會于蒙山之麓，堤障有所，出内有限，才費数千人之功，平湖渺然，當倍晋溪之十。惜無大農尺一之版，使扁舟落吾手中耳。因記侯興建始末，慨然有感于中，故兼及之。侯名子成，先廣威用承直郎廕，當補官，州牒已上吏曹矣，而新令限至朝請大夫者，乃係班。廣威詣登聞皷院自陳，道陵從之。預供奉者四百二十人。仕至蠡州酒務使。李侯，所謂是以似之者歟？年月日記。

虎尾堰、久經坪堰

清 余瀊廷《虎尾久經坪二堰碑記》（同治）《鄖縣志》卷一〇 天下之大利在農政，農田之善，經在水利。昔孫叔敖決期思之水，而灌雩婁之野，楚之水利興焉。晋杜預都督荆州，修漢召信臣遺迹，爲民作水，約束分疆，刻石立於田畔，以防紛爭。分水規制，有由昉矣。吾邑武陽、盛水二堰，屢蒙賢太守胡公、朱公、黄公體恤民艱，爲之籌疏洩，資宣導，計高下，定章程，遺愛在民，至今猶感仰勿衰。吾鄉虎尾、久經坪二堰曆有年，所查虎尾堰在上，久經坪堰在下。虎尾堰得種籽十七石零，屬黑虎保，久經坪堰得種籽十八石零，屬筍廠保。田分兩保，水共一渠，由來久矣。兩堰父老相傳，每年耕作各設堰長，分段修理，插秧時，按田分水，四日一輪，上下堰各得兩晝兩夜。堰長爲之經理，秩如也，近年土崩沙淤，日復一日，渠路益狹。往往需水之時，横衝旁溢，多不歸田，轉無以收灌溉之功而盡澤下之利。今春，兩堰公議，滯塞者通之，逼仄者展之，水路例定寬二尺五寸，庶宣導有所歸，蓄洩有其法，而灌溉實得其利矣。嗣後遇有壅淤，應行公修，即以二尺五寸爲定，其共守之。甫議刊碑，以垂永久，適逢徵修縣志，予嘗考之歐陽永叔作《唐書·地理志》，凡一渠之開，一堰之立，無不記之，其縣之下，實兼河渠一志。而《元史·河渠志》，以歐陽元既爲河平之碑文，自以爲司馬遷、班固記河渠溝洫，僅載治水之道，不言其方，使後世無所考。因作《河防記》欲使將來除水患興水利者按而求之。此堰雖小，亦農政也，予故仿其意而記之。

黄陂堰

清 包必明《黄陂堰記》（同治）《武寧縣志》卷三一 太上立德，其次立功，功之大小遠邇有不可没者，悉采風焉。庚辰夏，予臨村庄課農事，四鄰望甚殷，唯大田溝澮盈盈，禾苗秀碩，叩之耆老，曰有堰名『黄陂』，長墅發源分流六社，溉田千餘畝，皆藉吾鄉盧君之力也。盧君諱大舉，以明經授州同知，有遠識，慷慨好義，丙申五月大水，堰圮，衆以樹藝爲亟，盧君獨任之，堰修舉如初復，倡輸勸捐，置田三十餘畝，垂之久遠，計租以修補焉。歲立堰長一人司其事，四十餘年旱澇無慮，坐享豐登，皆盧君之力也。己卯五月，長墅蛟興堰復毁，時君已故，莫能施其力，君仲子全迪相度形勢，擇巨木爲欄，十五虚其腹飽之，以石倚岸，填土堅其衛，得以共慶安瀾，盧君父子固不自以爲功，吾鄉實戴其德，嗚呼！堰陂水利關係農功，盧君德濟桑梓，功資政治，實可與斯堰并垂不朽矣。君季子琳自山東平山衛假歸款，見以治堰，并捐修文廟事，丐予爲記。盧君尚義敦文，捐千金修建大成殿尊經閣，已經方伯彭公記其事，勒之貞珉，固無俟余言。而其治堰之功不容泯没，因憶耆老言書之，雖愧不文，聊以志其實云。時乾隆二十七年歲壬午季夏，知武寧縣事包必明撰。

（同治）《武寧縣志》卷二三　盧大舉，字芳文，大田人，貢士，初習孫吴，補弟子員，旋棄去，應童子試，學使者魚公奇其才，拔置諸生，愈自刻苦，務爲有用之學。初學宫荒蕪，捐貲修治，躬自經畫，廟廡階陛，門池巨細畢舉，焕然一新。又建尊經閣，巍峩壯麗，爲一邑形勝，凡費二千餘金。方伯彭家屏有記，見《藝文》。雍正十一年，州縣置義倉，舉首捐社穀百石備荒，岳大中丞給匾褒嘉。又築黄陂堰，灌田數百畝。次子迪續成其志，聯會置産，邑令包必明有記，子琳，武舉，任平山衛千部。

惠澤堰

論説

清　林儁《惠澤堰記》（嘉慶）《四川通志》卷二三　蜀省跬步皆山，水田稀少，成都沃野千里，地勢寬平，得都江大堰以分灌之，故其受水易而民不争。外此皆鑿山穿穴以求之，若官爲糧理，勢不暇而資亦不繼，不得不聽民自爲之，然合力少而坐享者多，此訟端所由起也。

綜述

（同治）《直隸綿州志》卷一〇　惠澤堰，堰口在州東五里第一山下，自黄斑石開渠下流四十餘里，至本州馬嘶渡潼川南明鎮，灌田約一萬六千餘畝。係引芙蓉溪水，先是兩壩盡屬旱地，乾隆初，緜州生員邱鳳來潼川，葉相賢鳩衆捐金修堰，禀明州牧羅克昌，郡守費元龍就鑼鍋壩興工開渠，日久不就，詳明督憲黄委官度地，改於石人觜修築，以貲費不足，旋罷。乾隆二十八年，州人熊繡呈官認修曆歲破産而成。四十六年，被水沖塌，次年九月，緜州民侯達、劉珍、侯世才，潼川民張人福、姜惠、李元慶等，鳩衆復修，改堰口於今之黄斑，石堰成，鹽茶道林儁爲作惠澤記。

又　按，惠澤堰，舊案三臺縣之南明鎮，與緜州屬之馬嘶渡界址，比連中有旱地二萬餘畝，濱臨涪江。乾隆十九年秋，郡守費元龍，緜州牧羅克昌勘明兩處形勢，自緜之石人觜起，由五里壩至鑼鍋壩止，長四千八百七十餘丈，寬一丈有零，深三四尺至七八尺不等，空土鑿石修築堤堰，導江水以溉田畝，則旱地可悉變膏腴。因陳禀於上，詳請奏辦，但堤堰逼近大河，恐漲溢不免沖決，仍須於河旁砌石堤，用資堵禦工費既繁，民力難支，復請於鹽茶耗羨公項内借動銀二千兩修理，統於二年之内，按畝均攤，照數歸還，是年冬得旨俞允，即於石人觜興工開鑿，鑼鍋壩一帶已開溝二百餘丈，旋因工費漸耗，承辦官員又各墊支若干金，事欲速成，而轉窮於計，蓋善始之難也。

次年六月，制軍飭松茂道前往查視，勘得原開之石人觜，形勢不順，難立壩頭，另於水風埡開溝，并建請築順水壩，搶水壩并改設翻水壩，以平水勢，庶可經久之議，上憲慮其一誤再誤，復札方伯周前詣工所，沿河溯流，將原開之舊溝及現開之新溝，并所稱明洞、暗洞等處形勢，繪圖貼説，詳晰禀覆。

其略曰：查緜州共有兩河：一自龍安發源者，在緜州之西北，名爲涪河，由緜城西北徑達東南。一自安縣發源者，在緜州之南，名爲南河，於州南門外自西而東俱至城南十餘里之老鷹灘滙流，水勢浩瀚，前行里許，即係現擬築堰之水風埡，又前數十丈，則係從前築堰之石人嘴。今於水風埡依山開溝，土石間雜，引水接入樊家溝以資灌溉，相其局勢度其規模，迤邐蜿蜒紆回盤折，似亦有天然之形勢，且功已過半，事必可成。至所稱暗洞，形似陰溝，查驗洞底高下，與現在所開之溝底約略相等，雖長有數十丈，但水自此處洞口流入，即從下面洞口流出，則是一過水之溝，并不旁洩，今土人嫌其洞口較小，恐至束水，現將石蓋鑿穿，即與石溝無異。其所稱明洞，則類於石坑，深不過六七尺，長亦有千餘丈，不惟盈科後進本無礙於湍流，即填之使平，亦尚易於爲力，似可無庸過慮，惟該府州所擬開堰之處，則最關緊要，尚費推敲，蓋水性就下，必使水高於田，方能資其灌注。今開堰之水風埡，較之出水之樊家溝，其水面實高若干尺，中間溝道既紆折二十餘里，何處地勢較高應開若干尺，何處地勢稍低只需若干尺，因高就下，一律平通，務使勢若建瓴，庶幾順流無阻，是非熟習水平之暗練匠役詳細平量，豈能懸度昨詢之堰長，及在工各員亦語多游移并無確見，蓋從前雖用水平，只髣髴大概情形，并未條分縷析也。竊思引水原欲灌田，而開溝峏爲引水源，水低不能到田，則現在之勞力費財悉歸浪擲，况農民插秧用水，正在二三月間，縱使此時溪漲泛溢可以盈田，而春水淺弱之時，不能積蓄，仍屬無益，此實不可不詳籌熟計者。現今該府等率同水平工匠挨次衡量，增減加除，細爲核算，務令自首至尾分寸不爽，將各處應開深淺丈尺逐一注明，如水風埡之水高於樊家溝，固可於水風埡建築堰口，倘水勢稍低，不妨將堰口再移於上游略高之處，亦所費無幾，其已開各溝從前尺寸或有舛錯不合者，即分別高下速爲改正，總之成大事者不計小費，存遠圖者原無近功，除俟丈明之後，擬定堰口，再將如何委員責成分段督修，及墊支銀兩應先給發若干并建築堰口迎流分水尚應檄行。灌縣調取熟諳匠人承修之處，統容另行，具禀分別辦理，嗣經方伯親履查勘，用水平陸平逐一丈量，查明此堰必宛轉引水接入樊家溝方可資其灌溉。則通堤水勢之淺深高下，俱當以樊家溝之溝底爲準，前據改擬築堰之水風埡，地勢微低，恐開成後仍屬無益，今再四籌度，自水風埡溯流而上，約計半里，河之東岸，地名惠澤溪，兩河滙流，水面頗高，且審詳水勢不激不緩，自上流逶迤而來，直趨於此，行至山腳，始折而南下，今擬於此處開築堰口，比大河水面窊深二尺，迎流引水，藉其勢而順其性，實覺力省功倍。據現在量定之丈尺，通計彙算，惠澤溪堰口較樊家溝之溝底計高六尺六寸，縱使春水微弱之時，亦可得四尺有餘，自惠澤溪至樊家溝其計二千六百二十三丈有零，依山開溝，因利就便，酌量地勢之高下，分別開窊之淺深，總使自上趨下，勢若建瓴，順水直達，不敢阻滯。舊溝之迂迴低窪者，俱改用新溝，其附近可用者，仍與新溝接連開用，但舊溝從前開鑿臆度深淺原無準則，尚應加深，及所窊過低仍應培高之處，俱就現在勘定新溝尺寸，一律辦理，至松茂道原禀擬於堰口建立順水壩之處，應如所禀，於新開堰口之惠澤溪建築，以通水勢，堰口已移上游，無庸再建搶水壩，以省糜費，其所稱於安國寺前建築過水壩，及於小山溝安設小梘之處，俱應如所禀辦理，統計築堰、開溝、建壩、造梘等項，約共需銀三千一百三十餘兩。自應仰體憲臺，利濟生民之至意，速請興修以副群黎引領待澤之望，惟是溝堰造成之後，亦必俟秋深水弱之時，方可與人水彷照險試，應請限八月內告竣，九月初旬再行禀請。憲臺按臨勘視，俾得從容辦理，至所需工費，現據約估銀三千餘兩，應令該府州赴司庫陸續請領，於本司養廉内先行給發，據現在經營雖斷無不成之理，倘將來仍不可，必則係本司，籌畫之未善，咎復何辭，自當着落本司賠補。該府州均有地方之責，既不能常住工所，應於所屬佐雜内酌量派委，分段監修，如有歧悮，惟該府州是問，以耑責成制軍閲禀稱善悉如所議，閲其前後兩禀，委曲詳盡，亦足徵前人經畫之苦心，無如難於善始者，亦未易有終，功大費多卒，難底績事將中止。

越乾隆二十八年，有緜之諸生熊繡者，與其子飛龍、升龍等獨力墊修，罄家業萬餘金，至三十一年而工始告竣。潼緜二屬之田資灌溉者，約計萬六千五百餘畝。厥後二屬人民爭水搆訟，又經官爲勘界立碑，以均水利，復計畝折值以償熊生之費，更令二屬各舉堰長數人司其事。隨時補葺，由是潼緜之人利賴無窮，莫不頌費太守開創之力，諸司牧經理之善，及熊生父子傾貲成美之功也，此惠澤之所由名也。嗣因四十五年夏，大堰被洪水衝突堤盡崩圮，越明年，潼緜兩壩堰長公議改堰口於黃斑石，約五百餘丈，耗金千餘。自春及秋半歲而事畢，無如人事未齊，土堤不堅，仍歸罔濟，是年九月，稟明府縣，復行補修，自老鷹灘起至石人觜止，各依舊例，分辦鳩衆，開挖高處，刨槽低處，砌石堤費錢八百餘緡。按照水户攤派，每寸水派錢千四百文。四十七年六月，洪水復漲，石堤雖未沖動，而沙泥瓦礫填滿溝中，秋田亦止，得半收而已。十月，經郡守委員助驗，更興工於黄斑石上流之處，增擴一百餘丈，淘溝、堵缺一切夫役工料，又費錢五百緡有餘，俱照水寸分派。至四十八年始克底績，此時爲民牧者，惻然念農力之艱，而稼穡之可寶也。爰更定具章程，以計其工，經三載，約費共二千六百餘金，蓋創始既難，而補修亦不易，若垂久遠，嗣後歲修，按所費之多寡依前攤派，按攤派之數目分水灌田，因兩處四溝水户姓名及占水分寸造册注明。計分一百零三户，得水共五百一十二寸五分。册二，一送官存案，一給與堰長執據，庶幾水有定額，灌溉均平，强者不得并吞，弱者不致減少，無分者不得攙越强占，洵足稱法良意美云。

紀事

清 林儁《惠澤堰記》（嘉慶）《四川通志》卷二三　綿州與潼屬之三臺懸接壤，有惠澤堰者，滙龍安、安昌、仙魚之水，發源而東注，自石人嘴總互至樊家溝四十餘里，蜿蜒曲折，湮塞於高巖巨石間。水不暢流，石田興嘆。歲辛未，官爲議修，工鉅費繁，歷久迄無成就。綿有諸生熊繡者，家故饒，距堰三十餘里，有田二千畝，無所需於堰。乃毅然以埶修爲己任，起癸未，迄戊子，罄其産費萬餘金，工垂成而熊先老矣。其子諸生升龍，承父命而糧其事者，又有年工始，因計藩潼、綿二屬田萬六千五百餘畝，公議，受水田户按畝抽田以歸其貲。并議，於堰之下流樊家溝各立石平一道，開鑿石口齊廣狹以均取水分數。獨是未修堰以前，綿屬舊有山邊溝一道，引取山水灌溉，嗣大堰工成，改溝入堰，取水者已爲熊姓按畝抽田。又左家巖一處，自開堰以迄績績修，毀左姓民人田地頗多，所毀之田，議開水口以資灌溉其地，均在潼、綿分水之上，其時均在潼、綿分水之先，此皆宜於惠澤堰内取水，不在潼、綿公共分數之内者也。蓋總之受水田地，倍於潼之三臺，出資者既按畝而抽田，取水者亦當計畝而分灌，乃綿民欲按地而分配，潼民又有齊水爲適均。而兩造之訟成矣。案牘之繁，積於數載。余總水利之司，達委署成都郡丞阮牧，同潼川沈守綿州博牧履勘審詳。余從而覆按之，計山邊溝一處，久經受灌之田，今因溝水入堰，即於共地另立石平，鑿口八寸。又左家巖一處，前後挖毀田地已多，即以公裕之水，償其獨損之田。亦於其地另立石平，鑿口一尺一寸。其潼、綿均分之水，則總匯於樊家溝谷，設立大石平一道。潼屬鑿口六尺四寸，綿屬鑿口六尺。由是而水與田皆均矣。又於雨屬受水之田，未經出貲者，飭有司計畝補抽。仍以公議每十畝抽一畝五分，酌其時值，已成田而現資灌溉者，每畝折白金二十五兩，未成田而將來需藉大堰者十兩。如不願先給者，俟成田之日仍照已成之數按畝折給，免其割地以省紛擾。并令二屬，以後各舉堰長數人，經理歲修事宜。屆期堰長司其事而督之以官，使無彼此麥差之見，用償熊生之費，而節其勢案定，兩造胥帖然悦。然余既喜座牘之一清，并嘉態生父子之相繼有咸爲利於鄉人者溥也。用詳請制府立案，勤石以杜訟，源以表善行，因爲之説。

（嘉慶）《四川通志》卷二三　惠澤堰在縣之南明鎮，與綿屬之馬嘶渡毗連。乾隆十九年，郡守費元龍、綿州牧羅克昌，詳諸興修。工鉅費繁，歷久未就。綿州諸生熊繡暨子升龍捐資萬餘，獨力埶修，工始克成。計灌溉潼、綿二屬田萬六千五百餘畝。

火燒堰

論説

（乾隆）《黄崗縣志》卷二　火燒堰在上伍重鄉，舊産藕，明萬歷三十五年，知縣茅瑞徵上御史條議云：本縣枕據大江，而湖洲所在如襟帶，引水灌田實爲民利，但堤塍低薄，則水患易侵，如白塔河、姚三渡、新州柳子港等處，一遇霪雨，便苦奔溢，雖經屢戒增築，而黎民委難與慮，始荷鍤者祇偷安苟免，委築者亦相沿玩，日濫觴不已，巨浸奈何至於八里畈、三山鋪、青邱山，响靈廟一帶，馮陵高阜，山塘淺小桔槔無施，旱魃時困，若非及時疏導，正恐雲漢徒嗟，穿渠浚川此實勸農第一事也。然勞來荒度計必得專官，始便董成及查本縣原設主簿兩員，一管糧，一捕盜竊，照該縣既有典史一員，專司捕務，又有巡檢兩員，信地分緝，則捕盜主簿近多設，況又從來仍帶徵糧，不理捕務質之職掌，殊屬無謂，合將本官改定職名，專司水利，查堤塘某處卑下應築，某處高亢應浚，小則勸相諸民及時增治，大則中呈上司查估加修，務期旱澇無虞，堪爲永利，歲時往來，阡陌兼命，周諮境内疾苦，物土之宜，勸民樹藝，而又以時稽核勤惰，間田曠土設法開墾，如有成效，量與旌獎，其一帶濱江去處，坍長不常升，擦滋弊并專責照季勘，明册報尤爲妥便，此固官不增設，而民競力農法不滋擾，而野皆樂土，似較空銜寄禄漫無專責利相萬矣。

綜述

（嘉慶）《什邡縣志》卷九　洛水上下二堰，皆什邑境明，萬歷間，綿民於石亭江岸燒山鑿石，引江水入綿境，故名火燒堰。兩邑爭訟歷歲爲患，案卷實繁，略舉其要者，康熙五十四年，綿民横江築堰，與李堰爭水，控經四載，什民以高景關内八步坎對岸，綿邑金華寺有小水一股流入洛水，大河名馬尿水，只照古規與馬尿水一股，嗣奉上官勸諭，李堰士民惘念鄰封，與之分水，詳五十九年案卷。乾隆十九年，什綿二縣會勘朱家堰占水四分，李、火二堰共占水六分，設立分水魚嘴。在案。乾隆二十一年，李堰深淘白鶴潭，經縣勘明責令填復。在案。乾隆五十年，因李、火二堰寬挖深淘，兩縣會勘，責令照舊填平。在案。乾隆六十年，李、火二堰深淘，白鶴潭憲委什綿會勘，照舊填塞，李、火二堰又復上控，批委崇慶州楊會同什綿勘斷，於分水處安設平槺一道，上下海漫，務使兩平，各無欹側，又於中間分水處及兩傍各立制石，照古四六成規，分明尺寸，彼此不得截閘，至下流白鶴潭，於水勢實有控制，斷令不許挖動，以免牽動全江之水，具詳札知兩縣督率修理。嘉慶元年，什綿會勘丈量朱堰占水四分，開制口七丈二尺五寸，李、火二堰占水六分，開制口十丈零八尺七寸五分，其餘河四丈九尺七寸，牢固填築，并禁止淘挖攔截，於嘉慶三年工竣，在卷。嘉慶九年五月，朱堰具稟火堰糾匪霸閘，移綿查禁，六月李、火二堰又糾衆霸閘，經朱堰民具控出示嚴禁。嘉慶十年二月，朱堰民具稟李、火二堰截閘懇委汛兵防守，四月李堰又稟火堰截閘，是月朱堰又稟李、火二堰附同截閘，五月李堰又稟火堰不行防守，雇匪截閘，移綿飭差會守。六月朱堰又稟李、火二堰雇匪截閘，俱移綿查禁在卷。嘉慶十二十三十五等年，朱堰先後具稟火堰雇匪估閘，出示嚴禁并移綿邑查禁在卷。嘉慶十五年四月，朱堰具稟火李二堰截閘，糧户不敢上堰，至五月李堰亦報火堰截閘，水至十一日不流，并不許人理説，朱堰多人俱被打傷，報驗移關訊供，適張懷青戳斃綿邑放水人李慶宗，綿邑趙國韓等遂乘機誣控朱堰違規，奉各憲批，委崇慶州丁會同什綿勘得，李、火二堰平槺多餘八尺七寸五分，斷令起除同餘河一并堅築，每年每堰堰首二人協同輪流看守，至趙國韓等札飭枷責示懲，在卷。嘉慶十六年，朱堰士民劉定芳、張坤載等上控李、火二堰改寬制口不肯協守，藩憲批，委什綿兩縣會勘李、火二堰，尚多平槺三尺四寸，飭令挖起另鑲埋大石樁一塊填去三尺四寸之數，其餘河堤埂順長二十八丈，修築務令堅固，每年自清明節起至處暑節止，各派堰首二名輪流看守，申詳在卷。

紀事

清　羅錦《火燒堰記》（嘉慶）《四川通志》卷二三　吾里三村僻處西陬，田連山麓，地乏泉源，其資灌溉而供國賦者惟火燒一堰，載諸邑志舊矣。堰自石亭江而分，江低而堰高，山流迅急，泛漲則高岸爲谷，衝決則深谷爲陵，堤防疏浚，動費萬工。雖前此官吾邑者歲必一修，潰即再築，然未有良法，不可以卒歲也。自康熙丁丑初夏，我邑侯王公蒞任，下車以西北兩里堰事正急，於是首出西郊，臨兹江渚，命暫因舊而加築焉。越戊寅，迄辛巳，無歲不至。每至，必溯上流，觀形勢，審江水變態，籌之既悉，慨然曰：水可顧引，而不可逆制，其涸也，宜有以聚之，其汎也，宜有以洩之。倣秦人六字訣曰：深淘灘，淺作堰。更增以六字曰：寬砌底，斜結面。自是夏秋之際，水雖汛而堤不害，民之勞逸，相去什伯。是公以行所無事之智，立百世不易之法，此思可弗志歟？況勞公之心、受公之賜者，正不止此。蓋石亭江爲綿什交界，水利均分，彼兩堰此亦兩堰。江之上流曰牛挽磨，則分面注於新堰，江之下流曰横坡石，則分而注於火燒堰，皆吾綿古堰也。兵燹後新堰崩，塞雖未再經開鑿，而水利應歸吾綿，乃什人借口牛挽磨，每執一堰兩口之説，數阻修横坂石，連我以訟。公數移文鄰封，欲得埋論解紛，無如其擾攄不息也。前年，什邡孫神君先詳府，公爲繪圖具文申辯，蒙批會勘，而情形昭然矣。孫推君秉公建議曰：綿人欲通，横坂石故道以入火燒堰，當開新堰，以受牛挽磨之水，斯黄規既復，庶無一堰，兩口之難而争端可息。會評既允，即傳諭兩堰胥開，念工費之繁，又捐數月俸爲倡。工既成，而牛挽磨入於新堰，什人仍築横堤於横坂石之上，譬諸人之障其口也。公乃再詳請勘，適新繁歐陽神君兼攝什邡，約期而會，相與并轡上下横坂石之間。協議：什人修其右，綿人修其左，築直堤於中央以均流，蓋數年始畢此局，公之心力并殫矣。況推損上益下之仁，開百室盈寧之基，而吾儕之子若孫服疇食德，引之勿替，此恩胡可弗志也。或謂公治綿八載，其以清慎勤報，最於朝造福於綿者，如掦邑志修學校，輯公廨清田地，均徭役維風勵俗，抑强振弱，興舉非一事，膏澤非僅在一隅也。區區堰務，奚足爲公志，不知公之恩在一邑者，邑人口碑自不能忘，惟吾一隅主伯亞旅所恃爲命者，在此堰，公爲我民奕世謀之，吾儕能不奕世銘之，爰集同儔刻象山石以垂不朽，公諱謙言，號山介，江西安福縣壬子科舉人。

藝文

清 李調元《童山集》詩集卷二七《望蓥華山》 路過火燒堰，蓥華咫尺間。登天應不遠，雲鎖萬重山。

雜録

清 紀大奎《雙桂堂稿》續稿卷二《什邡水利志叙論》 什邑水利，以洛水爲最大，合西北山内大河、中河、小河及大河之通溪溝、木橋溝、老熊溝，中河之刺藜溝、龍池溝、降塔溝，小河之白泥溝、馬家溝、藿麻溝諸水，出高景關。即《華陽國志》李冰導洛通山，洛水經什邡者是也。闕卜數里，右分一支爲朱家堰，古名雒口堰，再下左分一支入綿竹，爲火燒堰。

（嘉慶）《清一統志》卷四一四 火燒堰在綿竹縣西四十里，其下又有叠溪、象鼻、賀家等堰，皆引石亭水溉田。

（嘉慶）《四川通志》卷二三 火燒堰在縣西四十里，其下又有壘溪、象鼻、貨家等七堰，皆引石亭水溉田。

（嘉慶）《郫縣志》卷八 火燒堰在城東十五里，寛八丈，高五尺，灌田五百餘畝，係沱江河水。

（道光）《新津縣志》卷六 火燒堰灌田二千三百畝。

（同治）《直隸綿州志》卷一〇 火燒堰，自二郎廟之右南注，分溉二村，曰西王堰，曰趙家堰，曰陳家堰，下流爲壘溪、象鼻、賀家三小堰，按《一統志》，縣西四十里有火燒堰，其下又有壘溪、象鼻、賀家等堰，皆引石亭江水溉田。

姜村堰、席村堰

論説

明 葉棨《姜席二堰記》（康熙）《龍游縣志》卷六 問其田野，視其耕芸，則民之饒乏可知，問其山澤，觀其桑麻，則民之豐兇可知。蓋民者，國之天，食者，民之天，知天之天者，乃可以圖治，是以聖人之處，國必於不傾之地，而擇地形之肥饒者，鄉山左右經水，若澤内爲落渠之寫，因大川而注焉。民皆歸其德，而惠其義，棨困處委巷蓬門，日掩其愚，不足以測我侯之所治，獨私竊覽觀數年之間，其大者固與時變化，深厚雄傑，不可窺較，而其小者，猶能使邱甸井邑，各遂其情，當此之時，天人和同，上下驩心，兵革不用，而男耕於田，鉦鼓不鳴，而女饁於畛。若遠若近，罔有知愚，下至深山窮谷，老叟稚子，上至薦紳先生，憶此之人，憶此之遇，未有不慨然嘆息者也。詎有異術，斁審於制治之要焉，龍城之南二十里許，蓋藉姜、席二堰矣，其灌溉之遠，滋息之蕃，固彰明較著也。庚申之夏，霪雨如注，二蛟出括蒼，蜿蜒於石壁之下，磅礴洶涌，號怒相軋，橫流逆折，濆旋傾側，姜、席二堰悉坏，二十餘里之沃壤，變爲磽确，我侯毅然開水門，築堤防，以時畜洩，將刻石而傳之，世黎世授，七業躬畊南畝於法，得書且以爲使，以刑罰禁虤，而去盗不若治其水之畜止，均瀉如以泉府同貨而斂賒，不若治其野之遂溝洫，澮如大荒大札薄征緩刑，不若因水勢作溝，以水漱之，如大田役，大軍旅以旗致萬民，不若因地勢作防以水淫之，或勾於矩，或磬折以參五，凡耕於此者，皆當瞿瞿以思，如望倪寬渝口之車，而聽文翁輔渠之音，相與耻爲奸宄，而勉爲忠慤，殆繇此也。夫銘曰：截彼南山扈，黑蛟屯聚，觸石而怒，傾洞水滸，喆人攷古，載開二浦，纍石百堵，滔滔莽莽，瀠洄南土，受天之祜，多黍多稌，爲酒爲酤，御我田祖，坎其擊鼓。

綜述

（康熙）《龍游縣志》卷六　十七都有姜村堰，席村堰，水源自處州由南源至十七都，堤茅溪之水，分爲二堰，上姜下席，相距數百武，其所注，自十一都、六都至二都，凡溉田五萬餘畝。分子堰七十有二，雖大旱不竭，故一方受二堰之水者，皆稱沃壤。嘉靖四年，爲淇水所壞，推官楊州鄭道築馬脛八十丈，以殺其勢，又築砾壩一百五十丈，以固其址，自兹民不患涸，堰之在各鄉者，此爲最鉅。嘉靖間，知縣錢仕重修，萬歷間，知縣涂杰又重修，自兹以來，每歲堰長督率大甲、小甲修築堰壩，以爲故事，相沿既久，長吏視爲具文，每六月朔日封堰，邑侯多帶騶從呵殿，而前鹵簿所至，略一省視，不復悉心擘畫，堰長供帳上食惟謹，過此則悉委于丞長吏，未嘗過而問也。明崇禎間，建陽黄公大鵬爲令，力反前之所爲，屏去儀衛，時乘肩輿巡行道上，一役携食箱隨行，月恒三四至周履堰壩，驗視滲漏，呼工補塞，不使滴水洩于大河，并嚴禁竹木過往，至八月秋稼告成，始開壩通行，維時姜村堰基址鞏固，泉流無壅，惟席村堰溪低而堰頸高，石骨巉巖水阻不能下，民皆束手待涸，巧黠者競竊上堰水，覬分餘潤，而水力不給，兩敗俱傷，公熟審形勢，云：惟有廢去舊口，別開一竇庶可，此入堰腹，而旁乃市民方養吾之田，公捐俸易田，區處財用，糾集匠役，浚田爲堰，計一百數十丈，又別置田收租，抵完民糧，至今受其澤，公治龍有惠政，已別立民傳，此則專紀其功之在堰者，以詔後人，使知所法云。

（雍正）《浙江通志》卷五九　姜村堰、席村堰俱在十七都，茅溪之水，分爲二堰，其所注自十一都，由六都至二都，凡溉田三萬餘畝。分子堰七十有二，雖大旱不竭，故一方受二堰之水者，皆稱沃壤。嘉靖四年，爲洪水所壞，推官鄭道築馬脛八十丈，以抑其勢，又築東壩一百五十丈，以固其址，自兹民不患涸。

嘉靖戊申，知縣錢仕重修。【略】萬曆四年，知縣涂杰屬主簿萬鎰重加修浚。崇禎間，知縣黄大鵬周履壩堰驗視滲漏，命工補塞，并嚴禁竹木過往，至八月秋成，始開壩通行，惟時姜村堰基址鞏固，泉流無壅，惟席村堰溪低而堰頸高，石骨巉巖，水阻不下，巧黠者競竊上堰水，而水力不給。大鵬熟審形勢，廢去舊口，別開一竇，捐俸買方姓田，浚田爲堰，計一百數十丈。又別置田收租，抵完民糧，澤及久遠，國朝康熙十九年，蛟出水溢，姜、席二堰沙石壅漲，堰口幾壞，知縣盧燦躬親相度，鳩工修浚，水復通利。

傳記

（康熙）《龍游縣志》卷三　黄大鵬字摶子，建陽人，由進士令龍游，操履廉潔，以清白聞，爲民興利，孜孜不倦，常穿茅溪水，改築席村堰口，灌溉民田數千畝。

又　徐起巖字非夢，江南丹徒人，由雍正庚戌科進士，乾隆元年七月，任受事五載，首請題豁荒缺，賠糧抄録存司，鱗册貯縣，疏浚城濠，築姜、席二堰。

清 俞樾《春在堂雜文》四編卷一《龍游縣知縣高君實政記》　高君名英，字與，卿江寧人，以光緒十年令龍游。龍游巖邑也，咸豐季年爲賊踞者三載，市廛煨燼，田疇汙萊，羸瘠者，未蘇流亡者未復，高君至則慨然曰：是余之責也，余何敢不力，殘破之後，興利爲先，水利所係莫大乎，姜、席兩堰履行其地，倡議興修，蓄洩有方，旱澇有備，於是乎，田之賴以灌溉者五萬餘畝。

紀事

明 錢仕《重修姜村席村二堰記》（萬曆）《龍游縣志》卷九　龍游治南二十里許，有姜村、席村二堰，其源出自處州山泉，一泓浩蕩，百折縈紆，潺湲咸沸。大旱靡竭，灌田三萬餘畝，邑民歲獲豐穰，賴以養恬生息利甚渥也。嘉靖二十二年，洪水泛漲，堤防衝決，堰腹馬脛淪沒無存，向之洪流巨浸悉易，而爲荒沙亂石淤積之場也。自是水皆洩於大河，民田不被其澤，一有小旱，惟束手待涸，雖有沃壤盡皆赤土矣。歲惟乙巳，予奉命尹兹邑，堰長余昂等六十名進而言曰：龍丘塘堰，莫先於此，廢壞已久，惟公其阜殖我生民爲也。余曰：俞是誠在我，退而籌度事宜，區處財用，經營匠役，民皆欣然趨事，荷鍤持箕者霧滃雲集。富者輸財，貧者效力，逾年而大功告成。其石砾長一百五十丈，内穿三洞，通水道也，馬脛二條共八十九丈，俱築土砌石，壅泉利也。子堰支流別派，各排决疏導，周渥澤也。興事於丙午之秋，成功於丁未之夏。堤防有恃，潴洩有時，灌溉有需，田疇有賴，其靈泉沾濡，甘澤汪濊足爲稼穡，井養不窮之用矣，嗚呼，邑民永永有利哉。

清 徐起巖《重修龍邑堰濠合記》（康熙）《龍游縣志》卷一一　水之爲利大矣哉，在野有堰，在城有濠，所以利農畝，救灾祲，衛疆圉，涵靈秀也。然必□浚得宜，分策其功，合收其利，俾表裏相因，源流畢貫，庶幾周通曲注，惠我蒼黎，余丙辰承乏龍邑，念切民生，下車之日首以堰水城濠爲急務，訪耆舊，矚形勢，不肯因陋就簡，竊謂事雖兩端，要使緣此達彼，寔如一轍也。龍邑南藉水源，北倚陂塘，東西惟需堰水，而姜、席二堰尤號鉅川，溯源發自括蒼，經靈山港而下，昔人築壩，引水溉田甚多。若前明邑令，嘉靖間鄭公築馬頸，以殺水勢，錢公踵修之，暨萬歷間涂公，崇禎間黃公，叠加整葺，著有成模，當是時非亶畝澮皆盈，且得引城南北澤堰之餘波注諸濠焉。宜其居民，殷富獲雋，連茹乎過此，以往興廢不常，至康熙二十五年，洪水冲汕，僅存馬頸數丈，余歷察滋弊，知席在下流，其水先涸，黠者穿姜之餘瀝分淪不足，遂致下堰百計决排，上堰多方壅護，兩敗俱傷，争奪紛煩，土田磽瘠，略用補苴，則無濟，大施建築則無資，議捐則長吏畏難，議科則小民未信，回相從前之周通曲注，堰克滿而隨及城濠者，感慨係之矣。余目擊，心營捐資，倡導伐木鳩工，選衿士之老成練達者，生員方禧、余逢瑛、范芝顏、毛文郁、劉經元、胡萬源、錢湛，監生吴廷遷、余榮奇、余鵬年、葉必大，職員余文奎十二人，指授方略，更番督率，備極綢繆，去壅塞，防驟漲，凡搶修堵禦，余與諸生均未嘗避暑雨也。落成之日，農民懽呼共慶，而近堰五萬八千餘畝之田盡成沃壤，歲收獲倍。先是，城濠久堙，旱則無涓滴之資，澇則有泛溢之患，予預於乾隆三年開浚深通，至此則引二堰之水，旨令旁洩盡歸于城之西門，復因舊壩横木于上，以時啓閉，其水一繞城而北，一由西達于城之濠内，環學舍，滙泮池，經縣治之白蓮橋東折，而放乎北門之水關，遂總城外之水，同瀉于溪。美哉，清漣活活，暢達如斯，擬之在昔，將毋同耶。是役也，爲時凡經四月，計費四百餘金，藉非同寅之協贊，諸生之經理，余縱不辭勞瘁，安能俾堰水城濠表裏相因，源流畢貫，聿觀厥成哉。爰綂括原委，而并紀之。

雜録

（萬曆）《金華府志》卷三　姜村堰，長三十七丈，廣一丈八尺。

（康熙）《衢州府志》卷一〇　姜村堰、席村堰，二堰皆在十七都。水源自處州由南源至十七都，堤茅溪之水分爲二堰，上姜下席，相距數百武，自十一都、六都至二都，溉田五萬餘畝。分子堰七十有二，大旱不竭。嘉靖四年，爲洪水所壞，推官鄭道築馬脛八十丈以殺其勢，又築埬壩一百五十丈，以固其址，自兹始不涸。堰之在龍者，此爲最鉅。嘉靖間，知縣錢仕重修，萬歷間，知縣涂杰又修，每歲堰長督率大小甲修築爲故事，每六月朔日封堰，邑令視堰多帶騶從過此，則委于丞長吏。崇禎間，建陽黃公大鵬爲令，獨乘肩輿巡行，一役携食箱隨之，月恆三四驗視滲漏，呼工補塞，禁竹木過往，至八月秋成，始爲開壩。維時姜村堰基址鞏固，泉流無壅，惟席村堰溪低而堰頸高，石骨巉巖，水阻不下，民皆束手待涸，巧黠者競竊上堰水，覬分餘潤而水力不給，兩敗俱傷，公熟審形勢，廢去舊口，別開一竇其旁，爲市民方養吾田，公捐俸易田，區處財用，糾集匠役，浚田爲堰，計一百數十丈，又別置田收租抵完民糧，至今受其澤焉。康熙十九年，知縣盧燦重修。

蔣溪堰

綜述

（雍正）《浙江通志》卷六一　蔣溪堰在縣西五里萬壽宫東，《府志》作蔣家，誤。相傳爲毛尚書剏始，今廟在堰旁，宋靖康初姚毂知縣事，堰歲久頹壞，毂乃斥舊址，積石障溪，爲陡門以時啓閉。

（嘉慶）《清一統志》卷三〇五　蔣溪堰，在龍泉縣西五里，溉田三十餘頃。

（光緒）《處州府志》卷四　蔣溪堰，縣西五里萬壽宫東，相傳爲毛尚書創始，水入兩渠，至應奎坊分二派，流達馬埠十餘里，灌附郭田。宋靖康初知縣姚毂積石障溪，爲陡門以時啓閉。【略】同治七年，知縣顧國詔因年久沙積，溪水壅遏，諭邑紳蔡士釗重修，以資灌溉，勒碑以記。

（光緒）《龍泉縣志》卷二　蔣溪堰即鄭公垟，傳爲宋尚書毛晃創始，故堰旁有尚書廟。靖康間知縣姚毂訪舊址重築，水由廟前入兩渠，至應奎坊分爲二派，流達馬埠十餘里，灌財郭田三十餘頃。周莊記之，惟年久沙石壅積，溪水不通。同治七年，知縣顧國詔諭紳士蔡士釗、蔡世欽、陳志仁、林蛟、葉應麟董其事，重修兩岸砌石，以防洩漏。前人灌溉之利得不廢焉。勒碑於尚書社中。

清 顧國詔《重修蔣溪堰記》（光緒）《龍泉縣志》卷一二　功莫大於因利，事莫患乎畏難，間嘗讀歐陽永叔《唐書·地理志》，凡一渠之開，一堰之立，無不記之，誠以因地利而重民事也。然非足迹其地，目察其情，諮詢於農父，田畯不能盡其曲折，而指畫其蓄洩之宜矣。戊辰之春，余捧檄龍泉，四面環山，沃壤絶少，惟因其勢而利導之，則以時樹藝，何在不可以人力而補天功者耶？治西鄭公垟、蔣溪堰者，宋尚書毛公晃之所浚也。按公奉使江山，因以羨餘浚此堰，木石并施，順流分灌，深心大力利賴。及今其有功德於民者大矣。元、明以來，屢事修浚，而歷時既久，沙石湧積，滲漏實甚。余每至蔣溪堰，觀其流泉，度其濕原，竊嘆毛公當日良法美意蕩然無存。數年以後，嗟石田焉。紳士蔡士釗等請於余，曰：蔣溪堰失修久矣，日就湮没，可奈何？盍亟浚之，乃召父老，乃雇役夫，乃畚，乃钁，乃穿，乃疏，乃去灘石，以浚其源，乃撥糞土以暢其渡，乃更砌石以防滲漏，乃添水閘，以備蓄洩，將無不引之水，無不耕之地，無不庶之民，龍之民樂事赴工，農民實嘉賴之。余亦有厚幸焉。是役也，肇始於戊辰十月，竣工於己巳五月，用錢三千緡，用石三千丈，用夫數百人，綿直十餘里，灌溉四千畝，董其役者職員蔡士鈔、廩生蔡世欽、武生陳志仁、林蛟，其往來而督修者貳尹陳君翰，與有績焉，因記其事而并書於石。

傳記

（萬曆）《括蒼彙紀》卷一一　姚毂，湖州人，靖康初知縣事，縣西蔣溪堰歲久頹壞，毂乃斥舊址，積石障溪，爲斗門以時啓閉，鑿雲水渠播爲北流，至李山口畈，溉田數十頃，至今賴之。

紀事

宋 周莊《蔣溪堰記》（光緒）《龍泉縣志》卷一二　蔣溪堰迨今凡幾百年矣，自萬壽宫少南陂、蔣溪水以納諸渠，中倚壓北，東達於馬步，爲田凡三十頃被其灌溉。然每遇梅霖秋潦，狂流怒集，却堰如掃少需，則畚鍤蟻聚，薪蒭雲積，往往不旋踵而潰者屢矣。靖康改元，知縣姚公躬訪舊址，命工采石，絶流爲堰，砥以松幹，級以叚石，又爲斗門，時其啓閉。故旱潦民不告病，坐致登稔也。李山畈其田不下幾千頃，地勢阜縱，雖歲苦雨，亦復土見公，乃鑿雲水渠播爲北流，而横被之餘波，所暨雖磽瘠，皆膏潤脈起，公又以堰當呂栝長洋合流之衝，懼或激潰，乃瀕流立石馬山龍湫神祠而鎮之，以昔堰之有功於民者配食焉。丙午冬工興，丁未告成，稽錢一百四十萬，出公措置，占田者隨畝樂施，以佐其費。邑僧清竦無求人也，公悉以財用諉之，邑民咸欲紀其實，使來者知權輿之所自，庶獲德公於無窮云。

雜録

明　鄭宣《遺愛亭記》（光緒）《龍泉縣志》卷一二　爲政有遺愛，而民懷之，非所見大而利澤深者，莫之致也。見小則政之施皆近小，苟目前之利無遠大謀，而名不稱，故惟所見大而善，爲政者知因民之利而利之，利之正所以愛之，利存則愛存，利之遺愛之遺也。民利莫大於耕，水利不講，則病耕。又莫利于貿易，橋梁弗成，則病涉，爲民父母有愛民之心者能戞然哉？孟軻氏以成梁爲王政之大而小，子産乘輿濟人之勞，胡安定在蘇湖有水利之科，深得八政以食爲首之旨，是利民之政亦多端矣。而二者爲利之大，龍泉在栝爲邑之大，披雲橋在邑爲橋之大，蔣溪堰則水利之大者，自令尹姚公一築于靖康初，至開禧則張貢士繼之，厥後與披雲之修建咸未之聞，果爲政者無愛民之心耶？所見小民利弗興，而遺愛微故也。嘉靖癸未，長湖朱侯令兹邑，性嚴爲，而行潔修，不激不阿，以實心愛民，其見道明立，志高可識，已下車後，化行而民愛之，興利除害之念惓惓焉，問嘗詢諸父老，知蔣溪自光孝官疏爲二派，至馬埠十餘里析流八畝澮，灌民田三千頃，堰之通塞，利與病存，矧水利渫，則邑人之火患息，在昔所屢驗者，波雲橋在溪之上，爲閩浙要衝，士夫車馬遠邇，携挈行旅荷擔者所必由也，利涉病涉惟橋廢興，後先于洪水所壞，橋敗堰塞，人多病焉。利之興，爰大于此，乃喟然嘆曰：『是可以已乎？』爰命義民管晟、葉萬厚督工修之，甃巨石于橋之下，狼牙森立，施大木横其上，爲經久圖，足以敵二水合流之勢，無波騰沫跳之虞，易危以安，踏淵若衝矣。慮風雨之侵，架屋于橋，約二十有六楹，鯨飛虹卧，焕然維新，往來者嘖嘖稱便。蔣堰前此積土累薪成之，留隙以通筏，每觸于筏，徒勤修築之勞，侯度其非久遠計，咸以石增築之，計田資户，民樂輸之，截流幾二十丈，廣筏之所經約十有三丈，仍塞其隙，命居民守之竹木，非過此不得輒成筏，著爲□，石不撼而流不奔，灌畎畝者汪汪洋洋，可濟歲旱憂，可防火患急，邑賴以甯利澤莫大焉。工興于冬十月，告成于今年之仲春，士民季英、葉禹文偕季潭富、季禧爲立亭以志，侯愛自邑來郡城，請余記，侯可謂能愛民，而民知懷之者矣。今去靖康餘三百年，而姚令尹與張貢士之功昭然在人耳，目侯之功不在姚下，且聞侯建名宦、鄉賢二祠在文廟之東西，重興感也。立籍桂、顯德二社學于隅坊，復捐俸置租課，爲教讀館穀資，淑人心培大，學之基本也。安仁僻在一鄉，特立仁山書院，溥作養也。凡此皆利澤入人之深者，立亭以昭遺愛於無窮也，宜哉。范成大云：『惟後之人與我同志。』嗣而葺之，將有考于斯記，亦不可以不作昔邱秀州以修華亭堰而增秩，此，在天曹之公亦侯分内事，鄰邑有堤以胡公名，志功也。敢名其亭曰『遺愛』而爲之記之，亦以志侯之愛于無窮歟。侯名世忠，字良弼，南昌人，長湖其别號也。

金口堰

論説

明　萬恭《治水筌蹄》卷上　兖州府有泗水，穿城而過之，西注于報功祠，自濟寧左而會汶水，由長溝東注于報功祠，自濟寧右而會則任城固一都會也。故建國最久，泗水故道多堙，水溢則經兖府東潰，金口堰而南出魯橋，豈徒少濟六十里之運，且導洩兖城之氣，而絶任城之青龍水，又不利于商舶之泛，兖府者，萬曆春余築金口，導泗流，一貫城，一遶城北濠而皆會于天井焉。

綜述

（嘉靖）《山東通志》卷一四　金口堰，在金口閘南九十二步，成化八年工部主事張盛復修滾水石堰。

明 劉珝《兗州金口堰記略》《北河紀》卷四　天下無不可爲之事，顧無可爲之人，此伊昔金口堰之廢，必抵于今而始成也。堰距兗州東五里許，以其障沂、泗二水入金口閘，西達濟寧會通河，因號今名。考之後魏及隋元以來，皆嘗修築，以通漕運。都之建不一，堰之興廢亦不一。暨我太祖高皇帝定鼎金陵，無事乎堰。太宗文皇帝駐蹕北京，復通漕運，而堰多事矣。前此堰築以土，每夏秋之交，波濤洶湧，即圮無餘。萬夫之役，不貲之費，爲之蕩然。自永樂以迄于成化，朝廷雖數命官修固，卒莫能底定。歲庚寅，都水主事宜興張盛克謙祇承是任，肆以興復爲己任。乃曰：『與其屢費以病民，孰若一勞而永逸。』適冬官亞卿喬公志弘催督漕運，首以白之，遂疏其實以聞上，下公卿議，率以爲可行。已而，秋官亞卿王公宗貫繼志，復注意提督奬勸。又得山東少參尹公朴之，僉憲王公廷言相與維持其事，事駸駸乎嚮成矣。克謙結一草廬於堰側，晨夕坐卧其中，始終不懈。財不取于民，唯以堰夫歲辦椿草，折納米粟，懋易一切物料。躬率夫匠采石於山，伐木於林，煅灰於野，凡百所需，悉區畫有方。復檄兗州同知徐福輩分司其事，涓卜鳩工，官使畢集。興于成化七年九月，訖於次年六月。計堰東西長五十丈，下濶三丈六尺，上濶二丈八尺。自地平石計五層，高七尺。湫口三處，眂水之消長，時其啓閉。橫巨石爲橋，以便往來。堰北復作分水二雁翅，以殺水勢，堰南北趺水石直五尺，橫四十丈，以固堰基。是役也，石以片計，餘三萬；椿木以根計，餘八萬；以斤計，餘百萬。以至黃糯米、鐵錠、鐶、木、石灰合用諸料，俱不下千萬。夫匠二千五百有奇，在公之人。賞勞錢數萬緡，食米千石，皆克謙自所措置，一毫不取于有司。堰既成，堅完具美，規制宏壯。不惟積水，可以西接漕運，且俾一方行者無病涉之虞。于時，衆方嘆克謙之不可及也。後數月宗貫復巡行堰上，忻羡不已。爰命孔廟奎文閣典籍許節之持，致仕參議劉廷振、孫廷昭所所爲事紀徵言。夫許景山修蕭何故堰而成大利，趙思寬修信臣故渠而致沃壤。廣莫如海，范文正築之，以灌通泰；深莫如洛，嚴熊穿之，以溉重泉。以及考亭朱子疏修南康召陂，一舉多得。皆期於必成而行者也，故卒無不成。此克謙所以排衆議而不顧，斷斷乎期於必成而後已。遂勒斯言于石。

清 顧祖禹《讀史方輿紀要》卷三二　金口閘，府東五里，元至元中所建，稍南曰金口堰，成化中所修滾水石壩也。

（嘉慶）《清一統志》卷一六六　金口堰在滋陽縣東五里，元至正中爲滾水石壩，引泗入運，即隋時薛胄于泗沂之交積石爲堰決，令西注陂澤，以溉良田者。延祐中疏爲三洞，以洩水勢。成化間築石堆，東西長五十丈，甃石三處，眂水消長，時其啓閉，橫巨石爲橋，以便往來。歲久土於舊堰獨低，水消泗不入洸，每春築土壩以障之。嘉靖三十七年易以石，仍爲金口，三添閘版，以時啓閉，歲省前費，水亦賴以節宣。

傳記

（道光）《濟寧直隸州志》卷六六　張盛，字克謙，南直宜興人，天順庚辰進士，成化八年以工剖員外郎任南旺分司，嘗修金口堰及堽城堰，凡有益漕運者悉殫力爲之。

紀事

明 謝純《漕運通志》卷二　金口堰，在兗城東五里許，障沂、泗二水入金口，閘西南達濟寧會通河，成化七年時主事張盛築，蓋永樂時已有之，緣築以土，每秋夏之交波濤洶湧，珊圮無餘，至是始易以石。

明 王廷《浚府河記》《河渠紀聞》卷九　嘉靖戊午，余承命總河，詢知金口堰坍塌狀，委官勘辦，增高尺有七寸。以次浚渠，自黑風口至濟寧馬驛七十餘里，集夫興工，取河渠挑出之土加築兩岸河堤，深廣高厚視昔加倍，功成，水由河渠行，不爲害田。乃有秋而泗水之出亦數倍，并利舟楫，戴村築壩，遏汶水分流入會通，而濟寧以南河漸衍地漸下，不得不截，沂泗合流濟運，而瀦防堨拽之具，因循毀敗，乃溝海陸故道，修膠萊廢河亦已左矣，昔治水者，引漳導汶以利農，而轉漕之功弗聞，堰洛導渭以利漕，而佐農之績罔著，茲浚一河而復渠之利，即去渠之害，務一而兩得者，是之謂矣。

《明史》卷八七　正統【略】十四年正月，修山東金口堰壩，壩本石甃，蓄水下流，會通河濟運。洪武間，取其石築城，易土爲之，壩遂屢壞，是役仍甃以石。

藝文

清 馮雲鵬《掃紅亭吟稿》卷八《楊雪椒題壁詩四首》 雪椒，名際春，福建侯官縣進士。 近郭停游屐，閒身逐野翁。微波金口堰，斜日魯門東。雲嶂濛濛，絮秋林槭槭。風古今搖落感，寂寞小桃紅。

雜録

清 張鵬翮《治河全書》卷七 泗河在縣治東五里，其源發泗水縣陪尾山，迤邐過曲阜至本境，與沂水合入金口堰。

清 張伯行《居濟一得》卷二《引沂泗二水北運》 明臣劉珝《金口堰記》略云：『堰距兖州東五里許，以其障沂泗之水入金口閘，西達濟寧會通河，因號今名。考之後魏及隋元以來，皆嘗修築，以通漕運。都之建不一，堰之興廢亦不一，暨我太祖高皇帝定鼎金陵，無事乎堰。太宗文皇帝駐蹕北京，復通漕運而堰多事矣。前此堰築以土，每夏秋之交波濤洶湧，即圮無餘。萬夫之役，不貲之費，爲之蕩然。自永樂以迄於成化，朝廷雖數命官修固，卒莫能底定。歲庚寅，都水主事宜興張公克謙祗承是任。乃曰，「與其屢廢以病民，孰若一勞而永逸」，乃易土以石，自地平石計五層，高七尺。湫口三處，眎水之消長，時其啓閉，橫巨石爲橋，以便往來。』愚按，金口堰即金口壩也，原障沂、泗二水入金口閘，西達濟寧會通河，自府河淤塞而二水不能濟運矣。今宜大挑府河，引水至長溝入運，而汶河口移北十里則南旺，大挑既易，而東昌一帶不至於淺阻，夏鎮一帶不至於湖河相連矣。此運河萬世之利也，是在後之君子留心運河者力舉而行之耳。

廣濟堰

綜述

（光緒）《縉雲縣志》卷一 溉田八十餘頃，舊被洪水沖廢，知縣霍維騰督令修築，道光初年廢，知縣張惟孝、令邑紳呂載馴、呂建盛修復。

清 湯成烈《重修廣濟堰記》（光緒）《縉雲縣志》卷一 廣濟堰者，亘二十四、二十五都閒，溉田廣六七里許，袤十五六里許，分水處均圳五，而水竇三，《舊志》稱：灌田八十餘頃。水利爲東鄉最，自雅施莊石龍頭，引水相去百步許，有村曰塘坑口。康熙間，塘坑沙壅，居人決沙入堰，知縣霍維騰督令修復。乾隆初，有陶灘黄寡婦者，捐鉅貲開渠築堤置筧，布沙出大溪，堰乃復名曰黄婆，筧後石龍山脚沙至，仍其法，置筧刷之，即無害兩都之田，歲獲豐稔，稱上腴焉。道光初堰又廢，先是，洪山有水，開坑分水，下之別名金堰。後洪山沙發，歲久而金堰所未没者僅耳，佃者，填塞其坑，遂溢入分筧上之總堰，咽喉壅塞，至七年滴水不通，兩都均病。八年，續君立人知縣事，兩都堰長叩請疏通堰注，諭令兩都錢糧分螯掃數，方治之造糧清，而續君以公進，省不果，至張君惟孝涖事，而堰之斷流已三年矣。於是呂君載馴命其姪建，盛集堰長度地勢，得壅沙之上流，勸業户售其田，開渠築堤，令水勢迅駛刷沙，出溪兩都，咸以爲便，而居上流者，以田居奇，大小呂君乃與庠生趙以泰縉圖入告，陳灌輸之利，壅塞之害，出沙興復之便，張公慨然詣勘，見田果沙積而禾苗枯槁也，度其上流，果勢如建瓴，而出沙盡利也。果可開溝設堤，而民居無礙也。乃諭售田作溝，而建盛力任其直諏吉興工，兩都趨事，不日渠成，而廣濟之利始復，名之曰張侯筧。時道光十年也，自是沙患悉除，兩都之田歲仍豐稔，其耆老父子食張侯之德，而感大小呂君之義，欲文之以志，勿諼焉。夫吾縉田土磽瘠，數日不雨，輒稱大旱，今以兩都十二甲之眾，八十餘頃之田，輸將課賦在其中，仰事俯畜在其中，而水利不通，田患荆棘，其望澤也，如嬰兒渴乳之望慈丹也。病可勝道哉？一旦復其舊，則水通而田肥，宜享其利者之稱道勿休也，然欲永享其利，必毋忘近功，使時時固其堤岸，暢其疏洩，雖百世食利可也。遂因趙生以泰之文，而潤色之俾鑱於石，道光二十八年九月記。

紀事

（光緒）《處州府志》卷一三　張惟孝，字于田，福建侯官舉人，十年署任，温良慈惠，御下不加聲色，而曲直内斷，不徇不枉，尤留心民瘼，壬辰大饑，散賑後民困未舒，躬晋省垣，訓請接濟。縣東有廣濟堰者，在二十四二十五都之間，日久淤塞，兩都均病，屢欲售居上流者田，開坑出沙，以除其患，而累議不成，適惟孝莅任兩都，又以此請。惟孝慨然曰：此吾民衣食之本也，吾爲地方牧民，敢令此方久萊田畝哉？星駕詣勘，即如請者言，售田作坑，坑通渠成，布筧出沙，而廣濟之利始復。壬辰甲午間大旱，而堰田有秋，兩都人士感之，因名其筧，曰張侯筧。

救荒堰

清　錢維城《錢文敏公全集》卷一〇《書唐荆川救荒堰記後》

余讀《荆川救荒堰記》，慨然曰：天道遠而難知，豈難知哉？天生人所以養萬物之命，於人之中又若有所獨厚者，豈私此一人哉？蓋將以其所餘以濟夫群不足者也。今人類之不齊，曰富貴貧賤，貴所以治賤，則富所以養貧也。《周禮·大司徒》以保息六養萬民，一曰安富，將貧之是恤而保富民者，其時比閭族黨，莫不敦睦婣任恤之道，富者安則貧者得所養也。後世教化不修，富貧相眩，歲一不登，富民出其資，買賤賣貴，富日益有餘而貧者益困，是天以荒札重困貧民而長富也。天道其然乎哉？今夫以人視人，則有富貴貧賤；以天視人，則皆其所生之人也。譬之家有數子不能自養，則必望其子之賢有才者以長養，群季而教誨之，而此賢有才者待之乃如路人，視其愚鄙窮餓，漠然無所動於念，且賤棄之，或侵奪其有，以速之死，爲之父母者何如耶？吾觀夫今之所謂富者矣，銖銖而累之，寸寸而積之，貫朽粟腐，靳不肯予人，然其子弟大都驕奢淫佚，不數傳而蕩然無有存者，而一二輕財好施、急人患難者，往往多賢子孫，家用饒裕且顯達。然則天道果難知耶？溧陽史氏之盛，天下無不知，亦知其所由來遠乎。觀恭甫先生之所以救荒者，散粟之不已，而修堰全活凡數千人，其利至數世而未艾，則今日子孫之盛有自來矣。以觀乎史氏如此，其富而不恤民患者，如彼將孰利而孰不利耶？士君子幸得讀書，取一第都顯位不能有所裨於國家，以逮百姓，徒益驕溢，極百物以自奉，觀此可以懼矣。

考功堰

《新唐書》卷四〇　朗州【略】東北八十九里有考功堰，長慶元年，刺史李翶因故漢樊陂開，溉田千一百頃。

（嘉靖）《常德府志》卷二　考功堰，府東北九十里，一名樊陂，後漢樊重隱此，有田數千頃，歲收穀萬斛。唐考功員外郎李翶開，廣以溉田，民利之，故名。七十餘丈注水溉里田等七村田，至萬餘畝，民甚利之。

又卷一三　李翶，憲宗朝爲考功員外郎。長慶初，拜朗州刺史，政在惠民，甞開浚樊陂，可灌田千畝，因名考功。堰又修津石陂，以終崔嗣業之功，翶善屬文，甞與韓退之游，其文多傳於世。

（乾隆）《府廳州縣圖志》卷三四　右史堰在縣北，考功堰在縣東北，唐刺史温造、李翶所開，共溉田三千餘頃。以二人歷官，得名。

（嘉慶）《常德府志》卷一一　考功堰，縣東北九十里，一名樊陂，後漢樊重隱此，有田數千頃。歲收穀萬斛，賑恤鄉里，因名。唐長慶元年，刺史李翔因故漢樊陂開，溉田千一百頃，李翔由考功員外郎出知朗州，因名考功。

李公堰

論説

明 謝奇舉《李公堰記》（同治）《直隸綿州志》卷一〇　吾儕小人不即飽江魚之腹，而甘食美衣佹登衽席，微召父、杜母不及此，其以是爲公壽，公謝不敏曰：若曹知吾功，未知吾所以功，相度經營。我爲政，發蹤指示；母爲政，其以是爲吾母壽入告，太夫人色喜，再爲加飧，曰：此水國殘魂吾鄉者，所謂奪乳兒也。不厭欲啼不止，鴻雁既集中澤矣。而李公呼之，貞珉勒之，亦似爾之。懷明發而報罔極者，則縣盡子也，縣之衣食，兹土者亦愛憐之，少子也，吾何用爲獨子憂，自今以始歲，其有釜糜桁繻，作息大半，其以是爲國人，壽夫人所歌舞天必從之，故甘毳養，不若以人心養，今天下外困戰征，內困財賦，勢何如？縣人之困河泊，頃直指疏薦公於朝，冠冕全蜀，浸假而進擎天巨臂爲東北長城，爲西南甘雨，即何人之非子乎？即今太夫人神逾王飯，逾健浸假，而大耋而期頤，即何人之心非養乎？曾子禄不及釜而逮親存，尚欣欣而喜視，此什百奚啻焉，抑又聞之蜀守李冰鑿江引渠，斬較除害，沃野千里，號陸海，民到於今尸祝之，互千百年而疏瀹保障，前無古人，公豈其苗裔耶？何隴西氏世造蜀也，移孝作忠，以忠成孝，則冰所不能得之，公者是可記矣。

綜述

明 謝奇舉《李公堰記》（同治）《直隸綿州志》卷一〇　歲丙辰，刺史郢中李公謁選，得縣左，念木夫人春秋高，公爲獨子，不忍絶裾，太夫人亦不忍，作倚閭望就潘輿而西，公晝坐堂皇夜休，子舍一夕五起，視衣之厚薄、枕之高卑，而清醥紫鱗嗛於口，濯錦元黄便於體，以奉太夫人之驩猶未足闖，從容語公，今日爾之爲老婦亦足矣，雖然不記爾抱哺時乎，未寒而授之衣，量饑而推之食，移乾就濕，心誠求之恩斯勤，斯而後博此一日之養也。今環縣之父老子弟非爾子耶？令家無挾纊野，有翳桑邱墓井廬不獲樂土是爾之撫摩弗如我，而縣之瞻依不逮，爾惡在其爲民父母，公唯唯受事，甫下車，殖疲癃，彈豪鶩，害雖小必去，利雖大必行。虺蜴妖巢悉投斷，罟赭衣丹筆盡，伏神慈及瓜之再歲，夢應牧人利資寡婦詳載治縣一得，中每退食語太夫人則色喜，爲進七箸，公益力求所以娱太夫人者，會縣西二十五里周家堰與安昌河隣。先是水由地中行，堤無恙，居民安堵，三十年來下壅上溢，勢激旁趨，奔騰洶湃，嚙田數十畝。己未夏秋之交，水驟至，堤盡平，侵墳壠，壞室廬，土著皇皇，聚族謀徙，蓋生死之不保，安問卒歲，公駕而往，升高望遠，尋委窮源，慨然太息，謂共工氏可與爭乎？開故道以殺，具怒鑿斗，絶以走具，暴河流□軌，新堤可成，乃浚畎澮、導溝瀆，綺錯脈、散澤灑雲門寒烟野水之區，成地寶天祥之土，爲周楊王戎之子，姓以數百計，畝以數千計，耕者嬉於田饁者，行於畔老者，杖於鄉幼者，寧於室履土戴天，顧名思義更號其堰曰李公堰，縫掖數輩紀事豐碑，用昭不朽，驩呼籲祝，躋堂稱觥【略】公諱正芳，字韞侯，別號養實，楚之鍾祥人，起家鄉進士，時天啓元年正月上日。

明 李時孳《李公石堰碑》（康熙）《洋縣志》卷七　洋治北灙水爲堰者三：曰灙濵，曰土門，最下曰斜堰。堰廣五十餘丈，灌負郭田八百餘畝，底岸流沙，舊用木樁草石修築之，每歲春工費甚鉅，方灌溉時，暴雨澎湃，木礫漂泊聯畆，一夕龜裂，倉卒葺補，旋築旋崩，殆無寧晷。洋民比歲苦之矣。我邑侯李公治洋之五年，政成化洽，百圮俱興，諸陂渠如灙濵之飛槽、楊填之活堰業已成功，乃相視斜堰，捐俸金，采石鳩匠，畫示方略，日往監課，用大石橫河，油灰灌隙，分門閘板，視水之消漲以時啓閉，自底至脊高丈許，上可通行若津梁，然望之如長虹截流，雖洪濤數興，震蕩怒號，終莫能壞。其左爲渠二百四十餘丈，引水入阡陌堰，成而水安行焉。由是吾洋民知有斜堰之利，而不復知有斜堰之苦矣。是役也，經始於萬歷己丑之五月，告竣於是年八月，會詔下徵公，以十七日去，洋士民號泣而送者数十里，既去年餘，而民思彌篤，相率請於兵巡郭公，公素加意撫綏者，喜示曰：『賢令莅任五載，德政種種，今立碑垂遠，實出士民真念。』遂允其請。趣立之士庶躍，然喜固請不佞，爲文立碑於西郊，此郊皆本堰所灌田，因更去『斜』字，爲『李公堰』，嗚呼！守令利民，莫先農務，惠而不費，美政居一，以公於吾洋勸農重本，更僕未易，數惟兹斜堰之役，藉令驅吾民力，用吾民財，以成經久，可繼之功其誰不樂從，而公獨捐俸成之，不自以爲費。今兹八百餘畞之民，世世食其利，公之惠我沃矣。雖然此公注厝之小小者耳，公今以執法秉衡，行且霖雨蒼赤，光耀旂常，當有不朽事業，在寰宇者於蕞爾，一堰之碑何有？公諱用中，字舜智，別號是虞，汴雍恤人，登萬歷癸未進士。

傳記

（乾隆）《通州志》卷八　李秉彝，字仲常，世家大都通州潞縣，【略】授陝西按察副使，巡行灌州，故有李公堰當三江口，遇水漂悍輒壞，歲調夫修完，民以爲病，秉彝以爲築之堅可已。患父老以壅遏漲勢，則恐爲成都害，秉彝令投石水中，問曰：『水從石上過耶？石下耶？』皆曰：『流石上耳』，督有司三月堰成，自是大水至冒堰上行，無所壅，旱則瀦，以溉田爲至今利。

紀事

（同治）《直隸綿州志》卷一〇　李公堰　南鄉七里，一名李福堰，距城二十五里，明刺史李正芳重修，什邡知縣謝奇舉記。

廣濟堰

論說

清　王繼祖《重修廣濟堰記》（康熙）《處州府志》卷一〇　利之將興，必生一人焉以倡之，而利之將成，又若出一奇焉以佐之。此固造物之甚神，抑亦名賢之不易覯也。我麗邑山多地僻，財賦大半出於西，蓋邑之西遍平原，曠野堪稼穡，而咸恃一堰以通水利。其堰始鳩□之詹司馬，繼於宋之何相國障松，遂兩溪水入大川，疏爲三百餘支，立爲七十二，槩定爲上下中三原，蓄洩灌溉幾二千餘頃，雖旱澇疏不時，而蓄洩有術，民利之久矣。

綜述

清　許鳴磐《方輿考證》卷七八　范成大，乾道中知處州，處多山田，舊有廣濟堰，歲久圮壞，成大訪故迹，疊石築防堤閼四十九所，立水則上中下，灌溉有序，民食其利。

清　王繼祖《重修廣濟堰記》（康熙）《處州府志》卷一〇　猶憶故明郡侯陳公修兹堰，道民食其德。時先大父代巡二東初假歸里，以記其碑陰，後陳公膺□最升任臬憲，適西堰有重修之舉，而又爲之記，迄今五十餘載矣。今值閩變蹂躪，雖欲舉而苦無暇及，以故支流愈壅，一亢暘而咸嗟絶粒，西土之民惟知有田之苦，歲憂旱乾非一日矣。何意天道好還若深，是鄉之久困於旱，而爲特簡我邑侯王公以保釐下邑栝西父老，相與指陳堰道之利於庭，慨然即以修葺爲己任，心焉酌之爲圳堤堰門，宜築宜開，函石淤沙，宜補宜撥，堰岸堰道宜擴宜扞，當兹軍餉孔亟之日，國賦既難支銷，樂輸亦難箕斂，乃捐俸以爲士民倡，鳩工庀材，民樂趨事，經始於庚申之仲冬，而告成即於臘月，將數十年難舉之事而觀效旦夕，其即靈□之謂乎？越明春大雨，暴集溪流，忽漲重沙塗塞，堰壩溪水盡入堰，日將石工所砌之坎級若加以外護者，然此非天出其奇以佐我公不朽之盛業乎？余嗣大父業而薄產置是鄉食德尤渥，又安敢以不文謝鄉人請因勉爲之記。公諱秉義，字以質，鑲紅旗恩廕，督工則邑尉錢君德基，專任其勞，是用并志以垂弗替。

（雍正）《浙江通志》卷六一　廣濟堰，在縣東六十里，俱二十五都，溉田八十餘頃，舊被洪水衝廢，國朝知縣霍維騰修築。

（光緒）《處州府志》卷四　廣濟堰，溉田八十餘頃，知縣霍維騰、道光間知縣張維孝并重修，俱縣東六十里。

傳記

（光緒）《處州府志》卷一三　張惟孝，字于田，福建侯官舉人，十年署任，温良慈惠，御下不加聲色，而曲直内斷不徇不枉，尤留心民瘼。壬辰大饑，散賑後，民困未舒，躬晉省垣訓請接濟，縣東有廣濟堰者，在二十四、二十五都之間，日久淤塞，兩都均病，屢欲售居上流者田，開坑出沙，以除其患，而累議不成。適惟孝莅任，兩都又以此請，惟孝慨然曰：『此吾民衣食之本也，吾爲地方牧民，敢令此方久萊田畝哉？』星駕詣勘，即如請者言，售田作坑，坑通渠成，布筧出沙，而廣濟之利始復。壬辰、甲午間大旱，而堰田有秋，兩都人士感之，因名其筧曰『張侯筧』。

紀事

（光緒）《縉雲縣志》卷一　廣濟堰，《令狐志》：二十五都，溉田八十餘頃。舊被洪水沖廢，知縣霍維騰督令修築。道光初年廢，知縣張惟孝令邑紳呂載馴、呂建盛修復。

清　湯成烈《重修廣濟堰記》（光緒）《縉雲縣志》卷一　廣濟堰者，亘二十四、二十五都間，溉田廣六七里許，袤十五六里許，分水處均圳五，而水竇三。舊志稱灌田八十餘頃，水利爲東鄉最，自雅施莊石龍頭引水，相去百步許有村曰塘坑口，康熙間塘坑沙壅，居人決沙入堰，知縣霍維騰督令修復。乾隆初有陶灘黄寡婦者，捐鉅貲開渠築堤，置筧布沙出大溪堰，乃復名曰『黄婆筧』。後石龍山脚沙至，仍其法置筧刷之，即無害兩都之田，歲獲豐稔，稱上腴焉。道光初堰又廢，先是，洪山有水開坑，分水下之别名『金堰』，後洪山沙發，歲久而金堰所未没者僅耳，佃者填塞其坑，遂溢入，分筧上之總堰，咽喉壅塞，至七年滴水不通，兩都均病，八年續君立人知縣事，兩都堰長叩請疏通堰注，諭令兩都錢糧，分釐掃數，方治之，追糧清而續君以公進省，不果，至張君惟孝涖事，而堰之斷流已三年矣。於是呂君載馴命其姪建盛集堰長度地勢，得壅沙之上流，勸業户售其田開渠築堤，令水勢迅駛刷沙出溪，兩都咸以爲便，而居上流者以田居奇，大小呂君乃與庠生趙以泰繪圖入告，陳灌輸之利，壅塞之害，出沙興復之便，張公慨然詣勘，見田果沙積而禾苗枯槁也，度其上流，果勢如建瓴，而出沙盡利也。果可開溝設堤，而民居無礙也。乃諭售田作溝，而建盛力任其直諏吉、興工兩都趨事，不日渠成，而廣濟之利始復，名之曰『張侯筧』，時道光十年也。自是沙患悉除，兩都之田歲仍豐稔，其耆老父子食張侯之德而感大小呂君之義，欲文之以志，勿諼焉。夫吾縉田土磽瘠，數日不雨輒稱大旱，今以兩都十二甲之眾八十餘頃之田輸將課賦在其中，仰事俯畜在其中，而水利不通，田患荆棘，其望澤也，如嬰兒渴乳之望慈母也，病可勝道哉？一旦復其舊，則水通而田肥，宜享其利者之稱道勿休也。然欲永享其利，必毋忘近功，使時時固其堤岸，暢其疏洩，雖百世食利可也。遂因趙生以泰之文而潤色之，俾鑱於石。道光二十八年九月記。

麗水縣通濟堰

論説

明　何鏜《重修通濟堰記》（雍正）《處州府志》卷一八　麗水故萬山磽陿，依巖壑爲畎畝，其間稍平衍而畚插相望者，惟城東十里，而遥絶鏡潭而西，五十里而近，其地爲最博，然兩鄉屬東、西來大川之委，亦陝區也。故邑以兩鄉爲饒沃，而兩鄉又各釃川水爲渠，則兩鄉之饒沃與否，又視兩渠之興廢，乃西鄉之渠，自蕭梁時詹、南兩司馬始爲堰，障松遂滙流鑿溝，支分東北，下暨南北，股引可三百餘派，爲七十二㮣，統之爲上中下三源。餘波及于田畝者可二千餘頃，盍四十里而羡，嗣是，代有修築增置，乃其最著者，宋政和間令尹王公禔、邑人葉君秉心，當泉坑水，横絶爲石函，又下三里爲葉穴，而堰始不咽。開熙初，何參政澹甃石爲堤，而堰鮮潰敗，乾道時，郡守范公成大釐規條二十，而民知所守，故因時補益，章章繩繩，在人心口者然。

明　湯顯祖《玉茗堂全集》文集卷八《麗水縣修築通濟堰碑》　經立世業之謂才，遘會世機之謂時。引天地之力，極五行之用，開塞利害，減益盈涸，早算旁拮，時察顓斷，非才莫可以爲也。雖然，獨智不與以慮，獨勇不與以成，視其氣，萎烟結嗇，詭譎峭疾，此其時雖有訓事，其亦可以已矣。若夫時叙端好，上下和茂山川精朗，若發其覆，雅頌流委，士女游豫，焕若新洗，耆長喜壽，癃滯思起，有時若此，而爲其長上若有事焉，若開若塞，若減若益，揚摧指顧，皆有華澤，官師吏事，手語心諾，則何慮而不發，何斷而不成。天下國家之事，機有向悖，業有王廢，盖莫不因乎其時者。【略】予憮然嘆曰：侯之才敏至是耶。麗人曰：非若是而已，歲嘗旱，侯從鄭公禮於麗陽之山，畢吁而雨。乃新學宮，從鄭公講五經于堂，芝草生。數十年而弟子之舉于鄉者三人，上春官者一人。侯之才盖通天地而幹五行，非水事而已也。予嘆曰：而亦知麗之有侯樂乎？昔麗之人踏履瞀視，今麗之人飛色吐氣。則吾見麗之今日矣。鄭公樊侯，皆有春秋僑肹魯公宓子之意。簿書不以勝委迤，叱咤不以移色笑。士民休居貌若有餘，工其樂胥。汝公汝侯，道達謳于。醲潤郁鬱，精悒發越，流止土石，氣莫底閼。聚人而人理，疏川而川治。此亦汝麗人千祀之一時也。其又何有于數十里之水坊開龠爲？麗人喜而拜曰：今而後知所以樂有吾麗也，將銘侯功于龍之祠莫可爲者，予宜爲銘。

銘曰：麗陽阻山，磽陿其畝。仰雨無時，迄東有衍。絶潭而西，百里爲沃。釃水以彼，壅湖以屬。事始惟梁，司馬詹南。宋令曰禔，乃作石函。越守成大，申著水則。源極中下，槩衡南北。股引三百，派餘七十。我匱我斗，以注以挹。及圮而新，必智與仁。水有旁渝，土亦善湮。有龍自天，祠于堠左。既貞其旱，亦戒于火。侯雩于川，膏雨其隨。來視其祠，亦民是爲。起行諸堰，或屬或散。都十有一，畝二其萬。彼決弗苴，彼偷弗治。如水斯平，不平以私。石久則裂，枋久則腐。歲比少有，曷爲其故。侯既念止，計畫尺寸。下與其勤，上然其信。涓辰用書，分耆屬傭。鼓役無贏，登輸靡窮。親以節口，二屬有帥。迄用告成，九十維日。代有廢興，莫必其理。侯用大作，溥長脉理。雲雨版臿，晝夜晷刻。沃彼靈翠，施于岑擇。維侯有材，亦孔其時。太守伊人，如友如師。雅頌流通，山膳休融。晏膃維期，蜿蝘效工。肅新龍祠，亦祀司馬。紀侯于碑，歌舞其下。終古稻粱，好樂無荒。終侯之功，以配麗陽。

清　徐潮《郡侯劉公重修通濟堰碑記》（康熙）《處州府志》卷一〇　自井牧溝渠之制，廢生民衣食之地，殘棄於蒿萊之間者，向可勝數，有司者，格於因循積習之論，委天地之大利，熟視斯民之愁苦不能出一議，而漫謂三代至今其廢墜者，皆不可復。夫未嘗施晷刻之功，纖毫之力，而徒諉曰：不可復予，疑其説久矣。

清　王繼祖《重修廣濟堰記》（雍正）《處州府志》卷一八　利之將興，必生一人焉，以倡之而利之，將成又若出一奇焉以佐之，此固造物之甚神，抑亦名賢之不易覯也。

清　劉廷璣《重修通濟堰碑記》（雍正）《處州府志》卷一八　栝在萬山，石田齒齒，然特倚陂塘川澤爲旱備，但陂塘瀦蓄有限，值久霽輒病暵乾。獨東西二鄉有堰，民恃以爲利。然東鄉地狹田稀，物産鮮少，惟西鄉平原廣野，物産故常饒，人利之。抑知所恃爲利之大者，【略】凡起大役，動大衆，每至勞怨，若兹不以爲擾，而反得其欣感，何哉！于是，縉紳士民，相與拜手而前曰：是萬世之利也，公之惠貽我民者至矣，其敢忘所自，願將立祠，并乞文以記。余因作詩一章以謝之，且以此特有司事耳，功何有哉。惟是願我民，因天時順地利，盡人力，勸耕勤稼，各力本業。夫然後賦稅有所供，而生來亦日益，余乃得藉以上報，無負廷惠養元元之意。然而，以千百年相傳之利與今日難舉之功，一旦自我致之，余雖不敢自以爲功，而其所以盡力于此者，要亦有所不得辭矣。特記之，以告來者。

綜述

《事類備要·後集》卷七三　復通濟堰　范成大，字至能，知處州，處多山田，梁天監中，詹、南二司馬作通濟堰於松陽、遂昌間，溉田二十萬頃。堰壞五十年，公尋故迹，置閘以節啓閉。堰成而水大至，公被召，躬往勞工，父老懽呼曰：堰成而公忍去我耶？至今蒙其利。

明　吴道南《吴文恪公文集》卷一〇《郡國水利》　工部請修浙

江麗水縣通濟堰，堰截松陽、遂昌溪水入於渠，分上中下三源，流爲四十八泒，溉田二千餘頃，後衝積沙石，渠不通，上源民私洩水利，下源流絶，故部議當如舊修治，從之。

明 湯顯祖《玉茗堂全集》文集卷八《麗水縣修築通濟堰碑》

予嘗試爲長吏於浙之處遂昌也，而感于麗陽十以年之蘭何如時也。蓋予以遂昌謁郡而道松，遂之水源高急砂礫，不可以舟，松而後可以舟也。通濟堰在麗水西界中，其堠有龍祠，可以陰。堰源一斷之爲三，所溉田百里最爲饒遠。而并堤居甿常盜決自喜，米鹽之舟，水涸，硌磧如縷，常曲拆徙泄，而後乃可行。堰歲積以非固，比益以水敗，而并堰以下，若司馬章田寺，逕于河東，亦皆以蕪廢不治。寶定之吕，碧湖之湯，父老以聞于予，未嘗不嘆息而去。欲爲一言其長，會歲少旱，而麗饑，松閉之糴。麗人譁，受事者幾以兩敗。予嘆曰：水事不修，而旱是譟者何也。去十年，而麗人來，問其堰，曰：畢修矣。夏之六月，我樊侯始用祭告有事于通濟堰。七月，暨其旁下諸堰，盡于白橋，皆以十二月成。諸堰之費千，而通濟裁倍，旱期之勤，數世之食也。曰：何如矣？曰：先是，春正月，龍祠傾，野火燒其門，如將風雨者。有蛇蝘焉，象輿迴翔其上，而火已，居人請新之。我侯來觀而周徇于堠，悼其徒以哆，問其故，則與所以敝者次第起行。諸壞堰，各從父老所問所爲修復費，心計而首頷之，以上太守鄭公。公槩然曰：坊敗而水費，則移而水私，固賢長吏事也，其以上司道車公，公報可。而侯乃始下令齊衆，均力與財，侯常以其俸八，身先後之，民所願平準所度田，自爲浚葺者，聽。大小鼓舞，集而後起，序而後作，築崖置斗，疏函窒穴，開拓諸槩，縱廣支擘，視故所宜。游枋昃石，易其朽泐，謹察匠石，分寸畫一，啓閉隨驗高下不失。是役也，貲用約而功溢，侯乃以西人擇日上成事，受慶報賽，伐鼓絙瑟，有土有年，上下無患，是謂永逸。

（嘉靖）《浙江通志》卷八　通濟堰在縣西五十餘里，障松陽、遂昌兩溪水入大川，疏爲四十八泒，自寶定至白橋三十里，灌田二十萬畝。又餘水蓄爲湖，以備旱。蕭梁時，二司馬詹南氏所刱，宋元祐間，知州關景暉修築，政和初，邑令王禔、邑人葉秉心建石函，乾道間，守范成大重加修葺，有堰規二十條備見堰廟石刻，開禧間，樞密郡人何澹，重加甃石，元後至元六年，大水崩壞厥後邑令如梁順，郡守如韓斐，頻加修葺，民受其惠。

又卷一九　松陽、詹南二司馬廟，二司馬舊逸其名，世傳梁時築通濟堰，障松陽、遂昌兩溪之水，灌田二千餘頃，時詹司馬者主其事，南司馬佐之，因廟祀於堰旁，宋元祐二年重建。

（萬曆）《括蒼彙紀》卷七　城西五十里爲高畬山，北跨宣平，西連松陽，峰巒攢矗，草樹蓊蔚，俯視諸山，環列如几，席下西山之最高者，岑溪之水出焉。高畬南爲三峰山，下曰靈峰，中曰翠峰，上曰岑峰，俱有僧舍，林巒秀麗爲諸山冠，山之陽平疇瀰望，前臨大溪，後經山麓，延袤三十里許，是爲西鄉坂上引松陽溪爲渠，是爲通濟堰。

麗水十鄉皆并山爲田，常患旱涸，去縣西五十里有堰，曰通濟。障松陽、遂昌兩溪之水，別爲大川，分爲四十八派，析流畎澮注民田二千頃。又以餘水瀦爲湖，以備溪水之不及，自是歲推凶而常豐，堰旁有廟，曰詹南二司馬，故老謂梁天監中有司馬詹氏始謀爲堰，而請于朝，又遣司馬南氏共治其事，是歲溪水暴悍，功久不就，一日有一老人指之曰，過溪遇異物即營其地。果見白蛇，自山南絶溪北。營之乃就，宋明道中，碑刻尚存，元祐間，知州關景暉修築，政和間，邑令王禔、邑人葉秉心建石函，乾道間，郡守范成大重加修葺，有堰規二十條，見堰廟石刻，范自爲記。

清 顧祖禹《讀史方輿紀要》卷九四　通濟堰府西五十三里，松遂間多山田，歲旱民輒先困。梁天監中，障松陽、遂昌兩溪入大溪之口，疏爲四十八派，自保定至白橋三十里，灌田二十萬畝，又蓄爲陂湖，以備旱潦，自宋至元皆修葺之，民被其利。

清 方亨咸《修通濟堰序》（康熙）《處州府志》卷一〇　栝蒼介萬山，素稱僻瘠，《耽方記》：山多田少，亶然且地墳壚無溝洫，會小旱即苦灌溉，余嘗有詩云：田磽峰頂雨，山擁馬頭雲。蓋實歷語也。其城西鄉一帶尤甚，歷古今之官，此而有功于民者，悉盡力乎溝洫。云：今春以勸農，過其鄉籲，鄉之父老問勞焉，訊利害省疾苦，鄉諸生葉森然、湯式圍等首以修堰。對堰故宋相國何公始築者，分大溪之水以引溉諸田數千頃，今千餘年，栝之民猶食其利焉。堤固舊址後蒞此者，繼修葺之，邇鼎新更革，兵燹頻仍，官視爲傳舍，遂未暇問，而溪水奔嚙迁徙，不常致蝕，其堤或溢或涸，堰之水不復由故道矣，此大東之咏率長歌也。余莅此及朞，凡大事未修舉然有關吾民者，亦嘗夙興宜寐，竭蹷焦勞，僅稱小補耳，今即因其堤未盡壞者，一小補之，約計其工當三月，費當萬緡，利當千載，否則仍其頹致舊堤不可復問，而害可勝言哉？余首倡與諸父老鳩工共成之，敕各都啚凡食堰之利者，願樂効其工，視有無爲多寡，勿限其數，以遂子來之情，仍擇鄉之耆而有德者，總其會計量其出入，吾民其共諒我心，毋負我惓，匕小補之意云，則不日成之𢦤書，大有佇見黄雲，畝塲圃歡歌，斯倉斯箱以遊以咏，吾將挈壺榼執豚蹄，率諸父老拜手于何公之靈，而醉舞以頌公之德。

（雍正）《浙江通志》卷六一　通濟堰　在縣西五十里，障松陽、遂昌兩溪之水別爲大川，分爲四十八派，析流畎澮注民田二千頃。又以餘水瀦爲湖，以備溪水之不及，堰旁有廟曰詹南二司馬，宋明道中，碑刻尚存，元祐間，知州關景暉修築，政和間，邑令王禔、邑人葉秉心建石函，乾道間，郡守范成大重加修葺，有堰規二十條刻於石。

開禧間，郡人何澹重加甃石。

至元六年，大水崩壞厥後，令梁順守韓斐頻加繕葺。

明萬曆四年，郡守熊子臣重修，何鏜爲記。二十六年，知縣鍾武瑞重修，鄭汝璧爲記。三十七年，知縣樊良樞修葺功倍於前，湯顯祖爲記。四十七年，知府陳見龍重修，王一中爲記。

國朝順治間，知縣方亨咸重修，康熙十九年，知縣王秉義重修，王繼祖爲記，二十五年大水圮壞，知府劉廷璣捐俸募工重行修築，自爲記，五十四年，復壞，雍正七年，總督臣李衛動帑委知縣王鈞築浚。

（同治）《麗水縣志》卷三　國朝順治六年，知縣方亨咸，康熙十九年，知縣王秉義咸有事焉。二十五年，大水堰壞，其半鄉民積困。三十二年，知府劉廷璣捐金倡修，委經歷趙鋥督役民，亦按畝樂輸時大其功。五十三年，洪水壞葉穴，越五年鄉民醵金改建之。雍正七年，知縣王鈞請帑金興修，總督李衛委需次官二人督役。乾隆十三年，知縣冷模核諸廢寺田，變價千金爲資以修。十六年，知縣梁卿材撥普信、壽仁二寺田，委典史計其租入解，貯府庫以備歲修，尋改令經歷掌之。三十七年，知縣胡嘉栗令民按畝輸錢，益以庫貯餘銀興工大修，嗣是四十餘年，廢不治，旱歲輒告病，而程工既大又歲連歉資不集。嘉慶十八年，知府涂以輈，按籍發庫貯銀，復捐俸籌款以益之，民踴躍趨工，會歲旱闔，郡告病邑以無虞論者，等其功於二司馬。

（光緒）《處州府志》卷四　縣西五十里，松陽界内築堰，障水爲渠，【略】溉田二十萬畝。相傳梁天監中詹、南二司馬實創爲之，厥後興廢無考。宋元祐七年，州守關景暉患水或潰岸，築葉穴旁洩之。政和間，令王禔、邑人葉秉心建石函，劉嘉復鎔鐵錮石罅。葉份記處郡皆山也，惟麗水列鄉十而邑之西地平如掌。綿亙四都，松遂水合流其上，直下大溪，通於滄海，土壤而墳爲田數千頃，雨不時，則苗槁，在梁詹、南二司馬始爲堰，民利之，然泉坑之水橫貫其中，湍沙怒石其積如阜，渠壹不通，歲率一再開導，執畚钁者動萬數，堰之利人或不知而反以工役爲憚也。我宋政和初，維揚王公禔，實宰是邑，念民利堰而病坑，欲去其害，助教葉秉心因獻石函之議，脗契公心，募田多者，輸錢其營度，石堅而難渝者，莫如桃源之山，去堰殆五十里，公作兩車以運，每隨之往非徒得輦者，罄力又將親計，形便使一成而不動，公雖勞規，爲亦遠矣。函告成，又修陡門以走暴漲，陂瀦派析，使無壅塞，泉坑之流雖或湍激，堰吐於下，工役疏决之勞，自是不繁。堰之利方全而且久，公去人思，後二十年復來守，是邦邑民屬南陽葉份記其事，份少小聞諸父兄傳邑大夫之賢者，莫如王公，份不佞敢辭，邦人請竊謂天下事興其利者，往往未知其害。而害生不在於利，興之時及其害著，又非得明其利者，而去之。則前日之利，反以爲害人，苦其害而不知因害以興利，則利何自而及民。二司馬之爲堰，固知利於一時，而不知泉坑之水有以害之，苟無以去其害，則邑西之田將爲平陸，而堰亦何利之有。石函一成，民得其利，迄於無窮，今五十年，民無工役之擾，減堰工歲凡萬餘，公之功，可謂成其終者也。公之石函，防始以木，雨積則腐，水深則蕩，進士劉嘉補之以石，而鎔鐵固之，今防不易又一利也。然公不爲之始，而此又安得施其巧，古之君子有功德於一郡一邑者，必廟食百世，公邑於斯郡，於斯邑之民可得不傳耶？乾道四年五月。

乾道初，州守范成大重築刻規於石。自記。按長老云：蕭梁時，詹、南二司馬所作，至乾道戊子，垂千載矣。往迹蕪廢，中下源尤甚，明年春，郡守吴人范成大與軍事判官蘭陵張徹修復之。事悉具新規，三月工始告休，成大馳至，陡門落成於司馬之廟，竊悲夫水無常性，土亦善湮，修復之甚難，而潰塞之實易，惟後之人與我同志，嗣而葺之，將有考於斯，故刻其規於石。

按規二十條石刻，漫漶僅見於《堰志》，今揭其大旨，以備覽。曰堰首者，聽田户保充，免其他役，二年而代，巡察堤堰諸所，以時葺治也。曰田户者，於上田户中選充，名監當佐堰首，掌其財物功過與同也。曰甲頭者，以田户秧把，多寡次第配差，兼稽察堰首公私也。曰堰匠者，定差看守，以時報堰首繕完也。曰堰工者，計秧把賦錢給工，終歲而會其羡餘也。曰船缺者，令堰匠守缺，遇行舟重滯者，令卸其物，以輕裝過，不使損及堰堤也。曰堰槩者，設槩於牐，揭之則水順下，閉之則左右分注以灌田，揭閉皆定以期日，毋得越次紊争也。曰堰夫者，夫役以卯集酉散，日再巡數之也。曰堰渠者，以時浚渠，并禁栽竹木於渠岸也。曰請官者，遇大工役，許田户陳請令長，委官督率也。曰石函陡門者，差堰匠淘石、函淤塞、察水勢衰旺、啓閉陡門也。曰湖塘堰者，堰湖塘以瀦水，禁佔爲私田以妨利也。曰堰廟者，仰堰首，謹司龍王、龍女二廟灑掃、享祀、守護碑刻也。曰水淫者，惟設於障水入口之處，不得更有私創也。淫之爲義，方言，以鑿地道通水爲淫，非考工水淫義也。曰逆掃者，禁於所坐水利之外掃水歸田及用木障水，以防下原也。曰開淘者，堰首年滿令上田户并力開淘淤塞，務取深廣，以爲交替也。曰葉穴頭者，立穴頭司牐，甚雨則取其板，洩之不使汎溢入田也。曰堰司者，於甲頭中選能書者一人，司載筆之役也。目堰簿者，以上田户一人，簿計田秧等第，歲終具過割姓名數目，授諸堰首也。曰堰山者，堰志有其目而没其文，但云舊堰每春以木篠修之，伐材於山，自何澹改爲石堤闗，於有司請給此山，山遂爲何氏物云。

開禧間，郡人何澹重加甃石。

元至順初，邑令卞瑄修。《葉峴記》：栝蒼，山郡也，南其畝者，界乎溪山之間，無深陂大澤以禦旱。古之人作爲堤堰渠甽以限水，盈則放而注諸海，涸則引而灌諸田，故力農之家，無桔槔之勞、浸淫之患。栝蒼七縣皆有堰，惟通濟一堰，灌麗水西鄉田爲最廣。在昔梁時，詹、南二公相土之宜，截水爲堰，架石爲門，引水入渠。宋乾道間，郡守范公奉議完復是堰，以田户分爲三源，鳩工有規，度程有法，凡啓閉出納之限，靡不詳刊於石，歲久事弊，昔之穴者湮，築者潰，由是下源之民争升斗之水，如較錙銖。郡守雖常展力修治，而堰首各以己私漫不加意，辛未春，部使者中順公按行栝郡，諏咨農事，覽之堰之將墮，乃諗於衆曰：夫堰之作幾數百年矣，兹而不復，農功益艱。於是，郡長也先不花公、郡守三不都公，相率承公意，命邑宰卞瑄承務實董其役，度土功，慮財用，揣高下，計尋尺，斬穢除隘，樹堅塞完，數日之間，百廢具舉。栝蒼之耆老有曰：昔鄭公作渠，秦民以富，白公繼之，漢賦以饒，今中順公復通濟之堰，得非古之鄭白者，與咸願勒石紀功，以垂不朽，峴聞公偉政，故樂爲之書，公名幹羅思，字謙齋。

元至元六年，大水崩壞，厥後令梁順守韓斐頻加繕葺。項棣孫記，麗水爲縣，率多崇山，岡阜踴躍入原野，無甫田，廣澤縣西廿里，曰白口，又西三十五里，至鳳凰山，土獨平衍，總名西鄉。東南際大溪水道，瘴弗賴利，潤松陽，合遂昌，水歸大溪可障以溉郡乘。蕭梁時，有司馬詹氏、南氏昉絶流作堰，渠久未就，白蛇告祥，循其迹營之，果底績袤百幾十丈，名曰通濟堰。股引脈導上、中、下三源，灌田二十萬畝餘。歷宋元祐堰壞，縣尉姚君希領州命治完，乾道乙丑，郡守范公成大葺理蕪廢，著規二十條，頗精密，大抵采木篠藉土礫截水，水善漏崩補苴歲憊甚。開禧中，郡人樞密何公澹甃以石，迄百數十祀未嘗大壞，然水湍悍潛揺齧跟址，至庚辰六月，大水因圮決存不十三四，田遂乾不生稻穀，農夫告病，縣官輒往罅治，水弗逮中下源，尹梁君來，乃白府復舊規，監郡中議，公捐金百五十緡，率民先㦒，君專董其事，衆憚役訕囂，君毅不爲阻核，三源承溉田畝，計歛貲市，木石充用，細民量丁口任力，君殫心焦思，日程督其間，飢渴惟粥食水飲，暑寒不避，故有官山五里，許蓄篠木，歲給繕修，既易以石，不禁樵牧，重立事段須鉅松爲基，不可得巨室樂效，材材用足，於是楗大木，運壯石，衡從次第壓之，潤加舊爲尺十飭陡門，概淫必堅，繳民竭力趨事，經始於壬午十有一月，以癸未八月畢功。中溪若石洪，天設水雪舞雷殷下，不覺入渠口三源，四十八派已充溢，田得羡收。

皆曰：吾邑侯梁君賜也，耆老請記其事，余惟土非水莫成，養民之利，故禹盡力溝洫，鄭國白渠樂利，歌咏善爲民者，相地通渠，衆不恤費，畏力皆所以重人食，而孫叔芍陂得召，信臣錢盧王景杜詩然後不廢，而濟加博，竊嘆夫作始之難，善繼亦不易也。兹堰始詹、南二君，凡幾百年，而姚尉、范守增其規模，又幾十年，而何公致其固，又數百十年，而梁君興其壞墮，微梁君何公之石不爲堅，而詹、南、姚、范諸君子之澤斬焉。民不受其賜矣，後之人視今之繼昔，則受堰之田永爲上腴，能俾水無虛潤，地不遺饒，亦在所推也。

明嘉靖十一年大水，堰壞，知府吳仲令、知縣林性之、主簿王倫築之，兩月而成。《李寅記》：環栝皆山，溪流峻駛，雨輒溢止則涸，匪惟弗民利而以爲民害者衆也。粵稽往牒善導之，使爲民利者，間有之，若麗水通濟堰其一也。堰始蕭梁時，詹氏、南氏二司馬障松，遂水東挹大川疏以爲派，自寶定抵白橋爲里者餘五十計，所溉田爲畝者餘二十萬，歲賴以豐利，莫窮極繇梁。迄宋時，以修治者，若元祐時關公景暉，乾道時范公成大，碑列若人皆與有功，而始築石堤。垂諸永久者，則宋郡人何公澹也。自開禧迄今，民之利其利者，踰三百稔於此矣。乃嘉靖壬辰秋七月二十有八日，雨溢溪流，襄駕城堞者丈餘，壞農田民居不可勝計，而兹堰爲特甚，惟時我劍泉吳公知郡事，亟請恤於朝，而復視兹堰曰：嗚呼，兹非民急歟？匪若堰，則歲弗獲，匪若田，民奚賴以食，乃亟謂麗水尹、六川林侯曰：吾以監郡李公董兹役，尹其爰率諸俾乂者，侯曰：諾。載工於冬十月丁丑，迄十有二月辛卯告成，考於往昔，其治其修，若成化時，通判桑君者，皆必三四越歲而後集，兹則兩越月而績用成，奚神速至是哉。蓋以利物之仁，而濟之以周物之智，故不煩而績宏樹也。按記成化的通判桑君治堰，今不詳。

萬曆初，郡守熊子臣修。

十二年，知縣吳思學捌堰門，以時啓閉，疏支水之淤者三十六所。《鄭汝璧記》：栝蒼重巖叠嶂，行客如乘空霧，中溪流横注必東之海，故雨即奔潰，莫支稍旱則黄萎，彌望栝中水利不可一日廢講也。舊西鄉有通濟堰、司馬堰，障流上下爲力穡者，旱澇不時之須蓋。自蕭梁二司馬經始，其迄南宋衛國何公因其故迹葺之，山田之以時，善收者不下數百千頃，三公功在栝中休哉遠矣。歷年兹久，故堤傾圮，水道之旁出者，亦淤塞弗宣，兼之旱澇不常，農氓告病歲，萬歷甲申，大參豫章胡公奉帝命旬守甌栝，孜孜下訊，民瘼思爲補刷，以惠養元元，今留都比部主政吳君思學，時爲麗陽令，仰承德意，即以堰務條上，公曰：詩咏豳風，政先民食，今邑之務，孰有先此者乎？遂請之二院，與郡丞俞君汝爲協謀，廣爲葺治，出官帑數百金，令邑簿丁應辰、贊幕羅文董其役，先爲水倉百餘間，障此狂流，始下石作堤，凡數百丈，創爲堰門，以時啓閉，便舟楫之往來，疏支河之淤塞者，至三月二日乃告成。

二十六年，知縣鍾武瑞修。《鄭汝璧記》：郡之通濟堰，千餘年惠澤津津，而水性最難捍疏，潰遞更葺之，亦不次當。萬歷乙酉，間堤之傾者十四五，邑侯鍾公甫下車，諏政之便民者，莫急於是，遂請之郡侯各上司報可議，得慶寺餘租二百七十餘兩，以資工料，筮吉禱於龍王廟，行事酌古宜，今殫厥區畫命邑司農，前夏君禹卿，今龍君鯤董其事，而侯總其成，經始於萬歷丁酉，而成於戊戌，兩司馬、樞密之澤，賴以不朽。

三十七年，知縣樊良樞修。樊良樞議復水利文牒，障大溪而横截者，石堤也。初引水而入渠者，陡門也。入渠五里始分三支，中支最大，爲上原、中原，十五都、十六都、十七都、十一都、十二都之水利坐焉。又接爲下原五都、六都、七都、九都之水利坐焉。南非三支稍狹，皆爲上原，十四都、十五都、十七都之水利坐焉。其造概也有廣狹，高下木石啓閉之，各殊其用，其分概也有平木、加木或揭或不揭之，各得其宜，其放水也。有中支三晝夜，南北支亦三晝夜之限，三原各享其利而不争，三時各安其業而不亂，此法之最良，備載堰規者也。惟修葺不時，古制遂湮，紛争競起，或牐夫私通商船而洩水於上流，或堰長各自爲謀而不公於放注，或概首通同賄賂而自私於啓閉，三原原有成規也，而上中原支分各異，或有不均之嘆矣，上中原猶先受湮也，而下原處其末流，則有立涸之嗟矣。遂令同鄉共井，歲爲吳越國賦民財兩受其敝，皆由古制不修也，又新規八則，小引從古之法，下原苦不得水，故旱。是用諜良樞有憂之，獨予下原先灌，四日行之，未幾上原告病，卒不得其權變之術，乃循序放行，示以大信，如其旱也，聽命於天，後之君子，倘有神化通久之術，補其不逮，固其所願也。

四十七年，知府陳見龍修。

國朝順治初，知縣方亨咸修。自序栝蒼介萬山，素稱僻瘠地，墳壚無溝洫，小旱即苦灌溉，其西鄉一帶尤甚。歷古今之官，此而有事於民者，悉盡力於溝洫。云：今春以勸農過其鄉鬮，鄉之父老問勞焉，訊利害省疾苦，父老首以堰對，堤故舊址涖此者，繼修葺之邇，以兵燹頻仍，官視爲傳舍，遂未暇問。而溪水奔嚙遷徙不常，致蝕其堤，或溢或涸，余涖此，及期凡大務未修，舉然有關吾民者，亦嘗夙興夜寐，竭厥焦勞，僅稱小補耳。今即因其堤未盡壞者，一小補之，約計其功當三月，費當萬緡，利當千載，否則仍其頹致舊堤不可復，問而害可勝言哉。余首倡與諸父老鳩工共成之，各都圖凡食堰之利者，願樂助其工，視有無爲多寡勿限其數，仍擇鄉之耆有德者，總其會計出入，吾民其共諒吾心，毋負我惓惓小補之意。

康熙間，知縣王秉義修，後知府劉廷璣又修。

五十四年復壞，鄉民醵金建。雍正初，知縣王鈞修。乾隆十三年，知縣泠模核廢寺田變價修，十六年，知縣梁卿材撥普信壽仁二寺田租，解府庫備歲修。三十七年，知縣胡嘉、栗令按畝輸錢，益以庫存餘銀興修，嗣後久廢不治。嘉慶間，知府涂以輈重修。

道光四年，知府雷學海修，八年，知縣黎應南修渠岸百六十餘丈。自記麗邑多山少田，惟西鄙平衍肥沃，民所仰食，設亢旱灾告，賴松陽、遂昌大溪之水濟之，其法，築大壩以障急流，導自朱村亭三洞橋，引入內，分上、中、下三源，多方蓄洩，用資挹注。嘉慶癸酉，郡伯涂瀹莊先生，集郡人捐資修壩，到今尸祝，惟堰工未及連年，朱村亭邊堤岸日見頹圮，設溪水勃發，潰決堤防，則斗門既爲沙礫壅塞，而田間積水轉向大溪，外泄一瀉無餘，爲患孔迫。戊子孟夏，郡伯定遠李公惻然念之，命余往勘，余知事不可緩，而帑金莫籌，邑人葉君惟喬端士也，有與人爲善之志，余乃屬其倡始偕是鄉父老共圖是役，貳尹龔君、振麟復親身督率，衆皆樂輸鳩工，仲秋既望閱四月而厥功乃蕆，統計廣袤一百六十餘丈，葉君屬余爲文以志，巔末余謂此周官溝洫制也。王政不必泥古，能師其意即爲良法，余親歷其地，相度三源舊規，凡從橫相遇，即磬折參伍之遺也。啓閉以時，即瀦蓄防止之義也。河渠水利之書與《食貨志》相表裏，彼《史記》引漳水兒寬開六輔渠，召信臣守南陽時，爲堤閼水門數十處，皆善用《周禮》者也。然則詹、南功烈，豈在鄭白諸賢下哉。予奉職無狀，不敢居功，特深幸邑民好善之誠，故樂爲之記，并以望百年後之守斯土者。

癸卯夏，洪水衝壞，知府恒奎補葺。同治四年，知府清安倡捐修，始於斗門，斗門故有橋爲山水入溪處，舊所鎔鐵日久剝落，命匠於石合縫處俯仰相箝，以彌其隙，清渠旁侵地，閱三年工竣，渠可通舟。自記郡在萬山中，南北兩境山多田少，惟西境土地平曠，較東境尤稱饒沃，爲閤邑民食所賴，余既治處之。明年思爲地方開足食之源，考諸志，乘知麗水有東西二堰，堰水之興廢關乎民田之豐歉，而通濟一堰，灌溉尤廣。創自梁二司馬，宋邑令王公，增石函葉穴，郡守范公著規條，郡人何公爲石堤，因時制宜，至周且備，而堰之利始盡。因訪諸邑人僉云：自咸豐八年以來，叠遭匪擾，農功不修，淤塞傾圮半失故道，而欲復舊規，工鉅費艱，未易議也。余以兵燹後，民尤艱食，苟利於民，敢畏難？遂詣履勘相度形勢審察利弊，召邑紳而謀之，俱欣然樂從，迺查歲修堰租，得錢三百餘緡，益以上、中、下三源，受水田畝分等攤捐，又計得錢一千二百餘緡。刻日鳩工，分飭邑紳葉文濤等襄其事，令麗水縣丞金振聲督之，始於四年夏，迄於五年春，凡所規畫，悉仍其舊，與東堰先後告成，夏秋之交，亢暘垂兩月，田多苦旱，而東西兩鄉咸獲有秋，此余爲民謀食之心所稍慰也。爰爲選擇經理之人，酌定受水之期，以予遵循，一放低中支舊制開拓槩，中支廣二丈八尺八寸，石砌崖道，槩用游枋大木，南支廣一丈一尺，北支廣一丈二尺八寸，兩崖各用石柱，槩用灰石，蓋中支揭去木槩，則水盡奔中、下二源，而南北之水不流。中支閉木槩，則水分南北注上源。自逐次修，改古制，久湮。去歲修理，將南北二支與中支齊，故北支有偷水中下二源之訟。今飭董重修，將中支放低一尺，加平水木一根，每年三月初一日，大斗門上閘後，即閉平水木俾，南、北、中三支平流，無多少不均之患，一定期輪放，每年五月初一爲三源輪放水期，一二三日輪上源，於先一日戌刻，中支再加木一根，至第三日戌刻，上源已灌足三晝夜，即將中支加木并平水木一齊揭起，仍將南北二槩閘上，俟四五六七八九十中下二源灌畢，方準揭南北二枋，閉中支平水木與加木週而復始。一、添夫專管，開拓石刺城塘各槩，各設槩首一名，恐照管不周，仍每槩僱夫一名專管，每月每名於歲修租内給穀一石，以作工食。倘有擅自啓閉偷放，情弊報明董事，轉禀究辦，輕則罰錢，重則治罪，若槩首、槩夫容隱并懲。一、阻撓定例，上源輪水之期，凡實定義，埠周巷下梁槩頭等處，不遵定例，或有臨期不車，過期强車，各情俱照阻撓公事例治罪。一、禁止盤水，三源車水只許田邊車戽，毋許在支偃口築壅將大堰之水盤爲已有。一、預防泄水，開拓槩東支水歸三峰莊五里，牌頭左傍有小堰二支，一分水於湯村止，一分水於采桑止，二處田少而地勢卑，受水不多，放水亦易，每致餘水洩入大溪，兹於堰口增設小槩木，閘令二村公正專管，如田中灌漑有餘，即行閉閘，使水不致泄爲無用。一、如期揭枋，鳳臺槩值中源水，期應上水枋俾中，源之首尾受水均，平遇下源水，期即將東支槩枋揭起，以順水勢。一、揭放槩枋，石刺槩平水，石較東西支低五寸，下槩枋之處又低五寸，今用尺厚游枋一根，自三月初一日即下槩，枋除去平水，石五寸尚高，出石外四寸，俾水適於東，西支平流，輪值下源，水期即行揭起，灌畢，四日仍行蓋上，其槩首及車水定規與開拓槩同。一、定期啓閉，城塘槩緣歲久失修，古制已改，去冬修理，中支高於東西二支尺餘，以致下源受水不均，今飭董重砌放低一尺九寸，東西支各用平水，石與中支適平，不輪水期之時，均不上枋，至五月初一日輪流，始有啓閉。每逢第十日戌刻，準將中支閉，枋以蓄餘水。逢第三日戌刻，再加游枋，使水注東西逢。第六日戌刻，則揭中支二枋，閉東西枋木以濟下源，其槩首及車水定規，與上同。

一、三洞橋爲通堰咽喉，最關緊要，前因久失修，淘淤沙、填塞積、塊堅凝此次興工疏浚，自應加力扞深，使水多資蓄洩，免滋涸竭之虞。

一、石函每因山水暴漲，沙礫江投輒多漏洩，查舊制，石板平鋪油灰舋隙，卒至時修時壞，今議鋪石全用雌雄合縫，鎔鐵膠固，庶乎歷久經常。

一、各概木枋率多朽壞，而開拓鳳臺、石刺、陳章、城塘、九思六大概爲三源，司水之出納，尤爲喫重，俱應一律修造完好，其平水石之低昂，游枋木之高下，與夫大小陡門，悉循定制，毋得私行更改，陰謀取巧，違者科罪。

一、開撥淤泥，應照支堰分派查踏，何處土名歸着何村挑撥，編號捕簽，以免彼推此諉，如不應役或偷惰者，監董禀送笞責。

一、沿堰及旁流河塘，應行築埂設閘，按三源輪值，水期之末日察看，堰有餘水，始準决放蓄儲，如來源有限，堰田尚虞，不敷灌漑，所有河塘不得任其引注。至白口泉莊，雖在下源，其河塘又深濶，每有奸民引水作奇貨之居，收獨得之利，私已病人，深堪痛恨，應將該河塘無論在官在民均着築埂，設閘啓閉，倘有不遵，許董事等指禀嚴辦。

一、下源唐里莊西田奔，係由城塘概中流支分水，舊有小概，應復興造，以符定制。

一、白河周村由概頭莊概下壠支分，下水應造小楝，楝下藏一水洐，以緩水勢，免致旱乾，水溢之虞，其金溝堰，每因坑水陡發，引沙停滯，更須隨時挑撥，不得延挨觀望。

一、中源放水至大陳莊止，尚可任其引蓄，若鳳臺概西支之水，下源水期爲下吴蒲塘所必經之處，不準放水入塘，致碍中流，而蒲塘向有紀店下陳郎奇等莊橫布石，以分水利，近因石不修，蒲塘獨受其盈，毋庸分放，四日水期倘後，紀店等莊修分水，再照原議至陳章，概每逢四五兩日，揭中流游枋，放水至大陳莊，第六日閉，概蓄水以便，概上民田車戽違者，議罰。

一、每旬水期，上中源輪值各三日，下源輪值四日，凡所值之處，須俟次日，水行暢滿始準車戽，如違提究再下源輪值之期，中源停止放水，若鳳臺概之，西枝尚放水至蒲塘城塘概之，西枝尚放水之里河，是水勢已分，流不能直達到下，使下源有分水之期，無受水之實，殊屬偏枯，應着於第七日，鳳臺、城塘二概西支木枋閉住，以均惠澤。

一、動民力以興民利，全在經理得宜，斯款不虚糜而功歸實用，唯工程浩大者，一木能支，今本府率縣令，各倡捐廉銀壹百千，而該堰上、中、下三源受水田户，按照向章分別則壤派捐，其上則者，上源二百，中源百六十，下源一百。在中則者，上源一百六十，中源一百，下源六十。在下則者，上源一百，中源六十，下源四十。統計三源額田一萬零六十九畝，合捐錢一千二百千零七百八十五文，既昭平允，自易樂從。

一、費用。三洞橋，計錢二百八十四千一百六十文。龍神祠，計錢三十九千九百九十二文。大陡門，計錢十千七百七十二文。葉穴，計錢二十千零六百八十四文。高路，計錢三十七千零十文。開拓概，計錢十九千一百四十二文。鳳臺概，計錢二十三千七百六十三文。石剌概，計錢十八千零四十文。河潭概，計錢十七千三百二十九文。潭下平水閘，計錢一千二百七十文。陳章、烏石東西二概，計錢十一千三百八十文。城塘概，計錢三十七千四百九十五文。九思、河塘二概計錢九千六百五十文。夏涇，計錢六千零九十文。鄉夫及公正等計給點心錢四百三十七千四百三十二文。堰局伙食、器具、雜用錢四百二十二千零四十六文。總結費用錢一千三百九十六千二百五十四文。

一、董理宜慎選擇。查殷實之户，每不樂於承充，而射利之徒又冀從中染指，善舉廢弛，皆由於此，兹特派定經，董以專責，成每源分任司理。同治六年，着葉瑞榮、葉步丹、吕禮耕承管七年，着林鍾英、曾紹先、戴君恩承管，一年一替，凡值輪管，每人給薪水錢十千文，於堰租内支領，所有歲修租息，收支各款立薄登記，年終册報，其有餘存，交代接管之，董即具照收并無亏短，切結送府備查，如甲年之董侵亏，即由乙年之董查稟究追，倘或扶同徇隱，事覺着賠，遇有大修之處，先稟請勘估辦，不得擅便以杜冒銷，每日卯酉時放水，以便行船。

嗣後按章經理，逐年修治，光緒二年，陡門損壞，知府潘紹詒籌款重修，葉穴碎石子易於衝刷，更用石板，以期穩固經久。

傳記

宋 周必大《文忠集》卷六一《資政殿大學士贈銀青光禄大夫范公成大神道碑》慶元元年　公諱成大，字至能，【略】紹興二十四年進士第，【略】乾道【略】三年十二月，起知處州。【略】處多山田，梁天監中，詹、南二司馬作通濟堰於松陽、遂昌之間，激溪水四十里外，溉田二十萬畝。溪遠田高，堰壞已五十年，公尋故迹，議伐大木横壅溪流，度水與田平，即循溪叠石岸，引水行其中。置四十九閘，以節啓閉，上原用足，乃及其中，次及其下，而堰可復。議定，官爲雇工運石，命其傍食利户各發丁壯，分畫界至。以五年正月同日興工，四月而成，水大至如初議。適公被召，躬往勞工，老父驩呼曰：堰成，公忍去我耶？公曰：吾能經始，安能保其無壞。爲立詹南廟，作《堰規》，刻石廟中，盡給左右山林爲修堰備，至今蒙其利。公入對，因及義役，上大喜頒其法諸路。公曰：此可助法，非以爲法，顧守令行之何如耳？

明 劉基《誠意伯文集》卷八《陳處士墓志銘》　處士姓陳氏，名莘，字希尹。世爲處州麗水縣之来儀鄉人。曾祖某，祖某，父某，皆守分樂善，以繼承其家業，故世以德稱于州里。至處士而家益裕，行益謹，推餘濟急，雖數不吝。邑舊有通濟堰，溉四鄉民田幾二千頃，遇旱勞壅泄，必先出己資倡事。皇慶癸丑，水壞堤数十丈，鄉人大戚，處士竭力，昌寒暑董役，三年乃完，盖未嘗矜其勞焉。

（萬曆）《括蒼彙紀》卷一一　吴仲武進人，嘉靖初，由御史補郡，精敏持大體，片言折獄吏，畏民懷修築通濟堰，舉數十年廢墜不踰時而成。

又　王禔楊州人，政和初，知縣令約政嚴，仁恕明信，賦役均平，吏無容奸，縱囚使歸刻期而至。邑有通濟堰，灌田數千頃，久而泉水横流沙石，積塞渠噎不通，民甚苦之，禔作石亟度沙石，修斗門泄暴漲，令無堙塞患，民爲立祠，配詹南二司馬，歲時祀之，紹興中，復以朝散大夫知處州。

《八旗通志》卷二三九　劉廷璣，漢軍鑲紅旗人，任處州府知府，處郡累石爲田，十日不雨則旱，十日不晴則潦，廷璣蒞任，閱府城東有好溪堰，西有通濟堰，舊毁於水，捐俸築之，蓄洩有資，民賴其利。

清 施閏章《學餘堂集》卷一六《贈奉政大夫蓼庵田公傳》　公田姓，諱緒宗，字彷文，一字文起，山東德州人。【略】順治辛卯舉於鄉，明年壬辰登進士，除知浙江麗水縣。【略】邑有通濟堰，蕭梁時所築，障松、遂兩溪水爲四十八派，灌田萬餘畝，後大水决堰，泉散土竈。公單騎往視之。曰：創於昔而隳於今，如吾民何？躬畚鍤復堰，民用利賴，田穀以登。初，公將之官，作筮仕自記一編，曆援古循吏以自勵曰：使吾行有弗恊於是，弗敢爲也。至是出爲政，無一不如其言。麗民歌之曰：邑侯清，雞犬寧，邑侯賢，婦子安。

清 許登逢《青笠山房詩文鈔》文鈔卷四《劉觀察公家傳》　公

諱□，字玉衡，一字在園人，又稱春陽先生。【略】用父廕，入爲國學生，大司成繹堂沈公賞其制義，試輒先儕輩三人舉，場佹得而失值旂籍停科，援例除浙江台州府同知，遷知處州府事。【略】郡西有通濟堰，創自梁天監中，溉田可數千頃，閱歲既久寖以堙塞，公循覽舊迹，胸有成算，以屬參軍趙鍟督工，疏浚堰成，爲處人百世利。

（雍正）《浙江通志》卷一五七 游之英蘄水人，以舉人知麗水縣，時歲屢歉，賦額頻加，之英戴星出入，催科不擾，至修廢舉墜，唯力是視，聖殿傾圮，捐金爲倡，他如誠意，祠麗陽祖祠，好溪堰、通濟堰下河官。埠栝蒼門大埠，歲久坍塌，咸加修葺。

（雍正）《處州府志》卷一一 王繼祖字爾志，一中之孫。【略】辛酉，以禮經魁浙闈，丙寅洪水煮粥以活溺人，浚通濟堰以興水利。

（同治）《蘇州府志》卷九八 桑瑾字廷璋，景泰丙子領鄉薦，與兄瓊、弟瑜在國學有名瑾，選處州府通判，一水、松陽二邑間故有通濟堰，蓄水可灌田數千頃，一夕爲雷霆擊破，瑾修復之。

（光緒）《重修安徽通志》卷一八〇 方享咸字吉偶，桐城人，順治丁亥進士，知獲鹿縣，察奸戢盜有聲，調麗水築好溪堰、通濟堰，田無旱潦，利及鄰邑。

（光緒）《處州府志》卷一三 涂以輈，江西新城人，由絚修典試汴南，擢守處州。嘉慶十六年，莅任勤敏，廉明教養，兼至事有裨於民者悉籌畫舉行，始終不懈。【略】麗邑通濟堰壞越四十餘年未浚治，籌款興修，民踴躍趨工，會歲亢旱，凡坐堰水之曰皆豐稔，論者等其功於詹南二司馬。

又 雷學海，順天通州人，道光三年由進士知府事。【略】麗邑西鄉通濟堰壞，籌款浚修，立新規八條勒於石，今尚遵其成法，著有文集行世，偶以病卒，於官囊橐蕭然，士民痛惜。

又 樊良樞，江西進賢人，廉明耿介，博雅慈祥，由進士高第，任革羨餘省刑罰，儉約自持，無異寒素，興學右文，談經課藝，亹亹忘倦，修通濟堰，躬行稽督，功十倍於前人，當與詹南兩司馬并祀不朽。

又卷一四 張建高，遼東人，崇貞間歲貢，前任麗水訓導有才幹，兼善武歷署各邑以督修通濟堰，并討平黄村口山寇有功，撫巡交薦，授松陽縣令，有善政。

又卷一五 王安國，陝西鞏昌府成縣人，由行伍於康熙間，隨征恢復川滇有功，【略】升處州總兵，清廉勤慎清餉足兵，捐置旗幟，鎗礮整齊隊伍，訓練有方，設義學，修通濟堰，教養兼興。

（光緒）《武進陽湖縣志》卷二二 徐依字永念，康熙五十一年進士。【略】補浙江麗水知縣，興水利，築通濟堰，民甚賴之。

紀事

明 何鏜《重修通濟堰記》（雍正）《處州府志》卷一八 西鄉之渠，自蕭梁時，詹、南兩司馬始爲堰。障松、遂溉流鑿溝，支分東北，下暨南北，股引可三百餘派，爲七十二槩，統之爲上、中、下三源。餘波及于田畝者，可二千餘頃，盍四十里而羡。嗣是，代有修築增置。【略】嘉靖初郡守吴公仲，庀材飭工，而民咸知勸，今熊守應川公奏記監院，請發帑緡絶利擾，而民忘其勞，皆不踰時而有成績，共加惠元元，規模益弘遠矣。是役也，經始于萬曆四年秋，督邑主簿方君，率作興事統其成，堰南垂縱二十等，深二引，堰北垂縱可十尋，深六尺，許源口浚深若干尺，廣五十餘丈，口以下開淤塞者二百丈有奇，口以内咸以次經葺。費寺租銀三百兩而羡，里人自爲水倉以幹堤者二十有五，僅五十一口而竣于役，于是，十二都四十里内，越兩歲而民無不被之澤，豈所謂雲雨山人，化斥鹵而生稻粱者耶。嘗憶先皇帝時，潯陽勞公堪監守吾郡，周恤民隱，大創衣食之源，檄孫令烺，悉心一力，修治是堰，民之利賴者若干歲。乃今熊公上之協規，參藩王公嘉言，稽謀僉同，而下率所屬不限越往事，功益倍焉。是麗人世載明德，而蒸蒸乂治不亦休哉。乃若部丞陳君一夔，別駕陳君翡，司理吴君伯誠，令尹錢君貢，實勤相度勞來而方簿之，殫忠所事，咸稱其爲民上者，得并著云。

明 王一中《重修通濟堰記》（雍正）《處州府志》卷一八 環栝皆山，無深陂巨澤足資灌溉，僅一溪流盈，盈衣帶水，遇旱涓涓欲斷。而上受旁邑之流，決而東瀉，勢若建瓴。以故，時雨暴漲，涘渚瀰漫，無能嚮其利，而往往罹其害。惟縣東西兩鄉，各有堰，灑水爲渠，時其蓄洩，頗爲旱潦之備。乃西鄉通濟堰，障松、遂兩溪之水，引入堰渠，分爲四十八派，析流注溉民田二千頃。傳自蕭梁時，詹、南二司馬實始其事，至宋郡人參知何公澹甃之以石，政和初，邑宰王公禔爲石函，盡制曲防，水利乃永。其後滲漉靡常，隨時修浚，見于郡乘，諸不具論。若乃悉心擘畫，勒爲規條，則宋守范公成大暨邇時縣令樊公良樞，其大彰著者也。顧興作自官，工匠幸多冒破而窳惰，易滋驅使，平民閭閻，未規樂成而勞怨輒起。盍至臨旱引水，急如救焚，先事浚坊等于築舍，規則徒存，隨築隨廢，往事可核已。歲戊午夏秋，閏霪雨浹旬，堰復傾塌，茫茫巨浸，下民徬徨，罔知所措。合詞鳴于郡守在明陳公，公惻然軫念，不憚馳驅，躬往相視。爰發謀慮財用，悉搜郡帑可資經用者，得若干金，以白水利何公，公報可。委官督修，幾有成績，會公覲行，工以寒輟。比回，亟令主簿冷仲武惠董其役，昕夕督率惟謹，不數月而工竣功成，宴如屹然砥柱之賴焉。夫治民者，惟是興利除害爲要務，乃水之爲利害也，所從來久矣，公不憚經營，相度導其利，以開民生養之源，而又殺共勢，以防其潰敗之患。計自今畚钁不施，河伯效順，田得羡收，民歌乃粒，公之賜，寧有涯乎？陳公名見龍，號在明。萬歷四十七年月日。

清 徐潮《郡侯劉公重修通濟堰碑記》（康熙）《處州府志》卷一〇 浙栝蒼在萬山中，地瘠甚民苦，石田遇旱立槁，所恃溪流灌溉，始饗有秋，麗鄉西有堰曰通濟，剏自蕭梁詹、南二司馬，障松、遂兩溪之水，柝流畝澮引三白餘派，分上、中、下三源，立七十二槩，灌田二千餘頃，爲利滋大。先是營築時，相傳有白蛇之異，咸謂神人所指得就，云宋樞密，郡人何公澹重加甃石，又乾道間，郡守范公成大嘗修葺之，因源立三則，列規條二十刻石俾知，所守嗣後屢圮屢復，因堰當山水橫衝，春夏暴漲，堤易崩頹，舊置石函疏流，以殺水勢，於制稱善，歲丙寅洚洞肆灾，洪波吞嚙，堰悉以壞，議修復者，僉言工力浩繁，委爲無可如何，而農民緣以重困，郡侯劉公下車以來，留心民瘼，百廢具舉，比歲偶值亢旱，齋戒步禱，爲民請命，甘雨立霈。時西鄉之民以堰利未復，卒爲旱患，合詞呼籲，公慨然命駕出舍，而相度之曰：此誠急務也，遂捐俸若干，委幕屬趙君鳩工庀材，刻日竣事，民皆踴躍，赴功荷鍤携鍤，任載挑浚，不遺餘力，時冬鮮雨雪，日暖氣和，若天有意以相其成斯役也。始於癸酉十月，下浣落成於十一月。下浣僅兩閱月而堰制如舊，豈不偉哉。堰旁有龍王廟，并祀詹、南司馬及何相國，今祭雖不輟，而棟宇就傾，爲重建而新之，邑之士民感公貽萬世之利，願祠公於廟以志，弗諼而欲伐珉徵文以傳永久，公固辭弗任，作排律二十四韻以謝，而庶民之情，終不能已，余同年友王君珊司諭，麗邑在公屬下，因衆倩走，椷命屬辭焉。余思天地之大利，其裨益於民者，賴有人焉，剏前古之未有，迨其廢也，又必有人焉起而力振之，雖時移世異，一在千百年之前，一在千百年之後，而精神實默相符合，他不具論，獨范石湖以守郡日修堰立三則，刻石垂後，其爲詩清新綿邈，與蕭陸歐梅相頡頏公之詩直可追配，石湖而守郡，葺堰又與石湖爲一轍，其躋顯仕，身在日月之際，又豈出石湖下耶。公殆其後身耶，余固樂得而書之，邑民之請，并以報王君之命，云爾所。

清 王繼祖《重修廣濟堰記》（雍正）《處州府志》卷一八 我麗邑山多地僻，惟邑西偏平衍，堪稼穡，而咸恃一堰以通水利，其堰始于梁之詹、南二司馬，繼于宋之何相國，障松、遂兩溪水，入大川，疏爲三百餘支，立爲七十二槩，定爲上、中、下三原，蓄洩灌溉幾二千餘頃，民利之久矣。厥後衢塌不常，時有修築，猶憶故明郡侯陳公修茲堰，道民食其德，時先大父代巡二果，初假歸里以記其碑陰，迄今五十餘載矣。今值閩變，蹂躪之，餘雖欲舉，而苦無暇，及支流壅塞，民苦旱乾，莫可誰何，幸邑侯王公保釐，下邑枯，西父老相與指陳堰道之利，公慨然即以修葺爲己任，何者宜築宜開，何者宜補宜阡，擘畫既定，遂捐俸爲士民倡，經始于康熙庚申之冬，匝月而功告竣。以數十年難舉之事，而觀效旦夕，厥功亦韙矣哉。越明春，大雨暴集忽漲，重沙將所甃坎殺若加以外護者，然此非天出其奇，以佐我公不朽之盛業乎？公諱秉義，字以質，恩廕督工則，縣尉錢君德基厥有成勞，例得并書。

清 劉廷璣《重修通濟堰碑記》（雍正）《處州府志》卷一八 厥惟通濟一堰，始于梁詹、南二司馬，繼成于宋郡守范公成大，參知邑人何公澹。大約障松、遂二溪之水，分派爲三百，上中下源爲三，槩爲七十二，灌田頃二千，亘四十里。千百年間屢圮屢修，丙寅歲洚洞奇灾，悍流衝激，崩壞且盡，前此有議修者，以費浩工繁，試舉輒止，今年偶旱，惕志用禱齋，虔徒步，既而得雨。西鄉有衆率籲余，謂堰利不復，惠終不免，余因重爲灾理，遂出俸若干，令鄉之諸生耆老有幹練者領之，俾董其役，而以幕員趙鋥督其成。既命牲陳詞，祀于龍祠并司馬廟，聿告始事，一時匠石備具，工作畢舉。鄉之民衣食其間者，悉子來趨事，若木若石，肩舁筏載，畚鍤如雲，口以千數，其修砌一循故道，築者崖耶，置至斗耶，疏者函耶，窒者穴耶，閘者圳門耶，拓者諸槩耶，挑撥者淤沙之停積扦掘者圳道之淺塞耶。時又適久晴水涸，天若有意以相此日之興復者，斯時也，厚廪工而工興，廣利人而人奮，事半功倍，成以不日，工始以癸酉十月下浣，竣于本年十一月下浣，落成，鄉之人且鼓舞歡呼，聲震川谷。

清 韓克均《重修通濟堰記》（同治）《麗水縣志》卷三　處於浙，爲郡最瘠，治駐麗水，在萬山中，可耕之田不足當浙西望縣之十一，惟西鄉有田二千頃稱沃壤，則堰水爲之溉也。堰名通濟，建自南梁詹、南兩司馬，其勒石以志，則自宋石湖范公始，明世屢有修造，國初王劉二君復修之，嘉慶庚申枯，大水決堤防，堰以崩壞，距今十三年矣。守斯土者，屢欲修復，輒逡巡中止，蓋郡雖瘠，所轄獨十邑，山民獷悍，好鬥狠，案牘之煩乃甲於諸郡，弱者視簿書如束，筍口不暇給，健者又以治獄名邕移劇郡且程功甚鉅非信，而後勞積月累，歲難以覩厥成也。郡伯新城涂君，以部郎來守斯土，下車之始，適遘偏灾，君備舉荒政，周恤撫字之，老弱無轉徙，氏飫其德，守郡三年，百廢具舉，堰之修也。去秋實倡其議，與邑令及紳民往復籌度，請於大府，自冬徂春，鳩工庀材，爰集厥事，以余曾與木議問序於余夫，捐賑之惠在一時，坊庸之澤及累世得其灾而恤之，何如迨其未灾而預籌之也。今年夏雨澤稍愆，郡頗歉，而麗獨得水利收且豐，兹堰之功不亦溥哉。近大吏嘉君之治行，行且移權首郡，更聞有疏浚兩湖之議，君以治處者，治杭鄰侯香山東坡諸賢，去人良不遠耳。余蒙天子恩洊，秉滇臬將別君以去，共事之雅九不敢忘，因不揣弇鄙，而爲之記。

《明史》卷九三　是月，浙江麗水縣請修通濟堰，堰截松陽、遂昌諸溪水入于渠，舊分上中下三源，涣爲四十八派，溉田二千餘頃，後漸水衝沙積，渠遂不通，上源民私洩水利，竟使下源流絕，故有是請部議如舊修治。從之。

（康熙）《處州府志》卷一　通濟堰在西鄉，康熙二十五年大水崩壞已盡，民遇旱輒苦灌溉無自，今知府劉廷璣憫念特切，大捐俸貲募工同鄉人重新修築，賴有成功，萬世永利，已自爲記，鄉士民感念公德，因堰旁舊有龍祠并祀，築堰始功詹、南二司馬，時皆衝決，至是共復建新，即奉公長生祠位於中，以期垂報於弗替，公作排律二十四韻謝之，勿能止。錢塘徐潮有碑記。

藝文

清 劉廷璣《往視通濟堰過碧湖即事》（康熙）《處州府志》卷一一　霜落深潭徹底清，年來雞犬樂昇平。隆冬閭里無寒色，卓午魚鹽有市聲。鄉長指門求一額，染人收布讓雙旌。爲勤民事需民力，幸甚工夫不日成。

又《修通濟堰得覃字二十四韻》　廿載兵荒後，居民半草庵。有田全借水，得堰每成潭。自古資爲利，於今圮不堪。欲修無實意，相聚總空談。父老心常切，參軍事頗諳。謂經歷趙鋥諸君當暇日，同我一停驂。相度基雖壞，經營勢可探。隣封求大匠，附近役丁男。冶鐵飛紅焰，搜材砍翠風。淵淵尋故址，壘壘立新龕。手上千鈞轉，肩頭數里擔。溝深應費鍾，沙擁急需鑑。防漲開松閘，分流賴石函。水多則開閘以泄之。又恐潦水勢大橫衝水道，另建石函于上浮過，兩不相碍。人謀天意合，雨少日光涵。先後成功一，均平立則三。上源、中源、下源各定放水時刻，以息爭端。自然東作好，無復旱生惔。夏喜禾苗秀，秋當稼穡甘。門前衣浣白，堦下米淘泔。事事行無碍，年年樂且湛。躋堂群致頌，撫案獨懷慚。己力何曾用，天功未敢貪。古人遺法善，後世被恩覃。在宋推何柏，同時有范參。何丞相澹，范知成大，俱大有功于堰者。莫忘垂創者，司馬二詹南。梁天監中，詹南二司馬創始。

雜録

宋 關景暉《麗水縣通濟堰詹南二司馬廟記》（光緒）《處州府志》卷二八　麗水十鄉皆并山爲田，常患水之不足，去縣而西至五十里，有堰曰通濟，障松陽、遂昌兩溪之水，引入堰渠，分爲四十八派，析流畎澮，注溉民田二千頃，又以餘水瀦而爲湖，以備溪水之不至。自是，歲雖凶而田常豐。元祐壬申，堰壞，命尉姚希治之，明年，帥郡官往視其成功。堰旁有廟，曰詹、南二司馬，不知其誰何，墻宇頹圮，像貌不嚴，報功之意失矣。尉曰：常詢諸故老，謂梁有司馬詹氏，始謀爲堰，而請於朝，又遣司馬南氏，共治其事。是歲，溪水暴悍，功久不就。一日，有老人指之曰，過溪遇異物，即營其地，果見白蛇自山南繞溪北，營之乃就。明道中，有唐碑刻尚存，後以大水漂亡，數十年矣。鄉之老者謝去，壯若復老，非特傳之愈訛，而恐二司馬之功，遂將泯没於世矣。廟今一新，願有記焉，予以二公之作，而興廢之迹罕有道者，按，近世葉温叟爲邑令，獨能悉力經畫，疏闢楗畜，稍完以固，葉去，無有繼者，姚君又能起於大壞之後，夙夜殫心，浚湮決塞，經界始定。嗚呼，天下之事莫不有因，久則弊，弊則變，變則復，理之然也。因之者，二司馬也，弊而能變，變而能復，葉、姚之能事，豈下於詹、南哉，後之來者，令如葉、姚二君，堰之事安能已哉。

（天順）《明一統志》卷四四　詹南廟在松楊縣通濟堰，梁時詹、南二司馬作堰溉田，有德於民，故祀之。

（雍正）《浙江通志》卷二四〇　麗水縣梁詹司馬墓在縣西南三十里，即梁時開通濟堰者。

（雍正）《處州府志》卷二　本朝康熙甲寅，閩變蹂躪堰圮，經麗水縣知縣王秉義修築，邑人王繼祖記。丙寅大水衝壞且盡，司馬廟圮，郡守劉廷璣大功修浚完固，廟宇重新，民德之，繪象尸祝于廟，自爲記。雍正七年，知麗水縣王鈞奉行重修，但山水陡急，冲没無常，旋修旋圮，工費不貲，留心民瘼者，不可不因時加意焉。

（乾隆）《松陽縣志》卷四　通濟堰在縣東六十里，水出松遂，實灌麗水民田。蕭梁時，詹南二司馬築堰於松陽境上，功久不就，忽遇老叟指之曰，過溪見異物即其地也。如其言，果見白蛇横亙中流，以刃擊之，蛇逡巡而退，血流如繩，於是循其迹而築之，堰乃就。然每爲謝坑横流所噎，每歲需再□淪。宋政和初，麗水縣令王禔、縣尉葉秉心始建石，亟至今民受其利，爲四十八泒，溉城西田二十餘頃。

清 顧祖禹《讀史方輿紀要》卷九四　通濟堰在縣東六十里，與麗水縣接界。《志》云：蕭梁時，詹南二司馬始創此堰，宋元祐以後，不時修築，乾道中，州守范成大復加葺治，以溉松、遂二縣之磽埆，以後皆因故址增修。今縣境以堰名者凡數十處，皆本通濟之意，蓄水溉田云。

清 雷學海《續增規條》（同治）《麗水縣志》卷三　一、被水先行揭吊游枋。自初一日放水起凡七晝夜，注足三原，第八日開車三原，各閉槩枋連車三日，第十一日以後，傚照舉行，惟開拓槩不閉游枋，俾堰水得源源而來，但放水七日期內，有盜水之弊。開車日上、中二原，有盜車入就近湖塘者，俱宜一律嚴禁，龍神及詹南二司馬廟，每年六月朔，知府及水利同知率堰長、公正人等敬以猪羊告祭，分胙飲福，即日查看水利，申明禁約，商辦一切事宜。至十一月，知府再詣致祭，以報歲功，并豫籌來年事宜，如執事人等有宜加甄别者，據實查明，以資核辦。一、分管挑疏啓閉者，有牐夫、有槩首、有鄉夫，斗門堰口一帶牐夫掌之，堰口以下分設六槩，槩首掌之，其旁支分流各村者，鄉夫掌之，皆令堰長、公正就近稽查，各槩首責令依期揭吊，如法放水，倘有豪强擅行啓閉，及槩首串匿賣法，均許禀官究治。牐夫、鄉夫之設立，法與槩首同，惟查舊志，牐夫四名，以坐落松陽縣田六畝，給伊耕種，每年仍發役食銀一十四兩四錢，又添給工費銀十兩，以備添雇壯夫。而槩首不給工食，殊無以昭畫。一、現除旁支小槩照舊設立鄉夫一名，輪管免其夫役不給工食，并鳳臺九思，兩大槩不用游枋揭吊，但平石分水，毋庸專設槩頭外，其開拓石剌、城塘、陳章四槩，每槩設槩首二名，每年每名酌給役食銀三兩六錢，察有土圮沙淤，刻即通知堰長、公正，隨時挑挖，無庸另給工費。所有牐夫、槩首應行支給者，照前銀數均於西堰租息項下，按季支銷，仍飭牐夫、槩首按季出具挑挖深通，并無淤積甘結，禀報縣丞，該丞於每年十一月，加結報府聽候查驗。一、全渠工段綿長，恐牐夫、槩首勢難兼顧，嗣後渠水旁支責令堰長、公正督率田户，各於該村受水灌溉處所就近疏通，每年十一月，飭各堰長、公正等，出具挑挖深通，并無淤積，及安碓阻水切結，同牐夫、槩首各甘結，由縣丞衙門加結報府聽候查驗。一、歲修之外，遇有大工，由縣丞查明應修工段，禀請委員會勘，估工繪圖具報，限一月内竣工，所用鄉夫即照歲修，自帶鈀鋤、筐挑等件，辰到酉歇，每名每日給發飯食、錢卅文。至上原斗門一帶易致淤塞，尤宜隨時挑浚，而中下兩原相距較遠，策應爲難，嗣後尋常，挑浚仍責成牐夫外，如遇大工，就上原隣近添雇民夫，其三原出力防工者，照常給發飯食錢，以示體恤。一、渠岸爲挑浚時，堆積淤沙之所，不准開墾種植，近因渠身久未淘挖，居民日漸墾種，及估蓋寮房，現經查出有礙水利者，押令退折外，其尚可通融者，現經委員查丈侵佔畝分，另册注明每畝照上則田完租，二官石委縣丞就近征收，照市變價解府抵補槩首、役食，餘歸西堰租息項，內解貯府庫以備工需，所有向給鄉夫挑淤十千零五百文，人多費少，有名無實，今既責成槩首八名，牐夫四名，分段挑浚，酌給銀兩，鄉夫毋庸再給。所有前項十千零五百文，一并歸入租息，解府備工，以省糜費。一、廟祝歲收租穀十五石，供奉香燈，灑掃殿宇準用雇工一名，不準濫收門徒及婦女入廟燒香，其後殿廂房如有授徒者，准其報明設館，不准索取館租，倘廟祝不守清規，查逐更換。案，以上新規八條，并未勒石亦未載入堰志，其第二條係田畝租穀數目，具見後文，茲不贅録，至所云查丈估租地畝，照上則田完租云云，各佃未經具結，租尚無着，故抵給槩首役食及添設槩首八名，酌給銀兩之處，均未舉行。

（光緒）《處州府志》卷二　鷹鳥山縣南五十里，鄉時通濟堰興築，伐篠於山，又名堰山。

又 卷二六 《范石湖書通濟堰碑》　文凡十四行，行書徑一寸五分，堰規附載水利。通濟堰合松陽、遂昌兩溪之水，引而東行，環數十百里，溉田廣遠，有聲名淛東。按長老之記，以爲蕭梁氏時，詹南二司馬所作。至宋中興，乾道戊子，垂千歲矣。往迹蕪廢，中下源尤甚，明年春，郡守吳人范成大與軍事判官蘭陵人張澈，始修復之。事悉具新規，三月，工徒告休，成大馳至斗門，落成于司馬之廟。竊悲夫水無常性，土亦善堙，修復之甚難，而潰塞之實易，惟後之人與我同志，嗣而葺之，將有考於斯。今故列其規於石以告。四月十九日，左奉議郎權發遣處州軍州主管學事兼管內勸農事范成大書。

右宋郡守范公成大《通濟堰記》并堰規二十條，乾道四年頒發，五年張澈立石，舊志僅録記略，又脱去六十八字，今摹石刻始全，然規石雖存，字迹模糊難辨，今取相傳堰志一書録之，原刻尚有堰山一條共二十條，今止十九條。據堰志云：堰規凡二十條，今除去堰山一條，蓋舊堰自春初起工，用木篠築成堰堤，取材於山欄，水入堰。自開禧元年，郡人參政何澹築成石堤，以圖久遠，不費修築，因請於有司，給此山，今山爲何氏物業非堰山矣。是則何氏因捐築石堤，後據山爲已有，遂除去堰山一條，存十九條，附載水利。

（光緒）《處州府志》卷二六　重修通濟堰碑　碑高七尺，廣四尺，記二十一行，行三十字，行書徑一寸，碑文載水利。

又 元時《重修通濟堰記》葉現撰并書，月忽難篆額，重修者，幹羅思，字謙齋，高昌人。

六门堰

綜述

唐 李吉甫《元和郡縣志》卷二三　六門堰在縣西三里，漢元帝建昭中，召信臣爲南陽太守，復于穰縣南六十里造鉗盧陂，累石爲堤，旁開六石門，以節水勢。

唐 徐堅《初學記》卷八　五龔六門，《周地圖記》曰：五龔山有五梁，漢延相接，曰六門堰。西三里擁湍，邵信臣所作也。

宋 樂史《太平寰宇記》卷二七　六門堰，魏文帝大統十三年置六斗門節水，因名之。

又 卷一四二　六門堰在縣西三里擁湍水，亦召信臣所作也。信臣，漢人，爲太守。

清 顧祖禹《讀史方輿紀要》卷五四　六門堰在縣西，《水經注》：五泉渠西，自扶風縣流入，經三時原，又有六門堰。西魏大統十三年置六斗門，以節水。《唐史》：武功縣有六門堰，久廢。懿宗時，李頻爲邑令，按故道浚渠，溉田穀以大熟。又《宋史》：熙寧五年，提舉沈披，乞復武功故迹六門堰於石渠南二百步，傍爲土洞，以木爲門，回改河流，溉田三百四十頃，蓋妄爲大言也。

（雍正）《陝西通志》卷四〇　咸通十一年，咸陽縣民薄逵等上言：六門淤塞，沿渠之地二十年不得耕耨，而其官歲以水籍爲税，請假錢二萬八千九百八十貫以爲修堰工作之費。候水通流，追利户錢以還京兆府，爲之奏，乃詔借内藏錢以充命，中使董其事，又令本縣官專之計役，用萬七千緡。按唐李石記，咸通十三年，京兆府奏修六門堰畢，其渠合韋川、莫谷、香谷、武安四水，溉武功、興平、咸陽、高陵等縣田二萬餘頃，號渭白渠。言其利與涇白相上下。李頻初爲武功令，有六門堰者傾廢百五十年，方歲饑頻，發官倉庸民浚渠，按故道厠水灌田，穀以大稔，懿宗嘉之，賜緋衣、銀魚。熙寧五年，提舉沈披乞復武功故迹六門堰，於石渠南二百步，傍爲土洞，以木爲閘，回改河流，溉田三百四十里，迂潤少效。

（乾隆）《府廳州縣圖志》卷二三　六門堰在縣南，《十道志》：西魏文帝大統十三年，置六斗門節水，因名之。宋熙寧五年修復，凡溉田三百四十里。

傳記

《宋書》卷八一《劉秀之傳》　劉秀之，字道寶，東莞莒人，司徒劉穆之從兄子也，世居京口。【略】太祖、世祖鎮襄陽，以爲撫軍録事參軍、襄陽令。襄陽有六門堰，良田數千頃，堰久決壞，公私廢業，世祖遣秀之修復，雍部由是大豐。

唐　杜佑《通典》卷二《食貨二》　太康元年平吴之後，當陽侯杜元凱在荆州，今襄陽郡。修邵信臣遺迹。邵信臣所作鉗盧陂六門堰，并今南陽郡穰縣界，時爲荆州所統。

《新唐書》卷二〇三《李頻傳》　李頻字德，新睦州壽昌人，少秀悟，逮長盧西山，多所記覽。其屬辭，於詩尤長，與里人方干善。給事中姚合名爲詩，士多歸重，頻走千里丐其品，合大加奬挹，以女妻之。大中八年擢進士第，調祕書郎，爲南陵主簿。判入等，再遷武功令。【略】縣大治，有六門堰者，廞廢百五十年，方歲饑，頻發官廥庸民浚渠，按故道厮水溉田，穀以大稔。懿宗嘉之，賜緋衣、銀魚。

紀事

《舊唐書》卷一一《代宗本紀》　京兆尹請修六門堰，許之。

宋　宋敏求《長安志》卷一四　按唐李石記，咸通十三年夏四月戊子，京兆府奏修六門堰畢。

《續資治通鑑長編》卷一二三　寶元二年二月　戊辰　兵部員外郎、知制誥謝絳知鄧州，絳請之也。距州百二十里有美陽堰，引湍水溉公田。水來遠而少，利不及民，瀕堰築薪土爲防，俗謂之墩者，大小又數十，歲數壞，輒調民增築，奸人蓄薪茭，以時其急往往盗决堰，故百姓苦之。絳按召信臣六門堰故迹，距城三里壅水注鉗盧陂溉田至三萬頃，請復修之，可罷州人歲役，以水與民，未就而卒。

又　熙寧五年五月丁未　提舉陝西常平等事、國子博士沈披言：『乞復京兆府武功縣古迹六門堰，於石渠南二百步傍爲土洞，以木爲門，回改河流，可溉田三百四十里。』詔陝西提舉常平司官一員與披同相度，如合興修，即計工以聞，其後竟無功。

雜録

宋　宋敏求《長安志》卷一四　六門堰，《十道志》曰：西魏文帝大統十三年置六斗門節水，因名之。

元　李好文《長安志圖》卷下　咸通中，京兆修六門堰，治韋川、莫谷、香谷、武安四水，溉武功、興平、咸陽、高陵等田一萬餘頃，今廢。

清　唐仲冕《陶山文録》卷七　在昔鄭國鑿涇水，自中山西邸瓠口爲渠，并北山東注洛，白公於其上游引渠東南行入渭，溉民田者皆數千萬頃，厥利溥哉。唐世除碾磑決支渠開六門堰，歲收秔稌三百萬石。

清　許鳴磐《方輿考證》卷三一　六門陂在鄧州西，亦信臣所造。立經湍水又逕穰縣爲六門陂，漢孝元之世，南陽太守召信臣，以建昭五年，斷湍水，立穰西石碣。至元始五年，更開三門爲六石門，故號六門碣也。漢末毁廢，遂不修理。晉太康三年，鎮南將軍杜預更復開廣，利加於民，今廢不修矣。六門側猶有六門碑，又《淯水篇》：昔在晉世，杜預繼信臣之業，復六門之陂，遏六門之水，下結二十九陂，散流咸入朝水。《宋史·謝絳傳》：知鄧州，距州百里有善陽堰，引湍水溉公田，水來遠而少利，不及民終，按召信臣六門堰故迹，距城三里，壅水注鉗盧陂，溉田至三萬頃。《寰宇記》：六門堰在穰縣西三里，擁湍水亦召信臣所作也。按六門陂即六門堰内之陂，與鉗盧陂皆自六門納湍、朝二水以溉田，朝水即今刀河也。

龍河橋堰

明 韋明傑《龍河橋堰記》（康熙）《萬載縣志》卷一四 邑故有竹山洞水合塢溪交流，城内環泮宫以達於龍河，龍河故有橋與兩岸城闉相連，爲者譚熄世建橋之下有堰。則其子姓通族所築，因設水碓以爲利，而一邑之風氣與扞蔽實兩藉焉。歲己酉，馮夷作祟，懷囊之勢高出城頭，一時闢門，橋堰盡傾圮。甲寅秋，譚君經濟慨然繼祖志重修，是橋越乙卯復圮，再又復修皆獨力肩之，橋遂以成，至今綿亘，而堰則僅存故址。後且爲不法者去其所忌，浸以蕩然。譚聚族而訟兩臺，兩臺檄行府縣議復其舊，逡巡二十餘年徒望洋而嘆。予壬申葺理城垣，爲重建左闢麗譙，見水門高廣以殺水勢。厥功固偉，將無尾閭洩之風氣大散乎。且新上之民，飛駕小艇闌入城河，設有奸人暴客溷迹其中，何以譏之，因與譚君數徘徊水次曰：是堰可復也，譚君唯唯而咨，嗟于衆心之不一，專利之多口。予曰：碓則私而堰則公，以一勞貽永利，以利益一姓者，小而以關通邑之風氣，以資一方之扞禦者大，且橋可繼先志，而堰獨不可嗣前功乎？矧有憲檄在即耑利庸何傷？於是譚君復唯唯相率醵金積薪，負土畚插旋施堤址垂就，會暑雨横流，仍旋築旋圮，予再鼓以作其氣，終不以一簣廢九仞也。已於事而竣，相與登城，凭橋眺望，二水洋洋，交潴學宫之前，迤邐虹橋，瀠洄筆架，無復有奔流如箭，一瀉無餘。令人覩川流而興情逝者，不大有裨於人文之聚乎？水陸十門而水居其三，南浦踞其上流，塢溪樹以石栅，龍河得此一堰，爲北門鎖鑰，無復有篙師舵伯銜尾，而進爲奸人暴客所睥睨乘間竊發者，不又有益於于掫之助乎？是役也，計費鏹若干緡，爲譚姓通族科派有差，議以朝夕錐刀佐歲時修葺。所謂因利以導之，不損民財，不費官帑，而實陰有造於全邑者也，乃某經營拮据克紹前業，令堰與橋襟流如帶，不致問諸水濱以有今日，則惟譚君之功，予特爲記其事勒諸石，以告後之君子，庶幾無使有不法奸民去其所忌，以與譚氏讎而重以拂通邑之同然者，是爲記。

蟆頤堰

論説

宋 魏了翁《鶴山全集》卷四〇《眉州新修蟆頤堰記》 明年，余來爲守，訪問民疾苦，多以是爲言，欲爲改作，【略】余往觀焉，且命客以俱，丞曰：是亦庶幾無憾。余曰：不是所謂隨宜救弊然也，而長利乎？且州之水近自白虎江來，其爲派二，東流直蟇頤則病堰，西流薄州溉則病城，是雖三尺之童亦皆見之，而先是者弗此之圖，今東流日下，吾恐武陽之山可泐音勒，考工石有時以泐，邛笮之林可禿，而筭畝增豯，抗民之精將自是日極矣。今爲教曰，盡一年勿復斂，丞能自信矣乎？曰：然則徙東流而西之，其庶可乆乎？曰：西亦吾民也，東免於堰患，而西爲城憂，是以利易害而弗可爲也，曰：柰何？曰：移東而西，偏也；移西而東，亦偏也。吾欲截江爲楗，以捍東流，而灑渠於東西之兩閒則城，若堰將兩利焉，不乃可乎？丞瞿然，曰：命之矣，敢請事期而客有難？曰：因其故而歲爲之防，可截江爲之以徼，幸萬一不可。曰：何由知其不可也？曰：聞齊人延年言於漢武，欲開大河上領，帝謂此大禹之所道，不可改。杜預將橋大河或亦以爲商周所都歷，聖賢而不作，殆必難立。然則是堰也，昔人之經啓於斯爲不少矣。而顧未有及此者，子之知也，誠足以盡出古人乎哉？吾恐灑渠之利未即見，筭畝之緡未可罷，而

宋 魏了翁《鶴山全集》卷四〇《眉州新修蟆頤堰記》 距州城之東七里，所曰蟇頤津者，唐拾遺孟公昭圖以直道不容，爲田令孜所沈處也。先是開元中，益州刺史張仇公兼瓊爲堰於吾州者二，由新津縣之西曰通津，由蟇頤山之西曰永濟，水利凡溉眉山、青神之田畝七萬二千四百有奇。國朝天聖末，使民輸歲修之緡，畝筭餘錢五十，元豐遂增至百四十有二，米爲升者一，民患苦之。淳熙九年，郡守武信楊公輔易爲官修，有所謂王景堰北牙與田祖、田迪諸堰故疊石爲堤，至是以竹落易之衡。廣一百二十丈有奇，視昔用度盖已十損其二，而比歲東流益悍，春磨之家又鑿之，以浚其流，磯之以怒其勢，故其下俗所謂蘆花筒者，日見漱齧，筒下之田疏惡不支，迨嘉定五年，水又坌至，射王景堰，僅餘尋丈，幸未決，決則堰高江庳水且盡注之江，七萬畝之種將不得下，明年余來爲守，訪問民疾苦，多以是爲言，欲爲改作，則築事已動，先是畝筭不下八十錢，以給丁庸，會廣漢張麟之來丞眉山，增科三十有八，且爲教於民，約一年勿復斂，又節縮財用，損常年三之二，凢得錢三百萬。於是畚武陽之石以爲堤，下邛筰之竹以爲楗，使植根既固，雖有漲潦不能侵噬，一日戒余以竣事。【略】乃以控于刑獄常平使者潼川楊公子謨，議未决，會行郡，相與按視，始盡得其利害之要。捐錢七十萬俾經始。余亦以少府二百萬足成之。命丞受役焉，會計金穀，兵馬都監吳戒事期，程護工作，水工以時，物土賦丈，庸丁以時，架筍揵石。起冬十月，汔明年春三月，累日積工，凡若干，民之無職事者，受庸而爲之。渠成而前以爲非是者，往往自異其説，謬見稱述。余復謂之曰：始而非之者，固未必是。今而是之，亦不得爲非乎？水爲天下之至險，有非知力所能周者，而子爲是乎？易曰：窮則變，變則通，通則久。若夫變而通之使可久，而不窮則在來者，非吾所敢知也。乃以爲記。

（天順）《明一統志》卷七一 蟇頤堰在州城東七里，唐開元中益州長史韋仇開創，障蜀江水溉眉山、青神田畆七萬二千有奇。宋嘉定間魏了翁來守，又畚武陽石壘堤，其利視昔尤博。了翁有記。

截江爲楗，歲一勤民，是以百仞之堤爲阱於國中也。其能久居此乎？使來者或不能卒子之志，歲一罷修，則今之消功殫賄，以爲之者將復潰而東趨，而前功廢矣。曰：抑余聞漢人之習於灌溉者。曰：張戎嘗言水性就下，疾則自刮除，成空而稍深，今灑渠以浚之，其勢將日下，下則疾，疾則刮除，而深昔之東注，而病堰者皆將爲中道之歸，歲不過捐錢百萬，以爲截江之防，而王景堰之役可漸省，以至於不必復事矣。與其歲捐三倍之費，以救其末而爲害未有既也，且是非之心焉可誣也。今惟其是，孰不我是，今而非也，安能强來者之不我非邪？况渠成民之利也，其不成也，所捐不過異時所以待遇使客者，今少府損節之，以復于民耳，而來者何得以非我。

（雍正）《四川通志》卷一三 蜀省水利所在多有，而都江一堰尤爲利溥功鉅，即成都所以稱沃野千里者也。當事於此，再一致意，故成屬諸堰志中一一備載，至若眉州之蟇頤堰、彭山之通濟堰，與夫嘉定之楠木、夾江之龍興等堰，利賴雖不及都江之廣，然經章仇兼瓊魏了翁、張能鱗、劉際亨諸公疏浚修築，仁人之澤，歌頌難忘。

清 康基田《河渠紀聞》卷一九 眉州蟇頤堰，農民衣食之源也。利多而澤溥，沾溉已久，年久堰圮渠塞，利源減息，至是議開，疏稱眉州地方向有蟇頤一堰，洹流四十餘里，灌田二萬餘畝，爲利甚溥。邇年以來，堰堤圮壞，沙水横流，溝渠墊如平陸，民力築浚維艱，常以旱涸爲患，地方士民呈請動支公項修理，委員查勘，據稱蟇頤一堰若得修築，不特可以灌溉水田二萬餘畝，即將來凡沿堰渠之旱地，皆可改爲水田，甚有裨益。請於各官養廉截曠銀內動支六百兩，委官督修，此後每歲修浚，責令需水人民按地方遠近，計田畝多寡公估公捐，交眉州州判經管辦理，工竣據實造報，奉硃批：興修水利原係善舉，欽此欽遵。儹辦蟇頤堰，障蜀江水，溉眉山青神田畝，魏了翁取武陽石壘堤，其利尤溥。引灌雖不如都江堰之大，而資用甚便，修還舊制，眉州士民永沾利濟之益矣。

清 李元《蜀水經》卷四 蟇頤堰，唐采訪使章仇兼瓊所修，堰長八十餘里，灌田四萬七千七百餘畝。

（嘉慶）《眉州屬志》卷八 蟇頤堰，州東七里，唐采訪使章仇兼瓊因蟇頤山築堤，障蜀江水溉眉山、青神田，自堰首起至蠶叢鄉止八十餘里，分東、中、西三大堰，大小筒口百餘道，共七萬二千畝有奇。宋嘉定間魏了翁守眉，又畚武陽石壘堤，其利尤溥。并爲作記。元明淤塞，國朝雍正十二年，知州王牧詳請撫院鄂動支各官養廉，截曠銀六百兩以爲工費，自堰首起至韓賓廟止，用人夫二萬有奇，灌田一萬八千餘畝。每年修理按畝公捐，後漸淤塞，水利稍歉。乾隆三十四年，知州任履素令堰長清丈積年開墾田畝，并原額共四萬三千數百餘畝。每畝派捐以爲疏鑿之費，於是均沾水利。四十五年，水大泛，堰堤沖刷，增派愈多，□□實因之，堰愈不修。五十三年，知州趙秉淵另設堰長清丈，新增共四萬七千七百餘畝，派捐修砌，水始暢流。嗣後，寖以懈怠，復多傾塞。嘉慶元年，知州涂長發清□□積，派畝補修冲塌堤埂二十餘丈，升高堰嘴二十餘丈，水仍復舊。

傳記

《宋史》卷四三七《魏了翁傳》 知眉州，眉雖爲文物之邦，然其俗習法令，持吏短長，故號難治。聞了翁至，争試以事，乃尊禮耆耇，簡拔俊秀，朔望詣學宫親爲講説，誘掖指授，行鄉飲酒禮以示教化，增貢士員以振文風，復蟇頤堰，築江鄉館，利民之事知無不爲，士論大服。

（天順）《明一統志》卷七一 胡彦祥，永樂初知眉州，重農務，新廟學，修蟇頤堰以廣水利，間遇旱潦，民無饑色，皆感慕之不忘。

（乾隆）《江南通志》卷一三九 梁楹，字汝直，江寧人，嘉靖丙午舉人，仕至荆府長史，初令鹿邑，遷守眉州，玻璃江勢暴悍善徙，侵囓城址，楹用宋魏文靖蟇《頤堰記》之説，截江築堤百八十丈，導使中流，城乃不危，至今賴之。

（嘉慶）《續眉州志略》 趙繼，聖州人，素行端方，因州治蟇頤堰，自韓賓開鑿後，灌溉良田三萬餘畝，年久滋弊，致逐年修費不敷，於乾隆五十年間州守趙飭堰長經丈，繼聖秉公奉行，於舊額外增一萬餘畝，共成四萬七千有奇，酌議堰規，至今利賴焉。

紀事

《清會典則例》卷一三四 雍正【略】十二年覆準修理眉州蟇頤堰。

清 康基田《河渠紀聞》卷一四 康熙元年【略】重築眉州障江堤堰，引灌農田，按，此即章仇兼瓊、魏了翁所築之蟇頤堰也。堰在蟇頤山下，障蜀江之水以灌眉山、青神之田，蟇頤山連峰壁立五十餘里，至此磅礴蹲踞形類，蟇頤山腹有穴曰龍洞，其下爲璨江，即岷江也。一名蟇頤津，其西松江會醴泉江合入大江，衆水所聚，由此分流灌田，江水高而田下，有建瓴之勢，一吸數百里。惟江流浩瀚，堰立中流障水，怒激衝蕩震撼，歲修必以時也，眉州牧趙蕙芽重事修築，益加堅固，民安其利。眉州堤堰自唐開元中益州刺史章仇兼瓊迎江築堰，障江水入田，灌眉山青神田畝七萬二千有奇。又開彭山興通濟堰大堰一，小堰十，自修覺山下引水下注，分四筒穿渠，灌溉彭山、眉州、青神、新津等處二百餘里，復引萬年池水溉成都田，蜀人廟祀至今。厥後修廢不常，自宋嘉定中殘缺日甚，魏了翁至眉，力圖修舉，畚武陽石壘築成堤，復蟇頤之舊，其利尤普。皆表人寰於今不亡者，至青神之鴻化堰，分陂五十餘，鴻化爲最大，彭山之馨堰擁江水爲大堰，開六水以灌郡田，皆支分江流與蟇頤同源，自唐迄宋蟇頤堰歲修不廢，及今繼美前賢，使惠澤常留，江干綿引弗替，始可安利而成民也。

又卷一一九 雍正十二年，川撫鄂昌奏請修復眉州蟇頤堰以灌民田。

馬儀新墅堰

論説

明 毛一公《馬沂新墅堰記》（萬曆）《遂安縣志》卷一　甚哉！水之爲利害也，姑亡論鉅者，即如田間之水，傾頽則涸，衍溢則菑。甚哉！其爲利害也，是故《周官》稻人掌稼下地以潴畜水，以防止水，以溝蕩水，以遂均水，以列舍水，以澮泄水，所爲興利而備其害者，詳已甿亡捐瘠有以哉。吾邑土田磽陋錯山谷間，又無名川巨浸可引以溉，所恃者亦堇堇山谷間泉障而注之已耳。顧其源大者數傾，小或百千餘畝，爲力尚易，獨城南一區廣袤幾三十傾，而馬儀官堰寔障上流諸泉，而支股灌之所從來遠甚。

綜述

明 毛一公《馬沂新墅堰記》（萬曆）《遂安縣志》卷一　嘉靖己亥大水，堰礪焉，時郡理陸公愚以安反側，至趣令堰長張時明鳩工捷石，百姓饗其利既數世云。頃已氏有專利於私，下流絶梁以獻，而河壖督亢，盡化沮洳受，田不勝害也。多方禁諭，卒不可止，則群持牒，邑侯馬公愬焉。公廉得其情，即日自臨勘所立，命撤梁已氏有子善泅時則亟投水中，佯若自沈狀，公竟撤不爲動。蓋撤未半而泅者出諸水，已氏伎倆窮矣。額設堰長、總甲各一，而十甲隷焉。公爲按籍均地得十一甲，因裁堰長而令十一甲遞爲政，舊有龍王廟，圮久矣，神寄十里外村廟中，公至是復剏龍王廟一于堰側，以填厭之，及秋諸受田者大慰豚蹄之祝，於是堰長張良翰、陰陽訓術陸言等走謁，予曰：『吾儕小人以食爲天，以堰爲命，異時礪於水則病□，乃者壅於梁則病，泄害埒也。』然城□之撤梁，與陸公之塞，隕其於利，民則一而以程工之難易，則不啻什百相遠矣。予曰：『吾聞陸公之復是堰也，金以百計，下捷之木以千計，課工以萬計，公令者舉事才數日耳。□未嘗費一錢，若顧難公而易陸也。』曰：有堰之方決也，人人荷捶，上令如望歲焉，故二聞經始薪已屬於河矣。夫已氏非福於利者，當投牒時，陰謀陽抗百相齕也，百相撓□，儻微我公神明能竟撤乎？窃以爲復圮堰易，撤私梁難，陸公之績，邑縉紳應龍業已紀之矣，矧績如我公者，夫□可以無紀。予曰『然』，遂論其語勒之貞珉，以識不朽。公名呈鼎，別號□□，歲戊子科楚進士，公所捱差十一甲而遞爲堰長者，張良翰、任明彩、任清文、任一陽、任時金、張良奇、任□英、任應瑚、陸乾、陸應夢、任遠禮、任一問，而時明之孫良翰勤勞最懋，總甲即陰陽訓術陸言也，已氏名具投牒中，兹不載者，庶□其艾而無終怙爾。

（雍正）《浙江通志》卷六〇　馬儀新墅堰　在縣西南十里，舊本二堰，元至治間縣尹梁居善始合爲一，邑人陳泌爲記。明嘉靖己亥大水壞，節推陸愚重築，邑人陸應龍記，尋圮，知縣馬呈鼎重築，邑人毛一公記。國朝康熙十年典史李守奎督修，二十一年大水壞，縣丞王時來督修，二十四年知縣何偉重修。

（嘉慶）《清一統志》卷三〇二　馬儀堰在遂安縣西南十里，一曰馬沂堰。其東北一里許又有新墅堰，皆吴越時築，共溉田一千七百餘畝。元至正中縣尹梁居善重築合爲一堰，本朝康熙間屢修。

紀事

元 陳泌《馬儀新墅堰記》（康熙）《遂安縣志》卷一　遂安縣西南十里有潭曰馬儀，土人堰下流，慨田七百畝，而嬴堰圮，男率爲陸，又東北一里許，故老言吴越時命縣人尚書王公郾將卒赴他所，過其鄉，逗卒信宿堰馬儀，餘流曰新墅，浚溝東北行五里許，溉田千畝有奇。以逗撓擅興誅，或訟其溉田功，則還級以瘞，俾世司之以利其子孫，至治三年癸亥秋八月，眞定梁君居善宰縣事，興廢拯獘，物土宜諏故事，水利皆舉，首築大塘，次馬儀遺址，以人事不齊，水利不均而鬬訟繁起，乃命僧壽福、邑民徐元祐集二畈田夫復馬儀，合新墅爲一閼，其衝時啓閉以通舟桴，鑿其尾爲水道而別溝分注焉。十分計所溉，新墅畈受其六，馬儀畈受其四，每歲修治出工用亦如之。又各爲三畈分田定約，俾以次受溉於是陸者更爲田矣。懼二畈之農久而怠且易慮也。則又定其規制，俾主堰議之邑士章堅、王祥暨壽福、元祐行之，父老造學宮，請曰：令君不勤我農而獲盡力於田畝，水利均而田不憂於旱乾，規制立而吾子弟不惰不嚚，而猶告教諄諄，然恐一夫不得其所也。昔南陽召父立均水約，民到於今懷之，敢乞言垂久，俾無忘令君之德之功且詒則焉。予惟梁君公而通廉而温敏於事而歎焉，若不及其爲政本教化而先農業，故涖官未期月及民已如此，余爲爾父老記之，亦無媿矣，於是乎書。

清 方象瑛《重建馬儀新墅堰記》（雍正）《浙江通志》卷六〇　吾邑有馬儀潭，土人瀦而堰之，溉田七百一十畝。又支流東北一里許，舊傳呉越時邑人王尚書鄗率師過故里，役卒浚馬儀餘流曰新墅，溉田一千八十畝。當時固二堰也。元至治三年，縣尹梁居善始合而爲一。明嘉靖萬曆中，屢壞屢修，距今又百餘年矣。順治己丑，里人任文學兄弟醵金修築。康熙壬戌，復大水，堤石崩圮，日久且有盜石者，漁舟上下又去其楗，堰遂大壞。比年來，河流奔瀉，春秋之交，田畝龜坼，農甿重困。夏六月，兩畈民倡議重建，請於邑侯何公，報可。余命從弟象璠偕姻友余肅、徵徐瑞爲之綜理，經始於七月，落成於十二月。五十三年壞，知縣陳學孔重修。

縻棗堰

論説

宋 何涉《縻棗堰劉公祠堂記》《成都文類》卷三四　益居三蜀中，地廣衍，疏衆流以沃民田，以塹都邑，由是得川名。故時汶江跳波，刮午門南東注，治有子城而無郛郭，唐丞相高公駢之作牧也，懲蠻詔張吻擇腴而噬，且謂走集宜險，因度高城，其外周數十里，開包橐以容居民。築堤郫江，號縻棗堰，折湍勢匯於新城北，以休養生聚，護此土。不然，五代遘屯，靡皇西略，兩僭相繼，弗恤弗備。

宋 楊甲《縻棗堰記》（嘉慶）《四川通志》卷二三　伏念蜀土肥衍，由引江溉焉。有如波流湍悍，則嚙渚厓，穡事昏墊，民且不奠居。縻棗堰者，殺湍悍之臣防也。粤攷厥初，雖肇於唐高駢，然陴陋易圮，不足以陻洪源，折逆流；逮隆崇基以漉沉澮灾，引注灌溉，膏我粱稻，絶其氾濫決溢者，宋端明殿學士劉公熙古之力也。自開寶以迄於今，踰二百年，而沃野之利溥矣。享其利而忘其功，不可也。斯亭之作，無乃章劉公之懿而起蜀人無窮之意乎？蓋公之政，以惠利斯民爲急。方其弭節，奏減蜀之酒課四十八萬緡；籠梁關中，亦七十六萬斛。公所爲若是，故視有功於民者，欣然之色發越眉宇；其惓惓於劉，宜也。甲承命書之，使後之登覽者，不獨有微禹之嘆，而敬公章善子能之意焉。公名成大，號石湖居士。道德文章，震撼九牧，嘗使絶域，有功矣。集於亭之月，上詔來錫公命，加敷文閣直學士，召赴行在所。其治蜀之績可知也。

綜述

宋 何涉《縻棗堰劉公祠堂記》《成都文類》卷三四　皇朝乾德四載秋七月，西山積霖，江水騰漲；拂鬱暴怒，潰堰，蹙西闉樓址以入。排故道，漫莽兩壖，洶洶趨下，墊廬舍廛閈，浩乎若尾閭横決，傍無厓涘。思次之旌與交易之質劑離，聯渾沄雜，百物資儲，蔽波而逝，獨用畫故，民得不爲魚。開寶改號之初，天子輟端明殿學士、尚書兵部侍郎劉公熙古帥州，始大修是堰。約去訖民害，招置防河健卒，列營便地，伺壞隙輒補。以故連絶水虞，比屋蒙仁，多繪像而拜恩之，與乖崖等。自時厥後，繇祀八十，功忽而歲輕，事久而日遺，言言巨防，腹薙隤毁。升高遐望，江之端瀕城，大齧如餒鶩焉。恬而弗圖，可爲駭嘆！慶曆乙酉朝議曩霄，歸嘆西邊粗定，回顧井絡，宜得良帥，遂自隴右加今知府文公樞直，改轅而來。畀厥飢羸，使安業乳哺，公力勤才敏，不以高簡自飾視，劇穴若坦解牛，若石運斤。幽陰阬蹊，燭露夷易，巨細疏密，莫不曲到。一日，嘗從僚吏，詣所謂縻棗堰者。左右臨顧，推本利害而曰：非中山公，成都其瀦乎！昔者勤勞何，謂後者解施何？謂將利近易知、害遠難究哉？以吾爲尹於茲，誠不可遺西人它日戒懼。由是，大營工楗，益庳附薄，爲數十百年計。盤據廣袤，罔分隰屬，湯湯洪波，演漾徐轉。堰脊舊有神宇，榜曰龍堂，俚而且巫，義不足訓。公以爲思人愛，樹《國風》所由著美，今中山之德入人深如是，而廟貌弗建，實前所闕，因易新制敞劉公祠堂其上，爲里禜水旱、報豐穰之所。矧自經，始公發之，既作，公巡之，已成，公落之。可謂惠訓不倦，功施於民君子矣。越踰月，涉承檄至府下。公具道首尾，仍命縷其事，將金石刻。涉按《祭法》，能禦大菑則祀，若劉公者，築堰以除民害，其禦大菑者與？《春秋》常事不書，非常書，公增修兹，爲無窮利，其非常者與？衆皆曰然，遂列言以獻。慶曆六年記。

紀事

宋 楊甲《縻棗堰記》（嘉慶）《四川通志》卷二三　淳熙二年，吴都范公以鈇鉞鎮蜀。仁行如春，威行如秋，休養生息，人用以寧。越明年六月，築亭於縻棗堰下。雲汀烟渚，競秀於前，占木修篁，左右環峙，柏陰森森，亘數十里。幽曠清遠，眞益州之勝概也。又親書扁榜，揭之顔閒，遒勁絶塵，得古人用筆之意，藻繪不加，而名勝益著矣。又明年四月，公始與客集於亭上，命其諸生楊甲爲之記，甲諸轅門，上謁以辭，不獲，退。

（雍正）《四川通志》卷二二　乾德【略】四年【略】又以縻棗堰衝決，招防河一百人。

綿江

（嘉慶）《四川通志》卷二三　軍屯堰，今名官渠堰，在縣北三十里，其下有硼砂，走水襲家、唐家、黄土、馬壩、馬頭等十四堰，皆引綿水溉田。

明 金皐《綿江堰記》（嘉慶）《四川通志》卷二三　綿竹舊有綿江，發源自番落，至邑北三十里漸開衍支，形翼之東，趨下流溉壑田五十餘里。其曰西官渠河者，地形稍昂，每春作時，邑民相聚斬柔木、莒土苴，障其回潤，奔瀑南注，溉田之功，倍於東注，其不下數千畒。然無公攝，往往以人力强弱遂事，是晚州競相凌，有致死者。此政理之涵，非民之罪也，邑自令而下，先後以事去，政務益挫廢。頃新繫左邑暮廷璠，署縣事。期年而政通，詢民省方，具得水道高下之詳。相度既周，白之水利憲臬劉君，君曰：職也，圖弗可緩，乃核實計工以成算令役。遂遠大中丞宋君，大巡熊君，莫不以爲然，方伯侯君，憲長到君，兵憲俞君，廉其符移，敦翊相事，又莫不以爲然。乃敦民曰：爾有田者，量溉田多寡，差其役數，其各具畚重以從事，民歡趨之。乃剡夫浮客之土石，深及主土，輯巨石臥積之，竅其中，貫以堅木，錯綜相制，層覆糞壤，環植楊榆，石累水陘，東西分水，闢其閒而扃以木，視水之大小而啓閉之，春夏扃之，平其輪次，秋冬則去扃木，屋之江邊之刹，以待春作，木可以不速朽。横澗二丈五尺，東水深三尺，西視東殺其五寸，高視水面如其殺，以待潦水暴溢，利其性也。東西澗十五丈九尺，綿五百二十丈有奇，水分積而就輪，地無旱，民無争。自辛卯正月事，事三越月而水克奏功，其工食盡出用水者家，帑不捐金，役不動遠，堰之次第詳略，大較如此。由是，邑之士人翕然頌劉君練事之精，在人之明也。大中丞宗君曰：剏生於智，法緣於剏，堰之奏庸擲之智也，歲久而俾有考焉。法之緣也，邑之鄉進士王賓，乃以狀來徵文記之。予曰：有是哉，未水勢自然之利，常收功十之八九，能順導之，則可以代天之施，長地之力，裁成輔相與贊化育者，同豈日小補之哉。故李冰修三江之利，文翁穿湔洩，白公注涇渭，召信臣廣鉗盧之漫，皆能以衣食充足，公家之費，自三代周衡溝澮之法，癙面務功，趨時之士，各以其才能，自見蓋功，莫尚乎庸，政則首於食，古人欲興敦化之務，必先開衣食之源，播之史柵，後世引之繼之，以政也。諸君究國民事，如以左券，應物不違其度，其用心之仁，抛物之智，論其事於背，賢則何愧哉。詩云，不懈於位民之攸暨，令天子勵精圖治於上，而臣工明作媚愛於下，若此者法所宜書也。撮置其規畫之，自於石并録綜事，在官役者，姓名於石之陰，後之涖兹土者，時省而緝之，斯堰之惠尚其引之，於勿替哉。蘇長公，與羅秘校書云，人之才美，仕無高下，但能隨事及物，中無愧者，爲達若左邑，幕能用命，以修其職，君子有取焉，嘉靖九年記。

清　陸箕永《修綿江决口記》（嘉慶）《四川通志》卷一三　蜀中田土俱築小堰，分大河之流以爲灌溉，迨雨澤時，降山水漸發，而後來耜，并興而耕而種而耘，皆取給馬利甚溥也。然或商羊屢舞霖雪焉，灾衆山之流，猝然奔湧，水勢既猛，即平壞，猶且漫溢，而不可禦，何况有堰溝以引導之，卑污以受之，修築稍或不堅，河得垂勢而入，崩衝盪决。凡諸沙石之地，修竹千扶，大樹盈抱者，如摧敗蘗匀，匀原區指，顧成河其害亦非淺也。綿邑之北，綿陽河由茂州而來，出編壞口，横亘數十里，綿之人飲於斯，耕於斯，汲灌恆於斯，葢無不資之者，下酉歲夏，雨既彌月不止，秋霖繼之，河水泛漲，决熊家堰，而入歷中興場，直走羅江，達於石亭江，油油禾黍之區，都成巨浸，居民屋宇拉雜，崩摧不椎，綿邑即德安之民，咸蒙其害，此七月望夜事也。居人之善泅者，奔訴於余，余即後往，面水且没頂，不可渡。因飛票諭東北二里，令於波濤稍息時，齊集爲壅遏計。二十七日，衆舁余過江，觀中興場，則水勢淼瀰，湍急如箭，穿墻入室，挾新河而走，如萬馬奔趨。民用蕩析離居，罔有寧宇哭而羅拜請命，余心惻焉，計惟暫塞其源，則下流自涸，庶禾稼之陷於鯨波者，猶得什存一二，因俾衆編竹爲籠，以石貯焉，兩岸相望，高於水者五尺。初二三日大雨，復冲去，初四日再作之，初五日復於水中立木馬，又以竹累長縛之，中間以草，數十人曳以入水，如龍蜿蜒，奔而赴木，如是者百數，而水漸涸。外水如墻而立，余猶恐水勇而木且仆也，命衆急運石填木馬下，千人夾道而立，轉輸如環，不逾時而砣如山矣。又慮决口受洪流之衝，勢必不能久支，更於上流斜築一堤，約緊溜使南，俄頃亦成，衆始而畏厥工之難竣，頗有異議，至是乃歡聲雷勵，咸頓首感泣，謂使君活我，余亦喜衆之用命，市酒肉勞之。且慰之曰：洪水爲灾，歷代都有，今兹之役，雖遏使不行，不過姑緩目前，非久安之策，今與爾等約，明年二月，與爾再行修築，爾等須共相努力，俾永無波臣之害，以無廢前勞，此余之所望於爾者。衆皆唯唯惟命，是役也，自朔日壬午迄丙戌，不過五日，又二三兩日爲兩阻，鏤指工程纔三日事耳。雖曰人事，或亦有天幸焉，因援筆面紀之。

茗溪堰

清　洪詔《茗溪堰記》（同治）《武寧縣志》卷三二　茗溪之堰，曷昉乎？羅村陳君實庵始之也。曷成乎？其子榮詔終之也。然則皆實庵父子之力乎？非也，謀於實庵，繼於榮詔，而其村人襄之也。昔在雍正丁未之旱，村中轆轤，曉夜不絶，男婦雜田間，强壯力疲，卒無少濟，時實庵負疾，蹙額計無所出，沿茗溪上下熟籌曰：此洋洋者獨不可資灌注』耶？將捐地以是疏通，卒有心而未逮，茗溪爲伊源下游，滙溝澮以入修江羅村，在修江之厓溪水至斯平衍泛溢，欲施修築之功，高堤岸之勢，非瀦而引之，沿塍而瀹之，不能挽下流而上達，此茗溪堰之所以難成也。越六十年，榮詔奮念先志，輸金捐地，與同里姚子既成美川，時洪盛子明淮朝棟相度地勢，卜曰治事，劖凸疏渠，自夏迄秋，四越月而工始竣。合境歡呼，僉曰：『有其先之，有其後之，非實庵父子之力不及，此爰遣盛子遇翼百里款？』屬予爲之記，予憶曩時隨先孝廉訪陳君於其家，陳君論天下事，眉宇軒軒然，若無不可任兹，則遭時動念識過前人，而風捲雲馳倏然徂謝，顧不及其身，而興建於其子，向之艱於涓滴者，今且若决江河。韓子曰：『莫爲之前，雖美弗彰；莫爲之後，雖盛弗傳。』兹堰其小焉者也，而一人倡之，眾人和之，乃速成之。吾烏得不爲實庵父子羨，且爲羅村人幸也。實庵名敏，字聞捷，乾隆五十四年冬邑人洪詔記。

太保堰

清　梁鳴岡《南滸重修太保堰記》（同治）《武寧縣志》卷三一　予涖武之十年，南滸紳士上書重修太保堰，卜日鳩工治事予嘉尚焉。太保堰者，前邑乘紀載，特詳其源出嚴陽山，其流滙修水，其故道淤塞不治，距今已數十載矣。豫寧固巖邑山峻削而水馳，驟高原爲池，爲塘，以利一隅，衺坂巨落，烟火千家，土田萬頃，則沿溪爲高堰，爲深陂，灌溉不竭，比年以來，楚人來武畊山，斬五圍木剗，十文崕伐，鼓種玉蘆，久則岸谷陵洞變遷，水湧沙石以出入溪，渚軋陂堰，有力者疏之，堵之俾弗壞，而予嘗至石鑊洞禱雨，望嚴陽諸山嵐橫烟斷高，崕飛瀑萬餘丈，始知太保堰水源所自出者遠也。南滸距縣治不里許，磨礱丁山繡壤交錯，士民安業治生，不佻不弛，今春祀南壇，過原上溝洫，盈盈汩汩，分左右流，父老子弟遮輿顧盼，欲有所言，予詢之父老，稽首再拜上言曰：太保堰自客歲冬十月，鎚幽鑿險，平梘道甕門，嶙峋怪變不得過者數十丈，一線蜿蜒而下，溉田六百畝，費凡三百緡有奇，今已竣工，欲邀父母大人一言以寵之言矣。列諸貞珉垂之永久，水利所關紀入志，乘後之覽者，繼繼承承不忘，所自則拜賜多矣。予曰可，父老懽忭以退。而是役也，生員候選千部舒承芳，生員張大煒，耆民盛學鈖，居士盛學隋，盛賡爲董事者，予愛渠留心水利，可型方俗，故記。

南溪堰

論説

明 王褘《王忠文公集》卷一〇《南溪堰記》 嗟乎！水之爲利博矣。自井牧溝洫之法壞，而世以旱乾水溢委之天，謂人力爲無預。然稽之史牒，其能興水利以足食而富民者不可勝道，則水利者果爲政者所可後乎？故兹堰之成，雖其事已微，而功較然，顯仁一介之士，非有當爲之責，乃能聳善扶誼，汲汲焉致力於此，是亦可嘉也已。故予爲之書，以紀其勤，且告以鄉之人而諗諸爲政者焉。

綜述

明 王褘《王忠文公集》卷一〇《南溪堰記》 東陽縣西南二十里，其地曰横城。水出諸谷間，合爲一流，南行二里許曰南溪，溪之流不能長，遇暴雨輒泛溢，稍旱則易涸，蓋由其源淺而勢又下也。并溪之民，舊累石爲堰以壅水，田之受堰水者皆爲沃壤，而堰常廢不治。至元間，鄉之大姓建昌主簿蔣君，嘗因其舊而治之，不久復廢。泰定初，建昌之孫若晦甫又相其勢之所宜，鑿鉅石重治之，即其旁浚渠，行堰水以灌溉，并割田與居民之謹愿者，使之守。然亦不能久而不廢也。廢且二十年，爲至正十三年，若晦之族子顯仁復繼先緒而大治之。先是，堰側之堤因故土而傅以石，故水湍悍每善崩，又渠不能深廣，水所及因不遠。至是，堤表裏皆石爲之，而石視昔尤鉅；置牐兩堤間，以時其蓄泄，使水之盈縮常與牐等。且闢渠深廣悉倍舊，水行渠中，使多而不絶。其爲力甚勤，而其績庶幾可永久者矣。其用工以日計者三百六十二，費貲錢以緡計者六百七十五。凡田之受水者，各出錢爲助，且與有田者定其約束，以止侵爭。仍其舊名曰通濟。堰既成，人莫不以爲利。而是歲大旱，獨南溪之田無害也。

（雍正）《浙江通志》卷五九 南溪堰 在縣西南二十二里，舊有堰，元至元間邑紳蔣君修，泰定初蔣若晦重修，至正十三年蔣顯仁又修。

藝文

宋 楊萬里《誠齋集》卷四一《南溪堰灘》 爲愛溪流筲樣湍，戲拋乱石障清瀾。忽如亞父撞玉斗，又似仲尼鳴象環。整北移南教儘怒，從朝至午不知還。便饒灔澦三巴峽，也當龍門八節灘。

彭家堰

論説

明 錢華《楊橋彭家堰記》（光緒）《咸寧縣志》卷七 吾鄉地僻多山岩，排峽束溪，中貫襟帶，旁澗谷支流而噏吐之。無水患，勢下不得濟高仰之田。亦無水利，環溪而居者，率堰之以資灌溉，自盤山至於雙溪口，堰凡六，楊橋彭家堰其一也，彭氏世居楊橋，堰踞橋之上游，地主彭氏屢壞屢支，不可覼縷，歲甲辰，因其壞而支之者有彭子榮照，工既訖，溪水陡漲，堰仍圮，水立涸，石衙衙仆溪中，彭子喟然曰：『嘻！是造物者之不無遺憾於人也。』夫以舊坊爲無用而棄之者，必有水敗。余將復之，越一載，謀助於彭子宜生，宜生，照叔也。家故厚，堰卒成，堅緻倍於前，土甓木楗，亘石爲底，水平布其上流，若織紋響若操琴，置閘，水暴至有以殺其勢，水退則障其流，而灌之田間。且橋其上行旅賴之，費錢六百緡有奇。多出宜生彭子欲紀成事，乞余記，余曰：『事有天，有人，溪勢下不得水利者，天也。堰瀦之以溉田，則人也。堰垂成而水毁之，亦天也。既毁之，卒復之，乃人也。』彭子殆以人勝天乎？《傳》云：天之所壞不可支。未足以概彭子，余自維人事未修，適爲天限，對彭子有愧色也。已因記此自勵，并以勵彭氏後之人。或曰彭氏倚山而居，築堰蓄水，可培地脉，以斡家運之旋，是青烏家説也。余竊疑之。

藝文

清 彭孫貽《茗齋集》卷一〇《舟宿彭家堰戲作》 彭家堰口霜滿天，布被夜泊彭即船。此中卜宅混漁釣，姓氏莫向漁人傳。

彭家何在堰有無，若爲遠近彭墩湖。我来此地尋舊隱，隱約雲山入畫圖。

雜録

（嘉泰）《會稽志》卷四 彭家堰，在縣東五十二里。

（萬曆）《會稽縣志》卷八 彭家堰，在黄家堰東二里，自源出鳳凰諸山，曰傖塘溪，會謝憇、康家、泉湖、西澍等湖，出于涇入于河，遂由夏家、黄家、彭家三堰而北注。

（乾隆）《大邑縣志》卷一 彭家堰，在縣南十五里，分頭堰餘波。

（乾隆）《丹棱縣志》卷二 彭家堰，西三十里導於大天井，灌田五百畝。

（道光）《會稽縣志稿》卷六 彭家堰，在縣東五十二里，在黄家堰東二里，自源出鳳凰諸山，曰傖塘溪，會謝憇、康家、泉湖、西澍等湖，出涇口入于河，遂由夏家、黄家、彭家工堰而北江。

大陂堰

綜述

（同治）《平江縣志》卷六 大陂堰在縣東黄金洞口坳嶺下，溉田二百餘畝。

清 陳遂《大陂堰記》（同治）《平江縣志》卷五三 平之東鄉有肥田里，里名肥田，以田肥也，里之田曷爲肥，以里有大陂堰也。堰始唐宋，明都御史顧璘檄築之，國朝修之者鹿令廷瑄，諭修者楊令富崙也，溉田三萬餘畝，民實利之。第土木所成溪流，暴漲則齧土抉木去，不時輒廢，而田之肥者瘠焉，於是嘉慶十五年，里衆建議鑿石塞江，派費白金二千餘兩，費竭而功僅半，衆力不支，乃以中止，遷延數載，前功幾廢。會選舉孝廉余君遠騏，捐金蒇其事，鳩工庀材止者，以起廢者復興，疆埸綺紛，溝塍刻鏤，荷鍤成雲，决渠降雨，且溉且糞，五穀垂穎。予聞而嘅曰，夫富人者，地方之元氣也，善人者，地方之和氣也，仁人者，地方之正氣也，若余君可謂地方之元氣，而以和氣正氣充溢於其閒，是余君之大有造於里也。是其以己之肥而肥其里之人也，是不獨肥其里，而能以其肥於里者爲國之肥也，而豈不嘉哉。我國家軫念民依，究心水利，一切通水之地，支河港汶壩堰等處，靡不順時督率，因便料理，凡以贍民生而裕國賦者，至詳且悉，而鄉村水道可自爲者，則任其爲之，爲之而功程浩大，非强有力者，莫能舉也。强有力者，計一鄉之中，少亦無慮數户，然利之所興肥人，必以瘠己，人情孰肯瘠己而肥人，故元氣足，而和氣未暢，正氣不充，徒强有力者抑亦未足恃也。今是堰之修也，及半而止者，竟止豈里之中强有力祇余君一人者，而卒賴以完其舉。孔子曰，見義不爲，無勇也，余君其誠勇哉，余君建塔於縣之西培文風也。於邑西造橋利川涉也，他鄉發典免利減糶諸件，都不下數千金，益信爲勇於義者，夫富仁而寵義，人之肥也。予以知余君之肥已多矣，予知余君之以元氣而流溢，其和氣正氣於地方閒者，亦不朽矣。宰是邑者，陳君聿修表其舉，擬爲上聞，於來謁，具悉顛末，乞叙，予故高其爲寵義之舉也，不欲辭，又以宰之克尚其義也，書此付之。

傳記

（同治）《平江縣志》卷四七　余遠騏字達衢恆子，嘉慶元年，舉孝廉方正，【略】屢捐金修學宮及橋道，建寶塔於城西飛鵝山，費三千計，年五十修大衍橋，六十修甲子橋，其修肥田大陂堰，溉田三萬餘畝。

又　余楫字用舟，號濟川，遠騏子州同銜富而好禮，親喪三年不入內，【略】與人極謙讓，遠近推長者，子政乾等補修大陂堰一次，肥田、橋渡一次。

莆田陂右堰

清　汪文彪《莆田陂右堰記》（同治）《萬年縣志》　邑北里許，向有莆田陂瀦水，溉田數百餘畝，然當溪流之冲，數患坍塌。自康熙三十五年丙子，更王邑侯厘念民，依先事而爲之備僧築右堰數丈，閱十餘年安固耕斯者獲其利。迨康熙五十三年甲午夏蛟水衝决右陂，適罹旱灾，秋收減前十之七，乙未夏，庠生方冕、耆民吴宗洵等復倡修築，底横大木，層柴叠土，幾費千工，逾年水又齧蝕其半，隨照畝輸力，鑿石□砌，更爲堅緻矣。經一載復圮噫甚矣，僨何難成易毁若是乎，自此因循畏阻，無敢復葺，舉數百畝膏腴之産，聽歲之豐凶爲盈絀，而水利無資焉，蓋廿餘年於兹矣。雍正十三年乙卯夏，石工賴天榮結砌儒學地虒董其事，偶語及是陂，賴謂厥功可成，商諸衆，咸惑於道旁，論無應者，是冬賴爲余甃新宅之井復以前議，慫恿余察其技，足任爰排衆論，屬以修築。乾隆元年丙辰二月初旬經始至五月下澣告竣，凡用昔干緡，而是陂復完，歷今十餘載田無涸患焉。夫聖人繫蠱之彖曰，先甲三日，後甲三日，可見緒之壞者，非堅識定力莫能復振，即陂以論若潘係引汾，以灌蒲陂，召信臣造鉗盧陂，王景重修，叔敖之芍陂，瀉鹵成稻粱陂之爲功鉅矣哉。然庸力浩繁，博牛蝨者不輕以破蝨，畚鍤未舉之先庸，夫孺子首鼠兩端，長此終古，脱更新弗鋭，叮嚀弗頻，安能復作一勞永逸事哉。官民分異，鄉國地殊，而理無二致，事之當計是非不當計利害，當計永遠之大利害，不當計目前之小利害，大都皆是陂類也。故援筆悉其顛末，以爲後之踵事者勸。

普濟堰

（雍正）《浙江通志》卷五三　普濟堰　溉新橋坂田二千七百餘畝，在馴雉里，開化邵嘉捐貲築。

（光緒）《富陽縣志》卷一〇　普濟堰　溉新橋坂田二千七百餘畝，開化邵嘉捐資築，自爲記。

清　邵士莊《普濟堰記》（光緒）《富陽縣志》卷一〇　富春北郭十里，過上新橋至大坂，田將萬頃，居民耕耨其中，無深澗大溪以資灌溉，所恃築爲堰焉。澇則洩，旱則蓄，歲不爲灾。此普濟堰急宜築也。堰踞泉塘坂東，其水一自開化白昇南流，一自臨湖周公塢東下，水勢洶洶，頗易盈涸。溢則下田俱没，决則高田盡槁。我疆我理，有輟耕太息者矣。明嘉靖初，里民何霄等捐資修砌成小堰，享其利者百餘年。歷久圮壞。田既荒蕪，追呼莫應，官民兩病。余每過此側焉傷之。爰集匠氏，計其貲，鳩工幾何，水石幾何，董厥事者幾何，人告厥成者幾何，月即於小堰下流輦山石、浚澗壑，爲費若干緡，出自獨任。而壅者征，淺者浚，傾者層陽甓，缺者甃石埂。卓然以立，湛然以深，名曰『普濟』，蓋所溉廣也。厚凡三百尺，高二十尺，上闊百二十尺，下闊百五十尺。溉新橋坂田二千七百餘畝，春稼秋穡，既耘且耔，群歌有年，可謂和樂者乎。猶慮善始者未必善終，更募居民歲時經理，置田若干畝，充工食、備補葺，於以綿歲月而防暴漲。工既竣，父老集而環觀焉，咸謂普濟之利，靡有窮也。予何敢自爲功，亦承先大人志，爲一鄉造福云爾。

清　潘衍桐《兩浙輶軒續録·補遺》卷一　邵士莊，字敬彊，嘉子，富陽人。康熙壬子拔貢，縣志：邑北十里過上新橋至大阪田萬頃。明嘉靖初里民何霄等築堰以資灌溉，曆久圮裂，田盡荒蕪，官民交病，士莊更築之，名曰『普濟』，置田以資永久，有《普濟堰記》。

七門堰

論說

明 盛汝謙《舒城縣重修水利記》（光緒）《續修舒城縣志》卷四九　舒爲江淮要道，廬郡塞邑也。西去層峰崒起，巑巒秀拔，綺縮繡錯，聯嵐四市，若爲境保障，而水之源頭出西山峻嶺之下，勢若建瓴，奔騰崩潰，汪洋浩蕩，而民告病，羹頡侯分封是邑，直走西南，見山濱大溪下，有石洞如門者七，乃分爲三堰，別爲九陂，灌爲十塘，而蕩而溝而沖也，灌田二千餘頃，而民賴以不病。延至三國時，水泛濫如故，而民復病，得魏劉刺史公馥重加修築，而民賴以不病，迨及明時，水泛濫如故，而民復病，得豐城劉公顯細增疏導，而民賴以不病。迄今百餘年來，陵谷變遷，河勢漸下，有陂塘爲道路者，有蕩堰爲沙堤者，有民間侵占致妨水道者，有洶湧湍激而淪没故址者，有壅塞橫漲飄流民舍十餘里者，致使春秋兩無禾麥，而民之病者，不可數計，獨歲凶使然乎？

清 康基田《河渠紀聞》卷四　三國魏揚州刺史劉馥開吴塘陂七門堰，以溉稻田。按，潛山吴塘陂灊水所注也，亦曰吴陂堰。吴吕蒙鑿石通水灌田即此陂也，舒城七門堰源出七門山下，三堰烏羊、千功、漕櫝同資灌溉，漢頡羹侯信所築也。史稱馥守揚州數年，恩化大行，百姓樂其政，流民越江山而歸者以萬數，於是廣屯田，治吴塘七門，諸堨因潛水滙而渠之爲陂以溉田。土疏善崩，渠壅水行弗利，則怒而齧其堤，因勢利導，無間修築。七門源出西山峻嶺下，勢若建瓴，奔騰涌潰，下有石洞如門者七。頡羹侯分封是邑，分爲三堰，別爲九陂，豬爲十塘，而壋而溝而沖，引灌稻田，三國時水泛濫，不可治，有洶湧湍激而淪没故址者，馥大加修築，集流民合力治之，水不爲患，歲有蓄積，蓋當時袁曹相持，馥任東南半壁，專以屯田，爲戰守之備，故安集流亡，結人心，嚴封界，使官民咸有蓄積，食者民之天，水利食之源，并及芍陂、茹陂亦治事焉。揚州士民謂馥守揚州，雖董安于之守晋陽，不是過陂塘之利，至今爲用，流澤長矣。

（光緒）《續修廬州府志》卷一三　舒城有七門堰，興自漢羹頡侯，後世累加浚治，據樂史以爲，灌及廬江，廬江陂湖之利甲於一郡，遺制至今尚存。

綜述

宋 樂史《太平寰宇記》卷一二六《淮南道四》　廬江縣東南一百八十里，舊十二鄉，今七鄉，本漢龍舒縣地，【略】七門堰在縣南一百一十里，劉馥爲州刺史修築，斷龍舒水，灌田千五百。

明 秦民悦《重修七門堰記》（光緒）《舒城縣志》卷四九　舒城之水源出於西山之峻嶺，勢若建瓴，然漢羹頡侯分封是邑，有見於此，乃刱七門、烏羊、槍櫝三堰，分治爲陂、爲蕩、爲塘、爲溝，凡二百餘所，澆灌本邑之田至二千頃之土。譬之人身脈絡，自泥丸至九竅百骸下抵湧泉，無遠不屆者也，侯信有功哉。三國時堰幾廢，魏刺史劉公馥重加修築，賴以不墜，歷唐宋至今或廢或興，實視上之人倡率之力何如耳。

清 顧祖禹《讀史方輿紀要》卷二六　舒城即今縣治，春秋時，舒庸、舒鳩諸國地也。【略】七門山在縣西南三十五里，山濱大溪下有石洞如門者七，即七門堰之上源也。

又　七門堰在縣西南七門山下，三堰之源出焉。三堰者，一曰烏羊堰，在縣南十五里；一曰千功堰，在縣南二十里。一曰槽櫝堰，在縣南二十五里。與七門堰共溉田二萬餘頃，俱漢初頡羹侯所築，後漢末劉馥經理之，爲灌溉之利，今故迹并存。

（嘉慶）《舒城縣志》卷一三　七門堰坐落七門嶺東，前河水遶七門嶺南向東流。漢羹頡侯於此阻河築堰，灌田八萬餘畝，因以七門爲堰名。堰水经女兒橋北行爲蘇家蕩，行六七里至沙河觀，西爲蛇頭蕩，又北行三四里至新河口，西爲洪家蕩。此上爲上三蕩，灌田數千畝。自洪家蕩分支，東北流爲銀硃蕩，下流爲黄鼠蕩，使水至霍湖城歸前河堰，水自洪家蕩轉向北流者，爲十里長河。下流爲豹子湾。在城西南十二里又北行数里爲三門蕩。此下爲下十蕩，雀田一萬七千餘石。又四五里爲洋萍陂蕩，自洋萍陂分支，東流四五里遶城六安門北門经牛集槁。在城北復遶城大東門東過陳三堰，下爲黄泥蕩，凡十餘里至張山河入前河，自六安門外南支分爲馬蝗蕩，即城西濠蕩，名不在十蕩数内，遶城西歸南溪。北支分爲八稜溝蕩，東流過魚鱗橋官道汛地行十餘里至張山河入前天河，其自洋萍陂專向西流者爲大格蕩。在城北五里蕩水使至謝家河止。行四五里而分爲三，東支爲新蕩，行三四里爲馬家蕩，東行過三溝駐爲焦公蕩，蕩水行六七里至石塘河，入前河復分支，北至鉢盂墩入後河，其自大格蕩分支，向北流者爲柳葉蕩，離城十里，使水延至謝家河止。又数里爲鹿角蕩，離城十餘里，使水至桃鎮南姚同嘴止。堰水经糍粑店，官道汛地棗樹岡，至鄭家岡，北入後河。

（光緒）《續修廬州府志》卷七　七門堰在廬江縣南一百一十里，劉馥爲揚州刺史修築，斷龍舒水，灌田千五百頃。

（光緒）《舒城縣志》卷五　七門山縣西三十五里，山濱大溪，下有石洞如門者七，山東有七門堰，舊有七門廟，宋劉攽有記，近因道路新鑿，名曰新開嶺。

又卷一一　七門堰在七門嶺東，巴洋河南，繞七門嶺，漢羹頡侯劉信於嶺下阻河築堰，因名七門。《輿地紀勝》：魏劉馥廣屯田，興治七門堰，利民甚溥。《太平寰宇記》：七門堰在廬江縣西一百一十里，劉馥爲揚州刺史修築，斷龍舒水灌田千五百頃。宋劉邠《七門廟記》、明秦民悦《七門堰記》皆謂堰刱於羹頡侯劉信，至馥時廢而復修耳。凡十五蕩，灌田千餘頃。堰口有舊牘，深一丈，廣八尺，上爲橋曰：女兒，左右有隙地，下十蕩架屋數楹，爲開堰工役棲遲之所，堰水經女兒橋東北，流繞七門，東麓過桑樹井灣五六里爲蘇家蕩，又北東三四里，至沙河觀，西爲蛇頭蕩。又東北里許，爲洪家蕩。自洪家蕩分支，東北流六七里逕龍王蕩，又東至乾沙河，北爲銀硃蕩，又東北三四里，爲黄鼠蕩，又東北至霍湖城入縣河。以上爲五蕩，使忙水四月朔起十月晦止。其經流自洪家蕩，北折爲十里長河，十丈陂水自西來，會北過萬家橋，又北二里西合陷沖塘，靠山陂水堰，水至此始大折，而東四五里過陳家橋、侯家壩，合寒塘，支水自北來入，又東北里許龍王蕩故溝，自南來入，過心懷橋，又東三四里至豹子灣，東北斜絶岡脊二三里，爲三涵。支流金雞墩入縣河，又東北里許過官溝橋，又東北里許爲高溝。支流至城西合楊萍陂，支水爲馬蝗蕩。又北東里許爲三門蕩。以下爲下十蕩，使閒水八月朔起，三月晦止，灌田一萬七千餘頃。又東北里許爲洋萍陂，分二支，一支東南流爲八稜溝，復分支，南支南流四五里，至縣治古城，復分支，南繞六安門，西合高溝支水爲螞蝗蕩。又南繞慶成門，東入於南溪，北支繞古城，北過牛集橋，又東南繞大東門，過八蜡祠，又東北爲陳三堰，又東北爲黄泥蕩，與㯭牘堰水合，十餘里至張家河，入縣河，其八稜溝東支東流七八里，過三里橋，至魚鱗橋，穿官道東合陳三堰，支水東北流十餘里，至張山河入縣河，其經流自楊萍陂，北流南過五里旭，又東北斜穿岡脊二三里，爲大格蕩。或曰：戴家蕩支流北入謝家河，又東北四五里分支，南支東流爲新蕩，又東三四里過龍王廟爲馬家蕩。亦曰馬飲蕩。又東北四五里，至三溝驛爲焦公蕩，又東六七里分數支，東至石灘河入縣河，北至鉢盂墩入後河，其自大格蕩東北流五六里爲柳葉蕩。支水北至謝家河又東北四五里爲鹿角蕩。支水東北至桃鎮南姚岡嘴入界河，又東北經糍粑店，又北東過棗林岡至鄭家岡，凡十餘里入界河。

按七門堰上下十五蕩引水之例，向分閒忙，各蕩皆有定期，堰口女兒橋牘舊深一丈，廣八尺，今沙淤其尘溝，曰淺狹來源不暢，專恃十丈陂餘水爲挹注，若久暘不雨，陂無來源，則堰流滋細矣，又柳葉、鹿角、焦心等蕩，溝身多被民侵爲田，淤泥日厚，不肯開浚，若準以量水之法，則堰水之利已廢其半，有基勿壞是在留心水利者。

傳記

宋 王象之《輿地紀勝》卷四五　劉馥爲楊州刺史，單馬造合肥空城，立州治，數年中恩化大行，興七門堰。

宋 周必大《文忠集》卷六三《中大夫秘閣修撰賜紫金魚袋趙君善俊神道碑》慶元五年　君諱善俊，字俊臣，太宗皇帝七世孫，【略】

紹興二十一年，以取應補承節郎，【略】知廬州，君言和好，不可恃戍兵，不可罷城濠，不可不浚軍士屯田費大利微罷之便，上以爲然，孫叔敖芍陂，西漢七門堰，溉田不貲，君推尋故迹，募民修復。

明 過庭訓《本朝分省人物考》卷三三 許榮字榮卿，舒城人，倜儻好施，果決有爲，元季横潰之餘，邑民顛連無告，榮乃團立烏沙，屯戍加以招懷，綏輯散亡，復合生齒，蜂集室廬櫛比。【略】修治溝壘，營繕器械，勞必身先，寢食幾廢，又爲城建七門堰，防三水。

清 沈欽韓《漢書疏證》卷三 羹頡侯信，當爲頡羹。《一統志》：頡羹城在廬州府舒城縣西北三十里，相傳漢高帝封兄子信於此，墓在縣西北三十五里。《方輿紀要》：七門堰在舒城縣西南七門山下，與三堰共溉田二萬餘頃，俱漢初頡羹侯所築。

（雍正）《舒城縣志》卷一五 朱振字千仭，浙江嘉興人，康熙己未進士，到任日值兌運漕糧紅白分貯，民有揀米之苦，振詢知土産花雜懇請漕院咨部，遂免分貯江北，至今賴之。縣西北鄉舊用七門堰水，明季寇燹後，豪强占塞，田多苦旱，振開壩浚溝，俾山水盈科而進，溉數千頃，十蕩九陂咸食其德。

（光緒）《重修安徽通志》卷一四六 劉顯豐城人，宣德十年知舒城縣，課農桑，興學校，開水利，與漢劉馥俱祀羹頡侯廟。

又 卷二五七 高珠舒城人，每歲暮散財周急，又分田數百畝贍濟親族，嘉慶元年，與千叟宴，以候選同知加一級，并邀恩賚如意、壽杖、綾緞等物，子珍幼負才名，能肩大事，七門堰久毁，珍屢清理原委，上下塥田均蒙其利。

又 卷二五八 宗焕舒城人，捐建三叉河石橋二座，又舉人程濼，捐田以爲七門堰溝道，興復水利，并建橋於溝上，衛守備束斌捐建雙濟、永濟兩橋。

（光緒）《舒城縣志》卷二八 王朝瑞字徵侯，山東長山人，康熙中由貢生爲舒令，甫下車即捐修明倫堂，設崇文書院，立義學，實心督課，絃誦不輟，七門堰故道淤塞，極力開浚，民咸利之。

又 卷四〇 程濼，本名浚，嘉慶甲寅舉人，官内閣中書，去官家居，吟嘯不履公廷，遇利人濟物，事爲之不稍讓，舒邑七門堰水利最鉅，久之溝淤塞，濼捐田二十畝爲溝道，因勢疏浚，利澤復興，并建橋溝上，以利行旅。

又 卷四六 喬明廣妻王氏，廣任俠好義，乾隆四十三年，爲里人争七門堰水利遇害，氏年二十九，守節二十五年卒。

紀事

明 秦民悦《重修七門堰記》（光緒）《舒城縣志》卷四九 弘治癸亥亢陽不雨，舒民以堰人不治，詣郡控訴，太守西充馬公汝礪聞之，憂形於色，遂以不治之由，詢於邑尹薊門張君惟善。惟善曰：西山之水流方七門達於龍王、三門、二蕩，而後引爲灌溉，今龍王蕩岸崩塌，隨治隨壞，故力多而無功，公曰：禹之行水也，順其自然之勢而導之也，患不得其性耳。汝慎擇人，吾其處之，惟善遂詢於邑之耆老，得義官濮鈍之馬公，召鈍之諭以度地之術，行水之性曲盡其巧思，然後遣之，鈍之會其意，抵邑履其源流，相其高下，嘆曰：水失其道，吾得之矣。蓋七門之水，自西徂東注於巢湖，此水之正道也，昔人於七門之下，河岸之右，開一小支入沙河口，經龍王蕩苔於三門蕩，始派分之固，當時所宜也。頃年以來，陵谷變遷，河體漸下，入口頗逆，我民嘗於龍王蕩用工培築，遇水漲湍激垂成輒敗累日之功，一時失之若未始有者，豈非拂水之性而然乎？今見七門之側，沙河口之上，舊有一小渠，號曰土橋。水經侯家壩徑入三門蕩，其流雖細，而地勢未變，高下相因，比之沙河口實近，而弗迂使少加疏浚，則用力少而成功多也。復以其策白於邑尹，謀於衆人，僉曰善。於是，徵士發徒，疏土橋渠，以導其水之流，開侯家壩，以順其水之勢，凡智力所及者，靡不爲之，不一月閒源泉混混盈科而進，其餘若堰、蕩、陂、塘咸以次而治。仍於三門蕩立爲水則，畫以尺寸，使强者不得過取，弱者不至失望焉。故雖旱魃爲虐，他邑則受其害，此則莳栽芸耨，坐慶西成，抑誰之所賜得如是與，蓋太守公倡率指示之功，邑尹提督勞徠之力，使非鈍之會意罄心，又豈能告終厥事哉。是宜特書爲後之繼邑者，告使知爲政必本於農，重農必先於水，春秋之書浚洙所以譏其不當浚，此紀開浚渠壩之由，是欲嘉其所宜爲，而又在乎相承之不墜，先時而勿失，斯可已，役凡用夫四百名，芻六千束有奇，他無所費，舒民感守令之惠甚深，請予記其事，故次第之如此云。

明 盛汝謙《舒城縣重修水利記》（光緒）《續修舒城縣志》卷四九　隆慶辛未，姚侯來牧茲土，竊有志焉，以丁内艱歸。萬曆乙亥復任，於此喟然嘆曰：食者民之天也，水者食之源也，而水利不興，有司責也，遂條陳申府及院及撫部，而諸當道莫不允其議而速其行，侯乃同治農，主簿趙舍郊野曆險阻，遍故老田叟而諏之直窮水之故道，在姚侯則總其事，惴惴然恐有辜於下民之仰望也。在趙君則任其勞，兢兢然恐有負於姚侯之盛心也，而午峰武君、少泉楊君，咸協力贊助，迺觀厥成，由七門嶺以至十丈等陂，則爲修理，由柳楊、鹿角以至黄泥等蕩，則爲疏通，由含茲而路沛等處、洋萍陂而六沖等蕩，則爲還官。他若行水過溝，如新蕩，類難枚舉者，又皆悉爲躬閱而挑築，但見高者平，淺者深，浸者復，泛濫者消除，淤塡者浚瀹，水由地中行，而歲見有秋矣。侯之澤顧不在龍山億萬户哉？舒人沐其德，詣桐索余文以紀其事，余何能爲言哉？雖然禹盡力溝洫，萬世永賴，夫溝洫田間水道也，侯念及此功豈禹下者乎？故隨山刊木，排決開導，修在水也，而使大小灌溉遠近沾濡修在民也，旱有潴，澇有洩，修在一時也，而使經界以正豪强以息，修在萬世也，上繼三劉，下益百姓，允宜勒石，以垂不朽。知縣姚侯諱時鄰，字顯齋，河南延津縣人，主簿趙諱應卿，號草野，浙江寧海縣人。

（光緒）《重修安徽通志》卷六八　太祖表劉馥爲揚州刺史，鎮合肥，數年恩化盛行，流民越江山而歸者以萬數，於是廣屯田，興治芍陂及茹陂、七門、吴塘諸堨，以溉稻田，官民有蓄。

清 康基田《河渠紀聞》卷四　三國魏揚州刺史劉馥開吴塘陂、七門堰以溉稻田。

藝文

宋 彭汝礪《鄱陽集》卷一《七門堰并序**》**　予爲合肥職官始按事龍舒，出邑之西北門觀，所謂烏陽七門三堰。問耆老求疏治之，始漠然無能知者，蓋其所從來遠矣。晚得劉攽貢父所爲廟碑，乃知始於羹頡侯劉仲，而劉馥實繼之，因自嘆曰：古人之所爲迺能如此，劉仲遭際幸會以得爵位，傳所言惟力于耕産耳。馥誠奇士，然亦無他稱道，而其規畫已足，以休福元元於無窮，後世議論太高，而亡其實，視民事藐然矣。萬一有爲則利常不勝其弊，而民卒窮困以死而不救也。嗟夫！

古人材大心亦公，憂樂每與天下同。謀功慮事不草草，欲與天地爲無窮。我來舒城道三堰，行看利入東南遍，漁樵處處樂太平，稻粱歲歲収餘羨。江淮旱澇相綴聯，舒城獨自爲豐年。人知今日樂其土，不知古人爲爾天。二劉未必真奇偉，謀慮及民乃如此。俗儒文多實已亡，洋洋大論言羲皇。心欲爲功害輒勝，醫庸未足平膏肓。紛紛予亦何爲者，愛古傷今空涕洒，題詩倚立寄西風，不知材力非騷雅。

明 陳暹《羹頡侯廟》（雍正）《舒城縣志》卷三〇　宗室封籓願已違，當時交濞號能爲。何如羹頡興民利，烈烈勳庸萬古垂。

明 宋驥《過七門堰詩》（嘉慶）《廬州府志》卷三　漢侯食邑古南舒，此是仁民第一渠。千載經行嘆遺迹，豐功不愧史臣書。

雜録

宋 劉攽《彭城集》卷三二《七門廟記》　嘉祐二年，予爲廬州從事，始以事至舒城，觀所謂七門三堰者。問其居人其溉田幾何，對曰：凡二萬頃。考於圖書，實魏揚州刺史劉馥所造，自魏至今，七百有餘歲云。予於是嘆美其功。後二年，校書郎包君廓爲縣主簿，嘗與予語及之。包君謂予曰：『馥信有功，然吾問於耆老，而得羹頡侯信焉。初，漢以龍舒之地封信爲列侯，信乃爲民畎澮舒河，以廣溉浸。信爲始基，至馥時廢而復修耳。昔先王之典，有功及民則祀之，若信者抑可謂有功者乎！然吾恨史策之有遺，而吾憐舒人之不忘其思也，今我將爲侯廟祀之，而以馥配，子幸爲我記之焉。』予因曰：『諾。』頃之，包君以書告，曰廟謹畢事。予曰：昔高帝之起宗室昆弟之有材能者，賈以征伐顯，交以出入傳命謹信爲功。此二人者，皆裂地爲王，連城數十。代王喜以棄國見削，而子濞亦用力戰王吳。獨信區區，僅得封侯，而能勤心於民，以興萬世之利，其愛惠豈與賈、滈相侔哉？夫攻城野戰，滅國屠邑，是二三子之所謂能殺人者也。與夫闢地墾土，使數十萬之民世世無飢餒之患，所謂善養人者。於以相譬，猶天地之懸絶也。然而賈、滈以功自名，信不見録，豈殺人易以快意，養人不見形象哉！周公之書曰：『民功曰庸。』藉使信生當周公之世，其受賞非賈、滈之所敢望矣。雖然，彼賈、滈之死，泯滅無聞久矣，而信至今民猶思而記之。此所謂得乎丘民，而世之寵禄，當時則榮，殁則已焉者乎！夫事有可繼，君子繼之，不必其肇於已而後爲功也。若劉刺史起於三國亂亡之餘，蒸庶掃地，顧獨以農爲先，事功一立，迄今長存，雖曰修舊，是可謂功矣。予既嘉包君之能侚於民，使侯信之美不忘，又其建祀合於先王之法，於是書之。

宋 薛季宣《浪語集》卷二四　廬江有七門堰，劉馥斷龍舒水作。

明 秦民悦《書七門廟碑記後》（光緒）《舒城縣志》卷四九　廬郡太守，西充馬公汝礪一日閲《宋文鑒》，見先儒劉貢父所撰《七門廟記》，撫卷嘆曰：漢羹頡侯、劉刺史，有功於舒人，如此非斯文以載之，抑孰能知其詳哉。乃進縣尹薊門張君惟善，問以廟之存亡，惟善曰：七門舒之名山也，去城西南一舍餘，廟久廢，碑亦湮沒，至國朝舒人遷其廟於邑治東，飛霞亭之有號曰漢舒明王祠是已。公復曰：有功者祀之禮也，汝其督令修堰，義官濮鈍之爲，吾重刻是文，用垂永久亦宜也。惟善退悉以公之言諭鈍之，鈍之奉命惟謹，乃采石於麓，鳩工於肆，不日而成。以弘治丁丑冬十月朔豎於祠之左，舒之人重覩乎此，咸懽忻嘆羨而感公興舉之德。爲不置蓋事本合乎人心之同然也。嗚呼，今天下環千里，而典列郡號循良者固有之，而或於目前之事，有不暇及焉。况能舉廢墜於千七百年之上者乎？此其賢於人也遠矣。侯與刺史之功，固可書，太守公之德，尤可書也。因具其立碑之，由跋於後。是曰：資政大夫、正治上卿、南京兵部尚書、邑人秦民悦邦約書。

（天順）《明一統志》卷一四　七門堰，在舒城縣西，漢羹頡侯劉信築，魏劉馥復修之，利民甚博。槽牘堰在舒城縣南，亦劉信所築，烏羊堰在舒城縣南一十五里，與七門、槽牘三堰共溉田二萬餘畝。

（乾隆）《府廳州縣圖志》卷八　七門堰在縣西南七門山下，共溉田二萬餘頃，漢初所築，後漢末劉馥經理之，爲灌溉之利。

（嘉慶）《廬州府志》卷三　七門嶺在縣西南三十五里，有石洞如門者七，三堰之源出焉。上有三劉廟，即宋之七門廟也。

清 謝鍾英《三國疆域志補注》卷五　有七門堰，劉馥爲州刺史修築，斷龍舒水溉田五千頃。

清 趙紹祖《安徽金石略》卷六　七門堰在廬江縣南一百一十里，劉馥爲揚州刺史修築，斷龍舒水灌田千五百頃。

又卷一八　七門堰今懷寧縣東北。

清 梁章鉅《三國志旁證》卷一三　興治芍陂及茹陂、七門、吴塘諸堨。

殿本考證云：《太平御覽》茹陂作茄陂，《太平寰宇記》卷百二十七云：茹陂在光州固始縣東南四十八里，劉馥興築，以水溉田。又卷百二十六云：七門堰在廬州廬江縣南百一十里，劉馥爲州刺史修築，斷龍舒水，灌田千五百頃。劉敞《七門廟記》云：嘉祐二年予爲廬州從事，始以事至舒城，觀所謂七門三堰者，問於居人，其田溉幾何，曰：二萬頃。考於圖書，則漢羹頡侯信始基，而魏揚州刺史劉馥實修其廢。又《太平寰宇記》卷百二十五云：吴陂塘在舒州懷寧縣西二十里，有吴陂祠，劉馥開吴陂以溉稻田功利及人，里人以灊山廟在陂側，因指名以祀焉。

（光緒）《重修安徽通志》卷五五　七門廟在合肥縣西南，七門堰祀漢劉信，魏劉馥。

（光緒）《舒城縣志》卷九　三劉祠祀漢羹頡侯劉信、魏刺使劉馥、明知縣劉顯，有二，一在城隍廟東，明弘治中知府馬金建，後燬。光緒十一年，知縣張成瀚重建，歲以春秋致祭。一在七門堰口，今燬。

又卷一一　舒城西南多山，而東北近湖，前河即巴洋河貫其中，後河即界河界，其北近山而高者爲岡，窪者爲沖，瀕河淤而沙者爲灣，水而田者爲圩，爲畈，春夏之交，河夾諸山之水，奔騰下注七門。以東河出平地，束於諸圩，不及趨湖，盛漲莫宣時，虞泛濫蓄泄得宜，可以殺患而興利。統觀地勢大要，有三山岡之地最宜蓄水，因高就下，可塘可堰，渟潴灌溉利饒耕作，其要一也。沙灣之地，厥宜泄水，泉脈夜潤小旱不枯，厥土墳壚不任積潦，多開支渠潢汙易去，其要二也。濱河之地，維宜障水，勢既汙下水復湍急，驟雨連日堤多潰漫，增高培厚，與水爭地，其要三也。綜是三要尤以蓄水爲最，蓄水之利昔稱三堰，今以七門爲最，七門山來自孟潛，孟潛距兩河之間，山脈東迤爲大陸，廣袤數十里，七門斜貫其中。《志》載，漢初羹頡侯劉信於七門嶺下阻河築堰，曰七門。開渠建牘，引河流東北，載之平陸，條分支貫，灌田八萬餘畝。或曰堰築於淮南厲王長蓋，漢初邑故淮南國，其後乃爲廬江郡，治舒縣地也。三國時，魏揚州刺史劉馥守淮南，大開稻田，循漢羹頡故迹，後乃寖廢，明邑令劉顯修復之。爲蕩十有五，又分閒忙定引水例，董以堰長，民至今遵行之。上五蕩引忙水自四月朔起，下十蕩引閒水自八月朔起。然堰引河流山水挾沙倒灌入堰，歲時挑掘，積沙漸高，夾堰皆民田，不容淤墊，苟非別籌隙地積土，則水利半廢矣。七門之東有烏羊堰，亦漢羹頡侯築，東穿官道十餘里，灌田萬餘畝，舊在河南岸，明季河南徙七里，溝屢泛決，田盡淤而堰遂廢，後人於其東開包家溝，今亦廢，存者惟伏虎蕩以東溝身數道而已。然下游不治，淫雨積潦，深没道路，經旬不去，豆麥咸病，故曰：沙灣之地，利在泄水，是則烏羊一堰不必治其源，但當疏其委矣。七門、烏羊兩堰之間有龍王蕩，築於龍王廟北，故名。《志》載，明邑令劉顯於龍王廟西作壩，障水以灌諸堰，國朝嘉慶初，邑人高珍開渠，北通七門堰，以資下十蕩忙水之利，惜今河南徙堰口淤廢，不能享其利也。七門堰支流既遠其利，寖微則濟以槽牘堰，堰亦漢羹頡所築，《志》所稱三堰，蓋七門、烏羊、并此而三也。在邑西關外，繞治東流分三溝灌田二萬餘畝，自河流南徙堰半廢。康熙、雍正朝邑令蔣鶴鳴、陳守仁兩次開浚，終以河淤無水廢。堰初有牘槽，以時啓閉，故曰槽牘。河淤堰廢牘遂蕩然，猝遇大漲，河流倒灌，常爲城郭田廬之害。計爲修牘築堤，先殺其患，徐圖其利也，自七門三堰之後，談水利者，官私陂、塘、堰、蕩次第悉舉矣。

千工堰

論説

（嘉靖）《光山縣志》卷一　邑田高川下，惟仰給于天澤及塘堰積水以溉低下田耳。近邑有溪數十處，小大不一，名千工堰，皆前人浚之以溉田者，歲久多淤，因故道水勢之便開導蓄泄，亦利民之良法也。

清　汪滋《大邑水利源流考》（同治）《大邑縣志》卷一八　大邑有源之水凡五，行於邑東者曰乾溪，曰檔木，曰鐵溪，皆江水支渠也。而俗皆以河名。行於邑西北者曰䣕河，曰西河，視乾溪諸水爲大，而利則相等。【略】支渠曰千工堰，正流二十里入縣界，號上千工堰者，爲鐵溪河經縣之下南董場、蔡場、韓場，正堰凡四，至韓場外入新津大江，號下千工堰者，分爲官渠共二八小堰，以及近沙渠鎮之正武石頭、近張場之羊頭等堰，下流俱由新津鐵溪橋入大江，此鐵溪之源流也。

綜述

清　顧祖禹《讀史方輿紀要》卷五六　興安州，【略】今有千工堰在州西北七十里，引恒河灌田三十里。

清　畢沅《關中勝迹圖志》卷二八　千工堰在興安州西七十五里，《通志》、恒河發源燕子嶺西南，流二百七十餘里至龍口，築堰名千工堰，引水分上中下三渠，後淤塞下渠，康熙五十六年於龍口南七里更築永豐堰，與千工堰共溉田一千一百餘畝。

（雍正）《陝西通志》卷四〇　千工堰在州西七十五里，恒河水南流注於越河，千工堰在焉多秔稻，恒河發源燕子嶺，西南流二百七十餘里至龍口，築堰名千工堰，引水分上中下三渠，後下渠淤塞，守道郭之培令民疏通，未幾復廢。康熙五十六年州牧張時雍以下渠沙漏易淤，重浚無益，乃於龍口南七里更築一堰，名曰永豐堰，與千工堰共灌田一千一百四十畝。

（乾隆）《鄖西縣志》卷二 千工堰縣西北十五里，肇自明洪武，弘治年間知縣劉理修治，明季廢。康熙三十八年知縣王養琇重修，康熙五十三年河決壞堰，知縣秦國龍復修治，因源出天河山，水陡發，最易冲決，每一修補勳計千工，故名。乾隆十二年知縣臧茂生曰：『圻改修水勢稍殺。』溉田千有餘頃。乾隆三十五年知縣張道南率衆重修。

（嘉慶）《清一統志》卷二四二 千工堰在安康縣西北七十里，引恒河間渠三道灌河千餘畝。

傳記

（乾隆）《鄖西縣志》卷一〇 劉理，程鄉舉人，弘治癸丑年間涖鄖西任，督率工役重修千工堰以通水利，溉田千有餘畝。

又 王養琇，字膚公，满洲人，康熙三十五年令鄖西，縣北有千工堰，明季水圮。而西山六寨以康熙初竹房難民遺粮賠累，養琇督工重修堤堰，溉田千餘畝，遂酌移西山遺粮於此，至今民两便之。

又 梅琯，字恊律，貴州普定舉人，乾隆七年任庭讞，訟獄務盡民情，八年千工堰圮，单騎督率，不避風雨，工集而民不怨其修。

又 臧茂生，山西太平舉人，乾隆十一年任鄖西令，政治修舉，邑有千工堰，每遇水漲多被冲壞，茂生率工修治。

又 田圻，成都縣舉人，乾隆十四年任鄖西，緣千工堰水冲，前任臧茂生督率修治尚未告竣，圻到任，知民以食爲天，築堰最関縣要，令扵堰下用木植爲馬脚，堰上補以横木，號龍骨，從此数年得免水患，圻之力也。

又卷一三 王恭，成化時人，邑令劉理知民食爲急，國賦爲重，重修千工堰，恭督率工役，聚石采木不以老辭，盖是堰起扵洪武年間朱社長之創造，至是大加修葺，民之水利賴之。

（光緒）《嘉興府志》卷五四 錢家塈，字惟若，康熙癸巳舉人，補湖北鄖西令，調南漳，漳地遼闊，奸宄竊發，家塈力行編甲互保法，盗賊不得發，又捐俸修千工堰，以利蓄洩，民名其堰曰嘉善，曰水壺，曰彭城。

紀事

明 何春《重修千工堰碑記》（乾隆）《鄖西縣志》卷一九 鄖西縣西北不十里有堰曰千工，始扵洪武年間朱社長之創造，泒出轉精石、黑龍潭，灌溉田千餘畝，後因人物稀少，堰工浩大，傾塌未修。成化十有二年，設立縣治，軍民雜處，食力者衆。弘治癸丑，邑侯劉君理，廣東人，以民食爲急，國税爲重，擇者老王恭等督率工役，聚石采木，重爲修造，匝一歲厥工告成，雖曰勞民，實有利扵民也。今令尹西蜀王君，甫下車問民疾苦，稔知斯堰之関係匪輕，損即随修，不時省視，以是水利流通，歲獲豐稔，二君誠可爲民父母矣。歲庚申，欽差分守鄖陽李公祺道經斯堰覩水流之滔滔，田禾之嶷嶷，詢所由来，嘆創建不易，修葺良難，属矛爲記，勒石以示將来，且曰：文無爲富麗，湏簡要可。夫堰以千工而成，民力其普存矣，後之官斯土者能如劉、王二君，因其成而時加修築，則不假千工可經久。逹所謂事半而功倍是也。夫水無壅滞，斯田獲灌溉，《周禮》『遂人匠人』之制載之典章，垂之久遠，即經商鞅阡陌之開，規模紊亂，而其良法美意迄今猶堪遡也。則謂私堰之修，國賦民命之所関，而亦可以慰當道綏安之勞，宣朝廷保惠之恩矣。是爲記。弘治辛酉菊月。

（順治）《光州志》卷二 順治十三年，知州劉大謨查得本州舊有鴛鴦湖、捍城湖、匡家湖、馬家湖、趕龍灣、千工堰六處寬濶利民，責令兼管水利判官塗應旂督臨近居民悉力挑浚，几遇旱，禾枯深得其力。

清 張齡《千工堰記》（嘉慶）《安康縣志》 千工堰創自明嘉靖年，賦税所出之地，軍民養命之原，所關匪細。堰水發源於衡河牛山口，中横大石，河水左右分瀉，石之北偏泓稍淺，石之南水深流急，爲大木以障之，下樻貯石其中截水勢，然後閘河水入堰，名龍口，自龍口而下而鵝公項，而高沙灘，而黄金碥，半沿山鑿石爲渠，外防河水爲堤，自黄金碥而下而澗池溝，而小墻溝，而筒車河，又悉山水衝淤之所，每遇水發，輒衝激崩頽，歲歲修補，夫以千計，幸無大害。水澆灌上中下三牌，自龍口以迄下牌，逶迤五十里許，其田屯多而民少，上牌屯田七民三焉，中、下牌田則屯九民一焉。上牌分水四晝夜，中牌分水四晝夜，下牌分水四晝夜，中牌頭另分水一晝夜，共十三晝夜一週，用夫修築舊例，即以田畝所受水分爲則。有田之處各修各畔，無田之處三牌同修，自小壋溝下有田之處也，自小壋溝上無田之處也。厥後，下牌溝廢，栽田者止有上中二牌，而康熙二十一年六月間橫水暴發，自筒車河上衝崩甚多，督理堰事生員賈珍，堰長張榮元、馮金龍等請署事縣令沈君孝廉、張君瑨親臨堰口踏驗，沈君嚴飭上、中二牌同修已壞之溝，其工較每歲數倍，舊堰基趾猶存，成功稍易。迨次歲六月大雨三日，溝被山壓堤遭水崩，前數百年剏建之迹湮沒無存，是歲蟲復食稻，民大飢，有逃散死亡之憂，二牌軍民堰長葉正陽生，員馮士傑、韓傑等陳牒文武大吏漢興鎮總鎮程公福爾、南道蔣公廷臣，即頒告示，有田無田溝堰照例浚築，而知州李公翔鳳深念民瘼，十一月朔日偕州同陳君維顯親臨堰口，諭上、中二牌軍民咸至，徒步詳勘，照例公判，將無田溝堰令鄉約工直丈明，鬮均二牌分修，又於懸岸朱書分工之界，以防紊亂。公歸署後，留州同陳君庀材鳩工，君善體憲意，每日於分工處往來省視，凡運斤、鑿石、啓土、築堤，皆區畫有方，恩威并濟。又憫堰夫枵腹荷鍤，請於鎮、道并將領諸君，皆捐俸金，使得宿飽李公時單騎慰勞人，益感激鼕鼓弗勝，工始於十一月二日，告竣於次歲二月二十八日，引河入堰，復還舊觀。嗚呼！以數百年相沿之水利一旦毀棄，不可謂非天也。以爲不能再舉之事，仍復堅完。不可謂非人勝天也，繼蒙總鎮黄公善撫軍民，城野晏如，人力所至，天亦佑之。今歲果雨暘不愆，年豐以登，是皆各上憲之所賜也。是皆李公能成其各上臺之美意之所賜也。又皆陳君能成李公美意之所賜也。是用勒諸貞珉以告來者。右記康熙二十四年邑生員張齡撰。

藝文

清 孫文驊《游千工堰因登五雲山》（光緒）《黄安縣志》卷九

瘦馬披雲入，閒情偶樂山。人行千樹底，村在萬峰間。亂石成三徑，流泉叠幾灣。蘭亭餘斷碣，我欲拭苔斑。別有藏書處仰天窩爲李卓吾藏書處，行窩倚石根。巖深藏福地，路轉見柴門。雁爪留陳迹，松濤凈俗喧。何年學高隱，添築浣花村。

不覺雲岣險，曾經蜀道難。帽簷秋色滿，鞋底葉聲乾。地與蒼明近，山還子細看。捫胸塵壑少，百感笑無端。孤墖凌空起，雙眸頓豁然。環村皆碧巘，負郭盡腴田。遠水平沙外，晴霞夕照邊。臨風思富樂，囊澁買山錢。収拾名山景，都歸夾袋中。塵消千日酒，骨傲九秋風。客意矜游覽，予心念困窮。惟期紅葉雨，洒遍畝西東。

雜録

（嘉靖）《光山縣志》卷一 千工堰有五：一在縣南四里，一在縣南十里，一在縣南十五里，一在縣西二十里，一在縣南五十里。

清 顧炎武《肇域志》卷二八 濟源縣，【略】千工堰在東北五里。

清 顧祖禹《讀史方輿紀要》卷五〇 光山縣，【略】千工堰在縣城西，繞城而東，凡數十里，爲衆水所滙。嘉靖五年邑令王室築石障水，負郭數千畝皆資以溉，自是修築不一，萬歷十二年復增修之，尋廢。

（雍正）《四川通志》卷一三 新都縣，【略】龍門堰，在縣南二十里，千工堰在縣西南一十五里。

（雍正）《河南通志》卷八 千工堰，在商城縣東南三十里。

（雍正）《廣西通志》卷二一 興安縣，【略】千工堰，在縣西南五十五里，源出富江板背山。

（乾隆）《英山縣志》卷四 千工堰，一在難作堰上，一在蕭家河。

（嘉慶）《清一統志》卷二〇三 千工堰，在濟源縣東北馬頭溪之西。

又卷三三八 千工堰，在黄陂縣北四十里，灌田四千餘畝。

又卷三四九 千工堰，在鄖西縣西北十五里，明洪武初築，水出黑龍潭，溉田千餘畝。

（同治）《鄖陽府志》卷一 千工堰，西北十五里，明弘治知縣劉理、王才築，康熙中知縣王養琇、秦國龍先後補修，乾隆十二年暨三十五年知縣臧茂生、張道南重修，以山水暴漲，堤易冲決，每一修補，動計千工，故名。

（同治）《重修成都縣志》卷一　千工堰，在承順橋下流，分引石堤堰水至二江沱，流十餘里過大石橋入新都界。

（同治）《六安州志》卷八　千工堰，坐落大橋畈，周二百五十丈，隸永和鄉。下千工堰，坐落對四十里鋪店，隸遵化鄉，舊志沙家堰東。

又　千工堰，坐落安城寺，周一百丈，一涵。隸永和鄉。

（道光）《貴陽府志》卷三七　千工堰在縣東十三里，即楊家堰之下流建堰，灌田三百五十畝。

（道光）《遵義府志》卷四　遵義縣【略】千工堰凡五：一在城北十里，一在北□里，一在永十甲，一在城南鼇水，一在三岔河，皆陂以灌田者。

（光緒）《處州府志》卷四　千工堰，東十里許築礦阬水灌東衕田，堰長五里，相傳築時費千工。

（光緒）《黄州府志》卷七　千工堰，一在縣西五里，一在縣北十里。

（光緒）《霍山縣志》卷一五　千工堰，在六安州北鄉，系縣地插入州境。

（光緒）《湄潭縣志》卷二　千工堰，在縣東北七十里，堰梁成計千工，遂名。

（光緒）《麻城縣志》卷六　千工堰有三：一在縣南十五里，一在縣北八里，一在縣北五十里。

千公堰（千工堰、孔公堰）

綜述

（嘉慶）《郿西縣續志》卷一　千公堰在縣西北十五里，詳見舊志，嘉慶五年後，大水迅發衝爲深潭，堰不可復，知縣孔繼榦移築於上半里，民樂其成，稱曰孔公堰。

（同治）《郿西縣志》卷六　千工堰，縣西北十五里，肇自明洪武弘治年間，知縣劉理修治，明季廢，康熙三十五年，知縣王養琇重修，康熙五十三年河水決堰，知縣秦國龍復修，因源出天河山，水陡發，最易衝決，每一修補，動計千工，故名。乾隆十二年，知縣臧茂生鑿山改修，水勢稍殺，溉田千有餘頃。乾隆三十五年，知縣張道南率衆重修，嘉慶五年大水迅發，堰口衝爲深潭，不可復修，知縣孔繼榦移築上半里，堰岸高數丈，內山外河仍資灌溉，民樂其成，名曰孔公堰。道光二十一年，水決堰口，知縣翁吉士築堤重修，并建石橋，寬六尺，長丈餘，行人與馬通行無虞，咸豐六年，堰土岸被水冲決十餘丈，知縣瑞存率衆重修。

傳記

（光緒）《岐山縣志》卷五　李文瀚字雲生，安徽宣城舉人，二十三年，實任賦性躁急，辦事勤敏，工書盡善，詞章著岐邑須知頗有益於政治。【略】石頭河東舊有梅公、孔公堰，已據上流利，盡歸郿，乃郿民復稟郿令陳君，欲於雞冠石新開渠口，陳以其水利也。遂通詳將興工，岐民阻之不允，稟公，公亦通詳郡守白公，奉憲委查勘，公與陳持議，民情洶洶，幾成大獄，公謂郡守曰：所謂水利者，因其勢而利導之也。今鑿石開山，以截水流，不惟岐之沿河二十餘村不得水利，即郿民梅公、孔公之堰其涸可立而待，且岐郿之民一耳，今陳令欲專利於郿，太尊不爲之主，如大體何於是，白公據實詳稟，奉批禁止岐民樹碑書勒永守不易，至今沿河地畝得以及時灌溉者，公之賜也。

紀事

清　胡學洙《孔公堰記》（嘉慶）《郿西縣續志》卷一　堰處邑之西北鄉，去城約十五里許，引天河之水灌千有餘畝之田。蓋水利所在，而國賦民命攸關者也。但源遠流長，不免修廢頻仍，每遇傾圮，需費甚大，且必仰望縣父母爲之主宰籌畫，而後工可成，故由來命名曰千工。其堰創自前明洪武間，修理補葺，代不乏人，若明劉王二公，及國朝王公養琇、秦公國龍、梅公琯、臧公茂生、田公圻、張公道南諸邑侯，咸督民修築，不辭勞瘁，其政績已詳載在舊志矣。近來户口蕃息，山地悉墾，河水暴漲之時，石土相雜，堰易崩潰，修之難底成功。至嘉慶五、六二年，接次水發，堰基激爲深淵，使民更有不能爲力者，乃籲請於邑侯孔公。公曰：吾防邊數經此地，見舊基不可復修，細度形勢，上半里許有石横亘河中，築堰於彼，當必久遠無虞。旋出示曉諭，并授方略，民皆踴躍從事，興工於嘉慶七年秋，告成於次年春，雖鑿渠維艱，而築堰甚易，一勞承逸，國賦民命胥賴焉。享其利者不忘其功，食其福者咸懷其德，此孔公堰之所由名也。夫公之治西邑，於兹八年矣。其經濟設施有功於國計民生者，更僕難數，豈僅斯堰動人愛戴不置哉，然不僅斯堰，而斯堰固其一也，名曰孔公堰者，亦非徒爲斯堰志，蓋藉斯堰以志公，使千秋百世頌今日之善政者，無在而不推我孔公也，是爲記。

青龍堰

綜述

（乾隆）《雅州府志》卷五　青龍堰，治北即幞頭壩，知縣羅之熊創築沙堤，建以桔槔數十座，炫耀入目，水灌田畝，天旱無憂。

（道光）《褒城縣志》卷二　青龍堰在馬湖堰之下，溉鉄谷壩田九百六十畝，乾隆中邑令曹良督修之。

清　王武祖《修青龍堰序》（同治）《安義縣志》卷一四　自周官設掌固專治城郭、溝池，蓋溝池所以衛城郭，而郭外之田亦資灌溉焉。縣治之南有堰名『青龍』，由來舊矣。其水發源自文山，入縣南滙而爲池，就池築堰，歲久堰崩。前少尹馮公率邑紳而修築之，維時祇築堰堵水，未及疏通下游，下游淤塞，水道不通，遇溪水漲發冲突，久而堰復崩，是固不可不復修也。且是堰也，適當文廟之前堰崩，而水反跳，亦所不宜，古人所以相陰陽，觀流泉者是或一道也。予既贊是邑於水利職有專司，故每見而惻然，雖嘗留意修葺，爲阮囊羞澀，終罔濟，兹捐所積廉俸，起而爲之倡，其將以補，馮公之所不及，然猶懼獨力難支也。幸都人士莫不聞風迹躍群相樂助，於是購石鳩工，宜築者築之，宜鑿者鑿之，而功以成。嗟乎！天下廢弛之事往往待治於有志之人，况有官守者尤當興廢舉墜，今是堰成，不但城郭以衛，灌溉有資，而形勝亦藉以無缺，所謂一事而三善，備者此也。其利賴曷有極哉？

雜録

清　羅用霖《重修昭覺寺志》卷一　青龍堰寺東南分引東脚門水，循青龍崗下合陽，义溝水下猫子塘。同治十三年陳應清搭梘截水控争。蒙王主介卿勘明立案。

告示附

邑侯王爲照斷示禁以杜後衅事。照得案奉藩憲王批，據監生陳應清等上控，僧眞静等賄弊朦塌等情一案，當經照喚集齊人證審訊，斷令陳應清等仍遵照白前縣斷案，所有猫子塘之水，西邊寺田取用。東邊歸民田車水，陳應清管業係在民田之内。應取水於東。不准搭梘截水在案。兹據六甲昭覺寺住特僧明照知水源事，呈稱爲遵懇示諭息訟杜累事，緣陳應清赴藩憲捏控僧等朦塌一案，去六月沐恩親訊閲，明勘稟印契，羊义青龍等溝俱係僧等買業所開之溝，與陳應清無涉，斷令應清不准安梘截水，只准應清在猫子塘同衆民田車灌，殊應清賄串刑書不照斷語叙供反，於供内改注有劉家溝閙馬頭擋水之説，應清遂朦混具結，蒙恩察破批駁，僧等畏應清將來藉此朦具結狀，妄争水分，又受伊害，是以再懇覆訊，叩案批准，覆訊應清畏究久躲拖延至今，差傳不到，案懸未結。再四思維，惟有懇恩賞示，俾僧等遵照刊碑於猫子塘，以免應清將來另生枝節，安梘截水，是否可行，伏乞衡示遵行，上叩等情據此除稟批示外，合行出示曉諭，爲此示仰該僧寺明照等并陳應清等知悉，自示之後，僧、陳應清等務宜恪守訊，斷車灌，毋得混行安梘截水，争競滋端，倘敢不遵，許該寺僧等立即來縣稟究，决不姑寬，各宜凜遵毋違，特示。同治十三年三月初十日示。

清白堰

宋 繼祖《新開清白堰記》（嘉慶）《漢州志》卷三五　予周視廣漢，數百里皆肥沃之壤，高不盈丈，尋下不及，沮洳金雁，沈犀環城，而潴連山石亭，白雲襟其東，馬牧、清白帶其西，分堰七十二處，耕者力不必盡，器不必具，冀不必多逸於有獲，苦於賤糴，沿習而趨游惰貧且逃者，沃土之勢然也。距州南十五里有巨鎮三水關，關側□望如砥，鄉名六曲，碑揭義村，林木蓊蔚，岸水盤紆，亦□樂之區也。第人事蕭疏，田園荒穢，西竄東奔，乏安土重遷之計，詢之則曰：尾黄土堰之末，馬牧之水截於上，□軍民錯處，□衛參之稼愈減，而差愈重，自乙丑之初□內寅之夏，旱魃爲灾，殺稼焦禾勢彌蹙矣，馬牧西麗□□□□一洲之隔裏，彼有餘益我不足，何不可哉！時□□王公文章發科視篆三月，政教大行，事有關於民□□悉心殫慮而不憚其勞，子謀之即慨然冒暑曰：苟書民違顧其他，遂相度地宜，周咨忠告，分隸工作，梗諭之弗堪作者，出公儲以助之役，如渴之民決望，外□勢不期齊力，不期倍肇，工麥秋之初落成，鶉火之□慮始之難，而擇勞之不怨矣。未幾，雨河皆兩赤地，爲雲易荒，以熟回死以生衣食千百家之口，迤邐萬年之久，王公之功顧不與此水相不朽哉？嗚呼！人官之能天以之時，地以之利，不有張公孰開馬牧於前，不有王公孰通清白於後哉！考之清白江以趙清獻得名，發源岷山，即李冰鑿離堆堰都江之所，南供數州，東出三峽，其水適與王公之守相符，名之曰清白，誰曰不宜。

明 蔡心一《創修清白堰并寶蓮庵記》（嘉慶）《漢州志》卷三五　州城南十五里許，鎮名三水關。關東北隅爲義村，中有古刹曰寶蓮庵。庵之四望，厥土中中，厥水下下，而厥賦俱上上焉。中有魏氏監，土亢收薄，終歲勤動，不足供賦役之半。乃擇地堪樹果者，種栗千百銖，用襄侵魃。居斯土者，猶得稍稍撑立。迨嘉靖末，歲魃而民愈窮，派繁而上鮮恤，民半逃而田多就蕪。適魏氏有心計者，乘余師雲麓宋公致政初歸，度其必不深諸土宜也，而賂中售之，余師果不苛察而慨成。及蒔插，始知賦上土中而水則下也。不得已廣潴洫，謹堤防，製桔槔，罔不備至。私入公輸，僅支數載。遂思賦必資田，田必資水，水必資源。流既竭，雖田與地埒耳。賦何堪之？倘之不魏耶？乘隙約生員李元和相度，見清白一江，發源離堆，沿江諸堰，適自兹止。且僅隔一洲，排決甚易，導彼堰外餘波，甦此頻灾亢土，奚不可者？尤悲鄉民難與慮始，仰藉郡别駕王公諱敬賓者董於上，諸買溝鳩工費，余師悉以身肩之，而不盡責償於軍民。未越月，大功告竣。易焦原爲水鄉，變磽土成沃壤。轉逋負之域，而盡登庶富之區。吾師之功固不偉且永與時，合郡軍民與元和輩德余師功，欲建祠庵中，余師堅辭乃止。但擇僧之行端德澄者王庵事，以便修堰者議工棲息。余師暇則如李公擇讀書白石庵，倦則如石曼卿偃仰捫蝨，常則又如謝靈運教授生徒於石壁庵。其咏弄之懷，逍遥之適，眞有三公不易者。奈樂未幾而余師且仙游矣！幸繼之者得余甥省庵善成先志，遵父貽謀，毫不敢越，且益擴前規，肖像庵側，用妥師靈。竊恐後來無以悉顛末也，問記於余。余悚然而嘆曰：『余師不鄙地之磽亢而慨受之，卒能展壯年未盡之經畫，俾饑渴待拯之域，一旦志措之飽康之鄉。又得克肖如省庵者，擴師志之未竟，是父作子述，利己利人之道也，又何悲乎土之中、賦之上而水之下也？余意堰之通塞、庵之廢興不係記之有，無乃兹之懇懇，無乃爲後之俗僧庸衆人設也。蓋人之創始誠難，方來者誠仰體而以時疏浚之，擴大之，則記可無作也。若不能而任其淤蕪之，傾圮之，廢奪之，烏在其爲善體首事者之心，而稱肖子與良民也哉！敢備附之以警將來』。

清溪堰

明 曹學佺《石倉詩稿》卷一九《題劉元定山中六景·清溪堰》

青青栢子樹，蘭若搆于斯。夜來承法露，日長是禪枝。

（光緒）《慈溪縣志》卷一〇　清溪堰，縣西南二十五里。按嘉靖以後志，作十五里，誤。

清 潘錕《清溪堰記》（光緒）《慈溪縣志》卷一〇　清溪即慈溪也，《圖經》所稱十八洞天，四明爲第九洞，天梨洲茭湖而外，其一則慈溪大隱也。四明北七十峰，自杖錫山出脈起，簞竹尖凌空奇突，派別支分，如神明之變幻，若萬馬之奔馳，或起或伏，忽左忽右，穹穹窿窿迆邐而來，紅嶺烏巖之擁簇，杜徐孔陝之幽邃，而余鮑陳又爲北峰之大束峽也。連串兩峽，起蓮花峰東西分馳，溪流亦從峽而分矣，西則由磨石坑合，石峰句餘諸山與三女峰淦溪合流，出官船浦，抵姚東，則由紅赤嶺、樝林唐、陝石磔、水坪瞭、舍雲溪、大岡山諸水會合清溪，夫清溪之堰在學士橋上流，所以障溪泉之入河口也。河則左抱幻江，右旁謝山，長命山三過岐山抵石塘，鄞慈分界其中，別浦支流，不勝指屈，時遇旱乾，則幻江之鹽潮易入，此前人之所以設六閘也。馬車橋爲溪河第一關，攬碶橋閘則防三過分洩，朱童椿、浦樸木諸閘皆爲岐山青木十餘村蓄水堵也，其一則石塘碶閘，《郡志》載由湖注石塘，注者水流射也，《大雅》豐水東注，孟子曰，注之江，注之海是也。又載，碶下截流，則田者束手，禁塞息爭，斯爲兩利明明鄞慈均利也。前明余錦章官、工部尚書曾題奏皆云，下通大碶則閘之啓閉可知，塞之非閘矣。在道光二十七年，鄞慈爭訟，郡尊斷令築塞，僅留河岸一二版，稍旱則涓滴不流，利鄞病慈也。岐山人以歸慈之水既概梗溪流，又被堰廢不長，而朱童、椿浦等閘以爲虚設，任其毁壞，農人苦之，有利民者，來援郡志奏請之文，定閘可啓閉之例，請長官平反前斷，毋分畛域，則歸慈之水通矣。有利濟者，興篤桑梓，捐囊金築廢堰，清河口堵之，使入清溪之水不外散，疏之使通清溪之水有歸，東源流既長，又貴有以蓄之，則六閘之修尤宜講求，夫久廢必有興，久絶必有續，安見大人君子之無其人也。予特恐故址泯滅，引援無徵，是爲記。

三道石堰

明 田起鳳《改修三道石堰記》（康熙）《城固縣志》卷九　城固堰凡一十九處，各堰之下又各有堰。邑西十里許，介在童、楊、尹三村間，有堰名三道堰，蓋五門堰之分水油浮湃之支流也，所灌田不下數頃。舊制，堰材俱係木、甎壘砌，遇堉河泛漲，上流梓潼溝洪濤洶湧而下，堰口棧木如漂落葉，直抵漢流。每當揷秧時，偶值暑雨堰圮，滴水不得入田，秋穫無望。雖時歲暮修築，旋成旋傾，百姓吁嗟浩嘆，亦徒付之無可奈何而已。邑紳張公諱鳳翩者，惻然憫之，力請於邑令梁侯，申文郡憲，慨捐己資，募工匠，采石辦灰，躬親督理，晏食露宿者凡閲月。一時之民知其有利於民生，咸鼓舞踴躍，子來趨事，不踰數月而告竣。嗣是，歲歲秋禾以登，遠近歡洽，舉手加額，造碑亭於楊家坎之西、尹營之東。丐余爲文刻石以紀其事，余惟士君子以天下爲己任，事無巨細，舉凡有利於民者，悉樂與興，而况鑿堰通渠有關國課民生之重者乎。但人情樂於觀成，難於慮始，興一事而少有掣肘，廢然中阻者有之，公獨不較錙銖，不撓衆議，慷慨解囊，爲民豎一勞永逸長久不朽之績，則公之仁心義氣，雄水大略，其視古人爲何如耶？吾樂城自元蒲公創開石峽，歷明而喬而高，相繼修理，邑人食其德，爲建生祠，祀名宦，至今黄童白叟傳頌不衰，謂其與秦鄭國、漢白公後先輝映，今公之改造三道堰也，其功不在鄭白下，而謂不可與喬高兩侯頡頏上下哉。昔之人有言曰：居桑梓而無善行可稱，則其居官可知公之念切桑梓如此，若其居官又可操劵，而卜矣，是爲記。

（同治）《重修成都縣志》卷一　三道堰　由郫縣兩河口分左流，名磨底河，分引磨底河水。

桑子河堰

宋 吕祖謙《東萊集》卷六《泰州修桑子河堰記》　淳熙元年夏六月，泰州東部潮大上，敗捍海堰。詔州與兩使者參治。維堰，初作於文正范公，首起海陵，尾屬鹽城，衡兩縣間百餘里，及是半圮於水，有司繕築，未□以訖工聞。獨桑子河以南逕如臯境，繚許氏莊後，皆文正規略所未及。春夏霖雨，海汐暴興，田廬冒没，版籍日耗。詔以諉今魏侯，侯不以造端立始，無前樵可襲爲憚，慨然閔民病之不可宿，凡土功之政令，與其具修，悉蒐悉講，發命以四年十月乙酉。甫半月堰成，其袤三十有五里，其崇尋有三尺，趾廣二丈四尺，積工一十有七萬，郡人擁府門讙賀，又走書蘄記，侯弗能禦。昔史起引漳水以溉鄴，追咎西門豹之遺利。杜預將橋大河，或者以商、周所都，曆聖賢而不作，殆必難立，二者之論胥失也。斯民之生理無極，而陵陸川浸之勢屢遷。顓守陳迹者，既不足與合變，至於因時建置，雖由已出，然前人仁心仁聞，經啓區畫之餘業，蓋有以起之矣。侯，名父子，逮見前輩，習於群公先正之源委，一旦身履其迹，而手賦其功，宜所樂爲者，用能先事不惑，已事不矜，以興泰人之長利，以終文正公之遺緒，以助成明天子實邊之大計。後之爲政者將於此乎？攷侯，名欽緒，曆陽人，涖役者，海陵尉朱棣，督護者知如皋縣耿漢、知海陵縣穆沂。

宋 王應麟《玉海》卷二三 淳熙四年十月，泰州修桑子河堰。

清 夏荃《退庵筆記》卷一一《條修之譌》 《州志》藝文條：《桑子河堰記》爲呂祖謙作，條桑之名，莫詳其義，合考劉大參原刻《明志》、魏莱蕪重刻劉《志》、《雍正志》、《道光新志》皆作條桑，後余讀《東萊先生集》，乃泰州修《桑子河堰記》，始悟條修字相近，故譌修作條，然後三志皆沿劉《志》之譌，《道光新志》多所辨正，能發前人所未發，視褚志號精核，然亦沿條桑之名，顧予亦偶得之，非識力真有過於前人甚矣，校讐考據之難也。

山河堰

論説

元 蒲道源《閑居叢稿》卷一七《與蔡逢原參政第二書》 興元之爲郡，其地之廣衍，視他大郡不及什之二三。所恃者惟渠堰而已，渠堰之水，興元民之命脉也。渠堰在在有之，無慮數十，然皆不及山河堰之大。其澆溉自褒城縣竟于南鄭縣，江此之境，舊設河渠司以領之。其秩五品，其任職也專，其受責也重。故堰之修理，無抛弃滲漏之水，水之分俵，無澆溉不均之田，視夫木之多寡，以爲水額。强不得以欺弱，富不得以兼貧，澆溉之法，自下而上，間有亢旱之年，而無不收之處。及朝廷以天下繁冗之官遣使，可減者減之，當時議者曾不究其實，希合取容，例爲可罷，使者實不知其利害，信意從之。自是以來，委之有司，而有司復差設掌水者，率不知水利之人，是以政出多門，而不一矣，法生多弊，而莫制矣。堰不堅密，水抛弃於無用，拔蓋水門也，無人巡視，筒蓋則水以澆田者，高下任移，自下而上澆溉之法廢，强得欺弱，富得兼貧，以力爭奪，數日之間倏忽過時而不及事。官府又不爲理，如秦人視越人之肥瘠，歲稍值旱，惟田近上源之渠者得收，下源遠渠者，全不收矣。修堰之時，下源者一例納木供役，而不得水澆溉，賦税公田之徵定額則不可免，民轉溝壑可知矣。其罷河渠司也，不過歲省官吏俸給數千緡之費爾，然足食，足賦税不聞，以今賑濟所費校之，孰爲多乎？某竊謂欲復立河渠司，朝議非年載間不可定，莫若省府權分委屬陝西渠堰官吏奏差等官各一員，監視興元渠堰，庶使水利均平，歲無荒歉之患，蓋利於民即利於國也。某閑不安分而僭越至此者，韓子所謂畏天命而憫人窮也。蓋前日不敢言，又不可言，今則敢言，又可言矣，惟相公裁之。不宣。

（道光）《褒城縣志》卷一一 乾道五年，修山河堰，安撫使吴侯，當是吴挺，今謂是吴拱，未詳，按吴玠子拱知襄陽府，京湖招討使璘子挺世任漢中。

綜述

宋 李昌齡《太上感應篇》卷一五 許司封逖知興元，大修山河堰，溉民田者四萬餘頃。

宋 王應麟《玉海》卷二三 興元府山河堰，溉民田四萬餘頃，世傳蕭何所爲，嘉祐中，史炤奏上堰法，獲降敕書，刻石堰上。乾道七年，吴拱修六堰，浚大小渠六十五，復見古迹，溉南鄭、褒城田二十三萬餘頃，五月詔褒之。

元 馬端臨《文獻通考》卷六 七年，四川宣撫使王炎奏開興元府山河堰，溉南鄭、褒城田九十三萬三千畝有奇，詔獎諭。

《宋史》卷九五《河渠志》 興元府山河堰，灌溉甚廣，世傳爲漢蕭何所作，嘉祐中，提舉常平史炤奏上堰法，獲降敕書，刻石堰上。中興以來，户口凋疏，堰事荒廢，累曾修葺，旋即决壞。乾道七年，遂委御前諸軍統制吴拱經理，發卒萬人助役，盡修六堰，浚大小渠六十五，復見古迹，并用水工準法修定。凡溉南鄭、褒城田二十三萬餘畝，昔之瘠薄，今爲膏腴，四川宣撫王炎表稱拱宣力最多，詔書褒美焉。

（嘉靖）《陝西通志》卷三八　山河堰　縣南長三百六十步，取黑龍江以溉田，宋乾道元年，四川宣撫使、判興州吴璘鑿此渠，溉田三萬餘頃，收開田爲上腴地。

（雍正）《陝西通志》卷四〇　山河堰在縣東門外，引黑龍江水按黑龍江即褒水，興元府褒斜谷口，古有六堰，澆溉民田頃畝浩瀚，每春首隨食水户田畝多寡均出夫力修葺，後經靖康之亂，民力不足，夏雨暴水衝損堰身。紹興十二年，利州東路帥臣楊庚奏謂，全資水户修理，農忙之時恐致重困，欲過夏月，於現屯將兵内差不入隊人并力修治，庶幾便民從之。興元府山河堰灌溉甚廣，世傳爲漢蕭何所作。嘉祐中，提舉常平史炤奏上堰法，獲降敕書，刻石堰上。乾道七年，御前統制吴拱經理，盡修六堰，浚大小渠六十五，復見古迹，并用水工準法修定，凡溉南鄭褒城田二十三萬餘畝，昔之瘠薄，今爲膏腴，四川宣撫王炎表拱宣力最多，詔書褒美焉。四川宣撫使、判興州吴璘旌節移漢中，訪境内灌溉之原，其大者無如山河堰，堰導褒水限以石，順流而□之，自北而西者，注於褒城之野，行於東南者，悉歸南鄭之區，其下支分派別，各因地勢，周溉田疇，後尋隳，廢踰二十年。堰水下流惟供豪右輪杵之用，異時沃野，皆化瀉鹵，民實病之，公躬即其處，相方度宜，刻期而就，瀉鹵復爲上腴。山河堰在褒城北山下，紹興三年，漢中被兵，民多驚擾，而堰事荒。乾道五年，王公炎宣撫四川，明年移府漢中，一日行堰上，顧視慨然，乃與都統制吴侯珙商度之，圖以獻曰：謹酌民言，堰敗當自外增二根渠堙當競力通之，異時野水衝擊當浚以新港，俾不爲渠病，顧規模弘深，非常歲比，乞降旨發工徒，出官帑修之。冬十月，大出内府錢幣，募兵市材，明年春正月丁酉，厥役告成，增修二根皆精堅可永，勿壞二渠，新港一萬一千九百四十步，其渠港分流爲筒跋者九十有九，凡溉南褒田二十三萬三千畝。山河堰，漢相國蕭何築，曹參落成之。古刻云：巨石爲主，鎖石爲輔，横以大木，植以長椿，至今利賴。其下鱗次諸堰，皆源於此，山河堰，引黑龍江水分三堰，黑龍江水入縣界南流至雞頭關下，築堰截水。第一堰名鐵椿堰，在縣北三里，相傳以栢木爲椿，今廢。第一堰東西分渠溉本縣田。

江水又南流三里許，至縣東門外爲第二堰，乃山河堰之正身也。堤長三百六十步，其下植栁築坎，名曰栁邉堰。分水溉田，首爲高堰，子經流魯家營，灌田三百五十畝。

第二堰水又東流三里爲金華堰，經流新營村支分小堰七：

首鷄翁堰，灌馬家營田三百畝。

次沙堰，灌張家營田九百畝。

次周家堰，灌上清觀田三百畝。

次崔家堰，灌張家營田二百畝。

次何家堰，灌何家莊田二百畝。

次劉家堰，灌譚家營田一百畝。

次蹬槽堰，灌栢鄉田五十畝。

第二堰水又東流三里爲舞珠堰，經流周家營支分小堰五：

首魯家堰，灌殷家營田二十畝。

次鄧家堰，灌周家莊田八十畝。

次朱家堰，灌王家營田一百二十畝。

次瞿家堰，灌許家莊田二百畝。

次白火石堰，灌周家營哈兒溝田二百八十畝。

第二堰水又東流五里爲小斜堰，經流草寺村，灌田二百餘畝。

又東流一里爲大斜堰，經流南鄭龍江鋪分水，灌本縣鄭家營田三百畝。

又東流五里爲栁葉洞，經流南鄭草壩村分水，灌本縣韓家墳田七十九畝。縣册按大斜堰，栁葉洞與南鄭分水灌溉，以上各堰專溉褒田。

第三堰在城南五里龍江下流砌石爲堰，流二里至三橋洞分兩派，西流者爲西溝，自三橋洞分水，經流冉家營，灌田三百餘畝。東流者爲東溝，自三橋洞分水，東流七里許至任頭堰，又分二派，西爲西渠，灌縣境周家營田三百畝，其東流者入南鄭界。

清 顧炎武《天下郡國利病書》 褒城縣山河堰，在縣南，長三百六十步，橫截龍江中流而東逷，資以溉田，乃漢相國蕭何刱築，爲豐儲計曹參落成之。古刻云巨石爲主，瑣石爲輔，橫以大木，植以長椿，列爲井字，蜀諸葛亮駐漢踵其迹，宋吳玠、吳璘相繼修築，至今利賴。

傳記

宋 歐陽修《歐陽文忠公集》卷三八《司封員外郎許公行狀》 君諱逖，字景山，世家歙州。【略】出知興元府，大修山河堰，堰水舊溉民田四萬餘頃，世傳漢蕭何所爲，君行壞堰，顧其屬曰：鄼侯方佐漢取天下，乃暇爲此以溉其農。古之聖賢，有以利人無不爲也。今吾豈宜憚一時之勞而廢古人萬世之利，乃率工徒躬治木石，石墜傷其左足，君益不懈，堰成，歲穀大豐，得嘉禾十二莖以獻，遷尚書主客員外郎、京西轉運使。

清 蔣兆奎《河東鹽法備覽》卷一〇 張良知，舉人，漢中同知，修山河堰，大著勤劬漢民德之。

清 陸心源《宋史翼》卷二二 張方字立義，資陽人，慶元己未進士，【略】主漢中梟事，更復山河堰，蠲民錢至三十萬緡有奇。

（康熙）《陝西通志》卷二〇 景承芳寧羌衛人，嘉靖壬戌進士，歷官山西副使，清介有惠政，致仕歸築石馬堰，鑿景家渠，引山河堰水灌田三百餘頃，民至今食其利。

（嘉慶）《清一統志》卷二三八 吴拱璘凡玠之子，乾道中知興元府，漕使王炎委修復山河堰，盡修六堰，浚大小渠六十五里，凡溉南鄭、褒城田二十三萬三千畝有奇，下詔獎諭。

《清史稿》卷三六一《嚴如熤傳》 嚴如熤，字炳文，湖南溆浦人。年十三，補諸生，舉優貢。【略】擢漢中知府。【略】問民疾苦。興勸農事，行區田法，教紡織，使務本計。修復褒城山河堰及城固五門、楊填二堰，各灌田數萬畝，他小堰百餘，皆履勘浚治，水利普興。

紀事

宋 楊绛《褒城縣山河堰記》《雍大記》卷三二 乾道元年四月，宣撫使、判興州吴公璘朝行在所，上寵嘉之，再拜上公，進爵真王，仍以奉國節旄移鎮漢中。粤自用武而來，戎馬充斥，民事寢緩，公至則曰，國基於民而民以食爲天，凡所以飽吾師，疆吾國者民也。民事固緩，而恬不加恤，是不知本之甚也，其可乎哉？乃申飭寮吏，具詔令之忠厚愛民，與夫政事之偏而不起者，次第施行之。給和糴之緡，而人无白著，停踰時之賦，而困窮以蘇，兼并均敷，悍黠弗貸，嚴而不苛，寬有以制。至若剗蠹除害，惠澤流布，家至户到，咸知樂業。明年春，農務未舉，公首訪境内溉浸之原，其大者无若漢相國曹公山河堰。導褒水限以木石，順流而疏之。自北而西者注于褒城之野，行于東南者，悉歸南鄭之區，其下支分派別，各逐地勢，用溉田疇之渠，百姓饗其利。惟時二邑夂矣怠作，每歲鳩工度材以鉅萬計，將有事於溝洫，狡獪者嬴其材，僥倖者啬其工，重以異時小夫賤糴，染污習熟，賣丁贖貨，并緣爲奸，以故無告蒙害，澤不下咎。公慨然念之，鋭意改作，與提典刑獄兼常平使者、秘閣張公商榷利病，先事設偹，偕詣堰所，擊鮮格神，涓日起役，畚鍤如雲，萬指齊作，乃檄通判軍府事史祁俾總督之，僅兩浹月斷手。凡用工若材，眡曩爲省，而增刱護岸之堤又数百丈。祁會邑宰宣劳殫力，往來其間，申畫畔岸以杜紛争，檢校精确以別勤隋，如意指揮人自知畏，不擾而辨。先是，因循積弊踰二十年，而堰水不流，惟共豪右輪杵之用，異時沃野皆化爲斥鹵，民實病之。公又躬即其處，相方度宜，易地穿渠，料簡卒徒官給材用，分授方略，佚道使之刻期而就，凡以工計者又十萬有奇。水利至是惟廣，能周溉三萬餘畆，復爲上服訖功而民不預，抑又難焉。惟我公威名峻烈，爲社稷之衛，而司全蜀之命者歷三紀矣。逮兹保厘，功崇位極，乃復推原本始，篤意民事，爲朝廷固不拔之基，與黔首垂無窮之福，殆非識慮淺近者之所能爲也。曹爲異代創業之輔，公寔今日中興之佐，先後相望於千有餘歲，其愛人利物之心及所成就不約而同，可謂盛德事也。召父杜母何足擬倫。褒中之石幸可磨镌。詞雖不腆，绛贓在是，庸敢直書，昭示來世。

宋 閻蒼舒《山河堰記》（道光）《褒城縣志》卷二　山河堰在褒城縣北山下，《圖志》載：水出太白山，南流入斜谷，下入褒谷，又南入漢江。父老傳此堰自曹相國，考之史，元年四月，漢王就國，八月王引兵出定三秦，留蕭丞相收租給軍。建成侯參始封爲將軍，從攻下辨故道，明年蕭相國侍太子，治櫟陽，則此堰疑非蕭、曹所親臨，然高帝嘗詔，蜀漢民給軍事勞苦，復勿租稅二歲。及關中大饑，令民就食蜀漢。則漢中餽餉亦夥，吴平土上腴，必資水利，安知三堰之興不出於二公乎？由漢訖今，梁惟巨鎮世宿重兵，取足南畝。國初有山河軍，嘉祐三年，提舉常平史照謂游手擾人，罷之令民計畝出工，官董其役。紹興三年，漢中被兵，堰事荒矣，秋潦猥盛，敗堰塞渠，下民告疾，歲旱尤盛。乾道五年，上命參知政事相臺王公，宣撫四川，明年移府漢中，一日行堰上，慨然，乃命知興元府吴侯商度之，謹酌民言，堰敗，當自外增二垠，渠堙，當競力通之，野水衝激，當浚以新港，出飛漕，俾不爲渠病。冬十月，公命出後府錢幣，募民市財積岸，明年春正月丁酉役成，合六堰一千二百五十步，外增二垠，皆精堅可永勿壞，二渠若新港，一萬一千九百四十步，悉力浚之。因得銅板若角石狀，而渠遂復。視比歲所修，深廣倍之，使伐石十板，復置渠下，以爲識用。長歲水夫四千四百六十八人，發官軍民兵，合九千六百八十一人，用堰渠料工，凡村木若干，人夫總五十三萬五十八百七十八工。自行府出錢，鳩材饗犒，及帥司賞給有差，合計用錢三萬一千三百六十緡。其渠港分流爲筒跋者，九十有九。凡溉南、褒四二十三萬三千畝。是役也，公一再臨視，謂賓客曰：漢宣防之役，將軍以負薪竟塞之，天下事功，苟以身先，無不濟者，蓋不特水事也。蒼舒以諸從事，是役所親見，於是書之。按楊絳記在乾道二年，此記在乾道六年，疑二役相繼而起者，考史，璘以三年卒，炎以五年任，吴侯蓋璘子挺。

《宋史》卷一七三《食貨志》　七年王炎言，興元府山河堰，世傳漢蕭、曹所作，本朝嘉祐中，提舉史炤上堰法，獲降敕，書刻石堰上。紹興以來，户口凋疏，堰事荒廢，遂委知興元府吴拱修復，發卒萬人助役，宣撫司及安撫都統司共用錢三萬一千餘緡，盡修六堰，浚大小渠六十五里，凡溉南鄭、褒城田二十三萬三千畝有奇，詔獎諭。

宋 佚名《山河堰落成記》《金石萃編》卷一五一　磨崖高七尺四寸八分，廣一丈九尺八寸四分，共十六行，行九字，每字徑六寸許，隸書在褒城縣。

紹熙五年山河堰落成，郡太守章森、常平使者范中藝、戎帥王宗廉，以二月丙辰，徠勞工徒。堰别爲六，凡九百三十五丈，釃渠四百一十丈。木以工計，七十二萬四千九百有奇，工以人計，一十五萬九千八百有奇，先是四年夏大水，六堰盡決，秋使者被旨兼守事，會凡役，慨念民輸，當四倍於每歲之常，乃官出錢萬緡，爲民助，查沆、賈嗣祖、晏袤、張柄、實董其事。

按《宋史・河渠志》山河堰秖載：乾道七年，吴珙發卒助役修堰之事，此後無文，自乾道七年至此僅二十餘年，乃以紹熙四年大水決六堰，此堰被決，遂致重修。晏袤臨淄人，知南鄭縣，見鄐《君碑題記》。

藝文

宋 王素《重修山河堰》《宋詩紀事》卷五四　晝隼精明破曉暾，恰逢寒食過江村。輕烟飛絮漢中道，白葦黄茅渭上屯。人力萬工支水派，天心兩邑溉川原。柳營一飽源頭看，夜雨新肥拍岸痕。

清 吴榮光《石雲山人集・詩集》卷九《過山河堰》　兩載經營地，三時黍稻場。堰渠開鄭白，父老説龔黄。褒水千源遠，梁山萬叠蒼。此行長别汝，猶認是巡方。

雜録

宋 王象之《輿地紀勝》卷一八三　山河水即褒水，池源出太白山，或謂此堰蕭何所創，其初必相傳爲蕭何堰，後世語訛乃轉爲山河堰，歐陽文忠公作《許景山行狀》云：山河堰，世傳漢蕭何所爲是也。

宋 祝穆《方輿勝覽》卷六六　褒水出太白山，下褒中即山河堰也。或云：本蕭何堰訛爲山河堰。

宋 鮮于申之《開石門碑陰記》《關中金石記》卷六　嘉定三年三月，刻隸書并在石門。文曰：眡堰山河，泝褒水，登石門者，即山河堰也。本蕭何所開，曹參繼之，以灌溉南鄭、褒城兩縣田，後誤蕭何爲山河，其地有曹參廟，宋政和中敕修，賜爲山河惠遠侯廟。

明 何景明《雍大記》卷一一 紫金冰在徽州北一里，沿流自武休關，經鳳縣入漢中爲山河堰，即褒水也，源出太白山。

明 崔應科《四六分水記略》（道光）《褒城縣志》卷二 漢南水利之大者，無如山河堰。自高堰子迄三皇川爲洞口者四十有八，溉軍民之田四萬四千八百二十有三，上壩與下壩利實共之。邇者，下壩之民每苦澆灌之難。一值天旱，秋成無望，萬曆二十三年司李宋公一韓，奉文踏看災傷。歷巡兩壩，察利病之源，酌民情之便，定其期限，由高堰至李官洞澆田一萬九千六百八十畝，臨近官溝注水易，議爲四日，由高橋至三皇川澆田二萬五千一百四十三畝，窵遠注水難，議爲六日。均爲兩輪，週而復始，在上者不知其餘，在下者無憂不足，洵萬世永賴哉。宋公去，二十八年巡道李公命以其議勒諸石。三十一年郡丞張公光宇至，以職水利。巡隴畝，采群議，無如宋公法善，議撥田夫分兩班赴上壩洞口宿守防範。每輪畢，則差役同甲頭封閉焉，經畫周以悉矣。

（康熙）《陝西通志》卷八 褒城縣惠遠侯廟在縣東南一里，舊名山沔廟，祀漢相國曹參。

（雍正）《陝西通志》卷二九 惠遠侯廟在縣治東南一里山河堰之左，舊名山河廟，宋政和間，始賜是額，慶曆中，知縣竇充有碑，明嘉靖二十九年，直指劉崙副使齊宗道、知縣張庚議修并肖像，今春秋祀典猶存，相傳山河惠遠等堰，爲漢相曹參所建，引水灌田，後人樂利，立廟祀之。

（嘉慶）《清一統志》卷二三八 惠遠侯廟在褒城縣，山河堰祀漢曹參，宋政和中賜額。

又 山河堰在褒城縣東，引褒水溉田，一名柳邊堰，《輿地紀勝》：山河堰本蕭何所創，相傳爲蕭何堰，後乃語訛爲山河堰。紹興二十二年，利州東路帥臣楊庚奏稱，褒斜舊有六堰灌溉民田，靖康之亂，民力不能修葺，爲水衝壞，請修治。乾道四年，知興元府吴拱修復六堰，浚大小渠六十有五，凡溉南鄭、褒城田二十三萬三千畝有奇。《府志》：蕭何始立爲二堰，曹參落成之，諸葛亮軍駐漢中，踵迹增築，至宋復壞，吴玠、吴璘相繼修治，廣溉民田，復業數萬。今堰凡三：第一堰在縣北三里，亦曰鐵椿堰，今廢。第二堰在縣東門外，舊堤長二百六十步，本朝嘉慶七年，陝安道朱勳修築石堤五十餘丈，十五年水漲，於石堤下將舊堤衝決，知府嚴如熤，就石堤上下加築土堤七十九丈，另開新渠一百三丈三尺同，深三丈，十六年工竣。經流之地首爲高堰子，又東三里爲金華堰，支分小堰七，曰雞翁沙堰，周家、崔家、何家、劉家、橙槽，又東三里爲舞珠堰，支分小堰五，曰魯家、鄧家、朱家、瞿家、白火石，又東五里爲小斜堰，以上專溉褒城縣田。又東一里爲大斜堰，在南鄭龍江鋪，又東五里爲柳葉洞，以上分溉褒城、南鄭田。又東爲豐立洞，又東八里爲羊頭堰，在南鄭縣西北十五里，又東五里爲杜通堰，又東三里爲小林洞，又東二里爲燕兒窩，又東一里爲紅崖子堰，又東二里爲姜家洞，又東二里爲營房洞，又半里爲李堂洞，又半里爲李官洞，自金華堰至此爲上壩。又東一里至二道官渠分高低兩渠，高渠下達三皇川，低渠爲高橋洞，又東一里爲小王官洞，又半里爲大王官洞，又東一里爲康本洞，又半里爲陳定洞，又半里爲花家洞，又半里爲何棋洞，又半里爲高洞子，又半里爲東柳葉洞，又半里爲任明水口，又半里爲吴剛水口，又半里爲王朝欽水口，又半里爲聶家水口。又東流至三皇川設水閘以節水，分渠爲七，自高橋洞至此爲下壩。第三堰在第二堰下五里，由堰口東南流至三橋洞，分東西兩溝，其工較省，其灌田之多寡亦懸殊焉。

又 石剌塔堰在沔縣東北三十五里，亦名山河堰，引舊州河水灌田，分兩派，東流者爲山河東堰，西流者爲山河西堰。

清 王昶《金石萃編》卷一四九 按，堰界石在褒城縣東三里龍江中。《陝西通志》：有上下二石，上一石横刻使府打量到下鐫古界，從此石至南。大宋乾道元年十一月初五日，眉山史可觀記下。一石鐫制置大使提修道張儀准相命檄。自嘉定三年至七年督責軍人董工治堰，嘉定七年三月記，《關中金石記》所謂，嘉定七年刻者亡，即張儀治堰記也。此碑是乾道二年六月十五日楊絳記，非乾道元年史可觀記。與史不合，文是磨崖非刻于堰界石者，《關中金石記》指爲即修棧道路所立俗名堰界石者，非也。記爲築山河堰而作，非爲修棧中道路，其誤顯然。文云：乾道元年，四川宣撫使、判興州吴公朝行在所，上寵嘉之，再拜上公，進爵眞王，乃以奉國節鬐移鎭漢中。吴公即吴璘，宋史《孝宗紀》及《吴璘傳》：乾道元年四月乙巳，吴璘來朝，進封新安郡王，判興元府，其判興州則在紹興二十六年，興州後改沔州順政郡，紹興十四年爲利西路治所也。興元府，即漢中郡，傳稱璘至漢中，修復褒城古堰，溉田數千頃，民甚便之，即此碑所記也。碑云：溉浸之源，無若漢相國曹公。山河堰導褒水西至於褒城之野，東南歸南鄭之區，《宋史·河渠志》：興元府山河堰灌溉甚廣，世傳爲漢蕭何所作，嘉祐中，提舉常平史炤奏上堰法，獲降敕書，刻石堰上，詔中興以來，户口凋疏，堰事荒廢，累增修葺，旋即決壞，乾道七年，遂委御前諸軍統制吴珙經理，發卒萬人助役，盡修大堰，浚大小渠六十五，凡溉南鄭褒城二十三萬餘畝。史云：漢蕭何碑。云：漢曹公。史云：乾道七年，吴珙修堰碑。云：乾道二年，吴璘修堰。彼此互異，當据碑以證史也。

清　武億《授堂金石文字續跋》卷一〇　史炤題名。右題名文云：□少卿史炤，自□路轉運使，奉旨還朝，恭謁祠下，治平三年十月二十三日題。案，宋有兩史炤，《通鑑》：釋文左宣義郎眉山史炤，見可撰者，名位時代皆不類。考《宋史·文彦博傳》：少與張昇、高若訥從潁昌史炤學，此題稱少卿者，當即其人，炤授徒得此謂盛矣。炤又見《河渠志》：興元府山河堰灌溉甚廣，人世傳爲漢蕭何所作，嘉祐中，提舉常平史炤奏上堰法，獲降敕書，刻石堰上。

（道光）《褒城縣志》卷六　曹公廟在東門外，山河堰左祀漢平陽侯曹參，宋慶曆中建，有竇縣令充修廟記，政和五年，敕封神爲惠遠侯，明嘉靖中，知縣張庚奉劉巡按齊副使議，庇材鳩工爲享殿，碑亭門楹并設蕭酇侯何像共祀焉。國朝康熙中，雷知縣闢，乾隆七年，吴同知敦禧相繼修葺。

永濟堰

論説

清　田朝鼎《射洪嘴築堰述》（乾隆）《遂寧縣志》卷三　民以食爲天，食以穀爲主，穀以水爲生，水利之係於民重矣。國家休養百餘年，生齒日繁，米粟日貴，聖天子宵旰憂勤，各上憲勞心贊治，無時不以重農足食爲先務，余以魯鈍膺百里寄，位下責重，深懼弗稱，日惟策勵勤思利民，以庶幾仰承德意。

清　紀山《永濟堰碑記》（乾隆）《遂寧縣志》卷三　從來爲政之道重在養民，而教稼之功先資水利，我皇上念切民依，重農貴粟，舉凡川澤陂塘溝渠堤岸有關民生者，無不上厪宸衷，頻頒温諭。

綜述

清　田朝鼎《射洪嘴築堰述》（乾隆）《遂寧縣志》卷三　遂於蜀爲腹地，稍平衍，中貫涪江，宜可引灌，乃治田與我吴異。吴田資水於河，蜀田資水於山，故瀕江之土，俱不可田，郭内外數千家，食指盈億，俱仰給數十里外販暨遠運，其價常昂。余悉民困，恒欲紓之。於公餘巡郊外，東涉江，經楊渡垻，彌望平原數百頃，概植烟麻，心竊惜焉。行十餘里，地名射洪嘴，有大溪，詢諸父老，云源自赤巖溝，距此五十里；左右小溪二十餘，咸滙於兹，以達於江，經冬不涸。余躍然曰：『是可堰而田也。』衆曰：『然。所慮者費浩繁也；地高下未審也。』余曰：『地勢未可懸揣若爲費計，累簣成邱，綴白成裘，工程雖大，衆擎易舉。患不創始，不患無成。』洎夏，江漲土淹，居民測之以竿，喜來告曰：『高下審矣。洵可堰而田也。』余聞大悦，適僉憲陳公按臨，即繪圖上告，達於各憲。隨下令勸諭，衆多踴躍。立堰長，度地畝，計財用，醵貲興築，各上憲俱厪念，檄諭諄切。余時時詣工督率獎，勞之民力，匱又捐助之。始於甲子秋季，七閲月而竣事。堰以鉅石，長百五十尺，高丈，廣倍之，基又倍之。固以鐵，護以土堤，洩以石闕；左右渠各數里，深二尋，廣半深。凡石工、土工、鐵工，共一萬有奇。費金八百。計灌田可籽種千石云。乃進父老而告之曰：『堰成，邑之大利，當爲久遠計；勿專利於己，勿侵害於人；按股引流，勿妄争競，因勢利導，勿戾土宜。堰歲修，渠歲浚，務協乃心，勿因循苟且。衆僉曰：諾。乃述而書諸。時乾隆十年四月十一日也。

清 佚名《重修永濟堰記》（乾隆）《遂寧縣志》卷三 從來重農事者，必以水利爲先，而欲水之備旱潦時蓄洩，則非堤防不爲功。吾邑東之永濟堰，建自乾隆九年，前邑令田公以此處田瘠，謀所以灌溉之，命築是堰，閲十有三載，水淤泥留，竟爲膏壤，咸獲其利，迄今猶稱頌不衰。詎意今年春溪水驟漲，堰爲崩壞，惟是堰之大有關於民，而民之憫其十數年之功隳於一旦也，因咸患之，惟我劉公自下車以來，除莠安良，澤如春膏，吾民之食其德者匪朝，伊夕惟兹堰之被決，蒙公軫念民瘼，即捐清俸爲倡，督令是方人民出貲輸力，復鳩厥工，以是方重賴乎堰。而尤樂聞公之明命也。於是擇日卜築完繕故堤，卑者增，薄者倍，不數日而工告竣焉。衆以是堰重建可以永久，而厥功之由成，所謂增石爲防，膏我稻粱者，惟公有焉。并以紹我田公之德澤，與涪水共其長流也。因勒石爲記。

（嘉慶）《邛州直隸州志》卷一三 永濟堰州東四十里，灌田二萬餘畝。

紀事

（乾隆）《遂寧縣志》卷三 永濟堰在射洪嘴，乾隆九年知縣田朝鼎捐俸勸民創建，奉憲錫名立碑，約灌楊渡等垻田二萬餘畝。

清 紀山《永濟堰碑記》（乾隆）《遂寧縣志》卷三 癸亥秋，余奉命撫川。其一切風俗人心，士習吏治，固皆加意整飭，而尤以聖朝生齒日繁，民間日用不足，深爲切念，每遇屬員進謁，惟將從前諭旨反覆申明，務期一體留心，以仰副聖天子『水利與農工并重』之至意。乃於甲子冬，據川北道陳緯禀稱：分巡各郡，由果城至潼屬之蓬溪，環繞皆山，絶少平疇，一入遂境，水流地衍，眼界豁然。第楊渡一垻，半皆棄壤，詢之士民，僉稱雨多則潦，雨少則旱，僅栽莜麥烟麻，歷皆廣種薄收。因溯水源，起自赤巖溪，紆迴五十里，又左右山澗二十二道，滙合於射洪嘴，流長不絶。相度地勢，宜於射洪嘴築堰，可灌田二百餘頃。余聞之欣然曰：此正我皇上日夜切念，并余所時刻介懷者也。即批該道兼行布政使，作速辦理。而該司道亦能善體是意，率郡守柴鶴山，邑令田朝鼎，量高低，度丈尺，計工費，身先捐勸，時加督率。以故，民知利己，皆踴躍從事。竟於乙丑春杪告成。憑式而觀，綿綿翼翼，登高一望，鬱鬱葱葱，萬餘荒土，盡成繡壤矣。倘能再念始事之勤，以凛終隳之懼，歲月補修，毋使壅塞，則工費千金，益被萬民，勞在一時，樂在奕世，此眞不負我皇上諄切之殷、與申明者之苦耳。余既嘉其成工之速，復願其利濟之永，故因是以爲名，更濡墨以爲記。

聖水堰

清 單思邁《聖水堰記》（光緒）《永川縣志》卷二 吾不能粱肉吾民，而特慮吾民之或飢，吾不能錦繡吾民，而特慮吾民之或寒。顧一人之力，僅足供一人之需，而且田疇自古征斂不擾，亦何勞過慮，爲第思人情多狃目前而忘久遠，亦且惜小費而誤大功。善乎。韓非之言曰，磐石千里不可謂富，爲其不出粟也，衆人百萬不可謂强，爲其不可使也。今以出粟之田，而聽其一時無救，是自磐石其田也。今以人人各足之力，而不於其所以生養我者，而預圖其善策，又衆人自爲也。夫以衆人自爲，而徒冀倖於天之終不磐石，吾田是坐失其久遠之謀，而甘於去温飽，而就飢寒，愚之愚者也。余昨奉大憲檄，新修河堰，凡邑中有溪渠溝澮，無不相度勸興，而民亦皆踴躍樂從，聖水堰尤其大者，鑿石寬厚異常，横截石梁數丈，實可謂百年不朽，余望之而狂喜也。曰：此眞所謂不狃，目前而計久遠者乎，此眞所謂不惜小費，而成大功者乎，人非吾民之獨弗愚也，人情與言飢寒無不拂然惡，與言粱肉錦繡無不色然喜，今吾時時往來溝渠間，宣揚開導，誘掖獎勸，直不啻設千萬席粱肉於其側，懸千萬束錦繡於其前，其有不馨而釁之者，伊誰爲之。銘曰：聖水堰天所賜，一爲勞永爲逸，鑿巨石鋪平地，堅而厚渾如鑄車，其腹飲厥膩泉如涌，左右注俯瞰下，曠無際山，迴環兮曲似抱田，旋轉兮灌而溉直，潤千百畝不過頃刻，濟爲第一實寡二萬，年豐坐而致嘻，我黎民兮尚有利。

（光緒）《永川縣志》卷二　自來天災流行，莫甚於旱乾水溢，然永邑之患，則不在水溢，而在旱乾，何也，永多山阜田形高而川勢下，雖氾濫爲害，不過沿溪片壤而已，至於歲遇旱乾，則田形高者，土之燥也，既易川勢下者，水之引也，最難加以流，而不盈所蓄無幾，兩岸農民不下數十百家，往往桔槔甫施，涸已立見，其何以禦彼灾祲乎？是故謀水利者必砌百成堰截流堵水，化小澗爲深潭，然後潴聚多而灌溉。普查道光間，舊志老堰三十七日，及乾隆十九年，知縣單思邁奉黄制憲檄，親臨四鄉因地制宜，共修三百餘堰，大者約灌田千餘畝，小者約灌田數百畝，下放之外，沿岸農民上車所救之田，又復無算，若夫溪水所難及者，則令民掘田爲塘，豫積水以備凶札，計舊土塘三百零八口，新土塘三百八十五口，工竣之後，作堰塘記一册。【略】邑人至今日猶頌其德弗衰，且自乾隆以來，民仿效而成者堰倍於前，不必在灘口，即溪腰亦多。塘數倍於前，有一業而三四塘者，今約計之，堰共七百有奇，塘共二千八百有奇，雖逢小旱，頗不爲灾，永民之獲水利，豈淺鮮哉？乃道光二十三年重修府志，因本年永邑新志未成，舊志亦未載此，遂以塘堰無三字了之，是亦命筆者之疏於采訪，而果於武斷也。茲因名甚瑣碎，闕而不書，特志其大概如此，按永山勢崛奇，縱横四塞，凹凸危巖，厥狀不一，如虎、如龍、如獅、如象、如龜蛇、如鸞鳳、如美女簪花、如老人磬折，如鐘鼎倒懸，如亭塔挺直，山溲散漫，飛瀑百重奔滙成川，流分支港，偶步山腰，泉生石罅，琤琤然碎響流韻，滌人塵氛，别繞天趣，撫此地者，豈惟登高眺遠臨流觴咏已乎？前民利用咸資物土之宜，山可藝稷黍，飛潛動植實藏，於是乎，興川足資，灌溉鱗甲，泳游貨財，於是乎，殖取無窮，用不竭百，爾庶民疇不仰山澤以爲命者，特慮斧斤不時，甚或烈而焚之，山且爲童矣。數罟屢人甚有流而毒之水，亦將死矣，又何利之。與有惟嚴其禁令，資其長養，食之以時，用之以禮，行見官山府海普美利於不言，民自養生喪死無憾也。况夫塘堰鑿築，竭人事之力，尤足補地利之窮，皆守土者所宜盡心哉。

石遞堰

清　曾紹先《昭覺水堰記》（《重修昭覺寺志》卷一）　竊思木有本，水有源也，蓋成華東北隅上下兩壩糧田之水源，緣起昭覺夫源頭活水，而源遠流長，接續都江，由來遠矣。自灌縣流轉崇寧、新繁、郫縣從流而下，穿山透石，分流石梯堰者，歷今代有傳焉。而水之源方灌溉成邑頭二三四六甲，用畢水歸昭覺八大堰，分布流通，惟華陽獨居水尾上流，下接一定章程，從無顛倒錯亂，自我國朝定鼎以來，昭覺寺側無河道溝渠，而飲流伏地，由鳳凰山到落鳳橋，通獅子庵直達羊鹿山，歸駟馬橋下，河沿途形勝宛在爾，時開山丈雪老人，費盡千辛，不惜錙銖，捨己從人，築堤開河，禀官立案，心存濟世，溥福生靈，功莫大焉。後世企慕，互相膾炙，在當前之際地廣人稀，賴和尚率領僧衆，躬至郫縣，石梯堰始末原由，名曰昭覺堰者，今古流傳，肇自斯焉。而堰水之源，由右邊之水築堤包環，左邊建立水碾一座，以鎮山門水口，查康熙三十四年，寺僧禀懇成華縣主。

清　羅用霖《重修昭覺寺志》卷一　石遞堰即石梯堰，寺西四十里，屬郫邑。康熙二年，丈雪大師卓錫歸來。寺經甲申之變，概爲煨燼，領衆赤手草創茅屋數間。時廉訪朱公、鹿門李公助師農器，鄰里假牛助耕，由是墾荒種菽。兵燹之後，人烟乏絶，且所墾之地概屬旱土，不能種穀。師躬溯水源，由寺西洪門堰經螃蟹等堰，上至太和場之石梯堰，往返旬日。因見上流之水，由太和場直達鳳凰山，經獅子庵，過羊鹿山下，入駟馬橋大河，而寺田并無溝渠相通。師始禀官立案，率衆開渠，由洪門堰、過歡喜坡，循寺右築堤五百丈，引水繞左，經龍眼橋、昇仙橋而下，計長十五里。渠成，而水不能暢發，乃備餱糧，領緇衆至太和場石梯堰，躬操畚揭，僧衆行立，以次遞石，閱百二十日，堰成，故名石遞。自是水源暢達，傍渠田畝，變爲沃壤者不下數十萬頃，兵民交慶。餘水猶能沾溉下游，使下之基址旱地，俱成水田，師之功亦偉矣哉。迄今二百餘年，歲至春分開堰時，石遞總長預帖先請寺僧，僧至，行禮畢，以次總散行禮後方始開堰。蓋不忘所自故也，寺田堰費每年五千五百零五文，存堰底錢三百串，年出息錢三十六千文，祭堰時并交總長手，如例，餘詳曾紹先昭覺水堰緣起。【略】

案下隨帶工房書役，親臨勘丈堰堤，河口只有案牘無有碑銘，後人不得而知，越至雍正六年，分設華陽一縣，分爲兩縣，成都百姓居上，華陽百姓在下，需用昭覺餘水繁多，水路愈行愈遠，兼之林菌基址，旱地俱以成作水田。再於雍正九年，川省巡撫年大人云，省會大地要船筏各處相通，新挖濠溝，往來船筏，將螃蟹堰之水冲流，一股過油子府河又被訟，棍廖世泰賣水，一股與馬廠水勢分散，以致水不敷用。至乾隆三年，遭螃蟹堰新開河名翻杠堰，圖搕船筏重利，經三甲鄉約杜之華查知，協昭覺糧户曾在位梁星拱三人首先稟官，當成邑鮑主親勘，即諭將新河壩塞築斷堰，徑在螃蟹正河，修魚嘴六丈四尺有奇，堵水入濠，取具遵，依立結在案。斯時昭覺潛修和尚將堰長事務付托吾先君，曾在位代昭覺辦理四載，不幸先君棄世，將堰長責任退還昭覺寺僧，轉請下水碾范紹伯代辦，六年無事，宛遭華陽訟，棍廖世泰鑽充堰長希圖射利，賣水與馬廠噫然而伊等不善之名，雖孝子孫百世莫易，而世泰雖充堰長多年，事務搆訟，爲符全不經理堰事，妄聽包堰工人王浩然、王金印、劉四貌等蔽朦詐騙，阻遏下堰，無水種秧，情慘已極，余於乾隆年間，已曾受和尚囑託，亦體爻志，救急於水火中，不致糧田荒蕪，生靈受窘，是以邀契友袁中元聯名呈控，水利府祖仲商案下，蒙賞踏勘，遵照康熙三十四年各甲分修丈尺，淘河築堰，立定章程，泐石碑陰永垂不朽。再者，洪門堰堤埂單薄，一年兩修，需費繁密，余與昭覺方丈、道魁和尚商通，纔與張姓買田改河，買契存寺，致於魚嘴敗缺，平水石條石梯，洪門兩處河口，一年一淘，非曾袁二人功行，而今焉能久乎？然則昭覺刱之於前，曾袁繼之於後，在後之覽者，概可知矣。况余朽年已七，衰有加慮，後年深久遠失其統序，故特書水源顛末，著於昭覺，待其同事仁人洞鑒而爲之記，若夫水源原是上流下接，盈科而後進，有一定規例，勿得强争，内有不遵者，投鳴堰長，赴昭覺寺執牌稟官責斥。嘉慶十五年十月望九日，曾紹先書於昭覺客堂。

壽張縣堰

明 趙有馮《壽張縣築堰記》（光緒）《壽張縣志》卷八 竊惟國依於民，民資於食，而土地則民食國用之所自出也。我國家稽古定制，設官分職，凡字内利有當興，害有當除，而足國裕民之策正今日司民牧者之孔棘也。壽良爲魯下邑，徵糧也僅四十餘頃，中間肥磽，相間斥鹵，居多邑之南土河一帶，又陂木四聚之地。萬曆十九年以前，澶淵水發由土河入漕，其流横溢，即此地每罹其患，然猶未甚也。至二十二年，西水復大泛漲，浩無溽涘，綿亘三百餘里，漫衍至於城下，民舍田廬盡屬汙萊，於是流離矢所，道□相望，水患之慘莫此爲甚。幸而有上谷懷翁張父母，以燕趙瑰瑋士來牧茲土，下車之初，首詢民瘼，恫慨時艱，迺進諸耆老而語之曰：比歲大歉，公私告匱，皆由西水爲患，是胡可不預爲之防？由是親詣，土河迤北相厥地形圖維捍禦，復召鄉民而諭之，隨地之多寡量力之厚薄輸貲，并工爰雲堤防，以故民咸感激，思奮畚鍤競先甫，旬餘而三十里之巨堰告成焉。所謂佚道使民，民忘其勞，非與至六月中，西水果至，堰以内一禾靡損，所計保全者八百餘頃，是秋收穫三倍於昔。邑人士亭有粟食者，於是乎德侯之恩益不置矣。侯此舉爲吾民貽千載永利，蓋肫肫乎憂國愛民之心也。是故有如傷之念，然後有懷保之仁，而亟亟焉。平治之不遑，凡以饑溺猶已者爲之也，侯准以此實心，基此實政，它日立朝柄政，必旦厚培我國脈，弘濟我蒼生，俾九土静如安瀾，奠若覆盂，夫亦舉斯心以加之有餘地矣。嗚呼，茲石之立也，存遺愛也，識悠遠也，猶之乎，咏南國之棠豔河陽之花，自是策勛旂常，勒名鼎彝，又不能不於此而取徵？馮不佞，遂潛爲記。

熟溪堰

宋 姚偲《重修熟溪堰記》（嘉慶）《武義縣志》卷九 武之溪名熟，蓋取常豐之義也。天時不能常豐或可求之地利，而是溪之爲甽爲澮者，四十有二。其發源之地曰熟溪，其末則長安堰也，利最溥。出書臺山之南至法雲之東，支分派別，溉田萬頃，綿延十餘里，而機緘翕張，全係一堤。或雨驟水溢，則屢奔衝決，補治少不及時，又將暴天之澤，農民歲以爲苦者數四，予相視其堤，尚可施以人力，而鹵莽滅裂焉能經久，及謀士民，得高氏世修，葉氏之茂與之商確，井井悉有條理，慨然自任，且謂址不深，則易罅漏，石不巨則易頽圮，防障既固而旁無洩，其漲則易潰突，乃是皆深究於利害之旨者也。與予意適相合，一切定其規模而後從事，乃號召有衆，畚鍤钁鋤無敢後，時數豪右亦樂輸材以爲助，予自往臨其役，爲勞來飲食之，越二月而堤成。石齒鱗鱗如墉如櫛，虹卧雲横者，幾八十丈，是堰之固，寔自今始，長安之民得安然而享永利，詎可不知高、葉二氏之功耶？吾將揭起以勉諸鄉之爲義者，爰叙之以記其實，而主張綱維之例，則列於碑陰，慶元四年二月望日書。

蜀州新堰

宋 呂陶《净德集》卷一四《蜀州新堰記》 熙寧七年冬十二月朔，唐安新堰成，廣民利也。岷山之旁，三水合而北注，至郡之東隅，與大江會。湍悍溢激，又潰而五，霖潦間作，横山散漫，高則没邱壟，下則漂田廬，止者患溺，行者苦濘。江之故道日漏且涸，棄失餘潤，不能浸遠，永懦之稼，屢植盡槁，蓋八九年矣。渠江黎希聲既守郡，深恤隱弊，加意於此，思有所以捍防之。欲責於兵以致力，則無羨卒，欲出於廪以充食，則無餘糧，欲重困元元以起大役，則素所不忍。時旱甚穀貴，流徙滿道，皆仰給於公養，而壯者僅三千，人晨夕飽飫，可任以事。會新津老人陳汝玉亦狀本末以獻，乃按度衡會，布爲巨楗，制導異派，歸之舊蹤，循源而下，大患自弭。始秋八月，至是有成，凡溉田三萬九千畝，瀕側之民安而粒者，無慮五千家，其爲利亦博矣。誠能講葺以時，久且完固，雖或亢沴，歲望庶幾不失也。予嘗究利害、廢興之説，蓋生民幸不幸繫焉，君子必審而後動。大率因物之自然，徇人之所欲，不矜妄智，不計近功，則事之有作簡以濟，民之受惠遠以深。若乃自用而鑿，智飾巧僞，背天理，反物性，苟期成效以要利，取寵於一時，而不慮吾民之困戚者，彼安足與論利害耶？西南雖號沃壤，然賦斂百出於農，耕夫日夜劬勞，而三時有餒色，百畝之家，占名上籍，而歉歲或不免饑。惟是溝畎渠防之務，於政最切，上之人苟置不議，非所以撫惠赤子也。希聲儒者，通經術，以忠厚治，常先民急，故所施如此。昔漢循吏皆以樂易、德愛爲之本，濟時及物，凜然足稱。若召翁卿之於南陽，王仲通之於芍陂，前史嘉其風迹，著範來世，則唐安新堰者，可略而不述哉？八年四月五日。

廣濟堰（廣積堰、廣利堰）

論説

清 彭鎔《施明府修堰記》（乾隆）《遂寧縣志》卷三 昔者禹抑洪水，而百姓寧廟而祀之，訖今四千餘載，享祀不絶，爲其能除民害也。厥後，秦有李冰鑿離堆，開二江以灌溉十二州縣之田，號爲陸海，廟而祀之，訖今千有餘年。環蜀之境，以至邛笮賨僰□之地，莫不立有一郎廟，享祀不絶，爲其能興民利也。由此而觀，凡作民牧者，能爲民興利除害，則功德之所被不小，祠而祀之，尸而祝之，固分所宜爾也。吾邑西南隅，有石子溪，蓋滙衆溪谷之水而入於涪江者。舊有堰，堤坊崇墉，屹然山立，邑人名之曰『官堰』。蓋以其非一人一家之所能成，又非一人一家之所可私，故以『官』名之也。歷代相傳，莫有能興築之者，以其功用浩繁也。且其沿山以南，陂田萬畝，鮮有貴重之者，以其水陸不分，比之下地。

綜述

（乾隆）《遂寧縣志》卷三 廣濟堰在廣德寺前，按廣濟堰與官堰原同一溪，相距二里許，明萬歷間有巡道某者，於金魚山後築堤蓄水，沿山開渠，欲以灌田，堤成而下流勢高，竟廢。迄今民稱官堰。迨國朝康熙五十八年知縣施士岳於官堰上流之廣德寺前築土堰，名廣濟，而南垻之田竟藉以灌，乾隆二年知縣夏詔新詳請改建石堤，約灌田萬餘畝。

（同治）《直隸綿州志》卷一〇 廣濟堰，治東五十里，在同仁堰之下廣濟渡即古石門橋，宋名重熙橋，見橋碑。載舊志，嘉慶四年里民鄧文忠等修築，灌田一千餘畝。

清 李星根《廣積堰碑記》（光緒）《遂寧縣志》卷四 廣積堰，舊名廣濟堰，又名廣利堰，前縣夏公易今名，其始事者施公也。彭梓中□生之記詳之矣。中亘令夏公爲詳請改建石堤，寬五□，長七丈二尺，高七尺，具有條規，而無碑記，事在乾隆□年，曆嘉慶、道光之時堰漸圮，維時南垻萬餘頃之田□化爲石，每歲以土補苴，亦貯水少，而灌田不加多，以視前記之田收十倍者殆減去十之九焉。夫與其每歲修而灌田寡也，不若一勞永逸而灌田多也。且吾民亦思復夏公之制久矣，而苦於莫爲之倡耳。同治八年，里人劉君則誠偕同志劉君昭文等，合堰衆而規復之財，不外募工，不別科，惟於後之饗其利者今先任其勞，而昔之收十倍者今不過破費其一而已，是以不勸而勸，不督而奮，逾年堰成。吳邑侯親爲閱，而案定之寬如舊，而長逾五丈有奇，高如舊，而加深盈丈焉。總費錢四千緡，皆堰衆力也。其輸多寡，以距堰之遠近爲次，何其慮之均也。人施公不過以前此官堰之廢，未得地勢，其功敗爲可惜。當收其遺利耳。初不意夏公與劉君能繼其美若是也。抑世之美利多矣。使皆能如夏公及劉君等因利而利，不即民康物阜哉。劉君既於堰工之成，請於縣□爲詳憲立案，而又彙其源流規約，共爲一書，俾堰衆□藏而遵行之勿廢矣。第以施，公食於兹堰，其廟雖經□燹而修復之，尚有記，至夏公之贊成厥績與堰之再修復尚未壽諸石也。因請余記之，堰有三源，一出龍潭溝，一出石矸山，一出雞頭寺，流至雙河口而合以今度之，其合流處蓋在城西之三十里，而近云。

傳記

（光緒）《新修潼川府志》卷二〇 施士岳，福建人，康熙五十年知遂寧縣，多惠政，尤加意水利，作廣濟堰，溉田萬餘頃。民爲祠以祀之。又乾隆元年知縣夏詔新以廣濟堰基址未固，增修石堤，民亦德之，合祀施公祠。

又 夏詔新，雲南姚安府人，舉拔萃科，乾隆元年任，以廣濟堰基未固，詳請改石堤，他亦多興革，升會理州，民添祀施公祠。

紀事

清 彭鎔《施明府修堰記》（乾隆）《遂寧縣志》卷三 歲丁酉，施公下車已五載矣，留心民事，諮詢水利，人有報此堰者，公即單騎就視，相其基址，度其高下，喟然曰：『有如此可利於民，而不爲興築，非所以爲人牧也！』乃捐俸五十金，以付鄉人，俾董理而從事焉。於是鄉之人荷畚插，載土轝，工興於正月，告成於三月，而名之曰『廣利堰』，支分條析，溝洫皆盈，非復前日之磽确甓壤矣。昔之田維草宅者，今且田疇滿緑矣。小民之家，有種數斗而獲數十石者。有種二三石而獲數百石者。於是共相語曰：『是皆我施公之賜也，烏可無報？』乃謀即其地作生祠，塑像以昭功德，以垂永久。而乞序於予，予曰：此正所謂有功德於民則祀之者。施公爲政於吾遂作如此大利益事廟而祝之，以追踪大禹、李冰之盛，誠爲允當。公雖欲止之，弗克也。於是鳩工庀材，搬瓦運甓，未逾月而大厦構成，願自兹以往，百年後遂民之報賽乎公者？一如蜀民之報賽乎大禹、李冰焉。謂非盛事乎哉？鎔承命書之，以見公之功德不可忘，亦使後之登覽是堰者睹□□泓而思廣利。謂其功不在禹與李冰下。豈不休哉！然猶有慮者，江都之堰至元時已傾塌崩壞，水道不通，元太守吉當普起而更新之，民乃蒙其利以至於今，然則斯堰之築也，是在乎有能繼之者矣。公諱士岳，號□□，閩中望族也，其惠政美不勝述，獨記其大者。以見公之設施注措，無非爲民也。推此意也，吾恐任滿將代之時，臥轍扳留，幾不能行也。

（光緒）《遂寧縣志》卷一 施士岳【略】康熙五十年以貢士來知縣事，其惠政固多，而於水利尤亟講焉。作廣積堰，溉南垻田萬餘頃。民祠之堰上，邑人彭鎔記之，庚申之亂祠毀，邑士劉則誠、李紹銳等醵金復修，至今人稱施公祠。

清 李星根《重修施公祠記》（光緒）《遂寧縣志》卷四　邑舊有堰，而施公者，特能因利而利，故得地之勢，而其事爲可久，樂利普於無窮，其民既馨香祀之，又從而志之弗忘矣。咸豐十年，悉毁於寇，然而遺趾故迹之可尋，邑之人終莫能聽其湮廢，而棄美利於弗收也，是以劉君則誠、李君紹銳倡募修復，爲時凡幾共費若干緡，堰與祠一如其舊，又以夏公益祀焉。乃爲頌曰：我思古人緊秦之冰，塴江作堰，於晉山之原灌田億萬，今廟食維馨，將其來施福我，遂民石子之口，築之登登，誰其記之，於我老彭，作頌嘆美，以隆德聲，右頌作堰，俄賊入矣，堰蕪没矣。廟焚掠矣，周原膴膴，美利孰溥，有來復之，唯予與汝堰之水泱泱廟之，饗煌煌必復其始，作頌不忘，右頌復堰，黨之有朕冰之有塋□，無以繼之，不蓄何獲，懿彼夏公，堤以石工，巋巋巨防，無水蝕之凶，於今繼事，因前爲功以配以饗頌者，美盛德之形容，右頌夏公計堰若干費計，祠若干費我民樂之亟功趨事，匪趣上之事，皆吾民之利，何以頌之？於胥萬世右頌永久。

雜録

（光緒）《遂寧縣志》卷一　廣積堰，在廣德寺前，按廣積堰與官堰原同一溪，相距二里許，明萬曆間有巡道某者於金魚山後築堤蓄水，沿山開渠，欲以灌田堤成，而下流勢高，竟廢。迄今民稱官堰，迨國朝康熙五十八年，知縣施士岳於官堰上流之廣德寺前築土堰，名『廣濟』，而南垻之田竟藉以灌，乾隆二年知縣夏詔新詳請改建石堤，道光初年石堤圮，同治八年邑士劉則誠集衆重修，約灌田萬餘畝。

又　遂寧諸水，涪江爲大，故以爲經流自蓬溪之馬家渡入縣界，【略】西對梵雲山，廣積堰水入之。　堰二源，北源自横山場東南流五十里；南源名倒流溪，如弓背，東北行匯聚賢場之東爲堰，又東過臥龍山，自堰下約行十餘里入江。

又 卷二　施公祠在邑西五里廣濟堰上，祀施、夏二公，其祭品儀注亦從時。

（光緒）《新修潼川府志》卷二　卜油溪，在縣南三里梵雲山下，經縣西廣積堰又東流十餘里入涪。

又 卷四　廣利堰，在廣德寺前，康熙五十八年知縣施士岳修築，乾隆二年知縣夏詔新改建石堤，易名『廣濟堰』，約灌田萬餘畝。

它山堰

論説

（乾道）《四明圖經》卷二　它山堰在縣西南五十里，唐開元閒，邑宰王元暐之所建也。累石爲堤，江河分流，截然爲二，若神工然，明之爲州，瀕海枕江，水善泄而易竭，雨澤少屯，井泉輒涸，酌飲江水，人以爲病，引它山之水自南門入城，潴爲西湖，闔境取給，始無旱暵之憂。它山堰之爲利溥矣。

宋 魏峴《四明它山水利備覽》卷上《它山水源》　它山之水，源自越山。委蛇繇歷，幾二百里，繇上虞縣分水嶺一名斤嶺，自趾至顛凡十六里，故名。百餘里，然後歷大小皎、密岩、樟村、桓村、平水，此其大派也。又一派出杖錫山，并合衆山之流會于大磎，至于它山。磎通大江，潮汐上下，清甘之流釃泄出海，瀉鹵之水衝接入磎。來則溝澮皆盈，出則河港俱涸，田不可稼，人渴于飲。唐太和七年，邑令王侯元暐相地之宜，以此爲水道所歷喉襟之處，規而作堰，截斷鹹汐。導大溪之流，自堰之上，北入于溪百餘丈，折而東之，經新安，歷洞橋，此前港也。自鎮都入惠明橋，至仲夏，二水至新堰而合流，經北渡、櫟社、新橋，入南城甬水門，潴爲二湖，曰日、曰月。暢爲支渠，脈絡城中，以飲以灌，出西城望京門，繇望春橋接大雷、林村之水，直抵西渡。其間支分派別，流貫諸港，灌溉七鄉田數千頃，天之旱潦有不可必，此水歲可恃以爲常，田事仰之，實爲霖雨。自唐逮今，四百十有六年，民食之所資，官賦之所出，家飲清泉，舟通物貨。公私所賴。爲利無窮。先賢堰是，而以此水錫吾邦人，所以爲生民立命也。

又《請加封善政侯申府列銜狀》　右峴等居處海濱，涵濡聖澤，屬當潦歲轉爲豐年，神有顯功，理難自嘿。竊見本府鄞縣事以一郡飲食，七鄉灌溉，皆仰它山之水，外此別無大源。而鹹潮溷雜，大爲民病，兼水大則涌入于河，水少則多泄于江，建置一堰，民到于今享其利。血食滋久，靈著如初，曰雨曰暘，有禱必應。一郡七鄉之民，恃爲司命。今歲初淫雨不止，稼穡幾壞于垂成。鄉人老穉群禱祠下，片雲閣雨，霽日開明，屢禱屢孚，其答如應。今歲一飽，厥有由來，緣神在于唐朝，已封善政侯。本朝乾道四年，邨人有請，准省札，仍封善政侯，賜遺德廟額。兹者恭覩明堂赦文，應諸路保奏神祠禱祈應驗者，并與加封。今來善政侯有此莫大之功，靈著之迹，所合敷陳。況使府近剏回沙一閘，爲民興利，迓續神庥。謹録白封告廟額陳牒在前且狀申，伏望台判備申朝者，乞與峻加美號，以答神貺。峴等下情不勝眞切之禱，謹狀。

（至正）《四明續志》卷三　它山堰　它山一境，其地皆沙，納水之咽既窄，引水之港復狹，以致流沙易於壅塞。沙之入港凡有三焉，七八月之閒，山水暴漲，極目如海，平地之上水深丈餘，湍急汛疾西岸雍正志作兩岸非之沙徑從平地橫戛入港，須臾淤满一也。或遇積潦，雖不没岸，而溪亦湍急，沙隨急流迤邐入港，日引月長不覺淤塞二也。自港口至馬家營一帶，兩岸之沙或因霖雨衝洗，或因兩岸坍損，或因木植衝擊，積久不已，亦能填淤三也。欲障平地之沙，宜於西岸二志并作兩岸，據《備覽》及《至正志》改。去港一二里，買地一段，南自港口，北自山下，以屬於溪北去港，遠南去港，近帶斜築叠堤以粗石闊爲基址，高七八尺，外植櫸柳之屬令其根盤據，歲久沙積，林木懋盛，其堤愈固，必成高岸，可以永久欲障，積潦湍流入港之沙，宜就吴家橋南港狹去處，立爲石閘，中頓閘版五六片，略與岸平，水輕在上，沙重在下，水從版上不妨通流，沙遇閘版礙阻不行，沙之所淤不過閘外三四十丈，淘去良易，版之爲限，以水爲則，水漲則下，水平則去，啓閉以時，不病舟楫，欲障兩岸之沙，宜於兩岸釘樁粗石，叠岸上覆石版如城南塘路，庶免水洗岸沙，木植衝擊之患，然置閘砌岸可以防平常積雨，港内之沙或遇大水徑自西岸，擁沙而來非二者所能禦，石堤之禦此上策也。

明　戴鱀《戴中丞遺集》卷六《水利叙説》　它山堰石世傳非王令者水輒壞去。考之宋時，錢億、唐意、張必强皆嘗增石以遏羨流矣。物無久弗壞者，或堅泐精竅相懸，民愚率謂神力弗可加也。今宜取石之麗趾者益堰，纘宋故緒，仍窒其旁罅。沙港所以釃導溪流入河，廣度尋僅三數，沙每乘漲，淺隘易塞。宋人於其外置閘曰回沙，亦莫能禦。予讀《考工記》，有曰：凡溝必因水勢，善溝者，水漱之。蓋言導水就下，則湍駛自能漱激留淤，宜益治港，令廣浚，且務徙沙，毋置近壖今多置港旁，遇雨復入。又稍于堰之上流爲防，遏水以入，庶幾什七之利，民得而食也。

清　錢大昕《潛研堂集》卷一九《小江湖非西湖》　小江湖即它山堰，王深寧之辨審矣。而《乾道圖經》有唐貞觀十年，縣令王君照修建。説者疑它山堰爲王元暐所築，不當更屬之君照，乃以城中日、月兩湖當小江湖，此大不然。唐初鄮縣治故勾章城，即今小溪，故《唐志》及《圖經》皆云：城南二里爲小江湖。此舒亶所引之《圖經》，若《乾道圖經》則云：城南二十里，據今縣治而言。惟舒亶《西湖引水記》乃云：按州《圖經》，鄞縣南二里有小湖，唐貞觀中，令王君照修也。今俗里所謂細湖頭者，乃其故處。考之《唐志》，本是小江湖，今改爲小湖，又引里俗細湖頭以實之，誤亦甚矣。近人又謂王君照引它山泉入城，導爲日月雙湖，以附會舒亶之説，尤爲疏謬。蓋必先有城而後有湖，貞觀之世，三江口非縣治，安得有城，又安得有湖哉？楊蒙《它山堰引水記》謂王元暐始導它山之水作堰江溪，約水勢貫城而入，豬爲平湖。然則日、月二湖亦起于元暐，非君照也。蒙亦北宋人，而其言較之舒亶爲可信。魏峴《它山水利備覽》謂小江湖即日湖，其誤與舒亶同，總由不知貞觀初之縣治，非今縣治故爾。夫小江湖之與它山，本一地也，君照創湖于前，元暐築堰于後，相距二百年，何妨改作。且貞觀之初疏溪爲湖，地勢既高，而無堰閘以蓄之，故一時雖獲灌溉之利，未久而即廢，不若元暐之功施千載，然其創始之績，自不可没也。

綜述

宋　舒亶《引水記》《讀史方輿紀要》卷九〇　它山者，四明衆山水所萃，一作雨，則澗壑交會爲漫流，即歲旱，溪流亦未嘗絶也。但歲久水堙，用引水法爲之，即可復舊。太和中，王元緯爲令，相地勢，謂大江夾諸山直上接平水，而溪所從來者高，至它山，始兩歧之，水稍散漫，江北惟此山四無附麗，故謂之它。它山麓皆石，趾插江底，可藉爲堰，乃治堰跨兩山麓，南北闊皆四十二丈，石级三十有六，治鐵灌之，渠與江截爲二，堰高而甚中。潦則什七入江，什三入溪，旱則什七入溪，什三入江。邑西七鄉之田，俱恃以灌溉。《唐志》鄮縣南有小江湖，溉田八百頃，《宋志》小江湖專溉民田，其利甚溥，後漸於塞，上流淺少。嘉定十四年，有司請發卒開淘沙觜及浚汊港，又於堰上壘壘沙石，逼溪流盡入上河。其縣西南十五里曰行春碶，一名南石，西南三十五里曰積瀆碶，西南三十八里曰烏金碶，一名上水，皆初作堰時慮暴流難洩，建此三碶。潦則決暴流注江，旱則引淡潮入河，今皆積久損壞，至縣東又有道士堰，至白鶴橋一帶，皆苦堙塞。又有朱賴堰，與行春等碶相連，堰下江流，通徹大海，今皆塌頓，以致鹹潮透入，望及時修治，從之。王應麟曰：它山距四明山百餘里，而四明之水咸趨其下，先是山水直注，於鄮江與海潮接，鹹不可食，田不可溉，其水自南汊流皆山也。惟它山在水北，元緯因於兩山間叠石爲堰，使渠流分入城市，繚鄉村，以溉以灌，爲利甚溥。自廣德湖廢，而它山所係甚重。今攷湖名小江者，郡西南有惠光院，俗號小江塔院，旁有千丈鏡，支港尤多，小江之名蓋本於此。又仲夏堰，南去它山堰十里。唐元和六年，刺史于季友所開，亦引四明山水入渠，後因元緯別置它山堰，始廢而不用，今有橋名仲夏橋。《郡志》：它山堰之源，凡有數派，大要出於四明，匯於平水潭，潭在它山西三里。又東一里曰中潭，抵它山堰，則折而西北，過回沙閘，閘去它山僅百步，由此折而西北，紆曰九曲，歷烏金、積瀆等碶至百丈堰。又歷風棚、行春等碶，至府西南十里之段塘，散入諸鄉，由城南甬水門入城，潴爲日月湖，其下流仍入於鄞江，郡境水利，以它山堰爲最要。

宋 魏峴《四明它山水利備覽》卷上《淘沙》 四明水陸之勝，萬山深秀，昔時巨木高森，沿溪平地竹木，蔚然茂密，雖遇暴水湍激，沙土爲木根盤固。流下不多，所淤亦少。鬮淘良易，近年以來，木植價穹，斧斤相尋，靡山不童。而平地竹木亦爲之一空。大水之時既無林木少抑奔湍之勢，又無包纜以固沙土之留。致使浮沙隨流而下，淤塞溪流，至高四五丈繇亘二三里，兩岸積沙，侵占溪港，皆成陸地。其上種木有高二三丈者，繇是舟楫不通，田疇失溉，人謂古來四季一浚，今既積年不浚宜其淤塞。嘉定己亥，旱勢如焚，田苗將槁，峴隨宜爲浚流障水之策，一繇出脈滔滔其來，流貫百港，隨水所及，俱獲霑溉，夫浚之一寸，則田獲寸水之利，浚之一尺，則田獲尺水之利，浚之愈深，所灌愈遠，爲利愈博矣。雖然淘沙當于未旱之先，又當弃之空閒無用之地，何則夫旱歲淘沙，此救一時之急耳，是時農夫皆自欲車注以救，就槁之苗其勢不可久役，稍或違時，苗已槁矣。宜于未旱之前，農隙之餘，多其工役，假以日月，務令深廣，庶幾可久，天下之事不勞者不能逸，不暫費者不久安，若憚費畏勞用功不深，其効亦淺，或略鬮沙中之港，而不知港中之沙，止可爲旱歲急救旱苗之計，經一小雨則沙隨淤塞，或去港沙而堆兩岸，經一大雨則仍前洗入港中，如能運沙遠去，江近則去於江水之中，江遠則堆于空閒之地，庶幾可久，然地皆民地種植所資，安得空閒，宜臨時相視適宂坎空閒處，不憚稍遠則可矣。但戒董役之人，務在公平，不得容私獨堆一處則人心自服，如能浚深一尺或二尺其利尤博。鬮浚之時，先宜壅住上流，然後從下流爲始，庶得沙乾，不先爲水所浸，役夫易以用力。

淳祐元年辛丑歲，沙淤尤甚，高出水面至四五尺。自堰港口至新安廟前，凡五百餘丈，舟楫不通，峴聞于鄉余大參天錫，見委提督浚治。役夫人給米二升省，錢四十足和。僱三鄉：通遠、光同、句章人户，及輪差柴、船户，各備鉏擔，先期約日，標識界分，令各甲管認丈尺。晨至暮放，至則記名印臂，以見大數，放則點名辨印，以給錢米。錢米纔給，印臂隨拭峴。親自監臨，務令均平著實，顧直既優，給散以時，視其勤惰，量加賞罰。人心歡趨，且不敢漫。自十月十日甲子鳩工，至十一月二十六日迄事。是役也，助以姪澐，且令兒輩監視，及放水口，奔湍而入，勢如江潮。始焉堰上之水，其高尺餘，移時之間，堰水低平，盡引入港。壬寅七月，以連雨水漲，港沙復淤，鄉帥陳大卿塏，復委峴鬮浚迴沙閘成，更欲去沙令深，亦委峴淘沙。程、趙二公給田收租，歲充淘沙僱夫之用。先是嘉定七年，權府提刑程公覃，捐緡錢千有二百貫，置田四十畝三角二十九步，收租穀一百一十四石一斗五升，係西郭斗斛，歲充它山淘沙之用。嘉熙三年，峴嘗以沙淤利便乞增置田畝，前政都丞趙公以夫給到劉泳沒官田二十九畝三角二十五步，每年收租米二十一石二斗，二公慮民之意可謂遠，而惠民之德可謂厚。程公所置穀田，始委鄉之上户，掌其租入，督以邑丞，上户不欲與聞官事，委之雲濤觀，觀又不欲，遂歸丞廳。歲旱之時，民救將槁之苗，如救氣絶之命，穀既在官，臨時申請，緩不及事，近者連歲旱涸，峴多自出力，僱募閫淘，然私家之力終不如官，使穀在丞廳，遇旱即發，濟用不淺。緣上下申請，其勢未免轉摺，倉卒糶穀，價錢減而僱值輕，淘沙不過半日，僅如人家閫掘溝瀆，分開中間一綫水路而已。所辦倉卒，何暇深廣，趙公所給米田，契書發下丞廳，租米付與雲濤觀，觀又辭不受，然峴思之，不若府倉，自行收積遇有旱暵，遣吏開淘。然恐細民畏懼官府不敢申請，稽留日久，無及救旱，莫若委小溪監鎮，就近兼措置淘沙事，遇旱則行支請，庶免緩不及事之患。夫旱暵之時，官府祈禱，遍處名山，靡神不舉，靡愛斯牲，猶有弗應，如能于不雨之際，用功深浚沙港，并浚南門沿河高仰之處，自然水應，可供車接它山之水，則處處有水矣。禱固未必即應，浚河其效可必所責，官民各勿憚煩，當旱乾時，人心欲水，恨無可浚，縱無僱值，人亦樂趨，如穀米寬裕，給之固善。所慮諸鄉各浚近地，役徒之衆，不可遍給耳，程公所給穀田，當申朝廷照會，永充它山淘沙之用，趙公所給米田，亦宜如程公穀田，申朝廷照會。

宋 魏峴《四明它山水利備覽》卷上《防沙》 它山一徑，其地皆沙，內水之咽既窄，引水之港復狹，以致流沙易于擁塞。沙之入港，凡有三焉，七八月之間，山水暴漲，極目如海，平地之上，水深丈餘，湍急迅疾，西岸之沙，逕從平地橫戛入港，須臾淤滿，一也。或遇積潦，雖不没岸，而溪亦湍急，沙隨急流迤邐入港，日引月長，不覺淤塞，二也。自港口至馬家營一帶，兩岸之沙，或因霖雨衝洗，或因兩岸坍損，或因木植衝激，積久不已，亦能填淤，三也。欲障平地之沙，宜于西岸去港一二里量買地段，南自港口，北自山下，以屬于溪。北去港遠，南去港近帶，斜築叠堤，以麄石闊爲基址，高七八尺。外植欅柳之屬，令其根盤錯據，歲久沙積，林木楙盛，其堤愈固，必成高岸，可以永久。欲障積潦湍流入港之沙，宜就吴家橋南港狹去處，立爲石閘中頓閘，板五六片，略與岸平水，輕在上，沙重在下，水從板上不妨自流，沙遇閘板礙住不行。沙之所淤，不通閘外三四十丈，淘去良易，板之爲限，以水爲則，水漲則下，水平則去，啓閉以時，不病舟楫。欲障兩岸之沙，宜于兩岸打榕椿，用麄石砌叠博岸，覆以石板，如城南塘路，庶免水洗岸沙木植、衝擊坍損之患。然置閘砌岸，可以防尋常積雨，港內之沙或遇大水，徑自西岸擁沙而來，非二者所能禦，石堤之護，此策之上者也，姑從三説，以俟來者。

又《護堤》 浚沙若無與于堰，然實關係于堰者利害，不細沙港淤塞之時，舟楫不通，竹木薪炭其價倍貴。販鬻者裝載過堰，竹木排筏越堰而下，猛勢衝擊，聲震溪谷，堰身中空，不勝負重。城門馬力追蠡歷年，初雖不覺，久必大損，辛丑歲，因此堰石頗有損動，前後府牓非不禁約。人取其便，不顧利害，雖禁莫止，此堰若損，溪水灑泄，鹹鹵冲入，田不可稼，民不粒食，官失租賦，況此堰靈迹聖異，殆有鬼力神功，萬一損壞，寧後人所能遽行營設。即使可辦，不知當用幾工幾金，經涉幾日，然後可成，公私同一利害，願共寶護之。

又《開水口》 堰上水口狹甚，溪流入港者，彪而入江者，多水口有石幢爲界，外爲官港，內爲蔣宅之地，約一二畝，若買此以展水口，庶幾納水稍洪。

宋 楊蒙《重修它山堰引水記》《四明它山水利備覽》卷下 四明澤國也，大湖浸其西南，大江帶其東北，然七八月間，十日不雨，則舟膠于河，民病暍矣。蓋湖獨用以溉旁湖之田，江又潮汐上下，鹵惡而不適用。唐人王元暐令鄮，始導它山之水，作堰江溪，約水勢，貫城以入，瀦爲平湖，疏爲長河，掬爲幽沼。後人德之，爰立廟貌，丐請封爵，侯曰善政，世世祀之。歲久則川淤、堤墊、堰墮，人各自私，岐分派引，旱湖如初。先是，監船場宣德郎唐意德窒其岐派，培其堰堤，水雖暫至，二年復涸，議者謂不可復修矣。愈募承議郎張君適莅其事，白于州，率邑大夫宣議郎龔君詢其父老，相其利害，增卑以高，易土以石，冶鐵而錮之，俾潦不至淫，旱不至涸。肩輿而往，操舟而還，邦人聚觀，嘆瞻神速，承議君諱必强，明人也，蓋古所謂不敢欺者。宣議君諱行修，循政勤民，蓋古所謂不忍欺者。二君相濟，公私不擾，而厥功告成，實徽宗崇寧二年七月二十七日，承議郎錢塘楊蒙爲之記。其祠曰：

有唐太和，王侯始基。粤歲數百，民食其利。二君嗣功，既固既崇，又將永永而無窮。湯湯其流，泛泛其舟。以灌以溉，以酌以游，於以著二君之休。

宋 魏行己《重修增它山堰記》《四明它山水利備覽》卷下　漢宣帝嘗曰：庶民所以安其田里而無愁恨者，政平訟理也。與我共此者，其惟良二千石乎！噫，若漢宣帝者，可謂知治之本，所以能中興漢室，功光祖宗也。今天子挺上聖之，資造中興之業，凡以得爲邦之本，加惠于元元者，至優至渥，方且輟近班之法，從殿方面之。侯藩，躬行阜俗之化，專意牧字之仁，千里之民，何其幸也。紹興丙寅，農事舉趾，而它山之堰緣，風颶忽起，潮汐衝突，川淤堤墊，堰埭隳圮，七鄉民田，將就枯涸，海波江鹵，駸駸瀰漫。太守待制秦公憂見顔色，乃默禱神祠，使息風濤，委督官吏，經營强堰，然後增葺它山，補土石之罅漏，塞梁捅之潰穴，易土以石，冶鐵而固之，旬日之間，厥功告成。非獨使今秋豐稔，千里足食，且俾斯民永賴其利于無窮。古之良二千石，雖龔黄不能過也，誠可以仰寬東顧之憂，上副明天子委任之意，猗與休哉！堰成之日，泛舟者歌咏其德，力農者懷感其恩，咸謂異時入秉鈞衡，登庸華要，必能霖雨四海，舟航巨川，蓋權輿見于此也。夫四明澤國負三江，捍兩湖，潮汐上下，衝接山下，其來則溝澮皆盈，其去則田疇皆涸，所恃以分甘泉鹹鹵者，堤防堅固而已。方其堅全則均被其利，毁决則悉罹其厄，惟它山一堰，所係尤重，七鄉之間，膏腴無慮千數百頃，瀦爲平湖，疏爲長河，以待旱乾、水溢之患，皆它山一堰之利。是以今春偶經墊决，環境之民，惶怖憂恐。所謂九工積累，公帑私財，不擾不費，若有神助，成以不日，皆太守待制秦公至誠之所感也。邦人德之，形於歌頌，行己偶奉府檄，實董其事，不敢嘿而不書。大宋紹興十六年餘月望日，知明州鄞縣丞魏行己謹志。

（乾道）《四明圖經》卷二　它山堰在縣西南五十里，唐開元間，邑宰王元暐之所建也。累石爲堤，江河分流截然爲二，若神工然，明之爲州，瀕海枕江，水善泄而易竭，雨澤少屯，井泉輒涸，酌飲江水人以爲病。引它山之水自南門入城，瀦爲西湖，闔境取給，始無旱暵之憂，它山堰之爲利溥矣，餘載祠廟門。

（延祐）《四明志》卷七　它山即善政侯爲堰之地，水南沿流皆山，至是始有一山在水北，因兩山相對，堰得以成，以其無山相接故謂之它山。亮閣黎題它山，截斷寒流壘石基，海潮從此作回期，青山自在行人老，潤潤水聲無絶時。

（嘉靖）《寧波府志》卷四　它山堰　縣西南五十里通遠鄉，先是四明山水注于江，與海潮接，鹹不可食，田無以溉。唐太和中，鄮令王元暐始疊石堰兩山間，濶四十二丈級三十有六，冶鐵灌之渠，與江截爲二渠，流入城市繚鄉村以汲以灌，其利甚博。民甚德之，立祠堰旁。宋建隆間堰損，水不入渠，節度使錢億踞請于祠增築全固。建中靖國改元，監舩場唐意見水多釃泄，乃盡塞支流，稍浚上源，因以其土窒補堰隙，復累石於上，以遏入汀之羨流，水漸引以北越，一歲復涸。簽幕張必强、鄞令龔行修又歷視舊堰修之，益卑以高易上以石，冶鐵以固之，水遂通行。嘉定七年，提刑程覃攝守謂，奔湍流沙，沙壅水滯，乃勢之常歲，不一治之厥，後用力益艱，捐俸置田四十畝，委鄉之强幹者掌其租，入歲給役夫之費，督以邑丞，意則善而行之者，寔具文。十四年，泉使魏峴以鄉郡爲念，請于朝得祠牒十，委里人朱、王二氏，按渠堰碶閘之廢湮者，重加修築，潦則七分歸江，三分入溪，旱則七分入溪，三分歸江，于是堤防浚導，歲以爲常，日久稍稍旁有鋽州。國朝嘉靖十五年，知縣沈繼美用石版豎亘堰口者，半高于舊堰一尺許，以故水之入溪者如汲，民更稱便。相傳下有梅梁，如龍昂首以繫堰，久而不朽，刅或誤傷，流水如血，故舒亶詩及之，然所議石堤之策，莫善於《延祐志》所載。其言：它山境其地，皆沙納水之咽，既窄引水之港，復狹以致流沙易於壅塞，沙之入港凡有三焉。七八月之間，山水暴漲，極目如海，平地之上水潦丈餘，湍急汛疾，西岸之沙徑從平地横戞入港，須臾淤滿一也。或遇積潦，雖不没岸，而溪亦湍急，沙隨急流迤入港，日引月長，不覺淤塞二也。自港口至馬家營一帶，兩岸之沙或因霖雨衝洗，或因兩岸坍損，或因木植衝擊，積久不已，亦能填淤，三也。欲障平地之沙，宜于兩岸去港一二里，買地一段，南自港口，北自山下，以屬于溪，北去港遠，南去港近，帶斜築疊堤，以粗石闊爲基址，高七八尺，外植櫸柳之屬，令其根盤據歲久沙積，林木茂盛，其堤愈固，必成高岸，可以永久。欲障積潦，湍流入港之沙，宜就吴家橋南港狹去處，立爲石閘，中頓閘版五六片，略與岸平，水輕在上，沙重在下，水從版上不妨通流，沙遇閘版碍阻不行，沙之所淤，不過閘外三四十丈，淘去良易，版之爲限，以水爲則，水漲則下，水平則去，啓閉以時，不病舟楫。欲障兩岸之沙，宜於兩岸釘樁粗石，疊岸上覆石版如城南，塘路庶免水洗，岸沙才植衝擊之患，然置閘砌岸，可以防平常積雩港内之沙，或遇大水徑自西岸攤沙而來，非二者所能禦，石堤之禦，此上策也。夫自廣德湖廢，而西七鄉之水全賴于此，其先後經營之迹，詳在《河渠書》中。

（雍正）《浙江通志》卷五六　它山堰在縣西南五十里，先是四明山水注於江，與海潮接，鹹不可溉田。唐太和七年，令王元偉疊石爲堰，於兩山間，闊四十二丈級三十有六，冶鐵灌之，渠與江截爲二渠，流入城市繚鄉村，以灌七鄉田數千頃。宋建隆間，堰損水不入渠，節度使錢億增築全固。建中靖國改元，監船場唐意見水灑泄，乃盡塞支流，稍浚上源，因以其土，窒補堰隙，越一歲復涸，簽幕張必强、鄞令龔行修，修之。嘉定七年，提刑程覃攝守，買田收租，歲給役夫之費，督以邑丞，十四年，泉使魏峴委里人按渠堰碶閘之堙廢者，重加修築，潦則七分歸江，三分入溪，旱則七分入溪，三分歸江。明嘉靖十四年，知縣沈繼美用石版監亘堰口者，半高於舊堰一尺許，以故水之入溪者如故，民更稱便。

（乾隆）《鄞縣志》卷四　它山堰在縣西南五十里，唐邑宰王元暐之所建也。界石爲堤，江河分流截然爲二，若神功然明之，爲州瀕海枕江，水善泄而易竭，雨澤少屯，井泉輒涸，酌飲江水人以爲病，引它山之水自南門入城，瀦爲西湖，闔境取給，始無旱暵之憂，它水堰之爲利備矣。《乾道圖經》：先是，四明山水注於江，與海潮接，鹹不可食，田無以溉，唐太和中，鄮令王元暐始疊石堰，兩山開闊四十二丈級三十有六，冶鐵灌之，渠與江截爲二渠，流入城市繚鄉村以溉以灌其利甚溥。宋建隆間，堰損，水不入渠，節度使錢億閟請於祠增築全固。建中靖國改元，監船場唐意，見水多灑池，乃盡塞支流，稍浚上源，因以其土，窒補堰隙，復累石於上，以遏入江之羡流，水漸引以北越，一歲復涸。簽幕張必强、鄞令龔行修，又歷視舊堰，修之益卑，以高易土，以石冶鐵，以固之水，遂通行。嘉定七年，提刑程覃攝守謂，奔湍流沙，沙壅水滯，乃勢之常，歲不一治之厥，後用力益艱，捐俸置田四十畝，委鄉之强幹者掌其租，入歲給役夫之資，督以邑丞，意則善而行之者，實具文。十四年，泉使魏峴以鄉郡爲念，請於朝，得祠牒十，委里人朱、王二氏按渠堰碶閘之廢湮者，重加修築，澇則七分歸江，三分入溪，旱則七分入溪，三分歸江，於是堤防浚導，歲以爲常，日久稍稍旁有罅漏。明嘉靖十五年，知縣沈繼美用石板築亘堰口者，半高於舊堰一尺許，以故水之入溪者如舊，李志長四十二丈，闊一丈五尺，在三十五都，一二三啚合管。

傳記

宋魏峴《四明它山水利備覽》卷上《王侯名爵侯封廟額》　侯姓王，諱元暐，琅琊人也。見蘇爲《記》：唐太和七年，以朝議郎行鄮縣令，上柱國。築它山堰，浚小江湖，民德之，立祖堰旁，爵曰侯，謚善政，見《鄞志》而不言何代所封。乾道四年，邑人朱世彌等請賜廟額，增封爵。省牒云：奏内稱在唐已封善政侯，歷年既久，元封文字不存，難以於侯爵上加封。兼本朝自來，未曾封賜廟額，敕宜賜遺德廟。寶慶三年，邑人復有請。時里人王公塈在朝，實主盟其事，亦以元封文字不存，仍封善政侯。廟額遺德，《鄞志》縣令題名云：府學有請，立文宣王，册文牒碑具載年月姓名。《唐書·地理志》云：開元中，令又以暐作緯，俱不同，豈唐史有永承之誤耶！

又《造堰協謀之人》　堰之造也，采公闍黎實佐經營，今有祠像在侯之左，今俗稱懸慈法師。

清徐時棟《烟嶼樓文集》卷一二《魏吉州傳》　魏峴鄞縣人。【略】唐鄮令王元暐築堰其地以界江溪，曰：它山堰。溪上苦沙淤。峴常募工淘浚。《備覽》程趙給田條云：近者連歲旱涸，峴多自出力顧募開淘，又嘉定八年及淳祐元年、二年淘沙，並見《備覽》淘沙條。顧以爲私家力弱。不敵於官。始攝守程覃置淘沙田三十畝有奇。嘉定七年峴請於守趙以夫乞增置，以夫復給田三十畝，然田穀掌之丞廳，遇旱申請緩不及事，峴請委就近措置見《備覽》程趙給田條，乃以田租責付。

（寶慶）《四明志》卷一　錢億建隆元年以節度使持節明州事，請于朝，浚廣德湖築塘岸，周回一萬一千八百七十一丈，它山堰損若不可收，跪請于神增築全固。

又　程覃朝奉大夫、提舉兩浙東路常平茶鹽公事，被旨兼權兼沿海制置司公事。嘉定六年二月二十二日到任，東錢湖它山堰灌溉甚溥，每患湮圮，覃始置田租，以所收歲給浚導者，慮畫最遠。

（至正）《四明續志》卷六　魏峴吉州人，以盧陵守致仕寓家光溪。時它山堰壞沙淤溪港，郡守陳塏委之修築、淘浚，著其利病於書曰：它山水利，便覽家居十餘年卒。

（成化）《寧波府簡要志》卷四　王元偉瑯琊人，太和七年鄮令築它山堰，民立祠曰遺德。

（康熙）《鄞縣志》卷八　龔行修，嘗修它山堰。煬蒙撰記謂，君循循勤民。古所謂不忍欺者。

（乾隆）《鄞縣志》卷一一　朱欽字懋恭，邵武人。成化五年以進士任推官，潔白自持，精于讞獄，嘗修它山堰，浚沙港以興水利，民甚德之，以異等擢監察御史。

又卷一五　陸偁字君美，瑜之從孫，登弘治六年進士，授監察御史，巡按福建、山東，所至有聲。【略】行部每見咨訪，輒縷縷陳説利害，如障陂東湖，增石它山堰，皆惠利一鄉者。

紀事

宋　魏峴《四明它山水利備覽》卷上《置堰》　侯之經營是堰也，歷覽山川，相地高下，見大溪之南，沿流皆下，其北則皆平地，至是始有小山虎踞岸旁。以其無山相接，故謂它山。詳見《鄞志》。南岸之山勢，亦俯瞰如飲江之虹。二山夾流，鈐鎖兩岸。其南有小峙二屹，然中流，有捍防之勢，人目爲强堰。其北小山之西，支港入溪，則七鄉水道襟喉之地，因遂堰焉。由是溪江中分，鹹鹵不至，清甘之流，輸貫諸港，入城市，遶村落，七鄉之田，皆賴灌溉。七鄉，曰通遠、光同、桃源、句章、清道、武康、東安。

又《前後修堰》　耆老相傳謂堰先賢靈迹，功與神侔，不可妄加增損，後人有增損者，輒有禍罰。南渡之後，里之富民周四耆者，謂堰稍低，惜水之泄，遂于堰上加石板，厚七八寸，比侯元石長減二尺。前叙規模制作言爲片八十有半者即周耆石也，堰之元脊在周耆石下，不可復數，周耆未幾家廢人亡，遂謂增堰得禍，故視堰如神物，不敢措議修築，爲是説者，果先賢意耶！先賢之意，惟民利是視而已，堰非天造，亦人爲耳，寧無成壞，苟有能嗣案嗣字一本作力，任二字。而葺之，以壽此堰于無窮，寧非先賢所望于來者哉？周耆之前，修築者亦不一。郡志稱國朝建隆間，康憲錢公億，跪請于神，增築全固，崇寧間，煬蒙重修堰，志云，歲久川淤，堤墊堰隳，人各自私，岐分派引，旱涸如初。先是監船場宣德郎唐意窒其岐派，培其堰堤，郡志亦言，以土次第增築，僉幕承議郎張君必强，復增卑以高，易土爲石，冶鐵而錮之，肩輿而往，操舟而還，人嘆神速。又魏行己《增修它山堰記》云：紹興丙寅，農事舉趾，而它山之堰緣颶風忽起，潮汐衝突，川淤塞墊，堰埭隳圮，太守秦公委督官吏，補土石之罅漏，塞梁坍之隤穴，易土冶鐵而固之，旬日之間，厥功告成，以此考之，周耆之前，堰蓋嘗屢修矣。謂堰不可修築者，果神意耶，然唐意以其土次第而築之，或者從權救旱之策，未必可以經久。蓋它山之流湍激，迅疾非叠石冶鐵以障其固，則日久衝洗，安能久而不壞哉？意之策用于救旱之時明矣。後人之欲議修築者，幸無泥增土之説矣，夫山岳岩崖，元氣所結，猶有崩裂。物久則壞，此其常理，壞而復修，乃得全固耳，神寧惡之耶，然非果損，則斷不可輕動，今但在夫保獲之，俾勿壞，則神人之所共願也。

又《憲帥程公初置淘沙穀田設廳石刻節文》　它山水灌溉鄞縣管下七鄉民田。每年沙漲，四季合用淘沙、開淤和雇人夫，一歲當一百千，本府措置。今支一千二百貫文官會，委鄞縣丞同鄉官朱中穎將仕等置到田四十畝三角二十九步半，上白粳穀一百一十四石一斗五升，每季係鄉官收支掌管。開淤仍委鄞縣提督，已申奏朝廷，從申札下。嘉定八年六月□日，朝散大夫、直寶謨閣、兩浙東路提點刑獄公事兼知慶元府，沿海制置司公事程覃記。

又《趙都承淘沙米田牒魏都大》　炤應據白札子條具，它山水利便宜事件數内一項，乞浚河淘沙。奉台判呈劉泳沒官田，欲就内撥一項，充淘沙使用。據元承勘司理院推級劉楠供到山、田地坐落、價鈔、數目，内水田二十九畝三角二十五步，元契面錢計六百三十一貫七百文九十八陌，每年上租米二十一石一斗。奉台判水田一項，契書發下丞廳，租米每年責付雲濤觀認租。仍牒魏都大知府，炤應司，除已將契書發下鄞縣丞廳，仰責付雲濤觀交收，并給據付雲濤觀及關常平。按炤應施行外，須至公文牒請炤應。嘉熙三年十月□日牒，朝請大夫，集英殿修撰知慶元軍兼沿海制置副使趙以夫押。

又《淳祐元年十月余參政委淘沙》 本月初十日興工，至三十六日畢，自馬家營至堰上水口共五百十三丈，爲工四千。每工支官會五百文，米二升半，省官會計二千五百貫文十七界，内二百貫文代鄉民醮願，米一百石監董等人日食在内。本月十三日興工，至二十日畢，爲工一千，每工支官會一貫五百文，不支米錢，計一百二十貫文足。十一月，回沙閘成。陳大卿再委淘沙，二十四日興工，至十一月初八日畢。爲工一千九百三十二。每工支官會一貫五百文。不支米。官會計四千九百五十一貫二百文十七界。

（寶慶）《四明志》卷四 國朝建隆間，它山堰損，若不可收，康憲錢公億跪請於神，增築全固。

熙寧乙卯，虞大寧爲鄞令。

元祐癸酉，劉純父爲明守渠圮湖堙，因其舊而修之。

建中靖國改元之夏秋不雨，湖大涸，郡以其事屬監船場唐意，意由南門道渠上凡八十有五里，抵它山堰，見水多釃洩，乃盡塞支流，稍浚上源，以其土第，第增堰水，漸引以北，獨距城十數里地赤裂，深纔尺餘，人謂水無可行之理矣。意即王令之祠禱焉，一昔水輒薄城下，不數日湖流漫然，越一歲復涸，簽幕張必强、鄞令龔行修又曆視舊堰修之，益卑以高易土，以石冶鐵，以固之水，遂通行。

嘉定七年，提刑程覃攝守，謂奔湍流沙，沙壅水滯，乃勢之常，歲不一浚治之，厥後用力益艱，捐緡錢千有二百，置田四十畝，委鄉之强幹者掌其租，入歲給役夫之費，督以邑丞意則善矣，而行之者，實具文。

十四年，泉使魏峴以鄉郡爲念，請於朝得祠牒十，委里人曰朱，曰王，按渠堰碶閘之廢湮者，重加修築，若程所置田，歲程日耗，而渠不浚，丞亦莫知職之在我也。

紹定元年，守胡榘始拘其租，於官重有司之責，且聞諸朝禁居民立屋以塞，氣喉、食喉二碶者，浚導必時，堤防必謹，啓閉必如式，一邦之大利也。後之人毋忽。或六水自南門入，實流離宫，遇涸則火，此渠所關尤重，不當俟其涸，而後浚。

又卷一二 它山堰縣西南五十里，先是，四明山水注於江，與海潮接，鹹不可食，不可溉田。唐太和中，鄮令王公元暐始叠石爲堰，於兩山間，闊四十二丈，級三十有六，冶鐵灌之，渠與江截爲二。唐亮闍黎有詩云：截斷寒流叠石基，海潮從此作回期。行人自老青山路，澗急水聲無盡時。渠流入城市，繚鄉村以漕，以灌，其利甚博。故堤防浚導歲以爲常，提刑程覃攝守，買田取租，以給經費。

著録

宋 魏峴《它山歌詩跋》《四明它山水利備覽》卷下 人知它山之詩，而不知它山之歌。歌以言其詩之未盡，詩以言其歌之所不欲文。不觀其詩，無以見亮公之絶唱，不觀其歌，無以見王侯之始謀。予方幼時，蓋嘗耳其歌之大略矣，每以石刻不存爲恨。咨詢耆老，有年于兹。近劃得墨刻，讀之甚喜。或疑《圖志》止載絶句，爲唐僧元亮所作，此刻不載歲月名稱，恐非亮公之筆。然即其歌以遡其意，如因祈禱入山，與夫棹舟深入之語，非亮公距王侯未遠，後人其孰能知此耶！予因連歲浚沙之艱，而思刱堰之不易，雖大書特書，亦未足以荅侯賜，是歌也，詎容不傳。敬摹以壽諸石，使歌與詩并行，益以揚侯千萬祀無窮之澤云。

（成化）《寧波府簡要志》卷五 《它山堰記》，宋楊蒙撰。

清 全祖望《鮚埼亭集外編》卷三六《它山水利備覽跋》 《它山水利備》覽一卷，予鈔之故太僕陳朝輔家，然非足本也。按《至正四明續志》載： 它山堰東諸碶閘凡三十有三： 曰攔浦堰，曰唐家堰，曰黄家堰，曰新堰，曰擂木堰，曰朱家堰，曰風伯碶，曰何家小堰，曰沈家堰，曰張家小堰，曰徐家堰，曰樓家堰，曰華家堰，曰蝦堰，曰黄家藕池堰，曰屠氏橋閘，曰范家閘，曰靳家堰，曰鄭家堰，曰祁胡堰，曰李家壋堰，曰陳五耆堰，曰張家堰，曰小馮堰，曰罏頭堰，曰蔣家堰，曰大蘇堰，曰段塘堰，曰朱瀨堰，曰王家堰，曰松樹浦，曰鄭十八郎堰，曰鄭家食利堰，王總管曰：以上皆載魏氏《水利備覽》。近松樹浦又有强堰，皆防蓄水源滲泄去處，宜時加修築，以備旱潦，今是本皆無之，是知非完豹也，五百年以來水利日荒，三十三堰蓋多不可考者矣。書爲泉使魏峴所作，吾鄉魏氏大都出丞相文節公之後，其見於《志》者，有豹文，有峻，而泉使以水利之書傳，有功梓里，不媿溪上之彦哉！泉使諸子，曰雩，曰洽，皆以詩稱，亦見是書中。

藝文

唐 僧元亮《它山歌詩》《四明它山水利備覽》卷下　它山堰，堰在四明之鄞縣，一條水出四明山，晝夜長流如白練，連接大江通海水，鹹潮直到深潭裏。淡水雖多無計停，半邑人民田種費。太和中有王侯令，清優爲官立民政。昨因祈禱入山行，識得水源知利病。櫂舟直到溪石畔，極目江山波濤漫。略譚父老問來繇，便設機謀造其堰，叠山横鋪兩山觜，截斷鹹潮積溪水。灌溉民田萬頃餘，此爲齊天功不毁，民間日用自不知，年年豐稔因阿誰。山邊却立佗神廟，不爲長官興一祠，本是長官治此水，却將飲食祭閒鬼。時人若解感此恩，年年祭拜王元暐。

又《詩》　截斷寒流叠石基，海潮從此作回期。行人自老青山路，澗急水聲無絶時。

宋 舒亶《舒嬾堂詩文存》卷一《題它山善政侯祠兼簡鄞令》

嗚呼王封君，心事鬼出没。驅山截長江，化作雲水窟。旱火六月天，萬棟挂龍骨。蕭條一祠宇，像設何髣髴。破屋夜見星，漏雨溼衫笏。杯酒謝車篝，茲事恐亦忽。我聞古先王，報施必稱物。矧今崇佛宫，民力殆欲屈。豈無制作手，一爲起荒茀。李侯仁賢資，撫字良矻矻。可但清似水，方看健如鶻。沈迹千載後，行且見披拂。陰功世易忘，遠慮俗多咈。勉哉君毋遲，斯民久已鬱。

又《粹老使君前被召約往它山謁善政侯祠既不果以書見抵謂可嘆惜并示廣德湖新記因成長句奉寄》　長江滚滚西南流，秋水時至狂不收。大浪似屋山欲浮，王侯神智禹所咻。萬鬼琢石它山幽，梅梁矗矗卧龍虯。咄嗟湍駭就斂擎，巨靈縮手愚公羞。障成十里沙中洲，支分脈引聽所求。赤旱稽浸民不憂，那得蟲蝗隨督郵。汙邪甌窶滿車篝，斯民飽暖何以疇。廟貌突兀寒灘頭，歲歲雞黍祠春秋。老農擊鼓稚子謳，當時人物紛雁鷗。豈無鼎食腰金儔，朽骨往往空蒿邱。姓名幾復人間留，唯侯惠施膏如油。江聲浩浩風颼颼，千古不見使人愁。拔俗萬丈山標峭，使君不減裴商州。下車百蠹隨鋤耰，一笑四境無瘡疣。天閑老步須驊騮，已聞歸作金華游。欽賢訪古意未休，畫船載酒岸鳴騶。約我與往置脯膴，冠蓋紛紛暇莫偷。搔首悵望情綢繆，我問使君亦何尤。西湖萬頃蛟龍湫，幾年荒茀今則修。鼛鼓弗勝財不掊，長堤岌嶪高岑樓。瀉有澮兮蕩有溝，餘波北注引漕舟。桑麻被野禾連疇，鶬鶴白鳥雜游儵。菰蒲菱芡饜采搜，柳楊成幄蔭道周。耕漁呼歌羸病瘳，使君之賜侯可侔。天邊旌旆看悠悠，父老雪涕爭攀輈。地僻借恂恨無由，高文摛秀春華抽。豐碑崒嵂鑱銀鉤，千年空此留海陬。君知此日思君不，還如今日人思侯。

宋 樓鑰《攻媿集》卷三《它山堰》　它山吾鄉絶境也。屢游而不及賦，近過其上，得前四句而歸，季夏鬱蒸午寂無事，因足成篇，寫寵長哦遐想，勝地寝覺風生，兩腋汗垢俱清，比之陵陽冷語尤爲逃暑上策也。

它山堰頭足奇觀，百萬雷霆聲不斷。誰把并州快剪刀，平剪波瀾成兩段。四明山深水源遠，衆壑會溪長漫汗。滔天狂潦不少留，瀉入長江勢奔竄。賢哉唐家王長官，欲圖永利輸長算。想得慘澹經營時，下上山川應飽看。西偏千嶺相屬聯，惟有茲山擁東岸。遂于此地築横埭，截取衆流心自斷。斟酌利害不全取，高下參差僅强半。水大十分七入江，徐挹三分供溉灌。支流瀰瀰穿郡城，脈絡貫通平且緩。旱時反此水亦足，坐使千年忘旱暵。無窮廟祀報元功，像設森嚴人敢玩。梅梁夭矯有冥助，大患于今尚能捍。前輩所作多神靈，日月真成赤心貫。後人小智或更易，費盡工夫隨破散。河堙盍浚謀不集，堤斷河傾流湛悍。富民縮手人受殃，仰望古人重興嘆。老木號風波甚碧，晝屏俯仰丹青焕。更須積雨看驚湍，濡足褰裳何足憚。去家不遠時一游，短艇垂綸流可亂。八月倘有仙槎來，便欲乘之泝天漢。

宋 魏峴《四明它山水利備覽》卷下

史彌寧

粲曉輕船掠水飛，乘閒來訪長官祠。靈巒著色四時畫，石瀨有聲千古詩。華黍幾霑膏澤潤，甘棠長起後人思。伊渠不盡爲霖意，除却梅梁誰得知。

無名氏

誰將倚天劍，劚出天河水。傾瀉落人間，合流奔至此。六丁戰海若，橫築萬石壘。波濤斂潮汐，辟易走千里。蓄泄有堨埭，深長富源委。支派繚村落，河渠貫城市。千畦藉灌溉，萬升酌清沚。偉哉霖雨功，千載流不已。

薛叔振

官爲唐令尹，心切爲烝民。叠石流川水，分波及稼雲。萬濤驚不夜，千古見如新。更有朝宗脈，聲容匪獨鄞。

魏峴

一朝堰此水，千載粒吾民。只仰溪爲雨，何勞旱望雲。四時人飲碧，六月稻嘗新。流出心源澤，年年惠我鄞。

陳塏

數月兩出郊，勸農復觀稼。始言麥隴春，已見稻畦夏。女紅彩紝餘，丁黃耔耘暇。暄涼雖不齊，晴雨倏忽乍。百豐未爲多，一歉誠所怕。蠲逋廣上恩，平糶裁米價。豪髮可及民，豈不念夙夜。昔有王長官，築堰它山下。惠利久益博，神靈此其舍。泓深或龍蟄，堅屹無蟻罅。定爲三七分，釃爲數十汊。石梁貫雲濤，誰敢著足跨。流沙從何來，疑有物驅駕。人力幾淘浚，壅淤仍障壩。神功終此惠，去沙而變化。視古誰比方，鄭白其流亞。

魏峴

一堰限溪江，七鄉利耕稼。鹵沙回東溟，多水流仲夏。仁哉王長官，一勞貽永暇。長輸不盡澤，絶勝晴雨乍。旱魃從肆威，恃此不足怕。滴水一滴金，欲買眞無價。年來沙作祟，耄倪憂日夜。役夫鍤方舉，賢帥車方下。豐資發公儲，嚴祀闢神舍。臨流肅旌旗，問瘼窮隟罅。買地開一坑，內通水百汊。山判不可移，石級誰敢跨。董政有贊府，相視皆別駕。仍憂堨尾閭，置柵抵立壩。即此是商霖，何必驕陽化。它山不可磨，錢秦特其亞。

應熠

十里猶聞震地雷，海神驚愳勸潮迴。游人只愛山川好，一飽因誰惠得來。

魏洽

幾何水作四時雷，試去尋源擢嬾回。欲看澤民千古樣，我來不是等閒來。

宋 魏霅《謁善政祠》《四明它山水利備覽》卷下

携家再謁長官祠，桂子風吹游子衣。惠澤至今猶瀚漫，官槛雖古自光輝。梅梁偃蹇蒼龍伏，石級參差白雪飛。此地本非供玩賞，騷人到此自忘歸。

清 錢維喬《竹初詩文鈔》詩鈔卷一二《它山堰》

在鄞縣南五十里，堰上有遺德廟，祀唐邑令封善政侯王君元暐，堰蓋所築也。（元）[宋]樓鑰有詩

句章古城墟，本在它山地。郡志秦郡會稽分縣甬東日句章治在它山。其泉匯衆派，秋漲昔爲累。王侯太和中，單車來作吏。善相水土形，因茲兩山勢。叠石作巨堰，回流七鄉被。級層三十六，脊丈四十二。冶鐵灌使堅，澄沙去以次。江溪遂兩劃，鹹潮不得至。鄞邑濵海，每遇風潮，鹹水滲入田疇，禾皆稿死，故多立碶堰，所以爲之防也。旱則釃之溉，潦則洩弗恣。分注劑多寡，如以權量試。此堰成後，遇澇則七分歸江，三分入溪，旱則反是。厥下橫梅梁，作鎮神力置。志載梅福所隱居山有梅一株，甚大，上截伐爲會稽禹祠之梁，下截爲它山堰之梁，長三丈許，臥水底，歷久不朽。驚湍激千載，偃然蛟龍睡。用莫賢宰功，于理非詭異。稻人職周官，水衡重漢制。召埭著循績，樊渠咏惠治。皆關王政鉅，足使禾黍穊。況此斥鹵區，潴導尤要事。惜水如惜血，語見明沈文恭遺鄞令魏成忠書農功賴有備。非侯大創建，萬畝幾廢棄。廟食雖一方，于國協祭義。橫渠瀉白雲，社鼓振空翠。想見雷雨中，靈猶奮神智。如何民弗忘，飲食利其利。予亦尹茲土，展拜自含愧。

清 萬斯同《石園文集》卷二《鄮西竹枝詞》

善政祠前巖壑幽，一村佳趣此全收。莫論奇績窮千古，只說江山也最優。唐文宗時，王元暐爲鄮令建它山堰，百世利賴，至今有善政侯祠。

王令當年放木鵝，身營三碶判江河。只今啓閉誰相問，一任舟人偸閘過。王公既築它山堰，猶慮水無所洩，因製三木鵝隨水放之，即其止處建三碶，外爲江，內爲河，江河分隔，迄今享其利。

雜録

宋 應樞《游它山》 登陸由來説四明，它山勝地久馳名。龍暝巨堰兩崖下，鯨吼奔流一水清。寶閣鍾鳴群動息，金輪鼓奏百神驚。從來水政誰研究，肯與雲濤更主盟。

宋 陳垌《它山堰》 堰雷推動阿香車，惠澤均霑十萬家，誰任長官身後責，迴潮今又見迴沙。

宋 魏峴《四明它山水利備覽》卷上《堰規制作》 它山乃衆流胥會之地。每歲至秋，萬山之間，洪水暴漲，湍激迅疾，極目如山海。侯之爲堰也，規其高下之宜，澇則七分水入於江，三分入於溪，以洩暴流，旱則七分入溪，三分入江，以供灌溉。堰脊横闊四十有二丈，覆以石版，爲片八十有半。左右石級，各三十六，歲久沙淤，其東僅見八九，西則皆隱于沙。堰身中定，擎以巨木，形如屋宇，每遇溪漲湍急，則有沙隨實其中，俗謂護堤沙，水平沙去，其空如初，土人以杖試之，信然。堰低昂適，其廣狹中度，精緻牢密，功侔鬼神，與其佗堰埭雜用土石、竹木、瓢篠稍久輒壞者不同。常時，大溪之水，從堰入江，下歷石級，狀如噴雪，聲如震雷。耆老相傳，立堰之時，深山絶壑極大之木人所不能致者，皆因水漲乘流忽至，其神矣乎。

又《梅梁》 梅梁在堰江沙中，《鄞志》謂：梅子眞舊隱大梅山，梅木，其上爲會稽禹祠之梁，其下在它山堰，亦謂之梅梁。禹祠之梁，張僧繇圖龍于其上，風雨夜或飛入鑒湖與龍鬥，人見梁上水淋漓而蘋藻滿焉，始駭異之，乃以鐵索鎖于柱。它山堰之梁，其大逾抱，半沒沙中，不知其短長，横枕堰址。潮過則見其脊，偃然如龍臥江沙中，而百年不朽。暴流湍急，儼然不動，有草一叢，生於上，四時長青，耆老傳，以爲龍物，亦聖物鎮塡者耶。

又《三堨》 侯既作堰，慮暴流之無所泄，遂爲三堨，以啓閉蓄泄。澇則釃暴流以出江，旱則取淡潮以入湖，平時則爲湖港之侯。耆老謂侯自堰口浮三瓢，聽其所至而立焉。由堰之東十有五里爲烏金堨，俗謂上水堨，又東三里爲積瀆堨，俗謂下水堨，又東二十七里爲行春堨，俗謂石堨，此小溪鎮入南城甬水門河渠也，皆隨地之宜而爲之。四明烏金堨久廢，嘉定辛巳，峴請于朝重建。詳見《郡志》及《烏金堨志》。

又《廣德湖仲夏堰已廢并仰它山水源》 《唐地理志》載鄮縣其下注云：西十二里有廣德湖，溉田四百頃，貞元十一年，刺史任侗因故迹增修。西南十里有仲夏堰，溉田四千頃，太和六年，刺史于季夏築，今湖堰并廢。寶慶二年，郡守尚書胡榘再修。《鄞志》既載廣德湖興廢之由，復附言于後曰：今歲夏初，愆陽再旬，東鄉惟恃錢湖以不恐，西鄉渠流已竭，舟膠不行。幸而禱雨隨應，錢湖猶可以資灌溉，而它山堰水，決無可救之理，此葢未知它山之水源深流長也。峴屢因亢陽，惜水之泄從，權以土石增障堰上，約鄞江之水以入溪。又浚水口淤沙，引水以入田，故水勢流貫諸港，滔滔不已，使有人焉，力行障堰排沙之説，則何旱之足慮。謂其無救于旱，則誤矣。或曰，廣德廢湖之田，中間川渠及仲夏之港，縱横流貫，豈無大雷、林邨、建嶴之流，何獨它山，夫言水利者，不必言其流衍之時而當言其旱涸之際。如流衍之時，何往無水，惟亢旱不竭，方足恃也。大雷林、邨建、嶴之水，山近源淺，常時與它山合流，絶無以別，稍遇旱涸，則流必先竭，至它山之流，獨共輸灌，以此言之，雖謂悉仰它山之水可也。

宋 蘇爲《重修善政侯祠堂記》《四明它山水利備覽》卷下 《祭法》：德施于人則祭之，能禦大災能捍大患則祭之，是知聲光垂于簡編，德馨享其廟食者，豈徒然哉！善政侯瑯琊王公諱元暐，册封之典，圖志載之備矣。按有唐太和中出佩銅章，字人海徼。時屬承寬之後，躬行阜俗之化，以勸優誡游惰，以誠愨崇孝慈。貪夫斂手于衲間，暴客屏迹于境外，能使婚嫁有序，煢獨有依。佗民愁嘆，我則民諧乎禮樂，佗民凋弊，我則民豐乎衣食。《詩》所謂豈第君子，民之父母者與。先是厥土連江，厥田宜稻，每風濤作沴，或水旱成灾。不若采石于山，爲堤爲防，迴流于川，以灌以溉。通乎潤下之澤，建乎不拔之基，能於歲時，大獲民利。故自它山堰溉良田者凡數千頃，得非謂德施于人乎？能禦大災乎，則侯之爲政也，易俗移風，惠其生民，沐義浸仁，澤及來裔，使永永之世猶受其賜者不可勝數。則子由治蒲之政，西門投巫之酷，諒多慚德。矧今海宇晏清，哲后求治，一司之任，非賢弗居。太傅王君輟玉笋之班，佩墨綬之秩，去民之害，必杜其漸，興民之利，必臻其源。佗日，嚮侯之德聲，謁其祠庭，則門榛砌蕪，暴露尤甚，將何勸民乎？吾將新之，吏忻民懽，風動草偃，徵材揆日，經之營之。於是遷祠之基，止堰之上，使泛舟者賴其德，力農者懷其恩。觀其廟貌翬飛，垣墉蔽虧，及其庭也，則若聆乎片言，升其堂也，則如聞乎七絲。我乃潔誠端簡，享神于祠，是使遺愛之道載彰，嚴祭之禮斯備。在江之滸，佑我烝民，烏乎！侯之生也，以子男之位，能以善政被乎俗，其沒也以正直之道，能以不朽留其神。向若爲唐巨僚，列爵重位，必能霖雨四海，舟航巨川，則貞觀不爲遼哉。知縣太傅譽被乎疲俗，景慕前哲，樹之休聲，庶使饗斯之廟者，知仁政之可尚也。爲通理侯藩，備熟徽烈，俾旌如在，無愧直書，其祠堂之棟宇，官吏之名氏，請附之碑陰，時大宋咸平四年歲次辛丑六月初伏前一日記。宣德郎、守殿中丞、通判明州軍州兼市舶、騎都尉、借緋蘇爲撰，朝奉郎、尚書虞部員外郎、知明州軍州兼市舶、上騎都尉、賜緋魚袋、借紫丁顧書。

清　全祖望《鮚埼亭集外編》卷一五《小江湖梅梁銘》　小江湖堰下《梅梁》，其傳不一，而皆未可信。舊志曰，大梅山者，漢梅子眞舊隱也。昔有大梅生山中，吳大帝伐之，其上則爲會稽禹祠之梁，其下則爲它山堰梁。禹祠之梁，張僧繇圖龍於其上，夜或風雨，飛入鏡湖與龍鬥，後人見梁上淋漓沾濕，萍藻繞之，始大駭，乃以鐵絚鎖于柱，遂不復出。秦淮海詩『一代衣冠埋窆石，千年風雨鎖梅梁』是也。它山之梁，長踰三丈，去岸亦數丈，橫浸堰址，暴流衝激，儼然不動，歲久不朽。或有刀墜而誤傷之者，流血殷然不止，潮過，則見其脊有草一叢生於上，四時常青，居民呼爲斷水梁，又名梅龍。二梁之餘，飛入定海，橫亘江北，是爲梅墟。予家舊在溪上，去梁不過數里，歲以展墓必至焉，每望見梁峙水中，如龍昂首，以擎其堰輒嘆息，以爲王長官之神功，高吟嬾堂、攻媿二君之詩以壯之。顧所云鏡湖飛門，則既怪矣。近讀黃南山集則曰：吾鄞芝山之梅冠天下，虬枝屈鐵，蒼蘚剝鱗，花疏蘂細，實脆核圓，相傳猶漢種。孤山之梅以和靖顯，不知芝山之過之也，它山堰梁即是山所出。南山醇儒，其言當有據，然而前人未有及之，何也？及見宋魏峴《它山水利備覽》則云：相傳立堰之時，深山絕壑，極大之木，人力所不能致者，皆因水漲乘流而至，以爲冥助。然則所謂梅梁，葢本不知其所自，後人從而神之，遂有若舊志所云。是乃《水經注》中詭譎習語，而南山之言亦但出於傳聞之口也。吾聞宋神宗時，河決澶州曹村，勢且逼京師，程純公帥廂卒，欲以身捍之，忽有大木沖流而下，純公顧謂衆曰：苟得是木橫流入口，吾事濟矣。語畢，木應聲至，衆以爲至誠所感。然則長官之梅梁，長官之深仁所致也，不此之頌，而援怪誕之文以爲故事，志乘之陋甚矣。嗟乎！年運而往，大梅山中護聖寺所謂梅熟堂者，今已不可復問，不特古木之無稽也。而光同鄉芝山之梅，亦更無一枝片葉存於世間，獨長官之明德所護，巋然無恙。吾鄞西南隅之民，水耕火耨，不爲甬江之潮汐所困，惟此梁爲砥柱，詎不偉歟。從來大木之以堅久名者，曰梓，曰柏，曰栗，曰杉，曰楩楠，不聞其以梅，嘻，亦異矣哉！乃爲之勒石於雲濤觀前，而系以銘曰：是本眞龍，天吳所伏。何須畫龍，玄黃相觸。洞天潭潭，一木鎖之。外江內湖，右之左之。

（乾道）《四明圖經》卷二　它山堰善政侯廟在縣西南四十里，以廟碑考之，蓋唐太和中邑宰琅琊王侯諱元暐之祠也。先是厥土連江，厥田宜稻，每風濤作沴，或水旱成灾，侯乃命采石於山爲堤，爲防，迴流於川以灌，以溉，通乎潤下之澤，建乎不拔之基，能於歲時大獲民利，自它山堰溉良田者，凡數千頃，故鄉民德之。立祠以祀，後封爲善政侯，皇朝乾道四年七月八日，有旨賜遺德廟額，知縣事揚布書，太守直閣張公津之所立也。

（開慶）《四明續志》卷三　它山堰，唐大和中鄮令王元暐所創也。溪流派四明山而入于江，潮逆上鹵不可灌，限以石堰，上溪下江，溪流入河，分注鄞西七鄉，貫于城之日月湖，以飲以溉，利民博矣。然越里餘至洪水灣，河流鎛而外泄，江潮溢而內攻，溪江合灣之左右漫爲壑，而它山之水始不得東注，民久病之。淳祐間嘗立石塘以障，已而水穴其傍堤潰，如昔，大使丞相吳公一日出鈞批謂，境內碶閘河道措置略遍，惟它山洪水灣岸坍水泄關繫匪輕，委官下都保議，於是即其地爲壩三：一瀕江以禦狂瀾，一瀕河以防罅漏，一則介其間爲表裏之拓，僉謂江之東南有何氏竹木園，當水之衝激，其勢而北欲撤，其蔽而疏通之，官爲給錢市其業浚，地爲江因畚沙以實二坝之北河堤，堅密江水安流矣。異時挾日不雨，城內外涸可立待，今春夏所至，演迤謂非坝之力可乎？役始於寶祐六年十二月十三日，畢於開慶元年二月十五日，凡爲費二萬一千六百貫有奇。監造都吏王松正、將鄭瓊，莅其事者，鄞縣簿李言似買何儀曾園地三十二畝一角二十六步。內一契何津之買趙念一省元地一片，計二十三畝二角四十九步，價錢六十貫，足內一契林千十一，娘男何津買。□子昇户下千十地八畝二角三十七步，價錢三十貫文九十八陌錢，會各半共細，計一千三百四十貫四百五十五文。

木椿一千五百口，計錢一萬五百貫。搭腦八十條，計錢一千六百貫。篠二百把，計錢三百貫。下椿搭腦七百九十工，計錢二千六百七十五貫。

監官人從口券二千八百八十貫。

監官主簿特送三百貫。

正將鄭瓊都吏王松犒二千貫，酒二十瓶。

（至正）《四明續志》卷四　它山堰在縣西南五十里，先是四明山水注于江，與海潮接，鹹不可食，田不可溉。唐太和中，鄮令王公元暐始叠石爲堰，於两山間闊四十二丈，級三十有六，冶鐵灌之，渠與江截爲二，渠流入城市，繚鄉村以漕以灌，其利甚博，故堤防陶浚歲以爲常。

又　大人堂《舊志》云：在子城北射圃中，今在總管府之東北地，黄叔推云：大人堂《高閌撰記》謂，錢億祠土人不敢稱其名，尊曰大人。《新志》疑之，按，億俶弟，乾祐二年，判明。乾德五年，終於任，首尾二十三年。開寶八年，姪惟治爲節度，創祠以奉蓋子弟，尊諸父之通號。《家語》曾子曰：參得罪大人。《漢書》高帝曰：大人常以臣無賴，矧億浚湖築塘，修它山堰等有功於民，建奉國節，自億始，惟治在鎮，又五六年繼此，遂列祠於五廟。若闔燔吴越家臣，無顯功無緣，錢氏子弟肯祠，今所謂闔相公者，以燔錢氏臣，曾守此土，從祀其旁，後遂知有闔，不知有億，或訛而爲吴太傅闔澤，澤，慈水人，不曾守此土，郡未移治，不應先有此祠。

又　遺德廟在縣西南四十里它山堰旁，唐太和中，鄮令王元暐築堰扞水，入小江湖灌溉甚博，詳見《河渠考》，民德而祠之，封善政侯。宋咸平四年，廟重修，蘇爲記之。乾道四年七月八日賜額，縣宰楊布書，守張津所立，重修善政祠記。

（康熙）《鄞縣志》卷二二　懸慈庵距縣六十里，唐僧元亮以修築它山堰結憩于此地，有葑曰懸慈，故名。

（雍正）《寧波府志》卷七　宋王應麟辯小江湖説曰：唐志鄮縣南二里有小江湖，溉田八百頃，開元中，令王元暐置民立祠祀之。按《九域志》即它山堰也，今有善政侯王長官祠。《郡志》乃謂，城中之小湖誤矣。《圖經》云：小江湖在鄞縣南二十里，唐貞觀十年縣令王君照修，與《唐志》不同。《唐志》又云：東二十五里有西湖，溉田五百頃，天寶二年，今陸南金開廣之，蓋今之錢湖也。《南豐記》云：鄞東鄉之田錢湖，溉之西鄉之田，廣德湖注之，《唐志》：鄮縣東有西湖，西有廣德湖可見，西湖之爲錢湖矣，《郡志》以西湖爲今城中之西湖亦誤，若廣德湖，則南豐謂興於齊梁之際，今考陸雲書，鄮西有大湖廣縱千頃，晋已有湖矣，舊名罌脰湖，《元和志》所載，里數在州城未遷之前，《唐志》因之，長慶始徙今城，《郡志》乃以城之遠近，牽合《唐志》之里數，宜其謬也。舒亶撰《引水記》曰：按州圖經，鄞縣南二里有小湖，唐貞觀中，令王君照所修也，蓋今俗名所謂細湖頭者，乃其故處，湖廢久矣，獨西隅尚存，今所謂西湖是矣。明爲州瀕海枕江，水難蓄而善泄，歲小旱則池井皆竭，而是湖所以南引它山之水爲旱備也。崇寧乙卯，歲大旱，湖輒涸，建中靖國改元，自夏至秋不雨，湖盡涸，民渴甚，至穴窪下濾穢滓以飲，而國家將有事於郊邱，上供之舟復膠不得進，上下狼顧不知所爲，於是州以其事屬監舩場，宣德郎唐君，君即由南門道河上，凡八十五里抵所謂它山堰者，躊躕相視遂盡得其利病，蓋它山者，四明之衆水萃焉。一作雨則澗壑交會，出爲漫流，即歲小旱，溪流未遂絶也，特河勢中窪循堤，支渠釃泄以去複水不得行，非盡係於天時也。乃屬民盡堙諸渠，日而稍浚，上源因以其土，窒補堰隙復累石於上，以遏入江之羨濤，於是稍引以北，獨距城十數里，瀫赤地裂深尺餘，衆謂非淹旬積雨水卒不可行，君念善政王侯實始作堰以玆水賜其邦人，廟貌固有帥爲民致禱焉。一息而木輒薄城下，不數日，湖流清冽可食，而行舟不復留礙，耋稺驩呼，里巷相屬，一方遂以無虞，夫宣德君身任筦庫之責，而能用意勤民之事，王侯既施勞於人，而沒猶炯炯如此，與夫世之任人責，而不思憂，視民灾而莫之救者，顧可同日語哉？元袁桷斷曰：參考王舒二言，復以舊志小江湖在縣南，溉田八百餘頃，蓋即縣令王元暐所浚。《九域志》言：它山堰，元暐建，今有祠在堰側，南門水由它山入，用引水記法爲之，猶可復舊。今惠光院舊號小江塔院，正在西南，則小江湖乃其近地，旁有千丈鏡支港猶多，以是得名，而城中小江，蓋由靈橋之小江里，非小江湖也。

（乾隆）《鄞縣志》卷三　小江湖在縣南二十五里，乾道《圖經》《唐志》鄮縣南二里有小江湖，溉田八百頃，開元中，令王元暐置民立祠祀之。按《九域志》即它山堰也。今有善政侯王長官祠，《郡志》乃謂城中之小湖誤矣。《圖經》云：唐貞觀十年，縣令王君照修，與《唐志》不同。

又 卷二七　大梅山頂有大梅木，其上則伐爲會稽禹祠之梁，其下則爲它山堰之梁，禹祠之梁，張僧繇圖龍於其上，夜或風雨，飛入鏡湖，與龍鬥，後人見梁上水淋漓，而萍藻滿焉，始駭異之，乃以鐵索鎖於柱。它山堰之梁，長三丈許，去岸數丈，歲久不朽，大水不漂，或有刀墜而誤傷者，血出不已。

（光緒）《慈溪縣志》卷一四　它山廟，縣西南三十五里，祀善政侯唐鄮令王元暐。

按乾道《圖經》它山堰在鄞縣西南五十里，有善政侯廟，蓋唐太和中邑宰琅琊王侯元暐之祠也。先是厥土連江，厥田宜稻，每風濤作沴，或水旱成灾，侯乃命采石於山，爲堤爲防，迴流於川以灌以溉。能於歲時，大獲民利，自它山堰溉良田者，凡數千頃，鄉民德之，立祠以祀，後封爲善政侯。宋乾道四年，有旨賜遺德廟額，考它山之水，繇上虞分水嶺，歷大小皎又一派，出仗錫并合衆山之水至於它山磎慈溪，西南與鄞接壤，意亦因灌溉所及，而立廟祀之，并以它山名之也。

（光緒）《寧海縣志》卷四　它山廟在西南一里大溪，祀唐鄮令王元暐。令曾築它山堰，浚小江湖，灌溉甚廣，民德之立祠堰旁。事聞賜爵善政侯，嗣是瀕水居民，如邑北浮溪朱行橋等處，并建廟。浮溪之廟歲久傾圮，道光壬辰夏，鄞商楊益實經此染病，禱之立愈，遂獨出重貲，改建崑山。沈世襄字元贊，過城西它山廟詩：積翠沈沈黯暮林，條然小憩愜重陰。山僧迓客穿雲遠，野鹿窺人入樹深。香閣倚空舒望眼，石泉通沼净塵心。等閒不盡同游興，留得歸途取次吟。

清 徐時棟《烟嶼樓文集》卷一八《四明它山遺德廟從祀碑》

維唐王侯元暐來令鄮縣，創它山堰，以瀦畜水而溉民田，是有遺德之廟。皇朝道光二十一年，里中朱大夫孝銓擴而新之，工告訖其兄子壻徐時棟言曰：於顯哉，宮寢閎壯，禮儀崇秩，侯惠我桑梓縣人，逮今不敢忘，雖然自侯以來，賢守令及鄉先生其克纘，我侯緒修壞補闕，滋澤利我農功者，彰載牒記，不可誣也。今民食厥德祀典，莫舉其奚，以昭前猷，而風來許，於是大夫從子祺，與徐君兆蓉相度東廡，營室爲位，大夫從孫志霖割其腴田，用蠲祀事，禮成，謂時棟實始建議，宜有銘辭，鑱諸貞石時，棟不敏謹再拜以銘。銘曰：茫茫澤國，江河漫之。截截强堰，王侯奠之。江水載濁，河水載清。載清載濁，維堰之平。在堰上流，沙梗而鬱。在堰下流，水奔而逸。我有賢守，又有賢宰。越我先正，勤民弗怠。有閘有碶，有堤有塘。資我挹注，水流有常。其在于今，失其故道。亦既旱止，黍苗是槁。凡歲大旱，匪天降凶。旱不爲灾，匪天之功。發棠匪惠，蠲租匪德。清清泉流，毋俾我塞。瞻卬侯廟，配享有位。豈私諸公，以報況瘁。猗嗟諸公，百世之師。稼穡維寶，敢告有司。

又 卷二七《它山遺德廟從祀考》　余既定遺德廟從祀之議，祀諸公廟中文而碑之矣，顧此議也，謝山全先生實先我言之，《鮚埼集》中稱應祀者十有六人，謝山之言信於桑梓，今所議祀或與不合，深懼荒落，滋惑後來謹疏鄙意，别爲之考博，疋君子得以參而正之。

宋奉國軍節度使康憲錢公億。祀中室一，諸公結銜并以來官，吾土時爲主。

宋監明州船場唐公意祀中室二。

宋明州簽書判官廳公事張公必，南宋以來無不誤讀，楊承議記以公名爲必强，以公爲明州人，謝山亦沿其誤，今始改正，詳見集中書從祀碑，後及所作，宋元四明六志校勘記中祀中室三。

宋鄞縣令龔公行修、謝山亦以爲里人，因楊承議修堰記中稱邑大夫宋直寶謨閣、兩浙東路提點刑獄公事、兼知慶元軍府沿海制置司公事程公覃祀中室六。

宋沿海制置使司幹辦公事林公元晋祀中室八。

元慶元路總管王公元恭祀中室十一。

明寧波府推官朱公欽祀中室十二。

明鄞縣知縣洪公良範祀中室十四。

明寧波府同知黄公櫸祀中室十五。

明寧波府知府鄒公希賢祀中室十六。

明鄞縣知縣魏公成忠祀中室十七。

明鄞縣知縣張公伯鯨祀中室十八。

國朝署鄞縣知縣周公樽祀中室十九。

宋嘉定閒程提刑浚治它堰，慮晝甚遠。《寶慶四明志》《延祐四明志》又捐貲置淘沙田四十餘畝。魏吉州《它山水利備覽》其後陳府君塏作回沙閘，林制幹實與安吏部提督建造。《水利備覽》元至元閒，王總管又修治之。《至正四明志》而它堰則明代嘗四修，一修於成化朱推官。《嘉靖寧波志》再修於嘉靖沈侯。已見謝山議中。三修於萬曆，洪黄、鄒魏四公，洪黄圖其始，鄒魏成其終。皆見周文穆《應賓修它山水堰碑》而其時之倡議，命修巡視諸公，姑略之。四修於天啓張侯。見陸御史世科《浚城渠記》謝山數祀典既及陳府君安、吏部沈侯而九公者，無稱焉。何也，且謝山嘗稱王總管爲循吏，又稱其整頓它山堤堰最有功，今不在祀典何也？我朝乾隆閒，周侯修築洪水灣塘，《乾隆鄞縣志》則事在謝山後矣。

唐佐理築堰十，人祀西室一。

宋修堰耆民周四。按《備覽》稱周四耆，亦稱周耆蓋，四者行第，耆者老稱，至正《四明志》引《備覽》有陳五耆堰是其證也，祀西室二。

明佐理修堰民王森、胡仲道、陳鈇、王瀾。祀西室三。

十人佚其姓名，佐侯築堰，周四南宋時里人，惜堰低水泄，加石其上，皆見《水利備覽》。萬曆時，王胡、陳王四、耆民以巡道范使君命佐理修堰。周文穆《修它堰記》：夫它山距鄞治半百里，去官府且遠水利興廢，惟里人周知之，至鳩工經營，尤必藉手鄉老以得成事，故諸君之祀

而誤，邑大夫者，縣令也。據寶慶《四明志》正之，祀中室四。

宋敷文閣待制、知明州軍州事秦公棣祀中室五。

宋祕閣修撰、知慶元軍府、兼沿海制置副使陳公塏祀中室七。

宋觀文殿大學士、沿海制置大使、判慶元軍府吴公潛祀中室九。

元鄞縣尹阮公申之祀中室十。

明鄞縣知縣沈公繼美祀中室十三。

宋直祕閣、知吉州軍州事、兼管内勸農使魏公峴，謝山作族望表，謂公以吉州人來寓於鄞誤矣。公嘗作《烏金碶記》有曰：峴世居溪之濱，又嘗作《蔣山龍潭廟記》其署銜稱，新知吉州軍事，林制幹作《回沙閘記》稱，新吉州魏侯。故《舊志》云：官至廬陵守，廬陵即吉州也。是公實鄞人，而守吉州者，詳見余所作魏吉州傳中祀東室一。

宋國史祕丞、吏部郎官安公劉祀東室二。

右名宦九人祀中室，鄉賢二人祀東室，皆與全説合。

元慶元路教授潘公夢桂祀東室三。

謝山議里人，從祀有元潘教官某而佚其名，按鄞人潘省元、夢桂嘗爲本路教授，不聞從事它堰。顧嘗築進閣碶，碶與堰相近，亦有功它山水利者，今祀之。

宋知鄞縣事虞公大寧。

明寧波府推官魏公復琦。

明鄞縣知縣沈公猶龍。

宋禮部尚書王公應麟。

右四人皆全，説虞侯作風堋碶者，魏司李作魏公塘者，沈侯作沈公塘者，王侯所爲三碶已改舊貫，三公以土石障它泉下流，祀之誠當然。廟在它山，祀典祇及修它堰者，推它堰之上流，則祀浚沙建閘，諸公推它堰之下流，則祀立石築灣。諸公若風堋去它堰遠矣，夫愈推愈遠，即浚治日月湖者，亦關西七鄉水利詎，不當俎豆之乎？且虞侯已有專祀在風堋，而魏沈二塘與風堋鄰比，宜祀二公於風堋廟中。至王尚書之從祀，則絶不可解遍考，傳記及尚書著作無可徵明者，袁文清爲尚書高弟，其修《四明志》，作《尚書傳》亦無一語及之，今里中祠尚書於西郭，學問文章瓣香百世，而遺德廟中固不致附和，前輩而遽增木主也。

不容略也，顧里民與諸公錯坐不宜，今奉祀西室。

唐僧操公。

唐鄮縣尉李均。

《備覽》稱其佐侯築堰，今有像在侯左，不更立主。

唐江使太尉。鄮俗神廟，每爲其神塑立官屬其官號，輒曰：太尉，或曰中軍，又爲之造姓氏以實之，江使，太尉，亦其類也。

百梁橋有李君廟，乾隆《鄮縣志》謂，神名均，唐太和中爲縣尉，佐侯築堰有功，而其所據者乃修志時之具呈，事實不足信也。江使爲唐時里中巨族，同侯築堰者，其說起於明人楊高唐《它山小志》，晚近之書，孤文單證，亦不足憑也，皆置之。

宋淳祐同知馮公。按宋時職曹官但有通判推官、判官而無同知州事，舊主署銜如此可駴也。

宋湻化同知朱公。

宋節度推官朱公。朱氏譜云名伯劭。

明萬曆同知龍公。按名德孚。

右四公皆塑像侯右，龍侯以清復廟田得祀，朱推官則里中朱氏之先也，淳祐間，始立洪水石塘，魏吉州經理其事，事詳備覽而不言有馮姓者，馮公倘與其役，然主中無名，宋時圖經不列佐貳，無從核也。至若淳化，朱公更不知其何人矣。四公既立像，設以有舉莫廢之義仍之，而新議祀典不之及者，於水利無確據也，亦慎疑之道也。

《宋會要輯稿》禮二〇　王元暐祠在寧波府鄞縣，唐太和中，來知縣令壽皇聖帝。乾道四年七月，賜額遺德廟，以縣人言其在唐建它山堰，利於溉載，及紹興間，祈雨立應故也。

台山堰（密陂堰）

綜述

明　周志偉《重修密陂堰序》（同治）《安義縣志》卷一四　吾邑山水俱源於靖安山至台山，水至窰陂始入吾境，是山水之大配合也。台山分爲五龍密陂，播爲五圳，縣治之南北是又山水一大配合也。在昔先民歲一修築，浚治率以爲常，蓋資其潤澤灌溉之利，故其地號稱沃壤。正德末年，創爲縣治，始隸有司，漫不講求，而百姓亦多棄本逐末，五圳日就湮塞，田野細人，每遇歲旱，輒仰呼天，農夫失利，交相病之。嘉靖二十三年，玭源李侯來治吾邑，始一講求大加修理，於是水復故道，民大梢便，父老曰六七十年未見此水，乃今何幸復覩。所謂五圳者，其源與流其説已具於前記，中二十五年，積雨連旬，洪水作孽，陂之横直毁二十餘丈，於是功愈大，而費愈多矣。侯不得動帑金，又不欲重勞吾民，曰吾當漸次修築耳，將及三月，吾民皇皇然曰，吾何能徐徐云耳，吾倚是爲命耳，乃相與走訴於撫臺傳公，公曰：是有司之首務也，行縣估修上請，公具報曰可，侯乃分命典史唐君、耆民楊成秋、周志道築修，侯不時巡察，而勸課之曾，不逾月而工已告竣。壓以松板，板下又濟以椿木，又作屋三間於山之巔，招二學道者居之，吾責其時啓閉耳，乃稍損壞時加修葺，故凡知力時當爲者，可謂無毫髮遺漏矣。是役也，石工若干，匠工若干，費帑金三百餘，工食之類侯之措理居多。五行莫始於水，庶政莫重於農，故水者生物之始，而農者王業之本也。爲政不務乎本，簿書特其末耳，侯之舉動往往如是，非所謂施不倦而爲政有體者，歟父老子弟相率乞予記之，典史姓唐名誠，廣西興安人，成秋里人，志道予兄也。

紀事

明　周志偉《台山古堰記》（康熙）《江西通志》卷一三一　密陂，故在靖安、安義兩邑之界，其源一出靖安潦源、箬源、濂源，一出安義株源皎源。合流南行，過遶田，至台山，始入吾邑西境。又東行過台山，分爲兩溪，又分爲南北五圳，至縣東合流入湖。不知何時於台山之南，決爲溪，直趨大湖，地勢中低，横奔泛溢，東行溪圳，往往斷流湮塞。先年邑民歲約一人爲長，率領子弟負椿草修築决口，歲以爲常，水得東流，旱乾有備，因稱沃壤。立縣以來，民多逐末，往往修築不時，一遇亢旱，束手無策。甲辰旱、乙巳又旱，邑乃大饑。志偉歸自蜀中，因與李侯問及茲事。

侯憤然曰：此吾志也。次日，躬自相視，以陂當諸源之會，而修築止於椿土，宜隨築隨決。遂議鳩匠易石，爲經久圖，乃檄吳君專理其事，又擇有鄉望者分理之，不踰月告成功。以石砌者長九十丈，濶五丈，疏圳五路，灌田六百餘頃，是時秋，杪至冬無雨，而水之分流，於東日汪汪潴蓄。侯又導入縣諸渠，於是農懽於野，旅頌於途，商歌於市。而垂白之老，咸涕泣語曰：六七十年，未曾見此。蓋樂侯成之速，而又悲侯來之暮。相與走余乞言爲記。陽山子曰：余讀漢循吏傳，見當時諸吏，往往留意於桑柘溝洫之間，未嘗不嘆其爲治有本。今之名能吏者，大都期會簿書而已。故民於其來也鰓鰓然，於其去也漠漠然。侯治吾邑，至誠存心，豈惻爲政，至水利尤加意，必欲遺民千百載之計。侯非古之人哉？侯非古之人哉？侯姓李名恒敷，雲南大理人，吳君名澧，福建莆田人。

藝文

明 周志偉《台山堰落成志喜》（同治）《安義縣志》卷一五 百年曠典幸隨車，斬石新呈宿莽餘。點綴郊原須我輩，鐫題功德豈迂疏。魏人但説西門豹，秦士猶歌鄭國渠。奕奕棠陰方蔽芾，台山他日峴山如。

又 明 黄祺《台山堰落成同邑侯芘源往觀》 誰向台山開古堰，李侯心事獨勤劬。爲憐瘠土多艱苦，要使民歌五袴餘。

石堰環城積水餘，雨暘從此總無虞。農家粒食應多賴，今古誰忘此一渠。

雜録

（嘉慶）《清一統志》卷三一七 台山堰在安義縣西八里，一名密陂，明嘉靖二十八年築堰，長九十丈，内疏五圳，灌田六百餘頃，本朝康熙十一年修。

（同治）《安義縣志》卷一 蜜陂在八里。長二十八丈。濶三丈。沃田三頃三十畝。又名台山堰。按舊志，台山舊堰用松椿竹楗實，以散石覆以草皮，山水暴漲，不時傾倒，至嘉靖二十八年，耆民周志道等呈請知縣李恒敷踏視，筭石計工，命典史吳澧督修，以石甃砌，山上築庵，齋僧看守，九江府推官林天駿篆刻台山古堰四大字於上，憲副周公志偉爲之記，堰成，邑方伯黄公祺憲、副周公志偉、同知縣李恒敷往觀，有詩，歲久崩壞，康熙十一年知縣陳瑋重修。

（光緒）《江西通志》卷六四 安義縣蜜陂，又名台山堰，在縣西八里，舊用松椿竹楗實以散石覆以草皮，山水暴漲，不時傾圮，明嘉靖二十八年，知縣李恒敷委典史吳澧督修，以石甃砌，長九十丈，闊五丈，疏圳五路，灌田六百餘頃。

田家堰

清 凌錫祺《增築田家堰記》（光緒）《德平縣志》卷一二 邑西北十二里爲土河，舊名篤馬河，劉宋元嘉閒，河流衝決古堤，邑令周雲霖躬親修築，明居士僧紹爲之記，其南爲小河，今亦名鬲津河，考邑乘自雍正五年始，闢本名馬河，俗亦謂之义河，以洩高唐平原陵縣諸水。至德平西范家橋入焉，顧其河久未挑浚，往往泛溢爲害。邑人由范家橋築堤，上自基山綿亘數里，名田家堰，以捍之策善已，近十數年以來黄流北與濟合，瀕河幾無完土，德平去河較遠，幸免於灾，則堤堰之修甚不可以不預也。光緒己丑予捧檄宰是邑，公餘之暇循視河防，古堤寖已漫平，時方隱以爲憂，次年五月閒河決上游，由陵縣一帶兩水合流於理合務而泛濫於城北，亟諭紳董爲堵築計。會有齊東之調未克蔵事，既而伏水溢湧，田家堰潰決尤甚，堰外諸村幸免漂没而皆已無秋矣。夫黄流爲齊魯鉅患，州邑波及殆遍，况篤馬河自乾隆閒壅決數次，非預以防之吾民不其魚乎？辛卯春予重莅茲土遂延紳董諸君依基山碑所載，近堰修工共一百六十三村，計村分段，派夫役具椿料，自陵縣王宣廟至范家橋接入篤馬河堤蜿蜒修至韓家橋凡六十餘里而止。役既竣，董事諸君乞予一言以志不朽，夫人情甘其所甚便而苦於不及防。德邑自乾嘉以來安瀾者百有餘年，兩河之閒民且田之矣，一旦卒遇潰决，近河者以堵築爲先，近窪者以瀹疏爲急，呶呶争執聚訟不休，何若未雨綢繆，相土地之宜，謹堤防時修築，尤爲事半而功倍也。自茲以往尚其遵守成規，時加繕治，俾有基而勿壞焉，則其利豈有涯哉？用備書其原委俾勒之石。

（道光）《濟南府志》卷七　小河在縣西十二里，縣志云：本名馬河，今亦名鬲津河，自陵縣王宣廟北入本縣界，流二十五里至范家橋，入大河，又云即今之鬲津河。按，此河開自雍正五年，河口寬四丈，河底二丈二尺，禹城、平原、陵縣諸窪水入之水發，合流其勢最猛，居民築堤名田家堰，以資捍禦。乾隆五十五年，大水於田家莊决口七丈餘，知縣鍾大受率民夫竟七日夜堵塞之。

同仁堰

清 郭錦儀《同仁堰記》（同治）《直隸綿州志》卷一〇　吾蜀水利，自秦守李冰父子鑿都江堰，灌川西郡邑田億萬畝，賴以不時節宣，歲免旱潦之虞，蓋千八百年於茲已。我縣西南，除史君、蓊鶴、惠澤等堰師具遺意，猶髣髴什一於千百外，若涪江以北則一望山原參半，田盡梯形，雨一愆期，涸可立待，然窮於天者未必窮於人，因地制宜神明出焉。

又　東鄉四里，黄荆河同仁堰者，生員任瑛之父天倉公所創也。堰在古石門橋之上游，納天馬、雲蓋諸山之溪流滙於一津，其地田高水深，艱於浥注，瀕溪之人每值栽插需水之時，有悵望清流而致嘆，於桔槔之無可如何者，匪一日矣。公乃出其智巧，相地度形規方甫定，旋即捐館，嗣子典文，與里人賈元等鳩衆合力，鑿石開渠，攔河作埂，堰成，灌田二千餘畝。兩岸居民資以舉火者三百餘家，是役也，肇工於嘉慶丙辰秋，蕆事於三年戊午夏，凡三易寒暑而工乃竣，約費錢萬餘緡，石工之費居其半，且修堤作埂壞公膏田二十餘畝，堰户等籌償之，公弗受也，迄今十餘年來，堤堅水富，浥取不窮，比户食公之德，頌公之績，懼其久而或忘也，以余有鄉里之誼，走書京師，丐余作記以志不朽。余維九疇之叙水先五行，能善導之則爲利普，不善導之即不爲害，亦無功於人，何者，水自流而田自亢不相涉也。是故爲政不本於農，力田不先於水，是之謂不知務。今天倉公獨能出共智巧，師李冰之遺意，捐所有而倡興水利，其子典文復能成父之績，澤被一方，惠延兩世厥功甚偉，不與史君、惠澤等堰并垂不朽哉。余里居時，公子瑛曾問字於予，稔知公之爲人慷慨有氣節，禮賢敬上，施予不恡，嘗捐地葬無依之屍四十餘塚，聞其卒也，猶有里不相，巷不歌之遺云。

（同治）《直隸綿州志》卷七《黄荆溪》　治東五十里，源自銅瓦鋪流來，不十里納雲蓋山下水，合流成溪，側有雙溪寺，下截爲同仁堰。

又卷一〇　同仁堰治東五十里，地名黄荆河，嘉慶元年，里民任典、任文、任監、賈元、賈秉成等修築。係引銅瓦鋪山溪之水流十餘里入堰，灌田二千餘畝，尾水入廣濟堰。

土門堰

綜述

明 王翰《修土門口頭堰記》（萬曆）《韓城縣志》卷八　韓城西五里爲土門口，水源出麻綿嶺，迢遞而下一百二十餘里，名爲澽水川。山水環抱，所住居民種稻樹果，利用甚饒，今昔人以韓城爲小江南是也。河至土門口，邑人堤爲五堰，分引灌田，蓋有年矣。四堰堤平岸固，功易施，水易達，其勢之平然也。惟首堰溉田居多，而斷河絶岸百十丈許，農民每歲纍工積石補接，勞費萬狀。一遇河漲，崩潰湮圮，嗣歲又從而料理之，何苦焉？嘉靖二十年，邑侯譙山下車，訪百廢，登飛虚，相厥艱，指示方略，督民緣北岩，竪木樁，鑿石槽，引水入渠，至簡至易，民始告便。又爲之分畝定工，以杜爭競邇，乃五載民受其賜，作頌興謡者，民王子從等率衆屬余紀之。余卑且鄙，不工於言，公之德政，巨細悉備，不能殫述，雖然亦不敢以默也。余觀韓之山川人物，能甲於關東者，惟此川富殖之利甚多，富殖之利惟此川之水是賴。昔人堤堰固有創造之功，然陵谷變遷，一時思慮法制，豈能盡備，苟非才智過人者，新乃規度，則歲苦月勞，民乃生厭，將并其前功而棄之矣。今譙山公神智獨出於後，軌民方物，就其陳迹而更之，營之，又得賢蓮幕西瀕張子金力賛其事，工廉而力省，事半而功倍。初非求異於人者，蓋求盡子民之責，無負於朝廷付託之意也。爾民聽令，樂便安簡，兹特舉鍾成雲，决渠爲雨，公私兼足，視昔有加。苟世守其法，則世獲其利，顧可不知所自哉？是宜形諸頌聲，託諸金石，以圖不忘也。民應之曰：子從等請之久矣，請立石於儀門，公弗許，請立祠於道傍，公弗許，今吾主薦剡至再矣，獎書至十矣。帝心簡在，徵章當不，久而下公車其速駕矣。吾民惶惶於是者，正欲永終譽而圖報思也。且繼至少父南泉朱公諱珊，西濵曹公諱評，皆注意溝洫，申飭尤嚴，吾民如之何而敢忘邪？翰曰：善哉韓人之情也。報者天下之利，知報則知作忠。自昔白公引涇水注渭，秦民追思而祀之，猶木瓜之賦楚丘也。今譙山公惠施於民，不欲望報，而吾民惠德之，心自不能已，是能作忠復古秦醇厚之俗也，其甲於一方，豈特山川土地之美而已哉？於是乎紀之，以備觀風者采焉。譙山爲誰，鳳陽籍都勻人，諱文，甲午鄉進士，譙山其别號也。歌云：新漕載水能通利，數支樁木無多費。昔歲勤勞今日逸，美哉全公德滂被。

（雍正）《陝西通志》卷四〇　土門第一堰　《縣志》：韓城西五里，爲土門口水源，出麻線嶺迢遞而下一百二十餘里，名爲滮水，居民種稻樹果，利用甚饒，至土門口，邑人堤爲五堰，按土門先有五堰，後又廣爲九堰。餘堰堤平岸固，惟首堰溉田居多，而斷河絶岸灌田者，每年累功積石，一遇河漲崩潰湮圮，邑侯馬公下車指示方略，督民緣北岩樹木樁鑿石槽，引水入渠，至簡至易，民始告便。王翰《土門頭堰記》：環韓多山，抵縣爲象嶺，滮水經其中，可灌田數百頃，邑侯馬公夙諳水勢，刻意疏浚，嶺前諸堰堙塞咸通，猶念土門薛曲諸村地多平曠，不沾餘潤，乃招工匠，自嶺北鑿石渠，又作水車以助水力不及處，渠成利賴甚衆。薛亭省溉，效禊二亭記。第一堰自竹園村東鑿石導水經土門、薛曲等村，共灌田四百畝，滮水又東爲第二堰，自土門右龍潭左起，經土門薛曲帶城北之半東，至北關之西觀音堂，前入城壕，繞西關而南，東出廟後村，灌田九百餘畝。又東爲第三堰，自獅嶺山龍潭下起，灌田五百七十九畝，又支分爲北澗西村堰，自獅嶺龍潭右起，灌田一百四十五畝。又東爲第四堰，自北澗西關帝廟起，經流澗西澗南灌田一千畝。又東爲大五堰，自澗西許家溝起，經流新村灌田三百畝。又東爲小五堰，分渠三道，亦自許家溝起，灌田一百八十畝。又東爲第六堰，自南澗村北起，經焦家灘，灌田七百一十畝。又東爲第七堰，久廢。又東爲第八堰，原自南橋下起，因衝崩，今自城古村崖下起，經范村雙樓富村，灌田八百七十畝。又東爲第九堰，自龍泉寺起，經雙樓富村南北周村，灌田九百七十五畝。

（光緒）《洋縣志》卷四　土門堰在縣北十里，出灙水，河水阻牛首山之横麓，故鑿爲門，以通渠道，因名上門。渠北有小溪名賈峪河，節年每遇暴雨溪水横衝，渠道水洩不得灌田，萬歷二十九年，知縣姚誠立目擊其害，捐金助民興作修石堰二座，飛槽一道，岸洞二道，釁灌有法，洋民利賴，合計一堰，大渠内分水洞口，自劉家草埧起，至北門外止，共二十五洞，其小渠内洞口難以悉計，共灌田一千五百零四畝，内有水不及灌，并遭牛首山坡水衝淤，作旱地種者，百餘畝，今祇灌田一千三百畝。

紀事

明　李喬岱《姚邑侯重建土門石堰碑》（康熙）《洋縣志》卷七　灙水上游，去邑城可十里許，斗折蛇行，連滙三堰，獨土門堰沙礫善潰，又横當賈峪之衝。先是，第用樹杪、沙石權宜修葺，一經驟雨狂瀾，漂决掃無一存，灌溉不給，歲以爲常，禹都姚侯至，問弊於民，顧瞻咨嗟，遂議修石堰爲久遠計。排衆論，持獨斷，因捐俸金百餘，助民興作，推去積沙，巨石爲底，上累條石，塗以石灰，檄幕史趙公璧日董其役，夙夜拮据，殫厥心力，侯三日間一巡犒焉，起乙巳正月，逾年三月工竣，高可及肩，長則亘河，其下流處預防衝激，多置圖石木閘。其外，賈峪中流，錙龍口一十二丈，漸低其半，以洩漲流款致堅密，而官不辭劳役不告疲，諸父老懽呼踴躍相語道路，謂侯不一劳吾不永逸，今而後灙水不涸，則石堰不朽，以余亦得食堰之毛者，且職在文墨，請記巔末，嗚呼！書記禹功小及畎澮，兹堰經幾千百餘年，及營石爲之實，自今伊始，況侯已膺上考行，補諫銓漸涉政府，他日掀揭，事業要亦權輿于此，盖可忽乎哉？後之來者，睹侯之堰，企侯之功，尚其謹視，而嗣葺之以永其利於無窮云。

雜録

（雍正）《陝西通志》卷四〇　土門堰在縣北十里，橫穿賈峪河，過土門子分東西兩渠，東南流者至楊家莊，西南流者至時家村，灌田一千三百畝。土門古有堰，相近有賈峪河，出没無常，狂瀾一倒，直斷中流，隴畝間動，苦枯竭，姚公立誠來，令斯邑蠲帑藏，架長堤，以障之，共修成石堰二座，飛槽九座，洞口十四處，遂成無壞之業。李時孳土門、賈峪二堰碑：土門堰沙礫善潰，又橫當賈峪之衝，先是，苐用樹杪、砂石權宜修葺，一經驟雨，漂决無存，姚公立誠捐俸建修，推去積砂，以巨石爲底，上壘石條，高可及肩，長則亘河，其下流處預防衝激，置圓石木閘。賈峪中流，留龍口一十二丈，漸低其半，以洩漲流。

李喬岱土門、賈峪二堰碑記：土門堰阻牛首山之麓，故鑿爲門，以通渠道，因名。土門自劉家草壩起，至北門外止，灙水又南流四里許，截河築堰，從東分水流至縣西關外者。

（嘉慶）《清一統志》卷二三八　灙水又南流五里，於東岸築堰，分水東南流，爲土門堰，在縣北十里，阻牛首山之麓，故鑿爲門，以通渠道，因名。

又卷二四四　土門堰在韓城縣西五里，爲土門口水源，出麻線嶺迢遭而下一百二十餘里，名爲澽水，其堰有第一至第九之名，利用甚饒，居民賴之。

萬工堰

綜述

清　劉士夫《萬工堰記》（嘉慶）《安康縣志》　衡河西岸，舊有萬工壋，渠口敗廢久遠。詢之父老，無從溯其原委。其東岸則千工、永豐二堰，迤邐南流，灌田萬畝，而西岸獨爲斥鹵，咸嘆故瀆之已湮，惜地利之未盡。乾隆四年，集議修復，物力耗費殆將九載，凡我小民，可謂勇於圖始矣，而呼吸不靈，程工無法，久之升斗難挹，各懷倦志，遂使積年之民力共棄之而不惜。十三年春，余蒞任，入境道經其所，停驂問之，各有難色，至且以爲必不可成之功。余雖未核情形，已心疑其説矣。抵任後，乃親往踏看，龍口雖覺稍低，而踪其水道渠迹，業已至於李家壩以南，是其必能引水到田也。特以水衝龍口，其患在知修渠，而不知治河，挑令河洪東注，使濤流不得西向，而龍口内一帶土渠遂成穩固之基，過此以往，正當河衝，天然石厓壁立，内有石溝十餘丈，其寬五尺，其深九尺有餘，雖有巨波無能爲災，所謂爲山九仞而功虧一簣者，此其是矣。無如民貧力竭，勢如弩末，援照預借公費捐廉扣補之例，申請大憲，預借公費銀二百金，其不足者，以交代之餘穀二百石敷焉。已蒙允行。是歲十一月，甫及動工，余旋有軍需之役，屬水利同知曾公，授以方略，專其責成。至十四年三月，水雖通流，修田已見成效，乃余回任後，遂細勘視，尚覺未盡如法。是年冬，仍復捐貲百金，庀徒鑿溝，引之使長，其餘坍淤者，用歲修民力之半。至十五年三月，而其功乃成。五月廿後，因天雨水發，單騎往視，吾民已不事催督，修築久竣，彌望青葱，相與鉏莠壅禾。見余至，即於田畔跪獻村醪，笑語盤桓。余亦輾然色喜快，與諸父老樂觀厥成，頓釋向者物議之煩矣。遂與商其利弊，定爲章程，并述三年經營始末，以示吾民之撫有斯業者，深維成功之匪易，而愼爲珍惜保護，余竊有厚望焉。

一、萬工堰，渠道自受水起至退水漕止，計長一千二百五十餘丈，寬二丈，内開挖民地作渠，共計受水田六畝五分，旱地四畝。自龍口至道士溝，田地不能受渠水之利，所挖渠道每畝受價銀二兩，受水之家按地出銀，補給渠道地價，即着業主書給賣契，呈官印照交堰長收存，以免日後業主爭執。道士溝以下至退水出月河止，田畝俱受渠水之利，所有挖開渠路之後，業主不得以未曾受價賠累糧賦借口爭執。

一、楊家河上下一帶之田，除已受水之田一十八畝外，尚有河壩地一百餘畝，地勢極低，俱係沙底，現在田畝俱受楊家河之水，其餘地畝，如欲修成水田，仍用楊家河水，不許收萬工堰水，若受萬工堰水勢一趨下，則道士溝以下地勢稍高概難得水矣。日後勿得狥情濫予。

一、楊家河以下自楊興倫田起，至窑溝河北趙天爵田止，受水之田共三百餘畝，每日夜灌田二百畝，許放水二日二夜。

一、窑溝河南以至雙岔溝止，受水之田一千餘畝，每日夜灌田二百畝，許放水五日五夜。

一、雙岔溝以下至街南楊焕田止，受水之田七百餘畝，每日夜灌田二百畝，但路遠需時兼沿渠不無透漏，許放水四日四夜。

一、衡口，街南較街北地勢稍平，修田最易，但此堰渠自起工至工竣，街南之人并未出夫，公議日後街南之人欲修水田，應照街北之人每畝補出夫銀八錢，以資堰務公用。

一、萬工堰，受水之田共二千二十五畝，公議日後遇修渠工、河工，每田二十畝出長夫一名，興工通力合作，如有避夫一名，與不及時，上工者除補正夫外，罰夫五名。

一、堰渠一帶有田之家，苦樂宜均，各宜恪遵定例，如有恃强凌弱，霸占水利以及偷水利己害人者，察出即將已成石渠重加開浚，長二丈寬五寸示罰，倘不遵者禀官究治。右記乾隆十五年知州劉士夫撰。

（嘉慶）《續興安府志》卷七 萬工堰，在衡口鋪，分衡河之水，西流入渠。原灌田約二千餘畝，今則漸引漸墾，倍於舊矣。工興於乾隆四年，民間每歲泒錢僱修，歷九載，訖無成效，業已棄置。十三年，知州河南劉士夫甫抵任視之，決謂可成，捐廉金三百，另泒督工士民，授以規畫，歷三歲，果獲灌溉，劉太守自記其事，并酌章程刻石。

（道光）《東陽縣志》卷四 萬工堰高三丈，長三里，廣二丈，廣百餘丈，誤水出大盆至安文，而大陳氏叠石爲堤，以捍之，至明陳懷堂加築焉。亘石九重，歷久不壞，在堰中爲最。其上有盧陂，內有楓樹，潭又上有高陂，高二丈餘，皆注田其下，爲海螺陂，內有大石潭，泰石大陂內有泰石潭，下宅陂內有下擺潭，下寮庵陂內有下寮潭，皆堅築深廣，注田不竭。又放生數處，屬三十五都。

傳記

（天啓）《新修成都府志》卷二四 祝泰山，彭縣人，性慷慨，有士行。江水暴漲，萬工堰幾潰，泰山率衆虔禱而患息。戊子，歲大饑，出見餓夫盈路，傾貲粟爲糜粥，以飼之，民暴得食有死者，以私地瘞焉。

（嘉慶）《安康縣志》卷一二 劉士夫，字次卿，創立文峰書院於西城，建講堂三楹，環以書樓，以爲諸生講貫之所。後三十餘年，王政義，字道一，撥官山地租及地方公用歸之，以備修脯士氣，振興衡口。萬工堰久廢，士夫勘驗龍口，疏河洪東注，遂復其舊，灌田二千餘畝，民食以裕。

又卷一四 劉學敏，衡口人，乾隆乙酉捐修萬工堰新渠，溉田千畝，感其德者數百家。

（嘉慶）《崇寧縣志》卷二 高雲衢，字子章，貢生，品行端正，教授生徒，遇人即訓以孝弟。康熙四十三年，萬工堰被水冲塌，率其鄉人鑿山作溝以灌田畝，人皆德之。

雜録

元 揭傒斯《文安集》卷一二 江東至崇寧亦爲萬工堰，堰之支流，自北而東爲三十六洞。

明 何喬遠《名山藏》卷四九 天順二年，修四川萬工堰，可灌田千餘頃，名萬工以費工也。

明 吴道南《吴文恪公文集》卷一〇 天順二年十一月癸未，命修四川彭縣萬工堰，堰可灌田千餘頃，以工費浩大，故名萬工。

（萬曆）《金華府志》卷三 萬工堰，水出大盆山至安文始大，陳氏叠石堤以捍之，亘石九重，高二丈，廣百餘丈，長一里。

（雍正）《四川通志》卷三 萬工堰，在縣西二十里。

（雍正）《浙江通志》卷五九 萬工堰，水出大盆山至安文始大，陳氏叠石堤以捍之。亘石九重，高二丈，廣百餘丈，長二里。

（乾隆）《雅州府志》卷五 萬工堰，共設司兵七十八名，每名每歲給工食銀六兩，共銀四百六十八兩。

（嘉慶）《四川通志》卷八五 一分防萬工堰汛，把總一員，帶領、馬戰、守兵七十四名。

（嘉慶）《清一統志》卷三八三 把總七員，三駐本營，四分防麻書折多萬工堰富林各汛，舊設五員，乾隆四十三年增二員。

又 卷三八五 萬工堰，在崇寧縣北十五里。《元史・河渠志》：外江東至崇寧爲萬工堰，堰之支流自北而東爲三十六洞，遇清白堰東入於彭漢之間，而濟白□水漬其南涯延袤三里餘，有司因漬以爲堰。堰輒壞，乃就其北涯，舊渠直流而東，罷其堰及三十六洞之役。《通志》：今有紀家堰，在縣東三里，永安堰在縣南十里，龍口堰、平樂堰俱在縣西十里，毛家堰，在縣北十五里。

（嘉慶）《郫縣志》卷八 萬工堰，在城東北十五里，寬三丈，高四尺，灌田二千餘畝，係沱江河水分流。

清 許鳴磐《方輿考證》卷六五 萬工堰，在彭縣，盝堰沱江之水以灌田者也。

（同治）《大邑縣志》卷四 萬工堰，在縣東十八里，距普提堰下二里，起水與崇慶州民共爲修淘，灌縣田數百畝。

魏公堰

明 劉元《魏公堰記》（萬曆）《嘉定州志》卷六 嘉定之平羌鄉舊有堰，曰『觀音堰』，自永樂間廢。水源從雅州古嚴道縣經滆江出雲頭山龍潭來，堰之上二里所有灘曰『蘇麻灘』，之下高卬之田約千餘頃。僉謂誠治渠引水溉，而田之易禾黍爲秔稻，畝收可令十倍。第穿渠、處占渠上居民之田爲是沮止，久而莫之能就，雖訴之州，經數守亦莫能得。成化八年春，會稽魏公來知是州事，惠敷令行，利興蠹去。先是，沫水歲漲齧岸，敗壞官亭民舍，乃築堤以捍其暴，植柳以錮其潰，且曰：『食，民之天；水，食之原也。』吾睹溪流之灌寖，細民尚有未知其利否乎？於是平羌人以渠事來告，公即爲行視區畫，召沮止者諭之，命渠下之民償其田之直，歲出其田之賦，仍擇耆老之能者，曰：趙士亨率治之，公於治簿領之暇躬督之，盡其心力，不少懈用，是人各樂於奮庸趋事，不數月而功成，實成化之十二年十一月庚申日也。渠長餘五千尺，穿石罅計二十有七所，侯又爲之著令，均其溉浸，杜其侵争，是歲之秋，其獲果十倍焉。於是州之父老莫不歡忭，相與謀曰：『渠之議于今四十年餘矣。爲州者率惟沮止者之言是聽，否則令莫之行，惟我公見之明，令之信，勸督之勤，約束之善，故我民得安饗如是之利。且水之利無盡，而渠之廢有時，使是渠幸久不廢，則公之賜豈但我子洎孫之有慕而已哉？』昔蜀守冰鑿離堆以辟沫水之患，遷史書之左内史寬穿輔渠以溉高卬之田，班史志之今公之悍灾興利，與古亦不殊也。是豈可以無識乎？否則不幾於忘我公乎？於是推吾族弟漢陽來請識，余不能辭，遂予之。識其槩，且名爲魏公堰，以慰其思，并告後人不以壞也。公之績豈惟此而已，若學宫尊經閣、璧津樓，競秀清音，涪翁諸亭，無不爲之整飭，餘可紀者多不能述也。公名瀚，字孔淵，嘗齋其別號，學富才雄，由甲戌進士位内臺，以言事補外，再轉爲守、方向，用於時以溥其澤云。

吴塘堰

論説

明 徐堯莘《重修吴塘堰記》（乾隆）《潛山縣志》卷一五 吴塘堰者，皖水所注之陂，漢末朱元光所刱也。曹孟德淯永溉稻田，吕蒙謂皖地肥美，征皖據之，以吴名塘其來遠矣。塘居瀠上游，横截河流注之堰中，若建瓴然，邐迤至薛家堰釃爲三渠，溉田三千七百餘石，約萬有一千餘畝，以故他壤告飢而堰以下獨無恙。相沿千載，址淵靡常欲引水灌田者，惟遺迹是循往往費鉅而功尞有繇也。嘉靖改元，中丞李公檄下各屬邑，侯許公調五方之力修之，鑿山納水，纍石爲洞，於時有金墉玉渠之謠，甫二十年，河變而高水浸淫陸浮陂渠盡廢，僅存洞址，而河流污矣，昔人所謂吴塘千頃流者，安在哉？即有殫心民計，而圖所改作者，亦率導水於舊渠之下，白沙彌望失其故道，踵而行之，途之，人知不可也，僉議增築河石岸數十丈，椿灰工力諸費稱是，用財以數百計，無論邑詘難支而人力終不足敵横流，委多金以博，歲月甚非所以導利，而垂永也。【略】余曰：

吾灊堰議舊矣，更數十年不決，而始成於侯，微侯民歌豆竿矣，下邑何幸復見金墹玉渠之盛？其事半而功倍，利可久而費不煩也，是可以觀政矣。聞之古曰：太上因之，其次整齊之，最下與之爭，前此堰議之難水與岸爭道，而馳不爲不止也，侯因地勢水勢之所宜，而利導之，去其爭而增其所未備，故經費省而成功博也。是又可以觀民情矣，民趨利不導不興，水趨下不注不溉，侯因民情以興水利，故役興而子來，功成而四境晏如也。子輿氏曰：以佚道使民，雖勞不怨，況其不勞，第因勢而經度，且捐貲以佐費也，他如疏南河，新庠校，抑刀訟，除巨盜，凡厥注厝有一之不因民情者乎？因地利智也，而仁流焉。因民情仁也，而智運焉。侯涖政未匝三載，而萬民乂百度新，爲吾潛造千百年無窮之計，非大勇不至此，按侯爲政仁心，爲質無欲，爲本不激，不隨爲用，故堅立彪炳如此，是可以報最天子，而勒勳天柱不朽矣。時余備兵岳陽，聞而歌舞之，書此。遺父老鐫諸石，以彰往詔來俾，吾潛人世世飲河而知源也。

清 劉餘謨《吴塘遷堰記》（乾隆）《潛山縣志》卷一七　古治水者，無奇策而有奇功，蓋水以利民而尤能害民，欲轉其害民者而利之，亦惟相地勢之高下，順其性而導之，故害民者，每爲民利也。

綜述

清 康基田《河渠紀聞》卷一三　是年潛山縣遷吴塘堰於兩河口，以利農田。按《圖志》：吴塘始於漢末廬守朱元光，建安間劉馥爲揚州刺史興七門吴塘諸堤以利稻田，治有先後，功不相掩。吴塘本潛山故堰，因潛水堤滙而渠之以溉田凡三千七百餘頃，土疏善崩，水行弗利，則嚙其堤，歲苦決有旱潦憂，前人鑿石爲渠，水入渠安流達於土溝以灌田，歲乃大熟。至是渠墹缺壞，旱潦爲灾，復營新牐，遷其堰於兩河口過吴塘五里，因勢利導，以爲民利，金闇《吴塘堰記》云：吴塘陂起於朱廬江，而修於劉刺史，偉哉！前功弗可没，已陂有石碑載，金墹玉渠溉田三千七百餘頃。當明之末季，水嚙堤頹沙高水壅，所謂玉渠金墹者，不可復認，而告旱告潦無虚日，潛山令常大忠親歷經營，相地宜，酌水勢，謂不一勞者，不永逸，非僅依傍前人，拘仿成案，因陋就簡之，可塞責者，定議過吴塘五里築新堤，起新牐，遷其堰於兩河衝口，視前甃石成堤，因山起牐，運用有不同，由是蓄洩有防，泛濫歸於安瀾，與廬守楊刺史爭烈矣。

清 劉餘謨《吴塘遷堰記》（乾隆）《潛山縣志》卷一七　灊山縣治西北十有五里，曰吴塘堰。《水經注》所稱灊水，經天柱逶迤而下堤滙而渠之，以溉田凡千七百餘頃。考之《圖經》，築於漢末廬江守朱光，然《漢書・劉馥傳》謂，建安中爲揚州刺史嘗與治七門吴塘諸堰，以利稻田，而七門諸堰之功，又始於羹頡侯信史，不録信功而舒人至今并祀之。惟謹明司成汪公偉謂，其史或有遺，而功德結於人心者，自不磨也。偉《紀》：明嘉靖間，胡公纘宗修堰事，迹至詳，因土疏善崩渠滩，水行弗徐則怒，而嚙其堤，堤歲苦決有旱熯憂，胡公乃鑿山麓石以爲渠，石堅渠深水得平趨，但歷年既久，砂礫積於河干，而渠在數尺水底。萬歷間，邑令于公廷采則截大河之流，時爲蓄洩田之在下者，以次受上田之在上者，以次制下水，見遏而不下則弗敢决，而下然或竊發防使上，田之立涸，以故恒蓄爭，爭則互爲害而不能自爲利。康熙初，邑侯常公大忠乃遷其址去舊堰里許，别爲新堰，然春流漲溢堰狹弗受，不二年而崩潰成河反爲田害，今邑侯周公單騎詣堰，所陟巘降原相地勢而度水性，得堅土處另爲石閘，進鄉耆葛修已等率民之田受水利者，以次受功，始於正月廿四日，竣於三月初十日，屹然金堤永爲民利，可無熯旱憂矣。維我周侯治灊十有二載，靡敝弗修，靡廢弗舉，其關大利病者，輒殫思盡力而更新之，已見諸德政碑者，兹不具載，獨是遷堰之功，視前賢之留心民瘼者，尤有加焉。何可不紀？以與川岳并永乎。

清 金闇《潛山吴塘堰碑記》（乾隆）《江南通志》卷六六　吴塘陂起于漢末朱廬江，而修于建安劉刺史，偉哉！前人之功高不朽也，及讀陂碑石，金墹玉渠溉田三千七百餘頃。所載郡伯胡可泉，邑侯于邗陽修築之事甚悉，然皆因勢利導，修殘補缺，不至勞師動衆，創起非常也。前明之季，水齧堤頹，沙高水壅，所謂玉渠金墹者，不可復認，而告旱告澇歲無餘日。己亥春，我常侯之令潛也，靡利不興，靡廢不起，越二年，親曆經營，相地宜酌水勢，乃進居民而導之曰：不一勞者不永逸，非僅依傍前人拘倣成案，因陋就簡之可塞責者，于是過吴塘五里而築新堤，起新牐，遷其堰于兩河衝口，自捐俸倡率外計户口起工照丈册，引費無科派供億之煩，有畚鍤版築之便，無偏枯騷動之擾，有鼛鼓靈臺之歡，權輿于辛丑冬，而告成于壬寅夏。旱澇有備，蓄洩有防，石田變爲沃壤，泛濫歸于安瀾，事半功倍，費省利周，不止可泉之甃石成堤，邗陽之因山起牐，補葺修葺從事已耳。

傳記

（康熙）《桐城縣志》卷三　胡纘宗，字世甫，泰安人，進士，由翰林吏部擢皖守，仁達明斷，贍文學多風采，歲旱築壩，開吴塘堰灌溉，堤障者利之。

紀事

《續資治通鑑長編》卷一一一　明道元年十一月　辛卯　詔：舒州吴塘堰，自今令本縣令佐一員歲檢功料，以上户爲陂頭，部衆修築之。仍禁民近塘置水碓磑及於陂腹種蒔。其盜决者，論如律。初淮南安撫使王駿言舒州民多近塘置碓磑，以奪水利。事下淮南轉運司。而轉運使舒式言吴塘聚竹落石爲堰，其長百丈，折水而南，歷五門北至竹子陂，凡十七堰，溉田千頃，非官爲修治，則寖以隳廢，故條約之。

明　徐堯莘《重修吴塘堰記》（乾隆）《潛山縣志》卷一五　萬歷辛丑，于侯入邑視事，凡病政民蠹，鋭意淘汰殆盡，首修百姓之急，惟渠壩最重，議築洋蕩湖諸壩十六處，業次第舉矣。已乃上下吴塘之間，迹所源流，審勢察宜，畫一諏度，爰語僚寀，屬其耆老而詔之曰：是堰也，渠岸瀕河馳陂湍激水與石門，而齧岸其勢易潰，計莫如倚山爲洞，令岸厚而河遠，庶幾可障狂瀾而垂永久，遂毅然請於中丞曹公，直指劉公憲副柳公僉報可而署郡事司理，許公尤首俞其議，既又捐俸貲助之。嗣是郡大夫鄭公又日夜程督之，侯乃選於衆，得屬官陳紹周者，委以事任，已又出帑，庚會稹庀徒僝功尋丈計，戒畚挶驅，耳目手足以從之，依山伐石爲堤，即於鑿石處置堰，帶河阻山，壁立爲障，無虞溢也。據石爲基，無虞傾也。扼茲兩不拔者，壘石爲洞，購田改渠，棄岸折流，沿山脊而接舊渠，水流蜿演不與石門無虞齧也。置巨石張水門，而扃以木，視水大小閉縱之，復築土堤，種樹以捍衛其外，如《溝洫志》所謂激石菑者，免矣。由堰及薛家分堰三渠，一時并舉，大約石堤長十餘丈，高廣二丈，碶廣約二丈，埭長十餘，計費僅一百八十餘金。餘多侯所捐貲，民無課畝，調下之煩工，力餼給取，諸受利之家不告瘁焉。自經始至訖事皆侯躬自省，試閲三月而工成，汪濊無疆，灊人大悦，父老以書，并所規畫，修理遺余，以紀其盛。【略】侯諱廷采，字以獻，登萬歷丙子第二，蜀之華陽人也。

（乾隆）《江南通志》卷六六　順治【略】十八年，潛山令，常大忠遷吴塘堰。

（光緒）《重修安徽通志》卷六八　嘉慶十三年，奉上諭，潛山縣屬吴塘堰土壩被水衝潰數百丈，請借帑修理吴塘堰壩，保護田廬，今被水衝坍，自應趕築以資捍禦，著照所請賞借銀五千兩，及時趕辦所借銀兩，分作五年攤徵還款，該撫當督飭所屬實力稽查，使工歸實在，以資鞏固，欽此。

又卷八二　十六年上諭，【略】潛山縣借修吴塘堰壩，工應徵十五六年，二三限銀兩亦緩至來年秋成後，各照應徵年限分年遞緩。

藝文

明　胡纘宗《烏鼠山人小集》卷一六《祭潛山潛水吴塘堰文》

惟神司水，惟水司沃，惟誠感神，惟靈昭告，惟田映雪，惟山沛王，惟民允沾，惟神攸屬。

又　粤堰之鑿，惟神啓之。粤堰之闢，惟神祐之。粤堰之疏，惟神導之。粤堰之原，惟神昌之。粤堰之長，惟神衍之。厥惟堰哉，惟神復哉。堰所依惟山，惟神奕奕焉。堰所須惟水，惟神洋洋焉。堰所仰惟時，惟神茂對育物焉。堰之民銜恩，堰之官荷德，謹以潔牲，用申明薦。

清　熊會瓚《吴塘堰落成魏明府索詩因賦長句》（乾隆）《潛山縣志》卷二一　靄靄山嵐淡蕩風，吴塘新續漢時功。烟浮柳色長堤暗，石咽泉聲一脉通。谷口春來花弄影，隴頭秋盡水涵空。三農澤遍琴鳴室，頌及松陰犢背童。

雜録

《新唐書》卷三四　大中十年三月，舒州吴塘堰有衆禽成巢，闊七尺高一尺，水禽山鳥無不馴狎，中有如人面、緑毛、紺爪觜者其聲曰甘人謂之甘蟲。占曰：有鳥非常來宿于邑中，國有兵人相食。

（乾隆）《潜山縣志》卷二三　吴塘庵　在吴塘堰石堤之上，中有邑令于公像祠。

五門堰

論説

清　康基田《河渠紀聞》卷一四　按城固北有湑水河，障石爲堰，鑿渠引水，百丈堰之東即五門堰也，堰分割湑水下抵斗山之麓，中抱石嘴，上流横溝有五門洩山水，堰以此得名，溉田四萬八千餘畝，然每當霪雨，湑必浩發，堤輒盡，去歲用木石施治，漂流如故，至加以錐擊火爍，石嘴始去而利存。至是更加修築，以補其缺。郭愷《五門石硤記》云：城固西北有堰曰五門，爲田幾五萬頃，激湑水以灌堰，抵牛山之麓，中抱石嘴，水弗可通，民始刳木爲槽，集木跨石於門以引水，水若泛溢，槽木輒漂去，民不堪其苦。元時鑿石爲渠，深廣纔以尺計，大水瀰漫，始得一二。及窪地高壤不能及，遇旱輒爲焦土。明弘治間力求疏導之法，儲薪集工匠，積薪石間，燥火燒之，俟石暴裂以水沃之，石皆融潰，督工悉力，椎鑿應手崩摧，渠深二丈，廣倍之，延袤七里，工成峽開，渠水充盈，高下咸沾利益，嗣以渠岸不固，水旋入河，時加石砌以禦衝决，自是重修築堰固堤，湑水泛漲而不爲害，與百丈堰同功矣。

綜述

元　賈申立《五門堰碑記》（康熙）《城固縣志》卷九　天下之物，大能爲天下利害者，水而已。刋山川，浚畎澮，行其所無事者，備其害也；興堰務，開渠道，因之以灌溉者，資其利也。故能計其功業之大，宜以莫之加焉。若乃憂民之憂，利民之利，足食而壯國者，其蒲侯之謂與。侯，鄜延人，名庸，字時中，世儒業，由學官登進士。至正丁亥夏六月，來宰是邑，公平正大，境宇一新，以宣化撫民，興利除害爲務。但可爲者，不擇難易，汲汲焉，常若不及。縣治北谷，湑水出焉，有堰截水分割其派，與湑相望而下，不十里，皆抵斗山之麓。上抱石嘴，半中築堤，過水碧潭，去此上流，横溝五門，恐水或溢，約棄入溝，用保是堤，因曰五門堰也。溉田四萬八百四十餘畝，動磨七十。每歲首，凡一舉修，竹木四萬九百有奇，夫六百七十五人，踰月方畢。略值雨霪，湑必浩發，激湍廹蕩，堤爲盡去，復如費修築，稻乃薄收。【蒙】害尚矣。秋八月，無故崩潰。侯詣彼相視，顧左右曰：『此爲湑水正衝之要，雖極殫民力而加億萬之計，欲其無害，焉可得乎？如是冀利用厚生猶枉尋直尺，弗忍爲。』遂登高岡，視於石嘴，盤桓良久，曰：『此可圖也。』雖通底皆石，果哉不難。甫及農隙，命堰長董工役，召治匠鍛器具，率磨夫百餘以役其事。應期咸集。或曰：『此神堰也，無乃不可。』侯曰：『我當之！』又有進其説曰：『甲申之間，亦嘗大圮，有匠欲鑿，酬其緡三萬五千，不允，掉臂而去，今幸不動其財，不擾其衆，止以若等之力，將敵無量之堅，不亦遠乎！』侯勃然而叱之曰：『是非若爾所知！』據奮袂攘衿，倡錐以擊，之石仍塞舊渠，示以次成功。及半途，石忍而確，莫不畏難退怯，嗔心排沮之者，乘釁而入。侯藐不爲意，躬操其器，愾如與敵，一勇皆摧驚。相語曰：『力耶？術耶？天之所輔耶？』愈信服，莫敢後先。經始是歲之秋，功成於戊子之春仲。其廣丈一，其深四仞，柔一十八丈，餘所可理，無不致力。卑者崇，狹者廣，曲者直，圮者完，其固莫當，功竟乃還。堰長賈文美、李起宗及耆宿，奔告予曰：『我侯，眞邑宰也！凡治行，姑請置之，惟是役之興，若可苟爲固不待，夫千百載之下，今一爲之，不言可知。請爲紀其績，勒於珉，樹之堰側，將示諸來世，知其開鑿之源。』此余親及見之，義不容辭。詳夫侯之舉此，可謂極其心目之誠。始，余之見其一利一害，已判然矣。逮至義氣所發而不能遏，惟其所向，何物不屈，惟其所感，可【何】物不格？況彼之冥頑，奚以能抗其誠哉？是則摧挫暴裂，分崩離析而莫之堆【堪】。偶遇頗艱，群沮海沸，正謂『震驚百里，不喪匕鬯』，及其以身先之，與民同甘蓼，一感遂通。嗚呼！非誠之至，義之至，其孰能與於此？是能卒成永久之業，而建遠大之功。俾民絶其修築之勞，而樂無窮之利，猗歟至哉！民圖一報，無所措施，乃爲立祠，繪其坐客，惟旦夕瞻仰，而伸敬焉。竊謂宋之魯公，後閻公蒼舒，皆由是邑而達宰輔，名著青史。昔好事者，爲具載其行事，立於縣圃之東，昭然可考。惟令治行功業，殊與無媿。他日寵榮旌異，雖不敢必，亦知時之有待。銘曰：粤惟上帝，於焉赫赫，降此忠良，揮揚奕奕。忠良惟何？是日蒲侯。曰强哉矯！克壯其猷。侯惠極致，德音孔良，民之思之，山固水長。

明 黄九成《重修五門堰碑記》（康熙）《城固縣志》卷九　聖天子御極以愛養百姓爲先務，天語涣頒，慶洽遠近，一時内外大小臣工咸精白，一心以承休德天下翕然稱至治矣。萬曆三年乙亥夏，河東喬侯來令城固。涖任之初，首詢及地方利害興革，父老有以五門堰務爲對者。侯然之，即躬詣相度，見其上流，舊工苟且，每遇壻水泛漲，堰輒衝潰。下流渠道淺窄，一值猛雨迅急，岸隨頹圮。自五門十里而下，至斗山之麓，有所謂石峽者，節年渠岸不固，水旋入河，民甚苦之。侯議以五門上流，用石壘砌，以建悠久之基；下流修爲活堰，以曳横濤之勢；石峽用石固堤，以弭衝決之患。又於堰西創立禹稷廟三間，使人人知重本之意。大門三間，二門以爲堰夫棲息之所，樹以松柏，繚以周垣。於五門石堰擇人守之，量給水田數畝，令其伺時啓閉，務俾水利之疏通。於斗山石峽擇人守之，量給山地耕種，令其常行巡護，以防奸民之陰壞。沿渠一帶遍栽柳樹，培植堤根於永固。規畫既定，乃申其議於漢中太守項公，欽差分巡關南憲副沈公，二公者，威懷經濟，素著風猷，爲國之忠，惠民之仁，皆協合侯心之同然者，咸允其請。於是身先經理，不憚寒暑，分委責成，罔懈夙夜，工料酌之田畝，而民不偏累；口糧令其自辦，而官無冗費，諸執事者既各恪慎，而夫役又知上之人一勞永逸之意，皆子來赴工，踴躍從事。經始於四年丙子冬十月，落成於七年己卯夏六月。是年秋，喬侯丁内憂歸，行裝蕭然，清苦儉約，無異寒士。侯心行才識久矣。應循良卓異之選，至修堰實績尤表，表在人耳目者也。父老人等僉謂侯之遺愛，恐其久而泯也。謂予爲文勒諸石，庶侯之澤永世無窮也。余雖不文，而知侯特深，庸何敢辭？嘗稽諸堯典曰『敬授人時』，舜典曰『食哉惟時』，是堯舜之治，天下皆以安民爲先務也。今我皇上一德格天，任賢輔政，治隆堯舜，而二公喬侯乃能仰體聖心，成此美政，凡吾邑五門堰以下，凡五萬畝之田，灌溉無遺利矣。昔漢鄭當時穿渭渠，人以爲便；白公穿白渠，民因以饒。今五門石峽水利疏通，民受其賜，視鄭、白之績不尤居其右也耶。然此特叙其功之及於一邑，而一邑之中又祇叙其一事耳。繼自今推膺大責，任樹立大，勳業丕冒，海隅日出，咸被其澤，行且銘之，旂常垂之史策，甘棠之思豈止一城固已哉。

清 畢沅《關中勝迹圖志》卷二一　壻水又東爲五門堰，堰有五門以洩山水，元至正間建，前明及本朝康熙間先後修築，分水車九輛及七洞以溉田。

清 鄧顯鶴《沅湘耆舊集》卷一二七　漢南九邑堰渠數百道，灌田百餘萬畝，始於鄭侯轉巴粟佐軍，諸葛武侯、吴武安兄弟規畫中原，相繼修治山河大堰，引龍江水楊填堰、五門堰，引湑水、河水共溉田千餘萬畝，近年水漲衝堤，歲有搶修之。

清 顧炎武《天下郡國利病書》　五門堰，縣西北二十五里出湑水河，元至正間縣尹蒲庸以修築不堅改創石渠以通水利，弘治間推官郝晟重開之。

（嘉慶）《清一統志》卷二三八　五門堰在城固縣西北二十五里，舊築堤激壻水以灌山之麓，元至正間縣尹蒲庸改創石渠，明弘治間推官郝晟重開浚，溉田四萬八百四十餘畝。

傳記

（康熙）《城固縣志》卷五　蒲庸，字時中，鄜延人。至元中爲邑令，修五門堰，改創石渠一道以通水利，民蒙其惠，立生祠於斗山之麓。

（雍正）《浙江通志》卷一八九　毛之履，舊《浙江通志》：字太素，遂安縣庠生，生平焚券嘗數十計，佃户以稗濕充租，置不問。曰：吾姑譬之鼠雀耗耳。子際可知固城縣，誡之曰吾祖肖環爲令，不受一錢，汝善繼先人之志，每聞便民事，則竟日喜，時水決五門堰，際可日夜堵築，一邑得全，比歸之，履慰勞備至，是夕平善如故，夜五鼓乃端坐而逝。

（嘉慶）《清一統志》卷二三八　鄧夢琴，浮梁人，乾隆中知漢中府，修復城固、洋縣五門堰，定引水章程以刹灌溉，勘龍略，陽縣舊銅廠，游民屏迹。

清　秦瀛《己未詞科録》卷七　毛際可，字會侯，號鶴舫，順治戊戌進士，授彰德府推官，廉明不阿，有連奇才者殺人，巧脱感風，折庭槐之異讞，實抵罪寧陵盗犯，房有才等十三人已奏當大辟，力辨白其冤，釋之，改固城令，修湑河五門堰，溉田五百頃。

紀事

清　康基田《河渠紀聞》卷一四　康熙十二年，【略】重修城固縣五門堰。

（雍正）《陝西通志》卷四〇　五門堰分割湑水，與湑相望，而下不十里皆抵斗山之麓，上抱石嘴，半中築堤堰，上流横溝有五門以洩山水，因名曰五門堰，溉田四萬八百四十餘畝。略值霪雨，湑必浩發，堤爲盡去。至正丁亥，邑令蒲公庸詣彼相視，遂登高岡視石嘴良久，曰：此可圖也。遂董工役，召冶匠侯奮袂攘衿，倡錐以擊，而衆樂爲繼，經始是歲之秋，而工成於戊子仲春。城固西北有堰曰五門，爲田幾五萬頃，激湑水以灌堰，抵斗山之麓，中抱石嘴，水弗可通，民始刳木爲巢，集木跨石，此門以引水，水若泛溢，槽木輒漂去，明歲復如之，民不堪其苦。元時縣尹蒲庸者，始鑿石爲渠，民甚利之，而渠深廣纔以尺計，加以年久傾圮，水瀰漫則僅能得一二，以及下窪之地而高壤仍不可得也。稍旱則皆爲焦土矣。弘治壬子，司理郝公往攝縣事，公素有能名，乃集環邑之民，教以疏導之法，因下令儲薪木以萬計，丁夫以千計，匠作以百計，積薪石門，熾火燒之，俟石暴裂以水沃之，石皆融潰，督工匠悉力椎鑿，無不應手，崩摧渠深二丈，廣倍之，延袤七里，逾月工告成，峽遂豁然一通，渠水蕩蕩於田畝，高下無不沾足，是歲大稔。萬曆乙亥，河東喬公來令城固，省視五門堰，見上流舊工苟且，湑水泛漲，堰輒衝壞，下流渠道淺窄，猛雨迅急，崖隨頹圮，自五門十里而下有石峽者，積年渠岸不固，水旋入河，民甚苦之。侯乃於五門上流用石壘砌。以建悠久之基、下流修爲河堰以洩横濤之勢。石峽用石固堤，以弭衝決之患。落成於七年己卯。本朝康熙十一年縣令毛際可重浚，至二十五年縣令胡一俊修築，較前益堅。五門堰分水車九輛，灌田二百七十畝，又分七洞：曰道流洞、上高洞、下高洞、青泥洞、雙女洞、廟渠洞、藥木洞，共灌田一千九百四十二畝，又分八湃：曰唐公湃、肖家湃、演水湃、黄家湃、鴛鴦湃、小鴛鴦湃、油浮湃、水車湃，共灌田二萬八千六百八十七畝五分。

雜録

明　黄九成《重修六堰記》（康熙）《城固縣志》卷九　漢中爲關陝雄郡，城固爲漢中巨邑。縣西北四十里有高堰，西四十里有上官堰，西北三十三里有百丈堰，三十里有五門堰，二十里有石硤堰；縣北十五里有楊填堰。城固堤堰凡十有九，而六堰之利居多；六堰之中五門堰十居其六，工程尤爲浩大。石峽堰在斗山之麓，甚爲緊要；楊填堰，城、洋二邑均被其利，城固用水十之三，洋縣用水十之七。凡此六堰，溉田七萬餘畆，誠咽喉之重地、民命所攸關也。萬曆三年乙亥夏，安邑喬侯來令城固，曾一修治，與高侯、同侯三晉人傑，循良君子也。涖任以來，孜孜以民事爲急，每歲春夏躬履四郊，見民之勤於耕耘者獎賞之，惰農自佚者懲戒之，及抵高堰、上官堰、百丈堰、五門堰、石峽堰、楊填堰，見其舊工漸弛，洞口剥落，堤垣疏薄，水利愆期也。乃建議重葺修整，區畫精詳，申其議於漢中太守李公、分守張公，咸允其議。於是捐俸金及贖鍰買辦石灰六百餘石，煅治石條八百餘丈，夫役徵諸田畝，官不費而民不擾，檄委李簿、張尉董其役，經始於萬曆二十七年己亥春三月，自高堰而下百丈堰、五門堰、石峽堰，又西上官堰，又東楊塡堰，修整嚴密，規制一新，水勢沛注七萬餘畝之田，灌溉無遺利。城固蒸黎悉沐厚生之惠矣。父老人等感侯之德，屬九成爲文以紀其績，九成媿不能文，然誼安可辭請？敬陳其略焉，嘗讀《書》曰『德惟善政，政在養民』，《洪範·八政》以食爲先，是食者民生，日用之資而一日不可闕，而務農者食之所由裕也。今聖天子御極宵旰乾翼，惟以安民爲務，一時内外大小臣工咸竭忠殫力，以副聖意。海内熙皞稱盛治矣。若張、李二公者，俱以名世之才膺巡守之任，昔南陽守杜詩，政治清平，百姓便之，又修治陂池，廣拓土田，郡内殷足，時以方之召信臣南陽爲之語：日前有召父，後有杜母，今我邑喬侯修堰於前，爲城人樹甘棠之澤，高侯繼理於後，爲城人建無窮之基，頌之曰：前有喬父，後有高母，亶其然乎。侯誠心實政，賢能卓異，他日遠大功業可預卜也。請以斯語勒爲貞珉，以垂萬世之久云。

清 曾王孫《清風堂文集》卷一三《勘定油浮湃水口狀》 看得油浮湃爲五門堰八湃之一，而上板堰、陡渠堰則又油浮湃内之上游、下流也。湃内田三千三百畝。自上板而下，爲堰凡六，灌溉之利，其蒙業相安者，蓋自有此堰以至今日矣。尹官等因昨歲亢暘，怨澤不下逮，倡照夫使水，每夫一寸四分之説。汪養龍等遂以變壞古制，紛紛訐告。念係國税民命所關，非親歷閲難以定案，因單騎躬詣六堰，查驗向來水口有用石條者，有用平木者，上板堰水口六尺七寸，其東渠并余福洞共二尺三寸，西渠一尺八寸五分，皆係古制。渠頭許輔等，堰長田世禄、胡義等，衆口一辭，即尹官亦供向來如此也。則西渠三寸五分，東渠七寸八分之非古制明矣。即尹官等陡渠堰，古制原係二尺三寸，東邊南渠亦係五尺，東邊北渠亦係一尺六寸，西邊渠亦係一尺一寸。若以上板堰兩渠舊制爲汪養龍等私增，則陡渠堰三渠，又誰爲增之，而寬潤若此乎？至每夫一名，水口一寸四分之説，稽之水册，既不曾載，繙閲夫簿，亦無此項。尹官等詞内據以爲證者，堰長田世禄并徐典史、工房左元贊也。乃田世禄供云不知，徐典史謂出之尹官等之口。左元贊亦供不知。及細訊之尹官，且更茫然。夫油浮湃水田凡三千三百畝，其間廬野而托業者，疇不仰望此水以稼以穫，輸將于是乎出，俯仰于是乎足？顧以數人無稽之論，一旦變壞古制，争端一起，數世不止，誠非地方之福也。蓋古人立法自有深意，若非盡善，何能經久？今據各渠頭所報，水口舊制，合之輿論，允宜遵守。尹官等私意紛更，本當重擬，姑念悔過，均杖以警。汪養龍等所稱上板堰正湃水口原係四尺八寸，爲尹官等添夫加增一尺九寸。今審相沿已久，又無鑿據，姑照六尺七寸，不許再起訟端。查六堰上下各渠水口，或係平木，或係石條。今議除去平木，俱用石條，悉照古制尺寸，底用石板，高低悉照本堰，不得過低。蓋上板等堰在上，陡渠堰在下，旱歲不無偏苦，若上下渠口、渠底修理無弊，便可永息争端。另造舊制水口册一本，仍請批示，勒石堰傍，以垂永久，爲此備申。

武安堰（靈溪堰）

綜述

元 何文淵《重修武安靈溪堰記》《湖北金石志》卷一三

襄陽路儒學教授何文淵譔文
武安靈溪等堰提領趙世禎書丹
襄陽等處水陸地産人户提領丁思明篆額

堰以武安靈溪名，尚矣。考其地皆故中廬縣界，始秦將武安君白起攻楚，斷鄢水灌城，拔之。鄢後改曰夷水，晋避桓温父彝嫌名，改曰蠻水，迄今稱焉。堰因其故，竭則長渠之源也，溉田三千頃。唐大厤四年己酉，節度使梁崇義嘗修之，仍建祠宇。宋至和二年乙未，宜城令孫永理渠之壞基，俾復其舊，爲民約束，時其蓄洩，南豐曾鞏知襄州，遂定著令，且爲之記。紹熙改元，庚戌都統率公。淳祐十二年辛亥，荆湖制置李曾伯兩命屯田官葺而完之，靈溪之爲堰首，受清凉河，下通於木渠，即古之木里溝也。灌田六千頃。渠始開於楚漢，南郡太守王寵又鑿之。宋治平四年乙巳，宜城令朱紘，淳熙十二年總領蔡戡等，凡兩浚治，具載貞珉，二渠之爲利廣矣。宋李后妝奩田抂是，我朝至元十年癸酉既平襄漢，又六年戊寅，舊屯田官劉漢英其屬丁思明、劉興、黄漢臣等建議圖而上之，東抵江漢，北亦如之，南際安陸、荆門界，西則南漳白羅消溪也。有命作恆業于大護國仁王寺，以爲隆福宫焚修之資，官以提領歲課所入之租。大德三年己亥，改營田提舉司，逮六年壬申中，政院同僉李英奉旨出内府金募民修築，斬伐竹木，纍梩土石，立堤防障，横潰完崩缺瀹壅，閎心計手授略無寧暇，是以不數月而告成，若神明有以陰相之者。所謂鍤雲渠雨之謡，亦無愧德於鄭國也。時爲使之貳，則有大都民匠總管乞台、含山縣尹井居仁，任簿書之責，則有院掾高奎贊，佐其役，則有襄陽總管王良嗣，提控案牘，鄭謙監營田也，里都目蕭興祖，奔走供億，則有提領王從龍、張明義、秦文彬等，庀其徒，則前提領丁思明也。至大庚戌夏六月大水，堰復決，官爲葺理。延祐改元，甲寅，文淵來守襄漢，越四年丁巳春二月，提舉趙琦偕都目王翬、吏黄白榮、蕭恭來，曰：兩堰之修厥績甚茂，乃吾元之勝事。苟不紀之，以至落莫無聞，我輩實任其責。子司文衡者敢不屬筆，至再至三，而愈篤謹，按志書襄之西南諸堰獨武安靈溪爲大迹，其始所作戰國之書距今一千七百五十餘年，其閒起廢更新，爲利國便民之舉而所可知者纔數人爾，其不可知而同草木湮腐者夥矣。何則漢召信臣杜詩相繼爲南陽開通溝瀆以廣灌溉，修治陂池以拓土田，民遂有父母之稱。厥後征南將軍杜預鎮襄陽，修召之故迹，引滍淯以浸田萬頃，衆庶賴之，亦號杜母。且召之故迹抂南陽者，預猶爲之。矧茲二渠適屬襄土反無其功邪？嗚呼！史籍無傳則亦已矣。後之涖是職者不墜李侯之功，而踵父母之稱於召杜者，豈無其人哉？既以所聞而第之，識其歲月，仍系以銘焉。銘曰：惟水於田利實至大。蓄泄以時，人力是賴。武安之功，壅鄢作埭，瀏瀏長渠，發源斯抂，伊溪而靈，湜湜其派，木里載通，龍興靡礙，宋妝奩田，以灌以溉，襄樊既平，歸我昭代，爲祝釐資，塵清國泰，蟜蟜李侯，辨而能裁，出内府金，丕視功載，木石即工，脉溝絡澮，井井塍塍，萬頃其界，輸租於公，民亦大賚，伐石勒銘，俾永無壞。

《武安靈溪二堰記》何淵撰，趙世禎正書，延祐四年湖北襄陽。《寰宇訪碑録》：案右碑連額高六尺五寸，寬二尺九寸，題重修武安靈溪堰記，提領趙世禎書丹，前襄陽等處水陸地産人户提領丁思明篆額，書『重修武安靈溪堰記』八篆字，文後系銘三十句，句四字文，題延祐四年十一月日立，末後書官階、姓名。案武安堰即曾子固所記『長渠之源水出荆山、康狼山之閒』，《左傳》所稱鄢水，《水經注》曰夷水，晋改曰蠻水者是也。堰始於秦白起。故稱武安靈溪，堰首受清凉河水通、木渠二堰，溉田將萬頃，葢楚北水利之大者。大德六年，中政院同僉李英奉旨出内府金修築，迄延祐四年文淵乃爲之記，其載一時官職頗詳，考《元史》至元八年立護國仁王寺，鎮遏提舉司即記所云作恆業於仁王寺，爲隆福宫焚修之資，官以提領歲課所入之租者也。史稱至元十九年改鎮遏提舉司爲鎮遏所，又改諸色人提領所後改爲仁王營膳司，今記云大德三年改營田提舉司，則知《元史》失載此制也，又至大中升都總管府爲會福院，置院使五員，掌仁王寺及昭應宫事，天厤後改爲會福總管府，定置達魯花赤一員、總管一員、同知一員、治中一員、府判一員、經厤知事、提控案牘各一員。今記所載經厤一人、提控案牘一人與史制同，其同知二人與史制同，知、府判各一員者異，又有僉事提舉都目之類皆史文所無，葢史僅據天厤以後之制，延祐中亦僅載院使而不及其屬。得此記足以補元代會福院官秩矣。今以各銜名具列於左，以備參證。中政院同僉李英 大都民匠總管乞台 含山縣尹井居仁 院掾高奎贊 襄陽總管王良嗣 提控案牘鄭謙 兼營田也里 都目蕭興祖 提領王從龍 張明義 秦文彬 右大德 武德將軍僉會福院事李彦 中憲大夫僉會福院事佘洪 大中大夫同知會福院事李伯顔察兒 武德將軍同知會福院事塔海 資善大夫會福院使洪溥 資嘗大夫會福院使亹吉剌德 資政大夫會福院使忽馬兒不花 銀青榮禄大夫司徒會福院使輦眞吃剌思 金紫光禄大夫徽政使章慶使中都威衛使領隆禧院殊祥院群牧監甄用監事提調左都威衛使司事會福院使識烈門 將仕佐郎會福院照磨管句發□架閣事卞君瑞 將仕佐郎會福院都事張恕承直郎會福院都事王克諧 從仕郎會福院經厤張榮祖 敦武校尉會福院判官魏珍 武略將軍會福院判 官章寶 司吏劉榮祖 張嗣壽 張復 柯瑄 徐文彬 呂宏仁 許紹達 黄伯榮 蕭恭 李世榮 閻益 庹應詳 典史符宗信 李守德 都目王翬 提控案牘陳行琇 襄陽等處營田副提調趙琦 提領廥李榮 副提領史楨 同提領劉從明武安靈溪等堰提領趙世禎　監造碑襄陽管民提領丁熚　監修堰前本司都目洪甫　南漳縣地産提領郝道嵓　黄州路繡梓萬安泰鐫　右延祐　湖北金石詩注

清 顧炎武《天下郡國利病書》 南漳縣【略】堰十一，内武安靈溪於諸堰爲大，武安即秦將白起攻楚引鄢水灌城者，唐大曆間節度使梁宗義修之，宋至和間宜城令孫永知衮州增築，淳熙間制置李曾伯修靈溪，即古木里溝，始開於楚漢，南郡守王寵又鑿之，宋治平間宜城令朱紘復浚，元大德中政院同僉李英再築二堰。

傳記

（同治）《新淦縣志》卷八　蕭浩，字義集，號縮齋，新淦白馬人，以易舉弘治江西鄉試，由雲南司都事授南漳知縣，南漳稱巖邑難治，浩至，治賦減刑，賢聲肸蠁，縣舊爲土垣，河南寇震棗陽募工鼎甃磚石，築武安靈溪二堰，灌溉民田數千頃。

紀事

（嘉慶）《清一統志》卷三四八　武安堰 在南漳縣東四十五里，又靈溪堰在南漳縣東五十里，元何文淵《重修武安靈溪二堰記》：武安靈溪皆在故中廬縣界，武安堰唐大歷四年節度使梁崇義修，宋紹熙改元都統率公，淳祐十二年，荆湖制置李會伯兩命屯田官葺而完之，靈溪堰首受，清凉河即古之木里溝，宋治平二年宜城令朱紘，淳熙十一年總領蔡戡等凡兩浚治，大德六年中政院同僉書李英奉旨修築。

清 甘國煃《重修靈溪堰記》（同治）《南漳縣志集鈔》卷二〇

誥授朝議大夫知襄陽府事甘國煃撰文

敕授文林郎南漳縣知縣王霖勒石

南漳故臨沮，距縣治東四十里許有堰曰靈溪，受西溪諸水，通於木渠即古木里溝也。灌田三千頃，若堤防完固，灌田可五六千。在按地志渠始開於楚，漢南郡太守王寵疏渠廣柔，朱治平、淳熙中宜令朱纮總領蔡戡等兩浚治之，元大德間大水決堤，郡守何文淵檄提舉趙琦繕葺完固，厥役堙塞不常。明萬歷間邑令董志毅復斬伐竹木，壘以土石而更新之，其原委可考也。歲己未，余承乏襄陽，竊見江漢勢踞上流，如瓴甕建翕，莫可止遏，必廣築塘堰，引江水入渠，使水有餘茹，灌溉田畝，自沃適分憲少參璩公志在興釐，而於水利一事講求尤切，乃下其事於郡，余遂分行各屬以董其成，閲未幾，而漳令王君以靈溪堰成先來報竣，且屬余一言而爲紀，余維襄之西南諸堰獨靈溪爲大，自戰國迄今凡二千二百餘年，其間興廢固不一而足，而所可知者不過數人，迨明季復硼圮壞，水道塞滯，民苦不便者久矣，今王令能上奉教令，上殫厥職，不勞民，不絀用，不數月藉手告成，詎不謂賢乎？俾臨沮之人勿虞旱潦，勿患荒蕪，而咏歌樂土，詎不謂惠乎？然因之有所感矣，昔召信臣、杜詩相繼南陽廣開溝洫以拓土田，民有父母之稱。杜預鎮襄陽，引滍淯之水浸田萬頃，衆庶賴之，民亦稱杜母。吾烏知其今不同於古，於靈溪之成卜之也。王君勉乎哉！爰因其所請，追溯前來，紀其歲月而勒諸石，所以相勗者甚逹，豈徒爲節觀而已哉？是爲記。　以上石碑缺字無考　康熙五十六年

藝文

元 宋褧《燕石集》卷九《武安堰秦氏山莊留題録囚襄陽》　清溪如玉竹，如屏門，掩苔墻，犬不驚怪，得軺車嘗小駐林間，時有讀書聲。

武陽堰、盛水堰

論說

明 王鑒之《重修武陽盛水二堰記》（嘉慶）《鄖陽志》卷一　水居五行，得生氣爲最先，其在天地間，猶元氣之在人身，得其平則利用濟物，失其平則懷襄，可畏必有良醫，如扁鵲起而治之，則患可弭而利以溥。考之往

古，嘗爲患於堯之世，及禹治之，地平天成，萬節永賴，又爲患於春秋戰國，若孫叔敖、李冰、召信臣輩，或疏遂以除害，或瀦灌以興利，雖不敢妄擬禹迹，謂非一代之良工哉。鄖陽提封七邑，悉居萬山，水行其間，皆湍悍激射，無宏渟蓄洩之政，潦則噴礡，旱則促縮，民恒爲病，前代有以郡治之東，靈泉之西遂石爲泉斬河爲堰，引以溉田者二，曰武陽，曰盛水。爲利甚溥，歲久湮圮，軍民每計田以爲修築，不過伐木畚土，苟簡目前耳，時雨驟作，山溪飲滿，水勢奔突，昔所伐所畚者，舉隨之去矣。渠水涸竭，涓滴如金，爭訟如蠅，苗之不碩，歲之不登，俗之不醇，悉由於此。

明 任惟友《重修武陽堰記》（嘉靖）《湖廣圖經志書》卷九　生殖物者地也，地或斥鹵而物不生，育成物者天也，天或旱暵而物不成，然欲助地之利，而使之生，代天之澤，而使之成者，其惟水乎，水善利物者也。或泛淹而有竭，或湮塞而莫通，物不能利也。則有賴乎人焉。於泛流也，則禦之，使不至於漫漶於湮塞也，則决之，使不至於壅遏，此利其水之不能利者，惟知者能之，若禹之治水，順水之性，知之大也。遂致地平天成，下越列國，李冰、叔敖之偃，水除患。漢之召父、杜母之開渠滿溉，患弭利興，百世仰之，今若鄖之武陽堰，雖古迹也，當時渠小而流或塞，後來鳩工順其渠，擴而深之，利及日家歲久，數經旱潦漫漶湮塞，百穀用成，郡守胡公亦嘗治之，都憲王公亦記有碑，已經十餘年，復罹水患，田疇堙沒，幾致荒歉，況值戎馬擾攘之秋，幸際撫治仁明，都憲劉公計會，賢守王公專，貳守趙公夙駕於郊屬之義，官陳琬督令堰長萃畦丁不啻百數，或荷锸負畚，或執杵持斤，伐木鑿石，積土培堤，室崇疊深，其渠源朝役暮息，人忘其勞。勢之高廣，大過於昔，雖怒濤洶浪，莫之激讓，自是水由故道，而町□界比遠邇一均，人無訟焉，自是厥後，生育有所資，所謂宮發東秀，實堅實好，而百穀用成矣。僉咸鼓舞，忻忭而相告曰，不有我仁明郡祖，勤身心叶群力，而微堰之利是資，則飢饉荐臻矣。今獲平成不紀之真珉，何以示諸將來，願子一言以垂不朽，矧茲在憂中敢不據實而直筆之，以貽後，蓋以褒德顯功，古今不易之典也。茲紀厥功，雖百代觀之，愛民之心，炳如日星，俾賢智之人爲用大矣，謹書以記。

傳記

（嘉慶）《四川通志》卷一四五　胡倫弘治中知鄖陽府，郡東靈泉之西有武陽、盛水二堰，溉田甚溥，曆久淪沒，歲比不登，民往往爭水致訟，倫割俸鳩工，董治甃以巨石，翼以巨幹，蓄洩有時，至今利賴。

（嘉慶）《鄖陽志》卷五下　呂仲彬洪武中除，操守清廉，庶事修舉，達盛水堰溉田三千餘畝，迄今利賴。

又　黄焜漢軍監生，康熙五十五年，任聽斷明允，鄖縣民以武陽堰水搆訟不已，焜親詣勘量，種計水分大小限口，三堰之田同流合灌。民利之，焜目爲記。

又　鄭晃浦城進士，康熙間除，時鄖民以武陽堰水積訟不決，晃爲量種計水，分上、中、下三堰，按五日輪灌，民服其平，訟以息。

又　華山字仁甫，無錫進士，弘治間，任歲饑不徙，請命發粟賑之，與知府胡倫同修武陽、盛水二堰，撫治王鑒之，有記。

（道光）《濟南府志》卷五三　朱彩字萊孺，綱從弟，康熙十二年進士，授内閣中書舍人，遷刑部主事，歷員外郎中，三十七年，擢鄖陽知府，多善政，附郭武陽堰爲洪水所壞，竭囊金督修，未匝歲，堰成，民賴之。

（同治）《南昌府志》卷四一　吴廷光字維賢，靖安人，隆慶恩貢，任鄖縣知縣，歲洊饑，捐俸賑濟，修盛水堰，會疫疾，作捐資瘞埋五百餘口。

紀事

明 王鑒之《重修武陽盛水二堰記》（嘉慶）《鄖陽志》卷一　弘治庚申，西蜀胡君倫，以名進士，由部郎來知是郡，明敏練達，剛方惠和，其於民事，蓋搜羅抉，剔靡不興革。以修復二堰事來告，探其措設，鑿鑿可成子心，許其能，遂申明戒事，有欽差公守，提督太岳太和内官太監李麟，參議華山，咸有志於民，撤可緩之財，以資其費，都指揮黄熹、指揮甄昂又以力役相之，指揮徐琬、推官周訓董治工作。伐石於山，取材於陸，剔沮洳，去柹翳，甃以鉅石，翼以良幹，櫛此而鱗次。雖高深廣袤不加於舊，而規模宏遠，制度精密，蓄泄有則，斡旋有機，視昔則十倍有加焉。民不知勞，財不知費，處者慶於室，行得歌於塗，以爲自今伊始，吾儕小民可無旱澇之憂矣。君子謂是役也，利於民宜有言，子惟堯舜之智，急先務，當今之務，詎有急於水利者乎？孔子以惠而不費爲政之美，今計其所費廉而所利大政又孰有美於此者乎？故樂爲之記。

清 黄焜《重修武陽堰記》（同治）《鄖縣志》卷一〇　武陽堰自明末衝圮，後叠逢兵燹，民不聊生，聽其廢墮者七十餘載。至國朝康熙三十八年，前府朱始議修復，誠善舉也。鄖縣鄭令量種計水，分爲上、中、下三堰，按日輪放，周而復始，法亦備矣。第夏秋之交，田禾需水，刻不可緩，必越五日始得一輪，其中閒或滲漏，灌溉未克，適均此争端所由起也。曆經升府，郭署府，陳立禁約，或損益漏眼，或加減時日，或嚴啓閉，或專責任，亦不過揚湯止沸耳。本府下車詢問，其略今年春三堰士民互訟，前來因思水得攸關民食，非細事也。是不可以不察，遂單騎往勘，洞悉情形，諭三堰士民曰：渠可分灌，亦可同日灌乎？僉曰：不知乃今令各啓漏眼，放渠通流，以觀可否，越數日使吏探之，報曰：堰下田疇俱霑足矣。而水勢如故，孰謂不可同流而合灌耶。然漏眼限口大小無定，規猶未足以息争也，復詳察各漏限分寸，并田種若干爲之斟酌損益，務得其平，除九道漏眼灌種三十七石四斗，法無懸殊，仍循舊規，外其堰下，諸田水以種定，每種一石，給水二分，鑿石爲限，總以深三寸爲率，晝夜通放，自春曆秋，田不苦乾，人心平矣，訟端息矣，民皆曰：便請勒石以垂永久。乃爲之記曰：田以種計，上堰種七十二石六斗，中堰種四十二石二斗，下堰種三十六石五斗。水以分計，上堰水二尺二寸二分二釐，中堰水八寸四分四釐，下堰水應得七寸三分。緣地高渠遠，量加水二寸一分，共九寸四分，限口以大小計，上堰大限口三處，小限口三處，中堰大限口三處，小限口三處，下堰大限口五處，小限口五處。然限口大小雖殊而寬，分一律俱各按田計種，纖毫不爽，後之人倘有起而争者，持此爲準，不待片言而決矣。是在爲民牧者，因民利而利之，隨時防範，勤恤民隱而除其害，民亦樂其樂，而利其利，則所謂民爲邦本，食爲民天者，端在是也，夫水利特其事理，著明者也。

藝文

明 韓讃《武陽盛水二堰賦》（嘉靖）《湖廣圖經志書》卷九　噫吾民之有生兮，食以穀爲主，而田以水爲功，睠吾鄖之有堰兮，武陽在其北，而盛水在其東，曩惟覆稍壓主以爲障，柰何驟而急漲，而易衝堤防，隨修而輒壞，溝洫遂涸而不通，疆場拆裂兮如焦釜，田苗枯槁兮如秋蓬，羡國氏之盗兮順而易，戒宋人之堰兮苦而空耕，徒勞乎白叟，饁徒敝乎黄童，厥有賢守西蜀胡公，勤心國事，軫念民窮，爰相舊址，聿興新工，慱采石于山麓，堅亘堤於溪中，其來也任盈縮而爲之蓄洩，其去也隨廣俠而爲之通融，有田兮斯潤，有禾兮斯叢，有粒兮斯食，有年兮斯豐，歛賦税于殷富，起生養于疲癃，紀嘉績兮湏鐘，鼎冒厚德居絣幪，慨地平夫成固，萬世之所永賴，而禦灾捍患亦祀典之所必祟，若我公之不廟食，帷我民之實愚，家羌予之不敏兮，匪作歌諭娟知己，己予之强賦兮，乃觸事而露愚，衷不直感發食猼不之忘本，且以激勵受直者之罔庸。

雜録

（天順）《重刊襄陽郡志》卷一　趙河在縣東北六十里，西流至縣東，爲盛水堰，灌田百餘頃。

（嘉靖）《湖廣圖經志書》卷九　盛水堰在縣北五里，居民賴以灌溉，其地東南高西北下，雨則西北皆歛，旱則東南不稔。成化初，知縣戴淡率民旁鑿一渠，計地四百餘丈，以備漢溉，自是田無高下皆稔。

又　武陽堰　在縣西北三十里，灌溉田十餘里。

清 顧祖禹《讀史方輿紀要》卷七九　武陽堰府西五十五里，有武陽洞，懸崖深邃，水出其中，堰以溉田爲利甚溥。

（康熙）《湖廣鄖陽府志》卷一三　鄖縣【略】武陽堰　西北二十里，弘治年，王鑾之穿，今廢址尚存。

（嘉慶）《清一統志》卷三四九　武陽堰在鄖縣西北二十里。盛水堰在鄖縣北五里，本朝康熙十七年修築。

（嘉慶）《鄖陽志》卷三　朱公祠，在武陽堰側，祀知府朱寀事詳宦迹。

西山堰

（光緒）《越雋廳全志》卷二　道光五年，通判秦岐翔修理西山堰溝二道，一歸南流至碓窩溝入吊橋溝，繞玉帶橋東去，溉西北關外一帶田。一歸北流至石婁溝達報恩寺左東去，溉急流垻、三株樹、北寺門、首灣子一帶田約三百餘畝，遂爲越雟上田。《修理西山堰記》：越雟之北鄉歷歲苦旱，其西山背下有長溪一道，四時泉源不竭，引之以溉田，則水利興而旱憂可息，前任斯土者亦間有刱議，而未果於行，蓋緣石壁聳峻，緜亘三百丈有奇，恐用力多而成功匪易也。甲申夏，恩主秦下車伊始，遍訪風土，得悉情形，意擬興工開堰，洎士民呈請，遂毅然以爲己任。會郡主陳公諗其事鞠，謀念均立捐鶴俸以爲民倡，越之士民聞風仰樂者，後先踴躍，董事李宗發、馮廷華、馮廷章、范遵賢等請擇吉鳩工，凡八月而工告竣。其水分二道，一歸南流至碓窩溝，一歸北流至石婁溝，均各委蛇以達田，向之苦於旱者，今皆霑足無遺，厥工甚鉅，而爲利亦甚溥，夫天不愛道地不愛寶，至其生成之偏，不能不資於裁成輔相之助越。自漢迄今，曆二千餘祀，以振古所未能者，一旦導流順利，俾西北千餘畝田咸資灌溉，斯民之食德飲和慶，甫田而歲取十千者，伊誰之力哉？非父母斯民聚所好，而毆所晋者，曷克有此落成爰泐貞珉用垂不朽云。

小江湖强堰

清　全祖望《鮚埼亭集外編》卷一八《小江湖强堰記》　它山堰之截江也，夾輔之功莫過於陳府君之迴沙閘。觀於王寧軒《四明志》所陳三策，沙之爲患其亦鉅哉。近者西岸之沙頗不爲患，説者以爲明沈令增高堰址之功，雖未必盡然，而沙之乘流而至者則已少，故迴沙閘亦無過而問者。岸谷變遷，不可以常例詰，要之，陳府君之苦心不可沒也。至堰南有龍舌，則《舊志》皆未之録。嘗觀其規制，蓋即水中天成之沚而護以石，雄偉堅壯，斜障水勢，居民以爲堰之得有程度，旱則七分入湖，三分入江，澇則七分入江三分入湖者，皆賴此，蓋有神術焉。近則其石崩壞，而堰水不問旱澇，入江者多，入湖者少。顧疑王元恭修《至正志》，其於小江湖上碶閘堤壩之屬蓋三致意焉，而此獨不載，其呼爲龍舌，特出於土人之象形耳，則其不見於志甚可疑也。及讀魏吉州《峴它山水利備覽》有云：堰南得小嶼屹，然洪流中，有捍防之勢，人目爲强堰。乃恍然曰：殆即所謂龍舌者也，强堰者，謂其本非堰而似堰也。但据吉州之言，則强堰出於天然，未嘗施以人力，今之加以石者，不知昉自何時。夫萬山之流奔迸而至，忽有横厲其衝者，雖强不能不圮，故石工必不可以已。況其地當迴沙閘之上流，則亦式遏之一助也，良法苦心如此，而始事之人闕如，予甚恨之。大略當出於至正以後故王志無之，今參考舊聞仍標其强堰之名，以易龍舌，且爲之記。由近日水道觀之，迴沙閘尚可輕，而强堰較重，及今雖多崩壞，其址尚未盡圮，亟修復之，猶可爲也，更遲之，則愈難矣。吾鄉民命盡係於江湖諸陂塘之功，有司視其廢而莫之治，何古今人之賢否相去一至此也。

新津縣通濟堰

論説

清　黄廷桂《重修通濟堰碑文》《清經世文編》卷一一七　余承聖天子德意，子惠元元。常期陰陽和，萬物遂，匹夫匹婦，無一不被皇王之澤，以成熙皥之俗。顧立願雖奢，而其措施無補，中嘗歉焉。夫蜀爲蠶叢之國，厥田高亢，自李氏父子鑿離堆導江入灌口，沃野千里，民用富饒。其他不近川澤之區，旱乾時告，石田用嗟。官斯土者，能無望前人之澤，而勃然藉人力以補天功者邪？下者可引而注，誠因其勢而利導之，則以時樹藝，亢旱無虞，何在不可則善政莫大乎水利。蜀地溪澤陂沱以及濱江枕河之區，高者可潴而蓄，興起者乎！值此邊隅綏輯之餘，欲與吾民謀生養安全、可大可久之計，

（乾隆）《彭山縣志》卷一　乾隆十七年十二月，欽奉上諭，事案內報墾下田四十一畝，中地八十畝三分，按彭邑東西皆山，中隔大江，田畝瘠薄，沿江遭甲子年水灾，冲没糧地數百畝。近雖曰漸壅漲，僅可種植雜糧，唯迤西一帶數百頃，舊有通濟堰水利，素稱沃壤，自兵燹堰廢，皆成石田矣。民間至四五月，俟大雨始能播種，大率晚收，所謂雷公田也。且穀粒多乾癟，性亦薄嫩，難任舂揄，故民間皆蒸穀爲火米，以供饔飧，所謂紅蓮白餐無有也。近纔詳請修復古堰，水利盡復，變旱地爲水田者四萬餘畝，兩年以來，青疇緑壤，無異沃野千里矣。

清　張之浚《復修通濟堰碑記》（乾隆）《彭山縣志》卷七　天地自然之澤，朝廷因之以育蒸黎，永錫莫倦，則恃乎人心不敝之良。通濟堰創自大唐，迄今越幾何年，興修廢墜，倏忽如環，至前季而休焉，兹之蒼顔白髮，閱歷父母，官豈伊一人有能如是盡心者，此利當夙享矣。余不敏周流往復，始拜手成功，汝等或可忘之九重恩渥，能不銘刻，新來制憲開公時以風俗人心爲命勉之哉，率子弟孫繩而敬受焉，以保此生理乎，行者争路俱不得行，耕者争畔俱不得耕，何如水之止以平耶？疾馳而遽顛蹶遜者，猶可以鑒强業，而逢灾異，觀者竊以爲笑，争則兩敗俱傷矣。逝者如是夫，不舍晝夜。波無專屬，淵有澄明，暖昧以取竊也，横肆以奪刼也，安知天不灌，爲巨浸以鄰，爲壑譎也。安知天不潤彼肥饒熟算，由于已定，而固任其私也。彼侚匐公庭廢時失事者，田且屬之他人，利焉在哉。仁讓成風，相友相助，人孕其和，天錫之福，堯舜之民，無非仙子，涵濡德化，雲水溶溶，余老矣不敢再期，來此遍語鄉相助人孕其和，天錫之然，嗚咽翌日書應其請，而爲之詞曰：水兮水兮天生之一，人道狂瀾地道滿，溢人心不古地道以窒。堰兮堰兮銀漢遥，通皇王之澤，相臣之功，召父杜母，亂哺咸同，百年之澤，一日之瘨久矣。涸轍孰湧，源泉既疏、既截、既宣、既泄，永植乎心，苗毋忘乎君切。

（道光）《新津縣志》卷六　知縣宋曰：通濟堰自乾隆二十年復引西河水入堰，維時溝僅數尺，水路甚小，後金馬、石魚兩河水漸次冲缺，至羅嘴與西河合，由是水勢汹湧至不可丈尺量矣。每當大水，西河爲金馬、石魚河水阻漲，退激則與義鄉之龍王渡一帶爲之累，三河之水下至南河，又與南河争漲，則縣城爲之累，量測地勢皆由通濟堰堤高過故，致漲激掃。今定堰則以水齊四字爲准，盖堰水之足用，在溝深，不在堤高，堰齊四晝每年節省許多糜費，而彭沓水足，龍王渡一帶可免冲掃，新津縣城亦永保矣。法曰：灘見石魚堰，齊四晝并將通濟堰，章程擇列數條於後。

一、堰工篾簍鑲底，宜結實也，查通濟堰工，自餘波磅起，至堰尾止，本長八百丈，近年因堰尾新漲一灘，若堰工傍灘，接修在堰工固爲結實，而居民無路可通，船筏以致隨修隨拆，堰工轉致不固，今公同細酌於原修處，所讓出十餘弓，爲居民通船筏之路，其鑲法下用横簍，不拘層數，以出水爲度，出水之後，最下一層須排四直簍，每簍高一尺，次排三簍，次排二簍，次排一簍，然後上用横簍，盖搭若預防水勢，尚須加高，則最下一層，須排五簍、六簍以次加高，務期工歸結實，其南河、西河頂衝處，所及堰頭裹鑲處，亦如之。

一、溝沙淘挖須量爲變通也，查溝中淘沙以見過江石爲准，本年如法修淘，而兩岸均係民田，竟無隙地，淤沙若無堆積之處，夫役等僅挑至兩岸之側，一經大水，仍復歸入溝中，實非良策。今擬於溝傍寬濶處，所用楊、柳、椿以篾笆遮護，將淤沙挑入，即遇夏秋水漲，沙亦不得還河，似爲妥協。其餘波橋外淤沙，仍照前議章程，挑至堤埂之外，不得堆積岸傍。

一、堰埂簍笆宜遵照舊式也，查通濟堰，横河截埂，埂身之寬舊定三丈，今現存舊埂僅寬二丈四五尺不等，本年南河、西河缺口，俱用竹簍三丈培修，嗣後倘遇有水漲，冲開缺口之處，應請概以三丈竹簍培修，不得偷工減料，致違舊制。

一、筒車攔截，官河宜飭差查察也。查新津筒車，舊定三架，今蒙大憲垂慈，於例外增設之五十三架，不加裁撤，僅予以限制，不得横截官溝，以至下游缺水，實爲仁周義摯，惟愚民無知，輕於蹈法，用前即有羅光燦等，用竹笆長木欄截水口之事，當即立與嚴懲，至婦女、幼孩，有無

拆毀篾簍笆簟等弊，亦着一體嚴查，其差役飯食之費，由眉彭堰長各酌給銀六兩，以示體恤。

一、歲修派法，宜就案比較也。查通濟堰堤，欄截金馬、洋馬、西河、南河四水，同滙於堰，每歲大水泛漲，洪波橫溢，自來無不冲缺之年。但工程有大小不同，自派費有多寡之異，若止以本年派法爲準，不論工程大小，年年照派，則在工程較小之年，修築固屬有盈無絀，若工程較本年加大，而派不加增，在堰長等不無屈抑，今請以本年河缺一百八十丈，并沿途溝湃堤埂，工程開載，現案每畝派銀一錢二分，米一升，定爲一定章程，嗣後歲修派法，水户於公舉、堰長詞内聲叙，派數務須就案比較，工大量加，工小量減，以昭平允，庶幾派費得歸畫一矣。

一、堰埂蓋簍，自堰首起至西河缺口止，原盡用白甲竹料，以期堅固，近來積弊，或攙用慈竹，或槩用慈竹，無全用白甲竹者，今羅家嘴一缺，應盡用白甲竹料，不得攙用慈竹，以歸一律，永定爲例。

一、修紮水缺，向來積弊，止於每條簍頭微用稻草，縱横穿插，且或有或無，不能條條有草，又於紮出水面紮砌旱簍，或二、三、四層不用稻草，僅以稀笆小簟支吾搪塞，是以滲漏不堪。兹定於水缺，内需用水旱竹簍，每條簍頭添用簍帽一個，其簍帽式樣用編簟軟笆編造，長一尺二寸，於平面上編成，開縫一條，長七八寸，較簍頭稍寬，取寬鬆易戴，先將竹簍揀石裝飽後，戴簍帽，將開縫用篾撇合，再用稻草於簍帽周圍順鋪匀滿，用軟笆捆緊，然後掀滚下水，旱簍亦用此法。是以簍帽弭竹簍本身之漏，以稻草塞交聯簍縫之隙，所謂用力少而成功多也。再用密實捶笆拆邊，大簟認眞搪插到底，自無大漏。

一、水缺東西兩岸馬頭，做水簍名爲馬頭匠，向來積弊於竹簍，石塊尚未飽裝，即一聲呼哨，掀入水中，是爲秕殼簍，抑或見監工無人，即將未裝竹簍斫壞，拆易，名爲殺簍，此岸一殺，彼岸效尤，每日每岸殺簍兩三條不等，希圖分篾，换酒以供一醉，實屬可惡，兹飭三屬堰長，分列班期，輪流往堰監工，留心防察，以期工歸實用。

一、舊存堰埂，只拆去舊簍，掉用新簍，翻石揀裝，其下面舊存笆簟不宜拆毁，以防滲漏也。近來積弊，聽匠役將舊存簟笆概行拆毁，希圖舊篾朽片賣錢，不顧滲漏與否，應嚴行禁止。

一、堰堤做起蓋簍上做路簍一條，以便棚夫各項人役往來，不至踐壞篾片，俟堰工告竣，夫棚盡撤，則禁止行人，以免踐踏，近來積弊，則不但行人往來，視爲過河截徑，且釣魚、搬罾無分晝夜，循環踐踏，先已篾毁石散，一遇洪水泛溢，則堰堤立見冲潰，應出示禁止行人釣魚、搬罾，以保堅固。

一、提高矮寬窄之區宜照式修理也。查通濟堰堤長，横亘綿長，欄截白鷄河、西河、南河之水八堰進溝，每年洪水冲潰，水缺約在三百丈外不等。若修不如法，則矮塌滲漏，勢所不免，水源不裕，則流灌不足，堤身之高應照舊式，總以堰口水則，石硅刋刻七字爲準，堤身之寬亦照舊式，於南河堰頭起，至西河一帶水缺，旱埂均用六托長、兩個眼竹簍揀石裝砌，修紮成六托寬，埂上加蓋簍，其西河以上，至白鷄河堰尾一帶水缺，旱埂需用竹簍，長二三四五托不等，惟在酌量水勢緩急情形，因地制宜，至通身堰埂均用稻草、笆簟，逐段密鋪搪塞，則八堰之水滲漏既少，進溝之水自流灌足用矣。

一、溝道爲咽喉之地，宜寬挖深淘也。查堰口溝工，自水則石硅起，至三道車止，綿長約計三里，每年洪水泛漲，浮沙淤塞，或二、三、五尺深淺不等，皆碍下流，惟在寬挖，至老坎深淘，至老底上，以餘波橋下海底石板爲憑，下以瑞麟寺溝底過江石爲則，總以一律深通爲準，如此則堰口之水自一往無滯，流灌不窮矣。

綜述

清 黄廷桂《重修通濟堰碑文》《清經世文編》卷一一七 蜀南通濟堰，唐制置使章仇兼瓊所浚也。按古《志》：引武陽南河之水，入彭、眉，灌溉民田數萬頃。自明季兵燹，民無孑遺，堰水盡廢。昔之岸然爲堤者，淪於水，嗟巨浸焉。昔之泓然爲渠者，堙於土，嗟石田焉。眉、彭之人，不知斯堰水利者百餘年。余前制蜀時，曠覽洪波，夷考古制，蓋嘗欲取而盡復之。築堤浚溝，由新而彭，得水利者萬餘畝。功未竣，余旋奉召入都，不果。復因奏準給官錢五十緡以作藏修，斯堰之僅存而不至泯滅者，賴以此。是深望後之人覩斯堰之僅存，因其勢而利導之，盡復其沃衍之舊，以利濟吾民。乃二十餘年重來，水未加廣也，田疇未盡闢也，其忍聽吾民負向隅之泣，而不一動念邪？因檄下有司復圖興舉，令集吾民而詰曰：南河之水，發源於邛，其來也緩而疾。緩則春水不足恃，而耕作後時，疾則大雨時行，一沖而後，田竭無涓滴之惠。曷若引西河之水，合南河而入堰，以時蓄洩之，則源遠而流長，且亦二王之餘澤也。乃吾民果能踴躍赴功，以時趨事，父子負鋤，兄弟裹糧，駪駪而來，魚魚而赴，汙萊闢，魚龍游，不數月而大功成。彭之民實開復古渠二十八，繇延八十里，直抵於眉，彭田三萬畝，眉之田亦不下萬焉。因詳議善後事宜，條件如左：一通濟堰頭，宜防水漲沖決也。查堰源在新津南河，今於西河添築新堤攔水，并歸南河，水源加旺。伏夏河水猛漲，或致泛溢，沖決堤埂。應令新、彭、眉堰長，輪駐堰頭之二王廟，防守宣洩，交秋撤回，以保無虞。一宣洩宜量水勢也。通濟堰水少時，南河舊堤增加竹笆，西河新堤增加石簍，以逼水灌田。水溢時，去笆去簍，俾散入大河，其沿溝餘水，退入於湃。一新定筒口，宜定分寸以杜紛爭也。查歷年原得水利，新邑二道半，彭邑四道半。今彭邑又添二十八道，其新設筒口，應計水勢之淺深，以定筒口之分寸。現在仿照都江堰則例，每田千畝，分筒口三寸、五寸用石鑿孔爲筒，以垂永久。分水支流溝道，不得私乞過低，致有越漏。一均派修費，宜酌定章程也。查增築南河堤，埂共高一丈四尺五寸，長一百二十八丈，寬二丈四尺。添築西河堤，埂高五丈，長二十八丈，寬一丈。采買大竹，募夫揀石作簍，每簍長一丈五尺。堅築堤埂，俾無漏洩，加淘進水堰溝，以現在石坎及溝底過江石爲限，堰流充裕，此後長寬丈尺，永遠遵照辦理。其歲修搶修之費，舊規每歲於水利廳領銀五十二兩。尚不敷需用。應於新、彭、眉各堰户按畝均派。備料公同經理。一每歲修護工費，宜分別有則也。查通濟堰，由新津歷彭山，達眉州，則水源有先後之不同，灌溉有遲早之迥異，應分別筒口情形之高下，得水地處之遠近，酌定數目，共濟其事。自新津起至彭山土堰止，向係舊有水利，應列爲上則。又自彭山會中筒及西支堰，至文殊堰交眉山界止，應列爲中則。又自向家筒至白鶴湃、金竹湃，列爲下則。如遇大修，上則每畝應派銀二分五釐，中則每畝應派銀二分，下則每畝應派銀一分五釐。歲修，上則每畝派銀一分五釐，中則每畝派銀一分，下則每畝派銀五釐。其筒車牛車均係高田，應查明照下則派辦。或有新開旱地，改爲水田，隨時報明，核實加派。隱匿田畝者罰儆。一沿溝堤埂緊要之處，宜加用石工也。查彭邑新開之翻水口上智遠堤，堰水越堤引灌西支彭溪等堰，上下復層次開列筒口，實係扼要之區，應改築堤二十丈，寬二丈、深一丈。又江堤原屬通濟堰尾堤，歷年水源未得，係彭屬之文殊堰，同眉州青岡等十四堰，共築土埂，攔截毛家河山水作堰。今通濟大堰之水，匯入下灌，水勢浩大，土埂易崩，應改築石堤五丈，寬二丈、深一丈四尺。中開湃口，水平則塞口，以下灌眉地，大水則開湃，以入朽木河。一安設筒車，宜酌定地勢，以杜阻截下游水利也。查新、彭筒車，現在四十餘架，安截上游，攔溝截水，翻車取灌。每遇水缺，下游數萬田畝，均無涓滴。經會同新、律令，督同新、彭堰長，沿溝查勘，凡流水湍急之處，易於翻灌，許令安設以濟高田。其漫流之地，必須堅扎高埂攔截，概不許妄違古制，私行安設，永令堰長，照此查察禁止。

明 吴道南《吴文恪公文集》卷一〇《郡國水利》 五月癸未，四川眉州民奏修新津縣通濟堰，從之。堰水出彭山，分爲十六渠，溉田二萬五千餘畝。

清 李元《蜀水經》卷四 唐開元中，章仇兼瓊開通濟堰，大堰一，小堰十，自新津修覺山引渠南下百二十里，至眉州西南入江，溉田千六百頃。今州志稱堰長三百餘里，灌新津田四千六百三十畝。彭山田三萬九千二百一十二畝，眉州田二萬九千二百七十四畝，五倍于唐矣。

（雍正）《四川通志》卷一三 新津縣通濟堰在縣西南三里，唐開元二十八年，采訪使章仇兼瓊所開，分四筒穿渠，灌溉本縣東南田畝，并彭山、眉州、青神等處二百餘里。

（乾隆）《彭山縣志》卷三 通濟堰一名遠濟，《地理志》：蜀州新津西南二里，有遠濟堰，分四筒穿渠，溉眉州、通義、彭山之田。《通志》：三縣西北四十里，有大堰一，小堰一，唐開元二十八年，采訪使章仇兼瓊所開，自修覺山下引水灌溉彭山、眉州等處田畝，凡三百餘里。後五代時，張琳重□□彭山令雍熙復修。《新津縣志》：在縣西南三里，分四筒穿渠，灌溉邑東南田畝，并彭山、眉州、青神等處三百餘里。《明史·河渠志》：萬曆七年，修眉州、彭山、通濟堰，由武陽引水出松江口，灌溉田七百餘頃，明末堰廢。國朝雍正十一年，督臣黄廷桂重修，彷都江堰制竹簍壘石爲堤，浚渠自新津修覺寺下餘波橋起，至彭山回龍寺下智遠渠止，新彭共七筒，引渠灌溉，復古制十分之一。乾隆十八年，邑令張鳳翥詳請興修，引灌縣小海子水入舊堰，開浚知遠筒下，古溝八十餘里，鑿翻水口分支入眉州，共復彭山古渠二十八，眉州古渠十四，灌溉旱田八萬七千二百餘畝。大學士黄廷桂給文勒碑，松茂道張之浚爲之記，堰口三州縣堰民建二王廟，歲時致祭。

修復通濟堰始末事宜

乾隆十九年八月初八日，奉建南道張檄：爲據稟飭查水利事。本年五月，巡查來彭。據該縣稟稱：邑有通濟古堰，由新津縣修覺山，饒引流入彭山直達眉陽，古迹可尋。自明末兵燹，堙爲石田，雍正年間，經督憲黄勸諭修浚，僅至縣屬土堰而止，下皆淤塞。今據士民有以興復古制稟請者，職知任地方，寧辭相度，第工貲繁鉅，須斟酌萬全。時值農務方殷，俟秋收後逐細確勘，妥議稟奪等由，當經本道面囑，務於秋收確查，不必應及工貲，總期實心實力，毋畏難，毋苟安，已廪聞督憲矣。今届物成，檄到即便親往確勘，自圭堰至眉境，共長若干里，中間有無山岡、廬墓，堰用夫料，約計若干，相度機宜，悉心議覆，以便親勘，毋忍。

九月初九日，約新津縣會勘牒，爲移請會勘堰務事，案據敝縣堰民呈請，修復通濟古堰，茲奉本道具稟督憲，檄飭勘查茲堰古制，原由新入彭，直達眉之松江口，出大江爲尾閭。雍正年間，奉檄修舉，僅至彭屬之土堰，下皆臯塝不見水利者百餘年矣。今經某逐一確勘，尚有筒湃堤埂，遺迹可尋，據堰户等愿各照本界酌出夫糧，自行開修，業將工程估計確實，惟查古制，茲堰水原由新邑城南截河，用石工築堤，壅流東注，漸渠灌溉厥利甚溥，自兵燹久廢，石堤坍損。歷年兩縣堰民共傾帑金五十二兩會修，僅用竹婁壘石，引取南河一水入溝，得水利者十分之一，而貴邑劉衆筒、馬家筒等渠，增添筒車二十餘架，層次築埂堵遏下流，如線故堰，水僅及彭，屬土堰尚有紛爭，今擬於某日會勘安蟻工程，以便會請興舉，竚切竚切。

十一月初三日，會同新津縣上修通濟堰狀，竊照民間田畝，全資勞利所關，鉅重時蒙大人諄諄指示，凡有可開堰塘，勢須設法修浚，以廣利濟，兩卑職仰體憲仁時，復留心體訪，茲查新邑距城里許有南門通濟堰，一道徑灌新、彭、眉三州，縣民田按之古制，興自唐間。永年納石爲埂，聚水入堰，計堤長丈，嗣□久冲頽，僅存舊迹。雍正十一年，奉檄興修，以石工貲鉅，做照舊堤易以石簍壘堤截水，東注人諱，灌溉彭、津民田三千五百餘畝，彭山民田一萬三千餘畝。動用公帑，每歲兩縣於水利同知衙門領銀五十二兩，分發新、彭堰長承修，近因溝道浮沙壅塞，護堤滲漏，兼以南河一水，發源邛州，春水微細，伏夏始旺，日上及下分流，接灌愈遠愈微，故下游萬畝糧田，仍虞乾旱。兩卑職伏思欲暢其，其必理其源，當赴堰所細加履勘，募夫開挖堰，庢埋有大石，詢之鄉中耆老稱曰：此過江石，舊制淘浚以此爲限，過深則水平不能下流，淺則水溢堤外，兩卑職隨又相度河中形勢，南河之西，別有一河，其源出於灌縣小海，直達江口，春夏水長即分，南水西出，堰水愈竭，今就其形勢，擬於西河分流水口，另築新堤，計長二十六丈，截流歸进南河，統入於堰，春夏之水可以源源相濟，并督令堰長將堰溝依舊制淘浚深寬，舊堤增修高厚，擬添若干丈，將水源大旺暢流，不僅新、彭歷年灌溉田畝可以充裕，彭山自土堰以下淤塞古迹計二十八渠，亦均沾利濟矣。

十一月十一日，奉督憲黄批撼稟，會勘堰溝緣由，因見和衷共濟，亦極留心經畫，俟將來得收成效，另稟察奪，餘已悉此繳又奉藩憲，周批攔截，分流歸入通濟，俾久淤塞廢土得成沃壤，城利民之事也。仰即及時，興工修竣，查明得灌田畝，其報仍候院憲，欲示繳，又奉建南道，憲張批據稟會勘，興修通濟堰以裕水源，業經本道親勘，轉稟矣。仰即及時妥協，趕辦工竣，具報仍候督憲暨藩司松茂道批示，又奉松茂道憲張批據稟，會勘西洒之水，并無灌溉田畝，分流水口砌築堤埂，截歸南河通濟堰，新、彭田畝大有利濟，仰即督令興修，以俾永裕，仍候督憲暨藩司建南道批示繳。

上開浚二十八渠狀，竊相卑縣地方，半係沙圭旱田，全藉堰渠漸灌。前經會同新津徐令會勘通濟堰水源，肅稟在案矣。查水源既裕，似不獨新、彭歷年灌溉田畝，皆可敷足。而自卑屬土堰以下，久經淤塞之。會衆筒、向家筒、蔡家筒、棗兒筒、白鶴湃、金竹湃、至文殊堰，共二十八渠，皆可分支接灌，隨經曉諭各糧户，將舊有之筒口堤埂，按照古迹逐段開修，忽致坐失自然之利，據耆民人等，咸愿自備正貲，興工淘浚，并公舉堰長、溝長分别經理，一面飭委典史駐札公所，晝夜督修，卑職分頭前詣，親爲指示，乘此農隙，疾速興工，務俾水利有濟，除俟工竣試看水源灌及若干田畝，再行禀報，所有勘明應修古貴，緑由合先繪圖具禀。

十九年十一月十一日，奉督憲黄批披閲、圖禀，水道原委，堰溝情形，如在目前，該縣能如此留心經理，本部堂當樂觀厥成矣，此繳，又奉藩憲周批據禀，已悉仰即上，緊趕修以收水利，仍候院憲批示，繳，又奉建南道張批，已於會禀内批示矣，仍候督憲，暨藩司批示，繳圖存。

修堰示諭：照得通濟古堰，灌溉新、彭、眉三屬民田，載在志書，班班可考。兹本邑得水僅四筒半，餘已堙没無存，今本縣會同新邑主悉心籌酌，向因南河水勢微弱不能下流，其傍有西河一道，發於灌縣南河，經崇慶、新津東流至彭，與府江合爲江口，可於分流水口築堤截流，引南河之水入堰，將舊有人字堤加築高厚，堰口溝道淘浚深寬，已督令新、彭堰長，刻期興工矣。唯查古溝一帶，自土堰以下，歷漏灌子至野鷄、楊蜡、棗兒等處，綿延數十餘里，及分漸二十八渠，必須一律開通，乃能接收水利爾，耆民糧户人等，務仰承余意，各照本界有力者出貲募工，無力者自行裹糧以往，勿惑於浮言，勿狃於小得，乘此農隙，踴躍赴功，庶來歲春耕普沾水利，倘遷延玩忽，責有攸歸勉哉，忽替。

開堰禱二王文：唯此靈源，都江而外厥唯通濟，唯我明神灌口，有赫靡不沾溉，自民力之罔作，遂斯堰之衰替，千頃無復豐年，三秋溪以欲穧。某忝兹上惻焉心悸，用籍同舟之力，仰希沃衍之利，百日奏功所患者，淫雨千夫在野，所憂者，疾癘庶神明之陰，相與人謀而交，毖魚龍前，導以破堅菰葦，解拆而迎鋭，復章仇之舊，觀望眉山，而爲際澤斯民於無窮，宜將廟貌以并，啓我將大合樂以爲報，豈徒用樽酒之薄祭。

十二月十九日，奉建南道檄，奉督憲黄批，據本道禀，開敬禀者，巡道叩辭，後於二十三日抵新津縣，適署眉州張牧、彭山縣張令俱如期而至，巡道即於次日率同該州縣，并新津縣徐令公同查勘，所報開修通濟堰水利，其河道水勢情形，俱與張令繪圖相符，查通濟堰在新津縣東門外里許，歷年久遠，舊制原係砌築石堤樣，截南河之水以入堰口，沿山脚而下八十餘里，灌溉新、彭、眉等處民田，爲利甚溥。厥後石堤冲塌，水多散漫，不能盡歸堰溝。雍正十一年，奉文興修，緣工程浩大，僅倣照舊堤用竹簍納石層層堆砌，截水歸堰，每年在水利同知衙門請領銀五十二兩零，分撥新、彭兩邑堰長自行承修，然簍石不能堅，窖水多洩漏，以致其流不能及遠，僅至彭山之土堰而止，其自土堰以下，至眉州五十餘里，盡成旱地矣。且溝渠之内，因水流微緩，沙土淤塞，溝底漸高，非盛夏大水不能激流，而上是以每歲春間，常虞水不敷足。今據新津縣徐令、彭山縣張令查勘，南河之西，另有一河，發源於灌縣小海子，直至江口并無灌溉田畝，就其形勢，相度擬於西河分流，水口亦用竹簍裝石砌築，堤埂計長二十六丈，攔截西河之水，歸迸南河，俾水源暢裕，又將堰溝淤積沙土淘挖深寬，堰堤增修加高，則暢流而下，不特自新至彭三十餘里，水皆敷用，即彭至眉百十餘里，從前淤塞之溝筒，皆可循舊，開挖均沾利濟矣。彭山縣張令已委該典史董起龍在工督修，專司其事，該縣仍不時親往督率稽查。所有動用民夫，俱係各田主自行愿出，歡欣樂從，并無壓派，其人工飯食，設有各堰長管理，并不假手胥吏，除飭上緊趕修俟工竣報查外，所有巡道會勘緣由，理合禀聞，奉批據禀已悉，仍飭令乘時加緊趕修，務於來歲東作之前告竣，并俟工完之候查驗果否，收效禀奪此繳等，因合即檄知，遵照毋違。

二十年三月二十四日，《通濟堰工峻會禀》：新津彭山二縣敬禀者：兩卑職會修通濟堰水利，舊制其河道情形，并增築堤埂，淘開堰溝，逐叚疏浚。及卑職彭山縣新開久被淤塞之土堰以下二十八渠，前經節次禀明在案，兹幸兩邑民人，踴躍從事，力爲開修。仰蒙大人兹訓，兩卑職遵循辦理。今堰工業於二月二十一日告成，所有設法引用西河之水，業已築堤攔截并歸南河，統入於堰，新彭兩邑，原得水利一帶官溝，俱照舊制淘挖深寬。查新堤長二十八丈，高五尺，寬一丈。舊堤加高三尺五寸，加寬一丈一尺，加長二十五丈，進水堰溝，自新津縣堰口起，至彭山縣原有土堰止，綿長四千零一十六丈五尺，今加深三尺，加寬四尺。又彭山土堰以下，新開堰溝計長五千九百五十五丈，又土堰分支之西池、彭溪、蘆沙等堰加淘，堰溝二千七百八十九丈，寬深五律。工竣之日，兩卑職隨於堰頭，敬謹誠祭二王，即於沿溝逐處查勘。不特兩邑舊有水利堰溝，水勢加裕，所有彭邑新復二十八渠，俱已通暢，流灌已抵眉州，頗見成效。從前未得堰水旱塝地畝，漸次耕犁，俱栽水稻。計卑職彭山縣添灌田二萬五千九百三十五畝，內除無源堰田，今得通濟堰水源灌溉田三千八百六十畝外，實在旱田改成水田，共一萬九千三百二十六畝。實在旱地改成水田二千七百四十八畝，理合造具水户田畝清岫，并酌擬善後事宜，以垂久遠，惟大人采擇焉。

四月二十三日奉松茂建南道張轉奉督憲黄批，本道等會詳批，據新津縣知縣徐堯、彭山縣知縣張鳳翥，會禀開修通濟堰完工日期，并得水民户田畝數目，一案奉批果否，如式告竣，得收成效，仰松茂道親往逐一勘明，據實報，奪繳册并發等因，奉此職道，隨即星注，率同訪令徐堯先至新津之通濟堰查勘，次日於沿溝處所陸續接見，彭山令張鳳翥，署眉州牧張竞和井，建南道張逐一週圍公同查勘。直抵眉州之界，查新津縣南河之通濟堰。堤原長一百零三丈，寬一丈三尺，深一太一尺，今加高三尺五寸，加寬一丈一尺，加長二十五丈，共高一丈四尺五寸，長一百二十八丈，寬二丈四尺。又於西河之分支水口，添築一堰，攔歸南河，統入堰溝，堤長二十八丈，高五尺，寬一丈，約量現在水勢，頗覺如式。新津縣添灌水田三千八百八十畝，彭山縣添灌水田一萬七千五百一十三畝，旱田改爲水田一萬九千三百三十六畝，旱地改爲水田二千七百四十八畝，共灌田三萬九千五百八十七畝。春水俱到，成效頗著，請慰憲懷，又松茂道面奉憲訓，此水發源伺處，是否不竭，閭尾何處，宣洩不致湧溢，水性靡常，經久防維之道，務即籌畫妥貼，越境人民共此水利，歲修搶修之法，如何均平，水來遲早，溝疕凸凹，務俾永免争訟，方成水利，仰見大人利濟民生，周詳樂育之意，職道等遵。查新津之金馬、羊馬二河，與西河并發源於灌縣，內江至新津分流而復合，此有源者也。南河之水，係邛州、大邑、蒲江山水，下流無源之水既患其易涸，而大雨滂沱，建鈴而下，一冲而後，非大雨時行田間不能涓滴。今新津、彭山兩縣遵照大人指示，相度情形，於通濟堰舊址加長寬高丈尺，以東南河之水分流田間。又於其上攔截，西河分支水口，統入南河，是無源者，而有源矣。當必不竭，自堰口至彭山之江魚堤，沿溝俱有湃塘，水少之時，西河新堰加增新篗，於通濟堰加護竹笆，逼灌於田。水溢時，去笆、去篗退入於河，沿溝餘水退入於湃，終彙於江。魚堤之朽木河，此亦閭尾之得其宣洩者也。隨即傳播憲意，詢問堰民，以經久防維之道，修費如何均半，利濟如何均沾，不致争訟之處。據稱舊規，新津三大堰，長彭山兩大堰，長輪住通濟堰之二王廟，每歲於水利廳領銀五十二兩零，以爲歲修。不敷，按畝備料，以爲歲修搶修之費，視水之盈歉，傳農夫赴工，不至防維失時，在農夫一本萬利，本屬踴躍，只因堰水不敷人情懶散，今開復水利，并蒙指使攔截，西河分支水口加增，統入南河，俾水得源，雖溝道有遠近，略分遲早，總無悮於用水之時。溝疕凸凹皆起於人心不平，現在新彭之白髮蒼顏，曾不知春水有到田之事，百餘年來，今始見之，又敢壞良心，佔微利，以涉争訟。現在兩縣吩咐溝深六尺，爲度各家一律均平，自當永遵。職道等隨遵照憲，諭與眉州牧張兑和彭山令張鳳翥、新津令徐堯悉心籌度善後事宜，以爲經久之計。其灌溉眉州田畝，統入善後事宜，合并聲明，再彭山令張鳳翥遵奉大人德意，修復百餘年水利，利濟三州縣數萬餘田畝，可否仰邀議叙以爲盡力溝洫者，勸洪恩出自憲裁，所有職道等奉差查勘，緣由理合，詳報察核批示遵行，奉批查此項，堰工修浚固屬得法，而善後事宜籌畫亦極周詳，誠可謂功在一時，利垂永久。至新津徐令不分畛域，和衷共濟，俾彭山張令得以因利順導，實心經理，且查變瘠土爲沃壤之田畝數以萬計，更爲通省所第一，均堪嘉尚，應各記大功三次，以示鼓勵。仰即移司登記，轉移知照，餘俱悉此繳，奉此合就會檄知照毋違。

乾隆二十二年二月，奉藩憲周轉，奉督憲開批，本司會同建南道呈，詳查得彭山縣禀報，修理通濟堰善後事宜，一案本司道覆。查該縣自會中筒起，至棗兒筒，綿長十餘里，因地勢頗高，照依原議淘浚寬深，已歷夏秋，水勢平穩，亦未淤塞。雖原議并無深寬丈尺，今該縣因地勢辦理，似屬妥協，至均派修費，除水利同知衙門給發公項，不敷銀兩，於新、眉、彭三屬用水各户，按畝均派，均皆踴躍，其進水堰口開去積沙，現有石工無庸，修砌智遠。江、魚二堤原議加修石堤，因刱建之初，工程浩大，一時不能如原議丈尺，今現無冲決之虞，應請飭令，漸次加修，會中筒上漏灌子土性鬆浮，又爲山水彙集，石工不能堅固，堰民鑲鐵鑿筒引水，似屬一勞永逸之計。又該堰初興水利，難免争執，倣照大堰之例，每田一千畝設筒三寸五分，量地勢高低以定筒口分雨，用石鑿孔爲筒，以杜小民爭競之端。又自泛逰筒至文殊堰，新開二十八渠，俱經修理完固，以旱田改爲水田者，三萬九千五百餘畝。已蒙前督憲將該縣記功以示鼓勵，均無府議覆舉憲批，如何立法，俾良利永存，不致日久廢弛等。因查興修水利之初，小民用資灌溉，莫不樂從，相沿日久，視爲應有之利，或於用水之時趨便爭先，或屆修理之期推避諉卸，往往爭端百出，致墮成功，唯在地方官準情酌理，因時利導，抑强扶弱，一秉至公。已定之章程，毋規小利經議紛更，久安之民，習毋聽浮言，妄逞臆見，則良法常存，永昭利濟，應請飭令新、彭、眉三州縣，將現在修堰情形派定用水時日，并每年修護及應派民夫工費各事宜條分縷晰，詳議酌定，各於堰所刊立石碑，俾覔民咸知遵守。仍遴選誠實諳練之堰長、溝長，董理其事，地方官隨時稽查，不得妄分畛域，各□其民庶，良法不致阻格，而水利可垂永久矣。奉批如詳轉飭刊立石碑，俾堰民永遠遵守，仍遴選誠實諳練堰長董理其事，地方官隨時稽查，勿任滋弊，仍俟石碑刊成，搨印呈驗繳等，因合即檄，知遵照毋違。【略】

議詳善後事宜　奉憲勒石

一、通濟堰頭宜防水漲冲決也。查堰源在新津南河，今於西河添築新堤攔水并歸南河，水源加旺，伏夏河水猛漲或致泛溢衝決堤埂，應令新、彭、眉堰長輪駐堰頭之二王廟，防守宣洩，交秋撤回，以保無虞。

一、宣洩宜量其水勢也。通濟堰水少時，南河舊堤增加竹笆，西河新堤增加石簍，以逼水灌田，水溢時，去笆、去簍，俾散入大河，其沿溝餘水退入於湃。

一、新定筒口宜定分寸以杜紛爭也。查歷年原得水利，新邑二道半，彭邑四道半，今彭邑又添二十八道，其新設筒口，應計水勢之深淺，以定筒口之分寸，現在彷照都江堰則例，每田千畝分筒口三寸五分，用石鑿孔爲筒，以垂永久，分水支流溝道，不得私挖過低，致有越漏。

一、堰水經流壅滯之區宜加工淘挖也。上下官溝，均以六尺爲度，查彭邑境內新開各渠，自袁家山至蔡家筒，又自野鷄筒至向家筒，綿延十餘里，土性鬆浮，溪流彙集，每年西山諸水陡發，衝齧堤埂，溝道易淤，每年應加工淘挖，以資暢流。

一、均派修費宜酌定章程也。查增築南河堤埂，共高一丈四尺五寸，長一百二十八丈，寬二丈四尺。添築西河堤埂，高五丈長二十八丈，寬一丈。采買大竹，募夫揀石作簍，每簍長一丈五尺。臣築堤埂，俾無漏洩，加淘進水堰溝，以現在石坎及溝底過江石爲限，堰流充裕，此後長寬丈尺永遠遵照辦理，其歲修搶修之費，舊規每歲於水利廳領銀五十二兩零，不敷需用，應於新、彭、眉各堰户按畝均派，備料公同經理。

一、每歲修護工費宜分别有則也。查通濟堰由新津歷彭山達眉州，則水源有先後之不同，灌溉有遲早之逈異，應分别筒口情形之高下，得水地處之遠近，酌定數目，共濟其事。自新津起至彭山土堰止，向係舊有水利，應列爲上則。又自彭山會中筒及西支堰至文殊堰交眉州界止，應列爲中則。又自向家筒至白鶴湃金竹湃列爲下則。如遇大修，上則每畝應派銀二分五釐，中則每畝應派銀二分，下則每畝應派銀一分五釐。歲修上則每畝派銀一分五釐，中則每畝派銀一分，下則每畝派銀五釐。其筒車、牛車均係高田，應查明照下則派辦，或有新開旱地改爲水田，隨時報明核實加派，隱匿田畝者罰儆。

一、沿溝堤埂喫要之處宜加用石工也。查彭邑新開之翻水口，上智遠堤，堰水越堤引灌西支、彭溪等。堰上下復層次開列筒口，實係扼要之區，應改築石堤二十丈，寬二丈，深一尺。又江魚堤，原屬通濟堰尾堤，歷年水源未得係。彭屬之文殊堰，同眉州青岡等十四堰，共築土埂攔截，毛蒙、河山、水作堰，今通濟大堰之水滙入，下灌水勢浩大，土埂易崩，應改築石堤五丈，寬二丈，深一丈四尺，中開湃口，水平則塞口以下灌眉地，水大則開湃以入杇木河。

一、安設筒車宜酌定地勢以杜阻截下游水利也。查新、彭筒車現在四十餘架，安設上游，攔溝截水，翻車取灌，每遇水缺，下游數萬田畝均無涓滴，經會同新津徐令，督同新彭堰長，沿溝查勘，凡水流湍急之處，易於翻灌，許令安設，以濟高田，其漫流之地，必須堅扎高埂攔截，概不許妄違古制，私行安設，永令堰長，照此查察禁止。

（嘉慶）《眉州屬志》卷八　按通濟堰開浚始末，及議定章程，《彭山志》載之甚詳，茲已録其大概。自乾隆十九年修復舊堰，彭山、眉州附近糧田均霑水利，向例每年於秋間報充堰長。新津舉二人、彭山舉四人、眉州舉四人、州判專司其事，每歲秋杪會，同新、彭兩縣履勘堤埂，視沖缺之長短，定泒費之多寡，每溝筒設溝長一人，斂水户堰費，歸於堰長，各堰長分段承修，自十月興工，次年二月報。法至善也。惟近年以來，竹木食用昂貴，泒費較增，堰長復因以爲利，未能實心經理堤埂，致有滲漏，而上游於緩水處截流，安設筒車，各溝筒口開寛過制，及栽揷之時，堰水不能下灌，下游水户皇皇待澤，致有空畝不能播種者。嘉慶三年秋，眉州衆水户公呈懇請招工承辦，擇殷實工頭議價認修，俟來年堰水大旺，方給價值，堰長司費用出入事竣報銷，知州涂長發詢之紳、耆，僉謂可行，復會同州判戴瓊采及彭山、新津兩縣令，履勘佑工查比年堰頭沙積，魚波橋舊有石板較高，進溝處水勢稍緩，因令將石板揭起，挖深一尺，先將溝工積沙淘開，次將緊要缺口修築，是年冬杪水即暢，流灌入眉州，下堰次年工竣，一律栽揷，民咸稱便，夫新津、彭山近堰多種，小春及時栽揷，易於得水，眉州係堰尾，多蓄冬水，趁上游無須截流之時，先引水將溝沱灌滿，秧水既足，來年栽揷，即堰水緩到，亦可接濟矣。第勘新舊堤埂，較前長數倍，當夏秋兩河水漲之時，易於冲刷，缺口既多，需費較重，各堰長自工竣後，既不復在堰經理，查原議章程，每逢伏夏水旺時，令新、彭、眉堰長輪駐堰頭，防守宣洩，或去笆、去簍，散入大河，堤埂自可保無虞，不致年年泒費，大修應令本年堰長遵辦，以觀後效，且志其大略，俾後之司牧者咸加意焉。

（嘉慶）《清一統志》卷四一〇 通濟堰在彭山縣西北四十里，有大堰一，小堰十，自新津邛江口引渠南下百二十里，至州西南入江，溉田千六百頃。唐開元中，益州長史章仇兼瓊開，五代時，張琳復自新津修覺山浚故址，至州西南合於松江，元天歷初知彭山縣，雍熙修，明末廢，本朝雍正十一年重修。

傳記

（雍正）《四川通志》卷七 張琳，眉州刺史，繼章仇兼瓊修通濟堰，溉田一萬五千頃，民被其惠，歌曰：前有章仇後張公，疏决水利秔稻豐，南陽杜詩不可同，何不用之代天工。

（天順）《明一統志》卷七一 雍熙、天曆初知彭山縣，存心愛民，修通濟堰以禦旱，民賴其利。

又卷七二 勾龍庭實嘉州夾江人，政和初進士，召試學士院，除校書郎，後知眉州，作通濟堰以溉民田，眉人德之，刻石記其事以傳。

明 凌迪知《萬姓統譜》卷一三〇 章仇兼瓊潁川人，劍南節度兼西川采訪制置使，興大南市，創新津通濟堰溉眉、蜀二郡田，人懷其惠，立廟於堰南，號寅德公祠。

清 黎庶昌《拙尊園叢稿》卷四《布政使銜四川候補道蹇君墓表》

君諱誾，字子和，姓蹇氏，明尚書忠定公義之後。崇禎末，被寇亂轉徙入遵義，遂爲縣人，【略】新津有通濟堰，爲眉州、彭山兩邑民田所利溉，新津民累斬修築，積訟彌年，君奉檄往勘，爲之平亭利害，衆各爽然，一遵約束以退旋。

（嘉慶）《四川通志》卷一六三 盧敬臣，彭山人，乾隆間呈請開復通濟堰，疏爲二十八渠，灌田數萬畝，其利甚溥。

（光緒）《上虞縣志》卷一二 張鳳翥字梧岡，又字漁村，乾隆戊辰進士，歷署四川江陽、廣安有聲，辛未授彭山令，彭山西北四十里，舊有唐時建通濟堰，分四洞穿渠，溉田甚溥，明廢，國朝雍正間，督撫黄庭桂檄修，僅復古制十一，鳳翥至，度地諮民，詳請增修，引縣小海子水入堰，浚智遠洞下古溝八十餘里，鑿翻水口，分支入眉州，共復古渠二十八，并眉州古渠十四，溉田八萬七千二百餘頃。

（光緒）《永康縣志》卷八 徐堯字聖擇，學顔元孫以拔貢授桐廬教諭，與諸生講學於先賢，宗旨多所發明，尋升新津知縣，以興利除弊爲已任，邑與彭山接壤，膏腴地數十里，歲以旱潦爲虞，既而奉檄兼攝彭山，堯乃親度地勢，於彭山上流濱江處，因地高下而利導之，浚渠二十里，曰通濟堰，灌溉稻田八萬餘畝，兩邑之民甚德之，爲請於當道伐石紀焉。

紀事

明 黄輝《修通濟堰碑記》《補續全蜀藝文志》卷二六 萬曆甲辰，蜀按：臣某會督撫，臣某言臣所部離堆堰水利，聞夫下餘堰，子孫列以数十，通濟爲巨，江自錦官下緣新津金馬河西来入焉。堰并江巽折逆上絶河南之溉，邑眉、州、彭出及成都。中衛、前衛屯田無慮若干畝，堰故用竹緯礫砌，修以三州邑民，有司草草，三持厥柄，力罷工瑕，小漲輒敗，腴田半蕪，民與糧逋盖費至堰者，尚付之水，又况其不至也者，民少見利焉。而顧以害，僉謂：堰非緯礫，任必曰石之，石之必以官，庶力而必即一劳十年逸，所省濟既多矣。與其歲動民而無益也，請專新、津、青選曉吏某某使之，工成核以賞，不者罰。于惠民便，事下户部覆議，請如奏，於是吏人各如檄，服程代堅，募徤植棧，藉石千夫子来邪。許沸波駢民，壁屹渴虹，蜿蜒江龍在控雲根，鱗鱗驩乎頌三州邑。曰：吾小民人命在堰，堰命在太君，子乃祠王公、李公於寶華山陽，將世馨厥賜與此江俱，嗚呼，禹家門乎江旅平不旋踵，獨胡太守冰堰之爲難，盖情是梗歟。亦疑弗若假之，豈江實爾。明悳廣遠，奥視蜀衣帶視江節，斧所照百靈奉指導，恐後兹堰也。割流膏埊俾江，建福蓄，两時施俾，歲逭罪天，澤地肥幹，機由人章，光幽燭萬，于炬犀瀆精仁明計寧有愛焉。顧徃者，柰何用緯石捍波，才等扈栫同兒戲，閲人如許世罔或置慭，直指李公，昔佐渝州行役，過之遂悉堰，故其家視四方懷貯利害，資今日斧割類爾。制府王公，同心共濟，風動上下，各展厥力，指隨臂努，誠感川后，遄告成事，使三州邑得田於江，逃移復租賦，充熙熙奉祠亭無窮。嗚呼，都哉不瓻，胡建不綆，胡汲瓻如綆、如累葩丘立，匪民則能秋毫，帝力枳水，維堰枳堰，維人毋易，絶矌分寸，畝鍾引畚，代耨有泐，必新守在蚍蜉，如守金城，庶綿斯澤，湔洩弟昆，嗚呼演哉。

清 張之浚《復修通濟堰碑記》（乾隆）《彭山縣志》卷七　乾隆二十年春，新津令徐守齋、彭山令張梧岡，復修唐通濟堰。會禀於丹崖督憲黄公，以竟公前志，公與冷妍藩垣，酌委浚相度。適建昌兄禹則，偕署眉州牧張東園以彭建屬，亦來津議此，諾踰月，竣工。歲暮，善後畢，黄公杖卜去蜀，貽以碑。里人感督憲愛民之心，往復二十餘年，始報命天子。邑宰守齋、梧岡。疏久湮涸澤。惠彼疆畝四萬餘畝猶未已，用心癉瘁，洵哉聖朝良吏，更乞志其詳。余與禹則不能辭，東園亦不嫌作楷之煩，因書於石。曰：方余之至堰也，丹崖公面囑曰：此水發源何處，是否不竭，閭尾何處，宣洩不至漫溢。水性靡常，經久防維之道若何？越境人氏，共此一脈，歲修搶修費必均平，遲早凸凹之間，如何不至争訟？此吾二十年前宿願。今復來兹，敢不告厥成功，以滋彂禱，以慰聖明，惟汝是賴罔咎。余不敏，商之建昌署、眉州牧進邑令守齋、梧岡熟計，之登舟而放乎中流，聆其言曰新津金馬、洋馬、西河并發源灌縣，而此堰向所收者，止南河水。南河孫邛州、大邑、蒲江山水下流，無源易涸，大雨滂沱，又虞衝决，一衝而後，田不能滴。今於舊堤增加，東南河水分流田間，又於其上建築新堤，截西河分支入南，是無源者而有源矣，當必不竭。自堰口綿亘二百餘里，迤邐瀠洄，延間以湃，滙於彭之江魚堤、朽木河、毛家河，眉曰松江口者，接之宣洩。各溝總滙於大河，閭尾層叠無虞，漫溢歉時，南河舊堤增加竹笆，西河新堤增加石簍，以逼於田，旺時去簍去笆，俾分於河，各堰長常住乎此。冬乃去，先期備物，臨時集工，罔妨農務。舊堤令高一丈四尺，餘長一百二十八丈，寬二丈四尺，新堤高五尺，長二十八丈，寬一丈。進水入田大溝，令寬一丈二尺，深一丈八尺，水與克裕，末可爲例，溝口岸沙四十餘丈，應用石砌，以免冲塞。向蔡二筒、棗兒、白鶴等處，土性鬆浮，溪流彙集，山水陡發，衝嚙堤埂，淤塞溝道，堰水必至横逸，應請下流加淘，以豫攘之。彭邑翻水口引灌西支彭溪等處，上下次例筒口扼要之區，土性亦浮，應築石堤五十餘丈，以免頽落。江魚堤爲眉州青崗等十四堰接水之滙，大堰諸水，由此湃入朽木河，眉屬遂無涓滴之惠，亦改石堤四十餘丈。經久防維之道，約當如是，敢質以請，歲修搶修，費有不敷，三地農民均出。入田小溝咸深六尺，俾無凸凹，各小溝筒，口照都江堰規千畝，一寬三雨深二寸，俾無遲早之嫌，州縣巡行阡陌，時爲經理，俾無訟以害時，建昌曰：善，是能仰體率育者也。詢之堰長、農民曰：父母言匝心，竭敢稍違，禀復速成，冷妍公亦許其議。十月，丹崖公就道，諸務畢扶杖，擔壺、捧米以獻者，不可數計。曰：此新田數萬畝中所産，敢擷其累粒爲公壽，涕泣攀轅，弗忍别。丹崖公灑淚而告之曰：此吾二十年前宿願也，復來得遂，緣不可假，能不快然。第恐此利猶未久焉。

《明史》卷九三　五月，四川眉州民乞修新津縣通濟堰，從之。堰水出彭山，分爲十六渠，溉田二萬五千餘畝。

又　四川彭山縣請修通濟堰，以資本邑及眉州新津灌溉，命州縣正官率軍民修之，飭以勿過費困人。

清 康基田《河渠紀聞》卷一四　唐開元中，益州刺史章仇兼瓊迎江築堰，障江水入田，灌眉山、青神田畝七萬二千有奇，又開彭山興通濟堰，大堰一，小堰十，自修覺山下引水下注，分四筒穿渠，灌溉彭山、眉州、青神、新津等處二百餘里。

藝文

宋 晁公遡《嵩山集》卷一二《視通濟堰二首》　野樹皆緑葉，清江初白蘋。偶來無筮日，小出嘗行春。人頌句龍社，恩沾佩犢民。横江三百丈，遥見石嶙峋。

又　往年初堰壞，樂歲亦民飢。再見龍尾水，如與鴻却陂。名同召伯埭，人立許楊祠。祝史有祝事，歌予迎送詩。

又 卷三八《程達州》　日日望熊軾，尚未來極懷。向辱乎示欣，省戒途有日。台候勝常賢，從子欲參外。選一一如所諭，某四日暫往視通濟堰，往返只數日，耳敢問雙旌，何時至郭下。乎未間千萬，保嗇前膺表用。

清 王培荀《聽雨樓隨筆》卷一　彭山令張梧岡，與新津令徐守齋乘筏視通濟堰後，梧岡以詩寄徐云：穿林遠徑影霏微，竹裏人家筍蕨肥。更愛水濱花夾岸，蜻蜓幾箇往來飛。官廚携得菜根香，小憩桑陰午飯凉。莫訝主人風味冷，恐勞田父餽壺漿。源頭活水勢頻添，繡碧春畦土脈粘。又見武陽風景好，龍鱗開出萬山尖。徐和云：夾岸新秧映翠微，跳波發發鯉魚肥。浪花無數濺衣溼，粉蝶隨風逐水飛。緑油一瀉勢潺湲，潤滴農田頃刻閒。携得壺漿停麥隴，豈因覽勝對江山。漱石穿雲荇藻寒，篙師最怯路紆盤。呼騎踏向斜陽外，回首雲峰興未殘。張名鳳翥，上虞人。徐名羮，永康人。

清 徐羮《丙子清和梧岡相約乘筏按視通濟堰渠行三十里登岸薄暮至翻水口觀二十八渠歸縣時□二鼓先承梧岡涂詩寄謝奉和原韻》（乾隆）《彭山縣志》卷七　茂樹疏烟雨岸齊，相將共泛緑楊堤。盡教天塹從頭徹，時筒事作埂阻水，一派汪洋入小溪。

課兩占晴四月天，農夫搔首問靈泉。由來吏職民依切，敢謂流膏種福田。

夾岸新秧映翠微，跳波發發鯉魚肥。浪花無數濺衣濕，粉蝶隨風逐水飛。

緑油一瀉勢潺湲，潤滴農田頃刻間。携得壺漿停麥隴，豈因攬勝對江山。

飛珠濺瀑急流添，入隰穿渠繡碧粘。荷插成雲耕作雨，忘機魚鳥亦恩沾。

漱石穿雲荇藻寒，篙師最怯路紆盤。呼騎踏向斜陽外，回首雲峰興未殘。

烟郊荒徑草生花，問渡行人立晚沙。脈脈已歸翻水口，暮烟一帶亂鳴鴉。

土膏雷動報新疏，不數當年鄭白渠。筒口細流分玉韻，泉飛石縫任窺魚。

歸途月色影模糊，彳亍輿夫促渡夫。漁火尚留光似線，披星夜氣接天衢。

清 張鳳翥《登新津二王廟遠眺》　憑虚敞高殿，極目大江濆。派自彭山合，源從灌口分。烟波浴沙馬，遠樹鎖斜曛。蒼狗悲今事，悠然感白雲。

又《新津縣二王廟落成陪徐明府恭謁紀事》　陸海茫茫蜀土稠，武陽新見水通流。平分萬畝青疇潤，飽看千家緑玉收。豈謂德公能再世，唐章仇兼瓊開通濟渠，後人立廟祀之，號寅德公祠。爲因徐父在同舟。年來此地巡行遍，吸得清泉有幾甌。通濟堰久廢，賴徐守齋和衷共濟如有成功，今其利已遍新眉、彭矣。修學山前廟貌新，二王遺澤遇蒸民。源從灌口流來碧，勢壓江門注似銀。相國碑開天上字，鄭公渠遠古來津。乍看俎豆雍容盛，簫鼓靈旂萬户春。

又《冬日巡視堰工暮歸武陽道中》　再渡平橋晚，寒雲鎖石根。青帘山下路，紅葉寺前村。竹色浮晴影，苹光掠凍痕。因公扳話久，歸騎已黄昏。

雜録

宋 李心傳《建炎以來繫年要録》紹興十五年【是歲】 初眉州通濟堰自建安間剏始，溉蜀州之新律、眉州之眉彭三縣田三十四萬餘畝。其後壞，於開元又壞，於建炎隴畝瀰望盡爲荒野，是歲守臣勾龍庭實庭實夾江人，初見紹興十三年十一月。貸諸司錢六萬緡，躬相其役，更從江中創造，橫截大江二百八十餘丈，與下流小筒堰一百十有九，於是前日荒野，盡爲沃壤，庭實又爲書名曰堰規，至今不廢，邦人爲立祠，歲時祀之。嘉泰元年，賜廟額曰靈惠，開禧元年封惠濟侯。

（天順）《明一統志》卷七一 通濟堰在彭山縣西北四十里，有大堰一，小堰十。唐韋仇開創，自修覺山下引渠，灌溉彭山、眉山、松江上田凡百餘里，五代時張琳重修之，其利尤博。

（乾隆）《彭山縣志》卷三 乾隆二十一年，邑令張鳳翥會同新津令徐羲，乘筏沿溝詳勘地形，酌定安設處所，新彭共應設筒車六十架，每年照筒口田畝減半，出費帮修大堰，首畝注册定制，微扎篗埂攔水上車，毋許全截官溝以阻水利，如遇亢时，堰水缺少，分日截放，永爲定例。

二十一年五月十二日，與新津徐守齋諭筒車書：來示具悉，竊唯成大事者，不惑於浮言，立大功者，不屈於時論。伏念通濟堰未修以前，蕴隆見告，赤地百里，野老吞聲，婦子愁嘆，社擊鼓，農夫馳神罔聞，知長吏用憊。自去歲勞我賢侯，無分於域，大堰時浚，膏澤旁通，春水滂沛，益以甘澍。蚩蚩者氓，相忘何有。今年四月不雨，至於五月，而農民之田亦堰之利。今按彭之田栽插已十之八九，眉之田亦有七八焉，側聞父老之閑談，未始不嘆賢侯之功德也。若夫筒車之設，說者曰：斯堰之未盡善，由於此，愚以爲一偏之論也。蓋田畝高下之不齊，而挹注必藉乎人力，今欲因下而廢上，是猶因噎而廢食也。烏乎，可即目前拆去竹笆之舉，亦屬掩耳盜鈴之計，安知官來則毀，官去不塞夫。寧能十目視而十手指乎？徒使愚民籍爲口實，而其勢不可以終日，然則謂筒車其竟無害乎？按貴邑舊存二十八架，今已增之四十五矣，彭邑之車亦增至十餘架矣，寸寸而截之，實有逆而不順之勢。前經足下乘筏沿流，德感所至，膏澤下沛，水勢頓添四五尺，且復有十期之限，而彭眉最下之區皆已見水，此筒車之阻，其明效大驗也。日來天時亢陽，農民日夏不足，抱牒縣廷，徵符鄉里，皇皇道路刻無寧。居今欲爲安上全下之計，則唯有酌盈齊虛，權衡損益，至欲爲經久之謀，姑俟今秋，再圖良法。愚以爲今來當先審察情形，其毋煩滂扎而自流行者，此自然之利也，其必籍層疊閼塞者，此爲矯揉之制也。今將去廣揉而爲日然，則唯在賢父扑之委酉。

（嘉慶）《清一統志》卷三八五 通濟堰在新津縣西南三里，即遠濟堰。《唐書·地理志》：通濟堰分四洞穿渠，溉眉州、通義、彭山之曲，開元二十八年采訪使章仇兼瓊所開。

（道光）《新津縣志》卷一一 寅德公祠在縣南通濟堰岸，祀唐劍南節度兼采訪制置使章仇兼瓊。

又 章仇祠即寅德公祠，道光十二年，知縣宋灝建修。

又卷三八 堰名之譌，俗謂通濟堰，爲童子堰，按通濟堰即遠濟堰。《水經注》：以爲桐梓堰，今訛爲童子則失之遠甚。有以傳奇中演雲臺之劇，所謂二郎擒孽龍者，云邑人孽子强刈草得珠，吞之變爲龍，遂爲邑害，每歲必以童男祭，而後堰成，故名童子堰。則誕妄不經之甚矣。

《清會典則例》卷一三四 雍正十一年，覆準新津、華陽二縣修淘通濟堰，攔河砌石爲埂，截流而東，灌溉田畝。

又卷一三五 二年覆準歲修，【略】新彭二縣通濟堰，疏浚省城河，自乾隆二年爲始，於該省鹽茶項内動支修築。

楊公堰

綜述

明 張瓚《楊公堰記》（嘉慶）《東臺縣志》卷三六 君子未嘗不欲加惠於斯民也，有其心無其位，不足以惠斯民也，有其位無其時，不足以惠斯民也。然則有是心居是位，得其時，而民被其惠者，吾於監察御史楊公見之矣。君名澄，字憲父，蜀之射洪人，以名進士拜行人，擢今職。成化己亥秋，奉命來監兩淮鹽課，駐節泰州，於時泰民王福、商人李銘，與概州耆老幾千人，相與告曰：泰舊有捍海堰，宋范文正公監西溪鹽倉時建議所築，亘通泰楚三州，三州人被其惠，而不忘，迄今稱曰范公堤。惟我泰州之堰，延袤一百二十里，西自靈濟廟起，迤東直抵西溪，巡檢司接連東臺十二鹽課司，頻歲堤圮，加之以淫雨，因之以風濤，遂致毁决。私鹺公行盜莫能遏，桑田斥鹵穀不可藝，豈惟鹽場受患，而稼穡被害亦有年矣。君聞戚然，於中檄揚之知府楊成、同知張錫、泰州知州陳志核其實會，計財物之費，其自區畫者，亦多鳩工集材，擇州判丁綸，如皋縣知縣向翀暨所屬官之能者，分地任功，經始於是歲二月，越六十日而堤告成。堤高七尺，廣視高增尺者，三樹以萬柳，周道如砥，民甚宜之，君又以堤西相接魚行莊，造水閘土壩各一座，又以堤東接溱潼鎮，亦造水閘土壩各一座，壩以蓄水而備旱，閘以泄水而防澇，又爲淺鋪一十所，命夫往來巡守，工既告畢，君往視其成，居民大悦，男婦老幼拜頌塞道曰：昔堯佐守滑，以河決作長堤，人號曰陳公堤，子瞻守杭爲長堤於西湖，人號曰蘇公堤，今范公之堤没毁久矣，幸公續范之功，使我泰州之民永賴，敢請名其堤曰楊公堤。君辭遜不許，泰之耆老相走淮安行臺告予曰，加惠捍患，必資於仁者，信後傳遠，必假於名文，楊公之惠大矣，敢乞一言用勒之珉石，庶使將來者知嗣其美，而永惠吾民於無窮也。噫，楊君一舉有三善焉，海濤以捍民田不至於荒蕪，一也。國課流通私鹺不至於横行，二也。運河之水亦賴不泄而漕舟不至於稽程，三也。昔聞揚州運河，連歲水涸，總漕者百倍其勞，今楊君一舉而三善備焉，不獨惠加乎民而已。宜乎，民號其堤曰楊公堤。雖然此正予職分内事，楊君先我成之，信可嘉也，天雖無所請，大書以傳其美，使後世有所考焉，固其宜也，况其請之專且繁耶，遂記之。

紀事

清 陳宏謀《修楊公堰碑記》（嘉慶）《東臺縣志》卷三七

宋范文正公監泰州西溪鹽倉，築捍海堰，延袤六百餘里，外禦海潮，内護民居，至今人食其德，名曰范公堤。堤之東臺場，舊亦有堤，西抵州城，廣一百二十里。明成化時，御史楊君澄曾爲重修，亦名曰楊公堰，垂二百餘年，殘缺斷續不能挽縴。此一百二十里，中湖蕩相屬，鹽艘自海下達泰壩，歷淤溪、秦潼諸湖，泛濫淫溢，渺無涯際，舟行阻風，經旬不達，往來行人水陸皆阻，數百年來不復作築堤之議，乾隆癸酉，兩淮鹺政普公采原署運丞王君又樸之議，不惑浮言，入告請築，并留王丞來揚經紀其事，不數月而告竣。適是年秋，淮黄異漲，水高於堤者數寸，以新築之土當異常之水，堤復殘缺，普公又以遷調去，自此人人盡以此堤必不能成，動色相戒矣。厥後，普公復至，正圖修舉，復調榷淮關，未竟厥功。丁丑，高公任鹺使，公爲相國文定公賢嗣，久官淮上，於淮揚水利河防洞悉利病，得其領要，泰州長堤之宜復，早在念慮中。於是力排衆説，引爲己任，與運使盧君見曾籌其費之所需，慎選勤幹實心者任之。扁舟往還，周諮計畫，務爲久遠不拔之基，不肯稍從忽略，以伏後來之患。堤自趙公橋至東臺海道口一百有二十里，又自青蒲角由大尖河至安豐場六十里，既堅且厚。又建磚石橋梁，多開涵洞，以廣宣洩，蒔葦植柳，以禦風浪，設堡夫，建堡房，專司巡守，更於對岸增築南堤六十餘里，高厚如之，以利南北縴挽，復籌歲修經費。蓋公早夜勤求，爲之必要於成，成之必要於久，且恢前規而益大之，經營善後亦已備費心力矣。是役也，鹽舟利涉，國課商情均稱利便，自州城以達東臺，又循范堤而抵諸場竈。往來者絡繹不絶，沮洳病涉之區，今皆履道坦坦矣。且不獨此也，淮揚爲海濱澤國，全賴圈築圩圍，多通溝洫，足備旱潦，不至成爲廢壤。乾隆十九年，制府尹公奏，準於淮揚廣築圩圍，農田利賴。而接壤之下河興泰諸邑，窪下難築田多瘠薄，伏惟我皇上軫念江南水灾，動帑數百萬，興修水利，廣浚溝河，實爲千載一時。余欽奉恩命，隨同欽差督河諸公逐處相度，惟此汪洋浩瀚，一綫土圩旋築旋潰，圩圍之利，似難望之下河諸邑者。今有此夾堤三百餘里，屹立水中作爲外圩，附近縱横築爲小圩，若搆大厦，垣墉既築，房舍乃有附麗。從此次第興築，圩圍漸多，溝日深通，蓄洩兼資，耕植漸廣，長堤之利，豈止鹽艘利便，水陸通行已哉？

雜録

（嘉慶）《東臺縣志》卷一一　楊公堤一名楊公堰，自縣治西溪至泰州魚行莊，亘百二十里。爲運鹽河之捍堰，明成化七年，御史楊澄巡視海上，因運鹽河堤年深傾頽，商鹽阻滯，私販盛行，兼之盜賊中途搶掠爲害最甚，奉請築河堤一道，合用椿木四萬三千價銀二千五百餘兩，葦草七十餘萬束，興工於十五年二月，至四月堤成。嗣後湮没，國朝乾隆十八年，泰州分司王又樸白於鹽政普公福疏，準商捐修築，尋被水圮。二十三年，鹽政高公恒重修，又自青蒲角由大尖河至安豐場增修縴堤六十里，更於秦潼等處增築南堤六十餘里，建磚石橋梁，多開涵洞，以廣宣洩，蒔葦植柳，以禦風浪，添設堡房，以司巡守，法至良焉。嘉慶十年，淮黄異漲，衝齧殘缺，十一、十二、十三年，異漲頻仍，頽圮愈甚，自青蒲角而東尚有餘址，自秦潼而西堤址蕩然無存，行旅皆以爲艱，不獨鹽艘之難於輓運也。

清　王定安《兩淮鹽法志》卷六六　道光十一年三月，委員萬啓彬等禀查，得泰州所轄河道，分上下二河，由溱潼鎮書莊入泰州起，經淤溪莫家堡采蓮橋萬年橋延袤六十里，至泰州北關之趙公橋，乃泰屬十一場，運鹽抵壩河道是爲下河。卑職等帶同工手由趙公橋起，先勘下河，至溱潼止，河闊水深，即水勢稍減，亦足以資浮送，并詢之土人，俱云：非亢旱之年，不致淤淺，惟北岸泰堤實爲喫重查，是堤乃范公之支堤，由海道口起六十里，至溱潼又六十里，至泰州趙公橋蜿蜒綿亘一百二十里。明成化間，御史楊公重築，故又名楊公堰。官防河工，保衛民田，賴以挽縴，歷年既久，塌卸斷續，潮汐往來。乾隆二十三年，前鹽政高奏準修築，并添建橋梁七十六座，設堡房二十八所，又於趙公橋南岸增築南堤六十里，遇水大則有涵洞宣洩，水小則兩岸夾堤鎖固，鹽船利涉，商便民安。

楊填堰

論説

清　謝景安《請均楊填堰水利詳》（康熙）《城固縣志》卷一〇　竊照漢南水利，勤諸貞石，載列《郡志》，其功最著，其利甚普，國賦民生，至今攸賴。近緣水勢衝決不常，河道淤塞不一，兼以修築人事之不齊，世道之不古，遂有樂利不均之偏。以致城、洋二縣争端競起。數十年來，兵連禍結，不啻疆埸，將昔人良法美意，幾致終墜。今本府會同清軍廳親歷其地，相視河道上下情形，審查水勢消漲時候，并查田地之多寡，地方之遠近，堰堤之長短，洞口之高下，不惟二縣争執利幣，灼然可見，即古人立法之心，亦宛然在日矣。及後人酌議三七分工，三七分水，甚得其平。如城民所謂田地之多寡，定洞口之廣狹，豈有是理哉？今本府約量城固縣洞口小者八九寸，大者一尺五六寸不等，若以三七較之，則洋縣之洞口，小者宜有二尺餘矣，大者即該四五尺矣，夫何又未之見也？斯言固不可以自欺，尚敢以欺人？并欲欺官長哉？如洋民所謂節年分定工役，竟不挑浚，藉淤塞爲攔阻之計是矣。及本府查勘該縣地界，堰岍未修，河渠淤塞，亦如城境，豈責人不知責已耶！除并責低外，今本府推古人創立之志，爲士民作普利均沾之計與以永遠無争，善後良圖。姑俟十月終期秋成告畢之候，專委幹員，另示興工，河道淤塞者，挑浚之；堰埸低頽者，修築之。凡沿河地界，在城田用水地方者，城民照舊例撥夫浚築；在洋田用水地方者，洋民照舊例鳩工挑修。至於截河大堰，後二縣用水之源頭，幇河堰、鵝兒堰乃二縣洩水之要口，須照田地用水之多寡，分工計程，合力修築。查城田十之三，用水亦十之三，工宜三分；洋田十之七，用水亦十之七，工宜七分。是用水既均，而力役尤平也。又查幇河堰、鵝兒堰二處，係洩水要口，若二堰修築不得其法，不惟若許田地灌溉不繼，而且徒勞無益。如往者以亂石磊砌，難免隨水漂流之患。茲欲其鞏固，一勞永逸，莫若編設蘆囤之法爲善。如編用蘆囤之法，蘆囤每一個長一丈，高二三尺許，約與堰堤量矮數寸，其蘆囤内填以亂石，編立雨條，中間數尺仍填亂石於内，水小障攔不竭，水漲任其湧過，自是工可久而水利有賴矣。他如城田洞口，俱要另修，合照閘式，高不過四尺，寬不過三尺餘，其所費無幾，便於封鎖。至臨期用水之時，城田洞口俱開，放水三晝夜，三日已满，許洋縣管水利官率同堰長逐一封鎖；洋田洞口以七日七夜爲期，自此週而復始，水無不給，利無不均矣。再考城民設立水車八具，亦高田救旱之必需，無禁遏之理。但止許單輪，不許雙具，恐其攔阻河道，壅塞下流。即單具水車，亦止許小塹取水轉輪而已，不得過高，阻遏下河之水也。倘或籌謀未及，内有不齊，亦未可必，俟堰渠畢集放水之時，本府單騎親勘，放水驗式，再爲酌晝，務使二縣均得水利，一勞永逸，并杜争端。至於勒石垂守，容俟工程告竣之日，永利普均之後，另行申飭可也。合行飭知，爲此仰縣官吏查照來文事理，即委縣丞、典史督催堰長人夫，照依城三洋七，分工修築堰提，挑浚河渠，務俾兩縣均得水利，事竣之日，申報本府，以憑親臨查勘，毋得遲緩。等因奉此。查得卑縣渠道挑完，即關移城固，訂期赴堰，確遵憲示看驗。帮河、鵝兒等堰，洩水要口，合力加修，務期水利疏通，不致中阻，使窮鄉盡水之田畝咸沾灌溉，均戴洪恩。隨於本月初十日，同張縣丞，公同胡令、樓典史，自鵝兒堰，至截河堰，逐一相視源流，分工修築。其鵝兒堰原修堅固，永無水患，不必加修。至截河、帮河二堰，俱係要工，牢固根底，無如蘆囤砌石，方免吹底之虞。但係河中磊石，時值嚴寒，夫役勢難久於水中用力，寬俟春初及時興工，至期即令張縣丞及卑職親加督率分修，不妨東作，用保萬全。至於一路渠道，前蒙頒示，各照用水地方，各挑各界，原以均勞逸，清推諉，杜争端，革坐享水利之弊。至公至明，無逾於此。憲令方新城民，遂欲更張。卑職昨至堰口，城邑士民，遮道聲言，城邑用水一路，洞口俱要洋縣分挑。卑職因思水利不均，荷蒙憲臺親勘，定百世不易之規，下屬秪有恪遵，焉敢紛更。再將憲示宣揚，冀其凛凛奉法，復又勸諭卑縣士民，自帮河堰起，至丁家洞止，長嶺溝起，至鵝兒堰止，强之三七分工，帮挑總欲急速完工。仰副憲恩之意，至於丁家洞口以下，長嶺溝洞口以上，皆係城田，用水洞口，自應城民挑修。會同胡令三面議明：在洋民，方咎卑職違法狥情，帮挑上下兩處；而城民尚欲自上而下，一槩三七分工，不惟大違憲示，更且礙理難言。以丁家洞起，渠南八洞，渠北八車，皆城田車水、放水之路，乃俱欲洋民挑浚，將洋邑數十里之渠道，又責之何人耶？無怪洋民嘵嘵不已，萬不能代城民挑渠之語。卑職已面覆胡令，自應城民早行挑浚轉報，庶免遲延推諉，致干嚴譴也。

（光緒）《洋縣志》卷四　邑有水利，猶人之有血脉，血脉不利，則人病。水利不講，則農病。洋縣諸堰惟楊填堰爲閤邑金甌，今兹民食舊德，畝增法備，實由前賢之開創繼述，備極勤勞，詳垂典制，賜惠無窮。爰采府縣志各堰先後形勢，述其崖略，以備水利，志楊填堰、三分堰所灌之田三地共田四千九百八十五畝，内椎大慈寺田九十八畝，夏姓田五十五畝爲洋縣田，餘俱屬城固縣，七分堰所灌之田合東留村、馬暢塄、水鋪地、西村、五間橋、智果寺、白楊灣、謝村鎮、麗家店九處，爲八地方共田一萬七千三百七畝，每三十畝編夫一名，每十五畝夫半名，共夫六百一十六名，又分八地爲上下二牌，每牌公舉總領一名，不論紳耆，必須才德兼優。田過三十畝者挨次輪流，周而復始，果得其人，許管三年，每年各給勞金錢十六串，每地公舉練達勤慎、田過二十畝者二人爲首事，每年各給勞金錢八串，總領各用會計一人，每年工食錢十二串，各用厨役一名，每年工食錢六串，每地各黎一人爲公直，編造各地夫名册，送堰以便按節督工，每歲總領上堰時邀請各地董事田户數人估計工程繁簡，以定水錢輕重，春秋於公局會夫，每地一日衹會，夫頭不會，散天歲終散局時延請各地公正田户查閲簿藉，清算賬目，於各地標出清單以表無弊，藍逆蹂躪是邑，祠宇公局盡燬，田地荒蕪，堰堤崩壞，同治三年平靖後，知縣范榮光奉巡撫劉、知府楊札飭修復堰渠，知府撥給餉銀一百兩，知縣撥給軍穀十五石，委任邑紳。知府銜貢生劉瀚爲總領，興復堰工。經費不足，劉瀚從旁貸出錢五百緡爲倡衆首，士各貸錢十餘串，堰成，秋收後按畝輸錢，清還借款。四年，劉瀚倡衆興工，每畝派錢於公局舊玨修楊公祠，上殿三楹前數三楹後建小亭，與墓道相通，隨修東西兩廊官廳，上下工房厨厩，統計大小屋宇四十餘間，又買水田七分給管閘人耕種，以補木足買旱地四十畝，招佃近堰之人，無事時納租取息，動工時於兹取土，迨修復五洞下新水口工俱告竣，會同首事廪生高德均等公議編夫凡例十二條，及道光間知縣林綬昌所準首領劉蘊玉陳千子等公議章程十二條，舊書於水并經賦燬重新録出，同編夫凡例稟案請示，樹碑堰局，以垂不朽。

綜述

明 李時孳《新建楊塡堰碑記》（康熙）《城固縣志》卷九　洋之迤西與城固接壤，有河曰壻水，導水灌田，因截其流爲堰，堰名曰楊塡，而洋與城之民咸共之，總計所灌田一萬六千五百畝有奇。先者，居農以杙梁横竪於外，荆棘綢繆其中，藉爲障水具。每遇河伯揚濤，率洶然澎湃，而新畬禾苗歸之一浪矣。父老悵望咨嗟，莫可誰何。坐是國税民生爲之兩病。余邑宰張公目擊其艱。即欲興役大刱。以爲事非一邑事，而費非一邑費也，并協謀於城宰高公，上其狀，聞於郡守李公、郡佐張公，皆惻然動念，亟贊曰可。聞於分守蔡公、分巡張公，二公憫憫乎若饑渴之由已也，亦曰可。又轉聞於直指于公，公以修之名實詳載，核之，卒允其議。命甫下，洋以俞丞、城以張幕董其事。砥石於山，鍛灰於爐，而群材畢集焉。經營纔月，而畚鍤告完，敞其門爲五洞，傍其岸爲二堤，水漲則用木閘以沮泛溢，水消則去木閘以通安流。凡築砌防範，無不堅以固、周以密也。於今庤錢鎛而瞻眺者驚同九里潤，回視向之枯木朽株焕乎一新矣。余因是爲之言曰，洋城之民無異業，惟此水田爲常産，第水利每歲動稱不足者，蓋由上之人積習因循，以致堰之敗壞使然，誰有倡率綜理如今日之舉乎？即如今日之舉，藉令財不裕，未善工不省，未善利不百，亦未善且也。所轉移者，賑貸之穀也。所度支者，三百之需也。所沾滯者，萬命之夥也。一舉而三利附焉，孰謂此堰之修非一勞而永逸者哉？又有説焉：非常之功，非常之人建之，此堰之修，不知幾更而處置得宜，卒未前聞。邇者建議啓工，洋之張公、城之高公，而誘掖計畫，力爲主張者則郡守李公、郡佐張公，軫恤阡陌，區爲指示者，則分守蔡公、分巡張公，至於事委任嚴科條者，直指之力居多焉。厥功之成豈偶然哉？於此益信創之者固難，而守之者亦不易也。何者？天下事以衆人成之，常不足以一人敗之恒有餘，千丈之堤，潰於蟻穴，矧此堰乎？倘後之人因其基而時爲補葺之，則歌帝力者將世世不休，而數君子締造之恩波，庶幾與此河俱長矣。不然任其頹敝而莫恤，則又非今日意也。是役也，論田則洋之田多城之田少，論費則洋之費七城之費三，因并記之，以爲後鑒焉。余躬覩盛事，媿不能文，兩邑父老固請，以垂不朽爲道，其事如左，因以口爲碑，于公諱永清，山東青城人，蔡公諱應科，福建龍溪人，張公諱太徵，山西蒲州人，李公諱有實，山東黄縣人，張公諱書紳，直隸柏鄉人。

明 張企程《重建楊塡堰碑》（康熙）《洋縣志》卷七　洋之迤西與城園接壤，有河曰壻水，導水灌田，因截其流爲堰，堰名曰楊塡，而洋與城之民咸共之。總計所灌田一萬六千五百畝有奇。先者，居農以杙梁横竪于外，荆棘綢繆其中，藉爲障水具。每遇河伯揚濤，率洶然澎湃，而新畬禾苗歸之一浪矣。父老悵望咨嗟，莫可誰何，坐是國税民生爲之兩病。余邑宰張公，目擊其艱，即欲興役大刱，以爲事非一邑事，而費非一邑費也，并協謀于城宰高公，上其狀聞于郡守李公、郡佐張公，皆惻然動念，亟贊曰『可聞于分守蔡公，分巡張公』。二公憫憫乎若饑渴之由已也。亦曰可。轉聞於直指于公，公以修之名實詳哉，核之，卒允其議。命甫下，洋以俞丞，城以張幕董其事。砥石於山，鍛灰於爐，而群材畢集焉。經營纔月，而畚鍤告完。敞其門爲五洞，傍其岸爲二堤，水漲則用木閘以沮泛，濫水消則去木閘以通安流。凡築砌防範，無不堅以固、周以密也。于今庤錢鎛而瞻眺者，驚同九里潤，緬視向之，枯木朽株，焕乎一新矣。余因是爲之言曰：洋、城之民無異業，惟此水田爲常産，苐水利每歲動稱不足者，蓋由上之人積習因循，以致堰之敗壞使然，誰有倡率綜理如今日之舉乎？即如今日之舉，藉令財不裕未善，工不省未善，利不百亦未善。且也，所轉移者，賑貸之穀也，所度支者，三百之需也，所沾滯者，萬命之夥也，一舉而三利附。孰謂此堰之修非一劳而永逸者哉？又有説焉：非常之功，非常之人建之。此堰之修，不知幾更而處置得宜，卒未前聞。邇者建議啓工，洋之張公、城之高公，而誘掖計畫，力爲主張者，則郡守李公、郡佐張公；軫恤阡陌，區爲指示者，則分守蔡公、分巡張公；至於事委任嚴科條者，直指之力居多焉，厥功之成，豈偶然哉！於此益信創之者固難，而守之者亦不易也。何者天下事，以衆人成之常不足，以一人敗之恒有餘，千丈之堤，潰于蟻穴，矧此堰乎？倘後之人因其基而時爲補葺之，則歌帝力者將世世不休，而数君子締造之恩波，庶幾與此河俱長矣。不然，任其頹敝而莫恤，則有非今日意也。是役也，論田，則洋之田多，城之田少；論費，則洋之費七，城之費三。因并記之，以爲鑒焉。余躬覩盛事，愧不能文，兩邑父老固墾以垂不朽，道其事如右，因以口爲碑。于公諱永清，山東青城人。蔡公諱應科，福建龍溪人。張公諱太徵，山西蒲州人。李公諱有實，山東黄縣人。張公諱書紳，直隸栢鄉人。

（嘉慶）《清一統志》卷二三八　楊填堰在城固縣東北十五里，洋縣西五十里，引湑水溉兩縣田，宋楊從義於河中流填成此堰，故名。堰兩岸皆沙土，易冲圮。元明至本朝官民隨時修補，嘉慶十五六年山水頻漲，舊渠平爲河身，知府嚴如熤率兩邑士民買河東岸地，將渠身改進築幫河堤二百二十八丈九尺，於河水入渠之處修石門五洞，十七年工竣，堰水東南流爲丁家洞、姚家洞、青泥洞，至寶山，繞山而東爲鵓兒洞，又東南爲竹竿洞、孫家洞，又北東南流爲梁家洞，入洋縣界爲新開洞，其北岸爲倪家渠、魏家渠，又東南流爲柳家洞、磑眼洞、黄家洞、漢龍洞、水磑堰分水渠，其北岸爲北高渠，又下爲野狐洞，東南流入漢。

（光緒）《洋縣志》卷四　楊填堰在城固東北十五里，洋縣西五十里，截湑水河中流累石爲堰，相傳亦鄺侯、平陽侯所創，至宋知洋州開國侯楊從義大加修浚，民賴其利。堰兩岸皆沙土，河流湍急，易至冲圮。元明以至國初官民隨時修補，嘉慶十五六年山水頻漲，舊渠平爲河身，兩邑士民公請於知府嚴如熤以洋邑貢生蒙蘭生總理修復。又城洋武生李調元、張文炳、高鴻業等共襄其事，買河東岸地一十四畝，將渠身改進，築幫河堤二百八十九丈九尺，於河水入渠之處修石門五洞，經始於嘉慶十六年二月，至十七年五月工竣，堰流東南爲丁家營洞，又東南流爲姚家洞，又東南流於北流立水車八具，又東南流爲青泥洞，又東南流至寶山，繞山而東爲鵓兒堰，又東南流至雙廟子爲孫家洞以上各洞耑灌城固之田，又北東南流至留村爲梁家洞此洞城洋三縣分用，堰又東流入洋縣界，首爲新開洞，其北岸爲倪家渠、魏家渠，又東南流爲黄家洞，又東南流爲漢龍洞，又東南流爲水磑堰洞，又東南流爲分水渠，其北岸爲北高渠，引水經池南寺北至白楊灣止，又下爲野狐洞，又東南至謝村鎮入漢江，自新開洞至謝村鎮均灌洋縣田，共計楊填堰灌城出一千四百九十八畝，洋田一萬八百四十畝，城田在上，用水三分，洋田居中堰、下堰，用水七分。其分工修堰亦照三七爲例，滕太守定分工約挑修杆數，楊填堰以下自幫河堰起至鵓兒堰，共計一千二百八十八杆，内幫河堰至丁家洞四百杆，城固縣挑修一百二杆，洋縣挑修二百八十杆，長嶺溝至鵓兒堰六十三杆，城固挑修一十八杆九尺，洋縣挑修四十四杆一尺，續議定丁家洞起至長嶺溝止共計八百二十五杆，城固縣於放水洞口附渠切近，洋縣離渠頗遠，分定城固民挑五百四十五杆，洋民挑二百八十杆，杆長一尺。

傳記

（雍正）《陝西通志》卷二九　楊公祠在縣城西，宋知洋州事安康郡侯楊從義築湑水爲堰至今，名楊填堰，灌洋、城二邑田，故祀。

（光緒）《新修潼川府志》卷二二　戴昶，字耆卿，號敞，亭邑人，生有殊質，幼嗣胞伯父文和，未逮事而孤，昶克自樹立，弱冠入郡庠，屢試優等食餼，爲文蒼勁有大家風範，嘉慶庚申舉於鄉，明年成進士。【略】調補洋縣令，洋近郊山田，舊苦澗壑衝没，昶相度形勢，教民開鑿導入漢江，至是澇患除而民殷富，壻水楊填堰與城固同利交争，昶平情籌畫，酌以城三洋七，均工分溉會銜永定章程，民皆悦服，大府上其事，部議加二級優獎。

雜録

清　顧炎武《天下郡國利病書》　城固縣楊填堰，縣北一十五里，出湑水河，宋開國侯楊從義於河内填成此堰，故名城固，縣用水三分，洋縣用水七分。

清　畢沅《關中勝迹圖志》卷二一　南爲楊填堰，謹按宋楊從義於河内填成此堰因名，堰截湑水，按亦名截河堰。

清　滕天綬《城洋兩縣分修水利碑記》（康熙）《城固縣志》卷一〇　昔王元翰先生《續文獻通考》載：『明嘉靖中，汪鋐奏云：「丘浚有言，井田之制，雖不可行，溝洫之制，則不可廢。誠確論也。夫秦鄭國開涇水爲渠，漑瀉鹵之地四萬餘頃，關中遂爲沃壤，其迹可倣而行也。知勍陝西撫臣，相地之宜，某水可導，某水可疏，其道之也，或爲洫；其疏之也，或爲遂，或爲豬，因地勢高下，或爲防以止水，或爲澮以瀉水，或當爲陂，或當爲堰，因時制宜，三年之後，必有成效云。』漢南諸屬之各有堰也，始於秦、漢，迄於明，留心水利者，蓋非一人，亦非一日矣。惟是邑既分疆，民遂惜力，如彼楊填之水，城固、洋縣所并用者。城固去楊填也近，洋縣去楊填也遠，浚水之工，城三洋七，奉有往例。而丁家洞至鵝兒堰，城固資其水者便，洋縣欲以其工全諉之城固；城固則曰：我之用水也，十分之三耳，安得獨勞我爲？由是紛紛，訟端起矣。余典是邦，城與洋視水爲二，余視城與洋水則爲一。於是，親履其所，集城與洋之令尉，諭城、洋之民，既有重輕遠近，議分議合，而僉悦服矣。又於丁家洞至長嶺溝，酌其勞逸，使城爲主，而洋爲客。分浚分挑，城不獨勞，洋不獨逸，主客互用，彼此相協，而楊填波流，遂直注於謝村之橋。見夫城、洋兩岸，溝澮皆盈，隰畛俱潤，依塍穿甃，莫不交浥也。城、洋兩地，主伯俶載，婦子饁餉，有黍有稌，與與翼翼也。僉謂比年來，水未有今之足且沃也。余顧而樂之，呼民而告誡之曰：夫天不愛寶，故堉河水自太白山流經城固北，爾民得利其利，向使堉水別流，堰又不立，民其如水何？爾乃各惜其力，置楊填於不問，任其壅阻，遏抑槁爾禾稼，亦愚矣哉！天不惜水源，官不惜籌慮，民其惜力，以違天心，違上意，可乎？不可乎？今已供厥用，劑厥力，吾民其永遵厥令，而保此水也。況今聖天子爲天下蓄洩大河，數遣大臣徃勘，至於再，至於三。我漢南遠在西陲，莫非王土？曷敢有佚厥志，利人之所害，害人之所利乎？今而後，毋惜己力，以答天心，受水德，順上令，如茨如梁，有倉有廩，上輸天庚，下盈百室，予其大慶否；則惰厥力，弗公厥心，由水去留，各以秦越人相視，予則大罰。汝謂予不信，汝其問諸水濵。今列城固縣、洋縣印捕各官，會同公定挑修杆數如左，楊填堰以下自幇河堰起至鵝兒堰止，共計一千二百八十八杆，内幇河堰至丁家洞四百杆，城固縣挑修一百二十杆，洋縣挑修二百八十杆，長嶺溝至鵝兒堰六十三杆，城固縣挑修一十八杆九尺，洋縣挑修四十四杆一尺，續議定丁家洞起至長嶺溝止共計八百二十五杆，城固縣於放水洞口附渠切近洋縣，離渠頗遠，分定城固民挑五百四十五杆，洋民挑二百八十杆，杆長一丈。

驛亭堰

論說

清 經元善《居易初集》卷二《致龍積之明府書》 前日踵訪，面聆麈談甚慰。趨庭記述後跋之作，蓋因復堰一節，實爲先君子未竟之志，由不佞成之，欲以上慰九原，故補述於跋中。茲附上驛亭改復石堰卷一宗，請合前所呈之義塾記參觀，可以知此堰車拔一業，實爲敝族之大害。惟當日辦理情形，記所未及，請爲兄詳細陳之，驛亭堰係自甬至紹，直徑近便之孔道，舟楫之所必經。從前運貨之船，較此時尚輕小，嗣後造船漸大，裝儎愈重，族人旋將此堰之石檻潛行拆去，用柳枝捆紮，填泥爲壩，隨水漲落，以泥加減，水高高之，水低低之，由是車船過壩，輕而易舉。自被西鄉紳士，公禀照舊用石築高，凡遇過壩船隻，須用實力車拔。下河車上，雖力勢沈重，船身過半，挽入上河，去勢不急，猶易爲力。若上河車下，船身過半，去勢如激湍直奔，船梢所繫篾纜，常至脱卸不及，車關倒退，力猛非常，遂將車船之人打落河中溺斃，或壓入船底而死。族人均有戒心，然不敢拆石以與官抗，於是明理者願退此業。弟乃因勢利導，代族人公呈，往見邑侯余公允之，而其幕友俞君，謂此河此壩通行故道，豈可憑一人之言而梗阻堵塞。余公乃約其與弟面商，弟謂之曰，余公涖治虞封，升遷有日，弟本籍人，此壩又在舍下門前，若出事端，追溯往事，某先受其累，何敢冒昧出此。俞以爲然，始得批准立案給示，余公親臨履勘，族人持香跪接，面聆憲諭，均歡呼應諾。方弟之代族人赴縣投呈也，驛亭徃縣旱道卅里戚友聞之，咸來勸止，謂貴族數百户貧苦者，此後何以處之，兼有與弟不合者，議其謬妄，胥吏等亦以爲言。弟乃率諸弟禀於先慈，諭曰，汝父有言，凡事祗要認一個理，理既得，餘皆聽之天命，此事汝父欲辦而未成，諒汝父認理已確，不必惶惑，弟謹受命，遂得果行。然族中婦女無知，猶多怨咨，時聞啼哭，或至詛咒，只好學仲子之無聞，隨時隨處爲族人謀生計，或推薦行業，或携其子弟到滬，習學商賈。久之漸漸皆務恒業，非若前此偷惰矣。自此壩堵塞後，舟經小越、河清兩壩，從松夏一路過江，不復若前時走百官過江。百官行家，利源大窒，慫恿族中之黠者，思復舊業，并有各行願還敬修義塾借給之種本。百官又有蠧卡，亦密爲設策，幸賴先君子於族中數十年以養以教，德澤入人，莫不思念，始終未敢發覆。屈指至今，已越二十八年，族之老者逝世，後輩漸忘，亦無人再提及此事矣。此爲弟生平可遇不可求之事，關繫宗族鄉黨之性命，且寓移風易俗之微意，不欲人徒事醉飽嬉游也。然而辦成已非容易，幸值壯歲，血氣方剛，兼有得慈闈提命，否則瞻顧既多，所謂三則私意起而惑，一念之間成敗判矣。此係先君子所最注念者，所以欲在後跋内聲明之，祈督酌。

綜述

（光緒）《上虞縣志》卷二三　驛亭堰，同治九年，耆民經文通等呈請退壩歸農，永禁車拔，知縣余庭訓給示勒石略云：據三都耆民經文通、經文國等呈稱，該處驛亭村向有一壩，爲西北兩鄉十三萬餘畝田禾保障，所關匪細，間有寧紹往來商船伊等，住居附近隨時爲之車拔，乃該壩年遠，日廢水勢下瀉，今據上河各堡公同培高築，復伊等皆係農民，各願退壩歸農，誠恐日久無稽，仍有圖利之輩開壩車拔情事，公叩出示諭禁，勒石垂久等情，前來據此查車壩，固便商旅實於民田水利大有妨碍，據稱將壩築高，停止車拔係爲重農起見，自應準如所請，即行停止，勒石諭禁。同治十一年，知縣王晋玉涖任後，復捐廉雇工將壩側拖船衕填平，釘樁通詳各憲，光緒八九年，邑紳經元善等就壩上建造文昌閣，禀知縣唐煦春通詳，給示勒石略云，據紳士經元善、經湛、經蒼林、經元仁、經元智、經元佑、經玉堂、經文、經亨豫、經有常禀稱，虞邑驛亭村，河形西高東下，夾河村民數百户聚族而居，河中向有一壩爲上下河界限。乾隆三十四年，奉前督撫各大憲檄飭，前邑尊李示禁毋許私行盜掘等因，歷經遵奉，在案第村人住居臨河，遇有往來船隻過壩，隨時爲之車拔，因循沿習，視爲利藪，以致壩身日侵月削，夏蓋湖水瀉注過甚，常有旱暵之患。同治九年五月間，西鄉紳士連聲佩等禀請前邑尊王，將石壩培高築，復禁止船隻拖拔，其時紳等亦勸約村人勿再拖拔船隻，以固壩身，而保水利，鄉耆經文通等尚恐日久玩生，是年十月，禀蒙前邑尊余出示勒石永禁。同治十一年五月，前邑尊王涖任後，復蒙捐廉雇工將壩側所謂拖船衕者填平，釘樁通詳各大憲批準，各在案第村人，以車拔船隻爲生者，一旦失此進款，不免向隅堪悲，紳等誼同鄉并不忍坐視當經捐資，按户計口量，借籽種工本共計借給制錢一千八十千文，其年已就衰力難耕作者，另又借本在左近之小越、横塘廟兩鎮，捐納恆昇、恆昌、牙帖俾得貿販營生，計借給制錢一千四百千文，又就壩上建造文昌閣一所，兩面堅砌石，礎俾壩基，與閣爲一，不致侵削，閣下仍使水可流通，以資宣洩。計費工料制錢三千四百八十千文，此款均係紳等敬修家塾公項支墊，曾與村人受借者訂約，如果久安農商，恆業概不索還，現在時逾數載，頗稱相安，誠恐歷年既久，難保無覬覦侵毀等事，除禀道府憲外，禀請據情通詳，立案并給示勒石以垂永遠等情。據此當經備文通詳，嗣於九年正月十三日，奉撫憲陳批，如詳立案，仰即遵照，給示勒石永禁。嗣後毋得車拔船隻，以垂永久云，云堰側有後陡亹霔，洞水滿歸入中河。

紀事

清　經元善《居易初集》卷一《驛亭壩改復石堰記》　吾族自始祖琦八公遷居上虞驛亭村，已曆二十餘世。虞之北鄉有夏蓋湖焉，南抵蘭芎諸山，西濱曹娥江，北極於海，中間溝渠縱横，灌溉民田一千三百餘頃。驛亭處夏蓋湖東，爲洩水之匯，中有石堰，唐長慶年間所築，界上下河以資潴蓄，舟抵堰易而復濟。迨本朝乾隆間，族人砻石累泥爲壩，兩岸設轆轤繫巨絙，以挽舟楫，行旅稱便。此壩爲族人按户挨日輪值，不預他姓，當改壩時，非有官司令甲也，相沿已久，遂視爲業。嗣後涉者與挽者争值，屢搆訟，有司患苦之，於是設法防制，列瓦十二章，鈐以印，置壩上，客過需索，准碎裂之，朔望持瓦呈驗。胥吏有費，似乎化私爲官，核計一歲入貲實數千貫，族之人賴以舉火者數百家。雖然利之所在，害即因之，百餘年來户口繁衍，每家歲輸一二日，所獲實微，而農家子弟，歲時不作，苦浸成游惰且群焉，以陵競囂争爲能，風俗因之日壞。先府君資政公慨之，慨然曰，是不可無以援挽而使宗黨胥及於溺也。爰出資建造義塾，延師訓迪，并給發贍老恤嫠月糧，以教以養，冀有以潛移默化之。而丁口既衆，欲其盡舍壩務而安耕讀則實難，資政公彌留之際，深以此志未竟爲憾。咸豐年間，鄉人因湖水不敷灌溉，於曹娥江塘開挖竇洞，導江水入濟。江水挾泥沙以進，不十餘年湖槽愈淺，而驛亭一壩又日久失修，更形低陷，夏蓋湖水一洩莫遏，每逢旱歲常患乾涸。同治庚午，湖内四十八村公稟有司，將壩身加高，重築石樑，族人以舟難車拔，商之於余，思聚衆拆毁。余曰，此國家水利攸關，官憲政令所定，誰敢擅毁。族人不得已，則皆欲稟請退壩，余曰，此舉若行，吾族一姓之福也，乃遍詢族中耆老，僉曰願棄，於是爲之具詞有司。邑侯余公，庭訓嘉嘆，重其事，即日親臨，遍召列呈十六人，諄諄勉以孝弟力田，各賞銀牌一面獎勵之，遂宣示勒石永禁車拔。余猶恐族人之猝難謀生也，稟命太夫人，商之諸昆弟，族人逐户給籽種，其不能耕者復出資於旁近小越、横塘兩鎮捐納牙帖，使可貿易，各得其所。是舉也共糜制錢數千貫，與族人訂約，日後倘仍業壩，則此款不論年代近遠何若，概須計息償還。越二載王公晋玉宰是邦，以舟楫繞道小越、河清相安無事，更爲通詳督撫各大憲批示立案。迄今距庚午已十稔矣，族之老弱者大半凋謝，少壯者爲農、爲工漸務正業。竊計更十年後，休養日茂，前事日忘，我宗族彼此相安，頹風盡革，資政公在天之靈，亦庶幾稍慰矣。爰詳次其事勒之石，俾後之人考信焉。

藝文

清 桑調元《弢甫集》卷一《驛亭堰舟次謁餘山先生》 拔堰衝寒渡驛亭，扁舟得仰古儀刑。春初海月當空白，雪後湖天分外青。徽國千秋論統系，姚江今日肅門庭。側聞十五男兒志，傍舍從容願執經。

又《驛亭堰懷舊》 堰頭流水浩茫茫，寒夜同舟故迹荒。一老山頹滄海曲，諸生雷慟白茅堂。布衣講席參新建，竹簡遺書續紫陽。東下逶迤長壩路，青天明月黯神傷。

又卷五《驛亭堰懷舊》 幾年逢掖滯京門，此夕烏篷下水村。隴上秋風吹宿草，堰頭人語鬧黄昏。湖波湔洗塵埃色，江月流連涕淚痕。莫怪哀歌扣舷起，差池心事不堪論。

雲南城西堰

明 劉伯燮《鶴鳴集》卷二三《中丞王公創築雲南城西堰記》

滇僻夜郎萬里，西當崒嵂巀嶫，捫天無際，外忽衍爲平原，大澤四距餘數百里，亦大壯觀哉。西南三十里爲滇池，俗呼海子，逶邐界昆明，呈貢晋寧、昆陽、四州邑境，主上流東北，金銀二稜河，始自蒙段氏，時元雲南中書省平章事，贍思丁浚治之，爲滇人奕世利。歲久淤墊，萬曆丙子，中丞王公發軍夫萬餘人治之，始復其故道，通利無阻，西有海源龍泉，決渠行地幾二十里，入滇池，較東二稜河水源差漶漫，而治法亦稍未備，滇人性窳惰，寧束手張目枵腹視，不先自備計，又其俗好奢，游歲用較所入常十之七八，以故全稔者不二三，率苦暵乾，入夏四五月不雨，城西農嗷嗷視城東，農即樂土，中丞公觀風問俗，知滇坐困，楚在是公暇出郊，目得城西水源利固非甚慳尠者。乃嘆曰：有是哉，人事之未備也，爰檄屯察南城羅君汝芳汝往，事事曷訪吾楚人陂塘之利，行之于是，浚其上源，疏其下流，以頒示軍民如赴壑，羅君請董率雲南府通判劉宗覲，右衛指揮孫承恩，偕千百户瞿世爵，陳賢土官安寧州同知董民表等分隸其事，公許之，羅君續以他務行繼屯察馬平徐君，可久代纘終事。初議城西川悉墾田無地可堰，公議相水勢爲之厥地下，下厥田宜堰，冬春瀦水爲堰，夏秋洩堰爲田，不病農，稍增其塍圳以爲堤，堤妨民者，減其徵或易本爲折，以無負民而水田仍盡徵之，善防水者，使水淫之奚患焉。軍民地大者，自爲堰或再堰阡陌相連者，不嫌數户共堰，宛然古鄉田，同井之義，工役取諸募料，價出藏羡，不五百金。軍夫雜漢土，迭用之約十萬工，不遍役，自海源至入滇池凡十六堰，曰象路堰、田乾溝堰凡二，曰左所堰，凡二曰黑林堰，曰王、戴、蘇三姓堰，曰二陸家堰，曰金應時堰，曰蘇仲得堰，曰葉應合堰，曰謝應科堰，曰劉像堰，曰倪文漢堰，曰劉朝堰，曰劉良臣堰。城北蓮花池一堰，最後爲徐君專竣其事，中如楊馬河創石壩，烏龍潭創石閘，大較水有餘時，不欲其棄於下，致不可收拾，當用水時，自不患無措，萬井皆畝，萬畝如注，滇津津乎澤國矣。是役也，指揮孫承恩之力爲多，非徐屯察代終其事，羅君孰與成始哉。劉伯燮曰：余嘗游海源洞，立玄島外，東向南望，上下絡繹，陂堰之利井井也。以訊諸父老，抵掌稱中丞利，不世見爾。滇人所信戴贍思丁者，不越浚二稜河，中丞公既治之矣，孰與創茲十六堰哉？中丞名凝別，號毅庵，楚鄖人也。楚之先有孫叔敖者，起芍陂，利爲萬世稱首，嗟嗟今見公矣。

曾公堰

明 劉春《東川劉文簡公集》卷一五《夾江縣曾公堰記》 距夾江邑治西三里而遥有堰曰沱羅。引雅江之水東注，并堰之田悉籍灌溉，居民雖涉大旱，恃以不憂。又折而南，一堰傍江，爲堤幾二里，蓋倣沱羅而築者。然堤薄，江遇春夏水羨溢，輒没壞，復事畚築，其費與利恒相當，民反病之。弘治丁巳，好事者乃相地之宜謀，從沱羅引水處醧爲之流，漸入南而築堤以障之，其功可永無壞。顧擅沱羅之利者，慮貽患，固拒肆鬬鬩於其間，至殘肌膚興大獄不恤，縣亦莫能制，雖有悔悟者，而利之所在，勢無兩轂也。乃以聞於州時，太守永興曾侯遂躬詣其地，相之得其槩，爰進沱羅堰之耆老而諭之曰：『天之所利，人莫能專，專之不祥，且引若水，汝無所利争之可也。汝之利自若，而又波及於人，人曷以争，爲汝聽爲堤而堰之，凡汝之前争而罹法者，吾悉汝宥。』又進其新爲堰者之耆老而諭之曰：『若等創設堤爲貽害於彼，彼以死争之，亦人情也。自今汝爲汝堤，但引厥水而無爲其害，凡是堤之築，汝壹任之，汝之所犯，於彼吾亦釋弗問。』於是兩堰之民各屈于心，嗒然無後言，不數月而新堰成，舊堰廢不用，堰未有名，邑人太守吴公遜者，作而言曰：古之命名者或以事，或以地，或以人，咸所以識厥始昭不忘固也。而即以其人，則又欲賴其名行圖不朽，若陳文惠在滑州築長堤以障水，民號曰『陳公堤』，蘇文忠在廣州鑿井于觀人，利之名曰『東坡井』，至今在焉。則是堰也名曰『曾公』，不亦可乎？乃詣户部主事張君来儀，屬予記之，公諱介，字執初，舉弘治癸丑進士，明達端恪，篤於興利除害，故守是州多惠政，而是堰則第一舉手投足之勞耳。然即是固可槩其余矣。

章公堰

論説

清 馬溥《重修章公堰記》（道光）《壺關縣志》卷九 章公堰者，志其始也。賢人君子之莅此邑，其有功德於民，則咏歌鼓舞，假於物以示不諼。甘棠之愛，及所憇矣，况是堰爲萬世永賴者哉！蓋壺踞龍山之陽，屹然起群峰間。山聳水環，每夏秋其水自西北來者，衆潦齊滙，由城隍而東注，其爲蓄洩也急矣。而大河一帶，自龍潭而東奔，蜿蜒於此，距城甚近，時有汪洋震蕩之勢，其爲堤防也又急矣。夫固完然壺也，而其東北隅偏缺，豈非天造地設，以待賢有司之補救耶。在昔章公經之營之，基之累之，石堰一城，金湯永固矣。後之人見章公而不得，覩斯堰如見章公焉。

綜述

清 馬溥《重修章公堰記》（道光）《壺關縣志》卷九 自辛酉以來，七十有餘年，日剥月磨，土解石裂，堰之基址幾没。前任詹公甫至壺，相陰陽而觀地勢，利生民而奠流泉。重興力役，舊模復新，邑甚利之，奈比年來山水漲溢，波臣肆虐，而堰又衝决矣。雖物之成敗有數，其賴後此之增修者，不又急耶，庚午冬日，我清翁宋老父臺，綰綸是邑。始下車，即以修舉廢墜爲己任，然以他務未遑也，公以山左閥閲，名世魁才，試烹鮮於小邑，因地制宜，其所以治我壺者，即以章公爲南轍。章公持己以廉，公之薪水不擾如之，章公莅事維勤，公之案牘不留如之，章公愛壺長也以仁，公之恤鰥寡、賑貧乏如之。章公成壺民也以義，公之鏟强暴、禁宵小如之，前曰召父，後曰杜母，其謂是哉？閱期年餘，政既成矣，民既和矣，可以舉大事而不疑於衆矣。乃屬其紳衿者庶而告之曰：是堰之築於章公，非偶然也，不修，且無堰矣，其何以壺，於是慨然捐俸以倡。而首事諸君子，各相勸勉，慕義如響，其事因大舉云。是役也，規則由舊，謀更圖堅，卑者杵之，厚其植也。高者增之，峻其防也，鑿深池於西隙，預蓄瀦也，爲永籞於東面，防衝決也。殿宇而飾以丹雘，崇觀瞻也。亭臺而植以松栢，儲游覽也。其功昔浩，其成較速，所謂舉得其義而庶民子來者歟？自今以往，斯堰不朽，河順其道而震蕩不憂，水歸其泉而蓄洩得法，章公之澤，不益著乎？雖然，莫爲之前矣不彰，莫爲之後盛不傳，後之戴章公者，皆以頌我公述之功較重於作也。則以爲章公堰也可，即以爲宋公堰也，亦無不可，是爲記。

清 張瑞錦《鼎建章公堰記》 志稱上黨居天下之脊，壺關居上黨之脊，天候早寒，三月始和，多崇山峻嶺，乏曲湖幽渚，夏秋六雨，溪壑注若奔雷，浹曰成石田，行人以溪爲道，終歲車轍馬迹，非荇藻鳧雁可依止，地脊民貧，所自來也。縣署在壺山之陽，龍峰蟠左，神山峙右，厥鍾靈異。自漢三老首著直聲，迄明四輔被召燮理，暨苗太師、侯司徒、王荊州、郭鼎元、張大史，馬、賈、秦、楊諸侍御，勳業文名，奕芬史冊，夙推潞之名邦。近數十年來，甲第寥寥，識者疑之，康熙十有七年，歲戊午，夏六月恭值章侯下車，軫恤荒殘，極刀拯濟，三載於兹。課士息訟，蠲俸重農，粥饑弭盜，凡養之教之者，一秉實心，實政地方，興剔靡不畢，舉通國之頌，神君慈父，已載道。侯復念城濠無水，有失毓秀利厚之義，每向余曰：大易澤有水曰節，無水曰困，周公相洛必從澗，亟宜聚之善。今歲花朝，侯招余步自東郊，相度形勝，詢諸諸生父老輩，咸言明時畜水，人多殷庶，後開東港，民乃漸落，正與形家言神合。侯遂視故道，毅然獨任，諏吉鳩工，離東港舊址數十武，高建石堰一所，計需石百有餘丈。時縣尉同君習正，曰督理，勞瘁罔倦，工匠迸力，不閱月而告成，堰西偏民地數畝，侯念水積妨農，出俸金照券易之。四城水道，高下不一，難以周流，更加浚，叠石橋下，因漲勢而啓洩焉。自此西北諸秀川環滙城河，而東港有巨浸烟波之槩。沙禽水鳥，柳碧蘋青，不數歐陽醉鄉之香泉萬斛，白雲千頃矣。美哉，地脉淵通，人文鵲起，澄波長注，民利霞興。將見懿獻考功諸名鄉，累累若若復見今日，正自靡涯，所關風氣甚鉅且遠。初，侯大修文廟，特建鳳山塔。及此役也，一切木石丹雘諸費，工匠夫役，不煩民力，曰捐俸錢不稍懈，尤見公忠狷介，千古名賢，何多讓焉。邑紳士氓群謳歌勒石，名之曰章公堰，志所始也。書載：既載壺口治梁及岐神禹治水自吾晋始，考列史以水，利治晋名者，後鮮其人，豈視同傳舍歟？他若楚叔敖之築芍陂，黄歇之浦春申，鄴令西門豹之鑿十二渠，刺史楊元穎之合肥堰，又子貢陂、六一泉以別字傳，吕公灘、漁公陂、蘇白二堤以姓傳，皆千百年間治水利而丁民沐其澤者，指不多屈。今侯之盛事，并垂不朽，是不可以不名，不可以不記。余，晋人也，司鐸於壺，猶壺之人也。躬履上黨之脊，目覩河流之潤，溯水知源，詎忘所自，爰因壺之人之請而爲之記。侯名經，號理齋，由貢監，浙之杭州富陽人。

傳記

（道光）《壺關縣志》卷五 章經浙江貢生，康熙十七年，任清正慈惠，寬宏端雅，課士愛民，興廢剔弊，遠近歌頌，修治城池，隨地勢高下築堰障水，民共爲立石，名章公堰，利澤冠於他池，至今賴之。

又 李元鑣江蘇舉人，乾隆五十四年，任性威嚴，有幹濟才，素不與人接，因公延請富民寒暄外，不假辭色，以故謹守理法，多所保全。邑舊有章公堰廢淤日久，公以民遠汲爲難，因其址修浚擴大之，增修龍王廟樂水臺及東西廊厢房數十間爲禱雨所，迄今甘和屢召，取汲甚便，旱魃不能爲虐，皆公力也。

紀事

（道光）《壺關縣志》卷二 章公堰在東北城濠，康熙二十年，知縣章經捐貲築堰障水，士民德之，立石以名。

清 李元鑣《章公堰改修石池勸捐序》（道光）《壺關縣志》卷九 壺邑之有章公堰，自康熙二十年始也。章公宰是邑，體察縣境刑勢，迤東西而城壕東北隅控扼西北上游，夏秋大雨時行，汗漫奔騰，兼環南超北之水而翕受之以滙注於震方。形家謂乘離應坎，文運於此焉啓，而水行所旺，聚宜設池，堰爲關鍵。上流不竭，斯下澤不枯，一邑之肥瘠均托命焉，章公毅然起而作堰，當時賴之。一修于詹公，再修於宋公，享其利者百餘年矣。顧以歷年久遠，石堰沉埋，淤爲平陸，龍神廟之聳峙於堰上者，亦漸頹落。故老登臨，徘徊嘆息，雖地運有廢興，抑亦守土者之責也，余涖治七載，無一善政可以惠民，采訪輿情，甘棠斯在。竊擬追尋遺迹，展堰城池，常懷之而未敢發，今歲秋成豐稔，爲數年來僅見之歲，爰延衆紳耆而告之以其意，咸以無廢前功，争先從事。乃諏吉於月之十三日卯時興工。是役也，工鉅費繁，估計一萬有奇。余與同寅諸君子請於郡憲，雖悉力捐俸，猶不逮十之一，爾都人士，其各追思章公立堰初指，好義樂輸，共襄斯舉，庶幾有基勿壞，風脉固而四民世世蒙庥也哉。

又《述堰池記》 丙辰秋九月望日，章公堰改修石池成，名之曰述堰。諸紳士請記於余，余辭以弗文。既而思之，自癸丑秋承郡尊命鑿是池，其間始終難易，若有天意存焉，非人力所能强。余將記實事以詔來許，其何可以弗文辭，始廢堰之議改池也，席平地浚深淵，彌望荆榛，凡百草創，估需工料費不貲，衆有難色。不三月，紳士還報，四鄉捐四千餘金，在城四約亦捐二千餘金，司事之自備資斧者不在此數，而余公暇勸諭，垂二年，共加捐伍千餘金。噫，民万甚難，竟樂翰如此。按修池之法，慎防滲漏，宜底厚岸寬用紅土八九，砑土一二，匀鋪三寸許，每暇二人執鐵鍬前平土，一人舉石杵繼進，十人舉小大鐵杵循次輕重叠碾至寸半，結寔爲準，仍加石杵整理，參錯層層鋪碾如前法。故成一池，碾工費多，而紅土費尤多，始自韓村購買，道遠價昂，猝不易致，司事者憂之。甲寅春三月，穿土二丈許，及堰舊石基，基盡，越五尺，忽得紅土六七尺，二仙廟東南置地九畝，先亦宇得六七尺。於是碾堤碾渠碾廟基，終不可勝用矣。大池在東距龍王廟石橋水口三丈，隘於南北岸始議築兩園，余竊以爲小。夏六月望，下圍岸石甫鑲竣，大雨，河驟至，水溢土岸崩，工幾廢。窮日夜溝橋下決水，南北涸出地開廣，乃可築三圍，而池益大，雖然泥濁户淤沖激可壞也。乙卯夏四月，於其西築兩圍小池以澄清之，而於上圍圈東西橋洞各一以通水。又西跨橋洞，則横石堤捍禦之。又北環池，則引石渠分殺之。堤溪茲致閘板蓄洩之，猶慮經理無人，弗能久也。秋七月重建龍王廟，擴而大之，規與池稱，爲三十四里，公所俾永久無。斁焉是池也，始於乾隆三十八年，成於嘉慶元年，歲凡四改，費逾萬計，在工司事二十有九人，襄事九十有三人，或始之，或終之，咸棄家務，不辭勞怨。匠作墉工日，以一二百數，指揮弹壓，賴有縣尉，其主持而提挈之者，實惟郡尊。或進曰：池成若斯其難，述堰云乎哉。余瞿然曰：鄉城踴躍不言同，然紅土應時，陣兩擴地，是皆天也。蘇文忠公所謂：歸之太空，太空冥冥，歸之太守，太守不有者，予敢貪爲己力，且壺邑居上黨之脊，山高水缺，章公作堰，慮周蓄水，豈徒風脉？今池猶前志也，作云乎哉？爰歷叙始終難易大略，附記命名之由。若池淺深廣狹，堤築廟工，別詳於圖，故弗復贅云。

藝文

清 壽恒成《集飲章公堰》（道光）《壺關縣志》卷一〇 新障沙堤水遶城，遠山晴翠入波明。雨餘夾岸烟光合，雲庚中央練影生。臚可銜盃同遒意，何妨作賦各言情。地靈早識流應滙，争頌賢侯百世名。

清 閻庭芳《游章公堰》 偶步章公堰，乘凉坐晚堤。水光涵鳳嶺，川脉溯龍溪。渠浚常疏北，城高倒映西。碧空天一色，望斷暮烟低。

雜録

（乾隆）《潞安府志》卷四 壺水在壺關縣西北三里壺關山下，流入石子河清流川（一名進流川，在壺關縣西南三里），滙西山諸水注城南惠澤池，由城隍而東注，又東北至大河口，入石子河。康熙時，縣令章經於城之東北築堰，壺人名之章公堰。

清 張惟忠《補修廟池建南石岸記》（道光）《壺關縣志》卷九 壺邑章公堰，創自康熙歲之辛酉，閱數十年，重修於詹公，又十三年，修於宋公。厥後李公戾止，相其陰陽，度其形勢，因舊址而恢闊之，規模始大備，碑載甚悉，毋庸贅述。而池之南岸，土高數丈，每遇淫雨，土解池淤，爲害匪淺。彼時李公即欲修築，乃有志未逮，而升遷豫省，不無缺略之憾焉。比來年山水漲溢，而堰又衝決矣。廟之東廊，坍塌殆盡，牌坊亦就傾頹。雖物之成敗有數，事之興廢有時，其有待於修葺者，不又急乎？嘉慶六年，我邑侯程公來涖茲土，百度俱新，謁廟之餘，覩神居之不壯，念池堰之將殘，不禁竊有感焉。曰：興廢舉墜，我之職也，此堰不修，其圮愈多，其費愈大，其遺累於壺人者，亦非小也。因與少尹賴公捐俸首倡，更屬公董其事，公亦不負所委，日夜勤勞罔懈，而首事諸君子，各相勸勉，慕義樂輸，跼勸恐後。於是卜日鳩工，以甃以築，傾者正之，朽者易之，塞者疏之，闕者補之，一時池堰門廊牌坊煥然一新。而於池之南岸，尤加意焉。外則砌以青石，內則築以赤土，不數月而高壁倚雲，層臺拔地，較昔倍覺鞏固矣。夫堰之修也，宋公去詹公十有三年，我公去李公亦十有三年，豈造物仁愛斯民之心，必待我公而後補救之耶？抑何前與後之適相符耶，工成之日，闔邑紳士耆庶，咸請製文勒石，以志不朽，余忝司鐸，弗能以不文辭，因撮其始末而爲之記。侯名安，字勉之，號敦夫，安徽和州含山縣人。賴公名桐，字鵷臣，號竹農，江西寧都瑞金縣人，寄籍順天，修書諸石。

昭覺堰

綜述

清 羅用霖《重修昭覺寺志》卷一　昭覺堰　寺右西北角，引渠經八角亭，徑達東脚門外，以爲安車，灌溉高田之用，堰上餘水則有古湃缺，下流駟馬橋大河，時有下壩糧民曾在位等，因彼處田疇係華陽油子、府河尾，水灌溉維艱，遂邀下壩人等上寺懇乞。蒙丈雪方丈概允，遂將餘水緣寺右捐田開渠，循寺右堤下，遶至寺左下壩，入華陽界。道光六年被旱，華邑糧民謝重輝與寺佃鍾貴鳳因水争訟，僞揑合同。前趙主勘明，勸寺僧去閘板二塊，只用一塊，一尺爲率，餘水二尺漫過，讓與下游謝重輝等灌溉。至咸豐三年再旱，下游鄭國祥復執僞約争控，蒙各大憲委員王、縣主鄭復勘，仍照趙主前斷立案，告示附。

邑侯鄭爲照案出示曉諭事案，據昭覺寺僧心量等與監生鄭國祥等争分堰水，互相上控一案，先後奉督憲裕、藩憲楊、道憲俞、府憲俞批飭勘訊，并奉臬憲胡委員會勘審訊，等因當經本縣，會同委員候補縣正堂王帶，同兩造吊驗，約據親詣控争處，所悉心勘訊，緣昭覺寺内有田數千畝，在鄭國祥等糧田之上。康熙年間，寺僧丈雪捐地，由洪門堰開渠水溝一道，其水至西北經寺西達於東南，約長三里有奇，又於堰堤東邊接開横溝二道，一溝由寺後横溝流至東北山麓，用水車接引灌溉山田，一溝東流入寺，穿過山門分流灌注寺東田畝，任由東南流入大堰，因横溝地高，大堰地低，相去約尺許，復於堰中建立石閘一座，下閘木板蓄水與横溝相平，使堰水分流入溝，餘水由板上湧流，灌溉下游糧田，舊名昭覺堰。厯來無異，道光六年天時亢旱，堰水淺少，寺佃鍾貴鳳等在閘門安放水板二塊，致水不能下流，下游田畝無水栽種，糧户謝重輝僞揑合同，以寺田只準清明前閘水，清明後不得用閘等情，赴縣控争，經趙前縣勘訊，斷令寺僧準閘板以一尺寬爲率，上閘不得加增，下堰不得扯柁，取結完案，厯年雨暘時，若僧俗相安。咸豐三年五月間天旱水涸，該處田畝乏水栽插，下游糧户鄭國祥等復執合同，不準寺佃用板閘水，與寺僧心量等赴縣互控，李前縣未辯合同眞僞，斷令照合同以清明爲期，清明前準用閘板，清明後即行撤去，僧心量等不肯，具結徐前縣覆訊，仍以合同爲據，斷於小滿前五日撤板，過後不準閘放，僧心量等以每年堰水發有早遲，若以節令爲限，萬一水較遲，恐於栽插有碍，況小滿前小春尚未收穫完畢，田不栽秧，無需堰水，倘撤去閘板，堰水不得分流入溝，寺田必至荒廢，即與鄭國祥等先後上赴。

督藩臬道府憲轅門互控批委，前因本縣會同委員王親詣履勘，用簽揷量溝高，於堰約一尺許，投物試驗水勢，約三分入溝七分歸堰，飭令撤去閘板，則横溝之水盡横流入堰，非用木板截閘，堰水實難分流入溝，復吊驗各約訊悉前清查該處水堰，本係寺僧丈雪捐地開挖，即嘉慶十五年，堰長曾紹先水堰記，内曾經注明其堰始於丈雪，彼時去古未遠，似非無徵，況堰名昭覺，循名責實，其爲寺僧所開，甚屬可信。且開堰原爲灌田，起見豈有開堰者，反不准其閘放之理，詳察案情，不特鄭國祥等合同係從前糧户謝重輝揑造，即各前縣斷以清明小滿撤去閘板，亦欠允協，今既勘訊得實，自應仍照趙前縣原斷，無論堰水大小，准寺僧於閘門用木板閘水，引灌寺田，其木板永以一尺爲率，餘水由板上湧流，灌溉下游田畝，寺僧不得違斷加高，下堰糧户亦不得妄冀扯挖。俾兩造均沾水利，鄭國祥等混執僞約，揑争本有不合，姑念合同係謝重輝等所遺，非該生等平空揑造，且爲乏水栽秧起見，情尚可原，從寬免其置議，除取具各結備案，并將勘斷緣由稟奉各憲批示，外合行出示曉諭，爲此示，仰該處寺僧堰長糧户人等知悉，嗣後爾等務當遵照，斷案閘引灌溉永息争端，如寺僧於一尺閘板之外違斷加增，或糧户妄冀扯挖，均許赴案據實呈稟，以憑查究，各宜凜遵毋違。咸豐四年七月十七日示。

紀事

清 張崇樸《古昭覺堰水源碑記》《重修昭覺寺志》卷三 夫昭覺堰者，肇自唐熾芳。國朝康熙初年，有上丈下雪和尚，卓錫於兹，因寺左有高田數千餘畝乏水耕種，丈翁軫念天道，靡恆雨旱，莫必爰相地度勢，由石堤洪門二堰置地設法，迤邐築堤，開挖鑿渠引流，其溝由西而東經通寺之二山門前，伏流八角亭，直抵東角門，以爲安車接引灌溉之用，是高田每歲之栽插裕如也。至於餘水，由上手歡喜庵是橋上古湃缺，下流駟馬橋大河時，有下壩糧户曾在位等，伊因彼處田疇，係華邑尾水灌溉維艱，遂上寺懇乞，蒙丈翁慨允，將餘水緣寺林右手捐地開溝，通流下壩，於是在寺西北隅築立石堰，原用本板三塊閘堰堵水，上溝名爲昭覺堰，載在縣志，丈翁復於寺之里許造設水碾一座，以鎮山門，水口名下昭覺碾，寺之舂米永賴焉。百有餘年，上流下接并無異論，突道光六年有下壩糧户謝重輝等因天乾水涸，與寺佃鍾貴鳳争訟，蒙趙前主履勘訊，斷勸令寺僧去閘板兩塊，準用閘板一塊，以一尺爲率，上餘水二尺於板面漫過讓與下游，華陽謝重輝等以爲尾水田畝灌溉之需，廿餘年來雨暘時，若均相安無事，客夏癸丑復遭天旱，下壩鄭國祥等與寺搆訟互相争控，曆經督藩臬道府各大憲轅批飭，邑侯鄭同委員王奉各憲檄親詣履勘，詳加查驗，用尺審量，明確引水横溝約高正河堰底尺許，令將堰門閘板撤去，寺内横溝之水盡行迴流出外，當諭兩造，此非用板閘堰，則水不能分流入溝，寺田必致乾涸，矧既立此堰原爲閘板堵水而設，倘板不閘，又何用堰，爲旋集兩造人等會同委員詳細審訊，斷令仍照趙前主舊案准閘尺板一塊，甚屬公允，兩無防碍，俱各具甘結完案，邑侯除詳稟各大憲外，復出示曉諭，永遠遵行。竊以成華兩邑水源，各分成都，由灌縣都江經石堤大堰及螃蟹洪門等堰，灌溉至昭覺而止，下壩華陽之水由郫邑沱江油子府河，分洞子堰、豆腐堰、平橋子、三洞橋等處引灌，至謝重輝等糧田而止。彼疆爾界，風馬牛不相及也，自丈翁開溝築堰，下壩所求之水，實昭覺餘水波及於下耳，今訟端既息，用紀顛末，庶前輩之苦衷，於以不没而後進之善述，亦可以永彰矣。昔秦李冰鑿穴離堆，取水灌溉，利賴無窮，其功不在禹下，丈翁之普美利於不言，惠及衆生，其恆河沙數無量功德，倘湮没無聞，可乎？抑又聞之莫爲之前，雖美弗彰，莫爲之繼，雖盛弗傳，如兹之創守俱獲者，責諸我輩，猶爲罕覯，况出自釋子也耶？噫，丈翁眞千古得未曾有者哉！謹記。

垸部

概説

綜述

（乾隆）《直隸澧州志林》卷四《堤垸》 王命曰：無曲防。孟子曰：以鄰國爲壑，仁人之所惡也。然防以止水，載在周禮，功并水庸，祀於伊耆。鏡湖築而會稽富，鉗盧壘而穰縣饒。海塘河圩，歷屢宸慮，下及湖壖江滸可耕之地，胥給帑爲垸，督以水利專員，爲小民計，盈寧備稼穡者至矣。顧利之所在，害亦隨之。下流多堤以拒水，上源或横溢爲災，建官垸不已，亦以民圍務，與水争地，使不得暢其奔趨之勢。召公曰：川壅而潰，傷人必多。一值暴漲，瀾閘無所洩，小害禾黍，大害廬墓，甚者蕩平陸，撼城垣，民不爲魚鱉者，倖矣。澧境堤垸，以安鄉爲急，本州次之。然安鄉壤濱全湖，水漸散散緩，州兼溪澬岷江諸水奔注，束以重堤，則水力加悍，衝潰時見。上堤潰，而下堤亦且勢難障禦，國賦民生，胥繫圍垸，固不可輕棄之。波臣不及時督令修築，尤不可聽奸規利，恣行堵截，爲列官垸及護城各堤名數，以備□警。

清 楊錫紱《查勘濱湖堤垸情形疏》《清經世文編》卷一一七 竊照湖南、長沙、岳州、常德、澧州四府州，環繞洞庭，濱湖之民，就湖淤地圍築墾田，謂之堤垸。有昔被水衝，曾經發帑修復者，曰官垸。其未經帑修及續圈者，曰民垸。每年冬令，該管各員，督民培築，以防夏秋之水，曰歲修。臣到任以來，雖察訪歲修各弊，嚴檄水利之員查禁督修，然未經目覩，不能知其實在情形。是以上年恭摺奏明，將就近長沙之湘陰、益陽二縣堤垸，於仲冬親往查勘，荷蒙聖鑒在案。兹臣於二月由湘陰勘至益陽，所有堤垸情形，有尚應酌定章程辦理者，就臣管見，敬爲我皇上陳之。

一、險工宜三年連加大修也。查各堤有當水要衝，尤易損壞，謂之險工。每年歲修，不過加土數寸、一尺。若加高加厚，各至數尺，則曰大修。歲修佃民任之，大修田主任之。今臣查閲兩邑民垸，新築者固屬鬆薄，即官垸舊築者，亦未能一律高厚，其餘各屬之堤，想亦相同。推原其故，蓋每年冬月雖加土數寸、一尺，次年水沖激，又多坍卸，是徒有歲修之名，終難成高厚之實。臣雖面諭堤民，每遇天晴水小，隨時培築，不必定俟冬月。然佃民農忙之時，殊難兼顧，而各垸田主，皆有力之家，出資修堤，俾田永成腴産，并非强以所難。應自本年秋冬爲始，凡屬險要之堤，每歲加厚三尺，加高二尺，以三年爲止。即使歲中少有衝損，尚多餘存，合之現在堤身，三年之間，厚可一丈六七尺，高亦準此。則雖遇大水，永保無患矣。

一、護堤柳株宜一律栽種也。查兩邑年久舊垸，有種柳以捍風浪者，均堅厚無損，其未種者，即不免單薄。至於近年民垸，則種柳者絶少，細詢其故，蓋種柳一事，向來官雖示諭，未能實力督率。佃民田主，各事因循，間或插種，又苦牛羊踐踏，居人拔損，遂多有名無實。臣查柳枝非難得之物，插柳又易爲之事，植之三年，即可捍禦風浪，效速而利溥，莫過於此。臣已面加勸諭，令各多插。嗣後應令水利之員，兼行督率，遍處栽插，將每堤種柳若干，册報查考。責令管理修堤之堤總、堤長人等，稽查照看。印官與道府等官，遇便隨時摘抽點驗，嚴禁縱放牛羊及居民侵損，違者予以罰懲。則數年之間，堤垸屹如山立矣。

一、專管水利之員宜免其差委也。查各屬堤垸，多者五六十，少者三四十，每垸大者六七十里，小者亦二三十里，每年冬季培修，夏秋防護，各無暇逸之時。若差委別出，則培修防護，無人督率稽查，其爲虚應故事，何怪其然。臣洞悉其故，是以上年凡屬水利佐雜，俱不輕爲差委。嗣後應請著爲定例，凡屬水利專員，概不差委。則責成既專，而承辦省力矣。抑臣現請三年連加大修，各屬堤垸既多，道里亦遠，水利之員，督率難周。俟届期興工時，臣當擇佐雜中勤慎老練者，分委協辦，庶工程可望堅實。

一、以後民垸宜永禁再圈也。查洞庭雖曰巨浸，然藉以受各省之水，各屬堤垸俱係沿湖受水之地，漸次圈成，所謂與水争地也。雖濱湖荒地，不許擅行築墾，以阻水路，已經垂諸令甲。但尚有無礙隙地，許民呈官勘明築壑之例。我國家重熙累洽，生齒日繁，沿湖堤垸，彌望無際，實無可以再行築堤墾田之處。今已成之垸，在民既獲其利，未便毀其成功。若再許隙地呈官築墾，在豪民惟規一已之利，捏詞朦混，儻無識之有司，不知總攬全湖形勢，遽徇其請，而上司亦一時疏忽，據詳批准，實貽壅水漫決之患。應請嗣後各屬濱湖荒地，永禁築堤墾田。使川、黔、粵、楚各省之水，有所消納，不致泛濫，則現在各垸之田，年獲有秋，民食有濟，即受益不淺矣。

傳記

（嘉慶）《湖南通志》卷一一九《楊心傳》 楊心傳，鄞都人，萬歷中知安鄉縣，撫流移，革陋規，修築堤垸廨宇，蒐輯志乘，備一邑文獻。

又《王緒》 王緒，貴溪人。萬歷中知華容縣，修築堤垸，爲民興利。遷應天通判，民爲豎石紀其德政。

（嘉慶）《湖南通志》卷一二〇《王永祚》 王永祚，崑山人。崇禎中上江防兵備僉事，修築堤垸，湖不爲患。

又卷一二二《王國祐》 王國祐，奉天人。康熙中知華容縣，凡縣利弊，以時條陳上官。會諸垸畢潰，力請發帑修復，日躬履工所，教役者歌以忘勞，犒以餅餌。堤成，士民德之，及去，爲勒石城隍祠。

又卷一二四《張綍》 張綍，浪穹人。乾隆中知安鄉縣，修學宫及諸堤垸，即范仲淹讀書臺，建祠置田，以供祀事，延師課士於其中，士咸感勸。

又《王原洙》 王原洙，句容人。乾隆中知華容縣，重修德政橋及學宫壇廟，務爲完善。縣濱湖，恃堤垸以障水，而黠者多匿畝避役。原洙履畝均派，增高厚各三尺，更爲立石刓以時蓄洩，民久而賴之。

（光緒）《湖南通志》卷一〇〇《李時漸》 李時漸，壽光進士。隆慶初，由户部郎中知岳州府。先是，嘉靖九年，江湖俱溢，偃虹堤圮。時漸至始，繕城築池，人賴其利。隆慶三年，又同分守參政馮成能檄知縣李炤縉，修華容堤垸。

垸田

論説

清 孫嘉淦《孫文定公奏疏》卷一〇《被水情形疏》 奏爲報明被水情形事。查湖北地方，潛、沔一帶，素稱水鄉，今夏因雨澤過多，漢水、襄河泛溢異常。於五月二十三、四等日，天門縣之胡小垸堤、通順河口，江陵縣之賴汊垸堤，俱有漫決，垸田多被淹没。又於六月十四日，江陵之了角廟等處，潛江之竹根灘等處，又各冲潰，以致下游之沔陽、荆門、監利、漢川，并沔陽衛、荆州衛等處，圩垸被淹甚多。再襄陽府屬之襄陽縣、德安府屬之雲夢縣，於五月二十一、六月二十五等日，山水暴發，堤塍間有被冲之處。現今各處，水勢未能消退，田中積水，三五尺不等，其低窪之處，有深至八九尺丈餘者。居民房屋，亦有坍塌，幸人口尚未損傷，被水之家，俱移居堤上，茅棚蓆片，暫爲茨蓋，風雨漂摇，兼乏薪米，深爲可憫。

（嘉慶）《湖南通志》卷首之三 據阿林保奏，常德府屬武陵、龍陽二縣，雨多水漲，官民堤垸田房，間被衝淹，現在親往，督查辦理一摺。湖南武陵、龍陽二縣，均因四月下旬，陰雨連緜，河水驟漲，宣洩不及，以致堤障潰口，或數丈至數十丈不等，低窪處所，田禾多被淹浸，民房亦有衝塌，幸未損傷人口。惟是該二縣，業經被水，恐窮黎生計維艱，韓封前已有旨，令其護理。湖南撫篆著，查明被水地方，應撫恤者，即加撫恤。如有應行蠲緩之處，即奏請蠲緩。務須實力查辦，無令一夫失所。至阿林保前已有旨，補授閩浙總督，令其由驛速赴新任，此時諒已起程，無庸在湖南辦理此事也。將此傳諭韓封，并諭阿林保知之。

清 張鑒《雷塘庵主弟子記》卷五 江陵縣垸田積水，請建閘以資宣洩一摺。湖北江陵縣低窪田畝，僅賴堤垸促護，每遇伏秋盛漲，水入垸內，上游停潦下注，無路疏導。茲擇地添建閘座，俾資宣洩，於農田水利均有裨益。所有勘明江陵縣范家堤建造石閘，并挑渠工程，估需銀二萬五千三百餘兩，准其先於司庫地丁項下，照數借撥興辦，勒限完工，所借銀兩分作五年攤徵歸款。該部知道。欽此。福謹案，江陵、沔陽二州縣建閘之處，皆大人親到測看，知爲掣水最得力之處。摺中指陳利弊，最切顯明。時有近閘居民，以不建閘爲利，聚衆阻撓者，大人既有定識，不爲所搖，將爲首出阻者，親加重笞於江堤之上，其地始定。大人去楚後，龍王廟閘亦成，士民公奉大人長生禄位于廟中。蓋建閘洩水之後，數百里内水患大除矣。又按，二十五年，湖北沔陽閘成後，職員劉應鸞、閔黄、金開秀等具禀來謝，略云：沔陽地勢窪下，水潦頻年。仰蒙大人軫念民難，臨堤審度，洞澈機宜，以龍王廟地處適中，俾建閘座，啓閉及時，較茅江口更覺暢達，萬民免沈溺之苦。遥瞻仁宇，矢銜結於無窮，謹建舊祠，酬恩慈於罔極。

综述

（乾隆）《漢陽府志》卷九　川爲澤國，殊非沮洳，山阜環繞，川流分會，亦善地也。粤稽地脈，自安陸府屬京山縣五架山，過天門縣皂市湯池，地方入漢川坰塚，東南歷鰕子溝，過汈汊，由黄龍湾紅廟姚兒嶺至徐家畈。起仙女山，高峰崒嵂，一名陽壹山，又名采芝山。東二里結縣治，北分餘氣至揚子港而止。南枝走繩子頭，至廟頭過漢河，起擔山，臨澤湖，南於梅城鄉一二三里地方，起力山、斐馬山、仙師山、龍門山、石鏡山、鳳凰山、卜審山，東起龍霓山、高觀山、黄家山、斐山、史家小別甑山，環列於縣之東南，其田地坐落，皆依山傍嶺，歷無堤垸，較湖鄉垸田，科則有別，此漢川地脈之形勢也。

（乾隆）《江陵縣志》卷八　五代築於高季興，起安陸，歷潛江以至監利，而後荆之胸背皆水者，自是而胸背皆坻，而古汙萊魚鼈之地，亦就濱水高處，範而成田，名曰垸田。垸復有湖，而坻反居其外，則河以爲身，而坻爲命矣。

（乾隆）《直隸澧州志林》卷四　耿橘曰，圍垸無論大小，中間必有稍高稍低之處，若不分別，彼此各立戧岸，將一隙受水，遍圍汪洋。稍高者曰吾禍未甚也，觀望不戽。稍低者曰吾瑣瑣者，奈此浩浩何，畏難不戽，彼此推諉，勢必難救。法於圍内隨形勢截斷，另築小岸以防之。水潰外圍，纔及一戧，可以獨力戽。即及數戧，來可以衆力戽。宜即於堤田外邊開溝取土，内邊築岸，使溝受高田之水，不致内溢。岸衛低田之稼，護免外淹，此澧與安鄉垸田宜措意者。推此法於少水高鄉，小爲圩角，多列田塍。值旱，水源不能遍注，即蒲塞近源田塍；有餘，次第放注，不致衆圩同槁，亦必有秋。石、慈、福、永，宜參彷之，即多水平原，亦宜樽節，以備不虞。《周禮》之所謂『以列舍水』，毋倖貪大田多稼也。

清 林則徐《林文忠公政書》卷五《查勘江漢堤工摺》　該州李兆元與前代理州折錦元，均駐該處，督率汛委各員，集夫搶築。臣適至堤上，察看形勢，尚可不至決裂。當諭居民不必驚悸，亦不可相率逃避，致惑人心，正當隨同地方官捧土束薪，盡力守護，即可保無失事。時有署沔陽州州判姚正道，赤足立於水中，連夜收土，督夫塞漏，有隙即填。防汛之委員彭鳳池，亦於土下堤段來往飛催，畚揭紛集，該堤發漏之處，遂得逐漸堵閉，并未過水掣通。堤内垸田一望無際，皆免淪於巨浸之中，實爲至幸。臣復由沔陽上至天門、潛江、荆門，又上而至京山、鍾祥，則皆在汛漲已過之後，堤身出水較高，民情極爲安貼。所有各縣本届歲修暨捐修各工，除大汛以前完竣，奏明先委道府驗收者，此次復經臣自行覆驗外，又據署潛江縣知縣甫經卸事之何渭珍禀呈近日續修工摺，查係於歲修之外，復經勸捐興辦，如方家灣、戴家嶺、卸甲埠、白伏垸等處月堤，新豐垸、皮家拐之上下壩座及石盤頭，暨各垸老堤加高撐幫之工，臣皆親往錐驗，均系磯砌堅實，足資抵禦。此襄河一帶之情形也。

清 楊錫紱《查勘濱湖堤垸情形疏》《清經世文编》卷一一七　險工宜三年連加大修也。查各堤有當水要衝，尤易損壞，謂之險工。每年歲修，不過加土數寸、一尺。若加高加厚，各至數尺，則曰大修。歲修佃民任之，大修田主任之。今臣查閱兩邑民垸，新築者固屬鬆薄，即官垸舊築者，亦未能一律高厚，其餘各屬之堤，想亦相同。推原其故，蓋每年冬月雖加土數寸、一尺，次年水沖激，又多坍卸，是徒有歲修之名，終難成高厚之實。臣雖面諭堤民，每遇天晴水小，隨時培築，不必定俟冬月。然佃民農忙之時，殊難兼顧，而各垸田主，皆有力之家，出資修堤，俾田永成腴産，并非强以所難。應自本年秋冬爲始，凡屬險要之堤，每歲加厚三尺，加高二尺，以三年爲止。即使歲中少有衝損，尚多餘存，合之現在堤身，三年之間，厚可一丈六七尺，高亦準此。則雖遇大水，永保無患矣。

清　胡林翼《胡文忠公遺集》卷四〇《請分别蠲緩各州縣新舊錢糧等項疏十二月初四日》　竊照楚北素稱澤國，地勢低窪。咸豐十年，夏秋水漲，濱江各屬田地多被漫淹，并有缺雨受旱之處。又荆、宜兩府，入夏以來，陰雨連朝，川江水漲異常。歸州漫及城根，東湖縣水漫入城，江陵、松滋、公安、石首、監利等縣，民堤漫潰。各縣附近都垸，并枝江、宜都二縣近水田地，亦俱被淹。公安縣水高城墻丈餘，闔邑被淹，江、湖連成一片。又，襄河、漢水陡長二丈餘尺，天門縣屬之紅沙廟、峰口頭兩堤漫潰成口，垸田被淹，并灌入沔陽州之通順河堤，帶淹各垸。雲夢縣聯升會民堤，漫刷成口。附近各會與漢川縣低窪各垸，均被帶淹。據各該州縣先後禀報，均飭道府親勘，加結詳辦，并經臣等專折馳奏各在案。

（同治）《漢川縣志》卷九　邑人林鍾任説曰，南湖官垸，距邑治八十里而遥，坐落雞鳴鄉西，隸里潭泛司。東至縻攝垸界，東南至蓼湖垸界，南至軍垸、喻家垸界，西南至七十二垸界，西至天門松石垸界，西北至抄堰界，北至返灣蘆洲界，東北至上江垸界。垸分上中下，中下舊有東西岸之别。而西岸之中垸，又以大路東西分之。路東從六屋嵴起，至七廟嵴止，爲林、葉、楊、曹四首中垸，路西屬他約中垸地。東岸之中垸，從皂港河起，至楊氏祠底，亦屬四首承管焉。西岸之下垸，起楊家灣大路西北，迄斗步頭。東岸之下垸，起劉家集，迄三汊堤。東西皆林、龔、周、易、劉、尹六首地。昔年派畝建剅，垸界以定，畛域判也。兩岸之中，有大南湖，長十里，受五子湖水，經吴公地溝，借下南湖之渣角湖剅東出，下南湖水仍循清水畈剅北出。西岸之右，有蔡陂湖謝湖，水出尹家剅，蔡陂以上，有東家巷、王家壋，土俱閒之，白土等湖水不能下，水路分也。垸南有田二河支津，入大橋口，經皂港河，西受大南湖水，自渣角湖剅出繞六渡灣。北入中洲湖，西有水自重石河來，受蔡陂各湖水。自尹家剅出，至斗步頭，又會東來之下南湖水。自三汊堤剅出，轉北分二派，一入中洲湖，一由三湖口東折楊腰陂，同入三臺湖。垸田方圓，尖斜不齊，東岸形長方，以號頭計，形叚異也。西岸中垸，田稍高，土沃宜棉。自吴公地迤南，迄下垸，田低宜禾，重以大南湖淤。垸外河復壅塞，水無所洩，時罹澇潰之患，湖饒蒲蘆，土性殊，地勢改也。税科紅糧，上垸額重，中下遞降，惟渣角湖灣納漁銀，賦錯出也。斗步頭集，爲衆流所經，魚米萃集，交易者趨之，有無通也。堤延袤一萬餘丈，兹分罯田界，自四總八長單堤起，迄八總十長夾河堤止，夷險别也。嘉慶十六年九月，清丈，其林、葉、楊、曹四首之中垸，曁林、龔、周、易、劉、尹六首之下垸，統歸斗步頭敦本堂公局領辦，衆心一也。中下垸舊額一萬一千畝，今兹清查，贏餘得若干畝良田。居民墾湖作田，水畝減而茭塌增也。其官淤加淤學田堤佔沖潭各地畝，另造存檔焉。合將丈過弓口至界臚列於左，起工十月，工竣次年五月，新編恭寬信敏惠字號五，爲甲二十。董率者林鍾任也。校訂者林鍾俊也。

（光緒）《巴陵縣志·叙》　府境四周，邊界犬牙相錯。東自平江中界山起，至黄龍峰，抵江西義寧州境。又自黄龍山起，至巴陵摩斗嶺、臨湘土門，抵湖北通城縣境。又自臨湘葯姑山起，至牛角尖，抵湖北蒲圻縣境。此皆以山爲界也。若自羊樓司至灘頭下，勘頭山抵湖北蒲圻縣境，以灘頭港爲界。自中寨湖上歷黄蓋湖，至島口高家墩，抵湖北嘉魚縣境，此皆以湖爲界。六洲對岸，抵湖北沔陽，州境若自六洲而上，至華容塔市驛，均抵湖北監利境，以大江爲界也。自華容塔市驛至六湖山，抵湖北石首縣境，以山地、垸田爲界。

（光緒）《善化縣志》卷六　白水垸，田二十畝。佃民方世階規銀十三兩，歲租五十二石。

又　灘頭垸田，九十五畝。佃民賴正權規銀一百八十兩，歲租七十六石。

傳記

明　羅洪先《念庵文集》卷一五《明故都察院左都御史贈太子太保謚簡肅周公墓銘》　公名延，字南喬，居近崦山，因以自號周氏，泥田水溪巨族，相傳系出都鄉侯胤，因守袁，留居之。至汾翁徙烏東五世，沂濵再自烏東徙泥田，十六傳而爲學顔。學顔生渠，舉洪武庚戌鄉試，官至台州府同知，以治水知名太祖皇帝。渠生公智，泰和訓導，於公爲高祖。曾祖適，台州教授。祖仁讓，祖妣宋氏，父良福，妣李氏。公既貴，俱贈兵部右侍郎兼都察院右僉都御史，二妣俱淑人。公始爲儒士，舉嘉靖壬午鄉試，明年登進士，爲潛江知縣，用薦調廣之新會，戊子，召爲兵科給事中，以言謫太倉州判官。徐丁妣淑人憂，起復，補宿州，已而擢揚州府同知南京禮部主客郎中，調南京吏部考功。戊戌，擢廣東布政參議，轉按察副使，擢左參政，轉福建按察使，擢右布政使，曆廣東左布政使，以都察院右副都御史巡撫應天，再擢兵部右侍郎兼都察院右僉都御史，提督兩廣軍務兼巡撫。無何，召爲刑部侍郎，復擢南京都察院右都御史，轉南京吏部尚書，改南京兵部尚書，參贊機務，凡二十任。【略】始至潛，未試吏，據律擿發奸蠹，破露常堤、黄漢垸田三千丈，防恩江河，潛得常稔，而沔無水患。盜入東北沙垌，驅民驟往，盜驚有備，卒敗以去。新會窟猾逃稅，習不可治，則又設計誘之，畢償其逋去，兩嵩邑，俱祀名宦祠中。

清 李兆洛《養一齋集》卷一四《光禄寺卿康公行狀》 公諱紹鏞，字鏞南，號蘭皋。其先自陝遷山西清源，又自清源徙居興縣，故今爲興縣人也。高祖、曾祖皆績學不仕，祖英偉凋達，不治生産，家貧，喜購書籍，教子弟，悉口授無所遺。嘗曰：『吾以墳籍遺子孫，其爲田宅也多矣。』邑有張成者，負人千金，憂且死，見而憫之，許爲代償。既而成死，竟立詣債家曰：『吾與張有成言，不可食。』遂易張券爲已券，畢償之，其行義如此。廣信公兄弟，始舉進士，兄基田官至南河總督，廣信公歷河南嵩縣、甘肅皋蘭知縣，肅州知州，江西廣信府知府，所至勸農桑，修水利，興學校，禁溺女，皆有成效，爲一時循吏。【略】公以興圖所載道理，探測水程，分限界址，爲圖置諸座右，以時省覽。檄地方文武并水師營汛，依限巡徼，毋少縱弛，其湖中漁船停泊所在，檄令倣保甲例。某處漁船若干，漁户若干，編審籍記，而盜賊無所容迹矣。澧州夕陽湖，上承涔水，下洩洞庭，兩岸皆垸田。上下夕陽二垸在湖之南，魏家、本浪、熊家、烏衣、夜鶴、大池六垸，錯列其東北，地低下，洩水不暢，上下夕陽、魏家三垸積水，不能耕種。前撫臣奏准豁除額糧，而近年以來，木浪等五垸亦連年被水，其錢粮蒙恩展緩已久。公至以爲上虧國課，下匱民生，不有疏刷，何以克復舊貫。遂檄道府，督率州縣，官計畝履勘知，上下夕陽垸近來設法，疏消湖水，平緩泥沙，逐漸淤高，可以耕種。惟魏家垸仍未涸出，不能復業，至木浪等五垸，當湖水直冲，無從宣泄，丈得夕陽二垸可耕之田萬一千一百餘畝，濵湖淤田三千八十餘畝，其木浪等垸實在不能耕種之田，亦萬一千八十餘畝。奏明可以復業者，分别起科完糧，積水難疏，不能耕種者，并予豁除，以紓民力。

（乾隆）《天門縣志》卷二〇 教諭程大濩妻夏氏，年二十三，夫亡無子，誓殉死已。念姑思難割，夫祀無主，寧爲其難。立嗣方蕙撫之，後蕙司鐸彝陵、孝感，并有官聲，皆母教之力。至族姓子姪嫁娶無力者，氏除河灣垸田租充之，數十年不替，壽六十終。

（乾隆）《安鄉縣志》卷四 吴煒，字我揚，黄陂人。由歲貢，康熙二十四年任教諭。公具揮霍才雅，以遠大自期，性復剛柔兼濟。捐俸置文明垸田，收課辦猪羊，以卮聖誕，并創修文昌帝廨舍，勒石現存。

（嘉慶）《常德府志》卷四八 張氏，顔朝聘妻，年二十七夫故，遺二子。翁國亮曾於乾隆二十五年捐曾家垸田二十畝，後吏買石磯垸田十畝，充文昌廟香火。費氏善體翁意，周濟貧苦，現年五十三。

（光緒）《湖南通志》卷一〇五 范時綬，漢軍鑲黄旗人。乾隆十六年，署湖南巡撫，疏言長沙等處未報升科田畝已委員丈量，照例起徵。其湘陰、益陽等縣，續查出私墾田千餘頃，均瀕洞庭，旱歲閒，獲收成，一遇水漲，呼賑籲免，無補正供。請照峰頂湖澤之隙，聽民耕種，例暫免升科，俟成腴壤日起徵，部議如所請。洞庭爲受水之區，私垸日增，則上流受害時，綏將垸田礙水道者，勸諭毀垸，并嚴禁添築，水得暢流。

又卷一八〇 朱英，字沙溪，庠生，捐合興垸大嶺田三石入樟樹潭義渡。捐黄荆垸田三十畝，爲蘭洲義學膏火。

又卷一八一 朱名芳，字樂庵。捐黄泥、湖河土入沿溪義渡。弟名蓮，字近溪，捐永和垸水田三十畝，并房屋基地入沿溪義渡；捐永和垸田十九畝五分，并屋宇基址入長沙府義渡。朱大瑷，字美田，捐永和垸水田六畝，并房屋基地入長沙府義渡。弟大瑗，字慕蘧。捐永和垸水田四畝八分，并房屋基地入長沙義渡。

（光緒）《荆州府志》卷五五 頓慶悦，監生，家濵江，有流屍必爲殮葬，與職員鄒殊凡同置觀音港西田數畝，又獨施三合垸田五畝作義地。

紀事

清 汪志伊《籌辦湖北水利疏》（《清經世文編》卷一一七） 嘉慶五年，雖經前撫臣高杞奏准，開挖姚家河、黄土溝、柴林河等處，使水由豐口入江，但止能消洩上游長湖、澤口二處，夏秋所進泛漲之水，所有各垸田積滂之水，即冬春亦不能涸出。臣於三月間，勘有監利縣之福田寺地方，即古之水港口，今横堵一堤，丈量堤内杜瓊廢垸，積水高於堤外白鸁湖面水五尺二寸，宜開堤建石閘一座。又沔陽州所屬，濱臨江水之新堤地方，即古之茅江口，并前水港口，係前明大學士張居正，因有關其祖墳風水，築堤堵塞。今丈量新堤内河之水，高於外江水一丈二尺，宜開堤建石閘一座。并籌定啓閉章程，每年十月十五日，先開新堤閘。十月二十日，次開福田閘，計可疏消積水六七尺，各垸田即可涸出十分之八九。

清 彭元瑞《孚惠全書》卷二〇 十月十三日，奉上諭，沔陽州衛有被水垸田，補植較遲，收成稍歉者，若與熟田一體徵收，小民未免拮据，著加恩將該州縣衛，補種歉收地畝，今歲應完下半年錢糧，緩至次年麥熟後徵收，以紓民力。該部即遵諭行。

又卷二一 乾隆四十二年十月十一日，奉上諭，湖北省江陵、監利二縣，本年因秋水泛漲，其最低垸田，間有被浸處所，雖該撫等查明，疏消補種，俱秋成有望，不致成災。第念該處垸田，俟水退後補種莜糧，收成究未免歉薄。所有江陵、監利二縣被水補種歉收各垸田，本年下半錢糧，著加恩緩至次年麥熟後徵收，以示體恤貧民之至意。該部即遵諭行。

又卷三六 十八日，奉上諭，前因湖北省黄梅、廣濟及黄岡、漢陽等州縣衛，間有被水之處，業經降旨，即速據實查勘，分別加恩賑恤，毋致失所。今據定長續奏湖南之湘陰、益陽等處，亦於六七月間雨後水漲，以致堤垸田廬間有淹損等語。朕心深爲軫念，所有湘陰、益陽、沅江、龍陽、武陵、安鄉、華容并澧州、祁陽等州縣，被災情形，著該督撫即董率所屬，詳核確勘，加意撫綏，務俾均霑實惠，毋使稍有拮据，以副朕賑卹窮黎至意。該部遵諭速行。

（嘉慶）《湖南通志》卷三二 十二年，部覆巡撫楊錫紱條奏湖南長沙、岳州、常德、澧州四府州，濱臨洞庭，所有圈築墾田，非堤垸不足以資捍衛，自本年秋冬爲始，凡屬險要之堤，令各垸田主出資大修，每歲加厚三尺，加高二尺，以三年爲止，合之見在堤身，三年之内高厚可一丈六、七尺，雖遇大水，可保無患。每年工竣，水利各員驗報，毋得濫行差役擾累，督令歲修報部，水利各員督率，栽柳以護堤根，嚴禁縱放牛羊及居民侵損。

（嘉慶）《長沙縣志》卷五《津梁》 一、嘉慶十三年，益陽生員朱大瑗、六璋、大琛捐永和垸田七斗五升。用堤垸弓丈明計田七斗三升三合八勺，山屋俱全。

又 一、嘉慶十三年，益陽貢生朱良輔捐永和垸田三石，用堤垸弓丈明計田二石九斗三升五合二勺三抄，山屋俱全。

又 一、嘉慶十三年，益陽監生袁淳信捐永和垸田一石，用堤垸弓丈明計田九斗七升八合四勺二抄，山屋俱全。

又 一、嘉慶十三年，益陽監生朱大愛捐永和垸田一石，用堤垸弓丈明計田九斗七升八合四勺二抄，山屋俱全。

又 一、嘉慶十三年，益陽莫庾軒捐永固垸田，用堤垸弓丈明計田一石。

又 一、嘉慶十三年，益陽生員戴養浩捐永固垸田，用堤垸弓丈明計田一石。

又 一、嘉慶十四年，益陽朱遠石捐永和垸田二斗五升，用堤垸弓尺丈明計田二斗四升四合六勺一抄。

（同治）《直隸澧州志》卷首之三 嘉慶二十一年七月，諭曰：巴哈布奏，勘明澧州垸田積水難消不能播種情形一摺，湖南澧州上下夕陽、魏家三垸，緊傍夕陽湖，湖内之水，向由會家港班竹港分流匯入洞庭湖。近年，二港停淤，湖水無從宣洩，三垸堤潰水淹，業已變垸爲湖，多年不能耕種，加恩著將上下夕陽、魏家三垸，暫行廢作官荒，所有每年額徵丁賦正耗銀四百七十兩零，漕米二十六石九斗零，一概予豁除。其嘉慶十

八、十九、二十年新舊錢糧，及十九年原借耔種口糧，未完銀九百四十七兩零，一并豁免，以紓民力。該部知道。

清 華學瀾《辛丑日記》 二十九日，卯刻起，打坐尖。辰正二刻，旭卿來送升輿。未行而肩槓忽折，已所存者，已隨行槓先行，乃借旭卿者用之。行出東門，折而北，强字旂列隊送於郊，三十里渡一小河，至張公壋。又二十三里，渡涔河至北王垸，田地皆没水中，但見一片茫茫而已。又七里，至順林驛，分司巡檢李金谷鏞，湖北光化人來迎。未初二刻，至分司署，宿於堂東偏之書齋。金谷來見，談許久。據云八月間水大至，至今未能涸盡也。爲金谷書對聯二。

藝文

清 祁寯藻《䜌䪥亭集》卷一四《送吴梅梁給諫同年觀察湖南》 峩峩烏臺彦，麟鳳耀獬廌。直聲振海内，清名動天子。朝廷嘉乃績，畀以南國紀。命下賀得人，百僚咸慶喜。惟君念民莫，諮諏到弇鄙。十分未得一，何以報知己。請爲述洞庭，往迹之所履。大哉荆州浸，吞納七百里。鼎澧各西跨，天岳實東峙。其中萬帆檣，出没風濤駛。顛沈已可慮，況乃藏奸宄。胠篋在深夜，巧於金攫市。漁舟何泛泛，結隊叢蘆檥。名爲拯覆溺，往往劫行李。呼吸生死間，譚笑忍坐視。不知鱄魚腹，沈冤誰爲起。連年濱湖地，漂蕩無定址。其害在垸田，當湖築洲沚。大者千百頃，小亦成疆理。秋來百川灌，遏而使之徙。郡縣受其衝，田廬爲傾圮。往者馬制府，察勘曾及此。厥田别官私，官存私則毁。奉行沿故事，申章煩御史。煌煌絛教頒，令行禁且止。斯皆亡業民，聚族田於是。驅之將奚歸，縱焉伊胡底。除弊去其甚，思艱慎厥始。要期奠蒸黎，肯使擾耘耔。吾聞古循吏，貴目而賤耳。洞燭利害源，興廢以時揆。其要在力行，廉能任所使。訟平民乃安，年豐盜可弭。君學慕宣公，濟時式浮靡。露冕所到處，萬口流聲美。渺渺離騷國，衆芳豔秋水。采摘余懷袖，三歲香未已。願君勤愛惜，中有蘭與芷。

雜録

（光緒）《荆州府志》卷一一 江陵縣育嬰堂，在縣治南順城街。雍正十三年，知縣汪歙建。乾隆二十一年，知縣李豫捐俸重修。五十三年，水圮，知縣楊界用存庫銀二百餘兩墊修，逐年稞租支剩餘積歸款，捐置田畝，劉振鐸置張家垸、羅家潭共田一百二十二畝，羅家口埸地一所。前縣汪置廣有垸田二十畝，李廣生置趙家河田十畝。

官垸

題解

清 楊錫紱《四知堂文集》卷九《查勘濱湖堤垸情形疏》 竊照湖南長沙、岳州、常德、澧州四府州，環繞洞庭，濱湖之民，就湖淤地圈築墾田，謂之堤垸。有昔被水衝，曾經發帑修復者，曰官垸。其未經帑修及續圈者，曰民垸。

論説

清 魏源《古微堂集·外集》卷六《湖廣水利論》 江、漢上游，舊有九穴、十三口，爲洩水之地，今則南岸九穴淤，而自江至澧數百里，公安、石首、華容諸縣，盡占爲湖田。北岸十三口淤，而夏首不復受江，監利、沔陽縣亦長堤亘七百餘里，盡占爲圩田。江、漢下游，則自黄梅、廣濟，下至望江、太湖諸縣，向爲尋陽九派者，今亦長堤亘數百里，而澤國盡化桑麻。下游之湖面江面，日狹一日，而上游之沙漲，日甚一日，夏漲安得不怒，堤垸安得不破，田畝安得不災。然則計將安出，曰兩害相形則取其輕；兩利相形，則取其重。爲今日計，不去水之礙，而免水之潰，必不能也。欲導水性，必掘水障。或曰有官垸、民垸，大礙水道，而私垸反不礙水道者，將若之何。且有官垸、民垸，而藉私垸以捍衛者，并有藉私垸以護城堤者，將若之何。且私垸之多，千百倍於官垸、民垸，私垸之築，高固甚於官垸、民垸。私垸强而官垸弱，私垸大而官垸小，必欲掘而導之，則廬墓不能盡毁，且費將安出，人將安置。應之曰，今昔情形不同，自有因時因地制宜之法。如漢口鎮，舊與鸚鵡洲相連，漢水由後湖出江。國初忽衝開，自山下出江，而鸚鵡洲化爲烏有。又如君山，自昔孤浮水面，今則三面皆洲，水涸不通舟楫。岳州城外，昔横亘大沙灘，舟楫距城甚遠，今則直泊城下。又如洞庭西湖之布袋口，今亦冬不通舟。此則乾隆至今，已判然不同，皆西漲東坍之明驗，水既不遵故道，故今日有官垸、民垸當水道，私垸反不當水道之事。今日救弊之法，惟不問其爲官爲私，而但問其垸之礙水不礙水。其當水已被决者，即官垸亦不必復修，其不當水衝而未决者，即私垸亦毋庸議毁，不惟不毁，且令其加修，升科，以補廢垸之粮缺。并請遴委公敏大員，編勘上游，如龍陽、武陵、長沙、益陽、湘陰等地，其私垸孰礙水之來路，洞庭下游，如南岸巴陵、華容之私垸，北岸監利、潛、沔之私垸及汀洲，孰礙水之去路。相其要害，而去其已甚，杜其將來，而寬其既往，毁一垸以保衆垸，治一縣以保衆縣。且不但數縣而已，湖南地勢高於湖北，湖北高於江西，江南楚境之湖口，日蹙日淺，則吴境之江堤，日高日險。數垸之流離，與沿江四省之流離，孰重孰輕？且不但以鄰爲壑而已。前年湖南、漢口大潦，諸縣私垸之民人漂溺者，亦豈少乎。損人利已且不可，况損人并損已乎。乾隆間，湖南巡撫陳文恭公，劾玩視水利之官，治私築豪民之罪，詔書嘉其不示小惠。苟徒聽畏勞畏怨之州縣，苟俗苟安之幕友，以姑息於行賄舞弊之胥役，壟斷罔利之豪右，而望水利之行，無是理也。欲興水利，先除水弊，除弊如何，曰除其奪水奪利之人而已。

綜述

（光緒）《湖南通志》卷四七　國朝康熙初，水漲，從新河衝潰百餘丈。每歲西南諸溪尚，山水驟發，勢若建瓴。而虎渡江流，從東三汊腦奔入，悍如怒馬，五川不能容，隨勢旁决一線，土堤其何能禦當。前明末有堤垸，其後私築無多，且不甚高，水口寬漫，流不能容，則聽其泛溢於陸，多不過三日即退。自修築陽由、孟姜等九垸之後，遂有官垸、民垸之分。有垸者加倍，而無垸者不得不築，諸流群趨匯口以入洞庭，官民堤垸爲之障塞，其不至於泛濫，而爲民患也幾希矣。涔水經流支流至涔河橋、張公塘下，可合爲一，而魏家一垸砥其中，至魏家垸下，可以南流，而上下夕陽兩垸障之使東。澹及澧水支流至涔河，可以東趨，而上下夕陽兩垸，又障之使南。江水至三汊腦下，可以合流東注，而李文一垸，砥分爲二，其西流與涔水至李文、上下夕陽三垸，可以東趨，而窖口、張毛、黄絲三垸又挾之以南。澧與道水至關山下，可以南趨，而陽由一垸復排之使東。江水東西二流，及涔、澹各水至觀音港六冢口下，并澧水至陽由垸下，皆可以順勢東流，而孟姜一垸復扼之使南。此五大川經流支流俱不得暢其所歸也。至築大圍垸，乃與李文、黄絲等垸聯而爲一，號十官垸，而水之容蓄，無餘地矣。

（同治）《益陽縣志》卷六　檔册：凡領帑修築爲官垸，民力自修爲民垸。内官垸，千家洲垸，由康熙五十六年總督滿丕發帑修築。沿河、合興、中洲、長湖、長灘、河皮、上中下火田、曹埠、宋家十一垸，雍正六年知縣王璋領帑修。夏子口東西兩垸，雍正十一年知縣李澎領帑修。餘民垸十五，乾隆七年，通行咨詢案内知縣尹李玘奉文造報入官督修。以上諸堤，多起於先明盛時。迨兵火後，人民流散，中鄉善地，尚荒蕪滿目，何况下鄉低窪之境，蘆荻百里，虎狼窩穴，行舟皆有戒心。康熙五十年以後，有蒲圻民何禹拜者，注籍於此，領帑修千家洲垸堤，復倡捐數百金，築塞牛路爛柴二隙口，此國朝縣東諸院之權輿也。吾益堤工，明萬曆三十六年，大水崩頹。四十二年，後董令凡築三萬餘丈。崇禎十一年，再遭浸没。昇平日久，既盡復，且有增焉。水利之備，蔑以加兹。嘉慶志：以上二十九垸，及諸説俱本舊志内。楓林垸，係雍正十二年近民於楓林港内修築，横堤一百四十丈，爲楓林垸。後因湘江水漲，由喬口經鳳凰湖灌入，被横堤堵塞，不能達蘭溪，入資泛溢爲患，業民禀請刨廢。乾隆二十一年，勘明詳毁，按舊載丈尺，惟仍其朔，以今册報核之，或增或减，每有不符，此因曆年既久，水勢變遷，或有灘淤則擴修，或受衝刷則減築，故積久不同耳。今悉據現在申報册籍，而以舊志附録焉。

紀事

清 康基田《河渠紀聞》卷二〇　按堤防考，華容縣北臨川江，南接洞庭，中有斗子褚塘蘇池等十有三，湖南北水漲，殆無遺土，環土爲垸，凡四十有八。明時江湖水溢，諸垸堤盡潰，勢難并築，垸大而要害者，惟官垸、濤湖、安津、蔡田四垸，各周回四十餘里，縣賦半出其中。嗣修蔡田、安津二垸，復合二垸爲一。康熙、雍正年間，俱發帑修築。乾隆五年，水漲潰伍家垸，至是復決蔡、安二垸，委員修復，陳士元議云：楚東諸郡，水弗可堤，利在疏導；西諸郡堤斯利焉。漢水之泥，濁似江河，非疏滌之，則散漫矣。東諸郡固漢濱也，水由澧會赤沙，湖沅出邑南華容，當大江九江之衝，江水較漢稍清，不異於澧，自杜預開漕以瀉江勢，而東邑之湍悍稍紓，邑西之流澌浸巨，故江水横截，予邑注之洞庭，范晦叔《岳陽風土記》謂華民多舟居，常産即湖地，建寧南堤決，即被水患。建寧今石首，南堤即今調絃，夏秋必決必溢，二邑江患相表裏。垸最巨者，安津、蔡田官垸，一遇漲潦，堤即衝決，冬月水退，有司發粟集民修之，而於堤之堅脆弗問也。

（康熙）《潛江縣志》卷三　小官垸民田，七百九十四畝三分五釐一毫。

（乾隆）《安鄉縣志・序》　乾隆十三年以後，張志之所未備，毋或漏也。是合兩編而參觀之，而一邑之形勝、方物、賢良、風化，紀而載之，表而揚之，其將約略見於斯乎。余三載于兹，諮諏輿論，經畫堤工，乃兢兢焉。不遺餘力，潰者築之，圮者培之，越兩年之久，堅固縝密，用卜有秋，以視昔日之荒蕪，今已成爲沃壤矣。其創修太和、合家、實惠、新加四官垸。爲民垸倡，所以正其名而存其實也。

清 張綽《堤垸略節》（乾隆）《安鄉縣志》卷七　康熙五十五年，前令傅將一十三處詳爲官垸，動帑大修，民稍安堵。迨雍正四、五兩年，大水倍異尋常，堤多冲潰。前署令張復領帑修築，添建文明、新加二處。又十餘載，至乾隆七年，復遭水患，惟上十垸稍居上游，得保無虞。下五垸四面逼湖，堤塍潰決殆盡。蒙各上憲俯念工程浩大，遴委九溪司巡檢周元滋、津市司巡檢楊文賜，會同本縣典史堵均，協力督修，不兩月而鉅工告竣。

（乾隆）《長沙府志》卷二四　湘陰之官垸一十六，共堤四萬三千七百二十八丈。民垸三十七，共堤五萬一千三百三十四丈。益陽官垸一十四，共堤二萬九千六百六十九丈。民垸一十六，共堤二萬三千五百五十九丈。會同兩縣，印河官悉照田畝，均分修築。

（嘉慶）《沅江縣志・水利志》

官垸二

永豐垸。在龍陽縣南五十里。雍正年間，請帑修築。垸西益邑有田八百畝。

黄荆垸。縣西南四十五里。乾隆初年，請帑修築。垸南益邑有田三千畝。

雜録

（康熙）《岳州府志》卷九　按縣北臨川江，南連洞庭，中有斗子、澌渚、蘇地等。湖南壯水漲，殆無遺土，非環土爲垸，則居民不能以旦夕安也。故南則有上路、木城、官垸等垸，壯則有伍田、濤湖、安津等垸，西則有白梅、龔湖、蔡田等垸，東則有章華、黄逢、紙方等垸。大小凡四十八垸，最大爲要害者，惟官垸、濤湖、安津、蔡田四垸，各週迴四十餘里。本縣錢糧，半出其內，堤防之功，不可緩也。

安鄉垸

綜述

（康熙）《安鄉縣志》卷一一《安鄉縣堤垸圖記》　按古牒，安邑肇建寔遠，西漢爾孱陵，東漢爾作唐，晉齊改南平郡，陳名安鄉，遷今址。志爾水鄉，夫邑志水鄉，得肇自漢晉以迄今，是水之虐未甚也。我明歷正德丙子巨浸者一，嘉靖庚申、乙丑，隆慶辛未巨浸者三，是水之虐未連歲無間也。萬曆丙戌、丁亥，連遭水，民弗堪命，極力拯救。而戊子歲，又滔天莫禦。噫，無堤故無命也。司牧者不能保歲之不水，尚思所以爲禦水之防，請土堤之，報可。會民食維艱，而工費莫措，時太守晋江張公，請於大參山陰王公，力爲主持，出帑金若干，不兩載，綿亘數十里，堤工告成。居者安，耕者乂，逋而外者歸，熙熙肰古昔安養風也。歲庚寅，大參王公先後按部，堤之民舉手加額，且拜且謝曰：魚鱉之民，數載弗康，一簣功竟，保障無疆，誰之力也，是太守公。太守公不有，歸於大參。大參公曰：民爲邦本，若兹昏墊而衽席之，寔爲國祚之昌。是爲記。

（同治）《直隸澧州志》卷四

安鄉縣

圍城垸、羅陽垸、劉孟垸、冀堤垸、張讓垸、椒橋垸、中和垸、惠明垸、惠喜垸、文明垸、實惠垸、興家垸、新加垸、太和垸、合家垸。

舊無堤垸，明萬曆時，分守王士華以邑頻苦水，外請帑，於最下村落興築。康熙二年癸卯，大水垸圮，知縣王之佐督垸民修復。十五年丙辰夏，南水迅發，垸盡圮，知縣王基鞏單騎巡築，逓年加基，自是水患稍紓。雍正四、五年丙午、丁未，連被洪水，淹塌異常，知縣張忠震奉文領帑督復，又添築文明、新加兩垸。近奉文將下五垸大修三年，上十垸照常歲修，逓加高厚，知縣張綽委典史堵均悉心鳩巡，工益培固，民慶宅土。然安垂洞庭之濱，辰沅朗水來自西南，石慈澧水滙自西北，又岷江、虎渡分趨自北，徑抵縣城；瀆湘各水雖不涉縣境，而横截洞庭，瀦蓄難洩，築堤堪禦小浸耳。若各水并漲，勢高於堤，波濤洶湧，雖甃石不能護堤脚。有定民田難割，亦別無增高之術，惟上下淤流，不聽民規利報税，圍截水廣一分洩，受斯堤免一分撼淹耳。

（光緒）《湖南通志》卷四七

安鄉縣

圍城垸堤，在安鄉縣南。又，文明、羅陽、中和、黄堤、劉孟、張壤等垸堤，俱在縣南。板橋垸堤在縣西，惠明垸堤在縣北，是爲上九垸。又有興家、實惠、新家、太和、合家等垸堤，是爲下五垸。明萬曆間，州同知王士華築。

傳記

（嘉慶）《清一統志》卷三七四　張綽，浪穹人。乾隆十年知安鄉縣，修學宫，保障堤垸，建范仲淹祠，置祭田，課士其中，咸爲感勵。

紀事

清　潘頤福編《咸豐朝東華續録》　是月，貸湖南安鄉縣修築堤垸銀。

白洑垸

（康熙）《潛江縣志》卷三　白洑垸民田，一萬三百九十五畝五分八釐。

又　白洑垸田，一百六十五畝五厘八毫。

又卷四　胡家橋，在縣西白洑垸。

又卷一〇　成化六年，白洑垸堤決一千餘丈。

（康熙）《安陸府志》卷八　白洑垸堤，明成化六年決，知縣汪志修。

白魚垸

（乾隆）《漢陽府志》卷一三　白魚垸，自楊林潰起至麥旺嘴下間。堤底垸内上田二十頃二十畝，中田八頃三十二畝一分，下田五頃五十一畝。上地三十一頃六十一畝，中地一十頃四十畝，下地四頃五十五畝。邊臨大河南岸，坐落梅城鄉。

清 林則徐《林文忠公政書》卷二　本年五月中旬，漲水甚驟，幾於漫堤，幸上游均經保全。其報潰之白魚垸、長湖垸二處，一係下游，一係支堤，情形較輕。現在長湖垸業已補築完竣，白魚垸亦已釘樁，當飭該縣，嚴催業民，集費搶築。

便文垸

（乾隆）《天門縣志》卷六　便文垸，堤長四百七十丈四寸。便河、文家兩垸，内外原屬一區，通力合作久矣。文垸業民巧爲脱卸，於康熙辛巳別築間堤，另立官垸，不復修臨河部堤。便垸田少難支，即於次年告成廢垸。然垸廢而堤不廢，民苦叠訟，爲有力者把持，案延近七十載。乾隆己卯，知縣胡翼勘議詳允，取遵勒碑垂久，時有保釐思深，及乎數十年枘鑿之頌。

（道光）《天門縣志》卷一三　便文垸，建進水石剅一座。今淤廢。

大興垸

（萬曆）《湖廣總志》卷三三　嘉靖十八年築，塞十八灣河，又塞祝家壋，其壋隨決。至四十四年，堤決黄師廟、李家埠、何家壋、文家垸、金沙湖諸堤，而大興垸亦大潰。嘗一修築，自龍窩嶺至白螺磯，凡二百六十餘里，頃年江勢南囓，而水患漸消矣。

（乾隆）《湖南通志》卷二一　大興垸在縣西南。又有來儀、東興、走馬、興賢、長樂、大山、安樂、大有、德興、注蘭等垸，以上皆民垸。

（嘉慶）《常德府志》卷一一　德興垸，縣南二十里，近大興垸。

（嘉慶）《沅江縣志·山川志》　石竹嶺，在縣南大興垸。

（光緒）《龍陽縣志》卷二〇　胡世玫，字魯珍，郡庠生。貢生啓運次子，學優品正，雅有父風。家小康篤，於宗族赤貧者，授土田、衣食。道光己酉，大祲，減食相助族里，存活者衆。咸豐二年，捐大興垸良田一區入龍池書院以贍學者，子庠生可遵，正直樂施，模範一鄉。

戴家垸

清 顧炎武《天下郡國利病書·湖廣備録》

石首縣堤考略

按：縣東西廣三百八十里，南北袤一百里，俱夾江南北，而縣治一面濵江，勢復下隰。自元大德七年，決陳瓮港堤，薩德彌實挽築，再築黄金、白楊二堤護之，不一歲陳瓮再決，趙通議始開楊林、宋穴、調弦、小岳四穴，水勢以殺。迨我國朝，四穴故道俱湮，堤防漸頹。嘉靖元年決雙剅垸，三十四年衝洗戴家垸，三十五年決車公腦，四十五年決藕池。頃年始修，南岸自公安沙堤至調弦口，堤凡四千一百餘丈。北岸自江陵洪水淵至監利金果寺，堤凡千有餘丈。其間楊林、瓦子湾、藕池、袁家、長剅，尤爲要害。

（康熙）《監利縣志》卷一《方輿志》　西之南由楊家河西南白螺湖而上，有沉塌之青陂垸、粑子垸。又戴家垸至聶家河駝背湖，至單塩埠鶯兒樹宋家垱。又至陳張垱温家埠。西上崇林垸、畢家垸、楊堤垸。北轉燈心口、大士寺、荆臺觀新觀。東南轉秦古橋、靳家剅、永豊垸、馬安垸，至毛老垸，此西之南交會於拖茅也。一自温家埠有河出陳張垱之前，與江陵分界，俱在河心。東北遶宋家垱，地名鶯兒樹單塩埠。一望皆湖河，止此矣。自此而東，由駝背湖、聶家河水中俱有界形，至戴家垸，則以北堤爲界。北插入宗家垸府田内，秋糧數斗，由戴家垸南至沉塌之朱家垸，以水中堤痕爲界。北至粑子垸，東西北堤俱界。江陵至沉塌青陂垸之東，與江陵堤痕溝影爲界。由此而東南横抵楊河，此監與江交錯於西之南者也。

（乾隆）《石首縣志》卷二　嘉靖元年決雙剅垸，三十四年衝洗戴家垸。

（乾隆）《天門縣志》卷六　戴家垸，堤長四百三丈。下交沔陽州界，計十九垸，共堤長一萬四千五百四十九丈。

（道光）《天門縣志》卷一三　戴家垸，堤長四百九十五丈。嘉慶四年詳請借項挽。

（同治）《枝江縣志》卷三　戴家垸，在黄塚湖下，亦名戴家城。相傳爲楚藩儲糧處。嘉慶年間築，後水圮。同治五年改築麗新垸。

汈汊垸

（乾隆）《漢陽府志》卷一三　汈汊垸，自後河保起至太實垸堤頭，底共堤二千四百六十一丈二寸。該垸建有消水石閘一處，垸内上田九十八頃八畝，中田四十五頃一十畝，下田六十一頃三十二畝。上地二十二頃二十一畝，中地一十頃六十畝，下地二頃六十九畝，邊臨松湖，坐落長城鄉。

（同治）《漢川縣志》卷九　漢川汈汊垸，在縣境之西北。北有汈汊、大湖，南接彭公、蓼湖、香花三垸。東、西、北三面圈築長堤七千五百餘丈，例繫官督民修。堤外東爲松湖，北爲慈湖，西爲竹筒支河，東北爲德安府河，入松湖之頂衝，西南爲漢河，由竹筒支河入慈湖之頂衝。

又　十八里北帶涓水，三面濱湖，前明以楚藩屯田，始障堤爲垸。自湖身日就淤墊，夏秋泛漲，即或偶免潰决，霖雨仍不免漬淹。故乾隆戊申前，十八里間患旱，湖澤深也；戊申後，十八里恒患水，下流壅也。乃援汈汊垸例，呈請准廢。

又卷一〇　乾隆三十二年，汈汊垸告廢，將民賦漁糧減除，條餉均攤，等銀八十二兩四錢五分，腳銀九兩六錢七分，共銀九十二兩一錢三分。又人更名項下，徵收銀五百二十四兩三錢四分，外實徵銀一萬四千六百五十七兩八錢六分。

《清文獻通考》卷四　改定湖北漢川縣垸糧科則，湖廣總督定長等言：湖北漢川縣汈汊垸，連接諸湖，圈築長堤七千五百餘丈，卑薄殊甚，必須加高培厚。但民修力有不能，借帑難以徵補，况垸内歲徵各則銀不及一千三百兩，米僅八十餘石，而節年賑貸，反多於額徵之數。莫如改糧廢堤，將垸内上八總民田紅糧三則，均改爲漁糧上則。其軍田科則，改爲漁糧下則。下八總民田内應徵南米，請照上八總南米，一并減免。庶幾無水之年，以地爲利，有水之年，以水爲利。下部議行。

豐樂垸

清　彭始摶《豐樂垸王公新堤碑記》（康熙）《孝感縣志》卷二二　養民之道，農務爲急。農之有妨者，曰旱曰水，而水爲甚。治水之法有二，《書》曰『九州滌源』，所謂疏瀹以導之也。又曰『九澤既陂』，所謂築防以障之也。水利不講，農事日弛，相沿亦已久已。

治陽王公治澴之三年，百廢俱興，獨邑治西北土名枯河垸，地勢低下，舊有堤畻，廢自前代，百餘年來，被水獨劇，居人每虚其地以供魚鱉，歷時既久，人心轉懈，吾族暨衆姓，聚廬託處於此。家弟卉倡於衆曰：舉事貴乘時，邑有賢侯，歲不大儉，修廢舉墜，斯其時歟。于是群訴於庭，合詞出力，願築長堤。公毅然俯從，單騎勘驗，循其舊迹，度其形勢。蓋孝邑澴河，水發源申、羅，其始濫觴耳。一遇積雨滙山溪，諸水瀑漲，瀰漫數百里，頹波委浪，莫可砥柱，則修築誠不可緩。于是力詣各憲，悉荷僉允，爰集鄉耆士庶，堤之丈尺，視其田畝，十之盈縮，視其丈尺。公以和衆，敏以集事，歡聲雷動，畚鍤雲興，不彌月而數十里金堤告成。堤高丈有咫，厚如之積，工二萬有奇，用民工三萬有奇，易以今名豐樂云。此一役也，蓋公之實心實政，不惑群言，不詘民力，故能調一鄉之衆，建百世之利。

白渠蘓堤，今古同聲，非偶然而已也。群情愛戴，復謀創生祠，屬余記德政，垂永禩焉。公聞而蹙然曰：吏能養人，謂之勝任，野多曠土，是謂溺職，告無罪於兹土，幸矣，烏用祠爲？無已，則塑壯繆侯像祀於中，以鎮金湯，而父老猶欲飭公銜位焉。夫壯繆大節英風，昭著簡册，封王封帝，歷代尊崇。巍樓傑閣，遍滿寰宇，曷藉此區區僻陬。蓋公之意，讓善不居，加以民情難遏，故復捐俸助工，賴神庥以垂永久。上梁之日，童叟聚觀，一聞斯舉，無不稱嘆，以爲得未曾有。嗟乎！紫芝眉宇，千秋而下，尚思想像其丰采，瞻仰其魁岸，低回流連而不忍釋，而况於親炙之者乎。

戊寅夏，家中郎寓書促文，蓋公仁聲溢於輦下，值茲盛舉，安敢以不文辭。且納風謡，載循良史氏所有事，勉綴始末，以復瀼中諸兄弟，雖不克頌揚美政，抑欲俾後之爲牧者，急所先務，勿替前賢之功云爾。

荷湖垸

（康熙）《潛江縣志》卷三　荷湖垸民田，一萬三千六百九十四畝二釐五絲。

又　荷湖垸籌餉民田，二百二十一畝七釐五絲。

又　荷湖垸田，三百一十畝一分三厘八毫。

（康熙）《安陸府志》卷三　都指揮僉事余龍墓，在荷湖垸。明洪武八年敕葬。

（光緒）《潛江縣志稿》　重建文昌宫。在縣治東南隅。兵燹後重建，餘在城外者，一在西灣垸，一在□灣垸，一在七子垸，一在荷湖垸。

又　水府廟。一在縣治北門外，一在荷湖垸。

（光緒）《潛江縣志續》卷七　度生閣，在縣北荷湖垸。崇禎初，邑人劉達善建。

又卷八　漢中知府劉應同墓，在縣東北荷湖垸。子孝廉黄陂教諭昌吉，孫南康同知璔，俱葬同垸。

鶴湖垸

清 陳廷敬《午亭文編》卷三八《鶴湖垸記》　江陵湖水，在其東曰長湖，以其東，又名東湖。東更三十里，又滙而爲湖，曰三湖，湖有三也，又名之曰鶴湖。鶴湖之義，不知所緣起，或者曰謂其有鶴。夫鶴之有無，誠不可知，然更數十百年亦未見有，以鶴之故，顯然著稱於時者，故其因義以立名，莫能知焉。自長湖至於鶴湖堤，樹渚花繁，蒹長薄交蹀，蔽虧於烟波浩淼之間。水開林起，土壤蒼然則少，司馬張公箬漢之所居也，曰鶴湖垸。

楚人謂園圃樊落之屬爲垸，讀爲苑，若苑囿然。箬漢之所居，有園亭垣籬之觀焉。故因其俗，名之曰垸。而湖之以鶴名者，蓋至於箬漢，而始大著其義焉。先是，箬漢官京師而歸也，雙鶴集其洲沚之上，自銜草蘆爲巢。巢高五尺，圍大倍之。歲孕兩雛其中，積雛以十數。客至，則擊柝爲符信召鶴，鶴輒率其所孕雛，翔舞庭中，客去然後已，自是以爲常。鶴不去湖者十年餘，箬漢亦家居十年餘，此鶴湖之名，所由以大著也。及後，箬漢來京師，鶴遂去不復來。今年，箬漢請急歸，上章曰：臣先壠在長湖傍，湖波浸壠，不治且壞，臣不可以不歸省。於是天子使問長湖在所，箬漢指畫以對，天子嘉其誠孝，予假遣還。

箬漢即日駕，載道過予取別，且爲予言鶴湖垸之故。予曰：『異哉，昔孔稚圭之作北山移文也，曰：「蕙帳空兮夜鶴怨。」托借爲辭，非真有鶴怨，主人之不歸也。而鶴湖之鶴，以箬漢之出處爲去來，何其依戀之深與。夫鶴之爲物，孤潔閒遠，其高標清韻，迥出於毛羽之群。張公之行，意其有近於斯者乎。故公出而鶴去，歸而鶴亦將歸也。』

方今聖天子，坐攬皇輿之勝，江山萬里，如在黼扆。玉几之前，嘗圖畫其山河湖江，朝夕省覽，欲備知原隰川澤險易之所，宜以扶育民物，與爲張弛而化調之。江陵長湖之間，寓目者熟矣，而因公之言，復拳拳長湖之爲問，則上之眷念公者，何如？公雖欲優游，久處於鶴湖之上，其可得乎。雖然，公之行類於鶴者也。《詩》曰：『鶴鳴于九皋，聲聞于天。』言君子德，譬之升聞也。《易》曰：『鳴鶴在陰，其子和之。』言明良一德之相悦也。公以九皋之鳴起，而爲在陰之和。其高標清韻，不以出處而有異也。巖廊粉署，獨不可爲公歌招鶴之詩乎。

黃漢垸

明 羅洪先《念庵文集》卷一五《明故都察院左都御史贈太子太保諡簡肅周公墓銘》 公名延，字南喬，居近崦山，因以自號周氏。【略】公始爲儒士，舉嘉靖壬午鄉試，明年登進士，爲潛江知縣。用薦調廣之新會。戊子，召爲兵科給事中，以言謫太倉州判官。徐丁妣淑人憂，起復，補宿州，已而擢揚州府同知南京禮部主客郎中，調南京吏部考功。戊戌，擢廣東布政參議，轉按察副使，擢左參政，轉福建按察使，擢右布政使，曆廣東左布政使，以都察院右副都御史巡撫應天，再擢兵部右侍郎兼都察院右僉都御史，提督兩廣軍務兼巡撫。無何，召爲刑部侍郎，復擢南京都察院右都御史，轉南京吏部尚書，改南京兵部尚書、參贊機務，凡二十任。【略】始至潛，未試吏，據律擿發奸蠹，破露常堤、黃漢垸田三千丈，防恩江河，潛得常稔，而沔無水患。

（康熙）《潛江縣志》卷三 黃漢垸更名官莊地，一十二畝六分。

又 豹臺湖，縣東十五里黃漢垸。湖中有臺豹隱焉，故名抱頭湖。

又卷七 北池、南池，在東南二十里黃漢垸。二池相連，觀前池。

又 觀音閣，在縣河東黃漢垸馬伏波祠後。萬曆二十八年，邑人李鳴建。

又卷八 太僕侍少卿歐陽東鳳墓，在縣東黃漢垸。

又 德慶知州歐陽東白墓，在縣東黃漢垸。

又 永安知縣郭之藩墓，在縣東黃漢垸。

又 副使歐陽著墓，在縣東黃漢垸。

又 盱眙知縣歐陽燧墓，在縣東黃漢垸。

又 翰林庶吉士朱士冲墓，在縣東黃漢垸。

又 吏部郎歐陽烝墓，在縣東黃漢垸。

又 丹徒知縣李晛墓，在縣東黃漢垸。

又 河東義塚在黃漢垸，計田一十三畝五分，邑人李崇信施。

（光緒）《潛江縣志續》卷六 漢馬伏波將軍祠，舊在縣七里河東黃漢垸，久廢。明隆慶四年，邑同知李崇信重建。

金庫垸

清 汪志伊《籌辦湖北水利疏》《清經世文編》卷一一七 九年，監利縣潰決狗頭灣、程公堤、金庫垸三口，先後水推沙壓，以致江陵、監利二縣屬，并潛江、沔陽、南鄉支河港汊，多爲泥塞。積水在田，無路可出，如盛鉢盂。頻年大雨，時行淹漬，日甚其大。江南岸之松滋、公安、石首等縣，亦因堤塍潰決，間有積澇。

（同治）《荆門直隸州志》卷二之四 嘉慶元年，監利程公堤漫口。七年，江陵六、七等節工潰，入十餘丈。九年，監利金庫垸堤潰，至若漢水。自乾隆五十六年後，天門、沔陽、漢川等州縣，堤屢潰。

蓼湖垸

（康熙）《漢陽府志》卷五 蓼湖垸，坐落鷄鳴里，共堤二千九百八十丈。

（乾隆）《漢陽府志》卷一三 蓼湖垸，自回流灣起至麻洋潭，底共堤二千九百八十丈。該垸建有洩水石閘一座，垸内上田二十頃一十畝，中田一十八頃三十三畝，下田三十頃四十畝。上地一十頃三十一畝，中地一十五頃八十七畝，下地一十一頃九畝，邊臨襄襄支河，坐落雞鄉。

又卷一五 蓼湖垸，共堤二千九百八十丈。

（同治）《漢川縣志》卷一一 王鳴盛捐廟頭南岸土名八十弓，老額熟地八十三畝四分一釐，又捐土名三百弓，熟地五十九畝零九釐，又捐六十五畝，又捐蓼湖垸田十石零二升。

又卷一一 嘉慶二十年，陳相輔捐置酒店垸水田七畝四分。嘉慶二十一年，劉大中、劉大用捐置又水田四斗，嚴曰灝捐置水田四畝，張明常捐置喻家垸田一形，項揆相捐置蓼湖垸水田一形，湯廷柏捐置北關外水田三斗三升，魏士學捐置長灣韓牙条地一形，嬌婦韓趙氏捐置細魚垸水田共四石四斗。

又 卷一五 知縣汪培祖墓，在蓼湖垸。

馬家垸

（萬曆）《湖廣總志》卷三三 隆慶二年春，嘗興工修築，然有馬家垸一決口在景陵，而潛江實受其害，此又所當預圖者。

（乾隆）《天門縣志》卷一 馬家垸八畝，網鋪嵴十二畝，廖先詔置。

又 程安陽令一璧墓，在縣南馬家垸堤側。

又 卷六 馬家垸，堤長九百五十丈。

（嘉慶）《清一統志》卷三四二《華容縣》 馬公堤，在天門縣南馬家垸。本朝順治十五年，知府馬逢皋增築。

（同治）《漢川縣志》卷八 貞女坊，乾隆初爲儒生馬忠聘妻黄氏立，大赤鄉馬家垸，今圮。

（光緒）《湖南通志》卷四六 縣東北三十四里有馬家垸，長五里。

梅肇垸

（乾隆）《石首縣志》卷二 三易垸，倚百家堤下，一截抵梅肇垸堤。知縣張登傑修，有剅出三义港。

又 小岳三協垸，劉照、陳宗第等呈熊逢盛、郭高輔案稟，縣詳請各憲奉文修復，東抵梅肇垸。

又 梅肇垸堤，府志周圍長三千九百丈，距縣二十里。

又 梅肇垸，上接百家堤，水出官剅口，達三义港外。

（嘉慶）《清一統志》卷三四五 梅肇垸，在石首縣北三十里，長三千九百丈。又有楊林垸，本朝雍正六年發帑修。

清 胡林翼《胡文忠公遺集》卷二五 夏秋閒，江水灌淹，涸復已遲，情形較重，梅肇垸及一都等坊垸内二十一甲，前雖漫淹，早經涸出，補種雜糧菜蔬，尚獲有收，情形較輕。

南湖垸

（康熙）《漢陽府志》卷五 南湖垸，坐落鷄鳴里，共堤一萬二千六百四十丈。

（乾隆）《漢陽府志》卷一三 南湖垸，自田二河至天門縣之乾鎮驛界，底共堤一萬二千六百四十丈。該垸建有洩水石剅三處，垸内上田五十一頃三十畝，中田六十四頃五十一畝，下田六十二頃二十四畝。上地五十二頃七十畝，中地四十四頃六十一畝，下地九十三頃六十四畝，邊臨牛蹄口，分流大支河之南，坐落雞鳴鄉。

又 一靡家攝垸，自三角邱起至南湖垸堤角頭，底共堤一千六百二丈。該垸建有洩水石閘一座，垸内上田八頃三十七畝，中田五頃一十畝，下田五頃八十一畝。上地五頃二十五畝，中地六頃三十畝，下地八頃七十七畝一分五釐。邊臨小港西首，坐落雞鳴鄉。

又 卷一五 南湖垸，共堤一萬二千六百四十丈。

（同治）《漢川縣志》卷七 清水畈，在縣西九十里南湖垸北，本蘆洲地，今沉沒。

又 蓼湖，在縣西七十里南湖垸東，其南有鯉魚湖。詳堤垸。

又 卷八 祖師殿有二，一在南河渡獅子山頂，建自唐時，曆遭兵燹，同治四年又建。一在南湖垸燕子灣。

又 子文廟，在南湖垸。

又 古義寺，在南湖垸斗步頭。康熙壬申李孺人建，後水圮，屢修。

又 張廣廟、神靈臺寺、無塵臺廟、嚴家廟、察庵、自在庵、梓靈廟、向家廟，俱在雞鳴鄉南湖垸永鎮堡寺。

又 卷九 南湖官垸，距邑治八十里，而遥坐落雞鳴鄉。西隸里潭泛司，東至麋攝垸界，東南至蓼湖垸界，南至軍垸、喻家垸界，西南至七十二垸界，西至天門、松石垸界，西北至抄堰界，北至返灣、蘆洲界，東北至上江垸界。垸分上、中、下，中、下舊有東西岸之别，而西岸之中垸又以大路東、西分之，路東從六屋背起至七廟背止，爲林葉、楊曹四首中垸。路西屬他約中垸，地東岸之中垸，從皂港河起至楊氏祠底，亦屬四首承管焉。

又 卷一一 明萬曆間，有程公萬里捐長城鄉田三十五畝。崇禎六年，林君若誠若奏之，望復捐南湖垸田十五石二田。

（光緒）《潛江縣志續》卷三 南湖垸民田，一萬四千五百三十二畝八分三釐一毫。

牛埠垸

（康熙）《潛江縣志》卷三 牛埠垸民田，四千一十五畝九分四釐一毫。

又 牛埠垸田，二千二百三畝五分五厘八毫。

又 卷七 藻月庵，在縣南五十里牛埠垸。嘉靖四年，邑人謝燧建。康熙六年，邑人朱士尊題額。二十八年，僧超來重修。

沙窩垸

（康熙）《潛江縣志》卷三 沙窩垸民田，二千二百七十二畝一分五釐九毫。

清 曹鑾《重修沙窩垸騎馬堤碑記》（康熙）《潛江縣志》卷一〇 環潛皆水也，堤爲障，其東沙窩垸騎馬堤，尤要民乏，廢且久。歲庚午，余奉檄勘堤，入境，艤舟蘆洑，登岸憑眺，悚然曰，此天塹也。未幾，余代潛篆，以重修請於大中丞唐公、觀察李公、太守張公、司馬黃公，許之。經始於乾隆十六年二月癸未，以本年三月乙丑訖工，長一千四百丈，面寬一丈，脚潤六丈。捶以硪密，以杵護受湍，處以木石，縻銅錢九十萬有奇，出民樂輸。董其事：孝廉鄧師虞，國學王文炳、楊應國，庠生鄭擅采、彭光烈。相與勞勸：孝廉張肇元，國學余士毓、鄭克揚，庠生劉心元、鄭宏焯。調度其間者：少尹山陰景文王公也。既成，河以下三十有八垸，城以內二千有百户，扶老携幼，額首相慶曰，今而後，昏墊其庶幾免乎。潛使者顧而樂之，於是援筆而爲之記。

（光緒）《潛江縣志稿》 竹根灘，河西沙窩垸，現已開高等小學堂。

太平垸

（康熙）《潛江縣志》卷三 太平垸民田，九千四百九十八畝八分五毫。

又 太平垸田，五百畝六分二毫。

又 卷八 廣文朱之瑚墓，在縣北太平垸，子司理士達墓同垸。

又 桂林知府朱之玉墓，在縣北太平垸。

（乾隆）《石首縣志》卷二 太平垸，水由西港王雷家埠。

（乾隆）《枝江縣志》卷三 太平垸，在縣東一百一十里鳳臺市。乾隆五年，士民吳岱、吳宜垣、劉夢霖、守之駼等公呈知縣王世爵修築。垸：音完。字書：完補也。枝江人所謂垸者，蓋舊有堤而補葺之謂。

（嘉慶）《清一統志》卷三四五 太平垸，在松滋縣東，相近有太來垸，俱本朝雍正六年修。

（同治）《枝江縣志》卷二 沙港其源由石子嶺分二支，至證盟山南滙爲一。東流至太平垸，南以達於沮、漳，曰漩水港。

（同治）《枝江縣志》卷三　太平垸，濱沮、漳，兼軍民，并江陵地，內有西湖、鵝湖。乾隆五年縣令王世爵築。

（光緒）《雲夢縣志略》卷末　張家湖、小洋湖界，東至暇粑瀆，南至糧山，西至黃鱔尾，北至太平垸。東西長四百三十二弓，南北長五十六弓。

濤湖垸

（嘉慶）《湖南通志》卷三一　濤湖垸，長五里，縣東北十七里。

（嘉慶）《清一統志》卷三五九　濤湖垸堤，縣東北十七里。

清　許鳴磐《方輿考證》卷六一　東北有濤湖垸、凌溪垸等十四堤，共三十二垸。俱本朝雍正六年發帑修。

兔垸

清　陳廷敬《午亭文編》卷八《濂村以濂泉得名泉在兔垸，當午亭之北》　舊業東山麓，濂泉在北原。引渠通野圃，分翠入烟村。一勺支流水，諸峰耳葉孫。道州千古意，勝絕敢重論。

又《午亭詩二十首・兔垸》　茲山數峰落，一峰出一泉。尋泉杖輕策，遥見墟中烟。

清　金農《冬心先生集》卷三《兔垸之陰有野花，色如退紅，每迎朝陽而開，惜未及日昃則飄謝矣，因成二首》　暫沾朝露領朝陽，鏡裏朱顏似窈娘。半日開花半日謝，背人偷泣負風光。

又　野叢浮艷自無名，却恨新恩頃刻傾。若把紅枝較榮悴，從今暮槿號長生。

香花垸

（康熙）《漢陽府志》卷五　香花垸，坐落長城里，共堤四千五百七十三丈二尺。

（乾隆）《漢陽府志》卷一三　一香花垸，自城隍港起至六湖垸堤底，共堤二千一百三丈四尺。該垸建有石閘一座，垸內上田三頃六十七畝，中田四頃四十七畝，下田七頃三十四畝。上地五頃七十五畝，中地九頃九十二畝，下地八頃九十八畝二分五釐。濱臨大河，坐落長城鄉。

又　六湖垸，自香花垸堤接連起至三汊潭廟塘，底共堤三千九百四十丈四尺。該垸建有洩水石閘一座，垸內上田一十五頃三十畝，中田二十頃四十一畝，下田十二頃二十一畝。上地五頃九十一畝七分。濱臨大河，坐落長城鄉。

又卷一五　香花垸，共堤四千五百七十三丈二尺。

小洲垸

（同治）《益陽縣志》卷六　小洲垸，堤長一千四百七十九丈八尺，舊志一千五百四十。

又　小洲垸在縣河之北，餘九垸在縣河之南。月堤垸，堤長六千九百四十五丈一尺五寸，舊志四千八百四十二丈三尺五寸。

又卷一六　阮芝，字霞衣，一字鶴田，居厢外里小洲垸教諭大綬次子，兄弟七人皆知名。芝幼稟庭訓，博綜群言。嘉慶甲子舉於鄉，再上不第。丁丑赴禮部試，至東昌，值外郡同年生某病故，分資斧之，半給其從人扶櫬南，旋抵京，不勝狼須，大挑二等。明年，選寧遠縣訓導，甫抵任，其薦卷師揭鳳喈小妻携幼子至署，供養經年，製易衣履，措百金贐之。在任十餘年，訓士有方，後乞歸，卒。著有《鶴田詩文集》，評名謂其五言詩尤得陶韋淡逸之神。

新豐垸

（康熙）《潛江縣志》卷三　新豐垸民田，四千四百九十四畝一分四釐三毫。

又　新豐垸田，九百一十六畝五分五厘六毫。

清　林則徐《林文忠公政書》卷五《查勘江漢堤工摺》　近日續修工摺，查係於歲修之外，復經勸捐興辦。如方家灣、戴家嶺、卸甲埠、白伏垸等處，月堤、新豐垸、皮家拐之上下壩座，及石盤頭暨各垸老堤，加高撐幫之工。

新興垸

（康熙）《監利縣志》卷一　譚家淵堤，新興垸南。工因淵險，堤又當風，急修也。

又　卷三　新興垸更名官莊地，六百八十五畝五分七毫。

又　卷七　陳士翊，會稽人。康熙九年代理捕務，值邑侯利衙，公出，江水泛溢，潰決新興垸，水貫北門，內河衝塌，護城堤、清水剅、城社倉庫幾致莫保，下鄉一十九里，俱有建瓶之虞。職能糾督垸夫，收袋壘土，固築七日夕，而始獲安全，其勞瘁未可泯也。

楊湖垸

（康熙）《潛江縣志》卷三　楊湖垸民田，一萬五千九十九畝一分。

又　楊湖垸田，一千一百八十九畝八分三厘七毫。

又　卷一〇　西岸，楊湖垸起至三汊口止，亦該加幫。堤垸共長二千六百五十五弓。又郭家嘴至諸通口止，計長一萬三千弓。內應築倒口三十八處，共長一千五百弓。

清　汪志伊《籌辦湖北水利疏》《清經世文編》卷一一七　漢川所屬之垸堤，三百餘丈。沔陽州所屬之各堤，缺口二百餘丈，及支河缺口十餘處。潛江、京山所屬之楊湖垸、方家拐、聶家灘三處，頂衝危險。及雲夢所屬之陳袁潰口，先後札飭藩司籌款，共提銀二萬二千九百二十餘兩，發給委員，協同地方官，趕緊挑挖修築完竣，聊濟目前之急。其餘工巨費繁，現當大雨時行，江漢水長之時，難以施工，必俟秋後水落，方可丈量估計。且積澇積淤之區，有廣狹淺深之不同，尤宜逐漸疏消堵築，分別次第辦理。

楊林垸

清　顧炎武《天下郡國利病書・湖廣備録下》　嘉靖二十六年以來，四汊等湖半淤淺平，而竹筒河、牛角湾二處水道中湮，故縣治長苦水患，其最要害者，青山頸、林里澤、急走湾，上下洲河直衝縣治，抵楊林垸灌海堰，則一邑皆爲水壑矣。又有踏児湾决口在潛江，而景陵實當其害，俱可慮也。

（康熙）《潛江縣志》卷三　楊林垸田，九百畝九分九厘二毫。

（嘉慶）《清一統志》卷三四五　楊林垸，本朝雍正六年發帑修。

姚兒垸

清　林則徐《查勘江漢堤工疏》《清經世文續編》卷九八　竊臣前因秋汛，届期水勢正在長發，當即親赴各屬查工督防，業經附片奏聞在案。臣乘舟溯流而上，先抵漢川、沔陽二州縣境内，即見汛水驟至，業已盈堤拍岸，洶湧異常。查核各處報單，并量驗沔陽之仙桃鎮志樁，七月初九、初十、十一，此三日内共長水二丈零一寸。漢川北岸之姚兒垸，堤長一千九百餘丈，香花垸堤長四千二百餘丈，均因被水激蕩，間段坍矬，經該縣趙德轍督率垸民，在於堤外排豎木樁，捆柴攔護，堤工加高子堰，堤内趕築裏幫，極力堵衛三晝夜，水漸退落，堤乃保全。其沔陽州之堤北岸計七十五里，南岸計八十五里，險處不勝枚舉，而周家横堤尤爲沖要，幸柴土料物，皆已預備充盈，足資搶護。

（同治）《漢川縣志》卷七 養魚池有二，一在縣南十里姚兒垸内，一在縣東南三十里養魚約。

又 卷一一 道光二十二年，胡光錞捐置姚兒垸十二甲，夏家約柴山一大段。

鄭家垸

（乾隆）《石首縣志》卷二 鄭家垸，宋邑人鄭淵築，陽防洞庭水患，至今賴之，號鄭公堤。

（乾隆）《天門縣志》卷六 鄭家垸，堤長一千一十丈。

又 卷一三 鄭家垸，堤長一千三百二十二丈。嘉慶十三年，制府幫三段以上二十四垸抵漢川界，共堤長二萬三百七十四丈，北岸自襄河牛蹄垸起。

又 鄭家垸泄水剅一座，今淤廢。

（同治）《石首縣志》卷一 無糧岡，在鄭家垸内。元末兵亂，鄭肅莊率鄉人團聚居，此境賴以安。

中洲垸

（康熙）《潛江縣志》卷三 坨埠中洲垸，民田四千六百六十六畝三分七釐三毫二絲。

又 毛陶中洲垸田，二百一十四畝二分九厘九毫。

又 卷一〇 鄰港支堤東岸，趙林垸起至傅家垸、中洲垸止，該加幫堤垸，共計五千八百四十五弓。

又 太平垸受害，夫太平在中洲垸以内，其地高，以中洲受水開泗港，而中洲之水大亦或浸及太平，然太平自有堤可加而高也。

（乾隆）《湖南通志》卷二一 《益陽縣堤防考略》：益陽縣，在府治西北二百里，西界安化，南界寧鄉，西北龍陽，東北沅江，東南界連湘陰。水曰資江，自寶慶發源，桃花江合流，湍行直下數百餘里，至縣前龜臺山而分派焉。其中爲大河，濱河一爲千家洲大垸，一爲長洲小垸。又北小河分汊，經石梁橋、沿河垸二處，會入大河。石梁橋地稍高，自趙家圍起，至尹家山止，爲沿河垸，皆屬明萬歷時舊址。又北自甘溪河分汊，入沅江白泥湖，又大河直下，經沙頭塘之西北，合爲興垸、中洲垸。又東南抵沅江毛角塘，分汊入麻子河沅江界，一由沅江瓦石磯塘出大麻子河湘陰界，一入小河益陽塘，此益陽東北之水也。自龜臺山而東爲支河，經長灘垸至河皮垸，繞千家洲西南，復會沙頭塘而歸大河。一楓林河分汊，經瀾溪市直行添新橋河支流，旋轉鳳凰湖，迴繞火田三垸，旁及宋家垸、曹埠垸，入盧家江，匯於爛泥湖，分汊上入溪口，下經龍打窖塘，而歸於湘陰焉。蓋益陽分上、中、下三鄉，自縣北而東爲下鄉，上承資、沅之水，下連洞庭西汊，左抵長沙大江。一當湖水泛漲，加以南水之瀰漫，上之來者滯而不去，下之積者壅而上行，近江濱湖之地，常不免於淹浸。有備無患，唯在依時培修堤垸而已。

（嘉慶）《清一統志》卷三五五 縣東北有合興垸堤、中洲垸堤，俱本朝雍正六年發帑修。

（同治）《益陽縣志》卷六 中洲垸官堤，長五百一十丈。舊志九百丈。

（光緒）《湖南通志》卷四六 中洲垸，長九百丈長。湖垸，長二千四百八十九丈。

朱家垸

（乾隆）《府廳州縣圖志》卷三四 朱家垸堤在縣東。按，縣堤共三十二處并，本朝雍正二年發帑修。

（嘉慶）《清一統志》卷三五九 朱家垸堤，在華容縣東三里。

（光緒）《湖南通志》卷四六 朱家垸堤在縣東三里，長三里五分。

圩部

概説

論説

元 任仁發《水利集》卷七 崑山諸浦通徹東海，沙濃而潮鹹，當先置閘，而後開浦，一也。閘之側各開月河，以堰爲限，遇閘閉小舟不阻往來，二也。《築圩》篇曰：『天下之地膏腴莫美於水田，利倍莫盛於平江，緣平江水田以低爲勝。』昔之賦入多出於低鄉，今低鄉之田爲積水漫没，十已八九，當時田圩未壞，水有限隔，風不成浪，今田圩殆盡，水通爲一，遇東南風，則太湖、松江與崑山積水盡奔常熟，遇西風則常熟之水東赴者亦然。正如盛盂中水隨風往來，未嘗停息，嘗陟崑山與常熟山之巔，四顧水與天接。父老皆曰：水低十五年前皆良田也，今若不築圩岸圍裏民田，車畎以取水低之地，是弃良田以爲水也。況平江之地低於諸州，唯高大圩岸方能與諸州地形相應。昔人築圩裏田非謂得以播殖也，將恃此以狹水之所居耳。崐山去城七十里，通往來者至和塘也。常熟去城一百五里，通往來者常熟塘也。二塘爲風浪衝擊，塘岸漫滅，往來者動輒守風，往往有覆舟之虞，是皆積水之害。今若開浦置閘之後，先自南鄉大築圩岸圍裏低田，使位位相接，以禦風濤以狹水源，治之上也。修作至和常熟二塘之岸，以限絶東西往來之水，治之次也。凡積水之田，盡令修築圩岸，使水無所容，治之終也。昨聞熙寧四年大水，衆田皆没，獨長州尤甚。崑山、陳新、顧晏、陶湛數家之圩高大，了無水患，稻麦兩熟，此亦築岸之驗。目今積水中之有力人户間能作小塖岸，圍裏己田，禾稼無虞，盖積水本不能，而圩岸皆可築。但民頻年重困，無力爲之，必官司借貸錢穀，集植利之衆并工戮力督以必成，或十畝或二十畝地之中棄一畝取土爲岸，所取之田衆户均價償之，其貸借錢穀官爲置籍，責以三年六限随税輸還，此治積水成始成終之策。

綜述

元 任仁發《水利集》卷六 後世廢低田高田之法，古人治田高下，既皆由法。方是時也，田各成圩，圩必有長，每一年率逐圩之人修築堤防，治浦港，故低田之堤防常固，旱田之浦港常通。古之田雖各成圩，然所名不同，或謂之叚，或謂之圍，今崑山低田皆況在水中，而俗呼之名猶有野鶴叚、大泗叚、湛叚及和尚圍、盛墩圍之類。至錢氏有國，而常撩清指揮之名，此其遺法也。開河之卒而名之爲撩清者，防堤常存而逐年撩治之謂，若今之河清然。泊乎年祀綿遠，古法毁壞，其水田之堤防或因田户行舟及安舟之便而破其圩，古者人户各有田舍在田圩中，因以爲家，慾其行舟及安舟之便，乃鑿爲小涇小浜，即臣昨來所陳某家涇某家浜之類是也。説者謂浜，安泊舡也。涇浜既小堤岸不高，遂致壞却田圩爲白水也。今崑山栢家瀼水底之下尚有民家，堦甃之遺址，此古者民在圩中住居之舊迹也。今崑山富户，如陳新、顧晏、陶湛等田舍，皆在田圍之中，每至大水年，亦是外水高于田舍數尺，此今人在田圩中作田舍之驗也。或因人户請射下脚而廢其堤，塘浦久不浚治，故肥泥增漲，人户不顧久遠之利，請射爲田，官中利於租税，或因請託，逐圩給付，始作小堤於外，終無大堤于内，一遇小澇，遂蕩然毁壞。或因官中開淘而減少丈尺，每州縣擘畫乞開浚塘浦，不知古人闊其塘浦高其堤岸之意，乃謂只慾行舟决水不湏如此深濶，兼恐上司及朝廷不從，多是小破工料，少計日月，比至叚役，則将一條塘变爲三条塘也。自小虞浦至和塘并濶三二十丈，累經開淘，今小虞浦只濶十餘丈，至和塘止濶六七丈，此目所睹也。或因田主只收租課，而不修堤岸，蘇州租米上田每畝一石，下田只五六斗，又論納苗税借使年年遇熟，每畝不過剩得三五斗，若一次做岸，每畝約用錢三二百文，故田主寧肯没田，不肯做岸。或因租户利於易田而故要湁没，吴人以一易再易之田謂之白塗，田所收倍于常稔之田，而所納租亦依常數，而租户樂於間年湁没也。或因决破右堤張捕魚蝦而漸破損，或因边圩之人不肯出田與衆做岸，一圩之内既是衆人之田，边圩之人往往侵削边圩之田以爲己田，及其圩岸既壞，边圩之人豈肯更出己田與衆人做岸，所以無由完復舊堤矣。或一圩雖完，旁圩無力而連延毀壞。或因貧富同圩，而出力不齊。或因公私相各而因循不治，百姓既無力浚塘修岸，官司又謂本是民田，不肯調發夫役與之修治，上下因循，遂成白水。故堤防盡壞，而低田漫然復在江水之下也。每春夏之交，天雨未盈尺，湖水未漲二三尺，而蘇州低田一抹盡爲白水，其間雖有堤岸，亦皆狹小，沉在水低，不能固田。唯大旱，常、閏、湖、秀之田及蘇州堽阜之地并皆枯旱，其堤岸方始露見，而蘇州水田幸得一熟耳，蓋由無堤防禦水之具也。

明 邵鋭《浚河築圩記》（雍正）《浙江通志》卷五四 浙以西稱健吏曰：倪嘉善始至，問百姓疾苦，首曰水利。乃躬出按視，縣治以南，地勢高亢，不有所蓄，吾民其病旱乎？迄北水所輸，委不有所洩，吾民其病澇乎？於是計地程工，計工程力，計力程費。召厥父老，指授方略，大都以澇爲尤急也。首浚淤河及所支曲，俾罔壅滯，自思賢鄉至奉賢鄉二十八所，以丈計者三千八百六十有奇。又築圩岸，益卑削爲高堅，自三十三都至四十都三百八十二所，以丈計者一萬五千二百。若圩之尤下者，仍築圩岸，其中俾有分守，自下保東區至奉九北區，亦一十五所，以丈計者六千四百九十。高亢之地并加疏闢，又豬爲陂塘，散爲溝洫，具有脈絡。自永七都至胥五都總二十九所，又總計爲三百五十丈。肇自正德十年十一月至十一年十二月，厥工告成，使瘠鹵化爲膏腴。居者載寧逋者，胥復而歌頌，於是乎作矣。侯名璣，陝西咸寧人，倪璣《水利議略》按：『水利之説周鼎論之頗詳，高鄉溝洫爲急，而圩岸次之，低鄉圩岸爲急，而溝洫次之，斯則審密之論嘉善。』自縣治以南，皆高亢乏水，連月不雨，則苗向槁，雖遇有年，其收亦薄，非地力有異，田素渴水而瘠，民積貧，無以糞其田故也。必令土人多浚溝洫，蓄水待灌溝中之土，令下鄉人遇圩岸坍損時往載增築，則土有所歸，而高下漸趨於平，旱潦皆利矣。否則胥山等區不久當鞠爲茂草，豈獨洪波巨浸能使民墊溺哉？國朝康熙四十六年，知縣李夢昺奉旨動帑開浚渡船頭淤淺處一百八十丈，并浚支河諸港。

明 張國維《吳中水利全書》卷二〇《吳韶水利修圩説》 禾生于水，溺之則腐。蘇松水田卑下，暴水每高于田，不可無塍以障水也。然一塍之間，田連千畝，業非一主，不有官司督役，孰先爲之。自正德來，水利全廢，塘長人役，不復知水利爲何事。舊塍高六七尺者，或與田平，水無所限。遇潦已不足言，稍遇旱暵，向來塍岸塌土成灘，水不可到，畎畝無資，禾亦就萎，饑莩盈塗，率繇于是。又況塍坍浪洗，田畝日虧，不免以虧田糧。而加之見田糧愈重，而民逃又不免以逃户差，而加之見户賦役日繁，民斯輾轉，良可嘆息。爲今日計，必也清其舊役，倣其成規，思濟旱如救焚，念防潦如拯溺，圖其久逸而無憚于一勞，則厥事之濟爲無難，而輔贊乾坤化育之功有在矣。民固有勞之不怨者，斯之謂歟塍既成，保之又不可以無道。湖田水濶，而岸易摧。昔人常甃，以石不久復壞。後因言植茭蘆于岸脚以護浪，梅天水發，蘆已茂，而浪不可衝也。考元至大初，江浙行省督治田圍岸體式，以水面平爲第一等，高七尺五寸，底濶一丈，面濶五尺。田高于水一尺爲二等，高六尺五寸，底濶九尺，面濶四尺五寸。田高二尺爲第三等，高五尺五寸，底濶八尺，面濶四尺。田高三尺爲第四等，高四尺五寸，底濶七尺，面濶三尺五寸。田高四尺爲第五等，止添備水高三尺，底濶六尺，面濶三尺。若山水源落圍岸，迫近諸湖去處，自願增進者，聽本朝弘治間姚工部文灝立爲五等圩岸式。田低于水者底濶一丈五尺，田與水平者底濶一丈四尺，田高于水一尺者底濶一丈二尺，田高于水二尺者底濶一丈，田高于水三尺者底濶九尺。面濶比底各減半高，亦以水爲準，外面各離水八尺。

清 陳瑚《築圍説》 善治水者必先治田，善治田者必先治岸。有一丈之岸，則障一丈之水；有一尺之岸，則障一尺之水。蓋低鄉之河，容受衆流，較田反高，若非四圍築堤，則蕩然巨浸，不可復田。故古人治低田之法，大約岸高二丈，低亦不下一丈，大水之年，江河之水，雖泛濫衍溢，而堤岸尚高出於塘浦之外，則水不能入於民田；民田既不容水，則塘浦之水高於三江，三江之水高於大海，不煩決排而水自湍流。此低田之賴圩岸，甚於都邑之賴城郭也。

崑山之田，居蘇郡之下下，而二保之田，又居崑山之下下，三四年來曆遭水患，稞粒不收，則二保之中，又蔚村爲最。蓋其中有甚、場、清、盛、荒、霜、等字一十八圩，其田不下萬畝，一遭水發，則鹽鐵七浦之水自東而來，巴城、陽城之水自西而來，總以村田爲壑。訪之父老，皆云曆數十年未見修築堤岸，實因田界州縣二治圩段太廣，勢如連雞，相與袖手坐視，因循不治，小民一遭水澇，工力難繼，且蔡涇一帶佃田之家，不以農務爲急，往往破損古岸，逐取魚蝦之利。至於大户管租之人，利於田荒，其間報灾分數，得上下其手，因以自肥。於是彼此耽悮，日復一日，而村中之田，遂成一積荒之勢矣。嗟乎！天時雖有水旱，田畝即有高低，而救弊補偏，裁成輔相，則存乎其人。第人之常情，但見目前，不規久遠，往往惜小費而悮大計。愚嘗約略其費，爲田一畝，當出粟三升，爲田十畝，當出粟三斗，百畝之田，出粟三石，歲當入租百石，是以三石而易百石也。千畝之産，出粟三十石，歲當入租千石，是以三十石而易千石也。較之賠糧之費，有出無入，相去不萬萬乎。蓋旱則開河，水則築堤，所謂因勢利導，甚便之舉也。田主出財，佃户出力，所謂同舟共濟，不易之分也。當此之時，大户苦於賠糧，小民迫於饑餓，人情所欲，不謀同辭，苟非及時舉行，則村岸終無修築之期，村田永無成熟之望，不將使數百年之沃壤，竟爲洿池藪澤而已耶？愚於其中田無寸壤，然目擊心傷，竊同村中二三友人私行勘丈，畫爲圖式，并條列事宜，仰冀仁人君子之采擇焉。

築圍事宜

一、本村： 場字圩、甚字圩、上柏字圩、下柏字圩、小字圩、南鱗字圩、北鱗字圩、東維離字圩、西維離字圩、大莊離字圩、小莊離字圩、郭存表字圩、清盛字圩、荒霜字圩、歸字圩共十五圩。東北一帶接連太倉州界： 防備字圩、松菜字圩、范先字圩共三圩。通共十八圩。周圍十八里内，田若干畝，業户某人、佃户某人、田甲某人，畫爲圖式，一樣造册三本，一呈縣，一送本區大户，一留村。

一、圍岸分段，須别難易。自斜塘而南至瀾漕而西，以及宋涇而北至西堰而止，其田稍高，其岸稍濶，爲易段。自横涇而北至蔡涇而南，以及宋涇而東亦至西堰而止，岸已全沒，田又低窪，爲難段。大約東南爲易，西北爲難，須酌量緩急，分工派段，庶爲均平。

一、每圩必有田甲，太倉謂之圩長，即周官土均稍人之遺意。凡田事責成田甲，則易辦，如治兵之有什伍長也。其間或一人獨充，或二人朋充。村中十五圩，共二十餘人，大約田甲一人所管佃户十家爲率。當嚴其督課，厚其體恤，免本身工役，田主仍照所種之田給米，以示優異。其有舊無田甲者，僉報夫長一名代之。

一、田圩既大，工役既衆，非擇人統理，則散而無紀，須於村中公推一二公直勤慎者總管其事，仍免田若干畝。起工之日，總管督催田甲，田甲督催佃户，如身之使臂，臂之使指，庶幾有所統領而無涣散不一之弊。

一、本村田圩既廣，圍岸坍壞積數十年，凡西自莫家區平莊田一帶，其田數萬，皆以本村爲藩蔽。今一舉不獨關係本區，并爲鄰區永利。其總管任勞任怨，須不畏强禦，實心幹事，工成之日，請縣給獎示勸。

一、照田起夫，大約二十畝出夫一名，十畝者二人，朋充五畝者四人，朋充其年老鰥寡，免其工役。

一、先期幾日揷標分段，令田甲播告各户。至期照段如式，挑築田甲，躬行倡率，日出而作，日入而息，某日起工，某日完工，不許歸家午飯致悮工。務有不依期不如式者，輕則罰酒犒衆，重則稟官枷責。若田甲不行，簡舉并究。

一、分段之法。易段三十步爲一號，難段十五步爲一號。其間舊岸不無高低廣狹，須酌量工力難易，分别均派。每號則定一樁，上書第幾號某圩田甲某人，以便稽察。

一、岸之高厚以水爲準。大約離水六尺，其蔡涇一帶雖係難段，然屬裏圩，又非外塘可比，則以離水五尺爲準。須每段分揷標記，或先期築一樣墩爲式亦可。

一、蔡涇一帶田中尚有積水，須先期着田甲催佃户車戽極乾，以便起工。

一、東南一角三圩係太倉州界，一齊起夫興工，仍公議果敢任事者一二人總管其任。其縣界之人有種州田者，則築州界之岸，其州界之人有種縣田者，則築縣界之岸，毋得彼此推諉。

一、築岸之期起工太早，恐寒天冰凍不能堅牢，太遲，又恐春水漲發不及終事。今擇於正月解凍之時起工，約於二月完工。

一、取土修岸所毁田畝，本年量减租額，即着閘泥填補。次年仍照舊額償租。

一、岸須舂杵堅實。凡下脚不實，則上身不堅。務期十倍工夫，堅築其底，然後漸次累高，加土一層，又築一層，每加一次，須築一次，此一勞永逸之計。又蔡涇一帶難段難於一次完工，須先築一次完後，即築南邊易段，易段完後，再加築難段一次，庶爲堅牢。

一、古人云，有田無岸與無田同，岸不高厚與無岸同，岸高厚而無子岸與不高厚同。子岸者，圍岸之輔也。較圍岸又卑一二尺，蓋慮外圍水浸易壞，故內又作此，以固其防。圍岸一名圩岸，又名正岸子岸，一名副岸，又俗名塌暁。今議得正岸面濶三尺，腳濶六尺，塌暁、面、腳俱濶三尺，一齊修築。

一、古者阡陌之世，凡圩皆有圍，凡田皆有岸，即通力合作，八家而止。近世大朋車之法，牽連百家，此後世權宜之術，而非古人之制也。故圍田無論大小，中間必有稍高稍低之別，若不分彼此，各立戧岸，則高低互相觀望，圍岸雖築，不能全熟。法於圍內，細加區分，某高某低，某稍高某稍低，某太高某太低，隨其形勢截斷，另築小岸以防之。此家自爲守人自爲理之法。

本村壩堰，必在春水將發之日稍爲遲緩。村中水大，每每壩亦無用，最宜早備。其小者，皆係附近居民看管，其大者 如方家橋堰、郭母漊堰、大浜堰、西堰、宋涇堰，則議村中人家田稍多者分任其應壩堰，時大户量給酒米、椿笆，庶使易辦。以上二條尤善，後事宜皆爲至急。

（嘉慶）《廬州府志》卷二一　三十六圩：《宋史·薛季宣傳》：隆興中，薛季宣淮西視師，表廢田。相原隰復合，有三十六圩，蓋合有之坪，邊有警，因以斷柵江保巢湖。

清 康基田《河渠紀聞》卷一四　是年，修築望江縣西圩以衛民田。按民生以田爲命，田以圩爲防。田之有圩，與水争地者也。涸則潴之，盈則瀉之，資圩爲蓄洩，各有時宜。望江西圩之修，以洩而利其蓄者也。龍燮《修築西圩記》云：邑東北有西圩者，居民數千家，衣冠世族多萃於此，計田三萬七千餘畝，地勢卑下，潛太之山洪注焉，京皖之江漲滙焉。民居國賦惟堤是賴，先年立十三甲，照畝編册，照册分堤。內有上下二坂，三湖蓄水惟下坂，水歸之壑，遇滂爲災，當水湧漲盛之時，開牐洩水，下坂乃蒙利焉。順治四年，水壅堤潰，集衆協力築之，迄今二十餘年，累潰累修，亦旋修旋潰，非功實難成，所以經理之法有未善也。壬子春，劉君天維至官，留念圩堤，且曰淮揚之被水患者數年矣，未可坐視也。進圩中父老商相度形勢，而畢力焉。畚插雲集，不日事竣，由是水不能災，農穫有秋，古有爲爲歌瀉鹵生稻粱者，是之謂矣。夫以萬人之性命繫於一圩，一舉手投足之勞而澤在生民，待人而後行也。

（道光）《肇慶府志》卷四　區大倫記略：嶺表諸郡，廣肇獨當西北二江之滙。西江遠自夜郎，吞百川而東注，二郡受之。北江源庾嶺，令湞、湟諸水南下，三水、南海、四會、高要、高明受之。其民胥賴堤防以生，夏秋江漲，入海尚數百里，汎濫羡溢載于平陸，齧堤潰防之患，所從來矣。萬曆庚戌迨辛壬癸甲乙丙七年，無歲不患水，無歲不潰防，潰而築，築而旋潰。歲有築堤之苦，家無半菽之儲。至于丙辰，横潰彌甚，而民之力盡矣。原田里宅輪之水府，老弱待斃，壯者哀鴻雁而思樂土矣！賴楚中二賢，制臺周公、待御田公同心急民，乃合疏請于朝。是歲嶺表被災凡六郡，廣、肇、南、韶、惠、潮各蠲賑有差。復念南海、高要諸縣受江之委，灾重民疲，堤防之役難以復舉。於是采議郡守，下令助築諸潰堤，大發帑金，命倉水使視堤岸，命鄉遂築防，命邑令長課工作，命佐尉董力役，厚集人徒，隤林楗石，畚臿之工日以數萬計。天人助順，江神讓功，崇圩峻阪，視昔堅完。今年江水復漲，民賴以寧，伊誰之賜與？督府臺察，權盛而職專，往多養尊自雄，鮮能動念，幽蔀二公奉揚威命，蕩定山海，察吏糾慝，既各舉其職，顧皇皇民隱是求。周公節鉞所經，登原隰，召田夫，問歲潦旱饑穰，遍勞餉錢。田公乘驄所過，詢問閭里細民米價，與所便苦施行之。丙辰洪水之後，穀價驟湧，二公協議賑焉。乞糴西省，爲泛舟之役，穀價頓減，逢灾不害，賑之力也。初發帑令下，德意創聞，民間疑信半。信者來乞助，則核寔，如所請，與帑金。疑者聞，乃更信，陳乞如信者，核寔則又與金。最既信上官寔愛我，復言工大費狹，則又核寔增與金如初。余不敏，大倫生長江介，日從負薪填决之後，竊嘆二公此舉，如慈母之字孩提矣！蓋慈母痛念孩提，無不曲體其所欲，乃孩提仰號慈母，轉覺需求之無已，此寔天性，豈拂人情。今二公既爲慈母，吾民忍自外于孩提，遇有需求，宜二公之不靳爲與也，可謂仁矣。余習輿人之誦，遂次第其語，垂諸貞珉。周公名嘉謨，湖廣景陵人。田公名生金，湖廣麻城人。是役也，廣郡別有紀。其在端州，則協贊宏議，參藩王公。永寧江公灝、郡守陳公謨同心捍患，率屬勸民，勞來勸課，言底可績。攝高要縣承檄，綜理則通判許君學賢勞勣最多，分理則四會知縣謝君子詔、高明知縣陳君京璧均勠勞績，董役四會主簿王一俞、典史張大奇、高明典史林橋則竭蹶趨事云。役始丙辰十一月，竣丁巳二月。凡修圩堤三十九圍，填決口壹百六十有七，補築崩陷三萬八百餘丈，費帑金以兩計八千九百有奇，皆二公節約所留者云。

清 劉毓崧《通義堂文集》卷一〇《鹽阜潮河新築長圩記》代秀水杜小舫觀察作

《周易》習坎之象，取諸重險。《彖傳》始言天險，繼言地險，而終之以設險。誠以天險非人所能爲，地險則人可致力。設險者在乎合人和，以修地利而順天時。故師卦内坎外坤，其《彖傳》曰：『剛中而應，行險而順。』言能以衆正，則衆志可成城也。其《象傳》曰：『地中有水師，君子以容民畜衆。』言能設水防，則水勢可固圉也。設險之時義大矣哉！

鹽城、阜寧兩邑之間，恃射陽湖爲地險。由阜寧南門外西行六十里，爲朦朧鎮。自鎮以東，湖面漸寬，行二百餘里，乃入於海。自鎮以西，湖面較狹，名爲潮河，當冬春之交，寬僅十餘丈。又西四十里，接馬家蕩，即湖之來源。界連寶應、山陽，形勢甚闊，故防湖者以中流之潮河爲最要，而上游、下游次之。

同治壬戌正月，捻匪竄擾阜寧，有窺伺鹽城之意。文瀾時在泰州，奉都轉喬公檄，統帶礮船水勇兼程前往協防。既抵鹽城，即定議於北關二里外之天妃閘興築土城，四十五里外之上岡鎮河口興築土圍，七十五里外之小關口興築礮臺三座。其臺即在射陽湖之南岸，湖中復停泊礮船，碁布星羅，聲勢聯屬。捻匪屢次突至湖濱，因北岸無船，上下游不能徑渡，遂分遣悍賊由潮河水淺之處策馬長驅，兩邑義團協贊官軍防禦，施放鎗礮，殪其前鋒，餘衆反走倉皇，多陷於淖，由是狂氛大挫，不復鴟張。然潮河值水落之時，礮船無從施展。南岸兵勇絡繹梭巡，晝夜勤勞，不遑啓處。雖人和已得，而地利未全。

將宏設險之謀，用廣集思之益，爰請阜寧裴樾岑進士蔭森、鹽城李小峰中翰秀良、金小村主事從新，邀集衆紳士，籌議沿河一帶建築長圩，西自朦朧鎮起，東至馬家蕩止。其中所歷之高作莊、蝦鬚口、太平橋、裴橋、新陽村，首尾三十九里，同時興工。築圩之人，即用團勇，遇有警報，各就工所嚴防。所築圩身其高六尺，頂寬一丈一尺，外壁立而内坡斜。取土於圩外。即在大汛潮痕之中，就勢挑浚濠溝，其深六尺，寬一丈一尺。溝以内二尺之地，留作圩基，丈尺一律相符。工費皆民捐民辦。論湖邊地段，阜寧居其七，鹽城居其三。論圩内田廬，鹽城居其八，阜寧居其二。裒多益寡，酌數勻攤，以近西二十九里之地歸鹽城業户分修，近東十里之地歸阜寧業户分修。計畝派工，所需工貲，即取給於捐款。其率佃來築者，以工抵費。雇人代築者，照工捐費。每田一畝，捐錢五文。各業户欣然樂從，醵貲踴躍，馬廠董事馬封五布經松年慨然願墊錢三千串。遂於二月廿四日開工，兩縣共設圩董一百餘人，分作五段，按段分督，逐日監工。萬衆一心，人百其勇，版築競作，鼛鼓弗勝，遂以三月日告成，工程如式。

圩既屹立，則防禦者有所憑依。濠既浚深，則覬覦者無從馳突。當興築之始，捻匪即已斂戢不前，加以各路大兵層層兜剿，賊黨望風震慴，潛遁遠颺，不日迅奏蕩平，闔境咸得安居樂業。是舉也，實因諸紳士誼篤枌榆，情聯桑梓，各居民同仇敵愾，趨事赴公。文瀾藉手成功，幸無隕越，仰荷漕帥吳公獎以督同勸導，籌畫有方。華衮之褒，愧難克副。兩邑紳士諸君復請撰記，勒石以永其傳，文瀾豈肯掠美攘功，以爲己力？而此圩之建，足以禦灾捍患，則不可以不書。

自來説周禮者，皆謂遂人溝洫之制，非獨正經界，以防旱潦。而南東其畝，亦能阻戎馬之奔衝。今井田雖難以復行，然因時制宜者，不必盡師古人之迹，要當師古人之意。觀於夏官司險云：『掌設國之五溝五塗，以爲阻固，皆有守禁。』賈疏云：『皆有守禁，則非遂人田間五溝五塗。但溝塗所作，隨所須大小而爲之，皆準約田間五溝五塗。此即田外築圩，圩外浚溝之法所自昉也。』掌固之職云：『頒其士庶子，及其衆庶之守。』鄭注云：『衆庶民遞守固也。此即紳士督工，團勇興築之法所自昉也。』掌固又云：以通守政，有移甲與其役財用，以贊其不足者。鄭注云：『通守政者，兵甲役財，難易多少，轉移相合也。』此即鄰邑居民，通力合作之法所自昉也。蓋司險、掌固之職，主設險以保邦，足證《周易》與《周官》正相表裏。昔人善師其意，興水利以固封疆者，如何承矩之築河朔諸塘，孟珙之浚江陵三海，史册所記，歷歷可徵。即以鹽阜往事言之，前明嘉靖中，倭寇闌入，官軍據捍海堰，賊不能前，境内獲安，實恃堰以爲保障。顧氏祖禹所謂『不特田疇攸賴，而亦守禦所資』也。此圩廣袤尺度雖不及捍海堰之崇宏，然禦寇衛民，功亦相埒。

今圩工幸已蕆事，所望者在後此之培修。昔乾隆初年，鹽城縣令黄君垣作《圩岸志》，其篇末有云：『人情久逸而畏勞，安近習而不知古法，狃目前之便，恃垂成之局，忘不測之境。屢年督治，幸觀厥成。後之治者，保守勿墜，更以擴區區所未盡者而補葺之，垣深有厚期焉。』至哉斯言！可謂先得我心矣！所願繼今以往，良有司與賢士大夫接踵而興，和衷共濟，將見此圩鞏固，永爲兩邑藩屏，運有備無患之良圖，收興利除害之實效。上可爲提封奠其磐石，下可爲閭里關其田疇，此固守土之官與居鄉之紳士所當交相勉勗，以倡率黎庶者也。故詳述顛末，揚搉言之，俾來者有所考焉。

雜録

明 萬恭《築五圩碑記》（康熙）《南昌郡乘》卷四九 豫章北陬，溯黄溪渡而下巨侵衍，爲平沙非三壤故疆，生齒日繁，則與水競利，奪而成壤，爲圩者五，曰余家塘、黄泥圩、雙坑圩、萬家塘、王甫巷，皆若崇墉，然括内成田以數十萬，跨南新二邑，屬之糧以萬計。下聯四十八圩，即五圩成，四十八圩皆壤也；即五圩敗，四十八圩皆魚也。嘉靖初，載洪水決余棄塘，再決雙坑圩。其時縣官困于財，水民詘于力，三載乃底績，圩民若竭澤矣，踰六十載乃復故壤。萬曆十四年春，徂夏霪大水，四月決余家塘，破之。決黄泥圩，又破之。決雙坑圩，又大破之。洪洞無涯，田殫爲湖，廬殫爲瀦，室而憑者，榔而浮者，桴而沒者，蔽巨浸而下，而圩民將靡孑遺矣。南昌何侯選乃匍匐，水行乘舟，堤行乘屐，救死掩榔，問疾賑饑，乃約圩民諗之曰：『吾聞嘉靖初二決猶然，疲三載塞之也，奈何今三決而不圖一勞永逸之也，無已則錮石堤乎？』圩民曰：『是沙壤者亡底也，安所置石爲？』侯曰：『吾知所以處此矣。歸白上大夫，括官鏹三百廿金，募水民田夫，以萬司馬治方溪湖堤法從事焉。』蓋黄河捲埽法也，法以草小綆畚布于下方，置技焉覆以草茵，内實以土，先以巨綆貫小綆之外，堤人拽巨綆則平舒，席捲而墜諸決中視畚杵，勞一而功十者也，乃三月而三決盡塞。上排五圩之横批，下拒四十八圩之植擣，逾年田盡成壤，水盡歸墟圩。民大説，奔司馬公而問焉：『往三年塞二決而民益病，今三月塞三決而民益安，何以？』故司馬公曰：『是以修圩，廩賑饑處之之術，善之善者也。昔東周欲爲稻，西周不下水，東周君患之，蘇代爲東周君以術干，西周君遽下之水，稻乃大登，夫爲稻術亦何常之有哉？今何侯爲稻術莫如成壤，成壤術莫如塞決，塞決術莫如捲埽。嗟圩！父老且令世世遵何約法也，毋患世世不東周君稻者。』

明 區大倫《周田二公築圩記》（康熙）《肇慶府志》卷二七 嘗讀《虞書》而嘆諸臣和衷之美也：舜之命官也，禹任水土，稷爲農師，各分職以治矣。然而孟氏言過門不入，則稷兼治水，魯論言躬稼，則禹兼播穀。何也？水土之與穀府相因也，治水之與播穀事相濟也，二后一心交贊營職衷相和也。其効至於平成天地，粒我烝民，功於萬世，豈偶乎哉？嶺表諸郡，廣肇獨當西北二江之滙。西江遠自夜郎，吞百川而東注，二郡受之。北江源庾嶺，介湞、湟諸水南下，三水、南海、四會、高要、高明受之。其民胥賴堤防以生，夏秋江漲，入海尚數百里，氾濫羨溢載於平陸，齧堤潰防之患，所從來矣。萬曆庚戌迨辛壬癸甲乙丙七年，無歲不患水，無歲不潰防，潰而築，築而旋潰。歲有築堤之苦，家無半菽之儲。至於丙辰，横潰彌甚，而民之力盡矣。原田里宅輪之水府，老弱待斃，壯者哀鴻雁而思樂土矣！賴楚中二賢，制臺周公、侍御田公同心急民，周公曰：『民將爲魚，督府之咎與？』田公又曰：『民胥爲魚，巡方者之咎與？』或曰：『洪流之菑，天事也，人其如何？』二公曰：『不然，天可回也，亦可補也。傾否致泰，豈不在人？』乃合疏請於朝。是歲嶺表被灾凡六郡，廣、肇、南、韶、惠、潮各蠲賑有差。復念南海、高要諸縣受江之委，灾重民疲，堤防之役難以復舉。於是采議郡守，下令助築諸潰堤，大發帑金，命蒼水使視堤岸，命鄉遂築防，命邑令長課工作，命佐尉董力役，厚集人徒，隤林揵石，畚锸之工日以數萬計。天人助順，江神讓功，崇圩峻阪，視昔堅完。今年江水復漲，民賴以寧，伊誰之賜與？督府臺察，權盛而職專，往多養尊自雄，鮮能動念，幽蔀二公奉揚威命，蕩定山海，察吏糾慝，既各舉其職，顧皇皇民隱是求。周公節鉞所經，登原隰召田叟，問歲潦旱饑穰，遍勞餉錢。田公乘驄所過，詢問閭里細民米價，與所便苦施行之。丙辰洪水之後，穀價騤湧，二公協議賑焉。乞糴西省，爲泛舟之役，穀價頓減，逢災不害，賑之力也。初發帑令下，德意創聞，民間疑信半。信者來乞助，則核實，如所請，與帑金。疑者聞乃更信，陳乞如信者，核實則又與金。民既信上官實愛我，復言工大費狹，則又核實增與金如初。余不敏，大倫生長江介，日從負薪寘決之後，竊嘆二公此舉，如慈母之字孩提矣！蓋慈毋痛念孩提，無不曲體其所欲，乃孩提仰號慈母，轉覺需求之無已，此實天性，豈拂人情。今二公既爲慈母，吾民忍自外於孩提，過有需求，宜二公之不斳爲與也，可謂仁矣。孟氏言：禹稷急民，思天下饑溺由己，蓋禹稷私天下而公其身，故饑溺相關若是，萬物一體之仁也。二公築堤之役，殆將由己視之，其有禹稷之仁者哉？禹稷一德和衷，或司水而兼穀，或司穀而兼水。二公是役，心一志同，周公始之，田公贊之，田公倡之，周公成之。天生楚二賢，福利吾民，各寧居而胥粒食，其有禹稷之和衷者哉！顧禹稷功烈滿唐虞之世，二公惠及一方，則君子在國仁國，在天下仁天下，豈非易地而然者乎？周公新拜南大司徒之命，會當入佐天子，田公名御史需次卿貳，行且執魁柄，相與和衷於朝，開國家唐虞之盛。要以始于嶺表，而後暨於天下，或謂九載懷襄，二后并急，七年潰決，兩賢其濟其事正相類，吾民幸哉。其世世無忘二公明德，而吾黨君子亦可以志於仁矣。余習輿人之誦，遂次第其語，垂諸貞珉。周公名嘉謨，湖廣漢川人。田公名生金，湖廣麻城人。是役也，廣州別有紀。其在端州，則協贊宏議，參藩王公，永寧江公灝、郡守陳公謨同心捍患，率屬勤民，勞來勸課，言底可績承檄。綜理則通判許君學賢勞勩最多，分理則四會知縣謝君子詔、高明知縣陳君京璧均效勞績，董役則四會主簿王一俞、典史張大奇、高明、典史林橋竭蹷趨事云。役始丙辰十一月，竣丁巳二月。凡修圩堤三十九圍，塡決口一百六十有七，補築崩陷三萬八百餘丈，費帑金以兩計八千九百有奇，皆二公節約所留者云。

明　湯賓尹《田直指修築宣城諸圩及學田碑記》（光緒）《宣城縣志》卷二九　國之大事未有急於養民者也。養民之具無所取之，取諸上而足非有他藉也。任土之術無所取之，取諸陂堰開塞而足非有他奇也。禹之無間然也。以溝洫盡力合爲三大事，管夷吾之霸也，曰地員，曰水區，數致意焉，不王不霸，治將安登乎？宣，山城也，而池、歙、桐、汭之水四集，其鄉東壩，踞其委流復代三吳腹水，其下瞻窮脊而上應天子正供，獨諸圩是賴。金寶一圩，計畮可十三萬，其餘牽連相輔以成圩可百十。夫圩與水争地者也，從國初至今，人民漸稠，墾藝漸博，圩之數日多，則居水之處日減。居水處日減，則其激而行也日悍。頻年以來，陰陽不若，怒風淫雨，饕虐無時，柔堤漱於壯濤，相繼仆敗，儉歲之甿，莫任整理，日夜叫號於淒菰斷梗中，身與家俱盡，有司相顧而誰何？萬歷四十七年，直指麻城田公巡狩及宣，省耕省斂，問民疾苦，鄉三老以圩事對。公慨然曰：『某天子巡方使者，一方不養，其責在某。』已下教宣城曰：『若爲天子牧民官，小民失養在若。』於是宣城縣令賴侯親詣水鄉，周行按眎，盡得其崩潰衝決之數，自遮浪、保安、寶成以迄諸圩，凡一十七所，估工修葺，合之需一千九百餘金，以上直指公。公立發贖金四百，首事檄縣，括公庾無所有，僅存欽賑銀若干，則爲裁給八百金，具以上之撫臺胡公。胡公報可，益發贖二百金，寧太道蘇公贖百金，郡縣各捐助有差，仍不足者，民間得計，畛釀成之。公又爲畫一之，禁民領費，官督事舉，華無緩擿，埴無遫崇，廣支擘勾股合宜，既於事而竣，水防循理，塍埒得職，其年潦而不害。公於吏治物情，後先損益，如鏡斯照，如刀斯割，利民之事無一弗舉，蠹螟無一弗去。舊時徵解之役，中家蕩産不能償。至今約以官徵官解，勒爲全書。小民自租輸以外，無所與聞。公府之徭使者，舊行部供張煩甚，公一取諸本廩。節縮日賦，前後尚存一千八百餘金，爲予太平府千金，應天三百金，徽寧池安廣各百金。置産學宮，以待士之貧者，善乎蘇子之論也。士者民之秀傑，分天下之富貴與共之。士不失職，則民靖矣。農無曠土，則物阜矣。天下得公數輩，棋置方維，百姓皆得處所，亡憂時事矣。公名生金，甲辰進士。撫臺胡公應臺，瀏陽人。寧太道蘇公進，祥符人。賴侯良佐，萬安人。是時郡守南海關公驥、司理餘姚黄公尊素，具任勞勩，賦役一書多理公定者也。刻石宛上，記厥迹而系以詩，乃作詩曰：理國之道，地德爲府。水能滋土，水能敗土。乃釃乃隰，以抒以股。土膏水脉，各安其宇。一日作苦，百日康餔。亦有公儲，推廩置庾。蒸我髦士，稻粱終古。我士我民，爰擊土鼓。社而稷之，福萬斯户。

明 周孔教《浚築河圩公移》（光緒）《川沙廳志》卷三　各屬掌印官、督行水利官前去所轄境内躬親料理，如岸塍之卑薄者作速修築，河渠之淺澀者作速疏通。工程小者起集得利人夫，工程大者議動官銀協助。掘河中之土築傍河之岸，則河既深通，岸又堅固，一舉兩得。遇旱可資灌溉，遇潦可備蓄洩，兩利俱存，此係民瘼所關三吴第一要務，文到即時舉行。

一、定水鄉圩岸之式。高鄉田地以河渠爲命脉，低鄉田地以堤岸爲命脉，而圍岸戧岸二者兼舉，則旱潦有備。大凡田之週遭際水處，沿河築岸，中爲圩田，小者數十畝，大至數千畝，名曰一圩。所爲圩岸是也，或通人烟往來，又名官塘。但地形不平，惟水最平。一圩之中必有稍高稍低之處，又有最高最低之處，而水性就下，必就低處。若無戧岸，則高處常涸，低處常溢，一圩自分旱潦矣。必用戧岸以分之，戧者隔别彼此之名，圩岸外拒内攔，勢如城郭，當以堅厚爲主。其厚薄視圩岸之高低，而高低隨地形之卑亢，須詳稽潦時水勢，令圩岸高出一二尺，則可無虞矣。大約濱大河處高以丈許爲率，傍内河處高以五六尺爲率，高一丈者基濶二丈，高五尺者基濶一丈。但圩之四圍當如一輒，若四圍皆高而一方獨低，則全圩皆屬無用矣。又若四圍皆堅而一方獨瑕，則全圩終被渰没矣。然岸基所占之土亦非盡置之無用，如高一丈者頂面止濶四五尺，其内副岸可濶一丈，而副岸視頂面約低二三尺，以其毗輔外岸，故名副岸，俗曰岴塌，又名項頭，可種菜豆諸雜種，是岸基二丈實拚廢一丈地耳。至戧岸但界田間之水，不必太高太厚，其高約與副岸等，如戧岸高五尺，岸頂濶半之，基與高等，而岸頂不係人畜行走處或可種豆，此土大都屬之無用矣。民間惜地不肯分立戧岸者，以此不思水發時，若有戧岸，萬一大圍潰壞，纔及一戧，則鄰戧尚保無虞，且浸止一戧，衆力可戽，此皆自爲守之良法也。又地形差别，有合衆小圩包裹溝渠數十而爲一大圍者，其圩岸尤宜高厚，但圩岸與官塘頂面，論法當不在起科之數。

一、定督率圩工之法。凡低鄉修圩岸之法與浚河不同，當先别工程之難易，次合一圩而齊舉，要在督率有方，視河工較易爲力也。夫岸壞必被渰没，不待智者始知之，而往往任其傾頹，不急修築者，只爲利害，全圩相關人情最難齊一。假如一圩千畝不下數十家，若一家圩岸圮壞，則全圩堅好之岸總歸無益。其間貧富相持，彼此觀望，非藉官府驅率，豈能使之一體修完？且圩岸一周止是利賴一圩之田，非若河流資溉可概派一圖一區也。法當將該圩四圍丈量明白，計岸若干，如圩田千畝計岸一千二百丈，每畝應派築一丈二尺矣。此論五年一修築則然，其年年修補罅漏，增葺頂面，在沿岸人户自宜任之，其爲力亦甚易也。戧岸修築亦準此例，其五年修築之法，塘長該年會同本圩人户沿圩踏勘虧完，約用民力一日者爲一工，用竹籤挿記，每十工爲一段，編作某字號，釘一夫樁，而夫樁之内但計工力，不計圩岸丈尺。次將合圩田畝均算明白，照畝派工，每工亦以五升爲率，其工册工單查比給米，悉與河工相同。官府止於勘工造册時召該區糧長該年酌量該圩地形水勢，定一圩岸戧岸高卑厚薄式樣，載入册内。務要合圩一轍，而圩工丈量又不若河工之難，但持二竿豎立岸之兩邊，并以一竿架測岸基，并量岸頂，則舉目瞭然矣。若係往來通途，爲一方所利賴者，名曰大工，當用一區工力爲之。又有水中突起無基而成或兩水相夾易於浸倒者，須用木樁竹笆甚則必用石剥，方可成功。先酌民力有不足者，佐以官帑，名曰頂難。大工凡係大工法，當五年一輪。如每圖上甲每年只以二甲應役，相爲循環。官甲囤户有田百畝，每年只以三十畝應役，五年自爲循環。而每年所派築圩工，食亦以每畝二升爲止。因水鄉本圩之内自有年年小修五年大修之圩役也。

一、定修圩岸之時，凡圩工不獨用農畢餘力，又要避雨雪冰凍之日。如係平地挑築，須於十月未凍時興工，先築一半，承受殘冬初春雨雪，上自壓實，到明年正三月再築一半，其堅可恃，未有一頓堆高可耐久遠者。而築基猶須堅實，如岸高一丈，其下五尺，須分作十次加土，每次加土五寸，杵築一次。其上五尺分作五次加土，每次加土一尺，杵築一次。其他圩岸戧岸若每歲之小修，須在二三月冰釋凍解時，名曰燕子泥土膏發動，最易粘聯。一人用鐵搭撈取田中濕泥補岸，一人持大木敲實，便與老岸合縫，可備一年之淋漓衝塌矣。若非年年修補，一隙終成漏竇，日久潰裂，斷所不免也。

清 吴名鳳《圩工竣事記》（同治）《南康府志》卷二二　天下有難爲之事乎哉？不爲，何以知其難爲之？而難於始，難於繼，難於終。至於從萬難之中而勉强爲之，其事卒克，底於成焉。斯其成，固足幸也；而其難，尤可思也。建昌縣瀕河沿湖有圩八十一，道光辛卯圮于水，請帑銀八千餘兩修圩八十有三。既而癸巳則又圮，復請帑八千修之，凡圩五十有九。至甲午而又圮矣，領銀一萬有奇，修圩六十有七。借帑應由地丁徵還，自丁酉迄己亥三年又以水溢歉收，前帑猶未歸也，不能復請，而圩之圮者將廢矣。姚韻軒大令承乏茲土，據實稟白，計未修者爲圩四十有八。中丞念民瘼之難緩也，庚子正月委令履勘勸捐，二月委令起工催修，三月工告竣，而實未盡善也。然民之力竭矣，官之計窮矣，於是中丞復發銀五百兩令度地加工，增高培厚。姚大令亦捐銀二百八十兩，以米易錢，用船載土，持竹木衣草皮，使有險必修，無缺不補，而嚮之殘廢而不完者咸鞏固，而全功成矣。今即四十八圩，統計之，有大圩，有中圩，有小圩，有腹內圩。圩之長自百餘丈至三千餘丈各有差，四十八圩長四萬七千四百丈有奇。圩被水決，謂之沖口。風捲濤齧，圩身摧殘，謂之淘塌。凡淘塌之土半圩工，沖口一百一十三，有決數丈者，有決數十丈至百餘丈者，共計二千七百丈，皆要工也。圩之高自四尺、五尺以至盈丈，面寬自三四尺至七八尺，底寬自一丈四五尺至二丈、三丈各有差。修圩之人在官則曰圩差，在民則曰圩長，在各家則爲業户。計田種之多寡定分修之丈尺，削木爲牌，書『某某修若干尺寸』插於地以表之，不得以無方辭也。嗚乎！建昌濱鄱湖，彭蠡之餘地耳。湖邊有地可壅，遂升科納糧，固與高阜之腴田不同，惟居民藉此餬口，已成先疇畎畝。一夫不獲，官應恥之，民納溝中，官若推之，然而無米之炊實難爲矣。春夏水漲取土難，青黄不接捐貲難，工大民窮見功難。今乃不畏其難而遲之久，遲之又久，以迄於成也。此爲上者饑溺由己之心也，爲民者剜肉補瘡之力也，而奉行之吏可藉是以不辱焉，尤初念不及此而固已及此者也。

清 杜文瀾《潮河築圩碑記》（光緒）《鹽城縣志》卷六 咸豐癸丑，大盜入金陵兖豫徐宿之交，群賊蠭起，俗所謂捻匪也。屢殲而屢熾，以壽川、宿州、蒙城、霍邱爲窟穴，縱横出没數千里，所過焚掠無遺，廬舍爲煨燼，隴畝成焦土。同治元年正月，匪犯淮安，分擾阜寧。其時副都御史晏公奉命督辦江北團練，奏委余綜治阜寧、鹽城、東臺、興化團防。既聞警，白於都轉喬公，檄余率礟船往，防射陽湖。湖在阜寧之南鹽城之北，東流二百餘里入海，西南行六十里爲曚朧鎮。以上湖水稍狹，土人名之曰潮河。又上四十里爲馬家湯，但扼此湖，則賊不能越阜寧而南，而潮河尤其要津。余晝夜疾行，甫至河而賊亦至，既爲我船所拒，不敢渡，乃於潮河淺處竊涉。余督鹽、阜兩邑練勇義民并力逆擊，船礟迭發，殪其前鋒餘衆反奔倉黄，多陷於淖，由是潰敗不復窺。阜寧漕帥吴公方擊退犯淮之賊，而申堅壁清野之令，飭各縣鄉鎮擇要害築壘以自固，俗所謂圩也。嘗余往射陽時，先過鹽城告知縣令聯君，已於北關二里外之天妃牐築土城，於四十五里外之上岡鎮築土圩，於七十五里外之小關口築三礟臺，礟臺即在射陽之南，與礟船正相值也。至是奉漕帥令復集諸紳士平議，僉以爲宜，乃計工自曚朧鎮至馬家蕩凡四十二里皆當作圩。顧帑金不可得，請惟賴醵貲，而貲又不可遽集，有馬經歷松年願先貸三千緡興工，於是阜寧裴進士蔭森、鹽城李中書秀良、金主事從新等董其役，襄者百餘人，以二月二十四日經始，以三月十八日告蕆。圩高六尺，底寬一丈一尺，外壁立而内坡斜。隨圩作濠深六尺，口寬一丈一尺。湖邊地段，阜寧居其二，其捐資則裒多益寡，各準其力。有率佃人來築者，以功抵費，速而不擾，民無怨讟。是舉也，實漕帥主持於上，紳士敦趨於下，余不過藉手告成，幸無隕越。兩邑紳士復請爲文，鑱石以傳其事。余自維言之無文不足以傳遠，而斯圩之足以禦灾捍患，與大府之深計，鄉先生之敏事，諸父老子弟之勤苦勸功，皆不可以無記。夫設險守國，因地制宜，不必師古人之迹，要當得古人之心。竊按周禮掌固之職，頒其士庶子及其衆庶之守，鄭注謂衆庶民遞守固也。又云以通守政有移甲與其役財用以贊其不足者，鄭注謂兵甲役財難易多少轉移相給司險之職，設國之五溝五塗以爲阻，固皆有守禁。賈疏謂皆有守禁，則非遂人田間五溝五塗，但溝塗所作隨所須大小而爲之。方今烽堠相接，鉦鼓相聞，必完聚入保乃可。遏賊鋒，作民氣，其築壘浚濠即司險之設溝塗以爲固，其守望相助通力合作即掌固之。頒其衆庶之守，移甲與財用也，今豈異於古所云耶？且以鹽阜往事言之，前明倭寇闌入，官軍據捍海堰距之，寇竟不能前。余所築之圩，雖不及堰之宏廣，而爲功亦與相埒，後之人撫民物之殷阜，享安全之樂利，必能知斯圩之所繫大矣。審形勢之要害，度防守之機宜，必能喻作斯圩者之所見遠矣。乾隆朝鹽城令黄君作《圩岸志》，篇末有云：『人情久逸而畏勞，安近習而不知古法，狃目前之便，恃乘成之局，忘不測之境，屢年督治，幸覩其成，後之治者保守勿墜，更以擴，區區所未盡者，深有厚期焉。』黄所築圩特以防水，今之圩則兼以防賊，賊之爲患更甚於洪流駭浪，既幸有以禦之矣。竊願良有司與賢士大夫如黄君所言，保之擴之，群醜蕩平，八方底定，而經畛提封，有備無患，永永得金湯磐石之安，則我鹽阜萬年之利也。爰志顛末以詔來者，俾有所考焉。是午夏妖人盛裕寬潛通粤匪，受僞職謀作亂，事覺伏誅，籍其産入表海書院，即《通州志》所謂齋匪盛廣大也。

清 王廣牧《記築圩守戰始末》（同治）《續蕭縣志》卷一七　當咸豐初年，承平日久，人不知兵，一旦盗賊蠭起，聞警蒼黄奔走，城居者反出城奔山，同賊無敢鬥者，一二馬賊乃能驅逼良民數百車輛自馭送入賊巢，并眷屬亦不敢下車，賊遂任意焚掠，無所不至。三年春，廣牧首遵堅壁清野之法修築圩寨，其時數百里内外無第二寨也，顧寨雖立成，人不敢守。賊至仍奔山，致財物盡被擄奪，田疇盡爲汙萊，房舍盡爲灰燼，食居兩絶，生計無門。至八年，困苦益甚。於是人心漸寤，議謂賊鋒正熾，所居又適當其衝，非於死中求生不能保全。遂自城邀廣牧還鄉，築圩完墻垣修武備，矢志共守，人心始定，因名曰人和寨。至九年二月，賊衆突至，馬步萬餘，廣牧親領寨勇迎拒之。自午至申，鎗礮并施，彼此各有夷傷而無一死者。俟賊退，徹隊回寨，賊駐紮楊集東西十數村莊。夜間選趫捷壯勇百餘人潛劫賊營，在楊樓殺賊三四十名，奪賊馬四十餘匹、賊旗百餘面，賊自是遠竄。至十一年正月二十九日，寨中楊姓遺火，一時撲救不及，風猛火烈，半日間房屋延燒已盡，男女老少燒死幾二千人，牲畜器械不計其數。時廣牧以事在縣，聞變連夜回寨，惟餘一片焦土，尸骸縱横，男女不分，號哭之聲慘傷心目，即於寨東己地施捨一段昇埋無主尸骸成一義冢。當是時，人皆無食無居，莫可存活，適捻逆劫掠清江浦滿載回巢，由寨北經過，衆皆踴躍呼曰：『我等生路已窮，今天以盗糧資我也。』於是出寨奮擊，人自爲戰，無不一當百，殺賊無數，奪獲馬牛驢騾二千餘頭，車百餘輛，金帛財物無算。自是田可耕種，屋宇重修，寨焚而復興，賴此一戰之力也。至同治元年冬，捻掠青口回，不敢近寨，繞從寨北十里馳而過，而寨勇既獲利於前，膽益壯，復往邀擊殺賊，積尸遍野，所獲又倍於前，生擒逆首趙學言與長髮賊三四十名。趙學言者，夾河捻首，與趙浩然統帶馬步隊萬餘賊之健翼也，後以重賄啖營將某言於當道而釋之，至今人以爲恨。然自是鄉團之勢始振，視前之株守惕息似又進焉。夫强賊志在剽掠，必於其易者取之，我深溝高壘，固守其所，彼進不能攻，退無所掠，勢必困走，伺其便而擊之，所爲以戰爲守者也。噫！天之生人，必予人以自衛之智，吾安知後此數十年或數百年其時勢不有更同於今日，更難於今日者哉？故爲之記。

清 王同方《修城工與圩工碑記》（光緒）《泗水縣志》卷一五　聞之古者晝郊圻以固封守完要塞，以備不虞，此城防浚洙，設險守邦，所以書時於春秋也。自細民謬於積習，日游熙皡之世，不聞鼙鼓之聲，即有素儲遠猷之賢。有司出議夫補城郭浚湯池者，非群以爲擾民，即訝於非常之舉。黎民所懼，以致事機坐失而近憂已臨，可爲長太息矣。我朝承平日久，民不知兵，迺自粤逆滋事已逾十年。吾東近卞一帶，又復有教幅各匪時出肆擾長民者，日勞心於徵師壽餉，軍書旁午，求其能撫字斯民，因地制宜，得惠而不費之美者，蓋已戛戛乎難之。壬戌春，方以部銓秉鐸斯邑，涖任之初，仰觀而見夫城雉煥然，夜柝相傳。游於郊又見土城堅築，足資守禦，及晋謁署邑侯，即補司馬王翁敬齋，知以冀北名進士權篆斯邑，既面聆其緒論，退而察其政事，類皆與民無拂，而與事有濟。詢其修城之費，則以身肩之，訪其土城之舉，則以身勸之。今歲夏秋之交，雨水稍多，土圩間有傾圮，又復出資督築，都人士及貿易於斯者，咸樂於捐財出力，板杵相從，謂官之非以擾民，乃所以保吾民也。工既成，上舍喬汝彪等思昭有備無患之意，欲立碑以垂不朽，請序於余。余乃恍然於邑侯，通於書而不泥於書之旨，孚於民乃能得乎民之力。詩云：樂只君子，民之父母。徵之下邑，士民之言而益信。抑方叟竊有祝者，傳有之衆志成城。又云：民保於城，城保於德，自茲聯官民爲一體。烽火無警，安於磐石，方得與同學興仁講讓説禮敦詩，傳爲奕禩美談，豈不猗歟！

圩岸

題解

宋 李心傳《建炎以來朝野雜記》卷一六《圩田》 圩田者江浙淮南有之，蓋以水高于田，故爲之圩岸。【略】紹興三十年，張少卿初爲漕，徙民于近江，增葺圩岸，官給牛種，始使之就耕。凡圩岸皆如長堤，植榆柳成行，望之如畫云。

論説

宋 周必大《文忠集》卷一〇六《賜敷文閣直學士右中大夫知荆南府姜詵辭免昨任寧國府修圩岸轉一官恩命不允詔十一月二十二日**》**

增秩旌郡，守漢制也，而朕用之。卿向治宛陵，於農田蓋宣力焉，堤防允修，禾黍以茂。今雖易鎮，賞猶眡功，茲用不待三載，亟考而績。詔音既下，顧欲反汗邪，所請宜不允。

宋 佚名《宋朝大詔令集》卷一八二《蘇湖相度》 《禹貢》：三江既導，震澤底定。今三江之名既失其所，水不趨海，故蘇湖被患。可委本路監司選擇能臣，檢按古迹，循導使之趨下，并相度圩岸聞奏。

元 任仁發《水利集》卷六 水爲東南患，其來久矣。獻其端者，大抵二説：一則以導青龍江、開三十浦爲説，一則以植利户、浚涇浜、作圩岸爲説。是二者各得其一偏，未容俱是。

又 卷七 崑山諸浦通徹東海，沙濃而潮鹹，當先置閘而後開浦，一也。閘之側各開月河，以堰爲限，遇閘閉，小舟不阻往来，二也。《築圩》篇曰：『天下之地，膏腴莫美於水田。利倍莫盛於平江，緣平江水田，以低爲勝。』昔之賦入多出於低鄉，今低鄉之田爲積水漫没，十已八九。當時田圩未壞，水有限隔，風不成浪。今田圩殆盡，水通爲一，遇東南風則太湖、松江與崑山積水盡奔常熟，遇西風則常熟之水東赴者亦然，正如盛盂中水隨風往來，未嘗停息。嘗陟崑山與常熟山之巔四顧，水與天接，父老皆曰水低，十五年前皆良田也。今若不築圩岸，圍裹民田，車畎以取水低之地，是弃良田以爲水也。況平江之地低於諸州，唯高大圩岸方能與諸州地形相應，昔人築圩裹田，非謂得以播殖也，將恃此以狹水之所居耳。崐山去城七十里，通往來者至和塘也。常熟去城一百五里，通往来者常熟塘也。二塘爲風浪衝擊，塘岸漫滅，往來者動輒守風，往往有覆舟之虞，是皆積水之害。今若開浦置閘，之後先自南鄉大築圩岸，圍裹低田，使位位相接以禦風濤，以狹水源，治之上也。修作至和常熟二塘之岸，以限絶東西往來之水，治之次也。凡積水之田，盡令修築圩岸，使水無所容，治之終也。昨聞熙寧四年大水，衆田皆没，獨長州尤甚。崑山陳新顧晏陶湛數家之圩高大，了無水患，稻麥兩熟，此亦築岸之驗。目今積水中之有力人户，間能作小塍岸圍裹己田，禾稼無虞。蓋積水本不能，而圩岸皆可築。但民頻年重困，無力爲之，必官司借貸錢穀，集植利之衆，并工戮力，督以必成。或十畝、或二十畝地之中棄一畝取土爲岸，所取之田，衆户均價償之。其貸借錢穀，官爲置籍，責以三年六限隨税輸還。此治積水成始成終之策。

明 王直《濟農倉記》《吴都文粹續集》卷一〇 立法，于水次置場，擇人總收而發運焉。細民逕自送場，不入里胥之手，視舊所納減三之一。而三府當運粮一百萬石貯南京倉，以爲北京軍職月俸，計其耗費每用六斗致一石。公曰：『彼能于南京受俸，獨不可于此受乎？若請于此給之，既免勞民，且省耗費，米六十萬石以入濟農倉，民無患矣。』衆皆難之，而況侯以爲善，力賛其决。請于朝廷，從之。而蘇州省米四十餘萬石，益以各場積貯之赢及前所儲，凡六十九萬石有奇。公曰：『是不獨濟農飢。凡粮之遠運有所失及欠負者，亦于此取借賠納，秋成止如數還官。若民夫修圩岸、浚河道有乏食者，皆計口給之。如是則免舉債以利兼并之家，農民無失所者，田畝治，賦税足矣。』

明 黄訓《名臣經濟録》卷一四《内閣》 一、河防水利，小民衣食之源，關係最重，各有專官管理。該管官員務要躬親巡曆，嚴督所屬修築圩岸，疏浚溝渠。但有權豪刁潑之家修建池亭、設立碾磨、阻壞水利、坑陷錢糧者，并聽自首拆毁改正，與免本罪。若有抗拒官府、執迷不首者，許隣佑之人告舉究治。所在官司容情故縱者，事發，一體治罪。

明 杨子器《常熟縣水利議·固堤防》《吴中水利全書》卷二二 縣治田雖膏腴，或處低窪，或傍湖蕩，堤防不固，一遇天雨，遂成巨浸。近年增設水利縣丞一員，專董其事，每以農隙之時修築圩岸，務要高闊堅固，旱則可以積水，潦則可以戽救，此水利中之急務，誠不可緩也。

明 伍性《浚河築岸牌弘治八年**》**《吴中水利全書》卷一五 欽差督理蘇松等處水利、浙江提刑按察司僉事伍爲興修水利事，本道欽奉敕書往来，於嘉、湖、杭、蘇、松、常、鎮七府所屬地方提督治農，并管屯官挑浚河道，修築圩岸。隨據地方人民往往爲徭役不均，差科不法，兼以去年旱傷無收。本道按臨去處，告開河者不下數百餘人，已經准行整理，工少者令該都自行挑浚，工多者令該縣僇力并工。其間奸懶無狀之民，不服差遣，輒赴當道告訴，多方阻遏。殊不知民食不足，繇乎水利之不興，水利之不興繇河港之淤塞，今開河道所以興水利，以足民食。目今農務將興，除已往者不追究外，合行申飭。爲此，仰府官吏，即便轉行屬縣，省諭治農官員并耆老人等，各盡職掌，毋爲浮言動摇，庶使水利可興，民食可足，不然，惟有參提問罪而已。

明 沈經《勘報吴江水利呈弘治十一年**》**《吴中水利全書》卷一五 蘇州府吴江縣委官醫學訓科沈經爲公勘量修水利以蘇民困事。奉本縣帖文，該奉欽差總理糧儲巡撫應天等府地方，都察院左副都御史倡批：該本縣申詳前事，奉批仰縣選官，從公勘量造册，具繇詳報，繳奉此帖，仰本官查勘坍湖并興修水利呈報，以憑轉詳等。因奉此遵依，带同糧塘里書弓手前詣坍湖去處勘量。間看得各都田今昔坍入湖中者，有全圩俱坍，有一圩半坍不等，俱在水中。年坍年告，有前勘已完而糧未豁，有前勘已明而未報，有前勘未明而尚勘渾亂。其中所據各役指點，某處水中原無疆界爲凖，難以爲據。况各糧虚實多寡，止據書手册，底亦多改抹，若照各詞勘報，不無移虚作實，有負委選本職。早夜細思，計有四條可以清查：并杜後累勘時必從先查黄册，以究其根；復量實田以核其數，勘後通勘新漲以攤其糧；復修圩岸以杜其壞，事干重大，俱候本縣裁酌，非委官所敢擅便，爲此備繇款開，上陳如有可采，伏乞轉詳，另委施行。

明 沈啓《堤水岸志》《吴中水利全書》卷一八 按圩岸田塍閼係水旱最切。高田車水而入也，賴其如筐而承，毋令泄也。低田車水而出也，賴其如垣，而捍毋令浸也。昔人謂有一尺之堤障一尺之水，是也。無此而田蝕於水，謂之坍湖；水積於田，謂之抛荒，因成積荒。溝塗之講，非禹之所急乎？

明 歸有光《三吴水利録》卷一《郟亶書二篇》 至錢氏有國，而尚有撩清指揮之名，此其遺法也。洎乎年祀綿遠，古法隳壞，其水田之堤防或因田户行舟及安舟之便，而破其圩。古者人户各有田舍在田圩之中，浸爲人家欲其行舟之便，乃鑿其圩岸，以爲小涇小浜，即臣昨來所陳某家涇、某家浜之類是也，爲白水也。今崑山柏家瀼，水底之下尚有民家階甃之遺址。説者謂浜者安船溝也，涇浜既小，堤岸不高，遂至壞田圩，都爲白水也。今崑山柏家瀼水底之下尚有民家階甃之遺址也，此古者民居圩中之舊迹也。今崑山富户如陳、顧、辛、晏、陶、沈等田舍，皆在田圍之中，每至大水之年，亦是外水高於田舍數尺，此今人在田圩中作田舍之驗也。

又《郟亶書一篇》 蓋止知決堰，而不知預築堰下民田之堤岸，以防水勢故也。五卸地形與民田相去幾及丈餘，平時微雨，水即溢堰而過，已有侵溺之憂。今直欲決去其堰，使諸路之水舉自此而出，又不增高其民田圩岸以爲堤防，則決堰未多，而民田已沒。臣嘗論天下之水以十分率之，自淮而北五分，由九河入海。書所謂同爲逆河入於海是也。自淮而南五分，由三江入海，書所謂三江既入震澤底定是也。

明 呂光洵《請治田圍疏嘉靖二十四年上**》**《吴中水利全書》卷一四 巡按直隸監察御史臣呂光洵謹題：爲再陳水利未盡事宜，并祈聖鑒允行事，臣按屬四府最居東南下流，而蘇松又居常鎮下流，其水易瀦而難泄。雖導河浚浦，引注於江海，而每遇秋霖，泛漲風濤，相薄則河浦之水逆行，田間衝嚙爲患。宋轉運使王純臣嘗令蘇湖作田塍禦水，民甚便之。而司農丞郟亶亦云治河以治田爲本。臣嘗詢問故老，以爲二三十年以前，民間足食，無事歲時得因其餘力營治圩岸，而田益完美。近年民間空乏勤苦，救死不贍，無暇修繕，故田圩漸壞，而歲多水災。合請旨下該部，轉行府道治農等官，務令民間每歲農隙各出其力以治圩岸。岸高則田自固，雖有霖潦，不能爲害，且足以制諸湖之水，不得漫衍，而咸歸於河浦，則不待決泄，自然湍流，而岡隴之地亦因江水稍高，又得畝引，以資灌溉，蓋不但利於低田而已也，謹補牘奏聞。伏候命下，通行申飭，倘有不遵，仍議罰治。則當時各官并知警惕，無患實政之弗舉矣。臣愚曷勝惓切仰望之至。

明 海瑞《請補河工錢糧疏》隆慶三年上 《吳中水利全書》卷一四 欽差總理糧儲提督軍務兼巡撫應天等府地方都察院右僉都御史臣海瑞謹題：爲河工告成，乞賜處補錢糧兼圖後效事，該臣勘得吳淞江淤爲平地，有八十餘里，全吴水利，此爲第一。又各州縣飢民告急，臣思昔人興工救荒，旋於春初破土起工，畚鍤雲來，五十日即已竣役。臣親行相視，量得開深一丈六尺，面濶十五丈，下濶七丈五尺。前估計題請該工食銀七萬六千一百二兩，止用過銀六萬八千三百九十七兩。東西二壩未開，并近壩一里内再議開深三尺，以受壩外渾泥，并管工犒賞開壩造橋等項共再用一千餘金便可完事。工成甚速，銀不盡用，皆緣飢民趨事，值連月不雨，有天幸焉。又勘得内出之水係清流，外入之潮湧渾土，若内水急流，則足以衝蕩潮沙，免于淤塞，父老皆稱太湖水道節有攔壅。計有崑山縣夏駕口、吳江縣長橋、長洲縣寶帶橋、吳縣胥口等處委官踏勘，凡可通流入吳淞江去處，逐一疏浚，畢後方行開壩。又臣于正月杪勘浚白茆港，于二月初興工，估計銀四萬一千二百三十八兩。據該縣于三月初報，完工六分，計至下旬，亦漸次收功。其吳淞江工，候旨未下，臣權宜借發松江府、蘇州府練兵銀各一萬兩，鎮江府銀二萬兩。白茆河借發常州府練兵銀一萬兩，蘇州府四千兩。先因各方水灾臣令修圩築堰，查導河贓罸銀兩，聽各州縣支用，故解至吳淞白茆充費者不多。今松江府銀一萬兩補足，餘四萬四千兩未補，伏望皇上允臣前後二疏内借發未補銀兩，容接任撫臣如數調取，補足白茆河未完工，并夏駕口、長橋、寶帶橋等處及四府圩岸、塘浦、支河等項，約三月盡可通完。臣因鑒始慮終，吳淞白茆若使先年時加修浚，豈至淤塞如此，疏浚費力。伏望敕下該部以後水利不修，撫按道府州縣并以曠職議處，斯國計民生大有攸賴矣。

明 海瑞《備忘集》卷一《處補練兵銀疏》 題爲河工告成，乞賜處補錢糧兼圖後效事。臣於舊歲十二月巡曆上海縣，勘得吳淞江淤爲平地，約有八十餘里。三吳水利，此爲第一。【略】又臣於正月二十七日巡曆常熟縣，勘得白茆一河，果是淺狹，亦於二月初九日興工，估計該工銀四萬一千二百三十八兩。該縣於三月初報完工六分，計至二十以後亦可漸次收工，完工不過月盡矣。其吳淞江工候旨未下，臣權宜借發松江府、蘇州府練兵銀各一萬兩，鎮江府銀二萬兩，白茆河借發常州府練兵銀一萬兩，蘇州府銀四千兩。先因各方水灾，臣令遍修圩岸塘浦支河堰垻賑濟，原查導河贓罰銀兩聽各該府縣充用，是以解至吳淞江、白茆者其數不多。今松江府銀一萬兩補足，餘四萬四千兩未補。伏望皇上將臣二次題請俯賜俞允，借發未補銀兩容接任撫臣如數調取，補足白茆河未完工并夏家口、長橋、寶帶等處，及四府圩岸塘浦支河等項。巡鹽御史吳從憲見在巡率，約至三月盡可成功矣。

夫事貴善始，尤當善終，若使先年時加修浚，吴淞、白茆豈至淤塞。自臣到任之後，查得水利官皆分管别事、别差委，問之水利，茫然無知。水利之事，與己若不關涉。上司不以爲曠官，本官不以爲失職。水利不興，其所由來久矣。伏望皇上敕下該部，凡河道圩岸塘浦等處，著令時加修理。撫按以此殿最府縣，部院以此殿最撫按。庶乎旱澇有備，年穀豐登，民獲秋收之利，而國計亦有攸賴矣。

明 雷夢麟《讀律瑣言》卷三〇《工律·盜决河防》 凡盜决河防者，杖一百。盜决圩岸、陂塘者，杖八十。若毁害人家及漂失財物，渰没田禾，計物價重者，坐贓論。因而殺傷人者，各减鬬殺、傷罪一等。若故决河防者，杖一百，徒三年。故决圩岸、陂塘，减二等，漂失贓重者，准竊盜論，免刺。因而殺傷者，以故殺傷論。

《瑣言》曰：『河防者乃國家積水以資漕運者也，盜决以濟己私者，杖一百。圩岸、陂塘者，乃民間止水以防旱潦者也，盜决以爲己利者，杖八十。若因盜决而致水勢漲漫，毁害人家及漂失財物、渰没田禾者，求利於己，遺害於人，計所損物價坐贓論罪，止杖一百，徒三年。因而殺傷人者，雖其爲水殺傷，而實由盜决以致之也。减鬬殺傷人罪二等，若故决者本非求利於水，明有害人之心，且近於强矣。故决河防者，杖一百，徒三年。故决圩岸、陂塘，杖八十，徒二年。漂失贓重者，准竊盜論罪，止杖一百，流三千里。因而殺傷人者，雖其爲水殺傷，而實由故决以致之也。并以故殺傷人論罪，蓋盜决者圖以利己，原無殺傷人之心也。故决者欲以害人，不復爲殺傷人之慮也。』

又《工律·失時不修堤防》 凡不修河防及修而失時者，提調官吏各笞五十。若毀害人家、漂失財物者，杖六十。因而致傷人命者，杖八十。若不修圩岸及修而失時者，笞三十。因而渰没田禾者，笞五十。其水連雨，損壞堤防，非人力所致者，勿論。

明 顔如環《分理水利條約嘉靖元年**》**《吴中水利全書》卷一五 欽差協理江南水利工部署郎中事員外郎顔爲懇乞添差官員以興水利事當職，欽奉敕諭，先該巡視浙江都御史許廷光、工科都給事中吴巖等，各奏要添設大臣專管江南水利，已命總理糧儲兼巡撫應天等府地方工部尚書兼都察院右副都御史李不妨原務兼理。前事近該本部院疏題添設官屬，協修水利。巡按御史馬亦題添設官員，專一管理。准該部覆議添設郎中二員，已經通行。去後，【略】一、各處水利官務要親詣所屬，嚴督各塘圖長圩甲人等，督率得利人户，將各圩岸并力興工修築。應該增置者即便增置，俱要高厚，仍自本年十二月起至次年三月止。每月初旬，將前月督率修築過圩岸數目，開具申報。

明 林文沛《水利興革事宜款示嘉靖元年**》**《吴中水利全書》卷一五 欽差協理江南水利工部署郎中事主事林爲水利事，照得本部分治常熟等處水利周咨，已悉所有應興應革事宜，合行曉諭。爲此示仰所屬官吏軍民人等知悉，務須遵行，如有故違，定行參處，提究不貸。【略】一、各處圩岸塌坍者，圩甲開報，得利之家照田出夫，協同修理。泥土就於傍圩田内起取。本鄉都内有義民爲衆信服者，治農官舉報，委之管理，或四五圩，或六七圩。有功者通行獎勞，怠廢者治之。工完，府縣治農官取其修築數目造册，以憑查考。其圩内石埠無存者，圩甲置補，圩大者分之。或作積水漊横亘於中，濶約一丈，兩頭加濶，用石砌作車口，遇潦車救。

明 王世貞《與閣下王錫爵書》《吴中水利全書》卷一七 江南設有水利憲臣，議尚未定，或有爲當設僉事，或有以爲宜復御史者，或有以爲宜特遣大臣者。復御史不過仍委兵道，多挾郡僚，臨期一以移文塞責而已。下僚多一番承應，百姓多一番騷擾。至於添設大臣，尤屬童稚之見，彼豈有不避艱勞、不求速化，如夏忠靖、周文襄者。況年力愈衰，體面愈重，費用愈廣，何益之有？無已。則僉事乎於民爲近，於簡爲慎。然鄙意則以未煩銓曹議定，官府先須撫按計處錢糧。今東南民力竭矣，救死不贍，安能枵腹而事版築？若損官儲而借之賑饑，則可然倉庾竭矣，何所請發而以供役徒？且今歲之潦在湖海之漲，下流滿而不受，不在上流閼而未泄也。第以爲此事宜暫緩，唯先有司修築圩岸爲主。蓋費小利大，目前之至計也。若久遠之圖，唯廟堂更熟慮焉。

明 汪天錫《官箴集要》卷下《造作篇·圩岸》 圩岸一事，干碍農事，不爲不重。正官當巡行槩管地面，相視田土，但有瀕近江河溪澗水勢衝擊去處，預於農隙之時召集當該里長及有田人户，并工修築堤防。如果工程浩大，則多起夫役相助，刻日完備，庶無塌損之患。

明 申時行《綸扉簡牘》卷一《答胡雅齋巡撫》 承示宣布詔書及處賑饑貧方略，元元戴德無量。至於荒區，議蠲鄙意，謂當除官户大户乃可，食禄之家與素封之民，自不當與細民下户同日而語，即一歲稍損，未爲害也。興修水利圩岸最急，蓋圩岸高堅可以捍水，則雖有淫潦，人力可施，不至一望成壍。先年設立塘長，專爲此耳。近年止重糧長，而塘長特具名，誠宜修復以圖永利，得如来教，寔大惠也。

又《答林巡江》 江南水利，頻歲仰煩經營不遺餘力。乃霪雨連綿，踰月不觧，至潰决堤岸，渰没田禾，此蓋天事，非人力所能勝也。顧水易宣泄，而圩岸堅完之所，猶有能以車戽救免者，則門下向所疏浚及修築陂塘之策，亦既略有徵驗矣。要之灾變出於一時，而興舉水利乃百世長策，黴羹吹虀之説，不足信也。第此時水漫民饑，暫當輟工来教允當。三吳財賦之藪，國家要區，而頃年一遭螟螣，再遇淫潦，民至掘草根以爲糧，流離殣殍之狀，有鄭俠不能圖者，不謂天之降罰，其酷如是，即復如昨歲，則東南之命盡矣，何啻力竭哉？伴食之臣，上爲朝廷，下爲桑梓，真有寢食不寧者，按部所臨，當有奇策以慰倒縣之望。

又《答帥巡按》 外承手教，偶述所聞以復，未敢謂必當于事體，而雅意獨深，是之地方之幸也。陂塘圩岸之説，走向爲敝，鄉士夫及有司言之未有獨見其必然者，即見其然而莫能致行，一旦被灾束手而已，良可嘆也，尊教處置周悉允當，既成之後，更須載之圖册，使高卑廣狹各有定式，而責成塘長督業户歲修，以保永久，則雖有水患不患矣，惟定議致行之，幸甚。

《明會典》卷二一〇 圩岸、壩堰、陂塘，仰行府縣提調官吏查勘。該管地面應有圩岸、壩堰坍缺，陂塘、溝渠湧塞，務要趁時修築堅完，疏洗流通，以備旱潦，毋致失時，及因而擾害於民，先具依準回報。

明 屠隆《東南水利論》《吳中水利全書》卷二一 三吳雖號稱澤國，低窪而中間田畝亦自有高下。高田十居二三，下田十居六七。高田所患在旱，下田所患在水，而兩者利害又每相懸。大旱之歲水涸，岸出低窪，下田幸而一熟，而高田則已盡枯。大潦之歲水浸，上行岡阜高田幸而一熟，而下田則已盡沒，是烏可不爲之計也。下田所患在水，則不可無障，而所以障其水者，圩岸也。高田所患在旱，則不可無蓄，而所以蓄其水者，溝渠也。下田不修圩岸，則大湖雖通，而適遇水潦，一時洩瀉不及者，何以障水而免？患高田不浚溝渠，則江海雖大，而適遇旱暵，江海流注不到者，何以蓄水而灌田？于是公又爲條《治田六事》，刊布書册，移檄有司。而又力勸親督，高田令浚溝渠，下田令修圩岸，令諸郡各邑犁然舉行。溝渠浚，則高田有以蓄水，而旱不能爲灾；圩岸修，則下田有以障水，而水不能爲害。是治田之事，正治水中之最切要者也，故曰：治田、治水相爲表裡，治田所以治水也。三吳之言水利者代有其人，興水利者累聞其事，而策非萬全，功成小補，未有建碩畫垂永如今日者也。良由公之志鋭而心誠，虚量而識遠，智習而善斷。志鋭則前無畏途，心誠則精貫金石，量虚則下情悉達，識遠則利害畢照，智習則事至不迷，善斷則機來無失，故其建立非凡，而成就宏遠也。隆嘗相從畚鍤，知其事之始末頗詳，是以不辭庸鄙而爲之著論，以俟後之君子留心水利經理東南者，由此知彼，而有所考焉。

明 畢自嚴《度支奏議·四川司》卷四《覆蘇松等府準以秈米完運疏》 常州府六月十七走宜興平日通行橋梁，水高橋低，船不能渡。臣覓乘小艇，極目汪洋，見小民之揷種甫畢者盡付之波底矣。地勢微高之處，非不極力車戽，而七月之交又遭連雨，民直付之無可柰何而已。三吳之田，周遭皆水，從來水高於田，全憑此一線之圩岸以禦之。雨狂水泛，圩岸一裂，皆不可收拾，而受灾之田寧復有秋成之望哉？據各縣所報及道府覆議，報金壇半灾。金壇雖屬鎮邑，而其田半隣於宜興，故受灾矣。宜興報全灾二分半灾三分者，以宜興尚有山田也。常熟長洲報灾八分五釐，太倉報灾七分一釐，以地形亦高低相錯。嘉定傍海，較他邑爲高，而種花多不耐雨，故亦受灾七分一釐。松之青浦近太倉地方者，不能無灾。而惟崑山夾常熟太倉而坐其下，吳江夾長洲與浙之嘉興而亦坐其下，下乃水之所歸，故報十分全灾矣。武進雖報灾，而分數未明，不敢混報，蓋去歲地動，應有此傷。

明 高攀龍《高子遺書》卷七 一境内有陂池宜浚者及時開浚，圩岸宜築者及時修築，城垣頹塌、橋梁毁壞者及時整理，高原汙下所宜樹木及時種植。

明 徐光啓《農政全書》卷一四《水利》 何謂修圩岸以固橫流？蓋四府最居東南下流，而蘇松又居常鎮下流，其水易瀦而難泄，雖導河浚浦引注於江海，而每遇秋霖，泛漲風濤，相薄則河浦之水逆行田間，衝齧爲患。宋轉運使王純臣常令蘇湖作田塍禦水，民甚便之。而司農丞郟亶亦云治河以治田爲本，其説多可采行。臣嘗詢問故老，以爲二三十年以前民間足食無事，歲時得因其餘力，營治圩岸，而田益完美。近年空乏勤苦，救死不贍，不暇修繕。故田圩漸壞，而歲多水灾，是吳下之田以圩岸爲存亡也。失今不治，則坍沒日甚，而農桑日蹙矣。宜令民間如往年故事，每歲農隙各出其力以治圩岸。圩岸高則田自固，雖有霖潦不能爲害，且足以制諸湖之水，不得漫行，而咸歸於河浦，則河浦之水自高於江，江之水自高於海，不得決泄，自然湍流。而岡隴之地亦因江水稍高又得畎引，以資灌溉，蓋不但利於低田而已。何謂復板閘以防淤澱？河浦之水皆自平原流入江海，水漫而潮急，沙隨浪湧，其勢易淤，不數年即沮洳成陸。歲修之則不勝其費，昔人權其便宜，去江海十餘里或七八里夾流而爲閘，平時隨潮啓閉，以禦淤沙，歲旱則閉而不啓，以蓄其流。

又 林應訓修築河圩以備旱潦以重農務事，文移曰：萬曆五年任直隸巡按，爲照溝洫圩岸，皆以備旱潦，而爲三農之急務，人人所當自盡者。縱使官府開深江浦，而各區各圖之溝洫圩岸不修，則終無以獲灌溉之利，杜浸淫之患也。除幹河支港工力浩大者官爲估計處置興工外，至於田間水道，應該民力自盡。爲此酌定式，則出給簡明告示，緣圩張掛，仍刻成書册，給散糧里，令民一體遵守施行。

一定式樣以便稽查。吳中之田雖有荒熟貴賤之不同，大都低鄉病潦、高鄉病旱，不出二病而已。病潦者則以修築圩岸爲急，圩岸既各高厚，雖有水溢，自難潰入而淹沒之矣。病旱者則以開浚溝洫爲急，溝洫既各深通，雖遇旱乾，自可引流而灌注之矣。況開渠者勢必置土於圩旁，築圩者理當取土於溝內，二者又自有相成之機乎。今後不必差官泛然丈量，該府縣止分別孰爲低鄉當急修圩，孰爲高鄉當急開渠。每年府縣水利官先時議定開築之法，如開溝洫，不論舊時疏通與否，其闊即以兩傍老岸爲主，其深務以一丈二尺爲率。若相地宜應加深闊者，聽決。不許減少前數挑起之土，務要置在舊堤之內，就便護堤，庶使雨水不能淋漓復流于河。如附近有低田堪以培高者，即以其土培之，亦可至於極高地方。不用堤岸而土無堆放者，亦即就靠內一邊攤放，蓋高鄉多種荳棉，一時不妨陸種。挑得河深，則灌溉自利，內中田畝，仍自不妨於水種也。若惜此尺寸之地，弗令攤土，沿河堆積，復入河中，無水灌溉，則內中田畝悉成枯槁矣。至於築圍岸，不論舊時完固與否，其底闊務要一丈，其面闊務要六尺，其高如底之數。（底闊一丈而高五尺者，是塹堵也。南方土性浮虛，圩高一丈面闊六尺，其底必二丈六尺，然猶過峻，稍令人畜登降，一兩年後必無面矣。要必三丈以外方可。若如下方所言，則墻也，非岸也。）若應加高厚者，聽決，不許減少前數。如田過五百畝以上者，便要從中增築一界岸，一千畝以上者，便要從中增築二界岸。每界岸底闊四尺，面闊二尺，高與外圩平，岸之兩傍仍可栽種荳麥。如極低鄉或近湖蕩深處，難於取土者，就便分別令民於圩內傍圩之田起土增築，岸外再築圩岸，一層高止一半，如階級之狀，岸上遍插水楊，圩外雜植茭蘆，以防風浪衝激。取土之田計其所損，量派各田出銀津貼，俟後陸續啇取河泥填平，照舊耕種，永無後憂。是所損者小，而所益者大也。若互相吝惜，不分界岸，即如今年霪雨，連旬洪水一發，車救不前，全圩無望矣。又有一等低窪田畝，嵌坐中心，無從蓄泄，有願開鑿通河運泥增高者，聽廢田之價，衆户均認，廢田之稅牽攤本圩，照此式樣給示。遍諭委官分投區畫，每一圩爲一圖，明白貼説前件，每一圖作二本，一送縣備照，一付圩甲諭衆。俟至冬十月，刻日出示興工。

一、定夫役以杜騷擾。各鄉溝洫圩岸雖有長短，廣狹不齊，然不過爲一圩之田而設也。故田少則圩必小，田多則圩必大，而環圩之溝洫因之。此水利此圩之田，則當役此圩有田之户矣。各縣即令塘長備開某圩周圍若干丈，外環溝洫若干丈，圩內之田若干畝。某人得業若干畝，共該圍岸若干丈，不論官民士庶，隨田起役，各自施工，如田橫闊一丈者築岸一丈。

明 張内蘊《東南水利議三》（《吳中水利全書》卷二二）

爲政有體，操得其柄，則已不勞而事畢，舉功在萬世矣。今欲興修水政，垂惠三吳，不須別項勞神，秪須采集衆議，立爲成規，以傳示永久。如旱鄉支河，限定每年一開，幹河則五年一開，低鄉圍岸限定每年一築界，岸則三年一築，尅定程期，永爲遵守。一家之工役不完，責在業户；一圩之工役不完，責在圩甲；一圖之工役不完，責在該年總甲；一區之工役不完，責在塘長；一縣之圍岸、界岸、支河、幹河俱不及期修浚，責在水利官。水利官自十一月起至二三月止，并不許雜委，亦不許取具糧塘里老結狀一紙以塞責，須令出舍鄉鎮巡行。問其疾苦，省其勤惰，相其原隰，酌其淺深高下，孰爲利所當興，害所當除，各處荒棄田地用何調度方可轉荒爲熟，凡切于國計民生者，通要留心經理，申詳酌處，雖上司或有別委掌印官，不必關牒，本官徑自另議一員申請。朦朧不行，申請致令雜管他事，墮悮水利大政，責在掌印官，水利官怠惰偷安，不爲出舍巡行，責在該府水利廳。該府水利廳不嚴加督察，不按季臨視，其責亦有所歸。大約巡視一年，二年圩岸可成；巡視三年，四年溝洫可深；巡視五年，六年浦瀆可通；巡視七年，八年三江可入；十年之外，流民可以盡歸，荒田可以悉治，户口漸饒，國計日裕矣。

清 錢泳《履園叢話》卷四《水利》

吳中水利，固惟浚枝河爲要務，築圩岸爲急需。究其本源，則枝河淤塞者由圩岸坍塌，圩岸坍塌者由人力怠惰。余以爲開渠者，土無堆積，而即爲圩岸；築堤者無從取土，而即以開渠。二者相兼，其功百倍。蓋開得河深，灌溉自利；築得堤高，泛溢無虞也。故郏亶曰：取塘浦之土以爲堤岸，使塘浦闊深而堤岸高厚。塘浦闊深則水通，流而不能爲田之害，堤岸高厚則田自固，而不至使水衝決，勢必趨于江與海也。如此則高低皆利，而無水旱之憂矣。

清 林則徐《林文忠公政書》卷七《通州捐挑河道片》

再江寧藩司所屬之通州地方，瀕江控海，負郭即爲高阜，近沙皆屬低區，因潮汐往來，沙港漸成淤墊，圩岸閘壩亦多年久傾頽，旱澇每虞無備。飭據前任通州升任貴州遵義府知府平翰督率，委員紳董勸諭捐修，當經奏明，責令該員一手經理。旋據稟報，將通江引潮之姚港等二十七港，照業食佃力之例開挑深通，共出土五十六萬二千四百餘方。又白蒲鎮六十里河道，半屬淺塞，未能納潮。內近田之三十里，亦照業食佃力挑辦。其最淺之七處計長三十里，係平翰首先捐廉勸諭。紳董捐挑，一律挑深三尺，即以挑出之土加培圩岸。又修復唐家閘、鹽倉壩正閘、耳閘以爲蓄洩關鍵，并以工餘之項修理該州試院，統共用銀一萬八十八兩零，均由官紳籌捐興辦，次第完工，并將捐數、用數榜示曉諭。又各鄉董事或開挑柴南沙界河加築圩岸，或修築餘中頭橋至四甲壩十餘里河岸，或開挑六堰潛民灶沙雙鼻子港及紫琅書院公田旁通各河道，或改建西三十里鎮之翔鳳橋，亦俱一律告成，不在捐數之內，經委常鎮道前往逐一驗收工程，悉皆如式，實於地方有裨。除升任知州平翰自行稟明，不敢仰邀議叙外，其餘捐輸出力官紳，飭司查明，照例請奬，俟詳到再行彙辦合并，附片具奏，伏乞聖鑒！謹奏。

清 陶澍《陶雲汀先生奏疏》卷四一《升署知縣請暫緩送部摺片》 再崇明縣縣丞姚儲，前經臣陶澍會同升任撫臣程祖洛奏准，升署崇明縣知縣，并經聲請俟辦賑事竣再行給咨赴部引見在案。茲賑務已竣，應即請咨赴部。惟查該縣上年秋間，海潮異漲，田廬被淹。潮退之後，東坍西漲，舊時圩岸形勢變遷，避水各佃農陸續歸來，見地畝改變，彼此爭執，控案繁多。本年適屆大丈之期，正宜澈底丈清，以杜影射而絶爭訟。該員姚儲現辦勘丈事宜，似未便遽易生手。據藩司詳請，暫緩引見等情。前來臣等謹循例附片奏聞，伏乞聖鑒，謹奏。道光十二年七月二十日會奏，八月二十日奉到。硃批：依議，該部知道。欽此！

綜述

宋 郟亶《六失六得》《吳都文粹》卷五 至錢氏有國，而尚有撩清指揮之名者，此其遺法也。洎乎年紀綿遠，古法隳壞，其水田之堤防或因田户行舟及安舟之便而破其圩。古者人户各有田舍，在田圩之中浸以爲家，欲其行舟之便，乃鑿其圩岸以爲小涇、小浜，即臣昨來所陳某家涇、某家浜之類是也。說者謂浜者安船溝也，涇浜既小堤岸，不高遂至壞却，田圩都爲白水也。今崑山柏家瀼水底之下尚有民家階甃之遺趾，此古者民存圩中住居之舊迹也。今崑山富户如陳、顧、陶、辛、晏、沈等田舍，皆在田園之中，每至大水之年，亦是外水高于田舍數尺，此今人在田圩中作田舍之驗也。

宋 倪樸《倪石陵書·投鞏憲新田利害札子》 朴聞作法於涼，其敝猶貪；作法於貪，敝將若何？共惟國家自祖宗以來，輕賦薄斂，經常之外，一毫不敢妄取于民，盖所以結斯民之心爲億萬斯年深根固本不拔之計，德至渥也。間有額外之斂，皆州縣奉行之吏率意而爲，民多敝而上不知，此正代天子耳目，務求民瘼而去之者之所渴聞而欲見之者也。浦江居山僻間，地狹而人衆，一寸之土墾闢無遺。粵自乾道中因漕司行天下，榜示應州縣有陂湖圩岸及開掘土山爲田，不曾納稅，白收苗利者，令經所屬自陳。縣官承風欲邀賞於朝，輒嚴榜賞，令民户自經界後，將桑園陸地開變爲田者，限半月自陳。其有隱瞞去處，不問多寡，許人告保正副，不糾與産户，并科賞錢三百貫。浦江民醇而畏法，即時首陳，毫釐不敢隱。

宋 趙霖《三十六浦利害》《吳都文粹》卷六 《築圩》篇曰：天下之地，膏腴莫美於水田，水田利倍莫盛於平江。緣平江水田，以低爲勝，昔之賦入多出於低鄉。今低鄉之田爲積水浸沒，十已八九。當時田圩未壞，水有限隔，風不成波。今田圩殆盡，水通爲一，遇東南風則太湖松江與崑山積水盡奔常熟，遇西北風則常熟之水東赴者亦然。正如盛盂中水隨風往來，未嘗停息。嘗陟崑山與常熟之巔，四顧水與天接。父老皆曰：水底十五年前皆良田也，今若不築圩岸，圍裹民田，車畎以取水底之田，是棄良田以與水也。況平江之地低於諸州，惟高大圩岸方能與諸州地形相應，昔人築圩裹田，非謂得以播植也，將恃此以狹水之所居耳。崑山去城七十里通往來者，至和塘也。常熟去城一百五里通往來者，常熟塘也。二塘爲風浪沖激，塘岸漫滅，往來者動輒守風，往往有風浪之虞，是皆積水之害。今若開浦置閘，之後先自南鄉大築圩岸，圍裹低田，使位位相接以禦風濤，以狹水源，治之上也。修作至和常熟二塘之岸，以限絶東西往來之水，治之次也。凡積水之田，盡令修築圩岸，使水無所容，治之終也。昨聞熙寧四年大水，衆田皆沒，獨長洲尤甚，崑山陳、新、顧、晏、陶、湛數家之圩高大，了無水患，稻麥兩熟，此亦築岸之驗。目今積水之中，有力人户間能作小堘岸圍裹己田，禾稼無虞。蓋積水本不深，而圩岸皆可築。但民頻年重困，無力爲之，必官司借貸錢穀，集植利之衆，并工戮力，督以必成。或十畆或二十畆地之中棄一畆取土爲岸，所取之田令衆户均價償之，其借貸錢穀官爲置籍，責以三年六限隨税輸還，此治積水成始成終之策。若其當開之浦，則崑山、常熟共三十六浦，除常熟之許浦及白茆福山三浦，見今深濶水勢通快，不須開治，惟三十三浦。崑山十有二，謂：掘浦、下張浦、七丫浦、茜涇浦、楊林浦、六鶴浦、顧涇浦、川沙浦、五岳浦、蔡浦、浪港浦。常熟二十有一，謂：黄泗浦、奚浦、西陳浦。

宋 薛季宣《浪語集》卷一七《奉使淮西與虞丞相書》 某過蒙廟堂，期遇俾將使指節中，行邁匆匆，遂失拜違。感戀依依，言不能盡。已而驅馳道路，無緣奏記，主書非惟不敢，亦不暇不知，蒙下察否。某區區行役，昨緣水涸膠舟，遂自毗陵陸行，以十二月三日度牛渚，八日抵合肥，與帥漕謀行視圩岸，并治申請行移文字。十五日西邁，十九日次固始，所見牛渚以北絶無流移之人。聞合肥頗有之，趙帥先已安集，西入六安、霍丘之境，稍依岡壠去處，往往有飢民寓居，至平地則無之。某問縣官總首，皆言安豐之境主户常苦無客，今歲流移至者，爭欲得之，借貸種糧，與夫室廬牛具之屬，其動費百千計，例不取息。飢民未及，播種樵蘇，燒炭割漆，采茶之利，已皆餬口自足，若平地則無此。以故山間猥集，所至如歸，主户不欲以增客户聞官，極難根刷所申之數，由此不多得之。某詢之流民，皆言淮南甚樂，諭以官莊之説，望然莫之應。安業已耳，擾之徒費，且在民猶在官也。

又 卷二八 問水利尚矣，農田之灌溉，漕運之轉輸，公私之交急也。至於設險守國，其所繫者益重，淮浙當承平之世，非惟國用之所仰賴。蘇湖熟，天下足。則又發於田家之諺。今也行都所在，内奉萬乘，外供六師，而水利之講不詳，號稱十年九潦。古者塘、堰、陂、湖之地，顧已變爲桑田之野。皇上究求民瘼，知無不爲，蓋嘗決圩岸之遏流抑沙，田之專利。通五瀉之堰，導申季之港，德至溥也，而旱潦之害未聞加損。或者以謂吴江之岸實障震澤陂湖，堙塞漲起，横流決而通之，未覩其利。漕舟凝滯，軍食乃不可闕。佃者已爲成業，立將見其流散，興役動衆，又不可以輕舉，置而不問，非安國利民之意也。先正翰林蘇公之帥浙右，嘗欲起千橋於吴江之岸，文正范公守姑蘇，則欲盡通吴東入海之浦。一則言而未試，一則試而不卒。迨今百歲弊云極矣，監司帥守豈無愛民憂國若二公者，歷年之久，何寂寥之無聞也？將古人治水之道，二公有未之盡，不然二公之業未究，必有説也。鄧艾大田淮甸，而魏軍大振；何洙復鄧故業，而南唐之政遂衰；馬臻興起鑒湖，鑒湖成而臻敗；謝公作堰丘頭，淮人比之召伯。利害反覆，其故何哉？中朝鎮守北門，舊興塘濼之利，水田之阻，況此輦轂之下，淮汭之塞，事切平世，將何道而爲之？諸生論古通今，水學蓋所詳練必也。農田不失灌溉，運道不至艱阻，邉險以設，民力無困，而公私享富實之効，豈無術耶？願詳聞之，將復於上。

宋 王存之《普慈禪院新豐莊開請塗田記》（乾道）《四明圖經》卷一〇 縣内有普慈禪院，依山瞰海，實東晋韶禪師道場。緇徒過海，禮寶陀，游九峰，萬壽必駐錫焉。大觀中，請海塗一段地名，富都鄉、白泉隩，歲得穀千斛。自後荒蕪不治，以故常住空闕，每有食不足之嘆。一日有頭陀宗新等七人開發道心，身任勞役，復治其田，凡歷三年而後成。於是建石碶三間，圩岸二百丈，畚插耰鋤之具畢備，歲無大水旱，得穀可以資其衆，與夫無所用心於終日者有閒矣。

宋 鄭虎臣《吴都文粹》卷六《僑書大略》 某所乞決常州無錫縣界之五卸堰，使水北入於揚子江者，此堰決水，其勢甚徑。往者官吏非不施行，然決堰未多，而民田已没，何也？蓋止知決堰，而不知預築堰下民田之堤岸以防水勢，故也。五卸地形與民田相去幾及丈餘，平居小雨即溢堰而過，已有浸溺之憂。今直欲決去其堰，使諸路之水舉自此而出，又不曾高其民田圩岸，以爲堤防，則決堰未多，而民田已没。某嘗論天下之水，以十分率之，自淮南而北五分，由九河入海，書所謂同爲逆河入於海是也；自淮而南五分，由三江入海，書所謂三江既入震澤底定是也。而三江所決之水，其源甚大，由宣歙而來至於浙界，合常潤諸州之水鍾於震澤。震澤之大，幾四萬頃，導其水而入海，止三江爾。三江已不得見，今止松江，又復淺汙，不能通泄。且復百姓便於己私，於松江古河之外多開溝港，故上流日出之水不能徑入於海，支分派别，自三十餘浦北入吳都界內，即先父比部水利奏申所謂向欲導諸江者，復南而北矣。雖於崑山常熟兩縣開導河浦修築圩埠，然上流不息，諸水輻輳，或風濤間作，或洪雨繼至，所開河浦必皆壅滯，所築圩埠必遭冲蕩。蓋沿江北岸三十餘浦，唯塩鐵一塘可直瀉水，北入揚子江外，其餘皆連接江湖河瀼，合而爲一，非徒無益，爲害大矣。今乞措置，一面開導河浦，即便相度松江諸浦，除塩鐵塘及大浦開導置閘外，其餘小河一切并爲大堰。或設水竇以防江水，即吳松江水徑入東海，而吳之河浦不爲賊水所壅，諸縣圩岸亦免風濤所破。某聞錢氏循漢唐法，自吳江縣沿江，而東至於海，又沿海而北至於揚子江，又沿江而西至於常州江陰界，一河一浦皆有堰閘。

（紹定）《吳郡志》卷一九《水利上》 論後世廢低田、高田之法者，古人治田高下，既皆有法。方是時也，田各成圩，圩必有長，每一年或二年率逐圩之人修築堤防，浚治浦港，故低田之堤防常固，旱田之浦港常通也。古之田，雖各成圩，然所名不同，或謂之段，或謂之圍。今崑山低田皆況在水中，而俗呼之名猶有野鳴段、大泗段、湛段及和尚圍、盛熟圍之類。至錢氏有國而尚有撩清指揮之名者，此其遺法也。洎乎年祀綿遠，古法隳壞，其水田之堤防或因田户行舟及安舟之便，而破其圩。古者人户各有田舍，在田圩之中浸以爲家，欲其行舟之便，乃鑿其圩岸，以爲小涇、小浜，即臣昨來所陳某家涇、某家浜之類是也。説者爲浜者安船溝也，涇浜既小，是岸不高，遂至壞却田圩，都爲白水也。今崑山栢家瀼水底之下尚有民家堦甃之遺址，此古者民在圩中住居之舊迹也。今崑山富户如陳、顧、辛、晏、陶、沈等田舍，皆在田圍之中，每至大水之年，亦是外水高于田舍數尺，此今人在田圩中作田舍之驗也。或因人户請射下脚而廢其堤，或因官中開淘而減少丈尺。臣少時見小虞浦及至和塘，并闊三二十丈，累經開淘之後，今小虞浦只闊十餘丈，至和塘只闊六七丈，此目所覩也。或因田主只收租課而不修堤岸，或因租户利於易田而故要渰没。吳人以一易再易之田謂之白塗田，所收倍于常稔之田，而所納租米亦依舊數，故租户樂於間年渰没也。或因決破古堤張捕魚蝦而漸致破損，或因邊圩之人不肯出田與衆做岸，或因一圩雖完傍圩無力而連延隳壞，或因貧富同圩而出力不齊，或因公私相吝而因循不治，故堤防盡壞，而低田漫然，復在江水之下也。每春夏之交，天雨未盈尺，湖水未漲二三尺，而蘇州低田一抹盡爲白水。其間雖有堤岸，亦皆狹小，沉在水底，不能固田。

又 太湖、松江之水與積水爲一派沉没民田者，一遇風作，則高浪萬頃，愈泄愈來。縱使諸浦瀉之泄之，涓涓來之，浩浩當斯之時，障之不可，疏之不可。爲之計者，莫若順其性而狹其流，乃爲上策。所謂上策者，大築圩岸，高圍民田而已。如此，則積水日削，衆浦日耗矣。大抵三説：一曰開治港浦，二曰置閘啓閉，三曰築圩裹田。三者闕一不可。【略】二也，《築圩》篇曰：天下之地，膏腴莫美於水田，水田利倍，莫盛於平江。緣平江水田以低爲勝，昔之賦入多出於低鄉。今低鄉之田爲積水漫没，十已八九。當時田圩未壞，水有限隔，風不成浪。今田圩殆盡，水通爲一，遇東南風則太湖、松江與崑山積水盡奔常熟，遇西北風則常熟之水東赴者亦然。正如盛盂中水隨風往來，未嘗停息。嘗陟崑山與常熟山之巔，四顧水與天接，父老皆曰水底十五年前皆良田也。今若不築圩岸，圍裹民田，車畎以取水底之地，是弃良田以與水也。況平江之地低於諸州，唯高大圩岸方能與諸州地形相應，昔人築圩裹田非謂得以播殖也，將恃此以狹水之所居耳。崑山去城七十里通往來者，至和塘也。常熟去城一百五里通往來者，常熟塘也。二塘爲風浪衝擊，塘岸漫滅，往來者動輒守風，往往有覆舟之虞，是皆積水之害。今若開浦置閘之後，先自南鄉大築圩岸，圍裹低田，使位位相接以禦風濤，以狹水源，治之上也。修作至和常熟二塘之岸，以限絶東西往來之水，治之次也。凡積水之田，盡令修築圩岸，使水無所容，治之終也。昨間熙寧四年大水，衆田皆没，獨長洲尤甚。崑山陳、新、顧、晏、淘、湛數家之圩高大，了無水患，稻麥兩熟，此亦築岸之驗。目今積水之中有力人户，間能作小塍岸圍裹己田，禾稼無虞，蓋積水本不深，而圩岸皆可築。但民頻年重困，無力爲之，必官司借貸錢穀，集植利之衆，并工戮力，督以必成。或十畝或二十畝地之中弃一畝，取土爲岸，所取之田令衆户均價償之，其貸借錢穀官爲置籍，責以三年六限隨稅輸還，此治積水成始成終之策。

元 任仁發《水利集》卷三 至元二十九年，有當處耆老對相視官講究，得此浦有三十六湾，約該四十來里。今十里亭西南季宅前有舊河，又於舊河迤南有荒田，約六里。若將此處開挑，通於嚴塘，至梅里塘，徑直止該二十五里可泄上水入江。仍將其閘修完，隨宜啓閉，免致潮泥復淤，可以悠久通流，又免徒勞。開北湾曲之處，是亦一説。丹陽練湖，接吳郡。志云：如練湖當大作堤防以匱其水，復於四旁設爲斗門水瀨，至大水之年，足以瀦蓄其水，使不与水水相連，而水田之圩岸無衝其水患，大旱之年可以决斗門水瀨以澆灌民田。

又卷四 平江、松江之圍田，常困於潦没，其患蓋由乎此。以今浙西八郡之地錢粮如此，其大生靈如此，其衆誠不可不爲之慮也。又鎮江丹陽縣有練湖一處，周圍八十里，中有土埂，尹而爲湖，名上下湖。上湖有斗門一，石𥕢五，函口五。下湖有斗門二，石𥕢一，函口八。受高口長山八十四汊之水，自辰溪入上湖，自横埧石𥕢减流入下湖，大水之年足以瀦蓄，使不與外水相連，而水田之圩岸無衝激之患，大旱之岁可以决斗門，啓函口，而瀕湖一带之田常沾灌溉之益。口被权豪數家於湖面高阜去處圍裹成田，侵奪衆利。

明 楊溥《預備倉奏》《名臣經濟録》卷一二 鄉之土豪大户侵盗私用，却妄捏作死絶及逃亡人户借用，虚立簿籍，欺瞞官府。其原開陂塘，亦多被土豪大户侵占，以爲私己池塘養魚者，堙塞爲私田耕種者，蓋今在此弊，南方爲甚。雖間間有完處，亦是十中之一，其實廢弛者多。其濵江近河圩田堤岸，歲久坍塌，一遇水漲，渰没田禾。又閘埧蓄泄水利去處，或有損壞，皆爲農患。大抵親民之官得人，則百廢舉；不得其人，則百弊興。此固守令之責，若養民之務，風憲之臣皆所當問，年來因循，亦不及此事。雖若緩，其實關係甚切。伏望聖仁特命該部行移各布政司、按察司、直隸府州縣，除近有灾傷去處，暫且停止，候後年豐熟舉行。其見今豐熟去處，悉令有司遵依洪武舊制，凡倉穀陂塘堤岸，并要如舊整理。倉有損壞者，即於農閒時月修理；穀有虧欠者，除赦前外，赦後侵欺者，根究明白，悉令賠償完足，亦免其罪，不許妄指無干之人搪塞。

明 符銘《濱壅圩岸記》（咸豐）《瓊山縣志》卷二五 夫農莫重於水利之修也，故芍陂修而盧江之人大豐，白渠鑿而邦國之用以足。古人以是究心，人無不蒙其澤矣。邇來分遣官屬，教民置陂塘備旱澇，是則三代溝洫之遺意，斯民之所以享其利、樂其樂者，一何幸歟！珠崖舊郡堤防，囊以江水，泛溢衝突，水失其道，邕潭等都民田荒蕪。時學正張宜舉率諸田老相地高下增築之，水復其故，膏我稻禾，家稔人足。前元己亥，堤障傾頹，飛沙、壅水相輔爲害，屢塞不能固，荼我農夫。洪武乙亥，邕潭父老具實陳於朝，詔許修復，諭民之食其土者，赴工則通力合作，木石則計户均收，寬其役而復其家。時己卯盧陵陳君來宰是邑，以民事爲不可緩，荒度舊障，增卑培薄，一如朝命。命里老馮普昌董之，晨夜展力，越月工成。方其始也，人皆憚勞。中而有成，則疑者信、勞者悦。及其終也，皆欣然相賀，曰不識不知何成工如是之速也。堤之高厚如陵、如阜，勞雖一時，澤延永久，後之子孫，其咸賴矣。時予適告歸於鄉，父老因屬識其始末以告予，維天下事功雖待人而舉，惟賢者能之，不爾何以百年以來至今日始成厥功哉？是功也，因民之所利，而利之非若西門遺利、白丹壑隣之比。後之食斯土者，視高亢無旱暵之憂，卑濕有膏腴之美，豐年穰穰，含哺鼓腹，孰不思今日之樂乃先人勤勞之賜也。又豈不興永念維持愛護，保障於悠久哉？斯障既久，則德之在人心者愈久而愈不忘，即其利思其人乃功乃德，彰彰然有不可掩，宜與斯障相爲終始已。奚待予言而實，遂書爲記。時己卯冬十一月二十一日。

明 姚文灝《申飭水利事宜條約弘治七年**》**《吳中水利全書》卷一五 欽差提督浙西水利工部主事姚爲興修水利事，本職節該欽奉敕諭，專一往來蘇松常鎮及浙江杭嘉湖七府并蘇州鎮江等處衛所地方提督各該官員修理湖塘，疏通河道，開浚溝渠及一應圩岸，未經修築者及時修築，各處閘壩未盡修理者隨宜修理。合用木石等料於各該田多有力之家從公勸諭，或別爲措置，人夫於所在附近軍衛有司相兼起用，仍須督役以時，調度有法，使蓄泄有備，旱澇無虞，以爲地方經久之計。自揣疎庸，尚賴所屬同心協力，所有合用事宜，仰各遵守施行。

計開：

一、不論低田、高田，俱以十分爲率。低田以一分爲堤岸，高田以一分爲溝池，則餘九分，可以永無旱澇。其五等圩岸，田低於水者，底濶一丈五尺；田與水平者，底濶一丈四尺；田高於水一尺者，底濶一丈二尺；田高於水二尺者，底濶一丈；田高於水三尺者，底濶九尺。面濶比底各減半，高亦以水爲準，外面各離水八尺。

一、各圖圩岸俱著排年分管。若本圖原有十圩，則每甲一圩；若不及十圩，則將大圩分湊之；若十圩以上，則并小圩兼管之。分管既定，然後立封牌爲志。

一、封牌以石爲之，長五尺，濶四方各一尺五寸，皆豎於圩南。上二尺五寸，四面刻字。前云『某字圩』，後云『某縣幾都、圖幾甲、排年某人』，左云『官民田若干』，右云『糧若干』。下二尺五寸，培而築之。

一、應修圩岸該管排年，量田高下，照依五等岸式，督率圩户各就田所修築。假如田頭濶五丈者，即修岸五丈；濶十丈者，即修岸十丈。或有貧難并逃絶人户田頭及溝頭岸，則衆共修築。其圩心田户，若有徑塍者，自修徑塍；無徑塍者，與衆同修。逃户及溝頭岸排年則管修一圖圩岸，糧耆則管修一區圩岸，各縣治農官則提督一縣，各府治農官則提督一府。若一圖圩岸不修，罪坐排年；一區圩岸不修，坐罪糧耆，等而上之。一縣一府，責各有歸。或不論田頭濶狹，但論有田多寡，照田出人，照人分岸，使一總修築。亦可以高鄉溝渠，糧耆同里老相勘本區該開河渠幾處，某渠爲急，某渠次之，依次并工開浚。工程小者，或今年開幾渠，明年開幾渠；工程大者，或今年開半段，明年開半段。一二年之後，無不通之渠矣。

一、低鄉有等大圩，一遇雨水，茫然無收。該管人員務要督率圩户，於其中多作徑塍，分爲小圩。大約頻湃去處，一圩不過三百畝。間湃去處，一圩不過五百畝。如此則人力易齊，水潦易去。

一、取土修圩所毁田畝，衆共箣泥填補。若不可補，將議田挪補。其毁田之家，有田在本圩多者，亦不必補一圩田。外有等坦田，往往被灾，而不敢作灾。今後俱要築爲圩岸。所補田一體挪補，其低圩岸内，再幇子岸一條，高及一半，如階級之狀。

一、圩岸上俱要砌内外車埸，高低水涸，不得因車水放水輒便掘岸。一邊臨湖蕩圩岸，外須種茭蘆，以禦風浪。其狹河宣泄去處，却不許一槩侵種以遏水。

一、高鄉田畝，去水頗遠，無從車灌者，令田户於田内開塘蓄水備旱，或滲漏不蓄水者扵他處挑取黏土，和灰築底，自然蓄水。

一、近山高田無水車灌者，令得利人户於山拗田尾共買地開岸，以收蓄泉源及雨水，亦可備旱。

明 蔡乾《申飭水利須知案驗嘉靖四年**》**《吴中水利全書》卷一五

欽差督理浙江等處水利提刑按察司僉事蔡爲申飭水利須知事宜事：竊惟浙西水利爲重，莫不皆知。奈所司督理無方，使古人遺法蕩無復存。其至官稱治農，水鄉之高下莫辨，役充塘長，圩岸之至到莫分。今若不嚴加點視，豈可望水利興修，合亟申飭，爲此仰抄，案回州縣著落。當該官吏，照依案驗，内事理即將發去後，開水利須知條款。著令各塘長備將該管河道圩岸等項逐一開寫，書裝册内，送州縣印鈐，面寫『水利須知』四字，給與賫帶講究，按臨查考。今後如遇枝河淤塞，圩岸坍塌，即諭得利人户出夫，一年一次修浚。如大河橋閘工程浩大者，具申本道酌處施行，各水利官仍留一樣文册，一本披覽，俱毋違錯不便。

計開：

一、某都保區圖塘長某人、年貌、籍貫。

一、該管大河幾處，某河自某處起，至某處止，共長若干丈尺，水源上從何来，下從何往，灌溉田若干，橋梁閘若干座，有無通潮，有無茭蘆，有無樹木。

一、支河共幾處，俱照前開，無則不必。

一、圩岸長短，亦照前開。

一、仍畫圖於各册之前。

明 朱袞《水利興革事宜條約嘉靖九年**》**《吴中水利全書》卷一五

欽差提督蘇松等處水利工部郎中朱爲欽奉敕諭事：照得裕民足國，莫先於務農，禦灾捍患在急於治水。矧江澤之地，實財賦之區。往者朝廷念旱澇相仍，隄防久廢，特降璽書，復設部署，付以列郡。又恐軍衛有司抗違悮事，特授參拿之權，聞權豪勢要侵占阻壞，尤嚴鋤治之法。自顧庸愚，仰承欽命，雖節行督諭，恐未通知。今續得見，開合并申示。

計開：

一、國家扵圩岸、陂塘、橋梁、道路，俱仰府、州、縣官常川勸諭，於江南又各設治農官，以佐理之。但昧扵治體者正官或忽而不理，該職又棄而之他，甚有索取常例，啓塘圩之科害。濫受詞狀，縱胥吏之吹求。下鄉督役則民畏其擾，入境問農，則事仍久廢。似此治農，適以病農，仰各砥礪興修，毋怠職業。**【略】**

一、築圩先量本圩周圍若干丈，堅固若干丈，坍壞若干丈。內每田十畝或二十畝出夫一名，數少者朋力，孤貧者量免。各主分段立界插標，大段面濶六尺，脚濶倍之。如宜高厚，相地加增，或車港取泥，或高鄉運土，從便填築。田多之家派出樁笆，或用板坊夾築，築畢，復移築其餘。務令杵舂堅實，圩心若修徑塍、圩岸、田頭，自築修完，仍禁牛馬踐。

明 沈岱《吴江水考增輯》卷二《堤水岸式》 按圩岸、田塍關係水旱最切。高田車水而入也，賴其如筐，而承毋令洩也。低田車水而出也，賴其如垣，而捍毋令侵也。昔人謂有一尺之堤障一尺之水，是已無此而田蝕於水，謂之坍湖，水積於田謂之拋荒。因成積荒、溝塗之講，非禹之所急歟？

又 一、圍岸分難易三等，及子岸同脚異頂法。一等難修，水中突起無基而成，又兩水相夾，易於浸倒，須用木樁、竹笆、石礟方可成功。二等次難係平地築基。三等易修，係古岸頹塌者三等築法。頂闊皆六尺，脚闊皆九尺，高以一丈爲率。極低之田，岸務極高，能比往昔大潦之水高出一尺，則永無患矣。子岸較圍岸又卑一二尺，蓋慮外圍水浸易壞，故內作此以固其防。築法與圍岸同脚而異頂，如圍岸頂闊六尺，子岸須頂闊八尺，方爲堅固。其脚基總闊二丈，須一齊起築爲妙。一戧岸，岸外開溝，圍田無論大小，中間必有稍高稍低之别，若不分别，彼此各六創岸，將一隙受水，遍圍汪洋。法於圍內細加區分，隨其高低形勢截斷，另築小岸以防之。築時要於低田外邊開溝取土，內邊築岸，內岸既成，外溝亦就。外溝以受高田之水，使不內侵。內岸以衞低田之稼，俾免外入。又爲高低兩便之法，其岸俱脚闊五尺，頂闊三尺。一圍外依形連搭築岸，圍內隨勢一體開河。范仲淹云：『江南圍田，每一圍方數十里，中有河渠，外有門閘。旱則開閘引水，澇則閉閘拒水，旱澇不及，爲農美利。』今查各圩疆界犬牙相錯，勢難逐圩分築，惟看地形四邊有河，即隨河做岸，連搭成圍。大者合數十圩，數千百畝共築一圍，小者即一圩，數十畝自築一圍。其大小圍內必須相度地形，割田若干畝而開河渠，蓋土之弗平，而水之弗便。或邊高中下如仰盂，或中高邊下如覆盆，或半高半下，或高下宛轉，諸不等形者，外岸雖成，其何以救腹裏之旱澇。故須開十字河，或丁字、乙字、月樣、弓樣等河，小者一道，大者數道，於河口要處建閘一座或數座，不但爲旱澇之用，而柴糞草餅水通船便，無難搬運矣。一築岸取土，低鄉水區患無可用之土，即將開鑿十字、丁字等河之土以築其岸，計無便於此者。田價衆户均出，遺糧申入緩征，項下候有升科抵補。不然，則查附近有浜漊淤淺可浚者，就中取土築岸。岸既得高，河又得深，計無便於此者。若極低之鄉，四面純是塘涇，中間包絡水蕩，河渠既多，浜漊又深，無撮土可取也。須查本地有老板荒田，或新荒田，與夫年遠廢基遺址不便耕種者，入糧緩征，項下聽民采土築岸。又不然，查本地有茭蘆場之介居水次，止收草利，止征蕩税者，申免其税，聽民采土築岸。

又《水蝕考》 按積荒者皆窪下之田，其端肇於圩岸之不修，以非開闢時阪隰也。觀其深窪，田身恒與河底相等，中心潭田深倍於河。審形度勢，蓋昔人占江湖水面，乘時旱涸，破波築土，崇圍設堤，爲此畝頃動以萬計，非所謂圩田、壩田者歟，是非太集人力以勝於天不能也。是以今當欲蒔之先已耕，之後一遇淫雨潦漲，必多集桔槔以戽乙，名曰大棚車。動以數蓋，計田派人，計人派車，計車料水。建標立限，時驗刻量，更番戽踏，日夜無休。聚散有時，催督有法，此又非大集人力以勝，天亦不能也。是故塘老圩長沿堤分岸糾察巡警，岸之漏者塞，疏者實，衝者捍，坍者繕，低者崇，隘者培，亦日夜無休。些毫失慎，水走岸崩，百力皆廢，民無爲生，謂非民以岸爲命歟？弘治以前能舉此政，縣無荒田。正德五年一遭水沴，土荒民流，千家無十存者，百家無一存者。則岸既罔修，車安復集，逃者不歸，官不爲理，無怪其爲拋而爲積也已。

又 卷四《水議考中》 本職節該欽奉敕諭，專一往來蘇松常鎮及浙江杭嘉湖七府并蘇州鎮江等衞所地方，提督各該官員修理湖塘，疏通河道，開浚溝渠及一應圩岸。未經修築者及時修築，各處閘壩未盡修理者隨時修理，合用木石等料於各該田客有力之家從公勸諭，或别爲措置。人夫於所在附近軍衞有司相兼起用，仍須督役以時，調度有法。使蓄洩有備，旱澇無虞，以爲地方經久之計。洩之無方，尚賴所屬同心協力，所有合行事宜，仰各遵守施行。一不論低田高田，俱以十分爲率，低田以一分爲堤岸，高田以一分爲溝池，則餘九分可以永無旱澇。其五等圩岸，田低於水者底闊一丈五尺，田與水平者底闊一丈四尺，田高於水一尺者底闊一丈二尺，田高於水二尺者底闊一丈，田高於水三尺者底闊九尺。面闊比底各減半，高亦以水爲準，外面各離水八尺。一各圖圩岸俱著排年分管，若本圖原有十圩，則每甲一圩。若不及十圩，則將大圩分轄之。若十圩以上，則并小圩兼管之。分管既定，然後立封牌爲志。一封牌以石爲之，長五尺，闊四方，各一尺五寸，豎於圩南。上二尺五寸，四面刻字，前云『某字圩』，後云『某縣幾都圖幾甲排年某人』，左云『官民田若干』，右云『糧若干』。下二尺五寸，培而築之，一應修圩岸該管排年，量田高下，照依五等岸式，督率圩户各就田所修築。假如田頭闊五丈者，即修岸五丈；闊十丈者，即修岸十丈。或有貧難并逃絶人户，田頭及溝頭岸，則衆共修築。其圩心田户若有徑塍者自修徑塍，無徑塍者與衆同修。逃户及溝頭岸排年則管修一圖圩岸，糧耆則管修一區圩岸，各縣治農官則提督一縣，各府治農官則提督一府。若一圖圩岸不修，罪坐排年；一區圩岸不修，罪坐糧耆，等而上之，一縣一府責各有歸。或不論田頭闊狹，但論有田多寡，照田出人，照人分岸，一總修築。亦可一高鄉溝渠，糧耆同里老相勘，本區該開河渠幾處，某渠爲急，某渠次之，依次并工開浚。工程小者或今年開幾渠，明年開幾渠；工程大者或今年開半段，明年開半段，一二年後無不通之渠矣。一低鄉有等大圩，一遇雨水，茫然無救，該管人員務要督率圩户，於其中多作徑塍，分爲小圩。大約頻滸去處一圩不過三百畝，間滸去處一圩不過五百畝。如此則人力易齊，水潦易去。一取土修圩，所毀田畝衆，共斂泥填補。若不可補，議將田那補。其毀田之家有田在本圩多者，亦不必補一圩田。外有等坦田往往被灾，而不敢作灾，今後俱要築爲圩岸，所補田畝一體那補。其低圩岸內再幫子岸，一條高及一半，如階級之狀。一圩岸上俱要砌內外車埸，高低水洞不得因車水放水輒便掘岸。一邊臨湖蕩圩岸，外須種茭蘆以禦風浪，其狹河宣洩去處，不許一概侵種以遏水勢。一高鄉田去水頗遠，無從車灌者，令田户於田內開塘蓄水備旱。或滲漏不蓄水者，於他處挑取黏土和灰築岸，自然蓄水。一近山高，田無水車灌者，令得利人户於山坳田尾共買地開塘堰，蓄泉源雨水，亦可備旱。一開河修圩，其間有工役重大，非糧耆所能獨管者，須委有才幹義官或本地有行止得業之人相兼管督。一高鄉河港臨水二三丈間，不許人耕種，以致浮土下河，止許栽桑棗。一凡要洩水，河內但係古人建造木橋，宣洩快便，不得輒造石橋，遏束水勢。一軍衛屯田坐落，應修圩，內及應修河道，俱照民家協同修浚，不許坐視。管屯官一體及時提督。一所屬七府人才淵藪，豈無懷抱嘉謀可以興修水利裨益農田者？有司宜心推訪。

又卷五《水議考下》 水利須知事宜，其略曰：竊惟浙西水利爲重，莫不皆知。奈所司督理無方，使古人遺法蕩無復存。甚至官稱治農，而水鄉之高下莫辨。役充塘長，而圩岸之至到莫分。今若不嚴加視，豈可望水利興修，爲此仰鈔案回縣，著落當該官吏照依案驗內事理，即將發去。後開水利，須知條款，著令各塘長備將該管河道圩岸等項，逐一開寫，書裝册內，送縣印鈐。面寫『水利須知』四字，給與齎帶講究，候按臨查考。今後如遇支河淤塞，圩岸坍塌，即諭得利人户出夫，一年一次修浚。如大河橋閘工程浩大者，具申本道，酌處施行。各水利官仍造一樣文册，一本披覽，俱毋違錯不便。一某都保、區畐、塘長某人年貌籍貫；一該管大河幾處，某河自某處起，至某處止，共長若干丈尺，水源上從何來，下從何往，灌溉田若干，橋梁閘若干座，有無通潮，有無茭蘆，有無樹木；一支河共幾處，俱照前開，無則不必；一圩岸長短亦照前開，一仍畫圖于各册之後。

又 二曰修圩岸以固横流。蓋四府最居東南下流，而蘇松又居常鎮下流，其水易瀦而難洩。雖導河浚浦，引注於江海，而每遇秋霖泛漲，風濤相薄，則河之水逆行，田間衝齧爲患。宋轉運使王純臣嘗令蘇湖作田塍禦水，民甚便之。司農丞郟亶亦云治河以治田爲本，其説多可采行。臣嘗詢問故老，以爲二三十年以前民間足食無事，歲時得因其餘力營治圩岸，而田益完美。近年空乏勤苦，救死不贍，不暇修繕，故田圩漸壞，而歲多水灾，蓋吴下之田以圩岸爲存亡也。失今不治，則坍没日甚，而農業日蹙矣。宜令民間如往年故事，每歲農隙各出其力以治圩岸。圩岸高則田自固，雖有霖潦不能爲害，且足以制諸湖之水，不得漫行，而咸歸於河浦。則河浦之水自高於江，江之水自高於海，不待決洩，自然湍流。而岡隴之地亦因江水稍高，又得畎引以資灌溉，蓋不但利於低田而已。

明 周鳳鳴《條上水利事宜疏》嘉靖十一年上 《吴中水利全書》卷一四 三曰浚支河以修圩岸。臣惟吴中之田，近湖沿江地皆卑下，平時積水已多，一遇久雨，衆水畢集，常有水患。近山沿海地皆高阜，不能引江湖之水以資灌溉，常有旱灾。然以大較論之，畏澇者十之七，畏旱者十之三。高田少而治易，低田多而治難。昔人治高田之法有塘、有漊、有潭，凡潴水以灌田者皆是也。其治低田之法則繞田四圍築堤，謂之圩。圩者，圍也。内以圍田，外以圍水。蓋低鄉支河之水容受衆流，比田反高，而田反在支河水面之下。若非圩岸以圍之，而支河不通，則蕩然巨浸，遂不可田。是故低田賴圩岸支河甚於都邑之賴城池也。吴中賦税歲多逋負，固繇灾傷不可盡諉之天時，亦繇人力未盡。正謂浚支河修圩岸是也。近歲既浚吴淞白茆，以洩震澤之水。爲今之計，必須開浚支河積淤之土，因以修築舊坍之岸圩，務令堅實高厚，足禦湍急之流。工程簡易則隨田出夫，十分浩大則通融處置。在當事之大臣任之，實今日水利第一切務也。四曰虚長橋以决壅滯。臣惟吴江有長橋，其長數里，横跨震澤。東南之濱舊本木柱，駕橋以通陸行，疏徹湖水，衝激三江之潮淤，以入於海。元季易爲石橋，爲洞門一百五處，洞門既狹水，勢復分門狹。故上流阻遏勢分，故下流散緩，以是吴中常有水患，迄今二百餘年。石橋漸淤，止有三四洞門可通舟楫，其餘茭蘆叢生，漲爲平田，遂致水勢轉於東北以入海。上流愈狹，則水勢愈遏，下流愈遠，則水勢愈緩。竊謂吴中大患，必須從長勘處，或易爲木橋，或重加疏浚，務使一勞永逸之計。此實决壅滯之一策也。五曰均夫役以便貧民。臣惟吴中水利固惟浚支河修圩岸爲急，究其本源，則支河淤塞繇圩岸坍塌，圩岸坍塌繇人力怠惰。而怠惰之弊，其故有三。小民一遭水澇，困於工力難繼，大户田連阡陌，病於顧理不周，間有小民佃種大户之田，謂非己業，在大户止圖取租，彼此耽誤，更不葺理。今欲興修水利，必先飭惰勸農。若使夫役不均，益滋民害，合無一應築圩工程簡易者，就於本圩有田得利人户，不分官民，一體計畝起撥。若工程浩大，通融處置，官爲顧募，亦不得尅減工價，勢家不得假借名色討夫以便私圖亦不得賣放營利，在官人不得包攬，有者聽督理官參究提問發遣。六曰禁侵占以飭豪右。臣惟瀕江瀕湖去處，風浪險惡，因種護堤茭蘆以防坍塌。本爲障水，邇來豪右假以護堤爲名，不分河港寬狹，輒種茭蒲蘆葦，占爲茭蕩。蓮蕩或勾接商人，堆貯竹木簰筏；或希圖漁利，張打攔扛網簖，停積泥沙，阻壞水利。甚者霸占灘塗，築成塍圍，因而墾爲良田，止將什之一二報官起科，每畝亦止三升五升，徵之官者不多，而水道日隘，爲下流數十州縣之害，其大甚者，則將傍田河港私築堰壩，阻截行舟，衹知利己，致隣圩之田蓄泄無所，其害尤深。若不嚴加禁治改正，恐害不除，則利不興矣。臣生長東南，目覩積習之弊久矣，此大臣不可不設也。伏祈聖明鑒允，敕下該部議覆施行。

明 徐階《世經堂集》卷二二《與撫院論水利》 兩月不奉書，非敢疏慢，蓋既無私事奉干，又不欲作寒暄常套，故遂落落耳。頃工部以吴中水利移咨左右，此不獨事體當然，實以此事非旦夕可了，況工費所出，取給侵欠。而所謂侵欠者，又未必皆已輸官。當此凶歲，流離載途，劫奪時作，苟無其財，而遽欲興役，郡縣承望，横加科差，則反失沃洲。公題請之，意而其爲生民之病，朝廷之憂，有不可勝言者。故欲公詳議審處，爲生民造福也。抑有説焉，凡言水利者，大率二端，蓄與泄是也。而所謂蓄泄，有大蓄泄焉，有小蓄泄焉。大泄者以海爲壑，鑿白茅諸港、吴淞諸江，導江湖之水而注之尾閭也。大蓄者去江湖之淤澱，使足以受支河之水也。小泄者以近田之支河爲壑，導田間之水而注之其中也。小蓄者疏浚支河，使足以受田間之水也。夫專意於泄，於救潦可矣。即不幸五六月間，復如去歲之不雨，何以濟之？不若致力於蓄，則旱既足以救，而潦亦有所容而不爲害也。蓄泄之大者，其勢用財力必多，未易猝舉。今姑治其小，則莫若修築圩岸，然亦不可槩云修築而已。敝邑之田，東西二鄉高下迥絶，東鄉本不苦水，岸高則車救愈勞。當令各以修築之力疏浚支河，爲蓄水之計，仍遠徙其泥，毋俾復壅西鄉圩岸，在所必築，而艱於得土。亦當督令浚河，因取塗泥附之舊岸，築而加高廣焉。庶財力不虚費，而旱澇皆有備也。階素知公所志所養，特異流俗。近見公政事益信，其然不覺縷縷。古人云：功不必自己出，階獻言之意也。又云：狂夫之言，而聖人擇焉，敢以望於下執事。

明 徐階《松江府水利圩圖序》《吴中水利全書》卷二三 松，澤國也，水行田疇間若奕道然，民因謂其田曰圩。圩者，圍也，言圍於水也。循水而堤焉者，曰圩岸，所以禦潦水使不得入，又穴之以洩田中之水，使注諸川也。歲多雨，或川流壅塞，水溢於圩，則田没而民以告饑。故松之利惟水爲大，其害亦惟水爲大，而其政亦惟治水爲急。國初郡邑水利皆有專官，又數遣大臣爲之經畫，夏忠靖、周文襄最著。承平既久，吏懈民狃，水淤不流，岸缺不補，及倭患作，而上下胥奔於兵，由是田之圩岸毁踰半歲，屢有水灾，民日貧且走四方，而國之額税亦多負矣。萬歷六年，皇上特簡侍御史林君應訓督有司治之。君乘單舸東傳於海，西至於江，中歷湖泖浦涇，冒寒暑，凌風濤，相原隰之形與水之勢，浚大川六，支流四十七，港浜之小者九十有一，求圩岸之故迹，盡修築之。踰年功成，民歸如市。君曰此其利溥矣，然非籍無以訓久，遠使勿廢，檄吾郡守閻侯邦寧，圖而梓之。侯以示余。予曰：《禹貢》揚州厥田下下，厥賦下上，上錯則田之卑賦之重可知，而禹盡力於溝洫，非有能益其卑去其重也。今松固揚州之域，圩岸者又溝洫之遺制也。則松之治水，其道固無外於圩岸之修築矣。林君身督其成，復計久遠，而爲之籍其猷誠，然籍可必恃以訓後乎？自古天下事有人則興，無人則廢，今而後懷仁抱義之士踵相接於朝，則君之成績雖莫爲之述，猶當有慕而繼焉。矧其大書深刻炳然，在乎予敢稽首爲吾君吾民賀。

明 錢穀《吴都文粹續集》卷一〇《兵備道敕諭嘉靖十四年**》** 皇帝敕曰：蘇松常鎮四府，係南畿重地，國家財賦取給于此。往年因盗賊生發，貽患地方，特設專官整飭兵備。今特命爾專在太倉州駐札，往來四府沿江沿海一帶地方，督同軍衛有司掌印捕盗官員，操練官軍，揀選民快，修浚城池，演習水戰，緝捕盗賊，巡捉私鹽，聽理詞訟，兼提督各衛所屯田子粒，務令以時耕種，依期徵納，禁革奸弊，官吏旗軍人等敢有越占科斂、剝削軍士及侵占屯田、包攬拖欠屯種者，依法究治。其各府水利，督令有司官吏設法整理。湖蕩、河港、淤塞淺狹者，即爲疏浚。閘堨、堤防、圩岸及禦潮海塘坍塌損壞者，即爲修築，不許豪强之徒侵占毁壞，違者一體究治，仍聽巡撫官節制。捕盗事情有應與總督備倭官員計議者，計議停當而行。各該所屬官員有廉能幹濟者，具奏旌奨；貪殘不職，六品以下徑自拿問，五品以上并軍職參奏處治。爾爲憲臣，受兹委任，須盡心竭力，正己率下，務使武備修明，賊盗屏息，水利興舉，屯粮充足，斯稱任使。如或仍前專事逢迎，奔疲道路，因循苟且，虚應故事，責有所歸。爾其慎之，慎之，故敕。

明 吴遵《初仕録·工屬·興水利》 水利無可興，能勿壅之而已。近見有司以興水利爲名，遂致有乘機捏告，壞人已成圩岸，破人久居基業，反生事端。又或科派民財，起猜人夫，無端騷擾，致生謗讟，功未成，而上疑下怨者多矣。但遇境内陂塘圩岸，或因水衝壞，或因年久淤塞，看議的確，着令附近地方富實居民量力并工修理。如工程浩大，申明上司，支動無礙官銀，仍委信實人員分案督役，間一親臨看視。每雨水後取具該里執結呈報，其有閘去處，必丈量地勢高下，尋究水源來歷，遠近詢問有識耆宿何如，則利歸某都如何，則害歸某保如何。然後彼此俱便，務要斟酌兩平，方始興役，又必期於經久可行。興工之時，各照派築地段登記役人姓名，以備稽考。倘有豪民侵占，害及一鄉，或壅塞水源，或破壞堤堰，勢有阻隔者，申禀上司，重加懲治，則水利興而旱澇有備矣。

明 毛憲《古庵毛先生文集》卷一《與陳郡公諱實號虚庵**》** 昨承教札下詢荒政暨諸民隱，某愚陋何足知之？然盛意不敢虚辱，請以今日最急者言之。一曰販饑荒。自古荒政無出《周禮》十有二目，就其中最急者，曰散利，曰薄征，曰弛役，曰舍禁，曰去幾，顧權宜何如耳。昔周文襄公立法存積羨餘，名曰濟農。遇民缺食賑給借納，秋成抵斗還官，凶歲則再賑之，便宜從事。此即《周禮》遺意。今餘米隱於侵匿，耗於那移，所積無幾。宜速查歷年出入之數，在官若干，在民若干，隨行徵補，尤可濟急。次若編剩徭銀、導河夫銀、里甲户口等項，河泊税課等司權移濟用，更宜斟酌通融。或高時估以招商，或出官錢以市糴，商米輻輳，市價自平。【略】地勢卑者修築圩岸，使足障蔽可矣，是亦厚本之一端。然先儒有曰豐財之道，去其害財者而已，今之害財者曰奢侈，曰冗費，二者相爲表裡，燕享賓客之徃。

明 潘季馴《潘司空奏疏》卷四《考覈守令疏》 臣會同巡按江西監察御史張從公考核，得臨江府知府周大烈資性嚴明，議論慷慨，裁公費，查税銀，事事務期於潔己；飭河防，修圩岸，念念惟在於安民。政譽久騰，績效丕著。撫州府崇仁縣知縣陳應梅，氣質醇厚，識慮周詳，撫字催科漸清積年之逋負，刑罰教化，頓回故習之刁風，真實之心，循良之政。各官三年任滿，似應給由。但見奉明例，正官免其赴京除令，各官照舊支俸管事外，伏乞敕下吏部再加查議，如果臣等所言不謬，將各官免其赴京，照例造完牌册，徑自差人齎繳赴部，覆核施行。

明 陳有年《陳恭介公文集》卷二《仰遵德意請留補鐲以濟重困以備來艱事疏》　欽差巡撫江西等處都察院右僉都御史臣陳有年題：爲仰遵德意，請留補鐲銀兩，并陳荐灾積詘之狀，再乞破格肆惠以濟重困，以備來艱事。案照先准户部，咨爲遵例，勘報江右異常水灾，并乞聖恩，破格優恤，急救一方生命事。該巡按江西監察御史孫旬題報，南昌等府屬縣灾傷重大，并請鐲賑。及築圩岸、修倉厫等項，緣由本部議將本年分撫，按應解贓罰銀共八千兩，准留與同在倉穀石相兼賑濟。踏過南昌永新等一十二縣灾重，照例准免分數，俱於存留粮内除豁。其免過錢粮即於該年商税等項銀内動支抵補。如果不敷，查有堪動銀兩，不妨另行奏請。至於築岸修倉，亦聽彼中設法查處無礙銀兩，及時召集貧民藉力修築等。因題奉聖旨，是該省鐲賑等項俱依擬，務使民霑實惠。欽此，欽遵。又准本部咨前事，議覆續勘過贛州等府贛縣、彭澤等八縣灾重，照例准免分數俱于存留糧内除豁，其免過錢粮即查本處無礙銀兩奉請酌議抵補等，因題奉聖旨，是欽此欽遵，俱移咨到臣。就經備行布政司，查將應鐲存留銀兩，照例扣筭減派，通計免過之數，與該年商税機兵等銀是否相當。如果不敷支給，查有何項堪動銀兩，具由詳報，以憑題請抵補，并將留賑贓罰銀兩分發各縣，與在倉穀石相兼賑濟。其應築圩岸、修建倉厫等項，轉行守巡水利等道欽遵督理。去後。隨據該司申稱依奉行，據南昌等縣各造繳。原報被灾都啚田地米數册揭到司，該本司會同糧儲道查筭各縣灾傷，應遵部文准。【略】通候事完，將抵補過錢粮、賑濟過灾民、糴貯過稻穀、修築過圩岸倉厫，各數目分别造册，另行奏繳，惟復别有定奪。緣係遵仰德意，請留補鐲銀两，并陳荐灾積詘之狀，再乞破格肆惠以濟重困，以備來艱。事理未敢擅便，爲此具本專差承差賀應龍親賫，謹題請旨。

又《遵例勘報江右異常水灾并乞聖恩破格優恤急救一方生命事疏》　欽差巡撫江西等處都察院右僉都御史臣陳有年題，爲遵例勘報江右異常水灾，并乞聖恩破格優恤急救一方生命事，據江西布政使司呈繳，造完南昌等府，屬被灾各縣鐲免過存留錢粮抵補緣由，并賑濟過饑民動支銀穀，及修築過圩岸倉厫動支錢粮各數目文册到臣，據此案照先准户部咨，該巡按江西監察御史孫旬題勘報南昌等府属縣灾傷重大，并請鐲賑，及築圩岸修倉厫等項緣由，該本部覆議。内開恭候，命下本部，移咨江西巡撫都御史及咨都察院轉行巡按御史備行布政司查照，將本年分撫按應解贓罰銀共八千兩零准留與同在倉穀石相兼賑濟，務使灾民得霑實惠。一面將踏勘過各縣被灾地畝分數，照依勘灾體例，除永豐、安福二縣被灾三分不免外，永新縣被灾九分准免六分，南昌、萬安、峡江俱被灾七分准免四分，新建、廬陵、吉水、泰和、清江、新淦俱被灾六分准免三分，豐城縣被灾五分准免二分，進賢縣被灾四分准免一分，俱於存留粮内除豁，不得將無灾田地一槩混免。其免過錢粮即於前項商税等項銀内動支抵補，如果不敷，查有堪動銀兩，不妨另行奏請。至於築岸修倉，亦聽彼中設法查處無礙銀两，及時召集貧民，藉力修築。完日通將支過銀两穀石、賑濟過人口、免過錢糧、修築過圩岸倉厫各數目分别造册，奏繳青册送部查考等因。題奉聖旨，是該省鐲賑等項，俱依擬，務使民霑實惠，欽此欽遵。又准咨該本部題續勘報，贛州等府属被灾分數内開，除湖口、鄱陽、餘干三縣被灾三分不免外，彭澤縣被灾八分准免五分，德化縣被灾七分准免四分，贛縣、雩都二縣被灾六分各准免三分，興國、瑞金二縣被灾五分各准免二分，寧都、石城二縣被灾四分各准免一分，俱於存留糧内照例除豁，不得將無灾田地一槩混免。其免過錢粮，即查本處堪動無礙銀兩，明白奏請，酌議抵補，應賑者即於各倉庫收貯備賑銀米動支給散等。因奉聖旨，是欽此欽遵。又准咨爲仰遵德意，請留補鐲銀两并陳荐灾積詘之狀，再乞破格肆惠以濟重困，以備來艱事。該本部題覆，議將應補南昌等縣灾免少銀一萬二百三十两五錢六分，准於解部萬曆十二十三年分商税課鈔，弓兵曆日改折月粮，并莭年收過塩牙税銀及十二十三年未完商税課鈔，共銀一萬七千三百三十三两七錢内照數動支抵補外，餘銀七千一百三両一錢四分，與見徵改折月粮銀两一并解部濟邊等。因奉聖旨，是欽此欽遵。俱各移咨前來備行。該司遵照鐲免抵補賑濟修築圩岸倉厫等項，將免補過錢粮、賑過饑民及築圩修倉各動支過銀穀分别造册。去後。今據前因該臣會同巡按江西監察御史朱鴻謨覆核，相同合就遵照，乞省繁文事例，歸并造册，除青册送部查考外，今將造完奏册，鐲免存留錢粮抵補緣由一本，賑濟過饑民動支銀穀一本，修築過圩岸倉厫動支錢粮一本，理合進繳。爲此具本專差承差陳臻親賫，謹具題知。萬曆十五年七月初三日。

明 顧養謙《撫遼奏議》卷一五《廣開墾以修實政》 萬曆十三年十月初九日，准户部咨該户科都給事中姚學閔等題，該本部覆議通行，各省直撫按轉行各該所屬府州縣正官，但有荒蕪地土耕種素所不及者，示諭小民儘力開墾。不許勢豪侵奪，或有人户逃亡田地乆荒情願佃種者，查審明白，給與告主帖照，俾永爲己業。而各該有司又必嚴禁游民，盡心勸相示之，隨地以鑿陂塘、築圩岸之方。如貧難小户缺乏牛種，許將積貯稻穀借給補助，待秋成之日抵斗還倉。每歲將開過荒田頃畝數目，從實申報。

明 焦竑《玉堂叢語》卷二 楊士奇言：堯湯之世，不免水旱，而堯湯之民不致甚病者，有備故也。我太祖皇帝篤意養民，備荒皆有定制。天下郡縣悉出官鈔糴穀，各於四鄉置倉貯之時斂散。又相其地宜開浚陂塘，修築圩岸，以備水患。天下之民各安其業，此萬世之利。歷歲既久，奸弊日滋，豪猾侵漁，穀倉盡毁。凡諸水利亦湮廢，或被占奪，稍遇旱灾，民無所賴。事雖若緩，關繫甚切。請令户部擇京官廉幹者往督理，糧課豐稔州縣各出庫物平糴，儲以備荒。陂塘閘堤皆令修復，具實奏聞。若有灾之處，則候稔歲，而後行郡縣官考滿，以此爲殿最。風憲官各務稽考，遇有欺弊怠廢者，具奏罪之。

明 陸應陽《樵史》卷四 三吴財賦甲天下，而旱潦不時，民力凋耗者，皆由水利廢弛也。蓋河身驟淺，則驟水無所容；圩岸低薄，則溢水無所禦。此濬河築岸，二者胥不可緩。昔周文襄創立塘長，與糧長并重，意蓋爲此。今置之不問，何歟？萬歷戊子間，申公當□請上采言，宫議特設憲臣一員專督三吴水利。而時值歲祲，啼饑遍野，復請帑金十萬，藉開浚以賑饑貧，此實□公至計也。柰任之非人，竟使朝廷德意化爲烏有，饑苦爲之痛恨。

明 趙用賢《松石齋集》卷二七《復李兵憲》 常熟獨有四港，以分其勢，即宋所置開江營獨重此二邑可知矣。敝邑如白茅最要，今幸少通流，而自縣治之北徑三十六里而遂入江者，無如福山港，邇年湮塞殆盡，而迄無有言其當浚者，則以田土甚瘠，無貴勢者之産，貧民愚而無力，既不識水勢所急，而又憚於赴訴之勞費。故如奚浦、三丈浦，於邑之旱潦差緩，俱已開治，而獨福山港遂致終湮，亦安可不爲之亟圖也。若它開幹河，則必先支河，既浚港則必築圩岸，種種有説。倘公祖既從事，弟尚有臆見爲獻耳。天下之事惟務實力爲難，而務實者之鮮也，則以核實者未盡心焉，故也。邇聞敝邑盗賊横起，至漸窺城市，雖屢捕而屢不得絶其要領者，則請託貪緣者階之耳。然至委之飢民，而欲藉釋盗以爲功德，則受刼殺者何辜。況向來所捕之盗，未有一人名爲飢寒者，何其悖也。此皆時事所最急者，敢因便布聞。

明 申時行《綸扉簡牘》卷一《答孫小溪巡撫》 東南保釐獲借名碩，縉紳、士庶，咸竊慶慰。乃猶虚懷下詢，以地方事宜走也，何知安所置對。然區區之衷，竊以爲今之東南困敝極矣。議者徒以賦額之重、供億之煩甲于天下，而不知閭閻之蕭條、財力之殫竭百倍于曩時。即如頃歲蟲荒水灾，民不堪命，弱者溝壑，强者鋤挺。向非聖明加意蠲恤，兩院累疏控籲，則數郡之民不知死所矣。故鄙意以爲，今日救時急務，要在休養生息之意多而鉤鋤搏擊之事少，庶可以保固根本，振起創夷，其他隨事講求，因時措注，未能悉數請言其大者。凡賦税之源在農事，農事之本在水利。今興修水利之説，大抵浚海口開支河而已，而蓄潴之澤多占於開墾，障捍之堤乆廢于因循。故水漲則無所受，而横溢四出；水至則無所禦，而渰没瀰望。急則告荒告病，請賑請蠲，而朝廷或應或不應，則計無所之矣。往年周文襄設有塘長，與糧長并重，意蓋爲此。而今置之不問，近年田禾被浸，職此之由，此修圩岸以障水患急務一也。

又 卷六《答佘樂吾巡撫》 江南大浸稽天，民幾魚鱉，賴公祖抗章請命，獲徼聖恩。即蠲貸不能多而改折漕糧，且百萬留僅存之粟以活嗷嗷之民，是公祖再造于江南也，感激何似。吳中水利事，宜具在《王文恪公集》中及郡志，先朝故有特遣重臣經理其事者，蓋爲一勞永逸之圖。然罷役不二三十年即有湮塞之患，善作者不必善成，信斯言也。今帑藏方虚，欲如往時不惜厚費，聽重臣便宜經略，似不可得。若置之不講，使泄水支河，曰就淤阻潴水湖蕩，曰就迫狭坡塘圩岸，曰就低薄，是民間受患無休時而錢糧愈匱乏也。以愚而慮，不如設水利僉事爲長，要在督修堤岸，疏通河渠，禁止侵占，使水至有所禦，積有所泄，停蓄有所容。雖不能全利，而亦不至全害。此救時之中策也。至于海水增高，此偶然變異，難以爲常。公祖試令熟水平者，以冬月測量，則知之矣。部中專俟大議，至日，覆請施行，幸裁酌。

又《答李兵備》　江南大水之後，積潦未消，耒牟無所覆種，民間嗸嗸，誠屬可慮。乃公祖念切民瘼視若己饑，則元元有所託命，可恃不恐耳。水利設官，聞有成議，浚河、築岸二者胥不可緩。河身淤淺則驟水無所容，圩岸卑薄則溢水無所禦，此在專督水利者躬親相度，務實舉行，庶有濟也。但覆疏未至，恐舉事後期，而公祖業令有司先事料理，且假興作，以賑饑貧，尤至計也。平價遏糴之説盖出傳聞，若無此則甚善矣。近日微聞有司派徵新糧，多與題准蠲折之數不合，此亦未知果否。公祖留神體察，大抵漕糧改折正糧，每石五錢，則加耗輕齎蓆板等項該米七斗，餘俱當在除免之數。而徃年正耗，俱入平米派徵，今年如復混以平米改折，則每石徵銀八錢餘矣，此非恤民，乃更病民也。竊恐良有司決不至是，第吏胥蒙蔽，糧里奸欺，不可不防耳。吴中賦繁役重，饑饉荐臻，民困已極。公祖欲圖長計，使款目曉然于閭巷，而事權不落于奸胥，德意所注，地方受福無量矣。尤望查核詳明，鑒別允當，令司農不得藉口阻難苟甚。

又卷八《答王巡鹽》　来教惓惓，詢及地方水利，此三吳之幸也，甚感甚慰。顧水利之曲折難求，而熟知水利之人難得得人矣，而事有掣肘，人有煩言，錢糧無所取給，則功亦難成。故先朝每遣重臣，不惜厚費，而後得享數十年之利，未有久不治而能無患者也。今論大勢，則白茆港、劉家河、吴淞江皆泄水之處，而劉河見今通行，白茆雖嘗開浚，尚未深廣，惟吴淞江之淤塞爲甚，故浚治當先。頃者許水道任事吴淞之役，已報竣矣。將来水有所泄，庶幾無浸淫之患，而幹河、支河猶未開通，田塍、圩岸猶未修築，則工程之次第當舉者，惟是錢糧難措，誠如尊慮耳。今歲灾傷重大，無論太倉日虚，無終歲之蓄，即南部借支散賑亦數十餘萬，向所發水利工費又已十萬矣。今欲再取之户部，則不能復繼，欲取之工部，則尤極空乏。即使桒孔持籌，難爲力也。奈何！奈何！頃兩院題築海塘，部議既已停緩，則所餘開河銀兩可以漸興支幹之工，即不能一時并舉，而先其所急，未爲無益，是在公一申令之而已。惟江南十室九空，若督責民間自行修築，則不可耳。

又卷三七《答許鴻川水道》　前奉教札示，以三難敢忘，仰體惟是。此番推轂發于司空，決于太宰，而僕以桑梓之故，急于得人，遂贊成之。如尊諭云云，則僕未之深思也。然深爲公計，惟是關白。撫按恐有牽掣，然水利一事與河道事體稍殊，河道或塞決口，當呼吸立斷，或鑿新渠，當月日就功。若議論稍殊，不誤事則費財耳。今日水利猶在講求，惟浚海口以泄内河，開支渠以通積潦，築圩岸以捍驟水，而不可以尺寸預估歲月告成。撫按不能身親，安敢遥度，必無牽掣之患，僕固已爲兩公言之矣。

明　屠隆《由拳集》卷一七《書與沈嘉則二首》　先生别後，治水穰田，遂無虚日。治水使者弭節邑中，百務肩於一身。先是使者下治水令，隆以灾傷之後不可以興大役爲言不得請，無何璽書下，不復可争。部使者方臨，而治水官諸事不備，隆恐得罪上官，兩日而集数千人，河工遂起。三日而部使者親臨閲視，得免於後言，斯亦勤矣。旬日来，工且就緒，會天大雨，河水漲溢，工難卒完，而田禾復思洊傷，幸賴春間之圩岸畢修，不至如去歲盡没。乃萬人羇於河工，众心惶駭，隆又思河工，既難遂完，農事又復盡廢。三十日，冒雨疾馳往工所，先散大众，而後白狀御史臺，田野驩動，隆方私念一行而解萬姓於危難，自差可快意。隆不肖救灾恤苦，近遂以成癖，日求稍積功行，以當天心。而艱虞踵至，憂勞萬狀，古之專犯忌諱者，多徼天幸，此非不肖所能知矣。隆反覆念昔人言修正尚未蒙福爲邪，欲以何求勉强爲善，以安義命，斷不敢自墮落，重負長者。聞先生館於汝，和宅作客，有此賢主人，差不惡不肖，因日溷勞，薪久失修，候乎生自負，謂何而沈淪鄙賤如此，惟稍得當世賢豪心，以爲私慰。君典遂買一吴姬，自詫紗𦊕開之，同住吴門，沈郎挾吴姬歸宣城，馮生躉往江陰，約望前過叁頭。此時先生不可不来作佳晤，此兩君書來復申昏姻之約，甚至指皦日以爲正，殊可喜，小集敬徼惠大雅，汝和昆季幸致傾向，田朱尚未見。枉羅浮硯一枚，天池茶一瓶，辰砂雄黄各一，緘奉上。

明　屠隆《白榆集・文集》卷一五《三吴水利總論》　二吴雖號稱澤國，低窪而中間田畝亦自有高下。高田十居二三，下田十居大七。高田所患在旱，下田所患在水，而兩者利害又每相懸。大旱之歲，水涸岸出，低窪下田幸而一熟，□□田則已盡枯。大潦之歲，水浸上行，埋阜高田幸而一熟，而下田則已盡沒，是惡可不爲之所也。下田所患在水，則不可無障，而所以障其水者，圩岸也。高田所患在旱，則不可無蓄，而所以蓄其水者，溝渠也。下田不修圩岸，則太湖雖通，而適遇水潦，一時泄瀉不及者，何以障水而免患？高田不浚溝渠，則江海雖大，而適遇旱暵，江海流注不到者，何以蓄水而灌田？于是公又條爲《治田六事》，刊布書册，移檄有司。而又力勸親督，高田令浚溝渠，下田令修圩岸。今諸郡各邑犁然舉行，溝渠浚則高田有以蓄水，而旱不能爲災；圩岸修則下田有以障水，而水不能爲灾，是治田之事正治水中之最功要者也。故曰治田治水相爲表裏，治田所以治水也。三吴之言水利者代有其人，興水利者累聞其事，而策非萬全，功成小補，未有建石畫垂水利如今日者也。良由公之志鋭而心誠，量虚而識遠，智習而善斷。志鋭則前無畏途，心誠則精謂金石，量虚則下情悉達，識遠則利害畢照。智習則□至不迷，善斷則機來無失，故其建立非凡而成就□遠也。某忝公屬吏，嘗相從畚鍤。間日挹公丰采，聞公議論，觀公作爲，知其事之始末頗詳。是以不辭庸鄙而爲之著論，以俟後之君子有所考鏡焉。

明 錢允治《長洲縣水利議》《吴中水利全書》卷二三　夫治水必須躬歷山川，不可妄意户牖。以禹之神聖而未免乘橇乘欙身親胼胝者，蓋地有高下，土有沃鹵，湍有緩急，瀦有淺深，勢有迂邇。苟非相度，不得其情，非咨詢，不窮其致。兹典籍具在，條分縷析，不可不謂之詳且密也。而或施之行事，則有挂漏者，繇其偏徇于掌故而歷覽未周，指畫于陳言而時變未悉也。即世之善爲論者，咸曰太湖翕受宣歙、池州、建康諸水，未嘗言江水亦從蕪湖而入。又曰今日水患皆繇太湖之下流壅塞，積水四溢，未嘗言太湖今日之下流甚細，不大爲患。何也？高皇帝定鼎金陵，劉誠意實相厥役，因取九陽江之水，自天生橋折而北，拱洪武門，繞京城出龍江口。于是築東壩，斷西南，下太湖之水。而今太湖所受，惟荆溪、天目諸山水而已。是湖之水止大于瀦蓄，而不使于奔放，可足于灌注，而無妨于汛溢。觀吴江長橋迤南，水洞填塞，而沿堤彌望，皆成膏腴之田。其在宋元，稍塞蘆葦，而水即四溢，何今二百年無此患耶？實西南諸水不入故也。吴淞江自古承太湖之流，而洩之海，湖水常駛，與海潮勢敵，故江流常通水勢，稍微即渾潮深入，積土淤江，故昔之治水者必先治吴淞江。今數十年來潮水無障，積久成陸，所苦惟沿江之田枯旱而已，不聞湖水四溢爲患也。此亦足證太湖水源視宋元僅存十三矣。并湖之郡爲常州，爲湖州，爲蘇州，惟蘇州當其下流。下流之水乃蘇之吴江縣，吴縣爲之入口，太倉之劉家河、嘉定之吴淞江、常熟之白茆港爲之出口。惟長洲縣隸郡東界入口之水，至是支分節溉，縱横旁溢。南爲尹山湖、澹臺湖、車坊湖、黄天蕩、金涇濟、朝天湖、吴淞江、獨墅湖、鑊底潭、姚城湖、陳湖、澱山湖，東爲沙湖，東北爲彭濟、陽城湖、施澤湖、昆承湖、耆澤湖、段澤湖、上澤湖，北爲黄埭蕩、長蕩鵝、肫蕩、漕湖。其通流爲官塘支港，其積流爲白蕩、白漾，蓋不下百十之數，皆受太湖之水，渟泓充滿，而後出于吴淞江、劉家河、白茅港。大抵邑之諸水猶導河者，所謂分爲九河也。其太倉、嘉定、常熟出口處，猶所謂合爲逆河也。通流靡滯，則潦不妨農；旱可供戽，稍有澱淤，則水漫且激，田畝成浸，圩岸崩潰，傷苗害稼。非若他邑尚存高阜二三，可藝花豆也。其修治之要者，略有可舉河港爲舟楫通行者，官爲之疏鑿。其用以溉田洩潦者，即受利之民自行開掘，所起之土即用以築塘岸、填圩塍。在長洲之水利異于他邑，而亦易于舉事者，如此俾有循良之吏，處官事如家事，究心三年之間，即可成數十年之利。然今之有司非不經營水利也，其議論則悉行移則備，然任事者視爲常談，不過略加掩飾，銷繳公文而已。此無他，繇主之者無專官，而施之也不責實焉耳。本朝軍國大計，半在江南，苟不修水利，則田賦不登，田賦不登，則國用是匱，所當亟爲講求以開利源者，莫先于水也。誠得廣詢嚴勘，實見某河當官開，某河當民開，某堤當加高，某堤當增築闊厚。請著爲令，大約十餘年一遣重臣莅事，刻期訖工即回，此則利之利也。若付之帶管之官，不過行文塞白，訖無成效，又何咎哉？在今日，觀之府縣有水利官，繇役有導河夫銀主之者，又都臺御史。憲使又每歲經理之試舉，所修者何水，所利者何處，竟致五十年通行之水，則河身日高，而遇水至即盈，稍旱即涸，不通行處則漸以成陸，不特茭葦叢生而已。岸塍則大者崩削，小者堙廢，至于官塘亦傾圮斷缺，行路沮洳矣。是謂之實意爲民，以圖久遠之功可乎？按長洲目前之水，其僅通者凡三十有三，曰吴淞江、陳湖、瀆墅湖、陽城湖、昆承湖、王墓湖、朝天湖、尹山湖、葉澤湖、漕湖、施澤湖、赭墪湖、黄天蕩、三場蕩、鵝肫蕩、馬尾湖、車坊、漾范、青漾、鑊底潭、運河、閶閭浦、舟直浦、射瀆、糜瀆、涇巂塘、至和塘、匠門塘、柳胥塘、石獅涇、楊涇、龍漊、官才漊、金涇瀆。其已塞而應通者凡五十，曰白蜆江支河、官浦支河、朱涇支河、吴莊河、瓜涇港、金巷港、王巷浜、黄泥涇河、珍珠浜河、黄涇港河、旱涇河、蠡瀆涇、長涇、揭安浜、永昌涇、雷塘河、趙墓涇、徐瀆河、濟民塘、陸墓塘、和尚港、思賢涇、堵墓涇、暢浦港、滕巷港、戰浦河、西浮皋港、張陵港、急水港、土橋浜河、錦帆涇、唯亭涇、魯班涇、泗馬涇、葑門塘、瓦屑涇、和豐橋河、甫里塘、東北城濠河、鮎魚寶浦、山塘河、太平涇、吴絲涇、寺橋河、楊巷塘、黄埭河、蠡塘河、南屑涇、東倉河，是水可數舉，則工可數計。求其故道，因其自然，淺者深之，狹者廣之，淤者疏之，堙者鑿之，此無不可成之功矣。又長洲之地平曠，水演漾而不得遽泄，每遇霖雨泛漲，風濤相薄，則河港之水逆行衝齧，侵入田間，汪洋無制。宋轉運使王純臣令吴民作田塍禦水，司農丞郟亶亦云治水以治田爲本，其説多可采行。今鄉中耆老皆言三十年前民間食足事簡，歲時得因其餘力營治圩岸，故田以完固。近年窮苦，救死不贍，不遑修理，故田圩盡壞，而水灾加甚。國家額設塘長，正爲圩岸計也。今則水利官于塘役，則常例是急；塘役于田户，則科斂需索爲務，而于上司督促不過飾虚文捏故事應之而已。其日至廢壞而不可頓復，皆坐此也。誠使盡力圩塍，牢爲築治，則岸塍高田自固，雖有水潦，豈能爲灾。且足以制諸湖之水，不得漫行，而咸歸于河港。水歸河港，則河港之水自然高于江，而江流疾駛自然，潮勢不能抗，而積水亦泄矣。此殆明白易見，而上無作者，下無奉行者，卒至利不克修，患不克弭，賦縮民困，吾不知其終，何所取給也。

明 周孔教《禁革浚河泥頭牌萬曆三十六年**》**《吴中水利全書》卷一六　欽差總理糧儲提督軍務兼巡撫應天等府地方都察院右僉都御史周爲督撫地方事：照得水利興廢以備暵溢蓄泄，所關農務綦重，要在高鄉各浚溝渠，使之深以禦旱，低鄉各修圩岸，使之堅以救水。惟是役不離鄉民，各自便爲善，不意一種市棍，號曰泥頭，慣與奸胥朋謀蠶食。先將各區各圖雜泒編役，以開泥頭包攬之門。如高鄉塘長泒低，低鄉塘長泒高，一時東西奔走，不支無可如何，勢不得不致泥頭包攬。在泥頭一攬得銀，輒與胥役分受，嘻嘻不顧公事。間一剗去岸草，增高樣墩，自以爲開河而河塞如故。間一撈起淤泥，略塗岸面，自以爲築圩而圩壞如故。甚至一墩而今年築明年又築，終於不築；一溝而今年築明年又開，終於不開。總之利歸於奸胥，害積於地方，可勝痛恨。爲此牌仰本道官吏即行該府州縣，將各區圖細造畫册，不拘高鄉低鄉，逐項開載。本圖附近某大河、某官塘、本圖某港、某圩岸，不問靠塘腹裏，一體分段，應各業户自照。田畝開若干底面，深廣若干，逐一具册，一本留府，一解院道，永不許奸胥撥泒動摇，并豪家，借用塘長，以致紊亂。庶包役夫銀永永不乾没於塘長，不垂涎於積棍。如有積棍，假泥頭爲名。包攬妨工者，照例問遣不貸。

明 林應訓《頒行治田六事萬曆五年**》**《吴中水利全書》卷一六　欽差巡按直隸巡視下江兼督水利監察御史林爲水利事：今將《治田六事》刊榜示諭通知。

計開：

一、定式樣以便稽查。吴中之田雖有荒熟貴賤之不同，大都低鄉病潦，高鄉病旱，不出二病而已。病潦者則以修築圩岸爲急，圩岸既各高厚，雖有水溢，自難潰入而渰没之矣。病旱者則以開浚溝洫爲急，溝洫既各深通，雖旱乾自可引流而灌注之矣。二者不易之論也。況開渠者勢必置土於圩旁，築圩者理當取土於溝内，二者又自有相成之機。今後不必差官泛然丈量，該府州縣止分别孰爲低鄉當急修圩，孰爲高鄉當急開浚。每年府州縣水利官先時議定開築之法，如開溝洫，不論舊時疏通與否，其濶即以兩旁老岸爲主，其深務以一丈二尺爲率。若相地宜，應加深濶者聽決，不許減少前數，挑起之土務要置在舊堤之内，就便護堤，庶使雨水不能淋漓復流於河，如附近有低田堪以培高者，即以其培之，亦可至於極高地方不用堤岸。而土無堆放者，亦即就靠内一邊攤放，蓋高鄉多種荳棉，一時不妨陸種，挑得河深，則灌溉自利，内中田畝仍自不妨於水種也。若惜此尺寸之地，弗令攤土沿河堆積，復入河中。無水灌溉，則内中田畝悉成枯槁，至於築圍岸，不論舊時完固與否，其底濶務要一丈，其面濶務要六尺，其高如底之數。若應高加厚者，聽決，不許減少前數。如田過五百畝以上者，便要從中增築一界岸，一千畝以上者便要從中增築二界塍。每界塍底濶四尺，面濶二尺，高與外圩平，塍之兩傍仍可栽種荳麥。如極低鄉或近湖蕩處難於取土者，就便分别令民於塍内傍圩之田起土增築，塍外再築子塍，一節高止一半，如階級之狀。塍上遍揷水楊，圩外雜植茭蘆，以防風浪衝擊。取土之田計其所損，量派各田出銀津貼，俟後陸續𡍼取河泥填平，照舊耕種，永無後患。是所損者少，而所益者大也。若互相吝惜，不分界塍，即如今年霪雨連旬，洪水一發，車救不前，全圩無望矣。又有一等低窪田畝，嵌坐心腹，無從蓄泄，有願開鑿通河運泥增高者，聽廢田之價，衆户均認廢田之稅牽攤，本圩照此式樣給示遍諭，委官分投區畫。每一圩爲一圖，明白帖説前件，每一圖作二本，一送縣備照，一付圩甲諭衆。俟至冬十月，刻日出示興工，各府州縣掌印官責令水利官不時親行驗視，若不如此式者，即係違令。輕則責治，照式加工，重則究問，别議罰治。如此則人知所遵，家自爲力，法自不煩，而事功自舉矣。

一、定夫役以杜騷擾。各鄉溝洫圩塍雖有長短廣狹不齊，然不過爲一圩之田而設也。故田少則圩必小，田多則圩必大，而環圩之溝洫因之，此水利。此圩之田則當役此圩有田之户矣，各州縣即令塘長備開某圩週圍若干丈外，環溝洫若干丈，圩内之田若干畝，某人得業若干畝，共該圍塍若干丈，不論官民士庶隨田起役，各自施工。如田横濶一丈者，築塍一丈；横濶十丈者，築塍十丈，開河亦然。對河兩家各開其半，溝頭塍側非一家所能辦者，計畝出夫，衆共協力，挨序編號，置簿稽查，仍備載前圖。之後興工之日，塘長亦不必沿門催夫，徒取索求，科派之議。先期五日揷標分段，責令圩甲播告各户某日興工，聽其至期，各行照段如式挑築。有不依期及不如式者，呈官枷治。若塘長不行檢舉及攤派不公，重行究治警衆。若一溝之中兩傍各有圩田，則從中分認，毋得推諉，違者治罪。鄉宦之田須是田主出食，佃户出力，計工給發，仍要從厚，毋累窮民。【略】

一、嚴省視以責成功。訪得常年非不議行修浚，而水利之官多不下鄉，乃使各區塘長至州縣報數，或朔望遞結而已。如此虚套，何益實事？今後興工之日，各塘長、圩甲務要在圩，時時催督，開浚功完，未可便行開壩放水，俱聽府州縣掌印官并水利官分投親勘。如一圩不完，責在圩甲；一區不完，責在塘長。輕則懲戒，重則罰治。本院與該道又不時間出以察之，如一州縣有十處不完，責在州縣官。一府有二十處不完，則府官又有不得不任其咎矣。如此行之三年，溝洫可深，圩岸可固，稽事既成，賦税自裕。以後斷定高鄉河渠，兩年一次開浚。低鄉圍塍，每年一次修築，則民間田畝保無水潦之虞，即有湮塌處所隨時修復，爲力固易，爲費固省，當不使今日之難爲功也。

明 曹胤儒《東南水利議》《吴中水利全書》卷二二　江南之地，浙西爲低。浙西之水，太湖滙之。應鎮、杭、湖爲南北西之極高，嘉、常以次第而漸卑，姑蘇居中，松爲下流。天目障萬峰于西岡，身亘百里于東，葢江海之岸與山麓并高，所謂形如仰盂。非耶，湖水積于中常，若盂之形，非藉江湖深駛，何以通洩？況渾潮日上，日積港門，日淤此，東南水利有不容一日不講者。而治之之法大抵有三，所謂浚浦、築圩、置閘。三者如鼎足，缺一不可。是議也，范希文倡之，趙霖踵而行之，元有任仁發者，亦云治東南水利無他，浚河港必欲其深闊，築圍岸必欲其高厚，置閘竇必欲其衆多。設遇水旱，就三者而乘除之，自然不能爲害。漢晋迄唐宋治績彰明較著也，以故東西號爲沃區。自元至今，漫弗復省民窘財傷，有繇然哉？乃我明自夏公原吉始，大治之。逮及徐尚書貫，徐尚書之後李公充嗣、吕公光洵、宋公儀望、海公瑞，皆欲建太平之道于東南，甚盛心也。吕宋疏上未行，吕公專治白茆，吴淞夏駕次之。海公專治吴淞，白茆次之。李公功則未終，海公最爲有見。蓋自夏忠靖用元人周文英之議，舍吴淞事婁江，一時不爲無利，然以全吴之水，一婁江洩之，似未爲安。今自海公開浚吴淞數十年間，雖有水災，不爲大害。所謂擇善而行，巧于師古者，公其有之。其間諸公所行之事，徐尚書頗爲詳當，即其疏議有可按而覆者，一時浚治，俱有次第。隘口支川，無不就理。維時水患十去八九，但有司迎合，惟圖目前，而徐亦小，就自畫不能爲轉身之計。舊制版閘淘河，夫卒之設，圍岸之築，皆未全備，不過十二三年，而諸浦復塞。使醫除疾，而曰必遺類焉，過也。今視徐公之得，鑒徐公之失，并沃州吕公、陽山宋公二疏，劑量其間，必有處矣。無已則其要有五焉：其一高圩圍以固其防。修圩之利最爲經久之圖，宋郟公僑議，乞如練湖大作堤防以櫃其水，復于堤防四傍設爲斗門水瀨，即大水之年足以瀦蓄湖瀼之水，使不與外水相通，而水田之圩岸無衝激之虞，大旱之年可以決斗門水瀨，以浸灌水田，而旱田之溝洫有車救之便。本朝沃州吕公光洵云吴下之田以圩岸爲存亡，失今不治，則坍没日甚，而農業日蹙，宜令民間如往年故事，每歲農隙各出其力以治圩岸，則田畝自固。雖有霖潦不能爲害，且足以制諸湖之水不得漫行田間，而咸歸于港浦。俾港浦之水自高于江，江之水自高于海，不待決洩，自然湍流。此之爲利，亦有三。其一岡隴之地，岡水稍高，可畝引而資灌溉。其一屯水之區，因堤既立，可畝履而施播種。其一近海之港，因水駛急，可衝滌而去淤塞。宋兩浙提舉趙霖亦云平江之地低于諸州，唯高大圩岸方與諸州地形相等。昔人築圩圍裏田，非謂得以種植爾也，將恃此以殺水勢耳。但民無力爲之，當官司借貸錢穀，集得利之人督以必成。或十畝或二十畝之中棄一畝取土爲岸，取土之田令衆户均價償之，其借貸錢穀官爲置籍，責以三年六限隨税輸還，此誠治積水之第一議也。一時難興，願以異日，然終不可已。其二開江河以導其壅近者，海中丞之開吴淞也。

明 吴爾成《水田修浚議》《吴中水利全書》卷二二　吴中之財賦甲天下，而財賦之源在農田，農田之源在水利。我太祖高皇帝深惟根本之計，特頒敕諭，凡天下陂、塘、湖、堰可瀦蓄以備旱暵，宣洩以防霖潦者，皆因其地勢修治之。又遣官分詣天下，督吏民修治水利。嗣是列聖相承，獨加意于蘇、松等七府水利，或設郎中，或命都御史，或工部尚書，或專敕巡撫官，或督巡鹽巡江御史。而又特申禁令，令秋成時修築圩岸，疏浚陂塘，以便農作。無非欲使各鄉區圖之役伍各就其鄉井之中，自爲修救。高鄉則浚溝渠深濶而旱魃不能灾，低鄉則修圩岸高厚而陽侯不能祟。役不離鄉，民各自爲，世世相承，浸深浸厚，以歌豐穰，而成富庶。不知何年始生蠹弊，有水利積胥奸宄百出，而又一種市棍刁猾號曰泥頭爲之包攬，侵冒工食，遂與積胥朋謀通計，合爲一家。一體先將各區各圖水利之役紛然散派，令不得守其本鄉，以開泥頭包攬之門。如高鄉之塘長、里長，則自捨其久涸之溝渠，而偏派以隔區窵遠之圩塘。低鄉之塘長、里長，則自舍其久倒之圩岸，而偏派以隔區窵遠之河壑。夫蚩蚩之民，亦各自戀其鄉井，而且佷伥于適途，安能裹糧而前，以走數十百里之外，而奉公家星火之令。正號慟驚，魂無可如，何而神奸泥頭方且乘其苦而爲之承攬？于是塘長派之里長，里長斂之人户，人户多賣子鬻身以供包役，包役餽銀于塘長，塘長乾没再輸于泥頭，而泥頭入已。夫銀人泥頭之時，則已爲河工、圩工畢事之日矣。何也？泥頭既攬得銀，則與胥役輩灌輸分受，故今年計工，明年停閣。萬不得已而開河，則不過剷去岸草，增高樣墩，而河之閼塞如故；萬不得已而築圩，則不過撈起淤泥，略塗岸面，而圩之傾頽如故。有一墩而今年築，明年又築，終于不築；一溝而今年開，明年又開，終于不開。積至于今日，則高鄉已無河渠，低鄉已無圩岸。無河渠，故近者三十五年之旱，則東鄉百里枯焦而斗水百錢，寸草不長。無圩岸，故昨者三十六年之水，則西鄉萬井烟銷，而顆粒無收，民爲溝瘠。雖有廉能之官，精明之長，率見爲相仍故事，而莫知其窟穴之所繇藏，民事之所繇蠹，則豈可不爲改絃而任，其一往不返，以致東南之陸沈也哉？惟望先行各府州縣，諭各區圖細造水利書册。高鄉則逐項開載本圖附近某大河應與某區圖協開若干丈尺，本圖通潮活水溝漊幾條、名某、名某，本圖自該照里甲田畝，不問傍河腹裏，一體分段，開浚若干丈尺、底濶若干丈尺、面濶若干丈尺、深若干丈尺。低鄉則逐項開載本圖附近官塘應興工區圖協築若干丈、底廣若干丈尺、面廣若干丈尺、高若干丈尺，本圖圩岸、戧岸應照里甲田畝，不問靠塘腹裏，一體分段，自築若干丈、高若干丈尺、底廣若干丈尺、面廣若干丈尺。并附册内載高低兩鄉相其地勢應築壩閘，旱則内水不出，潦則外水不入，亦一一具載以便挑築。書册已定，留貯府縣及申報道院，永永遵行。仍倣祖制，于九月盡十月中農工已畢之際，諭各區圖里長、塘長，即乘農隙刻日開浚挑築。如初年先與該區協開某大河，即自分開小漊，初年先與該區協築某官塘，即自分築圩岸戧岸。酌緩急而均工力，以定年次，或三年、五年爲一周，增築開深，週而復始，年年如是。到三月中，農工將興，即諭各里塘具狀結得河工、圩工，一一如書册所載丈尺，毫不虚報。如有水旱枯焦，衝倒以壞田疇，本役甘聽處治。夫昔也民苦出鄉，旁皇無計，至于鬻身命以投虎狼之喙，而已田毫無救于水旱。今也民各自救，役不出鄉，不過自以畚鍤舂杵自營本業，而又無絲毫之耗費。昔也東撥西撥，東專以其摇亂無定之奸，得藏其虚影不實之弊，而東西率至於兩傷。今也高救高，低救低，獨以其專一不分之力各畢其鑿鑿，可據之事而高低究至于兩利，此即三代鄉田同井之制，我疆我理之規。故三吴有開浚吴淞江之議，苦於時詘難舉，然舉之固爲神禹疏九河之大功，令各于本鄉整頓就疆而理，亦是神禹盡力溝洫之一法。先使下流處處疏通，稍待物力充盈，亟議開浚吴淞江，以備三江入海之故道，則吴中尤爲萬世永賴，即我明亦屢厪宸謨，其效不彰彰較著哉。

明 陳龍正《救荒策會》卷五 開浚河道，修築圩岸，人夫乏食者，量支食用。秋成，不還。

明 陳仁錫《無夢園初集》卷一 吴縣塘長之役，裁革已久，頃有潛謀復，故致使公差絡繹，所費甚繁。蓋塘長之設，用以修築官塘圩岸，本縣并無官塘，況所屬俱係高鄉，亦無圩岸，何必虛設以遺民害，宜裁革。

又 吴縣高鄉每苦旱，而低荒亦間有。於是不得已編爲荒區，例免差解，糧不上倉，作恤孤、軍儲二項，銀不上櫃。派各役名下兑支，不意奸頑，緣以作弊，有故買熟田收入荒區以欠糧避役者，有反以荒田計推別扇陰毒小民者，惟其不行浚鑿之計，致使荒中有熟，熟中有荒，弊不可清，糧不得完。合着該區首名，從公到啚，循圩歷號，沿坵踏勘查明。要見某都某啚某字圩原額田若干，内被旱灾水灾田若干，備細開造亢旱之處，每田十畝開池一畝，計一畝之積可救九畝之旱。池一畝約費二十金，當于兑米餘糧、役田餘銀支銷。其低田圩岸亦給工食修築，則高低成熟，賦役自均。非若長洲縣積荒之難處也，如首名將熟、作荒、妄報，應開許諸人指實，鳴官坐罪。

又 華上地土高阜處，潮泥淤塞，宜挑浚。青浦低下瀫泖處，宜修築，各就高低定規。華上嵩管開河，青浦嵩管修築，不得仍前青浦不修圩岸，反與華上挑泥。

明 徐光啓《農政全書》卷一五《水利・築岸法凡五條》 一、圍岸分難易三等及子岸同脚異頂法。老農之言曰：『種田先做岸。』蓋低田患水，以圍岸爲存亡也。低鄉如此，矧本縣東南一帶，極目汪洋，十年九澇，故有田無岸，與無田同，岸不高厚與無岸同，岸高厚而無子岸與不高厚同。今考修圍之法，難易略有三等。一等難修，係水中突起無基而成，又兩水相夾易於浸倒，須用木樁，甚則用竹笆，又甚則石礮方可成功。樁笆黄石宜佐官帑，難委民力，民力酌量出工，工大繁者弁佐以官帑。二等次難，係平地築基，較前稍易，不用樁笆。三等易修，係原有古岸而後稍頹塌者，止費修補之力。築法：水漲則專增其裏，水涸則兼補其外，此二等岸專用民力。三等岸脚闊皆九尺，頂闊皆六尺，高以一丈爲率，又須相度田形以爲高卑。大抵極低之田務築極高之岸，雖大潦之年而圍無恙，田必登，乃爲築岸有功耳。廣詢父老，詳稽水勢，能比往昔大潦之水高出一尺，則永無患矣。其田之稍高者，岸亦不妨稍卑，惟田有高卑而岸能平齊，則水利大成矣。子岸者圍岸之輔也，較圍岸又卑一二尺，蓋慮外圍水浸易壞，故内作此以固其防。築法：與圍岸同脚而異頂，如圍岸頂闊六尺，子岸須頂闊八尺，方爲堅固。其脚基總闊二丈，須一齊築起爲妙。圍岸一名圩岸，又名正岸。子岸一名副岸，又俗名𣹢塌。總之一岸也。

一、戧岸岸外開溝，難易亦分三等。圍田無論大小，中間必有稍高稍低之別，若不分別彼此，各立戧岸，將一隙受水，遍圍汪洋，將彼此推諉，勢必難救。稍高者曰吾禍未甚也，將觀望而不之戽，稍低者曰吾瑣瑣者，奈此浩浩，何將畏難而不敢戽。如此則圍岸雖築，亦屬無用法。於圍内細加區分，某高某低，某稍高某稍低，某太高某太低，隨其形勢截斷。另築小岸以防之，蓋大圍如城垣，小戧如院落，二者不可缺一。萬一水潰外圍，纔及一戧，可以力戽，即多及數戧，亦可以衆力戽，乃家自爲守，人自爲戰之法。築時要於堤田外邊開溝取土，内邊築岸，内岸既成，外溝亦就。外溝以受高田之水，使不内浸；内岸以衛低田之稼，俾免外入，又爲高低兩便之法。此岸大略亦有三等：一等難修，係地勢窪下從水築起者，雖不似圍岸之難，工力亦頗稱鉅。二等次難，係稍低之地，岸亦稍卑，且平地築起，較前稍易。三等稍高之地，其岸亦卑。三等岸俱脚闊五尺，頂闊三尺，高低隨地形爲之，俱民力自築。

一、圍外依形連搭築岸，圍内隨勢一體開河。宋臣范仲淹言於朝曰：江南圍田，每一圍方數十里。中有河渠，外有門閘。旱則開閘，引江水之利；澇則閉閘，拒江水之害。旱澇不及，爲農美利。我朝吴嵩之疏有曰：治農之官督令田主佃户各將圍岸取土修築，高闊堅固。旱則車水以入，澇則車水以出，夫車水出入以救旱澇，常熟之田亦多有之。但此能禦小小旱澇，而不能禦大旱大澇。須建閘開渠，如文正之言，乃盡水田之制，而得水利之實。今查各圩疆界多係犬牙交錯，勢難逐圩分築。況又不必于分築者，惟看地形四邊有河，即隨河做岸，連搭成圍。大者合數十圩，數千百畝共築一圍。小者即一圩，數十畝自築一圍亦可。但外築圍岸，內築戧岸，務合規式，不得鹵莽。其大小圍內，除原有河渠水勢通利及雖無河渠而田形平稔者，照舊。外不然者，必須相度地勢，割田若干畝，而開河渠。蓋土之不平，而水之弗便。或四面高，中心下，如仰盂形者；或中心高，四面下，如覆盂形者；或半高半下，或高下宛轉諸不等形者。外岸既成，其何以救腹裏之旱澇？故須因形制宜，或開十字河，或丁字、一字、月樣、弓樣等。河小者一道，大者數道，於河口要處建閘一座或數座。旱澇有救，高下俱熟，乃稱美田。又不但爲旱澇高下之用而已，柴糞草餅，水通船便，可無難于搬運云。一、築岸務實及取土法。凡築岸，先實其底。下脚不實，則上身不堅。務要十倍工夫堅築下脚，漸次累高，加土一層，又築一層，杵搗其面，棍鞭其旁，必錐之不入，然後爲實築也。法如岸高一丈，其下五尺，分作十次加土，每加五寸，築一次。上五尺乃作五次加土，每加一尺築一次，如此用工，何患不實，一勞永逸，法當如是。但低鄉水區，不患無堅築之人，而患無可用之土。合無先按圩中形勢，果有仰盂、覆盂，高下不等，宜開十字、丁字、一字、月樣、弓樣等河渠者，查議的確，申明開鑿，取土以築其岸，高下旱澇均屬有救。計無便于此者，田價衆户，均出遺粮，申入緩徵項下，候有升科抵補。不然者，即查附近有河浜淒淤淺可浚者，斬壩戽水，就其中取土築岸。岸既得高，而河又得深。計亦無便于此者，然潭塘任陽唐市五瞿，湖南畢澤諸極低之鄉，往往田浮水面，四邊純是塘涇。又圩段延袤，大者千頃，小者五六十頃，中間包絡水蕩數十百處。河渠既多，而浜淒又深，無撮土可取也。本縣再四思維，此等處須查本地有老板荒田，其粮已入緩徵項下，年久無人，告墾者查明坵段丈尺，出示聽民采土築岸。又不然者，須查有新荒田，與夫九荒一熟究且必有板荒者，與夫年遠廢基遺址不便耕種者，查議的確，粮入緩徵項下，俱聽民采土築岸。又不然者，須查本地有茭蘆場之介居水次、止收草利、止徵蕩税者，申免其税，聽民采土築岸。但茭蘆場俱占于大姓，納百一之税，享十倍之利，人所不敢詰，官所不能問，處之爲難。然興大利者無恤小言，本縣籌已熟矣。又不然者，令民于岸裏二丈以外開溝取土，其溝寧廣無深，深不過二尺，違者有刑。夫就岸取土，岸高溝深，內外水浸岸，旋爲土法之所深忌也。但離岸遠，則岸址寬，而溝水未能即侵溝身。淺則受水少，而填塞後易爲力，但所取之溝諭令佃人勻攤田面之土，兼南外河之泥，一年內務填平滿，無令損岸。始得又查本縣低鄉土脈有三色不堪用者，有烏山土，有灰蘿土，有竪門土。烏山土性堅硬而質腴，種禾茂且多實，但凑理疏而透水，以之築岸易高，以之障水不密。灰蘿土即烏山之根，入田一二尺，其色如灰，握之不成團，浸之則漫漶，無論障水，不能即杵之，亦不必堅矣。竪門土其性不橫，而直其脈，自於水底貫穿圍岸，雖固水却從田底溢出，欲圍而救之，無益也。此三者，築法必從岸脚先掘成溝深三尺，或用潮泥，或取別境白土實之。然後以本土築岸，其上方爲有用此等處，俱屬一等，難工宜佐以官帑。

（萬曆）《新修南昌府志》卷二五　南昌府爲查修圩岸以防水患事，卷查先據南昌縣申詳，請動官銀修築該縣圩閘等處，已該本府議詳官銀發縣修築外，今照該縣西有長江一帶，自黄泥洲十里廟起，至市汊驛上面章湖渡止，沿江圩堤關係一縣田畆，若有崩頹，急當修築，以防來春水患，此係事關民瘼，比各村小圩不同，合再查修，爲此仰縣官吏照牌事理。即查該縣西河一帶，自黄泥洲起至章湖渡沿江等處，但有衝崩圩堤原未經估勘者，速委佐二官員臨江臨湖逐一細詳踏勘，約計程途丈步，多方設處，修築堅固，以撓水勢，以保無虞。如該縣既經勘過者，作速督修。仍先具前項各口岸圩名併司驛程途山水即便禄畫圖説申府，以憑查閱施行。

明　張國維《吴中水利全書》卷一四《覆請開浚吴江縣長橋洪疏崇禎九年上**》**　欽差總理糧儲提督軍務兼巡撫應天等府地方都察院右僉都御史臣張國維謹題，爲目擊時艱，特陳民情夙弊，伏乞聖明亟賜興釐，以彰聖治事，准工部咨，都水清吏司案呈工科抄送，直隸蘇州府吴江縣鄉民虞燧條奏前事：奉聖旨訪察，一槩停止。已有旨了其四款，着部院看議具奏。欽此，欽遵。抄出到部。除事隸户禮二部者聽該部另覆外，其水利一款事隸本部，查原疏內開一議覆。水利，國家賦税全倚。東南澤國獨重水利，諸水瀠紆百折，俱歸于海。其間原委徑路襟喉，每患浮漲淤塞，自隆慶間開浚後，今復湮塞。比托稱告佃罟利，裨益國課，究竟爲胥吏乾沒，自此入海路窄，一時泛漲，圩堤難障，故六年有三沒之患。此水源發浙西，歸太湖，而襟喉惟在吴江，沿湖一帶淤塞，已成平陸。今欲議開，則浩費莫支。惟長橋七十二洪乃衆流所注，古稱三江，此地斷不可塞。分波而南，有九里石塘，其洪不下數百。今淤其半，此二處務宜開浚之，水路一通，永無洪水横流之患矣。此外惟增築圩岸，務令高厚，使能障水衝激無虞。至鎮湖臨蕩之田，宜種茭蘆捍衛水勢。就田按畝計派佃户出工，業户出食，每區著塘長同圩甲、業户、佃户于農隙一同興工。再照東南水利每年未嘗不修舉，緣視爲故套塞責了事，徒令胥役向民邀索一沓而已，以致日壞一日。今須特設廉能憲司一員，寬限三年，務期水利大成，然後報命，不次超擢，如是庶奏平成之功矣。等因。相應看議摘覆，案呈到部。該臣等看得三吴號爲澤國，洊没之患，每每見告，則年來淤塞日甚，所謂入海路窄，水退甚難，説亦近確。今議于長橋七十二洪及九里石塘咽喉兩處開浚，使水道順利安流入海，自然無泛溢之患矣。據稱厚築圩岸，列植茭蘆，工食派自田畝，經費不領官錢，似亦鑿鑿可行者。但事關水利，計必下行不擾，功期可成，皆地方有司之責也。乞敕該撫按暨道府橋洪等處，親勘講畫，是否有關咽喉，開浚可必成功。增築圩岸及分派工役是否可從，并佃罟取利，藉口國課，究竟乾沒，徒貽淤塞之患，所當釐禁，一一詳議具奏。至請設憲司查蘇、松、常、鎮兵備，原有兼管水利之責，如更議特設，事在銓衡，臣等未敢輕議，等因。

明 李閔臧《圩岸記》（同治）《嵊縣志》卷二　嵊城北據山東，西南皆環剡水，水嚙城下路，漸侵及城，居者、行者兩病之。宏治壬子，曲阜臧侯以名進士來尹嵊之，明年疏請藩臬，得府帑羨餘銀三百兩，不足則捐俸以繼之，而邑人富者資貧者力，無不樂爲襄事。於是諏日興工，遠近提筐荷鍤而來者不絶於道。閲月堤成，而狂流悍湍不復嚙我峻防矣。邑人將勒石紀功而請於余，余曰：昔東坡爲杭守築堤，西湖民以蘇公名之；謝安築堤新城，民以召公況之。皆示不忘也。嵊民之請，亦此意耳。因書以志。

清 張履祥《楊園先生全集》卷一一《答張佩葱十九周八月**》**　返家之次日即造珂里，知水雖盈溢，不至爲患，以前年之灾，圩岸修整故也。震澤亦同，但稍費車力，農不得休耳。承宣城令弟假米二石五斗，又承見問此米可支一月否，又承見許若刈穫尚遲，彼時更可相商也。自是得寬朝夕之窘，秋前内外數口皆飽，賢昆季之德惠矣。夏秋三數月，因商隱先生委批《傳習録》，此等文字屏而絶之不接耳目者，二十餘年。今不得已爲一展卷，每閲及一二條，心緒輒復作惡，遂爾中止者數四。到舍檢得《讀書録》以觀，近日復得《敬齋先生集》看，中心差覺寬快耳。不知兄近閲此爲況如何也？

清 顧炎武《肇域志》卷一三　三月一周，一年三遍，非大寒暑不休息，非大風雨不更期，如此可以知肥瘠，可以驗荒熟，可以計高下，可以察勞逸。大約省視一年、二年，圩岸可成，至于九年閘竇可完，石堤可備。一圩溝岸省視在排年，一圖溝岸省視在里長，此法之經也。百夫水利省視在老人，千夫水利省視在糧長，此法之緯也。一縣水利省視在縣佐，一府水利省視在府佐。此則兼經緯而總之也。提一縣之綱而考其成者，令也；提一府之綱而考其成者，守也；提一郡之綱而殿最之者，大府也；相與糾正之者，侍御也。如此敷治而水利不興，未之信也。所謂均財力者，如一圩有田若干，有户若干，有岸若干，有溝若干，隨其田旁而責其户自修之，一尺一步皆有歸着，明注于圩圖之下，而以排年掌之。官則累其圖以成册，圩大者分之，無溝者開之，圩之南中立一高牌，書幾保某圩排年某管下省視官至此展其圖而驗，其圩賞罰皆得其當。今之修圩者，强者不肯出，弱者不得休，執役者每月朔望縣中點名，府中遞數往返，一二百里已是五六七日。日給所費，必先籌辦，求其用心力，於水利何可得也。往年開河，每里起夫二十五名，傷于大衆。莫若每年一甲朋出長夫一名，三時治水，一冬休息。其餘九户分爲九等，每月一户貼錢三百六十文，十夫一舟往來宿食，百夫十舟，千夫百舟，自正月起運已畢，各工方興，至十月開倉辦糧，各工已止。千夫修一處，萬夫修十處，各自立功以爲賞罰，則功可計日而待也。所謂循次序者，事有緩急，功有難易。愚以爲圩岸溝洫在開江置閘之先，而圩岸又當先於溝洫。以時言之，水漫則溝洫難于下手，故圩岸爲急；水涸則圩岸不煩栽土，故溝洫爲先。以地言之，高鄉雖水漫亦可兼舉，低鄉水涸方可並行。修圩次序，水漫則專增其裏，土不狼籍；水涸則專築其外，岸方堅固。裏外盡栽蓑草，水邊須種茭蘆。岸之南額或栽水楊，或栽籬篠、白茅、青茭，皆能匝岸。圩之中須畫界岸，高大堅固與外同。圩有二頃者畫以一字，三頃者畫以二字，四頃者畫以三字，五頃者畫以十字，六頃者畫以廿字，七頃者畫以卅字，八頃者畫以井字，而溝通之。蓋各界斷則户少而力齊，易集而易救。間有貧乏流移，須用設法補助，或以其田佃與有力之家，或以其岸責付勸罰之人，惟有純是逃亡者，用長夫修理。老農云種田先做岸，種稻禾不收，爲無岸故也。是故高鄉溝洫爲急，而圩岸次之；低鄉圩岸爲急，而溝洫次之。若池塘潭沼又是高鄉所務，大約有田一頃開潭十畝，可以蓄水，可以養魚。圩岸高固，雖有大澇，必得小康；溝洫深利，雖有大旱，亦無甚歉矣。《松江金藻三江水學議》一曰浚支。何以修圩岸？吳中之田畏潦者十之七，畏旱者十之三。高田少而治易，抵田多而治難。昔人治高田之法有塘、有漊、有潭，凡潴水以灌田者，皆是也。其治低田之法則遶田四圍築防，謂之圩。圩者，圍也。内以圍田，外以圍水。蓋低鄉支河之水容受衆流，比田反高，而田反在支河水面之下。若非圩岸以圍之，而支河不通，則蕩然巨浸，遂不可田。故低田賴圩岸支河，如都邑之賴城池也。近既浚吳淞白茆以泄震澤之水，爲今之計，必須開浚支河積淤之土，因以修築舊坍之圩岸，務令堅實高厚，足禦湍急之流。工程簡易則隨田出夫，十分浩大則通融處置，在當事之臣任之。一曰均夫役以便貧民。吳中水利，固浚支河修圩岸爲急。究其本源，則支河壅塞由圩岸坍塌，圩岸坍塌由人力怠惰。而怠之弊其故有三：小民一遭水潦，困于工力難繼；大户田連阡陌，病于顧理不周；間有小民佃種大户之田，則在小民原非己業，在大户止圖收租，彼此耽悞，更不葺理。今欲興修水利，必先飭惰勸農，若更夫役不均，益滋民病。合應築圩夫役，但係工程簡易者，勸令本圩有田得利人户，不分官民，一體計畝起撥。若工程浩大，必須通融處置，官爲招募，小民應役，亦不得剋減工價，以致負累；其勢豪之家，假開河名色，索討夫役，以便私圖。

清 柯聳《請修江浙水利田圩疏康熙十年**》**《皇清奏議》卷一八 工科給事中加一級臣彬聳讙奏：爲江浙水利田圩亟宜修舉以圖經久事，竊惟國家財賦，大半取辦東南，連年頻遭水灾，去夏受患更烈。皇上軫念窮黎，蠲租折漕，皇仁四播，而未雨綢繆之策尤當，疏通水利，修葺田圩，以圖永久。臣辦事衙門見江寧撫臣馬祐有議疏劉河、吳淞一疏，業經部覆，奉旨依議，臣烏容復贅。但疏浚興築，條緒繁多，欲爲經久之圖，原非旦夕之效。臣載稽往迹，參酌當今，竊以撫臣疏内未悉之義，敬爲皇上縷陳之。蓋東南之水無踰太湖，而下流入海之路如劉河、吳淞，固所甚急，撫臣已切言之矣。然此外支河甚多，皆爲洩水之竇。前朝治水諸臣有別通白茆者，有浚夏駕浦并浚范家港新涇者。他如入吳淞，則有澱山湖及趙屯浦等處，近劉河則有鹽鐵口及鮎魚口等處。總以太湖之水源多而勢大，一口不足以洩之，故多其支流以分其勢耳。至若湖之上源，其西北則有宣歙及江寧、九陽江諸水，經金壇、溧陽，由宜興以入於湖；其西南則有天目山諸水，經苕、雪二溪，由湖州七十二港以入於湖。江南之蘇、松、常，浙之杭、嘉、湖數郡之水滙於一湖，自明季迄今，水利久廢不講，兼以各境居民私立土堰、木柵，又或豪强攫利侵佔河面，積久葑淤，致塞入湖之路，一經霖潦，水勢無歸，江浙諸郡在在皆然。請敕兩省督撫檄行各府，乘此大工興舉之時，凡有通流處所，悉令疏通，必須撤其障蔽，凡此各郡支河不必動支公帑，但令所屬分界開浚，如此則田間之水悉入於小浦，小浦之水悉入於大浦，要使上下之源流通，而東南之水患息矣。臣又聞之故老，吳淞黄浦之口向有老鸛嘴者，高出水上，横當海潮，所以潮勢紆緩，不致沙壅内地。自此嘴既壞，潮趨黄浦，沙積吳淞，歲月加增，漸成平陸。今以開浚之時，仍挑築老鸛嘴以當海之衝，亦萬世之利也。至若田圩之築，與水利相爲表裏，尤有不可緩者，蓋江浙之田隨其高下，各自成圍。倘圍岸不堅，一經泛漲，風濤相薄，逆行田間，衝齧爲患。故圍田之利在乎塍岸，大禹盡力溝洫亦即此也。今宜令各縣於開浚處所，即將泥土修築兩岸堤防，更令自今以後於每歲農隙之時各將圍岸修築。水漲則專增其裏，水涸則仍築其外。圩岸高則田自固，且以制驟溢之水，不得泛行，而咸歸河浦。每歲秋成以後，各縣册報該撫修築圩岸若干，以課職守之殿最。則田圩修而水利益舉矣。抑臣更有請者，撫臣疏内估計工銀一十四萬兩，請將兩省漕折銀留充工費，恐部詳不允，再議均派六府屬去年被灾州縣分年按畝輸解抵還，此在撫臣苦心酌量以期必濟，殊不知皇上愛民至切，苟有灾傷，立行賑濟，何惜十四萬之漕折，以垂千萬年之利，賴救億萬姓之灾黎。況各屬被灾州縣，餓莩載道，家室流離，縱使將來成熟，哀鴻豈能遽集。又欲輸還此項銀兩，豈不重困？今事隸户部議覆，伏乞皇上特旨徑將兩省漕折銀十四萬，準充開浚劉河、吴淞工費，不必再議抵還。此皇上仁愛之心，天地同量矣。至於日後歲修月舉，不妨責之里民，令其隨時修築。再於六府中各將現在府佐一員，兼帶水利職銜，責成管理督察修洛，毋致廢弛，則一勞永逸，而國家長享有年之慶矣。

清　顧琮《請廣淮揚水利疏》乾隆七年　《皇清奏議》卷三八　總督漕運淮揚等處地方海防軍務兼理糧餉都察院右副都御史臣顧琮謹奏：爲敬陳淮北溝洫已行之成效，請廣水利以盡地力事，竊惟淮北郡縣，地居天下之衝，襟帶黄淮，滙注湖蕩，土田廣衍，户口繁多。第頻年水旱饑饉荐臻，以致土地荒蕪，民物凋敝。連歲叠蒙皇恩，蠲賑截漕，近又特遣大臣撫綏賑恤，更令加意講求陂塘溝洫，以期收益除害。仰見聖主勤求民隱，懷保惠鮮，其所以欲措斯民於衽席者至周至備。臣待罪總漕淮郡，適當駐箚之地，又因歷任已再，其間風土民情知之頗悉。近者督漕北上，復沿堤相視，按之地勢，訪之土人，而知淮北實有可興之利，誠能因勢利導，固有施功甚簡爲效甚鉅者。竊見淮安南北，地之高下，本略相等，乃田價懸絶，至有相去僅數十里，如淮南涇河上田每畝值銀十餘兩，淮北下地一頃僅值銀七八兩者。考其所由，蓋淮南河堤多建涵洞，灌注有資，故堤外之田悉成上腴。至淮北郡縣，地雖濵河，而溝渠坡堰概未講求，故地之高者僅種二麥、雜糧，從未獲禾稻之利，若一亢旱，麥收亦缺，竟同石田。其卑下之區，則又皆洳洳口葦，極目汙萊，積雨稍多，即成巨浸。是以夏旱秋潦，年年告灾，十室九空，公私困竭。臣初疑引河灌溉廣設涵洞，或於淮北未宜。近因艤舟，清江迤北，登堤履勘，見五公橋旁近土田肥，滋宿麥成熟，秧苗長茂，詢之佃農，并云此二十年前亦係荒瘠之地，後因有錢姓者以賤價買堤外瘠田，於堤上創設涵洞導流引灌，遂成沃土，夏麥秋禾歲得再熟。故前此每畝三錢之價，今已價十餘兩。因益信蓄洩得宜，地無南北，可獲其利。臣竊見自清江以上運河兩岸，雖亦間有涵洞，第由來止知束水濟運，未知借水灌田，是以坐聽萬頃原泉，竟未收涓滴灌溉之利，遂使淮北之利與涇河田畝高下相懸。昔魏史起之言曰：魏氏之行田也以百畝，鄴獨二百畝，是田惡也。漳水在其傍，西門豹不知用，是不智也。知而不興，是不仁也。因引漳水溉鄴，而河内以富。今淮北諸河形勢，適相類此。應請皇上特遣大臣一員，總理相度，會同督撫河臣詳酌妥辦，估計興工，於兩郡近河堤岸或建設涵洞，或分築壩堰，開渠溉田。至東西駱馬、微山、漁濵、徐塘諸河支分派别，務各廣引溝渠，或築圩岸以圍田，或棄窪地以瀦水，要使隨地制宜，克盡地力而止。其需用帑項，應就近在兩淮運庫動用，更令即於河員内遴委諳練河務數人，分司其任。約一二年間，水利興而人力勤，可盡使瘠土化爲沃壤。第恐議者疑其運河洩及諸湖之水，或於濟運有妨，不知各省糧艘道經淮徐，每年五月上旬即可過竣，稻田須水正在夏秋前，此啓閉以時，運過始行宣導，是祇借運河闌蓄之水，用爲民田灌溉之資，漕運毫無所妨，農工大爲有濟，況清江左右所建涵洞成效彰彰，推此仿行，萬無疑慮。

清　胡蛟齡《籌淮北溝渠事宜疏》乾隆十五年　《皇清奏議》卷四六　浙江道監察御史臣胡蛟齡謹奏：爲敬籌疆理淮北事宜，以甦民困事，竊江南徐州府屬之邳宿諸州縣、海州并所屬之贑沭諸縣，皆係河淮下流，而海州上承東省來源，下游逼隣海浦。每春夏之交，栽植甫畢，横流隨至，渺瀰一片，不見阡陌。窮民有種無收，應輸正賦，不能常年請豁，歲歲停緩，終須帶徵積欠，在身譬則負戴千觔，不得伸眉仰首，民困盖已極矣。近者屢蒙思旨，叠次蠲除，并令督撫河臣會同查勘設法疏通，而水患終不能免。竊思淮徐土著之民既不可遷徙遠適，又不能力與水爭，田廬室宇動遭淹没，勢將何所底？止謹按明人治河之議，有云宜於濵河之處倣江南圩田之法，多爲溝渠，使足容水。臣愚以爲此議或難驟行之於北，而似可通用之於南。今臣訪聞徽州人民寄居海州者，每置買田畝，周圍築堤捍水，堤内多爲溝洫，堤間安設斗門，相時蓄洩，一如圩田之制。無論旱澇，歲獲有收，此則成效已經顯著。又查乾隆十一年八月内，原任吏部尚書高斌會同原任督臣尹繼善等，於欽奉上諭事，案議將海州一屬，令地方有司勸諭居民修築圩岸，其隣接海屬之宿遷、桃源、清河、安東、阜寧等縣亦一例辦理，以期共收實效。今數年以來，該處作何辦理，其實在情形無從委悉。伏祈敕下督撫諸臣查照前議，嚴飭地方有司，勿以粉飾邀名，勿以畏難中止，勿以未經查核，恐干失察，通同隱匿，致隳已就之緒。仍遴委大員帶領諳練農民親身經理，并將作何督率推行，堪於數年内續成大功之處確切定議，恭候明歲聖駕南巡，於相視河淮之暇臨期奏請裁決，庶淮北百萬窮黎幸護更生，而皇仁萬世永賴矣。

清 王鳴盛《西莊始存稿》卷二八《西莊課耕圖記》 自予居嘉定縣城之西，泝婁江而上，過太倉州城，而又西入支港，曰吴塘。行數里，得小地名曰鶴濼，明王奉常時敏之别墅曰西田者在焉，吴祭酒偉業嘗爲賦詩者也。而予有莊在其旁，奉常居州城中，以墅在其所居之西，故名。予莊距予居愈益西矣，是宜名西，而又欲稍自别於奉常之名，憶杜子美有西莊王給事之語，蓋謂摩詰輞川也，遂假以名之。予與摩詰無一似者也，特取其姓之偶合焉云耳。始予婦翁李君幹，實有此莊割以畀予，而予游四方，久藉束修所入，又自買其旁田數十畝，繼又結茆屋數椽，爲課畊處，環莊左右，荒寂特甚，一望數十里，皆平蕪亂水，溟濛迷漫。惟夾岸多樫柳，其北隱隱可見虞山而已。村落三四，烟火索然，田既窳下，雨潦則與江通，民力耕不能自給，多以績麻爲業。或言宜闢港中泥以築圩岸，岸高則可以扞水，港深則可以泄水，收當倍。而居民皆瘠苦莫能辦者，夫以予之拙然，使得屏絶人事，壹其心力，督莊户用築圩法芟刈荒歲而疾畊焉，庶幾不至於飢而死。顧方蒙恩濫厕，朝列别莊，且數年矣。莊其愈弗治乎？于是屬畫工作，圖暇輒觀之，以舒予之思焉。嘻！四民之業不能以相兼顧，予於爲士之道曾未盡其毫末，而自少簸弄筆墨，習爲無用之空言，遂不能自耕而憪然欲課人之耕，兹予所以愧也。且彼富人田連阡陌，暇而行田，指揮傭奴千百爲群，以予莊絜之不啻如太倉之稊米，顧已不能自耕而憪然欲課人之畊，兹予所以重有愧也。

清 劉文淇《青溪舊屋集》卷二《圩岸公修議》 江都洲圩之田皆係公岸公修，惟東南鄉翟家橋、馮家橋地方，馬圩、柏圩、嵇圩、謝圩、汪圩等處岸係公岸，修不公修。查每圩之田多則六七百畝，少亦四五百畝，業主不下數十家，佃户不下數百人，而靠岸之田隨岸綿亘僅一二十畝，一圩之岸保護一圩之田，係是公岸理應公修。乃勒令靠岸一畝之業主承修，而離岸一畝者遂得脱身事外，法既不平，工遂不固。每于大汛之時，一遇破圩，則圩内數百畝之業佃皆責令靠岸之業主搶修，而本圩佃户不做本圩之岸，反代外圩做工，以便高索工價。所需木料或有未齊，衆口沸騰，拆人屋柱。事定之後，責令業主賠錢，人數則無可稽查，工賬則開銷任意。且大水之時，取土甚難，溝内撈泥皆係濕土，施工水中，補塞罅漏，何能堅固？工尚未完，岸又倒卸，修理數次，終致不保。洎夫水退，打岸樁木，旋即被人竊去，下年保險又須買木，故以靠岸一畝之田用錢自數十千至百數十千不等，其中藉岸索詐者不一而足。争端既啓，訟事滋多，有已岸倒塌界址分明而牽令未倒之岸認費者，有工作甫完水尚未退樁木被竊岸旋崩壞希圖另做者，有深知圩岸之害創爲買田不買岸之説現業原業均不承管者，有大汛猝至城中業户未及下鄉而鄉中各户浮開工料業户不認彼此争執者，更有刁頑佃户將寬厚之岸内外鏟削毁岸爲田冬春内外種麥秋間内岸種豆以致堤岸愈形單薄大汛時藉包工作以飽慾壑者。現在圩岸争訟之事已屬不少，本年盛漲，無圩不破。水退之後，即要施工，方能種麥。而冲刷日久，施工更難，若不明定章程，竊恐争訟之事無已時也。細詢鄉中老農，該處圩岸向來亦係公修，嗣以江水不大，每年春作，工力無多，遂令靠岸之佃就近承修，而佃户以靠岸之田有柴草之利，亦皆樂從。後以水大工多，佃户力不能任，始令靠岸之業主貼修，有主食佃力之説。自道光五年以後，佃户亦不承管，遂令業主獨修，即有向衆理論者，而地棍串同莊佃，百端把持，牢不可破，以致靠岸之田有情願不要價銀只圖免害而無人肯受者，有願納官糧不收田租不管港岸而佃户仍不肯者。夫小民至愚，見近利而忘遠害。田不靠岸者但知不認修岸之費，田多岸少者亦謂彼此牽算，就少避多；而莊佃更以浮開爲得計，及至圩岸不保，同歸于盡，所得不償所失，而狃于積習，尚恬然不知變計也。欲興利者，必先除害，此害不除，不獨靠岸之業户受累無窮，而年年失收，錢糧亦無所出，必至官民交受其病。似宜官爲出示，諭令公岸公修，并飭知該處有業紳士秉公妥議公修章程，禀官立案，以除積弊，而安生業，是亦弭争息訟之一道也。道光十二年謹議。

《宋會要輯稿·食貨七》 十月二日，臣僚言蘇湖秀三州并江積水，歲爲患，帮須圩岸以障。越州有鑒湖租三十萬，法許興修水利支用。乞令本路提舉常平司委三州令佐相視，創立圩岸，工用之費取足於鑒湖錢糧，從之。

又《食貨六三》 政和六年五月二十九日，尚書省言新授鄧州司户曹事畢昂奏：切見自來諸處圩岸，多是所屬，尋常不切照管。到水漲之時，常有決溢，公私被害不細。縣官任滿，别無疏虞，雖許免試一次，緣賞典尚輕，及未有決溢斷罪之法，欲望重立賞罰，仍於逐縣令佐銜内添入『專切管幹圩岸』字，其鄰圩去處，亦乞并禁樵采，以固堤防。詔令尚書省立法。今擬立下條管幹圩岸圍岸官任内修葺牢固，不致隳損堙塞者，三年任滿，承務郎以上減磨勘一年，承直郎以下占射差遣一次，二年以上移替年，承務郎以上與家便差遣，承直郎以下升一年名次。從之。

又 三十年二月二十七日，權知廬州兼主管淮南西路安撫司公事劉剛言被旨與逐路帥漕同共講究兩淮荆襄，使無曠土以聞。近日淮西運判張祁遷民於近江和州無爲軍，修補圩岸，浚浩港瀆，起蓋屋宇，置辦牛具，分田給種，使之就耕。見招募游手之人，欲立地分，相繼開墾，若行之經久，必有成效。兼淮東運副魏安行所乞募民種田，修立賞格，與張祁措置事體相類，亦與前後力田等及州縣召人請佃之法俱不相妨，欲望將魏安行等措置事理與見行召人請佃及力田等舊法通同參酌。各從民欲施行其本路州縣鄉村，日後應有歸復本業及請佃田土之人，每至歲終，即行根括，便於本地分總首團甲下收附姓名。詔依令同張祁參酌措置，季具勸誘增廣數目，申尚書省。

又 閏五月二十五日，中書門下省言江東諸州圩田近因雨水衝損，圩岸若候修築，動經歲月，圩上人户既無田可耕，竊慮失所。其淮西未耕墾田甚多，見行召募人户請佃，理宜措置。詔令張松多方勸諭，如有願往淮西耕田之人，津發前去。候到令吕企中摽撥田段，借給種糧及屋宇牛具。七月五日，司農少卿張津等言被旨專一措置浙西、江東、淮東路諸處沙田蘆場，立定租税，今已就緒。

又《食貨七〇》 十二月十二日，臣僚言：江東、西路頻年灾傷，民户逃移至多。今歲圩田遭水，山田遭旱，朝廷寬恤，放免秋苗，展閣夏税。至今圩岸猶未修築，流民未盡復業。若以經界後至今僅三十年不曾檢核之事，一旦於目下荒歉之際驟然舉行，深恐擾民。蓋今户部須降賬式，要見物産坐落去處、畝步數目、近鄰四至、抛荒歸業、請佃請射姓名、年月，造賬供具，俾守、倅、令、佐結罪保明，仍立委鄰州官親行核實，即與昨來推行經界事體無異，勢須於州縣鄉村遍行根括，切慮民情不安，有轉徙之患。欲望明詔且令兩路招集流移之人，俾悉復業，及措置賑濟。候來年豐熟，於農隙日即依所立賬式根括施行。從之。

清 林則徐《林文忠公政書》 卷二《上元江寧等六縣沿江地方被淹請撫恤摺》 奏爲查明上元等六縣沿江地方被水較重，仰懇天恩量予撫恤，恭摺奏祈聖鑒事。竊照江蘇省本年夏間雨水較多，江、揚、淮、徐等屬，叠沛滂沱，低窪之區積潦未能消退，加以上游黔、蜀、兩湖、江西、安徽之水併力東趨，來源過旺，江潮叠經盛發。沿江之上元、江寧、句容、江浦、六合、江都、儀徵、丹徒等縣潮汐泛漲，多被沖破圩圍，漫過堤埂，在田禾稻正在揚花，頓遭淹浸。業經臣林則徐於七月分雨水糧價摺内奏陳大概情形，一面飭司委員分投勘辦在案。旋查八月初三四兩日雨大風狂，連宵達旦。各屬同日具報者十之七八，而江潮正當大汛，經此風浪沖擊，圩岸愈不能保護。茲據上元縣稟報，該縣北鄉沿江各圩潮水沖潰，田禾先已被淹，其東南鄉沿河一帶圩田前被河水灌注情形尚輕，復值江潮加漲，淹没殆盡，民情困苦。又據江寧縣稟報，西鄉圩田均係貼近大江，前已被淹，七月中旬以後連遭大雨，江水盛漲，附近江圩之處，一片汪洋。又東鄉貼近秦淮河之鳳東等區，因河水通江，江水加漲，擁入河内，水不能下流，倒漾散漫，田禾均遭淹没。又據句容縣稟報，北鄉地處低窪，自六月以來潮水泛溢，浸及低田。八月初三、四等日，風雨連綿，江潮洶湧，前此未破之圩，水浸日久，堤腳已鬆，更值風潮盪激，遂致潰決。或因圩身塌矬過水，人力難施，田禾漂沒，間有廬舍倒坍，棲止失所，尤堪憫惻。又據江浦縣稟報，低田圩岸先被江潮沖缺，禾苗俱在水中，房屋多有坍塌，洲地蘆葦被水漫淹，梗葉腐爛。迨七月二十五六等日，潮水加長，地勢略高之腹内各圩，亦被漫破。又據儀徵縣稟報，東鄉沿江一帶，外圩田畝前因風潮陡發，於六月十三等日先後被淹。八月初一二日，來源湧急，水勢更大，兼值初三日大汛之期，風雨晝夜不息，江水泛溢，復將西鄉接壤六合之内圩田畝及南鄉未淹裏圩俱經淹浸。又據丹徒縣稟報，七月初一、二、三等日大汛期内，東風大作，初四、五等日風雨交加，山水下注，以致江潮陡長，沿江低窪田廬同時均有淹漫。七月

二十八、九及八月初一、二、三等日，霪雨東風，連宵達旦，兼之江北各路水勢驟注，潮汐更大，圩岸沖殘，各栽民篷棲露宿，口食維艱，各等情先後稟請撫恤。并據江寧藩司趙盛奎、蘇州藩司陳鑾查明屬實，所需撫恤銀兩，江屬即由司庫地丁正項銀內動撥，蘇屬在於道光十三年秋撥款內動支。委員賫往各處，隨查隨放，趕緊辦理等情，詳請具奏。前來臣等伏查濱江各縣疊遭盛漲，雖水勢由漸，而至居民遷移，高阜人口尚無損傷，但田廬淹沒，棲食無資，情形較重。連日天已暢晴，潮仍未退，民閒積淹，日久困苦倍形。若俟勘定栽分再請接濟，實屬緩不濟急，自應先行撫恤，俾免流離失所。除一面飭司動放銀兩，責成該府督率印委各員，周曆確查，即行散給外，相應恭懇聖恩俯准，將上元、江寧、句容、江浦、儀徵、丹徒六縣沿江被淹各鄉先行撫恤，一月折色口糧以資接濟。至六合縣被水之處，已據該縣稟報勸捐辦理，其江都縣被淹各處據該縣稟報，察看民情，目前尚可支持，應請無庸撫恤。惟毗連丹徒之廬田被淹較早，民情拮据，已由縣捐廉接濟。此外高淳、溧水二縣，因江漲灌湖，亦有泛溢。又淮揚一帶濱臨湖河各州縣，因洪湖水勢日增，將車邏南關及五里中壩次第折除，以資宣洩，壩下田畝難免被淹，幸早稻業已全收，中稻亦可搶割，其晚稻是否可以保護，尚須隨時察看。至徐、海各屬，積雨數旬，低窪閒有積水，節經飭令，設法疏消，冀於秋收不致大損。現在委員查勘，俟覆到核明，如尚有應須撫恤之處，亦即酌辦，另行具奏。所有上元等六縣應請先行撫恤，緣由謹合詞恭摺具奏，伏乞皇上聖鑒，謹奏。

清 林則徐《直隸土性宜稻有水皆可成田議》《清經世文續編》卷九四

胡良河所經，地稱膏腴。溝渠圩岸宛若江南，擴而廣之，房涿之閒皆稻鄉也。淶水一派，石亭赤土，樓邨秔稻最盛，而河流所經之定興、新城等縣，亦霑澆灌之利。三易水曰濡，曰武，曰雹，俱挾源泉，分流疏渠，其勢甚便。一畝泉流爲清苑河，五雲、石臼二泉流爲放水河，蒲水伏流復見，淶、五郎河、九龍泉繞慶都而入方順河。源盛水饒，疏而引之，不可勝用也。滱水入唐縣爲唐河，橫水會之，居民引以溉稻，直達下素，町畦相望，經曲陽而所溉尤多。南入定州白龍泉，會之傍河，諸邨皆圩岸也。推而廣之，所得稻田難以頃畝計矣。派水經新築定州，沿流多資灌溉，滋河經靈壽爲慈水，沿流皆可田，伏而復見，繞無極，經深澤，疏流成渠，天然水利也。洨河至欒城合北沙河而流，始漸大，澆溉可資，但岸高難以升引，應作壩壅之，俾水與岸平，開溝二三尺，縱橫俱可通流，涓滴皆爲我用矣。伏秋水漲則決壩洩之，旱澇無虞，萬全之利也。聖女河源出任縣，泉從地湧，引流可田。牛尾河、百泉河源出邢臺，作閘節宣，沿流一帶皆水田也。滏陽河源出磁州，至邯鄲會渚、沁二水，貫大泊而與滹沱水合，所經之處皆可疏渠灌稻。南北二泊爲二十餘河之委匯，而水口、河身均多淺隘，今應展它寬深，導南泊之水歸穆家口，北泊之水入滏陽河，積澇日消，舊岸漸復，四圍涸出之地尚可以數計哉。然後作小堤以繞之，多開斗門，疏渠種稻，則沮洳之場無非樂土也。

清 韓文綺《韓大中丞奏議》卷七《請借項湊辦沙洲圩岸疏》

奏爲江寧縣屬沙洲圩岸被水沖缺，民力捐修不足，暫請借項湊辦，俾資捍衛，即議還款緣由，恭摺仰祈聖鑒事。竊照江寧省城有石等所沙洲，大圩坐落江寧縣境內，糧田數千石，居民數千户，惟藉沿江圩岸爲之保障。該岸綿亘六十餘里，上年江水異漲，致將該處埂岸沖缺，遇水田廬悉被淹浸，亟應修築補還，以資保護。據業户監生董加熹等赴縣具呈，通工估計，土方樁石等項實需銀七千餘兩。本係業民應辦之工，惟通圩殷富無多，現經各業户儘先捐募，約有三千餘金，計尚不敷銀四千兩。因上年圩被災荒，民情拮据，萬難再捐，而刻下潮汐漸旺，若不乘時修築，再被災傷，益致困苦流離，無以資生。惟有籲乞籌借庫項，以便湊足趕修，仍在於民屯項下分年攤徵還款，俾資保衛等情，由縣詳經藩司，以借項修築圩岸，向無辦過成案，應否仍照業食佃力之例，飭令自行籌辦。批：據江寧府督縣妥議。復據該業户董加熹等詞稱：沙洲圩岸築自前明，去年突遭水患衝缺，田房什物盡被淹沒。沿江護圩大埂綿亘六十餘里，沖激缺口三十餘丈，當時水勢湧灌，缺口竟刷深兩丈有餘。現於舊制埂外價買民洲，另行起築，計有一百餘丈。其餘各埂及閘口十餘座，均已坍卸殘缺，亦需挑築興修。當此水患失收之後，自行捐備銀三千餘兩，已屬竭力，其不敷銀四千兩實難再行籌措，非懇借款湊辦，斷難修復等情，當經該縣鄭其忠傳集各業户書手人等前詣。迴曆履勘，該沙圩岸因濱臨長江，年久坍削，本屬單薄，所有沖缺坍殘各處，實屬急應修築。要工察看，民力拮据，除現捐而外，其不敷之項，勢難再湊。賦命攸關，應懇俯如所請借項給修等情，由江寧藩司張志緒覆查屬實，轉詳請奏前來。臣查該屬應修圩岸爲捍衛江潮要工，自上年被水，秋收失望，此時亟宜修築鞏固，期獲有秋。惟灾歉之後，民力本屬拮据，前項工程估需銀七千餘兩，該業民自行籌捐銀三千餘兩，計尚不敷銀四千兩，力難湊措。自係實在情形，既據該縣親詣勘明，由該府及藩司覆核，係必應修辦之工，合無仰懇皇上逾格天恩，俯如所請，准其借撥銀四千兩，湊足興修，以資捍衛，仍在該圩田賦項下分年攤徵還款，爲數非鉅，不致懸久，而賦命即可兩全。現當江潮漸漲，必得趕緊修辦，勢難緩待，應請飭司即於庫款内照數借發，由縣傳齊各業户當堂公同具領，俾得乘時儹辦所借銀兩，請自道光五年爲始，在於各該所屯賦項下，分作三年按畝攤徵解歸原款，該民人等，仰沐皇仁，感無既極至此。案工程因業户捐資不敷，借項湊辦，民借民還，應聽業户公同具領，自行經理，不涉官吏之手，民間不知，則例應請免。其造册報銷以示體恤，統俟工竣，委員驗收，取造攤徵細册，咨部備核，合并陳明，伏乞皇上聖鑒。

清 姜皋《浦泖農咨》 農田宜講水利，然竊謂水利有二義，田之得利於水固已，而水尤欲其通利，則灌輸宣泄之道備也。田旁皆有支河，自幹河而分，俗呼爲浜，相傳爲吴越錢王所開，爲水田計也。千百年來不盡淤淺，則吾儕於農隙，水落時各依其田埂，以起土浜，永深通而泥之在埂者，亦可當圩岸也。自癸未後，不能一律拎窆，緣飢寒交迫，多不能從事於此也。

清 李星沅《李文恭公遺集》卷一八《江督・附奏積水漫溢圩岸兵船被風損傷片子》 再本年入夏以來，陰雨過多，江湖并漲，上游來源亦旺，海口去路不能暢行。濱臨江湖之區本多積水，漫溢圩岸，自高郵州車邏等壩啓放下河，各州縣及淮南場竈均爲壩水所注，低窪田畝近復被淹，高原亦難守護。又於六月二十、二十一等日，陡遇東北颶風，海潮隨風上湧，崇明、通州等州縣民田、沙地及通州、泰州分司所屬各鹽場、田廬、人口、牲畜、煎舍、鍋篷并沿江廠堤、兵房、汛署均有衝溢處所，寶山等縣海塘亦間段潑損。其蘇松、狼山二鎮所屬巡洋兵船有漂至數百里始得收口者，有撞擱淺灘者，船身鼓裂，損具不全，尚有小舢板船二隻漂失無著，幸未損傷人口。福山鎮標及吴淞、川沙等營船隻亦遭風損，情形稍輕。臣等業已會同督飭藩運三司飛速委員分投前往，協同州縣場員查勘確實具報，并先酌發銀兩隨處易錢安頓露處貧民，打撈淹斃屍身。雖被灾分數尚未勘齊，而水患方殷，民依可念，應如何設法撫恤之處，容再縷悉上聞。至外海兵船祇有此數，此次遭風擊損，委係人力難施，并非駕駛不慎，未便稍緩修葺，致滋貽誤。亦即飭司委員馳勘籌款興修，其未竣工以前飭令蘇松太道暫雇民船十隻交營配緝，謹將被水被風大略情形及現在分別辦理，緣由先行附片陳明，伏乞聖鑒。謹奏。硃批：知道了。欽此！

清 梁徽《築圩岸記》（光緒）《重修嘉善縣志》卷三二 善邑號水鄉，而西北各區卑窪尤甚，偶遇霖潦，便致田禾淹沒。余下車伊始，爲民思患預防，急令興築圩岸，且屢奉上憲，時飭歲修，每每出示勸諭，乃鄉民未嘗不略爲補綴，而因陋就簡，終非一勞永逸之策。壬午秋，霪雨連綿，風潮騰湧，竟至水漫田疇，民始懼而搶護，然禾已被淹，嗟何及乎。夫善邑地皆平衍，非盡膏腴，而賦税較重。他邑上輸國課，下育民生，宰茲土者，不急爲之圖，民將焉賴？遂於是冬扁舟減從，遍歷各區圩，量地高低，酌工緩急，其東南八區形勢稍高，可因舊址次第增修，而西北十二區之最低者計五百二十七圩，爲田三千五百餘頃，必以岸下。現在平水爲限，培高六尺，闊四尺。近蕩之田又必高七尺，闊六尺，始足扞禦。頒發規程，先行出示，并飭該鄉耆家喻户曉，俾民有所適從。今季春二月，時值農暇，示期興作，余復親歷各圩，集鄉耆父老更申勸諭，委婉指説，剖析利害。斯時奔赴觀聽者，群聚如環堵，額手歡欣。僉曰爲我，爲我第見荷鋤秉畚之儔，踴躍爭先，趨公不啻己事。不兩旬而繞圩沿岸詰屈灣環，宛如城郭之衛，於是闔邑各區圩高低若出一轍。余嘉民情之克，副余懷而尤快，數年來日爲民籌者之得告成於旦夕也。另鐫條例以爲歲修之法，并遵憲諭飭各區新築圩岸下種茭蘆，上植桑榆等樹，使日久月深，根株蔓衍，聯絡岸身，廣獲苞桑之固。尤望後之涖斯邑者，隨時修整，則永杜水患。此善邑之福，余亦不敢任其功，而條例具在，未必無一二可采擇云。遂書以記。

宋 周必大《文忠集》卷六三《資政殿大學士毗陵侯贈太保周簡惠公神道碑慶元四年**》** 公諱葵，字立義，常州宜興縣人。曾祖密，贈太子太保。祖璟，贈少保。父裕，朝奉郎致仕，賜緋魚袋，贈少師。妣秦國夫人王氏。公少力學，自鄉校移籍京師，兩學傳誦其文。宣和六年廷試，以曆數爲問，公既詳對，又爲説曰：聖人兼天地之職，一物不遂，必任其責，凡易之大衍《内經》之五運六氣，書之閏月，定四時。老氏一生二、二生三、三生萬物，皆當裁成輔相以實之，然後可以和同天人之際。考官嗟賞，擢寘甲科，調廣德軍司刑曹事。靖康覃恩，循修職郎，用舉主升文林郎，知徽州軍事推官。車駕移蹕臨安，諸軍交馳境上，守死倅易。公與判官攝行郡事，隨機應變，千里帖然。初大觀間諸郡增賦物帛，其後赦書已蠲減，而漕臣便文復取於民，公白新守力止之。訖公去，乃增如故。薦章交上。【略】二十八年，起知撫州，引道疾作，改提舉江州太平興國宫。十月直龍圖閣，知太平州。水壞圩岸，公大加修治，凡百二十里。傍郡諸圩皆没，惟當塗歲熟。市河乆堙，雨暘交病，公下令城中家出一夫，官給之食，并力浚導，公私便之。

（淳祐）《玉峰志》卷中 郟亶，字正夫，太倉農家子，自幼知讀書，識度不碌碌，登嘉祐進士第。崑山自國朝以來，登科者自亶始。亶常條吴中水利爲書，上之。熙寧間，以亶爲司農寺丞，奉使浙西措置水利。民不便之，遂罷歸。治所居西水，田曰大泗瀼者，如所獻之説，爲圩岸、溝洫、井澮、場圃，倶用井田之制，歲入甚厚，圖狀以獻。且以明前法非苟然者，及條水之利害著書行於世。後召爲司農寺簿，遷丞，曆江東運判，知温州，以比部郎中召，未至而卒。子僑亦有才，鄉里推重，謂之郟長官，嘗爲王荆公所器，許見之，於詩有《幼成警悟集》行於世。孫升卿，紹興進士，知常、徽二州。

明 解縉《文毅集》卷一二《翰林院檢討廖君墓表》 嗚呼！余讀甘棠之詩，而知古之人善政，遺結於人心，乆而益著，愈遠而不忘也。然豈多有哉？予友廖君敬先奉詔起修《高皇帝實録》，既至而事畢。上曰：『此老儒，即以爲翰林檢討。』余退以告，同官曾君日章、王君汝玉、梁君用行皆舉手加額曰：昔吾縣之父母也。問之曰：豈弟哉？古人不是過也。廖君卒於官，三君子哭之尤慟。嗚呼！好禮君子者，或不恤小人，善撫微賤者，或驕於士大夫。方以在上者，或好諛而佞己，爲守則易尉，而爲尉則凌守也。惟豈弟者，庶幾無是也，豈不可稱偉人也哉？廖君之爲縣也，其禮於士大夫君子可見矣。其初爲丞，懷慶之河，内地當西北之衝，邑小事煩。又當新附，軍旅所過，供具浩穰。縣令乆闕，積不治。君時年尚少也，不數月政成。郡守王興宗宿望老成，然嚴難事大，嘆獎以爲不可及縣。清化鎮商税多陷匿，布政司官來捕執其首，爲奸狀事連千餘家，徵捕鉅萬不能足，遂以委君。君視百姓如家也，區畫貧富相補，不數日足其所徵逋，布政司官大善更置酒爲謝而去。君考滿，既垂髪戴白拜送道路多至垂涕者。既至京師，時方以蘇州爲難治，而屬縣吴江尤號繁劇，朝廷謂君及興宗倶有名也，乃以興宗守蘇州，而君丞吴江。興宗遇劇務輒以委君，君不得專治吴江也。時有富民二氏以水決圩田事，數年訟不已。至聞，朝廷下有司督其理屈者某氏修廢圩岸幾數十里，岸廢決已數年，上下高深數十尺，彌望水決，無迹可求。而某氏又以富聞天下，興宗謂使他人督之，將爲其賄，所溺事不集，又煩朝廷，遂以語嘗他官，他官亦皆恐懼，莫敢往。興宗大言曰：『宜莫如廖縣丞也。』君欣然往督其役，爲之方法巧思，出人意表，如期而畢。某氏亦深德君，惟拜謝而已。

明 王直《抑庵文集》卷二《蘇州濟農倉記》 工部侍郎周公奉命巡撫至蘇州，況侯白其事，周公惻然，思有以濟之，而公廩無厚儲，志勿克就。【略】是年立法於水次置場，擇人總收而發運焉。細民任自送場，不入里胥之手，視舊所減三之一。而三府當運糧一百萬石貯南京倉，以爲北京軍職月俸，計其耗費每用六斗致一石。公曰：『彼能於南京受俸，獨不可於此受乎，若於此給之，既免勞民，且省費六十萬石以入濟農倉，農無患矣。』衆皆難之，而況侯以爲善，力賛其決，請於朝，從之。而蘇州得米四十餘萬石，益以各場儲積之嬴，及前所儲凡六十餘萬石有奇。公曰：『是不獨濟農，凡糧之遠運有所失及欠負者，亦於此給借陪納，秋成止如數還官。若民夫修圩岸浚河道有乏食者，皆計口給之。如是，則免舉債以利兼并之豪，農民無失所者，田畝治賦稅足矣。』

明 倪謙《倪文僖集》卷二八《進階亞中大夫荆州知府張公墓志銘》 公諱嵩，字廷瞻，姓張氏。其先君灌州宋仁宗時國子丞叔完，徙青州。五世孫贈太常丞泰來，又徙汴。太常子至儀扈從南遷，始居上虞，今爲上虞人。至儀十一世孫，與賢迪功郎、奉化丞。與賢生原道，原道生九功宜春教諭，宜春生孝先則公之父也，以公貴，封當塗知縣，母俞氏。公幼從宜春府君學，性資穎異，志復懇篤，學大有成，遂以《詩經》中永樂癸酉鄉試，登春官貳榜，授寧國宣城教諭。九載秩滿，以少師楊公薦知太平當塗縣，攝廣德州事，秩滿以績最賜敕封父如公官，母妻皆孺人。時太平、寧國、徽州三郡交章保公知府事，不許，擢公南京雲南道監察御史。未二載，升鎮江知府。又三載，丁當塗府君憂去官，服將闋，升公知泉州，命賚憑與之。未幾，又改荆州三郡。通歷九載，當滿考去，公亦上疏請老，官民連疏保留，詔增秩三品，還公於荆。尋念母老，復以疾謝事，不許。乃援詔書例，竟棄官歸，歸四年卒，成化四年七月二十三日也，享年七十，生於洪武某月日。公在宣城，以師道自任，色嚴而氣和，望之可畏，即之可親。立教條，嚴課試，誨人不倦，指授爲文，皆有典則，士多成就，登名甲科。嘗出俸貲，倡好義者創尊經閣，庋經籍備士子觀閲，修治殿廡講堂齋舍，不以擾有司。非公務不至縣門，令丞敬憚之。在當塗一更宿弊，懾奸以嚴，字民以惠，縣以大治。每春時輒親歷畎畝，勸民耕稼，乏牛具種子者，爲助給之，旱則爲文自責以禱神，修築圩岸陂塘以瀦水，凡利民者無不力爲，屢致歲豐有瑞麥之異。

明 周瑛《送常熟知縣鄧君考績序》《莆陽文獻列傳》卷一〇 蘇爲縣七，常熟最大，常熟爲里若干，爲户若干，爲財賦若干。民多習筐篋學，用以牽制上下。一不得所欲，則拊鍵抵巇以集慨，故蘇諸縣重爲常熟。吾閩鄧君洪中以丙戌進士而出知是縣，命下，人難之，君慨然就道。既入縣，迺考圖籍，計户口，定賦稅，均徭役，行之數月，民大悦。繼而修學校，治官府，造橋梁，築圩岸。行之數月，民大悦。

（天順）《明一統志》卷六二 張秉彝，右首人，驍勇有智略。初仕陳友諒，爲樞密院同僉，守韶州。王師克贛州，遂以其軍降，授贛州衛指揮同知，仍守韶州。後改廣州衛指揮同知，調守雷州，修築東洋圩岸六十餘里，以捍海潮。又興特吕塘水利，民甚便之。海寇黑面鍾冠欽、廉秉彝將兵討捕，追獲之。累遷水軍右衛指揮使。

劉儁，江陵人。洪武乙丑進士，歷户、兵二部主事郎中，遷右侍郎，進尚書。永樂間征安南，督理軍務有功，既還，餘冦猖獗，復命儁往征。提兵至大安海口，援絶被執，不屈而死。洪熙初，贈榮禄大夫、柱國、少傅，謚愍節，官其子奎給事中。

又 卷八二 李希祖，洪武初雷州府通判。築圩岸，開萬頃田，歲獲豐熟，民賴其利。在任未嘗妄辱一人。

明 錢福《錢太史鶴灘稿》卷五《嘉善縣水利成功碑記有詩》 洪惟我聖天子鋭志理道，深維邦本，爲民足食之方，無所不用其極。而水旱之出於天者，不敢委諸適然。於三吳財賦之地，特簡命部曹一員以專水利，視河道，而王政所謂杠梁畎澮浚防之纖悉，咸有託矣。嗚呼仁哉！嘉興在浙西爲大府，而其屬縣嘉善最爲膏腴之壤。平鋪如席，無高山大澤，惟支涇曲港而已，賦稅户田亦甚繁重。然巡視者或以其僻而罕至，居守者或以上不之察，惟矻矻於簿書，期會以爲是亦足以塞責。至於圍岸之毁廢，河港之堙塞，橋梁之頹圮，舉莫之顧乃。弘治十二年，新喻傅公曰：『會有聲水部，以正郎膺特簡奉敕而來興利除害。』日夕恐負聖天子愛養元元之意，巡及是地，所廢興而承之者弗力，公竊慨焉。又一年，安福劉君克温以名進士來，令公喜曰：『吾有所託矣。』遂謀之劉君曰：聖王之治禮樂，興於富庶之餘，疏鑿居夫播種之始，吾竊有志焉，敢不是力。爰謀諸其丞高郵朱君，諫朱君曰：『吾職專是，上有倡者吾敢怠。』乃偏立原隰，相視便宜，父老踴躍，獻厥永圖，計力度財，咸有成策。於是因舊而修爲圩岸，以丈計者三十六萬二千有奇，爲驛路官塘，以丈計者六千五百有奇。創始而築者果字圩，岸塍以丈計者三千六百有奇，凡獲田若干畝，此其所爲防之功也。創開便民河者十，淺澀艱阻，疏而通之。爲市河者三，掘淤鑿塞。爲支涇曲港者八，瀦洩灌溉，以利田者若干畝，其便往來不可以數計。此其所爲浚之功也。或修或創，爲橋梁十，則其所爲利涉濟川之功也。經始於弘治庚申正月望日，訖工於辛酉十月朔。其用財凡若干，用力若干。民可供者則責之居甽，傍近之家其不給者則益以水利之贓罰，以及公楮，公私不勞，而巨細畢興，豈非因民之所利而利之，擇可勞而勞之者耶？其處置有方，亦不可誣矣。劉君謂傅公之功不可泯，而後之繼今者不可知，所自以無忘補葺。走書徵予書其顛末，傳公名潮，曰會，其字與其兄大宗伯上下頡頏。劉君名子厲，克温其字，與其兄黄門君中外輝映，其博洽高爽慈祥惠和，朝野廟堂之望所同歸也，故其議合予，既書其事。因系之詩曰：明明聖君，憲憲使臣。嘉惠於我下人，維令維丞。是謳是承，秩秩繩繩。不勸以懲小民，得知惟利是資，以利便之。欣欣其子來，子來如屯，荷鍤如雲。旱有溉兮，潦泄以門。亦既繚垣，旱潦自天。卒歲力田，孰占其有年陋哉。乘輿日亦不足而歲餘，以舟爲車不涉而趨。平平坦途，王道之符。詔我孫子兮，維我二三大夫成萬世之永圖。我歌我詩，以勒穹碑。聲并日高，澤雨施聲。并日高澤雨施汾湖，若隘晉山碑。

明 呂楠《涇野先生文集》卷一九《全終堂記》 都察院右副都御史南山周公公瑞，弘治末年養疾山間，正德戊寅七十有四，考終于家，武宗毅皇帝敕禮部致祭壇，工部具葬費，而江西參議陳君墀奉命寔來。庚辰正月七日，其子中府經歷讓等安厝於州東太鄉六都逸山後，依崇岡，兩山夾峙，修江襟帶其前。於是遵制爲域，周垣百堵，建亭其中，祗奉皇言，乃作堂。三櫁春秋，奠祀在亭之南。其左則神道碑，少傅大學士𨗴庵楊公所譔者也。君子謂公歷官中外，清白一致，卒沐殊恩，光前蔭後，遂名其堂全終。【略】公自筮仕以來，細者勿論，其所遭之事最難終者有六，歷官兵部，清戎內外，得卒八萬，皆可斂怨，而速禍難終也。然不猷茂，著而余、馬二公相繼稱獎，凡有奏章，且與參謀。其在浙江，杭州之滯獄千人，嘉湖之餓殍萬計，武康、德清、安吉之盜賊，及郡縣杭、嘉、湖之圩岸崩塌，殃遍畎畝，難終也。然或訊奸而釋冤，或羅富而勸分，或懸金以傳魁，或石岸而浚港，無弗立濟者也。

明 魏校《莊渠遺書》卷八 先兄不事事而竭力爲鄉人捍灾，歲大雨且傷稼，則先馳會鄉父老，與謀曰：事急矣，尅水必以土，某涇口可壩爲堰以遏水衝，某圩岸善潰則爲之增高，倍薄某處可立大朋車戽水，某家速辦船載乾土用也。量地遠近及田之多寡，以起役夫，曰先從吾家始，則爲立期，會定賞罰，奔走督責，不憚塗泥。人有持酒勸之者則却而弗受，曰：『吾今何忍沾唇？事成復酣飲。』口不言勞。一日聞校與客講學，則語校曰：『吾爲汝一言，而終收其放心而已矣，我乃放而不知求聞。』論孫吳兵法曰：『是謂多詐勝少詐耳。』

明 黄佐《廣州人物傳》卷一四《陳諤》 陳諤，字克忠，番禺人。永樂戊子領鄉薦，卒業太學。庚寅五月，即拜刑科給事中。遇事剛果，彈劾不避權要。嘗奏事，聲響甚大，聽者悚然。上令餓之數日，奏對如前。乃曰：『是天生也。』每見呼爲大聲秀才云。嘗以直諫觸上赫怒，命爲坎奉天門外瘞之，露其首七日不死，遂釋還職。尋升吏科都給事中，一日率同列奏事忤旨，上令落職，罰使修葺象房，同事者先畢功，降職去。諤貧不能顧人，乃躬自爲之，值駕至觀象，問治屋者誰也，諤前俯伏，陳其故。上念諤戇直，且憫其貧，尋命復官。【略】改任山西，以事忤親王，貶知浙江海鹽縣。洪熙改元，正月封建親藩選輔導之職，廷臣推諤重厚老成，才德兼備，可用。會上一日問左右曰：『大聲官人何在？此人宜爲輔導，使人得易聞過。』至是，起爲荆府長史，匡救多所裨益，能副上付託之重。蒙賜『忠良鯁直』四大字，以寵異之。宣德戊申，丁母憂歸郡，人素服其公直，有屈者多訟之諤，諤語諸當道，皆伸之。服闋，復爲長史。與王不恊，遂除鎮江府同知。時户部侍郎周忱督漕於淮，檄之修陂塘圩岸，相方設宜，隨事就緒，及郡之山川、社稷、壇壝、學校、齋堂、殿廡咸大而新之，皆有成績。未滿，考以老乞歸，不許。欲徑掛冠，鎮民遮留不得行。及章屢上，乃允有旨，命兵部撥夫隸送還家居，兩期爲正統甲子，以疾卒，年六十有八。

（弘治）《八閩通志》卷六八 王昇，龍溪人。永樂甲申進士。入翰林爲庶吉士，出宰安福、羅田二縣，俱有惠政。改平凉府推官，轉大理評事，尋遷寺正，審讞平允。升知撫州府，賜敕給驛之任，蒞政以寬，待士以禮，催科恕，撫字勤。秩滿，郡民上疏乞留，上允之。增正三品秩，仍知府事三年，賜誥贈其父母。未幾，乞致仕卒。顏寶，龍溪人。永樂丙戌進士。授四會知縣，温厚公正，寬猛得宜。奏除詭名田糧九百餘石，復申除鄉民塩鈔一十二萬餘貫。尤篤意學校，爲新其廟宇。至於橋梁圩岸之屬，亦悉意繕治。藩臬郡守交章論薦稱爲嶺南獨步。遷秩而去，邑人慕之。

（正德）《瓊臺志》卷三九 符蘭上那，邕人，中書銘之從孫。南通州判官改永安州，曾奏復修濱壅圩岸。

明 茅坤《茅鹿門文集》卷二三《奉政大夫同知廬州府岐峰查君墓志銘》 君諱志文，字鳴周，號岐峰，予同年，近川京兆公之家子。其先繇歙州徙檇李，再徙鹽官家袁花里，世以簪纓相望者也。近川公名秉彝，倜儻不群，多大略。以禮科給事中侍肅皇帝，抗疏言事，杖闕下，謫爲邊尉。當是時，公之直聲震天下，尋補吏部，累官主爵。其所拔淹振滯，推挽天下豪雋之士若流水。已而歷廷尉、京兆，而君年尚少。留爲家督所携，仲弟某、季弟某，朝夕帷誦，稍稍抗父，道臨之。而兩弟亦父事君，嶄嶄然唯謹。未幾，兩弟後先中科第，而父子兄弟赫奕當世矣。**【略】**江淮間起家不三年，而天子采使者言翔貴，君至此抑異數矣。君於是益自奮厲，革里坊，平市價，飭學宮，置膳田，明獄訟，省徭役，建橋梁，繕圩岸，所畫封以內，蹇蹇鞿淬，不遺餘力。其所最爲卓犖者有三：其一，州嘗旱，老穉轉徙亟，君請發倉賑，未得報，輒擅發，所活數萬人。其二，蝗起蔽天，君露禱，蝗輒出境，甚且盡投黃湖與白湖以殪。其三，君嘗領部使者，檄勘蘆洲舟，暴風覆舟，漂流數十里，從卒數十人并没，而君獨從舟窟携一吏及所綰印以出。嗟乎！豈君之憂民者誠，而天故假之神以顯君名業邪？尋襄實應湖之役以勞，詔加俸一級，賚金幣。未幾，坐忌者口抑稍稍倦游。上書乞骸骨，當事者留之，不可，致其仕以歸。歸而州之吏民所伐石而碑卜宮而祠，與千里而泣送之者，踵且接於路也。

（嘉靖）《寧國府志》卷八 本府洪武間知府陳灌，廬陵人。丙午年任到官，首詢民隱，延禮師儒。初守庾吏相襲爲奸，歲租不入官廩，輒書虛籍以應上。事發，吏悯悯懼罪。灌曰：『故弊未革耳。』遂刻期行視諸廩吏，得先期實廩，而弊亦革。有數十人者坐刼麥舟當死，灌察知其舟漂流傅岸，衆因攫取之，坐其首者一人，餘從減論。時水利未修，旱潦繼作，灌乃增築圩岸，伐石爲斗門，以時蓄泄，田得無患。又作户帖，以定版籍，民甚便之。後以其法詔行天下。

（嘉靖）《重修太平府志》卷三《李永蕃》 李永蕃，字貽錫，湖廣永興縣人。舉人悃愊無華，宅心坦夷。若振興學校，修築圩岸，節里甲，丁田均徭役，增户口，訟决如流，皆美政也。卒於官，百姓思之，如失怙恃，厥後子登科第，人皆嘆其陰德之報云。

（嘉靖）《南安府志》卷三一《周鼎》 周鼎，字子重，大庾人。洪武中以貢入國子監，差重慶督遺租賦，又差溧陽等縣督修圩岸陂塘。事竣，授兵科給事中，奏對詳明，考績吏部尚書張紞薦升刑科都給事中。兢業自持，事多建白，升江西按察使，辭避改湖廣，瀕行陛辭，賜衣一襲，及寶鏹乘傳之。任居五年，風紀振肅，讞獄無冤，爲僉事張勝詿誤，特恩原宥，謫掾史，隨軍經略，左遷廣東市舶副提舉。丁外艱，起復，改化州同知。廉謹自律，寬以撫恤，猺獞入編户者三百餘家。歲饑請賑，不俟報，發粟以濟，民賴全活甚衆。入覲，卒于途。

（嘉靖）《潮州府志》卷五《王源》 王源，字啓澤，福建龍巖人。進士，宣德十年任，寬明仁恕。初，城東有長橋二千餘丈，歲久圮壞，民病於涉。源乃壘石增砌，作樓檻于上而新之。城西湖山多怪石，民歲罹患，源命亟除之，至下，果獲石枯髏，復掘丈餘，又得石刻『回風』二字，應郡中舊有挽回淳風之讖。潮多水患，源築圩岸障田廬。復置鄉庾，設鄉社，立警鋪，政平訟理，有古循良風。及去，百姓立生祠以祀之，時有司致祭云。

（隆慶）《臨江府志》卷一一《徐問》 徐問，字用中，常州武進人。弘治十七年進士，以兵部郎中出守臨江。恢廓耿介，博學工文詞，初視學即與諸生立講會，闢射圃核，祭器樂舞之數，尤切民隱。歲辛巳，洪水囓堤，壞田廬，督增圩岸，障以石，若新市陂、梅家沙河溪諸所。築浚雜治，故壞復。風議宏濶，極喜推轂士官，至刑部尚書。所著有《養齋集》。

明 呂坤《去僞齋文集》卷九《宋莊敏公行狀》 公名纁，字以。嘉靖壬午正月五日生，生不類群兒，寡嬉戲。六歲時詣塾請讀書，不弄群兒相率爲弄，公誦習自若也。十歲學乃大成，補郡庠弟子員，同事者以躅繇請。公曰：崇儒以寬力役，是在有司，請傷耻無請，同事者愧服。母靳夫人蚤卒，事繼母郭如母。郭無所生，忘其非所生也。郭卒，繼者劉氏，司農公亡，劉難事，人爲公難，公稱易事云。壬子，公舉於鄉，公素修鄉行，達於郡邑。明年癸丑，柘城師寇陷睢陽，有火公之門者，師止之曰：『宋舉人賢，毋火。』比舍聞之，皆避匿公家，全活者甚衆。丙辰，登第南宫。是年春，劉卒，公奔喪如禮。輯《四禮略》。己未，賜進士，授永平府推官，尋署遵化縣事。遵化自俺答蹂躪後，逃亡幾半，公拊在招流清浮蘇困，所著有編審事，宜民隱犂然。吏爲臺省郎，公授山東道監察御史。去永平日，父老遮道泣乞雙舄以留，葢司理所未有云。甲子，公按關西條上五事，至今以爲關法。司理監僉書吕用等以傳奉監十二團營，公疏謂不問於上，雖不報，中貴肅然憚之。乙丑，按應天。應天畿輔，法網當疏。公持三尺惟謹，即貴近不敢干以私。正祀典，均田賦，築圩岸，定役法，嚴驛傳，表忠節，懲貪殘，精審讞，慎倉庾。諸豪敢吏歛手奉法，而柔良帖席。

明 茅元儀《石民四十集》卷三七《先考工部都水司郎中二岑府君行實下》 歲丁亥，大沴。明年，又大旱。斗粟至二百錢，貧者多立死。府君出囷粟千斛爲賑，故舍遠近千餘家并得全。間歲南歸，嘗見圩岸傾圮，慨然曰：『十年之内，必有大荒。』今其時乎條畫井并上之郡縣，復出粟千斛，佐民爲創，會時安民，狃竟亡成績。

明 梅鼎祚《鹿裘石室集》卷四六《比部郎前宣城令尹公傳》 比部郎稱尹公官也，而令宣城績最著，今傳追稱之。尹公名三聘，字子重，紹興山陰人。舉乙未進士，爲宣城令。上三年考矣，而時所在礦事興，京弁王遇桂以宣城之崑山告兩大璫相次來涖其事，兩璫爲南内守備，猶貴重，弁鷙戾人也，尹公惟之曰：『彼實已奉主詔吾。』【略】當公甫至，歲侵穀踊貴，公請以折色輸漕。明年暵，公徒而雩以請雨，立應宣田山圩半，圩岸善崩，公親行畎澮，設十事以封塗潴，洩有經式。是後即霖無患澇，前政賦緩急不時定，吏緣闌出入爲奸，公爲十限以致期至于今，著絜令大校。

（萬曆）《雷州府志》卷一五《戴之邵》 戴之邵，廬陵人。乾道五年知州事，多惠政。先守何公鑿渠引水，外無堤，鹹潮時爲禾害。之邵繼之，沿海築圩岸建橋閘以泄水，并浚二渠之淤塞。自是外無鹹潮，内有灌注，民亨永利，名爲戴公堤。又遷郡學于城南府治西，自書進學記勸戒諸生，請張栻爲之記，嗣是人文漸盛，郡人立思戴亭，後祀四德堂。

論曰：余讀薛直夫《渠堤記》，而深嘆何、戴二公大有造于雷也。洋田萬頃，一望茫茫。内無泉脈之陰滋，外有鹹潮之暴湧。使無渠以浚源，無堤以捍鹵，則萬頃砂礫耳。夫洋田豐則合郡飽，歉則合郡饑，所關至重矣。自二公開渠築堤始，歲歲芃芃，滿篝滿車，雷民至今有飽無饑。生聚教訓，非二公家賜户給之哉？法施于民則祀有功德，于民則祀二公功德宏遠矣。祠之四德，不亦宜乎？第查紹興年間有胡簿者，先曾修築小堤，雖歲久傾圮，然造端創始，謂非戴堤之嚆矢不可也。小吏而能計衣袽勞，足嘉矣。柰何姓名莫紀，附此以志不泯。

又《陳本》 陳本，會稽人，洪武二年由儒士薦知海康縣事。時當草昧，刱公宇，別井閭，編集版圖，優恤孤老，流移者悉爲之所，遠近歸附七十餘家。毁淫祠，崇正祀，農桒傜役尤加之，意堤渠圩岸靡不修築。卒于官，囊無餘貲，民奔賻殯，爲賢令首。

又《陳錦》 陳錦，漳浦人，進士。萬曆初知海康縣事，行政五載，愷悌廉潔，念文運不競，拔其雋者爲之程，親爲品隲，登賢書者相繼。憫里甲凋弊，力爲節省，流移未復，招以集之。歲戊子，蝗災。己丑，潮災。錦軫民瘼，請蠲徵十之三，率遂徐所，助夫夾修圩岸，捍海長堤賴以鞏固，士民立碑志思。

（萬曆）《温州府志》卷一二《林天爵》 林天爵，平陽人，世居宋埠。冠婚喪祭，悉遵古禮修祠。率族立義塾，刊《觀光集》，弟信爵尤孝義。弘治庚戌歲歉，日設粥于門以濟饑者。所至造橋梁，浚塘河，修圩岸，立終慕堂于親墓側。晚年輸粟賑濟，授散官以壽終。

（萬曆）《常州府志》卷一〇《楊春光》 楊春光，安居人。歲貢，萬曆十年任。躬築圩岸，令堅厚可久，不以顯貴撓法禔身，雖纖屑必謹，升府經歷去。

明 過庭訓《本朝分省人物考》卷一一《張瑄》 張瑄，字廷璽，江浦縣人。正統壬戌進士。甲子授刑部四川司主事，戊辰以外艱去。辛未，服闋補原職，轉員外郎、郎中。癸酉，升知吉安府。吉俗素健訟，日不下數十百人。瑄決斷如流，屢辯疑獄，痛革吏弊，發奸摘伏如神。丙子，夏郡大饑，發廪賑濟，賴存活者甚衆，郡諸生貰乏者分俸給之。建閣以藏御書，建祠以祀忠節，文廟、府治、橋梁、道路盡爲修葺，公私一新。時巡撫、都御史韓雍氣焰烜赫，郡邑望塵羅拜，瑄不爲屈。天順庚辰，遂由郡守升廣東右布政使。去吉之日，老稚扳留，不獲，因建亭刻石，以圖不朽。及至廣，會廣西流賊越境攻破屬邑，瑄督官軍擒斬賊首，築城堡，改邑治，民賴以安。賊轉嘯聚於陽江縣黄江屯，歲久道路不通。頑民鄧李保糾結流賊殺害良民，逋負糧差者幾二十年，官不敢詰，皆剿除之。躬督各屬造預備倉，修理陂塘圩岸，修築廣州新會等府縣城垣，俱因民利而利之，無一怨者。戊子，轉左布政。

又卷二二《周鳳鳴》　周鳳鳴，字于岐，別號山齋，崑山人。生有異質，髫齔能吐奇語，志識如老成人。十六補邑庠生，尋應例入太學。沉篤自奮，研究經籍。正德庚午，領應天鄉薦。甲戌，登進士，授刑部陝西司主事。初任監獄，即令吏卒滌梏械，潔圄室。時給飯食，囚賴以得所，且手録監獄事宜，後悉踵行之。自是益精法律，尚書重其材，委專閲部中奏牘，輕重可否，必經參酌，然後允當。【略】李公每語人曰：『職方得周郎，吾可坐嘯矣！』其相信嚮若此。庚寅春，遂擢大理寺左寺丞。值星霾示變，應制上疏，其議處兵食曰：『止調操以實內地，選禁衛以固邦本，足衣糧以恤邊軍，振紀綱以申軍令。』又曰：『寬徵收以紓民困，清解納以懲宿奸，定經制以裕國用，致中和以感化機。』其議興水利曰：『復專官以圖責成，疏海口以導下流，浚支河以修圩岸，處長橋以決壅滯，均夫役以便貧民，禁侵占以飭豪右。』上皆嘉納。蓋志欲有爲於天下，而直道勁節，屹然自立。

又卷六四《楊士奇》　楊士奇，名遇，以字行，泰和縣人。幼孤力學，越章貢，浮琴江，艤鄂渚，登黄鶴樓。與蔣隱溪子立游，慨然有幽人貞士之志。已而赴試吏部，將官之。尚書張紞讀其策喜曰：『明達時務，有用之才，不但文詞之工而已。』列名第一，授王府審理副。會成祖即位，遂擢爲翰林院編修，與解縉、黄淮、胡廣、胡儼、楊榮、金幼孜進內閣典機密，尋升侍讀。【略】又言太祖皇帝篤意養民，其餘備荒皆有定制，天下郡縣悉出官鈔糴穀，各於四鄉置倉貯之。因時斂散，又相其地宜，開浚陂塘，修築圩岸，以備水患，天下之民各安其業，此萬世之利。歷歲既久，奸弊日滋，豪猾侵漁，倉穀盡毁，凡諸水利亦湮廢，或被占奪，稍遇旱灾，民無所賴。風憲不舉，守令漫不加心，事雖若緩，關繫甚切，請令户部擇遣京官廉幹者往督理糧課。豐稔州縣各出庫物平糴，儲以備荒，陂塘、閘壩皆令修復，具實奏聞。

又《周忱》　周忱，字恂如，吉水縣人。永樂甲申登進士第。時選庶吉士楊相等二十八人應二十八宿入翰林讀書，忱自陳年少，願進學，文皇喜其有志之士，命加二十九人，授刑部主事。預修《五經大全》諸書，升員外郎。北京新建太倉，命忱督運南北畿郡之賦。洪熙遷越府長史，擢工部右侍郎，巡撫南直隸。【略】五年轉本部左侍郎。八年大水爲諸郡患，忱預奏量留官粮一二萬石販濟。其年各處坻圩岸塍俱被衝坍，時水利等官先已裁革，忱奏取曾經任過辦事官量撥一二十員，準其歷俸生月管修田圩，開塞河道，畢日送回吏部。未半載，事完俱復舊。

又卷七五《顔寶》　顔寶，龍溪人。永樂丙戌進士，授四會知縣。温厚公正，寬猛得宜。奏除詭名田糧九百餘石，復申除鄉民鹽鈔一十二萬餘貫。尤篤意學校，爲新其廟宇，至於橋梁、圩岸之屬，亦悉意繕治。藩臬郡守，交章論薦，稱爲嶺南獨步。遷秩而去，邑人慕之。

明 何三畏《雲間志略》卷一《治河尚書夏忠靖公傳》　夏原吉，字維喆，湖廣湘陰人。洪武庚午年從鄉薦入太學，授户部主事，升户部右侍郎，充采訪使，巡撫福建永樂。初晋尚書時，蘇松大水，命公往治之。公言浙西諸郡，蘇松最居下流，常、湖、嘉三郡土田高多下少，環以太湖，綿亘五百里，納杭湖宣歙諸山，水注澱山諸湖，入三泖，頃者浦港湮塞，滙流漲溢，傷害稻苗。拯治之法，宜浚吴淞諸浦港，泄其壅淤，以入於海。吴松江袤二百餘里，廣百五十餘丈，西接太湖，東通大海，前代屢疏以當潮汐，沙泥淤積，旋疏旋塞。自吴江長橋至下界浦約百二十餘里，雖稍通流，多有淺窄。又自下界浦抵上海南倉浦口，可百三十餘里，潮汐壅障，茭蘆叢生，已成平陸。欲即開浚，工費浩煩，且灔沙淤泥浮泛動盪，難以施工。臣等相視，得嘉定劉家港即古婁江，徑通大海，常熟白茆港徑入大江，皆廣川浚流。宜疏吴松江南北兩岸安定等浦港，引太湖諸水入劉家、白茆二港，使直注海。

松江大黄浦乃通吴松要道，下流壅塞，難即疏浚。傍有范家浜至南倉浦口，可徑達海，宜浚令濶深，上接大黄浦，以達泖湖之水。此即《禹貢》三江入海故迹也。俟既開通，相度地勢，各置石閘，以時啓閉。每歲水涸時，修圩岸以禦暴流。奏入，上從之。役夫凡十餘萬人，聽其便宜從事。公至則布衣徒步，日夜經營，雖盛暑亦不張盖。人以問公，公曰：『衆皆赤體曝日中，我何忍獨求凉耶？』以是人人歡呼效力。于蘇則浚白茆塘、劉家河，而于松則浚黄浦。導淫水以海爲歸，水患乃息。歲饑，奏發粟三十萬石賑濟，全活者何止數十萬人。時有欲干澤於上者，奏以水退淤肥，宜召民佃耕，以足國用。公曰：『民疲極矣，况可加之以重役乎？』即馳奏：『車戽則徒勞民力，栽種則業已失時，何益於國？』上納其言，事遂寢也。葢公之奉命治水，既恤民灾，而公之具疏罷耕，又甦民力。然則吴人之思，公安能一日忘而？又安能不百世祀哉？後公還朝，復出治水，水復治。已而召還，兼掌六部、都察院、大理寺事。洪熙初晋少保，兼太子少傅。宣德初與蹇義、楊士奇、楊榮等同心輔政，爲國元臣。及卒，贈特進光禄大夫、太師，謚忠靖。公在松，扁舟單車，遍歷遐僻，所至輒多題咏，嘗寓西郊外超果寺，登一覽樓有賦，手迹猶存，又有《踏車嘆》諸作。至今雲間父老皆稱夏尚書功烈，至比之神禹，疏瀹决排，云公天性寬平，人有犯，絶不與較。或問之曰：『量可學乎？』公曰：『某幼時有犯者，未嘗不怒，始忍于色，中忍于心，久則自熟，遂不與人較，某何嘗不自學來？』又曰：『處有事當如無事，處大事當如小事，若先自張皇，則中便無主矣。』此公名言，并識之傳後國史。永樂壬辰年正月，賜文武百官宴，聽臣民赴午門外觀鰲山燈，歲以爲常。時夏公爲户部尚書，侍母往觀。上聞賜鈔二百錠，即其家，賜之曰：『聊爲賢母懽，此眞太平盛事。』前古所未嘗有者，亦并識之。

又 卷六《大中丞懷魯周公傳》 周孔教，字宗尼，號懷魯，江西之南昌人也。舉萬曆庚辰進士，歷官御史大夫，爲江南巡撫。初公任御史時，畫建儲東封二事有聲臺中，爲人博大正直，不能婉阿取容。嘗憂國憂民，雪賈生之涕。雖官躋顯榮，而性甘恬澹。居恒口麄糲之食，身浣滌之衣，蕭然不異寒素，有古羔羊素絲之風焉。其撫江南也，甫下車，歲在己酉，大旱，公徒步往禱，山川，輒雨。庚戌春，霪雨，公復徒步禱輒晴，輒復雨。初雨數日，公之憂在歲。又數日雨，則公之憂在民。又數日雨，則公之憂在國矣。于是條荒政二十三事：一緩征，一緩解，一弛榷。而又爲三吴痛哭，上疏折漕輓百五十萬，内帑數十萬，留榷税十萬，事例税契漁課不下數十萬。【略】且因被灾之時，人情洶洶，斬木揭竿之事，慮在呼吸指顧間。公又申明軍政，而謀所以練兵者精簡，别稽惰勤，明賞罰。時支給下瀨戈船，給旗刻號，令其汛則歸伍，畢則歸營。八月則團操，九月則分布内地。盖威與惠兼行，以故終。公之任無一弁一卒敢譁者，而當公救荒時，日夕制亂持危，惟恐不給。忽有治海將領申一文牒，以倭警報聞，公拍案大怒，綑杖而論之：『我旦暮遣人巡視海上，倘有倭訊，我先知之，而來給我乎？』其人伏罪，鼠竄去。于此見公濟變之才，鎮定不移爾爾。又姑蘇村落中有夫役修築圩岸，人船經過者輒大噪搶刼行李，一倡百和，千人爲群，禍且叵測。郡邑以其事聞，公曰：『此屬亂民，漸何可長？』遂縛其爲首者十人，梟斬于市，地方以安此。

明 王錫爵《王文肅公文集》卷一七《李養愚兵道》 來教所謂部米平糶秋粮夏税各縣各府各省參差異同之故，一向尚在杳茫溷淆中，此部中所以展轉生疑而更欲求袁進士清查原田以决去取也。今部院議止潞府兩公主之混派，謂當查革耳。坍荒眞僞，易核書摠，奸弊難查。此後當論于法制之外。頗聞敝州韓守于此獨了了當，由明臺覿面提衡吏民受賜不淺耳。地方春潦傷麥，流言洶洶，聞米價已至一兩四錢。秧苗兩過插蒔，如此則大亂矣。愚竊謂兩臺雖不當過爲張皇，然此時恐再宜有告急特疏以爲乞蠲緩征張本。如貴省原無大荒，而陳中丞描寫淋漓，此亦有足以動天感人者，不可不早計也。輸解緩急之論，自來諸公所未及明，公眞是吴人再生父母。適在廷有議以明公換節水利者，僕竊謂水利終是保釐一事，以尸祝代庖，雖賢者大度所不擇然，得無欲重地方而反輕家門乎？議雖不果，亦足以見嬰兒争乳之狀爲可念可矜已，其水利中經略便宜。且尚取裁左右，愚又以爲此時恐大工未易言，且先料理圩岸支河爲治水急務耳。太湖寇不必有無，要之目前所急在閭里剽奪，如松江城外之事可爲寒心，若湖海間猶是外寇，但飭兵吏謹防之，未必有他也。僕聞兩臺爲僕建坊，荒年苦不甚喫緊，孰若并停此工，留爲設粥濟饑之用，其功德更百倍也。望轉諭本官，亟止之幸甚。

又《江亭泉御史》 兩差迴避一事，于政體無大損益，而上持之甚堅。貴臺長因德意而發明之，此天假僕與我丈相見之緣也，喜甚！喜甚！水利設官，廟堂已定，適瑯琊司馬書來，謂海口决不可疏，前亦有幇築圩岸浚深浜港爲治救第一義，不知何如？然就如其議，多設一僉事官專董其事，亦何不可？今佇俟彼中奏到即行矣。

又卷一九《彭念川御史》 舍親亭泉公之議，此遠聽諸公人人稱便者，廟堂已決策主行。或有言大灾之後民情，救死扶傷不絶。稍遲至來年設官不妨，而瑯琊司馬則斷以爲海口高于內地，不可議疏。今吃緊治法在幇築圩岸，浚深浜港，而其他六功，則必待年豐計之，此又一説也。統俟明公到地方日，博訪獨斷，三人占從二人之計可矣。水利既未設官，明公自不妨照舊兼領，異時覆議之後，別候處分何如？

又《許鴻川副使》 臺下官從創設事在等，委與他省司道一一聽節于兩臺者不同。竊妄謂東南水利，識者漫其詞以爲極難鉅，非興數十萬衆費數十萬財未易，計日而理也。若果爾，則廟堂豈不屑屑有事乎？惟是吳中水利，原與大江以北汗漫者不同。循行溝洫，築治圩岸，其事儘從容，而便宜在我，未必有道傍築舍之惑也。若下車之後，細訪民情地利，但肯降心爲地方一番籌論，當自知鄙言之非妄矣。適有奏復黃河故道，疑議紛紛，不審竟當何如敢私以請？

明 張國維《吳中水利全書》卷二三《序俞允文治水述》 大理彭侯治崑山之三年，考最居上，天子徵詣長安以補臺諫之缺。臺諫，言官也，夫言一人之得失，莫若言國家之本政，國家之本政莫重於財賦，財賦莫重於蘇州。蘇州歲運之米四百萬石，是國家倉庾也，而財賦皆出於水田。崑山，蘇州屬縣也。【略】於崑山開十二浦，疏松江之水，東入於海。民間私港又不可勝數，繇是高田引以灌溉，低田賴以決洩。至於瀕海之田雖高，日懼鹹潮之害，因作堰壩裹水不得外流，而渾潮日積，諸浦漸堙，法宜盡決堰壩，近海置閘，隨潮啓閉，使有洩無入。閘內港浦常得通流，閘外淤河亦近易爲力。若堰壩既決，浦閘既修，苟非厚築圩岸，一遇大水湖水隨風往來，則壞岸，低田與水漫漶，此築圩裏岕之法尤爲最要。

清 錢謙益《牧齋初學集》卷五一《都察院右副都御史巡撫山東贈資善大夫兵部尚書徐公墓志銘》 公姓徐氏，其先處仁，以尚書從宋南渡，僑居姚江，四傳爲彥明令嘉禾，占籍海鹽，今爲嘉興海鹽人也。公諱從治，字仲華，曾祖璹，祖鼎，父應奎。祖父皆贈資善大夫、兵部尚書，妣皆夫人。公之祖病，隆冬思食瓜，父泣禱於西疇，瓜累累臥虆葉下，人呼爲孝瓜。徐母黃氏夢金甲神執干舞中庭，寤而生公。甫四歲，海潮夜溢，床榻簸蕩，忽有廚浮床下，端坐而免。十歲讀袁紹《檄豫州文》，拍几嘆詫，塾師問之，曰：『恨不生當其時，手馘老瞞耳。』萬曆癸卯，領鄉薦，丁未舉進士，知安慶桐城縣，勾稽畝稅，平亭獄訟，朞年而大治。大水浪過峽山口，視其刻石曰宋理宗紹定四年洪水至此，蓋五百年矣。乘舩破浪，軒頓巨浸中，相度捍禦，灑沈賑饑，全活無算。水降按行圩岸，築堤八萬七千餘丈，晝夜雜作，土實石堅，水不復爲害。

清 陸燿《切問齋集》卷一〇《葉方恒》 葉方恒，字嵋初，號學亭，江南崑山縣人。父重華，於前明崇正之末任濟寧兵河道副使，禦賊有功，濟人德之。方恒以順治十五年進士，由萊蕪縣知縣升兗州府同知，再遷至濟寧河道。循父遺教，於河防利害、運道通塞籌畫盡善，悉見施行。其論蓄泄要害謂微湖之西南，切近黃河，每慮有漫瀉之患，苟不堅禦，濁流一入，不特滕嶧爲巨浸，而運道必至梗阻。張清恪公伯行因有微山湖南宜築攔黃壩上接太行堤之説。迨乾隆二十年，孫家集漫口，渾水直趨東南，幾成平陸，乃始堆砌亂石，接築七十里，攔截河流，一如方恒所料。又言：『滕沛魚濟瀕運水田，宜仿東南治田法，開支河，築圩岸，時其耔耘以種秧苗，備其桔槔以資車戽，則水荒棄地不難變爲沃壤。』又以嘗令萊邑，熟悉地利，山東運河仰藉諸泉而在萊蕪者，其流獨長。志載鑛山產鐵，陰涼山產銅。金爲水母，母氣盛，是以泉源得長；開鑛之説，惟萊蕪不可行，挖傷山脉，泉枯礙運，其害匪細。凡所論説，皆非一世之利也。後卒於官，所著有《山東全河備考》四卷。《濟寧州志》稱其在濟四年，口不言功，百姓多陰受其惠云。

（嘉慶）《清一統志》卷二八八 梁徽，介休人。乾隆中知嘉善縣，清嚴勤慎。邑支河多盜，募技勇者巡緝盜鍰迹。邑西北鄙地卑，田禾被淹，徽擇農隙時築圩岸禦水，至今便之。

（道光）《廣東通志》卷二五三《陳永彰》 陳永彰，廬陵人。洪武三十年由學博知瓊山，有爲有守，寬和愛民，修復濱壅圩岸及梁陳等陂。永樂初，憂去，民猶思之。

（道光）《肇慶府志》卷一六《張思齊》 張思齊，字希賢，蘄州人，進士，正德初四會知縣。請免水夫築圩岸，判決如流，令行禁止，民信服之。歷官廣東按察使。

（同治）《上海縣志》卷二〇《蔡之筆》　蔡之筆，字聖持，八團人。性謹實，勇於爲善，臨歿猶遺金助興義學。又從祖國珍，字叔祥，康熙三年海溢，罄貲築圩岸，至今賴之。

（同治）《蘇州府志》卷七一《唐瀛》　唐瀛，字士林，杭州人。由拔貢爲崑山縣丞，有志操，裕經世才，農隙時築圩岸以免水患，民甚賴之。邑中玉帶河，淤塞三百餘年，夷爲平陸。乾隆癸亥春，邑紳呈請開浚，瀛奉委監督，跨占者十餘家，議給官價拆毁。明年四月工竣，瀛任事必參酌情理，故事集而民不擾。

又卷八九《錢策》　錢策，字萬言，中諸見吴縣曾孫，乾隆甲戌進士，兵部主事遷員外郎，出爲九江知府。府濱湖帶江，盗賊出没無常，策設法搜捕，得其魁，奸宄斂迹。屬縣被水灾，請帑賑恤，民得以蘇。調南昌知府，修築沿江圩岸石磡以護民田。葺一軒於郡齋西偏，取白樂天詩。三年典郡歸，所得非金帛，天竺石兩片，華亭鶴一隻，名曰鶴石，自號鶴石居士。旋擢吉南贛寧道，地界閩粤，山谷深險，易於藏匪。策嚴立保甲，稽察周密，數郡晏然。修贛州濂溪書院，延師課士，兼管關税，安静無擾，商民稱便。署江西按察使，適值秋審，斟酌平允，是年九卿會勘江西，獨無一改駁者。既以在九江時保舉屬員不當，部議降調，有旨送部引見，便道旋里，遂引疾不出。策性孝謹，事母待弟與從子，人無閒言。生平寡交游，罷官歸，杜門不與外事，焚香讀書而已，卒年六十。

又卷九六《余起霞》　余起霞，字丹舒。少負儁才，從長洲汪琬游，詩、古文悉有法度，兼善六朝駢體。飫上海庠貢成均，益刻厲爲經世之學。嘗上書巡撫張伯行累數萬言，如築圩岸，浚支河，緩征舊逋，官收漕餉，皆切中時務，伯行多采納焉。已又取邑人周夢顔所梓《東南財賦考》，作書郵寄朝紳，勸以奏減浮糧，時論韙之。嘗廣羅海内名人著作，彙成一集，題曰《皇清文貫》。又遍搜古今可喜可愕之事，作《竹窗雜記》。晚歲著述日富，四方徵求傳志碑銘者趾相接。

又卷一〇八《王莘》　王莘，字右衡，自號任庵，作《任庵説》以見志。年十六即能爲古文，文學韓昌黎，有雄直氣。爲人剛介嫉惡。以諸生教授，人無知者，惟歸安茅星來甚重之。所居地低窪，輒被水患，嘗條築圩岸事宜上之當事。年四十餘，卒。

又《張海珊》　張海珊，號鐵夫，中道光元年恩科鄉試第一，榜發已前卒。海珊天資高明，論學以程朱爲歸，而不廢陸王，謂致良知。一語苟能擴充得盡，即大學之明明德，朱子所謂因其所發而遂明之以復其初也。程子亦言德性之知不假於聞見，與陽明之言印合，無閒。然天下之變無窮，所以應之者亦至動，而賾此非徒良知之足憑，而窮理之愈精愈難也。又嘗謂儒之詬病於世，乃迂疏無用之過。故凡經世之務，罔不究心。三吴亢旱，漊港盡涸，一日北風大作，水入諸漊皆滿，糾衆築堤儲之，歲以有秋。先是蘇松水灾，作救荒私議，以爲吴淞之塞久矣，水留而不去，莫若大浚吴淞江，而以請賑勸捐所得給役食，所在圩岸溝渠令所在之人修治。之後十餘年，大吏果請開吴淞江，論文則謂最難在實，如食之必可飽，衣之必可暖，藥石之必可去病。慕邵子爲人，顔其居曰小安樂窩，卒年四十。

清 李元度《國朝先正事略》卷一七《陳文肅公事略》　公諱大受，字占咸，號可齋，湖南祁陽人。父彩好施與，屢出粟賑饑。夢神授緋衣，兒遂生。公兒時，行仆市中，逸馬群至止焉，人以爲異。性沈敏强記。初授内則，即退習其儀。既長，家益貧，躬耕山麓，同舍漁者每夜出捕魚。公爲候門讀書不輟。雍正七年以拔貢舉順天鄉試，十一年成進士，選庶吉士，乾隆元年授編修。二年上御乾清宫，親試翰詹諸臣，日午御座以待，公章最先成，奏焉。上喜，列第一，遷侍讀，累擢左庶子侍讀學士，晋少詹事。三年遷内閣學士，典試浙江。四年授吏部右侍郎，充經筵講官三禮館副總裁，尋授安徽巡撫。初視事，剖決疑案，老吏駭其精敏。廬鳳潁等府素稱盗藪，地方吏多諱匿，或事主隱忍不報，致蠹役表裏爲奸。公抵任後，勒限嚴緝，一月中獲盗五十人，得旨褒美。會淮南北洊饑，發倉穀賑之，穀且盡，乃令於麥熟地買麥，又分糴於江廣，且發且儲，六年壽宿水無麥，乃食民以所買糴者。時連歲饑民多竊米麥以食，有司以盗論，公哀其情，奏原六十餘人。高阜斜坡不宜稻麥，前總督郝公玉麟携閩産早稻，一種曰畲粟，性宜燥，無煩浸灌。公教民試種有秋，因遣購數十石分給各屬，化無用之田爲有用。事聞，手敕報曰：『諸凡如此留心，甚慰朕懷。』虞山陳進士祖范邃經學，公延主敬敷書院，且疏薦得旨，加司業銜，異數也。是年，調撫江蘇，常鎮太水灾，公糶倉穀，疏溝渠，築圩岸，修廬舍，殣餓莩，請緩今年徵。水退恐遺蝗種，乃募民先冬掘之，官爲收買。疏入，上嘉奬傳諭直隸總督高公斌照所奏辦理。

清 王闓運《湘綺樓全集·文集》卷五《儲玫躬傳》 儲玫躬者，靖州人也。父某爲諸生，有名於時。玫躬少時，以能文繼其父名。補州廩生，居山城窮僻，獨有遠略，喜聞當世事。方天下全盛，而民困益亟，湖南邊苗蠻界五嶺間民气震動，目無釁得弭息之。宣宗皇帝二十有九年春大水，自湘陰下頻洞庭，郡縣圩岸盡沒，流民滿塗。靖州山田瘠，苦米貴無食，民遂爲盜，玫躬首倡捕治，悉解之。

（光緒）《重修安徽通志》卷一四四《馬得貞》 馬得貞，介休人，康熙二十一年知銅陵縣。性剛介，明於聽斷。縣多圩田，每值水溢，輒躬履圩岸，率民增築堤防，不辭勞瘁。

又卷一四五《章嘉貞》 章嘉貞，字元禮，德清人。萬歷丙申知當塗，歲祲疫死者載道，嘉貞賑饑施藥。暑雨不輟大水，圩岸將崩，躬督捍救，經月露宿。水愈溢，泣曰：堤潰民其魚矣。無民，奚以令爲躍入，巨浸中若有物翼之者，衆亟挽以上，得不死。水漸平，堤得無恙。

（光緒）《湖南通志》卷一八六《陳大受》 陳大受，字占咸，雍正癸丑進士，選庶吉士。乾隆元年授編修，二年上親試翰詹諸臣，大受名第一，擢侍讀，充日講起居注官，累遷少詹事。三年再遷詹事内閣學士，兼禮部侍郎，主浙江鄉試。四年遷吏部右侍郎，冬出爲安慶巡撫。是時廬鳳宿泗潁洊饑，大受至則發倉穀振之，穀且盡，乃令於麥熟地買麥，又分糴於江廣，且發且儲，六年壽宿水，無麥，乃以所買糴者食民。時連歲饑多盜，捕獲六十餘人，訊之，乃盜米麥者，大受哀其情，爲奏原之。夏調江蘇巡撫，時太常鎮揚水，秋禾盡淹，大受先令振餓者一月，乃糶倉穀，疏溝澮，築圩岸，修廬舍，斂浮莩，糴鄰穀，請緩今年征。水平，恐遺蝗種，乃募民先冬捕之，種遂絶。七年淮海徐下，田不可以麥，民有草食者，大受請口借一月糧，上命截江浙漕七萬石振之。初句容之黄堰壩灌田八千畝，郭西塘灌數百頃，歲久且淤，大受乃貸社穀令民以力就食，利復而民不饑。

藝文

宋 楊萬里《誠齋集》卷三二《圩田》 古來圩岸護堤防，岸岸行行種緑楊。歲久樹根無寸土，緑楊走入水中央。

明 魏驥《南齋先生魏文靖公摘稿》卷一〇《咏湘湖》 百里周圍注渺茫，龜山遺愛許誰忘。水能蓄潦客千澗，旱足分流達九鄉。荇帶荷盤從取市，蒓莖芡實任來嘗。邑侯鄉老休輕視，圩岸時須督有方。

明 歸有光《震川先生別集》卷八《與沈敬甫四首》 午睡起，閲諸論。信如所諭中有實物者也，大抵得于四明爲多。或言四明悞君，定謬耳。此等之作混于數千卷烏言之中，有鼻孔者，必能别之，不知何以沉滯至此也？

爲文須有出落，從有出落至無出落方妙。敬甫病自在無出落，便似陶者苦窳，非器之美。所以古書不可不看。

旋字枕字即入，杜集中便稱佳，上乘法全在此也。字所以難下者，爲出時非從中自然，所以推敲不定耳，餘已悉。

大水没路，不通人行，遂至音問隔絶，此鄉懲連年亢旱，今歲却種花荳，淫雨潦爛，奈無圩岸，横水泛溢，莫能措手。昨兩日雨止，覓水退一二寸，一年所望花荳已無有矣。方令人畚畊買秧揷蒔，倍費工本，又太後時，然不無萬一之望。人來言西鄉極恇擾，非是此地高强，此間人耐荒，西鄉人不耐荒耳。文字三首送敬甫子、敬懋僉共覾。嘗記泉老説王濟之，官至一品，富擬王侯。文字中乃自言家徒壁立，可笑吾無隔日儲，然文字中着一貧字不得，殆不可曉也。

明 黄道周《黄石齋先生文集》卷一三《洞庭賦》 思曰：子壬申八月，以削籍南歸時之所作也。子一出都門，志在名山。東南奥區，游放殆盡。謂門人曰：何圖杖履，遂包斗牛之美。先自孔林、孟林而下，次及黄山、白岳、五老、九子，乃還憩大滌，與門人講業歸雲之洞，然後西浮洞庭，晞髮縹渺之巔，俯仰浩然，固有樂乎此者。雖自謂勞人棄子，已不復知身世間猶有羇旅矰弋之事。及歸漳海，謂門人曰：吾既放浪南歸，值徐霞客買舟，西浮洞庭，探林屋，登縹渺峰，有詩數十章。既浮沈，不復可問，僅存此篇，因偶書卷中，後之覽者，亦將有感于斯文。

既凜秋矣，胡不歸乎！爾乃舍滄海之萬頃，兟具區之一笠。譬鰲足之卷踔，就鮒尾而喋唼。于以陶汰萬有，盪寫伊鬱。俯散塵淖，仰視日月。悟濟者之皆定，知危者之皆安。信蹄轍以同觀，雖河海其何間乎？若乃天假逸資，人偕勝具。進無濡曳之規，退無羇紲之慮。波臣勉其遯思，風旌導其徑趣。龍魚安睠，篙艣試事，來往惠然，如縱坂驥。此亦造物所儧于勞人，真宰所飴其棄子也。方夫處暑云徂，涼颷已發，鷁首西傾，忽聞薰風，甫解香山之纜，遂凌鐲鏤之正。及于日暮風回，舟鄰備戒，葦縱茭横，舴顛艋沛。予已繫纜石柱，從容安寐。出破塚而不知入，吕梁以何怪。既焉宵興風息，疊帆復懸，舟縱迅轡，人忘長年。消夏之灣已過，元陽之洞在焉。乃復擢舨渡渚，引橇通阡，還探靈威之穴，蚩疑宛委之編。訪毛公之廢壇，意劉根而未然。嗚呼！如圖經所談，林屋尚矣。以爲通好岱嵩，巷遇王霍。曾一丘之未成，何衆美之能度？夫當楚莊之世，不迸勾吴。洞庭之書，尚連禹穴。而好奇者以爲青簡之别都，仲尼所寤説，豈不過哉？故山有瓌迹，則異物來歸。士有幽光，則璚名胥附。以彼外貞阻深中，包腴腋倚，覇勝之餘，風資懽慌之末説，以遠射蓬瀛，近藐岳瀆，使希至者駭其鮮聞，經涉者寶其舊服，則亦宐矣。是以寚（古寚俗作寶）海張帆，不視圩岸。闤闠夜談，多所怪嘆。羨生于所不足，嘆生于所不見，以所不足而羨緇素，以所不見而嘆刀布，達者猶然，而况于寡陋之侶乎。嗚呼！自之罘而南，碣石而西，番禺而東，珥海而北，予足迹所不至，則亦多矣。要于洪濤奔齧，蛟蜃徙宫，出没象緯，開眸盪胸，自予所習翫，則固有十倍于此者也。而予固樂此者，予樂夫百尺之波，十里之山，朝暮之風，晨夕之灣，幽人所棲，漁父所理，得其道足以長生，不得其道不足以槁死。得而生，不必安期之棗、羨門之李。不得而死，不必丹室之草、鳴琴之市。嗚呼！如使林屋復開，龍蛇傳餐，上覩甍楹，下覽房闥，左揖富商，右莊峩冠，雁行而前，羊裔而還，能有一人得太古長年之道者乎？即復不然，别鑿包山，左通會稽，右綿瀟湘，别將男女，具芝术種餌其中央，能有一人得太古長年之道者乎？夫既不能，則是林屋雖湮，宛委雖滅，東無差子之靈，西無莊子之烈，猶足以想晤禹德，樂死無極也。故夫志廓者不滯于舊聞，見多者少怪于新趣。諒岸谷之恒遷，省枕漱之未誤。若夫林屋以西碧崕含風，削困成圍，擘勢如弄，復有石匠天仇破骨出窮，補洞成庭，搒巓得腦。洎夫石弄而北湑多魚鹵，宛轉嵯峨，沓合湖水，遯魚所穿，環牙璧理。大者摩崖瘞鶴，小者游蟬側鯉，固水石之恒觀，不足御夫君子，惟有日出波平，烟銷颯輕，登縹緲之絶巔，涵赤澤于太清，指三江干歸墟，瀉五湖之未平，更隨月吐，假檻東山，瞬息揚帆，復通胥闢。于斯時也，不知身有羇旅之賤，世有矰弋之艱。張季鷹之蓴鱸乍熟，梁伯鸞之杵臼初閒。淵岳已平，函輿又寬，破滯銷憂，不知其端。爲之歌曰：湖水滿兮潮水深，江月生兮滄海陰。朝晞髪兮夕抽簪，浩然同觀兮何傷乎予心。

清 畢沅《靈巖山人詩集》卷一八 水田漠漠近江鄉，圩岸高低覆緑楊。好景馬頭看不厭，麥花如雪菜花黄。

清 毛奇齡《西河集》卷一六九《津橋遇雨》 圩岸初成道，村橋數問津。雨絲颺里旐，泥水浥車輪。碧玉壚頭女，紅氊馬背人。衣緇全改素，不用滌輕塵。

清 惠周惕《硯溪先生集·送查夏仲》 重戴還来住帝京，一鞭送爾復南行。大夫何易留孫寶，主簿寧堪累顧榮。滑道秋泥驢背客，連潮圩岸橛頭程。奚囊賦得閔心句，好倩西風寄友生。

清 徐景穆《築堤行》《兩浙輶軒録補遺》卷二 築堤勞聲邪許，築堤堅費鎚杵。長堤一道，通淮楚。千夫萬夫并力舉，築來圩岸高于城，日耗水衡不計數。君不見黄淮交漲勢兼天，洪流倒瀉銀漢連。桃花三月浮平川，霖潦一片無原田。堤城一線，何處所瀰漫。入望空蒼烟，吁嗟乎黄金可成如有術，河流滔滔亦可塞。

清 楊錫紱《四知堂文集》卷三三《海州李牧新葺蜡廟成爲紀以詩》 聖世重農功，講求先禾稼。螣蝨實害苗，秉畀法無赦。東海古名區，疆域齊魯跨。魚鹽俗所饒，土沃宜穲稏。有廟祀伊耆，歲享通八蜡。凋敝自何年，壇壝任圮卸。李侯莅兹邦，擘畫窮宵夜。稔知昏墊由，疏鑿事宣瀉。溝洫及圩岸，一一修餘暇。念兹一畝宫，實惟田祖迓。闢地崇檐楹，開廊抗庭榭。屹立對錦屏，州案山城郭增聲價。從兹歲有秋，比屋連桑柘。民氣所會和，絃歌隆雅化。豈惟薦苾芬，報賽於焉藉。

清 陳文述《頤道堂集》卷一九《詩選》 蜀雪皚冬，楚雨綿夏，洪流并下，江漲日增，溢堤潰防，田廬汩焉。登天中塔望之。

我登天中塔，遠望長江水。江水眞州來，一漲不可止。河西十萬田，汩沒洪波底。昔日好屋廬，今惟漾葭葦。梵宇地勢高，處處浮槎艤。離宮麗金碧，亦在明波裏。河東一綫堤，保障賴閶史。瓜洲更東去，江近圩岸圮。鴻雁已無家，魚龍争入市。灾黎十萬人，灾區一百里。蒿目徒愴懷，徙倚日移晷。願仗我佛力，聊救斯民死。衆生息苦惱，我佛應歡喜。孤坐佛無言，殘陽下河涘。

清 蔣寶齡《水灾詩》《詩鐸》卷一五　風吹雪浪狂作堆，前村後村圩岸積。急流洶洶灌户來，此時老農猝無計。釘竹爲防大非易，且脱門樞殺其勢。

清 陸嵩《意苕山館詩稿》卷九《水灾嘆》　家無半畝田，水旱頗心切。況經兵戈後，民力已俱竭。稔歲幸屢逢，粗糲得無缺。何堪六月來，愁霖正不絶。江漲復夜半，呼號起倉卒。圩岸盡决衝，田廬半漂没。壯者攀樹逃，存亡未可必。老弱救無人，轉眼化魚鼈。毋怪市中米，騰價不終日。有司急征斂，尚謂麥早實。官租督仍完，民困暇更恤。灾黎數萬人，江頭日行乞。覩此心獨憂，耿耿與誰説。請看齊魯閒，盜賊尚聯結。豈非乏食民，救死此相率。弭亂貴未形，旁皇自一室。

又卷一〇《中秋大風雨金沙寓館作》　飄風暴雨朝不終，滿望皓月成秋中。豈意三日不休歇，家家蓋屋無纖蓬。高原積水忽盈尺，低田淹没迷西東。連年水患四方告，米價直欲珍珠同。飢民乏食聚成盜，道路剽掠居然公。雖喜今年麥大熟，所望要在秋收豐。閭閻氣象庶一變，堪更原隰俱成空。此閒衝決已可畏，近江圩岸愁交攻。荒齋半敧傍城築，下瞰北固濤洶洶。家人今夜定惶懼，過涉滅頂占知凶。此尚私憂未足道，高枕終必無哀鴻。安得喚回風雨師，稍留殘稻安愚蒙。

清 趙奎昌《癸未水灾雜感十首》《詩鐸》卷一五　江村五月暮，田疇秧齊青。涇雲凝不散，天色常冥冥。急雨勢淜湃，十日猶未停。載土築圩岸，周帀如圍屏。隨築水隨長，一望連滄溟。老農坐檐底，嘆此從未經。晚來水風冷，啓户聞魚腥。

紀事

宋 林希《林希野史》　熙寧間，凡言水利，或理財，或更改利害者，或胥、或商、或農、或隸、或以罪廢者，使乘驛赴闕，或召至中書，或赴司農，不驗虚實，便令興役。其糜費官財，興調民力，不問其數。微有效，則除官，賜金帛；無効者，費調雖多，不問其罪。有司知其妄，不詰難；詰難，即直訴司農，以爲嫉功避事，立加按劾。如沈披欲築江障湖爲田，徙福建民耕，初信以爲然，衆謂迂誕駭絶，事未行，披徙陜西。如王廷老、俞希旦、陳睦、盧東、張靚皆新進，以農田水利爲職，竟無可成功。張若濟知華亭，言知水利，遂別創一司。崑山富人郟亶以蘇田盡如江南築圩岸，召赴司農。及曹孝立者，亦獻水利，召赴薊經畫，民懼興大役，皇皇不自安。又司農賜米七百萬斛，俾使者興水利，逾年無可興者。司農詰責廷老，乃議采石增築蘇湖漕河塘，科賦諸縣，募民發掘山巄取石，妨廢農事。科賦之家倍出其直，受傭之户多獲厚利。此塘之作，於水利實無損益，大抵以費官財、勞民力者稱職，上下欺蔽無敢言。希所云王廷老築蘇湖漕河塘，當考。

宋 留正《皇宋中興兩朝聖政》卷四九　癸酉，太學正薛元鼎進對，論周之名將。南仲爲武成王同時之將，乞改配食武成王，上喜以謂南仲之孫皇父猶爲宣王中興之將，便可施行。又奏太學，釋奠輪差，南班宗室陪位觀禮，今差武舉從祀已定。乞令三衙管軍及環衛官輪陪位觀禮，上曰亦使之知。知寧國府姜詵劄子：今來合於十月内措置修圩，濟養圩户飢民，除已委官前去相視料度工役，續具申聞外，今采訪得今來所壞圩岸比之紹興年内所費多所減省，兼有合行門決除廢去處，見行相度，亦當具申朝廷。詔其餘州軍有圩岸損壞去處，令守臣依此措置修整，仍具工役，去處申尚書省。

宋 王象之《輿地紀勝》卷一八　紹興二十八年知太平州，是時水壞圩岸，公大加修治，凡百二十里。傍郡諸圩皆没，惟当塗歲熟。

宋 李心傳《建炎以來繫年要録》卷四四　是日，邵青受劉光世招安，太平州圍解。初，青既薄城下，與其徒單德忠、閻在等分寨四郊，開畎河水，盡滰圩岸以斷援兵來路。調民伐木爲慢道，怠緩者殺而并築之，一日之間，與城相平。賊攻具畢施，遂縱火焚樓櫓。刳孕婦，取胎以卜吉凶。敵樓爲砲所壞，守臣郭偉運土寔之，賊不能近。偉方食於城上，青以砲擊其案，又以矢斃其侍吏，偉亦不顧。

又卷一六一　乙巳，上書秦檜父故玉山縣令敏學墓碑首曰清德啓慶之碑，命詞臣王曮撰文以賜。上謂檜曰：『近日邊境絶無事，行移簡少，民得休息，殊爲可喜。』户部言，常平職在興農田水利，今州縣圩岸多損，田畝多荒，欲委諸路常平官措置興修，不得因而擾民，將來取旨升除。從之。是月，金主亮詔中外臣庶，皆令直言朝政闕失，與軍民利害，如有可采，自應得用。其或不當，弗加之罪。苟能裨補公私，別議旌賞。初東昏王亶之被弒也，亮身預其謀。及是事定，當時同謀者，亮皆以弒逆之罪加之。曹國王宗敏者屬冣尊，亮忌之，既爲所，殺納其妃於宮中。梁國王宗弼開國有勳，惟一子韓王亨亦以無罪死。左副元帥薩里罕有戰功，亮詐爲書，俾人誣告，并其子御史大夫沙津殺之，夷其家。

《文獻通考》卷六《田賦考六》　乾道九年，詔户部侍郎葉衡核實寧國府太平州圩岸。五月衡言寧國府惠民、化成舊圩四十餘里，新增築九里餘。太平州黄州鎮福定圩周迴四十餘里，延福等五十四圩周迴一百五十餘里，包圍諸圩在內。蕪湖縣圩岸大小不等，周迴總約二百九十餘里，通當塗圩岸共約四百八十餘里，并皆高闊壯實。瀕水一岸種植榆柳，足捍風濤。詢之農民，實爲永利，於是詔獎諭。

元 任仁發《水利集》卷七　政和六年四月，御筆訪聞平江府。三十六浦自古置閘，隨潮啓閉，歲久湮塞，遂致積年爲患。仰郡守莊徽差户曹趙霖具逐浦經久利害，破驛券遞馬赴尚書省指説。霖相度之，説曰：平江遂縣地形水勢利害各不相侔，盖浙西六州之地平江最爲低下，六州之水注入太湖，太湖之水流入松江，接青龍江東入于海，而平地【略】太湖、松江之水與積水爲一泒，沉没民田者。一遇風作則高浪萬頃，愈泄愈來，縱使諸浦瀉之，泄之涓涓，來之浩浩。當斯之時，障之不可，疏之不可，爲之計者莫若慎其性而狹其流，乃爲上策。所謂上策者，大築圩岸，高圍民田而已。如此則積水日削，衆浦日耗矣。大抵三説：一曰開置港浦，二曰置閘啓閉，三曰築圩裹田。三者闕一不可，又各有先後緩急之序。

《宋史》卷九六《河渠六》　十一月詔曰：禹貢三江既導，震澤底定。今三江之名既失其所，水不趨海，故蘇湖被患。其委本路監司選擇能臣，檢按古迹循導使之趨下，并相度圩岸以聞。於是復詔陳仲方爲發進司屬官，再相度蘇州積水。

又　政和元年十月，詔蘇湖秀三州治水，創立圩岸，其工費許給越州鑒湖租賦。已而升蘇州爲平江府，潤州爲鎮江府。

又卷一七三《食貨上一》　政和六年，立管幹圩岸圍岸官法，在官三年，無隳損堙塞者，賞之。

元 佚名《宋史全文》卷二五上　知寧國府姜詵札子今來，合於十月內，措置修圩，濟養圩户饑民，除以委官前去相視料度工役續具申聞外，今采訪得今來所壞圩岸，比之紹興年內所費多所減省，兼有合行門決除廢去處見行相度，亦當具申朝廷，詔其餘州軍有圩岸損壞去處，令守臣依此措置修整，仍具工役去處申尚書省。

明 雷禮《皇明大政紀》卷七　工部言湖廣安陸州及京山景陵等縣圩岸爲水所決，宜修築，從之。

又　修福建長樂縣官塘圩岸。

又　修廣東新會圩岸二千餘丈。

又　九月癸未朔，湖廣黄梅縣耆民言江水泛溢，圩岸坍塌，傷民田千八百二十餘頃，請薗郡丁夫修築。從之。

又卷一一　令天下有司，秋成時修築圩岸，疏浚陂塘，以便農作。仍具數繳報，俟考滿以憑黜陟。

（嘉靖）《寧國府志》卷一〇　弘治十四年，宣城大水，漂没圩岸。

明 李豫亨《推篷寤語》卷八《田地間之政》　宣德九年，巡撫周忱奏：切見蘇、松、常三府所屬田地雖饒，農民甚苦。觀其春耕夏耘，修築圩岸，疏浚河道，車水救苗之際，類皆乏食。又其秋糧起運遠倉，經涉江湖風浪之險，中途常有遭風失盗，納欠數多凡若此者，皆須倍出利息借債。迨至秋成，米稻償債之後，僅足輸税。或有歛獲纔畢，糇糧已空者有之，兼并之家日盛，農作之民日耗，不得已而舍其本業，去爲游手末作，以致膏腴之壤漸至荒萊，地利削而國賦虧矣。今之時去宣德之時又遠矣，昔乏則有借，今乏則無可借矣，昔兼并日盛，今巨室亦耗竭矣。使文襄公當此時，不知其如何爲奏也。

明 魏校《莊渠遺書》卷三《與張巡撫》 吴之北偏，歲被水患。吴地邊高而中下，昔人象爲盤盂，一有淫雨，水勢瀰漫，四望成湖，吾民之不爲魚，亦幸而已。非大疏白茅及瀹淞江下流，則水患曷其有極邪，此大勢也。細論各處，今田無高卑，蕩然漂没矣。救而僅存，必圩小而岸闊堅者也。其潰而不可救，必圩大而岸善崩者也。設令平時修築圩岸，分其大圩以爲小圩，高築堤岸，廣闊堅牢，雖有大水，民力亦尚可支。豈若今滔天之患也哉？昔文公南康東浙救荒，咸以興水利爲請，謂爲務一兩得。范文正公守鄉郡，請修水利以救荒，今與其俟民之饑，然後丐國家百萬之粟，以延殘喘俾坐而食焉。孰若力請於朝，早捐數十萬之財，大興水利，豈惟拯一時之艱，實百萬年無疆之大利也。病卧閭閻，久不敢陳，論當世之務兹者，目擊愁苦，耳聞呻吟，心怛焉如割。一二父老泣而告曰：我公未來，聞公仁聲，公既戾，止聞公仁。言今餓且死，其有仁政以活吾民乎？吾情莫能上達鄉士大夫，弗爲我昂首道一言於上？固吾儕小人命卒之時也，禹聞善言則拜校。是以忘其鄙陋，敢采輿人之言，達於鈞聽，情迫詞切，伏惟明公寬其僭易，舉而施行之。斯民幸甚！斯世幸甚！

明 沈岱《吴江水考增輯》卷二 七年，修田圩，通河道。本年大水，七月十七日颶風，忱預奏留官糧，府一二十萬石，縣六萬石，賑濟各處。低圩岸塍俱衝坍，時水利等官先被巡按御史何永芳奏革，忱復奏取各官來任，未半年，修治事完。

又 卷五 正德十六年，工部尚書李公充嗣興修水利奏。其略曰：臣受命以來，夙夜競惕，乞添差官共圖，供職吏部，以工部署郎中林文沛、顔如環督同掌蘇州府事。河南左參政徐讚親詣白茅港、吴淞江等處相度會議，以白茅工役繁重，蘇州當任其二，常州、松江分任其一，嘉興、湖州則協任其一，而常熟以附近獨當其半。以吴淞江利歸蘇、松二府，其工役之費則分派二府，所屬州縣與之協濟。杭嘉湖蘇松常鎮各府地方，應該開浚河道港及應修築圩岸堰壩等項，分委署郎中林文沛、顔如環督率各該掌印水利等官次第舉行。外白茅港自海口至雙廟河形，緣在海灘，漲沙填壅，難以用工，改就東南方平陸開挑。共起到該府所屬州縣并崇明千户所軍民人夫三萬七千七百二十二名，開過平地三千五百五十六丈，自雙廟西至官莊滙，河形淺窄幾如平陸。又起過蘇松常三府所屬州縣衛所人夫三萬七千二百八十八名，開過故道六千一百七十七丈，自官莊滙，西至常熟縣東倉，河形淺塞。起該縣人夫二萬二千九百八十二名，開過二千六百五十八丈，通計長一萬七千三百九十二丈，深始八尺，加至一丈五尺，闊始二十八丈，加至三十三丈。其宜興縣百瀆受荆溪之水，會於太湖，委常州府宜興縣人夫分浚烏涇等瀆共六十三處，以武進、無錫、江陰三縣人夫開過桃花等港共八處。其原委等處用常熟、太倉、崑山、吴江人夫浚過支河共五百六十三處，共長三十七萬七百三十四丈。築過官塘圩岸共三千五百八十三段，共長一百九十一萬八千七百一十五丈。

明 陳全之《蓬窗日録》卷六《元禎頓首耻庵年兄大人侍者》 蒙允行修築市汊捍水圩岸，此萬民永世之利也。然水口有二處，其一處係古額築之，則工力減大半，且可長保無虞；其一處深濶難築，況非要害，若築之，則甚費工力，且須更築其上流一口，然後可合。小民公論皆欲就古額處興工，間有一二有勢力而欲取風水者，乃巧説以惑委官，反要就難築處築之，此甚非便。長有頗知仗義者，今來呈句，呼入一問，便知其悉，高見處之，當自有定奪。區區敢贅哉，惟爲之達情云爾，苦瘡毒不先自造言，心炤萬萬。

明 海瑞《備忘集》卷一《被論自陳不職疏》 蘇松四府水荒爲甚，是以臣議開吴淞江、白茆、楊家濱等河。各州縣遍修圩岸、塘浦、支河，興工賑濟。江北之荒比蘇松尤甚，刼掠之多，其經奏聞屢矣，謂亦募兵所致耶。建德縣原無驛遞，非正路也，二十年來行者憚，江西驛傳道、九江兵備道二衙門掛號裁革，其路始通，臣聞之久矣。

明 翁大立《請設治水部臣疏嘉靖三十八年上**》**《吴中水利全書》卷一四 嘉靖丙午年間，都御史歐陽必進嘗開七浦塘，此皆水利最大者。今復湮塞，民甚病之。然猶轉緣南畝，未忍棄去者以黄浦婁江湧潮，而入枝河細渠，猶得引注其中，資溉植也。但倭寇初來，慮其奪舟以濟，凡于港汊之交釘柵築堤，截其衝突。大凡水之爲性急，則迅流而去，滓緩則停瀦而成淤，年復一年，淤滓日積，渠道之間仰高成阜矣。雖有腴田，無救于旱，此水利不興，其故一也。具區湖泖并水而居者，雜蒔茭蘆，積泥成蕩，遂自起圩岸，量報升科，上流日微，水勢日殺。而又邇年以來，黄浦婁江之口爲舟師所居，下流亦淤，海潮無力，此水利不興，其故二也。府縣原有治農官，歲編導河夫銀兩，軍興以後，官或裁革，銀亦借支，民間貧難，豈能自浚。是以積荒者日多，此水利不興，其故三也。

明 李淶《奏報水利副使許應逵開浚功成疏》萬曆十七年上》《吴中水利全書》卷一四　欽差總理糧儲提督軍務兼巡撫應天等府地方都察院右僉都御史臣李淶謹奏：爲水利工程告完地方有賴謹據實奏報事，案據蘇松水利副使許應逵呈奉兩院案驗准户工二部咨爲江南水患不常乞復專官及時修治以奠民生以裨國計事，該本部覆奉欽依專設水利官一員，并動支南京帑銀十萬兩，專爲修理水利之用。該職于萬曆十六年閏六月十八日到任，先開吴淞江并七浦楊林等河，用過銀五萬八千七百一兩七錢五分四釐九毫八絲六忽，已經册報奏繳，存銀四萬一千二百九十八兩二錢四分五釐一絲四忽。今開浚各屬幹河、支河，并修築圩岸、石塘、橋梁等處，前銀俱已支用，訖造册，至報前撫臣周繼升任啓行，未經會奏案候在卷，該臣接管。會同巡按直隸監察御史陳惟芝看得三吴之至急者莫如水利。緣其田賦之額，每以十之五六輸公家，而藉以資生，不能强半，故此利興。

明 顔如環《分治吴淞江水利工完呈》嘉靖二年》《吴中水利全書》卷一五《公移》　據杭、嘉、湖、蘇州等府并所屬太倉等州縣各申呈：疏浚修築過各枝河、港浦、涇浜、河道并圩岸等項，俱照本院文，就令各得利人户自備工食修築，於嘉靖元年正月俱已完工。到職又躬親巡歷，勘驗相同。諭令造册，徑自繳報。今照本職該管松、杭、嘉、湖并蘇州府嘉定一縣及太倉崑山吴江等州縣督修過河道圩岸用過人夫錢糧總數，擬合開具回報。

明 林文沛《分治白茆港等處水利工完呈》嘉靖二年》《吴中水利全書》卷一五　顔如環分管太倉州及崑山、吴江二縣，又經浚過枝河，并前共五百六十二條，長三十七萬七百三十四丈四尺。築過官塘圩岸共三千五百八十一段，長一百九十一萬八千七百一十五丈五尺。造過堰壩共九十六座長六百六十丈四尺，并橋梁一座。通共人夫三十一萬二千二百九十四名，俱於正德十六年十一月初六日興工，至嘉靖元年五月初九日工完。

明 陳王道《上水院横塘横泖河工揭》萬曆六年》《吴中水利全書》卷一六　把總陳王道呈：爲俯察輿情以興水利以救荒民事，奉本院命前往探量横塘之淺深，與酌計車水工夫之難易。沿途探視，因而咨訪土人，熟得其情，敢備細陳之。勘得青浦縣有大塘横貫其東者，名曰横泖。自東門起至北幹山前，共長一十八里，河身濶約十丈，深處水見六七尺，淺者不減五尺。兩邊田形極低，禾苗俱先栽插。民聞此塘亦在開浚之數，皆言此處低鄉，所患者水潦之爲灾，所急者圩岸之爲重。蒙縣躬行督率，縱横經緯，岸塍俱已修築，餘無别慮。

明 許應逵《開浚吴淞江七浦等河浦工完呈》萬曆十七年》《吴中水利全書》卷一六　專督江南水利湖廣提刑按察司副使許應逵，爲江南水患不常，乞復專官及時修治，以奠民生，以裨國計事。案：奉欽差總理糧儲提督軍務兼巡撫應天等府地方都察院右副都御史周批，該本道呈詳開浚吴淞江及各州縣幹河圩岸緣繇，奉批據呈水道通塞極爲明悉，至繇湖入江，繇江入海以漸而深，則内水不停，外水漫入，尤是確論。江南水利大興，指日可待。

明 陳有年《陳恭介公文集》卷二《地方重大水灾事疏》　五月十二日以來，晝夜霪雨，晷刻無停。洪水泛漲，衝倒圩岸，渰没田禾，老幼傍徨，乞急拯救。又據南康府申，據星子、都昌、建昌三縣各申稱，自五月中旬，雨晝夜不止，俱即竭誠祈禱。

又 卷四《遵例具報地方水灾并請破格蠲賑疏》　五月二十日起，連綿大雨，二十餘日。信河徽婺之水大發，下注泛漲。有新舊圩岸衝塌者，有圩堤完固洪水漫過一望無岸者。房屋漂流，早禾晚秧，盡皆浸没。又據安仁、萬年、樂平、德興、浮梁五縣各申稱雨久水漲，渰没推捲，沙泥覆壓，難以復布。各申府覆查以通縣，計算被灾。餘干縣八分，鄱陽縣七分以上。其安仁等縣上接信河之衝，萬年縣田畝亦近河湖，被灾亦頗重。樂平、德興、浮梁三縣頗高，又有山水驟漲之患，渰没者勢猶易消，衝捲者難以復布，五縣皆有灾。

《明會典》卷一九九《水利・浙西諸水》　五年，奏準雲貴水利，委管屯副使帶管，年終具所修浚圩岸、陂塘、壩堰、閘洞、溝渠丈尺，造册送部查考。

又 凡水利禁令，正統二年，令有司秋成時修築圩岸，疏浚陂塘，以便農作。仍具疏繳報，俟考滿以憑黜陟。弘治十八年，令各府州縣治農官不得別項差占，年終具所轄水道通塞浚否緣由造册奏繳，考核黜陟。嘉靖七年，令陝西、河南、山東撫按等官嚴督守令，疏浚河水，設法堤防，以備旱潦，能修舉者照例旌擢。又令各處撫按守巡官嚴督所屬，以時修浚圩岸、壩堰、陂塘、溝渠之在境內者。十年，令決河上緊修築疏通糧運，户工二部多方從長計議，責令刻期報完。二十五年，令南直隸巡撫都御史督屬修浚太倉州、常熟、崑山等縣七浦、白茆、新涇等河鹽鐵、許浦等塘，仍令巡按御史驗勘。二十六年，題準琉璃、胡良、滹沱等河，各下流壅塞，渰没民田，令順天保定各巡撫官親詣查勘，作速開浚。隆慶三年，題準凡河南等處霸占源頭，阻絕河道者，各該巡撫衙門查照故決泉源條律，爲首者發附近衛所係軍，調發邊衛各充軍，著爲例。

明 沈國元《兩朝從信録》卷二三 今四月二十二日至五月二十四日，雨點如拳，勢如傾跌，凡三十餘晝夜不休，而麥浥爛無顆粒矣。五六月禾插蒔時也，窪者多僱人工戽救，高者又貸金錢播種，滿冀失之于麥，得之于禾耳，乃六月朔。後之雨勢比前更狂更驟，于是圩岸圮崩，田河混合，而苗不能揷寸莖實。架室于鳩鵲之巢，繫舟于庭楹之上，雲水連天，阡陌如江長海闊，烟火斷絕，村落皆蛟穴龍宮。假使前此之雨稍後，民猶得留二麥，以糊口于青黄不接之時，後此之雨稍前，民猶得留工本，不空掛于澎湃稽天之日。

明 陳繼儒《陳眉公集》卷一二《啓上王相公》 近來天變異常，淫雨累月，自五月端午前至今六月既望，大浸稽天矣。詢知父老，言水潦之苦有甚於旱，而今歲之水有甚于嘉靖四十年辛酉之時，何者？蘇松偏處東南，地勢卑下，號爲澤國，旱尚可醫，水則難療。姑無論田事，即如旱魃之年，屋廬不至塌毁，圩岸不必增修，雜作經營，可以易米而食。薙草伐木可以代薪而炊。今則通市如河，出門即雨，鄰里不相往來，水火几至斷絕，披簑帶笠，倍添衣食奔走之勞。

明 王圻《續文獻通考》卷五 英宗正統五年正月，令天下有司秋成時修築圩岸，疏浚陂塘，以便農作。仍具數繳報，俟考滿，以憑黜陟。

明 温純《温恭毅集》卷三《疏地方異常水灾疏督撫》 建德縣申稱五月十七日，梅雨連綿，至十九日洪水泛濫湧入城内，官民衙舍盡皆渰没。分水縣申稱五月十六日至二十三日梅雨不止，洪水驟發，本縣六鄉兩邊俱山中流大溪，田地附山傍水，形勢迅急。今遇水灾，圩岸推倒，民田衝坍，将半禾稻遍填沙礫，居民渰没，房屋飄流，哭聲震天。

明 吴道南《吴文恪公文集》卷一〇《郡國水利》 禹貢三江入海之舊水道既通，乃相地勢置石閘，以時啓閉。歲水涸時，預修築圩岸，防暴流如此，水患宜可息。上命發民丁開浚，浙西以寧。方報下時，夏尚書布衣徒步，晝夜行經度，疏浚築捍，皆身先勞之，故功成。辛亥，從和州民言，詔修保大等圩岸百二十餘里，并蓄水斗門九座。癸亥，命部遣官修浙江赭山江塘。十月庚申，江西餘干縣奏請修境内龍窟壩塘堤岸，從之。辛酉，堤河南臨潁縣楮河等處決口。十一月丙子，命修山東濰縣白浪等河堤岸、直隸潜山懷寧二縣陂堰、廣東高要縣青岐羅婆等圩岸，皆從民請也。癸亥，浚通州徐竈食利等港，共一萬八千七十三丈，作者萬一千七百餘人。甲子，浚山西平遥縣廣濟渠。癸酉，修直隸句容縣楊家港、王旱圩等處堤岸。十二月戊寅，廣東肇慶府鳳翔遥頭岡水決圩岸，興人徒堤塞之。丁亥，築山西夏邑縣古河決堤三十餘里。己亥修南陽府高家屯頭二堰及沙澧等處河堤。明年正月庚申，修泰州河塘。己丑，改築廣西興安縣分水塘，原塘中横砌石埭分爲南北渠，埭上叠石，如魚鱗，遇衝壞，隨宜修葺。洪武中，御史嚴震直撤石增埭，水迫于無所，盡趨北渠，而南渠淺澀不通舟，民失灌溉，于是復修如舊。是日，修直隸丹徒縣練湖、浙江象山縣茭湖丹處塘岸。己亥，直隸海門縣請發淮安蘇常民丁，協修境内張墩港、東明港百餘里衝潰堤岸，上念三郡民不可重勞，宜遣行視，果便，其以揚州府屬助之。是日，修直隸興化縣南北塘岸。三月己酉，修廣東、海康、徐聞二縣那隱坡調黎等港堤岸。是日，從丹徒縣民言，命疏境内通潮舊江，以備旱澇。四月丙子，修直隸含山縣崇義等堰。五月戊辰，諭工部督有司修江南沿江等處堤岸。時當塗縣言慈湖瀕江海，潮輒傷稼故，聖慮及之。七月乙巳，修江西分宜縣漳湖塘。九月癸亥，修廣東香山縣竹逕等水陂。十一月癸卯，直隸泰興縣請發丁修築沿江圩岸，東至新河西，盡丹陽界，高丈有半，袤千六百五十丈。戊申，和州民言本邑銅城閘，上抵巢湖，下通楊子江，被江潮，潰圩岸七十餘處，乞修治，吏曰張良興。又言比歲水滸麻灃二湖田，約五萬餘頃，可築圩埂，起本州桃華橋，袤三十里，抵含山縣界，均從之。是日，修六合縣瓜步等圩岸五千餘丈。明年正月癸亥，部請築南京新河口傾圮堤岸，從大勝關抵江東驛，共三千三百餘丈。壬午，修浙江上虞縣曹娥江池湖壩埂。四月丙午，堤直隸昌黎縣河決堤岸百一十五處。戊午，修河南温縣馱塢村堤堰。是日，堤廣東南海衛蓮塘上下陂屯田堤岸。壬申，修山東歷城縣小清河堤爲水衝決者。五月癸亥，直隸海州乞浚州北舊河。七月己亥，浚山陽縣塩運河一千餘八里。十一月甲午，修廣東四會縣鵶鵲水等處堤岸。明年二月辛巳，直隸宣城縣民乞修築境内一十九圩衝決岸。丙戌，江西豐城縣民乞修穆湖水潰圩岸三千三百餘丈，均從焉。三月丁未，湖廣石首縣以修臨江萬石堤爲請。五月乙未，直隸溧水縣以修鳳儀鳳賢鄉水決圩岸爲請。辛酉，工部以發卒修湖廣廣濟縣武家穴等處江岸爲請。俱如奏。七月癸巳，江西新建縣石頭岡圩岸。辛未，直隸江浦縣沿江堤岸皆以水衝塌，得請修治。八月戊午，修直隸樂亭縣魯家套社等處河口。癸亥，泰州判官黄通理言州境運塩官河遇潦輒溢湧，傷廬稼，請于普定秦潼河及西溪、南儀、阡三處各開口置閘，俾流經興化塩城界入海，詔從之。九月乙丑，修直隸固安縣、保定縣荆岱等河口。庚辰，直隸懷寧縣斗潭河、彭灘等處皆修治。己亥，浚直隸常熟縣福山塘三十六里。十一月癸亥，高郵州東河塘岸。江都縣劉家圩港命有司發卒修浚，從工部之請也。永樂五年四月庚寅，工部言廣東高要縣銀岡、金山等處，其水利可溉官民田五百餘頃，宜令堤築潰岸，從之。六月庚戌，浙江布政司言杭州府沿江堤復淪於江，上命左通政趙居任督治。明年八月己卯，浙江平陽民言境内田資河水灌溉，今疏浚工未及支河，如有旬日不雨，炎蒸鹵地，禾盡稿，乞行通浚，以爲民利，從之。明年六月，湖廣安陸州奏修渲馬灘江潰圩岸，報可。丁卯，修浙江海鹽縣石堤六百六十九丈。十一月己未，泰興縣民願築縣南欄江堤三千九百餘丈，更浚大港北淤河，抵縣南出大江四千五百餘丈，皇太子令遣官相度。明年四月丁巳，修直隸南陵縣野塘圩蚌蕩壩。五月甲戌，修湖廣松滋縣張家坑河家洲堤岸。丁丑，工部言山東平度州水決濰河及浮糠等河百一十二處，敗堤堰八千一百四十三丈，宜遣行視事堤塞，皇太子從之。其明年正月己巳，修江西安福縣六陂等處塘堰。庚午，工部請修浙江麗水縣通濟堰，堰截松陽、遂昌，溪水入於渠，分上中下三源，流爲四十八泒，溉田二千餘頃，後衝積沙石，渠不通上源，民私泄水利，下源流絶，故部議當如舊修治，從之。壬寅，修江西安仁縣饒家陂。庚戌，山東齊東縣知縣張昇言：境内小清河，去歲水溢潰堤堰，沒下固官臺諸處塩場，敗青州郡邑民田，請浚上流修堤防。俾水由故道，皇太子令部遣官經理之。辛亥，浚山東濰縣于丹等河，築壽光堤。

明 徐光啓《農政全書》卷一四《水利》 萬曆戊子年水大，蘇州自沉湖、澱湖、三泖抵松江，一望滔天，河水高出田間數尺，其一二堤岸高厚處，仍有不妨插莳者，乃知大澇時吴田盡可作湖，百姓生命寄於堤岸。蓋沿河堤圍阻截水勢成田，田間各自成圩，又藉圩岸隔斷。若堤岸不堅，緻卒然崩潰，諸農盡作魚鼈矣。蘇松地形卑下，當震澤，委流數郡山原之水從此入海，若非年年浚渠築圍田，卒汙萊在所不免。

明 何喬遠《名山藏》卷七《成祖文皇帝》 五年三月，工部尚書宋禮采木四川，有大木數株，出谷浮江，賜其山曰神木，祠祀之。四月，興平王尚炌、永壽王尚炡、順陽王有烜、寧世子盤炆、代世子遜煓來朝。上謂侍臣曰：『朕與卿等論政，不覺語久，或謂傷氣，非所以攝生，豈知天下之大，休戚利害，非廣訪博詢，寧能知之?』侍臣對曰：『好問好察，舜所以無爲也。』上曰：『不如是，不足以盡群情。』五月敕左都御史陳瑛等曰：『朕每歲春夏若農隙，敕郡縣浚溝渠，築圩岸，修陂池，捕蝗螟，遇饑荒即賑恤。比河南郡縣洊罹旱澇，有司匿不聞，反言稼登，及遣視之，有收不及四五者，有十不及一者，亦有掇食草實者，朕亟命賑之，已悉寘于法，其榜諭天下。自今水旱灾傷有司不以聞者，罪如之。』

明 陳仁錫《無夢園初集》卷三 正統五年，令天下有司秋成時修築圩岸，疏浚陂塘，以便農作，仍具數繳報，俟考滿，以憑黜陟。景泰中，淮徐飢死者相枕藉，山東河北流民猝至，都御史王竑不待報，亟發廣運倉賑之。近者飼以粥，遠者給之米，力能他就食者爲裝遣，鬻梁者爲贖還，其人即空庾六十楹。處流民之病者，擇醫四十人分治之，死給棺爲叢塚瘞焉。窮晝夜精慮，事皆曲當，所任使委曲戒諭，出于至誠，人人爲盡力，所全活數十萬人。具疏聞，且待罪。初流民奏至，上讀之大驚曰：

曰：『百姓飢死矣，飢死吾百姓矣，其柰何？』已得竑發廩奏，乃大喜，大言曰：『好都御史，不然我百姓飢死矣。』弘治中，蓄積寡而盜繁。都御史林俊乞敕省司招民輸貲入粟補散官，及抵罪情輕法重者聽入贖爲常平本，而募民各以其私立義倉、義學、義塚，名阜俗三義，得表門示旌。詔施行，已定制。言州縣所儲粟，務三年積足，周一歲之食。而後已大都五十里積粟三萬石，百里積粟五萬石，官儲中程者爲稱職，不及三分以上者，罰有差，少六分課殿。

又 壬子秋，諸郡歲稔。會朝廷命下，許以官鈔平糴，且勸借儲積以待賑，忱乃與蘇州知府況鍾、松江知府趙豫、常州知府莫愚協謀而力行之。蘇州得米三十萬石，松江常州有差，分貯于各縣，名其倉曰濟農。明年夏，江南旱，蘇、松飢民凡三百餘萬口盡發，猶不足以贍，忱乃復思廣爲之備。先是各府秋糧當輸者，糧長、里胥多厚取于民，而不即輸官，逋負者累歲。忱欲盡革其弊，乃立法，于水次置場擇人總收而發運焉。細民徑自送場，不入里胥之手，視舊所減三之一。又三府當運糧一百萬石貯南京倉，以給北京軍職月俸，計其耗費每用六斗致一石。忱與鍾等謀曰：『彼能于南京受俸，獨不可受于此乎？若來此給之，既免勞民，且省費六十萬石，以入濟農倉，農無患矣。』鍾等皆曰善，遂請於朝廷，從之。而蘇州得米四十餘萬石，益以各場儲積之羸，及前平糴所儲凡六十餘萬有奇，松常二郡次之。忱曰是不獨濟農，凡運輸有欠失者，亦於此給借賠納，秋成如數還官。若民夫修圩岸浚河道有乏食者，計口給之，如是則免舉債以利兼并之豪，農民無失所者，田疇治，賦稅足矣。是冬朝京師，具以聞，朝廷皆從之。於是令諸縣各廣濟農倉貯焉，擇縣官之廉公有威與民之賢者掌其籍，司其出納，每歲揷蒔之際，於中下二等戶內，驗其種田多寡，每家給與二石，一齊給之，秋成，抵斗還官。明年江南又大旱，令諸郡大發濟農米以賑貸，而民不知飢。

明 陳仁錫《無夢園遺集》卷五《上政府朱平翁書》 老先生下訪賜弔，獲聆吐，握餘緒，以恤民爲第一義。詎意東南大祲，慘倍萬曆戊申，甚且魚蝦不出，饑民張網糊口之需盡奪之。凡麥爛田荒之狀累見，上章不贅。最酷者六七兩月，枝梧圩岸竭累十萬餓夫孱婦之筋骨，而淫雨傾之，[illegible]救孑遺。水深二尺，稻方生息，而毒熱爛之，今絕望矣。日者讀大疏，繹明旨，兩臺公祖通商安富，孜孜治理，而天意急欲沼吳，又有六七月倒塌腐爛之變。

明 金處和《浚河築岸議》《吳中水利全書》卷二二 浦、塘、河、埭，蓄水以溉田者，須于每年冬月水涸之時浚之，使深築之使固。或天時亢旱，雖不至于大稔，亦不至于全損。今人往往于亢旱之際，常使修治，至收刈之後，則忘興工。又況浦塘河埭，衆享其利，若遇冬時修築圩岸以障水，疏浚溝渠以蓄水，其利豈不溥哉？但近來役于官者，當夫修治之際，不爲堅久之謀，徒勞民力，略無寸補。今之治水，必掄選通達水利者爲區長，立册在官，俾之經管，每季終赴官考其勤怠，如此則事克有成，民得安生矣。

明 茅元儀《暇老齋雜記》卷一〇 吳淞諸浦港洩其壅淤以入於海。吳松江袤二百餘里，廣百五十餘丈，西接太湖，東通海。前代屢疏以當潮汐，沙泥淤積，旋疏旋塞。自吳江長橋至下界浦，約百二十餘里，雖稍通流，多有淺窄。又自下界浦抵上海南倉浦口，可百三十餘里。潮汐壅障，茭蘆叢生，已成平陸。欲即開浚，工費浩大，且灔沙淤泥，浮泛動盪，難以施工。臣等相視，得嘉定劉家港即古婁江，徑通大海，常熟白茆港徑入大江，皆廣川浚流，宜疏吳松江南北兩岸。松江大黃浦乃通吳淞要道，下流壅塞，難即浚疏。傍有范家濱，至南倉浦口可徑達海，宜浚。今深闊，上接大黃浦以達茆湖之水，此即禹貢三江入海之迹。俟既開通，相度地勢，各置石閘，以時啓閉，每歲水涸時修圩岸以禦暴流。上從之，役夫凡十餘萬，于是水洩，農田大利。

明 祁彪佳《宜焚全稿》卷五 據鎮江府申，據丹徒縣申稱本縣因遭烈風暴雨，傾倒房屋六千九百二十六間，溺死男婦一千七百九十六名口，渰没田地一千八百五十頃七十四畝零，衝壞圩岸一萬三千七百一十七丈。又高鄉旱乾不等，灾田共一千五十八頃七十四畝零，通計被灾捌分等。【略】又據鎮江府申稱，查得永生洲參將衙門坍塌公署營房三十五間，本府閃裂城垣共一百八十五丈，坍塌城樓窩鋪一百二十間，倒壞民房六千九百二十六間，渰没田禾一千八百五十頃七十四畝零，渰死男婦一千七百九十六名口，衝壞圩岸一萬三千七百一十七丈等。因各另造册，報道覆核間。

又卷七　巡按蘇松等處監察御史臣祁，謹題爲江南水患不常乞復專官及時修治以奠民生以裨國計事。據常鎮兵備帶管蘇松道事副使徐世蔭各呈稱卷，奉撫按二院，案驗准工部咨前事，該蘇松撫按會，題本部覆，奉欽依，復設水利一道，專管蘇、松、常、鎮四府水利等。因人查得水利道原奉敕諭内開每年終將做過工程用過錢粮，轉呈撫按官造册，奏繳青册送部查核。欽此。又奉工部札付，爲改設兵備官員事，准吏部咨該撫按會，題本部覆，奉欽依，將蘇、松、常、鎮兵備仍駐太倉，整飭蘇、松二府兵備兼粮儲水利。其粮儲參政移駐江陰，整飭常、鎮二府兵備兼粮儲水利，合劄各官，前往該管地方，到任管事。如涇港之湮塞着實疏通，圩岸之傾低着實修築，每年終仍將做過工程用過錢粮轉呈撫按，造册奏繳，青册送部備查等因。奉此，除節年遵照外，該本道續奉撫按憲牌内開。崇禎五年冬六年春，時當農隙人值浚築之期，相應照例督行等，因奉經通行各府水利官各親詣州縣查勘興舉。去後，今據蘇州府去任海防帶管水利同知晏日曙呈，據太倉州申稱，民浚過幹河一條，長二千三百七丈。長洲縣申稱民浚過運河五條，共二百五十七丈；民修築過圩岸八條，共五千一百九十五丈。吴縣申稱民浚過運河五條，共三百三十二丈；民浚過河涇六條，共六千七百五十二丈；民修築過圩岸九條，共一千一百二十二丈。吴江縣申稱民浚過運河一條，長三千二百九十四丈；民修築過圩岸五十五條，共一十五萬八千四百四十八丈四尺。常熟縣申稱民浚過河涇一十一條共四千六百八十三丈，民修過山羊橋一座。崑山縣申稱民浚過河涇九條，共三萬三千八百零七丈；民修築過圩岸一百二十四條，共七萬五千八百五十八丈。嘉定縣申稱民浚過瀝浦浜塘一十條，共一萬八千九百三十八丈。崇明縣申稱民浚過河港四條，共四千丈；民修築過海岸三條，共三千六百丈。松江府水利通判朱啓元呈：據華亭縣申稱民浚過河三道，共九千三十四丈。上海縣申稱民浚過河三道，共六千一百七十八丈。青浦縣申稱民修築過塘岸三條，共三千八百丈。常州府升任水利通判劉鱗長呈：據武進縣申稱官浚過運河長二千三百一十二丈；民修築過圩岸一十五條，共七百七十七丈。無錫縣申稱官修南北吊橋二座，民浚過府運河七百七十五丈五尺，又官浚過運河三處，民修築過官塘二百七十丈，圩岸一十一條，共五百四十四丈。江陰縣申稱官開過青暘河一條，長七百二十八丈；民建造陳鐵橋一座，民浚過河一千四百一十八丈，民修築過圩岸二十條，共四百八十五丈。宜興縣民修築過圩岸三十一條，共一千一百二十六丈。靖江縣民修築過圩岸一十四條，共長七千八百丈；民開浚遇港汊三十二條，共一萬二千二百二十丈。鎮江府去任水利通判張舍錦呈：據丹徒縣申稱官浚過運河四條，共八千二百二十七丈；民修築過圩岸一十條，共一千五百零五丈。丹陽縣官浚過運河三千二百三十四丈，官修過練湖石閘七座，圍埂五十三丈，吕城大閘一座；官撈過運河一條，長一千九百四十丈；民築過湖埂一條，長八百七十丈；民修築過圩岸二條，長一千四百三十丈。金壇縣申稱官浚過運河一條，長一千九百四十丈；民修築過圩岸八條，共一千四百一丈；民修砌成塘一座。各册報到道。看得前項官民浚築過河港、圩岸、橋梁，俱經各府水利官興，同各州縣掌印官遵照本院明文親督料理，續赴工驗給，并無虚冒，相應造册，呈送兩院，請乞照例查核奏繳等因。本道循行親驗，委俱完固，并無苟簡。至於用過錢粮，原經各該掌印官陸各呈到臣，該臣謹會同巡撫、應天等府地方、都察院右僉都御史莊祖誨，看得三吴内滙湖渠，外環江海，以故地處窪，下爲衆流之所競趋，歲有浚修，乃民事之所必亟。崇禎五年冬六年春，前撫臣莊祖誨前按臣陳乹陽，嚴督道府多官以殿最核勤怠，於是河渠之淺澁者深通之，堤埂之坍頽者興築之，橋梁之圮廢者建造之。是以天灾雖爾叠至，人事猶得少修，則在上之督率，在下之勤渠，不可謂非佚道使民，恪共乃職者也。用是核實奏聞，謹告成事，然此皆在臣未任以前者。臣自去年六月入境，則以江南蓄洩之藉乃大利大害所関，雖不敢不留心諮訪，而谷於巡務之周章，未能身親目擊，以故水道之紆迴曲折，尚未能洞悉於胸中，惟是規其大者，則吴淞江是吴淞之宜浚也。人人能言之，但以非数萬金錢不可，時詘難以舉盈，則於是先覔吴淞之支幹，以爲開浚之急着。而虬江之後興爲虬江通，則吴淞亦有受水之地。上海知縣劉潜力任其事，并嘉定两邑之民力拮据以從，本官規畫有法，旦夕可以報竣矣。至於在他邑者，役有塘夫，用有河銀，乃年年開年年壅，處處開亦處處壅，使民間無一劳永逸之計，水利有一舉百廢之虞，則工不專而力不歸一之故也。臣於去冬之議，則令各州縣必通計境内之河港，孰爲急孰爲緩，孰爲難孰爲易，全局打算，以其急者難者合用其全力，河身必深，河面必廣，使一年可以省數年之勞，今年全力注於此，明年又全力注於彼，使數年可以盡一邑之利，勿使年年務開浚之名，致奸胥得差貧而賣富，處處無開浚之實，致包棍移少而作多，此今日上嘉崇浚虬江之意也。若去冬河工之得力者，莫過於孟河。自督糧道臣王象晋、常鎮道臣徐世蔭力爲擔任，各委官亦以身視之，以數十里之河工僅費三千五百餘金，使可使千帆無阻。自孟河開而京口始可垻，蓄水濟運，諸舟皆啣尾渡江，則不特有益於農務，而且有益於漕艘矣，臣於是而知圩岸之宜急。舉爲江南澤國也，其谷潦甚於谷旱，如長、吴二縣低窪爲諸邑最，一遇霪雨，便成巨浸，固賴河道之疏通，尤藉圩岸之防捍，故修築爲農政第一義。臣父先臣令長洲時，於戊申年大浸稽天之後，輒事修築，蓋其法計畝派工，計工派食，有田而饒者出米以食工，有田而貧者出力以受米，出米者於以得捍禦之力，出力者於以資朝夕之需，是乃於修築之中寓救荒之策也。今二十六年，所而傾頽，剥頽陵谷，幾於变遷。臣今於長洲一縣之最低者，如荻溪倉，以先臣之遺法，因民而使興其利，每倉有扇，扇有公正，每扇有啚，啚有啚長，每啚有圩，圩有圩長，令其互相勸勉，互相督催。狹者培，低者增，坍者補，官不以擾之。且設處而量助焉，以鼓舞其興作，使田疇可成錯繡，禾黍得以登場，自一倉而行之一邑，自一邑而行之他邑，其於江南之水利，庶乎其有裨乎？臣因而思以竞課之臣，爲助工之舉，則亦深有可嘉者，若滸墅関臣許豸多方樽節，捐金以修建石塘，自鈔関而達楓橋一帶，長虹偃然，俾民無病涉，商旅咸願出於途。此亦有関於水利之大故，因歲報而并及之，除做過工程，聽撫臣造册奏繳，青册送部查考外。

又　巡按蘇松等處監察御史臣祁謹題，爲江南水患不常等事，伏照蘇、松、常、鎮四府，崇禎五年冬六年春，所属圍岸河道俱已修浚如法。臣自受事以後，又督開孟河以達回空，暫垻京口以濟重運，而虬江亦并工開浚，至長洲縣積荒低區，則勸勉各扇修築圩岸，以爲他邑之倡。俟去冬今春，工完另報，未敢擅便，謹具題知。崇禎七年四月二十七日具題，五月十八日奉聖旨：該部知道。

（崇禎）《吴興備志》卷二一　萬曆二十四年，浙江巡撫劉元英霖奏：杭嘉湖三府七月淫雨連綿，苗秧淹没。八月以後，大雨如注，狂風交作，經数日夜不息。迄至閏八月，終尚未開霽，以致山洪暴淡，河流横溢，庐舍傾圮，圩岸頹潰，四顧郊原，并成巨浸。二十九年自春及夏，蘇、松、嘉、湖等處淫雨不止，二麦浸爛，江湖水溢，秋禾不能栽種。

明張國維《吴中水利全書》卷一一　洪武三十二年，上諭工部：凡圩壩堰陂塘，仰該府州縣提調官常川體勘。境内應有圩岸壩堰坍缺，陂塘溝渠壅塞，務要趁時修築堅完，疏浚流通，以備旱潦，毋致失時，有傷禾稼，及因而擾害於民。

又　正統二年，詔：有司秋成時修築圩岸，疏浚陂塘，以便農作。仍具疏繳報，俟考滿以憑黜陟。

又　嘉靖五年，命各處水利僉事年终具所修浚圩岸、陂塘、壩堰、閘洞、溝渠丈尺造册，送部查考。

又　嘉靖七年，命各處撫按守巡官嚴督所屬，以時修浚圩岸、壩堰、陂塘、溝渠之在境内者。

又　隆慶六年，詔書内一款，一大江南北財賦所出，全資水利。各處設有水利僉事，各府州縣設有水利通判、縣丞等官，近来往往視爲末務，上下因循，一遇水荒即奏乞蠲免。撫按督令專管水利司道官往來巡歷，着落有司官將該管地方水利著實講求議處。何處當疏通其源，何處當挑浚其流，壩堰圩岸在在增修，使蓄洩有備，旱潦無傷，合用夫役取諸得利之家，毋令騷擾。若功程浩大，撫按官查其先年導河夫銀用剩貯庫，及該府州縣近地魚課，奏留修理堤壩等銀兩，酌量動支。有司官有仍前曠職悮事，及地方土豪之家阻撓壅塞，專利病民者，撫按官忝拏處治。

又卷一二　宣德五年，皇帝敕諭工部右侍郎周忱：今命爾往南京、應天、蘇州、松江、常州、鎮江、太平、寧國、池州、徽州、安慶、廣德州巡撫。遞年一應税糧，務在從長設法區畫得宜，使人不勞困，輸不後期，尤在敷宣德意，撫恤人民，扶植良善。其水田圩岸爾，亦相度時宜整理，俾無旱潦之患，庶副朕委任之重，欽哉。故諭！正統九年，皇帝敕諭工部右侍郎周忱：近聞浙江嘉湖等府、直隸蘇松等府，今秋多雨潦，水暴溢渰没田稼，漂蕩民居，溺死人畜。蓋因各處遞年將舊通江海河港，乘乾旱之時築塞爲田耕種，及因遞年沙漲以致水不流通，人受其患。今特命爾會同巡按御史嚴督各該府縣，拘集耆民里老人等詢訪踏勘各處原通江海河港故道。果被豪强之人築塞爲田，即令退還，并年深淤塞之處爾等公同計議。督令府縣官起倩人夫開挑，務要水道通行，不至爲患。其餘湖池陂塘、圩岸可以蓄洩水利防備旱澇者，悉從其修築開通。其間果有豪强之徒占據把持以爲己利者，爾竟拿問，輕即量情懲治，情重者具奏。區處用工之際，尤須量度地勢，酌量民力。其殷富田多之家務令儘力用工，貧難下户及田少糧重者酌量差遣，不可誤其生理。如工程浩大人力艱難非旬月可成者，爾宜審度用工，宜令受利近便去處，同心同力，切不可妨廢農時。朕惟豪强專利，小民受害，論法難容，今姑宥其罪，使之自新，保其身家爾。爲朝廷重臣，宜表率同事，公以存心，廉以律身，毋苟具文移以塞責，毋狃於小利以爲功爾。克盡職，民受實恵，朕惟爾嘉朝廷，以安養斯民爲念，宜深體朕心，爲民造福以副任使。或有窒礙難行之事，亦須體諒人情，從長計議奏來，不許違誤，故諭。

又　成化七年，皇帝敕諭浙江提刑按察司僉事吴瑞：兹特命爾前去專管蘇、松、常、鎮、杭、嘉、湖七府水利，巡行踏勘，所屬地方分督修治湖塘，疏浚河港，兼理溝洫。增築圩岸、閘壩，務相地勢水形，使便蓄洩，有資灌溉。應用錢糧，着有司查明設處，或有田之家行府縣勸令輸力，如有侵占河道，聽爾拿問改正。所屬軍衛有司聽爾調委，仍須呈報巡撫，聽其節制。用過錢糧，轉呈巡撫，類奏爾。其克殫厥心勤勞，乃職如任使不效，責有攸歸，故敕。以後水利僉事同。

又　近差工部左侍郎徐貫往會巡撫等官，通行疏浚，已奏工完。但恐歲月寖久，港瀆漸致堙塞，水利不能興舉，圩岸愈見坍塌，財賦無從出辦，兹特升爾前職，命爾專一往來前項府衛地方，提督各該管官員修理湖塘，疏通河港，開浚溝渠，及一應圩岸未經修築者，及時修築。各處閘壩未盡修理者，隨宜修理。合用木石等料，於各該田有力之家，從公勸諭，或别爲措置。人夫於所在附近軍衛有司相度，起工仍須督役，以時調度有法，使蓄洩有備，旱澇無虞，毋事虚文，務臻實効，以爲地方經久之計爾。其勉之慎之，故敕姚文灝以常州府水利通判治水有功，升授。

又　嘉靖十四年，皇帝敕諭山東提刑按察司副使李士允：蘇、松、常、鎮四府係南畿重地，國家財賦取給於此。往年因盗賊生發，貽患地方，特設專官整飭兵備。今特命爾專在太倉州住札，往來四府沿江沿海一帶地方，督同軍衛有司掌印捕盗官員，操練官軍，揀選民快，修浚城池，演習水戰，緝捕盗賊，巡捉私鹽，聽理詞訟。兼提督各衛所屯田子粒，務令以時耕種，依期徵納，禁革奸弊。官吏旗軍人等敢有役占科斂、剥削軍士及侵占屯田、包攬拖欠屯種者，依法究治。其各府水利，督令有司官吏設法整理湖蕩河港。淤塞淺狹者，即爲疏浚，閘壩、堤防、圩岸及禦潮海塘坍塌損壞者，即爲修築。不許豪强之徒侵占毁壞，違者一體究治。仍聽巡撫官節制捕盗事情，有應與總督備倭官員計議者，計議停當而行。各該所屬官員，有廉能幹濟，具奏旌奨。貪殘不職，六品以下徑自拿問，五品以上并軍職忝奏處治。爾爲憲臣，兹受委任，須盡心竭力，正己率下，務使武備修明，盗賊屏息，水利興舉，屯糧充足。斯稱任使。如或仍前專事逢迎，奔疲道路，因循苟且，虚應故事，責有所歸。爾其慎之！慎之！故敕。

又　萬曆十六年，皇帝敕諭湖廣提刑按察司副使許應逵：近該撫按官題稱江南水患不常，亟宜復設專官管理，該部議覆，相應命爾前去專管蘇、松等四府水利，駐札松江府地方，兼理農務。爾宜查照該部題准事理，踏看所屬地方，估計工程，議處錢糧，起調人夫，涇港湮塞者，設法開浚，圩岸低薄者，著實修築，務使支河疏通達於江海，堤防堅固可禦水澇。如官民勢豪之家占種淤地侵奪水利者，爾即清查改正，敢有抗拒阻撓應拿問者，徑自拿問，應忝奏者忝奏處治。四府及所屬州縣官員悉聽委用，如有重大工程應合奏請者，申呈撫按官奏請施行。其不急工程聽爾便宜斟酌，不必虚費財力，致拂人情。錢糧等項除聽撫按官總理節制外，别衙門不得干預，爾亦不得闒白忝謁，致妨公務。每年終仍將做過工程用過錢糧轉呈撫按官造册奏繳，清册送部查核。爾爲憲臣，受兹委任，須躬親相度，竭力經理，不避勞怨，使水利興舉，益國便民，斯爲稱職。如或因循苟且，虚應故事，責有所歸。爾其慎之勉之。故敕！

清　湯斌《擬明史稿》卷四　二十四年春正月癸巳，發吴縣長洲常熟民三萬八千餘人修通州海岸。乙未，築上虞海堤。庚子，免山東諸府魚課。丙午，振山東遭水州縣。戊申，命潁國公傅友德珮將軍印充總兵官，定遠侯王弼、武定侯郭英爲副，赴北平備邊。己酉，賜耆民酒肉絮帛。庚戌，曲阜知縣以水灾未報，當逮，帝曰：先聖之後，勿問振之。振崇明饑，修圩岸。丙辰，蠲山東諸府田租。二月戊午，西域哈梅里請以馬互市，不許。己未，賜甘肅屯官農器穀種。壬申，耕籍田。

清 鄂爾泰《授時通考》卷一一《土宜》 雍正三年，於灤薊天津文霸任北新雄等處各設營田專官，管領有力之家，率先遵奉者，以圩田多寡分别奬賞，其官田數萬頃，分地遣官會同地方官首先舉行，爲民倡率。其浚疏圩岸以及瀦水節水引水戽水之法，悉照成規，各因地畝形勢，次第興修。或有民間廬舍有碍水道者，計畝均攤，通融撥抵，視本田畝數加十之二三。其河淀淤地已經成熟升科，必須開挖者，將附近官田照數撥補。

清 龔煒《巢林筆談》卷三 予家舊居麗澤門，有麗澤書屋，毀於兵燹。先曾祖西圃公始卜築於此，見夫瘠田、茅舍猶然，一寥落村墟也。於爲之築圩岸、浚支河，勵以服田力穡，敦以孝友睦婣，於是地沃俗淳，諸村中稱仁里焉。

清 韓世琦《撫吴疏草》卷二九 九月二十三日，據鎮南衛千總李瑄呈稟等情，據此隨即駁行該衛千總查明被灾地方，去後，續于十月初二日據該衛千總李瑄回詳内稱，先據旗甲盧從甫并留左營，旗甲潘邦聞等連名申報在衛請詳在案。今復查明月日、地方、到職，隨盧從甫等坐落江浦縣地方，于十八日潮水冲破圩岸。潘邦聞等坐落六合縣地方，于十九日五鼓時分潮水泛漲，田園房屋一洗東流，勢成大海，各具前情相應再報，等情到司，據此理合轉詳等情。

（乾隆）《江南通志》卷五六 明永樂元年三月，修揚州府江都縣河東等鄉邊江圩岸。二年十一月，修築泰興縣沿江圩岸。《明太宗實録》『泰興縣』言：沿江圩岸，東至新河，西盡丹陽界，長六千六百五十丈，高一丈五尺頃，被江水衝决，爲民患，請發民丁修築。從之。

又 修築和州銅城牐。上抵巢湖，下接揚子江，圩岸七十餘處爲江潮衝决者。

又 三年十月，修無爲州周興等鄉及鷹揚鄉烏江屯緣江圩岸。

清 錢泳《履園叢話》卷四《水學・園田》 每歲農隙，令民各出其力以治圩岸。圩岸高則田自固，雖有霖潦，不足畏也。或于田旁近地取其圩塞河道之土以築之，或簖河底之泥以益之，如最低之田無從取土，則在田中開一塘挑泥增岸。蓋農人每以糞壤爲肥禾之用，一年高一年，仍取田土以實之，并無妨于田也。

清 韓文綺《韓大中丞奏議》卷三《請撥鹽義穀石片疏》 再江寧、江蘇兩藩司所屬大江以南被水地方，經臣等察看情形，應先撫恤一月口糧，并應招徠客販借項，采買米石，及先飭動碾倉穀平糶濟食，各緣由會摺奏懇，恩施在案。惟查發項，赴隣省采運平糶，往返需時，各屬倉儲，因灾緩撥碾兵米，及節年因公動缺，尚未采買齊全，存貯多寡不一，亦未便概行動碾轉致空虚。覆察江蘇兩屬沿江州縣，先於五六月被水時，雖江湖頂阻積水，未能速消，然已晴霽多日，間有消露處所農民竭力車戽，修補殘缺圩岸，分買稻禾補插，希冀有秋。詎。

《宋會要輯稿・食貨一》 政和六年五月二十九日，尚書省言：新授鄧州司户曹事畢昂奏：竊見自來諸處圩岸，多是所屬尋常不切照管，到水漲之時，常有决溢，公私被害不細。縣官任滿，别無疏虞，雖許免試一次，緣賞典尚輕，及水有决溢斷罪之法，欲望重立賞罰。仍于逐縣令佐銜内添入專切管幹圩岸字。其鄰圩去處，亦乞并禁樵采，以固堤坊。詔令尚書省立法，今擬立下條：管幹圩岸、圍岸官任内修葺牢固，不致隨損堙塞者，三年任滿，承務郎以上減磨勘一年，承直郎以下占財差遣一次。二年以上移替者，承務郎以上與家便差遣，承直以下升一年名次。從之。

又 閏五月二十五日，中書門下省言：江東諸州圩田，近因雨水衝損圩岸，若候條築，動經歲月，圩上人户既無田可耕，竊慮失所。其淮西未耕墾田甚多，見行召募人户請佃，理宜措置。詔令張松多方勸諭，如有願往淮西耕田之人，津發前去。候到，令吕企中標撥田段，借給種糧及屋宇、牛具。七月五日司農少卿張津等言：被旨專一措置浙西、江東、淮東路諸處沙田、蘆場，立定租税，今已就緒。昨來措置租税，并將乾道元年、二年人户自供户式賬狀内田地畝步、所收花利立定等則分數，并舊税州縣紐計數目，共管租錢六十萬七千七十餘貫，日後無可改易。乞依催科月分省限委官昭數拘催，起發赴左藏南庫交納。

又《食貨七》 高宗紹興元年九月七日，三省言：宣州、太平州圩田歲入租課浩瀚，近緣賊馬蹂踐，掘破圩岸，及佃户逃亡未歸，荒閑甚多。詔：令逐州守臣將缺壞圩岸疾速措置，如法修治，人户耕種。内合工料，并見佃貧乏無力人户，并許取撥常平錢米量行應副，及借貸支使。

又 十六日，詔：太平州諸縣興修圩岸錢米，及借貸人户種糧，令於宣州常平義倉等米内取撥一萬石，仍令太平州認數，候將來圩地收成日却行撥還。

又 五年閏二月二日，江南東路轉運司言：契勘太平州管下當塗、蕪湖、繁昌等三縣圩田，所收租米萬數浩大。因去歲春夏雨水連綿，江湖泛溢，衝决圩岸，已蒙朝廷支降到圩米一萬碩應付，見行修築。欲依紹興二年正月内指揮推恩，庶幾有以激勸，從之。

又《食貨八》 六月二十二日，徽猷閣待制知寧國府姜詵言：宣城縣南陵圩田既壞，有不曾决破圩田九所，欲於今冬自十月措置修圩，以係官錢米募民興工，俟今秋八九月措置以聞。從之。其後，詵措置修濟陽圩岸，兼開决除廢在外，詔從，餘州軍圩岸損壞准此。

又《食貨一〇》 十二月十二日，臣僚言：江東西路頻年灾傷民户，逃移至多。今岁圩田遭水，山田遭旱，朝廷寬恤，放免秋苗，展閣夏税。至今圩岸猶未修築，流民未盡復業，若以經界後至今僅三十年，不管檢核之事，一旦于目下荒歉之際，驟然舉行，深恐擾民。蓋今户部須降賑式要見物産坐落去處，畝步數目，近鄰四至，拋荒歸業，請佃請射姓名年月造賑供具，俾守倅令佐結罪保明，仍立委鄰州官親行核實，即興。昨來推行經界事体無異，勢須于州縣鄉村遍行根括，竊慮民情不安，有韓徙之。愚欲望明詔，且合兩路招集流移之人，俾悉復業及措置賑濟，候來豐熟，于農隙日，即依所立賑式根括施行。從之。

又《食貨六一》 十二月二十六日，進呈知太平州陳槼奏修圩畢工，已行具奏，躬親遍視驗實。今到圩上見得元水决破大埂成深潭處一百三十一丈，圩脚見闊七尺，面闊二丈，高一丈三尺。其帮築元水嚙蝕見湖大埂，凡二萬五千一百三十四丈五尺；其帮築元水决破及嚙蝕子埂，凡一萬五千八百三十七丈，比舊埂面有增闊二丈至六尺，埂脚有增闊三尺至八尺，高有增三寸至五寸，至舊埂脚又增築一丈至二丈，并皆修築堅實，委堰久遠。臣昨已將防護圩岸約束刊碑分植在圩曉示。竊慮畢築之後，過往路人及牛羊放收，恣有踐踏頹毀，分責巡尉各據地界每五日一次點檢，十日一次申州，庶幾常有覺察，不致因循毀壞。

清 陳康祺《郎潜紀聞二筆》卷四 天津城南五里有水田二百餘頃，號曰藍田，因田爲康熙間總兵藍理所開浚也。河渠圩岸周數十里，藍嘗召閩浙農人督課其間，土人稱爲小江南。

（光緒）《順天府志》卷四八 南海龍寺有督亢舊迹，土人於挾括河引水藝稻，溝渠圩岸具有條理。擴而充之，引巨馬、胡良諸水，營畝三千。

雜録

宋 邵雍《夢林玄解》卷三《行舟田中岸移走否凶》 占曰：田乃五穀之所産，岸乃田之疆界也。舟行田地，圩岸傾頹，大水滔天之象也。

宋 陳旉《農書》卷上 田方耕時，大爲塍壟，俾牛可牧其上，踐踏堅實而無滲漏。若其塍壟地勢高下，適等即併合之，使田坵闊而緩，牛犂易以轉側也。其下地易以淹浸，必視其水勢衝突趨向之處，高大圩岸環遶之。其欹斜坡陁之處，可種蔬、茹、麻、麥、粟、豆，兩傍亦可種桑、牧牛，牛得水草之便，用力省而功兼倍也。

（至大）《金陵新志》卷四下《圩岸官府每歲提調興修總一千六百七十五處，名目不及詳載**》** 江寧縣二百八十七處，上元縣一百三十五處，句容縣九十六處，溧水州二百六處，溧陽州九百五十一處。

（弘治）《八閩通志》卷二三 上二十九岸，計長三千九百九十七丈，各高丈五尺，厚一丈八尺或二丈。通上六都，凡四十八所，俱府城東南。已上港浦陂塘及埭，皆仍舊迹，間有嘗經浚治者，已各疏其下。其圩岸通計一百二十八處，蓋爲府治東南瀕海，恐潮汐害稼，故築以捍禦之也。歲久漸圮。成化十六年，知府姜諒檄、縣丞吴鵬、典史應華董其邑民重修樸花陂，在府城西南二十一都，溉田百餘畝。天順五年爲洪水所壞，成化十五年知縣朱琳重修。

（弘治）《句容縣志》卷四《圩岸》　按《金陵新志》，句容圩岸九十六處，今之修治惟存六十三處。成化間，知縣李澄委陰陽訓術高軏下鄉踏勘修理。至弘治二年，知縣王僖奉本府帖文委醫學訓科戎永寧逐一督工，修築完固。已廢三十三處，不詳其地。

又　天荒圩、何宋場圩、東生場圩、西生場圩、杜場湖埠、王家岸、亭子湖埠、劉岸湖埠、家場岸。以上俱在鳳壇鄉。

又　百丈圩、周干圩、任陽圩、戴家圩、白米圩、西廟圩、夏家圩。以上俱在臨泉鄉。

又　青山圩、第一岸圩、普照圩、半山圩、大埠。以上俱在仁信鄉。

又　孔家埠、譚家埠、赤湾塘圩、東湖圩、葛塘圩、上埠、義城埠、後堰圩、周戴埠、新圩。以上俱在福祚鄉。

又　烏羊圩、西溪道圩、龍埠圩、上菖蒲圩、友家圩、村南埠、下菖蒲圩、黄興岸、紹興岸、紀家圩、錢家圩、村南埠、東湫埠、後堰圩、都包圩。以上俱在上容鄉。孔家埠、井東埠、戴家埠、前埠、周大伯埠、胡家埠、道士南埠、道士北埠、倉埠埠、王城埠、郭家埠、王埠埠、劉家埠、西周戴埠、朱塘埠。以上俱在崇德鄉。

又　蔣山圩，白茅場圩，張家圩。以上俱在琅琊鄉。

明　黄訓《名臣經濟録》卷五三　督修過城壕、圩岍、塘填共若干，所要將某官於何年月日修過某處塘圩等項，明白開報。

明　黄佐《泰泉鄉禮》卷三　陂塘之利，農事之本，尤當協力興修。趁未耕種之時，各將自己田畝開浚陂塘，修築圩岸，毋至後時追悔莫及。如有怠惰不趁時工作之人，仰衆列狀，申縣乞行懲戒。如有工力浩瀚去處，私下難以糾集，即仰告縣官爲修築。如官不即措置，即告於鄉約，約正及鄉老别爲區處。

又　卷四　凡流民數多，分與各保甲帶管，毋令生變。社内壇屋、圩岸、橋梁、道路之類，相應修建者，每精壯五人挾帶老弱五人，派一排甲管之。散處其人代爲造飯，以便薪水，免其自爨，各興工修建。若一切不急之工，則皆停止。流民既已存活，願留者編入保甲，與之牛具、種子，趁時耕作。其不願留者量給口糧，發回故鄉，各書姓名，扣算支過數目，并發回年月，以憑查考。

明　陳全之《蓬窗日録》卷三　大河以南自保州邊吴泊，西距長城口廣五十里。其間若遂城西北十八里之牟山，至保州西北六十五里之栢山，路谷十餘。如保安西北四十餘里之八角口，古北平軍灰嶺山，二十五里之安陽口，定州之西一百八十里之北砦與夫石臼銀坊冶山，數處雖北京臨制，中原之道，然山川形勢與京郡大是向背。苟屯兵聚衆，必死以守，未易當也。其外多阻塘水，不可進矣。載觀自順安東至任丘二十里，川塹溝瀆，葦泉縱横，地類天牢。又東北至雄州三十里，又東至霸州七十里，又東抵海，水口營田圩岸，濕水漸洳，地類天陷。

明　沈岱《吴江水考增輯》卷二　嚴作霖條例云：一圩腳加闊尺寸，凡外身高五尺以下者，圩腳闊一丈；起高六尺者，闊一丈二尺；起高七尺者，闊一丈尺；起高八尺以上者，闊一丈五尺。起假如圩身高六尺，面闊五尺，則腳闊一丈二尺，内外斜坡各三尺五寸，其靠田一邊不及三年，必已削去。故現在一丈二尺之圩腳，將來除去三尺五寸，只存八尺五寸矣。一圩身加高尺寸，總照極大水年之水痕，再高一尺。以官尺計一圩面加闊尺寸，凡圩身高四五尺者，面闊四尺；圩身高六七尺者，面闊五尺；圩身高八九尺者，面闊六尺。一、各圖工程先由經圖董丈量，以二十丈爲一段，分段插標，注明由某段起、某段止，計若干丈，造册以憑勘估核辦。一、工程必須堅實，挑土一尺，即用硪錘平，再加再錘。圖董、圩甲在工督率經董梭巡，如有丈尺不符、工不堅實者，指名稟究，罰令重挑。一、各圖壯丁均令赴工，不必外處僱夫，如此圩工多人少，彼圩工少人多，當通力合作，按方得錢。其在圩腹不靠圩岸者，按十畝出一夫，帮做有不遵者稟究。一土方按方酌予津貼錢一百文，分三次給發，開工發第一次，工半發第二次，工竣發第三次，由經圖各董具領，按方分給土夫。如限内完工者，每方加賞二十文。

又　卷二《附丈量圖説》　凡圩岸開築之始，必有藉乎丈量。其法先定丈立方一塊，或尺立方一塊，該值若干，而後通計所築之岸爲若干實積，該除得若干立方，即得其數矣。茲取各岸所成彎直、斜方、弧矢等，形列其圖，并演其術，以備核算。

凡圩岸實積滿一千尺，謂之丈立方。丈立方者，長闊高俱一丈也。列其圖如左：

丈立方

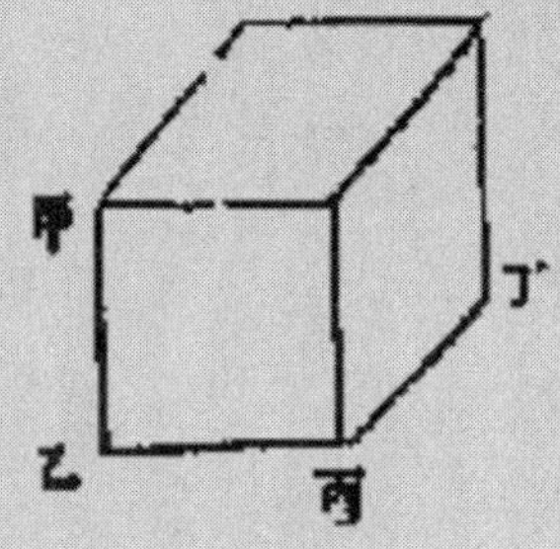

如圖，甲乙爲高，乙丙爲闊，丙丁爲長。長闊高三線俱一丈，即十尺。長闊相乘得面積一百尺，再以高乘，得丈立方。土實積一千尺。

用丈立方入算，不如用尺立方。因丈立方之積大，其除實所餘之奇數必因之而俱大。故不如改用尺立方，析數既細，核算亦較便捷。

凡圩岸實積滿一千寸，謂之尺立方。尺立方者，長闊高俱一尺也。列其圖如左：

尺立方

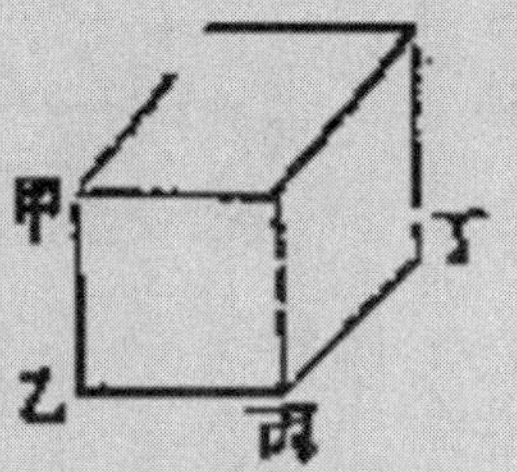

如圖，甲乙爲高，乙丙爲闊，丙丁爲長，三線俱一尺，作十寸。長闊相乘得面積一百寸，再以高乘得尺立方。土實積一千寸。

凡算體積每丈有一千尺，每尺有一千寸，推之每寸亦有一千分也。

凡岸長二十四尺，上闊五尺，下闊一十二尺，高六尺，是謂上下不等長方體，形列其圖，如左：

如圖，乙巳爲長二十四尺，乙戊爲高六尺，甲乙爲上闊五尺，丙丁爲下闊一十二尺。法并上下闊得一十七尺，折半得八尺五寸，與高相乘得面積五十一尺，再以長乘得上下不等長方體積一千二百二十四尺。以尺立方積一千寸，除之得尺立方土一千二百二十四塊。以丈立方積一千尺，除之得丈立方土一塊又一千分之二百二十四。故知用丈立方入算，不如用尺立方入算也。

凡岸祇知長五十五尺，上闊六尺，欲求其積，則須依比例術入之列，其圖如左：

上下不等長方體形

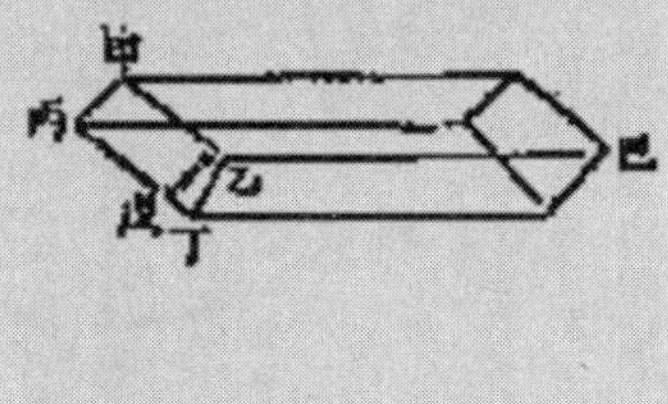

如圖，乙辛長，甲乙上闊，爲已知之數。其已庚高，及丙丁下闊，均爲未知之數。欲求其體積，則須用一短竹竿繫繩於其端，令竹橫臥，如甲戊與甲乙平；令繩下垂，如戊丙。乃自甲至戊量得竹竿五尺，倍之得十尺，與上闊相加得一十六尺，即丙丁。下闊復自戊至丙量得繩八尺，即已庚。高如法，算得體積四千八百四十尺，該尺立方土四千八百四十塊。

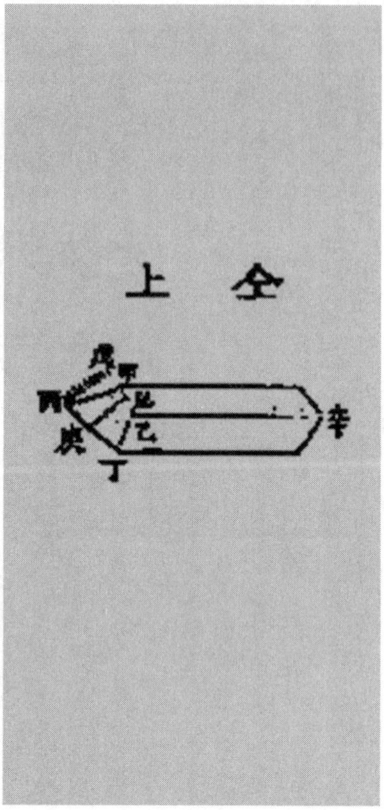

凡彎圩岸內周二十七尺，外周三十六尺，上闊五尺，下闊一十二尺，高六尺，是謂半環體形。列其圖如左：

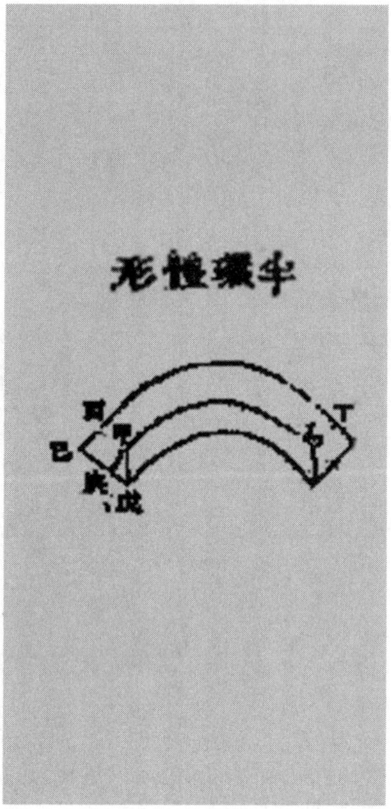

如圖，甲庚爲高，六尺；丙丁爲外周，三十六尺；甲乙爲內周，二十七尺；丙甲爲上闊，五尺；己戊爲下闊，一十二尺。法并兩周折半，得三十一尺五寸；并兩闊折半，得八尺五寸。相乘得二百六十七尺七十五寸。再以高乘得半環體形積一千六百六尺五百寸，該尺立方土一千六百六塊又一千分之五百。

凡滙角上所築之岸，上弦八尺，下弦一十六尺，上矢二尺，下矢四尺，高八尺，是謂弧矢形。列其圖如左：

如圖，甲乙爲上弦，丙丁爲下弦，戊己爲上矢，庚辛爲下矢，乙壬爲高。法并兩弦得二十四尺，折半得一十二尺，爲中弦。并兩矢得六尺，折半得三尺，爲中矢。并中弦中矢得一十五尺，以中矢三尺乘之得四十五尺，折半得二十二尺五寸。再以高乘得弧矢形體積一百八十尺，該尺立方土一百八十塊。

凡斜旁圩岸，上長三十尺，闊五尺，高一十尺，是謂斜方體形。列其圖如左：

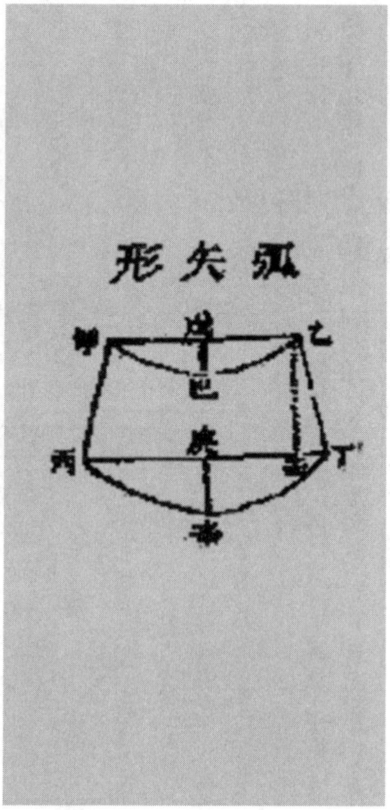

如圖，甲乙爲闊，五尺；乙丙爲高，十尺；丙丁爲長，三十尺。法以高闊相乘，得面積五十尺。再以長，乘得體積一十五百尺。該尺立方土一于五百塊。

以上諸圖，凡線面體悉宗《幾何原本》，雖曰大略，例觀之可也。其每條所設之數，均係信手拈來，非定率也。茲復因算工之法未備，特設一問於左。

明 孔貞運《皇明詔制》卷七 河防水利，小民衣食之源，關係最重，各有專官管理。該管官員務要躬親巡歷，嚴督所屬修築圩岸，疏浚溝渠。但有權豪刁潑之家修建池亭、設立碾磨、阻壞水利、坑陷錢糧者，并聽自首，拆毁改正，與免本罪。若有抗拒官府、執迷不首者，許鄰佑之人告舉究治，所在官司容情故縱者，事發一體治罪。

又 一、江南財賦所自出，水利所係至重。近年所司官往往忽而不講，旱澇無備，一遇凶荒，稅糧無措。浙江設有水利僉事，帶管南直隸地方各府縣。又復設有治農通判、縣丞等官，上下因循，坐視廢弛，已往不究。着巡撫官督令水利僉事往來巡歷，着落府縣治農官員將槩管地方水利講求議處。何處水源所當疏通，何處經流所當挑浚。冬末春初，將池塘堰溝塍圩岸趁時協力挑浚修築，使高低之田俱有所備，不爲旱澇所傷。夫役取諸得利之家，若工程浩大，量起臨境人夫，互相幇工，合用錢糧，巡撫查取先年導河夫用剩貯庫銀兩，及罰無礙官錢，應用不許虚應故事。

明 雷夢麟《讀律瑣言》卷三《吏律·信牌》 凡府州縣置立信牌，量地遠近，定立程限。隨事銷繳，違者一日笞一十，每一日加一等，罪止笞四十。

若府州縣官遇有催辦事務不行，依律發遣信牌，輒下所屬守并者杖一百。謂如府官不許入州，衙州官不許入縣，衙縣官不許下鄉村。其點視橋梁、圩岸、驛傳、遞鋪，踏勘灾傷，檢屍、捕賊、抄札之類，不在此限。

瑣言曰：置立信牌，定立程限，隨事銷繳。若有故違所立程限，計日科罪，則民不擾而事集，不亦逸而有成乎？府州縣官不下所屬，守并慫以集事，先致擾民，民既擾矣，事終不集，不亦勞而無功乎？若點視橋梁、圩岸、驛傳、遞鋪，踏勘灾傷，檢屍、捕賊、抄札之類，若不躬親其事，則未免於欺玩矣。故曰不在此限。

（萬曆）《高州府志》卷一 圩岸八：吴山、賣冠、上澗、地安、延銘、懷德、朗韶、隆順。

（萬曆）《雷州府志》卷八 水利。廳距縣南一百五十里。二十一都大村頭，萬曆十七年，縣丞黄添春因督修圩岸創建。

又卷一一 鎮海雷祠。即英山廟三殿神祠也。原飛鐘于東洋龍頭村，自何戴二公

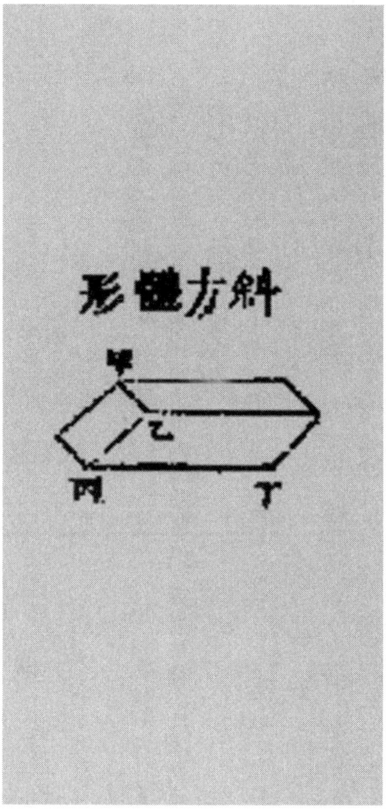

問：岸長一百七十尺五寸，高九尺五寸，上闊七尺，下闊一十九尺，每尺立方土一塊，該工銀三釐，現共該工銀若干，如法算得尺立方十二萬一千五十六塊又一千分之七百五十，先以二萬一千五十六塊與每塊工銀三釐乘，得六十三兩一錢六分八釐。然後置每塊工銀三釐，以分母一千除之，以分子七百五十乘之，得二釐二毫五絲。相并，得九十三兩一錢七分二毫五絲，即共該工銀數也。

（正德）《瓊臺志》卷七 圩岸。在縣東南十八里上那邕都，達于頓林都。元至正間，郡以民苦水患，嘗委前雷庠貳教張宜舉董築。國朝洪武末，郡復聞于朝，委知縣陳有彰修之。

又 博曆圩岸。在縣東南二十五里，酒塘都鄉人築，凡一百餘丈，開溝引水灌田。

又 博浪圩岸。在縣東四十里演順都，自博浪溪起二百餘丈。宣德間主簿熊志因鄉人王賢嗣等建議倩工累築，後圮。成化間，知縣梁昕命得利之家修之，以備風潮，便民耕穫。

（嘉靖）《仁和縣志》卷七 下塘在縣之東，北洩上塘之水，西受錢湖之流，暦五林塘棲會于崇德，北達漕河，故曰新開運河。西北達于德清四安，歸于太湖，西流于餘杭，奈何阻之以山水，折而不前。然地勢既卑，所防者潦也。若奉口、唐涇皆受天目諸山之水，少有崩圮，濫及圩岸，滔滔溢流，萬頃一壑，故時以患。里目之又如上塘之鼎湖挾白龍潭之險。

（隆慶）《臨江府志》卷六 臨江府四縣陂塘、圩岸水利，共一千七百九所。

開築河渠圩岸，創建廟宇，扁曰『鎮海雷祠』。萬曆間司理高、葉二公浚何戴渠，建碑亭扁曰『龍頭宮殿』。

（萬曆）《温州府志》卷二　沿江圩岸塘在清泉集善鄉，洪武二十七年築。續爲風潮衝壞，穿陷成浦，令周悠督主簿汪玄素築砌石塘。

明　屠隆《白榆集》卷一五《水年考小序》　治水紀年者何，謹灾祥也。降灾者天，回天者人。是故修德以銷之者上，立事以防之者次，變沴既作而後，攘臂拚鞲以赴之者下。水旱之灾，國家通患，乃吴中之所謂灾者，獨水爲棘矣。夫吴澤國也，諸水浩淼，易蓄而難泄，一遇淫雨積潦，蛟龍鼓怒，陽侯弄權，惡風乘之，洪波巨濤，砰湃横溢，豈惟禾稼滸傷，即廬舍井竈蕩爲水鄉，民其魚乎？惟守土者，勤修德義，敬天勤民，朝夕欽欽，而又講求水政，先事豫防，疏壅塞以通水道，置堰閘以時啓閉，築圩岸以障流潦，浚溝洫以時蓄泄。如是，則天且降康，不幸而遇灾，而吾先事有備，灾其如我何是？守土者之所宜留心也。古昔以來，年代遞遷，灾異時有備録，謹書一披覽，則凛凛悚畏矣，作《水年考》。

明　王士性《廣志繹》卷四《江南諸省》　紹興城市一街則有一河，鄉村半里，一里亦然。水道如碁局布列，此非天造地設也。或云漕渠增一支河，月河動費官帑數十萬，而當時疏鑿之時，何以用得如許，民力不竭。余曰：不然，此本澤國，其初只漫水，稍有漲成沙洲處，則聚居之。故曰菰蘆中人久之居者，或運泥土平基，或作圩岸溝瀆種藝，或浚浦港行舟往來，日久非一時，人衆非一力，故河道漸成，甃砌漸起，橋梁街市漸飾。即嘉湖諸處，意必皆然。今淮陽青草邵伯諸湖，安知異世不如是？又安知越中他日不再爲谷？昔太湖乾，中露出石街屋址，可類推矣。

明　徐光啓《農政全書》卷四四　各處陂塘、圩岸果有實利及比先有司，或失於開報，許令條陳利民之實，踏勘明白，畫圖貼説，具申工部定奪。如利不及衆，不許虚費人力。

一、但遇近經水旱灾傷去處預備之事，幷暫停止。豐年有收，依例整理，或有衝决圩岸必須修理者，及時修整，亦須斟酌人力。

明　張國維《吴中水利全書》卷一六　築過東善空字等水區圩岸五十八條，共長四萬二千八百二十七丈，根濶八尺，收頂四尺，加高四尺。

又　築過圩岸陽雲必字等共五百九十一條，長三十九萬五千三百九十五丈三尺，根濶八尺，收頂五尺，加高六尺。

又　修築過潭塘腹内圩岸等五條，共長一萬四千五百七十一丈五尺，根濶二丈，收頂一丈五尺，今加高六尺。

又　修築過各鄉吴刺史等字圩岸共一百二十四道，共長一十一萬八千四百三十八丈九尺，根濶六尺，收頂三尺，今加高五尺。

又　修築過藏字等圩岸共四百七十七條，共長二十九萬七千二百五十一丈五尺，面濶四尺，底濶六尺，加高二尺。

又　修築過隆興等圩岸共四十二處，共長一萬三千三百九十丈，根濶四尺，面濶三尺，今加高三尺。

又　修築過各鄉顧道等圩岸二十六處，共長三百五十九丈，面濶五尺，根濶八尺，今加高三尺。

明　祁彪佳《宜焚全稿》卷一七　重水利。水利爲吴中大利大害所關，自吴淞江湮塞，而蓄洩無資，若虬江爲吴淞幹河，乃嘉上両邑百萬田畝之利賴者。臣令上海知縣劉潛躬親開浚，凡至處所深一丈二尺，至淺處所期棱上流而止。河面以八丈爲則，第臣清出塘河，懲處匿派之衙役，便可不動官帑而工速告成。至於長洲縣，地處窪下，每若霪潦爲灾，圩岸頗爲吃緊。臣先于荻溪倉約有四百四十餘圩，每圩俱捐金助工，人皆鼓舞，而願修築。近則松江濚缺一塘，外捍海潮，值今傾圮日甚，臣亦督令修造，剋期完工。已經通行遵照訖。

又　督修浚過蘇、松、常、鎮四府属河道、塘圩、橋梁等項，運河、枝幹河港、涇、浜七十條，官塘、海塘、石塘、圩岸二百七十三條，石閘三座，橋梁一十二座。

（乾隆）《瑞安縣志》卷二《沿海圩岸塘》　在城東沿海，東經清泉、崇泰二鄉，至梅頭圩，長四十五里。又自城南越江東，經南社鄉沿海至平陽縣沙塘陡門城，圩長二十餘里，以備沿海風濤淹没田禾之患。東塘岸自城東至十一都巡檢司中有廢塘五百十三丈，明萬歷己丑署印丞歸大顯修砌南塘岸，明天順八年奏准，分派瑞、平、沙三處修築，自十四都至沙園所城上，計八百餘丈，萬歷間齊令柯、章令有、成歐令大成屢修。

又《沿江圩岸塘》 在城西沿江西經清泉、集善二鄉，至陶山圩長五十里，又自城南越江西，經漲西鄉沿江至塘角三十里。以備沿江風濤淹没田禾之患，屢爲風潮衝壞，明隆慶間周令悠、簿汪元壽增砌。

（道光）《廣東通志》卷一一五《南海縣》 圩岸四十二，曰：白石、大欖、禄步、豐湖、口岡溶州、叠窖、深村、魁岡、緑潭、上冲、上圍、張槎、豐寧、興賢、西隆、登俊、大富、土爐、烏泥、大同、鼈頭、龍津、河清、鎮涌、九江、海州、洗村、金甌、丹桂、伏隆、登雲、楊梅、陸洞、大良、大朗、金紫、小欖、蘆荻、高豐、南岸、蔡坑、清塘、土塘、樂塘，共障田六千五百餘頃。

又《順德縣》 圩岸十二，曰：百窖、葛岸、鷺洲、平步、甘竹、簡林、雲津、龍山、龍江、沙頭、吉利、水藤，共障田四千三百餘頃。

又《增城縣》 陂七，曰：官陂、羅陂、百家陂、百姓陂、社頭陂、燕江陂、湯大山陂。圩岸二，曰：張州圩、沙扨圩。共灌田九千一百餘頃。

（道光）《廣東通志》卷一一七《電白縣》 塘十二：車田、羅村、立石、新村、野狸、雲蘭、石龍、奇石、光良、山清、湖高、龍赤、坭山口。陂四：潭白、通江、後山、長籬竹。共灌田二百餘頃。圩岸四：賣黎村、上保寧、下保寧、德善。共障田一百五十餘頃。

又《吳川縣》 塘九：廟底、神塘、羅山村、那葛、占村、楊梅、歸唐、禄架山。圩岸四：新村、三江、窑頭、三柏。溝三：深塘、吳屋、毛師芓。共灌田三百餘頃。

（光緒）《重修天津府志》卷二八 藍田在府城南，河渠圩岸周數十里，墾田二百餘頃。

圩丁

宋 楊萬里《誠齋集》卷三二《圩丁詞十解》 江東水鄉，堤河兩涯，而田其中，謂之圩。農家云圩者，囲也，内以囲田，外以囲水，蓋河高而田反在水下。堤通斗門，每門踈港以溉田，故有豐年而無水患。余自漂水縣南一舍所登蒲塘河小舟至孔鎮，水行十二里，備見水之曲折。上自池陽，下至當塗，圩河皆通大江。而蒲塘河之下十里所，有湖曰石臼，廣八十里。河入湖，湖入江。鄉有圩長，歲晏水落則集圩丁，日具土石捷畚以修圩。余因作詞以擬劉夢得竹枝、柳枝之聲，以授圩丁之修圩者歌之，以相其勞云：

圩田元是一平湖，憑仗兒郎築作圩。万雉長城倩誰守，兩堤楊柳當防夫。

何代何人作此圩，石頑土膩鉄難如。年年二月桃花水，如律流瓬石臼湖。

上通建德下當塗，千里江湖繚一圩。本是陽侯水精國，天公敕賜上農夫。

南望双峰抹緑明，一峰起立一峰横。不知圩裏田多少，直到峰根不見塍。

兩岸沿堤有水門，萬波隨吐復隨吞。君看紅蓼花邊脚，補去修來無水痕。

年年圩長集圩丁，不要招呼自要行。萬杵一鳴千畚土，大呼高唱總齊聲。

兒郎辛苦莫呼天，一日修圩一歲眠。六七月頭無點雨，試登高處望圩田。

岸頭石板紫縱横，不是修圩是築城。傳語赫連莫烝土，霸圖未必賽春耕。

河水還高港水低，千枝万泒曲穿畦。斗門一閉君休咲，要看水從人指揮。

圩上人牽水上航，從頭點檢万農桑。即非使者秋行部，乃是圩翁曉按莊。

清 黄鉞《壹齋集》卷三四《蕪湖縣東南鳳林圩有田十萬畝，濱天成湖，堤長二千七百餘丈。道光癸未庚寅，堤凡再决，農民不堪其苦。辛卯，孟陬許上舍仁歸自漢陽，督圩丁築之。四閲月而功竣，立亭其上，榜曰： 有慶五月四日買舟邀同王太守澤倪明經燮宴飲以落之，用東坡兩橋詩韻作詩二首，一以憫農民頻年湖決之苦，一以美許君不惑人言爲善有終也》　有圩縣東南，長堤繞虹霓。湖水齧其址，佩帶潨衆溪。厥土惟下下，尺寸分高低。中有萬頃田，争此一綫堤。譬若孤立士，輒爲人排擠。七年兩遭决，補東復罅西。澤農苦淫霖，出入愁登躋。倉囷鮮蓋藏，道殣無豚蹄。回思癸庚秋，大浸天可稽。蓬茅幻海市，孺稚如鳧鷖。狎恰聚斷堤，如登青雲梯。饑蛇挂樹死，窮魚膠於泥。千人幕一天，孰判户與閨。所幸昏墊中，猶得婦子携。悽其夜深静，寂不聞犬雞。竟欲叩龍宫，恨無分水犀。此生免魚鼈，没世甘蒿藜。至今一追憶，痛如麝割臍。

望君如望歲，奚止旱雲霓。翩然下武昌，涉江如涉溪。朝歸莫即田，抵掌茅屋低。饑寒豈不恤，火急先築堤。同井頗異志，流言反傾擠。毅然一意行，眇不覩東西。危壖浴雨立，敗埂杖策躋。坐使三千丈，如砥馳風蹄。一心成大功，厥德不可稽。招邀值令節，絲管驚浮鷖。有亭翼然高，劚土爲階梯。良田碧千頃，無地容塗泥。農夫輟耒耜，紅女離幽閨。傾郈來聚觀，壺榼爲緩携。歡聲塞兩耳，不暇聽午雞。競渡嬉雙龍，刻石遲三犀。待我祝蝦歸，再杖觀稼藜。坡公有成言，勤修毋噬臍。

又 卷三五《蕪湖東南沿江六埠，暨麻浦鳳林二圩田，可十餘萬畝。自道光癸未以來，屢遭異漲，重以淫雨，圩堤不勝衝激，輒被蕩决。衆乃集議通力合作，率圩丁自春徂秋，窮日夜與水争地。費金錢米穀無算，卒不可保。癸巳七月十八至二十三日，江水洶湧，諸圩悉破。稻已堅好，可炊而食，一夕付之洪流。忍哉！忍哉！天降灾禍，非人力所能勝也。詩以哀之，寄雲汀制軍》　築堤山覆簣，决堰水奔梭。忍奪如雲稼，全抛大海波。誰爲司浩渺，我欲斫蛟鼉。堤决時見有物爲患。莫道天難問，無人向壁呵。

天乎母乃酷，暴殄屬誰愆。資力三時竭，江湖一夕連。周官有荒政，禹甸少閒田。無計囊沙塞，空愁雨脚懸。

畚鍤棄無用，流離身未知。棲心猶稻隴，轉眼失茅茨。黑蜧助爲虐，陽侯太不慈。十年三大水，民病豈能支。

縣小無程鄭，頻饑富亦貧。驕慳久成俗，任恤屬何人。不入萑苻澤，終歸魚鼈鄰。救荒推彦國，急爲拯吾民。

又 卷三六《悼許耕餘》　堅築湖堤抗鬥龍，十年辛苦殉田功。圩丁儻立田頭廟，合塑君身配社公。

又 卷三七《題借陰圖圖爲曹建亭先生在京時作，先生名錫寶，官御史贈右副都御史**》**　賢守家聲動薦紳，下車先爲振窮鱗。到今猶借先生蔭，活我圩丁數萬人。先生令子江以安慶司馬來攝太平太守，時遭大水，之後官圩堤堰盡圮，君力請於上，乃得借項興築，民賴以生。

圩田

題解

北魏 酈道元《水經注》卷三五《江水》　宣、歙皆由蕪湖西出，達于大江，濵湖之地皆堤爲圩田。

宋 范仲淹《范文正公政府奏議》卷上《答手詔條陳十事》　五代群雄争霸之時，本國歲飢則乞糴於隣國，故各興農利，自至豐足。江南應有圩田，每一圩方數十里，如大城，中有河渠，外有門閘，旱則開閘引江水之利，潦則閉閘拒江水之害，旱澇不及，爲農美利。

宋 李心傳《建炎以來朝野雜記·甲集》卷一六《圩田》　圩田者，江、浙、淮南有之。蓋以水高于田，故爲之圩岸。宣州化民、惠成二圩相連，長八十里。蕪湖縣萬春、陶新、政和三官圩，共長一百四十五里。當塗縣廣濟圩長九十三里，私圩長五十里。建炎末，爲軍馬所壞。紹興初，命守臣葺治之。建康永豐圩有田千頃，初以賜韓忠武，後歸秦丞相，今隸行宫。淮西和州、無爲軍亦有圩田。紹興三十年，張少卿初爲漕，徙民于近江，增葺圩岸，官給牛種，始使之就耕。凡圩岸皆如長堤，植榆柳成行，望之如畫云。

《文獻通考》卷六《田賦考六》　圩田、湖田多起於政和以來，其在浙閒者隸應奉局，其在江東者蔡京、秦檜相繼得之。大槩今之田，昔之湖。徒知湖中之水可涸以墾田，而不知湖外之田將胥而爲水也。主其事者皆近倖、權臣，是以委鄰爲壑，利己困民，皆不復問。

元 王禎《農書》卷三《灌溉篇第九》 據水築爲堤岸，復叠外護，或高至數丈，或曲不等，長至彌望，每遇霖潦，以扞水勢，故名曰圩田，內有溝瀆，以通灌溉，其田亦或不下千頃。

明 張鐸《圍田溝洫説》《吴中水利全書》卷二〇 圩田之制，隨地形之廣狹，水道之遠近，而爲之大小。圩之小者，岸塍易完，民工易集，時有浸潦，則車戽之功，可以朝夕計也。圩之大者，岸塍既廣，工力不及，積水經月，而實粟者將化而爲浥腐矣。度其勢而分之，使一勞而永逸，事半而功倍民，其有不賴乎。

明 沈岱《吴江水考增輯》卷四《水議考中》 昔人以環湖地卑，築圍防以禦水，名曰圩田。

明 潘游龍《康濟譜》卷九 圩田謂叠爲圩岸，扞護外水，與此相類，雖有水旱皆可救禦。

論説

宋 留正《皇宋中興兩朝聖政》卷一七 新知湖州李光言：明、越之境，田盡行廢罷，其諸路如江東、西圩田，蘇、秀圍田，各有地濱江海，水易泄而多卑，故自漢唐以來，皆有陂湖灌溉之利。大抵湖高於田，田又高於江，每旱則放湖水溉田，澇則決田水入海，故無水旱之灾，凶荒之歲也。

宋 樓鑰《攻媿集》卷八九《華文閣直學士奉政大夫致仕贈金紫光禄大夫陳公行狀》 陳居仁論：圩田多勢家所據，使水無所瀦，復無所泄，圩田未作，歲多豐稔，作圩以來，水旱屢告，利害甚明。上稱誦久之。

《宋史》卷九七《河渠七》 紹興五年，明州守臣李光奏：明、越陂湖，專溉農田，自慶曆中始。有盜湖爲田者，三司使切責，漕臣嚴立法禁。宣和以來，王仲嶷守越，樓异守明，創爲應奉，始廢湖爲田。自是歲有水旱之患，乞行廢罷，盡復爲湖。如江東、西之圩田，蘇、秀之圍田，皆當講究興復。詔逐路轉運司相度聞奏。

明 楊溥《預備倉奏》《皇明經濟文録》卷六 原開陂塘，亦多被土豪大户侵占，以爲己池塘養魚者，有湮塞爲田耕種者。蓋今此南方爲甚，雖間間有完處，亦是十中之一，其實廢弛者多。其濱江、近河圩田，堤岸歲久塌，一遇水漲，渰没田禾。及聞埧蓄泄水利去處，或有損壞，皆爲農患。

明 丘濬《除民之害》《皇明名臣經濟録》卷一八 臣委以便宜之權，俾其沿河流相地勢於其下，流迤東之地，擇其便利之所，就其迂下之處，條爲數河，以分水勢。又於所條支河之旁，地堪種稻之處，依江南法創爲圩田，多作水門引水，以資灌溉。

明 魏校《莊渠遺書》卷八《世説》 大父嘗嘆，圩田窪下，恃岸爲防，岸崩則禾蕩然滅矣。必也大圩分小圩，牢築岸脚，使耐風浪。

明 陸深《儼山外集》卷四 馬端臨論圩田曰：『今之田，昔之湖，徒知湖中之水可涸以墾田，而不知湖外之田將胥而爲水也。』此數言極盡吾鄉泖湖之利害，當大書深刻，以示愚民之嗜利者。

明 沈岱《吴江水考增輯》卷二 鄭檣華《條例》云：一、繕修圩田，先由圩甲報明區落，遂於本圩中舉一誠實更事之人，謂之圩董，偕往履勘，或應築岸，開溝塡壩，量見丈尺，估定工料，即責成圩董督同圩甲、村民，認眞修築。一、田有漏卮，旱則易涸，潦則易溢。修補之法，先將漏處開掘，深六尺，至磉底爲度，廣三四尺，小漏用牛糞，大漏用石灰，俱以土泥和勻，塞於漏處。將土泥塡高一尺，用木樁春實，以一尺爲一層，漸次層築，舂極堅實，與老岸平。一、開總溝，此即出水之車溝也。大小不等，有數十畝至數百畝，由此戽水出入，遇水漲之年，不先修築，甚至衝坍害及一塍一圩者，今議堅固砌法，大溝墻底俱用硼光磚灰砂砌，築高三尺，闊二尺，長六尺，上用石條或短木橫架於上。復於水門置閘板，與老岸相平，其小溝丈尺工料遞減。一、瀕臨湖蕩之圩及滙角等處之岸，風浪衝激，尤易損壞，須將老岸增築極闊，或更於岸內築塍，即抵水也。岸外築埂，種楊及植茭蘆以蔽之，即護岸也。一、修築之處或因桑柏等樹所碍，無可避讓，隨即掘去。工竣後，村民自行補種。一、取土當令於統圩之田按畝勻挑，毋得偏苛。遇有塚及骨罈厝棺等處，悉爲讓出。一、計工食派夫助工，即照震各鄉車埠戽水規例，每夫日給米一升五合，不復給錢。其米每三日或五日由圩董具領散給，如有舞弊，察出議罰。此係光緒十五年水灾，震澤地處窪下，被灾尤重。明春乃興修圩之役，以工代賑，故概給米若尋常築圩，則當計土方以給價也。

又 卷五 圩田之制，隨地形之廣狹，水道之遠近，而爲之大小。圩之小者，岸塍易完，民工易集，時有浸澇，則車戽之功，可以朝夕計也。圩之大者，岸塍既廣，工力不及，積水經月，而實粟者將化爲腐浥矣。度其而分之，使一勞而永逸，事半而功倍，民其不有賴乎。

明 鄭曉《鄭端簡公奏議》卷五《地方秋灾乞免糧議賑疏》 六月以來，天道亢陽，風霾大作，地土燥烈，溝渠乾涸，雖經祈禱，間得微雨。然久旱之田，隨即就乾，酷日炎蒸，稻豆禾苗盡皆枯槁。加以蝗蝻遍生，殘食爲害，秋成絶望，老幼悲啼。憂慮錢糧無從出辦，廬州府申稱六安、合肥、巢三州縣自入夏以來雨水無施，塘池枯竭，十家九無布種，稍有低窪圩田沿河去處，車水下秧，田間太半，民心失望。不獨錢糧無辦，抑且民食不充，誠恐追徵，民無措處，徒然比并，終莫能完。

明 王同祖《治水議》（崇禎）《松江府志》卷一七 何謂疏導涇港？蓋圩田四圍皆涇港環繞，或傍江湖，或傍浦塘，曰涇港者論其槩也。涇港之設有公有私，今則并通舟楫，分利水道，旱則引其水以溉田，潦則决田之水以入涇港，泄諸江湖浦塘，使歸於海，其利於農田最爲切要。故凡緊要圍田水道，通行開浚，使稍深濶，即取其所開之土以修岸塍。如是則田間之積水可引入涇港，涇港通流可散灌於浦塘，浦塘决水可疾趨於江海，大小相資，首尾相貫，又何水之足患乎？

明 嚴訥《論水利圩圖》（崇禎）《吴興備志》卷一七 今天下以墾田當司農鉅供者蘇松，爲冣蘇松，介在湖海，厥土塗泥，利害以水圩岸者，所以堤水而田，即周礼稻人、匠人所掌塗防者也。田甚下湿，岸則陡立如城，河循其外而中田焉。禾在田雖芃芃起矣，而河流猶出其上，舟行者，盖俯而窺也。岸或咫隙莫禦，而田且沛澤矣。其田之最高阜，去水遠而水不及溉者，則又終古爲鹵。田在上下壤之间，土厚而水深，則號高腴，以其得水蓄洩，可爲旱澇備，而所爲能蓄洩者，以有圩岸。歲苦旱，則河之水續桔槔，而上以入于田，河不龜折，田水乏溉；歲苦澇，則戽水出于河，而岸障之，雖劳人力，不盡待命于天。自三江道湮，疏浚失宜，恒雨注積而無從尾閭也。水襄于岸寸許，而膏腴汩爲巨浸，不能與下濕者論良瘠矣。且圩岸之有無，其利害彰彰也。農民櫛沐薰蒸，罄室竭力于田，而婦子懸命焉。寧束手于一朝之患，號呼奔走，其傍痛莫之救，而獨不爲先事之備，余恠而究其説矣。每圩田畝姑以千計，田其中者姑以百計，百家之中有二不協力，而九十家者修築之無益也。農雖值有年，僅給俯仰，困于澇而轉徙者衆矣。宜未暇爲圩岸計，岸土取于田，岸寬則田窄，小民愚不察其損小而利大也。

（嘉靖）《江陰縣志》卷九《修築圩岸事宜》 圩田内外所作横塘直浦、大岸小塍，亦是古人井田之遺法。古之井田賴溝澮封畛以備旱澇，今之圩田賴塘浦岸塍以備旱澇。但井田之溝澮封畛多且闊，圩田之塘浦岸塍少且狹，所以古之水旱易備，今之水旱難防。然嘗考其故迹，又知塘浦、岸塍初作之時亦多且闊，所以狹少者乃後人惰於修浚而壞之。常思百姓欲飽食，必須盡力於塘浦、岸塍之役；官府欲足民，必須盡心於塘浦、岸塍之事。大抵不論低田、高田，俱以十分爲率，低田以一分爲堤岸，高田以一分爲溝池，則餘九分可以永無旱澇。一、五等圩岸式，田低於水者，底闊一丈五尺；田與水平者，底闊一丈四尺；田高於水一尺者，底闊一丈二尺；田高於水二尺者，底闊一丈；田高於水三尺者，底闊九尺。面闊比底各減半，高亦以水爲準，外面各離水八尺，若溪湖衝激去處，願增者聽。一、各圖圩岸俱著排年分管。若本圖元有十圩，則每甲一圩；若不及十圩，則將大圩分轄之；若十圩以上，則并小圩兼管之。分管既定，然後立封牌爲志。一封牌以石爲之，長五尺，闊四方各一尺五寸，皆竪於圩南。上二尺五寸，四面刻字，前云某字圩，後云某縣幾都圖幾甲排年某人，左云官民田若干，右云糧若干。下二尺五寸，培而築之。一、應修圩岸該管排年，量田高下，照依五等岸式，督率圩户各就田頭修築。不論有田多寡，但以田頭闊狹爲則。假如田頭闊五丈者，即修岸五丈；闊十丈者，即修岸十丈。或有逃户田頭及溝頭岸，則衆共修築。其圩心田户，若有徑塍者，自修徑塍；無徑塍者，與衆同修。逃户及溝頭岸排年則管修一圖圩岸，糧耆則管修一區圩岸，各縣治農官則提督一縣，各府治農官則提督一府。若一圖圩岸不修，罪坐排年；一區圩岸不修，罪坐糧耆；等而上之，一縣一府責各有歸。一、法不論田頭闊狹，但論有田多寡，照田出人，照人分岸。一總修築亦可。一、有等極低圩岸，又係貧難及逃絶户田産者，治農官務要督令該管糧耆，將槩都或槩圖有圩人户，照田起倩借力，并工修築。一、高鄉溝渠亦須并工開浚，其法亦令糧耆將槩區人户照田起倩，通作一處，會同里老相勘本區該開河渠幾處，某渠爲急，某渠次之，某渠又次之，議定依次并工開浚，周而復始。工程小者，或今年開幾渠，明年開幾渠；工程大者或今年開半段，明年開半段。一、低鄉有等大圩，一遇雨水，茫然無救。該管人員務要督率圩户於其中多作徑塍，分爲小圩。大約頻淤去處，一圩不過三百畝；間淤去處，一圩不過五百畝；一、圩田外有等，坦田往往被灾，而不敢作灾，深可憫惜，今後俱要築爲圩岸。一、低圩岸内再幫子岸，一條高及一半，如階級之狀，老農謂之抵水岸。一、圩岸上俱要砌内外車埸，高低水洞，不得因車水放水輒便掘岸。一、凡邊臨湖蕩圩岸，外須種茭蘆以禦風浪，其狹河宣泄去處，却不許一槩侵種，以遏水勢。一、高鄉田畝去水窵遠，無從車灌者，令田户於田内開塘蓄水備旱，或所開之塘滲漏不蓄水者，於他處挑取黏土，和灰築底，自然畜水。一、近山高田無水車灌者，令得利户於山拗田尾共買地開塘，以收蓄泉源及雨水，亦可備旱。一、高鄉河絳臨水二三丈間，不許人番耕種蒔，以致浮土下河，止許栽蔆茅桑棗等項。一、近時水道大半築塞，官府憚於修橋，則築塞沿塘河口，百姓懶於修圩，則築塞通水溝頭，小利大害，上下不知。必須漸次開通，若是洩水隘口，雖盗樁魚斷，亦不宜槩釘。一、凡緊要洩水河内，但依古人建造水橋，宣洩快便，不得輒造石橋遏束水勢。

明 張内藴《三吴水考》卷一四《主事姚文灝治田條約》 圩田外有等坦田，往往被灾，而不敢作灾。今後俱要築爲圩岸，所毁田畝一體那補。其低圩岸内再幫子岸一條，如階級之狀。

又 各該水利官親詣所屬，嚴督各塘圖圩甲人等，率得利人户，將各圩岸併力興工修築，泥土就傍圩田起取，工完開報查考。大者准作積水漊，横亘於中，兩頭用石砌作車口，遇潦車救。或罱河泥填滿補完，原田或用車港取泥，或高鄉運土。田多之家派出樁笆，務令杵舂堅實，仍禁牛馬踐踏。

明 趙用賢《松石齋集》卷二七《上撫按言旱灾事》 江南水田既多，即高處苗雖未穫，尚有花豆可賴。不知圩田，土皆涂泥，水最易竭。即與大河水相接者，然竭兩三月之力，一夫所營不過四五畝，其羸得幾？何况圩田皆屬輕額，以輕額之口當重額之斂，民之重困何疑？花豆所畏，惟秋熱多不結實，若執一二熟者以例其餘，民何所控訴？其可念者五方，今北地大旱，淮以南自五月已來，苦大水衝决京師，尚傳江南今歲必且大稔，六軍九邊之需，日計籌而入内庥。

明 朱國禎《朱文肅公集・救荒略戊申年》 萬曆年來，稱水荒者無過十年五次，年米貴至一兩七錢，餓疫死者無慮數十萬，棄尸滿道，河水皆腥，其禍最慘。今比十五年，不止水勢增高數尺而已，大端最可駭、最難救者，有三十五年水發在四月中旬，圩田存没約相半。五月中旬天晴，水漸消，已没者亦重救三分之二。買苗種田，甚至偷苗搶打告狀，只是費力多用本重，今者盡數淤没。水至五月中尚未退，田中無一顆新苗，即欲下秧再種，何處可下？且立秋已近，下亦無用，小民既無田作，豈肯束手待斃，游棍煽動亂搶相殺。

明 顧起元《客座贅語》卷一〇《城内外諸水續考》 《戚氏志》云：秦淮水源甚遠，小川流入者衆，又古來貯水湖衍，後世築爲圩田日多。每夏雨暴至，江潮復涌，水即泛溢，皆經流城内。一河入江，自源及委，所過不計幾橋，凡過一橋，皆爲木石岸堰束扼。及居民築土，侵狹河道，故水失其常，横流弗順，是以必資柵寨門河（今内橋以西至鐵窗楞及長干橋下河今南門外大橋是），分洩其勢。其關於國賦民食者非輕，如云通便舟楫，特是小事，自前如孝祥所言，止謂城内被水，然多不過數日即退，其害亦輕。若觀鄉外圩田，則始見其害可畏爾。上元、江寧、溧水，多賴圩田，農民生計、居處多在圩中，每遇水至，則舉村闔社，日夜并力守圩，辛苦狼狽於淤泥之中。今上江、濱江田地及句容以西方山上下一帶皆同此害，如禦大寇。幸而雨不連降，風不湧浪，可以苟全一歲之計。其爲壞决，則水注圩中，平陸良田頃刻變爲江湖，哭聲滿野，挈舟結筏，走避他處，國賦、民食兩皆失之，是皆水不安流之故爾。其言城内外之水患，最爲明切痛快，與余前言郊外水患懸合於數百載之前，第今諸湖既難議復，惟浚支流一節，稍可舉行，是在有地方之責者，亟議永利爾。

明 江有源《御史江有源奏略》（崇禎）《松江府志》卷一七　一曰備規制

以善其後。古人於濱江瀕海通潮江浦悉設官置閘，潮至則閉閘以澄江潮，退則開閘以洩水。其潮汐不及之處，圩田四圍亦設門閘，因旱澇而時啓閉焉。港之小者不通舟楫，則築爲壩堰，而穿爲斗門，蓄洩啓閉法亦如之。又於閘外設撩淺之夫，時常爬疏積滯，置鐵掃帚等船，隨潮上下以蕩滌浮淤。諸栽桑柘，種茭蘆護堤固岸，纖悉備具，此所以無水患也，而今皆弛矣。間有知置閘之利者，又置之不得，其所名以節水而反以壅水，此於興工之後所當多方講求，曲爲處置，以開吴民百世之利者也。

明 朱汝鰲《官圩畫段分工檄》（康熙）《當塗縣志》卷二九 爲秋成重葺圩工事，照得當塗水國也，通邑圩田最多，而圩田如大官圩延袤三百餘里，濱抵江湖風浪，一穴潰則合圩成壑，一缺不築則顆粒無收，此眞億萬生靈命脉所繫。迺舊年大水異常，圩埠盡行傾卸，本縣單騎親出，遍踏荒疇，廉知徃時修築俱托圩長各處歛財入槖，倩老弱搪塞，視爲具文，致圩工疏忽等，諸道旁之舍，以至點夫，百無二三督理。八九月，竟無成效，往往一年之灾變作兩年之害。予思法無一定之規，奸猾觀望而莫知遵守，埂無分畫之法，人人推委，而何以稽查？特□攢做賣夫弊端，創立估工畫段良法，令各業户自照本户田畝多寡以爲用工多寡，分認處所，以木標揷定本夫名下，俾分土分夫惟力視其田而止，自埂自築，誰敢撤其揷以逃。未及百日，得告成事，民稱便之。玆秋成將畢，例復重加修葺，用是勒條礱石，以示永守。爾民各有室廬，各有田畝，其世世行之無忽。萬曆三十七年。

（萬曆）《滁陽志》卷三 胡莊肅論曰：滁、全、椒、來、安東南地汙，下民耕田其中，輒起堤障水，號圩田。雜京衛諸屯即時有增倍心，不并勢，又弗率，率苟取完，每夏秋霖雨暴漲，通江水，江又多潮，潮水湍悍急，常見決敗，卒罔功。諸旁近霽江遇涸，瀑水退疾，即晚禾可冀不即終歲不稜。第茭漁其中，租稾又不以時免，甚可矜。盖人參錯勢，非上人法，驅之大用。修治不能使高堅難敗，故振患興利，良有屬已。昔宋張綸之爲發運使也，以通、泰、海三州瀕海潮水日至城下，田斥鹵不堪稼穡，請各築堤。其境長數百里，踰年成。豈惟當時盖至於今，終鮮風濤，實享其利。今諸圩堤不過數十里，擬之捍海，其易數十倍。故晁錯曰：聖王在上，而或不凍不餒者，非耕而食之，織而衣之，爲開其資財之道也。故計徒庸慮財用，參并心力，略準山東河南築堤法，使高堅深厚。所以開資吾萌者，斯莫徑焉。詩云：樂只君子，民之攸塈。非君子，其誰能當之。

明 徐光啓《農政全書》卷四四《荒政》 凡各處閘洪陂塘圩田，濱江近河堤岸有損壞當修築者，先計工程多寡，務要農隙之時量起人夫用工，或人力不敷工程多者，先於緊要去處整理，其餘以次用工，不可追急。若近江河堤防工程浩大者，但於受利之處令起夫協同修理，其起集人夫務在驗其丁力，均平差遣，毋容徇私作弊。凡所作工程務要堅固經久，不許苟且，徒費人力。府縣正佐官時常巡視，毋致損壞。

明 耿橘《水利全書開河法》（嘉慶）《直隸太倉州志》卷二〇 照田起夫，量工給食。范文正公有言：『荒歉之歲，召民爲役，日以五升，因而賑濟。』蓋老成長慮如此，然催値難辦，法莫善於照田起夫量工給食。或謂有近水利者，有遠水利者，不得水利者，以三等爲伸縮。竊以爲不然。全邑之田未有不藉水者，但河有支幹，水有大小，彼幹河引江湖之水，而支河非引幹河之水乎。田近幹河者稱利矣，田近支河者非幹河之利乎？若有伸縮，則奸户積書，朦朧作弊，上户那爲中户，近利那爲遠利，遠利那爲不得利，而田少愚弱之氓反肩重役，下情難達，官即知之，亦苦於查算之難，數弊甚矣。故觀水勢所向，應用某區某啚之民查明該啚坐圩田總數，隨令區書將業户一一注明，然後通融算派某河應役田若干畝、每田若干畝坐夫一名。田多者領夫，田少者湊補足數，名曰協夫。其坍江板荒田地俱豁免。

明 丁紹軾《丁文遠集》卷一九《答李按院説灾傷》 今歲天旱異常，凡係山田，俱已盡槁，即舟次所經姑蘇、金陵，亦僅低下圩田稍可而已。竊意台臺甫下車，諸屬吏或不敢遽以灾傷唐突，儻蒙厘念地方，檄下郡邑，分別山田、圩田，蚤賜轉聞，則六郡之權聲如雷，豈非持斧巡方之第一義哉！狂瞽冒陳，不勝悚息。

明 張國維《吴中水利全書》卷一五《公移》 吴田下下，使無高圩，旱澇何備？近年水利漸湮，霪潦難泄，財賦虧額，軍國失仰，良繇政弛而農惰耳。仰治農官遇農少隙，隨即興修，論田出夫，分段堅築。其圩大難澇者，多添徑塍，或分作三四五圩，田低易滂者，中開十字港，或二十字、十字形，内外俱窪。四面開溝，所取之土，就便築岸，廢田之稅，攤派本圩，所損少而利澤長，此實養民之要務也。

清 潘天成《鐵廬集》卷一《默齋湯子訓言湯子諱之錡字世調宜興人**》**

單錫議圩田築埂，埂高一尺，内溝外河，皆深一尺。田主出糧，佃人出力，歲歲築之，埂彌高，而河溝彌深，旱潦俱有備矣。植榆柳以捍風浪，倘有決伐之爲尋，平時可伐之爲薪，其利無窮。二單之書具在，可詳考之。

清 魯之裕《式馨堂詩文集·文集》卷五《代請興畿南水利初上疏》 治直隸之水，必自淀始。凡古淀之尚能停水者，悉行疏浚深廣，并多開引河，使淀淀相通。其已淤爲田疇村庄者，四面開渠，中穿溝洫，溝達於洫，洫達於渠，渠達於河，於淀而以。現在淀内之河身疏瀹通暢，爲衆流之綱，經緯條貫，脉絡交通，瀉而不竭，蓄而不盈。而後圩田種稻，旱澇有備，魚鼈蜃蛤、茨蒲芡藕之生息日滋，小民享淀池之利，自必隨時經理，不煩官吏之督責，而淀可常治矣。【略】新安之雹河自西折來，遶縣治之南入淀，而安州之依城河復自劉家村泛濫而下新安，正當二河之衝。每廹漂沒之患，應於三台村南開河一道，引雹河由縣之正北入應家淀河，南築堤以護縣治。凡縣屬及安肅、安州之大小淀，俱飭圩田種樹，甚爲有益。至各處地形之平陂，水勢之深淺，尚須詳勘細酌，并天津海口、京東、畿南等處，統俟明春逐一查明具奏，謹將勘過情形繪圖恭呈御覽。

清 陳慶門《請墾旱地詳文》（雍正）《廬江縣志》卷九 竊惟撫字之術首在養民，而養民之道在興地利。顧南方之地與北省有異，南方之宜興旱田，猶北省之貴有水利也。北省地高，必水利興修然後可以防旱；南方雖稱窪下，而上江田地高卑不等，即如廬江一邑有從水濱築埂而樹藝者，圩田也；山凹取水而興作者，冲田也；更有平坂大坡無水可取，亦勉强營田，惟藉天雨適時，而冀倖有秋者，岡田也。夫此等岡田即係此省之旱地，止緣江南之民惟樹稻穀，不種雜糧，是以雨稍愆期即虞竭澤。此外更有高阜平陵，并非不毛之地，要皆不耕不耘，廢爲曠土，問其山主，不過歲取柴草，牧養牛羊而已。

（嘉慶）《長沙縣志·水利》 上諭：據陳宏謀奏請嚴濱湖私築之禁一摺，所辦甚是，已於摺内批示矣。洞庭一湖爲川、黔、粤、楚衆流之總滙，必使湖面廣潤，方足以容納百川，永無潰溢。乃濱湖居民狃於目前之利，圈築圩田，侵佔湖地，而地方官又往往意存姑息，不行禁止，若湖地漸就堙欝，則夏秋水發之時勢必漫衍，衝決爲澤國。田廬之患倘或跨州，連邑所在淹沒，即所有私築圍田亦安能保無衝没？利小害大，誠灼然可見者。陳宏謀于此事不爲姁嫗之小惠，殊得封疆之體著。傳諭喬光烈每年親行查勘，間一二歲即將有無佔築情形詳悉具奏，永以爲例，摺并發。欽此！等因。轉行到縣，知縣沈維基移會水利縣丞，查明縣屬堤圍，造册通報在案，所有册報各圍開列於後。

清 李兆洛《養一齋集》卷七《書蕭景雲焦岡湖考後》 鳳臺蕭生《焦岡湖考》甚詳密，故備録縣志中。其所擬議，尚有未盡然者。其云湖水廣而口狹，未能通利，余嘗於放水時親按行之，以水平度淮湖高下，湖水高於閘外幾三尺，而閘口出水處懸流不過四五寸，蓋小口溝長五里餘，又接中心溝三里餘，始至湖心。平漫處溝身既長，溝道又盤曲，故水流迂緩，其病在溝不能吸溜，使水勢直注閘口。若能使湖水駛抵閘口，懸流三尺而下，以水法度之，湖雖廣，不十日可涸。故其不通利之故，不在口狹也。又云引水難行，湖本低窪，不引水亦無不可。然大旱之年往往有湖底龜坼而淮水夏漲瀰漫遍灘者，若有引水處，便可放令滿溝，即行堵閉，使岡上之地亦可以藉資挹灌，有益無損也。又云暵乾之年，他地禾枯而湖苗倍收，毋須引水以救，此尤不然。所謂湖苗，或高粱、豆菉諸旱種耳，至於稻苗，不能無水而收也。湖底種旱糧，終爲非計，遇數寸驟雨，岡水下，稼悉壞矣。湖地雖下，然雖有盛潦，但外壩不破，則湖心之水極深處不過二尺，余於潦時屢以小舟親探之矣，吾鄉圩田終年積水尺許，宜禾而不能麥，以地下水無可泄也。今焦岡湖之地亦利於開水田耳，秋冬泄水以種麥，刈麥後引水灌之以種稻，爲利乃大。若可放而不可引，則一涸之後止可種旱糧，又畏驟雨成潦，殊非計也。其欲於燕湖故道築壩修閘，以輔小口，其言甚是。而燕湖口土性沙劣，工段又長，施工頗苦不易，且燕湖口以上所淤之田皆成膏産，距湖又遠，欲挑熟田爲溝，其勢恐不行，民情難與慮始。此間人尤愛逸而惡勞，苟且旦夕，莫爲久計，雖小引其端成之者，或俟後人耳。

《宋會要輯稿·職官六二》　十二年二月四日，詔：淮南轉運判官趙不流職事修舉，除直秘閣。七日，詔：端明殿學士知建康府錢良臣除資政殿學士。良臣言修築圩田了畢，上謂良臣職事不苟，於軍務尤留意，故有是命。

又《食貨一》　四年三月二十八日詔：宣州太平州圩田并近年所作，多是上等。及官户借力，假土人名籍請射修圍，今已成田，認納租税多爲奸猾告訐，因而成訟。可令本路提舉司下所屬州縣將應有假名人并許自陳，特與改正，充本户永業，其租税等并依額送納。

又《食貨八》　六月十二日，工部尚書兼侍讀張闡等言：竊見近降指揮將紹興府鑒湖田、明州廣德湖田盡賣，二湖元灌溉民田浩瀚，後緣民間侵種，遂作圩田。今若一概出賣，竊恐於民間別有所妨，如紹興府鑒湖曾立石碑，應深溝大港，并永遠存留以充灌溉。今欲乞專委紹興府明州守臣討論利害，詣實方可出賣。從之。

又　七年七月二十五日，將作少監馬希言奏：被旨覆實太平州修圩利病，欲望委視有圩田州縣守令措置，將圩內人户推一名有心力、田畝最高之人爲圩長，大圩兩人，每遇秋成，集本圩人夫於逐圩增修。面闊一尺，側厚一尺，脚闊二尺，須用堅土實築。若圩內人力不足，或闕工食，官中量行添助。如是五年不輟，則圩勢高厚，雖有湖潦，不能侵也。詔令逐州守臣措置。希言又言：乞再委三州軍守令應私圩未修去處，以田畝十分爲率，借米一分。今日下修葺。仍令被水之圩更與給借糧種，候秋熟分兩年剋納，并須遍及四遠鄉村，先以所管常平米支，如不足，轉運司就鄰近州縣取撥應副。從之。

又　淳熙十四年四月四日，知太平州張子顔言：本州管下圩田，除繁昌縣并是私圩。江湖隔遠，外所是當塗蕪湖兩縣諸圩。當塗受水特甚，至於斗門水函多以竹木爲之，間用磚石，往往不牢，致有損壞。今當塗縣重新改造斗門一十三所，石卷砌四所，水函八所。修砌舊係磚石斗門五所，水函一十所。蕪湖縣重新改造斗門八所，用磚石卷砌，今後每歲冬間農隙之時，先次增修大埂。今來興修内埂二十段，共長三萬二千三百八十二丈，計一百七十九里一百六十二丈，并已了畢。詔令守臣以時檢察，務爲久遠之利。

清　林則徐《林文忠公政書》卷二《上元江寧等六縣沿江地方被淹請撫恤摺》　奏爲查明上元等六縣沿江地方被水較重，仰懇天恩，量予撫恤，恭摺奏祈聖鑒事。竊照江蘇省本年夏間雨水較多，江、揚、淮、徐等屬叠沛滂沱，低窪之區積潦未能消退，加以上游黔、蜀、兩湖、江西、安徽之水併力東趨，來源過旺，江潮叠經盛發，沿江之上元、江寧、句容、江浦、六合、江都、儀徵、丹徒等縣潮汐泛漲，多被沖破圩圍，漫過堤埂，在田禾稻正在揚花，頓遭淹浸，業經臣林則徐於七月分雨水糧價摺内奏陳大概情形，一面飭司委員分投勘辦在案。旋查八月初三、四兩日雨大風狂，連宵達旦，各屬同日具報者十之七八，而江潮正當大汛，經此風浪沖擊，圩岸愈不能保護。茲據上元縣稟報，該縣北鄉沿江各圩潮水沖潰，田禾先已被淹，其東南鄉沿河一帶圩田前被河水灌注情形尚輕，復值江潮加漲，淹没殆盡，民情困苦。又據江寧縣稟報西鄉圩田均係貼近大江，前已被淹，七月中旬以後連遭大雨，江水盛漲，附近江圩之處一片汪洋。又東鄉貼近秦淮河之鳳東等區，因河水通江，江水加漲，擁入河内，水不能下流，倒漾散漫，田禾均遭淹没。又據句容縣稟報，北鄉地處低窪，自六月以來潮水泛溢，浸及低田，八月初三、四等日風雨連綿，江潮汹湧，前此未破之圩，水浸日久，堤脚已鬆，更值風潮盪激，遂致潰決。或因圩身塌矬過水，人力難施，田禾漂没，間有廬舍倒坍，棲止失所，尤堪憫惻。又據江浦縣稟報，低田圩岸先被江潮沖缺，禾苗俱在水中，房屋多有坍塌。洲地蘆葦被水漫淹，梗葉腐爛，迨七月二十五六等日潮水加長，地勢略高之腹内各圩，亦被漫破。又據儀徵縣稟報，東鄉沿江一帶外圩田畝前因風潮陡發，於六月十三等日先後被淹，八月初一二日來源湧急，水勢更大，兼值初三日大汛之期，風雨晝夜不息，江水泛溢，復將西鄉接壤六合之内圩田畝及南鄉未淹裏圩俱經淹浸。又據丹徒縣稟報，七月初一、二、三等日大汛期内東風大作，初四、五等日風雨交加，山水下注，以致江潮陡長，沿江低窪田廬同時均有淹漫，七月二十八、九及八月初一、二、三等日霪雨東風連宵達旦，兼之江北各路水勢驟注，潮汐更大，圩岸沖殘，各該民篷棲露宿，口食維艱，各等情先後稟請撫恤。并據江寧藩司趙盛奎、蘇州藩司陳鑾查明屬實，所需撫恤銀兩江屬即由司庫地丁正項銀内動撥，蘇屬在於道光十三年秋撥款内動支，委員賫往各處，隨査隨放，趕緊辦理，等情。詳請具奏前來。臣等伏査濱江各縣叠遭盛漲，雖水勢由漸而至，居民遷移高阜，人口尚無損傷，但田廬淹沒，棲食無資，情形較重。連日天已暢晴，潮仍未退，民間積淹日久，困苦倍形，若俟勘定栽分，再請接濟，實屬緩不濟急，自應先行撫恤，俾免流離失所。除一面飭司動放銀兩，責成該府督率印委各員周曆確查即行散給外，相應恭懇聖恩，俯准將上元、江寧、句容、江浦、儀徵、丹徒六縣沿江被淹各鄉先行撫恤一月折色口糧，以資接濟。至六合縣被水之處，已據該縣稟報，勸捐辦理。其江都縣被淹各處，據該縣稟報，察看民情，目前尚可支持，應請無庸撫恤。惟口連丹徒之廬田被淹較早，民情拮据，已由縣捐廉接濟。此外高渲、溧水二縣，因江漲灌湖，亦有泛溢。又淮揚一帶濱臨湖河，各州縣因洪湖水勢日增，將車邏南關及五里中壩次第拆除，以資宣洩，壩下田畝難免被淹。幸早稻業已全收，中稻亦可搶割，其晚稻是否可以保護，尚須隨時察看。至徐海各屬積雨數旬，低窪間有積水，節經飭令，設法疏消，冀於秋收不致大損。現在委員查勘，俟覆到核明，如尚有應須撫恤之處，亦即酌辦，另行具奏。所有上元等六縣應請先行撫恤緣由，謹合詞恭摺具奏，伏乞皇上聖鑒。謹奏。

清 林則徐《畿輔水利議·勸課獎勵》 怡賢親王請設營田疏，小民可與樂成，難與慮始。請擇河濱海施功容易之地，設營田專官經畫疆理，召募南方老農，課導耕種。其有力之家率先遵奉者，圩田一頃以上，分別旌賞。有能出資代人營治者，民則優旌，官則議叙，仍收十分之一，歸還原本至各屬。官田約數萬頃，請首先舉行，爲農民倡率。其浚流圩岸以及瀦水、節水、引水、戽水之法，一一酌量地勢，次第興修。一年成田，二年小稔，三年粒米。狼戾小民覩水田收穫之豐饒，自必鼓舞趨效，將凡可通水之處，無非多稼之鄉矣。户部議覆大學士朱軾條奏：一、自營己田者，照田畝多寡，給與九品以上五品以下頂帶，以示優旌。一、効力營田者，應酌量工程難易、頃畝多寡，分別録用。一、罣誤降革之員，効力營田者，准其開復。一、流徒以上人犯，効力營田者，准減等。

清 姚瑩《上陶制府尌籌浚儀河議》《兩淮鹽法志》卷一五七《雜紀門》 儀徵縣運鹽河向有内外二道。外運河自由關出江，至猫兒頸，達捆鹽洲。内運河自江都之三汊河東北受淮水，由石人頭入境，經朴樹灣、梁家灣、五帶子溝，又北受本境山水，過新城遶東門，至天池商垣越攔潮閘，南運、外運河匯此，爲屯船入運之河道，而民間百貨亦賴此二河運載。上下數十里，民田藉資灌溉，通商利民至便，亦最要也。數十年來，二河皆有更易，内河自三汊河之挑壩，廢淮水直人瓜洲，入儀之分流小弱，新城以下日形淺澀，天池久已淤墊，惟賴江潮自舊港南口漾入新城接濟，故屯船至此，改由臥虎閘南轉出舊港，以達捆鹽洲。商鹽垣捆改爲洲捆，蓋由於此。外河由沙漫洲，外突漲盛灘，江溜南趨，内添沙埂一道，土名回龍洲，壅塞江流，大船不能停泊，改於老河。影受載子鹽艓船，亦改由泗源溝駁運出江。此内外二河、運道更易之原委也。河道屢易而愈淺，非但鹽艘不便，而民間百貨阻運，圩田引灌無資，尤其苦之。

清 魏源《古微堂集·外集》卷六《湖廣水利論》 今則承平二百載，士满人满，湖北、湖南、江南各省沿江、沿漢、沿湖向日受水之地，無不築圩捍水成阡陌，治廬舍其中，於是平地無遺利。且湖廣無業之民多遷黔粤、川陝交界，刀耕火種，雖蠶叢峻嶺，老林邃谷，無土不墾，無門不闢，於是山地無遺利。平地無遺利則不受水，水必與人争地，而向日受水之區，十去五六矣。山無餘利則凡箐谷之中浮沙、壅泥、敗葉、陳根歷年壅積者，至是皆剷掘疏浮，隨大雨傾瀉而下，由山入溪，由溪達漢、達江，由江漢達湖，水去沙不去，遂爲洲渚。洲渚日高，湖底日淺，近水居民又從而圩之田之，而向日受水之區十去其七八矣。江漢上游舊有九穴十三口，爲泄水之地。今則南岸九穴淤，而自江至灃數百里，公安、石首、華容諸縣盡占爲湖田，北岸十三口淤，而夏首不復受江、監、利、沔陽縣亦長堤亘七百餘里，盡占爲圩田。

又《江南水利全書叙代》 道光十四年，蛟水陡漲，潦將入城。林公急檄太倉州決劉河白茆大壩，不二日水退數尺，歲仍大稔。急則泄水入海，常則蓄水隔潮，又豈非地勢使然哉？或者曰：此論地平也，而未及乎水平也。地平者形勢高下之一定水平，則低田築堤使大水不能入。民田可使堤外塘浦之水自高於江，而江水自高於海，誠能於沿湖州縣大修圩田，則足以東外水使之平，而東注建瓴。

清 韓文綺《韓大中丞奏議》卷三《請撥鹽義穀石片疏》 再江寧、江蘇兩藩司所屬大江以南被水地方，經臣等察看情形，應先撫恤一月口糧，并應招徠客販，借項采買米石，及先飭動碾倉穀，平糶濟食，各緣由會摺奏懇恩施在案。惟查發項赴隣省采運平糶，往返需時，各屬倉儲因災緩撥碾兵米，及節年因公動缺尚未采買齊全，存貯多寡不一，亦未便概行動，碾轉致空虛。覆察江蘇兩屬沿江州縣先於五、六月被水時，雖江湖頂阻積水，未能速消，然已晴霽多日，間有消露處所，農民竭力車戽，修補殘缺圩岸，分買稻禾補插，希冀有秋。詎於七月初二、三暨初八、九、十及十一、二等日，狂風驟雨，連宵達旦，上游復驟，發蛟水下注，而下游則江海潮湧，致已破圩田積水益深，未破之圩亦悉遭漫溢，汪洋一片，室廬淹浸坍塌，幾於棲避無所，較之旱災尚有家室可處者，其情更苦，實堪憫惻。臣等督飭藩司，加派幹員，分投查勘救濟，續加撫恤，務使災黎不至失所。而目前糧價增昂，平糶最爲要務，所請采運米石不能立時救急，秋深及冬春爲日正長，應爲將來之計。

清 陳作霖《可園文存》卷四《續開朱家山河工議》 滁、來、全、浦易被水災，黑水河既通，則滁水設有暴漲，可徑由宣化橋趨九洑洲以出江，不致奔衝潰決，而滁屬之圩田可保矣。且張家堡以東百餘里，六合圩田亦復不少，當山水猛決時，堤防時有毀敗，南城外之浮橋往往衝斷鐵索，覆溺多人。今由黑水河分之，則其怒必減，六合亦未嘗不蒙其利。觀嘉慶時發是議者，乃在六合之圩民，可見五州縣之農人無不願此舉者。行見江北一帶豐穰屢慶，民不告災，官不議振，此其大利一也。大江之危莫如黄天蕩，而九洑洲在其上游，瓜步在其下游，使内地可通舟楫，則畏險者亦可溯游於瓜步、九洑之間，免占風信之變遷，群幸波濤之利，涉危境而外有坦途矣。此其大利二也。

清 王先謙《東華録》卷七 户部等衙門遵旨議準直隸河防水利事宜，據和碩怡親王等疏言：直隸之衛河、淀河、子牙河、永定河皆匯於天津州大直沽入海，此直隸水道之大略也。衛河與汶河合流東下德棣，倉、景以下春多淺阻，一遇伏秋暴漲，不免潰溢。請將滄州南之磚河、青縣南之興濟河故道疏浚，於舊時建閘之處築減水壩，以洩衛河之漲。静海縣權家口亦築壩減水，白塘口入海之處并開直河一道，使磚河興濟河之委同歸白塘出口。修理海口舊閘，以時啓閉，則滄瀛以北水利興而水患除矣。東西二淀跨雄霸等十餘州縣，均應疏浚深廣，并多開引河，使諸淀脈絡相通。其已淤爲田畝者，四面開渠，中穿溝洫，庶圩田旱澇有備。其趙北、苑家二口爲東西二淀咽喉。趙北口堤長七里，板石橋共八座，俱應升高加闊。苑家口北之中亭河、上流之玉帶河，對岸爲十望河，均應開通，庶東西二淀無衝決之患矣。子牙河爲滹漳下流，清濁二漳發源山西，經廣平正定，而滹沱、滏陽、大陸之水會焉。其下流有清河、夾河、月河，皆分子牙之流，同趨於淀，宜開決分注。

《清續文獻通考》卷一二《水利田》 包世臣致江西陳撫書：江右産穀，全仗圩田。從前民奪湖以爲田，近則湖奪民以爲魚。圩田大都在會垣四面二百里内，失收六年，流亡過半，而堤身情形皆壁立，不能禦漲。民力既殫，公項亦匱，若遂聽之，則餘黎嗟靡遺矣。檢閲志乘，每縣圩名累百，其實圩堤不多，皆以一大圩包數十小圩，而小圩在腹内之業户，於大圩修廢從不聞問。大圩當江湖之衝，有如城垣。小圩包於大圩，隨地立名，間有子堤爲界，不過如城内民居之院墻。大圩一堤關數十圩之利害，而承堤止本圩業户是焉，得不壁立乎？有司注意唯在錢漕，從未有周歷巡視問錢漕之所從出者。今年張南昌極力從事於此，然亦未悉要領，觀志乘之不明晰，可見從來治江右者均未嘗知此事爲第一義也。是故一圩著險，有司以其完破無關大局而輕置之。及決後修復，仍不思爲變計，審定善後章程，於是無年不破圩，已江右變腴爲瘠，職由於此。宜飭守令認眞勘圩何處，坐灣何處，迎溜繪圖，貼説注明田糧若干，圖必仿蔣圖計里界朱之式，使遠近廣狹一目了然，官民合力修復鞏固。後立定新章，令小圩子堤各圩自承其大圩總堤，分别平險，如何畫分協修協守規條，刊刻成帙，使官民各有其書。庶幾增高繼長，以人勝天是先務之當爲急者。各圩缺口之下，一望白沙成阜，是皆六年前良田也。田去糧在，民安得不流亡無征？有解官安得不虧空？然曉諭查辦，則賣放熟田，徒爲奸胥之利。宜與有心民事之郡守熟籌借定承堤之章，挨查密辦，先得水衝沙壓，田畝確數，乃發明文，則官民并受實惠，而正供亦不致爲詭寄所累。

又 卷一三 徐有珂重浚三十六漊港，議曰：浙西杭、嘉、湖之地衆流交匯，萬壑争趨，喧豗奔騰，誠海隅澤國也。然西南山阻東鞏海塘數百里，間水無所洩，洩之者區區吴淞一口而已，而又甚遠。中間所藉以潴水者，則惟太湖，而杭、嘉湖衆水之趨太湖也，必呑吐於烏程之三十六漊，若咽喉。然漊西起小梅，東盡胡漊，皆在浙境。口皆北向，鱗排櫛比，四十餘里，地勢頗高。向時深闊，冬令積水不涸，今則涸矣。其南有横河一道貫其端，河面闊十丈至二十餘丈不等，杭、嘉、湖衆水之趨湖也，必穿此而出漊口，今亦淤矣。竊按平地湖郡低於杭嘉，而測其河底，則湖郡之三十六漊高於杭之五陵頭塘棲等處，及嘉之石門烏鎮等處并高於歸安之菱湖等處。每遇冬令，漊口已涸，而彼處有水深丈餘也。然則欲令河底南高北下，易於瀉水，必重浚漊港，加深尋丈矣。同治戊辰己巳，官浚深不及尺長，不及漊港三之一，如不重浚加深，則當霉雨連朝山水奔騰壅決不得入湖，如食遇噎，反湧横吐，無所不至，而圩田壞矣。

（光緒）《續修廬州府志》卷一三　安徽巡撫朱珪爲察勘情形，據實覆奏事。臣於四月初四日前抵工所，逐加履勘，查無爲州南四十里，前臨大江，沿江築圩，綿亘幾二百里。圩内俱係圩田，緣江水北漲，而内河之水迤邐，東南惟永城圩處所一線單堤，幾有江河合流之患。查張謝圩現修圩工長二百餘丈，工程業有五分。至永城圩，現在幫築修補，工亦及半。惟是内河逼近圩根，外勢頂衝，内無餘地，最爲險要。

又　安徽巡撫朱珪爲驗收無爲州上河工程，據實陳奏事。茲據廬州知府和騰額、署無爲知州趙霖禀報，上河工程於三月二十六日，全河一律完竣。請驗前來。又準督臣書麟札會屬臣，先行驗收，放水以便人夫歸農。初四日，抵工查驗，看得上河工程由二沈家鬧起，至東圩鬧止，計長十六里六分，面寬三十丈，底寬十五丈，中深一丈五尺。臣督同廬鳳道及該府州逐加探量，與原奏丈尺俱屬相符。隨飭將留驗土埂，及首尾攔壩起樁挑挖。臣親駐河岸日夜督催，於初七日申刻開埂放水，河流暢順，舟楫通行。該處距江較遠，且北倚王姥山麓，實可保護圩田，一勞永逸。臣仍飭於舊河上下各築攔河壩一道，使全河皆歸新流，其永成各圩及臨江大壩，飭令隨時保護，務期一律穩固。

又　我州四面皆水，多係圩田，泥汊、神塘、裕溪三河通江，原係古制，實爲利賴。間遇江水盛漲之年，灌入内河圩堤，不無臨險，若得圩民齊心救護，亦無妨碍。自兩口堵塞，江潮雖不能入，而腹内黄皮湖、白湖上承舒廬二邑，并巢湖之水，均由州境一線河流自南而北，繞到黄雒河，以入裕溪。出入内河，形勢灣曲，水行紆緩，既難暢遂，自必横流，放決隨處，浸漫我等腹地數百圩。面面臨水，年年受害，若再不將兩河疏通建閘，專任堵塞，終成腹心膨脹之症。卑府又問爾等既深知兩口堵塞爲害，何以當日禀請築壩之事。據稱當日祇知江潮爲患，未嘗計及山洪，蓋知其一而不知其二。築壩之舉自春夏潮漲時計之，誠爲有益，自秋冬放水時計之，實有大害。即如去年白茅決口，江水内灌，内河、内湖之水更難疏消，至今無、廬交界固皆一律汪洋，而泥汊壩内各圩亦已積成巨浸等語。卑府旋往泥汊查勘，經該處巡檢華君鏞帶同圩民數百人環求掘壩放水，旬日之間，方能涸出田地。至今暫改陡門，以便疏洩，是其明驗。又往勘神塘河，上承廬邑湖水來源，以洩州南之水，當江流倒灌時，原可堵塞。至旱年水平時，亦宜疏通。由此觀之，泥汊、神塘兩河之塞，不特夏日廬江之民切齒不便，即現在無爲之民亦共相嗟怨，深爲不便矣。又查卑府地形西北高而東南低，即無爲地勢亦然，該州將南面江口閉塞，而抑水北趨，内河豈不瀦決爲患？自來水鄉河道均須宣洩疏通，或建閘啓閉，從未有專任堵塞一法。該州境内三口裕溪專洩巢湖之水，泥汊專洩黄白兩湖之水，神塘分洩州南之水。古人創興水利，成此三河，已歷數千百年，從無更易。即道光時頻年江水爲灾，亦祇議建閘，未聞將江口堵塞。尹前牧爲一時權宜之計，遂將兩河堵閉，去一患又增一患。後之牧令非不知塞河之害、建閘之利，奈艱於籌款，亦泄沓因循。

又　州人一翰清，光緒三年禀請開河建閘，禀州壤素稱澤國，外築江圩以禦江潮，屢沐皇仁借帑興修，金湯鞏固；圩内圩田資以保障，民生利賴，闢田日廣。闔州田賦百萬，而圩鄉實居其七，汪圩之後是爲上河，乾隆五十八年經前督憲書撫憲朱奏奉俞旨開挖十六里有奇。三閱月而工告蕆，上通廬江，下爲況汊。凡通江之水口有三：曰泥汊，曰神塘，曰裕溪。泥汊居上，春水方生，上接至鳳凰頸，引黄、白二湖西來之水，折而至飛雁投湖，以迤於東。秋冬水落，下注於江，河道數十里，形如弦，直出水利，便實爲廬邑之水口。神塘居中，河面既寬，河底亦深，水得順流。州城距河口五十里，較他處爲近，州境諸水所由出焉。裕溪最下，上洩巢湖，全湖之大，旁引黄、白二湖之遠，二水合流，其源各數百里，江潮内灌，夏秋暴漲，運漕、黄雒河交匯之區，泛濫洋溢，莫必西東。冬令水退，出口則尤爲湍急，此則州境水利情形之大致也。同治八九年，大冰。垻圩連破，幾成巨浸。十一年圩田又水，圩内之民兵燹之餘，加以饑饉，十室九空，朝不謀夕。十二年，尹前州謀諸紳董，爲暫拯目前之急，冀免江潮之患，將雨河口堵閉。原議俟民方少舒作建閘疏河之計，其如州民元氣未復，艱於圖始，自兩河堵閉，經今七載，各邑之水計程三百餘里，并出裕溪。一日加以江潮，春入洪泥，年年墊塞河身，秋冬出水，停蓄坦緩，力不能任其沖刷馴致。州西南鄉上抵廬江百餘里，圩田年年積潦難退，内浸汪洋。田低河高，無法疏放，不能播種。有田如無，户口逃亡，糧賦虚懸，爲患一也。閘遇久旱之歲，内無山洪積潦，偶涸而播種，後期江朝不得逆入，上灌支河、汊港，盡行淺竭。圩田向無塘垻，即欲就大河桔槔取水，非數十盤難到江心，人力疲而腴田廢成荒畝，爲患二也。圩内之民即起垻之夫，圩荒民散，垻工誰任？爲患三也。即幸岡圩閒有所收，穀米堆積，難遇富商大舸入河收買，但用小划展轉撥運，出江零售，往往不得平值。穀賤民窮，爲患四也。河身淤墊，日壅日高，圩田則日形窪下，年復一年。設遇山洪猛發，不僅廬、無圩田盡付波臣，而建瓴之勢直汪和含内漫，巢合厥患尤鉅，何可勝言？爲患五也。此五患者，州民無不疾首蹙額而相告，即職等亦徒嘆望洋，罔知所措。猶幸有貢生蔣一鑒著有《閘説》一篇，極爲暢諭，因取其説相爲集議。僉謂爲今之計，泥汊、神塘兩渡口欲求宣蓄得宜，圩田無旱澇之患，非建閘不可。然揆今時勢，建閘之舉亦有不易者五。昔年泥汊口水路出入，并無阻塞。今姚家溝已越兜垻，廬江之水不得直出，必須由百子橋螺絲溝開挖舊河十五里，以通飛雁投湖，引大河之水，以洩於江。而上河白鳳凰頸以上節節淤淺，非全河大加疏浚，水不得暢行，一不易。兩閘并建，需費不貲，匪獨勸捐，派夫民力，萬有不及。縱能仰邀憲恩，籌借鉅款，勉力興工，將來攤征還款，廬、無二邑受其利。

（光緒）《重修安徽通志》卷六一　朱珪覆奏疏略：臣於四月初四日前抵工所履勘，查無爲州南四十里前臨大江，沿江築壩，綿亙幾二百里。壩内俱係圩田，緣江水北漲，而内河之水迆邐。東南惟永成圩處所一線單堤，幾有江河合流之患。查張謝圩現修壩工長二百餘丈，工程業有五分，至永成圩現在幫築修補，工亦及半。惟是内河偪近壩根，外勢頂衝，内無餘地，最爲險要。仰蒙我皇上鏡照如神，硃筆畫志，將内河開挖取直，俾溜勢離壩稍遠，可以化險爲易，眞切要之工不可緩者也。臣遵即面諭董事等於河身東北開引河一道，計長二百四十丈，面寬三十丈，深一丈五尺，即日趕緊興工，限一月開竣。然後築闌河壩，使河水由北東暢流，而永成圩内河可以涸出餘地幫築裏壩，以爲重門保障，可免沖潰之虞矣。再書麟所請，由二沈家牐起，至東圩牐止，開挖上河一道，計長十六里六分。此河開成，則黄、白二湖之水依王姥山麓而東，約距江已遠數里，輿情踴躍，萬口皆符。但工程較大，雖係紳士保護田廬，出資捐辦，若經理稍有不善，則不肖官吏藉端侵肥，無籍匪徒包攬勒索，尤不可不嚴加防杜。臣確詢輿論，引河工竣，已届盛夏，水漲農忙，難以興工。須俟秋收後水勢既定，即行開挖，趕於立春前竣事，則事半功倍，實爲合宜。隨公選殷，實董事盧大鵬等分段承挑，以專責成。其餘各糧户通力出夫集事，民力民辦，地方官祇令彈壓催查，概不攙越，如有官吏藉端滋擾，臣即據實嚴參，毋稍假借。查無爲知州蘇椿現在丁憂，臣遴有壽州知州趙霖結實勤幹，檄委署事，諄飭實力，稽察分段。樹椿明白出示，務期諸弊肅清，并委廬州知府和騰額及府州丞倅等分番催查。臣於壩工引河將竣，再親赴工驗收，其上河届開工之期，仍隨時往來督查，俟工竣放水，前咨會臣，書麟親往查驗，其開河挑廢田畝糧額，飭藩司周墫查辦外，所有現在開挖引河，及繪圖貼説，恭呈睿鑒。又奏據廬州知府和騰額署無爲州知州趙霖禀報上河工程，於三月二十六日全河一律完竣，請驗前來。又準督臣書麟札會屬臣，先行驗收放水，以便人夫歸農。初四日，抵工查驗，逐加探量，與原奏丈尺俱屬相符，隨飭將留驗土埕及首尾攔壩起椿挑挖，臣親駐河岸，日夜督催，於初七日申刻開埕放水，河溜暢順，舟楫通行。該處距江較遠，且北倚王姥山麓，實可保護圩田，一勞永逸。臣仍飭於舊河上下，各築攔河壩一道，使全河皆歸新溜，其永成各圩及臨河大壩，飭令隨時保護，務期一律穩固。至董事原任華州知州盧大鵬及蕭萬潮、謝之芸、謝裔寵、孫純、徐必烜、戴時叙、凌鐸、錢黿、蕭恒、王自鍾十一人俱屬急公蕆事，當即酌給扁額，以示獎勵。該府和騰額、該署州趙霖與各委員等實力催查，并無侵擾情弊，輿論帖然，除挑廢田畝糧額飭藩司周墫查核題豁外，所有驗收上河工竣情形，據實奏聞。

綜述

宋 翟汝文《忠惠集》卷四《水利司官措置湖秀州圩田成推恩制》　朕修水土之政，導川澤之饒，力本裕民。於是乎在汝，荒度遺利，克底成績，民用豐殖，不艱於歲。大賞國之典，以示必信，使人砥礪，而樂於趨赴，其可稽乎？

宋 劉一止《苕溪集》卷四〇《蔡年世任太平州通判修復官私圩田增收到租米七萬九千八百六十三石奉聖旨轉一官》　敕具官某：朕惟：農天下之大本，民所恃以養生者也。故鄉者下營田之令、督勸農之官，且察其勤惰而賞罰加焉。爾奉職恪虔，績效著見，進階一等，以示寵榮。尚其勉旃，服此明訓。可。

宋 汪藻《浮溪集》卷二五《朝請大夫直秘閣致仕吴君墓志銘》　縣有圩田，民生理寓，江中秋大雨，圩且決，君（按指吴懋）朝夕暴露，治其防，民賴以濟。既去，父老指防而嘆曰：微此，吾其魚乎。

宋 劉克莊《後村集》卷一四五《碑囿山林侍》　丙辰六月至郡，視圩田旱損高下，蠲其租。

（紹定）《吴郡志》卷一九　古者既爲縱浦以通於江，又爲横塘以分其勢，使水行於外，田成於内，有圩田之象焉。故水雖大而不能爲田之害，必歸於江海而後已。

（景定）《建康志》卷一四　朝旨：括吴淵、吴潛圩田之在府境者，以租入隸總領所。

又 卷四一《圩租》　景定二年準省札，坐下江東轉運司括到吴府圩田租數，隸建康府。

《元史》卷三六《文宗五》　鐵木兒言：平江、松江、澱山湖圩田方五百頃，有奇當入官糧七千七百石，其總佃者死，頗爲人占耕。

明 黄潤玉《澌湖圩田記》（康熙）《含山縣志》卷二八　澌湖，邑大澤也，南石門諸源循龍角，而委北蒼山一水會縣河來瀦，夏長成淵，冬涸如原，自郡縣來嘗堰水濟旱址廢迹存。永樂初，和州幕僚張良興睹其冬涸，奏爲田而增賦，馬步之邑，籍田五千八百三十四畝五分額之，算賦三百一十二石有奇。核之，則不可稼，而虚賦議升斗散派邑之千七百家。銅城諸鄉以理拒之，莫能屈乃檢梅山鄉田丁多寡强授之不稼，而又入賦期五十年于兹矣。然始之虚賦加之，遠輸逋丁日耗累，民日貧，景泰癸酉予來詢狀，或曰：湖淤肥膩，幸築圩獲穀歲倍。遂於是冬優賦輸學，計田出丁，得六百五十人，自十一月乙未至十二月甲子，不風不雨，功易圩速。復輸民壯三百促成之，凡計圩週一千九百一十四丈，下者博二丈五尺崇一丈四尺，址高者博一丈，半之潤，通博三丈五尺三寸，日長至圩成而風雨雪作比晴。邑佐方公善携酒邀予樂之，且曰：成難毁易，願有請焉。於是命田丁數家屋圩上時補其罅漏，俾勿壞。

（成化）《重修毗陵志》卷五　凡各處閘洪、陂塘、圩田、濱江近河堤岸，有損壞當修築者，□計工程多寡，務要農隙之時，董起人夫用工。或人力不敷工程多者，先於緊要去處整理。

明 方謨《横塘橋記》（嘉靖）《銅陵縣志》卷八　縣治郭門之東不百步許，有湖曰『天井』。湖之埂横截連接通道，官客過臨，民物來往，徒行負荷，悉經此湖。抵高村齋塘諸圩田數千頃，昔人于湖之下決埂丈餘置橋閘，疏導其水，達于縣河入大江。

（弘治）《湖州府志》卷六　太湖舊有沿湖之堤，多爲溇，溇有斗門，制以巨木，甚固。門各有插版，遇旱則閉之，以防溪水之走洩，有東北風亦閉之，以防湖水之暴漲。舟行且有所泊，官主其事，爲利浩博，後漸堙廢，頗爲郡害。余觀蘇東坡《水利奏議》云：『太湖受諸州之水，先治吴江南岸茭葑蘆葦之積，則水東瀉而無壅滯之患，諸州利矣。』今觀之吴江茭葦屯結尤甚，皆成圩田。其長橋諸洞堙塞殆盡，比來十水九潦，不可救捍，後之治水者，宜究心當先務也。

明 楊循吉《廬陽客記》　無爲州雖多山而近江，其地平夷，與江水相低昂，又爲巢湖諸水之所出，故多圩田。其大者有十，皆引河渠爲灌，其所利不啻萬頃，而江流泛漲亦蹈其害。

又　巢縣西濱巢湖，東通大江多圩田，其南多山，則亦有堰有壩，而塘之大小雜然相望，然當隴阪之間爲塘以灌，皆民私力自潤，僅僅不足旱，則耕農先憂之，大率其田視諸邑爲瘠。

明 曹胤儒《東南水利議》《吴中水利全書》卷二二 范蠡、郭璞之言，合若後人所稱松江、東江、婁江，今惟婁江爲大東江，自築圩田護塘，之後堙絶已久。

（嘉靖）《江陰縣志》卷三《芙蓉湖》 芙蓉湖，宋志云：在縣南四十里。《寰宇記》云：即射貴湖，一名上湖。陸羽《記》云：南控長州，東連江陰，北掩晋陵，周圍一萬五千三百頃。又號『三山湖』，今皆爲圩田。

（嘉靖）《吴邑志》卷六 國朝夏、周二公祠在胥門外，運河之西岸。夏公，諱原吉，湖廣湘陰人。永樂初，以户部尚書奉命治水浙西有功，圩田高下蓄洩得宜，致粒米狼戾，斗價十錢。凡作工前後幾三載，卒，謚忠靖。

明 吴道南《吴文恪公文集》卷四《黄河》 濟博之境，河决不可使之北，宜專委大臣俾於下流遞東之地，擇利便污下處，條爲數河以分勢。又於支河旁宜秔稻之地，依江南法創圩田。多張水門，引水以溉，候水勢減，然後泝下流而上，或疏或浚，令河自深廣，足以容水。如此則中有所受，下有所納，而無泛溢東潰之害。

明 朱國楨《朱文肅公集·畣朱大復議興工作書》 承諭修圩事，慮田多不貲，深計終始苦心哉。第不佞持籌數年矣，天下無一畝之圩，圩田滋多，堤滋省費，滋約此大較也。今日論賑不論修圩，修圩者，借以實行吾賑者也，千金之米計一千二百五十石，准前議募工四萬一千有奇，圍田四千九百畝，食力之半分賑老弱。如常賑法計十二萬人有奇，以千金十之充十六萬人十日之粮，以十六萬人再半縮之充四萬人四十日之粮，總計二萬金，可治田九千八百頃。提厚薄濶狹有差，吾約其二然四萬人百日之粮，此實數也，弟恐圩田少，不足盡贍飢民，思以煮粥、修湖塘佐之，兄猶過計其不貲乎哉？天下事無全利，亦無全害，顧利害之輕重大小有灼然不可易者，修築受粟者必飢民分賑，飢者未必受粟修築，即不盡核十得七，按籍可責償也。

明 葛寅亮《金陵梵刹志》卷二 洪武十六年正月二十一日，天界善世禪寺住持行椿具奏：荷蒙聖恩，欽賞上元縣丹陽鄉靖安湖墊鎮田地貳拾頃有零，溧水縣永寧鄉相國圩田叁拾玖頃有零，溧陽縣永城等鄉黄蘆雁西趙三圩田叁拾頃有零。每頃田壹夫常住，盤費艱難，將田土獻納還官。

又 洪武十八年乙丑，天界寺住持行椿具奏：本寺蒙欽賞溧陽縣没官田叁千玖百玖拾畝零，坐落黄蘆雁。西趙三圩，田土肥瘠不等，差僧彌浄往會僧會司官踏看，分上、中、下三等。每畝上田科米柒斗玖升，中田科米柒斗伍升，下田科米柒斗貳升，各佃自運付本寺交納，恐日後不無混賴，合刻碑爲記永遠遵守，奉聖旨『是』。欽此。

（萬曆）《常州府志》卷三 其低下之所多是圩田，在東鄉則圩之大者不過百畝，小者僅數十畝，只須令民歲加修築塍岸完固，縱暴水浸溢，而禾苗亦可并力戽救。若西鄉圩田，其最廣博者動盈數千畝，縱塍岸延亘堅完，然積漲瀰流難施車戽，則當令民多穿溝洫，或如高田深塘之制，各從其便，圍爲埂塍，任其折田多寡界作小圩，如東鄉款段，俾民易于分力車戽，其所折田額亦如前法補之。

（萬曆）《新修南昌府志》卷一《新建縣圖説》 治麗城西隅衝劇，與南昌埒，而民稍良，訟是用希。撩原、奇麗雙江匯環，蓋都會雄觀爲玆邑所有。初濱湖下流之地，委萍藻魚鼈之鄉，圩田既興，菑畬攸墾，乾溢豐歉，民命縣綫。故賦籍逋，而吏弊熾，其水草之交細，民易與爲亂，蓋備禦稍警夫昔矣。

明 施沛《南京都察院志》卷一四《屯田四道》 正德十五年閏八月初九日，敕南京管理屯田監察御史先該御史曹鏜：南京應天等衛屯田坐落江北，滁、和、江、浦等州縣，地方多係低窪圩田。【略】山水發，止有古河一道，泄水不及。

明 陳仁錫《圍田議》《吴中水利全書》卷二二 吴中水利乃國家財賦之源，生民衣食之本，而今頻年渰没，頻年荒歉，此曷故哉，皆繇水道壅遏不能開浚之故也。夫吴淞江横亘蘇、松二郡，流長二百餘里；其次，則白茆、青陽等河，震澤之水，繇此入海。嘉靖以前，或部郎或府佐專督水利，有時疏洩，倘遇水灾，易漲易退，低區不盡渰没，即有凶年倉粟有餘，尚可抵補。邇年以來，水利無專官，萬歷丁亥年間，治水許憲副，雖曾具牒設處河工之費，未竟而中止。迄今六十餘年，潮汐往來，逆湧濁沙，日增月累，附近勢豪圍爲平田，不知幾千萬畝矣，即以此升科抵補荒糧，謂權宜之計耶。若當事者力主此議，恐豪右不能無阻撓也，然則如之何，而可必也治田乎？夫治河不若治田，而治田必先治岸，蓋水田以圩岸爲存亡。近年百姓罹水災之害，家計空乏，救死不贍，不暇修繕，故圩岸俱爲烏有。萬曆戊戌間，本縣鄧父母設處官銀曾一修築，而節遇水灾，十無一存，故今之治田，當以治岸爲先也。所可恨者，業主坐享田中之利，而至於修築之費，茫然不加之意。反使區圖塘長，小民爲之，夫塘長之役，不過廿畝之家充之，其家計幾何？而况水利衙官，需其常例；衙門書皁，索其酒貲。所費已不能堪，若之何而能辦此役也？其必官大户業主給工費，與佃田者協力而爲之可乎。方今陰雨浹旬，河流暴漲，工本之多，成功之難，比于先年尤甚也，故水利不可不及時修也。

明 金聲《東圩堨記》（道光）《休寧縣志》卷二 一東圩之有堨也，自元邑宰陳公始也。陳公來宰吾休，知郭以比有溪，溪以東有洲，洲當北鄉孔道荆榛，蘆葦綿延週數里，狐狸之所居，豺狼之所嗥，寇盗之所充斥，過者苦爲畏途。爰於政修人和，日循行相度，立命芟夷之，燒薙之，非種必鋤，俾無滋蔓，且又恐其萌蘖之復生也。闢洲爲田使農者，以耕以耨於其間，更於峽口築堨，鑿東西二渠，蜿蜒阡陌中，每當盛夏水涸，則障水入渠，引渠灌田，不勞餘力，而是東圩之田，遂已成爲沃壤。陳公去，而人猶名之曰『陳公堨蓋』，以識弗忘也。然是溪源發石坼行山谷間六七十里，而後得至峽口，怒濤衝激，於兹爲甚，自是一瀉至於城下，遶城而西而南而東，皆深潭低岸，漸無束縛，故距今二百餘載，堨遂傾圮，而無存田，亦蕪穢，而不可治。向所謂狐狸、豺狼、寇盗，考又漸居之嗥之而充斥之矣。當道者，思有以除其害而興其利，往往苦於費大而中阻。汝吉汪先生，余戚友也，聞而慨然曰：此何如事？生是土者，不之任而盡諉之宰，是土者可乎？亟請諸官獨肩其責，鳩工伐石，不一載而復還。舊觀計費萬二千金有奇，碣成當勒石垂後，幸其成者，其來求記於余。余惟徽地山多田少，歲食皆仰給於饒越，即吾休處徽中區，而田且不敵於山之二。今東圩田適負郭膏腴，遍布溝洫，縱横纍纍數千餘畝，因其地而治之，不可謂非此邦一大利也。先生繼陳公而興捐，其利於已而公其利於人，其與陳公并傳不朽也。固宜余舊列史館，凡一言一行之善，必恩傳之，而不敢忽刓，其近在吾鄉善及吾邑者哉，且吾鄉邑中容或有可耕之地，如東圩者倘盡，如先生之不惜其利以利人，則仰食之憂，庶幾其少紓乎，是爲記。

清 嚴首昇《瀨園詩文集・文集》卷一五《水利》 水經所注大者江漢，小者若雲、若夢、若沱、若澧、若羅、若昌、若沅、若湘、咸岳屬也，岳誠澤國矣。宋永熙初，遣程灝等八使，察農田水利，所在皆有陂湖，湖高于田，田又高于江海，旱則決湖溉田，潦則決田入海，故兩不病。岳之巴以東，澧以西，水自山溪中出者，百泉暴集，勢若建瓴，其在華與安，則汪洋千頃，城郭如筏，未可以古法從事。正統時，特簡水部王士華同方伯蹇賢駐境築防，利賴二百年未艾也，頃大亂之餘，防盡潰衆，既維魚田汙萊矣。考堤防始自戰國，葢與水争土也。圩田、湖田始自宋政和以後，所争又在堤防之外，雖地力嫌于過盡，然亦户口繁增，使然予爲岳，拭目以俟。

清 嚴書開《嚴逸山先生文集》卷三《石溪嚴氏小宗公田記》

先參政府君，生平加意宗黨，甚篤厚，嘗欲建祠買田，垂裕無疆。自予告後，甫經營始祖墓産，遽逢鼎革，賫恨九京，書開兄弟恒思紹衣先訓，稍少區畫連年，多故有志未逮。丁酉之夏，本里楊氏戕毁其故居，其地距始祖墓塋之陰一里而近，我宗人咸謂是祖塋藩屏撤之勿忍。書開謹聞，其事於大父比部公，比部公諄諄命之曰：『是汝父之志也。』于是，書開暨弟書成捐金成券，已遂營繕之。爲飲福公室，自今以往，每春秋祀事畢，則少長咸集，載歌燕宜，或間以暇日。書開自率親子弟讀書習禮于其中，已有謹奉。參政府君所分授退卒賓伏等圩田地蕩七十五畝有奇，爲小宗公田。其間收發事宜，具如後帽所載，因志其槩，以告於族之尊者長者，以逮於來賢，冀貽諸永久云。己亥季夏穀旦恭記。【略】

一、我宗祭田自三支封。兵馬公置小洋圩田十四畝後，參政府君又續置川三圩田一十畝，向俱立入嚴祖户内。今所新增之産，擬另立一户，每年賦役俱書開支。當與舊户不敢相涉，蓋向所置者，爲大宗祀産。而此所立者，爲小宗公田。其享祀，則上達於如遷而周給，則惟逮於五服也。

又《盛二圩祭田永遠納辦户册記略》代族長 自我始祖竹堂府君至三世祖亞中府君，塋墓向惟栢屏，文林公於嘉靖壬辰置小洋圩田十四畝，永供祀事。後琢如大參，於崇禎辛巳增置川三圩田十畝，而璞庵令尹又嘗仰體充涵公孝享至意，欲以所受盛二圩田九畝增益之，而未果。茲已克成厥志，又子佩、廣文亦有遺命，以川三圩税田二畝四分襄助焉，總計之爲田僅三十有餘畝。而吾里又非沃壤，雖上産畝租不過一石，而稍贏供納之外，餘剩無幾，祖德隆厚，子姓繁衍，每歲春秋二祀飲福者日多，司祭恒苦不給。今議遵炤墓地舊例，將口産分派通族户下辦税，則族屬均輸賦役，免繁苛之累承祀，則租資優贍，蒸嘗鮮匱乏之虞。諮詢僉同幽明協順，所有田畝、號數及分立户名具詳於後。庶幾永久遵守，以俟後之敦本追遠善繼善述者恢弘而光大之。康熙辛亥中元日族長某公議。

又 卷四《五郡穀粟贏乏説》 今天下穀粟，近則宜興、溧陽之粳米，遠則江廣、淮南、河北之秈米、麥豆。舳艫相啣，集于閶闔者，歲不下千萬石。然受其委輸者，僅僅蘇、松、杭、嘉、湖五郡而已。則是以五郡之人歲食天下千萬石之穀粟，而不見其有餘也。其所以缺食至斯者，由田功之未盡也。田功之所以未盡者，由水利之廢壞也。宋范文正公疏言：昔五季列藩割據，遇荐饑，欲乞糴無從，故各務于農，以足其國囊。吴越未納土時，蘇州營田軍合四郡七八千人專田功，防江築堤以宣水患，于時民間錢五百糴米一石。自皇朝一統，慢農政而不修江南圩田，浙西河塘之利日廢，今米石不下六七百錢，稍荒輒倍，民困國貧，固其所也。

又 卷六《乙未東游日記》 洪武中，河決原武之黑陽山，遂東經開封城北，南至項城，入潁壽全注于淮嗣。後屢有疏決，要皆全合于淮以南入于海，而東北入海之舊迹。遂淤自荆隆口決其勢，復自西而東而北，蓋將運九河古道也。天其意者，哀東南轉輸之艱，姑殺其浩瀚，使漕渠中梗，使謀國者思所以變計乎。又意者，以東北多曠土，姑沃以洪流，使得隨地勢穿渠引河分殺水怒，因如丘文莊書所言，擇便利堪種藝處，依江南圩田法，引水灌溉，可使足食，無所藉漕轉乎，誠委心計重臣，順其性，導之入海，毋惜金錢，捐數歲，治河者，治東北溝塗疆理可也。

清 潘天成《鐵廬集》卷二《治河四》 今夫固高堰使全淮之水從清口灌注于河，共趨于海，所以利漕也。于淮揚高寶以下諸州邑，尤有利焉。使高堰不固，淮水潰決，淮揚以下諸州邑不將爲魚乎？不必潰決，或霖雨連朝，淮水暴漲，從高堰六壩漫入射陽諸湖，下流不通，不能奔放于海，即天長、邵白、橋墅等處亦將泛溢爲患，而况泰興、興化、泰州之當下流者乎？高堰之築，始于漢末之陳登，修治于明初之陳瑄，復修于潘季馴。季馴築堰長八十里，起自武家墩，經大小磨、阜陵湖、周家橋、翟壩，以捍淮之東侵。又淮之北岸有王潤、張福二口，淮水每從此洩入黄河，致淮水力分，而清口淤淺，且黄水亦從此灌入于淮，于是并力築堤，使淮無所出黄無所入，使全淮畢趨清口會于大河以入海，而河與漕俱治矣。然黄河地脉本高，泥沙停滯。清口淤塞。淮水不能直入于河。阜陵洪澤泛溢，而高堰不能不潰矣，此不可不有以疏之浚之也。又翟壩在周家橋南二十餘里，爲山陽盱眙接界。長老云：周家翟壩長二十五里，與高郵南北金門兩閘西堤四十里相對，周橋、翟壩決而高郵南北衝溢無寧時矣。愚故曰：固高堰、高寶以下諸州邑尤利也，然高寶以下諸州邑不多疏支河以分殺，其勢又安能無害乎？古語云：『防民之口，甚于防川。』當決之使流高寶以下州邑之地，當如江南圩田法，或方數里數十里四圍開溝，取土築堤，溝之深廣即堤之高濶，堤旁植榆桑、柘蠟、子樹以固堤，使水不能衝嚙，又有材木絲繭之利焉。溝中種菱、芡、蓮、蒲、萑、葦，使水波不揚，又有魚蝦食物之利焉。外有入海之處，循范文正所築之海塘捍門，自爲啓閉，内水暴漲，衝開捍門，奔放于海，潮水泛溢，倒閉捍門，使不入于内河，潮退，泥沙積于堤外，以成高埠、海濱之人謂之『海龍』。今范公堤外，或沙漲數十里、數百里，初殖菱、蘆，積久堅實，以爲村落。田疇家備舟楫，或河海泛溢，居民乘之而避，不至淹沒，且平日取魚蝦，或裝載貿易，間有賊寇生發，居民欲保身家，家自爲戰，官兵助之，無不勝焉，此誠永遠之利，而終無害者也。

清 楊世學《請復治河成法疏順治九年**》**《皇清奏議》卷五　雲南道試監察御史臣楊世學，謹題爲民力困於治河成法壞於浮議，敬陳管見，以圖久安事。臣伏覩皇上親政以來，民瘼國計事事釐剔，漸有可觀。獨治河之役，在總河臣楊芳興歲歲報工，歲歲告潰，麋費至數十萬，爲時已及九年，迄無成績。昨見河南按臣王亮《教洙源決口》一疏，伏讀綸音，念及賠至六十餘萬，民苦極矣，朕心惻然，是皇上宵旰而圖者，此也。今邳州又以河患見告矣，勞民傷財日復一日，何所底止？豈河之終不可治哉，臣謂由於水性未審本計未得故也。臣謹按大禹疏河爲九道以入海，朱子謂其專就低處下手，下流既通，上流自治，故賈讓曰：『善治川者，無貴塞之。』又韓牧曰：『河縱不能爲九，但爲四、五必當有益。』徐有貞曰：『堙之則潰者益潰，淤者益淤。不如疏之使平，多建閘壩，以時啓閉，無溢無涸，河乃得安。』是數説者，治河之道未有不使之多途以入海者也。今之水勢與前代雖異而實同。前代止治河，今則兼治淮矣，蓋淮爲河之下流，而濱海諸州縣，如鹽城、興化、泰州、劉莊、白駒諸鹽場，則又淮之下流也。各處下有海口，上有閘壩，河水暴漲，多開閘壩，使出海口，則自無潰決，乃前代已行之利。臣聞鼎革之初，居民因新昌餘賊緣海遁去，漸次堵塞，繼而行水之處變爲圩田，土豪銜（衜）據爲己有，遂久假不歸，此海口之所由始塞也。水東入海，鹽船重載，逆挽而西，致費人力。

清 方苞《望溪集》卷六《與李覺庵書》

適聞足下改官，巡撫山東，足下門望資格，得此非過。而僕有意外之幸者，以舊游齊魯間，私心所蓄，欲藉手於足下以發其端緒也。僕嘗謂今居古岳牧之任者，不在飾小仁、著小義，惟當建設長利，廣厲風教，爲國家厚根本。僕嘗自濟寧赴清河，道經馬闌屯，彌望不見邊際，地沃衍而無居人，窮日之力，始抵逆旅，茅屋數區舍後麥高六七尺，其莖不足以任其穟。問：『何以無耕者？』曰：『每水至高丈餘，則廬舍沒矣。』僕生長山澤，習農事，凡下地利圩田，築堤障水，而人耕其中，時蓄泄，歲入倍平壤。江介故有大澤，南宋時土人獻策，開永豐、太平諸圩，六七百年以來，宣、歙諸州皆仰食焉。永豐、太平之堤，有高至三丈者。今馬闌屯水深才丈餘耳，苟訊之土人，校三十年内水最大時高幾許，其土之粘埴而便爲堤者何所域。其地之三四以爲圩，歲得穀當數百萬斛，而東南之漕可減半矣。僕又嘗客淮揚間，見河壖棄地多肥美，問：『何以然？』曰：『恐歲祲而責税急也。』或既墾而原占者來争也。往者聖上免各省歲賦，動數十百萬，儻能上聞，當豐年，存山東歲賦之半，俟荒祲募民興築，相地所宜，爲大圩數區，起其土以爲堤，而環堤爲大川，通溝澮，相輸灌，以利船舟，官治廬舍，給牛種，募民耕之，此上策也。其次則先使富民試之，豫爲奏請，堅明約束，有能開地爲圩者，便與爲世業，可私買賣，敢以故籍争者重罰之，土熟二十年，而後薄征其租賦，苟一人得其利，則繼者不召而麇至矣。夫長利所以不舉者，以衆不能見其端而憚於作始也。使永豐、太平之圩不築，則至今爲巨浸耳。聞徐、豫、兗、冀間棄地，與馬闌屯相類者甚衆，使次第修舉，雖東南之漕可全罷也。古之聖人能使菽粟如水火者，無他焉，務博民於生穀，而土無遺利。所謂善富天下者，取之於天地也。

清 錢陳群《圩岸樂成詩序》（光緒）《嘉興府志》卷八二

嘉善去郡城三十里而近。余歸田後，往來其地，熟聞邑大夫梁侯之賢，蓋侯以名孝廉來令此邑，積于今六年矣。豈弟明允，民安其政，而尤以敦崇，本計董勸有方。爲課最先大都浙西三郡，嘉禾地若卑下，善邑又處郡之下委，東接三泖，北通震澤。每春漲秋霖，水不歸其壑，則流溢阡陌間，圩田受其害。然狃因循方春農事未興，地方大吏檄下有司督民加築圩岸，預爲之防。然狃因循而憚興作，閭閻視爲具文久矣。維侯擘畫于數年之前經營，于農隙之候籲衆矢言，往來相勸，俾數百圩之圍岸，不帀月而工竣，而又教民種植，以期鞏固，刊定規條，以垂久遠，從此田盡可耕，潦不爲害，宜乎邑之人士，同聲歌咏以道其美也。詩既多謀，付梓請余弁其首，余維侯之興利惠民，慮周務切，誠足以希古循良之治。而嘉郡七邑下隰之地所在多有，尤宜做其法以行之。若乃邑中風雅能推述侯意，以傳無窮，其于歌謡之義，抑尤有當歟。故不辭而爲之序。

清 韓夢周《圩田圖記》（道光）《來安縣志》卷五

來安東南多圩田，夾列水口沙河東西岸。沙河發源於盱眙之爐山，四十里逕縣東門，又三十里逕水口，又三十里入烏衣河，又東滙於滁河。河水自發源行七十里，澗流溝注，交會於水口，於是始大足灌溉，故圩田居焉。列西岸者曰羅沈圩、河西圩、范家圩、三城圩、勸墾圩、塘南圩、固鎮圩、天澗圩，凡八圩。列東岸者曰瓜圩、扁圩、胡母圩、黄青圩、大雅圩、董青圩、江青圩、西廣大圩、東廣大圩、北廣大圩，凡十圩，共十有八圩。

凡圩之制，大者周四十餘里，次二三十里，次十餘里。四圍築堤，堤高者二丈餘，厚四五丈餘。次高者一丈餘，厚三四丈餘。堤外有夾河，有散水。堤内有月塘、有溝、有渠。於堤半下作斗門，以石爲之，小者爲鈐，以磚爲之，時其啓閉，旱則引沙河之水入斗鈐，流入塘渠灌田；潦則決圩内之水出斗鈐，由夾河分入散水，達沙河。沙河不能即洩，在東岸又有汪波蕩、鵝兒蕩以滙之。在西岸有紅草場、黄線溝以出之。而汪波蕩爲最大，蕩廣四十餘里，東南通烏衣河水口，以北諸岡阜之水皆聚焉，於來爲巨浸。故凡圩田之設，其爲利害於沙河者十之七，爲利害於汪波蕩者十之三，此圩田規制之大略也。

凡圩田宜稻，所穫視他田三倍，其值亦倍於他田。故諺曰：圩田收，食三秋。其地利然也。比年以來，雨暘愆伏，旱澇過甚，旱甚則無水可資，澇甚則中外皆飽，圩反爲澤，於是圩之民始病。然澇之中尤有甚病者，曰破堤、河溢，蕩湧衝激所至，堤不能禦，則潰決而入，拔樹木，漂廬舍，圩之溝渠畦塍，盪滌變遷，失其故制，沙礫所淤，化爲磽瘠，是以破堤之圩，三年不復。然來圩再被澇，而無破堤之患，視他邑爲幸者，非其水勢弱也。圩之堤高且固，足與水敵也。語曰：人力足，灾爲福。此其驗也。故凡營圩田者，莫先於固堤；欲固堤者，在齊民力；齊民力者，在通作。民力既齊，厚其力食而堤自固矣。堤固則小旱澇足以爲備，而甚亦不爲大病。夫而後圩民可得而食也。

余三年以來，營度於此，考地勢，究利害，齊人功，凡所規建，頗有成效。因命工爲圖，備其經制，及所以興作力食之條悉列焉。俾後來者有所考，毋以荒功遺害也。

又《圩田圖後記》　來邑圩田之設，唐以前莫可考。志載始於宋代，至明而益盛。與來安接壤者，其南則滁州、和州、全椒，東南則江浦，東則六合，皆有圩，綿綿羅布五百餘里。而水患由始制以來，雖有甚有不甚，至於今未息。考其所自，圩田多居河濱，河不治則水溢而敗圩，其勢然也。

河之在和州者，曰後河，發源於合肥之黄山。黄山大百餘里，澗泉之水皆歸後河，東過含山，黄鶯山、昭關諸水入之。又東過和州，鷄籠山、如方山諸水入之。又東過全椒，武進山、籠山、鄭山諸水入之。又東與襄水合，又東入滁河。在滁州者曰清流河，發源於州西北之清流沛，定遠之大横山、來安之嘉山、滁州豐山諸水入之。又東過烏衣，名烏衣河。又東入滁河，在來安則發源爐山，過水口，入烏衣河、會滁河者是也。三河之水總歸滁河，其交會之處，名曰三汊，三汊東流二十里至張家堡，出張家堡而老鸛嘴，由老鸛嘴而皂河，由皂河而葫蘆套，徑六合縣城，由瓜埠口入於江。自三汊至江口，縈紆盤折三百餘里，急流不可徑達，而瓜埠口壅沙逼阻，兩岸多葦蘆。上游水大，不能即洩，隘束奮怒，旁出四潰，衝圩破堤，實出於此。於是别開河道之議興，然卒亦無成功。

先是，明嘉靖中，巡撫李公、巡按曹公以圩田被灾，因河流細塞，别尋江浦縣浦口鎮黑水河，今名乾河沿。西北至滁河，東至大江，長二十里，舊有河迹，中僅隔土岡四里，即朱家山嘴。開浚通導，滁河之水，直入大江，無壅溢之患，則圩灾可弭，未果行。三十年，巡撫夏公、巡按楊公，遂開黑水河，以誤鑿石骨而止。及隆慶二年，來安人王來建議開黑水河，忤巡按張某意，欲難來，發帑金三十兩，令鑿井驗試，試如法，又發金二百兩，令其自開。來言費不敵功，來又無助，不可任。詞語激切，巡按怒，置來於獄。萬曆中，來復上言，事得行。尋以用非其人，冒侵帑金，懼陰謀阻撓而罷，自是不復言開黑水河矣。

我朝康熙十九年，圩大灾，復舉王來議，開朱家山二里，未通。雍正十二年，大開朱家山，用銀二千七百餘兩，旋淤塞。逮乾隆四年，滁州衛守備李之琨者，復建議開黑水河，計功條畫，視王來尤詳備矣。其略曰：開河之法，必先測量地勢高下，使源委均平，始蓄洩得宜。前人昧地勢，嘗試以爲徼倖，故無功。今測滁河河底至岸高一丈六尺，自滁河之張家堡，南至塔塘營石橋，長七里餘，地勢漸隆，高五尺二寸，有河渠，水發可通舟楫，疏浚功省。自塔塘營至查家壩，地勢更隆起，高三尺，有河形，不能通流。自查家壩至徐家壩，地又高五尺五寸，河形泥淤。自徐家壩至李家壩，地又高二尺，通查家壩、徐家壩、李家壩，凡高一丈五寸，各宜疏深如高數。過李家壩而東爲朱家山，山脊長一里餘九十丈，地勢聳隆高一丈四尺三寸，統計比滁河河底高四丈六尺。河形中隔，故朱家山尤爲黑水河塞障。踰山而東，土岸危疏，夾岸中有乾河，廣僅二丈，上險下虚，易於崩裂。兼又異時挑河負土附岸，一遇霖雨，仍委於河，水道阻塞。詢之土人云：雍正十二年，開河功竣，值夏日雨多，滁河岸及塔塘營道上，水高五六尺，中隔朱家山高處里餘，涓滴不可通，倒流衝激，圩田皆破。以此考之，水漲高滁河岸五尺，而朱家山尚未通流，是朱家山又高於水漲之數尺矣，與測量之數合。朱家山應鑿深四丈一尺，計高於滁河河底四丈六尺之數，所不盡者五尺，留以蓄水，勿使盡洩。至河岸上應開廣六丈，下三丈。西岸乃高崖大路，不能展闢，惟東岸土岡，可以開廣。岡外有大澗，運土實其中，可免附岸塌卸之患，如此則朱家山可通矣。自朱家山東至馬家橋，地勢漸下，低一丈九尺四寸，應止浚一丈二尺，東岸開廣六尺。自馬家橋至宣化橋，地勢更下，低二丈八尺，泉水通流，毋庸深浚，岸路加濶而已。從此江口廣衍，略無阻滯。凡功費，計方、僱役，得銀一萬六千兩。誠能勿恡財費，擇能而使之，絕誅索，禁冒侵，庶黑水河可成，圩灾可息矣。當時韙其議，然群言如聚訟，無敢決行。十九年，總督鄂公容安憫圩灾，詢於有司，或舉李議。乃親履勘，大興工，發淮上之夫數千，以其習河役也。閱兩月工竣，用銀四千四百三十兩，未久復湮塞。於是議開黑水河者，遂言沙土善崩，益畏難不敢置議矣。而論者皆咎任事不能如李法，費廉而工減，是以無成。余嘗以事如金陵，數過所謂朱家山者，按其形勢，誠如李君所言，故采其説，俟習水利者考而行之。若乃議紛而力不繼，適足爲後戒者也。

又《圩田圖附記》 余既《爲圩田圖後記》，備載開黑水河始末，蓋此河不開，圩田之害未知所止。然二百餘年中，屢舉屢廢，詢之土民，僉云此非獨地利艱也，亦多陰撓阻之者。蓋江南貨物轉江北者，舊由瓜埠口抵六合，故黠商豪賈聚焉。若黑水河開，則江南估舶直達浦口，其道徑便，不利六合商。六合商醵金啖官吏，造言開黑水河，鑿六合地脉，不便。又言沙土善崩，空勞無益。官吏之墨者張其聲勢，與他邑爭，故或議而不行，或行而故謬以敗事。總督鄂公，開河時廉其情，取造言者，項械號令工所，群商始狼顧竄匿。卒亦不成，殆天也。又云東去張家堡十餘里有小河，東南流四十里可達江。其地白壤無沙，地勢曠坦，易開浚。六合人劉君某訴於邑宰陳公，言百姓願計畝出夫，可不費官一錢而事集。又訴於江寧守某公，江寧守檄縣議。商人聞之大恐，百計阻遏。會劉卒，事亦寢。蓋開河爲農人之利，而商賈圖便其私，農豈商敵哉。嗚乎，是言然，彼商者亦無天道哉。

清 徐汝嶧《重修壽聖寺碑》（光緒）《桐鄉縣志》卷五 與寺僧大圓洪智游，拈韻倡和，乃勝事不常，珠房寶座頹墮難存，迨明，璽卿臨川李先生捐資募建，繼而總憲存憶，唐先生復爲整飭，孰意五六十年後，仍復風飄雨劫月冷烟銷乎。憲副孔皜巷先生解組後，杖履于蓉浦石徑間，愍焉憂之創諸檀衆，禮請芥子禪師住持斯寺，芥公固卓公披薙師也，乃願力未遂，卓公繼其志而力任之，復募置喜捨曠字圩田八畝，又續置於字圩田十畝，曠字圩田三十八畝七分三釐三毫，監院月恒捨曠字圩田五畝二分，常住舊存屋基桑地并曠字圩田十畝三分三釐共二十二畝七分四釐三毫，通共田八十四畝六分三釐六毫。自今以往供需罔缺，余不覺嘆，曰：卓公幹濟之才，不特擴芥公未遂之願力，且藉以慰皜庵先生愍焉憂之隱懷也，余與公相契最深，故所以述公者如此。

（康熙）《荆州府志》卷三八《關帝廟記》 荆州郡城之西偏，有擲甲山，北踞城趾，西南皆陂塘圩田，東則村民數家，椰柘蔭蔽，南則曲岸縈回，直達通衢。山有殿一區，祀漢壽亭侯關夫子之像。

（康熙）《重修宜興縣志》卷五 自袁公因公事將之溧陽，衝風出西九，波浪駭目，篙師震掉，從者請從，後袁河得安流以濟，蓋袁公所疏也。西鄙多圩田，嘗從父老歷埂塍眺高原焉，沃膏之土城如井。始問之，則曰多丁，公圩也，國初湯總兵以權宜預借之策，遺我民艱，鈴嘗詢漕目而咨嗟之。老吏進曰：丁公嘗疏於朝矣，省其耗餘，蠲其逋負者户有差矣。不爾則積板之圩田，其何以開？十六鄉之奔氓，其誰與役乎？鈴聞而頷之，比讀邑外記于太師徐文靖公溥得《廣濟橋記》焉。

（康熙）《廬江縣志》卷七 立契人朱鳳翼，係本縣廬江鄉二圖人。翼原分受安豐鄉一圍租田，梅山月子圩田種三十五石方圓一塊，該秋糧正米五斗二升，馬草隨糧辦納，東至腰溝埂，西至小埂，北至鳳翼，捐田四至明白，今情愿立契出賣與朱遵、孟宛浚等入官，發本縣儒學作爲義田，當領受田價銀二百一十兩整。每年秋熟納租稻二百一十石，其田該認圩埂七十丈，遞年租户用禮銀管作，係是自己情愿立此賣契，□□□□十三年六月初五日，情愿立賣契人：朱□□。□中見踏田老人蔣价里長時貴六□狀人朱□□年田在卷，今於與領狀事，蒙本府批允，本□三明鳳□與侄朱遵孟宛浚等，各人名下其該□人□田三十五石，爲因各人田數多寡不成片□□□，不便收租，佃户不便輸納，公議每田一石□□六兩□，計銀二百一十兩，共買成片田三十五石入學，以便收租。今各人照田出辦已完，□□□□分受，安豈□一圖租買梅出圩田種三十五石□是方圓一塊，堪以買入儒學永遠爲業，鳳翼情愿將前田出賣收領各人名下，價銀共二百一十兩入已，今蒙取領所領是實。

（康熙）《含山縣志》卷五　永樂中，郡吏目張良興希開田功計鑿河，以涸之湖遂廢，得田三萬一千二百六十畝，縣得六之一。至景泰開知縣黄潤玉，始成。有麻湖《圩田記》載藝文。但地勢平而水難洩，每逢兩潦，往往多淹没之患。按晉地理志《淮南阜陵縣》下注云：漢明帝時淪爲麻湖蓋淪者，巢湖屬巢縣，瀰湖自屬歷陽。《晉志》合二湖爲一似無辨，又《一統志》及《巢志》所載老嫗塗血，皆係焦湖故事，或誕誣不足信云。又按《元和志》名灧湖，古歷字作麻，今謂之麻湖，似謬。

（康熙）《嘉定縣志》卷二〇　夫圩田之制，古有舊本，畝數可稽，號叚可查，柰何歷歲既久，奸書豪猾惡其害己也，泯滅不存，以致强暴得以兼并貪饕，得以多取。試言其弊，有小民坍海之田苦於無查不得告補新漲塗蕩者；有冒認他人之業占爲己業者；有大户買收小民之田，量足其數存下虧田，使之積歲包糧者；又有祖父田産先已賣廢，而子孫回贖迷失號叚者；甚至有田無糧，有糧無田，其患不可勝言。本縣每遇放告日期，狀詞不下千餘，大抵皆錢糧不明者，爲今之計，合無將槩縣田地責成塘長協同里老圩書逐一丈量，要見一區之中共有幾圩，一圩之中共有幾畝，具數在官。仍差公正官員覆量無弊，申請詳奪，然後畫成圖本，編造流水號叚文册，築定圩界，竪立石碑，開刻本圩田地數目。其量出有田無糧者，即與起科；有糧無田者，隨與分豁。其田邊岸塍涇水，或聽起止依實數納糧，或通融責令田户包補，如此則不惟大户不得以兼并多取，而小民亦無賠納虚糧之患矣。

（雍正）《廬江縣志》卷九　江南之民惟知種稻，故濱湖攤地多闢圩田，而山隴高陂棄爲曠土，抑知土非不毛，皆能生植，宋太宗以淮北粟、麥、黍、豆種分給江南諸州郡，蓋爲此也。但樹藝之法耕之，欲其深耘之，欲其勤務，使土皆鬆活根能深入，其本既立其實必蕃理固然也。且南方山氣滋潤，略得微雨，即能接濟。與北省高燥之地迥别。更須於開墾之處鑿成溝洫，不特分疆别界，兼可引水歸塘水，既不能爲患旱，亦不能爲灾，以視圩田之三歲兩荒，其利益果何如也？况一切雜糧，皆日用必需之物，即曰南人未嘗慣食，若當歲歉，不猶愈於蕨根樹皮乎？縱遇豐年亦可易價，以資家用，以無窮之美利而竟棄之，如遺良可惜也。慶門承乏於兹，即爲諄諄勸諭。三年以來，四鄉頗有開墾者，要之業精于勤，道成于久，得吾説而存之，尚其引而勿替乎。

（雍正）《建平縣志》卷九《圩田》　縣桐、汭臨湖二鄉，地勢窪下，圩田爲多。宋紹聖間，水决堤岸，知縣蘇十能【略】，給錢米修築，民賴其利，嗣是屢築屢圮，至明州判官鄒守益知縣，連鑛朱之楫繕治非一。今統計壹百零肆所：高安圩、竹陽圩、烏坦圩、永安圩、麓渌圩、保德圩、保益圩、朱賽圩、大安圩、中興圩、曹强圩、新興圩、荆軻圩、重興圩、湯塘圩、程城圩、湯村圩、潘城圩、義城圩、桐汭圩、徐懷圩、冷家圩、錢家圩、顧東圩、合城圩、花賽圩、王保圩、黄杜圩、平陽圩、周家圩、紀家圩、沈從圩、斗門圩、南干圩、郎福圩、姚家圩、計家圩、高福圩、永豐圩、蘆保圩、乾興圩、興富圩、劉家圩、德成圩、永德圩、義坪圩、山西圩、永興圩、港賽圩、唐興圩、龍斵圩、定風圩、賽北圩、賽灣圩、招興圩、西陽圩、油榨圩、許陽圩、項家圩、白沙圩、杜陽圩、信武圩、松陽圩、楊學士圩、沈家月圩、大保安圩、小保安圩、上小舟圩、下小舟圩、大保城圩、小保安圩、上陽賽圩、乾家月圩、蘆保月圩、茭圩、楊賽圩、王村圩、胡村圩、山陽圩、楊學圩、趙興圩、西圩、澗東圩、鄭塌圩、傅村圩、藕大圩、戴家圩、良家圩、舊圩、横鬧圩、金塔圩、新圩、高埠圩、宗家圩、高村圩、南圩、趙穆圩、梅村圩、寶興圩、蓮河圩、蒲塘圩、施吴圩、後溪圩、周村圩。五土有别，蓄洩異宜。高原利在得水，下隰重於防澇，建邑之田隰廣於原，則諸圩之治否？

清　胡蛟齡《籌淮北溝渠事宜疏》乾隆十五年《皇清奏議》卷四六　浙江道監察御史臣胡蛟齡謹奏：爲敬籌疆理淮北事宜，以甦民困事。竊江南徐州府屬之邳宿諸州縣海州，并所屬之贛沭諸縣，皆係河淮下流。而海州上承東省來源，下游逼隣海浦，每春夏之交，栽植甫畢，横流隨至渺瀰一片，不見阡陌，窮民有種無收，應輸正賦不能常年請豁，歲歲停緩，終須帶徵積欠在身，譬則負戴千觔，不得伸眉，仰首民困，蓋已極矣。近者屢蒙思旨，叠次蠲除，并令督撫河臣會同查勘，設法疏通，而水患終不能免。竊思淮徐土著之民，既不可遷徙遠適，又不能力與水爭，田廬、室宇動遭淹没，勢將何所底止？謹按明人治河之議有云：宜於濱河之處，倣江南圩田之法，多爲溝渠，使足容水。臣愚以爲此議或難驟行之於北，而似可通用之於南，今臣訪聞徽州人民寄居海州者，每置買田畝，周圍築堤捍水，堤內多爲溝洫，堤間安設斗門，相時蓄洩，一如圩田之制，無論旱澇，歲獲有收，此則成效已經顯著。又查乾隆十一年八月內，原任吏部尚書高斌會同原任督臣尹繼善等，於欽奉上諭事，案議將海州一屬，令地方有司勸諭居民修築圩岸，其隣接海屬之宿遷、桃源、清河、安東、阜寧等縣，亦一例辦理，以期共收實效。今數年以來，該處作何辦理，其實在情形無從委悉，伏祈敕下督撫諸臣查照前議，嚴飭地方有司勿以粉飾邀名，勿以畏難中止，勿以未經查核恐干失察，通同隱匿致隳已就之緒，仍遴委大員帶領諳練農民親身經理，并將作何督率推行，堪於數年內續成大功之處，確切定議，恭候明歲聖駕南巡，於相視河淮之暇，臨期奏請裁決，庶淮北百萬窮黎幸護更生，而皇仁萬世永賴矣。

（乾隆）《烏青鎮志》卷一一 底慎財賦，咸則三壤。蓋言，按其土之上中下而量爲賦之輕重法也。湖之絲綿衣天下，故稱爲沃野，而湖之絲綿從地出，故利爲最盛。且湖之患在水，而湖之圩田，十年之內，所被水而灾者六七。而湖之地并高阜，故其患獨無，此外猶有：一曰地田，則以地而開成田，其高阜故與地等，而無水患者也；二曰蕩田，則原係地額而介乎沼沚之間，淤泥歲壅此，其高阜亦與地田等，而無水患者也。大略地之所出，每畝上者桑葉二千觔，歲所入五六金；次者千觔；最下者歲所入亦不下一二金。故上地之值每畝十金，而上中者七金，最下者猶三四金。圩田上者歲所入米二石以上，中者歲所入米一石五斗，下者僅數斗，被水之年則無粒矣。即如地田、蕩田，無論水與旱，歲所入三石二石，故其價亦與地相爲甲乙，由此言之，則地之賦例當從重，而田之賦例當從輕，三尺童子所不辯而知者。只緣上產并爲勢人鉅室利其入豐，而稅之約不恤厚貲買之，此輩力能搖郡縣賄吏胥，而下產則十年五七灾者，大略盡在小民，既貧且弱無以聲之當路耳。甥之去年此疏，蓋湖民所欲俎豆之者，去年郡縣采公議而上之兩臺，兩臺亦順下情而行之，布政司只緣建議者甥也，而湖之勢人鉅室所私衟而怨之者，亦甥也。甥偶落職，諸所不便者，紛然若蝟毛而起，以反之矣。蘇州田則甚龐雜，而太守王儀出而一之，嘉興亦然，且德清亦一則，而我歸烏獨窘抑，至此聞執政已洞晳，安得倜儻之士，而共議之也。

（乾隆）《沛縣志》卷八 淮徐海境內地土非盡瘠薄，可以種植。地土一望無際，祇因河流未通，一遇天雨，是處瀰漫，或廣種而薄收，或有種而無收，一年妄費工本，次年遠棄而不種。所以民間地土不甚值錢，亦不甚愛惜，年年望賑于官，地皆曠土，民習游惰。今幸河流疏通，水有去路，尚宜各開溝洫，以備蓄洩旱潦無虞，如有地處窪下所開之河，尚有不能盡洩之水，則即以開挑溝血之土加築圩圍，安砌涵洞，隨時蓄洩以成圩田。乾隆九年督臣尹繼善酌定圩圍溝洫條規，奏請舉行，彼時揚州之高寶等縣、淮安之山陽等縣，所築圩田至今皆成膏腴，已有成效。因河流未盡通暢，雖築圩圍，水無去路，仍被潦漫，遂仍不肯多築圩圍。今河水通流，洩水比前大暢，臣等現在會奏，仍照臣尹繼善原奏開溝築圩，次第經理。惟是此等地方連灾之後，民力拮据，貧富不一，難于合力築圩。臣請自今年水過之後，于秋冬爲始，地方官親身往鄉，相度地勢，勸民築圩開溝，有無力者，仍照乾隆十一年河臣高斌等奏准，借給銀兩助其飯食，勒限一年築成，之後所借工本分三年還官。有一年之限築圩開溝，不至中途而廢棄，有三年之限則田已有收，民間繳還亦易。現在徐州府知府劉瑍、淮安府知府五諾璽、海州知州李永書盡心此事，堪以辦理也。

（乾隆）《六合縣志》卷一《水利》 原志論曰：六合之水發源於廬州之舊梁縣，有五十口流滙歸滁河。既稱洪灝，濱、滁圩地，俱屬沃壤，每值泛溢，多就淪沒，其西北諸山一派爲□之右臂，界水入江□左右圩田盡皆散削無劚。而滁河九曲出江之水，亦復迂迴曲折，兼有潮汐逗□□流□□，久雨之後，山水迅發，雖江湖洩溢，而內外全圩已□受其衝嚙矣。昔四□有圩，圩各有長，其堤防可衣□，衣之衝水可禦者，□□期終歲無敗，爲固年遠法□間有貧富同圩，出力不□佃户輸租，沿緩惜費。遂有一圩，雖完，以旁無力，亦復□壞，害始於督率之令不嚴，絕不肯以惰窳任咎也。吉人云：守城如守圩，一□未固，遺祸全城，就喻深思瞭若□火，議當於土膏初動時，詳行勘驗，責在圩長，苟能備之常時，患從何至？再如陂塘、溝澗□在旱地，急宜勸□□力開浚。俟其赤地無秋之日，苟能一畝爲池，而九□□有獲也。若天夫隍池所關，東屬全棠財賦血脈臂之□，一有淤滯，便成隱疾，特爲詳列。願留心民瘼者，預爲□氓畫焉。九梁堰在縣西北五十里，即涂塘也。《嘉定志》云：知全椒王□記，滁河而上數百里，巨細駢比，合五十四流輻輳於此。

（乾隆）《高淳縣志》卷四　聖祖定鼎金陵，時京口尚未開通，運者起雲陽，而水運則由江陰出大江，泝波濤五六百里，或蹈不測。聖祖閔之，乃令開高淳之廣通壩置閘啓閉，而鑿溧水胭脂岡二十里成河，上跨天生橋，自有此河。吴浙之運，皆由固城等三湖直達秦淮，稱便計已。後成祖鼎定燕京，開京口，置閘通吴浙運道，而言水利者，祖單鍔、蘇軾成畫，仍築五堰，以成吴浙陸海之饒，於是宣歙之溪及三湖之水，皆不入太湖，而逆達之江。高淳等五縣，圩田半爲蛟龍之宅矣，然猶賴天生橋一綫之流，可以殺湖水入江之勢，不大至於横决。則此之開塞，其關繫高淳等縣之利害，蓋尤要已。萬歷丁亥夏，大水。所謂胭脂岡者，崩裂數百尺，填塞河流，湖水大涌，而五邑僅存圩田，皆以廣陽侯之居可嘆也。於是五邑有司以浚河，請不啻如拯溺救焚，即五邑之民不憚征繕，以待上命，而文移往來，動成寢閣。又五六年，丁侯至，初下車進父老，問民疾苦，僉曰：無如浚天生橋河之急？侯曰：然。遂條上便宜。

清　劉鳳誥《存悔齋集》卷六《恩恤江西南豐、廣昌二縣蠲緩錢糧恭謝摺》　欽惟我皇上仁育群生，惠孚元吉，念庶徵而錫福，時叙五行，敷善政以養民，交修六府。訂恒經於衣食，宅爾宅，而田爾田。調協氣於陰陽，風人風而雨人雨，盈寧共慶，勞宵旰之先憂，懷保孔殷。召祥和之翕應，惟江鄉之屢歲大有禾。書屬建郡之上游，從無水患。邇以連旬霖滯，農人興指蝀之虞，俄聞兩邑溪衝渠竇，有生魚之勢。圩田稍潰，顧餘粟以猶贏。山漲旋消，幸舊廬之易葺。在偏隅偶逢歲沴，仍保生全。而深宫最軫民，依亟籌得所恩施。曲逮溢在抱之仁言。數許倍加越循恒之例事，恤金務厚爰，計口以均霑，築室從新，自樓身之愈固地，刷淤沙之積，工值兼償耕酬補種之勞。籽糧有助，奚啻移澇就涇，都歸若保之衷，從知飯稻羹魚，無改屢豐之象。凡洪慈之逾格，同再造之難名。臣等情繫梓桑，心傾葵藿，近叨泳澤麇禄糈，以常慚遠服，其疇拜德音，而增感詩咏，俾多益勤，小民日用飲食之謀易，箴説无疆廣，君子稱物，平施之量，舉仰天而知戴願，護甘扇景以攸宜，敢伏地以攄忱，矢刻髓銘肌於莫罄。

清　蔡新《緝齋文集・附録下・策問》　問：《周禮》稻人掌稼下地，即今南方水田是也。彰郡雖非澤國，而洹、衛、漳、洺、陽美諸水，縈環四境。魏武引洹水入鄴，西門豹、史起引漳水入鄴溉田，皆收數倍。誠倣前人築堰穿渠之法，因地制宜，創爲圩田，豈不可以種杭稻歟。

《宋會要輯稿・食貨一》　九月十四日，户部侍郎楊倓言：江南州紹州縣有常平轉運司圩田，見今人户出納租税佃種，遇有退佃，往往私仿民田，擅立價例，用錢交兑。取會到建康、寧國府、太平、池州所管圩田共七十萬餘畝，皆係耕種成熟，乞下江南東路提舉常平司選官躬詣地頭，照鄰比田則估價，召人實封投狀，增錢承買。限滿，拆封以最高錢問見佃人，與減二分價承買。若不願，即給價高人爲業，除納税依舊外，其見納租者并以三分爲率，與減一分，仍不作等第差役及諸般科配。詔：圩田更不出賣，今建康、寧國府、太平、池州將每歲收到圩田租苗米，并起發赴總領所大軍倉送納，充支遣大軍糧米，其餘故也。

又《食貨二》　八月二十三日，臣寮言：應變權宜，莫如屯田之利。今師徒所聚，多緣糧餉乏絶，輒致逃亡，寖成鈔掠。然而願耕者衆，要須朝廷有以處之。唐李泌當肅宗時，關中新遭安史之亂，關東戍卒多欲遁歸。泌建屯田之策，市耕牛，鑄農器，給田以耕，歲終，則官糴其餘，戍卒乃定，邊備益修。其後德宗奉天之難，陸贄亦獻此謀，粗如泌策，依效趙充國舊制。趨時便事，雖有不同，要其成功，均於兵食兼足。東南之地，雖非關中之比，今沿江兩岸，沙田、圩田，頃畝不可勝計，例多荒閑。近者張琪占據蕪湖圩田，兵食遂足。繼緣迫逐，决水灌田，舊圩盡壞，曩時官得歲課數萬石，一旦失之，旁侵民田，爲害更甚。及聞趙霖於河州境内屯集耕墾，頗亦有方。屯田之利，無可疑者。臣欲望朝廷委能臣，先於沿江南岸與州縣官司同共相視，檢察元係官田，見無佃户耕墾，委是荒閑去處，計度頃畝，條畫利害，團甲多寡之數，營屯向背之宜，參酌古今，務令簡便。

又《食貨七》　三月二十日，膳部員外郎沈鏻奏：奉詔相度措置江、淮、兩浙路，開修運河，興築圩田。據幹當公事盧宗原狀，合開修河路係官司措置外，有可興圩田，係涉江、淮、兩浙水路，已曾申明。乞依都畿見行興修水利法，不限等第，許人户請佃，情願隨力各借錢米。慮人户不知今來朝廷許令請佃，若相度措置，得有合修地上去處，即乞先次令逐處官司散出榜示，告諭人户送納役狀，理定名次。至興修有日，令人户送納興修錢糧。成田日，依次給田。從之。

又　五年閏二月二日，江南東路轉運司言：契勘太平州管下當塗、蕪湖、繁昌等三縣圩田，所收租米萬數浩大。因去歲春夏雨水連綿，江湖泛溢，衝决圩岸，已蒙朝廷支降到圩米一萬碩應付見行修築。欲依紹興二年正月内指揮推恩，庶幾有以激勸。從之。

又　四日，知湖州李光言：自壬子歲入朝，首論明、越州廢湖爲田之害州，蒙獨罷餘姚、上虞兩邑湖田。其會稽之鑒湖、鄞之廣德湖、蕭山之湘湖等處，其類甚多，州縣官往往利爲圭田，頑猾之民應而獻計，侵耕盗種，上下相蒙，未肯盡行廢罷。竊謂二浙每歲秋租，大數不下百五十萬斛，蘇、湖、明、越其數太半，朝廷經費之源，實本於此。伏望專委漕臣遍行郡邑，延問父老，考究漢、唐之遺制，檢舉祖宗之成法，應明、越湖田盡行廢罷。内有積菱葑淺澱去處，許於農隙量差食利户旋行開撩，稍假歲月，盡複爲湖。詔：逐路轉運限半月躬親前去相度利害，申尚書省。

又《食貨一〇》　十二月十二日，臣僚言，江東西路頻年灾傷，民户逃移至多，今岁圩田遭水，山田遭旱，朝廷寬恤放免秋苗，展閣夏税。

又《食貨四〇》　十月十四日，侍御史尹穡言：比年以前，禾穀豐熟，苗税别無減放，其上供米綱亦皆依時起發，猶且逐界省倉各置糴場，坐倉收糴。户部又别置和糴場，糴至五六十萬碩，歲計僅足。近緣今夏及秋，雨水爲灾，浙西州縣多損民田，而江東圩田亦因水衝蕩，少有存者，其兩路所納苗米除減放外，必不及分數。雖已科下糶江西依去年和糴一百萬碩，而隆興府號爲帥府，其守臣日有申陳，乞免收糴。且稱除給到糴本外，陪補錢數甚多，無從出辦。其餘州軍例皆推託控免。竊慮將來所糴之數未必齊足，外路和糴已非去歲之比，若省倉糴場，又闕本錢收糴，則軍儲吏俸，其何以支？自來緣糴米并系司農寺主管，今已除張宗元充少卿，乞將省倉諸界并户部和糴場責付宗元專一措置收糴。從之。

又《食貨四一》　七月二日，詔令趙汝誼於建康府務場見樁管減使闕子窠名兑下會子，内先次取撥一十五萬貫，委官就采石倉措置，依在市時直糴米樁管。以臣僚言，伏見淮上州軍逐處皆有樁管米斛，建康、鎮江府大軍屯駐，又有總司錢糧，唯太平州采石鎮係沿江要害去處，去歲當塗圩田爲水所决，民間艱食，州郡必無贏餘，可以儲備。訪聞淮上去秋成熟，淮人多有載米入浙中出糴不行，今來秋成在近，望先次支將本錢付總領所，及時措置和糴，就采石倉收貯，誠爲利便，故有是命。

又《食貨五八》　六月十二日，權江南東路轉運副使張松言，寧國府、建康府、太平州、廣德軍，圩田均被渰没，委實灾傷，逐州差官賑濟，被水人户一依太平州例，每月支散錢米，所有第四等人户，依條不該賑濟，乞將常平米減價出糶。從之。

又《食貨五九》　十六年九月六日，臣僚言，恭惟陛下恭儉愛人，寬恤備至，精誠格天，豐穰屢書。入夏以來，時雨滂霈，畿甸近地，上下沾足，穡寶垂垂，有秋在望。聞之江浙淮堧，多苦水溢，七閩之地，間或旱乾。乞下諸路監司州郡，將實被灾傷去處遵從條令，日下疾速差官巡行檢視。或因雨水浸没，風潮漂蕩，斟酌輕重，與議蠲減分數。早出榜示通知，不得出違條限，嚴行戒約。所差官吏，務在公心，勿爲奸弊，庶幾佃户蒙被實惠，得以了還主家之租，不至拖延，實爲公私莫大之利。臣近據江東安撫司言，建康府自五月以後，雨勢霖淫，江流泛溢，請田畝渰浸甚多，池州屬縣官舍居民爲水漂蕩，太平州祇田、圩田坍壞，渰没已種之稻，悉被浸腐。又聞淮甸如高郵、楚州，亦多被水去處，罹昏墊，將困艱食，深爲可憫。雖帥臣已行賑恤，竊慮惠利未周容，有不被其澤者。乞下江淮漕倉兩司，委官勘實，被水之家，優加賑恤，渰没之田，合輸官賦，早議蠲減。俾江淮之民得免流離凍餒之患。從之。

又《食貨六一》　慶曆三年十一月七日，詔：訪聞江南舊有圩田，能禦水旱，并兩浙地卑，常多水灾，雖有堤塘，大半毁廢。及京東西亦有積潦之地，舊常開决溝河，今罷役數年，漸已湮塞，復將爲患。宜令江、淮、兩浙、荆湖、京東、京西路轉運司轄下州軍圩田，并河渠堤堰坡塘之類合行開修去處，選官計工料，每歲於二月間未農作時興役，半月即罷。仍具各處開修功績，并所獲利濟大小事狀保明聞奏，當議等第。酬奬内有係灾傷人户，即不得一例差夫搔擾。如吏民有知農桑可興廢利害，許經運司陳述，件析利害，晝時選官相度。如委利濟，亦即施行。

又 四年正月二十八日，詔：陂塘圩田之類，及逐處堤堰河渠，可備水患者，或能創制開決，或久遠廢壞堙塞却能興復，或前人已興，功未成，後來接續了畢者，仰逐處勘會功料大小，所利廣狹以聞。

又 三月二十日，膳部員外郎沈鏻奏：奉詔，相度措置江淮兩浙路開修運河、興築圩田。據幹當公事盧宗原狀，合開修河路係官司措置外，有可興圩田，係涉江淮、兩浙三路。已曾申明，乞依都畿見行興修水利法，不限等第，許人户請佃，情願隨力各借錢米。慮人户不知今來朝廷許令請佃，若相度措置得有合修地上去處，即先乞次令逐處官司散出榜示，告諭人户送納投狀，理定名次。至興修有日，令人户送納興修錢糧。成田日，依次給佃。從之。

又 十月二十二日，户部言：宣州、太平州諸管官私圩田，内有被水衝破圩埠去處。欲乞委司農寺丞兼權户部郎中鍾世明前去措置。從之。二十七日，鍾世民言：被旨，差往宣州、太平州措置圩埠。今條具下項：一、今來宣州化城惠民圩埠周圍接連計長八十里，其小埂不用修築外，内被水破缺并裏外損壞摧塌去處，合行修築增高。一、今來修築圩埠，合用和雇人工錢米，乞於常平錢米内應副。如本州常平錢米不足，即許提舉常平司於本州合發上供錢來内取撥兑借，免至臨時缺悮。其下三等人户，竊慮緣水患無力輸納，即乞令結甲借貸常平司錢，自紹興二十四年爲始，作四年帶納。一、今來修築圩岸所用工浩瀚，務要堅實，庶可堅久。全藉所差官協力管幹，庶不致滅裂，枉費人工。如有不切用心，弛慢職事，許行按劾。内有昏懦怯弱不任職事之人，亦許差官抵替。所有檢察監修部役等官，如能用心了辦，不致滅裂，省廢人工，亦乞許保明，申取朝廷指揮，量行推賞，庶示懲勸。於是户部看詳，欲乞下宣州并江東轉運常平司詳此，并依本官逐項措置到事理施行。從之。

又 六月十二日，工部尚書兼侍讀張闡等言：竊見近降指揮，將紹興府鑒湖田、明州廣德湖田盡賣。二湖元灌溉民田浩瀚，後緣民間侵耕，遂作圩田。今若一概出賣，竊恐於民間别有所妨。如紹興府鑒湖，曾立石牌，應深溝大港永遠存留，可以充灌溉。今欲乞專委紹興府、明州守臣計論利害詣實，方可出賣。從之。

又 三年五月十五日，秘閣修撰、前知衢州周操言：宣城管下六縣，唯宣城南陵有圩田去處，而宣圩田最多，共計一百七十九所。大率地本卑下，人力矯揉，以成田畝，十年九潦，常有水患。議者多欲廢決梗塞水道之圩，以全衆圩。謂不當隱忍愛惜當決之圩，使衆圩俱受其害。臣於乾道元年十一月到任，是到圩田再遭巨浸。童圩係是破壞之數，人户稱此圩委梗塞水道。臣遂出榜曉諭，且令權住一年興築。若來年衆圩熟，不遭水患，遂可永久廢罷。今已去彼隔歲，乞將童圩徑術廢決。所有養賢、政和、蓮湖三圩，乞并賜行下，委自守臣詢訪，條具聞奏。詔寧國府守臣相度聞以聞。其後，知寧國府汪徹言：『童圩最爲民害，一水自徽州績溪縣，本府寧國縣合諸水至童圩；一水自廣德軍建平縣，合本府宣城縣南湖之水至童圩。二水奔衝并來，其勢浩渺，所以向上諸圩，悉遭巨浸。又嘗考此圩本童家湖，容流衆水，非古來圩額。今若將童圩廢決，則水勢自然順適。其餘未可輕議。』從之。

又 六年閏五月一日，知雷州戴之邵言：管下瀕海土薄，地雜泥沙，東北接連有大塘一所，臣於農隙雇募夫丁并力開築，竊慮歲久，官司不能相繼增修，旋致堙塞。今後差注本州海康、遂溪兩縣，并令於官銜上帶主管河渠公事。任滿，有無增修捐壞，批上印紙。從之。七日，徽猷閣待制、新知寧國府姜詵言：寧國府太平州兩郡，惟仰圩田，得以供輸。今來夏雨頻多，竊慮縣官滅裂，民心不齊，失于修治，大爲圩田之害，欲選委清强官，同本縣遍行檢視修護。從之。

又 六月二十二日，徽猷閣待制、知寧國府姜詵言：『宣城南陵縣圩田既壞，有不曾決破圩田九所。欲于今冬自十月措置修圩，以係官錢米募民興工，俟今秋八九月措置以聞。』從之。其後，詵措置修濟養圩岸，兼開決除廢在外。

又 九月二十八日，新知泉州周操言：太平州所管圩田，每遇水灾決壞，除大圩官爲興修外，其他圩，并係食利之户保借官米自行修治。就今冬十月内措置，乞委自各州守臣，照紹興二十三年例，從實措置施行。詔應有圩田合修治處，仰逐州守臣精加檢實，及工役合用錢米支費，具數限一月聞奏。

又 七年七月二十五日，將作少監馬希言奏：被旨，覆實太平州修圩利病。欲望委自有圩田州縣守令措置，將圩内人户推一名有心力、田畝最高之人爲圩長，大圩兩人。每遇秋成，集本圩人夫，於逐圩增修。面闊一尺，側厚一尺，脚闊二尺，須用堅土實築。若圩内人力不及，或闕工食，官中量行添助。如是五年不輟，則圩勢高厚，雖有湖潦，不能侵也。詔令逐州守臣措置。希言又言：乞再委三州軍守令，應私圩未修去處，以田畝十分爲率，借米一分，令日下修葺。仍令被水之圩更與給借糧種，候秋熟，分兩年剋納。并須遍及四遠鄉村。先以所管常平米支，如不足，轉運司就隣近州縣取撥應副。從之。

又 五月二十日，詔：太平州寧國府新修圩田，可差監察御史陳舉善前去履實，開具有無堅壯損壞以聞。七月十三日，户部尚書曾懷等言：秀州華亭縣新涇塘合築堰置閘，以捍鹹潮，免浸民田，事繫利害。其所用工料錢五萬貫文省，乞委浙西提舉常平李結疾速興修。從之。後知秀州丘崇，遂成之。詳見堤堰門。

又 九月二十七日，度支員外郎朱儋言：江東圩田爲利害大，其所慮者，水患而已，知增築埂岸以固堤防爲急，而不知廢決隘塞以緩奔衝之勢。乞下江東轉運、常平司，更切講究本路圩田别有似此隘塞水道合從廢決去處，與逐州守臣公共詳酌，奏請施行。從之。

又 十二月十六日，知太平州張子顔言：昨奉聖訓，圩田候農隙，每幾一往點檢。去年已嘗具奏，前往逐圩看視畢。即今復是農隙，除已行下管屬三縣，將官私圩埂照應逐年體例趁時增築，令措置，自淳熙十三年冬爲始，每歲俟修官埂畢日，勸諭圩官，專長部集食利人夫興築。合圩元來舊小圍埂，將來或有損闕去處，其害及一小圍，其他諸圍自可保守。已行呼集圩官，勸諭下鄉部集人夫，增修官埂畢日，并工興築内埂，兼蕪湖縣官修圩内間有元來舊埂去處，已行勸諭興修，以備向去梅夏雨水。欲照前項累降指揮，親往圩上相視點檢，及照對諸圩從來不曾開治圩内溝濠，今因修築小圍，就行勸諭農民浚治水道。從之。

又 四年八月十二日，知太平州葉翥言：本州所管當塗、蕪湖、繁昌三縣并低接江湖，圩田十居八九，皆是就近湖濼低淺去處築圍成埂，便行布種。每遇大水年分，江湖水漲，衝突岸埂，即時破決，顆粒不收。近一二十年以來，官司出錢，每於農隙之際鳩集圩户，增築岸埂，高如城壁，種植蘆葦，以圍岸脚。今措置，欲於圩田之内舊有通水小溝去處開浚深闊，就用其土增築塍岸，亦令高廣厚實，以爲裏濠，可爲車戽出入之地。其間頃畝廣袤，或無舊溝，亦皆創新爲之。必使一圩間，遇水可以瀦蓄，遇旱可以灌溉。欲先於當塗縣所管官圩五十五所之内先開浚一二圩溝港，使之丈尺深闊可以納水。已於本州去年州用米内取撥米三千石，遭積到錢一千貫，專充修圩使用。先於今冬農隙，雇集食利圩夫，均行開通水壕田溝，且逐旋興修一兩圩，寬作三年，庶使州郡接續成功，永爲久利。今别行開浚，大壕以闊五尺、深一丈，小溝以闊二丈、深七尺爲約，及兩岸田塍，亦高三四尺，脚闊四五尺。未免用過人户田畝開修。欲候收割之後，先次差官，於合修溝岸去處，打量係是何人田産，所用過步畝若干，總見數目，以時估價直細計錢數，於諸圩衆户有田之家均敷價錢給還。所合差官監督之役，分頭管幹，只就本州選擇見任官逐時興修。詔本州守臣將葉翥椿管下錢米修圩接續措置，逐時興修，以防水患。

又《食貨六三》 八月二十三日，臣僚言：應變權宜，莫如屯田之利。今師徒所聚，多緣糧餉乏絶，輒致逃亡，寖成鈔掠。然而願耕者衆，要須朝廷有以處之。唐李泌當肅宗時，關中新遭安史之亂，關東戍卒多欲遁歸，泌建屯田之策，市耕牛，鑄農器，給田以耕，歲終則官糴其餘，戍卒乃定，邊備益修。其後德宗奉天之難，陸贄亦獻此謀，粗如泌策，依效趙充國舊制。趁時便事，雖有不同，要其成功，均於兵食兼足。東南之地，雖非關中之比，今沿江兩岸沙田、圩田頃畝不可勝計，例多荒閑。近者張琪占據蕪湖圩田，兵食遂足，繼緣迫逐，決水灌田，舊圩盡壞。曩時官得歲課數萬石，一旦失之，旁侵民田，爲害更甚。及聞趙霖於和州境内屯集耕墾，頗亦有方。屯田之利，無可疑者。臣欲望朝廷委能臣先於浩江南岸與州縣官同共相視，檢察元係官田見無佃户耕墾委是荒閑去處，計度頃畝，條畫利害，團甲多寡之數，營屯向背之宜，參酌古今，務令簡便。朝廷更加詳酌，決可施行，然後置營田使以統之，與安撫大使參照其事，募兵若民以耕，權撥一年折帛錢以爲本錢，市耕牛、農器、種糧之屬，及爲歲終收糴之資，使募之人出則戰，入則耕，食足兵强，指日可冀。勘會兩浙、淮南州縣昨因兵火之後，民間荒廢田土甚多，雖合效古屯田之制募人耕墾，緣難以遥度措置，欲委官躬親前去相度措置，條具利害以聞。從之。

又 四年三月二十八日，詔：宣州、太平州圩田，并近年所作多是上等，及官户借力，假人名籍請射修圍，今已成田，認納租税多爲奸猾告訐，因而成訟，可令本路提舉司下所屬州縣將應有假名人，并許自陳，特與改正充本户永業，其租税等并依額送納。

又 十月二日，詔：江東新置圩田，如上流興築閉塞水源，致向下民田無以灌溉，或壅遏發泄，使鄰近者反被水患，令所屬監司按視改正。

又 三年二月二十八日，詔：應有官圩田州縣，通判於御位帶兼提舉圩田，知縣帶兼主管圩田，每歲不得使有荒閑。委監司以舊額立定租稻碩斗，盡收以充軍儲。

又 九月十四日，户部侍郎楊倓言：江南東路州縣有常平轉運司圩田，見今人户出納租税佃種，遇有退佃，往往私仿民田，擅立價例，用錢交兑。取會到建康、寧國府、太平、池州，所管圩田，共七十九萬餘畝，皆係耕種成熟。乞下江南東路提舉常平司選官，躬詣地頭照鄰比，田則估價召人，實封投狀，增錢承買，限滿拆封，以最高錢數問見佃人，與減二分價承買，若不願，即給價高人爲業，除納税依舊外，其見納租者并以三分爲率，與減一分，仍不作等。差役及諸般科配詔圩田更不出賣，今建康、寧國府、太平、池州，將每歲收到圩田租苗米并起，發赴總領所大軍倉，送納充支遣太軍糧米，其餘故也。

又 閏五月二十五日，中書門下省言：江東諸州圩田，近因雨水，衝損圩岸。若候修築，動經歲月，圩上人户既無田可耕，竊慮失所。其淮西未耕墾田甚多，見行召募人户請佃理宜措置。詔令張松多方勸諭，如有願往淮西耕田之人，津發前去候到，令吕企中摽撥田段借給種糧及屋宇、牛具。

又《食貨六八》 六年十月十一日，臣寮言：今春湖秀低田，與夫太平、宣州圩田多壞，方此秋成米價已高，而來春之憂未艾，欲望行下守。臣今與縣令，各隨其州縣參酌所宜，而預爲之計，其有奉詔不虔，視户口流移稍多者，内則從臺諫，外則從發運監司，按劾以聞，詔令逐州守臣限半月申尚書省。

又《食貨七〇》 十二月十二日，臣僚言：江東西路頻年灾傷，民户逃移至多。今歲圩田遭水，山田遭旱，朝廷寬恤，放免秋苗，展閣夏税。至今圩岸猶未修築，流民未盡，復業若以經界後，至今僅三十年，不曾檢核之事，一旦於目下荒歉之際驟然舉行，深恐擾民蓋。今户部須降賬式要見物産坐落去處，畝步數目，近鄰田至，抛荒歸業，請佃請射，姓名年月造賬，供具俾守倅。令佐結罪保明，仍立委鄰州官親行核實，即與昨來推行經界事體無異勢，須於州縣鄉村遍行，根括切慮民情，不安有轉徙之患，欲望明詔，且令兩路招集流移之人，俾悉復業及措置，賑濟。候來年豐熟，於農隙日，即依所立賬式根括施行。從之。

清 徐松《中興禮書》卷一六五 九月十一日臣僚上言，伏見邇者江東諸郡多被水灾，荆南歷陽亦爲江水衝决堤岸，圩田爲害不細。臣切讀《漢書·五行志》曰：『簡宗廟，不禱祠，廢祭祀，逆天时，則水不潤下。』又曰：『若不敬鬼神，政令逆時，則水失其性。』陛下郊祀天地，孟享宗廟，嚴恭盡禮。又嘗戒敕有司祗奉祀，祭器之潔，牲牢之豐，預祀事者罔敢不虔，安得而致水之不下潤耶。臣反復思之，有或未至者，國家每歲祀天地并高禖，以宰執爲初獻，其餘大祀，以侍從卿監爲初獻，禮廢不講。

清 林則徐《林文忠公政書》卷二《驛站餘賸銀兩展限提解片》 江蘇自道光三年水灾之後，曆年豐遇歲荒，民力之拮据，久荷聖明洞鑒，刻下雨暘應候稻田，極覺青葱尤祝。此兩月内，不起風潮，江湖皆無異漲，圩田不破，各壩不開，則秋成可期大稔。仰賴皇上洪福，自今以往，連歲豐登，斯漕尾漸可徵，收即款項，皆可補解。官民各無掣肘，而倉庫亦就清釐矣。臣荷蒙畀任封圻，稽核錢糧，是其專責總期，得臻實效，不敢徒應虚文。謹將辦理情形，據實附陳。伏祈聖鑒。謹奏。

清 姚瑩《東溟文集·文後集》卷二 外河由沙漫洲外突漲，盛灘江灅南趨内添沙埂一道土，名回龍洲，壅塞江流，大船不能停泊，改於老河，影受載子鹽艓船，亦改由泗源溝駁運出江，此内外二河運道，更易之原委也。河道屢易，而愈淺，非但鹽艘不便，而民間百貨阻運，圩田引灌無資，九共苦之。

清 曾國荃《曾忠襄公文集批牘書札》卷二二《復崧鎮帥》 奉十四日手書，知初七、八日兩函均邀亮察，另箋獎飾，慚恧尤深。江、浙同遭水患，籌款維艱，誠如來書，無米爲炊，其難則一。昨得京電，特旨發帑銀十萬兩，頒給江、浙籌辦急賑。聖恩優渥，加惠元元，凡在臣民，同聲感頌。有此一款，較可展布。尊處又撥十五萬兩，在省設局，官義兩賑通力合辦，當可暫救然眉。大疏業准咨到，剴切詳陳，足動天聽。開辦賑捐，非設法融銷，難期踴躍，且亦緩不濟急。敝處擬於賑餘項下，先行奏明提撥銀三萬兩，以盡恤鄰之誼。以後再察兩省情形，得能續籌，亦無不竭力。惟聞蘇、浙交界道途未靖，是否委員解至上海，用小輪拖帶前進，抑竟由錢莊匯兑以昭妥速之處，統乞飛示遵辦。寧垣亦已晴霽，皖省山田居多，水退較驟，江北一帶漸次補種麥苗。惟沿江圩田水浸已久，刻雖放晴，爲時已晚，而被歉之區亦較蘇屬略輕。目前民情尚屬安謐，差堪告慰。

又《復徐仁山》　自上月二十四雨後，連日滂沱，一月之間，晴霽祇兩三日。皖、鄂同時發水，江水盛漲過於初夏，沿江圩田，值將次登場之候，盡被淹没，其搶割者亦均發芽，房屋坍塌，不計其數，轉豐爲歉，大不得了。而浙江十一府同時起蛟，災狀尤重，唇齒相依，更不能不撥款協賑支應。局所存賑餘銀兩，餘留備三河要工及堤工局子嬰等閘石工外，所賸不過十餘萬，已據段道撥去五萬兩，更屬無多，以之留備皖、寧各屬，本年及來春賑需，兼協鄰省之用，不敷尚鉅，勢難再辦不急之工。

《清續文獻通考》卷一二　魏源代孫撫撰《江南水利全書叙略》曰：江、浙兩省形勢山脈，一自湖州趨杭州，一自鎮江趨常州。南北皆高，而嘉興、蘇州、松江、太倉，適當其中窪。自江蘇一省言之，則地勢北高而南下，黄浦、東江、吴淞、中江、劉河、婁江，皆泄太湖之水入海；再北爲白茅，七浦爲孟瀆，則泄太湖之水入江，是爲五大幹河。孟瀆最北，最先淤白茅、劉河，次北則次淤。吴淞介南北中，則屢浚屢淤。黄浦最南，最浩瀚爲江浙七郡，諸水之尾閭，自古從無淤塞，亦從無疏浚。故陶、林二公之興役，亦惟吴淞大資宣洩，而劉河、白茅則海口築壩，以防渾潮倒灌之患，可灌田而不可通海，豈非地勢使然哉。道光十四年，蛟水陡漲，潦將入城，林公即檄太倉州，決劉河、白茅大壩，不二日水退數尺，歲仍大稔，急則泄水入海，常則蓄水隔潮，又豈非地勢使然哉。或者曰：此論地平也，而未及乎水平也，地平者形勢高下之一定水平，則低田築堤，使大水不能入民田，可使堤外塘浦之水自高於江，而江水自高於海，誠能於沿湖州縣大修圩田，則足以束水，外水使之平，而東注建瓴，此有待於推廣者一。建閘可施於支流汊港，而不可施於幹河築壩，可施於劉、白茅，而不可施於吴淞。然吴淞上游必於長橋寶帶橋大去壅塞，方可吸湖水，使之奔騰入江下游，於吴淞口對壩偪溜方足，激江水使之奔騰入海，視建閘去閘功，皆相倍此，有待於推廣者二。

清　王家鼎《重建東暘橋紀略》（光緒）《吴江縣續志》卷六　盛澤鎮水道見邑志者，曰爛溪。去縣治五十里，受杭嘉湖諸水。由烏鎮分東西溪數里復合，東北流至斜港口入吴江界，分布爲方蕩，即中蕩盛澤蕩、白馬寺後蕩，此我鎮水道之大綱也。今按盛澤蕩，西受爛溪之水爲港六，南受麻溪之水爲港二，西濱蕩之圩二十有八，其絶流而南亘東西者，爲南草圩，遂别稱其西爲蜆子漾。絶流而東亘南北者，爲大低等七圩，遂别稱共北，爲《俞家渡志》所稱白馬寺後蕩是也。白馬寺今爲圓明寺，在祇字圩東邊，其南北水面皆數十百丈，無可爲梁者，獨寺東南隅不達於鎮者，裁十餘丈。前明崇禎間，於此建東暘橋焉，橋南蕩水東洩於鎮，及鎮南者爲港二，皆淺窄不能暢行，其北趨橋下者，勢獨湍急，漲盛風猛，圩田多坍沒者，東暘橋當兩蕩之衝，春吐急溜，基址易壞。二百餘年來，屢有修治，同治甲子，郡邑肅清水師礮船，猶碁布星列。其營圓明寺者，倚橋爲寨，晨夕演礮，土石震裂，橋益圮焉。歲辛未，里人謀作，新之。

清　許克勤《種稻之法水旱之備宜如何而後可》《清經世文三编》卷三五

備水旱之要，更有四端，請縷陳之。一曰築圩。圩田又名圍田，大或三四十里，小則十有餘里。四圍築堤，堤高二三丈，厚四五丈，視外河水勢之盛衰以爲增減。其內有月塘溝渠；其外有夾河小堤；其上有磚石各門，以時啓閉，旱則引水以入，內而可以溉田，澇則洪水以出外，而可以達河。蓋圩田之制，大於涂田，固於壩田，不但可以禦水，而亦可以防旱也。江以南本多圩田，今則有名而無實，式舊有而今廢，比比皆是。所宜擇要修築，必使高厚鞏固立之圩長，而相時蓄泄，以收水旱無荒之實效。且各府城内磚阜尚多，撥兵挑運，可備築河之用，既清都會之，荒蕪又裨圩堤之堅久，一舉兩得，莫便於此。二曰浚河。河之深淺，水利攸關，尤與圩田相表裏。溝洫通而圩田獲其益，漊港塞而圩田失其澤。大抵通之之難，終不敵塞之之易，河道之塞，由於堤岸之剝落，又爲農人所侵占，歲久不浚，填閼日甚。春水時至，無地可容，於是水漫入田，而圩岸亦爲水所蝕，一遇赤旱，則港底龜圻，雖有桔槔，且無所施，河之既塞，害有必至。所宜及時浚之，淤塞者開之，狹淺者浚之，民力所不能爲者，官助成之。務使既深且廣，以垂久遠，而後水有所泄，旱亦有所資，即以種各種之稻，而耕穫易爲力也。至於修水利，開農學，以轉移土脈，拙著《救荒備荒策》詳之前。

（光緒）《重修安徽通志》卷六六　合肥今有七十七圩，東鄉之大者，上大圩、姚埠圩各田千餘；石南鄉最大者，東灣圩田至三千六百石，次下大圩、牛角大圩、同大圩、施家灣圩各田千餘石。

（光緒）《重修天津府志》卷二八　南方置閘，祇須嵌用灰石鋪砌牢固。海上硝土遇水則瀉，非用三合土錘鍊，鑲底丈餘，不足以禦，衝盪閘板須置兩層，則水不能過泥，亦易撈。前人建閘，或亦未盡如法，潮汐上下坍刷日久必致傾圮墊淤，此閘洞所以易廢也，熟揣歷年興廢之故。因思目前變易之方，雖工費較鉅，創始爲難，而以現在情勢，度之海沽已成重地，防軍非可遽撤，水灾積患仍歲不息。若任其土曠，民散不思徹桑，未雨補救，將來非我中堂永奠海疆，規利百世之意也。盛傳竊嘗就海河南岸略加測步，除去極東濱海下梢由鹹水沽至高家嶺，延長約百里廣十里計算，可耕之田已不下五十餘萬畝，就中疏河開溝，厚築堤埂，略仿南人圩田辦法，廣置石閘涵洞，就上游節節引水放下，以時啓閉宣洩，田中積鹵常有甜水沖刷，自可滌除凈盡，漸變爲膏腴。惟屯田開河土工最鉅，即以百里計方不下千萬。【略】自行入海，亦不難疏銷，萬一海潮泛溢，即於二十里外遥築攔潮土壩，亦可抵禦此。盛傳兩年來往還津靜，相度已審之情形，以爲欲興水田，非得海河、運河兩水縱横貫注盪滌澄清不能大著成效者也。至減河宜閘而不宜壩，則沈聯芳《邦畿水利條議》中分晰言之，河身宜直而不宜曲，則潘季馴逢灣取直，遇嘴切沙之説，確鑿不爽。盛傳體察至再竊以歷年津靜積苦水灾，南糧多歸海運，似無事蓄水，送漕引河之開略無窒礙，其波水留軸等窪，即可因勢相制，圈爲圩田，永除巨浸爲利。

（光緒）《東華續録》卷六六　查江陰下游三百餘里，南入吴淞，北出崇明，水勢浩瀚，口門、沙洲最多。吴淞爲申江之口，乃入蘇州、松江之門户，而非長江之鎖鑰也。守蘇、松則當以吴淞爲重鎮，守長江則當以江陰爲要隘。蓋由海入江，至此而江面稍窄，南岸山勢環抱，便於屯營，北岸圩田較多，便於扼守。臣以重兵守吴淞，爲保蘇、松也，以重兵扼江陰，爲保長江也。

又卷七一　丁亥，諭曾國荃奏江南、安徽、江西三省被水籌辦情形摺。據稱本年南中雨水過多，遂致江湖漫溢，江南之上元等州縣，安徽之六合等州縣，江西之清江等州縣，低區圩田堤埂，俱有被淹衝決情事，業經分别疏消撫恤等語。前聞江蘇多雨，曾經降旨垂詢，兹覽所奏各情，朝廷倍深廑系，即著該督撫飭屬確查，務將賑撫事宜妥籌速辦，總期實惠及民，毋任流離失所，用副軫念灾黎至意。

（光緒）《川沙廳志》卷三《浚河事宜》　一曰修壩堰。古人制田之法，率因水道以正經界，曰涇，曰漊，曰浜，曰塘，曰浦。縱横曲直，大小深淺，或通或塞，棋布井分，有圩田之象焉。其通也以泄水，其塞也以禦水，皆使不爲田害而已。曆歲既久，水道寖廢，民之習於舟楫、專於緝罟者，皆决堤防以通江湖，水勢漫衍，田疇日損。今圩田之外，止通水道之大，其諸小小涇浜之非舟楫往來之道，出入必由之處。盡行壩堰高於岸等，則水不亂行而壞塍岸矣。范文正公嘗論於朝曰：江南圍田，每一圍方數十里。內有河渠，外有門閘，旱則開閘引江水之利，潦則閉閘拒江水之害。今亦不能爲門閘啓閉，但能修舉壩堰，以爲堤防，其利亦博矣。

一曰分大圩。蓋東南水田皆以岸塍爲裏，外通水道，以時蓄洩，在宋謂之圍田，皆有字號、名色。然圩田之置，隨地形廣狹，水道遠近，爲之大小一圩之田，多或至二三千畝，少或不及百畝。小圩之田，民力易集，塍岸易完，或時遇水則車戽易遍，水潦易去，雖有巨浸，莫能爲害。而大圩之田，塍岸既廣，備禦難全，雨潦衝激，東補西塌，皆蕩然湮没矣。縱使修舉，令民車戽積水，然居民有遠近之不同，民力有富貧之不一，地形有高下之不均，故大圩之田遇灾不救者十居八九。今莫若較田圩之大者，取而分之。以二三百畝爲率，因其高下，督民取土裏以塍岸，則田圩之形成矣。或謂分圩必須開河取土，因以築圩此固然矣。然有田在圩者，率皆自愛，孰肯捐其所有以供開河築岸之費。今觀大圩之内，多有溝洫池漊之屬，縱横布列，古人制之所以備旱潦者也，宜因而浚其兩旁增築塍岸，就以分圩裏田，其所不通處，則但取土於田以爲圩岸，不必更開河道，仍須令圩田之民共篙泥填實取土之田，庶幾無偏損也。其圩内無溝洫之屬，或雖有一二而不足以供分圩者，則圩田中傍界岸，築爲徑塍，或畫十字形，或廿字形，或三十字形，或井字形，各隨田之多寡爲率。如此則取土甚便，爲方甚易，不必開河費田，而圩岸修矣。

（光緒）《豐縣志》卷一二　淮徐海境内地土非盡瘠薄，可以種植。地土一望無際，祇因河流未通，一遇天雨是處瀰漫，或廣種而薄收，或有種而無收，一年妄費工本，次年遂棄而不種，所以民間土地不甚植錢，亦不甚愛惜，年年望賑於官，地皆曠土，民習游惰。今幸河流疏通，水有去路，尚宜各開溝洫以備蓄洩，旱潦無虞，如有地處窪下，所開之河尚有不能盡洩之水，則即以開挑溝洫之土加築圩圍，安砌口洞，隨時蓄洩，以成圩田。乾隆九年，督臣尹繼善酌定圩圍溝洫條規，奏請舉行，彼時揚州之高寶等縣、淮安之山陽等縣，所築圩田至今皆成膏腴，已有成效。因河流未盡通暢，雖築圩圍，水無去路，仍被潦漫，遂仍不肯多築圩圍。今河水通流，泄水比前大暢。臣等現在會奏，仍照臣尹繼善原奏，開溝築圩，次第經理。惟是此等地方，連次之後，民力拮据，貧富不一，難于合力築圩。臣請自今年水過之後，于秋冬爲始，地方官親身往鄉，相度地勢，勸民築圩開溝。有無力者，仍照乾隆十一年河臣高斌等奏，準借給銀兩，助其飯食，勒限一年築成之後，所借工本分三年還官。有一年之限築圩開溝，不至中途而廢棄，有三年之限，則田已有收，民間繳還亦易。現在徐州府知府劉璵、淮安府知府五諾璽、海州知州李永書盡心此事，堪以辦理也。

（光緒）《江陰縣志》卷三　馬家湖田七千三百畝，屬江陰，四圍長河繞之，所築堤廣數丈，各圩田塍罫列村落碁布。芙蓉湖境稍低，湖心尚有方沼數十畝，爲當日遺迹。馬家湖則皆膏腴沃壤，非復舊觀，惟淫霖水溢墟落浸漫，居民挐小舟出入，有浮家泛宅之慮焉。

（光緒）《溧水縣志》卷二　高溧沿湖圩田，自東壩築後，河水西流，專恃花津，達太平府治一綫，大河爲出水門户，三湖之水，上承宣歙桐汭諸水，即河道通利尚難速消，乃鄰境當塗花津至護駕墩一帶，秋冬之際，每設筏築土，絶流而漁，中留一缺，僅可通舟，筏内之水，每高於筏外一二尺，數十里内連設四筏，遇水不下七八尺，圩田淹没，積水難消。冬令二麥難種，夏令更無從栽插，均受其害，設遇大水爲患尤甚。同治九年，高淳紳士邢士楨、谷蘭馨等三十人禀縣，詳請移檄水禁，并以事涉兩省，與溧水紳士徐大綸、賈光榮、張輔仁，當塗紳士芮家祺、邢嵱，宣城紳士唐金印、丁繩固等，籲詳總督奉批，仰江藩司移知安藩司，飭當塗縣永遠嚴禁，毋許再設漁筏以通水道。事關水利，因并記之。

又卷二一　溧水城北圩田與上江兩邑之尤處卑下者，平時水潦之年，尚多淹没，豈有再加以石臼之水與秦淮争流而不湍激横溢者乎。同此我皇赤子，而忍使彼受其利，此受其害者無是情也。此可慮者三也。況其地既高於北，復高於南，縱開浚極深，終非順水之性，如其開而必廢浚，而復淤徒勞無益，更不待言矣，因而中止。

（光緒）《溧陽縣續志》卷四　皇太后五旬萬壽欽奉恩詔，蠲免五年以前民欠地丁錢糧并蘆課牙税等銀。十一年水，免灾田地丁錢糧。十三年，圩田被水，高田被旱，錢糧分别緩徵。十四年，旱，免灾田地丁錢糧。

（光緒）《青浦縣志》卷二八　今天下以墾田當司農鉅供者，蘇、松爲最。蘇、松介在湖海，厥土塗泥利害，以水圩岸者，所以堤水護田，即《周禮》稻人、匠人所掌塗防者也。田甚下濕岸，則陡立如城，河循其外，而中田焉。禾在田雖芃芃起矣，而河流猶出其上舟行者，畚俯而窺也，岸或岊隙莫禦，而田且沛澤矣，其田之最高阜去水遠，而水不及溉者，則又終古舄鹵。田在上下壤之間，土厚而水深，則號膏腴，以其得水蓄泄，可爲旱潦備，而所謂能蓄泄者，以有圩岸耳，歲若旱，則河之水續桔槔而上以入于田，河不竈拆，田不乏溉。歲若潦，則戽水出于河而岸障之，雖勞人力，不盡待命于天。自三江道堙疏釃失宜，恆雨注積，而無從尾閭也，水襄于岸，而膏腴汩爲巨浸，不能與下隰者論良瘠矣。廟堂深惟國計，軫念民瘼，枚擇憲臣專董水政，而閩之林公實來公承簡書之重，躬檋載之勤，周爰咨諏，尋源徹委，決壅導積，滌泇存滙，塘之，浦之，涇之，港之，溪之，閘之，以爲宣泄之大計者，既殫厥心矣，條縷其目，知圩岸，爲切務而修築焉，卑令高，缺令補，廢令興，薄令培，而厚浮令杵而堅，規畫既定，先有司而督察之。自庚辰歲農隙始事，凡一閱歲而次第告成，方歲之潦也。故老相傳説，以爲正德之庚午、嘉靖之辛酉，以及于今雨浹旬彌月而民不悉魚者，伊誰力耶。先見之預圖，而成勢之陰賜也，嗣厥胼胝聿觀厥成，蓋至茲謀及圩岸而公之造民者，悉巨細矣。使公緒之，就先二歲，民將不知灾而且忘公力于何有？然今而後，蒙福何限也？且圩岸之有無利害彰彰也，農民櫛沐穮蓘，罄室竭力于田，而婦子懸命焉，寧束手于一朝之患，號呼奔走，其傍痛莫之救，而獨不爲先事之備，余恠而求其説矣。每圩田畝，殆以千計田，其中者殆以百計，百計之中有十不協力，而九十家修築之無益也，農雖値有年，僅給俯仰，困于潦而轉徙者衆矣，宜未暇爲圩岸計。岸土取于田，岸寬則田窄小，民愚不察其損小而利大也。所喜者，今令出于官，何力不協？遠近風行，感上佚道之使永圖之懷，誰不子來，誰復惜小，况公誠意感孚一時司牧者，競矢公心，勸相多方，視民之私計者功相萬矣。故圩岸之利不難知，難在公之悉民隱而爲之任之也，公績不磨，有紹之者，民其永賴哉。

又《無名氏洋涇廟記》 青浦縣三十四保蟠龍鎮，東南洋涇實蟠龍江之支流，涇之南有土穀神祠，起建千有餘載，興廢不常。嘉靖間倭寇侵擾內地，兵燹之後，悉爲煨燼。迨開府，公帥督兵征勦，平復人民，安堵里中父老咸捐貲。

又 卷三〇 青邑地勢低窪，東南鄉尤甚，每當春水泛漲，田畝輒多淹没。同治八年正月，知縣陳其元諭飭各鄉董督同地保，率令佃農各就田界修築圩岸，培高加厚，其費仿照業食佃力之例。九月，復諭飭各圖董保，務令於播種春花時，傍岸留得二尺以爲築圩帮寬之計。業主即於今冬應收租米內每畝減讓二升，以作修築之資，并刊邑人孫耕遠《築圩圖説》，發照舉辦。十一月，紳董俞拜言等以圩岸工程有大小輕重之別，酌擬條呈，參用計工貼食法，每工貼食二升，由經董地保給票向業領取，其通圩田佃中有田少工多、田多工少者，除業給外，彼此價帖辛力飯食一百三十文。九年正月，復曉諭各啚，有修築之圩，不必開溝者，每畝給米一升。至上年未經興築之圩，本年創舉者，每畝給米二升。如有應開漊沼之圩，人工多費者，每畝給米三升。三月，蘇撫丁日昌飭書局重刻《築圩圖説》，札發各屬遵辦，至四月呈報。各鄉，圩岸修築完竣，嗣後，官斯土者，每屆春冬照章諭飭續辦增修。

（光緒）《舒城縣志》卷一一《水利》 自古興水利者，必除水患。志所稱三堰十塘九陂爲民利溥矣，然濱河之區，灘灣宂汙利水半，患水亦半。自漢以來，如三劉諸賢言水利者多矣，而能言水患者卒鮮。余嘗欲考河流源委，具知圩田要害，作《圩田圖志》，卒以本末不具書闕有間矣，茲特撮其大略以俟君子作溝渠，志水利。

又 橫山之北曰花李山。其下有堰，曰花李堰。北迤爲金司堰，今堰口占爲民田，不復引水，惟溝形猶存。自七門以東濱河諸圩田，歲旱則有長河蕩水之利，截河築壩阻水入圩，或三五里，或十餘里，節節爲之，所在皆有撮其大者於下，七里河東岸有兀子蕩，其東有柏毛蕩，皆阻前河入孔家河，灌三汊陂以東諸田，柏毛蕩之東有陳家千人，二蕩阻水入白露溝，達縣河下游灌路裏橋七柯柳以北諸圩田。陳家蕩之東曰合心蕩，阻水入韓家河口，灌鮑舒橋、千人橋東北諸圩田，其東周公渡有黃鱔溝蕩阻水入新店河，灌蕭家潦諸圩田，又北有將軍蕩灌倒灌圩以東諸田，又北有錢家蕩阻水入錢家河口，灌王司渡梅林橋左右諸圩田。航埠之東，有張家蕩阻水入桑樹店河灌田。相傳昔本邑漕舟截水濟運，後沿爲例，蓋猶七門三堰之遺意也。然大旱望澤民有同情，上若有餘，下必不足，上下相争，每有械鬬之事宜塞，不時有利不能無害矣。前河源出潛霍諸山，自源迄委曲折經行縣境二百餘里，而後河界連六合源於平岡無沙石之淤，河身低於前河水勢不及前河之半，故前河山水暴發，必北注後河以殺其勢。【略】董長非人謀私利不圖公益三也，害莫大於前。河水漲則泛決爲害，水落則淤塞爲害。其在畈田蛟水泛漲，或數年，或數十年，一受其害而在圩田，或間歲而受其害，或無歲不受其害。今欲除泛決之害，莫善於防，而沙河日淺，水行地上未易防也。即防矣前湖口不暢，支河多塞，仍不得而防也，除淤塞之害，莫宜於疏而疏導之法，必先下游。今自三河以下入湖之口，皆屬合肥廬江縣境，操縱無權則疏之法窮，且沙石日積繼長增高種山，既無禁令，長河遂無濟法，則疏之説終窮矣。爲今之計，莫如先講蓄水之利，相度地勢，廣築塘堰，農隙之時，官督民辦，務令堤壩堅牢，溝洫通暢，潦水渟潴，不遽注瀉，則旱既有資，澇亦無患。次講防水之利語云：人力足，灾爲福。但使營圩田者，通力合作，不侵不濫，功力堅牢，則堤自高固，堤高且固足與水敵，數年之後，各山種久土結，河沙遇驟雨衝洗庶可復舊，則水患息，而水利興矣。謹按舊志所載陂塘堰蕩試詳著之，以資參考焉。

（光緒）《泰興縣志》卷一四　泰興南至靖江，東至如皋，北至泰州五七十里而近平疇，寬隴粱黍菽麥彌望相接，西獨瀕江多圩田。其穀宜稻，畎澮交疏，潮汐刻應，畝歲數鍾，夙稱腴壤，賦額視三鄉爲重。嘉慶己卯庚辰間，江滸洲渚駢起綿亘二百餘里，流滯波溢横出爲患，積潦成浸，頻年不登，西境遂爲狹鄉矣。

（光緒）《續修廬州府志》卷一三　合肥前奠平隆，凡百里，左湖右山，而後亦廣野，故有塘有圩。舒則西南皆山，尤多美田，山泉之利，號稱膏腴，獨不濱湖，故無圩以近山，故資堰以地兼平衍，故有塘。廬江有山，東濱湖而平田居其七八，故有塘有堰有壩有蕩湖山，并資以爲灌溉，由是歲鮮不登。無爲雖多山而近江，其地平夷，與江水相低昂，又爲巢湖之所出，故多圩田。其大者有十，皆引河渠爲灌，其所利不啻萬頃。而江流泛漲，亦蹈其害。巢西濱湖，東通大江，多圩田，其南多山，則亦有堰有壩。而塘之大小雜然相望，然當隴阪之間，爲塘以灌，皆民私力自潤，僅僅取足，旱則耕農先憂之大，率其田視諸邑爲瘠。

按廬屬惟合肥地高，憂旱不憂澇。他邑小澇，則合肥大熟四境。西北高，憂旱爲甚，陂塘築浚其可忽諸。廬江雖有山，東濱湖而地平夷，田居七八。舒城西南多山，尤多美田，山泉之利，號稱膏腴。無爲瀕江土地，平曠與江水相低昂，又爲巢湖之所出，故多圩田爲利萬頃，而江流迅漲，亦蹈其害。顔公諸壩爲保障巢邑，西濱湖東通大江亦多圩田，其南多山，有堰有壩，然當隴阪之間，時有旱憂田，視諸邑爲瘠，宜以陂塘爲急務焉。

又　附録月河原委。安徽巡撫書麟爲恭懇，借帑開河築垻，以衛民田事。竊照安省沿江各屬，圩田居多，全賴堤垻捍衛，據署無爲知州陳聖修稟稱，該州沿江大垻荻港圩一帶，近年江流北趨，逼近垻根，垻内即係大河，并無餘地築垻，應於大河之北起沈家塘止，方家橋開挖月河一道，以通大河，計長五百九十餘丈，挖廢田一十餘頃，將舊河身築斷戽乾，填實垻基，得八十餘丈，庶可幫培經久。但民力拮据，請援成案，借項開挑等情，當批飭藩司陳步瀛親勘確估，需土方工料銀三萬六千五百餘兩。援照二十九及三十五等年無爲借項築垻之案，借給挑築，分年徵還等情，詳請前來。查無爲州江垻爲廬江巢縣和州含山等邑保障，既因江流刷進，内逼大河。單堤一線，應行開河讓地以培垻基，但該州連被灾歉，民力不支。司庫現在社倉息穀變價銀兩，原係奏明留爲水利圩田等項工程之用。合無仰懇準無爲州借銀三萬六千五百兩，分作四年照糧攤徵還款，則民力得以舒徐，垻基資以鞏固，至該州舊垻仍令歲修保護，其挖廢田畝，按糧查明照例詳請題豁，合并聲明。

又《續補遺》　光緒八年，夏江湖并漲，查勘各屬堤防，即籌保護通禀口敬禀者：竊廬郡地勢，巢湖居其中，長江繞其外，支河港汊所在紛岐，凡濱江臨湖之圩田，賴堤防爲捍衛者，五屬皆有，然堤埂之多，當以無爲州爲最著而最險。卑府自光緒四年冬間抵任，即奉委督修該州白茆、太豐兩圩缺口，穿建生工八百餘丈，又將前江後河堤埂一律增高加厚，計長三百餘里，自後歲必親臨，沿堤查看，數年之内，幸保；一切情形已蒙洞鑒。本年入夏以來，陰雨連綿，彌月不止，内湖外江之水陡張數丈，合肥地勢素高，而自郡城東關迤逞，達於施口，計水程七十餘里，兩岸大小十數圩，又三河亦二十餘圩，刻下僅存數圩，餘皆漫淹已成巨浸，據縣禀報，不禁惕然嗟嗟，小民何以堪此。卑府遂於六月初八日，乘坐扁舟親往查看，第見瀰漫汪洋，浩渺無際，屋舂樹杪宛在中央，田禾盡没，人民離散，間有高墩之上未去之民，則相聚哭泣忍飢待斃，其顛沛之狀，目擊心傷。雖經卑府捐廉散賑，然杯水車薪，無濟於事。隨出示勸諭樂善之家暫借米糧以救目前之急，然必須設法籌款，招集流亡，修復圩堤，以工代賑，庶離民不致遠徙，圩田不致久荒。此合肥東南鄉，濱湖各圩已潰，人民流離，經卑府勸導，殷富量爲周急之情形也。十二日舟出巢湖，見巢縣兩岸圩埂有高出水面一尺或數寸不等，其勢亦屬危險，恐周令難於兼顧，卑府即添派分縣差遣之。州判金德潤巡檢，蕭法俍分别南北兩岸圩埂，責令各管一岸，日夜在堤督夫加埂，遇有險急，立刻搶救。并飭周令往來稽查奬勤戒惰，期於保全此巢縣圩堤，經卑府加派，委員分岸保護之情形也。於是順流行抵無爲州境，逢黄洛河以下水與堤平有僅露出堤頂一二寸者，細察其由，乃湖水外流江潮内灌表裏相攻咸涯，於此釀成危險，駭目驚心。各圩民有棄堤不守攜家逃奔者，卑府一面出示禁止搬移，一面督夫加添子埂夫，守望相助，衆志可以成城，倘人懷離心，衆無固志，雖不危險亦難守禦，故禁搬移不得不嚴，加子埂不得不急，奈取土維艱，無所措手。卑府於急遽之中飭令圩民將田中之禾連根帶泥拔置堤上參差迭壘，庶子埂可成，而農民有吝惜不拔者，即曉之曰拔稻作埂，原非得工。然以全圩計之，不過去萬分中之一分耳，所損甚微，爲益甚巨。倘吝一束之稻，使千萬束同歸，於盡利害損益之理較然甚明，何憚而不爲耶？於是圩民恍然大悟，相率而爲，人人争效。故三日之間，二百里之内所有子埂一律告成，高出水面尺許，於是人心遂固。此無爲州後河圩堤幾被漫淹，經卑府拔稻作埂以救危急之情形也。後河既固，遂於十五日，舟出大江，由裕溪口上至土橋江壩民堤，計長幾三百里，逐段察看，江堤雖寛，無如水勢之大，且蟄陷迸裂之處，民力所不能施，必須樁木排列方能抵禦者，不下數十處，木料所需爲款甚巨。值此青黄不接之時，財殫力痛之際，民惟束手徒唤，奈何卑府見其危殆，遂飭羅牧，將該州所存署捐提出若干，散給各該圩董購備樁木等物，令其搶救險工，搪抵風浪，以民之財濟民之用，移緩就急事屬可行。除五年春，卑府督修之白茆、太豐堤埂，迄今高出水面三尺餘，甚屬堅固不計外，凡屬舊堤擇要加築子埂，扦釘排樁，以期化險爲夷。圩民見如此保護，莫不歡欣鼓舞，踴躍趨事，於是搬者復止，散者復回，共相守護，同冀安瀾。此卑府因江堤危險，民情惶懼，酌提存款，俾購料槍修之情形也。至地方惡習，凡江潮盛漲之年，有木簰經過堤岸者，刁狡之徒，即率領農夫百十爲群藉口救險硬將木簰扣留，恃其人多勢衆，任意搬取巨木，不問價值多寡，迨水退圩安則無人承認，使木商貲本付之一空，控欠控追不一而足。卑府昨在運漕，即有木商呈控圩民恃衆逞凶，强搬木米。迨至江濱，又有數商前來控告，夫圩堤在所宜固，而商賈亦所當矜。卑府即爲準理差查無爲州各圩搬去木料，即令圩董照數償價，其閒亦有歸含山縣所管者，即據情札飭含山縣爲之清查，勿使客商獨受其累。并出示嚴禁各圩如有□□工程必須樁木，只準圩首向木商購買，不得恃衆强搬，違者重究，現已相安。此卑府禁强横而保木商之情形也。無爲官壩關係七州縣安危，幸江防同知劉鑌州同王炳智夙夜在工，勤力防範，而臨江堤埂繞至後河，則令羅牧士瀛及各該巡檢委員分段保守，不準疏懈。而卑府住宿舟中已半月矣，每歷風暴一欠，莫不胆戰心驚，坐卧靡寧，飲食俱廢，亦惟竭盡駑駘，實力督餘期，於職分無忝，圩民獲安，以仰副憲台軫念澇區之至意。最可慮者，和州所轄之裕溪口隔河有外八圩計田數百頃，與無爲州下九連公共堤埂，因埂多田少，民力維艱，甚屬低矮，在和州則爲甌脱之圩，在無爲實有肘腋之患，卑府見其危殆，即移會和州臨圩保護，第目擊危險工極，未卜能否保全，俟該牧移覆方敢釋然也。

（光緒）《續纂句容縣志》卷六上　敬禀者，竊於上年春間，據紳董端木錦等禀稱：赤山湖、秦淮河，久經淤墊，懇請挑浚，以利民田，并刊呈圖説，等情。據此查農力獲益，恃河渠爲挹注之源，山澤利民非宣導，即漫溢爲患。秦淮上游百十里之赤山湖，古絳湖也，上承三茅諸山之水，匯成巨浸，由秦淮而注之江，民田灌溉，樂利孔多，乃代遠年湮滄桑，屢易湖面，既經淤墊河身，又閒段淺塞，每遇山水暴漲，湖不能瀦，河不能達，泛溢横流，圩田被淹，勢所必至。上年三月初八日，卑職前往謝村勘案道路，所經數十里汪洋一片，心竊憫之，且湖河形若建瓴，一遇亢旱即成乾涸，灌溉無資，該紳董等禀請挑浚，尚屬因公起見，似宜查勘情形，能否疏浚，擇要核實，估計禀候憲台核奪。卑職當即札調宿遷，泛熟悉河工精於估計之效用，熊振清諭令携帶藤亘旱平各器具，上自茅山絳湖一帶，下至通濟門外，挨次周歷，將各處正河、支河河底之高下，河面之寛窄，河水之淺深，逐一測量，明確分款登記。赤山湖能否重開，有無把握，一并飭估。分别造具草册呈核。旋據該效用禀稱：沿河周歷查勘，自通濟門迤南至西柏村河身灣曲，計程七十里，一律深通，俱無庸挑。自西柏村向東至上三岔允盛橋止，共工長七千五百六十六丈五尺，計程四十二里有零。該段附近河邊，間段淺塞，面寛五六七丈，水深四五六尺不等。詢之土人，僉稱每值天旱即成乾河。該處二面均係圩田，陡立礙難展寛，僅因地制宜配平上下橋底量爲估算，擇其至淺段落共工長二千七百十五丈五尺，共估土四萬四千二百七十六方。又下三岔支河一道，共長四千四百五十八丈，計程二十四里零。向受青龍山等處，來源年久，失挑河心，高阜山水驟漲，一晝夜即長至丈餘。河道淺窄，宣洩不及，往往破圩決堤，禾苗被淹。共估土六萬八千八百三十方。再查赤山湖向爲水櫃，周圍一百餘里湖面。

又 原估土方及下三岔河新增土方，共計土二十五萬五千二百九十二方，每方以一挑二運計之，每工得一百二十文爲準，應需銀五萬六千三百八十二兩辛飯器具在外，此照原估復量復勘之確情，已詳勘形勢，博采輿論。僉謂湖内開河束水過多，長趨直下，一洩無餘。上游圩田失灌溉之利，下游圩田有沖擊之患。惟能全浚絳湖，則蓄洩兩益。特經費浩繁，勢有難行，不得已推浚湖之意，而小施其功，挑湖内之河，誠不若挑湖内之蕩。蕩者稍可容水，而資亢旱之灌救，亦能殺水，而緩盈滂之奔騰。再照原估疏通秦淮及三岔河以暢去路，修復陳家閘，以司啓閉。

又 按便民河南岸，汊河約十餘處，名山水河。河各有閘，量水之大小以啓閉，山圩田均受其益。歷年既遠，汊河淤塞，旱年潮水不能遠達，山田坐失栽插之時；滂年山水暴注，宣洩不及，横流旁溢，近河圩田多受其害。度地勢而深浚之，是有待於勤民者。又紅旗等港本淺狹，近則淤墊，更甚至九十月間即枯涸。船隻不能暢行。同治十一年，候補府孫雲錦奉督部之命浚石埠橋一帶之河，然未竟其功，識者惜之。

（光緒）《直隸和州志》卷七 議定等則以均田糧。查得本州原額有官田、民田、養馬田、兵部草場田、太僕寺馬場租田、河泊所漁課田，名色不一。除草場馬場漁課另議，其官田、養馬等田大約有二，非山田即圩田。山田畝窄，收穫頗少，而憂於旱；圩田畝寬收穫頗饒，而病於滂。則其丈量等則，宜各令分派。今議量山田則用弓口，視田肥磽各分别上中下三等規則；量圩田則用篾簟，亦視田高下腴瘠各分上中下三等規則。務令里老書算手責令田主、佃户公同親報，如有以上爲中，以中爲下及隱匿圩畝，捏作屯田、馬場等田，查訪得出，定將田沒官。立法必嚴，而後民不敢犯也。因其田地高下等則，實爲賦稅輕重。庶無偏重之累，偏輕之弊矣。

又 議攤糧稅以便輸納。查得本州及屬縣田地，除馬場圩租漁課外，該載秋糧米二萬四千六百八十八石三斗零，夏麥一千四百二十七石四斗零。今田既丈明分立三則，而田畝近有開墾或沖崩，未免有餘不足，似難相當。若將量出起科，民益增怨。今議合將本州及縣田畝數原額稅糧各若干，如法分派：山田、圩田上則若干頃畝，該載稅糧若干石；中田若干頃畝，該載稅糧若干石；下田若干頃畝，該載稅糧若干石。負郭之田與山鄉之田，寬窄不同，在山之田與在圩之田，廣狹不同，量加盈縮，儘田分糧，不拘年額。稅糧若干，只約見量頃畝分派，但要饒乏相因。凡有糧無田及田少糧多者，今皆去其虛浮，使不至於偏重；有田無糧田多糧少者，今皆加以正額，使不至於偏輕。務令强暴不敢復肆乎，侵佑積猾不敢復恣乎，影射糧里无容，或逞其飛詭，庶錢糧之催徵易完，小民之流移可復矣。

又 議定弓口以立丈則。查得丈量之用步弓勢所不免，但據士夫里老告稱：本州田土薄瘠地方頗闊，如照洪武鈔尺，每五尺作一步弓，似未免稍刻，合無比照。蕪湖縣依先年繁昌縣量田步弓，以六尺五寸爲度，先打鐵弓一把，存州號。製木弓一百餘張，每里都排年各製一張，俱用鐵包裹印烙記號，以防增損换易等弊。至於圩田寬曠丈量，或用篾簟一條，條可十弓爲，則首尾各用鐵線纏記，隨捲隨長，似於丈量更見便易也。

傳記

宋 孫應時《燭湖集》卷一一《承議郎淮南西路轉運判官方公行狀》 朝廷已檢踏有元浦湘城圩田未及興築，而土民或以城南青山圩來售，合之亦五百頃，皆承平沃壤，今爲棄地。公因奏募饑民之願耕者使築之，可以兩利。又謂和州之屯，舊令通隸守臣及總領都統四司。每議一事，文移往復，甲可乙否，迭相牽制不便，請令專委一司主之。復增耕者五百人，合二千人，使盡地力。增置漕屬一員，以任其事，有旨專以屬公。公出入阡陌，勞來勸相，凡堤防宣導之宜，營伍安集之制，皆親自區畫，不敢乞其費於朝。惟撙節他用，且請附鑄舒蘄鐵錢以供之。築圩周五十里，水門八，爲屋大小四千間，畜牛千三百頭，耰鋤犁耙水車碌碡刈刀畚鍤鍋釜之屬二萬餘，事種糧五千石，倉三百，楹舟大小二百有十，皆井井就條理。夙夜盡瘁，事體既一，人情附悦。每奏，上無不報可，且命别給緡錢七萬五千助其役。公益感激知遇，思爲遠圖，期以三歲圩田成功，則習中規撫方將次第出之。適事出意外，其明年江淮大漲，廬、楚沿邊郡縣，城郭皆圮，於是圩田成而復壞。公上疏引咎，上知非公之過，方諗公以備衛安恤之事，詔賜將士緡錢萬餘，以安公意。

《宋史》卷二四六《魏王愷傳》 愷究心民事，築圩田之隤圮者，帝手詔嘉勞之。

又卷三七三《洪遵傳》 圩田壞，民失業，遵鳩民築圩凡萬數。方冬盛寒，遵躬履其間，載酒食親餉饁，恩意傾盡，人忘其勞。運使張松忌功，妄奏圩未嘗決，民未嘗轉徙，必責圩户自闕築，且裁省募工錢米之半。遵連疏爭。

又卷三八四《葉衡傳》 合肥瀕湖有圩田四十里，衡奏募民以耕，歲可得穀數十萬，蠲租稅二三年，後阡陌成。

元 歐陽玄《圭齋文集》卷九《元故奎章閣侍書學士翰林侍講學士通奉大夫虞雍公神道碑》 京師瀕海以東，至於遼碣，皆葦之地，潮汐日至，爲沃壤。宜用吳人圩田法，築堤捍水爲田，募富民欲得官者，合其衆請耕，官授以地而定其畔。

明 王禕《王忠文公集》卷五《朱左司集序》 有宗室與民訟圩田，衆莫敢引決。公曰：『於法：品官不許佃民田。奈何天子屬籍之親，乃有爭田訟耶？』毅然決之。

明 解縉《文毅集》卷一二《翰林院檢討廖君墓表》 時有富民二氏以水決圩田事，數年訟不已，至聞朝廷，下有司督。其理屈者某氏，修廢圩岸幾數十里，岸廢決已數年，上下高深數十尺，彌望水決，無迹可求。而某氏又以富聞天下，興宗謂：『使他人督之，將爲其賄，所溺事不集，又煩朝廷。』遂以語嘗他官，他官亦皆恐懼莫敢往。興宗大言曰：『宜莫如廖縣丞也。』君欣然往督其役，爲之方法巧思，出人意表，如期而畢。

明 賈咏《少司馬石崗蔡公天祐墓志銘》《國朝獻徵録》卷四〇 闢海道圩田數萬頃，民莫其業，名曰蔡公田。

明 毛憲《毗陵人品記》卷四《吴懋》 吴懋，字禹功，宜興人，第進士，調當塗縣主簿。【略】縣有圩田，秋雨圩決，懋晨夕督治，民賴以濟。

（弘治）《温州府志》卷一〇 高明，字則誠，瑞安人，性聰明，自少以博學稱。一日介言曰人不明，一經取第，雖博奚爲，乃自奮讀春秋，識聖人筆削，大義屬文，操筆立就，一時名公卿皆慕與交，登至正乙酉第。授處州録事，有能聲，時監郡馬，僧家奴貪殘，明委曲調護，民賴以安。既去，民思之，立碑，郡人劉基爲文。辟江浙省掾史，從參政樊執敬覆實平江圩田，蠲租米，無徵者四十萬石。改調浙東閫幕都事，四明獄囚事無驗悉多，兒明治之，操縱久當，囹圄一空，郡稱神明。轉江南行臺掾，數忤權勢，謝病去。除福建行省都事，道經慶元，方氏强留置幙下，力辭不從。又以禮延教子弟，亦不就，卧病而卒。有詩文行于世。

明 何喬遠《閩書》卷八六《英舊志縉紳》 丁自申【略】建天生橋、築圩田有功。

又卷一〇一《英舊志縉紳》 黄縉，字時升，以恩選授銅陵令，復社學，築圩田。銅陵無城沿江多警築城自縉始。

又卷一一七《英舊志縉紳》 太平府有圩田廣袤，每歲役民修築，杞召豪户與免差役使爲之。

明 汪道昆《太函集》卷六《送太平太守林使君遷浙江副使序》 境內故恃圩田，會水大至，堤且壞。使君帥諸官師父老，躬禱于堤，卒之堤不齧，而田有秋。

明 胡應麟《少室山房集》卷八八《趙先生傳》 銓曹雅知趙先生儒者，負經濟材，毋令久閒局，擢知縣事建平。建平，故水鄉也，圩田歲久，汚壞什七八，民顧賦靡所出，相率流殍他州。趙先生至，至捐俸募役夫板築，并請倉粟助其成圩，迄亡害，逃亡歸。

明 焦竑《焦氏澹園續集》卷一三《户科右給事中沈君孟威墓志銘》 邑故濱江圩田，以畝計者九萬餘，堤一決則鹵潮入，而稻田無弗腐者，且嫁賦他腴田。君嘆曰：『吾不能令瘠者，而可使者瘠乎。』乃創築堤之議，徒步堤上，日無寧趾，堤成，可力耕而巨，浸成沃壤矣。

明 陸可教《陸學士遺稿》卷一〇《婺埜先生遺集序》 唐楚相【略】試守歷陽，至則修復圩田數萬畝，州無逸賦。

明 陶望齡《歇庵集》卷一六《江西布政司參政泰寧何公行狀》 明年春，公忽移檄下縣，謂歲且潦，可亟治，圩備水工，甫畢，水至平圩，田以無害。

明 張萱《西園聞見録》卷九七《沈鳳翔》 沈鳳翔，字孟威，號廣乘，南京旗手衛人。萬曆壬辰進士，歷官户科給事中。初爲蕭山令，邑故濱江，圩田以畝計者九萬餘，堤一決則滷潮入，而稻田無弗腐也，且嫁賦他田。君嘆曰：『吾不能令瘠者腴，可使腴者瘠乎？』乃創制築堤之議，徒行堤上，日無寧止。堤成，民可力耕，而巨浸成沃壤矣。

明 吴道南《吴文恪公文集》卷一〇《郡國水利》 巡撫侍郎周忱請悉平勢豪，築石臼等湖圩田。

又卷一七《明大中丞懷雲陳公墓志銘》 公諱子貞，字成之，別號懷雲，蓋念贈公雲溪公。【略】庚辰成進士，授令溧水。溧水地窪下，圩田凡八十九所，緣石臼湖滙其中。受秦淮大江之水，小溢則歲大歉。公以官治堤，三年而堤成圩田，至今賴之。

明 張内蘊《三吴水考》卷七《穆煒》 萬曆五年，由比部尚書郎知常州府。開浚孟河，置閘蓄防，以通漕溉，號爲天闕；又開宜興西氿城南運河東倉水道，修復芙蓉湖、黄天蕩、雷家湖諸堤，各綿亘數百里，溉圩田四萬四千餘畝。惟時比歲病旱，阻淺運舟，又請築閉運河支渠，置木閘蓄水，舟運通利，修弊起廢，課士訓民，善政甚多。

（萬曆）《漳州府志》卷一六 杞，字景華，願之孫也，以世賞補登仕郎。初任盌化尉，以捕盗功改秩，知浦城縣。有清介聲，再調温之平陽。有盗鼎者自稱兩手俱拆杞，佯謂非其辜也，聽以鼎去。其人乃以手舉鼎戴于首以行，遂坐罪通判。太平州有圩田廣袤，每歲修築，民苦之，杞召豪户築，與差役民得無擾，留守胡元質深器重之，每有論薦，必以杞爲首。

（崇禎）《吴縣志》卷三九《雍泰》 雍泰，字世隆，咸寧人，進士。成化六年來知縣事，政尚公廉，愛民多績。西華鄉濱湖五千畝，水侵嚙，無防捍，歲罹灾傷，賦無所辦。泰躬履審視，即於本區僉夫版築，采旁近諸山石甃成長堤，不兩月告竣，不但圩田得護，其外湖壖亦加闢二百畝，斥爲新畬。

（崇禎）《義烏縣志》卷一二《朱元龍》 宗室有圩田之訟，舉朝無敢可否，元龍毅然決之。

（崇禎）《肇慶府志》卷九 新興、新會，菁逕藪盗。成化間，縣之民毁砦歸農，始免。帶牛佩犢，顧邑以上，刀耕火種，僅給峒炊，山利悉無所出。邑下皆沮洳澤國，漬沙跣惡，圩堤不任捍水，驟雨一日，夜潦起尋丈，兩峠數十圩田廬與魚鼈争命耳。而官租盈萬毫不可逋，以故民苦耕趨讀，君子秀而有文，小人巧而弄法，亦驅之使然。

《明史》卷二〇〇 蔡天祐，字成之，睢州人。父晟，濟南知府，以廉惠聞。天祐登弘治十八年進士，改庶吉士，授吏科給事中，出爲福建僉事，歷山東副使。分巡遼陽歲歉，活饑民萬餘，闢濱海圩田數萬頃，民名之曰蔡公田。

清 陳錦《勤餘文牘》卷六《江南名宦錢公傳》 公諱德承，字慎庵，吾越武肅王三十世孫。起家丞尉，以漢川巡檢受知林文忠。爲縣令江南，專以農田水利爲治本。令高湻，時預儲被絮蒲包拯圩田水患，令二人負一絮背浪坐，爲成護圩以免，民咸神之。

（順治）《歸德府志》卷七 宋纁，字伯敬，號栗庵，商丘人，嘉靖丙辰進士。授永平推官，擢山東道監察御史，出按陝西。值中貴吕用等以傳奉監十二團營，撓法抗疏，彈之，中貴斂迹。又按應天，勸人築圩田以障水，遂爲良法。

（康熙）《鎮江府志》卷三三 黄中承事郎大德，八年任金壇縣尹。邑有公田無徵之税萬三百石，中抱檄申省叩頭，以死自誓，卒爲奏免。邑嘗大水，圩田盡没，民告蓄准與豁免，刻石水寸爲限，置思湖北，今石柱尚存。

（康熙）《嘉定縣續志》卷二 草深庵：在安亭鎮西，詩僧成蔭修建，以鉢資置十六部西玉字圩田三十餘畝。

（康熙）《新會縣志》卷一二 鍾昌先字耀世，沙頭人，性坦易，有大度。嘗爲賊掠，索贖幽禁，半載始釋。一日遇之門外，賊怖請死，昌先邀之，入空慰而遣之。人問其故，曰：『彼逼於饑寒耳，非仇我也。』

舉順治丁酉鄉薦，授烏程令。烏程爲吳興大邑，號難治。昌先惟以潔己愛民爲務。會邑先被水，歲饑，至即粥以食饑者，首請發倉平糶，遍履阡陌，閱視災傷，請行蠲恤，又請改漕運爲折色。明年歲復大旱，露禱得雨，民大歡悦。圩田崩陷，受累者歷百餘年，每遇追呼，多斃杖下。昌先力請奏，豁得除浮税，八十餘頃民困始甦。有邵堯仁、沈棨等三十二人，以産價羈比一十四載，昌先爲力請，破械出之。先是邑多奸宄，往往勾通逃人，肆行擇食。昌先廉得其弊，痛陳懲創，人賴以安民。有十大恩政之謡。後以鹽斤踰限論罷，百姓挽留不得，因爲立碑以志，去思爭相饋食，歛錢贈之。乃得歸遍。

（康熙）《含山縣志》卷一八　黄潤玉，鄞縣人，由舉人。景泰初先以教職擢御史，歷僉事，左遷含山知縣。鑿渠塘，築堤堰，躬勸課，興學校。滁湖田賴之始成，見《滁湖圩田記》，民至今德之。後知縣陳一善請祀名宦。

（雍正）《江浦縣志》卷六《余樞》　字壽叔，江西新建人，由舉人任縣令。冰蘖持操，宅心愷悌。興圩田水利以便民事，開學宫新河以培文風，重修縣志，申建學廨，皆其功也。歲荒不待，申允預發常平倉米，及時賑濟。邑人德之，升湖廣興國州知州。

（雍正）《廬江縣志》卷六下　李衍芳，字徵遠，鶴慶人。康熙二十三年蒞任，令行禁止，摘抉如神。甫數月，謡頌遍野。先是廬邑税粮俱爲里胥包納指稱耗費苛索倍收，甚或侵吞入腹，復累重完，民不勝病。衍芳至，用便民小單，列明科則，令民自輸，減耗羨禁，包攬正課之外，别無餘費，人皆踴躍。急公邑東南有二湖，環湖皆圩田，止缺口一河通江洩水，而無爲州民築壩壅，水圩皆淤没。恃强抗法，莫敢誰何。衍芳親詣立毁之，水不爲灾，至今猶食其利。繕學宫，設賓館，立義學。火延東郭，肅拜返風。蝗飛至境，虔禱而滅。鋤奸捕盜，境賴以安。其署無爲州，亦多遺愛，丁艱回籍，行橐蕭然。無爲廬江兩地士民以縑織『懸魚再見』四字揭之竿首，數千人號泣隨之，如嬰兒之失父母云。

（雍正）《浙江通志》卷一四六《汪綱》　汪綱字仲舉，歙人。以蔭補官知蘭溪，決擿如神。歲旱饑，郡倚辦勸分。綱謂勸分所以助義倉不逮耳，一切行之，非所以安富厚裕也，願假常平錢爲糴米，使循環迭糴以濟。又巡行諸水利可興者，勸浚築，使饑者得食，力全活甚衆，而歲以有秋。累遷直秘閣、知婺州，旱，禱雨龍瑞宫，有物蜿蜒盤旋壇上。綱曰：『吾欲雨而已，毋爲異惑衆。』須臾，雨大至，歲以大熟。進直焕章閣、知紹興、主管浙東安撫司公事、兼提點刑獄，蕭山運河淤久不可舟，浚之，復創閘江口，使淤不可入。甃途達城者十里，屬邑咸濵海，而諸暨十六鄉瀕河蕩饒灌溉之利，勢家率封埴埂岸爲圩田，湖流束阨不得去，雨稍多則溢入邑，居田廬數爲敗，綱請治復之。郡臨海道，招水軍，置甲仗，威重赫然。後以權户部侍郎致仕。

清　胡天游《石笥山房集》卷六《章府君墓志銘》　會疫癘繼作，郵舍幾墟。府君伐木置棺，廣爲斂埋。又于冬月，爲衣襦布被與鄰里，貧寡多至百餘。托朱季而婚喪者，何啻百人；待晏嬰而火食者，豈唯三族。若夫南陽樊重起築陂塘，西蜀麋元通闢道路，則府君爲鄉人治圩田，疏漲潦，變其瘠确，盡作膏腴。召還流人，各安生業。魚池可種，家饒范蠡之經；桑柘成林，人利齊民之術。

（乾隆）《無爲州志》卷一四　洪邦光，字賓吾，福建同安人，進士。隆慶二年知本州，清貞卓練，州土田自唐公元立折筭之法，除養馬免粮田外，一切歲辦甚重，民間或田多賦寡，或無田色賠從，未得均。邦光延郡賢達酌議，申請分爲四則，一曰山圩田、灘田，其賦爲秋粮；一曰山圩地、基場灘地，其賦爲夏麥；一曰柴草石等山荒岡草灘，其税爲絲絹；一曰潭溝塘壋，其税爲糖油。各有差殊，税粮馬價照畝均攤，原額不失，民不稱擾，至今垂爲定例。去之日攀轅者塞途。

（乾隆）《平湖縣志》卷七　過庭訓字爾韜，號成山，父厚，授以性理諸書，輒信聖賢爲可學。萬曆甲辰進士，授江陵知縣，首減羨金贖鍰，奸胥屏息。邑際大江有淤田數萬畝，爲楚藩漁利，訓悉歸諸民。減通邑税，巨豪恃銓部戚，擁衆塞江口爲圩田。庭訓密遣吏誘至，立笞之下獄，衆遂散。升雲南道御史，疏請融我見酌虚平，截然有中立。槩又請寡，纍臣滿朝薦，薦廢臣鄒元標、趙南星、史孟麟等。乙卯挺擊事起，衆論異同，疏請釋猜疑，中外推服。巡按屯馬，福藩乞改備邊粒爲莊田，抗疏停之。丙辰賫帑金賑山東饑，條陳荒政事宜，皆確實可行。泰安安邱飢民嘯聚，訓肩輿詣巢諭之，悉羅拜投戈感泣。又請截留漕米四十萬石備賑，于是巨室競出宿儲，穀價頓減，仍具疏以漕米完官。天啓辛酉，督學南畿楊瓊芳、陳名夏兩會元皆首拔士也。轉福建按察使，時魏璫焰熾，訓恬守外藩，隻字不入輦下。升應天府府丞，未任，卒。崇禎戊辰，特恩予祭，加贈府尹。訓平生覃精聖學，宗法程朱，以存誠爲主，以躬行爲要。所著有《聖學嫡派性理翼》、《明京省分郡人物考》行世。

清 朱珪《知足齋集》卷二《翟瞿園家傳》 翟洗心，字聖以，一字瞿園，安徽涇縣人。傳聞翟之先本張姓，蘄徙也。當元末與陳友諒同起兵于蘄，戰歿。友諒字其孤。友諒敗，避地至涇，有李翁夢虎臥其里，覺而迹之，則少年貌甚偉，詢其由來，館而妻以女，遂從翟姓，所謂敬六公者也。是爲徙涇之始祖，卜居涇西南八十里之桃花潭左。潭水發源于黄山，而注于涇，其後族緜衍聚居幾萬人，曰水東邨翟氏。十傳而至瞿園父之焕，明季諸生。瞿園兄弟六人，于次爲仲。時天下初平，山賊猶梗，歲戊子，之焕率族捍賊全其鄉。瞿園既代父兄治家政，曰：吾族大當有以保息之，乃倡輸田之在宣城者三百畝，于宗爲祠田。立條約祠墓祀，以時貧煢有養秀者，有獎日常稔莊。瞿園太學生，不爲舉子業，然好藏書。其妻詹嫁時益之書數，輛涇人好，古者多就鈔讀，家豐而好義，年八十一卒。宣多圩田，以土埂爲防，值歲者修之，壞則罰。瞿園雖不值歲，必出資以助修。故終其世，埂堅而無競。及瞿園卒後，族以埂壞，互毆擊人，益思其惠。瞿園之喪，有來吊者哭甚哀。其家怪之，問其姓名，曰：我宣城周釆臣也，少孤母老，三十未娶，某年試罷歸，遇公子旅，詢而憐之，乃出裝金使歸，娶勸無廢學。曰：薪水吾任之，今若干年矣，其急人之病而不自伐，多此類也。曾孫繩祖，乾隆甲辰進士。

清 陳用光《太乙舟文集》卷八《韓理堂先生墓表》 國家明德醇懿，涵養百餘年，其應徵于士者，於韓、閻兩公見之。閻謂昌樂閻考功循觀，韓謂先生也。先生名夢周，字公復，號理堂，其先滇人，自明中葉籍于東萊，遂世爲萊之濰縣人。曾祖有極、祖瑚皆諸生，父承休，候選主簿，母張氏。先生生三歲而孤，承母孺人教，幼即揭無不敬、思無邪二語於座右，蓋其所趨，向已定于少時矣。乾隆壬申，舉於鄉。丁丑，成進士。丙戌，作令于滁州來安縣。來安北繞群山，南多圩田，民凋瘵甚。先生依山種桑，募兖、沂人習于蠶者教之蠶。嘗欲開浦口、黑水河，使邑南之水不由瓜埠口可直達江，則圩田不受灾，而民利數倍。其地里丈尺工程，具詳于著《圩田圖》。

（嘉慶）《清一統志》卷七五 董岐鳳，石屏人。萬歷中知高淳縣，時大水，田圩盡没，乃力請於京尹許孚遠，得疏，請帑金三千兩修築。又買當塗湖灘，作遮浪埂，以捍南落圩田萬七千餘畝，至今賴之。

又 卷八七 劉五緯，萬縣人。萬歷中知與錫縣，案無留牘，稱發如神。邑有禾授、青城、萬安三鄉圩田千頃遇澇皆成巨浸，五緯躬年衆圩民并工挑築及成，遂爲沃壤。甃官塘五十里，邑稱爲劉公塘。

又 卷一一三 李衍芳，雲南人，康熙中知廬江縣。縣南有二湖，環湖皆圩田，惟缺口一河通江洩水。豪民截河外，壩障上流以資灌溉，澇則以鄰爲壑，民病之。衍芳特申請除去。

（嘉慶）《涇縣志》卷一九上 汪應玠，字文若，宣陽都人。性孝友，仗義好施。雍正二年舉孝義守令，并以扁旌。嘗携資貿新安道，遇遺金者，情甚迫，解橐盡給之。又積鏹永爲邑士鄉試，卷燭費事，未成，卒。其裔克遵先志，置宣城灣沚鎮羅田圩田百五十畝，呈諸官，三院移文嘉獎以爲惠。流釁序云孫一振，乙卯拔貢。

又 卷一九下 章時傑，字漢三。家素裕，好推解，捐圩田一百畝以助公祠，憫貧恤難，凡族人婚娶死喪，無不濟之。年二十九，卒。鄉里惜之。

（道光）《廣東通志》卷二八三 林枝橋，字陽仲，新會人。性貞介，事父母孝。好學，以古文詞見稱，登萬曆己酉鄉薦，丙辰進士。授當途令，政尚寬簡，守法不苛，嘗懲一郡吏太守，至降手札爲解。卒置諸法，除積弊，決疑訟。圩田數十年患水，築堤植榆，民賴其功。

清 俞樾《春在堂雜文・續編》卷四《恤贈知府銜安徽鳳臺縣知縣孟君墓志銘》 咸豐八年三月，賊陷安徽全椒，前知縣事孟君死之。其明年給事中方公浚頤等以聞，詔贈知府銜廕一子，州判賜祭葬銀如例。又越十載，爲同治七年兩江總督大學士一等毅勇侯。曾公從紳士薛時雨等言請於全椒縣城建立專祠，下部議從之。於是其孤沅乃始設位招魂，葬衣冠於山陰縣棲梟之原，爰具狀就樾乞銘，樾方主詁經精舍講席，而沅適奉檄監院事，朝莫見焉。故誼不得而辭，按狀紹興山陰之有孟氏，蓋孟子四十七世孫，宋信安郡王諱忠厚者之裔從。宋南渡，因家於越，子姓繁衍，析爲六支，鳳墺其一也。有諱英人者，由鳳墺而遷郡城之香橋，即君六世祖也。祖諱明章，父諱封，以縣令起家，官至順天府東路同知。母戴宜人，生子五，君居長，生有異禀，讀書一過輒成誦。同知君教子嚴，懼梁貴游子弟積習，不令居官廨，弱冠即遣詣都下，肄業成均。君僦居僧廬，躬執炊，讀不輟。嘉慶二十四年，應順天鄉試中式。【略】十七年題補全椒縣，縣東南多圩田，每夏秋霪雨，江潮漲溢，圩堤稍缺，即成巨浸。君在任兩遇水灾，嘗冒雨乘小舠督民修築，晝夜立泥淖中，無倦容。民咸感泣，百其力有撤屋材助成之者，君又相視圩岸之不如法者，命改築。自是圩田皆獲全，被灾之衆餽之於城，活無算。邑之中民、衞田户參半，而衞籍困苛派不聊生，甚者破家。君籌巨貲佽運費，刻文於石，永禁苛派，衞户以蘇其催科，不遣吏役。方春時親曆村聚，勸諭父老，使早納租課，終君之任，賦畢輸無逋稅。邑有井養書院，垂廢矣。

清 王鋆《揚州畫苑録》卷四 李文安，字逸齋，丹徒素封。爲人慷慨，好施予。喬勤愨公辦江北糧臺籌餉等務，倚爲左右手。同治末，蕪湖及江北兩岸圩田全没，於水君出萬金築如前，至今民猶賴之。少工花卉，渲染鉤勒，取法南田嗣君韵亭，出示所作扇面十餘張，乃得著之。

清 魏源《古微堂集·外集》卷四《武進李申耆先生傳》 自乾隆中葉後，海内士大夫興漢學，而大江南北尤盛。蘇州惠氏、江氏，常州臧氏、孫氏，嘉定錢氏，金壇段氏，高郵王氏，徽州戴氏、程氏争治詁訓音聲，爪剖釽析，視國初崑山、常熟二顧及四明黄南雷、萬季野、全榭山諸公，即皆擯爲史學，非經學。或謂宋學非漢學，錮天下聰明知慧使盡出于無用之一途。武進李申耆先生，生于其鄉，獨治《通鑑》、《通典》、《通考》之學，疏通知遠，不囿小近，不趨聲氣，年甫三十，而學大成。兼有同輩所長，而先生自視慊然如弗及。嘉慶甲子，以第一人舉於鄉，明年成進士，授翰林院庶吉士散館，改知縣，掣選四川某縣。【略】君家居不預官事，惟興水利，表忠節則陳諸當事。孟瀆河久塞，君言於巡撫陶公重浚之。芙蓉諸圩田被潦，則倡率修復之。所自著書率未就，而刊布前人遺書遺集金石翰墨至數十種。見人一技一善，欣然若己有。其論學無漢宋，惟以心得爲主，而惡夫以餖飣爲漢空腐爲宋也，故以《通鑑》、《通考》二書爲學之門户。弟子蔣彤録其平生緒論爲暨陽答問，又記其言動爲先師小德録，可興可觀，與陸桴亭思辨録，可相表裏，近代通儒一人而已。

（道光）《巢縣志》卷一三 葉汶，字維實，諸生。時邑中初設書院，捐田五十三畝以爲生童膏火。四世孫監生掄元，樂施予，多義舉。妻洪知大義，年屆八十，家人將稱觴爲壽。氏曰：『何不以所費襄建彙旌節孝祠？』乃出金錢二百緡呈於官，置買基地，復命仲子生員觀海捐張華村田租一百石助之。長子生員觀光、季子生員觀濤，亦捐都城圩田租二十八石入書院；捐王家圩田租一百一十石，爲浮橋歲修之費。

又 鄒榮祖，字揆序，國子生。以東村田二十畝歲入租，爲里人鄉會試者助貲焉。孫雲官、雲蒸，曾孫鋭，共捐三鄉圩田三百二十畝，又錢一百四十緡，置買基地，備建彙旌節孝專祠。

（道光）《來安縣志》卷九 韓夢周，字公復，號理堂，山東濰縣人。乾隆丁丑進士，三十一年，任未下車，訪衙蠹及無頼子，籍記姓名，遇事盡法，懲治獄訟，爲之一清。在任五年，實惠及民，民愛樂之。乾隆三十三年，旱饑具狀，報灾月餘，閻累十啓，得請，後悉心經理，窮黎略無菜色。嘗周歷四鄉，謂邑境北繞群山，南多圩田，勸民依山種簸蘿樹，并募沂、兖工人，教之蠶織。又議開浦口、黑水河，俾邑南諸水，直達大江，圩田不受雨潦灾。

又卷一一 徐永曙、裴灝，雍正甲寅圩田破，各捐穀百石助賑。

（道光）《寧國縣志》卷八 黄一騰，字仲昇，萬歷戊戌進士。觀政兵部，上武備十議，爲時傳誦授。知完縣，俗囂悍，不知學且多盗。騰舉行保甲，申條約兩月，俗大革尋。調南昌，舊有丁米虚額爲民累，騰力爲清核。鄰縣豐城潦，圩田受困，議派役民夫，格於豪右，郡檄騰治，乃相圩高下，均派夫役，權家不能撓。稅監潘相勢甚横，至縶辱宗室變洶洶。騰數其過，使引謝并撤其騶騎，溢額者相怒，撼以危言，騰不爲動。

（光緒）《重修安徽通志》卷六一 康熙八年無爲州知州顔堯揆築新壩。舊時，江流東注至鮏魚口，地勢最下，自明以來，州守築堤曰一壩二壩三壩四壩，屢築屢圮，州境民田，漸次陸沈於江者四十餘里。至是築新壩八百八十丈，後大水破諸壩，而境内圩田得完，人名爲顔公壩。

又卷一四七《貢震》 貢震，字洊雷，江陰人。《靈璧志》作拔貢。乾隆初知建平縣，在官五年，賑災恤士，禁淫祀，建育嬰堂，勸求水利，勸築圩田，譔縣志，未成而去，祀懷仁祠。《廣德州志》舊志。調任靈璧，愛民如子，長於治水，著《河防録》、《河渠原委》二書。一縣水道，瞭如指掌，道光十九年，奉準祀名宦祠。《靈璧縣志》新增

又卷一九〇《胡承謀》 胡承謀，字貽仲，涇縣人。康熙庚辰進士，知陽江縣，地濱海多盜，練鄉勇，巡緝盜，爲衰息士風不振，以時考校，登賢書者始衆。署高要，纂有豐樂园。圩田千頃歲苦潦，捐千金築堤，得無患，至今稱胡公堤。

（光緒）《丹徒縣志》卷二七 嚴寬，字粟夫，嘉靖十一年進士。辦事户部，疏論十餘事，忤執政，知海寧。海寧故健訟，寬廉得其魁，按以法，風稍變。豪右負税不以時償者，輒責令自運，民得免代償之苦。遷南刑部郎，知杭州府，適歲大旱，禁毋閉糴，括庫金開海昌河，因工寓賑，人得其濟。杭多火患，爲之法以相隔，別使不延燒桑田，利重税輕，圩田利輕税重，兩均之。後年八十三，卒於家。

（光緒）《撫州府志》卷五〇 吳華，字德輝，東鄉人。弘治乙丑進士，授崇明知縣。崇明孤懸海中，圩田歲堙沒，民苦虚租，華累疏除其額徵。

（光緒）《江西通志》卷一二八 邵洪，字海度，一字雙橋，浙江鄞縣人，基孫。乾隆三十六年進士，五十七年授撫州知府，歷署廣信、吉安。嘉慶元年調知南昌府，一以寬仁簡静，爲理平庶獄決滯訟，時有邵青天之目。四年由湖南岳常澧道升江西按察使，遷布政使，盡屏藩司陋例，約束胥吏，搜剔弊端。又節其養廉以濟公用，如九江之兵房。廣昌之城瀕江臨湖之圩田堤岸，皆立捐數，千金不以累州縣，而於屬僚舉劾調補，一秉至公，群吏競勸，彌帑金至三十餘萬。調安徽布政使，累官至禮部右侍郎。

（光緒）《溧水縣志》卷一三 孫志遠，儀鳳鄉人。家素饒，嘗修石臼湖南藕絲堰石閘，以時蓄洩，旱潦無恐。疏港十餘里，資灌溉淳溧附近圩田，每遇旱輒便之。出貲建孫家橋，以利行人，石街舊路崎嶇，每苦泥淖，用巨石鋪砌，至今爲坦途。

又 顔楷，字象辰，同知銜候選理問。道光中襄辦當塗賑務，備著勞勩，太平府奬以情殷，匡濟匾額。二十五年募修本邑城垣，并重建小西門樓櫓，邑人楊選同任其事。楊選字殿掄，邑增生，從八品，以工竣保，試用訓導。二十九年，水災，圩田沈没，鄰境就食者萬餘人。楷選并奉縣諭與邑人，施沛謝崙，任緯設局以振，存活無算。

（光緒）《平湖縣志》卷一二 本智，字素齋，嘉慶丙辰以副都統鎮乍浦。蒞任數年，撫馭軍民，壹歸渾厚。嘗置東門外與字圩田五十餘畝，爲滿洲義塚地旗人，至今稱之。甲子春，奉旨召入，爲鑾儀使，後爲江寧將軍。

（光緒）《無錫金匱縣志》卷一八 劉五緯，字夢鳳，萬縣人，進士。天啓元年任，精敏廉介，具文武才，案無留牘，摘發若神。邑夭授青城。萬安三鄉圩田千頃遇澇，皆成巨浸，五緯躬率圩民并工挑築。工成仍爲沃壤，畐設木櫃以收門税，令編户自投，晚則寄之質庫，有夫役公費則發之。增樓櫓，嚴保甲，甃官塘五十里，民立碑其上，曰劉公塘。

又卷二〇 竇廷模，字立範，由舉人授江浦教諭。江浦毗連六合，暴雨山水盛漲，圩田皆爲巨浸。廷模請開支河以疏洩之，上官令董其役，水患遂息。又捐建同善堂、節孝祠，邑人德之，祀名宦。從弟廷柄以玉田主簿署縣事居官廉介，時北河久不治，作二十四大河口，號復繕治河方略圖説，由大府上之。會教匪倡亂，隨營辦事，恒獨騎窮巖絶壑間，圖要害以獻，以憂歸。

（光緒）《續修廬州府志》卷一三 無爲州南舊時江流東注，至鯢魚口，地勢最下。明代至國朝順治中，州守屢築堤，曰一壩、二壩、三壩、四壩，而屢圮，計州境民田漸次陸沈於江者四十餘里。康熙八年，知州顔堯揆築新壩八百八十丈，後大水破諸壩，而境内圩田以新壩得免。

又卷二八 洪邦光，號賓吾，同安人，進士，知無爲，清貞卓練。州土田自唐元立折算之法，除養馬，免糧田外，一切歲辦甚重。民或田多賦寡，或無田包賠，從未得均。邦光酌議申請，分爲四則，一曰山圩田、灘田，其税爲秋糧；一曰山圩、地基場、灘地，其税爲夏麥；一曰柴草石等山荒岡草灘，其税爲絲綿；一曰潭溝塘壋，其税爲糖油。各有差等，

將稅糧馬價照畝均攤，原額罔失，至今垂爲定例。

（光緒）《續纂句容縣志》卷八上 趙受璋，字筱帆，直隸祁州人，光緒庚辰進士。十四年由清和調任句容，精明廉幹，吏不敢欺，訟無所滯。甫下車即培澤，書院士子厚其膏獎。是秋大旱，請蠲請振，并設局典牛飼養。明年太水圩田被淹，請給莊木修埂，邑民均沾實惠。

（光緒）《宣城縣志》卷一六 章國慶，字譽吉，號蕙圃。邑庠生，七赴鄉闈不售，以吟咏自娱，著有《蕙圃存稿》，藏於家。性孝友，父有瘞殁，慶哀毁骨立。事繼祖母阮、母施，皆年近九旬，孝敬彌篤；撫兩弱弟，俱成立。白首同爨食指，六十餘人，内外無間言。鄉里以義門稱之。乾隆壬申，歲饑米價騰貴，慶減價平糶月餘。丙子又饑，復倡首平糶。時族人不能舉火者數十家，謀鬻祀田以濟，慶出己囊數十金分給以保祀産。己丑大水，金寶圩田淹没殆盡，移柩堤上者無算，慶捐資構匣令其戚屬認領歸。庚寅大疫，道殣相望，餽藥施槥，殆無虚日。司祠事四十餘年拓祀産輯家，乘肅祠規矢，慎矢公族。有棄妻鬻子捐貲以留者，二貧不能娶解囊以助者，三不能殯葬爲營窀穸者，十有五。徽郡有程某者，貸銀三百兩，三年後止償其半，餘願納女爲婢，謝弗受，遂焚其券。又有旌邑朱某貸百金不能償，亦如之。其仁慈慷慨率類此。

又 孫琦，字澳菁，國學生，性孝友。父殁，兄以食指繁謀析箸，琦涕泣不忍，乃聽兄均派，不計肥磽，所居解馬，圩田有千餘畝，近地有曲河古壩。乾隆五十年大旱，河水不得入灌，琦首倡出貲併約侯貢圩修築，長數十餘丈，率子逢吉等糾督。匝月告竣，沾溉田畝，其有萬餘畝。邑侯胡公親勘，嘉其勞，給示以垂永遠。圩苦蝗蝻，琦即於壩側倡建晏公祠，奉祀數十年，來患遂息。他如歲祲減價，糶穀給糜，贈藥施棺，助瘞得免，饑寒暴露者，皆琦之力居多，嗚咽態也。如融挈如虬，如蛟子，閒關遁去。已而城陷，如蛟一門殉難死者十有四人。寇去，如融匍匐回城中收親屬遺骸，列殉節狀，上有司以聞於朝，得贈恤如制。遂力撫亡兄遺孤，篤如嚴慈，育而教之，至於成人，凡二十年如一日。初流寇大至州中，倉猝無備，群議欲棄城遁如蛟，獨挺身議守城策，而賊中號令守城至三日者盡殺無赦。其後州城既陷，屠戮殆盡，州人以是歸咎馬氏，浮言蠭起，如融聞之，置不校，惟涕泗垂頤，俯首無一語。於是浮言乃稍稍息。更稱如融長者，福王稱監國於南京，起如融爲監督通判，如融知其無成，辭不就。唐王稱監國，授如融布政司，參政分巡嶺南道，遽引疾歸里，杜門不出。鄉黨有公義輒踴躍先爲之，和州當水陸之衝，負山面江，民食仰給圩田。西南地濱江湖，潮汐泛濫爲害，舊築銅城閘，保障州縣七十二圩，歲需皆取給於民田。崇禎閒，横水爲灾，民困不自給，如融則周歷汙潦，相度形勢，出家貲千餘金，甃石樹枋，完治堤閘，爲立法，置堰長十人，分直啓閉。又輸田二十餘畝，令司事者歲收租稅供繕修，爲久遠計，州人至今賴之。先是江南漕法，和州不設漕艘，用一條鞭例，歲輸米六千石供滁州，行太僕寺牧馬丁餉。其後廢行，寺牧丁罷爲運漕軍户，更定和州協餉，率米二石，徵白金一兩，謂之折色，民閒便之。會奸胥誘運丁訴上官，請改用本色。如融聞之，慨然曰：有本色斯有津運，有津運斯有漕艘，有漕艘斯有運軍，和民坐見魚肉矣。即詣漕運軍門，面條始末。又罄橐餌奸胥使，不從中阻撓，事遂寢。其勇於爲義多類此。晚始舉子，淑生教督嚴，甚或勸，宜少假之。唏嘘曰少遘多難，煢煢晚得弱息，懼家聲中替，有辱先人，教之安敢不力。比疾革從容諭，其子曰：余生七十四年矣，諸兄弟皆少壯，有爲不幸猝爲國殤。余負先人付託，躬歷喪亂，備嘗險艱，惴惴恆懼，不免幸得復覩太平，考終牖下，自維生平無大愧怍，今日全歸，下見先人，庶幾告無罪耳。言訖，端坐而逝，時康熙九年也。

（光緒）《直隸和州志》卷二五 馬如融，字漢叔，如蛟弟也。崇禎乙亥，寇圍城急，如蛟知事不可爲，泣諭如融曰：寇深矣，我受國恩重義，不得偷生爲苟全計，且倡議守城，由我與人共患難，而不與人共生死，不可。然不有死者，無以報君恩，不有生者，無以慰先人，弟行矣。勿爲兒女子。

（光緒）《重修嘉善縣志》卷二二 顧謹，字廷言，號夢萱，文昱子，倜儻好義。邑號字圩田窪下，上官檄謹督修塘岸，不數月而工成。給冠帶以獎之。子奎，字應文，號可雲。賦性通敏，工詩畫，日與騷人墨客結社游咏，終其身不慕榮利。侯，字應動，號可梅。樸茂謹愿，晚年舉鄉飲賓。

（光宣）《宜荆續志》卷九中 丁濟南，字祖培，監生。宅心仁厚，捨藥施棺，歷三十年弗替。遇貧不能舉火者，給以錢米，不令人知也。邨北道圮壞，集資才數十金，濟南以百金益之，盡易以石。光緒丙午，大水，圩田盡没，爲購穀種數百石，泛舟賦予，爲來歲春耕之用。自是家計中落，怡然弗恤也。

紀事

宋 李心傳《建炎以來繫年要録》卷四七 ［紹興元年九月庚子］以張琪賊馬壞宣州、太平州圩田，命守自葺治。（宣州化城、惠民二圩相連，長八十里。太平州蕪湖縣萬春、陶新、政和三官圩，共長一百四十五里。當塗縣廣濟圩長九十三里，私圩長五十里。）

又 ［紹興五年閏二月戊申］諸路如江東、西圩田，蘇、秀圍田，各有未盡利害，望因此東作之時，遍下諸路監司、守、令，條具以聞，毋爲文具。詔諸路漕臣躬親前去相度利害，限半月申尚書省。

又 ［紹興二十三年十月丁丑］户部侍郎徐宗説言：『宣州、太平州圩田爲水所壞，乞委司農寺丞兼權户部郎官鍾世明前去措置。』從之。

又 ［紹興二十四年七月壬子］司農寺丞鍾世明爲尚書户部員外郎。世明治圩田還，故有是命。（制詞云：將命于外，成效可觀。不知何人作。）

《宋史》卷六一《五行一上》 六年夏，衢州水。秋，寧國府、温、台、湖、秀、太平州水壞圩田，樂清縣溺死者百餘人。

又 十一年四月，和州水湮民廬，壞圩田。

《文獻通考》卷二九七《物異考三》 二年七月，蘇、湖、常、秀、潤、昇、宣、池、太平、廣德、廬、和、光、壽春、無爲及淮東郡皆大水，浸城郭，壞廬舍、圩田、軍壘，舟行壥市累日，人溺死甚衆。

又 乾道元年六月，常、湖水壞圩田。

又 九年五月，嚴、吉、饒、信、池、太平、建康、隆興、廣德軍水漂民居，壞圩田分水，縣沙塞四百餘畝。

又 六年夏秋，衢、温、台、湖、秀、太平、寍國水壞圩田，溺人。

又 卷三〇三《物異考九》 五月，浙東、西，江東、湖北、淮西郡縣壞圩田，害蠶麥蔬稑。

明 李詡《戒庵老人漫筆》卷二 吾鄉南下多沮洳，善村地與雙橋連，佃徒疏通浚水利，董以塘長修圩田。

（嘉靖）《建平縣志》卷一 縣桐汭臨湖二鄉，地勢低窪，圩田七十六所，計五萬六千三百八十八畝有奇。宋紹興間，圩岸水圮，知縣蘇十能申常平司給錢米修築，民賴其利。于後屢築屢圮，近歲州判官邢寰、鄒守益相繼措築，嘉靖八年秋大水，知縣連鑛重修。

（嘉靖）《太倉州志》卷五 嘉靖十九年，都御史歐陽鐸、知府王儀、知州林學清理田糧，原係崑山、常熟、嘉定三縣分割，額有二十九區十里一千四百六十五。圩田地蕩塗九千七百四十四頃八十九畝七分一釐二毫，米二十萬九千五十七石五升三合九勺。今清見并過三十五坍盡，一十二圩見在，二百七十五里一千四百五十三。圩田地蕩塗九千九百五十七頃四十二畝三分四毫，米二十一萬四千三百六十一石七斗四勺。

（嘉靖）《重修太平府志》卷一二 嘉靖九年，舊水不退，春雨連綿，田疇成湖，麥禾無收。知府林鉞奏免灾傷分俱，儘荒田圩田，民稍存活。

明 張內蘊《三吴水考》卷六 十年，春疫癘相纏，民多夭札。六月十三夜二皷，風雨晦冥，冰窖拽去，如掃松江、佘山、七寶鎮等處，市房、石橋、樹木、舟船，多被拔置，他處死傷甚衆。民有徐姓者，挈去數人，莫知所著。是夜，雨溢圩田，幸而埁岸無損，并力車救，禾稼獲全。

明 李維楨《金柱山記》（康熙）《當塗縣志》卷二八 國初自淮濠起成帝業，首取太平郡，治當塗縣，縣故姑孰也。姑溪引江水注三湖，滙其區于古，號文獻國聖作物，覩爲四海先，雲龍風虎之賢，景附響臻。周文襄築東壩，而三湖反從姑溪西入江，于水性地脉非宜。人文視昔有間細民，生計亦大詘。司徒閩馬恭敏公嘗言當建一浮圖，令水環之居。然自勝吴興章公來爲令，按之與形家言合。會洪水潰堤，官圩田三十七萬悉爲汙萊，疫癘乘之，死亡十九。公召有田者而與之謀，曰：無圩則無田，吾侵爾粟以食，貧民假貧民力以築圩，而保爾田，此兩利之策也。有田者皆諾，得粟十萬，而圩成。建官義閘，備旱澇蓄洩，以其餘施糜粥藥物槥櫝，又給牛種，招流移復業。又于黌舍置義倉，禮庫民有犯，以粟自贖，賑諸生貧者。

清韓世琦《撫吴疏草》卷二九《續報水灾疏》 康熙二年十月初三日，據句容縣詳稱，爲水灾異常，飛查被渰地方，立等題報事。該本縣知縣何曆颺案，於九月二十四日遵奉嚴行事理，隨于本日午時單騎躬親前詣龍潭驛河口鎮，唤集攏江船隻，設旗鳴鑼，渡濟被灾難民，目擊帶子等洲内各圩一浪滔天，房屋盡皆渰没。訊問被渰難民，口稱十七日夜洪水衝入，乃寢臥之時，不知天南地北，至早各各逃命，無奈沿山就埂，結巢而居，渰死人民，衝倒房屋。句邑所屬洲圩方圓約寬百里有餘，水勢未退，其帶子洲多係蘆田，查得佃户華龍興等，其渰没田共七千四百八十一畝一分。查靖安埸伍大圩各村庄七星觀倉頭至河口坎橋一帶沿江圩田庄田俱屬民田，據里民姚大禄、楊應時、謝之鉉、許萬嚴等悲聲嗚咽，連名各具告灾呈詞到職，正在清查。呈報復奉行查，渰壞民居田畝各若干，水自江邊渰至内地遠近深廣各若干。查得龍潭鎮句容界起至七星觀倉頭河口坎橋止沿江一帶，計程五十五里，除小庄土名不計外，共渰庄圩一百三十餘處，渰倒民居。水廣横泛遠近不一，自大江以至山邊，盡皆渰没。房屋數目一時未能稽查，其田畝共渰没三萬有餘，水越内地，如天寧洲江邊至河口，計程五里，如帶子洲内港至龍潭，約有數十餘丈，水漲丈餘，至今未退。異常水灾，慘不可言，擬合先行呈報，其各圩渰没田畝，見在細查明確，另造花名，細數清册，馳報、查考等情。

清毛德琦《白鹿書院志》卷三 九年庚戌，知府廖文英兼理洞事，詳裁租額，粧聖賢像，添設號舍，移尋樂橋于北帝宫，南開墾石山圩田一百五畝三分，清出荒田六十八畝有奇，荒地三十八畝有奇，荒山一百七十一畝有奇，荒塘七畝有奇。

又卷一九 康熙十年，知府廖文英修圩，築埁，開墾石山圩田壹百伍畝叁分，照例免徵三年。

清嚴書開《嚴逸山先生文集》卷三《外大父閔承德公潘塘墓供田記》 嗚呼！我先安人，純德密行，蓋贊頌所不得而盡焉。乙酉八月，一病永逝，先參政公追念不已，因時時以外大父閔承德公塋地弗吉爲念。庚寅六月，參政公又捐背，弗及改圖。辛卯之春，書開兄弟追惟治命，敬從中表諸兄之後，卜地潘塘，擇期改厝。大舅九舅兩公附焉。癸巳之夏，又稍爲經營祀産及封樹等事，彌年書開疾病侵凌，體氣衰瘁，嘗思脱棄塵累，息影林臯，從此世事日疏，恐永不獲。盡意于懿，親陶孟程藕之感，戚戚于心。乃復恊謀于弟，書成謹以頃年所買上林村根字圩田二十五畝爲承德公墓供田，每歲收其租入，稍佐春秋祀事。因以其餘貽贈母黨諸戚，屬以寓古祭法福胙遺意，雖太簡乎，抑所自盡也。且使後嗣子孫永無忘先安人發祥所自云。戊戌季夏穀旦恭記。

又卷一一《煮香齊善後八法》 己亥九月十三日，祖父原撥石冢樓房一進，舍屋三間，松竟之等圩田四十畝。本年十二月初六日，祖母增撥城寓屋價一百兩，即第三條開所，自具百金張沈之等圩田十六畝九分八釐，烏程倉前樓房三進，以上共租米五十九石五斗，地蕩租及屋租銀五十二兩四錢。每年除饒額及完糧官銀截頭等項，净存糙米四十石，銀四十兩。

（康熙）《上元縣志》卷一三 三十六年五月初三日，參淮河□□□□□□□□忽漲，二日夜即平。□夏至後，太雨半月餘，平地皆水，自學宫泛舟直至大殿前，江南圩田盡没，江中渰没。

（康熙）《廬江縣志》卷五 康熙拾伍年，新墾新興、青草貳圩，溢額圩田壹拾貳頃參拾伍畝叁分叁厘玖毫捌絲伍微。康熙拾陸年，清出溢額岡圩田玖頃參拾伍畝柒分陸厘捌毫柒絲壹忽。康熙貳拾年，新墾新興、盛家貳圩，溢額圩田叁拾頃貳畝叁分壹厘叁毫柒絲玖忽。康熙貳拾伍年，新墾永興圩，溢額圩田伍拾頃貳拾玖畝壹厘絲肆忽。康熙貳拾柒年，新墾鑫家等圩，溢額圩田叁拾捌頃玖拾柒畝伍分陸厘肆毫肆絲柒忽。康熙貳拾玖年，新墾小新溝圩，溢額圩田柒拾陸畝伍分叁厘叁毫叁絲叁忽。康熙叁拾壹年，瓣墾柳旺圩，溢額圩田貳拾肆頃壹拾貳畝捌分伍厘陸毫肆絲貳忽。康熙叁拾叁年，新墾青陽泊等圩，溢額圩田柒拾叁頃肆拾柒畝陸分玖厘叁毫捌絲玖忽。康熙叁拾肆年，新墾小套等圩，溢額圩田貳拾壹頃伍拾玖畝捌分玖厘伍毫。康熙叁拾伍年，新墾裏興等圩，溢額圩田伍拾捌頃貳拾肆畝肆分肆厘玖毫捌絲壹忽。康熙叁拾陸年，新墾張家等圩，溢額圩田玖頃玖拾捌畝陸厘伍毫。康熙叁拾柒年，新墾沙嘴等圩，溢額圩田壹拾壹頃玖畝柒分肆厘貳毫肆絲玖忽。以上壹拾貳款，共計溢額田叁百肆拾頃貳拾玖畝貳分叁厘叁毫叁絲伍忽伍微。每岡圩田壹畝科徵起存折色帶閏并漕糧贈貼銀貳分伍厘捌毫肆絲捌忽五纖柒沙伍塵柒埃玖渺貳漠，每溢額升科圩田壹畝科徵起存折色帶閏并漕糧贈貼銀壹分陸毫捌絲肆忽叁微叁纖壹沙捌塵壹埃玖渺伍漠，每溢額田壹畝科徵鳳麥壹勺肆抄柒撮壹土捌粟壹粒叁顆貳顯叁黍，每溢額田壹畝科徵本色漕鳳月糧米伍合柒勺貳抄玖撮壹圭玖粟叁粒壹顆捌顯壹黍捌。

清 鄂爾泰《授時通考》卷一一《土宜》 雍正三年，於灤薊天津文覇任北新雄等處，各設營田，專官管領。有力之家，率先遵奉者，以圩田多寡，分別獎賞。其官田數萬頃，分地遣官，會同地方官，首先舉行，爲民倡率，其浚疏圩岸，以及瀦水、節水、引水、戽水之法，悉□成規。

（乾隆）《江陵縣志》卷四六 荆州郡城之西偏有擲甲山，北踞城趾，西南皆陂塘、圩田，東則村民數家，柳柘蔭蔽，南則曲岸縈回，直達通衢山。有殿一區祀。

（乾隆）《上元縣志》卷四 其支隴界内亦有小冲，長一里或半里或數步者。其田地勢不平，俗語所謂樓梯式者。水既不能停蓄，山土性復枯燥，大界冲底之田，水深二寸，即可以延半月。樓梯之田十日不雨即患其燥矣。非廣鑿塘堰，蓄積雨水不能救也。上元山鄉甚多，田之不平者十居其四，約計其田三畝需塘一畝，深須一丈，而後年年可無枯旱之虞。至若濵秦淮與大江之濵，則皆圩田。圩田惟有高厚，其堤防以待風雨之時，而望收穫。至於水之自外潰圍而入，或漫圍而過者，數十年不一見。其所慮者，江水泛漲，秦淮不能外泄，而反逆漾。圍外之水高於圍中，而復值天雨，浸淫積以旬日，則圍中之田坐而待没，雖有智者無所施其巧矣。

清 陶澍《陶雲汀先生奏疏》卷五《查勘潛山望江南陵繁昌各縣被水情形親往撫恤摺子附片一件》 奏爲潛山、望江、南陵、繁昌等縣，圩壩冲缺，低窪田地被水淹浸。親往查勘，仰祈聖鑒，事竊照皖省，春間暘雨調勻，入夏以來，安慶府屬暨大江以南各州縣雨水較多，麥收稍歉。臣已於四月分雨水情形摺内奏報在案。今自五月初八日至十二日，又自十六日至二十四日，先後大雨經旬，據潛山縣知縣常景周稟報，城北一帶偪近萬山，連日雨勢如注，山水漲發，堤壩冲潰，漫灌入城，低窪處所，水深數尺，驛路亦多阻隔。現將被水居民在於高處搭棚棲止，散給饝餅，以資餬口。一面確查有無淹損人口，坍塌房屋另行稟報等情。又據望江縣知縣鄧賚報稱，縣境西圩妙光圖一帶地勢稍低，山水奔騰，圩身冲潰。兼上游江廣水發，河湖頂漲，水已入城，雨尚未止，現在多積人夫，將冲潰圩身趕緊修築，稟請委勘等情。又據南陵縣知縣劉邦鼎稟報，縣境東北兩鄉盡屬圩田，最爲低下，因大雨連旬，所有上洲壩、義成圩堤埂各冲裂二三十丈。又西河鎮之管嘴灘，堤埂冲裂一百餘丈，以致周圍數十里之圩壩一片汪洋，儼成澤國，廬舍漂没，居民避棲，高埂隨經，捐給饝餅，趕緊設法疏洩。但江水盛漲，外高於内，即經涸復而萏藏，已無實堪憫惻稟請撫恤等情。又據繁昌縣知縣張星煥稟報，縣境界連涇縣旌德，陰雨連緜，山水下注。兼之大江迭漲，無處宣洩，最低之永慶圩等八圩，南圩保大等六十三圩稍低之，主簿埠等四十二圩，堤壩冲潰，積水四五尺不等。凡濵江蘆洲及建陽衛屯田亦俱被淹，現在督率農佃人等，晝夜車戽以冀涸，復請委勘辦等情。臣查該縣等所稟被淹情形，均屬急切，當飭藩司委員馳往分路查勘。臣即日乘舟順流赴繁昌南陵一帶，妥爲撫恤。所有臣衙門日行事件，照例委藩司徐承恩代拆代行。其潛山望江兩處地居上游，離省較近，現已委員往勘，俟覆到時，如有應需撫恤之處，即由藩司就近遴委大員速往辦理。至現在驛路多淹，文報遲滯，尚有被水未報到州縣，容當續查妥辦，務使復業，安廬人皆得所以仰副聖主視民如傷之至意。再各屬自二十四日以後天氣漸霽，禾苗均已長發青葱，其被水各處，節候甫屆小暑，尚可補種，除俟查勘切實情形，再行奏辦。外合將臣親往撫恤緣由，會同兩江總督臣孫玉庭恭摺具奏，伏乞皇上聖鑒！謹奏！

正拜摺間，又接南陵縣稟稱，督率農民趕緊修築冲缺，尚未竣工，適江水增長，溪河頂漲，又被冲缺，積水汪洋難望，即時涸復繁昌，稟報情形亦復相同。臣仰體皇上宵旰痌瘝之意，已飭藩司即日發銀四千兩星速分解南陵、繁昌二縣趕辦饝餅，撫恤臣仍酌帶銀四千兩沿路察看情形，酌量辦理。如有應行借給籽種或緩徵錢糧之處，臨時由驛具奏，以期迅速。再本日接到蕪湖縣稟報該處堤圩間多冲缺，當塗縣稟報圩内積水增長，無爲州江壩亦有滲漏，臣自應一路挨查辦理，合并附奏。

又《勘辦銅陵無爲繁昌蕪湖當塗被水撫恤情形摺子》 奏爲勘辦銅陵、無爲、繁昌、蕪湖、當塗被水撫恤情形，并順道勘視各屬淹浸。仰祈聖鑒，事竊照繁昌、南陵、潛山、望江四縣被水，前經臣奏明，親往查勘，并將蕪湖、當塗、無爲三州縣具報堤圩江壩漫缺情形附聞。在案臣拜摺後，連日趕辦，奏銷訖，即由水路起程。復據無爲、繁昌等處禀報，漫潰更多，銅陵縣亦報圩田蘆地被淹，廬舍坍壞，臣聞信之，下不勝惶灼。比即順道，先由銅陵查勘，得該縣之白二陶村等五耆濱臨大江，地勢本低，江壩被沖，淹成巨浸；其合一等四耆，盡係圩田，堤埂塌卸，積水亦深；大欄等三耆與十四蘆洲亦均被淹。復赴無爲州查勘，該州三面臨江，惟西北近山，其餘皆圩，專藉江堤爲保障。自大雨以來，江潮泛溢，官民竭力堵築，日夜防守。五月二十五日，雨止風起，由劉家渡漫溢七八丈，張家灣同時漫口十餘丈，以致襄一銅一等里共三百六十五，圩田禾盡沒，又南三太七等二百餘圩亦被淹浸，尚有義成青山畢新等二十九圩勢亦危險，現在竭力搶護。隨赴繁昌縣地界，登山觀望，水勢已深。旋查得該縣東鄉之護城埠、西鄉之義興圩、南鄉之湖莊埠、北鄉之萬家圩等共一百四十五圩埠，因連次江河，水溢，田禾俱被淹損，衛地蘆州亦俱被淹，尚有濱江數圩，現在竭力保護。又勘得蕪湖縣境東鄉之陶辛圩、西鄉之邊江埠、南鄉之鳳林圩、北鄉之博望圩等共一百二十六圩埠均瀰漫一片，關署亦被淹浸。又勘得當塗縣境西南北三鄉臨江東界丹陽湖，地處下游，因雨水過多，江湖并漲，以致田畝最多之大官圩被頂溢潰，其先淹各圩受水更加。計東鄉之范家埠、西鄉之李家埠、南鄉之泥山圩、北鄉之前後陶莊等處共三百五十二圩埠，盡被淹浸。以上各處經臣率同府州縣暨委員等逐一親勘，亦有隔水不能指出堤埂者，詢問耆民，僉稱本年雨水既多，加以上游江廣之水漲注不休，被淹情形與乾隆五十三年相等。幸水勢尚緩，傷損人口無多，均經打撈掩葬，居民避居土埂，亦經地方官搭盖蓬席，散給饘餅，暫資餬口，惟蓋藏已少。臣於履勘之下，慘惻萬分，一面宣播皇恩，將被水軍民給與撫恤，一面飭令各州縣減價平糶，俟水勢稍退，即設法疏消，趕緊補種秋糧，倘或補種無望，再當籲請恩施，務俾被水貧民俱各得所，以副宸廑。再現在上游之懷寧桐城東流績溪，均報被水，業經藩司徐承恩星速遴員往勘，其望江潛山二處亦經藩司酌給撫恤，至下游各處撫恤。如有未敷，即由蕪湖關就近放給，以歸迅速。事後由司解還，仍飭該管道府嚴查確核，事竣報銷。日來天氣已晴，地方安謐，臣即改由陸路赴南陵，并將續報被水之宣城、涇縣、青陽、貴池等處一路挨查，合將勘辦撫恤情形由驛具奏。伏祈皇上聖鑒！謹奏！

又卷一二《句容漕糧請照舊秈粳并納摺子》 奏爲句容縣本年漕糧，請照舊秈粳并納，仰祈聖鑒。事竊照江蘇省漕糧係收粳米，內有江寧府屬之句容縣，高山環抱，土性赤埴，山田十居其八，圩田僅十之二。查圩田下濕，宜種粳稻，而秈稻耐旱，於山田尤宜。是以該境民人向利種秈，溯查雍正十年即曾咨准部覆秈粳并納，載入漕運全書。迨後援例奏咨，准令兼收，由來已久。上年經前撫臣張師誠照案具奏，奉硃批：知道了。嗣後若非出於不得已，不准動輒以并納奏請也。欽此欽遵。轉行遵照，并經藩司發示，遍貼曉諭在案。兹據江寧布政使張志緒、江安督糧道湯藩詳稱，句容一縣本年初夏雨澤愆期，山田未能沾足，農民惟恐被旱失收，仍照舊多種耐旱之秈稻。其圩田係坐落山根，土俱赤色，即所種粳稻。性因土變，收穫之時有紅秈夾雜，委係實在情形，限於天時地勢，并無揑飾。計該縣十六鄉糧户額徵起運漕米三萬三千四百餘石之外，尚有贈五行月恤孤等米，爲數較多，勢難令其變賣土産之米，另買粳米交倉。且鄰近同府之上元、江寧、江浦、六合等縣俱係以稄米完漕，亦與秈米相類，并無産粳之區，若赴蘇、常等屬購買，非特盤運需費，市儈居奇，小民難堪苦累，亦恐畏難觀望，有誤漕運。窒礙殊多此，萬不得已之下，情詳請具奏，仍准秈粳并納，以顯輿情，而免誤運等情。并據聲請，嗣後於每年四五月間察看情形，如係雨水調勻，山田無虞受旱，督令一律種粳，照例揀選粳米完漕。其或得雨稍遲，農民防旱種秈，總令該縣預期禀報，由司道委員勘實詳請，咨部查照，免致臨時再行瀆奏等。因前來臣查句容地方山多圩少，不耐旱乾，是以該境農民向多種秈。本年初夏得雨稍遲，仍舊種秈者多，以致交倉之米顔色間有參差，惟米質本堅實，與粳米無異。既據該司道查明，委係限於時地，情非得已，惟有仰懇聖恩俯准將句容縣道光五年漕糧仍舊兼收秈粳，以示體恤，而速漕運。并請嗣後每年四五月間察看情形，如係雨水調勻，山田無虞受旱，督令一律種粳；或因得雨稍遲，農民防旱，祗能種秈，即由該縣立時禀報，以便確查，咨部存案，毋許臨時再請奏咨。庶小民渥荷鴻慈，既無苦累之虞，而於漕務益昭核實矣。所有句容縣仍請循照舊例，秈稉并納。緣由謹會同兩江總督臣琦善、漕運總督臣陳中孚合詞恭摺具奏，伏乞皇上聖鑒！謹奏。

又卷三四《沿江各屬同時被水懇請撫恤摺子蘇撫會稿》 奏爲江蘇省沿江各屬同時被水甚重，照例先行撫恤，恭摺奏懇聖恩事。竊查江省地方本年五月下旬連雨如注，山水陡發，兼以長江盛漲，建瓴四溢，江寧、揚州等府濱江各屬民田、廬舍無不被淹。臣陶澍先經附片奏明在案，惟冀天氣晴霽，水勢消落，田禾雖被淹沒，或可補種謀生。不意江水上游叠漲不已，來源正旺，以致連日晴明，而水勢仍有長無消，即省城以內，亦因江水倒灌，街衢被淹，稍低處所水深至三四五尺不等，沿江一帶一片汪洋，茫無涯岸，居民紛紛遷避，風棲露宿，口食無資，實堪憫惻。經臣陶澍督飭，各官設法救濟，臣程祖洛，并即飭司委員分路查勘稟辦。茲據藩司陸言轉據江寧府屬上元縣稟報，該縣所屬沿江之觀音門、七里洲、棲霞圩、帶子洲、靖安廠及沿河之通濟門外，惟政鄉、興賢二圖，崇禮鄉、泉水鄉、丹陽鄉、道德鄉、盡節鄉等處民衛，漕蘆各圩田均被沖缺，禾苗淹沒。又據江寧縣稟報，石城江右等所典牧所、南北池、石押、上下省、三山、烈山、中屯、寧省、寧後，江陰上河屯、元押、正南、淮左等衛，及公費關租等所，并坐落圩內之民賦項，下光澤惠化等圖，田畝盡皆淹漫。又據江浦縣稟報，該縣所屬之前江、山後各圩全行漫破，圩田盡被淹沒。又據六合縣稟報，該縣所屬之撫仁、鋪江、凌左、林家鋪、留中葫蘆、套黄、查橋、虎賁、右二鋪、三鋪劉家圩、老幼岡、垛石橋、龍池、草洲、胭脂塘、綏德鋪、驍騎營、山西、山東、團洲、新興鋪、家河大營、集梅官營、魏詹橋、永興圩、虎頭墩、黄塘、横塘、廟上、新鋪、滁河鋪、長岡、王子廟、帆山、長壩橋、蘆門橋、單家橋、孟絲塘、臨橋鋪、富安坊、賈裴塘、窑灣、毛許墩、郝家塘、木溪圩、瓜埠、通江集等處水田，禾苗均被淹浸。又據句容縣稟報，該縣所屬自東陽鎮至橋頭鎮南北兩岸，圩堤多被沖缺，圩田俱沉水底。又據高淳縣稟報，崇教鄉之寺圩門陡，東沙郎官、西沙築城村、東小沙、正興、永安、淳化、朱家等圩，立信鄉之永中、長城、天保、馬家、許家、永熟、永北、永南、半塘、史家等圩，游山鄉之官埠、保安、丁袁、侯埠、德城、孤塘、白露、保城、楚埠、諸家浮山、鰕圩等圩，永豐鄉之崇寧、嘉興、東圩，永成鄉之相國、秦家、仙人、倖仙、馬埂、保勝等圩，俱被沖缺，田河不分。又據揚州府屬江都縣稟報，該縣所屬之三岔河、洋子橋、謝恩亭、獺猫洲、品條園、六淺、五柳庄、費家橋、劉家伙、陳家灣、花園庄、謝家碾、八里鋪、青龍港、角里鄉、雙橋、朱銘港、倒流港、新橋口、上下長命港、深港、黄港、吴家樓、傅家井、西門大庄石橋東、石人頭、凍青鋪、霍家橋、杭家集、梁孟港、南北寺、大小史家港，田地淹沒，至濱江蘆洲及佛感草、龍忠、再興、永固、永盛、安阜、永豐、長興、伏沙、保固，課粒、伏業、永興、伏課、恩餘、買業、寶定、謙和、五港、還糧、天眷、來伏、鼎興、下脚等洲，均沉水底。又據儀徵縣稟報，西鄉與六合毗連之白茅墩、青山、甘草山等坊沿江沿河一帶，以及腹裏圩田，東鄉與江都交界之石人頭、樸樹灣毗連之三二四都、二十里鋪都、天廟新城，并裏圩之廠東廠西、運河北岸之河北等坊及南鄉之蕭公廟、黄泥灘一戧港、羅江橋舊港等坊，全行淹沒。各等情，查各該縣同時被水圩堤淹沒，廬舍坍塌，家資漂淌，棲食兩無。業經各該縣捐備饘餅蓆片，沿江散給，而地方遼闊，爲日又長，深恐不能週遍。應請照例先行給予撫恤一月折色口糧，以安災黎。即由司庫地丁項內酌發銀兩，委員賫往各處，隨查隨放，趕緊辦理，妥爲安撫，詳請具奏。前來臣等查本年水患雖因雨水連緜，實由江水叠漲不休，建瓴而下，以致無處宣洩爲害，實出非常。該司所詳被水之處，均屬實在情形，必須先行撫恤，以免流離失所。相應仰懇皇恩，將沿江被水江寧府屬之上元、江寧、句容、江浦、六合、高淳，揚州府屬之儀徵、江都等縣，先行撫恤一月折色口糧，以應急需。仍飭該司督飭該管府縣及印委各員妥速查辦，并飭減價平糶，以資接濟。此外常州府屬之武進、陽湖、江陰、靖江，鎮江府屬之丹徒、丹陽，淮安府屬之山陽、阜寧、鹽城、清河、桃源，揚州府屬之甘泉、高郵、寶應，徐州府屬之宿遷、邳州等州縣，俱陸續據報被水情形，輕重不等。并尚有續報各州縣，均即委勘辦理，再行酌核具奏。外所有上元等縣被水先行發銀撫恤，緣由臣等謹合詞恭摺，循例由驛馳奏。伏乞皇上聖鑒，訓示謹奏。

又《查勘災地水勢暨續報被淹應行撫恤情形并將府州撤任另委辦災摺子蘇撫會稿》 奏爲查勘災地水勢暨續報被淹應行撫恤情形，并將府州撤任，另委以期辦灾得人恭摺，由驛馳奏，仰祈聖鑒事。查本年江漲之大，爲從來所未有。臣陶澍一見水湧環城，灾民如蟻，即督飭江寧藩司委員設法分投拯恤。臣程祖洛亦即趕赴江寧查勘，將沿江漲勢添長湖河危急各情於六月二十五日馳驛奏報在案。臣等於拜摺後即分路查勘灾區，臣陶澍并即馳赴清江，會同河臣商辦河務。兹於二十九日先後駛抵高郵，沿途所勘江水形勢，圩田均已淹沒，江水仍未消落，且有增長，所有上元、江寧、句容、高淳、江浦、六合、江都、儀徵等縣沿江被水各處一片汪洋，僅存屋脊，樹梢蕩漾於波濤萬頃之中。而續報之鎮江府屬丹徒、丹陽兩縣濱江田廬被淹亦多，瓜洲一帶衙署亦在水心，縴路全無，百姓流離顛沛，實屬慘目傷心。又據報淮安府屬之桃源縣，揚州府屬之高郵州甘泉縣、寶應縣，情形尤爲著緊，并下游之興化鹽城等縣，因高郵之馬棚灣十四堡等處東堤漫溢掣塌，水湍奔騰下注，廬舍田畝定皆淹漫，因水勢阻隔，文報有稽，尚須確探。各處灾民遷依堰阜，四面水圍棲食全無，不得不急爲救援，仍飭藩司動項，委員分投馳往撫恤。此時百姓倉卒轉徙，無從挨查户口，惟有將銀趕緊易换錢米，隨查隨給，以濟燃眉，用銀若干，事竣核實報銷。至下河鹽場各所，前被雨水，現復飭啓，攔潮各閘分洩盛漲，場竈受淹愈甚，亦須設法拯濟。以目前情形而論，江淮并漲，湖河一片險急異常，揚州一府最爲吃重。現署知府恩齡前辦漕船重運，尚覺妥適。今猝遇大灾，茫無頭緒，署高郵州知州光謙辦事，本尚安詳。現因灾重務繁，亦覺竭蹶未遑，應即撤任另委。查有鎮江府知府王青蓮，人頗勤能，辦事勇往，堪以調署揚州府篆務。山陽縣知縣王澐，人頗明練，堪以調署高郵州篆務。除分飭遵照外，臣等於拜摺後，臣陶澍即飛赴清江商辦湖河事宜。臣程祖洛仍一路察看灾區，俟委員等查勘興化等處被淹情形，即回省將辦灾事，宜據實再行會奏。所有臣等趕赴高郵分投辦理河務灾務，各緣由謹合詞恭摺馳奏。伏乞皇上聖鑒，謹奏！

又 卷四〇《上元等六縣麥收歉薄請分別緩徵摺子》蘇撫會稿 奏爲查明上元等六縣麥收歉薄，請將應徵熟田上忙新賦并未完舊欠懇恩分別展緩，以廣皇仁，而紓民力事。竊照江寧府屬之上元、江寧、句容、高淳四縣，淮安府屬之山陽、清河二縣，揚州府屬之泰州，前據具報因臘春雨雪過多，天氣冱寒，麥田凍久，未能一律透發，業經臣梁章鉅於三月分雨水糧價摺内附奏情形，一面飭司分別查勘，確實詳辦去後。兹據江寧布政使趙盛奎詳稱，飭據該管道府委員勘覆，除泰州一境麥苗漸次轉茂，尚屬有收，堪以照常徵輸外，惟查上元、江寧、句容、高淳、山陽、清河六縣境内所種二麥，均因凍久不能長發，春收已屬失望。現據上元縣知縣保先烈、江寧縣知縣王埰、句容縣知縣錢兆麟各稟稱：縣境圩田上年被淹數月，積水遲消，雖下種不能發生，其山鄉布種雖早，因去冬今春雨雪交加，天寒土凍，根株黄萎，未能暢發，收成不無歉薄。各請將應徵本年上忙熟田新賦一體緩至本年秋後啓徵。又據高淳縣知縣許心源稟稱，縣境内豐、成、崇、立、游五鄉被決，各圩上年淹浸六月有餘，及至水退，節届隆冬，湖河結凍，積水難消，未及布種。稍高田地勉强趕種，亦不能長發。其安興、唐昌二鄉與灾區毗連，上年雖有薄收，僅資口食。入春以來，陰雨時注，天氣寒冷，所種之麥甚屬瘦小，請將應徵本年上忙熟田新賦緩至本年秋後啓徵。又據山陽縣知縣唐汝明稟稱，縣境上年被灾較廣，隣近熟田皆毗連灾區，收成有限。入春以來，冰雪冱寒，麥苗凍損，收成歉薄，請將道光十一年未完熟田錢糧及河灘學租并十二年熟田上忙新賦一體緩至本年秋後啓徵。又據清河縣知縣王國佐稟稱，縣境内人慶、壽寧二鄉，緣去臘今春雨雪相連，冰凍兩月有餘，二麥多被損傷，即間有生發，出土不過一二寸，春收無望。請將該二鄉應徵本年上忙新賦及上年未完下忙錢糧并節年舊欠一并緩至本年秋後啓徵，各等情由司詳請具奏。前來臣等覆查上元、江寧、句容、高淳、山陽、清河等六縣上年被灾較廣，其毗連灾區熟田所種二麥復因去臘今春雨雪過多，麥苗凍損，委係實在情形，當此青黄不接之時，若將新舊錢糧按忙啓徵，民力實有未逮。合無即懇皇上天恩俯准，將上元、江寧、句容、高淳、山陽、清河等六縣應徵本年上忙熟田新賦錢糧并山陽縣道光十一年未完熟田錢糧及河灘學租又清河縣人慶壽寧二鄉道光十一年未完熟田下忙錢糧，并節年舊欠均緩至十二年秋後啓徵，以紓民力。感戴聖恩，實無紀極，臣等謹合詞恭摺具奏，伏乞皇上聖鑒，訓示謹奏。

又 卷五二《查明江省并無遏糶及動用捐款摺子》 奏爲遵旨確查據實覆奏仰祈聖鑒事，竊臣於道光十三年九月二十九日，承准軍機大臣字寄欽奉上諭給事中章沅奏稱江蘇上元縣等處，本年八月間江潮異漲，城鄉均被淹浸，該處山鄉尚多成熟，惟向來有收各處私禁米穀出鄉，即業户之田坐落他境及滁和等州界内者，所收穀石輒被本境阻遏，不准運回歉區。匪徒因而肆搶，滋生事端，省城市價由此騰踴，民食愈形支絀。如果屬實，必應嚴行禁止。著陶澍查明示諭，遇有率衆阻截及藉端搶奪各犯，嚴拏懲辦。并飭委員弁將私囤米穀提出本境，毋得任其囤積。又據奏稱，該給事中於道光十一年間在籍董辦捐輸義賑剩存捐銀六千兩，合之嘉慶十九年捐賑原存本息銀共四萬六千兩，呈請發典生息，永爲城廂備荒之用，毋許他項挪移。現聞承領典商希圖輕減存銀，慫恿縣官出示指名修理圩堤等項，顢頇提用是否實有其事，著陶澍確切查明，秉公核辦，毋稍徇隱等因，欽此遵旨寄信。前來臣當即欽遵轉行確查。去後，據江寧升任藩司趙盛奎詳稱，本年夏秋之間江屬各縣沿江沿河田畝被水成灾，而高田早稻尚多成熟，鄉間無須遏糴，至業户之田所收穀石爲一年生計所關，若因坐落他境，或滁和等州界内即被本境阻遏，不准運回。甚至被匪肆搶，該業户豈肯緘默，不言勢必紛紛控告。今遍查各衙門，并無似此呈控之案，則尚無被阻被搶情事可知。又江寧縣沙洲圩田於本年七月間首先被淹，經該縣週歷察看，實因濱臨大江，地勢最低。經道光十一年大水之後，圩埂衝矮，堤身單薄，擬加高培厚以資捍禦，由該縣出示曉諭，割廉倡捐興辦，爲來春以工代賑之舉。其時上元縣破圩甚少，尚未議及，江邑雖有此議，亦未興工，并無提用存典捐款之事。況典商連遭歉歲，民間有典無贖，需本更多，正待籌措，何肯將已存之本希圖輕減，即縣中出示在籌捐，不在動款，斷非典商所能慫恿。當經傳詢各典委無其事，并照録《倡修沙洲圩田曉示稿》，詳送請奏。前來臣查道光十一年捐賑餘剩銀兩，同嘉慶十九年原存本息，共銀四萬五千九百三十六兩零。叠經奏明，係上江兩邑紳士公捐，專爲城廂備荒之用，不准他項挪移。由府轉發各典商承領生息，斷非江邑一處所能顢頇指提。另作修圩之費隨查，核曉示稿，既未叙有提用捐項字樣，而在典銀兩亦并未動用絲毫。是議捐修堤圩屬實，而指名挪款係出訛傳，并無其事。至今歲夏秋間沿江圩田雖經被灾，高田尚望有收，民間糧價不過微有所增，尚非騰踊，鄉城米穀流通業户收穀亦無阻遏肆搶等事。惟自九、十月來雷雨交加，繼以風雪，以致各屬可冀中稔田地轉爲歉收，現在糧價日增，而鄰近省分亦多灾歉，民間口食實屬可虞。因思滁、和一帶上年曾有不准米穀出境之事，經臣先後嚴飭，通行在案。今歉收較廣，需米較多，誠恐滁、和等處故智復萌，惟有嚴切示諭，不准遏糴。并飭各屬隨時訪查，如有刁民囤積居奇，即嚴拏懲辦，以期米穀流通，俾灾區得資接濟，仰副聖主廑念民依之至意理，合恭摺覆奏。伏乞皇上聖鑒！謹奏！

《宋會要輯稿·崇儒二》 二十五年九月二十一日，詔太平州蕪湖縣合拘收何汝賢違法祖佃圩田一十六頃八十五畝，撥充本州養士。

又《瑞異三》 十六年八月二十八日，江南東路轉運判官陳宗仁言：本路今歲自五六月間霖雨不止，江河山溪之水一時暴漲，居民多遭巨浸。低田率皆渰没，其間可以施人力者，謂可車捲，尚堪插蒔。水未及退，一夕之雨又復渺漫。今建康瀕江之圩田，茫然與江混而爲一，不復可見畦町。而太平州圩田，埂埕雖存，坍損實多，蕩然幾與江湖無異。至於寧國之宣城、廣德之建平、池之銅陵，凡曰圩田，大率相似。而建德青陽雖非江，又以發洪山水衝决至有漂失人口者，其田遂爲沙漲之地。諸邑水灾雖各不同，歲事失望，其實則一宗仁，已將城市被水居民從本司挪融錢米賑給，行下州縣，將見催官賦權寬一月催納。

又《食貨一》 十月二日，詔江東親置圩田。如上流興築，閉塞水源，致向下民田無以灌溉，或□遏發泄使鄰近者反仮水患，令所屬監司按視改正。

又 三年二月二十八日詔：應有官圩田州縣通判於銜位帶兼提舉圩田，知縣帶兼主管圩田，每歲不得使有荒閑，委監司以舊額立定。租稻石斗盡收以充軍儲。

又 閏五月二十五日，中書門下省言：江東諸州圩田近因雨水衝損，圩岸若候條築，動經歲月，圩上人户既無田可耕，竊慮失所，其淮西未耕墾田甚多，見行召募人户請佃，理宜措置。詔令張松多方勸諭，如有願往淮西耕田之人，津發前去。候到，令吕企中標撥田段，借給種糧及屋宇牛具。

又 十四日，册皇太子。赦江東圩田去年被水衝决去處，官圩已令修築外，民間私圩已降指揮，以田畝十分爲率，借種一分，尚慮興工所借分數不足。仰年舉官逐州守令量增分數，一面及時增修，具已增分數限半月具實數并申尚書省。

又《食貨六》 六年正月十四日，太府少卿總領淮西江東錢糧兼提領屯田葉衡言：合肥瀕湖有圩田四十里，舊爲沃壤，久廢墾闢。今若募民以耕，可得穀數十萬斛。蠲其租税，俟二三歲後，阡陌既成，然後倣歷陽柘皋營田，官私各收其半。從之。

又《食貨七》 十一月七日詔：訪聞江南舊有圩田，能禦水旱，并兩浙地卑，常多水灾，雖有堤防，大半毁廢。及京東西亦有積潦之地，舊常開決溝河。今罷役數年，漸已堙塞，復將爲患。宜令江淮、兩浙、荆湖、京東京西路轉運司轄下州軍圩田并河渠、堤堰、陂塘之類合行開修去處，選官計工料，每歲于二月間未農作時興役，半月即罷。仍具逐處開修，并所獲利濟大小事狀保明聞奏，當議等第酬將。內有係灾傷人户，即不得一例差夫搔擾。如吏民有知農桑可興廢利害，許經運司陳述，件析利害，晝時選官相度，如委利濟，亦即施行。

又 七年九月二十二日，詔以徽猷閣待制、知江寧府盧襄爲顯謨閣直學士，江東路提點刑獄、常平官各轉一官。以能奉詔體國，罷丹陽固城石臼三湖爲圩田，及言開銀林河事爲不急之務，切中時弊也。

又 高宗紹興元年九月七日，三省言：宣州太平州圩田歲入租課浩瀚，近緣賊馬蹂踐，掘破圩岸，及佃户逃亡未歸，荒閑甚多。詔令逐州守臣將缺壞圩岸疾速措置，如法修治。人户耕種內合工料并見佃貧乏無力人户，并許取撥常平錢米，量行應副及借貸支使。

又 四月一日詔：宣州見興修官私圩田，可改委新除守臣李處勵措置，并依樊滋前後已得指揮，疾速施行。其樊滋不合專輟工役，限一日分析，不奉行回依以聞。二日詔：江南東路轉判運官陳敏識將宣州見管常平義倉并惠民圩租一萬九千七百餘頃，於內支撥一萬三千頃與太平州外，餘數撥付宣州，并專充貸借圩田民户使用，司守臣疾速勸民耕佃。

又 十月二十二日，户部言：宣州太平州縣管官私圩田內有被水衝破圩埠去處，欲乞委司農寺丞兼權户部郎中鍾世明前去措置。從之。

又《食貨八》 七日，徽猷閣待制新知寧國府姜詵言：寧國府、太平州兩郡惟仰圩田得以供輸。今來夏雨頻多，竊慮縣官滅裂，民心不齊，失於修治，大爲圩田之害。欲選委清强官同本縣遍行檢視修護。從之。六月二十二日，徽猷閣待制知寧國府姜詵言：宣城縣南陵圩田既壞，有不曾決破圩田九所。欲於今冬自十月措置修圩，以係官錢米募民興工，俟今秋八九月措置以聞。從之。其後詵措置修濟陽圩岸，兼開決除廢在外，詔從餘州軍圩岸損壞准此。九月二十八日，新知泉州周操言：太平州所管圩田每遇水灾除壞，除大圩官爲興修外，其他圩并係食利之户保借官米自行修治。就令冬十月內措置，乞委自各州守臣照紹興二十三年例從實措置施行。詔應有圩田合修治處，仰逐州守臣精加檢實，及工役合用錢米支費具數，限一月聞奏。

又 五月二十日，詔：太平州寧國府新修圩田，可差監察御史陳舉善前去覆實，開具有無、堅壯、損壞以聞。

又 九月二十七日，度支員外郎朱僭言：江東圩田爲利甚大，其所慮者水患而已。知增築埂岸以固堤防爲急，而不知廢決隘塞以緩奔衝之勢。乞下江東轉運常平司，更切講究本路圩田，別有似此隘塞水道，合從廢决去處與逐州守臣公共詳酌，奏請施行。從之。

又《食貨五九》 六年閏五月十一日詔：浙西州軍大水，令吕正已前去措置賑濟。既而臣僚言已差吕正已措置浙西被水居民，乞就委漕臣于本路取見州縣被水實數，官爲貸其種穀再種晚稻，將來秋成，絶長補短，猶得中熟。諸路如有似此去處，亦乞依此施行。從之。

又 十一日，臣僚言：今春湖、秀低田與夫太平宣州圩田多壞，方此秋成，米價已高，而米春之憂未艾。欲望行下守臣令與縣令合隨其州縣參酌所宜，而預爲之計。其有奉詔不虔視户口、流移稍多者，內則從臺諫，外則從發運，監司按劾以聞。詔令逐州守臣限半月中尚書。

又《食貨六一》 六年正月十四日，太府少卿總領淮西江東錢糧兼提領屯田葉衡言：合淝瀕湖有圩田四十里，舊爲沃壤，久廢墾闢。今若募民以耕，可得穀數十萬斛。蠲其租税，俟二三歲後，阡陌既成，然後倣歷陽柘皋營田，官私各收其半。從之。

又 七年九月二十二日，詔以徽猷閣待制知江寧府盧襄爲顯謨閣直學士，江東路、提點刑獄常平官各轉一官，以能奉詔體國，罷丹陽、固城、石田三湖爲圩田，及言開銀林河事爲不急之務，切中時弊也。

又 十二月三日，知太平州張錞言：本州管下公私荒閑水田甚多，今欲廣行召募，修圩開墾，其糧種據所佃頃畝多寡立法，官中量爲借貸，候至秋米成熟，將所借物數分料剋還。縣丞或主簿一員，專爲勸誘催督，歲終較請佃之數，以其多者乞行推賞。仍欲踏逐指差大小使臣兩員，充本州准備使喚，幹辦農田事務。從之。十六日，詔：太平州諸縣興修圩岸錢未及借貸人户種糧，令於宣州義倉常平等米内取撥一萬碩。仍令太平州認數，候將來圩田收成日，却行撥還。

又 四月一日，詔宣州見興修官私圩田，可改委新除守臣李處勵措置，并依樊滋前後已得指揮，疾速施行。其樊滋不合專輒工役，限一日分析，不奉行因依以聞。二日，詔：江南東路轉運判官陳敏識將宣州見管常平義倉并惠民圩租米一萬九千七百餘石，於内支撥一萬三千石與太平州外，餘數撥付宣州，并專充貸借圩田民户使用，同所委守臣疾速勸民耕佃。

又 二月二日，江南東路轉運司言：契勘太平州管下當塗、蕪湖、繁昌等三縣圩田所收租米，萬數浩大。因去歲春夏雨水連綿，江湖泛溢，衝決圩岸。已蒙朝廷支降到圩米一萬石，應副見行修築。欲依紹興二年正月内指揮推恩，庶幾有以激勸。從之。

（嘉慶）《溧陽縣志》卷六 二年復奉蠲江南全省康熙四十六年至五十年舊欠地丁銀六十三萬三百餘兩、米麥二十六萬八千六百七十餘石。四年賑濟江蘇松、常、鎮、淮、揚、太、邳、徐所屬三十九州縣被灾飢民。此據《通志》。案《吴志》：是年溧陽秋大水。圩田被灾。地丁每兩蠲一錢五分六釐一毫。疑二志互有詳略矣。

又 恩旨以官侵吏蝕，包攬錢糧，分爲十年帶徵，民欠緩作二十年帶徵，自本年爲始。即以帶徵完納之分數爲次年蠲免之分數。十二年，溧陽夏秋大水，圩田被灾，地丁每兩蠲一錢五分五釐五毫。十三年九月初三日。

又 恩旨蠲免各省雍正十二年以前民欠正耗錢糧及江南積欠錢糧内官侵吏蝕二項，又蠲江南等全省漕項、蘆課、學租、雜税等銀，又蠲雍正十二年以前帶徵、緩徵漕項本折銀米，又蠲直隸江蘇、安徽、浙江、河南、山東等省雍正十二年以前未完河工銀并江南省未完黄快丁銀錢及江南、山東省未完造船等項銀兩。乾隆二年，溧陽秋大水，圩田被灾，蠲免地丁銀七千四百一十三兩二錢三分零、米四十一石九斗九升零、豆一百六十一石二斗七升零，更有緩徵銀米普賑灾民貧生三個月。三年，溧陽秋大旱，高田被灾，圩田半收，蠲免地漕銀二萬五千二百兩八錢八分零、米二萬一千八百四十六石九斗零、豆五百一十六石一斗一升零，普賑灾民貧生，又加賑極貧，共六個月。五年四月，溧陽雨雹傷麥，借給籽種，免息六年，圩田被水補種歉收，借給籽種，免息七年，奉蠲雍正十三年未完地丁銀。八年，溧陽水灾，田一十九萬八千餘畝，蠲銀六千二十九兩七錢零，米豆共一百六十六石一斗零，緩徵九千九百三十五石九斗零，仍賑一月。十年欽奉。

又卷一六 十一年、十五年，復大水。十六年，嘉禾生沂橋郝氏田中，一叢數百莖，一莖五穗，高旁種尺許。又王綸橋邊有一莖數十穗者。十七年，瑞麥生栢枝廟姜氏田中，一莖五歧，知縣裴衷申詳督院。十八年，大旱。十九年，麥秋大稔，各鄉以歧麥獻瑞，按察金某觀風有《麥瑞五歧賦》。又夏林瑞菜一株，自根至葉半紅半青，載送縣署。或圖刻作頌，餞裴入都，是年大水。二十二年，春水泛溢，二麥無收。三十二年、三十七年，俱秋澇，傷禾。四十一年秋，大水，圩田灾。四十六年秋，大旱，高田灾，圩田半收。四十七年秋，洪水泛溢，漂蕩民房。四十八年，春夏疫癘，入秋乃安，雨少不爲灾。五十三年，夏秋大旱，傷禾。五十五年，夏秋大水。六十年秋，大旱，斷流半月。六十一年秋，大旱，蝗蝻遍野。

又 雍正元年秋，大旱，蝗。四年秋，大水，圩田灾。七年秋，疫，歲稔。八年夏秋，疫，冬底乃安，歲稔。十二年夏秋，大水，圩田灾。

又 乾隆二年秋，大水，圩田灾。三年秋，大旱，高田灾，圩田半收。四年夏，有蝗，撲滅不爲灾。五年四月，雨雹傷麥。六年，圩田被水，補種歉收。八年，水渰田一十九萬八千餘畝。謹案自順治五年至乾隆八年，并據舊縣志及瀨水備聞。二十年，八分水灾。二十六年、三十一年，俱五分水灾。三十三年，七八分旱灾不等。三十四年，被水三分有餘。四十年，七八分旱灾不等。四十三年，五七分旱灾不等。五十年，七分旱灾，有蝗走而不飛。五十一年，麥大稔。

又 康熙九年夏，大水，圩田浸没。冬，大雨雪，深數尺，越月不止，道罕行迹，民畜多凍死。

又 雍正四年夏，宣南大雨，水泛溢，至秋不止，圩田盡没，山田穀亦朽壞，價頓昂。

（道光）《巢縣志》卷一七 萬曆四十一年，巢縣大水，圩田無不没者。

（道光）《來安縣志》卷四 五十一年水，圩田灾，蠲免錢糧有差，賞給口糧一月。

又 五十一年麥大稔。六月大水，圩田灾。

又 卷五 康熙三十二年秋，大水，諸圩皆破。知縣劉之昂督圩民修築如舊。雍正九年秋，大水，圩破。十二年六月，大水，圩俱破。知縣伍斯璸督令修補。

（道光）《重修儀徵縣志》卷一七 乾隆二十年，生員吴文傑捐入北新洲圩田二十八畝八分，以助月課公事疏食之費，内坍江一畝，實二十七畝七分。今查存田計共三百三十三畝八分。内西門外水田五十二畝，北門外水田十四畝，東門外水田三十畝，冷家灣江田一百八畝，舊江口崔家灣田一百二畝，北新洲圩田二十七畝八分。

又 卷四六 二十一年正月至閏三月，淫雨九十日，無麥。時圩田無麥垂十年，饑民入城掠食，知縣陳文杰撫之。二月至閏三月，大江神燈成隊，入夜升高望之，燦若列星。五月二十二日，大雨七晝夜，江溢，城内有壩水不得入，東門月城水深二尺。七月，江潮高丈餘，城外居民盗挖東南二水關壩，冀灌城内以洩之，内外皆成澤國，惟餘西北門内兩街不濟。八月丁亥，釋奠。

清 福趾《户部漕運全書》卷九 江蘇句容縣地處山陬，種秈者多。道光三年，雨水過多，圩田被淹。

清 王定安《兩淮鹽法志》卷一四七《捐輸門》 光緒十一年七月，署運司程桓生禀本年兩廣山東水灾，前奉諭飭，勸各商量力捐助。兹據淮南總局禀，據通泰場商聚和公等呈稱，公同集議，共捐制錢六千串，先由錢莊籌墊，每月認息八釐。按每引捐錢五十文，以捐足四十萬引爲度。自七月初一日起捐，由局代收，運本計息，陸續飭發歸款。又據四岸運商蕭怡豐等禀，公同集議，共捐曹寶銀七千兩，先向票號借出，見銀呈繳，每月八釐，行息按照通綱額引起捐。除粤籍承辦之四萬餘引已另行籌捐，湘灾一萬引免捐，其餘核計每引攤扣曹實銀一分六釐。鄂岸自庚辰秋綱起，湘岸自己卯春綱起，皖岸南鹽自己卯秋綱起，北鹽自壬午春綱起，由局按引扣收，歸還借墊本息等情。又平江歸丙戌春秋兩綱扣收，西岸自癸未秋綱起。并據江都縣知縣謝延庚禀，以本年七月江湖異漲，沿江圩田漫決，請飭局諭商，量力捐助。抑或將場運各商集捐兩廣山東灾賑款内分撥賑恤各等情。署司查本年水灾叠見，兩廣爲甚，山東次之，自應將所捐銀錢飭局一律集齊，見銀聽候分别撥解。至江都請賑，理應籌濟，惟此日所捐銀兩係屬認息借兑，斷難再令重捐。

清 曾國藩《曾文正公奏稿》卷二二《克復東關銅城閘兩隘摺》同治二年四月二十七 初六日，由黄墩渡河，過八角廟下寨，會約喻俊明、成發翔、張錦芳、唐敏義水師四營，奮攻一日夜。賊但堅修老巢，伏匿不出，并於南北兩街各添四壘，爲負嵎死守計。時值河水泛溢，圩田皆成巨浸。臣玉麟於初七日令喻俊明、成發翔等鑿開土埂，師船從决口駛入南北兩圩，直薄賊巢之下，更番擊之。

清 曾國荃《曾忠襄公文集批牘書札》卷一九《復李中堂》 星使於初八抵滬，云有數日之淹，此間或亦不得，謂爲吹縐一池春水耶。歲事有秋，自係福德所致，額慶無已。此間圩田之潦未消，而山田之土已坼。秋陽之酷，十倍伏天，日來復正，在設壇禱雨。外顧疾苦，内省愆尤。寢食徬徨，罔知所措。大君子何以教之？

又 卷二〇《致劉毅帥》 今年麥收尚佳，惟入夏以來雨水過多，圩田大損。但願暢晴半月，如天之福能書，大有民不饑寒，斯爲上瑞，庶幾比吏治之效神速萬倍耳。鄙人近體勉强支持，兩目迥不如前，昏花尤甚，亦非藥力所能補救，蓋老景日增也。

又 卷二一《復湯小秋》 入夏後，天氣暢晴，圩田尚可，山田望澤甚殷。幸日來連得透雨，一律霑足，當可無礙收成。近來精神尚好，重伯倖獲詞選，文正公後五十二年，科名繼起，先志勉承，此堪告慰遠注。

又《復李漕帥》　頃奉初八日手書，猥以鐵路一疏，辱承獎飾，慚悳殊深。此間連得暢雨，河道池塘雖未沾足，而江水甚漲，圩田已可栽插。江北得雨更透，裏下河可望有秋山高尚，望續沛甘澍節氣尚早，略遲亦無妨害。堪慰藎廑，禮字河壩關繫鹽漕，及東西兩堤，洵是目前最要之工。

（光緒）《東華續録》　卷五八　左宗棠奏臣蒞任後，迭將興修江南水利各工，分摺奏明在案。查各工中最大者爲朱家山、赤山湖兩處。赤山湖先經工竣，其朱家山亦據報於本年二月底一律完竣。經臣派委司道各員前往驗視，均稱結實如式，茲據詳請具奏。前來查安徽之滁州、來安、全椒一州兩縣，衆山環繞，山水三面下注，兼受定遠、合肥之水，至三汊河匯流，繞六合二百餘里河道，而達於江。當山水陡發之時，河流紆緩不能驟洩，致滁州、來安、全椒、江浦、六合五屬圩田悉遭水患。雍正、乾隆、嘉慶年間，迭經各前督臣議開朱家山以興水利，均因工大費鉅而止嗣。前督臣沈葆楨委升任廣東提督吴長發率勇開辦，爲時兩年，甫有端倪，又因該提督移防而輟，緣朱家山中段石脊須挖深二十餘丈方能通水，而石根内蟠堅凝如鐵，連成一片，錐鑿之力兩窮，故議開朱家山者，咸苦此處之最難措手。加以下游宣化橋洩水之處，廬墓相雜，一經施工，節節阻礙。經臣飭派營中善於攻石之勇士，先從石工入手，以棉花火藥鑿管通山，層層轟揭，併於下游新開一河，自馬家橋歷曬市場以至浦江康山圩止，而達於江。讓出宣化橋一帶廬墓，赤山湖地轄句容，承受茅五諸水，匯湖分流，經溧水、上元、江寧三縣以達秦淮湖底，即高圩堤。亦薄旱乾水溢，均受其災，民間苦之。當開辦之始，添開湖河以㽕其流，加築圩堤以固其基，并修建橋閘以收蓄洩之利。赤山湖先於光緒九年三月問完工，經臣將該處承辦工程各營調集朱家山，并先後添調各營合力趕辦。其時適前福建藩司王德榜來寧，復經臣檄委，添募開湖勇丁，專工石脊，計朱家山自開工以來，届今兩易寒暑，乃得以告竣。不惟沿江圩田平時均受其利，即山水陡至，亦可免漂没人畜、廬舍之慘，而糧艘貨船可由内河而行，不必再犯大江風濤，尤屬農商兩便。此外則通濟門内外橋閘爲秦淮附郭正流，金川門内外河道爲港汊入江去路，均爲詳考地勢擇要建閘建橋，乃得收納諸水，導引清流，陸居舟居咸受具益。他如帶子洲沿江之圩堤，江寧鎮瀕江之閘壩，均大半衝塌殘缺，并省城溝道亦皆年久失修，均爲先後分別動工，以慰紳民喁喁之請。統計各處工程以言里數，則朱家山自浦口起至張家堡，接通滁河，止綿亙一百二十餘里，共長三萬八百四十餘丈；赤山湖自道士、壩蟹子壩以至三汊河下游各處，亦綿亘二十餘里，共長三千九百餘丈；而各處零碎之工不計焉。以言土方石方，則朱家山共挑土方三百三十一萬五千一百九十餘方，石工二十五萬六千二百餘方，赤山湖土方十七萬五千八百八十餘方；通濟門等處橋閘河道各工共挑土方十六萬八千方有奇；帶子洲等處堤閘溝道各工共挑土方十五萬七千九百餘方。以言用款，則朱家山共用銀十七萬七千八百八十餘兩有奇，赤山湖共用銀二萬八千四百六十餘兩有奇，通濟門、金川門内外河道橋閘各工共用銀八萬三千五百六十餘兩有奇，各處橋梁溝道圩堤閘壩各工共用銀七萬六千七百八十餘兩有奇，統共用銀三十六萬六千六百九十餘兩有奇。而設局之費、動工之費、兵勇米折賞犒之費、民夫鄉夫哨勇石匠口糧之費、木石各料價值之費以及此外散碎各費，統算在内，動款僅得此數，非撙節動用核實，開銷未易。及此伏查，臣當議辦朱家山河工之始，或以經費浩大無從措籌爲疑，或以工程煩重苦難入手爲慮。此外赤山湖等處工程論辦法皆須連類而及，以收一勞永逸之功。若開辦則須同時并舉，實有應接不暇之勢，幸鹽票項下積有多款，各司道亦以此事關國計民生，未容以難而諉用能。本臣所議定者，逐一興辦，而各營員督率弁勇奔走風日之中，皸瘃冰雪之内，衆手交奮，如赴其私，最難者尤在朱家山轟石之工，藥信一燃石。

（光緒）《續修舒城縣志》　卷四九　七月初七日，始於各鄉往勘，其北東兩鄉，俱係岡田，無水戽救。其栽插者早遲，俱受旱傷。間種雜糧者，所收有限，秋成不及四五分。其西南鄉山田，有溪澗水以灌溉東鄉。圩田有塘堰水以車戽，約有八九分之收。合一縣而計之，收成有六分以上之數。分而觀之，則北東兩鄉，實爲歉收。是舒城一邑西南東鄉有豐稔之樂，而北東鄉有懸罄之嗟。

（光緒）《宿州志》　卷五　諭令在馬維盤莊前開斷堰口門一道，向東南量至塘溝河共長部尺二百丈口，寬二丈，底寬一丈八尺，深五尺。挖出之土敷溝二面，作圩田形勢。另在塘溝河堤修一石閘，俾有水時洩入塘溝河，庶幾兩邑民田均免水患。仍罰令靈民出夫挑溝，惟添築石閘經費較鉅，就地實無可籌。可否仰懇撥，款興建以衛田疇？

（光緒）《無錫金匱縣志》卷三　三十年，知府歐陽東鳳請官帑築南塘内外諸岸，修圩田洞閘。

（光緒）《續修廬州府志》卷一三　雍正七年四月，奉調舒城縣赴任，之後詳查邑乘，諮覽民情。復行親歷四鄉，恒以農田水利爲急務，凡圩田之築堤補揆，高田之開塘浚壩。或循照舊例，或參酌時宜。在在經歷，督率毋使廢弛。

（光緒）《重修丹陽縣志》卷五　康熙二十四年，於懇準換帖升科等事案内，續墾下練湖和尚圩田灘共四頃二十八畝三分三釐二毫。

又　康熙二十五年，於懇恩飭查等事案内續墾下練湖馬家圩田灘七頃四十三畝二分一釐五毫。

又　康熙三十一年，於請寬升科等事案内續墾下練湖包港、新盛、太平、任龍等圩田灘共四十頃八十五畝一釐九毫。又報升田地蕩灘九頃五十四畝七分五釐六毫。

又　康熙四十二年，於公籲詳請等事案内續墾下練湖義隆、永昌、白鶴、四涵等圩田灘溝塘一十九頃六十五畝五釐二毫九絲九忽三微。

（光緒）《嘉興府志》卷二四　嘉慶道光中，里人趙樂壽捐洪圩田八畝八分一釐七毫，吴慎餘捐木此二圩田一十二畝一分三厘八毫，徐肇明捐佳圩田四畝八分三厘四毫，林家斌捐南員字圩田四畝五分四厘，陸在源捐河字圩田一十畝零一分八厘九毫。會内餘息，續置辭塞、陟善、歲彩、即超、西昃、趙國、庭寶十三圩，共田九十七畝四分九厘七毫。又置市屋二間，半并基地。

（光緒）《江都縣續志》卷三　嘉慶十一年四月，總督鐵保奏江都縣境内東西兩岸民堰歷係圩田業户自行修築，連歲湖水下注，江潮泛漲，致堤堰衝決塌卸，民田被淹，工鉅費繁，民力難施。請借撥布政司庫款修築揚子橋迤下民堰。東岸自揚子橋至古西堤，殘缺三十四段；西岸自謝思亭至槿條園，殘缺二十一段。共估需土方夫工銀一萬七千七百五十九兩零，分六年攤徵還款。

（光緒）《溧水縣志》卷一　乾隆元年，邑西北有蝗。自五月至七月，霪雨不止，圩田盡没，有蜚。

又　八年夏五月，大雷雨，蛟出，圩田盡没，有蜚。

（光緒）《六合縣志·附録》　三十七年，邑大水，城市成巨浸，圩田與江接，波淼淼莫可辨。時東風推海潮西湧，月餘不退，倍助水虐。

又　四十四年，大水。圩田高下湮没，城内行舟。是年，元眞觀、靈巖山二處古松結毬，大如斗團圝，虬曲嵌空玲瓏，經數月不散，遠近觀者如堵，皆以爲瑞兆云。

（光緒）《南匯縣志·舊序》　舉凡興利除弊之制，美不勝數。邑三面瀕海，西抱申浦，地勢高於諸港，無潴水之區以備暵乾。溝澮既隘，潮汐易淤沙團月洞。疏浚節蓄之方，關於民生者甚鉅。圩田平衍，群習勤苦，又非孔道，不見浮靡之事。故人知禮節，而户有秀民。學校既興，藝文蔚起，獨行懿修，遺風可挹。

清　盛宣懷《愚齋存稿》卷六九《寄武昌張宫保長沙龐中丞八月初四日》　江北圩田盡淹，江南低區一概無收，以致米價騰貴，滬價每石九元，外蘇、常、揚、鎮亦須六七元，青黄不接，民不聊生。據各處紳士籲請購米平糶以救目前，昨南紳自衡、湘振畢歸來，俱稱湘省秋收大稔，米價大落，每石不過價錢三吊左右。伏念湘災，一經官紳籲告，江南竭力籌款、籌糧，不分畛域，今不敢遽盼報施。而移粟之舉本屬兩益，現擬墊款十萬兩，公舉員紳馳赴湘潭購米五萬石，分運被灾較重之區，趕緊平糶。如蒙俯允，即由敝處咨請江蘇撫院給發護照辦理，想台端痌瘝在抱，必能俯如所請也。伫盼電復，無任感禱。

（光緒）《重修天津府志》卷一　户部等衙門遵旨議準直隸河防水利。據和碩怡親王等疏言，直隸之衛河、淀河、子牙河、永定河皆滙於天津州，大直沽入海，此直隸水道之大略也。衛河與汶河合流東下，德、棣、滄、景以下，春多淺阻，一遇伏秋暴漲，不免潰溢。請將滄州南之磚河、青縣南之興濟河故道疏浚，於舊時建閘之處築減水壩，以洩衛河之漲。静海縣權家口亦築壩減水，白塘口入海之處并開直河一道，使磚河興濟河之委同歸白塘出口。修理海口舊閘，以時啓閉，則滄瀛以北水利興而水患除矣。東西二淀跨雄霸等十餘州縣，均應疏浚深廣，并多開引河，使諸淀脈絡相通。其已淤爲田畝者，四面開渠，中穿溝洫，庶圩田旱澇有備。其趙北苑家二口爲東西二淀咽喉，趙北口堤長七里，板石橋共八座，俱應升高加潤。苑家口北之中亭河，上流之玉帶河，對岸爲十望河，均應開通，庶東西二淀無衝决之患矣。子牙河爲滹漳下流，清濁二漳發源山西，經廣平正定而滹沱。滏陽，大陸之水會焉，其下流有清河、夾河、月河，皆分子牙之流，同趨於淀。宜開决分注以緩子牙河奔放之勢。

藝文

宋 胡仲參《竹莊小藁・圩田》《江湖小集》卷一四　圩田依澗水，入夏未栽禾。不是春耕晚，山中寒氣多。

宋 范成大《石湖居士詩集》卷五《净行寺傍皆圩田每爲潦漲所决民歲歲興築患糧絶功輒不成》　崩濤裂岸四三年，落日寒烟正渺然。空腹荷鋤那辦此，人功未至不關天。

宋 楊萬里《誠齋集》卷三二《圩田》　週遭圩岸繚金城，一眼圩田翠不分。行到秋苗初熟處，翠茸錦上織黄雲。

又　古來圩岸護堤防，岸岸行行種緑楊。歲久樹根無寸土，緑楊走入水中央。

宋 張孝祥《于湖居士文集》卷二《月之四日至南陵大雨江邊之圩已有没者入鄱陽境中山田乃以無雨爲病偶成一章呈王龜齡》　圩田雨多水拍拍，山田政作龜兆拆。兩般種田一般苦，一處祈晴一祈雨。去年水大高田熟，低田不收一粒穀。只今萬錢糴一斛，浙西排門賣稀粥。聖神天子如堯湯，曰雨而雨暘而暘。天公廣大豈有意，爾自作孼非天殃。

宋 王遂《贍學圩田記》（嘉靖）《廣德州志》卷一〇　漢元成間，詔下郡國曰：孔子布衣，養士三千，其增學官子弟員，復以爲不給罷。自文翁興學，聞用力自給，未聞食之爲憂，而士之無田，郡縣之無學，附會者從，而和其說。前乎此，韓延壽修治學宮，大興禮化，黄霸因之以孝弟、王順之教。後乎此，衛颯修庠序之教，而茨光大之亦善。其教夫教之由乎身，化之本乎德。苟前興而後廢，朝質而莫文，則求善鮮矣。宜乎非一日一人之積也。廣德自宋高宗朝置郡，建爲縣，南渡密邇。帝京人物厚而土地薄，郡望下而誅求繁，爲郡者罕得盡心於爲政，而况於今乎？會稽施君德懋始典邑事，不以爲小而廉治有聞。庚子，歲大飢，全活不可勝計。當是江東言收莫先焉，縣故有學士未有養，而施君招其弟子秀民而教焉，濟濟于人知其育材之美，而莫知其所以終也。秩滿天子以爲能擢之，審計司太守康公以請諸朝，求婺安徐君邵孫爲之代。徐君宰民有道，治理之往來中都者，莫不道施君之美，而稱徐之善也。淳祐改元，徐君以書報，遂曰：縣學自紹定間章君始建，規模甚壯，門廡甚廣，講會甚弘，然亦有葺而治之者。施君復陽賽等，以凡得田萬畝有畸，既成，大爲民利，其未有者。千畝以修橋道，而利涉治傳，舍以便使客布網舟，以便軍食。而又捍禦流民，以全一邑之命。餘伍百畝以爲子弟之養，甫既事而去，子其爲施君發明其美乎，遂爲之斂衽肅容，卓然而起。曰：韓黄之教，衛茨之政，可以復吳，而漢養士之難何患哉？今施君不以己去而不盡其心，徐君不以方來而不行其志，則士之望風向道者，豈特潁川桂陽而已哉？施君之先累在越，爲朱文公所知，入爲紹定宰士之職。徐君之先嘗事吕成公之教者，廉直不苟進，卓然爲紹定名臣，皆學有師法，古之所謂名家者，非此之謂耶？其必有自立若文公、成公之教者出焉。此遂之所願大書特書而未已也，於是乎書。王遂記。

宋 黎廷瑞《芳洲集》卷一《過鎮巢》《鄱陽五家集》卷一　過盡黄蕪岸，開橋小雨時。城居懸似燕，山勢縮如龜。歲旱圩田薄，天寒土屋宜。呼童沽白酒，巢口賽新祠。

元 仇遠《金淵集》卷六《紀事》　圩田平没石田枯，秋暑如蒸雨竟無。六十年前曾記得，步行一直過西湖。淳祐丁未亦旱，予始生。

元 徐瑞《送凌霽雲赴余姚州學正癸丑皇慶二年**》**《鄱陽五家集》卷七　天門振鐸聲彌遠，越上横經任更專。頗怪風雲紆宦轍，故因山水著名賢。圩田秋足先生飯，海月春浮坐客氈。聞有世南遺墨在，歸鴻儻一寄林泉。

明 李昌祺《運甓漫稿》卷三《寄蕭教諭》　見説崑山縣，孤城在水鄉。汐潮通海近，雲樹接吳長。夏暑圩田熟，秋陰學舍凉。年年春色裏，桃杏爛宫墻。

又《送曹判官蘇州治水》　聞道姑蘇郡，東南近海潮。圩田多夏潦，場圃減秋苗。平易遵前訓，煩苛革舊條。更應持潔慎，玉帛此鄉饒。

明　程敏政《唐氏三先生集》卷二《八月八日過嘉興捕蝗行》

東村柝喧天，西村叫傾市。捕蝗官雖來，無救我禾黍。圩田已破今無秋，舊淚未乾新淚流。富家有米量玉子，菰蒲昨夜風颼颼。民窮乃至此，萬一寬征求。君不見，往年北殍來南州，纍纍老稚令人愁。

（嘉靖）《江陰縣志》卷九《修圩歌》　修圩莫修外，留得草根在。草積土自堅，不怕風浪喧。修圩只修内，培得脚跟大。脚大岸自高，不怕東風潮。教爾築岸塍，築得堅如城。莫作浮土堆，轉眼都傾頹。教爾分小圩，圩小水易除。廢田苦不多，救得千家禾。

（嘉靖）《常德府志》卷一九《吊青尉次韻》　減稅从前数已多，斯民憔悴更如何。圩田萬頃頻年患，誰障狂瀾不放過。

明　張國維《吴中水利全書》卷二八《陳章寄祝主事莘詩》　通海易塞海難□，請君反覆思兩端。雨暘愆期致澇乾，此與時政還相干。人力回天亦良艱，惟是築堤護圩田。此策若舉人心安，單舸寡從相周旋。東西遍閱陌與阡，佚道使民省笞鞭。低者增築令高堅，破者被綴令完全。可以蓄泄防未然，道元水經有本源。守敬議論非腐酸，前元特設水監官。仁發姓任號月山，此老水利亦精專。今君奇胸萬卷蟠，取用不竭如淵泉。縱横曲直珠走盤，但厚民力無傷殘。眼前活法人所便，古人陳迹亦蹄筌。吾君吾相聖且賢，將舉廢墜起跛偏。和氣充塞位兩間，堯水湯旱非所患。側聞西潭過高軒，移時不出吏侯闌。方且索我詩稿看，感君西臺舊歲寒，不惜千里披心肝。

明　倪宗正《倪小野先生全集》卷六《北洲》　主人家住洲之北，半似漁家半似農。黄犢曉烟芳草長，白鷗晴日野花濃。圩田踏遍寒披笠，鄉社歸來醉卧襱。香稻肥魚滋味好，漫看新水下吴淞。

清　陸世儀《桴亭先生詩文集·詩集》卷一〇《八月初四家信至知婁中大雨非真》　吾鄉先得雨，消息竟非眞。霢霂誠何濟，驕陽尚殺人。圩田無潴水，（河底平淺故。）沙土易生塵。（婁土東偏皆沙土。）此地今無獲，將來未可論。（婁地積荒十年。）

清　方孝標《鈍齋詩選》卷一六《舟中讀書》　水浸江亭沙岸崩，秋山咫尺路難登。圩田雨破村無酒，野寺兵屯屋少僧。滿目悲凉民氣苦，孤舟容与客心增。昇平惟向書中見，一息羲皇對寢興。

清　顧景星《白茅堂集》卷七《居廬苦水食口實衆援筆紀憂》（斗米七百錢）　今年一夏雨不止，二麥無秋稻生耳。圩田車聲朝達暮，（圩田低于河，以車行之。）不減圩中一鋤水。江南前此五六年，年年不雨愁天乾。低田曬作龜底坼，大舸官塘行不得。近年河漲無溝疇，潮頭欲上轉逆流。農夫向水哭不休，大兒昨作城中囚。城中信巫争獻土，白紙朱書若官府。訛言天帝稅田土錢，（紙錢百斤一綑，凡數百綑，皆插小黄旗，書上用二字，鼓吹導送，將焚郊外，值大雨昇屯縣堂，閲月，縣令胡公之佑卒。吴越錢俶時，民間取土塊獻神祠，名獻土。）豪家豈識凶年憂，但祝歡娱無疾苦。揚舲拊鼓胡爲乎，靈旗翠旆中涂趨。但令官人緩征稅，不愁鬼伯結天吴。（俗稱縣令曰官人。）

清　陳章《寄祝水部莘詩》（光緒）《青浦縣志》卷二八　通海易塞海難口，請君反復思兩端。雨暘愆期致澇乾，此與時政還相干。人力回天亦良艱，惟是築堤護圩田，此策若舉人心安。單舸寡從相周旋，東西遍閱陌與阡，佚道使民省笞鞭。低者增築令高堅，破者補綴令完全，可以蓄洩防未然。道元水經有本源，守敬議論非腐酸。前元特設水監官，仁發姓任號月山。此老水利亦精專，今君奇胸萬卷蟠。取用不竭如淵泉，縱横曲直珠走盤。但厚民力毋傷殘，眼前活法人所便。古人陳迹亦蹏筌，吾君吾相聖且賢。將舉廢墜起陂偏，和氣充塞位兩間。堯水湯旱非所患，側聞西潭過高軒。移時不出吏候門，方且索我詩稿看。感君西臺舊歲寒，不惜千里披心肝。

清　王相《友聲集》卷下《踏灾行》　漏天匝月雨不止，鋤柄生霉老秧死。圩田十室九報灾，曉起撑船入城市。朝不見，長官忍饑匍匐蹲公堂，夕不見，長官風刀刺骨寒無裳。借問長官在何處，揺手禁聲吏胥怒。長官昨日祠城隍，爲民請命宵焚香。官厨昨夜斷屠宰，願灾不成漕不改。道逢長官吆喝來，攀轅泥首心悲哀。今年秋成擬大熟，誰料蒼生苦無福。田廬漂没居人空，耕牛已賣餘哀鴻。阿爺夜半護圩去，可憐身葬淤泥中。長官聞言但愁嘆，官府火速催查勘。縣胥歡喜里胥愁，供給來朝竟誰辦。

腷腷膊膊雞亂鳴，後村已踏前村行。縣官此行亦良苦，可惜全灾報三五。連日飛章申大府，上請於帝帝曰撫。春風一吹瘡痍蘇，高田薺麥青模糊。矧聞下詔蠲征輸，澤有菱藕塘茭菰。亦知水旱無時無，慎勿遣吏來催租。

清 梁同書《頻羅庵遺集》卷二《圩田謠為嘉善大令作》 魏塘西北，水溢于洫。卑田十區，黿魚是宅。我侯始來，經理汙萊。勸爾作功，俾無後灾。毋逸爾力，毋封爾財。人詛人祝，我侯無猜。方之舟之，我侯頻止。既築既堅，乃疆乃理。民用康哉，爲侯志喜。水順軌兮辨物宜，禾重穎兮秀兩岐。民歌舞兮樂不可支，願侯無害兮惠我于斯。譬彼鄭白之沃兮，千秋萬歲其來思。

清 趙翼《甌北集》卷四六《望壽興沙洲》 沙洲漲出海中央，爭築圩田在渺茫。種得木棉天下暖地產木棉最多，眞成東海變栽桑。

清 蔡新《緝齋詩稿》卷三《過懷慶二首》 處處修篁弄影鬖，人傳風景小江南。圩田秋老黄雲熟，河北獨此地多水田，出稻米。墟落溪深碧水涵。近岸籬花迎曉日，緣山霜葉帶晴嵐。漫言使節年年度，爭似游人恣遠探。

清 桂超萬《養浩齋詩稿》卷一《詠古八首》 黄河欲歸海，瀉入東南來。大海不爲壑，乃向圩田開。王尊盧金堤，水波亦漸迴。補苴豈無術，誠心濟其灾。守吏日高歌，鴻聲空自哀。

清 黄鉞《壹齋集》卷七《于湖竹枝詞》 早稻初齊晚稻生，喜聽遮了一聲鳴。今年不怕圩田破，占得分龍一日晴。農家聽蟬鳴爲江潮平定之候。又諺云：遮了叫，割早稻。五月廿日分龍是日宜晴。

又 卷三四《江行書所見》 河伯江妻忍不憐，圩田破盡未湉然。揮刀斷水元無法，願借秦皇驅石鞭。

又 卷三五《蕪湖東南沿江六埠暨麻浦、鳳林二圩田可十餘萬畝，自道光癸未以來，屢遭異漲，重以淫雨，圩堤不勝衝激，輒被蕩決，眾乃集議通力合作，率圩丁自春徂秋，窮日夜與水爭地，費金錢米穀無算，卒不可保。癸巳七月十八至二十三日，江水洶湧，諸圩悉破，稻已堅好，可炊而食，一夕付之洪流，忍哉忍哉。天降灾禍，非人力所能勝也。詩以哀之，寄雲汀制軍》 築堤山覆簣，決堰水奔梭。忍奪如雲稼，全拋大海波。誰爲司浩渺，我欲斫蛟鼉。堤決時，見有物爲患。莫道天難問，無人向壁呵。

又 天乎毋乃酷，暴殄屬誰愆。資力三時竭，江湖一夕連。周官有荒政，禹甸少閒田。無計囊沙塞，空愁雨脚懸。

又 畚鍤棄無用，流離身未知。棲心猶稻隴，轉眼失茅茨。黑蜧助爲虐，陽侯太不慈。十年三大水，民病豈能支。

又 縣小無程鄭，頻饑富亦貧。驕慳久成俗，任恤屬何人。不入萑苻澤，終歸魚鱉鄰。救荒推彥國，急爲拯吾民。

清 黄釗《讀白華草堂詩二集》卷七《消夏雜詩》 支流曲折盡圩田，揮汗勸禾六月天。忽地吴歌接知了，農船掉出柳陰邊。

清 陸繼輅《崇百藥齋續集》卷二《子辨逾約不至詩以遲之》 中秋望不至，忽又展重陽。風日已晴好，江湖尚渺茫。滆湖八百里，半爲圩田，雨後悉還其舊。半年疏故業，三地感殊鄉。時尊甫徵君客淮，賢兄子穰孝廉客歙。急趁霜螯賤，懽然勸一觴。

清 陶澍《陶文毅公全集》卷五六《乙酉六月二十日抵清江浦，天氣甚熱，運夫數萬人般米過壩，由河口接運赴通州也》 車聲轆轆人如蟻，運米漕河無勺水。萬竿楚舳與吴檣，涸向湖濱僵不起。去年湖漲風忽顛，吹浪作山山倒懸。白波捲堤不周坼，奇石莫補媧皇天。今年引黄向南走，要救目前計非苟。豈知揖盜一開門，遂使防川同塞口。轉般今無洛口倉，寄屯忍奪居民房。勞勞汗血豈得已，肩囊背橐相扶將。扶將更爲圩田急，紅稻已枯鸚鵡粒。不須聽取老農吁，船底似聞鰕蚌泣。

清 屠倬《是程堂集》卷一四《勘灾三絶句》 不分高下總山田，蕭索秋光到眼前。蕎麥花開豆苗長，可能草草度殘年。 圩田一角占東南，約計收成十二三。熟地無多荒地遍，細排户口算丁男。

清 魏源《古微堂詩集》卷五《洞庭吟》 楚狂泊舟風烈烈，更上岳陽望湖月。樓頭有客請我吟，軒樂湘靈休勦說。客言天地缺東南，匯爲巨浸恣汪涵。年年横溢出江左，水气蒸爲雲气酣。漢潦破圩如破堞，江潦潰堤如沃雪。湖潦浸田如浸月，六郡萬家供一決。不知五行何占設，無乃堯年逢降割。我謂客言意深苦，未暇議今且陳古。自昔楚藪夸雲夢，幾見洞庭登禹貢。今日楚藪稱洞庭，遺迹何処尋雲夢。水鍾三湘失七澤，自古蒼桑多變易。遂以九江誣洞庭，那識長江舊横鬮。荆州九穴十三孔，今惟二穴餘皆壅。地不讓水水争地，仰盂受灌建瓴湧。沿湖圩田歲增歲，曲防壑鄰占地利。何況老林秦蜀開，下游沙塞洲渚洞。更加夏汛蛟水至，萬馬孰禦風濤雷。烏乎！八百里湖十去四，江面百里無十二。安能塞川川不潰，九穴須復九江初，七澤請仍雲夢瀦。以川還川湖還湖，那患陰陽妨噏嘘。樓下帆檣吴楚送，樓上鐘魚傍晚動。雄譚空嗤賈長沙，憂樂江湖復何用。

清 謝元淮《養默山房詩稿》卷一七《重登莫釐峰》　山游不慮險，置身高乃快。行行出雲端，放眼始無礙。一望小全吴，幾於登泰岱。西北亂峰多，恣意逞奇怪。崇卑各有得，點綴成圖畫。縹緲獨抗衡，争兹水天界。罛船泛若鳧，圩田鋪類卦。山腳萬餘家，俯視笑細碎。未知此方人，視我作何態。絶頂難久立，美游今已再。夕陽照歸鳥，相送來天外。

又 卷三一《過船田庵儀徵西門外**》**　水繞田，田如船。中有精舍名船田，非船非田亦非庵，老僧自住荒江邊。眞州西郭二里外，茂林修竹青蔚然。短彴夜懸不許渡，人隔壺嶠疑飛仙。我苦塵喧喜幽闃，公餘偶過聊隨緣。一花一石一亭沼，愜意處處皆留連。麗芳榮園皆眞州名園競華麗，何似茅屋常安眠。菜壠鋤雲春漠漠，荷渠蕩月秋娟娟。眼前景物俱悟境，焉用饒舌談虚禪。山田苦旱圩田熟，高低勢異難兩全。香稻炊飯秫釀酒，客來醉飽無愚賢。在家出家有何别，但解觴咏堪忘年。作詩寄僧僧應笑，淮南早賦招隱篇。

清 羅惇衍《集義軒咏史詩鈔》卷五八　漕糧百萬困東南，畿輔圩田故未諳。誰度流泉區畎澮，頓開沃壤課丁男。闢河白骨軍班議，風雨青鐙潞水談。經界不爲動勢便，功成旋阻恨難堪。

清 曹楙堅《曇雲閣集·詩集》卷四《愍灾诗六首有序**·破圩行》**　倉皇出門告田主，前後圩田要加土。主人已費十百千，農夫解衣還質錢。兩手撈泥泥漉漉，一斗黄泥米一斛。走圩東，走圩西，太陽初出雞又啼。手僵腳腫不覺饑，大家保護半月功。寒天有米到腹中，但願日日東南風。東風不來西風大，前圩後圩一齊破。

明 徐孚遠《舟行諸大澤書所見》《明詩紀事》卷九下　蓼花初起白蘋齊，行到荒村古墓西。樹裏雲深疑渡鶴，湖中日午不聞雞。蒼蒼野廟飄殘瓦，白白圩田覆淺泥。過客莫愁頻失路，近前猶颭酒旗低。

清 陳作霖《可園詩存》卷一二《圩農嘆》　習莫習，農夫業，農業逢荒多匱乏。耕莫耕，圩中田，圩田遇潦即凶年。今春亢旱夏始雨，父老歡呼稺子舞。平疇漠漠稻秧青，準擬秋成慰辛苦。豈知一雨永不休，蒼天漏缺無人補。蛟龍助虐鼓江潮，一綫單堤相抵禦。打樁修埂日夜防，依然衝破難重堵。田廬漂没在波濤，老幼相保依山岨。報灾匍匐入城中，衙前長跪悲填胸。官府未見見小吏，大聲恫喝怖殺儂。

清 樊增祥《樊山集》卷一九《次韻酬六溪院長見寄》　流沙去矣李伯陽，南海悲歌虞仲翔。揚雲不返魚鳧國，季鷹空憶蓴鱸鄉。我友英英竹林秀，龍鸞高致輕山王。江南黄葉好村落，側身闌隴心徬徨。深衣藜杖手周易，講學東湖春水旁。濁醪時有王宏乞，謂育生。嗚瑟還同曾點狂。不隨計吏趨舉場，羅横下筆言蒼凉。故人侯霸詢蹤迹，朝士貞元惜鬢霜。人閒歲月區閒忙，火中蓮萼愁韓湘。幅巾湖上狎魚鳥，憐余手版今郎當。乘軒勞勞單父宰，閉門穆穆田子方。故園白鏹無人把，十晦圩田春薺荒。清淮左側釣魚處，年年紅藥含餘芳。黄鵠西來報消息，舊松今已拂簷長。

又 卷二二《鷓鴣天·徐俟齋畫山水屏題詞》　兩岸春山中有溪，圩田雨足罷畊犁。鏡中每對青丫髻，樹裏時聞白晝眉。撑小艇，泛清漪，秦人洞口白雲迷。二千年後溪邊水，照出桃花似舊時。桃溪春泛第一。

清 沈學淵《桂留山房詩集》卷一二《少穆方伯招同柳東萊臧泛舟西湖疊前韻二首》　任井歐池未足誇，出城先索寺僧茶。千夫楊柳都臨水，十里芙蓉盡補花。沙漵夕陽沈野鶩，圩田細草兕官鼃。參差白塔紅亭外，兩派山泉證撥沙。

清 孫雄《道咸同光四朝詩史·乙集》卷四《楊提督簑笠救圩圖歌并序》　江寧上新河之沙州圩，環抱大江，築堤作障。光緒辛丑秋，霪雨堤決，全圩幾潰，江南提督楊公金龍聞信，冒雨率勇馳至，屹立洪濤巨浪中，堵救五晝夜，圩得保全，士民感恩，繪簑笠救圩圖。

新河原是兀术開，築圩種稻堤盤回。辛丑之秋苦淫雨，大江暴漲高崔嵬。陡衝堤決怒濤響，岌岌圩田真殆哉。江南提督楊無敵，冒雨救民來汲汲。滿身泥水率貔貅，執鍤當先荷簑笠。將令休教決口寬，元戎親在濤頭立。是時驟雨勢翻盆，圩內農民共斷魂。鐵弩射潮鄙吳越，金堤保障壯王尊。催來椿埽千軍奮，遏住銀山萬馬奔。鏖兵五日膚公奏，雨霽堤成圩不漏。霹靂收聲白鷺洲，鼋鼉怯與金龍鬭。拔出田廬震蕩中，圖成草服銘恩厚。力救蒼生忘死生，真如血戰奪邊城。聲威久震高車國，公在新疆戰功甚著，迪化州，古高車國也。韜略休誇細柳營。八陣捍江感諸葛，萬家炊玉飽香秔。麒麟圖畫黄金甲，若箇風簑雨笠行。

清 屠鈞《次韻白巖弟自題山水小景》（《兩浙輶軒續録·補遺》卷四） 圩田幾稜界僧衣，風景何如罨畫溪。閒凭水窗無客到，竹雞嘑罷午雞嘑。

雜録

元 黄溍《西湖書院義田記》（雍正）《浙江通志》卷二六一 至元二十八年，故翰林學士承旨徐文貞公持部使者節治於杭，始崇飾其禮殿，奉西湖向所祀三賢於殿之西偏，以其建置沿革之詳，達於中書。畀書院額，立山長，書庫官之所掌，悉隸焉。顧所贍之田皆薄瘠，且遠在他州縣，富歲所輸猶多不登，營繕廩給之須，或匱乏弗繼，安有餘力。及其書也，郡人朱慶宗以二子嘗肄業其中，乃捐宜興州洎陽村圩田二百七十五畝，歸於書院。

明 周用《周恭肅公集》卷一二《與魏莘渠論均粮書》 下諭吳中田粮事，敬服。急於民隱，如吳江虛粮，病民尤甚，豈容不整理，始謂莫如復圩田原額，則虛粮自除，中間寬狹，民間亦自有持衡之法，宜次第舉行。

（嘉靖）《安吉州志》卷五《水利》 天目之水，經石虎山入石土圩，折而北匯爲姚湖，在順安之四五六管，經華家橋限以水碓、壩，出白雲橋，至合港口入裏溪。其支流爲溝者二：一曰姚湖東溝，灌街上圩、苗王圩、練成圩田，餘水出油車潭；一曰姚湖西溝，灌州西圩、鴨沙圩田，餘水入西坑溪。

又 東溪之水下龍清觀，左曰四龍湖，匝一里餘，灌後村圩田，餘流仍循靈芝塔下入外溪。又其旁有妙沸溝，一名後村圩溝，源自銅山而下，亦灌本圩田及栢家園屯田。

又 其北則馬瀆出焉，望靈芝，環龍湖，拆而西入外溪，出鎖龍橋下，灌墅湖圩田。

又 州西南諸山水，經青松里祠山殿合而北，又經南山圩，出朱墓山下，限以殷家壩，積水灌青松、南山等圩田，餘流出包家橋，其西自賴家塢來會包家橋下，是爲西坑溪，又出白雲橋，經上方寺前，至合港口入裏溪南山圩。又有大壩塘，亦灌本圩田。

又 紫溪水坊以沈家壩出鑾石橋，灌駱駝圩田，不數里曰五龍湖，灌墅湖圩田，餘流下環靈芝塔□外溪，又有富山築在富村圩積塘東，山水灌□圩田。

又 源發孝豐遶定福者十溝。其一滸溪溝，從唐福入，灌錫圩田；其二八路溝，從獅子山北入，灌東富錫圩田；其三湯溪溝，自插虹橋入，灌黄勝圩田；其四萬灣溝，自萬灣橋入，灌霧山圩田；其五沈家溝，灌駱駝圩田；其六將軍溝，自□□□□成圩田；其七新興溝，從萬灣橋至錫圩入焉，灌馬嶺圩田；又有自鉛圩橋北入者，曰李圩溝，灌夏市圩田；自移風溪來者曰霧山溝，灌黄墓圩田；曰猴山溝，灌本圩田。

又 獨松發源者五溝：鳳亭鄉節村溝，灌本圩田；倉基溝，灌箭東圩田；方黄溝，灌黄墅圩田；雙溪溝，灌平田、朗圩田；下雲溝，灌蔣村田。

又 其北則烏禄溝，灌芝里圩田。黄山溝，灌黄山塢田，溝旁有黄山塘，源發五里山，灌穆王圩田。下碧溝，灌郎家邊田。剎子溝，灌蔣村田，俱出石馬溪。

又 經餘杭界會於銅山港口，爲蔣村溝，灌本圩田。又有安樂溝，灌六管圩田。德積溝，灌楊家圩田。石柱溝，灌後寨圩田。而竹沸溝則自周山來，亦灌本圩田。

又 銅山之塘曰小山，洪武二十八年開，灌牌門圩田。溝曰大泉，來自前坑橋，注灌梅溪鄉田。

又 西乢湖在安福鄉，去出二里裏溪之水上，從嚴真觀後入，灌四畞圩田，仍遶而北，經湯家橋歸裏溪。

又　去西畞湖十五里曰石鼓堰水，自曹埠來，匯於二潭，唐令鉗耳知命所開，灌浮塘圩田，直趨浮塘橋入裏溪。

又　聮絡安福者，有三塘四㪷：一曰吴塘水，自吴家山來，灌湖田圩田；一曰横塘，横亘裏溪之東，灌吴灣、邵灣、曹埠、丘家、街下等圩田；一曰朱塘，去州北一里，宋嘉定中陳公季永率鄉民築之而成者。㪷曰五管、曰蘇家、曰前圩、曰汪吴姚。

（萬曆）《應天府志》卷二一　盤城近盤城山，下臨圩田，宋有步軍司庄及兵寨。

明　何慶元《何長人集・重修廬江縣東小缺口官埂碑記》　廬江故澤國，縣之東，水次曰小缺口，去城三十里。而遙寔維，宣歙四逵，行者病涉，嘗鳩通邑之力，堤而障之，名曰官埂，遠邇稱便，而附埂圩田數百畞，歲獲有秋。

（萬曆）《新修南昌府志》卷一　新建縣圖説：治麗城西隅，衝劇與南昌埒，而民稍長訟。是用希拚，原奇麗雙江匯環，蓋都會雄觀爲玆邑所有。初濱湖下流之地，委萍藻魚鼈之鄉，圩田既興，菑畬攸塈，乾溢豐歉，民命縣綫，故賦籍逋而吏口熾。其水草之交，細民易與爲亂。葢備禦稍警夫昔矣。

（萬曆）《嘉定縣志》卷七《量圩田》　夫圩田之制，古有舊本，畞數可稽，號叚可查。柰何歷歲既久，奸書豪猾惡其害己也，泯滅不存，以致强暴得以兼并，貪饕得以多取。試言其弊，有小民堋海之田，苦於無查，不得告補。新張塗蕩者，有冒認他人之業占爲己業者。有大户買收小民之田，量足其數，存下虧田，使之積歲包糧者。又有祖父田産先已賣廢，而子孫回贖迷失號叚者。甚至有田無糧，有糧無田，其患不可勝言。本縣每遇放告日期，狀詞不下千餘，大抵皆田糧不明者。爲今之計，合無將槩縣田地責成塘長，協同里老、圩書，逐一丈量，要見一區之中，共有幾圩，一圩之中，共有幾畞，具數在官，仍差公正官負覆量無弊，申請詳奪，然後畫成圖本，編造流水號叚文册，築定圩界，竪立石碑，開刻本圩田地數目。其量出有田無糧者，即與起科，有糧無田者，隨與分豁。其田邊岸塍涇，水或聽起，至依實數納糧或通融，責令田户包補。如此則不惟大户不得以兼并多取，而小民亦無陪納虚糧之患矣，紛紛訟詞，庶亦可弭。

（萬曆）《青浦縣志》卷一　舊有十景，今所存者三。姑祠通靈泉、白蓮池、白龍橋。且澱湖四面皆爲圩田，山在平陸矣。

明　張内藴《三吴水考》卷三《常熟縣水道考》　海在縣治東九十里，自錯脚港抵太倉界，沿海堈身高仰，潮沙湧入河道易淤，濱湖地勢低窳，湖水常盈，圩田易潦，故修築疏導之，政宜并行而不悖焉。

又　卷四《青浦縣水道考》　澱山湖在縣治西南三十里，與崑山分界。西以蔡浜嘴，東以蹌開河爲限。北隷崑山，南隷青浦。源自太湖，歷龍山湖、陳湖、白蜆江，而來周二百餘里，左有澱山，以故名焉。松郡諸水，莫大於此。湖西圩田，日就剥削，湖東河港，日就澱淤。於萬曆五、六、七年間，北浚蒲蕩，東疏杜癡港蹌，開河大小山涇等口，修築湖西堤塘田穰水下矣。

明　朱長春《朱太復文集》卷三七《舒城縣治田令約》　舒自漢戞羹侯開七堰，遺今千餘年，民享其澤，故舒于淮、淝之間，土稱沃粟。其東北有圩田三十六所不在堰數，則驟苦潦没，其民以失望賠正之累，擔挈妻子，窒室棄土，遠流冗趁，活常數百十户，田空賦存，里正代輸，民苦之比于溝壑也。

（崇禎）《松江府志》卷五　澱山湖在縣治西南三十里，與崑山分界，西以□浜嘴，東以蹌開河爲限，北隷崑山，南隷青淵，源自太湖，歷麗山湖、陳湖、白蜆江而來，周二百餘里，松郡諸水莫大於此。湖西圩田日就剝削，河東湖港日就澱淤，萬曆五、六、七年間，北浚蒲蕩折繇丁家路、車路港斜瀝港龍巖橋，出大曹港，達於縣城凡六十里。萬曆八年，於大曹港之西，開浚蹌開河直接澱山，尤爲捷徑。

（崇禎）《江陰縣志》　芙蓉湖又曰三山湖，『寰宇記』稱爲射貴湖，一名上湖，今皆爲圩田。

清　毛奇齡《西河集》卷七二《新開吴淞閘碑記》　昔周職方氏以具區，爲東南之浸，而夏書禹治震澤，先導三江，則是三吴之水，雖曰具區能瀦之實，則三江能下之也。第三江在昔，分滮下洚，争相入海，而今則東江已湮，唯婁江、淞江尚存古迹，然且婁之爲瀏，僅存一綫，而吳淞自宋慶曆後，堙閼者屢焉。夫瀦之受水，卑于習坎，而江之入海，亢于久閼，以習坎之卑，當久閼之亢，則入之者如建瓴，而出之者如拉釜，其爲震盪，固不待言。又況吳淞一江，尤爲藴常，以南嘉、杭，以北六郡之水之所灌注，而靡遺者哉。今天子御極之十年，三吳水菑，臺使上請，開吳淞故道，發水衡十萬，由五渡迄上海，亦畚亦鍤，凡七十餘里，飢民之廪役以丐活者，萬有千計，不期月而告成，其六郡圩田變舄鹵，就土膏耜之趾之，已有漸矣。

（康熙）《當塗縣志》卷五 四萬春：延福、姑孰二鄉，距城六十里壤，連路西湖原係圩田，明正統間，巡撫周文襄築東壩遂破以瀦水，田賦派入蘇常。

（康熙）《鎮江府志》卷三 葛涪濟西十五里，與新昌濟連週回四十五里，今成圩田僅餘一派通舟耳。

（康熙）《江都縣志》卷七《廣陵五先生祠》 嘉靖六年，敕建在平山堂，祀胡瑗、李衡、王居正、李樹敏、沈珠歲，修香火。圩田二十二畝，坐落界塔寺前。

（康熙）《重修宜興縣志》卷六 縣境土壤高下不一，厥田有三。民家播種五穀，各隨地利以順天時。凡種稻，高田宜；夏至後，圩田宜；夏至前，大率清明日則以稻穀浴芽，俗謂浸稻種；穀雨日則以穀芽入田，俗謂撒秧；芒種後則圩田蒔秧高田差後。夏至前後大雨時行，俗謂梅雨，則高下田俱插秧。村落更相倩助，俗謂作黃梅，老幼不得休息。田有極高，不便戽水者，則種菽粟或木棉或最後種蕎麥。有極低易没者則秋前蒔穜稑，秋分刈早禾，霜降刈晚禾，俗謂收場早禾刈，後隨時播種二麥，俗謂麥黃梅田。

（康熙）《江寧縣志》卷二 入江宋時水西旱，西二門外未有土也，石城下即臨江柵寨門，近地屬有力者，因築斷青溪水口創爲花圃，每久雨水暴至，則正河不能急洩水勢，于是泛濫，城内居民被害，今古潮溝青溪運瀆河身皆爲居民日夕侵占，湮塞不通，故水患。正與此類于今，欲復通寨門，使青溪徑直入江，則城内永無水患，及汪澈繼孝祥知府詔澈指定以聞澈言，開西園古河道，通柵塞門，尤便從之，戚氏志云，秦水源甚遠，小川流入者甚衆，又古來貯水湖衍後世築爲圩田甚多，每夏雨暴至，江潮復涌水即泛濫，皆經流城内一河入江，自源及委所過不計幾橋，凡過一橋，皆爲水石岍堰束，扼及居民築土，侵狹河道，故水失其常，横流弗順，是以必資柵寨門河。【略】自前如孝祥所言，止謂城内被水，然多不過數日，即退其害，亦輕若覲鄉邨。圩田始見其害，盍上元江寧溧水多，圩田每遇水至，則舉邨合社日夜并力守圩，辛苦狼狽于淤泥中，如遇大寇。幸而雨不連，降風不涌浪，可以苟全一歲之計。其爲壞決則水注圩中平陸良田，頃刻變爲江湖，哭聲滿野，挈舟結筏走辟他處，國賦民食，兩皆失之，是皆水不安流之故耳。按：文莊所言，城内外水患明切痛快第，今諸湖既難議復，惟浚支流一節稍可舉行，是在有地方之責。

又 卷五 魯肅墓在上新河南岍圩田中，今去江不遠畊者，尚不敢犯。

清 徐士林《徐雨峰中丞勘語》卷三《桐城縣民婦金阿潘控武生章正暉案》 看得桐城民婦金阿潘，控告給頂武生章正暉即章天九等一案。緣天九向將洪家圩田一所，得價三百二十兩零，絶賣與程廷公管業，年久，契内并無回贖。

清 錢載《蘀石齋文集》卷一一《祀田記》 立嘉興縣永十三中九庄月連七字圩田十五畝，地八分。永十四上十二東成字圩田四畝一分，地一畝八分，又五畝六分。永十四下十七庄圩田十七畝三分，背字圩田二畝五分，總四十七畝一分，是爲祀田。

（雍正）《江浦縣志》卷一 三汊河治北三十里，滁河與黃山水合流于此，經六□、瓜埠口入江。萬歷初，來安縣民王來議從張家堡鑿山通河出浦子口分洩夏潦，以免圩田渰沒，且得輸根浦口倉者，免溯江濟之險，屯院允其議旋以費鉅。

（乾隆）《無爲州志》卷六 龙河在州东一百二十里，来源东接大江，下通朴树河，抵奥龙镇，经裕溪河，出江圩，回盤遶四十余里。内有支河港汊，春夏盈滿，秋冬半涸，靠河一带圩田千有余顷，皆赖此河，灌溉乃东乡上截田地，一大水利也。

又 鶴毛河在西河上流十里，来源自黃陂湖，经青帘黄屯，归夾港桥，曲折三十里，四季湖水不断灌溉，山圩田千顷有余。永安河在州西四十里，来源自白石山，经开城桥，至襄安镇，归王家渡大河，出泥汊口，灌溉田亩四十余顷，春夏水盈，秋冬半涸。

（乾隆）《震澤縣志》卷三〇《清田糧》　雍正十一年，知縣鄧圭始行順莊。按版圖，既行田糧，固清而不淆然，一人而有數十圩之田者，即分爲數十户，則催輸、派發、滚單，誠非所便。故知縣鄧圭將業户所業，各圖各圩田，蕩統歸管領，業户住址字圩，都圖辦賦，名曰順莊，蓋奉文飭行者也。

又　乾隆十年，知縣陳和志始兼行版圖、順莊，特給清田方單。按：滚單、催輸莫便于順莊，清釐田糧，莫善于版圖。乃自雍正十三年以來，但照順莊造册，不復有圻領户、户領圻二册，而版圖遂廢。于是民間買賣産業，衹在順莊户下。收除圩圻斗，則業主莫可查據。致有换圩移圻，盗賣盗收，隱匿飛灑，虚田詐價等弊。獄訟滋豐，爲害靡已。知縣陳和志廉知弊源，于乾隆七年詳請版圖，與順莊兼行，以清釐之。并請設給清田方單，上官皆允行。即令各圩造圻領户册，挨順圻數，每圻開列各業户田蕩額數，而以户合圻，以圻合圩，必與魚鱗册準對。再造户領圻册，每户開列所業該圩各圻田蕩額數，必與圻領户册準對。而以圩合圖，以圖合都，以都合全縣，總額毫無贏縮，乃照户領圻册，抽聚各田蕩統歸管領。業户住址字圩都圖，而每圖又有總額，合之全縣，總額亦毫無贏縮，然後造册催徵。自十年爲始，版圖以完錢糧，順莊以發滚單、催輸仍便，而田糧復清焉。清釐既畢，將業户所業各圩田、邊斗，則畝數每圻填注一紙，給業户收執，名曰清田方單。令民間嗣後買賣，概以方單爲據。棄業者將單隨契交與得業之人，得業者于投税時，將單同契呈驗，倒换新業姓名，方單并給投税過户執照，即將過户執照交房于户領圻册内，按圻收除方單，收執歸農。或非全圻棄賣，亦將方單交與新業，隨契呈驗，改填二單，各給現業，回贖産業，亦隨契掣單爲據。倘猝遇水火盗竊遺失，隨時呈明候查，據顯確准照根册補給。蓋行版圖，則飛灑隱匿、混淆更移之弊絶。給方單，則盗賣盗收、虚田詐價之害除，誠杜弊清訟之良法，所當永遵不易者也。至刻刷方單、繕造印册、紙張油硃、料價工食等費，皆知縣陳和志捐俸措辦，未嘗絲毫累民云。

（乾隆）《安吉州志》卷四　姚湖西溝長一千三百丈，廣如東溝，下從州，西圩灌官民田一十二頃九十八畝，又灌鴨沙圩田六十六畝七分餘水入西坑溪。

又　滸溪溝案胡府志作許溪溝，長二千三百丈，本苕水，從唐福進溝灌沿圩田二十九頃有奇案今名沿圩壩。

又　李圩溝自沿圩橋南進灌下墅圩田。

又　沈家壩即所壩紫溪水者也，長二千三百丈，灌駱駝圩田一十五頃二畝。

又　將軍溝亦紫溪水自倪灣入，長一千八百五丈，灌練成圩田一十三頃三畝。

又　鑾石橋壩自倪灣東注灌渚溪圩、東山圩一十餘頃田。新增。

又　五龍湖灌墅湖圩田，餘流下環靈芝塔。

又　富山塘在富村圩，積塘東山，水灌本圩田。

又　丁家岸在州南五里，築塘灌縣西圩田。

又　湯溪溝長三千一百丈，本孝豐董嶺水，自赤虹橋進溝灌黄勝圩田七頃二畝五分。

又　萬灣溝長八百八十丈，白萬灣橋進灌霧山圩田一十一頃一十六畝。

又　新興溝長八百八十丈從萬灣橋來灌馬嶺圩田一十六頃。

又　黄泥溝由兆圩入灌橋灣圩田，復入沙漲塘蓄水入灌五庄圩田至鳳儀橋止。新增。

又　栗樹溝水由官塘下灌塘，下圩田三百二十畝。

又　方黄溝案即安豐圳舊志□□□獨□誤長一百二十丈，田五港口入灌黄墅圩田。

又　茶山溝案胡府志作查山溝由黄墓山潭入灌黄墓圩田。

又　雙溪長八十八丈，灌平田朗圩田，今廢。

又　烏禄溝長八十七丈，由汪家庄入烏頭溪，灌芝里圩田五頃五十畝五分，今廢。

又　黄山溝長一百三十丈，灌黄山塢田一十二頃一十畝三分，溝底有黃山塘，源發五里山灌穆王圩田。

又 赤子溝案見胡府志今名堂子溝山焦公潭，經吳家塔潭，入灌芝里爛田圩田新增。

又 豐樂溝自殷家潭入經老虎潭，灌阡陌圩田。新增。

又 節村溝案胡府志作節□溝長一百四十七丈，灌本圩田一十二頃八畝，案源發獨松者與今節村甚隔舊志載此疑誤。

又 石柱溝長九十丈，灌後寨圩田一頃八十五畝。

又 祥溪溝，源發石馬秀嶺兩村灌本圩田新增。

又 小山塘洪武二十八年開，在銅山之中，扇有涼亭焉，水灌牌門圩田。

又 安樂溝長一百三十丈，灌六管圩田一十二頃。

又 倉基溝長一百二十丈，灌箭東圩田案此溝在阡陌圩西引各溝□流入之。

又 四龍湖灌濟後村圩田，可數十頃，餘流仍循靈芝塔入外溪。

又 妙沸溝一名後村圩，溝長一千五百六十三丈，源自銅山而下亦灌本圩田，而栢家園屯田二頃二十畝，亦是溝餘潤所及也。

又 馬瀆溝長二千四百丈有奇，千山樊塢青峴諸水積而爲瀆望靈芝環龍湖曲折而西入外溪出鎖龍橋下灌墅湖，圩田五頃八十二。

又 殷家壩源發州西南諸山，夾經青松里祠山殿，合而北又經南山圩，出朱墓山，下積水，灌青松南山等。圩田餘流出包家橋，其西自賴家塢來畝經斷壩橋，會包家橋，至邵墓橋下，是曰西坑溪又出白雲橋，經上方寺衛公祠，前又名寺橋港，至合港口入裏溪。

又 大壩塘距州可十里，以步計，長二百，濶四十，亦灌南山圩田。

又 張字塘，圍五十四丈，灌北山未畝二圩田。

又 日字塘，圍四十六丈，亦灌北山朱畝，圩田坐五都。

又 暑字塘，圍一百九十丈，俱灌上舍，圩田一十五頃六十七畝。

又 吳塘去州北十里，吳山之下裏溪之西長四十七丈，濶二十三丈，水自吳家山來，灌濟湖田，圩田曰湖田者，田最低窪，每潦如湖焉，故名。而土人亦以湖田熟爲，歲大稔葢異之也。

又 橫塘長五里，濶百丈餘，橫亘裏溪之東，與吳山相望，雖大旱不竭，網者每得巨鱗，其所以涵畜之者，非一日矣。灌吳邵灣曹埠邱家街下等圩田五十六頃七十六畝有奇，相傳舊有支漕分灌亦如姚湖之例，今不可得而考也。

（乾隆）《淮安府志》卷八《北溪河》 上承各涵洞之水，滙于此河。過高壩橋、七孔橋，東鶩下蕩入于射陽湖，淤淺已久。涵洞兩岸之田，一遇霖潦，水難驟洩，膏腴漸變低窪，前郡守朱奎揚詳請起民夫挑浚，有《重浚北溪碑記》。但七孔橋以上田，皆上腴兩熟，利於浚溪河。七孔橋以下多圩田，另有洩水河，不用此溪洩水。彼時不分肥瘠利害，一槩照畝派夫，圩田受害，代腴田挑河洩水，此爲未協輿情耳。十一年，郡守衛哲治復加疏浚，詳請十年一大挑五年一撈洗著爲例。

（乾隆）《高淳縣志》卷四 護浪堤南蕩圩田四萬畝，北抵丹陽湖，屢遭衝決淹沒。明萬歷四年，庠生楊淡，告築護堤十里，已成七里，其三里係當塗民，居厚檀灘，地阻不容，築圩長楊天寵，復告撫按，勘問凡十七年斷。價增至二百二十兩，買厚檀地二百畝，始得築完，由是南蕩圩固，而諸圩亦固名曰護浪堤。

清 劉湘煃《上元水利論》（道光）《上元縣志》卷二四 上元山鄉甚多田之不平者，十居其四，約計其田三畝需塘一畝，深須一丈，而後年年可無枯旱之虞。至若濱秦淮與大江之濱，則皆圩田。圩田惟有高厚其堤防，以待風雨之時，而望收穫。至於水之自外潰圍而入，或漫圍而過者，數十年不一見。其所慮者，江水泛漲，秦淮不能外泄，而反逆漾，圍外之水高於圍中，而復值天雨浸淫，積以旬日，則圍中之田，坐而待沒。雖有智者，無所施其巧矣。

清 石韞玉《獨學廬稿》卷一《修建山陰茅山閘記》 昔管夷吾之論水地也，曰水者，地之血氣，如筋脉之流通者也。是以聖人之治於世也，其樞在水，是說既傳，故後世談治術者，必曰水利。夫水之爲利，於民誠大矣，然亦未嘗無害，田疇之灌溉，舟楫之游泳，是其利也。天有霪雨之災，地有懷襄之眚，是其害也。祛其害而收其利，是非人力不爲功。山陰爲紹興負郭之邑，所轄有天樂鄉，其地瀕海，往時爲潮汐泛濫之地。明時劉公宗周創議建茅山閘以拒江潮，於是天樂鄉等八坂共田二萬二千二百餘畝，悉成膏腴沃土，其事垂今將二百年，歲月既久，閘座傾頹，前功將棄。予長子同福於道光五年移宰斯邑，因邑人之請，相度厥阯，諮諸父老，及時修建。適有武生金鰲請任其事，爰庀工鳩材，諏吉興功，閘身長八尺，高二丈二尺，濶三丈八尺，自底至面叠石十九層，涵洞三，每洞濶八尺，洞旁立石，鑿槽施板，以爲啓閉之用。閘旁建劉公祠，歲時祭享，以申邑人，報本追遠之志。又建小屋二楹，安宿閘夫。自七年七月起至十月告成，凡用金錢六百萬有奇，金生獨捐二百萬，其餘則各塘長按畝斂錢，以足成之。工既竣，邑人請勒碑紀其事，竊謂世間事創之難，而守之尤不易也。此閘自念臺先生議建以来，論者謂其捍禦江潮，保護圩田二百餘頃，歲納其稼，給萬人之食，其利溥矣。而更有利焉者，歲旱則收外江之潮，可以資灌溉之利，水溢則洩内河之溜，可以免昏墊之灾，自在司其事者善爲啓閉而已。如是而一方之民享其利、消其害，庶不負先賢創建之苦心，而此日邑人修舉之勞，亦久而不廢也，是爲記。

《宋會要輯稿·食貨八》　三年五月十五日，秘閣修撰前知衢州周操言：宣城管下六縣，惟宣城南陵有圩田去處，而宣圩田最多，共計一百七十九所，大率地本卑下，人力矯揉，以成田畝，十年九潦，常有水患。議者多欲廢决梗塞水道之圩，以全衆圩，謂不當隱忍愛惜當决之圩，使衆圩俱受其害。臣於乾道元年十一月到任，是時圩田再造巨浸。童圩係是破壞之數，人户稱此圩委梗塞水道。臣遂出榜曉諭，且令權住一年興築。若來年衆圩熟，不遭水患，遂可永久廢罷。今已去彼隔歲，乞將童圩徑行廢决，所有養賢、政和、蓮湖三圩，乞并賜行下，委自守臣詢訪，條具聞奏。詔寧國府守臣相度利害以聞，其後知寧國府汪澈言，童圩最爲民害，一水自徽州績溪縣、本府寧國縣合諸水至童圩，一水自廣德軍建平縣合本府宣城縣南湖之水至童圩，二水奔衝并來，其勢浩涉，所以向上緒圩悉遭巨浸。又嘗考此圩本童家湖，容流衆水，非古來圩額，今若將童圩廢决，則水勢自然順適，其餘未可輕議，從之。

清　錢泳《履園叢話》卷四　三吴圩田，亦在在皆有，農民習懶性成，惟知種苗禾、種豆麥、蔬菜而已。其有水者，則棄之，何也？余以爲水深三四尺者，種菱芡，一二尺者，種芰荷。水不成尺者，則種茭白、茨菇、荸薺、芹菜之屬。人能加之以勤儉，雖陂湖亦田也。試看杭、嘉、湖三府，桑麻遍野，菱芡縱横，有棄地如蘇、松、常、鎮四府者乎？如此，則民不偷惰而賦常足，民不告勞而食不匱也，亦恊濟之一法也。

俗語云：百年田地轉三家。言百年之内，興廢無常，必有轉售其田至于三家也。今則不然，農民日惰，而田地日荒，十年之間已易數主。蓋賦有舊額，田無一定，或築墳墓，或造房屋，或此開彼塞，或東漲西坍。至于田疇交錯，鱗册無徵，有有田無糧者，有有糧無田者，不知凡幾。故小民交怨，訟獄頻仍，富者益富，貧者益貧，必得官爲量丈，重畫圖册。田段一準而田自多，田既多而賦自盈，然後除其坍角荒瘠之地，抵其不足而均其有餘，計畝均收，似與小民有益而無損。即以治田之利爲治水之利，不必一一仰資乎公帑，而亦無待加派於窮民。孔子曰，因民之所利而利之，擇可勞而勞之，又誰怨乎！倘能職之以專官，輔之以恊濟，因天之時，設地之利，皇皇曉諭，奮激必多。奮激多而水利興，水利興而田自治，則豈特活東南數百萬生靈之命，抑亦培朝廷億萬年富庶之基也。

（嘉慶）《清一統志》卷一八　鳳心閘，在銅陵縣東十五里。明唐文燦記，銅陵土田居圩鄉者過半，歲遭霪或江漲輒溢爲灾，故謂其田曰圩田。距邑城十五里許，地名鳳心閘者，衆水分滙，而是地綰轂，其口連亘爲十餘圩，爲八十餘垒。嘉靖中嘗築一巨岸，建設東西石閘兩所，外障洵潮，内疏積潦，利民甚溥。

（嘉慶）《直隸太倉州志》卷一四《太倉州》　明正德初年，巡撫侍郎周忱丈量田地，積出無糧田十三都一百五十五畝，十四都一百三十八畝七分二釐九毫。舊制，屬崑山縣二十七保談字圩内，除公占義塚一畝七釐六毫，實田一百三十七畝六分五釐三毫。嘉靖十七年，知州林塈置二都新成字圩田二百三十七畝。四十三年巡鹽御史温如春置二十都二十一都田六百三十九畝一分，後因二十都民沈臣侵隱五十畝，罰置西一都王成田五十畝九釐三毫。萬歷十一年巡按御史宋置十一都田三百畝。四十一年，同知許爾忠羨銀置十三都二十三都田一百六十一畝。又州紳通判吴助十都麟字圩田柵存三畝一釐八毫，蕩三十三畝三分五毫。崇正間，主事張大猷羨銀置東一都毁字圩田八十畝。以上學租，每米一石舊折銀四錢。萬曆三十五年，學正蕭思拟申定米一石折銀五錢。今科租，各圩田每石照民田例，花七稻三惟十四都西行圩全納，花租今歸縣學。

又　現存學田總數：十一都元六圖曰圩田四十五畝六分七釐四毫，

每畝科租四斗八升。嚴忠力兩圩七升，塗六十八畝六分五釐七毫，每畝科租二斗八升八合。忠力圩蕩一畝二分八釐三毫，每畝科租三斗二升。十一都八圖東命圩五斗六升，田一頃一十二畝八分八釐三毫。東命似畝兩圩四斗八升田一十二畝一分九釐一毫。　十三都三圖談圩不辨條漕，田一頃四十一畝四分三釐五毫。十三都五圖染圩露圩田二十六畝一分八釐三毫，每畝科租五斗六升。二十四都六圖北冬圩一斗田四畝八分二釐八毫五升，塗田五畝三分三釐四毫。二十七都八圖大薄圩四斗八升田一十畝三分二釐二毫，一斗田四畝六分五釐。

又《嘉定縣》　學田總數：一都二十八圖芥圩田二十八畝一分。一都三十七圖珍圩田四十畝，内先農壇基五畝四分，除租。二都北四圖荒圩田三十二畝。三都十三圖鱗圩田八十畝。十八圖鱗圩田六十畝三分四釐三毫。四都二十八圖霜圩田四十畝。三十三圖月圩田三十五畝除租。十二都二十圖成圩田三十二畝。十六都四圖地圩田三十四畝。十七都北七圖天圩田三十二畝。十九都六圖光圩田五畝四分九。八圖陽圩田二十六畝五分一釐。二十一都三十四圖菜圩田七十六畝。二十七都天圩田八十畝。

又 卷五一《古迹》　節孝祠在東門内州涇鋪。國朝雍正元年奉敕建，州縣合祀。乾隆四年重建，三十三年修。案祠□西洋教主堂改，基地七分五厘。十二年詳入公占。初，行人顧陳垿倡各後裔捐置二十九都一畾斜涇下澤圩田二十四畝助祠公費，知州江之煒撰祠田記。乾隆三十九年，後裔陸受秩捐置二十九都下四畾圩田十畝，縣境東一都下三畾圩田二畝。五十四年，後裔王預增置祠右鄰屋十一間，基地一分七厘，未入公占。

（嘉慶）《備修天長縣志稿》卷二上　有慈護庵　舊志在城北水湄，崇禎六年，張爾國以乏嗣建隨庵，圩田種二十二石，延僧寂印焚修庵名，知縣羅萬象命也，今屢年大水瓦礫，無存。

又 卷二下　响泉一名盛水泉，水東注鵝眉灣。　舊志：泉在縣西二十五里青墩北。相傳初時五穴齊涌，冬夏不虞，故名。今現泉有東西南北四莊，又有小圩田一莊，皆泗衛田清。

又 卷五下　蔡家河塘田一處計十三畝六分一釐九毫，種十二石，連村口圩田種四石。康熙三十九年，生員張鼎輸塘田糧三斗八升，圩田種一斗一升六，合二共條銀四兩。漕糧四斗二升五合在城中五甲辦納，詳見原捐碑記。

清 魏源《古微堂集・外集》卷五　楊林穴、宋穴、調弦穴、小岳穴皆在石首，赤剝穴在監利，皆昔時分泄江漲之地，分布江陵、石首、監利之間，今惟江陵對岸之虎渡穴，及石首之調弦穴尚存，餘盡占爲圩田。

（道光）《上元縣志》卷九　明嘉靖二十年，提學御史馮天馭始置田一百四十九畝於縣北城鄉三圖。萬曆十九年，應天府尹邵仲禄繼置田一百九十八畝八分在縣丹陽鄉十七圖，又築圩田五百十四畝在縣盡節鄉三圖。又歸罰田五畝於學，在縣鳳城鄉。提學御史耿定向檕田二十七畝，地八畝二分，在夾岡門上鄉。

（道光）《續修桐城縣志》卷一　孔城有圩，下樅陽以東江邊皆圩田，有黄草圩、永樂圩、水圩諸名目。

又　孔城出街西往縣城西南往樅陽皆有圩田，其上皆有大埂，大埂之西南有石堰，横排長石三四里，東西南三鄉，凡河水所過者，各有河埂。自下樅陽以東至於陳家洲，東北盡於老洲頭皆圩田。其上大埂縣亘百餘里，寬者丈餘，窄者五六尺，西鄉雲天坂堤埂，昔爲邑令唐修築。乾隆丙午，嘉慶庚申，兩經衝潰里人汪鸞叠次倡修練潭河古埂，嘉慶甲戌年修築前志，有千丈堰。

（道光）《丹徒縣志》卷一九《太平書院經費》　圩田其二千二百七十四畝零，坐落太平洲内。丹徒一百三十七畝零，丹陽一千一百七十四畝零，泰興六百二十一畝零，武進二百六十八畝零，江都七十二畝零。江灘地共一千四百四畝零，内丹陽六十二畝零，泰興三百四十二畝零，江都同興洲一千畝。以上各田灘均於光緒二年截。數輪船沙灘地。詳寶晋書院下。

又 卷三六　留養所乾隆五十一年，荒疫相因紳士在城西妙高峰側設棚安置，次年僧濟宗以聖壽庵房發願歸公，爲貧民養病之所。遂移於此府縣有案，無論本邑遠方均準收養其外來之人，果屬病急，雖來歷、籍貫不及細查，亦并暫收。先後有簿，去留有時，内外醫科按期診視，粥食藥料各有專司，或有士人落魄，願依棲者另房安置，女病就醫，必須年過五十方準到所。在所之人，無衣者給襖，病故者給棺，郡守鹿荃、馬慧裕先後立匾書，聯以彰善舉其經費所出。【略】一、永豐橋山圩田二百四十餘畝。李光庭等捐送。一、王巷等地山圩田四百二十餘畝。廩貢生張若筠捐送。

（光緒）《寶山縣志》卷二《先農壇》 南門外岡號四十三圖，基地六分，藉田四畝九分，知縣唐彦龍捐建，歲以仲春亥日耕藉於此。乾隆九年，知縣趙酉因田植木棉不符禮典，另勘於岡號四十三圖乃字圩田五畝五分可種禾稻，詳奉飭建，并於季冬上戊日附祭八蜡神尋奉停止，以上諸壇今廢無，存奉主在城隍廟行祀禮。

（光緒）《豐潤縣志》卷一 國朝怡賢親王營田奏議，曰豐潤負山帶水，湧地成泉，疏流導河，隨取而足志乘。所謂潤澤豐美邑之得名，非虛也。歷勘所至如著名之天宫寺、牛鹿山鐵城坎以及沿河沮洳之處，或疏泉，或引河，可種稻田數百畝，多至千餘畝而止。惟縣南接連大泊一帶，平疇萬頃，土膏滋潤。內有王家河、汊河、龍堂灣河、泥河共四道，皆混混源泉，春夏不涸。王家河、汊河流入大泊龍堂灣，泥河西入薊運河，而田疇不沾勺水之利，爲可惜也。應請濬其源，疏其流，壩以壅之堤，以蓄之東北。引陡河爲大渠，横貫四河，而中間多開溝洫，度陌歷阡瀠洄宣布數十里。內取之左右皆逢其源，澇則田水達於溝，溝達於渠，渠會於河，河歸於大泊，大泊廣八里，長方十餘里，若於東南穿河導入陡河，以達於海，而泊內可耕之田多矣。陡河即館水，源自灤州之館，山東流遠縣境，而南旁河村莊曰上稻地、下稻地。南曰官渠，蓋昔年圩田種稻之處，溝塍遺址尚有存者，宣各莊以下至今稻田數百頃。村農以此多至饒裕，若推而廣之，沿河堅築堤防，多設壩閘，以時蓄洩疆理，一循舊迹，不勞區畫而兩岸良田不可數。計至板橋狼窩鋪等處，東連榛子鎮一帶，流泉大概入灤州境矣。

又 卷二四 永安局，在縣西。嘉慶九年，邑人黄鳳袁渤等捐資創建置田、收息、葬貧家、停棺、掩埋暴露棺骸、施捨棺木、收買字，紙通詳立案。口黄鳳捐抽條臨指四圩田五十畝零，致得二圩田十六畝零，韓恕等捐國葬得發魄左問七圩田九十八畝零，何樹德等捐洛佳晝祇洞五圩田五十五畝零。

（光緒）《石門縣志》卷一一 净修庵在西門外顧家滙，本古梵宇，乾隆間邑人創惜字社於內，有文昌殿魁星閣，敬業齋置天字圩田二畝五分，爲住僧拾字膳資，今廢。

（光緒）《無錫金匱縣志》卷三八 夫邑之有河渠，所以興水利而灌輸田畝也。異時邑西兩陽湖，俱巨浸芙蓉湖，亦不下陽湖，今芙蓉已爲圩田矣。厚築堤岸，多置閘堰，旱澇蓄洩，啓閉以時，此方之民頗受其利。

（光緒）《武進陽湖縣志》卷三 東西塘橋跨上横河者爲圩田，橋跨龍潭河者，爲小橋。莊作橋跨各溝浜者，爲永安橋、孫墅橋、馮墅橋。

又 卷五 延陵書院在陽湖中，右廂雙桂坊。康熙七年，知府駱鍾麟建，道光十八年，知府黄冕重建。其田産今有丁墅鎮八保，東野新灘永定、永豐、永康三圩田埂共五百十八畝有奇；十一保，黄丹新灘永安圩、永樂、永稔、南北四圩，共田埂八百二十二畝有奇。額租正田，每畝七百文，埂四百文。三官鎮頭保北半圩分收田五十一畝有奇，蘆灘二十五畝；白沙保合興圩分收田六十五畝有奇；合盛圩分收田五十九畝有奇；合慶圩分收田三十畝有奇；七八兩圩分收蘆灘十畝，額租每畝五百文。埂田蘆灘，同知府扎克丹節省各項存典錢五千千，歲收租息錢并布捐錢，給用主講一人每年束修。

（光緒）《續修廬州府志》卷一三 鶴毛河距州南九十里，源出九卿山及白錫嶺。溉圩田千餘頃，下注符家渡，合黄陂湖及黄屯二水，至餘水埧，受白湖水而下十五里，達於西河。

又 直皂河距城東南三十里，來自泥汊江口上十里，溯高家溝分支經龍王廟至吴山，人渡遠徐家灣，出三溪大河，亘三十餘里，四季長流不斷。兩岸圩田賴此灌溉，今築横埧成止水焉。

又 裏河源自北山，青檀街等處亘四十餘里，經横步橋至十字河，遶平安橋，赴花家渡，又南去十餘里，爲華張河分入饒家橋，由天河口耿家坂復流至花家渡，二水合歸州南。城外出東津橋，達華林大河而東，春初雨足，西北之水俱折入二河；入夏，則外河之水溢於內，沿河山圩田畝各千餘頃，皆資灌溉；秋冬半涸，尚存積水，以備車戽兹潤二麥焉。

又　奥龍河距州東一百二十里，源接大江，下通樸樹河，抵奥龍鎮，經裕溪河，出江内有支河港汊，紆回盤遶四十餘里，春夏盈滿，秋冬半涸，依河圩田千餘頃，皆賴灌溉乃東鄉上游一帶水利也。

又　月河原委安徽巡撫書麟爲恭懇，借帑開河築垻，以衛民田事，竊照安省沿江各屬，圩田居多，全賴堤垻捍衛，據署無爲知州陳聖修稟稱該州沿江大垻荻港圩一帶，近年江流北趨逼近垻根，垻内即係大河并無餘地，築垻應於大河之北，起沈家塘，止方家橋，開挖月河一道，以通大河，計長五百九十餘丈，挖廢田一十餘頃，將舊河身築斷戽乾填實垻基得八十餘丈，庶可幫培經久，但民力拮据，請援成案借項開挑等，情當批飭，藩司陳步瀛親勘，確估需土方工料銀三萬六千五百餘兩，援照二十九及三十五等年，無爲州江垻爲廬江巢縣和州含山等邑保障，既因江流刷進，内逼大河單堤一線，應行開河讓地以培垻基，但該州連被灾歉，民力不支，司庫現在社倉息穀變價銀兩，原係奏明留爲水利圩田等項工程之用，合無仰懇準無爲州，借銀三萬六千五百兩，分作四年，照糧攤徵還款，則民力得以舒徐。垻基資以鞏固至該州舊垻，仍令歲修保護其挖廢田畝，按糧查明照例，詳請題豁合并聲明。

又　灌子港閘壩在周三周五泛交界處，亦名雙橋。道光二十二年，前升任朱憲臒因圩堤周圍六七十里崩潰，無力修復，權將此港築成土垻，以禦洪潮，擬俟豐年再行建閘。咸豐十年，被賊挖開通船，圩民病甚，肅清後前州牧穆仍舊築成。春閉冬開，究費民力。同治七年，前州牧蔡諭按港内受益田畝，籌款建閘，是冬，潮水未涸，八九兩年，又迭水，未果行。十一年春，前州牧陳照案飭催責令原諭業董承辦閱數月而事蕆，十二年，山洪洶湧，州境圩田十無一存，獨是處有秋於此，益見閘之功焉。

又　水家橋閘壩，向係木橋，道光十七年改建。臨河菱角、孫小、芮成等圩田七萬有奇，咸利賴焉。

又　東鄉有五湖，沙湖與黄陂湖相連，在南後湖，在中排子湖與白湖相連，在北黄陂湖通後湖者曰麻線河，後湖通白湖者曰塘缺河，五湖相爲灌注黄陂，湖水東流，經青帘鎮，迎水庵入無爲州之西河，白湖之水自黄姑閘東南流，亦入西河，至泥汊口入江。同治十一年，州民因江潮倒灌於泥汊口，改築江壩，水繞無爲州城南至裕溪口入江，自此無爲西南兩鄉始免江潮之患，而河道迂遠五湖之水不得暢行微特。夏秋盛漲，沿江圩堤有沖决之患，即至冬令，江潮已退而河水仍然不落，蓋緣裕溪爲巢湖出水之口，自泥汊築壩奪流，巢湖亦爲壅遏。故廬江東北濱臨巢湖，五湖之圩田常爲巨浸所害，州民擬於泥汊，建閘視江潮之漲落，以爲啓閉，此爲百世之利，惜因經費不足中止。東鄉圩田，臨河之埂，尚易爲力，惟黄陂湖北之新圩南埂黄陂湖南之南新圩北埂均屬臨湖，須善防範，又有總名東圩者。週圍五十餘里内包五圩，曰王家圩，曰梅山圩，曰南都圩，曰北都圩，曰西成圩，其東埂即無爲楊柳，圩之西埂南埂臨青帘河，西南埂臨黄陂，湖南都圩界西埂一半臨後，湖北都圩界北埂臨白，湖西成圩界，王家圩全屬州界，西成圩屬州者三之二，每逢修築，必州縣圩董會議通力合作，東圩出水陡門，四在西南者，三在東北黄姑閘下者，一白湖積水較黄陂湖尤爲寬濶，湖水漲漫，陡門不得出水。圩民每於春仲請示於塘缺河，黄姑閘上築壩以阻白湖下灌，河流消退，圩水可出塘缺河，示由縣給發黄姑閘，示移請無爲州轉給并請飭土橋司到工巡行，惟白湖兩頭築壩濱湖，灘田不無受累，盛家橋貿易船隻盤壩，壩旁居民每有藉此把持者，必須定以期限，庶免向隅，臨湖之埂尤須勸栽蘆葦茭草以禦風浪。

又　南鄉之水南流者曰羅昌河，至桐城之袁子港；入江東北流者曰沙溪河，曰黄泥河，匯流入沙湖；北流者曰瓦洋河，曰石槽河，均入黄陂湖。瓦洋河左右皆圩田，河身原來寬濶，旁有長灘居民，往往增作月堤，佔蓋房屋，栽種樹木以致河身狹窄，湍溜刷堤必須時常查察撤屋，讓灘毋使以小害大。

又　西鄉諸山之水約分三路，其南流者曰白兔河，經桐城之孔城，至樅陽入江；其北流者曰會市河，曰金牛河，曰羅埠河，皆匯流於白石山，西斜向東北，至齊頭嘴，入巢湖；中路之水曰窑埠河，曰繡溪，皆東流匯縣河，入黄陂湖，西鄉岡田居多，多藉塘堰溉灌西北臨河之處，亦有圩田，每遇山水陡發時，虞漫溢然臨河之埂，較之臨湖自易保護。

又　北鄉有山，無多澗流微細，自白石山至齊頭嘴河東，圩埂年久失修，每逢湖水盛漲，汪洋一片，河西之圩即便臨湖，東北風作湖浪衝激時出險工河西之四淋溝及小套等七圩民，力尚勤堤，埂亦尚完固。迤北之又沙圩盛，安圩東埂濱臨巢湖北，連合肥同大圩；西北皆係合肥圩田，兩圩地勢最低，人事又復，不齊圩內子埂全壞，天雨水多，上圩之水順流下灌，久成澤國，然合肥二十餘圩，全賴盛安、又沙兩圩爲之障蔽湖浪。光緒九年，工賑局發銀派員，將兩圩臨湖之埂，大加修築，而去今兩年，仍爲水浸，人民離散，堤埂漸就塌陷，合肥圩民屢次稟府，轉飭將兩圩之埂設法保護，雖埂由田派，各有段落勢難强。流亡失業之民，枵腹從事，現於又沙圩范家旭地方修建石閘，盛安圩北合界原有老閘，亦已重修，必俟水小之年勸令，將圩內子埂興築，清出河道，然後水路分明，各守各埂，上圩之水不得下灌，庶東作可興流亡可復。

（光緒）《續修舒城縣志》卷一一　周公渡入前河，橫山之北曰花李山，其下有堰，曰花李堰，北迤爲金司堰，今堰口。山爲民田不復引水，惟溝形猶存，自七門以東濱河，諸圩田歲旱，則有長河蕩水之利，截河築壩阻水入圩。或三五里，或十餘里，節節爲之所在，皆有撮其大者於下。七里河東岸有兀子蕩，其東有相毛蕩，皆阻前河入孔家河，灌三汊陂以東諸田，柏毛蕩之東有陳家、千人二蕩，阻水入白露溝，達縣河下游，灌路裏橋七柯柳，以北諸圩田，陳家蕩之東曰合心蕩，阻水入韓家河口，灌鮑舒橋、千人橋東北諸圩田，其東周公湹有黃鱔溝蕩，阻水入新店河；灌蕭家潦諸圩田，又北有將軍蕩，灌倒灌圩以東諸田；又北有錢家蕩，阻水入錢家河口，灌王司，渡梅林橋，左右諸圩田航埠之東有張家蕩阻水入桑樹店河灌田，相傳昔本邑，漕舟截水濟運後沿爲例，蓋猶七門三堰之遺意也。然大旱望澤民有同情，上若有餘，下必不足，上下相爭，每有械鬬之事宣塞，不時有利，不能無害矣。

（光緒）《重修嘉善縣志》卷一　章壩：在遷中區。萬歷二十四年，邑令章士雅修呂字圩田，岸更爲築堤浚東根西根兩圩之河長一百七十丈，廣一丈六尺，并爲建閘民感其德，因名章河章壩。

（光緒）《重修安徽通志》卷六五　寧國巨浸，惟清弋江，匯太平、旌德、涇縣諸水，而宣城、南陵承其委。故宣城有圩田之利，金寶、養賢二圩，疆畝甚多。制度亦善，人稱有古井田遺法。若南陵永豐、大農二陂，亦水利之大者，而諸邑山多田少，富饒過之，以居民多事懋遷，非關水利。然通商集貨，浮筏乘舟，亦藉水之力焉。

又　鳳心牐，在東西二湖之間，即湖築堤四十餘里。引水至荻港入江，而中作牐，以時洩蓄，圩田賴之。

又　卷六六　府志載：巢縣圩共八十有五，塘十有九，堰五，壩六。又按：廬屬惟合肥，地高憂旱不憂澇，他邑小澇，則合肥大熟。四境西北高，憂旱爲甚，陂塘築浚其可忽諸。廬江雖有山東濱湖而地平夷，田居七八。舒城西南多山，尤多美田，山泉之利，號稱膏腴。無爲瀕江，土地平曠，與江水相低昂，又爲巢湖之所出，故多圩田，爲利萬頃，而江流迅漲亦蹈其害，顏公諸壩爲保障。巢邑西濱湖，東通大江，亦多圩田，其南多山，有堰有壩，然當隴、阪之間，時有旱憂，田視諸邑爲瘠，宜以陂塘爲急務焉。

清　孫寶瑄《忘山廬日記》　二十五日，晴。是日爲稼霖家中，田産涉訟事，爲代致書吴江縣劉謙三大令。蓋張氏田畝，多在江浙交界一帶，以吴江、嘉善二境内最多，時以黎里鎮壁字圩田畝之佃户，被人誣控，其房屋侵佔官路，實無其事，大抵地方刁民因索詐不遂所爲，因據契券所載與之爭，當能獲直也。

清　沈聯芳《邦畿水利集説》卷四《河洌不宜水田》　直隸水之興，自宋何矩置斗門，以引水溉田，其浚踵而之者，在元則有虞集、脱脱。在明則有徐貞卿、汪并蛟、張國彦、顧卷谥、左光斗諸人。我國朝怡賢親王請設立營田，官以經理其事，凡畿疆可以興利之處，靡不浚疏，圩岸遍獲豐饒，獨何以不及河間。在昔汪應授云，瀛海當衆河下流，視江南澤國不異，若建閘通渠，可得水田数萬頃。其説本於徐貞明，貞明亦本於元虞集，國朝李相國光地亦曾上河間宜興水田未河請止。論者謂河間重壤墳而疏，且多河瘠，圩田之法，未可施用。其説固而要，其水田之可營不亦營，不係乎是。夫圩田築堤，皆煩人力，農之惰此，雖置之荆揚宜稻之鄉，溝洫不能以時修浚，猶獲石田，安能多稔，必果終歲，勤動鼓舞力作，何患不成沃土爾。今水道不同，再河間舊爲唐河下游，又有滹沱支流經其地，源流不絃，可以引而灌，故元明之問群主可興水利田之説。迨明季、國初唐滹之流漸弱，故雖有建議，旋即中止。今二河并法改流，不由河間，河境既無恒流，藝稻自非所宜，即唐、洋二河，開挖深通，亦只为西南一瀝水宣洩之道，此水無源，水田無藉，非特地土有異，宜實時候，有異用也。

又《淀泊淤地不宜耕種》 畿輔地方平衍，河道縱横，入海之處惟海河一門，全賴大澤以容蓄衆流，傳遞歸海。計畿内大澤有六：曰大陸澤、曰寧晋泊、曰西淀、曰东淀、曰塌河淀、曰七海。皆能收束衆流，緩其奔突之勢，實水道之關鍵，衆流之綱領也。以無澤不止，澤無以不二，此相爲表裏，講求水利，當以此爲先務矣。迩此北泊爲滹沱，淤塞大半，漸成平陸。东淀受渾河子牙之淤，水廣而淺塌，河淀七巠，海为民佔種，淀中多圩田，甚或以報墾科，地方有受，所惑殊不知，阻遏水道，其咎綦重。惟是積雖，返圍汙耕種之地未能去，是不可不詳，必有实在阻塞水道之處，宜亟爲鏟挖，永口禁止，乃爲有益。

圖表

元 王禎《農書》卷七《圍田》 圍田築土，作圍以繞田也。蓋江淮之間地多藪澤，或瀕水不時渰没，妨于耕種。其有力之家度視地形築土作堤，環而不斷，内容頃畝千百，皆爲稼地。後值諸將屯戍，因令兵衆分工起土，亦傚此制，故官民異屬，復有圩田，謂叠爲圩岸，扞護外水，與此相類。雖有水旱，皆可救禦。凡一熟之餘，不惟本境足食，又可贍及鄰郡，實近古之上法，將來之永利，富國富民無越于此。詩云：度地置圍田，相兼水陸全。萬夫興力役，千頃入周旋。俯納環城地，穹懸覆幕天。中藏仙洞祕，外繞月宮圓。亘參淮甸紆，回際海壖官。民皆紀號遠，近不相緣守。望將同井寬，平却類川隰。桑宜葉沃堤，柳要根駢交。往無多逕高，居各一廛偶。因成土著元，不異民編生。業團鄉社囂，塵隔市廛溝。渠通灌溉塍，埂互連延俱。樂耕耘便猶，防水旱偏翻。車能沃槁瀍，穴可抽泉擁。绿秧鋤後均，黄刈穫前總。沾新稅籍素，表屢豐年黍。稌及億秭倉，箱累萬千折。償依市直輸，納帶逋懸歲。計仍餘羡牙，商許懋遷補。添他郡食販，入外江船課。最蟠勸農職，治優都水權。富民茲有要，陸海豈無邊。祈奏載芟咏，報歌良耜篇。降穰今若此，蒙利敢安然。壤土常增築，風濤每慮穿。積儲趨日用，防備廢宵眠。擊鼓供惟急，苫廬守獨專。本爲憑禦護，或未免灾愆。誰念農功苦，徒知粒食鮮。併將圖譜事，編記作詩傳。

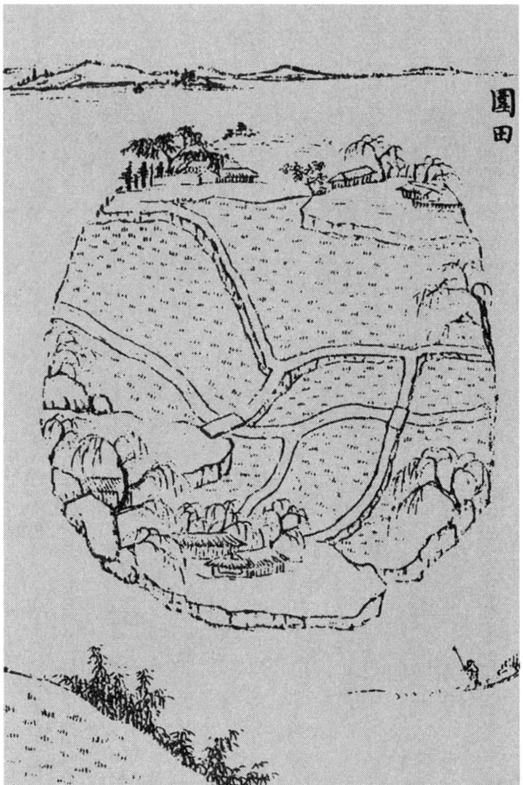

明 潘游龍《康濟譜》卷九 圖曰築土作圍以繞田也。蓋江淮之間地多藪澤，或瀕水不時渰没，妨於耕種。其有力之家度視地形築土作堤，環而不斷，内容頃畝千百皆地。後值諸將屯戍，因令兵衆分工起土，亦傚此制。故民異屬，復有圩田，謂叠爲圩岸，扞護外水，與此相類。雖有水旱皆可救禦，凡一熟餘。不惟本境足食，又可贍及鄰郡，實近古之上法，將來之永利。富國足民，無越於此。

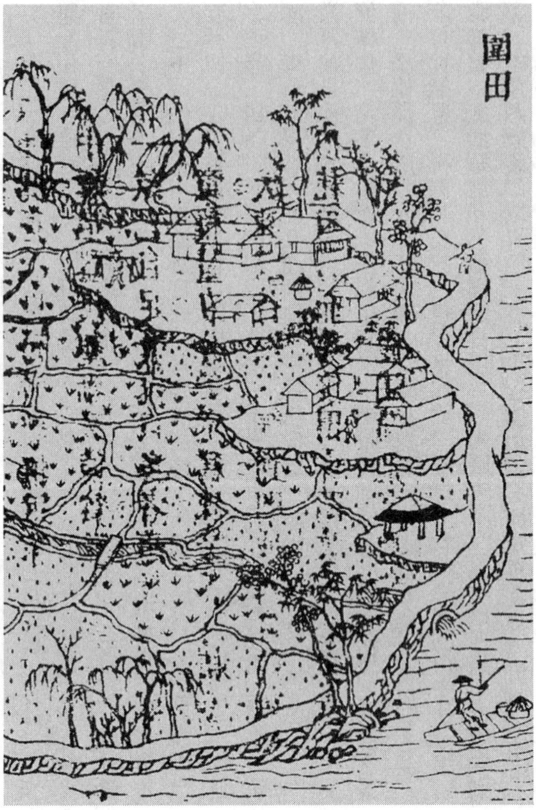

明 徐光啓《農政全書》卷五《田制》 圩田謂疊爲圩岸，捍護外水，與此相類，雖有水旱皆可救禦，凡一熟餘。不惟本境足食，又可贍及鄰郡，實近古之上法，將來之永利。詩云：度地置圍田，相兼水陸全。萬夫興力役，千頃入周旋。俯納環城地，穹懸覆幕天。中藏仙洞祕，外遶月宮圓。蟠亘參淮甸，紆回際海壖。官民皆紀號，遠近不相緣。守望將同井，寬平却類川。隰桑宜葉沃，堤柳要根駢。交往無多逕，高居各一廛。偶因成土著，元不畏民編。生業團鄉社，囂塵隔市廛。溝渠通灌溉，塍埂互連延。俱樂耕耘便，猶防水旱偏。翻車能沃稿，瀽穴可抽泉。擁綠秧鋤後，均黃刈穫前。總治新税籍，素表屢豐年。黍稌及億秭，倉箱累萬千。折償依市直，輸納帶逋懸。歲計仍餘羨，牙商許懋遷。補添他郡食，販入外江船。課最司農績，治優都水權。

清 鄂爾泰《授時通考》卷一四 圍田築土，作圍以繞田也。蓋江淮之間地多藪澤，或瀕水不時淹没，妨於耕種。其有力之家度視地形，築土作堤，環而不斷，内容頃畝千百皆爲稼地。後值諸將屯戍，因令兵衆分工起土，亦倣此制。故官民異屬，復有圩田，謂疊爲圩岸捍護，外水與此相類。雖有水旱皆可救禦，凡一熟餘。不惟本境足食，又可贍及鄰郡，實近古之上法，將來之永利。

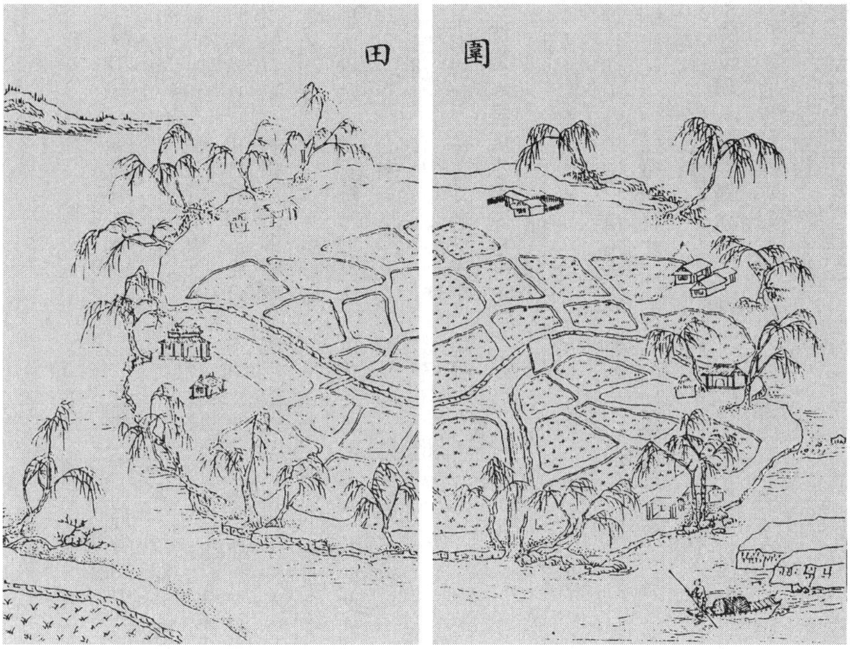

（光緒）《續修廬州府志》卷二《舒城縣境圖說》 府治南，右偏

舒城之境，東連三河，東北近梅林橋，南控小關，西抵小河口，北接舒王墩。四至寬廓，幅員尚廣，向多膏沃之田，以不濱湖，故無圩田。乃山鄉非澤國，其地形斜長，西南多山，尤爲阨塞。中出則駝嶺，嶺之西爲主簿原，稍北爲上中下五顯河。曉天而外，有多智山矗突尖，大歇嶺砦拔山梅花澗孤静源等處，皆毗連霍山。距邑西南百餘里、二百里不等，實靈奇之奥區也。山高大産林木，有泉堰灌田萬頃，舒亦繁富矣哉。

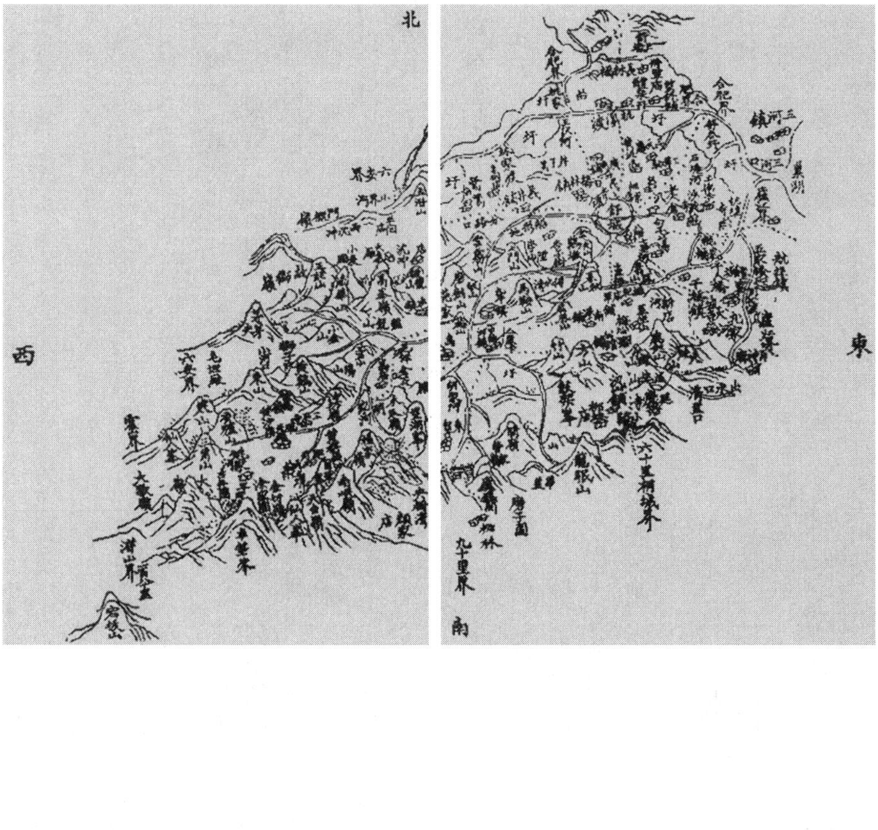

圩長

宋 韓元吉《南澗甲乙稿》卷二《永豐行》 丹陽湖中好風色，晴日波光漾南北。湖岸人家榆柳行，風颭低昂似迎客。繫船并岸聊一呼，老農指是官田圩。長衫紫領數百輩，見我羅拜長嗟吁。政和回頭五十載，官長築圩宛然在。東西相望五百圩，有利由來得無害。官圩民圩奚所拘，此地無田但有湖。圍湖作田事應爾，底用徹地還黿魚。民圩不堅自招水，水潦何常鎮如此。官圩六十里如城，削平爲湖定何里。請看今來禾上場，七百頃地雲堆黃。縣官糴米三萬斛，度僧給牒能商量。我聞此語汗生面，千聞豈如目一見。吾君神聖坐九重，輕易獻言誰復辨。却憶吳中初夏時，畚鍤去決田湖圍。雞鶩上籬犬上屋，水至不得攜妻兒。無田赴水均一死，善政養民那得爾。寄言父老且深耕，爲汝馳書報天子。

明 沈岱《吴江水考增輯》卷二 圩長即圩甲一千一百五十八名。

沈啓曰：二長之設，即周官土均稻人之意。嘗觀稻人以瀦蓄水，以防止水，以溝蕩水，以遂均水土。均爲掌其平水土之政，而率以治之。然則今之塘長遇田塍傾圮、溝澮湮微、梁塘崩損非所，當率其圩長而經葺者乎。緬維朔望，結報於官之法猶存，則植塗通水修復文褏之政以裨耕稼以還。流移不在茲歟。

明 陳仁錫《無夢園初集》卷一 塘長有名無實，徒害民之常例，去之爲是。但圩岸修築亦是水澇要事，合應圩長督各業户佃户照田修築，此只須刊行，告示給畐，圩長曉諭足矣。

（萬曆）《温州府志》卷二 水利之關於民事重矣，而堤門以時其蓄泄，塘埭以捍其衝溢，則於水利尤亟也。甌五邑惟泰順麗山永瑞諸邑地多坦壤，而沿江瀕海，潦則堤門未能遽泄，水勢蕩溢，塘埭易決，築塞或後患可勝言哉？故爲早計，莫若察修堤門，加意水則設閘夫，以時啓閉。爲潦計莫如增護塘埭甃插樁石，督圩長以備緩急，水利其有賴乎。

北城圩

綜述

清 丁峻飛《重修北城圩碑記》（光緒）《江浦埤乘》卷三 上御龍之九載，其歲上章閹茂也。風雨和甘，星雲復旦，國無金革之患，人有黍稷之娛。蓋四海之内晏如一統，而江浦北城之軍民亦得以鑿井耕田，輯寧茲土也非一日矣。無何而河伯爲災，自春徂秋，霪霖霜旬，而滁、全上游一帶横溢，復益河之驕，河去江道遠，狂瀾難以速退。于是數十年之安土，一旦蕩爲魚鼈。破衝之餘，築堤岸，補殘缺，拮据卒瘏，方獲竣事，乃八口嗷嗷下療老稚之腹，兩税赫赫上供軍國之徵。哀我人斯甚矣。其憊天亦冀自是，以後荷天之祐，稍得生養，而休復之也。不意灾潦相仍，罹憂疊告，維時元黓困敦，堤防復潰。嗚乎！前之倉庚已竭於儲，饔飧已困於計。稱貸已塞而無復生路之開，血淚已枯而無復哀鳴之暇，而又重之以枯落之霜石，尤之浪胡天不吊，以至于此極也。于是逃亡者有矣，戀桑梓者又不忍輕去其鄉。轉死者有矣，荷覆載者不能遽捐其命。棄兒鬻女者有矣，而衣冠之族、禮義之裔又寧守飢寒、忍窘乏而不爲非起。視寰垣之中，有民畝、有軍畝，按籍而稽，民畝不可廢，軍畝尤不可廢。有藉於浦者，有籍於棠者，計户而收，浦賦不能除，棠賦亦不能除。以物力之阽危，當公社之交困，雖修築之勞，刻不獲已，而凋敝小民有目擊心傷已傷者久之。以爲民力不堪，公賦有定斯時。望修築于窮黎，問工程于國計，其可得耶？用是捐俸以佐其資，率下以董其事，日有稽旬，有考勤，有奬惰，有懲，往來阡陌，不憚躬親。且以棠賦錯出其中，會同委員分任厥勞，自春伊始，不踰時而堤以成，變汪洋爲沃土。公社俱利，軍民大安。昔漢之鄧訓修石白河，歲活數十萬人，而其子孫因以獲福。侯之錫福於民，雖不求冥報，乃民之咏勤苦而沐膏澤者，豈僅一世之利而已哉？則天之所以福侯者，固眷，佑之必至，亦理數之必然也。余昔備員茲省大參，僑居白下浦之紳士，小民感侯之恩，丐言于余，以垂諸不朽。因紀其事，鎸之貞珉，俾後之司牧者覽侯修築之功，應嘆遠過漢室循良之外矣。康熙十一年月日。

傳記

清 胡天游《石笥山房集》卷四《爲海寧相國作陳太保碑》 公諱某，字某，籍湖南之祁陽，以進士起家爲庶吉士，既授翰林院編修。乾隆丁巳夏，上親試諸翰林于乾清宮，公特以文被知遇，名在第一，即改官侍讀。九月遷爲學士，凡四閱月自學士四遷至吏部侍郎。公官之遷速也，始雖由文字，然上察知公勤慎，足任重大。會安慶巡撫闕，遂以命公。公自庶吉士爲侍郎，出撫至是，僅七年，近世以來未有也。安慶地接楚豫，素多盜，又值歲儉州郡，倉庾皆虚。公至，下有司嚴拶捕之令，得盜五十餘人，又獲其爲患于江中者，由是屏息。【略】其撫吴也。吴舊多陂堰圩塘，或有久廢者，而自辛酉之被水也，又多潰毁，以其功鉅費重，人不能修。公出官粟數千以借之，召民興庸，計時而工畢。于江浦縣繕三合、永豐、北城之圩，于句容縣復郭西塘、南堰壩，于蘇州太倉疏劉家河，灌溉潴洩得以時便。其在閭廣聲九赫然，公之报也。爲八月某甲子，方疾既篤，尚拳拳國家，予盍觀公遺表而嘆。

（光緒）《江浦埤乘》卷一九 徐龍光，字載錫，山東范縣貢生。康熙三年山金鄉教諭，升浦令，精勤卓異，百廢具興。邑有北城圩，膏腴產也，縱横十餘里，三面濱河。辛亥壬子，大水，堤防疊潰，龍光捐俸，倡勸集貲興修。堤成，民享其利。他如築城垣、修黌序、繕倉庫、均徭役、勸開墾、清丈量，皆善政也。邑人嚴雲官等刊有《玉浦洽音》二卷頌之。

（光緒）《費縣志》卷一一 王肇鼎，字象台，邑增生。生而英毅，膂力過人，性慷慨，尚氣節，博聞强識，能爲詩古文詞。咸豐末，父殿麟築圩禦賊，命統練勇司戰守。先是，蘭費各民圩爲逆匪恫喝，多首鼠兩端，莫知所向。自肇鼎奮力擊賊，各圩始克自立，賊忌之甚。辛酉五月，耿家埠匪首李宗棠等糾衆圍蘭境北城子圩，圩中使來求救。肇鼎受父命督隊往援，力戰解圍，乘勝逐北，策馬直前，從者不及。賊自秫，叢中突出圍之，乃下馬格鬭，手刃數人。賊用長矛攢刺，遂及於難。練勇舁其尸歸，面色如生事。後大吏請於朝，得旨祀昭忠祠，贈雲騎尉世職。子景祺襲蘭邑，人士爲立紀功碑於戴家村道左。族人有石嵐彭年克義者，均以禦賊死，亦祀昭忠祠。

紀事

《明史》卷九四 七年九月，錢塘江岸爲風潮湧决千餘丈，近江居民田廬俱没，山陰、會稽、蕭山、上虞四縣乍浦歷海二所，錢、清諸場灾亦如之。守臣以聞，命侍郎李顒築之。八年二月，巡撫都御史吴珍請堤襄陽府衝潰江岸，報可。十年八月，户部會官廷議：直隸江浦縣北城圩舊有古溝，北通滁河，其浦子口城東亦有黑水泉。古溝南入大江，二溝相望，横中岡隴截斷，若鑿通成河，則旱有所引，澇有所泄，民實利之。是其議。

（光緒）《江浦埤乘》卷三 成化十年，屯田御史上言：江浦縣北城圩古溝北通滁河浦口，城東黑水泉古溝南入大江。二溝相望，岡壟中截，宜開通成河，旱引潦洩，從之云云。查北城圩今界張家堡，黑水泉今名黑水河，與碧泉相通者也。在當時已稱古溝，可爲通而復塞，最古之一證。迨正嘉間以滁來全浦，圩田連年被灾，因滁水遠繞六台，出江河流細塞，則尋江浦浦口鎮。黑水河舊有河道中僅土崗，即朱家山觜，若開浚通道，分洩滁水，直出浦口，大江則永無壅溢之患，而圩灾可弭。良法美意，迄隆萬間卒不果行。

（光緒）《費縣志》卷八 五月，匪攻蘭境。北城子圩東埠王肇鼎率練往援，死之。

又 李宗棠、李八、張太基各匪首引衆攻北城子圩，圩中遣使乞援於東埠，王殿麟命子肇鼎率隊赴援，力鬥。

雜録

（嘉靖）《六合縣志》卷一　北城圩：在上三都三圖。

（萬曆）《江浦縣志》卷五　趙家橋：在北城圩。

（雍正）《江浦縣志》卷五　北城圩：原名白城，在高麗店。

清 陳作霖《可園文存》卷四　北城圩今界張家堡，黑水泉今名黑水河，與碧泉相通者，岡壟中截，即今之朱家山也。

（光緒）《嘉興縣志》卷一一　北城字圩：三千二百四十七畝八分六釐八毫，内積荒二畝二分三釐六毫。

（光緒）《江浦埤乘》卷四〇　九年五月，北城圩草田中忽湧起土堆五，高者盈丈，低者數尺，形若邱壟。鄉衆往視，正駭異間，有操楚音者，自稱劉統領營中幕友左隆。謂人夏久雨，蛟將發矣，急以穢物厭勝之，更用竹籤直貫而下，患可已。鄉人如法施治，後不爲患。比訪營中，并無其人，其以萬衆生靈不應罹此灾劫，天特遣是人以救之與。

大路圩

明 彭懋淳《鼎修大路圍圩竇記》（康熙）《三水縣志》卷一四　大路峽圍西接漓江潯柳，北接湞陽，中接懷集寧會，衆流滙合于三水之滄江，直達大路圍。因是大路河防受三面之敵，一遇春夏霪潦，淜湃浛㶏，嚙崖撼坂，居民晝夜戒嚴。

又　甫報訖，狂潦薦至，牘春涉秋，增卑培薄，日靡寧晷，諸上臺洞悉其艱難也。先是，制臺沈公，按臺柳公實心破格爲民，各助銀壹百兩，左藩姜公躬臨决口，助銀叁拾兩，又發粟賑被灾貧者。本府太守嚴公助銀二十兩，同兩臺藩伯，諄諄勿亟，精神注切，耆耋歌咏。南海朱侯助銀三十兩，蓋以三水南海基圍，輔車相倚，屢次親臨大路，用意良厚。侯事有專，責前後助銀四十九兩，又搜帑羡壹百五十二兩申給，仍請發倉谷壹千石半以濟貧民，半以補春耕之不足，并請於司，十八里緩徵，三都停徵，至今夏稔始開，而火耗毫釐盡革，復捐俸薪銀建廟二座，丹堊塑神，鑄鐵柱鐵犀牛以斷蛟，驅祟呵護堤竇，爲千百年不拔之計。餘照田稅科斂，若干皆屬圩總，手侯分毫無與焉。夫以修圍之役，致經諸上臺，動念軫恤，而我侯廣諸上臺，德意蒿目，策腹孜孜，是務百姓之垣廬，侯代諸上臺障之矣。百姓之穀粟，侯代諸上臺予之矣。今廬茨如鱗，畦畛如汪。夏秋兩度禾苗垂穎，桑麻鋪菜，居然一樂土也。

余喜厥功告成，扶杖往觀，乃進父老而告之曰：今日基竇伊誰力哉？民情從來可與樂成，難與慮始，使侯非仗諸上臺，假以便宜，功亦胡由而臻厥成。每晤侯歸，功諸上臺，不去口，予甚善之。衆父答曰：基圍永利，固諸上臺提命之力。我侯善體任勞，實侯之力也。而朱侯從中贊襄，功又何可泯耶。當茲潦盡，堤堅合，鎸石以紀其事，庶垂之永久，即操觚屬余，余敢爲臚列，用垂不朽。沈公諱猶龍，南直華亭人，丙辰進士。柳公諱寅東，四川梓潼籍徽州人，辛未科進士。姜公諱一洪，余姚人，丙辰進士。嚴公諱起，恒北直隸真定籍，浙江山陰人，辛未進士。朱侯諱光熙，浙江會稽人，甲戌進士。羅侯諱儀則，江西南昌人，庚辰，特賜進士。

又　余考往事，大路圩岸修築于元至正元年，其竇一設于小灣，一設于大路。入我朝洪熙元年乙巳陸月拾捌，小灣竇壞遂廢之。弘治十四年辛酉七月初二，大路竇潰，頭溪何氏修復。萬曆十四年丙戌七月二十五，九水岡基決，時早禾已登，民未甚困，至三十一年癸卯，竇雖無患，衆見仄隘，難消鎮南平田五頂三都之水，建議略加高闊，革故鼎新，陸少荷董其事。迄今崇正十四年辛巳五月三十，蛟蜃煽殃，基竇衝潰，一瀉百里，蕩廬没稼，淹延白上下清塘等都，波及南順二邑，早晚赤地不毛，四野荒凉，堪流賈生之涕。是歲仲夏，豫章羅侯來莅三水，甫旬，即值水灾，奉諸上臺，命亟僉舉，圩總修築，不憚夙興，往還程督，更親勘崩竇所在，進入堅實泥土，具報諸上臺，得允。陳牲告祭，庀材鳩工，一循曩日規制，深九丈九尺，高九尺九寸，濶如之木石堅厚，甓畫停妥，視昔加倍，肇工于辛巳九月，粗竣于壬午三月，共計費貳千有奇。

大有圩

綜述

明 張元禎《富大二圩碑記》（同治）《南昌府志》卷三　吾南昌鍾陵等都，父老群詣吾廬言：各都下自牛尾玲，上至石亭莊，又下自青山湖，上至鐵船港，沿江紆回，殆三十餘里。其内東南直齊城岡，至瑶湖西南，至大乘橋，至及溪湖，又直孟母橋至桃花塘，横廣周回，民田殆數十萬畝，民賦殆數十百石。常年章江水漲，下流爲趙家等圩障扼，水輒溢入，大爲民田之灾。如更遇霖兩兼旬，湖不能吞，而交漲則渺焉，蛟龍魚鼈之區矣。田據高仰，患猝不及，其在卑窪則或甫蒔甫耘，而即被淹死。或甫秀甫實，而遂爾無收。又或漲甫消，而布種重加。未幾漲復，至而工食重費胥矣。富人而小，民坐此窘迫逃亡，不可殫紀。蓋富人擇田多高饒，小民餘田多卑窪，卑窪之田雖迭被灾傷，而賦役有定非可脱者，賠納承當，不免舉貸，舉貸不足繼以典鬻，典鬻已罄，不容不逃。其爲痛苦無告，百有餘年於兹矣。宣德正統間，鄉官教諭胡希岳嘗奉文興築長圩，貧民無福，功竟未舉。今宏治十二年冬十月，吾等鄉老具情走愬於郡守祝侯，侯聞而惕然，即偕通守應公、張公，舍輿從騎，冒赤日，蔽黄埃，躬臨其地。見水漲所及，赤地彌望，太息傍徨者久之。日兹豈非吾人之急務哉？乃沿江相地形之高下，計工食之多寡，時正饑饉，謀發預備賑濟之穀，用爲雇募刱築之資，救饑興利，一舉兩得。經畫自牛尾玲至石亭莊，築爲一圩，名曰大有圩。自青山湖至鐵船港築爲一圩，名曰富有圩。水出入必有啓閉，大之爲閘，小之爲梘，皆用巨石。大有圩玲口爲閘一，沿圩爲梘者六。富有圩湖口爲閘一，沿圩爲梘者二。二圩名立圩長，以分督其功程。圩長各蠲雜役，以永責其修葺，會役不下十餘萬工，散穀不盈七千餘石。於是以達於欽差、鎮守董公。巡按馮公、方伯、葉公莫不是侯之舉，而允侯之謀。侯即發廩興公，命匠琢石艱食，貧民遂紛紜，蟻集晨聚，昏罷如營己私。曾未兩月，而二圩前後聿成。侯復慮圩上流江漲，通於章江門濠，濠水溢則車灌於蜆子、青山二湖，反爲二圩腹内患。不細乃究江漲入濠，處日蛟坑而培高焉。俾永無内灌之虞，又慮有水孽古法，當厭以重金，偶得黄陂廢寺巨鐘，鑄爲四牛，分置二圩閘口，蓋侯憂在吾民也。切故其慮及吾民也，周成百餘年未成之功，除百餘年未除之灾，大及於百數里，速不踰於一時。繼今小民歲無漲溢之憂，家有飽食之仰，賦役不苦於追呼，生齒不至於凋耗，大有、富有圩名垂於無窮，而實利亦被於無窮矣。吾民感戴侯恩，莫知所報，謂圩立必有神，而侯則迹立二圩者，競出財於大有閘口建廟，三間以事圩神。而植木牌於東楹，問大書侯之官姓，於以致吾民瞻禮之誠，表吾民報本之意。而應張二公，亦書官姓列牌於侯之左右。先生邑人也，預悉顛末，幸勉爲吾民記之，吾應之曰可，侯則奚俟於兹侯，唯體聖天子仁民之託，盡其職業之當，爲而已然。功德在吾民，吾民自不可忘古人。雖一菜一果之微，猶必薦其刱始者，况兹二圩之大有功哉？侯名瀚，余姚人，由進士名郎來爲守昕夕邊。邊惟恐吾民一利之不興，一害之不除，嘗爲子言愛民莫大於恤農，恤農莫先於水利。故於兹二圩鋭於舉，而速於成。如此外此第闗水利莫不勇爲，又若南浦、長浦、豐城决口，與萬石等圩，凡前功之未就緒者，亦次第告成焉。應公名尹，嵊縣人。張公名才，武昌人。皆出身賢科，切於愛民。二圩興築，其協謀參贊之功，亦不小云。《萬恭修件尾閘記略》：豫章東郛有興區焉，南接於蕭橋，而北距諸河。水溢則大豬，水涸則鉅野，不可田。宏治中，祝刺史瀚大發粟七百石，聯長堤西始，石亭莊東抵牛尾埁，延袤四十里。北障大浸，入鄱湖而南，墾平田數萬畝，命之曰大有圩。圩東錮之石閘，江溢則閉，以拒浸湖。濫則洩以平田，是膏腴之業也。隆慶初圮，龔屯田使大器捐二百金成之，俄水决西閘。丁刺史應璧發粟百石以葺，俄又將圮。萬曆中，周刺史良臣護之，石凡入十金。十四年春，大兩至於夏四月，湖江海相接，圩浮若綫，閘沉若竇，勢且决東闌。南昌何侯屬意灾民，乃巡陌賑饑，藥病扶傷，活饑民以萬數，歸報。陳中丞朱直指徐屯使、范刺史請金粟數千計，號於限你老日以金粟賑，是乘桴救溺也。徒盡桴耳，何益吾其以修堤，賑田尚永利焉。乃循大有堤車，視牛尾門俯而嘆曰：閘龍口者，其堤之吭乎？閘雁翅者，其堤之臂乎？吾今扼吭，健其臂而已矣。乃大伐石，錮東之所未理者，及西之理而未堅者，及版之腐而易潰者，四十金耳。官不勞而自集，民不賑而自甦，田不闢而自稔，完計也。

明 萬恭《塞黄泥雙坑等决口記略》（同治）《南昌府志》卷三 豫章北陬，遡黄溪渡而下，巨浸衍爲平沙，非三壤故疆，生齒日繁，則與水競利，奪而成壤，爲圩者五，曰余家塘、黄泥玲、雙坑圩、萬家塘、王甫港，皆若崇墉。然括内成田，以數十萬跨南、新二邑，屬之糧以萬計。下聯四十八圩，即五圩成四十八圩，皆壤也。五圩敗，四十八圩皆魚也。嘉靖初，載洪水決余家塘，再決雙坑圩。其時縣官困於財，水民詘於力，三載乃底績，圩民若竭澤矣。踰六十載乃復，故壞。萬曆十四年春徂夏霪，大水四月，決余家塘，破之。決黄泥圩，又破之。決雙坑圩，又破之。洪洞無涯，田殫爲湖，廬殫爲潴室。而憑者樹而浮者、桴而没者，蔽巨浸而下，而圩民將靡孑遺矣。南昌何侯選乃匍匐，水行乘舟，堤行乘屐，救死掩櫬，問疾賑饑，已乃約圩民諗之，曰：吾聞嘉靖初，二決猶然，疲三載，塞之也。奈何今三决而不圖一勞永逸之也。無已，則錮石堤乎？圩民曰：是沙壤者，亡底也。安所置石？爲侯曰：吾知所以處此矣，歸白上大夫括官藏三百二十金，募水民田夫，以萬司馬治方溪湖堤法從事焉，蓋黄河捲埽法也。法以草小，緶密布於下置板焉，覆以草茵，内實以土，先以巨緶貫小緶之外堤，人拽巨緶，則平舒席捲而墜諸決中，視畚杵勞一而功十者也。乃三月而三決盡塞，上排五圩之横批，下拒四十八圩之直擣。逾年田盡成壤，水盡歸墟，圩民大悦。

明 李明睿《大有圩碑記》（康熙）《江西通志》卷五二 易經上離下乾之卦，名之曰：大有聖人，繫之辭。象曰：火在天上，大有君子，以遏惡揚善，順天休命。蓋言先王之政教，所以道德齊禮，而順天弘化。故曰：大有乃春秋書，豊年必曰大有，是大有之義，兼富教而俱有之。吾鄉去省城五十里，地名滁，槎予所生長之地，往來鄉城，出入必經葉家樓。有田一區，不下數萬畝，每歲大浸稽天，滔滔洪水，方割下民。其甾率苦無年，鄉耆等謀築堤以捍禦，顧功程浩大難于率辦。予適經過其地，見萬民聚族而謀築舍道旁，未有成議。予于是謁縣父母而商所以築堤者是役也。民顧之矣，縣父母始倡助之，而以丞督其役。予再過其地，則見堤已成矣，而庳窪不堪捍禦。是秋水果泛溢，堤壞而田不收，民苦饑。則又倡率其好義者而再築之，然後堤果堅緻而無蟻漏，足以禦灾患。得天時而盡地利，而小民之家其中牛羊菓蔬熙熙然可爲子孫百年之計者，端必在此。鰲横鯨負，即管子之所謂金城。不過是关義民等，又謀作碑謁。予爲文以久之，且書諸舉事倡率而協助者若干人于其後，可久則賢人之業然，而遏惡揚善，順天休命之道，乃合于易之大有，故題其名曰大有圩。嗚呼！夫子適衛，冉有僕子。嘆曰：庶矣哉！冉有曰：既庶矣，又何加焉？曰：富之冉有。曰：既富矣，又何加焉？曰：教之然。則斯役也，其夫子富而教之之義乎？夫富教王道也。王道本於天德，不有聖人，主教于上天，下之民曷從，而蒙其教，俾至于順天休命也。欽今聖天子主天下庶徵，咸若頻歲以來，吾鄉頗有年。即載在春秋，曰：大有將非所謂屢書，不一書乎？斯有合于易、春秋之義，遂舉而書之。

清 郭日燧《重修大有閘記》（康熙）《江西通志》卷一三五 善爲治者必使野有恒豐之田，而後國有恒足之賦。故禹之任土作貢也，先之治水，其決九川，距四海，以除其害之大者，夐乎不可及矣。若浚畎澮距川則去害而兼收其利，後之言水泉之畜洩者師之。輓近世知急田賦，而不知水之爲利害。非誠不知也，課吏者惟治賦之羸絀爲殿最，先王坊庸之政謂宜民間自爲謀，有司簿書之所不責謂之不急。是以莫肯盡心惜哉，其不講於足賦之道也。余近鄉大有圩，外臨章貢之交漲，内受陵阜之下流，匯澤爲湖，週遭延袤爲田若干畝，備潦甞什之七，旱什之三。潦則使水毋衍溢而争地，旱則使水得引注以溉田。惟閘之開閉，是恃此大有之號爲沃野無凶年。按仆碑載：自弘治十二年，郡守祝公創建厥後，屢圮屢修。鄉先輩文字可考者，萬曆十五年則萬公恭，康熙五年則李公明睿也。康熙十三年又圮時，滇閩變起，而湖寇在門庭，大師繹絡供億，亟於上輸，將困於下，勢固不遑及此。幸亂少定，而兵燹之餘，歲數不登，顧安所得匠石之費？年復一年澤不陂障，客歲圩民，合詞請之。郡守諸公保宥，邑令王公養濂則恨疾苦，上聞之晚也。既得報，即各捐俸爲倡，選幹員董之，本圩相勸計畝出貲，圩長領其事，又得行僧六顥六素爲之廣募，時多好義樂施者，工訖有成。嗚呼！世嘗以愚民，難與慮始，至若仰事俯畜之産，無歲奚資況，乃王税之不供，身揆繫妻孥爲鬻可謂急矣。然而十姓百族之子，非登高而招，雖家到户説，如築室於道，謀求其一心齊力也難。昔人又謂在位者重，舉事而樂因循，故鄭國之役謂足疲。秦西門豹之治鄴，渠人亦煩苦，由是言之，則長吏以民事爲己任，尤難得也。今觀我郡邑之長，不以簿書之所不責，而䩄䩄然惟恐不及，宜下之懽忻鼓舞，所爲而成。由是此一方者田賦之源以裕，所謂有恒豐之田，斯有恒足之賦，無復有逋負以累長上者矣。孰謂簿書之所不責者，無益於殿最哉？募僧來屬余作文以記之。夫余之言語氣力不足動人，曷克追蹤萬李兩公而不能。已於言者君子之舉事也，必計久遠，始事者莫不欲其長存，而其後或至於怠廢。自昔賢智爲民捍患，興利者遺迹，往往而在。使後人皆如前人之心，則民之受其賜者，誠未有艾。雖謂之萬世之利可也，是不可無記以告來者。

清 趙日冕《重修大有圩牛尾閘碑記》（同治）《新建縣志》卷八〇　余鄉大有圩內田數千萬畝，夏税秋糧幾占邑册之半。故歲時修舉以安民生、裕國税，計無大此者。惟湖之有圩，由郡守祝公創始於宏治十二年，世因其利。厥後屢圮屢修，司馬萬兩溪先生、宗伯李閬翁先生皆有記可考也。值今上十三年又圮，越五六年乃修築如初。倡捐率興，則我大牧伯崑陵諸公也。圩成若長虹，萬文飲河如果腹，緑疇彌望，有沃野無凶年。父老懽欣，咸鼓舞，頌太守之德。因屬予記其事，泐石以告後之爲民捍禦者。予聞而額手相慶，曰：有公如此，能不歌來暮哉？蓋圩堤堰閘之制，原本浚澮距川，而神明其意者也。備旱則使水引注以溉田，利在蓄備，澇則使水無衍溢而爭地利在洩，圩雖堅緻豐厚，又不能不恃閘以專蓄洩之功勢也。向者圩號大有，循圩而前，蓄洩皆備，有閘名牛尾，砌石爲渠，以吐納內外諸水。外受章貢之交漲，內受陵阜之下流。匯澤爲湖，澎湃汪濊，而不至爲堤害，此其恃也。雖然公之爲此極難耳，宏嘉而後，兵寇鮮作，王賦易供新穀新絲，不憂剜肉，則計畝出貲修廢修墜，記不甚易，惟有十三年，歲在甲寅，澇水，賊，圩決瀉無算。於時適以滇黔變起，湖盜逼門庭，王師絡繹供億，輸將不暇，何計及此？至十九年庚申，亂雖甫定，而菰米沈雲，蓮房墜粉，又安所得匠石之費急起而爲之？夫野有恆豐之田，而後國有恆足之賦。年復一年，澤不陂障，匪獨厲民且以病國當事者樂因循，遂謂水上之功無關殿最，其以民事爲己事也。是又不可必得者，幸帝眷南州，特俾我公晝戟朱旛，須其卧治。下車以來，勞問疾苦，眞不啻痌瘝乃身者。六穎上人聞之曰：此正吾民疾痛。上聞之時也，爰集圩長數十人，區畫周詳，合詞以請。公果倡首捐金，選員董役，本圩之民莫不相勉以義，相喻以意，畚插既具，星日合作，築之登登，亙數十里。資其蓄洩有閘，豁如蛟龍，在堂毋嚙我土，王賦足供，民室盈止。萑苻既靖，犬不夜嗥，豈不千載一時哉。雖然，君子之舉事也，計久遠，始莫不欲其長存，而後或至於怠廢。自昔賢智爲民興利除害者，蘇堤鄴渠成迹往往而在，然蘇堤烟柳，至今與六橋花月蕩漾湖光。而西河一渠，即當日操築之夫，且有自傷煩苦者，使後人皆如前人之心，則民之受賜不差。今古雖謂之萬世永賴可也，嗟乎！使恆豐者不在田，則恆足者不在賦，豈必水土之務非關殿最乎哉？

傳記

（乾隆）《南昌縣志》卷二四　徐新發，高士孺子苗裔也。乾隆癸亥，歲飢，出粟散給族隣，知縣錢志遙表其門。時大有圩牛尾閘壞，圩民告灾，新發曰：閘屬官請項重建，堤屬民派田分築，編立字號，輪點圩長，勤爲守護。有司上其議，遂委以督率修造，不閱月工竣。次年水漲，時知縣沈文按驗至圩，見青苗芃芃，顧諸父老曰：此徐叟力也。以厚德儀鄉匾贈之。又重建北瀝高士亭，尚書裘曰修有記。

清 陳慶鏞《籀經堂類稿》卷二二《皇誥授朝議大夫江南安慶府知府前翰林院庶吉士陳君墓志銘代楊勳督國楨**》**　君陳氏，諱煦，字春甫，一字曉峰，蜀之涪州人。其先居于楚，後籍是邦。八傳累科第。曾祖峙，康熙甲午科舉人；妣黃。祖子宣，雍正己卯科舉人，湖南會同縣知縣，加銜通判；妣熊蘇。考朝，龍太學生；妣王，旌節孝本生。考廷璠，乾隆丁酉科拔貢，庚子科舉人，廣西藤縣知縣，崇祀鄉賢；妣周。君兄弟五人，兩選翰林，一任中書，一司訓導。人謂德星之萃，陳覺世有焉。弱冠補弟子員，乾隆甲寅舉于鄉，嘉慶辛酉成進士，與叔父廷達同榜，并授翰林院庶吉士，閭里榮之。壬戌，散館改知縣，出爲江西信豐令。勤于聽斷，有政聲，旋篆新□，調都昌。二縣皆繁劇，君至，整飭捕務，案無積牘。逾年授南昌，地瀕江，患水潦，邑有大有、富有二圩，漲洊至，二穀不熟。君勸倡廉修築，民禾大登。于其地立陳侯亭，到于今稱之。

紀事

（萬曆）《新修南昌府志》卷二四　弘治十二年，太守祝瀚築大有圩于南昌，鄉民賴之。

（道光）《續修桐城縣志》卷一三　鄧潮，字志韓，江西峽江縣典史。以獲匪功擢三江主簿，三江水陸通衢，潮下車後，捕治匪徒百餘人，民賴以安。富倉大有圩，水漲堤決，田廬被淹者數十里，潮不辭勞瘁，督工監修，并捐廉爲善。後計署景德巡檢，置備禦火具，募修景仰書院，延師課士子。署安仁新喻縣令，多所平反，大吏倚重之。方擬卓薦，以勞疾，卒。年五十九。

雜録

（乾隆）《南昌縣志》卷五　大有圩：在十一都，長二千四百九十三丈六尺，内有牛尾石閘一座。

又　查大有圩分十八字號，内有九號迭遭大水冲刷，其甘谷都闕及堯家埠，皆連年殘缺過甚，民不能修。乾隆五十八年，知縣徐午捐銀給圩長業户，僱募人夫修築，一律完固。

（光緒）《江西通志》卷六二　賢士湖受水足，則由新引河入青山湖，東出大有圩之牛尾閘，北出富有圩之青山閘，均注箭江。

东圩

明　金聲《東圩堨記》（道光）《休寧縣志》卷二一　東圩之有堨也，自元邑宰陳公始也。陳公來宰吾休，知郭以比有溪，溪以東有洲，洲當北鄉孔道，荆榛蘆葦綿延遇數里，狐狸之所居，豺狼之所嗥，寇盗之所充斥，過者苦爲畏途。爰於政修人和，日循行相度立命，芟夷之，燒薙之，非種必鋤，俾無滋蔓。且又恐其萌蘖之復生也，闢洲爲田，使農者以耕以耨於其間。更於峽口築堨，鑿東西二渠，蜿蜒阡陌中，每當盛夏水涸，則障水入渠，引渠灌田，不勞餘力，而是東圩之田遂已成爲沃壤。陳公去，而人猶名之曰陳公堨，蓋以識弗忘也。

又　然是溪源發石圻，行山谷間六七十里，而後得至峽口。怒濤衝激於兹爲甚，自是一瀉至於城下，遶城而西、而南、而東皆深潭，低岸漸無束縛，故距今二百餘載，堨遂傾圮而無存，田亦蕪穢而不可治，向所謂狐狸、豺狼、寇盗，考又漸居之、嗥之、而充斥之矣。當道者思有以除其害而興其利，往往苦於費大而中阻。汝吉汪先生，余戚友也，聞而慨然曰：此何如事，生是土者不之任，而盡諉之宰，是土者可乎。亟請諸官，獨肩其責，鳩工伐石，不一載而復還舊觀，計費萬二千金有奇。碣成，當勒石垂後，幸其成者共來求記於余，余惟徽地山多田少，歲食皆仰給於饒越，即吾休處徽中區，而田且不敵於山之二，今東圩田適，負郭膏腴偏布，溝洫縱横，纍纍數千餘畝，因其地而治之，不可謂非此邦一大利也。先生繼陳公而興，捐其利於，已而公其利於人哉，與陳公并傳不朽也。固宜余舊列史館，凡一言一行之善，必恩傳之，而不敢忽。矧其近在吾鄉，善及吾邑者哉。且吾鄉邑中，容或有可耕之地如東圩者，倘盡如先生之不惜其利以利人，則仰食之憂，庶幾其少豸乎？

都圩

綜述

明　劉天和《都圩埠閘記正德十一年》《吴中水利全書》卷二五　金壇之地，惟四區爲最。下區有閘，名都圩。其上流分受茅山、方山，全受了髻山青龍洞、黄金山白玉澗四源之水。南北分流入長蕩湖，介兩河之間，田皆窪下，随地形築土爲圩、爲埠。中曰蕩，東曰邵家、曰東莊、曰岳家，凡埠四。北曰大蕩、曰張家、曰蕩景、曰伏草，凡埠三、圩一。南曰蕩埠、曰上葑、曰中葑、曰下葑、曰張祥、曰戴圩，凡埠五、圩一。其間復有枝河二，導水自閘以達于運河，豬于湖。顧河淺而隘，埠低而圮，閘廢不治久矣。每夏秋霖潦，則水彌漫，而下渺然巨浸。率累歲僅一穫，且稅倍重他所，居民流徙者十之七，荒蕪極目。余見而悲之，進區民而語之曰：若胡不治堤與閘，而甘於轉徙耶？咸蹙額曰：傭作以給妻孥，竭力以償稅，凡里鄰之流徙者，并償焉。救死且不贍，而何有於是耶？余聞而益悲曰：閘可復，而堤不可卒爲也。然歲一治焉，庶其可漸復乎？衆曰唯唯，乃蠲其稅之倍償與貧不能輸者，俾民出力以治堤，計田而任；官出貲以治閘，量值而給。于是衆欣然趨令無督責點集之擾，而工不愆期。堤之高者僅尺許，蓋不欲急就以病民也。自冬徂春而堤成，甫夏而閘成，及秋乃大穫。余率僚屬，往觀而喜，吾民之少濟。乃記此于石，且有望于來者，嗣而治之也。治閘者爲耆民陳篚、姜玉云。

明 于業《修四區大蕩都圩閘記》《三吳水考》卷一六

金壇，古曲阿也。南襟洮湖，而三茅環列，西隅二溧邑連焉。勝國前江漢從潯陽而下分流，石臼諸湖合宣歙千里之水，經溧之五堰，注於東西二滆湖。而西滆即洮湖別名，由百瀆下震澤，流分三江，而歸於海，聯絡吳邦，千有餘里，皆澤國之墟，皆沃壤也。我太祖高皇帝撫有萬方，命官疆理三吳，築東壩以捍江漢，上流而澤國沮洳之土，至窪者皆出水而可圩。永樂後，周文襄公經略一十九年，荒垌僻塢，必勘必躬。於是乎湖濱隙陂悉墾之而爲畎畝，履畝科焉。吾邑在潤州最下，而四區大蕩都圩則又下之。下者不堤則外水無障而易以潦，不渠則內水無蓄而易以旱，不閘則蓄泄無備而旱潦皆灾，圩民病之。正德中，劉莊襄公宰金壇，問民病苦，興修境內水利，慮荒圩之病民也。嘗率衆築堤鑿渠，而給貲以治閘，民賴之矣。顧水衝波齧，歲久易傾鑿者湮，築者塌，而司蓄泄者與無閘同。迄於今，一遇陰霖即成巨浸，廬舍蕩爲魚鱉之藪，居民流亡者半，所存遺黎嗷嗷殘喘，蓋岌岌乎殆矣。仰荷皇上御極加惠，元元軫念。吳中重地，水灾流聞，則宵旰憂切，迺俞輔臣之請，選名御史林公以總督治水之權。久任以胥，成績侍御，公果能仰體德意，攬轡澄清。嘗陟天目，泛震澤，探河之源，而分別其支派。矢心盡瘁，申飭群僚，而復行李觀察公以稽其事。觀察公憫時揆策，相質以行，鑿渠塘以備旱，於高阜築圩埂，以防潦於低鄉，而又於一郡一邑一鄉一村相度下流之大小，以次殺之，以泄水患。因民之利，擇民之勞，以布之四郡，行所無事，智亦竭矣，而猶兢兢焉。慮其有遺，上之八年春，復檄所司會勘未修之故。而所司以大蕩都圩報侍御公，爲之區畫指授焉。役興於九年春，不三月而告成。侍御公按而喜，喜而慰勞有加，邦人德之，圖建亭立石以垂不朽。請書其事，以示思功。予固樂觀者，而又安敢以不文辭謹先叙圩圖之源委，而及侍御公之經略焉？按蕩以大名，謂其納衆流也。圩以都名，謂其包諸埠也。圩之廣袤，周圍三十里。而近西則丫髻山、青龍洞、黄金山、白玉澗四源，全流而下。北則茅山、方山，二水分流而下，無以障之，驟然而雨，則茫然極目，與洮湖同波。有以洩之則水落而陂出，隨形築埂爲田，兩河界於腹中，分爲三區。中曰蕩，東曰邵家、曰東莊、曰岳家，埠凡四，而爲一圩。北曰大蕩，曰張家、曰蕩景、曰伏草，埠凡四，而爲一圩。南曰蕩埠，曰上葑、曰中葑、曰下葑、曰張祥、曰戴圩，埠凡五，而爲一圩。復有枝河，二導會諸流出閘，閘倚戴圩之傍，名曰都圩，而注於洮湖。圩民聞疏築則喜，而計工費則憂。蹙然而相告曰：埂非廣而崇，則灾；渠非深而濶，則灾；閘非高而固，則灾。三年六熟，洊没無收，傭養妻奴，貸償官税而逃亡者，又并賠焉。救死且無暇，何役之能供？邑令聞而悲之，議申於司府，請於御史臺。侍御公慨然允曰：治埂之工大，兼用邑民，而計甲以量編治。渠之工小，專用圩民，而計田以分任。治閘之費則取諸公帑，而量值以全給，欲興民之利，祛民之灾，而以費計，豈善恤民者耶？檄下而所司申諭憲意，渥如也。於是圩民復欣然相告，曰：一方灾疲，沾此得更生矣。而邑衆之趨役者皆欣然，如期無後。先邑令既以蠲荒税賑灾貧，而復給穀以食工之無食者，而府判殫心調度，郡守時一臨而勸焉。於是衆益鼓舞，胼手胝足，取辦己力，鮮慮始之難。是以埂築如崇墉，渠浚如深淵，而閘之宜節者宛如丘陵。而又疏圩之下流近，而清水諸瀆遠，而燕子諸港泄，而無壅窪亦無洊其利也。寧非萬世賴哉？嗟乎！予處江湖，目擊時艱，有關情焉，夫民之利也。待命於上，民之灾也。待命於天，古語有之矣。今也水潦相仍，頻秋無穫，愁苦不可勝狀。民曰天也。而天不之恤追徵之，令無分荒歉，日交馳於道而控籲無門。民曰上也。而上焉者，莫之聞不知其利也。人固貽之其灾也，人或召之非天也。方今有道之世，皇上奉天而選憲臣以恤灾，憲臣代天而布公誠，以興利殷殷焉。視爲已幸，而溝洫是勤，導利是急，惟以不紓民隱是懼。四月圩閘一完，水不爲患，五穀繁茂，而有秋之稜視他豐歲且倍焉。是待於天者必待於人，而後民可恃也。不然有唐洪水，下民咨矣。使非待命禹，而平成之澤，天地能致之民哉？予嘗考《禹謨》以評治水，諸賢將以紹謨者，啓後人也。由昔而言，文襄公居其易，而襄毅公當其難。由今而論，襄毅公居其易，而侍御公當其難。均之有大造於東南也。千載而下，謂諸賢後神禹而興，不亦東南之神禹也哉？斯役也，總理於上，而效勞於下者，御史林應訓，號雲源，進士，福建人；兵憲李頤，號及泉，進士，江西人；知府鍾庚陽，號西星，進士，浙江人；通判楊棟，號舜山，歲貢，浙江人；知縣劉美，號蓉川，進士，四川人；縣丞呉時亮，歲貢，廣東人；縣丞温潤，恩貢，河南人；主簿薄延胤，歲貢，山西人；巡檢鄧應婁，大使羅焕均。不容泯得，并書以傳。

傳記

（康熙）《鎮江府志》卷三四　劉天和，字養和，前尹訓孫。正德戊辰進士，以御史巡按陝西，劾内臣不法，謫丞金壇。十年，安於吏事，留心民瘼。若忘其爲遷謫者，治行稱最，升本縣知縣。清節夙成，風裁素著，性沉毅，多大略，笑不改容。事無鉅細，皆有條法。計定而後舉，舉無不效。縣築土城，始於前令董。相六門兩關，皆就於天和，堅固可守。修《金壇志》，屬王孝廉泉采逸事遺書，訪先正劉漫塘墓，復龍山書院及建昌都圩三閘，設蠹弊，册置義塚。邑人至今頌之。

雜録

（康熙）《嘉定縣志·凡例》　一、水利所以時蓄泄也。嘉邑唇每而脊江，其土沙瘠，潮汐易壅。凡東西南北爲幹、爲支，名數實繁。惟各自爲圖，分注塘浦，細列都圩，所浚某塘、某浦、沾溉某都、某圩，一一注明。使一邑水道緩急鉅细，按籍瞭然。至河夫之數開浚之方，逐款分載，蓋以嘉之所重在水利，故視舊志倍詳云。

防衛圩

明　張駿業《新築防衛圩記》（乾隆）《銅陵縣志》卷一四　圩以防衛名，何防？以防水患之衝决，與曲防異也。衛以衛田稼之犁藝，與保衛同也。爰有嘉績，肇有嘉名，問名者誰？則今邑侯澄海星橋鄭公也。問何以圩？則銅之仁豐下圩，襟江帶湖，與繁昌錯壤兩邑之民兩不相顧，遂任波臣爲祟，與汨俱没，而久爲曠土，故圩之也。問圩何以成？則一時之功，弈世之利。所以説以先民，民忘其勞，故成之易也。夫天無不育之時，地無終遺之利，人無難建之功。要於乘時者昌，因利者勝，而事如有待天地實開。其人而今侯自涖任以來，期月報政，諸凡革故鼎新，修廢舉墜，種種懿嬍，勒在石碑者，不具論第，就圩論圩，則廣詢博諮，相形度勢綜理之必周也。畚鍤躬親率作，鼓舞先勞之無倦也。序事賦功，擇鄉之耆有德者董其任，知人善任使也。且勞來不已，加以勸相，勸相不瞻佐以秩金，人人歡呼，不啻投醪挾纊而子來之衆，不日之成於焉。增卑培薄，而大防亘拱，小防星羅，蛟唇爲之息餤矣於焉。緑疇彌望，而我黍與與，我稷翼翼，廢壤化爲膏腴矣於焉。蓄洩有宜，啓閉有制，暵湛有備，而天不能灾，地不能害人，即康功矣。銅之民欣游樂土，繁之民望，如化國銅之堤，鞏如金城繁之堤，藉爲藩蔽矣。嘻！誰之力哉？侯曰：子孫邀天之靈。民曰：父母生成之績。侯曰：終善且有農夫之慶。民曰：樂只君子壽考，不忘圩不朽。侯之豐功茂烈，亦并與不朽。往滇南皇甫公允衆議，甫有成謀，適留履舄以去。善作者不必善成，有始者不必有卒。非侯之清心定力以全副精神衹勤民事，烏能勝此任而快愉乎？侯家次公在唐爲沛郡興陂，號鄭陂，至今相爲美談。今之防衛圩亦必有以鄭公圩名之如往昔故事者。治譜相循，古今一轍，是可記也。又何可以無頌？頌曰：於粲侯度，維天開之。於粲侯績，維天相之。天惠銅邑，維侯涖之。天啓士功，維侯亮之。汙萊匝地，疇其闢之。大浸稽天，疇其障之。防水水伏，江流順之。築堤防抗，馮夷讓之。我疆我理，銅民賴之。我稼我穡，銅民饗之。樂利滋豐，引勿替之。福禄誕臻，允宜貺之。敉寧一邑，貞珉志之。奠麗八荒，鼎鐘象之。

（乾隆）《銅陵縣志》卷四　崇禎十一年，江水滔蕩，埂潰圩没。蓋緣繁民之業多無稅，草塌坐視不救，遂至波及。知縣皇甫信親勘定界，築埂如徐公堤，曰皇興圩。功未及半，去任，爲洪水所決。十四年，知縣鄭九升捐俸勸助，復堅築告成，名以防衛圩。

豐樂圩

綜述

（康熙）《江西通志》卷一四　豐樂圩在進賢縣東北，爲鄱湖之西汊。撫贛諸水奔流而下，饒信諸水倒灌而上。淫潦不時，田廬漂沒。明萬曆三十三年，知縣黄汝亨修築，邑人樊朝祖有記。歲夂圩壞，國朝康熙三年知縣聶當世重修。

（同治）《進賢縣志》卷五　萬歷乙巳，樊朝祖《豐樂圩記》略曰：邑治之東北依湖而閭者，厥地卑濕，厥土瘠，厥賦下下，名豐樂圩，宏治間祝公之所築也。其地爲鄱湖之西汊，撫贛諸水奔流而下，饒信之水倒灌而上，淫潦不時。且周迴數萬丈，綿亘百餘里。通計圩之内列圩四十有八，稅可千餘石。自圩成，進邑食祝公之利者，百年於茲矣。嘉靖以後，日就傾圮，叠遭水患，雖蠲租借種，叠煩上官，而圩不能完，終非久遠之計。適虎林黄公蒞任茲土，慨然以修復爲己任，乃按總圩之産，均派民夫修築其私圩，則各修之。於是畚者、臿者、築者、鱸者、黍肉餉者、歌而相杵者、纍石者、植樫者、薪而下楗者，風馳雲集。不月告成，又建社倉，於此爲守圩之備。圩歲有贏以入倉，倉歲有蓄以備圩，兩者相倚，誠百世之利也。爰記而鑱之，石以告來者。

傳記

（同治）《進賢縣志》卷一六　黄汝亨，字貞。父號寓庸，仁和人。萬歷戊戌進士，爲政嚴明整肅，人不敢犯，酌利害而興除之。先是邑漕粟民募艘，轉運章江，自與軍交兑，苦於久泊，軍伍復難之，吞漁無不至。汝亨憂之，乃建倉。會省倉成，魚貫而兑，悍卒無譁，百年之弊頓洗，一時鄰邑競效之。所著倉規，纖悉備至，事具《兑倉記》中。他若準田賦以編役，立社倉以備荒圩，豐樂以奠水鄉，以起病涉表章，書院廣厲學宮，邑士子咸彬彬向風焉。

（光緒）《重修安徽通志》卷一九〇　胡承謀，字貽仲，涇縣人。康熙庚辰進士，知陽江縣。地濱海，多盜練鄉勇。巡緝盜爲衰息，士風不振，以時考校，登賢書者始衆。署高要篆有豐樂圍圩，田千頃。歲苦潦，捐千金築堤，得無患，至今稱胡公堤。升知福州，坐事免復，起知湖州府。修葺安定書院，延名儒訓士。城南有淤池，爲築堤種植以充士子膏火。年老告歸，囊橐蕭然。

雜録

清 王定安《兩淮鹽法志》卷八一　據江浦縣附生邵芬、耆民朱錫南等稟：以唐、宋馬、化、豐樂、黄墩六圩，約有九百餘户，丁口約三千有零，每日約需鹽百斤之數。亦請在雙橋設店計口分售等情，當經先後咨商，皖岸招商局嗣準，魏道咨復，以唐、宋、馬、化四圩居民買鹽不便，前定四十餘斤事屬便民，惟該處唐、宋、馬、化四圩而外，有豐樂、黄墩二圩，地方較闊，自應酌量加增。所稱每日約需鹽百斤之數，核與該縣前請四十餘斤多寡懸殊，難保無藉端侵銷情弊，咨覆核辦，職道即札飭江浦縣查明。雙橋坐落化圩地方，北至浦城九十餘里，南至馬圩十餘里，西至和州交界二三里，東至江邊三里。前稟雙橋零鹽店邵玉昌每日應銷四十餘斤，係專指唐、宋、馬、化四圩而言。見查四圩之外又有豐樂、黄墩兩圩，毗連有三百餘户，計丁一千餘口。連唐、宋、馬、化四圩，共計丁口三千有零。每丁食鹽三錢，每日應加銷鹽二十餘斤，共計每日應銷鹽六十餘斤。

（同治）《南昌府志》卷三　下豐樂圩：坐落十九都東廬洲，離城四十里。

又　中豐樂圩：坐落十九都内，有石閘一座，離城四十里。

又　上豐樂圩：坐落四十八都，并四十九都，離城五十里。

（光緒）《江西通志》卷六二　同治五年，南昌縣紳劉于潯借官穀，分給集義圩内郭莊，修築决口。七年，巡撫劉坤一發制錢五萬二千餘串，修築新建、新增、隆慶等十七圩。八年，復奏借帑錢七萬八千四百餘串，修築南昌集義、豐樂等三十圩。

鳳賢圩

（景定）《建康志》卷一七　凰棲山在溧水縣西南七十里，高一十六丈，周回八里，西并石臼湖。父老云：昔有鳳皇棲其上，因得名曰凰棲。此山屬儀鳳鄉，近地有鳳賢圩，今作黄西，非也。

（光緒）《溧水縣志》卷六　神宗萬歷十六年，大饑。知縣杜允繼請發帑築鳳賢圩，饑民賴之。十七年，大旱。發帑金振之。

廣濟圩

綜述

宋　李心傳《建炎以來朝野雜記》卷一六　當塗縣廣濟圩長九十三里，私圩長五十里，建炎末爲軍馬所壞。紹興初命守臣葺治之。

紀事

《續資治通鑑長編》卷二六三　〔熙寧八年閏四月〕甲辰，詔雄州進士焦渥與試銜判司主簿或尉，以河北東路察訪使曾孝寬言渥陳邊議可采，召試舍人院中等故也。詔：河北兩屬户借常平穀，免輸息。權發遣環慶路經略使范純仁言：舊陝西敕弓箭手，百姓不許典買租賃蕃部田土。至熙寧編敕，則不禁。臣今體訪環慶州諸城寨屬户，昨因災傷多以田土典賣與蕃部，慮漸典賣與漢人，緣熟户以耕種爲業，恐既賣盡田土，則無顧戀之心，以至逃背作過，緩急難以點集。乞自今陝西緣邊屬户蕃部地，止許典與蕃部，立契毋得過三年。詔：地連夏國界者用陝西一路敕，餘用編敕。録光禄寺丞吴辛子損爲郊社齋郎，以辛通判太平州，出視廣濟圩，溺水死故也。

（康熙）《太平府志》卷四　大觀二年，給事吴復之子業通判廣濟圩，行部度姑溪，馬驚落水死。宋修諸圩，特有通判主之，於此可見。

又　咸淳八年，六水運判孟知縉行廣濟圩，投身捍水，潮爲之却。今有亭祀之。

傳記

宋　曾鞏《元豐類稿》卷四四《光禄寺丞通判太平州吴君墓志銘》　龍圖閣直學士給事中吴仲庶具書載其子業官世行治屬余曰：吾于某不克壽，不得見其志。幸得名信，後吝則某其不泯泯，尚足以慰吾忍也。余爲之述曰：維吴氏以文學直道，繼有顯人。其家于晚出并茂，亦多以材，於見扵世。君居其間，孝友篤學，有大志，未見其止。其不幸蚤死，故君既自重無所試，而其家盖識君之事亦略也。君以父任守將作監主簿，今上即位，恩遷大常寺奉禮郎。是歲，進士及第僉書廣濟軍判官公事，上書言時事，有人之所難言者。部多盜君請取酒場羨錢益賞購，轉運使難其言。君以罔詔用君議盜以衰息，君以母濟陽郡君蔡氏憂愁去官，服除，遷光禄寺丞，通判太平州，州賴以治。行部中視河，還不入其家，將行廣濟圩，度姑熟溪，橋壞，以水死。年三十有三。

宋 張鎡《仕學規范》卷一七 何待制述知太平州當塗縣，瀕江歲有水患。述築堤姑溪之上，民用按堵。邑有廣濟圩，爲田千餘頃，夏潦堤將決，述度地形，别爲長堤，横亘于中外。堤潰賴之得其半，自是地圩多法焉。知宣州寧國縣鄰邑富民有田訟，更二十獄不決，漕司委直之，述折衷于頃刻間。

雜録

（嘉靖）《重修太平府志》卷一 雙溝鋪：在廣濟圩中管。

又 周家橋：去城三十餘里，廣濟圩北。

又卷四 園林廠一所，在廣濟圩北管第三啚，五頃四十六畝四分。東至楊原田，西至東保兒田，南至楊安地，北至陳旺保地。

又 三家村廠一所，在廣濟圩南，管六頃八十八畝七分。東至霍王地，西至邢安朱計生田，南至霍泉田，北至劉斌田。

又 黄池鎮廠一所，在廣濟圩中，管二頃三十五畝。東至潘智田，西至李讓田，南至李旺田，北至郭俊田。

又卷五 白土：出廣濟圩白雲山，洪武四年取去燒造琉璃瓦，後起當塗縣人夫掘取，撥江淮濟川二衛馬船，裝運赴京應用。

又卷一一 保安院：在廣濟圩南管。

藝文

宋 楊萬里《誠齋集》卷三四《過廣濟圩》 圩田歲歲鎮逢秋，圩户家家不識愁。夾路垂楊一千里，風流國是太平州。兩渠水夾一堤寬，箇是東皇大音隨御園。旋揷緑楊能幾日，新枝已自不勝繁。桒疇一眼鬱金黄，麥壠千機緑錦坊。詩卷且留燈下看，轎中只好看春光。

塆坪圩

（同治）《進賢縣志》卷二 邑東北鍾陵橋、譚源、潭津、田南、南山、龍泉溪、北河、潤安渡、壩上、巷里、車溪、鹿塘、青山、厚源、塆坪圩，第二塘陽坊嘴、西湖嘴、黄岡、向溪、蔡坊、美厚、東塘等處二十三都之圖十二邑，北焦浦横坑、金坑、周坊、爵塘、瑶溪、社公山、高塘、官溪、鄒坊、鵠源山、背花園、梅莊、孟坊、陶坊、磚窑岡、大傑岡、古塘、武塹、禮山等處。

又卷五 塆坪圩：縣東北八十里二十二都，北連餘干界。明成化二年，兩縣合築六合圩，與塆坪圩毗連，塆圩之水由此出鋪前港。

行春圩

（嘉靖）《重修太平府志》卷四 紀家大廠：在縣東南行春圩，古城寺東二頃七釐。東至大河，西至七里港。

又 紀家小廠：在縣東南行春圩，古城寺東，一頃九十二畝一分。東至陶辛圩，西至行春圩，南北俱至大河。

（乾隆）《太平府志》卷一四 古城院在縣南行春圩，宋祥符元年僧德森建。明永樂七年僧景眞重修。

又卷二八 劉世和，貢生。生平稱重鄉邑，能仗義有籌畫才。康熙四十七八九年間，行春圩東南角甑子埠連決，圩埂輪年者力不能支，闔圩幾淪澤國。世和協同圩役始則解囊任力，繼則獨自營辦，捐貲約千餘金。俾圩堤復完，固藝殖桑麻，居隣咸藉存活。兼繼輸將其間荒疫時行平糶賑粥施藥，周親罔有倦意。比壬辰堤又決，邑令孟光廷就諮訪并屬經營，世和慨然願盡力，復捐費數百餘金。工告竣，孟令給匾，并題語獎嘉之。兩舉賔筵，俱堅辭，邑紳士高韻等爲勸慰，猶多述及前事焉。

又卷四三《行春圩》 桑疇入眼鬱金黄，麥隴千機緑錦坊。詩卷且留燈下看，轎中只好看春光。

（嘉慶）《太平縣志》卷七　周公純，字澤遠，國學生。母孫氏守志撫育，拮据萬狀。年未弱冠，即解艱苦思生活，計以博母氏歡。比長貿易蕪地，以所得安葬祖塋，旁支不能葬者，皆爲葬之。蕪有俞茂松者，因歲荒連年逋欠，追呼甚急，母子號泣，作訣别計。純聞之惻然，出錢代納其逋，今俞姓子孫嘗稱道其盛德。行春圩、安仁橋、新橋皆公純建造，立有碑記。他凡歲歉賙恤，亦量力從之，無不篤。年七十餘，卒。

（嘉慶）《蕪湖縣志》卷二　河上橋在縣東南四十里，行春圩、陶辛圩交界。

又　朱家渡在行春圩。

和安圩

清　汪元愷《青口和安圩記》（光緒）《贛榆縣志》卷三　圩名和安，無寡無傾，以衛民生也。然當青口殷阜，時程士物，平板幹寬之，以歲月差易耳。若兵燹叠經商富駭散取材，頹垣斷壁，咄嗟立辦於旬月。間寇衆蝟集，而已可依憑爲戰守。雖曰人事，豈非天哉？先是大江南北寇亂，赤眉大槍所在蠭起，上游屢檄青口，築圩董事者謙讓示違而有。咸豐庚申九月，皖匪之變，余時挈家浮海上歸來，蠢然傷之，與周子曰森等謀聘王守戎得勝，招餘黎，團練，甫畫築圩，畚揭待集。辛酉五月，東匪一再擾青口地，四平無險可據，彼衆我寡，將何以戰？夫情每窮而思奮事以説，而忘勞其理勢，然也。爰擇六月望後三日，鳩夫浚濠，争先受臿，浹曰而成之。搜廢宅磚石築垣墉，兼曉夜治守具，甫帀月墻，高不踰丈，而方圓畢施。偵者走報，曰皖逆大至，招衆登陴，燃巨礟殲乘馬賊一，王守戎邀擊之，馘數十，生擒六人。以入夜則銜枚斫其營，賊驚遁，仍鳩築如初役。迨十月，皖寇復集，則深溝高壘窅然屹，然賊曾不敢摩我闕，而枚我闔矣。圩高八尺，延袤九百八十丈有奇，門四，礟樓凡三十二，渠溪環抱新水，活也。睥睨參差，列墉壯也。敵樓雲互檐，牙峭也。戰壘星羅跂翼，雄也。俯而瞰，仰而窺，誰爲爲之，謂敢貪天之功以爲己力乎？青鎮南枕大河，承沂浸下流。每盛夏驟雨，河水暴漲者累日。茲役也，三十六雨之期輒應，而馮蠵切和，若逆計寇之將至，而不使一日廢事者，執役集萬夫畚築於烈日中，曾無我痡之嘆，殆有蔭暍而樾庇之者乎？況四門靡麗，巨石周叠，庀材者輦石至。動合尺寸，楹桷綸連，方資異材，而遠商之航而來者，獲佳木如林焉。豈非天哉？豈非天哉？抑不佞猶有説里俗，舊稱善良，亂後輒稍稍易。圩既成，竊願斯人返乎？敦厖以無負天，所以生成而奠安之之意。同治元年十二月。

（光緒）《贛榆縣志·校補》　青口和安圩周九百丈，應作九百四十餘丈。光緒十四年，知縣陳廷璐，縣紳汪彤程、徐燦英、許鼎霖重修，用錢六千餘緡。

河北圩

清　淦顯静《東鄉河北圩提記》（同治）《建昌縣志》卷一〇　修水發源于義寧州，逕武寧而趨吾邑，爲修汞，自楊柳鴻南至山下，渡入潦水，納奉新安義之支流，而會於涂家埠。此建邑之大河以達省會也。北則東抱永興圩，西繞義修圩，護城郭而訖於楊嶺坂之湄，爲小河。小河之南流，西仍腋永興圩，東則唐穴，徐家榨爲最險，泆收圩濱其地焉。毗連青墅圩，至滀湖爲涂家埠之後河，其北流由傳家港折而東注河頭，地勢愈低矣。上受北境諸山之水，自渡頭湖迤邐至劉家湖，而奔赴於此。下接東來諸水之漲，自沙湖泛濫，至沙港而波激於此。廖坊圩之東北當其衝也。廖坊古爲蘆州，名廖家汊，淦氏世其家矣。其圩之南若長灘、李婆、龔安三圩合築。下而老姑圩、義興圩、南改圩、北改圩、豐厚圩、忠厚圩。地瀕大河，則自涂家埠後河曆樊屯至大岸下蘆潭，合章江之水至新建之吴城鎮。又自廖坊圩之東爲鄒家圩、沐塘圩、石洲圩、黄家圩、杜家圩，介于東白湖。又自義修圩北向直下，始最上圩，以至于豐稔圩、義成圩、猪首圩、馬屎圩、馬頸圩、六德圩、和安圩、合興圩、江上圩、沙港圩、熊家圩、茭茅圩、江前圩，終于白麋圩，聯絡十五圩之水，而于南湖與德安星之水合。評湃于猪磯，而浩蕩于彭蠡湖，此則河北之水諸圩之大□也。惟念道光十年以來水湇沙淤，田廬漂没，圩屢冲塌。叠沐皇恩賑恤，發帑修築，逮同治八年，復蒙上憲，靖帑補修，民之不爲魚也。頌禹稷焉。於戲！何易於不得專美於前矣，賢邑庶其總美於後乎？是爲記。

（道光）《重修儀徵縣志》卷四六 二十年春二月，邑人張式坦家老柏自焚。五月二十七日，大雨一晝夜，江溢河北圩，山水至不得洩，成灾。河南圩埂高不成灾。

皇興圩

明 李本樟《新修皇興圩堤碑記》《明文英華》卷七 天下之賦出於東南者十之八九，其瀕江一帶爲圩田，設堤防而立斗門，以司吐納，往往稱沃壤。然或畚築不時，啓閉無節，潮汛潰決，民且爲魚。上無以供賦稅，下無以盜家室，非細故也。銅陵濱江，爲治賦出於圩者十之七，厥土墳壚，厥田下下，以江潮之大小爲豐歉。萬歷間弋陽徐侯始築長堤，以禦江潮，而後四十八圩永享其利。其堤起於丁家洲老壩，迄於仁豐下圩，高其防而障以都埂。嗣是邑侯軫念民艱者，皆以治圩爲重務。南北皆有斗門，而北臨大江者，吐納尤重。數十年來，蟻穿蚓溜，滲漏如泉。予守銅陵之明年，陽侯肆虐，蕩析爲灾。又自皇興圩始，其堤之衝激碎裂，抑又甚焉。嗚呼！兹之弗治，銅陵其魚矣。爰進紳耆而籌之，僉以工鉅力艱，束手無策，或欲請帑興修，則工始於民，而修於官，政體弗協，且成例弗能也。顧費不給則堤不完，堤不完則圩永廢，國賦民生其何以賴？予念舉大事首在得人，乃訪於章子廷鍔者商之，出其修圩條議一篇，言皆有根柢。余知其必有成，乃韙其議而行之。其法按畝以徵費，計甲以起夫，開方以算土，積步以權值。計堤之圍三千三百有奇，小圩障其西。又堤一千有奇，新築之方一萬八千有奇。費不足則任事者解橐以助之，力不能即輸者，又假貸以先之。其壯者既受夫之值，足以瞻其家，而老弱者又分班任，易足以餬其口。有業者蒙任恤之休，無業者享代賑之利。且使各圩之呈乞者闞其口，而勉於事，而四十八圩之堤俱興起，堅固縝密，用卜永年。乃進任事者而告，曰：勉之哉，一德一心以保此不替其歲，擇一長而群長咸聽，無違心也。其增卑培薄，一以時啓閉也。其利害與共，毋築堤壩於水渚也。其高爾埂於溝澮之上，以防水溢也。其預存餘地毋留宿水，以滋漲決也。其盡塞外圩之□，勿令驅水入圩，而以私害公也。則銅民其世世永利矣。爰叙其巔末以垂示後人。

黄沙圩

（光緒）《廬江縣志》卷三 羅家埠、保青草圩、盛家圩、義成圩、理興圩、黄沙圩、柳旺圩、畢家圩，共田一萬五百四十六畝五分八釐。

（光緒）《蘭溪縣志》卷一 黄泥堰二：一在黄沙圩莊，上下兩堰承梅溪水。一在後潘莊，承驥溪水。紫浦堰。九都三圖由大路莊至黄沙圩，長里許。引紫浦溪流，溉田四五百畝。

濟南石圩

清 陳錦《勤餘文牘·續編》卷二《重修濟南石圩礮臺泉河碑記》 濟南地勢南高北下，泉流山水，環城而趨。軍興以來，東西南三面壘石爲郛，周十五里，既堅且厚矣。顧其始也枕流而圩，則穴地而水，地勢然也。己卯夏山水大入平地丈餘，决東圩十四丈，漂甎石殃田廬。時巡撫周公恒祺方涖新，民事勤修，百廢具舉，命予築缺口，因博收輿論，請爲石門，横丈縱九尺者，三名曰巽安。用鐵栅代門，闔令納水，别爲石壩，高五尺者五十丈。横當其垠，而闢東去圩濠石衖一百十五丈，以分水勢。門以内水道出新橋，橋故卑升高五尺，許懸門半不發復，舊河寬浚如初。登圩以望三面坡，石錯犬牙，灰漿塗隙，實以土。土蟄石陷内廉，條石高仰。以故水沁圩心，滲裂墻身六百三十餘丈，爲分六十段葺之。段刻新工起止字，以别於未葺者。平圩頂面石二千六百丈，换灰土尺灌漿，夯硪如故。去内廉高石作陂，陁三寸，許瀉水，并移條石，界圩頂成方罫，餘石悉運用無遺。其門南曰岱安，一望洞闢，請居閒爲墻屏之。其西曰龍王廟，水柵西山，水所由入也，刷阬丈許，損門址。請補築之灰石各半，長九丈，寬如其門。又其西曰二里壩，圩根剝陷，修砌凡一百九十餘丈。又其西迤北曰濟安門，西圩山水所由出也。鐵柵掛淤，易爲懸門，如新橋并填門外深阬，縱横三十丈爲石路，利行人。又其北迤東曰海晏門，舊無釣橋，今穴土架木，成輿梁通水上，自雉堞垛墻下至濠河槁石，修浚殆遍。自己卯秋至庚辰春，七閲月既蕆事，循圩而行，甃臺凡十，皆空中平頂方丈，餘兀立圩外，圩身至是則闕然。而斷公曰是，非所以行扞掫利馳巡也。從而聯之，每缺口接補圩身五尺餘，而以六尺二寸爲天橋，平上洞下，通人馬。凡甃臺滲蟄，及亭階門竇之不備者，盡葺之。層臺完整，并新其五門樓，綜核全工并員弁薪水局用，共費銀壹萬柒千兩。又就其中節省出京錢四千串以之。疏通壇橋下驢市兩股北流，直達黄台橋滐河。是役也，因巽安三門之設，并及於圩頂全修之工，觸類旁通，補苴周匝，而濠河石衖訇然中開，甃臺天橋周行無隙，則尤系乎兵祲緩急之用，而幸得成功於萬一者，儻非仰荷憲仁俯資群策，又安必其衆論之翕而人情之大順。與勒石告成，用志慶幸在工僚佐，例得備書。

永豐圩

綜述

宋 李心傳《建炎以來繫年要録》卷六七 ［紹興三年七月］壬戌詔建康府永豐圩租米，歲以三萬石爲額。

此據紹興四年二月癸巳吴若申明狀修入。圩四至相去皆五六十里，有田九百五十餘頃，近歲墾田不及三分之一，至是立額焉。

又 卷一二七 ［紹興九年四月乙亥］上以世忠持身廉，特賜建康永豐圩田千頃，世忠辭不受。

又 卷一六五 ［紹興二十三年七月］己卯詔以建康府永豐圩賜秦檜，仍令江東漕司同本府葺治，限十二月末須管了畢。

宋 洪邁《夷堅志·夷堅丁志》卷五《石臼湖螭龍》 溧水縣石臼固陽湖中，淺處有官圩，亘八十四里，爲田千頃，名曰永豐圩。政和以來，歷賜蔡、韓、秦三將相家。紹興二十三年四月爲江水所壞，朝廷下江東發四郡民三萬修築，時秦氏當國，州縣用命，督工甚整。

宋 周必大《文忠集》卷七〇《同知樞密院事贈太師洪文安公遵神道碑》 松方别治溧水，永豐圩過料工費，民都逞憾。

《宋史》卷三一《高宗八》 己卯，賜秦檜建康府永豐圩田。

又 卷三三《孝宗一》 八月己卯，以永豐圩田賜建康都統司。

又 丙戌，廢永豐圩。

又 卷一七三《食貨上一》 三年，定州縣圩田租額充軍儲。建康府永豐圩租米，歲以三萬石爲額。圩四至相去皆五六十里，有田九百五十餘頃，近歲墾田不及三之一，至是始立額。

《文獻通考》卷六《田賦考六》 紹興二十三年，詔以永豐圩賜秦檜。檜死，圩復歸有司。乾道元年，詔令淮西總領所撥付建康中收到子粒令項樁管非詔旨，毋得擅用。

明 張峰《永豐順濟二圩築堤記》（雍正）《江浦縣志》卷八 江南北地平，而水多堤，兩崖而田，其中謂之圩田。圩，圍也。圍田以在内圍，水以在外，蓋水與田相高下，沿堤設陡門，漲則塞之，以防湮沒。涸則通之，以泄積水，旱則因引水以灌田。故圩堤時築，陡門加謹，則無水患，無旱憂，耕穫之利其溥也哉。予以乙巳承乏江浦，江浦固應天之末邑，户視昔而半，耗賦積逋而莫稽，子切憂焉。如崇德之坍江，任豐之破圩，是皆賦無所歸，其積逋也。固宜積逋，而户有不耗乎，坍江得淮輕賫，辦納惟艱回，無策以蠲之。其任豐之順濟、永豐二圩，厥田惟七十九頃有奇，厥賦惟均難五百九十有奇。自成化乙巳大水，而圩田湮□沒殆盡，後更未有築之者。夫田荒而賦存，催科之下民無完膚，故二里二百二十餘户之民，十亡八九。子乃循行阡陌，度地形之廣狹，測水勢之高低，可以施工修築，經久無虞，不使膏腴之地，而彌目皆草萊也。于是乎詢之父老子弟，父老子弟皆躍躍然，欲相勸力而不肯少後。于是又白于監司歐陽公、唐公、京兆蔣公，咸報曰，是乃檄治府葉公、節推錢公爲之經略，所以重民事也。又憐役貧民，以興大工不免艱于供億，乃捐庫白金五百有餘，計工而廩其食焉。其督工者，則典史袁廷是也。經始于丙午十月十一日，畢工于十二月二十五日。其舊堤因可略加修整者不言，言所鼎築者長五千二百餘丈，腳徑五丈，面徑半之高一十五尺，重修陡門凡七座，堅厚完固，可爲經久。丁未，旁召軍民爲之斬艾草萊闢鋤荒壞。戊申歲大稔，賦輸如期焉。圩之中有長池，廣約六百餘畝，督中竊種于中時池水之出入，而魚鰲生焉。圩外環植柳，僅數千株，若藕與魚柳，歲可得金，爲修築費，則民可無勞，圩可永固，豈非無窮之利哉？是役也，有賢監司、京兆以主之，于上良父老子弟趨事，子下櫛盡食，風奔走播告，則袁典史之服勞，不可泯也。予無與能焉，昔者子路治蒲，孔子過之稱其恭敬以信曰：吾見其田疇，盡易草萊，盡闢其恭敬以信，故民盡大夫圩之廢也。回六十年，乃一舉事踰月而告成功，五百有奇之賦得輸如期，非惟免于民竄也，且開復業之路焉。然非監司、京兆之恭敬以信，其所感有若是之速乎？邑人判簿滕君科樂其成，爲伐石相率鄉老王宜鄭□等謀紀其事，而傳之永久。于是乞文於予，因爲序修舉之次弟，紀瞻圩之美利，表諸公之德感，而勒石爲記，嘉靖二十五年月日。

（萬曆）《和州志》卷二《永豐圩》　濱江潮每決圩害稼，嘉靖間，判官李錠率民築之，今賴其利。

清　顧炎武《日知録》卷一〇　今高淳縣之西有永豐鄉者，宋時之湖田所謂永豐圩者也。《文獻通考·永豐圩》：自政和五年圍湖成田，初令百姓請佃，後以賜蔡京，又以賜韓世忠，又以賜秦檜，繼撥隸行宮，今隸總所。

（康熙）《金壇縣志》卷二　永豐圩，在縣南四十里，週二千八百丈，田二十九頃。

（康熙）《高淳縣志》卷九《永豐圩》　舊志據《文獻通考》曰：宋紹興二十三年，詔以永豐圩賜秦檜。檜死，圩復歸有司。臣僚言：秦檜既得永豐圩，竭江南漕計，修築堤岸，自此水患及於宣、池、太平、建康，昨據總領所申：通管田七百三十頃，共理租二十一萬一千餘秤。當年所收纔及其半，次年僅收十五之一，假令歲收盡及原數，不過米二萬餘石，四州歲有水患所欠，民租何翅十倍。乞下江東轉運司相度，本圩如害民者，乞依浙西例開掘，及免租户積欠。從之。江東轉運司奏：永豐圩自政和五年圍湖成，田今五十餘載，橫截水勢，每遇泛漲，衝決民圩，爲害非細。雖營田千頃，自開修至今，可耕者止四百頃，而損害數州民田，失税數倍。欲將永豐圩廢掘潴水，其在側民圩不礙水道者如舊。詔從之。其後漕臣韓元吉言：此圩初是百姓請佃，後以賜蔡京，又以賜韓世忠，又以賜秦檜，繼撥隸行宮，今隸總所。五十年間，皆權臣大將之家，又在御府，其管莊多武夫健卒，侵欺小民，甚者剽掠舟船，囊橐盜賊，鄉民病之，非圩田能病民也。於是開掘之命遂寢。明邑庠生韓仲孝曰：按：永豐圩築於政和五年，是時溧水已屬江寧府。建炎以後屬建康府，而寧國志復載：紹興二十三年以永豐圩賜秦檜，乾道元年八月以永豐圩田賜建康都統司，二年六月廢永豐圩，何也？又按溧陽野志云：永豐圩，今屬高淳縣，在東之上，使宋氏未築，東則水患當由溧陽荆溪及三吴矣，何至太平、建康耶？此東已築之明徵也。愚謂非也，此正足徵東之未築矣。蓋太平、建康、宣州，昔在蕪湖下流，江水漲時，先從蕪湖入丹陽□城，徑從東下溧陽，則水勢已殺其七八，乃於丹陽固城之中，橫埂一永豐，而僅留今之淳河爲□喉，則江水停泊於丹陽石臼，遂爲宣州、太平之害，而其憤盈之勢，寧不及建康哉？此當時所以有廢永豐圩之議也。嗚呼，永豐圩築而四州不能當其水患，乃東壩築而邑能當之乎？圩既不能廢，而復不能開，民之水厄與淳終始矣。讀志至此，不能不三嘆。

《宋會要輯稿·食貨八》　永豐圩自政和五年圍湖成，田經今五十餘年，橫截水勢，不容通泄，爲害非細。今相度欲將永豐圩廢，依舊爲蓄水之地。

（光緒）《金壇縣志》卷一《塘埠》　永豐圩，在縣南四十里，週二千八百丈，田二十九頃。

傳記

（康熙）《高淳縣志》卷一七《孫琦》　孫琦，永豐鄉耆民也。嘗築堤在湖遮浪，以衛永豐圩。萬曆戊申，知縣宋招尚義者捐穀助賑。琦已被水患，乃棄産鬻粟二百餘石助公，知縣宋旌曰尚義。

（嘉慶）《重刊江寧府志》卷三六《劉定富》　劉定富，字我雲，高淳人。天啓癸亥，潦永豐圩，崩居人田舍盡没，富捐資修築之。

（光緒）《永嘉縣志》卷一五《項維聰》 項維聰，字懋德，號聽所，萬曆戊戌進士。初任休寧令，折獄多所平反。有卑秩在脫中，置金於茗以獻，立召叱還之。鄉試分闈，相國錢機山、方伯汪來虞皆在選中，稱得士。辛丑，調知望江縣，值賦法失均，仿古方田法，裒益肥瘠，則壤稱平。尤喜課士，品題史學，自出新裁。蕭蕭官閣題曰：一無有齋。移令高淳，榜其署曰冰壺，以明厥志。勤政惠民，暇則課士不倦，學宫面湖，形勢太曠，捐俸甃屏墻衛於前，建敬一亭峙其後。文教丕振，倡修西新橋，重建城隍廟，改建遺愛祠，重修萬壽觀及永豐圩石堤。

紀事

宋 廖剛《高峰文集》卷二《論賜圩田札子》 臣伏覩今月二十六日聖旨指揮，將建康府永豐圩撥賜韓世忠。士大夫聞之，莫不駭愕。臣竊契勘，本圩計田九百六十頃，歲收米三萬斛，他圩未有其比，不知此賜出於宸衷，抑世忠有請，而陛下遂與之乎？

又《札子》 臣二十九日具奏，論韓世忠不合賜圩田事，未蒙指揮施行。臣再契勘，得永豐圩田係紹興三年七月九日指揮，每年以來，米三萬石爲額，仍自紹興五年爲頭，依額起發。本圩有監官三員，餘十圩共計止收米五萬八千餘石，并無官監，此以見江東圩田，惟永豐最爲浩瀚，若遂撥賜，是歲減官米八分之三，用度既失此數，又當取之於民，不知三萬石，竭幾家之膏血纔能辦，此在陛下，不可不恤也。

《文獻通考》卷六《田賦考六》 臣僚言：秦檜既得永豐圩，竭江東漕計，修築堤岸，自此水患及於宣、池、太平、建康，昨據總領所申：通管田七百三十頃，共理租二十一萬一千餘秤。當年所收纔及其半，次年僅收十五之一，假令歲收盡及元數，不過米二萬餘石，而四州歲有水患所失，民租何翅十倍？乞下江東轉運司相度，本圩如害民者廣，乞依浙西例開掘，及免租户積欠。從之。江東轉運司奏：永豐圩自政和五年圍湖成田，今五十餘載，橫截水勢，每遇泛漲，衝决民圩，爲害非細。雖營田千頃，自開修至今，可耕者止四百頃，而損害數州民田，失稅數倍。欲將永豐圩廢掘瀦水，其在側民圩不礙水道者如舊。詔從之。其後漕臣韓元吉言：此圩初是百姓請佃，後以賜蔡京，又以賜韓世忠，又以賜秦檜，繼撥隸行宫，今隸總所。五十年閒，皆權臣大將之家，又在御府，其管莊多武夫健卒，侵欺小民，甚者剽掠舟船，囊橐盜賊，鄉民病之，非圩田能病民也。於是開掘之命遂寢。

明 吴道南《吴文恪公文集》卷一〇 六月辛丑，巡撫侍郎周忱言：溧水永豐圩，週回八十餘里，環以丹陽石臼諸湖，圩内舊築埂壩，通斗門石臺司啓閉，農受其利，今就頽敗，請以縣歲派南京均工民夫葺治之。

《宋會要輯稿·食貨六三》 建康府駐札禦前諸軍都統制、兼提舉措置屯田劉源言：伏睹指揮，將永豐圩開掘，見管租户數多，若一旦放散，無所歸着，便見失所。今來本軍差軍兵在和州巢縣屯田，竊恐於内却有不諳田土之人。今相度，欲候開握永豐圩，將放散租户内取問情願屯田之人，撥换所差屯田軍兵歸軍。所有合用糧食，乞令總領所支借應副，委是兩利。

又 通判建康府吴若言：本府管下永豐圩，舊管田九百五十餘頃，以前之事，不可悉數。且以紹興二年客户熟田計之，有二百九十七頃，而去年却止有二百六十餘頃。去年合增而反减者，蓋緣此圩舊例，止是令客户納穀在倉，官自糶賣變轉。自去年都督府差官，須要民户舂變苗米，又勒客户甲頭等起發，故客户有逃田者，所以墾田減少。此圩四至相去皆五六十裏，今止有兩員使臣監管，如得更差文臣兩員凑作四人，分爲四管，遞相鈐束，立爲比較，則歲所增入自當有餘。望以此圩專付本府，依舊例措置。都省勘會：紹興三年七月九日已降指揮：永豐圩田并撥隸建康府，聽一面措置，每年止以米三萬碩爲額。仍自來年爲始，認起熟田米二萬碩。内生荒田系創行開耕，與免一年，自紹興五年依額起發。詔永豐圩田客户納穀，官自糶賣變轉，仰依舊例施行，餘并依所乞。是歲四月三十日，詔永豐圩撥隸本路提刑司，監官從朝廷於京朝官内選差。

藝文

明 王弼《永豐謡》《石倉歷代詩選》卷四二五　永豐圩接永寧鄉，一畝官田八斗糧。人家種田無厚薄，了得官租身即樂。前年大水平斗門，圩底禾苗没半分。里胥告災縣官怒，至今迫租如迫魂。有田迫租未足怪，盡將官田作民賣。富家得田貧納租，年年舊租結新債。舊租了、新租促，更向城中賣黄犢。一犢千文任時估，債家算息不算母。於乎！有犢可賣君莫悲，東隣賣犢兼賣兒。但願有兒在我邊，明年還得種官田。

（康熙）《高淳縣志》卷二一《西陡門碑記》　淳邑有永豐圩者，始於有宋□□三年，蓋截固城湖之卑下者，半週圍計九十餘里，因有白鹿行踪之異始，嘉者倣其迹之曲直高下，依勢利導，築埂成圩。初計田七萬餘，潦蕩灘瀆不與焉，沿久拋荒，往往湮没，莫可究詰。至國朝天順六年，鄉民目擊心傷，苦於水利之不開，推重本圩，徐貴十、吴伯珂等捐金募工，將西陡門砌造比丹陽湖灘。地勢交割，名爲潮迎進神之象，後爲螺螄沉溝，大河水勢洶湧，洗刷灘地，傾圮大壞，澇浸頻灾，飢饉罔措。復於正德二年衝破本圩，水浸陡門，内外崩坍，直至嘉靖六年，里老徐蕚、吴質等舉呈陶侯，備將興利革弊，告蒙巡撫，歐陽巡按游行縣，合依擬行，又相沿無何。至嘉靖十九年，幸遇新任甘侯諱惠，初下車涖政，首以此爲要務，誨民修築，若何而爲盡善，若何而爲未善，協力監砌，陡門乃成。語其向則坐向辰戍，語其地則風氣攸鍾，臨於前者，而有天設之險，培於後者，而有地維之固。否則，徒日紛紛而弊焉而已。西陡門之名，原設有二壩，此其壩之上者，出入水利，兩無不宜。遇水而不苦於水灾，遇旱而不苦於旱傷，後實計田十萬八千畝，於而知此一西陡門之關係，誠莫大焉。甘侯爲國爲民之意，可盡述哉！然則利害所關，可弗慮弗圖，而不知所警戒豫備耶？因記，以爲後來者勸云。

雜録

宋 周必大《文忠集》卷一七一《乾道壬辰南歸録》　丁巳，約五十里至太平州，河口兩岸多民居，溪流不甚濶，烟樹如畫，稍前即永豐圩。八十四圩共之。

（康熙）《高淳縣志》卷五《鐵佛庵》　鐵佛庵，縣西三十里西陡門。明隆慶二年，耆民孫詔、吴薪同砌，謂門爲永豐圩。旱澇潴所關門，近丹湖險要，人烟散逸，未便看守，詔捐基建庵，住僧可以通報。至萬曆十五年，圩破庵廢，詔子稀捐資重建，僧楚禪募鑄鐵佛三尊，庵因以名。稀復捐田一十五畝，永奉香火，僧高鳩倡重修，一方賴水庇云。

又卷九《滄溪》　滄溪，縣西北十五里。分淳溪，水過練城灣、月潭灣，沿永豐圩北埂出，撑龍港渡，下芮家嘴，注丹陽湖。芮家嘴，近撑龍港渡，乃湖水出入之處，最爲永豐圩要害。

又《龍潭河》　龍潭河，縣西南三十里。即永豐圩西陡門外河，南自澄溝，西會搬柴港，受蕪湖、江水，同至芮家嘴，水溢之時，與湖無別。

寧國府圩

宋 周必大《文忠集》卷一〇六《賜敷文閣直學士右中大夫知荆南府姜詵辭免昨任寧國府修圩岸轉一官恩命不允詔十一月二十二日**》**　增秩旌郡守，漢制也，而朕用之。卿向治宛陵，於農田蓋宣力焉，堤防允修，禾黍以茂，今雖易鎮，賞猶眂功，兹用不待三載亟考而績。詔音既下，顧欲反汗邪，所請宜不允。

《文獻通考》卷六《田賦考六》　乾道九年，詔户部侍郎葉衡核實寧國府、太平州圩岸。五月，衡言：寧國府惠民、化成舊圩四十餘里，新增築九里餘，太平州黄池鎮福定圩周迴四十餘里，延福等五十四圩周迴一百五十餘里，包圍諸圩在内，蕪湖縣圩岸大小不等，周迴總約二百九十餘里，通當塗圩岸共約四百八十餘里。并皆高闊壯實，瀕水一岸種植榆柳，足捍風濤，詢之農民，實爲永利。於是詔獎諭。

《宋會要輯稿・食貨八》　五月二十日，詔太平州、寧國府新修圩田，可差監察御史陳舉善前去覆實，開具有無堅壯損壞以聞。

又 八年十一月，臣僚言：寧國府兩圩梗岸雖已圓固，至於卑窪去處可以潴水者，又須當求所以措畫之方，惟相其水源所歸穿掘陂堤以潴蓄之，外水既落，則因以决放，而可以免於浸溺。況兩圩腹内包裹私圩十五所，其野泊荒陂低圩之田廢而不治者尚多有之。圩民知其利而不能自辦，官欲爲之，又無餘力可成。惟其常有淹澇之憂，而未免蠲減苗税，孰若以其所减者募民疏鑿。欲望於苗租内截撥米若幹碩，責以農隙之時浚築，將見永無水患，不失賦入，以濟大農之用。詔江東常平司委官取見的實合修去處丈尺、工料、米數，實具文狀保明以聞。

政和圩

論説

《宋史》卷九六《河渠六》 四年二月，工部言：前太平州判官盧宗原請開修自江州至眞州古來河道湮塞者凡七處，以成運河，入浙西一百五十里，可避一千六百里大江風濤之患；又可就土興築自古江水浸沒膏腴田，自三百頃至萬頃者凡九所，計四萬二千餘頃，其三百頃以下者又過之。乞依宗原任太平州判官日已興政和圩田例，召人户自備財力興修。詔沈鏻等相度措置。

《宋會要輯稿·食貨七》 閏十二月二十七日，又言今措置太平州圩埠下項：一、令來當塗、蕪湖兩縣人户被水損壞圩埠，乞結甲保借米糧相添，自行修築，在法，係是農田水利，民力有不能辦者，合依宣州體例借貸，具數保明，申提舉常平司外，有萬春等圩埠人户，乞官爲雇工修築。今檢計被水破缺并裏外埂損壞，合行增築貼補，其蕪湖縣萬春、陶新、政和等圩埠三所，共長一百四十五里有餘，合用九十六萬一百三十四工。

又《食貨六一》 政和二年，本州將路西湖興修作政和圩，自後山水無所發泄，遂致冲决圩埠，損害田苗。乞廢田，依舊開掘爲湖。户部下本路轉運提、刑司同共相度，逐司言决圩爲湖，委是經久利便，從之。

綜述

宋 李之儀《姑溪居士集·前集》卷四四《路西政和圩共修青山中元水府行宫》 俗諦自欺，異同相黨。神工不宰，正直是師。眷盛德之威明，實吾邦之依止。每感必應，無隱不周。將有事于汙萊，復并受于侵冒。庶格終始之吉，嘗邀輔佑之仁。果獲奏成，敢忘昭報。非醪羞不足以答丕貺，非象設不足以顯至靈。是用博謀食利之財，就啓來臨之館。一則便圩農之祠禱，一則表福善于無窮。竊圖錫禹之圭，兼證吠堯之犬。

《明史》卷九三《河渠九》 十一年正月，修直隸蕪湖縣陶辛、政和二圩。

《宋會要輯稿·食貨七》 政和二年，本州將路西湖興修作政和圩，自後山水無以發泄，遂致衝決圩埠，損害田苗，乞廢田依舊開掘爲湖。户部下本路轉運提刑司同共相度，逐司言決圩爲湖，委是經久利便。從之。

雜録

（嘉靖）《重修太平府志》卷四 張家廠在縣東南政和圩第一啚，六頃六十八畝二分七釐。東至揚田，西南俱至大河，北至張春田。

（康熙）《太平府志》卷六 方村渡，在政和圩。

（嘉慶）《蕪湖縣志》卷一 政和圩，宋政和四年築統一里，屬移風鄉。

又 卷二 方邨渡，在政和圩。

又 恩榮坊在政和圩，爲户部主事胡㦤暨妻洪氏立。

萬春圩

綜述

宋 王象之《輿地紀勝》卷一八《景物下》 万春圩在蕪湖東二十五里，計田一千二百八十頃。

宋 李心傳《建炎以來繫年要録》卷一六五 ［紹興二十三年七月］丁丑户部侍郎徐宗説言，宣州、太平州圩田爲水所壞，乞委司農寺丞兼權户部郎官鍾世明前去措置。從之。其後世明言，宣州化成、惠民二圩，蕪湖縣萬春、陶春、陶新、政和、猶山、永興、保成、咸寶、保勝、保豐、衍惠十圩，當塗縣廣濟一圩，每圩長者數十里，用工數百萬計，乞以常平錢米貸民修築，亦從之。先是，宣州大水，其流泛溢至太平州，凡太平境内沿湖諸圩悉爲衝决，會溧陽縣丞龔鋈以修圩之策獻於秦檜，檜乃以幹辦府丁禩爲江東副總管，往集其事。至是，繼命世明又以鋈爲本路提舉司屬官，俾視其工役，既而知當塗縣張津謂被水農民流徙過半，若令自修，力不能辦，遂用其説，共興長埂周回百八十里，包諸小圩，未幾成。然鋈所役夫萬計，人之死者甚衆。先是，臨安府守臣曹泳薦監激賞酒庫龔釜於檜，使掌平江府、秀州莊産。釜既改秩，即令權監六部門。又創立點檢人使程頓爲名，出使二郡，釜因遍詣田所，相視有瘠薄者，即追售田之人，勒償元直，民甚苦之。鋈、釜，皆鑾弟。津，宜春人也。

宋 劉子澄《磚石湖論》（康熙）《太平府志》卷三七 丹楊湖田，昉于何時哉？萬春名圩，肇建南唐，是供後庭脂澤之奉。我宋并以歸大農，長埂卧虹，中三湖以捍衆溪。民平陸數百頃，邦民附益而圩者如櫛比。嘉祐增百丈，尋廢。崇觀闢陶辛、政和、易泰，近歲招田之官，復舉路西湖而圩之。不耡不耰，不糞不溉，自非百川甚溢之歲。公私所入，視陸作三倍，亦可謂生民之大利，理人之要權也。以禹稷之智，而不知出此，何哉？天生五行，水土各一，其性利舟楫者不利耒耜，生龍蛇者不育人民，故未嘗責艱食于鮮地，而懋遷以爲粒，以至浚川必使就下，出其平原大陸而宅之，而土之，而作之，入之海濱廣斥，且不與水争地，況江湖所瀦之處哉？是故洞庭彭蠡，禹留以爲瀦水處也。地勢不利于圩，而民亦不知有圩，招畦畛尺耕寸闢，又爲陂塘，機伋而灌之，視圩利誠拙矣。然甚豐不狼戾，甚歉不轉壑，造物常報以中熟。丹楊地勢少衍，官私競圩，而田之軋衆溪，使横流歲不甚澇，則見利而不見害，頻年水溢，官民相疾，視各指隣壤以爲壑。今年復大水，九十四圩盡决，圩户流散，臣吴淵以朝命蠲租發廩，勞來賑給，而後復業吁。此理也，非歲也。造物本以是爲川流，豈以是爰稽哉？古者司空平水，土虞衡典，山澤稻人，司稼相地，所宜種魚鹽稻粟不相凌奪，故王道明而百川理。蓋亦輔天地之宜，與萬物之自然而已。漢水衡、唐水部、我宋都水監，凡興利除害，必遺行視。今立國荆楊，視此反不切。大家巨室，以勢力自圩，水失其行，宅土作陸者反告病。歲旱無所仰溉，歲澇無所逃浸，細民失網□之利，商旅迂舟楫之程，有司方以爲田野闢也，利其起租而不問，何哉？愚于丹陽諸圩，大小歷記，以謂捍湖而田，非開闢本意。諸所見有圩，或古額難廢，或成績難毁，然取數造物爲已多，而盡地力爲已甚，不可復加矣，塞其决而復之，使民圩附庸，以立址舍是之，外有輒圩者，官禁之。姑留餘地以爲徽、池、宣、昇、廣德受水之地，瀦而後洩，以達于江，歲不泛溢，而圩民户各受其惠，是亦平水士之務也。又曰，昔齊竟陵王子良爲丹楊尹，上表曰，京尹雖居都邑，而境壤兼廣袤周輪，幾將千里，舊遏古塘，非惟一所，而貧民業廢，地利久蕪，近遣官吏循履丹陽等縣堪墾之田，合計荒熟有八千五百餘頃，修治塘遏可用十一萬八千餘夫，一春就功，便可成立，上嘉納之。若子良者，可謂知水利之重矣。乾道九年詔郡縣修水利爲旱備，而當塗率作興事墾浚者四百七十二所，往往多子良舊迹，至于今賴之。續乾道之功者惟勿俟廢，而修俟荒而墾，則事半而功倍矣。

（康熙）《太平府志》卷四 東晋咸康三年，取萬春圩、荆山、黄池三務田租入后宫，義熙八年罷皇后脂澤田賜貧民。吴楊氏僭國，後子溥嗣位，復作萬春圩、黄池、荆山三務，微其租入后宫，終南唐仍未除。

《宋會要輯稿·食貨七》 閏十二月二十七日，又言，今措置太平州圩埠下項：

一、令來當塗、蕪湖兩縣人户被水損壞圩埠，乞結甲保借米糧相添，自行修築。在法，係是農田水利，民力有不能辦者，合依宣州體例借貸，具數保明申提舉常平司外，有萬春等圩埠人户，乞官爲雇工修築。今檢計被水破缺，并裏外埂損壞，合行增築貼補，其蕪湖縣萬春、陶新、政和等圩埠三所，共長一百四十五里有餘，合用九十六萬一百三十四工。當塗縣管圩埠一所係廣濟圩，長九十三里有餘，其圩與私圩五十餘所，并在一處，坐落青山前。各係低狹，埂外面有大埂埠一條，包套逐圩在内，抵漲湖水。今來逐圩被水損壞，詢訪人户，只修外面大埂，不惟數倍省工，委是可以抵障水勢，所有腹裏圩埠，或有損處，聽人户自修。尋取會到逐縣被水修治官私圩埠體例，係是人户結甲保借常平米自修，今來損壞尤甚，人户工力不勝，不能修治。今措置，欲乞依見今人户結甲乞保借米糧自修圩埠體例，不以官私圩、人户等第納苗租錢米充雇工之費，官爲代支過錢年限帶納。自餘合用錢米，并乞下提舉常平司照會，日下取撥津發，應副本州雇工修治施行。

一、今來蕪湖縣申獨山、永興、保城、咸寶、保勝、保豐、行春圩北，其地圩埠被水衝破打損至多，若只依係保借糧米。將來修築不前，内有咸寶一圩，被水損壞，衝成潭缺，計長二十五丈，闊三十丈，深二丈二尺，須用創作堤埠從裡面圍裹，倍費工力，比獨山等圩埠損壞，尤見工費不同，委是民力難辦，乞官爲雇工修築。今檢計獨山等七圩，委是被水損壞處多，其咸寶堤埠衝破成潭處，難以就舊基修築，合從裡面別創築埂圍裹，計長八十一丈，合用五千四百工。今措置，上件圩埠欲各依例結甲隨苗借米外，更據下户田每畝與錢一百文省，令自修築，其咸寶圩埠潭缺處，據合用工數，欲乞官和雇人工，共同修治。於是户部言，欲乞下太平州、江東轉運常平司，并依本官逐項措置到事理施行。從之。

（嘉慶）《蕪湖縣志》卷一　萬春圩在縣東十五里，屬德政鄉。以上二圩今爲草廠。按舊志，南唐保大間以圩租同荆山、黄池爲三務，後廢。宋嘉祐中，轉運使張顒、判官謝景温請修築之。提刑李寬言，修圩則宣、池水壅，化成圩及諸小圩必壞，有詔毋遽修。敕運使選知水者，再行按視。顒及景温奏已募工給緡錢，不可止也，以便宜興役，築百丈湖瀕水地以爲圩。圩成，沈括爲圖記，辨論利害甚詳。會明年大水，百丈、化成圩果壞，諸圩多破。諫官吕晦言顒、景温擅興事罪，當黜，命都水監丞劉汝言行視，汝言是李寬説，遂貶顒知峽州，景温通判。

（嘉慶）《清一統志》卷一一二《萬春圩》　萬春圩在蕪湖縣東十五里，明正統間，巡撫周忱築東壩，遂破此以瀦水，俗名萬頃湖。其賦派入蘇、常二府。萬歷間復令居民納租取草，今廢爲青風草場。

傳記

宋　張問《宋故中散大夫致仕上輕車都尉南陽縣開國伯食邑八百户賜紫金魚袋張公墓志銘并序》《全宋文》卷一〇二九　李氏據江南時，太平州蕪湖有圩，廣八十里，圍田四萬頃，歲得米百萬斛。其後圩廢，地爲豪姓所占。公見其利，募民之願田者築堤於外，以捍江流，四旁開閘，以洩積水。自是歲得米八十萬，租入官者四萬，民仰其利，名之曰萬春圩。

（紹定）《吴郡志》卷一九《郟僑》　某聞江南有萬春圩，吴有陳滿塘，皆積水之地，今悉治爲良田，坐收苗賦，以助國用。

（嘉靖）《寧國府志》卷八《王知微》　王知微，字幾之。唐中大夫仲舒之後，自少英偉，宋慶曆乙酉登第，以著作佐郎僉判賀州，多采鉛錫以資鼓鑄，增課至百萬遷，秘書丞知當塗縣，時築萬春圩，調夫甚急，知微請候農隙，部使者不悦，久乃信重之。

（康熙）《當塗縣志·吴柔勝》　吴柔勝，字勝之，溧水人。淳熙進士，嘉定十年守太平，罷城下税，減萬春圩租，疏市河多惠利，卒，贈少卿，入祀名宦。其子潛、淵相繼守太平，人多榮之。

藝文

宋　沈括《長興集》卷二一《萬春圩圖記》　江南大都皆山也，可耕之土皆下濕。厭水瀕江，規其地以堤而藝其中，謂之圩。蕪湖縣圩之大者，唯荆山之北，土豪秦氏世擅其饒，謂之秦家圩。李氏據有江南，置官領之，裂爲荆山、黄春、黄池三曹，調其租以給賜後宫。本朝以屬蕪湖縣，租還大農。太平興國中，江南大水，圩吏歐陽某護圩不謹，圩以廢。廢且八十年，其閒數欲治之，輒爲游説所格。有司藏其議，一車不能載。嘉祐六年，轉運使武陵張顒、判官南陽謝景温復會其議，使宣州寧國縣令沈括圖視其狀。括還，以謂前之以爲不可興者，説皆可講也。其一，以謂秋夏之水非廣澤無所容，排其二十里以爲墟，則二十里之水將無所受，溢則爲害，不補所得。夫丹陽、石臼諸湖，圩之北藩也，其綿浸三四百里。當水發時，環圩之壤皆湖也，如丹陽者尚三四。其西則屬於大江，而規其二十里以爲圩，豈遽能爲水之消長？是説之無足患一也。又曰：皆不能百步，折其堤以達荆山之衝，棄以與江二百步之廣，則水無所迫。圩之西南迎荆山爲防，江出峽中，則水壅以灌山東。今其下荆山之西流不幸而壅，則其阻在荆山之西，非圩之爲禍。其東則播爲枝流，以分其委。是説之無足患二也。又曰：圩水之所赴皆有蛟龍伏其下，而岸善崩，向之敗未嘗不以此。蓋圩之水鑿堤而出，醧於堤外，其下不得不爲淵。淵深而岸隤其中，非所當怪也。今當鑿下爲複堤，障水出於數十步之外，注之江中，則淵者在數十步之外，其淫衍漸隤，不能數十步以爲圩敗。是説之無足患三也。又曰：自圩之廢，納租而茭牧其閒者百餘家矣，一旦皆罷遷其業，勢迫必且爲奸。此尤不然。圩成固且與人，奪之人而與人，雖力不足爲圩害，何所取於義？昔之茭牧者，今使之得耕其中，勢不以耕而易茭牧，固茭牧之所願，非得使之爲奸。是説之無足患四也。又曰：圩之東南濱於大澤，風水之所排，堤不能久堅也。此其地非有斬然崛起之勢，陵遲而來者皆百餘步。傅堤爲柳百行，其下寋葦以列蓺之，則水之所齧者在百步之外，而堤未嘗與水遇。其爲堤之址數丈以廣，而末鋭纔數尺，無與水忤，使其勢不得與我争。是説之無足患五也。謝君雅知其可爲，及是請之，奏其詞上，即報可，賜作者粟三萬斛。使者持詔書徑發屬縣，不復關白所司。所司以爲憾，上書言其不利。書三上，果詔追罷前報。轉運使可者使判官上對，以謂役且起，所發已萬計，業不可罷，圩且成，歸罪所司，即敗者重坐之，無敢辭，乃遂興之。方是時歲饑，百姓流亢，縣官方議發粟，因重其庸以募窮民。旬日得丁萬四千人，分隸宣城、寧國、南陵、當塗、蕪湖、繁昌、廣德、建平八縣。主簿宣、子駿、舜元、澤、瑾、傑，載分部作治，儀披總五縣之丁，授其方略。轉運司移其治於蕪湖，比日一自臨觀。於是發原決藪，焚其菑翳，五日而野開。表堤行水，稱材賦工，凡四十日而畢。其爲博六丈，崇丈有二尺，八十四里以長。夾堤之脊列植以桑，爲桑若干萬。圩中爲田千二百七十頃，取天地日月山川草木雜字千二百七十名其頃。方頃而溝之，四溝澮之爲一區。一家之澮可以舫舟矣。隅落部伍，直曲相望，皆應法度。圩中爲通途二十二里以長，北與堤會，其袤可以兩車，列植以柳。爲水門五丈，四十日而成。凡發縣官粟三萬斛，錢四萬。歲出租二十而三，總爲粟三萬六千斛，菰蒲桑枲之利爲錢五十餘萬。圩既成，天子賜其名曰『萬春』。其始格議者滋不快，更造異説，務危傷之。後四歲，郡國十八大水，江淛漢沔閒所在泛人，廬舍流徙皆以萬計。宣池之閒，圩之沈者千餘區，而萬春獨屹然藩其一方，群小圩皆恃以無毁。先是萬春適就，又過其東十五里築圩曰百丈。其工半萬春，因其舊器材稿委之郡邑，使者不復親臨矣。典議復非老習，多少年喜事，易之弗爲意。方大水也，百丈在沈中。欲中傷有司者，漫言萬春亦没。御史以爲言，天子遣使者臨視之。使者新用事，欲立威，不肯直有司，盛論百丈不當立，劾奏轉運使，追其前對詔書無狀，使判官皆坐謫，而百丈會廢。或者以謂水害衡被天下如是，數十年、百年儻一有之。宣池之閒，圩之亡者以千數，而百丈獨蒙其名，使者義不直。雖然，水之爲禍不常，而百丈適遇其不幸，始時人固有以爲不可興，興且復敗者，百丈豈不既敗矣乎？是欲使聽者不惑不可得，而又欲廷中懸決其是非得失於千萬里之外，置弗治，有司晏然視其敗而不爲意，此固理之難蕲者。予獨悲夫作者之意，嘗謂子言天下之財不足以相養，豈獨野人之憂，在上者所當任也。江南之斥土如萬春者數百，襄漢青徐之閒，人益希，其過江南者不貲，異時有言其可耕者，天下莫之應也。予且使天下信之，故其治萬春甚力。其挑衆獨任，犯患難而不顧者，意豈獨萬春而已也？一萬春之成，未足信於人，而人固已信百丈之敗矣。始之欲以爲唱者，乃所以實天下之毁者也。予以謂天下之事，其勢常若臨危之物，衆人引之不能進，一人排之則譁然往矣。蓋處順勢者易爲力，矯衆違者難爲功。成功者常處於順勢，至其不偶，乃出於異端，固君子謂之有命也歟！予觀《萬春圩圖》，樂其成功，而又悲百丈之不幸，乃輯其說而序其下。

建昌圩

論說

明 張國維《吴中水利全書》卷一八《王臯金壇縣水道志》 金壇地勢西北爲金陵諸山之麓，東南連震澤諸山之尾。故水皆發源於西北，而歸泄於東南。然山本無泉，因雨爲源，故建昌等圩、都圩等埠近西北西南之山壑者，形高勢窪。一雨經旬，則水瀑而易滐；一旱逾月則渠淺而易涸，浚渠修埂，置閘以蓄民，斯可耕也。若邑東之地，雖曰平壙，然上隔於運河，下潴於大澤，水遠地高，澇害爲鮮，惟深浚溝塘以備旱，則東土之民可免於艱食矣。

綜述

明 劉天和《建昌圩閘記正德十年》《吴中水利全書》卷二五 金壇西北有圩曰建昌，其上流全受茅山、丁角、長山諸水。每夏秋霖潦，則水泛濫而下，乃環圩築土爲堤以禦之。週八十餘里，分諸水爲二泒，南北環堤而流以入于運河。圩之内皆平壤，以畝計者近十萬，土雜沙泥，宜麰麥所入，利與秋穀等。中爲天荒蕩，溪流旁達，積水以備旱，畝與田稱。舊於圩南置閘以司蓄泄，顧近上流，水易衝嚙。且地高水去不疾，成化間乃移置圩東下流潭頭，然閘高則水積不去，田之下者易没，下則水去不留。田之高者易旱，有難以兩遂者，以故隨葺隨圮，歲久莫治也。正德歲乙亥十月，余循行田野，偶至此而得其故。乃進圩民之長者而問焉。曰：圩田高者十之八，下者十之二，爾閘南北各二里許，則田之最下者就觀之，水没不盈尺，而閘底之水尚三尺許。乃稔于衆。曰：使水縮尺許，則田之下者盡露矣，矧可利於寡而不利於衆哉？然則閘視舊宜高而廣。衆乃欣然合辭以應，曰：唯唯于是鳩工計材，委圩民之能者分治其事。峙椿木壘堅，珉傍各爲二翼以殺水勢，上甃石爲橋以通往來。越丙子春，正凡四月而告成。閘制廣狹、高下蓄泄之禁、與治閘者姓名備列於碑陰。

（康熙）《金壇縣志》卷二 建昌圩在二十八都，東至潭頭，西至井莊，南至十字河，北至延陵，週回八十四里，圩埂一萬五千餘丈。中有田地八萬餘畝，餘皆積水，名曰天荒蕩。土雜沙泥，腴肥多麥，明正德十年建閘。

又卷三 建昌圩伍千捌百柒拾叁畝陸分叁釐伍毫貳畝肆分，準壹畝。

（乾隆）《鎮江府志》卷六 金壇西北建昌圩積板荒田，言之數及五千八百七十二畝六分三釐五毫。地勢低窪，而水時盈尺。土脉沙瘦，而草不及寸。莽無畛域，照甲攤粮，謂荒山以荒草供額賦，而荒田以清流供額賦，其害等耳。但丹徒荒山逼近大河，故上人目擊而悲建昌圩荒田，僻處遐陬。故小民向隅而泣，荒内間有百之一二，附田可墾，成熟升科者，不與除荒額外增熟。熟田尚難一田兩稅，荒田詎可重復科征？似此情由不容不勤上人軫念者也。

（同治）《南康府志》卷二一《建昌勘圩記》 道光庚子正月，奉檄勘建昌縣被水之圩，周歷五十九處，越七日而後，遍重民事也。建昌十二鄉西北地處高阜，無虞水患。永豐凝三鄉地勢低窪，而永豐上接河流之衝，下遭湖水之漫，其被害爲尤甚。初本湖洲嗣因開墾升科，築圩堤以自固，如蜂房纍纍，蟻垤鱗鱗，各圍各村，沿鄱湖而與之上下。近來湖河淤淺，水患迭生。自辛卯至癸巳，三年借帑興修，屢築屢頽。己亥雨益多，水退又遲，浪淘風捲，沖口漩成深潭，圩身半坍塌，工程較往年爲更鉅，灾民蕩析離居較往年亦更甚。《易》之《象》曰：城復于隍，如之何，其起廢圩而使復有長城之固也。然而圩不修則田不能作，無田則民食艱，而民命絶。是不易修者時也，而必宜修者勢也。前借帑銀未還，恐復請難民力貧富俱匱，勸捐亦難，無已則各修各圩焉。已耳有圩即有田，有田即有人，以圩内之人修已田之圩，計種分段，積日累功，舊章可率，民勞奚辭。惟小民易於樂成，難於圖始，全賴地方官鼓舞而振興之。玉瑤韗琫陟巘，降原說者以爲厚民之至。況民在水火之中，而可不亟爲壯馬之拯乎？今已將勘圩情形上聞矣，靈雨既零，春水將至，竊願爲秉心塞淵者誦于田稅駕之詩。

又《建昌修圩記》　吾嘗從事於豐城矣，其累石止水者曰堤，其驅水他注者曰埽，其便水蓄洩者曰閘。未聞有以圩名者。建昌居民呼雨作委，故圩亦讀作衛音。圩之爲言衛也，田無衛將絶粒，廬無衛將離居，民無衛靡孑遺，則修圩之所關重矣哉。然而民非不知修圩之宜亟也，乃必有待於官之催。官亦不能借帑以予民也，仍出于民之自爲力。嗚乎！民力尚可問乎？水與户齊，民以蕩析離居而逃，其未逃者又以田無收成而餓。官催修圩，本以爲民，民無詞而力不能給，於是乎鬻種田、撤棟屋、質劃船、賣器具，其不稱貸而益者，蓋亦鮮矣。然而民之財雖少而無限也，民之力甚衆而易舉也。照田分段，計種鳩工，牌以志之，書以明之。或掘土量塘深淺，或挑箕遞肩徃來。如蟻駒之戴粒，如精衛之銜石。銖積寸累，日邁月征。是歲庚子，自二月十一日到工，至三月十二日蕆事，工鉅民窮，嘻甚矣！憊至於民，皆有功可稽，而後知官之修圩之甚難也。修圩者誰？縣令則姚君繼緒也，分修五圩，曰永收圩，曰老牯圩，曰龔家，曰李婆，曰北長潭。五圩沖口共有八，計長三百八十二丈。縣丞則葉君承濚也，分修十一圩，曰北改興，曰南改興，曰豐厚，曰忠厚，皆與湖水環遶；曰鄒家，曰沐塘，曰石洲，曰沙港，曰馬頸，曰馬屎，曰和安沖，口二十一處，計長二百八十一丈。前任典史王作賓，則罷官而未去者也，分修六圩，曰白麗，曰義城，曰合興，曰江上，曰茭茅，曰熊家，六圩沖口十有三，計長一百八十九丈。候補典史王堃，則與余同委監修者也，其分修之圩十有二，曰大岸圩，曰大岸下圩、大岸小圩，皆在大河之濱；曰義興，曰乾興，曰毛家，曰顧家，曰柘湖，曰鄒家，曰永固，曰宋家，曰蔡壙，沖口共二十六，計長六百有六丈。余則分修最低最險最闊長之處，曰三角南圩、三角北圩，中有三角湖；曰清湖圩，中有白水湖，内瀕大河，外接彭蠡，被灾甚重，起工尤艱；其接連之圩曰范泥，曰白蓮，曰猪頭，曰北沙，曰浪裹，曰楊林，曰涂家，曰樟樹，曰山泉，曰小泉，曰南坂，曰後坂，所修之圩十有四，沖口共四十五，計長一千二百四十二丈，合而計之沖口一百十三處，計二千七百丈有奇。沖口者患口也。圩身摧殘謂之淘塌，淘者浪所淘也，塌者圩所坍也，其工折沖口之半。建昌古海昏也，今蘆鎮有海昏城舊址，在合興沙港諸圩之間。吾周曆水鄉月餘矣，每出門必問諸水濱，始恍然於海昏之所由名也。

傳記

（嘉慶）《清一統志》卷一三三　金光悌，英山人，乾隆戊子會試取内閣中書，庚子成進士。洊升刑部郎中，嘉慶六年擢光禄寺少卿，尋遷内閣侍讀學士，出爲山東按察使，升布政使，擢則部侍郎，投江西巡撫，再擢刑部尚書。光悌練習律法，屢奉命出差讞獄，平反得實。撫江西清釐積業，奏請借項，修理建昌等處圩堤以衛民田。十七年，卒於官。奉旨給子恤典。

紀事

（光緒）《金壇縣志》卷七　萬曆四十一年，巡撫都御史徐民式行縣，增置建昌圩田四十七畝，西丁莊田三十六畝，又顔家渡等處田一百一十七畝六釐九毫。

（光緒）《金壇縣志》卷一五　二十年，大水，夏四月陰雨連旬，五月大雨五晝夜，水勢暴漲，建昌圩堤決，村落水及扉上。六月漸退，高阜僅得半收，斗米四百餘錢，歲大饑。

藝文

清　曹建孫《建昌圩十景十首之八并引》（光緒）《金壇縣志》卷一四　余所居建昌圩，環以修堤，滙以衆水，其村墟之聚，溝池之曲，星散迴往，皆周於八十四里之内。其間多有芡菱蒲藻，及騰波之魚，哀鳴之鳥，風晴雨晦，漁歌牧唱。四時之變修修然，誠游觀之佳麗也。暇日因題十村之名爲十景，分爲十咏，亦古人瀟湘之遺意也。

又《新溪春水》　桃花雨收三月天，新溪水發春綿綿。大魚變化弄鱗鬣，小蚊出没飛腥涎。東風細浪靴紋樣，一葉扁舟坐天上。漁郎放歌春意龍，落日空光動雙槳。我家茅屋依柳陰，門前小灘今欲平。便當歸釣十尺鯉，仰天笑作滄浪吟。

又《望仙秋月》 海光暮湧玻璃白，列仙分陣霓裳窄。三十六宮無限秋，一點寒香貯靈魄。人間孝子天上知，賣身忽爾逢仙妻。姮娥夜夜代織紝，雲鬟玉臂流清輝。千年舊迹令人憶，一去乘鸞難再得。可憐明月古今秋，祇照望仙橋下流。

又《井溪夏雨》 商羊舞空天欲雨，紫電金蛇擊雷鼓。八十里外天光晴，此獨傾盆驟如許。農夫擁蓑趨巷邊，漁郎隔溪不見船。鳧鷺散亂水聲發，秧根翠撼波盈田。濂溪庭下草更碧，坐客催詩出門立。白鷺雙飛虹影明，暮天綿繡西山青。

又《直里曉山》 東洲日出扶桑紅，西峰秀列金芙蓉。青天仰止幾千仞，白雲遥靄秋光濃。神仙可望不可致，環佩天風紫霞舉。直溪橋畔晨開門，一抹晴嵐射流水。幽人笑冠蒼鹿皮，捲簾爽氣生襟衣。宿雲老鶴戞結語，露華瀉十長松枝。

又《段莊冬雪》 銀潢翦花仙袖濕，雪墮長空飄練白。白鳳呈祥來羽儀，木天萬頃玻璃色。野梅欲發風正寒，八十四里春漫漫。暗香愁人心似鐵，南枝正好吟邊看。袁郎門外無行迹，一尺堅冰琢仙骨。老夢千年呼不醒，洛陽縣令安能識。

又《青培宿雁》 西風刮露秋宵寒，月波萬頃連東南。黄蘆紫荻鬧蕭瑟，衆奴嘖嘖鳴聲酸。霜花糝翎浮斷渚，夢繞瀟湘千萬里。稻粱滿地黄金多，烟水忘情無網羅。三更漁火青培市，五更畫角金沙起。一行驚起千行飛，江南塞北晨光微。

又《吕墟漁火》 水烟凝紫溪光暮，短棹黄昏閣沙浦。玉蘭紫穗然空缸，一點青燈燐微吐。冷風欺燄烏繞林，明月奪影秋更深。蓬窗閃閃燼頻落，蘆花兩岸迷秋螢。青裙起挑移近網，嫂自辟纑姑自紡。老翁篷底祇高眠，一夜不知秋水長。

又《莊城牧唱》 長烟捲岸蒼龍繞，翠柳梳風晴畫悄。莊城廟前春草肥，犂牸烏犍眠且飽。水天赤色摇晚霞，行人聽徹聲啞啞。世間榮貴如糞土，短衣叩角殘陽斜。西村烟火東村黑，牛背歸來歌未畢。雖非識字樂有餘，角端何用懸書帙。

清 李允中《同允成弟游建昌圩》（光緒）《金壇縣志》卷一四 平堤沙礫路，遠遠淡烟痕。九曲溪頭水，三家竹裏村。葉黄寒到岸，菜緑冷侵門。把袂斜陽徑，高吟古樹根。

雜録

明 張國維《吴中水利全書》卷四《水脉》 古速瀆在金壇縣南，相傳陳朝散亢家居，地多沮澤，相水脉皆緣古速瀆，淤壅爲災。率衆築堤，延袤十里，以便行者，而浚瀆以通洮湖，水患遂息。又有南洲瀆，縣西則有甓橋瀆，縣北則有北洲瀆，又有湖口瀆、直溪，建昌圩水入運河之處常易淤澱。

又卷一〇《水治》 六年巡撫應天等府都察院右副都御史鄒来學浚簡瀆。鄒来學命鎮江府同知俞端、丹陽縣主簿鄭賢自市河開治廢草堰壩，西抵簡瀆，沿至九里河南。通麥埤、延陵新河、井莊、建昌圩，蒲千、紫陽二渡口，俗名香草河。

清 顧祖禹《讀史方輿紀要》卷二五 天荒蕩在縣西北，其上流受長山以南，茅山以東，諸水滙流爲蕩。俗有十萬天荒九萬田之語。居民築堤捍水，引流入於運河，謂之建昌圩。圩田近十萬畝，置閘以蓄洩之，爲民利甚溥。

（康熙）《金壇縣志》卷一 高湖下口瀆在縣北八里，直溪建昌圩水入運河之處，易淤，宜疏浚。

又卷二 官埠在建昌圩河西，週一千丈，田一頃十二畝。

又 西關埠在建昌圩南，週一千八百丈，田地十一頃。

（嘉慶）《清一統志》卷九一 建昌圩閘在金壇縣西北，受茅山丁角及長山諸水，每春秋霖潦則水泛濫而下。明正德十年，環圩築王爲堤以禦之。遇八十餘里分諸水爲二，派南北環堤而流，以達於運河。

金寶圩

傳記

(嘉靖)《寧國府志》卷八　陡門婦不知何氏女，居陡門中。正德三年，宣上大旱，陡門婦偕夫行乞于金寶圩，至陡門，所夫約曰：若居此，吾得食，當還飼汝。夫去數日不返，圩人唐甲者悦其貌，心異之，邀與俱歸。婦不可，繼而遣妻孥數輩，誘致之。堅不往，與之食，終亦不食，無何饑困，就飲于河，一蹶而死。里人貢汝成嘗傳其事。

(嘉慶)《寧國府志》卷五　胡東皐，字汝登，余姚人，進士。正德中由刑部郎出任寧國知府，時徭役苦不均，乃定大户爲里，小户爲甲，以一里統十甲，經歲而代。閱九年，然後復役人，大稱便。宣城有金寶圩，素饒沃，久被水嚙，漸受害。東皐相便宜修築，遂爲永利，仕至僉都御史祠祀。

又 卷三〇《唐玟》　唐玟，字佩恒，監生，篤孝尚義。乾隆甲子，水決金寶圩，標棺無數，玟捐囊募拯，悉標議以待，其無主者出資掩埋之。是年大祲，玟出倉穀減價平糶，或貸不能償，則焚其券，每歲終計口給貧，并捐義田十八畝以贍族之貧不能婚娶者。

(光緒)《宣城縣志》卷一二《鮑國忠》　鮑國忠，字爾進，綿竹人。萬歷中由進士知宣城，年少有介，特操顯勢，避影不敢。近歲潦則賑恤，無告嘗割俸，市田金寶圩爲邑，校士恒產。士庶悦頌，坐他累左遷，時論惜之。

又 卷一六　章國慶，字譽吉，號蕙圃。邑庠生，七赴鄉闈不售，以吟咏自娱。著有《蕙圃存稿》，藏於家。性孝友，父有瘁歿，慶哀毁骨立。事繼祖母阮、母施，皆年近九旬，孝敬彌篤，撫兩弱弟，俱成立。白首同爨，食指六十餘人，内外無間言。鄉里以義門稱之。乾隆壬申，歲饑，米價騰貴，慶減價平糶月餘。丙子，又饑。復倡首平糶，時族人不能舉火者數十家，謀鬻祀田以濟，慶出己囊數十金，分給以保祀產。己丑，大水，金寶圩田淹没殆盡，移柩堤上者無算，慶捐資構匣，令其戚屬認領歸瘞。

又《唐光寵》　唐光寵，字永年，性至孝，父卜葬村旁，雖嚴冬風雪，朝夕依墓側，未嘗稍離。事繼母如其母，色養備至。遇有貧者，助婚佽葬，不惜傾囊。或負債不能償，即還其券。乾隆六年，金寶圩堤坍損，修築乏費，寵變産助築，告成，合圩賴以保全。

又《唐銘祚》　唐銘祚，字書箴，國學生。幼失怙，即能勵志承先業，事諸伯叔如父。乾隆十七年，鄉里舉伯舜璇爲社長，命銘代充。適歲歉有貧不能償者，銘出己資二百餘兩，代還公項。三十四年，大水，訛傳金寶圩堤潰，人皆自謀遷徙。銘獨率衆竭力保守。

又《孫桂勳》　孫桂勳，字馨一，由歲貢驗就訓導。孝廉方正孫元璸之子，貴州都匀府知府廷相之孫。性慈善好施，與族居養賢圩。道光三年大水，圩破，桂雇舟救人無數，傾囊購穀賑濟，族丁不下千餘名，後郡城延請撫恤，合邑倡捐散賑，設粥廠，施棺木，不辭勞瘁。【略】咸豐間，賊氛漸熾，又奉憲諭設保衛局，籌辦釐局，以濟皖浙軍餉。至十年城陷，避居金寶圩，與丁壽共襄練務。圩破，避居繁昌之三山，憂憤成疾，卒。

又 卷一七《王樹德》　王樹德，五品軍功。同治元年，在竹塘督丁禦賊，被執死。是年，貢生陳桂芳在灣沚，八品軍功陳康在新河莊，六品軍功陳其鋒、八品軍功陳錦江、議叙八品徐允梧俱在金寶圩拒賊，死之。

又《王少清》　王少清，監生，協理金寶圩團練有年，不辭勞瘁。同治元年十二月，圩陷。少清泣曰：既不能禦賊，即不可屈辱於賊也。率長子懋宇等七人同赴水死，有府學生王太清者，其兄也。賊知其爲諸生善文，逼爲僞掌書，不屈遇害。

紀事

明 焦竑《國朝獻徵録》卷五六　宣城有金寶圩，横亘六十里，土極膏腴，歲入百餘萬石。圩當天河之衝，水溢輒沉於河，公親往相其便宜，率父老修築之，永無崩圮之患。

明 梅鼎祚《鹿裘石室集》卷四一《宣城縣新置學田記》 萬曆歲戊申，蜀鮑公來令宣邑。適潦公亟爲嗸嗸者，發賑勸分，芟郊履畝而躬口賦之士，視民有加。是歲也，飢而不害。比二年，歲有秋，公念獨士不盡廩且無恒業也，又安問歲之毁穰乎？因斥奉金之以兩計者，二伯遴士友之良者蒞之。而市金寶圩上腴之田以畝計者，四十其賦入歲以石計者六十。事聞當路，并報可往間有爲之者矣。抱空質而詭積逋下，隸之學宫。

（嘉慶）《寧國府志》卷一〇 金錢湖，古五湖之一，與南湖東西相望。孫權時中原避亂來歸者衆，始築爲圍田，初名化城，後易名金寶圩。

（嘉慶）《宣城縣志》卷二八 八年夏四月，金寶圩民家李實如、王瓜。六月大水決堤，淹禾稼。十二年，大水。

清 陶澍《陶雲汀先生奏疏》卷五《續勘宣城南陵青陽貴池桐城被水分別撫恤情形摺子》 奏爲續勘宣城南陵青陽貴池桐城暨委勘各屬被水分別撫恤情形，仰祈聖鑒，事竊臣前於六月初五日，自省起程查勘下游被水各州縣，業將銅陵、無爲、當塗、蕪湖、繁昌五處撫恤情形於初十日由驛馳奏在案。臣比即由宣城至南陵，勘得宣城縣金寶圩等處沖破者一百三十圩，漫没者三十四圩，被淹者十七圩。南陵縣上洲壩等處最重者七十五圩，次重者三十六圩，稍輕者二十四圩。廬舍被淹，人口間有漂没，俱經打撈棺殮。惟外江内河處處漫溢，尚難宣洩。

又卷一〇《附奏勸修水利摺片》 再臣前奏勘辦淮河情形一摺，接奉硃批：興水利除水患，莫大之善政也。總要督率認眞，勸導有方，固不可徒費周章，亦不可始勤終怠。詳慎勉之。欽此！捧誦之下，仰見我皇上勤求民莫，訓示周詳之至意。曷勝感悚欽佩！伏查皖省，南介大江，北近黄河，西引長淮，東瀦洪澤，低窪之區最易受淹。臣前因查辦水災，節飭各州縣，設法修利，堤防藉資捍衛。其時沿江各圩垸不下數百，所咸即勸民興築。宣城、南陵、繁昌等縣被沖尤多，如金寶圩周圍至一百七十餘里，如養賢圩、葉村灣、管嘴灘等處缺口各長五六百丈，高至二三丈不等。

雜録

明 唐汝迪《金寶圩重建龍王廟碑記》（光緒）《宣城縣志》卷二九 宣邑北鄉多圜衆澤爲壘甽，金寶圩最稱鉅者，田賦當宣城十之一，民居櫛比。垠岸周百十餘里，其東南陬龍王廟，在焉廟之建何昉乎？曩者合窳沴作，陽侯贔屭，浪囓泬穿，千夫荷畚鍤而莫措其力，疑若無支祁之屬伏其間，遂立神而鎮禳之。廟蓋昉於此。然則廟之建，將以棲神，實以庇民。歷唐末元以迄於我國朝，蓋相沿也。嗣是歲久廟湮，數遇水患，堤岸阽危，而圩之稱險要者，此實最焉。郡別駕王公訓暨石公玉銘躬臨營救，賴以不潰。郡侯南海陳公右崧究心民瘼，時廑軫憂。邑大夫姜侯仰承德指，相與協志。欲爲圩立千百年無虞計。謂歲時修築，增痺倍薄，捔舉善崩類嬰兒，絫棋無益也。乃進余叔繼志於庭，而委任之總率首圩，陳嘉言吴賢等十有九人，共領役事。閱數月罔敢懈，夫役核實三千采輿，議出貲六百，鳩工伐石，沿險爲碓十有四，許督形揆勢，隨宜布列，不減水犀之利。而侯又與石公各捐俸以新是廟，預役事者相與佽其費，規模崇敞，雄據要會，面□上流，而若遏其衝肘，却旁流而若殺其勢，蓋畀以呵護之責也。功成僉徵，余記其事。余時督理河政，覩河洛思胼胝之勞，望宣房懷負薪之勤，莫能奏績，方切主臣。適因侯之成功，一勞久佚，塹費永寧，民安國裕，胥由此致誠。余所樂頌者，竊惟賢者用世爲民，父母其澤，易下於民，顧以堤防爲俗，吏務莫之行，憂民奚賴焉，國家亦奚任焉。鏡觀往哲瀦防立法，水利設科，芍陂惠楚，離鐃蜀翁。卿行視堤閼，以起仲通，商度山員以鑿是胥，迹存簡筴。侯茲經理，媲美前烈，令譽與此圩相久矣。若龍王之神甍棟垣，墉黝堊甃城，民力普存而不能禦灾捍患，豈侯爲民立社之意乎？余知侯以民之心爲心，而寄其責於神，神必以侯之心爲心，而效其靈於民。泰山之霤可以穿石，神其窒之矣。渤海之鯨可以皷浪，神其馴之矣。朝那之湫可以蘇旱，神其時致之矣。此神之庇民也，侯之感格也。矧侯之心，古人之心也。千百年以下覩成績者，又將師侯之心，則此廟與此圩彌久而無敝者，侯始之也。侯名奇，方字孟穎，辛未進士，楚監利人。官多異政，別有《循吏傳》紀之，余姑紀其一事云。

明 王肯堂《金寶圩中堤旌義慎防記》（光緒）《宣城縣志》卷二九　國家最重水利，水利者田賦之所從出也。顧地勢高卑，分而水性下。於是樹防急焉。歲河渠爲患，大司空議築塞，糜金錢者巨萬，而成壞相仍。余嵩目憂之。一日宣城唐友君平遣使問記於余，其略曰：寒家世居宣之北鄙，爲古金寶圩，圩周百二十餘里，田二十餘萬，寒族及餘姓群編户獲農，其中宣之稅居半。圩之外上受南北湖之巨滙下，受金溪五湖之衝潰，則外堤實重圩中。阜其南而傾其北界，堤以圍上下，毋受鄰壑，則中堤又實重外堤。爲金寶圩立有督，中堤即扁埂，亦立有督，誠重之也。目國初迄今，郡邑大夫咸加意焉。其□□□□□□□□□□游毋□里□□當路陳利病，使上下咸便，無何。歲丁庚辛，水患頻至，堤南奸民徐者竊堤，坐論服法。越二十餘年，復有包丁二氏并倚爲奸。□患彌浸，作奸彌□，以數十穴引流下傾，堤北田房幾□。□是督者唐一柱等旁午率護，而有李孝一者，目擊悲□□□□鍤間，遭包丁二氏群觸之，竟溺死事聞。□郡公祖張□邑父母尹上之□□□公劉服包丁二氏法，仍將孝一高封其墓，以爲死事者勸，而作奸者知懼，甚盛舉也。乞先生一言記之，以垂不朽。余因嘆曰：昔太史公作《河渠書》，以爲水利通則灌溉均，而田賦財用因之不匱。周宛平□所在胥賴，況宣賦甲東南，而則壞之地金寶圩。其大區圩之北壤，又其沃野，一堤之繫顧不重歟？夫不重則不慎，不慎則不永，不永則堤以北田室家而業耕稼者受河北之患什三，受鄰壑之灾什七。孝一感憤而殉，豈區區經溝瀆者哉？匹夫而義士，風有慎固之責，可以□□□唐族甲宣城，往唐惠庵嘉議，公與先公簡同籍，故不辭其請而勒之記。萬歷三十四年孟秋月。

（康熙）《當塗縣志》卷五　南股：南界宣城，金寶圩北岸。

（同治）《黟縣三志》卷一二下　復紫陽縣賊走漢陰廳石泉縣江北之消日，江浦復陷，失橋林要隘。李世忠自請革職，恩旨撤去幫辦軍務，餘官如故。僞侍逆屢犯全柱關，江南水陸各軍在蕪湖金柱關苦戰，克復灣沚、黃池，群賊走金寶圩，溧水丹陽。

（光緒）《宣城縣志》卷一〇　水曲庵：城北七十里，古名無柱庵，祀祠山神，以護金寶圩。

又　雙林庵：土名雙廟，在金寶圩適中處。萬歷間陷馬潭劉廷對建庵於孔道，以憩行人，兵燹，里人重修。

又　總管廟：城北八十里金寶圩，三國時吳五路總兵丁奉督築。是圩土人廟祀之建，自吳赤烏間，歷朝迭修，國朝乾隆戊戌合圩捐貲重建，有碑記。咸豐間燬於兵，唐倫之袁進元等倡捐重建。

均墩東西兩圩

明 顧大韶《炳燭齋稿·均墩東西兩圩置墓田記》　吾家墳墓，遠者不可知，所可知者，自高祖處士公均墩東圍阡始。高祖生及卒葬年月無考，以故老所傳聞度之，其入贅薛氏當在正統景泰間，而卒當在成化間也。其墓在東圍圍岸之南際，堆土延長十餘丈，惟中脊最厚，東西漸狹而薄若翼。然形家云此蝙蝠形，高祖所葬正其脊也。曾祖贈大常公墓在均墩西圍，其葬之年爲嘉靖癸巳，距今崇禎癸酉爲一百一載矣。曾祖年七十三，以葬之年推其生卒，則生當在景泰天順間也。其墓東西北三面阻水，所謂均墩者坐其南土脉，北行而穴若衹受之，亦形家言也。東圍阡側通渠岸善崩，西圍阡亦沮洳，地遇水潦則垣數毀，欲計久遠，法當置産以備修繕。先太常驅馳王事，四十年日不暇給。先太僕兄嘗謀及之曰：吾齒猶未也，待暮年爲之未晚，詎意凶終不果。太僕殁後數年，大韶於行次爲最長，乃集弟姪而告之。曰：《詩》云死喪無日，無幾相見。《易》云君子進德修業，欲及時也。吾欲及吾之未死，補父兄之闕，釀金買墓田以供築岸繕垣，及歲時上塚族食之費，諸子以爲何如？僉曰善哉。乃各踴躍終事輸財，恐後共買田若干畝，而伐石爲碣，記其歲月，以昭示後人。其田字號與數與由田之名字則書於碣陰。

賈塘圩（李公圩）

清 張承芳《李公圩記》（雍正）《巢縣志》卷一九　圩舊賈塘也。巢之田山圩居半，而賈塘其最大，其爲害亦最甚也。蓋其吞湖受江，計畝遼濶，當江湖之衝，水嚙堤壞，剥落如弦。方其春漲衝湖，波隨泛溢，加以風濤震撼，潰决頃刻，一望汪洋，而民其魚矣。故每歲未暇犂鋤，而荷揷執杵之夫鱗次號召，迄難底績。歲甲戌，寅賜李公下車首詢民瘼，啾然嘆曰：民命所繫，此爲急乎。遂躬履其所，相度周諮，忝我髦士，若劉權、張自緼、黄巖等相與講求輕畫。遂洞見其要，謂土堤之不可撼，浪也。須石以易之，疲民又不可以役使也。須利以濟之，愚民之難與慮始也。須身以先之，乃捐捧資百五十餘金，擇日祭告鳩工，飭材伐石于山，運土于河。于是轝者、舁者、負者、擔者懽呼載道，鼛鼓振空，争趨競勸。而劉生輩亦能以公之心爲心，通衆合作，計畝均工，劑量公平，罔不周悉。乃以石甃于外，土實于中。又相以地勢水勢之宜，而曲折以避其波濤擊搏之處，計其高七尺五寸，濶二丈五尺，長六千武。登登陾陾，堅固牢實。昔時荒烟沮洳之區，綿理逶迤，視之若長虹跨于明河，亦一奇觀也。始事于乙亥二月，而訖工于季夏，其告成亦神遠矣。是年江潮如故，而圩卒無恙，大獲有年。非公誠以通天悦，以使民能如是乎，民咸舉手加額，從而歌曰：仁哉李公，生我疲癃。憫茲極困，大興厥工。嗟我賈塘，險歹荒凉。我公大造，豐年穰穰。維公之利，惠我生計。子子孫孫，永懷勿替。遂易其名，曰李公圩。志不忘也。既而徵記于余，余嘗觀古人之談功業，無論巨細，惟以利民已爾。若王尊之金堤，堯佐之陳公堤，類皆聲稱後世未嘗以其近小而少之，何也？以其利民一也。然則安知我公今日之利不出于二公之上，而民安得不以恩李公者圩李公乎？是亦情之不可以已也。詩曰？維其有之，是以似之。李公有焉。又曰：中心藏之，何日忘之。巢民有焉，是爲記。公諱世隆，號寅陽，浙之遂安人。

（道光）《巢縣志》卷四　賈塘圩，亦名李公圩。

又卷七　賈塘圩田租三十五石，麥租二石，以上令學公置。

（光緒）《重修安徽通志》卷六五　李公圩在縣東。康熙八年，下橋寶、珍、沇、璋、西陵歲豐，五圩居民争水，知縣李文敏并爲一，圩民德之，因名。

利國圩

宋 洪邁《夷堅志·丙志》卷七《利國圩工》　政和中，太平州修利國圩，工徒甚衆。忽有鴉千數，噪集於別埂之傍，主役者異之，使人驗視，乃一役夫已斃，而鴉銜土以覆之，蔽瘞幾半。又令啓土於死者胸臆間，得小卷軸，乃金剛經也。衆莫不敬嘆，爲徙諸高原，殮而葬之。舊事多有此比者。

羅渡圩

清 熊文舉《侶鷗閣近集》卷二《上界壇羅渡圩記》　予界壇祖居後俯羅渡圩，延袤數十餘里，上接筠州，下五里許則滕坊，又下則松湖，皆豐城地也。圩之内烟火萬家，田地萬頃，豐城居十之七，新建居十之三。圩當瑞河之衝，波濤洶湧，一决則流害百里，不佞先世居此，亦以圩决之故，室家蕩然，遂徙寧和。父老每爲言，輒怦怦蹙額。近乙酉年，洚水泛濫，傾圩百六十丈，漂屋數百間，塞田數千畝。丙戌丁亥，兩築兩傾，農人竭盡精力，不抵西風一浪，稼穡卒痒，國税逋負。斯時欲起凋瘵之民，而荷鍤負畚，蓋戛戛乎難哉。維時杰士羅仁卿、夏朗宇、夏育元、唐如川、夏五徵、喻化成、予族弟在茲等倡諸同志各捐重貲，募工修築，經始于壬辰年八月。仍合呈藩臺，委烏山巡司趙應選督築，約費千金，共計百五十日，而後成。奈之何天降疾威，霪雨連旬，平地水湧數尺，合居民捧土救護，終莫能支。千金之築，頃刻委諸泥沙，傷哉！嗣後每歲洚水湯湯，一望渺如烟海，蓋十有六年。於此居民，耒耜莫施，謀生無計，流離溝壑，未忍名言。予弟姪文在建華等欲尋前盟，衆皆股慄。一日謀之於不佞，不佞嘆曰：古人思天下有溺者，猶已溺之以簞瓢，陋巷之大賢，未嘗有被髪纓冠之任。尚論者猶曰：易地皆然，予何忍坐眎，雖然凡民不可與慮始，而可與圖終。倘皆相率坐眎，委之無可奈何，無論此兩邑居民嗷嗷，莫必其命。即國家維正之供，急於星火，何賴焉？於是毅然力任，先致書哀請于督臺張公、郡伯羅公，復三致書豐城邑侯何公，皆得俞允。遂撥西鄉里夫三十五，里同新建圩夫并力合築，仍委江滸巡司許文岐督理。肇工之日，不佞親往界壇，肅衣冠，陳牲醴，率居民父老子弟，昭告河神，觀者千餘人，皆踊躍歡呼贊嘆。自是日齊千夫，陰雨無息，竭蹷黽勉，計六十日而告竣。葢繇心齊則力裕，工衆則土堅。數年以來，屢值横流，不能爲害。間嘗循長堤，而四望禾黍油油，室廬楚楚，野有坻京之慶，户多絃誦之聲。不佞每至檀溪，頌德稱功者塡衢載道，莫不指而名之曰少宰堤。余曰：此地方之福，父老子弟之力也。但願歲加培築，引之勿替，予何力之有。予弟文在，謂不可無記，以示後來。因爲述此勒之片石。時順治十七年十一月吉日，同倡首集事者熊良禎、羅士愷、士先、夏明敕、夏環生、喻學龍、唐益、唐儒、熊文在、熊建華、茂華、成華，其餘各族有紀，不具書。少陵許身稷契，故其詩文光燄萬丈，非王孟諸家可及。讀此圩記，隱然饑溺，由己之懷見之實事叙次，微摹史記。西門豹一段令人動聽。

（同治）《南昌府志》卷三　國朝順治二年，洪水傾羅渡圩一百六十丈。邑人侍郎熊文舉首倡，生員熊文在等具呈巡撫行新建、豐城二縣，各出里夫修築。浹月而成，兩邑居民賴之。

（同治）《新建縣志》卷一二　羅渡圩在羅渡下。順治乙酉，洪水傾圩一百六十丈，邑人侍郎熊文舉首倡，生員熊文在等具呈巡撫行新建、豐城二縣，各出里夫修築。浹月而成，兩邑居民賴之。稱曰少宰堤，有記。

侶湖圩

清　鄧謐大《侶湖圩閘記》（雍正）《浙江通志》卷二二　暨處萬山之會，臨江滙之濵，於越新編諸暨、白茅，外屏則鐵崖、芝菰、諸山、長山，外屏則五洩陽堂。諸山而東，白爲東南之崑崙。五指鎮爲西南之門户，道林紫巖諸山，爲北東西之護衛。舊《浙江通志》：五洩争奇，群湖瀉曜，長山挂榜，浣江拖練，外屏杭烏之巃嵸，内案苧蘿之森秀。

（乾隆）《諸暨縣志》卷二〇　尹從淑章志，字道傳，四川宜賓人。萬歷甲午以進士知縣事，惠愛廉明。修學宫，築大侶湖圩閘，建文明閣，葺紫山書院。凡所舉措，悉規久大。駱問禮食貨記辨糧侵漁弊多，害難枚舉，從淑定爲清收之法，析户析丁，實收實拆，立石縣門，永爲法守。

馬家圩

綜述

（弘治）《赤城新志》卷六　馬家圩岸俱在臨海太平鄉。

（雍正）《江浦縣志》卷五　馬家圩在湯泉鎮。

清　金咸《馬家圩圖説》（光緒）《江陰縣志》卷首　按志載：民賦附編圩坦，而圩之大者，首馬家，其地本馬家湖，即芙蓉湖之支湖也。府志云：芙蓉湖自晋張闓疑即名宦，晋晋陵内史張闓，基其中洩湖水令入五瀉河，注於具區，欲以爲田。盛冬著裋衣，令百姓負土，值天寒凝冱，施功不成。至今圩民肖張公像虔祀之。至宋元祐間，居民因其舊堤岸堰水塞湖爲田，歲久湮廢。明宣德初，巡撫周文襄築壩捍江水，工流復成。圩田界以大河，河西以芙蓉湖爲芙蓉圩，陽湖、無錫二縣河東，以馬家湖爲馬家圩，隸江陰之夏城。四保黄橋，一三五保青，下四七八保前有以馬圩隸及四河者誤，西北隅則又隸陽湖之豐北鄉，通圍南北，約長十里，東西約廣五里。圍外四面河流環繞，圍内畫爲通塘巨河。九曰善涇，曰元涇，曰雙涇，曰龍骨涇，曰姚涇，曰吴涇，曰周涇，曰斜涇。斜涇之南，地高於北，每遇水灾，北患尤甚。公議將岸加築高廣，東西築壩，大塘因此截斷。曰陳涇分爲石牐二。曰雙涇，曰洋淮，析爲支圩五十七，曰連周者二，曰姚成，曰楊樹者二，曰巫家，曰袁家，曰石公者二，曰包家者二。已上隸夏城四保。曰寒蕩者二，曰天井者二，曰周堅者二，曰上鎮下施家者各二，曰雙涇，已上隸黄橋五保。曰梅蕩，曰上舍，曰新田者二，曰富岸，曰上下沙家，曰横涇，曰南北中尤家，曰省田，曰殷家。已止隸黄橋三保。曰崔家，曰顧家，曰南北趙蕩，曰斷頭，已上隸黃一保。曰臼蕩者二。一隸黃橋一保，一隸青下八保。曰楊尖，曰周家尖。已上隸青下八保。曰吴大岸者二，曰陳大岸者二，曰毛涇，曰南中北鴨蕩，曰中岸尖者二，曰范岸尖。已上隸青下七保。曰洋淮。隸青四保。西北隅隸陽湖者，曰桑獨。統成田七千三百畝，其間港汊紛錯，橋壩層排，不可勝紀。田塍窒列，村墟碁布，制本古井田，惜後人不能守昔賢成法，惰於歲修岸，堤日毁易，遭水患入，國朝則雍正十三年道光二十年爲尤甚。咸於二十一年四月來視縣事，適前署尹新城陳君延恩於灾賑，後倡捐修築，甫經始而遷任以去，咸爲踵其役。六閱月而工成，後爲之準酌法程，以善其後。自今以往，孔固、孔安水澇足備，庶幾爲吾民之慶焉。是役之始，有繪圩圖來者，與志稽核，或昔所名而今已易之，或今所有而昔尚無之，滄桑之變不可泥古。以論今百綜貫之法，莫若以馬家圩爲之綱。以所麗各支圩爲目，詳列其地址，并注明今所隸鎮，保庶使閲者瞭然，且以補證圩坦門之所未備。陳君去任日，諄諄以立説繪圖爲囑，爰爲之詳考辨正附刊於後。其他若同時捐修圍岸之十七圩漕、港圩界、涇圩、以及各鄉圩坦，均未及考，故不贅。

傳記

（同治）《建昌府志》卷八　陳延恩，字登之，新城人，希祖長子。援例通判分發江蘇，署江陰知縣，政聲甚著。江陰連年水灾，倡捐廉三千金，率富民捐資，重浚應天河道，重建馬家圩，以防水患，便民耕種。每課士與諸生講論經義，延陽湖李申耆爲之師，頗有成就者，升川沙同知，署淮南監掣同知，兼護兩淮鹽運使。以江北查辦巨案，保奏奉旨以知府用署揚州、常州知府，補淮安，兼護淮徐兵備道。

（光緒）《江陰縣志》卷一八　季忻，字薇堂，諸生。性孝友，母病刲股療之，平生專心利濟，勇於爲義。會歲大水，修築芙蓉、馬家圩堤岸堅固，蓄洩便利，又創建登仁堂及救生局，皆至今賴之。

（光緒）《武進陽湖縣志》卷二五　姚信，字德良，號讓庭，豐北鄉人。嘉慶十二年十九年，歲大祲，信董振事甚勤。道光三年，分董浚北幹河，夏大水，信董振如前。十一年，歲又祲，信捐錢千緡爲倡振，事乃集。二十年，大水，芙蓉圩、黃天蕩堤壞，僧復倡捐千緡爲粥，以食餓者，并董修圩堤。會母歿，乃使子姪督其役，費省工堅，遂比歲皆稔。二十九年，大水，信又倡捐集錢三千餘萬緡，多所存濟，復與其子督修圩二十五，皆以工代振，議叙鹽運司知事，加布政司理問銜，并叙其子維清同知。同時有功於芙蓉圩者，湯載縣學生子鈺。廩貢生家貧，遇堤壞，父子奔走籲告，人感其誠，集資巨萬與信，董修圩堤，不恤勞瘁，一無所私。又嘗董修江陰馬家圩，民以仁言利溥，榜其門。

（光緒）《增修甘泉縣志》卷一二　劉銘，字箴山。嘉慶十五年舉人，選江陰縣訓導，在任二十餘年，樂引後進寒畯，多所成就。世居邵伯，值洪湖水溢，大令委監築馬家圩，堤工自備資斧，晝夜罔懈，工賴以成。著有《日新樓詩集》。子倬，道光十五年舉人，選六合縣訓導。值粵寇猝至，督率巡防不遺餘力，以勞，卒於官。昺南，咸豐二年舉人。

紀事

清　繆荃孫《藝風堂文集》卷五《陽江舜河水利備覽序》　光緒戊子冬，荃孫銜恤南歸，承乏南菁講席，陽湖胡東翹明經來院言曰：大寧鄉居陽湖東北，地勢最下，群山四屏，形如釜底。夏秋霪雨，山泉怒發，蓉湖流潦，孟瀆狂濡，矢疾飆激，匯成巨浸。雨或愆期，立形龜坼，倏旱倏澇，民用大艱。昔人傍山鑿港，曰舜河北行十餘里入江，陰境又十餘里經虞門，通大江，港門曰新溝。旱則引潮内灌，澇則導水外洩。内灌則瀕河陽湖田七千二百五十六畝、江陰田七千一百六十八畝均受其利，外洩則遠至芙蓉圩、馬家圩均去其害，又不僅瀕河諸田也。然而潮汐往來，泥淤堆積，水道日窄，岸沙日高，不十數年，即宜大浚。且萃兩邑之人合數鄉之力，鄉民蠢蠢，意見多歧，富者吝財，貧者惜力，欲成其事，戛戛其難。

清　盛宣懷《愚齋存稿》卷七一《寄蘇撫陳筱帥十一月初十日》　常州芙蓉圩灾重情形已詳，布募啓宣過蘇，并經面求準灾，該圩陽湖連黃天蕩，無錫連楊家圩，江陰連馬家圩，籽粒無收。已據各紳董覆，查陽湖折成一萬口，無錫折成四千口，江陰折成二千口，不能再少。現與諸紳約，擬放冬春兩振，仍官義合辦，陰由敝處，撥錢一萬六千千外，可否仰乞官振亦如數照撥？時日方長，此外由本籍紳富自行接濟，湊成三振，庶可活命。宣誼關桑梓尤切，禱求俟示即補，公呈錫紳，章鈞因病另舉，折江候補道孫鳴圻請改委。

（光緒）《江陰縣志》卷八　五十八年夏，大水。馬家圩成災。緩征本年錢糧。

（光緒）《無錫金匱縣志》卷三　南由五瀉湖出高橋。西南址萬安鄉通石瀆。西抵前洲，通乙虞橋。西北聯芙蓉西湖和尚圩之五龍涇北址，江陰芙蓉湖十七圩，一名馬家圩。東北址四河口圩，地外高内低，形如仰釜。

（光緒）《重修丹陽縣志》卷五　康熙二十五年，於懇恩飭查等事案内，續墾下練湖馬家圩田灘七頃四十三畝二分一釐五毫。

雜録

（乾隆）《江南通志》卷五五　我皇上聖明洞鑒，必應修築堤工，以束其勢。俾來無漫衍，去有匯歸，方足鞏固湖堤，而保衛田畝。應請將南甸堤徑窄狹之處，自南岸王家庵起，至趙家庄止，取灣就直，改闊二三丈，長三百丈。另築新堤一道，即將舊堤之土乞築新堤，其堤尾距湖尚有二十餘里，向無堤工應於南岸堤尾。馬家圩至應家集約十七里，接築新堤一道。北岸堤尾自周家圩至李良橋，約十五里，接築新堤一道。再將南北兩岸舊堤按其段落，分其平險，遞爲增減，一律加高培厚。

（乾隆）《含山縣志》卷三　碧峰庵在縣南門外，有施田四契。一在戚家圩，一在散灘圩，一在馬家圩，一在石壁口。其石壁田僧曾盗賣，邑紳張馥贖回存庵。

（光緒）《江陰縣志》卷三　雙涇閘，又名瀾安青龍閘，在馬家圩東堤。

圖表

（光緒）《江陰縣志》卷首《圖・馬家圩圖》

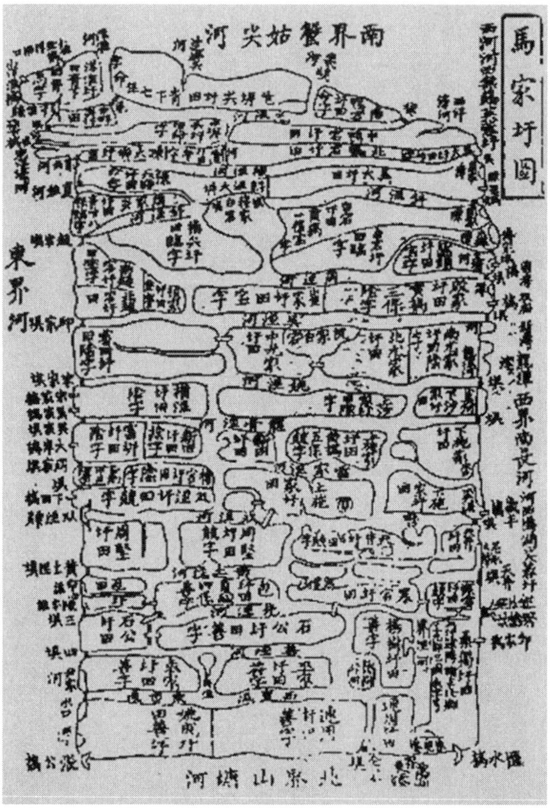

彭公圩

清　宋邦輔《彭公圩記》（光緒）《青陽縣志・藝文志》　縣治東北去一里，舊常有圩，介于雙河。河發源九華，分流二山，逶迤抵圩，二流交滙。淫潦時漲突堤嚙，厓田率淤没。至乙未，洞泉彭公筮至，乃白諸大中丞侯公，發官帑百二十緡，爲修築費。公上下營度，遂即故圩之壖而改築之。使水道與堤相得以薄河，怒鳩工剗土，夾日一臨，躬爲條分指，畫程工計直，務可經久。弗俾崩圻，厥費不繼，多捐以俸餘復秘，不令上知。經營甫三月，駿工告竣。堤長步三千二百闊，稱之得田可萬計。至秋，果大水，不爲眚越。二年丁酉，公去，任邑人懷之，共爲立亭道左，鑴其石曰：彭公圩。圩以公名紀去思也。庠英王嘉言請予記之，予聞柳子云，賢者之興，而愚者之廢，廢而興之爲是，習而循之爲非。茲圩傾圮，積數十年無復有興者，公獨毅然興之。至今洪瀆脉分，歲不爲患，滂無隟田，旱無稿苗，屢年大登，民忘其饑，公之貽也。昔子瞻守杭，嘗築堤西湖，後人稱爲蘇公堤，迄今不衰，圩以公名，信不爲濫。按記典能禦大患則祀之。今如公後，當血食茲土，爲無愧焉。公諱士奇，胄番禺世家。領乙酉鄉薦，仕青，剛方廉介，率多惠政，此特其一者。

（嘉慶）《清一統志》卷一一八　彭公圩，在青陽縣東北，明知縣彭士奇築。

錢氏小圩

明 孫鏊《松菊堂集》卷二一《錢氏小圩記》　昔李德裕平泉山，館甚華麗。嘗鳴官立石，期百歲後弗爲權勢所奪。迨歿未幾，嗣人不能守，亭榭荒頹，欄砌蕪萎，奇葩恠石，盡爲洛城有力者所得。夫紈袴子不自檢，飭墜厥芳聲，遺辱先世，家之弗保，何有於苑囿。至若東吴之俗，奢靡偷甚，豢酣富貴之樂，馳騁聲色之場，豪逸于今，必狼籍於后也。錢君家居海濱，東吴望族，以臨江守東圩。公爲之父，以司寇宗伯爲之兄。鍾鼎之家，膏粱之習，迺能克自振，起守真敦，素弗味世。腴於東圩，公所刱園林臺館，逾加整葺，花卉竹木，手自灌溉，日繁日茂，因以小圩。自號志不忘也。其視德裕子孫相去霄壤，予甚嘉焉。作小圩記。

仁豐下圩

清 馬教思《新建仁豐下圩斗門碑記》（乾隆）《池州府志》卷二三　天下之賦出於東南者十之八九，其瀕江一帶爲圩田，設堤防而立斗門，以司吐納，蓋往往稱沃壤焉然。或畚築不時，啓閉無節，潮泛潰决，民且爲魚。上無以供賦稅，下無以寧家室，非細故也。五松地小役繁，歲一不登，公私交困。況賦財所出，圩田居十之八，而仁豐尤居圩田十之六，蓋以江潮之大小爲豐歉焉。水潦之歲，民困可知也。治斯邑者不綦難哉？明萬歷間，弋陽徐侯始親履仁豐，高其防而障以都埂，嗣是邑侯軫念民艱者，皆以治圩爲重務。南北皆有斗門，而北臨大江者吐納尤重。數十年來蟻穿蚓溜，慘漏如泉湧，圩之練達者憂且懼計，人心焕散。欲舉事而輒止者，屢矣。吾宗山右馬侯來涖五松，一旦詢利害，問疾苦，諭仁豐。士民曰：圩被水患四年矣，斗門不改建，旦暮且壞。顧斯事重大，衆莫肯任，予其經畫，俾慮始以圖有成功。乃命鍾思就曰汝其統治鳩工，始終集事。命陳均、王之相、王之卿曰汝其口授，指畫布置。隨宜命鍾思問、鍾思兼、汪文禧曰汝其澄清出納。無有漏遺。於是士民咸奮，曰：賢侯生我，敢不量力捐貲，協謀殫慮，奉賢侯命以相與有成也。工既興，任事者戴星出入，勸課勞苦，匠獻其巧，工奮其力，欣欣從事，罔或怠倦。侯則減從巡視，議經費，度物料，謀勤惰，衆以益奮。閱三月而工竣，堅固縝密，用卜永年。任事者告成於侯，且請後命，侯曰：勉之哉。一德一心以保此不替其歲，擇一長而群長咸聽，無違心也。其增卑培薄，具以時啓閉也。其利害與共，毋築堤壩於水涯也。其高爾埂於溝澮之上，以防水溢也。其預存餘地毋留宿水，以滋漲决也。其盡塞外圩之□，勿令驅水入圩，而以私害公也。嗟乎！侯之生我百姓者，何其慮始圖終，無不周至也哉。余告假歸里，友人走書求余言以勒石，余嘉侯之賢，而銅民得被休懌也。爰叙其顛末，以垂示後人。

（乾隆）《銅陵縣志》卷五《關聖廟》　關聖廟，乾隆十一年吴天定等重修。一在朱村汪姓水口，一在龍潭□下，一在大攔碉窑，一在天門山西，何姓建，一在鍾鳴街首，一在順安遇龍，由錢胡盛等建，一在仁豐下圩江斗門旁。

又卷六　鍾家石橋在仁豐下圩七里埂，鍾姓建。

又　張家橋在仁豐下圩，貢生王世洛重建。

又　謝家橋在仁豐下圩南埂。

又卷一〇　鍾仕亨，邑賓老。順治間置學宮祭器，設大樹貯之，捐田三畝，於劉公遺受祠，資香燈贖鄉實鍾釗墓地，督建仁豐下圩南北斗門。後裔邑庠諫生觀生等於雍正十二年重修祭器，并修張姓原置錫壺十三，具觀生置關聖廟祭器全副，俱貯文廟大樹內，每祭頒胙。

潤澤圩

清 陶尚瀠《知縣楊周憲修復潤澤圩記》（康熙）《新建縣志》卷一五 昔東坡欲鑿石門山運河，以避浮山之險，又欲於蘇州以東鑿挽路爲千橋，以迅江勢。俱不果行，當時以爲恨。僅于守杭日開湖，故東坡詩有我在錢塘拓湖淥之句。杭人思之，名曰蘇堤。古文人作吏，未有不念民瘼而爲經久之謀，蓋利興，而害于是乎除矣。新建境一百二十里爲昌邑，上下風帆出湖入江所必由之地。連阡茂草，夙有水患。前令祝公爲之築堤，名曰潤澤圩，值春雨横江，水患驟至，而堤潰矣。又范公續爲築堤，水患繼至，堤又潰。嗣後物力既艱，講求無策，天時不協，地利難興，惟江西實介吳楚，襟帶三江，則一泓之水猶之九折之河也。以河言之，自宣防既歌，司馬光欲使東流，王安石欲收兩河之利，呂大防、文彦博欲㬎河爲阻。元明迄今，引河爲漕，議雖不同，而要歸于堤塞則一。今昌邑之堤不塞，則水患將與天地相終始。自覺山楊公下車，借已往之鑒，爲善後之圖，于是堤成而不遭水患，一勞永逸，克底成功，士人念之不能忘，名曰楊公堤。尚瀠，于是有感焉。竊聞賢者在位，興作必以其時，故因時之利，則易爲力。又必因地之勢，則易爲功。況乎一事，而數事亦因以得。所謂利興而言除者，莫善于昌邑之水利也。先臣徐壐卿之言，日歷河海之境，見諸州郡，泉從地湧，水與田平。或濱河之邑，其間土膏腴而爲人曠弃，有疏渠即田者，有夾河皆可成田者，有導河可田者，有疏湖可田者，有引泉可田者，有塞堤可田者，惜無長吏治水，佃而耕之也。今昌邑僅新建之彈丸耳。荒土既闢，溝洫可通，遷徙不驚，水患頓息，推之一石，而收數石之利，佃田可興。曠田而有匿土之墾，賦税可清。比屋而有同井之誼，盜萌可靖。此豈僅新建昌邑之利而賢百里之績哉？公行入爲天子重臣，公之堤蓋與蘇公而俱遠矣。是安可以不記？

（康熙）《江西通志》卷一四 康熙十六年，新建知縣楊周憲修復潤澤圩，邑人陶尚瀠作記。

（同治）《南昌府志》卷四九 伍于伊，字任公，惠鄰里，倡修潤澤圩，設義渡。愛周人緩急力不能償者，輒焚其券。暇時樂觀經史，購書至數萬卷。

（光緒）《重修安徽通志》卷一八五 汪秉元，字初甫，婺源人。萬歷丙辰進士，授大理評事，轉南兵部。嚴郵符以肅驛傳，清汰禁衛虚冒。出守南昌，築潤澤圩，灌田萬頃，拒上官建魏璫生祠之舉。調九江，流賊聲言來寇，秉元晝夜巡視，以忠義激勸士民，輸餉者恐。後寇不敢犯。以勞卒官。

三洞圩

（乾隆）《南昌縣志》卷五 三洞圩在十九都，長六千八百七十六丈。

（同治）《南昌府志》卷三 三洞圩坐落十九都，流湍，舊有石閘一座。國朝邑人張建翎《三洞圩石閘記》：三洞圩築自前明萬曆年間，周圍六千人，百餘丈中分十八段承守，爲永遠修補計。第六段地勢最低，建石閘一座，以消積潦，曆久損壞。乾隆十五年，合圩捐修。三十一年，再圮，民力拮据，不能再捐，請帑始得修復。不數年仍被洪水冲塌，無復有議修者矣。嘉慶十八年，翎父静山公毅然倡捐，邀集合圩紳耆會議，俱踴躍從事，修復如舊。高低田畝，豐收十有餘年。自道光十一年以來，連年大水，閘外河底淤高，兼之閘口狹小，圩内湖水不能消洩，積水成災。十年中竟居七入，困苦難堪，無以爲計。同治二年癸亥冬月，翎因與合圩會議，將舊閘改修，倍加寬大，功程浩大，不下千餘金。自倡捐制錢二百串，各殷實亦竭力捐輸，終未能告。歲適舊歲，己巳水灾，又大圩堤盡被冲決，饑民幾無一能生活者。翎居水鄉，目擊心傷，因奔省告縣，訴府叩謁。中丞劉公峴莊將實在情形剴切稟明，劉公立檄縣勘灾，委員勘堤，發制錢二萬串，交縣會同紳士賑濟。復發帑三萬串，面諭翎會同委員修築東北兩鄉圩堤。翎因將該閘情形詳晰叙明，蒙格外體恤，發帑三百串，大力一助，大功立成。從此合圩永享樂利之休，其感德當何如也。

（同治）《南昌府志》卷四九　張鎮，字志周，號静山。父概，先有子四，鎮其季也。生而奇異，年十六，始棄農就士，不數載，補弟子員。居家孝友，性慷慨多義，舉鄰有訟事，必力爲勸解。三洞圩石閘傾圮，倡捐修復。邑建考棚，兼捐考費，深資籌畫。辛卯，大水决堤，歲荒，縣令石家紹散賑救饑，幫辦數月。復請帑築堤，因此心力并竭，事竣後數日，憑几端坐而逝。以子建翎，貴誥封奉政大夫，崇祀本邑同善祠。

三角圩

清　戴良儒《同治八年三角全圩借帑修堤記》（同治）《建昌縣志》卷一

建邑之有三角圩也，坐落涂埠河東，分之則爲二十三圩，合之實爲一圩。上當寧、武、奉、清、安、建六縣之衝，下與新邑、吴鎮接壤。地勢低窪，爲通省上下所著明。地關緊要，亦爲通省上下所著明。道光十年，前年殼屢登，公私無難并給。道光十年後，圩堤屢破，賦命遂致兩懸。歷蒙縣憲暨各上憲詳辦緩征豁免，與撫恤圩帑諸款，莫不以三角全圩鄉圖稱首。恩至渥也。迫軍興以來，庫銀文絀，一遷水患，此款難籌，而三角圩之積苦，於以徒告矣。幸而邏天眷荷皇靈，撫憲劉勳隆郭，李緬懋、范韓，國家尚資捍節，灾區何難曲全？當同治八年，全圩之被淹。即咨會藩司，飛章而入告，始則籌辦撫郎。遴委賢員郭公約斌會仝縣憲崔公慕滿，於三角圩每户加恩，而公頒維則篙辦圩帑，遴委賢員彭公繼昆會仝縣□懷公惟清於三角圩及時握要以圖功。數十里被冲被□情形，俱認眞而履助。千百村相關、相切利病，復據實以詳參。曲埇圩，三角西面保障也。而熊寮捍更險，則仨帑押築排椿，編籬以當上河之衝。南圩、北圩，三角東面藩蘺也。而樟樹圩更險，則估帑押築加高培厚以禦下河之漲。大湖邊大坽口已廢之北□，與現存之南□，三角全圩積水疏消所賴也。則估帑舞築，因舊圖新，以廣其流通，而低田不至盡爲澤國，而上下兩埇與雙□更可類推也。至若西灣圩、駱灘圩、北沙圩、猪頭圩、范泥圩、福田圩、長灘圩、杜家圩、涂家圩，則自曲埇而下。而聯絡於南答箕圩、後坂圩，則自曲埇而下，而綿亘於北，亦無不估□。押築長堤并興以固南北兩面之屏蔽，其餘若南坂外烏林圩、張坊圩、獐尾圩、周家圩、余家圩、鄣老圩，則星□碁羅於腹内。雖有□費，而無圩費，其視各圩之借諸，修堤勞巡，國自有別，是圩全堤之修也。畛域雖覺微分，薄□夔自畢貫，合計農田一萬數千餘畝，而水利充積在焉，合計帑費一萬七百十串，而以工代賑在焉。起工於八年臘月中旬，竣工於九年二月下旬，立木爲表，俾皆視式以爲高。師工取精，務令有基而勿壞。較之從前形勢，因已改觀，此皆委憲彭會仝、委憲涂咨商。聰□陳恭奉撫憲恩命，戴月披星，賢勞罔僤，矯輕□橋□猛得宜之所，以儒雖首先被召，義無可辭，因與南圩武舉周維吉、生員袁榮川、武生王喜成、北圩生員彭信古、從九、熊遍之等承扎釁辦，隨効奔走，兩月有餘。究難少補其萬一，而德感更生，業已建石勒碑，留遺愛之迹齒去。後之思庶三角全圩之不朽，而口撫憲劉俾體皇仁，知人善任，俯念民瘼，濟困扶危之恩，亦與爲不配也。爰不辭塤碎，而爲之記三角曲埇圩，候選訓導廩貢生戴良儒撰。

（同治）《建昌縣志》卷一　花坽嘴渡，縣東二十里，由涂埠過三角圩，下通吴鎮。

沙河基圩

明　程達《重修沙河基圩堤碑記》（崇禎）《清江縣志》卷八　清江之有水患，自昔已然，乃浸淫龍蛇之歲，及今萬曆丙丁，而墊溺極矣。水悍嚙江岸，决河堤，貫劍渚筠川間諸要害，圮者數十，而沙河基一帶爲甚。田廬首丘漂没萬計，此水國亦一刦運也。前此頻決頻修，然亦旋修旋圮，無乃當事者苟且支吾致此。天幸開鴻，周侯令下邑席未及煖，而惻然若已溺也。緣集鄉紳孝廉、蒸群髦士，覯求水勢地勢，商爲一堤不復圮之計。予時恩擢總八閩憲事，待次里門，謬陳六議以對。首擇主者，而次及一切工費。時郡二大夫二瞻鄭侯捧檄吴越市絹上供事竣，而餘值五千緡悉輦而還公帑。大中丞太蒙王公心奇之，會清人數萬萬狂走叩閽，以侯監督請予行次章江，晤監司兩臺，使力爲慫恿報可。一時三老歡慶額手，曰：

民有天矣。兩侯受命，慨然身肩之。鄭侯曰：身親行河，估計丈尺，堤長無簽市猾，岸土無褋浮沙，夙而作，晦而息。偕悀悀登登之衆，分甘其苦，吾爲政。周侯曰：身筦管籥，悉索敝賦，出納惟謹，給改惟時。不則假□□以加額，奏牘盜圖百年之利，毋惉一時之費。吾爲政蓋自兩侯，同心而清民，真有天矣。經始九月之朔，日役數千人，日費數十緡。逮十二月，而自沙河基逦牛灣一帶積歲傾圮，要害處處屹若砥柱。微獨居者復有寧宇，畊者復有定。阡會當賁輸，孔道諸奉計，屬車纍纍輩上者，無不詫堤工之速而堅壯，且百倍疇曩也。蓋兩侯茹檗貞，操弄丸妙，用洵稱才，誠兩合故能任勞任怨，排衆議而遹觀厥成。先是，主郡事者因民呈辭皈心，兩侯意稍不平，偶一倅以遷秩，行即支吾□，歲者見當道以三百緡費對，而不知工役未一月已費七百緡矣。當此時，爲兩侯擔當者，不亦難乎？民仰窺兩侯一片苦心，而歲荷覆露之德，藉不有記述以志永永。毋論悖德者，不祥將曷以風示來□。予赴任浙藩過里，環堤之人具狀以叩。予曰：若曹不諳令甲，兩侯肯爲，若狗且吾儕戴兩侯如天之福。一堤詎足槩，兩侯爰復叩顙而繼之。泣曰：小人安曉令甲，亦敢諛侯功德，苐欲使百年後識堤之所以永，自兩侯始耳。予乃矔然曰：有是哉，辟之于鈞，維絲伊緡。辟之于舟，維柁與楫。微鄭侯，無以遂周之仁。微周侯，無以展鄭之幹。兩侯相與有成，而當今河南北虜，何事不立濟者，一方一堤，云乎哉？春秋之法，九土功關于民者，必書兹堤也。挽劒笏之迅，湍殺袁贛之支流，所關最鉅。故不却而爲之記。萬曆己未孟夏吉旦。

山陽圩

明 史際《重築山陽等圩碑記》（乾隆）《廣德直隸州志》卷四四 廣德之地勢，西北下，而建平爲受水之衝。水由南湖西入江塞口，兩山當湖之下流爲門户，隘不可泄，則衝激澒洞而爲害。不有以障之，建平得耕而食耶？建平之田爲圩七十二，嘉靖庚申，大水壞者十三。故往往他郡稱大有年，而建無全稔。其山陽、潘城、楊學三圩，則爲田幾五千畝，而圩之壞至十餘里，民不得佃。東華趙侯之治建也，政平而人信，稍稍以圩之廢，聞前此非莫聞之而莫有主其事者，蓋難其始，復虞其終。故人重自愛惜，而蔑能出身當之也。侯之始事，齋祓而誓於衆，曰：所不爲建終事者，有如圩。時應天節，推頤庵以均徭，至侯建白焉。節推與之，按視其所，民□兩議且泣者數百。於是議以其事上於州，上於臺院，□俞其請工取諸民之有田者，食取諸邑之義倉。先是，義倉之米數萬，當道因無年議賑恤。但賑恤止於一時，築圩垂諸百世，當道是其言，聽令便宜。侯因不避風雨，經始於丙寅年之春，成於是年之夏。不數月，而三圩之田有疆翼翼，有禾彧彧。其他圩亦井然一新。歲乃大熟，蓋嘗論之人惟私有所顧恤，則雖習常安，故而朝夕之間恒惴惴焉。昔喻子才以軍吏出宣州，見城西有敗室，入視之，廣儲倉也。一老卒巢棲而守之，牛豕之迹交通。其下嘆曰：吏非不知倉之宐理，重自免也。使今之當吏者皆如是，國何以賴當侯？乏倡此也，汙萊之場茫乎不知其涯畔。計工焉將煩民，計食焉義倉之米不易動。稍以向之所云利害者交乎其心，其不至恵然而自沓者蓋寡。乃侯之精誠足以通於神明，而其知與才又兄以就之。百年之廢，興於一朝，仁人之心，志士之事也。

（光緒）《重修安徽通志》卷六七 山陽圩、潘城圩、楊學圩三圩爲田幾五千畝，趙佑卿修築。

十三圩

綜述

（同治）《南昌府志》卷三 十三圩者，合附近大積、甘穀、樂成、東埠、都關、常豐、楊林、大熟、毗盧、堯家埠、吴家埠、婁家捍、熊家埠十三圩爲名也。自道光辛卯洪水衝決大口，湖患口宏，深不能修復。春夏泛漲，處處波累。壬寅，經生員徐炳元、徐灝等邀各圩長會議，大口湖患口置圈外，自東埠圩晏公廟起，由鴨婆洲至故廢之常豐圩新培頭止，又由新培頭而禾洲岸而下，轟而上，轟而馬籠潭，至新建之壩塘止。從新修築各圩共捐錢二千串，禀請知縣程燦策勸捐議叙，共成六千串有零。刻期興工，癸卯告竣。内有昆盧圩、吴家埠、婁家埠、熊家埠四處，地形底窪，田亦無幾。向未成圩，故官册從未列名。

傳記

（同治）《南昌府志》卷四九　魏秀波好善樂施。乾隆戊申五月，洪水漫決大積圩，至八月方退。早晚絶粒，秀波於鄉族貧者概行周急，稱貸至銀一千三百七十兩有零，既而齋戒七日，密焚其券，因至貧乏，恬淡自如。

又　徐日昇，乾隆甲申，邑大水，冲凍甘谷圩三百餘。又漂没田廬，人乏食罄家，粟千餘百濟之。并籲請借項築堤，曰昇董其役，備極勞瘁，閲半載乃成。知縣楊大觀給匾奬之。

紀事

清　韓世琦《撫吴疏草》卷二九　又據卑職承催，上江屯伴役喬慶董成，唐成報稱：身等經催上江粮米，刻不敢違。不意江潮泛漲于九月十七日至二十七日，止所催楊林圩、義城、安慶、都勝等各圩盡被一空等情，據此極苦痛，卑職額徵之米，軍旗顆粒無輸矣。

（乾隆）《南昌縣志》卷五　大積圩，在十五都，長七千四百四十丈八尺。

又　甘谷圩，在十六都，長三千七百五十丈一尺一寸，内有壩堤一道。

又　樂成圩，在十九都，長一千五百三十三丈二尺五寸，内有石梘二處。

又　都闗圩，在十六都，長一千六百八十三丈八尺一寸。

又　都闗圩，又名萬民圩。

（同治）《南昌府志》卷三　大積圩坐落十四都，離城三十里。

又　甘穀圩坐落十五都，并十六都口湖鄉内有壩堤一道，離城四十里。

又　樂成圩坐落十九都，樓前鄉内有石梘二處，離城五十里。

又　都闗圩坐落十九都，離城六十里，大口湖下。

又　大熟圩，即大興圩，坐落十九都襲姓邨，離城四十五里。

（同治）《鄱陽縣志》卷四　樂成圩在文北鄉五十八都，周五里，圍田地菜澤，約二千八百餘畝，石堰一所。

雜録

（同治）《南昌府志》卷三　集成圩坐落十九都，即都闗圩之東岸，地勢三面距河。

濤雒圩

清　丁守存《濤雒築圩記》（光緒）《日照縣志》卷一〇　甚哉！剏始之難也。自粤匪陷金陵，咸豐三年，予以旨回籍辦沂屬團練。次年甲寅，土匪陳玉標擾及蘭莒沂蒙，吾邑尚安堵也。庚申之冬，予因公回里，值皖捻焚掠青口，人有戒心，各謀踞山入海爲自全計。與諸父老議築圩，人有難色，且慮守之不固，宛轉相勸，人猶未之深信也。迄辛酉春，寇警日甚，萬不獲。已乃就濤謀集其事，出貲者不復吝，予亦捐貲助之。經始於三月十八日，度地周九百七十餘弓，畚锸并舉，至七月而規模粗具。八月二日皖捻入境，濠陴尚未完備，幸海潮大至，賊不敢逼，北竄而去。乃益加浚築，添置礮樓十座。十月，賊南旋，圩防頗嚴，安堵無恙。及予游宦楚北。同治六年丁卯，自秋迄冬，捻逆馳逐海濱者數月，竟以照境爲戰場，官軍追躡，以次殲除。附濤數十村居人，咸倚此圩以永保天幸，亦人爲也。先後司圩局事者，族叔州同銜丁岣、監生莊紹唐、族兄監生丁廷芹、族姪同知銜丁壽基及衆姓戚友，族中子姪孫輩皆殫竭心力。而歷任鹽場大使程與四方賈客之久於此者，皆與有勞焉。今運際中興，各匪悉就蕩平，朝廷仍敕諭海濱各邑寨堡，加意修築。凡我親鄰族黨，自應始終罔懈，仰副軫念，巖疆至意，以期有備無患。則予之厚望也夫。

（光緒）《日照縣志》卷七　咸豐十年，上憲札諭各州縣督飭紳民築圩辦團，知縣張書升、縣紳丁守存倡修縣城及濤雒圩。

萬家洲圩

（同治）《南昌府志》卷三　萬家洲圩坐落六十六都，離城八十里，上接豐城縣堤，古名金家灣圩。此南昌上游第一圩也。邑人劉于愓《修築萬家洲圩堤記》：天下無難爲之事，特患先有畏難之心，惟能明利害察緩急，於是以身任之而不辭。咸豐癸丑春，洪水泛濫，萬家洲堤決數百丈，計畝捐築。禾竟工而夏秋復決，至是患愈急，而築愈不容緩也。圩長有難色，其地瘠而民貧，則斜費難。其工大而責重，則任事之人難。爰哀懇於邑紳潘君鳳廬、萬君聘廬、李君端白曰：是堤之興也，利不在一時，而在百世。其廢也，害不在一處，而在四鄉。今此不修，後將胡底？諸君唯唯，知國賦民命之所關重也。又以向有舊章，不敢越俎，貽後世累，頗有難意。而懇者詞益切，情益哀，咸願詣大憲具結後不爲例。諸君因以其事轉商於子，子與三君皆總角好，相知最深，聞言頗心惻，且以桑梓之誼坐視老者幼者號寒啼饑。

西圩

綜述

明　龍子甲《學博士龐承允全活萬夫記》（乾隆）《望江縣志》卷八　天啓七年丁卯，維時隆親親之典。桐圭并剪一時，遣三藩各就國，取道由河，而淮，而江，而漢。舳艫千艘，旌旗蔽空，其廠殿膳饈，文武扈從，供億不貲。然皆頒爲成書，濟協旁郡，惟三藩用夫役各萬人有奇，則所經郡邑供之。皖郡介在秋浦、潯陽間，其中水程將三百里，許夫役均調六屬。我望雖屬，末亦調子八百人，盇空國而行，已當瑞藩先至。時江水泳生，風伯效靈，役方新鋭，即紼纚維之，緣江可路王，程得如限。然我徒我役，業已饑弗食勞弗息，疲不甚命，已無何。惠藩繼至，江濤漲漫，稽山滔天。前蓼灘荻岸俱化爲巨浸，即紼纚無所施，兼石尤爲祟，彌月不休。王舟泊於秋浦之烏沙，夾皖郡諸大夫，游公、曾公、常公具供張，督夫役於郡口之長楓夾。兩夾相望，一水盈盈，竟不能飛渡。且長楓夾僅三家邨，安能容蓄萬衆？當是時，彼萬人者，除舟次高阜，棲息舛强半日，夜立水中無論。一日不再食，則日不一食，亦無論。十人而九病，且十人竟十□加以瘧痢。時行死者莫可縷指，郡大夫不得命，不敢散欲虜命，不敢請萬人存亡，危在旦夕。適學博龐公自南陵應試回，諸大夫知其爲護藩大司馬吕公戚里，乃召先生于舟中，託爲萬人請命。先生慷慨以行，詣大司馬，極日陳利害。且曰：風逆則舟必不能行，彼十千病夫，何所得其死力？不逆則舟自能行，彼十千病夫何所藉其生力？曷若令□出金錢，犒各舟篙師，榜人以侯風信，得全活萬命。且茲萬人皆祖宗以來培養之赤子也。大司馬然□□□箋得允，先生即復命。頃刻間令萬人得解。散如彌□，聲如雷，眞若先生出之水火，而納之懷中也。合邑鄉民周一表、蕭英、韓應鳳等感泣，徵予言於石，以紀先生德澤。先生聞而止之曰：此郡大夫之命，大司馬之力，某何功？某何功？予曰：是不然，望之空國而行也。困水滸而濱死亡者，千八百人，則邑之倚門閭而望生還者千八百家。先生一言而全活，如此其衆，安得無記也？未幾，桂藩尋至，一以先生所請爲例，則先生之德澤又及更番而全，□皆□爵萬也，又按得無記？是役也，即紳衿弗負，子亦感德，中人敢不執筆從事以勒諸貞珉先生家世。姑蘇之吴江，諱承允，字子忍。祖劍川公，以名進士爲南光禄卿，今兵部郎。序，皇公先生之胞弟也，亦以名進士爲今官。則先生文章經濟，綽有家傳云。時天啓七年丁卯。

清　龍燮《劉天維修築西圩記》（康熙）《安慶府望江縣志》卷一二　余讀史至魏史起爲鄴令，引漳水溉鄴，以富魏之河内，民歌謡之乃嘆古之良吏，所以惠斯民，皆計其大者。遠者水利一興，而萬世之功在此。豈若乘輿濟人比哉？雷之大不如鄴，而邑東北有西圩者，居民數千家，衣冠世族多萃于此。幾中分魯國矣。即以田論之，計三萬七千餘畝，豈遽出漳水所溉者下哉？第地勢卑下，潛太之山洪注焉，京、皖之江漲滙焉。民居、國賦相依，惟堤是賴。先年立十二甲，照畝編册，照册分堤，內有上下二坂，三湖蓄水，惟下坂水歸之壑，遇澇爲災。明天啓間，鄉耆檀良啓等白邑令方懋德親臨圩堤，目擊形勢，始開閘洩水，下坂乃蒙利焉。至盛朝順治四年一潰，孝廉檀志岳、生員檀正樞、正極、吳之份、圩甲邵劉二等，後白道憲石公、郡守桑公、邑令趙汝璽，檄教諭江秉一築之。迄今二十餘年，累潰累修，亦旋修旋潰。豈功實難成，抑所以經理者未盡善耶？壬子春，劉侯甫下車問民疾苦，留念圩堤。或有謂工可緩者，侯曰不然，今淮揚之被水患者數年矣，沿河一帶桑田陸沉，民爲魚鱉。聖天子暨二三大臣，方且日夜焦心勞思，沉璧負薪者相望于道。余守官僻壤，既不獲從群工之後以身障金堤，然一命皆王臣，即尺寸圩非王土耶？余何敢坐視重困此一方民爰進圩中。諸父老商摧形勢，委官修築之。凡所以經營相度者，悉秉侯之心計，不啻目營指畫焉。畚鍤雲集，不日竣工，堅固什倍于疇昔。由是水不能灾，農獲有秋，而正供無缺額矣。夫一圩耳，向以累年修之，而不足今以一日葺之，而有餘利澤之。興豈不以人哉？誠使良法美意，踵而行之，吾且爲歌舄鹵生稻粱矣。

清　劉增《西圩禁碑記》（乾隆）《望江縣志》卷八　爲碑飭修築圩堤革除陋例以益民生，以甦民困事。照得望邑西圩內額田三萬七千餘畝，興築圩岸計週三十餘里，以資保護，由來舊矣。惟是田地低窪，上當潛太諸水之衝，下受皖水江潮之漲。設圩堤單薄，修築懈弛，一經衝潰，便至田荒賦歉，民困不支。是以向分十二甲，設立圩長，董率圩民，歲加修築，務期完固，以保無虞。于工竣之時，官爲勘驗，于水患歲警事案內，造具册結申報在案。本縣下車之始，念圩堤關係緊要，飭令循例修築，凡親臨勘驗，皆單騎減從，并非有累圩民絲粟之費。近訪向例，藉稱造送册結爲由議費、斂錢、需索、酒食等項，而陋弊相沿，遂爲閭閻之累。查圩堤爲圩民命脈攸關，修築捍禦，理應不遺餘力，以爲未雨綢繆之計。乃復横羅需索，不惟民力難堪，勢必減工作之費，以供蠹役之需。其爲害有不可勝言者，正在訪查禁革。又據生員檀文波等具呈，請革立碑前來，合亟嚴行飭禁。爲此仰附圩紳士里民人等知悉，自示之後，爾等當歲修之，時務須踴躍争先，將堤岸、堤基、閘門等處修築完固。補栽柳樹菰茭，以保無虞。仍照例具結呈縣，以憑查核。如修築懈弛，聽其缺陷，因循苟且于目前，自貽伊戚，經本縣查出，定行重究。倘胥役人等敢于藉由需索錢文、喜錢、酒食等項，許即指名禀報，以憑按法痛處決，不寬貸，各宜永遠凜遵，毋違須至碑文者。

（光緒）《重修安徽通志》卷六八　邑東北有西圩者，居民數千家，衣冠世族多萃於此。以田論之，計三萬七千餘畝，地勢卑下，潛太之山洪注焉，池、皖之江張匯焉。民居國賦，惟堤是賴。先年立十二甲，照畝編册分堤，內有上下二阪，三湖蓄水，惟下阪水歸之壑，遇澇爲災。明天啓間邑令方懋德親臨圩堤，目擊形勢，始開牐洩水，下阪乃蒙利焉。至順治四年一潰，孝廉檀志岳、生員吳之份等白道憲石公、郡守桑公、邑令趙汝璽，檄教諭江秉一築之。迄今二十餘年，累潰累修，亦旋修旋潰，豈功實難成，抑所以經理者未盡善耶？壬子春，劉侯甫下車問民疾苦，留念圩堤，或有謂工可緩者。侯曰不然，今淮揚之被水患者數年矣，余何敢坐視？爰進圩中，諸父老商摧形勢，委官修築之。凡所以經營相度者，悉秉侯之心計，不啻目營指畫焉。畚鍤雲集，不日竣工，堅固什倍於疇昔。由是水不能灾，農獲有秋，而正供無缺額矣。夫一圩耳，向以累年修之，而不足今以一日葺之，而有餘利澤之，興豈不以人哉？誠使良法美意，踵而行之，吾且爲歌瀉鹵生稻粱矣。

紀事

（乾隆）《望江縣志》卷八《□鄭主示禁西圩條款》　一、該圩十二甲向有圩長，圩甲凡遇坍卸，圩長圩甲催令圩户按段挑修。今擬定每年修築，俱以十一月十五日爲始，限至十二月十五日完工。如有懶惰推諉者，該圩長、圩甲即行指名禀究。一、圩身綿長，誠恐牛羊踐踏，日漸坍卸，堤傍樹木被人砍伐。圩甲、圩長不能時刻巡查，致有遺悮。今擬每甲另募壩夫一名，耑司巡緝，其壩夫工食，圩內每田種三斗，于秋成時給穀一升，以資食用。如有些小坍卸，該壩夫即行填補。倘一人力不能修之處，嗚知圩長，業户按段挑築。壩夫膜視偷安，稟候責處另換，圩長、圩甲不行催仝業佃修補，并處不貸。一、遇修築總照業食佃工之例，槩不許勒索工價，并圩長派累，如違定處。一、堤傍樹木毋許盜伐、攀折，并拴繫牛羊，致滋踐踏。倘敢故違，一經圩長壩夫禀報，即枷示堤傍，仍著令十倍補種，以儆頑玩。一、九龍潭新開子河并駝龍溝土壩、官莊渡支水原以分殺水勢，圩甲壩夫人等須加意防護，庶免衝決。以上各條務須永久遵守，慎勿膜視，玩違自取，究戾特示。

清 檀萃《西圩築堤徙河記》（乾隆）《望江縣志》卷八 舊志以西圩起自孫吴之遺屯。愚考屯皖不肇於吴也。自魏建安中始，使謝奇典蘄春，繼使朱光守廬江，皆屯皖開稻田。故吕蒙曰皖田肥美，若一收熟，彼衆必增，乃急争皖。後孫皓亦屯皖，爲晋所逐，江南以平。一屯皖也，吴得而强，失而滅，所繫亦□矣。計當日所屯非僅西圩也。自西圩抵山口，皆屯地築堤開稻田，後皆廢。存東圩、西圩，而東圩亦盛，獨西圩著。圩周三十餘里，當皖水之衝，水發源霍岳，經二百里匯太湖。懷、寧諸水其流益大，至石牌分數水。一由駝龍溝走雙河，匯黄馬河，抵官莊渡，徑圩西面，轉南而東，入埭溝。一由刺樹墩南下張邨港，徑圩之北，轉東匯埭溝。一經七圩中走□十里横衝圩之東北隅，流更激。是三水也，分而南者，包絡數山，害尚淺。獨分而東走北者，流皆切圩，楊成大河深者幾不測，害最深而横衝之害尤烈。□數十百年於兹矣。涸時雖僅如溝澮，然山洪一發，則潮頭高幾丈，漫數百里，江漲助之，環抱如瀛海，居圩者如坐漏甕中，臥不能帖席，一聞諠聲，魄欲褫，近九年三潰矣。而惟三十二年兹甚，我公勤恤至饘之，粥之，廬之，宅之。旋諭修築，視功難者與之貲，逼河者伐木數百，旳其河而運之。公周視曰：上流可堙也。即率民堙之，流果斷。不數日成平陸。又曰：是宜柳，即插數萬株，圩成矣。封豕祭之公，乃會其長而告之曰：若等居圩久，亦知害源乎？害圩者數水，俱當治，而横衝之害爲甚。昔之治水者有三策，今圩猶是也。築堤猶出中下耳，最上莫如徙河。今上流堙矣，吾欲徙其下，衆懼然。顧猶有獻疑者懼水急沙疏難，奏績且虞，鄰境之譁也。公曰：無疑也，形勢在吾目中，功成必兩利，吾豈不愛鄰民哉。事惟斷乃成耳，貲出吾力，出衆。爰進士命之曰：某領衆，某領工，某某辦木、辦薪、辦蔆。進民命之曰：甲日某里以衆往，乙日某里以衆往，丙日某里以衆往，届期，荷畚者雲集。挑者、鋤者、擔者、負者，老饋麋壯，跳往木以楗之薪，以壅之蔆，以護之水。方群集力，争不能勝，乃挫退如期而功成。自是害水外徙，其利益滋，港涵其魚，牧便於芻，而堤外之涵水淫淫，夏亢亦資鄰民灌溉。果如公兩利之言。民感恩甚，咸誦公。公曰：民之能用命也。民曰：此蓋公之德，惟公視民若子，而視圩若家，故徙數十百年之害，而興其利。民忍忘乎哉？公名交泰，字補堂，廣東香山人。由懷知望，循聲遍兩邑，善政不勝述，但舉吾等所身被者而已。因爲之記。乾隆三十三年戊子，歲四月望後六日，邑人檀萃撰。

相国圩

綜述

明 楊鏊《奏止宣涇養馬疏》（光緒）《宣城縣志》卷二九 爲乞復舊制以安人心，彌禍變事。據太平推官朱孔揚、安慶推官李欽昊呈稱：遵依取寧府屬并高淳派馬始末文卷，及拘宣城應審民人劉賢六等，逐一查勘明白，并督同知縣宣城方一桂、高淳、劉啓東，各從公會處，隨據各結稱，洪武年間因宣城民劉漢價買溧水縣分撥高淳民卞立等相國圩田二千一百九十餘畝，又鹹魚、毛二觜、馬蕩田地二千六百二十三畝八分，買後自用工力於前，馬場内開墾成熟田地一千五十三畝六分。

（康熙）《高淳縣志》卷九 相國圩内田四萬六千畝，週四十里。春秋時吴築固城爲頓渚邑，因築是圩，附於城，爲吴之沃土。後吴丞相鍾有寵於君，因以是圩賜之，故名。順治七年知縣崔掄奇丈量田，多虧折。

傳記

（康熙）《高淳縣志》卷一七 葛至焕，字文美。恪遵父訓，砥節礪行，臨事慷慨，不惜捐施。相國圩塗泥坊當徽宜下流，每苦衝潰。焕倡義捐資築長堤百餘丈，沿堤甃石，遂免水患，至今賴之。己未，歲大祲，有句容雷姓者携妻孥七口斃于途，焕劉惻爲賃屋以居，日周薪米，逮春仍予牛種以歸。子長祚登丁巳賢書，人以爲世德所致云。

（嘉慶）《重刊江寧府志》卷二五　李棠，字英拔，福建平和人。萬歷壬子，擢判京兆，轉治中，於訟獄多所平反，辨雪王廷珂、陳德等寃獄，民稱爲神明。勘平高淳相國圩水利，查還奸佃冒占學田。社學十六所，歲久湮廢，力復之。丙辰，夏蝗冬暵，棠巡行捕禱，歲事無眚，以勞瘁，卒於官。

又 卷三六　周昌祐，字兩宜，高淳人。康熙戊子，大水。相國圩當徽宣之衝，祐率衆援救，捐費三百餘金。

（同治）《續纂江寧府志》卷一四　田萬青，字江峰，高淳人。道光癸酉科舉人，制舉文法張曉樓，人品高潔，辭受取予，不可干以私。咸豐六七年間，知縣某舉辦防衛事，從容鎮定，未嘗以賢智先人。十年城陷，萬青避地鄉閒，人有餽以十金者，萬青知其不潔，却不受。或請其致書權要，蘇夙逋萬青曰：食糠核死分耳，我手可斷，此書不可作也。後見永成鄉相國圩起義殺賊，往依之。圩破，遂殉難於青雲庵側。著有《來青草堂詩藁》。

紀事

明 葛寅亮《金陵梵剎志》卷二《欽録集》　洪武十六年正月二十一日，天界善世禪寺住持行椿具奏：荷蒙聖恩，欽賞上元縣丹陽鄉靖安湖塾鎮田地貳拾玖頃有零，溧水縣永寧鄉相國圩田叁拾柒頃有零，溧陽縣永城等鄉黄蘆雁西趙三圩田叁拾玖頃有零。每頃田壹夫常住，盤費艱難，將田土獻納還官。

（乾隆）《高淳縣志》卷一二下　五年庚申，永寧鄉相國圩麥秀五岐。

雜録

明 葛寅亮《金陵梵剎志》卷五〇　高淳庄原額田地共叁千柒百貳拾壹畝玖分玖厘，内除迷失抛荒外，實徵田叁千肆百伍拾玖畝肆分捌厘，坐落高淳縣永寧鄉，編爲甲。外相國圩内一處相離不遠，但有民田夾雜，田地俱係膏腴，離寺陸路貳百肆拾里，水路貳百捌拾里。

（康熙）《高淳縣志》卷五　晏公廟，縣治東，望洋門右，秦江倡建，男尚文修。明太祖征僞漢，助戰于鄱陽湖，令應天五府祀之。一在縣南二十七里劉家橋，明崇禎間劉以清修。一在相國圩茅城，葛氏建。

又 卷五　華國殿，縣西南十五里相國圩下村，舊蓮花蕩，今改。

又　曇華舍，縣西南二十里，相國圩沈村之西。

又　吴相橋，縣西南二十里，相國圩，宋相國吴淵建，故名。

又 卷七　永寧鄉三千九百三十五畝三分四釐一毫六絲，内相國圩圃土地二畝四分九釐。

又 卷八　天界寺田叁千柒百餘畝，坐落永寧鄉相國圩，舊屬溧水。伏讀聖諭，云溧水一庄收糧伍百有零，此見租額，原輕矣。又云除納官粮外，此見原納官糧矣。及洪武十六年，奉旨云還與他天界寺歲收租米，供衆免他夫差。此見官糧未嘗免矣，乃欲混稱欽賜，而不輸賦，何也？且高淳民田昔蒙全免，載在大誥者，今已概起科，則天界寺田豈得復執欽賜之説？即係欽免，亦當照例輸賦無疑矣。若所謂歲收叁千石者，通上元、溧陽、溧水三縣田壹百壹頃而言。若本縣相國圩一庄，則僅五百餘耳。又正德八年，顯慈寺僧祖鏞供狀云：欽撥天界寺庄田叁千柒百畝，坐落相國圩。因年代久遠，迷失田壹百貳拾伍畝伍分，見在田叁千伍百捌拾餘畝。人户佃種，每畝歲收租米貳斗伍升，共納租米捌百玖拾叁石陸斗貳升伍合，具載。上江均糧册中，則視國初之額已倍之矣，況今歲收每畝且增而至三斗乎？而其欲尤未饜也尚有他覬孰能從之當事者，鏡其始末，必宜力持之矣。

又 卷九　茅城灣，縣南二十里，自雙橋渡西南徐村，渡及相國圩仙人橋，水下埰上廣濟橋，出水陽水碧橋。

又 中埂，壩縣西南相國圩。

又 上陡門，相國圩上圩洩水處。

又 亮陡門，相國圩下圩洩水處，地九分六釐，葛氏捐。

又 扁埂，在相國圩南，本圩形勢東南高阜西北低窪，因築上下以禦水。又有中埂。

又 踏路埂，相國圩。

又 塗泥坊，縣西南三十里，抵徽宣大河之水爲相國圩。險要處先年屢築不成，有仙人過此，以手塗泥，故名。

又 鍋底蕩，縣西南三十里相國圩，因築上壩、扁埂，水壅於此，形如鍋底。其中田皆低潦。明隆慶間知縣鄧丈量虧田一百八十餘畝，因減科，定爲三折之額。至國朝順治六年，知縣崔掄奇丈量田數虧折，如故。計水利者所當留意焉。

（康熙）《高淳縣志》卷二一　文宣卞公勔墓，在相國圩西，埂高浪渡，有銘。

（乾隆）《高淳縣志》卷三　水陽河在相國圩之西，即塗泥坊上流，受徽宣數郡之水，澄溝河縣西三十五里，上接水陽河，下達大花溪，入。

又 北中溪，縣西南二十里相國圩，今呼大橫溝。

又 嚴溪，在相國圩北。

又 龍溪，在相國圩西南。

又 孔家潭，在相國圩。

宣城圩

明 湯賓尹《修築宣城諸圩記略》（乾隆）《江南通志》卷六六　宣山城也，而池、歙、桐、汭之水四集，其鄉東壩，居其委流，復代三吴瀦水，其下瞻窮瘠，而上應天子正供，獨諸圩是賴。金寶一圩計畝可十三萬，其餘牽連，相輔以成圩。可百十夫，圩與水争地者也。從國初至今，人民漸稠，墾藝漸博，圩之數日多，則居水之處日減。居水處日減，則其激而行也日悍。萬曆四十七年，直指麻城田公生金巡視及宣省耕，省斂問民疾苦。鄉三老以圩事對公，慨然曰：某天子巡方使者，一方失養，其責在某。已下教宣城曰，若爲天子牧民官，小民失養在若。於是宣城縣令賴侯良佐親詣水鄉，周行按視，盡得其頹潰衝決之數，自遮浪、保安、寶成，以迄諸圩，凡一十七所。估工修葺，合之凡一千七百餘金。以上直指公，公立發贖金。首事撫臺胡公應台、寧太道蘇公進、郡縣各捐助有差，仍不足者，民間得計畛佐成之。公又爲畫一之，禁民領費，官督事舉，華無緩擿埴，無濫崇廣支，擘勾股合宜，暨於事竣，水防循理，塍埒得職。其年潦而不害。

（嘉慶）《南陵縣志》卷一　穀池港，北抵蕪湖縣，東至宣城圩。埂以大河爲界，河係南陵，業以上與宣城分界。

（同治）《續纂江寧府志》卷一四　向柏齡，道光二十九年任高淳縣。大水，宣城圩民掘開東壩，蘇常人具禀控告，兼及高淳，柏齡力辨，民寃得雪。先是，道光二十六年諫邦鑒湖南進士任是縣，其楹聯曰：息訟非厭煩願爾相安於無事，居官必執法，毋使我欲救不能。民至今稱之。

（光緒）《重修安徽通志》卷六五　宣城圩百有二十六所，壩八十九所，塘百有十所。或興或廢，難以稽訪，茲特載其源委可考者。

永興圩

（雍正）《浙江通志》卷五二　委杭州府知府張恕可開浚城内豐樂橋，起至下扇五啚永興圩，止一百丈五十七年。

清 康基田《河渠紀聞》卷一七　今桃花港淤淺，約長三里，應行開浚。其餘西湖通水諸處，皆有舊牐，可考勸率沾利農民勤加保護疏通，以資田疇。其支河港蕩有淤淺者，令及時開浚。錢塘縣桃花港及永興圩正隆、銀盤、豐樂、觀音八字等橋，共長一千三百九十餘丈，開深五尺四尺不等。

（同治）《南昌府志》卷三　永興圩坐落二十三都。

（光緒）《江西通志》卷六四　永興圩當西南兩湖之衝。明萬歷戊申歲，邑人熊森等築西堤。庚申，知縣羅尚忠築南堤，甃斗門三，以利瀦洩。天啓二年，堤壞，逐年補築，計畝醵工，猶未足。森子德陽請以炭行稅於官，爲修築費。六年，德陽又築大小三圩。

（光緒）《六合縣志》卷一　永興圩，縣東南三十五里。

（光緒）《續修廬州府志》卷一四　康熙十九年，新墾永興圩溢額，田五十頃二十九畝一釐六絲四忽。

余家塘圩

明　萬恭《築五圩碑記》（萬曆）《新修南昌府志》卷二九　豫章北陬，遡黄溪渡而下，巨浸衍爲平沙，非三壤故疆，生齒日繁，則與水競利，奪而成壤爲圩者五：曰余家塘，黄泥埒，雙坑圩，萬家塘，王甫巷，皆若崇墉。然括内成田以數十萬，跨南新二邑，屬之糧以萬計。下聮四十八圩，即五圩成四十八圩，皆壤也；即五圩敗，四十八圩皆兼也。嘉靖初，載洪水決余家塘，再決雙坑圩。其時縣寘國于財，水民詘于力，三載乃底績，圩民若竭澤矣。踰六千載乃復故壤。萬曆十四年，春徂夏霪，大水，四月決余家塘，破之；決黄泥圩，又破之；決雙坑圩，又大破之。洪洞無，涯田殫爲湖，廬殫爲瀦。室而憑者，梆而浮者，桴而没者，蔽巨浸而下，而圩民將靡孑遺矣。南昌何侯乃匍匐，水行乘舟，堤行乘屐，救死掩梆，問疾賑饑。乃約圩民諗之曰：吾聞嘉靖初二決猶然，疲三載，塞之也。柰何今三決而不啚一勞永逸之也。無已，則錮石堤乎？圩民曰：是沙壤者，亡底也。安所置石焉？侯曰：吾知所以處此矣。歸白上大夫，括官藏三百廿金，募水民田夫，以萬司馬治方溪湖堤法從事焉，蓋黄河捲埽法也。法以草小綆密，布于下方，置枝焉覆以草茵，内實以土，先以巨綆貫小綆之外堤，人拽巨綆，則平舒席捲而墜諸決。中視畚杵，勞一而功十者也。乃三月而三決盡塞。上排五圩之横批，下拒四十八圩之植擣，逾年田盡成壤，水盡歸墟。圩民大説，奔司馬公而問焉：往三年塞二決而民益病，今三月塞三決而民益安，何以？故司馬公曰：是以修圩寓賑饑，又處之之術，善之善者也。昔東周君欲爲稻，西周君不下水，東周君患之，蘇代爲東周君以術干，西周君遽下之水，稻乃大登。夫爲稻術亦何嘗之有哉？今何□爲稻術，莫如成□，成壞□莫如塞決，塞決術莫如□□。嗟圩！父老宜令世世遵何約法也。毋患世世不東國君稻者。

（萬曆）《新修南昌府志》卷二九　萬曆十四年春徂夏霪，大水。四月決余家塘，破之；決黄泥圩，又破之；決雙坑圩，又大破之。洪洞無涯田殫爲湖廬，殫爲瀦室，而憑者梆而浮者，桴而没者，蔽巨浸而下，而圩民將磨孑遺矣。南昌何侯乃匍匐，水行乘舟，堤行乘屐，救死掩梆，問疾賑饑。乃約圩民諗之曰：吾聞嘉靖初二決猶然，疲三載塞之也。柰何今三決而不啚一勞永逸之也？無已，則錮石堤乎？圩民曰：是沙壤者，亡底也。安所置石焉？侯曰：吾知所以處此矣。歸白上大夫括官藏三百廿金，募水民田夫，以萬司馬治方溪湖堤法從事焉。

雩田圩

清　文海《雩田圩龍王廟碑記》（同治）《龍泉縣志》卷一六　嘗讀《禮》而至祭法，一則曰能禦大灾則祀之，再則曰能捍大患則祀之。凡以功烈在於民生者，即祀典之所宜，不廢也。况嘘氣成雲，雲行雨施，明神之有功稼穡以救旱乾者，不與山林川澤之能出雲爲風雨同功異位乎？此而崇祀，誰曰不宜。余下車三載，士民之崇奉者絶少，概見此穀不熟爲饑，菜不熟爲饉，頻年乾旱所由洊臻也。今特立此廟，與爾民致齋焉，起敬焉，竭誠盡慎焉。半載以來，曰雨，曰暘，早稻已經成熟。實穎，實粟，晚禾將次豐收。此亦可謂明效大驗矣。吾見鼓腹口哺，永爲此邦稱慶，崇墉比櫛，亦惟爾衆蒙庥。所冀俎豆常新，明禋弗替，既輝煌夫廟貌，復默禱以誠心而已。是爲記。

趙段圩

明 歸有光《震川集》卷一六《常熟縣趙段圩堤記》 虞山之下有浸曰尚湖，水勢湍激，岸善崩，湖堧之人不能爲田，往往棄以走，有司歲責其賦於餘氓。而趙段圩當湖西北尤窪下，被患最劇，宋元時故有，堤廢已久，前令蘭君嘗興築之。弘治間，復淪于大水。嘉靖丁酉，予宗人雷占爲已業傾貲爲堤，堤成，填淤之土盡爲衍沃，而請記于予。嗟夫！自井牧溝渠之制，廢生民衣食之地，殘棄于蒿萊之間者，何可勝數。有司者格于因循，積習之論，委天地之大利，斯民愁苦哀號，側足於尋常尺寸之中，率拱手熟視，不能出一議，而漫謂三代至于今，其已廢者皆不可復。夫未嘗施晷刻之功，而徒諉曰不可復，予疑其説久矣。觀雷所爲，其力易辦而功較然者。然更數十令，獨蘭侯能之，至蘭侯之業敗，已又四十餘年，爲沮洳之場，莫有問焉者，何也？天下之事，其在人爲之耶。事有小而不可不書者，此類是也。

清 黄體勤《趙段築圩記略》（乾隆）《江南通志》卷六三 蘇，天下大郡，常熟又蘇之大縣也。地處下游，古號澤國，趙段一圩，又其最下。堤創宋元間，久而盡圮，無復存者。湖田悉爲巨浸，歲屢不秋，逋租者日以就困，民空其居以徙，有司艱於理。成化乙未春，民告於縣，縣上其狀於巡撫都憲畢公亨、巡按御史戴公縉，僉爲民憂，乃調度所征之材，以倡其邑，而謀於治水。

僉憲吳公㻞曰，受朝廷特命之嚴，寄吳越民事之重，綱紀振肅繫焉，尚可瘝怠乎，授其機宜於郡判何君唐。何君曰：專農桑以牧民，民瘼未瘳，豈善牧者哉？遂責成於縣尹蘭君玉。君屬父老以諭意，衆皆感悟。於是財獲於官，力借於民，抑聚斂也。伐石於山，運土於陸，因地利也。量田授役，獲利者倍出其工，鄰壤者半焉，均傜役也。較人力多寡以爲尋尺，驗土築虚實以稽勤惰，課章程也。堤之袤，延亘數里，丈一千有奇，用木爲橛，橛之内編以竹，甃石爲址，而高與土等。上廣八尺，而下加三之一，固基本也。堤之形勢，逶迤若環帶然，其外則種以萑葦茭蘆，殺水勢也。又懼其塞之難清，預爲設備，垂永久也。木以萬計，竹倍差於木，石以舟計，及二千艘錢穀之需，累鉅萬有奇。工役則五萬三千有奇，用雖夥，而民不見擾也。始工於是歲二月二十六日乙巳，告成於三月二十九日丙子，功之成，何其速哉。於是沮洳之鄉變爲禾稼，流徙之民相續而還，歲已登而賦無愆期，澤之及何其溥耶。夫治水必治於下流，趙段之水既治，則衆流不勞而治。治之施，又何其知所先務耶。宜民樂之不已，而形諸歌。歌曰：堤之未築，田混於湖。居者以徙，賦者以逋。堤之既築，湖潤於田。徙者以還，逋者有年。噫嘻長堤，屹乎天作。伊誰之功，臺憲民牧。田稼芃芃，湖水溶溶。百千萬祀，澤流無窮。

（康熙）《常熟縣志》卷六 成化十一年，築趙段圩。

中華大典·農業典

農田水利分典　引用書目

説　明

一、本引用書目包括本分典所使用的主要書籍。

二、本引用書目的各書著録順序依次爲書名、作者及其朝代、版本。書名以所列版本顯示的書名爲準。

三、本引用書目的各書版本爲通行善本、新整理點校本或較具影響之版本，本分典有些書籍實際使用的版本并不限於本書目所列，爲避免繁冗，本引用書目不一一開列。

四、爲便於查閲，本書目按音序排列。

愛日堂詩文集	清・孫宗彝	清乾隆三十五年孫仝邵刻本
安般簃集	清・袁昶	清光緒袁氏小漚巢刻本
安分先生集	明・鄭本忠	民國鈔本
安徽金石略	清・趙紹祖	清道光刻本
安晚堂集	宋・鄭清之	民國四明叢書本
艾熙亭先生文集	明・艾穆	明萬曆刻本
艾軒先生文集	宋・林光朝	明正德刻本
安雅堂集	元・陳旅	清文淵閣四庫全書補配清文津閣四庫全書本
安雅堂詩	清・宋琬	清順治十七年刻本
安雅堂未刻稿	清・宋琬	清乾隆三十一年刻本
安陽集	宋・韓琦	明刻安氏校正本
安愚齋集	清・周錫溥	清光緒八年養知書屋刻本
拗堂詩集	清・景星杓	清乾道間蘭陔堂刻本
白蒓詩集	清・張開東	清乾隆五十三年張兆騫刻本
白鶴山房詩鈔	清・葉紹本	清道光七年桂林使廨刻增修本
白華前稿	清・吴省欽	清乾隆刻本
白鹿山房詩集	清・方中發	清刻本
白茅堂集	清・顧景星	清康熙刻本
白氏六帖事類集	唐・白居易	民國景宋本
白沙子	明・陳獻章	四部叢刊三編景明嘉靖刻本
白蘇齋類集	明・袁宗道	明刻本
白雲巢集	明・邢大道	明萬曆四十五年刻補修本

白雲樵唱集	明・王恭	清文淵閣四庫全書本
百城烟水	清・徐崧	清康熙二十九年刻本
百一山房詩集	清・孫士毅	清嘉慶二十一年刻本
百越先賢志	明・歐大任	清文淵閣四庫全書本
百柱堂全集	清・王柏心	清光緒十九年刻本
柏齋集	明・何瑭	清文淵閣四庫全書補配清文津閣四庫全書本
拜經樓詩集	清・吳騫	清嘉慶八年刻增修本
拜鵑堂詩集	清・潘問奇	清康熙刻本
拜石山房詞鈔	清・顧翰	清光緒十五年許增榆園刻本
半舫齋編年詩	清・夏之蓉	清乾隆夏味堂等刻本
半蕪園集	清・黄石麟	清康熙六十一年黄承炅等刻本
半行庵詩存稿	清・貝青喬	清同治五年葉廷琯等刻本
半洲稿	明・張經	明嘉靖十六年司馬泰刻本
邦畿水利集説	清・沈聯芳	清鈔本
葆璞堂集	清・胡煦	清乾隆刻本
抱冲齋詩集	清・斌良	清光緒五年崇福湖南刻本
寶日堂初集	明・張鼐	明崇禎二年刻本
寶刻叢編	宋・陳思	清文淵閣四庫全書本
寶慶四明志	宋・胡榘修	中華書局一九九〇年宋元方志叢刊影印本
寶慶會稽續志	宋・張淏修	清刻本
寶祐重修琴川志	宋・孫應時修	中華書局一九九〇年宋元方志叢刊影印本
寶祐仙溪志	宋・趙與泌修	中華書局一九九〇年宋元方志叢刊影印本
北海集	宋・綦崇禮	清文淵閣四庫全書補配清文津閣四庫全書本
北河紀	明・謝肇淛	明萬曆刻本
北黔山人詩	清・吳苑	清康熙刻本
北齊書	唐・李百藥	中華書局一九七二年版
北山小集	宋・程俱	清鈔本
北史	唐・李延壽	中華書局一九七四年版
北遊集	宋・汪夢斗	清文淵閣四庫全書本
北遊録	清・談遷	清鈔本
北堂書鈔	唐・虞世南	清文淵閣四庫全書本
北虞遺文	明・邵圭潔	明萬曆刻本
本朝京省人物考	明・過庭訓	明天啓二年刻本
本朝分省人物考	明・過庭訓	明天啓刻本
薜荔山房藏稿	明・敖文禎	明萬曆牛應元刻本

薜荔園詩集	明・佘翔	清文淵閣四庫全書本
薜簶吟館鈔存	清・柏葰	清同治三年鍾濂寫刻本
碧山學士集	明・黄洪憲	明萬曆刻本
璧水群英待問會元	明・劉遠可	明麗澤堂活字印本
碧梧玩芳集	宋・馬廷鸞	清乾隆翰林院鈔本
汴京遺蹟志	明・李濂	清文淵閣四庫全書本
補勤詩存	清・陳錦	清光緒三年橘蔭軒刻光緒十年增修本
駁案新編	清・金士潮	清光緒十年刻本
泊鷗山房集	清・陶元藻	清刻本
博齋集	清・釋元尹	清康熙陳邦懷等刻本
不繫舟漁集	元・陳高	清文淵閣四庫全書本
補續全蜀藝文志	明・杜應芳	明萬曆刻本
滄溟先生集	明・李攀龍	明萬曆二十六年刻重修本
漕運通志	明・謝純	明嘉靖七年楊宏刻本
滄浪軒詩集	元・吕彦貞	清鈔本
滄洲詩集	明・張泰	明弘治三年刻嘉靖十三年增修本
蒼霞續草	明・葉向高	明萬曆刻本
操齋集	清・蔡衍鎤	清康熙刻本
曹文貞詩集	元・曹伯啓	清文淵閣四庫全書本
草閣詩文集	明・李昱	清文淵閣四庫全書本
草堂雅集	元・顧瑛	清文淵閣四庫全書補配清文津閣四庫全書本
草亭先生集	清・周篆	清嘉慶二十五年晚香亭刻本
册府元龜	宋・王欽若	明刻初印本
岑嘉州詩	唐・岑參	四部叢刊景明正德本
查浦詩鈔	清・查嗣瑮	清刻本
茶香室叢鈔	清・俞樾	清光緒二十五年刻春在堂全書本
茶餘客話	清・阮葵生	清光緒十四年本
蔡中郎集	漢・蔡邕	四部叢刊景明活字本
長安志	宋・宋敏求修	清經訓堂叢書本
長安志圖	元・李好文修	清經訓堂叢書本
長蘆鹽法志	清・黄掌綸等	清嘉慶十年刻本
陳學士文集	清・陳儀	清乾隆十八年陳氏蘭雪齋刻本
陳剛中詩集	元・陳孚	明鈔本
陳書	唐・姚思廉	中華書局一九七二年版
陳學士文集	清・陳儀	清乾隆五年蘭雪齋刻後印本

陳學士先生初集	明・陳懿典	明萬曆刻本
成都文類	宋・程遇孫	清文淵閣四庫全書補配清文津閣四庫全書本
成化重修毗陵志	明・卓天錫修	明成化刻本
成化寧波府簡要志	明・黄潤玉纂修	清鈔本
成化山西通志	明・胡謐	民國二十二年景鈔明成化十一年刻本
成化中都志	明・柳瑛纂修	明弘治刻本
程端明公洺水集	宋・程珌	明嘉靖刻本
程侍郎遺集	清・程恩澤	清粵雅堂叢書本
程文恭公遺稿	明・程文德	明萬曆十二年程光裕刻本
稱謂録	清・梁章鉅	清光緒刻本
誠意伯文集	明・劉基	四部叢刊景明本
誠齋集	宋・楊萬里	四部叢刊景宋寫本
遲菴先生集	明・王臬	明刻本
敕修兩浙海塘通志	清・方觀承	清乾隆刻本
重鐫草堂集	清・檀萃	清嘉慶元年刻本
重論文齋筆録	清・王端履	清道光二十六年授宜堂刻本
重修昭覺寺志	清・羅用霖	清光緒二十二年刻本
樗莊文稿	清・沈維材	清乾隆十八年刻本
處實堂集	明・張鳳翼	明萬曆刻本
啜墨亭集	明・徐時進	明萬曆刻本
春草齋文集	明・烏斯道	清康熙烏震刻本
春秋地名考略	清・高士奇	清文淵閣四庫全書本
春秋比事	宋・沈棐	清文淵閣四庫全書本
春秋集註	宋・張洽	明嘉靖四十三年朱睦㮮聚樂堂刻本
春秋輯傳	明・王樵	明萬曆刻本
春秋提綱	宋・陳則通	清康熙通志堂刻本
春秋左傳註疏	晉・杜預註，唐・孔穎達疏	明崇禎十一年刻十三經註疏本
春融堂集	清・王昶	清嘉慶十二年塾南書舍刻本
春在堂詩編	清・俞樾	清光緒二十五年刻春在堂全書本
春在堂雜文	清・俞樾	清光緒二十五年刻春在堂全書本
淳祐臨安志	宋・施諤修	清錢塘汪氏振綺堂刊本
楚寶	明・周聖楷	明崇禎十四年刻本
初寮集	宋・王安中	清乾隆翰林院鈔本
初學記	唐・徐堅	商務印書館一九二三年版
賜誠堂文集	明・管紹寧	清道光十一年讀雪山房刻本

存悔齋集	清・劉鳳誥	清道光十七年刻本
槎翁詩集	明・劉嵩	清文淵閣四庫全書補配清文津閣四庫全書本
掣鯨堂詩集	清・費錫璜	清康熙刻本
尺岡草堂遺集	清・陳璞	清光緒十五年刻本
赤城集	宋・林表民	明弘治十年謝鐸刻本
赤雅	明・鄺露	清知不足齋叢書本
崇蘭館集	明・莫如忠	明萬曆十四年刻本
崇雅堂刪餘詩	清・胡敬	清道光二十六年刻本
崇禎長樂縣志	明・夏允彝修纂	明崇禎十四年刻本
崇禎海澄縣志	明・梁兆陽修	明崇禎六年刻本
崇禎閩書	明・何喬遠纂	明崇禎刻本
崇禎烏程縣志	明・劉沂春修	明崇禎十年刻本
崇禎元氏縣志	明・張慎學修	明崇禎十五年刻本
樗菴類稿	明・鄭潛	清文淵閣四庫全書本
樗莊詩文稿	清・沈維材	清乾隆十四年刻本
楚望閣詩集	清・程頌萬	清光緒二十七年刻本
處實堂集	明・張鳳翼	明萬曆刻本
船山詩草	清・張問陶	清嘉慶二十年刻道光二十九年增修本
淳熙三山志	宋・梁克家修	中華書局一九九〇年宋元方志叢刊影印明刻本
慈湖遺書	宋・楊簡	民國四明叢書本
賜綺堂集	清・詹應甲	清道光止園刻本
賜書堂詩鈔	清・周長發	清乾隆刻本
徂徠石先生全集	宋・石介	清康熙五十六年刻本
崔清獻公集	宋・崔與之	清道光刻本
翠渠摘稿	明・周瑛	清文淵閣四庫全書補配清文津閣四庫全書本
翠巖雜稿	清・魯九皋	清乾隆刻本
存硯樓二集	清・儲大文	清乾隆京江張氏刻十九年儲球孫等補修本
大德南海志	元・陳大震修	中華書局一九九〇年宋元方志叢刊影印元刻本
大復集	明・何景明	明嘉靖刻本
大谷山堂集	清・夢麟	民國九年劉氏嘉業堂刻本
大觀堂文集	清・余縉	清康熙三十八年刻後印本
大金集禮	清・張鵬翮	清初抄本
大明會典	明・申時行	明刻本
大清光緒新法令	清・端方	清宣統二年上海商務印書館印本
大清律集解附例	清・沈之秀	清乾隆二年刻本

大清律例	清・三　泰等	清乾隆刻本
大清通禮	清・李玉鳴等	清乾隆內府刻本
大清詔令	清・顔世清	清抄本
大唐郊祀録	唐・王　涇	清道光十六年守山閣本
大唐開元禮	唐・蕭　嵩	清初抄本
大學衍義補	明・丘　濬	清文淵閣四庫全書本
大雅堂初稿	清・鄒方鍔	清乾隆二十七年刻增修本
大隱集	宋・李正民	清乾隆翰林院鈔本
大隱樓集	明・方逢時	清乾隆四十二年滋元堂刻本
大愚集	清・王　鑨	清康熙四年王允明刻本
大愚老人遺集	明・黄毓祺	清鈔本
讜論集	宋・陳次升	上海辭書出版社一九九七年版
待制集	元・柳　貫	四部叢刊景元刻本
帶經堂集	清・王士禛	清康熙五十年程哲七略書堂刻本
戴東原集	清・戴　震	四部叢刊景經韵樓本
戴簡恪公遺集	清・戴敦元	清同治六年戴壽祺鈔本
戴中丞遺集	明・戴　鱀	明嘉靖三十九年戴士充刻本
擔峰詩	清・孫　洤	清康熙刻本
但吟草	清・蕭惟豫	清康熙五十年刻本
澹靜齋詩文鈔	清・龔景瀚	清道光二十年恩錫堂刻澹靜齋全集本
澹齋集	宋・李流謙	清鈔本
甑甀洞稿	明・吴國倫	明萬曆刻本
丹陽集	宋・葛勝仲	清鈔本
丹淵集	宋・文　同	明萬曆刻本
道光安岳縣志	清・濮　瑗修	清道光十六年刻本
道光褒城縣志	清・光朝魁纂修	清道光十一年鈔本
道光寶慶府志	清・黄宅中修	清道光二十七年修民國二十三年重印本
道光泌陽縣志	清・倪明進修	清道光八年刊本
道光重修儀徵縣志	清・王檢心修	清光緒十六年刻本
道光東阿縣志	清・李賢書修	清道光九年刊本民國二十三年鉛印本
道光浮梁縣志	清・喬　溎修	清道光三年刻清道光十二年補刻本
道光冠縣志	清・梁永康修	清道光十年修民國二十三年補刊本
道光廣東通志	清・阮　元修	清道光二年刻本
道光貴陽府志	清・蕭　琯纂	清咸豐刻本
道光河內縣志	清・袁　通修	清道光五年刊本

道光壺關縣志　清・茹　金修　清道光十四年刻本
道光吉水縣志　清・周樹槐修　清道光五年刻本
道光濟南府志　清・成　瓘修　清道光二十年刻本
道光濟寧直隸州志　清・徐宗幹修　清咸豐九年刻本
道光晉江縣志　清・胡之鋘修　清鈔本
道光會稽縣志稿　清・沈元泰撰　清鈔本
道光蘭州府志　清・涂鴻儀修　清道光十三年刊本
道光兩當縣志　清・韓　塘修　清道光二十年鈔本
道光鄰水縣志　清・曾灿奎修　清道光十八年刻本
道光龍巖州志　清・彭衍堂修　清光緒十六年重刊本
道光南海縣志　清・潘尚楫修　清同治八年刻本
道光莆田縣志稿　清・林揚祖修　清稿鈔本
道光瓊州府志　清・明　誼修　清道光修光緒補刊本
道光仁懷直隸廳志　清・陳熙晉纂修　清道光二十一年刻本
道光陝西志輯要　清・王志沂纂修　清道光七年刻本
道光上元縣志　清・武念祖修　清道光四年刻本
道光神木縣志　清・王致雲修　清道光十一年刻本
道光遂昌縣志　清・朱　煌修　清道光十五年刻本
道光太原縣志　清・楊國泰纂修　清道光六年刊本
道光武陟縣志　清・王榮陛修　清道光九年刊本
道光廈門志　清・周　凱纂修　清道光十九年刊本
道光歙縣志　清・勞逢源修　清道光八年刻本
道光新化縣志　清・林聯桂纂修　清道光十二年刻本
道光休寧縣志　清・何應松修　清嘉慶二十年刊本
道光伊陽縣志　清・張道超修　清道光十八年刊本
道光永安縣續志　清・孫　義修　民國二十九年鉛印本
道光趙城縣志　清・楊延亮纂修　清道光七年刻本
道光直隸霍州志　清・崔允昭修　清道光六年刻本
道光直隸南雄州志　清・余保純修　清道光四年刊本
道光重輯渭南縣志　清・何耿绳修　清道光九年刻本
道光重慶府志　清・王夢庚修　清道光二十三年刻本
道光重修寶應縣志　清・孟毓蘭修　清道光二十年刻本
道光重修膠州志　清・張同聲修　清道光二十五年刊本
道光重修涇陽縣志　清・胡元煐修　清道光二十二年刻本
道光遵義府志　清・黃樂之修　清道光刻本

道咸同光四朝詩史	清・孫雄	清宣統二年刻本
道鄉集	宋・鄒浩	明成化六年刻本
道園學古録	元・虞集	四部叢刊本
稻香吟館集	清・李賡芸	清道光刻本
雕菰集	清・焦循	清道光嶺南節署刻本
丁文誠公奏稿	清・丁寶楨	清光緒十九年刻光緒二十五年補刻本
丁文遠集	明・丁紹軾	明天啓刻本
登壇必究	明・王鳴鶴	清刻本
登州集	明・林弼	清文淵閣四庫全書本
定山堂詩集	清・龔鼎孳	清康熙十五年吴興祚刻本
定香亭筆談	清・阮元	清嘉慶五年揚州阮氏琅嬛僊館刻本
定宇集	元・陳櫟	清文淵閣四庫全書補配清文津閣四庫全書本
訂訛類編	清・杭世駿	民國嘉業堂叢書本
東都事略	宋・王稱	清文淵閣四庫全書本
東漢文紀	明・梅鼎祚	清文淵閣四庫全書本
東華録	清・王先謙	清乾隆刻本
東華録	清・蔣良騏	清光緒十年長沙王氏刻本
東華續録	清・王先謙	清光緒十年長沙王氏刻本
東澗集	宋・許應龍	清文淵閣四庫全書本
東江家藏集	明・顧清	清文淵閣四庫全書本
東江詩鈔	清・唐孫華	清康熙刻本
東萊詩集	宋・呂本中	四部叢刊本
東萊呂太史文集	宋・呂祖謙	綫裝書局二〇〇四年宋集珍本叢刊影印宋刻元明遞修本
東巖詩文集	明・夏尚樸	明嘉靖四十五年斯正刻本
東越文苑	明・陳鳴鶴	清同治十二年刻本
東洲初稿	明・夏良勝	清文淵閣四庫全書補配清文津閣四庫全書本
東洲草堂詩鈔	清・何紹基	清同治六年無園刻本
東川劉文簡公集	明・劉春	明嘉靖三十三年刻本
東萊集	宋・呂祖謙	民國十三年續金華叢書本
東里文集	明・楊士奇	清文淵閣四庫全書本
東洲草堂文鈔	清・何紹基	清光緒刻本
冬青館集	清・張鑒	民國吴興叢書本
冬心先生集	清・金農	清雍正十一年刻本
董司寇文集	明・董裕	清雍正十三年刻本
洞麓堂集	明・尹臺	清文淵閣四庫全書本

讀例存疑	清・薛允升	清光緒刊本
讀書囈語	明・李元吉	明崇禎十六年刻本
讀書雜釋	清・徐鼒	清咸豐十一年刻本
讀史亭詩文集	清・彭而述	清康熙四十七年刻本
讀詩札記	清・夏炘	清咸豐三年刻本
讀史方輿紀要	清・顧祖禹	清稿本
斗酒堂集	明・貢修齡	明末刻本
端明集	宋・蔡襄	清文淵閣四庫全書本
杜工部集	唐・杜甫	民國商務印書館續古逸叢書景宋本
杜曲集	明・戴澳	明崇禎刻本
都官集	宋・陳舜俞	清文淵閣四庫全書本
獨學廬稿	清・石韞玉	清寫刻獨學廬全稿本
獨漉堂詩文集	清・陳恭尹	清道光五年刻本
度支奏議	明・畢自嚴	明崇禎刻本
敦夙好齋詩全集	清・葉名灃	清光緒十六年葉兆綱刻本
多歲堂詩集	清・成書	清道光十一年刻本
蛾術編	清・王鳴盛	商務印書館一九五八年版
二程文集	宋・程顥、程頤	中華書局一九八一年版
二樓紀略	清・佟賦偉	清康熙刻本
二知軒文存	清・方濬頤	清光緒四年刻本
法言義疏	清・汪榮寶	清宣統三年刻本
法苑珠林	唐・釋道世	中華書局二〇〇三年版
樊川詩集	唐・杜牧	上海古籍出版社二〇〇五年版
樊山續集	清・樊增祥	清光緒二十八年西安臬署刻本
樊榭山房集	清・厲鶚	四部叢刊景清振綺堂本
范伯子詩集	清・范當世	清刻本
范石湖詩集注	清・沈欽韓	清光緒刻功順堂叢書本
范文正公文集	宋・范仲淹	四川大學出版社二〇〇二年版
范香溪先生文集	宋・范浚	清刻本
范忠宣公文集	宋・范純仁	元刻明修本
芳谷集	元・徐明	清文淵閣四庫全書本
方簡肅文集	明・方良永	清文淵閣四庫全書本
方山先生文録	明・薛應旂	明嘉靖東吴書林刻本
方輿考證	清・許鳴磐	清濟寧潘氏華鑒閣本
方輿勝覽	宋・祝穆	中華書局二〇〇三年版

方齋存稿	明・林文俊	清文淵閣四庫全書本
方衆甫集	明・方應選	明萬曆刻本
方舟集	宋・李石	清文淵閣四庫全書本
方洲集	明・張寧	清文淵閣四庫全書本
防河奏議	清・嵇曾筠	清雍正刻本
仿潛齋詩鈔	清・李嘉樂	清光緒十五年刻本
斐然集	宋・胡寅	清文淵閣四庫全書補配清文津閣四庫全書本
費文憲公摘稿	明・費宏	明嘉靖刻本
風俗通義	漢・應劭	明萬曆兩京遺編本
鳳池吟稿	明・汪廣洋	明萬曆刻本
鳳池園詩文集	清・顧汧	清康熙刻本
弗告堂集	明・于若瀛	明萬曆刻本
撫郡農産考略	清・何剛德	清光緒活字本
浮來先生詩集	明・公鼒	明天啓五年刻本
浮溪集	宋・汪藻	清武英殿聚珍版叢書本
復初齋詩集	清・翁方綱	清刻本
復初齋外集	清・翁方綱	民國嘉叢堂叢書本
甫田集	明・文徵明	清文淵閣四庫全書本
復莊詩問	清・姚燮	清道光姚氏刻大梅山館集本
覆甕集	清・張我觀	清雍正四年刻本
甘棠小志	清・董醇	清咸豐刻本
綱鑒會編	清・葉澐	清康熙劉德芳刻本
高士奇集	清・高士奇	清康熙刻本
高僧傳	梁・釋慧皎	中華書局一九九二年版
高太史大全集	明・高啓	四部叢刊景明景泰刊本
高陽集	明・孫承宗	清初刻嘉慶補修本
格物通	明・湛若水	清同治五年資政堂本
更生齋集	清・洪亮吉	清光緒三年洪氏授經堂增修本
庚溪詩話	宋・陳巖肖	宋百川學海本
耕餘居士詩集	清・鄭世元	清康熙江相書帯草堂刻本
工部廠庫須知	明・何士晉	明萬曆林如楚刻本
公是集	宋・劉敞	清文淵閣四庫全書補配清文津閣四庫全書本
公餘集	清・劉秉恬	清乾隆五十年刻本
攻媿集	宋・樓鑰	清武英殿聚珍版叢書本
溝洫圖説	清・陳儀	清道光刻本

古菴毛先生文集　明・毛　憲　明嘉靖四十一年刻本
穀城山館文集　明・于慎行　明萬曆刻本
古歡堂集　清・田　雯　清文淵閣四庫全書本
古今合璧事類備要　宋・謝維新　明嘉靖三十一年至三十五年夏相刻本
古今攷　宋・魏了翁　明崇禎九年謝三賓刻本
古今圖書集成　清・陈梦雷等　清雍正銅活字本
古靈先生文集　宋・陳　襄　綫裝書局二〇〇四年宋集珍本叢刊影印南宋刻本
谷響集　元・釋善住　清文淵閣四庫全書本
姑溪居士文集　宋・李之儀　清鈔本
古謠諺　清・杜文瀾　清咸豐刻本
古愚心言　清・彭　鵬　清康熙莆田彭氏刻本
關中金石記　清・畢　沅　清乾隆經訓堂刻本
關中勝蹟圖志　清・畢　沅　清文淵閣四庫全書本
顧華陽集　唐・顧　況　明萬曆四十一年顧名端刻本
灌園集　宋・吕南公　清文淵閣四庫全書本
管子　唐・房玄齡　明天啓五年梅士享刻本
管子権　明・朱長春　明萬曆四十年張維樞刻本
廣成集　唐・杜光庭　四部叢刊本
廣東新語　清・屈大均　清康熙三十九年木天閣刻本
光緒巴陵縣志　清・姚詩德修　清光緒十七年岳州府四縣本
光緒保定府志　清・李培祜修　清光緒十二年刻本
光緒亳州志　清・鍾　泰纂修　清光緒二十年刊本
光緒補修徐溝縣志　清・王勛祥修　清光緒七年刻本
光緒常山縣志　清・李瑞鍾修　清光緒十二年刊本
光緒常昭合志稿　清・鄭鍾祥修　清光緒三十年刊本
光緒長治縣志　清・李　楨鑑定　清光緒二十年刊本
光緒川沙廳志　清・陳方瀛修　清光緒五年刊本
光緒重修奉賢縣志　清・韓佩金修　清光緒四年刊本
光緒重修彭縣志　清・張龍甲修　清光緒四年刊本
光緒重修五河縣志　清・賴同宴修　清光緒二十年刊本
光緒處州府志　清・潘紹詒修　清光緒三年刊本
光緒滁州志　清・熊祖詒纂修　清光緒二十三年刻本
光緒慈谿縣志　清・楊泰亨修　清光緒二十五年刻本
光緒德平縣志　清・凌錫祺修　清光緒十九年刊本
光緒東平州志　清・左宜似修　清光緒七年刻本

光緒分水縣志	清·陳常鏵修	清光緒三十二年刊本
光緒撫州府志	清·許應鑅修	清光緒二年刊本
光緒富平縣志稿	清·樊增祥修	清光緒十七年刊本
光緒富陽縣志	清·汪文炳修	清光緒三十二年刊本
光緒甘肅新通志	清·長庚修	清宣統元年刻本
光緒廣平府志	清·吴中彦修	清光緒二十年刻本
光緒廣州府志	清·戴肇辰修	清光緒五年刊本
光緒歸安縣志	清·李昱修	清光緒八年刊本
光緒貴池縣志	清·陸延齡修	清光緒九年活字本
光緒海陽縣志	清·盧蔚猷修	清光緒二十六年刊本
光緒湖南通志	清·李瀚章修	清光緒十一年刻本
光緒海鹽縣志	清·王彬修	清光緒二年刊本
光緒華容縣志	清·孫炳煜修	民國十九年排印本
光緒淮安府志	清·孫雲錦修	清光緒十年刊本
光緒黄巖縣志	清·陳寶善修	清光緒三年刊本
光緒黄州府志	清·英啓修	清光緒十年刊本
光緒惠民縣志	清·沈世銓修	清光緒二十五年柳堂校補刻本
光緒惠州府志	清·劉溎年修	清光緒十年刊本
光緒獲鹿縣志	清·俞錫綱修	清光緒七年刻本
光緒吉安府志	清·定祥修	清光緒元年刊本
光緒嘉興府志	清·許瑶光修	清光緒五年刊本
光緒嘉應州志	清·吴宗焯修	清光緒二十四年刊本
光緒江西通志	清·曾國藩修	清光緒七年刻本
光緒交城縣志	清·夏肇庸纂修	清光緒八年刊本
光緒靖江縣志	清·葉滋森修	清光緒五年刻本
光緒縉雲縣志	清·何乃容修	清光緒二年刊本
光緒荆州府志	清·倪文蔚修	清光緒六年刊本
光緒鉅鹿縣志	清·凌燮總修，夏應麟等總纂	清光緒十二年刊本
光緒樂清縣志	清·李登雲修	清光緒修民國元年刊本
光緒溧水縣志	清·傅觀光修	清光緒九年刊本
光緒臨漳縣志	清·周秉彝修	清光緒三十年刻本
光緒靈寶縣志	清·周淦修	清光緒二年刊本
光緒龍泉縣志	清·顧國詔修	清光緒三年刊本
光緒婁縣續志	清·汪坤厚修	清光緒五年刊本
光緒鹿邑縣志	清·于滄瀾修	清光緒二十二年刊本

光緒寧海縣志　清・王瑞成修　清光緒二十八年刊本
光緒寧陽縣志　清・高陞榮修　清光緒五年刻本
光緒平湖縣志　清・彭潤章修　清光緒十二年刊本
光緒平樂縣志　清・劉鴻逵修　清光緒十年刊本
光緒平陸縣續志　清・全文炳修　清光緒六年刻本
光緒浦城縣志　清・翁美祜修　清光绪二十六年刊本
光緒岐山縣志　清・胡昇猷修　清光緒十年刻本
光緒黔江縣志　清・張九章修　清光緒二十年刻本
光緒青田縣志　清・雷銑修　清光緒十八年刻本
光緒山西通志　清・曾國荃等修　清光緒六年修民國二十四年重印本
光緒善化縣志　清・吴兆熙修　清光緒三年刻本
光緒陝州直隸州志　清・趙希曾纂修　清光緒十七刻本
光緒上虞縣志　清・唐煦春修　清光緒十七年刊本
光緒石門縣志　清・余麗元纂修　清光緒五年刊本
光緒壽陽縣志　清・馬家鼎修　清光緒八年刊本
光緒壽張縣志　清・劉文烇修　清光緒二十六年刊本
光緒順天府志　清・周家楣修　清光緒十五年重印本
光緒四川綦江續志　清・戴綸喆纂修　民國二十七年刊本
光緒泗水縣志　清・趙英祚修　清光緒十八年刻本
光緒松陽縣志　清・支恒春修　清光緒元年刊本
光緒遂寧縣志　清・孫海修　清光緒五年刻本
光緒通州志　清・高建勳修　清光緒九年刻本
光緒文水縣志　清・范啓堃修　清光緒九年刻本
光緒武進陽湖縣志　清・王其淦修　清光绪三十四年刻本
光緒咸寧縣志　清・陳澍南修　清光緒八年刊本
光緒襄陽府志　清・恩聯修　清光緒十一年刊本
光緒孝義縣續志　清・孔廣熙修　清光緒六年刻本
光緒邢臺縣志　清・戚朝卿修　清光緒三十一年刊本
光緒忻州志　清・方茂昌修　清光緒六年刻本
光緒新樂縣志　清・雷鶴鳴修　清光緒十一年刻本
光緒新修菏澤縣志　清・凌壽柏修　清光緒十一年刻本
光緒新修潼川府志　清・阿麟修　清光緒二十三年刻本
光緒新續渭南縣志　清・嚴書麟修　清光緒十八年刊本
光緒續高平縣志　清・陳學富修　清光緒六年刻本
光緒續修安岳縣志　清・陳其寬修　清光绪二十三年刻本

光緒續修廬州府志	清・黄　雲修	清光緒十一年刊本
光緒續修舒城縣志	清・吕林鍾修	清光緒二十三年刊本
光緒續修睢州志	清・王枚修清	清光緒十八年刻本
光緒續修天柱縣志	清・佚　名修	清光緒二十九年刻本
光緒宣城縣志	清・李應泰修	清光緒十四年刊本
光緒延慶州志	清・何道增修	清光緒七年刊本
光緒鹽城縣志	清・劉崇照修	清光緒二十一年刻本
光緒洋縣志	清・張鵬翼纂修	清鈔本
光緒宣城縣續志	清・李連騎纂	清光緒九年修清光緒三十三年補遺本
光緒永嘉縣志	清・張寶琳修	清光緒八年刻本
光緒永年縣志	清・夏詒鈺纂修	清光緒三年刊本
光緒鬱林州志	清・馮德材修	清光緒二十年刊本
光緒於潛縣志	清・程兼善纂修	民國二年石印本
光緒魚臺縣志	清・趙英祚纂修	清光緒十五年刻本
光緒餘姚縣志	清・周炳麟修	清光緒二十五年刻本
光緒垣曲縣志	清・薛元釗修	清光緒五年刻本
光緒永川縣志	清・許曾蔭修	清光緒二十年刻本
光緒永康縣志	清・李汝爲修	民國二十一年石印本
光緒永明縣志	清・萬發元修	清光緒三十三年刻本
光緒越雋廳全志	清・馬　湘纂	清光緒三十二年鉛印本
光緒鎮海縣志	清・于萬川修	清光緒五年刻本
光緒增修灌縣志	清・莊思恒修	清光緒十二年刻本
光緒增續汧陽縣志	清・焦思善修	清光緒十三年刻本
光緒增修甘泉縣志	清・徐成敟修	清光緒七年刊本
光緒漳浦縣志	清・陳汝咸原本，施錫衛再續纂	民國二十五年鉛印本
光緒重修安徽通志	清・吴坤修修	清光緒四年刻本
光緒重修天津府志	清・沈家本修	清光緒二十五年刻本
光緒重纂秦州直隸州新志	清・余澤春修	清光緒十五年刻本
光緒遵化通志	清・何崧泰修	清光緒十二年刻本
廣志繹	明・王士性	清康熙十五年刻本
圭峰集	明・羅　玘	清文淵閣四庫全書補配清文津閣四庫全書本
癸巳存稿	清・俞正燮	清連筠簃叢書本
龜山集	宋・楊　時	清文淵閣四庫全書補配清文津閣四庫全書本
歸先生文集	明・歸有光	明萬曆四年翁良瑜雨金堂刻本
歸愚詩鈔	清・沈德潛	清刻本
桂林風土記	唐・莫休符	清初傳録明謝氏小草齋鈔本

桂留山房詩集　清・沈學淵　清道光二十四年郁松年刻本
桂山堂詩文選　清・王嗣槐　清康熙青筠閣刻本
桂軒稿　明・江源　明弘治盧淵刻本
郭文簡公文集　明・郭璞　清康熙十三年思齊軒刻增修本
郭襄靖公遺集　明・郭應聘　明萬曆刻本
國朝列卿紀　明・雷禮　明萬曆徐鑑刻本
國朝詩餘　明・陳仁錫　明萬曆四十二年刻本
國朝先正事略　清・李元度　清同治刻本
國朝獻徵録　明・焦竑　明萬曆四十四年徐象橒曼山館刻本
國初事蹟　明・劉辰　明秦氏繡石書堂鈔本
國榷　清・談遷　清鈔本
韓大中丞奏議　清・韓文綺　清道光刻本
漢濱集　宋・王之望　清文淵閣四庫全書本
海峰詩集　清・劉大櫆　清刻本
海防奏疏　明・汪應蛟　明萬曆三十二年鄭三俊刻本
海録碎事　宋・葉廷珪　明萬曆二十六年劉鳳刻本
海山存稿　清・周煌　清乾隆五十八年刻本
海塘録　清・翟均廉　清文淵閣四庫全書本
海愚詩鈔　清・朱孝純　清乾隆年刻本
海運編　明・崔旦　清借月山房彙鈔本
含英閣詩草　清・鄭熙績　清康熙含英閣刻本
漢書　漢・班固　中華書局一九六二年版
漢官舊儀　漢・衛宏　清乾隆武英殿本
漢書疏證　清・沈欽韓　清光緒二十六年浙江官書局刻本
合併黄離草　明・郭正域　明萬曆刻本
合例判慶雲集　清・周夢熊　清雍正大盛堂刻本
和靖先生詩集　宋・林逋　宋刻本
何長人集　明・何慶元　明萬曆刻本
河漕備考　清・朱鋐　清鈔本
河村集　明・戴重　清鈔本
河東集　宋・柳開　中華書局二〇一五年版
河東鹽法備覽　清・蔣兆奎　清乾隆五十五年刻本
河防通議　元・贍思　清文淵閣四庫全書本
河防芻議　清・崔維雅　清康熙刻本
河防一覽　明・潘季馴　清文淵閣四庫全書本
河渠紀聞　清・康基田　清嘉慶霞蔭堂刻本

河南先生文集	宋·尹洙	明鈔本
河南志	元·佚名	清藕香零拾叢書本
賀先生文集	清·賀濤	民國三年徐世昌刻本
壑雲篇文集	清·李伍漢	清康熙懶雲堂刻本
鶴林集	宋·吴泳	清乾隆翰林院抄本
鶴鳴集	明·劉伯燮	明萬曆十四年鄭懋洵刻本
鶴泉文鈔續選	清·戚學標	清嘉慶十八年刻本
鶴山先生大全文集	宋·魏了翁	明嘉靖間四川邛州刻本
横塘集	宋·許景衡	清鈔本
横雲山人集	清·王鴻緒	清康熙刻增修本
弘治八閩通志	明·陳道修	明弘治刻本
弘治重修保定志	明·章律、張才修	明刻本
弘治大明興化府志	明·陳效修	清同治十年重刻本
弘治撫州府志	明·楊淵修	明刻本
弘治句容縣志	明·王僖征修	明刻本
弘治黄州府志	明·盧希哲修	明刻本
弘治徽州府志	明·彭澤修	明弘治刻本
弘治將樂縣志	明·李敏修	明刻本
弘治衢州府志	明·沈傑修	明刻本
弘治上海志	明·郭經修	明弘治刻本
弘治温州府志	明·鄧淮修	明弘治十六年刻本
弘治偃師縣志	明·魏津修	明抄本
弘治永平府志	明·吴傑、張廷綱修	明刻本
弘治易州志	明·戴敏、戴銑修	明刻本
後村集	宋·劉克莊	四部叢刊景舊鈔本
後漢書南朝	宋·范曄	中華書局一九七三年版
後山集	宋·陳師道	宋刻本
後湘詩集	清·姚瑩	清中復堂全集本
胡蒙谿詩集	明·胡侍	明嘉靖二十四年刻本
胡文穆公文集	明·胡廣	清乾隆十五年刻本
湖海集	清·孔尚任	清康熙間介安堂刻本
湖海詩傳	清·王昶	清嘉慶刻本
湖山集	宋·吴芾	清文淵閣四庫全書本
湖山類稿	宋·汪元量	清文淵閣四庫全書本
湖上集	明·徐師曾	明萬曆刻本

户部漕運全書	清・福趾	清光緒刻本
刎庵詩	清・吴清鵬	清咸豐五年刻吴氏一家稿本
花妥樓詩	清・葛祖亮	清乾隆刻本
花宜館詩鈔	清・吴振棫	清同治四年刻本
華陽集	宋・王珪	清文淵閣四庫全書補配清文津閣四庫全書本
懷星堂集	明・祝允明	清文淵閣四庫全書本
淮海集	宋・秦觀	四部叢刊景明嘉靖小字本
淮海英靈集	清・阮元	清嘉慶三年小琅嬛僊館刻本
淮南鴻烈解	漢・劉安	明刻本
淮南水利考	明・佚名	明刻本
懷古堂詩選	清・楊炤	清康熙懷古堂刻本
懷麓堂集	明・李東陽	清文淵閣四庫全書本
懷清堂集	清・湯右曾	清乾隆七年黃鍾刻本
洹詞	明・崔銑	清文淵閣四庫全書本
環碧齋詩	明・祝世禄	明萬曆刻本
浣月山房詩集	清・龍啓瑞	清光緒四年龍繼棟京師刻本
皇霸文紀	明・梅鼎祚	清文淵閣四庫全書本
皇朝經世文編	清・賀長齡	清光緒十二年思補樓重校本
皇朝經世文續編	清・葛士濬	清光緒石印本
皇朝通典	清・嵇璜等	清乾隆武英殿刻本
皇朝文獻通考	清・嵇璜等	清乾隆武英殿刻本
皇朝續文獻通考	清・劉錦藻	民國商務印書館影印十通本
篁村集	清・陸錫熊	清道光二十九年陸成沅刻本
皇都水利	明・袁黄	明萬曆了凡雜著本
皇甫少玄集	明・皇甫涍	清文淵閣四庫全書補配清文津閣四庫全書本
皇甫司勳集	明・皇甫汸	清文淵閣四庫全書本
皇極篇	明・文翔鳳	明萬曆刻本
皇覽	三國魏・劉劭	清嘉慶十三年刻本
皇明史竊	明・尹守衡	明崇禎刻本
皇明經濟文録	明・萬表	明嘉靖刻本
皇明經世文編	明・陳子龍等	明崇禎平露堂刻本
皇明名臣言行録	明・徐咸	明嘉靖二十八年施漸刻本
皇明書	明・鄧元錫	明萬曆三十四年刻本
皇明疏鈔	明・孫旬	明萬曆自刻本
皇明詔令	明・王臬	明嘉靖十八年傅鳳翱刻本

皇清文穎	清・張廷玉	清文淵閣四庫全書本
皇清文穎續編	清・董誥	清嘉慶武英殿刻本
皇清奏議	清・佚名	民國景印本
黄山詩留	清・法若真	清康熙刻本
黄氏日鈔	宋・黄震	元至元刻本
篁墩集	明・程敏政	明正德二年刻本
荒政要覽	明・俞汝爲	明萬曆刻本
晦庵先生朱文公文集	宋・朱熹	四部叢刊本
回瀾紀要	清・徐端	清道光刻本
喙鳴詩文集	明・沈一貫	明刻本
湖北金石志	清・楊守敬	民國十年朱印本
胡蒙溪集	明・胡侍	明嘉靖刻本
後圃黄先生存集	元・黄樞	明嘉靖刻本
浣花集	唐・韋莊	四部叢刊本
畿輔安瀾志	清・王履泰	清武英殿聚珍版叢書本
畿輔水利議	清・林則徐	清光緒刻本
緝齋詩稿	清・蔡新	清乾隆刻本
緝齋文集	清・蔡新	清乾隆刻本
鷄肋集	宋・晁補之	四部叢刊本
汲古堂集	明・何白	明萬曆刻本
集古官印考	清・瞿中溶	清同治十三年刻本
集古録	宋・歐陽修	清文淵閣四庫全書本
棘門集	明・姚希孟	明清閟閣全集本
濟南集	宋・李廌	清文淵閣四庫全書本
己未詞科録	清・秦瀛	清嘉慶刻本
霽軒詩鈔	清・袁佑	清康熙五十六年陸師等刻本
家藏集	明・吴寬	四部叢刊景明正德本
積齋集	元・程端學	民國四明叢書本
嘉定赤城志	宋・黄嵤修	清道光臺州叢書本
嘉定鎮江志	宋・史彌堅修	清丹徒包氏刻本
嘉禾徵獻録	清・盛楓	清鈔本
夾漈遺稿	宋・鄭樵	清鈔本
嘉靖安吉州志	明・江一麟修	明刻本
嘉靖安溪縣志	明・汪瑀修	明刻本
嘉靖霸州志	明・唐交修	明嘉靖刻本

嘉靖寶應縣志	明・宋　佐、聞人詮纂修	明刻本
嘉靖常德府志	明・陳洪謨纂修	明嘉靖刻本
嘉靖常熟縣志	明・馮汝弼修	明嘉靖刻本
嘉靖長泰縣志	明・佚　名	明藍絲欄抄本
嘉靖淳安縣志	明・姚鳴鸞修	明刻本
嘉靖池州府志	明・王　崇纂修	明嘉靖刻本
嘉靖重修如皋縣志	明・謝紹祖纂修	明刻本
嘉靖磁州志	明・周文龍修	明嘉靖刻本
嘉靖鄧州志	明・潘庭楠纂修	明嘉靖刻本
嘉靖定海縣志	明・何　愈修，張時撤纂	明刻本
嘉靖東鄉縣志	明・秦　鎰修	明刻本
嘉靖豐乘	明・李　貴纂	明嘉靖刻本
嘉靖福寧州志	明・陳應賓修	明刻本
嘉靖贛州府志	明・康　河、董天錫纂修	明刻本
嘉靖高淳縣志	明・劉啓東、賈宗魯等纂修	明刻本
嘉靖高陵縣志	明・呂　柟纂修	明嘉靖二十年刊本
嘉靖藁城縣志	明・李正儒纂修	明嘉靖刊民國鉛字重印本
嘉靖廣東通志初稿	明・戴　璟修	明嘉靖刻本
嘉靖光山縣志	明・沈紹慶修	明嘉靖刻本
嘉靖廣平府志	明・翁　相修，陳　棐纂	明刻本
嘉靖廣信府志	明・張士鎬纂修	明刻本
嘉靖固始縣志	明・張　梯修	明刻本
嘉靖海門縣志集	明・吳宗元修	明刻本
嘉靖漢陽府志	明・劉汝松、賈應春修	明刻本
嘉靖河間府志	明・郜　相修	明嘉靖刻本
嘉靖衡州府志	明・楊　珮纂修	明刻本
嘉靖湖廣圖經志書	明・薛　綱纂修	明嘉靖元年刻本
嘉靖洪雅縣志	明・束　載修	明刻本
嘉靖皇明天長志	明・邵時敏修	明刻本
嘉靖懷遠縣志	明・孫維禮、楊　鈞纂修	明刻本
嘉靖惠安縣志	明・莫尚簡修	明刻本
嘉靖惠州府志	明・姚良弼修	明抄本
嘉靖獲鹿縣志	明・趙惟勤纂修	明刻本
嘉靖建寧縣志	明・何孟倫纂	明嘉靖刻本
嘉靖江陰縣志	明・趙　錦修，張　袞纂	明刻本

嘉靖江西通志	明・林庭棉修	明嘉靖刻本
嘉靖九江府志	明・馮曾修	明嘉靖刻本
嘉靖建平縣志	明・連礦修	明刻本
嘉靖建陽縣志	明・馮繼科等纂修	明刻本
嘉靖涇縣志	明・邱時庸修	明刻本
嘉靖開州志	明・孫巨鯨修，王崇慶纂	明刻本
嘉靖崑山縣志	明・楊逢春修	明刻本
嘉靖蘭陽縣志	明・褚宦修	明刻本
嘉靖萊蕪縣志	明・陳甘雨纂修	明刻本
嘉靖蠡縣志	明・李複初纂修	明刻本
嘉靖臨朐縣志	明・王家士修	明刻本
嘉靖臨江府志	明・徐顥修，楊鈞、陳德文纂	明刻本
嘉靖隆慶志	明・謝庭桂纂	明刻本
嘉靖龍溪縣志	明・劉天授修	明嘉靖刻本
嘉靖魯山縣志	明・姚卿、孫鐸纂修	明刻本
嘉靖略陽縣志	明・李遇春纂修	明刻本
嘉靖南安府志	明・劉節纂修	明刻本
嘉靖南康縣志	明・劉昭文纂修	明刻本
嘉靖內黄縣志	明・董弦等纂	明刻本
嘉靖寧德縣志	明・閔文振纂修	明刻本
嘉靖寧國府志	明・黎晨修	明嘉靖十五年刻本
嘉靖寧夏新志	明・楊守禮修	明嘉靖刻本
嘉靖寧州志	明・陸統、龔暹纂修	明刻本
嘉靖沛縣志	明・王治修	明刻本
嘉靖普安州志	明・高廷愉纂修	明刻本
嘉靖浦江志略	明・毛鳳韶纂修	明刻本
嘉靖蘄水縣志	明・周瑶修	明嘉靖二十六年刻本
嘉靖鉛山縣志	明・費寀纂修	明刻本
嘉靖欽州志	明・林希元纂修	明刻本
嘉靖清流縣志	明・陳桂芳纂修	明刻本
嘉靖清苑縣志	明・李廷寶纂修	明刻本
嘉靖青州府志	明・杜思修	明刻本
嘉靖仁化縣志	明・胡居安纂修	明藍絲欄抄本
嘉靖瑞安縣志	明・劉畿修	明嘉靖三十四年刻本
嘉靖瑞金縣志	明・趙勳、林有年纂修	明刻本
嘉靖山東通志	明・陸釴纂修	明嘉靖刻本

嘉靖陝西通志	明・趙廷瑞纂修	明嘉靖二十一年刊本
嘉靖邵武府志	明・邢　址修	明刻本
嘉靖四川總志	明・劉大謨、楊　慎纂修	明嘉靖刻本
嘉靖思南府志	明・鍾　添、田　秋纂修	明刻本
嘉靖宿州志	明・余　鍧纂修	明刻本
嘉靖壽州志	明・栗永禄纂修	明嘉靖刻本
嘉靖太倉州志	明・周士佐修	明崇禎二年重刻本
嘉靖太平縣志	明・曾才漢修	明嘉靖刻本
嘉靖太原縣志	明・高汝行纂修	明嘉靖刻本
嘉靖銅陵縣志	明・李士元、沈　梅纂修	明刻本
嘉靖通州志	明・鍾　汪修，林　穎纂	明刻本
嘉靖惟揚志	明・朱懷幹修	明嘉靖二十一年刻本
嘉靖尉氏縣志	明・曾嘉誥、汪　心纂修	明刻本
嘉靖温州縣志	明・張孚敬纂修	明刻本
嘉靖威縣志	明・胡　容修，王　組纂	明刻本
嘉靖武城縣志	明・尤　麒修	明刻本
嘉靖武定州志	明・鄭希僑修，劉繼先等纂	明刻本
嘉靖武康縣志	明・程嗣功修	明刻本
嘉靖武寧縣志	明・徐　麟纂修	明刻本
嘉靖武義縣志	明・董　春纂修	明正德十五年刻嘉靖三年補刻增修本
嘉靖夏津縣志	明・易時中修	明嘉靖刻本
嘉靖夏邑縣志	明・鄭　相修，黄虎臣纂	明刻本
嘉靖襄城縣志	明・林　鸞纂修	明刻本
嘉靖象山縣志	明・毛德京修	明嘉靖三十五年刻隆慶五年增刻本
嘉靖蕭山縣志	明・林　策修	明嘉靖刻本
嘉靖鄢陵志	明・劉　訒纂修	明刻本
嘉靖耀州志	明・李廷寶修	明嘉靖刻本
嘉靖延平府志	明・陳　能修	明刻本
嘉靖應山縣志	明・顔　木纂	明刻本
嘉靖潁州志	明・吕景蒙修	明刻本
嘉靖永豐縣志	明・管　景纂修	明刻本
嘉靖永嘉縣志	明・程文箸修	明嘉靖四十五年刻本
嘉靖袁州府志	明・陳德文纂修	明刻本
嘉靖雲陽縣志	明・楊　鸞修	明刻本
嘉靖彰德府志	明・崔　銑纂修	明嘉靖刻本
嘉靖漳平縣志	明・朱　召修	明刻本

嘉靖浙江通志	明·胡宗憲修	明刻本
嘉靖淄川縣志	明·王　琮纂修	明刻本
嘉慶安康縣志	清·鄭　謙修	清咸豐三年刻本
嘉慶大埔縣志	清·洪先燾纂修	清嘉慶九年刻本
嘉慶大清一統志	清·穆彰阿修	四部叢刊續編景舊鈔本
嘉慶東臺縣志	清·周　古修	清嘉慶二十二年刊本
嘉慶崇寧縣志	清·劉　壇纂修	清嘉慶二十一年刻本
嘉慶重修泰興縣志	清·凌　岱、張先甲修	清嘉慶十八年刻本
嘉慶峨眉縣志	清·王　燮修	清嘉慶十八年木刻本
嘉慶鳳臺縣志	清·李兆洛纂修	清嘉慶十九年刻本
嘉慶漢州志	清·劉長庚修	清嘉慶十七年刊本
嘉慶海門廳志	清·章德楓、董曰申纂修	清抄本
嘉慶惠安縣志	清·吴裕仁纂修	民國二十五年鉛印本
嘉慶續溪縣志	清·清　愷修	清嘉慶十五年刊本
嘉慶蘭谿縣志	清·張　許修	清嘉慶五年刊本
嘉慶溧陽縣志	清·李景嶧修	清嘉慶十八年修光緒二十二年重刻本
嘉慶臨桂縣志	清·蔡呈韶修	清嘉慶七年修光緒六年補刊本
嘉慶廬州府志	清·張祥雲修	清嘉慶八年刻本
嘉慶眉州屬志	清·涂長發修	清嘉慶十七年刻本
嘉慶南陵縣志	清·徐心田纂修	清嘉慶十三年刻本
嘉慶郫縣志	清·朱鼎臣修	清嘉慶十七年刻本
嘉慶邛州直隸州志	清·吴　鞏修	清嘉慶二十三年刻本
嘉慶涉縣志	清·戚學標纂修	清嘉慶四年刻本
嘉慶什邡縣志	清·紀大奎修	清嘉慶十八年刻本
嘉慶順昌縣志	清·賈懋功修	清光緒七年重刊本
嘉慶四川通志	清·常　明修	清嘉慶二十一年木刻本
嘉慶松江府志	清·宋如林修	清嘉慶松江府學刻本
嘉慶武岡州志	清·許紹宗修	清嘉慶二十二年刻本
嘉慶新繁縣志	清·顧德昌修	清嘉慶十九年刻本
嘉慶續濟源縣志	清·何荇芳修	清嘉慶十八年刻本
嘉慶續興安府志	清·葉世倬纂修	清嘉慶十七年刻本
嘉慶揚州府志	清·阿史當阿修	清嘉慶十五年刊本
嘉慶餘杭縣志	清·張吉安修	民國八年重刊本
嘉慶無爲州志	清·顧　浩修	清嘉慶八年刻本
嘉慶武義縣志	清·張營堠修	清宣統二年石印本
嘉慶郿西縣續志	清·孔繼榦纂修	清嘉慶十年刻本

嘉慶鄖陽志	清・王正常修	清嘉慶二年刻本
嘉泰會稽志	宋・沈作賓修	中華書局一九九〇年宋元方志叢刊本影印本
嘉泰吴興志	宋・談鑰修	清吴興叢書本
甲秀園集	明・費元禄	明萬曆刻本
嘉祐集	宋・蘇洵	上海古籍出版社一九九三年版
劍南詩稿	宋・陸遊	清文淵閣四庫全書補配清文津閣四庫全書本
澗泉集	宋・韓淲	清文淵閣四庫全書本
兼山集	明・楊廷麟	清康熙貞齋刻本
儉重堂詩	清・紀邁宜	清乾隆刻本
見素集	明・林俊	清文淵閣四庫全書補配清文津閣四庫全書本
簡松草堂詩文集	清・張雲璈	清道光刻三景閣叢書本
健餘先生文集	清・尹會一	清畿輔叢書本
見素集	明・林俊	清文淵閣四庫全書補配清文津閣四庫全書本
建炎以來繫年要録	宋・李心傳	中華書局一九五六年版
澗泉集	宋・韓淲	清乾隆翰林院鈔本
江南經略	明・鄭若曾	清文淵閣四庫全書本
簡齋先生集	明・劉榮嗣	清康熙元年劉佑刻本
江湖長翁文集	宋・陳造	明萬曆刻本
江湖後集	宋・陳起	清文淵閣四庫全書本
絳跗草堂詩集	清・陳壽祺	清刻本
江湖小集	宋・陈起	清文淵閣四庫全書補配清文津閣四庫全書本
江西詩徵	清・曾燠	清嘉慶九年刻本
匠門書屋文集	清・張大受	清雍正七年顧詒禄刻本
嶠雅	明・鄺露	清初海雪堂刻本
蛟峰集	宋・方逢辰	明弘治重修本
校經廎文稿	清・李富孫	清道光刻本
椒丘文集	明・何喬新	明嘉靖元年余罃刻本
焦氏説楛	明・焦周	明萬曆刻本
焦氏澹園續集	明・焦竑	明萬曆三十九年朱汝鰲刻本
節孝先生文集	宋・徐積	明刻本
劫餘詩選	清・齊學裘	清同治八年天空海闊之居刻增修本
鮚埼亭集外編	清・全祖望	清嘉慶十六年刻本
介菴經説	清・雷學淇	清道光通州雷氏刻本
介石堂集	清・郭起元	清乾隆刻本
芥浦詩刪	清・胡蘇雲	清乾隆刻本
絜齋集	宋・袁燮	清武英殿聚珍版叢書本

今白華堂詩録補	清・童　槐	清光緒三年童華刻本
今是堂集	明・陶奭齡	明崇禎刻本
金華黄先生文集	元・黄　溍	元鈔本
金石萃編	清・王　昶	清嘉慶十年刻同治錢寶傳等補修本
金史	元・脱　脱	中華書局一九七五年版
金氏文集	宋・金君卿	民國宋人集本
金臺集	元・納　新	明末汲古閣刻本
金文最	清・張金吾	清光緒二十一年重刻本
晉書	唐・房玄齡	中華書局一九七四年版
晉政輯要	清・海　寧	清乾隆山西布政使司刊本
靜春堂詩集	元・袁　易	清知不足齋叢書本
浄德集	宋・吕　陶	清武英殿聚珍版叢書本
經濟類編	明・馮　琦	清文淵閣四庫全書本
景定建康志	宋・周應合修	清金陵孫忠湣祠刻本
景定嚴州續志	宋・錢可則修	清漸西村舍彙刊本
景文集	宋・宋　祁	清武英殿聚珍版叢書本
敬孚類稿	清・蕭　穆	清光緒三十三年刻本
敬事草	明・沈一貫	明刻本
敬亭集	明・姜　埰	清康熙刻本
敬亭詩草	清・沈起元	清乾隆十九年刻本
敬軒文集	明・薛　瑄	清文淵閣四庫全書補配清文津閣四庫全書本
敬業堂詩集	清・查慎行	四部叢刊景清康熙本
敬業堂詩續集	清・查慎行	清乾隆查學等刻本
敬止集	明・陳應芳	清文淵閣四庫全書本
經史問答	清・全祖望	清乾隆三十年刻本
靜觀堂集	明・顧　潛	清玉峰雍里顧氏六世詩文集本
靜居集	明・張　羽	四部叢刊三編景明成化刻本
靜廉齋詩集	清・金　甡	清嘉慶二十五年姚祖恩刻本
靜惕堂詩集	清・曹　溶	清雍正刻本
靜軒先生文集	明・汪舜民	明正德刻本
靜厓詩稿	清・汪學金	清乾隆刻嘉慶增修本
鏡山庵集	明・高　出	明天啓刻本
救荒活民類要	元・張大光	明刻本
九峰先生集	宋・區仕衡	清道光刻本
九靈山房集	元・戴　良	四部叢刊景明正統本
九籥集	明・宋懋澄	明萬曆刻本

舊唐書　後晉・劉昫　中華書局一九七五年版
舊五代史　宋・薛居正　中華書局一九七六年版
鉅鹿東觀集　宋・魏野　清鈔本
橘山四六　宋・李廷忠　清文淵閣四庫全書本
居濟一得　清・張伯行　清正誼堂全書本
居業堂文集　清・王源　清道光十一年讀雪山房刻本
居易初集　清・經元善　清光緒二十七年澳門本
矩庵詩質　清・高一麟　清乾隆高莫及刻本
句註山房集　明・張鳳翼　明刻本
浚谷集　明・趙時春　明萬曆八年周鑑刻本
看山閣集　清・黃圖珌　清乾隆刻本
衎石齋記事稾　清・錢儀吉　清道光刻咸豐增修光緒錢彝甫印本
開慶四明續志　宋・吴潛修　中華書局一九九〇年宋元方志叢刊影印本
康熙安福縣志　清・黃寬修　清康熙五十二年刻本
康熙安陸府志　清・張尊德修　清康熙八年刻鈔本
康熙安慶府望江縣志　清・劉天維、龍燮纂修　清康熙刻增修本
康熙城固縣志　清・王穆纂修　清康熙五十六年刻本
康熙處州府志　清・劉廷璣纂修　清康熙二十九年刻本
康熙當塗縣志　清・成文運增修　清康熙四十六年增修本
康熙福清縣志　清・李傳甲修　清康熙十一年刻本
康熙撫州府志　清・劉玉瓚修　清康熙四年刻本
康熙高苑縣志　清・宋弼纂修　清康熙十一年刻本
康熙漢陽府志　清・陳國儒修　清康熙八年刻本
康熙河南通志　清・顧汧修　清康熙三十四年刻本
康熙湖廣武昌府志　清・裴天錫修　清康熙二十六年刻本
康熙鄂縣志　清・康如璉修　清康熙二十一年刻本
康熙監利縣志　清・郭徽祚纂修　清康熙四十一年刻本
康熙建平縣志　清・茅成鳳修　清康熙三十八年刻本
康熙江都縣志　清・李蘇纂修　清康熙五十六年刊本
康熙江西通志　清・于成龍修　清康熙二十二年刻本
康熙荊州府志　清・郭茂泰修　清康熙二十四年刻本
康熙蘭陽縣志　清・高世琦修　清康熙二十四年鉛印本
康熙雷州府志　清・吴盛藻修　清康熙十一年刻本
康熙林縣志　清・徐岱修　清康熙三十四年刻本
康熙龍游縣志　清・盧燦修　清康熙二十年刻本
康熙鹿邑縣志　清・吕士鵕纂修　清康熙三十一年刻本

康熙欒城縣志	清·王玑修	清康熙二十二年刻本
康熙南海縣志	清·郭爾、胡雲客纂修	清康熙三十年刻本
康熙邳州志	清·孫居湜修	清康熙三十二年刻本
康熙平陽府志	清·劉棨修	清康熙四十七年刻本
康熙浦江縣志	清·毛文埜修	清康熙十二年刻本
康熙齊東縣志	清·余爲霖修	清康熙二十四年刻本
康熙齊河縣志	清·藍奮興修	清康熙十二年刻本
康熙青縣志	清·姚景圖修	清康熙十二年刻本
康熙青州府博興縣志	清·萬雲修	清康熙十二年刻本
康熙衢州府志	清·楊廷望纂修	清康熙修光緒刊本
康熙仁和縣志	清·趙世安修	清康熙二十六年刻本
康熙任縣志	清·季芷修	清康熙三十年增刻本
康熙涉縣志	清·黄澤修	清康熙五十三年刻本
康熙遂安縣志	清·劉從龍等纂修	清康熙十二年刻本
康熙天津衛志	清·薛柱斗修	民國二十三年鉛印本
康熙武岡州志	清·吴從謙修	清康熙二年刻本
康熙西安縣志	清·陳鵬年修	清康熙三十八年刻本
康熙陝西通志	清·王功成續纂	清康熙五十年刻本
康熙萬載縣志	清·常維楨纂修	清康熙二十二年刻本
康熙襄城縣志	清·佟昌年原修，陳治安增修	清康熙增刻本
康熙新修廣州府志	清·王永瑞纂	清康熙鈔本
康熙徐溝縣志	清·王嘉謨纂修	清康熙五十一年刻本
康熙洋縣志	清·鄒溶修	清康熙三十三年刻本
康熙宜春縣志	清·江爲龍修	清康熙四十七年刻本
康熙嶧縣志	清·褚光鏌纂	清康熙二十四年刻本
康熙義烏縣志	清·王廷曾纂修	清康熙三十一年刻本
康熙元城縣志	清·陳偉修	清康熙十五年刻本
康熙雲南府志	清·張毓碧修	清康熙刊本
康熙漳州府志	清·魏荔彤修	清康熙五十四年刻本
康熙增城縣志	清·蔡淑修	清康熙二十五刻本
考槃集文録	清·方東樹	清光緒二十年刻本
柯庭餘習	清·汪文柏	清康熙刻本
珂雪齋集	明·袁中道	明萬曆四十六年刻本
可園文存	清·陳作霖	清宣統元年刻增修本
可齋雜稿	宋·李曾伯	清文淵閣四庫全書本

客座贅語	明・顧起元	明萬曆四十六年自刻本
鯤溟詩集	明・郭諫臣	清文淵閣四庫全書補配清文津閣四庫全書本
困學紀聞	宋・王應麟	四部叢刊三編景元本
蘭庭集	明・謝晉	清文淵閣四庫全書本
郎潛紀聞	清・陳康祺	清光緒刻本
浪語集	宋・薛季宣	清文淵閣四庫全書補配清文津閣四庫全書本
老學庵筆記	宋・陸遊	明津逮秘書本
樂靜集	宋・李昭玘	清東武劉氏味經書屋鈔本
樂全集	宋・張方平	宋刻本
樂賢堂詩鈔	清・德保	清乾隆五十六年英和刻本
樂志堂詩集	清・譚瑩	清咸豐九年吏隱園刻本
類編長安志	元・駱天驤	明鈔本
黎陽王太傅詩文集	明・王越	明嘉靖九年刻本
荔村草堂詩鈔	清・譚宗浚	清光緒十八年廖廷相羊城刻本
荔隱山房詩草	清・涂慶瀾	清光緒三十一年刻本
歷代制度詳説	宋・呂祖謙	民國續金華叢書本
李忠肅先生集	明・李邦華	清乾隆七年徐大坤刻本
黎文僖公集	明・黎淳	明嘉靖刻本
李文恭公遺集	清・李星沅	清同治五年李概等刻本
李文忠公奏稿	清・李鴻章	民國景金陵原刊本
李中麓閑居集	明・李開先	明刻本
蓮坡詩話	清・查爲仁	清乾隆刻蔗塘外集本
賴古堂集	清・周亮工	清康熙十四年周在浚刻本
兩當軒全集	清・黃景仁	清咸豐八年黃氏家塾刻本
兩漢詔令	宋・林虙	清文淵閣四庫全書本
兩淮鹽法志	清・王定安	清光緒三十一年刻本
兩山墨談	明・陳霆	明嘉靖十八年李檗刻本
兩宋名賢小集	宋・陳思	清文淵閣四庫全書本
兩溪文集	明・劉球	清文淵閣四庫全書補配清文津閣四庫全書本
兩浙輶軒續録	清・潘衍桐	清光緒刻本
梁溪集	宋・李綱	清文淵閣四庫全書本
梁園風雅	明・趙彥復	清康熙四十三年陸廷燦刻本
禮部志稿	明・林堯俞	清文淵閣四庫全書本
禮記集解	清・孫希旦	清同治七年孫鏘鳴刻本
禮記通解	明・郝敬	明萬曆四十四年刻本

禮記析疑	清・方苞	清抗希堂十六種本
禮記註疏	漢・鄭玄註，唐・孔穎達疏	明崇禎十二年刻十三經註疏本
禮記纂言	元・吴澄	明崇禎二年張養刻本
禮書綱目	清・江永	清嘉慶刻本
吏部職掌	明・李默等	明嘉靖刻本
歷代名臣奏議	明・黄淮、楊士奇等	明崇禎刻本
歷代刑法考	清・沈家本	民國刻沈寄簃先生遺書本
列朝詩集	清・錢謙益	清順治九年毛氏汲古閣刻本
林次崖先生文集	明・林希元	清乾隆詒燕堂刻本
林睡廬詩選	清・林良銓	清乾隆二十年詠春堂刻本
林屋詩集	清・鄧旭	清道光鄧廷楨刻本
林屋詩文稿	清・宋徵輿	清康熙九籥樓刻本
林文忠公政書	清・林則徐	清光緒三山林氏刻林文忠公遺集本
臨川集	宋・王安石	四部叢刊景明嘉靖本
臨野堂詩文集	清・鈕琇	清康熙刻本
靈山藏	明・鄭以偉	明崇禎刻本
泠然齋詩集	宋・蘇泂	清文淵閣四庫全書本
凌忠介集	明・凌義渠	清文淵閣四庫全書本
靈巖山人詩集	清・畢沅	清嘉慶四年經訓堂刻本
嶺南詩集	清・李文藻	清乾隆刻本
嶺外代答	宋・周去非	清文淵閣四庫全書本
留素堂詩删	清・蔣薫	清康熙刻本
劉給諫文集	宋・劉安上	清刻本
劉孟塗集	清・劉開	清道光六年姚氏檗山草堂刻本
劉西陂集	明・劉儲秀	明嘉靖刻本
六朝通鑒博議	宋・李燾	清文淵閣四庫全書本
六典通考	清・閻鎮珩	清光緒二十九年北嶽山房刻本
六經奥論	宋・鄭樵	清文淵閣四庫全書本
六一山房詩集	清・董沛	清同治十三年刻增修本
柳集點勘	清・陈景云	民國二十五年蟫隱廬石印本
隆平集	宋・曾鞏	清文淵閣四庫全書本
隆慶寶應縣志	明・湯一賢修	明刻本
隆慶長洲縣志	明・張德夫修	明刻本
隆慶潮陽縣志	明・黄一龍修	明刻本
隆慶海州志	明・張峰修	明刻本

隆慶臨江府志	明・管大勳修	明刻本
隆慶平陽縣志	明・朱東光修	明隆慶五年刊清康熙間增鈔本
隆慶儀真縣志	明・申嘉瑞修	明隆慶刻本
隆慶瑞昌府志	明・劉儲、謝顧修	明刻本
隆慶岳州府志	明・鍾崇文纂修	明隆慶刻本
隆慶趙州志	明・蔡懋昭纂	明隆慶刻本
龍壁山房詩草	清・王拯	清同治桂林楊博文堂刻本
龍川集	宋・陳亮	清宗廷輔校刻本
龍江船廠志	明・李昭祥	民國三十六年國立中央圖書館影印本
龍學文集	宋・祖無擇	清文淵閣四庫全書本
露書	明・姚旅	明天啓刻本
盧溪集	宋・王庭珪	清文淵閣四庫全書本
陋軒詩	清・吳嘉紀	清康熙元年賴古堂刻增修本
蘆中集	清・王攄	民國五年錢燿伊鈔本
菉竹堂稿	明・葉盛	清初鈔本
鹿裘石室集	明・梅鼎祚	明天啓三年玄白堂刻本
陸子學譜	清・李紱	清雍正刻本
鹿洲公案	清・藍鼎元	清雍正十年刻鹿洲全集本
漉籬集	明・卓發之	明崇禎傳經堂刻本
潞公集	宋・文彦博	明嘉靖五年刻本
律例指南	清・凌銘麟	清康熙二十七年刻本
綠筠書屋詩鈔	清・葉觀國	清乾隆五十七年刻本
綠天書舍存草	清・錢楷	清嘉慶二十三年阮元刻本
履園叢話	清・錢泳	清道光十八年述德堂刻本
魯齋集	宋・王柏	明崇禎五年阮元聲刻本
欒城稿	明・周復元	明萬曆刻本
欒城集	宋・蘇轍	上海古籍出版社二〇〇九年版
綸扉簡牘	明・申時行	明萬曆二十四年刻本
輪寥館集	明・范允臨	清初刻本
論語説	清・程廷祚	清道光十七年東山草堂刻本
駱兩溪集	明・駱文盛	明萬曆四十一年刻本
羅紋山全集	明・羅明祖	明末古處齋刻本
絡緯吟	明・徐媛	明末鈔本
落帆樓文集	清・沈垚	民國吳興叢書本
落落齋遺集	明・李應昇	明崇禎刻本

馬太史匡菴集	清・馬世俊	清康熙刻本
漫塘文集	宋・劉宰	明刻本
鄖峰真隱漫録	宋・史浩	清鈔本
梅東草堂詩集	清・顧永年	清康熙刻增修本
梅會詩選	清・李稻塍	清乾隆三十二年寸碧山堂刻本
梅巖小稿	明・張旭	明正德元年刻本
梅莊詩鈔	清・華長卿	清同治九年刻本
湄湖吟	清・杜濬	清康熙刻道光九年杜堮增修本
蒙川先生遺稾	宋・劉黼	清孫詒讓刻本
夢粱録	宋・吴自牧	清嘉慶十年張氏照曠閣刻本
夢樓詩集	清・王文治	清乾隆刻道光補修本
夢溪筆談	宋・沈括	上海古籍出版社一九八七年版
孟龍川文集	明・孟思	明萬曆十七年金繼震刻本
峚陽草堂詩文集	明・鄭鄤	民國二十一年活字本
密菴詩文稾	明・謝肅	四部叢刊三編景明洪武本
密齋筆記	宋・謝采伯	清文淵閣四庫全書本
勉行堂詩集	清・程晉芳	清嘉慶二十三年鄧廷楨刻本
勉齋集	宋・黄榦	元刻延祐二年重修本
蠛蠓集	明・盧柟	清文淵閣四庫全書本
閩部疏	明・王世懋	明萬曆紀録彙編本
閩詩録	清・鄭傑	清宣統三年刻本
閩中理學淵源考	清・李清馥	清文淵閣四庫全書本
名臣經濟録	明・黄訓編	清文淵閣四庫全書本
明紀	清・陳鶴	清同治十年江蘇書局刻本
明經世文編	明・陳子龍	中華書局一九六二年影印本
明善堂詩文集	清・弘曉	清乾隆四十二年刻本
明史	清・萬斯同	清鈔本
明史	清・張廷玉	中華書局一九七四年版
明文海	清・黄宗羲	清涵芬樓鈔本
明一統志	明・李賢	清文淵閣四庫全書本
明政統宗	明・涂山	明萬曆刻本
名臣碑傳琬琰集	宋・杜大珪	明抄本
名公書判清明集	明・張四維	中華書局一九八五年版
名山藏	明・何喬遠	明崇禎刻本
茗齋集	清・彭孫貽	四部叢刊續編景寫本

牧津	明・祁承㸁	明天啓四年刻本
穆堂類稿	清・李紱	清道光十一年奉國堂刻本
木厓集	清・潘江	清康熙刻本
南船紀	明・沈啓	清乾隆六年沈守義刻本
南村草堂文鈔	清・鄧顯鶴	清咸豐元年刻本
南谿偶刊	清・鄭性	清乾隆八年刻本
南京都察院志	明・施沛	明天啓刻本
南江詩文鈔	清・邵晉涵	清道光十二年胡敬刻本
南屏山人集	清・任端書	清乾隆刻本
南齊書	梁・蕭子顯	中華書局一九七二年版
南齋先生魏文靖公摘稿	明・魏驥	明弘治刻本
能改齋漫録	宋・吴曾	中華書局一九八五年版
倪文貞集	明・倪元璐	清文淵閣四庫全書本
倪小野先生全集	明・倪宗正	清康熙四十九年倪繼宗清暉樓刻本
擬山園選集	清・王鐸	清順治十年王鏞王鑨刻本
鳥鼠山人小集	明・胡纘宗	明嘉靖刻本
寧澹齋全集	明・楊守勤	明末刻本
農桑衣食撮要	元・魯明善	清文淵閣四庫全書本
農學纂要	清・陳恢吾	清光緒刻本
農政全書	明・徐光啓	明崇禎平露堂本
歐陽文忠公集	宋・歐陽修	四部叢刊景元本
歐虞部集十五種	明・歐大任	清刻本
甌北集	清・趙翼	清嘉慶十七年湛貽堂刻本
盤洲文集	宋・洪适	清光緒刻本
培蔭軒詩文集	清・胡季堂	清道光二年胡鏻刻本
彭城集	宋・劉攽	清武英殿聚珍版叢書本
片刻餘閑集	清・劉埥	清乾隆十九年刻本
駢字類編	清・吴士玉	清文淵閣四庫全書本
平菴悔稿	宋・項安世	清秦恩複鈔本
平津讀碑記	清・洪頤煊	清嘉慶二十一年刻本
平齋文集	宋・洪咨夔	四部叢刊續編景宋鈔本
屏山集	宋・劉子翬	明刻本
屏巖小稿	元・張觀光	民國續金華叢書本
瓶水齋詩集	清・舒位	清光緒十二年邊保樞刻十七年增修本
鄱陽集	宋・彭汝礪	清文淵閣四庫全書本

樸村詩集	清・張雲章	清康熙華希閔等刻本
樸學齋詩稿	清・林　佶	清乾隆九年家刻本
曝書亭集	清・朱彝尊	四部叢刊景清康熙本
莆陽比事	宋・李俊甫	清嘉慶宛委別藏本
莆陽文獻列傳	明・鄭　嶽	明萬曆刻本
七國考	明・董　説	清守山閣叢書本
七録齋詩鈔	清・阮葵生	清刻本
七修類稿	明・郎　瑛	明刻本
奇觚廎詩集	清・葉昌熾	民國十五年刻本
齊東野語	宋・周　密	明正德刻本
齊乘	元・於　欽	清刻本
乾道臨安志	宋・周　淙	清清武林掌故叢編本
乾道四明圖經	宋・张　津	中華書局一九九〇年宋元方志叢刊影印本
乾隆安陽縣志	清・陳錫輅修	清乾隆三年刻本
乾隆安縣志	清・張仲芳修	清乾隆五十四年刻本
乾隆寶雞縣志	清・許起鳳修	清鈔本
乾隆博羅縣志	清・陳裔虞纂修	清乾隆二十八刻本
乾隆潮州府志	清・周碩勛纂修	清光緒十九年重刊本
乾隆陳州府志	清・崔應階修	清乾隆十二年刻本
乾隆池州府志	清・劉權之修	清乾隆四十三年刊本
乾隆淳安縣志	清・劉世甯修	清乾隆二十一年刻本
乾隆大邑縣志	清・宋　載纂修	清乾隆十四年刻本
乾隆大名縣志	清・張維祺、李棠纂修	清乾隆五十四年刻本
乾隆丹棱縣志	清・李光泗修	清乾隆二十六年刻本
乾隆德州志	清・王道亨修	清乾隆五十三年刻本
乾隆汾州府志	清・孫和相修	清乾隆三十六年刻本
乾隆鳳翔府志	清・達靈阿修	清乾隆三十一年刻本
乾隆富平縣志	清・胡文銓纂	清乾隆四十三年刻本
乾隆府廳州縣圖志	清・洪亮吉撰	清嘉慶八年刻本
乾隆福建通志	清・郝玉麟修	清文淵閣四庫全書本
乾隆福州府志	清・徐景熹修	清乾隆十九年刊本
乾隆福州藝文志補	清・李　拔纂輯	清乾隆二十八年刻本
乾隆甘肅通志	清・許　容修	清文淵閣四庫全書本
乾隆高安縣志	清・聶元善纂修	清乾隆十九年刻本
乾隆灌縣志	清・孫天寧纂修	清乾隆五十一年刻本

乾隆廣德州志　清・胡文銓修　清乾隆五十九年刊本
乾隆廣德直隸州志　清・胡文銓修　清乾隆五十九年刊本
乾隆廣濟縣志　清・黄　愷修　清乾隆五十八年刻本
乾隆歸德府志　清・陳錫輅修　清乾隆十九年刻本
乾隆歸善縣志　清・章壽彭修　清乾隆四十八年刊本
乾隆貴池縣志續編　清・謝錫伯修　清乾隆十年刻本
乾隆崞縣志　清・邵豐鍭修　清乾隆二十二年刻本
乾隆韓城縣志　清・畢　沅修　清乾隆四十九年刻本
乾隆漢陽縣志　清・劉嗣孔修　清乾隆十三年刻本
乾隆合州志　清・宋　錦修　清乾隆十三年刻本
乾隆河南府志　清・施　誠修　清同治六年刻本
乾隆淮安府志　清・衛哲治修　清咸豐二年重刊本
乾隆黄崗縣志　清・王鳳儀修　清乾隆五十四年刊本
乾隆黄梅縣志　清・薛乘時修　清乾隆五十四年刻本
乾隆績溪縣志　清・較陳錫修　清乾隆二十一年刻本
乾隆濟陽縣志　清・胡德琳修　清乾隆三十年刊本
乾隆濟源縣志　清・蕭應植纂修　清乾隆二十六年刊本
乾隆江津縣志　清・曾受一修　清乾隆三十三年刻本
乾隆江陵縣志　清・崔龍見修　清乾隆五十九年刻本
乾隆江南通志　清・尹繼善修　清文淵閣四庫全書本
乾隆膠州志　清・周於智修　清乾隆十七年刻本
乾隆荆門州志　清・舒成龍修　清乾隆十九年刻本
乾隆涇陽縣志　清・葛　晨纂修　清乾隆四十三年刻本
乾隆樂至縣志　清・張松孫修　清乾隆五十一年刻本
乾隆歷城縣志　清・胡德琳修　清乾隆三十八年刻本
乾隆臨汾縣志　清・高　塘修　清乾隆四十四年刻本
乾隆陵川縣志　清・程德炯纂修　清乾隆四十四年刻本
乾隆龍川縣志　清・書　圖修　清乾隆二十七年刻本
乾隆龍南縣志　清・永　禄修　清乾隆十七年刻本
乾隆隴西縣志　清・魯廷琰修　清乾隆元年刻本
乾隆潞安府志　清・張淑渠修　清乾隆三十五年刻本
乾隆瀘溪縣志　清・顧奎光修　清乾隆二十年刻本
乾隆洛陽縣志　清・龔崧林修　清乾隆十年刊本
乾隆孟縣志　清・仇汝瑚修　清乾隆五十五年刻本
乾隆南安府大庾縣志　清・余光璧纂修　清乾隆十三年刻本

乾隆寧夏府志	清・張金城修	清嘉慶刊本
乾隆彭山縣志	清・張鳳翥纂修	清乾隆二十二年刻本
乾隆平湖縣志	清・高國楹修	清乾隆十年刻本
乾隆平陸縣志	清・言如泗總修	民國二十一年石印本
乾隆蒲江縣志	清・紀曾蔭修	清乾隆四十九年刻本
乾隆莆田縣志	清・廖必琦修	清光緒五年補刊本民國十五年重印本
乾隆蒲臺縣志	清・嚴文典修	清乾隆二十八年刻本
乾隆潛山縣志	清・李載陽修	清乾隆四十六年刊本
乾隆蘄水縣志	清・邵應龍纂修	清乾隆二十三年鈔本
乾隆青神縣志	清・王承爔纂修	清乾隆二十九年刻本
乾隆泉州府志	清・懷蔭布修	清光緒八年補刻本
乾隆瑞安縣志	清・陳永清修	清乾隆十四年刻本
乾隆紹興府志	清・李亨特修	清乾隆五十七年刻本
乾隆射洪縣志	清・張松孫修	清乾隆五十一年刻本
乾隆順德府志	清・徐景曾纂修	清乾隆十五年刻本
乾隆順德縣志	清・陳志儀修	清乾隆十五年刻本
乾隆嵩縣志	清・康基淵纂修	清乾隆三十二年刊本
乾隆松陽縣志	清・曹立身修	乾隆三十四年刻本
乾隆遂寧縣志	清・田朝鼎修	清乾隆十二年刻本
乾隆太谷縣志	清・郭　晉修	清乾隆六十年刊本
乾隆唐縣志	清・吴泰來修	清乾隆五十二年刊本
乾隆銅陵縣志	清・朱成阿修	清乾隆二十二年修民國十九年鉛印本
乾隆通州志	清・高天鳳修	清乾隆四十八年刊本
乾隆望都縣新志	清・陳洪書修	清乾隆三十六年刻本
乾隆望江縣志	清・鄭交泰修	清乾隆三十三年刊本
乾隆威海衛志	清・畢懋第原修，郭文大續修	民國十八年鉛印本
乾隆濰縣志	清・張耀璧修	清乾隆二十五年刻本
乾隆武進縣志	清・王祖肅修	清乾隆刻本
乾隆吴江縣志	清・陳葕纕修	清乾隆修民國年間石印本
乾隆西安府志	清・舒其紳修	清乾隆刊本
乾隆西華縣志	清・宋　恂修	清乾隆十九年刻本
乾隆香山縣志	清・慕　煜修	清乾隆十五年刻本
乾隆襄陽府志	清・陳　鍔纂修	清乾隆二十五年刻本
乾隆孝義縣志	清・鄧必安修	清乾隆三十五年刻本
乾隆新興州志	清・任中宜纂	清乾隆十五年增刻本
乾隆徐州府志	清・石　杰修	清乾隆七年刻本

乾隆續河南通志	清・阿思哈修	清乾隆三十二年刻本
乾隆宣化府志	清・王者輔原本，張志奇續修	清乾隆八年修二十二年訂補重刊本
乾隆雅州府志	清・曹掄彬修	清乾隆四年刊本
乾隆兗州府志	清・覺羅普爾泰修	清乾隆二十五年刻本
乾隆掖縣志	清・張思勉修	清乾隆二十三年刊本
乾隆儀封縣志	清・紀黄中纂修	民國二十四年鉛印本
乾隆鄞縣志	清・錢維喬纂修	清乾隆五十三年刻本
乾隆英山縣志	清・張　海修	清乾隆二十一年刊本
乾隆永定河志	清・陳　琮纂	清鈔本
乾隆永寧縣志	清・張　楷纂修	清乾隆五十五年刻本
乾隆虞城縣志	清・張元鑑修	清乾隆八年刻本
乾隆正定府志	清・鄭大進纂修	清乾隆二十七年刻本
乾隆直隸遵化州志	清・劉　埥修	清乾隆二十一年刻本
乾隆中牟縣志	清・孫和相修	清乾隆十九年刻本
乾隆鍾祥縣志	清・張　琴修	清乾隆六十年刻本
乾隆重修懷慶府志	清・唐侍陛修	清乾隆五十四年刻本
潛邱札記	清・閻若璩	清文淵閣四庫全書本
潛研堂集	清・錢大昕	清嘉慶十一年刻本
錢考功集	唐・錢　起	四部叢刊景明活字本
錢太史鶴灘稿	明・錢　福	明萬曆三十六年沈思梅居刻本
錢塘遺事	元・劉一清	清光緒刻清武林掌故叢編本
錢文敏公全集	清・錢維城	清乾隆四十一年眉壽堂刻本
謙齋文録	明・徐　溥	清文淵閣四庫全書補配清文津閣四庫全書本
牆東類稿	元・陸文圭	清文淵閣四庫全書本
切問齋集	清・陸　燿	清乾隆五十七年暉吉堂刻本
欽定大清會典	清・張廷玉等	清乾隆二十九年武英殿刻本
欽定大清會典則例	清・張廷玉	清乾隆内府刻本
欽定大清現行新律例	清・沈家本	清宣統元年法律館鉛印本
欽定明臣奏議		清武英殿聚珍版叢書本
欽定續通典	清・嵇　璜等	清文淵閣四庫全書本
秦邊紀略	清・佚　名	清乾隆鈔本
勤餘文牘	清・陳　錦	清光緒四年刻本
青城山人集	明・王　璲	清文淵閣四庫全書補配清文津閣四庫全書本
青湖先生文集	明・汪應軫	清同治十一年廣州刻本
青笠山房詩文鈔	清・許登逢	清乾隆十三年緑玉軒刻本
青溪舊屋集	清・劉文淇	清光緒九年刻本

青霞集	明・沈鍊	清文淵閣四庫全書補配清文津閣四庫全書本
清白堂稿	明・蔡獻臣	明崇禎刻本
清閟閣遺稿	元・倪瓚	明萬曆刻本
清芬樓遺稿	清・任啓運	清嘉慶二十二年刻本
清風堂文集	清・曾王	清康熙四十五年曾安世刻本
清風亭稿	明・童軒	清文淵閣四庫全書本
清容居士集	元・袁桷	中華書局一九八五年版
清史稿	趙爾巽	中華書局一九七七年版
清獻集	宋・杜範	清文淵閣四庫全書本
慶元條法事類	宋・謝深甫	黑龍江人民出版社二〇〇三年版
秋谷集	明・崔世召	明崇禎刻本
秋龕遺稿	清・黄易	清宣統二年李汝謙石印本
秋澗集	元・王惲	四部叢刊景明弘治本
秋江集	清・黄任	清乾隆刻本
秋水閣詩文集	清・許兆椿	清道光二十五年刻本
求是堂詩集	清・胡承珙	清道光十三年、十七年遞刻本
求是堂文集	明・文德翼	明末刻本
求聞過齋詩集	清・朱方增	清光緒十九年朱丙壽刻本
裘文達公詩集	清・裘曰修	清嘉慶刻本
去僞齋文集	明・吕坤	清康熙三十三年吕慎多刻本
全芳備祖	宋・陳景沂	明毛氏汲古閣鈔本
全閩詩話	清・鄭方坤	清乾隆詩話軒刻本
全蜀藝文志	明・周復俊	清文淵閣四庫全書本
全唐詩	清・彭定求等	中華書局一九六〇年版
全唐文	清・董誥輯	清嘉慶内府刻本
泉厓詩集	明・邵經濟	明嘉靖張景賢王詢等刻本
勸影堂詞	清・先著	清刻本
權載之文集	唐・權德輿	四部叢刊本
確庵文稿	清・陳瑚	清康熙毛氏汲古閣刻本
群經平議	清・俞樾	稿本
群經識小	清・李惇	清道光李培紫刻本
群書類編故事	明・王罃	清嘉慶宛委別藏本
日下舊聞考	清・于敏中	清文淵閣四庫全書本
日知録	清・顧炎武	上海古籍出版社二〇〇六年版
容安詩草	清・胡榮	清康熙刻三色套印本

容春堂集	明・邵寶	清文淵閣四庫全書本
容臺集	明・董其昌	明崇禎三年董庭刻本
容齋詩集	清・茹綸常	清乾隆三十五年刻乾隆五十二年嘉慶四年十三年增修本
容齋隨筆	宋・洪邁	中華書局二〇〇五年版
榮木堂合集	明・陶汝鼐	清康熙刻世綵堂匯印本
榮性堂集	清・吴俊	清嘉慶刻本
瑞榴堂詩集	清・托渾布	清道光刻本
薩天錫詩集	元・薩都拉	四部叢刊景明弘治本
三長物齋詩略	清・黄本驥	清三長物齋叢書本
三國疆域志補注	清・謝鍾英	清光緒刻本
三國志	晉・陳壽	中華書局二〇一一年版
三國志旁證	清・梁章鉅	清廣雅書局叢書本
三農紀	清・張宗法	清刻本
三松堂集	清・潘奕雋	清嘉慶刻本
三吴水考	明・張内蘊、周大韶	明萬曆刻本
三易集	明・唐時升	明崇禎刻清康熙補修嘉定四先生集本
三魚堂集	清・陸隴其	清康熙刻本
三餘雜志	清・張定鋆	清道光刻本
桑園圍總志	清・明之綱	清同治刻本
掃紅亭吟稿	清・馮雲鵬	清道光十年寫刻本
山東水利管窺略	清・李方膺	清鈔本
山堂肆考	明・彭大翼	清文淵閣四庫全書本
山右石刻叢編	清・胡聘之	清光緒二十七年刻本
山齋集	明・鄭岳	清文淵閣四庫全書本
賞雨茅屋詩集	清・曾燠	清嘉慶刻增修本
尚絅堂集	清・劉嗣綰	清道光大樹園刻本
尚書故實	唐・李綽	民國景明寶顔堂秘笈本
尚書日記	明・王樵	明萬曆二十五年蔡立身刻本
尚書集注述疏	清・簡朝亮	清光緒讀書堂刻本
尚書要義	宋・魏了翁	清嘉慶宛委別藏補配文淵閣四庫全書本
少谷集	明・鄭善夫	清文淵閣四庫全書補配清文津閣四庫全書本
少室山房集	明・胡應麟	清文淵閣四庫全書本
紹定吴郡志	宋・范成大纂修	中華書局一九九〇年宋元方志叢刊影宋印本
紹熙雲間志	宋・楊潛修	中華書局一九九〇年宋元方志叢刊影印清華亭沈氏古倪園刊本
苕溪集	宋・劉一止	清鈔本
涉異志	明・閔文振	明萬曆刻紀録彙編本

射鷹樓詩話	清・林昌彝	清咸豐元年刻本
涉齋集	宋・許綸	民國敬鄉樓叢書本
沈氏學弢	明・沈堯中	明萬曆刻本
慎齋集	明・蔣主忠	清嘉慶宛委別藏本
升菴集	明・楊慎	清文淵閣四庫全書補配清文津閣四庫全書本
師伏堂詩草	清・皮錫瑞	清光緒三十年師伏堂刻本
詩地理考	宋・王應麟	明津逮秘書本
詩鐸	清・張應昌	清同治八年秀芷堂刻本
十七史商榷	清・王鳴盛	鳳凰出版社二〇〇八年版
石柏山房詩存	清・趙文楷	清咸豐七年趙畇惠潮嘉道署刻本
石倉歷代詩選	明・曹學佺	清文淵閣四庫全書補配清文津閣四庫全書本
石倉詩稿	明・曹學佺	清乾隆十九年曹岱華刻本
石初集	元・周霆震	清文淵閣四庫全書補配清文津閣四庫全書本
石洞集	明・葉春及	清文淵閣四庫全書補配清文津閣四庫全書本
石匱書	清・張岱	清鈔本
石湖詩集	宋・范成大	四部叢刊本
石湖居士集	宋・范成大	明弘治活字印本
石湖志	明・莫震	明刻本
石臼集	清・邢昉	清康熙刻本
石笥山房集	清・胡天游	清咸豐二年刻本
石谿讀周官	清・官獻瑶	清道光二十五年刊本
石園文集	清・萬斯同	民國四明叢書本
石雲山人集	清・吴榮光	清道光二十一年吴氏筠清館刻本
侍郎葛公歸愚集	宋・葛立方	宋刻本
史記	漢・司馬遷	中華書局一九六三年版
史記訂補	清・李笠	民國十三年瑞安李氏刻本
識小録	明・徐樹丕	民國涵芬樓秘笈景稿本
使滇集	清・史申義	清康熙刻本
世經堂初集	清・徐旭旦	清康熙刻本
世經堂集	明・徐階	明萬曆間徐氏刻本
仕學規范	宋・張鎡	宋刻本
是程堂集	清・屠倬	清嘉慶十九年真州官舍刻本
事物紀原	宋・高承	明刻本
事物考	明・王三聘	明嘉靖四十二年何起鳴刻本
事物異名録	清・厲荃	清乾隆五十三年刻本
釋名疏證	清・王先謙	清光緒二十二年思賢書局刻本

受祜堂集	清・張泰交	清康熙高熊徵刻本
守柔齋詩鈔	清・蘇廷魁	清同治三年都門刻後印本
授堂金石文字續跋	清・武　億	清道光二十三年授堂重刊本
授時通考	清・鄂爾泰	清武英殿聚珍版叢書本
守意龕詩集	清・百　齡	清道光讀書樂室刻本
蜀故	清・彭遵泗	清乾隆刻補修本
蜀水經	清・李　元	清嘉慶傳經堂刻本
蜀中廣記	明・曹學佺	清文淵閣四庫全書本
舒藝室詩存	清・張文虎	清光緒刻本
舒嬾堂詩文存	宋・舒　亶	民國四明叢書本
述職吟	清・劉秉恬	清乾隆刻本
數馬集	明・黄克纘	清刻本
數書九章	宋・秦九韶	清宜稼堂叢書本
樹經堂詩初集	清・謝啓昆	清嘉慶刻本
霜鏡集	明・陸　寶	明崇禎刻本
雙桂堂稿	清・紀大奎	清嘉慶十三年刻紀慎齋先生全集本
雙溪文集	宋・王　炎	清鈔本
雙溪醉隱集	元・耶律鑄	清文淵閣四庫全書本
雙硯齋詩鈔	清・鄧廷楨	清末刻本
水曹清暇録	清・汪啓淑	清乾隆五十七年汪氏飛鴻堂刻本
水東日記	明・葉　盛	明刻本
水地記	清・戴　震	清乾隆四十二年鈔本
水经注	北魏・酈道元	中華書局二〇〇九年版
水利集	元・任仁發	明抄本
水西全集	明・李　培	明天啓元年刻本
水心集	宋・葉　適	四部叢刊
睡庵稿	明・湯賓尹	明萬曆刻本
順治汾陽縣志	清・吴世英修	清順治十四年刻本
順治息縣志	清・邵光胤修	清順治十五年刻本
順治彰德府續志	清・宋可發修	清順治間刻本
順治趙城縣志	清・安錫祚重修，劉復鼎纂	清順治十六年刊本
説安堂集	清・盧　震	清康熙刻本
壽昌乘	宋・佚　名	清武昌柯氏息園刻本
司空表聖文集	唐・司空圖	四部叢刊本
司業文集	清・陳祖范	清乾隆二十九年刻本
思伯子堂詩集	清・張際亮	清刻本

思軒文集	明·王璵	明弘治刻本
四百三十二峰草堂詩鈔	清·趙希璜	清乾隆五十八年安陽縣署刻增修本
四朝詩	清·張豫章	清文淵閣四庫全書本
四庫全書考證	清·王太岳	清武英殿聚珍版叢書本
四明它山水利備覽	宋·魏峴	清守山閣叢書本
四溟集	明·謝榛	清文淵閣四庫全書本
四素山房集	明·劉鴻訓	明崇禎刻清雍正印本
四照堂詩集	清·盧紘	清康熙汲古閣刻本
四知堂文集	清·楊錫紱	清嘉慶十一年楊有涵等刻本
笥河詩集	清·朱筠	清嘉慶九年朱珪椒華吟舫刻本
松風閣詩鈔	清·彭蘊章	清同治刻彭文敬公全集本
松鶴山房詩文集	清·陳夢雷	清康熙銅活字印本
松泉集	清·汪由敦	清文淵閣四庫全書本
松石齋集	明·趙用賢	明萬曆刻本
松壽堂詩鈔	清·陳夔龍	清宣統三年京師刻本
松癭集	明·姚希孟	明清閟全集本
松隱文集	宋·曹勳	民國嘉業堂叢書本
松圓浪淘集	明·程嘉燧	明崇禎刻本
嵩山集	宋·晁公遡	清鈔本
嵩渚文集	明·李濂	明嘉靖刻本
宋朝大詔令集	宋·佚名	清鈔本
宋朝事實	宋·李攸	清乾隆武英殿本
宋大詔令集	宋·佚名	中華書局一九六二年版
宋高僧傳	宋·釋贊寧等	中華書局一九八七年版
宋會要輯稿	清·徐松輯	上海古籍出版社二〇一四年版
宋九朝編年備要	宋·陳均	宋紹定刻本
宋景文集	宋·宋祁	清文淵閣四庫全書本
宋詩紀事	清·厲鶚	清文淵閣四庫全書本
宋詩紀事補遺	清·陸心源	清光緒刻本
宋史	元·脱脱	中華書局一九七七年版
宋史全文	元·佚名	清文淵閣四庫全書本
宋史新編	明·柯維騏	明嘉靖四十三年杜晴江刻本
宋史翼	清·陸心源	清光緒刻潛園總集本
宋書	南朝梁·沈約	中華書局一九七四年版
宋王忠文公文集	宋·王十朋	清雍正刻本
搜神記	晉·干寶	中華書局一九七九年版

蘇門集	明・高叔嗣	明刻本
蘇魏公集	宋・蘇頌	中華書局一九八八年版
蘇文忠公全集	宋・蘇軾	明成化本
蘇學士集	宋・蘇舜欽	四部叢刊景清康熙刊本
素吟集	清・崔冕	清康熙刻本
歲時廣記	宋・陳元靚	清十萬卷樓叢書本
歲時雜咏	宋・蒲積中	清文淵閣四庫全書補配清文津閣四庫全書本
隋書	唐・魏徵等	中華書局一九八二年版
遂初草廬詩集	清・杜堮	清同治九年杜受廉刻本
遂初堂集	清・潘耒	清康熙刻本
邃懷堂全集	清・袁翼	清光緒十四年袁鎮嵩刻本
孫樵集	唐・孫樵	四部叢刊本
孫尚書大全文集	宋・孫覿	綫裝書局二〇〇四年宋集珍本叢刊影印宋刻本
孫文定公奏疏	清・孫嘉淦	清敦和堂刻本
孫宇台集	清・孫治	清康熙二十三年孫孝楨刻本
孫淵如先生全集	清・孫星衍	四部叢刊本
太白山人漫稿	明・孫一元	清文淵閣四庫全書本
太倉稊米集	宋・周紫芝	清文淵閣四庫全書補配清文津閣四庫全書本
太函集	明・汪道昆	明萬曆刻本
太平寰宇記	宋・樂史	中華書局一九七七年版
太史范公文集	宋・范祖禹	清鈔本
太玄經	漢・揚雄	明刻本
太乙舟詩集	清・陳用光	清咸豐四年孝友堂刻本
泰雲堂集	清・孫爾準	清道光刻本
曇雲閣集	清・曹楙堅	清光緒三年曼陀羅館刻本
檀園集	明・李流芳	清文淵閣四庫全書本
湯海若問棘郵草	明・湯顯祖	明刻本
唐會要	宋・王溥	清武英殿聚珍版叢書本
唐六典	唐・李林甫	中華書局一九九二年版
唐兩京城坊考	清・徐松	清連筠簃叢書本
唐律疏議	唐・長孫無忌等	中華書局一九八三年版
唐明律合刻	清・薛允升	手稿本
唐宋文醇	清・張照	清文淵閣四庫全書本
唐文拾遺	清・陸心源	清光緒刻本
唐英歌詩	唐・吴融	清文淵閣四庫全書本
唐語林	宋・王讜	中華書局二〇〇八年版

棠陵文集	明・方豪	清康熙十二年方元啓刻本
太平御覽	宋・李昉	四部叢刊本
太上感應篇	宋・李昌齡	明正統道藏本
臺省疏稿	明・張瀚	明萬曆二年吴道明刻本
弢甫集	清・桑調元	清乾隆刻本
逃虛子集	明・姚廣孝	清鈔本
陶樓文鈔	清・黄彭年	民國十二年刻本
陶人心語	清・唐英	清乾隆唐寅保刻本
陶山集	宋・陸佃	清武英殿聚珍版叢書本
陶山詩録	清・唐仲冕	清嘉慶十六年刻道光增修本
陶山文録	清・唐仲冕	清道光二年刻本
陶文毅公全集	清・陶澍	清道光刻本
陶雲汀先生奏疏	清・陶澍	清道光八年刻本
陶齋臧石記	清・端方	清宣統元年石印本
藤塢詩集	清・梁允植	清康熙刻本
天爵堂文集	明・薛岡	明崇禎刻本
天目集	明・徐中行	明刻本
天啓衢州府志	明・林應翔修	明天啓二年刊本
天啓新修成都府志	明・馮任修	鈔本
天順重刊襄陽郡志	明・張恒纂修	明天順三年刻本
天下郡國利病書	清・顧炎武	稿本
天真閣集	清・孫原湘	清嘉慶五年刻增修本
天中記	明・陳耀文輯	明隆慶刻本
田家五行	明・婁元禮	清順治三年李際期宛委山堂刻本
田叔禾小集	明・田汝成	明嘉靖四十二年田藝蘅刻本
田亭草	明・黄鳳翔	明萬曆四十年刻本
條麓堂集	明・張四維	明萬曆二十三年張泰徵刻本
苕溪漁隱叢話	宋・胡仔	清乾隆刻本
鐵崖賦稿	元・楊維楨	清勞權家鈔本
鐵崖古樂府	元・楊維楨	四部叢刊本
聽雨樓隨筆	清・王培荀	清道光二十五年刻本
通典	唐・杜佑	中華書局二〇一六年版
銅鼓書堂遺稿	清・查禮	清乾隆五十三年查淳刻本
通鑒地理通釋	宋・王應麟	清文淵閣四庫全書本
通鑒綱目續編	明・商輅	清文淵閣四庫全書本

通鑑輯覽	清·傅　恒	清文淵閣四庫全書本
桐江續集	元·方　回	清文淵閣四庫全書本
銅梁山人詩集	清·王汝璧	清光緒二十年京師刻本
童山集	清·李調元	清乾隆刻函海道光五年增修本
通雅	明·方以智	清文淵閣四庫全書本
通志	宋·鄭　樵	中華書局一九八七年版
通志堂集	清·納蘭性德	清康熙三十年徐乾學刻本
通制條格	元·拜　柱等	民國十九年北平圖書館影印明鈔本
同治安義縣志	清·杜　林修	清同治十年刊本
同治崇仁縣志	清·盛　銓修	清同治十二年刻本
同治重修成都縣志	清·李玉宣修	清同治十二年刻本
同治重修山陽縣志	清·張兆棟修	清同治十二年刻本
同治崇陽縣志	清·高佐廷修	清同治五年刻本
同治磁州續志	清·程光瀅纂修	清同治十三年刻本
同治大邑縣志	清·趙　霦纂修	清同治六年刻本
同治大庾縣志	清·陳蔭昌修	清同治十三年刻本
同治德化縣志	清·陳　鼒修	清同治十一年刻本
同治番禺縣志	清·李福泰修	清同治十年刊本
同治豐城縣志	清·王家傑修	清同治十二年刻本
同治奉新縣志	清·吕懋先修	清同治十年刻本
同治湖州府志	清·宗源瀚修	清同治十三年刊本
同治監利縣志	清·徐兆英修	清同治十一年刻本
同治荆門直隸州志	清·恩　榮修	清同治七年刻本
同治九江府志	清·達春市修	清同治十三年刊本
同治樂平縣志	清·董萼榮修	清同治九年刻本
同治麗水縣志	清·彭潤章纂修	清同治十三年刊本
同治臨川縣志	清·童範儼修	清同治九年刻本
同治龍泉縣志	清·王肇渭修	清同治十二年刻本
同治六安州志	清·李　蔚修	清同治十一年刊光緒三十年重印本
同治瀘溪縣志	清·楊松兆修	清同治九年刻本
同治欒城縣志	清·陳　詠修	清同治十一年刊本
同治南昌府志	清·許應鑅修	清同治十二年刻本
同治南城縣志	清·李人鏡修	清同治十二年刻本
同治南海縣志	清·鄭夢玉修	清同治十一年刻本
同治南康府志	清·盛　元纂修	清同治十一年刻本

同治南漳縣志集鈔	清・胡心悅增纂	清同治四年刻本
同治平江縣志	清・張培仁修	清同治十三年刻本
同治清江縣志	清・潘　懿修	清同治九年刊本
同治瑞昌縣志	清・姚　暹修	清同治十年刻本
同治韶州府志	清・額哲克修	清同治十三年刊本
同治蘇州府志	清・李銘皖修	清光緒九年刊本
同治萬年縣志	清・項　珂修	清同治十年刊本
同治武寧縣志	清・何慶朝纂修	清同治九年刻本
同治新建縣志	清・承　霈修	清同治十年刻本
同治新淦縣志	清・王肇賜修	清同治十二年活字本
同治新喻縣志	清・文聚奎修	清同治十二年刻本
同治星子縣志	清・藍　煦、徐鳴皋修	清同治十年刻本
同治徐州府志	清・吴世熊修	清同治十三年刻本
同治續伏羌縣志	清・侯新嚴修	清同治十一年刻本
同治續漢州志	清・張　超修	清同治八年刊本
同治續金堂縣志	清・王樹桐修	清同治六年刻本
同治續天津縣志	清・吴惠元修	清同治九年刻本
同治葉縣志	清・歐陽霖修	清同治十年刊本
同治宜城縣志	清・程啓安修	清同治五年刊本
同治弋陽縣志	清・俞致中修	清同治十年刻本
同治袁州府志	清・黄恩浩修	清同治十三年刻本
同治鄖縣志	清・周　瑞修	清同治五年刻本
同治鄖西縣志	清・程光弟修	清同治五年刻本
同治鄖陽府志	清・王嚴恭纂修	清同治九年修光緒三年增刻本
同治枝江縣志	清・查子庚修	清同治五年刊本
同治直隸綿州志	清・董貽清修	清同治十二年刻本
同治中牟縣志	清・吴若烺修	清同治九年刻本
龕山集	清・方　文	清康熙二十八年王槩刻本
圖書編	明・章　潢	清文淵閣四庫全書本
退庵筆記	清・夏　荃	清鈔本
退庵隨筆	清・梁章鉅	清道光刻本
退菴詩存	清・梁章鉅	清道光刻本
蘀石齋詩集	清・錢　載	清乾隆刻本
襪線集	明・史　傑	明弘治四年史誠刻本
晚翠軒集	清・林　旭	民國墨巢叢刻本
宛陵集	宋・梅堯臣	四部叢刊本

宛委山房集	清·曹仁虎	清乾隆刻七子詩選本
萬曆保定府志	明·馮惟敏纂修，王國楨續修	明隆慶五年刻萬曆三十五年增修本
萬曆常熟縣私志	明·姚宗儀輯	民國二十三年抄本
萬曆郴州志	明·胡　漢修	明刻本
萬曆慈利縣志	明·陳光前修	明刻本
萬曆丹徒縣志	明·何世學修	明刻本
萬曆富平縣志	明·劉　兑修	清乾隆四十三年吴六鼇重刊本
萬曆韓城縣志	明·蘇　進修	明萬曆三十五年刊本
萬曆杭州府志	明·劉伯縉修	明萬曆刻本
萬曆合州志	明·劉芳聲修	明萬曆七年刻本
萬曆黄岩縣志	明·袁應祺修	明刻本
萬曆淮安府志	明·郭大綸修	明萬曆刻本
萬曆黄巖縣志	明·袁應祺修	明萬曆刻本
萬曆嘉定州志	明·李　采修	民國間鈔本
萬曆江浦縣志	明·沈孟化、張夢柏修	明刻本
萬曆金華府志	明·王懋德修	明萬曆刻本
萬曆開封府志	明·朱睦㮮纂	明萬曆刻本
萬曆會稽縣志	明·楊維新修	明萬曆刊本
萬曆六安州志	明·李懋檜纂修	明萬曆十二年刻本
萬曆沛志	明·李汝讓增修	鈔本
萬曆青浦縣志	明·卓　鈿修	明萬曆刊本
萬曆泉州府志	明·陽思謙修	明萬曆刻本
萬曆山西通志	明·蕭良榦修	明萬曆刻本
萬曆紹興府志	明·蕭良榦修	明萬曆刻本
萬曆疏鈔	明·吴　亮輯	明萬曆三十七年刻本
萬曆順天府志	明·沈應文修	明萬曆刻本
萬曆四川總志	明·虞懷忠修	明萬曆刻本
萬曆遂安縣志	明·韓　晟修	明萬曆四十年修鈔本
萬曆宿遷縣志	明·喻文偉修	明刻本
萬曆通州志	明·林雲程修	明刻本
萬曆温州府志	明·湯日昭修	明萬曆三十二年刻本
萬曆襄陽府志	明·吴道邇纂修	明萬曆刻本
萬曆新昌縣志	明·田　琯纂修	明萬曆刻本
萬曆新修南昌府志	明·范　淶修，章　潢纂	明萬曆十六年刻本
萬曆括蒼彙紀	明·熊子臣修	明萬曆七年刻本
萬曆鹽城縣志	明·楊瑞雲修	明萬曆刻本

萬曆兗州府志	明・于慎行纂修	明萬曆刻本
萬曆揚州府志	明・楊洵修	明萬曆刻本
萬曆野獲編	明・沈德符	清道光七年姚氏刻同治八年補修本
萬曆應天府志	明・程嗣功修	明萬曆刻增修本
萬曆棗强縣志	明・王鶴齡修	清康熙刻本
宛陵集	宋・梅堯臣	四部叢刊本
萬善花室文稿	清・方履籛	清畿輔叢書本
萬姓統譜	明・凌迪知	清文淵閣四庫全書本
萬一樓集	明・駱問禮	清嘉慶活字本
王百穀集十九種	明・王穉登	明刻本
王端毅公文集	明・王恕明	嘉靖三十一年喬世寧刻本
王端毅公奏議	明・王恕	清文淵閣四庫全書本
王奉常集	明・王世懋	明萬曆刻本
汪梅村先生集	清・汪士鐸	清光緒七年刻本
汪文定公集	宋・汪應辰	清鈔本
王石臞先生遺文	清・王念孫	民國十四年羅氏高郵王氏遺書本
王侍御類稿	明・王圻	明萬曆刻本
王文簡公文集	清・王引之	民國十四年羅氏高郵王氏遺書本
王文肅公文集	明・王錫爵	明萬曆刻本
王文正筆録	宋・王曾	明刻歷代小史本
王禎農書	元・王禎	清乾隆武英殿刻本
王忠文公集	明・王褘	清文淵閣四庫全書補配清文津閣四庫全書本
望古齋集	清・李繼白	清順治刻本
望溪集	清・方苞	清咸豐元年戴鈞衡刻本
味和堂詩集	清・高其倬	清乾隆五年刻本
韋刺史詩集	唐・韋應物	四部叢刊本
渭南文集	宋・陸游	四部叢刊本
未軒文集	明・黃仲昭	清文淵閣四庫全書補配清文津閣四庫全書本
危學士全集	元・危素	清乾隆二十三年刻本
魏書	北齊・魏收	中華書局一九七四年版
溫寶忠先生遺稿	明・溫璜	清順治貞石堂刻本
温飛卿詩集箋注	唐・温庭筠	清文淵閣四庫全書本
温恭毅集	明・温純	清文淵閣四庫全書本
文安集	元・揭傒斯	四部叢刊本
文恭集	宋・胡宿	清武英殿聚珍版叢書本
文簡集	明・孫承恩	清文淵閣四庫全書本

文靖公詩鈔	清・寶鋆	清光緒三十四年羊城刻本
文靖公遺集	清・寶鋆	清光緒三十四年羊城刻本
文潞公文集	宋・文彦博	中華書局二〇一六年版
文敏集	明・楊榮	清文淵閣四庫全書本
文山集	宋・文天祥	四部叢刊景明本
文氏五家集	明・文洪	清文淵閣四庫全書本
文獻通考	元・馬端臨	中華書局二〇一一年版
文襄奏疏	清・靳輔	清文淵閣四庫全書本
文選補遺	宋・陳仁子	清文淵閣四庫全書本
文選旁證	清・梁章鉅	清道光刻本
文苑英華	宋・李昉	明隆慶元年刻本
文直行書詩文	明・熊明遇	清順治十七年熊人霖刻本
文章辨體	明・吴訥	明天順刻本
文忠集	宋・周必大	清文淵閣四庫全書本
文莊集	宋・夏竦	清文淵閣四庫全書補配清文津閣四庫全書本
問水集	明・劉天和	明刻本
問亭詩集	清・博爾都	清康熙三十五年刻本
翁山詩外	清・屈大均	清康熙刻凌鳳翔補修本
翁山文外	清・屈大均	清康熙刻本
吴都文粹	宋・鄭虎臣	清文淵閣四庫全書補配清文津閣四庫全書本
吴江水考增輯	明・沈岱	沈氏家藏本
吴郡圖經	宋・朱長文	中華書局一九九〇年宋元方志叢刊影印宋刻本
吴文恪公文集	明・吴道南	明崇禎吴之京刻本
吴文節公遺集	清・吴文鎔	清咸豐七年刻本
吴興藝文補	明・董斯張	明崇禎六年刻本
吴中金石新編	明・陳暐	清文淵閣四庫全書本
吴中人物志	明・張昶	明隆慶刻本
吴中水利全書	明・張國維	清文淵閣四庫全書本
吴竹坡先生詩集	明・吴節	清雍正三年吴琦刻本
無不宜齋未定稿	清・翟灝	清乾隆刻本
無悔齋集	清・周京	清乾隆刻本
無夢園初集	明・陳仁錫	明崇禎六年刻本
無他技堂遺稿	明・蔣臣	清康熙四十九年蔣于湄等刻本
無爲集	宋・楊傑	中華書局一九九一年版
五經説	元・熊朋來	清文淵閣四庫全書本
五禮通考	清・秦蕙田	清文淵閣四庫全書本

午溪集	元・陳鎰	清文淵閣四庫全書本
五研齋詩文鈔	清・沈赤然	清嘉慶刻增修本
五嶽山人集	明・黄省曾	明嘉靖刻本
五雜組	明・謝肇淛	明萬曆四十四年潘膺祉如韋館刻本
午窗隨筆	清・郭夢星	清光緒二十一年刻寶樹堂遺書本
午亭文編	清・陳廷敬	清文淵閣四庫全書本
武功集	明・徐有貞	清文淵閣四庫全書本
武溪集	宋・余靖	明刻本
武夷新集	宋・楊億	清刻本
西菴集	明・孫蕡	清文淵閣四庫全書補配清文津閣四庫全書本
西村集	明・史鑒	清文淵閣四庫全書補配清文津閣四庫全書本
西漢文紀	明・梅鼎祚	清文淵閣四庫全書補配清文津閣四庫全書本
西河集	清・毛奇齡	清文淵閣四庫全書本
西湖百咏	宋・董嗣杲	清文淵閣四庫全書補配清文津閣四庫全書本
西湖志纂	清・梁詩正	清文淵閣四庫全書本
西京雜記	晉・葛洪	明抄本
西樓全集	明・鄧原岳	明崇禎元年鄧慶宷刻本
西塘集	宋・鄭俠	明萬曆刻本
西堂詩集	清・尤侗	清康熙刻本
西溪先生文集	清・沈嘉客	清康熙三十九年沈寅清刻本
西垣次集	清・保培基	清乾隆刻本
西園聞見録	明・張萱	民國哈佛燕京學社印本
西齋集	清・王仲儒	清康熙夢華山房刻本
西莊始存稿	清・王鳴盛	清乾隆三十年刻本
習學記言	宋・葉適	清文淵閣四庫全書本
惜抱軒詩文集	清・姚鼐	清嘉慶十二年刻本
夏桂洲先生文集	明・夏言	明崇禎十一年吴一璘刻本
仙屏書屋初集	清・黄爵滋	清道光二十六年活字印本
咸淳臨安志	宋・潛説友修	清光緒九年清武林掌故叢編本
咸淳毗陵志	宋・史能之修	清嘉慶二十五年趙懷玉刻本
咸豐重修興化縣志	清・梁園棣修	清咸豐二年刊本
咸豐大名府志	清・朱煐修	清咸豐三年刻本
咸豐平山縣志	清・王滌心修	清咸豐四年刻本
咸豐瓊山縣志	清・李文恒修	清咸豐七年刊本
咸豐同州府志	清・李恩繼修	清咸豐二年刻本
咸豐武定府志	清・李熙齡修	清咸豐九年刻本

咸豐興義府志	清・鄒漢勛修	清咸豐四年刻本
咸豐資陽縣志	清・范涞清修	清咸豐十年刻本
咸平集	宋・田　錫	巴蜀書社二〇〇八年版
閑存堂集	清・張永銓	清康熙刻增修本
閑道録	清・熊賜履	清刻本
閑居叢稿	元・蒲道源	元至正刻本
閑中今古	明・陳　頎	明鈔本
象山先生文集	宋・陸九淵	明成化刻本
相山集	宋・王之道	清文淵閣四庫全書補配清文津閣四庫全書本
相雨書	唐・黄子發	清順治三年李際期宛委山堂刻説郛本
香樹齋詩文集	清・錢陳群	清乾隆刻本
香蘇山館詩集	清・吴嵩梁	清木犀軒刻本
香雪文鈔	清・曹學詩	清乾隆刻本
香宇集	明・田藝蘅	明嘉靖刻本
湘真閣稿	明・陳子龍	明末刻本
襄陵文集	宋・許　翰	清文淵閣四庫全書本
襄毅文集	明・韓　雍	清文淵閣四庫全書本
小倉山房集	清・袁　枚	清乾隆刻增修本
小草齋集	明・謝肇淛	明萬曆刻本
小倦遊閣集	清・包世臣	清小倦遊閣鈔本
小謨觴館詩文集	清・彭兆蓀	清嘉慶十一年刻二十二年增修本
小峴山人集	清・秦　瀛	清嘉慶刻增修本
小重山房詩詞全集	清・張祥河	清道光刻光緒增修本
小畜集	宋・王禹偁	四部叢刊本
小亨集	元・楊宏道	清文淵閣四庫全書本
小鳴稿	明・朱誠泳	清文淵閣四庫全書本
嘯亭雜録	清・昭　槤	清光緒六年耀年潘駿德刻本
肖巖詩鈔	清・趙良澍	清嘉慶五年涇城雙桂齋刻本
校禮堂詩集	清・凌廷堪	清道光六年刻本
謝幼槃文集	宋・謝　邁	清古香樓汪氏鈔本
心孺詩選	清・傅仲辰	清樹滋堂刻本
心知堂詩稿	清・汪仲洋	清道光七年刻本
新安志	宋・趙不悔修，羅　願纂	清刻本
新編古今事文類聚	宋・祝　穆	元泰定三年廬陵武溪書院刻本
新雕皇朝類苑	宋・江少虞	日本元和七年活字印本
新定三禮圖	宋・聶崇義	四部叢刊三編本

新箋決科古今源流至論	宋・林駉	元延祐刻本
新例要覽	清・佚名	清雍正石室堂刻增修本
新齊諧	清・袁枚	清嘉隆嘉慶間刻隨園三十種本
新唐書	宋・宋祁、歐陽修	中華書局一九七五年版
新五代史	宋・歐陽修	中華書局一九七四年版
新增刑案彙覽	清・潘文舫	清光緒十六年紫英山房刻本
鐔墟堂摘稿	明・雷禮	明刻本
行水金鑒	清・傅澤洪	清文淵閣四庫全書本
刑統	宋・竇儀	北京大學出版社二〇一五年版
星餘筆記	清・王鉞	清康熙五十三年刻本
徐公文集	宋・徐鉉	四部叢刊景黄丕烈校宋本
徐孝穆集箋注	南朝陳・徐陵撰，清・吴兆宜注	清文淵閣四庫全書本
徐雨峰中丞勘語	清・徐士林	清光緒聖譯樓叢書本
熊峰集	明・石珤	清文淵閣四庫全書本
修防瑣志	清・李世禄	清鈔本
虛白齋存稿	清・吴壽昌	清乾隆五十五年刻本
虛白齋詩集	清・欽璉	清乾隆刻本
虛齋集	明・蔡清	清文淵閣四庫全書補配清文津閣四庫全書本
序芳園稿	明・趙伊	明萬曆二年刻本
續軒渠集	元・洪希文	清文淵閣四庫全書補配清文津閣四庫全書本
蓄齋集	清・黄中堅	清康熙刻本
續耆舊	清・全祖望	清槎湖草堂鈔本
續談助	宋・晁載之	中華書局一九八五年版
續通典	清・嵇璜	清文淵閣四庫全書本
續文獻通考	明・王圻	明萬曆三十年松江府刻本
續文章正宗	宋・真德秀	清文淵閣四庫全書本
續資治通鑒長編	宋・李燾	中華書局一九九五年版
續纂淮關統志	明・馬麟修	清乾隆刻嘉慶光緒間遞修本
宣統番禺縣續志	清・梁鼎芬修	民國二十年重印本
宣統高要縣志	清・馬呈圖等纂修	民國二十七年鉛印本
宣統郿縣志	清・沈錫榮纂修	清宣統元年鉛印本
宣統續纂山陽縣志	清・邱沅修	民國十年刻本
學福齋集	清・沈大成	清乾隆三十九年刻本
學易菴詩集	清・趙賓	清康熙二十四年劉植等刻本
學餘堂集	清・施閏章	清文淵閣四庫全書本
學治臆説	清・汪輝祖	清同治元年吴氏望三益齋刻本

雪廬焚餘稿	明・趙維寰	明崇禎刻本
雪坡舍人集	宋・姚勉	清豫章叢書本
雪橋詩話	清・楊鍾羲	民國求恕齋叢書本
雪山集	宋・王質	清孔氏微波榭鈔本
雪堂集	明・沈守正	明崇禎沈尤含等刻本
雪堂先生文集	清・熊文舉	清初刻本
雪作鬚眉詩鈔	清・劉謙吉	清康熙刻本
尋古齋詩文集	清・李繼聖	清乾隆刻本
郧溪集	宋・鄭獬	清乾隆翰林院鈔本
雅雨堂集	清・盧見曾	清乾隆七年賀克章刻本
儼山集	明・陸深	清文淵閣四庫全書補配清文津閣四庫全書本
燕石集	元・宋褧	清文淵閣四庫全書補配清文津閣四庫全書本
延祐四明志	元・袁桷	清文淵閣四庫全書本
烟嶼樓詩集	清・徐時棟	清同治七年葉鴻年刻本
烟嶼樓文集	清・徐時棟	清光緒刻本
研栰齋文集	清・趙希璜	清嘉慶四年安陽縣署刻本
揅經室集	清・阮元	四部叢刊景清道光本
顔魯公文集	唐・顔真卿	清三長物齋叢書本
嚴白雲詩集	清・嚴熊	清乾隆十九年嚴有禧刻本
嚴太僕先生集	清・嚴虞惇	清乾隆嚴有禧刻本
嚴逸山先生文集	清・嚴書開	清初寧德堂刻本
演山先生文集	宋・黄裳	清鈔本
弇州山人四部續稿	明・王世貞	清文淵閣四庫全書本
弇州四部稿	明・王世貞	明萬曆刻本
掩關集	明・劉繼善	清道光十九年世德堂刻本
燕在閣知新録	清・王棠	清康熙五十六年刻本
陽秋館集	明・帥機	清乾隆四年修獻堂刻本
楊復所先生家藏文集	明・楊起元	明崇禎楊見晙等刻本
楊文恪公文集	明・楊廉	明刻本
楊文懿公文集	明・楊守陳	明弘治十二年楊茂仁刻本
仰節堂集	明・曹于汴	清文淵閣四庫全書本
養浩齋詩稿	清・桂超萬	清同治五年刻惇裕堂全集本
養默山房詩稿	清・謝元淮	清光緒元年刻本
養素堂詩集	清・張澍	清道光二十二年刻本
養素堂文集	清・張澍	清道光刻本
養吾齋集	元・劉將孫	清文淵閣四庫全書本

養一齋集	清・李兆洛	清道光二十三年活字本
姚端恪公集	清・姚文然	清康熙二十二年姚士塈等刻本
也足山房尤癯稿	清・張廷玉	明崇禎刻本
鄴中記	晉・陸翽	清武英殿聚珍版叢書本
貽安堂集	明・李春芳	明萬曆十七年刻本
抑菴文後集	明・王直	清文淵閣四庫全書本
一斑録	清・鄭光祖	清道光舟車所至叢書本
一樓集	清・黄達	清乾隆刻本
一瓢齋詩存	清・薛雪	清乾隆掃葉村莊刻本
衣讔山房詩集	清・林昌彝	清同治二年廣州刻本
詒安堂詩稿	清・王慶勛	清咸豐三年刻五年增修本
義門讀書記	清・何焯	清乾隆刻本
遺民詩	清・卓爾堪	清康熙刻本
遺山集	金・元好問	四部叢刊本
頤庵文選	明・胡儼	清文淵閣四庫全書本
頤道堂集	清・陳文述	清嘉慶十二年刻道光增修本
藝風堂文續集	清・繆荃孫	清宣統二年刻民國二年印本
儀顧堂集	清・陸心源	清光緒刻本
夷堅志	宋・洪邁	中華書局二〇〇六年版
伊江筆録	清・吴熊光	清廣雅書局刻本
詒美堂集	明・祝以豳	明天啓刻本
亦有生齋集	清・趙懷玉	清道光元年刻本
鬳齋續集	宋・林希逸	清文淵閣四庫全書本
藝舟雙楫	清・包世臣	清道光安吴四種本
彝齋文編	宋・趙孟堅	清文淵閣四庫全書本
彝軍紀略	清・彭洵	清光緒十二年崇陽刻本
彝壽軒詩鈔	清・張應昌	清同治二年西昌旅舍刻增修本
亦園全集	明・姚孫棐	清初刻本
秇林伐山	明・楊慎	明嘉靖三十五年王詢刻本
益戒堂詩集	清・揆叙	清雍正刻本
憶山堂詩録	清・宋翔鳳	清嘉慶二十三年刻道光五年增修本
因寄軒文集	清・管同	清道光十三年管氏刻本
隱居通議	元・劉壎	清文淵閣四庫全書本
殷齋詩文集	清・張穆	清咸豐八年祁寯藻刻本
營田輯要	清・黄輔辰	清同治刻本

庸盦筆記	清・薛福成	清光緒二十三年遺經樓刻本
雍大記	明・何景明	明嘉靖刻本
永樂樂清縣志	明・佚名纂	明刻本
雍録	宋・程大昌	明古今逸史本
雍正八旗通志		清文淵閣四庫全書本
雍正賓川州志	清・周鉞纂	清雍正五年刻本
雍正敕修陝西通志	清・查郎阿修	清雍正十三年序本
雍正處州府志	清・曹掄彬修	清雍正十一年刊本
雍正慈谿縣志	清・楊正筍修	清雍正八年刊本
雍正定襄縣志	清・王時炯原本，王會隆續纂修	清雍正五年增補康熙五十一年刊本
雍正東莞縣志	清・周天成纂修	清乾隆元年重刻本
雍正廣西通志	清・金鉷修	清文淵閣四庫全書本
雍正河南通志	清・王士俊修	清文淵閣四庫全書本
雍正畿輔通志	清・唐执玉、李衛等修	清文淵閣四庫全書本
雍正建平縣志	清・衛廷璞纂修	清雍正九年刻本
雍正涇陽縣志	清・屠楷纂修	清雍正十年刻本
雍正樂安縣志	清・李方膺纂修	清雍正十一年刻本
雍正寧波府志	清・曹秉仁修	清雍正十一年刻乾隆六年補刻本
雍正平陽府志	清・章廷珪修	清乾隆元年刻本
雍正瑞昌縣志	清・郝之芳修	清雍正四年刻本
雍正山東通志	清・岳濬修	清文淵閣四庫全書本
雍正陝西通志	清・沈青峰撰	清文淵閣四庫全書本
雍正上諭內閣	清・胤禛	清文淵閣四庫全書本
雍正舒城縣志	清・陳守仁修	清雍正九年刻本
雍正永安縣志	清・裘樹榮纂修	清道光十三年重刊本
雍正四川通志	清・黃廷桂修纂	清文淵閣四庫全書本
雍正雲南通志	清・鄂爾泰修	清文淵閣四庫全書本
雍正浙江通志	清・嵇曾筠、李衛等修	清文淵閣四庫全書本
咏花軒詩集	清・張廷璐	清乾隆刻本
咏史詩	唐・胡曾	四部叢刊三編本
湧幢小品	明・朱國禎	明天啓二年刻本
庸庵文編	清・薛福成	清光緒刻庸庵全集本
庸閑齋筆記	清・陳其元	清同治十三年刻本
由拳集	明・屠隆	明萬曆刻本
友聲集	清・王相	清咸豐八年信芳閣刻本

幼學堂詩文稿	清・沈欽韓	清嘉慶十八年刻道光八年增修本
酉陽雜俎	唐・段成式	中華書局一九八一年版
愚谷文存續編	清・吴騫	清嘉慶十九年刻本
寓林集	明・黄汝亨	明天啓四年刻本
于湖居士文集	宋・張孝祥	綫裝書局二〇〇四年宋集珍本叢刊影印宋鈔本
于邁草	清・劉紹攽	清乾隆刻本
餘慶堂詩文集	清・陳美訓	清餘慶堂刻本
玉笙樓詩録	清・沈壽榕	清光緒九年刻本
余文敏公文集	明・余有丁	明萬曆刻本
畬經堂詩文集	清・朱景英	清乾隆刻本
輿地廣記	宋・歐陽忞	清士禮居叢書景宋本
輿地紀勝	宋・王象之	清影宋鈔本
禹貢論	宋・程大昌	宋淳熙刻本
與稽齋叢稿	清・吴翌鳳	清嘉慶刻本
玉海	宋・王應麟	清文淵閣四庫全書本
玉壺山房詞選	清・改琦	稿本
玉茗堂全集	明・湯顯祖	明天啓刻本
玉堂叢語	明・焦竑	明萬曆四十六年徐象橒曼山館刻本
玉亭集	清・吴高增	清乾隆刻本
欲焚草	明・胡忻	清康熙四十二年胡恒升刻本
淵鑒類函	清・張英	清文淵閣四庫全書本
淵雅堂全集	清・王芑孫	清嘉慶刻本
元典章	元・佚名	元刻本
元書	清・曾廉	清宣統三年刻本
元祐黨人傳	清・陸心源	清光緒刻本
元豐九域志	宋・王存	清文淵閣四庫全書本
元豐類稿	宋・曾鞏	清康熙四十九年長嶺西爽堂刻本
元和郡縣圖志	唐・李吉甫	中華書局一九八三年版
元史	明・宋濂等	中華書局一九七六年版
元史新編	清・魏源	清光緒三十一年邵陽魏氏慎微堂刻本
元憲集	宋・宋庠	清武英殿聚珍版叢書本
元音遺響	明・佚名	清文淵閣四庫全書本
沅湘耆舊集	清・鄧顯鶴	清道光二十三年鄧氏南邨艸堂刻本
袁氏世範	宋・袁采	清知不足齋叢書本
袁中郎全集	明・袁宏道	明崇禎刊本

緣督廬日記抄	清・葉昌熾	民國上海蟫隱廬石印本
越縵堂文集	清・李慈銘	民國刊本
約章成案匯覽	清・顏世清	清光緒上海點石齋石印本
月滿樓詩文集	清・顧宗泰	清嘉慶八年刻本
岳陽風土記	宋・范致明	明刻百川學海本
悅親樓詩集	清・祝德麟	清嘉慶二年姑蘇刻本
粵西詩文載	清・汪　森	清文淵閣四庫全書本
越鐫	明・王在晉	明萬曆三十九年刻本
閱微草堂筆記	清・紀　昀	上海古籍出版社二〇〇一年版
鄖溪集	宋・鄭　獬	清文淵閣四庫全書本
雲巢編	宋・沈　遼	四部叢刊三編本
雲間志略	明・何三畏	明天啓刻本
雲麓漫鈔	宋・趙彦衛	中華書局一九九六年版
雲莊四六餘話	宋・楊囦道	清嘉慶讀畫齋叢書本
篔穀詩文鈔	清・查　揆	清道光刻本
則例便覽	清・沈書城	清乾隆五十六年刻本
澤農要録	清・吴邦慶	清道光刻本
澤雅堂詩二集	清・施補華	清光緒十六年兩研齋刻本
增廣司馬温公全集	宋・司馬光	四部叢刊本
增默菴詩遺集	清・郭尚先	清光緒十六年刻本
曾鞏集	宋・曾　鞏	中華書局一九八四年版
曾庭聞詩	清・曾　畹	清康熙刻本
曾文正公書札	清・曾國藩	清光緒二年傳忠書局刻增修本
曾文正公奏稿	清・曾國藩	清光緒二年傳忠書局刻本
詹鐵牛詩文集	清・詹　賢	清活字本
湛園集	清・姜宸英	清文淵閣四庫全書本
張東海詩文集	明・張　弼	明正德十三年周文儀福建刻本
張季子詩録	清・張　謇	民國三年本
張秦亭詩集	清・張　丹	清康熙石甑山房刻本
張太岳先生文集	明・張居正	明萬曆四十年唐國達刻本
張文昌文集	唐・張　籍	續古逸叢書本景宋蜀本
張文定公覲光樓集	明・張邦奇	明刻本
張忠烈公集	明・張煌言	清傅氏鈔本
昭代典則	明・黄光昇	明萬曆二十八年周曰校萬卷樓刻本
昭代芳摹	明・徐昌治	明崇禎九年徐氏知問齋刻本

肇域志	清・顧炎武	清鈔本
趙清獻公文集	宋・趙抃	明刻本
趙忠毅公詩文集	明・趙南星	明崇禎十一年范景文等刻本
浙西水利書	明・姚文灝	民國豫章叢書本
柘軒集	明・凌雲翰	清武林往哲遺著本
真山人後集	清・李昌祚	清康熙七年周有德大業堂刻本
真文忠公文集	宋・真德秀	明嘉靖三年書林精舍刻本
震川集	明・歸有光	四部叢刊本
震澤先生集	明・王鏊	明嘉靖刻本
正德長垣縣志	明・杜緯修	明刻本
正德常州府志	明・張愷修	明刻本
正德大名府志	明・石禄、唐錦修	明刻本
正德福州府志	明・葉溥修	明正德十五年刻本
正德光化縣志	明・曹璘修	明刻本
正德姑蘇志	明・王鏊纂	清文淵閣四庫全書本
正德建昌府志	明・夏良勝修	明刻本
正德夔州府志	明・吴潛、傅汝舟修	明刻本
正德臨漳縣志	明・景芳修	明刻本
正德南康府志	明・陳霖修	明刻本
正德潁州志	明・劉節修	明刻本
正德饒州府志	明・陳策修	明刻本
正德汝州志	明・王雄修	明正德元年刻本
正德瑞州府志	明・熊相修	明刻本
正德松江府志	明・陳威修	明正德七年刊本
正德順昌邑志	明・馬性魯修	明正德刻本
正德莘縣志	明・吴宗器修	明刻本
正德新城縣志	明・黄文鸑修	明刻本
正德新鄉縣志	明・儲珊修	明抄本
正德袁州府志	明・嚴嵩纂修	明正德刻本
正德永康縣志	明・吴宣濟、胡楷修	明刻本
正誼堂詩文集	清・董以寧	清康熙書林蘭蓀堂刻本
鄭端簡公奏議	明・鄭曉	明隆慶四年項氏萬卷堂刻本
鄭侯升集	明・鄭明選	明萬曆三十一年鄭文震刻本
鄭開陽雜著	明・鄭若曾	清文淵閣四庫全書本
止齋文集	宋・陳傅良	四部叢刊本

職官分紀	宋・孫逢吉	清文淵閣四庫全書本
芝庭詩文稿	清・彭啓豐	清乾隆刻增修本
芝園稿	明・趙世顯	明萬曆刻本
芝園外集	明・張時徹	明嘉靖刻本
知止齋詩集	清・翁心存	清光緒三年常熟毛文彬刻本
織簾書屋詩鈔	清・沈兆澐	清咸豐二年刻本
治河全書	清・張鵬翮	清鈔本
治河奏績書	清・靳輔	清文淵閣四庫全書本
治平通議	清・陳虬	清光緒十九年甌雅堂刻本
治水筌蹄	明・萬恭	明萬曆張文奇重刊本
治鮮集	清・林華皖	清順治十七年刻本
直講李先生文集	宋・李覯	中華書局一九八一年版
致堂讀史管見	宋・胡寅	宋嘉定十一年刻本
執齋先生文集	明・劉玉	明嘉慶刻本
至元嘉禾志	元・單慶修	清刻本
至正集	元・許有壬	清文淵閣四庫全書補配清文津閣四庫全書本
至正四明續志	元・王元恭修	清咸豐四年宋元四明六志本
中衢一勺	清・包世臣	清光緒安吳四種本
中山集詩鈔	清・郝浴	清康熙刻本
中州金石記	清・畢沅	清經訓堂叢書本
中州名賢文表	明・劉昌	清文淵閣四庫全書本
中州雜俎	清・汪价	民國十年安陽三怡堂排印本
忠穆集	宋・吕頤浩	清文淵閣四庫全書本
忠肅集	宋・劉摯	清文淵閣四庫全書補配清文津閣四庫全書本
忠雅堂文集	清・蔣士銓	清嘉慶刻本
周官集傳	元・毛應龍	清乾隆四十六年沈叔埏抄本
周官集注	清・方苞	清文淵閣四庫全書本
周官記	清・莊存與	清抄本
周官析疑	清・方苞	清康熙六十年刻本
周官心解	清・蔣載康	清嘉慶十一年經篚堂刻本
周官新義	宋・王安石	清粤雅堂叢書二編本
周官總義	宋・易祓	清文淵閣四庫全書本
周恭肅公集	明・周用	明嘉靖二十八年刻本
周禮傳	明・王應電	明嘉靖四十二年吴鳳瑞刻本
周禮訂義	宋・王與之	清文淵閣四庫全書本

周禮句解	宋・朱申	明刻本
周禮全經集釋	明・柯尚遷	明隆慶四年刻本
周禮述註	清・李光坡	清文淵閣四庫全書本
周禮完解	明・郝敬	明萬曆四十三年刻本
周禮詳解	宋・王昭禹	清抄本
周禮疑義舉要	清・江永	清乾隆五十七年刻讀書隨筆本
周禮劄記	清・潘任	清光緒二十年希鄭堂叢書本
周禮正義	清・孫詒讓	稿本
周禮註疏刪翼	明・王志長	明崇禎十二年葉培恕刻本
周禮纂訓	清・李鍾倫	清乾隆成雲山房刻本
周書	唐・令狐德棻	中華書局一九七四年版
朱太復文集	明・朱長春	明萬曆刻本
朱一齋先生文集	明・朱善	明成化二十二年朱維鑑刻本
朱子語類	宋・黎靖德編	明成化九年陳煒刻本
竹初詩文鈔	清・錢維喬	清嘉慶刻本
竹軒詩稿	清・劉秉恬	清乾隆五十一年刻本
竹洲文集	宋・吴儆	明弘治刻本
壯懷堂詩初稿	清・林直	清咸豐六年福州刻本
壯懷堂詩	清・林直	清光緒三十一年羊城刻本
拙尊園叢稿	清・黎庶昌	清光緒二十一年刻本
滋溪文稿	元・蘇天爵	民國適園叢書本
資治通鑑	宋・司馬光	中華書局二〇一一年版
紫山大全集	元・胡祗遹	清文淵閣四庫全書補配清文津閣四庫全書本
紫峴山人全集	清・張九鉞	清咸豐元年張氏賜錦樓刻本
紫原文集	明・羅大紘	明末刻本
宗伯集	明・孫繼皐	清文淵閣四庫全書本
宗忠簡公文集	宋・宗澤	明崇禎刻本
椶亭詩鈔	清・金兆燕	清嘉慶贈雲軒刻本
最樂堂文集	清・喬光烈	清乾隆二十一年刻本
左海文集	清・陳壽祺	清刻本
左文襄公奏疏	清・左宗棠	清刻本
尊白堂集	宋・虞儔	清文淵閣四庫全書本
尊德性齋小集	宋・程洵	清知不足齋叢書本
遵巖先生文集	明・王慎中	明隆慶五年嚴鎡刻本
𧯞䜪亭集	清・祁寯藻	清咸豐刻本

《中華大典》辦公室

主　　任：于永湛

副 主 任：伍　傑　姜學中

編　　審：趙含坤　崔望雲　馮寶志　宋志英　谷笑鵬

裝幀設計：章耀達

《中華大典·農業典》編輯組

負 責 人：陳廣勝　靳宇峰

編輯人員：袁喜生　劉小敏　王　慧　龍玉明　何　新　胡玲霞　孫增科　解遠文　展文婕　范　昕

技術指導：李玉玲　葛　强　劉　春

技術編輯：李雪艷　郭　林　馬　龍　陳盛傑　李艷潔

圖書在版編目（CIP）數據

中華大典．農業典．農田水利分典／展龍主編．-- 鄭州：河南大學出版社，2017.12
ISBN978-7-5649-3126-1

Ⅰ．①中… Ⅱ．①展… Ⅲ．①百科全書－中國②農田水利－水利史－中國Ⅳ．①Z227 ②S279.2-092

中國版本圖書館 CIP 數據核字（2017）第 326173 號

中華大典·農業典·農田水利分典

編　　纂	《中華大典》工作委員會
	《中華大典》編纂委員會
出版發行	河南大學出版社有限責任公司
出版社地址	鄭州市鄭東新區商務外環中華大厦 2401 號
	郵編：450046
出版社網址	www.hupress.com
排　　版	鄭州市今日文教印製有限公司
	書翰設計
印　　刷	河南瑞之光印刷股份有限公司
開　　本	787×1092　1/16
印　　張	165.75
字　　數	5262 千字
版　　次	2017 年 12 月第 1 版　2017 年 12 月第 1 次印刷
標準書號	ISBN 978-7-5649-3126-1
定　　價	1850.00 圓（全三册）

ISBN 978-7-5649-3126-1
9 787564 931261 >
定價：1850.00圓
（全三册）